部首目录

国家出版基金项目
NATIONAL PUBLICATION FOUNDATION

全唐诗词语通释

第一卷

《全唐诗词语通释》编纂组 编著

北京师范大学出版集团
BEIJING NORMAL UNIVERSITY PUBLISHING GROUP
安徽大学出版社

图书在版编目(CIP)数据

全唐诗词语通释/《全唐诗词语通释》编纂组编著. —合肥:安徽大学出版社，2017.1
ISBN 978-7-5664-1058-0

Ⅰ. ①全… Ⅱ. ①全… Ⅲ. ①唐诗—词语—注释 Ⅳ. ①I207.22

中国版本图书馆CIP数据核字(2016)第000545号

全唐诗词语通释

quantangshi ciyu tongshi

《全唐诗词语通释》编纂组 编著

出版发行:北京师范大学出版集团
安徽大学出版社
(安徽省合肥市肥西路3号 邮编230039)
www.bnupg.com.cn
www.ahupress.com.cn
印　　刷:安徽新华印刷股份有限公司
经　　销:全国新华书店
开　　本:184mm×260mm
印　　张:338.25
字　　数:10000千字
版　　次:2017年1月第1版
印　　次:2017年1月第1次印刷
定　　价:1980.00元
ISBN 978-7-5664-1058-0

策划编辑:朱丽琴　卢　坡
责任编辑:卢坡 李加凯 徐建 胡旋 王勇 马晓波 周挺启 王先斌 金孟秋
责任印制:陈　如
装帧设计:李　军　金伶智
美术编辑:李　军

《全唐诗词语通释》编纂委员会

总目录

序

李唐三百年是中国诗歌史上的黄金时代。当时以科举取士，尤重进士科，诗是必考的项目之一，作诗成为猎取功名利禄的敲门砖，因之文人几乎无一不能诗。社会上各种各色的人，受到风气的影响，也大多爱好诗歌，其中有些还能自己创作。一代的作品，散佚很多。但即就八百年后清初辑成的《全唐诗》来说，所收的诗还有四万八千九百多首，作者二千二百多人，其盛况实为前此所未有。

《全唐诗》的内容极为丰富，它对唐代的政治、经济、社会、文化等方面都有所反映；在文学、语言方面，则为后人提供值得学习、借鉴和吸收之处尤其多。这样一部卷帙浩繁的大书，可以说是取之不尽的宝库，至今仍有极大的参考价值。但可惜始终无人为之爬梳整理，使它秩然有序，便于查考和利用。这是一件憾事。

安徽师范大学语言研究所的六位同志，在参加《汉语大词典》长期艰苦的编写工作之后，近年又鼓其余勇，纂辑《全唐诗大辞典》，为学术界弥补缺憾。他们就中华书局版《全唐诗》以及王维、李白、杜甫、高适、岑参、韩愈、杜牧、李商隐等专集注本，收词制卡六十余万张，还参考了大量的有关著作，有些条目又经过多次集体讨论，可谓精益求精，颇值得期待。

我近年体衰多病，虽忝为主编，但仅审阅过编写凡例、试写稿及一小部分清稿，致力不多。不过，我也通读了中华书局版《全唐诗》全书（包括外编），并随手作了些记录。从所记看来，我深感编一部《全唐诗大辞典》实在十分必要。理由至少有以下三点：

一、可以补正字书、辞书的遗漏或失误

这一类的例子极多，下面姑举有代表性的三个，以概其余：

问言　李白《朗月行》："白兔捣药成，问言与谁餐？"（《全唐诗》第二册 320 页。以下不注书名，只注册数页码。）韩愈《奉酬卢给事云夫四兄曲江荷花行见寄》："问言何处芙蓉多？"（10 册 3833 页）"问言"一词，新版《辞源》《辞海》《汉语大词典》及张相《诗词曲语辞汇释》、王瑛《诗词曲语辞例释》等书均失收。按《易・益》："勿问元吉。"崔憬注："问，犹言也。"《广雅・释诂》："言，问也。"问言，同义互训，故可连用成为联合复词。有时也可倒为“言问”。如《周礼·冢人》:“及葬,言鸾车象人。”郑众注:“言,言问其不如法度者。”详可参看王念孙《读书杂志》卷四之九“言问其臣”条,俞樾《群经平议》卷一“飞蓬之问”条。

巾车 《辞源》第二册966页“巾车”条义项①释云:“有车衣遮盖的车。”引陶潜《归去来兮辞》“或命巾车”为证。按《说文》七下“巾”部“巾”字下段玉裁注:“以巾拭物曰巾,如以帨拭手曰帨……陶渊明文曰:‘或巾柴车,或棹孤舟。’……见《文选》江淹《杂体诗》注。今本作‘或命巾车’,不可通矣。《玉篇》曰:‘巾,本以拭物,后人着之于头。’”据此,知“巾”本动词,后始用为名词。《全唐诗》中用“巾”作动词的例子不少,如储光羲《游茅山五首》之二:“巾车云路入,理棹瑶溪行。”(4册1378页)丘为《寻西山隐者不遇》:“若非巾柴车,应是钓秋水。”(4册1318页)权德舆《戏和三韵》:“前诏许真秩,何如巾软轮?”(10册3618页)柳宗元《平淮夷雅》:“既巾乃车。”(11册3915页)又《同刘禹锡述旧言怀感时书事八十韵》:“谁采中原菽,徒巾下泽车。”(11册,3926页)这些都足以说明《辞源》之误。丘为诗直用陶文,尤其是显证。《汉语大词典》第三册672页“巾车”条,释义、引例,错误与《辞源》略同。《汉语大字典》第二册727页“巾”字下也未收拂拭义。

长句 《辞源》第四册3224页释云:“唐人以七言古诗为长句。”按:唐人固然有称七古为长句的,但为数较少,更多的是指七律。如杨巨源、柳宗元、刘禹锡、白居易、罗隐、韩偓、韦庄等人的诗,凡题中有“长句”字样的,都是七律。杜牧集中则尤多。如《长安杂题长句六首》《街西长句》《洛阳长句二首》《酬张祜处士见寄长句四韵》《赠李处士长句四韵》等等都是(均见16册)。可见长句不专指七古,也兼包七律,《辞源》所释是不全面的。考长句的得名,系与短句相对。《南史·武陵昭王晔传》:“与诸王共作短句诗,学谢灵运体,以呈高帝。帝报曰:‘见汝二十字,诸儿作中,最为优者。’”唐代,长句也称长言,如郑谷《宜春再访芳公言公幽斋写怀叙事因赋长言》(20册7736页)诗是七律。又称长调,如李贺《申胡子觱篥歌》小序:“申胡子……自称学长调、短调,因谓吾曰:‘李长吉,尔徒能长调,不能作五字歌诗。’”据此,知唐人以七言诗为长调,五言诗为短调,区分是很清楚的。这些材料,《辞源》“长句”条下也未择要引用。

此外,《全唐诗》中还有大量的方言俗语词,一般辞书也大多未收。

二、可以为前人和近人的著作提供更好的例证和订正其解说

这里也举几个例子,如:

杜甫《曲江二首》之一:“莫厌伤多酒入唇。”(7册2409页)仇兆鳌注云:“伤多,伤于酒也。”(《杜诗详注》)杨伦注云:“言莫以伤多而不饮也。”(《杜诗镜铨》)解释都迂曲不合。按:李商隐《俳谐》:“柳讶眉伤浅,桃猜粉太轻。”(16册6213页,中华书局本

"伤",误作"双"。)伤、太对文。齐己《野鸭》:"长生缘甚瘦,近死为伤肥。"(24册9508页)甚、伤对文。伤,都是"过"的意思。伤多,就是过多。《诗·齐风·鸡鸣》:"匪鸡则鸣,苍蝇之声。"孔颖达正义:"今夫人之在君所,心常惊惧,恒恐伤晚。"伤晚,就是过晚。由此可见,"伤"作"过"解,唐人常用。

又如:

晏几道《临江仙》词:"落花人独立,微雨燕双飞。"陈廷焯评云:"既闲婉,又沉着,当时(指北宋)更无敌手。"(《白雨斋词话》)可谓推崇备至。谭献则评价更高:"(落花二句)千古不能有二。"(《箧中词》)其实小晏原是照抄五代翁宏的《春残》(22册8656页),一字未易。陈、谭两位有名的词论家在这里却闹了笑语。附带说一下,宋词用唐诗的例子很多,如晏殊《浣溪沙》"去年天气旧亭台"句,是用郑谷《和知己秋日伤怀》(20册7751页)。周邦彦《意难忘》"私语口脂香"句,是用白居易《江南喜逢萧九彻因话长安旧游戏赠五十韵》(14册5253页)。此外,只改动一二字的那就更多了,不消一一举例。如此之类,可惜一般的选注家多未指出。

又如:

钱谦益《八月初十日小舟夜渡惜别而作》:"几曾银浦共仙槎。"陈寅恪在"银浦"下加按语云:"'浦',疑当作'汉'。"(《柳如是别传》下1173页)按:李贺《天上谣》云:"银浦流云学水声。"(12册4399页)银浦就是银汉,也就是银河。钱诗用字正本长吉,并不误。陈先生是当代最著名的文史专家,尤精熟唐代文献,但此处未免是千虑之一失。

又如:

吕叔湘解释《世说新语·文学》里的"将无同",认为"将无"就是"得无",魏晋人常用。又或单用"将"字。文中引用的一些书证,大都贴切,但篇末又举宋程颢《春日偶成》,以为诗中"将谓偷闲学少年"的"将"字也还是这个意思。(《语文杂记》1—3页)这样,吕先生就把"将谓"也解为"得无谓"了。这就成了问题。按:唐、宋时代用"将谓",或单用"将"或"谓",词义已经改变,与魏、晋不同,不能混为一谈。宋代姑不论,就唐诗说,用"将谓"的不下一二十例,现略举几个,如:

白居易《雨中赴刘十九二林之期及到寺刘已先去因以四韵寄之》:"将谓独愁犹对雨,不知多兴已寻山。"(13册4904页)

崔珏《门前柳》:"将谓只栽郡楼下,不知迤逦连南津。"(18册6858页)

颜仁郁《农家》:"时人不识农家苦,将谓田中谷自生。"(22册8665页)

佚名《梦到沙州奉怀殿下》:"将谓飘零长失路,谁知运合至流沙?"(《外编》上49页)

单用"将"的,如:

韦应物《新秋夜寄诸弟》:“无将别来近,颜鬓已蹉跎。”(6 册 1916 页)

司空曙《留卢秦卿》:“勿将故人酒,不及石尤风。”(9 册 3324 页,一作郎士元诗)

单用“谓”的,如:

刘禹锡《有獭吟》:“有獭得嘉鱼,自谓天见怜。”(11 册 3984 页)

卢肇《将归宜春留题新安馆》:“犹张皂盖归蓬荜,直谓时无许子将。”(17 册 6384 页)

从以上所举各例来看,“将谓”或“将”“谓”都只是“以为”“认为”的意思,并不能作“得无”解。刘淇《助字辨略》卷二:“将谓,疑词,犹今云‘只道是’也。”刘说解释上举“将谓”各例,似乎也可以。但如李涛《答弟妇歇后语》题下注:“涛弟澣,娶窦尚书女,年甲已高,出参,涛望尘下拜曰:‘只将谓亲家母。’”(25 册 9881 页)上面已有“只”字,再解为“只道是”便讲不通,可见唐人用“将谓”不是这个意思。

蒋礼鸿《敦煌变文字义通释》:“‘将为’一词,‘将’字义实而‘为’字义虚。”(313 页)按:“将为”就是“将谓”。王引之《经传释词》卷二:“为,犹谓也。”(黄侃批云:“‘谓’,即‘为’之借。”)孙经世《经传释词补》:“将,犹谓也。”可见将、谓(或为)是同义词,词性也相同,并无虚实之分。

三、可以发现《全唐诗》本身的许多错误

曹寅刊刻的《全唐诗》,由彭定求等十人编校,开始于康熙四十四年(1705)春夏间,次年秋完成,历时约一年半。一部九百卷的大书,在如此短暂的时期内竣工,虽有胡震亨《唐音统签》、季振宜《唐诗》为蓝本,但赴速急就,不免草率。所以当时朱彝尊就表示不满,有“业经进呈,成事不说”的慨叹(见《晨风阁丛书·潜采堂书目四种》之一《全唐诗未备书目》后冯登甫跋)。后来日本河世宁及近人王重民等搜补了许多《全唐诗》未收的逸诗(中华本均已收入)。刘师培、岑仲勉诸家则列举了书中不少纰漏之处(详见拙著《古代诗文总集选介》中关于《全唐诗》部分),现再补充一些,如:

(一)有人已经指出,书中误收宋丁谓、元虞集和丁鹤年、明刘崧等人的诗。按:宋王操《送人南归》,本是一首五律,见于《宋文鉴》卷二十二及《宋诗纪事》卷四,而《全唐诗》却把其中的“去帆看已远,临水立多时”两句,误作无名氏断句(23 册 8964 页)。

(二)畅诸《登观鹊楼》,也是五律,见于宋彭乘《墨客挥犀》卷二,而《全唐诗》却截取诗中四句改为绝句,题畅当作,题目也略改为《登鹳雀楼》(9 册 3285 页)。

(三)高适《听张立本女吟》(“危冠广袖楚宫妆”),6 册 2243 页已收。23 册 8992 页又作张立本女诗,题下注云:“草场官张立本女,少未读书,忽自吟诗,立本随口录之。”其实张女所吟即高诗,编者不察,误收重出,又未注互见,疏漏显然。又,中华书局本《春宫怨》(杜荀鹤或周朴作)分载 20 册 7925 页、7700 页,25 册 10005 页,补遗中又收入，仍题杜荀鹤。一诗三见。又，《社日村居》（“鹅湖山下稻粱肥”），18册6938页题张演，20册7918页题王驾，25册补遗中又收入，题张蠙，也是一诗三见。另有两诗大部分相同，只有个别字有异的，如贾曾《有所思》（3册762页）中十句，与刘希夷《代悲白头翁》（一作《白头吟》）相同（3册885—886页），权审《绝句》（16册6307页）与罗隐《自遣》（19册7545页）相同（只两字不同）。这一类就更多了。

（四）小传仅据唐范摅《云溪友议》、五代王定保《唐摭言》、宋计有功《唐诗纪事》等几部书，未能广为搜讨、考订，所以错误很多。关于这方面，刘师培《读全唐诗书后》（《左庵集》卷八）、岑仲勉《读全唐诗札记》（载所著《唐人行第录》内）已经举了不少例证，可以不再赘说。

（五）《全唐诗》杂引诸书，附记诗人断句，以便查考，固然是一个优点，然亦有不辨真伪、漫然征引的。如《吟窗杂录》，旧本题状元陈应行编，前有绍兴五年浩然子序，似是南宋初年旧籍（绍兴，高宗年号），但其实是伪书，内容错误百出，辨详《四库提要》卷一百九十七。彭定求等疏于考订，此亦一例。

此次，我只匆匆涉猎《全唐诗》一过，但已发现上举的这些问题。我想，编写本辞典的诸同志，在多年辛勤考释的过程中，一定会发掘出更多的东西，也一定会对读者有更多的助益。

张涤华

1990年4月

张先生为《汉语大词典》副主编，是著名语言学家、文献目录学家，道德文章，有口皆碑。《全唐诗词语通释》的前身是《全唐诗大辞典》（仅出版第一卷），张先生是此书的主编。当时尚未完稿，出版亦因种种原故随之中辍。自1992年出版第一卷以后二十多年来，在各位同人的不懈坚持下，在各方面的通力协作下，得以告成，将以付梓。我们录下序文，以表缅怀，以作告慰。

作者

2016年1月

凡 例

一 收词立目

1. 本书收词来源整体以《全唐诗》(中华书局 1960 年版)与《全唐诗外编》(中华书局 1982 年版)所录唐诗为限(偶有引及《全唐诗补编》者);诗中异文("某,一作某"之类)一般不立目。

2. 词目以语词为主(包括结构较固定、用例较多的词组),同时广泛收录成语典故词目、人名(包括唐诗作者名、诗中出现的人物正名、字号、姓连职官名,以及并称、连称、合称、省称、简称等)、地名(包括道、州、郡、府、县,山水原谷,以及作为名胜古迹之宫殿苑囿、亭台楼阁、寺庙祠观、里闾巷陌等)、书名、篇名、物名、职官名(包括职官异名、别名等)及其他有关古代文物、典章制度等等。

3. 同一典故之不同书面形式分别立目。如唐尧时许由常以手捧水而饮之,人见其无器,以一瓢遗之。由操饮毕,以瓢挂树。风吹树动,历历有声。唐诗有"一瓢""一瓢挂松" "一瓢挂树""一瓢风""一瓢离树"等典故书面形式。

4. 一些不便用原句立目的典故则节略文句立目。如权德舆《数名诗》"二顷季子田",用战国苏秦"且使我有淮阳负郭田二顷,吾岂能佩六国相印乎"之语,词目节略作"二顷田"。

5. 一些经常被引用的唐诗名句,如"山雨欲来风满楼""人生七十古来稀"等亦作为惯用语立目;一些成语语源,如杜甫《可叹》"天上浮云似白衣,斯须变幻如苍狗",则用其所化成语"白云苍狗"字面立目。

二 条目安排

1. 单字条目依《康熙字典》之 214 部首归部(为便于查索,个别部首稍作调整)。

2. 同部首之单字依笔画数由少到多排列,同笔画者依起笔之笔形,大致按横竖撇点折(一丨丿、乛)顺序排列。同一单字头下所带之诸词条目依第二字之笔画、笔形排列。第二字之笔画、笔形同者依第三字排列。余类推。

3. 同形字(字形相同而音、义不同的单字)分立字头,并于字头右上角分标阿拉伯数字以作序号。例如:殷^{1}(yīn);殷^{2}(yān);殷^{3}(yǐn)。其所带多字条目之首字,凡读音不同者,均于右下角标注相应字头之序号。例如:殷殷(殷勤义,同第一读音,不标序号);殷$_{2}$殷(深红色,同第二读音);殷$_{3}$殷(象声词,同第三读音)。

三 字体、字形

1. 词目用繁体字,以与《全唐诗》《全唐诗外编》原书字形一致。释文及书证用简体字。

2. 原书中的异体字均立字头。引用书证中与词目字形无关的异体字，均按国家公布之《第一批异体字整理表》改用正体字形。通假字一仍原文，不作回改。

3. 双向关联条目，主条下混引书证时，附条书证如为异体字，引文仍保留原书字形。例如：“牀”亦作“床”。（每个义项下，分别引证与“牀”“床”对应的书证。）

4. 关联条目中，凡“亦作‘××’”“见‘××’”“参见‘××’”等，所有“××”，均保持与原书一致的字体、字形。

5. 引用古代韵书注音时，其反切、韵部、声类均保留原书繁体、异体等字形。

四 注音

1. 单字词目下用汉语拼音字母注今音，并加注中古音。中古音依《广韵》标注反切及韵部、声类。《广韵》未收者用《集韵》或其他古代韵书、字书。

2. 复合词条目第二字以下有异读者（第一音即常用音除外），用汉语拼音字母标注今音，外加圆括号()。如“[三傳]（—zhuàn）”（用于双音节）、“[人間重晚晴]（重 zhòng）”（用于三音节以上）。

五 释义

1. 多义项之排列依本义、引申义（或比喻义、假借义）、通假义顺序。无本义书证时，按常用义、非常用义顺序。

2. 各义项前均标❶、❷、❸等序号。同一义项下如再分时，则标以(1)、(2)、(3)等序号。

3. 释义凡两句及以上，后一句补充说明前句者，用逗号；前后句含义有差异而又不足以分立义项者，用分号。

4. 释义用浅近文言，保持辞书语体风格，以与唐代诗词基本协调。

六 书证

1. 书证较为充足，选择最能反映词义或对理解词义有帮助的作为书证。

2. 书证较为充足，同一义项下之书证一般可引三到四例，大致按初唐、盛唐、晚唐（或五代）三唐或初唐、盛唐、中唐、晚唐（或五代）四唐顺序各用一例，以见唐五代语言或某一事物的发展概况。时期分布不均衡者，引三例即可。

3. 书证排列顺序，一般以作者生卒年先后为序。有卒年可查者，按卒年先后为序；无卒年可查而有生年者，按生年先后为序；生卒年均无可查，可依据进士及第、解褐、入仕、历官等大致时代排列；世系无考者及无名氏、仙、神、鬼、怪等，列于最后，按《全唐诗》《全唐诗外编》卷次先后为序。

4. 诗中有异文者亦按照正文照引，异文不出注（个别异文立目者除外）。

5. 原文有阙文者，用□标明。例如：武元衡《送人赴鄂渚》：“青油幕里人皆□，黄鹤楼中月并钩。”

6.或有疑伪诗，例如：韩愈《赠贾岛》，凡此之类，引用一仍原书，不加考证；今人所作伪诗，如《全唐诗外编》《全唐诗补逸》卷七所录坎曼尔《诉豺狼》一首，《全唐诗续补遗》卷八所录坎曼尔《忆学字》《教子》二首，均为今人伪作，应予剔除。

7.重出诗篇作者未有定论者亦按《全唐诗》照引，无须括注“一作××诗”；民间默认或有定论者，则归属默认或定论作者，例如：

岑参《送杨子》(不标李白《送杨子》)

杜牧《赤壁》(不标李商隐《赤壁》)

8.大宗重出诗，例如：《全唐诗》卷二三九钱起《江行无题一百首》，题下注：“一作钱珝诗。”又卷七一二钱珝《江行无题一百首》，编者引明胡震亨《唐音统签》云：“旧作钱起诗，今考诗系迁谪途中杂咏，起无谪宦事……其为珝诗无疑。”则应以钱珝诗作为书证；《全唐诗外编》中有部分无名氏诗而实为王梵志诗，引用时仍依原书标“无名氏”，不另说明，以便查检。

9.《全唐诗》卷十至卷二九所收录诗作，为唐、五代乐府诗，涉及作者二百三十余人，诗作一千二百余首。有名氏的诗作，皆重出于作者本集。诗题则大多依据乐府类别及乐府旧题，往往面目皆非。其中卷十至卷十六为《郊庙歌辞》，皆为组合乐章；卷十七至卷二九所收录诗作，为《乐府杂曲》，以同一乐府诗题汇集一处，第一人第一题标诗题，第二人以下标“同前”，“同前”即同第一人诗题。所有有作者的乐府诗，凡书证与词目对应，文字相同，应以本集文字作为书证；词目文字仅见于乐府诗者，即以异文作为词目者，则以乐府诗为书证，括注“本集作××”“××集作××”。

10.书证起讫，一般诗以一联(绝大多数为两句，少数为三句)，词以一韵；如有利于对释义的理解，或有其他特殊需要，则不在此限。

11.引用诗题作书证者，标示“××有《××××》”。例如：

[欹湖]王维有《辋川集·欹湖》。裴迪有《辋川集二十首·欹湖》。

[卻扇]李商隐有《代董秀才却扇》。

12.引用同一作者的第二个书证时，承上省略作者名，用“又”字直接置于诗题前，不加逗号。

13.《全唐诗》每于诗题、诗句中夹注异文，引为书证时，不引夹注异文。

14.唐人别集旧注，必要时可加引证；今人所注，除集注、集释外，一般不引。

15.引用十三经、二十五史、先秦诸子及集体编撰、作者不详或无定论的各类文献，均不标示作者；引用类书、总集，均不标示作者。

16.引用杂史、汉代以后的子书(《淮南子》除外)等，均标示作者及朝代名。例如：

汉荀悦《汉纪·武帝纪一》

《太平御览》卷九三七引三国吴谢承《后汉书》

汉桓宽《盐铁论·散不足》

《事类赋》卷一引汉应劭《风俗通》

17.诗、文有别集的，标示作者及朝代名，皇帝用庙号或谥号。例如：

汉张衡《西京赋》

南朝梁简文帝《赋乐府得大垂手》

无别集的，均标明出处。总集所载标示作者名，类书等所引标示作者及朝代名，作者不详或失考者(无名氏)不作标示。例如：

《文选·李陵〈与苏武三首〉》之三

《艺文类聚》卷四三引汉傅毅《舞赋》

《玉台新咏·古诗为焦仲卿妻作》

七 书名、诗题的标示

1.《全唐诗》主体为诗，部分为词，诗题之后，不另标示“诗”字，原诗题有“诗”者除外。例如：

张说《玄武门侍射》

李商隐《骄儿诗》（不省“诗”字）

胡曾、周昙、孙元晏等咏史诗，《全唐诗》或作《咏史诗》，或作《咏史》，或仅在小传说明有《咏史诗》，本书一律标示为《咏史诗》。

2.所有词，在词牌后标示“词”字。例如：

温庭筠《菩萨蛮》词

原诗题有“词”字者，不在此例。例如：

白居易《吴宫词》（不省“词”字）

3.诗题一般全引，过长者，节取首尾文字。例如：

皮日休《重玄寺元达年逾八十好种名药凡所植者多至自天台四明包山句曲丛翠纷糅各可指名余奇而访之因题二章》，节略为《重玄寺元达年逾八十好种名药余奇而访之因题二章》。

或采用习惯标法。例如：

李商隐《韩冬郎即席为诗相送一座尽惊他日余方追吟连宵侍坐裴回久之句有老成之风因成二绝寄酬兼呈畏之员外》，标作《寄酬韩冬郎兼呈畏之员外》。

4.诗题内有书名、篇名，一律不作标示。例如：

方愚《读孝经》（不作《读〈孝经〉》）

刘禹锡《吟乐天自问怆然有作》（不作《吟乐天〈自问〉怆然有作》）

5.两文献序、跋之类，凡本人所写，不出双重书名号；他人所写，标示双重书名号。例如：

南朝梁萧统《文选序》

唐李阳冰《〈草堂集〉序》

6.组诗原诗题有“X 首”者，标示“《……X 首》之 X”；原诗题无“X 首”者，标示“《……》之 X”。例如：

寒山《诗三百三首》之二七〇

花蕊夫人《宫词》之七五

组诗有标题的，加标题。例如：

元稹《使东川·骆口驿二首》之二

白居易《新乐府·上阳白发人》

皮日休《太湖诗·太湖石》

诗题有三段者，标示三段。例如：

《郊庙歌辞·五郊乐章·黄帝宫音》

周昙《咏史诗·秦门·范增》

7.逸句、句，凡无诗题或仅在句下注诗题者，一律标示《句》；句前有诗题者，标示诗题。例如：

杜牧《句》

李商隐《句》（句下注：“金灯花。”）

元稹《李娃行》

8.同一人作一诗后，又有继作，题作“又 X”。引用时，标示前一首诗题，在诗题中与“又 X”重复的动词前加“又”字。例如：

徐铉《又和太常萧少卿近郊马上偶吟》(不作《又和》)

无名氏《洛阳人又嘲跛异》(不作《又嘲》)

八 标点符号

1.诗句一联，一般用“，”“。”，视语气用“？”“！”等。

2.一句之内，除书名号之外，一般不加其他标点符号。

3.诗题内文字一律不加标点符号。

4.引号设二级，即双引号“”、单引号‘’，单引号内引文、引语，不再加双引号。

5.两个数字之间的起讫连接，用“—”号。

6.人名、地名、书名等连称，一般不加顿号“、”。例如：

李杜、王杨卢骆、江浙、《诗》《书》

7.尽量避免使用省略号，必用者，每一书证限用一次。

8.人名条目涉及生卒年者，在圆括号内括注公元年份，年份之间用连接号“—”连接。例如：

[李商隐](813—858)

[温庭筠](812—870?)

[方干](? —888)

九 作者

1.《全唐诗》《全唐诗外编》所有作者，均作为词目收录。

2.《全唐诗》《全唐诗外编》中作者姓名有误者，如王绩误作王勣，郭纳误作郭汭；来鹄误作来鹏；《全唐诗》作者，除在作者条目下加以说明外，余均不加按注改正。

3.《全唐诗》作者姓名中，皇帝、后妃、太子、诸王、公主等，其标法依照卷首《全唐诗总目》。例如：太宗、则天皇后、章怀太子、信安王祎、宜芬公主、南唐先主李昪等；五代十国皇帝、诸王、后妃，其国名、姓氏往往承前省略，应予补出，例如：后主煜作南唐后主李煜，韩王从善作南唐韩王李从善，太妃徐氏作蜀太妃徐氏，余类推。《全唐诗外编》内各种补编标法，各不统一，一仍其旧，亦能确定其书证来源所自。

4.《全唐诗》编者避清圣祖玄烨之讳，改玄宗为明皇，与整体不相协调，今予回改作玄宗。

5.无名氏、佚名、缺名，统一标“无名氏”。为便于读者检索、核对，均于诗题后括注卷、编。《全唐诗》括注“卷××”，《全唐诗外编》括注“外编上”“外编下”。例如：

无名氏《姜宣弹小胡笳引歌》(卷七八六)

无名氏《冬日书情》(外编上)

无名氏《无言白话诗》(外编下)

6.《全唐诗》未标“无名氏”，亦未标作者姓名者，如《乐府杂曲》“歌”“谶记”“谣”“占辞”等，均在诗题后括注“卷××”。例如：

《簇拍相府莲》(卷二七)

《王法曹歌》(卷八七四)

《牛口谣》(卷八七八)

7.《全唐诗》《郊庙歌辞》部分，凡未标作者者，标示乐府诗题。例如：

《郊庙歌辞·享太庙乐章·崇德舞》

8.鬼、神、怪等荒诞不经之诗，一般不引；必须引用时，不标作者，在诗题后括注“卷XX”。例如：

《霅溪夜宴诗》(卷八六四)(不标作：水神《霅溪夜宴诗》)

《和崔侍御》(卷八六五)(不标作：尉佗《和崔侍御》)

《诗》(卷八六七)(不标作：东阳夜怪《诗》)

9.联句一类，凡二人相联者，按原书次序标示二人名，例如：

[昂然]……韩愈、孟郊《斗鸡联句》……

三人及三人以上者，如一联全为第一人所作，则独标示第一人之名，例如：

[窪尊]……颜真卿《登岘山观李左相石尊联句》……

如一联全为第二人以后所作，则先标示第一人，后标示此联作者之名，例如：

[玄阴]……白居易、刘禹锡《喜晴联句》……

如一联为第二人以后二人所作，则先标示第一人，后标示此联两位作者之名，例如：

[荷镜]……陆龟蒙、嵩起、皮日休《报恩寺南池联句》……

10.凡失姓或有姓无名者，尽量避免引用其作品；必须引用时，缺文用“□”标明。例如：

清昼、□均《乐意联句一首》

李□□《过王璿墓》

11.名从主人，人名、地名等专有名词，凡属异体字、古今字范畴，一仍其旧，例如：刘眘虚，不作刘慎虚，“眘”不作“昚”；张蠙，不作张玭。凡属繁简字范畴，则一律改为简体字，例如：朱庆餘作朱庆余，高適作高适，魏徵作魏征等。

12.重出篇目的作者之名文字不同，一般以本集文字为准。例如：《全唐诗》卷九九张循之本集，其中《长门怨》一诗，卷七六九重出，作者作张修之，古籍循、修互讹，极为普遍，此以张循之为准；《全唐诗》卷四七二刘皂本集，其中《长门怨三首》之二，卷二十乐府诗重出，作者为刘早，皂、早为异体字，此以本集刘皂为准。

第一卷　部首表

第一卷 部首检字表

648 卜部

652 卩部

665 厂部

671 厶部

676 又部

689 口部

859
囗部

一　部

一〔yī《广韵》於悉切，入質，影。〕❶数词。正数之始。李峤《秋山望月酬李骑曹》："寒催数雁过，风送一萤来。"李白《述德兼陈情上哥舒大夫》："卫青谩作大将军，白起真成一竖子。"李端《暮春寻终南柳处士》："庞眉一居士，鹑服隐尧时。"李商隐《锦瑟》："锦瑟无端五十弦，一弦一柱思华年。"❷序数之始。李端《妾薄命》："从来闭在长门者，必是宫中第一人。"白居易《二月一日作赠韦七庶子》："不觉春已深，今朝二月一。"罗隐《京中正月七日立春》："一二三四五六七，万木生芽是今日。"冯延巳《薄命妾》词："一愿郎君千岁，二愿妾身长健，三愿如同梁上燕，岁岁长相见。"❸若干分之一，其中之一。李益《饮马歌》："一马喷成泥，百马饮浊流。"徐夤《和人经隋唐间战处》："孤军前度战，一败一成功。"詹敦仁《复留侯从效问南汉刘岩改名龑字音义》："龖杰自其一，蜀闯是其二。"❹表示极少。见"一金❸"。❺不定指之数。某一。见"一日❹""一宵❷"。❻又一，另一。见"一名❷"。❼整个，满。见"一面妝"、"一頭"。❽独，指一人。高适《宋中遇林虑杨十七山人因而有别》："因声谢岑壑，岁暮一攀跻。"杜甫《发潭州》："高名前后事，回首一伤神。"许浑《咸阳城东楼》："一上高城万里愁，蒹葭杨柳似汀洲。"❾单一。张九龄《登郡城南楼》："感别时已屡，凭眺情非一。"孟浩然《登江中孤屿赠白云先生王迥》："夕阳开返照，中坐兴非一。"窦群《晨游昌师院》："生期半宵梦，忧绪仍非一。"白居易《三适赠道友》："三适今为一，怡怡复熙熙。"❿同一，同样。杜甫《八哀诗·赠太子太师汝阳郡王琎》："羽旗动若一，万马肃駪駪。"戴叔伦《竹》："岂独对芳菲，终年色如一。"白居易《秋思》："兽形云不一，弓势月初三。"邵谒《自叹》："我命独如何，憔悴长如一。"⓫一次。储光羲《望幸亭》："五年一巡狩，西幸过东畿。"韦应物《赠琮公》："山僧一相访，吏案正盈前。"张籍《送郑秀才归宁》："离琴一奏罢，山雨霭余晖。"鱼玄机《酬李郢夏日钓鱼回见示》："住处虽同巷，经年不一过。"⓬一下，表示动作持续时间短暂。上官昭容《游长宁公主流杯池二十五首》之九："登山一长望，正遇九春初。"高适《效古赠崔二》："十月河洲时，一看有归思。"权德舆《过张监阁老宅对酒奉酬见赠》："里仁无外事，徐步一开颜。"刘沧《秋日夜怀》："如何节候变容发，明镜一看愁异常。"⓭一举。见"一扫"。⓮统一，归于一致。太宗《执契静三边》："已知隆至道，共欢区宇一。"唐彦谦《六月十三日上陈微博士》："惟当俟其定，静坐万虑一。"⓯纯一。见"一德"。⓰全，完全。表示总括。韦承庆《南行别弟》："落花相与恨，到地一无声。"杜甫《逃难》："已衰病方入，四海一涂炭。"韦应物《新理西斋》："草木无行次，闲暇一芟除。"李郢《醉送》："无限柳条多少雪，一将春恨付刘郎。"⓱乃，竟然。李益《罢镜》："衰飒一如此，清光难复持。"许棠《寄赵能卿》："蹉跎一如此，何处卜栖迟。"⓲忽然。杜甫《秋日夔府咏怀奉寄郑监李宾客一百韵》："胡星一彗孛，黔首遂拘挛。"⓳一旦，一经。杜审言《和康五庭芝望月有怀》："罗衣一此鉴，顿使别离难。"孟浩然《岘山饯房琯崔宗之》："青阳一覩止，云路豁然开。"白居易《妇人苦》："妇人一丧夫，终身守孤孑。"赵嘏《昔昔盐二十首·靡芜叶复齐》："一被春光累，容颜与昔殊。"⓴甚，非常。高适《途中酬李少府赠别之作》："驱马出大梁，原野一悠然。"杜甫《白沙渡》："迥然洗愁辛，多病一疏散。"韦应物《园林晏起寄昭应韩明府卢主簿》："四体一舒散，情性亦忻然。"李端《长安书事寄薛戴》："时芳一憔悴，暮序何萧索?"㉑助词。加强语气。萧颖士《过河滨和文学张志尹》："沧桑一以变，莽然翳荆榛。"李白《赠裴司马》："秀色一如此，多为众女讥。"严武《班婕妤》："秋风一已劲，摇落不胜悲。"郑德玄《晚至乡亭》："客心一如此，谁复采芳兰?"㉒哲学用语。即老子所谓"道"。褚亮《祭方丘乐章·顺和》："易从业惟简，得一道斯宁。"李白《古风》之三四："天地皆得一，澹然四海清。"陈陶《题僧院紫竹》："从来道生一，况伴龟藏六。"《郊庙歌辞·祀圜丘乐章·太和》："登三处大，得一居贞。"

【一一】❶逐一。王维《黄雀痴》："一一口衔食，养得成毛衣。"杨衡《句》："一一鹤声飞上天。"王周《夔州病中》："郡楼昨夜西风急，一一更筹到枕前。"❷每一；全部。张九龄《奉和圣制早发三乡山行》："遗贤一一皆羁致，犹欲高深访隐沦。"权德舆《寓兴》："岂伊当途者，一一由中人?"李商隐《送臻师二首》之二："何当百亿莲花上，一一莲花见佛身。"花蕊夫人徐氏《宫词》之一四一："一一傍边书敕字，中官送与大臣家。"❸指由一只只飞雁排列成"之"队形。杜甫《归雁二首》之一："双双瞻客上，一一背人飞。"杜牧《早雁》："须知胡骑纷纷在，岂逐春风一一回。"齐己《边上》："秋风起边雁，一一向潇湘。"

【一二】 表示数量少。高适《送杨山人归嵩阳》："一二故人不复见，三十六峰犹眼前。"白居易《感时》："虽有七十期，十人无一二。"李商隐《安平公诗》："如公之德世一二，岂得无泪如黄河！"苏拯《明禁忌》："可以没凶灾，四隅通一二。"

【一十三死生】 谓人生在世，生与死途径各占十分之三。见《老子》。陈子昂《夏日晖上人房别李参军崇嗣》："四十九变化，一十三死生。"

【一丁】 一名成年男子。白居易《新丰折臂翁》："无何天宝大征兵，户有三丁点一丁。"

【一人】 ❶一个人。寒山《诗三百三首》之一四八："一人好头肚，六艺尽皆通。"杜甫《赠别何邕》："生死论交地，何由见一人？"贯休《古意九首》之四："千人万人中，一人两人知。"❷指帝王。杜甫《早花》："西京安稳未？不见一人来。"白居易《新乐府·八骏图》："白云黄竹歌声动，一人荒乐万人愁。"朱庆余《长城》："一人如有德，四海尽为家。"花蕊夫人徐氏《宫词》之五："但是一人行幸处，黄金阁子锁牙床。"

【一人有慶兆民賴】 颂扬帝王善政之词。《书·吕刑》："一人有庆，兆民赖之，其宁惟永。"白居易《新乐府·捕蝗》："一人有庆兆民赖，是岁虽蝗不为害。"

【一刀兩段】 用刀将东西斩成两部分。寒山《诗三百三首》之二四二："男儿大丈夫，一刀两段截。"

【一三五七九言】 一种诗体。首联一字，次联三字，三联五字，四联七字，末联九字。义净《在西国怀王舍城》注："一三五七九言。"

【一下】 ❶一次。顾况《险竿歌》："宛陵将士天下雄，一下定却长稍弓。"卢仝《寄男抱孙》："一百放一下，打汝九十九。"❷下来一次。杜牧《赠李秀才》："天上麒麟时一下，人间不独有徐陵。"

【一寸心】 ❶一片丹心。贺遂亮《赠韩思彦》："意气百年内，平生一寸心。"元稹《折枝花赠行》："樱桃花下送君时，一寸春心逐折枝。"白居易《除忠州寄谢崔相公》："感旧两行年老泪，酬恩一寸岁寒心。"❷指初春长出的草木小嫩芽。曹邺《庭草》："低回一寸心，不敢怨春风。"郑谷《投所知》："却应回念江边草，放出春烟一寸心。"

【一寸灰】 谓遭挫折而心灰意冷。杜甫《郑驸马池台喜遇郑广文同饮》："白发千茎雪，丹心一寸灰。"李商隐《无题四首》之二："春心莫共花争发，一寸相思一寸灰。"曹松《荆南道中》："游秦分系三条烛，出楚心殊一寸灰。"

【一寸鉤】 指钓鱼钩。韩愈、孟郊《远游联句》："我有一寸钩，欲钓千丈流。"皮日休《鲁望以轮钩相示缅怀高致因作三篇》之三："三寻丝带桐江烂，一寸钩含笠泽腥。"

【一寸禄】 极言俸禄之少。孙郃《哭方玄英先生》："官无一寸禄，名传千万里。"

【一丈臨山】 犹日薄西山。谓死期临近。贯休《酬韦相公见寄》："万般如幻希先觉，一丈临山且奈何！"

【一上人】 ❶指灵一上人。刘长卿有《西陵寄一上人》。戴叔伦有《草堂一上人》。❷指栖一上人。贯休有《题一上人经阁》。

【一口】 ❶一嘴，满口。李商隐《河阳诗》："绿绣笙囊不见人，一口红霞夜深嚼。"❷一只。顾云《筑城篇》："一家人率一口甓，版筑才兴城已成。"

【一千二百如輪夜】 指百年。月圆一年十二次，百年即一千二百次。张蠙《十五夜与友人对月》："一千二百如轮夜，浮世谁能得尽看？"

【一川】 ❶一条水流。丘为《泛若耶溪》："一川草长绿，四时那得辨！"司空曙《雪二首》之一："漫漫一川横渭水，太阳初出五陵高。"杜牧《暝投云智寺渡溪不得却取沿江路往》："双岩泻一川，回马断桥前。"刘沧《雨后游南门寺》："半壁楼台秋月过，一川烟水夕阳平。"❷满地。綦毋潜《送郑务拜伯父》："一川花送客，二月柳宜春。"皮日休《三羞诗三首》之二："去为万骑风，住作一川肉。"卢延让《樊川寒食二首》之一："寒食权豪尽出行，一川如画雨初晴。"无名氏《冬日书情》(外编上)："万里山河非旧国，一川戎俗是新知。"

【一丸】 ❶一颗圆形物体。司空曙《酬卫长林岁日见呈》："朱泥一丸药，柏叶万年杯。"卢仝《忆金鹅山沈山人二首》之一："白日上升应不恶，药成且辄一丸药。"白居易《和答诗十首·和大觜乌》："数粒未入口，一丸已中胸。"❷同"一丸泥"。独孤及《贾员外处见中书贾舍人巴陵诗集览之怀旧代书寄赠》："系越有长缨，封关只一丸。"

【一丸五色】 三国魏曹丕《折杨柳行》："与我一丸药，光耀有五色。"后因以"一丸五色"指仙药。杜牧《题桐叶》："一丸五色成虚语，石烂松薪更莫疑。"

【一丸泥】 谓用一团泥封住关塞，就可阻敌。比喻地势险要。语出《后汉书·隗嚣传》。李益《再赴渭北使府留别》："平戎七尺剑，封检一丸泥。"皮日休《题潼关兰若》："壮士不言三尺剑，谋臣休道一丸泥。"胡曾《咏史诗·陇西》："好笑王元不量力，函关那受一丸泥！"

【一勺】 表数量。多用于水。孟郊《寒溪》之八："千里冰裂处，一勺暖亦仁。"白居易《嗟发落》："银瓶贮寒泉，当顶倾一勺。"皮日休《聪明泉》："一勺如琼液，将愚拟望贤。”

【一夕】 一夜。韦应物《寄职方刘郎中》：“一夕南宫遇，聊用写中情。”刘禹锡《秋晚题湖城驿池上亭》：“恨为一夕客，愁听晨鸡鸣。”曹松《崇义里言怀》：“平生五字句，一夕满头丝。”徐铉《常州驿中喜雨》：“飒飒旱天雨，凉风一夕回。”

【一夕三改變】 形容多变。白居易《因梦有悟》：“一夕三改变，梦心不惊疑。”

【一夕三歎】 谓多次叹息。常建《赠三侍御》：“吟彼《乔木》诗，一夕常三叹。”

【一夕千念】 谓异常想念。钱起《秋夜寄袁中丞王员外》：“一夕盈千念，方知别者劳。”

【一己】 自己一人。李白《邺中赠王大》：“相知同一己，岂惟弟与兄。”陆龟蒙《奉和袭美太湖诗二十首·缥缈峰》：“尽欲活群生，不唯私一己。”

【一女不織萬夫受寒】 谓妇人不织布则天下受冻。语出《汉书·食货志》载贾谊疏。苏涣《变律》之三：“一女不得织，万夫受其寒。”

【一天】 ❶满天。王建《宫词一百首》之六一：“内宴初秋入二更，殿前灯火一天明。”❷一个天空。曹松《夏云》：“一天分万态，立地看忘回。”李洞《送云卿上人游安南》：“岛屿分诸国，星河共一天。”

【一天星斗】 ❶满天星星。李中《江行夜泊》：“半夜风雷过，一天星斗寒。”❷杜牧《华清宫三十韵》：“雷霆驰号令，星斗焕文章。”后以“一天星斗”形容文章华美，本此。

【一夫】 ❶一人。杜甫《潼关吏》：“艰难奋长戟，万古用一夫。”张乔《华山》：“傥有芝田种，岩间老一夫。”来鹄《圣政纪颂》：“且十夫树杨，一夫欲竞；栽既未牢，摒岂能盛！”❷犹独夫。特指纣。周昙《咏史诗·三代门·武王》：“七载岂堪囚羑里，一夫为报亦何疑！”

【一夫用】 谓只足以敌一人之用。语出《孟子·梁惠王下》。李白《悲歌行》：“剑是一夫用，书能知姓名。”

【一夫冤】 为无辜受冤屈之典。见汉王充《论衡·感虚》。许浑《太和初靖恭里感事》：“乾坤三事贵，华夏一夫冤。”又《闻开江宋相公申锡下世二首》之二：“位极乾坤三事贵，谤兴华夏一夫冤。”

【一夫當關萬夫莫開】 比喻地势险要，易守难攻。语出《淮南子·兵略训》。后常用以喻蜀地形势。李白《蜀道难》：“剑阁峥嵘而崔嵬，一夫当关，万夫莫开。”

【一夫攘臂】 一人挥臂。谓领头起义。周昙《咏史诗·秦门·陈涉》：“秦法烦苛霸业隳，一夫攘臂万夫随。”

【一元】 指宇宙初成时天地不分之混沌状态。元稹《有酒十章》之二：“尚思天地之始名，一元既二分浊清。”亦指天地。殷尧藩《喜雨》：“一元和气归中正，百怪苍渊起蛰雷。”

【一王法】 指孔子《春秋》所记之一代王朝大义法则。见《史记·太史公自序》。张说《奉和圣制经邹鲁祭孔子应制》：“悬知一王法，今日待明君。”

【一木】 ❶独木，一根木材。张九龄《将发还乡示诸弟》：“一木逢厦构，纤尘愿山益。”❷一根树枝。李白《来日大难》：“思填东海，强衔一木。”❸一棵树。见“一草一木”。

【一支】 ❶一条。多用于水之支流。李端《送郑宥入蜀迎觐》：“剑门千转尽，巴水一支长。”崔橹《宿寿安山阴馆闻泉》：“一支清急万山来，穿竹喧飞破石苔。”❷学派之一分支。刘禹锡《送慧则法师归上都因呈广宣上人》引：“释子慧则，生于像季，思济劫溺，乃学于一支，开彼群迷。”

【一匹練】 一匹白色丝绸。常用以喻马。李白《赠武十七谔》：“马如一匹练，明日过吴门。”亦用以喻水流。李白《秋浦歌十七首》之十二：“水如一匹练，此地即平天。”

【一切】 全部；所有事物。寒山《诗三百三首》之一六〇：“促之在方寸，延之一切处。”孟浩然《云门寺西六七里闻符公兰若最幽与薛八同往》：“四禅合真如，一切是虚假。”刘叉《修养》：“只知一切望一切，不觉一日损一日。”吴融《过邓城县作》：“到头一切皆身外，只觉关身是醉乡。”

【一切法】 佛教称总括一切事理轨则为一切法。寒山《杂诗》：“我性与汝合，一切法无差。”

【一切經】 汉译佛经之总称，即大藏经。岑参《观楚国寺璋上人写一切经院南有曲池深竹》：“誓写一切经，欲向万卷余。”

【一止之月】 指正月。“正”拆开为“一止”。《安禄山古谶》(卷八七五)：“两角女子绿衣裳，端坐太行邀君王，一止之月必消亡。”

【一日】 ❶一天，一昼夜。刘方平《送别》：“莫怪山前深复浅，清淮一日两回潮。”李益《同崔邠登鹳雀楼》：“事去千年犹恨速，愁来一日即为长。”白居易《禽虫十二章》之一：“疑有凤凰颁鸟历，一时一日不参差。”❷一个白天。李白《早发白帝城》：“朝辞白帝彩云间，千里江陵一日还。”杜甫《三绝句》之二：“自今已后知人意，一日须来一百回。”白居易《三月三十日作》：“半百过九年，艳阳残一日。”❸每月初一。王建《温泉宫行》：“十月一日天子来，青绳御路无尘埃。”白居易《七月一日作》：“七月一日天，秋生履道里。”李贺《上云乐》：“缝衣缕，八月一日君前舞。”❹某日，指过去某一天。任华《寄李白》:“数十年为客,未尝一日低颜色。”白居易《哭孔戡》:“竟不得一日,謇謇立君前。”❺今日。李商隐《井泥四十韵》:“一日下马到,此时芳草萋。”杜荀鹤《辞杨侍郎》:“半年宾馆成前事,一日侯门失旧知。”黄滔《题东林寺元祐上人院》:“半生随计吏,一日对禅僧。”❻他日,指将来某一天。寒山《诗三百三首》之一八四:“一日有钱财,浮图顶上立。”贯休《寄赤松舒道士二首》之一:“会应陪太守,一日到烟萝。”❼一时,指短暂时间。李频《长安书事寄所知》:“江湖终一日,拜别便东行。”❽忽然间,一下子。杜甫《莫相疑行》:“忆献三赋蓬莱宫,自怪一日声辉赫。”

【一日三月】 同“一日三秋”。语出《诗·王风·采葛》:“彼采葛兮,一日不见,如三月兮。”白居易《长斋月满寄思黯》:“一日不见如三月,一月相思如七年。”

【一日三百杯】 同“一飲三百杯”。李白《襄阳歌》:“百年三万六千日,一日须倾三百杯。”

【一日三年】 同“一日三秋”。语出《诗·王风·采葛》:“彼采艾兮,一日不见,如三岁兮。”元稹《古决绝词》之二:“一日不见,比一日于三年。”

【一日三秋】 形容思念殷切。语出《诗·王风·采葛》:“彼采萧兮,一日不见,如三秋兮。”杨炯《有所思》:“三秋方一日,少别比千年。”吴筠《过天门山怀友》:“一日如三秋,相思意弥敦。”

【一日千年】 ❶亦作“一日千載”。神话传说仙界一日,世间千年。孟郊《烂柯石》:“仙界一日内,人间千载穷。”周朴《王霸坛》:“云间犹一日,尘里已千年。”❷谓夫妻长久相守而不老。李贺《后园凿井歌》:“一日作千年,不须流下去。”

【一日千里】 形容马速度之迅疾。《庄子·秋水》:“一日而驰千里。”高适《画马篇》:“荷君剪拂与君用,一日千里如旋风。”顾况《梁司马画马歌》:“黄沙枯碛无寸草,一日行过千里道。”

【一日千載】 见“一日千年❶”。

【一日千觞】 极言饮酒之多,酒量之大。李白《赠刘都使》:“高谈满四座,一日倾千觞。”

【一日長】 (长 zhǎng)❶谓年龄长于别人。语出《论语·先进》。孟浩然《送洗然弟进士举》:“以吾一日长,念尔聚星稀。”李白《送二季之江东》:“多惭一日长,不及二龙贤。”❷谓年龄增长。刘禹锡《元日感怀》:“身加一日长,心觉去年非。”

【一日程】 ❶同“一宿程”。白居易《寄李十一建》:“相去幸非远,走马一日程。”❷一日路程。吕岩《七言》之十七:“三千功行百旬见,万里蓬莱一日程。”

【一日腸九回】 形容愁思萦回,郁结不解。语出汉司马迁《报任少卿书》:“是以肠一日而九回。”白居易《长相思》:“思君春日迟,一日肠九回。”

【一日歡】 谓短时欢乐。语出《列子·杨朱》。黄滔《九日》:“莫言黄菊花开晚,独占樽前一日欢。”

【一牛鳴】 即一牛鸣地,亦即一牛吼地。牛吼叫声所及距离。王维《与苏卢二员外期游方丈寺而苏不至因有是作》:“回看双凤阙,相去一牛鸣。”

【一手】 ❶一只手。韩愈《题秀禅师房》:“暂拳一手支头卧,还把鱼竿下钓沙。”韩偓《复偶见三绝》之三:“半身映竹轻闻语,一手揭帘微转头。”❷一人之力。韩偓《赠吴颠尊师》:“半酣思救世,一手拟扶倾。”

【一手掩天】 谓倚仗权势,瞒上欺下,遮人耳目。曹邺《读李斯传》:“难将一人手,掩得天下目。”

【一毛】 ❶一根毫毛。卢象《追凉历下古城西北隅此地有清泉乔木》:“咫尺传双鲤,吹嘘借一毛。”张祜《哭汴州陆大夫》:“利剑太坚操,何妨拔一毛。”杜牧《洛中监察病假满送韦楚老拾遗归朝》:“独鹤初冲太虚日,九牛新落一毛时。”❷凤凰一毛。指凤凰。比喻难得的人才。杜甫《奉送苏州李二十五长史丈之任》:“一毛生凤穴,三尺献龙泉。”熊孺登《和窦中丞岁酒喜见小男两岁》:“闻得一毛添五色,眼看相逐凤池头。”李绅《逾岭峤止荒陬抵高要》:“空愧驽骀异一毛,无令朽骨惭千载。”

【一片】 ❶一块。多指薄形物体。高适《奉酬睢阳路太守见赠之作》:“秋庭一片叶,朝镜数茎丝。”韩愈《古意》:“冷比雪霜甘比蜜,一片入口沉痾痊。”李商隐《一片》:“一片琼英价动天,连城十二昔虚传。”牛殳《琵琶行》:“何人劚得一片木,三尺春冰五音足。”❷一张,一面。李白《望天门山》:“两岸青山相对出,孤帆一片日边来。”法振《送友人之上都》:“湖头望入桃花去,一片春帆带雨飞。”刘禹锡《西塞山怀古》:“千寻铁锁沉江底,一片降幡出石头。”李商隐《咏史》:“北湖南埭水漫漫,一片降旗百尺竿。”❸一朵。张若虚《春江花月夜》:“白云一片去悠悠,青枫浦上不胜愁。”李益《赠毛仙翁》:“长愁忽作鹤飞去,一片孤云何处寻?”李商隐《代元城吴令暗为答》:“荆王枕上原无梦,莫枉阳台一片云。”❹一大片,触目皆是。李白《子夜吴歌·秋歌》:“长安一片月,万户捣衣声。”白居易《梦仙》:“东海一片白,列岳五点青。”周昙《咏史诗·晋门·王茂弘》:“中原一片生灵血,谁秉王纲色不惭?”❺十分喧闹,满耳皆是。薛能《省试夜》:“白莲千朵照廊明,一片承平雅颂声。”❻一阵。戴叔伦《小雪》:“愁人正在书窗下,一片飞来一片寒。”❼一股。孟浩然《送告八从军》:“男儿一片气,何必五车书。”

【一片子】 词牌名。无名氏有《一片子》词(卷八九九)。

【一片丹心】 指一种赤诚之心。贯休《贺雨上王使君二首》之一："一片丹心合万灵，应时甘雨带龙腥。"

【一片心】 指思想、心境专一于某种事物。栖白《赠李溟秀才》："数篇正始韵，一片补亡心。"郑谷《朝谒》："捧日整朝簪，千官一片心。"贯休《寿春进祝圣七首·从谏如流》："万年轩后镜，一片汉高心。"

【一片石】 ❶一块石头。李白《秋浦歌十七首》之九："江祖一片石，青天扫画屏。"卢仝《赠徐希仁石砚别》："用之可以过珪璧，弃置还为一片石。"童翰卿《昆明池织女石》："一片昆明石，千秋织女名。"❷指碑碣。李白《襄阳歌》："君不见，晋朝羊公一片石，龟头剥落生莓苔。"此指堕泪碑。姚合《古碑》："荒田一片石，文字满青苔。"

【一片冰】 ❶同"一片冰心"。杨巨源《酬崔博士》："青松树杪三千鹤，白玉壶中一片冰。"❷比喻一轮明月。章碣《对月》："残霞卷尽出东溟，万古难消一片冰。"

【一片冰心】 形容性情淡泊，心地纯洁。王昌龄《芙蓉楼送辛渐二首》之一："洛阳亲友如相问，一片冰心在玉壶。"

【一分】 ❶十分之一寸。白居易《和微之诗二十三首·和李势女》："减一分太短，增一分太长。"吴融《次韵和王员外杂游四韵》："一分难减亦难加，得似溪头浣越纱。"❷若干分之一。高骈《遣兴》："沉忧万种与千种，行乐十分无一分。"方干《贻曦上人》："四十年来多少人，一分零落九成尘。"徐铉《奉命南使经彭泽》："远使程途未一分，离心常要醉醺醺。"❸少许。杜荀鹤《题所居村舍》："家随兵尽屋空存，税额宁容减一分！"

【一公】 ❶指道一禅师。王维《投道一师兰若宿》："一公栖太白，高顶出风烟。"❷指归一禅师。张谓有《送青龙一公》。❸指齐一禅师。刘长卿《齐一和尚影堂》："一公住世忘世纷，暂来复去谁能分？"❹指惟一禅师。李嘉祐有《同皇甫侍御题荐福寺一公房》。❺指灵一禅师。严维有《一公新泉》。❻指栖一禅师。贯休有《秋末寄武昌一公》。❼法名全称未详。喻凫有《一公房》。温庭筠有《宿一公精舍》。李郢有《清明日题一公禅室》。

【一文錢】 一枚钱。形容钱极少。文本指钱上文字，后用以作钱之计量单位。张祜《感归》："行却江南路几千，归来不把一文钱。"

【一方】 ❶一隅，一角。王勃《秋夜长》："君在天一方，寒衣徒自香。"窦群《东山月下怀友人》："皎洁殊未已，沉吟限一方。"颜粲《白露为霜》："独念蓬门下，穷年在一方。"韦庄《嘉会里闲居》："草占一方绿，树藏千古春。"❷一个区域，张谓《送李著作倅杭州》："辍史空三署，题舆佐一方。"孟郊《和钱侍郎甘露》："一方难独占，天下恐争论。"姚鹄《襄州献卢尚书》："立事成功尽远图，一方独与万方殊。"徐铉《和王庶子寄题兄长建州廉使新亭》："谢守高斋结构新，一方风景万家情。"❸四方之一。李贺《北中寒》："一方黑照三方紫，黄河冰合鱼龙死。"❹一处，一起。张籍《赠别孟郊》："安得在一方，终老无送迎。"❺一端。白居易《归田三首》之三："何必守一方，窘然自牵束。"又《渭村退居寄礼部崔侍郎翰林钱舍人诗一百韵》："疏放遗千虑，愚蒙守一方。"❻一块四方的形体。王建《上田仆射》："一方新地隔河烟，会接诸生听管弦。"曹松《碧角簟》："八尺碧天无点翳，一方青玉绝纤尘。"❼一个。李端《送从叔赴洪州》："后夜相思处，中庭月一方。"刘禹锡《生公讲堂》："高坐寂寥尘漠漠，一方明月可中庭。"

【一之】 语出《左传·僖公五年》："一之谓甚，其可再乎？"此谓有一种，有其中之一。白居易《诗酒琴人例多薄命予酷好三事偶成狂咏聊写愧怀》："一之已叹关于命，三者何堪并在身！"

【一斗之膽】 形容胆量极大。《三国志·蜀志·姜维传》裴松之注引《世语》："维死时见剖，胆如斗大。"施肩吾《壮士行》："一斗之胆撑脏腑，如磦之筋碍臂骨。"

【一斗粟】 汉文帝少弟淮南厉王长谋反，被废，遣送蜀郡严道安置，途中绝食而死。民为作歌谣曰："一尺布，尚可缝；一斗粟，尚可舂。兄弟二人不能相容。"见《史记·淮南衡山列传》。李白《箜篌谣》："汉谣一斗粟，不与淮南舂。"

【一斗詩百篇】 形容酒量大而诗思敏捷。杜甫《饮中八仙歌》："李白一斗诗百篇，长安市上酒家眠。"

【一火】 ❶一把火。吴融《废宅》："不独凄凉眼前事，咸阳一火便成原。"❷一盏灯。项斯《江村夜泊》："几家深树里，一火夜渔归。"

【一心】 ❶专心致志。王维《谒璿上人》："一心在法要，愿以无生奖。"刘长卿《洛阳主簿叔知和驿承恩赴选伏辞一首》："二载出江亭，一心奉王事。"皇甫冉《酬崔侍御期籍道士不至兼寄》："一心求妙道，几岁候真师。"杜荀鹤《送黄补阙南迁》："一心贪谏主，开口不防人。"❷同心，齐心。杜甫《高都护骢马行》："此马临阵久无敌，与人一心成大功。"❸一颗心。贾岛《闻蝉感怀》："正遇友人来告别，一心分作两般悲。"❹一根心子。李白《白头吟》："两草犹一心，人心不如草。"

【一心一意】 专一的心思意念。骆宾王《代女道士王灵妃赠道士李荣》："一心一意无穷已，投漆投胶非足拟。"

【一尺】 ❶表长度，十寸。白居易《新乐府·卖炭翁》："夜来城上一尺雪，晓驾炭车辗冰辙。"郑谷《淮上渔者》："一尺鲈鱼新钓得，儿孙吹火荻花中。"❷指长度为一尺左右之事物。孟郊《秋怀》之三："一尺月透户，仡栗如剑飞。"李贺《罗浮山父与葛篇》："欲剪箱中一尺天，吴娥莫道吴刀涩。"陈陶《小笛弄》："一尺玲珑握中翠，仙娥月浦呼龙子。"❸指书信。卢殷《遇边使》："袖掩千行泪，书封一尺情。"参见"一尺素"。

【一尺瓜】 指西瓜。曹唐《小游仙诗九十八首》之七一："略寻旧路过西国，因得冰园一尺瓜。"

【一尺金】 指书信。金喻珍贵。罗隐《遇边使》："袖掩千行泪，书封一尺金。"

【一尺素】 尺牍，书信。李商隐《夜思》："寄恨一尺素，含情双玉珰。"

【一尺高髻】 指东汉时女子好高髻之风尚。陆龟蒙《古态》："城中皆一尺，非妾髻鬟高。"

【一尺捶】 一种刑具，短杖。《庄子·天下》："一尺之捶，日取其半，万世不竭。"韩愈《送张道士》："恨无一尺捶，为国笞羌夷。"按，诗取汉贾谊《过秦论》"执捶拊以鞭笞天下"意。

【一尺詔】 指诏书。汉制，以长度为一尺一寸之牍写诏书。此举成数而言。独孤及《送相里郎中赴江西》："君把一尺诏，南游济沧浪。"

【一尺腰】 指女子细腰。温庭筠《张静婉采莲歌》："抱月飘烟一尺腰，麝脐龙髓怜娇娆。"

【一尺璧】 指圆月。贾岛《咏韩氏二子》："千岩一尺璧，八月十五夕。"

【一以貫】 谓同一道理。语出《论语·里仁》："吾道一以贯之。"白居易《偶作二首》之二："是非一以贯，身世交相忘。"

【一去不回】 见"一去不迴"。

【一去不迴】 同"一去不復返"。李商隐《戏题枢言草阁三十二韵》："又弹《明君怨》，一去怨不迴。"韩偓《三月》："四时最好是三月，一去不迴唯少年。""迴"亦作"回"。司马扎《古思》："门前长江水，一去终不回。"

【一去不復返】 一去后就再不回来。去，离开，往。《战国策·燕策三》："风萧萧兮易水寒，壮士一去兮不复还。"崔颢《黄鹤楼》："黄鹤一去不复返，白云千载空悠悠。"楼颖《西施石》："一去姑苏不复返，岸旁桃李为谁春？"

【一去不復還】 同"一去不復返"。张生妻《梦中歌》："良人一去不复还，今夕坐愁鬓如雪。"

【一去不還】 同"一去不復返"。白居易《效陶潜体诗十六首》之一："尧舜与周孔，古来称圣贤。借问今何在？一去亦不还。"赵嘏《昔昔盐二十首·一去无还意》："良人征绝域，一去不言还。"

【一世】 ❶三十年为一世。权德舆《古兴》："人生大限虽百岁，就中三十称一世。"❷一代。李贺《白虎行》："玉坛设醮思冲天，一世二世当万年。"❸一生，一辈子。杜甫《送樊二十三侍御赴汉中判官》："裴回悲生离，局促老一世。"王建《寄李益少监兼送张实游幽州》："常恐一世中，不上君子堂。"李德裕《寄题惠林李侍郎旧馆》："百龄惟待尽，一世乐长贫。"徐夤《咏灯》："莫言明灭无多事，曾比人生一世中。"

【一匝】 一圈。白居易《衰荷》："无人解爱萧条境，更绕衰丛一匝看。"李频《冬夜酬范秘书》："九衢行一匝，不敢入他门。"

【一本】 表数量。吕岩《七言》之十三："一本天机深更深，徒言万劫与千金。"

【一札】 ❶犹一封。刘长卿《落第赠杨侍御兼拜员外仍充安大夫判官赴范阳》："他时书一札，犹冀问途穷。"❷指书信。贾岛《送韩湘》："欲凭将一札，寄与沃洲人。"

【一石】 （—dàn）表容量。十斗。刘禹锡《题淳于髡墓》："我有一石酒，置君坟树前。"白居易《效陶潜体诗十六首》之五："一饮一石者，徒以多为贵。"皮日休《正乐府十篇·橡媪叹》："如何一石余，只作五斗量！"

【一石雄才】 （石 dàn）南朝宋谢灵运谓：天下才共一石，曹子建（植）独得八斗，我得一斗，自古及今共用一斗。方干《赠郑仁规》："一石雄才独占难，应分二斗借人寰。"

【一平】 语出汉王粲《登楼赋》："冀王道之一平兮，假高衢而骋力。"此指安定，太平。张嘉贞《奉和圣制送张说巡边》："阃外传三略，云中冀一平。"

【一旦】 ❶一朝，一日。王无竞《北使长城》："一旦咸阳宫，翻为汉朝市。"窦群《初入谏司喜家室至》："一旦悲欢见孟光，十年辛苦伴沧浪。"孟郊《汴州离乱后忆韩愈李翱》："食恩三千士，一旦为豺狼。"廖融《退宫妓》："一旦色衰归故里，月明犹梦按《梁州》。"❷他日，有朝一日。白居易《秋池二首》之二："一旦恩势移，相随共憔悴。"周昙《咏史诗·春秋战国门·苏厉》："身隆业著未知退，勿遣功名一旦隳。"❸一时，忽然。韦应物《宴别幼遐与君贶兄弟》："累日重欢宴，一旦复离伤。"任华《怀素上人草书歌》："不因礼部张公将尔来，如何得声名一旦喧九垓！"薛能《符亭二首》之一："符亭之地雅离群，万古悬泉一旦新。"黄滔《广州试越台怀古》："南越千年事，兴怀一旦来。"

【一目羅】 一个孔的网。钱珝《江行无题一百首》之二八："不顾鱼多处，应防一目罗。"周昙《咏史诗·春秋战国门·再吟毛遂》："禽虽一目罗中得，岂可空张一目罗？”

【一失】 “千虑一失”之略。许浑《维舟秦淮过温州李给事宅》：“帝图忧一失，臣节耻三缄。”

【一生】 ❶终生，一辈子。王翰《饮马长城窟行》：“长安少年无远图，一生惟羡执金吾。”权德舆《广陵诗》：“肯学诸儒辈，书窗误一生？”李商隐《席上作》：“料得也应怜宋玉，一生惟事楚襄王。”崔珏《哭李商隐》之二：“虚负凌云万丈才，一生襟抱未曾开。”❷犹此生。岑参《题虢州西楼》：“错料一生事，蹉跎今白头。”戎昱《苦哉行五首》之三：“一生忽至此，万事痛苦业。”张籍《春日行》：“但愿园里花长好，一生饮酒花前老。”贯休《村行遇猎》：“伤嗟个辈亦是人，一生将此关身己。”❸犹每每，常常。李白《答王十二寒夜独酌有怀》：“一生傲岸苦不谐，恩疏媒劳志多乖。”白居易《咏慵》：“尝闻嵇叔夜，一生在慵中。”黄滔《下第出京》：“一生为远客，几处未曾游。”孙元晏《咏史诗·梁·庾信》：“可惜多才庾开府，一生惆怅忆江南。”

【一生一代】 即一生一世。一辈子。避太宗讳，故“世”作“代”。骆宾王《代女道士王灵妃赠道士李荣》：“相怜相念倍相亲，一生一代一双人。”

【一生一死】 谓遭遇患难。语出《史记·汲郑列传赞》。卢照邻《行路难》：“寄言坐客神仙署，一生一死交情处。”

【一丘】 ❶一座山丘。多指隐栖之地。骆宾王《送刘少府游越州》：“一丘余枕石，三越尔怀铅。”李白《金门答苏秀才》：“未果三山期，遥欣一丘乐。”秦系《山中崔大夫有书相问》：“素业堆千卷，清风至一丘。”刘叉《答孟东野》：“生死守一丘，宁计饱与饥。”❷指坟墓。宋之问《伤王七秘书监寄呈扬州陆长史通简府僚广陵以广好事》：“罢官七门里，归老一丘中。”杜牧《牧陪昭应卢郎中在江西宣州叙旧成二十二韵用以投寄》：“隋帝宫荒草，秦王土一丘。”参见“一丘土”。

【一丘一壑】 指退居在野，纵情山水。见《汉书·叙传上》。刘宪《奉和圣制幸韦嗣立山庄》：“非吏非隐晋尚书，一丘一壑降乘舆。”

【一丘土】 指坟墓。杜荀鹤《自遣》：“百年身后一丘土，贫富高低争几多？”

【一代】 ❶一个朝代。寒山《诗三百三首》之一七二：“显扬一代教，作时如来使。”刘禹锡《曲江春望》：“三春车马客，一代繁华地。”❷当代，当世。杜甫《醉时歌》：“德尊一代常𫐐轲，名垂万古知何用！”戴叔伦《送秦系》：“五都来往无旧业，一代公卿尽故人。”杨巨源《和令狐郎中》：“题诗一代占清机，秉笔三年直紫微。”❸一世，一辈子。白居易《读史五首》之一：“士生一代间，谁不有浮沉？”牟融《司马迁墓》：“一代高风留异国，百年遗迹剩残碑。”

【一代英豪】 为当世景仰之英雄豪杰。刘禹锡《故相国燕国公于司空挽歌二首》之一：“一代英豪气，晓散白杨风。”

【一代風流】 开创当代文风，为世所仰慕效法之人。杜甫《哭李常侍峄二首》之一：“一代风流尽，修文地下深。”

【一代風騷】 有一定影响的当代诗文佳作。郑谷少时作诗有名气，司空图称谷“当为一代风骚主”。见宋阮阅《诗话总龟》卷六引潘若冲《郡阁雅谈》。刘兼《寄高书记》：“声价五侯争辟命，文章一代振风骚。”

【一半】 全部事物的二分之一。李白《观胡人吹笛》：“胡人吹玉笛，一半是秦声。”元稹《西归绝句十二首》之六：“还乡何用泪沾襟，一半云霄一半沉。”吴融《红白牡丹》：“殷鲜一半霞分绮，洁澈旁边月飐波。”

【一匡】 “一匡天下”之略。使天下得以匡正。韦庄《和郑拾遗秋日感事一百韵》：“俭德遵三尺，清朝俟一匡。”

【一戎】 “一戎衣”之略。许敬宗《奉和行经破薛举战地应制》：“一戎乾宇泰，千祀德流清。”

【一戎衣】 谓一战而天下平定。《书·武成》：“一戎衣，天下大定。”太宗《饮马长城窟行》：“荒裔一戎衣，灵台凯歌入。”杜甫《重经昭陵》：“风尘三尺剑，社稷一戎衣。”

【一戎定】 同“一戎衣”。李益《北至太原》：“始于一戎定，垂此亿世安。”

【一共】 犹一同，一起。齐己《寄岘山愿公三首》之一：“心期重西去，一共吊遗尘。”

【一百八句】 指佛经上所说的一百零八句经文。李商隐《安平公诗》：“一百八句在贝叶，三十三天长雨花。”

【一百五】 同“一百五日”。姚合《寒食二首》之一：“今朝一百五，出户雨初晴。”温庭筠《寒食节日寄楚望二首》之二：“家乏两千万，时当一百五。”

【一百五日】 即寒食节。在清明节前二日。自冬至到寒食为一百零五日，故称。杜甫有《一百五日夜对月》。赵嘏《寒食新丰别友人》：“一百五日家未归，新丰鸡犬独依依。”崔橹《春日即事》：“一百五日又欲来，梨花梅花参差开。”

【一百六】 同“一百五日”。元稹《连昌宫词》：“初过寒食一百六，店舍无烟宫树绿。”

【一百二重關】 指秦有函谷关等诸多险关。一百二，言其多。骆宾王《帝京篇》：“秦塞重关一百二，汉家离宫三十六。”

【一至】 乃至，竟至。白居易《新乐府·立部伎》：“雅音替坏一至此，长令尔辈调宫徵。”

【一曲】 ❶河流弯曲处。宋之问《高山引》：“水一曲兮肠一曲，山一重兮悲一重。”徐安贞《奉和圣制早度蒲津关》：“两都分地险，一曲度河湾。”李商隐《次陕州先寄源从事》：“回銮佛寺高多少，望尽黄河一曲无?”❷歌曲一首。岑参《奉和中书舍人贾至早朝大明宫》：“独有凤凰池上客，《阳春》一曲和皆难。”白居易《霓裳羽衣歌》：“清弦脆管纤纤手，教得《霓裳》一曲成。”贯休《酷吏词》：“宁知一曲两曲歌，曾使千人万人哭!”❸指一首歌曲。王绩《古意六首》之一：“百金买一声，千金传一曲。”杜甫《吹笛》：“胡骑中宵堪北走，武陵一曲想南征。”于鄴《王将军宅夜听歌》：“一曲听初彻，几年愁暂开。”❹犹一缕。张泌《题华严寺木塔》：“一曲晚烟浮渭水，半桥斜日照咸阳。”

【一同】　❶同一，相同。罗隐《陕西晚思》：“莫忘交游分，从来事一同。”❷一起。白居易《秋池二首》之二：“谁能一同宿，共玩新秋月?”

【一回】　❶一次。崔国辅《王昭君》：“一回望月一回悲，望月月移人不移。”王建《赠崔礼驸马》：“一月一回陪内宴，马蹄犹厌踏香尘。”刘叉《修养》：“世人逢一不逢一，一回存想一回出。”❷一番。李白《少年行》：“桃李栽来几度春，一回花落一回新。”崔道融《槿花》：“槿花不见夕，一日一回新。”

【一光】　❶一片光辉。刘得仁《对月寄雍陶》：“圆明寒魄上，天地一光中。”❷一道佛光。修雅《闻诵法华经歌》：“四生六道一光中，狂夫犹自问弥勒。”

【一帆】　一张船帆。亦特指船。刘长卿《饯别王十一南游》：“长江一帆远，落日五湖春。”李嘉祐《送岳州司马弟之任》：“岳阳天水外，念尔一帆过。”陈翊《寄邵校书楚苌》：“云际开三径，烟中挂一帆。”许浑《送岭南卢判官罢职归华阴山居》：“还挂一帆青海上，更开三径碧莲中。”

【一年一度】　每年一次。指牛郎、织女每年一次相会。元稹《古决绝词》之二：“一年一度暂相见，彼此隔河何事无?”施肩吾《古别离二首》之一：“所嗟不及牛女星，一年一度得相见。”唐彦谦《七夕》：“会合无由叹久违，一年一度是缘非?”

【一年三百六十日】　犹一年四季，全年。白居易《和微之诗二十三首·和雨中花》：“一年三百六十日，花能几日供攀折?”

【一先】　博弈用语。指开始时先下一着。白居易《和春深二十首》之十七：“一先争破眼，六聚斗成花。”张乔《咏棋子赠弈僧》：“空门说得恒沙劫，应笑终年为一先。”郑谷《寄棋客》：“几局赌山果，一先饶海僧。”

【一成】　一经制成。刘商《秋夜听严绅巴童唱竹枝歌》：“来时十三今十五，一成新衣已再补。”

【一任】　任随。杜甫《鸥》：“雪暗还须浴，风生一任飘。”元稹《古决绝词》之一：“那能朝开暮飞去，一任东西南北吹。”李商隐《垂柳》：“宝奁抛掷久，一任景阳钟。”陆龟蒙《五歌·刈获》：“今之为政异当时，一任流离恣征索。”

【一似】　❶完全相同，非常像。景云《画松》：“画松一似真松树，且待寻思记得无?”白居易《元家花》：“稀稠与颜色，一似去年时。”方干《上郑员外》：“忧民一似清吟苦，守节还如未达贫。”吴融《简州归降贺京兆公》：“功名一似淮西事，只是元臣不姓裴。”❷同样，一样。李建勋《闲游》：“携酒复携觞，朝朝一似忙。”

【一自】　自从。韦应物《送褚校书归旧山歌》：“故山可往薇可采，一自人间星岁改。”司空曙《云阳寺石竹花》：“一自幽山别，相逢此寺中。”李商隐《有感》：“一自《高唐赋》成后，楚天云雨尽堪疑。”胡曾《独不见》：“玉关一自有氛埃，年少从军竟未回。”

【一向】　❶向着，朝着一个目标。李白《古风》之五七：“愿衔众禽翼，一向黄河飞。”李群玉《寄友二首》之一：“无因一向溪头醉，处处寒梅映酒旗。”欧阳炯《更漏子》词：“一向，凝情望，待得不成模样。”❷偏向一边。朱放《竹》：“迸笋双分箭，繁梢一向偏。”元稹《放言五首》之二：“竹枝待凤千茎直，柳树迎风一向斜。”李商隐《登霍山驿楼》：“弱柳千条露，衰荷一向风。”卢延让《雪》：“瑞雪落纷华，随风一向斜。”❸一片，一派。温庭筠《溪上行》：“风翻荷叶一向白，雨湿蓼花千穗红。”❹一味，专意。拾得《诗》之三：“一向迷本心，终朝役名利。”王建《江馆对雨》：“鸟声愁雨似秋天，病客思家一向眠。”白居易《昭君怨》：“自是君恩薄如纸，不须一向恨丹青。”韩偓《拥鼻》：“拥鼻悲吟一向愁，寒更转尽未回头。”❺一直。指过去时间。王维《燕子龛禅师》：“一向石门里，任君春草深。”王建《岁晚自感》：“一向破除愁不尽，百方回避老须来。”皮日休《添鱼具诗·背篷》：“雨中踊踏时，一向听霎霎。”❻同“一晌”。霎时，片刻。薛涛《柳絮》：“他家本是无情物，一向南飞又北飞。”

【一卮】　❶犹一杯。用于酒。白居易《咏所乐》：“或开书一篇，或引酒一卮。”许浑《送王总下第归丹阳》：“秦楼心断楚江湄，系马春风酒一卮。”❷特指酒。杜牧《雪中书怀》：“且想春候暖，瓮间倾一卮。”罗隐《送裴饶归会稽》：“两鬓不堪悲岁月，一卮犹得话尘埃。”徐铉《送高起居之泾县》：“别我行千里，送君倾一卮。”

【一行】　（—xíng）❶一去，一离开。张九龄《酬王履震游园林见贻》：“一行罢兰径，数载历金门。”张籍《酬杭州白使君兼寄浙东元大夫》：“一行已作三年别，两处空传七字诗。”薛能《关中送别》：“一行千里外，几事寸心间。”❷犹一游，一到。李白《上皇西巡南京歌十首》之八："天子一行遗圣迹，锦城长作帝王州。"❸同行之人。冯道《北使还京作》："上下一行如骨肉，几人身死掩风沙。"❹一行(673—727)。唐高僧。天文学家。俗姓张，名遂。魏州昌乐(今属山东)人。博览经史，尤精历象、阴阳、五行之学。曾以所撰《大衍玄图》及《义决》示道士尹崇，崇叹服之，谓为"后生颜子"。开元九年，受诏改撰新历，与梁令瓒作黄道游仪，重新测定恒星位置。又诏与令瓒等更铸浑天铜仪，具列宿赤道及周天度数，注水激轮，令其自转。卒，谥曰大慧禅师。撰有《周易论》《释氏系录》《开元大衍历》《天一太一经》《遁甲十八局》等。事迹见《旧唐书·方伎传》《宋高僧传》卷五。刘禹锡《送惟良上人》引："惟唐继天，德如黄帝，有外臣一行，亦圣之徒与！刊历考元，书成化去。"

【一行】（—háng）一个行列，一排。韦承庆《江楼》："谁惊一行雁，冲断过江云？"施肩吾《夜宴曲》："青娥一行十二仙，欲笑不笑桃花然。"王驾《古意》："一行书信千行泪，寒到君边衣到无？"孙鲂《杨柳枝词五首》之一："何似晓来江雨后，一行如画隔遥津！"

【一行】 一种德行。贯休《观棋》："今朝惭一行，无以造玄微。"

【一行書】 ❶一行文字。聂夷中《公子行二首》之二："一行书不读，身封万户侯。"❷短信。李白《寄远十一首》之三："本作一行书，殷勤道相忆。"杜甫《寄高三十五詹事》："相看过半百，不寄一行书。"岑参《玉关寄长安李主簿》："东去长安万里余，故人何惜一行书。"

【一朵】 ❶数量词。多用于花。卢纶《九日奉陪侍郎登白楼》："睥睨三层连步障，茱萸一朵映华簪。"张又新《牡丹》："牡丹一朵值千金，将谓从来色最深。"郑谷《和知己秋日伤怀》："梁尘寂寞燕归去，黄蜀葵花一朵开。"❷比喻形状如花一朵。王建《故梁国公主池亭》："平阳池馆枕秦川，门锁南山一朵烟。"刘得仁《监试莲花峰》："翠拔千寻直，青危一朵秾。"曹松《题昭州山寺常寂上人水阁》："他时忆著堪图画，一朵云山二水中。"徐夤《题福州天王阁》："三门里面千层阁，万井中心一朵山。"❸比喻色彩如花一朵。元稹《离思五首》之一："须臾日射燕脂颊，一朵红苏旋欲融。"

【一旬】 十天。李峤《奉和春日游苑喜雨应制》："一旬初降雨，二月早闻雷。"贾岛《望山》："南山三十里，不见逾一旬。"于邺《书情》："未作一旬别，已过千里程。"

【一名】 ❶一个名字。谭用之《别何处士陵俊老》："谁人为向青编上，直傍巢由写一名。"❷又名，亦称。白居易《山石榴寄元九》："山石榴，一名山踯躅，一名杜鹃花。"❸唐人指进士及第。李商隐《韩同年新居饯韩西迎家室戏赠》："一名我漫居先甲，千骑君翻在上头。"项斯《送顾非熊及第归茅山》："吟诗三十载，成此一名难。"吴融《登鹳雀楼》："始为一名抛故国，近因多难怕长安。"杜荀鹤《登城有作》："一名一宦平生事，不放愁侵易过身。"

【一色】 ❶同一种颜色。宋之问《绿竹引》："青溪绿潭潭水侧，修竹婵娟同一色。"张若虚《春江花月夜》："江天一色无纤尘，皎皎空中孤月轮。"白居易《闲出觅春戏赠诸郎官》："除却髭须白一色，其余未伏少年郎。"李商隐《偶成转韵七十二句赠四同舍》："沛国东风吹大泽，蒲青柳碧春一色。"❷全部相同，一样。王建《霓裳词十首》之一："弟子部中留一色，听风听水作《霓裳》。"

【一衣】 同"一戎衣"。杨炯《奉和上元酺宴应诏》："一衣扫风雨，再战夷屯剥。"

【一汊】 一条支流。李峤《过洞庭》："半洪侵楚翼，一汊属吴头。"

【一字】 ❶一个字。刘言史《放萤怨》："架中科斗万余卷，一字千回重照见。"许浑《乘月棹舟送大历寺灵聪上人不及》："一字不留何足讶，白云无路水无情。"修雅《闻诵法华经歌》："师诵此经经一字，字字烂嚼醍醐味。"❷指短信。杜甫《登岳阳楼》："亲朋无一字，老病有孤舟。"徐铉《寄饶州王郎中效李白体》："银钩无一字，何以缓离愁？"赵嘏《昔昔盐二十首·关山别荡子》："傥见征西雁，应传一字还。"参见"一字书"。❸一字队形。白居易《二月二日》："轻衫细马春年少，十字津头一字行。"黄滔《成名后呈同年》："一字连镳巡甲族，千般唱罚赏皇都。"

【一字一珠】 唱歌吐字如珠，形容歌声圆润。薛能《赠歌者》："一字新声一颗珠，转喉疑是击珊瑚。"

【一字千金】 形容文字或文章珍贵。权德舆《马秀才草书歌》："变化纵横出新意，眼看一字千金贵。"吴融《赠晉光上人草书歌》："不系知之与不知，须言一字千金值。"

【一字不識】 一个字都不认识。韦应物《逢杨开府》："一字都不识，饮酒肆顽痴。"

【一字百金】 形容文字珍贵。杜甫《李潮八分小篆歌》："八分一字直百金，蛟龙盘拏肉屈强。"

【一字至七字詩】 诗体的一种。张南史有《雪》《月》《泉》《竹》《花》《草》六首，其格式为：首二句重复诗题，亦以为韵，次联为二言，三联为三言，余类推，至七言止。白居易分司东都，朝中好友王起、元稹、韦式等聚于兴化池亭送别，酒酣，各赋一字至七字诗。格式基本相同，仅开头不重复。如白居易《一字至七字诗》："诗。绮美，瑰奇。明月夜，落花时。能助欢笑，亦伤别离。调清金石怨，吟苦鬼神悲。天下只应我爱，世间唯有君知。自从都尉别苏句，便到司空送白辞。"

【一字至九字詩】 一种诗体。其格式为第一联各一字，第二联各二字，余类推，至第九联各九字。严维、鲍防等有《一字至九字诗联句》。

【一字香】 指形状如"一"字之香。段成式《送僧二首》之二："因行恋烧归来晚，窗下犹残一字香。"贯休《怀白阁道侣》："香然一字火，磬过数潭冰。"

【一字書】 短信。包佶《尚书宗兄使过诗以奉献》："雨散三秋别，风传一字书。"白居易《见尹公亮新诗偶赠绝句》："如何持此将干谒，不及公卿一字书？"

【一字教】 一字之教示。皎然《南湖春泛因叙相思之志以寄焉》："我有一字教，坐然遗此忧。"

【一字貶】 见"一字褒贬"。

【一字褒】 见"一字褒贬"。

【一字褒貶】 亦作"一字褒""一字贬"。孔子修《春秋》，常以一个字寓褒扬或贬斥之意。刘禹锡《河南观察使故相国袁公挽歌三首》之二："表墓双碑立，尊名一字褒。"李商隐《献寄旧府开封公》："幕府三年远，《春秋》一字褒。"又《赠送前刘五经映三十四韵》："片辞褒有德，一字贬无良。"方干《酬孙发》："从来一字为褒贬，二十八言犹太多。"

【一如】 同"一似❶"。储光羲《贻王侍御出台掾丹阳》："翔翼一如鹗，百辟莫不惧。"曹邺《四怨三愁五情诗十二首・三怨》："短鬟一如螓，长眉一如蛾。"徐铉《赠浙西顾推官》："狼藉杯盘重会面，风流才调一如初。"

【一羽】 一根羽毛。喻物之轻。韩偓《赠吴颠尊师》："道若千钧重，身如一羽轻。"

【一弄】 奏一曲。司马逸客《雅琴篇》："清音雅调感君子，一抚一弄怀知己。"顾况《李供奉弹箜篌歌》："实可重，不惜千金买一弄。"薛涛《听僧吹芦管》："罢阅梵书聊一弄，散随金磬泥清秋。"胡宿《寄昭潭王中立》："高弦一弄《武陵》深，六幕天空万里心。"

【一志】 一心一意。岑参《登千福寺楚金禅师法华院多宝塔》："数年功不成，一志坚自持。"

【一抔】 见"一抔土"。

【一抔土】 亦作"一抔"。一捧泥土。权德舆《早夏青龙寺致斋凭眺感物因书十四韵》："秦为三月火，汉乃一抔土。"亦用以指坟墓。刘禹锡《平蔡州三首》之三："妖童擢发不足数，血污城西一抔土。"

【一把】 指物体数量为一手所可握下。白居易《和王十八蔷薇涧花时有怀萧侍御兼见赠》："怜君独向涧中立，一把红芳三处心。"刘猛《晓》："朝梳一把白，夜泪千滴雨。"李商隐《偶成转韵七十二句赠四同舍》："天官补吏府中趋，玉骨瘦来无一把。"裴说《送进士苏瞻乱后出家》："眼闭千行泪，头梳一把霜。"

【一把玉】 形容女子细腰。一把形容细小。李群玉《赠回雪》："腰支一把玉，只恐风吹折。"

【一車甘雨】 喻州郡长官仁政恩泽。见《后汉书・郑弘传》及李贤注。罗隐《送郑州严员外》："满扇好风吹郑圃，一车甘雨别皇州。"

【一更】 ❶旧时将一夜分为五更，戌时即晚上七至九时为一更。张继《华州夜宴庾侍御宅》："千峰孤烛外，片雨一更中。"杜荀鹤《宿栾城驿却寄常山张书记》："一更更尽到三更，吟破离心句不成。"❷一个更次。薛逢《追昔行》："一夕凡几更，一更凡几声？"

【一束】 ❶一扎，一捆。徐彦伯《题东山子李适碑阴二首》之二："何以赠下泉，生刍唯一束。"杜甫《桃竹杖引赠章留后》："梓潼使君开一束，满堂宾客皆叹息。"韩愈《示儿》："始我来京师，止携一束书。"李商隐《河阳诗》："百劳不识对月郎，湘竹千条为一束。"❷笙管类乐器用一排竹管制成，因以代称。薛能《赠欢娘》："一束龙吟细竹枝，青娥擎在手中吹。"王毂《吹笙引》："水泉迸泻急相续，一束宫商裂寒玉。"

【一步】 ❶举足行走一次为一步。钱起《游辋川至南山寄谷口王十六》："褰裳百泉里，一步一清心。"孟郊《游枋口》："一步复一步，出行千里幽。"孟迟《发蕙风馆遇阴不见九华山有作》："一步一攀策，前行正鸡鸣。"❷形容距离极短。李白《秋浦歌十七首》之十七："桃波一步地，了了语声闻。"白居易《三谣・朱藤谣》："二年踢遍匡庐间，未尝一步而相舍。"方干《思桐庐旧居便送鉴上人》："莫道东南路不赊，思归一步是天涯。"

【一步不離】 一点距离都不分开。形容关系紧密。白居易《途中感秋》："唯残病与老，一步不相离。"

【一足】 ❶一只脚。白居易《送客之湖南》："山鬼趫跳唯一足，峡猿哀怨过三声。"雍陶《咏双白鹭》："一足独拳寒雨里，数声相叫早秋时。"❷谓立足之地。韩愈《送诸葛觉往随州读书》："台阁多官员，无地寄一足。"❸满足。白居易《就暖偶酌戏诸诗酒旧侣》："一足任他为外物，三杯自要沃中肠。"施肩吾《句》："五通本是佛家奴，身著青衣一足无？"

【一串珠】 比喻歌声圆润如一串珍珠。白居易《寄明州于驸马使君三绝句》之三："何郎小妓歌喉好，严老呼为一串珠。"又《晚春欲携酒寻沈四著作先以六韵寄之》："最忆《阳关》唱，真珠一串歌。"

【一何】 多么。杨濬《送刘散员赋得陈思王诗明月照高楼》："高楼一何绮，素月复流明。"玄宗《春台望》："目极千里际，山川一何壮！"白居易《闻哭者》："昨日南邻哭，哭声一何苦！"罗隐《八骏图》："穆满当年物外程，电腰风脚一何轻！"

【一身】 ❶一个身躯，整个身躯。晁采《子夜歌十八首》之十二：“来生何所愿，与郎为一身。”白居易《新乐府·新丰折臂翁》：“此臂折来六十年，一肢虽废一身全。”李商隐《行次西郊作一百韵》：“如人当一身，有左无右边。”方干《送何道者》：“必拟一身生羽翼，终看陆地作波涛。”❷此身，自身。高适《行路难二首》之二：“自矜一身忽如此，却笑傍人独愁苦。”权德舆《放歌行》：“一身自乐何足言，九族为荣真可羡。”白居易《新制布裘》：“丈夫贵兼济，岂独善一身。”许浑《病中二首》之二：“一身仍白发，万虑只丹心。”❸一人，独自一人。刘长卿《从军六首》之二：“一身事征战，匹马同苦辛。”耿沣《送杨将军》：“一身良将后，万里讨乌孙。”李绅《溯西江》：“一身累困怀千载，百口无虞贵万金。”李山甫《代崇徽公主意》：“遣妾一身安社稷，不知何处用将军？”❹一人，指帝王。白居易《秦中吟十首·伤宅》：“如何奉一身，直欲保千年。”陆龟蒙《汉宫词》：“一身三十六宫夜，露滴玉盘青桂秋。”徐夤《宋二首》之一：“天爵休将儋石论，一身恭俭万邦尊。”

【一坐】 ❶刚坐下来。李白《同族侄评事黯游昌禅师山池二首》之一：“一坐度小劫，观空天地间。”白居易《溪中早春》：“一坐欲忘归，暮禽声啧啧。”❷满座，全部在座之人。孟浩然《与颜钱塘登障楼望潮作》：“惊涛来似雪，一坐凛生寒。”❸一座。用于表高耸之物数量。王昌龄《素上人影塔》：“一坐看如故，千龄独向隅。”

【一角】 ❶一个棱角。张祜《寓居临平山下三首》之二：“一角横查碍小滩，渔舟稍稍避回湍。”❷犹一袭。段成式《和张希复咏宣律和尚袈裟》：“南山披时寒夜中，一角不动毗岚风。”

【一言】 ❶一个字。见“一言褒”“一言教”。❷一句话。骆宾王《咏怀》：“一言芬若桂，四海臭如兰。”卢象《杂诗二首》之二：“死生在片议，穷达由一言。”贾岛《题竹谷上人院》：“欲别尘中苦，愿师贻一言。”贯休《读吴越春秋》：“宰嚭一言终杀伍，大夫七事只须三。”参见“一言以蔽之”。❸陈说一次，谈论一次。皎然《赠李中丞洪一首》：“明公仗忠节，一言感万夫。”白居易《伤唐衢二首》之一：“同宿李翱家，一言如旧识。”

【一言一笑】 见“一談一笑”。

【一言干金】 同“一諾千金”。张说《代书寄薛四》：“远见故人心，一言重千金。”

【一言以蔽之】 用一句话概括。语出《论语·为政》。萧颖士《送刘太真诗》序：“故曰：‘《诗》三百，一言以蔽之，曰：思无邪。’无不正之谓也。”

【一言悟主】 指汉车千秋以一言为太子讼冤而感悟武帝之事。见《汉书·车千秋传》。窦牟《秋夕闲居对雨赠别卢七侍御坦》：“悟主一言那可学，《从军》五首竟徒为！”

【一言教】 同“一字教”。韦应物《酬阎员外陟》：“虽蒙一言教，自愧道情疏。”

【一言褒】 同“一字褒貶”。张祜《陪楚州韦舍人北闾门游宴》：“何妨孤愤激，肯忘一言褒？”

【一局】 下一盘棋。刘禹锡《观棋歌送儇师西游》：“有时凝思如入定，暗覆一局谁能知。”白居易《孟夏思渭村旧居寄舍弟》：“兴发饮数杯，闷来棋一局。”裴说《棋》：“临轩才一局，寒日又西垂。”高辇《棋》：“看他终一局，白却少年头。”

【一局棋】 一盘棋。亦用以比喻世事。张祜《喜王子载话旧》：“累话三朝事，重看一局棋。”司空图《题休休亭》：“一局棋，一炉药，天意时情可料度。”

【一盂一瓶】 一只饭钵，一只净瓶。皆为僧人随身之物。修睦《送玄泰禅师》：“去去去何住，一盂兼一瓶。”

【一盂一鍚】 一只饭钵，一根锡杖。皆为僧人随身之物。处默《送僧游西域》：“一盂兼一锡，只此度流沙。”

【一卦】 诸卦之一，亦借指卜卦结果。孟郊《叹命》：“三十年来命，唯藏一卦中。”徐夤《龟》：“仙翁求一卦，何日脱龙钟？”

【一抹】 （—mǒ）纯色一片。罗隐《牡丹》：“艳多烟重欲开难，红蕊当心一抹檀。”罗虬《比红儿诗》之十七：“一抹浓红傍脸斜，妆成不语独攀花。”

【一抹】 （—mò）一弹奏。抹为一种弹奏指法。杜牧《隋苑》：“红霞一抹《广陵》春，定子当筵睡脸新。”王仁裕《荆南席上咏胡琴妓二首》之一：“红妆齐抱紫檀槽，一抹朱弦四十条。”

【一招】 一招唤。钱珝《春恨三首》之一：“高台爱妾魂销尽，始得丘迟为一招。”

【一杯】 ❶表数量。多用于酒、水。李百药《送别》：“眷言一杯酒，凄怆起离忧。”王维《渭城曲》：“劝君更尽一杯酒，西出阳关无故人。”韦应物《王母歌》：“上游玄极杳冥中，下看东海一杯水。”白居易《问刘十九》：“晚来天欲雪，能饮一杯无？”❷特指酒。庾抱《别蔡参军》：“悲生万里外，恨起一杯中。”高适《送李侍御赴安西》：“功名万里外，心事一杯中。”杜牧《商山富水驿》：“邪佞每思当面唾，清贫长欠一杯钱。”钱翊《江行无题一百首》之四二：“九日自佳节，扁舟无一杯。”

【一杯羹】 一杯肉汤。语出《史记·项羽本纪》。李白《登广武古战场怀古》：“分我一杯羹，太皇乃汝翁。”

【一枝】 ❶一根树枝。王缙《青雀歌》：“林间青雀儿，来往翩翩绕一枝。”薛能《新柳》：“柔性定胜刚性立，一枝还引万枝生。”杜荀鹤《长安冬日》：“吟苦猿三叫，形枯柏一枝。”孙鲂《杨柳枝词五首》之二：“彭泽初栽五树时，只应闲看一枝垂。”❷犹一朵。用作花之数量词。白居易《晚桃花》：“春深欲落谁怜惜，白侍郎来折一枝。”李商隐《春风》：“若教春有意，惟遣一枝芳。”吴融《闲望》：“三点五点映山雨，一枝两枝临水花。”李建勋《惜花寄孙员外》：“朝始一枝开，暮复一枝落。”❸用作长条形物体数量词。李贺《昌谷北园新笋四首》之四：“风吹千亩迎雨啸，鸟重一枝入酒尊。”元稹《使东川·亚枝红》：“还向万竿深竹里，一枝浑卧碧流中。”罗隐《登夏州城楼》：“好脱儒冠从校尉，一枝长戟六钧弓。”❹指栖身之处。常建《赠三侍御》：“孤鹤在枳棘，一枝非所安。”杜甫《宿府》：“已忍伶俜十年事，强移栖息一枝安。”温庭筠《投翰林萧舍人》：“每过朱门爱庭树，一枝何日许相容?”参见“一枝栖”。❺同“一枝桂”。韦应物《答徐秀才》：“一枝非所贵，怀书思武陵。”岑参《送薛彦伟擢第东归》：“一枝谁不折？棣萼独相辉。”皇甫冉《送钱唐路少府赴制举》：“共许郤诜工射策，恩荣请向一枝看。”赵嘏《李先辈擢第东归有赠送》：“金榜前头无是非，平人分得一枝归。”

【一枝丹桂】 同“一枝桂”。罗隐《西京道德里》：“一枝丹桂未入手，万里苍波长负心。”

【一枝月桂】 同“一枝桂”。鱼玄机《和新及第悼亡诗二首》之二：“一枝月桂和烟秀，万树江桃带雨红。”

【一枝仙桂】 同“一枝桂”。杜荀鹤《闲居即事》：“一枝仙桂如攀得，只此山前是老期。”黄滔《出京别同年》：“一枝仙桂已攀援，归去烟涛浦口村。”

【一枝花】 ❶一朵花。何希尧有《一枝花》。李群玉《伤小女痴儿》：“不如半死树，犹吐一枝花。”卢频《失题》：“一朵花叶飞，一枝花光彩。”陈陶《泉州刺桐花咏兼呈赵使君》：“故国春风归去尽，何人堪寄一枝花?”❷李娃之初名。其所演话本称《一枝花》。元稹《酬翰林白学士代书一百韵》：“翰墨题名尽，光阴听话移。”

【一枝紅】 一朵红花。喻美貌女子。沈亚之《梦挽秦弄玉》：“泣葬一枝红，生同死不同。”

【一枝桂】 唐人常以“一枝桂”指进士及第。李白《同吴王送杜秀芝赴举入京》：“欲折一枝桂，还来雁沼前。”赵嘏《下第后上李中丞》：“鬓毛洒尽一枝桂，泪血滴来千里书。”司空图《榜下》：“春风漫折一枝桂，烟阁英雄笑杀人。”罗隐《投宣武郑尚书二十韵》：“因思一枝桂，已作断根蓬。”

【一枝栖】 比喻栖身于极小地方。李义府《咏乌》：“上林如许树，不借一枝栖。”

【一枝梅】 ❶一枝梅花。张祜《春莺啭》：“兴庆池南柳未开，太真先把一枝梅。”温庭筠《西江贻钓叟骞生》：“昨日欢娱竟何在，一枝梅谢楚江头。”❷指赠物之微。武元衡《赠道者》：“麻衣如雪一枝梅，笑掩微妆入梦来。”

【一枝詵桂】 同“一枝桂”。杜牧《洛下送张曼容赴上党召》：“七叶汉貂真密近，一枝诜桂亦徒然。”

【一枝藤】 指拐杖。李商隐《北青萝》：“独敲初夜磬，闲倚一枝藤。”李洞《送人之天台》：“行李一枝藤，云边晓扣冰。”

【一来一去】 谓来来往往。王建《古谣》：“一来一去道上客，一颠一倒池中麻。”

【一枕】 ❶一个枕头，指睡觉。花蕊夫人徐氏《宫词》之六二：“归来困顿眠红帐，一枕西风梦里寒。”❷高卧，指隐居。丁仙芝《和荐福寺英公新构禅堂》：“一枕西山外，虚舟常浩然。”牟融《题李昭训山水》：“半岩松暝时藏鹤，一枕秋声夜听泉。”又《题赵支》：“一枕秋声鸾舞月，半窗云影鹤归巢。”

【一卧】 ❶一间卧室。皮日休《二游诗·徐诗》：“一卧寂无喧，数编看尽彻。”❷指卧病。李端《野寺病居喜卢纶见访》：“一卧漳滨今欲老，谁知才子忽相寻。”❸指隐居不仕。高适《人日寄杜二拾遗》：“一卧东山三十春，岂知书剑老风尘。”杜甫《秋兴八首》之五：“一卧沧江惊岁晚，几回青琐照朝班。”白居易《题王处士郊居》：“一卧江村来早晚，著书盈帙鬓毛斑。”许浑《题苏州虎丘寺僧院》：“世间谁似西林客，一卧烟霞四十春?”

【一事無成】 事业上毫无成就。白居易《除夜寄微之》：“鬓毛不觉白毵毵，一事无成百不堪。”薛逢《老去也》：“惆怅人生不满百，一事无成头雪白。”周昙《咏史诗·秦门·范增》：“平生心力为谁尽，一事无成空背疽。”徐铉《赠维扬故人》：“一事无成空放逐，故人相见重凄凉。”

【一事難成】 同“一事無成”。白居易《咏怀》：“一事尚难成，两途安可得!”

【一雨】 ❶一场雨。刘禹锡《畬田行》：“苍苍一雨后，苕颖如云发。”白居易《和答诗十首·答四皓庙》：“如彼旱天云，一雨百谷滋。”杜荀鹤《霁后登唐兴寺水阁》：“一雨三秋色，萧条古寺间。”❷佛家以“一雨”喻教法。佛虽说一味法，然众生随机缘不同，各有差别，如草木之于雨。皎然《听素法师讲法华经》：“应机如一雨，谁不涤心尘?”武元衡《资圣寺贲法师晚春茶会》：“禅庭一雨后，莲界万花中。”

【一兩】 ❶犹一二。指少量。高瑾《上元夜效小庾体》：“初年三五夜，相知一两人。”元稹《花栽二首》之一：“买得山花一两栽，离乡别土易摧颓。”白居易《夏日闲放》：“午餐何所有，鱼肉一两味。”薛能《春日重游平湖》：“啼莺莫惜蹉跎恨，闲事听吟一两篇。”

❷一双。戴叔伦《忆原上人》:"一两棕鞋八尺藤,广陵行遍又金陵。"

【一直】　❶笔直不弯曲。卢纶《和马郎中画鹤赞》:"晨光炯炯,一直朱顶。"孟郊《秋怀》之十四:"人心不及水,一直去不回。"又《寒溪》之五:"一曲一直水,白龙何鳞鳞。"❷犹一道。窦牟《洛下闲居夜晴观雪寄四远诸兄弟》:"万重琼树宫中接,一直银河天上来。"

【一芥】　一粒芥子。形容量极微小。皮日休《吴中苦雨因书一百韵寄鲁望》:"廉不受一芥,其余安可黩。"

【一門】　❶一座门。杜甫《望岳》:"车箱入谷无归路,箭筈通天有一门。"曹邺《去不返》:"九重十二门,一门四扇开。"❷一门之内。指一家。李白《万愤词投魏郎中》:"一门骨肉散百草,遇难不复相提携。"韦应物《和吴舍人早春归沐西亭言志》:"一门双掌诰,伯侍仲言归。"杨巨源《薛司空自青州归朝》:"一门累叶凌烟阁,次第仪形汉上公。"李中《献中书汤舍人》:"隔座银屏看是设,一门清贵古今稀。"❸一个门路,单一途径。韩愈《送进士刘师服东归》:"丈夫在富贵,岂必守一门!"

【一味】　❶一种口味。韦庄《秦妇吟》:"夜卧千重剑戟围,朝餐一味人肝脍。"❷一种菜肴。杜甫《秋日夔府咏怀奉寄郑监李宾客一百韵》:"敕厨唯一味,求饱或三鳣。"❸药方上指一种药。李德裕《戏赠慎微寺主道安上座三僧正》:"甘露洒空惟一味,旃檀移植自成薰。"吕岩《七言》之六一:"九鼎烹煎一味砂,自然火候放童花。"

【一呼百萬】　见"一掷百万"。

【一呼百諾】　一声呼唤,百人应诺。形容权势显赫。寒山《诗三百三首》之八五:"家眷实团圆,一呼百诺至。"拾得《诗》之五一:"高堂车马多,一呼百诺至。"

【一牀】　❶一张床。王缙《同王昌龄裴迪游青龙寺昙壁上人兄院集和兄维》:"高卧一床上,回看六合间。"白居易《寄张十八》:"出入止一马,寝兴止一床。"罗邺《白角簟》:"休摇雉尾当三伏,似展龙鳞在一床。"❷被席等一具。和凝《宫词百首》之三六:"水殿垂帘冷色凝,一床珍簟展春冰。"❸一床所占之地,指栖身处。李颀《光上座廊下众山五韵》:"名岳在庑下,吾师居一床。"杜甫《柴门》:"茅栋盖一床,清池有余花。"贾岛《宿慈恩寺郁公房》:"病身来寄宿,自扫一床闲。"❹犹一架。卢照邻《长安古意》:"寂寂寥寥杨子居,年年岁岁一床书。"李峤宅:"谁怜草玄处,独对一床书。"李颀《答高三十五留别便呈于十一》:"妻子欢同五株柳,云山老对一床书。"秦系《鲍防员外见寻因书情呈赠》:"荒凉鸟兽同三径,撩乱琴书共一床。"

【一狀】　同一形态。寒山《诗三百三首》之一四五:"出身既扰扰,世事非一状。"崔融《关山月》:"万里度关山,苍苍非一状。"刘长卿《登东海龙兴寺高顶望海简演公》:"变化非一状,晴明分众容。"又《陪元侍御游支硎山寺》:"林峦非一状,水石有余态。"

【一岸】　❶一道堤岸。方干《路入剡中作》:"波涛漫撼长潭月,杨柳斜牵一岸风。"齐己《湘妃庙》:"黄昏一岸阴风起,新月如眉生阔水。"❷犹一涯。王昌龄《赠史昭》:"海鳞未化时,各在天一岸。"

【一帖】　药物一剂。白居易《闻微之江陵卧病以大通中散碧腴垂云膏寄之因题四韵》:"已题一帖红消散,又封一合碧云英。"《蜀童谣》(卷八七八):"我有一帖药,其名曰阿魏。"

【一帙】　唐时书籍多用卷轴,外包以布套,故称书为一帙。李端《杂歌呈郑锡司空文明》:"胡麻作饭琼作浆,素书一帙在柏床。"顾云《池阴醉歌赠匡庐处士姚岩杰》:"又开一轴读一帙,酒病豁若风驱云。"李洞《赋得送轩辕先生归罗浮山》:"旧山归隐浪摇青,绿鬓山童一帙经。"

【一物】　❶一种事物。寒山《诗三百三首》之一六八:"其中一物无,免被人来惜。"李商隐《明神》:"莫为无人欺一物,他时须虑石能言。"薛能《升平词十首》之五:"一物至周天,洪纤尽晏然。"曹唐《升平词五首》之三:"何当怜一物,亦遣断愁吟。"❷指各种事物。杜甫《雷》:"万邦但各业,一物休尽取。"贯休《胡无人》:"德被无垠,但令一物得所。"

【一例】　❶同等,同样。陆龟蒙《五歌・水鸟》:"雏巢吞啄即一例,游处高卑殊不停。"李山甫《刘员外寄移菊》:"秋来缘树复缘墙,怕共平芜一例荒。"❷一律,无例外。寒山《诗三百三首》之二七〇:"一例书岩石,自夸云好手。"花蕊夫人徐氏《宫词》之七七:"六宫一例鸡冠子,新样交镌白玉花。"

【一舍】　(—shè)三十里为一舍。皮日休《太湖诗・初入太湖》:"一舍行胥塘,尽日到震泽。"又《鲁望以轮钩相示缅怀高致因作三篇》之一:"七里滩波喧一舍,五云溪月静三更。"

【一金】　❶金一斤。杜甫《刘九法曹郑瑕丘石门宴集》:"能吏逢联璧,华筵直一金。"又《白帝城》:"腊破思端绮,春归待一金。"❷一钱,一个钱。皮日休《三羞诗三首》之三:"一金易芦菔,一缣换凫紫。"❸指极少一点钱。韩愈《送惠师》:"囊无一金资,翻谓富者贫。"

【一命】　❶周朝官阶从一命到九命,一命为下士,最低,见《周礼・春官・典命》。李华《咏史十一首》之三:"九州尚洗耳,一命安能亲。"按,陶唐时未有此制,此为套用。后多指下层小官。高适《登垄》:"浅才登一命，孤剑通万里。”杜甫《得家书》：“二毛趋帐殿，一命侍鸾舆。”贾岛《重酬姚少府》：“百篇见删罢，一命嗟未及。”白居易《松斋自题》：“非贱亦非贵，朝登一命初。”❷同一命运。萧颖士《答邹象先》：“一命何阻修，载驰各川县。”方干《哭胡珪》：“一命何无定，片言徒有声。”❸一条性命。骆宾王《幽縶书情通简知己》：“一命沦骄饵，三缄慎祸胎。”韩偓《感事三十四韵》：“四夷同效顺，一命敢虚捐？”程长文《狱中书情上使君》：“一命任从刀下死，千金岂受暗中欺。”

【一刹】　一座寺庙。喻凫《宿石窟寺》：“一刹古冈南，孤钟撼夕岚。”

【一往】　犹一去。李颀《赠苏明府》：“常辞小县宰，一往东山东。”李白《古风》之三十一：“一往桃花源，千春隔流水。”白居易《游悟真寺诗》：“池鱼放入海，一往何时还？”

【一念】　❶一个念头。多指杂念。寒山《诗三百三首》之一六六：“一念了自心，开佛之知见。”拾得《诗》之二一：“一念不生心澄然，无去无来不生灭。”皎然《禅思》：“妄以一念动，势如千波翻。”白居易《负冬日》：“外融百骸畅，中适一念无。”❷一度挂念。王建《邯郸主人》：“一念始为难，万金谁足贵！”贾岛《夜坐》：“三更两鬓几枝雪，一念双峰四祖心。”白居易《将之饶州江浦夜泊》：“故园迷处所，一念堪白头。”❸佛家语。谓临终时，一念不乱，即能往生极乐世界。段怀然《挽涌泉寺僧怀玉》：“我师一念登初地，佛国笙歌两度来。”张乔《题玄哲禅师影堂》：“吾师视化身，一念即遗尘。”❹佛家语。谓极短暂之时间。《仁王般若波罗蜜经·观空品》：“九十刹那为一念。”张乔《送僧雅觉归东海》：“山川心内地，一念即千重。”

【一朋】　多人比赛双方中一方。薛逢《竞渡歌》：“疮眉血首争不定，输岸一朋心似烧。”

【一股】　由两根以上条状物纠合而成之物，其中一根称一股。白居易《长恨歌》：“钗留一股合一扇，钗擘黄金合分钿。”杜牧《送人》：“明镜半边钗一股，此生何处不相逢。”

【一周】　按规律循回一次。聂夷中《饮酒乐》：“日月似有事，一夜行一周。”

【一夜】　❶一个夜晚，一整夜。李福业《岭外守岁》：“寒暄一夜隔，客鬓两年催。”李白《子夜吴歌·冬歌》：“明朝驿使发，一夜絮征袍。”李益《夜上受降城闻笛》：“不知何处吹芦管，一夜征人尽望乡。”❷某一晚上。白居易《杨家南亭》：“此院好弹秋思处，终须一夜抱琴来。”李商隐《无题二首》之二：“岂知一夜秦楼客，偷看吴王苑内花。”❸突然，忽然间。岑参《白雪歌送武判官归京》：“忽如一夜春风来，千树万树梨花开。”皎然《霅溪馆送韩明府章辞满归》：“惠爱三年积，轩车一夜远。”温庭筠《张静婉采莲歌》：“一夜西风送雨来，粉痕零落愁红浅。”崔珏《哭李商隐》之一：“词林枝叶三春尽，学海波澜一夜干。”

【一卒當關萬卒回】　同“一夫當關萬夫莫開”。胡曾《咏史诗·番禺》：“重冈复岭势崔巍，一卒当关万卒回。”

【一刻】　古代以滴漏计时，一昼夜分为一百刻。形容时间短暂，犹片刻。白居易《新乐府·蛮子朝》：“可怜宰相拖紫佩金章，朝日唯闻对一刻。”又《短歌行》：“曈曈太阳如火色，上行千里下一刻。”

【一性】　佛家谓正因佛性，或无二无别之万有本性。一切众生皆有，但常为烦恼所蔽；如顺性修炼，则皆能超脱生死，悟入涅槃。皎然《答道素上人别》：“一性研已远，五言功更精。”白居易《睡起晏坐》：“澹寂归一性，虚闲遗万虑。”又《和微之诗二十三首·和送刘道士游天台》：“一性自了了，万缘徒纷纷。”

【一法】　❶一种方法。白居易《放言五首》之三：“赠君一法决狐疑，不用钻龟与祝蓍。”❷佛家用语。指一切事物尽备之法则。寒山《诗三百三首》之二〇三：“光影腾辉照心地，无有一法当现前。”齐己《赠九华上人》：“一法传闻继老能，九华闲卧最高层。”贯休《题大安寺通禅师院》：“一法寻常说，此机仍未忘。”栖蟾《寄问政山聂威仪》：“得道无一法，孤云同寸心。”

【一沾】　一经沾恩。谓登进士第。吕温《及第后答潼关主人》：“一沾太常第，十过潼关门。”

【一泊】　❶犹一泓。白居易《崔十八新池》：“忽看不似水，一泊碧琉璃。”又《池上作》：“丛翠万竿湘岸色，空碧一泊松江心。”❷一片。白居易《浪淘沙》之一：“一泊沙来一泊去，一重浪灭一重生。”

【一注】　指倾盆雨水。陆龟蒙《奉酬袭美苦雨见寄》：“萤飞渐多屋渐薄，一注愁霖当面落。”

【一泓】　清水一片。李贺《梦天》：“遥望齐州九点烟，一泓海水杯中泻。”赵嘏《发柏梯寺》：“一泓秋水千竿竹，静得劳生半日身。”方干《贻亮上人》：“秋水一泓常见底，涧松千尺不生枝。”吴融《忆山泉》：“千仞洒来寒碎玉，一泓深去碧涵天。”

【一卷】　❶一编，一篇。温庭筠《简同志》：“留侯功业何容易，一卷兵书作帝师。”胡曾《咏史诗·圯桥》：“逡巡不进泥中履，争得先生一卷书？”崔涂《读留侯传》：“偶成汉室千年业，只读圯桥一卷书。”❷唐时书籍多用卷轴形式，故书称一卷。寒山《诗三百三首》之二四五：“他家学事业，余持一卷经。”耿湋《屏居盩厔》：“百年心不料，一卷日相知。”白居易《官舍小亭闲望》：“一卷陶潜诗，人心各自是。”顾云《池阳醉歌赠匡庐处士李岩杰》：“展开一卷读一首，四顾特地无涯垠。”❸一下卷起来。张祜《从军行》：“一卷旌收千骑虏，万全身出百重围。”

【一定】 固定不移。吴融《题画柏》：“未知陵上柏，一定不移易。”韩屿《赠进士李守微》：“一定童颜老岁华，贫寒游历贵人家。”

【一官】 一个官职。多指小官职。李白《赠韦秘书子春二首》之二：“徒为风尘苦，一官已白须。”高适《哭单父梁九少府》：“十上多苦辛，一官恒自哂。”岑参《送李翥游江外》：“相识应十载，见君只一官。”刘长卿《松江独宿》：“一官成白首，万里寄沧洲。”

【一刷】 犹一刹那。皮日休《吴中苦雨因书一百韵寄鲁望》：“一刷半天墨，架为欹危屋。”

【一弦】 即一弦琴。晋孙登弹一弦琴隐居于北山。见《晋书·隐逸·孙登传》。后因用为隐居之典。骆宾王《秋日山竹筒梁大官》：“不如从四皓，丘中鸣一弦。”

【一函】 唐代诗文图籍多用卷轴形式，外包以函套，称一函。刘禹锡《哭吕衡州时予方谪居》：“遗草一函归太史，旅坟三尺近要离。”陆龟蒙《和袭美为新罗弘惠上人撰灵鹫山周禅师碑送归诗》：“一函迢递过东瀛，只为先生处乞铭。”罗隐《送内使周大夫自杭州朝贡》：“三接驾前朝覲礼，一函江表战征功。”

【一拜】 指三国蜀伊籍使东吴，机智敏捷应对调侃孙权之事。见《三国志·蜀志·伊籍传》。李瀚《蒙求》：“伊籍一拜，郦生长揖。”

【一封】 指文件、书信及其他封裹之物一件。柳宗元有《奉和周二十二丈酬郴州侍郎衡江夜泊得韶州书并附当州生黄茶一封率然成篇代意之作》。韩愈《左迁至蓝关示侄孙湘》：“一封朝奏九重天，夕贬潮州路八千。”白居易《与微之唱和来去常以竹筒贮诗陈协律美而成篇因以此答》：“烦君赞咏心知愧，鱼目骊珠同一封。”李沇《醮词》：“一封红篆书，为奏尘寰事。”

【一封書】 一封信。王昌龄《别李浦之京》：“小弟邻庄尚渔猎，一封书寄数行啼。”严维《酬王侍御西陵渡见寄》：“前年万里别，昨日一封书。”贾岛《怀郑从志》：“平明一封书，寄向东北舟。”于武陵《客中》：“一封书未返，千树叶皆飞。”

【一封駝】 单峰骆驼。李商隐《镜槛》：“传书两行雁，取酒一封驼。”

【一拱】 合抱。太宗《初春登楼即目观作述怀》：“连甍岂一拱，众干如千寻。”

【一指】 ❶一个手指。杜牧《送沈处士赴苏州李中丞招以诗赠行》：“大者粗十围，小者细一指。”❷指示，指点。刘驾《赠先达》：“待君当要路，一指王化源。”❸同一意思。皎然《短歌行》：“贵贱同一尘，死生同一指。”❹喻宇宙万物之理。卢象《家叔征君东溪草堂二首》之一：“浮年笑六甲，元化潜一指。”陈陶《和西江李助副使早登开元寺阁》：“倏然观六合，一指齐宇宙。”

【一柯樵斧】 即晋王质观棋烂斧柯之事。见南朝梁任昉《述异记》卷上。李群玉《送隐者归罗浮》：“两卷素书留贳酒，一柯樵斧坐看棋。”

【一柱】 ❶一根柱子。张说《一柱观》：“奈何任一柱，斯焉容众材?”李商隐《锦瑟》：“锦瑟无端五十弦，一弦一柱思华年。”皮日休《鲁望读襄阳耆旧传见赠次韵》：“六成清庙音，一柱明堂构。”胡曾《咏史诗·铜柱》：“一柱高标险塞垣，南蛮不敢犯中原。”❷指独立高耸之山。李商隐《五言述德抒情诗一首四十韵献上杜七兄仆射相公》：“九河分合沓，一柱忽峥嵘。”李咸用《庐山》：“余阴铺楚甸，一柱表吴门。”参见“一柱擎天”。❸喻能独力承当天下重任之人。杜甫《送高司直寻封阆州》：“初闻伐松柏，犹卧天一柱。”张祜《读狄梁公传》：“五丁扶造化，一柱正乾坤。”李商隐《哭虔州杨侍郎》：“巧有凝脂密，功无一柱扶。”贯休《士马后见赤松舒道士》：“乱阶犹未已，一柱若为支?”❹同“一柱观”。杜甫《泊松滋江亭》：“一柱全应近，高唐莫再经。”又《秋日夔府咏怀寄郑监李宾客一百韵》：“音徽一柱数，道里下牢千。”

【一柱擎天】 形容山峰高耸入云，如擎天之势。曹唐《仙都即景》：“孤峰应碍日，一柱自擎天。”

【一柱觀】 宫观名。在湖北松滋东丘家湖中。南朝宋临川王刘义庆镇江陵，于罗公洲上立观，甚大，而唯一柱，故名。见唐余知古《渚宫旧事·补遗》。李乂《送沙门弘景道俊玄奘还荆州应制》：“宁知一柱观，却启四禅门。”李颀《送皇甫曾游襄阳山水兼谒韦太守》：“百花亭漫漫，一柱观苍苍。”武元衡《独不见》：“荆门一柱观，楚国三休殿。”李商隐《楚宫》：“如何一柱观，不碍九枝灯?”

【一軌】 ❶秦始皇平定六国，天下一统，书同文，车同轨。后因以指天下一统。许浑《正元》：“华夷一轨人方泰，莫学论兵误至尊。”❷同一途径。韩愈《秋怀诗十一首》之一：“浮生虽多涂，趋死惟一轨。”聂夷中《住京寄同志》：“贵贱与贤愚，古今同一轨。”罗隐《芳树》：“循环反覆无终已，人生长短同一轨。”

【一盃】 表数量。用于酒、茶。杜牧《题茶山》：“景物残三月，登临怆一杯。”徐铉《送从兄赴临川幕》：“唯有音书慰离别，一杯相送别无言。”又《和张少监晚菊》：“今朝旬假犹无事，更好登临泛一杯。”

【一面】 ❶一张脸面。白居易《短歌行》：“劝君且强笑一面，劝君复强饮一杯。”张祜《爱妾换马》：“一面妖桃千里蹄，娇姿骏骨价应齐。”胡曾《咏史诗·息城》：“息亡身入楚王家，回首春风一面花。”❷见一次面。贾岛《寄丘儒》：“地近轻数见，地远重一面。”白居易《偶于维扬牛相公处觅得筝筝未到先寄诗来走笔戏答》:“如能惠一面,何啻直双金!”❸一边,一方。王毂《玉树曲》:“君臣犹在醉乡中,一面已无陈日月。”李中《舟中望九华山》:“一面雨初歇,九峰云正开。”❹指一方重任。霍总《塞下曲》:“曾当一面战,频出九重围。”❺一大片。王建《题柱国寺》:“丹梯暗出三重阁,古像斜开一面山。”张祜《题余杭县龙泉观》:“四回山一面,台殿已嵯峨。”李洞《赠长安毕郎中》:“地肺半边晴带雪,天街一面静无尘。”❻一块。贯休《古镜词》:“我有一面镜,新磨似秋月。”❼犹一味。胡曾《咏史诗·昆明池》:“如何一面图攻取,不念生灵气力疲?”❽商汤狩猎时去三方之网,仅置一方,使禽兽从三方脱网,以示仁德,见《吕氏春秋·异用》。后帝王狩猎多以此为典实。太宗《冬狩》:“旌旗四望合,置罗一面求。”玄宗《校猎义成喜逢大雪率题九韵以示群官》:“一面施鸟罗,三驱教人战。”

【一面妆】 满脸浓妆。李白《赠段七娘》:“千杯绿酒何辞醉,一面红妆恼杀人。”温庭筠《杨柳八首》之七:“景阳楼畔千条露,一面新妆待晓钟。”罗虬《比红儿诗》之三四:“殷勤留滞缘何事,曾照红儿一面妆。”崔涂《初识梅花》:“燕脂桃颊梨花粉,共作寒梅一面妆。”

【一星】 ❶一颗星。崔曙《奉试明堂火珠》:“夜来双月满,曙后一星孤。”❷用以比喻小球。徐夤《忙》:“双竞龙舟疾似风,一星球子两明同。”和凝《宫词百首》之四四:“虎骤龙腾宫殿响,骅骝争趁一星飞。”❸一小点。李群玉《仙明洲口号》:“半浦夜歌闻荡桨,一星幽火照叉鱼。”张乔《渔家》:“唯将一星火,何处宿芦州?”罗邺《春夜赤水驿旅怀》:“一星残烛照离堂,失计游心归渺茫。”唐彦谦《新丰》:“半夜素灵先哭楚,一星遗火下烧秦。”❹谓一个星郎。古人认为朝廷郎官与天上星宿相应。卢照邻《哭金部韦郎中》:“翻同五日尹,遽见一星亡。”岑参《送颜平原》:“驷马辞国门,一星东北流。”刘长卿《奉陪使君西庭送淮西魏判官》:“能邀五马送,自逐一星还。”

【一星星】 犹一点点。皮日休《病孔雀》:“尽日春风吹不起,钿毫金缕一星星。”

【一昨】 前日,前不久。陈子昂《与东方左史虬修竹篇》序:“一昨于解三处,见明公咏《孤桐篇》,骨气端翔,音情顿挫。”杜甫《寄赞上人》:“一昨陪锡杖,卜邻南山幽。”

【一界】 佛家语。谓一个世界。《楞严经》卷一:“佛之威神,令诸世界合成一界。”张祜《题杭州天竺寺》:“西南山最胜,一界是诸天。”

【一品】 唐九品官制中最高一级。三师、三公、王、开府仪同三司、国公等,均为一品。李德裕《离平泉马上作》:“十年紫殿掌洪钧,出入三朝一品身。”白居易《寄献北都留守裴令公》:“天上中台正,人间一品高。”贯休《送刘相公朝觐二首》之一:“九苞仙瑞曜垂衣,一品高标百辟师。”

【一科】 一棵。用于草木。李白《访道安陵遇盖还为余造真篆临别留赠》:“昔日万乘坟,今成一科蓬。”

【一重】 (一chóng)一层,一道。阎朝隐《奉和圣制夏日游石淙山》:“千种冈峦千种树,一重岩壑一重云。”长孙正隐《上元夜效小庾体同用春字》:“月光三五夜,灯焰一重春。”曹松《洞庭湖》:“吸回日月过千顷,铺尽星河剩一重。”吴融《宪丞裴公上洛退居有寄二首》之二:“目断琼林攀不得,一重丹水抵三湘。”

【一重一掩】 (重 chóng)谓山峦重叠。杜甫《岳麓山道林二寺行》:“一重一掩吾肺腑,山鸟山花吾友于。”

【一重重】 (重 chóng)谓重重叠叠。多用于山峦。秦系《题茅山李尊师山居》:“此去人寰今远近,回看云壑一重重。”方干《出东阳道中作》:“马首寒山黛色浓,一重重尽一重重。”

【一段】 ❶一个段落。王昌龄《殿前欢二首》之二:“新声一段高楼月,圣主千秋乐未休。”❷犹一片。李邕《咏云》:“散作五般色,凝为一段愁。”杜甫《入奏行赠西山检察使窦侍御》:“炯如一段清冰出万壑,置在迎风寒露之玉壶。”❸犹一道。刘禹锡《和宣武令狐相公郡斋对新竹》:“数间素壁初开后,一段清光入坐中。”

【一信程】 两宿程,两天路程。杜荀鹤《乱后旅中遇友人》:“不如自此同归去,帆挂秋风一信程。”

【一竿】 ❶竹一根。裴说《旅中作》:“泽国云千片,湘江竹一竿。”❷指钓鱼竿。戴叔伦《闲思》:“何以严陵滩上客,一竿长伴白鸥闲?”罗隐《雪霁》:“一竿如有计,五鼎岂须烹!”罗邺《夏晚望嵩亭有怀》:“此地又愁无计住,一竿何处是因依?”参“一竿竹❶”。❸一竿之长距离。多用于日落日出。李茂复《自叹》:“落日西山近一竿,世间恩爱极难拚。”

【一竿竹】 ❶指钓鱼竿。白居易《渭上偶钓》:“偶持一竿竹,悬钓在其傍。”秦韬玉《钓翁》:“一竿青竹老江隈,荷叶衣裳可自裁。”李洞《曲江渔父》:“数尺寒丝一竿竹,岂知浮世有猜嫌!”❷指竹马。刘禹锡《同乐天和微之深春二十首》之二十:“争骑一竿竹,偷折四邻花。”

【一食】 ❶一顿饭。孟郊《秋怀》之十一:“饥者重一食,寒者重一衣。”吴融《祝风三十二韵》:“秋不安一食,春不闲一晷。”❷佛家信徒日食一餐之苦行。刘长卿《戏赠干越尼子歌》:“五年持戒长一食,至今犹自颜如花。”贾岛《崇圣寺斌公房》：“近来惟一食，树下掩禅扉。”方干《送镜空上人游江南》：“何山逢后夏，一食在孤舟。”贯休《长持经僧》：“日消三两黄金争得止，而槁木朽枝，一食而已。”

【一度】 ❶一次，一番。寒山《诗三百三首》之八〇：“不及河边树，年年一度青。”李白《悲歌行》：“富贵百年能几何，死生一度人皆有。”李商隐《七夕》：“争将世上无期别，换得年年一度来。”贯休《蜀王登福感寺塔三首》之三：“一年一度常如此，愿见文翁百度来。”❷一旦，一日。张籍《遇李山人》：“游山游水几千重，二十年中一度逢。”宣宗《吊白居易》：“文章已满行人耳，一度思卿一怆然。”李频《关东逢薛能》：“唯君一度别，便似见无期。”崔涂《江雨望花》：“避秦不是无归意，一度逢花一断肠。”❸曾经。指过去一段时间发生之事。窦常《杏山馆听子规》：“云埋老树空山里，仿佛千声一度飞。”栖白《寄南山景禅师》：“一度林前见远公，静闻真语世情空。”徐夤《长安即事三首》之一：“便随莺羽三春化，只说蝉声一度愁。”❹一边。戎昱《别公安贾明府》：“把君诗卷西归去，一度相思一度吟。”

【一音】 佛家称佛说法之声音。储光羲《同房宪部应旋》：“四句了自性，一音亦非取。”

【一美】 一种美好事物。吴筠《题龚山人草堂》：“世人负一美，未肯甘陆沈。”

【一首】 诗文一篇。含曦《酬卢仝见访不遇题壁》：“长寿寺石壁，卢公一首诗。”白居易《哭皇甫七郎中》：“涉江文一首，便可敌公卿。”薛能《柳枝词五首》之五：“纤腰舞尽春杨柳，未有侬家一首诗。”罗隐《寄制诰李舍人》：“一首长杨赋，应嫌索价高。”

【一洗萬古】 谓一扫历代凡庸之流。杜甫《丹青引赠曹将军霸》：“斯须九重真龙出，一洗万古凡马空。”

【一派】 ❶一条支流。白居易《泛溢水》：“溢水从东来，一派入江流。”李绅《却入泗口》：“洪河一派清淮接，堤草芦花万里秋。”罗隐《上雪川裴郎中》：“一派水清疑见胆，数重山翠欲留人。”裴说《道林寺》：“寺分一派水，僧锁半房山。”❷一条水流。耿湋《发绵津驿》：“千丛野竹连湘浦，一派寒江下吉阳。”许浑《汴河亭》：“广陵花盛帝东游，先劈昆仑一派流。”许棠《汴河十二韵》：“一派注沧海，几人生白头。”❸特指瀑布、山泉。崔道融《雪窦禅师》：“雪窦峰前一派悬，雪窦五月无炎天。”贯休《海觉禅师山院》：“六环金锡飞来后，一派银河泻落时。”❹一个流派，一个宗派。陆龟蒙《读襄阳耆旧传因作诗五百言寄皮袭美》：“积渐开词源，一派分万溜。”❺犹一片。多用于景色。张又新《青障山》：“一派远光澄碧月，万株耸翠猎金飚。”

【一炷】 ❶已燃之香一支。皮日休《寄题罗浮轩辕先生所居》：“红翠数声瑶室响，真檀一炷石楼深。”司空图《青龙师安上人》：“清香一炷知师意，应为昭陵惜老臣。”韦庄《应天长》词：“画帘垂，金凤舞，寂寞绣屏香一炷。”韩偓《秋村》：“绝粒看经香一炷，心知无事即长生。”❷犹一缕。来鹄《宛陵送李明府罢任归江州》：“浪生湓浦千层雪，云起炉峰一炷烟。”李洞《宿成都松溪院》：“松持节操溪澄性，一炷烟岚压寺隅。”

【一室】 ❶一间房室。韩翃《题玉山观禅师兰若》：“朝持药钵千家近，暮倚绳床一室空。”李端《同皇甫侍御题惟一上人房》：“焚香居一室，尽日见空林。”施肩吾《送绝粒僧》：“若期野客来相访，一室无烟何处寻？”皮日休《夏景冲澹偶然作二首》之二：“一室无喧事事幽，还如贞白在高楼。”❷一家；一门之人。杜甫《一室》：“一室他乡远，空林暮景悬。”李商隐《酬崔八早梅有赠兼示之作》：“维摩一室虽多病，亦要天花作道场。”唐彦谦《寄徐山人》：“一室清羸鹤体孤，气和神莹爽冰壶。”❸谓天地之间。《吕氏春秋·制乐》：“天地，一室也。”李益《宣上人病中相寻联句》：“还知一室内，我尔即天亲。”

【一衲】 ❶一件僧衣。张祜《赠禅师》：“坐见三生事，宗传一衲来。”白居易《自远禅师》：“自出家来长自在，缘身一衲一绳床。”伍乔《游西禅》：“远岫当轩列翠光，高僧一衲万缘忘。”吕岩《与潭州智度寺慧觉诗》序：“一衲之外无余衣，一钵之外无余食。”❷特指一个僧人。陈陶《酬元亨上人》：“一衲净居云梦合，秋来诗思祝融高。”

【一祖】 指宗族之祖。陈陶《竹十一首》之十一：“玄圃千春闭玉丛，湛阳一祖碧云空。”

【一架】 ❶满棚。徐晶《蔡起居山亭》：“蔷薇一架紫，石竹数重青。”岑参《太白东溪张老舍即事寄舍弟侄等》：“中庭井阑上，一架猕猴桃。”裴说《蔷薇》：“一架长条万朵春，嫩红深绿小窠匀。”❷一书架。王建《早秋过龙武李将军书斋》：“重装墨画数茎竹，长著香薰一架书。”李咸用《山居》：“草堂书一架，苔径竹千竿。”❸一丛。皮日休《公斋四咏·新竹》：“一架三百本，绿沉森冥冥。”

【一飛】 ❶一下飞举。形容速度极快。刘禹锡《竞渡曲》：“百胜本自有前期，一飞由来无定所。”李群玉《规公业在净名得甚深义走笔此篇以屈瞻礼》：“今日净开方丈室，一飞白足到茅亭。”❷一飞冲天。谓一下作出惊人之举。曹松《送邵安石及第归连州觐省》：“青云重庆少，白日一飞高。”李咸用《投所知》：“谁能借与抟扶势，万里飘飘试一飞。”

【一飛上天】 犹一飞冲天。语出《史记·滑稽列传》：“此鸟不飞则已，一飞冲天。”王建《乌夜啼》：“一飞直欲飞上天，回回不离旧栖处。”

【一紀】 十二年岁星一周为一纪，故用称十二年。韩愈《寄卢仝》："先生结发憎俗徒，闭门不出动一纪。"白居易《感旧》："微之捐馆将一纪，杓直归丘二十春。"李绅《移九江》："四时嗟阅水，一纪换流年。"

【一秦】 一个秦国。喻独一无二。韩翃《田仓曹东亭夏夜饮得春字》："更羡风流外，文章是一秦。"

【一班】 一个斑点。指一个局部。班通斑。刘威《遣怀寄欧阳秀才》："似豹一班时或有，如龟三顾岂全无？"

【一起】 ❶一下兴起。骆宾王《乐大夫挽词五首》之一："丘陵一起恨，言笑几时欢。"李白《横江词》之六："惊波一起三山动，公无渡河归去来。"韦应物《骊山行》："干戈一起文武乖，欢娱已极人事变。"❷起来。韩愈《赠侯喜》："晡时坚坐到黄昏，手倦目劳方一起。"

【一桂科】 指进士及第。杜荀鹤《辞郑员外入关》："男儿三十尚蹉跎，未遂青云一桂科。"参见"一枝桂"。

【一桁】 ❶犹一挂。南唐后主李煜《浪淘沙》词："秋风庭院藓侵阶，一桁珠帘闲不卷。"❷犹一排。韦庄《灞陵道中作》："春桥南望水溶溶，一桁晴山倒碧峰。"

【一格】 一种格调。姚合《寄李干》："见说与君同一格，数篇到火却休焚。"

【一根】 表数量。多用于条状之物。皎然《湛处士枸杞架歌》："独君井上有一根，始觉人间众芳异。"李洞《题玉芝赵尊师院》："闲听说五岳，穷遍一根莲。"

【一區】 表数量。用于住宅。权德舆《数名诗》："一区扬雄宅，恬然无所欲。"胡宿《淮南发运赵邢州被诏归阙》："一区东第趋晨近，数刻西厢接昼荣。"

【一酌】 ❶斟酒一杯。苏晋《过贾六》："一酌复一笑，不知日将夕。"杜甫《落日》："浊醪谁造汝，一酌散千忧。"李益《与宣供奉携瘿尊归杏溪园联句》："千畦抱瓮园，一酌瘿尊酒。"白居易《自咏》："眠罢又一酌，酌罢又一篇。"❷指一杯酒。韦应物《南园陪王卿游瞩》："一酌何为贵，可以写冲襟。"白居易《和微之诗二十三首·和知非》："一酌机即忘，三杯性咸遂。"张祜《富阳道中送王正夫》："何堪衰草色，一酌送王孙。"

【一索】 ❶一根绳索。杜牧《云梦泽》："日旗龙旆想飘扬，一索功高缚楚王。"❷犹一串。贯休《题弘顗三藏院》："水精一索香一炉，红莲花舌生醍醐。"

【一索珠】 同"一串珠"。白居易《夜宴醉后留献裴侍中》："翩翩舞袖双飞蝶，宛转歌声一索珠。"

【一致】 ❶同一趋向。白居易《和微之诗二十三首·和知非》："不然即学禅，两途同一致。"❷相同。杜甫《雨》："佳声达中宵，所望时一致。"

【一莖】 表数量。多指条状之物。储光羲《蔷薇》："一茎独秀当庭心，数枝分作满庭阴。"白居易《览镜词》："潘郎懊恼新秋发，拔却一茎生两茎。"张祜《答僧赠柱杖》："客问何人与，闽僧寄一茎。"贯休《怀钱唐罗隐章鲁封》："青云十上苦，白发一茎无。"

【一草一木】 一根草一棵树。顾况《范山人画山水歌》："一草一木栖神明，忽如空中有物，物中有声。"李商隐有《永乐县所居一草一木无非自栽今春悉已芳茂因书即事一章》。

【一時】 ❶一个季节。孟浩然《夏日与崔二十一同集卫明府宅》："言避一时暑，池亭五月开。"王縠《春草碧色》："浅深千里碧，高下一时春。"❷一个时期。杜甫《陈拾遗故宅》："盛事会一时，此堂岂千年。"岑参《过梁州奉赠张尚书大夫公》："汉中二良将，今昔各一时。"韦应物《咏徐正字画青蝇》："误点能成物，迷真许一时。"❸一代；一个朝代。白居易《青冢》："何言一时事，可戒千年后。"❹一刻，短时间。张说《耗磨日饮二首》之二："春来半月度，俗忌一时闲。"苏拯《鸱枭》："一时怀害心，千古不能替。"孙棨《戏李文远》："领取嫦娥攀取桂，便从陵谷一时迁。"❺一个时辰。白居易《禽虫十二章》之一："疑有凤凰颁鸟历，一时一日不参差。"❻同一时间。岑参《怀叶县关操姚旷韩涉李叔齐》："数子皆故人，一时吏宛叶。"韩愈《奉和虢州刘给事使君三堂新题二十一咏·花源》："丁宁红与紫，慎莫一时开。"刘景复《梦为吴泰伯作胜儿歌》："玄宗未到万里桥，东洛西京一时没。"❼一齐，一同。李颀《听安万善吹觱篥歌》："龙吟虎啸一时发，万籁百泉相与秋。"元稹《舞腰》："未必诸郎知曲误，一时偷眼为回腰。"杜牧《兵部尚书席上作》："偶发狂言惊满坐，三重粉面一时回。"❽一起，全部。李冶《寄朱放》："别后无限情，相逢一时说。"杜荀鹤《旅舍遇雨》："半夜灯前十年事，一时和雨到心头。"韩偓《晓日》："天际霞光入水中，水中天际一时红。"❾一下子，突然。卢纶《送饯从叔辞丰州幕归嵩阳旧居》："三声画角咽不通，万里蓬根一时断。"白居易《啄木曲》："不如饮此神圣杯，万念千忧一时歇。"司空图《偶书五首》之四："平生多少事，弹指一时休。"顾云《天威行》："一夜舟人得梦间，草草相呼一时发。"

【一時一餉】 指很短时间。李郢《茶山贡焙歌》："喧阗竞纳不盈掬，一时一饷还成堆。"

【一晌】 短时间，片刻。戎昱《苦辛行》："险峨唯有世间路，一晌令人堪白头。"冯延巳《蝶恋花》词："屏上罗衣闲绣缕，一晌关情，忆遍江南路。"南唐后主李煜《菩萨蛮》词："画堂南畔见，一晌偎人颤。"

【一閃間】 ❶一瞬间。极言时间之短暂。孟郊《峡哀》："齑粉一闪间，春涛百丈雷。"

【一畔】 ❶犹一涯。鲍溶《述德上太原严尚书绶》:“樵客天一畔,何由拜旌轩!”❷一面,一边。马云奇《白云歌》:“一重未过一重摧,一畔萦岩一畔开。”

【一氣】 ❶指天地间混沌之气。王昌龄《武陵龙兴观黄道士房问易因题》:“斋心问易太阳宫,八卦真形一气中。”杜甫《上韦左相二十韵》:“八荒开寿域,一气转洪钧。”权德舆《古兴》:“一气暂聚常恐散,黄河清兮白石烂。”贯休《苦寒行》:“一气抟束,万物无态。”❷指空气。寒山《诗三百三首》之二〇八:“一气将归家,篮里何曾有?”❸一个节气。权德舆《酬穆七侍郎早登使院西楼感怀》:“一气鼓万殊,晦明相推迁。”韩愈《苦寒》:“四时各平分,一气不可兼。”李建勋《梅花寄所亲》:“一气才新物未知,每惭青律与先吹。”吴筠《步虚词十首》之七:“三光无冬春,一气清且和。”❹同一气氛。崔国辅《奉和华清宫观行香应制》:“云物三光里,君臣一气中。”❺犹一片。杜甫《同诸公登慈恩寺塔》:“俯视但一气,焉能辨皇州?”白居易《春游二林寺》:“散作万壑春,凝为一气碧。”

【一乘】 (—chéng)佛家语。即一乘法。法华之教义,谓引导众生唯一成佛之法。王湾《奉使登终南山》:“一乘从此授,九转兼是给。”岑参《出关经华岳寺访法华云公》:“欲去恋双树,何由穷一乘?”皇甫冉《送普门上人》:“何用求方便,看心是一乘。”白居易《爱咏诗》:“辞章讽咏成千首,心行归依向一乘。”

【一乘】 (—shèng)数量词。用于车船等交通工具。李白《送蔡山人》:“一乘无倪舟,八极纵远舵。”

【一倡三歎】 谓一人唱歌,三人相和。《郊庙歌辞·周宗庙乐舞辞·肃雍舞》:“一倡三叹,朱弦之声。”

【一倍】 ❶比原数多一半。寒山《诗三百三首》之一五五:“有树先林生,计年逾一倍。”白居易《新乐府·阴山道》:“谁知黠虏启贪心,明年马多来一倍。”薛逢《镊白曲》:“专城俸入一倍多,况兼职禄霜峨峨。”陈陶《水调词十首》之七:“征衣一倍装绵厚,犹虑交河雪冻深。”❷加倍,更加。王维《晚春严少尹与诸公见过》:“自怜黄发暮,一倍惜年华。”李端《宿淮浦忆司空文明》:“愁心一倍长离忧,夜思千重恋旧游。”白居易《寄刘苏州》:“泣罢几回深自念,情来一倍苦相思。”

【一息】 ❶指短暂时间。刘禹锡《桃源行》:“翻然恐失乡县处,一息不肯桃源住。”杨衡《经端溪峡中》:“逍遥一息间,粪土五侯荣。”马湘《又题龙兴观壁二首》之二:“省悟前非一息间,更抛闲事弃尘寰。”❷极言迅疾。骆宾王《从军中行路难二首》之一:“长驱一息背铜梁,直指三巴逾剑阁。”储光羲《同诸公送李云南伐蛮》:“耀耀金虎符,一息到炎荒。”❸稍作休息。寒山《诗三百三首》之三九:“白鹤衔苦桃,千里作一息。”贾岛《游仙》:“天中鹤路直,天尽鹤一息。”徐铉《玉笥山留题》:“征传莫辞劳,玉峰聊一息。”

【一徑】 一条小路。张九龄《登南岳事毕谒司马道士》:“绝迹寻一径,异香闻数里。”裴迪《斤竹岭》:“一径通山路,行歌望旧岑。”张祜《晚夏归别业》:“古岸扁舟晚,荒园一径微。”

【一笑千金】 一笑价值抵千金。极言美人一笑之珍贵。杨师道《阙题》:“两鬟百万谁论价,一笑千金判是轻。”

【一笑相傾】 谓倾心于美人之一笑。李商隐《北齐二首》之一:“一笑相倾国便亡,何劳荆棘始堪伤。”

【一笑傾人國】 极言女子之美。《汉书·外戚上·孝武李夫人传》载李延年歌:“北方有佳人,绝世而独立。一顾倾人城,再顾倾人国。宁不知倾城与倾国,佳人难再得!”胡曾《咏史诗·褒城》:“只知一笑倾人国,不觉胡尘满玉楼。”

【一笑傾城】 极言女子之美。李白《古风》之二七:“眉目艳皎月,一笑倾城欢。”参见“一笑倾人国”。

【一笈】 一个箱子。温庭筠《赠考功卢郎中》:“一笈负山药,两瓶携涧泉。”亦指行装。韩偓《归紫阁下》:“一笈携归紫阁峰,马蹄闲慢水溶溶。”

【一般】 ❶同样,一样。徐凝《红蕉》:“红蕉曾到岭南看,校小芭蕉几一般。”李咸用《赠陈望尧》:“鹄箭亲疏虽异的,桂花高下一般香。”杜荀鹤《将过湖南经马当山庙因书三绝》之三:“九江连海一般深,未必船经庙下沉。”罗隐《送卢端公归台卢校书之夏县》:“一种西归一般达,柏台霜冷夏城春。”❷相似。拾得《诗》之九:“诗偈总一般,读时须子细。”李群玉《重经巴丘追感》:“浮生聚散云相似,往事微茫梦一般。”❸一种。寒山《诗三百三首》之二三九:“世有一般人,不恶又不善。”拾得《诗》之十一:“各执一般见,互说非兼是。”薛能《加阶》:“唯有一般酬圣主,胜于东晋是文章。”南唐后主李煜《相见欢》词:“剪不断,理还乱,是离愁,别是一般滋味,在心头。”❹一番。指情景、景象。裴度《真慧寺》:“更有一般人不见,白莲花向半天开。”郑谷《同志顾云下第出京偶有寄勉》:“一般情绪应相信,门静莎深树影斜。”归处讷《咏胐汉》:“更有一般堪笑处,镀金牙齿咬银匙。”❺一桩,一件。白居易《玉泉寺南三里涧下多深红踯躅繁艳殊常感惜题诗以示游者》:“犹有一般辜负事,不将歌舞管弦来。”又《和同州杨侍郎夸柘枝见寄》:“君有一般输我事,柘枝看校十年迟。”无名氏《潜书七言四韵》(外编下):“唯有一般平不得,南山依旧与天齐。”❻一片。司空曙《过长林湖西酒家》:“湖草青青三两家,门前桃杏一般花。”马戴《中秋月》:“悠然天地内,皎洁一般心。”❼一点,一个方面。寒山《诗三百三首》之五四:“唯有一般恶,不传无尽灯。”

【一般般】 ❶同样，一样。杜荀鹤《入关因别舍弟》：“天道不欺心意是，帝乡吾土一般般。”罗隐《下第作》：“年年模样一般般，何似东归把钓竿！”❷各种各样。方干《海石榴》：“亭际夭妍日日看，每朝颜色一般般。”❸犹是处，到处都是。贯休《大蜀皇帝潜龙日述德诗五首》之二：“堪羡蜀民恒有福，太平时节一般般。”王周《道中未开木杏花》：“粉英香萼一般般，无限行人立马看。”

【一脈】 一条脉络。吕岩《七言》之八：“凭君子后午前看，一脉天津在脊端。”

【一畝】 同“一畝宫”。皎然《题湖上兰若示清会上人》：“何似南湖近，芳洲一亩间？”韩偓《守愚》：“一亩落花围隙地，半竿浓日界空墙。”

【一畝宫】 用以称寒士所居之陋室。姚合《题厉玄侍御所居》：“幽栖一亩宫，清峭似山峰。”薛能《江上寄情》：“年来断定知休处，一树繁花一亩宫。”徐夤《东归题屋壁》：“尘埃归去五湖东，还是衡门一亩宫。”

【一座】 ❶一个座位。张祜《题圣女庙》：“浅水孤舟泊，轻尘一座蒙。”喻凫《王母祠前写望》：“香传一座暗，柳匝万家闲。”❷满座，满座之人。李郢《秦处士移家富春发樟亭怀寄》：“离别几宵魂耿耿，相思一座发星星。”

【一座盡驚】 谓满座皆为惊服。李商隐有《韩冬郎即席为诗相送一座尽惊他日余方追吟连宵侍坐裴回久之句有老成之风因成二绝寄酬兼呈畏之员外》。

【一拳】 指形状大小如拳头之物。孟郊《答李员外小槛味》：“一拳芙蓉小，倾玉何泠泠。”白居易《哭崔常侍晦叔》：“顽贱一拳石，精珍百炼金。”钱珝《江行无题一百首》之七八：“千顷水纹细，一拳岚影孤。”

【一家】 ❶一个家庭。元稹《寒食日》：“今年寒食好风流，此日一家同出游。”白居易《庭松》：“一家二十口，移转就松来。”李郢《南池》：“日出两竿鱼正食，一家欢笑在南池。”皮日休《三羞诗三首》之三：“一身既饱暖，一家无怨咨。”❷一个家族。蔡孚《打球篇》：“窦融一家三尚主，梁冀频封万户侯。”李白《与诸公送陈郎将归衡阳》：“气清岳秀有如此，郎将一家拖金紫。”刘禹锡《送华阴尉张苕赴邕府使幕》：“兰锜照通衢，一家十朱轮。”❸比喻关系亲密。杜甫《柴门》：“大江蟠嵌根，归海成一家。”许浑《甘露寺感事贻同志》：“东堂旧侣勤书剑，同出膺门是一家。”❹统一之国家。杜甫《题桃树》：“寡妻群盗非今日，天下车书正一家。”岑参《入剑门作寄杜杨二郎中时二公并为杜元帅判官》：“四海今一家，徒然剑门石。”周昙《咏史诗·三国门·再吟蜀先主》：“一家区宇忽三分，龌龊车书曷足论！”❺一人，指帝王。白居易《同梦得暮春寄贺东西川二杨尚书》：“两川风景同三月，千里江山属一家。”❻一家学说。见“一家言”“一家書”。

【一家人】 一个家庭中成员。顾云《筑城篇》：“一家人率一口甓，版筑才兴城已成。”

【一家言】 指有独立见解，自成一家之作。汉司马迁《报任少卿书》：“欲以究天人之际，通古今之变，成一家之言。”白居易《赠樊著作》：“何不自著书，实录彼善人。编为一家言，以备史阙文。”

【一家春】 形容美好独特之意境。王勃《山扉夜坐》：“林塘花月下，别似一家春。”杨巨源《春日奉献圣寿无疆词十首》之四：“云山九门曙，天地一家春。”

【一家書】 同“一家言”。方干《题玉笥山强处士》：“酒里藏身岩里居，删繁自是一家书。”

【一宵】 ❶一个晚上，一整夜。董思恭《守岁二首》之一：“共欢新故岁，迎送一宵中。”清江《七夕》：“七夕景迢迢，相逢只一宵。”善生《送智光之南值雨》：“又得一宵话，免生千里愁。”周昙《咏史诗·春秋战国门·颜叔子》：“夜雨邻娃告屋倾，一宵从寄念悲惊。”❷指将来或过去某一日。许浑《同韦少尹伤故卫尉李少卿》：“客醉更长乐未穷，似知身世一宵空。”胡曾《咏史诗·姑苏台》：“不觉钱塘江上月，一宵西送越兵来。”

【一烘】 ❶一经烘烤。皮日休《九夏歌九篇·章夏之歌》：“征彼不享，一烘而泮。”❷见“一閧”。

【一扇風】 用以颂扬州郡长官善政之典。见《世说新语·言语》。罗隐《途中献晋州孟中丞》：“楼移庾亮千山月，树待袁宏一扇风。”

【一書下聊城】 见“一箭下聊城”。

【一書千金】 喻书信之珍贵。李百《寄远十一首》之十：“相思千万里，一书值千金。”

【一陣】 ❶一场战争。白居易《新乐府·蛮子朝》：“鲜于仲通六万卒，征蛮一阵全军没。”周昙《咏史·秦门·项籍》：“九垓垂定弃谋臣，一阵无功便杀身。”贯休《古战处》：“相怜极目无疆地，曾落将军一阵中。”❷犹一股。罗邺《冬夕江上言事五首》之二：“数星昨夜寒炉火，一阵谁家腊瓮香？”韩偓《懒起》：“昨夜三更雨，今朝一阵寒。”裴说《闻砧》：“一阵霜风杀柳条，浓烟半夜成黄叶。”李九龄《题灵泉寺》：“入谷先生一阵香，异花奇木簇禅堂。”❸犹一片。孙鲂《杨柳枝词五首》之四：“晴日万株烟一阵，闲坊兼是莫愁家。”

【一紙】 一张纸。多指带有文字、图谱之纸。王建《赠陈评事》：“春夜酒醒长起坐，灯前一纸洞庭山。”白居易《代琵琶弟子谢女师曹供奉寄新调弄谱》：“一纸展看非旧谱，四弦翻出是新声。”白行简《李都尉重阳日得苏属国书》：“三秋异乡节，一纸故人书。”

【一紙書】 指书信。张旭《春草》：“情知海上三年别，不寄云间一纸书。”皇甫冉《送谢十二判官》：“不辞终日离家远，应为刘公一纸书。”李商隐《寄令狐郎中》：“嵩云秦树久离居，双鲤迢迢一纸书。”皮日休《宏词下第感恩献兵部侍郎》：“空惭季布千金诺，但负刘弘一纸书。”

【一紙鄉書】　一封家信。孟郊《闻夜啼赠刘正元》：“愁人独有夜灯见，一纸乡书泪滴穿。”许浑《送杨发东归》：“一纸乡书报兄弟，还家羞著别时衣。”

【一堆】　数量词。指成堆之物。白居易《奉和思黯相公兼呈梦得》：“错落复崔嵬，苍然玉一堆。”杜牧《初冬夜饮》：“砌下梨花一堆雪，明年谁此凭阑干？”李山甫《南山》：“雾色陡添千尺翠，夕阳闲放一堆愁。”吴融《题延寿坊东南角古池》：“繁花自古皆相似，金谷荒园土一堆。”

【一堆土】　指坟墓。皎然《姑苏行》：“婵娟西子倾国容，化作寒陵一堆土。”

【一培土】　犹一抔土。陆龟蒙《筑城篇二首》之一：“城上一培土，手中千万杵。”

【一带】　❶一条带子。多用以比喻山脉、水流如带。李白《菩萨蛮》词：“平林漠漠烟如织，寒山一带伤心碧。”冷朝阳《登灵善寺塔》：“华岳三峰小，黄河一带长。”姚合《题梁国公主池亭》：“平阳池馆枕秦川，门锁南山一带烟。”吴融《和睦州卢中丞题茅堂十韵》：“石累千层险，泉分一带微。”❷指水流。岑参《邯郸客舍歌》：“伤心丛台下，一带生蔓草。”羊士谔《泛舟入后溪》：“雨余芳草净沙尘，水绿滩平一带春。”薛涛《秋泉》：“冷色初澄一带烟，幽声遥泻十丝弦。”❸犹一阵。韩偓《秋雨内宴》：“一带清风入画堂，撼真珠箔碎玎珰。”

【一捻】　犹一把。李咸用《吴处士寄香兼劝入道》：“谢寄精专一捻香，劝予朝礼仕虚皇。”

【一掬】　❶一捧。多用于水。贾岛《望山》：“虬龙一掬波，洗荡千万春。”陆龟蒙《四月十五日道室书事寄袭美》：“一掬阳泉堪作雨，数铢秋石欲成霜。”皮日休《怀华阳洞润卿博士三首》之三：“数行玉札存心久，一掬云浆漱齿空。”贯休《䛒光大师草书歌》：“唯师草圣艺偏高，一掬山泉心便足。”❷犹一杯。用于坟墓。白居易《青冢》：“茫茫边雪里，一掬沙培塿。”司空图《偶诗五首》之三：“一掬信陵坟上土，便如碣石累千金。”

【一掬淚】　一把眼泪。李白《秋浦歌十七首》之一：“遥传一掬泪，为我达扬州。”白居易《伤唐衢二首》之二：“终去哭坟前，还君一掬泪。”又《新乐府·李夫人》：“又不见泰陵一掬泪，马嵬坡下念杨妃。”

【一掃】　一举扫除。李白《发白马》：“一扫清大漠，包虎戢金戈。”又《永王东巡歌十一首》之十一：“南风一扫胡尘静，西入长安到日边。”杜甫《园人送瓜》：“柏公镇夔国，滞务兹一扫。”钱起《观法驾自凤翔回》：“欃枪一扫灭，阊阖九重开。”

【一頃】　一百亩为一顷。骆宾王《夏日游德州赠高四》：“一顷南山豆，五色东陵瓜。”李贺《江楼曲》：“新槽酒声苦无力，南湖一顷菱花白。”白居易《宿溪翁》：“岁种一顷田，春驱两黄犊。”尚颜《赠村公》：“黍苗一顷垂秋日，茅栋三间映古原。”

【一逕】　同“一徑”。于鹄《途中寄杨涉》：“萧萧芦荻晚，一径入荒陂。”刘禹锡《同乐天和微之深春二十首》之九：“古坛操简处，一径入林斜。”许浑《赠郑处士》：“寒云晓散千峰雪，暖雨晴开一径花。”

【一眼】　❶一只眼睛。卢仝《月蚀诗》：“天唯两眼失一眼，将军何处行天兵？”❷表数量。多用于泉水。顾况《送李山人还玉溪》：“若为种得千竿竹，引取君家一眼泉。”白居易《题庐山山下汤泉》：“一眼汤泉流向东，浸泥浇草暖无功。”张祜《题陆墉金沙洞居》：“东溪泉一眼，归卧惬高疏。”

【一唾】　吐一口唾沫。表示鄙视。孟郊《送淡公》之十二：“脱枯挂寒枝，弃如一唾微。”韩偓《此翁》：“严光一唾垂缕紫，何胤三遗大带红。”

【一畦】　表数量。用于小块土地。徐夤《依韵赠南安方处士五首》之五：“一畦云薤三株竹，席上先生未是贫。”

【一唱】　一声歌唱。李白《丁督护歌》：“一唱《督护歌》，心摧泪如雨。”皮日休《太湖诗·练渎》：“几转含烟舟，一唱《来云曲》。”

【一唱三歎】　同“一倡三歎”。白居易《五弦弹》：“一弹一唱再三叹，曲澹节稀声不多。”

【一國三公】　一国中有三个主公。指令出多门。《左传·僖公五年》：“一国三公，吾谁适从？”杜甫《草堂》：“一国实三公，万人欲为鱼。”

【一國如狂】　满都之人皆像发狂一般。谓人人皆为追求某一事物而倾心。语出《礼记·杂记下》。王毂《牡丹》：“牡丹妖艳乱人心，一国如狂不惜金。”

【一啜】　指一顿饮食。孟郊《秋怀》之十：“坐随一啜安，卧与万景空。”

【一途】　❶一条道路。白居易《效陶潜体诗十六首》之十五：“是以达人观，万化同一途。”❷一个方面。王维《哭殷遥》：“负尔非一途，恸哭返柴荆。”韩偓《村居》：“前欢入望盈千恨，胜景牵心非一途。”

【一條】　❶表数量。多用于长条事物。张祜《听简上人吹芦管三首》之二：“吹到耳边声尽处，一条丝断碧云心。”李商隐《送崔珏往西川》：“一条雪浪吼巫峡，千里火云烧益州。”赵嘏《吴门梦故山》：“心熟家山梦不迷，孤峰寒绕一条溪。”李洞《毙驴》：“三尺焦桐背残月，一条藜杖卓寒烟。”❷一件。寒山《诗三百三首》

之一九七："不学白云岩下客，一条寒衲是生涯。"❸一桩。白居易《重题》之四："还有一条遗恨事，高家门馆未酬恩。"❹一片。孟郊《送李尊师玄》："头冠两片月，肩披一条云。"白居易《和刘郎中学士题集贤阁》："万卷图书天禄上，一条风景月华西。"雍陶《初醒》："半夜觉来新酒醒，一条斜月到床头。"

【一條天】　同"一線天"。张祜《送杨秀才往夔州》："江连万里海，峡入一条天。"

【一條絲線】　一根丝线。比喻岌岌可危而不长久。李休烈《咏铜柱》："计合一条丝线挽，何劳两县索人夫。"

【一得】　❶一点收获。刘禹锡《送僧元暠东游》序："予策名二十年，百虑而无一得。"❷一旦得到。寒山《诗三百三首》之二一四："争似识真源，一得即永得。"修雅《闻诵法华经歌》："我亦当年学空寂，一得无心便休息。"❸一旦得以。骆宾王《咏怀古意上裴侍郎》："一得视边塞，万里何苦辛！"

【一從】　❶犹一任。高适《重阳》："岂有白衣来剥啄，一从乌帽自欹斜。"❷自从。崔颢《赠怀一上人》："一从入君门，说法无朝昏。"岑参《客舍悲秋有怀两省旧游呈幕中诸公》："三度为郎便白头，一从出守五经秋。"李涉《山居》："一从身世两相遗，往往关门到午时。"❸一旦着手。崔曙《送薛据之宋州》："一从文章事，两京春复秋。"

【一笛】　❶一支笛子。亦指笛子之音。栖蟾《牧童》："青山青草里，一笛一蓑衣。"王周《过武宁县》："晚来何处宿，一笛起渔歌。"徐铉《寄蕲州高郎中》："知君多少思乡恨，并在山城一笛中。"❷比喻秋风凄厉之声。赵嘏《华清宫和杜舍人》："月锁千门静，天吹一笛凉。"沈彬《金陵杂题二首》之二："一笛月明何处酒，满城秋色几家砧。"

【一笛風】　指凄厉秋风。杜牧《题宣州开元寺水阁阁下宛溪夹溪居人》："深秋帘幕千家雨，落日楼台一笛风。"许浑《祗命许昌自郊居移就公馆秋日寄茅山高拾遗》："一笛迎风万叶飞，强携刀笔换荷衣。"李咸用《秋晚》："不及樵童乐，蒹葭一笛风。"

【一第】　指进士及第。白居易《悲哉行》："十上方一第，成名常苦迟。"李频《长安感怀》："一第知何日，全家待此身。"赵嘏《赠解头贾嵩》："顾我先鸣还自笑，空沾一第是何人？"贯休《读刘得仁贾岛集二首》之一："且有诸峰在，何将一第吁！"

【一船】　一杯。船指船形酒杯。刘禹锡《抛球乐》词："上客如先起，应须赠一船。"元稹《答姨兄胡灵之见寄五十韵》："一船席外语，三榼拍心精。"

【一斛珠】　词牌名。旧题唐曹邺《梅妃传》载玄宗令乐府所作。南唐后主李煜有《一斛珠》词。

【一斛檳榔】　指南朝宋刘穆之以金盘盛一斛槟榔送妻兄，以报少时受辱之事。《南史·刘穆之传》载之。李白《玉真公主别馆苦雨赠卫尉张卿二首》之二："何时黄金盘，一斛荐槟榔？"

【一毫】　❶一根毫毛。白居易《新乐府·紫毫笔》："宣城之人采为笔，千万毛中拣一毫。"❷指毛笔。贯休《笔》："莫讶书绅苦，功成在一毫。"❸比喻极小。耿沣《题藏公院》："药草诚多喻，沧溟在一毫。"杜牧《长安杂题长句六首》之六："谁识大君谦让德，一毫名利斗蛙蟆。"司空图《杂题二首》之一："若使只凭三杰力，犹应汉鼎一毫轻。"沈彬《句》："尺素隐清辉，一毫分险阻。"

【一毫髮】　一根毛发。比喻极小之物。曹邺《成名后献恩门》："拔上青云巅，轻如一毫发。"

【一毫釐】　一毫一厘。形容极少之物。张祜《读老庄》："昨日偶拈庄老读，万寻山上一毫厘。"钱珝《江行无题一百首》之六七："较量人世事，不校一毫厘。"

【一麻】　指释迦佛苦行之日，仅食一粒麻子一粒米之事。后因用为僧人修行之典。

【一章】　指诗文一首。萧颖士有《凉雨一章》。孟郊《送韩愈从军》："一章喻檄明，百万心气定。"白居易《偶作二首》之二："或饮茶一瓯，或吟诗一章。"亦指一首诗文。徐铉《奉和宫傅相公怀旧见寄四十韵》："尽日凝思殊怅望，一章追叙信精研。"

【一部】　表数量。❶用于乐曲。刘禹锡《和乐天南园试小乐》："欲抛丹笔三川去，先教清商一部成。"白居易《读鄂公传》："唯留一部清商乐，月下风前伴老身。"贯休《送姜道士归南岳》："意未了，他时为我致取一部音声鸟。"❷用于书籍。李九龄《写庄子》："闲中亦有闲生计，写得南华一部书。"

【一望】　❶眺望一下。杜甫《绝句九首》之一："都将百年兴，一望九江城。"刘禹锡《到郡未浃日登西楼见乐天题诗因即事以寄》："云水正一望，簿书来绕身。"李群玉《长沙春望寄涔阳故人》："清明别后雨晴时，极浦空颦一望眉。"❷指目力所及范围。皇甫冉《宿淮阴南楼酬常伯能》："沧波一望通千里，画角三声起百忧。"李商隐《荆山》："压河连华势孱颜，鸟没云归一望闲。"郑谷《蜀中三首》之一："马头春向鹿头关，远树平芜一望闲。"贯休《蜀王登福感寺塔三首》之二："两髯有雪丹霄外，万里无尘一望中。"

【一飡】　同"一餐"。一餐饭之恩。王梵志《诗》之六八："一飡何所直，感贺百千倾。"

【一瓶】　❶一只净瓶。为僧人随身之物。无名氏《句》："一瓶居无外，万木老禅中。"参见"一鉼一鉢"。❷表数量。多用于水、酒。杜甫有《谢严中丞送青城山道士乳酒一瓶》。许浑《送僧归敬亭山寺》："遥想论禅处，松阴水一瓶。”薛能《冬日送僧归吴中旧居》：“旧业云千里，生涯水一瓶。”

【一瓶一衲】　一只净瓶，一件僧衣。皆为僧人随身之物。贯休《大蜀高祖潜龙日献陈情偈颂》：“一瓶一衲，既朴且质。”

【一瓶一錫】　一只净瓶，一条锡杖。皆为僧人随身之物。清范《送芝上人游罗浮》：“一瓶一锡十方游，挥麈湘南夜语投。”

【一涯】　一方。指荒远之地。储光羲《贻丁主簿仙芝别》：“去去水中沚，摇摇天一涯。”窦常《奉送职方崔员外摄中丞新罗册使》：“帝命海东使，人行天一涯。”白居易《泛春池》：“各在天一涯，信美非吾有。”李群玉《湖阁晓晴寄呈从翁二首》之一：“蜀国地西极，吴门天一涯。”

【一粒】　表数量。用于粮食、药物等。李绅《古风二首》之一：“春种一粒粟，秋成万颗子。”白居易《天坛峰下赠杜录事》：“他日药成分一粒，与君先去扫天坛。”方干《赠五牙山人洗修白》：“变通唯在片时间，此享全由一粒丹。”吴融《祝风三十二韵》：“困仓过九年，一粒惜如死。”

【一宿】　寄宿一次。白居易《宿西林寺》：“心知不及柴桑令，一宿西林便却回。”赵嘏《李侍御归山同宿华严寺》：“相逢一宿最高寺，夜夜翠微泉落声。”罗邺《夏日宿灵岩寺宗公院》：“寺入千岩石路长，孤吟一宿远公房。”

【一宿】　（—xiǔ）一夜。张潮《襄阳行》：“下床一宿不可保，况乃万里襄阳城！”皎然《同薛员外谊喜雨诗兼上杨使君》：“一宿恐鱼飞，数朝征鹳鸣。”白居易《答元八宗简同志游曲江后明日见赠》：“归来经一宿，世虑稍复生。”徐铉《立秋后一日与朱舍人同直》：“一宿秋风未觉凉，数声宫漏日犹长。”

【一宿程】　（宿 xiǔ）一舍，一天行程。古代军队一日行三十里为一舍。白居易《酬杨九弘贞长安病中见寄》：“所嗟经时别，相去一宿程。”

【一宿糧】　（宿 xiǔ）一天之食粮。寒山《诗三百三首》之六五：“唯赍一宿粮，去岸三千里。”

【一尉】　县尉一职。唐人进士及第多授以此职。张子容《云阳驿陪崔使君邵道士夜宴》：“一尉东南远，谁知此夜欢？”高适《古乐府飞龙曲留上陈左相》：“幸沐千年圣，何辞一尉休。”白居易《哭从弟》：“伤心一尉便终身，叔母年高新妇贫。”刘得仁《送顾非熊作尉盱眙》：“一名兼一尉，未足是君伸。”

【一張】　表数量。李白《嘲王历阳不肯饮酒》：“浪抚一张琴，虚栽五株柳。”卢仝《客淮南病》：“且喜闭门无俗物，四肢安稳一张床。”白居易《秋池独泛》：“一只短舫艇，一张斑鹿皮。”裴说《怀素台歌》：“我来恨不已，争得青天化为一张纸。”

【一婦不織天下寒】　谓妇人不织布则天下受冻。苏拯《织妇女》：“感此尝忆古人言，一妇不织天下寒。”参见“一女不織萬夫受寒”。

【一通】　表数量。多用于书籍、文书等。杜甫《可叹》：“群书万卷常暗诵，孝经一通看在手。”白居易《妻初授邑号告身》：“弘农旧县授新封，钿轴金泥诰一通。”裴说《句》：“一通红锦重，三事紫罗轻。”

【一貫】　❶谓用一种道理贯通天下万事之理。语出《论语·里仁》：“吾道一以贯之。”贯休《言诗》：“达人皆一贯，迷者自多岐。”❷谓同一道理。李颀《杂兴》：“善恶死生齐一贯，只应斗酒任苍苍。”白居易《答崔侍郎钱舍人书问因继以诗》：“穷通与远近，一贯无两端。”杜牧《杜秋娘诗》：“自古皆一贯，变化安能推！”李咸用《依韵修睦上人山居十首》之二：“静躁殊途知自识，荣枯一贯亦何争！”❸同样。杜甫《舟中苦热遣怀奉呈阳中丞通简台省诸公》：“偏裨表三上，卤莽同一贯。”张仲素《献寿词》：“华夷今一贯，同贺圣朝君。”❹连贯。白居易《和望晓》：“朝车雷四合，骑火星一贯。”

【一陰生】　指夏至。夏至日阴气初生，夜间渐长。权德舆《夏至日作》：“寄言赫曦景，今日一阴生。”白居易《思归》：“夏至一阴生，稍稍夕漏迟。”

【一巢】　❶一个鸟巢。姚伦《感秋》：“乱声千叶下，寒影一巢孤。”❷用为隐居之典。刘沧《赠天台隐者》：“回望一巢悬木末，独寻危石坐岩中。”

【一場】　（—cháng）❶一番，一回。白居易《老病相仍以诗自解》：“荣枯忧喜与彭殇，都是人间戏一场。”李山甫《游侠儿》：“好把雄姿浑世尘，一场闲事莫因循。”王岩《杪春寄友人》：“明朝渐近山僧寺，更为残花醉一场。”贯休《再到钟陵作》：“春风还有花千树，往事都如梦一场。”❷一地，满地。张祜《经咸阳城》：“秦地起为千载业，楚兵焚作一场灰。”

【一場春夢】　（場 cháng）春天梦境易于消失，故用以比喻已经消散之陈迹或旧事。卢延让《哭李郢端公》：“诗侣酒徒消散尽，一场春梦越王城。”张泌《寄人》：“倚柱寻思倍惆怅，一场春梦不分明。”

【一壺】　❶一只葫芦，常用于盛酒。李白《月下独酌四首》之一：“花间一壶酒，独酌无相亲。”杜牧《歙州卢中丞见惠名酝》：“谁怜贱子启穷途，太守封来酒一壶。”李咸用《送人》：“一壶清酒酌离情，休向蒿中随雀跃。”韦庄《对酒》：“何用岩栖隐姓名，一壶春酎可忘形。”❷特指酒。白居易《常乐里闲居偶题十六韵时为校书郎》：“何以待君子？数竿对一壶。”杜牧《独酌》：“独佩一壶游，秋毫泰山小。”曹邺《从天平节度使游平流园》：“乘兴挈一壶，折荷以为盏。”❸道家谓壶中别有天地，因用以指宇宙及仙境。《后汉书·方术·费长房传》载其事。王维《赠焦道士》："坐知千里外，跳向一壶中。"李端《雪夜寻太白道士》："蓬瀛三岛至，天地一壶通。"李商隐《玄微先生》："仙翁无定数，时入一壶藏。"郑遨《与罗隐之联句》："一壶天上有名物，两个世间无事人。"

【一壺冰】 形容性情淡泊，心地纯洁之人。李商隐《闻著明凶问哭寄飞卿》："空余双玉剑，无复一壶冰。"

【一搭】 犹一团。卢仝《月蚀诗》："摧环破璧眼看尽，当天一搭如煤炲。"

【一揮】 ❶舞动一下手臂或手中之物。李白《望九华赠青阳韦仲堪》："我欲一挥手，谁人可相从？"杜牧《送沈处士赴苏州李中丞招以诗赠行》："忽然竖明堂，一挥立能致。"李郢《画鼓》："两杖一挥行缆解，暮天空使别魂惊。"齐己《观李琼处士画海涛》："一挥一画皆筋骨，滉漾崩腾大鲸臬。"❷同"一麾❷"。刘禹锡《送李策秀才还湖南因寄幕中亲故兼简衡州吕八郎中》："一挥出荥阳，惠彼嗤嗤氓。"

【一握】 ❶一把。贯休《塞上曲二首》之一："一握黳髯一握丝，须知只为平戎术。"❷一柄。白居易《折剑头》："一握青蛇尾，数寸碧峰头。"❸极言距离之近。王仁裕《题孤云绝顶淮阴祠》："一握寒天古木深，路人犹说汉淮阴。"

【一朝】 ❶一次朝谒。李频《五月一日蒙替本官不得随例入阙感怀献送相公》："五月倾朝谒紫宸，一朝无分在清尘。"❷一个朝代。高适《辟阳城》："太息一朝事，乃令人所嗤。"汪遵《梁寺》："立国从来为战功，一朝何事却谈空！"阎德隐《薛王花烛行》："一朝福履盛王门，百代光辉增帝室。"❸满朝，整个朝廷。罗邺《吴门再逢方干处士》："一朝卿相俱前席，千古篇章冠后人。"

【一朝】 （—zhāo）❶一天早晨。李白《咏桂》："一朝天霜下，荣耀难久存。"元结《系乐府十二首·农臣怨》："一朝哭都市，泪尽归田亩。"韩愈《与张十八同效阮步兵一日复一夕》："一日复一日，一朝复一朝。"韦庄《秦妇吟》："一朝五鼓人惊起，呼啸喧争如窃语。"❷他日，有朝一日。寒山《诗三百三首》之一八五："一朝如破床，两个当头脱。"杜甫《往在》："一朝自罪己，万里车书通。"皎然《郑容全成蛟形木机歌》："可中风雨一朝至，还应不是池中物。"李商隐《少将》："一朝携剑起，上马即如飞。"❸一时。骆宾王《晚憩田家》："心迹一朝舛，关山万里赊。"王翰《饮马长城窟行》："一朝祸起萧墙内，渭水咸阳不复都。"刘商《胡笳十八拍·第一拍》："一朝胡骑入中国，苍黄处处逢胡人。"黄滔《奉和翁文尧员外秀光贤昼锦之什》："乡名里号一朝新，乃觉台恩重万钧。"❹指不测之事。李咸用《依韵修睦上人山居十首》之四："清闲自可齐三寿，忿恨还须戒一朝。"

【一朝一夕】 （朝 zhāo）一个早晨或一个晚上。极言时间之短促。白居易《新乐府·古冢狐》："狐假女妖害犹浅，一朝一夕迷人眼。"

【一朝千里】 （朝 zhāo）同"一日千里"。曹唐《病马五首呈郑校书章三吴十五先辈》之三："一朝千里心犹在，争肯潜忘秣饲恩！"

【一朝權入手看取令行時】 （朝 zhāo）朱湾《奉使设宴戏掷笼筹》："一朝权入手，看取令行时。"原谓掷筹喝令，后借用谓一旦掌握权力就发号施令。

【一期】 （—qī）❶一次。寒山《诗三百三首》之二二四："决陂以取鱼，是取一期利。"❷邀集聚会。白居易《李十一舍人松园饮小酎酒即事书怀因酬四韵》："唯应清夜无公事，新草亭中好一期。"

【一軸】 一卷，一篇。唐代诗文图籍多用卷轴形式。贾岛《题青龙寺》："碣石山人一轴诗，终南山北数人知。"罗邺《览陈丕卷》："雪宫词客燕宫游，一轴烟花象外搜。"杜荀鹤《读张仆射诗》："秋吟一轴见心胸，万象搜罗咏欲空。"贯休《读顾况歌行》："忽睹逋翁一轴歌，始觉诗魔辜负我。"

【一棹】 ❶一支桨。李白《东海有勇妇》："津妾一棹歌，脱父于严刑。"❷特指一舟。殷尧藩《送白舍人渡江》："海门日上千峰出，桃叶波平一棹轻。"吴融《途中》："一棹归何处？苍茫落照昏。"恒超《辞郡守李公恩命》："他时随范蠡，一棹五湖清。"

【一戛】 一声清脆之音。刘禹锡《唐侍御寄游道林岳麓二寺诗见征继作》："远持清琐照巫峡，一戛惊断三声猿。"

【一雁書】 用以指书信，见《汉书·苏武传》。李白《送友人游梅湖》："莫惜一雁书，音尘坐胡越。"

【一著】 （—zhāo）❶谓下一步棋。张瀛《赠琴棋僧歌》："我又听师棋一著，山顶坐沉红日脚。"❷喻行事一个步骤。齐己《赠樊处士》："谁将一著争先后，共向长安定是非。"

【一萍】 一叶浮萍。❶用以喻海中岛国。孟郊《奉同朝贤送新罗使》："淼淼望远国，一萍秋海中。"❷比喻渺小。白居易《和答诗十首·和思归乐》："人生百岁内，天地暂寓形。太仓一稊米，大海一浮萍。"

【一掌】 一只手掌。多用以喻山峰耸立如掌。张祜《题杭州灵隐寺》："峰峦开一掌，朱槛几环延。"李商隐《井络》："井络天彭一掌中，漫夸天设剑为峰。"

【一晷】 一刻。指很短时间。吴融《祝风三十二韵》："秋不安一食，春不闲一晷。"

【一跌】 一下失足仆倒。特指遭到诛杀之类不测之事。语出《汉书·扬雄传下》。张九龄《始兴南山下有林泉尝卜居焉荆州卧病有怀此地》："一跌不自保，万全焉可寻！"

【一幅】 表数量。多用于布帛、书信等。白居易《竹窗》："轻纱一幅巾，小簟六尺床。"陆龟蒙《送潮》："爱长波兮数数，一幅巾兮无缨可濯。"徐夤《回文诗二首》之一："飞书一幅锦文回，恨写深情寄雁来。"徐铉《代钟答》："一幅轻绡寄海滨，越姑长感昔时恩。"

【一圍】 ❶直径五寸之周长为一围。杜牧《为人题赠二首》之二："半月缅双脸，凝腰素一围。"罗隐《寄前宣州窦常侍》："喷香瑞兽金三尺，舞雪佳人玉一围。"❷围猎一次。李商隐《北齐二首》之二："晋阳已陷休回顾，更请君王猎一围。"

【一無知】 一无所知，任何事都不懂。白居易《悲哉行》："沉沉朱门宅，中有乳臭儿……声色狗马外，其余一无知。"

【一缾一鉢】 一只净瓶，一只饭钵。皆为僧人随身之物。杜荀鹤《送僧赴黄山沐汤泉兼参禅宗长老》："闻有汤泉独去寻，一瓶一钵一无金。"贯休《陈情献蜀皇帝》："一瓶一钵垂垂老，千水千山得得来。"

【一程】 一段路程。元稹《别李十一五绝》之三："万里尚能来远道，一程那忍便分头！"白居易《江州赴忠州至江陵已来舟中示舍弟五十韵》："容易来千里，斯须进一程。"姚合《题永城驿》："连浦一程兼汴宋，夹堤千柳杂唐隋。"

【一稊米】 犹一粟。形容渺小。《庄子·秋水》："计中国之在海内，不似稊米之在大仓乎？"白居易《和答诗十首·和思归乐》："人生百岁内，天地暂寓形。太仓一稊米，大海一浮萍。"

【一徧】 同"一遍❶"。白居易《水调》："五言一遍最殷勤，调少情多似有因。"又《朝课》："蕊珠讽数篇，秋思弹一徧。"韩偓《南亭》："更有兴来时，取琴弹一徧。"

【一順貫之】 同"一以贯"。白居易《无可奈何歌》："虽千变与万化，委一顺以贯之。"

【一等】 ❶一样，同样。方干《赠李支使》："一等孔门为弟子，愚儒独自赋《归田》。"苏拯《经马嵬坡》："一等异于众，倾覆皆如此。"❷一类，一种。寒山《诗三百三首》之七五："世有一等愚，茫茫恰似驴。"又之二八四："世间一等流，诚堪与人笑。"昭宗《巫山一段云》词："春风一等少年心，闲情恨不禁。"

【一筆】 ❶一种画法。作画一笔而成，气势连绵，脉络贯通。顾况《范山人画山水歌》："漫漫汗汗一笔耕，一草一木栖神明。"❷写一个笔画。形容很短时间。吴融《和座主尚书登布善寺楼》："谁知此日凭轩处，一笔工夫胜七襄。"❸一支笔。张祜《又陪楚州韦舍人阊门游宴次韵北间门》："旧好千金诺，新题一笔操。"

【一筆鈎】 一笔勾销。谓全部抛开。吕岩《沁园春》词："休休！及早回头，把往日风流一笔钩。"

【一番】 ❶一阵。李端《奉和王元二相避暑怀杜太尉》："绿槐千穗绽，丹药一番迟。"卢仝《题褚遂良孙庭竹》："春风一番琴上来，摇碎金尊碧天月。"薛逢《九日郡斋有感》："楼前野菊无多少，一雨重开一番黄。"❷一片。朱庆余《和刘补阙秋园寓兴之什十首》之七："残蔬得晴后，又见一番新。"皮日休《习池晨起》："数声翡翠背人去，一番芙蓉含日开。"❸一张。寒山《诗三百三首》之八："吾归此有时，唯须一番箔。"

【一爲】 (一wéi)❶一旦成为。李白《与史郎中钦听黄鹤楼上吹笛》："一为迁客去长沙，西望长安不见家。"韦应物《九日》："一为吴郡守，不觉菊花开。"❷一旦。陈子昂《送殷大入蜀之七》："送君一为别，凄断故乡情。"李白《寄远十一首》："一为云雨别，此地生秋草。"李嘉祐《送崔十一弟归北京》："楚地江皋一为别，晋山沙水独相思。"❸一旦被。刘长卿《瓜洲驿奉饯张侍御时侍御先在淮南幕府》："一为鸥鸟误，三见露花团。"

【一爲】 (一wèi)❶犹一举。沈佺期《杂诗三首》之三："谁能将旗鼓，一为取龙城。"李华《咏史十一首》之四："如何得良吏，一为制方圆？"❷完全为了。卢纶《行药前轩呈董山人》："桑公富灵术，一为保余生。"杜牧《送沈处士赴苏州李中丞招以诗赠行》："常思抡群材，一为国家治。"❸犹一去。表示行动方向。岑参《送四镇薛侍御东归》："园林幸接近，一为到柴扉。"刘昚虚《寄江滔求孟六遗文》："相如有遗草，一为问家人。"李商隐《武侯庙古柏》："谁将出师表，一为问昭融？"薛能《赠苗端公二首》之一："沉碑若果去，一为访邻居。"

【一腔】 表数量。多用于牲畜宰杀后之整体。《选人歌》(卷八七四)："案后一腔冻猪肉，所以名为姜侍郎。"

【一詠一觴】 见"一觴一詠"。

【一詠三歎】 谓反复吟咏赞叹。皮日休《追和虎丘寺清远道士诗》："嗟予慕斯文，一咏复三叹。"参见"一倡三歎"。

【一詞】 犹一言。白居易《和答诗十首·答四皓庙》："心不画一计，口不吐一词。"

【一善】 一种善行。聂夷中《短歌》："耆年无一善，何殊食乳儿。"

【一尊】 ❶一杯。多用于酒。杜甫《春日忆李白》："何时一尊酒，重与细论文。"白居易《期宿客不至》："宿客不来嫌冷落，一尊酒对一张琴。"韩偓《偶见》："秋千打困解罗裙，指点醍醐索一尊。"颜令宾《临终召客》："话别一尊酒，相邀无后期。"❷特指酒。皇甫曾《过刘员外长卿别墅》："江湖千里别，衰老一尊同。"卢纶《题贾山人园林》："五字每将称玉友，一尊曾不顾金囊。"李玖《四丈夫同赋》之四："新荆棘路旧衡门，又驻高车会一尊。"翁承赞《晨兴》："一尊如有地，放意且狂歌。"

【一渾】 浑然一体。杜荀鹤《山中对雪有作》："一浑乾坤万象收，唯应不壅大江流。"

【一溉】 一溉之益。谓庄稼受到一次灌溉之益。见三国魏嵇康《养生论》。比喻人身体得到一点益处。刘禹锡《游桃源一百韵》："长生尚学致，一溉岂虚掷！"

【一割】 见"一割之用"。

【一割之用】 亦作"一割"。谓用钝刀切割一次。语出《后汉书·班超传》。韦应物《寇季膺古刀歌》："世人所好殊辽阔，千金买铅徒一割。"后多用为请求任用之谦词。李白有《闻李太尉大举秦兵百万出征东南懦夫请缨冀申一割之用半道病还留别金陵崔侍御十九韵》。

【一窖】 ❶犹满腔。张碧《惜花三首》之一："一窖闲愁驱不去，殷勤对尔酌金杯。"❷见"一窖塵"。

【一窖塵】 一穴尘灰。指人世一切最终皆如一穴尘灰。罗隐《焚书坑》："千载遗踪一窖尘，路旁耕者亦伤神。"

【一發】 ❶射箭十二支为一发。苏颋《御箭连中双兔》："三驱仍百步，一发遂双连。"张说《奉和圣制义成校猎喜雪应制》："五豝连一发，百中皆先命。"白居易《杂兴三首》之一："美人挟银镝，一发叠双飞。"❷一箭。见"一發取聊城"。❸一经发生。钱珝《江行无题百首》之八七："高浪如银屋，江风一发时。"

【一發下燕城】 同"一箭取聊城"。白居易《和答诗十首·答箭镞》："不然学仲连，一发下燕城。"

【一陽】 ❶一片阳光。孟浩然《登龙兴寺阁》："骤雨一阳散，行舟四海来。"贯休《咏竹根玟子》："出处惭林薮，才微幸一阳。"❷同"一阳生"。杜甫《故右仆射相国张公九龄》："一阳发阴管，淑气含公鼎。"王建《冬至后招于秀才》："日近山红暖气新，一阳先入御沟春。"刘商《合肥至日愁中寄郑明府》："灰管移新律，穷阴变一阳。"殷尧藩《冬至酬刘使君》："渐喜一阳从地复，却怜群沴逐冰消。"

【一陽生】 指冬至。冬至日阳气初生，白天渐长。权德舆《奉酬张监阁老雪后过中书见赠加两韵简南省僚旧》："风清五夜永，节换一阳生。"吕群《题寺壁二首》之一："路行三蜀尽，身及一阳生。"李商隐《有感二首》之二："苍黄五色棒，掩遏一阳生。"李郢《冬至后西湖泛舟看断冰偶成长句》："一阳生后阴飙竭，湖上层冰看折时。"

【一隅】 ❶一个角落。李颀《送卢少府赴延陵》："遥指金陵县，青山天一隅。"岑参《轮台即事》："愁见流沙北，天西海一隅。"❷亦指一个地区。岑参《热海行送崔侍御还京》："阴火潜烧天地炉，何事偏烘西一隅？"卢纶《和张仆射塞下曲》之六："亭亭七叶贵，荡荡一隅清。"张乔《华山》："青苍河一隅，气状杳难图。"吴融《和严谏议萧山庙十韵》："一隅连障影，千仞落泉声。"

【一隊】 一排。皇甫湜《题浯溪石》："于诸作者间，拔戟成一队。"南唐后主李煜《渔父》词："浪花有意千里雪，桃花无言一队春。"

【一絶】 ❶一项绝技。谓独一无二。皎然《桃花石枕歌赠康从事》："四座喧喧争目悦，巧过造化称一绝。"❷一首绝句。张九龄有《答太常靳博士见赠一绝》。杜牧有《送卢秀才一绝》。❸一下断绝。王昌龄《行路难》："悬丝一绝不可望，似妾倾心在君掌。"

【一統】 统一。张说《奉和圣制过王濬墓应制》："牛斗三分国，龙骧一统年。"贯休《寿春节进大蜀皇帝五首》之三："四洲不必归王化，一统那能计圣情？"

【一絲】 一根丝。特指一根白发。李咸用《遣兴》："旅鬓一丝出，乡心寸火生。"

【一絲風】 词牌《诉衷情》之异名。温庭筠《诉衷情》词下注："一名《一丝风》。"

【一瑞】 一种祥瑞。亦指太平一统景象。罗邺《春风》："如何一瑞车书日，吹取青云道路平！"

【一鼓】 战斗开始时击一次鼓。张说《破阵乐词二首》之二："一鼓鲜卑送款，五饵单于解纷。"权德舆《奉和张仆射朝天行》："专城一鼓妖氛静，拥旆十年天泽深。"亦谓乘锐气方盛时进取。岑参《送许子擢第归江宁拜亲因寄王大昌龄》："十年自勤学，一鼓游上京。"参见"一鼓气"。

【一鼓氣】 一鼓作气。古代擂鼓交兵，以第一次擂鼓振作将士勇气。《左传·庄公十年》："一鼓作气，再而衰，三而竭。"徐九皋《战城南》："巉岩一鼓气，拔利五兵威。"亦谓乘锐气方盛之时进取。杜甫《寄岳州贾司马六丈巴州严八使君两阁老五十韵》："万方思助顺，一鼓气无前。"

【一臺二妙】 泛指俱在台省作官而又负盛名之二人，见《晋书·卫瓘传》。韦应物《路逢崔元三侍御避马见招以诗见赠》："一台称二妙，归路望行尘。"

【一塊】 表数量。用于块状之物。寒山《诗三百三首》之五八："投之一块骨，相与啀喍争。"皇甫湜《石佛谷》："澶漫太行北，千里一块石。"张祜《忆江东旧游四十韵寄宣武李尚书》："造化三光借，乾坤一块凝。"

【一境】 ❶全境，整个区域。司空曙《送乐平苗明府》:"应将放鱼化,一境表吾心。"郑谷《赠富平李宰》:"简肃诸曹事,安闲一境人。"❷一种境界。武元衡《甫构西亭偶题因呈监军及幕中诸公》:"数峰聊在目,一境暂清心。"

【一榻】 ❶一张坐卧器具。项斯《李处士道院南楼》:"满壶邀我醉,一榻为僧闲。"陆龟蒙《三宿神景宫》:"四轩尽疏达,一榻何清零!"罗隐《投所思》:"满川碧嶂无归日,一榻红尘有泪时。"❷用东汉豫章太守陈蕃高悬一榻以接待徐稚之事。杜牧《怀钟陵旧游四首》之二:"未掘双龙牛斗气,高悬一榻栋梁材。"罗隐《安陆赠徐砺》:"一榻偶依陈太守,三年深忆祢先生。"

【一概】 ❶同一标准。概为量粮时括平升斗以达到平准之木,因引申为标准。韩愈《读皇甫湜公安园池诗书其后二首》之一:"诚不如两忘,但以一概量。"❷一样,同样。杜甫《秦州杂诗二十首》之四:"万方声一概,吾道竟何之。"李商隐《燕台四首·冬》:"楚管蛮弦愁一概,空城舞罢腰支在。"❸全部。韩偓《过汉口》:"浊世清名一概休,古今翻覆剩堪愁。"

【一搦】 一把。形容纤细之腰。李百药《少年行》:"千金笑里面,一搦掌中腰。"尹鹗《清平乐》词:"赚得王孙狂处,断肠一搦腰肢。"

【一聚】 ❶见"一聚一散"。❷见"一聚灰""一聚塵"。

【一聚一散】 谓聚合消散无常。王建《古谣》:"一东一西陇头水,一聚一散天边霞。"

【一聚灰】 一堆灰尘。寒山《诗三百三首》之二一五:"嗟见此茂秀,今为一聚灰。"胡曾《咏史诗·钜桥》:"武王兵起无人敌,遂作商郊一聚灰。"李山甫《山中病后作》:"云门不闭全无事,心外沈然一聚灰。"

【一聚塵】 同"一聚灰"。寒山《诗三百三首》之四六:"始忆八尺汉,俄成一聚尘。"贾至《出塞曲》:"万里平沙一聚尘,南飞羽檄北来人。"

【一幹】 一根支柱。比喻担当重任之人。皇甫冉《上礼部杨侍郎》:"敢言当一干,徒欲隶诸生。"

【一遭】 一旦遭逢。李白《赠新平少年》:"一遭龙颜君,啸咤从此兴。"

【一匱】 一篑,一筐土。《书·旅獒》:"为山九仞,功亏一篑。"杜甫《天宝初南曹小司寇舅于我太夫人堂下累土为山一匮盈尺而作是诗》:"一匮功盈尺,三峰意出群。"许浑《献韶阳相国崔公》:"一匮为功极九层,康庄犹自剑棱棱。"

【一電】 一闪。指极短时间。章碣《春日经湖上友人别业》:"一年一电逡巡事,不合花前不醉游。"

【一碩】 一石,十斗。布燮《听妓洞云歌》:"一饮一硕犹自醉,无人为尔卜深尘。"

【一盞】 表数量。❶犹一杯。用于酒。白居易《镜换杯》:"不似杜康神用速,十分一盏便开眉。"❷用于灯。赵嘏《四祖寺》:"千株松下双峰寺,一盏灯前万里身。"

【一葉】 ❶一片树叶。张九龄《初秋忆金均两弟》:"孤云愁自远,一叶感何深!"欧阳詹《答韩十八驽骥吟》:"巴蕉一叶妖,茙葵一花妍。"成彦雄《江上枫》:"一叶落渔家,残阳带秋色。"❷比喻小船一只。严维《送薛居士和州读书》:"孤云独鹤共悠悠,万卷经书一叶舟。"李商隐《无题》:"万里风波一叶舟,忆归初罢更夷犹。"吴融《赠方干处士歌》:"一杯酒,无万事;一叶舟,无千里。"徐光溥《题黄居寀秋山图》:"暮烟幕幕锁村坞,一叶扁舟横野渡。"❸特指小船。薛涛《采莲舟》:"风前一叶压荷蕖,解报新秋又得鱼。"李中《寄赠致仕沈彬郎中》:"有时乘一叶,载酒入三湘。"王周《志峡船具诗·戙》:"三老航一叶,百丈空千尺。"

【一葉知秋】 见一片落叶,即知秋季来临。《淮南子·说山训》:"见一叶落而知岁之将暮。"唐求《边将》:"老向二毛见,秋从一叶知。"

【一葉秋】 同"一葉知秋"。杜牧《留题李侍御书斋》:"独立千峰晚,频来一叶秋。"

【一葉報秋】 同"一葉知秋"。张南史《同韩侍郎秋朝使院》:"重门启曙关,一叶报秋还。"鲍溶《始见二毛》:"百川赴海返潮易,一叶报秋归树难。"

【一葉落】 ❶一片树叶凋落。谓秋天已至。薛能有《一叶落》。参见"一葉知秋"。❷词牌名。后唐庄宗有《一叶落》词。

【一葉驚秋】 同"一葉知秋"。孟浩然《和卢明府送郑十三还京兼寄之什》:"洞庭一叶惊秋早,濩落空嗟滞江岛。"詹敦仁《柳堤诗》序:"俄尔凉飙飒至,一叶惊秋,露滴疏枝,月筛淡影。"

【一葉驚寒】 同"一葉知秋"。骆宾王《初秋于窦六郎宅宴》序:"于时一叶惊寒,下陈柯而卷翠。"

【一落千丈】 韩愈《听颖师弹琴》:"跻攀分寸不可上,失势一落千丈强。"指琴声骤然低落。后以"一落千丈"形容景状急剧下降,本此。

【一葦】 一束芦苇。《诗·卫风·河广》:"谁谓河广?一苇杭之。"后用以代称小舟。骆宾王《晚渡黄河》:"千里寻归路,一苇乱平源。"萧颖士《舟中遇陆棣兄西归晚次沙埶西岸作》:"冀愿崇朝霁,吾其一苇航。"权德舆《送上虞丞》:"计程航一苇,试吏佐双凫。"李绅《奉酬乐天立秋夕有怀见寄》:"天津落星河,一苇安可航!"

【一歲】 ❶一年。杜甫《发同谷县》:"奈何迫物累,一岁四行役。"白居易《和新楼北园偶集郑侍御判官周刘二从事皆先归》:"一岁春又尽,百年期不赊。"李商隐《即日》:"一岁林花即日休,江间亭下怅淹留。"

薛莹《十日菊》："得失片时痛，荣枯一岁伤。"❷表年龄单位。皮日休《伤小女》："一岁犹未满，九泉何太深！"陆弘休《和訾家洲宴游》："酒满百分殊不怕，人添一岁更堪愁。"

【一當百】 一人抵百人。极言英勇无敌。王维《燕支行》："汉兵大呼一当百，虏骑相看哭且愁。"

【一路】 ❶一条道路。储光羲《题应圣观》："北有上年宫，一路在云霓。"司空图《狂题十八首》之十七："莫道太行同一路，大都安稳属闲人。"❷棋盘上一个点或格子。杜牧《送国棋王逢》："玉子纹楸一路饶，最宜檐雨竹萧萧。"❸沿途。刘长卿《送薛承矩秩满北游》："一路傍汾水，数州看晋山。"韩翃《送中兄典邵州》："一路诸侯争馆谷，洪池高会荆台曲。"孟郊《寒溪》之四："篙工碓玉星，一路随迸萤。"杜荀鹤《长安道中有作》："回头不忍看羸僮，一路行人我最穷。"

【一園春】 满园春色。王勃《春园》："山泉两处晚，花柳一园春。"卢照邻《春晚山庄率题二首》之二："田家无四邻，独坐一园春。"

【一園香】 满园芳香。张说《奉和圣制春日出苑应制》："雨洗亭皋千亩绿，风吹梅李一园香。"

【一過】 ❶经过。灵一《归岑山过惟审上人别业》："知君欲问人间事，始与浮云共一过。"徐夤《绿鬓》："君看黄阁南迁客，一过泷州绝好音。"❷一过目，一看。刘长卿《送韩司直》："季子杨柳庙，停舟试一过。"❸犹一生。白居易《追欢偶作》："乐天一过难知分，犹自咨嗟两鬓丝。"

【一稜】 (一lèng)犹一陇。陆龟蒙《奉酬袭美苦雨见寄》："我本曾无一棱田，平生啸傲空渔船。"

【一種】 ❶一个种类。路德延《芭蕉》："一种灵苗异，天然体性虚。"❷同样，一样。杨师道《咏舞》："分行向烛转，一种逐风斜。"张谔《九日》："秋来林下不知春，一种佳游事亦均。"元稹《梦游春七十韵》："一种薄地生，浅深何足妒！"韩偓《寒食夜》："清江碧草两悠悠，各自风流一种愁。"

【一鉢】 ❶一只饭钵。为僧人随身之物。贾岛《送去华法师》："秋江洗一钵，寒日晒三衣。"许浑《冬日宣城开元寺赠元孚上人》："一钵事南宗，僧仪称病容。"贯休《送少年禅师二首》之一："秀眉青目树花衣，一钵随缘智不知。"参见"一鉼一鉢"。❷表数量。用于饭。王梵志《兀然无事》之三："饥来一钵饭，困来展脚眠。"

【一銖】 重量单位。二十四分之一两，亦形容轻微。白居易《和微之投简阳洞天五十韵》："重士过三哺，轻财抵一铢。"崔涂《过陶征君隐居》："田园三亩绿，轩冕一铢轻。"

【一鈎】 ❶一只钩子。韩偓《雨村》："雁行斜拂雨村楼，帘下三重幕一钩。"冯延巳《抛球乐》词："一钩冷雾悬珠箔，满面西风凭玉栏。"❷比喻新月。南唐后主李煜《应天长》词："一钩初月临妆镜，蝉鬓凤钗慵不整。"王周《无题二首》之二："帘卷玉楼人寂寂，一钩新月未沉西。"

【一會】 ❶会见一次。薛宜僚《别青州妓段东美》："经年邮驿许安栖，一会他乡别恨迷。"❷指一科中第。李商隐《喜闻太原同院崔侍御台拜兼寄在台三二同年之什》："鹏鱼何事遇屯同，云水升沉一会中。"

【一微塵】 佛家语。比喻极小之物。见《楞严经》。郎士元《双林寺谒傅大夫》："犹怜下生日，应在一微尘。"白居易《禽虫十二章》之七："应是诸天观下界，一微尘内斗英雄。"

【一箸】 见"一筯"。

【一筯】 亦作"一箸"。一双筷子。亦指所夹少量食物。吴融《即事》："何须一筯鲈鱼脍，始挂孤帆问钓矶。"黄滔《钟陵故人》："一筯鲈鱼千古美，后人终少继前踪。"徐夤《嘉运》："晨炊一箸红银粒，忆著长安索米秋。"

【一箇】 表数量。用于人或物。寒山《诗三百三首》之五五："访觅汉时人，能无一个在！"段成式《嘲飞卿七首》之一："曾见当垆一个人，入时装束好腰身。"卢延让《苦吟》："吟安一个字，撚断数茎须。"

【一個钱】 同"一钱❷"。方干《献浙东王大夫二首》之一："到来唯饮长溪水，归去应将一个钱。"又《送王侍郎浙东入朝》："自将苦节酬清秩，肯要庞眉一个钱？"

【一管】 ❶毛管一支。吴融《赠䛒光上人草书歌》："江南有僧名䛒光，紫毫一管能颠狂。"❷一支管乐器。张祜《觱篥》："一管妙清商，纤红玉指长。"又《笛》："紫清人一管，吹在月堂中。"

【一節】 ❶犹一段。张乔《笛》："剪雨裁烟一节秋，《落梅》《杨柳》曲中愁。"❷指从一而终之节操。周仲美《书壁》："妇人义从夫，一节誓生死。"

【一飯】 ❶一顿饭。沈佺期《被弹》："三日唯一饭，两旬不再栉。"李白《游敬亭寄崔侍御》："时来顾我笑，一饭葵与藿。"白居易《狂言示诸侄》："一裘暖过冬，一饭饱终日。"曹邺《翠孤至渚宫寄座主相公》："黄粮贱如土，一饭常不饱。"❷佛家信徒日食一餐之苦行。姚合《过稠上人院》："清羸一饭师，闲院亦披衣。"参见"一食❷"。❸韩信为布衣时，贫无行。曾钓于城下，诸母漂，有一母见信饥，饭信。信喜，谓漂母曰："吾必有以重报母。"后信为楚王，至国，召所从食漂母，赐千金。见《史记·淮阴侯列传》。刘长卿《经漂母墓》："昔贤怀一饭，兹事已千秋。"李绅《却过淮阴吊韩信庙》："徒用千金酬一饭，不知明哲重防身。"亦用为受人恩德之典。杜甫《奉赠韦左丞丈二十二韵》："常拟报一饭，况怀辞大臣。"李群玉《病起别主人》："益愧千金少，情将一饭殊。"李频《辞夏口崔尚书》："一饭仍难受，依仁况一年！"吴融《离霅溪感事献郑员外》："一饭意专堪便死，千金诺在转难酬。"

【一飯恩】 ❶一顿饭之恩。汪遵《淮阴》："归荣便累千金赠，为报当时一饭恩。"参见"一饭❸"。❷谓小恩小德。王建《求友》："每怀一饭恩，不重劝勉词。"方干《题故人废宅二首》之一："举目凄凉入破门，鲛人一饭尚知恩。"

【一飲三百杯】 谓畅怀痛饮。事出《世说新语·文学》刘孝标注。李白《将进酒》："烹羊宰牛且为乐，会须一饮三百杯。"

【一領】 ❶一旦领到。贯休《上卢使君二首》之一："一领彤弓下赤墀，惟将清净作藩篱。"❷一件。白居易《早热二首》之二："数匙粱饭冷，一领绡衫香。"❸一张。白居易《风雪中作》："两重褐绮衾，一领花茸毡。"

【一解】 ❶一章。李贺《送沈亚之歌》序："吾悲其行，无钱酒以劳，又感沈之勤请，乃歌一解以劳之。"❷一下解开。李郢《邵博士溪亭》："只去长桥三十里，谁人一解枉帆过？"❸一旦开释。李白《赠从弟南平太守之遥二首》之一："天门九重谒圣人，龙颜一解四海春。"

【一意】 ❶一己之意。见《史记·酷吏列传》。张九龄《杂诗五首》之一："终始行一意，无乃过愚公。"❷齐心。张说《赠崔二安平公乐世词》："君臣一意金门宠，兄弟双飞玉殿游。"

【一滂】 犹一汪。韦庄《和郑拾遗秋日感事一百韵》："话别心重结，伤时泪一滂。"

【一道】 ❶一条道路。储光羲《终南幽居献苏侍郎三首时拜太祝未上》："深林开一道，青嶂成四邻。"高适《别冯判官》："关山唯一道，雨雪尽三边。"萧颖士《重阳日陪元鲁山德秀登北城瞩对新霁因以赠别》："远山十里碧，一道衔长云。"伊用昌《题茶陵县门》："茶陵一道好长街，两畔栽柳不栽槐。"❷同路。李白《秋浦歌十七首》之十三："郎听采菱女，一道夜歌归。"❸棋盘上一个点或格子。皎然《薛卿教长行歌》："谁识兵奇势可保，坐看将军上一道。"❹一条。多用于水流、光线等。李峤《山》："泉飞一道带，峰出半天云。"元稹《望喜驿》："子规惊觉灯又灭，一道月光横枕前。"白居易《暮江吟》："一道残阳铺水中，半江瑟瑟半江红。"方干《叙钱塘异胜》："四郊远火烧烟月，一道惊波撼郡城。"❺犹一片。多用于景物。王昌龄《送柴侍御》："青山一道同云雨，明月何曾是两乡。"杜牧《汴人舟行答张祜》："春风野岸名花发，一道帆樯画柳烟。"李洞《送东宫贾正字入蜀》："半空飞雪化，一道白云流。"❻犹一派。欧阳詹《小苑春望宫池柳色》："媚作千门秀，连为一道春。"❼犹一阵。李洞《赠入内供奉僧》："数条雀尾来南海，一道蝉声噪御街。"❽一种道德。储光羲《献高使君大酺作》："三朝遵湛露，一道洽仁明。"

【一窠】 ❶一个巢，一个窝。苏涣《变律》之二："毒蜂成一窠，高挂恶木枝。"白居易《新乐府·秦吉了》："鸢捎乳燕一窠覆，乌啄母鸡双眼枯。"陈裕《咏浑家乐》之一："晨起梳头午不休，一窠精魅闹啾啾。"❷一棵。王建《宫词一百首》之七四："敕赐一窠红踯躅，谢恩未了奏花开。"❸一方，一颗。唐求《赠行如上人》："衲补云千片，香烧印一窠。"

【一遍】 ❶从头至尾弹唱一次。戴叔伦《听韩使君美人歌》："仙人此夜忽凌波，更唱瑶台一遍歌。"白居易《冬日早起闲咏》："晚坐拂琴尘，《秋思》弹一遍。"冯延巳《薄命妾》词："春日宴，绿酒一杯歌一遍。"❷整体，全部。王建《失钗怨》："高楼翠钿飘舞尘，明日从头一遍新。"章碣《雨》："霁来还有风流事，重染南山一遍新。"❸一齐，一起。王建《宫词一百首》之九七："衫子成来一遍出，明朝半片在园中。"

【一群】 表数量。用于人或动物。卢照邻《长安古意》："百丈游丝争绕树，一群娇鸟共啼花。"拾得《诗》之二五："踯躅一群羊，沿山又入谷。"杜甫《得房公池鹅》："房相西亭鹅一群，眠沙泛浦白于云。"李山甫《曲江二首》之二："千队国娥轻似雪，一群公子醉如泥。"

【一經】 ❶五经之一种。亦泛指儒家经典。沈佺期《和韦舍人早朝》："一经推旧德，五字擢英才。"王维《送赵都督赴代州得青字》："岂学书生辈，窗间老一经。"贾岛《送陈商》："我曾接夜谈，似听讲一经。"温庭筠《过西堡塞北》："一经何用厄，日暮涕沾袍。"❷一旦经过。杜甫《园官送菜》："一经器物内，永挂粗刺痕。"

【一對】 ❶一双。皮日休《重玄寺双矮桧》："应如天竺难陀寺，一对狻猊相枕眠。"❷一套。用于衣服。白居易《新乐府·缭绫》："春衣一对直千金，汗沾粉污不再著。"❸面对。戴叔伦《妻亡后别妻弟》："停舟一对湘江哭，哭罢无言君自知。"

【一團】 ❶一个圆形之物。白居易《能无愧》："一团香絮枕，倚坐稳于人。"史凤《鲛红被》："牙床舒卷鹓鸾共，正值窗棂月一团。"卢延让《谢杨尚书惠樱桃》："万颗真珠轻触破，一团甘露软含消。"❷一堆，一处。王建《宫词一百首》之九九："后宫宫女无多少，尽向园中笑一团。"❸一片。戎昱《闰春宴花溪严侍御庄》："一团青翠色，云是子陵家。"李郢《雨中看山榴落花》："山榴逼砌栽，山火一团开。"李山甫《公子家二首》之二："柳底花阴压露尘，醉烟轻罩一团春。"❹一阵。顾况《梁司马画马歌》："画精神，画筋骨，一团旋风瞥灭没。"花蕊夫人徐氏《宫词》之七一："松柏楼窗楠木板，暖风吹过一团香。"

【一團花】　佛家语。比喻美好事物。王梵志《五言》之八："凡人无所识，唤作一团花。"

【一團嬌】　一种锦名。段成式《柔卿解籍戏呈飞卿三首》之二："未有长钱求邺锦，且令裁取一团娇。"

【一鳴】　❶一声鸣叫。李绅《闻里谣效古歌》："莫令太守驰朱轓，悬鼓一鸣卢鹊喧。"❷"一鸣惊人"之略。谓一下作出惊人之举。语出《史记·滑稽列传》。唐代多指进士及第。李白《赠刘都使》："一鸣即朱绂，五十佩银章。"刘禹锡《送韦秀才道冲赴制》："一鸣从此始，相望青云端。"杜牧《池州送孟迟先辈》："子既屈一鸣，余固宜三刖。"李商隐《送千牛李将军赴阙五十韵》："政已标三尚，人今伫一鸣。"

【一飽】　一顿饱食。张九龄《园中时蔬尽皆锄理唯秋兰数本委而不顾遂赋二章》之一："人多利一饱，谁复惜馨香！"白居易《感鹤》："一饱尚如此，况乘大夫轩！"唐彦谦《六月十三日上陈微博士》："置之且勿戚，一饱任妻孥。"

【一塵】　❶一粒尘土。皎然《短歌行》："贵贱同一尘，死生同一指。"聂夷中《古兴》："片玉一尘轻，粒粟山丘重。"❷同"一微塵"。韩愈《杂诗》："下视禹九州，一尘集豪端。"李商隐《戊辰会静中出贻同志二十韵》："三山诚回视，九州扬一尘。"陈陶《题居上人法华新院》："一尘多宝塔，千佛大牛车。"❸指尘世。李商隐《明禅师院酬从兄见寄》："人非四禅缚，地绝一尘喧。"❹指战尘。温庭筠《鸿胪寺有开元中锡宴堂楼台池沼偶成四十韵》："四海正夷宴，一尘不飞扬。"

【一塵不到】　犹一尘不染。形容清洁。唐彦谦《游清凉寺》："一尘不到心源净，万有俱空眼界清。"

【一旗】　指茶叶幼嫩之芽。胡宿《冲虚观》："桐井晓寒千乳敛，茗园春嫩一旗开。"

【一端】　❶一方之尽头。白居易《夜雨有念》："骨肉能几人，各在天一端。"韩偓《寄远》："想美人兮云一端，梦魂悠悠关山难。"王周《富池口》："难写愁何限，乡关在一端。"❷一个方面。杜甫《雷》："二者存一端，愆阳不犹愈。"❸表数量。用于布帛，一端为半匹。白居易《庾顺之以紫霞绮远赠以诗答之》："千里故人心郑重，一端香绮紫氛氲。"贯休《上裴大夫二首》之一："我有一端绮，花彩鸾凤群。"

【一齊】　❶相等，等同。汪遵《吴坂》："不缘伯乐称奇骨，几与驽骀价一齐。"栖岩《题祝融峰》："开云四边尽，浮世一齐低。"❷一律。苏拯《世迷》："美者一齐美，丑者一齐丑。"❸同时。无际《咏走马灯诗》："除却心中三昧火，枪刀人马一齐休。"

【一榮】　一种殊荣。指进士及第。李频《送太学吴康仁及第南归》："一荣犹未已，具庆且应稀。"

【一綫】　同"一線"。❶比喻某一事物细长如一根线。杜牧《襄阳雪夜感怀》："的的三年梦，迢迢一线絙。"❷冬至日，白日渐长，日影增添一线之地。和凝《宫词百首》之七三："才经冬至阳生后，今日工夫一线多。"

【一綹】　表数量。用于头发等。王涣《惆怅诗十二首》之八："青丝一绺堕云鬟，金剪刀鸣不忍看。"

【一輩】　犹一伙。亦指一伙人。蒋贻恭《五门街望有题》："我皇开国十余年，一辈超升炙手欢。"

【一髮】　一根毛发。形容距离极小。韩愈《赠别元十八协律六首》之六："乘潮簸扶胥，近岸指一发。"

【一撮】　❶用几个手指所撮取之物。引申为少量。周昙《咏史诗·春秋战国门·鲁仲连》："今来跃马怀骄情，十万如无一撮时。"❷犹一缕。姚揆《秋日江东晚行》："一撮秋烟堤上白，半轮残日岭头红。"

【一樓鍾】　满楼钟声。取觉悟之义。李商隐《题僧壁》："若信贝多真实语，三生同听一楼钟。"

【一樣】　同样。王建《宫词一百首》之十六："新衫一样殿头黄，银带排方獭尾长。"章碣《长安春日》："六宫罗绮同时泊，九陌烟花一样飞。"陆希声《阳羡杂咏十九首·梅花坞》："知君有意凌寒色，羞共千花一样春。"齐己《寄怀江西徵岷二律师》："几番新弟子，一样旧威仪。"

【一輪】　❶一只轮子。多比喻日月。寒山《诗三百三首》之一六五："师亲指归路，月挂一轮灯。"郭震《野井》："纵无汲引味清澄，冷浸寒空月一轮。"孟郊《读张碧集》："高秋数奏琴，澄潭一轮月。"徐夤《日月无情》："三尺灵乌金借耀，一轮飞镜水饶清。"❷特指日月。丘为《省试夏日可畏》："禁城千品烛，黄道一轮孤。"张乔《试月中桂》："影高群木外，香满一轮中。"南唐失名僧《月》："此夜一轮满，清光何处无。"❸指一辆车。皮日休《吴中苦雨因书一百韵寄鲁望》："十钱赁一轮，逢上鸣斛觫。"

【一賢】　一个贤人。《汉书·傅喜传》："百万之众，不如一贤。"亦指具有杰出才能之人。李白《在水军宴赠幕府诸侍御》："聚散百万人，弛张在一贤。"钱起《送李大夫赴广州》："一贤间气生，麟趾凤凰羽。"韦应物《酬张协律》："昔人鬻春地，今人复一贤。"

【一醆】　同"一盏❶"。白居易《劝酒十四首·何处难忘酒七首》之一："此时无一醆，争奈帝城春?"李商隐《有感》："劝君莫强安蛇足，一醆芳醪不得尝。"翁绶《咏酒》："百年莫辞千回醉，一醆能消万古愁。"韩偓

《惜花》:“临轩一醆悲春酒,明日池塘是绿阴。”

【一醉六十日】　指魏晋时阮籍不与世事,酣饮一醉六十日之事。见《晋书·阮籍传》。杜牧《自宣州赴官入京路逢裴坦判官归宣州因题赠》:“一醉六十日,古来闻阮生。”高蟾《道中有感》:“一醉六十日,一裘三十年。”

【一醉如泥】　烂醉貌。见《后汉书·周泽传》李贤注。李建勋《醉中咏梅花》:“交亲罕至长安远,一醉如泥岂自叹。”

【一蓬】　见“一篷”。

【一德】　纯一之德。褚亮《祭方丘乐章·舒和》:“一德惟宁两仪泰,三材保合四时邕。”韩休《奉和圣制送张说巡边》:“一德光台象,三军掌夏卿。”陈陶《圣帝击壤歌四十声》:“扫原铺一德,驱祲立三光。”赵光逢《梁郊祀乐章·庆和》:“秉兹一德,禋于六宗。”

【一箧】　❶一个箱子。李贺《夜来乐》:“价重一箧香十株,赤金瓜子兼杂麸。”许浑《怀旧居》:“兵书一箧老无功,故国郊扉在梦中。”❷指行囊。项斯《送苏处士归西山》:“南游何所为？一箧又空归。”

【一箭】　❶一支箭。李白《经乱离后天恩流夜郎赠江夏韦太守良宰》:“安得羿善射,一箭落旄头。”杜甫《哀江头》:“翻身向天仰射云,一箭正坠双飞翼。”贯休《古塞上曲七首》之六:“杀气诸蕃动,军书一箭传。”❷比喻刺骨寒风。徐昌图《木兰花》词:“沉檀烟起盘红雾,一箭霜风吹绣户。”❸指战国时齐人鲁仲连以一箭射书信遗燕将,而下聊城之事。张祜《咏史二首》之二:“偶然飞一箭,无事在千金。”汪遵《聊城》:“田单漫道烧牛计,一箭终输鲁仲连。”参见“一箭取聊城”。

【一箭取聊城】　战国时,燕将攻下聊城,聊城人或谗之燕,燕将惧诛,因保守聊城,不敢归。齐田单攻聊城岁余,士卒多死而聊城不下。鲁仲连乃为书,系之矢以射城中,遗燕将。燕将见书,泣三日,乃自杀。聊城乱,田单遂屠聊城。见《史记·鲁仲连邹阳列传》。李白《五月东鲁行答汶上君》:“我以一箭书,能取聊城功。”亦作“一書下聊城”,“一箭取遼城”。皎然《酬乌程杨明府华将赴渭北对月见怀》:“大敌折齐俎,一书下聊城。”杨巨源《句》:“三刀梦益州,一箭取辽城。”白居易《赠杨秘书巨源》:“早闻一箭取辽城,相识虽新有故情。”按,“辽”当作“聊”。

【一箭取遼城】　见“一箭取聊城”。

【一箭射天山】　用薛仁贵发三箭而定天山之事。见《旧唐书·薛仁贵传》。李益《塞下曲》:“莫遣只轮归海窟,仍留一箭射天山。”

【一箭歌】　所用之事未详。李商隐《街西池馆》:“太守三刀梦,将军一箭歌。”冯浩笺注:“未详。”

【一篇】　首尾完整之诗文为一篇。戴叔伦《赠康老人洽》:“一篇飞入九重门,乐府喧喧闻至尊。”白居易《编集拙诗成一十五卷因题卷末戏赠元九李二十》:“一篇《长恨》有风情,十首《秦吟》成正声。”崔涂《读庾信集》:“唯有一篇《杨柳曲》,江南江北为君愁。”杜荀鹤《赠溧水崔少府》:“九华山叟心相许,不计官卑赠一篇。”

【一餉】　同“一晌”。韩愈《醉赠张秘书》:“虽得一饷乐,有如聚飞蚊。”白居易《对酒》:“无如饮此销愁物,一饷愁消直万金。”韩偓《荐福寺讲筵偶见又别》:“两情含眷恋,一饷致辛酸。”慎氏《感夫诗》:“当时心事已相关,雨散云飞一饷间。”

【一談一笑】　说说笑笑。杜甫《人日两篇》之二:“此日此时人共得,一谈一笑俗相看。”亦作“一言一笑”。权德舆《放歌行》:“一言一笑玉墀上,变化生涯如等闲。”

【一麾】　❶一挥,舞动一下手臂。玄宗《平胡》序:“一麾克定,告捷相仍。”刘禹锡《飞鸢操》:“游童挟弹一麾肘,臆碎羽分人不悲。”❷挥斥。指外任州郡太守(刺史)。杜牧误以麾为旌麾,此后二义混用。张九龄《酬周判官巡至始兴会改秘书少监见贻之作兼呈耿广州》:“一麾尚云忝,十驾宜求税。”杜牧《将赴吴兴登乐游原一绝》:“欲把一麾江海去,乐游原上望昭陵。”郑谷《从叔郎中诚辍自秋曹因有寄献》:“华省称前任,何惭削一麾。”贯休《送崔尚书朝觐》:“一麾歌政正,三相贺仁人。”参见“一麾出守”。

【一麾出守】　谓受到挥斥,出朝任太守之职。后用为出任州郡太守(刺史)之典。高适《东平旅游奉赠薛太守二十四韵》:“一麾俄出守,千里再分忧。”杜甫《八哀诗·故秘书少监武公苏公源明》:“一麾出守还,黄屋朔风卷。”

【一廛】　一夫一妇所居百亩之地。见《周礼·地官·遂人》及郑玄注。储光羲《荥阳马氏二子》:“待至金园侧,相将居一廛。”权德舆《拜昭陵过咸阳墅》:“季子乏二顷,扬雄才一廛。”张祜《题赠崔权处士》:“已因骏马成三迳,犹恨胡麻欠一廛。”于濆《拟古讽》:“南亩无一廛,东园有余地。”

【一敵】　即一敌国。可以与本国相匹敌之国。《史记·游侠列传》:“吴楚反时,条侯为太尉,乘传车将至河南,得剧孟,喜曰:‘吴楚举大事而不求孟,吾知其无能为已矣。’天下骚动,宰相得之若得一敌国云。”李瀚《蒙求》:“剧孟一敌,周处三害。”

【一層】　表数量。❶用于楼房、台阶等。王之涣《登鹳雀楼》:“欲穷千里目,更上一层楼。”❷用于薄片状或覆盖之物。杜荀鹤《春日山中对雪有作》:“好将膏雨同功力,松径莓苔又一层。”

【一彈】　❶一弹奏。李颀《听董大弹胡笳声兼寄语弄房给事》："蔡女昔造胡笳声，一弹一十有八拍。"卢仝《风中琴》："一弹流水一弹月，水月风生松树枝。"许浑《寄宋祁》："山长水远无消息，瑶瑟一弹秋月高。"牛殳《琵琶行》："一弹决破真珠囊，迸落金盘声断续。"❷一弹叩。齐己《古剑歌》："一弹一抚闻铮铮，老龙影夺秋灯明。"

【一彈】（一dàn）一个弹丸。比喻极小之物。李商隐《偶成转韵七十二句赠四同舍》："谢游桥上澄江馆，下望山城如一弹。"

【一彈指】见"一彈指頃"。

【一彈指頃】言极短时间。白居易《禽虫十二章》之八："何异浮生临老日，一弹指顷报恩仇。"亦作"一彈指"。李郢《放鹧鸪》："秦地游僧一弹指，楚城迁客重思归。"

【一緺】指女子头发一束。南唐后主李煜《长相思》词："云一緺，玉一梭，澹澹衫儿薄薄罗。"

【一緘】一封。武元衡《酬李十一尚书西亭暇日书怀见寄十二韵之作》："一缄琼玖赠，万里别离愁。"白居易《和酬郑侍御东阳春闷放怀追越游见寄》："一缄疏入掩谷永，《三都赋》成排左思。"皮日休《伤史拱山人》："一缄幽信自襄阳，上报先生去岁亡。"钱珝《未展芭蕉》："一缄书札藏何事？会被东风暗拆看。"

【一線】❶一根线。皮日休《鲁望以轮钩相示缅怀高致因作三篇》之二："一线飘然下碧塘，溪翁无语远相望。"❷比喻某一事物细长如一根线。孟郊《品龙》："时时数点仙，袅袅一线龙。"又《杏殇》之三："应是一线泪，入此春木心。"❸比喻脆弱可危。孟郊《秋怀》："衰衰一线命，徒言系絪缊。"❹冬至日，白日渐长，日影增添一线之地。杜甫《至日遣兴奉寄北省旧阁老两院故人二首》之一："何人错忆穷愁日，愁日愁随一线长。"和凝《宫词百首》之七三："才经冬至阳生后，今日工夫一线多。"

【一線天】指峡谷中所见窄如一线之天。孟郊《峡哀》之三："三峡一线天，三峡万绳泉。"

【一编】排列写有文字之竹简，用皮条加以串联，使之成书，称为一编。后亦指一册书。权德舆《送张仆射朝见毕归镇》："今日汉庭求上略，留侯自有一编书。"李贺《秋来》："谁看青简一编书，不遣花虫粉空蠹。"唐彦谦《题宗人故帖》："惟有孝标情最厚，一编遗在《茂陵书》。"

【一閧】众声喧闹。李郢《春晚与诸同舍出城迎座主侍郎》："三十骅骝一哄尘，来时不锁杏园春。"

【一樽】同"一尊"。❶一杯。多用于酒。钱珝《江行无题一百首》之八五："不负佳山水，还开酒一樽。"❷特指酒。李白《月下独酌》："一樽齐生死，万事固难审。"顾况《闲居自述》："一樽朝暮醉，陶令果何人？"徐夤《休说》："休说人间有陆沉，一樽闲待月明斟。"

【一甌】表数量。多用于茶。白居易《官舍》："起尝一瓯茗，行读一卷书。"李群玉《龙山人惠石廪方及团茶》："一瓯拂昏寐，襟鬲开烦拏。"李郢《酬友人春暮寄枳花茶》："昨日东风吹枳花，酒醒春晚一瓯茶。"

【一瓢】❶一个葫芦所作之容器。见"一瓢挂樹""一瓢飲"。❷表数量。用于酒或水。白居易《孟夏思渭村旧居寄舍弟》："何时同一瓢，饮水心亦足！"许浑《送前东阳于明府由鄂渚归故林》："茂陵久病书千卷，彭泽初归酒一瓢。"❸特指酒。窦牟《李舍人少尹惠家醞一小榼立书绝句》："一瓢那可醉，应遣试尝看。"司空图《下方》："昏旦松轩下，怡然对一瓢。"❹用颜回在陋巷箪食瓢饮之事。亦用以指简陋之住宅。王维《田园乐七首》之五："一瓢颜回陋巷，五柳先生门对。"卢纶《同柳侍御题侯钊侍郎新昌里》："三迳春自足，一瓢欢有余。"武元衡《长安秋夜怀陈京昆季》："一瓢非可乐，六翮未因风。"参见"一瓢顏巷"。❺指隐士许由以一瓢挂树之事。李瀚《蒙求》："蒋诩三径，许由一瓢。"因用为隐居之典。骆宾王《夏日游德州赠高四》："一瓢欣狎道，三月聊栖拙。"钱起《山园栖隐》："三径与嚣远，一瓢常自怡。"崔涂《秋夕与王处士话别》："此去如真隐，期君试一瓢。"参见"一瓢挂樹"。

【一瓢挂松】见"一瓢挂樹"。

【一瓢挂樹】汉蔡邕《琴操》卷下："许由者，古之贞固之士也。尧时为布衣，夏则巢居，冬则穴处；饥则仍山而食，渴则仍河而饮。无杯器，常以手捧水而饮之。人见其无器，以一瓢遗之。由操饮毕，以瓢挂树，风吹树动，历历有声。由以为烦扰，遂取捐之。"后遂用为隐居之典。亦作"一瓢挂松""一瓢離樹"。施肩吾《遇王山人》："一瓢遗却在何处？应挂天台最老松。"方干《郭中山居》："莫见一瓢离树上，犹须四壁在林间。"徐夤《闲》："一瓢挂树傲时代，五柳种门吟落晖。"

【一瓢風】指许由以瓢挂树，风吹瓢动而弃之之事。汪遵《箕山》："一瓢风入犹嫌闹，何况人间万种人！"参见"一瓢挂樹"。

【一瓢飲】指颜回在陋巷中箪食瓢饮之事。谓生活清苦。见《论语·雍也》。孟浩然《西山寻辛谔》："回也一瓢饮，贤哉常晏如！"

【一瓢顏巷】颜回一箪食，一瓢饮，在陋巷之中，不改其乐。见《论语·雍也》。后遂用以指陋巷。杜牧《长安杂题长句六首》之三："江碧柳深人尽醉，一瓢颜巷日空高。"

【一瓢離樹】见"一瓢挂樹"。

【一頭】满头。刘言史《弼公院问病》："一头细发两分丝，卧见芭蕉白露滋。”杜荀鹤《维扬冬末寄幕中二从事》：“典尽客衣三尺雪，炼精诗句一头霜。”贯休《山居诗二十四首》之二二：“满屋黄金机不息，一头白发气犹高。”

【一霎】 指短时间阵雨。亦指阵风。孟郊《春雨后》：“昨夜一霎雨，天意苏群物。”温庭筠《菩萨蛮》词：“南园满地堆轻絮，愁闻一霎清明雨。”郑谷《乖慵》：“一霎芰荷雨，几回帘幕风。”后唐昭宗《歌头》词：“一霎晚风，蝉声新雨歇。”

【一餐】 ❶一顿饭。李白《古风》之四十：“焉能与群鸡，刺蹙争一餐！”杜甫《与鄠郡县源大少府宴渼陂》：“应为西陂好，金钱罄一餐。”白居易《慵不能》：“一餐终日饱，一寝至夜安。”❷一经食用。李白《古风》之四一：“一餐历万岁，何用还故乡！”❸佛家信徒日食一顿之苦行。贯休《寄亦松舒道士二首》之二：“一餐兼午睡，万事不如他。”❹指汉韩信报漂母一饭之事。后遂用为报恩之典。张九龄《荆州作二首》之二：“徇义在匹夫，报恩犹一餐。”郑愔《贬降至汝州广城驿》：“去去怀知己，何由报一餐！”李白《淮阴书怀寄王宗成》：“斗酒烹黄鸡，一餐感素诚。”参见“一飯❸”。

【一縣花】 亦作“一縣繁花”。晋潘岳为河阳令，满县皆栽桃李花。李商隐《县中恼饮席》：“若无江氏五色笔，争奈河阳一县花。”司空图《力疾山下吴村看杏花十九首》之十六：“潘郎爱说是诗家，枉占河阳一县花。”沈彬《阳朔碧莲峰》：“陶潜彭泽五株柳，潘岳河阳一县花。”亦用为河阳县及县令之典实。权德舆《送韦行军员外赴河阳》：“三城晓角启轩门，一县繁花照莲府。”方干《同萧山陈长官县楼登望》：“一县繁花香送雨，五株垂柳绿牵风。”

【一縣香】 全县花香。卢纶《中书舍人李座上送颍阳徐少府》：“颍阳春色似河阳，一望繁花一县香。”

【一縣繁花】 见“一縣花”。

【一戰霸】 一战而称霸。语出《左传·僖公二十七年》：“一战而霸，文之教也。”李商隐《送千牛李将军赴阙五十韵》：“如无一战霸，安有大横庚？”

【一舉】 ❶举起一次。白居易《东坡种花二首》之一：“时拂台上石，一举风前杯。”❷一起。起来。隐峦《牧童》：“笛声才一举，众稚齐歌舞。”❸谓鸟向上飞。崔融《哭蒋詹事俨》：“一鸣百兽舞，一举群鸟随。”窦常《花发上林》：“宁知幽谷羽，一举欲依林。”李商隐《送从翁从东川弘农尚书幕》：“鸾凤期一举，燕雀不相饶。”褚载《鹤》：“沙鸥浦雁应惊讶，一举扶摇直上天。”❹一次行动。裴漼《奉和御制平胡》：“一举镜辒灭，再麾沙漠空。”李白《陈情赠友人》：“鲍生荐夷吾，一举置齐相。”白居易《贺雨》：“元年诛刘阚，一举靖巴邛。”❺指应举及第。韩翃《送李湜下第归卫州便游河北》：“一举青云在早秋，恐君从此便淹留。”可朋《赠方干》：“盛名传出自皇州，一举参差便缩头。”徐铉《酬郭先辈》：“弱龄负世誉，一举游月窟。”

【一舉成名】 谓进士及第而名闻天下。钱起《送张参及第还家》：“大学三年闻琢玉，东堂一举早成名。”

【一舉衝天】 ❶一下飞举上天。李绅《忆放鹤》序：“见其宛颈长鸣，有烟霄之志。开笼放之，一举冲天。”❷谓一下作出惊人之举。语出《史记·滑稽列传》：“此鸟不飞则已，一飞冲天。”孟浩然《岘山送萧员外之荆州》：“再飞鹏激水，一举鹤冲天。”

【一錢】 ❶一文钱。亦指极少之钱。寒山《诗三百三首》之七一：“千个争一钱，聚头亡命叫。”李白《襄阳歌》：“清风朗月不用一钱买，玉山自倒非人推。”杜甫《空囊》：“囊空恐羞涩，留得一钱看。”徐夤《公子行》：“相如谩说凌风赋，四壁何曾有一钱！”❷汉刘宠为会稽太守，简除烦苛，禁察非法，郡中大化。后征为将作大匠，山阴县有五六老叟，人持百钱以送宠。宠为人选一大钱而受之。见《后汉书·循吏·刘宠传》。李瀚《蒙求》：“刘宠一钱，廉范五袴。”后遂用为离任之廉正太守典实。司空曙《送严使君游山》：“家楚依三户，辞州造一钱。”贯休《宋使君罢新定移出东馆》之一：“必似汉高三杰去，且将刘宠一钱归。”

【一錢不直】 谓毫无价值。语出《史记·魏其武安侯列传》。陆龟蒙《丁隐君歌》：“前度相逢正卖文，一钱不直虚云云。”

【一錫】 一根锡杖。为僧人随身之物。刘禹锡《送慧则法师归上都因呈广宣上人》：“一锡言归九城路，三衣曾拂万年枝。”张祜《题南陵隐静寺》：“更怜飞一锡，天外与云还。”谭用之《送僧中孚南归》：“一锡冷涵兰径路，片帆香挂橘州烟。”

【一錐】 极言所占地方之小。贾岛《重酬姚少府》：“茫然九州内，譬如一锥立。”

【一諾】 一句诺言。汉季布一诺重于百金。李瀚《蒙求》：“季布一诺，阮瞻三语。”亦指极守信用之诺言。骆宾王《夏日游德州赠高四》：“一诺黄金信，三复白圭心。”李白《经乱离后天恩流夜郎赠江夏韦太守良宰》：“片辞贵白璧，一诺轻黄金。”杜甫《敬赠郑谏议十韵》：“将期一诺重，欻使寸心倾。”参见“一诺千金”。

【一諾千金】 同“一諾百金”。李白《叙旧赠江阳宰陆调》：“一诺许他人，千金双错刀。”戎昱《上湖南崔中丞》：“千金未必能移性，一诺从来许杀身。”

【一諾百金】 汉季布一句诺言重于百金。指对诺言极守信用。卢照邻《咏史四首》之一：“百金孰云重？一诺良匪轻。”

【一龍】 ❶一条龙。喻长条之物。綦毋诚《同韦夏卿送顾况归茅山》:“白银双阙恋,青竹一龙骑。”❷指帝王。吴筠《建业怀古》:“五马浮渡江,一龙跃天津。”

【一龍一豬】 喻二人才能相去悬殊。龙喻天才,猪喻凡庸。韩愈《符读书城南》:“两家名生子,提孩巧相如……三十骨骼成,乃一龙一猪。”

【一燈】 ❶一盏灯。牟融《秋夜醉归有感而赋》:“惆怅后时孤剑冷,寂寥无寐一灯残。”贯休《桐江闲居作十二首》之十一:“一灯常到晓,十载不离师。”❷僧人死后在佛像前所燃之长明灯。岑参《雪后与群公过慈恩寺》:“雪融双树湿,沙暗一灯烧。”施肩吾《宿兰若》:“独夜客心何处是,秋云影里一灯然。”许浑《泊蒜山津闻东林寺光仪上人物故》:“孤舟千棹水犹阔,寒殿一灯夜更高。”裴说《哭处默上人》:“凄凉缍幕下,香吐一灯分。”❸佛家指所传之佛法。明灯除暗指迷,故用以喻佛法。孟浩然《夜泊庐江闻故人在东寺以诗寄之》:“一灯如悟道,为照客心迷。”刘长卿《夜宴程九主簿宅送杨三山人往天台寻智者禅师隐居》:“千载已如梦,一灯今尚传。”戎昱《题招提寺》:“一灯传岁月,深院长莓苔。”

【一選】 指进士及第。寒山《诗三百三首》之三八:“一选嘉名喧宇宙,五言诗句越诸人。”

【一聲】 ❶一个声音。崔液《拟古神女宛转歌二首》之一:“掩抑悲千态,殷勤是一声。”吕牧《泾渭扬清浊》:“明晦看殊色,潺湲听一声。”张祜《宫词二首》之一:“一声《河满子》,双泪落君前。”刘沧《洛阳月夜书怀》:“一声边雁塞门雪,几处远砧河汉风。”❷同声。白居易《琵琶行》:“曲终收拨当心画,四弦一声如裂帛。”

【一聲雷】 ❶一声春雷。喻特大喜讯。贯休《闻许棠及第因寄桂雍》:“更有平人居蛰屋,还应为作一声雷。”❷形容巨大声音。薛逢《元日楼前观仗》:“欲识普恩无远近,万方欢忭一声雷。”裴说《庐山瀑布》:“崄飞千尺雪,寒扑一声雷。”

【一聲霹靂】 一声巨雷。吴融《赠䛒光上人草书歌》:“忽然飞动更惊人,一声霹雳龙蛇活。”

【一聯】 指律诗中上下两句为一联。亦泛指两句诗。郑谷《小北厅闲题》:“洗竹浇莎足公事,一来赢写一联诗。”韩氏《得于祐题诗后又作诗》:“此情谁会得,肠断一联诗。”又《婚宴席上索笔为诗》:“一联佳句题流水,十载幽思满素怀。”归仁《自遣》:“一联如得意,万事总忘怀。”

【一瞬】 一眨眼。佛家经典以二十念为一瞬。指极短时间。徐彦伯《比干墓》:“奉国历三朝,观窍明一瞬。”独孤及《酬皇甫侍御望天灊山见示之作》:“洪业遽沦昧,度世若一瞬。”元晦《越亭二十韵》:“一瞬契真宗,百年成妄故。”韩偓《厌花落》:“但得鸳鸯枕臂眠,也任时光都一瞬。”

【一瞬間】 转眼之间。陆龟蒙《句曲山朝真词二首・送真》:“万象销沉一瞬间,空余月外闻残佩。”

【一顆】 ❶表数量。多用于颗粒状之物。拾得《诗》之二九:“一颗水精绝瑕翳,光明透满出人天。”白居易《哭崔儿》:“掌珠一颗儿三岁,鬓雪千茎父六旬。”吕岩《七言》之二:“通灵一颗正金丹,不在天涯地角安。”❷一棵。柳浑《牡丹》:“近来无奈牡丹何,数十千钱买一颗。”

【一顆珠】 ❶一粒珍珠。白居易《春题湖上》:“松排山面千重翠,月点波心一颗珠。”❷比喻歌声圆润如一颗珍珠。薛能《赠歌者》:“一字新声一颗珠,转喉疑是击珊瑚。”

【一螺青黛】 一种制成螺形之黛墨,用作画眉或画图。比喻一座青山。雍陶《题君山》:“应是水仙梳洗处,一螺青黛镜中心。”

【一點】 ❶文字、图画笔画之一。皎然《周长史昉画毗沙门天王歌》:“苟能下笔合神造,误点一点亦为道。”参见“一點一畫”。❷表示事物甚小。张碧《秋日登岳阳楼晴望》:“天高云卷绿罗低,上点君山碍人眼。”贾岛《夏夜登南楼》:“一点新萤报秋信,不知何处是菩提?”刘沧《晚春宿僧院》:“微微一点寒灯在,乡梦不成闻曙鸦。”罗邺《早发》:“一点灯残鲁酒醒,已携孤剑事离程。”❸表示少量。丘为《竹下残雪》:“一点消未尽,孤月在竹荫。”孟郊《偷诗》:“唯有一点味,岂见逃景延!”❹犹一滴。李白《寄远十一首》之六:“遥将一点泪,远寄如花人。”程太虚《清心泉》:“多少人间烦苦事,只消一点便清凉。”白居易《和答诗十首・答箭镞》:“徒沾一点血,虚污箭头腥。”❺犹一片。见“一點心”“一點芳心”。❻触目皆是。寒山《诗三百三首》之二〇〇:“千年石上古人踪,万丈岩前一点空。”❼指点一下。王昌龄《箜篌引》:“黄旗一点兵马收,乱杀胡人积如丘。”

【一點一畫】 指文字两种笔画。亦泛指文字。白居易《三谣・素屏谣》:“吾不令加一点一画于其上,欲尔保真而全白。”

【一點心】 犹一片心。韩偓《离家第二日却寄诸兄弟》:“千行泪激傍人感,一点心随健步归。”

【一點芳心】 犹一片丹心。戴叔伦《相思曲》:“落红乱逐东流水,一点芳心为君死。”

【一點靈犀】 犀角中心有一条白线,贯通上下,而有灵异。喻相爱男女双方心灵互相感应沟通。李商隐《无题二首》之一:“身无彩凤双飞翼,心有灵犀一点通。”

【一篷】 亦作“一蓬”。一张船帆。李咸用《湘浦有怀》："鬼树夜分千炬火，渔舟朝卷一蓬霜。"特指船。皮日休《寄怀南阳润卿》："何事对君犹有愧？一篷冲雪返华阳。"殷文圭《江南秋日》："一篷秋雨睡初起，半砚冷云吟未成。"

【一簇】 表数量。用于成堆花木或成群之人。杜甫《江畔独步寻花七绝句》："桃花一簇开无主，可爱深红爱浅红？"曹邺《碧寻宴上有怀知己》："荻花芦叶满溪流，一簇笙歌在水楼。"吴融《湖州晚望》："他年若得壶中术，一簇汀洲尽贮将。"贯休《落花》："蝶醉蜂痴一簇香，绣葩红蒂堕残芳。"

【一豁】 一下排遣，抒发。杜甫《久雨期王将军不至》："走平乱世相催促，一豁明主正郁陶。"刘禹锡《乐天寄洛下新诗兼喜微之欲到因以抒怀也》："羡君先相见，一豁平生心。"白居易《九日登西原宴望》："起登西原望，怀抱同一豁。"

【一縷】 表数量。多用于丝、线、毛、发之类。元稹《遣病十首》之五："忆初头始白，昼夜惊一缕。"白居易《风雨晚泊》："此生飘荡何时定，一缕鸿毛天地中。"司空图《杂题二首》之一："洪炉任铸千钧鼎，只在磻溪一缕中。"韦庄《镊白》："始因丝一缕，渐至雪千茎。"

【一騎】 一个骑马之人。刘长卿《送裴郎中贬吉州》："乱军交白刃，一骑出黄尘。"杨巨源《将归东都寄令狐舍人》："绿杨红杏满城春，一骑悠悠万井尘。"杜牧《过华清宫绝句三首》之三："一骑红尘妃子笑，无人知是荔枝来。"周昙《咏史诗·春秋战国门·田子奇》："少年为吏虑非循，一骑奔追委使臣。"

【一壥】 同"一廛"。皮日休《鲁望昨以五百言见贻因成一千言亦迭和之微旨也》："骙骙自总角，不甘耕一壥。"

【一擲】 ❶谓赌博时投掷骰子之类赌具。因用以指赌博。李白《猛虎行》："有时六博快壮心，绕床三匝呼一掷。"贯休《轻薄篇二首》之一："斗鸡走狗夜不归，一掷赌却如花妾。"❷谓一决胜负。李白《赠友人三首》之三："谈笑期一掷，虎伏被胡尘。"徐夤《宋二首》之二："百万人甘一掷输，玄穹惟与道相符。"参见"一擲天地"。❸一扔。李白《结袜子》："感君恩重许君命，太山一掷轻鸿毛。"❹犹一击。杜甫《呀鹘行》："念尔此时有一掷，失声溅血非其心。"顾云《池阳醉歌赠匡庐处士姚岩杰》："銮驾何当猎左冯，神鹰一掷望千里。"

【一擲千金】 ❶一次下赌注千金。冯衮《掷卢作》："八尺台盘照面新，千金一掷斗精神。"吴象之《少年行》："一掷千金浑是胆，家无四壁不知贫。"❷形容冒极大风险。张说《滍湖山寺》："险哉透撞儿，千金赌一掷。"❸谓不惜花费一大笔钱。李白《自汉阳病酒归寄王明府》："莫惜连船沽美酒，千金一掷买春芳。"

【一擲天地】 亦作"一擲乾坤"。谓以天下为赌注。李白《经乱离后天恩流夜郎赠江夏韦太守良宰》："天地赌一掷，未能忘战争。"韩愈《过鸿沟》："谁劝君王回马首，真成一掷赌乾坤。"孟迟《句》："天地有时饶一掷，江山无主任平分。"

【一擲百萬】 亦作"一呼百萬"。一次下赌注百万。张祜《梦李白》："男儿重意气，百万呵一掷。"贯休《杜侯行》："常言一呼百万何足云，终取封侯之印大如斗。"

【一擲成盧】 亦作"一擲得盧"。樗蒱时一掷五木全黑称卢，为头彩。见《晋书·刘毅传》。刘禹锡《乐天寄重和晚达冬青一篇因成再答》："振臂犹堪呼一掷，争知掌下不成卢？"赵嘏《赠薛勋下第》："一掷虽然未得卢，惊人不用绕床呼。"

【一擲乾坤】 见"一擲天地"。

【一擲得盧】 见"一擲成盧"。

【一櫂】 同"一棹"。裴说《游洞庭湖》："瀛洲一擢何时还？满江宫锦看湖山。"

【一薰】 一枝香草。刘长卿《灞东晚晴简同行薛弃朱训》："一薰知异质，片玉谁齐价？"

【一叢】 表数量。用于成堆花木、发髻等。太宗《秋日二首》之二："露凝千片玉，菊散一丛香。"王涯《宫词三十首》之七："一丛高鬓绿云光，官样轻轻淡淡黄。"白居易《秦中吟十首·买花》："一丛深色花，十户中人赋。"牛殳《琵琶行》："夜深霜露锁空庙，零落一丛斑竹风。"

【一蹶】 一次失足。李白《天马歌》："腾昆仑，历西极，四足无一蹶。"

【一罇】 同"一尊"。酒一杯。权德舆《献岁送李十兄赴黔中酒后绝句》："一樽岁酒且留欢，三峡黔江去路难。"曹松《忆江西并悼亡友》："此地一樽酒，当时皆以文。"韦庄《江南送李明府入关》："雨花烟柳傍江村，流落天涯酒一樽。"

【一雙】 表示成对之人或物。虞世南《咏舞》："一双俱应节，还似镜中看。"贾岛《赠圆上人》："一双童子浇红药，百八真珠贯彩绳。"白居易《舟中夜坐》："秋鹤一双船一只，夜深相伴月明中。"

【一雙神剑】 指三国吴末雷焕（字孔章）于豫章丰城所掘得一对宝剑。事见《太平御览》卷三四三引《雷焕别传》及《晋书·张华传》。黄滔《浙幕李端公泛建溪》："更爱延平津上过，一双神剑是龙鳞。"

【一雙童子】 即春秋时陈仓二童子宝鸡。见《太平广记》卷四六一引《列异传》。褚载《陈仓驿》："锦翼花冠安在哉？雄飞雌伏尽尘埃。一双童子应惆怅，不见真人更猎来。"

【一歸】 ❶归来。刘沧《赠颛顼山人》："洛阳紫陌几曾醉，少室白云时一归。”❷归去。徐夤《鹤》：“阆苑瑶台岁月长，一归华表好增伤。”

【一鎗】　指茶叶幼嫩之芽。吕岩《大云寺茶诗》：“玉蕊一枪称绝品，僧家造法极功夫。”

【一簡】　一枚竹简。引申为书一卷。李贺《咏怀二首》之一：“惟留一简书，金泥泰山顶。”

【一簣】　一筐土。比喻所付微小而又关键之劳动。刘耕《和主司王起》：“一篑勤劳成太华，三年恩德仰维嵩。”参见“一篑功”。

【一簣功】　一筐土之功用。《书·旅獒》：“为山九仞，功亏一篑。”比喻离成功距离很近。太宗《伤辽东战亡》：“未展六奇术，先亏一篑功。”

【一簞】　❶一只竹器。箪，盛饭用。亦指饭食。韩愈《荐士》：“救死具八珍，不如一箪犒。”❷谓生活贫苦。崔涂《春日郊居酬友人见贻》：“方期五字达，未厌一箪贫。”参见“一箪食一壶浆”。

【一簞食一壺漿】《论语·雍也》：“子曰：‘贤哉，回也！一箪食，一瓢饮，在陋巷，人不堪其忧，回也不改其乐。贤哉，回也！’”谓生活贫苦。白居易《寄张十八》：“饥止一箪食，渴止一壶浆。”

【一觴】　一杯。用于酒。亦特指酒。李白《短歌行》：“北斗酌美酒，劝龙各一觞。”白居易《咏兴五首·池上有小舟》：“岸曲丹行迟，一曲进一觞。”姚鹄《题终南山隐者居》：“尽室更何有？一琴兼一觞。”

【一觴一詠】　亦作“一詠一觴”。一边饮酒，一边诵诗。语出晋王羲之《三月三日兰亭诗序》：“虽无丝竹管弦之盛，一觞一咏，亦足以畅叙幽情。”王驾《永和县上巳》：“一觞一咏无诗侣，病倚山窗忆故人。”詹敦仁《柳堤诗》序：“时方春也，绿染方匀，柔然袅风，搅诗肠之百结，宜吾一咏而一觞也。”

【一瀉百里】　形容水势奔腾湍急。韩愈《贞女峡》：“悬流轰轰射水府，一泻百里翻云涛。”

【一嚮】　同“一晌”。戎昱《苦辛行》：“险巇惟有世间路，一向令人堪白头。”按本集作“一晌”。

【一繩何繫】　喻一人之力不能挽回将衰之世。《后汉书·徐稚传》。陈子昂《感遇诗三十八首》之二十：“圣人教犹在，世运久陵夷。一绳将何系，忧醉不能持。”

【一斷】　❶一下断绝。白居易《题周家歌者》：“一声肠一断，能有几多肠？”聂夷中《过比干墓》：“乾纲既一断，贤愚无二门。”❷一下决断。张祜《大唐圣功诗》：“神略在一断，解围当未萌。”❸佛家语。谓断绝一种烦恼即断绝一切烦恼。卢延让《赠僧》：“浮世浮华一断空，偶抛烦恼到莲宫。”

【一攀】　一枝。刘长卿《送郑十二还庐山别业》：“桂树花应发，因行寄一攀。”卢纶《和李使君三郎因寄关中弟张评事时遇》：“为谢登龙客，琼枝寄一攀。”

【一轍】　指车轮所碾同一轨迹。亦指同一条道路。贯休《长安道》：“憧憧合合，八表一辙。”

【一颠一倒】　颠倒交午。王建《古谣》：“一来一去道上客，一颠一倒池中麻。”

【一藝】　指一种技能。郎士元《闻吹杨叶者二首》之二：“天生一艺更无伦，寥亮幽音妙入神。”

【一鶚】　喻具有杰出才能之人。见《汉书·邹阳传》载上书吴王。孟郊《送黄构擢第后归江南》：“一鹗顾乔木，众禽不敢猜。”许浑《赠桐庐房明府先辈》：“自笑小儒非一鹗，亦趋门屏冀相怜。”陈陶《南海送韦七使君赴象州任》：“一鹗韦公子，新恩颁郡符。”贯休《送友生入越投知己》：“预思秋荐后，一鹗出乾坤。”

【一邊】　❶一旁。陈子良《入蜀秋夜宿江渚》：“水雾一边起，风林两岸秋。”李端《胡腾儿》：“桐布轻衫前后卷，葡萄长带一边垂。”刘言史《僧檐前独竹咏》：“欲以袈裟拂著来，一边碧玉无轻粉。”王建《宫词一百首》之三四：“旋猎一边还引马，归来鸡兔绕鞍垂。”❷一方。李白《赠昇州王使君忠臣》：“巨海一边静，长江万里清。”李咸用《春日》：“危城三面水，古树一边春。”孙鲂《题梅岭泉》：“楚野平千里，吴江曲一边。”❸表示一个动作与另一动作同步进行。王建《宫人斜》：“一边载出一边来，更衣不减寻常数。”

【一鏡】　❶一面镜子。栖蟾《短歌行》：“千门无寿药，一镜有愁霜。”李洞《送张乔下第归宣州》：“一镜随双鬓，全家老半峰。”❷满镜。赵嘏《东归道中二首》之二：“星星一镜发，草草百年身。”❸比喻水面如镜。多指池、湖、井等。钱起《赋得余冰》：“晓日余冰上，春池一镜明。”刘长卿《杂咏八首上礼部李侍郎·旧井》：“下看百余尺，一镜光不灭。”戴叔伦《暮春游长沙东湖赠辛兖州巢父二首》之一：“岸转千家合，林开一镜空。”吴融《送荆南从事之岳州》，“秋拂湖光一镜开，庾郎兰棹好徘徊。”❹比喻圆月。杜甫《江边星月二首》之一：“映物连珠断，缘空一镜升。”张瑛《望月》：“天汉凉秋夜，澄澄一镜明。”❺比喻指迷正误之法。彭晓《参同契明镜图诀诗二首》之一：“三篇秘列八环内，万象门开一镜中。”❻比喻可以借鉴得失之贤臣。见唐吴兢《贞观政要·任贤》。岑参《成王挽歌》：“地底孤灯冷，泉中一镜寒。”崔道融《悲李拾遗二首》之二：“行朝半夜烟尘起，晓殿吁嗟一镜沉。”

【一籌】　头筹。谓取胜。王建《宫词一百首》之十五：“对御难争第一筹，殿前不打背身球。”花蕊夫人徐氏《宫词》之二二：“上棚知是官家认，遍遍长赢第一筹。”

【一竇】　犹一眼。用于井、泉等。戴叔伦《赋得古井送王明府》：“古井庇幽亭，涓涓一窦明。”陆龟蒙

《紫溪翁歌》:"一窦之泉,其音清也弦。"

【一襟】 满襟,满怀。吕岩《沁园春》词:"有一襟风月,两袖云烟。"南唐后主李煜《谢新思》词:"东风恼我,才发一襟香。"

【一隴】 表数量。用于土地。陇通垄。白居易《知足吟》:"不种一陇田,仓中有余粟。"

【一覺】 (—jiào)睡醒。亦指睡眠一次。白居易《何处堪避暑》:"游罢睡一觉,觉来茶一瓯。"杜牧《遣怀》:"十年一觉扬州梦,赢得青楼薄幸名。"李商隐《闺情》:"春窗一觉风流梦,却是同袍不得知。"

【一覽】 ❶阅读一遍。寒山《诗三百三首》之一四一:"上贤读我诗,把著满面笑。杨修见幼妇,一览便知妙。"郑絪《奉酬宣上人九月十五日东亭望月见赠因怀紫阁旧游》:"一览彩笺佳句满,何人更咏惠休文。"❷纵目远眺。卢照邻《宿晋安亭》:"游人试一览,临玩果忘疲。"杜甫《望岳》:"会当凌绝顶,一览众山小。"霍总《九华楼》:"层基接重阜,一览山水周。"

【一顧】 ❶一看。阎朝隐《饯唐永昌》:"鹦鹉休言秦地乐,回头一顾一相思。"刘长卿《题虎丘寺》:"裴回北楼上,江海穷一顾。"胡曾《咏史诗·居延》:"停骖一顾犹魂断,苏武争禁十九年!"❷指受到赏识重用,虞世南《结客少年场行》:"少年怀一顾,长驱背陇头。"骆宾王《从军行》:"平生一顾重,意气溢三军。"白居易《代鹤》:"感君一顾恩,同来洛阳陌。"韩偓《病忆》:"信知尤物必牵情,一顾难酬觉命轻。"参见"一顧增十倍之價"。

【一顧增十倍之價】 人有卖骏马者,伯乐还而视之,去而顾之,一旦而马价十倍。见《战国策·燕策二》。后指受到赏识而身价剧增。卢贞《和白尚书赋永丰柳》序:"永丰坊西南角有垂柳一株……近有诏旨取两枝植于禁苑,乃知一顾增十倍之价,非虚言也。"

【一鶴】 ❶一只鹤。李白《怀仙歌》:"一鹤东飞过沧海,放心散漫知何在。"刘禹锡《秘词二首》之一:"晴空一鹤排云上,便引诗情到碧霄。"杜牧《寄题宣州开元寺》:"松寺曾同一鹤栖,夜深台殿月高低。"贯休《武昌县与昼公兼寄邑宰》:"寻常如一鹤,亦不爱青山。"❷汉辽东人丁令威,学道于灵虚山,后成仙化鹤。见晋陶潜《搜神后记》卷一。后因以"一鹤"喻久别还乡之人。姚鹄《送李潜归绵州觐省》:"此地千人望,寥天一鹤归。"❸鹤龄久长,故用以比高寿之人。白居易《九老图诗》:"当时一鹤犹希有,何况今逢两令威!"

【一聽】 (—tīng)❶听一下。李白《白毫子歌》:"南窗萧飒松风起,凭崖一听清心耳。"李涉《送杨敬之倅湖南》:"久嗟尘匣掩青萍,见说除书试一听。"❷一经听到。贺知章《奉和御制春台望》:"一听南风引鸾舞,长谣北极仰鹑居。"皎然《奉和裴使君清春夜南堂听陈山人弹白雪》:"方知阮太守,一听识其微。"刘禹锡《曹刚》:"一听曹刚弹薄媚,人生不合出京城。"

【一聽】 犹一任,完全听凭。雍陶《遣愁》:"抛掷泥中一听沉,不能三叹引愁深。"

【一囊】 一个袋。用以装钱及其他事物。骆宾王《在江南赠宋五之问》:"犹轻五车富,未重一囊贫。"韩翃《家兄自山南罢归献诗叙事》:"初辞五斗米,唯奉一囊钱。"白居易《秋暮西归途中书情》:"忆归复愁归,归无一囊钱。"皮日休《正乐府十篇·卒妻怨》:"家有半菽食,身为一囊灰。"

【一襲】 一套。黄滔《奉和翁文尧十九员外中谢日蒙恩赐金紫之什》:"面蒙君赐自龙墀,谁是还乡一袭衣?"又《翁文尧以美疹暂滞辄成一章》:"滋赋诫文侯李盛,终求一袭锦衣难。"

【一彎新月】 指初月。花蕊夫人徐氏《宫词》之三五:"玉宇无人双燕去,一弯新月上金枢。"

【一體】 一个整体。李白《古风》之九:"一体更变易,万事良悠悠。"杜甫《咏怀古迹五首》之四:"武侯祠屋常邻近,一体君臣祭祀同。"薛能《赠苗端公二首》之二:"两心宜一体,同舍又邻居。"来鹄《圣政纪颂》:"一体列秩,同力翼戴。"

【一靈】 指人之性灵。韩偓《赠僧》:"三接旧承前席遇,一灵今用戒香熏。"

【一顰一笑】 谓女子皱眉、欢笑。权德舆《杂兴五首》之一:"一颦一笑千金重,肯似成都夜失身?"

【一觀如幻】 佛家语。谓看待一切事理法则如同幻影。《菩萨璎珞经》:"观一切法,如空如幻。"苑咸《酬王维》:"三点成伊犹有想,一观如幻自忘筌。"

【一籮金】 词牌《蝶恋花》之异名。南唐后主李煜《蝶恋花》词下注:"一名《一箩金》。"

【一灣】 一条水湾。张说《同赵侍御乾湖作》:"一湾一浦怅邅回,千曲千溠怳迷哉!"钱珝《江行无题一百首》之九〇:"一湾斜照水,三版顺风船。"

【一臠】 ❶一块肉。卢仝《月蚀诗》:"大蟆一脔,固当软美。"❷尝鼎一脔。谓尝其中之一而推知其余。《吕氏春秋·察今》:"尝一脟肉,而知一镬之味,一鼎之调。"脟同脔。《淮南子·说林训》:"尝一脔肉而知一鼎之味。"李商隐《河阳诗》:"可惜秋眸一脔光,汉陵走马黄尘起。"

一　画

丁[1] 〔dīng《广韵》當經切,平青,端。〕❶天干第四位。用以纪日。韩愈《县斋有怀》:"捐躯辰在丁,铩翮时方褚。"亦可与地支相配,用以纪年、月、日。见"丁丑"。❷少壮,强壮。见"丁壮”。❸指达到服役年龄之男子。杜甫《新安吏》：“借问新安吏，县小更无丁。”王建《神树词》：“男不着丁女在舍，官事上下无言语。”白居易《新乐府·新丰折臂翁》：“无何天宝大征兵，户有三丁点一丁。”于濆《子从军》：“男作乡中丁，女作乡男妇。”❹指男孩。卢仝子名添丁，即取此义。卢仝《示添丁》：“气力龙钟头欲白，凭仗添丁莫恼爷。”又《寄男抱孙》：“添丁郎小小，别吾来久久。”❺当。丁、当叠韵。(1)遭逢。薛能《闲题》：“时丁厚巇终无咎，道致中兴尚有余。”(2)担当。韩愈《此日足可惜赠张籍》：“相见不复期，零落甘所丁。”(3)会当，终究会。牟融《题竹》：“柯亭丁相遇，惊听奏钧天。”❻“钉”之本字。徐凝《莫愁曲》：“若为教作辽西梦，月冷如丁风似刀。”李洞《终南山二十韵》：“一谷势当午，孤峰耸起丁。”❼指公孙丁。春秋卫人。韩愈《答张彻》：“结友子让抗，请师我惭丁。”❽姓。秦系《题洪道士山院》：“闲行池畔随孤鹤，若问多应道姓丁。”李商隐《寄太原卢司空三十韵》：“神物龟酬孔，仙才鹤姓丁。”

丁²　〔zhēng《广韵》中茎切，平耕，知。〕见“丁₂丁”。

【丁丁】　❶矫健貌。白居易《画雕赞》：“鸷禽之英，黑雕丁丁。”❷遥远。皎然《和杨明府早秋游法华寺》：“寺扉隐天色，影刹遥丁丁。”❸指丁令威。薛能《陈州刺史寄鹤》：“南守欲知多少重，抚毛千万唤丁丁。”

【丁₂丁】　象声词。❶伐木声。《诗·小雅·伐木》：“伐木丁丁，鸟鸣嘤嘤。”毛传：“丁丁，伐木声也。”沈佺期《入少密溪》：“游鱼瞥瞥双钓童，伐木丁丁一樵叟。”杜甫《题张氏隐居二首》之一：“春山无伴独相求，伐木丁丁山更幽。”陆龟蒙《江南秋怀寄华阳山人》：“和铅还搰搰，持斧自丁丁。”❷击木声。韩愈《送僧澄观》：“洛阳穷秋厌穷独，丁丁啄门疑啄木。”朱庆余《啄木儿》：“丁丁向晚急还稀，啄遍庭槐未肯归。”杜牧《池州送孟迟先辈》：“好鸟响丁丁，小溪光汃汃。”❸漏滴声。窦常《立春后言怀招汴州李匡衙推》：“初惊宵漏丁丁促，已觉春风习习和。”张仲素《秋夜曲》：“丁丁漏水夜何长，漫漫轻云露月光。”鲍溶《李夫人歌》：“宫漏丁丁夜向晨，烟消雾散愁方士。”吴融《个人三十韵》：“花残春寂寂，月落漏丁丁。”❹雨打声。元稹《景申秋八首》之三：“嘔嘔檐溜凝，丁丁窗雨繁。”❺撞击声。于鹄《早上凌霄第六峰入紫溪礼白鹤观祠》：“青童撞金屑，杵臼声丁丁。”李贺《昌谷诗》：“丁丁幽钟远，矫矫单飞至。”皮日休《奉和鲁望渔具十五咏·鸣根》：“丁丁入波心，澄澈和清响。”❻乐声。许浑《听琵琶》：“欲写明妃万里情，紫槽红拨夜丁丁。”陆龟蒙《方响》：“击霜寒玉乱丁丁，花底秋风拂尘生。”牛殳《琵琶行》：“飘飘飖飖寒丁丁，虫豸出蛰神鬼惊。”’

【丁丁涑涑】　敲击声。王建《捣衣曲》：“秋天丁丁复冻冻，玉钗低昂衣带动。”

【丁三】　见“丁寓”。

【丁大】　即丁凤。孟浩然有《宿业师山房期丁大不至》。参见“丁鳳”。

【丁口】　❶人口。男子成年曰丁，未成年及女子曰口。韩愈《寄卢仝》：“国家丁口连四海，岂无农夫亲耒耜？”白居易《赠友五首》之三：“庸必算丁口，租必计桑田。”❷男丁之口。元稹《古筑城曲五解》之三：“丁口传父言，莫问城坚不。”

【丁子】　钉子。顾况《露青竹鞭歌》：“浮沤丁子珠联联，灰煮蜡楷光烂然。”按，此用以喻竹鞭之节。

【丁夫】　丁壮之男子。刘禹锡《酬喜相遇同州与乐天替代》：“行年同甲子，筋力羡丁夫。”

【丁元和】　里贯未详。人称“淘沙子”。后蜀广政时，投后主诗，自称“布衣云水客”。《十国春秋》有传。《全唐诗》卷七六一录其诗一首。

【丁公】　即汉丁固。薛人，季布母同母异父之弟。为项羽将。曾追刘邦于彭城西，以故放刘邦，引兵而还。后反被刘邦杀害。见《史记·季布栾布列传》。汉班固《幽通赋》：“雍造怨而先赏兮，丁繇惠而被戮。”李瀚《蒙求》：“丁公遽戮，雍齿先侯。”

【丁丑】　干支名。用以纪年。吕岩《秘诀歌》：“将甲子丁丑之岁，与君决破东门之大瓜。”《劝进疏引谶》(卷八七五)：“丁丑语甲子，深藏八堂里。”

【丁戊】　指西南方。韩愈《南山诗》：“藩都配德运，分宅占丁戊。”

【丁仙芝】　一作丁先芝，字元祯。润州曲阿(今江苏丹阳)人。与同里储光羲友善，早年同赴举，不第。又同为太学诸生。开元十三年(725)进士及第。授主簿、余杭尉等职。储光羲《贻丁主簿仙芝别》有“高名处下位，逸翮栖卑枝”之叹，为其不得志鸣不平。与包融、储光羲等十八人，皆为润州人，并有诗名。事迹略见于《国秀集》卷中、《新唐书·艺文志四》《唐诗纪事》《登科记考》。《全唐诗》录其诗十四首。《全唐诗逸》卷上录其佚句一联。

【丁令】　即丁令威。任华《寄李白》：“人传访道沧海上，丁令王乔每往还。”李赤《姑熟杂咏·灵墟山》：“丁令辞世人，拂衣向仙路。”薛能《许州题观察判官厅》：“刘郎别后无遗履，丁令归来有旧巢。”韩常侍《和人忆鹤》：“拂拂云衣冠紫烟，已为丁令一千年。”参见“丁令威”。

【丁令威】　汉辽东人。传说学道于灵虚山，千年后成仙化鹤归来。见晋陶潜《搜神后记》。崔融《和梁王众传张光禄是王子晋后身》:"昔偶浮丘伯,今同丁令威。"李白《醉后答丁十八以诗讥余搥碎黄鹤楼》:"君平帘下谁家子?云是辽东丁令威。"储嗣宗《和茅山高拾遗忆山中杂题五首·巢鹤》:"千万云间丁令威,殷勤仙骨莫先飞。"褚载《晓感》:"故园华表高高在,可得不如丁令威。"

【丁令鶴】 指丁令威成仙后所化之鹤。王铎《句》:"华表尚迷丁令鹤,竹坡犹认葛溪龙。"参见"丁令威"。

【丁冬】 象声词。庄南杰《阳春曲》:"紫锦红囊香满风,金鸾玉轼摇丁冬。"韦庄《捣练篇》:"临风缥缈叠秋雪,月下丁冬捣寒玉。"贯休《拟齐梁体寄冯使君三首》之一:"煌煌发令姿,珂珮鸣丁冬。"和凝《宫词百首》之六一:"晓日曈昽瞻玉案,丁冬环珮满彤墀。"'

【丁卯别墅】 许浑于丁卯桥东所筑之别墅。许浑有《南海使院对菊怀丁卯别墅》。参见"丁卯橋"。

【丁卯橋】 桥名。在润州丹徒(今属江苏)城南。晋元帝子裒镇广陵,运粮出京口,为水涸,奏请立埭,以丁卯日制可,后人构桥,因名。许浑有《夜归丁卯桥村舍》。参见"丁卯别墅"。

【丁主簿】 即丁仙芝。仙芝开元中官主簿。储光羲有《贻丁主簿仙芝别》。

【丁老】 道家语。称心之神。心属丁火,故称。吕岩《寄白龙洞刘道人》:"黄婆丁年助威灵,撼动乾坤走神鬼。"黄婆,指脾之神。

【丁年】 ❶丁壮之年。卢照邻《早度分水岭》:"丁年游蜀道,班鬓向长安。"杨巨源《赠邻家老将》:"白首羽林郎,丁年戍朔方。"唐彦谦《夜坐》:"愁鬓丁年白,寒灯丙夜青。"❷用汉苏武壮年出使匈奴,白首而归之事。李涉《六叹》之三:"丁年奉使白头归,泣尽李陵衣上血。"温庭筠《苏武庙》:"回日楼台非甲帐,去时冠剑是丁年。"

【丁先芝】 见"丁仙芝"。

【丁字水】 即丁溪。在唐睦州桐庐县(今属浙江)严陵山。杜牧《正初奉酬歙州刺史邢群》:"越嶂远分丁字水,腊梅迟见二年花。"

【丁男】 ❶指达到服役年龄之男子。储光羲《效古二首》之一:"妇人役州县,丁男事征讨。"张籍《董逃行》:"重岩为屋橡为食,丁男夜行候消息。"❷指服役之子。于濆《子从军》:"何当铸剑戟,尽得丁男力?"❸指成年之子。王建《田家留客》:"双冢直西有县路,我教丁男送君去。"

【丁壯】 少壮。亦指少壮之人。孟浩然《东陂遇雨率而贻谢南池》:"田家春事起,丁壮就东陂。"元稹《竞舟》:"此时集丁壮,习竞南亩头。"崔涂《南涧耕叟》:"战添丁壮役,老忆太平春。"

【丁位】 大历进士。曾与黎逢、元友直等同试礼部。《全唐诗》录其省试诗一首。

【丁役】 服役之男子。张籍《西州》:"郡县发丁役,丈夫各征行。"

【丁沈蘭蕙】 指丁香、沉香、兰花、蕙草。四物皆有芳香之味。元稹《乐府古题·人道短》:"人能拣得丁沉兰蕙,料理百和香。"

【丁防】 指服役防戍之男子。寒山《诗三百三首》之一二五:"丁防是新差,资财非旧有。"

【丁東】 象声词。鲍溶《玉山谣奉送王隐者》:"水玉丁东不可闻,冰华皎洁应如待。"方干《送杭州李员外》:"笙歌怨咽当离席,更漏丁东在画船。"韩偓《雨后月中玉堂闲坐》:"夜久忽闻铃索动,玉堂西畔响丁东。"

【丁妻】 指壮年已婚妇女。李德裕《句》:"谁家幼女敲筋歌,何处丁妻点灯织?"

【丁固】 (198—273)字子贱。原名密,避吴末帝滕皇后之父滕密讳改。三国吴会稽山阴(今浙江绍兴)人。孙权时为尚书,事三嗣主,为廷尉、左御史大夫,官至司徒。末帝悖虐,固与陆凯、孟宗同心忧国,卒。尝梦松树生其腹上,以为为公卿之先兆。李瀚《蒙求》:"王濬悬刀,丁固生松。"参见"丁固夢"。

【丁固夢】 指三国吴丁固梦松树生其腹上,以为为公卿之先兆事。王睿《松》:"丁固梦时还有意,秦王封日岂无心!"参见"丁固"。

【丁侍郎】 即丁居晦。居晦开成五年为户部侍郎。刘得仁有《哭翰林丁侍郎》。

【丁泠】 象声词。贾岛《送乌行中石淙别业》:"寒水长绳汲,丁泠数滴翻。"李远《观廉女真葬》:"错落云车断,丁泠金磬寒。"

【丁居晦】 (?—840)长庆二年(822)进士及第。大和五年(831)官拾遗。九年自起居舍人为集贤院直学士,充翰林学士。迁司勋员外郎。历中书舍人、御史中丞。宫至户部侍郎知制诰。卒赠吏部侍郎。任御史中丞时不畏强御,颇锐志于尽职。《全唐诗》录其省试诗一首。

【丁春澤】 见"丁澤"。

【丁星】 当星,对着星光。温庭筠《春江花月夜词》:"珠翠丁星复明灭,龙头劈浪哀笳发。"

【丁香】 ❶常绿乔木。属桃金娘科。叶如栎,花淡红色,果实长球形。花实可作香料。产于广州一带。种子形如钉子,故称丁子香。种仁由两片子叶抱合而成,子叶形如鸡舌,故又称鸡舌香。杜甫《江头四咏·丁香》:"丁香体柔弱,乱结枝犹垫。"章孝标《蜀中上王尚书》:"丁香风里飞笺草,邛竹烟中动酒钩。"孙光宪《八拍蛮》词:"孔雀尾拖金线长,怕人飞起入丁香。”❷喻美女之舌。见“丁香顆”。❸喻愁绪。见“丁香結”。

【丁香枕】　塞有丁香之枕头。尹鹗《菩萨蛮》词：“锦茵闲衬丁香枕，银釭烬落犹慵寝。”

【丁香花】　丁香之花。色淡红，丛生于茎顶。花蕾可作香料。温庭筠《蒋侯神歌》：“青云自有黑龙子，潘妃莫结丁香花。”参见“丁香”。

【丁香結】　丁香之花蕾。用以喻郁结难解之愁绪。李商隐《代赠二首》之一：“芭蕉不展丁香结，同向春风各自愁。”牛峤《感恩多》词：“自从南浦别，愁见丁香结。”尹鹗《拨棹子》词：“寸心恰似丁香结，看看瘦尽胸前雪。”南唐嗣主李璟《摊破浣溪沙》词：“青鸟不传云外信，丁香空结雨中愁。”

【丁香樹】　一种常绿乔木。花、实皆为香料。钱起有《赋得池上双丁香树》。李商隐《柳枝五首》之二：“本是丁香树，春条结始生。”韩襄客《句》：“连理枝前同设誓，丁香树下共论心。”参见“丁香❶”。

【丁香顆】　丁香种仁外所包两片子叶尖如鸡舌，故用以喻美女之舌。南唐后主李煜《一斛珠》词：“向人微露丁香颗，一曲清歌，暂引樱桃破。”

【丁泉州】　即丁琼。建中时为泉州刺史。贞元中为通王府长史，为宰相张延赏排挤。时李晟被罢兵权，琼心怀怨望，言事于晟，为晟所执，闻于朝廷。事见《旧唐书·李晟传》。欧阳詹《旅次舟中对月寄姜公》注：“此公，丁泉州门客。”

【丁飛舉】　（795—?）字翰之。济阳（今山东邹平北）人。隐居钱塘（今浙江杭州）。读老庄书，能弹琴。善养生，年八十六，登高如履平地。陆龟蒙称为“隐君子”，并作《丁隐君歌》。

【丁家鶴】　指丁令威。罗隐《自贻》：“如何只见丁家鹤，依旧辽东叹绿芜。”亦省作“丁鹤”。白居易《双鹦鹉》：“郑牛识字吾常叹，丁鹤能歌尔亦知。”黄滔《二月二日宴中贻同年封先辈渭》：“垂名入甲成龙去，列姓如丁作鹤来。”

【丁娘】　即丁六娘。隋妓。《乐府诗集·近代曲辞一》录其《十索》四首。亦用以泛指妓女。吴融《个人三十韵》：“赵女怜胶腻，丁娘爱烛明。”

【丁都護】　见“丁督護”。

【丁常侍】　即丁公著。公著（769—832），字平子。苏州（今属江苏）人。贞元五年（789）明经科及第；次年，又通《开元礼》。授集贤校书郎。李吉甫荐授太子文学，兼集贤殿校理，迁学士。历水部员外郎、驾部员外郎。穆宗即位，超授给事中。长庆元年（821），以工部尚书检校左散骑常侍，御史中丞，充浙东观察使。三年，授河南尹。大和三年（829），以礼部尚书、翰林侍讲学士检校户部尚书，充浙西观察使。改授太常卿。卒赠右仆射。事迹见《旧唐书·孝友传》《新唐书》本传。许浑有《送张厚浙东谒丁常侍》。

【丁傅】　指汉哀帝时外戚丁氏与傅氏。哀帝祖母为傅昭仪，母为定陶恭王丁姬，又纳傅昭仪侄之女为妃。即位后，大封丁、傅二氏，多为侯者、大司马、将军、九卿、侍中等，极为显贵。《汉书·外戚传下》：“丁、傅以一二年间暴兴尤盛。”李商隐《鄠杜马上念汉书》：“英灵殊未已，丁傅渐华轩。”

【丁鳳】　里贯未详。乡贡进士，曾多次赴礼部试而不第。与孟浩然有交往。孟浩然有《送丁大凤进士赴举呈张九龄》。

【丁寓】　里贯未详。排行第三。曾任职卫州黎阳。王维有《至滑州隔河望黎阳忆丁三寓》，又有《丁寓田家有赠》。

【丁零】　亦作“丁零塞”。古民族名。汉时为匈奴属国，居匈奴之北。苏武在匈奴牧羊，曾遭其盗抢。见《史记·匈奴列传》《汉书·苏武传》。陈子昂《感遇诗三十八首》之三五：“西驰丁零塞，北上单于台。”李端《雨雪曲》：“丁零苏武别，疏勒范羌归。”李涉《六叹》之三：“汉臣一没丁零塞，牧羊西过阴沙外。”

【丁零塞】　见“丁零”。

【丁督護】　亦作“丁都護”。南朝宋时吴声歌曲。《乐府诗集·清商曲辞二·吴声歌曲二》录有南朝宋武帝《丁督护歌》五首。李白有《丁督护歌》。李贺《浩歌》：“不须浪饮《丁都护》，世上英雄本无主。”

【丁當】　象声词。多指金、玉之声。杜牧《冬至日寄小侄阿宜诗》：“我家公相家，剑佩尝丁当。”温庭筠《郭处士击瓯歌》：“兰钗委坠垂云发，小响丁当逐回雪。”贯休《古意九首》之三：“文章深掣曳，珂珮鸣丁当。”蜀太后徐氏《丹景山至德寺》：“晴日晓升金晃曜，寒泉夜落玉丁当。”

【丁稜】　字子威。会昌三年（843），王起知举，以宰相李德裕荐，中进士。事迹略见《唐诗纪事》。《全唐诗》录其诗二首。

【丁溪館】　驿馆名。在通州通川（今四川）。元稹有《通州丁溪馆夜别李景信三首》。

【丁魂】　兵丁之魂。指阵亡兵士。陆龟蒙《奉和袭美太湖诗二十首·练渎》：“丁魂尚有泪，合洒青枫枯。”

【丁端公】　名未详。曾官御史台侍御史。出为河阴（今河南郑州西北）令。与姚合有交往。姚合有《送丁端公赴河阴》。

【丁寬】　字子襄。汉梁人。景帝时为梁孝王将军平吴楚七国之乱，号丁将军。精于《易》。见《汉书·儒林·丁宽传》。李瀚《蒙求》：“杨震关西，丁宽《易》东。”

【丁寧】 ❶乐器名。似钟而狭长，即钲。军队行进鸣之，用以节止步伐。陆龟蒙《奉和袭美太湖诗二十首·练渎》："平川盛丁宁，绝岛分储胥。"❷形容乐器所发之声。王建《宫词一百首》之二九："琵琶先抹《六么》头，小管丁宁侧调愁。"❸反复嘱咐。卢仝《寄男抱孙》："丁宁嘱托汝，汝活箨龙不！"陈去疾《西上辞母坟》："林间滴酒空垂泪，不见丁宁嘱早归。"罗隐《镇海军所贡》："他日丁宁柿林院，莫宣恩泽与闲人。"❹言词恳切貌。杜甫《绝句漫兴九首》之一："即遣花开深造次，便觉莺语太丁宁。"王建《镜听词》："回身不遣别人知，人意丁宁镜神圣。"张籍《卧疾》："见我形憔悴，劝药语丁宁。"白居易《醉后听唱桂华曲》："《桂花》词意苦丁宁，唱到常娥醉便醒。"❺音讯。韩愈《华山女》："仙梯难攀俗缘重，浪凭青鸟通丁宁。"❻反复。元稹《答姨兄胡灵之见寄五十韵》："铅钝丁宁淬，芜荒展转耕。"李商隐《丹丘》："青女丁宁结夜霜，羲和辛苦送朝阳。"

【丁翰之】 即丁飞举。飞举字翰之。陆龟蒙《丁隐君歌》："自言逋客持赠我，乃是钱塘丁翰之。"

【丁儒】 固始(今属河南)人。通经术，达世务。总章中，同里陈政统岭南行军总管事，出镇绥安故地，引儒为军咨祭酒。政卒，其子元光代政，引儒佐郡。垂拱二年(686)，与元光共奏请在泉、潮二州间新建漳州。同年底，元光持节漳州诸军事守漳州刺史，辟儒为别驾。漳州民颂扬元光父子政迹，则辄称"佐郡丁承事"。喜吟咏。《全唐诗补逸》录其诗二首。

【丁學士】 即丁居晦。居晦大和九年(835)为翰林学士。刘得仁有《上翰林丁学士》。又有《山中舒怀寄上丁学士》。

【丁澤】 《文苑英华》卷二九作"丁春澤"，注引《登科记》作"丁澤"。大历十年进士及第，为东都第一。事迹略见《唐诗纪事》。《全唐诗》录其诗三首。

【丁璫】 同"丁當"。郑嵎《津阳门诗》："月中秘乐天半间，丁珰玉石和埙篪。"

【丁隱君】 即丁飞举。陆龟蒙《丁隐君歌》："丁隐君，丁隐居，叩头且莫变名氏，即日更寻丁隐居。"参见"丁飛舉"。

【丁蘭】 东汉河内(今河南沁阳)人。少丧父母，自伤早孤，刻木像当亲人，事之如生。李瀚《蒙求》："丁兰刻木，伯瑜泣杖。"

【丁鶴】 见"丁家鹤"。

七 〔qī《广韵》親吉切，入質，清。〕❶数词。表示基数。太宗《执契静三边》："羽贤崆岭四，翼圣襄城七。"白居易《六年秋重题白莲》："移根到此三千里，结子经今六七年。"❷数词。表示序数。杜甫《乾元中寓居同谷县作歌七首》之七："呜呼七歌兮悄终曲，仰视皇天白日速。"白居易《思旧》："已开第七秩，饱食仍安眠。"罗隐《京中正月七日立春》："一二三四五六七，万木生芽是今日。"❸一种文体。即七体。见"七啓""七微"。

【七十二】 古时以"三十六""七十二"为天地阴阳之成数。亦表示数量多。李白《梁甫吟》："东下齐城七十二，指挥楚汉如旋蓬。"孟郊《和蔷薇花歌》："仙机札札织凤皇，花开七十有二行。"

【七十二玉女】 相传黄帝有后宫七十二人。密陀僧《湖城厅吟》："黄帝上天时，鼎湖元在兹。七十二玉女，化作黄金芝。"

【七十二代】 指古代封泰山禅梁父之君。七十二谓其多。李商隐《韩碑》："传之七十有二代，以为封禅玉检明堂基。"亦作"七十二君"。李益《大礼毕皇帝御丹凤门改元建中大赦》："云亭之事略可记，七十二君宁独尊?"

【七十二君】 见"七十二代"。

【七十二候】 古以五日为一候，三候为一节气，二十四节气凡七十二候。见《礼记·月令》孔颖达疏。李贺《河南府试十二月乐词·闰月》："帝重光，年重时，七十二候回环推。"

【七十人】 指孔子门下七十二贤人。七十，举其成数而言。亦指才德出众之士。许浑《和人贺杨仆射致政》："从军幕下三千客，闻礼庭中七十人。"

【七十城】 指汉郦食其伏轼下齐七十余城。见《史记·郦生陆贾列传》。胡曾《咏史诗·高阳》："最怜伏轼东游日，下尽齐王七十城。"

【七十國】 指孔子游说天下所历七十二国。七十，举成数而言。苏拯《颂鲁》："天推鲁仲尼，周游布典坟。游遍七十国，不令遇一君。"参见"七十説"。

【七十説】 (说 shuì)指孔子游说天下七十君而未受重用之事。见《淮南子·泰族训》。李白《赠崔郎中宗之》："仲尼七十说，历聘莫见收。"

【七十戰】 指汉将李广一生与匈奴苦战七十余次之事。见《史记·李将军列传》。陈子昂《感遇诗三十八首》之三四："何知七十战，白首未封侯!"

【七十鑽】 谓多次钻灼龟甲占卜，以定凶吉。卢仝《观放鱼歌》："圣神七十钻，不及泥中鳅。"白居易《偶然二首》之二："六十四卦七十钻，毕竟不能知所以。"七十，举成数而言。

【七人】 ❶指竹林七贤。武元衡《闻严秘书与正字及诸客夜会因寄》："闻道今宵阮家会，竹林明月七人同。"❷指天子七位诤臣。权德舆《省中春晚忽忆江南旧居戏书所怀因寄两浙亲故杂言》："疲羸只欲思三径，戆直那堪备七人!"罗隐《寄右省王谏议》："看却金庭芝术老，又驱车入七人班。"

【七夕】 传说旧历七月七日之夜，牛郎、织女一年一度鹊桥相会。是夕妇女结彩缕，穿七孔针，于庭中设酒脯瓜果守夜乞巧。许敬宗《七夕赋咏成篇》：“一年抱怨嗟长别，七夕含态始言归。”林杰《乞巧》：“七夕今宵看碧霄，牵牛织女渡河桥。”和凝《宫词百首》之五五：“阑珊星斗缀珠光，七夕宫嫔乞巧忙。”

【七夕针】 即七孔针。妇人于七夕用彩线穿七孔针以乞巧。温庭筠《洞户二十二韵》：“树列千秋胜，楼悬七夕针。”

【七子】 ❶指汉献帝建安年间文学家孔融、陈琳、王粲、徐干、阮瑀、应玚、刘桢等七人，见三国魏文帝《典论·论文》。后世称“建安七子”。王维《送秘书晁监还日本国》序：“咏七子之诗，佩两国之印。”孟郊《上包祭酒》：“时吟《五君咏》，再举七子风。”曹邺《寄监察从兄》：“空留建安书，传说七子名。”❷指七个人。李绅《转寿春守或举其目或寄于风亦粗继诗人之末云》：“那遇八公生羽翼，空悲七子委尘泥。”❸七个子女。语出《诗·曹风·鸤鸠》。李白《白鸠辞》：“霜衣雪襟诚可珍，含哺七子能平均。”

【七元洞豁落】 道家经典名。即《豁落七元》，亦即《太微黄书》。李白《访道安陵遇盖还为余造真箓临别留赠》：“七元洞豁落，八角辉星虹。”

【七不堪】 三国魏嵇康不满时政，时山涛为选曹郎，荐举康自代。康答书拒绝，因自说不堪流俗。其《与山巨源绝交书》称：“人伦有礼，朝廷有法，自惟至熟，有必不堪者七，甚不可者二。”后遂用为做官不称其才之典。孟浩然《京还赠张维》：“欲徇五斗禄，其如七不堪。”

【七友】 指魏晋时嵇康、阮籍、山涛、向秀、刘伶、阮咸、王戎等七人。世称“竹林七贤”。见《三国志·魏志·嵇康传》裴松之注引《魏氏春秋》。卢纶《九日同司直九叔崔侍御登宝鸡南楼》：“竹林唯七友，何幸亦登攀！”

【七日】 ❶一个月中初七。见“七月七日”。❷指正月七日人日。宗楚客《奉和人日清晖阁宴群臣遇雪应制》：“九重中叶启，七日早春还。”阎朝隐《奉和圣制春日幸望春宫应制》：“彩胜年年逢七日，酴醿岁岁满千钟。”李峤《奉和人日清晖阁宴群臣遇雪应制》：“三阳偏胜节，七日最灵辰。”❸指七月七日。郑畋《题缑山王子晋庙》：“几曾期七日，无复降重霄。”参见“七月七日❷”。❹指七夕。赵彦昭《奉和七夕两仪殿会宴应制》：“青女三秋节，黄姑七日期。”高适《陪窦侍御灵云南亭宴诗得雷字》序：“七日者何？牛女之夕也。”

【七月】 ❶七个月。白居易《德宗皇帝挽歌词四首》之四：“梦减三龄寿，哀延七月期。”❷七月份。杜甫《早秋苦热堆案相仍》：“七月六日苦炎热，对食暂餐还不能。”贾岛《送张校书季霞》：“城市七月初，热与夏未差。”韦庄《东游远归》：“辞家柳絮三春半，临路槐花七月初。”❸《诗·豳风》首篇名。旧注谓周公在遭流言后居东都时所作，陈述先王在豳地教民周备，使衣食充足，寒暑及时，各自劝勉，以勤事业。以今观之，实为豳地奴隶集体创作，叙写其一年之中劳动过程及生活情况。富嘉谟《明冰篇》：“摇青涵绿映楼台，豳歌《七月》王风始。”杜牧《即事》：“因思上党三年战，闲咏周公《七月》。”张立《咏蜀都城上芙蓉花》：“虽妆蜀国三秋色，难入豳风七月诗。”

【七月七日】 ❶七夕。白居易《长恨歌》：“七月七日长生殿，夜半无人私语时。”❷王子乔乘鹤升仙之日。见汉刘向《列仙传·王子乔》。宋之问《王子乔》：“王子乔，爱神仙，七月七日上宾天。”

【七月流火】 谓豳历七月火星逐渐向下转移，天气变凉。《诗·豳风·七月》：“七月流火，九月授衣。”敬括有《省试七月流火》。

【七尹】 指河南府尹严休复、王质、郑澣、李绅、李珏、裴潾、韦长等七人。白居易有《自罢河南已换七尹每一入府怅然旧游因宿内厅偶题西壁兼呈韦尹常侍》。

【七尺】 ❶指成人身体长度。刘禹锡《聚蚊谣》：“我躯七尺尔如芒，我孤尔众能我伤。”贾岛《赠僧》：“常恐画工援笔写，身长七尺有眉毫。”亦指成人身躯。李颀《古意》：“赌胜马蹄下，由来轻七尺。”❷指剑。骆宾王《从军中行路难二首》之二：“百发乌号遥碎柳，七尺龙文回照莲。”

【七尺身】 见“七尺軀”。

【七尺影】 见“七尺軀”。

【七尺軀】 亦作“七尺身”“七尺影”。指成人身躯。骆宾王《畴昔篇》：“偷存七尺影，分没九泉深。”曹邺《蓟北门行》：“乃知七尺躯，却是速死具。”

【七札】 七层铠甲。《左传·成公十六年》：“潘尪之党，与养由基蹲甲而射之，彻七札焉。”后因用为善射之典。寒山《诗三百三首》之一八三：“能射穿七札，读书览五行。”

【七年辨材】 豫、樟二木须七年后才能分辨识别。后用以形容辨材之难。白居易《放言五首》之三：“试玉要烧三日满，辨材须待七年期。”自注：“豫章木生七年而后知。”

【七年豫樟】 豫、樟二木须七年后才能分辨识别。白居易《寓意诗五首》之一：“豫樟生深山，七年而后知。”参见“七年辨材”。

【七旬】 ❶七十岁。白居易《春游》：“大限年百岁，几人及七旬？”又《山下留别佛光和尚》：“我已七旬师九十，当知后会在他生。”❷《书·大禹谟》：“帝乃诞敷文德，舞干羽于两阶，七旬，有苗格。”七旬为七十天。后用以指代中原以外少数民族。张衮《梁郊祀乐章·庆休》：“七旬罪已服，六月师方克。”石倚《舞干羽两阶》：“化美超千古，恩波及七旬。”

【七色】　指红、橙、黄、绿、蓝、靛、紫七种颜色。亦泛指多种颜色。谭用之《江边秋夕》：“七色花虬一声鹤，几时乘兴上清虚？”

【七宅】　“十宅”之讹。指十王宅。见《旧唐书·玄宗诸子·凉王璿传》。元稹《和李校书新题乐府十二首·上阳白发人》：“诸王在阁四十年，七宅六宫门户闷。”

【七字】　指七言诗。欧阳询《道失》：“花笺一何荣，七字谁曾许？”杨巨源《酬崔驸马惠笺百张兼贻四韵》：“百张云样乱花开，七字文头艳锦回。”崔珏《道林寺》：“长卿之门久寂寞，五言七字夸规模。”杜荀鹤《和友人见题山居》：“避时多喜葺居成，七字启题万象清。”

【七字詩】　七言诗。张籍《酬杭州白使君兼寄浙东元大夫》：“一行已作三年别，两处空传七字诗。”高骈《对花呈幕中》：“海棠初发去春枝，首唱曾题七字诗。”

【七老會】　指白居易与胡杲、吉皎、刘真、郑据、卢真（贞）、张浑等七位七十以上老人，在白家履道坊宅成立七老尚齿之会。宴罢赋诗。胡杲、吉皎、刘真、郑据、卢真（贞）、张浑等皆有《七老会诗》。

【七步】　❶《书·牧誓》：“今予发惟恭行天之罚，今日之事，不愆于六步七步，乃止齐焉。”后因用为交战前整齐行列。李峤《熊》：“列射三侯满，兴师七步旋。”❷三国魏东阿王曹植七步成诗之事。见南朝宋刘义庆《世说新语·文学》。以称人诗思敏捷。中宗、太平公主、温王重茂《景龙四年正月五日重为柏梁体联句》：“无心为子辄求郎，雄才七步谢陈王。”李白《感时留别从兄徐王延年从弟延陵》：“九卿领徐方，七步继陈思。”岑参《送张直公归南郑拜省》：“万言不加点，七步犹嫌迟。”薛能《和府帅相公》：“君看将相才多少？两首诗成七步间。”

【七步才】　具有七步内成诗之才能。李峤《诗》：“天子三章传，陈王七步才。”参见“七步❷”。

【七步詠】　七步内所成之诗。于志宁《冬日宴群公于宅各赋一字得杯》：“俱裁七步咏，同倾三雅杯。”参见“七步❷”。

【七步廊】　韦庄居处之廊名。取七步成诗之义。韦庄《题七步廊》：“席门无计那残阳，更接檐前七步廊。”

【七里】　❶七里路。岑参《凉州馆中与诸判官夜集》：“凉州七里十万家，胡人半解弹琵琶。”方干《暮发七里滩夜泊严光台下》：“一瞬即七里，箭驰犹是难。”❷即七里濑。张祜《七里濑渔家》：“七里垂钓叟，还傍钓台居。”

【七里洲】　同“七里濑”。神颖《宿严陵钓台》：“寒谷荒台七里洲，贤人永逐水东流。”

【七里橋】　桥名。在唐扬州（今属江苏）城郭南面。刘商有《杂言同豆卢郎中郭南七里桥哀悼姚仓曹》。

【七里瀨】　在今浙江桐庐南。两山耸起壁立，江水流泻其间，水势湍急，连亘七里。东汉光武帝时严光（字子陵）隐居耕钓于北岸富春山（严陵山）。见《后汉书·逸民·严光传》。张谓《读后汉逸人传二首》之一：“于今七里濑，遗迹尚依然。”刘长卿《对酒寄严维》：“门前七里濑，早晚子陵过。”张籍《送施肩吾东归》：“世业偏临七里濑，仙游多在四明山。”

【七里灘】　❶同“七里濑”。刘长卿《京口怀洛阳旧居兼寄广陵二三知己》：“严陵七里滩，携手同所适。”白居易《酬严十八郎中见示》：“承明长短君应入，莫忆家江七里滩。”温庭筠《敬答李先生》：“七里滩声舜庙前，杏花初盛草芊芊。”吴融《自讽》：“涂穷始解东归去，莫过严光七里滩。”❷借指隐居之地。皮日休《寄毗陵魏处士朴》：“兔皮衾暖篷舟稳，欲共谁游七里滩？”罗隐《酬章处士见寄》：“霜鳞共落三门浪，雪鬓同归七里滩。”参见“七里濑”。

【七兵】　七兵尚书之省称。三国魏置五兵尚书，谓中兵、外兵、骑兵、别兵、都兵。晋又分中、外兵各为左、右，但尚书仍置五兵。至北魏始有七兵尚书。见《通典·职官典五》。柳宗元《弘农公以硕德伟材屈于诬枉左官三岁复为大僚谨献诗五十韵以毕微志》：“司仪六礼洽，论将七兵扬。”按，此指兵部郎中。

【七言】　指七言诗。韩愈《记梦》：“壮非少者哦七言，六字常语一字难。”沈传师《次潭州酬唐侍御姚员外游道林岳麓寺题示》：“锵金七言凌老杜，入木八法蟠高轩。”

【七言絶句】　诗体名。截取七言律诗中两联而成，四句，句七字。第一、二、四句或二、四句押韵；讲究平仄；各联可对仗，亦可不对。元稹《见人咏韩舍人新律诗因有戏赠》“七字排居敬，千词敌乐天”自注：“侍御八兄，能为七言绝句。”

【七言詩】　一种诗体。每句七字，有七言古诗、七言律诗、七言绝句等。刘禹锡《酬令狐相公见寄》：“千里相思难命驾，七言诗里寄深情。”罗隐《和禅月大师见赠》：“高僧惠我七言诗，顿豁尘心展白眉。”贯休《喜不思上人来》：“瓶担千丈瀑，偈是七言诗。”

【七松】　见“七松處士”。

【七松亭】　唐郑薰于隐岩别墅旁所创之草亭。

张乔《七松亭》："七松亭上望秦川，高鸟闲云满目前。"

【七松處士】 唐太子少师郑薰之号。见《新唐书·郑薰传》。郑谷《故少师从翁隐岩别墅乱后榛芜感旧怆怀遂有追纪》："七松无影响，双泪益悲辛。"自注："孤卿植小松七本，自号七松处士，异代对五柳先生。"

【七事】 即七术。指越大夫文种教越王句践伐吴之七种策略。见《史记·越王句践世家》。贯休《读吴越春秋》："宰嚭一言终杀伍，大夫七事只须三。"按，《吴越春秋·句践伐吴外传》作"九术"，其内容见《句践阴谋外传》，与贯休所见之本异。

【七炁】 火气，火光。道家以"七"代表火。炁，气之异体。陆龟蒙《奉和袭美太湖诗二十首·毛公坛》："回眸盼七炁，运足驰疏星。"

【七門】 ❶指官掖门。《后汉书·百官志二》"宫掖门每门司马一人"，本注所列凡七门。亦指秘书省。宋之问《伤王七秘书监寄呈扬州陆长史通简府僚广陵以广好事》："罢官七门里，归老一丘中。"又《冬夜寓直麟阁》："直事披三省，重关闭七门。"❷七窍。李商隐《戊辰会静中出贻同志二十韵》："瑶简被灵诰，持符开七门。"

【七物】 指七种珍宝。德宗《七月十五日题章敬寺》："七物匪吾宝，万行先求成。"物，一作珍。参见"七寶❶"。

【七返】 见"七返九還"。

【七返九還】 谓以火炼金，使金返本还原，成为仙丹。吕岩《七言》之六一："七返返成生碧雾，九还还就吐红霞。"又《五言》之十："炉中七返毕，鼎内九还终。"

【七返還丹】 道家指起死还生之灵丹。吕岩《沁园春》词："七返还丹，在我先须，炼已待时。"

【七府】 同"七政"。颜师古《奉和正日临朝》："七府璇衡始，三元宝历新。"

【七弦】 一种琴，七条弦。白居易《船夜援琴》："七弦为益友，两耳是知音。"鲍溶《秋夜对月怀李正封》："坐忆执手时，七弦起凄凉。"李宣古《听蜀道士琴歌》："忽挥素爪画七弦，苍崖劈裂迸碎泉。"赵抟《琴歌》："七弦脆断虫丝朽，辨别不曾逢好手。"

【七珍】 泛指各种美味珍肴。柳泌《玉清行》："七珍飞满座，九液酌如泉。"

【七政】 天文术语。其说不一：(1)指日、月及金、木、水、火、土五星。(2)指北斗七星各主日、月、五星。(3)指四时及天、地、人。岑文本《奉和正日临朝》："天文光七政，皇恩被九区。"许景先《奉和御制春台望》："豫奉北辰齐七政，长歌东武抃千春。"皎然《答裴集阳伯明二贤各垂赠二十韵今以一章用酬两作》："星文齐七政，天轴明二斗。"

【七奔】 谓多次奔波。语出《左传·成公七年》：一岁七奔命。王维《和陈监四郎秋雨中思从弟据》："逸兴方三接，衰颜强七奔。"

【七星】 ❶指北斗七星。杜甫《同诸公登慈恩寺塔》："七星在北户，河汉声西流。"李贺《宫娃歌》："象口吹香毾㲪暖，七星挂城闻漏板。"殷尧藩《帝京二首》之一："地人《黄图》三辅壮，天垂华盖七星高。"❷七点星形图纹。多装饰于剑上。李峤《宝剑篇》："背上铭为万年字，胸前点作七星文。"王维《赠裴旻将军》："腰间宝剑七星文，臂上雕弓百战勋。"苏涣《赠零陵僧》："忽如裴旻舞双剑，七星错落缠蛟龙。"胡曾《咏史诗·延平津》："昨夜七星潭底见，分明神剑化为龙。"❸七点如星之火。韩翃《赠别华阴道士》："昼洒瑶台五云湿，夜行金烛七星齐。"❹用秦李冰造七桥，上应北斗七星事。太宗《赋得浮桥》："岸曲非千里，桥斜异七星。"骆宾王《畴昔篇》："云气横开八阵形，桥形遥分七星势。"李峤《桥》："妙应七星制，高分半月辉。"

【七星杓】 北斗七星之柄。七星中四星如斗，三星似柄。陈陶《殿前生桂树》："东海即为郎斟酌，绮疏长悬七星杓。"

【七星壇】 道家用以祭祀北斗七星之台。章孝标《题上皇观》："烟霞星盖七星坛，想像先朝驻禁銮。"陆龟蒙《上元日道室焚修寄袭美》，"唯有世尘中小兆，夜来心拜七星坛。"吴融《和皮博士赴上京观中修灵斋赠威仪尊师兼见寄》："霓结双旌羽缀裙，七星坛上拜元君。"

【七品】 官阶名。唐官制有正、从七品，各有上下阶。太子通事舍人、左右补阙、太常博士、太学助教、县令等皆为七品。王建《自伤》："四授官资元七品，再经婚娶尚单身。"陆畅《太子刘舍人邀看花》："年少风流七品官，朱衣白马冶游盘。"白居易《寄同病者》："四十官七品，拙宦非由他。"

【七香】 同"七香車"。张文恭《七夕》："星桥百枝动，云路七香飞。"罗虬《比红儿诗》之五四："画帘垂地紫金床，暗引羊车驻七香。"吴融《次韵和王员外杂游四韵》："两桨惯游催去艇，七香曾占取来车。"

【七香車】 用各种香木所制之车。亦泛指华美之车。卢照邻《长安古意》："长安大道连狭斜，青牛白马七香车。"王维《洛阳女儿行》："罗帏送上七香车，宝扇迎归九华帐。"刘禹锡《和严给事闻唐昌观玉蕊花下有游仙二绝》之一："玉女来看玉蕊花，异香先引七香车。"李商隐《壬申七夕》："已驾七香车，心心待晓霞。"参见"七香"。

【七香幃】 盛有各种香料之香囊。唐彦谦《紫薇花》："又疑神女过，犹佩七香帏。"

【七香牋】　加各种香料所制之纸。皮日休《寒夜文宴得泉字》："分明竞襞七香笺，王朗风姿尽列仙。"

【七香輪】　同"七香车"。权德舆《上巳日贡院考杂文不遂以二绝句申赠》："三日韶光处处新，九华仙洞七香轮。"

【七哀】　❶同"七哀詩"。骆宾王《伤祝阿王明府》序："既切芝焚弥深蕙叹。盍言四始，同赋《七哀》。"钱起《送时暹避难适荆南》："三叹把离袂，《七哀》深我情。"皎然《题余不溪废寺》："不到无生理，应堪赋《七哀》。"❷泛指各种哀伤之情。陆龟蒙《次幽独君韵》之二："落日送万古，秋声含七哀。"

【七哀詩】　诗题名。汉阮瑀、王粲，三国魏曹植，晋张载等皆有《七哀诗》，抒发哀伤之情。杜甫《垂白》："甘从千日醉，未许《七哀诗》。"参见"七哀❶"。

【七祖】　佛家称传法相承之七代。华严宗以马鸣、龙树、杜顺、智俨、法藏、澄观、宗密为七祖。禅宗南宗以达摩、慧可、僧璨、道信、弘忍、慧能、神会为七祖。禅宗北宗以弘忍另一弟子神秀为六祖，普寂为七祖。杜甫《秋日夔府咏怀奉寄郑监李宾客一百韵》："身许双峰寺，门求七祖禅。"卢纶《送静居法师》："九天论道当宸眷，七祖传心合圣踪。"刘禹锡《送宗密上人归南山草堂寺因谒河南尹白侍郎》："自从七祖传心印，不要三乘入便门。"吕岩《与潭州智度寺慧觉诗》："请师开说西来意，七祖如今未有人。"

【七祖寺】　佛家七祖之寺院。亦泛指寺院。皎然《送如献上人游长安》："为法应过七祖寺，忘名不到五侯门。"

【七架營】　禁军之营。架，萃之讹。韦庄《秦妇吟》："六军门外倚僵尸，七架营中填饿殍。"参见"七萃"。

【七飛】　谓七次飞丹砂以炼丹。《艺文类聚》引北周王褒《馆铭》："炼石三转，烧丹七飞。"骆宾王《代女道王灵妃赠道士李荣》："漫道烧丹止七飞，空传化石曾三转。"

【七級】　见"七級浮圖"。

【七級浮圖】　佛家七层之塔。亦省作"七级"。骆宾王有《四月八日题七级》。高适《同吕判官从哥舒大夫破洪济城回登积石军多福七级浮图》："七级凌太清，千崖列苍翠。"又有《和窦侍御登凉州七级浮图之作》。

【七校】　汉武帝时，置中垒、屯骑、步兵、越骑、长水、射声、虎贲等校尉，称"七校尉"。见《汉书·刑法志》及颜师古注。亦泛指各军将领。高适《信安王幕府诗》："雷霆七校发，旌旆五营连。"杜甫《喜达行在所三首》之三："静影千官里，心苏七校前。"戎昱《上李常侍》："旗旗晓过大江西，七校前驱万队齐。"

【七真】　指七位真人。相传汉茅盈、茅固、茅衷兄弟隐于茅山得道成仙，之后晋杨羲、许穆、许翙及唐郭崇真皆于此得道。道家尊崇七人，合称"七真"。顾况《步虚词》："回步游三洞，清心礼七真。"曹唐《小游仙诗九十八首》之八七："香残酒冷玉妃睡，不觉七真归海中。"皮日休《奉和鲁望寄南阳广文次韵》："八会旧文多搭写，七真遗语剩思量。"齐己《赴郑谷郎中招谒七真仪象因有十八韵》："诗悬《大雅》作，殿礼七真仪。"

【七真堂】　道家奉祀"七真"之庙观。陆龟蒙《和袭美江南道中怀茅山广文南阳博士三首次韵》之一："一片轻帆背夕阳，望三峰拜七真堂。"自注："三茅、二许、一杨、一郭，是为七真。"参见"七真"。

【七真臺】　道家祭祀"七真"之台。赵嘏《回于道中寄舒州李珏相公》："从此微尘知感恋，七真台上望三台。"参见"七真"。

【七豹】　"七貂"之讹，即"七葉貂"。汉侍中冠上插貂尾为饰，金日磾一家自武帝至平帝七朝，世代为侍中，见《汉书》本传及赞。后因用以指世代显贵之家。沈佺期《夏日梁王席送张岐州》："家传七豹贵，人擅八龙奇。"按，张岐州即张昌期，其族祖张行成曾为太宗侍中；其弟易之、昌宗亦为武后内侍。见新旧《唐书》各本传。

【七郡】　❶指湖南都团练观察处置等使所领潭州、衡州、永州、邵州、道州、郴州、连州等七郡。李白《草书歌行》："湖南七郡凡几家，家家屏障书题遍。"❷指浙东都团练观察处置等使所领越州、衢州、婺州、温州、明州、处州、台州等七郡。白居易《和微之诗二十三首·和除夜作》："君提七郡籍，我按三尺书。"按，"君"指元稹。此诗作于文宗大和二年(828)春，时元稹为浙东观察使。方干《献王大夫》："莫道百僚忧礼绝，兼闻七郡怕天移。"

【七略】　书名。汉刘歆撰。歆曾与其父向同校书秘阁。向将图书分为六艺、诸子、诗赋、兵书、数术、方伎六大类。向死，歆承其父之业，将六大类称为六略，又加《辑略》，而成《七略》。共著录图书三十八种，六百零三家。为我国第一部系统性图书目录。汉班固修《汉书·艺文志》，即据此而成。亦泛指各种文献。清昼、裴济《讲古文联句》："百氏六经，九流七略。"

【七國】　❶指战国时秦、楚、燕、齐、韩、魏、赵七国。刘兼《咸阳怀古》："七国斗鸡方贾勇，中原逐鹿更争雄。"❷指汉景帝时吴、楚、赵、胶西、济南、菑川、胶东七国。七国以"清君侧"诛晁错为名，发动叛乱，史称"七国之乱"。权德舆《读穀梁传二首》之一："下令汉七国，借此以为名。"李商隐《富平少侯》："七国三边未到忧，十三身袭富平侯。”胡宿《淮南王》：“贪铸金钱盗写符，何曾七国戒前车。”❸指幽州所属范阳国、燕国、北平郡、上谷郡、广宁郡、代郡、辽西郡七郡国。《晋书·地理志上》：“幽州统郡国七。”王维《送陆员外》：“九河平原外，七国蓟门中。”

【七條衣】　僧人三衣之一。礼诵、听讲、说戒时所穿。因衣有横截七条，故名。见唐玄应《一切经音义》卷十四。吕温《送僧归漳州》：“修行《四分律》，护净七条衣。”

【七條弦】　同“七弦”。崔珏《席间咏琴客》：“七条弦上五音寒，此艺知音自古难。”曹邺《听刘尊师弹琴》：“不似斋堂人静处，秋声长在七条弦。”

【七條絃】　见“七條弦”。

【七條絲】　同“七弦”。裴夷直《赠美人琴弦》：“今夜灯前湘水怨，殷勤封在七条丝。”薛能《秋夜听任郎中琴》：“十指空商膝上秋，七条丝动雨修修。”方干《听段处士弹琴》：“几年调弄七条丝，元化分功十指知。”

【七條線】　同“七弦”。李山甫《赠弹琴李处士》：“三尺焦桐七条线，子期师旷两沉沉。”

【七族】　亲族统称。一说：七族，上至曾祖，下至曾孙。又一说云：父之族，一也；姑之子，二也；姊妹之子，三也；女子之子，四也；母之族，五也；从子，六也；及妻父母凡七。柳宗元《咏荆轲》：“夷城芟七族，台观皆焚污。”

【七情】　人之七种感情。《礼记·礼运》：“何谓人情？喜、怒、哀、惧、爱、恶、欲，七者弗学而能。”权德舆《多病戏书因示长孺》：“甘辛败六藏，冰炭交七情。”

【七絃】　同“七弦”。王贞白《赠浔阳冯明府》：“日高诸吏散，风到七弦清。”

【七鼓】　击七次鼓。指帝王发驾时戒严。温庭筠《鸿胪寺有开元中锡宴堂偶成四十韵》：“双琼京兆博，七鼓邯郸娼。”

【七聖殿】　在华清宫中。殿上有唐高祖、太宗、高宗、中宗、睿宗及武后、高祖窦皇后七人塑像。郑嵎《津阳门诗》自注：“宫中有七圣殿，自神尧至睿宗逮窦后皆立，衣衮衣。”

【七雄】　指战国时秦、楚、燕、齐、韩、魏、赵七国。宋之问《过函谷关》：“六国兵同合，七雄势未分。”王维《夷门歌》：“七雄雄雌犹未分，攻城杀将何纷纷！”皮日休《正乐府十篇·路臣恨》：“七雄战争时，宾旅犹自通。”罗隐《西京道德里》：“七雄三杰今何在？休为闲人泪满襟。”

【七萃】　周天子禁军。苏颋《扈从凤泉和崔黄门喜恩旨解严罢围之作》：“何如穆天子，七萃几劳师？”亦泛指禁军。太宗《出猎》：“三驱陈锐卒，七萃列材雄。”许敬宗《奉和春日望海》：“长驱七萃卒，成功百战场。”权德舆《送灵武范司空》：“三公临右地，七萃拥中坚。”李德裕《郊坛回舆辄书是诗兼呈二相公》：“七萃和銮动，三条葆吹回。”

【七景】　指日、月及金、木、水、火、土五星。徐彦伯《石淙》：“八风行殿开仙榜，七景飞舆下石关。”

【七貴】　指西汉时七个外戚家族。七族握有朝政大权。杜光庭《怀古今》：“嗟四豪之不返，痛七贵以难寻。”亦泛指朝廷权贵。张谓《赠乔琳》：“如今七贵方自尊，羡君不过七贵门。”戴叔伦《赠康老人洽》：“宫中美人皆唱得，七贵因之尽相识。”鲍溶《羽林行》：“煌煌都门外，祖帐光七贵。”徐夤《潘丞相旧宅》：“七贵竟为长逝客，五侯寻作不归人。”

【七貴人】　指东汉梁冀家七贵人。见《后汉书·梁冀传》。李贺《荣华乐》：“三皇皇后七贵人，五十校尉二将军。”

【七貴五侯】　泛指达官权贵。李白《流夜郎赠辛判官》：“昔在长安醉花柳，五侯七贵同杯酒。”徐夤《依韵赠南安处士五首》之一：“七贵五侯生肯退，利尘名网死当抛。”

【七絲】　同“七弦”。刘长卿《听弹琴》：“泠泠七丝上，静听松风寒。”韦庄《抚盈歌》：“銮舆去兮萧屑，七丝断兮沉寥。”贯休《赠造微禅师院》：“七丝奔小蟹，五字逼雕龙。”齐己《偶乍寄王秘书》：“七丝湘水秋深夜，五字河桥日暮时。”亦作“七絲弦”。李郢《为妻作生日寄意》：“金凤对翘双翡翠，蜀琴初上七丝弦。”

【七絲弦】　见“七絲”。

【七絲琴】　即七弦琴。韩偓《赠湖南李思齐处士》：“两板船头浊酒壶，七丝琴畔白髭须。”

【七聖】　❶指黄帝、方明、昌寓、张若、謵朋、昆阍、滑稽七人。见《庄子·徐无鬼》。李乂《侍宴安乐公主山庄应制》：“野外初迷七圣道，河边忽睹二灵桥。”元稹《望云骓马歌》：“七圣心迷运方厄，五丁力尽路犹窄。”❷指唐高祖、太宗、高宗、中宗、睿宗、玄宗六帝及武后。苏颋《奉和幸韦嗣立山庄应制》：“百工征往梦，七圣扈来游。”张说《奉和圣制义成校猎喜雪应制》：“勇爵均万夫，雄图罗七圣。”李白《上云乐》：“中国有七圣，半路颓洪荒。”❸见“七聖殿”。❹道家指高圣玉帝君等七位上仙。张绍《冲佑观》：“七圣斯严，三君如在。”❺佛家指七品正智修行等次，见《俱舍论·分别贤圣品》。王维《过卢四员外宅看饭僧共题七韵》：“三贤异七贤，青眼慕青莲。”圣，一本作贤。

【七擒】　指诸葛亮七纵七擒孟获之事。苏晋《奉和圣制送张说巡边》：“三捷岂云尔，七擒良信然。”李白《书怀赠南陵常赞府》：“将无七擒略，鲁女惜园葵。”参见“七縱七擒”。

【七葉】 ❶指汉金日磾一家自武帝至平帝七朝，世代皆为侍中事。后因指世代显贵之家。李白《酬张卿夜宿南陵见赠》："尔来得茂彦，七叶仕汉余。"卢纶《送郭判官赴振武》："七叶推多庆，须怀杀敌忧。"参见"七葉貂蝉""七葉汉貂"。❷指唐高祖、太宗、高宗、中宗、睿宗、玄宗、肃宗七帝。李白《感时留别从兄徐王延年从弟延陵》："七叶运皇化，千龄光本支。"❸见"七葉仙蓂"。❹一种落叶乔木。为掌状复叶，对生，多为七小叶。花枝成穗，色白微红。木纹致密，可制器具。罗隐《句》："夏窗七叶连阴暗。"。

【七葉仙蓂】 亦作"七葉蓂"。指每月七日。传说尧之阶上有瑞草蓂荚，每月自一日至十五日，日生一荚；自十六日起，日落一荚。见《艺文类聚》卷四引《帝王世纪》。亦特指正月七日人日。李峤《人日侍宴大明宫恩赐彩缕人胜应制》："桂吐半轮迎此夜，蓂开七叶应今朝。"赵彦昭《奉和人日清晖阁宴群臣遇雪应制》："庭树千花发，阶蓂七叶新。"苏颋《人日重宴大明宫恩赐彩缕人胜应制》："七叶仙蓂依月吐，千株御柳拂烟开。"

【七葉堂】 堂名。在杭州天竺山天竺寺中。佛家谓印度王舍城侧，有七叶树生于岩窟之上，因名其地为七叶岩。为释迦寂灭后，第一次五百大阿罗汉结集三藏之处。因取以为堂名。白居易《天竺寺七叶堂避暑》："行入七叶堂，烦暑随步失。"

【七葉貂蝉】 汉侍中冠上插貂尾为饰，附蝉为文。金日磾一家自武帝至平帝七朝，世代为侍中。见《汉书》本传及赞。后因用以指世代显贵之家。王昌龄《留别岑参兄弟》："貂蝉七叶贵，鸿鹄万里游。"戎昱《苦哉行五首》之四："妾家清河边，七叶承貂蝉。"

【七葉蓂】 见"七蕖仙蓂"。

【七葉漢貂】 指汉金日磾一家自武帝至平帝七朝，世代皆为侍中事。晋左思《咏史八首》之二："金张籍旧业，七叶珥汉貂。"后因用以指世代显贵之家。杜牧《洛下送张曼容赴上党召》："七叶汉貂真密近，一枝诜桂亦徒然。"参见"七葉貂蝉"。

【七歲女子】 姓名未详。南海(今广东广州)人。武后召见，令赋送兄诗，应声而就。事见《唐诗纪事》。《全唐诗》录其诗一首。

【七微】 篇名。晋陆机撰。《艺文类聚》卷五七引作《七徵》。清严可均认为疑作微是。按，严说是。黄滔《奉和翁文尧十九员外中谢日蒙恩赐金紫之什》："复为胜事垂千古，题作新诗启《七微》。"

【七槃】 同"七盘岭❷"。贯休《送郑侍郎骞赴阙》："休惊断雁离三楚，渐入祥烟下七槃。"

【七魄】 道家谓人有七魄，见《云笈七签》卷五四。章孝标《道者与金丹开合已失因为二首再有投掷》之一："七魄憎阳盛，三彭恶命延。"

【七爱】 指七位可崇敬爱戴之人。皮日休称房玄龄、杜如晦为"真相"，李晟为"真将"，卢鸿为"真隐"，元德秀为"真吏"，李白为"真放"，白居易为"真才"。谓无论道之"时"或"不时"，"行其事也，在乎爱忠"，故作《七爱诗》六首以歌咏之。

【七旒】 诸侯所戴冕冠。旒，垂饰。见《后汉书·舆服志下》。储光羲《同张侍御宴北楼》："今之太守古诸侯，出入双旌垂七旒。"

【七賢】 ❶指魏晋时嵇康、阮籍、山涛、向秀、阮咸、王戎、刘伶七位高士。见《三国志·魏志·嵇康传》裴松之注。李商隐《垂柳》："七贤宁占竹，三品且饶松。"路德延《小儿诗》："展画趋三圣，开屏笑七贤。"❷佛家指调心顺道七个等次或七种人。王维《过卢四员外宅看饭僧共题七韵》："三贤异七贤，青眼慕青莲。"贯休《闻大愿和尚顺世三首》之三："若游三点外，争把七贤平。"

【七賢地】 嵇康等七贤所游地竹林。亦泛指竹林。卢象《追凉历下古城西北隅此地有清泉乔木》："闲荫七贤地，醉餐三士桃。"参见"七賢❶"。

【七賢廟】 祀嵇康、阮籍等竹林七贤之祠。在今河南获嘉西北。《元和郡县图志·河北道一·怀州》："〔获嘉县〕七贤祠，在县西北四十二里。嵇、阮祠也。"朱湾有《七贤庙》。

【七德】 ❶指武功七种德行。陈子良《赞德上越国公杨素》："七德播雄略，十万骋行兵。"太宗《执契静三边》："戢武耀七德，升文辉九功。"骆宾王《从军中行路难二首》之二："七德龙韬开玉帐，千里鼍鼓叠金钲。"储光羲《同诸公送李云南伐蛮》："京观在七德，休哉我神皇！"❷见"七德舞"。

【七德舞】 乐舞名。见《新唐书·礼乐志十一》。据《资治通鉴·唐太宗贞观七年》载，更名为《七德舞》在贞观七年春正月。白居易《七德舞》："《七德舞》，《七德歌》，传自武德至元和……歌《七德》，舞《七德》，圣人有作垂无极。岂徒耀神武，岂徒夸圣文。太宗意在陈王业，王业艰难示子孙。"

【七盤】 见"七盤嶺"。

【七盤嶺】 亦省作"七盤"。❶岭名。在利州(今陕西宁强与四川广元交界处)，上有七盘关。沈佺期《夜宿七盘岭》："独游千里外，高卧七盘西。"岑参《与鲜于庶子自梓州成都少尹自褒城同行至利州道中作》："前日登七盘，旷然见三巴。"顾况《露青竹杖歌》："往年策马降至尊，七盘九折横剑门。"薛能《行路难》："对面如千里，回肠似七盘。"❷山名。在蓝田(今属陕西)。张籍《使至蓝溪驿寄太常王丞》："独上七盘去，峰峦转转稠。"裴夷直《上下七盘二首》之二："商山半月雨漫漫，偶值新晴下七盘。”吴融《南迁途中作七首·登七盘岭二首》之二：“七盘岭上一长号，将谓青天鉴郁陶。”

【七廟】 ❶指四亲庙（父、祖、曾祖、高祖）、二祧（远祖）及始祖庙。亦泛指天子宗庙。《礼记·王制》：“天子七庙，三昭三穆，与大祖之庙而七。”魏征《享太庙乐章·舒和》：“圣敬通神光七庙，灵心荐祚和万方。”白居易《新乐府·八骏图》：“瑶池西赴王母宴，七庙经年不亲荐。”《郊庙歌辞·享先蚕乐章·肃和》：“万宇承恩覆，七庙伫恭禋。”❷指国家政权。张祜《读西汉书十四韵》：“七庙倾王莽，三公败董贤。”

【七廟略】 指安国之谋略。杜甫《收京三首》之一：“依然七庙略，更与万方初。”

【七橋】 指秦李冰所造七座桥。在今四川成都。司空曙《晦日益州北池陪宴》：“七桥通碧沼，双树接花塘。”参见“七星❹”。

【七燄】 指丹炉之火焰。道家以“七”代表火。陆敬《游清都观寻沈道士得都字》：“十芒生药笥，七焰发丹炉。”

【七龍】 七条龙。李颀《王母歌》：“红霞白日俨不动，七龙五凤纷相迎。”

【七澤】 指楚地云梦泽等诸湖泊。刘允济《经庐岳回望江州想洛川有作》：“九江杳无际，七泽纷相错。”权德舆《杂言同用离骚体送张评事襄阳觐省》：“纷离念兮随君，溯九江兮经七泽。”李咸用《庐山》：“势受重湖让，形难七泽吞。”

【七嶺】 ❶山名。在陕州硖石县（今河南陕县东）。萧颖士有《早春过七岭寄题硖石裴丞厅壁》。❷指庐山。皎然《送广通上人游江西》：“香炉七岭秀，秋色九江清。”

【七襄】 ❶谓织女星自旦至暮更换位置七次。李峤《奉和七夕两仪殿会宴应制》：“谁言七襄咏，重入五弦歌。”康翊仁《鲛人潜织》：“七襄牛女恨，三日大人嫌。”❷指织女。杜审言《七夕》：“天街七襄转，阁道二神过。”❸谓终日，一整天。吴融《和座主尚书登布善寺楼》：“谁知此日凭轩处，一笔工夫胜七襄。”

【七縱】 见“七縱七擒”。

【七縱七擒】 三国蜀诸葛亮南征，七次生擒南方酋长孟获，七次释放，使之款服。见《三国志·蜀志·诸葛亮传》裴松之注。章孝标《诸葛武侯庙》：“七纵七擒何处在？茅花枥叶盖神坛。”贯休《送人征蛮》：“七纵七擒处，君行事可攀。”亦省作“七縱”。胡曾《咏史诗·泸水》：“暂将雄略酬三顾，岂惮征蛮七纵劳！”

【七曜】 指日、月及金、木、水、火、土五星。杨思玄《奉和别鲁王》：“圣泽九垓普，天文七曜周。”吴筠《游仙二十四首》之十五：“灵幡七曜动，琼障九光开。”钱起《中书遇雨》：“云衔七曜起，雨拂九门来。”

【七曜曆】 以日、月及五星纪日之历法。以日、月、火、水、木、金、土为序，周而复始。南北朝时已有此法。《旧唐书·经籍志下》对此有著录。敦煌写卷亦有用七曜历历书。杜甫《送樊二十三侍御赴汉中判官》：“生知七曜历，手画三军势。”

【七竅】 指口、鼻、耳、目七孔。白居易《晏起》：“如未凿七窍，若都遗四肢。”

【七獻】 谓祭祀宗庙时七次献酒。《郊庙歌辞·享太庙乐章·太和舞》：“七献具举，五齐毕陈。”

【七寶】 ❶佛家指七种珍宝或七种王宝。拾得《诗》之四九：“可贵灵台物，七宝莫能比。”崔液《上元夜六首》之二：“神灯佛火百轮张，刻像图形七宝装。”❷指多种珍宝装饰物。李峤《床》：“玳瑁千金起，珊瑚七宝妆。”

【七寶刀】 多种珍宝所饰之刀。李商隐《春游》：“徙倚三层阁，摩挲七宝刀。”

【七寶仙臺】 见“七寶臺”。

【七寶林】 指禅林。贯休《题曹溪祖师堂》：“皎洁曹溪月，嵯峨七宝林。”参见“七寶莊嚴”。

【七寶莊】 用多种珍宝所饰之床。晋葛洪《西京杂记》卷一：“武帝为七宝床。”贯休《古意九首》之八：“常思李太白，仙笔驱造化。玄宗致之七宝床，虎殿龙楼无不可。”

【七寶冠】 用多种珍宝所饰之冠。白居易《游悟真寺诗》：“点缀佛髻上，合为七宝冠。”

【七寶宫】 指寺院。武三思《秋日于天中寺寻复礼上人》：“妙域三时殿，香岩七宝宫。”参见“七寶莊嚴”。

【七寶毬】 用多种珍宝所饰之球。蔡孚《打球篇》：“金锤玉銮千金地，宝杖雕文七宝毬。”

【七寶莊嚴】 形容佛教寺院富丽庄严。寒山《诗三百三首》之二六一：“十善化四天，庄严多七宝。”

【七寶帳】 用多种珍宝所饰之帐。汉武帝桂宫中有宝帐。见晋葛洪《西京杂记》卷一。白居易《裴常侍以题蔷薇架十八韵见示因广为三十韵以和之》：“九微灯炫转，七宝帐荧煌。”

【七寶臺】 指寺院。宋之问《龙门应制》：“南陌沟塍殊绮错，林下天香七宝台。”亦作“七寶仙臺”。义净《杂言》：“七宝仙台亡旧迹，四彩天花绝雨声。”参见“七寶莊嚴”。

【七寶闌干】 用多种珍宝所制之栏杆。花蕊夫人徐氏《宫词》之三二：“七宝阑干白玉除，新开凉殿幸金舆。”

【七寶鞭】 用多种珍宝所饰之鞭。晋王敦欲内乱，明帝密知之，微行，阴察敦营垒。敦觉，遣五骑追帝。帝亦驰去，马有遗粪，辄以水灌之。见逆旅卖食妪，以七宝鞭与之，曰："后有骑来，可以此示之。"俄而追者至，问妪。妪曰："去已远矣。"因以鞭示之。五骑传玩，稽留遂久。又见马粪冷，以为信远而止不追。帝仅而获免。见《晋书·明帝纪》。李白《南奔书怀》："顾乏七宝鞭，留连道傍玩。"温庭筠《奉天西佛寺》："宗臣欲舞千钧剑，追骑犹观七宝鞭。"唐彦谦《骊山道中》："君王指点新丰树，几不亲留七宝鞭。"孙元晏《咏史诗·晋·七宝鞭》："圣谟庙略还应别，浑不消他七宝鞭。"

【七鬣】 松之一种。陆龟蒙《奉和袭美公斋四咏次韵·小松》"枝形短未怪，鬣数差难定"自注："《名山记》云：'松有两鬣、三鬣、七鬣者，言如马鬣形也。'言粒者非。"

二 画

三[1] 〔sān《广韵》蘇甘切，平談，心。〕❶数词。表示基数。太宗《三层阁上置音声》："声流三处管，响乱一重弦。"李颀《送刘四》："尔来屡迁易，三度尉洛阳。"白居易《除夜寄微之》："老校于君合先退，明年半百又加三。"❷数词。表示序数。罗隐《京中正月七日立春》："一二三四五六七，万木生芽是今日。"徐铉《宿蒋帝庙明日游山南诸寺》："花枝似雪春虽半，桂魄如眉日始三。"❸指三皇。见"三五❺"。❹指三王。《郊庙歌辞·祀圜丘乐章·太和》："登三处大，得一居贞。"又《中宗祀昊天乐章·告谢》："得一流玄泽，通三御紫宸。"

三[2] 〔sàn《广韵》蘇暫切，去闞，心。〕表示多次，再三。见"三₂令""三₂折乃良醫"。

【三二】 犹二三，表示少数。李商隐有《喜闻太原同院崔侍御台拜兼寄在台三二同年之什》。吕岩《敲爻歌》："坚志苦心三二载，百千万劫寿弥疆。"

【三十】 ❶数词。十之三倍。丘为《伤河龛老人》："老人甲子难计论，耳中白毛三十根。"王播《题木兰院二首》之二："三十年来尘扑面，如今始得碧纱笼。"李郢《邵博士溪亭》："只去长桥三十里，谁人一解枉帆过？"❷指三十岁。崔颢《赠王威古》，"三十羽林将，出身常事边。"李频《送陆肱尉江夏》："免褐方三十，青云岂白髭！"❸指三十年，即一世。权德舆《古兴》："人生大限虽百岁，就中三十称一世。"❹除夕。见"三十夜"。

【三十一枝】 指三十一个进士。唐人以"一枝"喻进士及第。赵嘏《今年新先辈以遏密之际每有谦集必资清谈书此奉贺》："天上高高月桂丛，分明三十一枝风。"按，诗指开成五年(840)事，是年李从实榜得进士三十一人。

【三十人】 指三十个进士。方干《赠李支使》："药成平地是寥天，三十人中最少年。"参见"三十騂騮"。

【三十三天】 佛家语。梵语忉利天之意译。即欲界六天之二。李商隐《安平公诗》："一百八句在贝叶，三十三天长雨花。"

【三十子】 为咏橘之典实，见《梁书·元帝纪》。陆龟蒙《袭美以春橘见惠兼之雅篇因次韵酬谢》："珍重更过三十子，不堪分与野人边。"自注："王僧辩尝为荆南，得橘一蒂三十子，以献梁元帝。"

【三十六】 约略之词。表示数量之多。李群玉《竞渡时在湖外偶为成章》："喧江雷鼓鳞甲动，三十六龙衔浪飞。"李郢《张郎中宅戏赠二首》之二："闻道彩鸾三十六，一双双对碧池莲。"

【三十六天】 道家谓神仙所住天界有欲界六天，色界十八天，无色界四天，四梵天，三清天，大罗天，凡三十六重。见《云笈七签》卷二一。曹唐《小游仙九十八首》之九一："可怜三十六天路，星月满空琼草青。"徐铉《赠王贞素先生》："三十六天皆有籍，他年何处问归程？"

【三十六玉皇】 见"三十六帝"。

【三十六英雄】 泛指南朝历代帝王。韦庄《上元县》："南朝三十六英雄，角逐兴亡尽此中。"

【三十六帝】 道家指三十六天上帝。凡东方八帝，南方八帝，西方八帝，北方八帝，中央四帝。李白《春日行》："三十六帝欲相迎，仙人飘翩下云軿。"亦作"三十六玉皇"。李白《酬殷明佐见赠五云裘歌》："为君持此凌苍苍，上朝三十六玉皇。"

【三十六洞】 同"三十六洞天"。皎然《奉同颜使君真卿清风楼赋得洞庭歌送吴炼师归林屋洞》："名山洞府到金庭，三十六洞称最灵。"

【三十六洞天】 道家指神仙所居三十六处名山洞府。见南朝梁任昉《述异记》卷下。顾况《悲歌》之六："周流三十六洞天，洞中日月星辰联。"章碣《对月》："别有洞天三十六，水晶台殿冷层层。"

【三十六宫】 指汉代建于上林苑中诸多行宫。李贺《金铜仙人辞汉歌》："画栏桂树悬秋香，三十六宫土花碧。"徐凝《汉宫曲》："掌中舞罢箫声绝，三十六宫秋夜长。"杜牧《月》："三十六宫秋夜深，昭阳歌断信沉沉。"吴英秀《鹦鹉》："忽然更向君前言，三十六宫愁几许？"参见"三十六離宫"。

【三十六軍】 指所有军队。三十六言其多。张籍《将军行》："战车彭彭旌旗动，三十六军齐上陇。"

【三十六峰】 在登封(今属河南)西十里少室山，

上有三十六峰，三十六峰，为嵩山一部分。李白《元丹丘歌》："元丹丘，爱神仙，朝饮颍川之清流。暮还嵩岑之紫烟，三十六峰常周旋。"贾岛《送张道者》："新岁抱琴何处去，洛阳三十六峰西。"张元宗《登景云寺阁》："今来独垂泪，三十六峰前。"吴融《望嵩山》："三十六峰危似冠，晴楼百尺独登看。"

【三十六郡】　秦分天下为三十六郡，汉承之。刘禹锡《和窦中丞晚入容江作》："汉郡三十六，郁林东南遥。"

【三十六梯】　指极高之山路。王翰《赋得明星玉女坛送廉察尉华阴》："三十六梯入河汉，樵人往往见蛾眉。"

【三十六將軍】　汉景帝三年，吴楚七国反，景帝遣周亚夫击吴楚，三十六将军即周亚夫所率之将。柳宗元《古东门行》："汉家三十六将军，东方雷动横阵云。"

【三十六喜字】　指南朝齐武帝病危时，郁林王萧昭业与妃何氏书中写三十六个喜字之事。见《南史·齐废帝郁林王纪》。孙元晏《咏史诗·齐·郁林王》："喜字漫书三十六，到头能得几多时？"

【三十六溪】　在唐杭州临安县（今属浙江）西北。赵嘏《千秋岭下》："年年盛发无人见，三十六溪春水高。"

【三十六盤】　极言山路盘回曲折。王周《路次覆盆驿》："如何却向巴东去，三十六盘天外盘。"

【三十六離宮】　指汉代建于上林苑中诸多行宫。《后汉书·班固传》载《西都赋》："离宫别馆，三十六所。"骆宾王《帝京篇》："秦塞重关一百二，汉家离宫三十六。"李白《上之回》："三十六离宫，楼台与天通。"参见"三十六宫"。

【三十六灣】　水湾名。在汉阳（今属湖北）风栖乡，南抵河泊口，北至华家嘴。许浑《三十六湾》："夜深吹笛移船去，三十六湾秋月明。"

【三十六鱗】　代称鲤鱼，见唐段成式《酉阳杂俎·鳞介篇》。汉蔡邕《饮马长城窟行》："客从远方来，遗我双鲤鱼。呼儿烹鲤鱼，中有尺素书。"遂又代称书信。段成式《寄温庭筠笺纸》："三十六鳞充使时，数番犹得裹相思。"

【三十有室】　谓男子年三十当娶妻。《礼记·内则》："三十而有室，始理男事。"白居易《赠友五首》之五："三十男有室，二十女有归。近代多离乱，婚姻多过期。"

【三十夜】　即除夕。尚颜《除夜》："九冬三十夜，寒与暖分开。"

【三十國】　即三十六国之成数。指汉时西域诸国。李益《从军夜次六胡北饮马磨剑石为祝殇辞》："秦亡汉绝三十国，关山战死知何极！"

【三十騂騮】　指进士三十人。骍骝喻杰出人才。李郢《春晚与诸同舍出城迎座主侍郎》："三十骍骝一哄尘，来时不锁杏园春。"按李郢为大中进士，大中年间进士每年大多为三十人。

【三人傑】　指有文武全才之人。三人，谓汉张良、萧何、韩信。见《史记·高祖本纪》载高祖语。元稹《哭吕衡州六首》之一："气敌三人杰，交深一纸书。"

【三入】　谓三次入朝任职。语出《文选·应璩〈百一诗〉》："问我何功德，三入承明庐。"李瀚《蒙求》："马安四至，应璩三入。"亦泛指任宫。骆宾王《蓬莱镇》："结绶疲三入，承冠泣二毛。"苏颋《秋夜寓直中书呈黄门舅》："循庭喜三入，对渚忆双游。"薛逢《送西川杜司空赴镇》："三入凤池操国柄，八分龙节付兵权。"

【三入相】　谓三次入朝为宰相。李商隐《今月二日不自量度辄以诗一首四十韵干渎尊严辄复五言四十韵诗献上亦诗人咏叹不足之义也》："待公三入相，丕祚始无穷。"按，此兼用应璩"三入承明庐"事。参见"三入"。

【三刀】　见"三刀夢"。

【三刀夢】　亦省作"三刀"。❶指晋王濬梦三刀而兆迁益州刺史之事。见《晋书·王濬传》。李商隐《街西池馆》："太守三刀梦，将军一箭歌。"❷指任益州刺史。武元衡《酬李十一尚书西亭暇日书怀见寄十二韵之作》："三刀君入梦，九折我回辀。"李德裕《题剑门》："想是三刀梦，森然在目前。"❸指益州（今四川成都市）。卢纶《送从舅成都县丞广归蜀》："古郡三刀夜，春桥万里心。"李洞《西蜀与崔先生话东洛旧游》："王屋峭难名，三刀梦四更。"❹指任刺史。柳宗元《奉和周二十二丈酬郴州侍郎衡江夜泊得韶州书率然成篇代意之作》："梦喜三刀近，书嫌五载迟。"元稹《酬乐天早春闲游西湖亦欲粗为恬养之赠耳》："三刀连地轴，一苇碍车轮。"姚合《裴大夫见过》："解下佩刀无所惜，新闻天子付三刀。"❺指升迁之兆头。李咸用《赠友弟》："萤焰烧心雪眼劳，未逢佳梦见三刀。"

【三三五五】　三个五个成群结队。李白《采莲曲》："岸上谁家冶游郎，三三五五映垂杨？"施肩吾《襄阳曲》："大堤儿女郎莫寻，三三五五结同心。"

【三士桃】　春秋时，公孙接、田开疆、古冶子三人以勇力事齐景公。晏子以为三人无君臣之义，无长幼之礼，是"危国之器"。故请景公派人赐之二桃，使三人计功而食桃。三子相争不下，古冶子无桃，刎颈而死，余二人亦相继刎颈。见《晏子春秋·谏下》。卢象《追凉历下古城西北隅此地有清泉乔木》："闲荫七贤地，醉餐三士桃。"按此单纯指桃。

【三才】　指天、地、人。见《易·说卦》。太宗《咏司马彪续汉志》:“二仪初创象,三才乃分位。”刘禹锡《文宗元圣昭献孝皇帝挽歌三首》之一:“继体三才理,承颜九族亲。”李商隐《漫成五章》之二:“李杜操持事略齐,三才万象共端倪。”张绍《冲佑观》:“万汇犹屯,三才始备。”

【三寸】 ❶指短小之物。朱湾《题段上人院壁画古松》:“扫成三寸五寸枝,便是千年万年物。”❷指舌头。见“三寸舌”。

【三寸舌】 亦省作“三寸”,指善于论辩言谈之口。《史记·平原君虞卿列传》:“毛先生以三寸之舌,强于百万之师。”李白《笑歌行》:“张仪所以只掉三寸舌,苏秦所以不垦二顷田。”

【三寸黄甘】 指长圆形柑橘。杜甫《即事》:“一双白鱼不受钓,三寸黄甘犹自青。”

【三大夫】 大夫行三,姓名未详。杨巨源有《题表丈三大夫书斋》,首联谓“盛府自莲花,群公是岁华”,知任方镇兼御史大夫。

【三丈穴】 指墓穴。元稹《江陵三梦》之二:“古原三丈穴,深葬一枝琼。”

【三山】 ❶山名。在今江苏南京西南长江东岸。见唐李吉甫《元和郡县图志·江南道一·润州》。李白《三山望金陵寄殷淑》:“三山怀谢朓,水澹望长安。”又《登金陵凤凰台》:“三山半落青天外,二水中分白鹭洲。”殷尧藩《登凤凰台二首》之一:“三山飞鸟江天暮,六代离宫草树残。”❷山名。在今江苏吴县西南太湖中。皎然《古别离》:“太湖三山口,吴王在时道。”❸江苏镇江金山、焦山、北固山合称京口三山。王瓒《冬日与群公泛舟焦山》:“三山安可到,欲到风引归。”❹传说中海上三仙山。王绩《游仙四首》之一:“三山银作地,八洞玉为天。”韦应物《宝观主白鹳鸽歌》:“三山处子下人间,绰约不妆冰雪颜。”张继《秋日道中》:“九曲半应非禹迹,三山何处是仙洲?”赵嘏《赠王先生》:“九鼎栏干归马齿,三山窕窈步云涯。”❺一种用幼鹿皮所制之帽,以其形似三仙山,故称。李群玉《寄友人鹿胎冠子》:“数点疏星紫锦斑,仙家新样剪三山。”❻即三山骨。马后背近股处之骨。元稹《望云骓马歌》:“蹄悬四蹋脑颗方,胯耸三山尾株直。”

【三山五嶽】 泛指名山。顾况《曲龙山歌》之一:“玉绳金枝有通籍,五岳三山如一家。”贯休《山居诗二十四首》之十:“五岳烟霞连不断,三山洞穴去应通。”

【三山寺】 佛寺名。寺建在三山,因名。唐彦谦《过三山寺》:“三山江上寺,宫殿望岧峣。”参见“三山❶”。

【三山侣】 仙侣。指同僚。曹邺《奉命齐州推事毕寄本府尚书》:“既舍三山侣,来余五斗粮。”

【三山客】 指道士。杜光庭《题北平沼》:“朝回时宴三山客,涧尽闲飞五色鱼。”

【三山記】 泛指记载三仙山之书。王勃《寻道观》:“玉笈三山记,金箱五岳图。”

【三千】 ❶指刑罚。见“三千罪”。❷极言数目之多。李白《秋浦歌十七首》之十五:“白发三千丈,缘愁似个长。”白居易《长恨歌》:“后宫佳丽三千人,三千宠爱在一身。”吕岩《沁园春》词:“蓬莱路,待三千行满,独步云归。”❸指孔子三千弟子。元稹《献荥阳公诗五十韵》:“皋夔当五百,邹鲁重三千。”参见“三千弟子”。

【三千八萬】 佛家语。“三千威仪,八万细行”之略,指众多戒律仪则。齐己《勉送吴国三五新戒归》:“努力只须坚守护,三千八万是垣墙。”

【三千九萬】 形容前程远大。语出《庄子·逍遥游》。黄滔《寓题》:“三千九万平生事,却恨《南华》说北溟。”

【三千士】 ❶同“三千弟子”。卢纶《和陈翃郎中因呈同院诸公》:“三千士里文章伯,四十年来锦绣衣。”❷同“三千客”。李白《扶风豪士歌》:“堂中各有三千士,明日报恩知是谁?”赵嘏《叙事献同州侍御三首》之一:“登龙不及三千士,虚度膺门二十春。”

【三千女】 见“三千宫女”。

【三千六百釣】 指周吕尚八十岁起日日垂钓于渭水之滨,至年九十遇周文王止,凡十年。李白《梁甫吟》:“广张三千六百钓,风期暗与文王亲。”

【三千世界】 佛家语。即三千大千世界。见《释氏要览》卷中。王维《游悟真寺》:“山河穷百二,世界接三千。”杨巨源《春题龙门香山寺》:“欲尽出寻那可得,三千世界本无穷。”刘禹锡《福先寺雪中酬别乐天》:“二八笙歌云幕下,三千世界雪花中。”参见“三千界”。

【三千劫】 佛家语。天地一成一败谓之一劫。三千劫,极言时间之久长。吕岩《仙药侑席》:“曾经天上三千劫,又在人间五百年。”

【三千里】 ❶指路途极远。白居易《和微之春日投简阳明洞天五十韵》:“江上三千里,城中十二衢。”李商隐《赴职梓潼留别畏之员外同年》:“京华庸蜀三千里,送到咸阳见夕阳。”杜荀鹤《旅中卧病》:“故园何啻三千里,新雁才闻一两声。”❷指幅员辽阔。南唐后主李煜《破阵子》词:“四十年来家国,三千里地山河。”

【三千弟子】 指孔子门下弟子。《史记·孔子世家》:“弟子盖三千焉。”杜甫《又示宗武》:“十五男儿志,三千弟子行。”刘沧《经曲阜城》:“三千弟子标青史,万代先生号素王。”《郊庙歌辞·享孔子庙乐章·迎神》:“通吴表圣,问老探真。三千弟子,五百贤人。”

【三千門客】 亦作“三千賓客”。指众多门客。

罗隐《寄酬邺王罗令公五首》之二："十万貔貅趋玉帐，三千宾客珥金貂。"罗虬《比红儿诗》之六四："陌上行人歌《黍离》，三千门客欲何之？"参见"三千客"。

【三千界】 即三千大千世界。王维《和宋中丞夏日游福贤观天长寺之作》："墨点三千界，丹飞六一泥。"皇甫冉《奉和独孤中丞游法华寺》："访道三千界，当仁五百年。"贾岛《题童真上人》："誓从五十身披衲，便向三千界坐禅。"李远《赠潼关不下山僧》："窗中遥指三千界，枕上斜看百二关。"亦作"三千境"。

【三千宫女】 形容宫女众多。白居易《后宫词》："三千宫女胭脂面，几个春来无泪痕？"许浑《汴河亭》："百二禁兵辞象阙，三千宫女下龙舟。"李洞《寓言》："三千宫女露蛾眉，笑煮黄金日月迟。"亦作"三千女"。李商隐《槿花》："未央宫里三千女，但保红颜莫保恩。"

【三千客】 战国齐孟尝君、赵平原君、魏信陵君、楚春申君皆善待下士，门下各有食客三千人。见《史记·孟尝君列传》《平原君虞卿列传》《魏公子列传》《春申君列传》。亦泛指众多门客。刘长卿《送刘萱之道州谒崔大夫》："信陵门下三千客，君到长沙见几人？"杜牧《奉和门下相公送西川相公兼领相印出镇全蜀诗十八韵》："忝逐三千客，曾依数仞墙。"许浑《闻边将刘皋无辜受戮》："三千客里宁无义？五百人中必有恩。"韦庄《江南送李明府入关》："我为孟馆三千客，君继宁王五代孙。"

【三千珠履】 指众多门客。见《史记·春申君列传》。李白《寄韦南陵冰余江上乘兴访之遇寻颜尚书笑有此赠》："堂上三千珠履客，瓮中百斛金陵春。"杜牧《春申君》："三千宾客总珠履，欲使何人杀李园？"温庭筠《感旧陈情五十韵献淮南李仆射》："黛蛾陈二八，珠履列三千。"

【三千徒】 同"三千弟子"。杜甫《题衡山县文宣王庙新学堂呈陆宰》："何必三千徒，始压戎马气！"

【三千罪】 指所有刑罚及法律条文。见《书·吕刑》。李频《送罗著作两浙按狱》："科条尽晓三千罪，囹圄应空十二州。"

【三千境】 见"三千界"。

【三千賓客】 见"三千門客"。

【三千擊浪】 《庄子·逍遥游》："鹏之徙于南冥也，水击三千里，抟扶摇而上者九万里。"后因用以喻志向高远。玄宗《巡省途次上党旧宫赋》："三千初击浪，九万欲抟空。"

【三川】 ❶指河水、洛水、伊水。秦因置三川郡，唐为河南府（今河南洛阳）。孔绍安《伤顾学士》："迢递双崤道，超忽三川湄。"韦应物《赠萧河南》："雾后三川冷，秋深万木疏。"窦庠《东都嘉量亭献留守韩仆射》："卜筑三川上，仪刑万井中。"白居易《题裴晋公女几山刻石诗后》："公今在何处？守都镇三川。"❷唐以剑南西道、剑南东道、山南西道为三川。亦泛指这一地区。武元衡《兵行褒斜谷作》："三川顿使气象清，卖刀买犊消忧患。"周繇《送人尉黔中》："峡涨三川雪，园开四季花。"罗隐《酬丘光庭》："三川梗塞两河闭，大明宫殿生蒿莱。"韩昭《和题剑门》："三川奚所赖？双剑最堪矜。"❸县名。隋置，唐属鄜州。在今陕西洛川西北。杜甫《述怀一首》："寄书问三川，不知家在否？"❹即三江。李白《入彭蠡经松门观石镜缅怀谢康乐题诗书游览之志》："空濛三川夕，回合千里昏。"❺指河水、奢延水、平水。郑玉《苇谷》："水会三川漾碧波，雕阴人唱采花歌。"

【三川守】 指河南府尹。尉迟汾《府尹王侍郎准制拜岳因状嵩高灵胜寄呈三十韵》："皇皇三川守，馨德清明躬。"李绅有《拜三川守》。白居易《宿龙潭寺》："明年尚作三川守，此地兼将歌舞来。"许浑有《寄献三川守刘公》。

【三川驛】 驿站名。在鄜州三川县（今陕西洛川西）。杜牧有《三川驿伏览座主舍人留题》。

【三尸】 道家称人体中有三种作祟之神。见段成式《酉阳杂俎》。李颀《王母歌》："若能炼魄去三尸，后当见我天皇所。"权德舆《与道者同守庚申》："三尸既伏窜，九藏乃和平。"白居易《不睡》："年衰自无睡，不是守三尸。"吕岩《七言》之一四："活捉三尸焚鬼窟，生禽六贼破魔宫。"

【三已】 语出《论语·公冶长》："令尹子文，三仕为令尹，无喜色；三已之，无愠色。"令尹，楚国用以称宰相。后因用为数次罢相之典。皇甫湜《赋四相诗·礼部尚书门下侍郎平章事李岘》："载践每若惊，三已无愠色。"刘禹锡《酬李相公喜归乡国自巩县夜泛洛水见寄》："且无三已色，犹泛五湖舟。"按，李相国，指德裕。岘与德裕均两次罢相。参见"三已心"。

【三已心】 不以一再罢相为意之胸怀。张说《赠赵侍御》："请从三已心，荣辱两都遣。"按，张说曾两次罢相。参见"三已"。

【三巳】 即上巳。魏以后以三月三日为上巳日，故称。沈佺期《三日梨园侍宴》："九重驰道出，三巳禊堂开。"

【三井】 山名。在今浙江天台北三十里。山有三井，唐时尝遣使投金龙白璧于井。皇甫冉《杂言无锡惠山寺流泉歌》："宛如太室临九潭，讵减天台望三井？"张祜《游天台山》："海眼三井通，洞门双阙拄。"崔道融《天台陈逸人》："近抛三井更深去，不怕虎狼唯怕人。"

【三天】 ❶佛家语。谓欲界、色界、无色界。宋之问《登禅定寺阁》："梵宇出三天，登临望八川。"樊忱

《奉和九月九日登慈恩寺浮图应制》:"十地祥云合,三天瑞景开。"李白《春日归山寄孟浩然》:"香气三天下,钟声万壑连。"❷道家语。谓清微天、禹余天、大赤天。见《云笈七签》卷八。李峤《幸白鹿观应制》:"驻跸三天路,回旃万仞溪。"吴筠《游仙二十四首》之十三:"琼林九霞上,金阁三天中。"韦渠牟《步虚词十九首》之一:"四极威仪异,三天使命同。"王贞白《洗竹》:"有时记得三天事,自向琅玕节下书。"

【三天社】 指佛家。许浑《晨自竹径至龙兴寺崇隐上人院》:"欲结三天社,初降十地魔。"参见"三天❹"。

【三元】 ❶正月初一。是日为年、月、日之始。颜师古《奉和正月临朝》:"七府璇衡始,三元宝历新。"沈佺期《则天门赦改年》:"六甲迎黄气,三元降紫泥。"潘孟阳《元日和布泽》:"流辉沾万物,布泽在三元。"❷正月十五上元,七月十五中元,十月十五下元,合称三元。赵居贞《云门山投龙诗》:"三元章醮升,五域觐帝幕。"卢拱《中元日观法事》:"四孟逢秋序,三元得气中。"❸指天、地、人。王昌龄《夏月花萼楼酺宴应制》:"土德三元正,尧心万国同。"郑余庆《享太庙乐章》:"三元告命,四极骏奔。"❹指日、月、星。陈子昂《感遇诗三十八首》之一:"太极生天地,三元更废兴。"吕岩《七言》之八一:"天纲运转三元净,地脉通来万物生。"❺道家语。指天、地、水。《云笈七签》卷五六:"夫混沌分后,有天地水三元之气,生成人伦,长养万物。"皮日休《润卿遗青饳饭兼之一绝聊用答谢》:"传得三元饳饭名,大宛闻说有仙卿。"❻道家谓玉清天有三元宫,元始天尊所居。吴筠《游仙二十四首》之三:"三元有真人,与我生道骨。"郑畋《题缑山王子晋庙》:"二景神光秘,三元宝箓饶。"司空图《步虚》:"阿母亲教学步虚,三元长遣下蓬壶。"❼术数家以六十甲子配九宫,一百八十年为一周始,故第一甲子为上元甲子,第二甲子为中元甲子,第三甲子为下元甲子,合称三元甲子,简称三元。元稹《景申秋八首》之五:"三元推废王,九曜入乘除。"

【三元客】 指道士。崔湜《寄天台司马先生》:"闻有三元客,祈仙九转成。"参见"三元❻"。

【三元聖】 指唐玄宗、肃宗、代宗。李白《狱中上崔相涣》:"羽翼三元圣,发辉两太阳。"

【三元節】 指上元节、中元节、下元节。花蕊夫人徐氏《宫词》之七六:"焚修每遇三元节,天子亲簪白玉冠。"

【三王】 指汉王尊、王章、王骏。《洛州语》(卷八七六):"洛州有前贾后张,可敌京兆三王。"参见"三王尹京"。

【三王尹京】 汉王尊、王章、王骏先后出任京兆尹,皆有政声,时有"三王"之称。见《汉书·王骏传》。李瀚《蒙求》:"三王尹京,二鲍纠慝。"

【三不吊】 古时对死于畏、厌、溺者,他人不得前往吊唁。畏谓犯法而狱死;厌通压,谓被墙岩压死;溺谓入水淹死。见《礼记·檀弓上》李频《八月上峡》:"免为三不吊,已白一生头。"按,此谓免为溺死。

【三不惑】 指汉杨秉不惑酒、色、财三物之事。见晋袁宏《后汉纪·桓帝纪下》。元稹《遣春三首》之一:"杨公三不惑,我惑两般全。"参见"三惑。"

【三五】 ❶指农历每月十五日。陈子昂《感遇诗三十八首》之一:"至精谅斯在,三五谁能征?"崔曙《早发交崖山还太室作》:"仲冬正三五,日月遥相望。"吕温《吐蕃别馆月夜》:"三五穷荒月,还应照北堂。"温庭筠《寒食节日寄楚望二首》之一:"繁花如二八,好月当三五。"❷特指正月十五上元。张说《十五日夜御前口号踏歌词二首》之二:"帝宫三五戏春台,行雨流风莫妒来。"文宗《上元日二首》之二:"蓂生三五叶初齐,上元羽客出桃蹊。"白居易《正月十五日夜东林寺学禅因呈智禅师》:"新年三五东林夕,星汉迢迢钟梵迟。"❸特指八月十五中秋。无可《中秋月》:"蟾宜天地静,三五对阶蓂。"令狐楚《八月十七日夜书怀》:"三五既不留,二八又还过。"姚合《八月十五夜看月》:"亭亭千万里,三五复秋中。"曹松《中秋对月》:"无云世界秋三五,共看蟾盘上海涯。"❹指十五岁少女。张柬之《东飞伯劳歌》:"绝世三五爱红妆,冶袖长裙兰麝香。"王翰《飞燕篇》:"可惜女儿三五许,丰茸惜是一园花。"王琚《美女篇》:"二八三五闺心切,褰帘卷幔迎春节。"柳中庸《春思赠人》:"红粉当三五,青娥艳一双。"❺指三皇五帝。苏颋《奉和马常侍寺中之作》:"德施超三五,文雄赋十千。"高适《别韦参军》:"国风冲融迈三五,朝廷欢乐弥寰宇。"顾况《上古之什补亡训传十三章·陵霜之华一章》:"遐想三五,黄帝登云,尧年百余。"李商隐《韩碑》:"公之斯文不示后,曷与三五相攀追?"❻约略之词。表示几个。岑参《凉州馆中与诸判官夜集》:"河西幕中多故人,故人别来三五春。"窦牟《陪韩院长韦河南同寻刘师不遇》:"不题三五字,何以达壶公?"李商隐《井泥四十韵》:"工人三五辈,辇出土与泥。"吴融《赠䛒光上人草书歌》:"人家好壁试挥拂,瞬目已流三五行。"

【三五七言】 一种诗体。杂言。共三联,每联分别用三、五、七字为句,为李白所创。李白《三五七言》:"秋风清,秋月明。落叶聚还散,寒鸦栖复惊。相思相见知何日,此时此夜难为情。"

【三五夕】 见"三五夜"。

【三五月】 ❶指正月十五上元夜之月。段成式《观山灯献徐尚书》:"分明三五月,传照百千灯。"❷指八月十五中秋夜之月。白居易《游悟真寺诗》："是时秋方中，三五月正圆。"

【三五六七言】　一种诗体。杂言。共四联，每联分别用三、五、六、七字为句。从李白三五七言诗发展而来。权德舆《杂言赋得风送崔秀才归白田限三五六七言》："响深涧，思啼猿。暗入蘋洲暖，轻随柳陌暄。澹荡乍飘云影，芳菲遍满花源。寂寞春江别君处，和烟带雨送征轩。"参见"三五七言"。

【三五夜】　亦作"三五夕"。❶指农历每月十五之夜。温庭筠《南歌子》词："月明三五夜，对芳颜。"李群玉《感兴四首》之三："洞房三五夕，金釭凝焰灭。"皮日休《太湖诗·圣姑庙》："常云三五夕，尽会妍神侣。"吴融《和韩致光侍郎无题三首十四韵》之一："可怜三五夕，妩媚善为邻。"❷特指正月十五上元之夜。杨炯《送郑州周司空》："唯余三五夜，明月暂经过。"王维《同比部杨员外十五夜游有怀静者季》："悬知三五夕，万户千门辟。"玄宗《轩游宫十五夜》："路逢三五夜，春色暗中期。"白居易《长安正月十五日》："明月春风三五夜，万人行乐一人愁。"❸特指八月十五中秋之夜。刘阙《登楼望月二首》之二："不堪三五夕，夫婿在边州。"白居易《效陶潜体诗十六首》之七："中秋三五夜，明月在前轩。"裴夷直《同乐天中秋夜洛河玩月二首》之二："不热不寒三五夕，晴川明月正相临。"

【三友】　❶《论语·季氏》："孔子曰：益者三友，损者三友。友直、友谅、友多闻，益矣；友便辟，友善柔，友便佞，损矣。"后多用以指益友。弓嗣初《晦日重宴》："促赏依三友，延欢寄一卮。"❷谓以三物为友。白居易《北窗三友》："三友递相引，循环无已时。"❸谓本身与其他二人或物为友。白居易《双石》："石虽不能言，许我为三友。"杜荀鹤《郊居即事投李给事》："书剑同三友，蓬蒿外四邻。"李洞《赠王凤二山人》："愿许为三友，羞将白发捋。"

【三少】　指太子少师、太子少傅、太子少保。源乾曜《奉和御制乾曜与张说宋璟同日上官命宴都堂赐诗》："进绶怀三少，承光尽百身。"按开元十七年源乾曜拜太子少傅，见《旧唐书·玄宗纪上》。

【三日】　❶三天。杜甫《大雨》："三日无行人，二江声怒号。"白居易《贺雨》："昼夜三日雨，凄凄复濛濛。"李郢《酬王舍人雪中见寄》："三日柴门拥不开，阶庭平满白皑皑。"❷指三月三日上巳。沈佺期《三日独坐驩州思忆旧游》："两京多节物，三日最遨游。"权德舆《上巳日贡院考杂文不遂以二绝句申赠》之一："三日韶光处处新，九华仙洞七香轮。"

【三日入厨】　女子嫁后第三日，按习俗要下厨房做饭菜。王建《新嫁娘词三首》之三："三日入厨下，洗手作羹汤。"

【三日曲水宴】　亦作"三月曲水宴"。指三月三日上巳环聚于曲折水渠之旁，流杯宴饮。王勃有《三月曲水宴得烟字》。陈子昂有《于长史山池三日曲水宴》。

【三日香】　东汉尚书令荀彧，衣着有香气，所坐之处，香三日不歇。后用以称大臣高雅风采。上官仪《和太尉戏赠高阳公》："天津一别九秋长，岂若随闻三日香！"

【三日燒玉】　钟山之玉烧三日三夜色泽不变，用以喻君子品质纯洁坚贞。见《吕氏春秋·士容》。白居易《答友问》："良玉同其中，三日烧不热。"又《放言五首》之三："试玉要烧三日满，辨材须待七年期。"自注："真玉烧三日不热。"

【三丹】　即三丹田。道家指精、气、神之舍。崔涂《读侯道华真人传》："汉皇轻万乘，方士说三丹。"参见"三田"。

【三水】　县名。在今陕西旬邑。骆宾王《早秋出塞寄东台详正学士》："促驾逾三水，长驱望五原。"

【三壬】　术数家语。人腹部有三壬，乃福寿之相。刘禹锡《乐天是月长斋遂为联句所期解闷焉敢惊禅》："鉴容称四皓，扪腹有三壬。"

【三化】　三次培育。周墀《贺王仆射放榜》："文场三化鲁儒生，三十余年振重名。"按王仆射为王起，曾三次主贡，选拔进士。

【三分】　（—fēn）❶指东汉末天下分为魏、蜀、吴三国。虞世南《赋得吴都》："三分开霸业，万里宅神州。"吴筠《建业怀古》："炎精既失御，宇内为三分。"薛逢《题筹笔驿》："天地三分魏蜀吴，武侯倔起赞訏谟。"周昙《三国门·再吟蜀先主》："一家区宇忽三分，龌龊车书曷足论！"❷指将事物分为三等份。白居易《和韦庶子兼呈裴员外》："到时常晚归时早，笑乐三分校一分。"❸十分之三。白居易《惜落花》："枝上三分落，园中二寸深。"❹四分之三。司空图《重阳山居》："年随历日三分尽，醉伴浮生一片闲。"

【三分國】　指魏、蜀、吴三国。张说《奉和圣制过王濬墓应制》："牛斗三分国，龙骧一统年。"杜甫《八阵图》："功盖三分国，名高八阵图。"

【三分割據】　指魏、蜀、吴三国彼此间割据战争。杜甫《咏怀古迹五首》之五："三分割据纡筹策，万古云霄一羽毛。"

【三分業】　指将天下分为魏、蜀、吴三国之功业。徐夤《蜀》："能均汉祚三分业，不负荆州六尺孤。"

【三公】　三个最高官衔之合称。历代名称之不一。周以太师、太傅、太保为三公。见《书·周官》。一说以司马、司徒、司空为三公。见《汉书·百官公卿表序》。西汉以丞相（大司徒）、太尉（大司马）、御史大夫(大司空)为三公;东汉以太尉、司徒、司空为三公。见《通典·职官一》。唐承东汉之制,以太尉、司徒、司空为三公。卢照邻《咏史四首》之四:"三公不敢吏,五鹿何能酬?"李白《古风》之三四:"白日曜紫微,三公运权衡。"权德舆《送灵武范司空》:"三公临右地,七萃拥中坚。"唐彦谦《严子陵》:"严陵情性是真狂,抵触三公傲帝王。"

【三公府】 指太尉、司空、司徒之公署。武元衡《酬严司空荆南见寄》:"金貂再领三公府,玉帐连封万户侯。"

【三月三日】 即上巳节。汉以前为三月上旬之巳日,三国魏以后定为三月三日。宋之问有《桂州三月三日》。杜甫《丽人行》:"三月三日天气新,长安水边多丽人。"韦应物有《三月三日寄诸弟兼怀崔都水》。白居易《三月三日》:"画堂三月初三日,絮扑窗纱燕拂檐。"

【三月火】 指项羽烧秦宫室,火三月不灭之事。见《史记·项羽本纪》。权德舆《早夏青龙寺致斋凭眺感物因书十四韵》:"秦为三月火,汉乃一抔土。"

【三月曲水宴】 见"三日曲水宴"。

【三六】 指十八岁。白居易《续古诗十首》之五:"无媒不得选,年忽过三六。"

【三斗艾】 指难以令人卒食之物。三斗,言其多。《时人为屈突语》(卷八七六):"宁食三斗艾,不见屈突盖。"按,语见《旧唐书·屈突通传》。

【三斗蒜】 指难以令人卒食之物。三斗,言其多。《杨刺史语》(卷八七六):"宁食三斗蒜,不逢杨德幹。"按,语出《旧唐书·文苑上·杨炯传》。

【三斗葱】 指难以令人卒食之物。三斗,言其多。《时人为屈突语》(卷八七六):"宁服三斗葱,不逢屈突通。"按,语见《旧唐书·屈突通传》。

【三斗塵】 指难以令人卒食之物。三斗,言其多。《万年人语》(卷八七六):"宁饮三斗尘,无逢权怀恩。"按,语见《新唐书·权怀恩传》。

【三户】 三户人家。一说指楚昭、屈、景三姓。刘长卿《使次安陆寄友人》:"孤城尽日空花落,三户无人自鸟啼。"司空曙《送严使君游山》:"家楚依三户,辞州选一钱。"李商隐《楚宫》:"但使故乡三户在,彩丝谁惜惧长蛟!"吴融《赴阙次留献荆南成相公三十韵》:"本遗三户在,今匝万家通。"

【三尺】 ❶指律令。韦庄《和郑拾遗秋日感事一百韵》:"俭德遵三尺,清朝俟一匡。"❷指剑。杜甫《奉送苏州李二十五长史丈之任》:"一毛生凤穴,三尺献龙泉。"欧阳詹《题第五司户侍御》:"骢马不骑人不识,泠然三尺别生风。"韩湘《言志》:"一瓢藏世界,三尺斩妖邪。"唐彦谦《长陵》:"耳闻明主提三尺,眼见愚民盗一抔。"❸指鞭子。许浑《谢人赠鞭》:"莫言三尺长无用,百万军中要指挥。"

【三尺土】 见"三尺墓"。

【三尺木皮】 谓气候寒冷,故树皮厚三寸。见《汉书·晁错传》。李贺《北中寒》:"三尺木皮断文理,百石强车上河水。"

【三尺水】 喻剑。李贺《春坊正字剑子歌》:"先辈匣中三尺水,曾入吴潭斩龙子。"

【三尺令】 亦作"三尺書"。指律令。李颀《送马录事赴永阳》:"手持三尺令,遣决如流泉。"白居易《和微之诗二十三首·和除夜作》:"君提七郡籍,我按三尺书。"参见"三尺❶"。

【三尺巫雲】 喻女子长发。张碧《美人梳头》:"金盘解下丛鬟碎,三尺巫云绾朝翠。"

【三尺青蛇】 喻剑。白居易《新乐府·鸦九剑》:"谁知闭匣长思用,三尺青蛇不肯蟠。"

【三尺昆吾】 指剑。吕岩《七言》之三五:"一条拄杖撑天地,三尺昆吾斩鬼神。"

【三尺骨】 指尸骨。陈陶《续古二十九首》之一七:"战地三尺骨,将军一身贵。"

【三尺書】 见"三尺令"。

【三尺琴】 指琴。相传神农氏琴长三尺六寸六分。三尺,取其成数。《初学记》卷十六引汉蔡邕《琴操》:"琴长三尺六寸六分。"注:"象三百六十六日。"李白《悲歌行》:"君有数斗酒,我有三尺琴。"吕岩《七言》之五七:"万卷仙经三尺琴,刘安闻说是知音。"

【三尺焦桐】 同"三尺琴"。李山甫《赠弹琴李处士》:"三尺焦桐七条线,子期师旷两沉沉。"李洞《毙驴》:"三尺焦桐背残月,一条藜杖卓寒烟。"

【三尺墓】 指坟墓。其高多为三尺,故称。杜荀鹤《经贾岛墓》:"山根三尺墓,人口数联诗。"又《经九华费征君墓》:"不知三尺墓,高却九华山。"亦作"三尺墳"。刘禹锡《哭吕衡州时予方谪居》:"遗草一函归太史,旅坟三尺近要离。"贾岛《过京索先生坟》:"京索先生三尺坟,秋风漠漠吐寒云。"亦作"三尺土"。杜牧《忍死留别献盐铁裴相公二十叔》:"孤坟三尺土,谁可为培栽?"

【三尺僮】 指童仆。费冠卿《闲居即事》:"生计唯将三尺僮,学他贤者隐墙东。"

【三尺墳】 见"三尺墓"。

【三尺劍】 古时剑长多为三尺,故称。《史记·高祖本纪》:"吾以布衣提三尺剑取天下,此非天命乎?"王珪《咏汉高祖》:"手奋三尺剑,西灭无道秦。"杜甫《重经昭陵》:"风尘三尺剑,社稷一戎衣。"李频《春日思归》:"壮志未酬三尺剑,故乡空隔万重山。"皮日休《题潼关兰若》:"壮士不言三尺剑,谋臣休道一丸泥。”

【三尺霜】　喻剑。张碧《鸿沟》：“三尺霜鸣金匣里，神光一掉八千里。”

【三尺嚴章】　指律令。程长文《狱中书情上使君》：“三尺严章难可越，百年心事向谁说！”参见“三尺❶”。

【三尺鐵】　指剑。贾岛《代边将》：“三尺握中铁，气冲星斗牛。”崔涯《侠士诗》：“太行岭上二尺雪，崔涯袖中三尺铁。”

【三尺鐵蛇】　喻剑。元稹《乐府古题·侠客行》：“侠客有谋人不识，三尺铁蛇延二国。”

【三尺靈烏】　即三足乌。指太阳。尺，足之形讹。徐夤《日月无情》：“三尺灵乌金借耀，一轮飞镜水饶清。”参见“三足烏”。

【三巴】　巴郡、巴东、巴西之合称。相当于今四川奉节以西，嘉陵江和綦江流域以东地区。骆宾王《从军中行路难二首》之一：“长驱一息背铜梁，直指三巴登剑阁。”李白《长干行二首》之一：“早晚下三巴，预将书报家。”喻凫《送友人南中访旧知》：“水急三巴险，猿分五岭愁。”

【三正】　夏正建寅，殷正建丑，周正建子，合称三正。一说指天、地、人之正道，见孔传。魏征《享太庙乐章·大明舞》：“五纪更运，三正递升。”卢照邻《七日登乐游故墓》：“四序周缇籥，三正纪璇耀。”参见“三統❶”。

【三世】　❶祖孙三代。方干《水墨松石》：“三世精能举世无，笔端狼藉见功夫。”徐夤《两晋》：“三世深谋启帝基，可怜孀妇与孤儿。”❷佛家语。指过去、现在、未来。灵一《静林精舍》：“灯传三世火，树老万株松。”贯休《送卢舍人三首》之三：“报通三世释迦言，莫将梁武为题目。”

【三匝】　❶三周。李白《猛虎行》：“有时六博快壮心，绕床三匝呼一掷。”❷谓反复盘旋。三国魏曹操《短歌行》：“月明星稀，乌鹊南飞。绕树三匝，何枝可依。”蒋冽《夜飞鹊》：“何啻飞三匝，犹言未得枝。”

【三古】　上古、中古、下古之合称。陈陶《赠江西周大夫》：“渊伦照三古，磊落涵泾渭。”又《圣帝击壤歌四十声》：“陶铸超三古，车书混万方。”贯休《寿春节进大蜀皇帝五首》之一：“文经武纬包三古，日角龙颜遏四夷。”

【三石梁】　三条石梁。在庐山，长十丈，阔不盈尺，其下虚悬。李白《庐山谣寄卢侍御虚舟》：“金阙前开二峰长，银河倒挂三石梁。”

【三北】　谓三次败北逃命。《韩诗外传》卷十：下庄子好勇，母无恙时，三战而三北，交游非之，国君辱之。皮日休《鲁望昨以五百言见贻因成一千言上述吾唐文物之盛次叙相得之欢亦迭和之微旨也》：“虽然未三北，亦可输千镤。”

【三田】　即三丹田。道家谓两眉间为上丹田，心为中丹田，脐下为下丹田。为精、气、神之舍。贯休《送道友归天台》：“气养三田传未得，药非八石许还曾。”吕岩《赠刘方处士》：“悠悠忧家复忧国，耗尽三田元宅火。”又《渔父词一十八首·初九》：“三田宝，镇长存，赤帝分明坐广寒。”

【三史】　❶魏晋至唐开元时指《史记》《汉书》《东观汉记》；开元以后，《东观汉记》佚，因加《后汉书》。寒山《诗三百三首》之八十：“徒劳说三史，浪自看五经。”沈佺期《饯唐郎中洛阳令》：“一台推往妙，三史伫来修。”殷文圭《赠池州张太守》：“绛帏夜坐穷三史，红旆春行到九华。”齐己《酬九经者》：“九经三史学，穷妙又穷微。”❷“三吏”之讹。崔沔《奉和圣制同二相已下群官乐游园宴》：“庶尹陪三史，诸侯具万方。”注：“一作吏。”按，作“吏”是。三吏，即三公，亦即诗题所说“二相(张说、苏颋)”。

【三兄】　即元三，名秬。秬(753—819)，河南(今河南洛阳)人。京兆府万年县尉。元稹之兄。元稹有《三兄以白角巾寄遗发不胜冠因有感叹》。

【三叫】　同“三聲”。杜荀鹤《长安冬日》：“吟苦猿三叫，形枯柏一枝。”

【三四】　约略之词。表示少数。戴叔伦《奉天酬别郑谏议云逵卢拾遗景亮见别之作》：“知心三四人，越境千余里。”韩愈《送灵师》：“逐客三四公，盈怀赠兰荃。”杜牧《方响》：“曲尽连敲三四下，恐惊珠泪落金盘。”杜荀鹤《溪岸秋思》：“桑柘穷头三四家，挂罾垂钓是生涯。”

【三矢平虜庭】　用薛仁贵发三箭而定天山之事。见《旧唐书·薛仁贵传》。白居易《和答诗十首·答箭镞》：“不然学仁贵，三矢平虏庭。”

【三生】　佛家语。指前生、今生、来生。皎然《送沙弥大智游五台》：“章句三生学，清凉万里游。”白居易《赠张处士山人》：“世说三生如不谬，共疑巢许是前身。”李商隐《题僧壁》：“若信贝多真实语，三生同听一楼钟。”唐彦谦《游南明山》：“投闲息万机，三生有宿契。”

【三生石】　唐袁郊《甘泽谣·圆观》载：洛阳惠林寺僧圆观与谏议大夫李源相交。自荆江上峡，行次南浦，见数妇女负罂而汲。观曰：其中孕妇姓王者，是某托身之所。又曰：更后十二年中秋月夜，杭州天竺寺外，与公相见之期也。是夕观亡而孕妇产。十二年后，源赴约。闻牧童歌《竹枝词》，乃圆观。歌曰：“三生石上旧精魂，赏月吟风不要论。惭愧情人远相访，此身虽异性长存。”后人附会杭州天竺寺后山之三生石，乃李源与圆观约会之处。贯休《酬张相公见寄》："感通未合三生石，骚雅欢擎九转金。"修睦有《三生石》。齐己《荆渚感怀寄僧达禅弟三首》之三："自抛南岳三生石，长傍西山数片云。"

【三生塵夢】　佛家语。指尘世之梦。三生，前生、今生、来生。牟融《送僧》："三生尘梦醒，一锡衲衣轻。"徐夤《赠月君》："出水莲花比性灵，三生尘梦一时醒。"

【三代】　❶指夏、商、周。岑文本《奉和正日临朝》："德兼三代礼，功包四海图。"吴筠《览古十四首》之一："三代业遽陨，七雄遂交驰。"殷尧藩《帝京二首》之二："礼乐日稽三代盛，梯航岁贡万方同。"❷自祖至孙。李商隐《奉和太原公送前杨秀才戴兼招杨正字戎》："桂树一枝当白日，芸香三代继清风。"

【三仙】　❶泛指仙人。徐彦伯《幸白鹿观应制》："凤舆乘八景，龟箓向三仙。"张说《游洞庭湖湘》："谁传九光要，几拜三仙职。"窦庠《奉和王侍郎春日命觞观乐之什》："曲里三仙会，风前百啭春。"❷指三位翰林学士。白居易《初到江州寄翰林张李杜三学士》："碧落三仙曾识面，年深记得姓名无？"❸三国吴主孙权先祖孙钟，家于富春，以种瓜自业。忽有三少年诣钟乞瓜，钟厚待之。三人曰："此山下善，可葬之，当出天子。"随即化成三白鹤飞去。钟死后即葬其地，冢上常有光怪，云五色，气上属天。而孙坚母孕坚。人以为吉祥之征。见《太平广记》卷三八九引《祥瑞记》。李峤《瓜》："六子方呈瑞，三仙实可嘉。"三仙即指成鹤之三少年。参见"三神❷"。

【三仙山】　指蓬莱、方丈、瀛洲三山。舒信道《甘蔗诗》："瑶池宴罢王母还，九芝飞入三仙山。"参见"三山❹"。

【三白】　谓三度下雪。《占年》(卷八八〇)之一："要见麦，见三白。"又之二："正月三白，田公笑赫赫。"

【三₂令】　"三令五申"之略。再三命令、告诫。李绅《到宣武三十韵》："森戟承三令，攒戈退一声。"

【三令節】　唐德宗贞元五年(789)正月诏以二月一日为中和节，与三月三日上巳、九月九日重阳合称三令节。德宗《重阳日赐宴曲江亭赋六韵诗用清字》序："朕在位仅将十载，实赖忠贤左右，克致小康。是以择三令节，锡兹宴赏。"

【三印】　三颗印信。李洞《东川高仆射》："三印锁开霜满地，四门关定月当空。"按，以仆射授剑南东川节度使，兼梓州刺史，是为三印。

【三冬】　❶冬季三个月。上官昭容《驾幸新丰温泉宫献诗三首》之一："三冬季月景龙年，万乘观风出灞川。"张九龄《送赵都护赴安西》："南至三冬晚，西驰万里寒。"李绅《趋翰苑遭诬构四十六韵》："到接三冬暮，来经六月徂。"❷用汉东方朔"三冬文史足用"语。骆宾王《帝京篇》："三冬自矜诚足用，十年不调几遭回。"孟简《惜分阴》："三冬劳聚学，驷景重兼金。"罗隐《隐尝在江陵忝故中令白公叼蒙知遇今复重过诸宫感事悲身遂成长句》："才怜曼倩三冬后，艺许由基一箭中。"

【三冬學】　用汉东方朔三冬学书之事。亦用以指学识。刘禹锡《酬乐天偶题酒瓮见寄》："三冬学任胸中有，万户侯须骨上来。"罗隐《投浙东王大夫二十韵》："自愧三冬学，来窥数仞墙。"

【三市】　❶指一日中三次集市大市、朝市、夕市。《周礼·地官·司市》："大市，日昃而市，百族为主；朝市，朝时而市，商贾为主；夕市，夕时而市，贩夫贩妇为主。"亦泛指集市。卢照邻《长安古意》："南陌北堂连北里，五剧三条控三市。"骆宾王《代女道士王灵妃赠道士李荣》："别有仙居对三市，金阙银宫相向起。"薛逢《侠少年》："往来三市无人识，倒把金鞭上酒楼。"❷洛阳有三市，指金市、南市、马市。韦庄《洛阳吟》："宫官试马游三市，舞女乘舟上九天。"

【三穴】　三窟。杜甫《见王监兵马使说近山有白黑二鹰请余赋诗》之一："鹏碍九天须却避，兔藏三穴莫深忧。"徐夤《月》："寒蝉若不开三穴，狡兔何从上九天？"苏拯《狡兔行》："草中三穴无处藏，何况平田无穴者！"参见"三窟"。

【三司】　指三公。即太尉、司徒、司空。韩愈《晋公破贼回重拜台司以诗示幕中宾客愈奉和》："将军旧压三司贵，相国新兼五等崇。"刘禹锡《江陵严司空见示与成都武相公唱和因命同作》："名重三司平水土，威雄八阵役风雷。"

【三台】　❶星名。见《晋书·天文志上》。李峤《槐》："何当赤墀下，疏干拟三台？"孟浩然《荆门上张丞相》："伫闻宣室召，星象列三台。"白居易《新乐府·司天台》："耀芒动角射三台，上台半灭中台坼。"孙元晏《咏史诗·晋·苻坚投棰》："三台星烂乾坤在，且与张华死不同。"❷指三公。玄宗《送张说巡边》："三台入武帐，八座起文昌。"李白《献从叔当涂宰阳冰》："虽无三台位，不借四豪名。"贾岛《观冬设上东川杨尚书》："何时却入三台贵，此日空知八座尊。"罗隐《酬丘光庭》："道殷合眼拜九列，张濬掉舌升三台。"

【三台星】　星名。杜牧《有怀重送斛斯判官》："将取离魂随白骑，三台星里拜文星。"参见"三台❶"。

【三母】　指周室三位贤母。亦即季历母太姜，文王母太任，武王母太姒。汉刘向《列女传·周室三母》："三母者，太姜、太任、太姒。"一说指后稷母姜源，文王母太任，武王母太姒。见《后汉书·皇后上·和熹邓皇后纪》李贤注。徐铉《光穆皇后挽歌三首》之二："功业投三母，光灵极四妃。"

【三寺】 东宫三寺，即太子家令寺、太子率更寺、太子仆寺。其制比九寺五监。长官为从四品。见《旧唐书·职官志三》。张说《酬崔光禄冬日述怀赠答》："紫绶拂三寺，朱门临九逵。"

【三老】 ❶掌教化之官。《礼记·礼运》："故宗祝在庙，三公在朝，三老在学。"学指学校。苗晋卿《奉和圣制早登太行山中言志》："祝尧三老至，会禹百神迎。"❷国三老，以致仕有威望者一人为之。卢纶《萧常侍瘿柏亭歌》："金貂主人汉三老，构此穷年下朝早。"鲍溶《辞辇行》："五更三老侍白日，八十一女居深宫。"参见"三老五更"。❸舵工。杜甫《夔州歌十绝句》之七："长年三老长歌里，白昼摊钱高浪中。"❹"二老"之讹。指老子、老策子。孟浩然《宿天台桐柏观》："高步凌四明，玄踪得三老。"

【三老五更】 （更 gēng）天子用以养年老致仕而知三德五事者之位。见《礼记·文王世子》。李华《咏史十一首》之二："三老与五更，天王亲割牲。"

【三考】 指三次考绩以定升降。《书·舜典》："三载考绩。三考，黜陟幽明。"萧颖士《羽山》："九山方荡潏，三考伫良材。"李益《入华山访隐者经仙人石坛》："三考四岳下，官曹少休沐。"姚合《武功县中作三十首》之六："三考千余日，低腰不拟休。"黄滔《赠旌德吕明府》："两衙断狱兼留客，三考论功合树碑。"

【三臣】 指三公、三卿等重臣。李德裕《奉和圣制南郊礼毕诗》："三臣皆就日，万国望如云。"

【三百九十橋】 唐时苏州城内官桥之概数。白居易《正月三日闲行》："绿浪东西南北水，红栏三百九十桥。"自注："苏之官桥大数。"

【三百日】 一年。三百，举其成数。刘禹锡《苦雨行》："岁中三百日，常恐风雨多。"

【三百六十日】 谓一年。李白《赠内》："三百六十日，日日醉如泥。"周弘亮《故乡除夜》："三百六十日云终，故乡还与异乡同。"施肩吾《春游乐》："一年三百六十日，赏心那似春中物。"

【三百六旬】 三百六十日。谓一年。韩愈《广宣上人频见过》："三百六旬长扰扰，不冲风雨即尘埃。"

【三百之篇】 见"三百篇❶"。

【三百正聲】 指《诗经》。《论语·为政》："子曰：'《诗》三百，一言以蔽之，曰：思无邪。'"何晏集解引孔安国曰："篇之大数。"齐己《咏怀寄知己》："三百正声传世后，五千真理在人间。""五千真理"，指《道德经》。

【三百言】 指道家《阴符经》。其书引骊山老姥百言演道，百言演法，百言演术之说，故称。陆龟蒙《读阴符经寄鹿门子》："清晨整冠坐，朗咏三百言。"

【三百青铜錢】 可买一斗酒之钱。杜甫《逼仄行赠毕曜》："速宜相就饮一斗，恰有三百青铜钱。"

【三百首】 ❶同"三百篇❶"。郑谷《送田光》："理棹好携三百首，阻风须饮几千分。"❷同"三百篇❷"。韩愈《孟生诗》："作诗三百首，窅默《咸池》音。"杜荀鹤《维扬逢诗友张乔》："雅篇三百首，留作后来师。"齐己《因览支使孙中丞看可准大师诗序有寄》："一千篇里选，三百首菁英。"

【三百詩】 指《诗经》。陆龟蒙《袭美先辈以龟蒙所献五百言既蒙见和复示荣唱至于千字再抒鄙怀用伸酬谢》："首赞五十《易》，又删三百《诗》。"参见"三百篇❶"。

【三百篇】 ❶亦作"三百之篇"。指《诗经》。《诗经》三百零五篇，三百，举其成数。杜审言《和李大夫嗣真奉使存抚河东》："学总八千卷，文倾三百篇。"孟郊《教坊歌儿》："能诗不如歌，怅望三百篇。"白居易《留别微之》："五千言里教知足，三百篇中劝式微。"❷泛指三百首诗。权德舆《奉酬从兄南仲见示十九韵》："诗成三百篇，儒有一亩宫。"

【三百顆】 晋王献之帖有"黄柑三百颗"之语，见宋阮阅《诗话总龟》前集卷三十。因用为柑橘之典实。韦应物《答郑骑曹青橘绝句》："书后欲题三百颗，洞庭须待满林霜。"

【三百禮儀】 指《周礼》三百六十官。三百，举其成数。李峤《经》："五千道德阐，三百礼仪成。"

【三出】 谓多次被贬出朝。储光羲《安宜园林献高使君》："直道已三出，幸从江上回。"

【三光】 指日、月、星辰。沈佺期《度安海入龙编》："四气分寒少，三光置日偏。"岑参《送颜平原》："天章降三光，圣泽该九州。"刘禹锡《游桃源一百韵》："一气无死生，三光自迁易。"杜荀鹤《山中对雪有作》："岂堪久蔽苍苍色，须放三光照九州。"

【三年不鳴】 大鸟三年不飞不鸣，一飞冲天，一鸣惊人。见《史记·滑稽列传》。白居易《醉后走笔酬刘五主簿长句之赠兼简张大贾二十四先辈昆季》："三年不鸣鸣必大，岂独骇鸡当骇人。"

【三年旱】 指汉时东海孝妇被冤杀，郡中大旱三年之事。见《汉书·于定国传》。王巨仁《愤怨诗》："于公恸哭三年旱，邹衍含愁五月霜。"

【三年鳥】 指三年不飞不鸣，然能作出惊人之举之鸟。语出《史记·滑稽列传》。陈去疾《赋得骐骥长鸣》："迹类三年鸟，心驰五达庄。"

【三年喪】 丧服中最重一种。有斩衰、齐衰之别。斩衰指子为父，诸侯为天子，臣为君等；齐衰指父没为母，为继母等。实际守丧有二十五月与二十七月之说。刘湾《虹县严孝子墓》："礼闻三年丧，尔独终身期。"

【三成】 指箭。见北周庾信《三月三日华林园马射赋》。李峤《箭》:“夏列三成范,尧沉九日辉。”

【三休】 休息三次。见汉贾谊《新书·退让》。因用为登高层建筑之典。虞世南《奉和至寿春应令》:“龙骖驻六马,飞阁上三休。”许敬宗《奉和圣制登三台言志应制》:“缀星罗百拱,缘汉转三休。”蒋涣《登栖霞寺塔》:“三休寻磴道,九折步云霓。”孔德绍《登白马山护明寺》:“三休开碧岭,万户洞金铺。”

【三休殿】 即章华台。春秋楚灵王建,在今湖北监利西北。武元衡《独不见》:“荆门一柱观,楚国三休殿。”

【三休臺】 即倒景台。以其登路有三处可休息之处,又名三休台。在嵩山太室山南麓。卢鸿一《嵩山十志十首·倒景台》序:“倒景台者,盖太室南麓,天门右崖。杰峰如台,气凌倒景。登路有三处可憩,或曰三休台。”

【三伏】 ❶农历夏至后第三庚,即第三个十天为初伏,第四庚为中伏,立秋后第一庚为末伏,合称三伏。为一年中最热之时。李峤《五月奉教作》:“欲逃三伏暑,还泛十旬觞。”韦应物《同元锡题琅琊寺》:“适从郡邑喧,又兹三伏热。”唐彦谦《寄同上人》:“云藏三伏热,水散百溪津。”❷指第三伏。刘禹锡《早秋集贤院即事》:“金数已三伏,火星正西流。”

【三伏月】 指农历六七月。白居易《何处堪避暑》:“如何三伏月,杨尹谪虔州?”按,杨尹为京兆尹杨虞卿。据《旧唐书·文宗纪下》载,虞卿于大和九年(835)七月贬为虔州司马同正。又《题牛相公归仁里宅新成小滩》:“与君三伏月,满耳作潺湲。”

【三后】 三位君主。❶指伯夷、禹、后稷。韩愈《赴江陵途中寄赠翰林三学士》:“早知大理官,不列三后俦。”❷指尧、舜、禹。张九龄《奉和圣制幸晋阳宫》:“三后既在天,万年斯不刊。”❸指汉武帝、昭帝、宣帝。吴筠《览古十四首》之十:“霍孟翼三后,伊戚及后昆。”❹指唐高祖、太宗、高宗。《郊庙歌辞·中宗祀昊天乐章·亚献》:“三灵降飨,三后配神。”

【三刖】 指楚国卞和三次献璞玉,其中两次被刖足之事。见《韩非子·和氏》。亦泛指受惩罚。杜牧《池州送孟迟先辈》:“子既屈一鸣,余固宜三刖。”

【三危】 ❶山名。在今甘肃敦煌东南。《书·舜典》:“窜三苗于三危。”杜甫《寄李十二白二十韵》:“五岭炎蒸地,三危放逐臣。”❷《吕氏春秋·本味》:“水之美者,三危之露。”后因用为露之典实。董思恭《咏露》:“不觉九秋至,远向三危零。”

【三旬】 三十天,一个月。李峤《奉使筑朔方六州城率尔而作》:“三旬无愆期,百雉郁相望。”崔湜《和苏员外寓直》:“三旬登建礼,五夜直明光。”白居易《斋后春久感事遣怀》:“斋戒坐三旬,笙歌发四邻。”

【三衣】 僧人所穿三种衣服。亦泛指僧衣。刘禹锡《送元简上人适越》:“更入天台石桥去,垂珠璀璨拂三衣。”姚合《送无可上人游边》:“一钵与三衣,经行远近随。”齐己《荆州新秋病起杂题一十五首·病起见生涯》:“三衣如两翼,珍重汝寒鸦。”

【三江】 ❶指东南吴越(今江浙一带)三条水流之总称。王绩《古意六首》之二:“浮游五湖内,宛转三江里。”李颀《别梁锽》:“去去沧波勿复陈,五湖三江愁杀人。”李白《赠从孙义兴宰铭》:“化洽一邦上,名驰三江外。”刘长卿《奉饯郎中四兄罢余杭太守赴汝南行营》:“星使三江上,天波万里通。”❷指岷江、澧江、湘江。王维《送友人南归》:“万里春应尽,三江雁亦稀。”❸指岷江、青衣江、大渡河。岑参《登嘉州凌云寺作》:“始知宇宙阔,下看三江流。”❹指今广东西江、北江、东江。刘禹锡《蒙思转仪曹郎举韩潮州自代因寄七言》:“故人犹在三江外,同病凡经二纪余。”李绅《逾岭峤止荒陬抵高要》:“鱼肠雁足望缄封,地远三江岭万重。”许鼎《登岭望》:“淼淼三江水,悠悠五岭关。”❺地名。在钱塘江西端南岸。孟浩然《初下浙江舟中口号》:“八月观潮罢,三江越海浔。”

【三江七澤】 指岷江、澧江、湘江和云梦泽等。泛指今湖南一带江湖。李白《当涂赵炎少府粉图山水歌》:“洞庭潇湘意渺绵,三江七泽情洄沿。”

【三江口】 指吴淞口、钱塘江、浦阳江三江之口。崔融《登东阳沈隐侯八咏楼》:“宛生长定□,俯压三江口。”按,此指浦阳江。

【三字】 唐人用以称知制诰。司空图《寄考功王员外》:“喜闻三字耗,闲客是陪游。”黄滔《寄同年卢员外》:“休恋一台惟妙绝,已经三字入精求。”

【三字令】 词牌名。欧阳炯所创。两片,片八句。首三句,二、三句为韵;中二句一韵,末三句一韵。叶平韵。

【三弄】 即《梅花三弄》。古曲名。李郢《赠羽林将军》:“唯有桓伊江上笛,卧吹《三弄》送残阳。”陆龟蒙《奉和袭美太湖诗二十首·明月湾》:“或彻《三弄》笛,或成数联诗。”

【三走】 指春秋时管仲临战三次脱逃之事。《史记·管晏列传》:“吾尝三战三走,鲍叔不以我为怯,知我有老母也。”李贺《送沈亚之歌》:“吾闻壮夫重心骨,古人三走无摧捽。”

【三$_2$折】 见“三折乃良醫”。

【三折$_2$乃良醫】 亦作“三折股”“三折”。《左传·定公十三年》:“三折肱知为良医。”谓手臂多次骨折,即能掌握疗臂之法。后因用以喻在某一方面多次受挫后,而达到经验丰富,造诣精深之境地。张说《登九里台是樊姬墓》："志闸三折后，愁值二毛前。"刘禹锡《学阮公体三首》之一："百胜难虑敌，三折乃良医。"徐夤《病中春日即事寄主人尚书二首》之二："腊内送将三折股，岁阴分与五铢钱。"

【三₂折股】　见"三折乃良醫"。

【三材】　指天、地、人。褚亮《祭方丘乐章·舒和》："一德惟宁两仪泰，三材保合四时邕。"

【三求】　指唐卢求、裴求、李求。三人于宝历二年同登进士第。见宋计有功《唐诗纪事》。《卢求榜谶》(卷八七五)："裴头黄尾，三求六李。"

【三車】　❶佛家语。指牛车、鹿车、羊车。牛车能乘载多人，故用以喻菩萨乘(大乘)；鹿车力微，故用以喻缘觉乘(中乘)；羊车仅以自度，故用以喻声闻乘(小乘)。见《法华经·譬喻品》。宋之问《游韶州广界寺》："莫愁归路远，门外有三车。"广宣《安国寺随驾幸兴唐观应制》："万乘游仙宗有道，三车引路本无尘。"李绅《题法华寺五言二十韵》："指喻三车觉，开迷五阴缠。"亦泛指佛法。李白《僧伽歌》："真僧法号号僧伽，有时与我论三车。"岑参《赴嘉州过城固县寻永安超禅师房》："门外不须催五马，林中且听演三车。"❷指唐高僧窥基至太原传法，以三车自随事。杜甫《酬高使君相赠》："双树容听法，三车肯载书？"

【三車子】　指僧人。贯休《寿春节进》："捧日三车子，恭思八彩眉。"参见"三車❶"。

【三更】　指半夜十一时至翌日凌晨一时。杜甫《漫成一绝》："江月去人只数尺，风灯照夜欲三更。"王建《宫词一百首》之二七："红灯睡里唤春云，云上三更直宿分。"李商隐《齐宫词》："梁台歌管三更罢，犹自风摇九子铃。"杜荀鹤《宿栾城驿却寄常山张书记》："一更更尽到三更，吟破离心句不成。"

【三更三點】　指夜半时分。李商隐《夜半》："三更三点万家眠，露欲为霜月堕烟。"

【三辰】　指日、月、星辰。李百药《奉和正日临朝应诏》："百灵警朝禁，三辰扬旆旌。"权德舆《奉和圣制中和节赐百官宴集因示所怀》："藻思贞百度，著明并三辰。"李绅《渡西陵十六韵》："爱景三辰朗，祥农万庾盈。"李商隐《哭遂州萧侍郎二十四韵》："苦雾三辰没，穷阴四塞昏。"

【三里霧】　形容恍惚迷离之境界。见《后汉书·张楷传》。李商隐《圣女祠》："无质易迷三里雾，不寒长著五铢衣。"

【三足】　见"三足烏"。

【三足烏】　亦作"三足"。日中三足神鸟。因用以指日。宋之问《游法华寺》："后果缠三足，前因感六牙。"杜甫《岳麓山道林二寺行》："莲花交响共命鸟，金榜双回三足乌。"柳宗元《跂乌词》："无乃慕高近白日，三足妒尔令尔疾。"裴夷直《秋日》："六眸龟北凉应早，三足乌南日正长。"，

【三足鼎】　❶鼎为三足，故称。刘禹锡《酬思黯见示小饮四韵》："三足鼎中知味久，百寻竿上掷身难。"❷比喻三股势均力敌之力量。刘禹锡《蜀先主庙》："势分三足鼎，业复五铢钱。"

【三吴】　汉初以吴兴、吴郡、会稽为三吴，见北魏郦道元《水经注·浙江水》。晋至唐以吴郡、吴兴、丹阳为三吴，见《通典·州郡十二》。亦泛指长江下游江、浙一带。王维《送缙云苗太守》："露冕见三吴，方知百城贵。"杜牧《题桐叶》："三吴烟水平生念，宁向闲人道所之？"殷文圭《览陆龟蒙旧集》："先生文价沸三吴，白雪千编酒一壶。"

【三秀】　指灵芝草。以其一年三花，故称。宋之问《宋公宅送宁谏议》："间出人三秀，平临楚四郊。"李颀《送暨道士还玉清观》："空山何窈窕，三秀日氛氲。"陆龟蒙《忆袭美洞庭观步奉和次韵》："已甘三秀味，谁念百牢腔？"

【三秀芝】　见"三秀紫芝"。

【三秀草】　即灵芝草。杨巨源《春日奉献圣寿无疆词十首》之十："瑞凝三秀草，春入万年枝。"

【三秀紫芝】　亦作"三秀芝"。即灵芝草。武元衡《和杨三舍人之作杨君见征鄙词因以继和》："九重青琐闭，三秀紫芝新。"罗隐《寄程尊师》："三秀紫芝劳梦寐，一番红槿恨朝晡。"吴融《山居即事四首》之二："庖厨却得长兼味，三秀芝根五术苗。"参见"三秀"。

【三秀悲中散】　指三国魏中散大夫嵇康见芝草一年三花而悲自已有志不成之事。刘禹锡《武陵书怀五十韵》："三秀悲中散，二毛伤虎贲。"

【三秀館】　即灵芝馆。在池州(今安徽)。曹汾《早发灵芝望九华寄杜员外使君》："戴月早辞三秀馆，迟明初识九华峰。"

【三何】　南朝梁何逊、何思澄、何子朗之合称。李嘉祐《送舍弟》："诸谢偏推永嘉守，三何独许水曹郎。"

【三身】　佛家语。指佛身观世之三姿，为成佛所证之果。所说不一。通常指法身、应身、化身。张谓《哭护国上人》："昔喜三身净，今悲万劫长。"权德舆《酬灵彻上人以诗代书见寄》："已取贝多翻半字，还将阳焰谕三身。"

【三角】　❶指挽有三个发髻之发式。段成式《戏高侍御七首》之二："七尺发犹三角梳，玳牛独驾长檐车。"参见"三角髻。"❷见"三角眼"。

【三角眼】　指眼睛呈三角形状。形容目光尖利有神。贯休《送姜道士归南岳》："眼有三角，头峭五岳。"

【三角髻】　挽有三个发髻之发式。见《汉武内传》。李白《上元夫人》："嵯峨三角髻，余发散垂腰。"

【三言】　即三言诗。每句由三字组成。颜真卿有《三言拟五杂组二首》。

【三沈三屈】　指北齐李集直谏文宣帝宁死不屈之事。见《北史·齐本纪中》。周昙《咏史诗·六朝门·李集》："忠谏能坚信正臣，三沉三屈竟何云。"

【三良】　指春秋时秦奄息、仲行、鍼虎三贤臣。三人为秦穆公殉葬。《诗·秦风·黄鸟序》："《黄鸟》，哀三良也。国人刺穆公以人从死，而作是诗也。"柳宗元有《咏三良》。

【三君】　❶指三茅君。陆龟蒙《闲居杂题五首·饮岩泉》："已甘茅洞三君食，欠买桐江一朵山。"张绍《冲佑观》："七圣斯严，三君如在。"❷指唐魏征、郭元振、狄仁杰。高适《三君咏》序："开元中，适游于魏郡，郡北有故太师郑公旧馆，里中有故尚书郭公遗业，邑外又有故太守狄公生祠焉。睹物增怀，遂为《三君咏》。"

【三改兔】　谓月亮三度圆缺。指一季三个月。李群玉《将离澧浦置酒野屿奉怀沈正字昆弟三人联登高第》："春月三改兔，花枝成绿阴。"

【三灾】　佛家语。指劫末所起三种灾难。刀兵灾、疫疠灾、饥馑灾为小三灾，起于住劫中减劫之末；火灾、水灾、风灾为大三灾，起于坏劫之末。见《俱舍论·分别世品》。李白《访道安陵遇盖还为余造真箓临别留赠》："三灾荡璇玑，蛟龙翼微躬。"

【三青鳥】　三仙鸟名。一说即三足乌。三足乌又作三足鸟。为西王母使者。见《山海经·大荒西经》。后因借指使者。李白《相逢行》："愿因三青鸟，更报长相思。"参见"三鳥"。

【三杯通大道】　谓饮酒通向超脱之道。李白《月下独酌四首》之二："三杯通大道，一斗合自然。"

【三板】　筑墙所用之板，高二尺，三板为六尺。见《战国策·赵策一》。杨炯《和刘长史答十九兄》："城余势三板，兵威乏四邻。"吴融《豫让》："韩魏同谋反覆深，晋阳三板免成沉。"

【三卧】　指蚕三眠。元稹《乐府古题·织妇词》："织妇何太忙，蚕经三卧行欲老。"

【三事】　❶指三公。卢照邻《中和乐九章·歌公卿第八》："蹇蹇三事，师师百僚。"宇文融《奉和圣制命宴都堂赐诗》："职优三事老，位在百僚先。"白居易《题周皓大夫新亭子二十二韵》："贵介交三事，光荣照四邻。"罗隐《大梁见乔诩》："刀笔依三事，篇章奏珥貂。"❷三件。可止《送僧》："百年三事衲，万里一枝筇。"

【三兩】　约略之数。表示少量。贾岛《送神邈法师》："绕房三两树，回日叶应红。"白居易《洛阳春赠刘李二宾客》："从容三两人，藉草开一尊。"杜牧《池州春送前进士蒯希逸》："楚岸千万里，燕鸿三两行。"

【三奇戌】　地名。在彭州导江县(今四川灌县)西部。《新唐书·地理志六》记之。杜甫《野望》："西山白雪三奇戍，南浦清江万里桥。"

【三花】　❶即三花树。李颀《送王道士还山》："嵩阳道士餐柏实，居处三花对石室。"储光羲《升天行贻卢六健》："坐对三花枝，行随五云阴。"刘长卿《送常十九归嵩少故林》："歧路别时惊一叶，云林归处忆三花。"卢纶《九日奉陪令公登白楼同咏菊》："愿比三花秀，非同百卉秋。"亦指三花树之花。戎昱《开元观陪杜大夫中元日观乐》："盘空双鹤惊几剑，洒砌三花度管弦。"参见"三花樹"。❷指剪马鬃为三辫之形。白居易《和春深二十首》之六："凤书裁五色，马鬣剪三花。"❸道家以人之精为玉花，气为金花，神为九花，合称三花。吕岩《五言》之四："阴阳烹五彩，水火炼三花。"

【三花樹】　即贝多树。以一年三度开花，故名。李适《饯唐永昌赴任东都》："因声寄意三花树，少室岩前几过香?"李白《鸣皋歌奉饯从翁清归五厓山居》："去时应过嵩少间，相思为折三花树。"

【三芝】　即灵芝。灵芝一年三花，故称。灵一《题黄公陶翰别业》："黄公石上三芝秀，陶令门前五柳春。"王初《延平天庆观》："盟经早晚闻仙语，学种三芝伴羽人。"

【三虎】　❶三只虎。见"三虎力"。❷指东汉贾彪兄弟三人。三人名皆从虎字，并以雄杰而有高名。见《后汉书·党锢·贾彪传》。后因用以称美人之兄弟。李端《奉赠苗员外》："八龙承庆重，三虎递朝归。"卢纶《酬赵少尹戏示诸侄元阳等因以见赠》："八龙三虎俨成行，琼树花开鹤翼张。"章孝标《题朱秀城南亭子》："有时风月输三虎，无壁琴书属四郊。"参见"三虎八龍"。

【三虎八龍】　东汉贾彪兄弟三人并有高名，天下称为"三虎"，见《后汉书·党锢·贾彪传》。又有荀淑之子八人，皆有名声，时人称为"八龙"，见《后汉书·荀淑传》。元稹《代曲江老人百韵》："雄推三虎贾，群擢八龙荀。"亦用以称美人之兄弟。贯休《杜侯行》："德门钟秀光盛时，三虎八龙皆世瑞。"参见"三虎"。

【三虎力】　形容力大无比。《诗·邶风·简兮》："有力如虎，执辔如组。"李商隐《射鱼曲》："思牢弩箭磨青石，绣额蛮渠三虎力。"

【三尚】　谓夏尚黑，商尚白，周尚赤。李商隐《送千牛李将军赴阙五十韵》："政已标三尚，人今伫一鸣。"

【三門】　❶诸侯宫殿有三门：库门、雉门、路门。

见《礼记·明堂位》郑玄注。亦泛指宫殿楼阁之门。徐夤《题福州天王阁》:"三门里面千层阁,万井中心一朵山。"❷指寺院大门。李益有《自朔方还与郑式瞻崔称郑子周岑赞同会法云寺三门避暑》。❸道家谓荧惑星有三门,每门有一赤帝。王绩《游仙四首》之二:"六局黄公术,三门赤帝方。"❹占验家立休、生、伤、杜、景、死、惊、开为八门,其中休、生、开三门为吉,余为凶。玄宗《赐道士邓紫阳》:"《太乙》三门诀,元君六甲符。"❺即底柱山,底亦作砥,在今河南陕县东北黄河之中,山有中神门、南鬼门、北人门,合称三门。贾岛《送陕府王建司马》:"请诗僧过三门水,卖药人归五老峰。"罗隐《酬章处士见寄》:"霜鳞共落三门浪,雪鬓同归七里滩。"❻滩名。在今安徽泾县西南陵阳山。李白《下陵阳沿高溪三门六剌滩》:"三门横峻滩,六剌走波澜。"

【三明】　佛家语。指天眼明、宿命明、漏尽明。孟浩然《来阇黎新亭作》:"八解禅林秀,三明给苑才。"

【三呼】　❶三次吹奏。唐彦谦《登兴元城观烽火》:"汉川城上角三呼,扈跸防边列万夫。"❷三次呼万岁。《汉书·武帝纪》:"翌日亲登嵩高,御史乘属、在庙旁吏卒咸闻呼万岁者三。"唐彦谦《蒙谷山》:"秘祝斋心开九转,侍臣回首听三呼。"

【三季】　指夏、商、周三代之末。特指周末。陈子昂《感遇诗三十八首》之十七:"三季沦周赧,七雄灭秦嬴。"李白《古风》之二九:"三季分战国,七雄成乱麻。"

【三舍】　❶退避三舍。三十里为一舍,三舍九十里。窦冀《怀素上人草书歌》:"枯藤劲铁愧三舍,骤雨寒猿惊一时。"❷谓日返三舍。二十八宿,一宿为一舍。三舍指三座星宿距离。卢照邻《宴梓州南亭得池字》:"愿得回三舍,琴尊长若斯。"张说《奉和圣制花萼楼下宴应制》:"万心翘乐宴,三舍缓昌时。"

【三金】　指三种贵重金属。李峤《宝剑篇》:"吴山开,越溪涸,三金合冶成宝锷。"

【三命】　周朝官阶从一命到九命,三命为卿,始为天子之臣。《周礼·春官·大宗伯》:"三命受位。"亦泛指京官。刘怀一《赠右台监察邓茂迁左台殿中》:"入仕光三命,迁荣历二台。"高适《遇冲和先生》:"三命谒金殿,一言拜银青。"白居易《题赠郑秘书征君石沟溪隐居》:"俯仰受三命,从容辞九重。"❷指任州府官之辟命。独孤及《送虢州王录事之任》:"一经俄白首,三命尚青袍。"刘商《送庐州贾使君拜命》:"二天移外府,三命佐元勋。"

【三$_2$命】　三令之讹。再三命令。骆宾王《从军中行路难二首》之二:"长驱万里詟祁连,分麾三命武功宣。"按:命,集作令,陈熙晋笺注:"令,一作命,非。"

【三版】　即舢板。一种小船。钱珝《江行无题一百首》之九一:"一湾斜照水,三版顺风船。"

【三服】　指首服、冬服、夏服。见《汉书·元帝纪》及颜师古注。亦泛指服饰。柳宗元《送叔平学士知青州》:"物饶三服丽,居乐五民游。"按唐青州即汉之齐国地。

【三周】　❶亲迎之礼。新郎亲御妇车,车轮行三转,再交由御者。又见《仪礼·士昏礼》及郑玄注。张光朝《天门街西观荣王聘妃》:"三周初展义,百两遂言归。"❷三年。吕岩《七言》之八:"只将至妙三周火,炼出通灵九转丹。"又《直指大丹歌》:"然后澄神窥见影,三周功就驾云骈。"

【三京】　唐以长安为西京,洛阳为东京,太原为北京,合称三京。李频《南游湘汉寄友人》:"南去远三京,三湘五月行。"徐铉《寄从兄宪兼示二弟》:"一枝栖未稳,回首望三京。"

【三府】　指三公。三公皆可开府,故称。韩翃《家兄自山南罢归献诗叙事》:"一丘无自逸,三府会招贤。"

【三庚】　指夏至后第三个庚日,为初伏之始。曹松《夏日东斋》:"三庚到秋伏,偶来松槛立。"

【三性】　道家语。指元精、元气、元神。吕岩《敲爻歌》:"此时黄道会阴阳,三性元宫无漏泄。"又《忆江南》:"三性本同一体内,要烧灵药切寻铅。"

【三河】　汉河东、河内、河南三郡合称三河,相当于今山西南部及河南黄河沿岸地区。魏征《暮秋言怀》:"首夏别京辅,杪秋滞三河。"李峤《城》:"四塞称天府,三河建洛都。"权德舆《故司徒兼侍中赠太傅北平王挽词》:"佐时调四气,尽力净三河。"司空图《冯燕歌》:"拜章请赎冯燕罪,千古三河激义风。"

【三河戍】　地名。唐属睦州建德县,在今浙江建德东南。刘长卿有《酬李员外从崔录事载华宿三河戍先见寄》。

【三泖】　湖名。又名泖湖,旧亦名华亭泖。在今上海松江西。源出太湖,上承淀山湖,下入黄浦江。北为上泖,亦名圆泖;南曰下泖,水势阔大,亦名大泖;中泖萦绕百余里,又名长泖、谷泖。今大多淤积。陆龟蒙《奉和袭美吴中书事寄汉南裴尚书》:"三泖凉波鱼蕝动,五茸春草雉媒娇。"自注:"远祖士衡对晋武帝以三泖冬温夏清。"

【三泣】　指楚国卞和数次哭泣献璞玉之事。吕温《古兴》:"越欧百炼时,楚卞三泣地。"参见"三献"。

【三宗】　指黄帝、唐尧、虞舜。张说《唐享太庙乐章·文舞》:"三宗握镜,六合涣然。"

【三官】　道家所奉之神。上元天官、中元地官、下元水官三帝之合称。天官主赐福,地官主赦罪,水官主解厄。吴筠《游仙二十四首》之四："三官无遗谴，七祖升云軿。"张登《重阳宴集同用寒字》："还宵须命烛，举首谢三官。"李商隐《郑州献从叔舍人褎》："蓬岛烟霞阆苑钟，三官笺奏附金龙。"皮日休《太湖诗·入林屋洞》："愁为三官责，不敢携一甑。"

【三空】　佛家语。言空、无相、无愿之三解脱。骆宾王《和王记室从赵王春日游陀山寺》："四禅明静业，三空广胜因。"张说《游龙山静胜寺》："禅室宴三空，神祠同六趣。"寇坦《同皇甫兵曹天官寺浴室新成招友人赏会》："水洁三空性，香沾四大身。"

【三空門】　佛家语。言空、无相、无愿三解脱之门。柳宗元《巽公院五咏·净土堂》："流形及兹世，始悟三空门。"参见"三空"。

【三房】　指兄弟三家。沈佺期《答魑魅代书寄家人》："降除沾二弟，离拆已三房。"

【三祇】　佛家语。三大阿僧祇之略。指菩萨修行成佛所历三个漫长阶段。阿僧祇，意为旷大劫，无数长时。义净《与无行禅师同游鹫岭聊述所怀为杂言诗》，"三祇不倦陵二车，一足忘劳超九数。"

【三弦】　一种乐器。有弦三根，故名。孟郊《列仙文·右清虚真人》："逍遥三弦际，万流无暂停。"

【三姓咽麵】　地名。为唐羁縻州，隶北庭都护府。在今新疆塔城之西，巴尔喀什湖以东。张宣明有《使至三姓咽面》。

【三始】　即正月一日。为岁之始，月之始，日之始。李义府《在嶲州遥叙封禅》："三始贻遐贶，万岁受重厘。"

【三孤】　即三少。指少师、少傅、少保。《书·周官》："少师、少傅、少保曰三孤。"皮日休《补周礼九夏系文·九夏歌九篇·骜夏之歌》之二："入作三孤，国人是福。"

【三春】　❶春季三月孟春、仲春、季春，合称三春。杨师道《咏舞》："二八如回雪，三春类早花。"徐坚《送考功武员外学士使嵩山置舍利塔歌》："对三春之花月，览千里之风烟。"白居易《别毡帐火炉》："离恨属三春，佳期在十月。"薛能《除夜作》："不辞加一岁，唯喜到三春。"❷指三月，季春。太宗《赋得夏首启节》："北阙三春晚，南荣九夏初。"李白《宣城见杜鹃花》："一叫一回肠一断，三春三月忆三巴。"羊士谔《忆江南旧游二首》之二："曲水三春弄彩毫，樟亭八月又观涛。"胡杲《七老会诗》："闲居同会在三春，大抵愚年最出群。"❸三个春天，指三年。沈佺期《答魑魅代书寄家人》："三春给事省，五载尚书郎。"崔璞《蒙恩除替将还京洛呈军事院诸公郡中一二秀才》："两载求人瘼，三春受代归。"❹喻母爱。牟融《邵公母》："劬劳常想三春恨，思养其如寸草何！"参见"三春暉"。

【三春暉】　春天阳光。喻母爱。孟郊《游子吟》："谁言寸草心，报得三春晖。"

【三奏】　❶奏三章之乐。元稹《何满子歌》："古者诸侯飨外宾，《鹿鸣》三奏陈圭瓒。"参见"三終"。❷报晓之角、笳，吹奏三遍而天明。窦庠《四皓驿听琴送王师简归湖南使幕》："城笳三奏晓，别鹤一声遥。"武元衡《单于晓角》："三奏未终天便晓，何人不起望乡愁？"权德舆《月夜江行》："三奏月初上，寂寞寒江深。"白居易《赋得边城角》："呜呜三奏罢，城上展旌旗。"参见"三會❶"。❸谓三奏《阳关曲》。泛指奏送别之曲。李益《送诸暨王主簿之任》："别愁已万绪，离曲方三奏。"武元衡《同张惟送霍总》，"春风箫管怨津楼，三奏行人醉不留。"

【三毒】　佛家语。指贪、嗔、痴。寒山《诗三百三首》之二〇九："切莫因循过，且令三毒祛。"又之二七二："黑暗无明烛，三毒递相驱。"拾得《诗》之五〇："五逆十恶辈，三毒以为邻。"韩偓《访明公大德》："刮膜且扬三毒论，摄心徐指二宗禅。"

【三城】　❶指三受降城。在今内蒙古境内，东受降城在托克托南，中受降城在包头南，西受降城在五原西北。神龙三年(707)张仁愿筑。仁愿累封韩国公。见《旧唐书·张仁愿传》。杜甫《诸将五首》之二："韩公本意筑三城，拟绝天骄拔汉旌。"李益《从军夜次六胡北饮马磨剑石为祝殇辞》："韩公三城断胡路，汉甲百万屯边秋。"许浑《吴门送振武李从事》："嫖姚若许传书檄，坐筑三城看受降。"❷指河阳三城节度使。治所在今河南孟县南。权德舆《送韦行军员外赴河阳》："三城晓角启轩门，一县繁花照莲府。"刘复有《出三城留别幕中三判官》。❸指姚州、维州、松州。分别在今云南昆明以西、四川理县、四川松潘一带。三城皆与吐蕃相邻。杜甫《入奏行赠西山检察使窦侍御》："八州刺史思一战，三城守边却可图。"又《西山三首》之二："辛苦三城戍，长防万里秋。"

【三柄】　二柄之讹。指文，武权柄。韦庄《和郑拾遗秋日感事一百韵》："九流虽暂蔽，三柄岂相妨！"按，一本作"二柄"，是。

【三相】　(—xiàng)❶唐以中书、门下、尚书三省长官为三相。白居易《酬张十八访宿见赠》："五侯三相家，眼冷不见君。"李绛、白居易《花下醉中联句》："寄言三相府，欲散且裴回。"张随《敕赐三相马》："九天班锡礼，三相代劳年。"❷唐张嘉贞相玄宗，张延赏相德宗，张弘靖相宪宗。三代为相，称"三相张家"。见《新唐书·张弘靖旧传》。郑谷《寄左省张起居》："家声三相后，公事一人前。"❸指三公，丞相。李峤《布》："孙被登三相，刘衣阐四方。"

【三要】　道家语。指耳、目、口。齐己《读阴符经》："三要洞开何用闭，高台时去凭栏干。"吕岩《七言》之七："精神气血归三要，南北东西共一家。"

【三胡】 指三国魏末襄阳太守胡烈及其兄胡广、胡奋。烈有政绩，百姓歌之，见《太平御览》四六五引晋习凿齿《襄阳耆旧传》。兄弟六人，三人并知名，见《晋书·胡奋传》。陆龟蒙《读襄阳耆旧传因作诗五百言寄皮袭美》："三胡节皆峻，二习名亦茂。"

【三面】 ❶三边。段成式《闲中好》词："坐对当窗木，看移三面阴。"❷见"三面網"。

【三面網】 为帝王仁政之典。见《吕氏春秋·异用》。窦巩《唐州东途作》："天子欲开三面网，莫将弓箭射官军。"亦作"三面"。张嘉贞《奉和早登太行山中言志应制》："罗网开三面，闾阎问百年。"常衮《奉和圣制麟德殿燕百僚应制》："网已祛三面，歌因守四方。"

【三苗】 古国名。在今湖北鄂州、湖南岳阳、江西九江一带。《书·舜典》："窜三苗于三危。"李白《荆州贼平临洞庭言怀作》："水穷三苗国，地窄三湘道。"刘长卿《送青苗郑判官归江西》："三苗余古地，五稼满秋田。"窦常《酬舍弟牟秋日洛阳官舍寄怀十韵》："去国三苗外，全生四纪徐。"刘禹锡《韩十八侍御见示岳阳楼别窦司直诗故足成六十二韵》："名雄七泽薮，国辨三苗氏。"

【三英】 ❶三朵花。杨凭《海榴》："若许三英随五马，便将浓艳斗繁红。"亦比喻三位女子。李商隐《月夜重寄宋华阳姊妹》："应共三英同夜赏，玉楼仍是水精帘。"❷指三位英才。元稹《酬乐天东南行诗一百韵》："二妙驰轩陛，三英咏袴襦。"

【三茅】 ❶指汉茅盈、茅固、茅衷三兄弟。许浑《亡题》："商岭采芝寻四老，紫阳收术访三茅。"李群玉《送陶少府赴选》："久向三茅穷艺术，仍传五柳旧琴书。"皮日休《新秋言怀寄鲁望三十韵》："仕应同五柳，归莫舍三茅。"郑谷《池上》："仙山如有分，必拟访三茅。"参见"三茅君"。❷山名。即句曲名，亦名茅山。在今江苏句容东南。相传汉茅盈三兄弟得道于此，故名。刘禹锡《重送浙西李相公今复领旧地新加旄旌》："城下清波含百谷，窗中远岫列三茅。"张祜《游天台山》："三茅即拳石，二室犹块土。"许浑《祗命许昌秋日寄茅山高拾遗》："中年未识从军乐，虚近三茅望少微。"熊皎《怀三茅道友》："尘事何年解客嘲，十年容易到三茅。"

【三茅君】 即汉茅盈及其弟茅固、茅衷。相传为景帝时咸阳人，先后隐句曲山，得道成仙。太上老君分别授为司命真君、定箓真君、保命仙君。世称三茅君。道教清微派尊为教祖。见《茅山志》卷五。权德舆《卧病喜惠上人李炼师茅处士见访因以赠》："复有沉冥士，远系三茅君。"

【三茅道士】 指三茅君。亦泛指道士。张祜《所居即事六首》之五："三茅道士朝携手，五柳先生夜对棋。"

【三茅嶺】 即三茅山。李德裕《述梦诗四十韵》："地接三茅岭，川迎伍子涛。"参见"三茅❷"。

【三省】 （—shěng）指中书、门下、尚书三省。宋之问《冬夜寓直麟阁》："直事披三省，重关闭七门。"李颀《缓歌行》："五陵宾从莫敢视，三省官僚揖者稀。"贾岛《送南卓归京》："三省同虚位，双旌带去思。"黄滔《御试二首》之二："六曹三省列簪裾，丹诏宣来试士初。"

【三省】 （—xǐng）《论语·学而》："曾子曰：'吾日三省吾身：为人谋而不忠乎？与朋友交而不信乎？传不习乎？'"后指反复省察自己。骆宾王《在江南赠宋五之问》："揆拙迷三省，劳生昧两忘。"高适《同吕员外酬田著作幕门军西宿盘山秋夜作》："羽翮时一看，穷愁始三省。"钱起《初黄绶赴蓝田县作》："一叨尉京甸，三省惭黎元。"

【三昧】 佛家语。译为"三摩提""三摩地"。意译为"定""正定"。谓屏除一切杂念，使心神平静。柳宗元《法华寺西亭夜饮》："祇树夕阳亭，共倾三昧酒。"白居易《庐山草堂夜雨独宿寄牛二李七庾三十二员外》："唯有无生三昧观，荣枯一照两成空。"贯休《拟齐梁酬所知见赠二首》之二："但觉神洋洋，如入三昧林。"

【三昧火】 道家语。指元神、元气、元精函藏修炼所生真火。亦指灯火。无际《咏走马灯诗》："除却心中三昧火，枪刀人马一齐休。"

【三星】 ❶参宿三星。《诗·唐风·绸缪》："绸缪束薪，三星在天。"许敬宗《侍宴莎册宫应制得情字》："三星希曙景，万骑翊天行。"李贺《恼公》："玉漏三星曙，铜街五马逢。"张祜《李夫人词》："延年不语望三星，莫说夫人上涕零。"❷河鼓三星。即斗、牛、箕三星。窦常《七夕》："露盘花水望三星，仿佛虚无为降灵。"韩愈《三星行》："三星各在天，什伍东西陈。"李山甫《赠徐三十》："从今不羡乘槎客，曾到三星列宿傍。"❸岁星每十二年行一周，一年行经一个星次。三星谓三年。贯休《和杨使君游赤松山》："为郡三星无一事，龚黄意外扳乔松。"❹指婚姻之事。李百药《戏赠潘徐城门迎两新妇》："三星宿已会，四德婉而嫔。"岑参《送陕县王主簿赴襄阳成亲》："六月襄山道，三星汉水边。"元稹《梦游春七十韵》："当年二纪初，嘉节三星度。"梁铉《天门街西观荣王聘妃》："帝子乘龙夜，三星照户前。"参见"三星在天"。

【三星在天】《诗·唐风·绸缪》："绸缪束薪，三星在天。今夕何夕，见此良人。"后因用为嫁娶之典。

嵩岳诸仙《嫁女诗》之十二："三星在天银河回，人间曙色东方来。"

【三界】 佛家语。指欲界、色界、无色界。寒山《诗三百三首》之一九七："三界横眠闲无事，明月清风是我家。"房融《谪南海过始兴广胜寺果上人房》："方烧三界火，遽洗六情尘。"孟郊《夏日谒智远禅师》："禅心三界外，宴坐天地中。"张格《寄禅月大师》："画成罗汉惊三界，书似张颠直万金。"道家亦沿用其说而稍异。吕岩《敲爻歌》："似此逍遥多快乐，遨游三界最清奇。"

【三思】 多次想到。钱弘俶《感皇子远降见迎》："早暮三思恩泰极，饱餐丰馔饱亲光。"

【三咽】 指战国齐陈仲子饥而吞食螬食之李之事。见《孟子·滕文公下》。柳宗元《游南亭夜还叙志七十韵》："退想于陵子，三咽资李螬。"

【三品】 ❶唐九品官制中第三等。侍中，中书令、六部尚书、太子宾客等均为三品。刘禹锡《白舍人见酬拙诗因以寄谢》："难陪三品散班中，资历从来事不同。"白居易《再授宾客分司》："优稳四皓官，清崇三品列。"陆龟蒙《和袭美江南道中怀茅山广文南阳博士三首次韵》之二："组绶任垂三品石，佩环从落四公泉。"❷指三品松。黄滔《奉和翁文尧十九员外中谢日蒙恩赐金紫之什》："三品易悬鳞鬣赫，八丝展起彩章飞。"参见"三品松"。

【三品松】 松树名。武则天封以三品，在嵩山少林寺。白居易《从龙潭寺至少林寺题赠同游者》："九龙潭月落杯酒，三品松风飘管弦。"李商隐《垂柳》："七贤宁占竹，三品且饶松。"

【三牲】 指牛、羊、豕。《郊庙歌辞·汉宗庙乐舞辞·章庆舞》："罘罳晓唱鸡人，三牲八簋斯陈。"参见"三牲养"。

【三牲養】 用以指养亲，见《孝经·纪孝行》。孟浩然《送莫甥兼诸昆弟从韩司马入西军》："坐弃三牲养，行观八阵形。"白居易《赠友五首》之五："哀哉三牲养，少得及庭闱。"

【三科】 指进士及第、诸科、制举。白居易《寄献北都留守裴令公》自注："进士及第、博学、制策，连登三科。"

【三秋】 ❶指九个月。《诗·王风·采葛》："一日不见，如三秋兮。"吴筠《过天门山怀友》："一日如三秋，相思意弥敦。"赵征明《思归》："为别未几日，去日如三秋。"❷秋季三月孟秋、仲秋、季秋，合称三秋。高宗《七夕宴悬圃二首》之一："俱叹三秋阻，共叙一宵欢。"任华《怀素上人草书歌》："三秋月照丹凤楼，二月花开上林树。"李商隐《镜槛》："五里无因雾，三秋只见河。"❸指九月，季秋。崔善为《九月九日》："九日重阳节，三秋季月残。"王维《奉和圣制重阳节宰臣及群官上寿应制》："四海方无事，三秋大有年。"李嘉祐《暮秋迁客增思寄京华》："宋玉怨三秋，张衡复四愁。"李端《冬夜与故友聚送吉校书》："九日泣黄花，三秋悲白露。"

【三秋首】 秋季三月之首，即七月。李商隐《和韦潘前辈七月十二日夜泊池州城下先寄上李使君》："桂含爽气三秋首，蓂吐中旬二叶新。"

【三重】 ❶三层。杜甫《茅屋为秋风所破歌》："八月秋高风怒号，卷我屋上三重茅。"裴次元《律中应钟》："律穷方数寸，室暗在三重。"吴融《败帘六韵》："尽见三重阁，难迷百尺楼。"❷犹三道。张籍《送稽亭山寺僧》："山门十里松间入，泉涧三重洞里来。"

【三皇】 传说中上古三位帝王。其说不一。汉孔安国《尚书序》指伏羲、神农、黄帝。杜甫《写怀二首》之二："古者三皇前，满腹志愿毕。"吴筠《览古十四首》之二："三皇已散朴，五帝初尚贤。"李商隐《赠送前刘五经映三十四韵》："何由羞五霸，直自呰三皇。"陆龟蒙《读襄阳耆旧传因作诗五百言寄皮袭美》："仰瞻三皇道，虮虱在宇宙。"

【三皇五帝】 泛指上古帝王。杜甫《剑门》："三皇五帝前，鸡犬各相放。"参见"三皇""五帝"。

【三泉】 ❶三重之泉。指人死后下葬之处。见《史记·秦始皇本纪》。李峤《马武骑挽歌二首》之一："五日皆休沐，三泉独不归。"李白《古风》之三："但见三泉下，金棺葬寒灰。"❷县名。在今四川广元北。苏颋有《夜发三泉即事》。

【三泉山】 山名。位于今四川广元北。苏颋《夜发三泉即事》："暗发三泉山，穷秋听骚屑。"

【三泉路】 ❶犹黄泉路。鲍溶《经秦皇墓》："别为一天地，下入三泉路。"李商隐《哭遂州萧侍郎二十四韵》："蛾漏三泉路，螿啼百草根。"❷指三泉县境。苏颋有《经三泉路作》。

【三泉驛】 驿站名。位于今四川广元北。元稹《三泉驿》："三泉驿内逢上巳，新叶趋尘花落地。"

【三侯】 以熊、虎、豹皮所饰三种靶。李峤《熊》："列射三侯满，兴师七步旋。"

【三竿】 太阳已出三竿高。谓时辰不早。《南齐书·天文志上》："日出高三竿。"刘禹锡《竹枝词九首》之四："日出三竿春雾消，江头蜀客驻兰桡。"

【三計】 指上计、中计、下计。见《史记·黥布列传》。周昙《咏史诗·前汉门·薛公》："黥布称兵孰敢当，薛公三计为斟量。"

【三度】 三次。白居易《自咏》："只合一生眠白屋，何因三度拥朱轮？"徐铉《寄蕲州高郎中》："贾傅栖迟楚泽东，兰皋三度换秋风。"

【三恪】　周代新立，封虞、夏、商三代后于陈、杞、宋，予王侯名号，以示敬重，称三恪。恪，敬。见《左传·襄公二十五年》。储光羲《敬酬陈掾亲家翁秋夜有赠》："大姬配胡公，位乃三恪宾。"

【三叛】　指刘阚、李锜、吴元济三逆。元稹《宪宗章武孝皇帝挽歌词三首》之二："二凶枭帐下，三叛斩都中。"自注："刘阚、李锜、吴元济腰斩都市。"刘禹锡《城西行》："城西簇簇三叛族，叛者为谁蔡吴蜀。"

【三洞】　❶道家经典拟佛家经典三藏为三洞，为洞真、洞玄、洞神三部。权德舆《晚秋陪崔阁老斐然酬和有愧芜音》："银钩三洞字，瑶笥六铢衣。"李郢《紫极宫上元斋次呈诸道流》："五龙金角向星斗，三洞玉音愁鬼神。"❷指道家名山洞府。顾况《步虚词》："回步游三洞，清心礼七真。"韦渠牟《步虚词十九首》之四："香花三洞启，风雨百神来。"元稹《春分投简阳明洞天作》："幢盖迎三洞，烟霞贮一壶。"薛逢《题上皇观》："云驻寿宫三洞启，日回仙仗六龙归。"

【三洞真人】　道家指洞真教主元始天尊、上清境洞玄教主灵宝天尊、太清境洞神教主道德天尊。曹唐《小游仙诗九十八首》之八五："云衫玉带好威仪，三洞真人入奏时。"

【三洛】　指手腕。《招手令》(卷八七九)："死其三洛，生其五峰。"原注："谓搔其腕也。"

【三洲】　古地名。在淮河边。《诗·小雅·鼓钟》："鼓钟伐鼛，淮有三洲。"毛传："三洲，淮上地。"亦泛指淮海地区。许浑《别表兄军倅》："三洲水浅鱼来少，五岭山高雁到稀。"

【三洲歌】　乐府西曲歌名。《旧唐书·音乐志二》："《三洲》，商人歌也。"温庭筠有《三洲歌》。

【三宥】　指宽宥过失杀人三种情况。见《周礼·秋官·司刺》。亦泛指赦罪。顾况《寄上兵部韩侍郎奉呈李户部卢刑部杜三侍郎》："圣代逢三宥，营魂空九迁。"

【三室】　指祖宗三庙。韩翃《赠别成明府赴剑南》："朝为三室印，晚为三蜀人。"

【三郎】　唐玄宗排行第三，宫中呼为三郎。郑嵎《津阳门诗》："三郎紫笛弄烟月，怨如别鹤呼羁雌。"自注："内中皆以上为三郎。"《得体歌》(卷八七四)："三郎当殿坐，听唱《得体歌》。"

【三軍】　周制，天子六军，诸侯大国三军。亦泛指军队。李峤《送骆奉礼从军》："剑动三军气，衣飘万里尘。"胡浩《大漠行》："三军遥倚伏，万里相驰逐。"李端《瘦马行》："路人识是名马儿，畴昔三军不得骑。"姚合《剑器词三首》之三："破虏行千里，三军意气粗。"

【三祖】　❶指三国魏武帝、文帝、明帝。见《三国志·魏志·明帝纪》。清昼、潘述《讲古文联句》："降及三祖，始变二雅。"❷指唐高祖、太宗、高宗。苏味道《奉和受图温洛应制》："陟配光三祖，怀柔洎百神。"

【三祖寺】　在今安徽潜山北十五里天柱山中。南朝梁高僧宝志禅师开山建寺，并有隋高僧三祖禅师塔。贯休《送人归夏口》："倘经三祖寺，一为礼龛坟。"

【三神】　❶指天神、地祇、山岳。见《史记·司马相如列传》。李峤《奉和拜洛应制》："殷荐三神享，明禋万国陪。"❷三国吴主孙权先祖孙钟，以种瓜自业。忽有三少年诣钟乞瓜，为钟定墓地，出门悉化为白鹤。见《艺文类聚》卷八七。三神即指化鹤之三少年。武三思《仙鹤篇》："霜毛忽控三神下，玉羽俄看二客旋。"韦夏卿《送顾况归茅山》："羡君寻句曲，白鹄是三神。"参见"三仙❸"。

【三神山】　亦作"三神丘"。指蓬莱、瀛洲、方丈三仙山。张说《入海二首》之二："海上三神山，逍遥集众仙。"白居易《题海图屏风》："突兀海底鳌，首冠三神丘。"

【三神丘】　见"三神山"。

【三姦】　指王伾、王叔文、韦执谊。三人为"永贞革新"领袖。革新失败，王伾、王叔文被杀，韦执谊贬崖州司马。韩愈《忆昨行和张十一》："近者三奸悉破碎，羽窟无底幽黄能。"

【三癸】　指唐代宗大历癸丑岁、癸卯朔、癸亥日，即大历八年十月二十一日。皎然《奉和颜使君真卿与陆处士羽登妙喜寺三癸亭》："缮亭历三癸，疏趾邻什寺。"原注："三癸以癸丑岁、癸卯朔、癸亥日立。"

【三癸亭】　亭名。大历八年(773)，陆羽于妙喜寺傍建亭，落成于癸丑岁、癸卯朔、癸亥日，湖州刺史颜真卿题名为"三癸亭"。颜真卿《题杼山癸亭得暮字》："欻构三癸亭，实为陆生故。"皎然有《奉和颜使君真卿与陆处士羽登妙喜寺三癸亭》。

【三紀】　三十六年。纪，十二年。《书·毕命》："既历三纪，世变风移。"孔传："十二年曰纪。"许稷《闰月定四时》："玉律穷三纪，推为积闰期。"许棠《讲德陈情上淮南李仆射八首》之五："三纪吟诗望一名，丹霄待得白头成。"杨凝式《句》："到此今经三纪春。"

【三秦】　秦亡后，项羽以关中之地分封秦三降将，章邯为雍王，司马欣塞王，董翳翟王，称为三秦。见《史记·秦始皇本纪》。亦泛指关中一带。张文琮《昭君词》："戒途飞万里，回首望三秦。"孙逖《和左司张员外自洛使入京赠韦侍御等诸公》："二陕听风谣，三秦望形胜。"薛能《早春书事》："百蛮降伏委三秦，锦里风回岁已新。"

【三珪】　三种玉圭。借指公、侯、伯三卿。亦泛指达官重臣。权德舆《酬张秘监阁老之作》："正名推五字，贵仕仰三珪。"

【三珠樹】 传说中名贵树木。张昌宗《奉和圣制夏日游石淙山》:"云车遥裔三珠树,帐殿交阴八桂丛。"张九龄《感遇十二首》之四:"侧见双翠鸟,巢在三珠树。"李商隐《寄永道士》:"君今并倚三珠树,不记人间落叶时。"贯休《寄韩团练》:"唯有三株树,不用东风力。"

【三素】 见"三素雲"。

【三素雲】 道家谓人身中元气有紫、白、黄三色,称三素云。李应、陈师穆、李季何均有《立春日晓望三素云》。李商隐《和韩录事送宫人入道》:"九枝灯下朝金殿,三素云中侍玉楼。"亦作"三素"。熊孺登《日暮天无云》:"但见收三素,何能测上玄?"鲍溶《萧史图歌》:"仙路迢遥烟几重,女衣清净云三素。"徐铉《步虚词五首》之一:"整服乘三素,旋纲蹑九星。"

【三起】 数次起用。裴潾《前相国赞皇公早葺平泉山居辄抒怀赋四言诗十四首奉寄》之四:"三黜如饴,三起惟惧。"按此用楚子文三仕为令尹,无喜色之事。见《论语·公冶长》。

【三耆】 即三老。张说《奉和圣制爰因巡省途次旧居应制》:"三耆颁命服,五稔复田输。"参见"三老五更"。

【三馬】 指北齐马子结、马子廉、马子尚兄弟三人。见《北齐书·儒林·马子结传》。亦泛指文学之士。李峤《奉和圣制幸韦嗣立山庄应制》:"万骑千官拥帝车,八龙三马访仙家。"

【三株】 见"三株樹"。

【三株樹】 同"三珠樹"。李白《古风》之三〇:"苍苍三株树,冥目焉能攀?"陈陶《飞龙引》:"沆瀣楼头紫凰歌,三株树下青牛饭。"《宋善威诗》(卷八七五):"月落三株树,日映九重天。"亦省作"三株"。陈陶《泉州刺桐花咏兼呈赵使君》:"仿佛三株植世间,风光满地亦城闲。"

【三桃】 指侯桃、樱桃、胡桃。亦泛指桃花。权德舆《杂言和常州李员外副使春日戏题十首》之八:"双燕频惊梦,三桃竞报春。"

【三桃圓】 东郡送一短人,东方朔指谓武帝曰:王母种桃,三千年一结子,此儿不良,已三过偷之。失王母意,故被谪来此。见《汉武故事》。仙桃三次成熟,谓九千年。李白《郢门秋怀》:"已闻蓬海浅,岂见三桃圆?"

【三校】 三个校尉。亦泛指幕僚。李绅《到宣武三十韵》:"虎符三校列,鱼胄万夫迎。"

【三真】 唐崇道教,《老子》尊称《道德真经》,《庄子》称《南华真经》,《列子》称《冲虚真经》,合称三真经,略称三真。陆龟蒙《送延陵张宰》:"默祷三真后,高吟十字还。"

【三夏】 夏季三月孟夏、仲夏、季夏,合称三夏。无名氏《昭君怨》(外编下):"关榆三夏冻,塞柳九春寒。"

【三原】 县名。唐属关内道京兆府,在今陕西三原东北。韦应物有《高陵书情寄三原卢少府》。张籍有《三原李氏园宴集》。

【三晉】 韩氏、魏氏、赵氏为晋国大夫,战国初,三家分晋,立为韩、魏、赵三国,合称三晋。见《史记·燕召公世家》。亦用以称相当于今山西之地。张说《奉和圣制过晋阳宫应制》:"星轩三晋躔,土乐二尧封。"皇甫曾《送李中丞归本道》:"关河三晋路,宾从五原人。"权德舆《酬冯绛州早秋绛台感怀见寄》:"六条萦印绶,三晋辨山川。"张乔《题河中鹳雀楼》:"树隔五陵秋色早,水连三晋夕阳多。"

【三荆】 ❶同株三枝之荆树。后遂用以喻同胞手足。杨炯《和刘长史答十九兄》:"三荆忽有赠,四海更相亲。"❷三楚。荆、楚同。泛指今长江中下游地区。骆宾王《早发淮口望盱眙》:"养蒙分四渎,习坎奠三荆。"孟浩然《岘山送萧员外之荆州》:"伫立三荆使,看君驷马旋。"

【三眠】 指蚕第三次进入睡眠状态、蜕皮。李白《寄东鲁三稚子》:"吴地桑叶绿,吴蚕已三眠。"萧结《批州符》:"秧开五叶,蚕长三眠。"

【三峕】 ❶指春、夏、秋三季农作之时。元稹《茅舍》:"我欲他郡长,三时务耕稼。"吴融《奉和御制六韵》:"恩洽三时雨,欢腾万岁雷。"❷三夏,夏季三月。无名氏《青海望敦煌作》:"九夏呈芳草,三时有雪花。"❸早、中、晚三个时辰。崔颢《代闺人答轻薄少年》:"三时出望无消息,一去那知行近远。"护国《归山作》:"窗前《隐逸传》,每日三时看。"韩愈《大行皇太后挽歌词三首》之三:"一纪尊名正,三时孝养荣。"王贞白《御试后进诗》:"三时赐食天厨近,再宿偷吟禁漏清。"❹一天,一日。高适《燕歌行》:"杀气三时作阵云,寒声一夜传刁斗。"刘长卿《至德三年春正月寄上浙西节度李侍郎中丞行营五十韵》:"万里兵锋接,三时羽檄惊。"

【三時殿】 佛经称净饭王为太子筑暖殿以拟隆冬,凉殿以拟夏暑,中殿以拟春秋,合称三时殿。见《佛本行集经》。亦泛指佛寺。武三思《秋日于天中寺寻复礼上人》:"妙域三时殿,香岩七宝宫。"

【三哺】 一饭三吐哺之略。见《韩诗外传》卷三。后用为礼贤下士之典。白居易《和微之春日投简阳明洞天五十韵》:"重士过三哺,轻财抵一铢。"

【三峽】 所说不一。一般指今四川奉节以东至湖北宜昌以西之瞿塘峡、巫峡、西陵峡,合称三峡。杨炯《巫峡》:"三峡七百里,唯言巫峡长。"李白《峨眉山月歌》:"夜发清溪向三峡,思君不见下渝州。"卢纶《送崔琦赴宣州幕》:"天际晓山三峡路,津头腊市九江人。"贯休《送张拾遗赴施州司户》:"好音入耳应非久,三峡闻猿莫回首。"

【三峡流泉】 琴曲名。岑参有《秋夕听罗山人弹三峡流泉》。李冶有《从萧叔子听弹琴赋得三峡流泉歌》。

【三峰】 ❶指华山莲花、落雁、朝阳三峰。薛能《黄河》:"勇逗三峰坼,雄标四渎尊。"褚朝阳《登圣善寺阁》:"华岳三峰小,黄河一带长。"薛能《华岳》:"簇簇复亭亭,三峰卓杳冥。"张乔《华山》:"卓杰三峰出,高奇四岳无。"❷华州在华山三峰下,因借指华州。韩愈《元日酬蔡州马十二尚书去年蔡州元日见寄之什》:"今朝纵有谁人领,自是三峰不敢眠。"白居易《和钱华州题少华清光绝句》:"高情雅韵三峰守,主领清光管白云。"吴融有《三峰府内矫柏十韵》。褚载《吊秦叟》:"儿被杀伤妻被虏,一身随驾到三峰。"❸指今安徽黄山莲花峰,以其似华山莲花峰,故名。任宇《新安郡北百余里即黄山西北有峰高出颇类大华因目为小华山因成一绝》:"可料新安郡楼上,黄山深处见三峰?"❹指今江苏三茅山之大茅、中茅、小茅三山峰。陆龟蒙《寄茅山何威仪二首》之一:"大小三峰次九华,灵踪今尽属何家。"

【三氣】 指太初、太始、太素之气。吴筠《游仙二十四首》之十九:"导达三气和,驱除六天静。"又《高士咏·混元皇帝》:"玄元九仙主,道冠三气初。"

【三乘】 (—chéng)佛家语。指小乘(声闻乘)、中乘(缘觉乘)、大乘(菩萨乘)。亦泛指佛法。郑愔《奉和幸大荐福寺》:"旧邸三乘辟,佳辰万骑留。"李峤《送沙门泓景道俊玄奘还荆州应制》:"三乘归净域,万骑饯通庄。"许浑《冬日宣城开元寺赠元孚上人》:"妙理三乘达,清才万象供。"黄滔《题东林寺元祐上人院》:"迷津出门是,子细问三乘。"

【三乘書】 (乘 chéng)指佛经。崔珏《道林寺》:"香阁朝鸣大法鼓,天宫夜转三乘书。"

【三倒】 (—dǎo)用以指议论不凡,令人折服。见《世说新语·赏誉》及刘孝标注。孟浩然《襄阳公宅饮》:"谈笑光六义,发论明三倒。"

【三候】 指三分火候。吕岩《七言》之一一三:"三候火烧金鼎宝,五符水炼玉壶浆。"

【三島】 指海上蓬莱、瀛洲、方丈三仙山。王维《赠焦道士》:"海上游三岛,淮南预八公。"元稹《和乐天送客游岭南二十韵》:"大鳌浮三岛,周天过五均。"李商隐《寓怀》:"海明三岛见,天回九江分。"李中《鹤》:"好共灵龟作俦侣,十洲三岛逐仙翁。"

【三師】 指太师、太傅、太保。窦常《奉贺太保岐公承恩致政》:"五色诏中宣九德,百僚班外置三师。"

【三徑】 指汉蒋诩舍前三条小路。见汉赵岐《三辅决录·逃名》。李瀚《蒙求》:"蒋诩三径,许由一瓢。"亦指隐者居处。李峤《田假限疾不获还庄赠杜幽素》:"十旬俄委疾,三径且殊归。"孟浩然《秦中感秋寄远上人》:"一丘常欲卧,三径苦无资。"元稹《使东川·惭问囚》:"各待陆浑求一尉,共资三径便同休。"韦庄《同旧韵》:"露滋三径草,日动四邻砧。"

【三豹】 指唐酷吏王旭、李嵩、李全交。见《新唐书·酷吏·王旭传》。《里闾诅语》(八七六):"若违教,值三豹。"

【三畝】 见"三畝宅"。

【三畝宅】 指栖身之处,见《淮南子·原道训》。亦作"三畝居"。王维《送丘为落第归江东》:"五湖三亩宅,万里一归人。"杜牧《赠宣州元处士》:"蓬蒿三亩居,宽于一天下。"亦省作"三畝"。卢纶《送姨弟裴均尉诸暨》:"旧业废三亩,弱年成一门。"柳宗元《同刘二十八哭吕衡州兼寄江陵李元二侍御》:"三亩空留悬磬室,九原犹寄若堂封。"刘禹锡《金陵五题·江令宅》:"池台竹树三亩余,至今人道江家宅。"

【三畝居】 见"三畝宅"。

【三酒】 指事酒、昔酒、清酒。见《周礼·天官·酒正》及郑玄注。陈至《荐冰》:"色静澄三酒,光寒肃两楹。"郑谷《丞相孟夏祗荐南郊纪献十韵》:"奏歌三酒备,表敬百神柔。"

【三益】 指直、谅、多闻。《论语·季氏》:"孔子曰:'益者三友,损者三友。友直,友谅,友多闻,益矣。'"后亦指益友。权德舆《奉和许阁老酬淮南崔十七端公见寄》:"二贤欢最久,三益义非无。"刘禹锡《酬杨八庶子喜韩吴兴与余同迁见赠》:"琢磨三益重,唱和五音调。"陆龟蒙《奉和袭美新秋言怀三十韵次韵》:"旧友怀三益,关山阻二崤。"

【三害】 晋周处少年时纵情肆欲,危害乡里。乡人视处与南山虎、长桥蛟为三害。见《晋书·周处传》。张祜《晚次荆溪馆呈崔明府》:"况是无三害,弦歌初政成。"罗隐《夜泊义兴戏呈邑宰》:"溪畔维舟问戴星,此中三害有图经。"李瀚《蒙求》:"剧孟一敌,周处三害。"

【三家村】 指偏僻小乡村。王季友《代贺若令誉赠沈千运》:"山上双松长不改,百家唯有三家村。"

【三宮】 ❶诸侯夫人之宫。见《礼记·祭义》。泛指后妃之宫。李憕《奉和圣制春望之作应制》:"别馆春还淑气催,三宫路转凤皇台。"曹邺《题濮庙》:"不知皇帝三宫驻,始向人间著衮龙。"❷指明堂、辟雍、灵台。则天皇后《唐明堂乐章·迎送王公》:"载延百辟,爰集三宫。"❸指紫微、太微、文昌三星座。杨炯《送刘校书从军》:“天将下三宫,星门召五戎。”吴筠《步虚词十首》之三:“三宫发明景,朗照同郁仪。”李贺《恼公》:“王时应七夕,夫位在三宫。”❹指庐山三座宫庐,相传匡俗兄弟七人隐居此山时所建。刘允济《经庐岳回望江州想洛川有作》:“二门几迢递,三宫何倏爚。”张九龄《出为豫章郡途次庐山》:“双阙出云峙,三宫入烟沉。”❺道家以双目为绛宫,双耳为玉堂宫,鼻口为明堂宫,合称三宫。吕岩《别诗二首》之二:“三宫自有回流法,万物那无运用方?”

【三郡】　指衡州、郢州、汴州。姚合《寄汴州令狐楚相公》:“诗好四方谁敢和,政成三郡自无冤。”按,令狐楚曾任衡、郢、汴三州刺史。

【三陛】　同“三除”。韦元旦《早期》:“珮玉朝三陛,鸣珂度九门。”参见“三階❶”。

【三陟平津侯】　汉公孙弘初拜为博士,汉元光五年(前130)至左内史;汉元朔三年(前126)为御史大夫;五年,为丞相,封平津侯。凡三升而至侯。见《史记·平津侯主父列传》《汉书·百官公卿表下》。陈子昂《答洛阳主人》:“再取连城璧,三陟平津侯。”

【三除】　指宫殿前三重台阶。亦指宫殿。徐夤《忙》:“平吴破蜀三除里,灭楚图秦百战中。”

【三院】　御史台台院、殿院、察院,合称三院。见《新唐书·百官志三》。邓洵美《答同年李昉见赠次韵》:“驰名早已超三院,侍直仍忻步八砖。”

【三教】　指儒、释、道三教。寒山《诗三百三首》之二三〇:“解讲围陀典,能谈三教文。”苏颋《奉和圣制过晋阳宫应制》:“下辇崇三教,建碑当九门。”权德舆《与道者同守庚申》:“派分示三教,理诣无二名。”罗隐《代文宣王答》:“三教之中儒最尊,止戈为武武尊文。”

【三捷】　❶谓多次胜利。《诗·小雅·采薇》:“岂敢定居,一月三捷。”毛传:“捷,胜也。”苏晋《奉和圣制送张说巡边》:“三捷岂云尔,七擒良信然。”杜甫《送韦书记赴安西》:“书记赴三捷,公车留二年。”❷谓登三科。白居易《寄献北都留守裴令公》:“始擅文三捷,终兼武六韬。”自注:“进士及第、博学、制策,连登三科。”陈陶《投赠福建路罗中丞》:“三捷楷模光典策,一生封爵笑丹青。”

【三推禮】　帝王亲耕之礼。天子于每年正月籍田,亲扶耒耜,来回推三次,以示劝农。徐夤《鸿门》:“皇王尚法三推礼,白社宁忘四体勤!”《郊庙歌辞·享先农乐章·咸和》:“三推礼就,万庾祈凝。”

【三接】　三度接见。王维《和陈监四郎秋雨中思从弟据》:“逸兴方三接,衰颜强七奔。”权德舆《奉和李相公早朝奉呈门下相公中书相公》:“渥命随三接,皇恩畅九垓。”韩偓《赠僧》:“三接旧承前席遇,一灵今用戒香熏。”

【三勒湯】　以三勒所作饮料,与酒相似,从波斯传入。见唐李肇《唐国史补》卷下。白居易《寄献北都留守裴令公》自注:“居易每十斋日在会,常蒙以三勒汤代酒也。”按,三勒汤,原讹作二勒汤,今正。三勒皆为植物名。

【三乾】　三天。乾,天。道家指清微天、禹余天、大赤天。杨炯《和辅先入昊天观星瞻》:“碧落三乾外,黄图四海中。”

【三雪】　三度降雪。为丰年之兆。储光羲《述华清宫五首》之五:“三雪报大有,孰为非我灵?”

【三逐鄉閭】　指春秋晋杨回三次被乡里驱逐之事。见汉刘向《说苑·尊贤》。按杨因当作杨回。周昙《咏史诗·春秋战国门·杨回》:“三逐乡闾五去君,莫知何地可容身?”

【三逕】　同“三徑”。王维《晚春严少尹与诸公见过》:“松菊荒三迳,图书共五车。”秦系《鲍防员外见寻因书情呈赠》:“荒凉鸟兽同三迳,撩乱琴书共一床。”权德舆《寄李衡州》:“片石丛花画不如,庇身三迳岂吾庐。”贾岛《清明日园林寄友人》:“杜草开三迳,文章忆二贤。”

【三逕資】　谓归隐之资本。见《晋书·隐逸·陶潜传》。白居易《早饮醉中除河南尹敕到》:“应须了却丘中计,女嫁男婚三迳资。”参见“三徑”。

【三堂】　唐虢州刺史宅中庭园,内有林池亭台。开元初,邠王李守礼、岐王李范等为虢州刺史时建。治所在今河南灵宝。贾岛《题虢三堂赠吴郎中》:“半岸泥沙孤鹤立,三堂风雨四门开。”白居易《东归》:“前夕宿三堂,今旦游申湖。”自注:“三堂在陕。”李洞《吊侯圭常侍》:“三堂一拜遇,四海两心知。”

【三晡】　晡为申时。分为上晡、中晡、下晡,合称三晡。惠文太子《句》:“离筵风日三晡晚,归路云霞一道开。”

【三晨不舉火】　孔子弟子曾参不仕,居于卫国,生活艰苦,常三日不烧饭。见晋皇甫谧《高士传·曾参》。后用为归隐贫居之典。王绩《晚年叙志示翟处士》:“三晨宁举火,五月镇披裘。”

【三略】　❶兵书名。相传为汉黄石公撰。《隋书·经籍志三》有《黄石公三略》三卷。原书佚,今通行本为后人伪托之书。亦泛指兵书。张说《将赴朔方军应制》:“幼志传《三略》,衰材谢六钧。”高适《信安王幕府诗》:“军势持《三略》,兵戎自九天。”护国《别盛安》:“欲除豺虎论《三略》,莫对云山咏《四愁》。”黄滔《鄜畤李相公》:“计吐六奇谁敢敌,学穷《三略》不须论。”❷指三国蜀庞统为先主陈上、中、下三计取益州牧刘璋事。见《三国志·蜀志·庞统传》。虞世南《出塞》："上将三略远，元戎九命尊。"韩愈、李正封《晚秋郾城夜会联句》："军门宣一令，庙算建三略。"

【三唱】 三次高呼。花蕊夫人徐氏《宫词》之四七："鸡人报晓传三唱，玉井金床转辘轳。"

【三國】 ❶指汉末魏、蜀、吴三国。张说《经江宁览旧迹至玄武湖》："否运争三国，康时劣九州。"张祜《吴中怀古十六韵》："六朝人已去，三国事应殊。"许浑《金陵阻风登延祚阁》："戈铤三国后，冠盖六朝中。"❷指战国时韩、赵、魏三国。周昙《咏史诗·春秋战国门·智伯》："三国连兵敌就擒，晋阳城下碧波深。"❸指杨贵妃三个姊，即大姨韩国夫人、三姨虢国夫人、八姨秦国夫人。郑嵎《津阳门诗》："上皇宽容易承事，十家三国争光辉。"

【三國志】 史书名。晋陈寿撰。纪传体断代史。记载汉末魏、蜀、吴三国鼎立割据历史。凡六十五卷，其中《魏书》三十卷，《蜀书》十五卷，《吴书》二十卷；另有《叙录》一卷，佚。南朝宋裴松之为之作注。唐代与《史记》《汉书》《后汉书》并称为"四史"。周朴《宿刘温书斋》："因论《三国志》，空载几英豪。"李九龄有《读三国志》。

【三條】 ❶指京师三条主要通衢大道。骆宾王《畴昔篇》："五霸争驰千里马，三条竞骛七香车。"刘祎之《奉和太子纳妃太平公主出降》："万户声明发，三条骑吹通。"邵偃《赋得春风扇微和》："三条开广陌，八水泛通津。"杜牧《雪晴访赵嘏街西所居三韵》："今日访君还有意，三条冰雪独来看。"参见"三條路"。❷指北条山、中条山、南条山。皎然《送沈居士还太原》："浪花飘一叶，峰色向三条。"

【三條九陌】 指京师通衢大道。骆宾王《从军中行路难二首》之二："三条九陌丽城隈，万户千门平旦开。"徐凝《寄白司马》："三条九陌花时节，万户千车看牡丹。"

【三條陌】 同"三條路"。张南史《早春书事奉寄中书李舍人》："柳发三条陌，花飞六辅渠。"滕迈《杨柳枝词》："三条陌上拂金羁，万里桥边映酒旗。"

【三條路】 指京师三条主要通衢大道。见《后汉书·班固传》载《西都赋》及李贤注。张九龄《奉和圣制南郊礼毕酺宴》："春发三条路，酺开百戏场。"刘禹锡《酬郑州权舍人见寄十二韵》："忆昔三条路，居邻数仞墙。"

【三條燭】 唐进士考试，可延长至夜间，限以烧烛两条，见唐白居易《论重考进士事宜状》。亦限烧三条。见五代王定保《唐摭言·敕赐及第》。韦承贻《策试夜潜纪长句于都堂西南隅》："三条烛尽钟初动，九转丹成鼎未开。"黄滔《御试二首》之一："九华灯作三条烛，万乘君悬四首题。"殷文圭《省试夜投献座主》："烛然兰省三条白，山束龙门万仞青。"

【三鳥】 同"三青鳥"。见汉刘向《九叹·忧苦》及洪兴祖补注。骆宾王《代女道士王灵妃赠道士李荣》："双童绰约时游陟，三鸟联翩报消息。"张说《侍宴襄荷亭应制》："仙路迎三鸟，云衢驻两龙。"皇甫冉《祭张公洞二首》之二："三鸟随王母，双童翊子先。"崔涂《续纪汉武》："分明三鸟下储胥，一觉钧天梦不如。"

【三途】 佛家语。指火途、血途、刀途。亦即地狱道、畜生道、饿鬼道。见《维摩经·方便品》。唐湛然《止观辅行传弘决》："《四解脱经》以三途名火、血、刀也。"寒山《诗三百三首》之一九七："世间何事最堪嗟？尽是三途造罪楂。"又之二八四："失脚八三途，粉骨遭千捣。"

【三術】 指王道、霸道、富国强兵之道。《汉书·叙传上》："商鞅挟三术以钻孝公，李斯奋时务而要始皇。"颜师古注引应劭曰："王、霸、富国强兵，为三术也。"张九龄《叙怀二首》之二："既闻持两端，复见挟三术。"

【三徙】 指孟母为改善孟子学习环境而三次迁徙居处之事。见汉刘向《列女传》。温庭筠《感旧陈情五十韵献淮南李仆射》："邻里才三徙，云霄已九迁。"

【三從】 谓妇人未嫁从父、出嫁从夫、夫死从子。《仪礼·丧服》："妇人有三从之义，无专用之道，故未嫁从父，既嫁从夫，夫死从子。"徐月英《叙怀》："为失三从泣泪频，此身何用处人伦！"

【三卿】 三公。骆宾王《四月八日题七级》："二帝曾游圣，三卿是偶贤。"

【三旌】 同"三珪"。贯休《寿春进祝圣七首·搜扬草泽》："仄席三旌切，移山万里来。"

【三族】 说法不同。《大戴礼记·保傅》卢辩注谓父族、母族、妻族。《史记·秦本纪》裴骃集解谓父母、兄弟、妻子。《周礼·春官·小宗伯》郑玄注谓父、子、孙。《仪礼·士昏礼》郑玄注谓父昆弟、己昆弟、子昆弟。张祜《上元怀古》："只闻丞相夷三族，不见扁舟泛五湖。"杜荀鹤《寄从叔》："三族不当路，长年犹布衣。"

【三章】 ❶指汉高祖入咸阳时所颁三条律令。于季子《咏汉高祖》："百战方夷项，三章且代秦。"李商隐《故番禺侯以赃罪致不辜事觉母者他日过其门》："杀人须显戮，谁举汉三章？"亦泛指法律。杜牧《奉送中丞姊夫俦叙事书怀因成十二韵》："一室何劳扫，三章自不冤。"参见"三章約"。❷指汉高祖过沛时所作《三侯之章》，即《大风歌》。李峤《诗》："天子三章传，陈王七步才。"

【三章令】 指汉高祖入咸阳时所颁三条律令。杨炯《奉和上元酺宴应诏》："汉后三章令，周王五伐兵。”参见“三章約”。

【三章約】 指汉高祖入咸阳，与父老豪杰约法三章。见《史记·高祖本纪》。亦泛指律令。李商隐《今月二日不自量度辄以诗一首四十韵干渎尊严辄复五言四十韵诗献上亦诗人咏叹不足之义也》：“愿守三章约，尝期九译通。”

【三章律】 指汉高祖入成阳时所颁三条律令。亦泛指法律。骆宾王《畴昔篇》：“慎罚宁凭两造辞，严科直挂三章律。”参见“三章約”。

【三部】 指吐蕃三个部落。薛逢《送西川梁常侍之新筑龙山城并赐赉两州刺史及部落酋长等》：“渥泽濡三部，衣冠化两林。”原注：“谓三王部落。”

【三清】 ❶道家指玉清、上清、太清三清境。褚亮《祭神州乐章·肃和》：“露揫三清，风调天变。”吴筠《游仙二十四首》之二二：“予招三清友，迥出九天上。”李商隐《槿花二首》之一：“三清与仙岛，何事亦离群。”陆龟蒙《上元日道室焚修寄袭美》：“三清今日聚灵官，玉刺齐抽谒广寒。”❷道家指玉清境洞真教主元始天尊、上清境洞玄教主灵宝天尊、太清境洞神教主道德天尊。崔国辅《九日侍宴应制》：“金篆三清降，琼筵五老巡。”❸宫殿名。在长安大明宫内。花蕊夫人徐氏《宫词》之七二：“三清台近苑墙东，楼槛层层映水红。”❹酒名。即清酒。骆宾王《初秋登王司马楼宴得同字》：“缔赏三清满，承欢六义通。”参见“三酒”。

【三清洞】 指三清境。亦借指朝廷。杜牧《送故人归山》：“三清洞里无端别，又拂尘衣欲卧云。”

【三清宫】 见“三清宫殿”。

【三清宫殿】 亦作“三清宫”。指玉清、上清、太清三天之宫殿。施肩吾《清夜忆仙宫子》：“三清宫里月如画，十二宫楼何处眠。”李咸用《升天行》：“三清宫殿浮晴烟，玉皇据案方凝然。”

【三清客】 指仙人。鲍溶《霓裳羽衣歌》：“眼前意是三清客，星宿离离绕身白。”赵嘏《赠女仙》：“不因金骨三清客，谁识吴州有洞天。”吕岩《敲爻歌》：“飞升羽化三清客，名遂功成达上苍。”

【三清鳥】 同“三青鳥”。韦应物《骊山行》：“三清小鸟传仙语，九华真人奉琼浆。”李益《避暑女冠》：“焚香欲使三清鸟，静拂桐阴上玉坛。”

【三清路】 ❶通往三清之路。刘禹锡《同白二十二赠王山人》：“飞章上达三清路，受箓平交五岳神。”❷仙升之路，指死。姚合《敬宗皇帝挽词三首》之一：“彩仗三清路，麻衣万国春。”❸指登科。郑谷《送进士韦序赴举》：“丹霞照上三清路，瑞锦裁成五色毫。”

【三清境】 道家指清微天玉清境、禹余天上清境、大赤天太清境，为三洞教主所居最高仙境。见《云笈七签》卷三。李商隐《寓怀》：“长养三清境，追随五帝君。”

【三清樂】 指仙乐。曹松《句》：“追游若遇三清乐，行从应妨一日春。”陈陶《洛城见贺自真飞升》：“三清乐奏嵩丘下，五色云屯御苑前。”《郊庙歌辞·太清宫乐章·序入破第一奏》：“一奏三清乐，长回八景舆。”

【三梁】 ❶冠名。公侯所服。见《后汉书·舆服志下》《晋书·舆服志》。李贺《竹》：“三梁曾入用，一节奉王孙。”皮日休《以纱巾寄鲁望因而有作》：“周家新样替三梁，裹发偏宜白面郎。”❷地名。在广西桂林。李商隐《和孙朴韦蟾孔雀咏》：“此去三梁远，今来万里携。”

【三宿】 ❶(一xiǔ)三夜。白居易《答微之咏怀见寄》：“分袂二年劳梦寐，并床三宿话平生。”❷佛家语。指对世俗留恋之情。见《后汉书·襄楷传》及李贤注。赵璜《正月》：“世网留三宿，真源寄一杯。”薛能《自广汉游三学士》：“世缺一来应薄命，雨留三宿是前缘。”

【三張】 指西晋张载与其弟张协、张亢。见《晋书·张亢传》。杜牧《送薛邽二首》之一：“只有三张最惆怅，下山回马尚迟迟。”罗隐《送卢端公归台卢校书之夏县》：“地推八米源流盛，才笑三张事业贫。”贯休《秋末寄张侍郎》：“寂寥还得句，溪上寄三张。”

【三張減價】 指晋陆机、陆云兄弟入洛阳后，而张载、张协、张亢兄弟名声身价大减之事。《晋书·夏侯湛等传论》：“洎乎二陆入洛，三张减价。”贯休《怀洛下卢缙云》：“一减三张价，幽居少室前。”参见“三張”。

【三張價】 指晋张载、张协、张亢兄弟三人名声身价。耿湋《与清江上人及诸公宿李八昆季宅》：“更过三张价，东游愧陆机。”参见“三張減價”。

【三强】 指晋国大夫韩氏、赵氏、魏氏。周昙《咏史诗·春秋战国门·文公》：“文公徒欲三强服，分晋元来是六卿。”

【三婦】 见“三婦艷”。

【三婦艷】 乐府相和歌辞清调曲名。乐府古辞《相逢行》《长安有狭斜行》均有“大妇织绮罗，中妇织流黄。小妇无所为，挟瑟上高堂”之句。南朝宋刘铄即取四句及其后二句成《三妇艳诗》。南朝齐王融、梁沈约、陈后主等均有此诗。见宋郭茂倩《乐府诗集·相和歌辞九》《相和歌辞十》。董思恭《三妇艳》：“大妇裁纨素，中妇弄明珰。小妇多姿态，登楼红粉妆。丈人且安坐，初日渐流光。”亦省作“三婦”。骆宾王《和孙长史秋日卧病》：“调弦《三妇》至，置驿五侯来。”

【三陵】 指陈高祖之祖道巨寿陵、父文赞瑞陵、兄陈文帝父道谈明陵。在高祖故里吴兴郡长城县下若里(今浙江长兴)。皎然《遥酬袁使君高春暮行县过报德寺见怀》:“见说三陵下,前朝开佛祠。”又《题报德寺清幽上人西峰》:“双塔寒林外,三陵暮雨间。”

【三終】　谓奏毕三章之乐。唐以乡饮酒礼宴乡贡进士,备管弦,歌《诗·小雅·鹿鸣》之章。见《新唐书·选举志上》。因用以指鹿鸣宴。吕温《河南府试赎帖赋得乡饮酒诗》:“百拜宾仪尽,三终乐奏长。”吕炅《贡举人谒先师闻雅乐》:“九变将随节,三终必尽仪。”

【三越】　捐吴越、南越、闽越。亦泛指越地。骆宾王《送刘少府游越州》:“一丘余枕石,三越尔怀铅。”

【三彭】　即三尸神。程紫霄《示守庚申众》:“玉皇已自知行上,任汝三彭说是非。”参见“三尸”。

【三都】　❶唐代西都长安、东都洛阳、北都太原,合称三都。陆龟蒙《新竹》:“立窥五岭秀,坐对三都屏。”❷指晋左思《三都赋》。元稹《酬乐天江楼夜吟稹诗因成三十韵》:“《三都》时觉重,一顾世称妍。”白居易《和微之春日投简阳明洞天五十韵》:“登楼诗八咏,置砚赋《三都》。”齐己《移居》:“欲问存思搜抉妙,几联诗许敌《三都》。”参见“三都赋”。

【三都節】　指三镇节度使。罗隐《春日投钱塘元帅尚父二首》之一:“三都节已联翩降,两地花应次第开。”亦省作“三節”。吴越王钱镠《巡衣锦军制还乡歌》:“三节还乡兮挂锦衣,碧天朗朗兮爱日晖。”按钱镠领唐镇海、镇东两军节度使,入梁后又兼领淮南。

【三都赋】　指晋左思所作《蜀都赋》《吴都赋》《魏都赋》。蜀都益州,吴都建业,魏都邺。左思三都赋成,洛阳为之氏贵。白居易《和微之诗二十三首·和酬郑侍御东阳春闷放怀追越游见寄》:“一缄疏入掩谷永,《三都赋》成排左思。”

【三揖】　谓三次作揖。李纾《让皇帝庙乐章·亚献终献》:“九仪不忒,三揖将终。”

【三揖讓】　谓三次以天下相让。李商隐《送从翁东川弘农尚书幕》:“时非三揖让,表请再陶钧。”参见“三讓❸”。

【三握髮】　一沐三握发之略。《韩诗外传》卷三有载。后用为礼贤下士之典。邵谒《论政》:“贤哉三握发,为有天下忧。”

【三惡途】　佛家语。即三恶道。指依照人之罪恶分别使之堕入地狱道、畜生道、饿鬼道。黑驹《别卢传素诗》:“今日相偿了,永离三恶途。”参见“三途”。

【三朝】　(—cháo)❶指一个朝代中前后三个君主在位之时。戎昱《观卫尚书九日对中使射破的》:“出将三朝贵,弯弓五善齐。”王建《赠王枢密》:“三朝行坐镇相随,今上春宫见小时。”李商隐《宋玉》:“可怜庾信寻荒径,犹得三朝托后车。”曹唐《奉送严大夫再领容府二首》之一:“自顾勤劳甘百战,不将功业负三朝。”❷指朝、暮、日中一日三次朝见。亦泛指一日数次朝见。张说《节义太子杨妃挽歌二首》之二:“昔日三朝路,逶迤四望车。”薛能《恭禧皇太后挽歌二首》之二:“配圣三朝隔,灵仪万姓哀。”❸指孝道。刘禹锡《武陵书怀五十韵》:“大孝三朝备,洪恩九族惇。”

【三朝】　(—zhāo)❶三日。李白《赠别从甥高五》:“三朝空错莫,对饭却惭冤。”❷指正月一日。谓岁月之朝,月之朝,日之朝。耿湋《元日早朝》:“九陌朝臣满,三朝侯鼓赊。”黄滔《酬俞钧》:“乡书一忝荐延恩,二纪三朝泣省门。”李洞《出山睹春榜》:“指霞辞二纪,吟雪遇三朝。”

【三朝三暮】　(朝 zhāo)三日三夜。《艺文类聚》卷七引南朝宋盛弘之《荆州记》曰:“行者语曰:‘朝发黄牛,暮宿黄牛,三日三暮,黄牛如故。’”按,北魏郦道元《水经注·江水二》引行者谣作“三朝三暮”。李白《上三峡》:“三朝上黄牛,三暮行太迟。三朝又三暮,不觉鬓成丝。”

【三朝楚】　(朝 cháo)指楚人卞和三次抱璞玉献楚厉王、楚武王、楚文王之事。卢僎《途中口号》:“抱玉三朝楚,怀书十上秦。”参见“三獻玉”。

【三惠大師】　僧人,兼修道教。善弈。曾应诏讲经。与李洞有交往。李洞有《赠三惠大师》。

【三惑】　指酒、色、财三种惑人之物。杜牧《分司东都叨承刘侍郎大夫恩知上四十韵》:“四知台上镜,三惑井中瓶。”许浑《金谷园》:“三惑沈身是此园,古藤荒草野禽喧。”徐夤《陈》:“三惑昏昏中紫宸,万机抛却醉临春。”苏拯《邹律》:“世患有三惑,尔律莫能抑。”参见“三不惑”。

【三雲宫】　指汉成帝所设云帐、云幄、云幕三殿。储光羲《同诸公秋日昆明池思古》:“峨峨三云宫,肃肃振旅归。”

【三雅】　酒器名。伯雅、仲雅、季雅之合称。唐彦谦《汉代》:“饮酒阑三雅,投壶赛百娇。”亦泛指酒杯。刘禹锡《和汴州令狐相公到镇改月偶书所怀》:“酒每倾三雅,书能发百函。”又《酬乐天醉后狂吟十韵》:“八关斋适罢,三雅兴尤偏。”

【三雅杯】　指酒杯。于志宁《冬日宴群公于宅各赋一字得杯》:“俱裁七步咏,同倾三雅杯。”参见“三雅”。

【三華】　即贝多树。皎然《杼山上峰和颜使君真卿袁侍御五韵赋得印字仍期明日登开元寺楼之会》:“日敧诸天近,雨过三华润。”

【三幅】　指三张写有诗文之纸。亦指诗文。罗隐《暇日感怀因寄同院吴蜕拾遗》:“今日二难俱大夜,当时三幅谩高才。”

【三甥】　指春秋时邓祁侯之甥骓甥、聃甥、养甥。

见《左传·庄公六年》。胡曾《咏史诗·邓城》："不用三甥谋楚计，临危方觉噬脐难。"

【三傑】　三位人杰。指汉张良、萧何、韩信。见《史记·高祖本纪》。陈子良《赞德上越国公杨素》："已踵四知举，非无三杰名。"许景先《奉和圣制送张尚书巡边》："汉主知三杰，《周官》统六卿。"秦系《闲居览史》："当时汉祖无三杰，争得咸阳与子孙？"司空图《杂题二首》之一："若使只凭三杰力，犹应汉鼎一毫轻。"

【三₂復】　反复诵读。独孤及《寒夜溪行舟中作》："沉吟《登楼赋》，中夜起三复。"

【三₂復白珪】　《论语·先进》："南容三复白圭，孔子以其兄之子妻之。"后因用为慎言之典。骆宾王《夏日游德州赠高四》："一诺黄金信，三复白圭心。"

【三象】　❶指日、月、星辰。张说《代书寄薛四》："纹足经三象，素当综群务。"武平一《奉和幸新丰温宫应制》："行漏移三象，连营总八屯。"王昌龄《驾幸河东》："下辇回三象，题碑任六龙。"韦表微《池州夫子庙麟台》："二仪既闭，三象乃乖。"❷指三台。星名，用以指三公。杜甫《赠韦七赞善》："尔家最近魁三象，时论同归尺五天。"

【三詔】　三道诏书。多指任命诏书。杜牧《半坡绝句三首》之一："故国池塘倚御渠，江城三诏换鱼书。"方干《献王大夫》："荀宋五言行世早，巢由三诏出溪迟。"

【三善】　指臣事君、子事父、幼事长之道。则天皇后《唐明堂乐章·皇嗣出入升降》："誉降三善，祥开万春。"周昙《咏史诗·前汉门·樊崇徐宣》："首事纵縻三善在，归仁何虑不全生？"

【三湘】　❶指以湘水为中心三条水名。说法不一。一说湘水会漓水为漓湘，会潇水为潇湘，会蒸水为蒸湘。李颀《湘夫人》："九嶷日已暮，三湘云复愁。"孟浩然《自浔阳泛舟经明海》："因之泛五湖，流浪经三湘。"鲍溶《湘妃列女操》："乍听宝琴遥嗣续，三湘测测流急绿。"杜牧《别怀》："去路三湘浪，归程一片风。"❷江水、湘水、沅水。王维《汉江临泛》："楚塞三湘接，荆门九派通。"李白《荆州贼平临洞庭言怀作》："水穷三苗国，地窄三湘道。"李嘉祐《送元侍御还荆南幕府》："八座犹持节，三湘亦置军。"❸指洞庭湖以南，九嶷山以北湘江流域。即今湖南省大部地区。孟浩然《经七里滩》："五岳追向子，三湘吊屈平。"钱起《送衡阳归客》："怜君从此去，日夕望三湘。"皎然《送颜处士还长沙觐省》："西候风信起，三湘孤客心。"刘禹锡《含好洞述》序："若江华者，九嶷、三湘之佳丽地也。"

【三湘水】　指以湘水为中心三条水名。刘长卿《送李侍御贬郴州》："几路三湘水，全家万里人。"权德舆《新秋月夜寄故人》："影落三湘水，诗传八咏楼。"杜荀鹤《湘江秋夕》："三湘月色三湘水，浸骨寒光似练铺。"黄滔《寄献梓橦山侯侍御》："直道三湘水，高情四皓山。"

【三湖】　指洞庭湖、青草湖、赤亭湖。赵冬曦《滗湖作》："三湖返入两山间，畜作滗湖弯复弯。"

【三登】　谓连续二十七年五谷丰登。见《汉书·食货志上》。亦谓天下太平。魏征《五郊乐章·雍和》："六变有成，三登无体。"

【三階】　即三台，星名。见《汉书·东方朔传》及颜师古注。许敬宗《奉和登陕州城楼应制》："眷念三阶静，遥想二南风。"张说《赦归在道中作》："复是三阶正，还逢四海平。"杜甫《建都十二韵》："虽倚三阶正，终愁万国翻。"李洞《述怀二十韵献覃怀相公》："百辟寻知度，三阶正有程。"

【三階院】　寺院名。在长安宣阳坊净域寺中。段成式、张希复、郑符有《三阶院联句》。

【三陽】　❶指正月。李峤《奉和人日清晖阁宴群臣遇雪应制》："三阳偏胜节，七日最灵辰。"张说《先天应令》："三阳偏胜节，七日最灵辰。"张说《先天应令》："三阳丽景早芳辰，四序嘉园物候新。"玄宗《春中兴庆宫酺宴》："九达长安道，三阳别馆春。"侯冽《花发上林》："花发三阳盛，香飘五柞深。"❷十一月冬至一阳生，十二月二阳生，正月三阳开泰，合称三阳。崔琮《长至日上公献寿》："应律三阳首，朝天万国同。"❸见"三陽宫"。

【三陽宫】　唐宫殿名。圣历三年(700)置。位于河南府登封县(今属河南)。宋之问有《三阳宫侍宴应制得幽字》。张说《右侍郎集贤院学士徐公挽词二首》之二："并赋三阳宫，集诗集贤殿。"亦省作"三陽"。中宗《石淙》："三阳本是标灵纪，二室由来独擅名。"

【三絶】　指三种卓绝之技或绝妙之物。多指一人、一时或一地而言。❶指郑虔之诗、书、画。见《新唐书·文艺中·郑虔传》。杜甫《八哀诗·故著作郎贬台州司户荥阳郑公虔》："三绝自御题，四方尤所仰。"❷指湖州(今属浙江)之苎布、糯米、茶叶。张文规《吴兴三绝》："蘋洲须觉池沼俗，苎布直胜罗纨轻。清风楼下草初出，明月峡中茶始生。吴兴三绝不可舍，劝子强为吴会行。"

【三統】　❶指天统、地统、人统。周以建子为正朔，称天统；商以建丑为正朔，称地统；夏以建寅为正朔，称人统。《汉书·刘向传》："王者必通三统。"杜审言《扈从出长安应制》："文物驱三统，声名走百神。"沈佺期《答魑魅代书寄家人》："礼乐移三统，舟车会八方。"徐知仁《奉和圣制送张说巡边》："圣德膺三统，皇恩被八埏。"杜甫《秦州见敕目薛三璩授司仪郎毕四曜除监察三十韵》："帝力收三统，天威总四溟。"参见"三正”。❷指《三统历》。汉刘歆撰。张濯《迎春东郊》：“考历明《三统》，迎祥受万人。”

【三鼓】　指春秋鲁曹刿同鲁庄公论三鼓之事。三鼓，交战前三次击鼓。见《左传·庄公十年》。贯休《杜侯行》：“金昆玉季轻三鼓，煮海悬鱼臣节苦。”周昙《咏史诗·春秋战国门·庄公》：“鱼丽三鼓微曹刿，肉食安能暇远谟！”

【三聖】　❶三位圣人。说法不一。(1)指尧、舜、禹。见《汉书·董仲舒传》。(2)指伏羲、文王、孔子。见《汉书·艺文志》颜师古注引韦昭说。(3)指周文王、周武王、周公。见《汉书·诸侯王表》颜师古注。路德延《小儿诗》：“展画趋三圣，开屏笑七贤。”❷指唐高祖、太宗、高宗。则天皇后《唐大飨拜洛乐章·昭和》：“九玄眷命，三圣基隆。”刘禹锡有《送分司陈郎中祗召直史馆重修三圣实录》。

【三楚】　秦汉时将战国楚地分为南楚、东楚、西楚，合称“三楚”。亦泛指楚地。王维《登辨觉寺》：“窗中三楚尽，林上九江平。”杨凌《奉酬韦滁州寄示》：“陪燕辞三楚，戒途绵百越。”李商隐《过郑广文旧居》：“宋玉平生恨有余，远循三楚吊三闾。”齐己《谢虚中上人寄示题天策阁诗》：“阁横三楚上，题挂九霄边。”

【三楊】　指唐杨虞卿、杨汝士、杨汉公兄弟三人。见《新唐书·杨虞卿传》。《举场语》(卷八七六)：“欲入举场，先问苏张。苏张犹可，三杨杀我。”

【三極】　❶三才。天、地、人。褚亮《祭神州乐章·舒和》：“水土既调三极泰，文武毕备九区平。”则天皇后《唐大飨拜洛乐章·齐和》：“沉潜演贶分三极，广大凝祯总万方。”李峤《晚秋喜雨》：“睿感通三极，天诚贯六幽。”❷指东、西、南三方。杜甫《楼上》：“皇舆三极北，身事五湖同。”

【三頓】　一日三餐饭。蒋贻恭《咏安仁宰捣蒜》：“帐生岁取餐三顿，乡老盘庚犯五瓯。”

【三葉】　三世，三代。高适《古歌行》：“君不见汉家三叶从代至，高皇旧臣多富贵。”杜甫《别李义》：“丈人嗣三叶，之子白玉温。”

【三萬六千】　见“三萬六千日”。

【三萬六千日】　百年。人之一生。李白《襄阳歌》：“百年三万六千日，一日须倾三百杯。”杜牧《寓题》：“假如三万六千日，半是悲哀半是愁。”亦省作“三万六千”。骆宾王《帝京篇》：“且论三万六千是，宁知四十九年非！”

【三歲字】　《古诗十九首·孟冬寒气至》：“客从远方来，遗我一书札。上言长相思，下言久离别。置书怀袖中，三岁字不灭。”后因以“三岁字”用为书信之典。张谓《寄李侍御》：“近看三岁字，遥见百年心。”刘方平《寄严八判官》：“怀袖未传三岁字，相思空作陇头吟。”

【三農】　❶指三类不同地区之农民。亦泛指农民。魏征《五郊乐章·肃和》：“八蜡已登，三农息务。”徐安贞《奉和喜雪应制》：“自有三农歌帝力，还将万庾答尧心。”白居易《贺雨》：“宥死降五刑，责己宽三农。”和凝《宫词百首》之三三：“三农皆已辟田畴，又见金门出土牛。”❷指春、夏、秋三个农时。李峤《奉和杜员外扈从教阅》：“薄狩三农隙，大阅五戎场。”❸指秋收季节。苏颋《秋社日崇让园宴得新字》：“鸣爵三农稔，句龙百代神。”

【三路】　同“三徑”。李端《送元晟归江东旧居》：“蒋家人暂别，三路草连阶。”

【三路口】　三岔路口。吕岩《七言》之一〇七：“闷里醉眠三路口，闲来游钓洞庭心。”

【三蜀】　指汉蜀郡、广汉、犍为三郡。治所分别在今四川成都、梓潼、宜宾。亦泛指蜀地。李白《司马将军歌》：“我见楼船壮心目，颇似龙骧下三蜀。”韩翃《赠别成明府赴剑南》：“朝为三室印，晚为三蜀人。”殷尧藩《金陵怀古》：“江吞彭蠡来三蜀，地接昆仑带九河。”韦庄《和同年韦学士华下途中见寄》：“送我独游三蜀路，羡君新上九霄梯。”

【三棱草】　草名。原长于荆楚，故称荆三棱。多年生沼泽草本。丛生，叶互生。茎直立，呈三棱形。茎端生数叶。夏季开小花，黄紫色，聚生成小穗。张祜《江南杂题》：“碧瘦三棱草，红鲜百叶桃。”

【三傳】　(—zhuàn)❶指《春秋》三传，即《左传》《公羊传》《穀梁传》。韩愈《寄卢仝》：“《春秋》三传束高阁，独抱遗经究终始。”❷唐明经科之一种。以试《左传》《公羊传》《穀梁传》及第。张乔有《送三传赴长城尉》。按此指三传及第主人。

【三會】　❶同“三奏❶”。曹唐《长安客舍叙郡陵旧宴寄永州萧使君五首》之一：“残漏五更传海月，清笳三会揭天风。”高骈《边城听角》：“三会五更欲吹尽，不知凡白几人头？”方干《晓角》：“罢闻三会后，天迥晓星流。”李士元《登单于台》：“残阳三会角，吹白旅人头。”❷即三会寺。李乂《奉和幸三会寺应制》：“二仪齐法驾，三会礼香筵。”参见“三會寺”。

【三會寺】　寺院名。在长安(今陕西西安)西南。见宋宋敏求《长安志》卷十二。按中宗景龙二年(708)十月至三会寺，有诗，今佚。应制之诗多存。宋之问、刘宪、李峤均有《奉和幸三会寺应制》。萧至忠有《三会寺应制》。

【三微】　三正。三正之始，万物皆微而不显，故又称三微。杜审言《和李大夫嗣真奉使存抚河东》：“六位乾坤动，三微历数迁。”独孤及《季冬自嵩山赴洛道中作》：“三微复正统，五玉归文祖。”

【三節】　见“三都節”。

【三飲】　三度饮用。见《仪礼·公食大夫礼》。亦泛指饮酒。苏颋《奉和圣制途次旧居应制》：“帐倾三饮处，闲整六飞余。”

【三雍】　即三雍宫。辟雍、明堂、灵台之总称。苏味道《和武三思于天中寺寻复礼上人之作》：“藩戚三雍暇，禅居二室限。”张继《河间献王墓》：“频求千古书连帙，独对三雍策几篇。”权德舆《赠文敬太子庙时享退文舞迎舞乐章》：“昔献三雍盛礼容，今陈六佾崇仪制。”

【三道】　谓国体、人事、直言。见《汉书·晁错传》。韩翃《别汜水县尉》：“万年枝影转斜光，三道先成君激昂。”元稹《纪怀赠李六户曹崔二十功曹五十韵》：“昔冠诸生首，初因三道征。”

【三塗】　❶山名。在唐河南府陆浑县(今河南嵩县)西南。姚崇《奉和圣制夏日游石淙山》：“二室三涂光地险，均霜揆日处天中。”❷同“三途”。吕岩《水龙吟》词：“炼金丹换了，凡胎浊骨，免轮回，三涂苦。”

【三窟】　三个洞穴。用以喻多方退路。见《战国策·齐策四》。李白《送薛九被谗去鲁》：“孟尝习狡兔，三窟赖冯谖。”罗隐《贵池晓望》：“计疏狡兔无三窟，羁甚宾鸿欲一生。”唐彦谦《梅亭》：“世事徒三窟，儿曹且一经。”周昙《咏史诗·春秋战国门·再吟田文》：“田文不厌无能客，三窟全身果有凭。”

【三殿】　唐大明宫麟德殿之异名。徐彦伯《同韦舍人元旦早朝》：“予亦趋三殿，肩随谒九重。”刘长卿《送许拾遗还京》：“万里辞三殿，全陵到旧居。”法振《送褚先生海上寻封炼师》：“近承三殿旨，欲向五湖游。”和凝《宫词百首》之四三：“三殿香浓晓色来，祥鸾威凤待门开。”

【三辟】　(—bì)指夏、商、周三代法律。柳宗元《游南亭夜还叙志七十韵》：“三辟威肆宥，众生均覆焘。”

【三$_2$辟】　(—bì)多次征召。秦系《山中枉皇甫温大夫见招书》：“三辟草堂仍被褐，数行书札忽临门。”

【三鄉】　驿站名。位于唐河南府福昌县南女儿山下(今河南宜阳西)。为东都洛阳至西京长安道中一个重要驿站。羊士谔有《过三乡望女儿山早岁有卜筑之志》。刘禹锡有《三乡驿楼伏睹玄宗望女儿山诗小臣斐然有感》。白居易《和微之任校书郎日过三乡》：“三乡过日君年几？今日君年五十余。”李群玉《送郑子宽弃官东游归女儿》：“回车三乡路，仙菊正堪摘。”

【三鄉詩】　会昌中，若耶溪女子作。其序谓，其家本若耶溪东，从良人西入函关，寓居西京晋昌里第。不意良人殁，邈然无依，因东返，涉浐水，历渭川，挹嘉祥之清流，面女几之苍翠。凡经过之处，皆昔日燕笑之地。举日销魂，遂命笔作《题三乡诗》。之后，陆贞洞、刘谷、王祝、王涤、韦冰、李昌邺、王硕、李缟、张绮、高衢等十人皆有《和三乡诗》。贾驰有《复睹三乡题处留赠》。事见唐范摅《云溪友议》卷中。参见“三鄉”。

【三號】　指鸡叫三遍。谓拂晓。韩愈《东方半明》：“鸡三号，更五点。”

【三臺】　❶指灵台、时台、囿台。太宗有《登三台言志》。许敬宗有《奉和圣制登三台言志应制》。❷汉制，以尚书为中台，御史为宪台，谒者为外台，合称三台。崔融《户部尚书崔公挽歌》：“八座图书委，三台章奏盈。”钱起《和范郎中宿直中书晓玩清池赠南省同僚两垣遗补》：“六义惊摛藻，三台响掷金。”朱放《九日陪刘中丞宴昌乐寺送梁廷评》：“独坐三台妙，重阳百越间。”❸指三国魏曹操所建铜雀台、金虎台、冰井台。孟云卿《邺城怀古》：“三台竟寂寞，万事良难固。”❹山名。见“三臺山”。❺曲调名。王建有《宫中三台词二首》。又《江南三台词四首》之三：“朝愁暮愁即老，百年几度《三台》？”盛小丛有《突厥三台》。

【三臺山】　山名。位于嵩山之东。尉迟汾《府尹王侍郎准制拜岳因状嵩高灵胜寄呈三十韵》：“龙门计东豁，三台有何踪？”

【三臺令】　词牌名。《调笑令》之别名。韦应物有《调笑令》词，注：“一名《三台令》。”冯延巳有《三台令》词。

【三境】　佛家语。性境、带质境、独影境之合称。张绍《冲佑观》：“三境求规，五灵取则。”

【三壽】　❶三卿。《诗·鲁颂·閟宫》：“三寿作朋，如冈如陵。”郑玄笺：“三寿，三卿也。”李纾《让皇帝庙乐章·酌献》：“八音具举，三寿既盥。”❷指上寿、中寿、下寿。李咸用《依韵修睦上人山居十首》之四：“清闲自可齐三寿，忿恨还须戒一朝。”

【三槐】　周朝宫外有三棵槐，三公朝见天子时，面向三槐而立。见《周礼·秋官·朝士》。因用以指三公。海顺《三不为篇》：“四众瞻仰，三槐附交。”

【三輔】　指汉代京兆尹、左冯翊、右扶风。以其辅翼京师，故称。见《三辅黄图》卷一。亦指京师附近地区。骆宾王《畴昔篇》：“谁能跼迹依三辅，会就商山访四翁。”杜甫《览物》：“曾为掾吏趋三辅，忆在潼关诗兴多。”殷尧藩《帝京二首》之一：“地入《黄图》三辅壮，天垂华盖七星高。”陈陶《赠江西周大夫》：“因分三辅职，进领南平位。”

【三閣】　指南朝陈后主所起临春、结绮、望仙三阁。见《陈书·后主张贵妃传》。王涣《惆怅诗十二首》之九：“陈宫兴废事难期，三阁空余绿草基。”孙元晏《咏史诗·陈·三阁》:"三阁相通绮宴开,数千朱翠绕周回。"

【三閣辭】　曲调名。吴声歌曲。五言四句。南朝陈后主起三阁,调名本之,并咏其事。刘禹锡有《三阁辞四首》。

【三署】　汉代掌宿卫侍从郎官五官署、左署、右署之合称。见《后汉书·和帝纪》及李贤注。亦泛指郎署。沈佺期《酬苏员外味道夏晚寓直省中见赠》:"明朝题汉柱,三署有光辉。"岑参《和刑部成员外秋夜寓直寄台省知己》:"列宿光三署,仙郎直五宵。"刘禹锡《历阳书事七十韵》:"早忝登三署,曾闻奏《六英》。"吴融《自讽》:"本是沧州把钓人,无端三署接清尘。"

【三署客】　指郎官。郎士元《送粲上人兼寄梁镇员外》:"尺素欲传三署客,雪山愁送五天僧。"

【三銓】　指尚书铨、东铨、西铨。为唐代文武官吏选授考课三种名称,由吏部、兵部尚书、侍郎分掌。尚书掌铨六品七品选,侍郎掌铨八品九品选。见宋王溥《唐会要》。西铨,原作中铨,见《旧唐书·职官志二》。山东野客《长揖诗》:"三铨选客不须嗔,五个登科各有因。"韩仪《记知闻近过关试》:"短行轴了付三铨,休把新衔恼必先。"

【三$_2$算】　反复推算。陈子昂《赠严仓曹乞推命录》:"九官探万象,三算极重玄。"

【三語】　晋王戎问阮瞻老庄与儒教异同,瞻答以"将无同"。意为莫不是相同。宋之问《伤王七秘书监寄呈扬州陆长史通简府僚广陵以广好事》:"学奥九流异,机玄三语同。"王维《同崔傅答贤弟》:"更闻台阁求三语,遥想风流第一人。"李瀚《蒙求》:"季布一诺,阮瞻三语。"参见"三語掾"。

【三語掾】　见《晋书·阮瞻传》。按,《艺文类聚》卷十九引《卫玠别传》作太尉王衍问阮瞻。南朝宋刘义庆《世说新语·文学》作王衍问阮修,所说不同,当以《晋书》为是。后世以为幕僚之美称。刘商《杂言同豆卢郎中郭南七里桥哀悼姚仓曹》:"可怜三语掾,长作九泉灰。"欧阳詹《送潭州陆户曹之任》:"三语又为掾,大家闻屈声。"元稹《答姨兄胡灵之见寄五十韵》:"官曹三语掾,国器万寻桢。"

【三端】　指文士之笔端、武士之剑端、辩士之舌端。寒山《诗三百三首》之一〇五:"三端自孤立,六艺越诸君。"权德舆《数名诗》:"三端因为累,事物反徽束。"杨收《笔》:"一朝操政柄,定使冠三端。"无名氏《人不易知》(卷七八七):"九德皆殊进,三端岂易施"

【三漢】　指蜀汉。与西汉、东汉而为三汉。窦常《谒诸葛武侯庙》:"角立一方初退舍,拟称三汉更图王。"

【三漏】　佛家语。漏为烦恼之异名。指统收三界一切烦恼为三种。元稹《和乐天过秘阁书省旧厅》:"壁记欲题三漏合,吏人惊问十年来。"

【三墳】　三皇之书。亦泛指典籍。太宗《赋尚书》:"辍膳玩《三坟》,晖灯披《五典》。"沈东美《奉和苑舍人宿直晓玩新池寄南省友》:"史为《三坟》博,郎因五字迁。"元稹《大云寺二十韵》:"多生沉五蕴,宿习乐《三坟》。"陆龟蒙《次幽独君韵》:"如何孤窆里,犹自读《三坟》。"

【三歎】　❶三次感叹。谓感叹之深。杜甫《白沙渡》:"临风独回首,揽辔复三叹。"又《望岳》:"三叹问府主,曷以赞我皇?"元稹有《三叹》。❷三人赞和。叹谓歌尾曳声以助。贺知章《奉和圣制送张说上集贤学士赐宴赋得谟字》:"三叹承汤鼎,千欢接舜壶。"高适《同吕判官登积石军多福七级浮图》:"一歌《阳春》后,三叹终自愧。"窦庠《酬韩愈侍郎登岳阳楼见赠》:"苦调当三叹,知音愿一听。"皮日休《追和虎丘寺清远道士诗》:"嗟予慕斯文,一咏复三叹。"

【三輪】　佛家语。指身、口、意三业,佛以此碾摧众生之惑业。亦指金轮、水轮、风轮,佛以此维持地下世界。顾况《从江西至彭蠡入浙西淮南界道中寄齐相公》:"能依二谛法,了达三轮空。"

【三賢】　❶指屈原、耒阳县聂令、杜甫。韩愈《题杜工部坟》:"固知天意有所存,三贤所归同一水。"❷同"三傑"。元稹《和李校书新题乐府十二首·五弦弹》:"三贤事汉灭暴强,四贤镇岳宁边徼。"❸指润州(今江苏镇江)刺史毕构、陆象先、齐澣。李德裕《北固怀古》:"三贤若时雨,所至跻仁寿。"❹佛家语。指十住、十行、十回向。王维《过卢四员外宅看饭僧共题七韵》:"三贤异七贤,青眼慕青莲。"

【三霄】　同"三天❷"。李商隐《和友人戏赠二首》之一:"仙人掌冷三霄露,玉女窗虚五更风。"

【三鴉水】　水名。即鲁阳关水。在汝州鲁山县(今河南鲁山)。其入口在邓州,见张鷟《朝野佥载》卷一。韩翃《送襄垣王君归南阳别墅》:"双兔坡东千室吏,三鸦水上一归人。"

【三閭】　❶即三闾大夫,屈原曾任此职,故专指屈原。元稹《酬乐天东南行诗一百韵》:"懒学三闾愤,甘齐百里愚。"李商隐《过郑广文旧居》:"宋玉平生恨有余,远循三楚吊三闾。"曹邺《放歌行》:"三闾有何罪,不向枕上死?"徐夤《南》:"陆贾几时来越岛,三闾何日濯沧浪?"❷指楚国王族昭、屈、景三姓。亦专指楚。张说《岳州观竞渡》:"土尚三闾俗,江传二女游。"

【三閭大夫】　战国楚官名。掌王族昭、屈、景三姓。屈原曾任此职,故专指屈原。《史记·屈原贾生列传》:"子非三闾大夫欤?"刘威有《三闾大夫》。

【三閭墓】　屈原墓。在唐岳州湘阴县(今属湖南)北。鱼玄机《过鄂州》:“折牌峰上三间墓,远火山头五马旗。”

【三閭廟】 屈原庙。为纪念屈原而设,各地多有。戴叔伦有《过三闾庙》。窦常有《谒三闾庙》。汪遵有《三闾庙》。贯休《送人之岭外》:“三闾遗庙在,为我一呜呼。”

【三數】 约略之词。表示少量。李白《送程刘二侍郎兼独孤判官赴安西幕府》:“安西幕府多材雄,喧喧惟道三数公。”皇甫冉《田家作》:“荒村三数处,衰柳百余年。”窦庠《太学送穆质南游》:“露叶离披处,风蝉三数声。”

【三漿】 指酒。沈佺期《嵩山石淙侍宴应制》:“仙人六膳调神鼎,玉女三浆捧帝壶。”

【三徵】 (—zhēng)三次征召。李颀《送刘四赴夏县》:“明年九府议功时,五辟三征当在兹。”李白《别内赴征三首》之一:“王命三征去未还,明朝离别出吴关。”贾岛《即事》:“自嗟怜十上,谁肯待三征?”黄滔《寄罗郎中隐》:“三征不起时贤议,九转终成道者言。”

【三篋】 指汉张安世能记武帝所失三箱书之事。见《汉书·张安世传》。李端《送耿拾遗沣使江南括图书》:“汉使收三箧,周《诗》采百篇。”李瀚《蒙求》:“应奉五行,安世三箧。”

【三箭定天山】 指薛仁贵发三箭而平定天山之事。《旧唐书·薛仁贵传》载仁贵领兵击九姓突厥于天山,仁贵发三矢,射杀三人,敌下马请降。《薛将军歌》(卷八七四):“将军三箭定天山,战士长歌入汉关。”

【三篇】 ❶三首。白居易《哭微之》:“从此三篇收泪后,终身无复更吟诗。”❷指商代武丁所作《说命》三篇。李吉甫《癸巳岁吉甫圜丘摄事奉寄相公兼呈集贤院诸学士》:“赠言因傅说,垂训在三篇。”

【三劉】 指南朝梁刘孝绰、刘孝仪、刘孝威兄弟三人。清昼、汤衡《讲古文联句》:“二杜繁俗,三刘琐碎。”

【三廢帝】 指北魏前废帝、后废帝、出帝。周昙有《咏史诗·六朝门·三废帝》。

【三適】 三件快事。白居易《三适赠道友》:“足适已忘履,身适已忘衣。况我心又适,兼忘是与非。三适今为一,怡怡复熙熙。”

【三窮】 谓鸟穷、兽穷、人穷。见《荀子·哀公》。徐铉《文献太子挽歌词五首》之三:“故臣偏感咽,曾是叹三穷。”

【三樂】 三件乐事。用荣启期事。见《列子·天瑞》。储光羲《贻王处士子文》:“避地歌三乐,游山赋九吟。”吴筠《高士咏·荣启期》:“三乐通至道,一言醉孔丘。”白居易《晚起》:“荣公三乐外,仍弄小男儿。”王周《道院》:“忘虑凭三乐,消闲信五禽。”

【三緘】 见“三缄口”。

【三緘口】 封口三重。见汉刘向《说苑·敬慎》。后因谓极慎于言语。徐夤《献内翰杨侍郎》:“欲言温署三缄口,闲赋宫词八斗才。”亦省作“三缄”。骆宾王《幽絷书情通简知己》:“一命沦骄饵,三缄慎祸胎。”严维《送桃岩成上人归本寺》:“余生愿依止,文字欲三缄。”杜牧《鹦鹉》:“不念三缄事,世途皆尔曹。”皮日休《江南书情二十韵寄秘阁韦校书贻之商洛宋先辈垂文二同年》:“时讹轻五羖,俗浅重三缄。”

【三編絶】 指孔子读《易》韦编三绝之事。见《史记·孔子世家》。耿沣《题李孝廉书房》:“业就三编绝,心通万事闲。”

【三壕】 地名。似指河南。薛能《寄河南郑侍郎》:“三峡与三壕,门阑梦去劳。”

【三壇】 指周公祭太王、王季、文王所设之坛。见《书·金縢》。亦泛指祭先皇之坛。萧华《扈从回銮应制》:“声名朝万国,玉帛礼三坛。”

【三蟄雷】 指三年。杜甫《秋日荆南述怀三十韵》:“九钻巴㶉火,三蛰楚祠雷。”

【三聯】 指三物射穿相连。张说《玄武门侍射》:“贯心精四返,饮羽妙三联。”

【三橋】 ❶指西渭桥、东渭桥、中渭桥。李商稳《明日》:“谁言整双履,便是隔三桥。”❷在漳州龙溪县(今福建漳州南)。周匡物有《三桥隐居歌》。

【三樵】 指唐朱随侯、李逖、尔朱九三个美男子。樵通俏。见唐张鷟《朝野佥载》。无名氏《广州三樵歌》(卷八七二):“奉敕追三樵,随侯傍道走。回头语李郎,唤取尔朱九。”

【三頭】 指解头、状头、敕头。府试、进士试、博学宏词及制科试皆为头一名之人。章孝标《钱塘赠武翊黄》:“花锦文章开四面,天人科第上三头。”贯休《上卢使君二首》之二:“司马迁文亚圣人,三头九陌碾香尘。”

【三學】 佛家语。指戒学、定学、慧学。李洞《春日隐居官舍感怀》:“苔房毳客论三学,雪岭巢禽看两衙。”

【三學山】 山名。在唐汉州金堂县(今四川金堂)东。李商隐有《咏三学山》。薛能有《自广汉游三学山》,蜀太后徐氏有《三学山夜看圣灯》。无名氏有《三学山盘陀石上刻诗》(卷七八六)。

【三學院】 寺院名。❶在三学山。段义宗有《题三学院经楼》。参见“三學山”。❷在汴州(今河南开封)景德寺中。吕岩有《题京师景德寺东廊三学院壁》。

【三錢】 指汉项中山每日投三个钱于渭水,以偿饮马之事。见《太平御览》卷六二引《三辅决录》。骆宾王《海曲书情》:"江涛让双璧,渭水投三钱。"

【三錫】 帝王赐予大臣之三种器物。为一种尊崇之礼,以九锡最高。胡皓《奉和圣制同二相以下群官乐游园宴》:"五酺终宴集,三锡又欢娱。"

【三餘】 指冬季、夜间、雨天。均为闲余之时,故称。三国魏董遇谓此为读书之时。见《三国志·魏志·王肃传》裴松之注。后遂用为读书之典。杨炯《和郑雠校内省眺瞻思乡怀友》:"翰墨三余隙,关山四望悬。"刘禹锡《闻董评事疾因以书赠》:"火风乖四大,文字废三余。"张祜《送刘韶秀才江陵归宁》:"殷勤莫忘趋庭日,学《礼》三余已学《诗》。"李瀚《蒙求》:"董遇三余,谯周独笑。"

【三獨】 同"三獨坐"。苏味道《赠封御史入台》:"故事推三独,兹辰对两闱。"储光羲《晚次东亭献郑州宋使君文》:"海内语三独,朝端谋六户。"蒋洌《台中书怀》:"坐居三独中,立在百撩外。"钱起《送鲍中丞赴太原军营》:"宠兼三独任,威肃贰师营。"

【三獨坐】 汉宣秉为御史中丞,光武帝特许与司隶校尉、尚书令皆坐专席,号"三独坐"。见《东观汉记·宣秉传》。后用为御史中丞之典。严维《奉和独孤中丞游云门寺》:"光辉三独坐,登陟五云门。"

【三諫】 人臣之礼,谏君以三次为限。见《礼记·曲礼下》。后因指人臣谏君之道。窦常《谒三闾庙》:"君非三谏寤,礼许一身逃。"徐铉《贬官泰州出城作》:"三谏不从为逐客,一身无累似虚舟。"

【三聲】 指猿鸣三声。语出北魏郦道元《水经注·江水二》。骆宾王《艳情代郭氏答卢照邻》:"悲鸣五里无人问,肠断三声谁为续?"杜甫《秋兴八首》之二:"听猿实下三声泪,奉使虚随八月槎。"李绅《闻猿》:"见说三声巴峡深,此时行者尽沾襟。"韦庄《黄藤山下闻猿》:"入耳便能生百恨,断肠何必待三声?"

【三韓】 汉代朝鲜南部有马韩、辰韩、弁辰,称三韩。见《后汉书·东夷传》。褚遂亮《辽东侍宴山夜临秋同赋临韵应诏》:"三韩初静乱,八桂始披襟。"杜甫《奉赠太常张卿二十韵》:"方丈三韩外,昆仑万国西。"亦作"三韩国"。钱起《重送陆侍御使日本》:"万里三韩国,行人满目愁。"

【三韓國】 见"三韓"。

【三霜】 三秋之霜。喻白色。牟融《送陈衡》:"千里一官嗟独往,十年双鬓付三霜。"

【三覆】 三处伏兵。亦泛指战争。章孝标《次韵和光禄钱卿二首》之二:"方嗟三覆役,又喜四愁来。"

【三薦】 同"三獻❶"。《郊庙歌辞·明皇祀圜丘乐章·太和》:"六成既阕,三荐云终。"

【三嶺】 山名。在泉州南安西南(今福建同安)。清豁有《过三岭苎溪》。

【三點】 ❶一夜分五更,三点合一个更次。杜甫《至日遣兴寄北省旧阁老两院故人二首》之一:"去岁兹辰捧御床,五更三点入鹓行。"雍陶《酬李绀岁除送酒》:"一夜四乘倾凿落,五更三点把屠苏。"参见"三更三點"。❷三滴。李山甫《寒食二首》之一:"有时三点两点雨,到处十枝五枝花。"

【三點成伊】 佛经"伊"字如草书"下"字,犹如"∴"字三点,故称"三点成伊"。苑咸《酬王维》:"三点成伊犹有想,一观如幻自忘筌。"

【三黜】 ❶指柳下惠三次被罢免之事。《论语·微子》:"柳下惠为士师,三黜。人曰:'子未可去乎?'曰:'直道而事人,焉往而不三黜?枉道而事人,何必去父母之邦?'"吴筠《高士咏·柳下惠》:"百行既无点,三黜道弥真。"白居易《叹鲁二首》之二:"展禽胡为者,直道竟三黜!"亦指官途受挫。贾至《巴陵早秋寄荆州崔司马吏部阎功曹舍人》:"差池尽三黜,蹭蹬各南州。"刘长卿《瓜洲驿奉饯张侍御时侍御先在淮南幕府》:"寸心宁有负?三黜竟无端!"刘禹锡《再授连州至衡州酬柳柳州赠别》:"重临事异黄丞相,三黜名惭柳士师。"❷同"三已"。韦应物《答令狐侍郎》:"三黜故无愠,高贤当庶几。"

【三館】 唐代指史馆、宏文馆、集贤院。《高宗时语》(卷八七六):"三馆学生放散,五台令史经明。"

【三爵】 三杯酒。臣子侍宴时不得超过此量。见《左传·宣公二年》。李景伯《回波辞》:"侍宴既过三爵,喧哗窃恐非仪。"亦泛指侍宴所饮之酒。刘禹锡《谢窦员外旬休早凉见示诗》:"四时苒苒催容鬓,三爵油油忘是非。"白居易《题周皓大夫新亭子二十二韵》:"置醴宁三爵,加笾过八珍。"

【三謡】 指白居易所作《蟠木谣》《素屏谣》,《朱藤谣》。白居易《三谣》序:"余庐山草堂中,有朱藤杖一,蟠木机一、素屏风二。时多杖藤而行。隐机而坐,掩屏而卧。宴息之暇,笔砚在前,偶为《三谣》,各导其意,亦犹《座右》《陋室铭》之类尔。"

【三禪】 佛家语。指色界之第三禅天。此天名定生喜乐地。元稹《度门寺》:"北祖三禅地,西山万树松。"章孝标《方山寺松下泉》:"三禅不要问,孤月在中央。"

【三翼】 亦作"三翼舟"。指大翼、中翼、小翼,均为战船。寒山《诗三百三首》之四:"快榜三翼舟,善乘千里马。"亦泛指战船。骆宾王《晚泊江镇》:"四运移阴律,三翼泛阳侯。"

【三翼舟】 见"三翼"。

【三隱】 指南朝宋周续之、刘遗民、陶渊明三隐士。见《宋书·隐逸·周续之传》。宋之问《游称心寺》："释事怀三隐，清襟谒四禅。"皎然《送珍上人还天竺兼寄广通上人秦山人》："禅子兼三隐，空书共一封。"

【三轉】（—zhuàn）❶三次迁升。郑谷《省中偶作》："三转郎曹自勉旃，莎阶吟步想前贤。"❷道家语。谓炼丹时三次提炼。骆宾王《代女道士王灵妃赠道士李荣》："漫道烧丹止七飞，空传化石曾三转。"

【三藏】（—zàng）❶佛家经典经、律、论之总称。经为佛说教义，律为记述戒规，论为阐明经义。亦泛指佛家经典。岑参《题云际南峰服上人读经堂》："结宇题三藏，焚香老一峰。"陆龟蒙《闻圆载上人挟儒书洎释典归日本国更作一绝以送》："九流三藏一时倾，万轴光凌渤澥声。"❷指晓经、律、论三藏之僧人。武元衡有《送三藏上人》。郑嵎《津阳门诗》："罗公如意夺颜色，三藏袈裟成散丝。"李洞有《送三藏归西天国》。陈陶《哭宝月三藏大禅师》："一囊穷海波，三藏故园稀。"

【三曜】指日、月、星辰。武平一《奉和幸白鹿观应制》："玉府凌三曜，金坛驻六龙。"周昙《咏史诗·三代门·后稷》："百谷且繁三曜在，牲牢郊祀信无穷。"

【三癖翁】唐崔玄亮自号。以其癖在诗、琴、酒，故称。刘禹锡《湖州崔郎中曹长寄三癖诗自言癖在诗与琴酒其词逸而高吟咏不足故为四韵谢之》："视事画屏中，自称三癖翁。"

【三邊】指边境之地。太宗《执契静三边》："执契静三边，持衡临万姓。"祖咏《望蓟门》："万里寒光生积雪，三边曙色动危旌。"李益《来从窦车骑行》："西北护三边，东南留一尉。"李商隐《富平少侯》："七国三边未到忧，十三身袭富平侯。"

【三歸】❶指春秋齐管仲之三归。其说有二：(1)娶三姓女子。《论语·八佾》："管氏有三归，官事不摄，焉得俭!"何晏集解引包咸曰："三归，娶三姓女。"(2)台名。见汉刘向《说苑·善说》。徐夤《咏笔二首》之二："君子三归擅一名，秋毫虽细握非轻。"❷佛家语。即三皈。皈依佛、法、僧三宝。高宗《谒慈恩寺题奘法师房》："萧然登十地，自得会三归。"徐涵《题灵泉寺》："老僧被百衲，童子学三归。"

【三禮】❶祭天神、地祇、人鬼之礼。许敬宗《奉和守岁应制》："寿爵传三礼，灯枝丽九微。"蒋涣《故太常卿赠礼部尚书李公及夫人挽歌二首》之一："典秩崇三礼，临戎振五兵。"❷《周礼》《仪礼》《礼记》之合称。张籍《寄陆浑赵明府》："新作陆浑山县长，早知三礼甲科名。"

【三繞鵲】指乌鹊。语出三国魏曹操《短歌行》："月明星稀，乌鹊南飞。绕树三匝，何枝可依。"吴融《雪十韵》："夜迷三绕鹊，尽断一行鸿。"

【三鬟】同"三花❷"。岑参《卫节度赤骠马歌》："紫髯胡雏金剪刀，平明剪出三鬟高。"

【三醮】谓道士设坛三次祈祷。玄宗《赐道士邓紫阳》："自知三醮后，翊我灭残胡。"

【三驅】狩猎时驱逐左、右、后三面禽兽而射之，使前方一面禽兽逃逸，以示好生之德，及校猎为练兵习武之意。一说三次驱逐而射之。一说一年以三次为度。太宗《出猎》："三驱陈锐卒，七萃列材雄。"苏颋《御箭连中双兔》："三驱仍百步，一发遂双连。"李林甫《奉和圣制次琼岳应制》："十月农初罢，三驱礼复开。"玄宗《校猎义成喜逢大雪率题九韵以示群官》："一面施鸟罗，三驱教人战。"

【三壤】指土壤按肥瘠不同而分为上、中、下各三等。司空曙《九日送人》："均赋征三壤，登车去五湖。"权德舆《奉和度支李侍郎早朝》："献替均三壤，贞明集百祥。"

【三蘭】指庐州三妓女。郑綮有《别郡后寄席中三兰》，原注："三妓并以兰为名。"

【三獻】❶指初献、亚献、终献。祭祀时三次献酒。见《仪礼·聘礼》。唐有三献官，掌三献之礼。见《新唐书·刘禹锡传》。魏征《享太庙乐章·雍和》："四县载陈，三献斯止。"张说《唐享太庙乐章·凯安三首》之二："礼匝三献，乐遍九成。"李端《代宗挽歌》："祖庭三献罢，严卫百灵朝。"周墀《酬李常侍立秋日奉诏祭岳见寄》："质明三献虽终乱，祈寿千年别上杯。"❷同"三獻玉"。张子容《璧池望秋月》："似璧悲三献，疑珠怯再投。"张祜《灞上送客》："怜君有玉曾三献，顾我无才忝一枝。"许浑《别刘秀才》："三献无功玉有瑕，更携书剑客天涯。"

【三獻玉】春秋楚人和氏得玉璞，献之厉王，玉人以为石，王以和氏诳而刖其左足。武王即位，和氏又献之，玉人又以为石，王又以和氏诳而刖其右足。文王即位，和氏抱玉璞哭于楚山之下，三日三夜，泣尽继之以血。王闻之，使玉人理其璞而得宝，遂命曰"和氏之璧"。见《韩非子·和氏》。后遂用为怀才不遇之典。刘长卿《落第赠杨侍御兼拜员外仍充安大夫判官赴范阳》："泣连三献玉，疮惧再伤弓。"贾岛《古意》："眼中两行泪，曾吊三献玉。"

【三鐘】同"三點❶"。和凝《宫词百首》之二五："三钟五鼓祥烟敛，日照仙人捧露盘。"

【三懼】指明君应引以为戒惧之三事。见《韩诗外传》卷七。太宗《执契静三边》："衣宵寝二难，食旰餐三惧。"

【三顧】❶指汉末刘备三次顾访草庐聘诸葛亮之事。见三国蜀诸葛亮《出师表》。杜甫《蜀相》："三顾频烦天下计，两朝开济老臣心。"李商隐《五言述德抒情诗一首一百韵献上杜七兄仆射相公》:“得主劳三顾,惊人肯再鸣?”胡曾《咏史诗·南阳》:“蜀王不自垂三顾,争得先生出旧庐?”亦泛指多次垂顾。沈佺期《陪幸韦嗣立山庄》:“茆室承三顾,花源接九重。”白居易《寄隐者》:“禄厚食万钱,恩深日三顾。”❷晋孔愉早年曾买龟放于溪中,龟多次向左回顾。后封侯铸印,印龟亦左顾,三铸如初。见《晋书·孔愉传》。后因用为封侯之典。刘威《遣怀寄欧阳秀才》:“似豹一班时或有,如龟三顾岂全无!”

【三叠】 指三丹田。李白《庐山谣寄卢侍御虚舟》:“早服还丹无世情,琴心三叠道初成。”

【三籙】 道家语。指金篆、黄篆、玉篆,为道家秘文符篆。亦泛指道经。戎昱《送吉州阎使君入道二首》之一:“受传三篆备,起坐五云随。”

【三襲】 三重。多指宫观楼阁之门。刘宪《奉和幸三会寺应制》:“下辇登三袭,褰旒望九垓。”

【三變】 三次变化。魏征《五郊乐章·肃和》:“芳馥百品,铿锵三变。”李白《赠王汉阳》:“吾曾弄海水,清浅嗟三变。”

【三靈】 ❶指日、月、星辰。见《汉书·扬雄传上》及颜师古注。李商隐《有感二首》之一:“九服归元化,三灵叶睿图。”又《寄太原卢司空三十韵》:“断鳌撑四柱,卓马济三灵。”❷指天、地、人。李百药《谒汉高庙》:“缔构三灵改,经纶五纬同。”张说《唐封泰山乐章·凯和》:“烈祖顺三灵,文宗威四海。”张九龄《奉和圣制幸晋阳宫》:“皇祖称义旗,三灵皆获安。”陈陶《圣帝击壤歌四十声》:“苗祷三灵怒,桓偷九族亡。”

【三衢】 唐衢州常山县(今浙江衢州西)有三衢山,因用以称衢州。罗隐《寄三衢孙员外》:“小敷文伯见何时,南望三衢渴后饥。”张蠙《赠信安太守》:“三衢正对福星时,喜得君侯妙抚绥。”吕岩《谣头坯歌》:“又不见三衢赵枢密,参禅作鬼终不识。”

【三鱣】 指鹳雀衔三条鳣鱼飞集杨震讲堂前之事。见《后汉书·杨震传》。亦泛指鳣鱼。杜甫《秋日夔府咏怀奉寄郑监李宾客一百韵》:“敕厨唯一味,求饱或三鳣。”

【三讓】 ❶宾主相见之礼,三揖而后三让。刘瑰《三让月成魄》:“教人三让美,为客一宵生。”❷指帝王即位、大臣就封等三次谦让之礼。贯休有《上荆南府主三让德政碑》。❸指周泰伯三次以天下让其弟季历之事。《论语·泰伯》:“予曰:‘泰伯其可谓至德也已矣!三以天下让,民无得而称焉。’”骆宾王《夕次旧吴》:“盛德弘三让,雄图枕九围。”徐安贞《送丹阳采访》:“旧俗吴三让,遗风汉六条。”亦代指泰伯。皮日休《初夏即事寄鲁望》:“粤从三让来,俊造纷然生。”

上[1] 〔shàng《广韵》時亮切,去漾,禪。〕❶位置较高,上方。李白《泾川送族弟錞》:“上有琴高水,下有陵阳祠。”韦应物《滁州西涧》:“独怜幽草涧边生,上有黄鹂深树鸣。”李商隐《井泥四十韵》:“下去冥寞穴,上承雨露滋。”罗隐《芳树》:“陶陶兀兀大醉于清霄白昼间,任他上是天,下是地。”❷指事物上部。刘长卿《登余干古县城》:“孤城上与白云齐,万古荒凉楚水西。”刘禹锡《望衡山》:“前当祝融居,上拂朱鸟翮。”白居易《紫藤》:“下如蛇屈盘,上若绳索纡。”❸指社会上层,上位。韦应物《京师叛乱寄诸弟》:“上怀犬马恋,下有骨肉情。”白居易《雪中晏起偶咏所怀兼寄张常侍韦庶子皇甫郎中》:“上无皋陶伯益廊庙材,的不能匡君辅国活生民。”❹上天。亦指天帝。孟云卿《伤怀赠故人》:“愿因高风起,上感日月光。”李商隐《戏题枢言草阁三十二韵》:“上有白日照,下有东风吹。”参见“上下❷”“上天❶”。❺君上,皇帝。储光羲《述华清宫五首》之一:“上在蓬莱宫,莫若居华清。”杜甫《忆昔二首》之一,“至今今上犹拨乱,劳身焦思补四方。”李益《赠宣大师》:“先皇诏下征还日,今上龙飞入内时。”元稹《阳城驿》:“上知不可遏,命以美语酬。”❻第一等,上等。陆龟蒙《奉和袭美太湖诗二十首·上真观》:“尝闻升三清,真有上中下。”参见“上上❶”“上田”。❼指处于事物重要地位。王维《送秘书晁监还日本国》序:“上敷文教,虚至实归。”权德舆《几铭》:“上合乾道,万物阴骘。”白居易《雪春》:“上将儆政教,下以防灾孽。”❽指北方。见“上下❻”。❾指时间在前,古代。李商隐《韩碑》:“誓将上雪列圣耻,坐法宫中朝四夷。”参见“上下❼”。❿远,久远。见“上古”。⓫初,指上旬。见“上丁”“上巳”。⓬指次序在前面。见“上下❽”。⓭表示在事物表面上。戴叔伦《边城曲》:“原头猎火夜相向,马蹄蹴蹋层冰上。”姚合《秋日闲居二首》之一:“落叶带衣上,闲云来酒中。”李商隐《日高》:“轻身天影何可望,粉蛾帖死屏风上。”⓮表示一定处所、范围。苏颋《和杜主簿春日有所思》:“朝上高楼上,俯见洛阳陌。”刘长卿《留题李明府霅溪水堂》:“寥寥此堂上,幽意复谁论!”权德舆《栖霞寺云居室》:“闲吟定后更何事?石上松枝常有风。”赵嘏《登安陆西楼》:“楼上华筵日日开,眼前人事只堪哀。”⓯其间、中间。杜甫《饮中八仙歌》:“李白一斗诗百篇,长安市中酒家眠。”郭澹《喜陆侍御破石埭草寇东峰亭赋诗》:“茂勋推世上,余兴寄杯中。”韦夏卿《和丘员外题湛长史旧居》:“苟安一丘上,何必三山外!”白居易《长恨歌》:“忽闻海上有仙山,山在虚无缥缈间。”⓰边侧,旁边。卢象《杂诗二首》之二:“君家御沟上,垂柳夹朱门。”戎昱《晚次荆江》:“秋色湖上山,归心日边树。”刘沧《春晚旅次有怀》:“东西未遂归田计,海上青山久废耕。”陈季卿《江亭晚望题书斋》：“川上莫逢诸钓叟，浦边难得旧沙鸥。”⓱用于地名之后。宋璟《蒲津迎驾》：“洛上黄云送，关中紫气迎。”李颀《寄韩鹏》：“寄书河上神明宰，羡尔城头姑射山。”高适《赠别沈四逸人》：“疾风扫秋树，濮上多鸣砧。”贯休有《塞上曲二首》。⓲通“尚”。见“上方斷馬劍”。

上² 〔shàng《广韵》時掌切，上養，禪。〕❶由低处向高处运动，登。太宗《帝京篇十首》之九：“无劳上悬圃，即此对神仙。”王之涣《登鹳雀楼》：“欲穷千里目，更上一层楼。”白居易《赠楚州郭使君》：“笑看儿童骑竹马，醉携宾客上仙舟。”韩偓《春闺二首》之二：“长吁解罗带，怯见上空床。”❷日月升起。孟云卿《古别离》：“朝日上高台，离人怨秋草。”司空曙《关山月》：“苍茫明月上，夜夜光如积。”陆龟蒙《问吴宫辞》：“宴曲房兮上初日，月落星稀兮歌酣未毕。”曹松《中秋对月》：“元元世界秋三五，共看蟾盘上海涯。”❸从下游到上游，从东到西。孟浩然《游江西留别富阳裴刘二少府》：“西上游江西，临流恨解携。”李颀《送康洽入京进乐府歌》：“西上虽因长公主，终须一见曲陵侯。”司空曙《送卢使君赴夔州》：“铙管随旌旆，高秋远上巴。”❹赴，往。杜甫有《送韦沨上阆州录事参军》。岑参《送卢郎中除杭州赴任》：“知君望乡处，枉道上姑苏。”❺上涨，涨潮。李峤《和杜学士旅次淮口阻风》：“夕吹生寒浦，清淮上暝潮。”祖咏《送刘高邮棁使入都》：“渐觉潮初上，凄然多暮愁。”清江《送坚上人归杭州天竺寺》：“云山零夜雨，花岸上春潮。”❻进呈君主。骆宾王《途中有怀》：“素服三川化，乌裘十上还。”柳宗元《游石角过小岭至长乌村》：“久忘上封事，复笑《升天行》。”李商隐《韩碑》：“表曰臣愈昧死上，咏神圣功书之碑。”赵铎《玄元皇帝应见贺圣祚无疆》：“惭无美周颂，徒上祝尧篇。”❼上报。韩愈《谢自然诗》：“里胥上其事，郡守惊且叹。”参见“上₂計”。❽上交。见“上₂印”。❾奉献，送上。储光羲有《上长史王公责躬》。刘长卿有《杂咏八首上礼部李侍郎》。刘商有《哭韩淮端公兼上崔中丞》。李频有《陕府上姚中丞》。❿上任。见“上₂官”。⓫当值。见“上₂直”。⓬到。李频《秦原早望》：“年光逐渭水，春色上秦台。”⓭显露。徐铉《进雪诗》：“润逐麰麫铺绿野，暖随杯酒上朱颜。”参见“上₂面”。⓮穿戴。李冶《恩命近入留别广陵故人》：“仰愧弹冠上华发，多惭拂镜理衰容。”皮日休《咏白莲》：“吴王台下开多少，遥似西施上素妆。”参见“上₂身”。⓯登录。寒山《诗三百三首》之七九：“能益复能易，当得上仙籍。”刘禹锡《白舍人见酬拙诗因以寄谢》：“名姓也曾镌石柱，诗篇未得上屏风。”⓰安装。李贺《冯小怜》：“湾头见小怜，请上琵琶弦。”参见“上₂弦❶”。⓱点燃。韦应物《寄璨师》：“林院生夜色，西廊上纱灯。”

【上丁】 每月上旬之丁日。唐以仲春、仲秋之月上丁为奠祭孔子庙之日。见《旧唐书·礼仪志四》。刘禹锡《和李六侍御文宣王庙释奠作》：“闻君喟然叹，偏在上丁时。”

【上人】 用作僧人尊称。寒山《诗三百三首》之二三〇：“自言上人法，称为第一人。”颜真卿《使过瑶台寺有怀圆寂上人》：“上人居此寺，不出三十年。”欧阳詹《智达上人水精念珠歌》：“上人念佛泛贞谛，一佛一珠以为计。”韦蟾《岳麓道林寺》：“他方居士来施斋，彼岸上人投结夏。”

【上干】 上冲，直冲天上。多形容山之高峻。李白《早过漆林渡寄万巨》：“岭峭纷上干，川明屡回饮。”

【上士】 ❶道德高尚之人。《老子》：“上士闻道，勤而行之。”李端《题崔端公园林》：“上士爱清辉，开门向翠微。”黄颇《和主司王起》：“二十二年文教主，三千上士满皇州。”杜光庭《纪道德》：“百姓日用而不知，上士勤行而必克。”齐己《怀华顶道人》：“华顶星边出，真宜上士家。”❷佛家语。称菩萨中有自利利他者。李商隐《今月二日不自量度辄以诗一首四十韵干渎尊严辄复五言四十韵献上亦诗人咏叹不足之义也》：“嘉宾增重价，上士悟真空。”

【上士泉缾】 见“上士缾泉”。

【上士缾泉】 泉名。在唐开州治所盛山县(今重庆开县)。韦处厚有《盛山十二诗·上士瓶泉》。亦误作“上士泉缾”。张籍有《和韦开州盛山十二首·上士泉瓶》。

【上才】 具有杰出才能之人。李百药《安德山池宴集》：“上才同振藻，小技谬连章。”李元操《和从叔禄愔元日早朝》：“冠冕多秀士，簪裾饶上才。”杨巨源《送李虞仲秀才归东都因寄元李二友》：“郢中多上才，耿耿丹霄姿。”杜荀鹤《投江上崔尚书》：“此生何路出尘埃，犹把中才谒上才。”

【上下】 ❶高处与低处。皎然《送李道士》：“常随山上下，忽限江南北。”李绅《南梁行》：“乔木幽溪上下同，雄雌不惑飞栖处。”薛能《秋溪独坐》：“黄叶分飞砧上下，白云零落马东西。”❷指天地。魏征《享太庙乐章·肃和》：“格于上下，聿遵诚敬。”杜牧《赴京初入汴口晓景即事先寄兵部李郎中》：“小人乏馨香，上下将何祷？”张绍《冲佑观》：“上下开运，乾坤定位。”❸指空间。丘为《幽渚云》：“渡水上下白，归山深浅重。”陆龟蒙《奉和袭美初夏游楞伽精舍次韵》：“微雨荡春醉，上下一清廊。”无名氏《楚泊亭》(外编下)：“天垂六幕水浮空，霁月光风上下同。”❹谓职位高低、身份尊卑。李华《杂诗六首》之二：“圣人端其源，上下皆有则。”古之奇《秦人谣》：“上下一相蒙，马鹿遂颠倒。”贯休《续姚梁公坐右铭》："无轻贱微，上下相依。"❺《书·禹贡》根据田之等级，决定赋之等，各分上、中、下三等，三等中又各分三品，自上上至下下九品。陆龟蒙《彼农二章》之二："《禹贡》厥田，上下各异。"❻唐代官员考绩，等第有上上、上中、上下、中上、中中、中下、下上、下中、下下九等。见《通典·考绩》等。马戴《赠前蔚州崔使君》："欲识前时为郡政，校成上下考新书。"❼南北。亦指整个国家和地区。李商隐《今月二日不自量度辄以诗一首四十韵干渎尊严辄复五言四十韵献上亦诗人咏叹不足之义也》："开吴相上下，全蜀占西东。"❽犹古今。柳宗元《读书》："上下观古今，起伏千万途。"陆龟蒙《奉和袭美暇日独处见寄》："三千余岁上下古，八十一家文字奇。"❾犹前后。杜牧《冬至日寄小侄阿宜诗》："家集二百编，上下驰皇王。"

【上$_2$下】　❶升降。王维《青雀歌》："犹胜黄雀争上下，唧唧空仓复若何！"韦应物《乌引雏》："雄雌来去飞又引，音声上下惧鹰隼。"孟郊《自商行谒复州卢使君虔》："商岭莓苔滑，石坂上下频。"李商隐《池边》："玉管葭灰细细吹，流莺上下燕参差。"❷犹起伏。齐己《潇湘二十韵》："秋风帆上下，落日树沉昏。"❸犹俯仰。郑谷《次韵酬张补阙因寒食见寄之什》："时态懒随人上下，花心甘被蝶分张。"

【上上】　❶最上等。寒山《诗三百三首》之二七五："上上高节者，鬼神钦道德。"❷指天。司空曙《御制雨后出城观览敕朝臣已下属和》："上上开鹑野，师师出凤城。"

【上$_2$上】　接连逆流而上。韩愈《南溪始泛二首》之一："榜舟南山下，上上不得返。"

【上上人】　指德、智最高之人。王梵志《五言》之四："所愿只如此，真成上上人。"

【上山屐】　南朝宋谢灵运所穿之登山木屐。屐前后有齿，上山去其前齿，下山则去其后齿，世称谢公屐。见《南史·谢灵运传》。皎然《观裴秀才松石歌》："对之自有高世心，何事劳君上山屐。"

【上巳】　节日名。汉以前为三月上旬之巳日，三国魏以后定为三月三日，不必巳日。见《后汉书·礼仪志上》。韩仲宣《三月三日宴王明府山亭》："河滨上巳，洛汭春华。"王维《寒食城东即事》："少年分日作遨游，不用清明兼上巳。"李德裕《上巳忆江南禊事》："黄河西绕郡城流，上巳应无祓禊游。"唐彦谦《上巳》："上巳接寒食，莺花寥落晨。"

【上巳樂】　乐府近代曲辞名。起源与《祓禊曲》同，因上巳节之游乐而作。张祜有《上巳乐》。

【上天】　❶天空。王维《晦日游大理韦卿城南别业四声依次用各六韵》："平野照暄景，上天垂春云。"姚合《庄居野行》，"上天不雨粟，何由活烝黎。"李咸用《雪十二韵》："六出凝阴气，同云指上天。"❷上帝。寒山《诗三百三首》之二三二："莫知地狱深，唯求上天福。"韦应物《使云阳寄府曹》："上天屡愆气，胡不均寸泽！"周贺《重阳》："古来醉乐皆难得，留取穷通委上天。"

【上$_2$天】　登天。元结《橘井》："如何蹑得苏君迹，白日霓旌拥上天。"武元衡、崔备《中秋夜听歌联句》："此夕来奔月，何时去上天？"李商隐《谢先辈防记念拙诗甚多异日偶有此寄》："星势寒垂地，河声晓上天。"唐彦谦《秋霁丰德寺与玄贞师咏月》："四溟水合疑无地，八月槎通好上天。"

【上$_2$天梯】　登天之梯。亦指高山。李商隐《玉山》："何处更求回日驭，此中兼有上天梯。"智亮《戴云山吟》："人间谩说上天梯，上万千回总是迷。"

【上元】　❶节日名。旧历正月十五日，即后来之元宵节。崔元翰《奉和圣制三日书怀因以示百僚》："佳节上元巳，芳时属暮春。"德宗《上元日二首》之一："上元高会集群仙，心斋何事欲祈年。"韦蟾有《上元三首》。章碣《上元夜建元寺观灯呈智通上人》："建元看别上元灯，处处回廊斗火层。"❷古历之名。李益《大礼毕皇帝御丹凤门改元建中大赦》："宸居穆清受天历，建中甲子合上元。"❸唐肃宗年号(760—761)。杜甫《寄题江外草堂》："经营上元始，断手宝应年。"戎昱《赠别张驸马》："上元年中长安陌，见君朝下欲归宅。"卢肇《汉堤诗》序："上元年秋，汉水大溢。"❹谓皇帝即位改元。杜甫《赠李八秘书别三十韵》："往时中补右，扈跸上元初。"❺即上元夫人。李白《古风》之四三："西海宴王母，北宫邀上元。"吴筠《游仙二十四首》之二〇："上元降玉闼，王母开琳宫。"白居易《霓裳羽衣歌》："上元点鬟招萼绿，王母挥袂别飞琼。"李商隐《海上谣》："云孙帖帖卧秋烟，上元细字如蚕眠。"参见"上元夫人"。❻县名。唐属润州，今江苏南京。韩翃有《送冷朝阳还上元》。元稹《去杭州》："上元萧寺基址在，杭州潮水雪霜屯。"李山甫有《上元怀古二首》。❼同"上玄"。周郭藩《谭子池》："言讫辞冲虚，杳霭上元微。"按，此二诗原出处系避清圣祖玄烨讳改。

【上元夫人】　仙女。名阿环，西王母之小女，三天真皇之母，道君弟子。为上元之高尊，统领十方玉女之籍。汉武帝元封元年七月七日夜，王母降于汉宫，命侍女郭密香邀上元夫人同宴。见《汉武帝内传》。李白《上元夫人》："上元谁夫人，偏得王母娇？"李康成《玉华仙子歌》："上元夫人宾上清，深宫寂历厌层城。"顾况《梁广画花歌》："上元夫人最小女，头面端正能言语。"《全唐诗》录其诗三首。

【上元少女】　即上元夫人，为西王母之小女。曹唐《小游仙诗九十八首》之九："上元少女绝还往，满灶丹成白玉烟。”参见“上元夫人”。

【上元齋】 指道家于上元节修斋戒。李郢有《紫极宫上元斋次呈诸道流》。

【上₂水】 船逆流而行。杜甫有《上水遣怀》。白居易《初到忠州登东楼寄万州杨八使君》：“背春有去雁，上水无来船。”

【上₂水船】 逆流而行之船。《张祜》(卷八七九)：“上水船，风大急。帆下人，须好立。”

【上日】 ❶正月一日。杜甫《苏端薛复筵简薛华醉歌》：“爱客满堂尽豪翰，开筵上日思芳草。”韩愈《送郑尚书赴南海》：“衙时龙户集，上日马人来。”齐己《书李秀才壁》：“干戈阻上日，南国寄贫居。”❷上旬吉日。李乂《奉和人日清晖阁宴群臣遇雪应制》：“上日登楼赏，中天御辇飞。”

【上中】 上等及中等。周昙《咏史诗·前汉门·薛公》：“上中良策知非用，南取长沙是死乡。”

【上₂升】 见“上₂昇”。

【上仁】 至仁。《老子》：“上仁为之而无以为。”李商隐《送从翁东川弘农尚书幕》：“昔帝回冲眷，维皇恻上仁。”

【上介】 使团中第一副使。见《仪礼·聘礼》。唐用以指节度副使。权德舆《和职方殷郎中留滞江汉初至南宫呈诸公并见寄》：“师贞上介辟，恩擢正员郎。”

【上公】 ❶周制，王之三公(太师、太傅、太保)八命，有德行者出封时加一命，为二伯，位在三公之上，称上公。岑参《奉送李太保兼御史大夫充渭北节度使》：“上公周太保，副相汉司空。”钱起《送任先生任唐山丞》：“上公频握发，才子共垂帷。”❷指宰辅、国公等显贵。王维《奉和圣制上巳于望春亭观禊饮应制》：“画鹢移仙妓，金貂列上公。”李华《寄赵七侍御》：“属词幕孔门，入仕希上公。”崔琮《长至日上公献寿》：“率舞皆群辟，称觞即上公。”李吉甫《九日小园独谣赠门下武相公》：“上公留凤沼，冠剑侍清祠。”❸指出镇之长官。杜甫《客堂》：“上公有记者，累奏资薄禄。”皇甫冉《彭祖井》：“上公旌节在徐方，旧井莓苔近寝堂。”张籍《送令狐尚书赴东都留守》：“朝廷重要在关东，共说从前选上公。”吴融《赴阙次留献荆南成相公三十韵》：“自念为迁客，方谐谒上公。”❹指后土，即社神。张说《唐享太庙乐章·凯安三首》之一：“瑟被瑶爵，亚维上公。”于邵《释奠武成王乐章·奠币登歌》：“管磬升，坛芗集。上公进，嘉币执。”韩愈《忆昨行和张十一》：“忆昨夹钟之吕初吹灰，上公礼罢元侯回。”朱熹《韩文考异》认为上公即社神。

【上月】 ❶元月。崔知贤《晦日宴高氏林亭》：“上月河阳地，芳辰景物华。”陈嘉言《晦日重宴》：“蓂华雕上月，柳色蔼春池。”骆宾王《同辛簿简仰酬思玄上人林泉四首》之二：“芳晨临上月，幽赏狎中园。”❷上弦月。卢藏用《九日幸临渭亭登高应制得开字》：“上月重阳满，中天万乘来。”❸正日之讹。正日，纠正时日误差。杜正伦《玄武门侍宴》：“阙名徒上月，邹辩讵谈天！”

【上₂月】 月亮升起。王绩《游仙四首》之二：“上月芝兰径，中岩紫翠房。”

【上方】 ❶高处。钱起《晚春永宁墅小园独坐寄上王相公》：“上方传雅颂，七夕让风流。”李商隐《访隐》：“月从平楚转，泉自上方来。”喻坦之《留别友人书斋》：“卜邻期太华，同上上方梯。”❷指君主。刘叉《雪年》：“依违用事佞上方，犹驱饿民运造化防暑厄。”❸住持僧所居之室。亦泛指佛寺。刘长卿《登思禅寺上方题修竹茂松》：“上方幽且暮，台殿隐蒙笼。”卢纶《题云际寺上方》：“下界水长急，上方灯自明。”贾岛《寻石瓮寺上方》：“老僧不出迎朝客，已住上方三十年。”马戴《题庐山寺》：“东谷笑言西谷响，下方云雨上方晴。”❹仙道所居之处。曹唐《小游仙诗九十八首》之二二：“九天天路入云长，燕使何由到上方？”小白《宿金庭观》：“羽客相留宿上方，金庭风月冷如霜。”❺即尚方。官署名。见“上方斷馬劍”。

【上方斷馬劍】 即尚方斩马剑，皇帝所用。尚方，官署名，掌制造、供应帝王所用器物。《汉书·朱云传》：“臣愿赐尚方斩马剑，断佞臣一人，以厉其余。”王翰《飞燕篇》：“安得上方断马剑，斩取朱门公子头！”

【上之回】 乐府曲辞名。汉鼓吹铙歌十八曲之四。首句为“上之回所中”，因取以为名。回指回中，其地有宫，汉文帝时被匈奴烧毁。汉武帝元封四年冬行幸，复通回中道，后数出游幸。曲皆赞美当时之事。见唐吴兢《乐府古题要解》卷上、宋郭茂倩《乐府诗集·鼓吹曲辞一》。陈子良《上之回》：“承平重游乐，诏跸《上之回》。”卢照邻《赠许左丞从驾万年宫》：“闻道《上之回》，诏跸下蓬莱。”李贺《上之回》：“《上之回》，大旗喜，悬红云，挞凤尾。”

【上心】 君心。白居易《贺雨》：“上心念下民，惧岁成灾凶。”又《新乐府·蛮子朝》：“上心贵在怀远蛮，引临玉座近天颜。”

【上世】 前世，前代。张说《赠赵侍御》：“上世时难接，古人情可选。”又《过汉南叹古坟》：“上世千金子，潜卧九重泉。”

【上古】 远古。卢照邻《登封大酺歌四首》之四：“请比上古无为代，何如今日太平时？”卢僎《奉和李合息从温泉宫赐游骊山韦侍郎别业》：“乡入无何有，时还上古初。”皎然《奉和颜鲁公真卿落玄真子舴艋舟歌》：“上古初闻出尧世，今朝还见在尧时。”陆龟蒙《杂讽九首》之一："纵操上古言，口噤难即贡。"

【上平田】 地名。在终南山云溪中。王维《皇甫岳云溪杂题五首·上平田》："朝耕上平田，暮耕上平田。借问问津者，宁知沮溺贤？"

【上田】 上等肥田。独孤及《送何员外使湖南》："上田无晚熟，逸翮果先飞。"

【上戊】 每月上旬之戊日。唐以仲春、仲秋之月上戊为祭奠太公庙之日。见《新唐书·礼乐志五》。于邵《释奠武成王乐章·迎神》："日练上戊，宿严闷宫。"

【上仙】 ❶道家称"九仙"中品级最高者。司空图《携仙箓九首》之六："应知谭笑还高谢，别就沧洲赞上仙。"亦泛指天上神仙。司空曙《题玉真观公主山池院》："唯余古桃树，传是上仙栽。"邵谒《学仙词》："上仙传秘决，澹薄与无营。"皮日休《华山李炼师所居》："麻姑古貌上仙才，谪向莲峰管玉台。"❷指道家之流。孟郊《西上经灵宝观》："上仙不可见，驱策徒西征。"徐凝《和嵩阳客月夜忆上清人》："独夜嵩阳忆上仙，月明三十六峰前。"陈陶《豫章江楼望西山有怀》："水护星坛引太虚，烟霓十八上仙居。"

【上仙郎】 指道士。白居易《赠朱道士》："仪容白皙上仙郎，方寸清虚内道场。"

【上玄】 上苍。储光羲《献八舅东归》："镜水涵太清，禹山朝上玄。"高适《信安王幕府诗》："乐善旌深德，输忠格上玄。"白居易《游悟真寺诗》："昔闻王氏子，羽化升上玄。"郑谷《将之泸郡旅次遂州遇裴晤员外谪居于此话旧凄凉因寄二首》之一："谁解登高问上玄，谪仙何事谪诗仙？"

【上玄大帝】 指天帝。贯休《寿春节进大蜀皇帝五首》之一："上玄大帝降坤维，箕尾为臣制圣期。"

【上台】 星名，三台之一。在人为三公之位。后多用以指宰辅。沈佺期《自考功员外授给事中》："上台行揖让，中禁动光辉。"杜甫《送翰林张司马南海勒碑》："冠冕通南极，文章落上台。"卢士玫《奉陪武相公西亭夜宴陆郎中》："不在宾阶末，何由接上台？"赵嘏《浙东赠李副使员外》："妙尽戎机佐上台，少年清苦自霜台。"

【上寺】 日本三寺之一，为高等寺院。贯休《送僧归日本》："想到夷王礼，还为上寺迎。"

【上列】 上首；上座。杜甫《后出塞五首》之一："斑自居上列，酒酣进庶羞。"

【上$_2$曲】 奏曲。王建《霓裳词十首》之三："自直梨园得出稀，更番上曲不教归。"

【上年】 丰年。林滋《春望》："春海镜长天，青郊丽上年。"

【上行杯】 词牌名。韦庄有《上行杯》词。

【上$_2$印】 上交印绶。谓辞官。刘长卿《赠元容州》："拥旌临合浦，上印卧长沙。"

【上色】 指高官服色。韩愈《送区弘南归》："腾蹋众骏事鞍靰，佩服上色紫与绯。"

【上$_2$冰魚】 指晋孝子王祥为继母破冰求鱼，双鲤从冰下跳出之事。见晋干宝《搜神记》卷十一。张子容《除日》："忽逢双鲤赠，言是上冰鱼。"按此为借用，双鲤指书信。

【上衣】 上身所穿之衣。张祜《题河阳新鼓角楼》："从此圣朝思将帅，上衣须脱食须推。"

【上江】 长江上游。张继《江上送客游庐山》："晚来风信好，并发上江船。"刘长卿《奉送卢员外之饶州》："天书万里至，旌旆上江飞。"

【上池院】 在唐西京长安(今陕西西安)通义坊九华观中。开元中，睿宗女蔡国公主所居。武元衡有《题故蔡国公主九华观上池院》。

【上$_2$車著作】 用为著作郎及郎官之典。见北齐颜之推《颜氏家训·劝学》。刘禹锡《秘书崔少监见示坠马长句因而和之》："上车著作应来问，折臂三公定送方。"按，此以秘书少监崔玄亮坠马戏比落车。

【上足】 高足。用以称弟子中杰出者。元稹《琵琶歌》："段师弟子数十人，李家管儿称上足。"

【上兵】 用兵之上策。《孙子·谋攻》："故上兵伐谋，其次伐交，其次伐兵。"储光羲《同诸公秋日游昆明池思古》："上兵贵伐谋，此道不能为。"

【上佐】 指州府副长官。见《通典·职官十五》。朱庆余《送盛长史》："职处中军要，官兼上佐荣。"

【上位】 高官。赵嘏《华清宫和杜舍人》："上位先名实，中兴事宪章。"皮日休《正乐府十篇·贪官怨》："下位既贤哉，上位何如矣！"

【上谷】 郡名。秦、汉时治所在今河北怀来东南。隋代治所在今河北易县。唐改上谷郡为易州。虞世南《从军行二首》之一："冀马楼兰将，燕犀上谷兵。"韩翃有《送客之上谷》。贾岛有《上谷旅夜》。司空图《偶书五首》之四："上谷何曾解有情，有情人自惜君行。"

【上$_2$身】 穿在身上。多指穿新衣。王建《田家行》："不望入口复上身，且免向城卖黄犊。"

【上$_2$言】 进言。苏颋《故右散骑常侍舒国公褚公挽词》："审谕留中密，开陈与上言。"韩愈《荐士》："上言愧无路，日夜惟心祷。"

【上序】 即上庠。国家所设之大学。王勔《晦日宴高氏林亭同用华字》："上序披林馆，中京视物华。"弓嗣初《晦日宴高氏林亭》："上序春晖丽，中园物候华。"

【上辛】 每月上旬之辛日。为郊祀之日。韩愈

《元和圣德诗》:“乃以上辛,于郊用牡。”

【上₂坡】 沿山坡向上走。张祜《题苏州楞伽寺》:“上坡松径涩,深坐石池清。”

【上₂直】 当值,当班。司空曙《晚秋西省寄上李韩二舍人》:“仍闻劳上直,晚步凤池头。”王建《宫词一百首》之三六:“遥听帐里君王觉,上直钟声始得归。”元稹《酬乐天书怀见寄》:“终言作书处,上直金銮东。”花蕊夫人徐氏《宫词》之一二五:“君王未起翠帘卷,又发宫人上直来。”

【上林】 ❶即“上林苑”。刘孝孙《赋得春莺送友人》:“流莺拂绣羽,二月上林期。”贾至《咏冯昭仪当熊》:“平时出金屋,扈辇上林中。”张仲素《汉苑行二首》之一:“回雁高飞太液池,新花低发上林枝。”李商隐《写意》:“燕雁迢迢隔上林,高秋望断正长吟。”❷指汉司马相如《上林赋》。姚鹄《虢州献杨仰卿二首》之二:“碧山曾共惜分阴,暗学相如赋《上林》。”❸街坊名。见“上林坊”。

【上林坊】 街坊名。在唐东京洛阳外廓,位于洛水之北,漕渠之南,西与铜驼街接邻。白居易有《题崔少尹上林坊新居》。

【上林苑】 宫苑名。秦时所建,汉武帝又重加扩建。故址在今陕西西安西。见《史记·秦始皇本纪》及《汉书·扬雄传上》。李峤《桃》:“还欣上林苑,千岁奉君王。”李白《侍从宜春苑奉诏赋龙池柳色初青听新莺百啭歌》:“新莺飞绕上林苑,愿入箫韶杂凤笙。”张籍《徐州试反舌无声》:“来年上林苑,知尔最先鸣。”鱼玄机《卖残牡丹》:“及至移根上林苑,王孙方恨买无因。”

【上林桂】 上林苑中之桂树。唐人用以喻进士及第。顾况《奉酬刘侍郎》:“虽分上林桂,还照沧洲雪。”

【上林雁】《汉书·苏武传》:“后汉使复至匈奴,常惠请其守者与俱,得夜见汉使,具自陈道,教使者谓单于,言天子射上林中,得雁,足有系帛书,言武等在某泽中。”上林雁指此。亦泛指大雁。宋之问《登北固山》:“空怜上林雁,朝夕待春还。”孟浩然《自浔阳泛舟经明海》:“遥怜上林雁,冰泮也回翔。”钱起《蓝田溪杂咏二十二首·题南陂》:“时怜上林雁,半入池塘宿。”

【上林園】 同“上林苑”。王维《寓言二首》之一:“斗鸡平乐馆,射雉上林园。”赵氏《杂言》:“上林园中青青桂,折得一枝好夫婿。”白居易《浔阳三题·庐山桂》:“无人为移植,得入上林园。”

【上林篇】 指汉司马相如《上林赋》。亦泛指名篇杰作。储光羲《贻主客吕郎中》:“君王倘借问,客有《上林篇》。”

【上東】 见“上東門”。

【上東門】 城门名。唐东京洛阳外郭城东面三门,北曰上东门。綦毋潜有《早发上东门》。王昌龄《东京府县诸公与綦毋潜李颀相送至白马寺宿》:“鞍马上东门,裴回入孤舟。”李白《经乱后将避地剡中留赠崔宣城》:“何意上东门,胡雏更长啸?”韦应物有《上东门会送李幼举南游徐方》。亦省作“上東”。刘禹锡《福先寺雪中酬别乐天》:“龙门宾客会龙宫,东去旌旗驻上东。”

【上₂昇】 亦作“上升”。道家语。谓修炼功成得道上天。卢纶《送道士郄彝素归内道场》:“叱我问中寿,教人祈上昇。”刘得仁《送祖山人归山》:“料得仙家玉牌上,已镌白日上昇名。”李群玉《桃源》:“我到瞿真上升处,山川四望使人愁。”王希羽《赠杜荀鹤》:“金榜晓悬生世日,玉书潜记上升时。”

【上₂征】 ❶上升。韦应物《答韩库部》:“矫翮方上征,顾我邀忡忡。”❷溯流而上。李白《丁督护歌》:“云阳上征去,两岸饶商贾。”戴叔伦《将赴行营劝客同醉》:“明朝上征去,相伴醉如泥。”

【上京】 国都。邵升《奉和初春幸太平公主南庄应制》:“沁园佳丽夺蓬瀛,翠壁红泉绕上京。”孟浩然《送袁太祝尉豫章》:“何幸遇休明,观光来上京。”皇甫冉《赠郑山人》:“忽尔辞林壑,高歌至上京。”薛逢《醉中看花因思去岁之任》:“去岁乘轺出上京,军机旦暮促前程。”

【上₂法】 道家语。修道。顾况《山居即事》:“杨君闲上法,司命驻流年。”韦渠牟《步虚词十九首》之八:“上法杳无营,玄修似有情。”

【上官】 长官,上司。王维《送陆员外》:“拜手辞上官,缓步出南宫。”杜甫《垂老别》:“男儿既介胄,长揖别上官。”刘长卿《题独孤使君湖上林亭》:“出树倚朱阑,吹铙引上官。”李暇《碧玉歌》:“碧玉上官妓,出入千花林。”

【上₂官】 ❶授职。玄宗有《左丞相说右丞相璟太子少傅乾曜同日上官命宴东堂赐诗》。❷上任。李白《与周刚清溪玉镜潭宴别》:“康乐上官去,永嘉游石门。”

【上官公】 ❶指上官仪。李乂有《故西台侍郎上官公挽歌》。❷指上官庭芝。仪之子。李乂有《故赵王属赠黄门侍郎上官公挽词》。

【上官昭容】 (664—710)名婉儿。唐陕州陕县(今河南陕县)人。上官仪孙女。父庭芝与仪被诛,家被籍没,婉儿时在襁褓中,随母郑氏配入掖庭。天性警悟,善文章。万岁通天以后,内掌诏命。曾忤旨当诛,武后惜其才,但黥其面。群臣奏议及天下事,多令参决。中宗即位,令专掌制命,大被信任。不久拜为昭容。劝中宗广置昭文学士,盛引词学之臣,游宴唱和。常代中宗、韦后及长宁、安乐公主作诗，数首并作，辞藻绮丽，时人皆诵之。又品评群臣之诗，朝廷靡然成风。韦后弑中宗，临淄王（玄宗）兵起，被诛。玄宗收其诗文，成文集二十卷，令张说为序，比为"班嫒""左嫔"而过之。吕温《上官昭容书楼歌》有"汉家婕妤唐昭容，工诗能赋千载同"之句。传载《旧唐书》卷五一、《新唐书》卷七六。《全唐诗》卷五录其诗三十二首。

【上官婕妤】　即"上官昭容"。《全唐诗》卷二中宗《十月诞辰内殿宴群臣效柏梁体联句》载其诗一句。

【上官儀】　（608？—664）字游韶。唐陕州陕县（今属河南）人。隋大业末，其父被杀，时仪幼，藏匿获免。私度为沙门。精释典，兼涉猎经史，工文词。举贞观元年（627）进士。太宗闻其名，召授弘文馆直学士，迁秘书郎，转起居郎。太宗作文，常遣看稿；作诗时，又多令继和，故其诗多应制之作。高宗即位，为秘书少监。龙朔二年（662），进西台侍郎、同东西台三品，为宰相。麟德元年（664），为许敬宗诬构，被杀。中宗时追赠为中书令、秦州都督、楚国公。工于五言诗，以绮错婉媚为本。因地位显贵，文学之士多效其体，时人谓之"上官体"。曾预修《晋书》，编《芳林要览》。撰《投壶经》一卷，集三十卷，今佚。传载《旧唐书》卷八十、《新唐书》卷一〇五。《全唐诗》卷四十录其诗一卷。

【上穹】　苍穹，上帝。李中《下蔡春偶作》："采兰扇枕何时遂，洗虑焚香叩上穹。"

【上房】　住持僧所居之室。韩翃有《同中书刘舍人题青龙上房》。张蠙《送南海僧游蜀》："却后何年会，西方有上房。"

【上弦】　旧历每月初七或初八，月相西半面明，东半面暗，明处似弓弦之形，称上弦。太宗《咏弓》："上弦明月半，激箭流星远。"元稹《玉泉道中作》："微露上弦月，暗焚初夜香。"陆龟蒙《别墅怀归》："题诗朝忆复暮忆，见月上弦迁下弦。"崔道融《山居卧疾广利大师见访》："桐谷孙枝已上弦，野人犹卧白云边。"

【上₂弦】　❶给弓装上弦。崔颢《赠王威古》："插羽两相顾，鸣弓新上弦。"❷谓从眉月转为半月。杜甫《月三首》之三："万里瞿塘峡，春来六上弦。"缪氏子《赋新月》："初月如弓未上弦，分明挂在碧霄边。"李端《赠郭驸马》："方塘似镜草芊芊，初月如钩未上弦。"

【上春】　孟春，正月。杨师道《奉和正日临朝应制》："九重丽天色，千门临上春。"陈子昂《上元夜效小庾体》："三五月华薪，遨游逐上春。"李白《中山孺子妾歌》："桃李出深并，花艳惊上春。"齐己《和李书记》："繁极全分青帝功，开时独占上春风。"

【上相】　宰相之尊称。张说《奉和圣制幸韦嗣立山庄应制》："西京上相出扶阳，东郊别业好池塘。"刘禹锡《和令狐相公谢太原李侍中寄蒲桃》："上相芳缄至，行台绮席张。"杜牧《奉和仆射相公即事书成四韵》："上相抽毫歌帝德，一篇风雅美丰年。"韦庄《勉儿子》："辟彊为上相，何必待从师！"

【上柱國】　官名。战国楚制，凡有覆军杀将之功者，封上柱国，位仅在令尹（宰相）之下。隋文帝以上柱国为勋官最高级，正二品。唐因之。见《旧唐书·职官志一》。白居易有《初加朝散大夫又转上柱国》。又《马上作》："勋为上柱国，爵乃朝大夫。"

【上₂面】　上脸。谓脸上露出某种表情。白居易《花下对酒二首》之二："愁色常在眉，欢容不上面。"

【上苑】　即"上林苑"。虞世南《奉和幽山雨后应令》："肃城邻上苑，黄山迩桂宫。"孟浩然《登总持寺浮图》："竹绕渭川遍，山连上苑斜。"独孤授《花发上林》："上苑韶容早，芳菲正吐花。"李商隐《赠孙绮新及第》："长乐遥听上苑钟，彩衣称庆桂香浓。"

【上界】　❶僧人所居之处。指佛寺。刘宪《闰九月九日幸总持寺登浮图应制》："重阳登闰序，上界叶时巡。"皎然《题报恩寺惟照上人房》："上界雨色干，凉宫日迟迟。"白居易《寄韬光禅师》："前台花发后台见，上界钟声下界闻。"薛逢《定山寺》："遥闻上界翻经处，片片香云出院来。"❷仙道所居之处。顾况《弋阳溪中望仙人城》："上界浮中流，光响洞明灭。"韩愈《奉酬卢给事云夫四兄并呈上钱七兄阁老张十八助教》："天门九扇相当开，上界真人足官府。"殷尧藩《中元日观诸道士步虚》："上界秋光净，中元夜气清。"方干《送杭州李员外》："政成何用满三年，上界群仙待谪仙。"

【上品】　❶上等。多指物之等级。刘禹锡《楚州开元寺北院枸杞临井繁茂可观群贤赋诗因以继和》："上品功能甘露味，还知一勺可延龄。"周繇《以人参遗段成式》："人形上品传方志，我得真英自紫团。"李咸用《同友生题僧院杜鹃花》："若比众芳应有在，难同上品是中春。"❷高门第。罗隐《寄袁皓侍郎》："风尘惭上品，才业愧明时。"❸佛家语。谓修净土法门而道行较高者，命终化生栖托于七宝大莲花上，而居于高等品位。元稹《哭子十首》之四："莲花上品生真界，兜率天中离世途。"

【上信】　指七八月间东北风。李绅《早发》："黄鹤浪明知上信，黑龙山暗避前程。"

【上皇】　❶天帝。李白《古风》之四一："飘飘入无倪，稽首祈上皇。"❷指东皇太一。李希仲《东皇太一词》："吉日初齐戒，灵巫穆上皇。"❸指伏羲。为三皇之最先，故称。骆宾王《同辛簿简仰酬思玄上人林泉四首》之四："林疑中散地，人似上皇时。"孟浩然《题张野人园庐》："门无俗士驾，人有上皇风。"綦毋潜《若耶溪逢孔九》:"人言上皇代,犬吠武陵家。"钱起《过王舍人宅》:"翛然静者事,宛得上皇余。"❹太上皇之简称。唐代专指玄宗。李白《上皇西巡南京歌十首》之十:"剑阁重关蜀北门,上皇归马若云屯。"王建《霓裳词十首》之一:"散声未足重来授,直到床前见上皇。"张祜《华清宫和杜舍人》:"北阙尊明主,南宫逊上皇。"崔涂《过绣岭宫》:"古殿春残绿野阴,上皇曾此驻泥金。"

【上皇人】 亦作"上皇民"。即羲皇上人。羲皇指伏羲。羲皇之世,人民恬静闲适,故以"上皇人"称隐逸之士。王绩《田家三首》之二:"自得中林士,何忝上皇人。"钱起《送李大夫赴广州》:"应令尉陀俗,远作上皇人。"昙翼《招隐》:"乃知百代下,固有上皇民。"

【上皇三臺】 乐府杂曲歌辞名。以其为玄宗天宝中之曲,故名。韦应物有《上皇三台》。

【上皇民】 见"上皇人"。

【上皇觀】 道观名。在唐蜀州青城县西北(今四川都江堰市西南)青城山中。天宝中,玄宗幸蜀曾住此,故名。章孝标、薛逢皆有《题上皇观》。

【上風】 风向上方,指风吹过来那个方向。权德舆《玉台体十二首》之一:"粉汗宜斜日,衣香逐上风。"

【上₂屋】 登上房屋。冯著《燕衔泥》:"井旁写水泥自足,衔泥上屋随尔欲。"韦庄《途次逢李氏兄弟感旧》:"巡街趁蝶衣裳破,上屋探雏手脚轻。"

【上₂架】 爬上架子。张谔《延平门高斋亭子应岐王教》:"昨夜蒲萄初上架,今朝杨柳半垂堤。"

【上䎘】 向上飞升。元结《引极三首·思元极》:"思假翼兮鸾凤,乘长风兮上䎘。"

【上₂計】 上报计簿。即年终将郡、县内户口、土地、赋税、盗贼、狱讼等能反映地方官政迹者逐项登录造册,遣吏上报,汇集朝廷。张九龄《奉和圣制送十道采访使及朝集使》:"三年一上计,万国趋河洛。"王维《送李睢阳》:"鸾声哕哕鲁侯旂,明年上计朝京师。"杜甫《阻雨不得归瀼西甘林》:"诸侯旧上计,厥贡倾千林。"姚合《武功县中作三十首》之十七:"谋身须上计,终久是归田。"

【上₂計吏】 负责郡县政情、收入等具体情况登录、上报之官。汉代称为上计吏,见《汉书·朱买臣传》。又称计吏,见《后汉书·杨秉传》。即唐之朝集史。刘禹锡《插田歌》:"路旁谁家郎?乌帽衫袖长。自言上计吏,年幼离帝乡。"

【上亭】 ❶地名。在唐梓州治所(今四川三台)南江附近。李商隐有《南潭上亭宴集以疾后至因而抒情》。❷驿站名。见"上亭驛"。

【上亭驛】 驿站名。在唐剑州梓潼县、武连县界(今四川梓潼北)。罗隐《句》:"山雨霏微宿上亭,雨中因想雨淋铃。"

【上庠】 古时大学。见《礼记·王制》及郑玄注。权德舆《韦宾客宅与诸博士宴集》:"累抗乞身章,湛恩比上庠。"李商隐《赠送前刘五经映三十四韵》:"建国宜师古,兴邦属上庠。"

【上帝】 ❶天帝。卢照邻《中和乐九章·歌南郊第四》:"虔郊上帝,肃事圆丘。"杜甫《玉台观》:"中天积翠玉台遥,上帝高居绛节朝。"韩愈《陆浑山火和皇甫湜用其韵》:"梦通上帝血面论,侧身欲进叱于阍。"李商隐《钧天》:"上帝钧天会众灵,昔人因梦到青冥。"❷上古帝王。元结《补乐歌十首·六英》:"与汝歌舞兮,上帝之声。"❸指君主。韦庄《秦妇吟》:"日轮西下寒光白,上帝无言空脉脉。"

【上洛】 郡名。即商州,唐属山南东道,治所上洛县(今陕西商洛市)。王维有《送李太守赴上洛》。

【上流】 ❶江河上游。张说《喜度岭》:"岭路分中夏,川源得上流。"孟浩然《送张祥之房陵》:"日夕弄清浅,林湍逆上流。"储光羲《渔父词》:"泽鱼好鸣水,溪鱼好上流。"❷唐指长江上游鄂州(今湖北武昌)至荆州(今湖北江陵)一带。张九龄《登荆州城楼》:"上流空有处,中土复何虞!"王维《送贺遂员外外甥》:"南国有归舟,荆门溯上流。"皎然《读张曲江集》:"帝命镇雄州,待济寄上流。"❸上等。罗隐《题方干诗》:"顾我论佳句,推君最上游。"

【上津】 天上之津液。李商隐《戊辰会静中出贻同志二十韵》:"我本玄元胄,禀华由上津。"

【上客】 ❶贵客。谢偃《乐府新歌应教》:"上客莫畏斜光晚,自有西园明月轮。"王绍宗《三妇艳》:"上客且安坐,春日正迟迟。"戴叔伦《奉酬卢端公饮后赠诸公见示之作》:"绮席昼开留上客,朱门半掩拟重关。"李商隐《南潭上亭宴集以疾后至因而抒情》:"佳人启玉齿,上客颔朱颜。"❷上等幕客。韩翃《送刘侍御赴令公行营》:"上客刘公干,元戎郭细侯。"司空曙《送卢彻之太原谒马尚书》:"翩翩羽骑双旌后,上客亲随郭细侯。"贾岛《送陈商》:"上客远府游,主人须目明。"杜牧《寄浙西李判官》:"燕台上客意何如,四五年来渐渐疏。"❸仙客。崔橹《和友人题僧院蔷薇花三首》之二:"三清上客知惆怅,劝我春醪一两杯。"

【上軍】 军制分上、中、下三军。中军最尊,上军次之,下军又次之。耿湋《酬张少尹秋日凤翔西郊见寄》:"官佐征西府,名齐将上军。"卢纶《皇帝感词》:"雨露清驰道,风雷翊上军。"刘商《送庐州贾使君拜命》:"佩玉兼高位,摐金阅上军。"

【上₂馬】 骑马。刘长卿《奉寄婺州李使君舍人》:"似鵩占贾谊,上马试廉颇。"令狐楚《赴东都别牡丹》:"上马出门回首望,何时更得到京华?"李商隐《少将》："一朝携剑起，上马即如飞。"张蠙《边将》："上马乘秋欲建勋，飞狐夜阙出师频。"

【上₂貢】 进贡。齐己《谢灉湖茶》："灉湖唯上贡，何以惠寻常？"

【上哲】 圣哲，圣贤。《郊庙歌辞·享太庙乐章·咸宁舞》："神降上哲，维天配长。"

【上真】 ❶真仙。李商隐《同学彭道士参寥》："莫羡仙家有上真，仙家暂谪亦千春。"陆龟蒙《奉和袭美太湖诗二十首·雨中游包山精舍》："包山信神仙，主者上真职。"❷道观名。皮日休《上真观》："半日到上真，洞宫知造难。"参见"上真觀"。

【上真觀】 道观名。在太湖洞庭山上。皎然有《奉陪郑使君谔游太湖至洞庭山登上真观却望湖水》。皮日休有《太湖诗·上真观》。陆龟蒙有《奉和袭美太湖诗二十首·上真观》。

【上格】 上等品格。张九龄《使还都湘东作》："养真无上格，图进岂前期。"

【上₂峽】 上溯三峡。孟郊《巫山曲》："巴江上峡重复重，阳台碧峭十二峰。"李频有《八月上峡》。王周《再经秭归二首》之一："总角曾随上峡船，寻思如梦可悽然。"

【上峰】 高峰。皎然《奉陪陆使君长源诸公游支硎寺》："尘世即下界，色天当上峰。"

【上乘】 (—chéng)佛家语。即大乘。刘禹锡《送僧元暠东游》序："小失怙恃，推棘心以求上乘，积四十年有赢。"李商隐《题白石莲花寄楚公》："谩夸鹫子真罗汉，不会牛车是上乘。"李中《宿山中寺》："瞑目忘尘虑，谈空入上乘。"

【上秩】 高品秩，高官。姚合《酬杨汝士尚书喜人移居》："圣朝优上秩，仁里许闲居。"

【上留田】 汉地名。亦为乐府相和歌辞名。李白《上留田》："行至上留田，孤坟何峥嵘！"贯休《上留田》："父不父，兄不兄，上留田，蝥贼生。"

【上₂凌】 上升。王湾《秋夜寓直即事怀赠萧令公裴侍郎兼通简南省诸友人》："云路俄平入，台阶忽上凌。"

【上₂凍】 谓鱼跳上冰层。张说《春雨早雷》："河鱼未上冻，江蛰已闻雷。"

【上席】 受尊敬之席位。姚崇《春日洛阳城侍宴》："尧樽临上席，舜乐下前溪。"武平一《侍宴安乐公主新宅应制》："簪裾分上席，歌舞列平台。"

【上座】 佛家语。一寺之长，为三纲之首，掌法事等。多由朝廷任命年高德劭者为之。李颀有《光上座廊下众山五韵》。贾岛有《慈恩寺上座院》。

【上浦館】 驿馆名。在唐温州永嘉县(今浙江温州)东七十里。孟浩然有《永嘉上浦馆逢张八子容》。

【上₂酒】 敬酒，泻酒。王建《赛神曲》："新妇上酒勿辞勤，使尔舅姑无所苦。"令狐楚《坐中闻思帝乡有感》："上酒忽闻吹此曲，坐中惆怅更何人？"

【上₂浮】 上升。欧阳詹《玩月》序："桂花上浮，升东林，入西楼。"白居易《玉水记方流》："潜颖应傍达，藏真岂上浮。"

【上宫】 ❶地名。在春秋鄘(今河南汲县一带)。为男女幽会之地。《诗·鄘风·桑中》："期我乎桑中，要我乎上宫，送我乎淇之上矣。"韩翃《送李湜下第归卫州便游河北》："佳期纵得上宫游，旅食还为北邙客。"权德舆《杂诗五首》之三："淇水春正绿，上宫兰叶齐。"❷指皇宫。李如璧《明月》："昭君失宠辞上宫，蛾眉婵娟卧毡穹。"李益《汉宫少年行》："君不见上宫警夜营八屯，冬冬街鼓朝朱轩。"鲍溶《寒夜吟》："九衢金吾夜行行，上宫玉漏遥分明。"❸仙宫。李益《八月十五夜宣上人独游安国寺乘兴联句》："含凉阁迥通仙掖，承露盘高出上宫。"吕岩《赠乔二郎》："金晶飞到上宫里，上宫下宫通光明。"❹李绅《忆被牛相留醉州中时无他宾牛公夜出真珠辈数人》："酒征旧对惭衰质，曲换新词感上宫。"

【上宰】 ❶同"上相"。陈子良《赞德上越国公杨素》："君侯称上宰，命世挺才英。"席豫《奉和圣制答张说南出雀鼠谷》："盐梅推上宰，礼乐统中军。"韦应物《途中寄杨邈裴绪示褒子》："上宰领淮右，下国属星驰。"张籍《和户部令狐尚书喜裴司空见招看雪》："南园新覆雪，上宰晓来看。"❷县宰之尊称。周贺《缑氏韦明府厅》："贵邑清风满，谁同上宰心？"

【上祖】 先祖师。贯休《遇五天僧入五台五首》之一："唯云吾上祖，见买给孤园。"

【上₂書】 向君主进呈奏疏。孟浩然《岁暮归南山》："北阙休上书，南山归敝庐。"李颀《送刘十》："前年上书不得意，归卧东窗兀然醉。"牟融《寄永平友人》："贾谊上书曾伏阙，仲舒陈策欲匡时。"李商隐《哭遂州萧侍郎二十四韵》："不成穿圹入，终拟上书论。"

【上郡】 郡名。秦置。汉因之。隋治所洛交县(今陕西富县)。唐废，置绥州，属关内道，治所上县(今陕西绥德)。李颀《古塞下曲》："军书发上郡，春色度河阳。"李益《登长城》："汉家今上郡，秦塞古长城。"温庭筠《咏寒宵》："上郡归来梦，那知锦字诗。"

【上除】 即上巳。俗于是日往水边沐浴，以祓除不祥，故称。崔知贤《三月三日宴王明府山亭》："影媚元巳，和风上除。"

【上院】 僧院之尊称。张祜《题灵隐寺师一上人十韵》："欂栌居上院，薜荔俯层阶。"

【上理】 指府治所在地。玄宗《登蒲州逍遥楼》："昔是潜龙地，今为上理辰。"

【上都】　指京师。唐肃宗后专指西京长安，与东、南、北三都相对。苏颋《蜀城哭台州乐安少府》："喜传上都封，因促傍吏开。"杜甫《后出塞五首》之四："主将位益重，气骄凌上都。"韩愈《赠崔立之评事》："曾从关外来上都，随身卷轴车连轸。"李商隐《有感二首》之一："鬼箓分朝部，军烽照上都。"

【上頂】　顶上，最上。王建《当窗织》："输官上顶有零落，姑未得衣身不著。"

【上脣】　上嘴唇。李白《上云乐》："华盖垂下睫，嵩岳临上唇。"

【上堂】　厅堂。卢纶《送太常李主簿归觐省》："上堂多庆乐，肯念谷中愚？"管雄甫《戛玉有余声》："想如君子佩，时得上堂鸣。"

【上$_2$堂】　登堂。王播《题木兰院二首》之二："上堂已了各西东，惭愧阇黎饭后钟。"

【上略】　上策。包佶《酬于侍郎湖南见寄十四韵》："九迁归上略，三已契愚衷。"独孤及《和大夫秋夜书情即事》："上略当分阃，高情善闭关。"权德舆《送韦行军员外赴河阳》："上略儒风并者稀，翩翩驺骑有光辉。"方干《王将军》："大志无心守章句，终怀上略致殊功。"

【上國】　❶吴、楚等南方诸国称中原各国为上国。姚鹄《送人归吴》："东吴与上国，万里路迢迢。"贯休《读离骚经》："谁能入水少取得，香沐函题贡上国。"❷指中国。与外国、外族相对。钱起《送僧归日本》："上国随缘住，来途若梦行。"皇甫曾《送归中丞使新罗》："天遥辞上国，水尽到孤城。"张惟俭《赋得西戎献白玉环》："绝域知文教，争趋上国风。"权德舆《送袁中丞持节册南诏五韵》："上国洽恩波，外臣遵礼命。"❸指朝廷，与藩国、藩镇相对。孟浩然《同卢明府饯张郎中除义王府司马海园作》："上国山河列，贤王邸第开。"皇甫冉《送魏中丞还河北》："上国风尘旧，中司印绶荣。"陈陶《赠容南韦中丞》："风云已静西山寇，闾井全移上国春。"❹指京师。李颀《送刘方平》："绮纨游上国，多作少年行。"刘长卿《送营田判官郑侍御赴上都》："上国三千里，西还及岁芳。"卢纶《冬夜赠别友人》："更送乘轺归上国，应怜贡禹未成名。"刘沧《长安逢友人》："上国相逢尘满襟，倾杯一话昔年心。"

【上將】　（—jiàng）❶星名。文昌宫六星之一，下应朝廷上将。卢从愿《奉和圣制送张说巡边》："上将发文昌，中军静朔方。"刘长卿《瓜洲驿奉饯张侍御时侍御先在淮南幕府》："月罢名卿署，星悬上将坛。"❷主将。虞世南《出塞》："上将三略远，元戎九命尊。"王维《故太子太师徐公挽歌四首》之四："久践中台座，终登上将坛。"李商隐《筹笔驿》："徒令上将挥神笔，终见降王走传车。"周昙《咏史诗・前汉门・条侯》："上将风戈赏罚明，矛铤严闭亚夫营。"❸唐特指藩镇节度使、元帅、都督、都护等。岑参《过梁州奉赠张尚书大夫公》："门传大夫印，世拥上将旗。"卢纶《送韩都护还边》："好勇知名早，争雄上将间。"孟郊《上河阳李大夫》："上将秉神略，至兵无猛威。"李涉《邠州词献高尚书三首》之三："今日兵符归上将，旄头不用更妖氛。"

【上將軍】　❶同"上将❷"。王建《赠郭将军》："承恩新拜上将军，当直巡更近五云。"❷同"上將❸"。白居易《宣武令狐相公以诗寄赠传播吴中聊奉短草用申酬谢》："尽解呼为好才子，不知官是上将军。"

【上$_2$釣】　上钩。谓到手。方干《献浙东王大夫二首》之二："已见玉璜曾上钓，何愁金鼎不和羹！"

【上第】　❶上等。储光羲《哥舒大夫颂德》："嘉命列上第，德辉照天京。"❷科举考试成绩三等中最高等。唐指进士第诸科。白居易《及第后忆旧山》："偶献《子虚》登上第，却吟《招隐》忆中林。"李频《送太学吴康仁及第南归》："首领诸生出，先登上第归。"张乔《江上逢进士许棠》："诗人推上第，新榜又无君。"褚载《贺赵观文重试及第》："已把色丝要上第，又将彩笔冠群伦。"

【上$_2$第】　及第。刘禹锡《赠刘景擢第》："昨日鸿都新上第，五陵年少让清光。"

【上卿】　❶官名。周制，宗周及诸侯皆有卿，分上、中、下三级。最尊贵者为上卿。元稹《楚歌十首》之六："谁恃王深宠？谁为楚上卿？"谭用之《约张处士游梁》："晋朝灭后无中散，韩国亡来绝上卿。"亦泛指大臣。孙逖《送新罗法师还国》："上卿挥别藻，中禁下禅衣。"罗隐《秋日有寄》："东去西来人不会，上卿踪迹本玄洲。"吴融《寄僧》："偶传新句来中禁，谁把闲书寄上卿？"❷唐用以称九寺之卿。崔湜《送梁卿王郎中使东蕃吊册》："梁侯上卿秀，王子中台杰。"王维《奉和圣制送不蒙都护兼鸿胪卿归安西应制》："上卿增命服，都护扬归旆。"高适《崔司录宅燕大理李卿》："上卿才大名不朽，早期至尊暮求友。"

【上$_2$章】　❶向皇帝进呈章奏。韩愈《元和圣德诗》："上章请讨，俟命起坐。"❷道家语。奏章天曹，请求消灾。顾况《题卢道士房》："上章尘世隔，看弈桐阴斜。"

【上清】　❶道家语。三清境之一。李康成《玉华仙子歌》："上元夫人宾上清，深宫寂历厌层城。"顾况《朝上清歌》："洁眼朝上清，绿景开紫霞。"欧阳詹《韦晤宅听歌》："服制虹霓鬟似云，萧郎屋里上清人。"李商隐《重过圣女祠》："白石岩扉碧藓滋，上清沦谪得归迟。"❷道家宫观名。见"上清宫❷"。❸泛指道观。储光羲《至嵩阳观观即天皇故宅》："真人上清室，乃在中峰前。"刘禹锡《和令狐相公送赵常盈炼师与中贵人同拜岳及天台投龙毕却赴京》："元君伏奏归中禁，武帝亲斋礼上清。"白居易《酬赠李炼师见招》："几年司炼直承明，今日求真礼上清。"❹上苍，天空。齐己《贺雪》："上清凝结下乾坤，为瑞为祥表致君。"

【上清宫】 ❶指仙宫名。韦渠牟《步虚词十九首》之一："那将人世恋，不去上清宫。"令狐楚《赠毛仙翁》："宣州浑是上清宫，客有真人貌似童。"❷道家宫观名。唐又名真仙观。在今江西贵溪上清镇龙虎山上。杜光庭《上清宫》："十年重到上清宫，石磴泉梯屈曲通。"

【上清經】 即"上清籙"。于鹄《山中访道者》："曾读《上清经》，知注长生籍。"

【上清籙】 道家符箓名。顾况《崦里桃花》："老人方授《上清箓》，夜听步虚山月寒。"崔仲容《戏赠》："如今身佩《上清箓》，莫遣落花沾羽衣。"

【上寅】 每月上旬之寅日。元稹《代曲江老人百韵》："校猎求初吉，先农卜上寅。"白居易《咏家醖十韵》："井泉王相资重九，曲糵精灵用上寅。"自注："水用九月九日，曲用七月上寅。"

【上$_2$場】 登场。收割谷物，运至场上。王建《田家行》："麦收上场绢在轴，的知输得官家足。"

【上棚】 比赛两队中之上队。王建《宫词一百首》之七三："一半走来争跪拜，上棚先谢得头筹。"花蕊夫人徐氏《宫词》之二〇："供奉头筹不敢争，上棚等唤近臣名。"

【上雲樂】 乐府相和歌辞名。李白、李贺皆有《上云乐》。

【上$_2$掌】 指汉元帝后赵飞燕体轻，能为掌上舞之事。《白孔六帖》卷六一："飞燕体轻能为掌上舞。"李商隐《拟意》："上掌真何有？倾城岂自由！"

【上智】 上等智慧。亦指上智之人。李端《慈恩寺怀旧》："上智本全真，郄公况重臣。"黄滔《送僧归北岩寺》："上智失扣关，多被浮名误。"

【上策】 最高明计策或办法。孙逖《送李补阙摄御史充河西节度判官》："西戎虽献款，上策耻和亲。"刘禹锡《元和癸巳岁仲秋诏发江陵寄荆南严司空》："前筹得上策，无战已成功。"吴融《简州归降贺京兆公》："古谓伐谋为上策，今看静胜自中台。"

【上番】 初蕃，头批。指植物花或芽初生。杜甫《三绝句》之三："会须上番看成竹，客至从嗔不出迎。"元稹《答姨兄胡灵之见寄五十韵》："柳爱凌寒软，梅怜上番惊。"又《赋得春雪映早梅》："飞舞先春雪，因依上番梅。"

【上腴】 上等肥田。卢纶《送信州姚使君》："楚国上腴收赋重，汉家良牧得人难。"温庭筠《病中书怀呈友人》："筑室连中野，诛茅接上腴。"

【上象】 天象，天宇。刘长卿《送梁郎中赴吉州》："旧官移上象，新令布中和。"许浑《茅山赠梁尊师》："上象壶中阔，平生梦里忙。"李商隐《北楼》："异域东风湿，中华上象宽。"

【上$_2$訴】 向天诉说冤情。杜甫《杜鹃行》："口干垂血转迫促，似欲上诉于苍穹。"

【上善】 至善。《老子》："上善若水。"后因用为水之典实。骆宾王《咏水》："终当挹上善，属意澹交人。"崔颢《澄水如鉴》："圣贤将立喻，上善贮情深。"高适《同朱五题卢使君义井》："上善滋来往，中和浃里闾。"卢肇《江陵府初试澄心如水》："内明非有物，上善本无鱼。"

【上善若水】 谓至高之善如水一样。顾况《宜城放琴客歌》："上善若水任方圆，忆昨好之今弃捐。"

【上尊】 祭祀或宴饮时置于上位之酒杯。徐坚《奉和圣制送张说赴集贤院学士赐宴赋得虚字》："座引中厨馔，杯锡上尊余。"

【上游】 亦作"上遊"。❶唐时指长江流域自鄂州(今湖北武昌)至荆州(今湖北江陵)一带。刘长卿《湖南使还留辞辛大夫》："天子无南顾，元勋在上游。"白居易《行次夏口先寄李大夫》："连山断处大江流，红旆逶迤镇上游。"王周《石首山》："首出崔嵬占上遊，迥存浓翠向荆州。"❷指军事重地。顾况《从江西至彭蠡入浙西淮南界道中寄齐相公》："一身控上遊，八郡趋下风。"杨巨源《酬卢员外》："谢傅旌旗控上游，卢郎樽俎借前筹。"吕温《题石勒城二首》之一："长驱到处积人头，大旆连营压上游。"李商隐《重有感》："玉帐牙旗得上游，安危须共主君忧。"❸指京师。薛能《升平词十首》之一："瑞气绕宫楼，皇居信上遊。"❹高职位。罗隐《春日投钱塘元帅尚父二首》之二："征东幕府十三州，敢望非才忝上游。"

【上$_2$疏】 向皇帝进呈奏章。杜甫《遣兴五首》之四："上疏乞骸骨，黄冠归故乡。"

【上階】 高位。张蠙《赠水军都将》："平生为有安邦术，便别秋曹最上阶。"

【上$_2$階】 爬上台阶。白居易《宿杨家》："夜深不语中庭立，月照藤花影上阶。"姚合《山居寄友人》："晓泉和雨落，秋草上阶生。"

【上陽】 ❶天上阳光。杜牧《洛阳长句二首》之二："桥边游女珮环委，波底上阳金碧明。"❷指春天。欧阳衮《和项斯游头陀寺上方》："间能将远语，况及上阳时。"❸唐宫名。张说《奉和圣制初入秦川路寒食应制》："上阳柳色唤春归，临渭桃花拂水飞。"韦应物《赠王侍御》："上阳秋晚萧萧雨，洛水寒来夜夜声。"戴叔伦《汉宫人入道》："回首吹箫天上伴，上阳花落共谁言？"韦庄《洛北村居》："鸟势去投金谷树，钟声遥出上阳烟。”参见“上陽宫”。

【上陽人】 见“上陽白髮人”。

【上陽白髮人】 唐新乐府辞名。李绅首创，诗佚。写宫人怨旷之苦。元稹有《和李校书新题乐府十二首·上阳白发人》。李校书即李绅。白居易亦有《新乐府·上阳白发人》。一本无“白发”字，作《上阳人》，自注：“愍怨旷也。”

【上陽宫】 唐宫名。高宗建，在洛阳皇城西南隅，南临洛水。玄宗曾作为行宫。宗楚客有《奉和幸上阳宫侍宴应制》。窦庠《陪留守韩仆射巡内至上阳宫感兴二首》之一：“武皇弓剑埋何处，泣问上阳宫里人。”杜牧《洛阳秋夕》：“清禁漏闲烟树寂，月轮移在上阳宫。”林宽《闻雁》：“上阳宫里三千梦，月冷风清闻过时。”

【上瑞】 指最大祥瑞，大吉兆。姚鹄《风不鸣条》：“吾君理化清，上瑞报时平。”黄滔《省试内出白鹿宣示百官》：“上瑞何曾乏，毛群表色难。”

【上$_2$達】 由下层向上送达。韦应物《答贡士黎逢》：“茂等方上达，诸生安可希！”

【上聖】 至圣。韩愈《孟东野失子》：“上圣不待教，贤闻语而迁。”

【上$_2$歲】 成年。李翱《断僧通状》：“上岁童子，二十受戒。”

【上$_2$落】 上下，向上又向下。顾况《空梁落燕泥》：“不缘频上落，那得此飞栖！”

【上虞】 县名。汉置，唐属江南东道越州（会稽郡），今属浙江。许景先《征君宅》：“上虞佳山水，晚岁耽隐沦。”王昌龄《送欧阳会稽之任》：“官移会稽郡，地迩上虞乡。”戴叔伦《和河南罗主簿送校书兄归江南》：“上虞亲渤澥，东楚隔潇湘。”权德舆《送上虞丞》：“越郡佳山水，菁江接上虞。”

【上路】 通衢大道。虞世南《门有车马客》：“曲台临上路，高门抵狭斜。”包融《阮公啸台》：“荒台森荆杞，蒙笼无上路。”张南史《早春书事奉寄中书李舍人》：“风尘游上路，简册委空庐。”郑嵎《津阳门诗》：“诏令上路建甲第，楼通走马如飞翚。”

【上$_2$路】 起程。戴叔伦《送李审之桂州谒中丞叔》：“远水下山急，孤舟上路赊。”郑谷《送祠部曹郎中郯出守洋州》：“为儒欣出守，上路亦戎装。”

【上圓】 指天。旧说天圆地方，故称。《郊庙歌辞·晋昭德成功舞歌·武功舞歌二首》之二：“睿算超前古，神功格上圆。”

【上鉤】 鱼吞钩。方干《山中言事八韵寄李支使》：“前时射鹄徒抛箭，此日求鱼未上钩。”

【上節】 佳节。则天皇后《早春夜宴》：“九春开上节，千门敞夜扉。”

【上遊】 见“上游”。

【上漢槎】 亦作“上漢查”。居海渚者年年八月上天河所乘之槎。槎，木筏。查，通槎。王维《奉和圣制幸玉真公主山庄因题石壁十韵之作应制》：“庭养冲天鹤，溪流上汉查。”石季武《梦中诗》：“耸辔排金阙，乘轩上汉槎。”

【上漢查】 见“上漢槎”。

【上源】 源头。严维《奉和独孤中丞游云门寺》：“绝壑开花界，耶溪极上源。”裴谞《储潭庙》：“江水上源急如箭，潭北转急令目眩。”元稹《赛神》：“阿胶在末派，罔象游上源。”姚合《咏盆池》：“莫惊池里寻常满，一井清泉是上源。”

【上道】 同“上路”。严维《酬谢侍御喜王宇及第见贺不遇之作》：“柳映三桥发，花连上道明。”

【上$_2$道】 同“上$_2$路。”刘禹锡《送周使君罢渝州归郢州别墅》：“只恐鸣驺催上道，不容待得晚菘尝。”

【上境】 指天上佛仙境界。元稹《大云寺二十韵》：“上境光犹在，深溪暗不分。”又《天坛上境》：“洪涟浩渺东溟曙，白日低回上境寒。”

【上壽】 三寿之一，指百岁。一说一百二十岁。张祜《扬州法云寺双桧》：“纵使百年为上寿，绿阴终借暂时行。”司空图《退居漫题七首》之六：“努力省前非，人生上寿稀。”罗隐《往年进士赵能卿尝话金庭胜事见示叙》：“正恨故人无上寿，喜闻良宰有高情。”

【上$_2$壽】 向尊者敬酒祝愿长寿。王维有《奉和圣制重阳节宰臣及群官上寿应制》。息夫牧《冬夜宴萧十丈因饯殷郭二子西上》序：“列座有位，尊卑俨如。或捧觞上寿，或抠衣请益。”卢纶《元日早朝呈故省诸公》：“垂衣当晓日，上寿对南山。”

【上榻】 上位之榻。指上宾礼遇。罗隐《南康道中》：“使君延上榻，时辈仰前程。”参见“下$_2$榻”。

【上$_2$幕】 张帷幕。李贺《感春》：“上幕迎神燕，飞丝送百劳。”

【上蒼】 ❶上天，上帝。杜甫《入衡州》：“烈火发中夜，高烟焦上苍。”又《夏日叹》：“上苍久无雷，无乃号令乖。”❷仙人所居之处。吕岩《敲爻歌》：“飞升羽化三清客，名遂功成达上苍。”

【上聞】 谓奏闻于天子。韩愈《元和圣德诗》：“事始上闻，在列咸怒。”

【上僚】 亦作“上寮”。上层官员，大臣。卢纶《送陕府王司法》：“上寮应重学，小吏已甘贫。”薛能《春早选寓长安二首》之二：“上僚如报国，公道岂无人？”

【上賓】 贵宾。骆宾王《春日离长安客中言怀》：“宝瑟调中妇，金罍引上宾。”韦应物《军中冬燕》：“虎竹谬朝寄，英贤降上宾。”项斯《闻友人会裴明府县楼》:“闲阁雨吹尘,陶家揖上宾。”杜荀鹤《赠友人罢举赴交趾辟命》:“如何待取丹霄桂,别赴嘉招作上宾。”

【上₂賓】 ❶谓作客于天帝之所。婉言帝王去世。张说《惠文太子挽歌二首》之二:“帝欢同宴日,神夺上宾年。”❷道家谓羽化仙升。崔融《和梁王众传张光禄是王子晋后身》:“三年上宾去,千载忽来归。”李德裕《尊师是桃源黄先生传法弟子今重赋此诗兼寄题黄先生旧馆》:“后学方成市,吾师又上宾。”徐铉《宿茅山寄舍弟》:“茅许禀灵气,一家同上宾。”

【上駟】 上等驷马。亦泛指良马。韩愈《入关咏马》:“岁老岂能充上驷,力微当自慎前程。”李绛《和裴相国答张秘书赠马诗》:“高才名价欲凌云,上驷光华远赠君。”

【上₂摶】 向上盘旋。白居易《游悟真寺诗》:“风从石下生,薄人而上抟。”

【上臺】 指朝廷。白居易《病中辱张常侍题集贤院诗因以继和》:“骑省通中掖,龙楼隔上台。”

【上賢】 至贤之人。寒山《诗三百三首》之一四一:“上贤读我诗,把著满面笑。”赵嘏《淮信贺滕迈台州》:“凋瘵民思太古风,上贤绥辑副宸衷。”

【上霄】 唐太宗昭陵寝宫门名。昭陵在京兆府醴泉县(今属陕西)东北九嵕山。权德舆《酬冯监拜昭陵回途中遇雨见示》:“之子共乘轺,清秋拜上霄。”自注:“寝宫有上霄门。”

【上蔡】 地名。秦属陈郡,汉置县。唐属蔡州,今属河南。李峤《兔》:“上蔡应初击,平冈远不稀。”李白《留别王司马嵩》:“呼鹰过上蔡,卖畚向嵩岑。”贾岛《李斯井》:“井存上蔡南门外,置此井时来相秦。”张祜《途中逢李道实游蔡州》:“征马汉江头,逢君上蔡游。”

【上蔡東門】 用秦李斯与其中子出上蔡东门逐狡兔事。胡曾《咏史诗·上蔡》:“上蔡东门狡兔肥,李斯何事忘南归?”韦庄《题李斯传》:“临刑莫恨仓中鼠,上蔡东门去自迟。”参见“上蔡蒼鷹”。

【上蔡黄犬】 用秦李斯与其中子牵黄犬出上蔡东门逐狡兔事。刘禹锡《题欹器图》:“无因上蔡牵黄犬,愿作丹徒一布衣。”储嗣宗《长安怀古》:“赤龙已赴东方暗,黄犬徒怀上蔡悲。”参见“上蔡蒼鷹”。

【上蔡蒼鷹】 用秦李斯与其中子牵黄犬臂苍鹰出上蔡东门逐狡兔事。李白《行路难三首》之三:“华亭鹤唳讵可闻,上蔡苍鹰何足道!”

【上賞】 最高赏赐。李颀《寄綦毋三》:“共道进贤蒙上赏,看君几岁作台郎。”权德舆《奉和李给事省中书情寄刘苗崔三曹长因呈许陈二阁老》:“共说汉朝荣上赏,岂令三友滞冯唐。”陆龟蒙《杂讽九首》之五:“贡贤当上赏,景福视所履。”

【上德】 ❶最高之德。《老子》:“上德不德,是以有德。”孟浩然《赠萧少府》:“上德如流水,安仁道若山。”王湾《哭补阙亡友綦毋学士》:“崇仪希上德,近侍接元台。”方干《德政上睦州胡中丞》:“上德由来合动天,旌旗到日是丰年。”❷指上德之人。储光羲《贻丁主簿仙芝别》:“下愚忝闻见,上德犹邅迍。”张彪《杂诗》:“上德兼济心,中才不如愚。”刘得仁《陈情上李景让大夫》:“上德怜孤直,唯公拔陆沉。”

【上₂潮】 涨潮。綦毋潜《送贾恒明府兼寄温张二司户》:“舟乘晚风便,月带上潮平。”又《题鹤林寺》:“迟日半空谷,春风连上潮。”钱起《送昆山孙少府》:“远帆背归鸟,孤舟抵上潮。”

【上寮】 见“上僚”。

【上層】 高层,较高层次。多指建筑物。齐己《暮游岳麓寺》:“寺楼高出碧崖棱,城里谁知在上层?”

【上頭】 ❶前列,次序在前面。汉乐府《陌上桑》:“东方千余骑,夫婿居上头。”王维《送康太守》:“铙吹发夏口,使君居上头。”耿沣《古意》:“虽言千骑上头居,一世生离恨有余。”李端《送黎兵曹往陕府结婚》:“东方发车骑,君是上头人。”李商隐《韩同年新居钱韩西迎家室戏赠》:“一名我漫居先甲,千骑君翻在上头。”❷上方,处于某一事物之上。杜甫《奉同郭给事汤东灵湫作》:“东山气鸿濛,宫殿居上头。”元稹《连昌宫词》:“寝殿相连端正楼,太真梳洗楼上头。”王涯《宫词三十首》之二一:“迥出芙蓉阁上头,九天悬处正当秋。”❸高处。多指山及建筑物。刘长卿《和樊使君登润州城楼》:“山城迢递敞高楼,露冕吹铙居上头。”顾况《送李秀才游嵩山》:“嵩山石壁挂飞流,无限神仙在上头。”朱庆余《登望云亭招友》:“共知亭下眠云远,解到上头能几人?”韩偓《别绪》:“山巅更高处,忆上上头吟。”❹指上座。白居易《秦中吟十首·歌舞》:“秋官为主人,廷尉居上头。”曹唐《长安客舍叙邵陵旧宴寄永州萧使君五首》之五:“三年身逐汉诸侯,宾榻容居最上头。”❺里头,当中。王建《寄贺田侍中东平功成》:“唐史上头功第一,春风双节好朝天。”窦梁宾《喜卢郎及第》:“手把红笺书一纸,上头名字有郎君。”

【上₂頭】 成年时束发插笄。花蕊夫人徐氏《宫词》之七五:“年初十五最风流,新赐云鬟便上头。”李何《观妓》:“向晚小乘游,朝来新上头。”洛中举子《赠妓茂英》:“隔窗未省闻高语,对镜曾窥学上头。”

【上遼津】 渡口名。在唐洪州建昌县(今江西永修)东潦水上。辽,亦作僚、缭、潦。李白《豫章行》:“半渡上辽津,黄云惨无颜。”

【上勳】 上等功勋。皎然《奉送陆中丞长源诏征入朝》:“诏下鄜侯幕,征贤宠上勋。”

【上₂學】 到学校学习。元稹《哭子十首》之三:“钟声欲绝东方动,便是寻常上学时。”

【上$_2$簇】 指蚕上草束吐丝作茧。王建《荆南赠别李肇著作转韵诗》:“麦收蚕上簇,衣食应丰足。”

【上館】 上等旅舍。杨衡《病中赴袁州次香馆》:“病舆憩上馆,缭绕向山隅。”皮日休《皋桥》:“唯我到来居上馆,不知何道胜梁鸿?”

【上$_2$講】 上堂讲经。韦庄《东林寺再遇僧益大德》:“上讲每教倾国听,承恩偏得内官饶。”

【上謨】 上策。寒山《诗三百三首》之八七:“教汝百胜术,不贪为上谟。”裴度、刘禹锡《刘二十八自汝赴左冯途经洛中相见联句》:“上谟尊右掖,全略静东军。”

【上$_2$禮】 祭祀。陈子昂有《奉和皇帝上礼抚事述怀应制》。李峤有《皇帝上礼抚事述怀》。

【上藥】 仙药。皇甫冉《刘侍御朝命许停官归侍》:“采芝供上药,拾槿奉晨餐。”李商隐《药转》:“郁金堂北画楼东,换骨神方上药通。”司空图《白菊三首》之三:“益算更希沾上药,今朝第七十重阳。”

【上$_2$關】 关大门。王维《登裴秀才迪小台》:“好客多乘月,应门莫上关。”韩翃《宴吴王宅》:“称寿争离席,留欢辄上关。”

【上$_2$瀧舠】 见“上瀧船”。

【上$_2$瀧船】 亦作“上$_2$瀧舠”。逆急流而上之船。杜甫《送重表侄王砅评事便南海》:“北驱汉阳传,南泛上泷舠。”元结《欸乃曲》:“下泷船似入深渊,上泷船似欲升天。”

【上黨】 地名。秦置郡,治所长子县(今属山西)。隋置县(今山西长治)。唐为潞州治所。盛产墨。李峤《墨》:“长安分石炭,上党结松心。”李白《酬张司马赠墨》:“上党碧松烟,夷陵丹砂朱。”杜牧《东兵长句十韵》:“上党争为天下脊,邯郸四十万秦坑。”

【上$_2$籌】 增添筹码。筹,用以计胜负。张说《奉和圣制观拔河俗戏应制》:“斗力频催鼓,争都更上筹。”

【上寶】 珍宝。卢纶《和常舍人晚秋集贤院即事十二韵寄赠江南徐薛二侍郎》:“唯应缄上宝,赠远一呈妍。”

【上蘭】 观名。在上林苑中。见《三辅黄图》卷四。王维《敕赐百官樱桃》:“芙蓉阙下会千官,紫禁朱樱出上兰。”又《听百舌鸟》:“上兰门外草萋萋,未央宫中花里栖。”李商隐《当句有对》:“密迩平阳接上兰,秦楼鸳瓦汉宫盘。”

【上饒】 县名。三国吴置。隋平陈省。唐肃宗乾元初重置,属信州,为治所。今属江西。李华《寄赵七侍御》序:“自余干溪行,经弋阳至上饶,山川幽丽。”李嘉祐有《送苏修往上饶》。孟郊有《题陆鸿渐上饶新开山舍》。

【上靈】 神灵,天帝。贯休《对雪寄新定冯使君二首》之二:“政化由来通上灵,丰年祥瑞满窗明。”《郊庙歌辞·祀圜丘乐章·豫和》:“上灵眷命膺会昌,盛德殷荐叶辰良。”

【上$_2$鑰】 上锁。王沈《婕妤怨》:“长信梨花暗欲栖,应门上钥草萋萋。”

下$_1$ 〔xià《广韵》胡雅切,上馬,匣。〕❶位置较低,底下。王绩《古意》之四:“松生北岩下,由来人径绝。”郎士元《塞下曲》:“白草山头日初没,黄沙戍下悲歌发。”贾岛《题李凝幽居》:“鸟宿池边树,僧敲月下门。”陆龟蒙《读襄阳耆旧传因作诗五百言寄皮袭美》:“汉皋古来雄,山水天下秀。”❷地势低。刘长卿《入百丈涧见桃花晚开》:“应缘地势下,遂使春风偏。”❸低下之处。裴迪《青龙寺昙壁上人院集》:“自然成高致,向下看浮云。”李商隐《戏题枢言草阁三十二韵》:“上有白日照,下有东风吹。”罗隐《芳树》:“陶陶兀兀大醉于清宵白昼间,任他上是天,下是地。”❹处于某种情形之下。李颀《送綦毋三谒房给事》:“夫子大名下,家无钟石储。”杜甫《丹青引赠曹将军霸》:“但看古来盛名下,终日坎壈缠其身。”张蠙《上所知》:“初向众中留姓氏,敢期言下致时名。”❺指处于事物次要地位。李白《别山僧》:“谑浪肯居支遁下,风流还与远公齐。”白居易《读张籍古乐府》:“上可裨教化,舒之济万民;下可理情性,卷之善一身。”❻指下层臣民。韦应物《高陵书情寄三原卢少府》:“促戚下可哀,宽政身致患。”白居易《雪中晏起偶咏所怀兼呈张常侍韦庶子皇甫郎中》:“下无巢父许由箕颍操,又不能食薇饮水自苦辛。”❼犹中,里。李颀《塞下曲》:“戎鞭腰下插,羌笛雪中吹。”裴夷直《寄杭州崔使君》:“朝下归来只闭关,羡君高步出人寰。”韦庄《听赵秀才弹琴》:“巫山夜雨弦中起,湘水清波指下生。”❽低劣。杜甫《天育骠骑歌》:“当时四十万匹马,张公叹其材尽下。”❾谦下,谦逊。王维《夷门歌》:“公子为嬴停驷马,执辔愈恭意愈下。”❿表示次序在后。陆龟蒙《奉和袭美太湖诗二十首·上真观》:“尝闻升三清,真有上中下。”⓫用于地名之后。陶翰《古塞下曲》:“欲言塞下事,天子不召见。”包佶《尚书宗兄使过诗以奉献》:“洛下交亲满,归闲意有余。”张南史《早春书事奉寄中书李舍人》:“儒服山东士,衡门洛下居。”⓬量词。表示动量。张建封《竞渡歌》:“鼓声三下红旗开,两龙跃出浮水来。”李翱《断僧通状》:“量决十下,牒出东界。”杜牧《方响》:“曲尽连敲三四下,恐惊珠泪落金盘。”

下[2]〔xià《广韵》胡駕切，去禡，匣。又胡雅切，上馬，匣。〕❶从上而降。王勃《临江二首》之二："江皋木叶下，应想故城秋。"岑参《白雪歌送武判官归京》："纷纷暮雪下辕门，风掣红旗冻不翻。"朱庆余《梦谢亭》："不往过应少，悲来下独迟。"黄滔《寄边上从事》："斜日下孤城，长吟出点兵。"❷从上游到下游，从西到东。孟浩然《入峡寄弟》："因君下南楚，书此示乡园。"韩愈《此日足可惜赠张籍》："乘船下汴水，东去趋彭城。"于濆《戍客南归》："孤舟下彭蠡，楚月沉沧浪。"❸从北到南。杜甫《哀江头》："忆昔霓旌下南苑，苑中万物生颜色。"顾况《塞上曲》："黠虏初南下，尘飞塞北境。"❹向下流。陈子昂《登幽州台歌》："念天地之悠悠，独怆然而涕下。"苏颋《武担山寺》："武担独苍然，坟山下玉泉。"李端《客行赠冯著》："欲下今朝泪，知君亦湿衣。"刘禹锡《和李六侍御文宣王庙释奠作》："世衰由我贱，泣下为人悲。"❺流，传下。李怀远《凝碧池侍宴看竞渡应制》："舞曲依鸾殿，箫声下凤楼。"李绅《悲善才》："三月曲江春草绿，九霄天乐下云端。"路德延《小儿诗》，"樵唱回深岭，牛歌下远川。"❻归来。郑巢《送灵溪李侍郎》："牛羊下暮霭，鼓角调寒云。"参见"下$_2$来❸"。❼退下。李端《寄上舍人叔》："车马朝初下，看山忆独寻。"参见"下$_2$朝"。❽下达，颁布。李峤《奉和幸韦嗣立山庄侍宴应制》："制下峒山跸，恩回灞水舆。"张谓《送韦侍御赴上都》："天朝辟书下，风宪取才难。"权德舆《送崔谕德致政东归》："天子坐法宫，诏书下江东。"白居易《和微之春日投简阳洞天五十韵》："令下三军整，风高四海趋。"❾出兵，进军。王昌龄《变行路难》："单于下阴山，砂砾空飒飒。"李白《关山月》："汉下白登道，胡窥青海湾。"高适《燕歌行》："摐金伐鼓下榆关，旌旆逶迤碣石间。"李益《塞下曲》："为报如今都护雄，匈奴且莫下云中。"❿驻扎。卢纶《送鲍中丞赴太原》："积冰营不下，盛雪猎方休。"⓫攻克，攻取。魏征《述怀》："请缨系南粤，凭轼下东藩。"陈子昂《蓟丘览古赠卢居士藏用七首·乐生》："乐生何感激，仗义下齐城。"李白《梁甫吟》："东下齐城七十二，指挥楚汉如旋蓬。"杜甫《散愁二首》之一："司徒下燕赵，收取旧山河。"⓬主动居于人之下。表示谦逊。见"下$_2$人"。⓭谓帝王下临。玄宗《早渡蒲津关》："鸣銮下蒲坂，飞旆入秦中。"杜甫《哀江头》："忆昔霓旌下南苑，苑中万物生颜色。"⓮谓公主下嫁。窦常《凉国惠康公主挽歌》："玉立分尧绪，笄年下相门。"参见"下$_2$降❷"。⓯离开。萧妃《夜梦》："昨日梦君归，贱妾下鸣机。"韩翃《送故人归鲁》："知君拜亲后，少妇下机迎。"⓰卸除。孙逖《送新罗法师还国》："上卿挥别藻，中禁下禅衣。"王建《寻橦歌》："重梳短髻下金钿，红帽青巾各一边。"⓱谓退潮。陆龟蒙《迎潮送潮辞·送潮》："潮西来兮又东下，日染中流兮红洒洒。"⓲付出。李贺《章和二年中》："殷勤为我下田租，百钱携偿丘桐客。"⓳投递。见"下$_2$状"。⓴弈棋。见"下$_2$子""下$_2$棋"。

【下人】❶臣下，臣民。杜审言《大酺》："雷雨垂膏泽，金钱赠下人。"唐远悊《奉和送金城公主适西蕃应制》："皇恩眷下人，割爱远和亲。"韩愈《孟东野失子》："女实主下人，与夺一何偏！"❷下愚之人。白居易《读史五首》之五："又令下人力，各竞锥刀利。"❸下界之人。皮日休《偶书》："女娲掉绳索，絙泥成下人。"

【下$_2$人】下己于人，谓对人谦让。吕岩《西江月》词："全在低心下人，事该缘分偶然。"

【下土】❶指人间。李商隐《戊辰会静中出贻同志二十韵》："中迷鬼道乐，沉为下土民。"张乔《试月中桂》："根非生下土，叶不坠秋风。"贯休《阳春曲》："何不却辞上帝下下土，忍见苍生苦苦苦！"❷天下。白居易《和微之诗二十三首·和祝苍华》："日居复月诸，环回照下土。"李咸用《早鸡》："不知下土兵难戢，但报明时向国人。"

【下士】❶下愚之人。寒山《诗三百三首》之二四二："下士钝暗痴，顽皮最难裂。"独孤及《李卿东池夜宴得池字》："自是山公兴，谁令下士知？"齐己《宿简寂观》："如何教下士，容易信长生。"❷品德低劣之人。《老子》："下士闻道，大笑之。"李白《来日大难》："下士大笑，如苍蝇声。"皎然《赠李中丞洪一首》："纯臣独耿介，下士多反覆。"

【下$_2$士】下己以交接贤士。綦毋潜《冬夜寓居寄储太祝》："尽义能下士，时人无此心。"

【下下】❶指位置低。杜牧《题宣州开元寺》："高高下下中，风绕松桂树。"❷品评人、物分上、中、下各三品，下下为末品。寒山《诗三百三首》之二七五："下下低愚者，诈现多求觅。"

【下上】犹上下。苏颋《奉和恩赐乐游园宴应制》："下上花齐发，周回柳遍浓。"

【下才】自谦之词。才能低下之人。权德舆《奉和度支李侍郎早朝》："下才叨接武，空此愧文昌。"张道符《和主司王起》："更许下才听《白雪》，一枝今过郄诜荣。"许坚《上舍人徐铉》："几宵烟月锁楼台，欲寄侯门荐下才。"

【下$_2$口】开口，动口。元稹《酬翰林白学士代书一百韵》："本弦才一举，下口已三迟。"杜牧《冬至日寄小侄阿宜诗》："今年始读书，下口三五行。"

【下$_2$山】见"下$_2$山逢故夫"。

【下$_2$山逢故夫】语出古诗《上山采蘼芜》："上山采蘼芜，下山逢故夫。"叙一弃妇下山逢其故夫，而问新人之事。乔知之、徐之才均有《下山逢故夫》。亦省作“下山”。骆宾王《艳情代郭氏答卢照邻》：“不复下山能借问，更向卢家字莫愁。”

【下₂子】 弈棋落子。王建《看棋》：“两边对坐无言语，尽日时闻下子声。”

【下₂天】 从天而降。陈陶《殿前生桂树》：“香风下天漏丁丁，牛渚翠梁横浅清。”贯休《寿春节进大蜀皇帝五首》之一：“岂比赤光盈室日，全同白象下天时。”

【下元】 节日名。旧历十月十五日为下元节。道家于此日有斋醮活动。韦应物《酬郑户曹骊山感怀》：“先帝昔好道，下元朝百灵。”赵贞居《云门山投龙诗》序：“余撰良日，爰及中元、上元，并躬行为圣上祈寿，祝拜焚香。”李贺《仁和里杂叙皇甫湜》：“明朝下元复西道，崆峒叙别长如天。”

【下元日】 同“下元”。元稹《酬翰林白学士代书一百韵》序：“玄元氏之下元日，会予家居至，杜乐天《代书诗一百韵》。”

【下元齋】 指旧历十月十五日下元节，道观作斋醮活动。于鹄有《宿西山修下元斋咏》。

【下₂水船】 顺流而下之船。白居易《重寄荔枝与杨使君时闻杨使君欲种植故有落句之戏》：“摘来正带凌晨霜，寄去须凭下水船。”

【下₂手】 动手。张籍《答白杭州郡楼登望画图见寄》：“乍惊物色从诗出，更想工人下手难。”白居易《小童薛阳陶吹觱篥歌》：“嗟尔阳陶方稚齿，下手发声已如此。”曹唐《小游仙诗九十八首》之五一：“玉皇欲著红龙衮，亲唤金妃下手裁。”吕岩《赠乔二郎》：“乔公乔公急下手，莫逐乌飞兼兔走。”

【下方】 ❶下面。萧翼《留题云门》：“猕猴推落临岩石，打破下方遮日云。”❷指俗间。与僧人所居为上方相对。韩翃《同中书刘舍人题青龙上房》：“更怜茶兴在，好出下方迟。”无可《赠圭峰禅师》：“雾交高顶草，云隐下方灯。”方干《题法华寺绝顶禅家壁》：“苍翠岧嶤逼窅冥，下方雷雨上方晴。”处默《圣果寺》：“下方城郭近，钟磬杂笙歌。”❸指凡间。与仙道所居为上方相对。顾况《曲龙山歌》：“下方小兆更拜焉，愿得骑云作车马。”

【下₂世】 去世。耿沣《题云际寺故僧院》：“远公仍下世，从此别东林。”皎然《同李洗马入余不溪经辛将军故城》：“渗惨寒城望，将军下世时。”方干《哭喻凫先辈》：“日夜役神多损寿，先生下世未中年。”曹松《哭李频员外》：“出麾临建水，下世在公堂。”

【下田】 低洼之田。李商隐《行次西郊作一百韵》：“高田长檞枥，下田长荆榛。”

【下₂生】 佛家经典有《弥勒下生经》，记弥勒自兜率天下生阎浮成佛之事。李峤《奉和天枢成宴夷夏群僚应制》：“欣逢下生日，还睹上皇年。”孟浩然《腊月八日于剡县石城寺礼拜》：“下生弥勒见，回向一心归。”郎士元《双林寺谒傅大士》：“犹怜下生日，应在一微尘。”成尊《登圣善寺阁望龙门》：“愿从初地起，长奉下生尊。”

【下仙】 下品之仙。李商隐《戊辰会静中出贻同志二十韵》：“林洞何其微，下仙不与群。”

【下₂令】 下达命令。杜甫《宿花石戍》：“谁能扣君门，下令减征赋？”刘禹锡《武陵观火》：“下令阛市布，指期轻市租。”白居易《杂兴三首》之二：“国中新下令，官渠禁流水。”李商隐《今月二日不自量度辄以诗一首四十韵干渎尊严辄复五言四十韵诗献上亦诗人咏叹不足之义也》：“下令销秦盗，高谈破宋聋。”

【下玄】 下界。严含质《诗》：“下玄八千亿甲子，丹飞先生严含质。”

【下民】 百姓。韩愈《昼月》：“嗟汝下民或敢侮，戏嘲盗视汝目瞽。”白居易《贺雨》：“上心念下民，惧岁成灾凶。”陆龟蒙《五歌 · 刈获》：“天职谁司下民籍？苟有区区宜枏枏。”张衮《梁郊祀乐章 · 庆熙》：“宜锡景福，永休下民。”

【下臣】 臣子对君自称。亦泛指臣子。杜审言《扈从出长安应制》：“禹食侍中使，尧樽遍下臣。”

【下列】 下位。李乂《奉和幸三会寺应制》：“小臣叨下列，持管谬窥天。”沈佺期《哭苏眉州崔司业二公》：“绛衣陪下列，黄阁谬差肩。”刘长卿《奉饯郑中丞罢浙西节度还京》：“吊影失所依，侧身随下列。”

【下伏】 三伏中末伏。立秋后第一庚日起十天为末伏。姚合《酬光禄田卿末伏见寄》：“下伏秋期近，还知扇渐疏。”

【下₂行】 (—xíng)船从上游向下游行驶。沈佺期有《自昌乐郡溯流至白石岭下行至郴州》。

【下江兵】 新莽末年绿林起义军中一支。亦指反抗朝廷之军。王维《同崔傅答贤弟》：“扬州时有下江兵，兰陵镇前吹笛声。”

【下₂色】 恭顺貌。杜甫《上水遣怀》：“低颜下色地，故人知善诱。”

【下₂坂】 从山坡而下。储光羲《田家即事》：“高机犹织卧蚕子，下坂饥逢饷馌妻。”陈季卿《题潼关普通院门》：“下坂马无力，扫门尘满衣。”

【下杜】 地名。周为杜原城。汉宣帝时建杜陵置下杜县。在今陕西西安南。崔颢《渭城少年行》：“斗鸡下杜尘初合，走马章台日半斜。”王维《恭懿太子挽歌五首》之五：“西望昆池阔，东瞻下杜平。”杜牧《朱坡》：“下杜乡园古，泉声绕舍啼。”

【下₂車】 指任地方长官初到任。王维《送李睢阳》：“五谷前熟方可为，下车闭阁君当思。”钱起《送李大夫赴广州》："按节化瓯闽，下车佳政新。"白居易《寄李蕲州》："下车书奏龚黄课，动笔诗传鲍谢风。"罗隐《第五将军于余杭天柱宫入道因题寄》："交梨火枣味何如？闻说苕川已下车。"

【下里】 ❶乡里。元稹《旱灾自咎贻七县宰》："生小下里住，不曾州县门。"❷即《下里巴人》。古巴国通俗歌曲。见战国楚宋玉《对楚王问》。杨炯《和刘长史答十九兄》："懦夫仰高节，《下里》继《阳春》。"权德舆《感兴》："《下里》徒击节，朱弦秘南薰。"刘兼《秋夕书事》："郢客岂能陪《下里》，皋禽争肯恋樊笼！"❸指基地。或曰死者归蒿里，葬地下，故曰下里。宋之问《则天皇后挽歌》："谁怜事虞舜，下里泣苍梧。"

【下邑】 县邑。皮日休《正乐府十篇·贪官怨》："朝廷及下邑，治者皆仁义。"

【下位】 低职位，低地位。崔融《哭蒋詹事俨》："昔余参下位，数载忝牵羁。"储光羲《赴冯翊作》："蹭蹬失归道，崎岖从下位。"贾至《闲居秋怀寄阳翟陆赞府封丘贾少府》："盛才溢下位，蹇步徒猖狂。"张祜《题孟处士宅》："高才何必贵，下位不妨贤。"

【下牢】 镇名。唐属峡州夷陵县，在今湖北宜昌西北。杜甫《春夜峡州田侍御长史津亭留宴》："始知云雨峡，忽尽下牢边。"戴叔伦有《次下牢韵》。李商隐《风》："楚色分西塞，夷音按下牢。"

【下武】 谓后人能继先祖功业。《诗·大雅·下武》："下武维周，世有哲王。"杨炯《奉和上元酺宴应诏》："下武发祯祥，平阶属会昌。"张绍《冲佑观》："功崇下武，德茂重熙。"

【下$_2$直】 夜间朝廷当直完毕。直，值班。鲍防《元日早朝行》："文昌随彩礼乐正，太平下直旌旗红。"王建《羽林行》："天明下直明光宫，散入五陵松柏中。"白居易《七言十二句赠驾部吴郎中七兄》："退朝下直少徒侣，归舍闭门无送迎。"李中《献徐舍人》："下直无他事，开门对远岑。"

【下$_2$來】 ❶从高处到低处。刘长卿《登扬州栖灵寺塔》："向暮期下来，谁堪复行役！"皎然《杂兴六首》之四："有时青冥游，顾我还下来。"齐己《幽庭》："蛱蝶空飞过，鹳鸰时下来。"❷犹到来。杜甫《奉寄李十五秘书二首》之一："避暑云安县，秋风早下来。"❸从放牧地归来。《诗·王风·君子于役》："日之夕矣，羊牛下来。"杜甫《日暮》："牛羊下来久，各已闭柴门。"

【下邳】 县名。唐属河南道泗州，治所在今江苏睢宁西北古邳镇。张良曾亡匿于此，于圯桥受黄石公《太公兵法》。王维《送高适弟耽归临淮作》："少年客淮泗，落魄居下邳。"李白《酬张卿夜宿南陵见赠》："身为下邳客，家有圯桥书。"胡曾《咏史诗·圯桥》："庙算张良独有余，少年逃难下邳初。"

【下苑】 即汉宜春下苑。唐称曲江池，在西京长安城东南角。韦应物《叹杨花》："才萦下苑曲，稍满东城路。"李商隐《及第东归次灞上却寄同年》："下苑经过劳想象，东门送饯又差池。"又《曲江》："金舆不返倾城色，玉殿犹分下苑波。"

【下界】 ❶指俗间。与僧人所居为上界相对。綦毋潜《题灵隐寺山顶禅院》："招提此山顶，下界不相闻。"李嘉祐《蒋山开善寺》："下界千门在，前朝万事非。"皎然《奉陪陆使君长源诸公游支硎寺》："尘世即下界，色天当上峰。"姚合《过无可僧院》："钟声空下界，池色在清宵。"❷指凡间。与仙道所居为上界相对。王建《和蒋学士新授章服》："翰林同贺文章出，惊动茫茫下界人。"杨嗣复《赠毛仙翁》："暂游下界傲五侯，重看当时旧城邦。"李商隐《寓怀》："下界围黄道，前程合紫氛。"方干《陪胡中丞泛湖》："仙舟仙药醉行春，上界稀逢下界人。"

【下$_2$狀】 投递状纸。韩愈《寄卢仝》："昨晚长须来下状，隔墙恶少恶难似。"

【下舍】 （—shè）家宅。李颀《赠张旭》："下舍风萧条，寒草满户庭。"

【下$_2$注】 向下倾注。陆龟蒙《奉和袭美太湖诗二十首·初入太湖》："尝闻咸池气，下注作清质。"

【下官】 官吏自称谦词。裴諴《新添声杨柳枝词》之二："若有所由来借问，但道偷莲是下官。"

【下弦】 旧历每月二十二日或二十三日，月相东半面明，西半面暗，明处似弓弦之形，称下弦。陆龟蒙《别墅怀归》："题诗朝忆复暮忆，见月上弦还下弦。"

【下邽】 县名。唐属关内道华州，在今陕西渭南北下邽镇东南。储光羲有《送丘健至州敕放作时任下邽县》。耿湋有《下邽客舍喜叔孙主簿郑少府见过》。白居易《寒食江畔》："忽见紫桐花怅望，下邽明日是清明。"许棠有《送裴拾遗宰下邽》。

【下$_2$拜】 跪下而拜。宋之问《扈从登封告成颂》："万方俱下拜，相与乐升平。"

【下重關】 指汉陈遵关门留客之事。见《汉书·游侠·陈遵传》。钱起《裴仆射东亭》："藉兰开赐酒，留客下重关。"

【下泉】 黄泉。徐彦伯《题东山子李適碑阴二首》之二："何以赠下泉？生刍唯一束。"萧颖士《羽山》："空余下泉客，谁复辨黄能？"张祜《孟才人叹》："却为一声《河满子》，下泉须吊旧才人。"薛逢《启不见》："一朝冥漠归下泉，功业声名两焦悴。"

【下風】 风向之下方。喻处于下位。崔颢《赠怀一上人》："天子揖妙道，群僚趋下风。"顾况《从江西至彭蠡入浙西淮南界道中寄齐相公》："一身控上游，八郡趋下风。"亦用作自谦之词。张九龄《和姚令公哭李尚书义》:"贵贱虽殊等,平生窃下风。"朱昼《喜陈懿老示新制》:"将攀下风手,愿假仙鸾翼。"

【下流】 ❶江河下游。杜甫《太平寺泉眼》:"何当宅下流,余润通药圃。"亦比喻落后之地位。张九龄《高斋闲望言怀》:"取路无高足,随波适下流。"又《和姚令公哭李尚书义》:"上宰既伤旧,下流弥感衷。"❷指低下之地位。韦应物《趋府候晓呈两县僚友》:"可怜同宦者,应悟下流难。"❸谓为恶行而处人下之地。《论语·子张》:"子贡曰:'纣之不善,不如是之甚也。是以君子恶居下流,天下之恶皆归焉。'"崔湜《杂诗》:"下流不可居,斯言可佩服。"杜甫《八衡州》:"下流匪珠玉,择木羞鸾皇。"

【下$_2$流】 ❶向下流动。郑繇《经慈涧题》:"涓涓劳日长,长似下流心。"❷向下交流。白居易《新乐府·采诗官》:"言者无罪闻者诫,下流上通上下泰。"

【下客】 ❶指战国毛遂、冯谖等下等宾客。储光羲《秦中初霁献给事二首》之一:"鸣盗非足征,愿言同下客。"元结《系乐府十二首·下客谣》:"下客无黄金,所叹何所为?"皎然《咏史》:"始知下客不可轻,能使主人功业成。"周昙《咏史诗·春秋战国门·田文》:"下客常才不足珍,谁为狗盗脱强秦?"❷指幕僚。卢象《送赵都护赴安西》:"下客候旌麾,元戎复在斯。"白居易《寄献北都留守裴令公》:"忽忆前时会,多惭下客叨。"李商隐《自桂村奉使江陵途中感怀寄献尚书》:"下客依莲幕,明公念竹林。"许棠《写怀》:"半生为下客,终老托何人?"❸宾客自谦之词。陈嘉言《晦日重宴》:"高门引冠盖,下客抱支离。"钱起《春夜宴任六昆季宅》:"不才叨下客,喜宴齿诸簪。"仁贞《七日禁中陪宴》:"入朝贵国惭下客,七日承恩作上宾。"

【下$_2$神】 指巫师招请神灵。李序《笑巫诗》:"魍魉何曾见,头旋即下神。"

【下$_2$降】 (一jiàng)❶从上方落下。魏征《五郊乐章·黄帝宫音》:"神其下降,永祚休平。"❷出降,公主下嫁。陆畅有《云安公主下降奉诏作催妆诗》。

【下班】 职位较低之官员。孟浩然《赠萧少府》:"鸿渐升仪羽,牛刀列下班。"

【下$_2$馬】 ❶从马上下来。蒋冽《经埋轮地》:"下马独太息,扰扰城市喧。"朱庆余《宿陈处士书斋》:"结茅当此地,下马见高情。"李商隐《公子》:"春场铺艾帐,下马雉媒娇。"黄滔《游东林寺》:"平生爱山水,下马虎溪时。"❷过墓前下马,表示对死者敬仰。唐彦谦《过浩然先生墓》:"行客须当下马过,故交谁复裹鸡来。"❸犹下车。指任地方长官初到任。许浑《题陆侍御林亭》:"松斋下马书千卷,兰舫逢人酒一杯。"方干《送人宰永泰》:"下马政声王事少,应容闲吏日高衙。"参见"下馬威"。

【下$_2$馬威】 指任地方长官初到任时,对下属所施威风。李白《赠宣城宇文太守兼呈崔侍御》:"下马不作威,冰壶照清川。"

【下$_2$馬桥】 宫前之桥。上朝官员至此下马,故称。王涯《宫词三十首》之二七:"千官待取门犹闭,未到宫前下马桥。"

【下秩】 指较低职位。王维《和使君五郎西楼望远思归》:"能赋属上才,思归同下秩。"钱起《赴章陵酬李卿赠别》:"一官叨下秩,九棘谢知音。"

【下$_2$衰】 衰落。白居易《赠友五首》之一:"周汉德下衰,王风始不竞。"

【下$_2$席】 谓居墓庐睡草席守孝。白居易《开成大行皇帝挽歌词四首奉敕撰进》之二:"上云归碧落,下席葬苍梧。"

【下庭】 庭院。张说《唐封泰山乐章·豫和六首》之二:"亿年帝,临下庭。"

【下$_2$宴】 罢宴,离开宴席。曹唐《小游仙诗九十八首》之三九:"旸谷先生下宴时,月光初冷紫琼枝。"

【下宫】 仙宫。吕岩《赠乔二郎》:"金晶飞到上宫里,上宫下宫通光明。"

【下$_2$書】 投递书信。亦指下战书。韩愈《征蜀联句》:"下书遏雄虓,解罪吊挛瞎。"

【下春】 日落之时。比喻人之死亡。李乂《高安公主挽歌二首》之一:"嫔则留中馈,娥辉没下春。"

【下都】 即陪都。唐以洛阳为陪都。则天皇后《唐大飨拜洛乐章·归和》:"言归云洞兮蹑烟涂,永宁中宇兮安下都。"宋之问《扈从登封告成颂应制》:"御路回中岳,天营接下都。"

【下執事】 指对方下属办事人员。用以作为对对方尊称,表示不敢与之并列。李商隐《行次西郊作一百韵》:"敢问下执事,今谁掌其权?"

【下$_2$堂】 ❶离开厅堂。王绩《春日》:"今朝下堂来,池冰开已久。"白居易《绝食闲坐》:"绝食不出门,闲坐不下堂。"方干《送汶上王明府之任》:"遗老应相贺,知君不下堂。"❷谓妻子被丈夫遗弃。高适《在哥舒大夫幕下请辞退托兴奉诗》:"不是妾无堪,君家妇难作。下堂辞君去,去后君莫错。"韩愈《青青水中蒲三首》之三:"妇人不下堂,行子在万里。"

【下問】 询问在己之下者。《论语·公冶长》:"子贡问曰:'孔文子何以谓之文也?'子曰:'敏而好学,不耻下问,是以谓之文也。'"贯休《续姚梁公坐右铭》:"亲仁下问,立节求己。"

【下國】 ❶天下。刘禹锡《华山歌》:"能令天下人,一见换神骨。"韦庄《和郑拾遗秋日感事一百韵》:"中原初纵燎,下国竟探汤。"❷指京师以外全国各地。李贺《勉爱行二首送小季之庐山》之二:"青轩树转月满床，下国饥儿梦中见。”❸指诸侯国。李善夷《责汉水辞》：“蹄涔下国水，不为下国而倾天子。”亦指外域小国。包佶《送日本国聘贺使晁巨卿东归》：“上才生下国，东海是西邻。”❹指地方政权。温庭筠《过五丈原》：“下国卧龙空误主，中原逐鹿不因人。”齐己《村居寄怀》：“诸侯行软化，下国自耕桑。”❺指州郡。韦应物《逢中寄杨邈裴绪示褒子》：“上宰领淮右，下国属星驰。”许棠《寄睦州陆郎中》：“下国多高趣，终年半是吟。”罗隐《送刘校书之新安寄吴常侍》：“狂思下国千场醉，病负东堂两度春。”厉霆《大有堂诗》：“下国难留金马客，此邦宜著玉堂仙。”❻下界。与仙道所居之处相对。陈陶《飞龙引》：“蓬莱下国赐分圭，阿母金桃容小摘。”

【下₂帷】 ❶放下帷幕。权德舆《放歌行》：“男儿称意须及时，闭门下帷人不知。”元稹《代郡斋神答乐天》：“夜怜星月多离烛，日滉波涛一下帷。”赵嘏《昔昔盐二十首·彩凤逐帷低》：“巧绣双飞凤，朝朝伴下帷。”❷指汉董仲舒下帷幕以讲习之事。李瀚《蒙求》：“王充阅市，董生下帷。”后因指讲学或就学。骆宾王《秋晨同淄川毛司马秋九咏·秋萤》：“下帷如不倦，当解惜余光。”李白《行行游且猎篇》：“儒生不及游侠人，白首下帷复何益！”韩翃《赠兖州孟都督》：“露冕宁夸汉车服，下帷常讨鲁《春秋》。”郑嵎《津阳门诗》序：“开成中，嵎常得群书，下帷于石瓮僧院。”

【下₂钓】 垂钓，钓鱼。王绩《薛记室收过庄见寻率题古意以赠》：“东川聊下钓，南亩试挥锄。”章碣《变体诗》：“偶逢岛寺停帆看，深羡渔翁下钓眠。”伍乔《句》：“石楼待月横琴久，渔浦惊风下钓迟。”

【下₂第】 落第。唐指进士、诸科未及第。刘长卿有《早春赠别赵居士还江左时长卿下第归嵩阳旧居》。韦应物《送槐广落第归扬州》：“下第常称屈，少年心独轻。”姚合《送崔约下第归扬州》：“春风下第时称屈，秋卷呈亲自束归。”温宪《题崇庆寺壁》：“鬓毛如雪心如死，犹作长安下第人。”

【下脚】 脚下。孟郊《至孝义渡寄郑军事唐二十五》：“官街泥水深，下脚道路斜。”

【下卿】 下等之卿。亦指幕僚。李商隐《五言述德抒情诗一首四十韵献上杜七兄仆射相公》：“有客趋高义，于今滞下卿。”

【下₂泪】 流泪。王勃《别人四首》之一：“自然堪下泪，谁忍望征尘！”则天皇后《如意娘》：“不信比来长下泪，开箱验取石榴裙。”李白《江夏别宋之悌》：“平生不下泪，于此泣无穷。”吴融《岐州安西门》：“今日登临须下泪，行人无个草萋萋。”

【下₂朝】 退朝。李颀《留别王卢二拾遗》：“留书下朝客，我有故山期。”孙逖《和上巳连寒食有怀京洛》：“天津御柳碧遥遥，轩骑相从半下朝。”陈羽《古意》：“庭花红遍蝴蝶飞，看郎佩玉下朝时。”尹鹗《金浮图》词：“玳瑁筵开，下朝无事。”

【下₂棋】 弈棋。皮日休《李处士郊居》：“园里水流绕竹响，窗中人静下棋声。”又《登初阳楼寄怀北平郎中》：“避酒几浮轻舴艋，下棋曾觉睡鸳鸯。”

【下喉】 下咽。韩愈《答柳柳州食虾蟆》：“余初不下喉，近亦能稍稍。”

【下₂街】 “下衙”之讹。谓早晚两衙公事毕后归家。王建《送吴谏议上饶州》：“净扫水堂无侍女，下街唯共鹤殷勤。”“街”下原注：“一作衙。”

【下策】 下等策略。王勃《述怀拟古诗》：“下策图富贵，上策怀神仙。”吴融《秋日感怀》：“鸡檄固应无下策，鹤书还要问中林。”

【下₂笔】 落笔。指动笔写诗文或作画。李峤《赋》：“铜台初下笔，乐观正飞缨。”杜甫《丹青引赠曹将军霸》：“凌烟功臣少颜色，将军下笔开生面。”王季友《酬李十六岐》：“下笔新诗行满壁，立谈古人坐在席。”张蠙《赠南昌宰》：“折狱不曾偏下笔，灵襟长是大门开。”

【下₂笔千字】 谓文思敏捷。李商隐《安平公诗》：“顾我下笔即千字，疑我读书倾五车。”

【下₂笔不休】 谓文思敏捷。岑参《冀州客舍酒酣贻王绮寄题南楼》：“学富赡清词，下笔不能休。”

【下₂笔鹦鹉】 指汉祢衡宴会赋鹦鹉之事。后用以形容文思敏捷而辞采华丽。李商隐《留赠畏之三首》之一：“郎中下笔惊鹦鹉，侍女吹笙弄凤凰。”

【下₂詔】 帝王下发诏令。杜甫《奉送王信州崟北归》：“下诏送郎署，传声能典州。”

【下视】 从高处往下看。寒山《诗三百三首》之一三五：“下视禾根土，上看桑树头。”吴武陵《题路左佛堂》：“雀儿来逐飏风高，下视鹰鹯意气豪。”卢肇《牟翠峰题石》：“登临下视群山小，千里平铺在眼前。”郑谷《松》：“下视垂杨拂路尘，双峰石山覆苔文。”

【下陽】 春秋时北虢都城。唐属河南道陕州平陆县(今属山西)。亦借指虢州。岑参《初至西虢官舍南池呈左右省及南宫诸故人》：“黜官自西掖，待罪临下阳。”

【下鄉】 乡名。汉属淮阴郡淮阴县。位于今江苏淮安西三十五里处。王圭《咏淮阴侯》：“千金答漂母，下乡酬百钱。”

【下₂鄉】 巡行乡里。薛光谦有《任阆中下乡检田登艾萧山北望》。唐彦谦《宿田家》：“忽闻扣门声，云是下乡隶。”

【下₂瑞】 谓降下祥瑞之象。韩愈《嗟哉董生行》：“嗟哉董生孝且慈，人不识，惟有天翁知。生祥下瑞无时期。家有狗乳出求食，鸡来哺其儿。”

【下$_2$觜】 落嘴。谓动嘴吃。寒山《诗三百三首》之六三：“蚊子叮铁牛，无渠下觜处。”

【下愚】 ❶极其愚昧之人。寒山《诗三百三首》之一四一：“下愚读我诗，不解却嗤诮。”李白《五月东鲁行答汶上君》：“下愚忽壮士，未是记穷通。”韩愈《孟东野失子》：“下愚闻语惑，虽教无由悛。”❷自谦之词。储光羲《贻丁主簿仙芝别》：“下愚忝闻见，上德犹邅迍。”

【下路】 小路。李峤《素》：“非君下路去，谁赏故人机？”陆希声《阳羡杂咏十九首·西阳亭》：“入夜莫愁迷下路，昔人犹在逐流萤。”

【下$_2$筯】 动筷子取食。李颀《送马录事赴永阳》：“炊粳蟹螯熟，下箸鲈鱼鲜。”李白《酬中都小吏携斗酒双鱼于逆旅见赠》：“为君下箸一餐饱，醉著金鞍上马归。”韩翃《送丹阳刘太真》：“下箸已怜鹅炙美，开笼不奈鸭媒娇。”

【下$_2$意】 屈意从人。王梵志《诗》之五九：“在乡须下意，为客莫高心。”

【下$_2$殿走】 谓天子蒙尘出逃。杜甫《收京三首》之一：“须为下殿走，不可好楼居。”

【下$_2$嫁】 ❶帝王之女出嫁。郑愔《送金城公主适西蕃应制》：“下嫁戎庭远，和亲汉礼优。”❷神仙出嫁至人间。曹唐有《玉女杜兰香下嫁于张硕》。

【下$_2$臺】 从台上下来。刘禹锡《魏宫词二首》之二：“日映西陵松柏枝，下台相顾一相思。”

【下壽】 指六十岁。司空图《新岁对写真》：“得见明时下寿身，须甘岁酒更移巡。”

【下$_2$榻】 指东汉豫章太守陈蕃为徐稚特设一榻之事。见《后汉书·徐稚传》。戴叔伦《奉陪李大夫九日宴龙沙》：“去官惭比谢，下榻贵同徐。”李中《海上太守新创东亭》：“偏宜下榻延徐孺，最称登门礼孔融。”李瀚《蒙求》：“楚元置醴，陈蕃下榻。”后因指礼遇宾客。裴耀卿《敬酬张九龄当涂界留赠之作》：“气睹冲天发，人将下榻迎。”李白《与夏十二登岳阳楼》：“云间连下榻，天上接行杯。”湛贲《别慧山书堂》：“卷帘晓望云平槛，下榻宵吟月半窗。”陈陶《闽中送任畹端公还京》：“燕台下榻玉为人，月桂曾输次第春。”

【下裳】 下身所穿之服。李商隐《玄微先生》：“龙竹裁轻策，鲛丝熨下裳。”韩偓《昼寝》：“扑粉更添香体滑，解衣唯见下裳红。”

【下僚】 职位低微之吏。张子容《九日陪润州邵使君登北固山》：“梅福惭仙吏，羊公赏下僚。”胡曾《咏史诗·彭泽》：“英杰那堪屈下僚，便栽门柳事萧条。”罗隐《得宣州窦尚书因投寄二首》之二：“遗簪堕履应留念，门客如今只下僚。”

【下$_2$鳳皇】 指汉颍川太守黄霸有治绩，凤凰神雀集于郡国之事。见《汉书·循吏·黄霸传》。后因用为州郡长官有政绩之典。杜甫《江亭王阆州筵饯萧遂州》：“川路风烟接，俱宜下凤皇。”

【下$_2$獄】 关进监狱。沈佺期《狱中闻驾幸长安二首》之二：“无事今朝来下狱，谁期十月是横河。”王昌龄《塞上曲》：“功多翻下狱，士卒但心伤。”

【下$_2$韶】 韶，诏之讹。下诏，帝王下发诏令。杜甫《建都十二韵》：“建都分魏阙，下韶辟荆门。”

【下$_2$遷】 贬官，降职。韦应物《闲居赠友》：“补吏多不迁，罢归聊自度。”

【下蔡】 ❶县名。唐属颍州，治所在今安徽凤台。李中有《登下蔡县楼》。又有《下蔡春偶作》。❷《文选·宋玉〈登徒子好色赋〉》：“嫣然一笑，惑阳城，迷下蔡。”后因用为美色迷人之典。李商隐《赠歌妓二首》之一：“水精如意玉连环，下蔡城危莫破颜。”温庭筠《春暮宴罢寄宋寿先辈》：“苏小风姿迷下蔡，马卿才调似临邛。”韩偓《偶见》：“千金莫惜旱莲生，一笑从教下蔡倾。”吴融《即席十韵》：“城堪迷下蔡，台合上姑苏。”

【下$_2$餉】 正午收工吃饭。戴叔伦《女耕田行》：“日正南冈下饷归，可怜朝雉扰惊飞。”

【下調】 （—diào）❶低沉悲哀之乐。魏求己《自御史左授山阳丞》：“翼向高标敛，声随下调哀。”刘允济《咏琴》：“欲作高张引，翻成下调悲。”❷通俗流行之乐。李峤《送崔主簿赴沧州》：“芳桂尊中酒，幽兰下调词。”张氲《醉吟三首》之二：“下调无人睬，高心又被瞋。”石殷士《闻击壤》：“篑桴均下调，和木等南薰。”

【下$_2$機迎】 战国苏秦游说秦惠王不成，归至家，妻子不下织机迎接。事见《战国策·秦策一》。钱起《送张参及第还家》：“借问还家何处好？玉人含笑下机迎。”韩翃《送故人归鲁》：“知君拜亲后，少妇下机迎。”按，此反用其事。

【下頭】 底下，下方。曹松《题僧松禅》：“传是昔朝僧种著，下头应有茯苓神。”

【下儒】 儒生自谦之词。罗隐《简令生日》：“自顾下儒何以祝，柱天功业济时才。”

【下$_2$澤】 见“下澤車”。

【下$_2$澤車】 一种短毂轻便车，适宜于下沼泽地行驶。柳宗元《同刘二十八院长述旧言怀感时书事之作因其韵增至八十通赠二君子》：“谁采中原菽，徒巾下泽车。”亦省作“下泽”。王绩《在京思故园见乡人问》：“行当驱下泽，去剪故园莱。”

【下聲】 低声。白居易《小童薛阳陶吹觱栗歌》：“下声乍坠石沉重，高声忽举云飘萧。”

【下臨】 下视。指所处之地较高。杜审言《南海乱石山作》："上耸忽如飞，下临仍欲坠。"杜甫《赠李十五丈别》："峡人鸟兽居，其室附层颠。下临不测江，中有万里船。"

【下$_2$臨】 ❶下降，从天而降。则天皇后《唐享昊天乐·第六》："昭昭上帝，穆穆下临。"❷以大官身份到下层。李峤《送薛大夫护边》："荒隅时未通，副相下临戎。"

【下$_2$藥】 用药。元稹《病醉》："那知下药还沽底，人去人来剩一卮。"

【下$_2$關】 闭城门。戎昱《塞上曲》："胡风略地烧连山，碎叶孤城未下关。"

【下$_2$簾】 ❶放下帘幕。崔国辅《古意》："下帘弹箜篌，不忍见秋月。"羊士谔《郡楼怀长安亲友》："气昏高阁雨，梦倦下帘眠。"王建《宫词一百首》之七："天子下帘亲考试，宫人手里过茶汤。"❷从帘幕而下。韦承庆《直中书省》："暗花临户发，残月下帘欹。"❸指汉严君平卜肆中下帘授《老子》之事。张九龄《送姚评事入蜀各赋一物得卜肆》："尝闻卖卜处，犹忆下帘时。"

【下$_2$瀨】 汉将军名号。李峤《军师凯旋自邕州顺流舟中》："尚想江陵阵，犹疑下濑师。"

【下$_2$瀧船】 同"下$_2$水船"。元结《欸乃曲五首》之五："下泷船似入深渊，上泷船似欲升天。"

【下$_2$鞲】 谓卸去戎装。鞲，臂捍，射箭时护于袖外。李端《送彭将军云中觐兄》："闻说苍鹰守，今朝欲下鞲。"

【下$_2$籌】 下筹码。洛中举子《又赠妓茂子》："少插花枝少下筹，须防女伴妒风流。"按此指酒筹。

【下顧】 从高处往下看。杜甫《陪王侍御同登东山最高顶宴姚通泉晚携酒泛江》："东山高顶罗珍羞，下顾城郭销我忧。"贾岛《易州登龙兴寺楼望郡北高顶》："何时一登陟，万物皆下顾。"

【下屬】 （—zhǔ）下连。储光羲《仲夏入园中东陂》："上延北原秀，下属幽人居。"

【下$_2$聽】 向下听取意见。马戴《新春闻赦》："尧聪能下听，汤网本来疏。"

【下驛】 即白下驿。在唐润州白下县（今江苏南京）白下门旁。王勃《白下驿饯唐少府》："下驿穷交日，昌亭旅食年。"

【下體】 指植物根茎。《诗·邶风·谷风》："采葑采菲，无以下体。"其根有美时，有恶时，采之者不可以根恶时并弃其叶。喻夫妇以礼义合颜色相亲，亦不可以颜色衰，弃其相与之礼。后因以"下体"喻妇人色衰。李白《秦女卷衣》："愿君采葑菲，无以下体妨。"

【下$_2$蠶室】 指受宫刑。蚕室，受宫刑之牢。白居易《读史五首》之二："马迁下蚕室，嵇康就囹圄。"

【下廳】 家宅。柳宗元《离觞不醉至驿却寄相送诸公》："荆州不遇高阳侣，一夜春寒满下厅。"

【下$_2$矚】 从高处往下看。韩愈《酬司门卢四兄云夫院长望秋作》："采游下瞩无远近，绿槐萍合不可芟。"

丈

〔zhàng《广韵》直兩切，上養，澄。〕❶长度单位。十尺为一丈。任华《寄李白》："蓬莱径是曾到来，方丈岂唯方一丈。"刘禹锡《浪淘沙九首》之七："八月涛声吼地来，头高数丈触山回。"李商隐《韩碑》："碑高三丈字如斗，负以灵鳌蟠以螭。"❷长辈之尊称。李白有《过崔八丈水亭》。杜甫《八哀诗·故著作郎贬台州司户荥阳郑公虔》："空闻紫芝歌，不见杏坛丈。"白居易《岁日家宴戏示弟侄等兼呈张侍御二十八丈殷判官二十三兄》："犹有夸张少年处，笑呼张丈唤殷兄。"

【丈二】 习语。一丈二尺。任华《怀素上人草书歌》："挥毫倏忽千万字，有时一字两字长丈二。"

【丈二殳】 一种无刃兵器，长一丈二，故名。杜牧《闻庆州赵纵使君与党项战中箭身死辄书长句》："谁知我亦轻生者，不得君王丈二殳。"

【丈人】 ❶长者之尊称。李颀《杂兴》："水滨丈人曾有语，物或恶之当害汝。"杜甫《李鄠县丈人胡马行》："丈人骏马名胡骝，前年避胡过金牛。"刘商《上崔十五老丈》："看花独往寻诗客，不为经时谒丈人。"李商隐《安平公诗》："丈人博陵王名家，怜我总角称才华。"❷长辈自称。窦巩《赠王氏小儿》："莫倚儿童经岁月，丈人曾共尔同年。"❸丈夫。董思恭《三妇艳》："丈人且安坐，初日渐流光。"❹指灵威丈人。即丁令威。皮日休《太湖诗·入林屋洞》："焉得彼丈人，窃之不加刊。"❺即青城山。岑参《寄青城龙溪奂道人》："五岳之丈人，西望青瞢瞢。"参见"丈人山"。

【丈人山】 即青城山。在今四川都江堰市西南。相传黄帝遍历五岳，封青城山为五岳丈人。杜甫《丈人山》："为爱丈人山，丹梯近幽意。"李真《丈人山诗》："岂是与山无素，丈人著帽相迎。"齐已《送人入蜀》："两面碧悬神女峡，几重青出丈人山。"

【丈人行】 （行 háng）父辈，长辈。杜甫《衡州送李大夫七丈勉赴广州》："王孙丈人行，垂老见飘零。"崔峒《送薛仲方归扬州》："惭为丈人行，怯见后生才。"杜牧《寄宣州郑谏议》："再拜宜同丈人行，过庭交分有无同？"

【丈人祠】 道家宫观名。即建福宫，在今四川都江堰市西南丈人峰之背。杜甫《丈人山》："丈人祠西佳气浓，缘云拟住最高峰。"

【丈人師】 庄严之军。岑参《过梁州奉赠张尚书大夫公》："手把铜虎符，身总丈人师。"李涉《咏古》："况以丈人师，将济安川流。"李商隐《送千牛李将军赴阙五十韵》："官非督护贵，师以丈人贞。"

【丈人觀】（觀 guàn）同"丈人祠"。蜀太妃徐氏姊妹均有《丈人观》《丈人观谒先帝御容》。

【丈八蛇矛】　一种矛，长一丈八。李白《送外甥郑灌从军三首》之二："丈八蛇矛出陇西，弯弧拂箭白猿啼。"

【丈夫】　❶男子。顾况《湖中》："丈夫飘荡今如此，一曲长歌楚水西。"吕温《上官昭容书楼歌》："自言才艺是天真，不服丈夫胜妇人。"杜荀鹤《离家》："丈夫三十身如此，疲马离乡懒著鞭。"❷大丈夫，大有作为之人。杨炯《出塞》："丈夫皆有志，会见立功勋。"岑参《送李副使赴碛西官军》："功名只向马上取，真是英雄一丈夫。"白居易《东山寺》："茫茫宇宙人无数，几个男儿是丈夫！"罗隐《青山庙》："市萧声咽迹崎岖，雪耻酬恩此丈夫。"❸女子称配偶为丈夫。魏氏《赠外》："男儿不重旧，丈夫多好新。"李白《白头吟》："相如作赋得黄金，丈夫好新多异心。"张夫人《古意》："丈夫不解此中意，抱瓮当时徒自贤。"刘损《愤惋诗三首》之二："愿作山头似人石，丈夫衣上泪痕深。"

【丈六】　见"丈六身"。

【丈六身】　佛陀三身之一。指变化身中小身，高约一丈六。亦指佛像。裴休《白鹿寺释迦瑞相诗》："三千境见阎浮土，丈六身留兜率天。"亦省作"丈六"。元稹《度门寺》："由旬排讲座，丈六写真客。"张祜《江南杂题三十首》之二八："寻常登峻岭，丈六得奇强。"

【丈尺】　数尺一丈之间。杜甫《太平寺泉眼》："广深丈尺间，宴息敢轻侮？"

【丈室】　❶佛家语。毗耶离（在中印度）维摩诘大士称疾，与文殊等讨论佛法，其卧病之室虽一丈见方而能容纳无数听众。唐显庆年间，王玄策奉敕使印度，过维摩诘故宅，即以手板纵横量之，仅得十笏，因号方丈、丈室。见《维摩诘经》《释氏要览·住处·方丈》。后因用以称禅居。储光羲《题眄上人禅居》："丹青丈室满，草树一庭深。"李咸用《冬夜与修睦上人宿远公亭寄南岳玄泰禅师》："丈室掩孤灯，更深霰雹增。"王周《赠怤师》："丈室冰凛冽，一衲云离披。"齐己《将归旧山留别错公》："欲去更思过丈室，二年频此挹清晖。"❷犹斗室。白居易《秋居书怀》："丈室可容身，斗储可充腹。"

【丈室多病】　指维摩诘居丈室卧病讨论佛法之事。后因用为卧病之典实。薛能《雕堂》："丈室久多病，小园晴独游。"参见"丈室❶"。

万

〔mò《广韵》莫北切，入德，明。〕万俟（qí），复姓。见"万俟造"。

【万俟造】　河南（今河南洛阳）人。元道五世孙。见《元和姓纂》卷十。贞元十三年进士及第。《全唐诗》录其诗一首。

三　画

丏

〔gài《广韵》古太切，去泰，見。〕❶乞丐。吴融《敷水有丏者云是马侍中诸孙悯而有赠》："旧宅已闻栽禁树，诸孙仍见丏征岐。"❷给予。韩愈《病鸱》："丏汝将死命，浴以清水池。"

【丏者】　乞丐。吴融有《敷水有丏者云是马侍中诸孙悯而有赠》。

不[1]

〔bù《广韵》分勿切，入物，非。〕❶否定词。表示意思相反。王勃《铜雀妓二首》之二："锦衾不复襞，罗衣谁再缝？"窦群《奉酬西川武相公晨兴赠友见示之作》："隙驷不我待，路人易相忘。"刘禹锡《游桃源一百韵》："广乐虽交奏，海禽心不怿。"陆龟蒙《奉酬袭美先辈吴中苦雨一百韵》："古来愁霖赋，不是不清越。"❷非，不是。乔知之《弃妾篇》："不因媒结好，本以容相知。"刘希夷《孤松篇》："岂不罹寒暑，为君留青青。"白居易《雪中晏起偶咏所怀兼呈张常侍韦庶子皇甫郎中》："非贤非愚非智慧，不贵不富不贱贫。"杨棠《答杨尚书》："一鱼吃了终无愧，鹍化为鹏也不难。"❸无，没有。张说《五君咏五首·苏许公瓌》："处高心不有，临节自为名。"刘长卿《初贬南巴至鄱阳题李嘉祐江亭》："不才甘谪去，流水亦何之？"李群玉《送陶少府赴选》："自是葛洪求药价，不关梅福恋簪裾。"郑德玄《晚至乡亭》："山川杳不极，徒侣默相看。"❹勿，莫。储光羲《献王威仪》："但有华清宫，不用神明台。"郎士元《送张光归吴》："看取庭芜白露新，劝君不用久风尘。"韩愈《和归工部送僧约》："早知皆是自拘囚，不学因循到白头。"❺未，不曾。李颀《送刘十》："三十不官亦不娶，时人焉识道高下。"李白《古风》之一："大雅久不作，吾衰竟谁陈？"李商隐《有感二首》之二："近闻开寿宴，不废用《咸》《英》。"李郢《酬王舍人雪中见寄》："三日柴门拥不开，阶庭平满白皑皑。"

不[2]

〔fǒu《广韵》方久切，上有，非。〕表示疑问。同"否"。王绩《春桂问答二首》之二："风霜摇落时，独秀君知不？"杜甫《夏日李公见访》："隔屋唤西家，借问有酒不？"姚合《咏破屏风》："尚胜凡花鸟，君能补缀不？"李瀚《留题座主和凝旧阁》："玉堂旧阁多珍玩，可作西斋润笔不？"

【不一】　不相同，不一致。张九龄《咏史》："居然已不一，况乃务相诡。"白居易《赠友五首》之四："宽猛政不一，民心安得淳！"谭铢《题九华山》："呈姿既不一，变态何啻千！"

【不二】 ❶专一，不变心。白居易《夜雨有念》："炼成不二性，消尽千万缘。"❷一致，相同。杜甫《送顾八分文学适洪吉州》："三人并入真，恩泽各不二。"❸即"不二法門"。沈佺期《九真山净居谒无碍上人》："机疑闻不二，蒙昧即朝三。"白居易《题道宗上人十韵》："欲使第一流，皆知不二义。"李洞《和刘驾博士赠庄严律禅师》："人言紫绶有光辉，不二心观似草衣。"

【不二法門】 佛家语。指直接入道，不可言传之法门。陈子昂《夏日晖上人房别李参军崇嗣》序："开不二之法门，观大千之世界。"

【不二門】 同"不二法門"。薛戎《游烂柯山》之四："便是不二门，自生瞻仰意。"白居易《不二门》："唯有不二门，其间无夭寿。"姚合《寄不疑上人》："是法修行遍，方栖不二门。"

【不二價】 谓价格一律，不卖两种价钱。语本《孟子·滕文公上》："从许子之道，则市贾不贰，国中无伪，虽使五尺之童适市，莫之或欺。"东汉韩康卖药于长安之市，口不二价。后因用为典实。王维《济上四贤咏·郑霍二山人》："卖药不二价，著书盈万言。"吴筠《高士咏·韩康》："卖药不二价，有名反深耻。"

【不了】 ❶不明了，不懂。韦应物《听莺曲》："有时断续听不了，飞去花枝犹袅袅。"雍裕之有《不了语》。❷未了结，未完。陆龟蒙《五歌·刈获》："敢言一岁囷仓实，不了如今朝暮舂。"❸不胜任。韦应物《温泉行》："作官不了却来归，还是杜陵一男子。"❹犹不足。李贺《感讽六首》之四："千金不了馔，猪肉称盘臊。"

【不才】 ❶没有才能。张九龄《岁初巡属县登高安南楼言怀》："不才叨过举，唯力酬明恩。"孟浩然《岁暮归南山》："不才明主弃，多病故人疏。"无可《冬日诸禅自商山礼师真塔回见访》："欲作孤云去，赋诗余不才。"唐彦谦《韦曲》："欲写愁肠愧不才，多情练漉已低摧。"亦指无才之人。李建勋《离阙下日感恩》："二年尘冒处中台，喜得南归退不才。"❷不成材。孟浩然《陪卢明府泛舟回作》："犹怜不才子，白首未登科。"白居易《闲卧有所思二首》之二："虫全性命缘无毒，木尽天命为不才。"❸自称谦词。刘宪《奉和幸韦嗣立山庄侍宴应制》："不才叨侍从，咏德以濡翰。"韦应物《假中枉卢二十二书以诗答书因亦戏李二》："微官何事劳趋足，服药闲眠养不才。"郑谷《右省补阙张茂枢同在谏垣邻居光德迭和篇什因抒酬寄》："何宋清名动粉闱，不才今日偶陈诗。"

【不下】 不少于。表示数量。元稹《树上乌》："一乌不下三四雏，雏又生雏知几雏？"

【不下堂】 ❶指孔子弟子宓子贱为单父宰，身不下堂而境内大治之事。见《吕氏春秋·察贤》。又见《韩诗外传》卷二。后因用为县宰有治绩之典。方干《送汶水王明府之任》："遗老应相贺，知君不下堂。"❷谓妇人不出堂屋。韩愈《青青水中蒲三首》之三："妇人不下堂，行子在万里。"

【不下機】 指苏秦说秦惠王不行，归至家，妻子不下织机迎接，织布自若之事。见《战国策·秦策一》。白居易《读史五首》之五："季子憔悴时，妇见不下机。"

【不大】 不多。表示动量。杜牧《书怀寄中朝往还》："须知世路难轻进，岂是君门不大开。"

【不凡】 不同寻常。刘禹锡《和汴州令狐相公到镇改月偶书所怀》："谢傅何由接，桓伊定不凡。"张祜《题道光上人山院》："地僻泉长冷，亭香草不凡。"徐铉《送元帅书记高郎中出为婺源建威军使》："危言昔日尝无隐，壮节今来信不凡。"

【不久】 时间不长。李商隐《戏题枢言草阁三十二韵》："少年苦不久，顾慕良难哉！"

【不已】 ❶不止。韩愈《秋怀诗十一首》之一："秋风一拂披，策策鸣不已。"白居易《杂兴三首》之二："越国政初荒，越天旱不已。"李咸用《寓意》："东风如未来，飞雪终不已。"❷不能自已。皎然《饮茶歌诮崔石使君》："崔侯啜之意不已，狂歌一曲惊人耳。"李中《和浔阳宰感旧绝句五首》之一："追感古今情不已，竹轩闲取史书看。"

【不比】 不可相比。杜甫《奉赠王中允》："共传收庾信，不比得陈琳。"王建《春去曲》："老夫不比少年儿，不中数与春别离。"

【不止】 ❶不停。寒山《诗三百三首》之三六："相笑傥不止，东边复西边。"又六五："行至大海中，波涛复不止。"❷不仅。薛涛《和郭员外题万里桥》："细侯风韵兼前事，不止为舟也作霖。"陆龟蒙《奉酬袭美先辈吴中苦雨一百韵》："兼之渎财贿，不止行盗窃。"

【不日】 不久之后。张说《将赴朔方军应制》："连年大军后，不日小康辰。"钱起《送陆三出尉》："梅生寄黄绶，不日在青云。"王贞白《度关山》："秦楼休怅望，不日凯歌还。"

【不中】 ❶不合。杜牧《冬至日寄小侄阿宜诗》："一语不中治，笞棰身满疮。"❷不行。白居易《纳粟》："犹忧纳不中，鞭责及僮仆。"❸无用。白居易《三谣·蟠木谣》："蟠木蟠木，有似我身。不中乎器，无用于人。"❹不堪。王建《荆南赠别李肇著作转韵诗》："美人停玉指，离瑟不中闻。"又《春去曲》："老夫不比少年儿，不中数与春别离。"❺指落第。李贺《送沈亚之歌》序："文人沈亚之，元和七年，以书不中第，返归于吴江。"

【不毛】 ❶不长植物。亦指不毛之地。杜甫《大雨》:"则知润物功,可以贷不毛。"❷边远地区。骆宾王《从军中行路难二首》之一:"去去指哀牢,行行入不毛。"胡曾《咏史诗·泸水》:"五月驱兵入不毛,月明泸水瘴烟高。"秦韬玉《塞下》:"凤林关外皆唐土,何日陈兵戍不毛?"

【不仁】　无仁义道德。王维《宋进马哀词》:"仰诉天之不仁兮,家唯一身,身止一子。"皮日休《偶书》:"大笑猗氏辈,为富皆不仁。"杜荀鹤《寄温州崔博士》:"县宰不仁工部饿,酒家无识翰林醒。"

【不分】　(—fèn)❶不服。白居易《元和十二年淮寇未平诏停岁仗愤然有感率尔成章》:"不分气从歌里发,无明心向酒中生。"❷不怨恨。杜甫《送路六侍御入朝》:"不分桃花红胜锦,生憎柳絮白于绵。"❸不料。崔湜《婕妤怨》:"不分君恩断,新妆视镜中。"白居易《酬舒三员外见赠长句》:"已判到老为狂客,不分当春作病夫。"陈陶《水调词十首》之二:"容华不分随年去,独有妆楼明镜知。"

【不分牛】　形容水面之宽阔。见《庄子·秋水》。孔德绍《王泽岭遭洪水》:"惊涛遥起鹭,回岸不分牛。"

【不匀】　不匀称。顾云《咏柳二首》之二:"闲花野草总争新,眉皱丝干独不匀。"

【不及】　❶赶不上。孔绍安《侍宴咏石榴》:"只为来时晚,花开不及春。"贾岛《送汲鹏》:"夏夜言诗会,往往追不及。"李商隐《回中牡丹为雨所败二首》之二:"浪笑榴花不及春,先期零落更愁人。"❷来不及。戴叔伦《怀素上人草书歌》:"驰毫骤墨剧奔驷,满坐失声看不及。"❸不到。白居易《和答诗十首·和分水岭》:"朝宗远不及,去海三千里。"李绅《寿阳罢郡日有诗十首与追怀不殊今编于后兼纪瑞物·别连理树》:"芰夷不及知无患,雨露曾沾自不枯。"李洞《寓言》:"麟凤隔云攀不及,空山惆怅夕阳时。"❹不如。寒山《诗三百三首》之四五:"骅骝将捕鼠,不及跛猫儿。"钱起《病鹤篇》:"不及川凫长比翼,随波双泛复双归。"鱼玄机《闻李端公垂钓回寄赠》:"自惭不及鸳鸯侣,犹得双双近钓矶。"徐夤《李夫人二首》之二:"汉王不及吴王乐,且与西施死处同。"❺没有。戴叔伦《女耕田行》:"无人无牛不及犁,持刀斫地翻作泥。"

【不吊】　谓不为天所怜恤。后因用为称人逝世之辞。白居易《哭刘敦质》:"如何天不吊,穷悴至终身!"李商隐《哭虔州杨侍郎》:"流亡诚不吊,神理若为诬?"

【不吊鬼】　指死于畏、厌、溺之人。畏谓犯法而狱死;厌通压,谓被墙岩压死;溺谓入水淹死。凡死于此三种情况之人,他人不得前往吊唁。《礼记·檀弓上》:"死而不吊者三:畏、厌、溺。"孟郊《旅次湘沅有怀灵均》:"死为不吊鬼,生作猜谤徒。"按,灵均为屈原,投水死。

【不正】　不正派,歪门邪道。来鹄《圣政纪颂》序:"自永徽之后,宰执不正,窥伺是忌,针棘前后,阻越对扬,狼噬虎餐,持膏衔肉。"

【不甘】　不甘心。李咸用《送人》:"不甘长在诸生下,束书携剑离家乡。"

【不世】　非一世所常有,非凡。张九龄《咏史》:"若人不世生,悠悠多如彼。"杜甫《秋日夔府咏怀奉寄郑监李宾客一百韵》:"侧听中兴主,长吟不世贤。"方干《寄普州贾司仓岛》:"岂料多才者,空垂不世名。"

【不世才】　具有非凡才能之人。杜甫《狄明府》:"时危始识不世才,谁谓荼苦甘如荠?"齐己《谢王先辈昆弟游湘中回各见示新诗》:"上国携归后,唯呈不世才。"

【不世之功】　指杰出功勋。白居易《新乐府·新丰折臂翁》自注:"开元初,突厥数寇边,时天武军牙将郝灵筌出使,因引特勒回鹘部落,斩突厥默啜,献首于阙下,自谓有不世之功。"

【不可】　❶不可以,不能够。储光羲《贻王侍御出台掾丹阳》:"达人无不可,壮志且驰骛。"戴叔伦《奉天酬别郑谏议云逵卢拾遗景亮见别之作》:"单车不可驻,朱槛未遑攀。"白居易《哭孔戡》:"戡佐山东军,非义不可干。"❷不可能。刘长卿《湘妃》:"帝子不可见,秋风来暮思。"陈润《赋得秋河曙耿耿》:"寻源不可到,耿耿复如何。"子兰《河梁晚望二首》之一:"水势滔滔不可量,渔舟容易泛沧浪。"❸不行。孟氏《答少年》:"不道终不可,可即恐郎知。"❹不堪,不忍。张九龄《巫山高》:"唯有巴猿啸,哀音不可听。"曹松《铅山写怀》:"耳纵听歌吹,中心不可论。"贯休《宝禅师见访》:"因话流年事,斯须不可抛。"

【不可状】　不可名状,无法形容。韩愈《泷吏》:"险恶不可状,船石相舂撞。"

【不可轉】　谓心志不可转移。《诗·邶风·柏舟》:"我心匪石,不可转也。"后因用为石之典实。王纬《东峰亭各赋一物得幽径石》:"从来不可转,今日为人留。"

【不平】　❶不平坦,高低不一。白居易《续古诗十首》之二:"驱马上丘陇,高低路不平。"李商隐《柳枝五首》之二:"玉作弹棋局,中心亦不平。"钱珝《江行无题一百首》之一九:"牵路沿江狭,沙崩岸不平。"❷不平静。方干《经周处士故居》:"吾在兹溪上,怀君恨不平。"秦韬玉《长安书怀》:"凉风吹雨滴寒更,乡思欺人拨不平。"❸不均平。寒山《诗三百三首》之五八:"良由为骨少,狗多分不平。"❹不公正。皎然《问遥山禅老》:"吾将寻河源,上天问天何不平?"刘叉《偶书》:"野夫怒见不平处,磨损胸中万古刀。"贾岛《剑客》:

“今日把似君，谁为不平事？”❺不公正之事。司空图《冯燕歌》：“已为不平能割爱，更将身命救深冤。”许昼《中秋月》：“殷勤好长来年桂，莫遣平人道不平。”李中《剑客》：“神剑冲霄去，谁为平不平？”❻不满，愤慨。顾况《塞上曲》：“汉将怀不平，雠扰当远屏。”李益《轻薄篇》：“安知我有不平色，白日欲落红尘昏。”崔道融《西施滩》：“浣纱春水急，似有不平声。”

【不占】　即春秋齐陈不占。见“不占隕車”。

【不占隕車】　春秋齐陈不占事。见《文选·马融〈长笛赋〉》“不占成节鄂”李善注。李瀚《蒙求》：“不占陨车，子云投阁。”

【不由人】　同“不由己”。温庭筠《过五丈原》：“下国卧龙空误主，中原逐鹿不因人。”

【不由己】　由不得自己做主。白居易《杂感》：“是非不由己，祸患安可防！”曹松《感世》：“白发不由己，黄金留待谁？”

【不失】　不愧。陈羽《古意》：“车马骈阗贺门馆，自然不失为公卿。”

【不生】　谓死。李山甫《别杨秀才》：“故国已无业，旧交多不生。”

【不刊】　不须更改。张九龄《奉和圣制幸晋阳宫》：“三后既在天，万年斯不刊。”李益《北至太原》：“咄咄薄游客，斯言殊不刊。”刘禹锡《送韦秀才道冲赴制举》：“游夏无措词，《阳秋》垂不刊。”白居易《赠友五首》之三：“吾闻国之初，有制垂不刊。”

【不令】　不善，不好。魏氏《赠外》：“本自身不令，积多婴痛疾。”

【不用】　不须，不必。李益《答窦二曹长留酒还榼》：“解醒元有数，不用吓刘伶。”白居易《题李次云窗竹》：“不用裁为鸣凤管，不须截作钓鱼竿。”徐夤《明妃》：“不用牵心恨画工，帝家无策及边戎。”

【不必】　❶未必。韩愈《秋怀诗十一首》之二：“适时各得所，松柏不必贵。”白居易《和答诗十首·和古社》：“始知天降火，不必常为灾。”❷无须。孟郊《严河南》：“不必用雄威，见者毛发攒。”司空图《光启四年春戊申》：“酣歌自适逃名久，不必门多长者车。”李中《舟次吉水逢蔡文庆秀才》：“一尊开口笑，不必话升沉。”

【不加點】　写文章时不加点停顿。形容文思敏捷，下笔成章。见《后汉书·文苑下·祢衡传》。岑参《送张直公归南郑拜省》：“万言不加点，七步犹嫌迟。”李商隐《撰彭阳公志文毕有感》：“敢伐不加点，犹当无愧辞。”

【不朽】　永不磨灭，永世长存。王昌龄《灞上闲居》：“二君既不朽，所以慰其魂。”王季友《滑中赠崔高士瑾》：“摄生固如此，履道当不朽。”李商隐《五言述德抒情诗一首四十韵献上杜七兄仆射相公》：“愿保无疆福，将图不朽名。”张乔《吊栖白上人》：“篇章名不朽，寂灭理如何？”

【不臣】　不合为臣之道。杜甫《有感五首》之四：“由来强干地，未有不臣朝。”

【不臣木】　指松树。孟郊《罪松》：“松乃不臣木，青青独何为！”

【不有】　无有，没有。裴迪《春日与王右丞过新昌里访吕逸人不遇》：“陶令五男曾不有，蒋生三径枉相过。”杜甫《城西陂泛舟》：“不有小舟能荡桨，百壶那送酒如泉？”薛能《升平词十首》之五：“君王故不有，台鼎合韦弦。”

【不死丹】　指仙丹。曹文姬《句》：“凿开天外长生地，炼出人间不死丹。”

【不死方】　道家指能使人长生不死之药方。李白《赠别舍人弟台卿之江南》：“客遇王子乔，口传不死方。”曹唐《送刘尊师祗召阙庭三首》之三：“龟台欲署长生籍，鸾殿还论不死方。”杜荀鹤《赠休粮僧》：“自言因病学休粮，本意非求不死方。”

【不死門】　指入仙境之门。曹唐《小游仙诗九十八首》之八四：“紫微深锁敞丹轩，太帝亲谈不死门。”

【不死庭】　指仙境。李益《罢秩后入华山采茯苓逢道者》：“山中若有闻，言此不死庭。”白居易《梦仙》：“却后十五年，期汝不死庭。”

【不死鄉】　指仙境。张祜《游天台山》：“但造不死乡，前劳何足数！”赵嘏《经王先生故居》：“晚波东去海茫茫，谁识蓬山不死乡？”李咸用《吴处士寄香兼劝入道》：“但居平易俟天命，便是长生不死乡。”吴融《华清宫二首》之二：“长生秘殿倚青苍，拟敌金庭不死乡。”

【不死藥】　能使人长生不死之药。李白《游泰山六首》之四：“安得不死药，高飞向蓬瀛？”杜牧《洛中送冀处士东游》：“愿学不死药，粗知其来由。”李群玉《感兴四首》之二：“昔窃不死药，奔空有嫦娥。”

【不同】　不一样。刘希夷《代悲白头翁》：“年年岁岁花相似，岁岁年年人不同。”白居易《读庄子》：“庄生齐物同归一，我道同中有不同。”

【不因熱】　谓不凭借他人灶内余热。后因用为典实。见《东观汉记·梁鸿传》。骆宾王《夏日游德州赠高四》：“潘岳本自闲，梁鸿不因热。”

【不回】　守正。贯休《古意九首》之六：“古交如真金，百炼色不回。”此谓保持正色。

【不成】　❶不成功。张谓《官舍早梅》：“阶下双梅树，春来画不成。”周昙《咏史诗·春秋战国门·秦武阳》：“是时环柱能相副，谁谓燕囚事不成？”❷不像。刘象《咏仙掌》：“万古亭亭倚碧霄，不成擎亦不成招。”

❸不果。杜甫《遣闷奉呈严公二十韵》："不成寻别业，未敢息微躬。"韩愈《秋怀诗十一首》之六："今晨不成起，端坐尽日景。"李商隐《哭遂州萧侍郎二十四韵》："不成穿圹入，终拟上书论。"

【不休】　不停。李商隐《过招国李家南园二首》之一："春风犹自疑联句，雪絮相和飞不休。"于武陵《高楼》："上有罗衣裳，凉风吹不休。"黄滔《辞相府》："今朝拜别幡幢下，双泪如珠滴不休。"

【不伏】　不服。胡曾《咏史诗·李陵台》："英雄不伏蛮夷死，更筑高台望故乡。"

【不伐】　不自我夸耀功劳。李商隐《寄太原卢司空三十韵》："将军功不伐，叔舅德惟馨。"

【不任】　不能忍受，禁不住。刘商《胡笳十八拍·第十二拍》："如今果是梦中事，喜过悲来情不任。"薛能《春日书怀》："多病不任衣更薄，东风台上莫相吹。"

【不自持】　不能控制自己。岑羲《饯唐州高使君》："目极伤千里，怀君不自持。"温庭筠《舞衣曲》："芙蓉力弱应难定，杨柳风多不自持。"

【不自量度】　（度 duó）不能正确估计自己。李商隐有《今月二日不自量度辄以诗一首四十韵干渎尊严辄复五言四十韵献上亦诗人咏叹不足之义也》。

【不自意】　自己没有料到。李益《来从窦车骑行》："时过欻如云，参差不自意。"

【不自潤】　指汉孔奋身处脂膏之地清正廉洁而不自润之事。见《后汉书·孔奋传》。骆宾王《挑灯杖》："终知不自润，何处用脂膏？"

【不合】　❶不符合。张蠙《赠郑司业》："古人名在今人口，不合于名不苦心。"❷不应。常建《送陆擢》："南山高松树，不合空摧残。"白居易《答次休上人》："禅心不合生分别，莫爱余霞嫌碧云。"

【不行】　❶不行走。裴说《不出院僧》："四远参寻遍，修行却不行。"❷不施行。李商隐《送千牛李将军赴阙五十韵》："梼杌宽之久，防风戮不行。"

【不名】　不直呼其名。对大臣一种殊礼。王维《故太子太师徐公挽歌四首》之一："就第优遗老，来朝诏不名。"卢纶《和张仆射塞下曲》之六："他日题麟阁，唯应独不名。"

【不次】　不按正常次序进行。谓破格提拔。元结《忝官引》："屡授不次官，曾与专征中。"白居易《长庆二年七月自中书舍人出守杭州》："老逢不次恩，洗拔出泥滓。"

【不充】　不足。白居易《访陶公旧宅》："肠中食不充，身上衣不完。"

【不安】　❶不安宁。骆宾王《畴昔篇》："画地终难入，书空自不安。"韩愈《孟东野失子》："地祇为之悲，瑟缩久不安。"❷身体不适。元结《与瀼溪邻里》："我尝有不安，邻里能相存。"

【不如】　不及，比不上。寒山《诗三百三首》之二二六："不如早觉悟，莫作黑暗狱。"白居易《继之尚书自余病来寄遗非一今以此篇用伸酬谢》："交情郑重金相似，诗韵清锵玉不如。"徐夤《忆长安行》："不如坐钓清溪月，心共寒潭一片澄。"

【不均】　❶不均匀。杜荀鹤《送友人游南海》："花鸟名皆别，寒暄气不均。"❷不公平。刘言史《嘉兴社日》："今年社日分余肉，不值陈平又不均。"薛能《春日寓怀》："幽拙未谋身，无端患不均。"

【不材】　❶不成材。毛明素《与琳法师》："始验山中木，方知贵不材。"张九龄《荆州作二首》之二："心伤不材树，自念独飞翰。"韩偓《湖南梅花一冬再发偶题于花援》："夭桃莫倚东风势，调鼎何曾用不材！"❷喻庸才。孟浩然《荆门上张丞相》："共理分荆国，招贤愧不材。"杜甫《宴王使君宅题二首》之一："不材甘朽质，高卧岂泥蟠。"

【不求甚解】　指晋陶潜好读书而不要求深入理解之事。晋陶潜《五柳先生传》："好读书，不求甚解，每有会意，便欣然忘食。"白居易《松斋自题》："书不求甚解，琴聊以自娱。"

【不辰】　谓生不逢时。周昙《咏史诗·后汉门·献帝》："汉灵早听侍中谏，安得献生称不辰！"姚月华《怨诗效徐淑体》："妾生兮不辰，盛年兮逢屯。"

【不忒】　不变。柳宗元《视民诗》："四夷是则，永怀不忒。"曹邺《秦后作》："徒流杀人血，神器终不忒。"

【不足】　❶不充裕。贯休《甘雨应祈》："使不苏者苏，不足者足。"❷不够。皎然《答豆卢居士春夜游东园见怀》："春意赏不足，承夕步东园。"权德舆《酬崔千牛四郎早秋见寄》："相爱每不足，因兹寓深衷。"李咸用《水仙操》："后人好事传其曲，有时声足意不足。"❸不值得。杜甫《太子张舍人遗织成褥段》："逶迤罗水族，琐细不足名。"韩愈《此日足可惜赠张籍》："此日足可惜，此酒不足尝。"李山甫《遣怀》："古道贵拙直，时事不足言。"❹不可，达不到。陆龟蒙《奉酬袭美先辈吴中苦雨一百韵》："不足谢徽音，只令凋鬓发。"❺不尽。钱起《过沈氏山居》："贫交喜相见，把臂欢不足。"

【不足道】　不值得一提。杜甫《别蔡十四著作》："我衰不足道，但愿子意陈。"

【不足數】　（數 shǔ）算不了什么。李商隐《偶成转韵七十二句赠四同舍》："我生粗疏不足数，梁父哀吟鸲鹆舞。"

【不肖】　❶子不似其父。李白《东海有勇妇》："十子若不肖，不如一女英。"❷指不成器之小人。皇甫澈《赋四相诗·礼部尚书门下侍郎平章事李岘》："进贤黜不肖，错枉举诸直。"卢仝《门箴》："背惠，恃己，狎不肖，妒贤能，命之四孽。"皮日休《正乐府十篇·贱贡士》："不肖尽屏迹，贤能皆得位。"❸谦词。用以自称。储光羲《酬李处士山中见赠》："同声既求友，不肖亦怀贤。"元稹《和乐天赠樊著作》："谬予顽不肖，列在数子间。"白居易《朱陈村》："承家与事国，望此不肖身。"

【不利】　不顺利，遇到挫折。杜甫《寄岳州贾司马六丈巴州严八使君两阁老五十韵》："故人俱不利，谪宦两悠然。"

【不秀】　不开花。白居易《新乐府·杜陵叟》："三月无雨旱风起，麦苗不秀多黄死。"

【不佞】　指真实之言。来鹄《圣政纪颂》："赖有后臣，斯言不佞。"

【不住子】　指内心虚静而无执着之僧人。储光羲《题慎言法师故房》："精庐不住子，自有无生乡。"

【不住天】　指佛家虚静之天。杜甫《陪李梓州王阆州苏遂州李果州四使君登惠义寺》："春日无人境，虚空不住天。"

【不住心】　指虚静而无执着之心。杜甫《望牛头寺》："休作狂歌老，回看不住心。"

【不免】　❶不能免除。寒山《诗三百三首》之四二："哀伤百年内，不免归山丘。"陆龟蒙《袭美先辈以龟蒙所献五百言既蒙见和再抒鄙怀用伸酬谢》："徒为强貔豹，不免参狐狸。"❷最终。李颀《送刘十》："闻道谢安掩口笑，知君不免为苍生。"

【不言家】　见"不爲家"。

【不完】　指衣服不完整。白居易《访陶公旧宅》："肠中食不充，身上衣不完。"

【不快】　不愉快。李咸用《长歌行》："当年不快意，徒为他人留。"

【不那】　(—nuò)无奈。李商隐《别薛岩宾》："别离真不那，风物正相仍。"唐彦谦《寄徐山人》："吴中高士虽求死，不那稽山有谢敷。"韦庄《山墅闲题》："有名不那无名客，独闭衡门避建康。"

【不妨】　❶无妨碍。杜甫《即事》："黄莺过水翻回去，燕子衔泥湿不妨。"王建《伤堕水乌》："眼见行人车辗过，不妨同伴各东西。"曹松《霍山》："未必展来空似翅，不妨开去也成莲。"❷不料。李商隐《漫成三首》之一："不妨何范尽诗家，未解当年重物华。"皮日休《陪江西裴公游襄州延庆寺》："更向碧山深处问，不妨犹有草茅臣。"❸不觉。杜荀鹤《投宣谕张侍郎乱后遇毗陵》："闻道中兴重人物，不妨西去马蹄轻。"又《白发吟》："一茎两茎初似丝，不妨惊度少年时。"

【不忍】　❶不忍心。李商隐《柳枝五首》之三："东陵虽五色，不忍值牙香。"皮日休《三羞诗三首》之二："谁能听昼鞶，不忍看金镞。"韩偓《伤春》："三月光景不忍看，五陵春色何摧残！"❷不愿意。韦承庆《折杨柳》："不忍掷年华，含情寄攀折。"刘长卿《正朝览镜作》："朝来明镜里，不忍白头人。"王涯《秋夜曲》："银筝夜久殷勤弄，心怯空房不忍归。"❸舍不得。杜荀鹤《别从叔》："立马不忍上，醉醒天气寒。"曹松《再到洪州望西山》："洪州向西顾，不忍暂忘君。"

【不忍觳觫牛】　指齐宣王不忍见牛恐惧发抖而以羊代牛衅钟之事。见《孟子·梁惠王上》。柳宗元《放鹧鸪词》："齐王不忍觳觫牛，简子亦放邯郸鸠。"

【不拘】　不拘泥。贾岛《代边将》："报国不拘贵，愤将平虏雠。"张蠙《赠丘衙推》："诗逸不拘凡对属，易穷皆达圣玄微。"

【不幸】　不幸运，运气不好。张九龄《咏史》："势倾不幸然，迹在胡宁尔！"白居易《和微之诗二十三首·和李势女》："自言重不幸，家破身未亡。"方干《陪胡中丞泛湖》："凡许从容谁不幸？就中光显是州民。"贯休《鼓腹曲》："我昔不幸兮遭百罹，苍苍留我兮到好时。"

【不直錢】　谓毫无价值。《史记·魏其武安侯列传》："生平毁程不识不直一钱。"白居易《秦中吟十首·议婚》："荆钗不直钱，衣上无真珠。"李商隐《一片》："良工巧费真为累，楮叶成来不直钱。"参见"不值錢"。

【不枉】　不冤枉，表示事情来白做。韩愈《除官赴阙至江州寄鄂岳李大夫》："不枉故人书，无因帆江水。"白居易《和刘郎中曲江春望见示》："羡君犹壮健，不枉度年华。"

【不事】　不侍奉。周昙《咏史诗·三代门·再吟太公》："东邻不事事西邻，御物卑和物自亲。"

【不兩大】　犹不两立。杜甫《草堂》："其势不两大，始闻蕃汉殊。"

【不奈】　❶无奈。李昂《赋戚夫人楚舞歌》："不奈君王容鬓衰，相存相顾能几时？"皮日休《三羞诗三首》之二："吾有制胜术，不奈贱碌碌。"钱珝《江行无题诗一百首》之八九："不奈扁舟去，其如决计何！"❷不耐，不能忍受。陆畅《解内人嘲》："须教翡翠闻王母，不奈乌鸢噪鹊桥。"

【不奈何】　无可奈何。白居易《惜落花赠崔二十四》："漠漠纷纷不奈何，狂风急雨两相和。"李商隐《送阿龟归华》："草堂归意背烟萝，黄绶垂腰不奈何。"

【不到】　未到达。杜甫《又雪》："南雪不到地，青崖沾未消。"张叔卿《流桂州》："胡尘不到处，即是小长安。"李贺《将进酒》："劝君终日酩酊醉，酒不到刘伶坟上土。"

【不肯】　不愿意。赵嘏《花园即事呈常中丞》：

"不肯为歌随拍落，却因令舞带香回。"李茂复《马上有见》："无端眼界无分别，安置心头不肯销。"

【不易】 ❶不容易。杜甫《送高三十五书记》："人实不易知，更须慎其仪。"许彬《府试莱城晴日望三山》："不易识蓬瀛，凭高望有程。"薛准《临终诗》："旧国深恩不易酬，又离继母出他州。"李中《春闺辞二首》之一："寄语长征客，流年不易禁。"❷不改变。皎然《苕溪草堂自大历三年夏新营泊秋及春弥觉境胜因纪其事四十三韵》："万虑皆可遗，爱山情不易。"

【不知】 ❶不明白，弄不清。戴叔伦《怀素上人草书歌》："人人细问此中妙，怀素自言初不知。"李商隐《蝶三首》之二："为问翠钗钗上凤，不知香颈为谁回？"李咸用《大雪歌》："归太素，不知归得人心否？"❷不知觉。韩愈《谒衡岳庙遂宿岳寺题门楼》："猿鸣钟动不知曙，杲杲寒日生于东。"白居易《观刈麦》："力尽不知热，但惜夏日长。"于濆《寒食》："坟前呼犬归，不知头似霜。"许棠《早发洛中》："半夜发清洛，不知过石桥。"❸不料。曹邺《筑城三首》之三："不知城上土，化作宫中火。"

【不知老將至】 谓不觉得衰老将到来。语出《论语·述而》："其为人也，发愤忘食，乐而忘忧，不知老之将至云尔。"白居易《洛中偶作》："不知老将至，犹自放诗狂。"

【不知有漢】 谓与世隔绝，见晋陶潜《桃花源记》。王绩《田家三首》之二："不知今有汉，唯言昔避秦。"

【不知所以然】 弄不清为什么会如此。陆龟蒙《紫溪翁歌》："得乎人，得乎天，吾不知所以然而然。"

【不忝】 无愧。李商隐《筹笔驿》："管乐有才真不忝，关张无命欲何如！"李频《长安书怀投知己》："因依非不忝，延荐况曾蒙。"

【不佳】 不好。唐彦谦《舟中望紫岩》："相忘岂不佳，遣此怀春伤。"

【不忿】 埋怨，恼恨。李端《闺情》："披衣更向门前望，不忿朝来鹊喜声。"郑谷《游蜀》："不忿黄鹂惊晓梦，唯应杜宇信春愁。"

【不乳】 断乳。谓不养育。李商隐《行次西郊作一百韵》："皇子弃不乳，椒房抱羌浑。"

【不服】 不服气。顾况《嵇山道芬上人画山水歌》："镜中真僧白道芬，不服朱审李将军。"

【不周山】 山名。相传在昆仑山西北。胡曾《咏史诗·不周山》："共工争帝力穷秋，因此捐生触不周。"

【不夜】 谓黑夜如同白昼。杜甫《秦州杂诗二十首》之七："无风云出塞，不夜月临关。"李德裕《尊师是桃源黄先生传法弟子今重赋此诗兼寄题黄先生旧馆》："洞天应不夜，源树只如春。"李商隐《送千牛李将军赴阙五十韵》："何时绝刁斗，不夜见欃枪。"喻凫《蒋处士宅喜闲公至》："尝茗议空经不夜，照花明月影侵阶。"

【不夜城】 谓大城市灯火通明如同白昼。苏颋《广达楼下夜侍酺宴应制》："楼台绝胜宜春苑，灯火还同不夜城。"独孤及《海上怀华中旧游寄郑县刘少府造渭南王少府崟》："凉风台上三峰月，不夜城边万里沙。"陆龟蒙《杂讽九首》之八："君居不夜城，肯怨孤戍月？"

【不夜珠】 指夜明珠。赵光远《题妓莱儿壁》："不夜珠光连玉匣，辟寒钗影落瑶尊。"

【不放】 ❶不使。白居易《自戏三绝句·心重答身》："世间老苦人何限，不放君闲奈我何！"李商隐《乐游原》："羲和自趁虞泉宿，不放斜阳更向东。"顾云《咏柳二首》之一："离亭不放到春暮，折尽拂檐千万枝。"❷不妨，不料。司空图《寓居有感三首》之二："不放残年却到家，衔杯懒更问生涯。"

【不怕】 ❶不惧怕。元稹《乐府古题·侠客行》："侠客不怕死，怕在事不成。"唐彦谦《严子陵》："不怕旧交嗔僭越，唤他侯霸作君房。"崔道融《天台陈逸人》："近抛三井更深去，不怕虎狼唯怕人。"❷不嫌。贾岛《送僧游衡岳》："心知衡岳路，不怕去人稀。"翁承赞《喜弟承检登科》："花繁不怕寻香客，榜到应倾贺喜杯。"

【不並】 不比，不与相同。韦应物《答史馆张学士兼呈柳学士》："南宫有芳树，不并禁垣春。"方干《江州送李侍御归东洛》："独乘骢马去，不并旅人还。"郑谷《蜀中三首》之三："子规夜夜啼巴树，不并吴乡楚国闻。"

【不定】 ❶不安定。卢纶《寄郑七纲》："羁游不定同云聚，薄宦相萦若网牵。"王建《射虎行》："独行以死当虎命，两人因疑终不定。"李商隐《赴职梓潼留别畏之员外同年》："乌鹊失栖长不定，鸳鸯何事自相将？"崔涂《秋夕与友人话别》："冷禽栖不定，衰叶堕无时。"❷不停。李商隐《井泥四十韵》："茫茫此群品，不定轮与蹄。"

【不宜】 ❶不应。张蠙《十五夜与友人对月》："每到月圆思共醉，不宜同醉不成欢。"❷不适宜。司空图《白菊杂书四首》之四："漫道南朝足流品，由来叔宝不宜多。"

【不居】 不自居，不占有。李白《商山四皓》："功成身不居，舒卷在胸臆。"

【不居一國】 谓贤者以天下为家，不独停留于一国。见《汉书·李陵传》。王维《送秘书晁监还日本国》序："游宦三年，愿以君羹遗母，不居一国，欲其昼锦还乡。”

【不孤】 ❶不孤单。谓有同类者。羊士谔《资阳郡中咏怀》:“唯此前贤意,风流似不孤。”❷不辜负。刘禹锡《金陵五题》引:“他日友人白乐天掉头苦吟,叹赏良久,且曰:‘《石头诗》云:潮打空城寂寞回。吾知后之诗人,不复措辞矣。’余四咏虽不及此,亦不孤乐天之言耳。”

【不封侯】 指汉将李广一生与匈奴苦战七十余次而不得封侯之事。见《史记·李将军列传》。耿沣《陇西行》:“因思李都尉,毕竟不封侯。”李益《来从窦车骑行》:“汉将不封侯,苏卿劳远使。”崔峒《送冯八将军奏事毕归滑台幕府》:“自叹马卿常带疾,还嗟李广不封侯。”亦作“不得封侯”。罗隐《韦公子》:“李将军自嘉声在,不得封侯亦自闲。”

【不挂絲】 佛家语。一丝不挂。喻不为尘俗所牵累。拾得《诗》之三三:“欲识无为理,心中不挂丝。”

【不相下】 不相让。李益《轻薄篇》:“淮阴少年不相下,酒酣半笑倚市门。”

【不相及】 达不到。陆龟蒙《杂讽九首》之二:“童麋来触犀,德力不相及。”

【不相放】 不饶人。杜甫《九日》:“苦遭白发不相放,羞见黄花无数新。”

【不要】 用不着,不用。贾至《白马》:“闻珂自蹀躞,不要下金鞭。”吴融《李周弹筝歌》:“旦夕君王继此声,不要停弦泪如雨。”

【不耐】 忍耐不住,不能忍受。寒山《诗三百三首》之一二八:“老翁娶少妇,发白妇不耐。”许棠《夏州道中》:“不耐饥寒迫,终谁至此行?”南唐后主李煜《浪淘沙》词:“帘外雨潺潺,春意阑珊,罗衾不耐五更寒。”

【不耐煩】 谓不能承受烦琐之事。刘希夷《秋日题汝阳潭壁》:“幽人不耐烦,振衣步闲寂。”

【不若】 不如。沈佺期《自昌乐郡溯流至白石岭下行入郴州》:“我行山水间,湍险皆不若。”

【不省】 (—xǐng)❶不领悟,不懂。拾得《诗》之八:“不省这个意,修行徒苦辛。”❷不记。李白《鲁中都东楼醉起作》:“阿谁扶上马,不省下楼时。”❸未曾。杜甫《见王监兵马使说近山有白黑二鹰请余赋诗》:“黑鹰不省人间有,度海疑从北极来。”王涯《闺人赠远五首》之四:“不省出门行,沙场知近远?”白居易《恨词》:“从来恨人意,不省似今朝。”司空图《有感》:“功臣尽遣词人赞,不省沧洲画鲁连。”

【不昧】 ❶不忘。杜甫《催宗文树鸡栅》:“不昧风雨晨,乱离减忧戚。”❷不湮没。杜甫《回棹》:“吾家碑不昧,王氏井依然。”

【不是】 表示否定判断。宋之问《燕巢军幕》:“非关怜翠幕,不是厌朱楼。”卢僎《南望楼》:“伤心江上客,不是故乡人。”杜甫《江畔独步寻花七绝句》之七:“不是爱花即肯死,只恐花尽老相催。”贾岛《荒斋》:“朴愚犹本性,不是学忘机。”

【不便】 ❶不利。吴融《平望蚊子二十六韵》:“人生有不便,天意当何如?”❷不熟习。见“不便書”。

【不便書】 不熟习写书信。语出三国魏嵇康《与山巨源绝交书》。刘禹锡《酬郓州令狐相公官舍言怀见寄兼呈乐天》:“佳句传因多好事,尺题稀为不便书。”

【不修】 不整治。顾况《上古之什补亡训传十三章·燕于巢一章》:“昔在羲和,湎淫不修。”

【不信】 ❶不相信。欧阳詹《题别业》:“不信扁舟回在晚,宿云先已到柴扉。”李商隐《柳》:“后庭玉树承恩泽,不信年华有断肠。”卢肇《竞渡诗》:“向道是龙刚不信,果然夺得锦标归。”❷不诚实。贯休《循吏曲上王使君》:“大信不信,贻厥无朕。”

【不侯】 未能封侯。李白《赠张相镐二首》之二:“苦战竟不侯,富年颇惆怅。”徐夤《赠杨著》:“李广不侯身渐老,子山操赋恨何深!”

【不待】 不用等到。权德舆《玉台体十二首》之十二:“双眉灯下扫,不待镜台前。”白居易《和杜录事题红叶》:“寒山十月旦,霜叶一时新。似烧非因火,如花不待春。”曹邺《弃妇》:“见多自成丑,不待颜色衰。”

【不庭】 不朝于帝庭。赵嘏《献淮南李相公》:“傅岩高静见台星,庙略当时讨不庭。”

【不差】 不错,好。韩屿《赠进士李守敬》:“炼成正气功应大,养得元神道不差。”

【不染】 不沾染。裴迪《夏日过青龙寺谒操禅师》:“有法知不染,无言谁敢酬。”李白《同族侄评事黯游昌禅师山池二首》之一:“花将色不染,水与心俱闲。”钱起《石上苔》:“谁知古石上,不染世人迹。”

【不神】 不灵,无效。苏拯《医人》:“今人医在手,手滥药不神。”

【不韋】 即秦吕不韦。李商隐《井泥四十韵》:“嬴氏并六合,所来因不韦。”

【不起】 ❶不发。李贺《雁门太守行》:“半卷红旗临易水,霜重鼓寒声不起。”❷不能起来。杜甫《戏题寄上汉中王三首》之二:“已知嗟不起,未许醉相留。”❸不愿赴官。李白《赠卢征君昆弟》:“二卢竟不起,万乘高其风。”黄滔《寄从兄璞》:“纵征终不起,相与避烟尘。”❹谓死。许棠《哭宣城元征君》:“高眠终不起,远趣固难知。”

【不耻】 不以为可耻。贾岛《送沈秀才下第东归》:“下第子不耻,遗才人耻之。”

【不格】 不至,不来服。王维《送秘书晁监还日本国》序:“舜觐群后,有苗不格;禹会诸侯,防风后至。”

【不校】　不计较。韩愈《和侯协律咏笋》：“短长终不校，先后竟谁论？”钱珝《江行无题一百首》之六七：“较量人世事，不校一毫厘。”

【不翅】　不啻，不只。陆龟蒙《纪梦游甘露寺》：“扪虚陟孤峭，不翅千余尺。”皮日休《太湖诗》序：“江山幽绝，见贵于地志者，余之所到，不翅于半。”

【不虔】　不敬。玄宗《平胡》序：“戎羯不虔，窃我荒服。命偏师之俘翦，彼应期而咸殄。”

【不眠】　睡不着。戴叔伦《白苎词》：“美人不眠怜夜永，起舞亭亭乱花影。”张乔《思宜春寄友人》：“旧日吟诗侣，何人更不眠？”

【不時】　❶无时无刻。杜甫《临邑舍弟书至苦雨黄河泛溢堤防之患簿领所忧因寄此诗用宽其意》：“尺书前日至，版筑不时操。”❷不及时。吴融《祝风三十二韵》：“堤防苟不时，泛滥即无已。”

【不倚將軍勢】　亦作“不藉將軍勢”。谓不倚仗权贵势力欺人。语出汉辛延年《羽林郎》。李白《扶风豪士歌》：“作人不倚将军势，饮酒岂顾尚书期！”高适《赠别王十七管记》：“勿辞部曲勋，不藉将军势。”岑参《送郭司马赴伊吾郡请示李明府》：“不倚将军势，皆称司马贤。”

【不值】　❶未遇到。刘言史《嘉兴社日》：“今年社日分余肉，不值陈平又不均。”❷不及，不如。陆畅《成都赠别席夔》：“不值分流二江水，定应犹得且同行。”

【不值錢】　谓毫无价值。于濆《苦辛吟》：“我愿燕赵姝，化为嫫母姿。一笑不值钱，自然家国肥。”

【不息】　不停。寒山《诗三百三首》之六四：“浩浩黄河水，东流长不息。”姚月华《怨诗效徐淑体》：“循环兮不息，如彼兮车轮。”

【不記馬】　指晋骑兵参军王徽之(字子猷)身在骑曹而不知官署有几马之事。见南朝宋刘义庆《世说新语·简傲》。后因用为骑曹参军之典实。杜甫《寄从孙崇简》：“吾孙骑曹不记马，业学尸乡多养鸡。”记，一作骑，误。

【不悛】　有过不改。岑参《阻戎泸间群盗》：“兵革方御寇，尔恶胡不悛！”

【不消】　用不着。王建《酬柏侍御答酒》：“这度自知颜色重，不消诗里弄溪翁。”

【不料】　预先未曾想到。李冶《恩命追入留别广陵故人》：“无才多病分龙钟，不料虚名达九重。”温庭筠《过华清宫二十二韵》：“不料邯郸虱，俄成即墨牛。”鱼玄机《送别》：“秦楼几夜惬心期，不料仙郎有别离。”

【不容】　不能容纳。张九龄《临泛东湖》：“梁公世不容，长孺心亦褊。”聂夷中《杂兴》：“苟或有所愿，毛发亦不容。”孙郃《古意二首》之一：“介洁世不容，迹合藏蒿莱。”

【不容口】　不绝口。高适《画马篇》：“感兹绝代称妙手，遂令谈者不容口。”

【不宰】　谓顺其自然，不加主宰。《老子》：“生而不有，为而不恃，长而不宰，是谓玄德。”杜审言《和李大夫嗣真奉使存抚河东》：“不宰神功运，无为大象悬。”

【不祥】　不吉利。李颀《杂兴》：“青青兰艾本殊香，察见泉鱼固不祥。”周昙《咏史诗·春秋战国门·再吟晏婴》：“国中有怪非蛇兽，不用贤能是不祥。”又《孙叔敖》：“童稚逢蛇叹不祥，虑悲来者为埋藏。”

【不書名】　指汉宣帝时画功臣像于麒麟阁，尊霍光而不书其名之事。见《汉书·苏武传》。后因以“不书名”为大将立功所得之殊荣。储光羲《次天元十载华阴发兵作时有郎官点发》：“神皇麒麟阁，大将不书名。”

【不屑】　表示轻视，鄙视。李颀《赠张旭》：“微禄心不屑，放神于八纮。”权德舆《奉和崔评事见寄之作》：“多逢长者辙，不屑诸公辟。”

【不能】　(—néng)❶无能。杜牧《题池州弄水亭》：“不能自勉去，但愧来何暮。”❷未做到，做不到。杜甫《夏日叹》：“对食不能餐，我心殊未谐。”白居易《高仆射》：“预恐耄及时，贪荣不能退。”罗隐《游江夏口》：“黄祖不能容贱客，费神终是负仙才。”❸不得，不可。李贺《苦篁调啸引》：“无德不能得此管，此管沉埋虞舜祠。”❹不认为，不以为意。韦庄《思帝乡》词：“妾拟将身嫁与，一生休。纵被无情弃，不能羞。”

【不能】　(—nài)同“不耐”。崔国辅《古意二首》之一：“不能春风里，吹却兰麝香。”

【不掉】　不振。韩愈《雨中寄孟刑部几道联句》：“撞宏声不掉，输邈澜逾杀。”

【不虚】　指大地。柳泌《玉清行》：“仰望蕊宫殿，横天临不虚。”

【不常】　❶不定。王勃《倬彼我系》之四：“不常厥所，于兹五迁。”吴融《题画柏》：“圆缺且不常，高低图难测。”❷不凡。韦庄《和郑拾遗秋日感事一百韵》：“去国时虽久，安邦志不常。”

【不異】　无差别。杜甫《兵车行》：“况复秦兵耐苦战，被驱不异犬与鸡。”贾岛《崔卿池上鹤》：“月中时叫叶纷纷，不异洞庭霜夜闻。”

【不唾井】　古谚：“千里井，不反唾。”见李匡乂《资暇集》引。表示不忘旧物。又用为弃妇怀念旧情之典。李白《平虏将军妻》：“古人不唾井，莫忘昔缠绵。”

【不唾地】　不往地上吐唾液。表示崇敬心情。

杜甫《丈人山》:“自为青城客,不唾青城地。”参见“不唾井”。

【不唯】　不仅。柳公绰《和武相锦楼玩月得浓字》:“不唯楼上思,飞盖亦陪从。”李绅《红蕉花》:“叶满丛深殷似火,不唯烧眼更烧心。”朱庆余《与真上人一二禅师题玢寺主院》:“杖屦相随任处便,不唯空寄上方眠。”

【不崩不騫】　不崩倒,不亏毁。谓永久流传。《诗·小雅·天保》:“如南山之寿,不骞不崩。”杜甫《观薛稷少保书画壁》:“仰看垂露姿,不崩亦不骞。”

【不動尊】　佛家语。即不动明王,佛教密宗菩萨名。以其不为生死烦恼所动,并为世所尊,故称。亦泛指菩萨。李涛《题僧院》:“走却坐禅客,移将不动尊。”

【不敏】　谦词。犹不才。息夫牧《冬夜宴萧十丈因饯殷郭二子西上》序:“小子不敏,忝居门人之末,敢不敬书其事。”韩愈《寄卢仝》:“买羊沽酒谢不敏,偶逢明月曜桃李。”

【不偶】　无所遇合。李颀《送刘方平》:“有才不偶谁之过,肯即藏锋事高卧。”卢象《赠程秘书》:“孤飞畏不偶,独立谁见用?”许棠《留别故人》:“殊立本不偶,非唯今所难。”

【不售】　嫁不出去。杜甫《负薪行》:“更遭丧乱嫁不售,一生抱恨堪咨嗟。”李商隐《无题四首》之四:“东家老女嫁不售,白日当天三月半。”

【不假】　不凭借。李商隐《洞庭鱼》:“洞庭鱼可拾,不假更垂罾。”顾云《筑城篇》:“不假神龟出指踪,尽凭心匠为筹画。”李洞《终南山二十韵》:“明时献君寿,不假老人星。”

【不得】　❶达不到目的,得不到。杜甫《送高三十五书记》:“惊风吹鸿鹄,不得相追随。”萧祜《游石堂观》:“我去不得昼夜思,梦游曾信南风吹。”薛涛《十离诗·笔离手》:“都缘用久锋头尽,不得羲之手里擎。”李商隐《读任彦昇碑》:“梁台初建应惆怅,不得萧公作骑兵。”❷不能。寒山《诗三百三首》二〇:“十年归不得,忘却来时道。”戴叔伦《屯田词》:“麦苗渐长天苦晴,土干确确锄不得。”李郢《孔雀》:“一身金翠画不得,万里山川来者稀。”贯休《苦寒行》:“冻云嚣嚣,碍雪一片下不得。”

【不得力】　谓无济于事。杜荀鹤《赠李蒙叟》:“纵饶不得力,犹胜别劳心。”

【不得已】　❶无可奈何。王维《双黄鹄歌送别》:“不得已,忽分飞,家在玉京朝紫微。”皎然《哀教》:“本师不得已,强为我著书。”韩愈《读东方朔杂事》:“王母不得已,颜嚬口赍嗟。”杜荀鹤《江上与从弟话别》:“干人不得已,非我欲为之。”❷不能罢休。权德舆《古离别》:“两情不得已,念此留何为?”

【不得不】　不能不如此。陆龟蒙《杂讽九首》之三:“斯人道仍闳,不得不呜呃。”黄滔《关中言怀》:“三秦五岭意,不得不依然。”

【不得地】　指不适宜之处。白居易《京兆府新栽莲》:“今来不得地,憔悴府门前。”

【不得死】　不得寿终。《论语·先进》:“若由也,不得其死然。”杜甫《遣兴五首》之一:“嵇康不得死,孔明有知音。”

【不得志】　谓志向不能实现。多指仕途而言。储光羲《洛阳道五首献吕四郎中》之五:“少年不得志,走马游新市。”

【不得封侯】　见“不封侯”。

【不得閒】　无空闲时间。苏拯《渔人》:“长畏不得闲,几度避游畋。”

【不得意】　不得志。王维《送丘为落第归江东》:“怜君不得意,况复柳条春。”李频《勉力》:“人间不得意,半是鬓先衰。”司马扎《上巳日曲江有感》:“此日不得意,青春徒少年。”

【不從】　❶不服从。韩愈《谁氏子》:“罚一劝百政之经,不从而诛未晚耳。”❷不听从。顾况《上古之什补亡训传十三章·囝一章》:“及汝既生,人劝不举。不从人言,果获是苦。”❸不随从。李商隐《骊山有感》:“平明每幸长生殿,不从金舆惟寿王。”

【不第】　落第,下第。岑参《送周子落第游荆南》:“足下复不第,家贫寻故人。”

【不許】　不准。皎然《赠张道士》:“此心不许世人知,只向仙宫未曾出。”熊孺登《日暮天无云》:“应非暂呈瑞,不许出山川。”李商隐《寄蜀客》:“金徽却是无情物,不许文君忆故夫。”曹邺《续幽愤》:“匆匆鬼方路,不许辞双阙。”

【不惜】　不爱惜,不顾惜。白居易《立秋夕凉风忽至炎暑稍消即事咏怀寄汴州节度使李二十尚书》:“但喜烦暑退,不惜光阴催。”李商隐《深宫》:“狂飙不惜萝阴薄,清露偏知桂叶浓。”项斯《山行》:“行逢卖药归来客,不惜相随入岛云。”

【不惟】　同“不唯”。白居易《感鹤》:“不惟怀稻粱,兼亦竞腥膻。”

【不敢】　❶无胆量,有所顾忌。杜甫《草堂》:“饮啄愧残生,食薇不敢余。”白居易《寄隐者》:“亲族走相送,欲别不敢住。”李频《渡汉江》:“近乡情更怯,不敢问来人。”❷犹不忍。崔国辅《漂母岸》:“古地多堙圮,时哉不敢言。”李商隐《哭刘蕡》:“平生风义兼师友,不敢同君哭寝门。”

【不敢當】　不敢抵挡。杜牧《郡斋独酌》:“淮西万虎士,怒目不敢当。”

【不通】　❶不通达，命运不济。黄滔《别友人》："莫恨东墙下，频伤命不通。"❷不通报。杜甫《少年行》："不通姓字粗豪甚，指点银瓶索酒尝。"

【不堪】　❶不能胜任。白居易《三谣·朱藤谣》："泥黏雪滑，足力不堪。"曹邺《下第寄知己》："自知才不堪，岂敢频泣血。"❷不能忍受。杜甫《野望》："跨马出郊时极目，不堪人事日萧条。"贾岛《玩月》："强步望寝斋，步步情不堪。"李中《下蔡春偶作》："多难不堪容鬓改，沃愁惟怕酒杯空。"❸不忍心。崔膺《别佳人》："垅上流泉垅下分，断肠呜咽不堪闻。"司空曙《望商山路》："空残华发在，前事不堪思。"李郢《酬刘谷除夜见寄》："客心无限事，愁雨不堪闻。"杨玢《登慈恩寺塔》："莫上慈恩最高处，不堪看又不堪听。"❹不能，不可。寒山《诗三百三首》之一八二："砖瓦片片落，朽烂不堪停。"王建《宫词一百首》之三九："往来旧院不堪修，近敕宣徽别起楼。"韩愈《八月十五夜赠张功曹》："判司卑官不堪说，未免捶楚尘埃间。"罗邺《温泉》："此水贵妃曾照影，不堪流入旧宫来。"

【不堪回首】　不忍心回头看所经之路或所历之事。戴叔伦《哭朱放》："最是不堪回首处，九泉烟冷树苍苍。"罗隐《龙泉东下却寄孙员外》："百尺风帆两行泪，不堪回首望峥嵘。"贯休《经弟妹坟》："恩爱苦情抛未得，不堪回首步迟迟。"徐铉《将去广陵别史员外南斋》："贱子今朝独南去，不堪回首望清闲。"

【不報】　不批复。王维《不遇咏》："北阙献书寝不报，南山种田时不登。"白居易《效陶潜体诗十六首》之十四："三献寝不报，迟迟空手回。"

【不揚】　❶不振。杜甫《新婚别》："妇人在军中，兵气恐不扬。"❷容貌不美。薛逢《镊白曲》："满酌浓醑假颜色，颜色不扬翻自笑。"

【不揆】　不自量。自谦之词。杜甫有《行次古城店泛江作不揆鄙拙奉呈江陵幕府诸公》。

【不期】　出乎意料。李涉《逢旧二首》之一："不期陵谷迁朝市，今日辽东特地逢。"曹松《题昭州山寺常寂上人水阁》："本为入来寻佛窟，不期行处踏龙宫。"

【不欺】　谓不做昧心之事。崔涂《友人问卜见招》："乐善知无厌，操心幸不欺。"

【不極】　无极，无穷。李白《古风》之四三："淫乐心不极，雄豪安足论！"马戴《远水》："秋光照不极，鸟影去无边。"方干《称心寺中岛》："水木深不极，似将星汉连。"朱延《再登河阳城怀古》："伫想空不极，怀古怅无从。"

【不惑】　❶谓能明辨事理而无疑惑。许稷《闰月定四时》："六旬知不惑，四气本无欺。"贯休《寄匡山纪公》："斯言如不惑，千里亦相亲。"❷《论语·为政》："四十而不惑。"后因以"不惑"代称四十岁。白居易《望江楼上作》："我年过不惑，休退诚非早。"

【不辜】　无辜，无罪之人。李商隐有《故番禺侯以赃罪致不辜事觉母者他日过其门》。周昙《咏史·六朝门·二废帝》："肆意荒狂杀不辜，方嗟废帝又苍梧。"

【不奢】　谓数量不多。卢仝《走笔谢孟谏议寄新茶》："摘鲜焙芳旋封裹，至精至好且不奢。"

【不著】　（—zhuó）❶不附着，不沾染。綦毋潜《题栖霞寺》："天花飞不著，水月白成路。"李颀《粲公院各赋一物得初荷》："从来不著水，清净本因心。"孟郊《赠农》："狂飙一飘林，万叶不著木。"司空图《诗品二十四则·精神》："生气远出，不著死灰。"❷不执着。元稹《酬孝甫见赠十首》之二："怜渠直道当时语，不著心源傍古人。"❸无须，用不着。王建《三台》词："日色柘袍相似，不著红鸾扇遮。"

【不著】　（—zhù）不显露。司空图《诗品二十四则·含蓄》："不著一字，尽得风流。"

【不量力】　不能正确估计自己力量。胡曾《咏史诗·陇西》："好笑王元不量力，函关那受一丸泥？"罗隐《酬丘光庭》："懦夫早岁不量力，策蹇仰北高崔嵬。"

【不閒】　不得空闲。卢纶《和李使君三郎早秋城北亭楼宴崔司士因寄关中弟张评事时遇》："道合偏多赏，官微独不闲。"徐铉《北使还襄邑道中作》："还家亦不闲，要且还家了。"

【不無】　有，有些。杜甫《寄张十二山人彪三十韵》："草书何太苦，诗兴不无神。"元稹《酬卢秘书》序："予草蹙未暇，卢频有致师之挑，故篇末不无愤辞。"贾岛《寄令狐绹相公》："不无濠上思，唯食圃中蔬。"

【不備】　不完备。顾况《上古之什补亡训传十三章·燕于巢一章》："三五不备，罔克攸遂。"

【不進】　不向前。白居易《三谣·朱藤谣》："中途不进，部曲多回。"

【不遑】　❶无暇。苏颋《夜发三泉即事》："指程赋所恋，遇虞不遑歇。"祖咏《夕次圃田店》："西还不遑宿，中夜渡泾水。"韦应物《拟古诗十二首》之一："严冬霜断肌，日入不遑息。"白居易《贺雨》："忧勤不遑宁，夙夜心忡忡。"❷不安。曹邺《奉命齐州推事毕寄本府尚书》："恐孤食恩地，昼夜心不遑。"

【不遑暇食】　谓勤于政事而无暇吃饭。见《书·无逸》。贯休《大蜀皇帝寿春节进尧铭舜颂二首·尧铭》："秉阳亭毒，不遑暇食。"

【不復】　不再。用于动词之前。杜甫《新婚别》："罗襦不复施，对君洗红妆。"刘长卿《送马秀才移家京洛便赴举》："自从为楚客，不复扫荆扉。"沈亚之《秦梦诗三首》之三："君王多感放东归，从此秦宫不复期。"储嗣宗《圣女祠》："不复闻双佩，山门空夕阳。"

【不須】　不必。戴叔伦《过贾谊旧居》："过客不须频太息，咸阳宫殿亦凄凉。"彭伉《寄妻》："不须化作山头石，待我堂前折桂枝。"李绅《宿扬州》："今日市朝风俗变，不须开口问迷楼。"李商隐《宫妓》："不须看尽鱼龙戏，终遣君王怒偃师。"

【不爲家】　亦作"不言家"。指汉霍去病为灭匈奴而不顾家之事。见《汉书·霍去病传》。后因用为将军为国而忘家之典。苏颋《同饯阳将军兼源州都督御史中丞》："然明方改俗，去病不为家。"李昂《从军行》："匈奴未灭不言家，驱逐行行边徼赊。"韩翃《送刘将军》："阙下来时亲伏奏，胡尘未尽不为家。"

【不勝】　❶禁不住，承当不起。王湾《秋夜寓直即事怀赠萧令公裴侍郎兼通简南省诸友人》："位重恩宁滥，才轻慑不胜。"司空曙《观妓》："翠蛾红脸不胜情，管绝弦余发一声。"白居易《衰病》："老与病相仍，华簪发不胜。"王周《无题二首》之一："冰雪肤肌力不胜，落花飞絮绕风亭。"❷不尽，无穷。李益《扬州怀古》："彭城阁边柳，偏似不胜春。"曹唐《汉武帝于宫中宴西王母》："鳌岫云低太一坛，武皇斋洁不胜欢。"贯休《对雪寄新定冯使君二首》之一："因思太守忧民切，吟对琼枝喜不胜。"❸甚，非常。李颀《题卢五旧居》："物在人亡无见期，闲庭系马不胜悲。"刘长卿《松江独宿》："洞庭初下叶，孤客不胜愁。"李商隐《杏花》："为含无限意，遂对不胜繁。"陈陶《谪仙词》："瑶台风辇不胜恨，太古一声龙白头。"

【不然】　❶不以为然。耿沣、陆羽《连句多暇赠陆三山人》："莫发搜歌意，予心或不然。"❷不是如此。海顺《三不为篇》之一："不为则已，为则不然。"高适《醉后赠张九旭》："世上谩相识，此翁殊不然。"许棠《寄庐山贾处士》："时泰亦高眠，人皆谓不然。"贯休《寄景地判官》："举世唯攻说，多君即不然。"❸连词。否则。陈子昂《答洛阳主人》："不然拂衣去，归从海上鸥。"李白《越中秋怀》："不然五湖上，亦可乘扁舟。"薛能《晚春》："赖指清和樱笋熟，不然愁杀暮春天。"崔涂《云》："得路直为霖济物，不然闲共鹤忘机。"❹连词。与"不然""不尔"连用，表示"要不就是……要不就是"。李泌《长歌行》："不然绝粒升天衢，不然鸣珂游帝都。"白居易《读汉书》："不然尽信忠，早绝邪臣窥；不然尽信邪，早使忠臣知。"李商隐《骄儿诗》："不然神仙姿，不尔燕鹤骨。"

【不然灰】　即死灰。表示绝望之情。《史记·韩长孺列传》："死灰独不复然乎？"骆宾王《游兖部逢孔君自卫来欣然相遇若旧》："将期重交态，时慰不然灰。"张说《卢巴驿闻张御史张判官欲到不得待留赠之》："皇恩若再造，为忆不然灰。"刘长川《将赴东都上李相公》："谁知大炉下，还有不然灰。"

【不啻】　❶不止，何止。寒山《诗三百三首》之一八三："若无一堵物，不啻冷如霜。"杜甫《奉寄高常侍》："总戎楚蜀应全未，方驾曹刘不啻过。"无可《大理正任二十和江淹拟古诗二十章寄示》："不啻回青眼，应疑似碧云。"李商隐《牡丹》："终销一国破，不啻万金求。"❷无异。元稹《酬东川李相公十六韵》序："况贵贱之隔，不啻于车笠之相悬。"陆龟蒙《二遗诗》序："枝峰蔓壑，秀气磅礴者数百里，不啻神仙登临。"胡宿《古别》："至今长乐坡前水，不啻秦人怨陇头。"贯休《上卢使君》："逸少情有余，东山境不啻。"❸不如。王维《晦日游大理韦卿城南别业四声依次用各六韵》之三："君子外簪缨，埃尘良不啻。"❹不胜，禁受不住。冯延巳《醉花间》词："晓风寒不啻，独立成憔悴。"

【不測】　❶无法测量。多指山高水深。李颀《临别送张谭入蜀》："蜀江流不测，蜀路险难寻。"杜甫《赠李十五丈别》："下临不测江，中有万里船。"皮日休《太湖诗·缥缈峰》："神物谅不测，绝景尤难穷。"贯休《行路难》之一："君不见山高海深人不测，古往今来转青碧。"❷无法猜测。施肩吾《经吴真君旧宅》："古仙炼丹处，不测何岁年。"韦庄《赠峨嵋山弹琴李处士》："峨嵋山下能琴客，似醉似狂人不测。"❸无法预料。多指灾祸。孟郊《峡哀》："呀彼无底吮，待此不测灾。"

【不減】　不次于。韩翃《送郑员外》："风流不减杜陵时，五十为郎未是迟。"李商隐《摇落》："遥知沾洒意，不减欲分襟。"陆龟蒙《樵人十咏·樵歌》："因知负樵乐，不减援琴兴。"

【不渝】　不变。顾况《上古之什补亡训传十三章·陵霜之华一章》："二仪分位，六气不渝。"

【不道】　❶无道，无德。白居易《杂感》："吕安兄不道，都市杀嵇康。"❷不说。崔珏《门前柳》："不道此树好，不道此树恶。"❸不料。杜甫《承闻河北诸道节度入朝欢喜口号绝句十二首》之四："不道诸公无表来，茫然庶事遣人猜。"李益《效古促促曲为河上思妇作》："不道君心不如石，那教妾貌长如玉。"元稹《雉媒》："信君决无疑，不道君相覆。"❹不管，不顾。王昌龄《送姚司法归吴》："但令意远扁舟近，不道沧江百丈深。"李白《长干行二首》之一："相迎不道远，直至长风沙。"温庭筠《更漏子》词："梧桐树，三更雨，不道离情正苦。"章碣《观锡宴》："不道楼台无锦绣，只愁尘土扑神仙。"❺不知。李白《幽州胡马客歌》："虽居燕支山，不道朔雪寒。"李商隐《赠歌妓二首》之二："只知解道春来瘦，不道春来独自多。"徐铉《附书与钟郎中因寄京妓越宾》："不道诸郎少欢笑，经年相别忆侬无？"❻无奈。冯延巳《三台令》词："更深影入空床，不道帷屏夜长。”

【不曾】　未曾，从未经历过。王昌龄《闺怨》：“闺中少妇不曾愁，春日凝妆上翠楼。”戴叔伦《送人游岭南》：“少别华阳万里游，迎南风景不曾秋。”皮日休《奉和鲁望樵人十咏·樵叟》：“不曾照青镜，岂解伤华发。”

【不勞】　不用费力，用不着。李涉《题湖台》：“山有松门江有亭，不劳他处问青冥。”杜牧《杜秋娘诗》：“其间杜秋者，不劳朱粉施。”李商隐《戏题赠稷山驿吏王全》：“过客不劳询甲子，惟书亥字与时人。”陆龟蒙《奉和袭美寄琼州杨舍人》：“只以直诚天自信，不劳诗句咏贪泉。”

【不寐】　不眠。李绅《守滁阳深秋忆登郡城望琅琊》：“深夜独吟还不寐，坐看凝露满庭莎。”李咸用《览友生古风》：“不寐孤灯前，舒卷忘饥渴。”韦庄《不寐》：“不寐天将晓，心劳转似灰。”

【不尋常】　非同一般。翁承赞《文明殿受册封闽王》：“吟寄短篇追往事，留文功业不寻常。”

【不逮】　❶赶不上。韩愈《送区弘南归》：“虽有不逮驱骓骓，或采于薄渔于矶。”❷不如，比不上。张九龄《临泛东湖》：“晶明画不逮，阴影镜无辨。”

【不登】　歉收。王维《不遇咏》：“北阙献书寝不报，南山种田时不登。”

【不絶】　不断。喻坦之《代北言怀》：“路行沙不绝，风与雪兼来。”苏拯《蜘蛛谕》：“春蚕吐出丝，济世功不绝。”

【不達】　不得志。王维《送綦毋秘书弃官还江东》：“明时久不达，弃置与君同。”严维《送丘为下第归苏州》：“无媒既不达，余亦思归田。”

【不禁】　(—jīn)❶阻止不住。刘洞《石城怀古》：“几许六朝事，不禁江水流。”❷经受不住。乔氏《咏破帘》：“已漏风声罢，绳持也不禁。”白居易《劝酒》：“年光似水向东去，两鬓不禁白日催。”澹交《病后作》：“病肠犹可洗，瘦骨不禁寒。”花蕊夫人徐氏《宫词》之一〇一：“忍冷不禁不自去，钓竿常被别人牵。”❸抑制不住。李商隐《写意》：“三年已制思乡泪，更入新年恐不禁。”马戴《将别寄友人》：“长恐此时泪，不禁和恨流。”韩偓《厌花落》：“半醉狂心忍不禁，分明一任傍人见。”

【不較】　无差异。皮日休《汴河怀古二首》之二：“若无水殿龙舟事，共禹论功不较多。”

【不訾】　无限量，无穷。李商隐《韩碑》：“入蔡缚贼献太庙，功无与让恩不訾。”

【不落道】　不旁越他道。白居易《小童薛阳陶吹觱栗歌》：“众音觌缕不落道，有如部伍随将军。”后世谓文词错杂失次为“不落道”，本此。

【不虞】　❶意料不到。韩愈《泷吏》：“不虞卒见困，汗出愧且骇。”❷意料不到之事。岑参《玉门关盖将军歌》：“南邻犬戎北接胡，将军到来备不虞。”

【不當】　不应。张祜《宿淮阴水馆》’：“不当无健姬，谁肯效前心？”

【不當】　(—dàng)不算。杜审言《春日京中有怀》：“今年游寓独游秦，愁思看春不当春。”

【不遇】　❶未碰到想见之人。陈子昂有《酬田逸人游岩见寻不遇题隐居里壁》。韦应物《赋得沙际路送从叔象》：“野泉几处侵应尽，不遇山僧知问谁？”李商隐有《访隐者不遇成二绝》。❷不被赏识重用。王维《上张令公》：“贾生非不遇，汲黯自堪疏。”李白《书怀赠南陵常赞府》：“大圣犹不遇，小儒安足论！”白居易《初授拾遗》：“当时非不遇，尚无过斯位。”

【不暇】　没有时间，来不及。王绩《田家三首》之三：“家贫留客久，不暇道精粗。”杜甫《送韦讽上阆州录事参军》：“庶官务割剥，不暇忧反侧。”吕温《道州途中即事》：“经途看不暇，遇境说难穷。”陆龟蒙《袭美先辈以龟蒙所献五百言既蒙见和再抒鄙怀用伸酬谢》：“犹怀遍巡狩，不暇亲维持。”

【不暇給】　日不暇给，无暇顾及。李商隐《行次西郊作一百韵》：“朝廷不暇给，辛苦无半年。”

【不過】　❶不超出。韩愈《河南令舍池台》：“灌池才盈五六丈，筑台不过七八尺。”越溪杨女、谢生《春日联句》：“从来说花意，不过此容华。”❷只要。杜甫《有感五首》之三：“不过行俭德，盗贼本王臣。”❸仅仅。白居易《赠内》：“所须者衣食，不过饱与温。”皮日休《酒中十咏·酒床》：“自此得公田，不过浑种黍。”曹唐《小游仙诗九十八首》之二十：“清思密谈谁第一，不过邀取小茅君。”

【不遄死】　语出《诗·卫风·相鼠》：“相鼠有体，人而无礼。人而无礼，胡不遄死！”毛传：“遄，速也。”谓为什么不快死呢。贯休《行路难》之五：“寄言世上为人子，孝义团圆莫如此。若如此，不遄死兮更何俟！”

【不會】　❶不会见。白居易《池鹤八绝句·鸡赠鹤》：“不会悠悠时俗士，重君轻我意如何？”唐彦谦《楚天》：“不会瑶姬朝与暮，更为云雨待何人？”❷不理解，不领会。白居易《听歌六绝句·水调》：“不会当时翻曲意，此声肠断为何人？”赵嘏《遣兴二首》之一：“终日苦吟人不会，海边兄弟久无书。”郑谷《偶书》：“不会苍苍主何事，忍饥多是力耕人。”

【不解】　❶不知。杜甫《存殁口号二首》之二：“天下何曾有山水，人间不解重骅骝。”耿湋《观邻老栽松》：“虽过老人宅，不解老人心。”朱放《山中谒皇甫曾》：“不解乘轺客，那知有此山。”吕温《楚州追制后舍弟直长安县失囚花下共饮》：“狂兄与狂弟，不解对花愁。”❷不能。王昌龄《青楼怨》：“肠断关山不解说，依依残月下帘钩。”李贺《马诗二十三首》之二三：“厩中皆肉马，不解上青天。”白居易《池上二绝》之二：“不解藏踪迹，浮萍一道开。”❸不休。韩偓《感事三十四韵》：“晋谗终不解，鲁瘠竟难痊。”

【不意】　意想不到，不料。杜甫《秦州杂诗二十首》之十一：“不意书生耳，临衰厌鼓鞞。”钱起《同程九早入中书》：“不意云霄能自致，空惊鹓鹭忽相随。”郎士元《长安逢故人》：“数年音信断，不意在长安。”张籍《晚春过崔驸马东园》：“闲园多好风，不意在街东。”

【不棄】　不遗弃。张祜《赋得福州白竹扇子》：“犹赖早时君不弃，每怜初作合欢名。”

【不義若浮雲】　《论语·述而》：“不义而富且贵，于我如浮云。”表示鄙视不义而富贵。崔峒《刘展下判官相招以诗答之》：“背恩惭皎日，不义若浮云。”

【不遂】　未达到目的。李颀《送綦毋三谒房给事》：“此行倘不遂，归食芦洲鱼。”许棠《寄建州姚员外》：“南来终不遂，日探北归期。”

【不愧】　当之无愧，当得起。戴叔伦《梧桐》：“天资韶雅性，不愧知音识。”

【不煖席】　孔子周游列国，每至一国，坐席未暖，即匆匆又往他国之事。杜甫《发同谷县》：“贤有不黔突，圣有不煖席。”

【不群】　❶不合群。皎然《寒栖子歌》：“君在庐山知不群，有疑是鹤又是云。”贾岛《宿山寺》：“绝顶人来少，高松鹤不群。”司空图《诗品二十四则·飘逸》：“落落欲往，矫矫不群。”张乔《刘补阙自九华山拜官因以寄献》：“冥鸿久不群，征拜动天文。”❷非凡。杜甫《春日忆李白》：“白也诗无敌，飘然思不群。”贾岛《送友人之南陵》：“莫叹徒劳向宦途，不群气岸有谁如？”皮日休《七爱诗·李太尉》：“吾虽翰墨子，气概敢不群。”

【不經心】　不留心。元稹《赠乐天》：“不是眼前无外物，不关心事不经心。”又《和乐天仇家酒》：“饮罢醒余更惆怅，不如闲事不经心。”吴融《秋日感事》：“一叶飘然夕照沉，世间何事不经心？”

【不遠復】　出门不远即返回。《易·复》：“初九，不远复。”后因用为招人归来之典。韩愈《招杨之罘》：“《礼》称独学陋，《易》贵不远复。”

【不壽】　命不长。李商隐《安平公诗》：“呜呼大贤苦不寿，时世方士无灵砂。”

【不蒙】　即夫蒙。西羌之姓。见“不蒙都護。”

【不蒙都護】　即夫蒙灵詧。玄宗天宝元年（742）至六载为安西大都护府四镇节度使。王维有《奉和圣制送不蒙都护兼鸿胪卿归安西应制》。

【不厭】　不嫌。法振《程评事西园之作》：“相招能不厌，山舍为君移。”皎然《酬崔侍御见赠》：“五湖游不厌，柏署迹如遗。”曹邺《乐府体》：“共结池中根，不厌池中泥。”李洞《上司空员外》：“禅心高卧似疏慵，诗客经过不厌重。”

【不爾】　不然。白居易《自蜀江至洞庭湖口有感而作》：“不尔民为鱼，大哉禹之绩。”杜牧《留诲曹师等诗》：“唯人即不尔，学与不学论。”李商隐《骄儿诗》：“不然神仙姿，不尔燕鹤骨。”

【不疑】　即汉直不疑。见“不疑誣金”。

【不疑上人】　僧人。通九经，精内典。与姚合有交往。姚合有《寄不疑上人》，又有《过不疑上人院》。

【不疑誣金】　指汉直不疑被诬盗金之事。见《史记·万石张叔列传》。李瀚《蒙求》：“不疑诬金，卞和泣玉。”

【不暢】　❶不流通。方干《岁晚苦寒》：“地气寒不畅，严风无定时。”❷不快，不悦。崔宗之《赠李十二白》：“耿耿意不畅，捎捎风叶声。”

【不聞】　❶未听说。戴叔伦《送孙直游郴州》：“行客自知心有托，不闻惊浪与啼猿。”李绅《端州江亭得家书二首》之二：“莫道淮南悲木叶，不闻摇落更堪愁。”罗虬《比红儿诗》之八十：“不闻有貌倾人国，争得今朝更似红？”❷不料。杜甫《赠李十五丈别》：“不闻八尺躯，常受众目怜。”

【不圖】　意想不到。陈子昂《与东方左史虬修竹篇》并书：“不图正始之音，复睹于兹。”

【不稱】　（—chèn）不相符。王昌龄《箜篌引》：“黄金千斤不称求，九族分离作楚囚，深溪寂寞弦苦幽。”薛莹《锦》：“惟忧机上锦，不称舞人衣。”

【不算】　❶算不清。施肩吾《仙客归乡词二首》之二：“洞中日月洞中仙，不算离家是几年。”❷无数。韩愈《游青龙寺赠崔大补阙》：“前年岭隅乡思发，踯躅成山开不算。”❸犹不管。张祜《咏史二首》之一：“无何求善马，不算苦生民。”司空图《与伏牛长老偈二首》之一：“不算菩提与阐提，惟应执著便生迷。”

【不管】　❶不过问。杜荀鹤《伤硖石县病叟》：“官家不管蓬蒿地，须勒王租出此中。”❷不顾，不加考虑。薛涛《鸳鸯草》：“但娱春日长，不管秋风早。”白居易《和春深二十首》之十：“唯求太常第，不管曲江花。”

【不誣】　不假。柴宿《瑜不掩瑕》：“待价知弥久，称忠定不诬。”

【不滿】　不充满。杜甫《复愁十二首》之九：“由来貔虎士，不满凤凰城。”

【不慣】　❶不习惯。皎然《留别阎士和》：“不惯人间别，多应忘别时。”白居易《闺怨词三首》之一：“不惯经春别，谁知到晓啼。”❷不驯从。杜甫《瘦马行》：“去岁奔波逐余寇，骅骝不惯不得将。”

【不察】 不体察。张说《咏镜》:"常恐君不察,匣中委清量。"崔国辅《送韩十四被鲁王推递往济南府》:"梁王虽好事,不察《狱中书》。"

【不實】 不结果实。李白《古风》之二:"桂蠹花不实,天霜下严威。"

【不賣盧龍】 指三国魏田畴助曹操攻克乌丸而拒绝封赏之事。见《三国志·魏志·田畴传》。李昂《从军行》:"田畴不卖卢龙策,窦宪思勒燕然石。"亦用为有功而不邀封赏之典。钱起《送王使君赴太原行营》:"不卖卢龙塞,能消瀚海波。"

【不輟】 不止,不停。王昌龄《过华阴》:"欣然忘所疲,永望吟不辍。"

【不遷】 不升迁。李颀《赠别穆元林》:"丹墀策频献,白首官不迁。"

【不瞑目】 谓有缺憾而死不闭眼。元稹《哭吕衡州六首》之三:"遥闻不瞑目,非是不怜吴。"

【不德將鹿】 谓不以德相待,则人将如鹿一样铤而走险。畅当《自平阳馆赴郡》:"德绥及吾民,不德将鹿矣。"

【不徹】 不完。崔国辅《小长干曲》:"菱歌唱不彻,知在此塘中。"杜甫《江畔独步寻花七绝句》之一:"江上被花恼不彻,无处告诉只颠狂。"

【不論】 ❶不但。白居易《分司洛中多暇偶成十韵因招梦得兼呈思黯奇章公》:"不论招梦得,兼拟诱奇章。"❷不管。白居易《归履道宅》:"不论贫与富,饮水亦应肥。"李昌符《婢仆诗》:"不论秋菊与春花,个个能噇空腹茶。"罗隐《蜂》:"不论平地与山尖,无限风光尽被占。"贯休《山中作》:"伊余自乐道,不论才不才。"

【不論錢】 不须用钱买,李洞《废寺闲居寄怀一二罢举知己》:"处世堪惊又堪愧,一坡山色不论钱。"

【不調】 (—diào)不迁升,落魄。骆宾王《畴昔篇》:"十年不调为贫贱,百日屡迁随倚伏。"岑参《衙郡守还》:"所嗟无产业,妻子嫌不调。"孟郊《伤时》:"男儿得路即荣名,邂逅失途成不调。"

【不諂】 不献媚,耿直。张九龄《南还以诗代书赠京师旧僚》:"不谄词多忤,无容礼益卑。"

【不凝滯於物】 谓对任何事物不拘泥。语出《楚辞·渔父》。李咸用《放歌行》:"至哉先哲言,于物不凝滞。"

【不廢江河】 杜甫《戏为六绝句》之二:"尔曹身与名俱灭,不废江河万古流。"后以"不废江河"谓作家及其作品万古流传,本此。

【不敵】 抵不上。陆龟蒙《离骚》:"岂知千丽句,不敌一谗言。"

【不適】 ❶不合。杜甫《病橘》:"纷然不适口,岂只存其皮!"❷不悦,不快。李商隐《乐游原》:"向晚意不适,驱车登古原。"

【不翦】 谓对盖房茅草不加修剪。来鹄《圣政纪颂》:"三皇不亡,五帝不翦。"

【不憤】 不服气。牛峤《杨柳枝五首》之二:"不愤钱塘苏小小,引郎松下结同心。"

【不憓】 不服从。亦指不服从者。皮日休《补周礼九夏系文·九夏歌九篇·章夏之歌》之一:"王有虎臣,锡之铁钺。征彼不憓,一扑而灭。"

【不憚】 不怕。赵氏《古兴》之三:"不惮行险道,空悲年运促。"柳公权《应制贺边军支春衣》:"从今貔武士,不惮戍金微。"卢肇《杨柳枝》:"归来若得长条赠,不惮风霜与苦辛。"

【不窮】 无穷无尽。贾岛《晚晴见终南诸峰》:"秦分积多峰,连巴势不穷。"黄滔《延福里居和林宽何绍余酬寄》:"高情未以干时废,属和因知兴不穷。"

【不盡】 ❶未完。戴叔伦《奉天酬别郑谏议云逵卢拾遗景亮见别之作》:"惆怅语不尽,裴回情转剧。"李商隐《景阳井》:"景阳宫井剩堪悲,不尽龙鸾誓死期。"❷无穷。杜甫《上牛头寺》:"青山意不尽,衮衮上牛头。"李商隐《幽人》:"东流清渭苦,不尽照衰兴。"❸不已。司空图《诗品二十四则·精神》:"欲返不尽,相期与来。"

【不緣】 不是由于某种目的或原因。李益《夜发军中》:"今日边庭战,缘赏不缘名。"贾岛《夏日寄高洗马》:"不缘马死西州去,画角堪听是晓吹。"李商隐《隋宫》:"玉玺不缘归日角,锦帆应是到天涯。"薛能《春咏》:"狂瘦未曾餐有味,不缘中酒却缘诗。"

【不樹】 见"不封不樹"。

【不殫】 无穷。贯休《闻赤松舒道士下世》:"傲野高难狎,融怡美不殚。"

【不餐】 道家语。绝粒,以不吃饭为修炼方法。方干《赠五牙山人洸修白》:"先生阔别能轻举,弟子才来学不餐。"

【不曉事】 不明事理。李白《古风》之八:"子云不晓事,晚献《长杨辞》。"

【不黔突】 墨子周游列国,每至一国,烧饭烟囱未黑,即匆匆又往他国。黔,黑。突,烟囱。杜甫《发同谷县》:"贤有不黔突,圣有不暖席。"雍裕之《四色》:"已见池尽墨,谁言突不黔?"

【不龜手】 (龜 jūn)用防冻裂之药涂手,使手不致皲裂。见《庄子·逍遥游》。因用以指本来微贱而后得封官富贵之人。陆希声《寄瞿光上人》:"寄言昔日不龟手,应念江头洴澼人。"崔道融《旅行》:"谁怜不龟手,他处却封侯。"

【不諧】 不得志,命不好。李白《答王十二寒夜独酌有怀》:"一生傲岸苦不谐,恩疏媒劳志多乖。"李康成《句》:"运命倘不谐,隔壁无津梁。"施肩吾《定情乐》之一:"敢嗟君不怜,自是命不谐。"

【不謂】　不料。杜甫《赠韦左丞丈》:"不谓矜余力,还来谒大巫。"又《郑驸马池台喜遇郑广文同饮》:"不谓生戎马,何知共酒杯。"

【不辨】　❶分辨不清,看不清。吕温《衡州早春二首》之一:"烟波千万曲,不辨嵩阳道。"张轸《舟行旦发》:"稍分扬子岸,不辨越王台。"❷不知。王勃《麻平晚行》:"硐叶才分色,山花不辨名。"司空图《诗品二十四则·疏野》:"但知旦暮,不辨何时。"

【不舉】　不养育。顾况《上古之什补亡训传十三章·囝》:"及汝既生,人劝不举。"

【不興】　即曹不兴。三国吴画家。韦庄《渔塘十六韵》:"对景思任父,开图想不兴。"

【不獨】　不但。裴迪《西塔寺陆羽茶泉》:"不独支公住,曾经陆羽居。"雍裕之《四色》:"平生血诚尽,不独左轮殷。"李商隐《井泥四十韵》:"不独帝王耳,臣下亦如斯。"方干《胡中丞早梅》:"不独闲花不共时,一株寒艳尚参差。"

【不應】　(一yīng)❶不该。赵谦光《答贺遂涉》:"惟愁员外置,不应列星文。"李群玉《酬崔表仁》:"不应长啄潢污水,早晚归飞碧落云。"崔道融《谢朱常侍寄贶蜀茶剡纸二首》之二:"不应点染闲言语,留记将军盖世功。"李昌邺《和三乡诗》:"不应更学文君去,泣向残花归剡溪。"❷未尝。韩翃《送客之江宁》:"春流送客不应赊,南入徐州见柳花。"刘禹锡《三阁辞四首》之一:"不应有恨事,娇甚却成愁。"温庭筠《四皓》:"但得戚姬甘定分,不应真有紫芝翁。"❸不是。上官昭容《游长宁公主流杯池二十五首》之十五:"不应题石壁,为记赏山时。"雍陶《非酒》:"一夜醒来灯火暗,不应愁事亦成愁。"

【不應】　(一yìng)❶不响应。顾况《上古之什补亡训传十三章·采蜡一章》序:"及有群蜂肆毒,哀呼不应,则上舍藤而下沉壑。"❷不回答。韩愈《秋怀诗十一首》之八:"问我我不应,馈我我不餐。"

【不禮】　不以礼相待。李贞白有《谒贵公子不礼书格子屏风》。

【不藉】　❶不凭借。罗虬《比红儿诗》之四三:"只如花下红儿态,不藉城中半额眉。"❷不顾惜。布燮《听妓洞云歌》:"若使当时闻此歌,抛掷《广陵》都不藉。"

【不藉將軍勢】　见"不倚將軍勢"。

【不斷】　接连不绝。杜甫《严公厅宴同咏蜀道画图》:"华夷山不断,吴蜀水相通。"贾岛《望山》:"日日雨不断,愁杀望山人。"李商隐《戏赠张书记》:"心知两愁绝,不断若寻环。"

【不繫舟】　❶不系缆绳之船。喻自由而无牵无挂。寒山《诗三百三首》之一八一:"闲于石壁题诗句,任运还同不系舟。"钱起《新丰主人》:"自欲归飞鹢,当为不系舟。"白居易《适意二首》之一:"一朝归渭上,泛如不系舟。"❷喻漂泊不定。李白《寄崔侍御》:"宛溪霜夜听猿愁,去国长为不系舟。"独孤及《将赴京答李纾赠别》:"甘作远行客,深惭不系舟。"白居易《想东游五十韵》:"去去无程客,行行不系舟。"

【不礙】　无妨碍。李商隐《楚宫》:"如何一柱观,不碍九枝灯。"

【不穩】　不安稳。杜甫《促织》:"草根吟不稳,床下夜相亲。"

【不辭】　不推辞,不嫌,不怕。李白《庐山谣》:"五岳寻仙不辞远,一生好入名山游。"皇甫冉《送谢十二判官》:"不辞终日离家远,应为刘公一纸书。"李商隐《昨夜》:"不辞鶗鴂妒年芳,但惜流尘暗烛房。"曹邺《筑城三首》之一:"不辞嫁与郎,筑城无休日。"

【不識】　❶不知。法振《题万山许炼师》:"道成人不识,流水响空山。"翁绶《咏酒》:"平生名利关身者,不识狂歌到白头。"钱珝《江行无题一百首》之十八:"不识相如渴,徒吟子美诗。"❷不认得。寒山《诗三百三首》之一八〇:"多少天台人,不识寒山子。"张继《感怀》:"终年帝城里,不识五侯门。"戴叔伦《闺怨》:"不识玉门关外路,梦中昨夜到边城。"

【不類】　不像。李端《送惟良上人归润州》:"拟诗偏不类,又送上人归。"韩愈《石鼓歌》:"辞严义密谈难晓,字体不类隶与科。"李商隐《行次西郊作一百韵》:"草木半舒坼,不类冰雪晨。"

【不關】　无关,与……不相涉。韩愈《同李二十八员外从裴相公野宿西界》:"不关破贼须归奏,自趁新年贺太平。"元稹《赠乐天》:"不是眼前无外物,不关心事不经心。"李商隐《咸阳》:"自是当时天帝醉,不关秦地有山河。"韦庄《立春日作》:"今日不关妃妾事,始知辜负马嵬人。"

【不覺】　(一jué)❶不悟。胡曾《咏史诗·鸿沟》:"项王不觉英雄挫,欲向彭门醉玉楼。"❷未感到,无感觉。高适《别韦五》:"徒然酌杯酒,不觉散人愁。"杜甫《江头四咏·花鸭》:"不觉群心妒,休牵众眼惊。"于濆《边游录戍卒言》:"平生爱功业,不觉从军恶。"❸不知。孟浩然《听郑五愔弹琴》:"一杯弹一曲,不觉夕阳沉。"顾况《岁日作》:"不觉老将春共至,更悲携手几人全?"韩愈《游城南十六首·嘲少年》:"只知闲信马,不觉误随车。"李商隐《蝶三首》之一:"只知防皓露,不觉逆尖风。"❹不免。杜甫《惜别行送刘仆射判官》:"当杯对客忍流涕,不觉老夫神内伤。"李商隐《正月崇让宅》:"背灯独共余香语,不觉犹歌《起夜来》。"刘驾《起夜来》："念远心如烧，不觉中夜起。"❺不禁。皎然《铜雀妓》："不觉余歌悲自断，非关艳曲转声难。"贾岛《闻蝉感怀》："新蝉忽发最高枝，不觉立听无限时。"白居易《离别难》："不觉别时红泪尽，归来无泪可沾巾。"

【不癡不聾】　谚语。语本《太平御览》卷四九六引《慎子》："谚云……'不瞽不聋，不能为公。'"谓作公卿应有故意不问不闻之度量。后世多作"不痴不聋"，又以"公"为阿公，遂与"姑"连用，谓不装痴作聋，就不能当好阿公阿婆。《代宗引谚》(卷八七七)："不痴不聋，不作阿家阿翁。"家，姑。翁，公。

【不競】　不争。王维《奉送六舅归陆浑》："悠哉自不竞，退耕东皋田。"成彦雄《江上枫》："江枫自蓊郁，不竞松筠力。"

【不騫】　见"不崩不骞"。

【不寶遠物】　谓不以外国及边远民族所献之物为宝，而以贤人为宝。见《书·旅獒》。王维《送秘书晁监还日本国》序："牺牲玉帛，以将厚意；服食器用，不宝远物。"

【不顧】　❶不回头看，不看。杜牧《大雨行》："奔觥槌鼓助声势，眼底不顾纤腰娘。"❷不照顾。杜甫《自京赴奉先县咏怀五百字》："谁能久不顾，庶往共饥渴。"❸不理会。杜甫《多病执热奉怀李尚书》："不是尚书期不顾，山阴野雪兴难乘。"李群玉《投从叔》："孙阳如不顾，骐骥向谁嘶？"成彦雄《村行》："骑牛不顾人，吹笛寻山去。"❹不顾忌。李商隐《行次西郊作一百韵》："捋须蹇不顾，坐在御榻前。"

【不顧周粟】　指殷遗民伯夷、叔齐耻食周朝之粟而饿死之事。见《史记·伯夷列传》。后因用为不事二主之典。李白《送张秀才从军》："周粟犹不顾，齐圭安肯分？"

【不羈】　❶谓才高而不受约束。李颀《放歌行答从弟墨卿》："吾家令弟才不羁，五言破的人共推。"任华《怀素上人草书歌》："中间张长史，独放荡而不羁。"韩愈《送惠师》："惠师浮屠者，乃是不羁人。"牟融《司马迁墓》："落落长才负不羁，中原回首益堪悲。"❷指不羁之才。骆宾王《夏日游德州赠高四》序："仆少负不羁，长逾虚诞，读书颇存涉猎，学剑不能穷工。"皎然《送陈秀才赴举》："诸侯惧削地，选士皆不羁。"

【不讓】　不亚于。韩翃《送刘将军》："胆大欲期姜伯约，功多不让李轻车。"

丑　〔chǒu《广韵》敕久切，上有，徹。〕❶地支第二位。用以纪年、月、日。沈佺期有《辛丑岁十月上幸长安时扈从出西岳作》。《劝进疏引谶》(卷八七五)："丁丑语甲子，深藏八堂里。"❷十二时辰第二位。见"丑時"。❸指东北偏北方向。见"丑上"。

【丑上】　指东北偏北方向。北在上，故称。沈佺期《塞北二首》之二："胡骑犯边埃，风从丑上来。"

【丑時】　十二时辰第二位。指凌晨一至三时，又称鸡鸣时。白居易《醉歌》："黄鸡催晓丑时鸣，白日催年酉前没。"

四　画

世　〔shì《广韵》舒制切，去祭，書。〕❶三十年为一世。权德舆《古兴》："人生大限虽百岁，就中三十称一世。"❷父死子承为一世，亦称一代。岑参《故河南尹岐国公赠工部尚书苏公挽歌二首》之一："一门传画戟，几世驾朱轮。"王建《上张弘靖相公》："传封三世尽河东，家占中条第一峰。"元稹《刘颇诗》："一言感激士，三世义忠臣。"韦庄《旅次甬西见儿童以竹枪纸旗为阵列余因感之》："已闻三世没军营，又见儿孙学战争。"❸终生，一生。杜甫《送樊二十三侍御赴汉中判官》："裴回悲生离，局促老一世。"韩溉《咏灯》："莫言明灭无多事，曾比人生一世中。"❹朝，朝代。王无竞《北使长城》："秦世筑长城，长城无极已。"崔颢《江畔老人愁》："两朝出将复入相，五世叠鼓乘朱轮。"秦系《山中赠耿拾遗沣兼两省故人》："如今非是秦时世，更隐桃花亦笑人。"皎然《梁拾遗肃归朝》："身逢轩辕世，名贵鸳鸾中。"❺时代。羊士谔《乾元初严黄门自京兆少尹贬牧巴郡乃赋诗十四韵刻于石壁》："盛世当弘济，平生谅所钦。"李涉《过襄阳上于司空頔》："方城汉水旧城池，陵谷依然世自移。"杜牧《分司东都寓居履道叨承川尹刘侍郎大夫恩知四十韵》："命世须人瑞，匡君在岳灵。"❻时局。杜甫《送率府程录事还乡》："途穷见交态，世梗悲路涩。"韦表微《池州夫子庙麟台》："世治则麟，世乱则麏。"白居易《幽居早秋闲咏》："且得身安泰，从他世险艰。"❼世间。卢象《送綦毋潜》："如何天覆物，还遣世遗才。"韦元甫《木兰歌》："世有臣子心，能如木兰节？"刘禹锡《七夕二首》之二："非是人间世，还悲后会遥。"❽尘世。崔颢《赠怀一上人》："法师东南秀，世实豪家子。"钱起《送柳道士》："去世能成道，游仙不定家。"白行简《赠毛仙翁》："安期何事出云烟，为把仙方与世传。"韦庄《遣兴》："如幻如泡世，多愁多病身。"❾世人。李白《金陵送张十一再游东吴》："谁人今继作，夫子世称贤。"杜甫《病后遇王倚饮赠歌》："麟角凤觜世莫识，煎胶续弦奇自见。"李商隐《韩碑》："古者世称大手笔，此事不系于职司。"皮日休《襄阳闲居与友生夜会》："习隐悠悠世不知，林园幽事递相期。"❿世事。韦应物《酬郑户曹骊山感怀》："事往世如寄，感深迹所经。"⓫继承。綦毋潜《送宋秀才》："旧交丞相子，继世五侯孙。”⑫时常。元稹《谕宝二首》之二："神人不世出，所以神功绝。"

【世人】 ❶世间之人。王无竞《凤台曲》："遗曲此台上，世人多学吹。"钱起《药堂秋暮》："唯怜石苔色，不染世人踪。"刘言史《席上赠李尹》："瓢饮不曾看酒肆，世人空笑亦何为！"杜荀鹤《送项山人归天台》："此中是处堪终隐，何要世人知姓名。"❷世俗之人。与释、道相对。李白《姑孰十咏·灵墟山》："丁令辞世人，拂衣向仙路。"韦应物《寄黄尊师》："灵祇不许世人到，忽作雷风登岭难。"李绅《杭州天竺灵隐二寺顷岁亦布衣一游因追思为诗二首》之二："近日尤闻重雕饰，世人遥礼二檀林。"

【世士】 世俗之士。韦应物《晚出府舍与独孤兵曹令狐士曹南寻朱雀街归里第》："聊参世士迹，尝得静者顾。"

【世上】 人世间，人间。李白《月夜听卢子顺弹琴》："钟期久已没，世上无知音。"皎然《奉同颜使君真卿清风楼赋得洞庭歌送吴炼师归林屋洞》："三千甲子朝玉帝，世上如今名始闻。"李商隐《七夕》："争将世上无期别，换得年年一度来。"杜荀鹤《赠祖肩和尚》："若比吾师居世上，何如野客卧岩隈。"

【世屯】 （—zhūn）时世动乱。李益《来从窦车骑行》："束发逢世屯，怀恩抱明义。"

【世仇】 ❶与世为仇，于时不合。黄滔《出关言怀》："诗苦无人爱，言公是世仇。"❷世世为仇。徐铉《陈觉放还至泰州以诗见寄作此答之》："朱云曾为汉家忧，不怕交亲作世仇。"

【世心】 尘俗之心。徐彦伯《和李适答宋十一入崖口五渡见赠》："闻有独往客，拂衣捐世心。"储光羲《题辨觉精舍》："试问真君子，游子非世心。"

【世幻】 尘世之虚幻。齐己《静坐》："天真自得生难舍，世幻谁惊死不回？"

【世功】 累世功绩。薛涛《寄词》："紫阳天上神仙客，称在人间立世功。"皮日休《鲁望以花翁之什见招因次韵酬之》："劚烟栽药为身计，负水浇花是世功。"

【世世】 世代。王季友《滑中赠崔高士瑾》："遥信蓬莱宫，不死世世有。"周朴《塞上行》："世世征人往，年年战骨深。"

【世代】 ❶时代。刘禹锡《客有为余话登天坛遇雨之状因以赋之》："却见山下侣，已如迷世代。"齐己《寄旧居邻友》："何时携卷出，世代有名公。"❷代代。皎然《兵后经永安法空寺寄悟惮师》："吾知世代相看尽，谁悟浮生似影公？"吕岩《七言》之一〇八："轩辕世代横行后，直隐深岩久觅难。"

【世用】 为世所用。指有治世之才。姚合《答韩湘》："疏散无世用，为文乏天格。"李德裕《思登家山林岭》："自知无世用，只是爱山游。"

【世外】 世俗之外。姚合《早春闲居》："强饮樽中酒，嘲山世外诗。"陆龟蒙《奉和袭美赠魏处士五贶诗·乌龙养和》："不是逍遥侣，谁知世外心。"方干《题睦州郡中千峰榭》："何事此中如世外，应缘羊祜是仙才。"

【世外交】 指与释家、道家之交往。孟浩然《张七及辛大见寻南亭醉作》："世外交初得，林中契已并。"皮日休《临顿为吴中偏胜之地陆鲁望居之不出因成五言十首奉题屋壁》之二："支遁今无骨，谁为世外交？"

【世主】 君主。吴筠《览古十四首》之九："世主竟不辨，身戮宗且夷。"《铜雀台玉板篆》（卷八七五）："但看六六百中外，世主难留如国如。"

【世名】 流世之名望。韦应物《晚出沣上赠崔都水》："昧质得全性，世名良自牵。"

【世交】 世代有交情者。刘长卿《和州留别穆郎中》："世交黄叶散，乡路白云重。"杜荀鹤《秋晨有感》："吟发不长黑，世交无久情。"

【世利】 世间利禄。雍裕之《不了语》："浮名世利知多少，朝市喧喧尘扰扰。"徐铉《送勋道人之建安》："若为轻世利，归去卧溪云。"

【世役】 社会事务。白居易《观稼》："世役不我牵，身心常自若。"

【世祀】 世代祭祀。储光羲《登商丘》："摇摇世祀怨，伤古复兼秋。"

【世表】 俗世之外。李白《春陪商州裴使君游石娥溪》："萧条出世表，冥寂闭玄关。"

【世事】 ❶时世。杜甫《大云寺赞公房四首》之四："艰难世事迫，隐遁佳期后。"严维《示外生》："无轻吾未用，世事有行藏。"朱庆余《行路难》："世事浇浮后，艰难向此生。"❷事务。姚合《寄陕州王司马》："世事每将愁见扰，年光唯与老相侵。"白居易《重题》之四："宦途自此心长别，世事从今口不言。"徐铉《寄蕲州高郎中》："纷纷世事来无尽，黯黯离魂去不通。"❸尘俗之事。寒山《诗三百三首》之二六七："免有染世事，心静如白莲。"李白《寻山僧不遇作》："了然绝世事，此地方悠哉！"皎然《答孟秀才》："虚名谁欲累，世事我无心。"贾岛《宿山寺》："一僧年八十，世事未曾闻。"

【世昌】 世道昌盛。王绩《食后》："鼓腹聊乘兴，宁知逢世昌。"

【世味】 人世情味。韩愈《示爽》："吾老世味薄，因循故留连。"贯休《闻无相道人顺世五首》之三："迂谈无世味，夜深山木僵。"

【世氛】 尘世喧嚣气氛。李德裕《赠奉律上人》:“知君学地厌多闻,广渡群生出世氛。”

【世物】 事物。权德舆《寄侍御从舅》:“世物自多故,达人心不羁。”

【世法】 社会常规。白居易《朱陈村》:“世法贵名教,士人重冠婚。”

【世哲】 贤明之人。储光羲《秋庭贻马九》:“大君幸东狱,世哲扈时巡。”

【世故】 ❶世事变故。多指朝廷重大变故、战乱。杜甫《寄刘峡州伯华使君四十韵》:“年华纷已矣,世故莽相仍。”卢纶《至德中途中书事却寄李僩》:“今日主人还共醉,应怜世故一儒生。”权德舆《感寓》:“冥心试观化,世故如丝棼。”❷故交。张继《华州夜宴庾侍御宅》:“世故他年别,心期此夜同。”皇甫冉《秋夜宿严维宅》:“世故多离别,良宵讵可逢!”独孤及《送相里郎中赴江西》:“蹢躅话世故,惆怅举离觞。”耿湋《赠别刘员外长卿》:“清如寒玉直如丝,世故多虞事莫期。”

【世界】 ❶佛家语。犹宇宙。世为时间,界为空间。王维《夏日过青龙寺谒操禅师》:“山河天眼里,世界法身中。”綦毋潜《满公房》:“世界莲花藏,行人香火缘。”张瀛《赠琴棋僧歌》:“河沙世界尽空空,一寸寒灰冷灯畔。”李商隐《北青萝》:“世界微尘里,吾宁爱与憎。”❷佛界。特指寺院。孟浩然《腊月八日于剡县石城寺礼拜》:“竹柏禅庭古,楼台世界稀。”顾况《经废寺》:“不知何世界,有处似南朝?”温庭筠《宿松门寺》:“白石青崖世界分,卷帘孤坐对氛氲。”李洞《秋日同觉公上人眺慈恩塔六韵》:“房廊窥井底,世界出笼中。”❸空间。杜甫《赠蜀僧闾丘师兄》:“漠漠世界黑,驱车争夺繁。”王起《赠毛仙翁》:“壶中世界青山近,洞里烟霞白日闲。”曹松《中秋对月》:“无云世界秋三五,共看蟾盘上海涯。”❹人间。刘长卿《送郭六侍从之武陵郡》:“空怜世界迫,孤负桃源心。”白居易《永崇里观居》:“身虽世界住,心与虚无游。”贾岛《孟融逸人》:“树林幽鸟恋,世界此心疏。”许棠《登山》:“近空无世界,当楚见波涛。”❺天下。寒山《诗三百三首》之二六五:“雄雄镇世界,天台名独超。”孟云卿《放歌行》:“吾观天地图,世界亦可小。”子兰《赠行脚僧》:“世界曾行遍,全无行可修。”❻环境,境界。鲍溶《宣城北楼昔从顺阳公会于此》:“几步尘埃隔,终朝世界闲。”姚台《秋夜月中登天坛》:“天近星辰大,山深世界清。”方干《游张公洞寄陶校书》:“数里烟云方觉异,前程世界更应宽。”

【世俗】 ❶世间。韩愈《桃源图》:“世俗宁知伪与真,至今传者武陵人。”舒元舆《坊州按狱苏氏庄记室二贤自鄜州走马相访因成诗寄之》:“十年一相见,世俗信多歧。”❷流俗。刘商《合肥至日愁中寄郑明府》:“不能随世俗,应是昧行藏。”白居易《重题》:“早年薄有烟霞志,岁晚深谙世俗情。”

【世度】 世间法度。李商隐《无愁果有愁曲北齐歌》:“东有青龙西白虎,中含福星包世度。”

【世流】 流俗。赵嘏《秋日吴中观贡藕》:“梯山谩多品,不与世流同。”齐己《赠无本上人》:“未免无端事,何妨出世流。”吕岩《题凤翔府天庆观》:“玉皇未有天符至,且货乌金混世流。”

【世祖】 帝王庙号之一。多用于开国或中兴之君。(1)指汉世祖光武帝刘秀。罗隐《严陵滩》:“世祖升遐夫子死,原陵不及钓台高。”(2)指五代后梁太祖朱晃。罗衮《赠罗隐》:“何当世祖从人望,早以公台命卓侯?”原注:“隐开平中召拜夕郎,不就。”按,开平为朱晃年号。

【世祚】 世代延绵之福,国运。《郊庙歌辞·晋昭德成功舞歌·武功舞歌二首》之一:“炎汉提封远,姬周世祚长。”

【世徒】 世人。吕岩《七言》之五六:“长将气度随天道,不把言词问世徒。”

【世家】 ❶世代显贵之家。王建《赠李想仆射》:“独破淮西功业大,新除陇右世家雄。”李贺《许公子郑姬歌》:“许史世家外亲贵,宫锦千端买沉醉。”白居易《和答诗十首·和阳城驿》:“不劳叙世家,不用费文辞。”罗隐《投宣武郑尚书二十韵》:“世家惟蹇谔,官业即清通。”❷世交,故交。颜萱《和过张祐处士丹阳故居》序:“萱与故张处士祐,世家通旧。”❸《史记》中一种传记之体,用以记载侯王家世。杜甫《冬日洛城北谒玄元皇帝庙》:“世家遗旧史,道德付今王。”雍陶《夷陵城》:“世家曾览楚英雄,国破城荒万事空。”

【世務】 ❶政务,事务。储光羲《使过弹筝峡作》:“达士忧世务,鄙夫念王程。”杜甫《酬孟云卿》:“明朝牵世务,挥泪各西东。”权德舆《祗役江西路上以诗代书寄内》:“伊予多昧理,初不涉世务。”李咸用《和友人喜相遇十首》之三:“自古经纶成世务,暂时朱绿比朝霞。”❷尘世中事务。吴筠《高士咏·郭文举》:“绝迹遗世务,栖真入长林。”

【世紛】 指世间纷乱局势。李白《送张秀才从军》:“壮士怀远略,志存解世纷。”

【世教】 指当世教义或正统思想。灵一《远公》:“真机久消歇,世教空拘束。”权德舆《浩歌》:“心为世教牵,迹寄翰墨场。”

【世理】 谓国家得到治理。白居易《新乐府·法曲》:“政和世理音洋洋,开元之人乐且康。”

【世華】 世俗之荣华。王绩《策杖寻隐士》:“岁岁长如此,方知轻世华。”杨衡《登紫霄峰赠黄仙师》:“世华徒熠耀,虚室自朦胧。”

【世累】 世俗牵累。寒山《诗三百三首》之二八："谁能超世累，共坐白云中。"卢纶《卧病寓居龙兴观寄冯生并赠乔尊师》："世累如尘积，年光剧水流。"元稹《辋川》："世累为身累，闲忙不自由。"白居易《自到浔阳生三女子因诠真理用遣妄怀》："宦途本自安身拙，世累由来向老多。"

【世患】 世间之患。苏拯《邹律》："世患有三惑，尔律莫能抑。"

【世途】 ❶人生道路。太宗《经破薛举战地》："世途亟流易，人事殊今昔。"李白《古风》之五九："世途多翻覆，交道方崄巇。"元稹《哭子十首》之四："莲花上品生真界，兜率天中离世途。"罗隐《得宣州窦尚书书因投寄二首》之二："曾逐旌旗过板桥，世途多难竟蓬飘。"❷犹世俗。孟浩然《晚春卧病寄张八》："世途皆自媚，流俗寡相知。"

【世欲】 世俗之欲。韦应物《野居》："今得罢守归，幸无世欲患。"

【世卿】 指父子相继为公卿。张九龄《故徐州刺史赠吏部侍郎苏公挽歌三首》之一："在贵兼天爵，能贤出世卿。"按，苏公即苏诜，父苏瓌中宗时为相。

【世族】 世家大族。元稹《代曲江老人百韵》："世族功勋久，王姬宠爱亲。"司马扎《猎客》："自言家咸京，世族如金张。"

【世情】 ❶世俗之情。张子容《送孟八浩然归襄阳二首》之二："杜门不欲出，久与世情疏。"刘长卿《送元八游汝南》："世情薄恩义，俗态轻穷厄。"武元衡《秋怀奉寄朱补阙》："潘生秋思苦，陶令世情疏。"吴融《送于员外归隐蓝田》："吾道不行归始是，世情如此住应难。"❷尘俗之情。栖白《寄南山景禅师》："一度林前见远公，静闻真语世情空。"李绅《龟山寺鱼池》："祇园说法无高下，尔辈何劳尚世情！"温庭筠《题僧泰恭院二首》之一："忧患慕禅味，寂寥遗世情。"❸犹世人。李商隐《送千牛李将军赴阙五十韵》："世情休念乱，物议笑轻生。"❹犹势利。施肩吾《及第后过扬子江》："江神也世情，为我风色好。"

【世清】 谓国家清平。皎然《送裴邕之上京》："辞山偶世清，挟策忽西行。"

【世婚】 世代相为婚姻。韩愈《陆浑山火和皇甫湜用其韵》："女丁妇壬传世婚，一朝结雠奈后昆。"

【世雰】 同"世氛"。白居易《和微之诗二十三首·和送刘道士游天台》："闻君梦游仙，轻举超世雾。"

【世雄】 佛陀尊称。李洞《题尼大德院》："清净高楼松桧寺，世雄翻愧自低腰。"

【世掌絲綸】 谓世代在中书省任职草拟诏书。丝纶，指诏书。杜甫《奉和贾至舍人早期大明宫》："欲知世掌丝纶美，池上于今有凤毛。"原注："舍人先世尝掌丝纶。"

【世間】 人世间。郭震《萤》："暗处若教同众类，世间争得有人知？"李白《梦游天姥吟留别》："世间行乐亦如此，古来万事东流水。"张籍《赠施肩吾》："世间渐觉无多事，虽有空名未著身。"杜牧《送隐者一绝》："公道世间唯白发，贵人头上不曾饶。"

【世喧】 指尘世喧嚣气氛。王维《菩提寺禁口号又示裴迪》："安得舍罗网，拂衣辞世喧！"

【世程】 为世人共遵之法则、规范。张说《五君咏五首·苏许公环》："百事资朝问，三章广世程。"杜甫《赠左仆射郑国公严公武》："以兹报主愿，庶或裨世程。"岑参《故仆射裴公挽歌二首》之一："盛德资邦杰，嘉谟作世程。"

【世尊】 佛陀尊称。杜甫《山寺》："曾有古殿存，世尊亦尘埃。"

【世禄】 指世代享有爵禄特权。孟浩然《从张丞相游南纪城猎戏赠裴迪张参军》："世禄金张贵，官曹幕府贤。"白居易《新乐府·涧底松》："金张世禄原宪贫，牛衣寒贱貂蝉贵。"陆龟蒙《京口与友生话别》："御龙虽世禄，下马亦清谭。"陈陶《赠江南李偕副使》："世禄三朝压凤池，杜陵公子汉庭知。"

【世業】 ❶先世功业。孟浩然《宴张别驾新斋》："世业传珪组，江城佐股肱。"岑参《西蜀旅舍春叹寄朝中故人》："声华同道术，世业通往昔。"权德舆《酬崔千牛四郎早秋见寄》："少年才藻新，金鼎世业崇。"方干《寄杭州于郎中》："大雅篇章无弟子，高门世业有公卿。"❷世代相传之事业。宋之问《始安秋日》："世业事黄老，妙年孤隐沦。"丘为《冬至下寄舍弟时应赴入京》："男儿出门事四海，立身世业文章在。"崔峒《送韦八少府判官归东京》："玄成世业紫真官，文似相如貌胜潘。"徐夤《赠垂光同年》："逸少家风惟笔札，玄成世业是陶钧。"❸指先世所留产业。皎然《赋得谢墅送王长史》："世业西山墅，移家长我身。"白居易《自河南经乱寄上浮梁大兄于潜七兄乌江十五兄兼示符离及下邽弟妹》："时难年饥世业空，弟兄羁旅各西东。"❹指世业田。北魏田制，业主死后，口分田交还官府，另一部分留与子孙，称世业田。唐承此制。储光羲《陆著作挽歌》之一："世业江湖侧，郊原休沐处。"

【世路】 ❶人间道路。李白《经乱后将避地剡中留赠崔宣城》："王城皆荡覆，世路成奔峭。"郎士元《别房士清》："世路还相见，偏堪泪满衣。"鲍容《秋思三首》之一："无书又千日，世路重茫茫。"❷人生道路。张九龄《始兴南山下有林泉尝卜居焉荆州卧病有怀此地》："世路少夷坦，孟门未岖嵚。"苏涣《变律》之三："世路险孟门，吾徒当勉旃。"曹松《赠镜湖处士方干二首》之一："世路不妨平处少，才人唯是屈声多。"❸指有生之年。李建勋《早春寄怀》："老觉光阴速，闲悲世路多。"❹世道，社会状况。岑参《行军诗二首》之二："抚剑伤世路，哀歌泣良图。"刘长卿《瓜洲驿奉饯张侍御时侍御先在淮南幕府》："世路东流水，沧江一钓竿。"李商隐《杜工部蜀中离席》："人生何处不离群，世路干戈惜暂分。"李群玉《杜门》："世路变陵谷，时情验友朋。"❺世间，人间。乔知之《杂曲歌辞·定情篇》："人间丈夫易，世路妇难为。"杜甫《从驿次草堂复至东屯二首》之二："世路知交薄，门庭畏客频。"钱起《寄任山人》："天阶崇黼黻，世路有趋竞。"❻世俗。陆龟蒙《彼农二章》之一："世路浇险，淳风荡除。"曹松《道中》："出门嗟世路，何日朴风归？"孟贯《赠隐者》："世路争名利，深山独结茅。"❼尘世。张乔《赠头陀僧》："已知世路皆虚幻，不觉空门是寂寥。"翁承赞《访建阳马驿僧亚齐》："吟魂惜向江村老，空性元知世路迷。"张泌《题华严寺木塔》："休将世路悲尘事，莫指云山认故乡。"❽仕途。窦群《东山月下怀友人》："宦情哂鸡口，世路倦羊肠。"韩愈《县斋有怀》："人情忌殊异，世路多权诈。"牟融《赠殷以道》："世路红尘懒步趋，长年结屋傍岩隅。"崔涂《秋夕送友人归吴》："世路须求达，还家亦未安。"

【世亂】 指时局动乱。杜甫《无家别》："我里百余家，世乱各东西。"岑参《行军诗二首》之一："一朝逢世乱，终日不自保。"韦庄《寓言》："为儒逢世乱，吾道欲何之？"

【世棄】 为世人所遗弃。白居易《偶吟》："老自退闲非世弃，贫蒙强健是天怜。"

【世義】 指世间情义。钱起《客舍赠郑贲》："世义随波久，人生知己稀。"

【世道】 ❶人世之道，社会状况。李白《赠崔咨议》："世道有翻覆，前期难豫图。"韦应物《休沐东还胄贵里示端》："世道良自退，荣名亦空虚。"钱起《南中春意》："人仕无知言，游方随世道。"元稹《答姨兄胡灵之见寄五十韵》："世道难于剑，谗言巧似笙。"❷社会风尚。李白《古风》之二五："世道日交丧，浇风散淳源。"❸世间，社会。皎然《送柳淡扶侍赴洪州》："少年轻远涉，世道得无欺。"

【世塗】 人生道路。秦韬玉《寄李处士》："世涂必竟皆应定，人事都来不在忙。"

【世運】 指时世气运。元稹《楚歌十首》之七："梁业雄图尽，遗孙世运消。"

【世羣】 指尘俗之人。张祜《题润州金山寺》："一宿金山寺，超然离世群。"

【世塵】 ❶尘俗。王昌龄《题朱炼师山房》："叩齿焚香出世尘，斋坛鸣磬步虚人。"崔曙《宿大通和尚塔敬赠如上人兼呈常孙二山人》："愿言出世尘，谢尔申及甫。"陆龟蒙《和袭美新秋即事次韵三首》之一："心似孤云任所之，世尘中更有谁知？"皮日休《寒夜文宴润卿有期不至》："草堂虚洒待高真，不意清斋避世尘。"❷世俗。员半千《陇右途中遭非语》："正须自保爱，振衣出世尘。"牟融《水西草堂》："遗书自有亲口处，何必驱驰扰世尘。"李山甫《游侠儿》："好把雄姿浑世尘，一场闲事莫因循。"翁洮《赠方干先生》："由来箕踞任天真，别有诗名出世尘。"❸人间。徐夤《和仆射二十四丈牡丹八韵》："买取归天上，宁教逐世尘！"❹世事。杜甫《别赞上人》："还为世尘婴，颇带憔悴色。"

【世榮】 指世俗富贵荣华。韦应物《郊居言志》："世荣斯独已，颓志亦何攀。"吴筠《高士咏·文始真人》："玄诰已云锡，世荣何足累！"崔涂《过陶征君隐居》："陶令昔居此，弄琴遗世荣。"

【世態】 ❶世俗情态。多指浇薄情态。戴叔伦《旅次寄湖南张郎中》："却是梅花无世态，隔墙分送一枝春。"徐铉《和江西萧少卿见寄二首》之一："离肠似线常忧断，世态如汤不可探。"❷流俗。郑谷《送进士韦序赴举》："波浪不能随世态，鸾凤应得入吾曹。"

【世緒】 先世功业。卢象《赠张均员外》："公门世绪昌，才子冠裴王。"

【世網】 束缚人身自由之网。多指职位。张九龄《出为豫章郡途次庐山东岩下》："纷吾婴世网，数载忝朝簪。"储光羲《同王十三维偶然作十首》之四："但言婴世网，不复得闲居。"武元衡《夏与熊王二秀才同宿僧院》："世网从知累，禅心自证真。"李商隐《李肱所遗画松诗书两纸得四十韵》："悲哉堕世网，去之若遗弓。"

【世慮】 俗念。王维《送韦大夫东京留守》："人外遗世虑，空端结遐心。"清昼《安吉崔明甫山院联句一首》："世虑寡，山情多。"白居易《渭村退居寄礼部崔侍郎翰林钱舍人诗一百韵》："世虑休相扰，身谋且自强。"韩偓《山驿》："潇洒襟怀遗世虑，驿楼红叶自纷纷。"

【世德】 先世所积之德。权德舆《寓兴》："世德既颠坠，素怀亦堙沦。"韦庄《夏初与侯补阙江南有约同泛淮汴遽闻捐馆回首悲恸因成长句四韵吊之》："世德只应荣伯仲，诗名终自付儿孙。"

【世論】 佛家称其他宗教、学派言论。齐己《游三觉山》："世论随时变，禅怀历劫同。"

【世樂】 (—lè)流俗之乐。指富贵荣华。王绩《赠梁公》："我欲图世乐，斯乐难可常。"

【世緣】 佛家以因缘说世事，因称尘俗之事为世缘。钱起《独往覆釜山寄郎士元》："谁言世缘绝，更惜知音旷。"刘长卿《送薛据宰涉县》："遇物忘世缘，还家懒生计。"刘禹锡《和仆射牛相公寓言二首》之二："只恐重重世缘在，事须三度副苍生。”张祜《秋夜登润州慈和寺上方》：“僧房闭尽下楼去，一半梦魂离世缘。”

【世機】 指世俗机巧变诈之心。温庭筠《渭上题三首》之三：“烟水何曾息世机，暂时相向亦依依。”皮日休《夏景冲澹偶然作二首》之二：“无限世机吟处息，几多身计钓前休。”郑谷《华山》：“澹泊生真趣，逍遥息世机。”吕岩《七言》之四三：“蓬莱不是凡人处，只怕愚人泄世机。”

【世器】 ❶稀世宝器。韦应物《咏玉》：“雕琢为世器，真性一朝伤。”❷喻经世之才。韦应物《始除尚书郎别善福精舍》：“简略非世器，委身同草木。”

【世學】 世代相传之学。皎然《奉和颜使君真卿修韵海毕州中重宴》：“世学高南郡，身封盛鲁邦。”

【世谛】 佛家语。指尘世间真理。与“真谛”相对。王维《与苏卢二员外期游方丈寺而苏不至因有是作》：“共仰头陀行，能忘世谛情。”高适《同马太守听九思法师讲金刚经》：“途经世谛间，心到空王外。”刘长卿《夜宴洛阳程九主簿宅送杨三山人往天台寻智者禅师隐居》：“仍空世谛法，远结天台缘。”

【世親】 累代有姻亲关系。武元衡《送崔判官使太原》：“劳君车马此逡巡，我与刘君本世亲。”李商隐《赠华阳宋真人兼寄清都刘先生》：“但惊茅许同仙籍，不道刘卢是世亲。”徐铉《哭刑部侍郎乔公诗》：“蠹简书陈事，遗孤托世亲。”

【世龍】 指帝王。罗隐《送程尊师之晋陵》：“高道乍为张翰侣，使君兼是世龙孙。”

【世嬰】 即婴世网，指官务缠身。语出晋陆机《赴洛道中作二首》，之一：“借问子何之？世网婴我身。”张九龄《巡属县道中作》：“苟得不可遂，吾其谢世婴。”

【世職】 世袭之职。杨臣源《酬令狐员外直夜书怀见寄》：“世职推传盛，春刑是减余。”

【世舊】 世交故友。李嘉祐《送张惟俭秀才入举》：“以吾为世旧，怜尔继家风。”

【世謨】 经世谋略。元结《乱风诗五篇·至荒》：“国有世谟，仁信勤欤？”

【世難】 指时局动乱。刘长卿《哭张员外继》：“世难愁归路，家贫缓葬期。”韦应物《九日》：“明年九日知何处，世难还家未有期。”卢纶《长安春望》：“谁念为儒逢世难，独将衰鬓客秦关。”

【世譽】 当世声誉。岑参《送薛播擢第归河东》：“弟兄负世誉，词赋超人群。”

【世變】 指时局发生变故。元结《贼退示官吏》：“忽然遭世变，数岁亲戎旃。”

丙 〔bǐng《广韵》兵永切，上梗，幫。〕❶天干第三位。与地支相配用以纪年、日。元和举子《丙申岁诗》：“元和天子丙申年，三十三人同得仙。”温庭筠《会昌丙寅丰岁歌》：“丙寅岁，休牛马，风如吹烟，日如渥赭。”皮日休《三羞诗三首》之三：“天子丙戌年，淮右民多饥。”吕岩《徽宗斋会》：“陛下问臣来日事，请看午未丙丁春。”❷指第三。见“丙夜”。❸南方之位。因用以指南方。彭晓《参同契明镜图诀诗二首》之二：“女妊朱硃男孕雪，北藏荧惑丙含壬。”❹阳火。见“丙丁”。❺姓。见“丙吉”。

【丙丁】 十干配五行，丙丁属火，丙为阳火，丁为阴火，因用以称火。亦用以指阴阳五行。贾岛《赠牛山人》：“古来隐者多能卜，欲就先生问丙丁。”

【丙穴】 地名。位于汉中沔阳（今陕西勉县）北、兴州顺政（今陕西略阳）东南七十里之间。其地有大丙山、小丙山。产嘉鱼。杜甫《将赴成都草堂途中有作先寄严郑公五首》之一：“鱼知丙穴由来美，酒忆郫筒不用酤。”

【丙吉】 （？—前55）丙亦作邴，字少卿。汉鲁国（今山东曲阜）人。武帝时为狱吏，迁廷尉右监。后为大将军长史，霍光甚重之。与魏相辅宣帝中兴，号为丙魏，世称贤相。事迹见《汉书》本传。见“丙吉問牛”。

【丙吉牛喘】 见“丙吉問牛”。

【丙吉問牛】 指汉丞相丙言知大体，不问民斗死伤而问人逐牛牛喘吐舌之事。见《汉书·丙吉传》。邵谒《论政》：“孙弘不开阁，丙吉宁问牛。”亦作“丙吉牛喘”。李瀚《蒙求》：“王承鱼盗，丙吉牛喘。”

【丙廷尉】 即丙吉。吉于汉武帝时曾官廷尉右监。豆卢回《登乐游原怀古》：“至哉丙廷尉，感激义弥敦。”

【丙舍】 （—shè）东汉宫中三等房舍，位于正室两边，以甲乙丙为等次。温庭筠《走马楼三更曲》：“帘间清唱报寒点，丙舍无人遗烬香。”

【丙夜】 三更时分。即夜十一时至翌晨一时。唐彦谦《夜坐》：“愁鬓丁年白，寒灯丙夜青。”

【丙魏】 丙吉、魏相之并称。二人先后为丞相，辅汉宣帝中兴，号为丙魏，世称贤相。裴度《奉酬中书相公至日圆丘摄事叙怀见寄之作》：“运偶唐虞盛，情同丙魏深。”

丕 〔pī《广韵》敷悲切，平脂，滂。《集韵》攀悲切，平脂，滂。〕大。李元纮《奉和圣制送张说上集贤学士赐宴》：“暂覩群书缉，逾昭盛业丕。”

【丕承】 继承大业。多指帝王之业。《书·君牙》：“丕承哉，武王烈！”杜甫《重经昭陵》：“翼亮贞文德，丕承戢武威。”

【丕祚】　指帝位，帝业。李商隐《今月二日不自量度辄以诗一首四十韵干渎尊严辄复五言四十韵诗献上亦诗人咏叹不足之义也》：“待公三入相，丕祚始无穷。”

【丕基】　伟大基业。魏征《亨太庙乐章·永和》：“于穆烈祖，弘此丕基。”张绍《冲佑观》：“赫赫烈祖，再造丕基。”

【丕揚】　光大发扬。柳宗元《贞符》序：“丕扬于后嗣，用垂于帝式，”

【丕業】　指帝王大业。《郊庙歌辞·享太庙乐章·严和》：“中兴丕业，上荷天休。”

【丕嗣】　指太子。萧仿《享太庙乐章》：“于铄丕嗣，惟帝之光。”

【丕疏】　指曹丕书疏。贾岛《寄李辀侍郎》：“井台怜操筑，漳岸想丕疏。”

【丕圖】　宏图。贯休《寿春节进》：“丕图非力致，英武悉天资。”

【丕構】　指帝王大业。玄宗《过晋阳宫》：“顾循承丕构，怵惕多忧虞。”《郊庙歌辞·明皇祀圜丘乐章·豫和》：“至矣丕构，烝哉太平。”

且[1]　〔qiě《广韵》七也切，上馬，清。又子魚切，平魚，精。〕❶宜，应当。杜淹《召拜御史大夫赠袁天纲》：“且珍纨素美，当与薜萝疏。”窦牟《陪韩院长韦河南同寻刘师不遇》：“独游应驻景，相顾且吟风。”李贺《相劝酒》：“人生得意且如此，何用强知元化心。”薛能《升平词十首》之七：“他时应有寿，当代且无虞。”❷尚，还。包何《同阎伯均宿道士观有述》：“纵令奔月成仙去，且作行云入梦来。”元结《喻常吾直》：“战争且未息，征敛何时足？”曹邺《弃妇》：“此日年且少，事姑常有仪。”司空图《旅中重阳》：“当歌共惜初筵乐，且健无辞后会频。”❸尚且。萧颖士《仰答韦司业垂访五首》之四：“举仇且不弃，何必论亲疏。”李白《送鲁郡刘长史迁弘农长史》：“仲尼且不敬，况乃寻常人。”元稹《古决绝词》：“对面且如此，背面当可知。”❹姑且。李峤《王屋山第之侧杂构小亭暇日与群公同游》：“引泉聊涨沼，凿磴且通蹊。”韩翃《送别郑明府》：“劝君不得学渊明，且策驴车辞五柳。”戴叔伦《送裴判官回湖南》：“莫怕南风且尽欢，湘山多雨夏中寒。”❺暂且。太宗《秋日二首》之二：“蓬瀛不可望，泉石且娱心。”杜甫《石壕吏》：“存者且偷生，死者长已矣。”钱起《送孙十尉温县》：“云衢有志终骧首，吏道无媒且折腰。”施肩吾《遇李山人》：“别易会难君且住，莫交青竹化为龙。”❻方，刚。董思恭《三妇艳》：“丈人且安坐，初日渐流光。”李颀《赠张旭》：“诸宾且方坐，旭日临东城。”玄宗《端午》：“盐梅已佐鼎，曲蘖且传觞。”❼将。王昌龄《送韦十二兵曹》：“看君孤舟去，且欲歌垂纶。”杜甫《后出塞五首》之三：“六合已一家，四夷且孤军。”韦庄《和薛先辈见寄初秋寓怀即事之作二十韵》：“会随仙羽化，香蚁且同斟。”贯休《酬韦相公见寄》：“万般如幻希先觉，一丈临山且奈何？”❽复，又。田游岩《弘农清岩曲有磐石可坐宋十一每拂拭待余寄诗赠之》：“傥见山人至，簪蒿且杖藜。”王维《辋川集·辛夷坞》：“涧户寂无人，纷纷开且落。”颜真卿《赠裴将军》：“剑舞若游电，随风萦且回。”❾仅，只。杜甫《送高三十五书记》：“崆峒小麦熟，且愿休王师。”李商隐《同崔八诣药山访融禅师》：“岩花涧草西林路，未见高僧且见猿。”子兰《寄乾陵杨侍郎》：“冷落官资不畏贫，司曹且共内官分。”❿本，原来。寒山《诗三百三首》之二八五：“泉中且无月，月自在青天。”玄宗《王屋山送道士司马承祯还天台》：“江湖与城阙，异迹且殊伦。”崔莺莺《告绝诗》：“弃置今何道，当时且自亲。”徐夤《嘉运》：“家无寸帛浑闲事，身似浮云且自由。”⓫尤其。刘长卿《宿双峰寺寄卢七李十六》：“林暗僧独归，石寒泉且咽。”李端《寄上舍人叔》：“会知逢水尽，且爱入云深。”曹松《青龙寺赠云颢法师》：“紫檀衣且香，春殿日尤长。”⓬更，愈加。丁仙芝《江南曲五首》之二：“知郎旧时意，且请拢船头。”李白《感兴六首》之六：“嘉谷隐丰草，草深苗且稀。”李频《送太学吴康仁及第南归》：“一荣犹未已，具庆且应稀。”翁承赞《晨兴》：“一尊如有地，放意且狂歌。”⓭连接两个动词。相当于“一边……一边”。李夔《使至汴州喜逢宋之问》：“相逢且交臂，相命且衔杯。”⓮连接两个形容词。相当于“又……又”，李颀《郑樱桃歌》：“樱桃美颜香且泽，娥娥侍寝专宫掖。”王维《冬夜书怀》：“冬宵寒且永，夜漏宫中发。”李商隐《韩碑》：“行军司马智且勇，十四万众犹虎貔。”陈陶《游子吟》：“朔风无重衣，仆马饥且寒。”⓯与，及。表并列。孟浩然《送莫甥兼诸昆弟从韩司马入西军》：“所从文且武，不战自应宁。”独孤及《海上寄萧立》：“旧国在梦想，故人胡且越。”⓰并且。表递进。李颀《送刘方平》：“童颜且白皙，佩德如瑶琼。”刘斌《咏山》：“灵山峙千仞，蔽日且嵯峨。”⓱而。表承接。钱起《新丰主人》：“主人能纵酒，一醉且忘忧。”韦应物《白沙亭逢吴叟歌》：“白沙亭上逢吴叟，爱客脱衣且沽酒。”戴叔伦《行路难》：“不如拂衣且归去，世上浮名徒尔为。”韦庄《题许仙师院》：“地古多乔木，游人到且吟。”⓲却。表转折。李荣《咏兴善寺佛殿灾》：“道善何曾善，言兴且不兴。”韦应物《赠李判官》：“虽惭且忻愿，日夕睹光辉。”于逖《野外行》：“有才且未达，况我非贤良。”黄滔《催妆》：“虽言天上光阴别，且被人间更漏催。”⓳纵然。表让步。杜甫《寄岑嘉州》：“外江三峡且相接，斗酒新诗终日疏。”

且[2] 〔jū《广韵》子魚切，平鱼，精。〕❶多貌。萧颖士《有竹一篇七章》之六："有旨者酒，欢其且矣。"❷助词。用于句末。韩愈《符读书城南》："君子与小人，不系父母且。"

且[3] 通"俱"。都。韦铿《嘲邵景萧嵩》："相对厅前捺且立，自惭身品世间毛。"李白《赠郭将军》："畴昔雄豪如梦里，相逢且欲醉春晖。"杜甫《青丝》："青丝白马谁家子？粗豪且逐风尘起。"杜牧《遣兴》："浮生长勿勿，儿小且呜呜。"

【且可】 暂且。可，助词。韩愈《琴操十首·别鹄操》："更无相逢日，且可绕树相随飞。"又《感春四首》之四："百年未满不得死，且可勤买抛青春。"

【且$_2$且】 （一jū）多貌。后唐庄宗《歌头》词："且且须呼宾友，西园长宵。宴云谣，歌皓齿，且行乐。"

【且休】 ❶暂停。韩愈《八月十五夜赠张功曹》："君歌且休听我歌，我歌今与君殊科。"❷莫要。杜甫《驱竖子摘苍耳》："寄语恶少年，黄金且休掷。"

【且如】 即如，就像。杜甫《兵车行》："且如今年冬，未休关西卒。"

【且况】 犹况且。韩愈《重云李观疾赠之》："且况天地间，大运自有常。"

【且莫】 莫要。刘长卿《酬张夏》："孤舟且莫去，前路水云深。"丘为《左掖梨花》："春风且莫定，吹向玉阶飞。"戴叔伦《长沙送梁副端归京》："且莫乘流去，心期在醉中。"李益《从军有苦乐行》："劳者且莫歌，我欲送君觞。"

【且復】 姑且再。王绩《采药》："且复归去来，刀圭辅衰疾。"戴叔伦《暮春游长沙东湖赠辛兖州巢父二首》之一："且复忘羁束，悠悠落照中。"权德舆《酬李二十二兄主簿马迹山见寄》："不能栖枳棘，且复探云泉。"杜牧《池州送孟迟先辈》："且复考诗书，无因见簪笏。"

【且須】 只需。李白《悲歌行》："孤猿坐啼坟上月，且须一尽杯中酒。"卢仝《客答蛱蝶》："且须看雀儿，雀儿衔尔将。"白居易《且游》："眼看筋力减，游得且须游。"

【且當】 该当，应当。任华《寄杜拾遗》："且当事耕稼，岂得便徒尔。"刘禹锡《答前篇》："小儿弄笔不能嗔，涴壁书窗且当勤。"

丘 〔qiū《广韵》去鸠切，平尤，溪。〕❶山丘。李白《题元丹丘颖阳山居》："遥通汝海月，不隔嵩丘云。"杜甫《遣兴三首》之二："邺中事反覆，死人积如丘。"白居易《丘中有一士二首》之一："丘中有一士，不知其姓名。"李德裕《思登家山林岭》："最惜残筋力，扪萝遍一丘。"❷坟墓。王珪《咏汉高祖》："赫赫西楚国，化为丘与榛。"高适《奉酬睢阳李太守》："地是蒙庄宅，城遗阏伯丘。"皎然《杂寓兴》："昨日千金子，联绵成古丘。"舒元舆《桥山怀古》："崆峒求道失遗迹，荆山铸鼎余荒丘。"❸孔子名。李峤《瑟》："倘入丘之户，应知由也情。"孙逖《和登会稽山》："能赋丘尝闻，和歌参不敏。"韦庄《惊秋》："不向烟波狎钓舟，强亲文墨事儒丘。"❹姓。见"丘遲"。

【丘二十二】 即丘丹。韦应物有《秋夜寄丘二十二员外》。崔峒有《初除拾遗酬丘二十二见寄》。

【丘上卿】 字陪之。吴兴（今浙江湖州）人。宝历二年（826），在舒州刺史李德修幕。会昌三年（843）进士及第。《全唐诗》卷五五二录其诗一首。

【丘山】 ❶山岳。《时人号王丘崔沔语》（卷八七六）："丘山岌岌连天峻，沔水澄澄彻底清。"❷喻事物分量之多。杜甫《古柏行》："大厦如倾要梁栋，万牛回首丘山重。"杜牧《道一大尹存之庭美二学士简于圣明自致霄汉因成长句四韵呈上三君子》："九金神鼎重丘山，五玉诸侯杂珮环。"❸喻恩惠之大。张九龄《始兴南山下有林泉尝卜居焉荆州卧病有怀此地》："敢忘丘山施，亦云年病侵。"陆复礼《试中和节诏赐公卿尺诗》："如荷丘山重，恩酬方寸功。"

【丘井】 枯井。佛家用以喻老不堪用之身。《维摩经·方便品》："是身如丘井，为老所逼。"王维《过沈居士山居哭之》："逝川嗟尔命，丘井叹吾身。"白居易《郡斋暇日忆庐山草堂兼寄二林僧社三十韵多叙贬官已来出处之意》："身老同丘井，心空是道场。"

【丘木】 植于墓地之树。戴叔伦《赠慧上人》："何日却飞真锡返，故人丘木翳寒藤。"

【丘中】 山中。特指隐居之处。李华《咏史十一首》之三："绵邈数千祀，丘中谁隐沦？"刘昚虚《浔阳陶氏别业》："萧萧丘中赏，明宰非徒然。"白居易《自喜》："携将贮作丘中费，犹免饥寒得数年。"曹松《哭胡处士》："丘中久不起，将谓诏书来。"参见"丘中琴"。

【丘中丞】 指丘绛。绛贞元中为魏博节度判官兼御史中丞。刘禹锡有《伤丘中丞》并引。

【丘中志】 指归隐之志。权德舆《郊居岁暮因书所怀》："素履期不渝，永怀丘中志。"

【丘中計】 指归隐之计。白居易《早饮醉中除河南尹敕到》："应须了却丘中计，女嫁男婚三径资。"

【丘中琴】 用为隐居之典。李白《留别王司马嵩》："他日闲相访，丘中有素琴。"贺兰进明《古意二首》之二："慨然纫杂佩，重奏丘中琴。"吕温《奉和张舍人阁中直夜思闻雅琴因书事通简僚友》："迢递天上直，寂寞丘中琴。"

【丘中趣】 指归隐之乐趣。刘禹锡《裴祭酒尚书见示春归城南青松坞别墅寄王左丞高侍郎之什命同作》："一闻丘中趣，再抚黄金徽。"

【丘中緣】 指归隐因缘。刘长卿《灞东晚晴简同行薛弃朱训》："同结丘中缘，尘埃自兹谢。"张光朝《获塘西庄赠房元垂》:“何意久城市,寂寥丘中缘。”

【丘丹】 唐诗人。排行第二十二。苏州嘉兴(今属浙江)人。丘为之弟。肃宗初为诸暨令。大历中,奉使永嘉。曾任祠部、仓部员外郎。贞元六年(790),在检校尚书户部员外郎兼侍御史任,未及拜真而归隐临平山。与鲍防、吕渭、谢良辅、沈仲昌、郑概、陈元初等交游,有联句、同题。李端、崔峒等有送别之作。曾一度入韦应物苏州幕,交谊尤契,二人集中多有寄酬之诗。韦应物称其诗文德行,有“高词弃浮艳,贞行表乡闾”之誉。事迹略见唐林宝《元和姓纂》卷五、宋计有功《唐诗纪事》卷四七。《全唐诗》录其诗十一首。

【丘旦】 孔子、周公之连称。孔子名丘,周公名旦。陆龟蒙《读襄阳耆旧传因作诗五百言寄皮袭美》:“先崇丘旦室,大惧隳结构。”

【丘光庭】 唐诗人。吴兴乌程(今浙江湖州)人。任国子监太学博士。天祐四年,湖州刺史高澧荐为校书。与罗隐有故,罗隐有《酬丘光庭》。后隐居,殷文圭有《题胡州太学丘光庭博士幽居》。

【丘坂】 ❶山坡。王建《将归故山留别杜侍御》:“愿君去丘坂,长使道路平。”❷坟墓。王建《辽东行》:“年年郡县送征人,将与辽东作丘坂。”

【丘岑】 即丘涔。曾为吴兴司议。建中、兴元间,为镇海军节度使韩滉偏将,性酷虐而身先士卒。历太子宾客兼御史中丞,封高平郡王。与皎然、窦庠有交往。皎然有《武源行赠丘卿岑》。为其助韩滉有功而“不录”“通籍无名”鸣不平。其事迹略见唐赵元一《奉天录》卷二、唐林宝《元和姓纂》卷五、《旧唐书·韩滉传》。窦庠有《灵台镇赠丘岑中丞》。

【丘甸】 春秋井田制,四丘为甸。见《周礼·地官·小司徒》。亦泛指田野。储光羲《述韦昭应画犀牛》:“陛阁飞嘉声,丘甸盈仁心。”

【丘長史】 指丘儒。儒曾为州郡长史。张籍有《哭丘长史》前后二首。

【丘門】 孔门。孔丘门下。刘长卿《寄万州崔使君》:“丘门多白首,蜀郡满青襟。”元稹《献荥阳公诗五十韵》:“郑驿骑翩翩,丘门子弟贤。”赵嘏《回于道中寄舒州李珏相公》:“都无鄙吝隔尘埃,昨日丘门避席来。”贯休《上孙使君》:“若不入丘门,世间更谁爱?”

【丘明】 即左丘明。来鹄《圣政纪颂》:“丘明见嫌,倚相在摈。”徐铉《奉和宫傅相公怀旧见寄四十韵》:“却许丘明师纪传,更容疏广奉周旋。”

【丘侍御】 指丘据。越州(今浙江绍兴)人。曾任监察御史。皇甫冉有《徐州送丘侍御之越》。杨巨源有《冬夜陪丘侍御先辈听崔校书弹琴》。

【丘阜】 土山。刘禹锡《伤我马词》:“生于碛砺善驰走,万里南来困丘阜。”

【丘拱】 丘据之弟,李端之外甥。其事迹略见唐林宝《元和姓纂》卷五。李端有《酬丘拱外甥览余旧文见寄》。

【丘垤】 小土山。韩愈《雨中寄孟刑部几道联句》:“穿空细丘垤,照日陋菅蒯。”

【丘荒】 荒野。韦庄《南阳小将张彦硖口镇税人场射虎歌》:“关东驿路多丘荒,行人最忌税人场。”无名氏《五言白话诗》之十八(外编下):“吾宅在丘荒,园林出松柏。”

【丘郎中】 疑指丘鸿渐。鸿渐大历十三年(778)在少尹检校司勋员外郎兼侍御史任。官至左司郎中。长生。与姚合有交往。其事迹略见唐林宝《元和姓纂》卷五,鸿讹作冯。姚合有《赠丘郎中》。

【丘夏】 唐画家。善画肖像。元稹《崔徽歌》:“有客有客名丘夏,善写仪容得恣把。”

【丘員外】 指丘丹。丹曾任祠部、仓部员外郎、检校尚书户部员外郎兼侍御史。韦应物有《送丘员外还山》。湛贲有《伏览吕侍郎丘员外旧题十三代祖历山草堂诗因书记事》。

【丘悦】 河南陆浑(今河南嵩县东北)人。景龙中,为相王(即睿宗)府直学士。睿宗即位,任岐王傅。先天元年(712)至开元三年(715),在太子右谕德昭文馆学士兼宋王府侍读任,加银青光禄大夫、上柱国。卒于开元初。著有《三国典略》三十卷、集十卷。其事迹见《旧唐书·文苑中》本传、唐林宝《元和姓纂》卷五。《全唐诗》录其诗一首。

【丘冢】 坟墓。孟迟《宫人斜》:“云惨烟愁苑路斜,路傍丘冢尽宫娃。”

【丘健】 兵健之讹。指兵士健儿。储光羲有《送丘健至州敕放作时任下邽县》。

【丘陵】 ❶连绵不绝之山丘。辛常伯《军中行路难》:“杳杳丘陵出,苍苍林簿远。”陈子昂《岘山怀古》:“丘陵徒自出,贤圣几凋枯。”李绅《忆登栖霞寺峰》:“江海森清荡,丘陵何所如?”❷坟墓。骆宾王《乐大夫挽词五首》之一:“丘陵一起恨,言笑几时欢?”孟郊《劝酒》:“松柏岁岁茂,丘陵日日多。”李涉《题招隐寺即戴颙旧宅》:“欲问前期戴居士,野烟秋色是丘陵。”聂夷中《哭刘驾博士》:“原野多丘陵,累累如高台。”❸汉扬雄《法言·学行》:“百川学海,而至于海;丘陵学山,不至于山。”后因用为自称学无长进之谦词。李益《长社窦明府宅送王屋道士常究子》:“海峤年年别,丘陵徒自伤。”

【丘軻】 孔子与孟子之连称。孔子名丘,孟子名轲。韩愈《赠张籍》:“我身蹈丘轲,爵位不早绾。”罗隐《水边偶题》:“穷似丘轲休叹息,达如周召亦尘埃。”贯休《偶作五首》之五:“几许繁华几更改,唯有尧舜周召丘轲似长在。”

【丘爲】 (703? —798?)唐诗人。苏州嘉兴(今属浙江)人。丘丹之兄。初累试不第,归山读书数年。登天宝二年(743)进士第。累官太子右庶子,以左散骑常侍致仕。贞元四年(788)四月丁母忧服除,复旧官。卒年九十有六。与王维、刘长卿、祖咏友善,集中各有送行留别之作。早年所作山水田园之诗,得王维之诗风致。其事迹略见唐林宝《元和姓纂》卷五、宋计有功《唐诗纪事》卷十七、元辛文房《唐才子传》卷二。《全唐诗》录其诗十三首,《补全唐诗》录其诗五首。

【丘绛】　唐河南(今河南洛阳)人。贞元九年进士及第,与刘禹锡为同年。时田绪为魏博节度、观察使,以御史中丞出任节度判官。贞元十二年,绪死,其子季安为节度、观察使。与同职侯臧不和,相持争权。季安怒,贬为下县尉。不久使人召还,将其活埋。事见《旧唐书·田季安传》《新唐书·藩镇魏博·田季安传》。刘禹锡《伤丘中丞》引:"河南丘绛有词藻,与余同升进士科。从事邺下,不幸遇害。故为伤词。"

【丘園】　用以指隐居之处。王维《寄荆州张丞相》:"方将与农圃,艺植老丘园。"钱起《春暮过石龟谷题温处士林园》:"丘园自得性,婚嫁不婴心。"白居易《咏怀》:"高人乐丘园,中人慕官职。"李山甫《山中答刘书记寓怀》:"之子贲丘园,户牖松萝映。"

【丘道】　孔子之道。丘,孔子名。元稹《秋堂夕》:"尧舜事已远,丘道安可胜。"

【丘墟】　❶废墟。李白《经乱离后天恩流夜郎忆旧游书怀赠江夏韦太守良宰》:"二圣出游豫,两京遂丘墟。"刘商《送别》:"灞岸青门有弊庐,昨来闻道半丘墟。"白居易《冀城北原作》:"昔人城邑中,今变为丘墟。"❷山陵。房琯《题汉州西湖》:"高流缠峻隅,城下缅丘墟。"陆长源《酬孟十二新居见寄》:"首夏尚清和,残芳遍丘墟。"欧阳詹《答韩十八驽骥吟》:"罔念梁栋功,野长丘墟边。"孟郊《和宣州钱判官使院厅前石楠树》:"因谢丘墟木,空采落泥涂。"❸坟墓。崔珏《道林寺》:"今来古往人满地,劳生未了归丘墟。"贯休《再到钟陵作》:"无限丘墟侵郭路,几多台榭浸湖光。"

【丘墓】　坟墓。刘长卿《题虎丘寺》:"兹峰沦宝玉,千载唯丘墓。"

【丘齊雲】　里贯生平未详。《全唐诗续补遗》卷十九录其诗一首。

【丘遲】　(464—508)字希范。南朝梁吴兴乌程(今浙江湖州)人。初仕齐,举秀才,除太学博士。累殿中郎,迁车骑录事参军。入梁,拜散骑侍郎,待诏文德殿。武帝作《连珠》,诏群臣数十人继作,迟文最美。有《集钞》四十卷,集十卷,多散佚。韩翃《李中丞宅夜宴送丘侍御赴江东便往辰州》:"中丞违沈约,才子送丘迟。"李端《酬丘拱外甥览余旧文见寄》:"丘迟本才子,始冠即周旋。"李商隐《酬令狐郎中见寄》:"应自丘迟宅,仍过柳恽汀。"

【丘遲花木】　南朝梁丘迟《与陈伯之书》:"暮春三月,江南草长,杂花生树,群莺乱飞。"为描写三月江南美景之句。后因用为典实。张子容《赠司勋萧郎中》:"江山清谢朓,花木媚丘迟。"

【丘遲夢】　指南朝梁江淹梦见晋张协向自己要还一匹锦,又转以赠丘迟之事。萧昕《临风舒锦》:"既与丘迟梦,深知卓氏功。"参见"丘遲錦"。

【丘遲錦】　指南朝梁江淹梦见晋张协(字景阳)向自己要还一匹锦,又转以赠丘迟之事。见《南史·江淹传》。后因用以指有文才之典。李群玉《寄长沙许侍御》:"未把彩毫还郭璞,乞留残锦与丘迟。"司空图《少仪》:"锦窠不是寻常锦,兼向丘迟夺得来。"罗隐《送陆郎中赴阙》:"少瑜镂管丘迟锦,从此西垣使凤凰。"

【丘墳】　坟墓。韩愈《题广昌馆》:"丘坟发掘当官路,何处南阳有近亲?"元稹《古社》:"丘坟变城郭,花草仍荆榛。"马戴《白鹿原晚望》:"丘坟与城阙,草树共尘埃。"

【丘樊】　园圃。用以指隐居之处。张九龄《酬王履震游园林见贻》:"逶迤恋轩陛,萧散反丘樊。"王维《济上四贤咏·郑霍二山人》:"郑公老泉石,霍子安丘樊。"颜真卿、裴幻清《登岘山观李左相石尊联句》:"白日半岩岫,清风满丘樊。"白居易《中隐》:"大隐住朝市,小隐入丘樊。丘樊太冷落,朝市太嚣喧。不如作中隐,隐在留司官。"

【丘儒】　河南河阴(今河南郑州西北)人。曾赴举,不第。后复赴,皇甫湜为作《送丘儒序》。官终州郡长史。贾岛有《寄丘儒》。

【丘壑】　山水。后用"丘壑"指隐逸或隐居之处。李峤《刘侍读见和山邸十篇重申此赠》:"丘壑信多美,烟霞得所钦。"孟浩然《仲夏归汉南园寄京邑耆旧》:"中年废丘壑,上国旅风尘。"柳宗元《游南亭夜还叙志七十韵》:"夙抱丘壑尚,率性恣游遨。"姚鹄《将归蜀留献恩地仆射二首》之二:"自承丘壑新恩重,已分烟霞旧隐空。"

【丘牆】　子贡以孔子之墙数仞喻孔子道德学问之高深。见《论语·子张》。后因用以指师门。卢肇《将归宜春留题新安馆》:"东里如今号郑乡,西家昔日近丘墙。"曹松《及第敕下宴中献座主杜侍郎》:"得召丘墙泪却频,若无公道也无因。"亦用以称颂他人道德学问。杨巨源《酬令狐舍人》:"亦知受业公门事,数仞丘墙不见山。"姚合《和裴令公新成绿野堂即事》:"丘墙高莫比,萧宅僻还清。"

【丘禱】　谓孔子德行合于神明,胜过祈祷。见《论语·述而》。后多指祈祷消除灾殃。张九龄《洪州西山祈雨是日辄应因赋诗言事》:"丘祷虽已久,甿心难重违。"文宗《上巳日赐裴度》:"我家柱石衰,忧来学丘祷。”

【丘壠】 坟墓。李端《送马尊师》：“直上烟霞空举手，回经丘垅自伤心。”李绅《晏安寺》，“丘垅渐平连茂草，九原何处不心伤！”颜胄《适思》：“即此丘垅坏，铁心为沾缨。”

【丘隴】 同“丘壠”。刘叉《自古无长生劝姚合酒》：“丘陇逐日多，天地为我窄。”白居易《续古诗十首》之二：“驱马上丘陇，高低路不平。”唐彦谦《仲山》：“长陵亦是闲丘陇，异日谁知与仲多。”刘兼《春夕遣怀》：“休把虚名挠怀抱，九原丘陇尽侯王。”

五　画

丞 〔chéng《广韵》署陵切，平蒸，禅。〕官名。秦始置，历代沿袭。唐各监、寺、府、州、县等均置丞，辅佐行政长官。赵仁奖《句》：“令乘骢马去，丞脱绣衣来。”韩愈《感春五首》之四：“孔丞别我适临汝，风骨峭峻遗尘埃。”

【丞相】 （—xiàng）即宰相。最高行政长官。战国秦始置左右丞相，历代名号不一。唐初承隋制，以中书令、侍中、仆射为宰相；贞观初又有参议朝政、参知政事等名号；永淳以后至唐末，逐渐为同中书门下平章事所取代。玄宗《左丞相说右丞相璟太子少傅乾曜同日上官命宴东堂赐诗》：“由来丞相重，分掌国之钧。”岑参《左仆射相国冀公东斋幽居》：“丞相百僚长，两朝居此官。”杜牧《偶题》：“甘罗昔作秦丞相，子政曾为汉辇郎。”

【丞相宅】 指春秋齐景公相晏婴之宅。见《晏子春秋，内篇杂下》。钱起《奉和杜相公移长兴宅奉呈元相公》：“能卑丞相宅，何谢故人心。”

【丞相府】 丞相府第，丞相官邸。李白《嘲鲁儒》：“秦家丞相府，不重褒衣人。”白居易《奉和裴令公三月上巳日游太原龙泉忆去岁禊洛见示之作》：“丞相府归晋国，太行山碍并州。”徐铉《观吉王从谦花烛》：“花烛喧阗丞相府，星辰摇动远游冠。”

【丞相祠堂】 即诸葛武侯祠。在今成都南郊。杜甫《蜀相》：“丞相祠堂何处寻？锦官城外柏森森。”

【丞相堤】 唐天宝三载(744)，京兆尹萧炅请于要路筑甬道以通车骑，覆沙道上，名曰沙堤。凡拜相，礼绝班行，府县载沙填路，自宰相私第铺至子城东街。后遂为故事。见唐佚名《大唐传载》、唐李肇《国史补》卷下。李德裕为相，罢京兆筑沙堤。见《新唐书・李德裕传》。林宽《长安即事》：“樵童乱打金吾鼓，豪马争奔丞相堤。”

【丞相斯】 即秦丞相李斯。杜牧《杜秋娘诗》：“秦因逐客令，柄归丞相斯。”陆龟蒙《袭美先辈以龟蒙所献五百言既蒙见和复示荣唱再抒鄙怀用伸酬谢》：“嬴氏并六合，势尊丞相斯。”

【丞相閤】 指汉丞相公孙弘开东阁延贤人之事，见《汉书・公孙弘传》。后因用为宰相典实。孟浩然《荆门上张丞相》：“召南风更阐，丞相阁还开。”钱起《送王相公赴范阳》：“幕开丞相阁，旗总贰师营。”白居易《洛下送牛相公出镇淮南》：“坐移丞相阁，春入广陵城。”

【丞相樹】 沙堤旁所栽之树。李贺《沙路曲》：“柳脸半眠丞相树，珮马钉铃踏沙路。”参见“丞相堤”。

【丞郎】 唐尚书省左右丞与六部侍郎总称。刘禹锡《送张盥赴举诗》：“清时为丞郎，气力侔陶钧。”白居易《和微之诗二十三首・和自劝二首》之二：“自问有何才与术，入为丞郎出刺史。”

七　画

並1 〔bìng《广韵》蒲迥切，上迥，並。〕❶两人并排而立。朱庆余《宫词》：“寂寂花时闭院门，美人相并立琼轩。”亦泛指两物并排。张潮《采莲词》：“赖逢邻女曾相识，并著莲舟不畏风。”李颀《双笋歌送李回兼呈刘四》：“并抽新笋色渐绿，回出空林双碧玉。”杜甫《绝句六首》之四：“隔巢黄鸟并，翻藻白鱼跳。”❷并列，平列。权德舆《奉送孔十兄宾客承恩致政归东都旧居》：“能将此道助皇风，自可殊途并伊吕。”姚合《寄贾岛》：“家贫唯我并，诗好复谁知？”❸邻比。李咸用《寄题从兄坤载村居》：“邻并无非樵钓者，庄生物论宛然齐。”❹比，相比。杜甫《渼陂西南台》：“知归俗可忽，取适事莫并。”郑澣《赠毛仙翁》：“金石可并，丹青不泯。”李商隐《荷花》：“都无色可并，不奈此香何。”方干《上张舍人》：“海内芳声谁可并，承家三代相门深。”❺合并。窦巩《题剑津》：“双剑变成龙化去，两溪相并水归南。”张嗣初《赋得白云起封中》：“欲与非烟并，亭亭不散空。”钱众仲《玉壶冰》：“对月光宜并，临池影不孤。”❻相处。李山甫《山中答刘书记寓怀》：“贵门多冠冕，日与荣辱并。”❼共同，一同。独孤及《伤春赠远》：“去水流年日并驰，年光客思两相随。”白居易《想东游五十韵》：“饮思亲履舄，宿忆并衾裯。”徐夤《司直巡官无诸移到玫瑰花》：“芳菲移自越王台，最似蔷薇好并栽。”❽相同。卢纶《宝泉寺送李益端公归邠宁幕》：“恋泉将鹤并，偷果与猿同。”孟郊《春日同韦郎中使君送邹儒立少府扶侍赴云阳》：“服彩老莱并，侍车江革同。”皮日休《新秋言怀寄鲁望三十韵》：“有心同木偶，无舌并金铙。”陈中师《瑕瑜不相掩》：“让美心方并，求疵意本同。”❾如，好像。刘言史《广州王园寺伏日即事寄北中亲友》：“裛汗絺如泥，亲床枕并烧。”武元衡《送田三端公还鄂州》：“青油幕里人如玉，黄鹤楼中月并钩。”元稹《酬乐天东南行诗一百韵》:“是非浑并漆,词讼敢研朱?”❿频繁。欧阳衮《听郢客歌阳春白雪》:“连连贯珠并,袅袅遏云频。”⓫包括。刘允济《经庐岳回望江州想洛川有作》:“未若兹山功,连延并巫霍。”⓬俱,全。杜审言《和康五庭芝望月有怀》:“暂将弓并曲,翻与扇俱团。”薛据《怀哉行》:“一言并拜相,片善咸居台。”陈羽《题清镜寺留别》:“世人并道离别苦,谁信山僧轻别离。”白居易《读汉书》:“奈何西汉末,忠邪并信之。”⓭连词。及,与。吴越王钱镠《句》:“传语龙王并水府,钱塘借与筑钱城。”⓮并且。韩愈《忆昨行和张十一》:“车载牲牢瓮舁酒,并召宾客延邹枚。”⓯介词。与,同。方干《江州送李侍御归东洛》:“独乘骢马去,不并旅人还。”

並²

〔bàng《集韵》蒲浪切,去宕,並。〕❶紧紧相靠。孟浩然《题张野人园庐》:“与君园庐并,微尚颇尚同。”包佶《尚书宗兄使过诗以奉献》:“胜游如可继,还欲并园庐。”❷依随。雍陶《忆山寄僧》:“阅世数思僧并院,忆山长羡鹤归松。”❸旁边。陆龟蒙《记事》:“今来观刘获,乃在松江并。”

【並世】　同一时代。韩愈《醉留东野》:“吾与东野生并世,如何复蹑二子踪?”

【並生共蒂】　两个果实同生于一个果蒂。孟浩然《庭橘》:“并生怜共蒂,相示感同心。”

【並用】　一同进用。元稹《和李校书新题乐府十二首·五弦弹》:“五贤并用调五常,五常既叙三光耀。”

【並句】　比较诗句。元稹《和乐天赠杨秘书》:“曾因并句甘称小,不为论年便唤兄。”

【並牀】　同床。王建《归昭应留别城中》:“并床欢未定,离室思还生。”元稹《赠吕三校书》:“七年浮世皆经眼,八月闲宵忽并床。”白居易《答微之咏怀见寄》:“分袂二年劳梦寐,并床三宿话平生。”方干《孙氏林亭》:“并床欹枕逢春尽,援笔持杯到日斜。”

【並命】　同时任命。李华《杂诗六首》之六:“相旋如疾风,并命趋紫极。”张署《赠韩退之》:“白简趋朝曾并命,苍梧左宦一联翩。”权德舆《太原郑尚书远寄新诗走笔酬赠因代书贺》:“昔岁经过同二仲,登朝并命惭无用。”杨巨源《和吕舍人喜张员外自北蕃回至境上先寄二十韵》:“并命瞻鹓鹭,同心揖蕙兰。”

【並肩】　肩靠肩,并排。李咸用《和吴处士题村叟壁》:“戏日鱼呈腹,翘滩鹭并肩。”

【並房】　同室。王建《宫词一百首》之三一:“昨日教坊新进入,并房宫女与梳头。”

【並居】　共处。杜甫《戏作俳谐体遣闷二首》之一:“异俗吁可怪,斯人难并居。”

【並馬】　两马并驰。白居易《奉送三兄》:“杭州暮醉连床卧,吴郡春游并马行。”李商隐《赠子直花下》:“并马更吟去,寻思有底忙?”齐己《寄洛下王彝训先辈二首》之二:“寻常谁并马,桥上戏成篇?”

【並船】　两船并排。花蕊夫人徐氏《宫词》之二四:“兰棹把来齐拍水,并船相斗湿罗衣。”

【並冕】　两个朝官并排而立。谓同在朝做官。冕指官帽。李嘉祐《元日无衣冠入朝寄皇甫拾遗冉从弟补阙纾》:“羡君青琐里,并冕入炉烟。”权德舆《酬冯绛州早秋绛台感怀见寄》:“斋祠常并冕,官品每差肩。”刘禹锡《赴连山途次德宗山陵寄张员外》:“常时并冕奉天颜,委佩低簪彩仗间。”

【並蒂】　❶两朵共一蒂之花。温庭筠《寄渚宫遗民弘里生》:“镜清花并蒂,床冷簟连心。”❷喻夫妇、男女合欢。晁采《寄文茂》:“并蒂已看灵鹊报,倩郎早觅买花船。”

【並蒂花】　两朵共一蒂之花。喻夫妇、男女合欢。陆龟蒙《美人》:“生为并蒂花,亦有先后落。”

【並蒂芙蓉】　❶两朵共一蒂之荷花。杜甫《进艇》:“俱飞蛱蝶元相逐,并蒂芙蓉本自双。”❷喻夫妇、男女合欢。皇甫松《竹枝》词:“芙蓉并蒂一心连,花侵槅子眼应穿。”

【並駕】　齐驱并进。皮日休《鲁望昨以五百言见贻过有褒美因成一千言亦迭和之微旨也》:“齐驱不让策,并驾或争骈。”

【並頭】　❶头靠头。骆宾王《艳情代郭氏答卢照邻》:“沉沉落日向山低,檐前归燕并头栖。”成彦雄《新燕》:“减省雕梁并头语,画堂中有未归人。”❷谓男女亲昵好合。牛峤《菩萨蛮》词:“赢得一场愁,鸳衾谁并头。”

【並頭蓮】　两朵共生于一茎之莲花。《凤凰台怪和歌四首》之三(卷八六七):“寂静璇闺度岁年,并头莲叶又如钱。”

【並舉】　齐飞。张祜《周员外席上观柘枝》:“鸾影乍回头并举,凤声初歇翅齐张。”

【並翼】　比翼。刘叉《古怨》:“鸟有并翼飞,兽有比肩行。”

【並簪】　犹并冕。武元衡《奉酬中书李相公早朝于中书候传点偶书所怀》:“霄汉惭联步,貂蝉愧并簪。”朱庆余《和处州严郎中游南溪》:“看草初移屐,扪萝忽并簪。”

【並驅】　齐驱并进。温庭筠《病中书怀呈友人》:“班马方齐骛,陈雷亦并驱。”皮日休《吴中苦雨因书一百韵寄鲁望》:“论业敢并驱,量分合继躅。”

【並轡】　两马并驰。白居易《洛中春游呈诸亲友》:“并辔鞭徐动,连盘酒慢巡。”

丨　部

二　画

个〔gè《广韵》古賀切，去箇，見。〕量词。常用以指竹的单体。一个，犹一枝、一竿。韩愈《合江亭》："树兰盈九畹，栽竹逾万个。"❷近指代词。犹这。李白《秋浦歌十七首》之十五："白发三千丈，缘愁似个长。"参见"個"。❸厅堂左右的房间。王维《奉和圣制重阳节宰臣及群官上寿应制》："玉堂开右个，天乐动宫悬。"

丫〔yā《广韵》於加切，平麻，影。〕见"丫頭"。

【丫頭】❶头发梳成两歧的丫髻。刘禹锡《乐天寄忆旧游因作报白君以答》："丫头小儿荡画桨，长袂女郎簪翠翘。"❷借指女孩。刘禹锡《寄赠小樊》："花面丫头十三四，春来绰约向人时。"

【丫鬟】梳着两歧之丫髻。李商隐《柳枝五首》序："柳枝丫鬟毕妆，抱立扇下。"

三　画

丰〔fēng《广韵》敷容切，平鍾，敷。〕❶面貌丰满美好。见"丰茸❷"。❷草木繁盛貌。见"丰茸❶"。

【丰味】犹美味。唐彦谦《蟹》："漫夸丰味过蝤蛑，尖脐犹胜团脐好……西风张翰苦思鲈，如斯丰味能知否？"

【丰茸】❶草木繁盛貌。徐彦伯《淮亭吟》："君不见可怜桐柏上，丰茸桂树花满山。"元结《演兴四首·讼木魅》："木本樽兮不香，拔丰茸兮已实。"刘禹锡《和令狐相公郡斋对紫薇花》："明丽碧天霞，丰茸紫绶花。"无可《寄题卢山二林寺》："喧经泉滴沥，没履草丰茸。"❷指女子容颜丰满美好。宋之问《伤曹娘二首》之一："可怜冥漠去何之，独立丰茸无见期。"王勃《采莲曲》："裴回莲浦夜相逢，吴姬越女何丰茸。"崔颢《邯郸宫人怨》："七岁丰茸好颜色，八岁黠惠能言语。"❸亦作"丰茸"指香气浓郁。温庭筠《台城晓朝曲》："博山镜树香丰茸，袅袅浮航金画龙。"

【丰蒙】雪大貌。李群玉《春日寄友》："晴气熏樱蕊，丰蒙雪满林。"

中[1]〔zhōng〕《广韵》陟弓切，平東，知。❶位居中间。杜审言《蓬莱三殿侍宴奉敕咏终南山应制》："半岭通佳气，中峰绕瑞烟。"颜真卿《刻清远道士诗因而继作》："中岭分双树，回峦绝四邻。"杜甫《客居》："我在路中央，生理不得论。"亦指居于中心、正中。李峤《皇帝上礼抚事述怀》："云散天五色，春还日再中。"戎昱《寄许炼师》："如何说得天坛上，万里无云月在中。"韩愈《题炭谷湫祠堂》："我来日正中，悚惕思先还。"❷正。张九龄《杂诗五首》之五："生性苟不夭，香臭谁为中？"殷尧藩《喜雨》："一元和气归中正，百怪苍渊起蛰雷。"❸中午。储光羲《同王十三维偶然作十首》之一："仲夏日中时，草木看欲燋。"❹半。王勃《寒夜怀友杂体二首》之一："秋深客思纷无已，复值征鸿中夜起。"韦应物《重送丘二十二还临平山居》："岁中始再觏，方来又解携。"❺中等。陆龟蒙《上真观》："尝闻升三清，真有上中下。"亦指序列位次居中。李贺《题赵生壁》："大妇然竹根，中妇舂玉屑。"❻适中，公允。韦应物《同德寺阁集眺》："阴阳降大和，宇宙得其中。"卢仝《月蚀诗》："荧惑矍铄翁，执法大不中。"❼犹言能、可。谓适合于某种用途。杜甫《君不见简苏徯》："百年死树中琴瑟，一斛旧水藏蛟龙。"韩愈《琴操十首·龟山操》："龟之氛兮不能云雨，龟之枿兮，不中梁柱。"王建《隐者居》："何物中长食，胡麻慢火熬。"罗隐《绣》："可中用作鸳鸯被，红叶枝枝不碍刀。"❽内，里面。杜甫《解闷十二首》之十："京中旧见无颜色，红颗酸甜只自知。"戴叔伦《九日与敬处士左学士同赋采菊上东山便为首句》："却顾郡斋中，寄傲与君同。"李郢《燕蓊花》："十二街中何限草，燕蓊尽欲占残春。"易思《山中送弟方质》："山中殷勤弟别兄，兄还送弟下山行。"亦指在某一时间、空间或事物过程的范围内。杜甫《光禄坂行》："安得更似开元中，道路即今多拥隔。"韦应物《经武功旧宅》："欲去中复留，徘徊结心曲。"白居易《旱热二首》之一："复想驿路中，红尘走马使。"韦庄《听赵秀才弹琴》："巫山夜雨弦中起，湘水清波指下生。"❾内心。白居易《出府归吾庐》："炙手外炎炎，履冰中栗栗。"❿唐天宝前以十六岁以上二十岁以下的男子为中，天宝三载后以十八以上廿三以下的男子为中，参见"中男"。⓫指皇宫之中，借指朝廷，见"中使""中授"。

中²〔zhòng《广韵》陟仲切，去送，知。〕❶指箭射及目标。孟云卿《行行且游猎篇》：“所发无不中，失之如我仇。”韦应物《汉武帝杂歌三首》之三：“愕然观者千万众，举麾齐呼一矢中。”元稹《箭镞》：“夜射官中盗，中之血阑干。”李商隐《李肱所遗画松诗书两纸得四十韵》：“赤羽中要害，是非皆匆匆。”❷打中，触及。白居易《和大觜乌》：“数粒未入口，一丸已中胸。”又《新乐府·五弦弹》：“杀声入耳肤血憯，寒气中人肌骨酸。”❸指与心意相合。罗虬《比红儿诗》之四八：“轻梳小髻号慵来，巧中君心不用媒。”❹受到，遭受。韩愈《赴江陵途中寄赠翰林三学士》：“归舍不能食，有如鱼中钩。”亦指被酒所醉。欧阳炯《菩萨蛮》词之一：“晓来中酒和春睡，四支无力云鬟坠。”韩偓《伤春》：“中酒向阳成美睡，惜花冲雨觉伤寒。”“中”，亦作平声，参见“中酒”。❺相应，应合。武则天《唐明堂乐章·商音》：“律中夷则，序应收成。”李峤《麟》：“奇音中钟吕，成角喻英才。”杜甫《桥陵诗三十韵因呈县内诸官》：“遣辞必中律，利物常发硎。”❻考取，入选。范质《诫儿侄八百字》：“二十中科甲，赪尾化为虬。”

中³〔zhòng《集韵》直衆切，去送，澄。〕“仲”的古字。见“中春”“中夏”“中秋”。

【中丁】　十六至十七岁的男子。白居易《东南行一百韵寄通州元九侍御窦七校书》：“大道全生棘，中丁尽执殳。”

【中人】　❶常人，普通人。白居易《读史五首》之三：“遂使中人心，汲汲求富贵。”又《咏怀》：“高人乐丘园，中人慕官职。”❷中户，中等财产人家。玄宗《春台望》：“薄暮赏余回步辇，还念中人罢百金。”羊士谔《郡中即事》之一：“青门远忆中人产，白首闲看太史书。”陆海《讽刺》：“忽然一曲称君心，破却中人百家产。”❸指宦官、宫女等宫中侍从之人。苏颋《春晚紫微省直寄内》：“内史通宥承紫诰，中人落晚爱红妆。”司空曙《晚秋西省寄上李韩二舍人》：“赐膳中人送，余香侍女收。”❹指朝中有权势的人。殷寅《铨试后征山别业寄源侍御》：“虽承国士恩，尚乏中人援。”❺中介之人。皇甫冉《送窦十九叔向赴京》：“徒云还上国，谁为作中人？”❻内人，妻子。韩翃《送戴迪赴凤翔幕府》：“上路金羁出，中人玉箸齐。”皇甫冉《雨雪》：“徒念天涯隔，中人芳草期。”元稹《哭女樊四十韵》：“逝者何由见，中人未达情。”❼指中年。权德舆《古离别》：“迹当中人域，正性日已衰。”

【中₂人】　咬中人，叮人。白居易《蚊蟆》：“斯物颇微细，中人初甚轻。”

【中土】　❶指中原地区。孙逖《淮阴夜宿二首》之二：“宿莽非中土，鲈鱼岂我乡？”独孤及《季冬自嵩山赴洛道中作》：“皇运偶中变，长蛇食中土。”孙光宪《河传》词：“龙争虎战分中土，人无主，桃叶江南渡。”❷指中国。李绅《赠毛仙翁》：“一从仙驾辞中土，顽日昏风老无主。”潘纬《中秋月》：“影当中土正，轮对八荒平。”

【中才】　中等才能，平庸之才。张彪《杂诗》：“上德兼济心，中才不如愚。”杜荀鹤《投江上崔尚书》：“此生何路出尘埃，犹把中才谒上才。”

【中山】　❶古国名。建立于春秋，称鲜虞。战国初建都于顾（今河北定县），后为魏攻灭。复国后，迁都灵寿（今河北平山附近）。公元前296年，为赵攻灭。汉景帝置中山国，北魏置中山郡，治所在今定县。唐于此置安喜县。陈子昂《感遇诗三十八首》之四：“吾闻中山相，乃属放麑翁。”周昙《咏史诗·春秋战国门·乐羊》：“盈箧谤书能寝默，中山不是乐羊功。”❷指中山靖王。汉置中山郡，汉景帝子刘胜封于此，称中山靖王，子孙袭号七世。李白《中山孺子妾歌》：“中山孺子妾，特以色见珍。”徐夤《蜀》：“君王幸是中山后，建国如何号蜀都？”❸山名。在古中山国。以山中兔肥毫长、可制名笔闻名。李白《草书歌行》：“墨池飞出北溟鱼，笔锋杀尽中山兔。”参见“中山毫”。❹代指美酒。骆宾王《咏云酒》：“无复中山赏，空吟吴会篇。”韩翃《宴吴王宅》：“听歌吴季札，纵饮汉中山。”欧阳詹《李评事公进示文集因赠之》：“泠泠中山醇，片片昆丘璠。”陆龟蒙《酒泉》：“味既敌中山，饮宁拘一斛？”❺犹山中。王维《老将行》：“射杀中山白额虎，肯数邺下黄须儿！”

【中山君】　战国中山国君。《战国策·中山策》载：魏将乐羊攻中山，其子时在中山。中山君烹之，作羹送于乐羊。乐羊食之，终灭中山。周昙《咏史诗·春秋战国门·中山君》：“敌临烹子一何庸，激怒来军速自攻。”

【中山兔】　见“中山❸”。

【中山酒】　美酒。晁采《子夜歌十八首》之八：“中山如有酒，敢借千金价！”亦作“中山賞”。骆宾王《咏云酒》：“无复中山赏，空吟吴会篇。”

【中山毫】　用中山兔毛所制的笔。传云中山兔肥而毛长，制笔最佳，后遂以“中山毫”代指名笔。李白《殷十一赠栗冈砚》：“殷侯三玄士，赠我栗冈砚。洒染中山毫，光映吴门练。”

【中山漿】　相传产于中山的一种名酒。刘叉《冰柱》：“不为中山浆，清新馥鼻盈百车。”参见“中山❹”。

【中山賞】　见“中山酒”。

【中山孺子妾歌】　乐府诗题名。以原系赠汉中山靖王哙及孺子妾冰者，故名。孺子，幼小之称；孺子妾，指宫人。一说孺子为王妾之有品号者。李白有

《中山孺子妾歌》。

【中川】 江中，河流中。唐太宗《帝京篇》之六："桂楫满中川，弦歌振长屿。"柳宗元《游南亭夜还叙志七十韵》："中川恣超忽，漫若翔且翱。"

【中夕】 半夜，夜间。白居易《新制布裘》："中夕忽有念，抚裘起逡巡。"郑巢《送灵溪李侍郎》："中夕萧关宿，边声不可闻。"贾岛《雨夜同厉玄怀皇甫荀》："沟西吟苦客，中夕话兼思。"

【中天】 ❶天空。褚亮《奉和望月应魏王教》："层轩登皎月，流照满中天。"马戴《同州冬日陪吴常侍闲宴》："中天白云散，集客郡斋时。"刘禹锡《八月十五日夜半云开寄呈乐天》："半夜碧云收，中天素月流。"唐彦谦《秋葵》："倾阳一点丹心在，承得中天雨露多。"❷天空中心。杜甫《后出塞五首》之二："中天悬明月，令严夜寂寥。"皮日休《寒夜文宴得泉字》："吟罢不知诗首数，隔林明月过中天。"❸半空中，喻高。许敬宗《奉和圣制登三台言志应制》："中天表云榭，载极耸昆楼。"武元衡《长安叙怀寄崔十五》："汉家宫阙在中天，紫陌朝臣车马连。"刘驾《古出塞》："中天有高阁，图画何时歇?"方干《题应天寺上方兼呈谦上人》："中天坐卧见人寰，峭石垂藤不易攀。"❹传说中的天境仙界。白居易《曲江醉后赠诸亲故》："中天或有长生药，下界应无不死人。"严含质《题壁》："丹飞先生严含质，谪下中天被斑革。"❺旧以朝代兴衰为天运气数的表征，故以"中天"表示天运气数的鼎盛期。亦借指朝廷。崔融《哭蒋詹事俨》："镇国山基毁，中天柱石颓。"张演《武侯墓》："有才真命世，无地与中天。"李绛《省试恩赐耆老布帛》："涣汗中天发，殊私海外存。"❻指中天台。李商隐《赠宇文中丞》："欲构中天正急材，自缘烟水恋平台。"参见"中天臺"。

【中天臺】 古代建筑名。历史记载有三：一指周穆王为西极国化人所筑，其高千仞，临终南之上，号曰中天之台，详见《列子》；一指楚王所作中天之台，详见贾谊《新书》；一指魏襄王曾打算兴建、终因许绾谏阻而未建的中天台，详见刘向《新序》。李商隐《河阳诗》："黄河摇落天上来，玉楼影近中天台。"

【中元】 亦称"中元节"。指阴历七月十五日。传说目莲救母时，佛言须于七月十五日具百味五果著盆中，供养十方大德佛。后佛教于此日作"盂兰盆会"，道教作"玄都大献"。唐代此日禁屠宰，京城张灯、大设道场，士民出游，成为盛会。王建《宫词一百首》之二六："看著中元斋日到，自盘金线绣真容。"殷尧藩《中元日观道士步虚》："上界秋光净，中元夜气清。"齐己《经吴平观》："中元斋醮后，残烬满空坛。"花蕊夫人《宫词》之一三一："法云寺里中元节，又是官家诞降辰。"

【中元節】 见"中元"。

【中五】 指五行中的土运。旧以木火土金水五行与东南中西北五方相配，"中"配五行中的"土"，故称"中五"。唐代宗《梦黄衣童子歌》："中五之德方峨峨，胡胡呼呼何奈何?"

【中夭】 中途夭折。陈子昂《乐生》："雄图竟中夭，遗叹寄阿衡。"

【中分】 剖分，从中间分隔为二。李白《登金陵凤凰台》："三山半落青天外，二水中分白鹭洲。"白居易《夜闻贾常州崔湖州茶山境会想羡欢宴因寄此诗》："盘下中分两州界，灯前合作一家春。"孟迟《乌江》："中分岂是无遗策，百战空劳不逝骓。"刘得仁《送姚合郎中任杭州》："水陆中分程，看花一月行。"

【中方】 中心方位。薛能《三学山开照寺》："尽室遍相将，中方上下方。"亦指内里、深处。吴融《山僧》："近嫌俗客知踪迹，拟向中方断石层。"

【中心】 ❶心中，内心。王勃《倬彼我系》："静言遐思，中心是愧。"钱起《县内水亭晨兴听讼》："昨夜明月满，中心如鹊惊。"牟融《谢惠剑》："浩气中心发，雄风两腋生。"齐己《闭门》："中心自明了，一句祖师言。"❷正中央，中间部位。白居易《感春》："巫峡中心郡，巴城四面春。"张祜《黄蜀葵花》："无奈美人闲把嗅，直疑檀口印中心。"周匡物《古镜歌》："明月中心桂不生，轻冰面上菱初吐。"徐夤《题福州天王阁》："三门里面千层阁，万井中心一朵山。"

【中巴】 三巴之一。东汉刘璋始分三巴，以云阳、奉节等地为东巴，阆中县境为西巴，巴县至忠县一带为中巴。杜甫《夔州歌十绝句》之一："中巴之东巴东山，江水开辟流其间。"

【中允】 官名。东宫事务官之一。属詹事府左春坊，掌太子所居之东宫侍从礼仪等事。唐高宗时曾改称为左赞善大夫。杜甫《奉赠王中允》："中允声名久，如今契阔深。"卢纶有《秋晚河西县楼送恽中允赴朝阙》。杨巨源有《赠浑钜中允》。

【中古】 唐代人谓夏、商、周为中古。张乔《送龙门令刘沧》："峭碧开中古，长河落半天。"贯休《上裴大夫二首》之二："一弹四时和，再弹中古清。"又《寿春节进》："出震同中古，承乾动四夷。"

【中田】 田中。钱起《观村人牧山田》："中田聚黎甿，反景空村落。"韩愈《和李相公摄事南郊览物兴怀呈一二知旧》："村树黄复绿，中田稼何饶。"

【中央】 ❶平面的中心位置。韦应物《弹棋歌》："客为歌其能，请从中央起。"鲍溶《沛中怀古》："高台何巍巍，行殿起中央。"曹邺《吴宫宴》："四面铿钟鼓，中央列罗绮。"❷中间。指处于某一范围、面积之内。杜甫《滟滪堆》："巨积水中央，江寒出水长。"刘禹锡

《采菱行》:"荡州游女满中央,采菱不顾马上郎。"章孝标《日者》:"十指中央了五行,说人休咎见前生。"❸中分某一物体或面积的部位。李颀《送刘四》:"青槐罗四面,渌水贯中央。"白居易《井底引银瓶》:"石上磨玉簪,玉簪欲成中央折。"

【中令】 ❶中书令之略称。许浑《出永通门经李氏庄》:"力保山河家又庆,只应中令敌汾阳。"罗隐有《隐尝在江陵忝故中令白公叨蒙知遇今复重过渚宫遂成长句》。❷指夏秋之交时节。皎然《酬薛员外谊苦热行见寄》:"中令霜不袚,大余气常贞。"

【中外】 ❶朝廷内外,中央与地方。陈希烈《奉和圣制三月三日》:"皇情群万物,中外洽恩光。"欧阳詹《咏德上韦检察》:"中外行分途,寰瀛待清谧。"李频《朔中即事》:"自古边功何不立,汉家中外自相疑。"❷指中表亲。李颀《送崔婴赴汉阳》:"中外相连弟与兄,新加小县子男名。"杜甫《别李义》:"中外贵贱殊,余亦忝诸孙。"张彪《北游还酬孟云卿》:"与君宿姻亲,深见中外怀。"❸中国和外国。辛常伯《军中行路难》:"中外分区宇,夷夏殊风土。"元稹《连昌宫词》:"燮理阴阳禾黍丰,调和中外无兵戎。"

【中司】 指御史中丞。为御史台的副长官,负责纠弹百官过失。刘长卿《至德三年春寄上浙西节度李侍郎中丞行营五十韵》:"八使推邦彦,中司案国程。"皇甫冉《送魏中丞还河北》:"上国风尘旧,中司印绶荣。"无可《送薛重中丞充太原副使》:"中司出华省,副相晋阳行。"

【中台】 ❶星名。白居易《司徒令公分守东洛寄献以抒下情》:"天上中台正,人间一品高。"李群玉《宝剑》:"自从星拆中台后,化作双龙去不归。"❷汉代以三台星喻太尉、司徒、司空三公之位,中台比司徒,后亦以指宰相。王维《故太子太师徐公挽歌四首》之四:"久践中台座,终登上将坛。"李白《送岑征君归鸣皋山》:"奕世皆夔龙,中台竟三拆。"李商隐《送千牛李将军赴阙五十韵》:"中台终恶直,上将更要盟。"李建勋《离阙下日感恩》:"二年尘冒处中台,喜得南归退不才。"

【中旨】 朝廷的旨诏。苏颋《奉和圣制漕桥东送新除岳牧》:"上才膺出典,中旨念分官。"薛逢《宣政殿前陪位观册顺宗宪宗皇帝尊号》:"金泥照耀传中旨,玉节从容引上台。"罗隐《使者》:"使者衔中旨,崎岖万里行。"

【中曲】 乐曲之中段。韦应物《五弦行》:"中曲又不喧,徘徊夜长月当轩。"

【中年】 指四五十岁年龄。沈佺期《饯高唐州询》:"弱冠相知早,中年不见多。"李白《赠王判官时余归隐居庐山屏风叠》:"中年不相见,蹭蹬游吴越。"顾非熊《冬日寄蔡先辈校书京》:"弱冠下茅岭,中年道不行。"方干《哭喻凫先辈》:"日夜役神多损寿,先生下世未中年。"亦特指半百年纪,五十岁正。张九龄《和黄门卢监望秦始皇陵》:"中年既无效,兹地所宜复。"齐己《自勉》:"试算平生事,中年欠五年。"或指五十多岁。白居易《思旧》:"或疾或暴夭,悉不过中年。"

【中休】 谓中间休息。韩愈、孟郊《斗鸡联句》:"中休事未决,小挫势益倍。"

【中伏】 亦称二伏。夏季三伏的第二个伏日,即夏至后的第四个庚日。为夏季最热之时。李颀《送綦毋三谒房给事》:"晚景南路别,炎云中伏初。"皎然《奉和陆使君长源水堂纳凉》:"六月正中伏,水轩气常凄。"

【中行】 (—xíng)❶指言行合乎儒家中庸之道的人。唐彦谦《送樊琯司业归朝》:"夫君居太学,妙誉继中行。"❷唐代尚书省所隶六部分为三行:兵部、吏部为前行,工部、礼部为后行,中行则指刑部、户部。官员提升多依后、中、前行次序。郑谷《感怀投时相》:"待漏敢辞称小吏,立班犹未出中行。"又《故许昌薛尚书能尝为都官郎中仰继前贤荣惕在衷遂赋自贺》:"他日节旄如可继,不嫌曹冷在中行。"❸人名。指春秋晋大夫中行寅,亦称荀寅。周昙《咏史诗·春秋战国门·豫让》:"中行、智伯思何异,国士终期国士酬。"

【中州】 ❶指古豫州(今河南省一带)。张籍《洛阳行》:"洛阳宫阙当中州,城上峨峨十二楼。"❷中原。指黄河流域。宋之问《游法华寺》:"古今信灵迹,中州莫与京。"王昌龄《出郴山口至叠石湾野人室中寄张十一》:"郴土群山高,耆老如中州。"李德裕《阳给事》:"宋氏远家左,豺狼满中州。"吴融《金陵怀古》:"玉树声沉战舰收,万家冠盖入中州。"❸泛指中国。李白《赠清漳明府侄聿》:"我李百万叶,柯条布中州。"王维《奉和圣制暮春送朝集使归郡应制》:"宸章类河汉,垂象满中州。"

【中印】 亦称中印国。中印度的省称。因系佛教之国,故亦借指禅林。陆龟蒙《奉和袭美夏景无事因怀章来二上人次韵》:"山重海澹怀中印,月冷风微宿上方。"又《奉和袭美太湖诗二十首·雨中游包山精舍》:"手携鞞铎佉,若在中印国。"

【中旬】 一个月的中间十天,即十一日至二十日。王建《和元郎中从八月十二至十五夜玩月五首》之一:"半秋初入中旬夜,已向阶前守月明。"李商隐《和韦潘前辈七月十二夜泊池州城下先寄上李使君》:"桂含爽气三秋首,蓂吐中旬二叶新。"张祜《正月十五夜灯》:"千门开锁万灯明,正月中旬动帝京。"

【中色界】 即"色界"。佛教所说三界之一。佛教把世俗世界划分为欲界、色界、无色界三界。欲界最下，为尚未脱离食欲、淫欲的俗人所居；无色界最上，为修“四无色定”禅法者死后转生之境，色界居中，为已脱离食、淫二欲而仍未能脱离物质的众生所居。李绅《开元寺石》：“攒立宝山中色界，散周香海小轮围。”

【中宇】 天宇之中，天上。则天皇后《唐大飨拜洛乐章·归和》：“言旋云洞兮蹑烟涂，永宁中宇兮安下都。”

【中丞】 指御史中丞。御史台中仅次于御史大夫之长官，掌纠弹百官过失。储光羲《晚次东亭献郑州宋使君文》：“侍郎跨方朔，中丞蔑周处。”杜甫《奉送蜀州柏二别驾因示从弟行军司马佐》：“中丞问俗画熊频，爱弟传书彩鹢新。”韩愈《合江亭》：“中丞黜凶邪，天子闵穷饿。”郑谷《寄献狄右丞》：“身为醉客思吟客，官自中丞拜右丞。”

【中牟】 春秋时晋国地名。在今河南省汤阴县牟山侧，为赵献侯迁都之处。周昙《咏史诗·春秋战国门·襄子》：“叛亡能退修文德，果见中牟以义归。”

【中牟县】 唐县名。春秋属郑地。汉置中牟县。隋称圃田。唐武德元年改中牟，属汴州；龙朔二年，改属郑州。地当今河南中牟。窦群有《中牟县经鲁公庙》。

【中邦】 中国。语出《尚书·禹贡》：“成赋中邦。”权德舆《和王侍郎病中领度支烦迫之余过西园书堂闲望》：“中邦均禹贡，上药验桐君。”

【中男】 唐天宝时指十八至二十二岁的男子。据《新唐书·食货志上》载，天宝三载(744)制，以十八岁以上为中男，二十三以上成丁。杜甫《新安吏》：“府帖昨夜下，次选中男行。中男绝短小，何以守王城?”

【中私】 犹衷情，内心感情。齐己《戊辰岁江南感怀》：“忽忽动中私，人间何所之?”

【中兵】 指京畿部队。耿湋《送绛州郭参军》：“连行曲水阁，独入议中兵。”

【中坐】 坐中，谓坐着时或在座时。孟浩然《登江中孤屿赠白云先生王迥》：“夕阳开返照，中坐兴非一。”李贺《申胡子觱篥歌》：“心事如波涛，中坐时时惊。”

【中孚】 ❶《易》卦名，兑下巽上。后遂以“中孚”指诚信。钱起《寄任山人》：“独抱中孚爻，谁知苦寒咏。”卢仝《观放鱼歌》：“《礼》重一草木，《易》卦称中孚”。又因中孚卦吉，故以指吉利之卦。权德舆《卦名诗》：“中孚谅可乐，书此示家人。”❷唐金陵高座寺僧名，为李白之族侄。白有《登梅冈望金陵赠族侄高座寺僧中孚》与《答族侄僧中孚赠玉泉仙人掌茶》。❸唐诗人吉中孚之名。韦应物有《春宵燕万年吉少府中孚南馆》。

【中序】 《霓裳羽衣曲》中之一段，在散序六遍之后。散序无拍，中序始有拍，故又称拍序。白居易《霓裳羽衣歌》：“中序擘騞初入拍，秋竹竿裂春冰拆。”

【中表】 表亲。指与姑、舅、姨的子女或与姑奶、姨奶、舅爹的子女之间的亲戚关系。如表兄弟、表姐妹、表叔、表婶等。郑谷《访题表兄王藻渭上别业》：“中表人稀离乱后，花时莫惜重相携。”包颖《和徐鼎臣见寄》：“平生中表最情亲，浮世那堪聚散频。”郑光业有《纪中表试案》。

【中林】 山野、山林之中。刘长卿《送道标上人归南岳》：“悠然倚孤棹，却忆卧中林。”韦应物《答冯鲁秀才》：“晨坐枉琼藻，知子返中林。”白居易《及第后忆旧山》：“偶献《子虚》登上第，却吟《招隐》忆中林。”郑谷《宜春再访芳公因赋长言》：“顾渚一瓯春有味，中林话旧亦潸然。”

【中林士】 山野隐逸之人。王绩《田家三首》之二：“自得中林士，何忝上皇人。”王维《郑霍二山人》：“岂乏中林士，无人荐至尊。”储光羲《山中贻崔六琪华》：“无人暂往来，独作中林士。”杜甫《三川观水涨二十韵》：“因悲中林士，未脱众鱼腹。”

【中門】 指分隔内室与外室的门。张潮《江风行》：“惠好一何深，中门不曾出。”白居易《重到毓村宅有感》：“欲入中门泪满巾，庭花无主两回春。”韩偓《偶见》：“见客入来和笑走，手搓梅子映中门。”

【中和】 ❶指中和节。唐德宗《中和节赐群臣宴赋七韵》：“中和纪月令，方与天地长。”王季友《皇帝移晦日为中和节》：“皇心不向晦，改节号中和。”陈羽《和王中丞中和日》。“节应中和天地晴，繁弦叠鼓动高城。”参见“中和節”。❷儒家所主张的一种使天下万物达于和谐状态的境界。张九龄《临泛东湖》：“乐职在中和，灵心挹上善。”高适《同朱五题卢使君义井》：“上善滋来往，中和浃里闾。”白居易《闻歌妓唱严郎中诗因以绝句寄之》：“已留旧政布中和，又付新词与艳歌。”鲍溶《子规》：“古风失中和，衰代因郑卫。”

【中和節】 唐德宗贞元五年，诏废原正月晦日节，改二月朔日(初一)为中和节。逢此日官进农书，民间酿宜春酒祭勾芒神，或以百谷瓜果相赠。唐德宗《中和节日宴百僚赐诗》：“肇兹中和节，式庆天地春。”李泌《奉和圣制中和节曲江宴百僚》：“风俗时有变，中和节惟新。”罗隐《县斋秋晚酬友人朱瓒见寄》：“中和节后捧琼瑰，坐读行吟数月来。”

【中和樂舞】 (乐 yùe)唐乐舞名。德宗定二月初一为中和节。贞元十四年，德宗复据昭义军节度使王虔休所进《继天诞圣乐》自制中和乐舞。《全唐诗》卷十五有《舞曲歌辞·中和乐舞词》。

【中岳】 同“中嶽”。王建《行宫词》：“休封中岳六十年，行宫不见人眼穿。”顾非熊《天津桥晚望》：“云收中岳近，钟出后宫微。”许棠《早发洛中》：“云增中岳大，树隐上阳遥。”

【中使】 王宫内派出的使者，多为宦官。宋之问《鲁忠王挽词三首》之三：“故人悲宿草，中使惨晨笳。”杜甫《诸将五首》之五：“正忆往时严仆射，共迎中使望乡台。”韩愈《赴江陵途中赠寄三学士》：“中使临门遣，顷刻不得留。”徐夤《献内翰杨侍郎》：“丹凤诏成中使取，白龙香近圣君来。”

【中京】 京都。唐指长安。许敬宗《奉和初春登楼即目应诏》：“旭日临重壁，天眷极中京。”陈子昂《送著作佐郎崔融等从梁王东征》序：“写中京之望，纵候亭之赏。”贺朝《从军行》：“逆胡乘月寇边城，军书插羽刺中京。”慧宣《奉和窦使君同恭法师咏高僧二首·释僧肇》：“徽音闻庐岳，精难动中京。”

【中夜】 半夜。张九龄《感遇十二首》之九：“抱影吟中夜，谁闻此叹息。”钱起《冬夜题旅馆》：“严冬北风急，中夜哀鸿去。”贾岛《口号》：“中夜忽自起，汲此百尺泉。”皮日休《宿报恩寺水阁》：“寺锁双峰寂不开，幽人中夜独裴回。”

【中夜舞】 犹闻鸡起舞。见《晋书·祖逖传》。后遂以“闻鸡起舞”喻志士勤奋自励。杜甫《伤春五首》之五：“得无中夜舞，谁忆《大风歌》!”

【中宗】 唐中宗皇帝李显。唐高宗第七子。嗣圣元年(684)即位后，被武则天废为卢陵王。神龙元年(705)复位。在位六年。白居易《新乐府·城盐州》：“吾闻高宗中宗世，北虏猖狂最难制。”

【中官】 指宫内宦官。王建《霓裳辞十首》之四：“宣与书家分手写，中官走马赐功臣。”白居易《江南遇天宝乐叟》：“唯有中官作宫使，每年寒食一开门。”韩偓《苑中》：“外使调鹰初得按，中官过马不教嘶。”

【中阿】 山阿之中。阿，丘陵或山湾。张九龄《和黄门卢监望秦始皇陵》：“上宰议扬贤，中阿感桓速。”

【中春】 春季的中间一日，即农历二月十五日。德宗有《中春麟德殿会百僚观新乐诗》。徐凝《二月望日》：“长短一年相似夜，中秋未必胜中春。”齐己有《中春怆怀寄二三知己》。

【中$_3$春】 仲春。中同“仲”。春季的中间一个月，即阴历二月。杜牧《怀钟陵旧游四首》之二：“滕阁中春绮席开，柘枝蛮鼓殷晴雷。”子兰《长安伤春》：“霜陨中春花半无，狂游恣饮尽凶徒。”

【中要】 宦官而居要位者。元稹《五弦弹》：“水精帘外教贵嫔，玳瑁筵心伴中要。”

【中面】 水面中央。白居易《玩止水》：“中面红叶开，四隅绿萍委。”

【中秋】 指阴历八月十五日。刘禹锡《奉和中书崔舍人八月十五夜玩月二十韵》：“暮景中秋爽，阴灵既望圆。”徐放《奉和武相公中秋锦楼玩月得来字》：“玉露中秋夜，金波碧落开。”韦庄《送李秀才归荆溪》：“八月中秋月正圆，送君吟上木兰船。”殷文圭《八月十五夜》：“万里无云镜九州，最团圆夜是中秋。”

【中$_3$秋】 秋季之中间一月，即农历八月。中，同“仲”。顾况《望初月简于吏部》：“泬寥中秋夜，坐见如钩月。”

【中$_2$律】 ❶合乎法则。唐太宗《月晦》：“晦魄移中律，凝暄起丽城。”❷合乎诗律。杜甫《桥陵诗三十韵因呈县内诸官》：“遣辞必中律，利物常发硎。”

【中$_2$風】 旧时谓中邪如患疯癫。杜甫《上水遣怀》：“穷迫挫曩怀，常如中风走。”中医学以中风指脑血管意外之类的疾病，如口眼歪邪、半身不遂等，与此有别。

【中盈】 自满，或自身的名利禄位等满溢过度。杜审言《春日江津游望》：“谷王常不让，深可戒中盈。”

【中$_2$度】 符合标准，符合要求。卢仝《月蚀诗》：“药成满臼不中度，委任白兔夫何为!”

【中洲】 ❶洲中。李白《捣衣篇》：“万里交河水北流，愿为双燕泛中洲。”皎然《奉和陆使君长源夏月游太湖》：“中洲暂采蘋，南郡思剖竹。”❷传说中的海中仙岛。李颀《送暨道士还玉清观》：“中洲俄已到，至理得而闻。”

【中$_3$宣棋】 中，同“仲”。仲宣，三国魏王粲字。据《三国志·魏志·王粲传》载：观人围棋，局坏，粲为覆之。后遂以“仲宣覆棋”喻惊人的记忆力或才干。

【中軍】 ❶主帅亲自统率的军队。春秋时军队分上、中、下三军。中军由主帅直接统率。唐代因以中军泛指将帅所率之军队。戎昱《出军》：“中军一队三千骑，尽是并州游侠儿。”李益《观骑射》：“边头射雕将，走马出中军。”贯休《古塞上曲七首》之二：“中军杀白马，白日祭苍苍。”❷指主帅。岑参《北庭西郊候封大夫受降回军献上》：“西郊候中军，平沙悬落晖。”李贺《贵主征行乐》：“中军留醉河阳城，娇嘶紫燕踏花行。”❸主帅的营帐。高适《酬河南节度使贺兰大夫见赠之作》：“高阁凭栏槛，中军倚旆旌。”引申指主帅之幕府。朱庆余《送盛长史》：“职处中军要，官兼上佐荣。”李商隐《三月十日流杯亭》：“身属中军少得归，木兰花尽失春期。”❹朝廷授命出征之军队。杜审言《和李大夫嗣真奉使存抚河东》：“中军归战敌，外府绝兵权。”裴漼《奉和圣制旋师喜捷》：“中军才受律，妖寇已亡精。”卢从愿《奉和圣制送张说巡边》：“上将发文昌，中军静朔方。”

【中軒】 轩中。轩，有窗槛的走廊或小室。卢纶

《上巳日陪齐相公花楼宴》:"晨霞耀中轩,满席罗金琼。"项斯《春日题李中丞樊川别墅》:"上路移时立,中轩隔宿来。"

【中夏】 华夏,中国。李峤《奉使筑朔方六州城率尔而作》:"顾无庙堂策,贻此中夏殃。"贾至《自蜀奉册命往朔方途中呈韦左相文部房尚书门下崔侍郎》:"胡羯乱中夏,銮舆忽南巡。"胡直钧《太常观阅骠国新乐》:"何事留中夏,长令表化淳。"方干《上杭州姚郎中》:"借问公方与文道,而今中夏更传谁?"

【中$_3$夏】 仲夏,即阴历五月。皇甫冉《沣水送郑丰鄠县读书》:"麦秋中夏凉风起,送君西郊及沣水。"皮日休《吴中苦雨因书一百韵寄鲁望》:"须权元化柄,用拯中夏酷。"

【中原】 ❶指黄河流域,唐京师长安与东都洛阳一带。刘长卿《贾侍郎自会稽使回因书数事率成十韵》:"上国悲芜梗,中原动鼓鼙。"杜甫《村夜》:"中原有兄弟,万里正含情。"李商隐《漫成五章》之五:"两都耆旧偏垂泪,临老中原见朔风。"徐夤《读汉纪》:"布衣空手取中原,劲卒雄师不足论。"❷指中国。杜牧《华清宫三十韵》:"昔帝登封后,中原自古强。"詹敦仁《劝王氏入贡宠予以官作辞命篇》:"争霸图王事总非,中原失统可伤悲。"谭用之《贻南康陈处士陶》:"时人莫笑非经济,还待中原致太平。"

【中原逐鹿】 喻群雄争夺天下。语出《史记·淮阴侯列传》:"秦失其鹿,天下共逐之。"魏征《述怀》:"中原初逐鹿,投笔事戎轩。"王绩《过汉故城》:"中原逐鹿罢,高祖郁龙骧。"温庭筠《过五丈原》:"下国卧龙空误主,中原逐鹿不因人。"刘兼《咸阳怀古》:"七国斗鸡方贾勇,中原逐鹿更争雄。"

【中時】 ❶中午,午时。朱庆余《送僧往太原谒李司空》:"中时过野店,后夜宿寒林。"❷古代以五行与季节相配,以金、木、水、火,分别配秋、春、冬、夏。另以立秋前十八日配土,称"中央时",简称中时。后因以泛指夏秋之交或夏末。贾岛《送僧》:"中时山果熟,后夏竹阴繁。"

【中峯】 ❶主峰。王维《终南山》:"分野中峰变,阴晴众壑殊。"白居易《天坛峰下赠杜录事》:"年颜气力渐衰残,王屋中峰欲上难。"张乔《游华山云际寺》:"少华中峰寺,高秋众景归。"❷峰中,山中。李端《云际中峰居喜见苗发》:"自得中峰住,深林亦闭关。"张蠙《宿山寺》:"中峰半夜起,忽觉在青冥。"

【中$_2$矩】 符合矩尺规范。杜元颖《赋得玉水记方流》:"中矩皆明德,同方叶至柔。"

【中氣】 中和之气。皎然《答郑方回》:"高秋日月清,中气天地正。"

【中秩】 中级官职。卢照邻《元日述怀》:"筮仕无中秩,归耕有外臣。"

【中秘書】 即秘书省,为掌管宫廷藏书的机构。常衮《晚秋集贤院即事寄徐薛二侍郎》:"穆穆上清居,沉沉中秘书。"白居易《读张籍古乐府》:"愿藏中秘书,百代不湮沦。"

【中留】 留中,停留之时。张九龄《九月九日登龙山》:"极远何萧条,中留坐惆怅。"

【中席】 居于中间位置的席位。张九龄《龙门旬宴得月字韵》:"中席傍鱼潭,前山倚龙阙。"

【中畝】 亩中,田间。吴筠《高士咏·柏成子高》:"万乘造中亩,一言良见酬。"

【中庭】 庭院中。岑参《太白东溪张老舍即事寄舍弟侄等》:"中庭井阑上,一架猕猴桃。"戴叔伦《荔枝》:"十年结子知谁在,自向中庭种荔枝。"白居易《秋房夜》:"云露青天月漏光,中庭立久却归房。"

【中座】 座中。指所坐之处。杜甫《奉观严郑公厅事岷山沱江画图十韵》:"沱水流中座,岷山到此堂。"姚康《奉陪段相公晚夏登张仪楼》:"池景摇中座,山光接上台。"

【中悒】 内心的郁闷。韩愈、孟郊、李翱《远游联句》:"外患萧萧去,中悒稍稍瘳。"

【中酒】 犹中饮。谓饮酒半酣而不至醉。顾况《送韦秀才赴举》:"鄱阳中酒地,楚老独醒年。"戴叔伦《寄司空曙》:"林花落处频中酒,海燕飞时独倚楼。"

【中$_2$酒】 醉酒,病酒。岑参《与独孤渐道别长句兼呈严八侍御》:"中酒朝眠日色高,弹棋夜半灯花落。"王建《赠溪翁》:"伴僧斋过夏,中酒卧经旬。"薛能《春咏》:"狂瘦未曾餐有味,不缘中酒却缘诗。"刘兼《春昼醉眠》:"处处落花春寂寂,时时中酒病恹恹。"

【中流】 水流之中。贺知章《采莲曲》:"莫言春度芳菲尽,别有中流采芰荷。"严维《秋夜船行》:"中流何寂寂,孤棹也依依。"李善夷《大堤曲》:"日暮行人争渡急,桨声幽轧满中流。"齐己《秋江》:"两岸山青映,中流一棹声。"

【中宵】 半夜,夜间。李白《豳歌行上新平长史兄粲》:"中霄出饮三百杯,明朝归揖二千石。"卢伦《夜中得循州赵司马侍郎书因寄回使》:"瘴海寄双鱼,中霄达我居。"韩愈《苦寒》:"中霄倚墙立,淫泪何渐渐。"皮日休《寒日书斋三首》之一:"空庭好待中宵月,独礼星辰学步罡。"

【中宫】 ❶宫中。王建《宫词百首》之六一:"中宫传旨音声散,诸院门开触处行。"张随《敕赐三相马》:"上苑骅骝出,中宫诏命传。"❷指五行中的"土"位。因土居五行的中央,故称。吕岩《七言》之十五:"栽培全赖中宫土,灌溉须凭上谷泉。"又《题桐柏山黄先生庵门》:"浮沉升降人中宫,四象五行齐见土。"

【中郎】 ❶"中郎督"之省称。王绩《赠李征君大寿》:"孔淳辞散骑,陆昶谢中郎。"朱庆余《羽林郎》:"宅将公主同时赐,官与中郎共日除。"❷指郎中。因汉中郎与郎中、议郎、侍郎俱属郎官,故称。岑参《送张郎中赴陇右觐省卿公》:"中郎凤一毛,世上独贤豪。"韦庄《冬日长安感志寄献虢州崔郎中二十韵》:"观星始觉中郎贵,问俗方知太守廉。"❸指汉蔡邕。因蔡邕曾任中郎将,故称。或用蔡倒屣迎王粲事:萧颖士《仰答韦司业垂访五首》之五:"中郎何为者,倒屣惊座宾。"孟浩然《送张参明经举兼向泾州觐省》:"四座推文举,中郎许仲宣。"或用蔡取柯亭竹制笛事。胡曾《柯亭》:"中郎在世无甄别,争得名垂尔许年。"或指蔡善八分书。杜甫《李潮八分小篆歌》:"岂如吾甥不流宕,丞相中郎丈人行。"张祜《题酸枣驿前碑》:"苍苔古涩自雕疏,谁道中郎笔力余!"❹指荀羡。据《晋书・荀崧传》,荀羡尚寻阳公主,后为北中郎将,时年二十余。后遂常以之比年少得志者。李商隐《令狐八拾遗见招送裴十四归华州》:"二十中郎未足稀,骊驹先自有光辉。"又《送千牛李将军赴阙五十韵》:"中郎推贵婿,定远重时英。"❹指汉苏武。见"中郎節"。❺指晋潘岳。见"中郎作賦"。

【中郎有女】 东汉蔡邕曾为中郎将,人称蔡中郎。其女蔡文姬承其才学,以作《胡笳十八拍》而闻名。后遂以"中郎有女"为咏女传父业之典。韩愈《游西林寺题萧二郎中旧堂》:"中郎有女能传业,伯道无儿可保家。"

【中郎將】 武官名。秦置,汉魏沿之。唐代十六卫中凡内府兵均由中郎将统率,分别有亲卫、勋卫、翊卫中郎将。不领府兵之左右监门卫、左右千牛卫亦设中郎将统率。其阶为正四品,掌禁卫宫禁与皇城。《全唐诗外编下》有无名氏《摄中郎将作诗》。

【中郎節】 据《汉书・苏武传》载,苏武于天汉元年(前100)奉命以中郎将出使匈奴被扣,历十九年不屈。始元六年(前81)终返朝。后遂以"中郎节"指苏武威武不屈的民族气节。张祜《读西汉书十四韵》:"忍愤中郎节,残形太史篇。"

【中郎赋成】 晋潘岳作有《谢雉赋》,潘又曾任虎贲中郎将,故后遂以"中郎赋成"为咏雉之典。李峤《雉》:"童子怀仁至,中郎作赋成。"

【中扆】 指朝廷或天子。扆,帝王宫殿中设在通后室的东窗西门之间的屏风。皎然《因游支硎寺寄邢端公》:"中扆怀殊政,南州伫小康。"

【中書】 ❶中书令之省称。孙逖有《奉和李右相中书壁画山水》。❷中书侍郎之省称。丁仙芝有《赠朱中书》。❸中书省之省称。崔湜《景龙二年余自门下平章事削阶寻拜襄州刺史途中言志》:"吏部既三践,中书亦五期。"白居易《因梦得题公垂所寄蜡烛因寄公垂》:"却寄两条君令取,明年双引入中书。"郑畋《五月一日紫宸候对时属禁直穿内而行因书六韵》:"有人从翰苑,穿入内中书。"

【中書令】 官名。汉武帝始置,掌传宣诏令,由宦者充任。魏晋时权同宰相。唐为中书省长官,一度改称右相,或称内史、紫微令、左相。与尚书省之仆射、门下省之侍中并称三省长官,俱为宰相。故后亦以中书称宰相。皇甫澈有《中书令汉阳王张柬之》。温庭筠有《中书令裴公挽歌词二首》、吴融有《太保中书令军前新楼》。

【中書侍郎】 官名。晋始置,为中书省长官之副职。唐初曾改称西台侍郎、凤阁侍郎。因唐中书令一职常从阙,故中书侍郎常为中书省之实际长官,或以中书侍郎同中书门下平章事为宰相。宋之问有《饯中书侍郎来济》。

【中書舍人】 官名。魏始置中书通事舍人,梁改称中书舍人,掌草拟诏旨。唐因之,多以有文学资望者充任。因参与机要,权位甚重,常可直接升任宰相。岑参有《奉和中书舍人贾至早朝大明宫》。白居易有《初罢中书舍人》。

【中書省】 官署名。魏始置。晋、南北朝因之。唐曾改称西台、凤阁、紫微省,后复旧名,别称右台。以中书令为长官,下设侍郎、中书舍人、右散骑常侍、起居舍人、右补阙、右拾遗等员(德宗时增设谏议大夫)。与门下省、尚书省并称三省,为中央行政机构。重要诏书均由中书省撰拟,送门下省审覆后转尚书省执行。韦承庆有《直中书省》。

【中書郎】 中书侍郎之省称。白居易《寓意诗》之二:"赫赫京内史,炎炎中书郎。"

【中書堂】 中书省之政事堂,为唐宰相议事之处。杜甫《莫相疑行》:"集贤学士如堵墙,观我落笔中书堂。"

【中$_2$規】 符合规格、要求。白居易《寓意诗五首》之一:"天子建明堂,此材独中规。"

【中掖】 宫掖,宫中。宋璟《奉和御制赐诗应制》:"太常陈礼乐,中掖降簪裾。"白居易《病中辱张常侍题集贤院诗因以继和》:"骑省通中掖,龙楼隔上台。"

【中乾】 谓体内干竭。李商隐《送从翁从东川弘农尚书幕》:"未至谁能赋,中干欲病痟。"

【中區】 ❶指华夏,中国。张说《奉和圣制爰因巡省途次旧居应制》:"武威稜外域,文教靡中区。"彭伉《青云干吕》:"圣布中区化,祥符异域云。"❷心中。陆敬《游清都观寻沈道士得都字》:"凌风自可御,安事迫中区?"李贺《酒罢张大彻索赠诗》:"陇西长吉摧颓客，酒阑感觉中区窄。”❸区中，人世间。张乔《华山》：“力疑擎上界，势独压中区。”

【中堅】　指军队中最精锐、坚强的部分。古代作战，中军将最尊，居中以坚锐自辅，故称。李益《夜发军中》：“中坚分暗阵，太乙起神兵。”权德舆《送灵武范司空》：“三公临右地，七萃拥中坚。”韩愈、李正封《晚秋郾城夜会联句》：“旁午降丝纶，中坚拥鼓铎。”

【中堂】　❶正堂，堂屋。李白《门有车马客行》：“呼儿扫中堂，坐客论悲辛。”杜甫《叹庭前甘菊花》：“篱边野外多众芳，采撷细琐升中堂。”白居易《三年冬随事铺设小堂因念衰病偶吟所怀》：“小宅非全陋，中堂不甚卑。”朱庆余《春日旅次》：“早晚荣归计，中堂会所亲。”❷指母亲。骆宾王《夏日游德州赠高四》序：“而太夫人在堂，义须捧檄，因仰长安而就日，赴帝乡以望云……致使君门隔于九重，中堂远于千里。”李贺《题归梦》：“怡怡中堂笑，小弟裁涧菉。”

【中常侍】　官名。秦始置，汉因之。为外官在本官之外的加官名号。可出入宫廷，侍奉皇帝。东汉改由宦官专任。唐代有内常侍，属内侍省，亦由宦官充任。李华《咏史十一首》之七：“一忤中常侍，衔冤谁见知?”

【中野】　原野之中，旷野。储光羲《和张太祝冬祭马步》：“故坛何肃肃，中野自无喧。”韩愈《履霜操》：“儿在中野，以宿以处。”温庭筠《病中书怀呈友人》：“筑室连中野，诛茅接上腴。”曹邺《怨歌行》：“严风厉中野，女子心易孤。”

【中$_2$略】　符合策略。李绅《到宣武三十韵》：“善师忘任智，中略在推诚。”

【中國】　❶指中原地区，包括唐京都长安与东都洛阳等政治、经济、文化中心在内。骆宾王《久戍边城有怀京邑》：“河气通中国，山途限外区。”古之奇《秦人谣》：“中国既板荡，骨肉安可保?”曹邺《秦后作》：“鼙鼓裂二景，妖星动中国。”❷对外邦而言，指我国。宋务光《海上作》：“崩腾翕众流，泱漭环中国。”韩愈《送灵师》：“佛法入中国，尔来六百年。”齐己《送高丽二僧南游》：“日边乡井别年深，中国灵踪欲遍寻。”❸国中，国内。李白《金陵望汉江》：“横溃豁中国，崔嵬飞迅湍。”张渭《代北州老翁答》：“安边自合有长策，何必流离中国人?”❹指京都。都城为国之中，故谓中国。李贺《李凭箜篌引》：“江娥啼竹素女愁，李凭中国弹箜篌。”方世举注：“中国，作都中解。”

【中條】　见“中條山”。

【中條山】　山名。在今山西省永济市东南。长约160公里，宽约10到15公里。因地当华山与太行山之间，故名。卢伦《题伯夷庙》：“中条山下黄礓石，垒作夷齐庙里神。”亦省作“中条”。李逢吉《酬致政杨祭酒见寄》：“应将半俸沾闾里，料入中条访洞天。”方干《献王大夫二首》之一：“都缘声价振皇州，高卧中条不自由。”

【中倉】　船舱之中。欧阳詹《宿建溪中宵即事》：“僮仆舟人空寂寂，隔帘微月入中仓。”

【中庶】　中庶子的略称。为太子宫官之一。秦始建。唐代称左庶子、右庶子。南朝梁庾肩吾曾任此职。耿湋《春日游慈恩寺寄畅当》：“当从庾中庶，诗客更何人?”白居易《洛下卜居》：“未请中庶禄，且脱双骖易。”

【中庸】　❶中庸之道。儒家的政治哲学思想。主张处事无过亦无不及。权德舆《书绅诗》：“先师留中庸，可以导此生。”贾岛《和孟逸人林下道情》：“四气相陶铸，中庸道岂销?”贯休《读玄宗幸蜀记》：“宋璟姚崇死，中庸遂变移。”❷中等、平庸之人。寒山《诗三百三首》之一四一：“中庸读我诗，思量云甚要。”

【中部】　唐代指坊州。轩辕墓所在地。今陕西黄陵。以天宝元年曾改名中部，故名。舒元舆《坊州按狱》：“中部接戎塞，顽山四周遭。”又《桥山怀古》：“我乘驿骑到中部，古闻此地为渠搜。”

【中情】　内心思想感情。储光羲《田家杂兴八首》之一：“却羡故年时，中情无所取。”孙逖《奉和李右相中书壁画山水》：“庙堂多暇日，山水契中情。”王建《赠王侍御》：“或人居饥寒，进退陈中情。”牟融《有感》：“盛世嗟沉伏，中情怏未舒。”

【中梁】　房屋上的正梁。于濆《田翁叹》：“手植千树桑，文杏作中梁。”

【中梁山】　山名。在唐山南西道梁州(今陕西汉中)西部。于武陵有《游中梁山》。

【中尉】　官名。战国赵始置，汉沿之，后更名执金吾，掌京城之巡察缉捕。唐代指左右神策军中尉，为宦官掌禁军之特设军职。王建《宫词百首》之四九：“两楼相换珠帘额，中尉明朝设内家。”白居易《宿紫阁山北村》：“主人慎勿语，中尉正承恩。”花蕊夫人《宫词》之六三：“中尉传闻三日宴，翰林当撰洗儿文。”

【中婦】　❶次子之妻。董思恭《三妇艳诗》：“大妇裁纨素，中妇弄明珰。”王绍宗《三妇艳》：“大妇能调瑟，中妇咏新诗。”皮日休《西塞山泊渔家》：“中妇桑村挑叶去，小儿沙市买蓑归。”❷指妻。犹言内人。卢照邻《横吹曲辞・关山月》：“寄书谢中妇，时看鸿雁天。”骆宾王《从军中行路难》：“但使封侯龙额贵，讵随中妇凤楼寒。”李贺《恼公》：“月明中妇觉，应笑画堂空。”李商隐《送千牛李将军赴阙五十韵》：“弦危中妇瑟，甲冷想夫筝。”

【中參】　(一cān)指女子入宫内参见。权德舆《赠梁国惠康公主挽歌词二首》之一：“外馆嫔仪贵，中参眘渥深。”

【中逵】 ❶多条道路交叉的中心。皇甫湜《佷石铭》:“发石此山,言础于坟,若有凭依,屹住中逵。”❷中途。李白《感时留别从兄徐王延年从弟延陵》:“百川尽凋枯,舟楫阁中逵。”

【中都】 ❶京师。权德舆《奉和许阁老酬淮南崔十七端公见寄》:“幕庭依古刹,缗税给古都。”罗隐《严陵滩》:“中都九鼎动英髦,渔钓牛蓑且遁逃。”陈陶《泉州刺桐花咏兼呈赵使君》之四:“只是红芳移不得,刺桐屏障满中都。”❷县名。春秋时为鲁中都邑。隋建平陆,唐因之,天宝初改为中都县。在今山东汶上。李白《别中都明府兄》:“吾兄诗酒继陶君,试宰中都天下闻。”又有《鲁中都东楼醉起作》。

【中華】 ❶指中原地区。古代华夏族多居黄河流域,以为地处四方中心,故称中华。《郊庙歌辞·祀圜丘乐章·凯安》:“昔在炎运终,中华乱无象。”李商隐《北楼》:“异域东风湿,中华上象宽。”王仁裕《题孤云绝顶淮阴祠》:“当时若放还西楚,尺寸中华未可侵。”❷中国。华夏族统辖之疆域。窦常《奉送职方崔员外摄中丞新罗册使》:“便随琛赆入,正朔在中华。”刘禹锡《赠日本僧智藏》:“为问中华学道者,几人雄猛得宁馨?”贾岛《送褚山人归日本》:“东海几年别,中华此日还。”方干《早春》:“运行元化不参差,四极中华共一时。”❸指华夏,汉族。顾非熊《送朴处士归新罗》:“学得中华语,将归谁与同?”

【中黄】 ❶即中黄子。传说中的仙人。见晋葛洪《抱朴子·地真》。吕岩《七言》之三一:“明明说向中黄路,霹雳声中自得神。”❷指黄道。古人想象中的太阳绕地球运行之轨道。李乂《奉和幸三会寺应制》:“汉阙中黄近,秦山太白连。”

【中散】 ❶官名。中散大夫之略称。魏晋时为闲散位置,无职守。唐为正五品之文阶官。薛能《加阶》:“二年中散似嵇康,此日无功换宠光。”❷指三国魏嵇康。因嵇曾拜中散大夫,人称嵇中散,故谓。嵇康善诗文而旷放疏懒,避世逃名。与阮籍、向秀、山涛、刘伶等七人相善,遂为竹林之游,世称“竹林七贤”。后山涛将离选官任,举康自代,康乃作书与之绝交。传见《三国志·魏志·王粲传》附传与《晋书》卷四九。骆宾王《同辛簿简仰酬思玄上人林泉四首》之四:“林疑中散地,人似上皇时。”杜甫《赠李八秘书别三十韵》:“文园多病后,中散旧交疏。”司空曙《送曹同椅》:“中散诗传画,将军扇续书。”陆龟蒙《正月十五惜春寄袭美》:“无穷懒惰齐中散,有底机谋敌右侯?”

【中散曲】 见“中散琴”。

【中散弦】 见“中散琴”。

【中散琴】 三国魏嵇康曾官中散大夫。善弹琴。后遂以“中散琴”为咏琴或琴曲之典。李颀《题少府监李丞山池》:“窗外王孙草,床头中散琴。”亦作“中散弦”“中散声”“中散曲”。司马逸客《雅琴篇》:“将军塞外多奇操,中散林间有正声。”温庭筠《感旧陈情五十韵献淮南李仆射》:“抑扬中散曲,漂泊孝廉船。”

【中散獄成】 三国魏中散大夫嵇康因才高而旷迈不群,为权贵所忌,景元中,钟会谮谓康欲助毋丘俭反,遂为司马昭所杀。事见《三国志·魏志·王卫二刘传》“至景元中,坐事诛”裴松之注所引《魏氏春秋》与《晋书·嵇康传》。后遂以“中散狱成”为咏冤狱之典。许浑《出永通门经李氏庄》:“中散狱成琴自怨,步兵厨废酒犹香。”

【中散蝨】 三国魏嵇康《与山巨源绝交书》谓:人伦朝法有必不堪者七。其“三不堪”为:“危坐一时,痹不得摇,性复多虱,把骚无已,而当裹以朝服,揖拜上官。”后遂以“中散虱”为咏疏懒狂放之典。柳宗元《同刘二十八院长述旧言怀感时书事奉寄沣州张员外使君五十二韵之作赠二君子》:“东门牛屡饭,中散虱空爬。”

【中散論】 三国魏中散大夫嵇康著文论六七万言。以《养生论》最为著名。后遂以“中散论”指养生之道。高适《酬裴员外以诗代书》:“卧看中散论,愁忆太常斋。”

【中散興】 为咏琴或以酒会友之典。王勃《夜兴》:“还将中散兴,来偶步兵琴。”

【中散聲】 见“中散琴”。

【中散鍛】 三国魏中散大夫嵇康寓居河内山阳县时,钟会闻其名而造访之,乘肥衣轻,宾从如云。康与向秀共锻铁于树下,会至,康锻不辍,不为之礼。康问会曰:何所闻而来?何所见而去?会曰:有所闻而来,见所见而去。由是会深衔恨之。事见《三国志·魏志·王卫二刘传》。后遂以“中散锻”为咏人旷放高迈、不阿权贵之典。杜甫《赠比部萧郎中十兄》:“中散山阳锻,愚公野谷村。”

【中朝】 ❶朝中,朝廷。储光羲《贻主客吕郎中》:“上士既开天,中朝为得贤。”韦应物《始除尚书郎别善福精舍》:“明世方选士,中朝悬美禄。”韩愈《石鼓歌》:“中朝大官老于事,讵肯感激徒媕婀。”徐铉《亚元舍人不替深知猥贻佳作三篇不敢轻酬因为长歌》:“寄向中朝谢故人,为说相思意如此。”❷中国。王建《寄杨十二秘书》:“新诗欲写中朝满,旧卷常抄外国将。”许裳《讲德陈情上淮南李仆射》之一:“英明不独中朝仰,清重兼闻外国知。”❸汉代朝官之一类,与外朝对举。指大司马、左右前后将军、侍中、常侍、散骑诸吏等。王绩《过汉故城》:“群后崇长乐,中朝增建章。”

【中虛】 中医术语,谓腹内虚。韩愈《病中赠张十八》："中虚得暴下，避冷卧北窗。"

【中間】　❶在某一空间区域之中。白居易《紫藤》："下如蛇屈盘，上若绳萦纡。可怜中间树，束缚成枯株。"裴谞《储潭庙》："中间十里澄漫漫，龙蛇若见若不见。"一钵和尚《一钵歌》："慳时舍，舍时慳，不离内外与中间。"❷在某一段时间范围之内。韦应物《汉武帝杂歌》之一："海水沧田几翻覆，中间此桃四五熟。"任华《怀素上人草书歌》："中间张长史，独放荡而不羁。"韩愈《荐士》："逶迤抵晋宋，气象日凋耗，中间数鲍谢，比近最清奥"。

【中貴】　❶"中贵人"之省称。白居易《渭村退居寄礼部崔侍郎翰林钱舍人诗一百韵》："渥银中贵带，昂藏内人妆。"沈亚之《梦輓秦弄玉》："其日有黄衣中贵骑疾马来。"❷朝中贵人。王维《寓言》之二："列鼎会中贵，鸣珂朝至尊。"李白《送窦司马贬宜春》："堂上罗中贵，歌钟清夜阑。"刘禹锡《送裴处士应制举诗》："中贵腰鞭立倾酒，宰臣委佩观摇笔。"

【中貴人】　显贵之亲幸宦官。刘禹锡有《和令狐相公送赵常盈炼师与中贵人同拜岳及天台投龙毕却赴京》。

【中智】　中等才智。张九龄《咏史》："大德始无颇，中智是所是。"

【中策】　中善之计策，与上策或下策对称。李白《塞上曲》："大汉无中策，匈奴犯渭桥。"

【中舄】　舄中，鞋中。借指脚下。长孙佐辅《山居雨霁即事》："邻翁夜相访，缓酌聊跂石。新月出污尊，浮云在中舄。"

【中$_2$鉤】　谓鱼上钩，被鱼钩钓中。韩愈《赴江陵途中寄赠三学士》："归舍不能食，有如鱼中钩。"

【中街】　指两颗天街星中间的位置，因天街星横跨黄道，故借指黄道。韦元旦《奉和圣制春日幸望春宫应制》："危竿竞捧中街日，戏马争衔上苑花。"杜甫《夏日叹》："夏日出东北，陵天经中街。"

【中絶】　中断。李白《感遇四首》之四："一惑登徒言，恩情遂中绝。"张绍《冲佑观》："国步多艰，皇纲中绝。四海九州，瓜分幅裂。"

【中聖】　同"中聖人"。指醉酒。李白《赠孟浩然》："醉月频中圣，迷花不事君。"李德裕《流杯亭》："欲知中圣处，皓月临松盖。"杨乘《南徐春日怀古》："且应中圣乐，坐起任昏昏。"许浑《宣城崔大夫召联句偶疾不获赴因献》："茂陵罢酒惭中圣，漳浦题诗怯大巫。"皮日休《早春以橘子寄鲁望》："知君多病仍中圣，尽送寒苞向枕边。"

【中$_2$聖人】　指醉酒。语出《三国志·魏志·徐邈传》。李商隐《戏题枢言草阁三十二韵》："君言中圣人，坐卧莫我违。"陆龟蒙《添酒中六咏》之五："尝作酒家语，自言中圣人。"

【中遘】　中遘。闺门内室。因《诗·鄘风·墙有茨》有"中冓之言，不可道也"语，后遂以指闺门秽乱之事。亦泛指污秽之事。刘禹锡《历阳书事七十韵》："口语成中遘，毛衣阻上征。"

【中葉】　中期。许敬宗《奉和九月九日应制》："饮羽惊开石，中叶遽凋丛。"王无竞《咏汉武帝》："汉家中叶盛，六世有雄才。"

【中禁】　❶禁中，皇宫。沈佺期《自考功员外授给事中》："上台行揖让，中禁动光辉。"褚朝阳《奉上徐中书》："中禁仙池越凤凰，池边词客紫薇郎。"武元衡《长安春望》："绿杨中禁路，朱戟五侯家。"和凝《宫词百首》之二四："楼西残月尚胧明，中禁鸡人报晓声。"❷朝廷。李端《送王羽林往秦州》："事主来中禁，荣亲上北堂。"权德舆《奉和李相公早朝偶书所怀奉呈门下相公中书相公》："辨色趋中禁，分班列上台。"李频《赠李将军》："走马辞中禁，屯军向渭州。"

【中歲】　中年。王维《终南别业》："中岁颇好道，晚家南山陲。"韩翃《寄雍丘窦明府》："中岁胡尘静如扫，一官又罢行将老。"张籍《经王处士原居》："明时未中岁，莫便一生闲。"郑谷《送吏部曹郎中免官南归》："贤人知止足，中岁便归休。"

【中路】　❶途中，路上。王维《偶然作》之三："相去讵几许，故人在中路。"白居易《和春深》之一："马为中路鸟，妓作后庭花。"杜牧《别王十后遗京使累路附书》："此信的应中路见，乱山何处拆书看？"张祜《秋夜登润州慈和寺上方》："人行中路月生海，鹤语上方星满天。"❷人生的中途。高适《闺情》："早知中路生离别，悔不深怜沙碛中。"张彪《神仙》："争先等驰驱，中路苦瘦弱。"王建《赠离别》："若知中路各西东，彼此不忘同心结。"李建勋《感故府》之一："百年金石心，中路生死隔。"❸事物发展的中途。郭震《古剑篇》："何言中路遭弃捐，零落漂沦古狱边。"杜甫《病柏》："岂知千年根，中路颜色坏。"

【中園】　❶园中。弓嗣初《晦日宴高氏林亭》："上序春晖丽，中园物候华。"李白《宣城送刘副使入秦》："贵贱交不易，恐伤中园葵。"白居易《续古诗》之十："中园何所有？满地青青葵。"❷借指故园。韩愈《送进士刘师服东归》："勉来取金紫，勿久休中园。"

【中筵】　筵席中；宴饮之中。高适《途中酬李少府赠别之作》："举酒临南轩，夕阳满中筵。"李洞《和知己赴任华州》："一道帆飞直，中筵岳影斜。"

【中$_2$節】　合节拍。戴叔伦《听霜钟》："应霜如自击，中节每相从。"

【中微】　中衰。中道衰微。周昙《咏史诗·前汉门·夏贺良》："汉代中微亦再昌，忠臣忧国冀修禳。"

【中飯】　午餐。权德舆《田家即事》："山僧相访期中饭，渔父同游或夜归。"李频《南游过湘汉即事寄友人》："向野聊中饭，乘凉探暮程。"吕从庆《永丰桥闲坐》："娱间不觉忘中饭，一点斜阳射竹楼。"

【中飲】　饮酒之中。犹言半酣。韦应物《乐燕行》："当喧既无寂，中饮亦停杯。"权德舆《酬别蔡十二见赠》："中饮见逸气，纵谈穷元化。"李频《南游湘汉寄友人》："向野聊中饮，乘凉探暮程。"

【中腸】　❶肠中，肠。李白《北上行》："渗戚冰雪里，悲号绝中肠。"白居易《就暖偶酌戏诸诗酒旧侣》："一足任他为外物，三杯自要沃中肠。"❷借指内心。杜甫《赠卫八处士》："访旧半为鬼，惊呼热中肠。"权德舆《浩歌》："我心独何为？万虑萦中肠。"鲍溶《秋夜对月怀李正封》："惜无千金答，愁思盈中肠。"李咸用《升天行》："餐和饮顺中肠宽，虚无之乐不可言。"引申指人的思想感情。孟云卿《伤怀赠故人》："岂无同门友？贵贱易中肠。"

【中意】　心中之意。韦应物《广陵遇孟九云卿》："新知虽满堂，中意颇未宣。忽逢翰林友，欢乐斗酒前。"

【中道】　❶道中，道路。张九龄《奉和圣制早登太行山率尔言志》："日御驰中道，风师卷太清。"崔融《则天皇后挽歌》之二："阴月霾中道，轩星落太微。"李白《寻阳送弟昌峒鄱阳司马作》："松门拂中道，石镜回清光。"❷半路上，中途。贾言忠引《谚》："军无媒，中道回。"李白《独漉篇》："我欲弯弓向天射，惜其中道失归路。"引申指事情进行过程的中间。杜甫《送大理封主簿五郎亲事不合却赴通州》："两家诚款款，中道许苍苍。"皮日休《白太傅》："何期遇訾毁，中道多左迁。"亦指道路的中点。张九龄《送使广州》："家在湘源住，君今海峤行。经过正中道，相送倍为情。"❸中正之道，适中的道理、方法。顾况《大茅岭新居忆亡子从真》："古来失中道，偶向径中寻。"

【中塗】　❶路途中。王昌龄《途中作》："淼然江南意，惜与中涂违。"白居易《朱藤谣》："中途不进，部曲不回。"张祜《戊午年寓兴二十韵》："咄咄中途事，栖栖此日行。"陈陶《海昌望月》："中途丧资斧，两地生繁忧。"❷事物进行过程的中间。白居易《别李十一后重寄》："共上青云梯，中途一相失。"冯待徵《虞姬怨》："使妾本来不相识，岂见中途怀苦悲。"

【中補右】　官名。指中书省之右补阙。武则天始置。职务为对皇帝谏劝并荐举贤能。与拾遗、御史等并称为供奉官。杜甫《赠李八秘书别三十韵》："往时中补右，扈跸上元初。"

【中際】　佛家语。佛家谓前际、中际、后际为三际，犹三世。中际即现在世、此生。刘禹锡《送鸿举游江西》引："乃至一謦欬，一弹指，中际皆具，何必求三生以异身耶？"

【中臺】　即尚书省。东汉尚书称台，魏晋称省。唐高宗龙朔二年改为中台。后又改称尚书省。崔湜《送梁卿王郎中使东蕃吊册》："梁侯上卿秀，王子中台杰。"韩愈《赠刑部马侍郎》："红旗照海压南荒，征入中台作侍郎。"罗隐《送李右丞分司》："在省曾批敕，中台肯避权。"

【中壽】　中等寿命。或指一百岁，或指六十、七十、八十岁不等。沈千运《感怀弟妹》："中寿稀满百，近世多夭伤。"卢纶《送道士郄彝素归内道场》："病老正相仍，忽逢张道陵……叱我问中寿，教人祈上升。"司空图《光启三年人日逢鹿》："劳生中寿少，抱疾上升疏。"

【中構】　构造中。谓未成之时。张祜《大唐圣德诗》："何意萧墙内，阴谋中构倾。"

【中曆】　指国运的中期。旧时指帝王王朝之运数。李益《北至太原》："唐风本忧思，王业实艰难。中历虽横溃，天纪未可干。"

【中閨】　闺中，闺房。李白《赠从弟冽》："及此桑叶绿，春蚕起中闺。"权德舆《杂诗》之三："光风两摇荡，鸣珮出中闺。"

【中適】　心中安适。白居易《负冬日》："外融百骸畅，中适一念无。"

【中寤】　盛唐诗僧。蜀人。《全唐诗》收其诗一首。

【中寢】　午睡。李频《长安书情投知己》："幽斋中寝觉，珍木正阴圆。"

【中樞】　❶中天。卢照邻《赠许左丞从驾万年宫》："中枢移北斗，左辖去南台。"唐玄宗《赐新罗王》："四维分景纬，万象含中枢。"❷政权的核心机关。唐玄宗《送忠州太守康昭远等》："端拱临中枢，缅怀共予理。"李益《述怀寄衡州令狐相公》："道以中枢密，心将外理同。"元稹《内状诗寄杨白二员外》："天门暗辟玉琤锵，昼送中枢晓禁清。"皮日休《奉酬崔璐进士见寄次韵》："展我此志业，期君持中枢。"

【中輟】　中断、中止。司空图《华下》："尧汤遇灾数，灾数还中辍。"

【中霄】　中天，空中。李从远《奉和九月九日登慈恩寺浮图应制》："中霄日天子，半座宝如来。"

【中儀】　唐代礼部郎中的别称。郑谷《寄同年礼部赵郎中》："仙步徐徐整羽衣，小仪澄澹转中仪。"

【中盤】　盘中。韩愈《岳阳楼别窦司直》："中盘进橙栗，投掷倾脯酱。"

【中廚】　❶指官府厨房。徐坚《奉和圣制送张说赴集贤院学士赐宴赋得虚字》："座引中厨馔，杯锡上尊余。”刘禹锡《和汴州令狐相公到镇改月偶书所怀》：“外垒曾无警，中厨亦罢监。”❷厨中，厨房。王维《济州过赵叟家宴》：“上客摇芳翰，中厨馈野蔬。”陈羽《古意》：“雕盘酒器常不干，晓入中厨妾先起。”元稹《晨起送使病不行因过王十一馆居》之二：“密字深房小火炉，饭香鱼熟近中厨。”

【中潬城】　地名。在今河南省孟州市西南。李贺《河阳歌》：“花烧中潬城，颜郎身已老。”

【中橋】　桥名。在洛阳市中洛水上。李益《中桥北送穆质兄弟应制戏赠萧二策》：“洛水桥边雁影疏，陆机兄弟驻行车。”翁承赞《柳》之一：“斜拂中桥远映楼，翠光骀荡晓烟收。”

【中冀】　指冀州涿鹿地区。李峤《鹿》：“涿鹿闻中冀，秦原辟帝畿。”

【中餐】　午饭。马戴《霁后寄白阁僧》：“终期老云峤，著药伴中餐。”郑谷《故少师从翁隐岩别墅乱后榛芜感旧怆怀遂有追纪》：“半醉看花晚，中餐薰菜春。”王周《岳州众湖阻风》之一：“众湖湖口系兰船，睡起中餐又却眠。”

【中縣】　指中原。许景先《奉和御制春台望》：“睿德在青阳，高举视中县。”

【中興】　谓朝代或事业在衰落之后又重新昌盛、振兴。宋之问《入泷州江》：“运启中兴历，时逢外域清。”杜甫《忆昔》之二：“周宣中兴望我皇，洒血江汉身衰疾。”白居易《新乐府·法曲》：“中宗肃宗复鸿业，唐祚中兴万万叶。”李商隐《正月十五夜闻京有灯恨不得观》：“身闲不睹中兴盛，羞逐乡人赛紫姑。”

【中興主】　重新振兴国家的君主。杜牧《寄内兄和州崔员外二十韵》：“共祝中兴主，高歌唱太平。”贯休《上荆南府主三让德政碑》：“明明赫赫中兴主，动纳诸隍冠前古。”豆卢回《登乐游原怀古》：“卒为中兴主，垂名于后昆。”

【中興頌】　原指汉刘仓《光武受命中兴颂》，后亦泛指歌颂帝王中兴业绩的诗文。司空图《漫题》：“词臣更有中兴颂，磨取莲峰便作碑。”

【中興榜】　记载对中兴事业有功之臣的名录。黄滔《寄陈磻隐居》：“虚左中兴榜，无先北海尊。”

【中諫】　补阙之别称。郑谷《顺动后蓝田偶作》：“小谏升中谏，三年待玉除。”

【中憲】　中丞之别称。羊士谔《巴南郡斋雨中偶看长历因成八韵》：“豸角随中宪，龙池列近臣。”李商隐《哭虔州杨侍郎》：“中宪方外易，尹京终就拘。”李昼《戏酬张鲁封》：“秋浦亚卿颜叔子，谯都中宪老桑门。”

【中選】　谓官员考绩成绩中等。旧制官员三年一考绩，以定黜陟。成绩最优者为上选，次者为中选。李益《再赴渭北使府留别》：“汉庭中选重，更事五原西。”

【中$_2$選】　铨选官员中被选中。孟郊有《初于洛中选》。

【中壖】　堧中。堧，水边地。张祜《和岳州徐员外云梦新亭二十韵》：“近渚延沙湿，中堧小岛浮。”

【中聲】　中和之声。和谐的歌乐。顾况《乐府》：“五星含土德，万姓彻中声。”

【中薄】　谓恩爱之情于中途变淡薄。王无竞《铜雀台》：“妾怨在朝露，君恩岂中薄。”

【中壑】　山壑中。吴筠《臧丈人》：“臧叟隐中壑，垂纶心浩然。”

【中闈】　宫门内。亦泛指内室门。韦应物《酬元伟过洛阳夜燕》：“亲燕在良夜，欢携辟中闱。”亦指内眷。柳宗元《同刘二十八院长述旧言怀之作因其韵增至八十通赠二君子》：“册府荣八命，中闱盛六珈。”

【中嶽】　亦作“中岳”。指居五岳之中的嵩山。在今河南省登封市北。宋之问《扈从登封告成颂应制》：“御路回中岳，天营接下都。”李绅《庆云见》：“礼成中岳陈金册，祥报卿云冠玉峰。”贾岛《咏怀》：“中岳深林秋独往，南原多草夜无邻。”陈陶《悲哉行》：“中岳仇先生，遗余饵松方。”

【中徽】　古琴十三徽里居中的一个。徽，琴上泛音位置与音位的标记。白居易《夜调琴忆崔少卿》：“今夜调琴忽有情，欲弹惆怅忆崔卿。何人解爱中徽上，秋思头边八九声。”

【中臆】　胸中；胸怀。白居易《夏日独值寄萧侍御》：“中臆一以旷，外累都若遗。”

【中謝】　❶古代臣僚受职或受封赏后入朝谢恩称“中谢”。黄滔有《奉和翁文尧十九员外中谢日蒙恩赐金紫之什》。❷半途凋谢。郑畋《蔷薇花》：“浴殿晴秋倘中谢，残英犹可醉琼杯。”

【中禪師】　即惠中。唐僧人。肃宗上元二年征至京师。居长安光宅坊光宅寺。段成式、张希复等有《游长安诸寺联句·中禅师影堂联句》。

【中隱】　中等的隐居之法，即以做闲散官为隐身之地。白居易《中隐》：“大隐入朝市，小隐入丘樊……不如作中隐，隐在留司官。”

【中霤】　后土之神。梁载言《咏傅岩监祠》：“闻道监中霤，初言是大祠。”

【中$_2$鵠】　射中箭靶。马戴《酬李景章先辈》：“金镝自宜先中鹄，铅刀甘且学雕虫。”亦比喻科举及第或达到目的。李咸用《赠任肃》：“圣朝公道在，中鹄勿差池。”张茔《句》：“一箭不中鹄，五湖归钓鱼。”

【中禮】　持中、适度的礼仪。李百药《赋礼记》：“方悦升中礼，足以慰余生。”徐铉《奉和宫傅相公怀旧见寄四十韵》：“师资稷契论中礼，依止山公典小铨。”

【中斷】 从中间断开。李峤《宝剑篇》："骇犀中断宁方利，骏马群骓未拟直。"孙逖《丹阳行》："传是东南旧都处，金陵中断碧江深。"李商隐《燕台·冬》："冻壁霜华交隐起，芳根中断香心死。"陆龟蒙《明月湾》："连山或中断，远树分毫厘。"

【中藥】 性平和之药物。多指养性之药。徐铉《题白鹤庙》："常嗟多病嫌中药，拟问真经乞小还。"

【中懷】 犹心胸，情怀。张籍《怀友》："别离感中怀，乃为我桎梏。"白居易《闻庾七左降因咏所怀》："外物不可必，中怀须自空。"姚合《新居秋夕寄李廓》："四邻亦悄悄，中怀益缠绵。"贾岛《客喜》："未归长嗟愁，嗟愁填中怀。"

【中嚴】 古代帝王朝会或郊祀等大典中的仪节之一。意谓中庭戒备。行此仪时，侍中奏中严，王公卿尹各执珪璧入拜。郑谷《丞相孟夏祗荐南郊纪献十韵》："外肃通班序，中严锡庆优。"

【中鼙】 即中鼓。古代军中以击鼓为号。第二次击鼓谓中鼙。韩休《奉和圣制送张说巡边》："左律方先凯，中鼙即训兵。"

【中饋】 原指主妇的供膳馈食之事，引申指妻室。权德舆《贞元七年蒙恩除太常博士自江东来朝时与郡君同行追计前事因代书却寄》："鄙夫何所能，实赖中馈贤。"

【中權】 ❶军中主帅的决策。张九龄《饯王尚书出边》："上策应为豫，中权且用光。"高适《信安王幕府诗》："庙堂咨上策，幕府制中权。"❷指主帅职务。徐铉《奉和宫傅相公怀旧见寄四十韵》："长拟营巢安大厦，忽惊操钺领中权。"

【中聽】 听起来顺耳，可听。王建《赠洪誓师》："老僧真古画，闲坐语中听。"

【中巖】 山岩之中。许浑《贻终南山隐者》："中岩多少隐，提榼抱琴游。"方干有《赠中岩王处士》。亦指山腰。王绩《游仙四首》之二："上月芝兰径，中岩紫薇房。"

【中巖寺】 寺名。在天台山（今浙江天台市北）。许浑有《早发中岩寺别契直上人》与《早发天台中岩寺度关岭次天姥岑》。

【中衢】 大路。李峤《道》："今日中衢上，尧尊更可逢。"李白《赠崔咨议》："希君一翦拂，犹可骋中衢。"

四 画

丱 〔guàn《广韵》古患切，去諫，見。〕❶古代儿童束发成两角之貌。韩愈《崔十六少府摄伊阳以诗及书见投因酬三十韵》："捧书随诸兄，累累两角丱。"李商隐《安平公诗》："其弟炳章犹两丱，瑶林琼树含奇花。"亦指成人束发如儿童状。白居易《东南行一百韵寄通州元九侍御窦七校书》："夷音语嘲哳，蛮态笑睢盱……成人男作丱，事鬼女为巫。"陆龟蒙《孤雁》："世所重巾丱，何妨野夫丱。"❷指童年。杜甫《别张十三建封》："乃吾故人子，童丱联居诸。"

【丱女】 未成年女孩，因发髻两歧如"丱"字形，故称。白居易《海漫漫》："不见蓬莱不敢归，童男丱女舟中老。"

【丱角】 ❶古代儿童之发式，其状如两角，故称。贾岛《送淡公》："如何丱角翁，至死不裹头？"❷借指少儿时期。李贺《昌谷诗》："鲐皮识仁惠，丱角知靦耻。"方干《孙氏林亭》："丱角相知成白首，而今欢笑莫咨嗟。"

【丱歲】 指未成年时。贾岛《送僧》："出家从丱岁，解论造玄门。"周昙《咏史诗·秦武阳》："丱岁徒闻有壮名，及令为副误荆卿。"钱镠《石镜山》："丱岁遨游在此山，曾惊一石立山前。"

【丱髮】 喻少小时。李绅《过梅里·上家山》："丱发此淹留，垂丝匪闲旷。"

六 画

串 〔chuàn《广韵》古患切，去諫，見。《洪武正韵》樞絹切，去霰。〕❶量词。事物连接在一起称一串。白居易《晚春欲携酒寻沈四著作先以六韵寄之》："最忆阳关唱，真珠一串歌。"李商隐《拟意》："银河扑醉眼，珠串咽歌喉。"薛能《谢刘相寄天柱茶》："两串春团敌夜光，名题天柱印维扬。"❷将物体连接成串的线、绳等。李贺《摩多楼子》："天白水如练，甲丝双串断。"

七 画

弗 〔chǎn《广韵》初限切，上産，初。〕用以串联食物进行烧烤的长签子。韩愈《赠张籍》："试将诗义授，如以肉贯弗。"裴铏《南歌子》词之一："不是厨中弗，争知肉里心？"

丶　部

二　画

丸¹　〔wán《广韵》胡官切，平桓，匣。〕❶泛称小而圆的物体。元稹《箭镞》："君王不忍杀，逐之如迸丸。"李商隐《行次西郊作一百韵》："公卿辱嘲叱，唾弃如粪丸。"司空图《诗品二十四则·流动》："若纳水輨，如转丸珠。"(1)特指弹丸，弹子。顾况《洛阳陌二首》之二："金丸落飞鸟，乘兴醉青楼。"韩愈《南山有高树行赠李宗闵》："不知挟丸子，心默有所归。"白居易《和答诗十首·和大觜乌》："弦续会稽竹，丸铸荆山铜。"(2)特指药丸。刘禹锡《病中一二禅客见问因以谢之》："医王有妙药，能乞一丸无。"白居易《游悟真寺诗》："西北日落时，夕晖红团团。走下丹砂丸，东南月上时。"徐仲雅《赠江处士》："药灵丸不大，棋妙子无多。"吕岩《七言》之十："一丸因与红颜驻，九转能烧白发痕。"❷量词，用以称小而圆的物体。吕岩《七言》之五三："任凭桑田变沧海，一丸丹药定千春。"又《七言》之九一："一嚼永添千载寿，一丸丹点一斤金。"❸古代杂技表演所用的一种铃。见"丸劍"。

丸²　〔huán〕通"桓"。贺朝《从军行》："衔珠浴铁向桑乾，衅旗膏剑指乌丸。"乌丸，即乌桓，古族名，东胡族的一支，因徙居乌桓山而得名。汉末曹操曾迁其万余落于中原，后渐与汉族及其他民族融合。

【丸丹】　道家以丹砂炼制的药丸。据说食之可以长生不老。王建《赠王屋道士赴诏》："能断世间腥血味，长生只要一丸丹。"无名氏《嘲蒋蟠金丹》(卷八七二)："张鹄只消千驮绢，蒋蟠惟用一丸丹。"

【丸兒】　弹丸。儿，词缀。韩愈《病鸱》："今者命运穷，遭逢巧丸儿。中汝要害处，汝能不得施。"

【丸泥】　以丸泥喻将领守险拒敌的才能。见《后汉书·隗嚣传》。李益《再赴渭北使府留别》："平戎七尺剑，封检一丸泥。"李贺《奉和二兄罢使遣马归延州》："空留三尺剑，不用一丸泥。"

【丸鼓】　以铜丸击鼓。《汉书·史丹传》载元帝耽好音乐，置鼙鼓于殿下，自临轩槛下以铜丸击之，声中严鼓之节。后以"丸鼓"借喻帝王沉湎声色。柳宗元《感遇二首》之一："徒嗟日沉湎，丸鼓骛奇音。"

【丸劍】　古代杂技名。表演时使用铃与剑。薛曜《舞马篇》："随歌鼓而电惊，逐丸剑而剑飙驰。"韦应物《军中冬燕》："庭中丸剑阑，堂上歌吹新。"元稹《西凉伎》："前头百戏竞撩乱，丸剑跳踯霜雪浮。"

【丸藥】　❶药丸的通称。薛戎《游烂柯山》："蒙分一丸药，相偶穷年祀。"❷揉制药丸。杜甫《水阁朝霁奉简严云安》："钩帘宿鹭起，丸药流莺啭。"白居易《改业》："柘枝紫袖教丸药，羯鼓苍头遣种蔬。"

三　画

丹　〔dān《广韵》都寒切，平寒，端。〕❶丹砂，朱砂。杜甫《送段功曹归广州》："交趾丹砂重，韶州白葛轻。"❷由丹砂炼制的丹药。道教徒认为服之可以长生。崔融《和梁王众传张光禄是王子晋后身》："丹成金鼎献，酒至玉杯挥。"岑参《成王挽歌》："漫作琉璃碗，淮王误合丹。"耿湋《春寻柳先生》："酒熟飞巴雨，丹成见海田。"齐己《过西山施肩吾旧居》："鹤见丹成去，僧闻栗熟来。"❸红色。韩愈《谒衡岳庙遂宿岳寺题门楼》："粉墙丹柱动光彩，鬼物图画填青红。"李谅《湘中纪行》："枫叶寒始丹，菊花冬未歇。"朱庆余《观涛》："高楼晓望无穷意，丹叶黄花绕郡城。"陆龟蒙《迎潮》："江霜严兮枫叶丹，潮声高兮墟落寒。"❹涂染成红色。李白《幽州胡马客歌》："白刃洒赤血，流沙为之丹。"杜甫《垂老别》："积尸草木腥，流血川原丹。"❺赤诚。李白《驾去温泉后赠杨山人》："一朝君王垂拂拭，剖心输丹雪胸臆。"

【丹山】　❶山名。在今湖北巴东县西。李峤《雾》："涿鹿妖氛静，丹山霁色明。"❷即丹穴山。神话传说中的山名。见《山海经·南山经》。李商隐《韩冬郎即席为诗相送》："桐花万里丹山路，雏凤清于老凤声。"参见"丹穴"。

【丹山客】　指凤凰。李商隐《景阳宫井双桐》："徒经白门伴，不见丹山客。"

【丹山鳳】　即凤凰。张柬之《东风伯劳歌》："青田白鹤丹山凤，婺女垣娥两相送。"牟融《题陈侯竹亭》："丹山凤泣钩帘听，沧海龙吟对酒闻。"李商隐《越燕二首》之二："记取丹山凤，今为百鸟尊。"参见"丹穴"。

【丹井】 道教徒炼丹时取水的井。刘长卿《过包尊师山院》:“漱玉临丹井,围棋访白云。”顾况《山中》:“野人爱向山中宿,况在葛洪丹井西。”马戴《谒仙观二首》之一:“葛蔓没丹井,石函盛道书。”徐铉《题紫阳观》:“丹井自深桐暗老,祠宫长在鹤频来。”

【丹元】 道家所谓心之神。李商隐《戊辰会静中出贻同志二十韵》:“大道谅无外,会越自登真。丹元子何索,在己莫问邻。”

【丹元君】 相传即隋时隐士丹元子。姓名不详。丹元子为其号。著有《步天歌》七卷,见宋郑樵《通典·天文序》。后借指炼丹道士。曹邺《登岳阳楼有怀寄座主相公》:“赖识丹元君,时来语蓬岛。”

【丹水】 水名。❶即今丹江。相传尧与有苗曾战于此水之浦。卢照邻《送郑司仓入蜀》:“离人丹水北,游客锦城东。”刘禹锡《卧病闻常山旋师策勋有过王泽大洽因寄李六侍郎》:“无战陋丹水,垂仁轻槁街。”吴融《宪丞裴公上洛退居有寄》:“目断琼林攀不得,一重丹水抵三湘。”参见“丹浦”。❷即今丹河。杨氏《硖石山》:“丹水流衍曲如带,风皱罗纹听管弦。”权澈《琵琶浤石壁石刻》:“咨予白发年,始佐丹水曲。”

【丹方】 炼丹之术。司空图《五十》:“清秩偶叨非养望,丹方频试更堪疑。”

【丹丹】 红盛貌。欧阳詹《宣阳所居白蜀葵花咏简诸公》:“丹丹众芳歇,亭亭虚室前。”

【丹火】 炼丹之火。苏颋《新昌小园期京兆尹一访》:“不疑丹火变,空负绿条新。”

【丹心】 赤诚的心。郭震《秋歌》:“与子结绸缪,丹心此何有。”杜甫《散愁二首》之二:“恋阙丹心破,沾衣皓首啼。”白居易《寄两银榼与裴侍郎》之一:“愿奉谢公池上酌,丹心绿酒一时倾。”唐彦谦《秋葵》:“倾阳一点丹心在,承得中天雨露多。”

【丹石】 一种可供炼丹的矿石。崔融《宝名》:“琴歌待明月,丹石有深期。”

【丹田】 ❶指人体脐下男子精室、女子子宫所在部位。内丹家以其为炼内丹之处。卢鸿《枕烟庭》:“契颢气,养丹田,终仿像兮觏灵仙。”张籍《求仙行》:“丹田有气凝素华,君能保之升绛霞。”吕岩《绝句》之一:“息精息气养精神,精养丹田气养身。”或谓丹田有三:在脐下者为下丹田,在心下者为中丹田,在两眉之间者为上丹田。元稹《和乐天赠吴丹》:“密印视丹田,游神梦三岛。”白居易《仲夏斋戒月》:“我今过半百,气衰神不全。已垂两鬓丝,难补三丹田。”❷指炼内丹。内丹家以人体当“炉鼎”,以体内的“精”“气”为药物,运用神去烧炼,据说可使精、气、神凝聚结成圣胎,使人长生不老。张祜《寄王尊师》:“犹忆夜深华盖上,更无人处话丹田。”曹邺《偶题》:“但能共得丹田语,正是忙时身亦闲。”❸药圃。沈廷瑞《寄袁州陈智周》:“金鼎销红日,丹田老紫芝。”

【丹田宫】 即丹宫。道教传说中的仙宫。张说《寄刘道士舄》:“真人降紫气,邀我丹田宫。”

【丹丘】 ❶传说中昼夜常明神仙居住的地方。陈子昂《同宋参军之问》:“丹丘恨不及,白露已苍苍。”韩翃《同题仙游观》:“何用别寻方外去,人间亦自有丹丘。”李商隐《丹丘》:“丹丘万里无消息,几对梧桐忆凤皇。”褚载《赠道士》:“惟教鹤探丹丘信,不使人窥太乙炉。”❷即元丹丘。开元天宝间道士,与李白友善。李白《西岳云台歌送丹丘子》:“我皇手把天地户,丹丘谈天与天语。”

【丹丘子】 即元丹丘。又称“丹丘”“丹丘生”。开元天宝间道士,与李白友善。李白有《西岳云台歌送丹丘子》《闻丹丘子于城北山营石门幽居》等诗。参见“元丹丘”。

【丹丘生】 即元丹丘。开元、天宝间道士。李白《西岳云台歌送丹丘子》:“云台阁道连窈冥,中有不死丹丘生。”又《将进酒》:“岑夫子,丹丘生,将进酒,杯莫停。”参见“元丹丘”。

【丹白】 犹言忠贞纯洁。韦应物《马明生遇神女歌》:“马生一立心转坚,知其丹白蒙哀怜。”

【丹玄】 见“丹玄鄉”。

【丹玄鄉】 亦作“丹玄”。仙宫,仙乡。吴筠《步虚词十首》之四:“帝一集绛宫,流光出丹玄。”张籍《寄昌蒲》:“君能来作栖霞侣,与君同入丹玄乡。”

【丹穴】 神话传说中出凤凰的山名。见《山海经·南山经》。李峤《凤》:“有鸟居丹穴,其名曰凤皇。”李贺《荣华乐》:“丹穴取凤充行庖,貜貜如拳那足食。”陆龟蒙《杂讽九首》之一:“丹穴如可游,家家畜孤凤。”黄滔《送翁员外承赞》:“凤旋北阙虚丹穴,星复南宫逼紫微。”

【丹穴物】 即丹穴凤。凤凰。喻俊才。李商隐《骄儿诗》:“交朋颇窥观,谓是丹穴物。”

【丹穴鳥】 即凤凰。欧阳詹《元日陪早朝》:“仪籥不唯丹穴鸟,称觞半是越裳人。”参见“丹穴”。

【丹穴鳳】 亦作“丹穴雛”。凤凰。多喻才能之士。钱起《和刘七读书》:“何愁丹穴凤,不饮玉池泉。”刘禹锡《闻韩宾擢第归觐以诗美之》:“零陵香草满郊坰,丹穴雏飞入翠屏。”杜牧《春日言怀寄虢州李常侍十韵》:“貂簪荆玉润,丹穴凤毛光。”

【丹穴雛】 见“丹穴鳳”。

【丹母】 指炼丹的元母。吕岩《题桐柏山黄先生庵门》:“其中有一分三五,本自无名号丹母。”又《鄂渚悟道歌》:“丹砂一粒名千般,一中有一为丹母。”

【丹地】 古代宫殿中以丹漆涂饰地面,因以借指朝廷。李峤《甘露殿侍宴应制》："月宇临丹地，云窗网碧纱。"权德舆《奉和史馆张阁老》："丹地晨趋并，黄扉夕拜联。"唐彦谦《贺李昌时禁苑新命》："玉简金文直上清，禁垣丹地闭严扃。"司空图《寄郑仁规》："香和丹地暖，晚著彩衣风。"

【丹光】 炼丹的火光。司空曙《送张炼师还峨嵋山》："松籁万声和管磬，丹光五色杂虹霓。"

【丹羽】 指羽毛呈赤色的鸟。许浑《九日登樟亭驿楼》："丹羽下高阁，黄花垂古城。"

【丹車】 朱漆的车辆。多为华贵者所乘。邵谒《送从弟长安下第南归觐亲》："青云未见路，丹车劳出门。"

【丹谷】 ❶幽深而壁赤的山谷。李义府《在巂州遥叙封禅》："佳气浮丹谷，荣光泛绿坻。"卢照邻《奉使益州至长安发钟阳驿》："落花赴丹谷，奔流下青嶂。"刘希夷《晚憩南阳旅馆》："池篁覆丹谷，坟树逸清波。"李白《西岳云台歌送丹丘子》："三峰却立如欲摧，翠崖丹谷高掌开。"❷指汤谷。神话传说中的山谷名。《山海经·海外东经》："汤谷上有扶桑，十日所浴。"郭璞注："谷中水热也。"许敬宗《奉和春日望海》："青丘绚春组，丹谷耀华桑。"

【丹沙】 同"丹砂❶"。杜牧《宫词二首》之一："深宫锁闭犹疑惑，更取丹沙试辟宫。"皮日休《南阳润卿将归雷平因而有赠》："绛树实多分紫鹿，丹沙泉浅种红鱼。"徐铉《题白鹤庙》："白鹤唳空晴眇眇，丹沙流涧暮潺潺。"

【丹青】 ❶绘画用的红与青等颜料。太宗《题龟峰山》："任是丹青描不就，恍疑身世九霄宫。"李白《观博平王志安少府山水粉图》："粉壁为空天，丹青状江海。"卢士衡《题牡丹》："万叶红绡翦尽春，丹青任写不如真。"李德裕《首夏清景想望山居》："丹青写不尽，宵梦叹非真。"❷红色与青色。陈子昂《江上暂别萧四刘三旋欣接遇》："山水丹青杂，烟云紫翠浮。"或比喻光彩焕发，增辉生色。玄宗《郊庙歌辞·祀圜丘乐章·太和》："丹青寰宇，宫徵山川。"❸图画，画像。李白《当涂赵炎少府粉图山水歌》："讼庭无事罗众宾，杳然如在丹青里。"杜甫《过郭代公故宅》："迥出名臣上，丹青照台阁。"姚合《过钦上人院》："古壁丹青落，虚檐鸟雀驯。"杜牧《屏风绝句》："屏风周昉画纤腰，岁久丹青色半销。"❹绘画，作画。杜甫《丹青引赠曹将军霸》："丹青不知老将至，富贵于我如浮云。"耿湋《咏宣州笔》："丹青与文事，舍此复何从。"裴谐《观修处士画桃花图歌》："能向鲛绡四幅中，丹青暗与春争工。"蒋贻恭《题张道隐太山祠画龙》："世人空解竟丹青，惟子通玄得墨灵。"亦指画工。李涉《寄荆娘写真》："召得丹青绝世工，写真与身真相同。"

【丹青地】 丹墀青琐之地。指朝廷。杜甫《石研诗》："致于丹青地，知汝随顾眄。"又《奉赠鲜于京兆二十韵》："交合丹青地，恩倾雨露辰。"

【丹青樹】 ❶树名。贺知章《奉和御制春台望》："华滋的皪丹青树，颢气氤氲金玉堂。"白居易《西省对花忆忠州东坡新花树因寄题东楼》："每看阙下丹青树，不妄天边锦绣林。"❷橘树。丁儒《冬日到泉郡次九龙江与诸公唱和诗》："橘列丹青树，槿抽锦绣丛。"

【丹青手】 画工。杜甫《画像题诗》："洛阳无限丹青手，还有功夫画我无?"高蟾《金陵晚望》："世间无限丹青手，一片伤心画不成。"钟辐《卜算子慢》词："抽金钗，欲买丹青手，写别来，容颜寄与，使知人清瘦。"

【丹抱】 犹言丹心。韩偓《凄凄》："白日知丹抱，青云有旧蹊。"

【丹林】 枫林。枫叶经霜而变红，故称。韦应物《题从侄成绪西林精舍书斋》："采栗玄猿窟，撷芝丹林峤。"

【丹枝】 丹桂之枝。喻科举及第。齐己《送刘蜕秀才赴举》："百发百中年，丹枝如计分。"罗隐《东归》："难将白发期公道，不觉丹枝属别人。"参"丹桂❷"。

【丹采】 见"丹彩"。

【丹券】 即丹书铁券。君主颁赐功臣使其世代享有免罪等特权的证件。以铁为券，以朱笔书之，故名。皮日休《七爱诗·李太尉晟》："巍巍柱天功，荡荡盖世勋。仁于曹孟德，勇过霍将军。丹券入帑藏，青史传子孙。"

【丹河】 丹水之别名。见"丹水❷"。元稹《西归绝句》之九："今朝西渡丹河水，心寄丹河无限愁。"

【丹泥】 丹元和泥丸的合称。道教谓丹元为心，泥丸为脑。李商隐《戊辰会静中出贻同志二十韵》："丹泥因未控，万劫犹逡巡。"

【丹房】 炼丹之房。曹唐《小游仙诗九十八首》之七六："丹房玉女心慵甚，贪看投壶不肯归。"

【丹契】 谓天书玉册。曹唐《小游仙诗》："采女平明受事回，暗交丹契锦囊开。"

【丹英】 红花。杨衡《经端溪峡中》："素羽漾翠涧，碧苔敷丹英。"

【丹苑】 园苑。喻集贤院。徐坚《奉和圣制送张说赴集贤院学士赐宴》："翠叶浓丹苑，晴空卷碧虚。忝同文史地，愿草登封书。"

【丹哥】 鹤的别称。赵自然《诗》："丹哥时引舞，来去跨云鸾。"

【丹砂】 ❶即朱砂。矿物名。色深红，呈粒状、块状或土状，为炼汞主要原料，中医作药用，亦常用作颜料。古代道教徒用以化汞炼丹，认为服之可以延年益寿。则天皇后《赠胡天师》："碧岫窥玄洞，玉灶炼丹砂。”杜甫《北征》：“山果多琐细，罗生杂橡栗，或红如丹砂，或黑如点漆。”张籍《学仙》：“炉烧丹砂尽，尽夜候火光，药成既服食，计日乘鸾凰。”皮日休《寄琼州杨舍人》：“清切会须归有日，莫贪句漏足丹砂。”❷丹砂炼成的丹药。韦应物《送李十四山东游》：“济世翻小事，丹砂驻精魂。”张继《上清词》：“紫阳宫女捧丹砂，王母令过汉帝家。”皎然《贻李汤》：“日服丹砂骨自清，肤如冰雪心更明。”曹松《罗浮山下书逸人壁》：“莫言白日催华发，自有丹砂驻少年。”❸指炼丹之术。王绩《赠学仙者》：“相逢宁可醉，定不学丹砂。”李白《流夜郎半道承恩放还兼欣克复之美书怀示息秀才》：“弃剑学丹砂，临炉双玉童。”张籍《不食仙姑山房》：“丹砂如可学，便欲住幽林。”陆龟蒙《和袭美寒日书斋即事三首》之二：“已上星津八月槎，文通犹自学丹砂。”

【丹砂丸】 丹药丸。亦借喻落日。白居易《游悟真寺诗》：“西北日落时，夕晖红团团。千里翠屏外，走下丹砂丸。”

【丹砂井】 相传晋代临沅县有廖氏者，家有井，井水甚赤，饮之，世世寿考。后掘井，于左右得古人所埋丹砂数十斛。丹砂汁因泉入井，是以饮其水而得寿。见晋葛洪《抱朴子·仙药》。王维《林园即事寄舍弟紞》：“徒思赤笔书，讵有丹砂井。”

【丹虹】 即虹。羊滔《游烂柯山》之二：“亘鳌蹑丹虹，排云弄清影。”亦用以形容长条彩帛。李峤《旌》：“拥麾分彩雉，持节曳丹虹。”元稹《会真诗三十韵》：“宝钗行彩凤，罗帔掩丹虹。”

【丹泉】 ❶仙泉名。传说其水人饮之不死。见《文选·江淹〈谢光禄郊游〉》吕向注。曹唐《汉武帝于宫中宴西王母》：“长生碧字期亲署，延寿丹泉许细看。”❷即丹水。发源于陕西省商县冢岭山，东入河南省境。王维《送李太守赴上洛》：“丹泉通虢略，白羽抵荆岑。”

【丹烏】 吉祥的赤色神乌。《史记·周本纪》载武王伐纣，渡河，有火自上复于下，至于王屋，流为乌，其色赤，其声魄云。后代遂将其图画于御座之上。窦希玠《奉和九日幸临渭亭登高应制得明字》：“御座丹乌丽，宸居白鹤惊。”

【丹洞】 ❶道士炼丹的处所。王勃《寻道观》：“碧坛清桂阈，丹洞肃松枢。”岑参《送许子擢第归江宁因寄王大昌龄》：“玄元告灵符，丹洞获其铭。”武元衡《夏日陪冯许二侍郎与严秘书游昊天观》：“碧霄回骑射，丹洞入桃源。”❷神仙居住的地方。赵居贞《云门山投龙诗》：“帟幕翠微亘，机茵丹洞辟。”刘禹锡《麻姑山》：“云盖青山龙卧处，日临丹洞鹤归时。”

【丹渥】 深红而润泽。刘禹锡《百花行》：“满庭荡魂魄，照庑成丹渥。”徐夤《尚书会仙亭咏蔷薇》：“丹渥不因输绣段，钱圆谁把买花声。”

【丹素】 ❶赤诚的心。李白《赠溧阳宋少府陟》：“人生感分义，贵欲呈丹素。”❷红白颜料。指绘画。顾况《上古之什补亡训传十三章·十月之郊一章》：“丹素之爆兮，椒桂之馥兮。”

【丹荔】 荔枝。因其成熟时呈红色，故称。戴叔伦《春日早朝应制》：“丹荔来金阙，朱樱贡玉盘。”丁儒《归闲诗二十韵》：“锦苑来丹荔，清波出素鳞。”

【丹桂】 ❶桂树的一种，叶如柏，皮赤。陈叔达《早春桂林殿应诏》：“朱楼云似盖，丹桂雪如花。”武元衡《玉泉寺与润上人望秋山怀张少尹》：“况此绿岩晚，尚余丹桂芳。”白居易《有木诗》之八：“有木名丹桂，四时香馥馥。”贯休《古意》之九：“忆在山中时，丹桂花葳蕤。”❷喻科举及第。孟浩然《登鹿门山》：“白云何时去，丹桂空偃蹇。”朱庆余《宿山居》：“上国求丹桂，衡门长绿苔。”张蠙《自讽》：“同隐海山烧药伴，不求丹桂却登仙。”徐夤《温陵即事》：“非才岂合攀丹桂，多病犹堪伴白云。”亦以喻俊才。骆宾王《丹阳刺史挽词》之一：“丹桂销已尽，青松哀更多。”李白《寄上吴王》之一：“小子忝枝叶，亦攀丹桂丛。”❸相传月中有桂树，桂高五百丈，见《太平御览》卷九五七。李峤《中秋月》之一：“盈缺青冥外，东风万古吹。何人种丹桂，不长出轮枝。”顾况《义川公主挽词》：“月边丹桂落，风底白杨悲。”王贞白《赠刘台处士》：“月窟常留丹桂在，家山贪卧白云重。”❹借指月亮。唐彦谦《八月十六日夜月》：“丹桂影空蟾有露，绿槐阴在鹊无枝。”李洞《中秋月》：“遥遥望丹桂，心绪更纷纷。”❺比喻子息。白居易《予与微之老而无子发于言叹著在诗篇今年冬各有一子戏作二什一以相贺一以自嘲》：“秋月晚生丹桂实，春风新长紫兰芽。”

【丹脣】 ❶红唇。卢照邻《和王奭秋夜有所思》：“丹唇间玉齿，妙响入云涯。”❷指少年时期。沈佺期《移禁司刑》：“畴昔参乡试，中年忝吏途。丹唇曾学史，白首不成儒。”

【丹雀】 传说中一种象征祥瑞的赤色神鸟。杜甫《送高司直寻封阆州》：“丹雀衔书来，暮栖何乡树。”

【丹氣】 谓彩霞。李峤《和杜学士旅次淮口阻风》：“日沉丹气敛，天敞白云销。”

【丹鳥】 萤火的异名。储光羲《同王十三维偶然作十首》：“丹鸟飞熠熠，苍蝇乱营营。”元稹《秋夕远怀》：“丹鸟月中灭，莎鸡床下鸣。”刘禹锡《聚蚊谣》：“清商一来秋日晓，羞尔微形饲丹鸟。”

【丹師】 炼丹道士。贾岛有《送丹师归闽中》。

【丹徒】 县名。唐时治所在今江苏镇江市。属江南道。顾况《送郭秀才》：“故人曾任丹徒令，买得青山拟独耕。”徐夤《宋二首》之二：“岂知紫殿新天子，只是丹徒旧啬夫”。

【丹徒布衣】 ❶指南朝宋刘穆之。穆之，东莞，莒(今山东莒县)人。世居丹徒(今江苏镇江市)。少时家贫，嗜酒食，常往妻兄江氏乞食，多见辱。后江氏有庆会，穆之往，食毕求槟榔，江氏戏曰：槟榔消食，君乃常饥，何忽须此？及穆之为丹阳尹，召江氏饮，至醉饱，令厨人以金盘盛槟榔一斛以进之。事见《南史·刘穆之传》。李白《玉真公主别馆苦雨赠卫尉张卿》之二：“丹徒布衣者，慷慨未可量。何时黄金盘，一斛荐槟榔。”❷指晋诸葛长民。长民，琅邪阳都(今山东沂南县)人。因从刘裕讨桓玄，以功拜辅国将军，宣城内史。义熙初，进位使持节，督青、扬二州诸军事，青州刺史，镇丹徒。所在残虐，不恤政事。及刘毅被诛，居常戚戚。叹曰：今日欲为丹徒布衣，岂可得也！后终为刘裕所诛。见《晋书·诸葛长民传》。刘禹锡《题欹器图》：“秦国功成思税驾，晋臣名遂叹危机。无因上蔡牵黄犬，愿作丹徒一布衣。”

【丹衷】 赤诚，忠诚。戴叔伦《曾游》：“绝粒感楚囚，丹衷犹照耀。”

【丹庭】 指朝廷。白居易《答桐花》：“待余有势力，移尔献丹庭。”参见“丹地”。

【丹旐】 丧葬用的铭旌，因竿顶以旄牛尾为饰，故称。袁瓘《惠文太子挽歌》：“寒仗丹旐引，阴堂白日违。”

【丹浦】 丹水之滨。尧有丹水之战，后用为帝王亲征的典实。褚遂良《辽东侍宴山夜临秋同赋临韵应诏》：“涿野轩皇阵，丹浦帝尧心。弯弧射封豕，解网纵前禽。”许敬宗《奉和行经破薛举战地应制》：“帷宫面丹浦，帐殿瞩宛城。”权德舆《建除诗》：“破胆销丹浦，颦蛾舞绿珠。”参见“丹水❶”。

【丹宫】 ❶指皇宫。皇宫因以丹漆涂饰，故名。杜甫《解闷十二首》之十二：“侧生野岸及江浦，不熟丹宫满玉壶。”杨凝《和直禁省》：“霄直丹宫近，风传碧树凉。”❷传说中的神仙洞府。李益《登天坛夜见月》：“竦身别我期丹宫，空山处处遗清风。”

【丹扆】 帝王视朝时背依的朱色屏风，因以为帝王的代称。李峤《晚秋喜雨》：“紫宸兢履薄，丹扆念推沟。”李颀《春送从叔游襄阳》：“只合侍丹扆，翻令辞上京。”《郊庙歌辞·享太庙乐章·承光舞》：“龙楼正启，鹤驾斯举。丹扆流念，鸿名式序。”

【丹書】 ❶诏书。因以朱笔书写，故称。武元衡《奉酬淮南中书相公见寄》：“金玉裁王度，丹书奉帝俞。”徐夤《依御史温飞卿华清宫二十二韵》：“丹书陈北虏，玄甲擐犀牛。”❷道教词。指道家经籍。李端《问张山人疾》：“不见领徒过绛帐，唯闻与婢削丹书。”❸道教词。谓天书。王贞白《送芮尊师》：“黄鹤待传蓬岛信，丹书应换蕊宫名。”吕岩《七言》之二六：“一旦炼成身内宝，等闲探得道中玄。刀圭饵了丹书降，跳出尘笼上九天。”

【丹陛】 ❶宫殿台阶。因以朱漆涂饰，故称。太宗《元日》：“霜戟列丹陛，丝竹韵长廊。”王维《上张令公》：“珥笔趋丹陛，垂珰上玉除。”罗隐《寄制诰李舍人》：“上客趋丹陛，游人叹二毛。”❷借指朝廷。白居易《题赠平泉韦征君拾遗》：“位留丹陛上，身入白云中。”李商隐《送千牛李将军赴阙五十韵》：“丹陛祥烟灭，皇闱杀气横。”无可《奉和段著作山居呈诸同志三首》之三：“暂收丹陛迹，独往乱山居。”❸指天子。杜甫《两当县吴十侍御江上宅》：“余时忝诤臣，丹陛实咫尺。”皎然《送孙侍御游越》：“丹陛恩犹在，沧州赏暂行。”吴融《出潼关》：“飞轩何满路，丹陛正求才。”

【丹除】 宫殿的红色台阶。钱起《奉和中书常舍人晚秋集贤院即事寄徐薛二侍御》：“窗明宜缥带，地肃近丹除。”

【丹頂】 ❶丹顶鹤的头顶。白居易《刘苏州以华亭一鹤远寄以诗谢之》：“素毛如我鬓，丹顶似君心。”杜牧《鹤》：“丹顶西施颊，霜毛四皓须。”齐己《辞主人绝句四首·放鹤》：“华亭来复去芝田，丹顶霜毛性可怜。”借指丹顶鹤。吴融《寄贯休上人》：“见拟沃州寻旧约，且教丹顶许为邻。”❷指鹄的赤色头顶。李咸用《独鹄吟》：“碧玉喙长丹顶圆，亭亭危立风松间。”

【丹掖】 ❶皇宫。沈佺期《送金城公主适西蕃应制》：“金榜扶丹掖，银河属紫阍。”❷指朝廷。裴度《送刘》：“不归丹掖去，铜竹漫云云。”储光羲《晚次东亭献郑州宋使君文》：“骧首入丹掖，抟空趋太微。”韩愈、李正封《晚秋郾城夜会联句》：“丹掖列鹓鹭，洪炉衣狐貉。”

【丹梯】 ❶宫殿前朱漆的台阶。李绅《忆夜直金銮殿承旨》：“门压紫垣高绮树，阁连青琐近丹梯。”黄滔《御试二首》之一：“已表隋珠各自携，更从琼殿立丹梯。”亦指朱红色的楼梯。耿沣《奉和李观察登河中白楼》：“城上高楼飞鸟齐，从心一遂蹑丹梯。”王建《题柱国寺》：“丹梯暗出三重阁，古像斜开一面山。”❷引申为功名。张蠙《赠李司徒》：“长怪鲁儒头枉白，不亲弓剑觅丹梯。”亦指建立功名的道路。羊士谔《小园春至偶呈吏部窦郎中》：“君子当济物，丹梯谁共攀。”许浑《送上元王明府赴任》：“官满定知归未得，九重霄汉有丹梯。”翁洮《上子男寿昌宰》：“只恐攀辕留不住，明时霄汉有丹梯。”❸登山的石阶。刘禹锡《洛中送杨处厚入关便游蜀》：“早识卧龙应有分，不妨从此蹑丹梯。”崔立言《醉中谑浙江廉使》：“山夫留意向丹梯，连帅邀来出药畦。”❹指高插云霄的山峰。李白《夜泛洞庭寻裴侍御清酌》：“过憩裴逸人，岩居陵丹梯。”顾况《庐山瀑布歌送李顾》:"飘白霓,挂丹梯。"欧阳詹《送闻上人游嵩山》:"丹梯石路君先去,为上青冥最上头。"❺登天的阶梯。韩偓《感事三十四韵》:"丹梯倚寥廓,终去问青天。"亦指访道升仙之路。杜甫《赠特进汝阳王二十韵》:"鸿宝宁全秘,丹梯庶可凌。"崔允略《赠毛仙翁》:"旌节行中令引道,便从尘外踏丹梯。"薛能《赠隐者》:"相留永不忘,经宿话丹梯。"

【丹崖】 ❶山名。在今河南省淅川县境。后多用以形容高耸而壁赤的岩壁。李白《送温处士归黄山白鹅峰旧居》:"丹崖夹石柱,菡萏金芙蓉。"柳宗元《巽上人以竹闲自采新茶见赠酬之以诗》:"蒸烟俯石濑,咫尺凌丹崖。"权德舆《酬李二十二兄主簿马迹山见寄》:"丹崖转初旭,碧落凝秋烟。"❷山名。在今湖南省零陵县境。元结有《丹崖翁宅铭并序》。

【丹崖翁】 唐人唐节之号。节曾任泷水令,家于丹崖,自称丹崖翁。元结《宿丹崖翁宅》:"丹崖翁,爱丹崖,弃官几年崖下家。"参见"丹崖❷"。

【丹術】 炼丹的方法。姚係《五老峰大明观赠隐者》:"丹术幸可授,青龙当未归。"吕岩《鄂渚悟道歌》:"忽闻邻舍语丹术,试问邻公可相传。"

【丹彩】 亦作"丹采"。❶朱红的色彩。温庭筠《病中书怀呈友人》:"粉垛收丹采,金髇隐仆姑。"特指彩霞。栖白《寿昌节赋得红云表夏日》:"霞光捧日登天上,丹彩乘风入殿檐。"❷红花。李绅《新昌宅书堂前有药树一株名之天上树》:"丹彩结心才辨质,碧枝抽叶乍成条。"吴融《桃花》:"满树和娇烂漫红,万枝丹彩灼春融。"

【丹訣】 炼丹成仙的秘诀。王维《送张道士归山》:"别妇留丹诀,驱鸡入白云。"钱起《题嵩阳焦道士石壁》:"幸入桃源因去世,方期丹诀一延年。"武元衡《秋日对酒》:"丹诀学仙晚,白云归谷迟。"陆龟蒙《寄茅山何道士》:"终身持玉舄,丹诀未应传。"

【丹毫】 道教徒书写醮词咒符等用的朱笔。谭用之《送丁道士归南中》:"服药几年期碧落,验符何处咒丹毫。"

【丹液】 仙药。传说服之可以白日升天。杨炯《和刘侍郎入隆唐观》:"方士烧丹液,真人泛玉杯。"孟浩然《山中逢道士云公》:"何时还清溪,从尔炼丹液。"李白《古风》:"尚恐丹液迟,志愿不及中。"

【丹陸】 指南方陆地。魏征《五郊乐章·雍和》:"昭昭丹陆,奕奕炎方。礼陈牲币,乐备篪簧。"

【丹陵】 地名。相传为尧的诞生地。太宗《重幸武功》:"白水巡前迹,丹陵幸旧宫。"曹唐《小游仙诗》之四二:"海树灵风吹彩烟,丹陵朝客欲升天。"陈陶《怀仙吟二首》之一:"丹陵五牙客,昨日罗浮归。"

【丹款】 赤诚。《郊庙歌辞·享先农乐章·展敬》:"因心罄丹款,先己励苍生。所冀延明福,于兹享至诚。"

【丹華】 ❶红花。陆龟蒙《奉和袭美病中庭际海石榴花盛发见寄次韵》:"丹华乞曙先侵日,金焰欺寒却照霜。"皮日休《庭中初植松桂鲁望偶题奉和次韵》:"毵毵绿发垂轻露,猎猎丹华动细风。"❷道家炼制的一种丹丸。白居易《送毛仙翁》:"丹华既相付,促景定当延。"杜光庭《题仙居观》:"初开九鼎丹华熟,继蹑五云天路长。"

【丹萸】 茱萸的一种。赵彦昭《奉和九日幸临渭亭登高应制》:"紫菊宜新寿,丹萸辟旧邪。"赵彦伯《奉和九日奉临渭亭登高应制得花字》:"簪挂丹萸蕊,杯浮紫菊花。"

【丹粟】 即丹砂。皮日休《太湖诗·练渎》:"底静似金膏,砾碎如丹粟。"

【丹棘】 ❶树木名。有赤、白两种。赤者称丹棘。李峤《露》:"玉垂丹棘上,珠湛绿荷中。"❷古代监狱周围所种植的丛棘。李白《上崔相百忧章》:"苍鹰搏攫,丹棘崔嵬。"借指监狱。沈佺期《伤王学士》:"限予在丹棘,不得看素旗。"

【丹景】 ❶红日。许景先《征君宅》:"石壁践丹景,金潭冒绿苹。"吴筠《游仙二十四首》之三:"凌晨吸丹景,入夜饮黄月。"李白《送梁公昌从信安北征》:"祖席留丹景,征麾拂彩虹。"❷山名。在今四川省境内。蜀太后徐氏《丹景山至德寺》:"周回云水游丹景,因与真妃眺上方。"蜀太妃徐氏《和题丹景山至德寺》:"丹景山头宿梵宫,玉轮金辂驻虚空。"

【丹跗】 红色的花托。徐彦伯《杂曲歌辞桃花行》:"源水丛花无数开,丹跗红萼间青梅。"

【丹筆】 ❶书写诏书所用的朱笔。白居易《戊申岁暮咏怀三首》之二:"紫泥丹笔皆经手,赤绂金章尽到身。"亦借指知制诰等官职。刘禹锡《和乐天南园试小乐》:"欲抛丹笔三川去,先教清商一部成。"❷书写罪人名册所用的红笔。权德舆《户部王曹长等寄赠因书所怀且叙所知》:"子玉谅贞实,持刑慎丹笔。"韩偓《八月六日作四首》之一:"丹笔不知谁定罪,莫留遗迹怨神孙。"

【丹詔】 皇帝的诏书。因以朱砂笔书写,故称。戎昱《赠韦况征君》:"身欲逃名名自随,凤衔丹诏降茅茨。"韩翃《送王光辅归青州兼寄储侍郎》:"身著紫衣趋阙下,口衔丹诏出关东。"卢渥《题嘉祥驿》:"星使自天丹诏下,雕鞍照地数程中。"黄滔《御试二首》之二:"六曹三省列簪裾,丹诏宣来试士初。"

【丹旐】 灵柩前的旗幡,因用绛帛粉书,故名。张九龄《故徐州刺史赠吏部侍郎苏公挽歌词三首》之三:"宁知建旟罢,丹旐向京师。"白居易《履道居三首》

之二："东里素帷犹未彻，南邻丹旐又新悬。"刘沧《过北邙山》："漠漠兔丝罗古庙，翩翩丹旐过孤村。"唐彦谦《闻李渎司勋下世》："异乡丹旐已飘扬，一顾深知实未亡。"

【丹湖】　即丹阳湖。唐彦谦《留别》："丹湖湖上送行舟，白雁啼残芦叶秋。采石江头旧时路，题诗还忆水边楼。"

【丹扉】　朱漆的门扇。杨衡《游峡山寺》："宝殿敞丹扉，灵幡垂绛旒。"

【丹陽】　❶郡名。西汉元封二年(前109)置。治所在宛陵(今安徽宣城市)。东汉建安二十五年(220)，孙权将郡治移至建业(今江苏南京市)，隋开皇九年(589)改为蒋州，大业三年(607)复名丹阳郡。唐武德三年(620)废。唐诗中有时仍称江宁为丹阳。岑参《送许子擢第归江宁拜亲因寄王大昌龄》："跨马出国门，丹阳返柴荆。"❷郡名。唐天宝元年(742)置。属江南东道，领丹徒、丹阳、金坛、延陵四县。治所在丹徒县(今江苏镇江市东)。孙逖《夜到润州》："夜入丹阳郡，天高气象秋。"王维《送封太守》："帆映丹阳郭，枫攒赤岸村。"严维《丹阳送韦参军》："丹阳郭里送行舟，一别心知两地秋。"❸县名。秦置。治所即今安徽当涂县东北小丹阳。隋开皇九年(589)废，唐武德三年复置。贞观元年(627)并入当涂县。韩翃《赠别崔司直赴江东兼简常州独孤使君》："亦过小丹阳，应知百城贵。"另李白有《赠丹阳横山周处士惟长》。

【丹陽尹】　地名。晋时治所在建业(今江苏南京市)，东晋元帝大兴元年(318)建都建业，改丹阳郡为丹阳尹。杜甫《送元二适江左》："晋室丹阳尹，公孙白帝城。"

【丹陽布衣】　指陶弘景，南朝齐梁时道教学者。字通明，谥贞白，丹阳秣陵(今江苏南京市)人。曾任齐左卫殿中将军，后归隐茅山，自号华阳隐居。梁武帝即位后，曾屡询国家大事，时人称为"山中宰相"。后多以"丹阳布衣"称隐居不仕者。温庭筠《中书令裴公挽歌二首》之一："丹阳布衣客，莲渚白头人。"

【丹陽郡公】　即包佶。佶官终秘书监，卒封丹阳郡公。或称丹阳公。窦常有《故秘监丹阳郡公延陵包公挽歌词》。详见"包佶"。

【丹陽湖】　湖名。在安徽当涂县东南七十里，江苏溧水县西南三十里，徽州、高淳、宁国、广德诸溪水皆汇之。以湖之中流分界为石臼与丹阳两湖。石臼湖居东，丹阳湖居西，两湖周围约三百里。李白《赠丹阳横山周处士惟长》："时作白纻词，放歌丹阳湖。"又有《姑孰十咏・丹阳湖》。

【丹紺】　绘画用的红和青的颜色。韦应物《春月观省属城始憩东西林精舍》："殿宇余丹绀，磴阁峭欹悬。"权德舆《天竺寺》："云霞栖半壁，丹绀照晴空。"

【丹葩】　红花。王勃《怀仙》："紫泉漱珠液，玄岩列丹葩。"

【丹禁】　宫禁。帝王所居曰禁。以丹涂壁，故称丹禁。上官仪《酬薛舍人万年宫晚景寓直怀友》："清切丹禁静，浩荡文河注。"李白《江夏使君叔席上赠史郎中》："凤凰丹禁里，衔出紫泥书。"姚合《和李十二舍人直日放朝对雪》："岂比直庐丹禁里，九重天近色弥鲜。"和凝《宫词百首》之七八："近臣衔命离丹禁，高捧恩波洒万方。"

【丹楓】　枫叶。枫叶经霜而变红，故称。顾况《从江西至彭蠡入浙西淮南界道中寄齐相公》："吴洲复白云，楚水飘丹枫。"李商隐《过楚宫》："巫峡迢迢旧楚宫，至今云雨暗丹枫。"又《访秋》："殷勤报秋意，只是有丹枫。"

【丹楹】　❶朱漆的楹柱。李绅《过吴门二十四韵》："朱户千家室，丹楹百处楼。"许浑《和崔大夫新广北楼登眺》："修梁暗换丹楹小，疏牖全开彩槛宽。"刘公兴《望凌烟阁》："丹楹崇壮丽，素壁绘勋贤。"❷借指朝廷。陈子良《赞德上越国公杨素》："雍容入青琐，肃穆侍丹楹。"赵蕃《荐冰》："寒姿分玉坐，皓彩发丹楹。"薛能《舟中酬杨中丞春早见寄》："锦楼春望忆丹楹，更遇高情说早莺。"

【丹極】　宫殿中红色的栋宇。借指朝廷。杜甫《虎牙行》："犬戎锁甲闻丹极，八荒十年防盗贼。"吴筠《游仙二十四首》之八："欲超洞阳界，试鉴丹极表。"

【丹鼎】　炼丹用的鼎。卢照邻《赠李荣道士》："圆洞开丹鼎，方坛聚绛云。"陆龟蒙《江南秋怀寄华阳山人》："炼药传丹鼎，尝茶试石甑。"吕岩《五言》之五："丹鼎烹成汞，炉中炼就铅。"

【丹鉛】　用以点校书籍的朱墨与铅粉。韩愈《秋怀诗十一首》之七："不如覷文字，丹铅事点勘。"

【丹腮】　指赤色的鲤鱼。高瑾《三月三日宴王明府山亭》："间关黄鸟，瀺灂丹腮。乐饮命席，优哉悠哉。"

【丹鳳】　❶传说中一种首翼皆赤的凤鸟。生长于丹穴之山。其状如鸡，五彩而文，自歌自舞，见则天下安宁。见《山海经・南山经》。顾况《海鸥咏》："万里飞来为客鸟，曾蒙丹凤借枝柯。"鲍溶《和王璠侍御酬友人赠白角冠》："好见吹笙伊洛上，紫烟丹凤亦相随。"吕岩《七言》之二八："神龟出入庚辛位，丹凤翱翔甲乙方。"❷相传丹凤常衔瑞书而至。故常以之喻下达诏书的使者。张昭《郊庙歌辞・汉宗庙乐舞辞・观德舞》："巢阿丹凤衔书命，入昴飞星献宝符。"黄滔《贺清源仆射新命》："二天在顶家家咏，丹凤衔书岁岁来。"❸喻才俊之士。元稹《桐花》："丹凤巢阿阁，文鱼游碧浔。”齐己《送错公栖公南游》：“北京丧乱离丹凤，南国烟花入鹧鸪。”❹即丹凤门。又借指京城，朝廷。东方虬《相和歌辞·王昭君三首》之二：“掩涕辞丹凤，衔悲向白龙。”吴融《送弟东归》：“谩劳筋力趋丹凤，可有文词咏碧鸡。”罗隐《中元甲子以辛丑驾幸蜀四首》之四：“丹凤有情尘外远，玉龙无迹渡头寒。”

【丹鳳林】 犹言群才。丹凤喻俊才。林，多。卢照邻《酬张少府柬之》：“价重瑶山曲，词惊丹凤林。”

【丹鳳門】 大明宫正门名。张祜《元日仗》：“文武千官岁仗兵，万方同轨奏升平。上皇一御含元殿，丹凤门开白日明。”又李益有《大礼毕皇帝御丹凤门改元建中大赦》。

【丹鳳城】 常称京城为凤城或丹凤城。沈佺期《杂曲歌辞·独不见》：“白狼河北音书断，丹凤城南秋夜长。”杜甫《送覃二判官》：“饯尔白头日，永怀丹凤城。”钱起《送崔十三东游》：“丹凤城头噪晚鸦，行人马首夕阳斜。”

【丹鳳詞】 诏敕之词。杨巨源《张郎中段员外初直翰林报寄长句》：“丹凤词头供二妙，金銮殿角直三清。”

【丹鳳詔】 朝廷诏书。钱起《县中池竹言怀》：“却愁丹凤诏，来访漆园人。”戴叔伦《赠司空拾遗》：“望阙未承丹凤诏，开门空对楚人家。”徐铉《蒙恩赐酒旨令醉进诗以谢》：“蜡炬乍传丹凤诏，御题初认白云谣。”参见“丹凰❷”。

【丹鳳樓】 大明宫南面五门，正南曰丹凤门，有门楼。见宋王溥《唐会要》卷九。任华《怀素上人草书歌》：“三秋月照丹凤楼，二月花开上林树。”杨巨源《元日含元殿下立仗丹凤楼门下宣赦相公称贺二首》之一：“丹凤楼前歌九奏，金鸡竿下鼓千声。”王建《宫词一百首》之十：“丹凤楼门把火开，五云金辂下天来。”参见“丹鳳門”。

【丹鳳闕】 ❶即丹凤门。王维《敕借岐王九成宫避暑应教》：“帝子远辞丹凤阙，天书遥借翠微宫。”韦应物《酒肆行》：“回瞻丹凤阙，直视乐游苑。”蒋防《春风扇微和》：“暖浮丹凤阙，韶媚黑龙津。”李洞《终南山二十韵》：“远平丹凤阙，冷射五侯厅。”❷借指帝都，京城。黄滔《喜侯舍人蜀中新命三首》之二：“锦里幸为丹凤阙，幕宾征出紫微郎。”❸借指宫禁。李嘉祐《和都官苗员外秋夜省直对雨简诸知己》：“漏长丹凤阙，秋冷白云司。”

【丹誠】 赤诚的心。张说《南中赠高六戬》：“丹诚由义尽，白发带愁新。”李白《送袁明府任长沙》：“别离杨柳青，樽酒表丹诚。”白居易《天可度》：“但见丹诚赤如血，谁知伪言巧似簧。”李玖《噴玉泉冥会诗八首·四丈夫同赋》之四：“丹诚岂分埋幽壤，白日终希照覆盆。”

【丹慊】 赤诚。权德舆《杂诗五首》之五：“含颦倚瑶瑟，丹慊结繁虑。”

【丹溪】 传说中仙人所居的山谷。亦用以形容隐士所居之处。储光羲《题崔山人别业》：“南阳隐居者，筑室丹溪源。”钱起《过鸣皋隐者》：“丹溪不可别，琼草色芊芊。”温庭筠《赠张炼师》：“丹溪药尽变金骨，清洛月寒吹玉笙。”

【丹殿】 皇宫，朝廷。高宗《太子纳妃太平公主出降》：“雕轩回翠陌，宝驾归丹殿。”赵冬曦《奉和圣制送张说上集贤学士赐宴赋得莲字》：“学开丹殿籍，名与石渠贤。”韦应物《观早朝》：“丹殿据龙首，崔嵬对南山。”白居易《权摄昭应早秋书事寄元拾遗兼呈李司录》：“丹殿子司谏，赤县我徒劳。”

【丹障】 同“丹嶂”。王勃《易阳早发》：“饬装侵晓月，奔策侯残星。危阁寻丹障，回梁属翠屏。”曹唐《三年冬大礼五首》之五：“翠微呼处生丹障，清静封中起白云。”

【丹經】 记载炼丹之法的书。陈子昂《感遇诗三十八首》之六：“世人拘目见，酣酒笑丹经。”岑参《上嘉州青衣山中峰题惠净上人幽居寄兵部杨郎中》：“早岁爱丹经，留心向青囊。”司空曙《遇谷口道士》：“丹经倘相授，何用恋青袍。”李洞《送人之天台》：“丹经如不谬，白发亦何能。”

【丹臺】 ❶神仙所居之处。李白《题随州紫阳先生壁》：“复闻紫阳客，早署丹台名。”白居易《酬赵秀才赠新登科诸先辈》：“君看名在丹台者，尽是人间修道人。”曹唐《萧史携弄玉上升》：“岂是丹台归路遥，紫鸾烟驾不同飘。”❷朱红色楼台。沈佺期《和元舍人万顷临池玩月戏为新体》：“春风摇碧树，秋雾卷丹台。”

【丹檻】 ❶朱漆栏杆。李益、广宣《红楼下联句》：“紫云连照耀，丹槛郁峥嵘。”刘禹锡《阙下待传点呈诸同舍》：“山色葱笼丹槛外，霞光泛滟翠松梢。”李绅《新楼诗三十首·东武亭》：“绿波春水湖光满，丹槛连楹碧嶂遥。”❷指红色楼阁。许浑《舟次武陵寄天竺僧无昼》：“秋日下丹槛，暮云归碧峰。”朱景玄《题吕食新水阁兼寄南商州郎中》：“丹槛初结构，孤高冠清川。”杜牧《华清宫三十韵》：“仰窥丹槛影，犹想赭袍光。”

【丹檻折】 汉成帝时，安昌侯张禹用事，朱云上书请诛之，成帝怒，欲斩朱云，云手攀殿槛，槛折。因辛庆忌救之，得免死。事见《汉书·朱云传》。后用为臣下犯死直谏的典实。杜甫《闻高常侍亡》：“致君丹槛折，哭友白云长。”

【丹閣】 红色楼阁。韦应物《骊山行》：“翠华稍隐天半云，丹阁光明海中日。”又《善福精舍秋夜迟诸君》："月阁已排云，皓月更高悬。"

【丹嶂】 高险如屏障的山峰。沈佺期《仙萼池亭侍宴应制》："步辇寻丹嶂，行宫在翠微。"李频《将赴黔州先寄本府中丞》："丹嶂耸空无过鸟，青林覆水有垂猿。"张起《早过梨岭喜雪书情呈崔判官》："皎洁停丹嶂，飘飖映绿林。"

【丹漢】 即银河。孙元晏《咏史诗·陈·绮阁》："结绮高宜眺海涯，上凌丹汉拂云霞。"

【丹榮】 红花。杨凌《阁前双槿》："群玉开双槿，丹荣对绛纱。"

【丹實】 红色的果实。吴筠《步虚词十首》之十："绛树结丹实，紫霞流碧津。"

【丹樓】 朱红色的楼观。王勃《临高台》："紫阁丹楼纷照曜，璧房锦殿相玲珑。"缪岛云《仙僧洞》："从此旧庵遗迹畔，丹楼霜殿一层层。"

【丹霄】 ❶九霄。指高空。玄宗《丹霄驿诗刻》："今日偶然寻得到，直从平地上丹霄。"皎然《从军行五首》之二："韩旆拂丹霄，汉军新破辽。"杜牧《奉送中丞姊夫俦自大理卿出镇江西叙事书怀》："滕阁丹霄倚，章江碧玉奔。"❷喻朝廷。韦应物《白沙亭逢吴叟歌》："亲观文物蒙雨露，见我昔年侍丹霄。"姚合《送崔中丞赴郑州》："丹霄风诏下，太守虎符新。"杜荀鹤《下第出关投郑拾遗》："丹霄桂有枝，未折未为迟。"亦指京城。许棠《旅怀》："白发除还出，丹霄去转赊。"黄滔《寄敷水卢校书》："路入丹霄近，家藏华岳深。"❸比喻仕宦显达。耿湋《春日即事二首》之一："圣代丹霄远，明时白发多。"韩翃《寄雍丘窦明府》："时辈宁将白笔期，高流伫向丹霄见。"齐己《送谢尊师自南岳出入京》："几多事隔丹霄兴，三十年成两鬓霜。"❹道家传说的仙境。吴筠《缑山庙》："为迫丹霄期，阙流苍生惠。"刘沧《过铸鼎原》："黄帝修真万国庙，鼎成龙驾上丹霄。"沈麟《送道士曾昭莹》："丹霄人有约，去采石菖蒲。"

【丹霄姿】 栋梁之臣的风貌。杨巨源《送李虞仲秀才归东都因寄元李二友》："邺中多上才，耿耿丹霄姿。"欧阳詹《福州送郑楚材赴京时监察刘公亮有感激郑意》："迩来丹霄姿，远逐苍梧云。"

【丹墨】 用于书写点勘书籍的朱墨与黑墨。亦指朱笔与墨笔。韩愈《谴疟鬼》："符师弄刀笔，丹墨交横挥。"

【丹篆】 谓天书。相传它是用朱砂书写的篆文，故称。杜牧《赠朱道灵》："刘根丹篆三千字，郭璞青囊两卷书。"陆龟蒙《寄怀华阳道士》："架上黑椽长褐稳，案头丹篆小符灵。"吕岩《绝句》之十三："肘传丹篆千年术，口诵黄庭两卷经。"

【丹憤】 忠愤。袁高《茶山诗》："茫茫沧海间，丹愤何由申。"

【丹澗】 同"丹泉❶。"杜光庭《题本竹观》："帝子影堂香漠漠，真人丹涧水潺潺。"

【丹橘】 即橘。橘成熟后呈红色，故称。李绅《却望无锡芙蓉湖》："丹橘村边独火微，碧流明处雁初飞。"薛能《监郡犍为舟中寓题寄同舍》："叠果盘餐丹橘地，若花床席早梅风。"

【丹瓢】 存置丹药的葫芦。吕岩《七言》之二十："本色丹瓢推倒后，却吞丸药待延龄。"

【丹頰】 红润的脸颊。许浑《和李相国》："霜合凝丹颊，风披敛素襟。"

【丹徼】 古代指南方极远的地区。骆宾王《从军中行路难二首》之一："苍江绿水东流驶，炎洲丹徼南中地。"沈佺期《三日独坐驩州思忆旧游》："铜柱威丹徼，朱崖镇火陬。"孙昌胤《越裳献白翟》："覃恩丹徼远，入贡素翚来。"

【丹燒】 谓炼丹。白居易《江州赴忠州至江陵已来舟中示舍弟五十韵》："剑学将何用，丹烧竟不成。"

【丹轂】 古代王侯贵族所乘的以红漆涂饰的车辆。权德舆《酬别蔡十二见赠》："浩歌曳柴车，讵羡丹毂尊。"又《奉和礼部尚书酬杨著作竹亭歌》："直城朱户相逦连，九逵丹毂声阗阗。"

【丹霜】 ❶秋霜。李商隐《代秘书赠弘文馆诸校书》："崇文馆里丹霜后，无限红梨忆校书。"❷丹药。尚颜《宿寿安甘棠馆》："三更礼星斗，寸匕服丹霜。"

【丹霞】 ❶红霞，朝霞。褚遂良《安德山池宴集》："伏枥丹霞外，遮园焕景舒。"韦应物《登高望洛城作》："帝宅夹清洛，丹霞捧朝暾。"徐铉《题碧岩亭赠孙尊师》："丹霞披翠巘，白鸟带晴岚。"亦以形容色彩的红艳。李白《安州般若寺水阁纳凉喜遇薛员外乂》："忽逢青云士，共解丹霞裳。"❷指丹砂炼制的药丸。王贞白《仙岩二首》之二："江暖客寻瑶草，洞深人咽丹霞。"

【丹壑】 ❶同"丹谷"。薛稷《四言诗》："丹壑几变，陵谷俄迁。"王维《燕子龛禅师》："种田烧白云，斫漆响丹壑。"姚合《送雍陶及第归觐》："路寻丹壑断，人近白云居。"许浑《早发天台中岩寺度关岭次天姥岑》："丹壑树多风浩浩，碧溪苔浅水潺潺。"❷借指九泉，地下。李益《过马嵬二首》之一："丹壑不闻歌吹夜，玉阶唯有薜萝风。"

【丹臉】 ❶红润的脸颊。许浑《神女祠》："长眉留桂绿，丹脸寄莲红。"高蟾《华清宫》："何事金舆不再游，翠鬟丹脸岂胜愁。"尹鹗《拨棹子》："丹脸腻，双靥媚，冠子缕金装翡翠。"❷比喻红色的花朵。罗隐《秋霁后》："渚莲丹脸恨，堤柳翠眉颦。"

【丹懇】 赤诚的心。则天皇后《郊庙歌辞·武后大享拜洛乐章·又归和》："腾绛霄兮垂景祐，翘丹恳兮荷休征。”沈佺期《赦到不得归题江上石》：“自幼输丹恳，何尝玷白圭。”许棠《投徐端公》：“丹桂阻丹恳，白衣成白头。”黄滔《旅怀》：“空有新诗高华岳，已无丹恳出秦城。”

【丹鵲】 一种羽毛呈赤色的喜鹊。杜牧《池州送孟迟先辈》：“丹鹊东飞来，喃喃送君札。”

【丹闕】 ❶朱红色的宫门。亦指宫廷。太宗《秋日即目》：“爽气浮丹阙，秋光澹紫宫。”李白《邯郸才人嫁为厮养卒妇》：“妾本崇台女，扬蛾入丹阙。”贾至《白马》：“白马紫连钱，嘶鸣丹阙前。”刘沧《题天宫寺阁》：“丹阙侵霄壮复危，排空霞影动檐扉。”❷借指朝廷。韩翃《题玉山观禅师兰若》：“玉山宴坐移年月，锡杖承恩诣丹阙。”刘禹锡《早秋送台院杨侍御归朝》：“今朝丹阙下，更入白眉人。”皮日休《三羞诗三首》之一：“如何有是心，不能叩丹阙。”郑谷《送水部张郎中彦回宰洛阳》：“春漏怀丹阙，凉船泛碧伊。”

【丹雘】 用以绘画与涂漆的颜料。刘允济《经庐岳回望江州想洛川有作》：“千里辉珠巩，五采含丹雘。”杜甫《阆州东楼筵奉送十一舅往青城县得昏字》：“曾城有高楼，制古丹雘存。”元稹《杨子华画三首》之二：“当年惜贵游，遗形寄丹雘。”张祜《隋宫怀古》：“古墙丹雘尽，深栋黑煤生。”

【丹襟】 指赤诚之心。则天皇后《唐享昊天乐·第三》：“丹襟式敷衷恳，玄鉴庶察微诚。”《唐大飨拜洛乐章·显和》：“玄泽流恩载洽，丹襟荷渥增愉。”

【丹瓊】 红色宝玉。皮日休《入林屋洞》：“刻之以紫琳，秘之以丹琼。”

【丹藕】 红色的荷花。温庭筠《题丰安里王相林亭二首》之一：“不知淮水浊，丹藕为谁开。”

【丹藥】 用丹砂炼制的药物。卢照邻《羁卧山中》：“紫书常日阅，丹药几年成。”李端《奉和王元二相避暑怀杜太尉》：“绿槐千穗绽，丹药一番迟。”薛能《恭禧皇太后挽歌词三首》之二：“旧住留丹药，新陵在碧山。”

【丹襜】 达官贵族出行时前导开路的朱衣骑卒。韦庄《冬日长安感志寄献虢州崔郎中二十韵》：“宅后绿波栖画鹢，马前红袖簇丹襜。”

【丹礫】 朱砂。陆龟蒙《四明山诗·云南》：“云南更有溪，丹砾尽无泥。”

【丹曦】 红日。杨敬述《奉和圣制夏日游石淙山》：“林壑偏能留睿赏，长天莫遽下丹曦。”

【丹籍】 以朱笔记载犯人姓名与罪状的簿籍。刘夷道《伤死奴》：“丹籍生涯浅，黄泉归路深。不及江陵树，千秋长作林。”

【丹爐】 炼丹的炉灶。亦作“丹鑪”。陆敬《游清都观寻沈道士得都字》：“十芒生药笥，七焰发丹炉。”林杰《王仙坛》：“羽客已登仙路去，丹炉草木尽凋残。”

【丹竈】 炼丹用的灶。玄宗《过老子庙》：“流沙丹灶没，关路紫烟沉。”李白《谒老君庙》：“流沙丹灶灭，关路紫烟沉。”戴叔伦《游清溪兰若》：“丹灶久闲荒宿草，碧潭深处有潜龙。”刘望《九嶷山》：“九转药成丹灶冷，五车云去玉堂空。”

【丹竈客】 指炼丹道士。于武陵《赠王道士》：“日日市朝路，何时无苦辛。不随丹灶客，终作白头人。”

【丹竈術】 炼丹之术。杜甫《陪章留后侍御宴南楼》：“本无丹灶术，那免白头翁。”钱起《哭常征君》：“如何丹灶术，能误紫芝焚。”

【丹鶴】 即丹顶鹤。因头顶呈朱红色，故称。吕岩《赠刘方处士》：“露飘香陇玉苗滋，月上碧峰丹鹤唳。”

【丹髓】 丹砂经冶炼而成液体，称为丹髓。亦借指道教徒服食的松干上凝结的黄脂。李贺《昌谷诗》：“小柏俨重扇，肥松突丹髓。”

【丹巘】 赤色的山峦。钱起《奉和圣制登朝元阁》：“翠微回日驭，丹巘驻天行。”孟郊《石淙》：“丹巘堕环景，霁波灼虚形。”

【丹巖】 赤色的山峰。王建《奉同曾郎中题石瓮寺得嵌韵》：“寺门连内绕丹岩，下界云开数过帆。”许浑《郡斋夜坐寄旧乡二侄》：“楼侵白浪风来远，城抱丹岩日到迟。”李商隐《五月六日夜忆往岁秋与彻师同宿》：“紫阁相逢处，丹岩议宿时。”

【丹鑪】 见“丹爐”。

四 画

主 〔zhǔ《广韵》之庾切，上，麌，照。〕❶主人。(1)与宾客相对。玄宗《集贤书院成送张说上集贤学士赐宴得珍字》：“献酬尊俎列，宾主位班陈。”杜甫《赠卫八处士》：“主称会面难，一举累十觞。”(2)与仆人相对。李山甫《自叹拙》：“世乱僮欺主，年衰鬼弄人。”❷物主。土地财产的所有者。元有让《复游浯溪》：“田地潜更主，林园尽废荒。”刘禹锡《故相国燕国公于司空挽歌二首》之二：“前马悲无主，犹带朔风嘶。”杜荀鹤《伤病马》：“顾主强抬和泪眼，就人轻刷带疮皮。”引申为归属。陈彦博《恩赐魏文贞公诸孙旧第以导直臣》：“阿衡随逝水，池馆主他人。”❸君王，国君。苏颋《重送舒公》：“悬知邑里遥相望，事主荣亲代所稀。”薛据《怀哉行》：“主好臣必效，时禁权不开。”周昙《咏史诗·春秋战国门·齐桓公》：“微臣傲爵能轻主，霸主如何敢傲人。”薛昭蕴《浣溪沙》词：“吴主山河空落日，越王宫殿半平芜。”❹主将。曹邺

《战城南》:“性命换他恩,功成谁作主?”皮日休《奉和鲁望叠韵吴宫词二首》之二:“主房部伍苦,嫱亡房廊香。”❺公主。李适《奉和送金城公主适西蕃应制》:“主歌悲顾鹤,帝策重安人。”崔颢《江畔老人愁》:“父兄三叶皆尚主,子女四代为妃嫔。”郑愔《送金城公主适西蕃应制》:“贵主悲黄鹤,征人怨紫骝。”权德舆《古乐府》:“身年二八婿侍中,幼妹承恩兄尚主。”❻配偶,丈夫。万楚《杂曲歌辞·茱萸女》:“蛾眉自有主,年少莫踟蹰。”白居易《和微之诗二十三首·和李势女》:“忍将先人体,与主为疣疮。”邵谒《寒女行》:“青楼富家女,才生便有主。”❼主持,掌管。刘长卿《戏题赠二小男》:“未知门户谁堪主,且免琴书别与人。”顾况《赠韦清将军》:“身执金吾主禁兵,腰间宝剑重横行。”白居易《偶作二首》之一:“谋虑系安危,威权主生杀。”贾岛《寄令狐绹相公》:“一主长江印,三封东省书。”❽做主;主宰。元稹《酬刘猛见送》:“六尺安敢主,方寸由自调。”陆龟蒙《渔具诗·种鱼》:“如非一神守,潜被蛟龙主。”❾守护,守住。王昌龄《诸官游招隐寺》:“金色身坏灭,真如性无主。”白居易《五弦》:“坐客闻此声,形神若无主。”❿根本;主体。杜甫《殿中杨监见示张旭草书图》:“俊拔为之主,暮年思转极。”白居易《予与微之老而无子发于言叹著在诗篇今年冬各有一子戏作二什一以相贺一以自嘲》:“一园水竹今为主,百卷文章更付谁。”⓫注重,崇尚。李端《酬秘书元丞郊园卧疾见寄》:“求医主高手,报疾到贫家。”

【主人】 ❶接待宾客的人。与“客人”相对。崔惠童《宴城东庄》:“一月主人笑几回,相逢相识且衔杯。”张继《春申君祠》:“日暮江南无主人,弥令过客思公子。”白居易《夜宴醉后留献裴侍中》:“九烛台前十二姝,主人留醉任欢娱。”黄滔《寄题崔校书郊舍》:“主人贫爱客,沽酒往吟诗。”❷财物的所有者。薛业《洪州客舍寄柳博士芳》:“去年燕巢主人屋,今年花发路傍枝。”武元衡《闻王仲周所居牡丹花发因戏赠》:“花开花落无人见,借问何人是主人。”李洞《赠长安毕郎中》:“高门寒沼水连云,鹭识朱衣傍主人。”南唐先主李昪《咏灯》:“主人若也勤挑拨,敢向尊前不尽心。”❸藩镇及州县地方长官。高适《送董判官》:“幕府为才子,将军作主人。”王建《赠王侍御》:“三受主人辟,方出咸阳城。”韩翃《送李司直赴江西使幕》:“主人苍玉佩,后骑黄金络。”徐铉《送从兄赴临川幕》:“今日好论天下事,昔年同受主人恩。”❹君主。王建《寄崔列中丞》:“君子居要途,易失主人恩。”❺佛家借指无明。意谓无智、愚昧,亦指不懂佛教道理的世俗认识。寒山《诗三百三首》之二〇四:“只为主人不了绝,遂招迁谢逐迷邪。”

【主人公】 ❶对主人的尊称。韩愈《咏灯花同侯十一》:“更烦将喜事,来报主人公。”❷指心灵。佛教名词。寒山《诗三百三首》之二三九:“不识主人公,随客处处转。”

【主人翁】 ❶主人。白居易《宿窦使君庄水亭》:“有兴即来闲便宿,不知谁是主人翁。”李商隐《井泥四十韵》:“帝问主人翁,有自卖珠儿。”段谷《市中狂吟》:“墙壁作散土一堆,主人翁永不来归。”❷对主人的尊称。刘禹锡《纥那曲二首》之二:“愿郎千万寿,长作主人翁。”白居易《和答诗十首·和大觜乌》:“千岁乃一出,喜贺主人翁。”

【主上】 臣下对国君的称呼。杜甫《奉赠韦左丞丈二十二韵》:“主上顷见征,欻然欲求伸。”

【主父】 ❶仆人对男主人之称。元稹《将进酒》:“言之主父伤主母,母为妾地父妾天。”❷妻子对丈夫的敬称。韦庄《秦妇吟》:“须臾主父乘奔至,下马入门痴似醉。”❸西汉政治家主父偃的省称。见《汉书》本传。吴筠《览古十四首》之十:“主父食五鼎,昭昭成祸根。”高适《送蔡山人》:“丈夫遭遇不可知,买臣主父皆如斯。”李贺《致酒行》:“主父西游困不归,家人折断门前柳。”

【主公】 对权贵长官的尊称。皎然《送陆侍御士佳赴上京》:“更怀西川府,主公昔和鼎。”刘禹锡《送从弟郎中赴浙西》引:“往年主公入相,荐扬登朝中。”孟郊《和宣州钱判官使院厅前石楠树》:“主公方寸中,陶植在须臾。”

【主文】 主持科举考试。窦牟《史馆候别蒋拾遗不遇》:“主文亲玉扆,通籍入金闺。”马异《送皇甫湜赴举》:“主文有崔李,郁郁为朝德。”亦用以称主考官。徐夤《送卢拾遗归华山》:“门前旧客期相荐,犹望飞书及主文。”

【主皮】 习射的一种。古代习射有“礼射”与“主皮之射”之别,“礼射”的箭靶为布制,着重按一定的礼仪进行训练。“主皮之射”的箭靶为兽皮,着重比赛胜负。后多指练武或比赛。耿湋《和王怀州观西营秋射》:“主皮山郡晚,饮算柳营寒。”

【主司】 科举的主考官。李白《送杨少府赴选》:“夫子有盛才,主司得球琳。”施肩吾《秋吟献李舍人》:“主司傥许题名姓,笔下看到度海桥。”黄滔《喜陈先辈及第》:“甲乙中时公道复,朝廷看处主司夸。”

【主母】 奴婢对女主人之称。元稹《将进酒》:“言之主父伤主母,母为妾地父妾天。”

【主吏】 指州县地方官的属吏。李绅《闻里谣效古歌》:“悬鼓一鸣卢鹊喧,恶声主吏噪尔门。”

【主印】 ❶执掌印鑑。周贺《赠李主簿》:“税时兼主印,每日得闲稀。”❷指担任州录事、县主簿等官职。李颀《送马录事赴永阳》:“子为郡从事,主印清淮边。"李端《送濮阳录事赴忠州》："成名不遂双旌远，主印还为一郡雄。"姚合《游春十二首》之四："尘中主印吏，谁遣有高情。"许浑《赠何处士》："白头主印青山下，虽遇唐生不敢亲。"

【主守】 负责督领某事的人。杜甫《行官张望补稻畦水归》："主守问家臣，分明见溪伴。"参见"行官"。

【主君】 君主。李商隐《重有感》："玉帐牙旗得上游，安危须共主君忧。"

【主祀】 主持祭祀。白居易《井底引银瓶》："聘则为妻奔是妾，不堪主祀奉蘋蘩。"

【主持】 ❶掌管。刘禹锡《和乐天烧药不成命酒独醉》："九转欲成就，百神应主持。"卢仝《月蚀诗》："辰星任廷尉，天律自主持。"❷即住持。佛教名词。原为久住护持佛法之义，后用为寺院内主持寺院者的职称。吕岩《窑头坯歌》："主持正念大艰辛，一失人身为异类。"

【主柄】 谓执持。吕岩《敲爻歌》："权物家财无主柄，性命双修玄又玄。"

【主後】 主持祭祀社稷宗庙的继承人。后指宗祧继承人，后代。权德舆《哭李晦群崔季文二处士》："二贤无主后，贫贱大壮齿。"

【主客】 ❶主人与客人。杜甫《遣怀》："舟车半天下，主客多欢娱。"又《郑典设自施州归》："其俗则纯朴，不知有主客。"❷主要与次要。引申为升降进退。杜甫《七月三日戏呈元二十一曹长》："阴阳相主客，时序递回斡。"❸官名。礼部四司之一。置主客郎中一员，从五品上。员外郎一员，从六品上。主事二人，从九品上。令史四人，书令史九人，掌固四人。郎中、员外郎之职，掌诸蕃朝聘之事。储光羲有《贻主客吕郎中》。权德舆有《酬主客仲员外见贺正除》。

【主客郎中】 官名。礼部所属主客司长官。从五品上。与其副职主客员外郎同掌诸蕃及前朝后裔朝见之事。储光羲有《贻主客吕郎中》。

【主恩】 君主的恩遇。杜甫《八哀诗·赠太子太师汝阳郡王琎》："往者开元中，主恩视遇频。"张继《送张中丞归使幕》："独受主恩归，当朝似者稀。"李德裕《雨后净望河西连山怆然成咏》："唯怀药饵蠲衰病，为惜余年报主恩。"柳公权《应制为宫嫔咏》："不分前时忤主恩，已甘寂寞守长门。"

【主翁】 主人。与"客人"相对。郑嵎《津阳门诗》："主翁移客挑华灯，双肩隐膝乌帽欹。"吕岩《题四明金鹅寺壁》："主翁岂是寻常人，我来谒见不得见。"

【主鬯】 谓主持宗庙祭祀。鬯，祭祀用的香酒。后称太子为"主鬯"。《郊庙歌辞·享懿德太子庙乐章·迎俎酌献》："飘飖羽服，掣曳云旗，眷言主鬯，心乎怆兹。"又《郊庙歌辞·享隐太子庙乐章·雍和》："有来雍雍，登歌济济。缅维主鬯，庶歆芳醴。"

【主家】 ❶公主之家。李峤《奉和初春幸太平公主南庄应制》："主家山第接云开，天子春游动地来。"沈佺期《奉和初春幸太平公主南庄应制》："主家山第早春归，御辇春游绕翠微。"杜甫《郑驸马宅宴洞中》："主家阴洞细烟雾，留客夏簟清琅玕。"❷主持家事，治家。权德舆《浩歌》："履道身未泰，主家谋不臧。"

【主第】 ❶公主住宅。韦元旦《夜宴安乐公主宅》："主第新成银作榜，宾筵广宴玉为楼。"刘长卿《九日题蔡国公主楼》："主第人何在，重阳客暂寻。"李端《杂诗》："主第辞高饮，石家赴宵会。"❷泛指王门贵族。卢照邻《长安古意》："玉辇纵横过主第，金鞭络绎向侯家。"元稹《五弦弹》："主第侯家最难见，挼歌按曲皆承诏。"

【主將】 （—jiàng）主要将领；统帅。李白《南奔书怀》："主将动谗疑，王师忽离叛。"杜甫《自平》："蓬莱殿前诸主将，才如伏波不得骄。"钱起《送傅管记赴蜀军》："主将早知鹦鹉赋，飞书许载蛟龙笔。"元稹《织妇词》："征人战苦束刀疮，主将勋高换罗幕。"

【主祭】 主持祭祀。张籍《江陵孝女》："无家空托墓，主祭不从人。"赵嘏《东归道中二首》之一："传家有天爵，主祭用儒衣。"储嗣宗《哭彭先生》："主祭孤儿初学语，无媒旅榇未还乡。"

【主張】 天道、命运。杜牧《杜秋娘诗》："主张既难测，翻覆亦其宜。"❷主意，见解。高适《双六头赋送李参军》："主张尔手谈，决断尔心争。"

【主婦】 女主人。韩愈《示儿》："主妇治北堂，膳服适戚疏。"

【主掌】 主管。罗隐《钱塘江潮》："至竟朝昏谁主掌，好骑赪鲤问阳侯。"齐己《移居西湖作二首》之二："桃李别教人主掌，烟花不称我追寻。"

【主當】 犹言主持，主领。杜甫《病柏》："偃蹙龙虎姿，主当风云会。"

【主盟】 谓主持某事。权德舆《奉酬从兄南仲见示十九韵》："邦有贤诸侯，主盟词律雄。"

【主意】 ❶主张；主旨。白居易《和微之诗二十三首·和李势女》："妾死主意快，从此两无妨。"清昼、潘述《讲古文联句》："鲍照《从军》，主意危苦。"❷见识，见解。丁棱《和主司王起》："同升翰苑时名重，遍历朝端主意深。"❸君王的心意。刘长卿《酬李郎中夜登苏州城楼见寄》："客程无地远，主意在人安。"李嘉祐《赠卫南长官赴任》："吏曹难茂宰，主意念疲人。"马戴《送田使军牧蔡州》："主意思政理，牧人官不轻。"亦指主人的心意。白居易《咏兴五首·小庭亦有月》："客知主意厚，分数随口加。"

【主領】 主管，掌管。王建《对酒》："从来事事关身少，主领春风只在君。”白居易《和钱华州题少华清光绝句》：“高情雅韵三峰守，主领清光管白云。”

【主諾】 上级官吏对下属的请求表示同意。张说《出湖寄赵东曦》：“湘浦未赐环，荆门犹主诺。”

【主簿】 官名。唐制县令之佐有主簿，掌县衙簿书。其位在丞之下，尉之上。京县二人，从八品。畿县上县各一人，正九品。中县下县各一人，从九品。又州府之司录参军有时亦称主簿。杜甫《逢唐兴刘主簿弟》：“轻舟下吴会，主簿意何如。”权德舆《送岳州温录事赴任》：“解巾州主簿，捧檄不辞遥。”姚合《送张齐物主簿赴内乡》：“烧得药成须寄我，曾为主簿与君同。”李洞《宿长安苏雍主簿厅》：“县对数峰云，官清主簿贫。”

丿　部

一　画

乂〔yì《广韵》魚肺切，去廢，疑。〕❶治理。萧昕《洛出书》："地敷作乂功，人免为鱼恤。"❷安定。玄宗《春晚宴两相及礼官丽正殿学士探得风字》序："犹恐烝黎未乂，徭戍未安，礼乐之政亏，师儒之道丧。"元结《补乐歌十首·大夏》："国有安乂兮，野有封疆。"裴潾《前相国赞皇公旋起赴诏命作镇浙右辄抒怀赋四言诗十四首奉寄》之三："四镇咸乂，三阶以融。"❸才德出众。杜甫《奉酬薛十二丈判官见赠》："文王日俭德，俊乂始盈庭。"

【乂安】　安定，太平。权德舆《奉和圣制九日言怀赐中书门下及百寮》："令节在丰岁，皇情喜乂安。"

乃[1]〔nǎi《广韵》奴亥切，上海，泥。〕❶代词。(1)你，你的。杜审言《泛舟送郑卿入京》："此时光乃命，谁为惜无津。"韩愈《烽火》："我歌宁自感，乃独泪沾衣。"参见"乃心王室"。(2)或，有人。欧阳询《嘲萧瑀射》："借问谁为此，乃应是宋公。"(3)然，如此。韩愈、孟郊《斗鸡联句》："一喷一醒然，再接再砺乃。"❷动词。(1)为，是。储光羲《巩城东庄道中作》："夏王纪冬令，殷人乃正月。"李白《上云乐》："大道是文康之严父，元气乃文康之老亲。"韩愈《病中赠张十八》："君乃昆仑渠，籍乃岭头泷。"白居易《和答诗十首·答四皓庙》："此乃圣人语，吾闻诸仲尼。"(2)当，应当。李白《上留田行》："无心之物尚如此，参商胡乃寻天兵。"权德舆《杂诗五首》之一："神期谅交感，相顾乃如此。"(3)能，可以。则天皇后《唐武氏享先庙乐章》："既迫王公屡请，方乃俯遂群心。"李白《陪族叔当涂宰游化城寺升公清风亭》："留欢若可尽，劫石乃成灰。"❸副词。(1)才。太宗《咏司马彪续汉志》："二仪初创象，三才乃分位。"白居易《和答诗十首·和大觜乌》："千岁乃一出，喜贺主人翁。"牛僧孺《句》："求人气色沮，凭酒意乃伸。"詹敦仁《复留侯从效向南汉刘岩改名龑字音义》："伏羲初画卦，苍氏乃制字。"(2)却。李白《春日陪杨江宁及诸官宴北湖感古作》："古之帝宫苑，今乃人樵苏。"韩愈《重云李观疾赠之》："穷冬百草死，幽桂乃芬芳。"吕温《合江亭槛前多高竹不见远岸花客命翦之感而成咏》："常言契君操，今乃妨众目。"刘斌《和谒孔子庙》："性与虽天纵，主世乃无由。"(3)竟然；居然。太宗《帝京篇十首》之三："阅赏诚多美，于兹乃忘倦。"李白《古风》之二一："试为巴人唱，和者乃数千。"李华《杂诗六首》之五："儒风冠天下，而乃败王度。"刘太真《顾生既至留连笑语因以成篇》："宠至乃不惊，罪及非无由。"(4)仍，仍然。李白《玉真公主别馆苦雨赠卫尉张卿二首》之二："稷契和天人，阴阳乃骄蹇。"卢仝《冬行三首》之一："虫豸腊月皆在蛰，吾独何乃劳其形。"(5)况且，尚且。元结《舂陵行》："追呼尚不忍，况乃鞭扑之。"元稹《西斋小松二首》之一："况乃枝上雪，动摇微月波。"(6)仅仅；只。杜甫《草堂》："请陈初乱时，反复乃须臾。"钱起《宿毕侍御宅》："心唯二仲合，室乃一瓢空。"韦应物《游灵岩寺》："不知临绝槛，乃见西江流。"(7)岂，难道。李邕《铜雀妓》："直节岂感激，荒淫乃凄其。"杜甫《新婚别》："暮婚晨告别，无乃太匆忙!"(8)诚然，实在。储光羲《同王十三维偶然作十首》之十："狂飙动地起，拔木乃非一。"❹连词。(1)表并列。而，又。高适《真定即事奉赠韦使君二十八韵》："乃继三台侧，仍将四岳俱。"苏源明《小洞庭回源亭宴四郡太守》序："既尊封壤，乃密惠好。"白居易《贺雨》："乃命罢进献，乃命赈饥穷。"(2)表承接。于是，就。李白《赠范金卿二首》之一："时人弃此物，乃与燕珉齐。"韦应物《送郗詹事》："书奏蒙省察，命驾乃东征。"刘禹锡《游桃源一百韵》："道芽期日就，尘虑乃冰释。"(3)表因果。李白《别韦少府》："交乃意气合，道因风雅存。"❺助词。无义。顾况《上古之什补亡训传十三章·十月之郊一章》："乃梦乘舟，乃梦乘车。"又《上古之什补亡训传十三章·陵霸之华一章》："乃帝乃神，乃舒乃屯。"

乃[2]〔ǎi《洪武正韵》依亥切，上解。〕拨船的声音。元结《系乐府十二首·欸乃曲》："谁能听欸乃，欸乃感人情。"

【乃可】　❶竟可。李华《杂诗六首》之四："上天降寒暑，地利乃可生。"❷方可。李白《远别离》："苍梧山崩湘水绝，竹上之泪乃可灭。"

【乃老】　他的父亲。李贺《感讽六首》之四："试问谁家子，乃老能佩刀。"

【乃在】　❶在，就在。储光羲《至嵩阳观观即天皇故宅》："真人上清室，乃在中峰前。"李白《寄远十一首》之二:“青楼何所在,乃在碧云中。”韩愈《谢自然诗》:“轻生学其术,乃在金泉山。”李群玉《我思何所在》:“我思何所在,乃在阳台侧。”❷却在,竟在。储光羲《同王十三维哭殷遥》:“膏腴不可求,乃在许西偏。”韦应物《送李儋》:“别离何从生,乃在亲爱中。”皇甫冉《题魏仲光淮山所居》:“人群不相见,乃在白云间。”

【乃至】 于是到达。储光羲《题辨觉精舍》:“朝随秋云阴,乃至青松林。”徐铉《回至南康题紫极宫里道士房》:“胡为拥征传,乃至天南陲。”

【乃是】 ❶却是。李白《赠武十七谔》:“乃是要离客,西来欲报恩。”白居易《有木诗八首》之三:“实成乃是枳,臭苦不堪食。”许棠《题闻琴馆》:“乃是前贤意,常留化俗心。”❷是,就是。李白《春日行》:“春风吹落君王耳,此曲乃是《升天行》。”李华《咏史十一首》之六:“此山在西北,乃是神仙国。”

【乃知】 ❶于是知道。李白《战城南》:“乃知兵者是凶器,圣人不得已而用之。”司空曙《杜鹃行》:“蜀人闻之皆起立,至今相效传遗风,乃知变化不可穷。”姚合《街西居三首》之三:“乃知长生术,豪贵难得之。”❷方知。杜甫《画鹘行》:“乃知画师妙,功刮造化窟。”权德舆《古离别》:“乃知前日欢,本为今日悲。”吴融《李周弹筝歌》:“古人云,丝不如竹,竹不如肉,乃知此语未必然,李周弹筝听不足。”

【乃祖】 其祖。元稹《代曲江老人百韵》:“背恩欺乃祖,连祸及吾民。”

【乃翁】 他的父亲。皮日休《茶中杂咏·茶舍》:“乃翁研茗后,中妇拍茶歇。”

【乃孫】 他的孙子。顾云《苏君厅观韩干马障歌》:“乃孙屈迹宁百里,好奇学古有祖风。”

【乃爾】 竟然如此。唐彦谦《舟中望紫岩》:“惜去乃尔觉,常时自相忘。”

二 画

久 〔jiǔ《广韵》舉有切,上有,見。〕❶时间长,长久。杜淹《召拜御史大夫赠袁天纲》:“既逢杨得意,非复久闲居。”李白《古风》之一:“大雅久不作,吾衰竟谁陈?”张灿《寒食遣怀》:“憔悴此时久,青山啼四邻。”伍乔《寄史处士》:“石楼待月横琴久,渔浦经风下钓迟。”❷长久坚持。白居易《赠友五首》之四:“长吏久于政,然后风教敦。”❸滞留。权德舆《祗役江西路上以诗代书寄内》:“如何久人寰,俯仰学举措。”

【久久】 长时间。权德舆《古离别》:“则知交疏分,久久翻易持。”

【久已】 早已,早就。元稹《思归乐》:“此意久已定,谁能求苟荣。”

【久次】 久居官次。权德舆《和张秘监阁老献岁过蒋大拾遗因呈两省诸公并见示》:“二贤同载笔,久次入新年。”

【久别】 长期分别。白居易《赠郑尹》:“府池东北旧亭台,久别长思醉一回。”许棠《送元遂上人归吴中》:“吴中知久别,庵树想成围。”

【久别離】 乐府杂曲歌辞。源出《古别离》。李白有《久别离》。

【久住】 长时间居住、栖息。戎昱《移家别湖上亭》:“黄鹂久住浑相识,欲别频啼四五声。”

【久坐】 长时间地坐。杜甫《鄠城西原送李判官武判官弟赴成都府》:“凭高送所亲,久坐惜芳辰。”

【久長】 (—cháng)长久。王韫秀《喻夫阻客》:“公孙开阁招嘉客,知道浮荣不久长。”皇甫湜《俍石铭》:“圣德洋洋,厥响久长。”薛莹《中秋月》:“劝君莫惜登楼望,云放婵娟不久长。”李群玉《临水蔷薇》:“堪爱复堪伤,无情不久长。”

【久雨】 长久阴雨。杜甫《晴二首》之一:“久雨巫山暗,新晴锦绣文。”陆龟蒙《奉酬袭美苦雨四声重寄三十二句·平上声》:“层云愁天低,久雨倚槛冷。”

【久來】 长时间以来。李涉《却归巴陵途中走笔寄唐知言》:“君家三兄旧山侣,方寸久来常许与。”

【久念】 长久思念。杜唐《得舍弟消息》:“乱后谁归得,他乡胜故乡,直为心厄苦,久念与存亡。”

【久要】 (—yāo)❶旧约。《论语·宪问》:“久要不忘平生之言。”高适《留别郑三韦九兼洛下诸公》:“忆昨相逢论久要,顾君哂我轻常调。”❷旧交。独孤及《夏中酬于逖毕耀问病见赠》:“新诗见久要,清论激深衷。”韦应物《赠李儋》:“何因知久要,丝白漆亦坚。”张登《送王主簿游南海》:“平生推久要,留滞共三年。”

【久則】 唐诗僧。《全唐诗逸》卷中录其“湖上青山今欲卖,白云无主问何人”残句。

【久待】 长久等待。岑参《送张直公归南郑拜省》:“北堂应久待,乡梦促征期。”杜甫《寄邛州崔录事》:“久待无消息,终朝有底忙?”

【久客】 久居他乡。杜甫《遭田父泥饮美严中丞》:“久客惜人情,如何拒邻叟。”又《进艇》:“南京久客耕南亩,北望伤神坐北窗。”朱庆余《旅中秋月有怀》:“久客未还乡,中秋倍可伤。”

【久致】 许久才置办成功。杜甫《新婚别》:“自嗟贫家女,久致罗襦裳。”

【久病】 长期生病。张祜《江南杂题三十首》之十四:“久病无行意,溪亭盖到稀。”李昌符《晚夏逢友人》:“长安多在客,久病忽闻蝉。”

【久留】 长期淹留。严武《题龙日寺西龛石壁》:

"鼎食当自致,岩栖难久留。"李商隐《酬崔八早梅有赠兼示之作》:"知访寒梅过野塘,久留金勒为回肠。"张蠙《过山家》:"避暑得探幽,忘言遂久留。"

【久留郎署】 颜驷三朝为郎之事,后用以作不获知遇之典。骆宾王《帝京篇》:"久留郎署终难遇,空扫相门谁见知。"

【久晦】 长久韬晦。权德舆《送山人归旧隐》:"会被公车荐,知君久晦难。"

【久康】 长久健康。曹邺《夜坐有怀》:"年华且有恨,厥体难久康。"

【久淹】 长久淹留。孟浩然《口号赠王九》:"日暮田家远,山中勿久淹。"

【久陰】 天气长久阴沉。杜甫《雨二首》之一:"久阴蛟螭出,盗寇复几许。"

【久欽】 钦慕已久。韩愈《韶州留别张端公使君》:"久钦江总文才妙,自叹虞翻骨相屯。"

【久視】 谓长寿。视,生存。李咸用《临川逢伯年》:"自言混沌凿不死,大笑老彭非久视。"

【久絶】 长久断绝。刘沧《怀江南友人》:"久绝音书隔塞尘,路歧谁与子相亲。"

【久傳】 (—chuán)长久流传。刘禹锡《送陆侍御归淮南使府》:"江左重诗篇,陆生名久传。"

【久遊】 长期飘游,久居外乡。李白《秋浦歌十七首》之二:"欲去不得去,薄游成久游。何年是归月,雨泪下孤舟。"薛能《天际识归舟》:"晴阔欣至见,归迟怪久游。"

【久遠】 长久,长远。吴筠《览古十四首》之六:"崇高与久远,物莫能两存。"白居易《赠皇甫宾客》:"始信淡交宜久远,与君转老转相亲。"王贞白《经故洛城》:"卜世何久远,由来仰圣明。"

【久滯】 长久滞留。顾况《游子吟》:"游子悲久滞,浮云郁东林。"

【久駐】 久留。国邵南《梦崔椵妻诗》:"容华难久驻,知得几多年。"

【久隱】 长久隐居。刘得仁《病中晨起即事寄场中往还》:"岂能为久隐,更欲泥浮名。"

么 同"幺"。唐彦谦《汉代》:"别随秦柱促,愁为蜀弦么。"

【么弦】 琵琶的第四弦。因其最细,故称。亦用以代称琵琶。刘禹锡《奉和淮南李相公早秋即事寄成都武相公》:"聆音还窃抃,不觉抚么弦。"

【么麽】 微弱。杜甫《忆昔行》:"辛勤不见华盖君,艮岑青辉惨么磨。"

三 画

之 〔zhī《广韵》止而切,平之,章。〕❶往;至。储光羲《送周十一》:"复问子何如,自言之帝乡。"李白《古风》之二九:"仲尼欲浮海,吾祖之流沙。"戎昱《寄梁淑》:"心思食檗何由展,家似流萍任所之。"韦庄《寓言》:"为儒逢世乱,吾道欲何之。"❷代词。(1)这;这个。见"之子"。(2)他(她,它)。李颀《绝缨歌》:"君王赦过不之罪,暗中珠翠鸣珊珊。"韩愈《元和圣德诗》:"出师征之,其众十旅。"白居易《戒药》:"以之资嗜欲,又望延甲子。"孙郃《古意二首》之二:"小国有其人,大国奈之何?"(3)自指。我。杜甫《木皮岭》:"汗流被我体,祈寒为之暄。"元结《与党评事》:"岂忘惠君子,恕之识见偏。"❸助词。(1)用在定语和中心词之间,相当于现代汉语的助词"的"。李颀《送刘十》:"诸兄相继掌青史,第五之名齐骠骑。"钱起《片玉篇》:"美人之鉴明且彻,玉指提携叹奇绝。"白居易《素屏谣》:"素屏素屏,胡为乎不文不饰,不丹不青,当世岂无李阳冰之篆字,张旭之笔迹,边鸾之花鸟,张璪之松石。"李商隐《韩碑》:"公之斯文若元气,先时已入人肝脾。"吴融《出迟》:"文王之囿小,莫惜借人看。"(2)相当于"所"。白居易《和梦游春诗一百韵》:"合者离之始,乐兮忧所伏。"杜牧《送沈处士赴苏州李中丞招以诗赠行》:"尽我所有无,惟公之指使。"元晦《越亭二十韵》:"福盈祸之倚,权胜道所恶。"(3)用在主语和谓语之间,取消句子的独立性。陈叔达《自君之出矣》:"自君之出矣,红颜转憔悴。"杜甫《寄柏学士》:"自胡之反持干戈,天下学士亦奔波。"韩愈《琴操十首·雉朝飞操》:"雉之飞,于朝日,群雌孤雄,意气横出。"白居易《续古诗十首》之九:"顾彼自伤已,禽鱼之不如。"(4)用以调整音节或表示提顿,无实义。韩休《祭汾阴乐章》:"神之听之,用受福厘。"李白《远别离》:"古有皇英之二女,乃在洞庭之南,潇湘之浦。"顾况《上古之什补亡训传十三章·上古一章》:"耕之耰之,袯襫锄犁。"息夫牧《冬夜宴萧十丈因饯殷郭二子西上》序:"顷夫子升堂之后,若卢、贾、刘、尹之徒,半纪间,接武鸣跃,实夫子训之导之斯至也。"白居易《香山居士写真诗》序:"观今照昔,慨然自叹者久之。"❹介词。(1)相当于"于"。储光羲《酬李处士山中见赠》:"邀以青松色,同之白华洁。"韦应物《学仙二首》之一:"千钧巨石一发悬,卧之石下十三年。"(2)相当于"诸",之于。李商隐《韩碑》:"表曰臣愈昧死上,咏神圣功书之碑。"(3)相当于"以"。王维《泛前陂》:"畅以沙际鸥,兼之云外山。”吴融《祝风三十二韵》：“四际上通波，兼之蒹与苇。”❺连词。相当于“则”。李白《杂诗》：“我欲从此去，去之无时还。”孟云卿《行行且游猎篇》：“所发无不中，失之如我仇。”杜甫有《秋日荆南送石首薛明府辞满告别奉寄薛尚书颂德叙怀斐然之作》。

【之子】 这个人。含褒义。钱起《过曹钧隐居》：“之子秉高节，攻文还守真。”白居易《酬杨九弘贞长安病中见寄》：“之子未得意，贫病客帝城。”徐铉《送刘司直出宰》：“之子有雄文，风标秀不群。”

【之中】 ❶在某一个时间之中，期间。杜甫《丹青引赠曹将军霸》：“开元之中常引见，承恩数上南薰殿。”❷里面。贾耽《赋虞书歌》：“众书之中虞书巧，体法自然归大道。”

【之死】 至死，到死的时候。元稹《遣病》：“为生信异异，之死同冥冥。”

【之任】 赴任。王勃《杜少府之任蜀川》。喻凫《送卫尉之延陵》：“一官之任远，尽室出城迟。”又《送越州高录事》：“泽国还之任，鲈鱼浪得尝。”

【之字】 谓曲折如“之”字形的道路。方干《题应天寺上方兼呈谦上人》：“师在西岩最高处，略寻之字见禅关。”刘昭禹《送人游九疑》(句)：“漆灯寻黑洞，之字上危峰。”

【之奇】 即宫之奇。周昙《咏史诗·春秋战国门·宫之奇》：“虞虢相依自保安，谋臣吞度不为难。贪怜璧马迷香饵，肯信之奇喻齿寒。”

【之官】 上任；前往任所。岑参《冬宵家会践李郎司兵赴同州》：“明旦之官去，他辰良会稀。”李端《送成都韦丞还蜀》：“驱传加新命，之官向旧游。”朱庆余《送淮阴丁明府》：“之官未入境，已有爱人心。”徐铉《送高起居之泾县》：“右史罢朝归，之官句水湄。”

【之罘】 ❶山名。之亦作芝，在今山东烟台市北。四面环海，一径南通。碧海翠峦，如凌太虚，登高观日，尤称奇观。秦始皇二十八年(前219)、二十九年两度登临此山，纪功刻石分立两端。汉武帝东巡，亦曾登临此山。杨师道《奉和圣制春日望海》：“碣石朝烟灭，之罘归雁翔。”太宗《春日望海》：“之罘思汉帝，碣石想秦皇。”张九龄《奉和圣制早登太行山率尔言志》：“之罘称万岁，今此复同声。”亦用以指秦始皇所立之罘刻石。韦应物《石鼓歌》：“秦家祖龙还刻石，碣石之罘李斯迹。”❷人名。姓杨，名之罘，宪宗元和十一年(816)进士。韩愈为河南令时，曾相从问学。韩愈《招杨之罘》：“之罘南山来，文字得我惊。”

【之後】 以后，在某个时间的后面。息夫牧《冬夜宴萧十丈因饯殷郭二子西上》序：“顷夫子升堂之后，若卢、贾、刘、尹之徒，半纪间，接武鸣跃，实夫子训之导之斯至也。”

【之前】 以前，某个时间的前面。陆龟蒙《读襄阳耆旧传因作诗五百言寄皮袭美》：“暴秦之前人，灰灰不可究。”

【之推廟】 即介之推祠，在唐时晋阳(今山西太原市南)。王昌龄《寒食即事》：“西见之推庙，空为人所怜。”

【之望】 宋之问弟，原名之望，易名之悊。《新唐书》有传。宋之问有《留别之望舍弟》。

四画

乍 〔zhà《广韵》鉏駕切，去禡，崇。〕❶突然。韦应物《雪中闻李儋过门不访聊以寄赠》：“乍迷金谷路，稍变上阳宫。”皇甫曾《早朝日寄所知》：“炉烟乍起开仙仗，玉佩才成引上公。”卢纶《送永阳崔明府》：“浪清风乍息，山白月犹明。”王建《失钗怨》：“镜中乍无失髻样，初起犹疑在床上。”刘沧《过铸鼎原》：“天风乍起鹤声远，海雾渐深龙节遥。”❷初；刚刚。卢象《八月十五日诗三首》之一：“入门乍如宾，休骑非便止。”张籍《谢裴司空寄马》：“乍离华厩移蹄涩，初到贫家举眼惊。”韦庄《晚春》：“花开疑乍富，花落似初贫。”裴谐《观修处士画桃花图歌》：“燕支乍湿如含露，引得娇莺痴不去。”❸暂时。张鷟《游仙窟报文成双履》：“双鸟乍失伴，两燕还相属。”白居易《洛桥寒食日作十韵》：“宿醉头仍重，晨游眼乍明。”张祜《题池州杜员外弄水新亭》：“孤帆惊乍驻，一叶动初开。”❹恰好；正好。张九龄《晨坐斋中偶而成咏》：“寒露洁秋空，遥山纷在瞩。孤顶乍修耸，微云复相续。”皇甫冉《台头寺小松裁毫末新生与纤草不辨赋之》：“细草亦全高，秋毫乍堪比。”郎士元《送林宗配雷州》：“海雾多为瘴，山雷乍作邻。”王涯《望禁门松雪》：“叶铺全类玉，柯偃乍疑龙。”❺只。见“乍可❶”。❻宁愿。李白《雉子斑》：“乍向草中耿介死，不求黄金笼下生。”汪遵《屈祠》：“不肯迂回入醉乡，乍吞忠梗没沧浪。”❼颇。苏味道《咏雾》：“乍似含龙剑，还疑映蜃楼。”李白《同族弟金城尉叔卿烛照山水壁画歌》：“光中乍喜岚气灭，谓逢山阴晴后雪。”韩愈《奉和虢州刘给事使君三堂新题二十一咏·梯桥》：“乍似上青冥，初疑蹑菡萏。”白居易《眼暗》：“夜昏乍似灯将灭，朝昏长疑镜未磨。”❽或。董思恭《感怀》：“哀笳时断续，悲旌乍舒差。”任华《寄杜拾遗》：“半醉起舞捋髭须，乍低作昂傍若无。”韦应物《听莺曲》：“乍去乍来时近远，才闻南陌又东城。”马云奇《白云歌》：“欲请白云不从龙，乍轻乍重谁能变。”

【乍可】 ❶只可。高适《封丘作》：“乍可狂歌草泽中，宁堪作吏风尘下。”元稹《虫豸诗·浮尘子》之二:“乍可巢蚊睫,胡为附蟒鳞。”❷宁可。王梵志《诗》之一〇九:“梵志翻着袜,人皆道是错。乍可刺你眼,不可隐我脚。”骆宾王《代女道士王灵妃赠道士李荣》:“乍可忽忽共百年,谁使遥遥期七夕。”贾岛《夏夜》:“唯愁秋色至,乍可在炎蒸。”杜荀鹤《秋日闲居寄先达》:“乍可百年无称意,难教一日不吟诗。”

【乍似】 恰似,正似。司空署《竹里径》:“幽径行迹稀,清阴苔色古。萧萧风欲来,乍似蓬山雨。”

【乍見】 突然看见。皇甫冉《赠郑山人》:“乍见还州里,全非隐姓名。”白居易《和汴州令狐相公七言五韵》:“墙开乍见重添兴,窗静时闻别有情。”

【乍到】 初到。白居易《答尉池少尹问所须》:“乍到频劳问所须,所须非玉亦非珠。”

【乍起】 突然飞起。顾非熊《送友人归汉阳》:“鸥惊帆乍起,虹见雨初来。”张夫人《句》:“游蜂乍起惊落墀,黄鸟衔来却上枝。”

【乍能】 宁可。元稹《酬翰林白学士代书》:“乍能还帝笏,讵忍折吾支。”白居易《和梦游春诗》:“不忍曲作钩,乍能折为玉。”

【乍發】 初放,初开。清江《赠淮西贾兵马使》:“阶下斗鸡花乍发,营南试马柳初黄。”

【乍聞】 初次听到。白居易《六月三日夜闻蝉》:“乍闻愁北客,静听忆东京。”李绅《新楼诗二十首·北楼樱桃花》:“凝艳拆时初照日,落英频处乍闻莺。”

【乍熟】 ❶初熟,开始成熟。花蕊夫人徐氏《宫词》之七八:“三月樱桃乍熟时,内人相引看红枝。”❷谓酒正好酿成。窦庠《奉酬侍御家兄东洛闲居夜晴观雪之什》:“绿醽乍熟堪聊酌,黄竹篇成好命题。”

乏 〔fá《广韵》房法切,入乏,奉。〕❶缺少,缺乏。太宗《伤辽东战亡》:“防身岂乏智,殉命有余忠。”萧颖士《仰答韦司业垂访五首》之三:“士贫乏知己,安得成所好。”白居易《知足吟》:“樽中不乏酒,篱下仍多菊。”崔道融《村墅》:“正月二月村墅闲,余粮未乏人心宽。”❷无,没有。王绩《过酒家五首》之一:“洛阳无大宅,长安乏主人。”姚合《答韩湘》:“疏散无时用,为文乏天格。”皮日休《太湖诗·晓次神景宫》:“在兽乏虎貔,于虫不毒蠚。”喻坦之《陈情献中丞》:“贡乏雄文献,归无瘠土耕。”

【乏味】 无味,没有趣味。孟郊《凭周况先辈于朝贤乞茶》:“道意勿乏味,心绪病无惊。”

【乏賢】 缺乏贤人。杜甫《赠韦七赞善》:“乡里衣冠不乏贤,杜陵韦曲未央前。”齐己《送节大德归阙》:“圣上方虚席,僧中正乏贤。”

乎 〔hū《广韵》户吴切,平模,匣。〕❶语气助词,表示疑问、反问、选择、揣测、感叹等语气,或用以缓和语气、表示语气的停顿。元稹《华之巫》:“尔巫,尔巫,尔独不闻乎?”任华《寄杜拾遗》:“古人制礼但为防俗士,岂得为君设之乎?”元结《二风诗·乱风诗五篇·至伤》:“夫何伤兮?伤王乎?欲何为乎?”韩愈《马厌谷》:“已焉哉,嗟嗟乎鄙夫!”温庭筠《拂舞词》:“公乎跃马扬玉鞭,灭没高蹄日千里。”❷叹词。表示感叹。李贺《箜篌引》:“公乎公乎,床有菅席盘有鱼。”❸介词。相当于“于”。玄宗《首夏花萼楼赋诗》序:“万物莫不气兆乎上,而形视乎下。”白居易《闲题家池寄王屋张道士》:“有石白磷磷,有水清潺潺。有叟头似雪,婆娑乎其间。”❹形容词或副词词尾。王维《偶然作六首》之三:“忽乎吾将行,宁俟岁云暮。”杜甫《晚晴》:“洎乎吾生何飘零,支离委绝同死灰。”

【乎而】 语气助词。用于句末,表示赞叹。宋华《蝉鸣一篇五章》之三:“蝉鸣蝉鸣,幽畅乎而。”

六　画

乑 同“正”。武则天所造字。詹敦仁《复留侯从效问南汉刘岩改名龑字音义》:“乑圀及曌㐭,作史难详备。”

七　画

乖 〔guāi《广韵》古懷切,平皆,見。〕❶违背;背离。张九龄《南还湘水言怀》:“十年乖夙志,一别悔前行。”李白《答王十二寒夜独酌有怀》:“一生傲岸苦不谐,恩疏媒劳志多乖。”许浑《寄契盈上人》:“婚嫁乖前志,功名异夙心。”陆龟蒙《当轩鹤》:“自笑与人乖好尚,田家山客共柴车。”❷分离;离别。卢照邻《还赴蜀中贻示京邑游好》:“怅别风期阻,将乖云会稀。”韦应物《答裴承说归京所献》:“执事颇勤久,行去亦伤乖。”武元衡《塞外月夜寄荆南熊侍御》:“云雨一乖千万里,长城秋月洞庭猿。”顾非熊《陈情上郑主司》:“庭闱乖旦暮,兄弟阻团圆。”❸隔绝;断绝。许敬宗《奉和执契静三边应诏》:“星次绝轩台,风衢乖禹服。”孟浩然《奉先张明府休沐还乡海亭宴集》:“万里书信断,数年云雨乖。”李绅《新楼诗二十首》序:“时余移官九江,各乖音问。”陆龟蒙《奉和袭美酬前进士崔潞盛制见寄因赠至一百四十言》:“孔圣铸颜事,垂之千余载。其间王道乖,化作荆榛墟。”❹不顺利;不如意。高适《酬裴员外以诗代书》:“背河列长围,师老将亦乖。”韩愈《赠崔立之评事》:“时命虽乖心转壮,技能虚富家愈窘。”元稹《遣悲怀三首》之一:“谢公最小偏怜女,嫁与黔娄百事乖。”王涣《惆怅诗十二首》之六:“夜寒春病不胜怀,玉瘦花啼万事乖。”❺反常。杜甫《哭台州郑司户苏少监》:“情乖清酒送,望绝抚坟呼。”❻凶恶。韩愈《猛虎行》:“自矜无当对,气性纵以乖。”❼伶俐。李廓《上令狐舍人》:“宿客嫌吟苦,乖童恨睡迟。”❽身体有病。刘禹锡《闻董评事疾因以书赠》:“火风乖四大,文字废三余。”参见“乖和”。❾错误,谬误。杜甫《夏日叹》:“上苍久无雷,无乃号令乖。”杨乘《甲子岁书事》:“违命固天亡,恃险乖长策。”李洞《赠入内供奉僧》:“内殿谈经惬帝怀,沃洲归隐计全乖。”

【乖别】 分别。李商隐《送从翁从东川弘农尚书幕》:“莫因乖别久,遂逐岁寒凋。”

【乖角】 (—jiǎo)❶矛盾。独孤及《夏中酬于逖毕耀问病见赠》:“行藏两乖角,蹭蹬风波中。”❷分离。韩愈《食曲河驿》:“亲戚顿乖角,图史弃纵横。”❸违背情理。罗隐《焚书坑》:“祖龙算事浑乖角,将谓诗书活得人。”

【乖拙】 执拗而不变通。杨乘《榜句》:“伶俜乖拙两何如,昼泥琴声夜泥书。”

【乖和】 指身体违和,生病。王梵志《诗》之十七:“四大乖和起,诸方请疗医。”

【乖戾】 犹乖违。韦表微《池州夫子庙麟台》:“苟或乖戾,身穷道存。”

【乖阻】 乖违,阻隔。孟简《咏欧阳行周事》:“宿约始乖阻,彼忧已缠绵。”

【乖剌】 ❶违背。陆龟蒙《五歌·水鸟》:“我与时情大乖剌,只是江禽有毛发。”❷相差很大,不和谐。白居易《桐花》:“风候一参差,荣枯遂乖剌。”

【乖約】 失约,违背约定的期限。薛能《雨霁北归题三学山》:“灌口阙寻惭远客,峨嵋乖约负支郎。”

【乖異】 相异,背离。白居易《自秦望赴五松驿马上偶睡睡觉成吟》:“形神分处所,迟速相乖异。”

【乖移】 谓变化反常。张渐《朗月行》:“代情难重论,人事好乖移。合比月华满,分同月易亏。”

【乖張】 ❶不相合,与人不同。韩愈《符读书城南》:“二十渐乖张,清沟映污渠。”又《东都遇春》:“旧游喜乖张,新辈足嘲评。”❷分离。吴融《富春驿东楹有人题诗》:“何事遽惊云雨别,泰山楚水两乖张。”❸失当。拾得《诗》之十三:“一朝有乖张,过咎全归你。”

【乖期】 耽误时间,未能如期。李商隐《又效江南曲》:“乖期方积思,临酒欲拌娇。”许棠《东归留辞沈侍郎》:“一第久乖期,深心已自疑。”

【乖間】 (—jiàn)阻隔。贾岛《寄丘儒》:“长安秋风高,子在东甸县。仪形信寂蔑,风雨岂乖间?”

【乖疏】 ❶乖僻,不合世俗。白居易《喜照密闲实四上人见过》:“紫袍朝士白髯翁,与俗乖疏与道通。”姚合《忆山》:“闲处无人到,乖疏称野情。”杜牧《僧窗》:“不悟时机滞有余,近来为事更乖疏。”❷孤僻。司空图《争名》:“穷辱未甘英气阻,乖疏还有正人知。”

【乖暌】 分离。杜牧《朱坡》:“静思长惨切,薄宦与乖暌。”

【乖傭】 同“乖慵”。王梵志《诗》之九一:“家贫从力贷,不得懒乖傭。但是勤作福,衣食自然丰。”

【乖道】 违反正道。朱庆余《送友人赴举》:“处困非乖道,求名本为亲。”

【乖違】 分离,离散。韦应物《答令狐侍郎》:“朝宴亏陪厕,山川又乖违。”张籍《离妇》:“托身言同穴,今日事乖违。”

【乖隔】 ❶分离。韩愈《感春三首》之三:“死者长眇芒,生者困乖隔。”❷阻隔。于逖《忆舍弟》:“安知汝与我,乖隔同胡秦。”白居易《寄微之三首》之一:“道路日乖隔,音信日断绝。”

【乖慵】 亦作“乖傭”。疲惫懒散。韩愈《东都遇春》:“乖慵遭傲僻,渐染生弊性。”白居易《六年春赠分司东都诸公》:“老子苦乖慵,希君数牵率。”徐铉《寄驾部郎中》:“贱子乖慵性,颇为省直牵。”

【乖緝】 不顺利。姚合《寄贾岛浪仙》:“世途已昧履,生计复乖缉。”

【乖龍】 传说中的孽龙。宋黄休复《茆亭客话》卷五:“世传乖龙者,苦于行雨,而多方窜匿,藏人身中,或在古木楹柱之内,及楼阁鸱甍中,须为雷神捕之。若在旷野,无处逃避,即入牛角。或牧童之身,往往为此物所累,遭雷震死。”韩愈《答道士寄树鸡》:“烦君自入华阳洞,直割乖龙左耳来。”白居易《偶然二首》之二:“乖龙藏在牛领中,雷击龙来牛枉死。”元稹《放言五首》之三:“必若乖龙在诸处,何须惊动自来人。”齐己《夏云曲》:“红嵯峨,烁晚波,乖龙慵卧旱鬼多。”

【乖闊】 分离,分别。韦应物《酬李儋》:“人生所各务,乖阔累朝昏。”

【乖闕】 (—quē)分别。刘禹锡《宴别幼遐与君贻兄弟》:“乖阙意方弥,安知忽来翔。”

【乖隳】 违背。张祜《叙诗》:“安知去圣远,立旨无乖隳?”

【乖曠】 分离,分别。白居易《秋日怀杓直》:“心期自乖旷,时景还如故。今日郡斋中,秋光谁共度。”

【乖離】 ❶分离,离别。韦应物《重久登滁楼悽然怀旧》:“秋山满清景,当赏属乖离。”韩愈《琴操十首·别鹄操》:“巢成不生子,大义当乖离。”姚合《送李余及第归蜀》:“与子久相从,今朝忽乖离。”❷阻隔。李频《送于生入蜀》:“家吴闻入蜀,道路颇乖离。”

【乖嬾】 疲惫懒散。张祜《江南杂题三十首》之十二:“似此成乖懒,嵇康七不堪。”

九　画

乘¹ 〔chéng《广韵》食陵切，平蒸，船。〕❶驾驭；乘骑。寒山《诗三百三首》之二四："快榜三翼舟，善乘千里马。"玄宗《巡省途次上党旧宫殿》序："向时沉默，驾四马而朝京师；今日逍遥，乘六龙而问风俗。"秦系《期王炼师不至》："昨日围棋未终局，多乘白鹤下山来。"韩愈《驽骥》："唯昔穆天子，乘之极遐游。"❷乘坐。刘长卿《汉阳献李相公》："几人犹忆孙弘阁，百口同乘范蠡舟。"杜甫《禹庙》："早知乘四载，疏凿控三巴。"白居易《感鹤》："一饱尚如此，况乘大夫轩。"齐己《南归舟中二首》之一："南归乘客棹，道路免崎岖。"❸趁着，利用。刘宪《奉和幸白鹿观应制》："玄游乘落晖，仙宇蔼霏微。"戎昱《耒阳溪夜行》："乘夕棹归舟，缘源二转幽。"韩愈《奉和虢州刘给事使君三堂新题二十一咏·北楼》："郡楼乘晓上，尽日不能回。"白居易《令狐相公拜尚书后有喜从镇归朝之作刘郎中先和因以继之》："金勒最宜乘雪出，玉觞何必待花开。"❹登，升。王勃《圣泉宴》："披襟乘石磴，列籍俯春泉。"郑愔《奉和九月九日登慈恩寺浮图应制》："雁子乘堂处，龙王起藏初。"杜甫《桥陵诗三十韵因呈县内诸官》："何当摆俗累，浩荡乘沧溟。"❺著，穿。王维《春园即事》："宿雨乘轻屐，春寒著弊袍。"张登《送王主簿游南海》："过山乘蜡屐，涉海附楼船。"白居易《香山寺石楼夜浴》："绡巾薄露顶，草履轻乘足。"❻履，践踏。岑参《送郭仆射节制剑南》："剑门乘险过，阁道踏空行。"❼入，深入。韩愈《琴操十首·将归操》："涉其浅兮，石啮我足；乘其深兮，龙入我舟。"❽交替，传递。元稹《秋堂夕》："淡凉正回互，金火郁相乘。"❾奉行。张渭《饯田尚书还兖州》："更乘归鲁诏，犹忆破胡勋。"❿从事。寒山《诗三百三首》之一七四："未解乘机杼，那堪事箕帚。"⓫佛教比喻能运载众生达到解脱彼岸的种种说教。如言小乘、大乘等。杜甫《陪章留后惠义寺饯嘉川崔都督赴州》："永愿坐长夏，将衰栖大乘。"白居易《爱咏诗》："辞章讽咏成千首，心行归依向一乘。"段义宗《又题三学院经楼》："一乘妙理应难测，万劫良缘岂易穷。"

乘² 〔shèng《广韵》實證切，去證，船。〕❶车子。杜甫《忆昔二首》之一："忆昔先皇巡朔方，千乘万骑入咸阳。"白居易《江州赴忠州至江陵已来舟中示舍弟五十韵》："箪篁州乘送，艛艓驿船迎。"❷指马。杜甫《逼仄行赠毕曜》："我贫无乘非无足，昔者相过今不得。"李贺《瑶华乐》："八銮十乘，矗如云屯。"❸量词，多用以计算车、马等交通工具，或作为计算田地、区域的单位。储光羲《贻王侍御出台掾丹阳》："照车十二乘，光彩不足谕。"李白《送蔡山人》："一乘无倪舟，八极纵远舵。"丘丹《忆长安·四月》："忆长安，四月时，南郊万乘旌旌。"李贺《昌谷诗》："芒麦平百井，闲乘列千肆。"齐己《题郑郎中谷仰山居》："檐壁层层映水天，半乘冈垅半民田。"

【乘水】　指乘舟水行。王维《桃源行》："平明闾巷扫花开，薄暮渔樵乘水入。"

【乘化】　顺从自然。化，造化。陈子昂《感遇诗三十八首》之五："窅然遗天地，乘化入无穷。"许景先《征君吟》："了心悟有物，乘化游无垠。"王昌龄《香积寺礼拜万回平等二圣僧塔》："真无御化来，借有乘化归。"焦郁《白云向空尽》："乘化随舒卷，无心任始终。"

【乘月】　趁着月光。李白《月下独酌四首》之四："且须饮美酒，乘月醉高台。"牟融《送友人》："临歧分手后，乘月过苏州。"殷文圭《和友人送衡尚书赴池阳副车》："金海珠韬乘月读，肉芝牙茗拨云收。"

【乘石】　帝王登车用的垫脚石。《周礼·夏官·隶仆》："王行，先乘石。"李商隐《送千牛李将军赴阙五十韵》："火箭侵乘石，云桥逼禁营。"

【乘仙】　登仙，成仙。李白《暖江》："拨却白云见青天，掇头里许便乘仙。"

【乘舟】　乘船，坐船。韩愈《江汉答孟郊》："江汉虽云广，乘舟渡无艰。"白居易《裴侍中晋公以集贤林亭即事诗三十六韵见赠广为五百言以伸酬献》："乘舟范蠡惧，辟谷留侯饥。"李频《峡州送清彻上人归浙西》："风涛几千里，归路半乘舟。"

【乘危】　❶登上危险之地。司空徒《狂题十八首》之十五："六龙飞辔长相窘，更忍乘危自著鞭。"❷乘人之危，利用别人不利条件而达到自己的目的。杜荀鹤《观棋》："得势侵吞远，乘危打劫赢。"周昙《咏史·六朝门·宣帝》："乘危自有妻公在，安许鸾凰是尉池。"

【乘羊入市】　晋卫玠，风姿秀丽，有玉人之称。其乘羊车入市，市人观之，以为璧人。后用以称人美貌。卢殷《维扬郡西亭赠友人》："玉人此日心中事，何似乘羊入市年。"

【乘羽客】　谓能奋翅飞翔之仙人。见《山海经·海外南经》。卢纶《卧病题四十韵寄冯生并赠高尊师》："步迟乘羽客，起宴滞书邮。"

【乘車】　坐车。韩愈《汴州乱二首》之二："昨日乘车骑大马，坐者起趋乘者下。"朱庆余《孔尚书致仕因而有寄赠》："时复逢清景，乘车看远山。"曹邺《代班姬》："宠极多妒容，乘车上金阶。"

【乘車戴笠】　乘车，喻富贵；戴笠，喻贫贱。后用以指友谊笃厚，不因富贵贫贱悬殊而改变。元稹《酬东川李相公十六韵》序："昔楚人始交，必有乘车戴笠不忘相揖之誓，诚以为贵富不相忘之难也。”

【乘杯】 谓乘坐木杯渡水。见南朝梁惠皎《高僧传·神异下·杯度》。后泛指乘船。郑愔《奉和幸三会寺应制》：“梵音随驻辇，天步接乘杯。”李白《赠僧崖公》：“何日更携手，乘杯向蓬瀛。”

【乘周】 秉承周代皇统。宋之问《龙门应制》：“先王定鼎山河固，宝命乘周万物新。”

【乘空】 (—kōng)腾空。王维《送秘书晁监还日本国》：“九州何处远，万里若乘空。”孟浩然《登龙兴寺阁》：“阁道乘空出，披轩远目开。”

【乘春】 趁着春光。李峤《熊》：“导洛宜阳右，乘春别馆前。”李益《送客还幽州》：“秋来莫射南飞雁，从遣乘春更北飞。”范传质《荐冰》：“乘春方启闭，羞献有常程。”

【乘奔】 骑着奔驰的快马。韦庄《秦妇吟》：“须臾主父乘奔至，下马入门痴似醉。”

【乘風】 ❶驾着风；凭借风力。韩愈《秋怀诗十一首》之七：“有如乘风船，一纵不可缆。”无可《送朴山人归日本》：“望国乘风久，浮天绝岛来。”张蠙《龟山寺晚望》：“渔舟不用悬帆席，归去乘风插柳枝。”❷犹言趁势，趁着机会。无名氏《黄金台》(外编下)：“燕昭北筑黄金台，四方豪杰乘风来。”❸咏仙道之典。韩翃《赠张道者》：“采药三山罢，乘风五日归。”又《送齐山人归长白山》：“旧事仙人白兔公，掉头归去又乘风。”

【乘流】 ❶顺着水流。薛据《登秦望山》：“予本萍泛者，乘流任西东。”张志和《渔父歌》之二：“能纵棹，惯乘流，长江白浪不曾忧。”姚康《赋得巨鱼纵大壑》：“乘流千里去，风力籍吹嘘。”亦用以指顺应社会潮流。崔曙《送薛据之宋州》：“无媒嗟失路，有道亦乘流。”丁泽《龟负图》：“乘流喜得路，逢圣幸存躯。”❷指乘船。张九龄《临泛东湖》：“乘流坐清旷，举目眺悠缅。”孟浩然《九日龙沙作寄大慎虚》：“歌竟乘流去，滔滔在夕波。”崔峒《润州送师兄自江夏往台州》：“远客乘流去，孤帆向夜开。”薛能《送人自苏州之长沙县官》：“驱马复乘流，何时发虎丘。”

【乘馬】 骑马。张祜《寓言》：“野牧亦乘马，家池还钓鱼。”

【乘真】 顺其本性。真，本原，本性。司空徒《诗品二十四则·高古》：“畸人乘真，手把芙蓉。”

【乘軒】 乘坐大夫的车子。后用以指做官。苏颋《故右骑常侍舒国公褚公挽词》：“学筵尊授几，儒服宠乘轩。”张众甫《寄兴国池鹤上刘相公》：“欲飞还敛翼，讵敢望乘轩。”吴融《途中》：“儒冠解相误，学剑尽乘轩。”齐己《辞主人绝句四首·放鹤》：“纵与乘轩终误主，不如还乡却辽天。”参见“乘軒鶴”。

【乘軒鶴】 春秋时只有大夫才能乘轩，卫懿公好鹤，鹤无功而乘轩。后用以喻无功受禄者。白居易《初加朝散大夫又转上柱国》：“得水鱼还动鳞鬣，乘轩鹤亦长精神。”杜牧《闻开江相国宋下世二首》之二：“谁令力制乘轩鹤，自取机沉在槛猿。”许浑《太和初靖恭里感事》：“谤起乘轩鹤，机沉在槛猿。”

【乘時】 趁着时机、机会。则天皇后《曳鼎歌》：“唐虞继踵，汤禹乘时。”白居易《新乐府·七德舞》：“则知不独善战善乘时，以心感人人心归。”温庭筠《过新丰》：“一剑乘时帝业成，沛中乡里到咸京。”徐夤《偶书》：“巧者多为拙者资，良筹第一在乘时。”

【乘高建瓴】 登上高处向下倒水。建，倾倒；瓴，盛水的瓶子。比喻居高临下的有利形势。吕温《成皋铭》：“乘高建瓴，擒建系充，奄有天下，斯焉定功。”

【乘屐】 登山穿的鞋。屐，鞋的一种。多为木制，或有齿，或无齿；亦有草制或棉制的。陆龟蒙《药名离合夏日即事三首》之一：“乘屐著来幽砌滑，石罂煎得远泉香。”

【乘除】 ❶抵消。韩愈《三星行》：“名声相乘除，得少失有余。”❷盈虚消长。元稹《景申秋八首》之五：“三元推废王，九曜入乘除。”

【乘乾】 (—qián)指帝王登基。陆敬《游隋故都》：“来苏伫圣德，濡足乃乘乾。”杜审言《大酺》：“圣后乘乾日，皇明御历辰。”

【乘桴】 乘坐竹木小筏。《论语·公冶长》：“道不行，乘桴浮于海。”后用以指避世。王维《济上四贤咏·崔录事》：“已闻能狎鸟，余欲共乘桴。”杜甫《舟出江陵南浦奉寄郑少尹》：“南征问悬榻，东逝想乘桴。”薛能《边城作》：“怀沙悔不及，只有便乘桴。”皮日休《重逢圆载上人归日本国》：“不奈此时贫而病，乘桴直欲伴师游。”

【乘船】 坐船。王绩《赠李征君大寿》：“附车还赵郡，乘船向武昌。”杜甫《饮中八仙歌》：“知章骑马似乘船，眼花落井水底睡。”刘长卿《岁夜喜魏成郭夏雪中相寻》：“且莫乘船去，平生相访稀。”

【乘凉】 ❶乘着凉爽的时候。白居易《夏日闲放》：“朝景枕簟清，乘凉一觉睡。”李商隐《荷花》：“瑶席乘凉设，金羁落晚过。”李频《南游过湘汉即事寄友人》：“向野聊中饭，乘凉探暮程。”❷热天在阴凉通风的地方休息。齐己《夏日原西避暑寄吟友》：“热烟疏竹古原西，日日乘凉此林藜。”

【乘陵】 登临。杜甫《三川观水涨二十韵》：“乘陵破山门，回斡裂地轴。”又《渼陂西南台》：“茜萃增光辉，乘陵西南台。”

【乘馭】 驱使车马行进。毛文锡《接贤宾》词：“少年公子能乘驭，金镳玉辔珑璁。”

【乘黄】 传为神马名。后用以指御马。杜甫《瘦马行》："士卒多骑内厩马，惆怅恐是病乘黄。"亦泛指良马。杜甫《遣怀》："乘黄已去矣，凡马徒区区。"又《韦讽录事宅观曹将军画马图》："将军得名三十载，人间又见真乘黄。"权德舆《奉和崔评事见寄之作》："诗因乘黄赠，才擅雕龙格。"

【乘黄鶴】　咏讽仙人的故实，见《南齐书·州郡志下》。李白《江上吟》："仙人有待乘黄鹤，海客无心随白鸥。"

【乘軺】　乘坐轺车。轺车，使者所乘之车。王湾《哭补阙亡友綦毋学士》："忽遇乘轺客，云倾构厦材。"郑锡《送客之江西》："乘轺奉紫泥，泽国渺天涯。"翁承赞《访建阳马驿僧亚齐》："应笑乘轺青琐客，此时无暇听猿啼。"亦用以指使者。卢纶《冬夜赠别友人》："更送乘轺归上国，应怜贡禹未成名。"

【乘酣】　因畅饮而高兴。姚崇《春日洛阳城侍宴》："尧樽临上席，舜乐下前溪。任重由来醉，乘酣志转迷。"高适《自武威赴临洮谒大夫不及因书即事寄河西陇右幕下诸公》："清论挥麈尾，乘酣持蟹螯。"

【乘雲】　驾云，亦喻成仙。语出《庄子·天地》。孟浩然《江山别留人》："驿使乘云去，征帆沿流下。"岑参《题观楼》："荒楼荒井闭空山，关令乘云去不返。"韩愈《李花二首》之二："夜顾张彻投卢仝，乘云共至玉皇家。"

【乘虛】　趁其空虚。孙元晏《咏史诗·晋·新亭》："容易乘虚逼帝畿，满江艨艟与旌旗。"

【乘閒】　趁着空闲。王维《留别山中温古上人兄并示舍弟缙》："荆扉但洒扫，乘闲当过歇。"项斯《留别张水部籍》："要取看前到，乘闲候起居。"陆龟蒙《和胥口即事》之二："即是清霜剖野，乘闲莫厌来重。"

【乘勝】　趁着胜利的形势。杜甫《恨别》："闻道河阳近乘胜，司徒急为破幽燕。"陆龟蒙《战秋辞》："云风雨烟，乘胜之势骄；杉篁蕉蔓，败北之气摵。"

【乘運】　趁着时运、机运。李白《古风》之一："群才属休明，乘运共跃鳞。"韩愈、孟郊《城南联句》："巨细各乘运，湍涸亦腾声。"李商隐《题汉祖庙》："乘运应须宅八荒，男儿安在恋池隍。"

【乘陽】　乘着天晴。刘禹锡《畬田行》："下种暖灰中，乘阳拆芽蘖。苍苍一雨后，苕颖如云发。"

【乘勢】　趁着势头。王建《寄贺田侍中东平功成》："营被数惊乘势破，将经频败遂生全。"

【乘槎】　乘坐竹、木筏。据传天河与海相通，有居住海滨者，每年八月见有浮槎去来，往返不失期。此人乃赍粮登槎浮海而至天河，见织女、牵牛。此人问此为何处，答曰问严君平。此人还，问君平，君平曰："某年某月，有客星犯牛斗。"正是此人到天河时。事见晋张华《博物志》卷十。又传说，汉张骞寻河源，乘槎经过月亮，见一女子在室内织布，又见一男子牵牛饮河，后带回织女送给他的支机石。事见周密《癸辛杂识》前集引《荆楚岁时记》。宋之问《明河篇》："明河可望不可亲，愿得乘槎一问津。"孟浩然《岁暮海上作》："为问乘槎客，沧州复谁在。"李商隐《海客》："海客乘槎上紫氛，星娥罢织一相闻。"徐铉《京口江际弄水》："安得乘槎更东去，十洲风外弄潺湲。"后亦用以喻为官和奉使。杜甫《奉赠萧二十使君》："起草鸣先路，乘槎动要津。"又《有感五首》之一："乘槎无消息，无处觅张骞。"

【乘傳】　❶乘坐驿车。传，古时一种小快车，过站换马，一日可得数百里。白居易《新乐府·驯犀》："海蛮闻有明天子，驱犀乘传来万里。"又《苦热喜凉》："潜如寒燠间，迁次如乘传。"元稹《山枇杷》："山枇杷，花似牡丹殷泼血。往年乘传过青山，正值山花好时节。"❷指奉命出使或为官。张继《送窦十九判官使江南》："今看乘传去，那与问津同。"李贺《春归昌谷》："终军未乘传，颜子鬓先老。"姚合《送韦瑶校书赴越》："寄家临禹穴，乘传出秦关。"

【乘遞】　乘坐驿传之车。白居易《新乐府·缚戎人》："黄衣小使录姓名，领出长安乘递行。"薛逢《越王楼送高梓州入朝》："乘递初登建外州，倾心喜事富人侯。"

【乘鳧】　东汉王乔，明帝时为邺令。每月朔自县诣台。明帝异其数来而无车骑。侦知其临至时，有双凫从东南飞来。举罗张之，但得鞋一双。见《后汉书·王乔传》、晋干宝《搜神记》卷一。后沿用为得道成仙之故实。马令《早春陪敕使麻先生祭岳》："业令乘凫入，浮丘驾鹤旋。"

【乘障】　谓登城守卫。陈子昂《答韩使同在边》："出关岁云晏，乘障日多虞。"徐知仁《奉和圣制送张说巡边》："度关行照月，乘障坐消烟。"王维《出塞》："护羌校尉朝乘障，破虏将军夜渡辽。"

【乘輦客】　指在朝为官的人。岑参《冬日宿仙游寺南凉堂呈谦道人》："寄报乘辇客，簪裾尔何容。"

【乘醉】　趁着醉意。赵嘏《经无锡县醉后吟》："何须觅陶令，乘醉自横琴。"李频《宋少府东溪泛舟》："落日乘醉归，溪流复几许。"

【乘膠折】　趁着秋高气爽之时。胶折：秋天空气干燥，胶劲而可折，故借指秋高气爽。虞世南《从军行二首》之一："全兵值月满，精骑乘胶折。"

【乘潮】　趁着潮水行船。刘方平《采莲曲》："采莲从小惯，十五即乘潮。"李频《送侯郎中任新定二首》之一："江界乘潮入，山川值胜游。"

【乘橋】　登上天桥。李白《送温处士归黄山白鹅峰旧居》："他日还相访，乘桥蹑彩虹。"

【乘機】 利用机会。慧宣《奉和窦使君同恭法师咏二僧二首·竺佛图澄》："大誓悯涂炭，乘机入生死。"

【乘興】 (—xìng)❶趁一时高兴；兴会所至。王绩《醉后》："百年何足度，乘兴且长饮。"元稹《六年春遣怀八首》之五："伴客销愁长日饮，偶然乘兴便醺醺。"曹邺《从太平节度使游平流园》："乘兴挈一壶，折荷以为盏。"徐铉《送汪处士还黟歙》："孤云野鹤任天真，乘兴游梁又适秦。"❷用王子猷乘兴访友之事。后用作访友或思友之典。杜甫《卜居》："东行万里堪乘兴，须向山阴上小舟。"钱起《送褚大落第东归》："他日东流一乘兴，知君为我扫荆扉。"武元衡《中春亭雪夜寄西邻二舍人》："却笑山阴乘兴夜，何如今日戴家邻。"罗隐《送裴饶归会稽》："笑杀山阴雪中客，等闲乘兴又须回。"

【乘龍】 ❶骑龙。韩愈《华山女》："玉皇颔首许归去，乘龙驾鹤来青冥。"吕从庆《戏题金鳌山》："琴高跨鲤如跨驴，初成乘龙较容易。"参见"乘龍駕鶴"。❷《史记·封禅书》载黄帝乘龙上天，后因以"乘龙"比喻成仙。王绩《游仙四首》之一："驾鹤来无日，乘龙去几年。"张谓《玉清公主挽歌》："学凤年犹小，乘龙日尚赊。"李群玉《穆天子》："或言帝轩辕，乘龙凌紫氛。"缪岛云《仙僧洞》："先朝曾有日东僧，向此乘龙忽上升。"❸喻得佳婿。见《艺文类聚》卷四十引《楚国先贤传》。张说《崔尚书挽词》："庭中男执雁，门外女乘龙。"杜甫《李监宅》："门阑多喜色，女婿近乘龙。"

【乘龍駕鶴】 乘龙驾鹤是古人想象神仙飞行的情景，后用作咏神仙道士的典故。韩愈《华山女》："玉皇颔首许归去，乘龙驾鹤来青冥。"

【乘轅】 乘车。权德舆《贞元七年郡君以疾恙续发因代书却寄》："及兹东乘辕，二十余三年。"

【乘遽】 乘坐驿车。遽，驿车。皮日休《三羞诗三首》之一："乘遽剧飞鸟，就传过风发。"

【乘輿】 坐车子。虞世南《乘舆》："乘舆入幽栖，舟行日向低。"李华《咏史十一首》之二："汉皇修雅乐，乘舆临大学。"

【乘₂輿】 ❶帝王所乘的车子。李白《东武吟》："乘舆拥翠盖，扈从金城东。"韩翃《扈从郊庙因呈两省诸公》："奉引乘舆金仗里，亲尝赐食玉盘中。"陆龟蒙《开元杂题七首·杂伎》："六宫争近乘舆望，珠翠三千拥赭袍。"❷特指帝王。王昌龄《甘泉歌》："乘舆执玉已登坛，细草沾衣春殿寒。"高适《酬裴员外以诗代书》："胡骑犯龙山，乘舆经马嵬。"杜甫《赠苏四徯》："戎马日衰歇，乘舆安九重。"皮日休《七爱诗·李太尉》："乘舆既反正，凶竖争亡魂。"

【乘騎】 骑马。李商隐《垂柳》："梳洗凭张敞，乘骑笑稚恭。"花蕊夫人《宫词》之二一："殿前宫女总纤腰，初学乘骑怯又娇。"

【乘鯉】 汉刘向《列仙传·琴高》载琴高乘鲤之事。后以"乘鲤"喻登仙。刘禹锡《浙西李大夫述梦四十韵并浙东元相公酬和斐然继声》："羽化如乘鲤，栖居旧冠鳌。"李群玉《洞庭风雨二首》之二："羽化思乘鲤，山漂欲抃鳌。"

【乘籃】 乘坐竹轿。篮，篮舆。司空曙《送永阳崔明府》："乘篮若有暇，精舍在林间。"权德舆《送陆太祝赴湖南幕同用送字》："新知折柳赠，旧侣乘篮送。"白居易《再授宾客分司》："乘篮城外去，系马花前歇。"

【乘驄】 亦作"乘騘"。汉桓典为御史，常乘骢马，后因以作称美指御史之典。杜甫《哭长孙侍御》："礼闱曾擢桂，宪府旧乘骢。"又《渝州侯严六侍御不到先下峡》："闻道乘骢发，沙边待至今。"韦应物《寄洪州幕府卢二十一侍御》："忽报南昌令，乘骢入郡城。"

【乘鶴】 咏仙家道者。秦系《期王炼师不至》："昨日围棋未终局，多乘白鹤下山来。"李端《送荀道士归庐山》："早晚还乘鹤，悲歌向故园。"罗隐《第五将军于余杭天柱宫入道因题寄》："亦知得意须乘鹤，未必忘机便钓鱼。"

【乘驛】 乘坐驿车。刘禹锡《送工部张侍郎入蕃吊祭》："路因乘驿近，志为饮冰坚。"

【乘變】 顺应变化。韦应物《弹棋歌》："履机乘变安可当，置之死地翻取强。"

【乘釁】 利用机会，钻空子。皮日休《鲁望读襄阳耆旧传见赠五百言次韵》："奸幸却乘衅，播迁逐终寿。"

【乘驢上東平】 阮籍乘驴至东平郡，教令清简。后用以作称美地方官清洁自守之典。李白《赠丘闾宿松》："阮籍为太守，乘驴上东平。剖竹十日间，一朝风化清。"

【乘鸞】 比喻成仙，见汉刘向《列仙传》卷上。李白《送内寻庐山女道士李腾空二首》之二："一往屏风叠，乘鸾著玉鞭。"权德舆《八月十五日夜瑶台寺对月绝句》："嬴女乘鸾已上天，仁祠空在鼎湖边。"刘禹锡《和河南裴尹侍郎祈雨二十韵》："缅怀断鳌足，凝想乘鸾姿。"赵嘏《代人赠别》："会须携手乘鸾去，萧史楼台在玉京。"

【乘鸞女】 指弄玉。传为秦穆公女，与其夫萧史乘鸾凤飞升而去。后人常用此作扇面画题材。刘禹锡《团扇歌》："上有乘鸾女，苍苍虫网遍。"参见"乘鸞"。

𠡦 同"年"。武则天所造字。詹敦仁《复留侯从效问南汉刘岩改名龑字音义》："𠡦䰚囝团星，䰚思厓两垐。"

乙　部

乙〔yǐ《广韵》於筆切，入質，影。〕❶鱼鳃骨。一说鱼肠。《尔雅·释鱼》："鱼肠谓之乙。"韦庄《和郑拾遗秋日感事一百韵》："似鱼甘去乙，比蟹未成筐。"❷天干的第二位。顾况《燕于巢一章》："燕燕于巢，缀葺维戊。甲兮乙兮，不宜有谬。"❸指科举考试中的乙第。李商隐《骄儿诗》："儿慎勿学爷，读书求甲乙。"❹代词，代替并列的第二人。白居易《感逝寄远》："昨日闻甲死，今朝闻乙死，知识三分中，二分化为鬼。"❺"乙"字形符号图形。李远《咏壁鱼》："潜穴河图内，吞钩乙字边。"❻我国民族音乐音阶的一级，工尺谱上用作记音符号之一。张祜《五弦》："徵调侵弦乙，商声过指拢。"

【乙乙】　象声词。元结《补乐歌十首》序："诚不足全化金石，反正宫羽，而或存之，犹乙乙冥冥，有纯古之声，岂几乎司乐君子道和焉尔？"

【乙科】　古代考试科目名称。汉代博士弟子射策甲科为郎中，乙科为太子舍人。唐进士有甲乙科之别。杜甫《八哀诗·故秘书少监武功苏公然明》："制可题未干，乙科已大阐。"

【乙榜】　义同"乙科"。殷尧藩《下第东归作》："辛勤几逐英雄后，乙榜犹然姓氏虚。"

【乙夜】　❶二更之时，相当于夜间十时。崔曙《奉和中书相公叙怀见寄之作》："进经逢乙夜，展礼值明时。"皮日休《鲁望昨以五百言见贻因成一千言》："一一堪雕镌，乙夜以观之。"❷特指皇帝夜间读书。张谔《奉和圣制瑞雪篇》："羞同班女高秋扇，欲照明王乙夜书。"

一　画

九〔jiǔ《广韵》舉有切，上有，見。〕❶数词，八加一所得。杜甫《哀王孙》："金鞭断折九马死，骨肉不待同驰驱。"刘湾《云南曲》："去者无舍生，十人九人死。"皎然《杂寓兴》："三山果不见，九仙忽悠悠。"白居易《寒食》："我归故园来，九度逢寒食。"亦作序数词，第九。见"九月九日""九日"。❷极言其多。李白《蜀道难》："青泥何盘盘，百步九折萦岩峦。"王建《羽林行》："九衢一日消息定，乡吏籍中重改姓。"刘禹锡《和乐天烧药不成命酒独醉》："九转欲成就，百神应主持。"曹邺《看榜日上主司》："一辞桂岩猿，九泣都门月。"

【九十】　❶特指九十岁。皮日休《鲁望以花翁之什见招因次韵酬之》："九十携锄伛偻翁，小园幽事尽能通。"❷谓一季中的九十天。陈陶《春归去》："九十春光在何处，古人今人留不住。"廖凝《中秋月》："九十日秋色，今宵已半分。"

【九十六聖君】　谓自秦始皇至唐玄宗九十六位传绪之君。李白《经乱离后书怀赠江夏韦太守良宰》："九十六圣君，浮云挂空名。"

【九九】　❶八十一，九之自乘数。薛涛《咏八十一颗》："开时九九如数，见处双双颉颃。"❷从冬至次日起第九个九天。薛能《汉庙祈雨回阳春亭有怀》："九九已从南至尽，芊芊初傍北篱新。"❸指九月九日，重阳节。阎朝隐《奉和九日幸临渭亭登高应制得筵字》："九九侍神仙，高高坐半天。"薛稷《九日幸临渭亭登高应制得历字》："愿陪九九辰，长奉千千万。"李益、广宣《重阳夜集兰陵居与宣上人联句》："登高今夕事，九九是天长。"

【九三鼎】　炼丹之鼎。吕岩《七言一百十三首》之十六："九三鼎内烹如酪，六一炉中结似霞。"

【九土】　❶九州的土地。刘驾《古出塞》："九土耕不尽，武皇犹征伐。"曹邺《秦后作》："东郊陇见血，九土玄黄色。"韦庄《和郑拾遗秋日感事一百韵》："四民皆组绶，九土堕耕桑。"齐己《丙寅岁寄潘归仁》："九土尽荒墟，干戈杀害余。"❷九州，中国。魏征《五郊乐章·白帝商音》："万方静谧，九土和平。"李白《经乱离后书怀寄江夏韦太守良宰》："炎凉几度改，九土中横溃。"广宣《早秋降诞日献寿二首应制》之二："万方瞻圣日，九土仰清光。"❸原指九种地形、土质。自山林至衍沃为九土，后用以指各种不同的地形、土质。李峤《雨》："十旬无破块，九土信康哉！"元结《二风诗·治风诗五篇·至劳》："济尔九土，山川沟洫。"李咸用《春暮途中》："谁能会得乾坤意，九土枯荣自不同。"

【九山】　❶九座名山。山名说法不一，见《吕氏春秋·有始》《周礼·夏官职方氏》和《史记·夏本纪》司马贞索隐。杜审言《和韦承庆过义阳公主山池五首》之五："池分八水背，峰作九山疑。"❷特指九疑山。

陈羽《湘妃怨》："九山沉白日，二女泣沧洲。"李贺《湘妃》："蛮娘吟弄满寒空，九山静绿泪花红。"鲍溶《悲湘灵》："魂魄无不之，九山徒相似。"参见"九疑"。

【九子】 山名。即九华吐。张乔《经九华山费征君故居》："数溪分大野，九子立寒空。"李咸用《庐山》："静得八公侣，雄临九子尊。"殷文圭《寄贺杜荀鹤及第》："九子旧山增秀绝，《二南》新格变风骚。"参见"九子山"。

【九子山】 即九华山。李白有《改九子山为九华山联句》序。罗隐《送姚安之赴任秋浦》："五侯水暖鱼鳞去，九子山晴雁叙来。"窦叔向有《青阳馆望九子山》。参见"九華山"。

【九子坂】 在今安徽太平县九华山。李群玉有《九子坂闻鹧鸪》。

【九子峰】 又名九子岩。在九华后山，青阳县南二十公里，海拔约八百米。峰顶有小峰九，状如婴儿，故以称之。徐铉《奉使九华山中途遇青阳薛郎中》："九子峰前闲未得，五溪桥上坐多时。"霍总《郡楼望九华歌》："楼上坐见九华峰，翠云赤日光溶溶。"

【九子堂】 画有女神九子母的堂室。温庭筠《生禖屏风歌》："画壁阴森九子堂，阶前细月铺花影。"

【九子鈴】 装饰铃，用金玉制成，系于宫殿，寺观风檐前或帷帐上。李商隐《齐宫词》："梁台歌管三更罢，犹自风摇九子铃。"

【九子糉】 粽子名。为古代端午节应节食品。玄宗《端午三殿宴群臣探得神字》："四时花竞巧，九子粽争新。"温庭筠《鸿胪寺偶成四十韵》："盘斗九子粽，瓯擎五云浆。"

【九女】 指道家所谓九个侍从仙女。李群玉《送郑子宽弃官东游便归女儿》："九女叠云屏，于焉恣栖息。"

【九天】 ❶天空最高处，天空。李白《望庐山瀑布水二首》之二："飞流直下三千尺，疑是银河落九天。"鲍溶《蔡平喜遇河阳判官宽话别》："看寻狡兔翻三窟，见射妖星落九天。"徐夤《月》："寒蝉若不开三穴，狡兔何从上九天。"韦庄《秦妇吟》："火迸金星上九天，十二官街烟烘炯。"❷指宫禁，言其深邃。韦元旦《金城公主适西蕃应制》："琴曲悲千里，箫声恋九天。"王维《和贾舍人早朝大明宫之作》："九天阊阖开宫殿，万国衣冠拜冕旒。"卢纶《送静居法师》："九天论道当宸眷，七祖传心合圣踪。"王涯《汉苑行》："二月春风遍柳条，九天仙乐奏《云韶》。"❸指皇帝，言其至高无上。高适《信安王幕府诗》："军势持三略，兵戎自九天。"韦应物《寄中书刘舍人》："忽睹九天诏，秉纶归国工。"刘禹锡《浙江元相公书叹梅雨郁蒸之候因寄七言》："百辟商量旧相入，九天只候老臣归。"张随《敕赐三相马》："九天班锡礼，三相代劳年。"

【九天玄女】 道家传说中的神女，俗称九天娘娘。黄帝之师，圣母元君弟子。黄帝战蚩尤于涿鹿，玄女下降，授以兵符印剑等，并为黄帝制夔牛鼓八十面，遂破蚩尤。罗隐《后土庙》："九天玄女犹无圣，后土夫人岂有灵。"

【九天王母】 指西王母。据《山海经》，西王母本为其状如人，豹尾虎齿，善啸，蓬发戴胜的怪神，不辨男女，住在昆仑山洞。至周穆王西巡时，西王母则为女性，文雅而知礼。至汉武帝西游时，她则成为可年卅许，修短得中，天姿掩蔼，容颜绝世的美妇人。曹唐《小游仙诗九十八首》之九三："九天王母皱蛾眉，惆怅无言倚桂枝。悔不长留穆天子，任将妻妾住瑶池。"

【九天使者廟】 九天使者，九天采访使者的略称。据传唐玄宗梦神仙称"九天采访"，巡纠人间，玄宗为其作宫。见《类说》卷七引《庐山记》。庙在庐山。王梦周有《题九天使者庙》。

【九五】《易》卦爻位名。九，阳爻；五，第五爻，指卦象自下而上第五位。《易·乾》："九五，飞龙在天，利见大人。"后因以"九五"指帝位。李白《来日大难》："蝉翼九五，以求长生。"白居易《新乐府·百炼镜》："背有九五飞天龙，人人呼为天子镜。"李绅《趋翰苑遭诬构四十六韵》："九五当乾德，三千应瑞符。"吕岩《七言》四十六："飞龙九五已升天，次第还当赤帝权。"

【九日】 ❶古代神话说，天有十日，九日居大树的下枝，一日居上枝，尧使后羿射去九日。李峤《箭》："夏列三成范，尧沉九日辉。"❷指农历九月九日重阳节。崔国辅《九日》："九日陶家虽载酒，三年楚客已沾衣。"韦应物《九日》："明年九日知何处，世难还家未有期。"杜甫《九日诸人集于林》："九日明朝是，相要旧俗非。"李商隐《九日》："十年泉下无人问，九日樽前有所思。"

【九丹】 道家所谓服后可以长生或升仙的九种神丹：丹华、神符、神丹、还丹、饵丹、炼丹、柔丹、伏丹、塞丹。见葛洪《抱朴子·金丹》。苏味道《嵩山石淙侍宴应制》："琱舆藻卫拥千官，仙洞灵溪访九丹。"李白《灵墟山》："伏炼九丹成，方随五云去。"李绅《华顶》："欲向仙峰炼九丹，独瞻华顶礼仙坛。"吴筠《高士咏·南华真人》："况乃资九丹，轻举归太极。"

【九牛毛】 常用作表示自己与人相差甚远的谦词。张九龄《登南岳事毕谒司马道士》："相去九牛毛，惭叹知何已。"权德舆《宿严陵》："今夜子陵滩下泊，自惭相去九牛毛。"段成式《题僧壁》："到此既知闲最乐，俗心何啻九牛毛。"

【九月八】 九月九日为重阳节。诗人为迁就韵脚，亦有写成“九月八”的。黄巢《不第后赋菊》：“待到秋来九月八，我花开后百花杀。”

【九月九日】 夏历重阳节。古人在这一天有登高和饮菊花酒的习俗。诗人多歌咏其事。王绩有《九月九日赠崔使君善为》。卢照邻有《九月九日登玄武山》。张九龄有《九月九日登龙山》。

【九六】 《易·乾》“初九”孔颖达疏：“七为少阳，八为小阴，质而不变，为爻之本体，九为老阳，六为老阴，文而从变，故为爻之别名。”后用以泛指阴阳及其刚柔等属性。吕岩《七言》之十八：“九六相交道气和，河车昼夜进金波。”

【九功】 ❶六府三事。见《左传·文公七年》。魏征《五郊乐章·舒和》：“七德九功咸已畅，明灵降福具穰穰。”太宗《执契静三边》：“戢武耀七德，升文辉九功。”❷指九功舞。见《新唐书·礼乐志十一》。权德舆《奉和圣制丰年多庆九日示怀》：“声明畅入表，宴喜陶《九功》。”

【九石】 即九峭石。白居易《开龙门八节石滩诗二首》之一：“铁凿金锤殷若雷，八滩九石剑棱摧。”参见“九峭石”。

【九代】 古马名。薛曜《舞马篇》：“昔闻九代有余名，今日百兽先来舞。”

【九仙】 九种仙人。亦泛指众仙。唐太宗《望终南山》：“对此恬千虑，无劳访九仙。”李峤《烟》：“回浮双阙路，遥拂九仙衣。”张说《道家四首奉敕撰》之四：“焚香三鸟至，炼药九仙成。”徐铉《玉笥山留题》：“九仙皆积学，洞壑多遗迹。”

【九冬】 指冬季。冬季三月共九十天，故称。尚颜《除夜》：“九冬三十夜，寒与暖分开。”

【九玄】 九天。则天皇后《唐大飨拜洛乐章·昭和》：“九玄眷命，三圣基隆。”中宗《中宗祀昊天乐章》：“九玄著象，七曜贞明。”

【九寺】 指九卿的官署。唐时太常、光禄、卫尉、宗正、太仆、大理、鸿胪、司农、太府为九寺，各寺长官称寺卿。姚合《同诸公会太府韩卿宅》：“九寺名卿才思雄，邀欢笔下与杯中。”此指太府。又《夜宴太仆田卿宅》：“故人九寺长，邀我同此欢。”此指太仆。

【九老圖】 武宗会昌五年(845)，白居易与胡杲、吉皎、刘真、郑据、卢真、张浑、李元爽和僧如满九人，作九老尚齿之会，并书姓名、年龄、写其形貌，附于图右，题为《九老图》。见白居易《九老图诗序》。

【九地】 ❶犹九泉，地下之深处。杜牧《李甘诗》：“潜身九地底，转上青天云。”又《昔事文皇帝三十韵》：“重云开朗照，九地雪幽魂。”❷佛家用以指众生轮回之三界。凡欲界一地，色界四地，无色界四地。吕岩《鄂渚悟道歌》又记：“三天应有路，九地终无厄。”又《七言》之十一：“乾马屡来游九地，坤牛时驾出三天。”

【九有】 ❶九州，天下。《诗·商颂·玄鸟》：“方命厥后，奄有九有。”韩愈《元和圣德诗》：“怡怡偷偷，奉太皇后，浃于族亲，濡及九有。”方干《寄灵武胡常侍》：“欲遣为霖安九有，先令作相赞东宫。”贯休《行路难》之四：“九有茫茫共尧日，浪死虚生亦非一。”❷佛家语。即九地。刘禹锡《善卷坛下作》：“先生见尧心，相与去九有。”参见“九地❶”。

【九列】 九卿之位。韩愈《南内朝贺归呈同官》：“三黜竟不去，致官九列齐。”罗隐《酬丘光庭》：“道殷合眼拜九列，张浚掉舌升三台。”

【九死】 ❶多次接近死亡。李商隐《撰彭阳公志文毕有感》：“百姓终莫报，九死谅难追。”❷言死人之多，十死其九。皮日休《正乐府十篇·哀陇民》：“百禽不得一，十人九死焉。”

【九夷】 古代对居于东方的九种民族的合称。《论语·子罕》：“子欲居九夷。”按《后汉书·东夷传》九夷为：畎夷、于夷、方夷、黄夷、白夷、赤夷、玄夷、风夷、阳夷。后用以泛指少数民族。太宗《春日玄武门宴群臣》：“九夷簉瑶席，五狄列琼筵。”崔湜《送梁卿王郎中使东蕃吊册》：“赠册绥九夷，旌旃下双阙。”郭子仪《享太庙乐章·保大舞》：“万物茂遂，九夷宾王。”贾至《燕歌行》：“国之重镇唯幽都，东威九夷北制胡。”

【九光】 ❶五光十色，形容光芒色彩绚烂。李峤《日》：“云间五色满，霞际九光披。”❷四射的光芒。周彦昭《晦日宴高氏林亭》：“门邀千里驭，杯泛九光霞。”吴筠《游仙二十四首》之十五：“灵旛七曜动，琼障九光开。”

【九光杏】 酒名。陆龟蒙《奉和袭美太湖诗二十首·晓次神景宫》：“饭荐七白蔬，杯酾九光杏。”

【九曲】 (一qū)❶迂回曲折。卢伦《送郭判官赴振武》：“黄河九曲流，缭绕古边州。”鲍溶《塞上行》：“可怜黄河九曲尽，颤馆牢落胡无影。”周朴《塞上曲》：“黄河九曲冰先合，紫塞三春不见秋。”❷指黄河。柳公权《砥柱》：“顶压三门险，根随九曲深。”姚合《题河上亭》：“九曲何时尽，千峰今日清。”齐己《潇湘二十韵》：“对兹伤九曲，含浊出昆仑。”❸地名。汉大小榆谷地。唐景龙四年(710)，吐蕃赞普请婚。唐以左卫大将军杨矩送金城公主使吐蕃。因请河西九曲为公主汤沐邑，矩奏与之。吐蕃既得九曲，自是复叛。天宝十二年(753)，哥舒翰收九曲，以其地置洮阳郡。地在今青海化隆回族自治县。杜甫《八哀诗·赠司空王公思礼》：“九曲非外藩，其王转深壁。”高适有《同李员外贺哥舒大夫破九曲之作》。

【九曲泉】 (曲 qū)弯曲迂折的泉水。蒋冽《经埋轮地》："我闻太古水，上与天相连。如何一落地，又作九曲泉。"

【九曲詞】（曲 qū）乐府歌辞。高适有《九曲词三首》。

【九回】 亦作"九迴"。❶迂回曲折。李益《效古促促曲为河上思妇作》："促促何促促，黄河九回曲。"亦形容波浪奔腾起伏。杨巨源《同薛侍御登黎阳县楼眺黄河》："九回纡白浪，一半在青天。"❷反复翻转。形容愁思起伏，郁结不解。李商隐《和张秀才落花有感》："回肠九回后，犹有剩回肠。"王周《齿落词》："何必郁九回，何必牵百虑。"

【九回腸】 亦作"九迴腸"。肠反复翻转曲折。比喻忧愤郁结难解。白居易《酬郑侍御多雨春空过诗三十韵》："暗遮千里目，闷结九回肠。"李群玉《自澧浦东游江表途出巴丘投员外从公虞》："中夜愤火来，焚烧九回肠。"高蟾《关中》："西游无紫气，一夕九回肠。"冯延巳《酒泉子》词之二："九回肠，双脸泪，夕阳天。"

【九仞】 一仞为七尺，或曰八尺；九仞，六十三尺，或曰七十二尺。言极高或极深。王起《贡举人谒先师闻雅乐》："两楹凄已合，九仞杳难分。"亦用以指高山。郑谷《叙事感恩上狄右丞》："迩来趋九仞，又伴赏三峰。"

【九戎】 古对西方少数民族的称呼。亦泛称少数民族。李峤《汾阴行》："汉家五叶才且雄，宾筵万灵朝九戎。"

【九成】 犹九阕。乐曲一终为一成。《书·益稷》："箫韶九成，凤凰来仪。"陈子昂《与东方左史虬修竹篇》："妙曲方千变，箫韶亦九成。"严维《奉和皇甫大夫祈雨应时雨降》："九成陈夏乐，三献奉殷罍。"张祜《箫》："还将九成意，高阁伫芳音。"

【九成曲】 犹九阕曲。刘禹锡《吐绶鸟词》："如何一借羊角风，来听箫韶九成曲。"参见"九成"。

【九成奏】 犹九阕曲。权德舆《感寓》："终待九成奏，来仪瑞吾君。"参见"九成""九奏"。

【九成宫】 唐代宫殿名。在今陕西麟游县西。本隋仁寿宫，贞观间修之以避暑，以所在山有九重，故更名九成。杜甫、李商隐均有《九成宫》。许棠《送厉校书从事凤翔》："旬休随大旆，应到九成宫。"李峤有《夏晚九成宫呈同僚》。王维有《敕借岐王九成宫避暑应教》。吴融《过九成宫》："凤辇东归二百年，九成宫殿半荒阡。"

【九合】 纠合。《论语·宪问》："桓公九合诸侯，不以兵车，管仲之力也。"九或作纠。王铎《罢都统守钲滑州作》："三尘上相逢明主，九合诸侯愧昔贤。"

【九色】 指各种色彩。张籍《同严给事闻唐昌观玉蕊近有仙过因成绝句二首》之二："九色云中紫凤车，寻仙来到洞仙家。"薛涛《试新服裁制初成三首》之二："九气分为九色霞，五灵仙驭五云车。"贯休《寄翰林陆学士》："宝辇千官捧，宫花九色开。"

【九方】 犹多方，方方。李贺《感讽六首》之一："焉知肠车转，一夕巡九方。"

【九州】 古代分中国为九州，说法有异。《书·禹贡》作冀、兖、青、徐、扬、荆、豫、梁、雍。后用以指全中国，天下。杜甫《忆昔二首》之二："九州道路无豺狼，远行不劳吉日出。"张籍《永嘉行》："九州诸侯自顾土，无人领兵来护主。"白居易《赠友五首》之四："九州雍为首，群牧主所遵。"陆龟蒙《奉和袭美太湖诗二十首·晻里》："今来九州内，未得皆恬然。"❷指大九州。战国邹衍创大九州之说。见《史记·孟子荀卿列传》。李商隐《马嵬二首》之二："海外徒闻更九州，他生未卜此生休。"

【九州四海】 泛指天下，全中国。卢照邻《登封大酺歌四首》之一："九州四海常无事，万岁千秋乐未央。"贯休《送卢舍人三首》之二："我愿九州四海纸，幅幅与君为谏草。"

【九州箴】《九州箴》又称《百官箴》，文中以各州牧规箴为词。后用作称美地方长官的典故。见《汉书·扬雄传》。李商隐《自桂林奉使江陵途中感怀寄献尚书》："长怀五羖赎，终著九州箴。"

【九江】 ❶长江水系的九条河。古来所说不一，唐人诗中亦所指不同。(1)江于荆州界分而为九，即今湖北广济、黄梅及安徽宿松、望江诸县境的江水。胡浩《出峡》："巴东三峡尽，旷望九江开。"杜甫《送李功曹之荆州充郑侍御判官重赠》："孤城一柱观，落日九江流。"卢纶《送从叔牧永州》："浪里争迎三蜀货，月中喧泊九江船。"白居易《九江北岸遇风雨》："黄梅县边黄梅雨，白头浪里白头翁。九江阔处不见岸，五日尽时多恶风。"(2)指江西境内的九条河水。顾况《庐山瀑布歌送李顺》："火雷劈山珠贯日，五老峰前九江溢。九江悠悠万古情，古人行尽今人行。"翁承赞《柳》："彭泽先生酒满船，五株栽向九江边。"齐己《寻阳道中作》："云疏片雨歇，野阔九江流。"(3)指流入洞庭湖的元、渐、沅、辰、叙、西、澧、资、湘等九条水。宋之问《洞庭湖》："野积九江阔，山通五岳图。"杨凝《送客往洞庭》："九江归路远，万里客舟还。"张祜《题岳州徐员外云梦新题十韵》："水从三峡涨，人自九江来。"(4)指流入彭蠡（即鄱阳湖）的湖汉九水。刘允济《经庐岳回望江州想洛川有作》："势入柴桑渚，阴开彭蠡壑。九江杳无际，七泽纷相错。"孟浩然《彭蠡湖中望庐山》："中流见匡草，势压九江雄。"(5)泛指江水。崔颢《长干曲四首》之二："家临九江水，来去九江侧。"耿湋《晚秋过苏少府》："九江迷去住，群吏且因依。"丁泽

《龟负图》："还寻九江去，安肯曳泥途。"❷地名。战国楚地，秦为九江郡，三国吴属武昌郡，晋置浔阳郡，属江州，隋大业三年(607)改江州为九江郡，唐复为江州。治所在今江西九江市。李涉《与弟渤新罗剑歌》："我有兄弟都九江，一条直气今无双。"元稹《闻乐天授江州司马》："残灯无焰影幢幢，此夕闻君谪九江。"孙咸《题九天使者庙》："九江太守勤王事，好放天兵渡要津。"

【九江口】 长江流经浔阳(今江西九江市)的一段江面。王昌龄有《九江口作》。

【九江城】 指江陵(今属湖北)。杜甫《绝句九首》之一："闻道巴山里，春船正好行。都将百年兴，一望九江城。"

【九江郡】 隋代郡名。唐称江州或浔阳郡，治所在今江西省九江市。白居易《琵琶行》序："元和十年，予左迁九江郡司马。"

【九宇】 犹言九州。李白《古风》之四八："征卒空九宇，作桥伤万人。"

【九字詩】 一句为九字的诗。严维、周颂等有《一字至九字诗联句》，其中周颂一联为九字诗："静听林下潺潺足湍濑，厌问城中喧喧多鼓鼙。"

【九攻】 多次攻伐。语本《墨子·公输》。贺知章《奉和圣制送张说巡边》："九攻虽不战，五月尚持戎。"高适《李云南征蛮诗》："蜂虿隔万里，云雷随九攻。"

【九折】 ❶曲折，"九"言曲折之多。李白《蜀道难》："青泥何盘盘，百步九折萦岩峦。"蒋涣《登栖霞寺塔》："三休寻磴道，九折步云霓。"司马扎《感古》："九折无停波，三光如转烛。"❷曲折的险路。虞世南《从军行二首》之一："马冻重关冷，轮摧九折危。"卢照邻《宿晋安亭》："圣图夷九折，神化掩三分。"❸阪道名。即九折阪。在今四川省荥经县西邛崃山。山路曲折险阻。武元衡《送徐员外还京》："九折朱轮动，三巴白露生。"崔信明《送金镜陵入蜀》："岂言千里远，方寻九折难。"方干《送姚舒下第游蜀》："九折盘荒坂，重江绕汉州。"参见"九折坂"。

【九折坂】 在今四川荥经县西邛崃山。山路险阻回曲，须九折乃得上，故名。相传汉琅琊王阳为益州行部，至此坂叹曰：奉先人遗体，奈何数乘此险。怕出意外，托病辞官，后王尊为刺史，至此坂，叱其驭驱马而过，曰王阳为孝子，王尊为忠臣。事见《汉书·王尊传》。王维《送崔五太守》："黄花县西九折坂，玉树宫南五丈原。"

【九折河】 即黄河，因其河道曲折，故称。崔铉《进宣宗收复河湟》："烟尘永息三秋戍，瑞气遥清九折河。"

【九里松】 地名。在浙江省杭州市西北。唐刺史袁仁敬守杭时，于行春桥至灵隐、三天竺间植松，左右各三行，凡九里，苍翠夹道，人称九里松。后即以九里松名其地。贾岛《送僧归天台》："石硐双流水，山门九里松。"

【九里洲】 地名。在唐睦州桐庐县(今属浙江)。方干《思桐庐旧居便送鉴上人》"林中夜半双台月，洲上春深九里花"原注："桐庐有九里洲。"

【九里郭】 泛称绵亘上十里的城郭。孟浩然《与黄侍御北津泛舟》："堤缘九里郭，山面百城楼。"

【九伯】 上古九州诸侯之长。《左传·僖公四年》："五侯九伯，汝实征之，以夹辅周室。"皮日休《奉和鲁望读阴阳经见寄》："九伯真犬彘，诸侯实虎兕。"

【九谷】 指园囿中大小池沼。郎余令《晦日宴高氏林亭》："三春休晦节，九谷泛年华。"

【九牢】 古时，牛、羊、豕各一为一牢；九牢，牛、羊、豕各九为大牢，以为大礼。《周礼·周语上》："馈九牢，设庭燎。"于邵《释奠武成王乐章·迎俎酌献》："五齐洁，九牢硕。"

【九芙蓉】 对九华山的美称。九华山九峰秀出，如芙蓉玉立，故称。杜牧《九华山》："却忆谪仙才格俊，解吟秀出九芙蓉。"霍总《九华楼》："天边九芙蓉，出没不可求。"

【九花驄】 马名。徐夤《送王校书往清源》："南国贤侯待德风，长途仍借九花骢。"

【九芝】 长有九茎的灵芝草。施肩吾《送道友游山》："欲驻如今未形老，万重山上九芝清。"舒信道《甘蔗诗》："瑶池宴罢王母还，九芝飞入三仙山。"

【九芝草】 长有九茎的灵芝草。李商隐《河内诗二首》之一："八桂林边九芝草，短襟小鬓相逢道。"参见"九芝"。

【九枝】 ❶谓枝条众多。李商隐《一片》："一片非烟隔九枝，蓬峦仙仗俨云旗。"曹松《江西逢僧省文》二首之二："百叶岩前霜欲降，九枝松上鹤初归。"❷指九枝灯。卢照邻《十五夜观灯》："别有千金笑，来映九枝前。"韦蟾《上元三首》之三："夜阑陪玉帐，不见九枝留。"温庭皓《观山灯献李尚书》："九枝应异耀，午夜忽潸然。"参见"九枝灯"。

【九枝花】 九枝灯的九根光柱。张子容《除夜乐城逢孟浩然》："樽开柏叶酒，灯发九枝花。"

【九枝燈】 灯名。一干插烛九枝，故名。亦泛指一干多枝的烛灯。李商隐《楚宫》："如何一柱观，不碍九枝灯。"又《和韩录事送宫人入道》："星使追还不自由，九枝灯下朝金殿。"温庭筠《晚坐寄友人》："九枝灯在琐窗空，希逸无聊恨不同。"

【九枝燈檠】 九枝灯的灯架。李商隐《行至金牛驿寄兴元渤海尚书》："六曲屏风江雨急，九枝灯檠夜珠圆。"

【九炁真翁】 谓道教崇奉的九位真人。李沇《梦仙谣》："九炁真翁骑白犀，临池静听雌蛟啼。"

【九門】 ❶古宫室制度，天子九门。后因以称宫门。韦元旦《早朝》："佩玉朝三陛，鸣珂度九门。"卢伦《敬酬大府二十四舅览诗卷因以见示》："九门洞启延高论，百辟联行挹大儒。"崔枢《赐耆老布帛》："击壤将何幸，裴回望九门。"❷指宫禁。王维《同崔员外秋宵寓直》："九门寒漏彻，万井曙钟多。"张少博《雪夜观象阙待漏》："九门传晓漏，五夜候晨扃。"温庭筠《送渤海王子归本国》："九门风月好，回首是天涯。"亦借指天子。戴叔伦《送崔拾遗峒江淮访图书》："九门思谏议，万里采风谣。"林宽《长安即事》："暝鼓才终复晓鸡，九门何计出沉迷。"❸天门。李白《梁甫吟》："阊阖九门不可通，以额叩关阍者怒。"借指九天。张说《南中别王陵成崇》："倏尔生六翮，翻飞戾九门。"钱起《秋霖曲》："圣主旰食忧元元，秋风苦雨暗九门。"李洞《终南二十韵》："雨侵诸县黑，云破九门青。"

【九牧】 九州。王维《送秘书监晁监还日本国》序："动干戚之舞，兴斧钺之诛，乃贡九牧之金，始颁五瑞之玉。"玄宗《送忠州太守康昭远等》："嘉事驰九牧，惠化光千祀。"罗隐《钱塘府亭》："九牧土田周制在，两藩茅社汉仪同。"周昙《咏史诗·春秋战国门·王孙满》："九牧金溶物象成，辞昏去乱祚休明。"

【九金】 九州之金。相传禹收九州之金铸九鼎。杜牧《呈道一大尹存之学士庭美学士三君子》："九金神鼎重丘山，五玉诸侯杂佩环。"

【九命】 周代官秩分为九个等级，称九命，九等官爵中最高一级亦称九命。见《周礼·春官·大宗伯》和《周礼·春官·典命》。后泛指高官。虞世南《出塞》："上将三略远，元戎九命尊。"袁晖《奉和圣制送张尚书巡边》："出师宣九命，分阃用三台。"吴融《绵竹山四十韵》："相国京兆公，九命来作牧。"

【九乳鐘】 钟名。钟上有九点凸出如奶头状的装饰，故名。窦庠《于阗钟歌送灵彻上人归越》："海中有国倾神功，烹金化成九乳钟。"

【九服】 原指王畿以外的九等地区。见《周礼·夏官·职方氏》。后因以指全国各地。《郊庙歌辞·享太庙乐章·崇德舞》："雾开三象，尘清九服。"王维《奉和圣制天长节赐宰臣歌应制》："尽九服兮皆四邻，乾降瑞兮坤降珍。"李商隐《有感二首》之一："九服归元化，三灵叶睿图。"

【九府】 周代掌管财币的机构。见《史记·货殖列传》。后泛指国库。季峤《钱》："九府五铢世上珍，鲁褒曾咏道神通。"季颀《送刘四赴夏县》："明年九府议功时，五辟三征当在兹。"

【九夜】 长夜。鲍容《郊天回》："金鸟赦书鸣九夜，玉山寿酒舞千官。"

【九河】 ❶指黄河。古代黄河自孟津而北，分为九道，故名。王维《送陆员外》："九河平原外，七国蓟门中。"徐夤《酒醒》："望断长安故交远，来书未说九河清。"❷指银河。韩愈《陆浑山火和皇甫湜用其韵》："侧身欲进叱于阍，帝赐九河湔涕痕。"又《杂诗》："慷慨为悲咤，泪如九河翻。"

【九官】 据传舜置九官，见《书·舜典》。亦泛指百官。魏征《享太庙乐章·大明舞》："偃伯灵台，九宫允穆。"

【九弦】 琴名。九根弦。孟郊《列仙文·清虚真人》："栖景若林柯，九弦空中弹。"

【九姓】 指唐时回纥所分的九个部落。张籍《送和藩公主》："九姓旗旛先引路，一生衣服尽随身。"薛逢《送灵州田尚书》："九姓羌浑随汉节，六州蕃落从戎鞍。"赵嘏《送从翁中丞奉使黠戛斯六首》之一："九姓如今尽臣妾，归期那肯待秋风。"

【九奏】 指古代行礼奏乐九曲。《书·益稷》："箫韶九成，凤凰来仪。"顾况《八月五日歌》："云韶九奏杳然远，唯有五陵松柏声。"武元衡《奉酬中书李相公》："鱼水千年运，箫韶九奏音。"元稹《和李校书新题乐府十二首·立部伎》："太常雅乐备宫悬，九奏未终百僚惰。"郑嵎《津阳门诗》："花萼楼南大合乐，八音九奏鸾来仪。"

【九春】 春天，春季九十天，故称。乔知之《长信宫中树》："叶艳九春华，香摇五明扇。"则天皇后《早春夜宴》："九春开上节，千门敞夜扉。"杨知至《和李尚书命妓歌饯崔侍御》："声随御史西归去，谁伴文翁怨九春。"

【九苞】 凤的九种特征，后因以作凤的代称。李峤《凤》："九苞应灵瑞，五色成文章。"李白《上云乐》："五色师子，九苞凤皇，是老胡鸡犬，鸣舞飞帝乡。"王棨《寒梧凤栖》："九苞和月立，六律带雪飞。"

【九苞鳳】 即凤。吕岩《七言》之三二："九苞凤向空中舞，五色云从足下生。"参见"九苞"。

【九城】 指京都。古时京都多设城门九座，故称。贾至《勤政楼观乐》："银河帝女下三清，紫禁笙歌出九城。"武元衡《夏日览旧题寄同里杨华州中丞》："三伏草木变，九城车马烦。"刘禹锡《送慧则法师归上都因呈广宣上人》："一锡言归九城路，三衣曾拂万年枝。"

【九城陌】 泛指都城大道。刘希夷《谒汉世祖庙》："升坛九城陌，端拱千秋年。"白居易《郡中即事》："遥思九城陌，扰扰趋名利。"又《送张山人归嵩阳》：

"朝游九城陌，肥马轻车欺杀客。"参见"九陌"。

【九垓】 ❶指天空极高远处，犹九天。李白《庐山谣寄卢侍御虚舟》："先期汗漫九垓上，愿接卢敖游太清。"高适《和贺兰判官望北海作》："湛湛朝百谷，茫茫连九垓。"胡曾《五丈原》："长星不为英雄住，半夜流光落九垓。"李郃《贺州思九疑作》："九垓若可极，纵身托穹苍。"❷犹言九州，天下。颜真卿《赠裴将军》："大君制六合，猛将清九垓。"权德舆《奉和李相公垦门下相公中书相公》："渥命随三接，皇恩畅九垓。"周昙《咏史诗·秦门·项籍》："九垓垂定弃谋臣，一阵无功便杀身。"

【九垠】 ❶犹九重。谓至高处。刘禹锡《罗浮》："君言罗浮上，容易见九垠。"❷犹九州。顾况《哭从兄苌》："皇恩溢九垠，不记屠沽儿。"

【九星】 指天蓬、天内等九颗星。徐铉《步虚词五首》之一："整服乘三素，旋纲蹑九星。"

【九星冠】 冠名。李颀《王母歌》："头上复戴九星冠，总领玉童坐南面。"

【九思】 反复思考。语本《论语·季氏》："君子有九思：视思明，听思聪，色思温，貌似恭，言思忠，事思敬，疑思问，忿思难，见得思义。"韦承庆《直中书省》："九思空自勉，五字本无施。"魏氏《赠外》："所愿好九思，勿令亏百行。"

【九品】 九等官制中最低一等。白居易《王夫子》："吾观九品至一品，其间气味都相似。"皮日休《鲁望昨以五百言见贻因成一千言》："我未九品位，君无一囊钱。"

【九陌】 汉长安城中的九条大道。后用以泛指都城大道和繁华闹市。骆宾王《帝京篇》："三衢九陌丽城隈，万户千门平旦开。"姚合《送任畹评事赴沂海》："九陌尘土黑，话别立远郊。"高蟾《长安旅行》："马嘶九陌年年苦，人语千门日日新。"皎然《送吉判官还京赴崔尹幕》："清晨赴九陌，秋色望三边。"

【九陔】 同"九垓❶"。陆龟蒙、皮日休《开元寺楼看雨联句》："无言九陔远，瞬息驰应遍。"

【九秋】 ❶秋天。秋季三月九十天，故称。李峤《送光禄刘主簿之洛》："他乡千里月，歧路九秋风。"杜甫《月》："斟酌姮娥寡，天寒耐九秋。"钱起《乐游原晴望上中书李侍郎》："爽气朝来万旦清，凭高一望九秋轻。"陆龟蒙《寄华阳道士》："六辔未收千里马，一囊空负九秋萤。"❷指九月深秋。刘长卿《酬李郎中夜登苏州城楼见寄》："辛勤万里道，萧索九秋残。"羊士谔《题枇杷树》："珍树寒始花，氛氲九秋月。"李商隐《代应二首》之一："汉水分流西复东，九秋霜月五更风。"刘沧《秋日夜怀》："关山云尽九秋月，门柳叶凋三径霜。"❸九年。言时间久远。苏颋《奉和九日幸临渭亭登高应制得时字》："愿陪阳数节，亿万九秋期。"杜牧《许七侍御弃官东归题诗寄赠十韵》："江山九秋后，风月六朝余。"李群玉《古镜》："忽惊行深幽，面落九秋井。"吉师老《看蜀女转昭君变》："檀口解知千载事，清词堪叹九秋文。"

【九重】 (—chóng)❶九层，多层。见"九重天❶"、"九重城""九重闉"。❷指天门，天。李白《西岳云台歌送丹丘子》："九重出入生光辉，东来蓬莱复而归。"戴叔伦《汉宫人入道》："霄汉九重辞凤阙，云山何处访桃源。"徐夤《尚书荣拜恩命二首》之二："东郊迎入紫泥封，此日天仙下九重。"❸宫门，皇宫。李晔《尚书都堂瓦松》："接栋临双阙，连甍近九重。"杜甫《丹青引赠曹将军霸》："斯须九重真龙出，一洗万古凡马空。"卢纶《秋夜即事》："九重深锁禁城秋，月过南宫渐映楼。"元稹《山枇杷》："天高万里看不精，帝在九重声不彻。"❹指帝王。徐彦伯《同韦舍人元旦早朝》："予亦趋三殿，肩随谒九重。"刘长卿《新安奉送穆谕德归朝赋得行字》："九重宣室召，万里建溪行。"翁承赞《御命归乡赐锦衣》："九重宣旨下丹墀，面对天颜赐锦衣。"齐己《送孙凤秀才赴举》："九重方侧席，四海仰文明。"亦用以指王位。温庭筠《春江花月夜》："杨家二世安九重，不御华芝嫌六龙。"无名氏《玉龙子诗》(卷七八四)："不如渭水沙中得，争保銮舆复九重。"

【九重天】 (重 chóng)❶天，天空。古人认为天有九层，故称。姚合《和李十二舍人直日放朝对雪》："岂比直庐丹禁里，九重天近色弥鲜。"唐彦谦《金陵九日》："九重天近瞻钟阜，五色云中望建章。"❷指帝王。韩愈《左迁至蓝关示侄孙湘》："一封朝奏九重天，夕贬潮州路八千。"

【九重天子】 (重 chóng)即天子。天子深居九重，故称。白居易《新乐府·司天台》："天文时变两如斯，九重天子不得知。"韦庄《立春日作》："九重天子去蒙尘，御柳无情依旧春。"黄滔《喜侯舍人蜀中新命三首》之一："五色彩毫裁凤诏，九重天子豁龙颜"。

【九重門】 (重 chóng)皇宫之门。戴叔伦《赠康老人洽》："一篇飞入九重门，乐府喧喧闻至尊。"陈羽《长安卧病秋夜言怀》："九城门锁禁城秋，月过南宫渐映楼。"李商隐《赠刘司户》："万里相逢欢复泣，凤巢西隔九重门。"

【九重城】 (重 chóng)宫禁。古制，天子之居设门九重，故称。施肩吾《上礼部侍郎陈情》："九重城里无亲识，八百人中独姓施。"李郢《茶山贡焙歌》："九重城里虽玉食，天涯吏役长纷纷。"徐铉《又三绝》之一："四海未知春色至，今宵先入九重城。"

【九重泉】 (重 chóng)❶犹黄泉。杜甫《送郑十八虔贬台州司户》："便与先生应永诀，九重泉路尽交期。”元稹《哭子十首》之二：“自食自眠犹未得，九重泉路托何人。”卢肇《吊进士杨邺》：“名未荣身亲在堂，九重泉路去何忙。”❷极深之水。白居易《新乐府·黑潭龙》：“狐假龙神食豚尽，九重泉底龙知无。”

【九重圍】（重 chóng）层层包围。霍总《塞下曲》：“曾当一面战，频出九重围。”

【九重闈】（重 chóng）犹言深闺。乔知之《从军行》：“窈窕九重闺，寂寞十年啼。”

【九皇真人】 道教神名。道教谓天、地、人各有三皇，总为九皇。张籍《求仙行》：“九皇真人终不下，空向离宫祠太乙。”

【九泉】 ❶犹黄泉。指人死后葬处。李白《游溧阳湖亭望瓦屋山怀古同旅》：“遗迹翳九泉，芳名动千古。”钱起《哭曹钧》：“尝恨知音千古稀，那堪夫子九泉归。”崔珏《哭李商隐》：“九泉莫叹三光隔，又送文星入夜台。”❷地下深处。杜牧《过骊山作》：“牧童火入九泉底，烧作灰时犹未枯。”李昌符《咏铁马鞭》：“须为圣代无双物，肯逐将军卧九泉。”曹邺《成名后献恩门》：“沉埋若九泉，谁肯开口说。”

【九泉人】 死人。俗谓鬼。司空曙《哭曲山人》：“忆昔秋风起，君曾叹逐臣。何言芳草日，自作九泉人。”

【九斿】 古代旌旗上的九条丝织垂饰。卢照邻《中和乐九章·歌南郊》：“龙驾四牡，鸾旗九斿。”

【九派】 ❶指长江的诸条支流。“九”言其多，不一定确指。王维《汉江临泛》：“楚塞三湘接，荆门九派通。”皇甫冉《送柳八员外赴江西》：“歧路穷无极，长江九派分。”吴筠《登庐山东峰观九江合彭蠡湖》：“九派混东流，朝宗合天沼。”❷长江至湖北、江西一带分为许多支流，故用以称此一带的长江。骆宾王《在江南赠宋五之问》：“井络双源浚，浔阳九派长。”苏味道《九江口南济北接蕲春南与浔阳岸》：“江路一悠哉，滔滔九派来。”无可《寄题庐山二林寺》：“九派棹憧憧，双流溢隐隐。”亦泛指长江。裴耀卿《敬酬张九龄当涂界留赠之作》：“九派期方越，千钧或所轻。”郑谷《舟行》：“九派迢迢九月残，舟人相语且相宽。”❸浔阳的别称。即今江西九江市。权德舆《送孔江州》：“九派寻阳郡，分明似画图。”

【九洛】 指洛水地区。李峤《洛》：“九洛韶光媚，三川物侯新。”玄宗《登蒲州逍遥楼》：“卜征巡九洛，展豫出三秦。”

【九洲】 犹言宇宙。杜甫《晦日寻崔戢李封》：“威凤高其翔，长鲸吞九洲。”

【九室】 指古时宗庙、明堂等建筑物中的九间屋子。张说《唐享太庙乐章·永和》：“肃九室，谐八音。”

【九軍】 古代天子六军，诸侯三军，统称九军。后泛称军队。鲍溶《忆郊天》：“忆向郊坛望武皇，九军旗帐下南方。”

【九祖】 泛指历代祖宗。吕岩《敲爻歌》：“九祖先灵得超脱，谁羡繁华贵与荣。”

【九飛】 犹言高飞九天。卢照邻《同崔录事哭郑员外》：“如何万化尽，空叹九飞魂。”

【九馬】 九匹骏马。《西京杂记》载，汉文帝有良马九匹，一名浮云，一名赤电，一名绝群，一名逸骠，一名紫燕骝，一名绿螭骢，一名龙子，一名麟驹，一名绝尘。杜甫《哀王孙》：“金鞭断折九马死，骨肉不待同驰驱。”

【九埏】 九州的边际；九州。王勃《倬彼我系》之四：“伊我祖德，思济九埏。”宗楚客《奉和圣制喜雪应制》：“飘飘瑞雪下山川，散漫轻飞集九埏。”

【九真山】 在今湖北汉阳县西南。九峰相向，势如游龙，故名。相传有九仙女炼丹于此。沈佺期有《九真山净居寺谒无碍上人》。

【九真君】 道教神名。李商隐《戊辰会静中出贻同志二十韵》：“茜璨玉琳华，翱翔九真君。”

【九夏】 ❶古乐名。《郊庙歌辞·夕月乐章·太和》：“金奏九夏，圭陈八芗。”❷夏季的九十天，夏季。李峤《四月奉教作》：“暄籥三春谢，炎钟九夏初。”刘兼《中夏昼卧》：“寂寞无聊九夏中，傍檐依壁待清风。”伏牛上人《三伤颂》之一：“驱驰九夏初，方产巢中卵。”

【九原】 ❶九州大地。李德裕《书楼晴望》：“苍翠连双阙，微茫认九原。”吴融《闻歌》：“落尽梁尘肠不断，九原谁报小怜知。”徐夤《劝酒》：“六国英雄徒反覆，九原松柏甚分明。”❷春秋时晋国卿大夫墓地，后因以泛指墓地。岑参《故仆射裴公挽歌》之三：“遥知九原上，渐觉吊人稀。”李绅《晏安寺》：“丘垅渐平连茂草，九原何处不心伤？”于武陵《感情》：“四海故人尽，九原新垅多。”刘兼《春夕遣怀》：“休把虚名挠怀抱，九原丘陇尽侯王。”❸犹九泉，黄泉。高适《哭单父梁九少府》：“九原即何处，万事皆如此。”苏颋《蜀城哭台州安乐少府》：“零落九原去，蹉跎四序催。”韦应物《张彭州前与缑氏冯少府各惠寄一篇因追哀叙事》：“未答平生意，已没九原居。”

【九原可作】 犹言死而复生。语本《国语·晋语八》。杜牧《长安杂题长句六首》之四：“九原可作吾谁与，师友琅琊邴曼容。”

【九冥】 犹九渊，极深幽之处。陈子昂《感遇诗三十八首》之二九：“拳跼竞万仞，崩危走九冥。”

【九迴】 同“九回”。崔橹《春日即事》：“画桥春暖清歌夜，肯信愁肠日九迴。”韩偓《登南神光寺塔院》：“无奈离肠日九迴，强摅离抱立高台。”

【九迴腸】 同“九回腸”。柳宗元《登柳州城楼寄漳汀封连四州》："岭树重遮千里目，江流曲似九回肠。"

【九峰】　❶九个山峰。罗隐《湘妃庙》："九峰相似堪疑处，望见苍梧不见人。"❷山名。(1)指九疑山。许彬《湘江》："烟尽九峰雪，雨生诸派云。"(2)指九华山。李中《舟中望九华山》："一面雨初歇，九峰云正开。"韦应物《龙潭》："暂收雷电九峰下，且饮溪潭一水间。"(3)指浙江九峰山。在今黄岩县东门外。孙逖《和登会稽山》："烟景昼清明，九峰争隐嶙。"(4)指江苏九龙山。在今无锡市西郊。古称华山、历山、西神山，唐以后称惠山，或作慧山。李骘《自惠山至吴下寄酬南徐从事》："犹及九峰春，归吟白云巘。"又《惠山寺肄业送怀坦上人》："日落九峰明，烟生万华暮。"

【九峰樓】　即九华楼。杜牧有《登池州九峰楼寄张祜》。张祜有《和池州杜员外题九峰楼》。

【九皋】　❶曲折深远的沼泽。殷光藩《游王羽士山房》："山横万古色，鹤带九皋声。"孙顾《清露被皋兰》："九皋兰叶茂，八月露华清。"齐己《水鹤》："静巢孤岛月，寒梦九皋云。"❷鹤的代称。《诗·小雅·鹤鸣》："鹤鸣于九皋，声闻于野。"后因以九皋代鹤。元希声《赠皇甫侍御赴都八首》之三："九皋千里，其声不忒。"孟球《和主司王起》："谁料羽毛方出谷，许教齐和九皋鸣。"苏拯《经鹤台》："六马不能驭，九皋欲何托。"

【九皋禽】　即鹤。李远《失鹤》："秋风吹却九皋禽，一片闲云万里心。"参见"九皋"。

【九般】　同"九盘"。罗隐《答宗人衮》："昆仑水色九般流，饮即神仙憩即休。"

【九烏】　神话传说谓日中有三足乌，因以"九乌"代称九个太阳。李白《古朗月行》："羿昔落九乌，天人清且安。"

【九卿】　古代中央政府的九个高级官职。周以少师、少傅、小保、冢宰、司徒、宗伯、司马、司寇、司空为九卿。各代的名称和职掌均有所不同。后用以泛称高官。李白《感时留别从兄徐王延年从弟延陵》："九卿领徐方，七步继陈思。"又《赠宣城宇文太守兼呈崔侍御》："君从九卿来，水国有丰年。"李贺《荣华荣》："马如飞，人如水，九卿六官皆望履。"

【九旂】　各种军旗。借指军队。郑嵎《津阳门诗》："青泥坂上到三蜀，金堤城边止九旂。"参见"九旗"。

【九流】　❶原指先秦的九个学术流派。后用以泛指各种学术流派。高适《奉酬睢阳李太守》："逸足横千里，高谈注九流。"贾岛《题岸上人郡内闲居》："金玉重四句，秕糠轻九流。"殷文圭《和友人送衡尚书赴池阳副车》："筑头勋业谐三阵，满腹诗书究九流。"❷泛指各种名流。薛逢《送西川杜司空赴镇》："莫遣洪炉旷真宰，九流人物待陶甄。"刘斌《和许给事伤牛尚书》："符彩照千里，铨衡综九流。"❸江河的众多支流。孟浩然《自浔阳泛舟经明海》："大江分九流，淼淼成水乡。"孟简《惜分阴》："九流难酌挹，四海易消沉。"

【九郡】　犹言九州四海。许棠《讲德陈情上淮南李仆射二首》之三："九郡竟歌兼煮海，四方皆得共和羹。"

【九級壇】　九级祭场。韩偓《梦仙》："紫霄宫阙五云芝，九级坛前再拜时。"

【九域】　犹言九州。杨炯《和刘长史答十九兄》："鼓鼙鸣九域，风火集重围。"

【九域塵】　九域的烟尘。喻战乱。中宗《中宗祀昊天乐章·告谢》："远叶千龄运，遐销九域尘。"

【九逝】　几度飞逝。言精神不集中。陈子昂《宿空舲峡青树村浦》："忆作千金子，宁知九逝魂。"

【九區】　全国，天下。褚亮《祭神州乐章》："水土既调三极泰，文武毕备九区平。"岑文本《奉和正日临朝》："天文光七政，皇恩被九区。"李白《中丞宋公脱余之囚因赠之》："杀气横千里，军声动九区。"张昭《汉宗庙乐舞辞》："受厘饮酒皇欢洽，仰俟余灵泰九区。"

【九晨】　指九月九日重阳节。窦希阶《奉和九日幸临渭亭登高应制得明字》："九晨陪圣膳，万岁奉承明。"

【九野】　九州地域。李洞《述怀二十韵献覃怀相公》："九野方无事，沧溟本不争。"贯休《寿春节进大蜀皇帝五首》之五："九野黎民耕浩浩，百蛮车骑日骎骎。"齐己《送人游雍京》："九野未无事，少年何远行。"

【九族】　以自己为本位，上推至四世之高祖，下推至四世之玄孙为九族。一说父族四、母族三、妻族二为九族，见孙星衍《尚书今古文注疏》引夏侯、欧阳等说。后用以泛指亲族。王昌龄《箜篌引》："九族分离作楚囚，深溪寂寞弦苦幽。"顾况《归阳萧寺作诗》："九族无白身，百花动婵娟。"刘禹锡《文宗元圣昭献孝皇帝挽歌三首》之一："继体三才理，承颜九族亲。"白居易《续古诗十首》之三："一曲称君心，恩荣九族连。"

【九部】　指九部乐。隋及唐初的宫廷宴乐，见《隋书·音乐志下》。元稹《代曲江老人百韵》："文物千官会，夷音九部陈。"

【九部經】　儒家所尊奉的九部经典。元稹《思归乐》："闲穷四声韵，闷阅九部经。"参见"九經"。

【九清】　道家用以称九天。白居易《送毛仙翁》："所憩九清外，所游五岳巅。"吴融《玉女庙》："九清何日降仙霓，掩映荒祠路欲迷。"

【九液】　指各种美酒。柳泌《玉清行》："七珍飞满座，九液酌如泉。"

【九宫】　❶术数家所指的九个方位。《易》纬家有“九宫八卦”之说，即离、艮、兑、乾、坤、坎、震、巽八卦之宫，加上中央宫。陈子昂《赠严仓曹乞推命录》：“九宫探万象，三算极重玄。”白居易《对镜咏》：“三殿失恩宜放弃，九宫推命合漂沦。”❷舞曲名。褚亮《祭方丘乐章・肃和》：“九宫肃列，六典相仪。”

【九扈】　鸟名。徐彦伯《奉和幸新丰温泉宫应制》：“五龙归宝算，九扈叶时康。”柳宗元《春怀故园》：“九扈鸣已晚，楚乡农事春。”

【九華】　❶山名。张说《岳州作》：“正月江潭月，徘徊恋九华。”柴夔《望九華山》：“九华如剑插云霓，青霭连空望欲迷。”齐己《假山》：“九华浑仿佛，王老颇参差。”参见“九華山”。❷(—huā)图案名称。王维《洛阳女儿行》：“罗帏送上七香车，宝扇迎归九华帐。”刘方平《代宛转歌》二首之一：“九华锦衾无复情，千金宝镜谁能引。”张绍《冲佑观》：“八景灵舆，九华神盖。”❸指九华灯。韩仲宣《上元夜效小庾体》：“光随九华出，影共百枝新。”参见“九華灯”。❹指九华殿。崔颢《邯郸宫人怨》：“九华阁道连洞房，水晶帘箔云母扇。”杨巨源《寄中书同年舍人》：“五色天书词焕烂，九华春殿语从容。”参见“九華殿”。

【九華山】　原名九子山，李白改为今名。在安徽青阳县西南。与五台山、峨眉山、普陀山合称中国佛教四大名山。有九十九峰，以天台、莲华、天柱等九峰最为雄伟。有“东南第一山”之称。封敖《题西隐寺》：“三年未到九华山，终日披图一室间。”罗隐《别池阳所居》：“却是九华山有意，列行相送到江边。”刘昭禹《经费冠卿旧隐》：“节高终不起，死恋九华山。”

【九華山叟】　杜荀鹤自称。荀鹤自号九华山人，故有此称。杜荀鹤《赠溧水崔少府》：“九华山叟心相许，不计官卑赠一篇。”又《依韵次同年张曙先辈见寄之升》：“九华山叟惊凡骨，同列蓬莱岂偶然。”

【九華日】　光芒四射的太阳。王约《日暖万年枝》：“初升九华日，潜暖万年枝。”

【九華丹】　药名。传为小白山中仙人赵广信所制丹砂。权德舆《酬裴杰秀才新樱桃》：“流年如可驻，何必九华丹。”

【九華门】　宫门的通称。汉掖庭有九华殿，后因以九华门为宫门的通称。李商隐《公子》：“外戚封侯自有恩，平明通籍九华门。”

【九華英】　茶名。李德裕《故人寄茶》：“剑外九华英，缄题下玉京。”

【九華峰】　即九华山。李白《望九华赠青阳韦仲堪》：“昔在九江上，遥望九华峰。”郑谷《题慈恩寺默公院》：“虽近曲江居古寺，旧山终忆九华峰。”参见“九華山”。

【九華扇】　古扇名。扇面有纹，故称。《西京杂记》卷一载，汉宫扇有云母扇、孔雀扇、翠羽扇、九华扇、五明扇。梁铉《天门街西观荣王聘妃》：“灯攒九华扇，帐撒五铢钱。”

【九華帳】　色彩艳丽的帐子。九华，为图案名称。九华帐即是以九华图案绣成的彩帐。王维《洛阳女儿行》：“罗帏送上七香车，宝扇迎归九华帐。”白居易《长恨歌》：“闻道汉家天子使，九华帐里梦魂惊。”又《李夫人》：“九华帐深夜悄悄，反魂香降夫人魂。”

【九華道士】　(華 huá)在九华山上修炼的道士。杜荀鹤《赠崔道士》：“九华道士浑如梦，犹向尊前笑揭天。”

【九華殿】　汉掖庭殿名。见《西京杂记》卷一。崔兴宗《和王维敕赐百官樱桃》：“朱实初传九华殿，繁花旧杂万年枝。”李颀《送康洽人入京进乐府歌》：“柳色偏浓九华殿，莺声醉杀五陵儿。”王翰《古蛾眉怨》：“君不见宜春苑中九华殿，飞阁连连直如发。”

【九華燈】　制作精致的彩灯。杜甫《寄刘峡州伯华使君四十韵》：“雕章五色笔，紫殿九华灯。”黄滔《御试二首》之一：“九华灯作三条烛，万乘君悬四首题。”徐夤《李夫人二首》之二：“招得香魂爵少翁，九华灯烛晓还空。”

【九逵】　四通八达的大道。用以指京城里的大道。张说《酬崔光禄冬日述怀赠答》：“紫绶拂三寺，朱门临九逵。”权德舆《奉和礼部尚书酬杨著作竹亭歌》：“直城朱户相逦连，九逵丹毂声阗阗。”白居易《代书诗一百韵寄微之》：“往往游三省，腾腾出九逵。”

【九棘】　相传古代群臣外朝时，立九棘为标帜，区别等级职位：左九棘为孤、卿、大夫之位；右九棘为公、侯、伯、子、男之位。见《周礼・秋官・朝士》。后用以作为九卿的代称。钱起《赴章陵酬李卿赠别》：“一官叨下秩，九棘谢知音。”权德舆《奉和太府韦卿阁老左藏库中假山之作》：“春山仙掌百花开，九棘腰金有上才。”

【九圍】　九州。《诗・商颂・长发》：“帝命式于九围。”褚亮《祈谷乐章・舒和》：“偃武修文九围泰，沉烽静柝八荒宁。”张说《奉和圣制送宇文融安辑户口应制》：“至德临天下，劳情遍九围。”孟郊《列仙文・右金母飞空歌》：“咄嗟天地外，九围皆我家。”元稹《月三十韵》：“迢递同千里，孤高净九围。”

【九街】　四通八达的都城大道。薛能《送浙东王大夫》：“九街鸣玉勒，一宅照红旌。”

【九御】　谓为九个太阳驾车的九个御者。卢仝《月蚀诗》：“此时九御导九日，争持节幡麾幢旒。”参见“九日❶”。

【九淵】　古乐歌名。其辞早失传，元结采用其名补作乐歌。其《补乐歌十首・九渊》序曰：“《九渊》，少昊氏之乐歌也。其义盖称少昊之德，渊然深远。凡一章，章四句。”

【九維】 谓九州。寒山《诗三百三首》之二九：“六极常婴困，九维徒自论。”

【九趣】 佛教指三界九地的众生。知玄《答僧澈》：“五车外典知谁敌，九趣多才恐不如。”

【九萬】 诗中夸大之词，并非实指。李白《赠从弟宣州长史昭》：“当结九万期，中途莫先退。”此言时间之长。李商隐《东下三旬苦于风土马上戏作》：“天池辽阔谁相待，日日虚乘九万风。”此言风之大，波及面之广。李咸用《空城雀》：“茫茫九万鹏，百雉且为乐。”此言鹏飞之高。翁洮《冬》：“归飞未得东风力，魂断三山九万程。”此言路程之遥。

【九達】 ❶四通八达。玄宗《春中兴庆宫酺宴》：“九达长安道，三阳别馆春。”❷四通八达的道路。玄宗《同玉真公主过大哥山池》：“鸳池临九达，龙岫对层城。”

【九楹】 言楹柱甚多，比喻建筑宏伟。李贺《公莫舞歌》：“方花古础排九楹，刺豹淋血盛银罂。”

【九虞】 九次虞祭。虞，葬后拜祭。古丧礼，天子九虞。权德舆《大行皇太后挽歌词三首》之二：“九虞宁厚载，一惠易尊名。”

【九鼎】 ❶象征国家政权的传国之宝。李百药《郢城怀古》：“万乘重沮漳，九鼎轻伊縠。”温庭筠《鸡鸣埭曲》：“绣龙画雉填宫井，野火风驱烧九鼎。”罗隐《严陵滩》：“中都九鼎勤英髦，渔钓牛蓑而遁逃。”吴融《敷水有丐者云是马侍中诸孙悯且有赠》：“天地尘昏九鼎危，大貂曾出武侯师。”❷比喻分量重。李白《鲁郡尧祠送杜明府薄华还西京》：“生前一笑轻九鼎，魏武何悲铜雀台。”❸道家用以炼丹的九转鼎之省称。吕岩《献郑思远施真人二仙》：“比见至人论九鼎，欲穷大药访三清。”又《七言》之四三：“九鼎黄芽栖瑞凤，一躯仙骨养灵芝。”

【九畹】 《楚辞·离骚》：“余既滋兰之九畹兮，又树蕙之百亩。”后用以作为种兰花的典故。韩愈《合江亭》：“树兰盈九畹，栽竹愈万个。”

【九農】 农民。李峤《晚秋喜雨》：“九农欢岁阜，万宇庆时休。”杜甫《社日两篇》之一：“九农成德业，百祀发光辉。”

【九愁】 多种忧愁。袁朗《秋夜独坐》：“新秋百虑净，独夜九愁深。”

【九節杖】 传为仙人所用的手杖。见晋葛洪《神仙传·王遥》。杜甫《望岳》：“安得仙人九节杖，拄到玉女洗头盆。”

【九節材】 指竹杖。竹以坚润细瘦九节而直上者为上品。齐己《谢人惠柱杖》：“邛州灵境产修篁，九节材应表九阳。”参见“九節杖”。

【九節菖蒲】 药草名，节密。见晋葛洪《抱朴子·仙药》。李贺《帝子歌》：“九节菖蒲石上死，湘神弹琴迎帝子。”

【九會】 指释迦牟尼宣讲教义的九次法会。参阅八十卷本《华严经》。齐己《送楚云上人往南岳刺血写法华经》：“剥皮刺血诚何苦，欲写灵山九会文。”

【九溪】 指九鲤湖。在今福建仙游县东北万山之巅。徐夤《春入鲤湖》：“来到峭壁白云齐，载酒春游度九溪。”郑良士《游九鲤湖》：“九溪瀑影飞花外，万树春声细雨中。”

【九經】 儒家所奉为的九部经典。九部名目，所传不一。按唐陆德明《经典释文·叙录》为《易》《书》《诗》《周礼》《仪礼》《礼记》《左传》《穀梁传》和《公羊传》。姚合《过不疑上人院》：“九经通大义，内典自应精。”齐己《酬九经者》：“九经三史学，穷妙又穷微。”

【九穀】 古代九种主要农作物。九谷名目，所说有异。后用以作谷物的总称。魏征《五郊乐章·肃和》：“九谷已登，万箱流咏。”皮日休《吴中苦雨一百韵寄鲁望》：“兹淋既浃旬，无乃害九谷。”

【九歌】 ❶《楚辞》篇名。战国屈原本湘沅间祀神的民间乐曲而作。《九歌》之“九”并非实指，乃言其多。《九歌》实为十一篇：《东皇太乙》《云中君》《湘君》《湘夫人》《大司命》《少司命》《东君》《河伯》《山鬼》《国殇》《礼魂》。储光羲《汉阳即事》：“《九歌》有深意，捐佩乃言归。”权德舆《数名诗》：“《九歌》伤泽畔，怨恩徒刺促。”杜牧《题池州弄水亭》：“幽抱吟《九歌》，羁情思湘浦。”李群玉《湖中古愁三首》之二：“落日潇湘上，凄凉吟《九歌》。”❷泛指各种优美乐章。张说《唐封泰山乐章·豫和六首》之三：“九歌叙，万舞翔。”玄宗《首夏花萼楼观群臣宴宁王山亭赋诗》：“九歌扬政要，六舞散朝衣。”韩愈《谴疟鬼》：“降集随九歌，饮芳而食菲。”

【九嵕】 山名。在陕西醴泉县东北。有九峰高耸，故名。昭陵在其东南。权德舆《仲秋朝拜昭陵》：“杳杳九嵕深，沉沉万灵肃。”

【九徵】 多次征聘。王绩《赠李征君大寿》：“九徵书未已，十辟誉弥彰。”

【九微】 灯名。许敬宗《奉和守岁应制》：“寿爵传三礼，灯枝丽九微。”骆宾王《帝京篇》：“春朝桂尊尊百味，秋夜兰灯灯九微。”王维《洛阳女儿行》：“春窗曙灭九微火，九微片片飞花琐。”

【九旗】 用不同图像表示等级差别的九种旗帜。后多用以表示各种旗子。岑文本《奉和正日临朝》：“拂蜺九旗映，仪凤八音殊。”袁晖《奉和圣制答张说扈从南出雀鼠谷之作》：“九旗云际出，万骑谷中来。”权德舆《惠昭皇太子挽歌词二首》之二：“骑吹咽不前，风悲九旗卷。”

【九韶】　舜乐名。后用以指优美的古代音乐。薛元超《奉和同太子监守违恋》：“欲应重轮曲，锵洋韵九韶。”武三思《奉和宴小山池赋得溪字应制》：“《九韶》从此验，三月定不迷。”陆龟蒙《杂讽》之三：“朝趋《九韶》音，暮列五鼎食。”

【九精】　九星之精。李贺《高轩过》：“二十八宿罗心胸，九精照耀贯当中。”

【九疑】　亦作“九嶷”。山名。又称苍梧山。在今湖南宁远县南。韦应物《鼋头山神女歌》：“湘妃独立九疑暮，汉女菱歌春日长。”朱庆余《题娥皇庙》：“娥皇挥涕处，东望九疑天。”李涉《寄荆娘写真》：“苍梧九疑在何处，斑斑竹泪连潇湘。”

【九疑郡】　指唐道州。九疑山有一部分在道州境内，故称。元结《欸乃曲》之五：“泷南始到九疑郡，应绝高人乘兴船。”

【九輪】　❶指神话传说中的九个太阳。韩愈《游青龙山赠崔大补阙》：“有如流传上古时，九轮照烛乾坤旱。”❷犹言九把。吴融《倒次和韩光侍郎无题三首十四韵》：“茂苑廊千步，昭阳扇九轮。”

【九霄】　❶天极高处，高空。李颀《送刘四赴夏县》：“万仞孤生玉树枝，九霄特立红鸾姿。”包佶《元日观百僚朝会》：“欢声彻九霄，寿色凝丹槛。”李绅《悲善才》：“三月曲江春草绿，九霄天乐下云端。”元凛《中秋夜不见月》：“四野雾凝空寂寞，九霄云锁绝光辉。”❷道家谓仙人居处。玄宗《送玄同真人李抱朴谒灊山仙祠》：“采药逢三秀，餐霞卧九霄。”❸朝廷。杜甫《腊日》：“口脂面药随恩泽，翠管银罂下九霄。”权德舆《因书所怀且叙所知》：“夜直分三署，晨趋共九霄。”黄滔《敷水卢校书》：“九霄无诏下，何事近清尘？”

【九稼】　泛指各种农作物。《郊庙歌辞·祭太社乐章·舒和》：“神道发生敷九稼，阴极乘仁畅八埏。”

【九箴】　多次规谏。温庭筠《洞户二十二韵》：“任达兼孤愤，疏慵倦九箴。”

【九儀】　本为诸侯、大夫、士朝聘时的仪节。后称朝见天子之礼为九仪。李纾《让皇帝庙乐章·亚献终献》：“九仪不忒，三揖将终。”

【九德】　谓古圣贤所具有的各种优良品德。具体所指哪九种，说法不一。高适《留上李右相》：“深沉谋九德，密勿契千龄。”窦常《奉贺太保岐公承恩致政》：“五色诏中宣九德，百僚班外置三师。”贯休《酬王相公见赠》：“九德陶镕空有迹，六窗清净始通禅。”亦用以指具有九德之人。无名氏《人不易知》（卷七八七）：“九德皆殊进，三端岂易施。”李纾《唐德明兴圣庙乐章·迎神》：“元尊九德，佐尧光宅。”

【九盤】　亦作“九般”。盘旋曲折貌。白敏中《贺收复秦原诸州》：“河水九盘收数曲，天山千里锁诸关。”

【九廟】　古帝王以太祖庙、三昭庙、三穆庙等七庙祭祀祖先，至王莽增建黄帝太初祖庙和帝虞始祖昭庙，共九庙。后来历代王朝沿袭此制。亦借指国家。《郊庙歌辞·梁太庙乐舞辞·大合舞》：“肇兴九庙，乐合来仪。”杜甫《八哀诗·故司徒李公光弼》：“二宫泣西郊，九庙起颓压。”贯休《读玄宗幸蜀记》：“百官皆剽劫，九庙尽崩隳。”

【九潭】　❶即九龙潭。皇甫冉《杂言无锡惠山寺流泉歌》：“宛如太室临九潭，讵灭天台望三井。”白居易《宿龙潭寺》：“夜上九潭谁是伴，云随飞盖月随杯。”

【九層】　犹九重，极言其高。戴叔伦《酬赠张众甫》：“迢遥千里道，依倚九层台。”许浑《献韶阳相国崔公》：“一匮为功极九层，康庄犹自剑棱棱。”

【九賓】　古代朝会大典时设“九宾”。有两说：(1)指公、侯、伯、子、男、孤、卿、大夫、士。(2)指王、侯、公、卿、二千石、六百石下及郎、吏、匈奴侍子。孙逖《正月十五日夜应制》：“彩仗移双阙，琼筵会九宾。”《郊庙歌辞·明皇祀圜丘乐章·雍和》：“千品其凝，九宾斯会。”

【九遷】　❶多次升迁。包佶《酬于侍郎湖南见寄十四韵》：“九迁归上略，三已契愚衷。”钱起《李四劝为尉氏尉李七勉为开封尉》：“黄绶俄三载，青云未九迁。”权德舆《和张秘监阁老献岁过蒋大拾遗因呈两省诸公见示》：“庆赐行春令，从兹伫九迁。”邓洵美《答同年李昉见赠次韵》：“词场几度让长鞭，又向清朝贺九迁。”❷多次迁徙。谓惊扰不安。顾况《寄上兵部韩侍郎奉呈李户部卢刑部杜三侍郎》：“圣代逢三宥，营魂空九迁。”

【九醖】　美酒。韦安石《梁王宅侍宴应制同用风字》：“九酝倾钟石，百兽协丝桐。”韩翃《送崔秀才赴上元兼省叔父》：“楚县九酝酴，扬州百花好。”白居易《轻肥》：“尊罍溢九酝，水陆罗八珍。”

【九縣】　九州。李商隐《昭肃皇帝挽歌辞三首》之一：“九县怀雄武，三灵仰睿文。”

【九閽】　九重宫门。李商隐《哭刘蕡》：“上帝深宫闭九阍，巫咸不下问衔冤。”

【九錫】　原指天子赐给诸侯大臣的九种器物。王莽篡汉先邀九锡，故后用以指权臣谋位之先声。杜牧《和野人殷潜之题筹笔驿四十韵》：“三吴裂婺女，九锡狱孤儿。”

【九錫文】　封建帝王赏赐九锡给权臣时所写的诏书。为文体的一种。陆龟蒙《和袭美寄广文先生》：“峰前北帝三元会，石上东卿九锡文。”参见“九錫”。

【九龍】　❶泛指以九龙为饰之物。太宗《咏烛二首》之二："九龙蟠焰动，四照逐花生。"此指九龙灯。参见"九龍帳"。❷传说中为仙人驾驭的神兽。吴筠《游仙二十四首》之十一："九龙何蜿蜿，载我升云纲。"❸指九条龙。韦庄《龙潭》："激石悬流雪满湾，九龙潜处野云闲。"❹指华清宫九龙殿，在今陕西省临潼县。李商隐《骊山有感》："骊岫飞泉泛暖香，九龙呵护玉莲房。"

【九龍津】　渭水渡口，在九龙潭附近。崔颢《上巳》："犹言日尚早，更向九龙津。"

【九龍帳】　以九龙为饰物的帐子。无名氏《九龙帐歌》(卷八七四)："谁谓九龙帐，惟贮一归郎。"

【九龍潭】　在河南省登封县太室山东崖之半山巅，为山巅诸水所聚之处，九潭相接，其深莫测，故名。王维《送方尊师归嵩山》："仙官欲往九龙潭，旄节朱幡倚石龛。"

【九澤】　九州的湖泊。特指北方之泽。王初《送叶秀才》："层冰春近蟠龙起，九泽云闲独鹤飞。"

【九醜】　指凶神恶煞。《谶记·罗池石刻》："龙城柳，神所守；驱厉鬼，山左首；福土氓，制九丑。"

【九霞】　绚丽的彩霞。吴筠《游仙二十四首》之十三："琼林九霞上，金阁三天中。"吕岩《雨中花》词："九霞光里，相继朝真。"亦用以指天空。曹唐《小游仙诗九十八首》之四十："共爱初平住九霞，焚香不出闭金华。"

【九霞裙】　艳如彩霞的裙子。曹唐《小游仙诗九十八首》之二七："西汉夫人下太虚，九霞裙幅五云舆。"

【九霞觞】　酒杯名。许碏《醉吟》："阆苑花前是醉乡，踏翻王母九霞觞。"

【九曜】　指北斗七星及辅佐二星。元稹《景申秋八首》之五："三元推废王，九曜入乘除。"韩偓《梦中作》："九曜再新环北极，万方依旧祝南山。"

【九還】　义同"九轉"。吕岩《七言》之二四："九转九还功若就，定将衰老返长春。"又《七言》六一："七返返成生碧雾，九还还就吐红霞。"又《五言》之十二："三才七返足，四象九还终。"

【九還藥】　即九转丹。吴商浩《北邙山》："堪取金炉九还药，不能随梦向浮生。"

【九點煙】　言自高处俯视九州，九州如烟九点。李贺《梦天》："遥望齐州九点烟，一泓海水杯中泻。"唐诗人多喜以此为喻。曹唐《萼绿华将归九疑留别许真人》："九点秋烟黛色空，绿华归思颇无穷。"此言九疑山如九点烟。罗隐《寄池州郑员外》："九点好山楼上客，两行高柳雨中烟。"此言九华山如九点烟。

【九點黛】　犹言九点烟。李群玉《湖中古愁三首》之三："天边九点黛，白骨迷处所。"

【九嶷】　同"九疑"。李适《汾阴后土祠作》："西巡历九嶷，舳舻被江滨。"徐夤《岳州端午日送人游郴连》："九嶷云阔苍梧暗，与说重华旧德音。"蜀太后徐氏《丈人观谒先帝御容》："旋登三径路，似陟九嶷山。"

【九穗】　嘉禾，古人以为是祥瑞的象征。许敬宗《奉和行经破薛举战地应制》："虏场栖九穗，前歌被《六英》。"

【九鍊】　多次提炼。齐己《谢人惠药》："五金元造化，九炼更精新。"

【九藏】　(—zàng)人体中的九种内脏。后泛指内脏。权德舆《与道者同守庚申》："三尸既伏窜，九藏乃和平。"皮日休《公斋四咏·新竹》："一玩九藏冷，再闻百骸醒。"

【九轉】　(—zhuǎn)❶九次提炼。道家谓丹的炼制有一至九转之别，而以九转为贵。王湾《奉使登终南山》："一乘从此授，九转兼是给。"韦渠牟《步虚词十九首》之十一："九转风烟合，千年井灶余。"亦用以指修道之事。宋之问《郡宅中斋》："讼寝归四明，龄颓亲九转。"❷指九转丹。崔湜《寄天台司马先生》："闻有三元客，祈仙九转成。"李白《题雍丘崔明府丹灶》："九转但能生羽翼，双凫忽去定何依。"秦韬玉《投知己》："炉中九转炼虽成，教主看时亦自惊。"

【九轉丹】　(轉 zhuǎn)道教所谓经九次提炼，服之能延年成仙的丹药。吕温《同恭夏日题寻真观李宽中秀才书院》："愿君此地攻文字，如炼仙家九转丹。"赵嘏《喜张濆及第》："九转丹成最上仙，青天暖日踏云轩。"吕岩《七言》之八："只将至妙三周火，炼出通灵九转丹。"参见"九轉"。

【九轉方】　道教谓提炼九转丹的仙方。李昭象《学仙词寄顾云》："记得初传九转方，碧云峰下祝虚皇。"

【九轉砂】　即九转丹。吕岩《七言》之七："九鼎烹煎九转砂，区分时节更无差。"

【九轉靈丹】　即"九轉丹"。杜荀鹤《白发吟》："九转灵丹那胜酒，五音清乐未如诗。"参见"九轉丹"。

【九闕】　指皇城。《赠吕洞宾》(卷八六〇)："知此三要万神归，来驾火龙离九阙。"

【九鯉湖】　在今福建仙游县东北万山之巅。相传汉武帝时，有何氏九仙于此乘鲤升天，故名。湖四面林木苍翠，怪石嵯峨，瀑漈泱泱，兼具林泉水石之胜。陈乘、郑良士等有《游九鲤湖》。

【九雛】　九只幼鸟。多指凤雏。王维《黄雀痴》："凤凰九雏亦如此，慎莫愁思憔悴损容辉。"权德舆《杂兴五首》之二："乍听丝声似竹声，又疑丹穴九雏惊。"刘禹锡《伤秦姝行》："八鸾锵锵渡银汉，九雏威凤鸣朝阳。"

【九竅】　指人体外部耳、目、口、鼻及尿道、肛九个孔窍。寒山《诗三百三首》之七一："遭得谁钻凿，因兹立九窍。"吕岩《勉牛生夏侯生》："赤血换而白乳流，透九窍兮动百骸。"邻道场人《货丹吟》："寻仙何必三山上，但使神存九窍清。"

【九�】　犹九州。韩愈《郓州溪堂诗》："帝奠九壖，有叶有年。"

【九關】　❶犹言九重天门或九天之关。《楚辞·招魂》："魂兮归来，君无上天些。虎豹九关，啄害下人些。"李白《书情题蔡舍人雄》："猛犬吠九关，杀人愤精魂。"王初《立春后作》："东君珂佩响珊珊，青驭多时下九关。"李咸用《升天行》："志定功成飞九关，逍遥长揖辞人寰。"❷指宫阙，朝廷。李贺《沙路曲》："帝家玉龙开九关，帝前动笏移南山。"

【九疇】　❶传说天帝赐禹以《洛书》，书中叙治天下大法九种，故名。见《书·洪范》。李峤《书》："河图八卦出，洛范九畴成。"陆龟蒙《袭美先辈以龟蒙所献五百言既蒙见和再抒鄙怀用伸酬谢》："洪范分九畴，转成天下规。"和凝《宫词百首》之二："洛河自契千年运，更拟波中出九畴。"❷泛指治理天下的大法。王昌龄《箜篌引》："仆本东山为国忧，明光殿前论九畴。"顾况《上古之什补亡训传十三章·燕于巢一章》："胤乃征之，彝伦九畴。"韩愈《双鸟诗》："不停两鸟鸣，大法失九畴。"

【九隴】　陇，即陇山，亦称陇坂。绵亘于陕西的陇县、宝鸡和甘肃的镇原、秦安诸县，为关中西面的险塞。因北朝民歌《陇头流水歌辞》中有"西上陇坂，羊肠九回"之语，故称九陇。袁朗《和洗掾登城南坂望京邑》："二华连陌塞，九陇统金方。"

【九龄】　九十岁。后用以指长寿。殷寅《玄元皇帝应见贺圣祚无疆》："言因六梦接，庆叶九龄传。"白居易《开成大行皇帝挽歌词四首》之四："帝与九龄虽吉梦，山呼万岁是虚声。"郑颢《续梦中十韵》："白日成千古，金縢闷九龄。"唐人多取此意为名，如诗人张九龄、李九龄。

【九譯】　❶辗转翻译。柳宗元《唐铙歌鼓吹曲十二篇·东蛮》："睢盱万状乖，咿嗢九译重。"李商隐《五言四十韵》："愿守三章约，还期九译通。"❷指边远地区或外国。包佶《送日本国聘贺使晁巨卿东归》："九译蕃君使，千年圣主臣。"

【九獻】　九次献酒。原为周天子接待上公朝聘的享礼。后宗庙祭礼亦用九献。褚亮《宗庙九德之歌辞》："礼终九献，乐展四悬。"

【九瀛】　泛指海外各国。陈子昂《蓟丘览古赠卢居士藏用七首·邹衍》："邹子何寥廓，漫说九瀛垂。"张说《唐享太庙乐章·永和三首》之三："相百辟，贡九瀛。"

【九辯】　《楚辞》篇名。亦作《九辨》。陆龟蒙《读襄阳耆旧传因作诗五百言寄皮袭美》："《离骚》既日月，《九辩》即列宿。"

【九疊】　指九叠屏。又名屏风叠。在庐山三叠泉之东北。层峰叠翠，山川秀丽。李白《庐山谣》："庐山秀出南斗傍，屏风九叠云锦张。"王贞白《庐山》："五峰高阂日，九叠翠连云。"曹松《庐山访贾匡》："片时三处雨，九叠几重云。"

【九變】　犹言九首，九章。王昌龄《听弹风入松阕赠杨补阙》："声意去复还，九变待一顾。"鲍防《元日朝早行》："九韶九变五声里，四方四友一身中。"孔德昭《观太常奏新乐》："八音动繁会，九变叶希声。"

【九巖】　谓山巅。吕岩《七言》之三六："晚醉九岩回首望，北邙山下骨皑皑。"

【九衢】　纵横交错的大道。刘庭琦《奉和圣制瑞雪篇》："九衢晶耀浮埃尽，千品差池贽帛来。"李白《君子有所思行》："万井惊画出，九衢如弦直。"修睦《题僧梦微房》："东海日未出，九衢人已行。"亦指繁华的街道。武元衡《长安叙怀寄崔十五》："门对长安九衢路，愁心不惜芳菲度。"刘禹锡《平蔡州三首》之三："九衢车马浑浑流，使臣来献淮西囚。"白居易《过天门街》："千车万马九衢上，回首看山无一人。"

【九衢塵】　❶大道上的尘土。耿湋《冬夜寻李永因书事赠之》："天垂五夜月，霜覆九衢尘。"白居易《送客归京》："舟辞三峡雨，马入九衢尘。"裴夷直《访刘君》："扰扰驰蹄又走轮，五更飞尽九衢尘。"❷比喻喧嚣的尘世。郑綮《题卢州郡斋》："九衢尘里一书生，多达逢时拥旆旌。"刘邺《翰林作》："曾是江波垂钓人，自怜深厌九衢尘。"陆龟蒙《奉和袭美添渔具五篇·箬笠》："不识九衢尘，终年居下洞。"

【九鑽】　钻燧改火费时九年，故用以喻经历艰辛。杜甫《秋日荆南述怀三十韵》："九钻巴噀火，三蛰楚祠雷。"

二　画

乞[1]　〔qǐ《广韵》去訖切，入迄，溪。〕❶请求，要求，乞求。钱起《酬卢十一过宿》："乞还方未遂，日夕望云林。"杜甫《哀王孙》："问之不肯道姓名，但道困苦乞为奴。"王建《朝天词十首寄上魏博田侍中》之七："四海无波乞放闲，三封手疏犯龙颜。"薛能《新竹》："柳营茅土倦粗材，因向山家乞翠栽。"❷乞讨。参见"乞丐""乞兒""乞食子""乞漿"。❸索取，换取。姚合《吃新茶》："不将钱买将诗乞，借问山翁有几人。"

乞²〔qì《集韵》丘既切，去未，溪。〕❶给，给予。杜甫《戏简郑广文虔兼呈苏司业源明》："赖有苏司业，时时乞酒钱。"韩愈《调张籍》："乞君飞霞佩，与我高颉颃。"白居易《闲吟二首》之二："嵩洛供云水，朝廷乞俸钱。"见"乞₂舆""乞₂墅"。❷同"气"。气，气味。元稹《生春二十首》之十："蕊排难犯雪，香乞拟来风。"

【乞人】　求人；向人求取。张籍《赠王司马》："藏得宝刀求主带，调成骏马乞人骑。"曹邺《代班姬》："常嫌鬓蝉重，乞人白玉钗。"

【乞乞】　儿童名。贯休《深山逢老僧二首》之二："山童貌顽名乞乞，放火烧畲采崖蜜。"

【乞丐】　以要钱要饭为生的人。陆龟蒙《江湖散人歌》："奴颜婢膝真乞丐，反以正直为狂痴。"

【乞火】　❶求取火种。王维《游悟真寺》："买香然绿桂，乞火踏红莲。"李群玉《龙安寺佳人阿最歌八首》之四："会须随鹿女，乞火到窗前。"❷喻为人说情、替人推荐。杜牧《酬张祜处士见寄长句四韵》："荐衡昔日知文举，乞火无人作蒯通。"

【乞火人】　比喻荐贤之人。杜牧《寄崔钧》："自愧扫门士，谁为乞火人。"参见"乞火❷"。

【乞巧】　古代妇女于农历七月七日夜晚向织女星乞求智巧的风俗。林杰《乞巧》："家家乞巧望秋月，穿尽红丝几万条。"施肩吾《乞巧词》："乞巧望星河，双双并绮罗。"李商隐《辛未七夕》："岂能无意酬乌鹊，惟与蜘蛛乞巧丝。"和凝《宫词百首》之五十五："阑珊星斗缀珠光，七夕宫嫔乞巧忙。"

【乞巧楼】　乞巧的彩楼。在唐宫思元门内，近思政殿门。见徐松《唐两京城坊考》卷一。王建《宫词一百首》之九二："每年宫里穿针夜，敕赐诸亲乞巧楼。"薛能《嘲赵璘》："巡关每傍樗蒲局，望月还登乞巧楼。"

【乞求】　希望；期望。王建《宫词一百首》之九四："只恐他时身到此，乞求恩赦放还家。"施肩吾《候仙词》："巡历世间犹未遍，乞求鸾鹤且裴回。"皮日休《新秋即事三首》之二："乞求待放西风起，尽挽烟帆入太湖。"花蕊夫人徐氏《宫词》之一一九："种得海柑才结子，乞求自送与君王。"

【乞米】　求米，讨米。杜甫《赠李八秘书别三十韵》："乞米烦佳客，钞诗听小胥。"韩愈《寄卢仝》："至今邻僧乞米送，仆忝县尹能不耻。"张籍《赠贾岛》："拄杖傍田寻野菜，封书乞米趁时炊。"

【乞身】　谓古代官吏请求辞职，不再委身事君。权德舆《奉送孔十兄宾客承恩致政归东都旧居》："乞身已见抗疏频，优礼新闻诏书许。"刘禹锡《许给事见示哭工部刘尚书诗因命同作》："乞身来阙下，赐告卧漳滨。"

【乞身章】　古代官吏乞求解职的奏章。权德舆《韦宾客宅与诸博士宴集》："累抗乞身章，湛恩比上庠。"刘禹锡《郡内书情献裴侍中留守》："功成频献乞身章，摆落襄阳镇洛阳。"

【乞言】　❶指古代帝王及其嫡长子向他们敬养的长者求教。窦常《奉贺太保岐公承恩致政》："不学铸金思范蠡，乞言犹许上丹墀。"权德舆《酬别蔡十二见赠》："伫见公车起，圣代待乞言。"❷请求赠以嘉言。韦应物《学仙二首》之二："读多七过可乞言，为子心精得神仙。"

【乞取】　求得。王建《乞竹》："乞取池西三两竿，房前栽著病时看。"韩愈《寄随州周员外》："金丹别后知传得，乞取刀圭救病身。"赵嘏《秦中逢王处士》："春风正好分琼液，乞取当时白玉杯。"

【乞食】　乞讨食物。李白《游溧阳北湖亭望瓦屋山怀古赠同旅》："子胥昔乞食，此女倾壶浆。"皇甫冉《送延陵陈法师赴上元》："浣衣逢野水，乞食向人烟。"白居易《初冬即事呈梦得》："僧来乞食因留宿，客到开尊便共欢。"薛能《闻李夷遇下第东归因以寄赠》："囊中书是居山写，海畔家贫乞食还。"

【乞食子】　要饭孩子。指韩信。白居易《读史五首》之二："汉日大将军，少为乞食子。"

【乞食僧】　讨饭和尚。贯休有《乞食僧》。

【乞降】　(—xiáng)请求投降。魏扶《和白敏中圣德和平合咏盛明呈上》："戎虏乞降归惠化，皇威渐被慑腥膻。"

【乞借】　请求借取。曹唐《病马五首》之四："欲将鬃鬣重裁剪，乞借新成利铰刀。"

【乞酒】　向人讨酒。耿湋《喜侯十七校书见访》："许酣令乞酒，辞窭任无鱼。"

【乞假】　(—jià)请求给假，请假。卢纶《卧病寓居龙兴观赠乔尊师》："乞假依山宅，蹉跎属岁周。"姚合《春日即事》："乞假非关病，朝衣在酒家。"曹松《送陈樵校书归泉州》："除官京下阙，乞假海门西。"

【乞得】　求而有得。刘言史《七夕歌》："碧空露重彩盘湿，花上乞得蜘蛛丝。"

【乞₂帽】　晋王濛姿容美丽，风流倜傥，入市购帽，妪悦其貌，赠以新帽。见《晋书·王濛传》。后用作表示向女子调情之典。段成式《和周繇见嘲》："防梭齿虽在，乞帽鬓惭斑。"

【乞₂舆】　给予。李白《少年行》："好鞍好马乞与人，十千五千旋沽酒。"刘鲁风《江西投谒所知为典客所阻因赋》："无钱乞与韩知客，名纸毛生不肯通。"姚合《答胡遇》："晴日偷将睡，秋山乞与诗。"罗隐《江南》："垂衣端拱浑闲事，忍把江山乞与人。"

【乞飯】　讨饭。王维《过卢四员外宅看饭僧共题七韵》:“乞饭从香积,裁衣学水田。”

【乞腦剜身】　抛头颅,裂肢体,言信念之坚。李商隐《题僧壁》:“舍生求道有前踪,乞脑剜身结愿重。”

【乞$_2$墅】　送人别墅。后用以为咏舅甥关系之典。李商隐《五言述德抒情诗一首四十韵》:“过庭多令子,乞墅有名甥。”

【乞鄭玄】　用作咏婢女受主人责罚之典。见《世说新语·文学》。郑还古《赠柳氏妓》:“未拟生裴秀,如何乞郑玄。”

【乞漿】　乞讨饮料。韦庄《秦妇吟》:“明朝又过新安东,路上乞浆逢一翁。”

【乞骸】　同“乞骸骨”。权德舆《送崔谕德致政东归》:“乞骸归故山,累疏明深衷。”刘兼《新回车院筵上作》:“借寇已承英主诏,乞骸须上老臣书。”

【乞骸骨】　亦省作“乞骸”。古代官吏自请退职。杜甫《遣兴五首》之四:“上疏乞骸骨,黄冠归故乡。”

【乞錢】　向人借钱。张籍《赠令狐博士》:“骑马出随寻寺客,呼儿散写乞钱书。”白居易《把酒思闲事二首》之一:“乞钱羁客面,落第举人心。”

【乞歸】　请求辞职归乡。杜甫《寄李十二白二十韵》:“乞归优诏许,遇我宿心亲。”

【乞糴】　请求购买粮食。语出《左传·僖公十三年》。李绅《却到浙西》:“尝叹晋郊无乞籴,岂忘吴俗共分忧。”

也　〔yě《广韵》羊者切,上馬,以。〕❶语气助词。(1)表示陈述语气。刘禹锡《忆江南》:“春去也,多谢洛城人。”冯衮《戏酒妓》:“低声向道人知也,隔坐刚抛豆蔻花。”贯休《怀卢延让》:“又是蝉声也,如今何处游?”翁宏《春残》:“又是春残也,如何出翠帏。”(2)表示判断和解释。卢鸿一《倒景台》序:“可以邀驭风之客,会绝尘之子,超逸真,荡遐襟,此其所绝也。”王维《送张舍人佐江州同薛据十韵》:“范蠡常好之,庐山我心也。”孙邰《古意二首》之一:“道废固命也,瓢饮亦贤哉。”王勃《倬彼我系》之四:“欲及时也,夫岂愿焉。”玄宗《送贺知章归四明》序:“正月五日,将归会稽,遂饯东都,乃命六卿、庶尹、大夫供帐青门,宠行迈也。”(3)表示疑问。王昌龄《题灞池二首》之二:“借问白头翁,垂纶几年也?”孟浩然《云门寺西六七里闻符公兰若最幽与薛八同往》:“依止托山门,谁能效丘也?”(4)用在句中表示停顿。董思恭《咏日》:“更也人皆仰,无待挥戈正。”杜甫《桃竹杖引赠章留后》:“重为告曰:杖兮杖兮,尔之生也甚正直。慎勿见水踊跃学变化为龙,使我不得尔之扶持。”韩愈《病中赠张十八》:“籍也处闾里,抱能未施邦。”陆龟蒙《奉酬袭美先辈吴中苦雨一百韵》:“文兮乏寸毫,武也无尺铁。”❷副词。(1)犹亦,承接上文,表示同样。岑参《赴北庭度陇思家》:“西向轮台万里余,也知乡信日应疏。”任华《寄李白》:“任生知有君,君也知有任生未?”顾况《薛荔庵》:“空山径欲绝,也有人知处。”韦庄《庭前桃》:“曾向桃源烂漫游,也同渔父泛仙舟。”(2)表示强调。岑参《题虢州西楼》:“纵横皆失计,妻子也堪羞。”戎昱《题宋玉亭》:“应缘此处人多别,松竹萧萧也带愁。”(3)表示让步或转折。岑参《虢州西亭陪端公宴集》:“为逼霜台使,重裘也觉寒。”孟浩然《来阇黎新亭作》:“静中何所得,吟咏也徒哉。”齐己《白发》:“白虽无耐药,黑也不禁秋。”王福娘《题孙棨诗后》:“虽然不及相如赋,也直黄金一二斤。”(4)联用,表示并列。骆宾王《艳情代郭氏答卢照邻》:“也知京洛多佳丽,也知山岫遥亏蔽。”司空图《偶书五首》之一:“莺也解啼花也发,不关心事最堪憎。”王延彬《春日寓感》:“也解为诗也为政,侬家何似谢宣城。”(5)表示反诘。钱起《送韦信爱子归觐》:“借问还珠盈合浦,何如鲤也入庭闱?”元稹《嘉陵水》:“我心无说处,也共尔何殊?”贾岛《寄胡遇》:“东门因送客,相访也何妨?”(6)表示委婉。严武《巴岭答杜二见忆》:“可但步兵偏爱酒,也知光禄最能诗。”李商隐《席上作》:“料得也应怜宋玉,一生惟事楚襄王。”袁皓《寄岳阳严使君》:“也知暮雨生巫峡,争奈朝云属楚王。”

【也哉】　语气助词。表感叹。萧颖士《江有枫一篇十章》之十:“惟以啸歌,其忧也哉!”

【也曾】　曾经。元稹《赠崔元儒》:“最爱轻欺杏园客,也曾辜负酒家胡。”李频《五月一日感怀献送相公》:“折狱也曾为俗吏,劝农元本是耕人。”

【也麽】　衬字。无义。钟离权《赠吕洞宾》:“说尽千般玄妙理,未必君心信也么。”齐己《送僧归路中》:“叮咛与访春山寺,白乐天真在也么。”

【也應】　同样会。贾至《巴陵寄李二户部张十四礼部》:“江南春草初幂幂,愁杀江南独愁客。秦中杨柳也应新,转忆秦中相忆人。”杜荀鹤《山中寡妇》:“任是深山更深处,也应无计避征徭。”

七　画

乳　〔rǔ《广韵》而主切,上麌,日。〕❶乳房。杜甫《石壕吏》:“室中更无人,惟有乳下孙。”杜牧《李甘诗》:“病妻尚在床,稚子初离乳。”❷禽兽产卵、产子。王维《晚春严少尹与诸公见过》:“鹊乳先春草,莺啼过落花。”韦应物《长安遇冯著》:“冥冥花正开,飏飏燕新乳。”韩愈《孟东野失子》:“细腰不自乳,举族常孤鳏。”温庭筠《醉歌》:“檐柳初黄燕新乳,晓碧芊绵过微雨。”❸奶汁。杜甫《太平寺泉眼》:“取供十方僧,香美胜牛乳。”岑参《青门歌送东台张判官》:“胡姬酒垆日未午,丝绳玉缸酒如乳。”聂夷中《短歌》:“耆年无一善,何殊食乳儿。”❹喂养,哺育。孟郊《子庆诗》:“人来唯仰乳,母抱未知慈。”皮日休《正乐府十篇·惜义鸟》:“他巢若有雏,乳之如一家。”❺指哺乳期间的动物。见“乳鹿”“乳犢”。❻柔嫩,幼小。方干《忆故山》:“秋泉凉好引,乳鹤静宜听。”贯休《桐江闲居作十二首》之五:“乳鼠穿荒壁,溪龟上净盆。”李沇《秋霖歌》:“西方龙儿口犹乳,初解驱云学行雨。”❼饮,食。李白《空城雀》:“提携四黄口,饮乳未尝足。”杜甫《杜鹃》:“行飞与跪乳,识序如知恩。”❽泛指像奶汁一样的东西。卢照邻《过东山谷口》:“古苔依井被,新乳傍崖流。”韩愈《次同冠峡》:“泄乳交岩脉,悬流揭浪标。”章孝标《和顾校书新开井》:“碧甃花千片,香泉乳百寻。”此均指泉水。❾乳头状的东西。胡宿《冲虚观》:“桐井晓寒千乳敛,茗园春嫩一旗开。”❿钟乳石。杜牧《朱坡绝句三首》之三:“乳肥春洞生鹅管,沼避回岩势犬牙。”参见“乳膏”“乳溜”“乳窦❶”。⓫用以比喻山顶。元结《演兴四首·初祀》:“山之乳兮葺太祠,木孙为桷兮木母榱。”郑谷《华山》:“乳悬危磴滑,樵彻上方稀。”⓬指草鞋上系带子的两耳,因其形状如奶头,故称。贯休《送僧入马头山》:“竹笠援补,芒鞋藤乳。”

【乳下孫】 还在吃奶之孙。谓孩子幼小。杜甫《石壕吏》:“室中更无人,惟有乳下孙。”

【乳女】 幼女。杜牧《题村舍》:“三树稚桑春未到,扶床乳女午啼饥。”贯休《甘雨应祈》:“乳女啼兮,蒸黍馨兮。”

【乳子】 幼小的动物。杜甫《雨不绝》:“舞石旋应将乳子,行云莫自湿仙衣。”

【乳毛松】 松树的别名。张乔《省中偶作》:“乳毛松雪春来好,直夜清闲且学禅。”郑谷《中台五题》:“松格一何高,何人号乳毛。”

【乳孔】 小孔。慧宣《奉和杜使君同恭法师咏高僧二首》之一:“乳孔光一室,掌镜彻千里。”

【乳穴】 石钟乳洞穴。李适《答宋十一崖口五渡见赠》:“扪壁窥丹井,梯苔瞰乳穴。”

【乳母】 奶妈。白居易《念金銮子二首》之一:“今日一伤心,因逢旧乳母。”

【乳冰】 如钟乳状之冰凌。卢纶《送夏侯校书归华阴别墅》:“乳冰悬暗井,莲石照晴轩。”

【乳花】 ❶石花。皮日休《送董少卿游茅山》:“阴洞缘时触乳花,尽待于公作廷尉。”❷乳白色茶泡沫。李德裕《故人寄茶》:“碧流霞脚碎,香泛乳花轻。”亦用以指茶。崔珏《美人尝茶行》:“银瓶贮泉水一掬,松雨声来乳花熟。”

【乳抱】 指禽兽的生育繁殖。乳,产子。抱,禽孵卵。陆龟蒙《南泾渔父》:“譬如死鸡鹜,岂不容乳抱。”

【乳虎】 育子之母虎。用以比喻恶人。权德舆《危语》:“被病独行逢乳虎,狂风骇浪失擢橹。”李瀚《蒙求》:“郅都苍鹰,宁成乳虎。”

【乳兒】 婴儿。陆龟蒙《战秋辞》:“斧抵耋老,干穿乳儿。”

【乳乳】 哺育。贯休《循吏曲上王使君》:“蒸蒸婺民,钟此多福。自东自西,自南自北,伊飞伊走,乳乳良牧。”

【乳育】 哺育。顾况《柳宜城鹊巢歌》序:“公独任其乳育,于鸟如此,于人可知。”

【乳牀】 石制坐榻。色白如乳,故名。皮日休《寒日书斋即事三首》之一:“移时寂历烧松子,尽日殷勤拂乳床。”

【乳洞】 石钟乳丛生的洞穴。李商隐《昭州》:“绳烂金沙井,松干乳洞梯。”李郢《题惠山》:“乳洞阴阴碧涧连,杉松六月冷无蝉。”曹松《桂江》:“乳洞此时连越井,石楼何日到仙乡。”

【乳氣】 奶腥气,稚气。白居易《阿崔》:“乳气初离壳,啼声渐变雏。”

【乳㹀】 哺乳的母牛。许浑《南阳道中》:“饥乌索哺随雏叫,乳㹀慵归望犊鸣。”

【乳臭兒】 (臭 xiù)❶尚带奶腥气的小孩。元稹《台中鞫狱忆开元观旧事呈损之兼赠周兄四十韵》:“奇哉乳臭儿,绯紫绷被间。”❷对年轻人的蔑称。白居易《悲哉行》:“沉沉朱门宅,中有乳臭儿。”

【乳烏】 小乌鸦。司空曙《酬李端校书见赠》:“绿槐垂穗乳乌飞,忽忆山中独未归。”温庭筠《题李卫公诗二首》之二:“画合不开梁燕去,朱门罢扫乳鸦还。”

【乳酒】 色香如乳之酒。杜甫《谢严中丞送青城山道士乳酒一瓶》:“山瓶乳酒下青云,气味浓香幸见分。”

【乳孫哺子】 哺育子孙后代。李贺《猛虎行》:“乳孙哺子,教得生狞。”

【乳雀】 小雀。韩愈《食曲河驿》:“群鸟巢庭树,乳雀飞檐楹。”

【乳鳥】 小鸟,幼鸟。张籍《洛阳行》:“翠华西去几时返,枭巢乳鸟藏蛰燕。”

【乳鹿】 小鹿。韦庄《题许仙师院》:“往来谁与熟,乳鹿住前林。”

【乳禽】 幼小的飞禽。孙光宪《虞美人》词之二:“翠簷愁听乳禽声,此时春态暗关情。”

【乳視】 指形天。后多用以指反抗帝王的叛逆者。许敬宗《奉和执契静三边应诏》:“鬈飞尚假息,乳视晢稽诛。”

【乳蒂】　树脂根蒂。陆龟蒙《樊榭》：“乳蒂缘松嫩，芝台出石微。”

【乳鼠】　小老鼠。贯休《洞江闲居作十二首》之五：“乳鼠穿荒壁，溪龟上净盆。”

【乳溜】　钟乳岩洞中滴下的乳液。卢纶《陈翃中丞东斋赋白玉簪》：“漠漠水香风颇馥，涓涓乳溜味何浓。”李渤《南溪诗》序：“其洞室并乳溜凝化，诡势奇状。”

【乳窟】　义同“乳穴”。李白《答族侄僧中孚赠玉泉仙人掌茶》：“常闻玉泉山，山洞多乳窟。”

【乳管】　呈管状之石钟乳。马戴《谒仙观二首》之二：“山空蕙气香，乳管折云房。”陆龟蒙《寄茅山何道士》：“圃暖芝台秀，岩春乳管圆。”皮日休《新秋言怀寄鲁望三十韵》：“静把泉华掬，闲拈乳管敲。”

【乳膏】　一种含碳酸钙溶液，从石灰岩中流出，色白如乳，故名。李渤《南溪诗》：“仙户掩复开，乳膏凝更滴。”

【乳媪】　奶妈。元稹《哭女樊四十韵》：“乳妪闲于社，医僧婗似醒。”

【乳燕】　雏燕。卢纶《曲江春望》之三：“落日行人渐无路，巢乌乳燕满高楼。”曹邺《霁后作》：“乳燕不归宿，双双飞向林。”韦庄《春暮》：“楼高喧乳燕，树密斗雏鹂。”贯休《寿春节进大蜀皇帝五首》之四：“家家锦绣香醪熟，处处笙歌乳燕飞。”

【乳鸽】　小鸽子。刘得仁《吊草堂禅师》：“乳鸽沿苔井，斋猿散雪峰。”

【乳糜】　亦作“乳糜”。以乳汁或酥油调制成的粥状食品。白居易《晚起》：“融雪煎香茗，调酥煮乳糜。”

【乳糜】　同“乳糜”。皮日休《开元寺佛钵诗》：“乳糜味断中天觉，麦麨香消大劫知。”

【乳雛】　哺乳幼雏。白居易《晚燕》：“百鸟乳雏毕，秋燕独蹉跎。”

【乳鹊】　幼鹊，小鹊。张说《寄许八》：“乳鹊穿坛画，巢蜂触网丝。”李端《题元注林园》：“乳鹊眄巢花巷静，鸣鸠鼓翼竹园深。”

【乳兽】　育子之兽。杜甫《课伐木》：“空荒咆熊罴，乳兽待人肉。”

【乳犊】　小牛。贯休《春野作五首》之三：“大牛苦耕田，乳犊望似泣。”

【乳窦】　❶钟乳石洞。宋之问《入崖口五渡寄李适》：“时攀乳窦憩，屡薄天窗眠。”钱起《登覆釜山道人二首》之一：“花间炼药人，鸡犬和乳窦。”神颖《和王季文题九北山》：“寂寂寻乳窦，兢兢行石桥。”❷泉眼。元结《说洄溪招退者》：“长松亭亭满四山，山间乳窦流清泉。”陈去疾《忆山中》：“珠林余露气，乳窦滴香泉。”马戴《府试水始冰》：“乳窦悬残滴，湘流减恨声。”

【乳贙】　(—xuàn)指育子的母贙。贙，传说中一种似犬而凶恶的野兽，出自西海大秦国。见《尔雅·释兽》郭璞注。杜甫《寄刘峡州伯华使君四十韵》：“乳贙号攀石，饥鼯诉落藤。”亦用以比喻凶恶之人。杜甫《八哀诗·故秘书少监武功苏公源明》：“不要悬黄金，胡为投乳贙。”

八　画

乹　同“乾₁”。吴融《寒食洛阳道》：“连乹驰宝马，历禄斗香车。”

十　画

乾¹　〔gān《广韵》古寒切，平寒，見。〕❶缺少水分或失去水分，干燥。杜甫《秋雨叹三首》之三：“秋来未曾见白日，泥污后土何时干？”姚合《寄陕府内兄郭冏端公》：“永昼吟不休，咽喉干无声。”周贺《题昼公院》：“舍深草原合，茶疾竹薪干。”贯休《闻赤松舒道士下世》：“烟霞成片黯，松桂著行干。”❷干涸，枯竭。杜甫《垂老别》：“幸有牙齿存，所悲骨髓干。”戴叔伦《奉天酬别郑谏议云逵卢拾遗景亮见别之作》：“前辈涕未干，后喜心已戚。”王睿《公无渡河》：“蛟螭尽醉兮君血干，推出黄沙兮泛君骨。”张蠙《下第述怀》：“如何直道为身累，坐月眠霜思枉干。”❸空，竭。陈羽《古意》：“雕盘酒器常不干，晓入中厨妾先起。”殷尧藩《登凤凰台二首》之一：“始信人生如一梦，壮怀莫使酒杯干。”雍陶《明月照高楼》：“沧溟倪未涸，妾泪终不干。”刘损《愤惋诗三首》之三：“莫道诗成天泪下，泪如泉滴亦须干。”❹形容声音清脆响亮。岑参《虢州西亭陪端公宴集》：“开瓶酒色嫩，踏地叶声干。”孟郊《戏赠无本》：“长安秋声干，木叶相号悲。”李商隐《楚泽》：“夕阳归路后，霜野物声干。”齐己《池上感兴》：“南山众木叶，飘著竹声干。”❺平白无故，没来由。见“乾死”“乾愁”。❻身体瘦瘠。见“乾枯❷”。

乾²　〔qián《广韵》渠焉切，平仙，羣。〕❶八卦之一，卦形☰；又六十四卦之一，卦形䷀。《易说卦》：“乾，健也。”杜审言《大酺》：“圣后乘乾日，皇明御历辰。”李商隐《今月二日复言四十韵诗献上亦诗人咏叹不足之义也》：“乐道乾知退，当官蹇匪躬。”❷天。王维《奉和圣制天长节赐宰臣歌应制》：“尽九服兮皆四邻，乾降瑞兮坤降珍。”韩愈《元和圣德诗》：“乾清坤夷，境落褰举。”吕岩《七言》之三十：“六龙齐驾得升乾，须觉潜通造化权。”❸日。见“乾$_2$光”。❹帝王，朝廷。见“乾$_2$心”“乾$_2$德❷”“乾$_2$儀”“乾$_2$綱❷”。

【乾$_2$元】 ❶指天。王维《送秘书晁监还日本国序》：“乾元广运，涵育无垠。”鲍溶《元日早朝行》：“乾元发生春为宗，盛德在天斗建东。”❷肃宗李亨年号。758—760年。杜甫《送李校书二十六韵》：“乾元元年春，万姓始安宅。”元结《忝官引》：“往在乾元初，圣人启休运。”羊士谔有《乾元初严黄门自京兆尹贬牧巴郡乃赋诗十四韵刻于石壁》。

【乾$_2$文】 ❶天文，天象。薛元超《奉和同太子监守违恋》：“帝念纡苍璧，乾文焕紫霄。”钱起《奉和圣制登朝元阁》：“感物乾文动，凝神道化成。”❷指帝王的诗文。崔日用《奉和圣制送张说巡边》：“睿锡承优旨，乾文复宠行。”

【乾$_2$心】 犹帝心。张说《奉和圣制幸凤阳泉应制》：“坎意无私洁，乾心称物平。”

【乾死】 无故而枉死。韩愈《淮氏子》：“圣君贤相安可欺，乾死穷山竟何俟？”钱仲联集释：“乾死，无故而枉死。”

【乾$_2$光】 日光。喻君王之恩泽。刘昇《奉和圣制送张说上集贤学士赐宴》：“台曜临东壁，乾光自北辰。”

【乾$_2$行】 （—xíng）乾道，天道。孙逖《奉和登会昌山应制》：“乾行万物睹，日驭六龙迟。”

【乾$_2$宇】 乾坤，天下。许敬宗《奉和行经破薛举战地应制》：“一戎乾宇泰，千祀德流清。”

【乾旱】 因雨量不足而土壤、气候干燥。杜甫《柴门》：“东城干旱天，其气如焚柴。”

【乾雨】 ❶指雪。李咸用《大雪歌》：“同云惨惨如天怒，寒龙振鬣飞干雨。玉圃花飘朵不匀，银河风急惊沙度。”❷比喻落叶。孟郊《秋怀十五首》之五：“商叶堕干雨，秋衣卧单云。”

【乾$_2$岡】 居于西北方位的山冈。古以为宜于建帝王宫殿。权德舆《仲秋朝拜昭陵》：“金气爽林峦，乾冈走崖谷。”

【乾$_2$竺】 即天竺，古称印度。陈陶《哭宝月三藏大禅师》：“五峰习圣罢，乾竺化身归。”

【乾河】 干枯的河道。温庭筠《过西堡塞北》：“浅草干河阔，丛棘废城高。”

【乾封】 使新筑的祭坛晒干。封，封禅时所建的祭坛。卢照邻《登封大酺歌四首》之三：“借问干封何所乐，人皆寿命得千秋。”鲍溶《闻国家将行封禅聊抒臣情》：“云雨由来随六龙，玉泥瑶检不干封。”

【乾$_2$封】 县名。唐置。乾封元年高宗封岳，析长安以置乾封。长安元年废，乃于岱山下改博城县为乾封县。在今山东泰安市东南，皎然有《送乾封李成》。

【乾$_2$坤】 ❶天地。杜甫《寄贺兰铦》：“朝野欢娱后，乾坤震荡中。”韩愈《游青龙寺赠崔大补阙》：“有如流传上古时，九轮照烛乾坤旱。”皮日休《七爱诗·李太尉》：“所谓大丈夫，动合惊乾坤。”崔珏《岳阳楼晚望》：“乾坤千里水云间，钓艇如萍去复还。”❷日月。钱起《广德初銮驾出关登高愁望二首》之二：“乾坤暂运行，品物遗覆载。”杜甫《登岳阳楼》：“吴楚东南坼，乾坤日夜浮。”❸天下，江山，国家。杜甫《宿江边阁》：“不眠忧战伐，无力正乾坤。”李商隐《鄠杜马上念汉书》：“小来唯射猎，兴罢得乾坤。”张碧《鸿沟》：“项籍骨轻迷精魂，沛公仰面争乾坤。”

【乾枯】 ❶失去水分而枯槁或失去生机。王梵志《五言十首》之五：“贫儿二亩地，干枯十树桑。”杜甫《大麦行》：“大麦干枯小麦黄，妇女行泣夫走藏。”白居易《放鱼》：“放之小池中，且用救干枯。”❷身体瘦瘠。卢仝《客谢行》：“客身正干枯，行处无膏泽。”❸湖河涸竭。孙元宴《咏史诗·陈·淮水》：“自从淮水干枯后，不见王家更有人。”

【乾泉】 干枯的山泉。孟郊《寄陕府邓给事》：“尘鲤见枯浪，土鬣思干泉。”

【乾$_2$馬】 天马。吕岩《七言一百十三首》之十一：“乾马屡来游九地，坤牛时驾出三天。”

【乾峭】 干燥凛冽。方干《岁晚言事寄乡中亲友》：“急景苍茫昼若昏，夜风干峭触前轩。”

【乾海】 指沙漠。皎然《兵后西日溪行》：“一从清气上为天，仙叟何年见干海。”

【乾$_2$乾】 （—qián）❶自强不息貌。《易·乾》：“君子终日乾乾。”徐铉《奉和宫傅相公怀旧见寄四十韵》：“盖代名高方赫赫，恋恩心切更乾乾。”❷敬慎貌。则天皇后《唐大享拜洛乐章·拜洛》：“乾乾遵后命，翼翼奉先规。”周昙《咏史诗·春秋战国门·魏文侯》：“冒雨如何周出畋，虑乖群约失乾乾。”赵光逢《梁郊祀乐章·庆顺》：“乾乾睿相，穆穆皇仪。”

【乾連】 谓发生交通、联系。顾况《归阳萧寺作诗》：“智慧舍利佛，神通自干连。”

【乾$_2$符】 ❶旧谓上天所显示的符瑞，多指帝王受命时的吉祥征兆。《郊庙歌辞·后唐宗庙乐舞辞·永平舞》：“静彰帝道，动合乾符。”❷僖宗李儇年号。874—879年。温庭筠《题翠微寺二十二韵》：“乾符初得位，天弩夜收铓。”贯休《闻前王使君在泽潞居》：“使君圣朝瑞，乾符初刺婺。”

【乾$_2$健】 犹谓天德刚健。顾况《拟古三首》之二：“所贵法乾健，于道悟入微。”

【乾$_2$象】 天象。储光羲《奉和韦判官献侍郎叔除河东采访使》：“乾象变台衡，群贤尽交泰。”玄宗《南出雀鼠谷答张说》:“雷出应乾象,风行顺国人。”白居易《游小洞庭》:“夜含星斗分乾象,晓映雷云作画图。”

【乾₂康】 唐诗僧。永州零陵(今湖南零陵县)人。与方干、齐己友善。善诗。谒永州守,守观其年老貌丑,不信能诗。时积雪方消,命其赋残雪。所赋意旨不浅,守待以殊礼。《全唐诗》录其《赋残雪》《投谒齐己》二诗及《经方干旧居》残句。

【乾淨】 清洁。卢仝《听萧君姬人弹琴》:“风梅花落轻扬扬,十指干净声涓涓。”

【乾₂陵】 唐高宗李治与女皇武则天合葬墓。在今陕西乾县城北梁山。高宗于文明元年(684)葬于乾陵;武则天于神龙二年(706)葬入乾陵内。乾陵规模宏大,气势雄伟,为唐陵中具有代表性的一座。依山修建,有垣墙两重。四面有阙门和巨型石刻,南门地面石刻保存基本完整,计有六棱柱华表一对,翼马和鸵鸟各一对,石马五对。戴冠着袍持剑直阁将军石人十对,有《述圣记碑》和《无字碑》各一尊,并有当时曾参加高宗葬礼的国内少数民族首领和外国使者的石刻像六十一尊。内城四门各有大型石狮一对。石刻体型庞大,造塑逼真,神态生动。陵东南陪葬有十七座王公大臣的墓冢。已发掘出的有永泰公主李仙蕙、章怀太子李贤、懿德太子李重润、中书令薛元超、右卫将军燕国公李谨行等五座墓葬,内有精美的壁画、线雕画、三彩俑等历史文物,全国重点文物保护单位之一。子兰有《寄乾陵杨侍郎》。

【乾蛟】 离水的蛟龙。皮日休《太湖诗·游毛公坛》:“乾蛟一百丈,髐然半天舞。”

【乾湖】 泛指干枯的湖泊。张说有《同赵侍御干湖作》。

【乾₂路】 乾道,天道。则天皇后《唐享昊天乐》之十二:“式乾路,开天扇,回日驭,动云衣。”

【乾愁】 没来由的愁闷。韩愈《感春四首》之四:“干愁漫解坐自累,与众异趣谁相亲?”

【乾₂道】 ❶天道。玄宗《春晚宴两相及礼官丽正殿学士探得风字》:“乾道运无穷,恒将人代工。”❷阳刚之道。《郊庙歌辞·仪坤庙乐章·坤贞》:“乾道既亨,坤元以贞。”

【乾源】 枯竭源头。韩愈《陆浑山火和皇甫湜用其韵》:“皇甫补官古贲浑,时当玄冬泽干源。”

【乾鳴】 谓声音急促高昂。张祜《邠娘羯鼓》:“新教邠娘羯鼓成,大酺初日最先呈。冬儿指向贞贞说,一曲乾鸣两杖轻。”

【乾₂寧】 唐昭宗年号。894—898年。韩偓有《乾宁三年丙辰在奉天重围作》。

【乾₂綱】 ❶指天。元稹《有酒十章》之七:“乾纲倒轧坤维旋,白日横空星宿见。”❷指朝廷的纲纪。聂夷中《过比干墓》:“乾纲既已断,贤愚无二门。”

【乾₂維】 天的纲维。李义府《在嶲州遥叙封禅》:“飞声总地络,腾化抚乾维。”

【乾蓬】 干枯的蓬草。李贺《王濬墓下作》:“菊花垂湿露,棘径卧干蓬。”

【乾₂儀】 天道;天纲。则天皇后《唐享昊天乐》之三:“乾仪混成冲邃,天道下济高明。”

【乾₂德】 ❶天德,天帝的恩泽。包佶《祀雨师乐章·亚献亚终》:“神行令,瑞飞空。迎乾德,祈岁功。”❷帝王的盛德。李绅《趋翰苑遭诬拘四十六韵》:“九五当乾德,三千应瑞符。”❸五代前蜀后主王衍年号。919—924年。《谶记·王承检掘得墓铭》:“乾德丙年,坏者合郎。”

【乾燋】 干枯。贾岛《送崔约秀才》:“重入石头城下寺,南朝松老未干焦。”

【乾聲】 清脆响亮的声音。唐彦谦《竹风》:“竹映风窗数阵斜,旅人愁坐思无涯。夜来留得江湖梦,全为乾声似荻花。”

【乾鵲知來】 乾鹊,即喜鹊。《诗·召南·鹊巢》:“维鹊有巢。”古有鹊能预知未来的说法。李商隐《北禽》:“知来有乾鹊,何不向雕陵。”

【乾霹靂】 无雨伴随的雷声。贾岛《寄李翱侍郎》:“槛鞭干霹雳,斜汉湿蟾蜍。”

【乾₂靈】 指天帝。许敬宗《奉和执契静三边应诏》:“乾灵振玉弩,神略运璇枢。”则天皇后《唐大享拜洛乐章·九和》:“祇荷坤德,钦若乾灵。”

【乾鱠】 干鱼片。皮日休《寄同年韦校书》:“唯有故人怜未替,欲封干鲙寄终南。”

十二画

亂 〔luàn《广韵》郎段切,去换,來。〕❶无秩序,混乱。李白《九日登山》:“齐歌送清杨,起舞乱参差。”杜甫《送重表侄王砅评事使南海》:“上云天下乱,宜与英俊厚。”元稹《桐花》:“五者苟不乱,天命乃可忱。”张蠙《送薛郎中赴江州》:“听事棋忘着,探题酒乱巡。”❷与“理”相对,不安定,不太平。韦应物《登高望洛城作》:“坐感理乱迹,永怀经济言。”李商隐《行次西郊作一百韵》:“又闻理与乱,在人不在天。”❸叛乱;动乱。岑参《行军诗二首》之二:“早知逢世乱,少小漫读书。”王建《废寺》:“废寺乱来为县驿,荒松老柏不生烟。”陆龟蒙《王先辈草堂》:“身从乱后全家隐,日校人间一倍长。”❹侵扰,骚扰。李华《咏史十一首》之四:“岛夷非敢乱,政暴地仍偏。”韦应物《寄诸弟》:“岁暮兵戈乱京国,帛书间道访存无。”刘湾《云南曲》:“百蛮乱南方,群盗如蝟起。”贾至《自蜀奉册命往朔方途中呈韦左相文部房尚书门下崔侍郎》："胡羯乱中夏，銮舆忽南巡。"❺迷乱，昏乱。刘长卿《观李湊所画美人障子》："此中一见乱人目，只疑行到云阳台。"韩愈《李花赠张十一署》："朱辉散射表霞开，迷魂乱眼看不得。"姚合《闻新蝉寄李余》："禅客心应乱，愁人耳愿聋。"❻祸害。元结《春陵行》："欲令鬻儿女，言发恐乱随。"❼败坏。同谷子《五子之歌》之三："如今算得当时事，首为盘游乱纪纲。"❽混杂；混淆。胡浩《奉天田明府饯别》："疾沙乱飞雪，连车杂转蓬。"萧颖士《蒙山作》："云气杂虹霓，松声乱风水。"❾杂乱。黄麟《郡中客舍》："虫响乱啾啾，更人正数筹。"戴叔伦《女耕田行》："疏通畦陇防乱苗，整顿沟塍待时雨。"张祜《江西道中作三首》之一："问人孤驿路，驱马乱山峰。"欧阳衮《南涧寺》："春寺无人乱鸟啼，藤萝阴磴野僧迷。"❿胡乱。严真卿、皎然、陆羽《七言醉语联句》："倒著接䍦发垂领，狂心乱语无人并。"子兰《鹦鹉》："近来偷解人言语，乱向金笼说是非。"⓫随便，任意。戎昱《赠别张驸马》："凤凰台上乱吹箫，鹦鹉杯中醉留客。"杜荀鹤《旅泊遇郡中叛乱示同志》："遍搜宝货无藏处，乱杀平人不怕天。"韦庄《赠野童》："羡尔无知野性真，乱搔蓬发笑看人。"⓬笼罩，弥漫。刘长卿《至德三年春寄上浙江节度李郎中丞行营五十韵》："关原驰万骑，烟火乱千甍。"杜甫《重题张氏东亭》："华亭入翠微，秋日乱清晖。"韦庄《和元秀才别业书事》："僻居春事好，小曲乱花阴。"⓭数量多，纷繁。李白《金陵歌送别范宣》："扣剑悲吟空咄嗟，梁陈白骨乱如麻。"杜甫《舍弟观归蓝田迎新妇送示两篇》之一："即今萤已乱，好与雁同来。"韦庄《三堂东湖作》："何处最添诗客兴，黄昏烟雨乱蛙声。"⓮纷纷。戴叔伦《相思曲》："落红乱逐东流水，一点芳心为君死。"孟郊《送殷秀才南游》："风叶乱辞木，雪猿清叫山。"⓯好像，相似。裴迪《辛夷坞》："况有辛夷花，色与芙蓉乱。"杜甫《园人送瓜》："浮沉乱水玉，爱惜如芝草。"又《奉赠李八丈曛判官》："垂白乱南翁，委身希北叟。"

【亂山】　杂乱的山峰。孟浩然《岁除夜有怀》："乱山残雪夜，孤独异乡人。"张继《褚主簿宅会毕庶子钱员外郎使君》："斜阳疏竹上，残雪乱山中。"李昌符《送友人》："晚渡待船愁立久，乱山投店独行迟。"章碣《春别》："掷下离觞指乱山，趋程不待凤笙残。"

【亂亡】　❶败乱衰亡。元结《二风诗·乱风诗五篇·至伤》序："古有伤王，以崩荡之余，无恶不为也。乱亡之由，固在累积。"❷乱离逃亡。元结《春陵行》："州小经乱亡，遗人实困疲。"

【亂王】　昏庸无道的君王。元结《二风诗·乱风诗五篇·至乱》："嘻乎乱王，王心何思。"

【亂心】　作乱的祸心。白居易《赠樊著作》："刘阙肆乱心，杀人正纷纷。"

【亂世】　混乱动荡的时代。白居易《读史五首》之一："良时真可惜，乱世何足钦。"皮日休《房杜二相国》："脱身抛乱世，策杖归真主。"杜荀鹤《白发吟》："几人乱世得及此，今我满头何足悲。"徐夤《大夫松》："争如涧底凌霜节，不受秦皇乱世官。"

【亂石】　❶杂乱的山石。陆龟蒙《引泉诗》："乱石抛落落，寒流响溅溅。"张蠙《野泉》："清声萦乱石，寒色入长空。"❷山名。即乱石山。杜审言《南海乱石山作》："相传称乱石，图典失其事。"参见"亂石山"。

【亂石山】　山名。在唐南海县(今广州市)境内。杜审言有《南海乱石山作》。

【亂代】　乱世，混乱动荡的时代。李华《咏史十一首》之一："乱代乃潜伏，纵人为祸愆。"杜甫《寄柏学士林居》："乱代飘零余到此，古人成败子如何？"

【亂帆】　纷乱的船只。李绅《溯西江》："孤棹自迟从蹭蹬，乱帆争疾竞浮沉。"

【亂行】　(—háng)散乱的行列。太宗《采芙蓉》："游莺无定曲，惊凫有乱行。"

【亂邦】　动乱的国家。马异《答卢仝结交诗》："况值乱邦不平年，回陵倒谷不等闲。"

【亂兵】　叛乱或溃退的部队。张籍《董逃行》："洛阳城头火曈曈，乱兵烧我天子宫。"杜荀鹤《和友人送弟》："我今骨肉虽饥冻，幸喜团圆过乱兵。"周昙《咏史诗·后汉门·废帝》："乱兵如蝟走王师，社稷颠范孰为持。"亦用以指战乱。郑谷《嘉陵》："乱兵何日息，故老几人全。"

【亂臣】　作乱的臣子。徐铉《观人读春秋》："乱臣无所惧，何用读《春秋》。"孔元晏《咏史诗·晋·七宝鞭》："天命须知岂偶然，乱臣徒欲用兵权。"

【亂花】　❶杂乱的花。刘眘虚《寄阎防》："深路入古寺，乱花随暮春。"❷灿烂盛开之花。秦韬玉《贵公子行》："乱花织锦柳撚线，妆点池台画屏展。"

【亂芳】　杂乱的花。张祜《忆江东旧游四十韵寄宣武李尚书》："乱芳丛沼沚，余溜泄沟塍。"

【亂拍】　谓节拍失调。杜牧《过华清宫绝句三首》之三："云中乱拍禄山舞，风过重峦下笑声。"

【亂金】　碎金，喻月光。刘兼《秋夕书怀》之二："轻粉覆霜凝夜砌，乱金铺菊织秋篱。"

【亂泉】　谓泉水漫流，不循常道。严维《奉和独孤中丞游云寺》："乱泉观坐卧，疏磬发朝昏。"

【亂風】　❶方向不定的风。鲍溶《隋帝陵下》："盘龙楼舰浮冤水，雕锦帆幢使乱风。"❷腐败的风气。元结有《乱风诗五篇》。

【亂風愁月】　方向不定的风，愁苦的月亮。喻环境凄苦。贯休《蒿里》："白杨骚屑，乱风愁月，折碑石人，莽秽榛没，牛羊窸窣，时见牧童儿，弄枯骨。”

【亂流】 ❶水流溢出堤岸。李嘉祐《送王牧往吉州谒王使君叔》：“野渡花争发，春塘水乱流。”❷奔腾纷乱的水波。韦应物《自巩洛舟行入黄河即事寄府县僚友》：“寒树依微远天外，夕阳明灭乱流中。”戴叔伦《湘川野望》：“怀王独与佞人谋，闻道忠臣入乱流。”武元衡《春题龙门香山寺》：“清景乍开松岭月，乱流长响石楼风。”张乔《江南别友人》：“醉别醒惆怅，云帆满乱流。”

【亂軍】 叛乱或溃散的军队。刘长卿《哭魏兼遂》：“独行依穷巷，全身出乱军。”姚合《寄题蔡州蒋亭兼简田使君》：“几岁乱军里，蒋亭名不销。”

【亂飛】 杂乱而飞。岑参《山房即事二首》之二：“梁园日暮乱飞鸦，极目萧条三两家。”

【亂紀】 动乱无道的时代。皮日休《奉和鲁望读阴符经见寄》：“由是圣人生，于焉当乱纪。”

【亂荒】 指兵荒马乱之时。杜荀鹤《自江西归九华》：“他乡终日忆吾乡，及到吾乡值乱荒。”

【亂栽】 谓栽种不成行列。裴度、刘禹锡《洛中联句》：“红药多迟发，碧枌宜乱栽。”

【亂峯】 杂乱的山峰。于武陵《斜谷道》：“乱峰连叠嶂，千山绿峨峨。”齐己《赠仰上人》：“干戈百里外，泉石乱峰西。”又《寄三觉山从益上人》：“寻思乱峰顶，空送衲僧还。”

【亂倫】 败坏伦常。韩愈《寄卢仝》：“故知忠孝生天性，洁身乱伦安足拟。”

【亂師】 叛乱的军队。韩愈《镇州路上谨酬裴司空相公重见寄》：“衔命山东抚乱师，日驱三百自嫌迟。”

【亂彩】 ❶色彩迷乱。太宗《咏风》：“拂林花乱彩，响谷鸟分声。”❷斑斓的色彩。无名氏《落日山照耀》(卷七八七)：“余光彻群岫，乱彩分重壑。”

【亂紛】 纷乱无序。皇甫冉《题高云客舍》：“世事徒乱纷，吾心方浩荡。”

【亂紛紛】 纷乱貌。刘长卿《碧涧别墅喜皇甫侍御相访》：“荒村带返照，落叶乱纷纷。”

【亂常】 败坏纲常。玄宗《平胡》：“杂虏忽猖狂，无何敢乱常。”

【亂麻】 ❶散乱的麻。李白《古风》之二七：“三季分战国，七雄成乱麻。”皎然《早春书怀寄李少府仲宣》：“忽值胡雏起，芟夷若乱麻。”❷喻多而乱。杜甫《寄岳州贾司马六丈巴州严八使君两阁老五十韵》：“乱麻尸积卫，破竹势临燕。”白居易《和新楼北园郑侍御判官周刘二从事皆先归》：“歌声拟贯珠，舞袖飘乱麻。”

【亂華】 扰乱华夏。韩愈《赠译经僧》：“只今中国方多事，不用无端更乱华。”

【亂葉】 杂乱的树叶。欧阳炯《贯休应梦罗汉画歌》：“林间乱叶纷纷堕，一印残香断烟火。”

【亂朝】 (—cháo)昏乱的朝廷。周昙《咏史诗·春秋战国门·赵宣子》：“临难若教无苟免，乱朝争那以獒为？”

【亂雲】 纷乱的云。杜甫《对雪》：“乱云低薄暮，急雪舞回风。”姚合《过灵泉寺》：“转壑惊飞鸟，穿山踏乱云。”张祜《题天竺寺》：“乱云行没脚，攲树过低腰。”齐己《夏日梅雨中寄睦公》：“已应双履迹，全没乱云根。”

【亂啼】 杂乱而鸣。柳宗元《柳州二月榕叶落尽偶题》：“山城过雨百花尽，榕叶满庭莺乱啼。”

【亂絲】 紊乱的丝。喻散乱的头发。王建《旧宫人》：“先帝旧宫宫女在，乱丝犹挂凤凰钗。”亦喻事情头绪纷乱。韦应物《始至郡》：“到郡方逾月，终朝理乱丝。”

【亂絲理】 东汉方储、北齐高洋均有快刀斩治乱丝的故事。后用作称颂理乱有方之典。杜甫《荆南兵马使太常卿赵公大食刀歌》：“万岁持之护天子，得君乱丝与君理。”

【亂溪】 不循常道的溪流。温庭筠《赠隐者》：“乱溪藏钓石，一鹤在中柯。”

【亂漚】 散乱的水泡。卢纶《郊居对雨寄赵涓给事包佶郎中》：“乱沤浮曲砌，悬溜响前除。”

【亂髮】 蓬乱的头发。杜甫《乾元中寓居同谷县作歌七首》之一：“有客有客字子美，白头乱发垂过耳。”

【亂蓬】 ❶杂乱的蓬草。吴融《题湖城县西道中槐树》：“而今只有孤根在，鸟啄虫穿设乱蓬。”❷喻指蓬乱的头发。白居易《代卖薪女赠诸妓》：“乱蓬为鬓布为巾，晚蹋寒山自负薪。”

【亂鴉】 纷乱的鸦群。李商隐《自桂林奉使江陵途中感怀寄献尚书》：“乱鸦冲晒网，寒女簇遥砧。”刘沧《秋月望上阳宫》：“苔色轻尘锁洞房，乱鸦群鸽集残阳。”陈季卿《题禅窟兰若》：“霜钟鸣时夕风急，乱鸦又望寒林集。”

【亂箭】 喻太阳的光线。卢照邻《凌晨》：“日掩鸿都夕，河低乱箭移。”

【亂緒】 烦乱的心情。韦应物《对雪赠徐秀才》：“妍光属瑶阶，乱绪陵新节。”

【亂緣】 任意攀缘。薛能《桃花》：“篱落欹临竹，亭台盛间松。乱缘堪羡蚁，深入不如蜂。”

【亂樹】 杂乱的树木。耿湋《奉和元承杪秋忆终南旧居》：“乱树通秦苑，重原接杜城。”

【亂罹】 同“亂離”。罗隐《送梅处士归宁国》：

“乱罹且喜身俱在，存没那堪耳更闻。”又《除夜寄张达》：“乱罹书不远，衰病日相亲。”

【亂錦】 色彩斑斓之锦缎。徐仲雅《咏棕树》：“叶似新蒲绿，身如乱锦缠。”

【亂聲】 杂乱之声。刘长卿《横龙渡》：“乱声沙上石，倒影云中树。”

【亂蹋】 肆意践踏。韩翃《羽林骑》：“红蹄乱蹋春城雪，花颔骄嘶上苑风。”

【亂點】 散乱，飘散。韩翃《送客知鄂州》：“江口千家带楚云，江花乱点雪纷纷。”白居易《南湖早春》：“乱点碎红山杏发，平铺新绿水苹生。”

【亂蟬】 杂乱而鸣之蝉。韦庄《江上题所居》：“落日乱蝉萧帝寺，碧云归鸟谢家山。”

【亂離】 流亡逃难。刘长卿《送李录事兄归襄邓》：“白道相逢征战后，青春已过乱离中。”白居易《答四皓庙》：“秦皇肆暴虐，二世遘乱离。”许棠《冬杪归陵阳别业五首》之四：“乡国乱离后，交亲半旅游。”罗隐《送魏校书兼呈曹使君》：“乱离无计驻生涯，又事东游惜岁华。”

【亂鐘】 杂乱的钟声。马戴《客行》：“乱钟嘶马急，残日半帆红。”

【亂黷】 轻慢不敬，胡行乱为。元结《系乐府十二首·寿翁兴》：“清和存王母，潜濩无乱黩。”

亅 部

一 画

了 〔liǎo《广韵》盧鳥切，上篠，來。〕❶完毕；结束。崔国辅《魏宫词》："画眉犹未了，魏帝使人催。"杜甫《洗兵马》："二三豪俊为时出，整顿乾增济时了。"贾岛《元日女道士受箓》："立听师语了，左肘系符归。"陈陶《清源途中旅思》："身事几时了，飘蓬何日闲。"❷尽；够。杜甫《望岳》："岱宗夫如何？齐鲁青未了。"张籍《送杨少尹赴凤翔》："得钱只了还书铺，借宅常时事药栏。"❸了解；明了。孟云卿《放歌行》："东山谒居士，了我生死道。"元稹《与杨十二李三早入永寿寺看牡丹》："色见尽浮荣，希君了真性。"章孝标《日者》："十指中央了五行，说人休咎见前生。"❹明白；清晰。李白《陪叔族当涂宰游化城寺升公清风亭》："了见水中月，青莲出尘埃。"又《游溧阳北湖亭望瓦屋山怀古赠同旅》："清光了在眼，白日如披颜。"柳宗元《与崔策登西山》："西岑极远目，毫末皆可了。"❺全；都。李白《登梅冈》："时闻天香来，了与世事绝。"柳宗元《晨诣超师院读禅经》："真源了无取，妄迹古所逐。"李涉《题清溪鬼谷先生旧居》："松月想旧山，烟霞了如故。"李群玉《山中秋月》："境寂良夜深，了与人间别。"❻助词。表示动作或变化的完成。卢仝《与马异结交诗》："补了三日不肯归婿家，走向日中放老鸦。"沈传师《寄大府兄侍史》："将军破了单于阵，更把兵书仔细看。"冯延巳《采春子》："樱桃谢了梨花发。"

【了了】 清楚明白。王昌龄《过华阴》："东峰始含景，了了见松雪。"韩愈《忆昨行和张十一》："眼中了了见乡国，知有归日眉方开。"元稹《度门寺》："心源虽了了，尘世苦憧憧。"刘得仁《夏日感怀寄所知》："了了见歧路，欲行难负心。"

【了不】 全不，毫不。李白《游泰山六首》之二："遗我鸟迹书，飘然落岩间。其字乃上古，读之了不闲。"李益《入华山访隐者经仙人石壇》："文字类鸟足，视之了不识。"年融《寄永平友人》："高风落落谁同调，尘事悠悠了不关。"陆龟蒙《孤雁》："闲看麋鹿志，了不忧刍豢。"

【了不悟】 不了悟，不解。王昌龄《就道士问周易参同契》："披读了不悟，归来问嵇康。"

【了日】 结束的日子。白居易《新乐府·阴山道》："五十匹缣易一匹，缣去马来无了日。"

【了心】 了悟之心。许景先《征君宅》："了心悟有物，乘化游无垠。"李白《赠僧朝美》："了心何言说，各勉黄金躯。"丁仙芝《和荐福寺英公新构禅堂》："寂照出群有，了心清众缘。"

【了因】 佛家语。生了二因之一。姚合《寄郁上人》："不向禅门去，他门无了因。"齐己《怀终南僧》："扰扰一京尘，何门是了因。"

【了年】 犹了期。杜牧《将赴京题陵阳王氏水居》："是非境里有闲日，荣辱尘中无了年。"

【了自】 犹决然，断然。王维《待储光羲不至》："了自不相顾，临堂空复情。"任要《腊月中与韦户曹游发生洞同为口号》："虽然有两翅，了自无毛衣。"

【了似】 绝似，全似。韦应物《元日寄诸弟兼呈崔都水》："淮滨益时候，了似中秋月。"

【了事】 明了事理。王梵志《五言》之八："生儿不用多，了事一个足。"

【了岸】 犹彼岸。佛家用以喻指超脱生死的境界。李群玉《湘中别成威阇黎》："何方济了岸，只仗慈航力。"

【了知】 ❶明知，洞悉。李白《古风》之十八："萧飒古仙人，了知是赤松。"韦应物《夜偶诗客操公作》："远自鹤林寺，了知人世空。"❷慧悟。薛戎《游烂柯山》："仙山习禅处，了知通李释。"

【了空】 佛家语。了彻空无。皎然《酬李侍御萼看心道场赋以眉毛肠心牙等五字》："了空如藏史，始肯会禅家。"又《奉酬于中丞使君郡斋卧病见示一首》："宿昔祖师教，了空无不可。"章孝标《送无相禅师入关》："九衢车马尘，不染了空人。"

【了卻】 处理完毕。刘禹锡《送唐舍人出镇闽中》："了却人间婚嫁事，复归朝右作公卿。"白居易《早饮醉中除河南尹敕到》："应须了却丘中计，女嫁男婚三径资。"

【了悟】 佛教用以指认识内心的佛性，即明心见性。姚合《赠王山人》："既能施六度，了悟达双林。"张祜《送法镜上人归上元》："莫言了悟为真理，不叹兴亡在眼前。"慧净《自皋亭至吴门吊二大护法》："了悟世缘容直往，徘徊梦影或双来。”

【了得】　❶领悟。司空图《偶书五首》之一：“情知了得未如僧，客处高楼莫强登。”又《上方》：“荣枯了得无多事，只是闲人漫系情。”清澜《答杜荀鹤》(句)：“如何即是僧心了，了得何心是了僧。”❷了不起，谓本领高强。李山甫《游侠儿》：“荆轲只为闲言语，不与燕丹了得人。”

【了鳥】　屈戌，门窗上的金属搭扣。李商隐《病中闻河东公乐营置酒口占寄上》：“锁门金了鸟，展障玉鸦叉。”

【了婚嫁】　用作出世隐遁之典。见《后汉书·逸民传·向长》。张仲方《赠毛仙翁》：“待我休官了婚嫁，桃源洞里觅仙兄。”

【了期】　了结的时候。鱼玄机《代人悼亡》：“西山日落东山月，恨想无因有了期。”李建勋《金山》：“不嗟白发曾游此，不叹征帆无了期。”吴越王钱镠《没了期歌》：“没了期，没了期，春衣才了又冬衣。”

【了無】　全无，毫无。李白《赠黄山胡公求白鹇》序：“自小驯狎，了无惊猜。”杜甫《闻惠二过东溪特一送》：“柴门了无事，黄绮未称臣。”白居易《枕上作》：“若问乐天忧病否，乐天知命了无忧。”李群玉《感兴四首》之二：“织女了无语，长宵隔银河。”

【了然】　❶明亮的样子。李颀《东京寄万楚》：“了然潭上月，适我胸中机。”❷清楚明白。李白《九日登巴陵置酒望洞庭水军》：“造化辟川岳，了然楚汉分。”白居易《睡起宴坐》：“了然此时心，无物可譬喻。”杜荀鹤《题德玄上人院》：“我虽未似师披衲，此理同师悟了然。”齐己《自遣》：“了然知是梦，既觉更何求。”❸全然。李白《寻山僧不遇作》：“了然绝世事，此地方悠哉。”牟融《游报本寺》之二：“了然尘事不相关，锡杖时时独看山。”白居易《自在》：“内外及中间，了然无一碍。”吴融《新安道中玩流水》：“上却征车再回首，了然尘上不相关。”

【了絶】　佛家用以指凡情灭绝。寒山《诗三百三首》之二二七：“为心不了绝，妄想起如烟。”拾得《诗》之二一：“君不见三界之中纷扰扰，只为无明不了绝。”

【了達】　佛家语。彻悟；通晓。顾况《从江西至彭蠡入浙西淮南界道中寄齐相公》：“能依二谛法，了达三轮空。”方干《途中言事寄居远上人》：“羡师了达无牵束，竹径生苔掩竹门。”丰干《壁上诗二首》之二：“若能了达此，不用坐兀兀。”

【了歇】　了结，休止。吕岩《敲爻歌》：“同越蓬莱仙会中，凡景煎熬无了歇。”

【了義】　佛教语。真实之义，最圆满的义谛。对“不了义”而言。储光羲《同诸公登慈思寺塔》：“俯仰宇宙空，庶随了义归。”高适《同马太守听九思法师讲金刚经》：“了义同建瓴，梵法若吹籁。”权德舆《酬灵彻上人以诗代书见寄》：“莲花出水地无尘，中有南宗了义人。”杨凝式《题壁》：“自然知了义，争肯学神仙。”

三　画

予　〔yú《广韵》以諸切，平魚，以。〕我。太宗《初晴落景》：“寄言博通者，知予物外志。”钱起《山中寄时校书》：“唯予知尔《阳春》曲，别来几日芳荪绿。”孟郊《赠李观》：“舍予在泥辙，飘迹上云津。”王贞白《寄天台叶尊师》：“念予无俗骨，频与鹤书招。”

【予一人】　古代帝王的自称。白居易《贺雨》：“帝曰予一人，继天承祖宗。”

【予躬】　犹言我本身。白居易《贺雨》：“或者天降诊，无乃儆予躬。”

七　画

事　〔shì《广韵》鉏吏切，去志，崇。〕❶事情，泛指人类生活中的一切活动和所遇到的一切现象。杜审言《南海乱石山作》：“相传称乱石，图典失其事。”羊士谔《西郊兰若》：“林下僧无事，江清日复长。”顾况《苔藓山歌》：“闭门无事任盈虚，终日欹眠观四如。”李频《秋宿慈恩寺遂上人院》：“吾师无一事，不似在长安。”❷指战争、祭祀等国家大事。《郊庙歌辞·晋朝饗乐章·四举酒》：“八表欢无事，三秋贺有成。”则天皇后《唐大饗拜洛乐章·禋和》：“百礼崇容，千宫肃事。”韦庄《题颍源庙》：“临川试问尧年事，犹被封人劝濯缨。”❸事业。姚合《赠终南山傅山人》：“七十未成事，终南苍鬓翁。”❹从事；实践。袁朗《赋饮马长城窟》：“唯当事笔砚，归去草《封禅》。”杜甫《新婚别》：“勿为新婚念，努力事戎行。”白居易《观刈麦》：“今我何功德，曾不事农桑，吏禄三百石，岁晏有余粮。”刘沧《春日旅游》：“玄发离家事远游，春风归雁一声愁。”❺侍奉；供奉。李白《梦游天姥吟留别》：“安能摧眉折腰事权贵，使我不得开心颜。”元稹《贻蜀五首·韦兵曹臧文》：“处处侯门可曳裾，人人争事蜀尚书。”白居易《赠樊著作》：“阳城为谏议，以正事其君。”皮日休《怀华阳润卿博士三首》之一：“先生一向事虚皇，天市坛西与世忘。”❻从师求学。卢象《赠广川马先生》：“愿接诸生礼，三年事马融。”杨巨源《题赵孟庄》：“愿事郭先生，青囊书几卷。”❼谓出嫁。李端《杂歌》：“十三女儿事他家，颜色如花终索寞。”孟郊《去妇》：“一女事一夫，安可再移天。”李商隐《行次西郊作一百韵》：“生儿不远征，生女事四邻。”王贞白《妾薄命》：“薄命头欲白，频年嫁不成。秦娥未十五，昨晚事公卿。”❽景物。杜甫《北征》：“青云动高兴，幽事亦可悦。”❾量词。件。白居易《张常侍池凉夜闲宴赠诸公》：“对月五六人，管弦三两事。”

【事力】　实力；武力。薛能《题褒城驿池》：“清凉不散亭犹在，事力何销舫已无。”

【事不平】　参与打抱不平。李益《赴邠宁留别》：“侠少何相问，从来事不平。”

【事父】　侍奉父亲。陈子昂《座右铭》：“事父尽孝敬，事君端忠贞。”

【事四鄰】　侍奉四邻，意谓不远嫁。李商隐《行次西郊作一百韵》：“生儿不远征，生女事四邻。”

【事由】　事情的缘由。方干《感时三首》之一：“破除生死须齐物，谁向穹苍问事由。”

【事主】　❶侍奉主人。白居易《不能忘情吟》：“素事主十年，凡三千有六百日，巾栉之间，无违无失。”❷特指侍奉君主。崔融《哭蒋詹事俨》：“养亲先孝道，事主竭忠规。”李端《送王羽林往秦州》：“事主来中禁，荣亲上北堂。”

【事戎軒】　谓从军。魏征《述怀》：“中原初逐鹿，投笔事戎轩。”

【事伯鸞】　东汉孟光慕贫士梁鸿（字伯鸾）之贤，矢志要嫁梁鸿。婚后，相敬如宾，甘苦与共。见《后汉书·逸民·梁鸿传》。后用以作咏吟贤妻之典。刘长卿《送子婿崔真父归长城》：“送君卮酒不成欢，幼女辞家事伯鸾。”

【事佛】　尊奉佛教。张谓《送青龙一公》：“事佛轻金印，勤王度玉关。”齐己《荆门寄怀章供奉兼呈幕中知己》：“事佛门相似，朝天路不同。”

【事役】　为事务所役使。韩愈《南溪始泛三首》之三：“归时还尽夜，谁谓非事役。”

【事君】　侍奉君主。陈子昂《座右铭》：“事父尽孝敬，事君端忠贞。”张嘉贞《奉和早登太行山中言志应制》：“唯余事君节，不让古人先。”

【事事】　❶做事，从事。赵冬曦《和张燕公耗磨日饮》：“还将不事事，同醉俗中人。”皇甫澈《赋四相诗·门下侍郎平章事王缙》：“论道致巍巍，持衡无事事。”元稹《赛神》：“楚俗不事事，巫风事妖神。”❷每一件事，样样。刘禹锡《初至长安》：“不改南山色，其余事事新。”李郢《骊山怀古》之五：“当时事事笑秦皇，今日追思倍可伤。”皮日休《奉酬鲁望醉中戏赠》：“秦吴风俗昔难同，唯有才情事事通。”徐锴《同家兄哭乔侍郎》：“诸公长者郑当时，事事无心性坦夷。”

【事物】　犹言物产。张彧《赵郡南石桥铭》：“邮亭控引，事物殷富。”

【事宜】　事情的缘由。无名氏《朝士戏任毂》（卷八七二）：“云林应讶鹤书迟，自入京来探事宜。”

【事姑】　侍奉婆母。李颀《达奚吏部夫人寇氏挽歌》：“事姑称孝妇，生子继先贤。”

【事故】　事情，问题。白居易《对酒劝令公开春游宴》：“自去年来多事故，自今日去少交亲。”

【事俗】　从俗，与世俗相同。孟郊《看花》之三：“谏郎不事俗，黄金买高歌。”

【事烏】　视乌鸦为神物加以侍奉。元稹《春分投简阳明洞天作》：“乡味尤珍蛤，家神爱事乌。”

【事師】　侍奉老师。王建《送同学故人》：“各为四方人，此地同事师。”

【事神】　侍奉鬼神。李商隐《咏怀寄秘阁旧僚二十六韵》：“事神徒惕虑，佞佛愧虚辞。”

【事理】　事情的道理。白居易《早服云母散》：“净名事理人难解，身不出家心出家。”

【事國】　为国家效力。令狐楚《立秋日》：“事国终无补，还家未有期。”

【事勢】　犹事情。韩愈《赠侯喜》：“人间事势岂不见，徒自辛苦终何为?”

【事業】　❶做出的成就，功业。袁晖《奉和圣制送张尚书巡边》：“坐见威稜治，弥彰事业恢。”杜甫《上白帝城二首》之一：“英雄余事业，衰迈久风尘。”韩愈《县斋有怀》：“事业窥皋稷，文章蔑曹谢。”杜牧《登乐游原》：“看取汉家何事业，五陵无树起秋风。”❷从事工作。韦应物《答崔都水》：“终年不事业，寝食长慵顽。”❸犹才能。《语·唐末五代人语》：“及第不必读书，作官何须事业。”

【事跡】　过去所做过的比较重要的事情。崔国辅《漂母岸》：“事迹遗在此，空伤千载魂。”李白《金陵歌送别范宣》：“四十余帝三百秋，功名事迹随东流。”郑嵎《津阳门诗》：“开元到今逾十纪，当初事迹皆残隳。”

【事筵席】　置办酒席。柳宗元《田家三首》之一：“里胥夜经过，鸡黍事筵席。”

【事意】　犹事情。白居易《洛城东花下作》：“向后光阴促，从前事意忙。无因重年少，何计驻时芳。”

【事實】　史实，典故。皮日休《奉酬崔璐进士见寄次韵》：“句句考事实，篇篇穷玄虚。”

【事機】　行事的时机。张九龄《通化门送别》：“薄宦无时赏，劳生有事机。”

【事親】　侍奉父母。陈子昂《答洛阳主人》：“事亲恨未立，从宦此中州。”刘禹锡《敬宗睿武昭愍孝皇帝挽歌三首》之一：“事亲崇汉礼，传圣法殷家。”

【事職】　尽职，勤于职守。韩愈《崔十六少府摄伊阳以诗及书见投因酬三十韵》：“为官不事职，厥罪在欺谩。”

【事藝】　成事的本领。罗隐《钱》：“小人无事艺，假尔作梯媒。”

二　部

二〔èr《广韵》而至切,去至,日。〕❶数词。一加一之和。李峤《清明日龙门游泛》:"林窥二山动,水见千龛越。"吕温《郡内书怀寄刘连州窦夔州》:"我心常所慕,二郡老人知。"许浑《题崔处士山居》:"坐穷今古掩书堂,二顷湖田一半荒。"❷序数。第二。顾况《苔藓山歌》:"一如白云飞出壁,二如飞雨岩前滴。"卢仝《月蚀诗》:"一主刑,二主德,政乃举。"❸再;两次。杜甫《乾元中寓居同谷县作歌七首》之二:"呜呼二歌兮歌始放,闾里为我色惆怅!"张九龄《耒阳溪夜行》:"乘夕棹归舟,缘源二转幽。"孟郊《投所知》:"一说清嶰竹,二说变嶰谷。"❹两样;不同。吴筠《高士咏·韩康》:"卖药不二价,有名反深耻。"杜甫《送顾八分文学适洪吉州》:"三人并入直,恩泽各不二。"白居易《题道宗上人十韵》:"欲使第一流,皆知不二义。"❺不忠诚,怀疑。张昌宗《少年行》:"纵横意不一,然诺心无二。"

【二十八字】 即七绝。吴融有《薛舍人见征恩赐香并二十八字同寄》。齐己有《谢荆幕孙郎中见示乐府歌集二十八字》。

【二十八宿】 (宿 xiù)❶我国古代天文学家,把太阳和月亮所经天区的恒星分成二十八个星座,称为二十八宿。东西南北四方各有七宿,均有名称。诗文中常用以泛指天空群星。李贺《高轩过》:"二十八宿罗心胸,九精照耀贯当中。"卢仝《月蚀诗》:"三台文昌宫,作上天纪纲,环天二十八宿。"❷指东汉中兴二十八将。温庭筠《太液池歌》:"夜深银汉通柏梁,二十八宿朝玉堂。"

【二十三弦】 指二十三弦的瑟,见《吕氏春秋·古乐》。温庭筠《拂舞词》:"二十三弦何太哀,请公勿渡立徘徊。"

【二十三絲】 指"竖箜篌"。杜佑《通典》载:竖箜篌,胡乐也,汉灵帝好之,体曲而长,二十二弦。竖抱于怀中,用两手齐奏,俗谓之擘箜篌。二十三丝应为二十二之误。李贺《李凭箜篌引》:"十二门前融冷光,二十三丝动紫皇。"

【二十五老者】 指众多有智谋的长者。见汉刘向《说苑·尊贤》。李白《赠潘侍御论钱少阳》:"虽无二十五老者,且有一翁钱少阳。"

【二十五弦】 指二十五弦的瑟。见《汉书·郊祀志上》。钱起《归雁》:"二十五弦弹夜月,不胜清怨却飞来。"刘禹锡《调瑟词》:"朱弦二十五,缺一不成曲。"赵嘏《宿长水主人》:"行人一宿翠微月,二十五弦声满风。"

【二十五郎】 指邠王李承宁,善吹笛,排行二十五,故称。元稹《连昌宫词》:"飞上九天歌一声,二十五郎吹管逐。"

【二十四友】 指晋惠帝时会集于权贵贾谧门下的一帮文人。见《晋书·刘琨传》。韦应物《金谷园歌》:"嗣世衰微谁肯忧,二十四友日日空追游。"许浑《金谷园》:"二十四友一朝尽,爱妾坠楼何足言。"牛殳《琵琶行》:"当时二十四友人,手把金杯听不足。"

【二十四仙曹】 指唐尚书省属下各部曹。尚书省下分六部,每部四司,共二十四司,因称二十四仙曹。韦庄《南省伴直》:"文昌二十四仙曹,尽倚红檐种露桃。"

【二十四老翁】 指春秋鲁国宓子贱治理单父时曾得益于二十四位长者。即所父事者三人,所兄事者五人,所友事者十一人,另有贤于己者五人。事见《孔子家语·辩政》。高适《观李九少府翥树宓子贱神祠碑》:"宾从何逶迤,二十四老翁。"

【二十四神】 道教谓人体中有与自然界二十四节气相应的二十四神。即上景八神(脑、发、皮肤、目、项髓、膂、鼻、舌),中景八神(喉、肺、心、肝、胆、左肾、右肾、脾),下景八神(胃、穷肠、大小肠、胴、胸膈、两胁、左阴左阳、右阴右阳)。修道炼性时,每叩齿咽液,并呼各神名字。见《太微帝君二十四神回元经》。吕岩《五言》之十五:"二十四神清,三千功行成。"

【二十四氣】 即二十四节气。我国古代历法,根据太阳在黄道上的位置,把一年划分为立春、惊蛰等二十四个节气,以表明气候的变化。吕岩《敲爻歌》:"五行数内一阳生,二十四气排珠宴。"

【二十四橋】 扬州名胜。故址在今江都区西郊。诗文中多用以指代扬州景物。杜牧《寄扬州韩绰判官》:"二十四桥明月夜,玉人何处教吹箫。"韦庄《过扬州》:"二十四桥空寂寂,绿扬摧折旧官河。"

【二十四巖】 岩石群名。在江西贵溪西南道教圣地龙虎山。王贞白《仙岩二首》之一:"二十四岩天上,一鸡啼破晴云。"

【二八】 ❶古乐舞分二列，每列八人。《左传·襄公十一年》："女乐二八。"太宗《帝京篇十首》之九："建章欢赏夕，二八尽妖妍。"刘禹锡《福先寺雪中酬别乐天》："二八笙歌云幕下，三千世界雪花中。"温庭筠《感旧陈情五十韵献淮南李仆射》："黛蛾陈二八，珠履列三千。"❷十六岁。谓青春年少，多指女子。吴少微《怨歌行》："自谓二八时，歌舞入汉宫。"顾况《悲歌》之四："美人二八面如花，泣向春风畏花落。"白居易《秦中吟十首·议婚》："见人不敛手，娇痴二八初。"段成式《汉宫词二首》之二："二八能歌得进名，人言选入便光荣。"❸农历每月十六日。刘方平《代宛转歌二首》之一："星参差，明月二八灯五枝。"权德舆《秋闺月》："三五二八月如练，海上天涯应共见。"令狐楚《八月十七日夜书怀》："三五既不留，二八又还过。"李商隐《昨日》："二八月轮蟾影破，十三弦柱雁行斜。"❹十六扇；十六次。刘禹锡《白舍人曹长寄新诗因以戏酬》："二八城门开道路，五千兵马引旌旗。"白居易《宿清源寺》："尔来几何岁，溪草二八绿。"❺指正当青春的女子。杜审言《代张侍御伤美人》："二八泉扉掩，帷屏宠爱空。"李颀《缓歌行》："二八蛾眉梳堕马，美酒清歌曲房下。"温庭筠《寒食节日寄楚望二首》之一："繁花如二八，好月当三五。"阎德隐《薛王花烛行》："盈盈二八谁家子，红粉新妆胜桃李。"

【二九】 即十八。韦应物《经武功旧宅》："历载俄二九，始往今来复。"

【二三】 约数，或二或三。表示较少的数目。杜甫《洗兵马》："二三豪俊为时出，整顿乾坤济时了。"李益《自朔方还三门避暑》："英英二三彦，襟旷去烦扰。"白居易《想东游五十韵》："平河七百里，沃壤二三州。"徐铉《送许郎中歙州判官兼黟县》："大抵宦游须自适，莫辞离别二三年。"

【二三子】 ❶诸君，各位。骆宾王《叙寄员半千》："寄言二三子，生死不来旋。"孟浩然《洗然弟竹亭》："吾与二三子，平生结交深。"元结《游石溪示学者》："岂忘二三子，旦夕相勉励。"齐己《寄勉二三子》："不见二三子，悠然吴楚间。"❷几个人。储光羲《同诸公秋霁曲江俯见南山》："吾党二三子，萧辰怡性情。"韩愈《此日足可惜赠张籍》："我友二三子，宦游在西京。"元稹《台中鞫狱忆开元观旧事呈损之兼赠周兄四十韵》："穿杨二三子，弓矢次第弯。"

【二三君子】 犹言诸君。包佶《戏题诸判官厅壁》："六十老翁无所取，二三君子不相遗。"

【二千】 二千石的省称。指太守。欧阳詹《益昌行》："乃知良二千，德足为国华。"参见"二千石❶"。

【二千石】 ❶汉代内自九卿郎将，外至郡守的俸禄等级，均为二千石。参阅《汉书·百官公卿表》。卢照邻《行路难》："自昔公卿二千石，咸拟荣华一万年。"唐代改郡为州，因以"二千石"称刺史。卢藏用《钱唐州高使君赴任》："从来二千石，天子命唯良。"杜甫《寄裴施州》："尧有四岳明至理，汉二千石真分忧。"白居易《咏怀》："昔为凤阁郎，今为二千石。"杜牧《自遣》："还称二千石，于我意何如。"❷重量，极言其多。李白《江夏赠韦南陵冰》："愁来饮酒二千石，寒灰重暖生阳春。"

【二女】 指传说中尧的二女娥皇、女英。见刘向《列女传·有虞二妃》。张说《岳州观竞渡》："土尚三闾俗，江传二女游。"陈羽《湘妃怨》："九山沉白日，二女泣沧洲。"李涉《鹧鸪词二首》之一："二女空垂泪，三闾枉自沉。"李群玉《湖中古愁三首》之三："南云哭重华，水死悲二女。"参见"二妃"。

【二女庙】 即二妃庙。张泌《晚次湘源县》："二女庙荒汀树老，九疑山碧楚天低。"参见"二妃庙"。

【二天】 ❶用以称颂德政，见《后汉书·苏章传》。张说《东都酺宴》："二天资广运，两曜益齐明。"方干《献浙东王大夫二首》之一："四方皆是分忧寄，独有东南戴二天。"黄滔《贺清源仆射新命》："二天在顶家家咏，丹凤衔书岁岁来。"❷对正直贤明官吏的美称。杜甫《江亭王阆州筵饯萧遂州》："二天开宠饯，五马烂生光。"刘商《送庐州贾使君拜命》："二天移外府，三命佐元勋。"贯休《上杜使君》："严霜与美雨，皆从二天落。"❸称颂恩惠的施予者。翁承赞《奉使封王次宜春驿》："不因列土封千乘，争得衔恩拜二天。"

【二王】 指晋书法家王羲之、献之父子。后以"二王"称美精于书法。罗隐《寄酬邺王罗令公五首》之一："书札二王争巧拙，篇章七子避风流。"

【二中】 趋向两个目标。见汉董仲舒《春秋繁露·天道无二》。武三思《秋日于天中寺寻复礼上人》："理诣归一处，心行不二中。"

【二毛】 ❶斑白的头发。语出《左传·僖公二十二年》。张说《岳州山城》："书观千载近，学静二毛深。"吕温《道州敬酬何处士书情见赠》："期君自致青云上，不用伤心叹二毛。"张籍《咏怀》："老去多悲事，非唯见二毛。"韩偓《夏课成感怀》："谁怜愁苦多衰改，未到潘年有二毛。"❷指头发斑白的老人。杜甫《得家书》："二毛趋帐殿，一命侍鸾舆。"耿湋《同李端春望》："二毛羁旅尚迷津，万井莺花雨后春。"鲍溶《代楚老酬主人》："二毛去天远，几日人间客？"

【二午】 指初午、正午。吴仁璧《读度人经寄郑仁表》："二午九斋余日在，请君相伴醉如泥。"

【二分】 （—fēn）犹言两份。白居易《曲江忆元九》："春来无伴闲游少，行乐三分减二分。"徐凝《忆扬州》："天下三分明月夜，二分无赖是扬州。"又《上阳红叶》："洛下三分红叶秋，二分翻作上阳愁。"亦用以指美好的景色。薛能《中秋夜寄李溟》："待赏从初出，看行过二分。"

【二公子】　指夷吾、重耳。春秋时晋献公的儿子。岑参《骊姬墓下作》："欲吊二公子，横汾无轻舟。"

【二斗】　指南斗与北斗。皎然《答裴集阳伯明二贤用酬两作》："星文齐七政，天轴明二斗。"

【二世】　❶两代。温庭筠《春江花月夜词》："杨家二世安九重，不御华芝嫌六龙。"罗隐《秦望山僧院》："霸主卷衣才二世，老僧传锡已千秋。"刘兼《蜀都道中》："李特后来多二世，纳降归拟尽公卿。"❷指秦二世皇帝胡亥。元稹《四皓庙》："赵高杀二世，先生如不闻。"白居易《答四皓庙》："秦皇肆暴虐，二世遘乱离。"胡曾《咏史诗·咸阳》："一朝阎乐统群凶，二世朝廷扫地空。"

【二主】　二位主君。古称诸侯为社稷主，天子为天下主。(1)指秦皇与汉武。韩愈《谢自然诗》："秦皇虽笃好，汉武洪其源；自从二主来，此祸竟连连。"(2)指秦昭王与赵惠文王。吴融《过渑池书事》："相如忠烈千秋断，二主英雄一梦归。"

【二老】　❶尊称同时或异代齐名的两位长者。(1)指伯夷、吕望。见《孟子·离娄上》。周昙《咏史诗·三代门·文王》："二老五侯何所诈，不归商受尽归周。"(2)指老子、老莱子。皮日休《孙发百篇将游天台因以送之》："因逢二老如相问，正滞江南为鲍鱼。"(3)指力牧、太山稽。传黄帝治天下，而力牧、太山稽辅之。刘复《游仙》："二老佐轩辕，移戈戮蚩尤。"❷指父母。许浑《送人之任邛州》："群童竹马交迎日，二老兰觞初见时。"❸泛指两位老人。杜甫《寄赞上人》："与子成二老，来往亦风流。"

【二臣】　❶指黄帝臣风后与力牧。玄宗《左丞相说右丞相璟太子少傅乾曜同日上官命宴东堂赐诗》："赤帝收三杰，黄轩举二臣。"❷指周代的吕侯和申侯。王维《奉和圣制登降圣观与宰臣等同望应制》："维岳降二臣，戴天临万姓。"

【二百州】　指函谷关以东地区。杜甫《兵车行》："君不闻汉家山东二百州，千村万落生荆杞。"

【二兇】　两个恶人。元稹《宪宗章武孝皇帝挽歌词三首》之二："二凶枭帐下，三叛斩都中。"杜牧《李甘诗》："吾君不省觉，二凶日威武。"

【二仲】　指汉羊仲、裘仲。后用以指廉洁隐逸之士。岑参《因假归白阁西草堂》："幸有数亩田，得延二仲踪。"钱起《宿毕侍御宅》："心惟二仲合，室乃一瓢空。"耿沣《春日即事》："室与千峰对，门唯二仲过。"权德舆《太原郑尚书远寄新诗因代书贺》："昔岁经过同二仲，登朝并命惭无用。"

【二江】　指四川境内之郫江、流江。见《史记·河渠书》。骆宾王《畴昔篇》："寒光千里暮，露气二江秋。"杜甫《大雨》："三日无行人，二江声怒号。"张籍《送客游蜀》："行尽青山到益州，锦城楼下二江流。"李洞《秋宿梓州牛头寺》："窗闻二江冷，帘卷半空秋。"

【二妃】　指舜之妻娥皇、女英。见汉刘向《列女传·有虞二妃》。传说舜南巡，二妃追踪至洞庭，闻舜死于苍梧，乃南望痛哭，自投湘水，死后为湘水之神。宋之问《桂州黄潭舜祠》："禋祭忽群望，丹青图二妃。"崔曙《同诸公谒启母祠》："岂但湘江口，能令怀二妃。"刘禹锡《清湘词二首》之一："君问二妃何处所，零陵香草雨中收。"刘沧《江楼月夜闻笛》："河汉夜阑孤雁度，潇湘水阔二妃愁。"

【二妃祠】　即二妃庙。罗隐《秋日怀孟夷庚》："江山三楚分，风雨二妃祠。"参见"二妃廟"。

【二妃廟】　即黄陵庙。在湖南湘阴北四十里。见北魏郦道元《水经注·湘水》。传说舜妃娥皇、女英投湘水而死，楚人为之立祠于洞庭湖滨黄陵(一名湘山)上，当作湘水女神祭祀。元稹《奉和窦容州》："斑竹初成二妃庙，碧莲遥耸九疑峰。"宋之问有《谒二妃庙》。李颀有《二妃庙送裴侍御使桂阳》。李群玉有《题二妃庙》。

【二更】　指晚上九时至十一时。又称二鼓。王维《秋夜独坐》："独坐悲双鬓，空堂欲二更。"刘得仁《秋夜寄友人二首》之一："永夜无他虑，长吟毕二更。"成彦雄《除夜》："吟鬓就中专拟白，那堪更被二更催。"

【二酉】　指大酉、小酉二山。在今湖南省沅陵县西北。小酉山上石穴中有书千卷，相传秦人于此而学。后即以"二酉"称藏书丰富。陆龟蒙《寄淮南郑宝书记》："五丁驱得神功尽，二酉搜来秘检疏。"

【二見】　佛家语。一为"常见"，谓人死后灵魂常住；一为"断见"，谓人死后一切皆无。亦称"有见"和"无见"。顾况《独游青龙寺》："乘兹第八识，出彼超二见。"

【二伯】　指主持国政的重臣。见《礼记·王制》。李逢吉《奉酬忠武李相公见寄》："黄阁碧幢惟是俭，三公二伯未为荣。"皮日休《九夏歌九篇》之九："出作二伯，天子是毗。"

【二妙】　❶指晋卫瓘、索靖。见《晋书·卫瓘传》。李瀚《蒙求》："瓘靖二妙，岳湛连璧。"❷称同时以才艺著名的二人。沈佺期《夏日都门送司马北征》："复言征二妙，才命重当时。"钱起《赋得青城山歌送杨杜二郎中赴蜀军》："星台二妙逐王师，阮瑀军书王粲诗。"元稹《酬乐天东南行诗一百韵》："二妙驰轩陛，三英咏袴襦。"

【二阮】　指晋阮籍与其侄阮咸。均为竹林七贤中人。孙逖《晦日与卢舍人同诣补阙城南林园》："欲尽三春赏，还钦二阮才。"皎然《送德守二叔侄上人还国清寺觐师》："道贤齐二阮，俱向竹林归。"

【二林】　庐山东林寺、西林寺的合称。郑谷《题兴善寺》："寺在帝城阴，清虚胜二林。"李咸用《和修睦上人听猿》："此宵秋欲半，山在二林西。"齐己《东林雨后望香炉峰》："二林多长老，谁忆上头禅。"亦用以泛指庐山一带。白居易《浔阳秋怀赠许明府》："霜红二林叶，风白九江波。"

【二林寺】　东林寺及西林寺。白居易《春游二林寺》："下马二林寺，翛然进轻策。"又有《春忆二林寺旧游因寄朗满晦三上人》。

【二門】　❶两种途径。刘允济《经庐岳回望江州想洛川有作》："地入天子都，岩有仙人药；二门几迢递，三宫何倏忽。"❷两样结局。聂夷中《过比干墓》："乾纲既一断，贤愚无二门。"

【二物】　❶谓阴阳。语出《左传·昭公二十五年》。吕岩《七言》之十八："二物会时为道本，五方行尽得丹名。"❷两种事物。韦应物《赠李儋》："丝桐本异质，音响合自然。吾观造化意，二物相因缘。"卢仝《听萧君姬人弹琴》："弹琴人似膝上琴，听琴人似匣中弦。二物各一处，音韵何由传。"白居易《朱藤杖紫骢吟》："天生二物济我穷，我生合是栖栖者。"

【二季】　指兄弟。李白《答从弟幼成过西园见赠》："二季过旧壑，四邻驰华轩。"

【二京】　唐以长安为西京，洛阳为东京，合称二京。玄宗《潼关口号》："河曲回千里，关门限二京。"杜甫《赠左仆射郑国公严公武》："感激动四极，联翩收二京。"舒元舆《八月五日中部官舍读唐历天宝已来追怆故事》："两河连烟尘，二京成瓦砾。"郑谷《荔枝树》："二京曾见画图中，数本芳菲色不同。"刘长卿有《闻王师收二京》。

【二宗禪】　谓南宗禅与北宗禅。我国佛家禅宗的两个派别。南宗为慧能所创，主"顿悟说"，行于南方；北宗为神秀所创，主"渐悟说"，行于北方。韩偓《访明公大德》："刮膜且扬三毒论，摄心徐指二宗禅。"

【二南】　《诗经》中《周南》和《召南》二篇的合称。许敬宗《奉和登陕州城楼应制》："眷念三阶静，遥想二《南》风。"刘禹锡《赴苏州酬别乐天》："二《南》风化承遗爱，八咏声名蹑后尘。"殷文圭《寄贺杜荀鹤及第》："九子旧山增秀绝，二《南》新格变风骚。"齐己《谢高辇先辈寄新唱和集》："二《南》风雅道，从此化东周。"

【二柄】　谓进退两途。杜甫《早发》："贱子欲适从，疑误此二柄。"

【二相】　左、右二丞相。指张说、宋璟。张为左丞相，宋为右丞相。徐安贞有《奉和圣制答二相出雀鼠谷》。亦泛指左右丞相。黄滔《寄陈侍御》："千年二相未全夸，犹阙闽城贺降麻。"

【二星】　❶即二使星。见《后汉书·李郃传》。后因用为使者的代称。孔德绍《送蔡君知入蜀二首》之一："灵关九折险，蜀道二星遥。"张说《送王尚一严嶷二侍御赴司马都督军》："明年春酒熟，留酌二星归。"元稹《骆口驿二首》之二："二星徼外通蛮服，五夜灯前草御文。"杜牧《奉和门下相公送西川相公出镇全蜀诗十八韵》："前驱二星去，开险五丁忙。"❷指牵牛织女二星，比喻夫妇。刘长卿《哭张员外继》："二星来不返，双剑没相随。"

【二秋】　❶指孟秋与仲秋，即农历七月、八月。任希古《和长孙秘监七夕》："二秋叶神媛，七夕望仙妃。"❷指两年。杜甫《八哀诗·故秘书少监武功苏公源明》："忧愤病二秋，有恨石可转。"

【二帝】　❶指唐尧、虞舜。皮日休《泰伯庙》："载造文明追二帝，尚余揖让补三王。"❷指玄宗、肃宗。李白《永王东巡歌十一首》之五："二帝巡游俱未回，五陵松柏使人哀。"

【二室】　指中岳嵩山的太室、少室二山。姚崇《奉和圣制夏日游石淙山》："二室三涂光地险，均霜揆日处天中。"李白《赠嵩山焦炼师》："二室凌青天，三花含紫烟。"贾岛《洛阳道中寄弟》："密云埋二室，积雪度三川。"许浑《贺少师相公致政》："门临二室留侯隐，棹倚三川越相归。"

【二郎】　指排行第二的男子。白居易《闻龟儿咏诗》："莫学二郎吟太苦，才年四十鬓如霜。"

【二神】　阴阳之神。见《淮南子·精神训》。杜审言《七夕》："天衔七襄转，阁道二神过。"

【二紀】　一纪十二年，二纪二十四年。亦约指二十余年。萧颖士《留别二三子得韵字》："二纪尚雌伏，徒然忝先进。"权德舆《送少清赴润州参军因思练旧居》："二纪乐箪瓢，烟霞暮与朝。"张乔《送朴充侍御归海东》："天涯离二纪，阙下历三朝。"韩偓《与吴子华因成长句四韵兼呈诸同年》："二纪计偕劳笔研，一朝宣入掌丝纶。"

【二起居】　指起居郎与起居舍人。唐代于门下省置起居郎二员，录天子之言动法度，以修记事之史。于中书省置起居舍人二员，录天子之制诰德音，掌修记言之史。见《旧唐书·职官志二》。杨巨源有《和卢谏议朝回书情即事寄两省阁老兼呈二起居谏院诸院长》。

【二桃】　两只桃子。春秋时，齐相晏婴，设计让齐景公以二桃赐三勇士，使其争功而先后自杀。见《晏子春秋·谏下二》。李白《梁甫吟》："力排南山三壮士，齐相杀之费二桃。"参见"二桃殺三士"。

【二桃殺三士】 春秋齐景公时，有公孙接、田开疆、古冶子三勇士，恃功骄傲。齐相晏婴劝景公除掉他们，让景公赐给他们两只桃子，论功而食。三人因此争论起来，先后自杀。事见《晏子春秋·谏下二》。后用以比喻施阴谋杀人。李白《惧谗》："二桃杀三士，讵假剑如霜。"

【二真】 指天台山二仙女。见《法苑珠林》卷四一引《幽明录》。薛莹《访武陵道者不遇》："二真无问处，虚度武陵溪。"

【二時】 ❶犹两季。杜甫《沙苑行》："骕骦一骨独当御，春秋二时归至尊。"❷指一天内的两段时间。鲍溶《长安言怀》："二时昼夜等，百岁讵几何！"

【二氣】 指阴、阳；天地。李白《改九子山为九华山联句》："妙有分二气，灵山开九华。"吴筠《步虚词十首》之十："二气播万有，化机无停轮。"韩愈《题杜工部坟》："何人凿开混沌壳？二气由来有清浊。"方干《早发洞庭》："长天接广泽，二气共含秋。"

【二庭】 唐代指西突厥分裂后的南北二部。见《新唐书·突厥传下》。乔知之《拟古赠陈子昂》："别离三河间，征战二庭深。"李峤《奉使筑朔方六州城率尔而作》："二庭已顿颡，五岭尽来王。"沈佺期《塞北二首》之一："二庭无岁月，百战有功勋。"岑参《登北庭北楼呈幕中诸公》："二庭近西海，六月秋风来。"

【二宫】 指唐玄宗李隆基与肃宗李亨。古代常用宫室代指住在其中的人。杜甫《八哀诗·故司徒李公光弼》："二宫泣西郊，九庙起颓压。"

【二陝】 指陕东与陕西。相传周初周公召公分治二陕。陕以东周公治之，陕以西召公治之。陕，即今河南陕县。见《公羊传·隐公五年》。李峤《送光禄刘主簿之洛》："函谷双崤右，伊川二陕东。"孙逖《和左司张员外自洛使入京赠韦侍御等诸公》："二陕听风谣，三秦望形胜。"李频《岐山逢陕下故人》："三秦一会面，二陕久分携。"无可《送姚中丞赴陕州》："二陕周分地，恩除左掖臣。"

【二教】 指佛教、道教。信安王李祎《石桥》："二教无先后，一相平而直。"李涉《酬举生许遇山居》："不似本宗疏二教，许过云壑访潜夫。"李洞《赠三惠大师》："枫猿峤角别多时，二教兼修内学师。"

【二麥】 指大麦和小麦。鲍溶《送王炼师》："尽日一川侵草绿，回车二麦绕山黄。"

【二崤】 即崤山。又名嵚崟山，山分东崤与西崤，故称二崤。参见《元和郡县志·河南道一》。岑参《虢中酬陕西甄判官见赠》："分陕振鼓鼙，二崤满旌旗。"陆龟蒙《奉和袭美新秋言怀三十韵次韵》："旧友怀三益，关山阻二崤。"因山势峻绝，亦用以喻宦途险恶。皮日休《新秋言怀寄鲁望三十韵》："时事方千蝎，公途正二崤。"

【二條】 两头通达的道路。卢照邻《宴梓州南亭得池字》："二条开胜迹，大隐叶冲规。"

【二頃田】 喻指赖以谋生的产业。见《史记·苏秦列传》。李白《笑歌行》："张仪所以只掉三寸舌，苏秦所以不垦二顷田。"权德舆《数名诗》："二顷季子田，岁晏常自足。"亦省作"二顷"。权德舆《拜昭陵过咸阳墅》："季子乏二顷，扬雄才一廛。"

【二卿】 指中书令和侍中。唐初，中书省和门下省为中央决策机构。两省长官实居宰相之职。中书令为中书省长官称西台右相，侍中为门下省长官称东台左相。后因以"二卿"谓宰相。参见《旧唐书·职官志二》《新唐书·百官志一》。权德舆《仲秋朝拜昭陵》："礼承三公重，心愧二卿禄。"

【二許】 指东晋精通道家学说的许映、许穆父子。许映一名许迈。《晋书》有传。皮日休《送董少卿游茅山》："名卿风度足杓斜，一舸闲寻二许家。"

【二梁冠】 即进贤冠。以冠上梁数区分官职级别。见《旧唐书·舆服志》。皮日休《添渔具诗·箬笠》："纵带二梁冠，终身不忘尔。"

【二密】 佛家语。日本天台宗所传之密教立有二密：理密，说圆融不离之理者；事密，说如来身口意之秘密者。贯休《题弘式和尚院兼呈杜使君》："二雅兼二密，愔愔祇自怡。"

【二張】 ❶指武则天的宠臣张易之、张昌宗兄弟。杜甫《八哀诗·赠秘书监江夏李公邕》："否臧太常议，面折二张势。"见《新唐书·文艺中·李邕传》。❷指张彻及弟张复。张彻，元和四年进士，累官至范阳府监察御史。张复，元和元年进士，后为元稹从事。白居易《醉后走笔酬刘五主簿长句之赠兼简张大贾二十四先辈昆季》："二张得隽名居甲，美退争雄重告捷。"

【二習】 指东晋习凿齿父子。陆龟蒙《读襄阳耆旧传因作诗五百言寄皮袭美》："三胡节皆峻，二习名亦茂。"

【二陸】 指晋朝陆机、陆云。见《晋书·陆云传》。后因用以称美兄弟二人并有文才。高适《酬裴员外以诗代书》："兄弟真二陆，声名连八裴。"刘长卿《客舍赠别韦九建赴任河南韦十七造赴任郑县就便觐省》："香名冠二陆，精鉴逢山涛。"喻凫《送石贲归吴兴》："洛中推二陆，莫久恋乡关。"李群玉《送处士自番禺东游便归苏台别业》："二陆文苑秀，岧峣怀所钦。"

【二陵】 即二崤。见《左传·僖公三十二年》。徐贤妃《秋风函谷应诏》："偃松千岭上，杂雨二陵间。"崔曙《九日登望仙台呈刘明府容》："三晋云山皆北向，二陵风雨自东来。"皇甫冉《之京留别刘方平》："迟回越二陵，回首但苍茫。”鲍溶《送王损之秀才赴举》：“平沙大河急，细雨二陵秋。”

【二景】 ❶指日、月。顾况《上古之什补亡训传十三章·陵霜之华》：“二景如璧，五星如珠，陵霜之华兮，何不妄敷。”韦渠牟《步虚词十九首》之三：“三才闲布象，二景郁生光。”郑畋《题缑山王子晋庙》：“二景神光秘，三元宝篆饶。”❷借指秦始皇之车驾。曹邺《秦后作》：“鼙鼓裂二景，妖星动中国。”

【二華】 指太华、少华二山。西岳华山主峰一称太华山，在陕西省华阴县西南，其西为少华山，一称小华山，在陕西省华县东南。袁朗《和洗掾登城南坂望京邑》：“二华连陌塞，九陇统金方。”孔德绍《行经太华》：“山昏五里雾，日落二华阴。”李林甫《奉和圣制次琼岳应制》：“云收二华出，天转五星来。”郑谷《渭阳楼闲望》：“千重二华见皇州，望尽凝岚即此楼。”

【二雅】 《诗经》中《大雅》《小雅》的合称。韩愈《石鼓歌》：“陋儒编诗不收入，二《雅》褊迫无委蛇。”潘述《讲古文联句》：“降及三祖，始变二《雅》。”亦泛指古诗。曹邺《寄监察从兄》：“因为二雅诗，出语有性灵。”许棠《送刘校书游东鲁》：“才偏精二雅，分合遇诸侯。”杜荀鹤《赠休禅和》：“只道诗人无佛性，长将二雅入三乘。”

【二喬】 即大乔、小乔姐妹。分嫁孙策和周瑜。乔，一作“桥”。见《三国志·吴志·周瑜传》。杜牧《赤壁》：“东风不与周郎便，铜雀春深锁二乔。”

【二湖】 指洞庭湖。洞庭湖由青草、洞庭二湖组成，故称。张说《岳州西城》：“西江三纪合，南浦二湖连。”

【二絲】 指斑白的头发。杨志坚《送妻》：“平生志业在琴诗，头上如今有二丝。”

【二疏】 指汉宣帝时疏广及其侄疏受。广为太傅，受为少傅。同时以年老辞官，公卿大夫在东都门外，设祖道饯行。时人称赞。见《汉书·疏广传》。吴筠《览古十四首》之十：“二疏返海滨，蒋诩归林园。”白居易《长乐亭留别》：“优诏幸分四皓秩，祖筵惭继二疏欢。”蒋防《题杜宾客新丰里幽居》：“退迹依三径，辞荣继二疏。”胡曾《咏史诗·东门》：“何人知足反田庐，玉管东门饯二疏。”

【二隅】 两边，指僻远地区。徐夤《依韵赠严司直》：“沧海二隅身渐老，太行千叠路难行。”

【二葉】 指再生的叶子。李商隐《和韦潘前辈先寄上李使君》：“桂含爽气三秋首，蓂吐中旬二叶新。”

【二聖】 犹二帝。圣，君主时代对帝王的尊称。(1)指武后与中宗。邵昇《奉和初春幸太平公主南庄应制》：“二圣忽从鸾殿幸，双仙正下凤楼迎。”❷指玄宗与肃宗。李白《经离乱后天恩流夜郎忆旧游书怀赠江夏韦太守良宰》：“二圣出游豫，两京遂丘墟。”杜甫《往在》：“不知二圣处，私泣百岁翁。”韩愈《奉和杜相公太清宫纪事陈诚上李相公十六韵》：“四真皆齿列，二圣亦肩差。”

【二廉士】 指伯夷、叔齐。商末孤竹君之二子。孤竹君死后，都不愿继位。武王伐纣时，二人曾叩马谏阻。商亡后，耻食周粟，饿死。见《史记·伯夷列传》。陈陶《悲哉行》：“悲哉二廉士，饿死于首阳。”

【二蜀】 指古时蜀地。即今四川省。项斯《闻蝉》：“一棹三湘浪，单车二蜀尘。”

【二辟】 (一bì)犹复审，再审。虞世南《赋得慎罚》：“五疵过亦察，二辟理弥精。”吴筠《览古十四首》之十：“李斯佐二辟，巨衅钟其门。”

【二遠】 指两个远离的人。刘沧《留别复本修古二上人》：“二远相知是昔年，此身长寄礼香烟。”

【二臺】 唐御史台分左、右二台，右台为监察御史，左台为殿中侍御史；殿中侍御史高于监察御史。刘怀一《赠右台监察邓茂迁左台殿中》：“入仕光三命，迁荣历二台。”

【二端】 两种主意。任翻《洛阳道》：“二端立在途，奔走无由了。”

【二漳】 指漳河上游的清漳、浊漳二河。皆发源于山西省南部。骆宾王《送宋五之问得凉字》：“愿言游泗水，支离去二漳。”

【二輪】 喻日、月。刘驾《励志》：“白发岂有情，贵贱同日生。二轮不暂驻，似趁长安程。”

【二豎】 喻指所患疾病，见《左传·成公十年》。杜甫《八哀诗·赠左仆射郑国公严公武》：“炯炯一心在，沉沉二竖婴。”

【二賢】 ❶尊称以品德或才学著名的两位先辈。(1)指春秋越范蠡与战国齐鲁仲连。皎然《苕溪草堂简潘丞述汤评事衡四十三韵》：“二贤兼彼才，晚节何感激。”(2)指晋潘岳与陶潜。李益、广宣《兰陵僻居联句》：“潘岳闲居赋，陶潜独酌谣。二贤成往事，三径是今朝。”贾岛《清明日园林寄友人》：“杜草开三径，文章忆二贤。”❷誉称自己推重的二位友人。韦嗣立《奉和张岳州王潭州别诗二首》之二：“昔时陪二贤，缨冕会神仙。”权德舆《奉和许阁老酬淮南崔十七端公见寄》：“二贤欢最久，三益义非无。”张贲《和皮陆酒病偶作》：“难继二贤金玉唱，可怜空作断猿声。”

【二篆】 指大篆、小篆。杜甫《李潮八分小篆歌》：“陈仓石鼓又已讹，大小二篆生八分。”

【二儀】 ❶指天地。虞世南《赋得慎罚》：“道冠二仪始，风高三代英。”寒山《诗三百三首》之二五二：“二仪既开辟，人乃居其中。”杜甫《临邑舍弟书至苦雨因寄此诗用宽其意》：“二仪积风雨，百谷漏波涛。”李咸用《物情》："谁分万类二仪间，禀性高卑各自然。"❷指日、月。太宗皇帝《咏司马彪续汉志》："二仪初创象，三才乃分位。"刘禹锡《奉和中书舍人玩月二十韵》："二仪含皎澈，万象共澄鲜。"方干《送僧日本》："四极虽云共二仪，晦明前后即难知。"李敻《恒岳晨望有怀》："二仪均四序，五岳分九州。"

【二廢帝】　即南朝宋前废帝刘子业及后废帝刘昱。周昙有《咏史诗·六朝门·二废帝》。

【二鮑】　指东汉之鲍永、鲍恢。以严正刚直、不畏权贵著称。见《后汉书·鲍永传》。李瀚《蒙求》："三王尹京，二鲍纠慝。"

【二諾】　谓轻作许诺。魏征《述怀》："季布无二诺，侯嬴重一言。"李白《寻阳送弟昌峒鄱阳司马作》："一睹无二诺，朝欢更胜昨。"

【二諦】　佛家语。指真谛和俗谛。凡随顺世俗，说现象之幻有，为俗谛；凡开示佛法，说理性之真空，为真谛。二谛相互联系，为大乘佛教基本原则之一。顾况《从江西至彭蠡人浙西淮南界道中寄齐相公》："能依二谛法，了达三轮空。"欧阳衮《月峰寺忆理公》："二谛欣咨启，还应梦寐通。"

【二親】　指父母。李中《捧宣头许归侍养》："泥书捧处圣恩新，许觐庭闱养二亲。"贯休《行路难》："或偶因片言只字登第光二亲，又不能献可替否航要津。"

【二龍】　称美并有才名的两兄弟，见《后汉书·许劭传》。孙逖《送靳十五侍御使蜀》："西南一何幸，前后二龙来。"李白《送二季之江东》："多惭一日长，不及二龙贤。"清江《喜严侍御蜀还赠严秘书》："多羡二龙同汉代，绣衣芸阁共荣亲。"李洞《越公上人洛中归寄南孟家兄弟》："洛下因归去，关西忆二龙。"

【二簋】　谓祭品简约。簋，古代祭祀宴享盛黍稷的器皿。《郊庙歌辞·享隐太子庙乐章·诚和》："礼亚六瑚，诚殚二簋。"《郊庙歌辞·褒德庙乐章·昭德》："享洽四时，规陈二簋。"

【二謝】　指南朝宋谢灵运与南朝齐谢朓。杜甫《解闷十二首》之七："孰知二谢将能事，颇学阴何苦用心。"

【二曜】　指日月。阎朝隐《奉和九日幸临渭亭登高应制得筵字》："文章二曜动，气色五星连。"豆卢回《登乐游原怀古》："二曜屡回薄，四时更凉温。"

【二鯉魚】　即双鲤鱼。《文选·古乐府〈饮马长城窟行〉》："客从远方来，遗我双鲤鱼。呼儿烹鲤鱼，中有尺素书。"后因以双鲤鱼指书信。鲍溶《秋夜对月怀李正封》："主奉二鲤鱼，中含五文章。"

【二難】　(一nán)❶两件难事。见《左传·襄公十年》。太宗皇帝《执契静三边》："衣宵寝二难，食旰餐三惧。"❷谓兄弟皆佳，难分高低。语出南朝宋刘义庆《世说新语·德行》。包何《和苗员外寓直中书》："朝列称多士，君家有二难。"❸指贤主嘉宾，二者难以并得。王勃《滕王阁》序："四美具，二难并。"罗隐《暇日感怀因寄同院吴蜕拾遗》："今日二难俱大夜，当时三幅谩高才。"

【二嚴】　指严士元、严士良兄弟。冯翊临晋人。士元历京兆府户曹掾、殿中侍御史、刑部郎中等职，以雅尚儒学选国子司业。建中时，因亲累贬潮州司户，后任郴州刺史，累加朝散大夫，封冯翊县男。贞元八年卒，年六十五岁。士良于贞元初为婺州刺史，十一年在江州刺史任。韦应物有《寄二严》。

【二靈】　指牵牛、织女二星。刘宪《奉和七夕宴两仪殿应制》："秋吹过双阙，星仙动二灵。"

【二靈橋】　即鹊桥。神话中说牛郎、织女每年七月七夕相会，群鹊衔接为桥以渡银河。李乂《侍宴安乐公主山庄应制》："野外初迷七圣道，河边忽睹二灵桥。"参见"二靈"。

一　画

于[1]　〔yú《广韵》羽俱切，平虞，云。〕❶往，去。《诗·小雅·雨无正》："维曰于仕，孔棘且殆。"毛传："于，往也。"萧颖士《蒙山作》："于役劳往还，息徒暂攀跻。"参见"于役"。❷介词。(1)犹在。萧颖士《菊荣一篇五章》之二："采采者菊，于邑之城。"息夫牧《冬夜宴萧十丈因饯殷郭二子西上》："有琴斯鸣，于宰之庭。"柳宗元《奉平淮夷雅表·皇武》："宛宛周道，于山于川。"(2)用，以。元结《讼木魅》："上误惑于灵心，经给于言兮不听。"贯休《春送赵文观送故合州座主神榇归洛》："喜继于悲锦水东，还乡仙骑却寻嵩。"(3)自，从。李白《雪谗诗赠友人》："苍波荡日，起于微涓。"(4)至，到。颜真卿《赠僧皎然》："徒想嵊顶期，于今没遗记。"白居易《自咏》："于今居处在，许我当中眠。"崔珏《道林寺》："松风千里摆不断，竹泉泻入于僧厨。"(5)对；对于。秦系《山中崔大夫有书相问》："已于人事少，多被挂冠留。"白居易《能无愧》："一团香絮枕，倚坐稳于人。"赵嘏《别麻氏》："晓哭呱呱动四邻，于君我作负心人。"(6)向。萧颖士《江有归舟三章》之二："兄矣弟矣，孝斯践矣；称觞燕喜，于岵于屺。"李白《雪谗诗赠友人》："交乱四国，播于八埏。"(7)给。《郊庙歌辞·周宗庙乐舞辞·福顺》："享于祖考，循彼典章。"(8)由于。顾况《左车二章》之一："左车有庆，万人犹病，曷可去之？于党孔盛。"(9)超过，表示比较。郭震《米囊花》："开花空道胜于草，结实何曾济得民。"杜牧《题孙逸人山居》："马上多于在家日，樽前堪忆少年时。"温庭筠《句》："春水碧于天，画船听雨眠。”唐彦谦《春阴》：“春云更觉愁于我，闲盖低村作瞑阴。”❸连词。犹与。萧颖士《凉雨一章》：“君子乐胥，于其宾僚。”❹助词。(1)用于句首，无义。萧颖士《凉雨一章》：“欲言终宥，惟以招邀，于胥乐兮！”(2)用于句末，犹乎。元稹《酬乐天东南行诗一百韵》：“学问徒为尔，书题尽己于。”❺自得貌。参见“于于”。❻姓。见“于頔”，“于敖”。

于²

〔xū《字彙》休居切。〕通“吁”。见“于₂嗟”。

于³

〔yū《集韵》邕俱切，平虞，影。〕通“迂”。广大。参见“于₃然”。

【于二十五】 即于頔。因排行二十五，故称。权德舆有《奉和于司空二十五文新卜城南郊居接司徒公别墅即事书情奉献兼呈李斐相公》。参见“于頔”。

【于十一】 即于邈。以排行十一，故称。李颀有《答高三十五留别便呈于十一》。李白有《留别于十一兄邈裴十三游塞垣》。参见“于邈”。

【于于】 自得貌。语出《庄子·应帝王》。马异《答卢仝结交诗》：“卧居居兮起于于，漱潺潺兮聆嘈嘈。”白居易《和微之诗二十三首·和朝回与王炼师游南山下》：“兴酣头兀兀，睡觉心于于。”

【于大夫】 即于頔。唐代以职事官表示实际职守，以散官表示资历。文散官阶除从一、正二品外，五品以上为大夫。贞元十四年至元和三年(798—808)頔为襄州刺史、山南东道节度使。刺史为三品或四品官，故称大夫。孟郊有《献襄阳于大夫》。

【于太守】 指于幼卿。据《会稽志》，幼卿于天宝十三年(754)自鄱阳太守授越州(会稽郡)太守。张继有《会稽晚秋奉呈于太守》。

【于中丞】 ❶指于頔。頔于建中四年(783)以摄监察御史充入蕃使判官，后为湖州刺史，与诗僧皎然有文字之交，曾为其文卷作序。皎然有《奉酬于中丞使君郡斋卧病见示一首》。刘商有《与于中丞》。❷指于人文。贾岛有《送于中丞使回纥册立》。朱庆余有《送于中丞入蕃册立》。顾非熊有《送于中丞入回鹘》。雍陶有《送于中丞使北蕃》。❸指于兴宗。兴宗于大中时以御史中丞守绵州。卢求有《和于中丞登越王楼见寄》。许浑有《酬绵州于中丞使君见寄》。李群玉有《辱绵州于中丞书信》。方干有《和于中丞登扶风亭》。

【于今】 ❶如今，现在。李白《游泰山六首》之一：“马迹绕碧峰，于今满青苔。”刘长卿《代边将有怀》：“自到云中郡，于今百战强。”元稹《谕宝二首》之二：“于今尽凡耳，不为君不说。”裴谐《观修处士画桃花图歌》：“一从天宝王维死，于今始遇修夫子。”❷至今。崔湜《襄阳作》：“多谢南征术，于今尚不亡。”高适《秦中送李九赴越》：“携手望千里，于今将十年。”杜甫《送梓州李使君之任》：“遇害陈公殒，于今蜀道怜。”李洞《寄清演》：“几绕庭前树，于今四十春。”

【于公】 ❶人名。西汉东海郯(今山东郯城)人。治狱公平，深受时人敬重。自谓多阴德，子孙必有兴者，乃高大其里门，使能容驷马高盖车。后其子于定国，官至丞相，封西平侯。见《汉书·于定国传》。李峤《门》：“疏广遗荣去，于公待驷来。”元稹《酬乐天余思不尽加为六韵之作》：“蔡女图书虽在口，于公门户岂生尘？”后用以指执法公平的人。皮日休《送董少卿游茅山》：“尽待于公作廷尉，不须从此便餐霞。”参见“于公高门”。❷指汉太仓公淳于意。他因罪入狱，其幼女缇萦上书汉文帝，愿为官婢，以赎父刑，遂得赦免。事见《史记·扁鹊仓公列传》。白居易《吾雏》：“蔡邕念文姬，于公叹缇萦；敢求得汝力，但未忘父情。”

【于公高門】 喻为官贤明而子孙通显，见《汉书·于定国传》。刘禹锡《苏州白舍人寄新诗有叹早白无儿之句因以赠之》：“于公必存高门庆，谢守何烦晓镜悲。”李瀚《蒙求》：“于公高门，曹参趣装。”参见“于公❶”。

【于公慟哭三年旱】 汉代东海有孝妇，少寡，无子。侍养婆母十余年，不肯改嫁，其婆母为免连累，自经死。小姑告其杀母，太守信之。于公力辩其诬，太守竟刑讯错判。于公持判文哭于府上。孝妇被枉杀后，郡中枯旱三年。事见《汉书·于定国传》。王巨仁《愤怨诗》：“于公恸哭三年旱，邹衍含愁五月霜。”参见“于公”。

【于尹躬】 唐京兆长安(今陕西西安市)人。父卲。大历进士，元和二年(807)为中书舍人。其弟皋汉贪赃获罪，尹躬以“失教”之过左迁洋州刺史。《全唐诗》录其诗《南至日太史登台书云物》一首，以精工典雅著称。事迹略见《新唐书·宰相世系表二下》《唐诗纪事》卷三二。

【于以】 ❶在何处。《诗·召南·采蘩》：“于以采蘩？于沼于沚。”萧颖士《江有枫一篇十章》之一：“江有枫，其叶蒙蒙。我友自东，于以游从？”❷用什么。顾况《筑城二章》之一：“筑城登登，于以作固？”

【于司空】 即于頔。元和三年九月，頔由山南东道节度使入朝为司空，同平章事。见《资治通鉴·唐宪宗元和三年》。权德舆有《奉和于司空二十五丈新卜城南郊居兼呈李斐相公》。李涉有《过襄阳上于司空頔》。

【于汝锡】 字元符。唐京兆万年(今陕西临潼)人。德宗朝礼部侍郎于卲之子。其弟于尹躬为元和间中书舍人。见《新唐书·宰相世系表二下》。王建有《同于汝锡赏白牡丹》及《酬于汝锡晓雪见寄》。

【于志寧】 (588—665)雍州高陵(今陕西高陵)人。字仲谧。隋末为冠氏县长,后弃官归乡。高祖入关,授渭北道行军元帅府记室,迁天策府从事中郎,文学馆学士,为秦王府十八学士之一。贞观三年(629)为中书侍郎兼太子詹事。晋王为皇太子,复授左庶子,加光禄大夫,进封燕国公,监修国史。永徽二年(651)拜尚书左仆射,兼太子少师。高宗将废王皇后而立武则天,志宁独无言以持两端。武后临朝,被贬位终华州刺史。有集四十卷,已散佚。《全唐诗》录其诗一首。两《唐书》均有传。

【于何】 为何。王季友《滑中赠崔高士瑾》:"于何今相逢,华发在我后?"又《酬李十六岐》:"于何车马日憧憧,李膺门馆争登龙?"

【于役】 行役。谓因公务奔走或服役(兵役、劳役)在外。语出《诗·王风·君子于役》:"君子于役,不知其期。"沈佺期《答魑魅代书寄家人》:"《大招》思复楚,于役限维桑。"张九龄《使还湘水》:"于役已弥岁,言旋今惬情。"贾至《自蜀奉册命往朔方途中呈韦左相文部房尚书门下崔侍郎》:"于役各勤王,驱驰拱紫宸。"独孤及《喜辱韩十四郎中书兼封近诗示代书题赠》:"各牵于役间游遨,独坐相思正郁陶。"

【于良史】 唐诗人。肃宗至德间任侍御史。德宗贞元中,为徐、泗、濠节度使张建封从事。曾作《自吟》诗:"出身三十年,发白衣犹碧;日暮倚朱门,从朱污袍赤。"建封怜其才,为之奏请章服。其诗体清雅,工于形似。诗被选入《中兴间气集》卷上,《全唐诗》录其诗七首。事迹略见《唐诗纪事》卷四三,《唐才子传》卷三。

【于長史】 指于克构。于志宁之曾孙。官左监门率府长史,封武阳县男。见《新唐书·宰相世系表二下》。陈子昂有《于长史山池三日曲水宴》。

【于門】 指西汉于公家族门第。常用以喻为官贤明子孙通显之人家。卢纶《宴赵氏昆季书院因与会文并率尔投赠》:"谢族风流盛,于门福庆多。"权德舆《奉和于司空二十五丈新卜城南郊居兼呈李裴相公》:"沟塍连杜曲,茅土盛于门。"参见"于公""于公高门"。

【于季子】 齐郡历城(今山东济南)人。咸亨中登进士第,则天时司封员外郎,与杜审言有诗交。《全唐诗》录其诗七首。

【于季友】 唐史人(今河南洛阳)人。于頔之子。历任绛、宋、明等州刺史。大和中任明州刺史时,于州城西南四十里筑仲夏堰,溉田数千顷。曾从穆宗猎苑中,求改父谥。后尚宪宗永昌公主,拜驸马都尉。《全唐诗外编·补遗》卷七,录其诗一首。事附见两《唐书》之《于頔传》。

【于使君】 ❶指于頔。頔曾任湖、苏二州刺史,故称。皎然有《奉酬于中丞使君郡斋卧病见示一首》及《九日和于使君思上京亲故》。灵澈亦有《九日和于使君思上京亲故》。参见"于頔"。❷指于季友。季友曾任宋、明等州刺史,故称。白居易有《寄明州于驸马使君三绝句》。张祜有《观宋州于使君家乐琵琶》。参见"于季友"。

【于征】 远行。语出《诗·小雅·车攻》。萧颖士《江有枫一篇十章》之七:"我友于征,彼郑之子"。

【于邵】 (约713—约793),京兆万年(今陕西西安市)人。字相门。天宝末进士登科,授崇文馆校书郎。历起居郎、比部郎中、巴州刺史等职。后入朝为谏议大夫、知制诰,进礼部侍郎,史馆撰修。为三司使,以撰上尊号,赐阶三品,朝廷大典册,多出其手。德宗时为太子宾客,因与宰相陆贽不和,贞元八年(792)出为杭州刺史。以年老久病,请求致仕,贬为衢州别驾,转江州别驾。不久病故,年八十一。原有集四十卷,已散佚。《全唐诗》录其《释奠武成王乐章》五首。两《唐书》均有传。

【于武陵】 唐诗人。名邺,字武陵,以字行。杜曲(今陕西西安市)人。大中进士。事不称意,携书与琴,往来商洛、巴蜀间。多与隐者、道士、山僧交游,有时为人占卜。曾南去潇湘,后归老嵩阳。其诗多为羁旅题咏、送别寄赠之作,长于五言,托物寓意,兴趣飘逸。有集一卷传世。《全唐诗》录其诗五十首。两者中均有十八首重出。事迹见《郡斋读书志》《唐才子传》。

【于思】 (—sāi)多须貌。《左传·宣公二年》:"于思于思,弃甲复来。"杜预注:"于思,多须之貌。"周昙《咏史诗·春秋战国门·华元》:"未知军法忌偏颇,徒解于思腹漫皤。"

【于郎中】 即于德晦。大中时为杭州刺史带郎官衔。方干有《寄杭州于郎中》。

【于祐】 唐僖宗时人。为儒生时,偶于御沟中取得有题诗之秋叶。祐亦题二句,置御沟上流水中,使流入宫内,为宫女韩氏所获。后韩氏被遣出宫,寄居河中贵人韩泳家。祐以累举不第,乃依韩泳门馆。后泳助祐与韩氏成婚。僖宗幸蜀后还西都,祐以护驾得官,为神策君虞侯。《于祐题红叶二句》,收入《全唐诗外编·续补遗》。另有红叶题诗作宣宗宫人诗,见《全唐诗》。

【于飛】 在飞。《诗·大雅·卷阿》:"凤凰于飞,翙翙其羽。"顾况《十月之郊一章》:"如翼于飞,如鳞栉比。"

【于時】 ❶于是,在此。《诗·大雅·公刘》:"于时处处，于时庐旅，于时言言，于时语语。”张九龄《酬周判官见贻之作兼呈耿广州》：“于时初自勉，揆己无兼济。”❷当时，其时。韦应物《秋夕西斋与僧神静游》：“息机非傲世，于时乏嘉闻。”

【于逖】　唐天宝间诗人。居大梁（今河南开封），终生未仕。李白《留别于十一兄逖裴十三游塞垣》诗：“于公白首大梁野，使人怅望何可论！”独孤及有《夏中酬于逖毕燿问病见赠》。亦与李颀、萧颖士、元结等友善。《全唐诗》录其诗二首，皆抒写穷愁愤懑，语言质朴，无浮靡之气。

【于家公主】　即宪宗之女永昌公主，下嫁于頔之子季友。刘禹锡有《题于家公主旧宅》。白居易有《同诸客题于家公主旧宅》。参见“于季友”。

【于家决獄明】　用以称美司法官员，见《汉书·于定国传》。刘长卿《按覆后归睦州赠苗侍御》：“直氏偷金枉，于家决狱明。”

【于敖】　（？—830）字蹈中。京兆长安（今陕西西安）人。代宗时工部尚书于休烈之孙。登进士第。元和初拜监察御史，长庆四年（824）为吏部郎中，迁给事中。因受权相李逢吉厚遇，寻转工部侍郎，出为宣歙观察使，兼御史中丞。大和四年（830）卒，赠礼部尚书。《全唐诗》录其诗一首。

【于焉】　❶从此。顾况《塞上曲》：“酣战祈成功，于焉罢边衅。”又，《华山西岗游赠隐玄叟》：“遂令巢许辈，于焉谢尘俗。”❷在此。唐彦谦《游南明山》：“于焉偶闲暇，鸣辔忽相聚。”又《兰二首》之二：“谢庭漫芳草，楚畹多绿莎，于焉忽相见，岁晏将如何？”

【于訢】　字弘道。唐京兆长安（今陕西西安市）人。曾任校书郎。见《新唐书·宰相世系表二下》。朱庆余有《酬于䜣校书见贻》。

【于庶子】　即于志宁。曾任太子左庶子，故称。令狐德棻及封行高、杜正伦、岑文本、刘孝孙、许敬宗等均有《冬日宴于庶子宅各赋一字》。参见“于志宁”。

【于張】　汉于定国、张释之的并称。二人先后于文帝、景帝时任廷尉，以执法审慎著称。参见《汉书·于定国传》。虞世南《赋得慎罚》：“于张惩不滥，陈郭宪无倾。”

【于越】　古族名。百越之一种，分布在今浙江省境内。常用以指其所居之地。包佶《酬顾况见寄》：“于越城边枫叶高，楚人书里寄《离骚》。”独孤及《题思禅寺上方》：“眇眇于越路，茫茫春草青。”李端《送路司谏侍从叔赴洪州》：“浔阳水分送，于越山相接。”

【于越亭】　为“干越亭”之误。张祜《题于越亭》。《唐诗纪事》卷五二作《题干越亭》。干越亭在江西余干县东南，前瞰琵琶洲，后枕恩禅寺。刘长卿、施肩吾皆有诗咏之。参见“干越亭”。

【于₂然】　广大高远貌。于，通“迂”。刘禹锡《送惟良上人》引：“以貌窥天者，曰乾然而健，于然而高。”

【于結】　雍州高陵（今属陕西）人。大历十四年（779），崔宁曾欲荐为御史，为杨炎所阻。德宗时官谏议大夫。见《旧唐书·崔宁传》。《全唐诗》录其《赋得生刍一束》诗一首。

【于給事】　即于敖。白居易有《见于给事暇日上直寄南省诸郎官诗因以戏赠》。

【于₂嗟】　叹词。表示感叹；悲叹。徐彦伯《比干墓》：“自尔衔幽酷，于嗟流景骏。”韩愈《岳阳楼别窦司直》：“于嗟苦驽缓，但惧失宜当。”

【于經野】　唐中宗景龙年间为户部侍郎。中书舍人于敏直之子。见《新唐书·宰相世系表二下》《全唐诗》录其诗一首。

【于兢】　字德源。唐天祐三年（906）任礼部侍郎。四年春知贡举。两《唐书》均无传。见《新五代史·梁本纪》。贯休有《送于兢补阙赴京》。

【于頔】　（？—818）字允元。唐河南（今河南洛阳）人。德宗时，历长安县令、驾部郎中。出为湖州刺史，疏通南朝所开西湖，溉田三千顷。后刺苏州，浚沟渎，整街衢，去淫祀。为政有绩，然骄蹇横暴。与皎然、灵澈有诗交。《全唐诗》录其诗二首，两《唐书》均有传。

【于駙馬】　即于季友。因尚宪宗永昌公主，拜驸马都尉。杨巨源有《酬于驸马二首》，白居易有《寄明州于驸马使君三绝句》。参见“于季友”。

【于鄴】　见“于武陵”。

【于興宗】　唐宝历初令东阳，创建涵碧亭。后为河南少尹。大中时以御史中丞守绵州，与李朋、杨牢等为知友。王铎有《和于兴宗登越王楼诗》。

【于德晦】　唐德宗朝太子宾客于邵之孙。宣宗大中年间历官监察御史，同州、歙州及杭州刺史。位为右散骑常侍。《全唐诗外编·补遗》录其诗一首。

【于濆】　（832—？）字子漪。京兆长安（今陕西西安市）人。咸通二年（861）进士。终泗州判官。因不满当时拘守声律、轻浮艳丽之诗风，曾作《古风》三十篇，以矫时弊，自称“逸诗”。其诗短小精悍，刚健质朴，注重反映社会现实和民生疾苦。诗见《全唐诗》卷五九九。事见《新唐书·宰相世系表二下》《唐诗纪事》《唐才子传》。

【于賓客】　即于頔。韩愈有《题于宾客庄》诗。

【于蔿于】　歌曲名。唐人元德秀作。见《新唐书·卓行传·元德秀》。权德舆《醉后戏赠苏九翛》：“劝君莫问长安路，且读鲁山于芀于。”

【于諫議】　即于邵。邵于大历十四年（779），以谏议大夫知制诰，进礼部侍郎。权德舆有《和邵端公醉后寄于谏议之作》。

【于邁】 出征,远行。语出《诗·大雅·棫朴》:“周王于迈,六师及之。”郑玄笺:“迈,行。”杜甫《赠李十五丈别》:“于迈恨不同,所思无由宣。”严维《送舍弟》:“时暑嗟于迈,家贫念聚粮。”

【于闐】 古西域国名。在今新疆和田一带。李白《于阗采花》:“于阗采花人,自言花相似。”陆龟蒙《奉和袭美茶具十咏·茶瓯》:“直使于阗君,从来未尝识。”贯休《遇五天僧入五台五首》之二:“河横于阗北,日落月支西。”

【于闐採花】 相传为陈、隋时胡曲,唐开元间复流行。《古今乐录》:“《于阗采花》者,蕃胡四曲之一。”采花是中国风俗,《采花曲》亦中国所原有,此曲唯用于阗之乐调。李白有《于阗采花》。

【于闐鐘】 即九乳钟。佛教法器。与中国古代之钟,形制略似。钟上有九点凸出如乳头形状的装饰。因由西域传来,于阗为西域古国,故亦称“于阗钟”。窦庠《于阗钟歌送灵彻上人归越》:“海中有国倾神功,烹金化成九乳钟。”灵一《静林精舍》:“水击罗浮磬,山鸣于阗钟。”

【于鵠】 唐大历、贞元间诗人。曾在汉阳山中居住,游遨于荆南、襄阳一带。大历中,从军塞上,历诸府从事。贞元六年(790)前后,辞官归隐,后卒于山中。孟郊《惜苦》:“于鹄值谏议,以球不能官。”张籍《哭于鹄》:“良玉沉幽泉,名为天下珍。”《全唐诗》录其诗七十余首,编为一卷。其中多写隐逸及释道生活。惟《出塞》《巴女谣》《塞上曲》等有现实气息。事见《唐诗纪事》《唐才子传》。

【于瓌】 字正德。于敖之子。大中七年(865)进士第一人。曾为校书郎。有《和绵州于中丞登越王楼作二首》。

二　画

井 〔jǐng《广韵》子郢切,上静,精。〕❶水井。玄宗《幸凤泉汤》:“益龄仙井合,愈疾醴泉通。”戴叔伦《相思曲》:“井深辘轳嗟绠短,衣带相思日应缓。”刘禹锡《新秋对月寄乐天》:“蛩响偏依井,萤飞直过楼。”曹松《山中言事》:“云湿煎茶火,冰封汲井绳。”❷形似水井者。王维《林园即事寄舍弟紞》:“徒思赤笔书,讵有丹砂井?”杜甫《十二月一日三首》之二:“负盐出井此溪女,打鼓发船何郡郎?”❸相传古制八家为井,引申为人口聚居地,家宅;乡里。岑参《登总持阁》:“晴开万井树,愁看五陵烟。”韦应物《过扶风精舍旧居简朝宗巨川兄弟》:“佛刹出高树,晨光闾井中。”韩翃《送客之江宁》:“千闾万井无多事,辟户开门向山翠。”周贺《送石协律归吴》:“夜随净渚离蛩语,早过寒潮背井行。”参见“井里”。❹古代井田制划分田地的单位。见《周礼·考工记·匠人》。耿湋《同李端春望》:“二毛羁旅尚迷津,万井莺花雨后春。”柳公绰《和武相锦楼玩月得浓字》:“万井金花肃,千林玉露浓。”李贺《昌谷诗》:“芒麦平百井,闲乘列千肆。”❺指古代王侯的墓穴。杜甫《苏端薛复筵简薛华醉歌》:“忽忆雨时秋井塌,古人白骨生青苔,如何不饮令心哀。”❻量词。姚合《咏盆池》:“莫惊池里寻常满,一井清泉是上源。”❼《易》卦名。见“井卦”。❽星宿名。井八星居南方七宿之首,占度三十三,为秦之分野。陈子昂《喜遇冀侍御珪崔司议泰之二使》序:“岁时仲春,幽卧未起,忽闻二星入井。”李白《蜀道难》:“扪参历井仰胁息,以手抚膺坐长叹。”❾姓。汉代有井丹。参见“井春”。

【井井】 洁净不变貌。羊滔《游烂柯山》:“路期访道客,游衍空井井。”

【井中泥】 (中 zhōng)用以比喻贤才沉滞下位。李商隐《井泥四十韵》:“悒怏夜将半,但歌井中泥。”

【井中鼃】 即井中蛙。常用以比喻见闻狭隘、目光短浅之人。杜牧《台城曲二首》之一:“谁怜容足地,却羡井中鼃。”

【井公】 传说中古代隐士。见《穆天子传》。卢仝《萧宅二三子赠答诗二十首·客谢井》:“井公莫怪惊,说我成憨痴。”

【井石】 井口上的石栏。灵一《赠别皇甫曾》:“紫苔封井石,绿竹掩柴关。”

【井田】 ❶古代的一种土地制度。以方九百亩为一里、划为九区,形如井字。中为公田,外八区为私田,八家均私百亩,同养公田。此处泛指田地。储光羲《朝邑蔡主簿期不会二首》之二:“迢递下墟坂,逍遥看井田。”钱起《送修武元少府》:“百战荒城复井田,几家春树带人烟。”❷借指农民或农耕之事。杜甫《湘江宴饯裴二端公赴道州》:“上请减兵甲,下请安井田。”陈陶《赠漳州张怡使君》:“井田异政光蛮竹,符节深恩隔瘴云。”

【井市】 市井,街市。古代因井为市,故称。李绅《入扬州郭》:“堤绕门津喧井市,路交村陌混樵渔。”

【井臼】 ❶水井与石臼。卢纶《寻贾尊师》:“井臼阴苔遍,方书古字多。”鲍溶《游山》:“烟花最深处,井臼得空刺。”亦借指家园。韩翃《送别郑明府》:“儿女相悲探井臼,前功岂在他人后?”❷汲水舂米,泛指操持家务。卢纶《秋中野望寄舍弟上西川尚书舅》:“井臼赖依邻,儿童亦胜汲。”

【井冰】 古代供夏季降温用的冰块,因贮藏于被称为冰井的地窖中,故称。李益《避暑女冠》:“雾袖烟裾云母冠，碧琉璃簟井冰寒。”

【井車】 即辘轳。刘禹锡《同乐天和微之深春二十首》：“栉比栽篱槿，咿哑转井车。”

【井里】 犹乡里，村舍。古代同里共用一口水井。沈彬《题苏仙山》：“眼穿林罅见郴州，井里交连侧局楸。”

【井邑】 ❶城市，村镇。语本《周礼·地官·小司徒》。崔湜《登总持寺阁》：“井邑周秦地，山河今古情。”孟浩然《岘山送萧员外之荆州》：“亭楼明落照，井邑秀通川。”元结《登白云亭》：“长山绕井邑，登望宜新晴。”杨夔《题甘露寺》：“北倚波涛阔，南窥井邑低。”❷市井。王维《初出济州别城中故人》：“闾阎河润上，井邑海云深。”李嘉祐《秋晓招隐寺东峰茶宴送内弟阎伯钧归江州》：“烟尘怨别唯愁隔，井邑萧条谁忍论。”薛能《除夜作》：“燎照云烟好，幡悬井邑新。”张乔《赠仰大师》：“井邑身虽到，林泉性本清。”❸故里。杜审言《和李大夫嗣真奉使存抚河东》：“井邑枌榆社，陵园松柏田。”严维《示外生》：“经过悲井邑，起坐倦舟航。”李德裕《秋日登郡楼望赞皇山感而成咏》：“昔人怀井邑，为有挂冠期。”许浑《李生弃官入道因寄》：“坐想还家日，人非井邑空。”

【井卦】 《易》卦名。六十四卦之一，卦象为䷯，巽下坎上。卢仝《萧宅二三子赠答诗二十首·客谢井》：“改邑不改井，此是井卦辞。”

【井花】 同“井華”。顾况《题卢道士房》：“唯见两童子，门外汲井花。”柳公绰《题梓州牛头寺》：“井花净洗行人耳，留听溪声入夜潮。”

【井牀】 即井栏。唐彦谦《红叶》：“薜荔垂书幌，梧桐坠井床。”

【井春】 即井丹。见《后汉书·逸民·井丹传》。李瀚《蒙求》：“李充四部，井春五经。”

【井星】 即井宿。二十八宿中朱鸟七宿的第一宿，亦称“东井”“鹑首”。有星八颗，属双子星座。薛能《华岳》：“发地连宫观，冲天接井星。”

【井泉】 ❶水井。权德舆《送灵武范司空》：“旧垒销烽火，新营辨井泉。”姚合《街西居三首》之一：“浅浅一井泉，数家同汲之。”施肩吾《早春残雪》：“井泉添碧甃，药圃洗朱栏。”❷井水。张籍《送流人》：“拥雪添军垒，收冰当井泉。”白居易《咏家酝十韵》：“井泉王相资重九，曲糵精灵用上寅。”

【井冠】 （—guān）即井宿。因位于朱雀七宿之首，故称。卢仝《月蚀诗》：“头戴井冠高逵桥，月蚀鸟宫十三度。”

【井屋】 井边之屋，借指农舍，村落。杜甫《奉送王信州崟北归》：“井屋有烟起，疮痍无血流。”韦应物《园林晏起寄昭应韩明府卢主簿》：“田家已耕作，井屋起晨烟。”

【井陌】 道路。李绅《登禹庙回降雪五言二十韵》：“裂缯分井陌，连璧混楼台。”

【井桐】 同“井梧”。元稹《会真诗三十韵》：“龙吹过庭竹，鸾歌拂井桐。”秦韬玉《陈宫》：“谁识古宫堪恨处，井桐吟雨不胜秋。”

【井圃】 犹园圃。孟郊《立德新居》：“阳崖泄春意，井圃留冬芜。”

【井徑】 亦作“井逕”。道路；小路。高适《奉酬睢阳李太守》：“孝王余井径，微子故田畴。”杜甫《重题》：“江雨铭旌湿，湖风井径秋。”权德舆《伏蒙十六叔寄示喜庆感怀三十韵因献之》：“井径交碧藓，轩窗栖白云。”

【井脈】 指地下水脉。周贺《山居秋思》：“泉流通井脉，虫响出墙阴。”方干《书吴道隐林亭》：“橘枝亚路黄苞重，井脉牵湖碧甃深。”

【井眢】 谓井干涸。皮日休《上真观》：“罅处似天裂，朽中如井眢。”

【井陘】 关隘名。即井陉口，亦称井陉关。王昌龄《少年行二首》之一：“闻道羽书急，单于寇井陉。”王维《送赵都督赴代州得青字》：“万里鸣刁斗，三军出井陉。”卢纶《冬日登城楼有怀因赠程腾》：“君不见，汉家边将在边庭，白羽三千出井陉。”杜牧《分司东都寓居履道上四十韵》：“捧诏巡汧陇，飞书护井陉。”

【井梧】 井边梧桐。古诗言井往往及桐。杜甫《宿府》：“清秋幕府井梧寒，独宿江城蜡炬残。”白居易《早秋独夜》：“井梧凉叶动，邻杵秋声发。”李咸用《秋日疾中寄诸同志》：“花疏篱菊色，叶减井梧阴。”齐己《荆州新秋寺居写怀诗五首上南平王》之二：“井梧黄落暮蝉清，久驻金台但暗惊！”

【井逕】 同“井徑”。权德舆《星名诗》：“风秋景气爽，叶落井迳出。”薛存诚《膏泽多丰年》：“帝德方多泽，莓莓井迳同。”

【井梁】 井，藻井；梁，屋梁。藻井当栋中，交木方为之，形如井上围栏。李贺《谢秀才有妾缟练改从于人贺复继四首》之四：“泪湿红轮重，栖乌上井梁。”

【井華】 亦作“井花”。清晨初汲的井水。李颀《题僧房双桐》：“绿叶传僧磬，清阴润井华。”杜甫《大云寺赞公房四首》之四：“童儿汲井华，惯捷瓶上手。”白居易《早服云母散》：“晓服云英漱井华，寥然身若在烟霞。”李群玉《龙山人惠石廪方及团茶》：“红炉爨霜枝，越儿斟井华。”

【井蛙】 井底之蛙。白居易、王起、刘禹锡《秋霖即事联句三十韵》：“井蛙争入户，辙鲋乱归泉。”

【井税】 田税。丁仙芝《赠朱中书》：“频年井税常不足，今年缗钱谁为输？”王维《赠刘蓝田》：“岁晏输井税，山村人夜归。”高适《苦雨寄房四昆季》：“惆怅悯田农，裴回伤里闾；曾是力井税，曷为无斗储？”权德舆《暮春闲居示同志》：“灌园输井税，学稼奉晨昏。”

【井絡】 ❶指岷山之地。骆宾王《饯郑安阳入蜀》：“彭山折坂外，井络少城隈。”武元衡《奉酬淮南中书相公见寄》：“蜀江分井络，锦浪入淮湖。”李商隐《井络》：“井络天彭一掌中，漫夸天设剑为峰。”❷泛指蜀地。杜甫《秋野五首》之一：“系舟蛮井络，卜宅楚村墟。”刘禹锡《奉和淮南李相公早秋即事寄成都武相公》：“斗牛添气色，井络静氛烟。”薛能《西县途中二十韵》：“蜀音连井络，秦分隔褒斜。”

【井幹】 ❶井干楼之省称。汉武帝时建，在建章宫北，亦名“井干台”。因积木为楼，转相交架，形如井干，故称。李峤《楼》：“汉宫井干起，吴国落星开。”❷泛指楼台。上官仪《故北平公挽歌》：“寂寂琴台晚，秋阴入井干。”刘方平《铜雀妓》：“泪痕沾井干，舞袖为谁长。”皮日休《酒中十咏·酒城》：“香侵井干过，味染濠波渌。”

【井瓶】 汲取井水的器具。崔备《清溪路中寄诸公》：“别来无信息，可谓井瓶沉。”元稹《梦井》：“沉浮落井瓶，井上无悬绠。”

【井臺】 指“冰井台”。三国魏曹操所筑，故址在今河南漳县西南。贾岛《寄李辀侍郎》：“井台怜操筑，漳岸想丕疏。”

【井閭】 市井，闾里。泛指民间。杜牧《牧陪昭应卢郎中叙旧成二十二韵用以投寄》：“井闾安乐易，冠盖惬依投。”

【井甃】 用砖砌井。李商隐《井泥四十韵》：“他日井甃毕，用土益作堤。”

【井賦】 井田的贡赋。因用以称田赋。李峤《晚秋喜雨》：“济窘邦储发，蠲穷井赋优。”独孤及《送相里郎中赴江西》：“岂不慎井赋，赋均人亦康。”张蠙《别后寄友生》：“就养江南熟，移居井赋新。”

【井頭】 犹井上。李商隐《富平少侯》：“不收金弹抛林外，却惜银床在井头。”

【井鮒】 井中之鲋。喻生活范围狭小，见识浅陋。白居易《孟夏思渭村旧居寄舍弟》：“井鲋思反泉，笼莺悔出谷。”

【井轄】 西汉陈遵好客，每次宴会辄关门，取客车辖投井中，借以挽留。事见《汉书·游侠·陈遵传》。后遂以为主人留客的典故。胡宿《早夏》：“井辖投多思不禁，密垂珠箔昼沉沉。”

【井闌】 同“井欄”。李白《长相思》：“络纬秋啼金井栏，微霜凄凄簟色寒。”杜甫《见萤火》：“却绕井阑添个个，偶经花蕊弄辉辉。”白居易《渭村退居寄礼部一百韵》：“井阑排菡萏，檐瓦斗鸳鸯。”

【井檻】 井上栏杆。李贺《恼公》：“井槛淋清漆，门铺缀白铜。”

【井疆】 井邑的疆界。储光羲《晚次东亭献郑州宋使君文》：“道丧苦兵赋，时来开井疆。”

【井欄】 水井的围栏。李嘉祐《仲夏江阴官舍寄裴明府》：“苔色侵衣桁，潮痕上井栏。”李端《送吉中孚拜官归楚州》：“醮疏坛路涩，汲少井栏倾。”刘兼《梦归故园》：“桐叶飞霜落井栏，菱花藏雪助衰颜。”

【井竈】 井与灶。独孤及《山中春思》：“亭午井灶闲，雀声响空仓。”亦借指故居。杜甫《咏怀二首》之二：“井灶任尘埃，舟航烦数具。”

云 〔yún《广韵》王分切，平文，云。〕❶同“雲”。见“云岭”。今为“雲”简化字。❷言；说。太宗《咏司马彪续汉志》：“梅山未觉朽，谷水谁云异。”韦应物《白沙亭逢吴叟歌》：“盛时忽去良可恨，一生坎壈何足云！”白居易《喜友至留宿》：“忽闻车马至，云是故人来。”皮日休《诮虚器》：“持以遗北虏，给云生有神。”❸为；是。王维《既蒙宥罪窃书鄙意兼奉简新除使君等诸公》：“日比皇明犹自暗，天齐圣寿未云多。”韩愈《猛虎行》：“猛虎虽云恶，亦各有匹侪。”许棠《陈情献江西李常侍五首》之三：“天地虽云广，殊难寄此身。”❹有。寒山《诗三百三首》之十八：“蜂蝶自云乐，禽鱼更可怜。”杜甫《自京赴奉先县咏怀五百字》：“当今廊庙具，构厦岂云缺。”元稹《桐花》：“况此空馆闭，云谁恣幽寻。”李商隐《哭遂州萧侍郎二十四韵》：“多士还鱼贯，云谁正骏奔。”❺犹能。卢象《送綦毋潜》：“高足未云骋，虚舟空复回。”杜甫《奉赠卢五丈参谋》：“辜负沧州愿，谁云晚见招？”姚合《送杜观罢举东游》：“秋风离九陌，心事岂云安！”杜荀鹤《空闲二公递以禅律相鄙因而解之》：“一教谁云辟二途，律禅禅律智归愚。”❻已。张九龄《和吏部李侍郎见示因命仆继作》：“名数虽云隔，风期幸未遥。”孟浩然《山中逢道士云公》：“村烟日云夕，榛路有归客。”玄宗《明皇祀圜丘乐章·太和》：“六成既阕，三荐云终。”白居易《叹常生》：“前旬犹访我，今日忽云殂。”❼介词。犹以。则天皇后《唐大飨拜洛乐章·昭和》：“舒云致养，合大资生。”崔颢《结定襄郡狱效陶体》：“顾问边塞人，劳情曷云已。”陆龟蒙《奉酬袭美先辈吴中苦雨一百韵》：“敢云嗣良弓，但欲终守节。”❽连词。犹如。陆龟蒙《奉和袭美太湖诗二十首·初入太湖》：“又云构浮玉，宛与昆阆匹。”方干《因话天台胜异仍送罗道士》：“纵云孤鹤无留滞，定恐烟萝不放回。”参见“云何”。❾助词，无义。用于句首、句中或句末。戎昱《闰春宴花溪严侍御庄》：“一团青翠色，云是子陵家。”皮日休《卢徵君》：“篮舆一云返，泥诏褒不已。”韦庄《少年行》：“乐事殊未央，年华已云晚。”

【云云】 ❶众多，纷纭。袁瓘《鸿门行》："然诸本云云，诸侯莫不闻。"韩愈《醉赠张秘书》："性情渐浩浩，谐笑方云云。"白居易《登商山最高顶》："或名诱其心，或利牵其身，乘者及负者，来去何云云。"薛逢《伏闻令公疾愈远封投献》："吉语云云海外传，令公疾愈起朝天。"❷如此如此，这样这样。多用在句末，表示有所省略。孟云卿《伤时二首》之一："岂伊逢世运，天道亮云云。"孟郊《吊卢殷》："平生与君说，逮此俱云云。"李商隐《寓怀》："烟波遗汲汲，矰缴任云云。"

【云云亭】 亭名。在云云山下。胡曾有《云云亭》。

【云何】 犹言如何。张说《入海二首》之一："万里无涯际，云何测广深。"元结《乱风诗五篇·至虐》："一徇所欲，万方悲哀。于斯而喜，当云何哉！"白居易《东坡种花二首》之二："将欲茂枝叶，必先救根株；云何救根株，劝农均赋租。"

【云胡】 犹言如何。《诗·郑风·风雨》："既见君子，云胡不夷！"高亨注："云胡，如何。"《禅社首乐章·福和》："上帝临我，云胡肃邕。"

【云亭】 云云、亭亭二山合称。均在泰山附近。见《史记·封禅书》。后因以"云亭"代指封禅。太宗《帝京篇十首》之十："广待淳化敷，方嗣云事响。"王维《华岳》："人祇望幸久，何独禅云亭？"李益《大礼毕皇帝御丹凤门改元建中大赦》："云亭之事略可记，七十二君宁独尊？"李商隐《寄太原卢司空三十韵》："公乎来入相，王欲驾云亭。"

【云散】 如云散开。比喻人或事物分散各处。韦应物《贾常侍林亭燕集》："醉罢各云散，何当复相求！"

【云爲】 变化。语出《易·系辞下》。李商隐《井泥四十韵》："我恐更万世，此事愈云为。"

【云爾】 语末助词。犹言如此而已。玄宗《端午三殿宴群臣探得神字》序："岂独汉武之殿，盛朝士之连章；魏文之台，壮辞人之并作云尔。"韩愈《剥啄行》："子虽云尔，其口益蕃。"

【云暮】 ❶将尽，将终。陈子昂《感遇诗三十八首》之二九："丁亥岁云暮，西山事甲兵。"杜甫《岁晏行》："岁云暮矣多北风，潇湘洞庭白雪中。"白居易《秦中吟十首·歌舞》："秦城岁云暮，大雪满皇州。"韦庄《章台夜思》："芳草已云暮，故人殊未来。"❷将晚，傍晚。王无竞《和宋之问下山歌》："日云暮兮下嵩山，路连绵兮树石间。"孟浩然《崔明府宅夜观妓》："白日既云暮，朱颜亦已酡。"柳宗元《茅檐下栽竹》："江风忽云暮，舆曳还相追。"张祜《登广武原》："乡心日云暮，犹在楚城边。"

五

〔wǔ《广韵》疑古切，上姥，疑。〕❶交午，交错。鲍溶《秋夜对月怀李正封》："主奉二鲤鱼，中含五文章。"❷数词。四加一所得。(1)用以计数。王维《杂诗》："双燕初命子，五桃新作花。"杜甫《忆昔行》："千崖无人万壑静，三步回头五步坐。"李商隐《行次西郊作一百韵》："五里一换马，十里一开筵。"方干《同萧山陈长官县楼登望》："一县繁花香送雨，五株垂柳绿牵风。"(2)表示序数。岑参《出关经华岳寺访法华云公》："五月山雨热，三峰火云蒸。"白居易《商山路驿桐树昔与微之前后题名处》："与君前后多迁谪，五度经过此路隅。"张祜《瓜洲闻晓角》："五更人起烟霜静，一曲残声遍落潮。"翁承赞《题故居》："惟有岭湖居第五，山前却是宰臣家。"(3)五次，表示再三、多次。李涉《与梧州刘中丞》："三代卢龙将相家，五分符竹到天涯。"白居易《再授宾客分司》："六游金谷春，五看龙门雪。"罗虬《比红儿诗》之二十："红儿若为回桃脸，岂比连催举五烽。"❸谓五倍。丁仙芝《赠朱中书》："东邻转谷五之利，西邻贩缯日已贵。"

【五十】 指年龄。谓五十岁。《论语·为政》有"五十知天命"之说。张说《岳州夜坐》："五十知天命，吾其达此生。"李益《置酒行》："百龄非长久，五十将半百。"杜牧《岁旦朝回口号》："笑向春风初五十，敢言知命且知非。"

【五十州】 唐元和年间，黄河南北有五十余州为藩镇割据。李贺《南园十三首》之五："男儿何不带吴钩，收取关山五十州。"

【五十弦】 指瑟。传说素女所鼓之瑟为五十弦。后常用以称瑟。见《史记·封禅书》。李贺《上云乐》："三千宫女列金屋，五十弦瑟海上闻。"李商隐《七月二十八日夜与王郑二秀才听雨后梦作》："逡巡又过潇湘雨，雨打湘灵五十弦。"亦指鼓瑟声。吴融《送荆南从事之岳州》："遥知月落酒醒处，五十弦从波上来。"

【五十絲】 指瑟。李商隐《和郑愚赠汝阳王孙家筝妓二十韵》："因令五十丝，中道分宫徵。"冯浩笺注："五十丝，瑟也。"参见"五十弦"。

【五丁】 传说中五个力士。见《水经注·沔水》。一说秦惠王嫁五女于蜀，蜀王遣五丁迎之。见《华阳国志·蜀志》。骆宾王《畴昔篇》："五丁卓荦多奇力，四士英灵富文艺。"岑参《入剑门作寄杜元帅判官》："凛凛三伏寒，巉巉五丁迹。"雍陶《蜀中战后感事》："文章四子盛，道路五丁开。"胡曾《咏史诗·金牛驿》："五丁不凿金牛路，秦惠何由得并吞！"

【五七字】 亦作"五七字句"。指五言、七言诗。郑谷《送京参翁先辈归闽中》："名高五七字，道胜两重科。"齐已《逢诗僧》："五七字中苦，百千年后清。"欧阳炯《贯休应梦罗汉画歌》："五七字句一千首，大小篆书三十家。”

【五七字句】 见“五七字”。

【五三】 犹言三五。约计之数。吕岩《绝句》之十一：“学道须教彻骨贫，囊中只有五三文。”

【五丈原】 地名。在今陕西省岐山县南，斜谷口西侧，渭水南岸。公元234年，诸葛亮伐魏，出斜谷，驻军屯田，相持百余日后，病卒于此。见《三国志·蜀志·诸葛亮传》。王维《送崔五太守》：“黄花县西九折坂，玉树宫南五丈原。”温庭筠有《过五丈原》。胡曾有《咏史诗·五丈原》。

【五丈旗】 帅旗。以杆高五丈，故称。贺知章《奉和御制春台望》：“旗回五丈殿千门，连绵南隥出西垣。”李贺《公莫舞歌》：“铁枢铁楗重束关，大旗五丈撞双镮。”

【五山】 ❶指华山、首山、太室、泰山、东莱五山。见《史记·孝武本纪》。一说五山即五岳。后多用以泛指名山。张仲方《赠毛仙翁》：“四海五山长独游，矜贫傲富欺王侯。”❷指传说中的东海五座仙山。韩愈《读东方朔杂事》：“簸顿五山踣，流漂八维蹉。”

【五千文】 即五千言。卢照邻《赤谷安禅师塔》：“高谈十二部，细核五千文。”白居易《读老子》：“若道老君是知者，缘何自著五千文。”亦称“五千文字”。温庭筠《老君庙》：“百二关山扶玉座，五千文字閟瑶缄。”

【五千文字】 见“五千文”。

【五千言】 为老子《道德经》代称。见《史记·老子韩非列传》。秦系《山中赠张正则评事》：“终年常避喧，师事五千言。”白居易《留别微之》：“五千言里教知足，三百篇中劝式微。”李群玉《别尹炼师》：“吾家五千言，至道悬日月。”牛峤《评僧道二门论难》：“金口说经十二部，玉皇留教五千言。”

【五千真理】 指五千言《道德经》。齐己《咏怀寄知己》：“三百正声传世后，五千真理在人间。”

【五子歌】 东晋梅赜献伪古文《尚书》，因见《书序》有夏太康昆弟五人作五子之歌之说，乃于《夏书》中立《五子之歌》一篇，并编造歌词五首，称系启之五子追述禹之训诫。后遂以《五子歌》为臣子劝诫之辞。周昙《咏史诗·三代门·太康》：“酒酣禽色方为乐，讵肯闲听五子歌。”参见“五子”。

【五子恨雕牆】 《尚书·夏书》托夏太康昆弟五人，述夏禹训诫，作《五子之歌》，中有“峻宇雕墙”“未或不亡”语。后因用以劝说行俭去奢。徐夤《客厅》：“丰蔀仲尼明演易，作歌五子恨雕墙。”参见“五子歌”。

【五天】 五天竺的省称。古印度分为东天竺、南天竺、西天竺、北天竺、中天竺五大部分。多用以指古印度。岑参《观楚国寺璋上人写一切经院南有曲池深竹》：“音翻四句偈，字译五天书。”郎士元《送粲上人兼寄梁镇员外》：“尺素欲传三署客，雪山愁送五天僧。”张乔《金山寺空上人院》：“讲移三楚遍，梵译五天遥。”王镕《哭赵州和尚二首》之二：“只履乍来留化迹，五天何处又逢归。”

【五王】 ❶指张柬之、敬晖、崔玄暐、袁恕己、桓彦范。武后周天授五年，张柬之等五人发动政变，重立中宗为帝，复国号唐，以功皆封郡王。事见《新唐书·则天皇后纪》。皇甫澈《中书令汉阳王张柬之》：“至今称五王，卓立迈万古。”❷指玄宗兄弟让皇帝宪、惠庄太子㧑、惠文太子范、惠宣太子业、隋王隆悌。皆封王爵，时号五王。郑嵎《津阳门诗》：“五王扈驾夹城路，传声校猎渭水湄。”参见“五王帐”。

【五王帐】 相传玄宗兄弟情笃，尝于殿中，置一大帐，长枕大被，与五兄弟同寝其中。事见唐郑处海《明皇杂录》。徐夤《依御史温飞卿华清宫二十二韵》：“五王更入帐，七贵迭封侯。”参见“五王”。

【五木】 古代博具。相传骰子即由其演变而成。李白《赠别从甥高五》：“五木思一掷，如绳系穷猿。”元稹《酬孝甫见赠十首》之三：“十岁荒狂任博徒，挼莎五木掷枭卢。”

【五日】 ❶五天。韩翃《赠张道者》：“采药三山罢，乘风五日归。”蒋防《玄都楼桃》：“旧传天上千年熟，今日人间五日香。”❷指休假日。古时官吏五日得休息以洗沐。李峤《马武骑挽歌二首》之一：“五日皆休沐，三泉独不归。”徐彦伯《拟古三首》之二：“五日休浣时，屠苏绕玉屏。”储光羲《陆著作挽歌》：“世业江湖侧，郊原休沐处，独言五日归，未道千秋去！”❸指农历五月五日，端午节。玄宗《端午三殿宴群臣探得神字》：“旧来传五日，无事不称神。”权德舆《端午日礼部宿斋有衣服彩结之贶以诗还答》：“良辰当五日，偕老祝千年。”万楚有《五日观妓》。

【五日尹】 即五日京兆。汉京兆尹张敞，因杨恽案受牵连。贼捕掾絮舜以为敞将免官，不肯为敞办案，说：今五日京兆耳，安能复案事？见《汉书·张敞传》。后因以“五日尹”喻指任职时间短暂。卢照邻《哭金部韦郎中》：“金曹初受拜，玉地始含香；翻同五日尹，遽见一星亡。”

【五内】 五脏。亦指内心。李白《早望海霞边》：“一餐咽琼液，五内发金沙。”

【五牛】 五牛旗之省称。晋代所造皇帝乘舆，车设五牛，竖旗于牛背。见《晋书·舆服志》。许敬宗《奉和宴中山应制》：“养贤停八骏，观风驻五牛。”

【五公】 五位权贵达官的合称。(1)指西汉张汤、杜周、萧望之、冯奉世、史丹。见《文选·班固〈西都赋〉》“七相五公”李善注。卢照邻《长安古意》：“自言歌舞长千载，自谓骄奢凌五公。”(2)指东汉袁安、子敞、孙汤，汤子逢、逢弟隗。刘禹锡《河南观察使故相国袁公挽歌三首》之三："五公碑尚在，今日亦同归。"

【五月披裘】　喻清廉高洁。见晋皇甫谧《高士传·披裘公》。王绩《晚年叙志示翟处士》："三晨宁举火，五月镇披裘。自有居常乐，谁知身世忧。"李白《杭州送裴大泽赴庐州长史》："五月披裘者，应知不取金。"

【五月飛霜】　亦省作"五月霜"。表示含冤受屈。李白《古风》之三十七："燕臣昔恸哭，五月飞秋霜。"王巨仁《愤怨诗》："于公恸哭三年旱，邹衍含愁五月霜。"

【五月霜】　见"五月飛霜"。

【五文】　五色文章。多用以形容辞采华美。令狐楚《奉和仆射相公酬忠武李相公见寄之作》："丽藻飞来自相庭，五文相错八音清。"

【五方】　指东、西、南、北、中。亦泛指各方。张说《安乐郡主花烛行》："五方观者聚中京，四合尘烟涨洛城。"丁泽《龟负图》："五方行有配，八卦义宁孤。"韩愈、孟郊《城南联句》："五方乱风土，百种分锄耕。"吕岩《敲爻歌》："一物无，唯显道，五方透出真人貌。"

【五方衣】　五色绣花衣。以青、赤、黄、白、黑五色代表东、南、中、西、北五方。玄宗开元间，宫中演出《圣寿乐》所穿。张祜《退宫人二首》之二："犹说入时欢圣寿，内人初著五方衣。"

【五斗】　❶五斗酒。王绩字无功，喜酒，一饮五斗，自作《五斗先生传》以见志。见《新唐书·隐逸·王绩传》。朱仲晦《答王无功问故园》："归哉且五斗，饷子东皋耕。"❷即五斗米。刘长卿《硖石遇雨宴前主簿从兄子英宅》："折腰五斗间，僶俛随尘埃。"詹琲《癸卯闽乱从弟监察御史敬凝迎仕别作》："五斗嫌腰折，朋山刺眼新。"参见"五斗米"。

【五斗米】　指微薄的官俸。见《晋书·隐逸·陶潜传》。张循之《送王汶宰江阴》："应缘五斗米，数日滞渊明。"岑参《送许拾遗恩归江宁拜亲》："看君五斗米，不谢万户侯。"韩翃《家兄自山南罢归献诗叙事》："初辞五斗米，唯奉一囊钱。"李商隐《自贶》："谁将五斗米，拟换北窗风。"

【五斗米仙】　指张天师。东汉末张陵创五斗米道，修炼于江西贵溪市西南龙虎山，其后裔世居山间上清宫，俗称张天师。吴武陵《龙虎山》："五斗米仙真有道，一神楼药岂无缘！"

【五斗低腰】　为微薄的俸禄而做官。徐夤《鸿门》："犹胜堕力求飧者，五斗低腰走世尘。"参见"五斗米"。

【五斗禄】　指微薄的官俸。孟浩然《京还赠张维》："欲徇五斗禄，其如七不堪。"参见"五斗米"。

【五斗解酲】　指大量饮酒以解除酒病。见《晋书·刘伶传》。元稹《放言五首》之一："五斗解酲犹恨少，十分飞盏未嫌多。"

【五斗糧】　即五斗米。用以指代州县官吏。曹邺《奉命齐州推事毕寄本府尚书》："既舍三山侣，来余五斗粮。"参见"五斗米"。

【五尺童】　亦作"五尺僮"。指尚未成年的儿童。古尺短，故称。王维《酬慕容十一》："挟毂双官骑，应门五尺僮。"杜甫《白凫行》："君不见黄鹄高于五尺童，化为白凫似老翁。"

【五尺僮】　见"五尺童"。

【五尺險】　谓狭窄险厄之道路。见《汉书·西南夷传》。权德舆《送袁中丞持节册南诏五韵》："途轻五尺险，水爱双流净。"

【五玉】　古代五等诸侯所执的五种玉。即璜、璧、璋、圭、琮。杜牧《道一大尹存之庭美二学士简于圣明因成长句四韵呈上三君子》："九金神鼎重丘山，五玉诸侯杂珮环。"亦代称诸侯。独孤及《季冬自嵩山赴洛道中作》："三微复正统，五玉归文祖。"

【五石】　即五色石。陆龟蒙《杂讽九首》之四："女娲炼五石，天缺犹可补。"参见"五色石"。

【五出】　犹五瓣。杨炯《梅花落》："窗外一株梅，寒花五出开。"

【五白】　古时博戏，用五木掷采，掷得五子都是未刻画的一面在上，叫作"五白"，即可杀对方的枭棋取胜。李白《梁园吟》："连呼五白行六博，分曹赌酒酣驰辉。"杜甫《今夕行》："冯陵大叫呼五白，袒跣不肯成枭卢。"韩愈、李正封《晚秋郾城夜会联句》："五白气争呼，六奇心运度。"参见"五木"。

【五刑】　五种不同的刑法。秦以前为：墨、劓、剕（刖）、宫，大辟（杀）。隋唐以后为：死、流、徒、杖、笞。元稹《出门行》："因知行雨偏，妻子五刑备。"白居易《贺雨》："宥死降五刑，责己宽三农。"

【五戎】　❶谓刀、剑、矛、戟、矢五种兵器。亦指使用各种兵器的武士。杨炯《送刘校书从军》："天将下三宫，星门召五戎。"法轮《观大驾出叙事寄怀》："玉鸾光万骑，金舆郁五戎。"❷古代泛指我国西部地区的少数民族。张九龄《奉和圣制送尚书燕国公赴朔方》："闻风六郡伏，计日五戎平。"

【五戎場】　即演武场。李峤《奉和杜员外扈从教阅》："薄狩三农隙，大阅五戎场。"

【五老】　❶神话传说中的五星之精。骆宾王《晚泊河曲》："水净千年近，星飞五老遥。"王维《送秘书晁监还日本国》序："百神受职，五老告期。"李益《罢秩后入华山采茯苓逢道者》："遂逢五老人，一谓西岳灵。"赵嘏《赠五老韩尊师》："住山道士年如鹤，应识当时五老人。"❷指德高望重的五位老人。崔国辅《九日侍宴应制》："金箓三清降，琼筵五老巡。"卢纶《过终南柳处士》："五老正相寻，围棋到煮金。"❸指五老峰。李端《寄庐山真上人》："青草湖中看五老，白云山上宿双林。"李中《送庐阜僧归山阳》："瓶贮瀑泉离五老，锡摇江雨上孤舟。"参见"五老峰"。

【五老峰】 江西庐山东南部名峰。五峰形如五老人并肩耸立，故称。李白《登庐山五老峰》："庐山东南五老峰，青天削出金芙蓉。"顾况《庐山瀑布歌送李颀》："火雷劈山珠喷日，五老峰前九江溢。"白居易《题元八溪居》："声来枕上千年鹤，影落杯中五老峰。"唐彦谦《登庐山》："五老峰巅望，天涯在目前。"吴筠有《游庐山五老峰》。

【五老翁】 指传说在五老山上升天的五位老人。岑参《送祁乐归河东》："君到故山时，为谢五老翁。"亦省作"五翁"。曹唐《小游仙诗九十八首》之二八："洗花蒸叶滤清酒，待与夫人邀五翁。"参见"五老❶"。

【五老巖】 即五老峰。韦丹《思归寄东林澈上人》："已为平子归休计，五老岩前必共闻。"

【五考】 唐宪宗规定，谪贬之官员须经五次考核方可调任。白居易《醉后狂言酬赠萧殷二协律》："若令在郡得五考，与君展覆杭州人。"又《移山樱桃》："上佐近来多五考，少应四度见花开。"

【五臣】 指舜的五个臣子。任希古《和左仆射燕公春日端居述怀》："丰野光三杰，妫庭赞五臣。"

【五百里内賢人聚】 借以称颂贤君出游。见南朝宋刘义庆《世说新语·德行》及刘孝标注。阎朝隐《奉和圣制夏日游石淙山》："五百里内贤人聚，愿陪阊阖侍天文。"

【五百灘】 地名。在浙江金华。李白《见京兆韦参军量移东阳二首》之二："闻说金华渡，东连五百滩。"

【五印字】 古印度文，即梵文。古印度分为东、西、南、北、中五部分，故称五印。唐扶《使南海道长沙题道林岳麓寺》："沙弥去学五印字，静女来悬千尺幡。"参见"五天竺"。

【五行】 (—xíng)指水、火、木、金、土。❶构成物质的五种元素，用以说明宇宙万物的起源和变化。苏味道《和武三思于天中寺寻复礼上人之作》："五行幽机畅，三蕃妙键开。"孟云卿《田园观雨兼晴后作》："五行孰堪废，万物当及时。"刘禹锡《武陵观火诗》："五行有沴气，先哲垂讦谟。"❷旧时星相家以五行生克推算命运。亦用以称命运。章孝标《日者》："十指中央了五行，说人休咎见前生。"

【五行】 (—háng)数量词。指五行文字。汉应奉读书五行并下，后因以形容读书敏捷。李瀚《蒙求》："应奉五行，安世三箧。"

【五危】 五种致命弱点。见《孙子·九变》。后因以"五危"喻指将帅的过失。张道古《上蜀王》："二乱岂由明主用，五危终被佞臣弹。"此指作者因上《五危二乱表》被贬事。

【五色】 ❶青、赤、白、黑、黄五种颜色。古代以此五者为正色。亦泛指各种颜色。李峤《日》："云间五色满，霞际九光披。"岑参《秦筝歌送外甥萧正归京》："汝不闻秦筝声最苦，五色缠弦十三柱。"白居易《和春深二十首》之十四："十分杯里物，五色眼前花。"齐己《雉》："文呈五色异，瑞入九苞难。"❷喻文采。马异《送皇甫湜赴举》："吞吐一腹文，八音兼五色。"刘禹锡《韩十八侍御见示成六十二韵》："晔若观五色，欢然臻四美。"皎然《送罗判官还寿州幕》："君章才五色，知尔得家风。"❸指色彩绚丽的羽毛。李峤《凤》："九苞应灵瑞，五色成文章。"韩愈《雉带箭》："将军仰笑军吏贺，五色离披马前堕。"李商隐《井泥四十韵》："凤凰不五色，联翼上鸡栖。"

【五色丸】 神话传说中的丸药，服之可以成仙。白居易《寻王道士药堂因有题赠》："常悲东郭千家冢，欲乞西山五色丸。"杜牧《题桐叶》："一丸五色成虚语，石烂松薪更莫疑。"

【五色丹】 即五色丸。王毂《梦仙谣三首》之一："有人遗我五色丹，一粒吞之后天老。"

【五色石】 古代神话谓女娲所炼之补天石。卢仝《与马异结交诗》："女娲本是伏羲妇，恐天怒，擣炼五色石，引日月之针，五星之缕把天补。"亦省作"五色"。韩琮《兴平县野中得落星石移置县斋》："何时成五色，却上女娲天。"

【五色瓜】 即东陵瓜。召(邵)平曾为秦东陵侯，秦亡，种瓜于长安城东青门外，瓜味以甜美著称。李峤《瓜》："欲识东陵味，青门五色瓜。"孟浩然《南山下与老圃期种瓜》："不种千株橘，惟资五色瓜。"王维《送孙秀才》："玉枕双文簟，金盘五色瓜。"亦省作"五色"。李商隐《柳枝五首》之三："东陵虽五色，不忍值牙香。"

【五色光】 ❶指五色云气。古人以为军队上空出现此光则不可战胜。李白《永王东巡歌十一首》之三："秋毫不犯三吴悦，春日遥看五色光。"❷五色光彩。韩愈《谢自然诗》："檐楹暂明灭，五色光属联。"❸指五色笔。亦作"五色炎光"。方干《酬将作于少监》："由来至宝出毫端，五色炎光照室寒。"

【五色羽】 指凤凰。韩愈《岐山下二首》之二："丹穴五色羽，其名为凤皇。"

【五色彩毫】 即五色笔。黄滔《喜侯舍人蜀中新命三首》之一："五色彩毫裁凤诏，九重天子豁龙颜。"参见"五色笔"。

【五色書】 即五色诏。王维《上张令公》："市阅千金字，朝闻五色书。”司空曙《酬张芬有赦后见赠》：“紫凤朝衔五色书，阳春忽布网罗除。”白居易《和春深二十首》之六：“凤书裁五色，马鬣剪三花。”参见“五色詔”。

【五色魚】 书信的代称。见明杨慎《丹铅总录·物用·简牍》。李白《秋浦寄内》：“有客自梁苑，手携五色鱼。”

【五色毫】 即五色笔。李商隐《江上忆严五广休》：“征南幕下带长刀，梦笔深藏五色毫。”李频《贺同年翰林从叔舍人知制诰》：“五色毫挥成涣汗，百僚班下独从容。”方干《再题路支使南亭》：“睡时分得江淹梦，五色毫端弄逸才。”参见“五色筆”。

【五色棒】 后用以喻执法严正。见《三国志·魏志·武帝纪》裴松之注。李商隐《有感二首》之二：“苍黄五色棒，掩遏一阳生。”

【五色雲】 ❶五色云彩，古人以为祥瑞。王孝廉《奉敕陪内宴》：“日宫座外何攸见，五色云飞万岁光。”吕岩《七言》之三二：“九苞凤向空中舞，五色云从足下生。”徐夤《闻长安庚子岁事》：“五色大云凝蜀郡，几般妖气扑神州。”亦省作“五色”。李绅《上党奏庆云见》：“五色传嘉瑞，千龄表圣君。”张良器《河出荣光》：“千龄逢圣主，五色瑞荣光。”❷指仙人所居之地。曹唐《小游仙诗九十八首》之五二：“长房自贵解飞翻，五色云中独闭门。”❸指帝王所在之处。和凝《宫词百首》之五：“封人争献南山寿，五色云中御辇平。”

【五色筆】 五彩妙笔，见《南史·江淹传》。后因用以喻文才。杜甫《寄刘峡州伯华使君四十韵》：“雕章五色笔，紫殿九华灯。”李商隐《县中恼饮席》：“若无江氏五色笔，争奈河阳一县花。”吴融《赴阙次留献荆南成相公三十韵》：“云生五色笔，月吐六钧弓。”

【五色詔】 指诏书。王维《和贾舍人早朝大明宫之作》：“朝罢须裁五色诏，佩声归向凤池头。”窦常《奉贺太保岐公承恩致政》：“五色诏中宣九德，百僚班外置三师。”

【五色牋】 亦称“五花笺”。供题诗、写信用的彩色笺纸。笺纸染色，源出晋代，石虎诏书即用五色纸。杨炯《和郑雠校内省眺瞩思乡怀友》：“游雾千金字，飞云五色笺。”

【五色禽】 义同“五色羽”。吴融《绵竹山四十韵》：“合有五色禽，叫啸含仙曲。”参见“五色羽”。

【五色綃】 即鲛绡。相传为鲛人所织，以色彩绚丽，故称。常用以喻文才。施肩吾《酬周秀才》：“应缘水府龙神睡，偷得蛟人五色绡。”

【五色綬】 系印的不同颜色之丝带，用以标志官吏的身份和等级。韦渠牟《步虚词十九首》之十九：“何妨五色绶，次第给仙官。”

【五色線】 古代用五色线补衮。因用以喻臣下规谏皇上之辞。杜牧《郡斋独酌》：“平生五色线，愿补舜衣裳。”亦省作“五色”。唐彦谦《七夕》：“而予愿乞天孙巧，五色纫针补衮衣。”

【五色龍】 古代神话所说西王母之坐骑。一说为九色斑龙。事见《汉武帝内传》。曹唐《汉武帝将候西王母下降》：“昆仑凝想最高峰，王母来乘五色龙。”

【五色藥】 即五色丸。李群玉《半醉》：“何烦五色药，尊下即丹丘。”清昼、潘述、汤衡《还丹可成诗联句》：“不因五色药，安著七真名。”参见“五色丸”。

【五色麟】 即五色龙。李九龄《上清辞五首》之二：“东皇近日慵游宴，闲煞瑶池五色麟。”

【五州】 ❶五个州。黄滔《辞相府》：“从汉至唐分五州，谁为将相作诸侯？”❷指北方领土。贾至《燕歌行》：“萧条魏晋为横流，鲜卑窃据朝五州。”❸指琼、崖、振、儋、万安五州。见《旧唐书·地理志四》。无可《送李使君赴琼州兼五州招讨使》：“临门双旆引，隔岭五州迎。”

【五羊】 广州别名。齐己《谢徽工人见惠以短歌酬之》：“近有五羊徽上人，闲工小笔得意新。”参见“五羊城”。

【五羊皮】 秦穆公用五张羊皮把百里奚从楚国赎回，授以国政。见《史记·秦本纪》。因以“五羊皮”喻微贱之物。李白《鞠歌行》：“秦穆五羊皮，买死百里奚。”李群玉《薛侍御处乞靴》：“百里奚身悲甚似，五羊皮价敢全轻。”

【五羊城】 广州别名。相传古代有五仙人乘五色羊执六穗秬至此，故称。见《太平寰宇记·岭南道一·广州》引《续南越志》。李群玉《登蒲涧寺后二岩三首》之一：“五仙骑五羊，何代降兹乡？”殷尧藩《送刘禹锡侍御出刺连州》：“遐荒迢递五羊城，归兴浓消客里情。”皮日休《送李明府之任海南》：“五羊城在蜃楼边，墨绶垂腰正少年。”黄滔《寄南海黄尚书》：“五羊城下驻行车，此事如今八载余。”

【五字】 ❶称美优秀的表章或文笔不凡。韦承庆《直中书省》：“九思空自勉，五字本无施。”沈佺期《和韦舍人早朝》：“一经推旧德，五字擢英才。”沈东美《奉和苑舍人宿直晓玩新池寄南省友》：“史为三坟博，郎因五字迁。”崔涂《春日郊居酬友人见贻》：“方期五字达，未厌一箪贫。”❷指五言诗。耿沣《奉和第五相公登鄱阳郡城西楼》：“高斋成五字，远岫发孤猿。”刘禹锡《酬令狐相公雪中游玄都见忆》：“玄都留五字，使人步虚声。”白居易《醉封诗筒寄微之》：“展眉只仰三杯后，代面唯凭五字中。”杜牧《新转南曹书此篇以自见志》：“一杯宽幕席，五字弄珠玑。”❸指诗才。姚合《送盛秀才赴举》：“五字州人唯有此，四邻风景合相饶。”李频《眉州别李使君》：“一生从此去，五字有谁怜。”

【五字句】 指五言诗。方干《贻钱塘县路明府》：“吟成五字句，用破一生心。”曹松《崇义里言怀》：“平生五字句，一夕满头丝。”

【五字表】 指表章。张南史《早春书事奉寄中书李舍人》：“唯看五字表，不记八行书。”参见“五字❶”。

【五字客】 指有文才的官吏。语出《魏晋世语》。李商隐《和马郎中移白菊见示》：“偏称含香五字客，从兹得地始芳荣。”参见“五字❶”。

【五字詩】 即五言诗。贾岛《赠友人》：“五字诗成卷，清新韵具偕。”许浑《赠闲师》：“东林共许三乘学，南国争传五字诗。”

【五均】 管理市场物价的官署。语出《逸周书·大聚》。借指街市。元稹《和乐天送客游岭南二十韵》：“大鳌浮三岛，周天过五均。”参阅《汉书·食货志下》。

【五坊】 唐代为皇帝饲养猎鹰猎犬的官署。分雕、鹘、鹞、鹰、狗五坊。和凝《宫词百首》之六五：“先遣五坊排猎骑，为民除害出神京。”

【五車】 ❶五车书之省称。(1)谓读书多，学问渊博。骆宾王《在江南赠宋五之问》：“犹轻五车富，未重一囊贫。”李商隐《安平公诗》：“顾我下笔即千字，疑我读书倾五车。”李咸用《和友人喜相遇十首》之三：“惠子休惊学五车，沛公方起斩长蛇。”知玄《答僧澈》：“五车外典知谁敌，九趣多才恐不如。”(2)指藏书多。王维《晚春严少尹与诸公见过》：“松菊荒三径，图书共五车。”鲍溶《夏日怀杜悰驸马》：“仍闻圣主知书癖，凤阁烧香对五车。”方干《题悬溜岩隐者居》：“世人如要问生涯，满架堆床是五车。”参见“五車書”。❷星名。刘望《九嶷山》：“九转药成丹灶冷，五车云去玉堂空。”

【五車書】 形容读书多，学问渊博。孟浩然《送告八从军》：“男儿一片气，何必五车书。”王维《戏赠张弟諲三首》之二：“张弟五车书，读书仍隐居。”杜甫《柏学士茅屋》：“富贵必从勤苦得，男儿须读五车书。”

【五更】 (—gēng)❶古代乡官名。用以安置年老致仕的官员。见《礼记·文王世子》。李华《咏史十一首》之二：“三老与五更，天王亲割牲。”亦用以称美年高德劭之长者。韩偓《赠吴颠尊师》：“议论通三教，年颜称五更。”❷旧时将一夜分为甲、乙、丙、丁、戊五段，谓之“五更”。又称五鼓、五夜。高骈《边城听角》：“三会五更欲吹尽，不知凡白几人头。”李洞《颜上人房》：“松下度三伏，磬中销五更。”吴融《雨后闻思归乐二首》之二：“一夜鸟飞鸣，关关彻五更。”❸指第五更。即天将明时。李白《雨后望月》：“为惜如团扇，长吟到五更。”王涯《宫词三十首》之三：“五更初起觉风寒，香炷烧来夜已残。”李商隐《蝉》：“五更疏欲断，一树碧无情。”黄滔《客舍秋晚夜怀故山》：“孤枕忆山千里外，破窗闻雨五更初。”

【五更鼓】 (更 gēng)亦称开门鼓。唐代京城实行每日按时启闭坊门制度。凌晨五更二点，鼓自宫中响起，诸街鼓随之而应，击鼓三千下，至辨出曙色止。此时各里坊打开坊门，人们始可上街行走。许棠《送友人归江南》：“皇州五更鼓，月落西南维。”

【五更頭】 (更 gēng)天将明时。顾况《洛阳早春》：“一家千里外，百舌五更头。”韩偓《惜春》：“一夜雨声三月尽，万般人事五更头。”

【五更鐘】 (更 gēng)即晨钟。佛寺报晓之钟声。殷尧藩《寄太仆田卿二首》之一：“蓦上心来消未得，梦回又听五更钟。”李商隐《初起》：“想像咸池日欲光，五更钟后更回肠。”又《无题四首》之一：“来是空言去绝踪，月斜楼上五更钟。”

【五里仙霧】 见“五里雾”。

【五里霧】 喻指迷茫难辨的境界。见《后汉书·张楷传》。孔德绍《行经太华》：“山昏五里雾，日落二华阴。”李商隐《镜槛》：“五里无因雾，三秋只见河。”亦作“五里仙雾”。李益《华阴东泉诣藏律师因寄齐中书》：“故人邑中吏，五里仙雾隔。”

【五利】 指和平处理少数民族关系的五种好处。语出《左传·襄公四年》：“和戎有五利焉。”后用以指和戎。权德舆《送张曹长工部大夫奉使西番》：“青史书归日，翻轻五利功。”吴融《金桥感事》：“百年徒有伊川叹，五利宁无魏绛功。”

【五兵】 ❶五种兵器。多指矛、戟、弓、剑、戈。泛指各种兵器。李白《赠宣城宇文太守兼呈崔侍御》：“胡虏三叹息，兼知五兵权。”耿湋《旅次汉故畤》：“邑里经多难，儿童识五兵。”张籍《新城甲仗楼》：“图功百尺丽，藏器五兵修。”❷指军队。《郊庙歌辞·周郊祀乐章·昭顺乐》：“五兵勿用，万国咸安。”独孤及《和大夫秋夜书情即事》：“忘机群动息，无战五兵闲。”刘长卿《行营酬吕侍御诗以见谕》：“晚日归千骑，秋风合五兵。”王纬《喜陆侍御破石埭草寇东峰亭赋诗》：“戎车一战后，残垒五兵收。”❸作战；战争。沈佺期《昆明池侍宴应制》：“武帝伐昆明，穿池习五兵。”独孤及《和李尚书画射虎图歌》：“时和年丰五兵已，白额未诛壮士耻。”

【五位】 犹五方。东、南、中、西、北。玄宗《途经华岳》：“四方皆石壁，五位配金天。”

【五狄】 古代对我国北方五个少数民族之合称。太宗《春日玄武门宴群臣》：“九夷簉瑶席，五狄列琼筵。”

【五言】 即五言诗。李颀《放歌行答从弟墨卿》：

"吾家令弟才不羈，五言破的人共推。"刘长卿《送路少府使东京便应制举》："五言凌白雪，六翮向青云。"韩愈《荐士》："五言出汉时，苏李首更号。"杜牧《寄宣州郑谏议》："五言宁谢颜光禄，百岁须齐卫武公。"

【五言七字】 五言诗和七言诗。泛指古典诗歌。崔珏《道林寺》："长卿之门久寂寞，五言七字夸规模。"

【五言詩】 我国古典诗歌主要形式之一。每句五字。有五言古诗、五言律诗、五言绝句和五言排律等类别。寒山《诗三百三首》之三八："一选嘉名喧宇宙，五言诗句越诸人。"储嗣宗《过王右丞书堂二首》之二："感深苏属国，千载五言诗。"

【五辛】 指五辛菜。用葱、蒜、韭、蓼蒿、芥五种辛物做成之菜肴。古代于元日立春食五辛菜，取迎新之意。见晋周处《风土记》。元稹《生春二十首》之十三："女儿针线尽，偷学五辛丛。"薛能《除夜作》："茜旆犹双节，雕盘又五辛。"

【五弟訓禽荒】 喻指沉溺游猎而失国。见《史记·夏本纪》。魏知古《从猎渭川献诗》："尝闻夏太康，五弟训禽荒。"

【五君】 指竹林七贤中的阮籍、嵇康、刘伶、阮咸、向秀。南朝宋颜延之作《五君咏》称述其人品，用以自况。郑谷《兵部卢郎中光济借示诗集以四韵谢之》："七子风骚寻失主，五君歌诵久无声。"参见"五君詠"。

【五君詠】 诗篇名。南朝宋颜延之作。诗有五首，借称述竹林七贤以自况。但只写阮籍、嵇康、刘伶、阮咸、向秀五人，山涛、王戎以显贵不列。孟郊《上包祭酒》："时吟《五君咏》，再举七子风。"聂夷中《题贾氏林泉》："高吟《五君咏》，疑对九华峰。"

【五花】 ❶指剪成五瓣的马鬃毛。杜甫《高都护骢马行》："五花散作云满身，万里方看汗流血。"岑参《走马川行奉送封大夫出师西征》："马毛带雪汗气蒸，五花连钱旋作冰，幕中草檄砚水凝。"❷五花马之省称。刘长卿《贾侍郎自会稽使回率成十韵》："惊年一叶落，按俗五花嘶。"韩翃《赠王随》："饮罢更怜双袖舞，试来偏爱五花骄。"❸犹五色。杜甫《题柏大兄弟山居屋壁二首》之二："萧萧千里足，个个五花文。"

【五花馬】 指将鬃毛剪成五瓣的马。一说为马之毛色作五花文者。李白《相逢行》："朝骑五花马，谒帝出银台。"无名氏《白雪歌》(卷七八五)："五花马踏白云衢，七香车碾瑶墀月。"

【五花牋】 见"五色牋"。

【五花賓館】 唐末荆南(今湖北江陵)宾馆名。路德延《句》："不是上台名姓字，五花宾馆敢从容。"

【五花驄】 即五花马。沈佺期《骢马》："西北五花骢，来时道向东。"岑参《感遇》："五花骢马七香车，云是平阳帝子家。"钱起《赋得丛兰曙后色送梁侍御入京》："遥知大苑内，应待五花骢。"

【五芝】 五种灵芝。即赤芝、黄芝、白芝、黑芝、紫芝。见《文选·孙绰〈游天台山赋〉》李善注引《神农本草经》。古人视为瑞草，道家尤崇之。顾况《曲龙山歌》："九仙傲倪折五芝，翠凤白麟回异道。"陆龟蒙《寄怀华阳道士》："华阳门外五芝生，餐罢愁君入杳冥。"皮日休《伤开元观顾道士》："肠断雷平旧游处，五芝无影草微微。"

【五枝燈】 汉时宫中灯名。李颀《王母歌》："为看青玉五枝灯，蟠螭吐火光欲绝。"

【五松】 ❶指五大夫松。秦始皇登泰山，避雨松树下，因封为五大夫松。后人误以为五株松树，故称五松。李商隐《五松驿》："独下长亭念《过秦》，五松不见见舆薪。"❷指五松山。李白《与南陵常赞府游五松山》："五松何清幽，胜境美沃州。"又《宿五松山下荀媪家》："我宿五松下，寂寥无所欢。"参见"五松山"。❸驿名。见"五松驛"。

【五松山】 山名。在今安徽铜陵东南。山旧有松，一本五枝，故名。李白曾筑室居此。李白《五松山送殷淑》："载酒五松山，颓然白云歌。"又《铜官山醉后绝句》："要须回舞袖，拂尽五松山。"

【五松驛】 古驿站。在长安东。李涉有《题五松驿》。白居易有《自秦望赴五松驿马上偶睡睡觉成吟》。李商隐有《五松驿》。

【五兩】 古测风器。系鸡毛五两(或八两)于高竿顶上，以观测风向、风力。李颀《送刘昱》："北风吹五两，谁是浔阳客?"李绅《移九江》："五两剧奔星，樯乌疾飞鸟。"曹松《九江送方干归镜湖》："一樯悬五两，此日动归风。"

【五門】 ❶古代宫廷设有五门，自外而内为皋门、库门、雉门、应门、路门。路门亦作毕门。说见《周礼·天官·阍人》"掌守王宫之中门之禁"郑玄注。后用以泛指宫城之门。无可《和宾客相国咏雪》："五门环玉垒，双阙对瑶台。"章碣《城南偶题》："可惜登临好光景，五门须听鼓声回。"厉玄《元日观朝》："火连双阙晓，仗列五门春。"亦借指京城。李商隐《细雨》："故园烟草色，仍近五门青。"❷指大明宫南面五门。王建《宫词一百首》之一："闲著五门遥北望，柘黄新帕御床高。"又《春日五门西望》："百官朝下五门西，尘起春风过玉堤。"

【五明宫】 道教中真人讲道之所。吕岩《敲爻歌》："仙童仙女彩云迎，五明宫内传《真诰》。"

【五明扇】 ❶魏晋时帝王乘舆用作仪仗的掌扇。见晋崔豹《古今注·舆服》。陆敬《七夕赋咏成篇》："五明霜纨开羽扇，百和香车动画轮。"❷泛指扇。乔知之《长信宫中树》："叶艳九春华，香摇五明扇。"

【五味】　指酸、甜、苦、辣、咸五种味道。陈子昂《观荆玉篇》序："夫目照五色，口分五味。"亦泛指各种味道或调和众味而成的食品。顾况《李供奉弹箜篌歌》："指剥葱，腕削玉，饶盐饶酱五味足。"卢仝《赠金鹅山人沈师鲁》："人皆食谷与五味，独食太和阴阳气。"徐夤《鬓发》："减食为缘疏五味，不眠非是守庚申。"

【五典】　❶五种伦理道德。贯休《大蜀皇帝寿春节进尧铭舜颂二首·舜颂》："皇皇大舜，合尧玄德，五典克从，四门伊穆。"❷传说为古书名。太宗《赋尚书》："辍膳玩三坟，晖灯披五典。"

【五岳】　我国五大名山，即东岳泰山、南岳衡山、西岳华山、北岳恒山、中岳嵩山的总称。李白《送温处士归黄山白鹅峰旧居》："采秀辞五岳，攀岩历万重。"权德舆《安语》："岩岩五岳镇方舆，八极廓清氛祲除。"刘禹锡《武陵书怀五十韵》："百川宗渤澥，五岳辅昆仑。"

【五金】　五种金属。后称金、银、铜、铁、锡为五金，亦泛指各种金属。贯休《读唐史》："洪炉烹五金，黄金终自奇。"齐己《谢人惠药》："五金元造化，九炼更精新。"

【五采】　见"五彩"。

【五采裳】　见"五綵衣"。

【五服】　(一fú)古代王畿外围，以五百里为一区划，由近而远分为侯服、甸服、绥服、要服、荒服，合称五服。宋若宪《奉和御制麟德殿宴百官》："四聪闻受谏，五服远朝王。"

【五夜】　❶一夜分甲、乙、丙、丁、戊五段，即五更。指自黄昏到拂晓时。乔知之《和苏员外寓直》："三旬登建礼，五夜直明光。"权德舆《奉酬张监阁老简南省旧僚》："风清五夜永，节换一阳生。"刘禹锡《始闻秋风》："五夜飕飗枕前觉，一年颜状镜中来。"李商隐《和友人戏赠二首》之一："仙人掌冷三宵露，玉女窗虚五夜风。"❷指戊夜，即第五更。沈佺期《和中书侍郎杨再思春夜宿直》："千庐宵驾合，五夜晓钟稀。"杜甫《奉和贾至舍人早朝大明宫》："五夜漏声催晓箭，九重春色醉仙桃。"元稹《酬乐天书后三韵》："两封相去八年后，一种俱云五夜初。"

【五夜鐘】　即晨钟。佛寺报晓之钟声。崔琮《长至日上公献寿》："五夜钟初动，千门日正融。"曹唐《汉武帝将候西王母下降》："风回水落三清月，漏苦霜传五夜钟。"

【五府】　❶古代五个官署的合称，所指不一。东汉时指太傅、太尉、司徒、司空、大将军的官署，亦泛指最高官署。岑参《仆射裴公挽歌二首》之二："五府瞻高位，三台丧大贤。"元稹《去杭州》："简书五府已再至，波涛万里酬一言。"贯休《送王轂及第后归江西》："五府如交辟，鱼书莫便稀。"❷传说中仙人居所。骆宾王《代女道士王灵妃赠道士李荣》："玄都五府风尘绝，碧海三山波浪深。"

【五府都】　指京城。五府汇聚之地。韦应物《饯雍聿之潞州谒李中丞》："薄游五府都，高步振英声。"参见"五府"。

【五刻】　犹第五更。平明时分。刻，古代计时单位。计时器称为刻漏。一夜分为五刻。王建《宫词》之三："五刻阁前卿相出，下帘声在半天中。"

【五官】　古代宫中女官名。罗虬《比红儿诗》："应缘近似红儿貌，始得深宫奉五官。"

【五官郎】　汉时五官中郎将的属官有五官中郎、五官侍郎、五官郎中，通称"五官郎"。见《后汉书·百官志二》。后用以代称宫廷侍卫官。李白《寒女吟》："一拜五官郎，便索邯郸女。"

【五弦】　即五弦琴。太宗《咏雨》："对此欣登岁，披襟弄五弦。"独孤及《酬常鄜县见赠》："堂上五弦销暇日，邑中千室有阳春。"白居易《秦中吟十首·五弦》："赵叟抱五弦，宛转当胸抚。"皮日休《奉和添酒中六咏·酒杯》："手挥五弦罢，聊复一樽持。"

【五弦琴】　古乐器。惟用宫、商、角、徵、羽正音。李群玉《穆天子》："不思五弦琴，作歌咏《南薰》，但听西王母，瑶池吟白云。"花蕊夫人《宫词》之六十五："逢著五弦琴绣袋，宜春院里按歌回。"

【五弦歌】　喻指宫廷乐歌。李峤《奉和七夕两仪殿会宴应制》："谁言七襄咏，重入五弦歌。"

【五城】　❶古代传说中神仙住所。李白《经离乱后赠江夏韦太守良宰》："天上白玉京，十二楼五城。"吴融《禁直偶书》："玉皇新复五城居，仙馆词臣在碧虚。"亦用以喻仙境。陈乘《游九鲤湖》："窟宅分三岛，烟霞接五城。"❷指京城。卢照邻《赠许左丞从驾万年宫》："朝参五城柳，夕宴柏梁杯。"韩翃《送崔秀才赴上元兼省叔父》："匹马五城人，重裘千里道。"朱庆余《送僧往台岳》："五城初罢讲，海上忆闲行。"❸指朔方节度使所辖之五城，即丰安、定远二军及三受降城，均在黄河北。杜甫《塞芦子》："五城何迢迢，迢迢隔河水。"李益《五城道中》："五城鸣斥堠，三秦新召募。"武元衡《塞上春怀》："东风河外五城喧，南客征袍满泪痕。"亦泛指边塞。令狐楚《年少行四首》之二："家本清河住五城，须凭弓箭得功名。"

【五城宅】　指华贵的住宅。崔颢《江畔老人愁》："蓬蒿忘却五城宅，草木不识青溪田。"参见"五城楼"。

【五城楼】　五城十二楼之省称。多用以喻仙境。韩翃《同题仙游观》："仙台下见五城楼，风物凄凄宿雨收。”亦指高贵华丽的住宅。崔颢《相逢行》：“春生百子殿，花发五城楼。”

【五城桥】 晋王敦死，王含、钱凤率余党，在丹阳郡城（今江苏南京市）之东，边淮（秦淮河）带湖（玄武湖）置五城。唐景云中县令陆彦恭于城侧造桥渡淮水，是为五城桥。徐铉《奉和宫傅相公怀旧见寄四十韵》：“玄武湖边林隐见，五城桥下棹洄沿。”

【五茄】 即五加。灌木，有刺或无刺。掌状复叶，夏开黄绿色花，核果球形。根皮或茎皮称五加皮，可入药。新叶可食用，以五叶交加者为上品，故名。柳宗元《同刘二十八院长述旧言怀寄张使君因其韵增至八十通赠二君子》：“香饭春菰米，珍蔬折五茄。”

【五胡】 晋武帝死后，北方匈奴、羯、鲜卑、氐、羌等五个部族首领，相继在中原称帝，史称“五胡”。高适《同观陈十六史兴碑》：“西晋何披猖，五胡相唐突。”

【五相】 （—xiàng）指裴垍、王涯、杜元颖、崔群和李绛五宰相。白居易《李留守相公见过因成四韵以献之》：“同时六学士，五相一渔翁。”

【五柞】 （—zuò）宫名。即“五柞宫”。玄宗《春台望》：“甘泉逶迤亘明光，五柞连延接未央。”侯冽《花发上林》：“花发三阳盛，香飘五柞深。”参见“五柞宫”。

【五柞宫】 汉离宫名。故址在今陕西周至东南。以宫中有五柞树，故名。参见《三辅黄图·甘泉宫》。杨师道《赋终南山用风字韵应诏》：“草绿长杨路，花疏五柞宫。”韩翃《汉宫曲二首》之一：“五柞宫中过腊看，万年枝上雪花残。”

【五柳】 ❶即五柳先生。指陶潜。李群玉《送陶少府赴选》：“久向三茅穷艺术，仍传五柳旧琴书。”皮日休《新秋言怀寄鲁望三十韵》：“仕应同五柳，归莫舍三茅。”崔道融《读杜紫微集》：“还有枉抛心力处，多于五柳赋《闲情》。”❷借指志行高洁的人。王维《戏赠张五弟諲三首》之二：“秋风自萧索，五柳高且疏。”刘长卿《赠秦系徵君》：“群公谁让位，五柳独知贫。”司空曙《逢江客问南中故人因以诗寄》：“五柳终期隐，双鸥自可亲。”❸指陶潜住所。王维《偶然作六首》之四：“倾倒强行行，酣歌归五柳。”常用以指隐居处。皇甫冉《题高云客舍》：“五柳转扶疏，千峰恣来往。”刘长卿《过前安宜张明府郊居》：“解印孤琴在，移家五柳成。”司空曙《过卢秦卿旧居》：“五柳茅茨楚国贤，桔槔蔬圃水涓涓。”徐夤《闲》：“一瓢挂树傲时代，五柳种门吟落晖。”

【五柳先生】 晋陶潜的别号。陶宅边有五柳树，因以为号。并作《五柳先生传》自况。见《晋书》本传。后用以借指高人隐士。王维《田园乐七首》之五：“一瓢颜回陋巷，五柳先生对门。”司空图《歌者十二首》之六：“五柳先生自识微，无言共笑手空挥。”

【五柳枝】 指陶潜宅边五株柳树。李白《寄韦南陵冰遇寻颜尚书笑有此赠》：“梦见五柳枝，已堪挂马鞭。”

【五柳傳】 即《五柳先生传》。晋陶潜作。文中云“宅边有五柳树，因以为号焉”，并描述其性格与风貌以自况。白居易《访陶公旧宅》：“每读《五柳传》，目想心拳拳。”

【五星】 指金、木、水、火、土五大行星。李林甫《奉和圣制次琼岳应制》：“云收二华出，天转五星来。”顾况《乐府》：“五星含土德，万姓彻中声。”皮日休《奉和鲁望读阴符经见寄》：“五星合其耀，白日下阙里。”

【五星連】 五星连珠之省称。指金、木、水、火、土五行星同时并见于一方，古人视为祥瑞。阎朝隐《奉和九日幸临渭亭登高应制得筵字》：“文章二曜动，气色五星连。”亦称“五星如珠”。顾况《陵霜之华一章》：“二景如璧，五星如珠。”

【五星聚】 即五星连珠。王圭《咏汉高祖》：“十月五星聚，七年四海宾。”李峤《井》：“已开千里国，还聚五星文。”参见“五星連”。

【五品】 ❶五常。指仁、义、礼、智、信。无名氏《五言白话诗》之九（外编下）：“逢贼被打骂，五品无人诤。”❷九品官阶之第五级。白居易《西掖早秋直夜书意》：“五品不为贱，五十不为夭。”又《酬元郎中同制加朝散大夫书怀见赠》：“五品足为婚嫁主，绯袍著了好归田。”

【五秋】 五个秋天。即五年。杜牧《新定途中》：“无端偶效张文纪，下杜乡园别五秋。”

【五侯】 汉成帝封其舅王谭平阿侯、王商成都侯、王立红阳侯、王根曲阳侯、王逢时高平侯，五人同日受封，世称“五侯”。见《汉书·元后传》。汉同时封五侯尚有数起，后遂以“五侯”泛指权贵豪门。骆宾王《和孙长史秋日卧病》：“调弦三妇至，置驿五侯来。”陈羽《长安卧病秋夜言怀》：“风清刻漏传三殿，甲第歌钟乐五侯。”杨衡《经端溪峡中》：“逍遥一息间，粪土五侯荣。”刘兼《寄高书记》：“声价五侯争辟命，文章一代振风骚。”秦韬玉有《读五侯传》。

【五侯七貴】 泛指达官显贵。李白《流夜郎赠辛判官》：“昔在长安醉花柳，五侯七贵同杯酒。”

【五侯三相】 泛指贵戚权臣。三相，唐代指中书、门下、尚书三省首脑。白居易《酬张十八访宿见赠》：“五侯三相家，眼冷不见君。”

【五侯門】 指权贵之门。王维《不遇咏》：“百人会中身不预，五侯门前心不能。”任华《寄李白》：“八咏楼中坦腹眠，五侯门下无心忆。”皎然《送如献上人游长安》：“为法应过七祖寺，忘名不到五侯门。”罗邺《芳草》：“三楚渡头长恨见，五侯门外却难逢。”亦作“五侯门馆”。武元衡《酬谈校书长安秋夜对月寄诸故旧》：“莫怪孔融悲岁序，五侯门馆重娄卿。”

【五侯家】　泛指豪门贵族之家。王维《同比部杨员外十五夜游有怀静者季》：“陌头驰骋尽繁华，王孙公子五侯家。”武元衡《长安春望》：“绿杨中禁路，朱戟五侯家。”陆畅《云安公主下降奉诏作催妆诗》：“云安公主贵，出嫁五侯家。”罗邺《梅花》：“却是五侯家未识，春风不放过江来。”张蠙《长安春望》：“残雪未销双凤阙，新春已发五侯家。”

【五侯鯖】　（鲭 zhēng）菜肴名。鲭同“脏”，鱼肉合煮的食品。指美味佳肴。韩翃《送刘长上归城南别业》：“朝还会相就，饭尔五侯鲭。”参见“五侯”。

【五侯蠟燭】　旧俗寒食禁火，而宫中传烛分火五侯之家。用以形容豪门权势之贵宠显赫。韩翃《寒食》：“日暮汉宫传蜡烛，轻烟散入五侯家。”

【五風十雨】　五天一次风，十天一场雨。语出汉王充《论衡·是应》。后用以形容风调雨顺。和凝《宫词百首》之六三：“五风十雨余粮在，金殿惟闻奏舜弦。”

【五度】　❶五次。白居易《题西亭》：“我今幸作西亭主，已见池塘五度春。”李频《春日旅舍》：“如何一别故园后，五度花开五处看。”❷五次经过。元稹《百牢关》：“那堪九年内，五度百牢关。”

【五度溪】　亦称“五渡”。在眉州青神县（今属四川）东。水流屈曲，渡处凡五，故称。常建《宿五度溪仙人得道处》：“五度溪上花，生根依两崖。”张籍《寄李渤》：“五度溪头踯躅红，嵩阳寺里讲时钟。”宋之问有《入崖口五渡寄李适》，岑参有《晚发五渡》。

【五郊】　谓东郊、南郊、西郊、北郊、中郊。古代礼仪，帝王于五郊设祭迎气。立春之日，迎春于东郊，祭青帝句芒；立夏之日，迎夏于南郊，祭赤帝祝融；立秋前十八日，迎黄灵于中兆，祭黄帝后土；立秋之日，迎秋于西郊，祭白帝蓐收；立冬之日，迎冬于北郊，祭黑帝玄冥。见《后汉书·明帝纪》“是岁，始迎气于五郊”李贤注。《全唐诗》有《五郊乐章》。

【五音】　❶古代五声音阶中的五个音级，即宫、商、角、徵、羽。卢仝《风中琴》：“五音六律十三徽，龙吟鹤响思庖羲。”刘禹锡《武昌老人说笛歌》：“商声五音随指发，水中龙应行云绝。”蒋防《八风从律》：“还从万籁起，更与五音同。”薛能《京中客舍闻筝》：“十二三弦共五音，每声如截远人心。”❷指音乐。贺知章《唐禅社首乐章·太和》：“五音克备，八变聿施。”薛逢《听曹刚弹琵琶》：“禁曲新翻下玉都，四弦枨触五音殊。”

【五帝】　❶上古传说中之五位帝王，其说不一。或以黄帝、颛顼、帝喾、唐尧、虞舜为五帝。或以少昊、高阳、高辛、唐、虞为五帝。王维《偶然作六首》之二：“五帝与三王，古来称天子。”吴筠《览古十四首》之二：“三皇已散朴，五帝初尚贤。”杜甫《剑门》：“三皇五帝前，鸡犬各相放。”贯休《少年行》：“稼穑艰难总不知，五帝三皇是何物？”❷指五天帝。即苍帝、赤帝、白帝、黑帝、黄帝。见《史记·孝武本纪》“泰一佐曰五帝”张守节正义。杨炯《和辅先入昊天观星瞻》：“汉君祠五帝，淮王礼八公。”戎昱《送吉州阎使君人道二首》之二：“庐陵太守近隳官，霞帔初朝五帝坛。”李商隐《寓怀》：“长养三清境，追随五帝君。”

【五洩】　亦作“五瀉”。山名。在浙江诸暨市境，因山有五瀑布而得名。皮日休《二游诗·任诗》：“地势似五泻，岩形若三峡。”贯休《送僧入五泄》：“五泄江山寺，禅林境最奇。”周镛有《诸暨五泄山》。

【五津】　长江自湔堰至犍为一段五大渡口之合称。名曰白华津、万里津、江首津、涉头律、江南津。见晋常璩《华阳国志·蜀志》。五津皆在蜀中，因用以泛指蜀地。王勃《杜少府之任蜀州》：“城阙辅三秦，风烟望五津。”

【五軍】　古代军制。春秋时晋本有上军、中军、下军，后又增设新上军、新下军，共五军。汉代有前、后、中、左、右五营，五营即五军。后泛称朝廷的军队为“五军”。贾至《燕歌行》：“五军精卒三十万，百战百胜擒单于。”

【五祖】　即禅宗五祖弘忍（602—675）。蕲州黄梅（今属湖北）人。俗姓周，七岁出家。贞观八年（634）受道信法衣，为第五祖。改用《金刚经》传法，开“东山法门”。下传慧能、神秀，衍生南北二宗。《全唐诗外编》下录有《五祖自咏》一首。

【五神】　五方之神，指青帝勾芒、赤帝祝融、黄帝后土、白帝蓐收、黑帝玄冥，亦称五行之神。张九龄《立春日晨起对积雪》：“东郊斋祭所，应见五神来。”李峤《车》：“五神趋雪至，双毂似雷奔。”

【五紀】　❶指岁、月、日、星辰、历数。魏征《享太庙乐章·大明舞》：“五纪更运，三正递升；勋华既没，禹汤勃兴。”吴越王钱镠《西园产芝》：“五纪尊天立霸基，八方邻国尽相知。”❷一纪十二年，五纪为六十年。杜牧《冬至日寄小侄阿宜诗》：“家集二百编，上下驰皇王，多是抚州写，今来五纪强。”

【五馬】　❶汉时太守乘车驾五匹马，因借指太守的车驾。贺知章《望人家桃李花》：“弃置千金轻不顾，踟蹰五马谢相逢。”岑参《陪使君早春西亭送王赞府赴选》：“西亭系五马，为送故人归。”韩翃《送李中丞赴商州》：“五马渭桥东，连嘶逐晓风。”姚合《别胡逸》：“今日相逢又相送，予乘五马子单车。”❷太守的代称。张说《赠崔二安平公乐世词》：“自怜京兆双眉妩，会待南来五马留。”钱起《送张中丞赴桂州》：“云衢降五马，林木引双旌。”白居易《早冬》:“此时却羡闲人醉,五马无由入酒家。”薛蒙《和绵州于中丞登越王楼作》:“左绵江上楼,五马此销愁。”

【五馬車】 汉时太守比古之诸侯,用五马车,后因以指太守之车驾。房琯《题汉州西湖》:“同人千里驾,邻国五马车。”

【五馬南浮】 见“五馬渡江”。

【五馬貴】 犹言官爵显贵。五马,太守之代称。杜甫《送贾阁老出汝州》:“人生五马贵,莫受二毛侵。”

【五馬渡江】 亦作“五馬南浮”。晋元帝原为琅邪王,与汝南王等五人南渡长江,于建邺(今江苏南京市)建立东晋王朝,世称“五马渡江”或“五马南浮”。吴筠《建业怀古》:“五马浮渡江,一龙跃天津。”胡曾《咏史诗·东山》:“五马南浮一化龙,谢安入相此山空。”亦用以喻战乱。李白《经乱后将避地剡中留赠崔宣城》:“双鹅飞洛阳,五马渡江徼。”皮日休《鲁望昨以五百言见贻因成一千言》:“五马渡江日,群鱼食蒲年。”

【五茸】 春秋时吴王猎场。又称五茸城。在今上海市松江区西,松江区别名茸城,本此。陆龟蒙《奉和袭美吴中书事寄汉南裴尚书》:“三泖凉波鱼蕝动,五茸春草雉媒娇。”自注:“五茸,吴王猎所,草各有名。”

【五株】 ❶指陶渊明宅边之五棵柳树。李端《折杨柳》:“隋家两岸尽,陶宅五株荣。”汪遵《隋柳》:“君看靖节高眠处,只向衡门种五株。”翁承赞《柳》:“彭泽先生酒满船,五株栽向九江边。”慕幽《柳》:“五株斜傍渊明宅,千树低垂太尉营。”❷柳树之代称。杜甫《阻雨不得归瀼西之甘林》:“虚徐五株态,侧塞烦胸襟。”皇甫冉《谢韦大夫柳栽》:“五株蒙远赐,应使号先生。”

【五株封】 指五大夫松。始皇上泰山,风雨暴至,休于树下,因封其树为五大夫。后人误以为封五株松树。陆贽《禁中春松》:“愿符千载寿,不羡五株封。”

【五株柳】 亦作“五株衰柳”。❶喻隐居。李颀《答高三十五留别便呈于十一》:“妻子欢同五株柳,云山老对一床书。”李白《嘲王历阳不肯饮酒》:“浪抚一张琴,虚栽五株柳。”❷指隐居之家园。钱起《秋园晚沐》:“五株衰柳下,三径小园深。”参见“五柳”。

【五株衰柳】 见“五株柳”。

【五校】 (—xiào)汉时对步兵、屯骑、长水、越骑、射声五校尉的合称。许景先《奉和圣制送张尚书巡边》:“龙武三军气,鱼铃五校名。”席豫《奉和圣制答张说南出雀鼠谷》:“山尽千旗出,郊平五校分。”王维《恭懿太子挽歌五首》之五:“五校连旗色,千门叠鼓声。”李端《送古之奇赴安西幕》:“畴昔十年兄,相逢五校营。”

【五原】 ❶关塞名。即汉五原郡之榆柳塞。在今内蒙古自治区五原县。沈佺期《塞北二首》之二:“五原烽火急,六郡羽书催。”李白《千里思》:“迢迢五原关,朔雪乱边花。”贾至《出塞曲》:“传道五原烽火息,单于昨夜寇新秦。”❷指毕原、白鹿原、少陵原、高阳原、细柳原。在今陕西省。杜甫《喜闻官军已临贼境四十韵》:“五原空壁垒,八水散风涛。”李益《再赴渭北使府留别》:“汉庭中选重,更事五原西。”元稹《哭吕衡州六首》之二:“尽将千载宝,埋入五原蒿。”❸指龙游原、乞地干原、青岭原、可岚贞原、横槽原。在今宁夏境内。见《元和郡县志》卷四。骆宾王《早秋出塞寄东台详正学士》:“促驾逾三水,长驱望五原。”张敬忠《边词》:“五原春色旧来迟,二月垂杨未挂丝。”皇甫曾《送李中丞归本道》:“关河三晋路,宾从五原人。”储嗣宗《随边使过五原》:“五原西去阳关废,日漫平沙不见人。”

【五峰】 ❶天台山五个山峰之合称。寒山《诗三百三首》之一九四:“丹丘迥耸与云齐,空里五峰遥望低。”李白《送王屋山人魏万还王屋》:“五峰转月色,百里行松声。”王建《题台州隐静寺》:“五峰直上插银河,一涧当空泻寥廓。”吴融《题越州法华寺》:“寺在五峰阴,穿缘一径寻。”❷指五老峰。赵嘏《送僧归庐山》:“禅栖忽忆五峰游,去著方袍谢列侯。”李洞《赠王凤二山人》:“相逢九江底,共到五峰尖。”徐铉《送王员外宰德安》:“今为百里长,应好五峰游。”❸衡山的五个最高峰。李白《与诸公送陈郎将归衡阳》:“回飙吹散五峰雪,往往飞花落洞庭。”杜甫《望岳》:“祝融五峰尊,峰峰次低昂。”李宾《登巴陵开元寺西阁赠衡岳僧方外》:“衡岳有开士,五峰秀贞骨。”❹泛指五座山峰。李洞《维摩畅林居》:“诸方游几腊,五夏五峰销。”

【五氣】 五行之气,五方之气。李华《杂诗六首》之二:“玄黄与丹青,五气之正色。”杜光庭《题鹤鸣山》:“五气云龙下泰清,三天真客已功成。”

【五倫十起】 指东汉第五伦关怀兄子,犹自责未能无私。事见《后汉书·第五伦传》。李瀚《蒙求》:“刘整交质,五伦十起。”

【五翁】 见“五老翁”。

【五部】 指鼓吹五部。见《新唐书·仪卫志下》。此乐用于卤簿,或以赐功臣。唐制,职事四品以上,应给卤簿。武元衡《冬日汉江南行将赴夏口途次江陵界寄裴尚书》:“五部拥双旌,南依墨客卿。”

【五部學】 指儒、道、文、史、阴阳之学。戴叔伦《送嵩律师头陁寺》:“相传五部学,更有一人成。”

【五羖】 指春秋时秦国大夫百里奚。百里奚亡秦走宛,楚鄙人执之。秦穆公闻其贤,以五羖羊皮赎回，并授以国政，称五羖大夫。见《史记·秦本纪》。李白《南都行》："陶朱与五羖，名播天壤间。"李商隐《自桂林奉使江陵途中感怀寄献尚书》："长怀五羖赎，终著九州箴。"皮日休《江南书情二十韵寄韦校书贻之商洛二同年》："时讹轻五羖，俗浅重三缄。"

【五逆】 佛教谓五种将招致堕无间地狱报应的恶业大罪：杀父、杀母、害阿罗汉、斗乱众僧、起恶意于如来所。见《阿阇世王问五逆经》。寒山《诗三百三首》之九一："五逆十恶辈，三毒以为亲。"

【五郡】 ❶指陇西、北地、上郡、朔方、云中外于边境的五郡。耿沣《塞上曲》："身微久属千夫长，家远多亲五郡兵。"❷泛指各地。寒山《诗三百三首》之六："弟兄同五郡，父子本三州。"

【五紋】 犹五色。杜甫《小至》："刺绣五纹添弱线，吹葭六琯动浮灰。"

【五教】 （—jiào）五常之教。指父义、母慈、兄友、弟恭、子孝五种伦理道德之教育。张说《奉和圣制暇日与兄弟同游兴庆宫作应制》："问俗兆人阜，观风五教宣。"

【五莖】 相传为颛顼时乐歌名。元结《补乐歌寸首·五茎》序："《五茎》，颛顼氏之乐歌也，其义盖称颛顼得五德之根茎。"

【五曹】 指尚书省下分职治事的五个官署。汉初置尚书五人，其一为仆射，四人分为四曹；东汉置尚书员五人，分为五曹。唐在尚书省仆射之下设左、右丞，分别总领尚书省事务。因沿称"五曹"。权德舆《奉和新卜城南郊居得与卫右丞邻舍因赋诗寄赠》："石君五曹重，左户三壤均。"

【五酘】 酒名。元稹《代曲江老人百韵》："万钱才下箸，五酘未称醇。"白居易有《钱湖州以箬下酒李苏州以五酘酒相次寄到无因同饮聊咏所怀》。

【五常】 旧时的五种伦理道德，即父义、母慈、兄友、弟恭、子孝。一说以仁、义、礼、智、信为五常之道。见汉董仲舒《贤良策一》。孟郊《吊元鲁山》之二："五常坐销铄，万类随衰微。"元稹《大觜鸟》："缘知五常性，翻被众禽欺。"杜光庭《纪道德》："故可以越圆清方浊兮不始不终，何止乎居九流五常兮理家理国。"

【五将】 指西汉时田广明等五将军。见《汉书·西域传下》。后因以称边防将领。沈佺期《塞北二首》之一："柏坛飞五将，梅吹动三军。"卢纶《送李缃》："旧国仍连五将营，儒衣何处谒公卿。"

【五符】 ❶指古代诸侯用作符信的五种玉，即璜、璧、璋、珪、琮。执之以为膺王命行使任务的凭证。权德舆《建除诗》："成绩封千室，畴劳使五符。"参见"五玉"。❷指《灵宝五符经》。简称《五符经》。陆龟蒙《奉和袭美太湖诗二十首·入林屋洞》："却笑探《五符》，徒劳步双斗。"

【五鳥花】 紫参的别名。今名红骨参、毛丹参。钱起《紫参歌》序："紫参，幽芳也。五葩连萼，状飞禽羽举，俗名之五鸟花。"

【五彩】 亦作"五采"。❶指青、黄、赤、白、黑五种颜色。刘允济《经庐岳回望江州想洛川有作》："千里辉珠玑，五采含丹臒。"杨巨源《赠陈判官求子花诗》："能生丽思千花外，善点秾姿五彩中。"白居易《江楼夜吟元九律诗成三十韵》："八风凄间发，五彩烂相宣。"亦泛指多种颜色。韦庄《和郑拾遗秋日感事一百韵》："八珍罗膳府，五采斗筐床。"❷指五色铅汞。道家谓服之可以长生。吕岩《五言》之四："阴阳烹五彩，水火炼三花。"

【五疵】 即五过。古代刑法规定可以宽恕的五种罪过。虞世南《赋得慎罚》："五疵过亦察，二辟理弥精。"

【五鹿】 西汉五鹿充宗，通晓《梁丘易》。尝凭借权势与诸儒辩《易》，诸儒不敢与争，惟朱云多次将他驳倒。时人云：五鹿岳岳（长角貌），朱云折其角。见《汉书·朱云传》。后以"五鹿"借指能言善辩之人。卢照邻《咏史四首》之四："三公不敢吏，五鹿何能酬？"陆希声《山居即事二首》之二："五鹿归来惊岳岳，孤鸿飞去入冥冥。"李瀚《蒙求》："晏御扬扬，五鹿岳岳。"

【五章】 ❶五种彩色。李白《古风》之四："凤飞九千仞，五章备彩珍。"❷孔子所作刺时的乐章。此处用以指五言诗。李白《劳劳亭歌》："昔闻牛渚吟五章，今来何谢袁家郎。"

【五情】 ❶喜、怒、哀、乐、怨五种感情。许敬宗《奉和圣制送来济应制》："兴言共伤千里道，俯迹聊示五情同。"❷犹言五内。李白《古风》之五："仰望不可及，苍然五情热。"孟郊《感怀》之一："五情今已伤，安得自能老。"

【五粒】 见"五粒松"。

【五粒松】 松的一种。因叶为针形，如马鬣，五叶丛生，故称"五鬣松"。鬣讹读为粒。一说，一丛有五粒子，形如桃仁，可食，因以"五粒"名之。岑参《题井陉双谿李道士所居》："五粒松花酒，双谿道士家。"张籍《送韩侍御归山》："九灵洞口行应到，五粒松枝醉亦攀。"陈陶《宿天竺寺》："一宵何期此灵境，五粒松香金地冷。"亦省称为"五粒"。韦应物《紫阁东林居士叔缄赐松英丸辄献诗代启》："碧涧苍松五粒稀，侵云采去露沾衣。"

【五粒風】 松风。陆龟蒙《和袭美寒夜文宴润卿有期不至》："松斋一夜怀贞白，霜外空闻五粒风。"参见"五粒松"。

【五涼】 指晋和南朝宋时北方十六国中的前凉、

后凉、西凉、北凉、南凉。其地在今甘肃河西一带。后遂称此地区为“五凉”。岑参《题金城临河驿楼》：“古戍依重险，高楼见五凉。”又《送李别将赴武威便寄崔员外》：“马疾飞千里，凫飞向五凉。”

【五梁】 见“五凉”。

【五宿】 ❶(—xiǔ)住了五夜。白居易《泛太湖书事寄微之》：“报君一事君应羡，五宿澄波皓月中。”❷(—xiù)五星宿。李渊《为秦王制诗》：“圣德合天地，五宿连珠见。”参见“五星連”。

【五袴】 称颂地方官吏除弊便民之辞。见《后汉书·廉范传》。储光羲《晚次东亭献郑州宋使君文》：“籍籍歌五袴，祁祁颂千箱。”元稹《茅舍》：“五袴有前闻，斯言我非诈。”白居易《寄献北都留守裴令公》：“路喧歌五袴，军醉感单醪。”李瀚《蒙求》：“刘宠一钱，廉范五袴。”

【五袴詠】 指五袴谣。白居易《和微之诗二十三首·和三月三十日四十韵》：“虽微五袴咏，幸免兆人诅。”参见“五袴”。

【五袴歌】 指五袴谣。李端《送张少府赴夏县》：“太守新临郡，还逢五袴歌。”参见“五袴”。

【五袴謡】 称颂地方官吏善政之歌谣。白居易《西楼喜雪命宴》：“歌乐虽盈耳，惭无五袴谣。”参见“五袴”。

【五袴謳】 指五袴谣。罗隐《秋日有寄姑苏曹使君》：“水寒不见双鱼信，风便唯闻五袴讴。”参见“五袴”。

【五通】 即五通神。别称有“五圣”“五显灵公”“五郎神”“五猖”等。旧时江南民间供奉的邪神。施肩吾《句》：“五通本是佛家奴，身著青衣一足无。”

【五陵】 ❶长陵、安陵、阳陵、茂陵、平陵的合称。为西汉五个皇帝陵墓所在地，均在渭水北岸今陕西咸阳市附近。亦用以泛指长安。刘长卿《送皇甫曾赴上都》：“秋草不生三径处，行人独向五陵归。”戴叔伦《谷城逢杨评事》：“远自五陵独窜身，筑阳山中归路新。”李频《和友人下第北游感怀》：“圣代为儒可致身，谁知又别五陵春。”方干《收两京后还上都兼访一二亲故》：“离堂千里客，归骑五陵人。”❷汉元帝以前，每立陵墓，辄迁外戚与四方豪族于其地居住。后世遂以五陵指豪门贵族聚居地。杜甫《秋兴八首》之三：“同学少年多不贱，五陵衣马自轻肥。”杜牧《为人题赠二首》之一：“虚传南国貌，争奈五陵心。”齐己《轻薄行》：“五陵春暖芳草齐，笙歌到处花成泥。”❸指西汉高祖、惠帝、景帝、武帝、昭帝的陵园。李颀《望秦川》：“秋声万户竹，寒色五陵松。”韦应物《骊山行》：“秦川八水常缭绕，汉氏五陵空崔嵬。”李益《春行》：“恩承三殿近，猎向五陵多。”杜牧《登乐游原》：“看取汉家何事业，五陵无树起秋风。”❹指唐代高祖、太宗、高宗、中宗、睿宗之陵园，均在长安附近。李白《永王东巡歌》之五：“二帝巡游俱未回，五陵松柏使人哀。”杜甫《哀王孙》：“哀哉王孙慎勿疏，五陵佳气无时无。”武元衡《顺宗皇帝挽歌词三首》之三：“回瞻五陵上，烟雨为苍苍。”

【五陵子】 同“五陵儿”。蒋冽《山行见鹊巢》：“岂忧五陵子，挟弹来相逐。”马戴《离夜二首》之二：“曾与五陵子，休装孤剑花。”

【五陵公子】 指京都富豪子弟。储光羲《洛阳道五首献吕四郎中》之三：“五陵贵公子，双双鸣玉珂。”罗虬《比红儿诗》：“若是五陵公子见，买时应不啻千金。”韦庄《庭前桃》：“五陵公子饶春恨，莫引香风上酒楼。”滕潜《凤归云二首》之一：“五陵公子怜文彩，画与佳人刺绣衣。”参见“五陵❶”。

【五陵年少】 犹五陵公子。崔颢《渭城少年行》：“贵里豪家白马骄，五陵年少不相饶。”李白《少年行三首》之二：“五陵年少金市东，银鞍白马度春风。”张碧《游春引三首》之二：“五陵年少轻薄客，蛮锦花多春袖窄。”卢延让《樊川寒食二首》之二：“五陵年少粗于事，栲栳量金买断春。”亦省作“五陵少”。杨巨源《大堤曲》：“无端嫁与五陵少，离别烟波伤玉颜。”参见“五陵公子”。

【五陵兒】 犹言五陵年少。李颀《送康洽入京进乐府歌》：“柳色偏浓九华殿，莺声醉杀五陵儿。”李益《杂曲》：“藁砧持玉斧，交结五陵儿。”李绅《柳二首》之二：“愁见花飞狂不定，还同轻薄五陵儿。”归仁《牡丹》：“除却解禅心不动，算应狂杀五陵儿。”参见“五陵年少”。

【五陵豪】 谓高门贵族的豪迈气概。李白《白马篇》：“龙马花雪毛，金鞍五陵豪。”

【五陰】 即五蕴。佛教语。指色(形相)、受(情欲)、想(意念)、行(行为)、识(心灵)五者假合而成之身心。寒山《诗三百三首》之二〇一：“可贵天然无价宝，埋在五阴溺身躯。”李绅《题法华寺五言二十韵》：“指喻三车觉，开迷五阴缠。”

【五都】 ❶五方都会。泛指繁盛的都市。张说《夜坐》：“怀哉四壁时，未有五都价。”戴叔伦《送秦系》：“五都来往无旧业，一代公卿尽故人。”李益《从军有苦乐行》：“侠气五都少，矜功六郡良。”白居易《效陶潜体十六首》之十五：“东邻有富翁，藏货遍五都。”❷东都。即长安东都门。系长安东郭城北头第一门，又名青门。任希古《和左仆射燕公春日端居述怀》：“思挂五都冕，言访北山巾。”“五都”应为东都。

【五朝】 指定都建康前后相承之五个朝代，即东晋、宋、齐、梁、陈。岑参《送许子擢第归江宁拜亲因寄王大昌龄》：“五朝变人世，千载空江声。”

【五雲】 ❶五色云。亦称庆云。古人以为祥瑞之征兆。王维《大同殿柱产玉芝龙池上有庆云敢书即事》:"岂知玉殿生三秀,讵有铜池出五云。"刘长卿《至德三年春正月闻王师收二京因书事五十韵》:"天回万象庆,龙见五云迎。"翁承赞《御命归乡蒙赐锦衣》:"中使擎来三殿晓,宝箱开处五云飞。"❷指神仙之御乘。王翰《赋得明星玉女坛送廉察尉华阴》:"仙车欲驾五云飞,香扇斜开九华照。"李白《姑熟十咏·灵墟山》:"伏炼九丹成,方随五云去。"刘商《谢自然却还旧居》:"仙侣招邀自有期,九天升降五云随。"李韶《题司空山观》:"梁代真人上紫微,水盘山脚五云飞。"❸谓仙人居处。刘长卿《自紫阳观至华阳洞简同游李延年》:"七曜悬洞宫,五云抱仙殿。"于鹄《早上凌霄第六峰入紫溪礼白鹤祠》:"沉沉五云影,香风散萦萦。"白居易《长恨歌》:"楼阁玲珑五云起,其中绰约多仙子。"青城丈人《送太乙真君酒》:"凡客欲知真一洞,剑门西北五云深。"❹指皇帝所在地。李白《侍从宜春苑听新莺百啭歌》:"是时君王在镐京,五云垂晖耀紫清。"王建《赠郭将军》:"承恩新拜上将军,当直巡更近五云。"殷尧藩《帝京二首》之二:"龙虎山河御气通,遥瞻帝阙五云红。"纥干著《灞上》:"都傍柳阴回首望,春天楼阁五云中。"❺指贤才隐居处。李白《赠参寥子》:"五云在岘山,果得参寥子。"杜甫《大历三年春白帝城放船四十韵》:"五云高太甲,六月旷抟扶。"汪遵《严陵台》:"终将宠辱轻轩冕,高卧五云为客星。"❻指书法。元稹《寄赠薛涛》:"别后相思隔烟水,菖蒲花发五云高。"李商隐《行至金牛驿寄兴元渤海尚书》:"楼上春云水底天,五云章色破巴笺。"皮日休《奉和鲁望怀杨台文杨鼎文二秀才》:"羊昙留我昔经春,各以篇章斗五云。"❼象征吉祥的图饰。王建《宫词一百首》之十:"丹凤楼门把火开,五云金辂下天来。"谭用之《春日期巢湖旧事》:"暖掠红香燕燕飞,五云仙珮晓相携。"❽指金五云。武宗时宫嫔,后嫁卑官到西蜀。其夫失官,沦为歌者。陈陶《西川座上听金五云唱歌》:"蜀王殿上华筵开,五云歌从天上来。"

【五雲車】 ❶谓仙人所乘之云车。王维《奉和圣制幸玉真公主山庄因题石壁十韵之作应制》:"还瞻九霄上,来往五云车。"薛涛《试新服裁制初成三首》之二:"九气分为九色霞,五灵仙驭五云车。"廖融《梦仙谣》:"翠凤引游三岛路,赤龙齐驾五云车。"❷指帝王的车乘。因以五云为图饰,象征祥瑞,故称。刘长卿《闻奉迎皇太后使沈判官至因有此作》:"长乐宫人扫落花,君王正候五云车。"王建《宫词一百首》之九一:"太平天子朝迎日,五色云车驾六龙。"❸指华丽之车。李白《陌上赠美人》:"骏马骄行踏落花,垂鞭直拂五云车。"元稹《感石榴二十韵》:"风翻一树火,电转五云车。"❹称美道士所乘之车。钱起《送柳道士》:"归期千岁鹤,行迈五云车。"卢纶《过楼观李尊师》:"留诗千岁鹤,送客五云车。"武元衡《早春送欧阳炼师归山》:"双鹤五云车,初辞汉帝家。"❺婉辞。旧时婉称人死为仙去,所乘为五云车。张谓《玉清公主挽歌》:"初封千户邑,忽驾五云车。"

【五雲芝】 指五种颜色的灵芝。即赤芝、黄芝、白芝、黑芝、紫芝。韩偓《梦仙》:"紫霄宫阙五云芝,九级坛前再拜时。"参见"五芝"。

【五雲毫】 即五色笔。李咸用《读修睦上人歌篇》:"珊瑚高架五云毫,小小不须烦藻思。"

【五雲裘】 色彩绚烂的皮衣。李白《酬殷明佐见赠五云裘歌》:"粉图珍裘五云色,晔如晴天散彩虹。"

【五雲路】 通向仙境之路。徐凝《酬相公再游云门寺》:"远羡五云路,逶迤千骑回。"

【五雲鄉】 仙人居住之地。蜀太妃徐氏《丈人观》:"不羡乘鸾入烟雾,此中便是五云乡。"。

【五雲溪】 若耶溪的别名。在浙江绍兴市南三十五里。北流入鉴湖。元稹《寄乐天》:"灵泛桥前百里镜,石帆山崦五云溪。"杜牧《寄浙东韩乂评事》:"一笑五云溪上舟,跳丸日月十经秋。"李咸用《悼范摅处士》:"家在五云溪畔住,身游巫峡作闲人。"吴融《岐下闻杜鹃》:"如何不断肠,家近五云溪。"独孤及有《同徐侍郎五云溪新庭重阳集宴集作》。

【五雲漿】 (—jiāng)仙液,饮之可以成仙。杨巨源《石水词二首》之一:"知共金丹争气力,一杯全胜五云浆。"温庭筠《鸿胪寺有开元中锡宴堂遗址偶成四十韵》:"盘斗九子粽,瓯擎五云浆。"亦用以为美酒之代称。花蕊夫人《宫词》之六四:"酒库新修近水傍,泼醅初熟五云浆。"

【五雲輿】 即五云车。曹唐《小游仙诗九十八首》之二七:"西汉夫人下太虚,九霞裙幅五云舆。"参见"五雲車❶"。

【五雲樓】 ❶指仙人居住的楼。李九龄《上清辞五首》之一:"入海浮生汗漫秋,紫皇高宴五云楼。"❷华丽的楼台。多指宫中。花蕊夫人《宫词》之一:"五云楼阁凤城间,花木长新日月闲。"亦作"五云閣"。许景先《奉和御制春台望》:"瑞气朝浮五云阁,祥光夜吐万年枝。"

【五單于】 (单 chán)西汉后期,匈奴内乱,分立五单于。后用以泛指敌对的部族首领。王维《少年行四首》:"偏坐金鞍调白羽,纷纷射杀五单于。"卢纶《天长久词附宫中乐二首》之一:"云日呈祥礼物殊,北庭生献五单于。"

【五等】 公、侯、伯、子、男五等爵位。徐彦伯《侍宴韦嗣立山庄应制》:"三光悬圣藻,五等冠朝簪。"韩愈《晋公破贼回重拜台司以诗示幕中》:"将军旧压三司贵,相国新兼五等崇。"吕岩《赠李德成》:"九重天子寰中贵,五等诸侯门外尊。"

【五勝】　五行相胜。水胜火、火胜金、金胜木、木胜土、土胜水。太宗《咏司马彪续汉志》:"五胜竟无违,百司诚有庇。"亦用以指代水。李商隐《与同年李定言曲水闲话戏作》:"莫惊五胜埋香骨,地下伤春亦白头。"

【五善】　古代射礼的五项要求。戎昱《观卫尚书九日对中使射破的》:"出将三朝贵,弯弓五善齐。"

【五湖】　❶指太湖。王维《同崔傅答贤弟》:"九江枫树几回青,一片扬州五湖白。"李白《送王屋山人魏万还王屋》:"烟绵横九疑,漭荡见五湖。"温庭筠《题友人居》:"若教烟水无鸥鸟,张翰何由到五湖。"胡曾《咏史诗·五湖》:"东上高山望五湖,雪涛烟浪起天隅。"❷指洞庭湖。孟浩然《自浔阳泛舟经明海》:"因之泛五湖,流浪经三湘。"杜甫《归雁》:"年年霜露隔,不过五湖秋。"贾至《初至巴陵与李十二白裴九同泛洞庭湖三首》之三:"轻舟落日兴不尽,三湘五湖意何长。"韦縠《游朱坡故少保杜公林亭》:"高岫乍疑三峡近,远波初似五湖通。"❸江湖之泛称。王绩《古意六首》之三:"浮游五湖内,宛转三江里。"戎昱《戏赠张使君》:"数载蹉跎罢搢绅,五湖乘兴转迷津。"白居易《裴侍中晋公以诗见赠辄广为五百言以伸酬献》:"三江路千里,五湖天一涯。"法振《送褚先生海上寻封炼师》:"近承三殿旨,欲向五湖游。"❹春秋末越国大夫范蠡,辅佐越王句践,攻灭吴国,功成身退,乘舟游于五湖。见《国语·越语下》。后因以"五湖"指退隐之所。李白《答王十二寒夜独酌有怀》:"少年早欲五湖去,见此弥将钟鼎疏。"李绅《趋翰苑遭诬构四十六韵》:"疲马愁千里,孤鸿念五湖。"李德裕《思平泉树石杂咏十一首·舴艋舟》:"双阙挂朝衣,五湖极烟水。"

【五湖人】　漫游江湖的隐士。刘长卿《送侯御赴黔中充判官》:"猿啼万里客,鸟似五湖人。"陈羽《春园即事》:"霜中千树橘,月下五湖人。"朱庆余《湖中闲夜遣兴》:"谁知此中兴,宁羡五湖人。"

【五湖三江】　江河湖泊的泛称。李颀《别梁锽》:"去去沧波勿复陈,五湖三江愁杀人。"

【五湖心】　谓隐退江湖之志。李白《留别王司马嵩》:"陶朱虽相越,本有五湖心。"卢纶《观袁修侍郎涨新池》:"微风月明夜,知有五湖心。"郑损《钓阁》:"谁知一沼内,亦有五湖心。"韦庄《同和薛先辈见寄即事之作二十韵旧韵》:"谢庄千里思,张翰五湖心。"

【五湖四海】　泛指全国各地。吕岩《绝句》:"斗笠为帆扇作舟,五湖四海任遨游。"亦作"四海五湖"。詹琲《癸卯闽乱从弟敬凝迎仕别作》:"善辞如复我,四海五湖身。"

【五湖舟】　喻隐遁之所。杜甫《八哀诗·赠司空王公思礼》:"永系五湖舟,悲甚田横客。"戎昱《秋日感怀》:"日下未驰千里足,天涯徒泛五湖舟。"曹邺《碧寻宴上有怀知己》:"莫怪当欢却惆怅,全家欲上五湖舟。"参见"五湖❹"。

【五湖客】　指范蠡。杜牧《云梦泽》:"直是超然五湖客,未如终始郭汾阳。"参见"五湖❹"。

【五湖船】　同"五湖舟"。裴度《窦七中丞见示初至夏口献元戎诗辄戏和之》:"须为九皋鹤,莫上五湖船。"赵嘏《答友人》:"窗户动摇三岛树,琴尊安稳五湖船。"李群玉《将之吴越留别坐中文酒诸侣》:"非思鲈鱼脍,且弄五湖船。"

【五湖棹】　犹五湖舟。李白《书情题蔡舍人雄》:"我纵五湖棹,烟涛恣崩奔。"参见"五湖舟"。

【五渡】　见"五度溪"。

【五勞】　指志劳、思劳、心劳、忧劳和疲劳。徐凝《长庆春》:"身上五劳仍病酒,夭桃窗下背花眠。"

【五絲】　❶指长命缕。端午节系臂之五色线。万楚《五日观妓》:"谁道五丝能续命,却令今日死君家。"褚朝阳有《五丝》。❷用以表示爱情。李贺《夜来乐》:"五丝封青凫,阿侯此笑千万余。"吴融《个人三十韵》:"催来两桨送,怕起五丝萦。"

【五絲繩】　悬挂秋千之绳,以五色丝为之。张籍《寒食》:"绿杨枝上五丝绳,枝弱春多欲不胜。"韩偓《秋千》:"五丝绳系出墙迟,力尽才瞵见邻圃。"

【五瑞】　古之诸侯用作符信的五种玉。张说《韦谯公挽歌二首》之一:"五瑞分王国,双珠映后家。"王维《送秘书晁监还日本国》序:"动干戚之舞,兴斧钺之诛,乃贡九牧之金,始颁五瑞之玉。"贯休《大蜀皇帝寿春节进尧铭舜颂二首·舜颂》:"六宗是禋,五瑞斯列。"

【五鼓】　指第五更。李德裕《述梦诗四十韵》序:"其夕五鼓未尽,凉风凄然。"温庭筠《马嵬佛寺》:"荒鸡夜唱战尘深,五鼓雕舆过上林。"韦庄《秦妇吟》:"一朝五鼓人惊起,呼啸喧争如窃语。"

【五達】　通达五方。多指道路。陈去疾《赋得骐骥长鸣》:"迹类三年鸟,心驰五达庄。"韩偓《送人弃官入道》:"断绁三清路,扬鞭五达衢。"亦泛指四通八达的大路。权德舆《广陵诗》:"八方称辐辏,五达如砥平。"

【五葉】　❶五片叶子。韩翃《送客之潞府》:"佳期别在春山里,应是人参五叶齐。"❷指人参。段成式《寄周繇求人参》:"九茎仙草真难得,五叶灵根许惠无?"❸五代,五世。李峤《汾阴行》:"汉家五叶才且雄,宾延万灵朝九戎。"

【五葉湖】 地名。在湖北江陵县城内。为春秋楚成王所建渚宫故址。因张氏五叶曾居此，故名。韩翃《送江陵元司录》："片雨三江道，残秋五叶湖。"

【五聖】 五位圣人。指唐高祖、太宗、高宗、中宗、睿宗。杜甫《冬日洛城北谒玄元皇帝庙》："五圣联龙衮，千官列雁行。"

【五鼎】 见"五鼎食"。

【五鼎食】 喻豪华生活。见《汉书·主父偃传》。陆龟蒙《杂讽九首》之三："朝趋九韶音，暮列五鼎食。"亦省作"五鼎"。李白《赠友人三首》之三："时人列五鼎，谈笑期一掷。"元稹《答姨兄胡灵之见寄五十韵》："孤芳安可驻，五鼎几时烹?"白居易《饱食闲坐》："八珍与五鼎，无复心思量。"杜牧《春末题池州弄水亭》："偃须求五鼎，陶只爱吾庐。"

【五賊】 道教谓命、物、时、功、神为五贼。陆龟蒙《读阴符经寄鹿门子》："五贼忽迸逸，万物争崩奔。"皮日休《奉和鲁望读阴符经见寄》："玄机一以发，五贼纷然起。"

【五稔】 即五年。谷熟为稔。古代谷物一年一熟，因称年为稔。张说《奉和圣制爰因巡省途次旧居应制》："三耆颁命服，五稔复田输。"

【五禽】 见"五禽戲"。

【五禽戲】 模仿五种禽兽动作的一种健身术。见《后汉书·方术下·华佗传》。柳宗元《从崔中丞过卢少尹郊居》："闻道偏为五禽戏，出门鸥鸟更相亲。"李商隐《寄华岳孙逸人》："海上呼三岛，斋中戏五禽。"亦省作"五禽"。陆龟蒙《奉和袭美赠魏五处士五贶诗·乌龙养和》："所以亲逋客，兼能助五禽。"王周《道院》："忘虎凭三乐，消闲信五禽。"李瀚《蒙求》："王乔双凫，华佗五禽。"

【五道】 五路，五个方面。王昌龄《塞上曲》："五道分兵去，孤军百战场。"王维《老将行》："节使三河募年少，诏书五道出将军。"

【五溪】 ❶指雄溪、樠溪、无溪、西溪、辰溪。一说指雄溪、蒲溪、酉溪、沅溪、辰溪。汉属武陵郡，为少数民族聚居地，在今湖南西部和贵州东部。李白《闻王昌龄左迁龙标遥有此寄》："杨花落尽子规啼，闻道龙标过五溪。"杜甫《野望》："山连越嶲蟠三蜀，水散巴渝下五溪。"房孺复《酬窦大闲居见寄》："来自三湘到五溪，青枫无树不猿啼。"李宏皋《铜柱辞》："诞今铸柱庇黔黎，指画风雷开五溪。"❷指龙溪、濂溪、漂溪、舒溪和双溪。在安徽青阳县西，源出九华山，于山北麓六泉口汇为五溪河，西经贵池，会梅根河入长江。李白《送别》："寻阳五溪水，沿洄直入巫山里。"曹汾《早发灵芝望九华寄杜员外使君》："行春若到五溪上，此处褰帷正面逢。"一作曹唐诗，题为《望九华寄池阳杜员外》。

【五溜】 五股水流。周镛《诸暨五泄山》："天分五溜寒倾北，地秀诸峰翠插西。"

【五運】 古代以五行相胜说推算出的王朝兴替的气运。《郊庙歌辞·享太庙乐章·崇德舞》："五运改卜，千龄启圣。"《郊庙歌辞·周郊祀乐章·福顺乐》："相承五运，取法三才。"韦庄《喻东军》："五运未教移汉鼎，六韬何必待秦师。"

【五福】 五种幸福。刘禹锡《伤韦宾客》："五福唯无富，一生谁得知。"

【五辟三徵】 谓多次征召。征，天子之召；辟，州郡之召。李颀《送刘四赴夏县》："明年九府议功时，五辟三征当在兹。"

【五經】 ❶五部儒家经典，即《诗》《书》《易》《礼》《春秋》。其称始于汉武帝建元五年。其中《礼》，汉时指《仪礼》，后世指《礼记》；《春秋》，后世并《左传》而言。寒山《诗三百三首》之八〇："徒劳说三史，浪自看五经。"李白《嘲鲁儒》："鲁叟谈五经，白发死章句。"王建《送司空神童》："暗写五经收部秩，初年七岁著衫衣。"陆龟蒙《奉和袭美二游诗·徐诗》："立石刻五经，置于太学前。"亦泛指经书。王季友《酬李十六岐》："千宾揖对若流水，五经发难如叩钟。"❷选举科目名。汉代以明经射策取士。隋炀帝置明经、进士二科，唐因隋制，于明经科设五经、三经、二经、一经等项目。通五经者，须大经(《礼记》《春秋左氏传》)皆通，中经(《诗》《周礼》《仪礼》)及小经(《易》《尚书》《春秋公羊传》《穀梁传》)各一，并兼通《孝经》《论语》。见《新唐书·选举志上》。登五经科者，称"五经"。韦应物有《送五经赵随登科授广德尉》。李商隐有《赠送前刘五经映三十四韵》。

【五經堂】 唐集贤院中校理经籍处。独孤及《奉和中书常舍人晚秋集贤院即事寄赠徐薛二侍御》："阴阴万年树，肃肃五经堂。"

【五經笥】 《后汉书·文苑上·边韶传》："腹便便，五经笥。"言其腹中装满经学，有如藏五经之竹箱。后用以称博学多识之人。李颀《春送从叔游襄阳》："向用五经笥，今为千里行。"钱起《送集贤崔八叔承恩括图书》："还劳五经笥，更访百家书。"

【五臺】 ❶山名。我国佛教四大名山之一。在山西省五台县东北。五峰巍然，峰顶如垒土之台，故称。杜甫《夜听许十损诵诗爱而有作》："许生五台宾，业白出石壁。"张籍《送僧游五台兼谒李司空》："远去见双节，因行上五台。"杜荀鹤《赠祖肩和尚》："才闻锡杖离三楚，又说随缘向五台。"齐己有《送灵登上人游五台》。❷唐高宗龙朔中，尚书、门下、中书、秘书、御史五官署均以台名，合称"五台"。《高宗时语》："三馆学生放散，五台令史经明。”

【五酺】　五日酺宴。皇帝诏赐臣民聚饮五日。胡皓《奉和圣制同二相以下群官乐游园宴》：“五酺终宴集，三锡又欢娱。”亦作“五日酺”。崔沔《奉和圣制同二相已下群官乐游园宴》：“五日酺才毕，千年乐未央。”

【五管】　指今岭南地区。见《旧唐书·地理志四》。韩愈《刘生诗》：“五管历遍无贤侯，回望万里还家羞。”

【五銖】　即五铢钱。李峤《钱》：“汉日五铢建，姬年九府流。”亦指五铢衣。见“五銖衣”。

【五銖衣】　古代传说中神仙穿的一种衣服，轻而薄。李商隐《圣女祠》：“无质易迷三里雾，不寒长著五铢衣。”亦省作“五铢”。李涉《寄荆娘写真》：“五铢香帔结向心，三寸红笺替传语。”

【五銖錢】　钱币名。汉武帝元狩五年始铸，重五铢，上篆“五铢”二字。魏晋六朝至隋皆续有铸造，惟形制大小不一，唐武德四年废。梁铉《天门街西观荣王聘妃》：“灯攒九华扇，帐撒五铢钱。”徐夤《病中春日即事寄主人尚书二首》之二：“腊内送将三折股，岁阴分与五铢钱。”

【五鳳】　❶五只凤凰。李颀《王母歌》：“红霞白日俨不动，七龙五凤纷相迎。”李益《登天坛夜见海》：“八鸾五凤纷在御，王母欲上朝元君。”陈陶《续古二十九首》之二八：“景龙临太极，五凤当庭舞。”❷楼名。即五凤楼。韦庄《北原闲眺》：“五凤灰残金翠灭，六龙游去市朝空。”参见“五凤楼”。❸指五凤城。施肩吾《少年行》：“五凤街头新勒辔，半垂衫袖揖金吾。”参见“五凤城”。

【五鳳車】　神话传说中仙人西王母之车乘。以八鸾五凤驾车而行，故称。曹唐《小游仙诗九十八首》之四三：“八景风回五凤车，昆仑山上看桃花。”参见“五鳳❶”。

【五鳳城】　指皇城。王维《早朝》：“柳暗百花明，春深五凤城。”

【五鳳樓】　古楼名。唐代始建于洛阳。玄宗曾于楼前酺宴。时命三百里内县令、刺史各帅所部音乐集手楼下，各较胜负。见《新唐书·元德秀传》。李白《古风》之四六：“隐隐五凤楼，峨峨横三川。”鲍溶《洛阳春望》：“五凤楼南望洛阳，龙门回合抱苍苍。”和凝《宫词百首》之二：“北阙晴分五凤楼，嵩山秀色护神州。”

【五齊】　(—jì)古代按酒的清浊，分为五等，合称“五齐”。见《周礼·天官·酒正》。后泛指酒。《郊庙歌辞·朝日乐章·送神》：“五齐兼酌，百羞具陈。”贺知章《唐禅社首乐章·雍和》：“五齐既陈，八音在县。”于邵《释奠武成王乐章·迎俎酌献》：“五齐絜，九牢硕。”

【五潢】　星名。又名“五车”。共有五星，位于毕宿东北。在今御夫座。张文琮《咏水》：“地图罗四渎，天文载五潢。”李敬玄《奉和别越王》：“帝念纡千里，词波照五潢。”

【五精】　五方之星。褚亮《明堂乐章·雍和》：“八牖晨披，五精朝奠。”崔融《咏宝剑》：“五精初献术，千户竞沦都。”一说指风伯雨师。李贺《瑶华乐》：“八銮冬珑逐天回，五精扫地凝云开。”

【五漏】　谓第五更，天将明时。白居易《和微之诗二十三首·和栉沐寄道友》：“停骖待五漏，人马同时闲。”参见“五夜”。

【五際】　汉初《诗》有齐、鲁、韩三家。《齐诗》学者翼奉说诗，附会阴阳五行之说，认为每当卯、酉、午、戌、亥是阴阳终始际会之年，政治上必发生重大变动。见《汉书·翼奉传》。“《诗》有五际”颜师古注。骆宾王《秋夜送阎五还润州》序：“请勒四言，俱伸五际。”

【五綵】　同“五彩”。刘禹锡《抛毬乐词》：“五彩绣团团，登君玳瑁筵。”

【五綵衣】　亦作“五采裳”。五色彩衣。春秋时楚国隐士老莱子娱亲时所穿。事见《列女传》。用以喻孝亲。独孤及《官渡柳歌送李员外承恩往扬州觐省》：“脱却貂襜褕，新著五彩衣。”权德舆《杂言同用离骚体送张评事襄阳觐省》：“君之去兮不可留，五彩裳兮木兰舟。”

【五綬】　即五色绶。杜牧《夏州崔常侍自少常亚列出领麾幢十韵》：“腰间五绶贵，天下一家荣。”参见“五色绶”。

【五穀】　五种谷物。指稻、黍、稷、麦、菽。一说为麻、黍、稷、麦、豆。亦有谓粳米、小豆、麦、大豆、黄黍为五谷者。后以之为谷物的总称。张彪《神仙》：“五谷非长年，四气乃灵药。”姚合《秋中寄崔道士》：“五谷口不尝，比僧更闲寂。”

【五劇】　谓数道交错。剧，指交通要冲。卢照邻《长安古意》：“南陌北堂连北里，五剧三条控三市。”

【五稼】　即五谷。刘长卿《送青苗郑判官归江西》：“三苗余古地，五稼满秋田。”耿湋《贺李观察祷河神降雨》：“路边五稼添膏长，河上双旌带湿归。”无可《书事寄万年厉员外》：“逐盗千门启，兴祥五稼丰。”

【五德】　❶五行之德。古代阴阳家把金、木、水、火、土五行视为五德。认为其间之相生相克和终而复始的变化，可以推断出自然之命运和王朝兴亡的原因。张说《奉和圣制千秋节宴应制》：“五德生王者，千龄启圣人。”元结《补乐歌十首·根茎》：“五德涵柔兮，沨沨而生。”❷五种品德。李白《白鸠辞》：“阙五德，无司晨。胡为啄我葭下之紫鳞?”白居易《池鹤八绝句·鸡赠鹤》:“一声警露君能薄,五德司晨我用多。”此处谓鸡有文、武、勇、仁、信五德。

【五慾】　指耳、目、口、鼻、心的欲望。佛家亦谓追求色、声、香、味、触“五境”而生的五种情欲为“五欲”。白居易《耳顺吟寄敦诗梦得》:“三十四十五欲牵,七十八十有病缠,五十六十却不恶,恬淡清净心安然。”

【五餌】　本为贾谊提出对匈奴的五种怀柔、软化措施,后泛指笼络外族克敌制胜的策略。储光羲《次天元十载华阴发兵作有郎官点发》:“三陌观勇夫,五饵谋长缨。”李白《自广平至邯郸登城楼览古书怀》:“方陈五饵策,一使胡尘清。”胡宿《塞上》:“五饵已行王道胜,绝无刁斗至阒颜。”

【五盤】　山名。即五盘岭,一名七盘岭。在四川广元县东北,与陕西宁强县接壤,自古为秦、蜀分界地。岑参《早上五盘岭》:“平旦驱驷马,旷然出五盘。”杜甫《五盘》:“五盘虽云险,山色佳有余。”

【五諸侯】　❶即五侯。指汉成帝同日封其舅王谭、王立、王根、王逢时、王商为列侯。李颀《赠别张兵曹》:“汉家萧相国,功盖五诸侯。”参见“五侯”。❷泛指权贵豪门。李白《送王屋山人魏万还王屋》:“徒干五诸侯,不致百金产。”戴叔伦《送李明府之任》:“身为百里长,家宠五诸侯。”❸指长庆元年讨伐王廷凑的魏博、横海、昭义、河东、义武等五节度使。参见《新唐书·穆宗纪》。杜牧《感怀诗一首》:“一日五诸侯,奔忙如鸟往。”

【五緯】　金、木、水、火、土五星。李百药《谒汉高庙》:“缔构三灵改,经纶五纬同。”骆宾王《帝京篇》:“五纬连影集星躔,八水分流横地轴。”李白《登广武古战场怀古》:“两龙不并跃,五纬与天同。”员南溟《玉烛》:“四时佳气满,五纬太阶平。”参见“五星連”。

【五曉】　五更破晓时。李白《代别情人》:“哀哀长鸡鸣,夜夜达五晓。”

【五噫】　即《五噫歌》。东汉梁鸿作。全诗五句,句末均有“噫”字。后因用以表感愤告退之意。李白《经离乱后天恩流夜郎忆旧游书怀赠韦太守》:“儿戏不足道,《五噫》出西京。”皎然《咏史》:“《五噫》谲且正,可以见心曲。”白居易《二年三月五日斋毕偶吟赠妻弘农郡君》:“徒夸《五噫》作,不解赠孟光。”陆龟蒙《和袭美咏皋桥》:“横截春流架断虹,凭栏犹思《五噫》风。”

【五諫】　用以称誉皇帝之近臣。见《后汉书·李云传论》。权德舆《送黔中裴中丞阁老赴任》:“五谏留中禁,双旌辍上才。”

【五龍】　❶五条龙。张说《奉和圣制赐崔日知往潞州应制》:“川横八练阔,山带五龙长。”亦指仙人驾驭的神兽。储光羲《猛虎词》:“百兽为我膳,五龙为我宾。”莫宣卿《答问读书居》:“床头万卷书,溪上五龙渡。”曹唐《小游仙诗九十八首》之七十七:“因驾五龙看较艺,白鸾功用不如妻。”❷五行之龙。道教谓为金、木、水、火、土之仙。徐彦伯《奉和幸新丰温泉宫应制》:“五龙归宝算,九扈叶时康。”李郢《紫极宫上元斋次呈诸道流》:“五龙金角向星斗,三洞玉音愁鬼神。”褚载《赠道士》:“六甲威灵藏瑞检,五龙雷电绕霜都。”韦庄《龙潭》:“激石悬流雪满湾,九龙潜处野云闲。”❸对一门五子的美称。李涉《却归巴陵途中走笔寄唐知言》:“唐氏一门今五龙,声华殷殷皆如钟。”

【五濁】　佛教谓尘世中充满五种浑浊不净:即劫浊、见浊、烦恼浊、众生浊和命浊。独孤及《题思禅寺上方》:“下视三界狭,但闻五浊腥。”元稹《哭女樊四十韵》:“只忧嫌五浊,终恐向三清。”李群玉《规公业在净名走笔此篇以屈瞻礼》:“五浊之世尘冥冥,达观栖心于此经。”

【五營】　汉时对屯骑、越骑、步兵、长水、射声五校尉所领部队的合称。后泛指诸军营。太宗《还陕述怀》:“遍野屯万骑,临原驻五营。”李峤《汾阳行》:“五营夹道列容卫,三河纵观空里闾。”高适《信安王幕府诗》:“雷霆七校发,旌旆五营连。”薛能《题大云寺西阁》:“四野有歌行路乐,五营无战射堂闲。”

【五聲】　❶声音发出五次。白居易《禁中夜作书与元九》:“五声宫漏初明后,一点窗灯欲灭时。”❷指宫、商、角、徵、羽五音。魏征《五郊乐章·黄帝宫音》:“既长六律,兼和五声。”鲍溶《霓裳羽衣歌》:“五声写出心中见,拊石喧金柏梁殿。”又《长安言怀》:“思归绕十指,五声不相和。”

【五嶺】　山名。大庾岭、越城岭、骑田岭、萌渚岭、都庞岭的总称。位于赣、湘、粤、桂四省区边境,为长江与珠江硫域之分水岭。李颀《龙门送裴侍御监五岭选》:“椰叶四荒外,梅花五岭头。”张祜《湘中行》:“人归五岭暮天碧,日下三湘寒水清。”亦泛指南方边境地区。李峤《奉使筑朔方六州城率尔而作》:“二庭已顿颡,五岭尽来王。”

【五嶽】　同“五岳”。❶我国五大名山的总称。指东岳泰山、南岳衡山、西岳华山、北岳恒山、中岳嵩山。见《周礼·春官·大宗伯》“五嶽”郑玄注。一说以霍山(天柱山)为南岳。见《尔雅·释山》。寒山《诗三百三首》之二五八:“五嶽俱成粉,须弥一寸山。”孟浩然《经七里滩》:“五嶽追向子,三湘吊屈平。”韩愈《谒衡岳庙遂宿岳寺题门楼》:“五嶽祭秩皆三公,四方环镇嵩当中。”亦泛指名山。李白《庐山谣寄卢侍御虚舟》:“五嶽寻仙不辞远,一生好入名山游。”❷道教谓五座仙山。即东岳广乘山，南岳长离山，西岳丽农山，北岳广野山，中岳昆仑山。吴筠《游仙二十四首》之二一："整驾辞五嶽，排烟凌九霄。"刘禹锡《同白二十二赠王山人》："飞章上达三清路，受箓平交五嶽神。"白居易《送毛仙翁》："所憩九清外，所游五嶽巅。"❸指人的五官。欧阳炯《题景焕画应天寺壁天王歌》："匡山处士名称朴，头骨高奇连五嶽。"

【五嶽三山】　泛指名山。顾况《曲龙山歌》："玉绳金枝有通籍，五岳三山如一家。"

【五嶽丈人】　指青城山。在四川省灌县城西南。相传东汉张道陵曾修道于此，道教称为"第五洞天"。岑参《寄青城龙溪奂道人》："五岳之丈人，西望青瞢瞢。"

【五嶽圖】　五岳真形图之省称。道教符图。据称为太上老君所传，持之入山，避虎狼山精五毒，百邪皆不敢近。今河南登封嵩山中岳庙内存有此图之碑刻。王勃《寻道观》："玉笈《三山记》，金箱《五岳图》。"宋之问《洞庭湖》："野积九江润，山通《五岳图》。"

【五點】　❶犹五滴。吴融《闲望》："三点五点映山雨，一枝两枝临水花。"❷谓自高处俯视如五个微小的痕迹。白居易《梦仙》："东海一片白，列岳五点青。"参阅"九點煙"。❸古时夜间计时单位。指第五更之第五点。王建《和胡将军寓直》："漏传五点班初合，鼓动三声仗已端。"韩愈《东方半明》："残月晖晖，太白睒睒，鸡三号，更五点。"白居易《和梦得冬日晨兴》："漏传初五点，鸡报第三声。"

【五谿】　同"五溪❶"。王昌龄《九江口作》："水与五溪合，心期万里游。"高力士《感巫州荠菜》："两京作斤卖，五溪无人采。"

【五谿橋】　桥名。在安徽青阳县西五溪河上。位于九华山北麓，是登九华山必经之路。徐铉《奉使九华山中途遇青阳薛郎中》："九子峰前闲未得，五溪桥上坐多时。"参见"五溪❷"。

【五總】　指皮袄上的五个丝绳纽结。《诗·召南·羔羊》："羔羊之缝，素丝五总。"高亨注："总，结也。"李贺《恼公》："褥缝篸双线，钩绦辫五总。"

【五藏】　(—zàng)即五脏。指心、肝、脾、肺、肾。李白《东海有勇妇》："斩首掉国门，蹴踏五藏行。"韩愈《苦寒》："悲哀激愤叹，五藏难安恬。"姚合《答韩湘》："岂随寻常人，五藏为酒食。"卢注《酒胡子》："酒胡五藏属他人，十分亦是无情劝。"

【五藏神】　(藏 zàng)即五脏神。道教谓五脏各有神主，即心神、肺神、肝神、脾神、肾神。见《黄庭内景经·心神》。白居易《思旧》："诗役五藏神，酒汩三丹田。"又《感事》："睡适三尸性，慵安五藏神。"

【五雜組】　古乐府名。三言六句，以首句名篇。其词曰："五杂组，冈头草。往复还，车马道。不获已，人将老。"颜真卿有《三言拟五杂组二首》。权德舆、雍裕之等亦有仿作。

【五瀉】　见"五泄"。

【五瀉舟】　钓船名。皮日休《五贶诗》序："于是买钓船一，修二丈，阔三尺，施篷以庇烟雨，谓之五泻舟。"其《五贶诗》中有咏《五泻舟》一首。陆龟蒙亦以同名诗和之。

【五繩橋】　桥名。以篾索五条，布板其上，架空而度，故名。杜甫《寄董卿嘉荣十韵》："下临千雪岭，却背五绳桥。"

【五藥】　五类药物。崔知贤《三月三日宴王明府山亭》序："夫尚平远迹，寻五药于西山；仲连高蹈，让千金子东海。"题注："同赋穴人，孙慎行为之序。"

【五蘊】　亦作"五陰"。佛家语。指色(形相)、受(情欲)、想(意念)、行(行为)、识(心灵)。以为身心由此五者假合而成。元稹《大云寺二十韵》："多生沉五蕴，宿习乐三坟。"白居易《和送刘道士游天台》："既未出三界，犹应在五蕴。"解彦融《雁塔》："窅然丧五蕴，蠢尔怀万类。"参见"五陰"。

【五關】　即五原关。戴叔伦《行营送马侍御》："万里羽书来未绝，五关烽火昼仍传。"参见"五原❶"。

【五韻】　诗韵数。古诗每于句尾押韵一次，为一韵。一般均于偶句押韵，五韵即十句。陆龟蒙《秋夕文宴》："梁王座上多词客，五韵甘心第七成。"

【五鐘】　古代乐器。青钟、亦钟、黄钟、景钟、黑钟之总称。见《管子·五行》。张说《唐享太庙乐章·太和》："玉节《肆夏》，金锵五钟。"

【五鬣】　即五鬣松。亦称五粒松。储光羲《杂咏五首·石子松》："五鬣何人采，西山旧两童。"参见"五粒松"。

【五霸】　五个霸主。说法不一，多指春秋齐桓公、晋文公、秦穆公、宋襄公、楚庄王。高适《宋中十首》之八："五霸递征伐，宋人无战功。"李商隐《赠送前刘五经映三十四韵》："何由羞五霸，直自呰三皇。"陆龟蒙《读襄阳耆旧传因作诗五百言寄皮袭美》："却视五霸图，股掌弄孩幼。"

【五聽】　审判案情之五种方法。听，判断。崔颢《结定襄郡狱效陶体》："我来折此狱，五听辨疑似。"

【五臟】　指心、肝、脾、肺、肾五种器官。卢仝《观放鱼歌》："哀哉托非贤，五脏生冤仇。"皇甫湜《出世篇》："四肢为琅玕，五脏为璠玙。"白居易《和晨兴因报问龟儿》："咽绝五脏脉，瘦消百骸脂。"参见"五藏"。

【五靈】　古代传说中的五种灵异鸟兽。指麟、凤、神龟、龙、白虎。刘禹锡《和河南裴尹侍郎宿斋天平寺诣九龙祠祈雨二十韵》："瞻言五灵瑞，能救百谷萎。”黄滔《省试内出白鹿宣示百官》：“推于五灵少，宣示百寮观。”张绍《冲佑观》：“三境求规，五灵取则。”

【五靈符】　即《灵宝五符经》。李九龄《上清辞五首》之五：“新拜天官上玉都，紫皇亲授五灵符。”参见“五符❷”。

【五衢】　谓四通八达之道路。五，交午，纵横错杂。语出《管子·重令篇》。王光庭《奉和圣制送张说巡边》：“琼章九霄发，锡宴五衢通。”权德舆《放歌行》：“双阙烟云遥霭霭，五衢车马乱纷纷。”崔峒《送张芬东归》：“喧喧五衢上，鞍马自驱驰。”

互　〔hù《广韵》胡誤切，去暮，匣。〕❶交互；交错。宋之问《景龙四年春祠海》：“暖气物象来，周游晦明互。”王昌龄《过华阴》：“云起太华山，云山互明灭。”刘长卿《游四窗》：“日月居东西，朝昏互出没。”白居易《和酬郑侍御东阳春闷放怀追越游见寄》：“暮钟远近声互动，暝鸟高下飞追随。”❷相互；彼此。孟郊《感怀》之三：“四时互迁移，万物何时春？”柳宗元《法华寺石门精舍三十韵》：“密林互对耸，绝壁俨双敞。”李绅《过荆门》：“此时山月如衔镜，岩树参差互辉映。”黄滔《南海幕和段先辈送韦侍御赴阙》：“璧连标格惊分散，雪课篇章互唱酬。”❸并；共。权德舆《浩歌》：“鱼鸟乐天性，杂英互芬芳。”喻凫《即事》：“连山互苍翠，二水各清浑。”黄滔《塞上》：“金徽互呜咽，玉笛自凄清。”

【互市】　指民族或国家之间的贸易活动。元稹《和李校书新题乐府十二首·蛮子朝》：“匈奴互市岁不供，云蛮通好辔长骤。”

【互交】　彼此交错。薛存诚《太学创置石经》：“银钩互交映，石壁靡尘翳。”

【互走】　交错连绵。韩愈《南山诗》：“行行将遂穷，岭陆烦互走。”

【互相】　(—xiāng)表示彼此对待的关系。王勃《秋江送别二首》之二：“归舟归骑俨成行，江南江北互相望。”李邕《铜雀妓》：“扰扰多俗情，投迹互相师。”孟郊《劝善吟》：“视听互相隔，一身且莫同。”孙鲂《看桑》：“簇簇互相遮，闲看实可嗟。”

【互鄉】　地名。据说滕县东二十三里有合乡故城，即春秋时之互乡。见《元和郡县志·徐州》。一说在峄县西北。见《读史方舆纪要·兖州府》。刘叉《勿执古寄韩潮州》：“仲尼岂非圣，但为互乡嗤。”

四　画

亘　〔gèn《广韵》古鄧切，去嶝，見。〕❶绵长；绵延。孟浩然《寻香山湛上人》：“氛氲亘百里，日入行始至。”贾至《燕歌行》：“前临滹沱后易水，崇山沃野亘千里。”刘长卿《关门望华山》：“夏云亘百里，合沓遥相连。”皮日休《太湖诗·雨中游包山精舍》：“松门亘五里，彩碧高下绚。”❷连接。王勃《重别薛华》：“楼台临绝岸，洲渚亘长天。”韦述《晚渡伊水》：“迢递望洲屿，逶迤亘津陌。”玄宗《春台望》：“甘泉逶迤亘明光，五柞连延接未央。”❸横贯；贯穿。王绩《黄颊山》：“别有青溪道，斜亘碧岩隈。”羊滔《游烂柯山》：“亘壑蹑丹虹，排云弄清影。”权德舆《崔四郎协律以诗见寄兼惠蜀琴因以酬赠》：“白雪缄郢曲，朱弦亘蜀琴。”❹遍。苏颋《奉和圣制登太行山中言志应制》：“按辟夷关险，张旗亘井泉。”杜甫《八哀诗·赠司空王公思礼》：“翠华卷飞雪，熊虎亘阡陌。”白居易《和答诗十首·答四皓庙》：“卷之不盈握，舒之亘八陲。”❺引，萦绕。白居易《和微之诗二十三首·和望晓》：“沙堤亘蟆池，市路绕龙断。”皮日休《太湖诗·缥缈峰》：“暴光隔云闪，仿佛亘天龙。”❻通。独孤及《奉和李大夫同吕评事太行苦热行兼寄院中诸公》：“驷马上太行，修途亘遼碣。”❼经历。翁承赞《题莒潭安闽院》：“景福滋闽壤，芳名亘古今。”

【亘天】　漫天，连天。薛建《镊白曲》：“长安六月尘亘天，池塘鼎沸林欲燃。”

【亘空】　横贯空中。刘禹锡《踏潮歌》：“轰如鞭石矻且摇，亘空欲驾鼋鼍桥。”又《元和癸巳岁仲秋凯旋之辰率尔成咏寄荆南严司空》：“火号休传警，机桥罢亘空。”

亙　见“亘”。

【亙古】　自古以来。吕岩《七言》之一：“周行独力出群伦，默默昏昏亘古存。”

【亙空】　见“亘空”。

【亙絕】　绵连阻断。白居易《新乐府·城盐州》：“东西亘绝数千里，耳冷不闻胡马声。”

六　画

些[1]　〔xiē《广韵》寫邪切，平麻，心。〕❶少许；略微。卢纶《伦开府席上赋得咏美人名解愁》：“舞态兼些醉，歌声似带羞。”❷犹一些。表示不定的数量。贺知章《句》：“落花真好些，一醉一回颠。”孟郊《至孝义渡寄郑军事唐二十五》：“洧叟何所如？郑石唯有些。”

些[2]　〔suò《广韵》蘇箇切，去箇，心。又蘇計切，去霽，心。〕❶语气词。顾况《朝上清歌》：“曼声流睇，和清歌些。”李益《从军夜次六胡北饮马磨剑石为祝殇辞》：“殇为魂兮，可以归还故乡些。”❷指句尾带“些”的辞赋。戴叔伦《过贾谊旧居》：“谩有长书忧汉室，空将哀些吊沅湘。”韩愈、孟郊《远游联句》：“楚些待谁吊，贾辞缄恨投。”

【些小】 微小；少量。吕岩《七言》之八八：“些小道功如不信，金阶舍手试看么。”《本草采萍时日歌》（卷八八〇）：“选甚瘫风与缓风，些小微风都不算。”

【些子】 ❶少许，一点儿。李白《清平乐》词之四：“花貌些子时光，抛人远泛潇湘。”贯休《苦热寄赤松道者》：“蝉喘雷乾冰井融，些子清风有何益。”❷犹一些。表示不定的数量。罗虬《比红儿诗》之六九：“应有红儿些子貌，却言皇后长深宫。”❸语气词。白居易《如梦令》词：“落月西窗惊起，好个匆匆些子。”

【些些】 ❶犹一些；某些。表示不定的数量。孟郊《吊房十五次卿少府》：“日高方得起，独赏些些春。”元稹《赠崔元儒》：“些些风景闲犹在，事事颠狂老渐无。”方干《赠美人四首》之二：“年几未多犹怯在，些些私语怕人疑。”❷少许；一点儿。元稹《生春二十首》之二：“屋上些些薄，池心旋旋融。”白居易《湖上醉中代诸妓寄严郎中》：“还有些些惆怅事，春来山路见蘼芜。”李昌符《婢仆诗》：“无事莫教频入库，一名闲物要些些。”

【些兒】 微小。吕岩《三字诀》：“不知音，莫语要。些儿法，合大道。”

【些兒箇】 犹少许，一点儿。李煜《一斛珠》词：“晚妆初过，沉檀轻注些儿个，向人微露丁香颗。”

亞 〔yà《广韵》衣嫁切，去禡，影。〕❶仅次于。贯休《上卢使君二首》之二：“司马迁文亚圣人，三头九陌碾香尘。”参见“亚父”“亚相”。❷低，低矮。杨凝《送客东归》：“草青缦别路，柳亚拂孤楼。”元稹《和友封题开善寺十韵》：“亚树牵藤阁，横查压石桥。”白居易《晚桃花》：“一树红桃亚拂池，竹遮松荫晚开时。”❸垂；低垂。杜审言《都尉山亭》：“叶疏荷已晚，枝亚果新肥。”刘长卿《陪王明府泛舟》：“出没凫成浪，蒙笼竹亚枝。”韦庄《对雪献薛常侍》：“松装粉穗临窗亚，水结冰锥簇溜悬。”❹俯，俯偃。杜甫《戏题画山水图歌》：“舟人渔子入浦溆，山木尽亚洪涛风。”孟郊《登华岩寺楼望终南山赠林校书兄弟》：“地脊亚为崖，耸出冥冥中。”皮日休《江南书情二十韵寄韦校书宋垂文二同年》：“枕户槐从亚，侵阶草懒芟。”可止《雪十二韵》：“洞深猿作族，松亚鹤移栖。”❺压；压伏。杜甫《上巳日徐司录林园宴集》：“鬓毛垂领白，花蕊亚枝红。”雍陶《洛中感事》：“行到窈娘身没处，水边愁见亚枝花。”贯休《闻迎真身》：“丹凤楼台飘瑞雪，岐阳草木亚香尘。”❻拂。孟郊《悼亡》：“朝云暮雨成古墟，萧萧野竹风吹亚。”刘言史《看山木瓜花二首》之二：“柔枝湿艳亚朱栏，暂作庭芳便欲残。”方干《书吴道隐林亭》：“橘枝亚路黄苞重，井脉牵湖碧甃深。”齐己《夏日雨中寄幕中知己》：“北风吹夏雨，和竹亚南轩。”❼掩映；掩闭。郑谷《放朝偶作》：“坐来幽兴在，松亚小窗前。”李洞《题咸阳楼》：“晚亚古城门，凭高黯客魂。”李咸用《途中作》：“野桥寒树亚，山店暮云连。”沈彬《金陵杂题二首》之一：“古树著行临远岸，暮山相亚出微烟。”❽居，处。李颀《裴尹东溪别业》：“公才廊庙器，官亚河南守。”权德舆《送黔中裴中丞阁老赴任》：“宴语暌兰室，辉荣亚柏台。”刘禹锡《南海马大夫远示著述兼酬拙诗故见于篇末》：“身在绛纱传六艺，腰悬青绶亚三台。”❾依次排列。张说《享太庙乐章·凯安四章》之一：“瑟彼瑶爵，亚惟上公。”陆龟蒙《奉和袭美二十首·上真观》：“官居乘佩服，一一自相亚。”❿相当；匹敌。卢纶《送元赞府重任龙门县》：“二职亚陶公，归程与梦同。”李商隐《少将》：“族亚齐安陆，风高汉武威。”李从善《蔷薇诗一首十八韵呈东海侍郎徐铉》：“画拟凭梁广，名宜亚楚姬。”⓫傍；靠近。杜甫《入宅三首》之一：“花亚欲移竹，鸟窥新卷帘。”包佶《双山过信公所居》：“积雨封苔径，多年亚石松。”元稹《山枇杷》：“亚水依岩半倾侧，笼云隐雾多愁绝。”罗虬《比红儿诗》之八八：“浅色桃花亚短墙，不因风送也闻香。”⓬流亚，同类。杜甫《骢马行》：“卿家旧赐公取之，天厩真龙此其亚。”

【亞大夫】 即中大夫。唐代文散官名。从四品下。见《新唐书·百官一》。元稹《西归绝句十二首》之三：“同归谏院韦丞相，共贬河南亚大夫。”

【亞夫】 即周亚夫（？—前143）。汉沛人，周勃之子，封条侯。文帝时为将军，屯兵细柳（今陕西咸阳西南），以军令严整著称。景帝时任太尉，平定吴、楚七国叛乱，迁丞相。以谏废栗太子，谢病免归。后被诬谋反，不食，呕血而死。见《史记·绛侯世家》《汉书·周勃传》。李白《梁甫吟》：“吴楚弄兵无剧孟，亚夫咍尔为徒劳。”亦用以喻指治军严明之官员。羊士谔《送张郎中副使自南省赴凤翔府幕》：“亚夫高垒静，充国大田秋。”高骈《赴西川途经虢县作》：“亚夫重过柳营门，路指岷峨隔暮云。”

【亞夫得劇孟】 汉景帝时，吴、楚七国叛乱，条侯周亚夫率兵征讨，途中得到侠士剧孟而增强信心。事见《史记·吴王濞列传》。后因以喻指将帅善用人才。李白《赠张相镐二首》之一：“亚夫得剧孟，敌国空无人。”

【亞夫營】 亦称细柳营。汉将周亚夫驻军细柳（今陕西咸阳西南），防御匈奴。文帝亲往劳军，至营门，因无军令不得入，乃遣使持节诏将军，亚夫传令开营门，请以军礼见。既入，按辔徐行，成礼而去。见《史记·绛侯周勃世家》。后因以“亚夫营”称戒备森严的军营。杜甫《春远》："故乡归不得，地入亚夫营。"李商隐《二月二日》："万里忆归元亮井，三年从事亚夫营。"裴翻《和主司王起》："乍得阳和如细柳，参差长近亚夫营。"周昙《咏史诗·前汉门·条侯》："上将风戈赏罚明，矛铤严闭亚夫营。"参见"亞夫"。

【亞元】 谓名列第二。韩偓《元夜即席》："元宵清景亚元正，丝雨霏霏向晚倾。"

【亞父】 尊称。谓仅次于父。特指范增。刘禹锡《历阳书事七十韵》："霸王迷路处，亚父所封城。"张碧《鸿沟》："项庄愤气吐不得，亚父斗声天上闻。"徐夤《读史》："亚父凄凉别楚营，天留三杰翼龙争。"孟简有《赋得亚父碎玉斗》。

【亞尹】 少尹的别称。岑参《酬成少尹骆谷行见呈》："亚尹同心者，风流贤大夫。"窦常《酬舍弟牟秋日洛阳官舍寄怀十韵》："正郎曾首拜，亚尹未平除。"白居易《重和元少尹》："凤阁舍人京亚尹，白头俱未著绯衫。"郑谷《驾部郑郎中恩旧事深因贺送》："郎署转曹虽久次，京河亚尹是优贤。"

【亞司】 以副职掌管。张九龄《酬周判官巡至始兴兼呈耿广州》："亚司河海秩，转牧江湖澨。"

【亞列】 亚卿的位次。杜牧有《夏州崔常侍自少常亚列出领麾幢十韵》。

【亞竹】 矮竹。杨凝《寻僧元皎因病》："高松连寺影，亚竹入窗枝。"元稹《酬乐天东南行诗一百韵》："亚竹寒惊牖，空堂夜向隅。"白居易《泛小舲二首》之二："亚竹乱藤多照岸，如从凤口向湖州。"

【亞身】 俯身。元稹《望云骓马歌》："亚身受取白玉羁，开口衔将紫金勒。"张祜《陪范宣城北楼夜宴》："亚身摧蜡烛，斜眼送香球。"章孝标《柘枝》："亚身踏节鸾形转，背面羞人凤影娇。"

【亞青】 淡青色。殷女圭《九华贺雨吟》："万畦香稻蓬葱绿，九朵奇峰扑亚青。"

【亞相】 ❶御史大夫的别称。秦汉时，御史大夫为丞相之副职，丞相缺位，常以之递补，故有此称。严维《书情上李苏州》："东土苗人尚有残，皇皇亚相出朝端。"杨巨源《酬裴舍人见寄》："诗陪亚相逾三纪，石笥烟霞不共攀。"罗隐《寄虔州薛大夫》："地转南康重，官兼亚相高。"❷指继先人而居相位之人。杜甫《哭韦大夫之晋》："汉道中兴盛，韦经亚相传。"

【亞柳】 垂柳。元稹《酬翰林白学士代书一百韵》："野莲侵稻陇，亚柳压城陴。"

【亞卿】 太常寺等官署少卿之别称。李昼《戏酬张鲁封》："秋浦亚卿颜叔子，谯都中宪老桑门。"

【亞棲】 唐诗僧。生卒年里不详。《全唐诗》录其诗二首。

【亞歲】 冬至。皎然《冬至日陪裴端公使君清水堂集》："亚岁崇佳宴，华轩照渌波。"

【亞齊】 唐诗僧。唐末曾居闽中。翁承赞于昭宗天复四年(904)奉使至福州，有《访建阳马驿僧亚齐》。诗中有"十年旧识华山西"句，据此可知亚齐于昭宗乾宁元年(894)前后曾北游关中。其诗已佚。《全唐诗》亦未收。

【亞獻】 古代祭祀时献酒三次，第二次献酒称"亚献"。《郊庙歌辞·中宗祀昊天乐章》中有《亚献》。包佶《祀风师乐章》及《祀雨师乐章》中均有《亚献终献》。

亟[1] 〔jí《广韵》紀力切，人職，見。〕❶疾速。太宗《经破薛举战地》："世途亟流易，人事殊今昔。"王琚《奉答燕公》："永日不知倦，逾旬犹谓亟。"❷急躁。元稹《茅舍》："惜其心太亟，作役无容暇。"

亟[2] 〔qì《广韵》去吏切，去志，溪。〕❶屡次；一再。苏晋《奉和圣制送张说巡边》："亟闻降虏拜，复睹出师篇。"羊士谔《题郡南山光福寺即郄拾遗之词也》："岩廊初建刹，宾从亟鸣笳。"❷不久。岑羲《黄金台》："郭生马喻真良策，亟拜乐卿为上客。"❸犹多。陆龟蒙《奉和袭美二游诗·徐诗》："惠怀亟寡昧，戎羯俄腥膻。"

【亟走】 急走。范质《诫儿侄八百字》："速成不坚牢，亟走多颠蹶。"

亠　部

一　画

亡[1]〔wáng《广韵》武方切，平陽，微。〕❶逃跑，逃亡。王绩《薛记室收过庄见寻率题古意以赠》："余及尔皆亡，东西各异居。"皮日休《三羞诗三首》之三："夫妇相顾亡，弃却抱中儿。"韦庄《和郑拾遗秋日感事一百韵》："日睹兵书捷，时闻虏骑亡。"❷失落，遗失。韦应物《送褚校书归旧山歌》："汉箧亡书已暗传，嵩丘遗简还能识。"韩愈《庭楸》："九牛亡一毛，未在多少间。"白居易《尝黄醅新酎忆微之》："醉来枕曲贫如富，身后堆金有若亡。"❸灭亡。王珪《咏淮阴侯》："秦王日凶慝，豪杰争共亡。"杜甫《九成宫》："向使国不亡，焉为巨唐有？"陆龟蒙《袭美先辈以龟蒙所献五百言既蒙见和复示荣唱用伸酬谢》："梁元尽索虏，后主终亡隋。"齐己《寓言》："亡家与亡国，云此更何言。"❹死亡。崔融《登东阳沈隐侯八咏楼》："具物昔未改，斯人今已亡。"沈千运《感怀弟妹》："兄弟可存半，空为亡者惜。"李郢《伤贾岛无可》："却到京师事事伤，惠休归寂贾生亡。"裴瑶《阖闾城怀古》："五湖春水接遥天，国破君亡不记年。"

亡[2]〔wú《集韵》微夫切，平虞，微。〕无，没有。慧净《杂言》："七宝仙台亡旧迹，四彩天花绝雨声。"陆龟蒙《读襄阳耆旧传因作诗五百言寄皮袭美》："次补荀孟垣，所贵亡罅漏。"

【亡羊】　❶喻分心而误事。见《庄子·骈拇》。温庭筠《病中书怀呈友人》："亡羊犹博簺，牧马倦呼卢。"❷喻面对复杂的情况，难以做出决定。见《列子·说符》。姚系《京西遇旧识兼送往陇西》："相逢与相失，共是亡羊路。"徐铉《和江西萧少卿见寄二首》之一："亡羊歧路愧司南，二纪穷通聚散三。"

【亡羊補牢】　羊逃走而把羊圈补起来。语出《战国策·楚策四》。后以为补救过失的典故。寒山《诗三百三首》之一二一："亡羊罢补牢，失意终无极。"

【亡羊補棧】　犹亡羊补牢。周昙《咏史诗·春秋战国门·庄辛》："见兔必能知顾犬，亡羊补栈未为迟。"

【亡$_2$何鄉】　没有是非的地方，指梦境。李端《杂歌呈郑锡司空文明》："昨宵梦到亡何乡，忽见一人山之阳。"

【亡身】　捐躯；死亡。姚合《哭砚山孙道士》："岂知修道者，难免不亡身。"王贞白《送韩从事归本道》："论边多称旨，许国誓亡身。"周昙《咏史诗·春秋战国门·荆轲再吟》："几尺如霜利不群，恩仇未报反亡身。"

【亡殁】　死亡。顾云《苏君厅观韩幹马障歌》："朱崖谪掾从亡殁，更有何人鉴奇物？"

【亡命】　❶逃亡。杜甫《前出塞九首》之一："公家有程期，亡命婴祸罗。"韦应物《逢杨开府》："身作里中横，家藏亡命儿。"❷指逃亡的人。寒山《诗三百三首》之七一："千个争一钱，聚头亡命叫。"岑参《阻戎泸间群盗》："南州林莽深，亡命聚其间。"

【亡珠】　用为随机应变的典故。见《韩非子·说林上》。骆宾王《夕次旧吴》："悬剑空留信，亡珠尚识机。"

【亡國】　❶国家被灭亡。徐九皋《咏史》："亡国秦韩代，荣身刘项年。"杜牧《泊秦淮》："商女不知亡国恨，隔江犹唱《后庭花》。"陆龟蒙《吴宫怀古》："吴王事事须亡国，未必西施胜六宫。"❷灭亡的国家。白居易《隋堤柳》："后王何以鉴前王？请看隋堤亡国树。"张祜《题苏州灵岩寺》："亡国人遗恨，空门事少悲。"曹松《石头怀古》："禾黍是亡国，山河归圣君。"

【亡逸】　散失。陆龟蒙《奉和袭美二游诗·徐诗》："贞观购亡逸，蓬瀛渐周旋。"

【亡滅】　犹灭亡。周昙《咏史诗·三国门·王表》："是知邦国将亡灭，不听人臣听鬼神。"

【亡魄】　失魂落魄。岑参《西河太守杜公挽歌四首》之三："至今闻陇外，戎虏尚亡魂。"皮日休《七爱诗·李太尉》："乘舆既反正，凶竖争亡魂。"

二　画

亢〔kàng《广韵》苦浪切，去宕，溪。〕❶高。韩愈《岳阳楼别窦司直》："屠龙破千金，为艺亦云亢。"❷极。见"亢阳"。❸旱。皎然《同薛员外谊久旱感怀寄兼呈上杨使君》："皇天鉴不昧，愊想何亢极！"❹遮蔽。柳宗元《皇武》之七："赤子匍匐，厥父是亢。"

【亢宗】 庇护宗族。高适《酬秘书弟兼寄幕下诸公》："永意久知处，嘉言能亢宗。"

【亢倉】 即庚桑楚。《庄子》记为老子传人。唐崇尚道教，称他为洞灵真人。吴筠《高士咏·洞灵真人》："亢仓致虑极，潜迹依远岫。"

【亢陽】 极阳，指大旱。杜甫《雨》："亢阳乘秋热，百谷皆已弃。"

四　画

亦 〔yì《广韵》羊益切，入昔，以。〕❶也，同样。储光羲《奉和韦判官献侍郎叔除河东采访使》："天卿小冢宰，道大名亦大。"严维《送丘为下第归苏州》："无媒既不达，余亦思归田。"白居易《元相公挽歌词三首》之三："送葬万人皆惨澹，反虞驷马亦悲鸣。"❷又。刘长卿《初贬南巴至鄱阳题李嘉祐江亭》："不才甘谪去，流水亦何之。"杜甫《病橘》："群橘少生意，虽多亦奚为。"徐夤《偶吟》："碧岸钓归惟独笑，青山耕遍亦何为？"❸本来。岑参《发临洮将赴北庭留别》："春风曾不到，汉使亦应稀。"牛希济《奉诏赋蜀主降唐》："古往今来亦如此，几曾欢笑几潸然。"史凤《八分羊》："万羊亦是男儿事，莫学狂夫取次尝。"❹仅，只。杜甫《闷》："卷帘唯白水，隐几亦青山。"又《蒹葭》："江湖后摇落，亦恐岁蹉跎。"元结《忝官引》："敢诵王者箴，亦献当时论。"❺已。杜甫《次空灵岸》："青春犹无私，白日亦偏照。"耿湋《废庆宝寺》："禅宫亦销歇，尘世转堪哀。"曹邺《筑城三首》之二："力尽土不尽，得归亦无家。"❻总，多。岑参《题虢州西楼》："明主虽然弃，丹心亦未休。"窦巩《南阳道中作》："彩雉斗时频驻马，酒旗翻处亦留钱。"韦庄《上元县》："有国有家皆是梦，为龙为虎亦成空。"❼尚，尚且，还。韦应物《因省风俗访道士侄不见题壁》："去年涧水今亦流，去年杏花今又拆。"戴叔伦《九日与敬处士左学士同赋采菊上东山便为首句》："江湖乍辽夐，城郭亦在眼。"朱庆余《题蔷薇花》："雨中看亦好，况复值初晴。"❽纵然，虽然。李嘉祐《闻逝者自惊》："亦知死是人间事，年老闻之心自疑。"杜甫《独立》："草露亦多湿，蛛丝仍未收。"严武《题巴州光福寺楠木》："亦知钟梵报黄昏，犹卧禅床恋奇响。"

【亦然】 也是这样。周昙《咏史诗·春秋战国门·淳于髡再吟》："时人多是轻先见，不独田家国亦然。"贯休《怀方干张为》："吾道只如此，古人多亦然。"

交 〔jiāo《广韵》古肴切，平肴，見。〕❶交错。储光羲《敬酬陈掾亲家翁秋夜有赠》："镐京既赐第，门巷交朱轮。"杜甫《绝句六首》之三："凿井交棕叶，开渠断竹根。"李商隐《镜槛》："拨弦惊火凤，交扇拂天鹅。"❷接触，会合。李益《五城道中》："来远赏不行，锋交勋乃茂。"权德舆《南亭晓坐因以示璩》："隐几日无事，风交松桂枝。"姚合《游终南山》："天外浮烟远，山根野水交。"❸结交。綦毋潜《宿太平观》："魂交仙室蝶，曙听羽人鸡。"高适《东平旅游奉赠薛太守二十四韵》："出入交三事，飞鸣揖五侯。"孟郊《赠别崔纯亮》："始知君子心，交久道益彰。"❹交情，朋友。王湾《哭补阙亡友綦毋学士》："位联情易感，交密痛难裁。"钱起《东皋早春寄郎四校书》："蓬莱时入梦，知子忆贫交。"陆龟蒙《杂讽九首》之三："终为万乘交，谈笑无所隔。"❺交相，共。任华《寄李白》："且向东山为外臣，诸侯交迓驰朱轮。"韩愈《寒食日出游》："迩来又见桃与李，交开红白如争竞。"李群玉《饭僧》："交信方外言，二三空门子。"❻前后交替之时。高宗《守岁》："送迎交两节，暄寒变一辰。"韦应物《秋夕西斋与僧神静游》："正当秋夏交，原野起烟氛。"白居易《虾蟆》："六月七月交，时雨正滂沱。"❼授受。刘禹锡《述旧贺迁寄陕虢孙常侍》："南宫幸袭芝兰后，左辅曾交印绶来。"❽州名。权德舆《大言》："华嵩为佩河为带，南交北朔跬步内。"❾使，通"教"。岑参《叹白发》："白发生偏速，交人不奈何。"施肩吾《遇李山人》："别易会难君且住，莫交青竹化为龙。"和凝《麦秀两岐》词："羞道交回烛，未惯双双宿。"

【交刀】 剪刀。温庭筠《舞衣曲》："金梭淅沥透空薄，剪落交刀吹断云。"

【交友】 朋友。韦应物《张彭州前与缑氏冯少府各惠寄一篇兼远简冯生》："发鬓已云白，交友日雕疏。"白居易《隐几赠客》："疏顽倚老病，容恕惭交友。"李咸用《古意论交》："约我为交友，不觉心醺醺。"郑谷《旅寓洛南村舍》："幽栖虽自适，交友在京华。"

【交午】 纵横交错。段成式《柔卿解籍戏呈飞卿三首》之一："良人为渍木瓜粉，遮却红腮交午痕。"

【交分】 （一fèn）犹交情。韦应物《寄别李儋》："宿昔同文翰，交分共绸缪。"权德舆《奉和许阁老酬淮南崔十七端公见寄》："交分终推毂，离忧莫向隅。"杜牧《寄宣州郑谏议》："再拜宜同丈人行，过庭交分有无同？"

【交代】 指前后任相接。白居易《送陕府王大夫》："他时万一为交代，留取甘棠三两枝。"姚合《送裴大夫赴亳州》："周旋君量远，交代我才偏。"

【交加】 ❶往来，交替。吕岩《渔父词一十八首·玄用》："日月交加晓夜奔，昆仑顶上定乾坤。"❷错杂貌。杜甫《春日江村五首》之三："种竹交加翠，栽桃烂熳红。"吴融《山居即事》："小亭前面接青崖，白石交加衬绿苔。"❸指男女亲昵之事。韩偓《春闺二首》之一："愿结交加梦，因倾潋滟尊。"韦庄《春愁》：

"睡怯交加梦，闲倾潋滟觞。"

【交光】 映照。王初《春日咏梅花二首》之二："青帝来时值远芳，残花残雪尚交光。"李商隐《无题》："如何雪月交光夜，更在瑶台十二层。"陆龟蒙《袭美病中闻余游颜家园见寄次韵酬之》："日华风蕙正交光，羯末相携藉草塘。"

【交交】 ❶鸟啼声。薛涛《十离诗·燕离巢》："出入朱门未忍抛，主人常爱语交交。"温庭筠《张静婉采莲歌》："鸂鶒交交塘水满，绿芒如粟莲茎短。"曹邺《四怨三愁五情诗十二首·其五情》："野雀空城饥，交交复飞飞。"❷杂乱貌。韩偓《从猎三首》之二："有时齐走马，也学唱交交。"

【交州】 古州名。东汉建安八年(203)自交趾刺史部改置。治所为广信(今广西梧州市)，旋移番禺(今广东广州市)。辖境相当于今广东、广西的大部和越南承天以北诸省。三国吴时分交州为交、广二州，交州治龙编。隋设置总管府。唐为安南都护府。高适《李云南征蛮诗》："泸水夜可涉，交州今始通。"元稹《思归乐》："交州二十载，一到长安城。"裴夷直《崇山郡》："交州已在南天外，更过交州四五州。"曹松《南游》："君恩过铜柱，戎节限交州。"

【交甫】 即郑交甫。神话人物。见《韩诗内传》。张子容《春江花月夜二首》之二："交甫怜瑶佩，仙妃难重期。"罗虬《比红儿》之四九："还缘交甫非良偶，不肯终身作羿妻。"李瀚《蒙求》："渊客泣珠，交甫解佩。"

【交兵】 交锋，接战。李白《东海有勇妇》："十步两躩跃，三呼一交兵。"马戴《送和北虏使》："逐兽孤围合，交兵一箭传。"胡曾《咏史诗·柏举》："野田极目草茫茫，吴楚交兵此路傍。"张蠙《古战场》："荒骨潜销垒已平，汉家曾说此交兵。"

【交阯】 即交趾。辛常伯《军中行路难》："交阯枕南荒，昆弥临北户。"杜牧《送容州唐中丞赴镇》："交阯同星座，龙泉佩斗文。"皮日休《三羞诗三首》之二："南荒不择吏，致我交阯覆。"

【交糺】 纷扰缠杂。张九龄《彭蠡湖上》："象类何交纠，形言岂深悉。"

【交枝】 树枝交叉掩映。储光羲《题眄上人禅居》："秀色玄冬发，交枝白日阴。"卢纶《曲江春望》之一："菖蒲翻叶柳交枝，暗上莲舟鸟不知。"姚合《过张邯郸庄》："堂前水交流，堂下树交枝。"

【交易】 犹交往。韩偓《隰州新驿赠刺史》："却笑昔贤交易极，一开东阁便垂名。"

【交知】 知心朋友。郑准《寄进士崔鲁范》："洛阳才子旧交知，别后干戈积咏思。"

【交佩】 指汉皋神女解佩赠郑交甫的神话。王勃《采莲曲》："不惜西津交佩解，还羞北海雁书迟。"

【交爭】 ❶互相争战。玄宗《行次成皋感而赋诗》："有隋政昏虐，群雄已交争。"刘禹锡《和牛相公雨后寓怀见示》："金火交争正抑扬，萧萧飞雨助清商。"白居易《酬牛相公宫城早秋寓言见示兼呈梦得》："七月中气后，金与火交争。"❷纷争；纷扰。刘禹锡《早夏郡中书事》："言下辨曲直，笔端破交争。"白居易《和答诗十首·和思归乐》："穷达有前定，忧喜无交争。"

【交朋】 朋友。骆宾王《畴昔篇》："当时门客今何在，畴昔交朋已疏索。"李商隐《骄儿诗》："交朋颇窥观，谓是丹穴物。"杜荀鹤《哭贝韬》："交朋来哭我来歌，喜傍山家葬荔萝。"

【交河】 ❶古河名。在今新疆吐鲁番市境内，因河水为小岛分成两股，故名。太宗《饮马长城窟行》："塞外悲风切，交河冰已结。"李颀《古从军行》："白日登山望烽火，黄昏饮马傍交河。"皎然《效古》："思君转战度交河，强弄胡琴不成曲。"赵嘏《昔昔盐二十首·恒敛千金笑》："夫婿交河北，迢迢路几千。"❷唐县名。因交河而得名，城在岛上。西汉至后魏，车师前王国皆都于此。公元450年后为高昌所并。曲氏高昌时在此置高昌郡。初唐灭高昌后改置交河县。中唐时归吐蕃，晚唐又属回鹘。虞世南《中妇织流黄》："还恐裁缝罢，无信达交河。"杜甫《送长孙九侍御赴武威判官》："绣衣黄白郎，骑向交河道。"张乔《赠边将》："翻师平碎叶，掠地取交河。"

【交契】 交情。杜甫《寄张十二山人彪三十韵》："早通交契密，晚接道流新。"孟郊《赠韩郎中愈》："何以定交契，赠君高山石。"杜荀鹤《贻里中同志》："贫贱志气在，子孙交契深。"

【交柯】 交叉的树枝。李白《上留田行》："交柯之木本同形，东枝憔悴西枝荣。"钱起《赋得池上双丁香树》："得地移根远，交柯绕指柔。"陆龟蒙《自遣诗三十首》之一："五年重别旧山村，树有交柯犊有孙。"

【交面】 交往只限于脸面，比喻泛泛之交。白居易《伤唐衢二首》之一："交心不交面，从此重相忆。"

【交映】 互相映照，映衬。褚亮《明堂乐章·肃和》："樽罍盈列，树羽交映。"徐凝《忆紫溪》："长忆紫溪春欲尽，千岩交映水回斜。"张乔《谷口作》："巴客青冥过岭尘，雪崖交映一川春。"

【交侵】 ❶交相侵犯。刘禹锡、白居易《乐天是月长斋遂为联句所期解闷焉敢惊禅》："官将方共拙，年与病交侵。"❷掺杂。白居易《新乐府·法曲》："愿求牙旷正华音，不令夷夏相交侵。"

【交音】 合奏。权德舆《奉使丰陵职司卤簿通宵涉路因寄内》："殳铤方启路，钲鼓正交音。"

【交飛】 穿行乱飞。苏味道《嵩山石淙侍宴应制》："重崖对耸霞文驳，瀑水交飞雨气寒。"温庭筠《诉衷情》词："柳弱燕交飞，依依，辽阳音信稀。"

【交泰】　谓天地阴阳之气调和，万物生长茂盛。褚亮《祭方丘乐章·顺和》："万物资以化，交泰属升平。"高适《信安王幕府诗》："庶物随交泰，苍生解倒悬。"权德舆《卦名诗》："天地今交泰，云雷背遘屯。"引申为顺应天命，时运亨通。杜审言《大酺》："诏酺欢赏遍，交泰睹惟新。"储光羲《奉和韦判官献侍郎叔除河东采访使》："乾象变台衡，群贤尽交泰。"杨巨源《春日奉献圣寿无疆词十首》之五："发生资盛德，交泰让全功。"

【交城】　县名。今属山西省。汉时属晋阳县，隋开皇十六年(596)从晋阳县分置，因孔、汾二水于此交汇，故名。唐时移置山南。沈佺期《送卢管记仙客北伐》："羽檄西北飞，交城日夜围。"李商隐有《过故府中武威公交城旧庄感事》。

【交涉】　关联、牵涉。贯休《闻无相道人顺世五首》之五："百千万亿偈，共他勿交涉。"

【交流】　❶江河汇流。李白《送于十八应四子举落第还嵩山》："交流无时寂，杨墨日成科。"杜甫《陪李北海宴历下亭》："修竹不受暑，交流空涌波。"也指几股水合流。韩愈《奉和虢州刘给事使君三堂新题二十一咏·流水》："只言池未满，池满强交流。"姚合《过张邯郸庄》："堂前水交流，堂下树交枝。"❷齐流。韦应物《寄别李儋》："忽枉别离札，涕泪一交流。"白居易《江楼夜吟元九律诗成三十韵》："交流迁客泪，停住贾人船。"又《寄刘苏州》："何堪老泪交流日，多是秋风摇落时。"徐铉《移饶州别周使君》："更向鄱阳湖上去，青衫憔悴泪交流。"

【交袂】　携手。清昼《与崔子向联一十六韵以寄之》："茗园可交袂，藤涧好停锡。"

【交戛】　犹交加，纷乱貌。杜牧《池州送孟迟先辈》："烟院松飘萧，风廊竹交戛。"贾岛《竹》："篱外清阴接药栏，晓风交戛碧琅玕。"

【交趾】　古地名。泛指五岭以南。汉置交趾郡。相传其地人卧时头外向，足在内而相交，故名。唐时属安南中都护府。杜审言《旅寓安南》："交趾殊风候，寒迟暖复催。"白居易《送客春游岭南二十韵》："诃陵国分界，交趾郡为邻。"张泌《送容州中丞赴镇》："交趾同星坐，龙泉佩斗文。"

【交梨】　道家传说中的仙果。李颀《王母歌》："手指交梨遗帝食，可以长生临宇县。"罗隐《第五将军于余杭天柱宫入道因题寄》："交梨火枣味何如，闻说苕川已下车。"又《寄聂尊师》："欲芟荆棘种交梨，指画城中日恐迟。"

【交情】　友谊。卢照邻《首春贻京邑文士》："时来不假问，生死任交情。"杜甫《大云寺赞公房四首》之二："自顾转无趣，交情何尚新。"胡杲《七老会诗》："今日交情何不替，齐年同事圣明君。"方干《残秋送友》："交情如水淡，离酒泛杯宽。"

【交通】　❶通达。薛据《登秦望山》："谿壑争喷薄，江湖递交通。"薛逢《奉和仆射相公送东川李支使归使府夏侯相公》："两地交通布政和，上台深喜使星过。"❷结交，来往。李白《猛虎行》："昨日方为宣城客，掣铃交通二千石。"❸感应。韩愈《调张籍》："精诚忽交通，百怪入我肠。"

【交阴】　树木交枝而成荫。广宣《九月十五日夜宿郑尚书细东亭望月寄杜给事》："霜天晴夜宿东斋，松竹交阴惬素怀。"雍裕之《四气》："春禽犹竞啭，夏木忽交阴。"胡宿《次韵徐爽见寄》："寂寞死灰人丧偶，婆娑生意树交阴。"

【交游】　亦作"交遊"。❶结交，来往。李白《奔亡道中五首》之三："谈笑三军却，交游七贵疏。"韩愈《长安交遊者赠孟郊》："长安交遊者，贫富各有徒。"白居易《酬梦得以予五月长斋见戏十韵》："交游诸长老，师事古先生。"罗隐《城西作》："道薄交游少，才疏进取乖。"❷朋友。杜审言《赠崔融二十韵》："人事盈虚改，交游宠辱妨。"张继《赠章八元》："俗薄交游尽，时危出处难。"张籍《赠殷山人》："昔日交遊盛，当时省阁贤。"高骈《途次内黄马病寄僧舍呈诸友人》："红叶寺多诗景致，白衣人尽酒交游。"

【交割】　移交。王建《寄贺田侍中东平功成》："开通州县斜连海，交割山河直到燕。"李曜《赠吴圆》："今日临行尽交割，分明收取媚川珠。"

【交窗】　雕花的窗子。卢照邻《长安古意》："复道交窗作合欢，双阙连甍垂凤翼。"

【交结】　❶交往结识。虞世南《门有车马客》："陈遵重交结，田蚡擅豪华。"皎然《妙喜寺达公禅斋寄李司直四十二韵》："古人比明义，清士愿交结。"孟郊《峡哀》："薄俗少直肠，交结须横财。"周昙《咏史诗·春秋战国门·侯嬴朱亥》："屠肆监门一贱微，信陵交结国人非。"❷朋友。白居易《寄杨六》："岂无旧交结，久别或迁易。"

【交驰】　来往奔走。王维《送高适弟耽归临淮阴作》："山东诸侯国，迎送纷交驰。"雍裕之《不了语》："车马交驰往复来，钟鼓相催天又晓。"徐夤《闻长安庚子岁事》："羽檄交驰触冕旒，函关飞入铁兜鍪。"

【交势】　为势利而相互结交。白居易《闲吟赠皇甫郎中亲家翁》："早为良友非交势，晚接嘉姻不失亲。"

【交感】　相互吸引沟通。权德舆《杂诗五首》之一："神期谅交感，相顾乃如此。"吕岩《七言》之一一二："天生一物变三才，交感阴阳结圣胎。"赵光逢《梁郊祀乐章·庆和》:“交感斯在,昭事罔愆。”

【交零】 齐下。柳宗元《韦道安》:“父子更抱持,涕血纷交零。”李洞《段秀才溪居送从弟游泾陇》:“烟沉陇山色,西望涕交零。”

【交會】 ❶会合,聚集。陈子昂《感遇诗三十八首》之八:“精魄相交会,天壤以罗生。”杜甫《喜雨》:“峥嵘群山云,交会未断绝。”韩愈、孟郊《秋雨联句》:“万木声号呼,百川气交会。”❷隐指男女交合。吕岩《渔父词一十八首·灿烂》:“交会处,更娇羞,转觉情深玉体柔。”

【交亂】 扰乱,惑乱。李白《雪谗诗赠友人》:“交乱四国,播于八埏。”

【交遊】 同“交游”。

【交道】 ❶结交朋友之道。骆宾王《咏怀》:“少年识事浅,不知交道难。”李白《古风》之五九:“世途多翻覆,交道方崄巇。”杜荀鹤《别敬侍郎》:“交道有寒暑,在人无古今。”❷犹交情。钱起《罢官后酬元校书见赠》:“心期怅已阻,交道复何如?”白居易《效陶潜体诗十六首》之十四:“贵贱交道绝,朱门叩不开。”杜牧《过鲍溶有感》:“无因展交道,日暮倍心肠。”

【交辟】 (—bì)争相征召。刘长卿《瓜洲驿奉饯张侍御公时侍御先在淮南幕府》:“兼荣知任重,交辟许才难。”韦应物《送陆侍御还越》:“英声颇籍甚,交辟乃时珍。”贾岛《送殷侍御赴同州》:“犹来交辟士,事别偃林扃。”

【交媾】 会合。李白《草创大还赠柳官迪》:“造化合元符,交媾腾精魄。”吕岩《沁园春》词:“造化争驰,虎龙交媾,进火功夫牛斗危。”

【交綏】 交战。杜甫《夔府书怀四十韵》:“南宫载勋业,凡百慎交绥。”

【交態】 ❶对朋友的态度。高适《邯郸少年行》:“君不见今人交态薄,黄金用尽还疏索。”杜甫《送率府程录事还乡》:“途穷见交态,世梗悲路涩。”又《久客》:“羁旅知交态,淹留见俗情。”❷犹交情。高适《别韦参军》:“且喜百年有交态,未尝一日辞家贫。”独孤及《自东都还濠州奉酬王八谏议见赠》:“天地变化县城改,独有故人交态在。”

【交影】 犹交阴。朱庆余《和刘补阙秋园寓兴之什十首》之九:“虫丝交影细,藤子坠声幽。”

【交鋒】 接战。李绅《和晋公三首》之二:“插羽先飞酒,交锋便著文。”汪遵《战城南》:“风沙刮地塞云愁,平旦交锋晚未休。”张蠙《夏日题老将林亭》:“几人图在凌烟阁,曾不交锋向塞沙。”

【交質】 交换人质。古代列国间为取信对方所采取的措施。周昙《咏史诗·春秋战国门·祭足》:“当时周郑谁为相,交质将何服远戎?”

【交廣】 交州和广州的合称,泛指五岭以南地区。元稹《和李校书新题乐府十二首·驯犀》:“建中之初放驯象,远归林邑近交广。”李商隐《故番禺侯以赃罪致不辜事觉母者他日过其门》:“江陵从种橘,交广合投香。”

【交際】 交接,会合。则天皇后《唐大享拜洛乐章·咸和》:“方期交际悬应。”《郊庙歌辞·祭太社乐章·肃和》:“九域底平,两仪交际。”

【交横】 (—héng)纵横交错。储光羲《次天元十载华阴发兵作时有郎官点发》:“太华色莽苍,清渭风交横。”杜甫《枯棕》:“交横集斧斤,凋丧先蒲柳。”贾岛《送陈商》:“古道长荆棘,新岐路交横。”杜牧《哭韩绰》:“平明送葬上都门,绋翣交横逐去魂。”

【交頭】 头部相并。杜甫《晚晴吴郎见过北舍》:“竹杖交头拄,柴扉隔径开。”韩愈《叉鱼招张功曹》:“交头疑凑饵,骈首类同条。”

【交頸】 两颈相交,亲密无间。陈子昂《鸳鸯篇》:“刷尾青江浦,交颈紫山岑。”元稹《会真诗三十韵》:“鸳鸯交颈舞,翡翠合欢笼。”崔珏《和友人鸳鸯之什》之三:“琴上只闻交颈语,窗前空展共飞诗。”韩偓《别锦儿》:“临去莫论交颈意,清歌休著断肠词。”

【交戰】 开战,斗争。储光羲《苏十三瞻登玉泉寺峰入寺中见赠作》:“枕上思独往,胸中理交战。”杜甫《病后遇王倚饮赠歌》:“疟疠三秋孰可忍,寒热百日相交战。”白居易《无可奈何歌》:“合冰炭以交战,只自苦兮厥躬。”李延陵《自紫阳观至华阳洞宿侯尊师草堂简同游》:“幽人即长往,茂宰应交战。”

【交错】 交叉错杂。杜甫《戏为双松图歌》:“两株惨裂苔藓皮,屈铁交错回高枝。”白居易《有木诗八首》之四:“四傍五六本,叶枝相交错。”

【交親】 ❶结交亲近。苏颋《秋社日崇让园宴得新字》:“生全应有地,长愿乐交亲。”韦应物《送宣州周录事》:“薄游长安中,始得一交亲。”罗隐《东归》:“双阙往来惭请谒,五湖归后耻交亲。”❷亲戚密友。杜甫《投赠哥舒开府二十韵》:“勋业青冥上,交亲气概中。”白居易《春游》:“请君屈十指,为我数交亲。”许浑《深春》:“未谷抛还忆,交亲晚更稀。”翁承赞《甲子岁衔命到家至榕城册封次日闽王降旌旗于新丰市堤饯别》:“此时暂与交亲好,今日还将简册回。”

【交龍】 指二龙相交缠图案的旗子。鲍溶《赠远》:“金泥舞虎精神暗,银缕交龙气色寒。”

【交臂】 握住对方手臂,表示友善。李夔《使至汴州喜逢宋之问》:“相逢且交臂,相命且衔杯。”包佶《客自江南话过亡友朱司议故宅》:“交臂多相共,风流忆此人。”独孤及《酬梁二十宋中所赠兼留别梁少府》:“逢君道寸心,暂喜一交臂。”

【交臂失】《庄子·田子方》："吾终身与汝交一臂而失之，可不哀与？"后以为错过机会的成语。苏颋《奉和姚令公温汤旧馆永怀故人卢公之作》："同心不可忘，交臂何为失？"

【交縷】纠结的线缕。虞世南《中妇织流黄》："综新交缕涩，经脆断丝多。"

【交舊】朋友。张说《岳州别梁六入朝》："容华因别老，交旧与年颓。"

【交鎖】纠缠以致封闭。舒元舆《桥山怀古》："桥山突兀在其左，荒榛交锁寒风愁。"

【交織】错杂。陆龟蒙《渔具诗·钓筒》："蓬差橹相应，雨慢烟交织。"

【交懽】同"交歡"。

【交歡】亦作"交懽"。❶一齐寻欢作乐。李颀《欲之新乡答崔颢綦毋潜》："吾属交欢此何夕？南家捣衣动归客。"杜甫《严公仲夏枉驾草堂兼携酒馔》："看弄渔舟移白日，老农何有罄交欢？"权德舆《祗命赴京途次淮口因书所怀》："交欢谅如昨，滞念纷在今。"韦镒《经望湖驿》："交懽初仗信，接宴翻贻咎。"❷巴结而求得对方欢心。李白《赠从弟南平太守之遥二首》之一："当时笑我微贱者，却来请谒为交欢。"崔枢《齐优开笼飞去所献楚王鹄》："受命笼齐鹄，交欢献楚王。"❸好友。陆龟蒙《润州江口送人谒池阳卫郎中》："山翁曾约旧交欢，须拂侯门侧注冠。"❹指男女欢会。孟浩然《春情》："已厌交欢怜枕席，相将游戏绕池台。"孟简《咏欧阳行周事》："夫君意荡漾，即日相交欢。"

【交衢】路口，要冲。袁朗《和洗掾登城南坂望京邑》："复道东西合，交衢南北通。"杜甫《哀王孙》："不敢长语临交衢，且为王孙立斯须。"

【交鬬】相互攻击。贯休《怀赤松故舒道士》："乱世今交斗，玄宫玉柱隳。"

亥〔hài《广韵》胡改切，上海，匣。〕❶十二地支的末位。一般与天干配合以纪年日。张籍《江南行》："江村亥日长为市，落帆度桥来浦里。"白居易《得微之到官后因成四章》之二："寅年篱下多逢虎，亥日沙头始卖鱼。"贯休《秋末入匡山船行八首》之五："估喧如亥合，樯密似林枯。"又为十二星次之一，可用作太岁纪年。陆龟蒙《祝牛宫辞》："太岁在亥，余不足数。"❷指七十三岁。见"亥字"。

【亥市】遇亥日而聚的市集。顾况《历阳苦雨》："亥市风烟接，隋宫草路深。"刘禹锡《湖南观察使故相国袁公挽歌三首》之二："湘南罢亥市，汉上改词曹。"白居易《江州赴忠州至江陵已来舟中示舍弟五十韵》："亥市鱼盐聚，神林鼓笛鸣。"张祜《途中逢李道实游蔡州》："野桥经亥市，山路过申州。"

【亥字】七十三岁的隐语。语出《左传·襄公三十年》。权德舆《酬冯绛州早秋绛台感怀见寄》："武符颁美化，亥字访疑年。"刘禹锡《送河南皇甫少尹赴绛州》："午桥群吏散，亥字老人迎。"李商隐《戏题赠稷山驿吏王全》："过客不劳询甲子，惟书亥字与时人。"

五　画

亨〔hēng《广韵》許庚切，平庚，曉。〕通达顺利。玄宗《行次成皋感而赋诗》："克敌睿图就，擒俘帝道亨。"元稹《有酒十章》之十："欲凤翥而鹓随兮，欲龙亨而骥逐。"于濆《秦原览古》："火德道将亨，夜逢蛇母哭。"

【亨途】坦途，通途。郑谷《咏怀》："自许亨途在，儒纲复振时。"

【亨通】顺利。萧昕《临风舒锦》："还乡将制服，从此表亨通。"李群玉《将之京国赠薛员外》："亨通与否闭，物理相沉浮。"李中《叙吟二首》之二："成僻成魔二雅中，每逢知己是亨通。"

【亨衢】犹通途。宋璟《奉和圣制答张说扈从南出雀鼠谷》："盛哉逢道合，良以致亨衢。"杜甫《赠韦左丞丈》："鸰原荒宿草，凤沼接亨衢。"许浑《送人之任邛州》："亨衢自有横飞势，便到西垣视训辞。"

六　画

京〔jīng《广韵》舉卿切，平庚，見。〕❶国都。钱起《京兆尹厅前甘棠树降甘露》："内史用尧意，理京宣惠慈。"蒋涣《故太常卿赠礼部尚书李公及夫人挽歌二首》之一："白简尝持宪，黄图复尹京。"许棠《送防州郛员外》："椒香近满郭，漆货远通京。"❷高丘。见"京坻"。❸姓。见"京房"。

【京口】古城名。故址在今江苏镇江市。三国吴时称京城，后迁都建业（今南京），改称京口。唐时为润州治所。岑参《送许子擢第归江宁拜亲因寄王大昌龄》："建业控京口，金陵款沧溟。"戴叔伦《抚州对事呈上姊夫》："京口附商客，海门正狂风。"

【京山】山名。在京口（今镇江），又称京岘山。储光羲《临江亭五咏》之五："京山千里过，孤愤望中来。"

【京水】河名。源出荥阳县高渚山。流入颍河。郑州上游称京水，下游称贾鲁河。王维《宿郑州》："明当渡京水，昨晚犹金谷。"

【京尹】即京兆尹。杜甫《入奏行赠西山检察使窦侍御》："省郎京尹必俯拾，江花未落还成都。"又《壮游》："忤下考功第，独辞京尹堂。"

【京兆】❶府名。开元元年（713）改雍州置。治所在长安、万年(今陕西西安)。辖境相当于今秦岭以北,乾县以东,铜川以南,渭南以西之地。李白《同吴王送杜秀芝赴举入京》:"暂别庐江守,将游京兆天。"杜甫《八哀诗·赠左仆射郑国公严公武》:"京兆空柳色,尚书无履声。"温庭筠《鸿胪寺有开元中锡宴堂偶成四十韵》:"双琼京兆博,七鼓邯郸娼。"❷官名。京兆府长官京兆尹的简称。骆宾王《畴昔篇》:"适离京兆谤,还从御史弹。"杜甫《送鲜于万州迁巴州》:"京兆先时杰,琳琅照一门。"岑参《尹相公京兆府中棠树降甘露诗》:"相国尹京兆,政成人不欺。"张祜《哭京兆庞尹》:"扬子江头昔共迷,一为京兆隔云泥。"❸指西汉京兆尹张敞。参见"京兆眉"。刘禹锡《同乐天和微之深春二十首》之七:"何处深春好,春深京兆家。"又《再伤庞尹》:"京兆归何处,章台空暮尘。"❹指墓道。参见"京兆阡"。李端《代宗挽歌》:"已向新京兆,谁云天路遥。"权德舆《惠昭皇太子挽歌词二首》之二:"天归京兆新,日与长安远。"刘禹锡《河南观察使故相国袁公挽歌三首》之一:"天归京兆日,叶下洞庭时。"

【京兆公】 对京兆尹的尊称。温庭筠有《京兆公池上作》。吴融《绵竹山四十韵》:"相国京兆公,九命来作牧。"又有《简州归降贺京兆公》。

【京兆尹】 京兆府的长官。张籍《伤歌行》:"黄门诏下促收捕,京兆尹系御史府。"张幹《刺左右膊句》:"生不怕京兆尹,死不畏阎罗王。"

【京兆田郎】 指东汉田凤。杜甫《赠田九判官》:"陈留阮瑀谁争长,京兆田郎早见招。"

【京兆阡】 为墓道典故。见《汉书·游侠传·原涉》。崔融《韦长史挽词》:"京兆新阡辟,扶阳甲第空。"王维《哭祖六自虚》:"永去长安道,徒闻京兆阡。"又《恭懿太子挽歌五首》之一:"虽蒙绝驰道,京兆别开阡。"岑参《河西太守杜公挽歌四首》之一:"长安非旧日,京兆是新阡。"

【京兆府】 见"京兆❶"。高适有《同崔员外綦毋拾遗九日宴京兆府李士曹》。刘禹锡《哭庞京兆》:"天上别归京兆府,人间空数茂陵阡。"

【京兆眉】 为夫妇恩爱故实。见《汉书·张敞传》。张说《赠崔二安平公乐世词》:"自怜京兆双眉妩,会待南来五马留。"

【京兆畫】 见"京兆眉"。皮日休《咏白莲》:"腻于琼粉白于脂,京兆夫人未画眉。"吴融《和韩致光侍郎无题三首十四韵·倒次元韵》:"阳城迷处笑,京兆画时颦。"毛文锡《柳含烟》词之三:"最怜京兆画蛾眉,叶纤时。"

【京江】 长江流经镇江市北的一段,以京口得名。杜牧《杜秋娘诗》:"京江水清滑,生女白如脂。"徐铉《使浙西先寄献燕王侍中》:"京江风静喜乘流,极目遥瞻万岁楼。"

【京吴】 即京口。三国吴孙权曾在此建都,故名。徐铉《得浙西郝判官书问方判官田书记消息》:"今日京吴建朱邸,问君谁共曳长裾?"

【京邑】 京城。玄宗《途经华岳》:"饬驾去京邑,鸣銮指洛川。"韩愈《送诸葛觉往随州读书》:"京邑有旧庐,不容久食宿。"项斯《长安书怀呈知己》:"江湖归不易,京邑计长贫。"王贞白《远闻本郡行春到旧山二首》之一:"一身从宦留京邑,五马遥闻到旧山。"

【京甸】 京城近郊。钱起《初黄绶赴蓝田县作》:"一叨尉京甸,三省惭黎元。"

【京坻】 《诗·小雅·甫田》:"曾孙之庾,如坻如京。"坻,水中高地;京,高丘。后以"坻京"或"京坻"形容堆积如山的谷物。张九龄《奉和圣制瑞雪篇》:"草树纷早荣,京坻宛先积。"卢纶《寄赠库部王郎中》:"泉货方将散,京坻自此陈。"吕温《道州观野火》:"家有京坻咏,人无沟壑戚。"

【京周】 指长安。西周都镐京(今陕西西安市西),故云。张说《南中送北使二首》之二:"逢君入乡县,传我念京周。"

【京阜】 ❶京口之山。萧颖士《江有归舟三章》序:"缅彼江阴,京阜是临。"❷高山。卢肇《汉堤诗》:"捍此巨灾,崒若京阜。"

【京京】 大貌。顾况《上古之什补亡训传十三章·我行自东一章》:"我忧京京,何道不行兮。"

【京河】 即京水。郑谷《驾部郑郎中三十八丈尹贰东周因贺送》:"郎署转曹虽久次,京河亚尹是优贤。"又《谷比岁受同年丈人故川守李侍郎教谕遂以章句自贻》:"多感京河李丈人,童蒙受教便书绅。"

【京官】 在京城供职的官员。韩愈《送文畅师北游》:"昨来得京官,照壁喜见蝎。"贾岛《和刘涵》:"京官始云满,野人依旧闲。"

【京房】 (前77—前37)西汉今文《易》学家。字君明,东郡顿丘(今河南清丰西南)人。好音律,推律自定为京氏。学《易》于焦延寿,宣扬"天人感应"说。元帝时立于学宫,置博士。是京氏《易》学的创始人。今存《京氏易传》三卷。吴筠《览古十四首》之十二:"京房洞幽赞,神奥咸发挥。"李瀚《蒙求》:"京房推律,翼奉观性。"

【京信】 犹京使。皮日休《奉送浙东德师侍御罢府西归》:"空将海月为京信,尚使樵风送酒船。"徐铉《送彭秀才》:"尽日野云生舍下,有时京信到门前。"

【京洛】 洛阳的别称。东周、东汉皆建都于此,又唐以洛阳为东京,故名。王维《送綦毋潜落第还乡》:"江淮度寒食,京洛缝春衣。"张谓《同王征君湘中有怀》:"故人京洛满,何日复同游?"许浑《酬邢杜二员外》："岂知京洛旧亲友，梦绕潺湲江上亭。"曹松《崇义里言怀》："马蹄京洛岐，复此少闲时。"

【京洛塵】 语出晋陆机《为顾彦先赠妇二首》之一："京洛多风尘，素衣化为缁。"后以"京洛尘"喻羁旅京都的生活。赵嘏《经无锡县醉后吟》："京洛衣尘在，江湖酒病深。"武元衡《送崔判官使太原》："两地山河分节制，十年京洛共风尘。"赵嘏《旅次商山》："日夕猿鸟伴，古今京洛尘。"徐夤《风》："飘成远浪江湖际，吹起暮尘京洛中。"

【京室】 王室，皇宫。苏颋《兴庆池侍宴应制》："直视天河垂象外，俯窥京室画图中。"杜甫《留花门》："胡尘逾太行，杂种抵京室。"

【京城】 国都。王建《归昭应留别城中》："喜得近京城，官卑意亦荣。"元稹《别李十一五绝》之二："京城每与闲人别，犹自伤心与白头。"无可《送李骑曹之武宁》："新鸿引寒色，回日满京城。"徐铉《和萧少卿见庆新居》："湘浦怀沙已不疑，京城赐第岂前期。"

【京索】 地名。指今河南荥阳一带，京、索为两条河流。储光羲《晚次东亭献郑州宋使君文》："徒念京索近，犹悲溱洧长。"贯休《寄大愿和尚》："唯思红泉白石阁，因随裴楷离京索。"

【京師】 国都。杜审言《送和西蕃使》："使出凤皇池，京师阳春晚。"羊士谔《山阁闻笛》："李白桃红满城郭，马融闲卧望京师。"李洞《送龙州田使君旧诗家》："无心陪宴集，吟苦忆京师。"

【京都】 即京师。魏晋时，因避司马师讳改。杜甫《戏作花卿歌》："既称绝世无，天子何不唤取守京都！"罗隐《送人赴职任褒中》："海棠花谢东风老，应念京都共苦辛。"

【京副】 书籍的转录本，即副本。语出《史记·太史公自序》："藏之名山，副在京师。"苏颋《送贾起居奉使入洛取图书因便拜觐》："早持京副入，旋伫洛书刊。"

【京國】 国都。李白《送杨少府赴选》："时泰多美士，京国会缨簪。"李商隐《安平公诗》："明年徒步吊京国，宅破子毁哀如何。"于邺《书怀》："自离京国久，应已故人稀。"

【京華】 京城。贾至《送陆协律赴端州》："岭峤同仙客，京华即旧游。"杨巨源《春日奉献圣寿无疆词十首》之一："文物京华盛，讴歌国步康。"李频《寄范郎中》："相知从海峤，寄食向京华。"黄滔《喜陈先辈及第》："今年春已到京华，天与吾曹雪怨嗟。"

【京輔】 即畿辅，指国都附近地区。魏征《暮秋言怀》："首夏别京辅，杪秋滞三河。"

【京輦】 即京都。皇帝所乘车为辇，故以称皇帝所在之地。杜甫《八哀诗·故秘书少监武功苏公源明》："洒落辞幽人，归来潜京辇。"钱起《长安客舍赠李行父明府》："凫鸟傍京辇，甿心悬灌坛。"权德舆《和河南罗主簿送校书兄归江南》："京辇辞芸阁，衡方忆草堂。"

【京劇】 指京官的繁重事务。剧，繁重。李颀《望鸣皋山白云寄洛阳卢主簿》："故人吏京剧，每事多闲放。"刘长卿《洛阳主簿叔知和驿承恩赴选伏辞一首》："一从理京剧，万事皆容易。"

【京畿】 国都及其周围属于直接管辖的地区。太宗《幸武功庆善宫》："芸黄遍原隰，禾颖积京畿。"白居易《新乐府·杜陵叟》："白麻纸上书德音，京畿尽放今年税。"高骈《入蜀》："万水千山音信希，空劳魂梦到京畿。"徐铉《避难东归依韵和黄秀才见寄》："戚戚逢人问所之，东流相送向京畿。"

【京縣】 畿辅所属县，也泛指国都。尹懋《奉陪张燕公登南楼》："终日西北望，何处是京县？"杜甫《喜闻官军已临贼境二十韵》："胡虏潜京县，官军拥贼壕。"韦应物《赠萧河南》："厌剧辞京县，褒贤待诏书。"又《答长宁令杨辙》："宰邑视京县，归来无寸资。"

【京豫】 指洛阳。洛阳，唐东都，古属豫州。孟浩然《南归阻雪》："我行滞宛许，日夕望京豫。"

【京闕】 指皇宫。也借指国都。阙，宫门夹道而建的对称城楼。李白《梁园吟》："我浮黄云去京阙，挂席欲进波连山。"

【京鎮】 即京口。宋之问《登北固山》："京镇周天险，东南作北关。"储光羲《临江亭五咏》之一："晋家南作帝，京镇北为关。"

【京關】 国都。岑参《阻戎泸间群盗》："何当遇长房，缩地到京关？"郎士元《咸阳西楼别窦审》："小苑城隅连渭水，离宫曙色近京关。"喻凫《夏日龙翔寺寄张侍御》："日夕唯增思，京关未想回。"许棠《春夜同厉文学先辈会宿》："江汉久分路，京关重聚吟。"

【京觀】 (—guàn)古代战争，胜者在国都堆积敌尸，封土成丘，以炫耀武功。称为"京观"。储光羲《同诸公送李云南伐蛮》："京观在七德，休哉我神皇。"杜甫《夔府书怀四十韵》："大庭终反朴，京观且僵尸。"皮日休《鲁望昨以五百字见贻亦迭和之微旨也》："筑之为京观，解之为牲栓。"

享 〔xiǎng《广韵》許兩切，上養，曉。〕❶祭献。魏征《五郊乐章·雍和》："乃诚乃敬，载享载禋。"张说《唐封泰山乐章·豫和六首》之六："享帝享亲，维孝维圣。"❷鬼神享受祭品。李峤《奉和拜洛应制》："殷荐三神享，明禋万国陪。"刘禹锡《平齐行二首》之二："泰山沉寇六十年，旅祭不享生愁烟。"白居易《新乐府·黑潭龙》："不知龙神享几多，林鼠山狐长醉饱。"❸享受，享用。李颀《行路难》："汉家名臣杨德祖，四代五公享茅土。”张籍《祭退之》：“未九享其资，遂忝南宫郎。”唐尧臣《金陵怀古》：“一时因地险，五世享天禄。”

【享年】 享有的寿数。张良璞《览史》：“享年八十已，历数穷苍生。”

【享祀】 祭祀。魏征《五郊乐章·黑帝羽音》：“享祀报功，方祚来岁。”赵光逢《梁郊祀乐章·庆平》：“享祀不忒，礼容孔明。”

【享國】 ❶帝王在位年数。刘禹锡《文宗元圣昭献孝皇帝挽歌三首》之三：“享国十五载，升天千万年。”❷王朝统治的年代。贯休《大蜀皇帝寿春节进尧铭舜颂二首·尧铭》：“享国如尧，不疑不疑。”

七 画

亭〔tíng《广韵》特丁切，平青，定。〕❶边疆的放哨岗亭。如后世的敌楼。陈子昂《感遇诗三十八首》乏三四：“亭上谁家子，哀哀明月楼。”❷秦汉时乡以下、里以上的行政单位。大致为十里一亭，十亭一乡。萧颖士《江有枫一篇十章》之四：“于亭于里，君子游焉。”❸驿亭，长亭。孟浩然《岘山饯房琯崔宗之》：“祖道衣冠列，分亭驿骑催。”李白《灞陵行送别》：“送君灞陵亭，灞水流浩浩。”戴叔伦《谷城逢杨评事》：“横流夜长不得渡，驻马荒亭逢故人。”❹亭子。一种建在园林或路边等处供人避雨或休息的建筑物，一般有顶无墙。杜甫《陪李北海宴历下亭》：“海内此亭古，济南名士多。”韩愈《和侯协律咏笋》：“竹亭人不到，新笋满前轩。”姚合《题河上亭》：“亭亭河上亭，鱼踯水禽鸣。”陆龟蒙《奉和袭美二游诗·任诗》：“入门望亭隈，水木气岑寂。”❺山名。亭亭山的简称。山为泰山支脉。相传神农、尧、舜等封泰山，禅云云；黄帝封泰山，禅亭亭。王维《华岳》：“人祇望幸久，何独禅云亭。”李商隐《寄太原卢司空三十韵》：“公乎来入相，王欲驾云亭。”❻养育。见“亭育”“亭毒”。❼正。见“亭午”。

【亭子】 凉亭一类的小型建筑。李白有《宴陶家亭子》。杜甫《题郑县亭子》：“郑县亭子涧之滨，户牖凭高发兴新。”

【亭午】 正午。褚亮《奉和咏日午》：“曦车日亭午，浮箭未移晖。”岑参《酬成少尹骆谷行见呈》：“峰攒望天小，亭午见日初。”朱庆余《夏日题武功姚主簿》：“亭午无公事，垂帘树色间。”章碣《夏日湖上即事寄晋陵萧明府》：“亭午羲和驻火轮，开门嘉树庇湖濆。”

【亭吏】 相当于秦汉时亭长一类的官吏，主管捕盗贼及迎送过往官员等工作。卢纶《送乐平苗明府》：“亭吏趋寒雾，山城敛曙光。”元稹《梁州梦》：“亭吏呼人排去马，忽惊身在古梁州。”李商隐《行次西郊作一百韵》：“节使杀亭吏，捕之恐无因。”

【亭戍】 边塞岗哨。王昌龄《山行入泾州》：“西临有边邑，北走尽亭戍。”

【亭伯】 东汉崔骃字。崔湜《至桃林塞作》：“始知亭伯去，还是拙谋身。”李白《奔亡道中五首》之二：“亭伯去安在，李陵降未归。”刘禹锡《游桃源一百韵》：“北渚吊灵均，长岑思亭伯。”

【亭長】 官名。秦汉一乡分为十亭，每亭设长一人。孟迟《乌江》：“大业固非人事及，乌江亭长又何知。”

【亭育】 养育，化育。杜甫《鸡》：“气交亭育际，巫峡漏司南。”德宗《重阳日即事》：“至化在亭育，相成资始终。”权德舆《仲秋朝拜昭陵》：“无疆传庆祚，有截荷亭育。”

【亭毒】 养育。语出《老子》：“长之育之，亭之毒之。”柳宗元《夏夜苦热登西楼》：“莫辩亭毒意，仰诉璇与玑。”贯休《大蜀皇帝寿春节进尧铭舜颂二首·尧铭》：“秉阳亭毒，不遑暇食。”

【亭亭】 ❶耸立貌。刘长卿《登扬州栖灵寺塔》：“亭亭楚云外，千里看不隔。”元结《说洄溪招退者》：“长松亭亭满四山，山间乳窦流清泉。”陆龟蒙《杂讽九首》之六：“大厦若抡材，亭亭托君子。”❷旷远貌。顾况《酬房杭州》：“郡楼何其旷，亭亭广而深。”畅当《题沈八斋》：“江斋一入何亭亭，因寄沧涟心杳冥。”姚合《八月十五夜看月》：“亭亭千万里，三五复秋中。”❸高洁貌。韦应物《答崔都水》：“亭亭心中人，迢迢居秦关。”独孤及《和赠远》：“美人挟瑟对芳树，玉颜亭亭与花双。”卢纶《和张仆射塞下曲》之六：“亭亭七叶贵，荡荡一隅清。”

【亭候】 边塞岗哨。骆宾王《久戍边城有怀京邑》：“陇阪肝肠绝，阳关亭候迂。”

【亭皋】 水边平地。王勃《饯韦兵曹》：“亭皋分远望，延想间云涯。”薛据《西陵口观海》：“林屿几遭回，亭皋时偃仰。”李德裕《春暮思平泉杂咏二十首·望伊川》：“向夕亭皋望，游禽几处回。”

【亭尉】 亭长的属吏。郑愔《夜游曲》：“讵似将军猎，空嗟亭尉留。”

【亭堠】 犹亭候。陈子昂《感遇诗三十八首》之三：“亭堠何摧兀，暴骨无全躯。”高适《塞上》：“亭堠列万里，汉兵犹备胡。”又《李云南征蛮诗》：“收兵列亭堠，拓地弥西东。”

【亭傳】 （—zhuàn）驿站。沈佺期《饯唐郎中洛阳令》：“郊筵乘落景，亭传理残秋。”

【亭塞】 （—sài）边塞。陈子昂《送著作佐郎崔融等从梁王东征》序：“犹恐威令未孚，卒塞仍梗。”

【亭臺】　亭子高台，泛指园中建筑。胡皓《春悲行》："试上亭台望，氤氳江树新。"白居易《令公南庄花柳正盛欲偷一赏先寄二篇》之二："可惜亭台闲度日，欲偷风景暂游春。"

【亭榭】　亭子台榭。刘禹锡《含辉洞述》："因其高下，爰构亭榭。"贾岛《蒋亭和蔡湘州》："蒋宅为亭榭，蔡城东郭门。"

【亭毓】　犹亭育。贯休《寿春进祝圣七首·千载降祥》："万汇须亭毓，群仙送下来。"

【亭障】　边塞城堡。苏颋《夜发三泉即事》："京坻有岁饶，亭障无边孽。"张谓《同孙构免官后登蓟楼》："一朝去乡国，十载履亭障。"杜牧《雪中书怀》："北虏坏亭障，闻屯千里师。"

【亭館】　泛指园中建筑。杨巨源《上刘侍中》："轩车纷自至，亭馆郁相当。"沈传师《次潭州游道林岳麓寺题示》："不令执简候亭馆，直许携手游山樊。"

【亭燧】　边塞报警的烽烟。元稹《和李校书新题乐府十二首·缚戎人》："烟尘乱起无亭燧，主帅惊跳弃旄钺。"

亮　〔liàng《广韵》力讓切，去漾，來。〕❶明亮。韩愈《岳阳楼别窦司直》："明登岳阳楼，辉焕朝日亮。"❷确实。孟云卿《伤时二首》之一："岂伊逢世运，天道亮云云？"韦应物《洛都游离》："东风日已和，元化亮无私。"韩愈《病鸱》："亮无责报心，固以听所为。"❸响亮。杨衡《将之荆州南与张伯刚马总钟陵夜别》："烛花侵雾暗，瑟调寒风亮。"❹诚实。见"亮直"。

【亮直】　诚实正直。皎然《妙喜寺达公禅斋四十二韵》："裴侯资亮直，中诚岂徒说！"

八　画

亳　〔bó《广韵》傍各切，入鐸，並。〕❶古都邑名。见"亳宫"。❷州名。张鲁封有《谑池亳二州宾佐兼寄宣武军掌书记李昼》。

【亳州】　州名。北周末改南兖州置。治所在谯县(今安徽亳州)。唐辖境相当于今安徽亳州、涡阳、蒙城及河南鹿邑、永城等地。姚合有《送裴大夫赴亳州》。

【亳宫】　商朝国都亳的宫殿。方壶居士《题法云寺双桧》(卷八六二)："若并亳宫仙鹿迹，定知高峭不如君。"

十 一 画

亶　〔dǎn《广韵》多旱切，上旱，端。〕见"亶州"。

【亶州】　岛名。相传秦始皇派徐福率童男女数千人下东海求不死药，徐福即留此州不归。皮日休《重送》："无限属城为裸国，几多分界是亶州。"

十 九 画

亹　〔wěi 無匪切，上尾，微。〕见"亹亹"。

【亹亹】　❶勤勉不倦貌。李峤《史》："善谈方亹亹，青简见彬彬。"白居易《赠谈客》："上客清谈何亹亹，幽人闲思自寥寥。"贯休《寿春节进》："煌煌还宿卫，亹亹叶声诗。"❷动听，有味。宋璟《奉和圣制乐游园宴》："亹亹韶弦屡，戋戋贲帛周。"萧颖士《江有枫一篇十章》之四："于以宴喜，其乐亹亹。"李白《赠僧崖公》："微言注百川，亹亹信可听。"❸翠色貌。韩愈《感春三首》之一："亹亹新叶大，珑珑晚花干。"❹不绝貌。白居易《和答十首·和分水岭》："高岭峻棱棱，细泉流亹亹"。

人　部

人〔rén《广韵》如鄰切，平真，日。〕❶能制造、使用工具，并能运用语言思维的高等动物。王绩《绩溪岭》："林深村落多依水，地少人耕半是山。"韦应物《滁州西涧》："春潮带雨晚来急，野渡无人舟自横。"韦元甫《木兰歌》："胡沙没马足，朔风裂人肤。"翁承赞《华下霁后晓眺》："花畔水边人不会，腾腾闲步一披襟。"❷指特定的某一人。犹云伊人或斯人。窦常《晚次方山精舍却寄张荐员外》："马嬴三径外，人病四愁中。"赵嘏《长安晚秋》："残星几点雁横塞，长笛一声人倚楼。"刘沧《春日旅游》："浩浩晴原人独去，依依春草水分流。"亦指某种类别之人。李商隐《韩碑》："元和天子神武姿，彼何人哉轩与羲。"❸人群，人众。陆龟蒙《奉酬袭美先辈初夏见寄次韵》："借宅去人远，败墙连古城。"❹常人，一般人。犹言人们。韩愈《哭杨兵部凝陆歙州参》："人皆期七十，才半岂蹉跎？"陈羽《古意》："人言此是嫁时服，含笑不刺双鸳鸯。"陆龟蒙《奉和袭美二游诗·徐诗》："尔后国脆弱，人多尚虚玄。"❺他人，别人。刘长卿《新年作》："老至居人下，春归在客先。"戴叔伦《女耕田行》："头巾掩面畏人识，以刀代牛谁与同？"白居易《罢药》："此身不要全强健，强健多生人我心。"李郢《自水口入茶山》："蒨蒨红裙好女儿，相偎相倚看人时。"❻民，民众。唐人避李世民讳，改"民"为"人"。玄宗《赐诸州刺史以题座右》："视人当如子，爱人亦如伤。"张谓《邵陵作》："尝闻虞帝苦忧人，只为苍生不为身。"岑参《阻戎泸间群盗》："明主每忧人，节使恒在边。"元结《春陵行》："安人天子命，符节我所持。"❼犹人事。崔峒《赠窦十九》："幸得汉皇容直谏，怜君未遇觉人非。"❽人形。指人状之造型。李白《古风》之三："收兵铸金人，函谷正东开。"❾谐"仁"字。果仁。温庭筠《南歌子词二首》之二："合欢桃核终堪恨，里许元来别有人。"

【人人】　个个人，每个人。李华《奉寄彭城公》："公子三千客，人人愿报恩。"元稹《有所教》："人人总解争时势，都大须看各自宜。"李商隐《行至金牛驿寄兴元渤海尚书》："诸生个个王恭柳，从事人人庾杲莲。"黄滔《过商山》："燕雁一来后，人人尽到关。"

【人力】　❶人的力量。与"天工"相对，指人的劳力与心力。韦应物《西涧种柳》："封壤自人力，生条在阳春。"朱庆余《吴兴新堤》："谋成既不劳人力，境远偏宜隔浪花。"亦指人的精力、气力。吴融《平望蚊子二十六韵》："人筋为尔断，人力为尔枯！"❷指劳动力。司马扎《筑台》："讵念人力劳，安问黍与禾？"周昙《咏史诗·春秋战国门·韩昭侯》："对此不思人力困，楼门何可更高张！"徐铉《忆新淦觞池寄孟宾于员外》："自有溪光还碧甃，不劳人力递金船。"

【人士】　犹人物。多指有才识、有名望之人。韩愈《送区弘南归》："野有象犀水贝玑，分散百宝人士稀。"

【人才】　人的才质。杜牧《雪中书怀》："人才自朽下，弃去亦其宜。"

【人口】　人之口。指众人口头上的传颂、议论。元稹《代杭人作使君一朝去二首》之一："使君一朝去，遗爱在人口。"刘驾《送李垣先辈归嵩少旧居》："文章满人口，高第非苟得。"杜荀鹤《经贾岛墓》："山根三尺墓，人口数联诗。"

【人子】　人之子。犹云做子女的。孟郊《路病》："人子不言苦，归书但云安。"

【人天】　❶佛教语。指五道（或称"五趣"，一说六道或六趣，即地狱、饿鬼、畜生、人与天等五种轮回转生的趋向）中的人道与天道。亦泛指人世众生。崔颢《游天竺寺》："鸣钟集人天，施饭聚猿鸟。"綦毋潜《题灵隐寺山顶禅院》："且驻西来驾，人天日未曛。"白居易《看梦得题答李侍郎诗因戏和之》："看题锦绣报琼环，俱是人天第一才。"陈光《题桃源僧》："桃源有僧舍，跬步异人天。"❷人间与天上。尉迟汾《府尹王侍郎准制拜岳因状嵩高灵胜寄呈三十韵》："日月襟袖捧，人天道路通。"

【人夫】　民伕。服劳役之人。李休烈《咏铜柱》："计合一条丝线挽，何劳两县索人夫？"

【人王】　指帝王。李迥秀《奉和九月九日登慈恩寺浮图应制》："沙界人王塔，金绳梵帝游。"郑愔《奉和幸大荐福寺》："国会人王法，宫还天帝游。"

【人日】　指农历正月初七。旧时占卜书谓正月一日至八日，依次为占鸡、狗、羊、猪、牛、马、人、谷之日。初七占人，故称人日。迷信称此日天气清明则人生兴旺。刘宪《奉和人日清晖阁宴群臣遇雪应制》："舆辇乘人日，登临上凤京。"高适《人日寄杜二拾遗》："人日题诗寄草堂，遥怜故人思故乡。"权德舆《人日送房二十六侍御归越》:“帝城人日风光早,不惜离堂醉似泥。”鲍溶《人日陪宣州范中丞传正与范侍御宴》:“人日春风绽早梅,谢家兄弟看花来。”

【人文】 ❶指诗书礼乐教化。高骈《遣兴》:“越外险巇防俗事,就中拘检信人文。”徐元鼎《太常寺观舞圣寿乐》:“舞字传新庆,人文迈旧章。”皎然《读张曲江集》:“相公乃天盖,人文佐生成。”❷人事,人世间事。王维《座上走笔赠薛璩慕容损》:“君徒视人文,吾固和天倪。”权德舆《伏蒙十六叔寄示喜庆感怀三十韵因献之》:“道义集天爵,菁华极人文。”

【人户】 居民户。李颀《送綦毋三谒房给事》:“百里人户满,片言争讼疏。”

【人心】 ❶本指人的心脏,因习惯上以心为人的思维器官,故引申指心地,或人的思想感情、观念等。朱庆余《行路难》:“人心不自足,公道为谁平!”薛能《行路难》:“何处力堪殚,人心险万端。”若虚《古镜》:“万般物象皆能鉴,一个人心不可明。”亦指心境,情绪。郭震《春江曲》:“竹叶坏水色,郎亦坏人心。”杜牧《洛阳长句二首》之一:“草色人心相与闲,是非名利有无间。”❷指众人的意愿、倾向。韩偓《息兵》:“渐觉人心望息兵,老儒希觊见澄清。”王毂《鸿门宴》:“殊不知人心去暴秦,天意归明主。”亦指亲附、倾向之心。李商隐《送从翁东川弘农尚书幕》:“人心诚未去,天道亦无亲。”

【人功】 人力,人所施加之功。与天工(自然力)相对。张九龄《与生公游石窟山》:“跻险构灵室,诡制非人功。”丁泽《良田无晚岁》:“人功虽未及,地力信非常。”

【人世】 ❶人世间,人间社会。宋之问《使过襄阳登凤林寺阁》:“人世谷中违,苔石衔仙洞。”高适《同群公题中山寺》:“遂及清净所,都无人世心。”李涉《奉宣慰使鱼十四郎》:“口传天语来人世,却逐祥云上玉京。”李九龄《上清辞五首》之五:“群仙个个来相问,人世风光似此无?”❷人生。寒山《诗三百三首》之二五二:“水流如急箭,人世若浮萍。”李商隐《离亭赋得折杨柳二首》之一:“人世死前唯有别,春风争拟惜长条。”鱼玄机《寓言》:“人世悲欢一梦,如何得作双成。”徐铉《又和八日》:“那教人世长多恨,未必天仙不解愁。”

【人奴】 即奴仆。谓作他人之奴。元结《乱风诗五篇·至伤》:“自为人君,变为人奴。”

【人生】 ❶人的一生。王勃《自乡远号》:“人生忽如客,骨肉知何常。”皎然《寓言》:“人生百年我过半,天生才定不可换。”韩愈《合江亭》:“人生诚无几,事往悲岂奈。”徐夤《梦断》:“人生若得长相对,萤火生烟草化灰。”❷人的生命;人的生存、生活。杜甫《哀江头》:“人生有情泪沾臆,江水江花岂终极。”白居易《逸老》:“人生在其中,适时即为好。”李涉《题五松驿》:“人生不得如松树,却遇秦封作大夫。”韩溉《灯》:“莫言明灭无多重,曾比人生一世中。”

【人生七十古来稀】 人的寿命能达到七十岁的自古以来就很稀少。谓高寿难得。杜甫《曲江》之二:“酒债寻常行处有,人生七十古来稀。”

【人代】 人世。陈子昂《南山家园独坐思远率成十韵》:“忘机委人代,闭牖察天心。”岑参《梁园歌送河南王说判官》:“大梁一旦人代改,秋月春风不相待。”刘迥《烂柯山四首》之四:“能在人代中,遂将人代隔。”施肩吾《仙客归乡词二首》之一:“出郭始知人代变,又须抛却古时钱。”

【人外】 犹世外。王维《送韦大夫东京留守》:“人外遗世虑,空端结遐心。”

【人主】 君主。杜甫《莫相疑行》:“往时文采动人主,此日饥寒趋路旁。”孙元宴《咏史诗·宋·借南苑》:“人主词应不偶然,几人曾说笑掀天。”

【人地】 人品与门第。罗隐《投宣武郑尚书二十韵》:“人地应无比,箪瓢奈屡空。”

【人臣】 臣子。周昙《咏史诗·三国门·王表》:“是知邦国将亡灭,不听人臣听鬼神。”

【人吏】 ❶小吏,官吏。储光羲《狱中贻姚张薛李郑柳诸公》:“书词苦人吏,馈食劳交友。”元结《贫妇词》:“空念庭前地,化为人吏蹊。”白居易《官舍小亭闲望》:“日高人吏去,闲坐在茅茨。”朱庆余《题王丘长史宅》:“更无人吏在门前,不似居官似学仙。”❷百姓与胥吏。岑参《送扬州王司马》:“东南随去鸟,人吏待行舟。”朱庆余《题王丘长史宅》:“更无人吏在门前,不似居官似学仙。”

【人各有志】 谓不同的人有各自不同的志向。洞庭龙君《宴柳毅诗》:“大天苍苍兮大地茫茫,人各有志兮何可思量!”

【人民】 平民百姓。普通居民。杜甫《成都府》:“但逢新人民,未卜见故乡。”元稹《杨子华画三首》之二:“似对古人民,无复昔城郭。”

【人形】 似人一样的形状。陆龟蒙《奉和袭美谢友人惠人参》:“材似人形不可寻,名参鬼盖须难见。”周繇《以人参遗段成式》:“人形上品传方志,我得真英自紫团。”唐彦谦《望夫石》:“江上见危矶,人形立翠微。”

【人里】 犹尘世。人群聚居之处。王维《青龙寺昙壁上人兄院集》序:“深居僧坊,傍俯人里。”

【人言可畏】 谓流言可怕。李商隐《五言述德献上杜七兄仆射相公》:“人言真可畏,公意本无争。”

【人君】 君主。贺兰进明《古意二首》之一:“为祟非泾水，人君道自穷。”李白《寓言三首》之一：“贤圣遇谗慝，不免人君疑。”元结《乱风诗·至伤》：“自为人君，变为人奴，为人君者，忘戒乎？”周昙《咏史诗·前汉门·条侯》：“人君却禀将军令，按辔垂鞭为缓行。”

【人表】 人的表率。杜甫《秋日夔府咏怀奉寄郑监李宾客一百韵》：“高视收人表，虚心味道玄。”，

【人事】 ❶指人世，或人世之事。太宗《经破薛举战地》：“世途亟流易，人事殊今昔。”李嘉祐《伤吴中》：“古来人事亦犹今，莫厌清觞与绿琴。”窦参《登潜山观》：“既入无何乡，转嫌人事难。”殷陶《经杜甫旧宅》：“山月不知人事变，夜来江上与谁期？”亦指人生岁月。阎防《百丈溪新理茅茨读书》：“养闲度人事，达命知止足。”喻凫《龙翔寺寄李频》：“人事因循过，时光荏苒销。”❷指尽人之主观努力所能做到之事。孟迟《乌江》：“大业固非人事及，乌江亭长又何知。”❸指人情世故。张九龄《送杨府李功曹》：“何知人事拙，相与宦情非。”❹指宦务，仕途。喻坦之《题耿处士林亭》：“何时人事了，依此亦高眠。”李建勋《闲出书怀》：“应有交亲长笑我，独轻人事鬓将衰。”❺指交际应酬。张九龄《酬王履震游园林见贻》：“地偏人事绝，时霁鸟声繁。”姚合《闲居遣怀十首》之二：“诗篇随分有，人事度年无。”许浑《卜居招书侣》：“世途行处见，人事病来疏。”❻指人情世态。杜审言《赠崔融二十韵》：“人事盈虚改，交游宠辱妨。”刘庭琦《咏木槿树题武进文明府厅》：“物情良可见，人事不胜悲。”张渐《朗月行》：“代情难重论，人事好乖移。”李益《汉宫少年行》：“岂知人事无定势，朝欢暮戚如掌翻。”❼指官职的任免升降与君位得失诸事。戎昱《赠别张驸马》：“泰去否来何足论，宫中晏驾人事翻。”白居易《新乐府·隋堤柳》：“萧墙祸生人事变，晏驾不得归秦中。”李德裕《忆金门旧游奉寄江西沈大夫》：“人事升沉才十载，宦游漂泊过千峰。”❽变乱。杜甫《遣愁》：“兵戈与人事，回首一悲哀。”杜荀鹤《赠秋浦张明府》：“人事旋生当路县，吏才难展用兵时。”

【人非木石】 人并非无思想感情的树木石头。谓人皆有情。语本《汉书·司马迁传》。白居易《新乐府·李夫人》：“人非木石皆有情，不如不遇倾城色。”

【人物】 ❶人。张碧《野田行》：“八纮牢落人物悲，是个田园荒废主。”朱存《金陵览古·乌衣巷》：“人物风流往往非，空余陋巷作乌衣。”无名氏《题童氏画》：“林下人物虽可尚，笔端人物更清妍。”❷指杰出的人。杜甫《贻阮隐居》：“陈留风俗衰，人物世不数。”❸人与物。张谓《别睢阳故人》：“城池经战阵，人物恨存亡。”白居易《重到渭上旧居》：“出没光不住，人物日改变。”薛逢《送西川杜司空赴镇》：“莫遣洪炉旷真宰，九流人物待陶甄。”汤悦《鼎臣学士侍郎楚金舍人学士以再伤庭梅诗同垂宠和》：“人物同迁谢，重成念旧悲。”

【人和】 人心和畅，关系和谐。张九龄《奉和圣制瑞雪篇》：“君恩诚谓何？岁稔复人和。”萧颖士《重阳日陪元鲁山德秀登北城因以赠别》：“人和岁已登，从政复何有？”岑参《尹相公京兆府中棠树降甘露诗》：“王泽布人和，精心动灵祇。”白居易《太平乐词二首》之二：“愿同尧舜意，所乐在人和。”

【人命】 人的生命，性命。元结《贼退示官吏》：“谁能绝人命，以作时世贤！”白居易《赠友五首之一》：“盛夏兴土功，方春剿人命。”

【人定】 夜深人静时。多指亥时以后。王建《寄杨十二秘书》：“人定犹行背街鼓，月高还去打僧房。”陆畅《宿陕府北楼奉酬崔大夫二首》之一：“人定军州禁漏传，不妨秋月城头过。”李宣古《赋寒食日亥时》：“人定朱门尚未开，初星粲粲照人回。”

【人英】 人类中的精英，指杰出人物。刘宪《奉和幸长安故城未央宫应制》：“土功昔云盛，人英今所求。”王维《送韦大夫东京留守》：“天工寄人英，龙衮瞻君临。”

【人面】 ❶人之脸面。白居易《岁暮》：“霜风裂人面，冰雪摧车轮。”亦指面似人脸。阎朝隐《奉和圣制春日幸望春宫应制》：“句芒人面乘两龙，道是春神卫九重。”❷脸色。白居易《自问此心呈诸老伴》：“不入公门慵敛手，不看人面免低眉。”❸“人面兽心”之略语。杜甫《课小竖钼斫舍北果林枝蔓荒秽净讫移床三首》之二：“薄俗防人面，全身学马蹄。”

【人面桃花】 孟棨《本事诗·情感》云：唐诗人崔护落第后于清明郊游，见一少女倚桃独立，若不胜情。次春再访，则已人去室空。乃题诗于其门扉云：“去年今日此门中，人面桃花相映红。人面不知何处在，桃花依旧笑春风。”后遂以“人面桃花”为咏男女邂逅钟情之典。崔护诗见《全唐诗》卷三六八。题为《题都城南庄》。

【人界】 人间世界；人世。顾况《曲龙山歌》：“下看人界等虫沙，夜宿层城阿母家。”

【人品】 人的品格。罗隐《寄礼部郑员外》：“班资冠鸡舌，人品压龙头。”

【人俗】 犹世俗之人，一般人众。卢崇道《新都南亭别郭大元振》：“静深人俗断，寻玩往还迷。”李白《游南阳白水登石激作》：“朝涉白水源，暂与人俗疏。”

【人客】 客人。杜甫《遣兴》：“问知人客姓，诵得老夫诗。”白居易《池上即事》：“家酝瓶空人客绝，今宵争奈月明何？”

【人紀】 人的纲纪。权德舆《几铭》：“下为人纪，百工咸秩。”

【人馬】 谓人与马。李涉《却归巴陵途中走笔寄唐知言》:“军中贤倅李监察,人马晓来兼手札。”

【人時】 人间的时令节气。徐至《闰月定四时》:“分铢标斗建,盈缩正人时。”

【人傑】 人中之杰出者。语本《史记·高祖本纪》:“此三者(按指张良、萧何、韩信),皆人杰也。”牟融《送沈侯之京》:“刘旻才高能富国,萧何人杰足封侯。”

【人倫】 ❶封建礼教所规定的君臣、父子、夫妇、朋友等人们之间的等级关系。张九龄《和苏侍郎小园夕霁寄诸弟》:“人伦用忠孝,帝德已光辉。”王建《寄李益少监兼送张实游幽州》:“大雅废已久,人伦失其常。”❷指家庭亲属关系。骆宾王《叙寄员半千》:“岐路情虽狎,人伦地本偏。”❸人间。刘禹锡《和窦中丞晚入容江作》:“人伦选清臣,天外颁诏条。”徐月英《叙怀》:“为失三从泣泪频,此身何用处人伦?”

【人迹】 亦作“人跡”“人蹟”。人的足迹,转指人的行迹。崔国辅《对酒吟》:“行行日将夕,荒村古冢无人迹。”寒山《诗三百三首》之二:“重岩我卜居,鸟道绝人迹。”韦庄《南省伴直》:“一洞烟霞人迹少,六行槐柳鸟声高。”

【人海】 ❶茫茫如海的广大人众。无可《书事寄万年厉员外》:“土膏寒麦覆,人海昼尘蒙。”❷指凡俗人世。张蠙《题紫阁院》:“上方人海外,苔径上千层。”

【人家】 ❶住户。王维《寒食城东即事》:“溪上人家凡几家,落花半落东流水。”钱起《夜泊鹦鹉洲》:“小楼深巷敲方响,水国人家在处同。”张籍《白鼍鸣》:“六月人家井无水,夜闻鼍声人尽起。”徐铉《春日紫岩山期客不至》:“郊外春华好,人家带碧溪。”❷居民宅舍。杜甫《哀王孙》:“又向人家啄大屋,屋底达官走避胡。”许棠《奉天寒良书事》:“处处无烟火,人家似暂空。”王周《湖口县》:“最是芦洲东北望,人家残照隔烟汀。”❸指居民,家庭。张籍《送杨少尹赴凤翔》:“诗名往日动长安,首首人家卷里看。”翁承赞《书斋谩兴二首》之二:“人家不必论贫富,惟有读书声最佳。”❹平民家。与官家对称。白居易《新乐府·青石》:“不愿作人家墓前神道碣,坟土未干名已灭。”❺他人家。王建《早春病中》:“健羡人家多力子,祈求道士有神符。”黄滔《题王侍御宅内亭子》:“俗间尘外境,郭内宅中亭,或有人家创,还无莲幕馨。”

【人理】 人世之常理。豆卢回《登乐游原怀古》:“二曜屡回薄,四时更温凉。天道尚如此,人理安可论?”

【人曹】 人群。李白《叙旧赠江阳宰陆调》:“多君秉古节,岳立冠人曹。”

【人逕】 人径。人行之小路。王维《过香积寺》:“古木无人径,深山何处钟?”

【人欲】 人的欲望。李商隐《人欲》:“人欲天从竟不疑,莫言圆盖便无私。”

【人庶】 庶民,百姓。苏源明《小洞庭洄源亭宴四郡太守诗序》:“兹官吏安次而不易,彼人庶乐业而不迁。”

【人望】 ❶众人之所瞩望。李林甫《奉和圣制次琼岳应制》:“东幸从人望,西巡顺物回。”权德舆《奉和韦谏议并呈两省阁老院长》:“人望皆同照乘宝,家风不重满籯金。”刘禹锡《和李相公初归平泉过龙门南岭遥望山居即事》:“岩廊人望在,只得片时闲。”鲍溶《读史》:“坑降嬴政在,衣锦人望替。”❷犹声望。包佶《酬于侍郎湖南见寄十四韵》:“主恩留左掖,人望积南宫。”

【人情】 ❶人的感情。王维《哭殷遥》:“念君等为死,万事伤人情。”元结《欸乃曲》:“谁能听欸乃,欸乃感人情。”白居易《白牡丹》:“始知无正色,爱恶随人情。”谭用之《别洛下一二知己》:“尘埃满眼人情异,风雨前程马足劳。”亦指心理、心情。白居易《池上寓兴二绝》之一:“濠梁庄惠谩相争,未必人情知物情。”杜荀鹤《入关因别舍弟》:“吾今别汝汝听言,去住人情足可安。”❷人之常情,公众的心理愿望。张蠙《乱中寄友人》:“人情将厌武,王泽即兴诗。”熊皎《早梅》:“人情皆共惜,天意欲教迟。”❸情分,人与人在感情上的亲疏厚薄等关系。王维《酌酒与裴迪》:“酌酒与君君自宽,人情翻覆似波澜。”卢仝《感古四首》之二:“高岸高于屋,斯须变溪谷。天地犹尚然,人情难久全。”刘得仁《送车涛罢举归山》:“朝是暮还非,人情冷暖移。”

【人情冷暖】 谓对人势利。别人得势时对之亲热,失意时则对之冷淡。刘得仁《送车涛罢举归山》:“朝是暮还非,人情冷暖移。”

【人参】 亦作“人蓡”。多年生草本植物。三丫五叶,主根肥大,状如人形。为贵重滋补药品。韩翃《送客之潞府》:“佳期别在春山里,应是人参五叶齐。”章孝标《送金可纪归新罗》:“想把文章合夷乐,蟠桃花里醉人参。”

【人琴】 “人琴俱亡”之略语。语本南朝宋刘义庆《世说新语·伤逝》。后遂用为伤逝之典。刘禹锡《和西川李尚书汉州微月游房太尉西湖》:“人琴久寂寞,烟月若平生。”

【人極】 纲常法纪等社会准则。舒元舆《桥山怀古》:“却思皇坟立人极,车轮马迹无不周。”

【人間】 亦作“人閒。”❶人类社会。李白《与南陵常赞府游五松山》:“逸韵动海上,高情出人间。”白居易《雪暮偶与梦得同致仕裴宾客王尚书饮》:“四个老人三百岁,人间此会亦应稀。”赵嘏《寒食遣怀》:“伤心正叹人间事，回首更惭江上鸥。”❷尘世，凡世。对天上、仙境而言。岑参《寻少室张山人闻与偃师周明府同入都》：“中峰炼金客，昨日游人间。”牟融《赠浙西李相公》：“月里昔曾分兔药，人间今喜得椿年。”袁郊《月》：“嫦娥窃药出人间，藏在蟾宫不放还。”亦指阳世，与阴间相对而言。刘长卿《双峰下哭故人李宥》：“惆怅东皋却归去，人间无处更相逢。”❸指市井，凡俗人众群居之处。与隐逸者所居之幽僻山林相对而言。李颀《答高三十五留别便呈于十一》：“韩康虽复在人间，王霸终思隐岩窦。”阎防《宿岸道人精舍》：“敛迹辞人间，杜门守寂寞。”皮日休《怀华阳润卿博士三首》之二：“冥心唯事白英君，不问人间爵与勋。”

【人間天上】　人世间与传说中的天上仙界。曹唐《小游仙诗九十八首》之二九：“汗漫真游实可奇，人间天上几人知？”

【人間世】　人间；尘世。李白《赠饶阳张司户燧》：“蹉跎人间世，寥落壶中天。”灵一《送朱放》：“苦见人间世，思归洞里天。”武元衡《重送白将军》：“早知怨别人间世，不下青山老白云。”李群玉《将游罗浮登广陵楞伽台别羽客》：“冥冥人间世，歌笑不足惜。”

【人間重晚晴】　(重 zhòng)本谓人们珍惜傍晚短暂的晴天，后常以喻指人们尊重德高望重的老人。李商隐《晚晴》：“天意怜幽草，人间重晚晴。”

【人閒】　同“人間”。

【人傑】　人中之豪杰。李百药《谒汉高庙》：“抑扬驾人杰，叱咤掩时雄。”牟融《送沈侯之京》：“刘旻才高能富国，萧何人杰足封侯。”黄滔《鄜畤李相公》：“生兼文武为人杰，出应乾坤静帝阍。”

【人勝】　旧俗人日(正月初七)剪彩之一种，为人形之饰物。温庭筠《菩萨蛮》之二：“藕丝秋色浅，人胜参差剪。”

【人勝節】　即人日(农历正月初七)。旧俗于此日剪彩为人胜，故称人胜节。李乂《奉和人日清晖阁宴群臣遇雪应制》：“幸陪人胜节，长愿奉垂衣。”

【人瑞】　人中的祥瑞。指有德行或高寿之人。杜牧《分司东都寓居履道叨承川尹刘侍郎大夫恩知上四十韵》：“命世须人瑞，匡君在岳灵。”温庭筠《感旧陈情五十韵献淮南李仆射》：“玉籍标人瑞，金丹化地仙。”《郑仁表自语》(卷八七六)：“天瑞有五色云，人瑞有郑仁表。”

【人葠】　同“人参”。周繇有《以人参遗段成式》。

【人號鬼哭】　形容人们悲惨的哭叫声。贯休《古塞上曲》之六：“地角天涯外，人号鬼哭边。”

【人跡】　同“人迹”。

【人意】　人的愿望、心意。王维《大同殿柱产玉芝百官共睹圣恩便赐宴乐敢书即事》：“共欢天意同人意，万岁千秋奉圣君。”张祜《陪楚州韦舍人北闉门游宴》：“四方人意便，两路马行高。”司空图《偶书五首》之五：“渡头杨柳知人意，为惹官船莫放行。”崔道融《月夕》：“月上随人意，人闲月更清。”

【人道】　❶为人之道，包括人的思想、言行等方面的常规。与天道相对。唐太宗《帝京篇十首》之十：“人道恶高危，虚心戒盈荡。”元稹《人道短》：“若此颠倒事，岂非天道短？岂非人道长？”亦泛指人世之事。顾甄远《惆怅诗九首》之七：“若为多罗年少死，始甘人道有风情。”❷指男女交合。刘媛《长门怨》：“学画娥眉独出群，当时人道便承恩。”

【人煙】　❶炊烟。罗邺《夏日题远公北阁》：“人烟纷绕绕，诸树共苍苍。”杜荀鹤《下第东归将及故园有作》：“山城欲暮人烟敛，江月初寒钓艇归。”曹松《赠余干袁明府》：“公署闻流木，人烟入废城。”❷代指人家。宋之问《游陆浑南山以诗代书答李舍人适》：“晨拂鸟路行，暮投人烟宿。”岑参《碛中作》：“今夜不知何处宿，平沙万里绝人烟。”白居易《题裴晋公女几山刻石诗后》：“一从贼垒平，陈蔡民晏然。骡军成牛户，鬼火变人烟。”周繇《望海》：“苍茫空泛日，四顾绝人烟。”亦指人群聚居的地方。李绅《寒林寺》：“最深城郭在人烟，疑借壶中到梵天。”司空图《修史亭二首》之二：“自从南至歌风顶，始见人烟外有人。”

【人羣】　成群的人。钱起《送张五员外东归楚州》：“缨珮不为美，人群宁免辞。”皎然《苕溪草堂自大历三年夏新营固纪其事简潘丞述汤评事衡四十三韵》：“自从东溪住，始与人群隔。”无可《金州冬月陪太守游池》：“唯应草堂寺，高枕脱人群。”赵嘏《赠天卿寺神亮上人》：“空有慈悲随物念，已无踪迹在人群。”

【人境】　❶人群所居处之地。崔翘《郑郎中山亭》：“地奇人境别，事远俗尘收。”李白《别韦少府》：“筑室在人境，闭门无世喧。”雍陶《和刘补阙秋园寓兴六首》之二：“但觉鸟声异，不知人境同。”韦庄《将卜兰芷村居留别郡中在仕》：“避世漂零人境外，结茅依约画屏中。”❷尘世。与天界相对。顾况《送李道士》：“人境年虚掷，仙源日未斜。”萧祜《游石堂观》：“一丘人境尚堪恋，何况海上金银台？”李群玉《古镜》：“明月何处来，朦胧在人境？”

【人豪】　人中的豪杰。张祜《陪楚州韦舍人北闉门游宴》：“卿林尊官达，侯业重人豪。”

【人儕】　人众，人们。周朴《薛老峰》：“直教截断苍苔色，浮世人侪眼始明。”

【人謀】　人的筹谋，人所作的主观努力。储光羲《贻丁主簿仙芝别》：“人谋固无准，天德谅难知。”。

【人瘼】　人民的疾苦。张九龄《奉和圣制谒玄元皇帝庙斋》：“昭晰动天文，殷勤在人瘼。”刘禹锡《武陵观火诗》："贤守恤人瘼，临烟驻骊驹。"

【人龍】 喻人中的杰出者。谭用之《寄友人》："穴凤瑞时来却易，人龙别后见何难。"

【人寰】 ❶人间，世上。张九龄《登城楼望西山作》："纵观穷水国，游思遍人寰。"杜甫《画鹘行》："长翮如刀剑，人寰可超越。"白居易《登灵应台北望》："临高始见人寰小，对远方知色界空。"吴融《富春》："天下有水亦有山，富春山水非人寰。"❷人生。人世生活。白居易《想东游五十韵》："物表疏形役，人寰足悔尤。"元稹《台中鞫狱忆开元观旧事呈损之兼赠周兄四十韵》："疏慵日高卧，自谓轻人寰。"❸尘世。指尘俗人众群居密集之地。于武陵《赠王隐者山居》："石室扫无尘，人寰与此分。"

【人爵】 人的官爵。语出《孟子·告子上》。白居易《江楼夜吟元九律诗成三十韵》："名高折人爵，思苦减天年。"李玖《四丈夫同赋》之二："天爵竟为人爵误，谁能高叫问苍苍？"

【人隱】 人民疾苦。宋之问《称心寺》："人隐尚未弭，岁华岂兼玩？"孙逖《送杨法曹按括州》："溪澄问人隐，岩险烦登陟。"韦应物《游琅琊山寺》："受命恤人隐，兹游久未遑。"

【人蹟】 同"人迹"。

【人蹤】 人的踪迹。宋之问《题雷琴二首》之二："古无人踪，惟石嶕峣。"拾得《诗》三五："云山叠叠几千重，幽谷路深绝人踪。"喻凫《送武毂之邠宁》："戍路少人踪，边烟淡复浓。"

【人願】 人的愿望。李涉《寄荆娘写真》："岂期人愿天不违，云軿却驻从山归。"

【人鏡】 比喻能以直谏使人纠正过错之人。语出唐吴兢《贞观政要·任贤》。张祜《戊午年寓兴二十韵》："帝国殷太甲，人镜魏文贞。"薛逢《伏闻令公疾愈因有贺诗远封投献》："皇风再扇寰区内，人镜重开日月边。"李洞《感恩书事寄上集义司徒相公》："镇时贤相回人镜，报德慈亲点佛灯。"

二　画

仄 〔zè《广韵》阻力切，入職，莊。〕❶倾斜，歪斜。杜甫《秋野五首》之二："掉头纱帽仄，曝背竹书光。"韩愈、孟郊《城南联句》："流滑随仄步，搜寻得深行。"方干《雪中寄薛郎中》："野禽未觉巢枝仄，稚子先忧径竹摧。"亦指高低不平。孟郊《立德新居》之十："仄雪踏为平，涩行变如飞。"❷下倾，倾侧。孙樵《文贞公笏铭》："柱天不仄，指日不蚀。"亦指使偏斜。柳宗元《同刘二十八院长述旧言怀之作因其韵增至八十通赠二君子》："金炉仄流月，紫殿启晨椵。"❸侧傍，在旁边。杜甫《冬到金华山观因得故拾遗陈公学堂遗迹》："陈公读书堂，石柱仄青苔。"孟郊《冬日》："短景仄飞过，午光不上头。"❹狭窄。王维《辋川集·宫槐陌》："仄径荫宫槐，幽阴多绿苔。"孟郊《峡哀》之八："仄田无异稼，毒水多狞鳞。"

【仄步】 犹侧足。于狭险之地行步落脚不稳。孟郊《寒溪》之二："仄步下危曲，攀枯闻孀啼。"

【仄足】 侧足，谓行于狭窄之地足不能放平。孟郊《立德新居》之六："悬途多仄足，崎圃无修畦。"李敬方《题黄山汤院》："旧基绝仄足，新构忽行鸫。"

【仄席】 侧席而坐。指帝王虚心求贤。语出《汉书·张汤传》。杜牧《牧陪昭应卢郎中在江西宣州佐今吏部沈公幕叙旧成二十二韵用以投寄》："君作烹鲜用，谁膺仄席求？"罗隐《送进士臧溃下第后归池州》："天子爱才虽仄席，诸生多病又沾襟。"崔涂《己亥岁感事》："见说圣君能仄席，不知谁是请长缨。"贯休《赠钟陵陈处士》："吾皇仄席求贤久，莫待征书两度来。"

【仄展】 侧展。将卷起的横轴展开。徐光溥《题黄居寀秋山图》："从兹仄展复悬旌，宵衣旰食安天下。"

【仄陋】 狭窄鄙陋之处。郭求《日暖万年枝》："不才堪仄陋，徒望向荣先。"

介 〔jiè《广韵》古拜切，去怪，見。〕❶边际；界。柳宗元《游朝阳岩遂登西亭二十韵》："羁贯去江介，世仕尚函崤。"贯休《赠方干》："垂纶侵海介，拾句历云根。"❷间于，位处其间。韩愈张籍《会合联句》："我家本瀍谷，有地介皋巩。"❸大，广。《郊庙歌辞·武后享清庙乐章·饮福》："灵心有穆，介福无疆。"亦指使增广。崔玄童《祭汾阴乐章》："介兹景福，永永无穷。"张说《唐享太庙乐章·文舞》："介此百禄，于皇万年。"❹耿介，不附流俗。白居易《适意二首》之二："况余方且介，举动多忤累。"皮日休《酒中十咏》序："鹿门子性介而行独。"❺指有鳞甲的虫兽鱼类等动物。杜甫《白凫行》："鳞介腥膻素不食，终日忍饥西复东。"

【介士】 甲士，带甲的武士。权德舆《太原郑尚书远寄新诗走笔酬赠因代书贺》："时看介士阅犀渠，每狎儒生冠章甫。"

【介山】 亦作"介嶺"。山名。在汾州介休县（今山西介休）东南。传介子推隐此，晋文公封之，以为介子推之田，故名曰介山。李商隐《寒食行次冷泉驿》："介山当驿秀，汾水绕关斜。"

【介子】 指春秋晋介子推。曾从晋公子重耳（晋文公）出亡。文公返国后，遍赏随从臣属，而未及介子推。介子推与母隐居绵山（今山西介休东南）。传说文公曾烧山逼之出山，因不愿出山遂被烧死。郭郧

《寒食寄李补阙》："介子终知禄不及，王孙谁肯一相怜？"元稹《春六十韵》："晋悲焚介子，鲁愿浴沂童。"

【介夫】 披甲之武士。权德舆《细柳驿》："神武今不杀，介夫如搢绅。"

【介介】 坚定执着。皮日休《三羞诗三首》之一："吾闻古君子，介介励其节。"

【介公】 介国公之省称。隋定天下后，封后周靖帝为介国公。白居易《新乐府·二王后》："二王后，彼何人？介公、酅公为国宾。"

【介丘】 大山。卢照邻《登封大酺歌四首》之三："翠凤逶迤登介丘，仙鹤裴回天上游。"

【介立】 高洁耿介。杜甫《敬寄族弟唐十八使君》："介立实吾弟，济时肯杀身。"

【介圭】 亦作"介珪"。大的圭玉。圭，上尖下方形状之玉。圭长一尺二寸称"介"。陈元光《落成会咏》："凌烟乔木茂，献宝介圭荣。"杜甫《奉赠太常张卿二十韵》："轩冕罗天阙，琳琅识介珪。"皎然《赠李中丞洪》："地裂大将封，家传介珪瑞。"柳宗元《同刘二十八院长述旧言怀之作因其韵赠至八十通赠二君子》："俗嫌龙节晚，朝讶介圭赊。"

【介圭觐】 指朝见天子。权德舆《奉和鄜州刘大夫麦秋出师遮虏有怀中朝亲故》："何时介圭觐，携手咏康哉。"

【介臣】 传说中水府、龙宫的臣子，以其由带壳的龟鼋虾蟹等充任，故称。皮日休《投龙潭》："左右列介臣，纵横守鳞卒。"

【介先生】 指介象。三国吴方士。孙元晏《咏史·吴·介象》："介先生有神仙术，钓得鲈鱼在玉盘。"

【介羽】 爪上安有金距之斗鸡。元稹《代曲江老人百韵》："出入张公子，骄奢石季伦。鸡场潜介羽，马埒并扬尘。"

【介胄】 ❶甲胄。铠甲和头盔，古代武士的军装。王珪《咏汉高祖》："虮虱生介胄，将卒多苦辛。"玄宗《春晚宴两相及礼官丽正殿学士探得风字》序："乃命将士擐介胄，砺矢石。"亦指身着甲胄。许景先《奉和圣制送张尚书巡边》："介胄辞前殿，壶觞宿左营。"杜甫《垂老别》："男儿既介胄，长揖别上官。"❷指披甲戴盔之将士。郭澹《喜陆侍御破石埭草寇东峰亭赋诗》："介胄鹰扬出，山林蚁聚空。"韩愈《南山诗》："杉篁咤蒲苏，杲耀攒介胄。"

【介祉】 洪福，大福。魏征《享太庙乐章·雍和》："笾豆彻荐，人祇介祉。"

【介珪】 见"介圭"。

【介馬】 披甲之战马。刘禹锡《和董庶中古散调词赠尹果毅》："介马晨萧萧，阵云竟天涯。"

【介推】 春秋晋介子推。顾况《拟古三首》之三："浮生果何慕？老去羡介推。"李涉《长安闷作》："每日除书空满纸，不曾闻有介推名。"许浑《途中寒食》："泣路同杨子，烧山忆介推。"参见"介子"。

【介象】 三国吴方士。传后得道升仙。罗隐《圣真观刘真师院十韵》："鱼跳介象鲙，饭吐葛玄蜂。"孙元晏有《咏史诗·吴·介象》。

【介然】 ❶特立、独异貌。白居易《池鹤八绝句》序："池上有鹤，介然不群。"❷耿介，刚正。徐铉《酬郭先辈》："念君介然气，感时思奋发。"

【介福】 洪福，大福。魏征《享太庙乐章·大明舞》："殊域委赆，怀生介福。"张九龄《南郊太尉酌献武舞作凯安之乐》："介福何穰穰，精诚格穹昊。"

【介潔】 耿介高洁。皮日休《二游诗·徐诗》："我爱参卿道，承家能介洁。"又《太湖诗·以毛公泉一瓶献上谏议因寄》："清如介洁性，涤比扫荡权。"孙郃《古意二首》之一："屈子生楚国，七雄知其材。介洁世不容，迹合藏蒿莱。"

【介嶺】 同"介山"。欧阳詹《和严长官秋日登太原龙兴寺阁野望》："短垣齐介岭，片白指分流。"

【介鯨】 大鲸。刘禹锡《踏潮歌》："介鲸得性方逍遥，仰鼻嘘吸扬朱翘。"

【介懷】 介意。顾况《酬信州刘侍郎兄》："刘兄本知命，屈伸不介怀。"

以 〔yǐ《广韵》羊己切，上止，以。〕❶认为。孟浩然《齿坐呈山南诸隐》："以余为好事，携手一来窥。"刘商《胡笳十八拍·第十四拍》："莫以胡儿可羞耻，恩情亦各言其子。"韩愈《驽骥》："人皆劣骐骥，共以驽骀优。"❷根由，缘故。杜甫《观公孙大娘弟子舞剑器行》："与余问答既有以，感时抚事增惋伤。"任华《寄杜拾遗》："而我不飞不鸣亦何以？只待朝廷有知己。"刘禹锡《令狐相公见示赠竹二十韵仍命继和》："高人必爱竹，寄兴良有以。"李群玉《饭僧》："清晨洁蔬茗，延请良有以。"❸介词。(1)用，拿。李白《蜀道难》："扪参历井仰胁息，以手抚膺坐长叹。"戴叔伦《女耕田行》："头巾掩面畏人识，以刀代牛谁与同？"王毂《赠苍溪王明府有文在手曰长生》："但以酒养气，何言命在天！"(2)凭借，依据。太宗《春日登陕州城楼俯眺原野即目川岫聊以命篇》："巨川何以济？舟楫伫时英。"孟浩然《韩大使东斋会岳上人诸学士》："翰墨缘情制，高深以意裁。"皮日休《奉和鲁望读阴符经见寄》："禹本刑人后，以功继其嗣。"(3)表示身份、资格。孟浩然《江上别流人》："以我越乡客，逢君谪居者。"❹连词。(1)连接动词或形容词，相当于"而"。玄宗《春中兴庆宫酺宴》序："乐以忘忧，惭运临汾之笔。"李白《梦游天姥吟留别》："忽魂悸以魄动，恍惊起而长嗟。”韩愈《丰陵行》:“清风飘飘轻雨洒,偃蹇旗旆卷以舒。”(2)由于,因为。李白《经乱后将避地剡中留赠崔宣城》:“无以墨绶苦,来求丹砂要。”戎昱《客堂秋夕》:“四时不得一日乐,以此方悲客游恶。”白居易《喜老自嘲》:“铁马因疲退,铅刀以钝全。”❺助词。凑足音节,无具体词义。玄宗《鹡鸰颂》:“冒霜停雪,以茂以悦,恣卷舒兮。”萧颖士《过河滨和文学张志尹》:“当其侧陋时,河水清且濊;沧桑一以变,莽然翳荆榛。”权德舆《送崔谕德致政东归》:“大君不夺志,命锡忽以崇。”张衮《梁郊祀乐章·庆肃》:“金石匏革,以和以平。”

【以身徇物】　谓使自身成为追求物质享受的牺牲品。白居易《出府归吾庐》:“吾观权势者,苦以身徇物。”

【以來】　表示从过去某时至今。多用在“自”“从”等词后。戴叔伦《抚州被推昭雪答陆太祝三首》之二:“从古以来何限枉,惭知暗室不曾欺。”

【以前】　以往,已过去的时间。皮日休《奉酬鲁望惜春见寄》:“以前虽被愁将去,向后须教醉领来。”

【以爲】　❶认为。陈子昂《感遇诗三十八首》之十六:“蚩蚩夸毗子,尧禹以为谩。”白居易《哭孔戡》:“从事得如此,人人以为难。”苏拯《伤彩饰》:“虚饰片时间,天意以为恶。”❷以之为,把他作为。李白《白鸠辞》:“凤凰虽大圣,不愿以为臣。”❸用为,作为。韩愈《归彭城》:“刳肝以为纸,沥血以书辞。”白居易《梦得卧病携酒相寻先以此寄》:“病来知少客,谁可以为娱?”李商隐《韩碑》:“传之七十有二代,以为封禅玉检明堂基。”❹而为。元结《乱风诗·至惑》:“圣贤为上兮,必用贤正,黜奸佞之臣,所以长久也。如何反是,以为乱矣!”白居易《赠友五首》之三:“量入以为出,上足下亦安。”

仁　〔rén《广韵》如鄰切,平真,日。〕❶儒家关于人们相互关系的道德观念。其主要点为仁爱,慈惠。杜甫《遣遇》:“贵人岂不仁?视汝如莠蒿。”王建《上李吉甫相公》:“两河开地山川正,四海休兵造化仁。”杜荀鹤《寄温州崔博士》:“县宰不仁工部饿,酒家无识翰林醒。”❷指仁政。苏颋《奉和圣制春台望应制》:“暴嬴国此尝图霸,霸业后仁先以诈。”韩愈《和李相公摄事南郊览物兴怀呈一二知旧》:“为仁朝自治,用静兵以销。”亦指仁政的恩泽。耿湋《赠兴平郑明府》:“绿琴听古调,白屋被深仁。”❸恩惠。王昌龄《送韦十二兵曹》:“平生驱驰分,非谓杯酒仁。”杨巨源《辞魏博田尚书出境后感恩恋德因登丛台》:“怀仁泪空尽,感事情又发。”❹指仁者,有仁德之人。沈千运《山中作》:“何者为形骸?谁是智与仁?”

【仁人】　有德之人。储光羲《敬酬陈掾亲家翁秋夜有赠》:“宗党无远近,敬恭依仁人。”皎然《春夜赋得漉水囊歌送郑明府》:“因识仁人为宦情,还如漉水爱苍生。”孟郊《答友人赠炭》:“青山白屋有仁人,赠炭价重双乌银。”周昙《咏史诗·春秋战国门·却成子》:“苟非成子当明哲,谁是仁人可托孤?”

【仁王】　佛教对佛之尊称。齐己《勉送吴国三五新戒归》:“法王遗制付仁王,难得难持劫数长。”

【仁化】　仁德之教化。窦牟《秋日洛阳官舍寄上水部家兄》:“威声惭北部,仁化乐南薰。”

【仁公】　对有位者之尊称。皎然《奉酬于中丞使君郡斋卧病见示一首》:“仁公施春令,和风来泽我。”

【仁兄】　❶对哥哥的敬称。李端《送杨少府赴阳翟》:“冠带仁兄后,光辉寿母前。”元稹《出门行》:“仁兄捧尸哭,势友掉头讳。”❷对从兄或同辈友人的敬称。李嘉祐《故吏部郎中赠给事中韦公挽歌二首》之二:“仁兄与恩旧,相望泣泉台。”姚合《成名后留别从兄》:“却出关东悲复喜,归寻弟妹别仁兄。”

【仁里】　仁人所居之地。亦为邻里之尊称。语本《论语·里仁》:“里仁为美。”杜甫《晦日寻崔戢李封》:“喜结仁里欢,况因令节求。”潘孟阳《春日雪以回文绝句呈张荐权德舆》:“真须尽兴饮,仁里愿同来。”白居易《裴常侍以题蔷薇架见示因广为三十韵以和之》:“东顾辞仁里,西归入帝乡。”姚合《酬杨汝士尚书喜人移居》:“圣朝优上秩,仁里许闲居。”

【仁明】　仁爱明睿。储光羲《献高使君大酺作》:“三朝遵湛露,一道洽仁明。”

【仁恤】　仁爱体恤。韦应物《送杨氏女》:“赖兹托令门,仁恤庶无尤。”

【仁政】　儒家理想的政治,主张统治者宽刑薄赋,奖民耕织,教民礼仪,仁爱待民。储光羲《安宜园林献高使君》:“鱼鳖乐仁政,浮沉亦至哉。”白居易《立碑》:“在官有仁政,名不闻京师。”杜荀鹤《献池洲牧》:“纵有逋民归未得,远闻仁政旋还乡。”齐己《寄澧阳吴使君》:“四邻耕钓趋仁政,千里烟花压路尘。”

【仁贞】　唐末渤海国诗僧。曾东渡日本。《全唐诗外编》下收其《七日禁中陪宴》诗一首。

【仁信】　仁爱诚信。元结《乱风诗·至荒》:“国有世谟,仁信勤欤?”

【仁風】　❶仁德之风。比喻行仁政而恩泽流布。储光羲《奉和韦判官献侍郎叔除河东采访使》:“盛德滋冀方,仁风清汾浍。”杨巨源《和武相公春晓闻莺》:“仁风已及芳菲节,犹向花溪鸣几声。”张衮《庆休》:“大业来四夷,仁风和万国。”❷仁者之风貌。窦群《中牟县经鲁公庙》:“青史编名在箧中,故林遗庙揖仁风。”❸为咏扇或奉扬仁风之典。褚亮《和御史韦大夫喜霁之作》:“无因轻羽扇,徒自仰仁风。”豆卢荣《赋得春风扇微和》:"文客拂尘衣,仁风愿回扇。"白居易《奉和汴州令狐令公二十二韵》:"仁风扇道路,阴雨膏闾阎。"王仁裕《从蜀后主幸秦川上梓潼山》:"盛德安疲俗,仁风扇极边。"

【仁祖】 东晋谢尚之字。谢博综众艺,精音乐,尤善弹筝与琵琶。司马逸客《雅琴篇》:"弹弦本自称仁祖,吹管由来许季长。"

【仁祠】 佛寺之别称。耿沣《晚秋宿裴员外寺院》:"梁苑仍秋过,仁祠又夜逢。"皎然《题报德寺清幽上人西峰》:"陈世凋亡后,仁祠识旧山。"权德舆《八月十五日夜瑶台寺对月绝句》:"嬴女乘鸾已上天,仁祠空在鼎湖边。"孔德绍《送舍利宿定普寺》:"仁祠表虚旷,祇园展肃恭。"

【仁氣】 仁爱之风气。韩愈、孟郊《远游联句》:"德风变谗巧,仁气销戈矛。"

【仁弱】 仁善而软弱。陆龟蒙《读阴符经寄鹿门子》:"奸强自林据,仁弱无枝蹲。"

【仁恕】 仁爱宽厚。皎然《赠李中丞洪》:"政用仁恕立,恩由赏罚明。"又《奉和颜使君真卿修韵海毕会诸文士东堂重校》:"恃以仁恕广,不学门栏峻。"

【仁術】 实行仁德之方法、措施。方干《越中言事二首》之二:"终岁逍遥仁术内,无名甘老买臣乡。"

【仁惠】 仁爱慈惠。元结《讼木魅》:"实非吾心之不仁惠也,岂耻夫善恶之相纷。"

【仁智】 ❶仁爱智慧。陆龟蒙《丁隐君歌》序:"既乐而寿,则仁智充乎其内。"❷仁者与智者。李德裕《忆平泉山居赠沈吏部》:"虽抱山水癖,敢希仁智居?"❸借指山与水。语本《论语·雍也》:"知(智)者乐水,仁者乐山。"武则天《石淙》:"且驻欢筵赏仁智,雕鞍薄晚杂尘飞。"李峤《刘侍读见和山邸十篇重申此赠》:"方从仁智所,携手濯清浔。"亦指对山水的思念。吕温《奉和张舍人阁中直夜书事通简僚友》:"忆尔山水韵,起予仁智心。"

【仁聖】 仁爱圣明。杜牧《郡斋独酌》:"醺酣更唱太平曲,仁圣天子寿无疆。"亦代指天子或仁圣者。皎然《春日和卢使君幼平开元寺听妙奘上人讲》:"仁圣垂文在,虚空日月悬。"周昙《咏史诗·三代门·管蔡》:"不念祖宗危社稷,强于仁圣遣行诛。"

【仁義】 儒家之道德规范。仁爱与正义。李华《杂诗六首》之六:"仁义岂有常?肝胆反为贼。"元稹《有酒十章》之三:"文字生而羲农作耶?仁义别而圣贤出耶?"周昙《咏史诗·春秋战国门·再吟》:"仁义不思垂教化,背恩亡德岂儒为?"

【仁壽】 有仁德而长寿。语出《论语·雍也》:"知(智)者动,仁者静,知者乐,仁者寿。"《郊庙歌辞·太清宫乐章·再上》:"俗登仁寿,化阐蟺涓。"李德裕《北固怀古》:"三贤若时雨,所至跻仁寿。"陈陶《草木言》:"常忧刀斧劫,窃慕仁寿乡。"

【仁壽镜】 三国魏仁寿殿中之镜。后常用为咏宫廷景物之典。温庭筠《投翰林萧舍人》:"万象晚归仁寿镜,百花春隔景阳钟。"李商隐《拟意》:"仁寿遗明镜,陈仓拂彩球。"

【仁慈】 仁爱慈善。储光羲《上长史王公责躬》:"灵鸟酬德辉,黄雀报仁慈。"孟郊《和钱侍郎甘露》:"嘉昼色更晶,仁慈久乃存。"方干《赠信州高员外》:"蹇拙命中迷直道,仁慈风里驻扁舟。"

【仁賢】 仁爱贤德。杜牧《寄内兄和州崔员外十二韵》:"台阁仁贤誉,闺门孝友声。"亦指仁人与贤人。姚合《寄陕府内兄郭冏端公》:"到兹恋仁贤,淹滞一月程。"杜牧《李给事中敏二首》之二:"消长虽殊事,仁贤每自如。"

【仁德】 仁爱、仁义之德。汪遵《项亭》:"不修仁德合文明,天道如何拟力争!"和凝《宫词百首》之三十二:"赤子颙颙瞻父母,已将仁德比乾坤。"

【仁獸】 指麒麟。古代传说麒麟口不食生物,足不践生草,故称"仁兽"。李绅《忆寿春废虎坑》:"休逐豺狼止贪戾,好为仁兽答皇明。"司空图《感时》:"好鸟无恶声,仁兽肯狂噬!"

什¹

〔shí《广韵》是執切,入緝,禪。〕❶十。刘禹锡《昏镜词》引:"今夫来市者,必历鉴周睐,求与己宜。彼皎者不能隐芒杪之瑕。非美容不合是用。什一其数也。"❷篇什。《诗经》之《雅》《颂》每以十篇为一组,称"什",如《谷风之什》《臣工之什》,后遂以泛指诗篇。张说《酬崔光禄冬日述怀赠答》:"忽枉崔骃什,兼流韦孟词。"韦应物《酬刘侍郎使君》:"继作郡斋什,远赠荆山珍。"刘禹锡《萋兮吟》:"莫吟《萋兮》什,徒使君子伤。"张祜《送李长史归涪州》:"好为题新什,知君思不常。"❸置名词后,犹言某某之类、某某等物。元稹《月三十韵》:"殷勤入怀什,恳款堕云圻。"赵鸿《杜甫同谷茅茨》:"孤云飞鸟什,空勒旧山隅。"

什²

同"甚"。见"什₂麼"。

【什寺】 佛寺。颜真卿《赠僧皎然》:"缮亭历三癸,趾趾邻什寺。"

【什百】 十与百。原为古代军队编制,十人为什,百人为百。后亦以泛指成群之人,犹言成十、成百。唐彦谦《和陶渊明贫士诗七首》之七:"健者道路间,什百成朋俦。"

【什伍】 古代军队编制。五人为伍,十人为什。柳宗元《贞符》序:"用号令起,一而君臣什伍之法立。"

亦代指军队,或指像军队行伍一样纵横陈列。韩愈《三星行》:“三星各在天,什伍东西陈。”杜牧《赴京初入汴口晓景即事先寄兵部李郎中》:“什伍持津梁,澒涌争追讨。”

【什₂麽】 疑问代词。用于动词后时,可表示不必有该动词所表示之行为动作。吕岩《劝世》:“衣食随缘,自然快乐,算是甚命,问什么卜!”

【什器】 各种器物。皮日休《奉和鲁望读阴符经见寄》:“舜唯一鳏民,冗冗作什器。”

仃 〔dīng《广韵》當經切,平青,端。〕见“仃仃”。

【仃仃】 犹伶仃,独行貌。李郢《板桥重送》:“王事有程须仃仃,客身如梦正悠悠。”

仆 〔pū《广韵》芳遇切,去遇,敷。又敷救切,去宥,敷。又匹候切,去候,滂。又蒲北切,入德,并。《集韵》普木切,入屋,滂。〕向前跌倒,倾颓。韩愈《南山诗》:“惊呼惜破碎,仰喜呀不仆。”陆龟蒙《战秋辞》:“如矢者仆,如弦者礫。”亦比喻仕途遇阻受挫。元稹《梦游春七十韵》:“三十再登朝,一登还一仆。”

仇¹ 〔qiú《广韵》巨鳩切,平尤,羣。〕❶匹偶。李咸用《长歌行》:“蛾眉螓首聊我仇,圆红阙白令人愁。”❷姓。见“仇覽棲鷹”。

仇² 〔chóu《广韵》巨鳩切,平尤,羣。〕❶仇视,怨恨。见“仇讎❷”。❷仇敌,仇人。韩愈《东都遇春》:“深居疑避仇,默卧如当瞑。”

【仇池】 山名。在成州上禄县(今甘肃省成县)南八十里,山上高平,广百顷。有数万人家。东西绝壁万仞,南北有盘道可登。以上有水池,故名。杜甫《送韦十六评事充同谷郡防御判官》:“受词太白脚,走马仇池头。”又《秦州杂诗二十首》之十四:“万古仇池穴,潜通小有天。”

【仇香】 东汉仇览之别名。因仇曾任主簿,后遂以代指主簿。刘长卿《洛阳主簿叔知和驿承恩赴选伏辞》:“仲父王佐材,屈身仇香位。”贾岛《送友人之南陵》:“南陵暂掌仇香印,北阙终行贾谊书。”林玭《送安养阎主簿还竹寺》:“更寻栖枳处,犹是念仇香。”

【仇₂恨】 因利害冲突而产生之强烈憎恨。韩愈、孟郊《城南联句》:“一笑释仇恨,百金交弟兄。”

【仇軍容】 即仇士良。唐宦官。顺宗时侍东宫。武宗时升观军容使。会昌三年(843)卒。杜牧《李给事中敏二首》之二:“可怜刘校尉,曾讼石中书。”原注:“给事因忤仇军容,弃官东归。”

【仇梅】 东汉仇览与西汉梅福之并称。仇曾任考城主簿,梅曾任南昌尉,后因以“仇梅”为主簿与县尉之典。耿湋《下邽客舍喜叔孙主簿郑少府见过》:“不是仇梅至,何人问百忧?”

【仇₂敵】 仇人,敌人。陆龟蒙《奉和袭美太湖诗二十首·太湖石》:“或将破仇敌,百炮资苦战。”

【仇覽棲鷹】 指东汉仇览以德化人。典出《后汉书》本传。李瀚《蒙求》:“庞统展骥,仇览栖鹰。”

【仇₂讐】 见“仇₂讎”。

【仇₂讎】 一作“仇讐”。❶仇敌,仇人。岑参《骊姬墓下作》:“献公恣耽惑,视子如仇雠。”刘商《胡笳十八拍·第十五拍》:“不缘生得天属亲,岂向讐仇结恩信。”翁绶《婕妤怨》:“谗谤潛来起百忧,朝承恩宠暮仇雠?”❷仇视,视为仇雠。同谷子《五子之歌》:“仇讐万姓遂无依,颜厚何曾解忸怩。”

仍 〔réng《广韵》如乘切,平蒸,日。〕❶相因,承袭。杜甫《寄刘陕州伯华使君四十韵》:“年华纷已矣,世故莽相仍。”杨巨源《和杜中丞西禅院看花》:“知倚晴明娇自足,解将颜色醉相仍。”韦庄《渔塘十六韵》:“仙源终不测,胜概自相仍。”引申指依凭。贯休《送衲僧之江西》:“只有山相伴,终无事可仍。”❷连续,相接。岑参《出关经华岳寺访法华云公》:“谪官忽东走,王程苦相仍。”吕从庆《村径中即事》:“飞蜓低复昂,啼鸟断还仍。”李微《无题》:“偶因狂疾成殊类,灾患相仍不可逃。”引申指累积、相叠。郭震《十月乐游诗》:“愁仍夜未几,已使炭成灰。”杜甫《早秋苦热堆案相仍》:“束带发狂欲大叫,簿书何急来相仍。”韩愈《送侯参谋赴河中幕》:“勤勤酒不进,勉勉恨已仍。”❸相加,相累。白居易《反鲍明远白头吟》:“火不热贞玉,蝇不点清冰;此苟无所受,彼莫能相仍。”又《山居》:“山斋方独往,尘事莫相仍。”黄滔《断酒》:“未老先为百病仍,醉杯无计接宾朋。”❹频仍,屡。岑参《西河郡太原守张夫人挽歌》:“鹊印庆仍传,鱼轩宠莫先。”杜甫《陪章留后侍御宴南楼》:“屡食将军第,仍骑御史骢。”❺乃。李峤《奉和幸三会寺应制》:“竹是蒸青外,池仍点墨余。”元稹《古社》:“丘坟变城郭,花草仍荆榛。”张窈窕《上成都在事》:“有卖愁仍缓,无时心转伤。”❻又,复。李颀《送陈章甫》:“陈侯立身何坦荡,虬须虎眉仍大颡。”卢纶《送太常李主簿归觐省》:“粲粲美仍都,清闲一贵儒。”顾非熊《瓜洲送朱万言》:“双泪别家犹未断,不堪仍送故乡人。”杜荀鹤《顾云侍御出二子请诗因遗一绝》:“二雏毛骨秀仍奇,小小能吟大大诗。”❼仍然。杜审言《经行岚州》:“往来花不发,新旧雪仍残。”贾至《赠陕掾梁宏》:“白头仍作功曹掾,禄薄难供沽酒钱。”欧阳詹《除夜长安客舍》:“十上书仍寝,如流岁又迁。”皮日休《秋晚留题鲁望郊居二首》之一:“黄犬病仍吠,白驴饥不鸣。”❽尚,犹;还。太宗《帝京篇十首》之二:“韦编断仍续,缥帙舒还卷。”岑参《送李翥游江外》:“家贫禄尚薄,霜降衣仍单。”皎然《郭北寻徐主簿别业》:“竹花冬更发,橙实晚仍垂。”苏广文《夜归华川因寄幕府》:“嵇康懒慢仍耽酒,范蠡逋逃又拂衣。”❾更,愈。庾光先《奉和刘采访缙云南岭作》:“鸟讶山经传不尽,花随月令数仍稀。”郎士元《寄李袁州桑落酒》:“色比琼浆犹嫩,香同甘露仍春。”卢纶《大梵山寺院奉呈趣上人赵中丞》:“寺古秋仍早,松深暮更闲。”

【仍世】 累世,世代。李商隐《送千牛李将军赴阙五十韵》:“此时惟短剑,仍世尽双旌。”

【仍且】 ❶犹且,仍然。姚合《早春闲居》:“此生仍且在,难与老相离。”❷并且。杜牧《冬至日寄小侄阿宜诗》:“祝尔愿尔贵,仍且寿命长。”

【仍歲】 犹频年,多年。李绅《望鹤林寺》序:“仍岁往来牵迫,皆不得往。”

【仍舊】 依旧,依然原样。储光羲《晚次东亭献郑州宋使君文》:“褰帷乃仍旧,坐啸非更张。”

今 〔jīn《广韵》居吟切,平侵,見。〕❶现在,此时。储光羲《酬李处士山中见赠》:“今来艳阳月,好鸟鸣翩翩。”李白《古风》之二:“萧萧长门宫,昔是今已非。”张正元《临州羡鱼》:“有客百愁侵,求鱼正在今。”赵嘏《虎丘寺赠渔处士》:“早负江湖志,今如鬓发何?”❷今世,现代。太宗《帝京篇十首》之十:“望古茅茨约,瞻今兰殿广。”刘长卿《听弹琴》:“古调虽自爱,今人多不弹。”李商隐《有感二首》之二:“古有清君侧,今非乏老成。”❸此,这。杜审言《渡湘江》:“迟日园林悲昔游,今春花鸟作边愁。”张祜《忧旱吟》:“今年已憔悴,斗米百钱偿。”❹即,将。杜甫《奉赠韦左丞丈二十二韵》:“今欲东入海,即将西去秦。”白居易《春雪》:“兹雪今如何?信美非时节。”❺通“金”。魏奉古《长门怨》:“黄今买得《长门赋》,只为寒床夜夜空。”

【今人】 当代人,现在的人。皮日休《奉和鲁望闲居杂题·晚秋吟》:“火满酒炉诗在口,今人无计奈侬何?”韦庄《赠峨嵋山弹琴李处士》:“广陵故事无人知,古人不说今人疑。”欧阳炯《句》:“古人重到今人爱,万局都无一局同。”

【今上】 当今皇上。杜甫《忆昔二首》之一:“至今今上犹拨乱,劳身焦思补四方。”此指代宗。李益《赠宣大师》:“先皇诏下征还日,今上龙飞入内时。”此指穆宗。

【今夕】 今晚,今宵。白居易《斋戒满夜戏招梦得》:“明朝又拟亲杯酒,今夕先闻理管弦。”徐铉《闻雁寄故人》:“往年离别泪,今夕重沾衣。”张生妻《梦中歌》:“良人一去不复还,今夕坐愁鬓如雪。”亦指今日。牛僧孺《汉文帝母薄太后庙赋诗》:“具道人间惆怅事,不知今夕是何年。”

【今文】 ❶即今字。汉代称当时通用之隶书为今文,称籀书为古文。唐代称汉隶及以后通行之俗字为今文。宋之问《谒禹庙》:“茅殿今文袭,梅梁古制无。”❷指今文经书与今文经学。汉儒所传之隶书经称今文经,孔壁所出之籀文经为古文经。孟郊《偷诗》:“今文与古文,各各称可怜。”

【今日】 ❶今天,本日。戴叔伦《叹葵花》:“今日见花落,明日见花开。”白居易《苏州故吏》:“江南故吏别来久,今日池边识我无?”韦庄《对梨花赠皇甫秀才》:“依前此地逢君处,还是去年今日时。”李煜《谢新恩六首》之二:“樱花落尽阶前月,象床愁倚薰笼,远似去年今日恨还同。”❷现在,如今。王翰《春女行》:“君不见楚王台上红颜子,今日皆成狐兔尘。”高骈《赴安南却寄台司》:“今日海门南面事,莫教还似凤林关。”谭用之《古剑》:“三尺何年拂尘土,四溟今日绝波涛。”

【今世】 今生,此生。楚儿《贻郑昌图》:“应是前生有宿冤,不期今世恶因缘。”

【今古】 ❶现代与古代;从古至今。颜真卿、刘全白《登岘山观李左相石尊联句》:“人事岁年改,岘山今古存。”徐凝《庐山瀑布》:“今古长如白练飞,一条界破青山色。”陆肱《松》:“雪霜知劲质,今古占嘉名。”方干《贼退后赠刘将军》:“非唯吴起与穰苴,今古推排尽不如。”亦指现时与往昔之人或事物。可止《哭贾岛》:“诗僻降今古,官卑误子孙。”李商隐《潭州》:“潭州官舍暮楼空,今古无端入望中。”❷偏义复词,偏指古。犹往昔,往古。王昌龄《同从弟销南斋玩月》:“苒苒几盈虚,澄澄变今古。”

【今此】 犹如今。玄宗《巡省途次上党旧宫赋》:“如何昔朱邸,今此作离宫?”

【今旦】 今朝,今天。韩愈《杏花》:“今旦胡为忽惆怅?万片漂泊随西东。”白居易《小岁日喜谈氏外孙女孩满月》:“今旦夫妻喜,他人岂得知?”

【今生】 此生,这辈子。白居易《和杨六尚书赋长句见示》:“感羡料应知我意,今生此事不如君。”徐灵府《自咏二首》之二:“今生不了无生理,纵复生知那处生?”

【今代】 当世,当代。杜甫《投赠哥舒开府二十韵》:“今代麒麟阁,何人第一功?”

【今年】 本年。崔颢《江畔老人愁》:“少年欲知老人岁,岂知今年一百五。”皎然《塞下曲二首》之二:“都护今年破武威,胡沙万里鸟空飞。”赵嘏《送卢缄归扬州》:“今年春色还相误,为我江边谢钓矶。”

【今辰】 今晨,借指今日。白居易《昨日复今辰》:“昨日复今辰,悠悠七十春。”亦指现时。黄滔《寄林宽》:“俱喜今辰在,休论往岁难。”

【今昔】 ❶现时与往昔。储光羲《秦中初霁献给事二首》之一："君子耸高驾，英声邈今昔。"韩愈《和裴仆射相公假山十一韵》："乐我盛明朝，于焉傲今昔。"徐铉《太傅相公深感庭梅再成绝唱谨用旧韵攀和》："静想分今昔，频吟叹盛衰。"亦指现今与往昔之事。皮日休、陆龟蒙《北禅院避暑联句》："一人承明庐，盱衡论今昔。"❷偏义复词，指往昔。李绅《移九江》："风月同今昔，悲欢异目前。"

【今來】 如今，现今。太宗《还陕述怀》："在昔戎戈动，今来宇宙平。"韩愈《落齿》："今来落既熟，见落空相似。"刘沧《春日游嘉陵江》："今来谁识东归意，把酒闲吟思洛阳。"杜荀鹤《再经胡城县》："今来县宰加朱绂，便是生灵血染成。"

【今者】 如今，今番。韩愈《游青龙寺赠崔大补阙》："思君携手安能得，今者相从敢辞懒。"

【今是】 "今是昔非"之省词。谓现在对而过去错。语出晋陶渊明《归去来兮辞》："实迷途其未远，觉今是而昨非。"张九龄《秋晚登楼望南江入始兴郡路》："内顾觉今是，追叹何时平？"

【今彦】 犹时贤。当代有才有德之士。于頔《和丘员外题湛长史旧居》："昔贤枕高躅，今彦仰知止。"

【今後】 从今以后。贾岛《寄李辀侍郎》："追琢垂今后，敦庞得古初。"

【今茲】 如今，此时。储光羲《晚次东亭献郑州宋使君文》："昔岁幸西土，今兹归洛阳。"权德舆《奉和崔评事见寄之作》："前日应星文，今兹敞华戟。"温庭筠《寄山中友人》："惟昔有归趣，今兹固愿言。"

【今時】 现在，目前。贾岛《寓兴》："山泉入城池，自然生浑波。今时出古言，在众翻为讹。"黄滔《送人明经及第东归》："十问九通离义床，今时登第信非常。"

【今宵】 今夜。熊孺登《八月十五夜卧疾》："一年只有今宵月，尽上江楼独病眠。"于武陵《夜与故人别》："今宵一别后，何处更相逢？"

【今欲】 犹将要，即将。杜甫《奉赠韦左丞丈二十二韵》："今欲东入海，即将西去秦。"

【今朝】 ❶今天，本日。鲍君徽《惜花吟》："昨日看花花灼灼，今朝看花花欲落。"刘长卿《喜晴》："今朝江上客，凡慰几人情？"白居易《五凤楼晚望》："自入秋来风景好，就中最好是今朝。"陆龟蒙《五歌·水鸟》："今朝棹倚寒江汀，春钮翡翠参鸡鹋。"❷现在，如今。郑钬《玉阶怨》："昔日同飞燕，今朝似伯劳。"

【今朝有酒今朝醉】 只要今天有酒，便只管今天醉饮。比喻只管眼前快乐，不问以后如何。权审《绝句》："今朝有酒今朝醉，明日愁来明日愁。"一作罗隐诗，题为《自遣》。

【今聖】 当朝皇帝。张九龄《奉和圣制次成皋先圣擒建德之所》："威加昔运往，泽流今圣还。"

【今歲】 今年。元稹《赋得数蓂》："尧年始今岁，方欲瑞千龄。"李涉《赠廖道士》："庭前为报仙桃树，今岁花时好好开。"徐铉《游蒋山题辛夷花寄陈奉礼》："今岁游山已恨迟，山中仍喜见辛夷。"

【今賢】 时贤。当代的贤德之人。王揆《长沙六快诗》："昔贤官是邦，仁泽流丰沃；今贤官是邦，刳啖人脂肉。"

【今體詩】 即近体诗。形成于唐代的一种讲究平仄和对仗的格律诗。包括五律、七律、五绝、七绝和排律。与古体诗相对而言。张籍《酬秘书王丞见寄》："今体诗中偏出格，常参官里每同班。"亦省称"今体"。齐己《览延栖上人卷》："今体雕镂妙，古风研考精。"又《谢贯微上人寄示古风今体四轴》："今体尽搜初剖判，古风淳凿未玄黄。"

【今別離】 乐府诗题。属杂曲歌辞。内容为伤离别之情。崔国辅、孟云卿均有《今别离》。

仏 "佛"的俗字。王梵志《寻常勤念善》："心里无蛆伫，何愁仏不成？"

三　画

仝 〔tóng《广韵》徒紅切，平東，定。〕❶"同"的古字。权德舆《奉和许阁老酬淮南崔十七端公见寄》："密侍仝锵珮，雄才本弃繻。"❷中唐诗人卢仝之名。韩愈《月蚀诗效玉川子作》："玉川子立于庭而言曰：'地行贱臣仝，再拜敢告上天公。'"

令[1] 〔lìng《广韵》力政切，去勁，來。〕❶命令。包佶《祀雨师乐章·亚献终献》："奠既备，献收终。神行令，瑞飞空。"权德舆《读穀梁传》："下令汉七国，借此以为名。"李商隐《随师东》："军令未闻诛马谡，捷书惟是报孙歆。"胡曾《咏史诗·细柳营》："辕门不峻将军令，今日争知细柳营？"亦指法令，政令。李绅《趋翰苑遭诬构四十六韵》："画象垂新令，消兵易旧谟。"❷官名。(1)县令。一县之长官。刘长卿《送梁郎中赴吉州》："旧官移上象，新令布中和。"韦应物《寄洪州幕府卢二十一侍御》："忽报南昌令，乘骢入郡城。"顾况《送郭秀才》："故人曾任丹徒令，买得青山拟独耕。"(2)中央官署的某些长官，如尚书令、中书令等。李商隐《陈后宫》："夜来江令醉，别诏宿临春。"此指江总，总为南朝陈尚书令。❸月令。古代按一年十二月记述每月所行之政事，称为"月令"。后亦转指时令、节令。储光羲《巩城东庄道中作》："夏王纪冬令，殷人乃正月。"张濯《迎春东郊》：

"颛顼时初谢，句芒令复陈。"陆复礼《试中和节诏赐公卿尺诗》："春仲令初吉，欢娱乐大中。"刘禹锡《早春对雪奉寄澧州元郎中》："朝驱旌旆行时令，夜见星辰忆旧官。"白居易《和答诗十首·答桐花》："助君行春令，开花应晴明。"❹善，美好。韦述《奉和圣制送张说上集贤学士赐宴》："修文中禁启，改字令名加。"岑参《韩员外夫人清河县君崔氏挽歌二首》之一："令德当时重，高门举世推。"权德舆《和九日从杨氏姊游》："秋光风露天，令节庆初筵。"段成式《寄周繇求人参》："少赋令才犹强作，众医多识不能呼。"❺敬辞。多用以称他人之父母、兄弟、子女或亲戚。王维《和陈监四郎秋雨中思从弟据》："平原思令弟，康乐谢贤昆。"岑参《河西太守杜公挽歌四首》之四："多君有令子，犹注世人心。"亦以称自家弟辈。杜甫《季夏送乡弟韶陪黄门从叔朝谒》："令弟尚为苍水使，名家莫出杜陵人。"❻酒令。刘禹锡《乐天以愚相访沽酒致欢因成七言聊以奉答》："令征古事欢生雅，客唤闲人兴任狂。"李宣古《咏崔云娘》："瘦拳抛令急，长啸出歌迟。"

令²〔lìng《广韵》吕貞切，平清，來。〕使。杜甫《去秋行》："战场冤魂每夜哭，空令野营猛士悲。"李绅《逾岭峤止荒陬抵高要》："空愧驽骀异一毛，无令朽骨惭千载。"司马扎《古边卒思归》："徒令执耒者，刀下死纵横。"

令³〔líng《广韵》郎丁切，平青，來。〕见"令狐"。

【令才】❶出色的才华。韦应物《乐燕行》："辉辉发众颜，灼灼叹令才。"❷有杰出才干之人。韦应物《伤逝》："仕公不及私，百事委令才。"

【令子】贤子，多用为对他人儿子的誉称。王维《送严秀才还蜀》："宁亲为令子，似舅即贤甥。"李商隐《五言述德献上杜七兄仆射相公》："过庭多令子，乞墅有名甥。"

【令公】对中书令之尊称。❶指郭子仪。郭于乾元元年(758)进位中书令。韩翃有《送刘侍御赴令公行营》。❷指浑瑊。浑于贞元十二年(796)为中书令。卢纶有《九日陪令公登白楼同咏菊》。白居易《看恽(浑)家牡丹花戏赠李二十》："香胜烧兰红胜霞，城中最数令公家。"❸指杜佑。杜贞元十九年检校司空，同中书门下平章事。其孙杜悰元和九年(814)尚岐阳公主，为驸马都尉。贾岛《上杜驸马》："妻是九重天子女，身为一品令公孙。"

【令公香】见"令君香"。

【令尹無喜】指楚相令尹子文三升三黜而无喜愠事。典出《论语·公冶长》。权德舆《湖南观察使故相国袁公挽歌二首》之一："令尹自无喜，羊公人不疑。"

【令尹進叔敖】指春秋楚庄王用孙叔敖为令尹而大治事。典出刘向《列女传·楚庄樊姬》。周昙《咏史诗·春秋战国门·樊姬》："当时不有樊姬问，令尹何由进叔敖！"

【令史】官职名。汉代设有兰台令史，尚书令史，掌文书事务，位居郎下。隋唐为三省、六部及御史台低级事务员，位卑而不参官品。《高宗时语》(卷八七六)："三馆学生放散，五台令史经明。"

【令名】美好的名声。李颀《达奚吏部夫人寇氏挽歌》："存殁令名传，青青松柏田。"孟浩然《送韩使君除洪州都曹》："召公多遗爱，羊公有令名。"韩愈《送进士刘师服东归》："携持令名归，自足贻家尊。"司空图《自诫》："勤此苟不怠，令名日可存。"

【令行】❶谓命令颁行。韩愈《寄卢仝》："凭依婚媾欺官吏，不信令行能禁止。"❷谓时令运行。王良会《和武相公中秋夜西蜀锦楼望月得清字》："令行秋气爽，乐感素风轻。"

【令色】美好、和善的容色。《郊庙歌辞·周宗庙乐舞辞·治顺》："载行载止，令色令仪。"亦指超逸不凡的仪容。司空图《诗品·飘逸》："高人画中，令色䌌缊。"

【令丞】县令与县丞。商则《嘲廪丘令丞》："令丞俱动手，县尉止回身。"

【令序】时序；美好的节令。太宗《春日玄武门宴群臣》："韶光开令序，淑气动芳年。"褚亮《雩祀乐章·舒和》："凤曲登歌调令序，龙雩集舞泛祥风。"

【令君】对尚书令的敬称。亦用为对枢要大臣的敬称。沈佺期《别侍御严凝》："令君出使车，行迈方靡靡。"

【令君香】亦作"令公香"。东汉荀彧曾任尚书令，人称"令君"或"令公"。据《太平御览》卷七〇三引晋习凿齿《襄阳记》云：荀令君至人家，坐处三日香。后遂以"令君香"或"令公香"为咏宰相风度之典。李百药《安德山池宴集》："云飞凤台管，风动令君香。"王维《春日直门下省早朝》："遥闻侍中珮，暗识令君香。"李颀《寄綦毋三》："顾眄一过丞相府，风流三接令公香。"

【令門】好门户，代指好的人家。韦应物《送杨氏女》："赖兹托令门，仁恤庶无尤。"

【令典】指好的礼法政令。苏颋《奉和圣制登太行山中言志应制》："宸游铺令典，睿思起芳年。"

【令₃狐八】即令狐绹。李商隐有《令狐八拾遗绹见招送裴十四归华州》。

【令₃狐六】即令狐定。令狐楚之弟。字履常。元和十一年(816)进士及第。大和九年(835)累迁至职方员外郎、弘文馆直学士,检校右散骑常侍、桂州刺史、桂管都防御观察使。卒赠礼部尚书。传附《旧唐书》卷一七二《令狐楚传》。姚合有《和令狐六员外直夜即事寄上相公》。

【令$_3$狐令公】 指令狐楚。令公,尚书令之尊称。冯浩谓唐宰相同中书,故楚虽未实授中书令,亦称令公。或谓"令公"系"相公"之讹。白居易有《奉和汴州令狐令公二十二韵》。李商隐有《天平公座中呈令狐令公》。

【令$_3$狐尚書】 指令狐楚。楚于宝历元年(825)检校礼部尚书、汴州刺史、宣武军节度使。大和二年(828)十月任户部尚书。三年检校兵部尚书、东都留守。张籍有《和户部令狐尚书喜裴司空见招看雪》《送令狐尚书赴东都留守》。白居易有《令狐尚书许过弊居先赠长句》《同崔十八宿龙门兼寄令狐尚书冯常侍》等诗。

【令狐侍郎】 ❶指令狐峘。峘于建中初任礼部侍郎。韦应物有《寄令狐侍郎》。孟郊有《和令狐侍郎郭郎中题项羽庙》。❷指令狐绹。绹于大中四年(850)任户部侍郎。马戴有《幽上留别令狐侍郎》。

【令$_3$狐使君】 指令狐缥。缥于咸通、乾符间曾任杭州刺史。贯休有《上杭州令狐使君》。参阅郁贤皓《唐刺史考》。

【令$_3$狐舍人】 指令狐楚。楚于宪宗元和九年(814)入为翰林学士,迁中书舍人。至十三年始改它职。杨巨源有《酬令狐舍人》《将归东都寄令狐舍人》《和令狐舍人酬峰上人题山栏孤竹》等诗。

【令$_3$狐郎中】 ❶指令狐楚。楚元和中曾任职方郎中。杨巨源有《和令狐郎中》。❷指令狐缥。缥于唐末曾任金部郎中。贯休有《寄令狐郎中》。参阅劳格《郎官石柱题名考》。

【令$_3$狐相公】 ❶指令狐楚。楚于元和十四年(819)为宰相。次年罢。刘禹锡有《令狐相公见示赠竹二十韵仍命继和》《和令狐相公郡斋对紫薇花》等诗。白居易有《和令狐相公二十二韵》《宣武令狐相公以诗寄赠传播关中聊奉短草用申酬谢》等诗。❷指令狐绹。绹于大中四年(850)为宰相。李洞有《上灵武令狐相公》。

【令$_3$狐峘】 唐官员。令狐德芬五世孙。天宝间登进士第。安史乱时,避居南山豹林谷。博学有口才,为杨绾引荐入史馆,自华原尉拜右拾遗、迁起居舍人,皆兼史职。大历八年(773),改刑部员外郎。建中元年任礼部侍郎,知贡举。贞元中拜右庶子、史馆修撰。后任吉州刺史,贬衡州别驾。顺宗即位,以秘书少监征,既至而卒。撰有《玄宗实录》一百卷,《代宗实录》四十卷。《旧唐书》卷一四九有传。《全唐诗》卷二五三收其诗二首。

【令$_3$狐校書】 指令狐绹。绹大和四年(830)登进士第,释褐为弘文馆校书郎。马戴有《别灵武令狐校书》。

【令狐員外】 指令狐楚。楚于元和初曾历任礼部员外郎、刑部员外郎与职方员外郎。韩翃有《令狐员外宅寄中丞》。杨巨源有《酬令狐员外直夜书怀见寄》。

【令狐留守】 指令狐楚。楚于大和三年(829)自户部尚书除东都留守。白居易有《将至东都先寄令狐留守》《酬令狐留守尚书见赠十韵》。姚合有《和东都令狐留守相公》。

【令$_3$狐挺】 唐人。世次爵里不详。《全唐诗》收其诗一首。

【令$_3$狐華州】 指令狐楚。楚于元和十三年(818)四月,自中书舍人出为华州刺史。李逢吉有《望京楼上寄令狐华州》。

【令$_3$狐博士】 指令狐楚。楚元和初曾任太常博士。张籍有《赠令狐博士》。

【令$_3$狐楚】 (766—837)唐大臣,诗人。字殼士。宜州华原(今陕西铜川市耀州区)人。幼能属文。贞元七年(791)登进士第。先后为太原府李说、严绶、郑儋从事。后征拜右拾遗、改太常博士、礼部员外郎。丁母忧服除,以刑部员外郎征,转职方员外郎。元和九年(814)以皇甫镈荐,入为翰林学士,迁职方郎中、中书舍人。十三年,出为华州刺史。十四年七月以中书侍郎同平章事。次年罢相。长庆元年(821)为郢州刺史,迁太子宾客,分司东都。宝历元年(825),检校礼部尚书、汴州刺史,宣武军节度使。大和二年(828)征为户部尚书。次年为东都留守,复进位检校右仆射、天平军节度使,以李商隐为巡官。六年,改太原尹、北都留守。七年入为吏部尚书,仍检校右仆射。九年转太常卿,进封彭阳郡开国公。开成元年(836)任兴元尹、山南西道节度使。次年卒于镇。谥曰文。楚工诗。与白居易、刘禹锡多所唱和。与刘有《彭阳唱和集》三卷,又编有《元和御览诗》一卷。《全唐文》存其文六卷。《全唐诗》收其诗一卷。传见《旧唐书》卷一七二、《新唐书》卷一六六。姚合有《寄汴州令狐楚相公》。

【令$_3$狐補闕】 指令狐绹。绹开成初曾为左补阙。李商隐有《酬别令狐补阙》。

【令$_3$狐焕】 "令狐涣"之讹。涣为令狐绹之次子。进士及第。曾官中书舍人。传附《旧唐书》卷一七二《令狐楚传》。贯休有《送令狐焕赴阙》。参阅岑仲勉《读全唐诗札记》。

【令$_3$狐僕射】 指令狐楚。楚于大和三年(829)

十一月自东都留守进位检校右仆射、郓州刺史、天平军节度使。七年六月入为吏部尚书，仍检校右仆射。刘禹锡有《和令狐仆射相公题龙回寺》《令狐仆射与余投分素深纵山川阻修然音问相继》等诗。白居易有《和令狐仆射小饮听阮咸》等诗。

【令₃狐賓客】 指令狐楚。楚于长庆元年自郢州刺史迁太子宾客，分司东都。张籍有《寄令狐宾客》。

【令₃狐綯】 (795—872)唐大臣。令狐楚之子。字子直。大和四年(830)登进士第。授弘文馆校书郎。开成初为左拾遗，寻改左补阙。累迁库部、户部员外郎。会昌五年(845)出为湖州刺史。大中三年拜中书舍人。四年转户部侍郎，改兵部侍郎、同中书门下平章事。累官至吏部尚书、右仆射。咸通二年(861)改汴州刺史、宣武军节度使。十二年八月，授检校司徒，分司东都。十三年以本官为凤翔尹，凤翔陇节度使，封赵国公，卒。《旧唐书》卷一七二、《新唐书》卷一六六有传。《全唐诗》卷五六三收其诗一诗。李商隐有《令狐八拾遗绹见招送裴十四归华州》。

【令₃狐嶠】 后蜀官员。仕后蜀孟知祥父子，官至秘书监。《十国春秋》卷五六谓峤工吟咏。《全唐诗外编》下收其诗二首。

【令₃狐德芬】 (583—666)唐官员。史学家。宜州华原(今陕西铜川市)人。高祖入关，为大丞相府记室。累迁中书舍人、秘书丞、礼部侍郎、太子右庶子、雅州刺史。永徽初，迁太常卿，兼弘文馆学士。后为国子祭酒，兼崇贤馆学士。长于史学，曾奏请购募遗书，又受命与房玄龄总监修梁、陈、齐、隋诸史及《五代史志》，并改撰《晋书》。又与岑文本合修周史，与陈叔达等撰《艺文类聚》。所撰尚有《太宗实录》与《高宗实录》等。《旧唐书》卷七三、《新唐书》卷一〇六有传。《全唐诗》卷三三收其诗一首。

【令₃狐學士】 指令狐绹。绹大中二年(848)自考功郎中、知制诰召入为翰林学士。李商隐有《寄令狐学士》《梦令狐学士》。

【令弟】 ❶对自己弟弟的称谓，犹言贤弟。李颀《放歌行答从弟墨卿》："吾家令弟才不羁，五言破的人共推。"李白《赠别舍人弟台卿之江南》："令弟经济士，谪居我何伤。"杜甫《送从弟亚赴安西判官》："令弟草中来，苍然请论事。"❷对他人弟弟的敬称。李颀《送裴腾》："令弟为县尹，高城汾水隅。"岑参《送张秘书充刘相公通汴河判官便赴江外觐省》："老亲在吴郡，令弟双同官。"

【令姊】 称他人之姊之敬辞。李白《窜夜郎于乌江留别宗十六璟》："我非东床人，令姊忝齐眉。"

【令姪】 称他人侄儿之敬辞。杜甫《送韦十六评事充同谷郡防御判官》："令侄才俊茂，二美又何求。"

【令威】 即丁令威，传说中的仙人名。典出晋陶潜《搜神后记·丁令威》。后每用为咏仙人之典。骆宾王《于紫云观赠道士》："人疑列御至，客似令威还。"钱珝《江行无题一百首》之六三："黄鹤无心下，长应笑令威。"武元衡《呈东省三给事之作杨君见征鄙词因以继和》："玉笙王子驾，辽鹤令威身。"薛能《和府帅相公》："竹映高墙似傍山，邹阳归后令威还。"亦以指仙鹤。皮日休《悼鹤》："辽东旧事今千古，却向人间葬令威。"

【令姿】 美好的姿容、仪表。韦应物《上东门会送李幼举南游徐方》："令姿何昂昂，良马远游冠。"

【令秩】 指美好的伦常关系。亦借指佳偶。李嘉祐《送郑正则汉阳迎妇》："令秩和鸣真可羡，此行谁道负春晖！"

【令孫】 犹贤孙。用以称他人之孙。钱起《酬陶六辞秩归旧居见柬》："靖节昔高尚，令孙嗣清徽。"欧阳詹《李评事公进示文集因赠之》："大教护微旨，哲人生令孙。"

【令教】 使，让。令犹教。寒山《诗三百三首》之七五："谁能共伊语，令教莫此居。"

【令族】 犹名门望族。王绩《独坐》："三男婚令族，五女嫁贤夫。"元稹《阴山道》："豪家富贾逾常制，令族清班无雅操。"张乔《赠河南诗友》："山东令族玉无尘，裁剪烟花笔下春。"

【令望】 好的声誉，声望。杜甫《潭州送韦员外牧韶州》："分符先令望，同舍有辉光。"

【令詞】 美好的言词。韦应物《答贡士黎逢》："栖神澹物表，涣汗布令词。"

【令節】 犹佳节。宋之问《奉和九日幸临渭亭登高应制得欢字》："令节三秋晚，重阳九日欢。"李峤《寒食清明日早赴王门率成》："雄风乘令节，余吹拂轻灰。"吕温《吐蕃别馆中和日寄朝中僚旧》："清时令节千官会，绝域穷山一病夫。"卢顺之《重阳东观席上赠侍郎张固》："渡江旌旆动鱼龙，令节开筵上碧峰。"

【令圖】 良谋；宏图，远大的谋略。张九龄《登襄阳岘山》："蜀相吟安在？羊公碣已磨。令图犹寂寞，嘉会亦蹉跎。"温庭筠《病中书怀呈友人》："时辈推良友，家声继令图。"

【令僕】 指尚书令与仆射。亦泛指朝廷重臣。罗隐《投寄韦右丞》："官资参令仆，曹署辖星辰。"

【令猷】 嘉谋，代指美好政绩。刘璐《洋州于中丞顼牧左绵题诗越王楼上辄课四韵》："隔政代君侯，多惭迹令猷。"

【令儀】 美好的仪容。《郊庙歌辞·周宗庙乐舞辞·治顺》："载行载止，令色令仪。"

【令德】 美德。韦应物《送宣州周录事》："唯当存令德，可以解悁勤。”元结《下客谣》：“岂知保忠信，长使令德全！”贯休《杜侯行》：“杜侯，杜侯！君傥修令德，克有终。”

【令諲大師】 (865—935)后唐高僧。陕府阌乡(今陕西)人。俗姓杨。年二十出家，兼学大小乘教义。后在洛阳长水讲经论三十载，远近宗承。清泰二年卒于邑寺。详见宋赞宁《宋高僧传》卷七《后唐洛阳长水令諲传》。张蠙有《寄法乾寺令諲太师》。

【令譽】 美名；良好的名誉。岑参《虢中酬陕西甄判官见赠》：“诏书自征用，令誉天下知。”

仕 〔shì《广韵》鉏里切，上止，崇。〕❶为官，入仕。崔颢《江畔老人愁》：“自言家代仕梁陈，垂朱拖紫三十人。”李白《五月东鲁行答汶上君》：“顾余不及仕，学剑来山东。”韩愈《寄卢仝》：“先生抱才终大用，宰相未许终不仕。”皮日休《三羞诗三首》之三：“未为禄食仕，俯不愧粱粝。”❷官员。白居易《书绅》：“仕有职役劳，农有畎亩勤。”❸官场，仕途。白居易《劝酒》：“身年三十未入仕，仰望东邻安可期？”

【仕宦】 出仕，做官。元稹《遣病》：“独孤才四十，仕宦方荣荣。”杜牧《冬至日寄小侄阿宜诗》：“仕宦至公相，致君作尧汤。”孙郃《句》：“仕宦类商贾，终日常东西。”

【仕進】 进入仕途，为官。韩愈《赠刘师服》：“忆昔太公仕进初，口含两齿无赢余。”白居易《题座隅》：“幸因笔砚功，得升仕进途。”

【仕禄】 官职，仕宦。白居易《同王十七庶子李六员外郑二侍御同年四人游龙门有感而作》：“各从仕禄休明代，共感平生知己恩。”

付 〔fù《广韵》方遇切，去遇，非。〕❶交予，给予。刘长卿《温汤客舍》：“且喜礼闱秦镜在，还将妍丑付春官。”顾况《梁广画花歌》：“紫书分付与青鸟，却向人间求好花。”刘禹锡《酬柳柳州家鸡之赠》：“日日临池弄小雏，还思写论付官奴。”李洞《吊曹监》：“满楼山色供邻里，一洞松声付子孙。”亦指付予之事物。元稹《梦游春七十韵》：“忤诚人所贼，性亦天之付。”❷托付。贾至《自蜀奉册命往朔方途中呈韦左相文部房尚书门下崔侍郎》：“太皇时内禅，神器付嗣君。”白居易《送东都留守令狐尚书赴任》：“翠华黄屋未东巡，碧洛青嵩付大臣。”❸支付。李白《赠宣城宇文太守兼呈崔侍御》：“颜公二十万，尽付酒家钱。”张祜《劝饮酒》：“烧得硫黄漫学仙，未胜长付酒家钱。”

【付託】 托付。杜甫《得舍弟观书悲喜相兼团园可待赋诗即事情见乎词》：“老身须付托，白骨更何忧！”

【付與】 给予，交付。杜甫《杜鹃》：“圣贤古法则，付与后世传。”韩愈《元和圣德诗》：“皇帝曰然，嗟远士女，苟附而安，则且付与。”张仲方《赠毛仙翁》：“紫霞妖女琼华飞，秘法虔心传付与。”

【付屬】 见“付嘱”。

【付囑】 亦作“付屬”。嘱咐；嘱托。齐己《静生》：“默论相如少，黄梅付嘱深。”孙光宪《更漏子》词二：“听付属，恶情悰，断肠西复东。”

仗 〔zhàng《广韵》直兩切，上養，澄。又直亮切，去漾，澄。〕❶刀戟等兵器的总称。王丘《奉和圣制答张说扈从南出鼠雀谷之作》：“花缛前茅仗，霜严后殿戈。”顾况《宫词五首》之三：“玉阶容卫宿千官，风猎青旂晓仗寒。”❷皇帝的仪仗与护卫队。李白《侍从宜春院奉诏赋龙池柳色初青听新莺百啭歌》：“仗出金宫随日转，天回玉辇绕花行。”王表《赋得花发上林》：“笑迎明主仗，香拂美人簪。”刘禹锡《酬严给事贺加五品兼简同制水部李郎中》：“初佩银鱼随仗入，宜乘白马退朝归。”❸代指皇宫或皇帝所在之处。刘长卿《温汤客舍》：“汤熏仗里千旗暖，雪照山边万井寒。”钱起《和李员外驾幸温泉宫》：“经寒不入宫中树，佳气常薰仗外峰。”张籍《贺秘书王丞南郊摄将军》：“坛边不在千官位，仗外唯闻再拜声。”❹执持，拿。太宗《经破薛举战地》：“昔年怀壮气，提戈初仗节。”岑参《青龙招提归一上人远游吴楚别诗》：“往年仗一剑，由是佐二庭。”鲍溶《沛中怀古》：“惟昔仗孤剑，十年朝八荒。”孙元晏《咏史诗·晋·王恭》：“可惜教君仗旄钺，枉将心地托牢之。”❺倚仗，凭借。张九龄《酬周判官巡至始兴会改秘书少监见贻之作兼呈耿广州》：“所仗有神道，况承明主惠。”杜甫《诸将五首》之五：“西蜀地形天下险，安危须仗山群材。”章孝标《次韵和光禄钱卿二首》之二：“闲论忧王室，愁眉仗酒开。”

【仗下】 指退朝。古时皇帝视朝毕，其仪仗侍卫亦退下，故谓。杨延源《早朝》：“朝时但向丹墀拜，仗下方从碧殿回。”元稹《酬复言长庆四年元日郡斋感怀见寄》：“千官仗下炉烟里，东海西头意独违。”姚合《寄周十七起居》：“官清立在金炉北，仗下归眠玉殿西。”

【仗官】 宫廷仪卫的官长。温庭筠《鸿胪寺有开元中锡宴堂荒凉遗址仅有存者偶成四十韵》：“仗官绣蔽膝，宝马金镂锡。”

【仗信】 仗持诚信。皎然《送杨遂初赴选》：“秉心凌竹柏，仗信越波澜。”韦镒《经望湖驿》：“交欢初仗信，接宴翻贻咎。”

【仗屋】 皇宫侍卫值宿处。王建《行宫词》：“两边仗屋半崩摧，夜火入林烧殿柱。”

【仗氣凌人】 任使意气以压人。孙元晏《咏史诗·宋·谢澹云霞友》：“仗气凌人岂可亲，只将范泰是知闻。”

【仗屐】　犹着屐。姚合《酬任畴协律夏中苦雨见寄》:"下床先仗屐,汲井恐飘瓯。"

【仗钺】　手持斧钺。喻秉权。亦指统帅军队。杜甫《北征》:"桓桓陈将军,仗钺奋忠烈。"又《鹿头山》:"仗钺非老臣,宣风岂专达!"皮日休《奉和鲁望樵人十咏樵斧》:"不知仗钺者,除害谁如此?"

【仗節】　持符节。节,皇帝授予出使大臣或出征将帅的权力凭证。太宗《经破薛举战地》:"昔年怀壮气,提戈初仗节。"高适《三君咏・郭代公》:"拥兵抗矫征,仗节归有德。"罗隐《投宣武郑尚书二十韵》:"避权辞宪署,仗节出南宫。"

【仗義】　凭恃正义,主持正义。皎然《妙喜寺达公禅斋寄李司直公孙房四十二韵》:"仗义冒险难,持操去淄涅。"杜牧《和野人殷潜主题筹笔驿十四韵》:"仗义悬无敌,鸣攻故有辞。"韩偓《赠吴颠尊师》:"伊余常仗义,愿拜十年兄。"

【仗衛】　手持兵仗之侍卫。宋之问《谒禹庙》:"奕奕扃闱邃,轩轩仗卫趋。"严维《陪皇甫大失谒禹庙》:"文卫瞻如在,精灵信有期。"

【仗劍】　持剑。薛据《泊震泽口》:"伍胥既仗剑,范蠡亦乘流。"顾况《从军行二首》之二:"仗剑出门去,三边正艰厄。"吕岩《绝句》之三十:"仗剑当空千里去,一更别我二更回。"

代　〔dài《广韵》徒耐切,去代,定。〕❶时代。袁朗《和洗掾登城南坂望京邑》:"神皋多瑞迹,列代有兴王。"耿沣《路傍墓》:"石马双双当古树,不知何代公侯墓。"李宗闵《赠毛仙翁》:"闲推甲子经何代?笑说浮生老此身。"韦庄《尹喜宅》:"荒原秋殿柏萧萧,何代风烟占寂寥?"❷朝代。岑参《使交河郡献封大夫》:"汉代李将军,微功合可咍。"窦常《奉寄辰州房使君郎中》:"汉代文明今盛明,犹将贾傅暂专城。"罗隐《投宣武郑尚书二十韵》:"汉代簪缨盛,梁园蝶堞雄。"❸世代。权德舆《送韩孝廉侍从赴举》:"彩衣行不废,儒服代相传。"❹世系中的辈。子继父为一代。崔颢《江畔老人愁》:"父兄三叶皆尚主,子女四代为妃嫔。"权德舆《送韦行军员外赴河阳》:"五代武弁侍明光,辍佐中权拜外郎。"韦庄《江南送李明府入关》:"我为孟馆三千客,君继宁王五代孙。"❺拟人。仿拟他人口气作诗,诗题用"代"。崔颢有《代闺人答轻薄少年》。李商隐有《代董秀才却扇》。杜牧有《代人作》。曹邺有《代班姬》。❻代替,刘希夷《死马赋》:"连山四望何高高,良马本代君子劳。"孟浩然《清明即事》:"空堂坐相忆,酌茗聊代醉。"韦元甫《木兰歌》:"木兰代父去,秣马备戎行。"白居易《答马侍御见赠》:"浅薄求贤思自代,嵇康莫寄绝交书。"李群玉《自澧东游江表投员外从公虞》:"小子书代耕,束发颇自强。"❼世上,当世。孙逖《送新罗法师还国》:"异域今无外,高僧代所稀。"钱起《片玉篇》:"至宝未为代所奇,韫灵示璞荆山陲。"白居易《读张籍古乐府》:"尤工乐府诗,举代少其伦。"❽接替,继承。于季子《咏汉高祖》:"百战方夷项,三章且代秦。"韦应物《同德精舍养疾寄河南兵曹东厅掾》:"岂知晨与夜,相代不相见。"元稹《奉和浙西大夫李德裕述梦四十韵次本韵》:"代予言不易,承圣旨偏劳。"自注:"稹与大夫,相代为翰林承旨。"崔璞《蒙恩除替收还京洛因成六韵呈军事院诸公郡中一二秀才》:"两载求人瘼,三春受代归。"❾地名,指代郡,代州。杜审言《和李大夫嗣真奉使存抚河东》:"荣光晴掩代,佳气晓侵燕。"席豫《奉和圣制答张说南出雀鼠谷》:"鸣銮初幸代,旋盖欲横汾。"李群玉《感兴四首》之四:"朔雁衔边秋,寒声落燕代。"参见"代郡""代州"。❿指代王刘恒(即汉文帝)。高适《古歌行》:"君不见汉家三叶从代至,高皇旧臣多富贵。"

【代工】　指官员。谓代天治之,故谓。语本《尚书・虞书・皋陶谟》。韩愈《奉和杜相公太清宫纪事陈诚上李相公十六韵》:"代工声问远,摄事敬恭加。"

【代天】　代天行事。转指朝臣代天子行事。语本《书・皋陶谟》。武元衡《奉酬中书李相公早朝于中书侯传点偶书所怀》:"代天惊度日,掷地喜开襟。"赵嘏《献令狐相公时相公郊坛行事回》:"鹗在卿云冰在壶,代天才业本讦谟。"

【代公】　唐将郭震之封号代国公的略称,高适《三君咏・郭代公》:"代公实英迈,津涯浩难识。"杜甫《过郭代公故宅》:"代公尉通泉,放意何自若!"

【代北】　代州(今山西省代县)以北地区。亦代指塞北。李峤《饯薛大夫护边》:"登山窥代北,屈指计辽东。"杜甫《送李校书二十六韵》:"代北有豪鹰,生子毛尽赤。"白居易《过昭君村》:"竟埋代北骨,不返巴东魂。"赵嘏《昔昔盐二十首・前年过代北》:"代北几千里,前年又复经。"

【代代】　每代、世代。《王霸仙坛砖刻》(卷八七五):"子孙依吾道,代代封闽疆。"

【代刑】　谓以圣人之道取代刑法。即施仁政而使天下大治,使刑法无所用。元结《治风诗・至理》:"所谓代刑,以道去杀。"

【代地】　唐指代州一带边地。李益《送辽阳使还军》:"青山出塞断,代地入云平。"参见"代州""代郡"。

【代州】　州名。隋置。辖原太原、雁门二郡之境。唐因之,属河北道,治在今山西省代县。王维有《送赵都督赴代州得青字》。薛能《送李溟出塞》:"甚险穹庐宿,无为过代州。"

【代步】　❶代替步行。白居易《足疾》:"开颜且酌尊中酒，代步多乘池上舟。”❷指可供乘坐以代步行之马。裴度《酬张秘书因寄马赠诗》：“代步本惭非逸足，缘情何幸枉高文。”

【代言】　代之言，谓代替他人说话。白居易《新乐府·青石》：“工人磨琢欲何用，石不能言我代言。”

【代庖】　代替作厨房。元稹《江边四十韵》：“曲突翻成沼，行廊却代庖。”

【代邸】　刘邦之子代王刘恒所居之宫邸。陈平、周勃诛诸吕后，刘恒自代邸入为文帝。后世遂以“代邸”指继承帝位的藩王旧邸。玄宗《游兴庆宫作》：“代邸青门右，离宫紫陌陲。”皇甫冉《故齐王赠承天皇帝挽歌》：“旧居从代邸，新陇入文园。”

【代宗】　即唐代宗。李端有《代宗挽歌》。

【代英】　世上精英。张嘉贞《奉和圣制送张说巡边》：“经纬称人杰，文章作代英。”

【代面】　谓以书信诗文代替面谈。白居易《醉封诗筒寄微之》：“展眉只仰三杯后，代面唯凭五字中。”

【代馬】　代州所产之马。亦泛指北地所产之马。太宗《重幸武功》：“代马依朔吹，惊禽愁昔丛。”刘希夷《将军行》：“代马流血死，胡人抱鞍泣。”李白《古风》之六：“代马不思越，越禽不恋燕。”许浑《送楼烦李别驾》：“去去从军乐，雕飞代马豪。”参见“代郡”。

【代耕】　❶指做官。谓为官可凭食禄以代农耕之业。语本《礼记·王制》。崔湜《景龙二年余自门下平章事削阶寻拜襄州刺史春日赴襄阳途中言志》：“徇禄期代耕，受任亦量力。”钱起《小园招隐》：“但遂饮冰节，甘辞代耕禄。”❷谓以从事其他行业为谋生之道而代替务农。李绅《龟山寺鱼池》之二：“剃发多缘是代耕，好闻人死恶人生。”

【代祖】　即汉文帝刘恒。刘于周勃等诛诸吕之后，由代王入为帝，故称。贾至《自蜀奉册往朔方途中呈韦左相文部房尚书门下崔侍郎》：“夏康缵禹迹，代祖复汉勋。”

【代書】　诗题用语。谓以诗代替书信寄人。张说有《代书答姜七崔九》《代书寄吉十一》《代书寄薛四》等诗。权德舆有《太原郑尚书远寄新诗走笔酬赠因代书贺》。

【代郡】　郡名。古为代国，战国赵灭代国置郡。秦汉因之。辖境相当于今河北蔚县以西至山西阳高以东地带。为北邻匈奴的重要边地。西晋末废。唐入代州境。崔颢《雁门胡人歌》：“高山代郡东接燕，雁门胡人家近边。”

【代累】　世俗之累。亦指为官从政之劳累。权德舆《郊居岁暮因书所怀》：“返耕忘帝力，乐道疏代累。”

【代情】　世情。人世之情。因避李世民讳，改“世”为“代”。张渐《朗月行》：“代情难重论，人事好乖移。”

【代雲】　代州边塞之云。王丘《奉和圣制答张说扈从南出雀鼠谷之作》：“代云开晋岭，江雁入汾河。”钱起《奉送户部李郎中充晋国副节度出塞》：“鬼方尧日远，幕府代云连。”牛殳《琵琶行》：“秋鸿叫侣代云黑，猩猩夜啼蛮月明。”

【代雁】　指北方边地。唐代州辖境为秦汉之代郡、雁门郡旧地，故称。温庭筠《春江花月夜词》：“蛮弦代雁曲如语，一醉昏昏天下迷。”

【代間】　世间。因避唐太宗李世民讳，改“世”为“代”。王丘《咏史》：“杳渺同天上，繁华非代间。”祖咏《古意二首》之一：“自谓得王宠，代间无美人。”

【代勞】　❶谓马替人劳碌，供人役使。王维《奉和刘祭酒伤白马》：“仍闻乐府唱，犹念代劳功。”霍总《骢马》：“岂独连钱贵，酬恩更代劳。”❷舒散、消解劳苦。李百药《渡汉江》：“客心既多绪，长歌且代劳。”骆宾王《蓬莱镇》：“赖有《阳春曲》，穷愁且代劳。”

【代業】　旷世勋业。权德舆《奉和韦曲庄言怀贻东曲外族诸弟》：“代业扩宇内，光尘蔼墟中。”

【代網】　世系之网。喻指宗族世系。避唐太宗李世民讳，改“世”为“代”。王勃《倬彼我系》：“于嗟代网，卒余来绁。”

【代穆】　世代亲穆。亦指世代联姻。语出晋潘岳《杨仲武诔》：“潘杨之穆，有自来矣。”因潘杨两族，世亲联姻，故谓。卢照邻《哭明堂裴主簿》：“潘杨称代穆，秦晋忝姻连。”

【代謝】　谓新旧交替，更迭。王泠然《汴堤柳》：“功成力尽人旋亡，代谢年移树空有。”孟浩然《与诸子登岘山》：“人事有代谢，往来成古今。”阎防《晚秋石门礼拜》：“驰晖苦代谢，浮脆惭贞坚。”徐夤《东京次新安道中》：“洛水送年摧代谢，嵩山擎日拂穹苍。”

【代斲】　比喻代替别人做自己力不胜任的事。多用为自谦之词。语本《老子》。李夷简《西亭暇月书怀十二韵献上相公》：“代斫岂容易？守成获优游。”

【代贈】　诗题名。指代拟的赠人之作，即由作者虚拟他人口气而作。李商隐有《代赠二首》。

【代籍】　汉吕太后赐代王宫人之名册。据《汉书·孝文窦皇后传》载：吕太后出宫人以赐诸王。窦姬家在清河，请其主遣宦者吏，必置己籍于赵之伍中。宦者忘之，误置籍代伍中。至代，代王独幸窦姬，生景帝。代王入立为帝（即汉文帝），窦姬为皇后。景帝立，乃为皇太后。杜牧《杜秋娘诗》：“误置代籍中，两朝尊母仪。”

【代鼛】　“伐鼛”之讹。语本《诗·小雅·鼓钟》“鼓钟伐鼛”。谓敲击鼛鼓，以兴役事。鼛，古代兴役所用之鼓，长丈二尺。柳宗元《游南亭夜还叙志七十韵》："登年徒负版，兴役趋代鼛。"

【代續】 接替；递变。张说《岳阳早霁南楼》："四运相终始，万形纷代续。"

仙 〔xiān《广韵》相然切，平仙，心。〕❶神仙。道教或神话传说中长生不死且有神通之人。太宗《三层阁上置音声》："不似秦楼上，吹箫空学仙。"李白《梦游天姥吟留别》："虎鼓瑟兮鸾回车，仙之人兮列如麻。"白居易《和送刘道士游天台》："仙中有大仙，首出梦幻群。"亦特指仙女。施肩吾《夜宴曲》："青娥一行十二仙，欲笑不笑桃花然。"❷仙界。王翰《赋得明星玉女坛送廉察尉华阴》："仙俗途殊两情遽，感君无尽辞君去。"亦指仙界事物。钱起《夕游覆釜山道士观因登玄元庙》："已入瀛洲远，谁言仙路长？"胡宿《雪》："天上明河银作水，海中仙树玉为林。"❸成仙。韦渠牟《步虚词十九首》之二："不知下鸾鹤，更有几人仙。"许棠《寄庐山贾处士》："穷经休望辟，饵术止期仙。"❹死之婉词。元稹《宪宗章武孝皇帝挽歌词三首》之一："国付重离后，身随十圣仙。"❺称道教中人或事物。温庭筠《西陵道士茶歌》："仙翁白扇霜鸟翎，拂坛夜读《黄庭经》。"曹邺《寄嵩阳道人》："见说嵩阳有仙客，欲持金简问长生。"❻称皇宫或官府中人或事物。白居易《八月十五日夜闻崔大员外翰林独直对酒玩月因怀禁中清景偶题是诗》："秋月高悬空碧外，仙郎静玩禁闱间。"薛逢《题上皇观》："云驻寿宫三洞启，日回仙仗六龙归。"❼指新及第进士。刘沧《看榜日》："禁漏初停兰省开，列仙名目上清来。"齐己《送孙凤秀才赴举》："此日登仙众，君应最后生。"❽用作美称，指超凡脱俗或极其美好之人或事物。牟融《重赠张籍》："一醉便同尘外客，百杯疑是酒中仙。"赵嘏《喜张濆榜头被驳落》："莫向花前泣杯酒，谪仙依旧是仙才。"方干《陪胡中丞泛湖》："仙舟仙乐醉行春，上界稀逢下界人。"

【仙人】 ❶传说中的长生不老、神通非凡的人。李白《寄王屋山人孟大融》："愿随夫子天坛上，闲与仙人扫落花。"李商隐《七月二十八日夜与王郑二秀才听雨后梦作》："旋成醉倚蓬莱树，有个仙人拍我肩。"陆龟蒙《古别离》："仙人左手把长剑，欲射日乌乌不栖。"❷称道家之人。朱庆余《宿道士观》："堂闭仙人影，空坛月露初。"杨衡《赠庐山道士》："寂寥高室古松寒，松下仙人字委鸾。"李群玉《送隐者归罗浮》："蓬莱道士飞霞履，清远仙人寄好诗。"

【仙人衣】 仙人之衣。常以喻指云霞。刘禹锡《观云篇》："夜深度银汉，漠漠仙人衣。"

【仙人杏】 杏的美称。上官仪《春日》："花轻蝶乱仙人杏，叶密莺啼帝女桑。"

【仙人城】 地名。在唐信州弋阳县（今江西弋阳）。以山峰壁立，形如层城，故名。顾况有《弋阳溪中望仙人城》与《安仁港口望仙人城》。韦庄有《信州西三十里山名仙人城下有月岩山其状秀拔中有山门如满月之状余因行役过其下聊赋是诗》。

【仙人掌】 ❶峰名。华岳三峰之东峰。崔颢《行经华阴》："武帝祠前云欲散，仙人掌上雨初晴。"岑参《赠西岳山人李冈》："君隐处，当一星。莲花峰头饭黄精，仙人掌上演丹经。"❷茶叶名。李白《答族侄僧中孚赠玉泉仙人掌茶》序："见宗僧中孚，示余茶数十片。拳然重叠，其状如手，号为仙人掌茶。"❸汉武帝所建之承露铜盘名。李商隐《和友人戏赠二首》之一："仙人掌冷三霄露，玉女窗虚五夜风。"❹代指华阴县。武则天时一度改华州（华阴县所隶州）为仙掌，故称。岑参《喜华阴王少府使到南池宴集》："仙人掌里使，黄帝鼎边来。"

【仙人鳳】 指载萧史、弄玉成仙而去之凤。典出汉刘向《列仙传·萧史》。李峤《城》："独下仙人凤，群惊御史乌。"参见"仙史❷"。

【仙人樓】 指秦穆公为其女弄玉夫妇所筑之凤台。典出汉刘向《列仙传·萧史》。李邕《奉和初春幸太平公主南庄应制》："织女桥边乌鹊起，仙人楼上凤皇飞。"参见"仙史❷"。

【仙人履】 指东汉叶县令王乔之履。《后汉书·方术传》云：乔有神术。每上朝则以所赐尚书官职履化凫乘之。后天降玉棺，乔谓：天帝独召我耶？遂入棺仙去。后遂以"仙人履"为咏官员入朝或咏尚书之典。苏颋《饯荆州崔司马》："稍发仙人履，将题别驾舆。"又《奉和崔尚书赠大理陆卿鸿胪刘卿见示之作》："出曳仙人履，还熏侍女衣。"参见"仙凫"。

【仙人燭樹】 树名。形似梧桐，其皮枯后剥下如筒状，可点燃照明以代蜡烛，故名。一说即蜡烛名。李贺《秦王饮酒》："仙人烛树腊烟轻，清琴醉眼泪泓泓。"参阅王琦《李长吉歌诗汇解》该条注。

【仙人露】 即甘露。传汉武帝建承露铜盘，下铸仙人手掌之形以托之，故称。李峤《萱》："色湛仙人露，香传少女风。"

【仙人籙】 仙人的册籍，或道教经籍。陈子昂《南山家园幽然清凉独坐思远率成十韵》："凤蕴仙人箓，鸾歌素女琴。"王维《和尹谏议史馆山池》："洞有仙人箓，山藏太史书。"参见"仙籙"。

【仙才】 ❶道家谓可以修仙之才。白居易《吴七郎中山人待制班中偶赠绝句》："金马东门只日开，汉庭待诏重仙才。"李商隐《东还》："自有仙才自不知，十年长梦采华芝。"方干《睦州吕郎中郡中环溪亭》："为是仙才登望处，风光便似武陵春。"❷超越常人的非凡才华。刘元济《经庐岳回望江州想洛川有作》:“仙才惊羽翰,幽居静龙蠖。”亦指有非凡才华之人。易重《寄宜阳兄弟》:“故里仙才若相问,一春攀得两重枝。”喻坦之《和范秘书宿省中作》:“清省宜寒夜,仙才称独吟。”

【仙山】　传说中的仙人所居之山。张九龄《感遇十二首》之五:“海上有仙山,归期觉神变。”储嗣宗《山邻》:“石桥春涧已归迟,梦入仙山山不知。”

【仙凡】　仙界与凡世。牟融《寄羽士》:“别来有路隔仙凡,几度临风欲去难。”司空图《携仙箓九首》之五:“仙凡路阻雨难留,烟树人间一片秋。”

【仙子】　❶仙人;神仙。皎然《别山诗》:“幽僧时相偶,仙子或与晤。”孟郊《晚雪吟》:“一一仙子行,家家尘声销。”李绅《新楼诗二十首·重台莲》:“终恐玉京仙子识,却将归种碧池峰。”❷像仙人一样的人。多指道家修仙者。钱起《东陵药堂寄张道士》:“玄都有仙子,采药早相识。”杨衡《登紫霄峰赠黄仙师》:“日出红霞中,璨璨真仙子。”陈陶《谪仙吟赠赵道士》:“汗漫东游黄鹤雏,缙云仙子住清都。”和凝《解红歌》:“两个瑶池小仙子,此时夺却柘枝名。”❸仙女。白居易《长恨歌》:“楼阁玲珑五云起,其中绰约多仙子。”崔澹《赠王福娘》:“怪得清风送异香,娉婷仙子曳霓裳。”亦借指天仙般美丽的女子。潘雍《赠葛氏小娘子》:“曾闻仙子住天台,欲结灵姻愧短才。”

【仙女】　女仙人。储光羲《官庄池观竞渡》:“踟蹰仙女处,犹似望天河。”李涉《寄荆娘写真》:“上清仙女征游伴,欲从湘灵住河汉。”项斯《送宫人入道》:“愿随仙女董双成,王母前头作伴行。”

【仙犬】　仙人所饲之犬。皮日休《忆洞庭观步十韵》:“仙犬声音古,遗民意绪尨。”曹唐《刘阮洞中遇仙子》:“愿得花间有人出,免令仙犬吠刘郎。”

【仙丹】　道家谓服食后可以成仙之丹。寒山《诗三百三首》之二四七:“欲知仙丹术,身内元神是。”周繇《和段成式》:“若遇仙丹偕羽化,便随萧史亦何伤。”

【仙手】　指超凡出众的大手笔。齐己《禅庭芦竹十二韵呈郑谷郎中》:“未逢仙手咏,俗眼见犹轻。”

【仙公】　仙翁。亦用为对道人的誉称。宋之问《宿云门寺》:“凤归慨处士,鹿化闻仙公。”杜甫《奉汉中王手札报韦侍御萧尊师亡》:“少年疑柱史,多术怪仙公。”

【仙分】　(—fèn)仙缘。谓可以成仙之缘分。李频《送台州唐兴陈明府》:“宦游如不到,仙分即应无。”韩偓《妒媒》:“应笑楚襄仙分薄,日中长是独裴回。”

【仙氏】　指道家。因道教主修仙之说,故称。白居易《和微之诗三十三首·和晨霞》:“君歌仙氏真,我歌慈氏真。”

【仙文】　指皇帝所写之诗文。宋璟《奉和御制璟与张说源乾曜同日上官命宴都堂赐诗应制》:“圣酒山河润,仙文象纬舒。”

【仙方】　❶道家谓可服食成仙的丹药。白居易《不如来饮酒七首》之五:“莫学长生去,仙方误东君。”皮日休《怀华阳润卿博士三首》之一:“环堵养龟看气诀,刀圭饵犬试仙方。”翁承赞《寄示儿孙》:“予家药鼎分明在,好把仙方次第传。”❷对药饵的美称。谓其灵验,如仙人所赐。司空曙《卫明府寄枇杷叶以诗答》:“仙方当见重,消疾本应便。”

【仙户】　仙人洞室之门。李渤《南溪诗》:“仙户掩复开,乳膏凝更滴。”

【仙去】　本指成仙而去,后用作死去的婉词。武元衡《缑山道中口号》:“王子白云仙去久,洛滨行路夜吹笙。”罗邺《骊山》:“不向骊山锁宫殿,可知仙去是明皇。”

【仙术】　(—zhú)药草名。即苍术。亦称赤术、山蓟。道教谓服之可长生成仙,故名。张祜《处士隐居》:“唯当饵仙术,坐作朱颜翁。”

【仙田】　生长仙草之田地。刘得仁《和段校书冬夕寄题庐山》:“阴谷冰埋术,仙田雪覆芝。”

【仙史】　❶记述仙人事迹之史籍。寒山《诗三百三首》之十一:“所嗟皆俗骨,仙史更无名。”❷指萧史。秦穆公女弄玉之夫。善吹箫作凤鸣声,尝引凤凰来栖。穆公为作凤台。传夫妇后俱成仙而去。事见汉刘向《列仙传·萧史》。后常用为咏驸马、公主之典。苏颋《夜宴安乐公主新宅》:“车如流水马如龙,仙史高台十二重。”

【仙市】　仙境之街市。皮日休《送润卿博士还华阳》:“仙市鹿胎如锦嫩,阴宫燕肉似酥肥。”

【仙穴】　仙人所居之洞穴。贺朝《南山》:“仙穴茅山峰,彩云时一见。”孙逖《寻龙湍》:“仙穴寻遗迹,轻舟爱水乡。”

【仙老】　仙翁;仙人。亦用为对道士之尊称。王昌龄《武陵龙兴观黄道士房问易因题》:“仙老言余鹤飞去,玉清坛上雨濛濛。”曹唐《送刘尊师祗诏阙庭三首》之三:“仙老闲眠碧草堂,帝书证入白云乡。”

【仙吏】　❶仙境之吏员。李沇《醮词》:“犬咬天关闭,彩童呼仙吏。”❷指西汉梅福。梅字子真,曾任南昌尉。于汉平帝元始中,忽抛家弃官而去,传以为仙。事见《汉书》卷六七。后遂以“仙吏”为咏县尉(少府)或其他文职之典。张子容《九日陪润州邵使君登北固山》:“梅福惭仙吏,羊公赏下僚。”钱起《送昆山孙少府》:“谁知仙吏去,宛与世尘遥。”韦庄《垣县山中寻李书记山居不遇留题河次店》:“仙吏不知何处隐,山南山北雨濛濛。”

【仙列】　仙人之列。常用作对唐皇室之美称。因唐皇族自称李耳之后，故称。广宣《禁中法会应制》："空愧陪仙列，何阶答圣慈?"

【仙曲】　仙界之乐曲。亦借指美妙之乐曲。杜牧《华清宫三十韵》："月闻仙曲调，霓作舞衣裳。"仙轩《和主司王起》："共仰莲峰听雪唱，欲赓仙曲意怔营。"温庭筠《题翠微寺二十二韵》："涧籁添仙曲，岩花借御香。"吴融《绵竹山四十韵》："合有五色禽，叫啸含仙曲。"

【仙帆】　对帆船的美称。陈子昂《春晦饯陶七于江南同用风字》序："南津坐恨，叹仙帆之方遥；北渚长怀，见离亭之欲晚。"

【仙伎】　指伶人歌妓。伎，通"妓"。王维《奉和圣制十五夜然灯继以酺宴应制》："仙伎来金殿，都人绕玉堂。"

【仙仗】　❶仙人的仪仗。李商隐《一片》："一片非烟隔九枝，蓬峦仙仗俨云旗。"韦庄《尹喜宅》："紫气已随仙仗去，白云空向帝乡消。"❷皇帝的仪仗。杜甫《洗兵马》："已喜皇威清海岱，常思仙杖过崆峒。"皇甫曾《早朝日寄所知》："炉烟乍起开仙杖，玉佩才成引上公。"吴融《和集贤相公西溪侍宴观竞渡》："浪叠摇仙杖，风微定彩标。"

【仙舟】　❶仙人所乘之舟。多用为舟船之美称。张九龄《龙门旬宴得月字韵》："花迎妙妓至，鸟避仙舟发。"司空图《戊午三月晦二首》之一："岂似小敷春水涨，年年鸾鹤待仙舟。"韦庄《庭前桃》："曾向桃源烂漫游，也同渔父泛仙舟。"胡幽贞《归四明》："海色连四明，仙舟去容易。"❷咏名流高士乘舟之典。李百药《送别》："明日河梁上，谁与论仙舟。"孟浩然《同卢明府早秋宴张郎中海亭》："华省曾联事，仙舟复与俱。"白居易《赠楚州郭使君》："笑看儿童骑竹马，醉携宾客上仙舟。"李群玉《重经巴丘追感》："昔年高接李膺欢，日泛仙舟醉碧澜。"参见"李郭仙舟"。❸喻指科举及第，或登科榜。李潜《和主司王起》："恩波旧是仙舟客，德宇新添月桂名。"

【仙衣】　❶代指云雾。以其轻飘而色白如仙人之衣，故称。杜甫《雨不绝》："舞石旋应将乳子，行云莫自湿仙衣。"❷喻指垂柳枝叶。李商隐《垂柳》："朝佩皆垂地，仙衣尽带风。"

【仙州】　❶唐州名。开元四年(716)置。州治在汉叶县(今河南叶县南)旧地。传王子乔在此成仙，故名。二十六年废，划属汝州(今河南省汝州)。祖咏有《汝坟秋同仙州王长史翰闻百舌鸟》。❷指台州。以其境有天台山、天姥山、仙居县等传为仙人出没之场所，故称。方干《寄台州孙从事百篇》："圣世科名酬志业，仙州秀色助神机。"

【仙游寺】　寺名。在今陕西周至县南。原为隋文帝避暑行宫，称仙游宫。宣宗时改建为寺。白居易有《禁中寓直梦游仙游寺》。又《送王十八归山寄题仙游寺》："曾于太白峰前住，数到仙游寺里来。"

【仙宇】　仙宫。借指道观。刘宪《奉和幸白鹿观应制》："玄游乘落晖，仙宇蔼霏微。"

【仙羽】　代指仙鹤。钱起《送陆贽擢第还苏州》："华亭养仙羽，计日再飞鸣。"

【仙妃】　仙女。张子容《春江花月夜二首》之二："交甫怜瑶珮，仙妃难重期。"陆龟蒙《上清》："玉林风露寂寥清，仙妃对月闲吹笙。"

【仙材】　不凡的资质，才器。吴筠《缑山庙》："仙材夙所禀，宝位焉足系。"亦指才能非凡之人。韦庄《放榜日作》："一声开鼓辟金扉，三十仙材上翠微。"

【仙杏】　仙人所植之杏。据晋葛洪《神仙传》载，董奉种杏万株，杏熟，令人自以谷一器易杏一升。有置谷少而取杏多者，则有林虎出吼逐之，必使所得杏与谷数相当。后遂以"仙杏"为杏之美称。李君何《曲江亭望慈恩寺杏园花发》："春晴凭水轩，仙杏发南园。"韦庄《贵公子》："大道青楼御苑东，玉栏仙杏压枝红。"

【仙李】　指老子(李耳)。语本晋葛洪《神仙传·老子》。唐宗室奉老子为李姓之祖，故亦以指李姓世系。杜甫《冬日洛城北谒玄元皇帝庙》："仙李盘根大，猗兰奕叶光。"李商隐《戏题枢言草阁三十二韵》："百岁本无叶，阴阴仙李枝。"韩偓《送人弃官入道》："仙李浓阴润，皇枝密叶敷。"

【仙車】　❶仙人之车驾。王翰《赋得明星玉女坛送廉察尉华阴》："仙车欲驾五云飞，香扇斜开九华照。"❷皇室之车驾。阎朝隐《薛王花烛行》："王子仙车下凤台，紫缨金勒驭龙媒。"

【仙步】　仙人的步履，转指轻盈的脚步。杜审言《和韦承庆过义阳公主山池五首》之三："往往留仙步，攀登日易斜。"钱起《过桐柏山》："赏心无定极，仙步亦清远。"郑谷《寄同年礼部赵郎中》："仙步徐徐整羽衣，小仪澄澹转中仪。"

【仙吹】　犹仙乐，仙人吹奏之乐。亦喻指美妙的音乐。上官仪《奉和过旧宅应制》："神麾飏珠雨，仙吹响飞流。"

【仙岑】　犹仙山，仙境之山。亦借指美如仙境之山。刘希夷《孤松篇》："松子卧仙岑，寂听疑野心。"

【仙伯】　❶仙人之长者，亦泛指仙人。储光羲《贻王侍御出台掾丹阳》："金丘华阳下，仙伯养晦处。"❷对长者的美称。杜甫《白水县崔少府十九翁高斋三十韵》："白水见舅氏，诸翁乃仙伯。"

【仙花】　仙界之花。对花之美称。孙逖《和登会稽山》:"仙花寒未落,古蔓柔堪引。"无名氏《汤周山》(卷七八六):"丹灶犹存鼎,仙花发故园。"

【仙杯】　指皇宫的酒杯,代指宫筵。李适《奉和春日幸望春宫应制》:"舞蝶飞行飘御席,歌莺度曲绕仙杯。"

【仙杼】　仙女之机杼。王勃《林塘怀友》:"芳屏画春草,仙杼织朝霞。"

【仙事】　道家所说修仙之事。白居易《味道》:"七篇真诰论仙事,一卷檀经说佛心。"

【仙果】　❶仙树之果实。张子容《送苏倩游天台》:"琪树尝仙果,琼楼试羽衣。"刘禹锡《苏州白舍人寄新诗有叹早白无儿之句因以赠之》:"雪里高山头白早,海中仙果生子迟。"司空图《赠步寄李员外》:"幽瀑下仙果,孤巢悬夕阳。"❷御赐果品之美称。张籍《朝日敕赐百官樱桃》:"仙果人间都未有,今朝忽见下天门。"

【仙門】　指皇宫之门。王维《奉和圣制从蓬莱向兴庆阁道中留春雨中春望之作应制》:"銮舆迥出千门柳,阁道回看上苑花。"

【仙昇】　死的婉词。谓升天成仙而去。李商隐《过景陵》:"武皇精魄久仙升,帐殿凄凉烟雾凝。"

【仙帔】　道士所穿之披肩。刘长卿《寻洪尊师不遇》:"道书堆玉案,仙帔叠青霞。"

【仙使】　仙界的使者。韦渠牟《步虚词十九首》之三:"上帝求仙使,真符取玉郎。"

【仙阜】　仙山。指乐游原。谓其地高敞若仙境之丘阜。胡皓《奉和圣制同二相以下群官乐游园宴》:"仙阜崇高异,神州眺览殊。"

【仙京】　代指京师。孙逖《同邢判官寻龙湍观归湖中》:"星使下仙京,云湖喜昼晴。"

【仙府】　❶仙人所居之处。元结《引极二首·望仙府》:"诣仙府兮从羽人,饵五灵兮保清真。"储嗣宗《和茅山高拾遗忆山中杂题五首·山泉》:"香味清机仙府回,萦纡乱石便流杯。"亦指仙界之官府。吕岩《七言》之二七:"仙府记名丹已熟,阴司除籍命应还。"❷比喻仙居般的府第、居处。王传《和襄阳徐相公商贺徐副使加章绶》:"仙府色饶攀桂侣,莲花光让握兰身。"❸道观的美称。高适《玉真公主歌》:"仙宫仙府有真仙,天宝天仙秘莫传。"

【仙妾】　仙宫之婢女。李贺《天上谣》:"玉宫桂树花未落,仙妾采香垂珮缨。"

【仙法】　学道修仙之法。张籍《寄白二十二舍人》:"偏依仙法多求药,长共僧游不读书。"

【仙宗】　❶宗系、宗族的美称。张九龄《故刑部李尚书挽词三首》之一:"仙宗出赵北,相业起山东。"韩愈《奉和杜相公太清宫纪事陈诚上李相公十六韵》:"象帝威容大,仙宗宝历赊。"张蠙《投翰林张侍郎》:"举家贫拾海边樵,来认仙宗在碧霄。"❷学道修仙的要宗。孟郊《求仙曲》:"仙教生为门,仙宗静为根。"

【仙官】　❶道教称在天界封有官位之仙人。李白《桂殿秋》:"曲终却从仙官去,万户千门惟月明。"韩愈《调张籍》:"仙官敕六丁,雷电下取将。"薛逢《汉武宫辞》:"汉武清斋夜筑坛,自斟明水醮仙官。"❷对道士的美称。王维《送方尊师归嵩山》:"仙官欲往九龙潭,旄节朱幡倚石龛。"权德舆《送梁道士谒寿州崔大夫》:"年少一仙官,清羸驾彩鸾。"❸指朝官。杜牧《洛中监察病假满送韦楚老拾遗归朝》:"洛桥风暖细翻衣,春引仙官去玉墀。"

【仙居】　❶仙人居住之处。白居易《答微之夸越州州宅》:"贺上人回得报书,大夸州宅似仙居。"方干《赠处州段郎中》:"幸见仙才领郡初,郡城孤峭似仙居。"❷指道观。马戴《谒仙观二首》之二:"我生求羽化,斋沐造仙居。"唐彦谦《乱后经表兄琼华观旧居》:"一去仙居似转蓬,再经花谢倚春丛。"❸借指歌妓居处。孙光宪《浣溪沙》词:"乌帽斜欹倒佩鱼,静街偷步访仙居,隔墙应认打门初。"

【仙居觀】　(觀 guàn)道观名。在汉州(今四川广汉)。传为李八百成仙之处。杜光庭有《题仙居观》。

【仙妓】　对歌妓之美称。王维《奉和圣制上巳于望春亭观禊饮应制》:"画鹢移仙妓,金貂列上公。"钱起《陪郭常侍令公东亭宴集》:"词人载笔至,仙妓出花迎。"杜牧《奉送中丞姊夫俦自大理卿出镇江西叙事书怀因成十二韵》:"一声仙妓唱,千里暮江痕。"

【仙垣】　指尚书省及所属六部官署。令狐楚《寄礼部刘郎中》:"一别三年在上京,仙垣终日选群英。"

【仙者】　仙人,或修仙之人。张蠙《赠道者》:"始知仙者隐,殊不在深山。"

【仙查】　同"仙槎"。骆宾王《夏日游德州赠高四》:"栖拙隐金华,狎道访仙查。"刘禹锡《和仆射牛相公追感韦裴六相率然成篇并见寄之作》:"威风本池思泛泳,仙查旧路望回旋。"

【仙相】　仙人之相,亦指可以修炼成仙之骨相。韦渠牟《步虚词十九首》之十二:"灵官竟谁降,仙相有夫人。"

【仙要】　学道修仙之要旨。崔融《和梁王众传张光禄是王子晋后身》:"汉主存仙要,淮南爱道机。"顾况《题卢道士房》:"稽首问仙要,黄精堪饵花。"

【仙省】　(—shěng)尚书省的美称。郑严《送韦员外赴朔方》:"已推仙省妙,更是幕中才。"

【仙界】　仙境;仙人的世界。孟郊《烂柯石》:"仙界一日内,人间千载穷。"刘沧《过铸鼎原》:"仙界日长青鸟度,御衣香散紫霞飘。"婺州山中人《歌》:"尘世连仙界，琼田前路通。”

【仙品】　犹上品，上乘。喻品级之高，非凡俗可比。谢邈《谢人惠琴材》：“七弦妙制饶仙品，三尺良材称道情。”

【仙侣】　❶结伴的仙人，仙友。麻温其《登岳阳楼》：“仙侣缤生留福地，湘娥帝子寄哀弦。”清昼、潘述《还丹可成诗联句》：“跂予望仙侣，高咏升天行。”❷道友，道家友伴。钱起《宴郁林观张道士房》：“仙侣披云集，霞杯达曙倾。”张贲《偶约道流终乖文会答皮陆》：“仙侣无何访蔡经，两烦韶濩出彤庭。”❸指才德出众，如汉李膺与郭太般的伴侣。典出《后汉书·郭太传》。杜甫《秋兴八首》之八：“佳人拾翠春相问，仙侣同舟晚更移。”亦泛指高尚脱俗之友伴或及第之友。李远《陪新及第赴同年会》：“满座皆仙侣，同年别有情。”赵嘏《成名年献座主仆射兼呈同年》：“除却今年仙侣外，堂堂又见两三春。”刘沧《题四皓庙》：“雪鬓仙侣何深隐，千古寂寥云水重。”参见“仙舟”。

【仙侯】　仙界中有尊位之神仙。皮日休《太湖诗·石板》：“又恐霄景阔，虚皇拜仙侯。”陆龟蒙《和袭美褚家林亭》：“高窗曲槛仙侯府，卧苇荒芹白鸟家。”

【仙風】　❶仙境之风。亦指使人感到飘然欲仙之风。刘长卿《游四窗》：“长笑天地宽，仙风吹佩玉。”牟融《送羽衣之京》：“香浮宝辇仙风润，花落瑶坛绛雨消。”李群玉《将游罗浮登广陵楞伽台别羽客》：“濯泉唤仙风，于此荡灵魄。”❷仙人的气质，风骨。见“仙風道骨”。

【仙風道骨】　仙人的资质与风致。吕岩《酹江月》词：“仙风道骨，颠倒运乾坤。”

【仙姿】　仙人的姿容，亦借指美丽超凡的姿容。郑嵎《津阳门诗》：“鸣鞭后骑何躞蹀，宫妆襟袖皆仙姿。”李群玉《和吴中丞悼笙妓》：“丽质仙姿烟逐风，凤凰声断吹台空。”

【仙洞】　❶仙人之洞府。李颀《送刘主簿归金坛》：“茅山有仙洞，羡尔再经过。”韩琮《云》：“莫向隙窗笼夜月，好来仙洞湿行衣。”阎选《浣溪沙》词：“刘阮信非仙洞客，嫦娥终是月中人。”❷指修仙者之居处，或道观。白居易《春题华阳观》：“帝子吹箫逐凤皇，空留仙洞号华阳。”权德舆《上巳日赴九华观祓禊之会以二绝句申赠》之一：“三日韶光处处新，九华仙洞七香轮。”查文徽《寄麻姑仙坛道士》：“人归仙洞云连地，花落春林水满溪。”花蕊夫人《宫词》之一三三：“乘兴忽来仙洞里，大家寻觅一时忙。”

【仙洲】　❶传说仙人聚居的海中之洲。贯休《上顾大夫》：“碧海漾仙洲，骊珠外无宝。”齐己《渚宫自勉二首》之二：“天涯游胜境，海上宿仙洲。”亦比喻仙境般的胜地。章孝标《蜀中上王尚书》：“武略剑峰环相府，诗情锦浪浴仙洲。”❷指佛国圣地。义净《玄逵律师言离广府还望桂林去留怆然自述赠怀》：“标心之梵宇，运想入仙洲。”

【仙津】　通往仙界的渡口，亦代指仙界。项斯《梦仙》：“昨宵魂梦到仙津，得见蓬山不死人。”

【仙客】　❶仙人。钱起《岁暇题茅茨》：“桃源应渐好，仙客许相寻。”❷道人，道士。张子容《云阳驿陪崔使君邵道士夜宴》：“诸侯倾皂盖，仙客整黄冠。”玄宗《送胡真师还西山》：“仙客厌人间，孤云比性闲。”许浑《重游飞泉观题故梁道士宿龙池》：“仙客不归龙亦去，稻畦长满此池干。”❸喻指超逸脱俗或才能非凡之人。白居易《吴秘监每有美酒独酌独醉辄此戏酬兼呈梦得》：“蓬山仙客下烟霄，对酒唯吟独酌谣。”杜牧《张好好诗》：“飘然集仙客，讽赋欺相如。”

【仙袂】　❶仙人的衣袖。白居易《长恨歌》：“风吹仙袂飘飖举，犹似霓裳羽衣舞。”❷代指仙人。《郊庙歌辞·享节愍太子庙乐章·迎神》：“仙袂云会，灵旗电晰。”亦代指人手。用作美称。徐铉《送陈先生之洪井寄萧少卿》：“闻君仙袂指洪崖，我忆情人别路赊。”

【仙祠】　指道教祠观。马戴《宿王屋天坛》：“未知谁与传金箓，独向仙祠拜老君。”

【仙郡】　指景色优美之州郡。姚合《酬礼部李员外见寄》：“本求仙郡是闲居，岂向郎官更有书。”

【仙眉】　眉的美称。一说指女冠（女道士）的眉毛。李商隐《镜槛》：“仙眉琼作叶，佛髻钿为螺。”

【仙院】　指集贤殿书院。开元十三年，改集仙院为集贤殿书院，故称。刘禹锡《酬令狐留守巡内至集贤院见寄》：“仙院文房隔旧宫，当时盛事尽成空。”

【仙草】　❶传说中的有起死回生或延年益寿等功效的神异之草。亦专指灵芝。贾曾《和宋之问下山歌》：“王孙不留兮岁将晏，嵩岩仙草兮为谁芳？”段成式《寄周繇求人参》：“九茎仙草真难得，五叶灵根许惠无？”❷草的美称，亦特指宫苑内的草。温庭筠《休浣日西掖谒所知》：“毫端蕙露滋仙草，琴上薰风入禁松。”

【仙真】　仙人。李白《古风》之四：“时登大楼山，举手望仙真。”又《上云乐》：“生死了不尽，谁明此胡是仙真。”

【仙桂】　❶传说中月宫的桂树。无可《和宾客相国咏雪》：“灵芝霜下秀，仙桂月中栽。”方干《新月》：“更怜三五夕，仙桂满轮芳。”参阅段成式《酉阳杂俎·天咫》。❷喻科举及第，功名。旧称科举及第为蟾宫折桂，故云。李频《自黔中归新安》：“却将仙桂东归去，江月相随直到家。”罗隐《东归》：“仙桂高高似有神，貂裘敝尽取无因。”褚载《贺赵观文重试及第》：“一枝仙桂两回春，始觉文章可致身。"参见"折桂"。

【仙桃】 ❶神话传说中王母所种之桃，见《汉武帝内传》。后诗中多用为咏桃之典。李绅《新楼诗二十首·新楼》："惆怅桂枝零落促，莫思方朔种仙桃。"曹邺《题濮庙》："人间直有仙桃种，海上应无肉马踪。"护国《逢灵道士》："一茎青竹以为杖，数颗仙桃仍未餐。"吕岩《七言》之八二："姮娥月桂花先吐，王母仙桃子渐成。"❷桃树、桃子的美称。杜甫《奉和贾至舍人早朝大明宫》："五夜漏声催晓箭，九重春色醉仙桃。"周朴《春日游北园寄韩侍郎》："仙桃不肯全开拆，应借余芳待使君。"

【仙酌】 犹言仙酒。李端《云阳观寄袁稠》："石上开仙酌，松间对玉琴。"

【仙閃】 闪动貌。孟郊《生生亭》："一日数开扉，仙闪目不停。"

【仙骨】 仙人的骨相。谓可望修炼成仙的素质。杜甫《送孔巢父谢病归游江东兼呈李白》："自是君身有仙骨，世人那得知其故。"许浑《闻释子栖玄欲奉道因寄》："仙骨本微灵鹤远，法心潜动毒龙惊。"曹唐《小游仙诗九十八首》之十二："长怕嵇康乏仙骨，与将仙籍再寻看。"

【仙圃】 学仙者培植药苗之圃。刘言史《题茅山仙云药院》："道书金字小，仙圃玉苗新。"

【仙唄】 指佛徒在举行仪式时，依曲调唱经诵佛。刘长卿《秋夜北山精舍观体如师梵》："焚香奏仙呗，向夕遍空山。"

【仙峰】 ❶仙境之山峰，亦指幽深而风景优美的山峰。宣宗《百丈山》："仙峰不间三春秀，灵境何时六月寒。"薛莹《宿仙都观阴王二君修道处》："十载别仙峰，峰前千古踪。"❷华山东峰仙人掌峰的略称。白行简《归马华山》："蹀躞仙峰下，腾骧渭水湾。"

【仙氣】 仙界之云气。亦用作云雾之美称。太宗《春日望海》："仙气凝三岭，和风扇八荒。"《郊庙歌辞·享章怀太子庙乐章·迎神》："仙气霭霭，灵从师师。"

【仙秩】 仙界的官秩。皎然《奉同颜使君真卿清风楼赋得洞庭歌送吴炼师归林屋洞》："中山炼师栖白云，道成仙秩号元君。"

【仙倡】 乐舞中扮演神仙的歌舞艺人。李白《上云乐》："老胡感至德，东来进仙倡……能胡歌，献汉酒，跪双膝，立两肘，散花指天举素手。"

【仙島】 ❶仙人居住之岛，亦指学仙者或隐逸者所居之岛。李商隐《槿花二首》之一："三清与仙岛，何事亦离群。"刘沧《赠隐者》："五湖仙岛几年别，九转药炉深夜开。"❷指大明宫内水中小岛。钱起《和范郎中宿直中书晓玩清池赠南省同僚两垣遗补》："自矜仙岛胜，宛在掖苑深。"亦泛指一般岛屿。多用作美称。钱起《重送陆侍御使日本》："云佩迎仙岛，虹旌过蜃楼。"李绅《新楼诗二十首·龟山》："旧深崖谷藏仙岛，新结楼台起佛扇。"杜荀鹤《送友人入关》："仙岛烟霞通鹤信，早春雷雨与龙期。"

【仙師】 对仙人的尊称，亦为对道人的尊称。皎然《奉同颜使君真卿清风楼赋得洞庭歌送吴炼师归林屋洞》："吴兴太守道家流，仙师远放清风楼。"

【仙翁】 ❶仙人中之长者。许浑《再游姑苏玉芝观》："明日挂帆更东去，仙翁应笑为鲈鱼。"❷对道士的敬称。皎然《送顾道士游洞庭山》："含桃风起花狼藉，正是仙翁棋散时。"温庭筠《西陵道士茶歌》："仙翁白扇霜鸟翎，拂坛夜读《黄庭经》。"孙蜀《中秋夜戏酬顾道流》："仙翁每被嫦娥使，一度逢圆一度吟。"❸对隐者的美称。高骈《访隐者不遇》："惆怅仙翁何处去，满庭红杏碧桃开。"

【仙庭】 犹天庭。仙界之朝廷。李白《上皇西巡南京歌十首》之七："四海此中朝圣主，峨眉山下列仙庭。"

【仙家】 ❶仙人。文宗《上元日二首》之二："不爱仙家登真诀，愿蒙四海福黔黎。"雍裕之《四色》："道士牛已至，仙家鸟亦来。"李商隐《同学彭道士参寥》："莫羡仙家有上真，仙家暂谪亦千春。"齐己《和郑谷郎中看棋》："个是仙家事，何人合用心。"❷仙人之居处。孟浩然《武陵泛舟》："莫测幽源里，仙家信几深。"李涉《题苏仙宅枯松》："几年苍翠在仙家，一旦枝枯类海槎。"李洞《和曹监春晴见寄》："竺庙邻钟震晓鸦，春阴盖石似仙家。"❸仙界，与人世对称。李商隐《魏侯第东北楼堂郢叔言别聊用书所见成篇》："海底翻无水，仙家却有村。"陆龟蒙《奉和袭美夏景冲澹偶作次韵二首》之二："莫道仙家无好爵，方诸还拜碧琳侯。"张蠙《费征君旧居》："遗篇补乐府，旧籍隶仙家。"❹指道教祠观。权德舆《和九华观见怀贡院八韵》："上巳好风景，仙家足芳菲。"

【仙室】 仙人之居室。常指道教祠观。綦毋潜《宿太平观》："魂交仙室蝶，曙听羽人鸡。"

【仙宴】 宫中宴会的美称。郑嵎《津阳门诗》："瑶光楼南皆紫禁，梨园仙宴临花枝。"

【仙宫】 ❶仙境之宫殿。李峤《刘侍读见和山邸十篇重申此赠》："神岳瑶池圃，仙宫玉树林。"杨衡《仙女词》："仙宫一闭无消息，遥结芳心向碧云。"罗虬《比红儿诗》之八九："火色樱桃摘得初，仙宫只有世间无。"❷指皇宫或皇帝行在。窦叔向《端午日恩赐百索》："仙宫长命缕，端午降殊私。"韦庄《送崔郎中往使西川行在》："莫恋炉边醉，仙宫待侍郎。"无名氏《华清宫望幸》（卷七八七）："凿山开秘殿，隐雾蔽仙宫。"

【仙容】 仙人的容貌。借指超俗不凡的面容。赵嘏《赠道者》:"野迹似云无处著,仙容如水与谁同?"

【仙郎】 ❶指传说中的牛郎。戴叔伦《织女词》:"凤梭停织鹊无音,梦忆仙郎夜夜心。"曹唐《织女怀牵牛》:"欲将心向仙郎说,借问榆花早晚秋。"转指情郎,郎君。薛能《赠歌者》:"谁人得向青楼宿,便是仙郎不是夫。"和凝《杨柳枝》之二:"醉来咬损新花子,拽住仙郎尽放娇。"徐铉《梦游三首》之三:"仙郎有约长相忆,阿母何猜不得知。"王福娘《问棨诗》:"非同覆水应收得,只问仙君有意无。"❷唐时对尚书省所属吏、户、礼、兵、刑、工六部的中郎、员外郎等郎官的美称。王维《同比部杨员外十五夜游有怀静者季》:"独有仙郎心寂寞,却将宴坐为行乐。"岑参《送颜平原》:"仙郎授剖符,华省辍分忧。"羊士谔《送张郎中副使自南省赴凤翔府幕》:"仙郎佐氏谋,廷议宠元侯。"李商隐《寄和水部马郎中题兴德驿时昭义已平》:"仙郎倦去心,郑驿暂登临。"亦泛称其他官员。鲍溶《酬王侍御》:"惭非青玉制,故以赠仙郎。"此指御史台侍御史。韦庄《漳亭驿小樱桃》:"当年此树正花开,五马仙郎载酒来。"此指州牧。徐铉《和太常萧少卿近郊马上偶吟》:"怪得仙郎诗句好,断霞残照远山西。"此指太常寺少卿。参见"仙臺"。

【仙祚】 喻指皇帝享国之岁月。杨巨源《春日奉献圣寿无疆词十首》之一:"代推仙祚远,春共圣恩长。"

【仙姥】 女仙之年长者。元结《宿无为观》:"山中旧有仙姥家,十里飞泉绕丹灶。"

【仙班】 仙界之朝班。李咸用《升天行》:"引余再拜归仙班,清声妙色视听安。"

【仙教】 指道教。孟郊《求仙曲》:"仙教生为门,仙宗静为根。"

【仙掖】 唐时中书、门下两省在宫中左右掖,故以"仙掖"称中书、门下两省。王湾《丽正殿赐宴同勒天前烟年四韵应制》:"鼎罗仙掖里,觞拜琐闱前。"钱起《和万年成少府寓直》:"钟声自仙掖,月色近霜台。"郎士元《和王相公题中书丛竹寄上元相公》:"多时仙掖里,色并翠琅玕。"杨巨源《和卢谏议朝回书情即事寄两省阁老兼呈二起居谏院诸院长》:"时贤俨仙掖,气谢心何如。"

【仙梵】 指佛徒诵梵经之声。李颀《宿莹公禅房闻梵》:"花宫仙梵远微微,月隐高城钟漏稀。"

【仙梯】 ❶登天成仙之梯。喻指成仙之途径。韩愈《华山女》:"仙梯难攀俗缘重,浪凭青鸟通丁宁。"❷对皇宫之梯的美称。王涯《宫词三十首》之二十四:"百尺仙梯倚阁边,内人争下掷金钱。"

【仙曹】 ❶仙人之列。李商隐《郑州献从叔舍人褎》:"茅君奕世仙曹贵,许掾全家道气浓。"陆龟蒙《寄茅山何威仪二首》之二:"曾向人间拜节旄,乍疑因梦到仙曹。"❷唐尚书省所属吏、户、礼、兵、刑、工等部曹的美称,或指六部所属郎官。杨巨源《送殷员外使北番》:"努力黄云北,仙曹有雉车。"韦庄《南省伴直》:"文昌二十四仙曹,尽倚红簷种露桃。"李洞《送卢郎中赴金州》:"云明天岭高,刺郡辍仙曹。"谭用之《山中春晚寄贾员外》:"珍重仙曹旧知已,往来星骑一相过。"亦泛指朝廷官署或官员。许浑《十二月拜起居表回》:"一章西奏拜仙曹,回马天津北望劳。"李商隐《迎寄韩鲁州》:"圣朝推卫霍,归日动仙曹。"黄滔《寄敷水卢校书》:"谏省垂清论,仙曹岂久临。"

【仙眼】 神仙的眼睛。谓可以见凡人之所不见者。陆畅《题商山庙》:"若无仙眼何由见,总在庙前花洞中。"

【仙唱】 指皇宫的歌乐。刘宪《奉和幸三会寺应制》:"豫游仙唱动,潇洒出尘埃。"

【仙術】 道教、方士所谓修炼成仙、长生不死之术。皎然《妙喜寺达公禅斋寄李司直康士骋四十二韵》:"中年慕仙术,永愿传其诀。"邵谒《学仙词》:"祖龙好仙术,烧却黄金精。"陆龟蒙《樵人十韵·樵风》:"仙术信能为,年华未将晚。"欧阳炯《大游仙诗》:"囊中隐诀多仙术,肘后方书济俗人。"

【仙御】 犹仙驾。高瑾《三月三日宴王明府山亭》:"逸人谈发,仙御舟来。"

【仙舸】 仙舟。畅当《宿潭上二首》之一:"夜潭有仙舸,与月当水中。"

【仙卿】 仙界之有尊位者。韦渠牟《步虚词十九首》之八:"云车降何处,斋室有仙卿。"皮日休《润卿遗青饳饭兼之一绝聊用答谢》:"传得三元饳饭名,大宛闻说有仙卿。"徐铉《送礼部潘尚书致仕还建安》:"化剑津头寻故老,同亭会上问仙卿。"

【仙訣】 学道修仙的秘诀。储光羲《题应圣观》:"登门骇天书,启籥问仙诀。"李商隐《酬令狐郎中见寄》:"句曲闻仙诀,临川得佛经。"贯休《了仙谣》:"亦留仙诀在人间,啮镞终言药非道。"

【仙液】 指美酒。李颀《送李回》:"岁发金钱供御府,昼看仙液注离宫。"

【仙書】 道家修仙之书。储光羲《终南幽居献苏侍郎三首时拜太祝未上》之一:"灵阶曝仙书,深室炼金英。"秦系《题石室山王宁所居》:"石镜妻将照,仙书我借看。"皮日休《初夏即事寄鲁望》:"忽枕素琴睡,时把仙书行。"

【仙尉】 ❶指汉梅福。梅曾为南昌县尉,后成仙而去,故称。事见《汉书·梅福传》。韦庄《南昌晚眺》:"芳草绿遮仙尉宅,落霞红衬贾人船。"❷县尉之美称。孟浩然《送王七尉松滋得阳台云》："愁君此去为仙尉，便逐行云去不回。"李白《送当涂赵少府赴长芦》："仙尉赵家玉，英风凌四豪。"张蠙《送缙云尉》："释褐从仙尉，之官兴若何。"参见"仙吏"。

【仙娥】 ❶仙女。许浑《秋晚云阳驿西亭莲池》："神女暂来云易散，仙娥初去月难留。"刘沧《经麻姑山》："一自仙娥归碧落，几年春雨洗红兰。"方干《赠美人四首》之三："若教梅尉无仙骨，争得仙娥驻玉京?"❷亦作"仙蛾"。代指美女。骆宾王《代女道士王灵妃赠道士李荣》："台前镜影伴仙娥，楼上箫声随凤史。"庄南杰《阳春曲》："凤叶龙吟白日长，落花声底仙娥醉。"张祜《观杭州柘枝》："舞停歌罢鼓连催，软骨仙蛾暂起来。"韦庄《观浙西府相畋游》："归来一路笙歌满，更有仙娥载酒迎。"

【仙娥峰】 山名。在商州(今陕西商县)。为商山之一峰。一名吸秀山。白居易《仙娥峰下作》："商山无数峰，最爱仙娥好。"

【仙娥驛】 唐驿站名。在商州(今陕西商县)商山仙娥峰下。李日新有《题仙娥驿》。

【仙婢】 神仙之侍婢。贯休《梦游仙四首》之四："守阍仙婢相倚睡，偷摘蟠桃几倒地。"

【仙階】 仙宫前的台阶。亦指宫殿寺观或道坛的台阶。李义府《在巂州遥叙封禅》："仙阶溢秘秬，灵检耀祥芝。"

【仙馭】 ❶仙驾；仙人所乘之鹤。张继《上清词》："春风不肯停仙驭，却向蓬莱看杏花。"雍陶《病鹤》："忆得当时病未遭，身为仙驭雪为毛。"薛能《答贾支使寄鹤》："瑞羽奇姿踉跄形，称为仙驭过清冥。"❷代指御驾，皇帝的车驾。太宗《赋秋日悬清光赐房玄龄》："仙驭随轮转，灵乌带影飞。"❸死的婉辞。谓跨鹤成仙而去。韩愈《大行皇太后挽歌词三首》之三："云随仙驭远，风助圣情哀。"李中《烈祖孝高挽歌二首》之二："仙驭归何处，苍苍问且难。"

【仙都】 ❶仙境，仙人居处。上官昭容《游长宁公主流杯池二十五首》之七："何如鲁馆，即是仙都。"刘商《姑苏怀古送秀才下第归江南》："有时凝思家虚无，霓幢仿佛游仙都。"陆龟蒙《奉和袭美赠魏处士五贶诗·华顶杖》："湖云如有路，兼可到仙都。"孔德绍《登白马山护明寺》："暂同游阆苑，还类入仙都。"亦喻指仙境般的地方。张蠙《赠丘衙推》："仙都高处掩柴扉，人世闻名见者稀。"黄滔《投翰长赵侍郎》："禹门西面逐飘蓬，忽喜仙都得入踪。"❷山名。即缙云山。徐凝《题缙云山鼎池二首》之二："天地茫茫成古今，仙都凡有几人寻?"皮日休《寄题镜岩周尊师所居》："如何计吏穷于鸟，欲望仙都举一帆。"详见"仙都山"。

【仙都山】 山名。在处州府缙云县(今浙江省缙云县)东。原名缙云山，天宝七载改今名。道家以之为七十二洞天之第二十九洞天。李德裕《思平泉树石杂咏一十首·海上石笋》："常爱仙都山，奇峰千仞悬。"刘昭禹有《仙都山留题》。

【仙都觀】 (觀 guàn)道教观名。唐建，在忠州十都县(今重庆丰都县)平都山。传汉王方平、阴长生在此得道成仙。薛莹有《宿仙都观阴王二君修道处》。王周有《游仙都观》。

【仙壺】 壶天，道家所称仙境。据《后汉书·费长房传》载：费曾见市中有售药老翁，悬一壶于座，市罢，乃跳入壶中，知非常人，乃向学仙。后遂以"仙壶""壶中天"喻仙境。李敬方《遣兴》："日月仙壶外，筋骸药臼中。"

【仙期】 ❶成仙之期。钱起《药堂秋暮》："勉事壶公术，仙期待赤龙。"刘禹锡《游桃源一百韵》："一旦前致辞，自云仙期迫。"❷仙人约会之期。李峤《奉和七夕两仪殿会宴应制》："灵匹三秋会，仙期七夕过。"

【仙菌】 灵芝的美称。温庭筠《连峰歌》："阳崖一梦伴云根，仙菌灵芝梦魂里。"

【仙雲】 仙人所驾之云。韦渠牟《步虚词十九首》之六："仙云在何处，仿佛满空堂。"

【仙掌】 ❶汉武帝为求仙建于建章宫前之承露铜盘名。以其状为仙人舒掌捧盘承露，故名。杨师道《初秋夜坐应诏》："沧池流稍洁，仙掌露方溥。"王维《和贾舍人早朝大明宫之作》："日色才临仙掌动，香烟欲傍衮龙浮。"李德裕《寒食日三殿侍宴奉进诗一首》："春露明仙掌，晨霞照御袍。"和凝《宫词百首》之三五："层台金碧惹红霞，仙掌亭亭对月华。"参见"仙人掌❶"。❷华山东峰仙人掌峰的省称。苏颋《奉和圣制途经华岳应制》："晴观五千仞，仙掌拓山开。"韩翃《赠别华阴道士》："露叶独归仙掌去，回风片雨谢时人。"贾岛《送僧》："仙掌云边树，巢禽时出关。"温庭筠《老君庙》："紫气氤氲捧半岩，莲峰仙掌共巉巉。"亦代指华山。齐己《因览支使孙中丞看可准大师诗序有寄》："锦江增古翠，仙掌减元精。"❸武则天时一度改华州为仙掌，后遂称华州或华阴县为仙掌。无可《寄华州马戴》："水寒仙掌路，山远华阳人。"姚合《送裴中丞赴华州》："自无仙掌分，非是圣心偏。"

【仙掌茶】 "仙人掌茶"的省称。产荆州玉泉寺近清溪诸山。其状如手掌，故名。李白《答族侄僧中孚赠玉泉仙人掌茶》序："余游金陵，见宗僧中孚，示余茶数十片。拳然重叠，共状如手，号为仙人掌茶……兼赠诗，要余答之，遂有此作。后之高僧大隐，知仙掌茶发乎中孚禅子及青莲居士李白也。"

【仙迹】 ❶仙人之遗迹。李商隐《圣女祠》："杳蔼逢仙迹，苍茫滞客途。"❷指已死者之事迹。陈元光

《太母魏氏半径题石》："乔岳标仙迹，玄扃妥寿姬。"

【仙筆】　喻出众不凡、出神入化的手笔、诗文。贯休《古意九首》之八："常思李太白，仙笔驱造化。"

【仙舄】　代指鞋履。典出《后汉书·方术传·王乔》。后诗文常以此为咏仙人或鞋履之典，亦代指用仙木所化之坐骑。李峤《诗》："都尉仙凫远，梁王驷马来。"孟浩然《同张明府碧溪赠答》："仙凫能作伴，罗袜共凌波。"段成式《句》："掷履仙凫起，扯衣蝴蝶飘。"姚月华《制履赠杨达》："愿化双仙凫，飞来入闺里。"

【仙禽】　鹤的美称。刘禹锡《飞鸢操》："青鸟自爱玉山禾，仙禽徒贵华亭露。"皮日休《公斋四咏·鹤屏》："三幅吹空縠，孰写仙禽状？"韦庄《信州溪岸夜吟作》："一城人悄悄，琪树宿仙禽。"

【仙詞】　步虚之词。道士作法诵经之词。施肩吾《闻山中步虚声》："仙词偶逐东风来，误飘数声落尘境。"

【仙游】　❶为求仙访道而远游。李白《题元丹丘颍阳山居》："仙游渡颍水，访隐同元君。"亦喻指游览风景胜地。李愿《登瀛洲阁》："公余自多暇，尊酒奉仙游。"❷仙逝。死的婉词。杜甫《斗鸡》："仙游终一閟，女乐久无香。"权德舆《惠昭皇太子挽歌词二首》之一："宫仗黄麾出，仙游紫府遥。"❸代指盩厔县（今陕西周至县）。相传尹先生于此遇老君，白日升仙而去，县内有仙游乡、仙游泽、仙游寺等，故称。李商隐《戏题枢言草阁三十二韵》："君从渭南至，我自仙游来。"

【仙游山】　山名。在唐盩厔县南。白居易有《游仙游山》。

【仙游寺】　寺名。在唐盩厔县东南三十五里。其地有仙游潭。李华有《仙游寺》。白居易《送王十八归山寄题仙游寺》："曾于太白峰前住，数到仙游寺里来。"朱庆余有《题仙游寺》。薛能有《宿仙游寺望月生峰》。

【仙游洞】　山洞名。在盩厔县南仙游山。白居易《寄王质夫》："春寻仙游洞，秋上云居阁。"

【仙游觀】　道观名。在凤翔府麟游县（今陕西麟游）。传道教赤脚仙曾游于此，故名。王勃有《春日仙游观赠道士》。韩翃有《同题仙游观》。

【仙童】　仙人之侍童。杜甫《寄司马山人十二韵》："有时骑猛虎，虚室使仙童。"亦指道童，道观供役的童子。韦庄《王道者》："因携竹杖闻龙气，为使仙童带橘香。"徐铉《送彭秀才南游》："琴心酒趣神相会，道士仙童手共携。"

【仙尊士】　对道士的尊称。寒山《诗三百三首》之二四七："昨到云霞观，忽见仙尊士。"

【仙扉】　仙宫之门。亦以指道观之门。皮日休《太湖诗·晓次神景宫》："静径侵泬寥，仙扉傍岩崿。"

【仙媛】　仙女。宋之问《寿阳王花烛图》："仙媛乘龙日，天孙捧雁来。"

【仙鄉】　❶仙境，仙人所居之处。姚鹄《拟送贺知章入道》："太液始同黄鹤下，仙乡已驾白云归。"曹松《桂江》："乳洞此时连越井，石楼何日到仙乡。"李中《思简寂观旧游寄重道者》："闲忆当年游物外，羽人曾许驻仙乡。"徐铉《玉笥山留题》："仙乡会应远，王事知何极。"❷比喻优美静僻如仙境的地方。皎然《冬日天井西峰张炼师所居》："仙乡何代隐，乡服言亦楚。"亦指寺观，或寺观所在之地。和凝《兴势观》："只向五千文字内，愿成金骨住仙乡。"徐铉《题白鹤庙》："平生心事向玄关，一入仙乡似旧山。"❸指妓院。唐代诗词每以仙女、仙妓指妓女，故称。韦庄《怨王孙》词："日斜归去人难见，青楼远，队队行云散。不知今夜，何处深锁兰房，隔仙乡。"

【仙禁】　指宫禁，皇宫。张九龄《奉和圣制送尚书燕国公赴朔方》："宠锡从仙禁，光华出汉京。"窦常《求自试》："仙禁祥云合，高梧彩凤游。"封敖《春色满皇州》："锦铺仙禁侧，镜写曲江头。"徐夤《宫莺》："闲栖仙禁日边柳，饥啄御园天上花。"

【仙榜】　❶对皇室宅第门头匾额的美称。宗楚客《安乐公主移入新宅侍宴应制》："星桥他日创，仙榜此时开。"韦元旦《奉和幸安乐公主山庄应制》："仙榜承恩争既醉，方知朝野更欢娱。"❷科举考试后公布的登科榜。黄滔《放榜日》："吾唐取士最堪夸，仙榜标名出曙霞。"

【仙槎】　❶传说可通天河仙境之筏。见晋张华《博物志》卷三。后遂用为咏仙境之典。褚亮《赋得蜀都》："得上仙槎路，无待访严遵。"齐己《观李琼处士画海涛》："叶扑仙槎摆欲沉，下头应是骊龙窟。"❷船的美称。刘孝孙《早发成皋望河》："仙槎不辨处，沉璧想犹存。"杜甫《舟泛洞庭》："云山千万叠，底处上仙槎。"韦庄《夏口行寄婺州诸弟》："谁道我随张博望，悠悠空外泛仙槎。"徐铉《送宣州丘判官》："喜君驰后乘，于此会仙槎。"

【仙鼎】　道家用以炼丹之鼎。贯休《拟齐梁酬所知见赠二首》之二："美如仙鼎金，清如纤手琴。"

【仙閣】　❶仙境之楼阁。借指皇室楼阁。刘宪《侍宴长宁公主东庄》："画桥飞渡水，仙阁涌临虚。"❷指尚书省及其所属六部。沈佺期《酬苏员外味道夏晚寓直省中见赠》："并命登仙阁，分曹直礼闱。"钱起《春宵寓直》："不知仙阁峻，惟觉玉绳低。"❸特指麒麟阁。阁为汉武帝所建，上绘有萧何、苏武等功臣图像。李峤《麟》："画像临仙阁，藏书入帝台。"

【仙路】　❶仙境之路。林杰《王仙坛》："羽客已登仙路去，丹炉草木尽凋残。"李涉《赠长安小主人》：

“仙路迷人应有术，桃源不必在深山。”雍陶《放鹤》：“努力莫辞仙路远，白云飞处免群鸡。”徐铉《题画石山》：“灵踪理难问，仙路去何通。”❷皇帝车驾行经之路。狄仁杰《奉和圣制夏日游石淙山》：“宸晖降望金舆转，仙路峥嵘碧涧幽。”

【仙蛾】 见“仙娥”。

【仙署】 ❶仙界之官署。罗隐《粉》：“最好玉京仙署里，更和秋月照琼枝。”郑谷《为户部李郎中与令季端公寓止渠州江寺偶作寄献》：“仙署金闺虚位久，夜清应梦近天颜。”❷尚书省及所属六部官署的别称。许浑《和毕员外雪中见寄》：“仙署淹清景，雪华松桂阴。”马戴《山中寄姚合员外》：“敢招仙署客，暂此拂朝衣。”

【仙鼠】 蝙蝠之别名。李白《答族侄僧中孚赠玉泉仙人掌茶》序：“余闻荆州玉泉寺近清溪诸山，山洞往往有乳窟，窟中多玉泉交流，其中有白蝙蝠，大如鸦。按《仙经》，蝙蝠一名仙鼠。”姚合《题金州西园九首·药堂》：“时闻有仙鼠，窃药檐隙间。”

【仙會】 仙人聚会。卢鸿一《嵩山十志十首·枕烟庭》：“恍欻翕兮沓幽霭，意缥缈兮群仙会。”

【仙裔】 仙人的后裔，亦用作对他人宗系的誉称。陆龟蒙《送董少卿游茅山》：“威辇高悬度世名，至今仙裔作公卿。”

【仙意】 犹仙气。谓含有仙人或仙境的意味。邢巨《游宣州琴溪同武平一作》：“灵溪非人迹，仙意素所秉。”张嫔《宴驸马宅》：“座中古物多仙意，壁上新诗有御题。”

【仙源】 ❶指晋陶渊明《桃花源记》中所描绘的世外桃源。王维《桃源行》：“春来遍是桃花水，不辨仙源何处寻。”章碣《桃源》：“绝壁相倚是洞门，昔人从此入仙源。”❷仙境，多比喻幽僻而风景美好之地。顾况《送李道士》：“人境年虚掷，仙源日未斜。”李质《宿日观东房诗》：“曾入桃溪路，仙源信少双。”❸指道教寺观。权德舆《晚秋陪崔阁老张秘监阁老苗考功同游昊天观》：“方驾游何许，仙源去似归。”

【仙道】 道教求仙之术。宋务光《海上作》：“吾君略仙道，至化孚淳默。”白居易《寄卢少尹》：“遂使世俗心，多疑仙道书。”陆龟蒙《奉和袭美怀华阳润卿博士三首》之三：“仙道最高《黄玉箓》，暑天偏称白纶巾。”亦指登仙之路。章八元《天台道中示而行》：“仙道多因迷路得，莫将心事问樵翁。”

【仙窟】 仙人所居之洞府。白居易《想东游五十韵》：“紫洞藏仙窟，玄泉贮怪湫。”亦指溶洞。

【仙殿】 ❶仙人之宫殿。亦指学仙者之房舍。刘长卿《自紫阳观至华阳洞侯宿尊师草堂简同游李延年》：“七曜悬洞宫，五云抱仙殿。”❷指皇宫。郑谷《谷初忝谏垣今宪长薛公方在西阁知奖隆异以四韵代述荣感》：“道自琐闱言下振，恩从仙殿对回深。”

【仙經】 道教经典的美称。李白《别韦少府》：“水国远行迈，仙经深讨论。”钱起《赋得青城山歌送杨杜二郎中赴蜀军》：“蜀山西南千万重，仙经最说青城峰。”刘得仁《山中寻道人不遇》：“石路特来寻道者，云房空见有仙经。”张乔《送何道士归山》：“身非绝粒本清羸，束挂仙经杖一枝。”

【仙臺】 ❶《初学记》卷十一引晋司马彪《续汉官志》：“尚书省在神仙门内。”后遂以“仙台”代称尚书省。张谓《赠吏部孙员外济》：“披云自有镜，从此照仙台。”❷指凤台。见旧题汉刘向《列仙传》。传凤台故址在太白山中。岑参《冬夜宿仙游寺南凉堂旦谦道人》：“秦女去已久，仙台在中峰。”❸指王屋山之天坛峰。据《仙经》云：王屋山有仙宫洞天，号小有清虚洞天。为道教三十六小洞天之尊，故称。李白《送王屋山人魏万还王屋》：“君来几何时，仙台应有期。”❹指凤翔仙游观所在之台基。韩翃《同题仙游观》：“仙台下见五城楼，风物凄凄宿雨收。”参见“仙游觀”。❺指云陵。即汉钩弋夫人之墓。在今陕西淳化县境。张祜《钩弋夫人词》：“惆怅云陵事不回，万金重更筑仙台。”

【仙境】 仙界，仙人居处之地。无可《酬厉侍御秋中思归树石所居见寄》：“深去通仙境，思归厌宦名。”曹唐《仙子送刘阮出洞》：“殷勤相送出天台，仙境那能却再来。”亦喻指美如仙界之处。王铎《和于兴宗登越王楼诗》：“锦绣来仙境，风光入帝京。”韦庄《登汉高庙闲眺》：“独寻仙境上高原，云雨深藏古帝坛。”

【仙夢】 游仙境之梦。汪遵《瑶台》：“仙梦香魂不久留，满川云雨满宫愁。”

【仙歌】 仙界之歌。王维《送张道士归山》：“当作辽城鹤，仙歌使尔闻。”亦以称宫廷之歌曲。韦承庆《寒食应制》：“蔼蔼瑶山满，仙歌始乐风。”韦元旦《奉和人日宴大明宫恩赐彩缕人胜应制》：“圣藻凌云裁柏赋，仙歌促宴摘梅春。”

【仙監】 秘书监的美称。令狐楚《节度宣武酬乐天梦得》：“蓬莱仙监客曹郎，曾枉高车客大梁。”按刘禹锡大和二年(828)为主客郎中，时白居易任秘书监。

【仙管】 笙箫等乐器的美称。亦代指美妙之乐声。乔知之《梨园亭子侍宴》：“天杯承露酌，仙管杂风流。”包佶《元日观百僚朝会》：“御炉分兽炭，仙管弄云韶。”鲍君徽《奉和麟德殿宴百僚应制》：“玉筵鸾鹄集，仙管凤凰调。”

【仙鳳】 ❶凤凰的美称，喻指公主。李峤《中宗降诞日长宁公主满月侍宴应制》：“神龙见像日，仙凤养雏年。”❷喻指凤州。王勃《晚留凤州》：“宝鸡辞旧役，仙风历遗墟。”

【仙誌】　有仙缘者的骨相标志。皮日休《太湖诗·晓次神景宫》：“尝闻择骨录，仙志非可作。”

【仙語】　❶犹仙经，道教求仙之书。陆龟蒙《寄怀华阳道士》：“见买扁舟束真诰，手披仙语任扬舲。”❷喻鹤唳。李涉《失题》：“泠泠仙语人听尽，却向五云翻翅飞。”

【仙韶】　仙韶院的省称。为唐文宗时宫中乐工伶人的住处。花蕊夫人《宫词》之三十：“选进仙韶第一人，才胜罗绮不胜春。”

【仙漏】　皇宫中的更漏，即宫中据刻漏报更之声。令狐楚《宫中乐五首》之四：“银台门已闭，仙漏夜沉沉。”郑谷《蜡烛》：“仙漏迟迟出建章，宫帘不动透清光。”

【仙實】　果实的美称。贺知章《望人家桃李花》：“莫道春花不可树，会持仙实荐君王。”

【仙態】　仙女的体态，借指美女的身姿。李郢《中元夜》：“红烛影回仙态近，翠鬟光动看人多。”

【仙趣】　不俗的意趣。上官昭容《游长宁公主流杯池二十五首》之十六：“泉石多仙趣，岩壑写奇形。”

【仙墀】　仙宫前的台阶。陆龟蒙《奉和袭美古杉三十韵》：“蟠桃标日域，珠草侍仙墀。”

【仙標】　超凡脱俗的风度。李白《春陪商州裴使君游石娥溪》：“裴公有仙标，拔俗数千丈。”李商隐《崇让宅东亭醉后沔然有作》：“俗态虽多累，仙标发近狂。”

【仙樓】　❶仙境楼阁。李沇《方响歌》：“梦入仙楼戛残曲，飞霜棱棱上秋玉。”❷指皇宫中的楼阁。岑羲《奉和春日幸望春宫应制》：“南山近压仙楼上，北斗平临御扆前。”吴融《寄杨侍郎》：“云情鹤态莫夸慵，正上仙楼十二重。”

【仙輪】　相轮的美称。即寺塔上的架盖。杨廉《奉和九月九日登慈恩寺浮图应制》：“宝铎含飙响，仙轮带日红。”

【仙輝】　指宫中铜镜的光辉。席豫《奉和敕赐公主镜》：“令节颁龙镜，仙辉下凤台。”

【仙賞】　游赏胜景。喻指访求仙境。杜甫《忆昔行》：“秋山眼冷魂未归，仙赏心违泪交堕。”

【仙嶠】　仙山。李白《送贺监归四明应制》：“瑶台含雾星辰满，仙峤浮空岛屿微。”杨衡《赠罗浮易炼师》：“海上多仙峤，灵人信长生。”方干《送水墨项处士归天台》：“仙峤倍分元化功，揉蓝翠色一重重。”

【仙牓】　同“仙榜❷”。牓，榜的异体字。李咸用《投知》：“自是远人多蹇滞，近来仙榜半孤寒。”

【仙儀】　仙人之仪容。亦用为公主之美称。武平一《送金城公主适西蕃》：“圣念飞玄藻，仙仪下白兰。”

【仙質】　脱俗不凡的资质。许敬宗《奉和喜雪应制》：“姑峰映仙质，郢路杂歌尘。”无名氏《鹤鸣九皋》（卷七八七）：“胎化呈仙质，长鸣在九皋。”

【仙衛】　❶仙人的仪卫。《武后享清庙乐章十首·送神》：“大礼言毕，仙卫将归。”韩偓《漫作二首》之二：“岳灵分正气，仙卫借神兵。”❷皇帝的仪卫，亦指皇室护送灵车的仪卫。王翰《娥眉怨》：“宫车晚出向南山，仙卫逶迤去不还。”

【仙盤】　指汉武帝建章宫前之承露铜盘。张仲素《玉绳低建章》：“微明连粉堞，的皪映仙盘。”杜牧《昔事文皇帝三十二韵》：“凤阙觚棱影，仙盘晓日暾。”亦以喻指武则天所铸述德天枢上之云盖。李峤《奉和天枢成宴夷夏群僚应制》：“仙盘正下露，高柱欲承天。”

【仙廚】　仙人的厨房。施肩吾《题龙池山人》：“终朝采药供仙厨，却笑桃花少颜色。”

【仙廟】　指道观。贯休《闻赤松舒道士下世》：“仙庙诗虽继，墙苔篆必鞔。”

【仙潢】　❶犹天河。卢照邻《七夕泛舟二首》之一：“水疑通织室，舟似泛仙潢。”❷喻皇室，谓皇族宗系有若支脉之源于天河。崔国辅《七夕》：“太守仙潢族，含情七夕多。”

【仙駕】　❶仙人的车驾或鸾驾。则天皇后《唐享昊天乐·第十二》：“登金阙，入紫微，望仙驾，仰恩徽。”项斯《病鹤》：“纵使他年引仙驾，主人恩在亦应归。”张昭《汉宗庙乐舞辞》：“正抚薰弦娱赤子，忽登仙驾泣苍梧。”❷皇帝的车驾。李峤《和周记室从驾晓发合璧宫》：“珠履陪仙驾，金声振属车。”又《奉和杜员外扈从教阅》：“幸陪仙驾末，欣采翰林芳。”❸代指已死的皇帝。意谓皇帝乘车升天仙去。韦应物《燕李录事》：“近臣零落今犹在，仙驾飘飖不可期。”李德裕《述梦诗四十韵》：“每怀仙驾远，更望茂陵号。”汪遵《铜雀台》：“不知仙驾归何处，徒遣颦眉望汉宫。”李山甫《又代孔明哭先主》：“鼎湖无路追仙驾，空使群臣泣血多。”

【仙樂】　（—yuè）❶仙界之音乐。《郊庙歌辞·太清宫乐章·紫极舞》：“仙乐临丹阙，云车出玉京。”白居易《琵琶引》：“今夜闻君琵琶语，如听仙乐耳暂明。”胡曾《咏史诗·瑶池》：“阿母瑶池宴穆王，九天仙乐送琼浆。”亦以喻称美妙动听的音乐。李白《忆旧游寄谯郡元参军》：“餐霞楼上动仙乐，嘈然宛似鸾凤鸣。”方干《雪中寄薛郎中》：“深拥红炉听仙乐，忍教愁坐画寒灰？”❷皇宫所奏音乐。雍裕之《了语》：“仙乐拍终天悄悄，鸡人唱绝残漏晓。”韩偓《从猎三首》之三：“忽闻仙乐动，赐酒玉偏提。”李建勋《罢相进诗》：

"禁中仙乐无时过，阶下常人不敢行。"❸道教做法事时所奏音乐。程太虚《醮坛峰》："烟篆香残凌汉表，风飘仙乐响山间。"

【仙壇】 ❶犹仙界。仙人居处。张祜《陪杭州郡使宴西湖亭》："归去不须愁暮雨，高唐神女属仙坛。"杜牧《卢秀才将出王屋高步名场江南相逢赠别》："将携健笔干明主，莫向仙坛问白云。"李频《游四明山刘樊二真人祠题山下孙氏居》："久在仙坛下，全家是地仙。"刘沧《经麻姑山》："山顶白云千万片，时闻鸾鹤下仙坛。"❷道教祭仙之坛。顾况《崦里桃花》："崦里桃花逢女冠，林间杏叶落仙坛。"陈羽《游洞灵观》："风吹青桂寒花落，香绕仙坛处处闻。"李绅《华顶》："欲向仙峰炼九丹，独瞻华顶礼仙坛。"郑启《邓表山》："仙坛丹灶灵犹在，鹤驾清朝去不归。"❸石名。王维《沈十四拾遗新竹生读经处同诸公之作》："何如道门里，青翠拂仙坛。"

【仙磬】 寺观中的磬，状如云板，敲击以集僧众者。亦指敲磬之声。卢肇《题甘露寺》："福庭增气象，仙磬落昭回。"

【仙蕴】 超脱尘世的意蕴。陆龟蒙《奉和袭美江南书情二十韵次韵》："钓家随野舫，仙蕴逐雕函。"

【仙翰】 ❶指皇帝的书札。李峤《奉教追赴九成宫途中口号》："委质承仙翰，祗命遄遥策。"苏颋《奉和圣制漕桥东送新除岳牧》："至言题睿扎，殊渥洒仙翰。"❷仙羽。指凤凰。借指新科登第进士。杨汝士《宴杨仆射新昌里第》："隔坐应须赐御屏，尽将仙翰入高冥。"

【仙棹】 仙人之舟。棹，桨。代指船。尹懋《同燕公泛洞庭》："幸奏潇湘云壑意，山旁容与动仙桡。"

【仙機】 仙人织锦之机。孟郊《和蔷薇花歌》："仙机札札织凤皇，花开七十有二行。"

【仙醞】 仙人所酿之酒。代指美酒，宋之问《奉和九月九日登慈恩寺浮屠应制》："时菊芳仙酝，秋兰动睿篇。"王昌龄《题朱炼师山房》："百花仙酝能留客，一饭胡麻度几春。"权德舆《奉和张仆射朝天行》："仙酝尝分玉斝浓，御闲更辍金羁骏。"

【仙氅】 即鹤氅。以鸟羽所制之长外衣。郑谷《所知从事近藩偶有怀寄》："水墨画松清睡眼，云霞仙氅挂吟身。"

【仙録】 见"仙籙"。

【仙貌】 仙人之风貌。卢纶《送道士郄彝素归内道场》："羽衣风淅淅，仙貌玉棱棱。"

【仙譜】 仙乐之谱。借指清雅绝俗的琴曲之谱。韦庄《赠峨嵋山弹琴李处士》："为君吟作听琴歌，为我留名系仙谱。"

【山闈】 ❶仙界之宫舍。孙欣《奉试冷井诗》："仙闱井初凿，灵液沁成泉。"钱起《画鹤篇》："日暖花明梁燕归，应惊片雪在仙闱。"❷指皇宫。萧嵩《奉和御制左丞相说右丞相璟太子少傅乾曜同日上官命宴都堂赐诗》："御酒飞觞洽，仙闱雅乐张。"钱起《早朝》："钟传清禁才应彻，漏报仙闱俨已开。"郑谷《春夕伴同年礼部赵员外省直》："冰寒玉镜春寒在，粉傅仙闱月色多。"

【仙蹤】 仙人之踪迹。薛令之《太姥山》："鬼斧巧开凿，仙踪常往还。"李宣古《听蜀道士琴歌》："人间岂合值仙踪，此别多应不再逢。"韦庄《颍阳县》："琴堂连少室，故事即仙踪。"亦指人踪。李华《尚书都堂瓦松》："华省秘仙踪，高堂露瓦松。"因唐尚书省称"仙台"，故谓。

【仙輿】 皇帝的车舆。郑愔《奉和九月九日登慈恩寺浮图应制》："涌霄开宝塔，倒影驻仙舆。"李适《侍宴安乐公主新宅应制》："彩仗遥临丹壑里，仙舆暂幸绿亭幽。"王涯《宫词三十首》之八："宜春院里驻仙舆，夜宴笙歌总不如。"

【仙館】 指秘书省，为掌管图书秘籍的中央机构。因东汉藏书之东观被称为蓬山仙馆，故延称。王昌龄《留别伊阙张少府郭大都尉》："孟阳蓬山旧，仙馆留清才。"亦指翰林院等中央机构。吴融《禁直偶书》："玉皇新复五城居，仙馆词臣在碧虚。"

【仙爵】 仙人之爵位。借指中书舍人，或翰林学士带知制诰衔者。韦应物《和吴舍人早春归沐西亭言志》："名虽列仙爵，心已遣尘机。"

【仙選】 从仙人中选出之佼佼者，喻极美之人。韩愈、孟郊《城南联句》："扳援贱蹊绝，炫曜仙选更。"

【仙翼】 青鸟之翼。传说青鸟为西王母传信之仙禽，故称。张乔《青鸟泉》："只此沉仙翼，瑶池似不遥。"

【仙隱】 谓隐遁而学道修仙。杜甫《鹿》："无才逐仙隐，不敢恨庖厨。"张乔《经宣城元员外山居》："无人袭仙隐，石室闭空山。"

【仙櫂】 船的美称。櫂，同"棹"，船桨。薛昚惑《奉和进船洛水应制》："禁园纡睿览，仙棹叶宸游。"杨发《与诸公池上待月》："金波宜共赏，仙棹一宵同。"雍陶《和河南白尹西池北新葺水斋招赏十二韵》："龙门人少到，仙棹自多停。"徐铉《送高舍人使岭南》："使星将渡汉，仙棹乍乘潮。"

【仙闕】 ❶仙境宫阙。李群玉《池州封员外郡斋双鹤仙态浮旷罢政之日因呈此章》："应携帝乡去，仙阙看飞鸣。"齐己《荆渚病中因思匡庐遂成三百字寄梁先辈》："梦冷通仙阙，神融合太虚。"❷皇宫。亦代指朝廷。张九龄《初发道中赠王司马兼寄诸公》："肃命趋仙阙，侨装抚传车。"李峤《晚秋喜雨》："聚霭笼仙阙，连霜绕画楼。”

【仙蹟】 见“仙迹”。

【仙蹕】 代指天子的车驾。徐彦伯《奉和兴庆池戏竞渡应制》：“青潭晓霭笼仙跸，红屿晴花隔彩旒。”钱起《和李员外扈驾幸温泉宫》：“遥羡枚皋扈仙跸，偏承霄汉渥恩浓。”陈去疾《踏歌行》之二：“仙跸初传紫禁香，瑞云开处夜花芳。”郑审《奉使巡检两州路种果树事毕入奏因咏》：“何当扈仙跸，攀折奉恩辉。”

【仙雞】 鸡的美称。据《神仙传·刘安》载：淮南王刘安成仙时，余药器置在中庭，鸡犬舐啄之，尽得升天。故称。钱起《宴曹王宅》：“仙鸡引敌穿红药，宫燕衔泥落绮疏。”

【仙顏】 仙人的容颜。喻娇美的颜色。李绅《忆春日太液池亭侯对》：“草承香辇王孙长，桃艳仙颜阿母栽。”

【仙藪】 仙界之湖泽。亦借指仙境。陆龟蒙《奉和袭美太湖诗·入林屋洞》：“屹若造灵封，森如达仙薮。”

【仙藥】 可服食成仙之药。徐晶《蔡起居山亭》：“垂露和仙药，烧香诵道经。”顾况《八月五日歌》：“梨园弟子传法曲，张果先生进仙药。”皎然《贻李汤》：“山中玉笋是仙药，袖里素书题养生。”李涉《春山三朅来》之二：“未必蓬莱有仙药，能向鼎中云漠漠。”

【仙願】 学道修仙之愿望。孟郊《登华岩寺楼望终南山赠林校书兄弟》：“一望俗虑醒，再登仙愿崇。”

【仙羅】 罗纱。有网眼而透明的丝织品，可作灯笼。孟郊《寒地百姓吟》：“华膏隔仙罗，虚绕千万遭。”

【仙籍】 ❶仙乡，仙人之居处。孟郊《游韦七洞庭别业》：“崆峒非凡乡，蓬瀛在仙籍。”亦为对他人故乡之美称。张乔《送宾贡金夷吾奉使归本国》：“渡海登仙籍，还家备汉仪。”❷仙人之名籍、簿录。寒山《诗三百三首》之七九：“能益复能易，当得上仙籍。”皇甫冉《题蒋道士房》：“闻道昆仑有仙籍，何时青鸟送丹砂？”元稹《天坛上境》：“因为南昌检仙籍，马君家世奉还丹。”李商隐《赠华阳宋真人兼寄清都刘先生》：“但惊茅许同仙籍，不道刘卢是世亲。”❸代指登科榜。新登第进士的名录。韦庄《寄薛先辈》：“悬知回日彩衣荣，仙籍高标第一名。”徐铉《酬郭先辈》：“仙籍第三人，时人故称屈。”亦指登科者的籍贯履历等。孟球《和主司王起》：“仙籍共知推霞藻，禁垣同得荐嘉名。”刘沧《及第后宴曲江》：“紫毫粉壁题仙籍，柳色箫声拂玉楼。”周朴《赠李裕先辈》：“仙籍旧题前进士，圣朝新奏校书郎。”

【仙簷】 对他人住舍的美称。李商隐《白云夫旧居》：“平生误识白云夫，再到仙檐忆酒垆。”

【仙鐘】 仙界之钟，借称寺观之钟。李益《登天坛夜见海》：“仙钟撞撞近海日，海中离离三山出。”刘禹锡《客有为余话登天坛遇雨之状因以赋之》：“洞府撞仙钟，村墟起夕霭。”

【仙鏑】 仙人之箭镞。见孔灵符《会稽记》所载。骆宾王《畴昔篇》：“仙镝流音鸣鹤岭，宝剑分辉落蛟濑。”

【仙躅】 仙人的足迹。王绩《古意六首》之一：“幽人在何所，紫岩有仙躅。”

【仙鶴】 鸟名。即丹顶鹤。古代传说中仙人多乘鹤，故被视为仙禽。李峤《鼓》：“仙鹤排门起，灵鼍带水鸣。”李绅《悲善才》：“流莺子母飞上林，仙鹤雌雄唳明月。”亦代指道士。皮日休《顾道士亡弟子以束帛乞铭于余鲁望因赋戏赠日休奉和》：“大椿枯后新为记，仙鹤亡来始有铭。”

【仙竈】 道教用以烧炼仙丹之灶。王泠然《夜光篇》：“初谓炼丹仙灶里，还疑铸剑神溪中。”

【仙藻】 指雪花。李峤《游禁苑陪幸临渭亭遇雪应制》：“六出迎仙藻，千箱答瑞年。”张说《奉和圣制野次喜雪应制》：“欲验丰年象，飘摇仙藻来。”

【仙纈】 仙人的彩色绢帛。王毂《红蔷薇歌》：“红霞烂泼猩猩血，阿母瑶池晒仙缬。”

【仙巖】 ❶山名。在唐温州境，今浙江瑞安大罗山南麓。为道教七十二福地之第二十六福地。方干有《题仙岩山瀑布呈陈明府》。王贞白有《仙岩二首》。路应有《仙岩四瀑布即事寄上秘书包监侍郎七兄明州李九郎十四韵》。姚揆有《仙岩铭》。❷仙山。泛指景色如仙境之山。李绅《忆万岁楼望金山》：“蜃嘘云拱飞江岛，鳌喷仙岩隔海澜。”

【仙巖寺】 佛寺名。在温州仙岩山。司空图有《温州仙岩寺铭》。参见“仙巖”❷。

【仙籟】 仙界之美妙声音。张佐《忆游天台寄道流》：“忆昨天台到赤城，几朝仙籁耳中生。”

【仙籙】 ❶亦作“仙録”。仙人之书籍或道教经书。叶法善《留诗》之一：“忝以掌仙录，去来乘烟霞。”钱起《幽居春暮书怀》：“仙箓满床闲不厌，阴符在箧老羞看。”❷喻指科举登第之榜。李博《贺裴廷裕蜀中登第诗》：“铜梁千里曙云开，仙箓新从紫府来。”

【仙艫】 游船的美称。骆宾王《久戍边城有怀京邑》：“秋涛飞喻马，秋水泛仙舻。”

【仙籞】 皇帝出游时用以阻隔外人的竹篱。王维《三月三日曲江侍宴应制》：“仙籞龙媒下，神皋凤跸留。”

【仙龕】 神龛。供奉神佛的石室。白居易《客有说》：“中有仙龛虚一室，多传此待乐天来。”

【仙觀】 （—guàn）❶仙境之道观，想象中的道士仙升后所居之观。贯休《秋怀赤松道士》：“仙观在云端,相思星斗寒。”❷指道教寺观。于鹄《送唐中丞让节归山》:“朱门鸳瓦为仙观,白领狐裘出帝城。”护国《题醴陵玉仙观歌》:“王乔一去留仙观,白云至今凝不散。”

【仙靈】 道教信奉之神仙。陈子昂《与东方左史虬修竹篇》:“信蒙雕斫美,常愿事仙灵。”钱起《寻华山云台观道士》:“还从罔象来,忽得仙灵宅。”韩愈《华山女》:“华山女儿家奉道,欲驱异教归仙灵。”胡曾《缑山》:“缑山翠岗孕仙灵,古柏新松满洞馨。”

【仙艷】 超凡绝世的美艳之色。李山甫《牡丹》:“数苞仙艳火中出,一片异香天上来。”孙光庭《应天长》词:“翠凝仙艳非凡有,窈窕年华方十九。”

仡 〔yì《广韵》許訖切,入迄,曉。又魚迄切,入迄,疑。〕❶挺立貌。元稹《寺院新竹》:“槎枒矛戟合,屹仡龙蛇动。”❷举头仰望貌。元结《演兴·初祀》:“仡浑洪兮馥闐闐,管化石兮洞刳天。”❸见“仡栗”。

【仡栗】 迅疾貌。孟郊《秋怀》之三:“一尺月透户,仡栗如剑飞。”

仔 〔zǐ《广韵》即里切,上止,精。〕见“仔细”。

【仔細】 亦作“子细”。细心,细致。杜甫《九日蓝田崔氏庄》:“明年此会知谁健?醉把茱萸子细看。”沈传师《寄大府兄侍史》:“将军破了单于阵,更把兵书仔细看。”刘得仁《晓别吕山人》:“羡入秋风洞,幽泉仔细闻。”亦指详细入微。唐彦谦《中秋夜玩月》:“坐来离思忧将晓,争得嫦娥仔细知。”

他 〔tā《广韵》託何切,平歌,透。《正字通》讀若塔,平聲。〕❶代词。别的,另外的。李白《寻鲁城北范居士失道落苍耳中见范置酒摘苍耳作》:“他筵不下箸,此席忘朝饥。”韩愈《咏雪赠张籍》:“赏玩捐他事,歌谣放我才。”曹邺《续幽愤》:“过门似他乡,举趾如遗辙。”❷别人或别的事物。裴迪《春日与王右丞过新昌里访吕逸人不遇》:“恨不逢君出荷蓑,青松白屋更无他。”令狐楚《将赴洛下旅次汉南献上相公二十兄言怀八韵》:“百忧今已失,一醉孰知他?”齐己《赠浙西李推官》:“他皆恃勋贵,君独爱诗玄。”❸置于表时间词前,指过去或来来之某一时间。刘长卿《登东海龙兴寺高顶望海简演公》:“他时相忆处,惆怅西南峰。”刘商《送王永二首》之一:“如今送别临溪水,他日相思来水头。”薛能《雕堂》:“他年谁识我,心迹在徐州。”❹指自身和对方以外之某人。可指单数、复数,男性或女性。张谓《岐王席上咏美人》:“平阳莫相妒,唤出不如他。”杜甫《清明二首》之一:“绣羽衔花他自得,红颜骑竹我无缘。”元稹《遣悲怀三首》之一:“顾我无衣搜画箧,泥他沽酒拔金钗。”李浩弼《从幸秦川赋贽兽》:“长途莫怪无人迹,尽被山王棱杀他。”❺置于所指代名词前,表强调。刘长卿《谪官后卧病官舍简贺兰侍郎》:“岁岁任他芳草绿,长沙未有定归期。”李益《写情》:“从此无心爱良夜,任他明月下西楼。”李商隐《华清宫》:“未免被他褒女笑,只教天子暂蒙尘。”罗隐《代文宣王答》:“若教颜闵英灵在,终不羞他李老君。”

【他人】 别人。李白《妾薄命》:“以色事他人,能得几时好?”戎昱《苦辛行》:“天地生我尚如此,陌上他人何足论!”张碧《农父》:“到头禾黍属他人,不知何处抛妻子?”唐彦谦《吊方干处士二首》之二:“不比他人死,何诗可挽君?”

【他山】 ❶指产玉石之山。丁居晦《琢玉》:“他山岂无石,宁及此时呈?”亦泛指石山。无闷《寒林石屏》:“本向他山求得石,却于石上看他山。”参见“他山石”。❷他乡之山;别的山。刘允济《经庐岳回望江州想洛川有作》:“故园有归梦,他山飞赏乐。”钱起《陇右送韦三还京》:“嘶骖顾近驿,归路出他山。”于武陵《与僧话旧》:“他山逢旧侣,尽日话长安。”韦庄《婺州和陆谏议将赴阙怀阳羡山居》:“故国饶芳草,他山挂夕晖。”缪岛云《登天都峰》:“他山青点点,远水白凄凄。”

【他山石】 本指他山所产可以琢玉之石。语本《诗·小雅·鹤鸣》:“他山之石,可以攻玉。”后多用以喻指可提供帮助之外力。亦以泛指珍贵之石。岑参《送李卿赋得孤岛石》:“一片他山石,巉巉映小池。”吕温《咏蜀客石琴枕》:“可怜他山石,几度负贞坚。”李山甫《古石砚》:“追琢他山石,方圆一勺深。”

【他日】 ❶往日;过去的某日或某时。杜甫《秋兴八首》之一:“丛菊两开他日泪,孤舟一系故园心。”李商隐《樱桃花下》:“他日未开今日谢,嘉辰长短是参差。”❷来日;未来之某日或某时。崔兴宗《青花歌》:“不应常在藩篱下,他日凌云谁见心?”钱起《送张五员外东归楚州》:“他日诏书下,梁鸿安可追?”白居易《与诸同道同游二室至九龙潭作》:“他日终为独往客,今朝未是自由身。”

【他方】 ❶别处,外乡。杜审言《赠崔融二十韵》:“十年俱薄宦,万里各他方。”杜牧《秋晚江上遣怀》:“不拟彻双鬓,他方掷岁华。”❷指佛教所说彼岸。喻凫《岫禅师南溪兰若》:“唯应无月夜,瞑目见他方。”韦蟾《岳麓道林寺》:“他方居士来施斋,彼岸上人投结夏。”

【他生】 来生,转世。耿沣《题庄上人房》:“流年衰此世,定力见他生。”元稹《遣悲怀三首》之二:“同穴窅冥何所望?他生缘会更难期。”李商隐《马嵬二首》之二:“海外徒闻更九州,他生未卜此生休。”

【他年】 ❶以后，将来。戴叔伦《暮春游长沙东湖赠辛兖州巢父二首》之二："莫恨长沙远，他年忆此辰。"刘禹锡《八月十五日夜桃源玩月》："绝景良时难再并，他年此日应惆怅。"项斯《病鹤》："纵使他年引仙驾，主人恩在亦应归。"❷昔年，从前。耿沣《送五闰》："语我他年旧，看君此日还。"李商隐《回中牡丹为雨所败二首》之一："下苑他年未可追，西州今日忽相期。"赵嘏《宛陵寓居上沈大夫二首》之二："能忘天上他年贵，来结林中一日闲？"

【他攻】 谓他山之石因其坚硬而被采去攻玉。张九龄《杂诗五首》之五："木直几自寇，石坚亦他攻。"

【他岐】 歧路，岔道。韩愈《寄崔二十六立之》："回首卿相位，通途无他岐。"崔涂《秋晚书怀》："梦唯怀上国，迹不到他岐。"

【他事】 ❶他人之事。刘长卿《秋夜雨中诸公过灵光寺所居》："流水从他事，孤云任此心。"❷别事，余外之事。高适《别韦兵曹》："此心应不变，他事已徒然。"熊孺登《青溪村居二首》之二："野人早起无他事，贪绕沙泉看笋生。"

【他門】 别人家的门，代指其他人家。张蠙《投翰林张侍郎》："九衢马识他门少，十载身辞故国遥。"

【他夜】 别的夜晚。李商隐《西溪》："京华他夜梦，好好寄云波。"

【他計】 别的计策、打算。白居易《答梦得闻蝉见寄》："听罢无他计，相思又一篇。"

【他時】 ❶犹将来；以后之某时。戴叔伦《桂阳北岭偶过野人所居即事呈王永州邕李道州圻》："他时愿携手，莫比武陵源。"白居易《戏答诸少年》："朱颜今日虽欺我，白发他时不放君。"李商隐《明神》："莫为无人欺一物，他时须虑石能言。"❷犹往日；过去的某时。杜甫《社日两篇》之二："今日江南老，他时渭北童。"又《九日五首》之三："他时一笑后，今日几人存？"韦庄《鄜州留别张员外》："莫言身世他时异，且喜琴樽数日同。"

【他席】 异乡之宴席。王勃《蜀中九日》："九月九日望乡台，他席他乡送客杯。"

【他家】 犹他（她）。家，词缀。杜审言《戏赠赵使君美人》："罗敷独向东方去，谩学他家作使君。"薛涛《柳絮》："他家本是无情物，一任南飞又北飞。"

【他處】 别处，其他地方。薛能《望蜀亭》："前轩一望无他处，从此西川只在心。"曹邺《怨歌行》："何曾寄消息，他处却有书。"

【他意】 别的意思。白居易《马坠强出赠同座》："足伤遭马坠，腰重倩人抬……强出非他意，东风落尽梅。"

【他鄉】 外乡，异乡。褚亮《晚别乐记室彦》："他乡有岐路，游子欲何之？"李颀《失题》："别离岁岁如流水，谁辨他乡与故乡？"元稹《赠熊士登》："今日梅花下，他乡值故人。"孔德绍《送蔡君知入蜀二首》之一："失路远相送，他乡何日归？"

仞 〔rèn《广韵》而振切，去震，日。〕❶长度单位。周制八尺曰仞，汉制七尺。高宗《谒大慈恩寺》："日宫开万仞，月殿耸千寻。"王之涣《凉州词二首》之一："黄河远上白云间，一片孤城万仞山。"李绅《开元寺》："十层花宇真毫相，数仞峰峦阏月扉。"曹松《送僧入庐山》："庐山瀑布三千仞，画破青霄始落斜。"❷代指高峰或悬泉。徐彦伯《比干墓》："骊龙暴双骨，太岳摧孤仞。"耿沣《甘泉寺》："绿溢涵千仞，清泠饮万家。"齐己《送周秀游峡》："滟滪分高仞，瞿塘露浅痕。"又《游道林寺四绝亭观宋杜诗版》："古石生寒仞，春松脱老鳞。"

【仞仞】 犹言山山，处处。谓每仞山，每处地方。曹松《岳阳晚泊》："是际船中望，东南仞仞秋。"

四　画

企 〔qǐ《广韵》丘弭切，上紙，溪。又去智切，去寘，溪。〕❶踮起脚。欧阳詹《自南山却赴京师石臼岭头即事寄严仆射》："鸟企蛇盘地半天，下窥千仞到浮烟。"❷望，仰视。孟郊《贫女词寄从叔先辈简》："仰企碧霞仙，高控沧海水。"苏味道《和武三思于天中寺寻复礼上人之作》："企躅瞻飞盖，攀游想渡杯。"❸盼望；追求。武元衡《辞召命作》："一天雷雨诚堪畏，千载风云漫企思。"韩愈《赴江陵途中寄翰林三学士》："生平企仁义，所学皆孔周。"❹企及，赶上。萧颖士《菊荣一篇五章》之三："企彼高人，色斯遐举。"韦应物《李博士弟以余罢官有伊陆名山之期寄鄙怀聊以为答》："冥搜企前哲，逸句陈往迹。"

【企予】 （一yǔ）伫立。宋之问《下桂江县黎壁》："企予见夜月，委曲破林峦。"

【企羡】 仰慕。张说《岳阳石门墨山相连有禅堂观天下绝境》："长揖桃源上，举世同企羡。"徐铉《送薛少府赴青阳》："离怀与企羡，南望长咨嗟。"

【企翼】 古代建筑物高耸的飞檐。许敬宗《奉和圣制登三台言志应制》："企翼抟禽萃，飞甍燕雀游。"

休 〔xiū《广韵》許尤切，平尤，曉。〕❶休息，憩息。王维《自大散以往四五十里至黄牛岭见黄花川》："危径几万转，数里将三休。"窦群《假日寻花》："枝枝如雪南关外，一日休闲尽属花。"刘禹锡《游桃源一百韵》："三休俯乔木，千级扳峭壁。"齐己《过西塞山》："终入高云里，身依片石休。"亦指栖止，栖身。孟浩然《寻陈逸人故居》："人事一朝尽，荒芜三径休。”李频《自江上入关》：“此名如不得，何处拟将休？”❷休假，休沐。杜甫《奉同郭给事汤东灵湫作》：“幽灵斯可佳，王命官属休。”刘太真《顾十二况左迁顾生既至留连笑语因亦成篇以继三君子之风焉》：“夙兴谅无补，旬暇焉敢休？”❸停止。岑参《冀州客舍酒酣贻王绮寄题南楼》：“学富赡清词，下笔不能休。”戎昱《采莲曲二首》之二：“秋风日暮南湖里，争唱菱歌不肯休。”韩愈《嗟哉董生行》：“淮水出桐柏山，东驰遥遥千里不能休。”韦庄《癸丑年下第献新先辈》：“何事欲休休不得？来年公道似今年。”亦指罢休，罢止。储光羲《夏日寻蓝田唐丞登高宴集》：“良辰方在兹，志士安得休！”李白《胡无人》：“塞阔牛羊散，兵休帐幕移。”杜甫《江上值水如海势聊短述》：“为人性僻耽佳句，语不惊人死不休。”❹使停息。耿湋《宿岐山姜明府厅》：“暝色休群动，秋斋远客情。”引申指捐废，免除。杜甫《喜雨》：“农事都已休，兵戈况骚屑。”韩愈《赴江陵途中寄赠翰林三学士》：“上怜民无食，征赋半已休。”❺完结；尽。李嘉祐《伤歙州陈二使君》：“怜君辞满卧沧洲，一旦云亡万事休。”裴夷直《上下七盘二首》之一：“斗回山路掩皇州，二载欢娱一望休。”杜荀鹤《隽阳道中》：“输他江上垂纶者，只在船中老便休。”亦指消失，消歇。岑参《题虢州西楼》：“明主虽然弃，丹心亦未休。”武元衡《酬严维秋夜见寄》：“遥夜思悠悠，闻钟远梦休。”韩溉《水》：“方园不定性空求，东注沧溟早晚休。”❻指超过，压倒。杜甫《寄张十二山人彪三十韵》：“曹植休前辈，张芝更后身。”❼辞官，罢任。刘长卿《题王少府尧山隐处简陆鄱阳》：“早晚休此官，随君永栖托。”高适《古乐府飞龙曲留上陈左相》：“幸沐千年圣，何辞一尉休？”张仲方《赠毛仙翁》：“待我休官了婚嫁，桃源洞里觅仙兄。”❽辞谢，避绝。高适《同群公题中山寺》：“吾欲休世事，于焉聊自任。”卢纶《大梵山寺院奉呈趣上人赵中丞》：“渐欲休人事，僧房学闭关。”❾美善，吉祥。李峤《晚秋喜雨》：“九农欢岁阜，万宇庆时休。”敬括《省试七月流火》：“自此观邦正，深知王业休。”李益《从军夜次六胡北饮马磨剑石为祝殇辞》：“我今抽刀勒剑石，告尔万世为唐休。”周昙《咏史诗·三代门·子牙妻》：“陵柏无心竹变秋，不能同戚拟同休。”亦指祝福，福佑。褚朝阳《五丝》：“水底深休也，日中还贺之。”张衮《梁郊祀乐章·庆熙》：“宜锡景福，永休下民。”❿安泰，安宁。岑参《客舍悲秋有怀两省旧游呈幕中诸公》：“莫言圣主长不用，其那苍生应未休。”韩愈《和归工部送僧约》：“汝既出家还扰扰，何人更得死前休？”元稹《解秋十首》之八：“茫茫百年内，处身良未休。”⓫莫，莫要。杜甫《曲江三章》：“自断此生休问天，杜曲幸有桑麻田。”牟融《寄周韶州》：“寄语故人休怅怏，古来贤达事多殊。”李商隐《南朝》：“休夸此地分天下，只得徐妃半面妆。”⓬句尾语气词。犹了、吧、耳。杜甫《徐卿二子歌》：“丈夫生儿有如此二雏者，名位岂肯卑微休？”章孝标《破山水屏风》：“尚胜凡花鸟，君能补缀休？”吕岩《真人行巴陵市顷忽失之但留诗曰》：“相逢何事不相认，却驾白云归去休？”

【休上人】　南朝宋僧惠休之尊称。俗姓汤，善属文作诗，与徐湛之、鲍照有交往。后宋世祖令其还俗，官至扬州从事。李白《酬裴侍御留岫师弹琴见寄》：“君同鲍明远，邀彼休上人。”白居易《题道宗上人十韵》：“不似休上人，空多碧云思。”李群玉《怀初公》：“不见休上人，空伤碧云思。”

【休日】　❶休官之日。韩愈《南溪始泛三首》之一：“余年懔无几，休日怆已晚。”❷休沐、休闲之日。姚合《题永城驿》：“惟思旷海无休日，却喜孤舟似去时。”

【休牛】　亦作“休马”“休牛马”。放归军用的牛马，指停止战争。独孤及《送相里郎中赴江西》：“戎狄方构患，休牛殊未遑。”温庭筠《会昌丙寅丰岁歌》：“丙寅岁，休牛马。”韦庄《汴堤行》：“才闻破虏将休马，又道征辽再出师。”齐己《赠仰上人》：“寻应报休马，瓶锡向南携。”

【休牛馬】　见“休牛”。

【休公】　对南朝宋诗僧汤惠休之尊称。刘禹锡《送慧则法师归上都因呈广宣上人》：“休公久别如相问，楚客逢秋心更悲。”杜牧《赠终南兰若僧》：“休公都不知名姓，始觉禅门气味长。”参见“休上人”。

【休文】　南朝梁沈约字。崔峒《虔州见郑表新诗因以寄赠》：“平子四愁今莫比，休文八咏自同时。”元稹《再酬复言》：“休文欲咏心应破，道子虽来画得无？”陆龟蒙《戏题袭美书印囊》：“应笑休文过万卷，至今谁道沈家书？”

【休去】　遁迹隐去。刘得仁《送车涛罢举归山》：“怜君明此理，休去不迟疑。”

【休平】　太平。魏征《五郊乐章·黄帝宫音》：“神其下降，永祚休平。”

【休令】　莫使，莫教。姚合《题李频新居》：“庭际山宜小，休令著石添。”

【休市】　罢市，集市散去。杜甫《倚杖》：“山县早休市，江桥春聚船。”

【休休】　❶安闲貌。张祜《游仙》：“愿侣牧羊儿，休休在崖岭。”❷犹言罢、且罢。吕岩《沁园春》词之二：“休休！及早回头。把往日风流一笔钩。”

【休休亭】　司空图晚年退隐所建之亭名。其所作《休休亭记》云：“休也，美也。既休而具美存焉。盖量其才，一宜休；揣其分，二宜休；耄且聩，三宜休。又少而惰，长而率，老而迂，是三者，皆非济时之用，又宜休也。”故名。亭在中条山王官谷。图有《休休亭》与《题休休亭》。

【休光】 ❶祥瑞之光。则天皇后《唐明堂乐章·配飨》：“晬影临芳奠，休光下太微。”苏颋《享龙池乐章》：“西京凤邸跃龙泉，佳气休光镇在天。”❷比喻盛德、勋业。皎然《因游支硎寺寄邢端公》：“一言明大义，千载揖休光。”

【休行】 停止出行。姚合《罢武功县将入城》之一：“无奈同官珍重意，几回临路却休行。”

【休旬】 犹休沐、休假。唐制官员一旬（十日）一休沐，故称。薛能《酬曹侍御见寄》：“休旬一拟和，乡思乱情田。”

【休妝】 临睡时已卸之妆。薛昭蕴《小重山》词：“玉箫无复理霓裳，金蝉坠，鸾镜掩休妆。”

【休告】 告假。亦指休假。李峤《田假限疾不获还庄率成短韵用写长怀赠杜幽素》：“及此承休告，聊将狎遁肥。”韦应物《任洛阳丞请告》：“休告卧空馆，养病绝嚣尘。”韩愈《答张彻》：“洛邑得休告，华山穷绝陉。”

【休兵】 谓息武停兵，不事征战。张九龄《奉和圣制送尚书燕国公赴朔方》：“宗臣事有征，庙算在休兵。”亦指停止战争，罢战。杜甫《月夜忆舍弟》：“寄书长不避，况乃未休兵。”汪遵《樊将军庙》：“玉辇曾经陷楚营，汉皇心怯拟休兵。”

【休沐】 休假。谓休息以供洗沐，故称。汉制吏五日一休沐，唐制十日一休沐。杨师道《春朝闲步》：“休沐乘闲豫，清晨步北林。”钱起《重赠赵给事》：“应念潜郎守贫病，常悲休沐对蓬蒿。”白居易《和梦游春诗一百韵》：“竟日坐官曹，经旬旷休沐。”于濆《季夏逢朝客》：“九天休沐归，腰玉垂杨道。”

【休明】 ❶美好清明。陈子昂《度峡口山赠乔补阙知之王二无竞》：“岂依河山险，将顺休明德。”钱起《广德初銮驾出关后登高愁望二首》之二：“周德更休明，天衢伫开泰。”白居易《新乐府·蛮子朝》：“诚由陛下休明德，亦赖微臣诱谕功。”周昙《咏史诗·春秋战国门·王孙满》：“九牧金熔物像成，辞昏去乱祚休明。”亦特指政治清明。崔湜《景龙二年余自门下平章事削阶寻拜江州刺史春日赴襄阳途中言志》：“幸逢休明时，朝野两荐推。”王昌龄《代扶风主人答》：“幸逢休明代，寰宇静波澜。”白居易《狂吟七言十四韵》：“亦知世是休明世，自想身非富贵身。”元淳《秦中春望》：“喜见休明代，霓裳蹑道踪。”❷指贤明的君主。岑参《巩北秋兴寄崔明允》：“君子佐休明，小人事蓬蒿。”韦应物《送郗詹事》：“圣朝列群彦，穆穆佐休明。”亦借指盛世。孟浩然《送袁太祝尉豫章》：“何幸遇休明，观光来上京。”顾非熊《赠友人》：“休明独不遇，何计可归耕？”陈陶《游子吟》：“男儿值休明，岂是长泥蟠！”

【休命】 善美之政令。多称上天或皇帝之旨意。杨炯《和刘长史答十九兄》：“来朝拜休命，述职下梁岷。”赵冬曦《奉和圣制送张说上集贤学士赐宴赋得莲字》：“良辅膺休命，微生谬采甄。”宋若宪《奉和御制麟德殿宴百官》：“端拱承休命，时清荷圣皇。”吴筠《翰林院望终南山》：“谁言忝休命，遂入承明庐。”

【休咎】 吉凶；善恶。王维《胡居士卧病遗米因赠》：“妄计苟不生，是身孰休咎？”李翱《赠毛仙翁》：“韬藏休咎传真箓，变化荣枯试小还。”李德裕《句》：“休咎占人甲，挨持见天丁。”章孝标《日者》：“十指中央了五行，说人休咎见前生。”

【休官】 辞去官职。刘长卿《赠元容州》：“避世歌芝草，休官醉菊花。”皇甫冉《寄郑二侍御归新郑无碍寺所居》：“何事休官早，归来作郑人。”张籍《书怀》：“未能即便休官去，惭愧南山采药翁。”灵澈《东林寺酬韦丹刺史》：“相逢尽道休官好，林下何曾见一人？”

【休祉】 洪福。李行敏《省试观庆云图》：“缣素传休祉，丹青状庆云。”

【休盼】 犹青眼。表示对人看重。宋之问《桂州三月三日》：“伊昔承休盼，曾为人所羡。”徐彦伯《拟古三首》之二：“一朝奉休盼，从容厕群英。”

【休風】 美好的风尚、风气。柳宗元《贞符》：“懿其休风，是煦是吹。”鲍溶《辞辇行》：“周末幽王不可宗，妾闻上圣遗休风。”

【休泰】 犹吉祥，安泰。《郊庙歌辞·后唐宗庙乐舞辞·昭德舞》：“道符休泰，运叶祺祥。”

【休馬】 见“休牛”。

【休眠】 睡眠。借指闲居无为。方干《朔管》：“望乡皆下泪，久戍尽休眠。”

【休耕】 ❶犹归田；休闲耕田。李涉《寄峡州韦郎中》：“幸得休耕乐尧化，楚山深处最相宜。”❷停耕。崔峒《扬州选蒙相公赏判雪后呈上》：“自得山公许，休耕海上田。”

【休氣】 犹瑞气，吉祥的云气。宗楚客《正月晦日侍宴浐水应制赋得长字》：“日斜旌骑转，休气满林塘。”李白《西岳云台歌送丹丘子》：“荣光休气纷五彩，千年一清圣人在。”欧阳詹《元日陪早朝》：“和光仿佛楼台晓，休气氛氲天地春。”

【休息】 ❶歇息。谓暂停工作或活动，以使精力得到恢复。萧颖士《江有枫》：“我友徂北，于以休息。”李白《经乱离后天恩流夜郎忆旧游书怀赠江夏韦太守良宰》：“宾跪请休息，主人情未极。”❷停止，止息。苏涣《变律》：“开目为晨光，闭目为夜色；一开复一闭，明晦无休息。”方干《感时三首》之二：“日乌往返无休息，朝出扶桑暮却回。”亦指中止，罢止。修雅《闻诵法华经歌》:“我亦当年学空寂,一得无心便休息。”❸指退隐。李白《商山四皓》:“龙虎方战争,于焉自休息。”❹休养生息。清昼、汤衡《讲德联句》:“克己恭俭,疲人休息。”

【休師】 ❶对南朝宋诗僧惠休之尊称。常用以誉称佛徒。段文昌《还别业寻龙华山寺广宣上人》:“正与休师方话旧,风烟几度入楼中。”王建《过赵居士拟置草堂处所》:“休师竹林北,空可两三间。”参见“休上人”。❷晚唐长沙僧人。名未详。与齐己同时。齐有《送休师归长沙宁觐》。

【休浣】 休沐。唐代官员之例定之休假。李白《朝下过卢郎中叙旧游》:“复此休浣时,闲为畴昔言。”包何《和程员外春日东郊即事》:“郎官休浣怜迟日,野老欢娱为有年。”元稹《表夏十首》之二:“旬时得休浣,高卧阅清景。”

【休祥】 吉祥;祥瑞之气。《郊庙歌辞·祀九宫贵神乐章·凯安》:“行庆休祥发,乘和春气来。”

【休退】 退休。休官退隐。李建勋《和致仕沈郎中》:“欲谋休退尚因循,且向东溪种白蘋。”《霅溪夜宴诗·范相国献境会夜宴》(卷八六四):“自怜休退五湖客,何幸追陪百谷王。”

【休閑】 谓闲暇休息。张九龄《自湘水南行》:“虽云有物役,乘此更休闲。”孟浩然《同张明府碧溪赠答》:“秩满休闲日,春余景气和。”白居易《题谢公东山障子》:“多见忙时已衰病,少闻健日肯休闲。”

【休戚】 犹忧乐。喜庆与忧患。白居易《醉封诗筒寄微之》:“一生休戚与穷通,处处相随事事同。”司空图《永夜》:“旷怀休戚外,孤迹是非间。”来鹄《除夜》:“事关休戚已成空,万里相思一夜中。”贯休《听晓角》:“如何十万家休戚,只在呜呜咽咽中?”

【休假】 度假;赋闲。王维有《休假还旧业便使》。韩愈《县斋有怀》:“两府变荒凉,三年就休假。”郑谷《放朝偶作》:“拥褐同休假,吟诗贺有年。”

【休逸】 休闲;闲逸。杨衡《宿陟岵寺云律师院》:“愿回戚促劳,趋隅事休逸。”

【休瑞】 吉祥;吉庆。豆卢回《登乐游原怀古》:“赫奕文物备,葳蕤休瑞繁。”

【休歇】 停歇,中止。崔颢《江畔老人愁》:“直言荣华未休歇,不觉山崩海将竭。”高适《酬李少府》:“日夕捧琼瑶,相思无休歇。”韩愈《送文畅师北游》:“长安多门户,吊庆少休歇。”《天台观石简记》(卷八七五):“海水竭,台山缺,皇家宝祚无休歇。”亦指衰竭,李白《古风》之三八:“飞霜早淅沥,绿艳恐休歇。”

【休跡】 犹隐迹。韩愈《会合联句》:“休迹忆沉冥,峨冠惭阘茸。”

【休暇】 休假;闲暇。韦应物《往云门郊居途经回流作》:“兹晨乃休暇,适往田家庐。”戴叔伦《送耿十三沣复往辽海》:“辕门正休暇,投策拜元戎。”张籍《琵琶台》:“每当休暇日,著履戴纱巾。”吴筠《晚到湖口见庐山作呈诸故人》:“旅泊将休暇,归心已跻陟。”

【休運】 佳善之运祚。借指盛世。丁仙芝《越裳贡白雉》:“圣哲承休运,伊夔列上台。”杜甫《述古三首》之三:“休运终四百,图画在云台。”刘禹锡《武陵书怀五十韵》:“何幸逢休运,微班识至尊。”王卓《观北番谒庙》:“休运威仪盛,丰年俎豆盈。”

【休禎】 吉祥之征兆。刘禹锡《送李策秀才还湖南兼简衡州吕八郎中》:“圣功奠远服,神物拥休祯。”

【休夢】 犹美梦,好梦。高骈《寄鄠杜李遂良处士》:“小隐堪忘世上情,可能休梦入重城?”

【休罷】 休闲;休官。张籍《祭退之》:“去夏公请告,养疾城南庄。籍时官休罢,两月同游翔。”白居易《自戏三绝句·心重答身》:“因我疏慵休罢早,遣君安乐岁时多。”

【休隙】 闲隙。供休憩之空隙。宋之问《自洪府舟行直书其事》:“严程无休隙,日夜涉风水。”

【休徵】 ❶吉兆。祥瑞的征兆。陈子昂《洛城观酺应制》:“云凤休征满,鱼龙杂戏来。”卢纶《送崔邠拾遗》:“谏修郊庙开宸虑,议按休征浅瑞图。”赵蕃《老人星》:“应见光新吐,休征德自形。”员南溟《玉烛》:“历象璇玑正,休征玉烛明。”❷晋王祥之字。常用为咏州郡佐吏之典。卢藏用《饯许州宋司马赴任》:“国为休征选,舆因仲举题。”

【休慶】 吉庆;大庆。褚亮《祭方丘乐章·雍和》:“介兹景福,祚我休庆。”王季友《皇帝移晦日为中和节》:“天地齐休庆,欢声欲荡波。”

【休駕】 息驾,驻车。杜甫《积草岭》:“卜居尚百里,休驾投诸彦。”又《发同谷县》:“始来兹山中,休驾喜地僻。”

【休静】 犹闲静。休闲而安静。鲍溶《题禅定寺集公竹院》:“公门得休静,禅寺少逢迎。”

【休曆】 隆盛昌明的国运,国统。历,祚历,指帝王所建朝代的统治时期。沈佺期《和韦舍人早朝》:“千春奉休历,分禁喜趋陪。”

【休戰】 罢战。谓战争结束。白敏中《贺收复秦原诸州诗》:“戍楼吹笛人休战,牧野嘶风马自闲。”

【休憩】 憩息,休息。李颀《谒张果先生》:“二仪齐寿考,六合随休憩。”

【休澣】 同“休浣”。澣,浣之异体字。张九龄《骊山下逍遥公旧居游集》:“卜居旧何所,休澣尝来兹。”赵骅《送晁补阙归日本国》:“西掖承休澣,东隅返故林。”羊士谔《郡中端居有怀袁州王员外使君》:“禁闱人自异,休澣迹非疏。”李商隐《寓兴》:“谈谐叨客礼，休澣接冥搜。”

【休蟄】　蛰伏；休眠。元稹《酬乐天东南行诗一百韵》：“瘴窟蛇休蛰，炎溪暑不徂。”

【休齋】　佛徒过午不食称斋或休斋。黄滔《赠怀光上人》：“过午休斋惯，离经吐论高。”

【休騎】　停驻车马，借指小留、暂驻。卢象《八月十五日象自江东止田园移庄庆会未几归汶上赋是诗三首》之一：“入门乍如客，休骑非便止。”

【休歸】　休假返家。羊士谔《永宁里园亭休沐怅然成咏》：“云景含初夏，休归曲陌深。”

【休糧】　不食谷粮。道教徒为修炼成仙常不食谷粮，故亦借指学道修仙。周渭《赠龙兴观主吴崇岳》：“混俗性灵常乐道，出尘风格早休粮。”白居易《赠朱道士》：“两翼化生因服药，三尸卧死为休粮。”杜荀鹤《赠休粮僧》：“自言因病学休粮，本意非求不死方。”吕岩《寄白龙洞刘道人》：“却云服气与休粮，别有门庭道路长。”

【休闡】　犹光显。萧颖士《江有归舟三章》序：“今兹春连茹甲乙，淑问休阐，为时之冠。”

伍〔wǔ《广韵》疑古切，上姥，疑。〕❶戎行，军队。杜甫《览柏中允兼子侄数人除官制词因述父子兄弟四美载歌丝纶》：“子弟先卒伍，芝兰叠玙璠。”顾况《塞上曲》：“点军三十千，部伍严以整。”戎昱《谪官辰州冬至日有怀》：“梦随行伍朝天去，身寄穷荒报国难。”❷同列；同伙。岑参《优钵罗花歌》：“耻与众草之为伍，何亭亭而独芳？”严维《送李秘书往儋州》：“魑魅曾为伍，蓬莱近拜郎。”张祜《投常州从兄中丞》：“史材谁是伍？经术世无双。”吴融《平望蚊子二十六韵》：“阳者阳为伍，阴者阴为徒。”❸为伍；与之同列。韦应物《答畅校书当》：“出入与民伍，作事靡不同。”韩愈《琴操十首·龟山操》：“知将隳兮，哀莫余伍。”❹姓。春秋楚有伍奢。

【伍子胥】　指伍员。贯休《观怀素草书歌》：“罗刹石上坐伍子胥，蒯通八字立对汉高祖。”

【伍子濤】　见“伍員濤”。

【伍生】　指伍员。宋昱《樟亭观涛》：“伍生传或谬，枚叟说难穷。”

【伍伍】　❶行伍，军队。《劝进疏引谶》（卷八七五）：“兴伍伍，仁义行武。”❷谓排列成行。杜牧《题池州弄水亭》：“绮席草芊芊，紫岚峰伍伍。”

【伍伯】　（—bǎi）执仗或行刑之衙役。韩愈《寄卢仝》：“立召贼曹呼伍伯，尽取鼠辈尸诸市。”

【伍相】　指伍员。李端《幽居作》：“回潮迎伍相，骤雨送湘君。”李绅《欲到西陵寄王行周》：“犹瞻伍相青山庙，未见双童白鹤桥。”姚合《杭州观潮》：“但褫千人魄，那知伍相心！”

【伍相祠】　见“伍員廟”。

【伍相廟】　见“伍員廟”。

【伍胥】　伍子胥之省称。李白《江上赠窦长史》：“汉求季布鲁朱家，楚逐伍胥去章华。”薛据《泊震泽口》：“伍胥既仗剑，范蠡亦乘流。”李绅《姑苏台杂句》：“伍胥抉目看吴灭，范蠡全身霸西越。”鱼玄机《浣纱庙》：“范蠡功成身隐遁，伍胥谏死国消磨。”详见“伍員”。

【伍胥潮】　见“伍員濤”。

【伍胥濤】　见“伍員濤”。

【伍員】　（？—前484）春秋楚人。字子胥。因封于申，又称申胥。父楚大夫伍奢与兄伍尚同为楚平王所杀，因奔吴，并助吴破楚，掘平王墓鞭尸以复父兄之仇。吴王夫差立，破越。越王句践请降，员谏阻，不听。太宰嚭受越贿，屡谗之。吴王乃赐剑迫自尽。临死曰：“抉吾眼悬吴东门之上，以观越寇之入灭吴也。”吴王盛怒，盛其尸于革囊投诸江中。刘长卿《登吴古城歌》：“伍员杀身谁不冤，竟看墓树如所言！”黄滔《寄蒋先辈》：“冢上题诗苏小见，江头酹酒伍员来。”

【伍員廟】　亦称伍相庙、伍相祠。祀奉春秋吴伍子胥之庙。在杭州（今属浙江省）钱塘江畔。白居易《杭州春望》：“涛声夜入伍员庙，柳色春藏苏小家。”储嗣宗《送顾陶校书归钱塘》：“水色西陵渡，松声伍相祠。”

【伍員潮】　见“伍員濤”。

【伍員濤】　亦作“伍胥濤”，“伍子濤”，“伍員潮”，“伍胥潮”。怒涛。据《吴越春秋·夫差内传》载：伍子胥被吴王夫差逼令自刭，吴王乃取子胥尸，盛以鸱夷之器，投之于江中……子胥因随流扬波，依潮来往，荡激崩岸。后遂以“伍員濤”“伍胥潮”等称怒涛。孙逖《立秋日题安昌寺北山亭》：“山围伯禹庙，江落伍胥潮。”孟浩然《与杭州薛司户登樟亭楼作》：“山藏伯禹穴，城压伍胥涛。”元稹《相忆泪》：“会向伍员潮上见，气充顽石报心仇。”李德裕《述梦诗四十韵》：“地接三茅岭，川迎伍子涛。”张祜《哭汴州陆大夫》：“冤深陆机务，愤积伍员涛。”

【伍唐珪】　晚唐诗人。袁州宜春（今江西宜春）人。登进士第。《全唐诗》卷七二七收其诗三首。参阅计有功《唐诗纪事》卷七一。

【伍彬】　五代诗人。邳阳人。素能诗。初仕楚。国亡后入宋。《全唐诗》收其诗一首、逸句二联。《十国春秋》卷七五有略传。

【伍奢】　（？—前552）又称伍子奢。春秋楚大夫，伍子胥之父。楚平王时为太师，辅太子建。少师费无忌谗太子建于平王，平王召伍奢考问之。奢曰：“王独奈何以谗贼小臣疏骨肉之亲乎？”平王怒，遂并杀奢及其长子伍尚。元稹《楚歌十首》之二："子建犹相贰，伍奢安得存？"

【伍符】　军中伍伍相保之符信，转指军队。元稹《酬乐天东南行诗一百韵》："重喜登贤苑，方欣佐伍符。"

【伍乔】　南唐诗人。庐江（今安徽庐江）人。少居庐山读书。应试登进士第一。与张洎交善。曾任歙州司马、户部员外郎。官终考功员外郎。传见《十国春秋》卷三一与元辛文房《唐才子传》卷七。《全唐诗》收其诗一卷，《外编》下收其逸句一联。

伎　〔jì《广韵》渠綺切，上紙，羣。〕❶音乐；乐舞。李白《雉子斑》："辟邪伎作鼓吹惊，雉子班之奏曲成。"元稹《和李校书新题乐府十二首·法曲》："女为胡妇学胡妆，伎进胡音务胡乐。"❷指散乐杂戏。张祜《千秋乐》："倾城人看长竿出，一伎初成赵解愁。"❸指女歌舞艺人。元稹《酬乐天早春闲游西湖因述目前所睹以成酬答亦欲粗为恬养之赠耳》："各携红粉伎，俱伴紫垣人。"韦庄《秦妇吟》："舞伎歌姬尽暗损，婴儿稚女皆生弃。"❹技能；才艺。见"伎術""伎藝""技癢"。

【伎女】　女歌舞艺人。元稹《酬郑从事四年九月宴望海亭次用旧韵》："妆梳伎女上楼榭，止欲欢乐微茫躬。"

【伎坊】　即教坊。唐代掌管女乐之官署。杜甫《观公孙大娘弟子舞剑器行》序："自高头宜春、梨园二伎坊内人，哓是舞者，圣文武皇帝初，公孙一人而已。"

【伎倆】　技能，本领。元稹《哭女樊四十韵》："未容夸伎俩，唯恨枉聪明。"司空图《题休休亭》："伎两虽多性灵恶，赖是长教闲处著。"织锦人《吟》前记："问姓名，曰：'姓李。世织绫锦，前属东都官锦坊。近以薄伎投本行，皆云：以今花样，与前不同，不谓伎俩。'"贯休《战城南二首》之一："邯郸少年辈，个个有伎俩。"

【伎樓】　歌舞艺人所居之楼。白居易《新乐府·两朱阁》："妆阁伎楼何寂静，柳似舞腰池似镜。"

【伎樂】　（一yuè）❶乐舞，音乐舞蹈。王维《和宋中丞夏日游福贤观天长寺之作》："虚空陈伎乐，衣服制虹霓。"姚合《寒食二首》之二："伎乐州人戏，使君心寂寥。"❷指女歌舞艺人。元稹《酬乐天江楼夜吟稹诗因成三十韵》："伎乐当筵唱，儿童满巷传。"花蕊夫人《宫词》之六六："宣索教坊诸伎乐，傍池催唤入船来。"

【伎癢】谓怀有强烈表现自己技能之欲望，如痒难忍。张建封《酬韩校书愈打球歌》："军中伎痒骁智材，竞驰骏逸随我来。"

伏　〔fú《广韵》房六切，入屋，奉。〕❶俯卧，亦泛指躺卧。见"伏枕"。❷身体前倾俯倚于他物之上。见"伏檻""伏闕"。❸匍匐于地，趴。李白《鲁郡尧祠送张十四游河北》："猛虎伏尺草，虽藏难蔽身。"张继《城西虎跑寺》："石势虎蹲伏，山形龙屈盘。"元稹《雉媒》："远见尔文章，知君草中伏。"皮日休《奉和鲁望叠韵双声二首·叠韵山中吟》："荒篁香墙匡，熟鹿伏屋曲。"引申指潜藏、隐藏。孟云卿《邺城怀古》："古树藏龙蛇，荒茅伏狐兔。"白居易《和答诗十首·答箭镞》："闻有狗盗者，昼伏夜潜行。"司空图《漫书五首》之四："神藏鬼伏能千变，亦胜忘机避要津。"❹栖身；栖息。杜甫《昔游》："林昏罢幽磬，竟夜伏石阁。"李贺《苦昼短》："吾将斩龙足，嚼龙肉，使之朝不得回，夜不得伏。"❺隐居；隐没。韦应物《寄冯著》："胡能遭盛明，才俊伏里闾？"❻埋伏。张蠙《边将二首》之二："碛迥兵难伏，天寒马易收。"参见"伏兵"。❼敬辞。多用于臣对君之奏言。张说《时乐鸟篇》序："伏见天恩以灵异鹦鹉及能延京所述篇出示朝列……臣窃同延京献诗一首。"白居易《新乐府·骠国乐》："伏见骠人献新乐，请书国史传子孙。"李贺《相劝酒》："伏愿陛下鸿名终不歇，子孙绵如石上葛。"❽时令名。指三伏天。包佶《同李吏部伏日口号呈元庶子路中丞》："火炎逢六月，金伏过三庚。"高适《同群公秋登琴台》："犹是对夏伏，几时有凉飙？"周贺《城中秋作》："寒灯随故病，伏雨接秋霖。"曹松《夏日东斋》："三庚到秋伏，偶来松槛立。"❾通"服"。（1）钦服。白居易《琵琶引》："曲罢曾教善才伏，妆成每被秋娘妒。"刘得仁《赠雍陶博士》："有句同人伏，无私胄子知。"陆龟蒙《和袭美怀锡山药名离合二首》之二："佳句成来谁不伏，神丹偷去亦须防。"罗隐《寄苏拾遗》："格高时辈伏，言数宦情疏。"亦指使钦服。韩愈《雉带箭》："将军欲以巧伏人，盘马弯弓惜不发。"齐己《寄岘山愿公三首》之一："片言酬凿齿，半偈伏姚秦。"（2）制服。刘长卿《赠普门上人》："惠力堪传教，禅心久伏魔。"寒山《诗三百三首》之一五二："欲伏猕猴心，须听狮子吼。"李贺《马诗二十三首》之十五："不从桓公猎，何能伏虎威！"❾指汉经学家伏生。元稹《代曲江老人百韵》："书谬偏求伏，诗亡远听申。"

【伏人】　谓使人钦服。韩愈《雉带箭》："将军欲以巧伏人，盘马弯弓惜不发。"

【伏日】　三伏天。即立夏后第三庚日至立秋后第一庚日之时期。姚合《送僧默然》："伏日江头别，秋风槛下眠。"

【伏火】　道家炼丹时降低炉火温度称"伏火"。李颀《送王道士还山》："心穷伏火阳精丹，口诵淮王万毕术。"张籍《赠阎少保》："半俸归烧伏火药，全家解说养生方。"朱庆余《赠道者》："药成休伏火，符验不传人。"

【伏火砂】　道家炼丹所用之丹砂。白居易《对酒》:“漫把《参同契》,难烧伏火砂。”吕岩《七言》之四七:“盈箱贮积登仙录,满室收藏伏火砂。”

【伏火爐】 道家炼丹之炉。白居易《题酒瓮呈梦得》:“凌烟阁上功无分,伏火炉中药未成。”参见“伏火”。

【伏兵】埋伏之军队。刘希夷《从军行》:“严城昼不开,伏兵暗相失。”张籍《关山月》:“军中探骑暮出城,伏兵暗处低旌戟。”黄滔《塞上》:“掘地破重城,烧山搜伏兵。”李建勋《寄冯延鲁使闽》:“粟多未必全为计,师老须防有伏兵。”

【伏皁】 谓马伏于槽间,指休息。皁,皂的异体字。白行简《归马华山》:“驱驰休伏皁,饮龁任依山。”

【伏青蒲】 见“伏蒲”。

【伏枕】 犹卧床,亦指卧病于床。孟浩然《家园卧疾毕太祝曜见寻》:“伏枕旧游旷,笙簧劳梦思。”颜真卿《三言拟五杂组联句》之一:“往复还,兴又寝。不得已,病伏枕。”李白《感时留别从兄徐王延年从弟延陵》:“伏枕寄宾馆,宛同清漳湄。”杜甫《寄岑嘉州》:“泊船秋夜经春草,伏枕青枫限玉除。”

【伏事】 谓在他人属下任职。杜甫《送卢十四弟侍御护韦尚书灵榇归上都二十韵》:“从公伏事久,之子俊才稀。”

【伏虎】 蹲伏之虎。寒山《诗三百三首》之一四四:“此中多伏虎,见我奋迅鬣。”

【伏虎威】 典出《管子·小问》后因用为咏马之典。李贺《马诗二十三首》之十五:“不从桓公猎,何能伏虎威!”

【伏波】 汉之将军名号。西汉路障德、东汉马援曾受封此号。后多以称马援。杜甫《苦战行》:“苦战身死马将军,自云伏波之子孙。”李益《塞下曲》:“伏波惟愿裹尸还,定远何须生入关。”裴夷直《江上见月怀古》:“月上江平夜不风,伏波遗迹半成空。”亦喻指有军功之臣。刘长卿《送独孤判官赴岭》:“伏波初树羽,待尔静川鳞。”权德舆《故司徒兼侍中太傅北平王挽词》:“忽访天京兆,空传汉伏波。”陈陶《和容南韦中丞题瑞亭白燕白鼠六眸龟嘉莲》:“伏波恩信动南夷,交趾喧传四瑞诗。”

【伏波營】 东汉伏波将军马援的军营,代指边塞军营。杨师道《陇头水》:“阵开都护道,剑聚伏波营。”沈如筠《闺怨二首》之二:“愿随孤月影,流照伏波营。”

【伏承】 敬辞。犹承蒙。顾况《寄上兵部韩侍郎奉呈李户部卢刑部杜三侍郎》:“伏承诸侍郎,顾念犹迍邅。”

【伏奏】 敬语。犹言俯伏上奏。李颀《失题》:“紫极殿前朝伏奏,龙华会里日相望。”李嘉祐《元日无衣冠入朝寄皇甫拾遗冉从弟补阙纾》:“伏奏随廉使,周行外冗员。”韩翃《送刘将军》:“阙下来时亲伏奏,胡尘未尽不为家。”刘禹锡《和令狐相公送赵常盈炼师与中贵人同拜岳及天台投龙毕却赴京》:“元君伏奏归中禁,武帝亲斋礼上清。”

【伏虔】 西汉伏胜之讹。因与东汉服虔之姓音同,又同为经学家,故讹为伏虔。伏胜亦称伏生,济南(今属山东)人。今文《尚书》之最先传授者。杜甫《寄岳州贾司马六丈巴州严八使君两阁老五十韵》:“弟子贫原宪,诸生老伏虔。”

【伏泉】 自地下流出之泉水。钱起《题秘书王迪城北池亭》:“伏泉通粉壁,迸笋出花林。”纪元皋《鱼上冰》:“春生寒气灭,稍动伏泉鱼。”

【伏首】低头。沉思貌。郑谷《所知从事近藩偶有怀寄》:“霜台伏首思归切,莫把渔竿逐逸人。”

【伏流】 崖谷间的水流。戴叔伦《下鼻亭泷行八十里寄青苗郑副端朔阳》:“因随伏流出,忽与跳波隔。”

【伏寇】 潜藏的盗寇。卿云《送人游塞》:“塞深多伏寇,时静亦屯兵。”

【伏犀】 亦称伏犀贯顶。指人额头向前隆起。旧时以为显贵之相。韩愈《送僧澄观》:“有僧来访呼使前,伏犀插脑高颊权。”欧阳炯《贯休应梦罗汉画歌》:“形如瘦鹤精神健,顶似伏犀头骨粗。”

【伏誅】 被处死。李绅《却到浙西》序:“及瑶伏诛,蒙圣恩加察奸邪所罔。”

【伏道】 谓埋伏军队于要道。马戴《塞下曲二首》之二:“烧山搜猛兽,伏道击回兵。”

【伏軾】 俯身于车前横木之上。代指乘车。韦应物《朝请后还邑寄诸友生》:“一旦遵归路,伏轼出京城。”畅当《自平阳馆赴郡》:“奉恩谬符竹,伏轼省顽鄙。”胡曾《咏史诗·高阳》:“最怜伏轼东游日,下尽齐王七十城。”

【伏罪】 认罪;服罪。储光羲《上长史王公责躬》:“若公庶伏罪,此事安能迟?”

【伏鉛制汞】 指道家以铅汞等炼制长生仙丹。吕岩《寄白龙洞刘道人》:“竞向山中寻草药,伏铅制汞点丹阳。”

【伏蒲】 据《汉书·史丹传》载:汉元帝欲废太子,丹以亲密臣得侍视疾,侯上间独寝时,丹直入卧内,顿首伏青蒲上,涕泣切谏,事乃止。后遂以“伏蒲”为犯颜直谏之典。韩愈《答张彻》:“峨豸忝备列,伏蒲愧分泾。”贯休《送姚洎拾遗自江陵幕赴京》:“由来真庙器,多作伏蒲人。”黄滔《长安书事》:“伏蒲无一言,草疏贺德音。”亦作“伏青蒲”。杜甫《壮游》:“斯时伏青蒲,廷争守御床。”白居易《东南行一百韵寄通州元九侍御窦七校书》:“议高通白虎,谏切伏青蒲。”

【伏劍】 以剑自刎。陈子昂《蓟丘览古赠卢居士藏用七首·田光先生》："伏剑诚已矣，感我涕沾衣。"李涉《哭田布》："纵使将军能伏剑，何人岛上哭田横！"李德裕《清冷池怀古》："哀丝徒伏剑，长孺欲成灰。"李瀚《蒙求》："陵母伏剑，轲亲断机。"

【伏潤】 浸润土地的雨水。韩愈《秋雨联句》："甘津泽祥禾，伏润肥荒艾。"

【伏餘】 三伏方过之时，指初秋。司空曙《杂言》："伏余西景移，风雨洒轻绨。"

【伏龜】 伏于老松根下之神龟，传为松精所化。李商隐《高松》："上药终相待，他年访伏龟。"

【伏羲】 亦写作庖牺、伏戏。传说中三皇之一。风姓。相传伏羲始画八卦、造书契，并教民渔猎，取牺牲以供庖厨，故名。张说《唐享太庙乐章·钧天舞》："合位娲后，同称伏羲。"元结《补乐歌十首》序："自伏羲氏至于殷室，凡十代。"卢仝《与马异结交诗》："女娲本是伏羲妇，恐天怒，捣炼五色石，引日月之针、五星之缕把天补。"詹敦仁《复留侯从效问南汉刘岩改名龑字音义》："伏羲初画卦，苍氏乃制字。"

【伏鍊】 谓以伏火炼丹。李赤《姑孰十咏·灵墟山》："伏炼九丹成，方随五云去。"参见"伏火"。

【伏膺】 心服；钦服。伏，通"服"。刘禹锡《洛中寺北楼见贺监草书题诗》："偶因独见空惊目，恨不同时便伏膺。"徐光溥《题黄居寀秋山图》："若教对此定妍媸，必定服膺怀愧悚。"

【伏檻】 俯身于栏杆之上。张九龄《岁初巡属县登高安南楼言怀》："拂衣释簿领，伏槛遗纷喧。"王维《奉和圣制御春明楼临右相园亭赋乐贤诗应制》："褰旒明四目，伏槛纡三顾。"亦指朝见天子俯伏于宫廷槛板之下。韦元旦《早朝》："挈壶分早漏，伏槛耀初暾。"卢纶《送张郎中还蜀歌》："功成走马朝天子，伏槛论边若流水。"

【伏闕】 俯伏于宫阙之下。多指向皇帝面奏上书。牟融《寄永平友人》："贾谊上书曾伏阙，仲舒陈策欲匡时。"

【伏臘】 ❶古代伏日与腊日所作祭祀名。后亦以指伏祭与腊祭之日，或泛指节日。王绩《薛记室收过庄见寻率题古意以赠》："资税幸不及，伏腊常有储。"杜甫《咏怀古迹五首》之四："古庙杉松巢水鹤，岁时伏腊走村翁。"吕温《经河源军汉村作》："金汤天险长全设，伏腊华风亦暗存。"杜牧《题池州弄水亭》："农时贵伏腊，簪瑱事礼赂。"❷指节日所用生活物资，亦指生活所需物资。白居易《答山侣》："非无解挂簪缨意，未有支持伏腊资。"又《思归》："养无晨昏膳，隐无伏腊资。"薛存诚《膏泽多丰年》："何须忧伏腊，千载贺尧风。"

【伏竄】 潜隐逃窜。权德舆《与道者同守庚申》："三尸既伏窜，九藏乃和平。"

【伏櫪】 ❶谓马伏于槽头。指受人驯养。李白《天马歌》："严霜五月凋桂枝，伏枥衔冤摧两眉。"杜甫《高都护骢马行》："雄姿未受伏枥恩，猛气犹思战场利。"李绛《和裴相国答张秘书赠马诗》："伏枥莫令空度岁，黄金结束取功勋。"❷喻指安居休息。王昌龄《代扶风主人答》："老马思伏枥，长鸣力已殚。"

【伏魔】 降伏妖魔。皇甫冉《赠普门上人》："惠力堪传教，禅心久伏魔。"

伐 〔fá《广韵》房越切，入月，奉。〕❶砍伐。王维《沈十四拾遗新竹生读经处同诸公之作》："乐府裁龙笛，渔家伐钓竿。"张籍《赠同溪客》："共伐临溪树，因为过水桥。"白居易《和答诗十首·和松树》："尚可以斧斤，伐之为栋梁。"齐己《古松》："雷电不敢伐，鳞皴势万端。"❷击，打。见"伐鼓"。❸征伐，攻打。于季子《咏项羽》："北伐虽全赵，东归不王秦。"储光羲《贻鼓吹李丞时信安王北伐》："北伐昧天造，王师示有征。"令狐楚《塞下曲二首》之一："雪满衣裳冰满须，晓随飞将伐单于。"周昙《咏史诗·春秋战国门·虞卿》："年年来伐年年割，割尽邯郸何所之。"❹自我夸耀。寒山《诗三百三首》之一〇二："不须攻人恶，何用伐己善。"李商隐《撰彭阳公志文毕有感》："敢伐不加点，犹当无愧辞。"白居易《效陶潜体诗十六首》之十："湛湛尊中酒，有功不自伐。"皮日休《奉和鲁望樵人十咏·樵叟》："所以两大夫，天年自为伐。"❺消除、铲除。包佶《抱疾谢李吏部赠诃黎勒叶》："茗饮暂调气，梧丸喜伐邪。"元稹《赛神》："神龙厌流浊，先伐鼍与鼋。"

【伐木】 ❶砍伐树木。刘长卿《题萧郎中开元寺新构幽寂亭》："结茅依翠微，伐木开蒙笼。"韦应物《西涧即事示卢陟》："永日无余事，山中伐木声。"❷《诗·小雅·伐木》："伐木丁丁，鸟鸣嘤嘤。出自幽谷，迁于乔木。嘤其鸣矣，求其友声。相彼鸟矣，犹求友声。矧伊人矣，不求友生。"后作为典故，以表达朋友间的深厚情谊。骆宾王《初秋于窦六郎宅宴》序："诸君情谐伐木，仰登龙以缔欢。"

【伐木吟】 义同"伐木诗"。权德舆《祗命赴京途次淮口因书所怀》："难成独酌谣，空奏伐木吟。"

【伐木詩】 指歌颂朋友间深情厚谊的诗篇。张九龄《酬王六寒朝见诒》："忽枉兼金讯，长怀伐木诗。"孟浩然《家园卧疾毕太祝曜见寻》："脱分趋庭礼，殷勤伐木诗。"参见"伐木❷"。

【伐邢】 《左传·僖公十九年》："秋，卫人伐邢，以报菟圃之役。于是卫大旱，卜有事于山川，不吉。宁庄子曰：'昔周饥，克殷而年丰。今邢方无道，诸侯无伯，天其或者欲使卫讨邢乎？’从之，师兴而雨。”后因以“伐邢”作为求雨解旱之典。韦庄《耒阳县浮山神庙》：“为霖自可成农岁，何用兴师远伐邢。”

【伐枚】　伐树，砍伐树木。语出《诗·周南·汝坟》：“遵彼汝坟，伐其条枚。”杜甫《雨》：“鲛馆如鸣杼，樵舟岂伐枚。”

【伐命】　戕害性命。杜光庭《纪道德》：“有皓齿青娥者为伐命之斧，蕴奇谋广智者为盗国之贼。”

【伐性】　有害身心。白居易《新秋病起》：“损心诗思里，伐性酒狂中。”孙鲂《主人司空后亭牡丹》：“虽非能伐性，争免碍还淳。”

【伐性刀】　比喻危害身心的事物。白居易《寄卢少尹》：“艳声与丽色，真为伐性刀。”

【伐性兵】　义同“伐性刀”。白居易《江州赴忠州至江陵已来舟中示舍弟五十韵》：“晦即全身药，明为伐性兵。”

【伐柯】　《诗·豳风·伐柯》：“伐柯伐柯，其则不远。”郑玄笺：“则，法也。伐柯者必用柯，其大小长短，近取法于柯，所谓不远求也。”后用以为就近取法于人之典。孟浩然《归至郢中》：“日夕见乔木，乡关在伐柯。”

【伐枳】　用以作为颂扬官吏善政之典，见《后汉书·岑彭传》。张说《相州冬日早衙》：“除苛图圄息，伐枳吏人宽。”

【伐鬼方】　《易·既济》：“离宗伐鬼方，三年克之。”鬼方为殷商时西北部少数民族，其地在岐周以西、汧陇之间。后因以“伐鬼方”泛指征讨边陲敌对部族。张九龄《饯王尚书出边》：“汉相推人杰，殷宗伐鬼方。”

【伐鼓】　击鼓。岑参《轮台歌奉送封大夫出师西征》：“四边伐鼓雪海涌，三军大呼阴山动。”韦应物《军中冬燕》：“兹邦实大藩，伐鼓军乐陈。”刘言史《观绳伎》：“广场寒食风日好，百夫伐鼓锦臂新。”

【伐罪】　讨伐有罪之人。徐夤《魏》：“伐罪书勋令不常，争教为帝与为王。”

【伐檀人】　《诗·魏风》有《伐檀》篇。诗云：“坎坎伐檀兮，置之河之干兮，河水清且涟猗。不稼不穑，胡取禾三百廛兮？不狩不猎，胡瞻尔庭有县貆兮？彼君子兮，不素餐兮！”诗序云：“《伐檀》，刺贪位也。”后用以指无官而贫穷者。白居易《读史五首》之二：“寄谢伐檀人，慎勿嗟穷处。”

【伐輻】　砍取制作车辐的檀木。《诗·魏风·伐檀》：“坎坎伐辐兮，置之河之侧兮，河水清且直猗。”后用以指伐树去草之类的劳作。阎防《百丈溪新理茅茨读书》：“不学东周儒，俟时劳伐辐。”

【伐謀】　打破敌方的计谋。《孙子·谋攻》：“故上兵伐谋，其次伐交，其次伐兵。”杜牧注：“敌欲谋我，伐其未形之谋。”王维《燕支行》：“教战虽令赴汤火，终知上将先伐谋。”储光羲《同诸公秋日游昆明池思古》：“上兵贵伐谋，此道不能为。”权德舆《送灵武范司空》：“伐谋师以律，贾勇士争先。”吴融《简州归降贺京兆公》：“古谓伐谋为上策，今看静胜自中台。”

【伐薪】　砍柴。韦应物《送丘员外还山》：“结茅隐苍岭，伐薪响深谷。”白居易《新乐府·卖炭翁》：“卖炭翁，伐薪烧炭南山中。”

【伐樹】　❶砍伐树木。李商隐《赠田叟》：“烧畬晓映远山色，伐树暝传深谷声。”❷《史记·孔子世家》：“孔子去曹适宋，与弟子习礼大树下。宋司马桓魋欲杀孔子，拔其树。孔子去。”后因用作咏世情险恶的典故。高适《宋中十首》之六：“众人不可向，伐树将如何。”

【伐櫻賦】　指萧颖士所作《伐樱桃树赋》。颖士召为集贤校理，因李林甫排斥，出为广陵参军，遂作《伐樱桃树赋》以讥林甫。事见《新唐书·萧颖士传》。白居易《有木诗八首》之二：“所以姓萧人，曾为《伐樱赋》。”

仳

〔pǐ《广韵》匹婢切，上紙，滂。又符鄙切，上旨，並。〕分开，分离。见“仳别”“仳離”。

【仳别】　分别，分离。萧颖士《菊荣一篇五章》之四：“怆其仳别，终然永叹。”

【仳離】　离别，分开。息夫牧《冬夜宴萧十丈因饯殷郭二子西上》序：“夫子以家君政事，百里无事，命门弟子赋诗名琴，亦以释仳离之怨焉。”杜甫《一百五日夜对月》：“仳离放红蕊，想像嚬青蛾。”

仲

〔zhòng《广韵》直衆切，去送，澄。〕❶中，中间，居中的。“仲冬”“仲秋”“仲夏”。❷次，第二。指兄弟或姐妹中排行第二者。见“仲子”“仲父”“仲氏”。❸姓。唐诗人中有仲子陵。

【仲山】　❶指仲山甫。周宣王的贤臣。武元衡《奉酬中书相公叙情见寄之什》：“仲山方补衮，文举自伤年。”亦用以指贤者。皮日休《送令狐补阙归朝》：“且愿仲山居左掖，只忧徐邈入南宫。”❷山名。在今陕西泾阳县西北。据传汉高祖刘邦之兄刘仲葬于此。唐彦谦有《仲山》。

【仲子】　第二子。李商隐《安平公诗》：“仲子延岳年十六，面如白玉欹乌纱。”

【仲子陵】　唐诗人。四川峨眉山人。擅长文字学，精大小戴礼。举贤良方正，擢太常博士。大历中登第，历官常侍。《全唐诗》录其《秦镜》诗一首。传见《新唐书》。

【仲父】　古称父亲的大弟。刘长卿《洛阳主簿叔知和驿承恩赴选伏辞一首》:"仲父王佐材,屈身仇香位。"

【仲月】 指每季的第二个月,即农历二、五,八、十一月,这四个月分处于每季之中,故称。德宗《中和节赐百官燕集因示所怀》:"仲月风景暖,禁城花柳新。"此指二月。陈子昂《还至张掖古城闻东军告捷赠韦五虚己》:"孟秋首归路,仲月旅边亭。"此指八月。赵蕃《荐冰》:"仲月开凌室,斋心感圣情。"此指十一月。

【仲氏】 兄弟中行二者。吕温《同舍弟恭岁暮寄晋州李六协律三十韵》:"伊我抱微尚,仲氏即心期。"

【仲文】 即殷仲文。李白《五松山送殷淑》:"仲文了不还,独立扬清波。"

【仲文照鏡】 晋殷仲文素有名望,而仕途不顺,常怏怏不得志。又自尚书迁洛阳太守,意愈不平,后谋反见诛。仲文尝照镜,不见其面,数日而遇祸。见《晋书·殷仲文传》。李瀚《蒙求》:"仲文照镜,临江折轴。"

【仲由】 孔子学生,字子路,春秋鲁卞(今山东泗水)人。元稹《赠咸阳少府萧郎》:"莫怪逢君泪每盈,仲由多感有深情。"李商隐《送千牛李将军赴阙五十韵》:"幽囚苏武节,弃市仲由缨。"崔璐《览皮先辈盛制因作十韵以寄用伸款仰》:"勇果鲁仲由,文赋蜀相如。"

【仲尼】 孔子字。孟浩然《岁暮海上作》:"仲尼既云殁,余亦浮于海。"白居易《杂感》:"阳货肆凶暴,仲尼畏于匡。"齐己《雉》:"山梁从行者,错解仲尼叹。"

【仲尼執鞭】 《论语·述而》:"子曰:'富而可求也,虽执鞭之士,吾亦为之。如不可求,从吾所好。'"后借以咏服贱役。顾况《归阳萧寺有丁行者能修无生忍担水施僧况归命稽首作诗》:"化佛示持帚,仲尼称执鞭。"亦用以表示寻求合乎道义的富贵。孟浩然《书怀贻京邑同好》:"执鞭慕夫子,捧檄怀毛公。"

【仲尼爲士】 《史记·孔子世家》:"孔子贫且贱。及长,尝为季氏史,料量平;尝为司职吏而畜蕃息。由是为司空。"后用以寄托入仕的心志。刘驾《励志》:"仲尼亦为士,鲁人焉敢耕。"

【仲冬】 冬季的第二个月,农历十、十一月、十二月为冬季,十一月居冬之中,故称。杜审言《旅寓安南》:"仲冬山果熟,正月野花开。"崔曙《早发交崖山还太室作》:"仲冬正三五,日月遥相望。"元稹《书异》:"仲冬雷雨苦,愿省蒙蔽刑。"

【仲冬交】 快到农历十一月的时候。仲冬指十一月。杜甫《寒硖》:"况当仲冬交,溯沿增波澜。"

【仲言】 梁何逊字。耿沣《晚秋宿裴员外寺院》:"仲言多丽藻,晚水独芙蓉。"

【仲序】 指农历二月初一。唐德宗于贞元五年,诏废正月晦日之节,以二月初一为中和节。德宗《中和节日宴百僚赐诗》:"韶年启仲序,初吉谐良辰。"

【仲長室】 (長 cháng)仲长统的居室。皇甫冉《崔十四宅各赋一物得檐柳》:"复在此檐端,垂阴仲长室。"又《送窦叔向》:"卜地会为邻,还依仲长室。"参见"仲長園"。

【仲長園】 (長 cháng)仲长,汉末仲长统的省称。仲长园,指其所向往的园林。借指景色宜人的园林。卢照邻《三月曲水宴得尊字》:"风烟彭泽里,山水仲长园。"储光羲《山中贻崔六琪华》:"遥想仲长园,如亲幼安室。"

【仲叔】 后汉闵贡字。因用作高士的典故。王绩《北山》:"子平一去何时返,仲叔长游遂不来。"储光羲《贻刘高士别》:"高谈闵仲叔,逸气刘公干。"方干《同萧山陈长官县楼登望》:"仲叔受恩多感恋,裴回却怕酒壶空。"

【仲季】 第二个儿子或最小的儿子。苏颋《蜀城哭台州乐安少府》:"师儒昔训奖,仲季时童孩。"

【仲秋】 ❶秋季的第二个月,即农历八月。此月居秋季七、八、九三月之中,故称。王维《赠祖三咏》:"仲秋虽未归,暮秋以为期。"岑参《至大梁却寄匡城主人》:"仲秋萧条景,拔刺飞鹅鸧。"李峤《过洞庭》:"动轴当新霁,漫空正仲秋。"❷特指八月十五中元日。韦应物《元日寄诸弟兼呈崔都水》:"淮滨益时候,了似仲秋月。"

【仲春】 春季的第二个月,即农历二月。此月居春季一、二、三月之中,故称。韦应物《县斋》:"仲春时景好,草木渐舒荣。"李端《送黎兵曹往陕府结仲婚》:"奠雁逢良日,行媒及仲春。"权德舆《奉和圣制中春麟德殿会百寮观新乐》:"仲春蔼芳景,内庭宴群臣。"徐铉《春分日》:"仲春初四日,春色正中分。"

【仲虺】 商汤左相。贯休《和韦相公见示闲卧》:"仲虺专为诰,何充雅爱禅。"又《闻前王使君在泽潞居》:"唯祝銮舆早归来,用此咎繇仲虺才。"

【仲宣】 汉末文学家王粲字。"建安七子"之一,三国魏山阳高平人,博学多识,文思敏捷,善诗赋,尤以《登楼赋》著称。孟浩然《送张参明经举兼向泾州觐省》:"四座推文举,中郎许仲宣。"钱起《过张成侍御宅》:"从军谁谓仲宣乐,入室方知颜子贫。"李端《哭张南史因寄南史侄叔宗》:"仲宣新有赋,叔夜近无书。"齐己《与杨秀才话别》:"庾信哀何极,仲宣悲苦多。"

【仲宣詩】 仲宣,汉末文学家王粲字,粲文思敏捷,诗赋著称,为"建安七子"之首。唐人多以其诗指代优美的文学作品。李白《答高山人兼呈权顾二侯》:"叹息光阴逝,未作仲宣诗。"高适《送浑将军出塞》:

“远别无轻绕朝策，平戎早寄仲宣诗。”杨巨源《早春即事呈刘员外》：“更待杂芳成艳锦，邺中争唱仲宣诗。”

【仲宣樓】　即湖北当阳县城楼。汉末文学家王粲，字仲宣，曾于此写有名的《登楼赋》，故称。后诗人多以此楼作为登临抒怀之处。杜甫《短歌行赠王郎司直》：“仲宣楼头春色深，青眼高歌望吾子。”李群玉《将之京国赠薛员外》：“莫奏武溪笛，且登仲宣楼。”齐己《怀体休上人》：“仲宣楼上望重湖，君到潇湘得健无。”

【仲宣獨步】　《隋书·经籍志四》：“平子艳发于东都，王粲独步于漳、滏。”意指王粲诗文成就突出。李瀚《蒙求》：“仲宣独步，子建八斗。”

【仲宣覆棋】　《三国志·魏志·王粲传》：“初，粲与人共行，读边道碑，人问曰：‘卿能暗诵乎?’曰‘能。’因使背而诵之，不失一字。观人围棋，局坏，粲为复之。棋者不信，以帊盖局，使更以他局为之。用相比较，不误一道。其强记默识如此。”后因以作善于强记的典故。卢纶《送潘述应宏词下第归江南》：“江楼覆棋好，谁引仲宣过。”

【仲夏】　夏季的第二个月，即农历五月。此月居夏季四、五、六月之中，故称。杜甫《夏夜叹》：“仲夏苦夜短，开轩纳微凉。”曹邺《奉命齐州推事毕寄本府尚书》：“仲夏天气热，鬓须忽成霜。”王周《齿落词》：“己卯至庚辰，仲夏晦之暮。”

【仲翁】　姓仲的老人。寒山《诗三百三首》之一四〇：“城北仲家翁，渠家多酒肉。仲翁妇死时，吊客满堂屋。仲翁自身亡，能无一人哭。”

【仲容】　晋阮咸字，阮籍之侄。后用以作称呼侄子或比喻放情世外的高士之典。杜甫《示侄佐》：“嗣宗诸子侄，早觉仲容贤。”钱起《送族侄赴任》：“林下不成兴，仲容微禄牵。”李端《哭张南史因寄南史侄叔宗》：“阮咸虽永别，岂共仲容疏。”杨嗣复《题李处士山居》：“今日仲容修故业，草堂焉敢更移文。”参见“仲容青雲”“仲容琵琶”。

【仲容青雲】　《文选·南朝宋颜延年〈五君咏·阮始平〉》：“仲容青云器，实禀生民秀。”李善注：“青云，言高远也。”李瀚《蒙求》：“仲容青云，叔夜玉山。”

【仲容琵琶】　晋阮咸，字仲容，妙解音律，善弹琵琶，每与亲知弦歌酣宴。荀勖与咸论音律，自愧弗如。见《晋书·阮咸传》。后用以作善于弹琴或琵琶的典故。李商隐《戏题枢言草阁三十二韵》：“仲容铜琵琶，项直声凄凄。”

【仲連】　战国齐人鲁仲连。善于计谋划策，曾周游各国，排难解纷，功成高蹈不仕。见《史记·鲁仲连邹阳列传》。武元衡《酬韩弇归崖见寄》：“君看仲连意，功立始沧洲。”白居易《和答诗十首·答箭镞》：“不然学仲连，一发下燕城。”

【仲卿】　❶指古诗《孔雀东南飞》中男主人翁焦仲卿。李白《庐江主人妇》：“孔雀东飞何处栖，庐江小吏仲卿妻。”刘禹锡《谪居悼往二首》之一：“牛衣独自眠，谁哀仲卿泣。”❷代指《古诗为焦仲卿妻作》(即《孔雀东南飞》)篇名。元稹《乐府古题序》：“除铙吹、横吹、郊祀、清商等词在乐志者，其余《木兰》《仲卿》《四愁》《七哀》之辈，亦未必尽播于管弦明矣。”

【仲將】　三国魏韦诞字。善书法，能篆、草，为草圣张芝弟子。顾况《萧郸草书歌》：“若把君书比仲将，不知谁在凌云阁。”

【仲華遇主】　仲华，后汉樊晔字。《后汉书·樊晔传》载：樊晔为光武旧游，曾助之。光武因厚待之。皇甫冉《送崔使君赴寿州》：“仲华遇主年犹少，公瑾论功位已酬。”

【仲都】　王仲都，相传为汉元帝时方士，汉中人，生有异质，不惧酷热严寒。杨损《临刑赋》：“圣主何曾识仲都，可嗟社稷在须臾。”

【仲翔】　三国吴虞翻字。柳宗元《弘农公以硕德伟材屈于诬枉谨献诗五十韵以毕微志》：“世议排张挚，时情弃仲翔。”

【仲舒】　即汉董仲舒。哲学家、今文经学家。张说《酬崔光禄冬日述怀赠答》：“才雄子云笔，学广仲舒帷。”钱起《奉和中书常舍人晚秋集贤院即事寄徐薛二侍御》：“述圣鲁宣父，通经汉仲舒。”牟融《寄永平友人》：“贾谊上书曾伏阙，仲舒陈策欲匡时。”

【仲舒不窺園】　《汉书·董仲舒传》载：董仲舒专精讲诵，虽有园圃，不窥视之，言专学也。后用作称颂人学习刻苦、专心的典故。刘言史《放萤怨》：“且逍遥，还酩酊。仲舒漫不窥园井。”孟简《惜分阴》：“对景嗟移晷，窥园讵改阴。”

【仲達】　三国魏司马懿字。薛能《筹笔驿》：“生欺仲达徒增气，死见王阳合厚颜。”

【仲雍】　又称虞仲、吴仲。《史记·吴太伯世家》：吴太伯，太伯弟仲雍，皆周太王之子，而王季历之兄也。季历贤，而有圣子昌，太王欲立季历及昌，于是太伯、仲雍二人乃奔荆蛮，文身断发，示不可用，以避季历。季历果立，是为王季，而昌为文王。太伯之奔荆蛮，自号句吴。荆蛮义之，从而归之千余家，立为吴太伯。太伯卒，无子，弟仲雍立，是为吴仲雍。李白《叙旧赠江阳宰陆调》：“泰伯让天下，仲雍扬波涛。”

【仲遠】　唐李顾言字。元稹有《酬乐天见忆兼伤仲远》。白居易有《忆微之伤仲远》。

【仲蔚】　即后汉张仲蔚。家境贫困，所处蓬蒿没人，闭门养性，不治荣名。李德裕《早秋龙兴寺江亭闲眺寄崔张旧从事》：“渊明菊犹在，仲蔚蒿莫剪。”李咸用《陈正字山居》：“一叶闲飞斜照里，江南仲蔚在蓬蒿。”罗隐《春思》：“可怜户外桃兼李，仲蔚蓬蒿奈尔何。”参见“仲蔚蓬蒿”。

【仲蔚園】　本指东汉高士张仲蔚的园庐。后常用作咏隐居贫士的典故。李德裕《春暮思平泉杂咏二十首·书楼晴望》：“薄暮柴扉掩，谁知仲蔚园。”又《余所居平泉村舍近蒙韦常侍大尹特改嘉名因寄诗以谢》：“未谢留侯疾，常怀仲蔚园。”参见“仲蔚蓬蒿”。

【仲蔚蓬蒿】　晋皇甫谧《高士传》卷中：张仲蔚者，平陵人也。与同郡魏景卿俱修道德，隐身不仕，明天官博物，善属文好诗赋，常居穷素，所居蓬蒿没人，闭门养性，不治荣名。时人莫识，唯刘龚知之。李瀚《蒙求》：“颜回箪瓢，仲蔚蓬蒿。”

【仲德】　三国魏程昱字。昱初为县令，因受曹操器重，官至尉卫，封安乡侯。见《三国志·魏志·程昱传》。后用以作为称颂县令的故实。卢纶《送乐平苗明府》：“无辞折腰久，仲德在鸳行。”

【仲舉】　东汉陈蕃字。宋之问《见南山夕阳召监师不至》：“徒郁仲举思，讵回道林辙。”裴耀卿《敬酬张九龄当涂界留赠之作》：“茂先实王佐，仲举信时英。”储光羲《晚次东亭献郑州宋使君文》：“善计在弘羊，清严归仲举。”

【仲舉思】　谓款待宾客之情。仲举，东汉陈蕃字。蕃为太守以殊礼接待名士徐稚，为他们设有专用的床榻，去后则将榻悬挂起来。见《后汉书·徐稚传》和《后汉书·陈蕃传》。宋之问《见南山夕阳召监师不至》：“徒郁仲举思，讵回道林辙。”

【仲穎】　后汉董卓字。卢照邻《咏史四首》之三：“仲颖恣残忍，废兴良在躬。”

【仲濬】　唐诗僧。蜀人，驻锡宣州。与大诗人李白交往甚密。李白在《赠宣州灵源寺仲濬公》诗中称其“风韵逸江左，文章动海隅”，在《听蜀僧濬弹琴》诗中又称颂其高超的琴艺，并寄托自己对仲濬的深厚情谊。

【仲寶】　五代后周画家施璘字。韦遵《题施璘画竹图》：“堪珍仲宝穷幽笔，留得荆湘一片秋。”

任[1]　〔rèn《广韵》汝鸩切，去沁，日。〕❶承担，禁受。韦应物《答冯鲁秀才》：“薄田失锄耨，生苗安可任。”孟郊《连州吟》之二：“羽翼不自有，相追力难任。”卢仝《卓女怨》：“妾本怀春女，春愁不自任。”白居易《慈乌夜啼》：“应是母慈重，使尔悲不任。”❷能，堪。元结《酬裴云客》：“自厌久荒浪，于时无所任。”权德舆《祗命赴京途次淮口因书所怀》：“弱植素寡偶，趋时非所任。”柳宗元《觉衰》：“齿疏发就种，奔走力不任。”齐己《病起二首》之一：“撑柱筇犹重，枝梧力未任。”❸放任，放纵，不受约束。王维《赠吴官》：“不如侬家任挑达，草屩捞虾富春渚。”高适《同群公题中山寺》：“吾欲休世事，于焉聊自任。”韦应物《答僩奴重阳二甥》：“饮酒任真性，挥笔肆狂言。”张籍《江头》：“回首怜归翼，长吟任此身。”❹听凭。杜甫《又呈吴郎》：“堂前扑枣任西邻，无食无儿一妇人。”白居易《有感三首》之三：“忘怀任行止，委命随修短。”陆龟蒙《鹤屏》：“尘世任纵横，霜襟自闲放。”罗隐《芳树》：“陶陶兀兀大醉于清宵白昼间，任他上是天，下是地。”❺官职，职务。刘长卿《送度支留后若侍御之歙州便赴信州省觐》：“国用忧钱谷，朝推此任难。”韩愈《奉和虢州刘给事使君三堂新题二十吟》序：“刘兄自给事中出刺此州，在任逾岁。”雍陶《送宜春裴明府之任》：“此任无辞远，亲人贵用还。”石惠泰《与李全交诗》：“御史非常任，参军不久居。”❻责任，任务。王昌龄《咏史》：“位重任亦重，时危志弥敦。”裴说《送人宰邑》：“官小任还重，命官难偶然。”❼担任，出任。祖咏《长乐驿留别卢象裴总》：“故情君且足，谪宦我难任。”杜甫《洗兵马》：“只残邺城不日得，独任朔方无限功。”顾况《送郭秀才》：“故人曾任丹徒令，买得青山拟独耕。”韩愈《县斋读书》：“谪谴甘自守，滞留愧难任。”❽任命，任用。杜甫《述古三首》之二：“秦时任商鞅，法令如牛毛。”元稹《襄阳道》：“近日称难继，曹王任马彝。”❾能力，才能。见“任士”。❿依凭，依据。杜甫《奉赠严八阁老》：“新诗句句好，应任老夫传。”仇兆鳌注：“任，托也。”皮日休《临顿为吴中偏胜之地因成五言十首奉题屋壁》：“诗任传渔客，衣从递酒家。”⓫纵然，即使。杜荀鹤《山中寡妇》：“任是深山更深处，也应无计逃征徭。”罗虬《比红儿诗》之六十：“任伊孙武心如铁，不办军前杀此人。”

任[2]　〔rén《广韵》如林切，平侵，日。〕❶周代国名。风姓。在今山东济宁市。见“任₂宿”“任₂公子”。❷姓。唐诗人中有任华、任翻等。

【任₂二十】　即任宇。无可有《大理正任二十和江淹拟古诗二十章寄示》。

【任人】　❶用人，授人以官职。李九龄《望思台》：“汉武年高慢帝图，任人曾不问贤愚。”❷随人，听凭别人。李群玉《昼寐》：“筠桂晚萧疏，任人嘲宰予。”

【任土貢】　根据土地的具体情况，制定贡赋的品种和数量。钱起《奉送刘相公江淮催转运》：“将征任土贡，更发济川舟。”白居易《新乐府·道州民》：“道州民，多侏儒，长者不过三尺余。市作矮奴年进送，号为道州任土贡。任土贡，宁若斯？不闻使人生别离，老翁哭孙母哭儿？”

【任₂子】　指任公子。《文选·曹植〈七启〉》：“乃使任子垂钓，魏氏发机。”吕向注：“任子，任公子，善钓者。”张祜《酬答柳亢秀才见赠》：“任子偶垂沧海钓，戴逺虚认少微星。”参见“任$_2$公子”。

【任五】 疑即任华。王昌龄有《送任五之桂林》。

【任$_2$中丞】 即任畹。李商隐有《奉同诸公题河中任中丞新创河亭四韵之作》。薛能有《塞上蒙妆州任中丞寄书》。

【任$_2$父】 指任公子。韦庄《渔塘十六韵》:“对景思任父,开图想不兴。”参见“任$_2$公子”。

【任$_2$公】 指任公子。薛据《登秦望山》:“将寻会稽迹,从此访任公。”

【任$_2$公子】 ❶古代传说中善于捕鱼的人,见《庄子·外物》。后用以指超出尘世的高士。李白《金陵望汉江》:“今日任公子,沧浪罢钓竿。”李德裕《海鱼骨》:“昔日任公子,期年钓此鱼。”陆龟蒙《奉和袭美二游诗·任诗》:“竭来任公子,摆落名利役。”❷传为古代骑白驴升天的仙人。李贺《苦昼短》:“谁似任公子,云中骑碧驴。”

【任$_2$氏】 前蜀女诗人。尚书侯继图妻。《全唐诗》录其《书桐叶》诗一首。

【任$_2$生】 唐诗人。《全唐诗》卷七八三录其《题升山》和《投曹文姬诗》二首。

【任$_2$永】 后汉犍为(治在今四川宜宾市西南)人。好学博古。公孙述篡位,连征命,待以高位,皆托眼患青盲症以辞,为人狂狷,出人常情。妻淫于前,匿情无言;见子入井,忍而不救。及闻公孙述诛,洗目更视,曰:“世适平,目即清。”光武闻而征之,会病卒。见《后汉书·独行列传》。李咸用《山中夜坐寄故里友生》:“可怜任永真坚白,净洗双眸看太平。”

【任$_2$安】 字少卿,西汉荥阳(今属河南省)人,好任侠,武帝时为益州刺使。安尝事大将军卫青,为其舍人。后霍去病日益贵幸,卫青故人多离开卫青而事去病,唯任安不离故主。见《史记·卫将军骠骑列传》。骆宾王《乐大夫挽词五首》之一:“谁当门下客,独见有任安。”杜甫《奉赠萧二十使君》:“始终任安义,荒芜孟母邻。”白居易《和答诗十首·和雉媒》:“劝君今日后,结客结任安。”

【任$_2$希古】 唐诗人。字敬臣,棣州(今山东惠民县东南)人。生卒年不详,约太宗贞观末年前后在世。五岁丧母,七岁问父何以报母,父答以扬名显亲。乃刻志从学。年十六,刺史崔枢欲举其为秀才,自以学问未广,遁去。又三年,卒业,举孝廉,授著作局正字。父丧服终,迁秘书郎。虞世南器其人,召为弘文馆学士,俄授越王府西阁祭酒。又举制科及第,擢为许王文学。终太子舍人。《旧唐书·经籍志》著录有集五卷,《新唐书·艺文志》著录为十卷,今逸。传在《新唐书》,事又见《唐诗纪事》。《全唐诗》录其《奉和太子纳妃太平公主出降》《和东观群贤七夕临泛昆明池》等诗六首,皆应景之作。

【任$_2$昉】 (460—521)南朝梁博昌(今山东寿光)人。字彦昇。梁武帝时为黄门侍郎,出任义兴、新安太守。擅长表、奏等各体散文,当时有“任笔沈(约)诗”之称。杜甫《八哀诗·故右仆射相国张公九龄》:“绮丽玄晖拥,笺诔任昉骋。”李商隐《读任彦昇碑》:“任昉当年有美名,可怜才调最纵横。”

【任物】 使用财物。元稹《遣兴十首》之七:“择才不求备,任物不过涯。”

【任使】 任用,委用。韩愈、刘师服等《石鼎联句》:“以兹翻溢愆,实负任使诚。”陆龟蒙《和袭美新秋即事次韵三首》之三:“当时任使真堪笑,波上三年学炙鱼。”

【任性】 放任自己的性情,不加约束。钱起《田园雨后赠邻人》:“安排常任性,偃卧晚开户。”白居易《不如来饮酒七首》之六:“不如来饮酒,任性醉腾腾。”又《琴茶》:“兀兀寄形群动内,陶陶任性一生间。”

【任官】 委任官职。方干《赠会稽张少府》:“高节何曾似任官,药苗香洁备常餐。”曹松《赠雷乡张明府》:“任官征战后,度日寄闲身。”

【任$_2$要】 唐诗人。贞元十四年(798)兼兖州刺史侍御史,充太州团练使。《全唐诗》录其《腊月口号》一首。

【任重】 (—zhòng)担任重要的职务。姚崇《春日洛阳城侍宴》:“任重由来醉,乘酣志转迷。”刘长卿《奉饯元侍郎加豫章采访兼赐章服》:“任重兼乌府,时平偃豹韬。”

【任俠】 见义勇为,凭借某种力量扶助弱小、帮助别人。李颀《缓歌行》:“早知今日读书是,悔作从来任侠非。”王维《济上四贤咏·崔录事》:“少年曾任侠,晚节更为儒。”耿沣《酬张少尹秋日凤翔西郊见寄》:“刘生曾任侠,张率自能文。”

【任風】 凭借风力。崔峒《寄上礼部李侍郎》:“任风舟去远,待月酒行迟。”白居易《自题酒库》:“野鹤一辞笼,虚舟长任风。”

【任彦昇】 梁任昉字。李商隐有《读任彦昇碑》。

【任$_2$城】 古县名。汉县,北齐于县置高平郡。隋废,县属兖州。唐属河南道兖州。今山东济宁市地。李白《赠任城卢主簿》。

【任真】 任情率真,不事伪饰。杜甫《狂歌行赠四兄》:“吾兄吾兄巢许伦,一生喜怒长任真。”顾况《别江南》:“将底求名宦,平生但任真。”欧阳衮《听郢客歌阳春白雪》:“度曲知难和,凝情想任真。”

【任氣】 放纵意气,不受约束。芮挺章《少年行》:“任气称张放,衔恩在少年。”元稹《酬刘猛见送》:“任气有愎戆,容身寡朋曹。”

【任從】　听凭，任随。张仲素《燕子楼诗三首》之三："瑶瑟玉箫无意绪，任从蛛网任从灰。"齐己《白发》："莫染亦莫镊，任从伊满头。"

【任情】　任意，随意。武元衡《冬日寄裴尚书》："舟楫不可驻，提封如任情。"

【任₂宿】　古代风姓二国名，见《左传·僖公十一年》，在山东境内。苏源明《小洞庭洄源亭谯四郡太守诗》序："太皞苗裔，可记任宿。"

【任₂華】　唐文学家。乐安（今山东高青县南）人。为人狷狂戆直，傲岸不羁，不合时俗，隐居积年，自称"野人"。曾任秘书省校书郎、桂州刺史参佐等职。与高适相友善，适《赠任华》诗引任华为管鲍之交。其诗在风格上刻意学习李白，随意吞吐，颇有奇崛刚劲之气，但较生涩造作，少有笔力。作品多佚，《全唐诗》仅录其《寄李白》《寄杜拾遗》《怀素上人草书歌》杂言诗三首。

【任₂棠】　东汉隐者。因佐汉阳太守庞参理政而闻名。崔善为《答王无功冬夜载酒乡馆》："明朝蓬户侧，会自谒任棠。"吕温《道州夏日早访荀参军林园敬酬见赠》："陶亮横琴空有意，任棠置水竟无言。"贯休《上孙使君》："宁思子产冰，肯羡任棠薤。"参见"任₂棠水"。

【任₂棠水】　见《后汉书·庞参传》，后用以喻官吏廉洁奉公。高适《东平旅游奉赠薛太守二十四韵》："不改任棠水，仍传晏子裘。"

【任智】　任用智能。王维《献始兴公》："任智诚则短，守任固其优。"

【任₂畹】　唐蜀地人。元和十年（815）进士。曾任河东（治所今山西太原）留后，兵部郎中。姚合有《送任畹及第归蜀中觐亲》和《送任畹评事赴沂海》。陈陶有《闽中送任畹端公还京》和《寄兵部任畹郎中》。

【任意】　任随其意，随便。赵谦光《答户部员外贺遂涉戏赠》："锦帐随情设，金炉任意熏。"杨志坚《送妻》："荆钗任意撩新鬓，明镜从他别画眉。"白居易《卢尹贺梦得会中作》："任意少年长笑我，老人自觅老人来。"

【任肅】　唐人。司农丞任乾之曾孙，官京兆少尹。李咸用有《赠任肃》。

【任達】　放任旷达。温庭筠《秘书省有贺监知章草题诗因有此作》："越溪渔客贺知章，任达怜才爱酒狂。"又《洞户二十二韵》："任达嫌孤愤，疏慵倦九箴。"

【任爾】　犹言任从你。刘兼《昼寝》："恣情枕上飞庄蝶，任尔云间骋陆龙。"又《春晚寓怀》："空花任尔频侵眼，老雪从他渐满头。"

【任遇】　犹言地位和待遇。张九龄《奉和圣制赐诸州刺史以题座右》："岂徒任遇重，兼尔宴锡繁。"

【任誕】　任性放诞。陆龟蒙《奉和袭美二游诗·任诗》："顾余真任诞，雅遂中心获。"皮日休、陆龟蒙《独在开元寺避暑飞笔联句》："任诞襟全散，临幽榻旋移。"

【任運】　任凭命运。拾得《诗》之二二："可叹往年至今日，任运还同不系舟。"白居易《江上对酒二首》之一："忽忽忘机坐，伥伥任运行。"

【任賢】　任用贤德之人。钱起《送马使君赴郑州》："东土忽无事，专城复任贤。"李绅《却过淮阴吊韩信庙》："英主任贤增虎翼，假王徼福犯龙鳞。"杜牧《雪中书怀》："天子号仁圣，任贤如事师。"

【任興】　（—xìng）尽兴。权德舆《杂言春日戏题十首》之二："任兴不知行近远，更怜微月照鸣榔。"刘禹锡《和乐天闲园独赏八韵》："永日无人事，芳园任兴行。"李群玉《寄张祜》："越水吴山任兴行，五湖云月挂高情。"

【任₂濤】　唐诗人。筠州（今江西高安一带）人。早负诗名。乾符中，多次应举不第。与许棠、张蠙、郑谷等九人唱答往还，人称为"十哲"。李骘任江南西道观察处置使，素闻其名，取其诗观之，见有"露搏沙鹤起，人卧钓船流"之句，大为赞赏，曰："任涛，奇才也，何故不成名？会当荐之。"免除其乡里杂役，并令原籍官府优礼以待。未几卒。《全唐诗》卷六〇七录其诗五首。

【任₂鵠】　唐诗人。湘阴（今属湖南）人。富有学问。《全唐诗外编下·全唐诗续补遗》录其《题君山》和《匡王正己归山》二首。

【任翻】　唐诗人。翻，亦作"蕃"。会昌间人，家江东（今苏南、浙江一带）。家贫，刻苦攻读。初举进士不第，尝进谒主司，申其不平。旋归江湖，专攻诗赋。游天台山，作《宿巾子山禅寺》，有"前峰月照一江水"之语，既去百余里，觉"一江水"应改为"半江水"，径回题去，已为他人所改。后复有人于此题诗曰："任翻题后无人继，寂寞空山二百年。"作诗每读给人听，求人改动，务求通俗易晓。事见《唐才子传》。

【任禮】　根据礼仪。孟郊《静女吟》："任礼耻任妆，嫁德不嫁容。"

【任₂疇】　唐人。协律郎。武宗会昌六年（846）官太常博士。姚合有《酬任畴协律夏中苦雨见寄》。

【任₂懶】　唐人。隐居不仕，于书无所不观。张籍有《赠任懒》。

【任₂囂】　秦二世南海尉。有远见谋略，曾助南越王赵佗立国。许浑《登尉佗楼》："南来作尉任嚣力，北向称臣陆贾功。"

仰1 〔yǎng《广韵》魚兩切，上養，疑。〕❶抬头，脸向上。岑参《武威送刘单判官赴安西行营便呈高开府》："望君仰青冥，知翮难可翔。"李商隐《骄儿诗》："稽首礼夜佛，仰鞭罥蛛网。"陆龟蒙《奉酬袭美先辈吴中苦雨一百韵》："仰咏尧舜言，俯遵周孔辙。"慧宣《秋日游东山寺寻殊昙二法师》："万丈窥深涧，千寻仰绝壁。"亦指物体面朝上方横放着。侯喜《石鼎联句》："傍似废毂仰，侧见折轴横。"❷仰望；敬慕。寇坦《同张少府和厍狄员外寓直时兼充节度判官之作》："贞标不可仰，空此乐樵渔。"董思恭《咏日》："更也人皆仰，无待挥戈正。"广宣《早秋降诞日献寿二首应制》之二："万方瞻圣日，九土仰清光。"❸追溯。卢纶《和太常王卿立秋日即事》："遥仰凭轩夕，惟应喜宋生。"❹朝，向。卢象《青雀歌》："啾啾青雀儿，飞来飞去仰天池。"白居易《郡斋暇日忆庐山草堂兼寄二林僧社三十韵》："莲静方依水，葵枯重仰阳。"

仰2 〔yǎng《广韵》魚向切，去漾，疑。〕依赖，依靠。杜甫《奉送王信州崟北归》："徒倚瞻王室，从容仰庙谋。"许稷《闰月定四时》："从斯分历象，共仰定毫厘。"元稹《遣悲怀三首》之一："野蔬充膳甘长藿，落叶添薪仰古槐。"唐彦谦《和陶渊明贫士诗七首》之七："去年秋事荒，贩籴仰邻州。"

【仰大師】　指唐高僧慧寂。慧寂曾修行江西仰山，并以此山为号，故称。张乔有《赠仰大师》。

【仰上人】　即唐僧慧寂。慧寂曾修行于江西仰山，故称。齐己有《赠仰上人》。

【仰山】　山名。唐高僧慧寂曾修行于此，并以此为号。唐属袁州。在今江西宜春南。张乔《赠仰大师》："仰山因久住，天下仰山名。"李咸用有《望仰山忆玄泰上人》。宋齐丘有《赠仰山慧度禅师》。

【仰山大師】　即唐僧慧寂。慧寂曾修行于江西仰山，故称。齐己有《留题仰山大师塔院》。

【仰山禪师】　即唐高僧慧寂。慧寂曾修行于江西仰山，故称。张乔有《闻仰山禅师往曹溪因赠》。

【仰天】　仰望苍天。多用以抒发抑郁或激动心情时的状态。元稹《梦上天》："下视五岳块累累，仰天依旧苍苍色。"白居易《和答诗十首・和大觜乌》："仰天号一声，似欲诉苍穹。"

【仰止】　仰慕，向往。止，语助词。陈子良《赞德上越国公杨素》："高山徒仰止，终是恨才轻。"丘为《寻西山隐者不遇》："差池不相见，黾勉空仰止。"孟郊《峥嵘岭》："始见峥嵘状，仰止逾可嘉。"卫光一《经太华》："山高采难得，叹息徒仰止。"

【仰古】　追思往古。权德舆《严陵钓台下作》："我行访遗台，仰古怀逸民。"

【仰企】　仰慕企望。孟郊《贫女词寄从叔先辈簡》："仰企碧霞仙，高控沧海云。"

【仰名】　仰慕名声。白居易《偶作寄朗之》："仰名同旧识，为乐即新知。"

【仰見】　抬头向上看。韩愈《送灵师》："环回势益急，仰见团团天。"

【仰希】　仰望，希望。李白《上崔相百忧章》："仰希霖雨，洒宝炎煨。"

【仰坼】　向上分开。司空曙《长林令卫象饧丝结歌》："仰坼重衣倾万蕊，又如合欢交乱枝。"

【仰卧】　面朝上躺着。皮日休《苦雨杂言寄鲁望》："两床莇席一素几，仰卧高声吟太玄。"

【仰$_2$乳】　求人喂奶。孟郊《子庆诗》："人来唯仰乳，母抱未知慈。"

【仰$_2$胡】　仰仗指巡胡。古时饮宴，刻木为胡人状，底锐，置于盘中，推之欹侧摇摆使舞，视其所指者饮酒。此物称指巡胡，亦称酒胡。元稹《指巡胡》："遣闷多凭酒，公心只仰胡。"

【仰面】　抬头，面部向上。戎昱《苦辛行》："仰面诉天天不闻，低头告地地不言。"白居易《杂感》："为君持所感，仰面问苍苍。"温庭筠《烧歌》："仰面呻复嚏，鸦娘咒丰岁。"

【仰思】　追思。舒元舆《八月五日中部官舍读唐历天宝已来追怆故事》："仰思圣明帝，贻祸在肘腋。"

【仰看】　抬头看。杜甫《青阳峡》："仰看日车侧，俯恐坤轴弱。"李商隐《安平公诗》："仰看楼殿撮清汉，坐视世界如恒沙。"

【仰風】　敬仰清风高节。张籍《和裴司空即事通简旧僚》："肃肃上台坐，四方皆仰风。"

【仰首】　抬头。陆龟蒙《奉和袭美初夏游楞伽精舍次韵》："仰首乍眩旋，回眸更辉燿。"

【仰眠】　仰面而眠。孟郊《边城吟》："何处鹘突梦，归思寄仰眠。"李商隐《自贶》："陶令弃官后，仰眠书屋中。"

【仰恩】　追念恩德。韦应物《襄武馆游眺》："仰恩惭政拙，念劳喜岁收。"

【仰秣】　谓马听见美妙音乐而昂首吃饲料。《荀子・劝学》："伯牙鼓琴而六马仰秣。"顾况《梁司马画马歌》："仰秣如上贺兰山，低头欲饮长城窟。"

【仰笑】　仰面而笑。韩愈《雉带箭》："将军仰笑军吏贺，五色离披马前堕。"

【仰望】　❶抬头向上看。韦应物《骊山行》："万井九衢皆仰望，彩云白鹤方徘徊。"皎然《贻李汤》："愿随黄鹤一轻举，仰望青霄独延伫。"秦韬玉《八月十五日夜同卫谏议看月》："岂独座中堪仰望，孤高应到凤凰城。"❷敬佩，期望。李白《与诸公送陈郎将归衡阳》

序："诸公仰望不及，连章祖之。"韦应物《送褚校书归旧山歌》："世人仰望栖此地，生独徘徊意何为。"白居易《劝酒》："人人仰望在何处，造化笔头云雨生。"

【仰羡】 仰慕，钦羡。杜甫《独坐》："仰羡黄昏鸟，投林羽翮轻。"李群玉《自澧浦东游江表投员外从公虞》："仰羡野陂凫，无心忧稻粱。"

【仰視】 向上看。刘长卿《奉和李大夫同吕评事太行苦热行仍呈王员外》："火云从中出，仰视飞鸟落。"张祜《早春钱塘湖晚眺》："仰视天宇旷，俯登云树重。"

【仰₂給】 （一jǐ）依赖，依靠。韩愈《东都遇春》："譬如笼中鸟，仰给活性命。"

【仰廁】 犹言高攀。王维《酬诸公见过》："仰厕群贤，皤然一老。"

【仰慕】 向往思慕；敬慕。李颀《题少府监李丞山池》："清风多仰慕，吾亦尔知音。"包融《阮公啸台》："灵光未歇灭，千载知仰慕。"

【仰攀】 向上攀缘。牟融《游淮云寺》："白云深锁沃州山，冠盖登临众仰攀。"李宾《登瓦官寺阁》："杳无霄汉上，仰攀日月行。"

【仰霄】 仰望云霄。张九龄《晨坐斋中偶而成咏》："仰霄谢逸翰，临路嗟疲足。"

【仰德】 敬仰美德。姚合《寄主客刘郎中》："仰德多时方会面，拜兄何暇更论年。"

【仰頭】 抬头。白居易《和微之诗二十三首·和晨兴因报问龟儿》："仰头向青天，但见雁南飞。"又《过敷水》："村童店女仰头笑，今日使君真是愚。"李群玉《中秋维舟君山看月二首》之二："夜深高不动，天下仰头看。"

【仰謁】 拜见。白居易《梦仙》："仰谒玉皇帝，稽首前致诚。"

【仰瞻】 ❶仰望。《郊庙歌辞·周宗庙乐舞辞·肃顺》："仰瞻庙貌，夙设宫悬。"方干《自缙云赴郡寄献段郎中》："仰瞻青壁开天罅，斗转寒湾避石棱。"❷追慕。陆龟蒙《读襄阳耆旧传因作诗五百言寄皮袭美》："仰瞻三皇道，虮虱在宇宙。"

【仰聽】 抬起头聆听。韦庄《赠峨嵋山弹琴李处士》："锦麟不动惟侧头，白马仰听空竖耳。"参见"仰秣"。

【仰觀】 向上看。玄宗《过晋阳宫》："俯察伊晋野，仰观乃参虚。"李白《望庐山瀑布水二首》之一："仰观势转雄，壮哉造化功。"

【仰觀俯察】 上下仔细察看。白居易《新乐府·司天台》："司天台，仰观俯察天人际。"

役

〔yì《集韵》營隻切，入昔，以。〕"役"的古体字。见"役走"。

【役走】 役使，驱走。孟郊《借车》："百年徒役走，万事尽随花。"

伋

〔jí《广韵》居立切，入緝，見。〕人名。李群玉《洞庭驿楼雪夜宴集奉赠前湘州张员外》："童儿待郭伋，竹马空迟留。"

伉

〔kàng《广韵》苦浪切，去宕，溪。〕匹敌，引申为"匹偶"。见"伉儷"。

【伉儷】 ❶妻子，匹偶。白居易《池鹤八绝句·鹤答鸡》："尔争伉俪泥中斗，吾整羽仪松上栖。"吴筠《高士咏·楚狂接舆夫妻》："接舆耽冲玄，伉俪亦真逸。"❷夫妻。李白《东海有勇妇》："豁此伉俪愤，粲然大义明。"白居易《闲园独赏》："蝶双知伉俪，蜂分见君臣。"亦用以指结成夫妻。戴叔伦《古意》："云水俱无心，斯可长伉俪。"

仿

〔fǎng《广韵》妃兩切，上養，敷。〕见"仿像"。

【仿像】 ❶隐隐约约貌。杜甫《渼陂西南台》："仿像识鲛人，空蒙辨鱼艇。"❷好像，似乎。钱起《美杨侍御清文见示》："清文不出户，仿像皆在目。"

伊

〔yī《广韵》於脂切，平脂，影。〕❶这，此。张说《夕宴房主簿舍》："伊人美修夜，朋酒惠来称。"李商隐《复至裴明府所居》："伊人卜筑自幽深，桂巷杉篱不可寻。"王仁裕《过平戎谷吊胡翙》："立马荒郊满目愁，伊人何罪死林丘。"参见"伊人"。❷发语词，无义。《诗·周颂·我将》："伊嘏文王，既右饗之。"高亨注："伊，发语词。"李峤《和同府李祭酒休沐田居》："伊我怀丘园，愿心从所欲。"陆龟蒙《奉和袭美二游诗·徐诗》："伊唐受命初，载史声连延。"❸语助词，无义，用于句中。张九龄《巡属县道中作》："岂伊念邦政，尔实在时清。"高适《同群公出猎海上》："畋猎自古昔，况伊心赏俱。"柳宗元《唐铙歌鼓吹曲·靖本邦》："本邦伊晋，惟时不靖。"❹且，又。柳宗元《奉平淮夷雅表·皇武》："蔡凶伊窘，悉起来聚。"贯休《循吏曲上王使君》："伊飞伊走，乳乳良牧。"❺他（她），它。寒山《诗三百三首》之二四三："打伊又不得，骂伊又不著。"薛能《赠欢娘》："当时纵使双成在，不得如伊是小时。"❻你。孟郊《送淡公》之三："笑伊渔阳操，空恃文章多。"又《送淡公》之五："笑伊乡贡郎，踏土称风流。"罗虬《比红儿诗》之六十："任伊孙武心如铁，不办军前杀此人。"❼水名。白居易《题牛相公归仁里宅新成小滩》："伊流决一带，洛石砌千拳。"

见“伊水”。❸姓。唐诗人中有伊璠、伊梦昌、伊用昌。

【伊人】 这个人。意中所指之人。《诗·秦风·蒹葭》:“所谓伊人,在水一方。”高亨注:“伊人,是人,意中所指的人。”王维《送陆员外》:“郎署有伊人,居然古人风。”高适《酬李少府》:“伊人虽薄宦,举代推高节。”韩愈《合江亭》:“伊人去轩腾,兹宇遂颓挫。”

【伊山】 山名。在今湖南衡山县西北十里。一名桓山。晋桓伊曾于此山读书。张祜有《伊山》。

【伊川】 ❶水名。即伊水。张九龄《三月三日登龙山》:“伊川与灞津,今日祓除人。”李颀《送刘四赴夏县》:“举世皆亲丞相阁,我心独爱伊川水。”李绅《却望无锡芙蓉湖》之五:“惆怅白头为四老,远随尘土去伊川。”参见“伊水”。❷指伊水流域。玄宗《春晚宴两相及礼官丽正殿学士探得风字》:“野霁伊川绿,郊明巩树红。”白居易《新乐府·时世妆》:“昔闻被发伊川中,辛有见之知有戎。”

【伊川嘆】 春秋时,周幽王为犬戎所灭,平王东迁,周大夫辛有适伊川,见有人披发而祭于野,感叹中原礼仪消亡,见《左传·僖公二十二年》。后因用作感叹中原政权衰微的典故。吴融《金桥感事》:“百年徒有伊川叹,五利宁无魏绛功。”

【伊水】 伊河。出河南栾川县,东北流经嵩县、伊川、洛阳至偃师,入洛水。刘长卿《龙门八咏·福公塔》:“寂寞对伊水,经行长未还。”白居易《五凤楼晚望》:“龙门翠黛眉相对,伊水黄金线一条。”罗隐《薛阳陶觱篥歌》:“穿空激远不可遏,仿佛似向伊水头。”

【伊尹】 人名。商汤臣。名挚,一名伊,尹为官名。传为汤妻陪嫁的奴隶。后辅佐商汤伐夏桀,被尊为阿衡。汤死后,其孙太甲荒淫无道,破坏商汤法制,伊尹将其放逐到桐宫,三年后太甲改悔,又迎之复位。一说伊尹放逐太甲而自立,七年后太甲还,杀伊尹。李白《纪南陵题五松山》:“伊尹生空桑,捐庖佐皇极。”李商隐《井泥四十韵》:“伊尹佐兴王,不藉汉父资。”来鹄《圣政纪颂》:“伊尹直心,太甲须圣。”唐彦谦《宿田家》:“空怀伊尹心,何补尧舜治。”

【伊尹负鼎】 伊尹欲干汤而无由,乃为有莘氏媵臣,负鼎俎,以滋味说汤,致于王道。或曰,伊尹处士,汤使人聘迎之,五反然后肯往从汤,言素王及九主之事。汤举任以国政。见《史记·殷本纪》。李瀚《蒙求》:“伊尹负鼎,宁戚叩角。”

【伊予】 自指,我。皎然《苕溪草堂四十三韵》:“伊予战苦胜,览境情不溺。”权德舆《祗役江西路上以诗代书寄内》:“伊予多昧理,初不涉世务。”白居易《和微之春日投简阳明洞天五十韵》:“伊予一生志,我尔百年躯。”马戴《湘川吊舜》:“伊予生好古,吊舜苍梧间。”

【伊用昌】 唐诗人。与其妻乞食,多在江右庐陵、宜春诸郡。出语轻狂,常为人殴击,呼之为伊疯子。尝入湖南谒马氏,时方设斋,马氏独不请其食用。用昌自造之,据其坐。食毕,则大声吟诗。吟毕,拂衣而去。爱作江南词,与妻唱和,词皆有旨。妻有殊色,豪富子以言笑戏调,不可犯。夫妻至南城县,丐死牛肉食之,致死。《全唐诗》录其《望江南词咏鼓》和《题茶陵县门》等诗词六首,多为嫉俗和游仙之作。

【伊西】 伊州和西洲。岑参《优钵罗花歌》序:“摄监察御史,领伊西北庭支度副使。”

【伊州】 ❶地名。故城在今新疆哈密市。古称昆吾,后属匈奴,隋大业六年(610),置伊吾郡,唐贞观四年(630),改置伊州。武元衡《长相思》:“长相思,陇云愁,单于台上望伊州。”❷曲调名,商调大曲。以边地名名曲,为京西节度使盖嘉运所进。七言,八句,二十八字,三平韵,一、三两句均以平起,成拗格。王建《宫词一百首》之五六:“求守管弦声款逐,侧商调里唱《伊州》。”白居易《伊州》:“老去将何散老愁,新教小玉唱《伊州》。”施肩吾《望骑马郎》:“赚杀唱歌楼上女,《伊州》误作《石州》声。”罗虬《比红儿诗》之九三:“红儿谩唱《伊州》遍,认取轻敲玉韵长。”亦称“伊州歌”。王维有《伊州歌》。

【伊吾】 古地名。伊吾卢之省称。夏为昆吾,汉曰伊吾卢,属匈奴,东汉尝取之以通西域,后复为匈奴所得。隋大业六年(610)置伊吾郡。唐伊州治所设此,故地在今新疆哈密。岑参有《送李别将摄伊吾令充使赴武威便寄崔员外》。参见“伊州❶”。

【伊吕】 伊尹和吕尚的合称。伊尹辅商汤,吕尚佐周武王,皆建殊勋。后多并指,用以指辅弼重臣。杜淹《召拜御史大夫赠袁天纲》:“伊吕深可慕,松乔定是虚。”刘长卿《李侍郎中丞行营五十韵》:“苍生属伊吕,明主仗韩彭。”杜甫《咏怀古迹五首》之五:“伯仲之间见伊吕,指挥若定失萧曹。”

【伊我】 自称,我。王勃《倬彼我系》之一:“伊我有器,思逢其主。”韩愈《调张籍》:“伊我生其后,举颈遥相望。”姚合《送李余及第归蜀》:“长安米价高,伊我常渴饥。”

【伊余】 自称,我。刘长卿《灞东晚晴简同行薛弃朱训》:“伊余在羁束,且复随造化。”任华《寄李白》:“伊余每欲乘兴往相寻,江湖拥隔劳寸心。”李商隐《井泥四十韵》:“伊余掉行鞅,行行来自西。”黄滔《送僧归北岩寺》:“伊余东还际,每起烟霞慕。”

【伊何】 ❶为何,做什么。王勃《倬彼我系》之九:“从役伊何,薄求卑位。”齐己《渚宫自勉二首》之一:“晨午殊丰足,伊何挠肺肠。”❷怎么办。宋华《蝉鸣一篇五章》之四:“蝉鸣伊何,时运未与。”刘禹锡《泽宫诗》:“高墉伊何,维器与时。”

【伊昔】 从前,过去。刘长卿《归沛县道中晚泊留侯城》:“伊昔楚汉时,颇闻经济才。”杜甫《九日登梓州城》:“伊昔黄花酒,如今白发翁。”李商隐《行次西郊作一百韵》:“伊昔称乐土,所赖牧伯仁。”贯休《观怀素草书歌》:“伊昔张谓任华叶季良,数子赠歌岂虚饰。”

【伊軋】 (—yà)象声词。孙光宪《渔歌子》:“扣舷歌,联极望,桨声伊轧知何向。”此状船桨发出之声。

【伊岸】 伊水的岸边。韦应物《自巩洛舟行入黄河即事寄府县僚友》:“孤村几岁临伊岸,一雁初晴下朔风。”

【伊咎】 即伊皋。皋陶亦作“咎繇”,故亦写作“伊咎”。柳宗元《游南亭夜还叙志七十韵》:“捍御盛方虎,谟明富伊咎。”参见“伊皋”。

【伊周】 商伊尹和西周周公旦的合称。二人都曾摄政,均为贤佐。杜甫《秋日荆南述怀三十韵》:“不必伊周地,皆知屈宋才。”钱起《晚出青门望终南别业》:“处贵有余兴,伊周位不如。”

【伊河】 河名。见“伊水”。白居易《闲游即事》:“蓦山寻浥涧,蹋水渡伊河。”齐己《将游嵩华行次荆渚》:“莲峰映敷水,嵩岳压伊河。”

【伊祁】 古帝号。即神农,一说为帝尧。贯休《寿春节进》:“赓歌随羽籥,奕叶敩伊祁。”

【伊祁氏】 春神。皮日休《奉和鲁望读阴符经见寄》:“三百八十言,出自伊祁氏。”

【伊始】 开始,事情的开端。《享先农乐章·诚和》:“粒食伊始,农之所先。”

【伊阻】 险阻。《诗·邶风·雄雉》:“我之怀也,自诒伊阻。”毛传:“伊,维;阻,难也。”萧颖士《江有归舟三章序》:“彼吴之丘,曾是昔游,心乎往矣,有怀伊阻。”

【伊威】 虫名。见《诗·豳风·东山》。韩愈、孟郊《城南联句》:“暮堂蝙蝠沸,破灶伊威盈。”韩愈《送区弘南归》:“朝暮盘羞恻庭闱,幽房无人感伊威。”

【伊姜】 即伊吕。吕尚姓姜,俗称姜太公,故称。周昙《咏史诗·三国门·再咏蜀先主》:“定有伊姜为佐辅,忍教鸿雁各乾坤。”

【伊洛】 亦作“伊雒”。伊水和洛水。两水汇流,多连称。亦指伊洛流域。杜甫《八哀诗·赠司空王公思礼》:“胡马缠伊洛,中原气甚逆。”孟郊《送谏议十六叔至孝义渡后奉寄》:“伊洛去未回,遐瞩空寂寥。”于武陵《过洛阳城》:“周秦时几变,伊洛水犹清。”亦借指唐东都洛阳。杜甫《北征》:“伊洛指掌收,西京不足拔。”

【伊流】 即伊水。李颀《圣善阁送裴迪入京》:“伊流惜东别,灞水向西看。”白居易《引泉》:“伊流狭似带,洛石大如拳。”周贺《出关寄贾岛》:“伊流偕行客,岳响答啼猿。”参见“伊水”。

【伊原】 伊水之滨的原野。李吉甫《怀伊川赋》:“龙门南岳尽伊原,草树人烟目所存。”

【伊皋】 伊尹和皋陶的合称。伊尹,商汤名相;皋陶,舜之刑官。后常并称,并用以指杰出的宰臣。李白《君子有所思行》:“伊皋运元化,卫霍输筋力。”王琦注:“伊尹,皋陶,以喻美宰臣。”白居易《寄献北都留守裴令公》:“公虽慕张范,帝未舍伊皋。”徐夤《伤前翰林杨左丞》:“皇天未启升平运,不使伊皋相禹汤。”黄损《出山吟》:“休将巢许争喧杂,自共伊皋论太平。”

【伊浦】 伊水之滨。《郊庙歌辞·享懿德太子庙乐章·迎神》:“伊浦凤翔,缑峰鹤至。”

【伊陟】 商汤之相伊尹子,为帝太戊之相。赵嘏《上令狐相公》:“荣同伊陟传朱户,秀比王商入画图。”

【伊商】 伊尹和商鞅。周昙《咏史诗·三代门·管蔡》:“伊商胡越尚同图,管蔡如何有异谟。”

【伊凉曲】 曲调名。即《伊州》《凉州》二曲。欧阳詹《闲邻舍唱凉州有所思》:“有善《伊》《凉》曲,离别在天涯。”

【伊陸】 唐伊阙县和陆浑县的合称。二县均属河南府。今河南洛阳、嵩阳一带。韦应物有《李博士弟以余罢官共有伊陆名山之期久而未去枉诗见向中云宋生昔登览末云那能顾蓬荜直寄鄙怀聊以为答》。

【伊傅】 伊尹和傅说的合称。陈陶《题赠高闲上人》:“伊傅多联壁,刘雷竞买邻。”

【伊陽】 古县名。周伊川地,汉为陆浑县地。唐先天元年(712),割陆浑县置地在今河南汝阳县。李白《鸣皋歌奉饯从翁清归五崖山居》:“麒麟阁上春还早,著书却忆伊阳好。”岑参《自潘陵尖还少室居止秋夕凭眺》:“火点伊阳村,烟深嵩角钟。”贾岛《送李登少府》:“伊阳耽酒尉,朗咏醉醒新。”

【伊嵩】 伊水和嵩山。白居易《晚归香山寺因咏所怀》:“吾亦从此去,终老伊嵩间。”

【伊源】 伊水的源头。李吉甫《忆伊川赋》:“龙门南岳尽伊源,草树人烟目所存。”

【伊夢昌】 唐诗人。生平事迹不详。《全唐诗》录其《凤》诗一首,及《题攸县司空观仙台》和《题黄蜀葵》各二句。

【伊穀】 伊水和榖水。均在河南省境。唐尧臣《金陵怀古》:“凿山拟嵩华,穿地象伊榖。”亦泛指此二水流经的地区。李百药《郢城怀古》:“万乘重沮漳,九鼎轻伊榖。”陈子昂《感遇三十八首》之十四:“宝鼎沦伊榖,瑶台成古丘。”

【伊爾】 近来。孔绍安《赠蔡君》:“畴昔同幽谷,伊尔迁乔木。”

【伊雒】 同“伊洛”。孟郊《至孝义渡寄郑军事唐二十五》：“嵩少玉峻峻，伊雒碧华华。”

【伊僕射】 即唐伊慎。李商隐有《过伊仆射旧宅》。

【伊誰】 谁，哪一个。宋华《蝉鸣一篇五章》之二：“伊谁云保，未见君子。”司空图《诗品二十四则·精神》：“妙造自然，伊谁与裁。”

【伊璠】 唐诗人。咸通四年(863)登进士第。为泾阳令。《全唐诗》录其《及第后寄梁烛处士》诗一首。

【伊霍】 商伊尹和汉霍光的合称。伊尹放太甲于桐，霍光废昌邑王而立宣帝，事有相类，故并称之。罗隐《寄酬邺王罗令公五首》之五：“长笑应刘悲显达，每嫌伊霍少诗篇。”

【伊衡】 伊尹的别称。伊尹辅商汤伐夏桀后，被尊为阿衡，故称。后用以称宰辅大臣。尉迟汾《府尹王侍郎准制拜岳因状嵩高灵胜寄呈三十韵》：“周翰已洽沦，伊衡亦期功。”

【伊闕】 古县名。隋开皇十八年(598)改新城县置，以伊阙山为名。唐属河南府，治所在今河南伊川西南。王昌龄有《留别伊阙张少府郭大都尉》。綦毋潜有《送集贤学士伊阙史少府放归江东觐省》。杜甫《茅堂检校收稻二首》之二：“种幸房州熟，苗同伊阙春。”许浑《赠李伊阙》序：“前伊阙李师晦侍御辞秩归山，过余所止。”

【伊瀍】 伊水和瀍水。在河南，均流入洛水。借以指此二水流经的地区。徐坚《饯唐永昌》：“郎官出宰赴伊瀍，征传骎骎灞水前。”高适《酬河南节度使贺兰大夫见赠之作》：“河华屯妖气，伊瀍有战声。”

【伊關】 即伊阙关。在伊阙山上。汉末为镇压农民起义军，设置的八关之一。宋之问《初到陆浑山庄》：“授衣感穷节，策马凌伊关。”

【伊夔】 伊尹和夔的合称。夔传为尧时乐官，以音乐辅佐尧治理天下。丁仙芝《越裳贡白雉》：“圣哲承休运，伊夔列上台。”罗隐《钱尚父生日》：“伊夔事业扶千载，韩白机谋冠九州。”

【伊瀾】 伊水的大波。郑畋《题缑山王子晋庙》：“嵩岭连天汉，伊澜入海潮。”

【伊籍一拜】 三国蜀伊籍任左将军从事郎中。遣使吴，孙权闻其才辩，欲折辱之。籍方入拜，权曰：“劳事无道之君乎？”对曰：“一拜一起，未足为劳。”机捷类此，权甚异之。见《三国志·蜀志·伊籍传》。李瀚《蒙求》：“伊籍一拜，郦生长揖。”

【伊鬱】 感情抑郁忧愤。柳宗元《游朝阳岩遂登西亭二十韵》：“所怀缓伊郁，讵欲肩夷巢。”刘禹锡《送李策秀才还湖南因寄幕中亲故兼简衡州吕八郎中》：“一聆苦辛词，再动伊郁情。”罗隐《薛阳陶觱篥歌》：“邗沟仆射戎政闲，试渡瓜洲吐伊郁。”韩偓《信笔》：“乡俗摘茶歌，道在无伊郁。”

似 〔sì《广韵》詳里切，上止，邪。〕❶像，类似。陈叔达《早春桂林殿应诏》：“朱楼云似盖，丹桂雪如花。”刘长卿《新年作》：“已似长沙傅，从今又几年。”李涉《题水月台》：“水似晴天天似水，两重星点碧琉璃。”步非烟《答赵子》：“郎心应似琴心怨，脉脉春情更泥谁。”❷似乎，仿佛。卢纶《题兴善寺后池》：“隔窗栖白鹤，似与镜湖邻。”姚合《游阳河岸》：“鸟语催沽酒，鱼来似听歌。”刘沧《题巫山庙》：“婵娟似恨襄王梦，猿叫断岩秋藓稀。”沈亚之《秦梦诗三首·题宫门》三：“春景似伤秦丧主，落花如雨泪燕脂。”❸相当于，比得上。杜甫《往在》：“中兴似国初，继体如太宗。”又《酬高使君相赠》：“草玄吾岂敢，赋或似相如。”又《壮游》：“斯文崔魏徒，以我似班扬。”❹是。杜甫《秋日夔府咏怀奉寄郑监李宾客一百韵》：“途中非阮籍，查上似张骞。”又《从驿次草堂复至东屯二首》之一：“非寻戴安道，似向习家池。”权德舆《伏蒙十六叔寄示喜庆感怀三十韵因献之》：“徒以弱似仁，岂足议大政。”❺向。太宗《秋日二首》之一：“还似成都望，直见蛾眉前。”元稹《连昌宫词》：“指似傍人因恸哭，却出宫门泪相续。”罗邺《宫中二首》之一：“今朝别来承恩处，鹦鹉飞来说似人。”❻给。贾岛《剑客》：“今日把似君，谁为不平事。”❼始，开始。杜甫《云》：“龙似瞿唐会，江依白帝深。”又《伤秋》：“何年灭豺虎，似有故园归。”❽超过。岑参《送楚丘曲少府赴官》：“桃花色似马，榆荚小于钱。”白居易《春雪》：“大似落鹅毛，密如飘玉屑。”贯休《寄令狐郎中》：“绿苔狂似人，入我白玉堂。”皮日休《虎丘寺殿前有古杉一本遂赋三百言以见志》：“槎头秃似刷，枿嵴利于锥。”

【似反掌】 喻时间快速易逝。杜甫《观公孙大娘弟子舞剑器行》：“五十年间似反掌，风尘倾动昏王室。”

【似衣帶】 谓介于隋与南朝陈之间的长江不足为阻，见《南史·陈后主本纪》。后用以形容很窄水面的间隔。杨巨源《寄江州白司马》：“湓浦曾闻似衣带，庐峰见说胜香炉。”

【似是而非】 似真而实假。白居易《池上寓兴二绝》之二：“外容闲暇中心苦，似是而非谁得知。”

【似舅】 酷似其舅。王维《送严秀才还蜀》：“宁亲为令子，似舅即贤甥。”赵殿成笺注引：“《南史》：何无忌，刘牢之外甥，酷似其舅。”

【似箭】 谓时间如离弦之箭，十分迅速。方干《感时三首》之一：“不觉年华似箭流，朝看春色暮逢秋。”

五 画

余[1] 〔yú《广韵》以諸切，平魚，以。〕❶我。王绩《薛记室收过庄见寻率题古意以赠》：“余及尔皆亡，东西各异居。”杜甫《两当县吴十侍御江上宅》：“余时忝诤臣，丹陛实咫尺。”姚合《喜贾岛至》：“军吏衣裳窄，还应暗笑余。”李昌符《寄栖白上人》：“相逢应未卜，余正走嚣氛。”❷姓。李咸用有《夏日别余秀才》。

余[2] 〔yù《集韵》羊茹切，去御，以。〕见“余₂且。”

【余₂且】（—jū）古代神话中的渔夫。《庄子·外物》：“神龟能见梦于元君，而不能避余且之网。”卢仝《观放鱼歌》：“亦忆清江使，横遭乎余且。”

俅 〔mài《广韵》莫話切，去夬，明。〕见“俅僸”。

【俅僸】 泛指我国古代北方和东北方少数民族的音乐，见《文选·班固〈东都赋〉》。杨巨源《和吕舍人喜张员外自北番回至境上先寄二十韵》：“欢味膻腥列，徵声俅僸攒。”

佞 〔nìng《广韵》乃定切，去徑，泥。〕❶用花言巧语谄媚人。元结《二风诗·乱风诗·至惑》：“宠邪信惑，近佞好谀。”王周《自喻》：“性拙绝不佞，才短无余地。”❷奸邪。杜牧《商山富水驿》：“邪佞每思当面唾，清贫长欠一杯钱。”聂夷中《过比干墓》：“佞是福身本，忠作丧己源。”周昙《咏史诗·后汉门·明帝》：“朝臣咸佞孰知非，张佚公忠语独奇。”❸迷惑，迷恋。元稹《和李校书新题乐府十二首·立部伎》：“奸声入耳佞人心，侏儒饱饭夷齐饿。”

【佞人】 善于用花言巧语讨好别人的人。《论语·卫灵公》：“放郑声，远佞人，郑声淫，佞人殆。”张说《并州勒造座右铭》：“安万国，礼百神，放郑声，远佞人。”李绅《却过淮阴吊韩信庙》：“贱能忍耻卑狂少，贵乏怀忠近佞人。”崔涂《寄舅》：“须信尧庭草，犹能指佞人。”

【佞口】 谗佞人之口，谗言。徐夤《送卢拾遗归华山》：“紫殿谏多防佞口，清秋假满别明君。”

【佞巧】 谗佞巧诈。亦指谗佞巧诈之人。白居易《薛中丞》：“奸豪与佞巧，非不憎且惧。”

【佞名】 指佞佛的名声。刘禹锡《酬乐天斋满日裴令公置宴席上戏赠》：“衔杯本自多狂态，事佛无妨有佞名。”

【佞臣】 奸邪谄上之臣。卢照邻《咏诗四首》之四：“愿得斩马剑，先断佞臣头。”李白《答高山人兼呈权顾二侯》：“谗惑英主心，恩疏佞臣计。”白居易《赠樊著作》：“其手如屈轶，举必指佞臣。”张道古《上蜀王》：“二乱岂由明主用，五危终被佞臣弹。”

【佞佛】 对佛迷恋、谄媚。李商隐《咏怀寄秘阁旧僚二十六韵》：“事神徒惕虑，佞佛愧虚辞。”又《自桂林奉使江陵途中感怀寄献尚书》：“佞佛将成传，耽书或类淫。”

【佞倖】 因善于谄谀而得到君王宠幸。丁仙芝《戏赠姚侍御》：“明光殿前见天子，今日应弹佞幸夫。”亦指佞幸之人。张籍《庄陵挽歌词三首》之一：“佞幸威权薄，忠良宠锡饶。”

【佞惑】 谗佞，媚惑。周昙《咏史诗·后汉门·桓帝》：“襄楷忠言谁佞惑，忍教奸祸起萧墙。”

【佞顺】 谗谀顺从。白居易《有木诗八首》序：“余尝读《汉书》列传，见佞顺婞嫛，图身忘国，如张禹辈者，见惑上蛊下，交乱君亲，如江充辈者……其初皆有动人之才，足以惑众媚主，莫不合于始而败于终也。”

【佞諛】 指以动听的言词奉承讨好别人的人。徐彦伯《比干墓》：“嬖黩皆佞谀，虔刘尽英隽。”长孙佐辅《古宫怨》：“盛衰倾夺欲何如，娇爱翻悲逐佞谀。”

估 〔gū《广韵》公户切，上姥，見。《集韵》攻乎切，平模，見。〕行商，商人。见“估客”。

【估舟】 商船。卢仝《冬行三首》之二：“赁载得估舟，估杂非吾偶。”

【估客】 行商，商人。李白《自代内赠》：“估客发大楼，知君在秋浦。”卢纶《晚次鄂州》：“估客昼眠知浪静，舟人夜语觉潮生。”刘禹锡《采菱行》：“家家竹楼临广陌，下有连樯多估客。”鲍溶《采葛行》：“蛮女将来海市头，卖与岭南贫估客。”

【估客行】 即“估客乐”。乐府西曲歌名。传为南朝齐武帝萧赜始作此歌。后世多有仿作。内容多写商人行贾生活。李白有《估客行》云：“海客乘天风，将船远行役。”参见“估客乐”。

【估客乐】 乐府清商曲辞，见《乐府诗集·清商曲辞》。李白、元稹有此作。

体 〔bèn《广韵》蒲本切，上混，並。〕见“得体歌”。

何 〔hé《广韵》胡歌切，平歌，匣。〕❶什么。孟浩然《江上别流人》：“不知从此分，还袂何时把。”元稹《哭小女降真》：“雨点轻沤风复惊，偶来何事去何情。”李商隐《韩碑》：“元和天子神武姿，彼何人哉轩与羲。”❷谁，哪个。顾况《送行歌》：“送行人，歌一曲，何者为泥何者玉？"韩愈《孟东野失子》："失子将何尤，吾将上尤天。"❸哪里，什么地方。刘长卿《送李中丞之襄州》："茫茫汉江上，日暮复何之。"杜甫《兵车行》："县官急索租，租税从何出？"❹多么，甚。李昂《从军行》："天边回望何悠悠，芳树无人渡陇头。"白居易《贺雨》："冠珮何锵锵，将相及王公。"李商隐《韩碑》："公退斋戒坐小阁，濡染大笔何淋漓。"皮日休《投龙潭》："龟山下最深，恶气何洋溢。"❺怎么。李白《赠段七娘》："千杯绿酒何辞醉，一面红妆恼杀人。"❻为什么。白居易《赠樊著作》："何不自著书，实录彼善人。"李商隐《北禽》："知来有乾鹊，何不向雕陵。"陆龟蒙《奉酬袭美先辈初夏见寄次韵》："未必减宣子，何羡谢公荣。"❼犹可。杜甫《寄岳州贾司马六丈巴州严八使君两阁老五十韵》："师资谦未达，乡党敬何先。"❽犹不。杜甫《寄彭州高三十五使君适虢州岑二十七长史参三十韵》："故人何寂寞，今我独凄凉。"❾犹无。王维《夷门歌》："向风刎颈送公子，七十老翁何所求。"杜甫《江村》："多病所须唯药物，微躯此外更何求。"❿叹声。元稹《古决绝词》之二："噫！春冰之将泮，何！予怀之独结。"

【何十一】　即何邕。杜甫有《凭何十一少府邕觅桤木栽》。

【何七】　即何昌浩。李白有《赠何七判官昌浩》。

【何人】　什么人。杜甫《太岁日》："病多犹是客，谋拙竟何人。"戴叔伦《从军行》："封侯属何人，蹉跎雪盈头。"白居易《不致仕》："贤哉汉二疏，彼独是何人。"许棠《写怀》："半生为下客，终老托何人。"

【何乃】　为何，为什么。李白《拟古十首》之五："今日风日好，明日恐不如。春风笑于人，何乃愁自居。"羊士谔《玩槿花》："何乃诗人兴，妍词属舜华。"白居易《青冢》："何乃明妃命，独悬画工手。"

【何大】　即何蹇。蹇行大。储光羲有《送姚六昆客任会稽何大蹇任孟县》。

【何山人】　即何元上。吕温有《道州酬送何山人之容州》。

【何夕】　什么日子。独孤遐叔妻白氏《梦中歌》："今夕何夕，存耶没耶？"

【何已】　犹言哪有尽头。张九龄《登南岳事毕谒司马道士》："相去九牛毛，惭叹知何已。"

【何元上】　唐诗人，自称峨眉山人，尝居道州。与吕温友善，多有唱和。《全唐诗》录其《所居寺院凉夜书情呈上吕和叔温郎中》诗一首。

【何不】　为什么不。李白《北风行》："日月照之何不及此，唯有北风怒号天上来。"白居易《和答诗·答箭镞》："何不向西射，西天有狼星。"李绅《涉沅潇》："何不驱雷击电除奸邪，可怜空作沉泉骨。"李商隐《无题》："黄金堪作屋，何不作重楼。"

【何日】　什么时候，哪一天。李颀《送卢少府赴延陵》："问君从宦所，何日府中趋。"白居易《龙门送别皇甫泽州赴任韦山人南游》："隼旟归洛知何日，鹤驾还嵩莫过春。"

【何水曹】　即何逊。逊曾兼任尚书水部郎，此官晋以后唐以前称水部曹郎，故称。杜甫《北邻》："爱酒晋山简，能诗何水曹。"参见"何逊""何水部"。

【何水部】　指何逊。何逊曾兼任尚书水部郎，故称。杜甫《解闷十二首》之四："沈范早知何水部，曹刘不待薛郎中。"杨巨源《秋日题陈宗儒圃亭凄然感旧》："曾随何水部，待月东亭宿。"白居易《和梦得》："郎署回翔何水部，江湖留滞谢宣城。"参见"何逊"。

【何之】　到哪里去。刘长卿《赠别卢司直之闽中》："尔来多不见，此去又何之？"

【何可】　哪里可以。李商隐《日高》："轻身灭影何可望，粉蛾帖死屏风上。"

【何平叔】　三国魏何晏字。韩翃《宴杨驸马山池》："中朝驸马何平叔，南国词人陆士龙。"刘禹锡《寓兴二首》之一："寄语何平叔，无为轻老生。"参见"何晏"。

【何用】　❶为何，为什么。钱起《七盘岭阻寇闻李端公先到南楚》："明月既能通忆梦，青山何用隔同心。"❷用什么。韩愈《食曲河驿》："杀身谅无补，何用答生成？"❸哪里用得着，不须，不用。李白《古风》三八："一餐历万岁，何用还故乡。"杜甫《鹦鹉》："世人怜复损，何用羽毛奇。"韩翃《同题仙游观》："何用别寻方外去，人间亦自有丹丘。"❹有什么用处。卢象《乡试后自巩还田家因谢邻友见过之作》："浮名知何用，岁晏不成欢。"徐夤《偶题二首》之一："驾骀燕雀堪何用，仍向人前价例高。"

【何由】　亦作"何繇"。❶如何，用何途径、方法等。王昌龄《送韦十二兵曹》："出处两不合，忠贞何由伸。"白居易《有木诗八首》："物有似是者，真伪何由识？"周昙《咏史诗·春秋战国门·灵辄》："朱轮未染酬恩血，公子何由见赤诚。"❷什么时候。李颀《寄焦炼师》："何由睹颜色，挥手谢风尘。"杜甫《茅屋为秋风所破歌》："自经丧乱少睡眠，长夜沾湿何由彻。"独孤及《奉和李大夫同吕评事兼寄院中诸公》："昼景艳可畏，凉飙何由发。"李端《忆皎然上人》："何由宿峰顶，窗里望波涛。"❸因何，为什么。韦应物《沣上与幼遐月夜登西冈玩花》："花月方浩然，赏心何由歇。"杜甫《高都护骢马行》："青丝络头为君老，何由却出横门道。"白居易《古意》："心肠不自宽，衣带何由窄。"❹犹怎能，哪能。岑参《东归发犍为至泥溪舟中作》："不意今弃置，何由豁心胸？"杜甫《忆弟二首》之一："丧乱闻吾弟，饥寒傍济州。人稀吾不到，兵在见何由?”韩愈《月蚀诗效玉川子作》：“此犹不自保，吾道何由行?”

【何仙姑】 传说中的女仙人。《全唐诗续补遗》卷二《何仙姑小传》有载。又引《太平广记》等书，以为诸书所言“何二娘”“何氏女”“何仙”实为一人，即世俗“八仙”中的何仙姑。按何仙姑之称及其行事，首见于宋人刘攽《中山诗话》明代以前，八仙中无何仙姑其人，至明吴元泰《八仙出处东游纪传》，才有其人。《全唐诗续补遗》卷二载有其《凤台云母》等诗四首。

【何必】 ❶哪里一定要，用反问的语气表示不必。李白《夜泛洞庭寻裴侍御清酌》：“人生且行乐，何必组与珪。”岑参《送费子归武昌》：“男儿何必恋妻子，莫向江村老却人。”白居易《赠内》：“何必膏粱珍，缯絮足御寒。”杜牧《题桐叶》：“哆侈不劳文似锦，进趋何必利如锥。”❷用反问的语气表示未必。张祜《题孟处士宅》：“高才何必贵，下位不妨贤。”李频《寄远》：“化石早曾闻节妇，沉湘何必独灵妃。”郭夔《九华山》：“画图何必家家有，自有画图来目前。”

【何以】 ❶用什么；怎么。储光羲《野田黄雀行》：“无枣犹可食，无桑何以衣。”孟云卿《行行且游猎篇》：“何以纵心赏，马啼春草头。”白居易《赠友五首》之四：“天下率如此，何以安吾民。”邵谒《送从弟长安下第南归觐亲》：“丈夫志不大，何以佐乾坤。”❷为什么。李峤《柳》：“短箫何以奏，攀折为思君。”王维《偶然作六首》之三：“问君何以然，世网婴我故。”曹邺《弃妇》：“父母亦有家，羞言何以归。”

【何在】 在什么地方，在哪里。杜甫《哀江头》：“明眸皓齿今何在，血污游魂归不得。”陈润《赋得池塘生春草》：“古往人何在，年来草自春。”陈嶰《寻易尊师不遇》：“华阳洞里何人在，落尽松花不见归。”

【何有】 ❶有何用处。杜甫《醉时歌》：“儒术于我何有哉? 孔丘盗跖俱尘埃。”❷有什么。刘沧《题天宫寺阁》：“此来闲望更何有，无限清风生客衣。”❸犹何如。杜甫《述怀》：“反畏消息来，寸心亦何有?”又《枯棕》：“嗟尔江汉人，生成复何有?”戴叔伦《花》：“若待秋霜来，兰荪共何有?”❹犹言哪里有。白居易《青冢》：“凝脂化为泥，铅黛复何有?”

【何因】 ❶什么原因，为什么。韦应物《淮上喜会梁川故人》：“何因北归去，淮上对秋山。”白居易《续古诗十首》之四：“风摧此何意，雨长彼何因。”❷用什么办法。钱起《山路见梅感而有作》：“重忆江南酒，何因把一杯。”

【何年】 哪一年，什么时候。张仲方《赠毛仙翁》：“阴功足，阴功成，羽驾何年归上清。”刘沧《题王母庙》：“拂曙紫霞生古壁，何年绛节下层城。”

【何仲宣】 唐诗人。武德、贞观间人。《全唐诗》卷三三录其《七夕赋咏成篇》一首。

【何仲舉】 五代后唐诗人。长兴二年进士。幼聪慧，早负诗名。年十三，家贫，输县税不及限，为县令李皋系之狱。或有言其能诗，皋试之。仲举赋诗曰：“似玉来投狱，抛家去就枷。可怜两片木，夹却一枝花。”李皋释而礼焉。于是锐意就学。天成中入洛，会秦王从荣为河南尹，倾身下士。仲举与张抗、江文蔚同游其门，逾年遂登进士第。时秦王所举甚众，独以仲举为擅场。仕楚，署天策府学士，全、衡二州刺史。《全唐诗》录其《李皋试诗》一首和《献秦王》和《秋日晚望》二诗逸句。

【何兆】 唐诗人。蜀人。与李端相友善。李有《送何兆下第还蜀》《茂陵村行赠何兆》《赠何兆》诸诗送何。诗中称何“文章似扬马”(《赠何兆》)。《全唐诗》录其《赠兄》和《玉蕊花》诗二首。

【何如】 ❶如何，怎么样。王维《赠东岳焦炼师》：“搘颐问樵客，世上复何如?”皎然《吊灵均词》：“期灵均兮若存，问神理兮何如?”杜牧《寄浙西李判官》：“燕台上客意何如，四五年来渐渐疏。”❷哪如，不如。孟浩然《与黄侍御北津泛舟》：“本欲避骢马，何如同鹢舟?”白居易《家园三绝》之二：“何如家酝双鱼榼，雪夜花时长在前。”牟融《有感二首》之二：“有兴不愁诗韵限，无聊只怕酒杯干。何如日日长如醉，付与诗人一笑看。”许浑《洞灵观冬青》：“何如西禁柳，晴舞玉阑干。”❸犹言怎么办。韩愈《丰陵行》：“墓藏庙祭不可乱，欲言非职知何如?”李商隐《筹笔驿》：“管乐有才终不忝，关张无命欲何如?”皮日休《宏词下第感恩献兵部侍郎》：“犹有报恩方寸在，不知通塞竟何如?”刘兼《送从弟舍人入蜀》：“立马举鞭无限意，会稀别远拟何如?”❹犹言何故，为什么。白居易《寄卢少尹》：“寄问卢先生，此理当何如?”杨衡《征人》：“望云愁玉塞，眠月想蕙质。借问露沾衣，何如香满室?”❺犹言什么样的。白居易《叹鲁二首》之二：“颜子何如人? 屡空聊过日。”又《赠内》：“梁鸿不肯仕，孟光甘布裙。君虽不读书，此事耳亦闻。至此千载后，传是何如人。”❻何有，即没有。杜甫《白小》：“生成犹拾卵，尽取义何如?”又《别张十三建封》：“羽人扫碧海，功业竟何如?”

【何扶】 唐诗人。大和九年(835)进士。《全唐诗》录其《送阆州妓人归老》和《寄旧同年》诗二首。

【何足】 ❶犹言哪里值得，不值得。钱起《裴仆射东亭》：“轩后三朝顾，赤松何足攀?”元稹《酬独孤二十六送归通州》：“分画久已定，波涛何足烦。”白居易《送徐州高仆射赴镇》：“战将易求何足贵，书生难得始堪荣。”石季武《梦中诗》：“浮名何足恋，高举入烟霞。”❷犹言何可，哪可。李白《行路难三首》之三：“华亭鹤唳讵可闻，上蔡苍鹰何足道。”又《赠宣城赵太守悦》：“憔悴成丑士，风云何足论。”杜甫《客居》：“稷契易为力，犬戎何足吞。”白居易《新乐府·驯犀》：“君不见贞元末，驯犀冻死蛮儿泣。所嗟建中异贞元，象生犀死何足言。”

【何但】 何止，哪只是。张九龄《骊山下逍遥公旧居游集》：“感物重所怀，何但止足斯。”

【何似】 ❶犹言哪里比得上。鲍溶《见袁德师侍御说江南有仙檀花因以戏赠》：“欲求御史更分别，何似衣花岁岁香。”李郢《偶作》：“何似全家上船去，酒旗多处即淹流。”❷犹言多么相似。钱起《送陈供奉恩敕放归觐省》：“采兰兼衣锦，何似买臣还。”卢殷《维扬郡西亭赠友人》：“玉人此日心中事，何似乘羊入市年。”张祜《咏风》：“何似琴中奏，依依别.带情。”❸犹言哪里像。聂夷中《燕台二首》之二：“何似章华畔，空余禾黍生。”

【何希尧】 唐诗人。字唐臣。唐分水县(今浙江桐庐县)人。《全唐诗》录其《操莲曲》等四首。

【何言】 犹言谁知，岂料。郭震《古剑篇》：“何言中路遭弃捐，零落飘沦古狱边。”白居易《青冢》：“何言一时事，可戒千年后。”

【何君饒】 何昌裕字。元结《别何员外》：“吾见何君饶，为人有是夫！”

【何妨】 没有什么妨碍。韦应物《奉和张大夫戏示青山郎》：“荣禄何妨早，甘罗亦小儿。”白居易《惜春赠李尹》：“两衙但不阙，一醉亦何妨。”牟融《陈使君山庄》：“秋成准拟重来此，沉醉何妨一榻眠。”徐铉《送察院李侍御使庐陵因寄孟员外》：“绣衣乘驿急如星，山水何妨寄野情。”

【何忍】 怎么忍心。崔日用《又赐宴自歌》：“日用读书万卷，何忍不蒙学士。”李华《杂诗六首》之二：“何忍严子陵，羊裘死荆棘。”

【何其】 ❶多么，何等。用于感叹句。张九龄《临泛东湖》：“佳辰不可得，良会何其鲜。”杜甫《义鹘》：“功成失所往，用舍何其贤。”李益《华阴东泉同张处士诣藏律师兼简县内同官因寄齐中书》：“前峰何其诡，万变穷日夕。”韩愈《赴江陵途中寄三学士》：“我时出衢路，饿者何其稠。”❷怎么那样，为什么那样。用于疑问句。杜甫《遣兴五首》之三：“有子贤与愚，何其挂怀抱?”韩愈《驽骥》：“驽骀诚龌龊，市者何其稠?”

【何幸】 犹言多么有幸。岑参《陪使君早春东郊游眺》：“郡中叨佐理，何幸接芳尘。”无名氏《骊龙》：“仍知流泪在，何幸此相逢。”

【何武去思】 何武，西汉人。举贤良，对策，拜谏议大夫。成帝时累进大司空。为人仁厚，喜奖掖后进。疾朋党，问文吏必于儒者，问儒者必于文吏，以相参检，欲除吏先为科例，以防请托。所居亦无赫赫名，去后常为人思念。见《汉书·何武传》。李瀚《蒙求》：“寇恂借一，何武去思。”

【何武刻腐儒】 见《汉书·何武传》。后用作称美地方长官秉公执法的故实。刘禹锡《送湘阳熊判官孺登府罢归钟陵因寄呈江西裴中丞二十三兄》：“何武刻腐儒，陈蕃礼高士。”参见“何武去思”。

【何事】 ❶什么事；为什么。顾况《酬柳相公》：“天下如今已太平，相公何事唤狂生。”白居易《欢喜二偈》：“今朝欢喜缘何事，礼彻佛名百部经。”岑参《热海行送崔侍御还京》：“阴火潜烧天地炉，何事偏烘西一隅。”张祜《经咸阳城》：“何事暴成还暴废，祖龙须死项须摧。”❷何须；不须。王维《赠东岳焦炼师》：“不能师孔墨，何事问长沮。”高适《同崔员外九日宴》：“闭门无不可，何事更登高。”李商隐《宋玉》：“何事荆台百万家，惟教宋玉擅才华。”

【何昌龄】 南唐诗人。曾为庐陵(今江西吉安市)县令。《全唐诗》录其《题杨克俭池馆》诗一首。

【何知】 犹言不谓，没有想到。杜甫《赠特进汝阳王二十韵》：“已忝归曹植，何知对李膺。”又《西枝村寻置草堂地夜宿赞公土室二首》之二：“何知戎马间，复接尘事屏。”又《郑驸马池台喜遇郑广文同饮》：“不谓生戎马，何知共酒杯。”

【何物】 ❶什么东西。李群玉《雨夜呈长官》：“借问陶渊明，何物号忘忧。”罗虬《比红儿诗》之三一：“何物把来堪比并，野塘初绽一枝莲。”❷什么人。王梵志《当乡何物贵》：“当乡何物贵，不过五里官。”

【何忝】 何愧于。王绩《田家三首》之二：“自得中林士，何忝上皇人。”

【何所】 ❶何处，什么地方。刘庭琦《奉和圣制瑞雪篇》：“奕奕纷纷何所如，顿忆杨园二月初。”刘长卿《入白沙渚怀天台陆山人》：“吾亦从此去，扁舟何所之?”韩愈《感春四首》之一：“我所思兮在何所，情多地遐兮遍处处。”❷什么。“所”亦“何”。孟浩然《来阇黎新亭作》：“静中何所得，吟咏也徒哉。”白居易《自问此心呈诸老伴》：“朝问此心何所思，暮问此心何所为。”项斯《送苏处士归西山》：“南游何所为，一箧又空归。”温庭筠《春日》：“问君何所思，迢递艳阳时。”

【何况】 用反问的语气表示更进一层的意思。王维《送李睢阳》：“布衣一言相为死，何况圣主恩如天。”元结《喻常吾直》：“不能救人患，不合食天粟。何况假一官，而苟求其禄。”白居易《偶作寄朗之》：“何况园林下，欣然得朗之。”赵嘏《江上与兄别》：“人间离别尽堪哭，何况不知何日归。”

【何居士】 指晋何充。温庭筠《宿白盖峰寺寄僧》：“不学何居士，焚香为宦情。”

【何承裕】 五代后晋诗人。曲江(今属广东)人。天福末,擢进士第。有清才,好为歌诗。性善酒,善谑狂逸。初为中都主簿,累官至著作郎、直史馆,出为县令,为政清而不烦。醉则露首跨牛趋府,召豪吏接坐畅饮,吏乘醉悬托私事,承裕曰:此见罔也,当受杖!仗讫复与饮。

【何苦】 ❶有什么苦衷。孟郊《送淡公》之十一:"问师何苦去,感吃言语稀。"白居易《新乐府·李夫人》:"既来何苦不须臾,缥缈悠扬还灭去。"❷犹言何必。贺兰进明《行路难五首》之一:"人生相命亦如此,何苦太息自忧煎。"罗隐《西施》:"家国兴亡自有时,吴人何苦怨西施。"❸犹言不值得,何须。王贞白《赠浔阳冯明府》:"柴桑已还远,何苦念前程。"❹多么悲苦。李白《鸣皋歌送岑征君》:"哭何苦而救楚,笑何夸而却秦。"

【何若爲】 何如,怎么样。高适《送蔡山人》:"我今蹭蹬无所似,看尔崩腾何若为!"

【何者】 ❶谁,哪一个。顾况《送行歌》:"送行人,歌一曲,何者为泥何者玉?"❷什么。张九龄《始兴南山下有林泉有怀此地》:"出处各有在,何者为陆沉。"王维《偶然作六首》之二:"干戈将揖让,毕竟何者是。"

【何故】 什么缘故。韩愈《题杜工部坟》:"饮酒食肉今如此,何故常人无饱死。"白居易《赠邻里往还》:"问予何故独安然,免被饥寒婚嫁牵。"卢仝《月蚀诗》:"何故中道废,自遗今日殃。"

【何則】 什么原因,为什么。骆宾王《伤祝阿王明府》序:"夫心之悲矣,非关春秋之气;声之哀也,岂移金石之音。何则?事感则万绪兴端,情应则百忧交轸。"

【何胤】 (446—531)南朝齐经学家。字子季。庐江(今安徽)人。曾从沛国刘瓛学《易》《礼》及《毛诗》。又入钟山定林寺学内典。武帝即位,拜光禄大夫,辞不受,隐居秦望山。著有《注周易》等。见《南史·何胤传》。皮日休《闻开元寺开笋园寄章上人》:"折烟束露如相遗,何胤明朝不茹荤。"陆龟蒙《酬袭美见寄海蟹》:"自是扬雄知郭索,且非何胤敢怅惶。"孙元晏《谢朏小舆》:"应恨被他何胤误,悔先容易出山来。"

【何計】 犹言用什么办法。林宽《长安即事》:"暝鼓才终复晓鸡,九门何计出沉迷。"

【何郎】 ❶指何逊。司空曙《送庞判官赴黔中》:"论文谁可制,记室有何郎。"又《残莺百啭歌》:"谢朓羁怀方一听,何郎闲吟本多情。"李商隐《漫成三首》之三:"雾夕咏芙蕖,何郎得意初。"参见"何逊"。❷指何晏。刘禹锡《题于家公主旧宅》:"何郎独在无恩泽,不似当初傅粉时。"温庭筠《题翠微寺二十二韵》:"问云征楚女,疑粉试何郎。"亦用作驸马的代称。李贺《同沈驸马赋得御沟水》:"幸因流浪处,暂得见何郎。"白居易《寄明州于驸马使君三绝句》之三:"何郎小妓歌喉好,严老呼为一串珠。"参见"何晏"。

【何郎燈暗】 南朝梁诗人何逊《临行与故游夜别》诗有"夜雨滴空阶,晓灯暗离室"句,后因以"何郎灯暗"作咏叹伤别的故实。韩偓《闺情》:"何郎灯暗谁能咏,韩寿香焦亦任偷。"

【何限】 ❶多少,几多。戴叔伦《抚州被推昭雪答陆太祝三首》之二:"从古以来何限枉,惭知暗室不曾欺。"刘禹锡《送从弟郎中赴浙西》:"共经何限事,宾主两如初。"韦庄《和人暮春书事寄崔秀才》:"不知芳草情何限,只怪游人思易伤。"❷无限,无边。韩愈《郴口又赠二首》之二:"沿涯宛转到深处,何限青天无片云。"李郢《燕蓊花》:"十二街中何限草,燕蓊尽欲占残春。"

【何紀室】 指何逊。逊曾为庐陵王纪室,故称。韩翃《赠别太常李博士兼寄两省旧游》:"差肩何记室,携手李将军。"参见"何逊"。

【何范】 南朝梁诗人何逊和范云的合称。李商隐《漫成三首》之一:"不妨何范尽诗家,未解当年重物华。"

【何時】 ❶什么时候。孟浩然《江上别流人》:"不知从此分,还袂何时把。"❷无时,没有什么时候。白居易《对酒有怀寄李十九郎中》:"吟君旧句情难忘,风月何时是尽时。"于武陵《赠王道士》:"日日市朝路,何时无苦辛。"

【何員外】 即何昌裕。昌裕曾为户部员外郎,故称。元结有《别何员外》。

【何涓】 唐诗人。湘南(今湖南南部)人。年轻时曾游长安国学。富于才华,文思敏捷,一夜间作成《潇湘赋》,天下传颂。同时人潘纬,以苦吟《古镜诗》著名,故当时有"潘纬十年吟古镜,何涓一夜赋潇湘"之语。作品皆佚。《全唐诗》录其"雁影数行秋半逢,渔歌一声夜深发"一联。事迹略见于《唐摭言》卷十《海叙不遇》条。

【何晏】 (190—249)字平叔,三国魏南阳宛县(今河南南阳)人。何进孙,曾随母为曹操收养,后被魏招为驸马。好言老庄,与夏侯玄、王弼等倡导玄学,竞事清谈,开一时风气,是三国时有名的玄学家。少有文才,能诗赋,又著有《道德论》《无名论》《无为论》和《论语集解》。容貌俊美,面色洁白,人称"傅粉何郎"。曾注《老子》,往访王弼,见王所注甚精,表示神服。李瀚《蒙求》:"何晏神伏,郭奕心醉。"

【何處】 (—chù)❶什么地方。白居易《闲出》:

“兀兀出门何处去，新昌街晚树阴斜。”❷何时，什么时候。李白《秋浦歌十七首》之十五：“不知明镜里，何处得秋霜。”杜甫《诸将五首》之三：“沧海未全归禹贡，蓟门何处尽尧封。”于武陵《夜与故人别》：“今宵一别后，何处更相逢。”❸何由，以什么途径。李益《度破讷沙二首》之一：“莫言塞北无春到，总有春来何处知。”李商隐《无题二首》之一：“斑骓只系垂杨岸，何处西南任好风。”❹犹言哪得。杜甫《戏作俳谐体遣闷》：“是非何处定，高枕笑浮生。”又《将别巫峡赠南卿兄瀼西果园四十亩》：“残生逗江汉，何处狎樵渔。”白居易《西楼》：“乡国此时阻，家书何处传？”❺犹何家、谁家。张若虚《春江花月夜》：“谁家今夜扁舟子，何处相思明月楼？”白居易《寄微之》：“何处琵琶弦似语，谁家呙堕髻如云？”又《雪中即事答微之》：“谁家高士关门户，何处行人失道途？”❻犹安处，反诘词。杜甫《西阁夜》：“击柝可怜子，无衣何处村？”又《白帝》：“哀哀寡妇诛求尽，恸哭秋原何处村？”

【何異】　有什么两样。李白《赠内》：“虽为李白妇，何异太常妻。”皮日休《贱贡士》：“所以谓得人，所以称多士。叹息几编书，时哉又何异？”

【何得】　怎会。杜甫《最能行》：“若道土无英俊才，何得山有屈原宅？”

【何爲】　❶为何，为什么。李白《将进酒》：“主人何为言少钱，径须沽取对君酌。”杜甫《乾元中寓居同谷县作歌七首》之五：“我生何为在穷谷，中夜起坐万感集。”白居易《续古诗十首》之八：“何为肠中气，郁郁不得舒。”❷做什么。韦述《晚渡伊水》：“远游亦何为，归来存竹帛。”韦应物《喜于广陵拜觐家兄奉送发还池州》：“岁宴独何为，南出登阊门。”牟融《题朱庆余闲居四首》之四：“寂寥荒馆下，投老欲何为。”徐铉《和萧郎中午日见寄》：“细雨轻风采药时，褰帘隐几更何为。”❸是什么。白居易《轻肥》：“借问何为者，人称是内臣。”徐夤《人事》：“平生生计何为者，三径苍苔十亩田。”❹怎么办。李白《古风》之四一：“君子恩已毕，贱妾将何为？”

【何許】　❶何处，什么地方。杜甫《宿青溪驿奉怀张员外十五兄之绪》：“我生本飘飘，今复在何许。”白居易《新乐府·李夫人》：“夫人之魂在何许，香烟引到焚香处。”皮日休《太湖诗·晓次神景宫》：“晓来到何许，俄倚包山脚。”❷何时，什么时候。孟浩然《秋宵月下有怀》：“佳期旷何许，望望空伫立。”李白《杨叛儿》：“何许最关人，乌啼白门柳。”钱起《淮上别范大》：“分袂一相嗟，良辰更何许。”❸为何这样。万楚《题情人药栏》：“敛眉语芳草，何许太无情？”

【何許人】　犹言哪里人。韩翃《赠别华阴道士》：“卖鲊市中何许人，钓鱼坐上谁家子。”

【何堪】　不堪，承受不住。卢纶《得耿沣司法书呈河中郑仓曹畅参军昆季》：“尘容带病何堪问，泪眼逢秋不喜开。”白居易《冬至夜怀湘灵》：“何堪最长夜，俱作独眠人。”又《诗酒琴人例多薄命偶成狂咏聊写愧怀》：“一之已叹关于命，三者何堪并在身。”

【何極】　哪里有尽头。谓情思悠长。董思恭《感怀》：“望望情何极，浪浪泪空泫。”张九龄《感遇十二首》之十：“馨香岁欲晚，感叹情何极！”李白《寄远十一首》之三：“一行复一行，满纸情何极。”

【何須】　何必，何用。李白《行路难三首》之三：“且乐生前一杯酒，何须身后千载名。”耿沣《送大谷高少府》：“雕残贵有亲仁术，梅福何须去隐吴。”赵嘏《经无锡县醉后吟》：“何须觅陶令，乘醉自横琴。”徐铉《送礼部潘尚书致仕还建安》：“冥鸿高举真难事，相送何须泪满缨。”

【何甥謝舅】　指何无忌和谢安。借指甥舅关系。李商隐《偶成转韵七十二句赠四同舍》：“之子夫君郑与裴，何甥谢舅当世才。”

【何象】　唐诗人。曾为遂宁（今属四川省）令。御制诗有“銮舆临紫塞，朔野阵云飞”之句，象进《銮舆临紫塞》赋和《朔野阵云飞》，召对嘉赏，授赞善大夫。《全唐诗》录其《赋得御制句朔野阵云飞》一首。

【何啻】　岂止，何止。高适《同吕员外酬田著作幕门军西宿盘山秋夜作》：“人生感然诺，何啻若形影。”独孤及《东平蓬莱驿夜宴平卢杨判官醉后赠别姚太守置酒留宴》：“夜清酒浓人如玉，一斗何啻直十千。”李山甫《古石砚》：“凭君更研究，何啻直千金。”

【何曾】　❶何尝。刘长卿《时平后春日思归》：“一尉何曾及布衣，时平却忆卧柴扉。”岑参《函谷关歌送刘评事使关西》：“野花不省见行人，山鸟何曾识关吏。”郑虔《闺情》：“长征君自惯，独卧妾何曾。”曹邺《东武吟》：“何曾听我言，贪谑邯郸女。”❷人名。字颖考，西晋大臣，陈国阳夏（今河南太康）人。曹魏时，官至司徒，曾参与司马懿与曹爽争权及司马炎代魏、建立晋王朝的活动。晋立，任丞相、太傅等官。生活奢侈，过于王者，日食万钱，犹嫌无下箸处。见《晋书·何曾传》。李瀚《蒙求》：“齐景驷千，何曾食万。”

【何曾箸】　用作咏生活奢华之典，见《晋书·何曾传》。李峤《钱》：“赵壹囊初乏，何曾箸欲收。”白居易《和三月三十日四十韵》：“莫空文举酒，强下何曾箸。”

【何勞】　无须麻烦，用不着。刘长卿《太行苦热行》：“何劳短兵接，自有长缨缚。”白居易《路逢青州王大夫赴镇立马赠别》：“何劳问官职，岂不见光辉。”李频《黔中罢职将泛江东》：“两鬓愁应白，何劳把镜看。”温庭皓《观山灯献徐尚书》：“况遇新春夜，何劳秉烛行。”

【何敬】　南唐诗人。曾任庐陵(今江西吉安)宰。《全唐诗》卷七五七录其《题杨克俭池馆》诗一首。

【何戡】　唐长庆时知名歌者。刘禹锡《与歌者何戡》:“旧人唯有何戡在,更与殷勤唱《渭城》。”

【何楷】　晋人。吴郡(今江苏苏州市)太守。曾撰《何子》五卷。颜真卿《题杼山癸亭得暮字》:“俯视何楷台,傍瞻戴颙路。”

【何蒙】　南唐诗人。字叔昭,洪州(治所在今南昌市)人。少精《春秋左氏传》。传见《宋史》。《全唐诗补逸》卷十六录其《赠赵叟》诗一首。

【何當】　❶何时。孟浩然《秋登兰山寄张五》:“何当载酒来,共醉重阳节。”杜甫《送高三十五书记》:“黄尘翳沙漠,念子何当归。”李群玉《同张明府游溇水亭》:“何当五柳下,酌醴吟庭筠。”赵嘏《赠越客》:“南棹何当返,长江忆共游。”❷犹何妨。武元衡《长安叙怀寄崔十五》:“闻说唐生子孙在,何当一为问穷通?”白居易《感逝寄远》:“何当一杯酒,开眼笑相视。”❸犹言哪得,哪能。岑参《阻戎泸间群盗》:“何当遇长房,缩地到京关。”武元衡《宣阳所居白蜀葵答咏柬诸公》:“红艳世方重,素华徒可怜。何当君子愿,知不竞暄妍。”❹犹合当,应当。杜甫《毒热寄简崔评事十六弟》:“何当清霜飞,会子临江楼。”李益《竹窗闻风寄苗发司空曙》:“何当一入幌,为拂绿琴埃。”畅当《自平阳馆赴郡》:“何当施教化,愧迎小郡吏。”姚合《闲居》:“何当学禅观,依止古先生。”❺犹何尝。杜甫《秋雨叹》:“去马来牛不复辨,浊泾清渭何当分?”❻犹何况。王昌龄《江上闻笛》:“羸马望北走,迁人悲越吟。何当边草白,旌节陇城阴。”

【何暇】　没有空闲的时间。元稹《连昌宫词》:“归来如梦复如痴,何暇备言宫里事。”白居易《阿崔》:“未能知寿夭,何暇虑贤愚。”

【何煩】　何必,何须。王维《田家》:“住处名愚谷,何烦问是非。”徐彦伯《苑中遇雪应制》:“即此神仙对琼圃,何烦辙迹向瑶池。”颜真卿、权器《水堂送诸文士戏赠潘丞联句》:“何烦问更漏,但遣催弦索。”

【何意】　❶何故,为什么。刘长卿《廨中见桃花南枝已开北枝未发因寄杜副端》:“何意同根本,开花每后时。”杜甫《述古三首》之一:“凤凰从东来,何意复高飞。”谢太虚《杪秋洞庭怀王道士》:“青桃亦何意,此夜催人愁。”❷哪里想到,岂料。崔颢《孟门行》:“满堂尽是忠义士,何意得有谗谀人。”高适《宋中十首》之九:“何意千年后,寂寞无此人。”白居易《续古诗十首》之七:“何意掌上玉,化为眼中砂。”

【何爾】　为何这样。元结《系乐府十二首·贱士吟》:“为愁亦何尔,自请说此由。”

【何嘗】　用反问语气表示不曾或并非。钱起《行路难》:“由来人事何尝定,且莫骄奢笑贱穷。”任华《寄杜拾遗》:“任生与君别,别来已多时,何尝一日不相思。”李商隐《哭遂州萧侍郎二十四韵》:“自叹离通籍,何尝忘叫阍。”

【何滿】　即何满子。元稹《何满子歌》:“何满能歌能宛转,天宝年中世称罕。”参见“何满子”。

【何滿子】　❶玄宗时著名歌者。亦名何满。白居易《何满子诗》序:“开元中,沧州有歌者何满子,临刑进此曲以赎死,上竟不免。”按元稹《何满子歌》与此说有异。❷舞曲名。亦作《河满子》。以歌者何满子而得名。张祜《孟才人叹》:“却为一声《河满子》,下泉须吊旧才人。”

【何遜】　南朝梁诗人。字仲言,东海郯(今山东郯城)人。任安成王参军事,兼尚书水部郎,后为庐陵王记室。逊自幼能诗,青年时更负盛名,曾为范云赏识。其《咏早梅诗》,唐宋诗人咏梅之作多取以为故实。其诗长于写景和炼字,为后来诗家所称道。李商隐《送王十三校书分司》:“定知何逊缘联句,每到城东忆范云。”郑谷《省中偶作》:“未如何逊无佳句,若比冯唐是壮年。”曹松《陪湖南李中丞宴隐溪》:“酒边旧侣真何逊,云里新声是莫愁。”

【何遜在揚州】　南朝梁诗人何逊有《咏早梅诗》,诗题一作《扬州法曹梅花盛开》。杜甫《和裴迪登蜀州东亭送客逢早梅相忆见寄》:“东阁官梅动诗兴,还如何逊在扬州。”

【何遜空階】　南朝梁诗人何逊《临行与故游夜别》有“夜雨滴空阶”之语。后作咏夜雨的典故。郑谷《文昌寓直》:“何逊空阶夜雨平,朝来交直雨新晴。”吴融《寄殿院高侍御》:“一夜自怜无羽翼,独当何逊滴阶愁。”

【何駙馬】　即三国魏何晏。晏娶曹操女金乡公主,故称。后因用作比拟驸马的典故。窦常《凉国惠康公主挽歌》:“共知何驸马,垂白抱天孙。”杨巨源《酬于驸马二首》之一:“戚里旧知何驸马,诗家今得鲍参军。”

【何儒亮】　唐诗人。与孟简同时。《全唐诗》卷四七三录其《亚父碎玉斗》一诗。

【何劉沈謝】　指何逊、刘孝标、沈约、谢朓。杜甫《苏端薛复筵简薛华醉歌》:“何刘沈谢力未工,才兼鲍照愁绝倒。”

【何論】　犹言不用说。李白《留别金陵崔侍御十九韵》:“意在斩巨鳌,何论鲙长鲸。”又《拟古十二首》之十:“二物非世有,何论珠与金。”

【何適】　何往,到哪里去。李益《华阴东泉同张处士诣藏律师兼简县内同官因寄齐中书》:“烦君竟相问，问我此何适。”

【何窮】　无数，无穷。王涯《春游曲二首》之二：“上苑何穷树，花间次第新。”杜牧《柳长句》：“日落水流西复东，春光不尽柳何穷。”李郢《清明日题一公禅室》：“此日何穷礼禅客，归心谁是恋禅人。”

【何頻瑜】　唐诗人。德宗建中中曾任蓝田尉。《全唐诗》录其《墙阴残雪》诗一首。

【何獨】　❶何止是。王维《华岳》：“人袛望幸久，何独禅云亭。”❷犹何人。鲍溶《题吴征君岩居》：“亭亭傅氏岩，何独万古思。”

【何繇】　同“何由❶”。韩偓《荷花》：“何繇见周昉，移入画屏中。”

【何謝】　❶犹何让，不逊色。李白《题宛溪馆》：“何谢新安水，千寻见底清。”又《上皇西巡南京歌十首》之五：“万国同风共一时，锦江何谢曲江池。”又《劳劳亭歌》：“昔闻牛渚吟五章，今来何谢袁家郎。”❷南朝宋诗人何长瑜和谢灵运的合称。赵嘏《发剡中》：“正怀何谢俯长流，更览余封识嵊州。”❸南朝梁诗人何逊与南朝齐诗人谢朓的合称。李端《得山中道友书寄苗钱二员外》：“诗人识何谢，居士别宗雷。”栖白《赠李溟秀才》：“孤悄欺何谢，云波不可寻。”贯休《别杜将军》：“偶披蓑笠事空王，余力为文拟何谢。”

【何謙焚祠】　何谦，晋人。字恭子，一字谦之。从谢玄征伐，骁果多权略。传云“谦不畏神祠，遇有灵庙皆焚之”李瀚《蒙求》：“西门投巫，何谦焚祠。”

【何贊】　唐诗人。《全唐诗》录其《书事》诗一首。

佐　〔zuǒ《广韵》则箇切，去箇，精。〕❶辅助，协助。刘长卿《送郭六侍从之武陵郡》：“丈人别乘佐分忧，才子趋庭兼胜游。”白居易《赠友五首》之一：“谁能救其失，待君佐邦柄。”元稹《去杭州》：“今君佐藩如佐主，得不陈露酬所恩。”贯休《闻征四处士》：“因知丈夫事，须佐圣明君。”❷副职或担任副职的人。杜甫《送高司直寻封阆州》：“主人不世才，先帝常特顾。拔为天军佐，崇大王法度。”孟郊《擢第后东归书怀献座主吕侍御》：“大君思此化，良佐自然集。”白居易《赠樊著作》：“其佐曰孔戡，舍去不为宾。”❸治理。玄宗《春晚宴两相及礼官丽正殿学士探得风字》：“介胄清荒外，衣冠佐域中。”韦应物《答长安丞裴说》：“髦士佐京邑，怀念枉贞词。”邵谒《送从弟长安下第南归觐亲》：“大夫志不大，何以佐乾坤。”韦庄《题裴端公郊居》：“暂随红旆佐藩方，高迹终期卧故乡。”❹助兴，增添兴致。见“佐歓”。❺劝。见“佐酒”。

【佐世】　辅佐世事。皎然《兵后与故人别因有是寄》：“运开应佐世，业就可成名。”又《酬邢端公济春日苏台有呈袁州李使君兼书并寄辛阳王三侍御》：“大贤当佐世，尧时难退身。”

【佐戎】　协理军务。薛能《江上寄情》：“未为时彦徒经国，尚有边兵耻佐戎。”

【佐命】　古代帝王自称受命于天，故称辅助帝王创业为“佐命”。李暠《奉和圣制送张说上集贤学士赐宴》：“佐命留侯业，词华博物才。”《郊庙乐辞・武后享清庙乐章・迎武舞》：“开基拨乱妖氛廓，佐命宣威海内清。”唐彦谦《文惠宫人》：“认得前家令，宫人泪满裾。不知梁佐命，全是沈尚书。”

【佐佑】　辅佐，帮助。杜甫《惜别行送向卿进奉端午御衣之上都》：“向公泣血洒行殿，佐佑卿相乾坤平。”

【佐邑】　佐理县邑之事。谓任县丞。王昌龄《宿灞上寄侍御玙弟》：“佐邑由东南，岂不知进退。”白居易《新栽竹》：“佐邑意不适，闭门秋草生。”张乔《送沈先辈尉昭应》：“余才不废诗，佐邑喜闲司。”

【佐牧】　古时把官吏治民比作牧人牧养牲畜，故称协助主司治民之官为佐牧。钱起《送弹琴李长史往洪州》：“佐牧无劳问，心和政自平。”

【佐庖】　佐治庖事。李商隐《自喜》：“虎过遥知阱，鱼来且佐庖。”

【佐官】　谓副职和辅助性质的吏员。齐己《送崔制官赴旧倅》：“白首从颜巷，青袍去佐官。”

【佐軍】　协理军务。薛能《送从兄之太原副使》：“少载琴书去，须知暂佐军。”

【佐軍髯短】　佐军，指晋郗超（郗俗讹作郄）。超曾为记室参军，故称。后因用作咏参军的典故。李端《送郭参军赴绛州》：“佐军髯尚短，掷地思还新。”

【佐時】　谓匡佐当世之君治理天下。白居易《王夫子》：“行道佐时须待命，委身下位无为耻。”贾岛《送李傅侍郎剑南行营》：“去年新甸邑，犹滞佐时才。”亦用以指趁机图谋王位或高官。秦韬玉《读五侯传》：“汉亡金镜道将衰，便有奸臣竟佐时。”

【佐酒】　劝酒，陪同饮酒。杜甫《赠翰林张四学士》：“赋诗拾翠殿，佐酒望云亭。”

【佐郡】　协理州郡政务。指任州郡的别驾、司马、通判诸职。李白《感时留别从兄徐王延年从弟延陵》：“佐郡浙江西，病闲绝驱驰。”郎士元《送洪州李别驾之任》：“知音在霄汉，佐郡岂蹉跎。”严维《酬刘员外见寄》：“苏耽佐郡时，近出白云司。”李端《送从兄赴洪州别驾兄善琴》：“佐郡无辞屈，其如相府恩。”

【佐理】　辅助治理。岑参《陪使君早春东郊游眺》：“郡中叨佐理，何幸接芳尘。”喻凫《送卫尉知延陵》：“想知佐理暇，日有咏怀诗。”皮日休《谏议以罢郡将归以六韵赐示因伫酬献》：“佐理能无取，酬知力甚微。”郑谷《送许棠先辈之官泾县》：“佐理人安后，篇章莫废功。”

【佐貳】　辅佐主司的官员。《新唐书·食货志四》:"主以郎官,其佐贰皆御史。"明皇帝《巡省途次上党旧宫赋》:"存贞期历试,佐贰伫昭融。"

【佐棘】　古代掌刑狱的最高机关大理寺称棘寺,因称佐治大理寺刑狱为佐棘。罗隐《寄大理徐郎中》:"佐棘竟谁同,因思证圣中。"

【佐鼎】　鼎,古食器。佐鼎,意即作为主食的辅助之物。玄宗《端午》:"盐梅已佐鼎,曲糵且传觞。"

【佐飲】　增添喝酒的兴致。白居易《和微之春投简阳明洞天五十韵》:"佐饮时炮鳖,蠲酲数鲙鲈。"

【佐幕】　在将帅幕府中担任职务,亦指在幕府中参与谋议、管理文书的人员。戴叔伦《奉酬卢端公饮后赠诸公见示之作》:"佐幕临戎旌旆间,五营无事万家闲。"韦应物《赠李判官》:"佐幕方巡郡,奏命布恩威。"赵嘏《送令狐郎中赴郢州》:"佐幕才多始拜侯,一门清贵动神州。"李频《春日鄜州赠裴居言》:"虽将身佐幕,出入似闲居。"

【佐輔】　辅佐,辅相。周昙《咏史诗·三国门·再吟蜀先主》:"定有伊姜为佐辅,忍教鸿雁各乾坤。"

【佐餐】　提高吃饭的兴致。白居易《春寒》:"助酌有枯鱼,佐餐兼旨蓄。"

【佐歡】　犹言助兴。白居易《郡斋旬假始命宴呈座客示郡寮》:"侑食乐悬动,佐欢妓席陈。"

伾　〔pī《广韵》敷悲切,平脂,滂。《集韵》攀悲切,平脂,滂。〕见"伾文"。

【伾文】　指唐顺宗时领导政治改革的王叔文及其同党王伾。韩愈《忆昨行和张十一》:"伾文未揃崖州炽,虽得赦宥恒愁猜。"

佑　〔yòu《广韵》于救切,去宥,云。〕❶协助,帮助。杜甫《惜别行送向卿进奉端午御衣之上都》:"向公泣血洒行殿,佐佑卿相乾坤平。"韩愈《南山诗》:"或背若相恶,或向若相佑。"❷指神灵保佑。赵光逢《梁郊祀乐章·庆和》:"天惟佑德,辟乃奉天。"

但　〔dàn《广韵》徒旱切,上旱,定。又徒案切,去翰,定。又徒干切,平寒,定。〕❶空,徒然。张九龄《岁初巡属县登高安南楼言怀》:"春及但生思,时哉无与言。"皮日休《宏词下第感恩献兵部侍郎》:"空惭季布千金诺,但负刘弘一纸书。"❷单,仅,只是。孟浩然《送吴悦游韶阳》:"安能与斥鷃,决起但枪榆。"李白《题东谿公幽居》:"客到但知留一醉,盘中只有水晶盐。"❸只管,尽管。王维《答张五弟》:"终年无客常闭关,终日无心长自闲。不妨饮酒复垂钓,君但能来相往还。"戴叔伦《感怀二首》之二:"但当尽弘量,觞至无复辞。"羊士谔《书楼怀古》:"忘言意不极,日暮但横琴。"王毂《赠苍溪王明府有文在手曰长生》:"但以酒养气,何言命在天。"❹但是,却。刘长卿《春镜》:"岂虑高鉴偏,但防流尘委。"王贞白《塞上曲》:"匈奴不系颈,汉将但封侯。"❺只要,只需。权德舆《刘绍相访夜话因书即事》:"但令静胜躁,自使癯者肥。"韩愈《喜侯喜至赠张籍张彻》:"人生但如此,朱紫安足僭。"白居易《丘中有一士》二首之一:"何必见其面,但在学其心。"

【但令】　❶只是让。李邕《铜雀妓》:"谁言死者乐,但令生者悲。"❷只要能使。陈叔达《咏菊》:"霜间开紫蒂,露下发金英。但令逢采摘,宁辞独晚荣。"

【但有】　❶只有。裴迪《辋川集二十首·鹿柴》:"日夕见寒山,便为独往客。不知深林事,但有麏麚迹。"❷只要有。龚霖《句》:"但有路可上,更高人也行。"

【但自】　犹言只需。杜甫《潼关吏》:"胡来但自守,岂复惊西都。"白居易《寄唐生》:"但自高声歌,庶几天听卑。"

【但見】　❶只是看到。杜甫《客至》:"舍南舍北皆春水,但见群鸥日日来。"白居易《夏旱》:"但见棘与茨,罗生遍场圃。"郑愚《拟权龙褒体赠鄠县李令及寄朝右》:"鄠县李长官,横琴膝上弄。不闻有政声,但见手子动。"❷却看见。白居易《立碑》:"勋德既下衰,文章亦陵夷,但见山中石,立作路旁碑,铭勋悉太公,叙德皆仲尼。"

【但知】　只是知道。司空图《诗品二十四则·疏野》:"筑屋松下,脱帽看诗。但知旦暮,不辨何时。"

【但使】　只要,如果。王昌龄《出塞二首》之一:"但使龙城飞将在,不教胡马度阴山。"崔峒《刘展下判官相招以诗答之》:"但使忠贞在,甘从玉石焚。"李商隐《楚宫》:"但使故乡三户在,彩丝谁惜惧长蛟。"

【但是】　只要是,大凡。刘禹锡《和杨师皋给事伤小姬英英》:"但是好花皆易落,从来尤物不长生。"白居易《李白墓》:"但是诗人多薄命,就中沦落不过君。"元稹《劝醉》:"窦家能酿销愁酒,但是愁人便与销。"徐锴《同家兄哭乔侍郎》:"但是登临皆有作,未尝相见不伸眉。"

【但恐】　只是担心,只是害怕。白居易《凶宅》:"但恐灾将至,不思祸所从。"曹邺《蓟北门行》:"但恐筋力尽,敢惮将军遇。"皮日休《奉酬崔璐进士见寄次韵》:"但恐才格劣,敢夸词彩敷。"

【但問】　只问。白居易《哭刘尚书梦得二首》之二:"夜台暮齿期非远,但问前头相见无。"又《陕府王大夫相迎偶赠》:"但问主人留几日?分司宾客去无程。"

【但得】　❶但愿。王建《簇蚕辞》:"但得青天不下雨，上无苍蝇下无鼠。”❷只要能够。温庭筠《四皓》：“但得戚姬甘定分，不应真有紫芝翁。”

【但惜】　只是可惜。李商隐《昨夜》：“不辞鶗鴂妒年芳，但惜流尘暗烛房。”

【但須】　只须。李商隐《随师东》：“但须鸑鷟巢阿阁，岂假鸱鸮在泮林？”

【但聞】　只听说，只听见。韩愈《谢自然诗》：“童騃无所识，但闻有神仙。”李商隐《燕台四首·秋》：“但闻北斗声回环，不见长河水清浅。”

【但覺】　反而觉得。卢纶《雪谤后书事上皇甫大夫》：“岂言沈族重，但觉杀身轻。”

【但懼】　只是担心。韩愈《岳阳楼别窦司直》：“于嗟苦驽缓，但惧失宜当。”

伸　〔shēn《广韵》失人切，平真，書。〕❶伸直，挺直。王绰《迎春东郊》：“谁怜在阴者，得与蛰虫伸。”白居易《哭刘敦质》：“龙亢彼无悔，蠖屈此不伸。”贾岛《送李余及第归蜀》：“知音伸久屈，觐省去光辉。”徐夤《龙蛰二首》之一：“龙蛰蛇蟠却待伸，和光何惜且同尘。”❷舒展。杜甫《别蔡十四著作》：“使蜀见知己，别颜始一伸。”元稹《酬乐天登乐游园见忆》：“四顾皆豁达，我眉今日伸。”❸施展。韦应物《大梁亭会李四栖梧作》：“入仕三十载，如何独未伸。”杜甫《寄李十二白二十韵》：“声名从此大，汩没一朝伸。”薛据《出青门往南山下别业》：“怀抱旷莫伸，相知阻胡越。”❹陈述，表白，表示。韩愈《贺张十八秘书得裴司空马》：“旦夕公归伸拜谢，免劳骑去逐双旌。”周贺《留别南徐故人》：“未断却来约，且伸临去情。”姚月华《怨诗效徐淑体》：“妾心兮焉伸，杂沓兮无绪。”❺郁闷的心情得以抒发。柳宗元《登蒲州石矶望横江口潭岛深回斜对香零山》：“纠结良可解，纡郁亦已伸。”白居易《登乐游园望》：“耳目暂清旷，怀抱郁不伸。”李涉《怀古》：“徒怀教化心，纡郁不能伸。”❻申雪。白居易《赠樊著作》：“东川八十家，冤愤一言伸。”

【伸舒】　伸展，舒展。权德舆《大言》：“搏鹏作腊巨鳌鲙，伸舒轶出元气外。”柳宗元《种仙灵毗》：“拥覆逃积雾，伸舒委余暄。”

【伸縮】　伸展与收缩。言活动身体。寒山《诗三百三首》之二六九：“自从出家后，渐得养生趣。伸缩四肢全，勤听六根具。”

佚　〔yì《广韵》夷質切，入質，以。〕❶放逸，恣纵。见“佚遊”。❷见“佚火”。

【佚火】　失火。语本《书·胤征》“火炎昆冈，玉石俱焚”孔传：“言火逸而害玉。”皎然《灵澈上人何山寺七贤石诗》：“佚火玉亦害，块然长在兹。”

【佚遊】　游荡而无节制。《论语·季氏》：“乐骄乐，乐佚游，乐宴乐，损矣。”白居易《新乐府·隋堤柳》：“大业末年春暮月，柳色如烟絮如雪。南幸江都恣佚游，应将此柳系龙舟。”

作[1]　〔zuò《广韵》則箇切，去箇，精。又則落切，入鐸，精。〕❶兴起，发生。柳宗元《唐铙歌鼓吹曲十二篇·苞枿》：“圣人作，神武用，有臣勇志，奋不以众。”温庭筠《送北阳袁明府》：“莫作东篱兴，青云有故人。”高适《同吕员外酬田著作幕门军西宿盘山秋夜作》：“遥传戎旅作，已报关山冷。”元稹《赛神》：“德胜妖不作，势强威亦尊。”❷谓死而复生。骆宾王《乐大夫挽词五首》之三：“九原如可作，千载与谁归。”❸振作；振奋。韩愈《元和圣德诗》：“四军齐作，殷其如阜。”❹显示，表现。郭振《云》：“不知身是无根物，蔽月遮星作万端。”林藻《青云干吕》：“作瑞来藩国，呈形表圣君。”❺振动，发出声响。张九龄《和吏部李侍郎见示秋夜望月忆诸侍郎之什其卒章有前后行之戏因命仆继作》：“忽听金华作，诚如玉律调。”李白《登瓦官阁》：“雷作百山动，神扶万栱倾。”❻奏乐。苏源明《秋夜小洞庭离宴诗》：“夜既良兮酒且多，乐方作兮奈别何。”韩愈《元和圣德诗》：“众乐惊作，轰豗融洽。”皮日休《九夏歌九篇·昭夏之歌》：“九变未作，全乘来之。”❼掀起；搅动。元结《石鱼湖上醉歌》：“长风连日作大浪，不能废人运酒舫。”宣宗、黄檗《瀑布联句》：“溪涧岂能留得住，终归大海作波涛。”刘禹锡《武陵书怀五十韵》：“虎咆空野震，鼍作满川浑。”❽创制，创立。杜甫《石犀行》：“先王作法皆正道，鬼怪何得参人谋。”元稹《和李校书新题乐府十二首·立部伎》：“工师尽取聋昧人，岂是先王作之过。”❾制作。崔国辅《怨词二首》之一：“妾有罗衣裳，秦王在时作。”杜甫《闻斛斯六官未归》：“故人南郡去，去索作碑钱。”钱起《片玉篇》：“试作圭璋礼天地，何如瓀珷在阶墀。”皮日休《奉和鲁望读阴符经见寄》：“舜唯一鳏民，冗冗作什器。”❿撰述，创作。李白《金陵送张十一再游东吴》：“张翰黄花句，风流五百年。谁人今继作，夫子世称贤。”杜甫《醉歌行》：“陆机二十作《文赋》，汝更小年能缀文。”刘禹锡《和乐天南园试小乐》：“花木手栽偏有兴，歌词自作别生情。”孟郊《吊元鲁山》之六：“箫韶大平乐，鲁山不虚作。”⓫指诗文作品。李白《春日陪杨江宁及诸官宴北湖感古作》：“延年献佳作，邈与时人俱。”任华《寄李白》：“至于他作多不拘常律，振摆超腾，既俊且逸。”韩愈《荐士》：“齐梁及陈隋，众作等蝉噪。”⓬栽种。韩愈《盆池五首》之二：“莫道盆池作不成，藕稍初种已齐生。”亦用以指收成。欧阳衮《田家》：“晚间春作好，行乐不须猜。”⓭活动，进行。王维《寒食城东即事》：“少年分日作遨游，不用清明兼上巳。”李白《寻鲁城北范居士失道落苍耳中见范置酒摘苍耳作》："近作十日欢，远为千载期。"王建《赛神曲》："男抱琵琶女作舞，主人再拜听神语。"孟郊《送韩愈从军》："坐作群书吟，行为孤剑咏。"⓮劳作，事务。李白《五月东鲁行答汶上君》："鲁人重织作，机杼鸣帘栊。"玄宗《春台望》："须念作劳居者逸，勿言我后焉能恤。"亦特指农事活动。李白《宿五松山下荀媪家》："田家秋作苦，邻女夜舂寒。"⓯指花草开放。王维《杂诗》："双燕初命子，五桃新作花。"刘长卿《过湖南羊处士别业》："自有东篱菊，年年解作花。"又《寻洪尊师不遇》："鹤老难知岁，梅寒未作花。"⓰下，降落。王无竞《巫山》："裴回行作雨，婉娈逐荆王。"张籍《云童行》："今年天旱不作雨，水足墙上有禾黍。"卢殷《欲销云》："如逢作霖处，当为起氤氲。"⓱充当。韦应物《杂言送黎六郎》："莫言去作折腰官，岂是长安折腰客。"刘禹锡《送唐舍人出镇闽中》："了却人间婚嫁事，复归朝右作公卿。"皮日休《奉和鲁望读阴符经见寄》："得之贼帝尧，白丁作天子。"韦庄《寄湖州舍弟》："云烟但有穿杨志，尘土多无作吏心。"⓲使。杜甫《花底》："深知好颜色，莫作委泥沙。"白居易《李都尉古剑》："劝君慎所用，无作神兵羞。"⓳制成；成为。杜甫《石犀行》："君不见秦时蜀太守，刻石立作三犀牛。"元结《无为洞口作》："爱此踟蹰不能去，令人悔作衣冠客。"卢纶《酬李叔度秋夜喜相遇因伤关东僚友丧逝见赠》："以愚求作友，何德敢称兄。"元稹《酬乐天赴江州路上见寄三首》之三："如何远相失，各作万里云。"⓴如，似。岑参《青门歌送东台张判官》："借问使乎何时来，莫作东飞伯劳西飞燕。"韩愈《送桂州严大夫同用南字》："江作青罗带，山如碧玉篸。"㉑安排；造成。李颀《别梁锽》："不见古时塞上翁，倚伏由来任天作。"刘禹锡《春有情篇》："雨频催发色，云轻不作阴。"㉒叫作，称为。元稹《韦居守晚岁常言退休之志因署其居曰大隐洞命予赋诗因赠绝句》："大隐犹疑恋朝市，不知名作罢归园。"徐夤《司直巡官无诸移到玫瑰花》："秾艳尽怜胜彩绘，嘉名谁赠作玫瑰。"㉓相约。窦常《奉送职方翟员外摄中丞新罗册使》："册拜申恩重，留欢作限赊。"张籍《寄府吏》："野外寻花共作期，今朝出郭不相随。"㉔是。寒山《诗三百三首》之八二："借问作何色，不红亦不紫。"㉕乘着。曹邺《续幽愤》："繁霜作阴起，朱火乘夕发。"㉖替，为（wèi）。王湾《哭补阙亡友綦毋学士》："泣为洹水化，叹作泰山颓。"戴叔伦《行路难》："淮阴不免恶少辱，阮生亦作穷途悲。"㉗变，改变。见"作色"。

作²　〔zuō《广韵》则落切，入铎，精。〕手工业工厂，作坊。参见"作₂官"。

【作人】　为人处世。李白《扶风豪士歌》："作人不倚将军势，饮酒岂顾尚书期。"

【作用】　❶作为，行为。皎然《因游支硎寺寄邢端公》："清门推问望，早岁骋康庄。作用方开物，声名久擅场。"❷努力。白居易《赠杨使君》："时命到来须作用，功名未立莫思量。"❸指施行法术。吕岩《渔父词一十八首·沐浴》："卯酉门中作用时，赤龙时蘸玉清池。云薄薄，雨微微，看取妖容露雪肌。"

【作生日】　庆祝生日。李郢有《为妻作生日寄意》。

【作行】　排成舞列。王建《霓裳词十首》之八："传呼法部按霓裳，新得承恩别作行。"

【作色】　脸上变色，指生气。李颀《别梁锽》："抗辞请刃诛部曲，作色论兵犯二帅。"刘叉《狂夫》："狂夫游冶归，端坐仍作色。"

【作别】　告别，分手。戎昱《移家别树》："看花愁作别，不及未栽时。"白居易《望亭驿酬别周判官》："醒应难作别，欢渐少于愁。"杨牢《奉酬于中丞登越王楼见寄之什》："宁悲久作别，且似一相逢。"

【作伴】　作为伙伴，陪伴。孟浩然《同张明府碧溪赠答》："仙凫能作伴，罗袜共凌波。"

【作₂役】　建筑工程。元稹《茅舍》："惜其心太亟，作役无容暇。"

【作社】　庆祝社日。杜甫《遭田父泥饮美严中丞》："今年大作社，拾遗能住否？"

【作妆】　❶梳妆打扮。王建《宫词一百首》之五一："家常爱著旧衣裳，空插红梳不作妆。"又《失钗怨》："嫁时女伴与作妆，头戴此钗如凤凰。"❷作为装饰品。刘禹锡《梦扬州乐妓和诗》："花作婵娟玉作妆，风流争似旧徐娘。"。

【作抵】　同"作底❶"。温庭筠《西洲曲》："去帆不安幅，作抵使西风？"

【作事】　办理事情，进行工作。崔国辅《杂诗》："后余在关内，作事多迍邅。"

【作牧】　周代侯伯有功德者加命为州长，得专征伐于诸侯，谓"作牧"。后用以泛指担任州郡地方长官。崔璞《蒙恩除替因成六韵呈军事院诸公郡中一二秀才》："作牧惭为政，思乡念式微。"吴融《绵竹山四十韵》："相国京兆公，九命来作牧。"

【作底】　亦作"作抵"。❶如何。白居易《寒食日寄杨东川》："不知杨六逢寒食，作底欢娱过此辰。"❷为什么。徐凝《和嘲春风》："可怜半死龙门树，懊恼春风作底来。"

【作性】　生定的本性，生性。王绩《田家三首》之三："平生唯酒乐，作性不能无。"

【作官】　担任官职。韦应物《温泉行》："作官不了却来归，还是杜陵一男子。"

【作₂官】 负责手工业工场或作坊的头目。王建《织锦曲》:“大女身为织锦户,名在县家供进簿。长头起样呈作官,闻道官家中苦难。”

【作者】 ❶本谓创始之人。《礼记·乐记》:“作者之谓圣,述者之谓明。”后称艺术上有成就的人。贯休《读刘得仁贾岛集二首》之一:“二公俱作者,其奈亦迂儒。”又《怀诸葛珏二首》之一:“诸葛子作者,诗曾我细看。”❷从事文章撰述或艺术创作的人。储光羲《游茅山五首》之三:“平生非作者,望古怀清芬。”杜甫《赠蜀僧闾丘师兄》:“晚看作者意,妙绝与谁论。”喻凫《龙翔寺言怀》:“搜此成闲句,期逢作者论。”

【作貢】 进贡。李峤《象》:“郁林开郡毕,维扬作贡初。”张蠙《送友人及第归》:“作贡诸蕃别,登科几国同。”

【作相】 (—xiàng)担任宰相。李白《自代内赠》:“妾家三作相,失势去西秦。”

【作威】 显示威风。李白《赠宣城宇文太守兼呈崔侍御》:“下马不作威,冰壶照清川。”

【作威福】 滥用威权,妄施刑罚。杜甫《草堂》:“一国实三公,万人欲为鱼。唱和作威福,孰肯辨无辜?”

【作客】 ❶寄居他乡。杜甫《刈稻了咏怀》:“无家问消息,作客信乾坤。”又《登高》:“万里悲秋常作客,百年多病独登台。”❷在别人处作客人。白居易《代林园戏赠》:“假如宰相池亭好,作客何如作主人。”

【作祟】 谓妖怪鬼物为害于人。薛逢《灵台家兄古镜歌》:“耕夫不解珍灵异,翻惧赫连神作祟。”

【作氣】 ❶振作勇气。玄宗《行次成皋途经先圣擒建德之所缅思功业感而赋诗》:“饮马河洛竭,作气嵩华惊。”高适《同李员外贺哥舒大夫破九曲之作》:“作气群山动,扬军大旆翻。”❷犹言带着傲气。李端《赠故将军》:“恃功凌主将,作气见王侯。”

【作息】 指劳作和休息。语本汉王充《论衡·偶会》:“作与日相应,息与夜相得也。”白居易《偶作二首》之二:“一日分五时,作息率有常。”

【作宰】 谓当县令。林宽《送人宰浦城》:“东南犹阻寇,梨岭更谁登。作宰应无俸,归船必有僧。”

【作梵】 诵经。梵,指佛家经典。刘长卿《送灵彻上人归嵩阳兰若》:“作梵连松韵,焚香入桂丛。”

【作梗】 制造梗阻,发生梗塞。李商隐《行次西郊作一百韵》:“中间遂作梗,狼藉用戈铤。”

【作爲】 (—wéi)❶创作;制作;做。韩愈《元和圣德诗》:“作为歌诗,以配吉甫。”杜牧《感怀诗一首》:“法制自作为,礼文争僭拟。”❷有所为。杜收《望少华三首》之三:“眼看云鹤不相随,何况尘中事作为。”

【作尉】 担任县尉。杜甫《白水县崔少府十九翁高斋三十韵》:“杖藜长松阴,作尉穷谷僻。”岑参《送魏升卿擢第归东都因怀魏校书陆浑乔潭》:“乔生作尉别来久,因君为问平安否。”

【作隊】 成群结队。韩愈《盆池五首》之三:“忽然分散无踪影,惟有鱼儿作队行。”

【作聖】 成为圣人。顾况《相国晋公挽歌二首》之一:“中和方作圣,太素忽收神。”

【作鼓】 鸣鼓。卢从愿《奉和圣制送张说巡边》:“作鼓将军气,投醪壮士觞。”

【作業】 ❶劳作,劳动。元稹《竞舟》:“祭船如祭祖,习竞如习仇。连延数十日,作业不复忧。”❷同“作孽”。吕岩《绝句》之二五:“起来旋点黄金买,不使人间作业钱。”

【作頌】 作颂体之文。颂,文体的一种。袁晖《奉和圣制答张说扈从南出雀鼠谷之作》:“兴逸横汾什,恩褒作颂才。”崔曙《登水门楼见亡友张贞期题望黄河诗因以感兴》:“清风初作颂,暇日复销优。”段成式《河出荣光》:“抚躬悲未济,作颂喜时康。”

【作解】 谓解救百姓。包佶《祀雨师乐章·迎神》:“作解之功,乐惟有年。”钱起《天门谷题孙逸人石壁》:“春雷近作解,空谷半芳菲。”

【作詩】 创作诗歌。李白《戏赠杜甫》:“借问别来太瘦生,总为从前作诗苦。”刘叉《作诗》:“作诗无知音,作不如不作。”贾岛《戏赠友人》:“一日不作诗,心源如废井。”

【作意】 ❶着意;加意。陆龟蒙《幽居有白菊一丛因而成咏呈知己》:“月中若有闲田地,为劝嫦娥作意栽。”❷故意,特意。杜甫《花鸭》:“稻粱沾汝在,作意莫先鸣。”陆龟蒙《寄怀华阳道士》:“衔烟细草无端绿,冒雨闲花作意馨。”❸注意。杜甫《绝句漫兴九首》之九:“谁谓朝来不作意,狂风挽断最长条。”蒋防《玄都楼桃》:“红软满枝须作意,莫交方朔施偷将。”❹决意。张籍《寄昭应王中丞》:“春风石瓮寺,作意共君游。”又《招周处士》:“已扫书斋安药灶,山人作意早经过。”

【作賓】 在他乡作客。储光羲《秦中初霁献给事二首》之二:“南国久为思,西都尝作宾。”

【作賦】 创作诗赋等文学作品。李白《赠张相镐二首》之二:“十五观奇书,作赋凌相如。”高适《信安王幕府诗》:“作赋同元淑,能诗匪仲宣。”李商隐《城上》:“贾生游刃极,作赋又论兵。”

【作賦客】 《汉书·扬雄传上》:“先是时,蜀有司马相如,作赋甚弘丽温雅,雄心壮之,每作赋,常拟之以为式。”后用以称司马相如。杜甫《云山》:“神交作赋客,力尽望乡台。”

【作麽】 怎么;为什么。李咸用《依韵修睦上人山居十首》之一："生身便在乱离间，遇柳寻花作么看。"贯休《陋巷》："亦知希骥无希者，作么令人强转头。"又《送僧归山》："霞外终须去，人间作么来。"又《秋居寄王相公三首》之一："好句慵收拾，清风作么来。"

【作塵】　作古，死亡。韩愈《寄随州周员外》："陆孟丘杨久作尘，同时存者更谁人。"

【作範】　树立榜样。刘长卿《故女道士婉仪太原郭氏挽歌词》："作范宫闱睦，归真道艺超。"

【作論】　作论文，立议论。李峤《砚》："左思裁赋日，王充作论年。"

【作樂】　（—lè）玩乐，行乐。王翰《春女行》："落花一度无再春，人生作乐须及辰。"李白《邯郸南亭观妓》："我辈不作乐，但为后代悲。"又《春日陪杨江宁及诸客宴北湖感古作》："荣盛当作乐，无令后贤吁。"

【作噩】　十二地支中"酉"的别称，用作纪年。《尔雅·释天》："〔太岁〕在酉曰作噩。"吴融《绵竹山四十韵》："岁在作噩年，铜梁摇蚤毒。"

【作霖】　❶降甘霖或下雨。钱起《京兆尹厅前甘棠树降甘露》："何必风池上，方看作霖时。"权德舆《和李大夫西山祈雨因感张曲江故事十韵》："作霖应自此，天下待丰年。"杜牧《云》："莫隐高唐去，枯苗待作霖。"❷比喻及时给人帮助。钱起《奉和杜相公移长兴宅奉呈元相公》："报国谁知己，推贤共作霖。"

【作禪】　坐禅，参禅。白居易《送兄弟回雪夜》："回念入坐忘，转忧作禅悦。"

【作薦】　作为垫席。刘宪《奉和幸安乐公主山庄应制》："庭莎作荐舞行出，浦树相将歌棹回。"

【作繢】　图绘，绘画。独孤及《和李尚书画射虎图歌》："精微入神在毫末，作缋造物可同功。"

【作繭】　蚕老结茧。王建《簇蚕辞》："蚕欲老，箔头作茧丝皓皓。"

【作鎮】　镇守一方。祖咏《观华岳》："作镇当官道，雄都俯大川。"顾况《从江西至彭蠡入浙西淮南界道中寄齐相公》："大贤旧丞相，作镇江山雄。"孟郊《献汉南樊尚书》："如何嵩高气，作镇楚水滨。"

【作禮】　施礼，行礼。崔曙《宿大通和尚塔敬赠如上人兼呈常孙二山人》："然灯见栖鸽，作礼闻信鼓。"岑参《登千福寺楚金禅师法华院多宝塔》："作礼睹灵境，焚香方证疑。"顾况《独游青龙寺》："旷然莲花台，作礼月光面。"李幼卿《游烂柯山四首》之四："作礼未及终，忘循旧形迹。"

【作藝】　从事技艺。欧阳詹《及第后酬故园亲故》："称文作艺方惭德，相贺投篇料愧词。"

【作難】　❶（—nàn）作乱。李白《赠武十七谔》序："闻中原作难，西来访余。"❷（—nán）使相互为难。李白《忆旧游寄谯郡元参军》："海内贤豪青云客，就中与君心莫逆。回山转海不作难，倾情倒意无所惜。"

【作繪】　作画。储光羲《述韦昭应画犀牛》："闲居命国工，作绘北堂阴。"

【作孽】　亦作"作業"。制造灾难。《书·太甲中》："天作孽，犹可违；自作孽，不可逭。"引申为作恶，作坏事。张良璞《览史》："作孽人怨久，其亡鬼亦盈。"柳宗元《同刘二十八院长述旧言怀感时书事奉寄澧州张员外使君五十二韵之作因其韵增至八十通赠二君子》："渚行狐作孽，林宿鸟为殃。"亦用以指咎由自取。卢仝《月蚀诗》："呜呼！人养虎，被虎啮，天媚蟆，被蟆瞎，乃知恩非类，一一自作孽。"

伯[1]　〔bó《广韵》博陌切，入陌，幫。〕❶长兄，兄弟中年岁最大的。参见"伯氏"。❷泛指排行最大的。参见"伯仲❶"。❸父亲的哥哥。杜甫《狄明府》："比看叔伯四十人，有才无命百僚低。"又《醉歌行》："汝身已见唾成珠，汝伯何由发如漆？"❹处于首位的。储光羲《秋庭贻马九》："伯淮与季江，清濬各孤峙。"❺妻子对丈夫的称呼。元稹《春六十韵》："望夫身化石，为伯首如蓬。"❻对管领一方的长官的称呼。苏颋《饯唐州高使君赴任》："勿言行路远，所贵专城伯。"李纾《唐德明兴圣庙乐章·迎神》："烈祖太宗，方周作伯。"李商隐《行次西郊作一百韵》："伊昔称乐土，所赖牧伯仁。"❼古代公、侯、伯、子、男五等爵位中的第三等。借指达官贵人。苏颋《蜀城哭台州乐安少府》："不遂卿将伯，孰云陈与雷。"韦应物《送李十四山东游》："高论动侯伯，疏怀脱尘喧。"❽借指山水神。皮日休《太湖诗·初入太湖》："甘将一蕴书，永事嵩山伯。"薛能《黄河》："显瑞龟曾出，阴灵伯固存。"❾尊称道义或文章卓著者。孙逖《故右丞相赠太师燕文贞公挽词二首》之一："海内文章伯，朝端礼乐英。"杜甫《送李校书二十六韵》："李舟名父子，清峻流辈伯。"戎昱《赠岑郎中》："天下无人鉴诗句，不寻诗伯重寻谁？"

伯[2]　〔bà《洪武正韵》必駕切，去禡。〕通"霸"。❶春秋时诸侯的盟主。参见"伯₂业"。❷用兵的符节。则天皇后《唐大享拜洛乐章·德和》："崇儒习旧规，偃伯循先旨。"参见"偃伯"。

【伯山】　东汉初将领耿纯字。元希声《赠皇甫侍御赴都八首》之五："宠盖伯山，气雄公雅。"

【伯牙】　亦作"伯雅"。春秋时精于琴艺者。孟浩然《示孟郊》："众音何其繁，伯牙独不喧。"钱起《美杨侍御清文见示》："伯牙道丧来，弦绝无人续。"李瀚《蒙求》："向秀闻笛，伯牙绝弦。"李咸用《览友生古风》："伯牙鸣玉琴，幽音随指发。"

【伯牙弦】　同"伯牙琴"。骆宾王《夏日游德州赠高四》："成风郢匠斫，流水伯牙弦。"李白《春日归山寄孟浩然》："愧非流水韵，叨入伯牙弦。"薛涛《寄张元夫》："借问人间寂寞意，伯牙弦绝已无声。"

【伯牙海上感滄溟】 传说春秋时，伯牙从成连学琴，三年不成。成连送伯牙至蓬莱山，让其面对海水山林，得以移情，遂完成《水仙操》，并悟琴艺之妙。见《文选·嵇康〈琴赋〉》李善注。后因用作咏操琴的典故。吴融《风雨吟》："伯牙海上感沧溟，何似今朝风雨思。"

【伯牙琴】 伯牙琴艺高超，琴音精妙，只有钟子期完全理解琴意。子期死后，伯牙终身不复鼓琴。见《吕氏春秋·本味》。后用作悼念知音或感慨知音难遇之典。薛能《春日书怀》："伯牙琴绝岂求知，往往情牵自有诗。"罗隐《重过随州故兵部李侍郎恩知因抒长句》："庄周高论伯牙琴，闻夜思量泪满襟。"亦省作"伯琴"。寒山《三字诗六首》之四："泉声响，抚伯琴。有子期，辨此音。"

【伯仁】 晋周颉的字。颉与王导交情笃厚。永昌元年(322)，导堂兄江州刺史王敦起兵反叛，导赴阙待罪。颉在元帝前力称王导无罪，帝纳其言，而导不知。及敦入朝，问导如何处置颉，导不置可否，颉遂被杀。后导知颉曾救己，流涕后悔不已，说：吾虽不杀伯仁，伯仁由我而死。幽冥之中，负此良友！后用以代称亡友。元稹《感事三首》之二："自笑心何劣，区区辨所冤。伯仁虽到死，终不向人言。"

【伯牛災】 伯牛，孔子弟子冉耕的字。《论语·雍也》："伯牛有疾，子问之，自牖执其手，曰：'亡之，命矣夫！斯人也而有斯疾也！斯人也而有斯疾也。'"后以指患有恶疾。王维《哭褚司马》："谁言老龙吉，未免伯牛灾。"

【伯氏】 长兄。《诗·小雅·何人斯》："伯氏吹埙，仲氏吹篪。"高亨注："伯氏，大哥。"王维《送魏郡李太守赴任》："与君伯氏别，又欲与君离。"韩愈《过始兴江口感怀》："忆昨儿童随伯氏，南来今只一身存。"

【伯玉】 春秋卫蘧瑗字。李德裕《忆平泉山居赠沈吏部一首》："常恐似伯玉，瞻前惭魏舒。"周昙《咏史·春秋战国门·卫灵公》："伯玉既亲知德润，残桃休吃悟兰馨。"吴筠《元日言怀因以自励诒诸同志》："知非慕伯玉，读《易》宗文宣。"参见"伯玉年"。

【伯玉年】 春秋卫国大夫蘧瑗字伯玉，年五十知四十九年前行之非。见《淮南子·原道训》。后用"伯玉年"称五十岁。刘禹锡《答柳子厚》："年方伯玉早，恨比《四愁》多。"

【伯有】 春秋时郑大夫良霄的字。他主持郑国国政时，与贵族驷带发生争执，被杀。据传他死后化为厉鬼作祟，郑人捕风捉影，互相惊扰，以为"伯有至矣！"后用以指受屈或含冤而死之人。吴融《偶题》："莫道精灵无伯有，寻闻任侠报爰丝。"

【伯夷】 商末孤竹君之长子。父欲立其弟叔齐，及父卒，叔齐让伯夷。伯夷以父命不可违，遂逃去。叔齐亦不肯立而逃之。国人立其中子。夷、齐逃至周国。周武王伐纣，二人叩马而谏。武王灭商后，天下宗周，而夷、齐耻之，义不食周粟，采薇而食，卒饿死首阳山。见《史记·伯夷列传》。苏颋《奉和圣制春台望应制》："伯夷位事愚臣忝，喜奏声成凤鸟来。"岑参《东归晚次潼关怀古》："伯夷在首阳，欲往无轻舟。"白居易《首夏》："食饱惭伯夷，酒足愧渊明。"皮日休《七爱诗·元鲁山》："吾爱元紫芝，清介如伯夷。"

【伯夷叔齊】 见《史记·伯夷列传》。吴筠有《高士咏·伯夷叔齐》。

【伯夷廟】 在中条山，今山西永济市东南。传说伯夷、叔齐采薇隐居之首阳山即于此。卢纶《题伯夷庙》："中条山下黄礓石，垒作夷齐庙里神。"

【伯仲】 ❶指兄弟的次序。亦代称兄弟。《诗·小雅·何人斯》："伯氏吹埙，仲氏吹篪。"权德舆《奉和史馆张阁老以许陈二阁长爱弟俱为尚书郎伯仲同时列在南北省会于左掖因而有咏》："伯仲尽时贤，平舆与颍川。"白居易《重到城七绝句·裴五》："张家伯仲偏相似，每见清扬一惘然。"❷比喻事物不相上下。杜甫《咏怀古迹五首》之五："伯仲之间见伊吕，指挥若定失萧曹。"

【伯成】 指伯成子高。《庄子》中的人物。李白《万愤词投魏郎中》："舜昔授禹，伯成耕犁。"

【伯成辭耕】 伯成，《庄子》中的人物。《庄子·天地》有载。李瀚《蒙求》："伯成辞耕，严陵去钓。"

【伯奇掇蜂】 伯奇，周宣王时重臣尹吉甫子。李端《杂歌》："伯奇掇蜂贤父逐，曾参杀人慈母疑。"

【伯宗直】 用作称美贤妻之典，见《左传·成公十五年》。权德舆《酬南园新亭宴会璩新第慰庆之作时任宾客》："不厌梁鸿贫，常讥伯宗直。"

【伯英】 东汉书法家张芝的字。钱起《送外甥怀素上人归乡侍奉》："能翻梵王字，妙尽伯英书。"皎然《张伯英草书歌》："伯英死后生伯高，朝看手把山中毫。"权德舆《马秀才草书歌》："伯英草圣称绝伦，后来学者无其人。"

【伯英草聖】 后汉张芝，字伯英，善草书。临池学书，池水尽黑，下笔必为楷则，人称草圣。见《后汉书·张奂传》。李瀚《蒙求》："元凯传癖，伯英草圣。"

【伯禹】 夏禹。《书·尧典》："伯禹作司空。"王维《燕子龛禅师》："伯禹访未知，五丁愁不凿。"岑参《石犀》："始知李太守，伯禹亦不如。"严维《奉和皇甫大夫祈雨应时雨降》："伯禹明灵降，元戎祷请来。"周昙《咏史诗·三代门·夏禹》："海内生灵微伯禹，尽应随浪化为鱼。”

【伯禹穴】 即禹穴。在今浙江绍兴市南宛委山。孟浩然《与杭州薛司户登樟亭楼作》：“山藏伯禹穴，城压伍胥涛。”刘长卿《瓜洲驿奉饯张侍御公拜膳部郎中使之岭南时侍御先在淮南幕府》：“松声伯禹穴，草色子陵滩。”严维《赠万经》：“家山伯禹穴，别墅小长干。”

【伯禹廟】 在浙江绍兴市东南会稽山上，禹陵右侧。史籍记载，夏启和少康都曾建立禹庙，但已难考。孙逖《立秋日题安昌寺北山亭》：“山围伯禹庙，江落伍胥潮。”

【伯桃】 指战国时燕人左伯桃。与羊角哀为挚友。楚王招贤，二人同赴楚，途遇雨雪，粮少衣单，势难俱生。伯桃留衣粮与哀，自入空树中死。哀独行至楚为高官，名显当世，遂启树发伯桃之尸厚葬之，亦自尽。见《后汉书·申屠刚传》李贤注引《烈士传》。吴筠《经羊角哀墓作》：“伯桃葬角哀，墓近荆将军。”

【伯倫】 晋刘伶字。孟郊《百忧》：“伯伦心不醉，四皓迹难留。”白居易《北窗三友》：“嗜琴有启期，嗜酒有伯伦。”韦庄《对酒》：“伯伦若有长生术，直到如今醉未醒。”

【伯倫隨锸】 用以作为咏叹名士风度之典，见《世说新语·文学》。白居易《哭崔二十四常侍》：“伯伦每置随身锸，元亮先为自祭文。莫道高风无继者，一千年内有崔君。”

【伯翁】 祖父之兄，伯祖父。唐彦谦《移莎》：“只此霜栽好，他时赠伯翁。”

【伯高】 唐著名书法家、诗人张旭的字。旭工书法，尤精草书。文宗时，下诏以李白诗歌、裴旻剑舞、张旭草书为“三绝”。皎然《张伯英草书歌》：“伯英死后生伯高，朝看手把山中毫。”

【伯益】 亦称“益”“柏翳”。舜时东夷部落的首领，为嬴姓各族的祖先。曾与禹同治洪水，建立功勋。白居易《雪中宴起偶咏所怀兼呈张常侍韦庶子皇甫郎中》：“上无皋陶伯益廊庙材，的不能匡君辅国活生民；上无巢父许由箕颍操，又不能食薇饮水自苦辛。”

【伯魚】 孔子的儿子孔鲤的字。见《孔子家语·本姓解》。后用以称呼儿子。李白《送萧三十一之鲁中兼问稚子伯禽》：“高堂倚门望伯鱼，鲁中正是趋庭处。”卢纶《送浑炼师归觐却赴阙廷》：“露幕拥簪裾，台庭饯伯鱼。”

【伯通】 指伯通桥。吴桥的别称。在今江苏苏州市阊门内。相传汉皋伯通曾居此桥侧，故名。陆龟蒙《和袭美咏皋桥》：“今来未必非梁孟，却是无人断伯通。”参见“伯通隱”。

【伯通隱】 伯通，指汉吴郡富豪皋伯通。《后汉书·逸民传·梁鸿》有载。后因用作避世隐居的典故。骆宾王《夕次旧吴》：“徒怀伯通隐，多谢买臣归。”

【伯雅】 即伯牙。陆龟蒙《樵人十咏·酒乡》：“三杯闻古乐，伯雅逢遗裔。”

【伯喈】 东汉文学家、书法家蔡邕字。李百药《途中述怀》：“伯喈迁塞北，亭伯之辽东。”李嘉祐《送从叔阳冰祗召赴都》：“伯喈文与篆，虚作汉家贤。”

【伯喈遷塞】 东汉蔡邕，字伯喈。灵帝时为议郎，因上书论朝政阙失，得罪宦官，下洛阳狱，与家属髡钳至朔方。见《后汉书·蔡邕传》。李百药《途中述怀》：“伯喈迁塞北，亭伯之辽东。”

【伯勞】 ❶鸟名。又名䴗。额部和头部的两旁黑色，颈部蓝灰色，背部棕红色，有黑色波浪纹。食昆虫和小鸟。善鸣。相传为周宣王时重臣尹吉甫子冤魂所化。韦应物《听莺曲》：“伯劳飞过声跼促，戴胜下时桑田绿。”白居易《曲江春早》：“曲江柳条渐无力，杏园伯劳初有声。”陆龟蒙《和袭美馆娃宫怀古五绝》之五：“伯劳应是精灵使，犹向残阳泣暮春。”❷《玉台新咏·古词〈东风伯劳歌〉》：“东飞伯劳西飞燕，黄姑织女时相见。”后借指离别的亲人或朋友。岑参《青门歌送东台张判官》：“借问使乎何时来，莫作东飞伯劳西飞燕。”贾岛《送路》：“别我就蓬蒿，日斜飞伯劳。”

【伯陽】 老子的字。陈子昂《感遇诗三十八首》之十七：“仲尼溺东鲁，伯阳遁西溟。”孟云卿《行路难》：“古今何世无圣贤，吾爱伯阳真乃天。”齐己《与聂尊师话道》：“伯阳遗妙旨，杳杳与冥冥。”

【伯陽遁】 伯阳，老子字。《史记·老子韩非列传》载：居周久之，见周之衰，乃去。诗文中借以咏遁世。陈子昂《感遇诗三十八首》之十七：“仲尼溺东鲁，伯阳遁西溟。”

【伯瑜泣杖】 瑜亦作“俞”。刘向《说苑》卷三：“伯俞有过，其母笞之，泣。其母曰：‘他日笞子，未尝见泣。今泣，何也？’对曰：‘他日俞得罪，笞尝痛；今母之力不能使痛，是以泣。’”李瀚《蒙求》：“丁兰刻木，伯瑜泣杖。”

【伯$_2$業】 霸主的功业。李群玉《登章华楼》：“伯业没荆棘，雄图成古丘。”又《石头城》：“伯业随流水，寒芜上古城。”

【伯舅】 母之兄。王维《奉送六舅归陆浑》：“伯舅吏淮泗，卓鲁方喟然。”严维《奉和刘祭酒伤白马》：“棣华恩见赐，伯舅礼仍崇。”元稹《答姨兄胡灵之见寄五十韵》：“理家烦伯舅，相宅尽吾兄。”

【伯道】 晋邓攸的字。李嘉祐《故吏部郎中赠给事中韦公挽歌二首》之一：“颜渊徒有德，伯道且无儿。”刘商《重阳日寄上饶李明府》：“伯道共悲无后嗣，孀妻老母断根蓬。”白居易《阿崔》：“孤单同伯道，迟暮过商瞿。”徐夤《赠严司直》：“有酒刘伶醉，无儿伯道穷。”参接“伯道無兒”。

【伯道無兒】 晋邓攸，字伯道。历任河东吴郡和会稽太守，官至尚书右仆射。永嘉末，为避石勒兵乱，携子侄逃难，途中遇险，恐子侄难以两全，弃己子，全侄性命。后终无子。事见《晋书·良吏传·邓攸》。后用作叹人无子之典。韩愈《游西林寺题萧二兄郎中旧堂》：“中郎有女能传业，伯道无儿可保家。”白居易《酬赠李炼师见招》：“刘纲有妇仙同得，伯道无儿累更轻。”杜牧《重到襄阳哭亡友韦寿朋》：“故人坟树立秋风，伯道无儿迹便空。”参见“伯道”。

【伯禽】 ❶周公旦之子。周王相成王时，使其就封于鲁。曾击退淮夷徐戎的进攻，在位四十六年，见《史记·鲁周公世家》。高适《题李别驾壁》：“礼乐遥传鲁伯禽，宾客争过魏公子。”白居易《杂感》：“伯禽鞭见血，过失由成王。”周昙《咏史诗·三代门·成王》：“成王有过伯禽笞，圣惠能新日自奇。”❷李白之子。李白《寄东鲁二稚子》：“小儿名伯禽，与姊亦齐肩。”又《送萧三十一之鲁中兼问稚子伯禽》：“君行既识伯禽子，应驾小车骑白羊。”

【伯趙氏】 少皞氏时历正的属官，专司夏至、冬至，因伯劳鸟而得名。于尹躬《南至日太史登台书云物》：“官称伯赵氏，色辨五方云。”

【伯樂】 (一lè)❶古之善相马者。传为春秋秦穆公时人，姓孙，名阳。他认为一般的良马可形容筋骨相，而相天下绝伦的千里马，则必须得其精而忘其粗，存其内而忘其外。见《列子·说符》。李白《天马歌》：“伯乐翦拂中道遗，少尽其力老弃之。”杜甫《天育骠骑歌》：“如今岂无騕褭与骅骝，时无王良伯乐死即休。”李贺《马诗二十三首》之十八：“伯乐向前看，旋毛在股间。”陈去疾《赋得骐骥长鸣》：“向非逢伯乐，谁足见其长。”❷比喻善于发现、推荐和使用人才的人。张九龄《南还以诗代书赠京师旧僚》：“上惭伯乐顾，中负叔牙知。”元稹《和王侍郎酬广宣上人观放榜后相贺》：“渥洼徒自有权奇，伯乐书名世始知。”

【伯龍】 指刘伯龙。南朝宋人。少而贫薄，及长历任尚书左丞、少府、武陵太守。贫穷更剧。传云鬼曾讥其贫穷。见《南史·刘伯龙传》。徐夤《西寨寓居》：“鸱鸢啄腐疑雏凤，神鬼欺贫笑伯龙。”孙元晏《咏史诗·宋·刘伯龙》：“位重何如不厌贫，伯龙孤子只修身。”

【伯夔】 相传尧时乐工。元稹《和李校书新题乐府十二首·华原磬》：“伯夔曾抚野兽驯，仲尼暂扣春雷盛。”

【伯鸞】 东汉诗人梁鸿字。孟浩然《适越留别谯县张主簿申屠少府》：“君学梅福隐，余从伯鸾迈。”孟郊《下第东南行》：“试逐伯鸾去，还作灵均行。”张籍《赠殷山人》：“伯鸾甘寄食，元淑苦无钱。”李绅《皋桥》：“伯鸾憔悴甘飘寓，非向嚣尘隐姓名。”

【伯鸞寄食】 东汉贫士梁鸿，字伯鸾，有高节。与妻孟光偕隐。又因讽刺朝廷，被捉拿，逃至吴，依皋伯通，居庑下，为人赁舂。见《后汉书·梁鸿传》。张籍《赠殷山人》：“伯鸾甘寄食，元淑苦无钱。”

伶 〔líng《广韵》郎丁切，平青，來。〕❶古乐官名。见“伶倫”。❷乐人。杜甫《军中醉饮寄沈八刘叟》：“野膳随行帐，华音发从伶。”孟郊《教坊歌儿》：“去年西京寺，众伶集讲筵。”白居易《代书诗一百韵寄微之》：“征伶皆绝艺，选伎悉名姬。”元稹《酬友封话旧叙怀十二韵》：“会遣诸伶唱，篇篇入禁闱。”❸厮役，供使唤者。白居易《府斋感怀酬梦得》：“府伶呼唤争先到，家酝提携动辄随。”❹孤单。见“伶俜❶”。❺艰难。见“伶俜❷”。

【伶人】 乐人。《国语·周语下》：“二十四年钟成，伶人告和。”韦昭注：“伶人，乐人也。”鲍溶《霓裳羽衣歌》：“鸾凤有声不见身，出宫入徵随伶人。”

【伶兒】 伶人，乐人。殷尧藩《吹笙歌》：“伶儿竹声愁绕空，秦女泪湿燕支红。”

【伶官】 乐官。《诗·邶风·简兮序》：“卫之贤者，仕于伶官。”郑玄笺：“伶官，乐官也。”后以称供奉宫廷的伶人。杜甫《奉赠太常张卿二十韵》：“伶官诗必诵，夔乐典犹稽。”张祜《退宫人二首》之二：“歌喉渐退出宫闱，泣话伶官上许归。”

【伶者】 艺人。韩愈《辞唱歌》：“幸有伶者妇，腰身如柳枝。”

【伶俜】 ❶孤独无侣。杜甫《新安吏》：“肥男有母送，瘦男独伶俜。”顾况《天宝题壁》：“五十余年别，伶俜道不行。”白居易《续古诗十首》之一：“伶俜独居妾，迢递长征客。”❷艰难。皮日休《入林屋洞》：“将回又伶俜，却遵旧时道。”❸奔波飘零。杜甫《宿府》：“已忍伶俜十年事，强移栖息一枝安。”

【伶倫】 ❶传为黄帝时乐官，乐律的创始者。《吕氏春秋·古乐》：“昔黄帝令伶伦作为律。”王绩《古意六首》之二：“宁知轩辕后，更有伶伦出。”韩愈《嘲鼾睡》之一：“虽令伶伦吹，苦韵难可改；虽令巫咸招，魂爽难复在。”元稹《酬乐天余思不尽加为六韵之作》：“律吕同声我尔身，文章君是一伶伦。”❷乐人。陈子昂《与东方左使虬修竹篇》：“不意伶伦子，吹之学凤鸣。”钱起《裴侍御湘川回以青竹筒相遗因而赠之》：“宁肯假伶伦，谬为龙凤吟。”柳宗元《清水驿丛竹天水赵云余手种一十二茎》：“只应更使伶伦见，写尽雌雄双凤鸣。”陈陶《小笛弄》：“江南一曲罢伶伦，芙蓉水殿春风起。”

【伶管】 管，管乐器。伶管，伶人所演奏的管乐器。裴元《律中应钟》："伶管灰先动，秦正节已逢。"

低 〔dī《广韵》都溪切，平齊，端。〕❶从下向上距离小，离地面近；矮。李白《别山僧》："腾身转觉三天近，举足回看万岭低。"白居易《喜杨侍御同宿》："浊水清尘难会合，高鹏低鷃各逍遥。"广宣《寺中柿树一蒂四颗咏应制》："珍木生奇亩，低枝拂梵宫。"❷向下垂，低垂。杜易简《湘川新曲二首》之二："二八相招携，采菱渡前溪。弱腕随桡起，纤腰向舸低。"元稹《感石榴三十韵》："宿露低莲脸，朝光借绮霞。"❸低于。孟浩然《宿建德江》："野旷天低树，江清月近人。"王贞白《塞上曲》："夕照低烽火，寒笳咽戍楼。"❹声音不高。司空图《歌者十二首》之二："玉树花飘凤失栖，一声初压管弦低。"参见"低語""低聲"。❺降低。李白《登黄山凌歊台送族弟溧阳尉济充泛舟赴华阴》："空手无壮士，穷居使人低。"曹邺《寄贾驰先辈》："闻君欲自持，勿使吾道低。"❻谦卑，恭顺。任华《寄李白》："数十年为客，未尝一日低颜色。"白居易《新乐府·驯犀》："驯犀死，蛮儿啼，向阙再拜颜色低。"参见"低眉❷""低頭❷"。❼见"低徊""低迷"。

【低下】 低矮。陆龟蒙《奉酬袭美先辈吴中苦雨一百韵》："况余居低下，本是蛙蚓窟。"

【低心】 犹言屈心，屈意。韩愈《秋怀诗十一首》之七："低心逐时趋，苦勉只能暂。"

【低光】 微光。王维《宋进马哀词》："骖紫骝兮从青骊，低光垂彩兮，怳不知其所之。"

【低回】 ❶低头。表示有所思。李益《游子吟》："遭遇同众流，低回愧相见。"刘禹锡《马嵬行》："低回转美目，风日为无晖。"元稹《赋得雨后花》："念此低回久，风光幸一吹。"施肩吾《再酬李先辈》："能使龙宫买绡女，低回不敢织轻霞。"❷犹言低身屈服。黄滔《贻林铎》："终被春闱屈，低回至白头。"

【低色】 浅色。鲍溶《暮秋与裴居晦宴因见采菊花之作》："菊花低色过重阳，似忆王孙白玉觞。"

【低折】 低头折服。张籍《寄孙冲主簿》："低折沧洲簿，无书整两春。"齐己《勉吟僧》："忍著袈裟把名纸，学他低折五侯门。"

【低枝】 低处的树枝。徐铉《送荻栽与秀才朱观》："鹭立低枝晚，风惊折叶秋。"

【低昂】 ❶或高或低。颜真卿《题杼山癸亭得暮字》："左右苔石攒，低昂桂枝蠹。"杜甫《望岳》："祝融五峰尊，峰峰次低昂。"白居易《山石榴花二十韵》："千丛相向背，万朵互低昂。"❷特指音乐的高低变化。《享先农乐章·舒和》："羽籥低昂文缀已，干戚蹈厉武行初。"❸或沉或浮。杜甫《陪王侍御同登东山最高顶宴姚通泉晚携酒泛江》："灯前往往大鱼出，听曲低昂如有求。"元稹《有酒十章》之八："鲸归穴兮渤溢，鼇载山兮低昂。"陆龟蒙《鹤媒歌》："只怕才来又惊起，窥鳞啄藻乍低昂。"❹或贵或贱。白居易《游悟真寺诗》："众宝互低昂，碧佩珊瑚幡。"王景中《风草不留霜》："低昂闲散质，肃杀想成功。"❺光彩明灭闪烁的样子。储光羲《田家杂兴八首》之八："清浅望河汉，低昂含北斗。"丁位《小苑春望宫池柳色》："低昂含晓景，萦转带新晴。"白居易《九日宴集醉题郡楼兼呈周殷二判官》："笙歌一曲思凝绝，金钿再拜光低昂。"

【低岸】 低矮的岸边。徐铉《北苑侍宴杂咏诗·水》："碧草垂低岸，东风起细波。"

【低佪】 低头。齐己《勉诗僧》："莫把毛生刺，低佪谒李膺。"

【低空】 （—kōng）靠近地面处的天空。杜甫《别房太尉墓》："近泪无干土，低空有断云。"杜牧《长安杂题长句六首》之二："晴云似絮惹低空，紫陌微微弄袖风。"

【低屈】 低头屈服。薛能《彭门解嘲二首》之一："终休未拟降低屈，忽遇还须致太平。"

【低抑】 谓文辞含蓄，力避锋芒毕露。韩愈《酬司门卢四兄云夫院长望秋作》："《望秋》一章已惊绝，犹言低抑避谤谗。"

【低星】 低空中的星星。司空曙《和耿拾遗元日观早朝》："路尘和薄雾，骑火接低星。"

【低垂】 低低垂下。杜甫《秋兴八首》之八："彩笔昔曾干气象，白头吟望苦低垂。"白居易《叹鹤病》："右翅低垂左胫伤，可怜风貌甚昂藏。"杨昭俭《题家园》："池莲憔悴无颜色，园竹低垂减翠阴。"

【低徊】 ❶徘徊；留恋。杜甫《草堂》："旧犬喜我归，低徊入衣裾。"韩愈《驽骥》："骐骥不敢言，低徊但垂头。"元稹《遣兴十首》之四："凉宵露华重，低徊当月明。"白居易《酬卢秘书二十韵》："衰颜虽拂拭，蹇步尚低徊。"❷摇曳披拂的样子。杜甫《乐游原歌》："拂水低徊舞袖翻，绿云清切歌声上。"杜牧《张好好诗》："吴娃起引赞，低徊映长裾。"❸低垂。杜牧《见穆三十宅中庭海榴花谢》："春到未曾逢宴赏，雨余争解免低徊。"陆龟蒙《奉和袭美行次野梅次韵》："飞棹参差拂早梅，强欺寒色尚低徊。"❹心情郁结。温庭筠《病中书怀呈友人》："萧条草木枯，低徊伤志气。"

【低首】 低头，屈服。胡曾《咏史诗·河梁》："不是子卿全大节，也应低首拜单于。"

【低眉】 ❶低着头。戴叔伦《抚州被推昭雪答陆太祝三首》之三："春风旅馆长庭芜，俯首低眉一老夫。"白居易《偶作》："坐闷低眉久，行慵举足迟。"又《夜闻歌者》："一问一沾襟，低眉不敢说。"❷谦卑恭顺。韩翃《别汜水县尉》："我欲低眉问知己，若将无用废东归。"白居易《对酒五首》之五："昨日低眉问疾来，今朝收泪吊人回。”皮日休《吴中苦雨因书一百韵寄鲁望》：“低眉事庸奴，开颜纳金玉。”❸失意抑郁。韩翃《送郑员外》：“要路眼青知己在，不应穷巷久低眉。”贾岛《送别》：“丈夫未得意，行行且低眉。”

【低飛】　飞得很低。喻地位低下。徐铉《送刘司直出宰》：“低飞从墨绶，逸志在青云。”

【低迴】　❶低头。温庭筠《惜春词》：“百舌问花花不语，低回似恨横塘雨。”❷心情郁结。元结《闵岭中》：“久低回而愠瘀，空仰讼于上玄。”❸轻慢温柔的样子。元稹《赠刘采春》：“言辞雅措风流足，举止低回秀媚多。”

【低迷】　❶迷蒙不清貌。陈羽《小苑春望宫池柳色》：“袅娜方遮水，低迷欲醉人。”李贺《感讽五首》之三：“低迷黄昏径，袅袅青栎道。”李商隐《七月二十八日夜作》：“恍惚无倪明又暗，低迷不已断还连。”亦用以喻指政治昏暗。郑谷《送田光》：“九陌低迷谁问我，五湖流浪可悲君。”❷神志不清。储光羲《苏十三瞻登玉泉寺峰入寺中见赠作》：“是日既低迷，中宵方眄眩。”

【低容】　犹低头。白居易《夜筝》：“紫袖红弦明月中，自弹自感暗低容。”

【低眼】　❶低头眼向下看。表示顺从。寒山《诗三百三首》之四三：“低眼邹公妻，邯郸杜生母。”❷放低眼光。表示小视。方干《赠乾素上人》：“苦用贞心传弟子，即应低眼看公卿。”

【低畦】　低矮的田畦。温庭筠《雨中与李先生期垂钓先后相失因作叠韵》：“小鸟扰晓沼，犁泥齐低畦。”

【低偃】　低矮。陈祐《风光草际浮》：“光摇低偃处，影散艳阳中。”

【低雲】　低空的云彩。李商隐《自桂林奉使江陵途中感怀寄献尚书》：“短日安能驻，低云只有阴。”

【低帽】　小帽，不高的帽子。白居易《东城晚归》：“晚入东城谁识我，短靴低帽白蕉衫。”

【低溼】　低洼潮湿。白居易《初到江州》：“树木凋疏山雨后，人家低湿水烟中。”又《琵琶行》：“住近湓江地低湿，黄芦苦竹绕宅生。”

【低愚】　低贱愚昧。寒山《诗三百三首》之二七五：“下下低愚者，诈现多求觅。”

【低腰】　❶弯腰。白居易《酬李少府曹长官舍见赠》：“低腰复敛手，心体不遑安。”吉皎《七老会诗》：“低腰醉舞垂绯袖，击筑讴歌任褐裾。”姚合《武功县中作三十首》之六：“三考千余日，低腰不拟休。”❷敬服貌。李洞《题尼大德院》：“清净高楼松桧寺，世雄翻愧自低腰。”

【低摧】　❶低首摧眉。谓辛劳困苦。皮日休《鲁望读襄阳耆旧传见赠》：“低摧护中兴，若凤视其彀。”又《华亭鹤》：“池上低摧病不行，谁教仙魄反层城。”齐己《谢王秀才见示诗卷》：“谁见少年心，低摧向苦吟。”❷憔悴。罗绍威《咏白菊》：“虽被风霜竞欲催，皎然颜色不低摧。”

【低語】　低声说话。曹松《夜饮》：“席上未知帘幕晓，青娥低语指东方。”

【低樓】　矮楼，不高的楼。李商隐《河内诗二首·湖中》：“低楼小径城南道，犹自金鞍对芳草。”

【低頭】　❶垂下头。朱庆余《题王丘长史宅》：“时见街中骑瘦马，低头只是为诗篇。”❷卑顺，屈服。李颀《送陈章甫》：“腹中贮书一万卷，不肯低头在草莽。”严维《酬诸公宿镜水宅》：“幸免低头向府中，贵将藜藿与君同。”

【低聲】　轻声，小声。朱庆余《近试上张籍水部》：“妆罢低声问夫婿，画眉深浅入时无？”牛峤《女冠子》词之一：“浅笑含双靥，低声唱小词。”

【低顔】　❶低头。刘兼《晚楼寓怀》：“刘毅暂贫虽壮志，冯唐将老自低颜。”罗隐《感怀》：“掩耳恶闻宫妾语，低颜须向路人羞。”❷谦恭；恭顺。韩愈《赴江陵途中寄赠三学士》：“逾岭到所任，低颜奉君侯。”白居易《初到江州寄翰林张李杜三学士》：“伤禽侧翅惊弓箭，老归低颜事舅姑。”

【低鬟】　犹低首，低头。用以形容女子娇羞之态。刘禹锡《伤秦姝行》：“芳筵银烛一相见，浅笑低鬟初目成。”温庭筠《郭处士击瓯歌》：“宫中近臣抱扇立，侍女低鬟落翠花。”

你　〔nǐ《集韵》乃里切，上止，泥。〕代词。称对方（一个人）。王梵志《五言》：“梵志翻著袜，人皆道是错。乍可刺你眼，不可隐我脚。”范质《诫儿侄辈八百字》：“借问你与吾，如何不自愧。”

【你等】　你们。罗隐《代文宣王答》：“吾今尚自披蓑笠，你等何须读《典》《坟》。”

佝　〔gōu《广韵》呼漏切，去候，晓。〕见“佝偻”。

【佝僂】　曲背。亦指曲背之人。刘禹锡《罢郡归洛阳寄友人》：“不见蜘蛛集，频为佝偻欺。”

住　〔zhù《广韵》持遇切，去遇，澄。又中句切，去遇，知。〕❶留，停留。岑参《送人归江宁》：“住愁春草绿，去喜桂枝香。”耿湋《春日书情寄元校书佰和相国元子》：“流年不可住，惆怅镜中丝。”权德舆《杂兴五首》之三：“含羞敛态劝君住，更奏新声刮骨盐。”❷停止，停住。白居易《有木诗十首》之二：“鸟啄子难成，风来枝莫住。”周贺《送灵应禅师》：“巡礼何时住，相逢的是稀。”皮日休《奉酬鲁望惜春见寄》：“病中无限花番次，为约东风且住开。”齐己《不睡》:“落叶逢巢住,飞萤值我回。”❸居住。韩愈《送无本师归范阳》:“家住幽都远,未识气先感。”白居易《读张籍古乐府》:“病眼街西住,无人行到门。”皮日休《褚家林亭》:“争得共君来此住,便披鹤氅封清风。”❹乘坐。韦应物《送丘员外归山居》:“为君量革履,且愿住蓝舆。”❺栖止。王建《空城雀》:“空城雀,何不飞来人家住。”朱庆余《凤翔西池与贾岛纳凉》:“蝶飞逢草住,鱼戏见人沉。”❻在某段时间里从事某种活动。李端《寄畅当》:“颜子方敦行,支郎久住禅。”❼用作动词的补语。宣宗、黄檗《瀑布联句》:“溪涧岂能留得住,终归大海作波涛。”戴叔伦《题净居寺》:“满地白云关不住,石泉流出落花香。”吕岩《又记》:“把住赤乌魂,突出银蟾魄。”

【住山】　住在山里。指隐居不仕。丘为《寻庐山崔征君》:“住山年已远,服药寿偏长。”

【住身】　言居处有定所。李群玉《金塘路中》:“山连楚越复吴秦,蓬梗何年是住身。”

【住持】　佛教寺院主管僧,俗称当家和尚。赵彦昭《奉和幸荐福寺》:“北阙承行幸,西园属住持。”李益《赠宣大师》:“因论佛地求心地,只说常吟是住持。”刘禹锡《送僧仲剬东游兼寄灵澈上人》:“释子道成神气闲,住持曾上清凉山。"姚合《谢韬光上人》:“上方清净无因住,唯愿他生得住持。”

【住處】　(—chù)居住的处所。张籍《寄紫阁隐者》:“紫阁气沉沉,先生住处深。”李商隐《无题》:“近知名阿侯,住处小江流。”

【住著】　(—zhuó)佛教语。执着。李颀《宿莹公禅房闻梵》:“始觉浮生无住著,顿令心地欲皈依。”杜甫《戏为双松图歌》:“松根胡僧憩寂寞,庞眉皓首无住著。”郑常《送头陀上人赴庐山寺》:“僧家无住著,早晚出东林。”亦谓拘管羁绊。元稹《估客乐》:“估客无住著,有利身则行。”

位　〔wèi《广韵》于愧切,去至,云。〕❶位置。玄宗《集贤书院成送张说上集贤学士赐宴得珍字》:“献酬尊俎列,宾主位班陈。”❷官位;地位。王绩《赠梁公》:“位大招讥嫌,禄极生祸殃。”张继《奉送王相公赴幽州》:“位高汤左相,权总汉诸侯。”刘禹锡《和李六侍御文宣王庙释奠作》:“有心律天道,无位救陵夷。”白居易《宣武令狐相公以诗寄赠聊奉短草用申酬谢》:“辞人命薄多无位,战将功高少有文。”❸担任职位。元稹《有酒十章》之三:“将德之者不位,位者不逮其德耶?”❹特指帝位。杜甫《哀王孙》:“窃闻天子已传位,圣德北极南单于。”❺座次,座位。卢纶《奉和圣制麟德殿宴百僚应制》:“蛮夷陪作位,犀象舞成行。”

【位下】　谓官位低下。杜甫《陈拾遗故宅》:“位下曷足伤,所贵者圣贤。”皇甫冉《送张南史》:“马卿工词赋,位下年将暮。”韦庄《和郑拾遗秋日感事一百韵》:“功高分虎节,位下耻龙骧。”

【位卑】　官位低下。耿湋《送胡校书秩满归河中》:“位卑仍解印,身老又还乡。”李洞《贾岛墓》:“位卑终蜀士,诗绝占唐朝。”

【位重】　官位很高。王湾《秋夜寓直即事怀赠萧令公裴侍郎兼通简南省诸友人》:“位重恩宁滥,才轻慑不胜。”张籍《和裴仆射移官言志》:“功成归圣主,位重委群司。”许棠《送王侍御赴宣城》:“时清难议隐,位重亦甘贫。”孙元晏《咏史诗·宋·刘伯龙》:“位重何如不厌贫,伯龙孤子只修身。”

【位秩】　官爵和俸禄。贾岛《黄子陂上韩吏部》:“溪潭承到数,位秩见辞频。”

【位高名重】　地位高,名望大。孙元晏《咏史诗·齐·王僧虔》:“位高名重不堪疑,恳让仪同帝亦知。”

【位極人臣】　官位达于人臣的最高一级。《王山人为李卫公按冥》:“位极人臣,寿六十四。”

【位禄】　官位和俸禄。白居易《赠杓植》:“世路重位禄,栖栖者孔宣。”

伴　〔bàn《广韵》蒲旱切,上缓,並。〕❶伴侣,同伴。孟浩然《春中喜王九相寻》:“酒伴来相命,开尊共解醒。”白居易《三月三日》:“欲作闲游无好伴,半江惆怅却回船。”赵嘏《赠越客》:“定知钓鱼伴,相望在汀州。”钱珝《江行无题一百首》之二六:“鹭鸳虽有伴,仍共影双飞。”❷陪伴,伴随。李白《月下独酌四首》之一:“暂伴月将影,行乐须及春。”司空曙《寄准上人》:“樵客应同步,邻僧定伴禅。”杜荀鹤《田翁》:“白发星星筋力衰,种田犹自伴孙儿。”❸掺拌。陆龟蒙《幽居有白菊一丛因而成咏呈知己》:“不如红艳临歌扇,欲伴黄英入酒杯。”❹夹杂。姚崇《奉和圣制夏日游石淙山》:“别有祥烟伴佳气,能随轻辇共葱葱。”欧阳瑾《折杨柳》:“嫩色宜新雨,轻花伴落梅。”

【伴仗】　即半仗。仪仗队的半数。李敬芳《太和公主还宫》:“登车随伴仗,谒庙入中闱。”

【伴牢愁】　亦作“畔牢愁”。《楚辞》篇名。汉扬雄作。杜牧《寄浙东韩八评事》:“梦寐几回迷蛱蝶,文章应解《伴牢愁》。”

【伴牢詞】　同“伴牢愁”。羊士谔《酬礼部崔员外备独永宁里弊居见寄》:“春行乐职咏,秋感伴牢词。”

【伴直】　陪人在官府值班。林宽《和周繇校书先辈省中寓直》:“伴直僧谈静,侵霜蛩韵低。”郑谷《献制诰杨舍人》:“随行已有朱衣吏,伴直多招紫阁僧。”

【伴侣】　同伴,伙伴。拾得《诗》之二九:“闲入天台洞，访人人不知。寒山为伴侣，松下啖灵芝。”韩愈《把酒》：“我来无伴侣，把酒对南山。”皇甫冉《寄郑二侍御归新郑无碍寺所居》：“云山随伴侣，伏腊见乡亲。”项斯《送越僧之瑞》：“静中无伴侣，今亦独随缘。”亦用以指与某物相当的事物。寒山《诗三百三首》之一六〇：“可贵天然物，独一无伴侣。”

【伴客】 陪伴客人。元稹《六年春遣怀八首》之五：“伴客销愁长日饮，偶然乘兴便醺醺。”朱庆余《送淮阴丁明府》：“暇日公门掩，唯应伴客吟。”

【伴許】 许，指许由。传为尧时隐士。汉蔡邕《琴操》：“《箕山操》，许由作也。许由者，古之贞固之士也。尧时为布衣，夏则巢居，冬则穴处，饥则仍山而食，渴则仍河而饮。无杯器，常以手捧水而饮之。人见其无器，以一瓢遗之。由操饮毕以瓢挂树。风吹树动，历历有声。由以为烦扰，遂取损之。”后以“伴许”作为咏叹山林隐逸之典。郑审《酒席赋得匏瓢》：“幽林尝伴许，陋巷亦随回。”

【伴宿】 （—sù）陪伴同宿。韩愈《桃源图》：“月明伴宿玉堂空，骨冷魂清无梦寐。”白居易《竹楼宿》：“此处与谁相伴宿，烧丹道士坐禅僧。”郑谷《南康郡牧陆肱郎中辟许棠先辈为郡从事因有寄赠》：“夜清僧伴宿，水月在松梢。”

佇 〔zhù《广韵》直吕切，上語，澄。〕久立。参见“伫立”“伫思。”❷盼望；期待。陆敬《游隋故都》：“来苏伫圣德，濡足乃乘乾。”贺朝《从军行》：“骑射先鸣推任侠，龙韬决胜伫时英。”薛存诚《嵩山望幸》：“东都歌盛事，西笑伫皇风。”理莹《送戴三征君还谷口旧居》：“谢安何日起，台鼎伫君调。”❸停留。贾岛《上杜驸马》：“今日泮阳非久驻，伫为霖雨拜新恩。”李宣古《和主司王起》：“伫为霖雨曾相贺，半在云霄觉更荣。”

【佇立】 长时间地站立。贺朝《赋得游人久不归》：“如何千里外，伫立沾裳衣。”杜甫《病柏》：“客从何乡来，伫立久吁怪。”亦泛指站立。韩愈《晚菊》：“伫立摘满手，行行把归家。”

【佇光】 伫候光荣的褒奖。李商隐《行次昭应县道上送户部李郎中充昭义攻讨》：“早勒勋庸燕石上，伫光纶绋汉廷中。”

【佇見】 行将看到。李峤《饯薛大夫护边》：“伫见燕然上，抽毫颂武功。”权德舆《送别沅泛》：“苟令志气坚，伫见缨佩随。”韦庄《和李秀才郊野早春吟兴十韵》：“伫见龙辞沼，宁忧雁失行。”

【佇知】 等待告知。方干《送郑端公》：“圣主伫知宣室事，岂容才子滞长沙。”

【佇思】 心思专注；沉思。来鹄《鹭鸶》：“袅丝翘足傍澄澜，消尽年光伫思间。”杜荀鹤《冬末投长沙裴侍郎》：“伫思心觉满，何以远门轩。”

【佇看】 犹言马上就可以看到。刘长卿《酬皇甫侍御见寄时前相国姑臧公初临郡》：“伫看宣室召，汉法倚张纲。”窦巩《江陵遇元九李六二侍御纪事书情呈二十韵》：“伫看霄汉上，连步侍彤闱。”亦泛指观看。许景先《奉和圣制送张尚书巡边》：“伫看铭石罢，同听凯歌声。”韦应物《再游西郊渡》：“携手更何时，伫看花似霰。”

【佇俟】 盼望，期待。刘禹锡《送李友路秀才赴举》：“伫俟明年桂，高堂开笑颜。”

【佇望】 盼望；等候。韦应物《西郊养疾闻畅校书有新什见赠久伫不至先寄此诗》：“还闻枉嘉藻，伫望延昏旭。”徐铉《送写真成处士入京》：“京邑功臣多伫望，凌烟阁上莫辞劳。”

【佇報】 等待报告。权德舆《送杜尹赴东都》：“伫报司州政，征黄似颍川。”

【佇答】 久候的答复。韩愈《县斋读书》：“投章类缟带，伫答逾兼金。”

【佇想】 久立凝思。孟郊《陪侍御叔游城南山墅》：“伫想琅玕字，数听枯槁吟。”朱延《再登河阳城怀古》：“伫想空不极，怀古怅无从。”亦泛指凝思。刘长卿《关门望华山》：“仿佛仍伫想，幽期如眼前。”

【佇聞】 ❶敬闻；肃立恭听。张谓《送李著作倅杭州》：“伫闻敷善政，邦国咏惟康。”钱起《送李评事赴潭州使幕》：“幕下由来贵无事，伫闻谈笑静黎甿。”刘禹锡《奉和司空裴相公中书即事通简旧僚之作》：“伫闻戎马息，入贺领鸳行。”❷久闻，早闻。岑参《送颜评事入京》：“伫闻明主用，岂负青云姿。”

【佇瞻】 站立凝望。皎然《送路少府使京兼觐侍御兄》：“伫瞻双阙凤，思见柏台乌。”

【佇聽】 恭听。孟匡明《饯王将军赴云中》：“伫听阴山静，谁争万里功。”

佗¹ 〔tuō，今读 tā，《广韵》託何切，平歌，透。〕同“他”“它”。❶别的，其他的。孟郊《吊卢殷》之五：“佗名润子孙，君名润泥沙。”又《吊元鲁山》之九：“供养耻佗力，言词岂纤瑕。”❷别的人或别的事物。韩愈《石鼓歌》：“大厦深檐与盖覆，经历久远期无佗。”孟郊《蜘蛛讽》：“蚕身不为己，汝身不为佗。”又《张徐州席送岑秀才》：“赠君无余佗，久要不可忘。”

佗² 〔tuó《广韵》徒河切，平歌，定。〕人名。即赵佗。秦二世时为龙川（今广东龙川县）令，南海尉任嚣死，他继任南海尉，故称尉佗。于濆《南越谣》：“此时尉佗心，儿童待幽燕。”

【佗人】 别人。张籍《吴宫怨》：“姑苏台上夕燕罢，佗人侍寝还独归。”

伺[1] 〔sì《广韵》相吏切，去志，心。又息兹切，平之，心。〕❶窥伺，观察。刘希夷《巫山怀古》："襄王伺容色，落日望悠然。"元结《演兴四首·闵岭中》："又如何兮不愁，彼妖精兮变怪。必假见于风雨，常闪闪而伺人。"李益《汉宫少年行》："金张许史伺颜色，王侯将相莫敢视。"舒元舆《八月五日中部官舍读唐历天宝已以追怆故事》："燕戎伺其便，百万奋战戟。"❷等候，等待。李峤《燕》："天女伺辰至，玄衣澹碧空。"柳宗元《岭南江行》："射工巧伺游人影，飓母偏惊旅客船。"刘禹锡《游桃源一百韵》："清猿伺晓发，瑶草凌寒坼。"韦庄《和郑拾遗秋日感事百韵》："人心惊獬豸，雀意伺螳螂。"

伺[2] 〔cì《广韵》相吏切，去志，心。〕服侍，照料。见"伺₂候"。

【伺命使】 迷信的人谓负责捉人至阴间的鬼役。无名氏《五言诗》之九(外编下)："阎老忽嗔迟，即棒伺命使。火急领兵去，走来且取你。"

【伺₂候】 服侍，照料。韩愈《题炭谷湫祠堂》："群怪俨伺候，恩威在其颜。"又《秋怀诗十一首》之六："尘埃慵伺候，文字浪驰骋。"

【伺晨】 报晓。权德舆《小言》："醯鸡伺晨驾蚊翼，毫端棘刺分畛域。"

【伺隙】 等待可乘之机。刘禹锡《有獭吟》："鸱乌欲伺隙，遥噪莫敢前。"元稹《有鸟二十章》之九："穿墉司隙善潜身，昼伏宵飞恶明烛。"

佛 〔fó《广韵》符弗切，入物，奉。〕❶佛陀的简称。本义为"觉"。佛教徒对其创始人释迦牟尼的尊称。亦泛指佛经中所说的一切佛陀。包佶《答自江南话过亡友朱司议故宅》："奉佛栖禅久，辞官上疏频。"姚合《假日书事呈院中司徒》："学佛宁忧老，为儒自喜贫。"史凤《传香枕》："韩寿香从何处传，枕边芳馥恋婵娟。休疑粉黛加铤刃，玉女旃檀侍佛前。"❷指佛像。杜甫《山寺》："野寺根石壁，诸龛遍崔嵬。前佛不复辨，百身一莓苔。"李商隐《题白石莲花寄楚公》："白石莲花谁所共，六时长捧佛前灯。"参见"佛像""佛影"。❸指佛性。寒山《诗三百三首》之二一二："回心即是佛，莫向外头看。"参见"佛性"。

【佛力】 佛之威力。白居易《眼病二首》之一："僧说客尘来眼界，医言风眩在肝家。两头治疗何曾瘥，药力微茫佛力赊。"

【佛子】 ❶受佛戒者，佛门弟子。钱起《归义寺题震上人壁》："仍闻七祖后，佛子继调御。"❷佛家认为人皆有佛性，故佛子亦泛称一切众生。长屋《绣袈裟衣缘》："寄诸佛子，共结来缘。"❸指心肠慈善的人。《歌·王法曹歌》："前得尹佛子，后得王癞獭。"

【佛天】 佛家所说的极乐世界，西天。喻指风景佳美之地。詹敦仁《题九仙山》："太平歌中昔未闻，佛天高处却逢君。"

【佛牙】 相传释迦牟尼圆寂之后，全身都变成细粒状舍利，唯有牙齿完整无缺，佛教徒奉为珍宝，予以供奉，称为佛牙。杨德辉《嘲僧门祝辟支佛牙》："比来降诞为官家，堪笑群胡赞佛牙。"

【佛日】 佛家认为佛的威力无穷，能普救众生，如日光之普照大地，因以佛日作为对佛的敬称。杜甫《和裴迪登新津寺寄王侍郎》："老夫贪佛日，随意宿僧房。"段义宗《题三学院经楼》之二："佛日明时齐舜日，皇风清处接慈风。"钱弘佐《谒宝塔回赐僧录》："佛日辉光最有灵，真身宝塔镇吴城。"

【佛手】 佛之手。裴度《真慧寺》："岩前芍药师亲种，岭上青松佛手栽。"司空图《杨柳枝二首》之二："烦暑若和烟露裛，便同佛手洒清凉。"

【佛爪】 佛之爪甲。皮日休《送圆载上人归日本国》："贝多纸上经文动，如意瓶中佛爪飞。"

【佛氏】 犹佛家，佛门。陆龟蒙《奉和袭美古杉三十韵》："后雕依佛氏，初植必僧弥。"皮日休《孤园寺》："雅号曰胜力，亦闻师佛氏。"

【佛火】 用以供佛的油灯香烛之火。崔液《上元夜六首》之二："神灯佛火百轮张，刻像图形七宝装。"孟郊《溧阳唐兴寺观蔷薇花同诸公饯陈明府》："佛火不烧物，净香空徘徊。"顾非熊《寄太白无能禅师》："猎人偷佛火，栎鼠戏禅林。"

【佛心】 ❶佛之用心，佛学之要旨。白居易《味道》："七篇真诰论仙事，一卷檀经说佛心。"❷佛之慈悲心肠。亦即俗语说的菩萨心肠。贯休《寿春节进大蜀皇帝五首》之五："能当浊世为清世，始见君心是佛心。"司空图《山中》："名应不朽轻仙骨，理到忘机近佛心。"

【佛母】 大乘佛教称"般若"(意为"智慧")为诸佛之母。贯休《贺雨上王使君二首》之二："玄妙久闻谈佛母，感通今日见神明。"

【佛耳】 即佛耳山。詹敦仁《题佛耳山》："我爱佛耳山，来偷一日闲。不见佛耳面，愧汗不开颜。"参见"佛耳山"。

【佛耳山】 山名。在唐南安县(今福建安溪县)。詹敦仁《题佛耳山》："我爱佛耳山，来偷一日闲。"

【佛寺】 寺院。张籍《野寺后池寄友》："佛寺连野水，池幽夏景清。"白居易《新乐府·两朱阁》："第宅亭台不将去，化为佛寺在人间。"许浑《晨自竹径至龙兴寺崇隐上人院》："佛寺通南径，僧堂倚北坡。"黄滔《游东林寺》："长生犹自重无生，言让仙祠佛寺成。"

【佛地】 ❶佛家指超脱生死、灭绝烦恼的境界。

张希复、段成式等《中禅师影堂联句》："洞达见空王，圆融入佛地。"❷指寺院。张祜《题杭州灵隐寺》："佛地花分界，僧房竹引泉。"又《题真娘墓》："佛地葬罗衣，孤魂此是归。"

【佛宇】 佛寺。薛戎《游烂柯山》："只今成佛宇，化度果难量。"

【佛光寺】 在山西五台县东北佛光山腰。古代著名佛寺之一。创建于北魏孝文帝时期，隋唐时名播长安、敦煌等地，远及日本。《高僧传》《法苑珠林》等经籍均有记载。唐武宗会昌五年(845)禁止佛教，寺宇被毁；宣宗继位后复佛法，大中十一年(857)重建。现存六角形祖师塔为北魏遗物。山腰的东大殿，雄伟壮丽，为唐代所建。寺内有唐代塑像、壁画、墓塔、汉白玉雕像等。白居易有《游丰乐招提佛光三寺》。

【佛印】 佛家禅宗认为，人固有的心性即是佛心，此心永久不变，犹如印契，故谓之"佛心印"，简称"佛印"。高适《同马太守听九思法师讲金刚经》："心持佛印久，標割魔军退。"

【佛名】 佛经《千佛名经》的简称。白居易《欢喜二偈》："今朝欢喜缘何事，礼彻佛名百部经。"韦庄《赠礼佛名者》："何用辛勤礼佛名，我从无得到真庭。"

【佛步】 佛之脚步。宋昱《题石窟寺》："瑞莲生佛步，瑶树挂天衣。"

【佛里】 佛之里间，指佛寺。皎然《建元寺集皇甫侍御书阁》："不因居佛里，无事得相逢。"

【佛身】 佛之真身。寒山《诗三百三首》之一："今日得佛身，急急如律令。"綦毋潜《登天竺寺》："佛身瞻绀发，宝地践黄金。"李商隐《送臻师二首》之二："何当百亿莲花上，一一莲花见佛身。"

【佛林】 佛院园林。杜荀鹤《题护国大师塔》："莫认双林是佛林，禅栖无地亦无金。"

【佛事】 指僧尼等所作的诵经祈祷、拜忏礼佛等事宜。韩愈《陪杜侍御游湘西两寺独宿有题一首因献杨常侍》："路穷台殿辟，佛事焕且俨。"白居易《题道宗上人十韵》："是故宗律师，以诗为佛事。"

【佛雨】 喻佛法如好雨。崔颢《赠怀一上人》："轩风洒甘露，佛雨生慈根。"

【佛果】 佛家用以指持戒修行所得到的功果。寒山《诗三百三首》之一六二："不要求佛果，识取心王主。"

【佛刹】 (一chà)佛寺。蔡希寂《登福先寺上方然公禅室》："名都标佛刹，梵构临河干。"韦应物《过扶风精舍旧居简朝宗巨川兄弟》："佛刹出高树，晨光间井中。"广宣、李益等《红楼下联句》："佛刹接重城，红楼切太清。"

【佛性】 佛家谓众生觉悟之性。司空曙《寄卫明府常见短靴褐裘又务持诵是以有末句之赠》："翠竹黄花皆佛性，莫教尘境误相侵。"姚合《寄默然上人》："几生通佛性，一室但香烟。"杜荀鹤《赠休禅和》："只道诗人无佛性，长将二雅入三乘。"

【佛法】 佛教教义。顾况《归阳萧寺有丁行者能修无生忍担水施僧况归命稽首作诗》："佛法付国王，平等无颇偏。"韩愈《送灵师》："佛法入中国，尔来六百年。"

【佛陀】 阿弥陀佛的省称。寒山《诗三百三首》之七四："背后噇鱼肉，人前念佛陀。"又二七四："驴屎比麝香，苦哉佛陀耶。"

【佛界】 持佛寺。皇甫冉《杂言无锡惠山寺流泉歌》："偏依佛界通仙境，明灭玲珑媚林岭。"

【佛扃】 寺院的门户。借指佛寺。李绅《新楼诗·龟山》："旧深崖谷藏仙岛，新结楼台起佛扃。"

【佛屋】 寺院的房子。罗隐《马嵬坡》："佛屋前头野草春，贵妃轻骨此为尘。"

【佛恩】 佛之恩德。白居易《赠僧五首·钵塔院如大师》："若不秉持僧行苦，将何报答佛恩深。"

【佛乘】 (一chéng)指佛家经典。孟郊《自惜》："始惊儒教误，渐与佛乘亲。"

【佛庭】 佛寺中的庭院。白居易《新乐府·两朱阁》："寺门敕榜金字书，尼院佛庭宽有余。"

【佛宫】 佛殿。李绅《宿越州天王寺》："清夜佛宫观色相，却归前老更前身。"又《过吴门二十四韵》："吹台山木尽，香径佛宫秋。"徐夤《忆荐福寺南院》："忆昔长安落第春，佛宫南院独游频。"

【佛書】 佛典，佛家经典。严维《赠别至弘上人》："年老从僧律，生知解佛书。"鲍溶《怀惠明禅师》："解空长老莲花手，曾以佛书亲指授。"

【佛理】 佛教的教理。寒山《诗三百三首》之一七二："造建僧伽蓝，信心归佛理。"白居易《代书诗一百韵寄微之》："儒风爱敦质，佛理赏玄师。"

【佛堂】 置放佛像的殿堂。白居易《暮立》："黄昏独立佛堂前，满地槐花满树蝉。"

【佛國】 指佛寺。戴叔伦《寄禅师寺华上人次韵三首》之一："佛国三秋别，云台五色连。"白居易《题天竺南院赠闲元旻清四上人》："地是佛国土，人非俗交亲。"李洞《题尼大德院》："绣成佛国银为地，画出王城雪覆桥。"

【佛偈】 (一jì)佛经中的唱颂词。通常以四句为一偈，以三言、四言、五言、六言、七言以至多言为句。施肩吾《听南僧说偈词》："师子座中香已发，西方佛偈南僧说。"

【佛場】 (一chǎng)做佛事的场所。庞蕴《杂诗》之六："此是选佛场，心空及第归。"

【佛塔】 宝塔，佛教的建筑物，有各种形式，通常有五层到十三层，顶呈尖状。白居易《感悟妄缘题如上人壁》："弄沙成佛塔，锵玉谒王宫。"

【佛幌】 佛坛上的帷帐。徐夤《题泗洲塔》："烟笼瑞阁僧经静，风打虚窗佛幌开。"

【佛鉢】 相传为佛陀所用的食钵。皮日休有《开元寺佛钵诗》。

【佛道】 佛家的道理。丰干《壁上诗二首》之一："逍遥绝无闹，忘机隆佛道。"

【佛窟】 就山开凿而成的佛寺，即石窟寺。窟内雕有佛像及宣扬佛教教义、演化佛教故事的壁画。我国著名的佛窟有敦煌、龙门、云岗等。曹松《题昭州山寺常寂上人水阁》："本为入来寻佛窟，不期行处踏龙宫。"贯休《寒月送玄士入天台》："送君丁宁有深旨，好寻佛窟游银地。"

【佛殿】 供奉佛像的殿堂。李荣有《咏兴善寺佛殿灾》。

【佛經】 佛家的经典。皎然《酬秦山人赠别二首》之一："知君高隐占贤星，卷叶时时注佛经。"又《宿法华寺简灵澈上人》："不知何处小乘客，一夜风来闻诵经。"李商隐《酬令狐郎中见寄》："句曲闻仙诀，临川得佛经。"

【佛閣】 佛寺的楼阁。白居易《月夜登阁避暑》："行行都门外，佛阁正岧嶤。"

【佛像】 释迦牟尼佛或菩萨的像。有雕像、铸像、画像等。皮日休《开元寺佛钵诗》序："俄有佛像见于外，渔者始为异，意沪渎二圣之遗祥也。"杜荀鹤《题觉禅和》："少见修行得似师，茅堂佛像亦随时。"

【佛圖澄】 西晋、后赵时僧人。本姓帛，西域龟兹（今新疆库车一带）人。西晋怀帝永嘉四年（310）至洛阳。石勒建立后赵，深信其鬼神方术，尊其为"大和上"，准其参议军政大事。多次以佛教劝石氏施行"德化""不杀""不为暴虐、不害无辜"，并大力向民传播佛教，在其影响下，石氏正式允许汉人出家为僧。其所历州郡，共建寺八百九十三所。从其授业弟子甚多，身边常有数百，前后达万人，著名弟子有道安、法雅、法太、法和等。死于邺宫寺。慧宣有《奉和窦使君同恭法师咏高僧二首·竺佛图澄》。

【佛影】 佛像。李适《奉和九日登慈恩寺浮图应制》："塔似神功造，龛疑佛影留。"裴说《兜率寺》："僧居跨鸟道，佛影照鱼潭。"

【佛幢】 刻有佛号或经咒的石柱。殷文圭《玉仙道中》："古陂狐兔穿蛮冢，破寺荆榛拥佛幢。"

【佛髻】 呈盘曲状发髻的美称。相传佛法旋曲为螺形，故称。李商隐《镜槛》："仙眉琼作叶，佛髻钿为螺。"

【佛燈】 ❶供于佛前的灯火。温庭筠《宿白盖峰寺寄僧》："佛灯销永夜，僧磬彻寒更。"李洞《感恩书事寄上集义司徒相公》："镇时贤相回人镜，报德慈亲点佛灯。"❷比喻佛法。灯能指明破暗，故称。高鹤林《因使日本愿谒鉴真和尚既灭度不觐尊颜嗟而述怀》："上方传佛灯，名僧号鉴真。"

【佛龕】 供佛的小阁或石室。苏颋有《利州北佛龛前重于去岁题处作》。

伽 〔qié《广韵》求迦切，平戈，羣。〕梵语 gha 的译音。见"伽篮""伽陀藥"。

【伽陀藥】 佛家所说的神药。寒山《诗三百三首》之一九一："饥餐一粒伽陀药，心地调和倚石头。"

【伽藍】 梵语僧伽蓝摩译音的略称。意为众园或僧院，即众僧居住的庭园。后因以指佛寺。寒山《诗三百三首》之一七〇："造建僧伽蓝，信心归佛理。"沈佺期《九真山净居谒无碍上人》："人中出烦恼，山下即伽蓝。"

佁1 〔yǐ 或读 ǎi《广韵》羊己切，上止，以。又夷在切，上海，以。〕痴呆貌。元结《演兴四首·讼木魅》："不如瘗吾心以冥想，终念此兮不佁。"

佁2 〔chì，或读 tài《广韵》丑吏切，去志，徹。《集韵》他代切，去代，透。〕见"佁₂儗"。

【佁₂儗】 犹豫不果决。李白《送王屋山人魏万还王屋》："五月造我语，知非佁儗人。"王琦注引田汝成曰："言人进退不果曰佁儗。"

六　画

來 〔lái《广韵》落哀切，平咍，來。〕❶小麦。见"來牟"。❷由彼及此，由远及近，与"去""往"相对。王维《杂诗三首》之二："君自故乡来，应知故乡事。"白居易《哭孔戡》："拂衣向西来，其道直如弦。"储嗣宗《圣女祠》："神来云雨合，神去蕙兰香。"❸回来，返回。韩愈《琴操·别鹄操》："雄鹄衔枝来，雌鹄啄泥归。"❹归顺，归服。杜甫《留花门》："修德使其来，羁縻固不绝。"❺使来，招致。皮日休《正乐府·诮虚器》："吾闻古圣王，修德来远人。"张衮《梁郊祀乐章·庆休》："大业来四夷，仁风和万国。"❻产生，出现。韩愈《秋怀诗十一首》之一："愁忧无端来，感叹成坐起。"张祜《洛阳感寓》："千门甲第身遥入，万里铭旌死后来。"❼以往，过去。见"來日❶"。❽未来，将来。韩愈《剥啄行》："往追不及，来不有年。"参见"來日❷""來者""來年""來哲"。❾以来，表示时间从过去某时持续到现在。王维《西施咏》:“贱日岂殊众,贵来方悟稀。”李白《古风》之一:“自从建安来,绮丽不足珍。”白居易《自远禅师》:“自出家来长自在,缘身一衲一绳床。”徐夤《猿》:“宿有乔林饮有溪,生来踪迹远尘泥。”❿用在动词后面,表示动作的趋向或结果。刘庭琦《奉和圣制瑞雪篇》:“罗衣点著浑是花,玉手抟来半成水。”王涯《宫词三十首》之一:“新睡起来思旧梦,见人忘却道胜常。”李咸用《同友生题僧院杜鹃花》:“留得却缘真达者,见来宁作独醒人。”曹邺《和谢豫章从宋公戏马台送孔令谢病》:“不必问流水,坐来日已西。”⓫用在数词或量词后面表示约数。杜牧《书情》:“谁家洛浦神,十四五来人。”王贞白《庾楼晓望》:“三百年来庾楼上,曾经多少望乡人。”⓬助词。放在动词后面,相当于现代汉语中的“着”和“了”。李白《代美人愁镜二首》之二:“铅粉坐相误,照来空凄然。”杜甫《送长孙侍御》:“骢马新凿蹄,银鞍被来好。”杜荀鹤《山中寡妇》:“桑柘废来犹纳税,田园荒后尚征苗。”方干《题报恩寺上方》:“来来先上上方看,眼界无穷世界宽。”⓭语助词。(1)用在句末,表示祈使语气。颜真卿《赠裴将军》:“匈奴不敢敌,相呼归去来。”李白《古风》之三六:“且复归去来,剑歌行路难。”孟郊《夷门雪赠主人》:“悲欢不同归去来,万里春风动江柳。”(2)用在句中作衬字。罗隐《西施》:“西施若解倾吴国,越国亡来又是谁。”韦庄《闻官军继至未睹凯旋》:“嫖姚何日破重围,秋草深来战马肥。”⓮名词词缀。用在名词后面,构成带后缀名词,表示时间。孟浩然《春晓》:“夜来风雨声,花落知多少?”郎士元《送张光归吴》:“秋来多见长安客,解爱鲈鱼能几人?”韩愈《南山诗》:“昨来逢清霁,宿愿忻始副。”皇甫松《采莲子二首》之一:“晚来弄水船头湿,更脱红裙裹鸭儿。”

【來人】 前来之人。王维《酬慕容十一》:“为报壶丘子,来人道姓蒙。”雍陶《路中问程知欲达青云驿》:“行愁驿路问来人,西去经过愿一闻。”李频《渡汉江》:“近乡情更怯,不敢问来人。”

【來日】 ❶往日,以往的日子。李白《来日大难》:“来日一身,携粮负薪。”❷明日,将来的日子。孟浩然《岁除夜有怀》:“那堪正飘泊,来日岁华新。”刘禹锡《历阳书事七十韵》:“诘朝还选胜,来日又寻盟。”白居易《自诲》:“疾速倏忽如一寐,往日来日皆瞥然。”

【來日大難】 (難 nán)乐府瑟调名。即《善哉行》。

【來心】 来时的心意。常理《妾薄命》:“初谓来心平若案,谁知别意险如山。”

【來去】 来和去,往返。储光羲《贻韦炼师》:“三鸟自来去,九光遥卷舒。”张籍《寄远曲》:“美人来去春江暖,江头无人湘水满。”白居易《京路》:“来去腾腾两京路,闲行除我更无人。”亦偏指去,回去。岑参《送严黄门拜御史大夫再镇蜀川兼觐省》:“苍生望已久,来去不应迟。”

【來世】 佛家轮回之说。认为人死后会重行投生,因称转生之世为“来世”。拾得《诗》之四四:“唯作地狱滓,不修来世因。”张谓《送僧》:“殷勤结香火,来世上牛车。”张蠙《赠郑司业》:“晚学更求来世达,正怀非与百邪侵。”

【來由】 缘由;来历。白居易《感兴二首》之一:“吉凶祸福有来由,但要深知不要忧。”又《浔阳春·春生》:“先遣和风报消息,续教啼鸟说来由。”杜牧《洛中送冀处士东游》:“愿学不死药,粗知其来由。”

【來生】 佛家语,犹言来世。指人死后重行投胎的一生。寒山《诗三百三首》之四一:“今日如许贫,总是前生作。今生又不修,来生还如故。”白居易《送后集往庐山东林寺兼寄云皋上人》:“来生缘会应非远,彼此年过七十余。”姚合《寄无可上人》:“见世虑皆尽,来生事更修。”

【來至】 来到。毛文锡《纱窗恨》词:“新春燕子还来至,一双飞,垒巢泥湿时时坠,涴人衣。”

【來同】 来而同处。孟浩然《彭蠡湖中望庐山》:“寄言岩栖者,毕趣当来同。”

【來年】 明年。朱庆余《留别卢玄休归荆门》:“更作来年约,阳台许伴寻。”徐夤《赠董先生》:“来年期寿箓,何处待先生。”齐己《自湘中将入蜀留别诸友》:“来年五月峨嵋雪,坐看消融满锦川。”

【來自】 谓从某处来。皮日休《鲁望以竹夹膝见寄因次韵酬谢》:“圆于玉柱滑于龙,来自衡阳彩翠中。”

【來牟】 小麦和大麦的统称。汪极《奉试麦垄多秀色》:“来牟知帝力,含哺有衢歌。”

【來來】 ❶以来。段成式《戏高侍御七首》之一:“青琴仙子长教示,自小来来号阿真。”皮日休《病中书情寄上崔谏议》:“十日来来旷奉公,闭门无事忌春风。”李归唐《失鹭鹚》:“惜养来来岁月深,笼开不见意沉吟。”❷由来,从来。黄滔《奉和翁文尧员外文秀光贤画锦之什》之三:“珍重朱栏兼翠拱,来来皆自读书堂。”

【來來去去】 来来往往,来往不断。杜荀鹤《寄李隐居》:“溪山不必将钱买,赢得来来去去看。”李山甫《蒲关西道中作》:“来来去去身依旧,未及潘年鬓已斑。”

【來到】 来临,到达。王维《送崔五太守》:“长安厩吏来到门,朱文露网动行轩。”

【來往】 ❶来去,往返。王维《资圣寺送甘二》:

“来往本无归，别离方此受。”郎士元《送韩司直路出延陵》：“游吴还适越，来往任风波。”白居易《燕诗示刘叟》：“须臾十来往，犹恐巢中饥。”韦庄《洪州送西明寺省上人游福建》：“记得初骑竹马年，送师来往御沟边。”❷交往。储光羲《闲居》：“亲故不来往，中园时读书。”杜甫《寄赞上人》：“与子成二老，来往亦风流。”❸犹言上下，前后。司马扎《卖花者》：“当春卖春色，来往经几代。”司空图《诗品二十四则・流动》：“来往千载，是之谓乎。”

【來者】 ❶后来的人，后辈。陈子昂《登幽州台歌》：“前不见古人，后不见来者。”白居易《和答诗・和阳城驿》：“何世无其人，来者亦可思。”❷来的人。白居易《偶作二首》之一：“来者殊未已，去者不知还。”❸来到的事物。李郢《孔雀》：“一身金翠画不得，万里山川来者稀。”

【來春】 明年春天。白居易《偶吟》：“犹有鲈鱼莼菜兴，来春或拟往江东。”朱庆余《送崔约下第归淮南觐省》：“回期须及来春事，莫便江边逐钓翁。”雍陶《送于中丞使北蕃》：“来春拥边骑，新草满归程。”

【來思】《诗・小雅・采薇》：“今我来思，雨雪霏霏。”又《出车》：“今我来思，雨雪载涂。”高亨注：“思，语气词。”后用以表示归服之意。太宗《幸武功庆善宫》：“梯山咸入款，驾海亦来思。”《郊庙歌辞・享太庙乐章・升和》：“中外同轨，夷狄来思。”

【來信】 ❶对方来的信件。徐铉《送王四十五归东都》：“想忆看来信，相宽指后期。”❷到来的信息。宋昱《樟亭观涛》：“来信应无已，申威亦匪躬。”

【來客】 来此作客之人，客人。元结《漫歌・小回中》：“来客去客船，皆向此中泊。”皮日休《芳草渡》：“日晚无来客，闲船系绿阴。”

【來格】 来到，来临。格，至。《郊庙歌辞・周宗庙乐舞辞・善庆舞》：“望来格，降休祥，祝敢告，寿无疆。”赵居贞《云门山投龙诗》：“至诚必招感，大福旋来格。”

【來哲】 后世智慧卓越的人。苏颋《夜发三泉即事》：“归奏丹墀左，骞能俟来哲。”陆龟蒙《樵人十咏・樵担》：“负荷诚独难，移之赠来哲。”

【來時】 来的时候。朱庆余《采莲》：“隔烟花草远濛濛，恨个来时路不同。”

【來庭】 犹言来到朝廷。《诗・大雅・常武》：“四方既平，徐方来庭。”孔传：“来王廷也。”包何《送韦侍御奉使江岭诸道催青苗钱》：“因君使绝域，方物尽来庭。”张绍《冲佑观》：“五岭来庭，三湘清彻。”

【來書】 来信。杜甫《别常征君》：“各逐萍流转，来书细作行。”李珣《女冠子》之二：“刘阮今何处，绝来书。”

【來訪】 前来拜访、访问。皎然《寒栖子歌》：“今日惠然来访我，酒榼书囊肩背荷。”韩愈《送僧澄观》：“有僧来访呼使前，伏犀插脑高颊权。”

【來朝】 ❶(—zhāo)明晨，明天。高宗《守岁》：“今宵冬律尽，来朝丽景新。”❷(—cháo)前来朝觐。杨炯《和刘长史答十九兄》：“来朝拜休命，述职下梁岷。”张循之《送泉州李使君之任》：“执玉来朝远，还珠入贡频。”和凝《宫词百首》之二九：“若论万国来朝日，比并涂山更较多。”亦用以指进入朝廷。贯休《陈宫词》：“大臣来朝酒未醒，酒醒忠谏多不听。”

【來程】 前来时的路程。黄滔《送林宽下第东归》：“积雪未开移发日，鸣蝉初急说来程。”

【來無日】 归来无期，没有归来的日子。王绩《游仙四首》之一：“驾鹤来无日，乘龙去几年。”

【來勢】 动作或事物到来的气势。张蠙《过黄牛峡》：“黄牛来势泻巴川，叠日孤舟逐峡前。”

【來歲】 来年，明年。魏征《五郊乐章・黑帝羽音》：“享祀报功，方祚来岁。”杜甫《见萤火》：“沧江白发愁看汝，来岁如今归未归？”李贺《河南府试十二月乐词・闰月》：“天官玉琯灰剩飞，今岁何长来岁迟。”崔珏《门前柳》：“为报门前杨柳栽，我应来岁当归来。”

【來路】 前来时的道路。白居易《初冬偶题长句》：“心逐报书悬雁足，梦寻来路绕羊肠。”许浑《沧浪峡》：“红虾青鲫紫芹脆，归去不辞来路长。”

【來裔】 谓后代子孙。《郊庙歌辞・周宗庙乐舞辞・善胜舞》：“圣祖累功，福钟来裔。”

【來瑱】 人名。唐邠州永康(今浙江永康市)人，少尚名节，慷慨有大志，颇涉书传。颇有事功，后倔强难制，贬死。杜甫《太子张舍人遗织成褥段》：“来瑱赐自尽，气豪直阻兵。”

【來遠】 来自远方。白居易《新乐府・驯犀》：“上嘉人兽俱来远，蛮馆四方犀入苑。”

【來賓】 ❶来作宾客。杨嗣复《仪凤》：“八方该帝泽，威凤忽来宾。”❷前来宾服。贯休《胡无人》：“但念一物得所，八表来宾，亦何必令彼胡无人。”

【來暮】 ❶称颂地方官吏德政之词。语本《后汉书・廉范传》。❷汉武帝宠姬李夫人卒，武帝思之。方士齐人少翁说能招其魂。武帝在帐中望见少女如李夫人之貌，悲作《李夫人歌》：“是耶？非耶？立而望之，偏何姗姗其来迟？”见《汉书・外戚传上》。后用作追悼帝妃之典。刘长卿《湘妃》：“帝子不可见，秋风来暮思。”

【來儀】 ❶古传凤凰应盛世而飞来，故以此为瑞应。张九龄《和黄门卢侍御咏竹》：“凤皇佳可食，一去一来仪。”苏颋《侍宴安乐公主山庄应制》：“箫鼓宸游陪宴日，和鸣双凤喜来仪。”杜甫《幽人》：“麟凤在赤霄，何当一来仪。”李群玉《别狄佩》：“圣人奏云韶，祥凤一来仪。”❷代称凤凰。储光羲《述韦昭应画犀牛》：“眈眈若有神，庶比来仪禽。”陈叔达《太庙祼地歌辞》：“降福穰穰，来仪济济。”❸比喻杰出人物的来临。宋之问《送合宫苏明府颋》：“贤哉荀奉倩，衮职伫来仪。”白居易《和寄乐天》：“顷我在杭岁，值君之越日。望愁来仪迟，宴惜流景疾。”❹舞曲名。郊祭时，宪祖奏来仪之舞。《郊庙歌辞·梁太庙乐舞辞·大合舞》：“肇兴九庙，乐合《来仪》。”

【來緣】 佛家语。指来生的因缘。长屋《绣袈裟衣缘》：“寄诸佛子，共结来缘。”

【來濟】 唐诗人。扬州江都(今江苏扬州市)人。隋左翊大将军荣国公来护之子。宇文化及之难，护全家遇难。济幼逢家难，流离艰险，而笃志好学，富于文词，善于谈论。唐初举进士，累迁通事舍人，考功员外郎。贞观十八年(644)初置太子司议郎，妙选人望，济荣任此职。寻迁中书舍人，与令狐德棻等撰《晋书》。高宗时，任宰相，监修国史。高宗欲废王皇后而立武则天，济上表反对。突厥入侵，济总兵拒之，陷阵身亡。传见《旧唐书》《新唐书》。《新唐书·艺文志》著录有文集三十卷，已散佚。《全唐诗》录其《出玉关》诗一首。

【來聲】 到来的动静。白居易《梦仙》：“空山三十载，日望辎軿迎。前期过已久，鸾鹤无来声。”

【來鵠】 即来鹏。见“來鵬”。

【來歸】 ❶归来，回来。王维《酬诸公见过》：“暮看烟火，负担来归。”❷归附，归顺。王维《送綦毋潜落第还乡》：“圣代无隐者，英灵尽来归。”

【來鵬】 (？—约883)一作“来鹄”。唐诗人。豫章(今江西南昌市)人。咸通中举进士不第，隐居山泽，自称“乡校小臣”。黄巢起义军攻克长安后，鹏流亡湘江。后南归，中和中客死扬州。曾师韩柳为文，与李咸用相友善。李有《赠来进士鹏》《赠来鹏》等诗。诗称来鹏为“和氏璧”。鹏诗思清丽，然怀才不遇，故其诗多写羁旅之思和落魄之感。亦不乏同情劳动人民和愤世疾俗之作。《全唐诗》录其诗二十九首。

【來蘇】 谓因为其来而获得重生。陆敬《游隋故都》：“来苏伫圣德，濡足乃乘乾。”虞世南《奉和幸江都应诏》：“肆觐遵时豫，顺动悦来苏。”李峤《安辑岭表事平罢归》：“皇恩溢外区，憬俗咏来苏。”亦用以指从困苦中获得苏息之人。陈陶《赠容南韦中丞》：“不独来苏发歌咏，天涯半是泣珠人。”

佳 〔jiā《广韵》古膎切，平佳，見。〕❶优美；美丽。杜甫《喜雨》：“皇天久不雨，既雨晴亦佳。”元季川《泉上雨后作》：“风雨荡繁暑，雷息佳霁初。”元稹《春六十韵》：“仙仗摇佳彩，荣光答圣衷。”钱珝《江行无题一百首》之八一：“不负佳山水，还开酒一樽。”❷好，令人满意。陆龟蒙《奉和袭美二游诗·徐诗》：“佳哉鹿门子，好问如除痏。”参见“佳兆”“佳名”“佳辰”。❸以为美，以为好。贺知章《答朝士》：“乡曲近来佳此味，遮渠不道是吴儿。”钱起《登胜果寺南楼雨中望严协律》：“但佳川原趣，不觉城池夕。”杜甫《通泉县署屋壁后薛少保画鹤》：“佳此志气远，岂惟粉墨新。”

【佳人】 ❶美女。杜甫《佳人》：“绝代有佳人，幽居在空谷。”孟简《咏欧阳行周事》：“太原有佳人，神艳照行云。”姚合《杨给事师皋哭亡爱姬英英窃闻诗人多赋因而继和》：“天上还应收至宝，世间难得是佳人。”陆龟蒙《酒垆》：“锦里多佳人，当垆自沽酒。”❷指美好之人。李白《江上寄巴东故人》：“觉后思白帝，佳人与我违。”权德舆《晚渡扬子江却寄江南亲故》：“回首碧云深，佳人不可望。”刘禹锡《酬令狐相公新蝉见寄》：“洛桥碧云晚，西望佳人期。”李商隐《井泥四十韵》：“待得孤月上，如与佳人来。”❸夫妻间的美称。韩偓《寄远》：“想美人兮云一端，梦魂悠悠关山难。”崔道融《春闺二首》之一：“佳人持锦字，无雁寄辽西。”

【佳士】 才德兼优之士。杜甫《贻华阳柳少府》：“时危挹佳士，况免军旅喧。”皎然《兵后余不亭重送卢孟明游江西》：“佳士持操高，扬才日昭晰。”陆龟蒙《江南秋怀寄华阳山人》：“学徒羞说霸，佳士耻为跉。”黄滔《送僧归北岩寺》：“题诗昔佳士，清风二林喻。”

【佳夕】 良夜，美好的夜晚。韦应物《沣上西斋寄诸友》：“玩月爱佳夕，望山属清朝。”

【佳木】 好的树木。皮日休《醒闻松》：“耳根无厌听佳木，会尽山中寂静源。”

【佳什】 指优美的诗作。李夷简《西亭暇日书怀十二韵献上相公》：“琬琰富佳什，池台想旧游。”许浑《酬钱汝州》序：“汝州钱中丞以浑赴郢城，见寄佳什。”

【佳文】 美好的诗文。权德舆《卧病喜惠上人李炼师茅处士见访因以赠》：“支郎有佳文，新句凌碧云。”

【佳句】 优美的诗文语句或优美的诗文。李白《早过漆林渡寄万巨》：“何日睹清光，相欢咏佳句。”杜甫《江上值水如海势聊短述》：“为人性僻耽佳句，语不惊人死不休。”白居易《酬梦得霜夜对月见怀》：“枕上酬佳句，诗成梦不成。”曹松《春草》：“不独满池塘，梦中佳句香。”

【佳地】 犹言好地方。陆龟蒙《怀宛陵旧游》：“陵阳佳地昔年游，谢朓青山李白楼。”

【佳年】 吉利的年份。独孤及《江宁酬郑县刘少府兄赠别作》：“往年脱缝掖，接武仕关西。”

【佳兆】 吉兆，好的兆头。李商隐《赴职梓潼留别畏之员外同年》："佳兆联翩遇凤凰，雕文羽帐紫金床。"

【佳名】 ❶好名字。李德裕《金松》："台岭生奇树，佳名世未知。"陆龟蒙《华阳巾》："莲花峰下得佳名，云褐相兼上鹤翎。"又《奉和袭美病中庭际海石榴花盛发见寄次韵》："谁与佳名从海曲，只应芳裔出河阳。"罗隐《帘二首》之二："翡翠佳名世共稀，玉堂高下巧相宜。"❷好的名声。李商隐《河清与赵氏昆季谯集得拟杜工部》："胜概殊江右，佳名逼渭川。"捧剑仆《题牡丹》："一种芳菲出后庭，却输桃李得佳名。"秋焕《题柳》："自有佳名在，秦松继得么。"

【佳色】 艳丽的颜色、光彩。白居易《北亭卧》："莲开有佳色，鹤唳无凡声。"姚合《奉和四松》："日月滋佳色，烟霄长异材。"陆龟蒙《秋荷》："蒲耳承露有佳色，菱叶束烟如效颦。"郑璧《奉和陆鲁望白菊》："白艳轻明带露痕，始知佳色重难群。"

【佳旨】 美妙的旨意。杨衡《登紫霄峰赠黄仙师》："兹焉悟佳旨，尘境亦幽通。"

【佳辰】 亦作"佳晨"。美好的时光。张九龄《临泛东湖》："佳辰不可得，良会何其鲜。"杜甫《小寒食舟中作》："佳辰强饭食犹寒，隐几萧条带鹖冠。"白居易《奉酬侍中夏中雨后游城南庄见示八韵》："佳辰不见召，争免趁杯盘。"鲍溶《寄张十七校书李仁行秀才》："去年八月此佳辰，池上闲闲四五人。"

【佳兵】 《老子》："夫佳兵者，不祥之器，物或恶之，故有道者不处。"后世用作好用兵或坚甲利兵之意。陈子昂《送著作佐郎崔融等从梁王东征》："王师非乐战，之子慎佳兵。"杨乘《甲子岁书事》："动众岂佳兵，含忍恐无益。"贺朝《从军行》："天子金坛拜飞将，单于玉塞振佳兵。"

【佳作】 优美的诗文作品。李白《游水西简郑明府》："吟玩空复情，相思尔佳作。"又《春日陪杨江宁及诸官宴北湖感古作》："延年献佳作，邈与诗人俱。"苏涣《赠零陵僧》："四座喧呼叹佳作，回首邀余赋一章。"

【佳言】 良言，能给人教育和启示的言论。柳宗元《饮酒》："清阴可自庇，竟夕闻佳言。"

【佳妓】 美丽的歌妓。陆龟蒙《袭美留振文宴龟蒙抱病不赴猥示倡和因次韵酬谢》："繁弦似玉纷纷碎，佳妓如鸿一一惊。"

【佳朋】 好友。韩愈，孟郊《纳凉联句》："幸兹得佳朋，于此荫华桷。"

【佳政】 卓越的政绩。张九龄《当涂界寄裴宣州》："远近闻佳政，平生仰大贤。"杜甫《送韦讽上阆州录事参军》："行行树佳政，慰我深相忆。"钱起《送李大夫赴广州》："按节化瓯闽，下车佳政新。"

【佳城】 指墓地。刘禹锡《伤段右丞》："何言马蹄下，一旦是佳城。"李瀚《蒙求》："滕公佳城，王果石崖。"

【佳音】 好消息。杨巨源《秋夜闲居即事寄庐山郑员外蜀郡符处士》："引领迟佳音，星纪屡以周。"慧净《杂言》："鹤林权唱演功周，圣德佳音传余响。"

【佳客】 贵客，贵宾。李颀《夏宴张兵曹东堂》："重林华屋堪避暑，况乃烹鲜会佳客。"杜牧《梅》："偶同佳客见，似为冻醪开。"张蠙《白菊》："几度携佳客，登高欲折难。"

【佳約】 美好的约会。王初《梅花二首》之一："东君欲待寻佳约，剩寄衣香与粉绵。"

【佳酌】 美酒。钱起《同严逸人东溪泛舟》："欢言尽佳酌，高兴延秋望。"

【佳致】 美好的景致。钱起《谢张法曹万顷小山暇景见忆》："茅堂近丹阙，佳致亦何深。"郑损《泛香亭》："流杯处处称佳致，何似斯亭出自然。"

【佳時】 佳辰，美好的时光。白居易《和柳公权登齐云楼》："佳时莫起兴亡恨，游乐今逢四海清。"

【佳氣】 ❶吉祥之气，美好的云气。杜审言《蓬莱三殿侍宴奉敕咏终南山应制》："半岭通佳气，中峰绕瑞烟。"钱起《温泉宫礼见》："新丰佳气满，圣主在温泉。"薛逢《元日楼前观仗》之一："更傍紫微瞻北斗，上林佳气满楼台。"徐铉《题伏龟山北隅》："旦暮含佳气，池影摇轻风。"❷美好的风光。储光羲《夏日寻蓝田唐丞登高宴集》："是时春载阳，佳气满皇州。"温庭筠《长安寺》："仁祠写露宫，长安佳气浓。"李群玉《秣陵怀古》："龙虎势衰佳气歇，凤皇名在故台空。"❸清芬之气。杜甫《枯楠》："冻雨落流胶，冲风夺佳气。"徐铉《又和八日》："博望苑中残酒醒，香风佳气独迟留。"

【佳酒】 美酒。陆龟蒙《袭美病中闻余游颜家园见寄次韵酬之》："佳酒旋倾醽醁嫩，短船闲弄木兰香。"

【佳處】 (—chù)胜境。杜甫《次空灵岸》："回帆觊赏延，佳处领其要。"韩愈《将至韶州先寄张端公使君借图经》："愿借图经将入界，每逢佳处便开看。"

【佳晨】 同"佳辰"。赵嘏《九日陪越州元相燕龟山寺》："佳晨何处泛花游，丞相筵开水上头。"公乘亿《春风扇微和》："幸当阳候律，一顾及佳晨。"武瓘《九日卫使君筵上作》："佳晨登赏喜还乡，谢宇开筵晚兴长。"

【佳期】 ❶《楚辞·九歌·湘夫人》："白薠兮骋望，与佳期兮夕张。"后用以指男女约会之期。张潮《长干行》："好乘浮云骢，佳期兰渚东。"刘言史《七夕歌》："星寥寥兮月细轮，佳期可想兮不可亲。"权德舆《玉台体十二首》之二："试问佳期不肯道，落花深处指青楼。"薛涛《春望词四首》之三："风花日将老，佳期犹渺渺。”❷指朋友相会或旧地重游等美好时光。刘长卿《赴南中题褚少府湖上亭子》:“从此别君千万里,白云流水忆佳期。”张祜《寄卢载》:“故人卢氏子,十载旷佳期。”李商隐《流莺》:“巧啭岂能无本意,良辰未必有佳期。”贯休《蓟北寒月作》:“清吟得冷句,远念失佳期。”❸指婚期和夫妻、家人会面之期。徐铉《观吉王从谦花烛》:“帝里佳期频赋颂,长留故事在金銮。”赵嘏《彩凤逐帷低》:“何年征戍客,传语报佳期。”曹邺《夜坐有怀》:“佳期杳天末,骨肉不在旁。”

【佳景】 美景。元稹《寄乐天二首》之一:“老逢佳景唯惆怅,两地各伤何限神。”无可《夏日送崔秀才游南》:“纵是逢佳景,那能缓旅愁。”刘沧《寓居寄友人》:“今夜南原赏佳景,月高风定苦吟生。”

【佳號】 (—hào)好的名称。钱珝《江行无题一百首》之九七:“高峰有佳号,千尺倚寒松。”

【佳會】 ❶指男女欢会。白居易《和梦游春诗一百韵》:“壮年徒自弃,佳会应无复。”❷指朋友间的高雅聚会。白居易《六年寒食洛下宴游赠冯李二少尹》:“佳会不易得,良辰亦难并。”

【佳遊】 愉快的游赏。张谓《九日》:“秋来林下不知春,一种佳游事也均。”韦应物《蓝岭精舍》:“佳游惬始愿,忘险得前赏。”

【佳夢】 好梦。李商隐《灯》:“何处无佳梦,谁人不隐忧。”

【佳境】 风景秀美的地方。白居易《和敏中洛下即事》:“洛中佳境应无限,若欲谙知问老兄。”李群玉《将之吴越留别坐中文酒诸侣》:“风流访王谢,佳境恣洄沿。”秦韬玉《曲江》:“此中境既无佳境,他处春应不是春。”徐铉《送高起居之泾县》:“县郭有佳境,千峰溪水来西。”亦用以指诗文中美好的意境。陆龟蒙《和过张祜处士丹阳故居》序:“〔张祜〕及老大,稍窥建安风格,诵乐府录,知作者本意,短章大篇,往往间出,谏讽怨谲,时与六义相左右,善题目佳境,言不可刊置别处,此为才子之最也。”

【佳對】 佳偶,美好的配偶。温庭筠《和周繇》:“专城有佳对,宁肯顾春蚕?”

【佳語】 美妙的词句。郑符《题约公院》联句:“各录佳语,聊事素屏。”司空图《诗品·沉著》:“如有佳语,大河前横。”

【佳賓】 尊贵的客人,贵宾。皎然《春夜与诸公同宴呈陆郎中》:“南国宴佳宾,交情老倍亲。”

【佳實】 优质果实。李白《送薛九被谗去鲁》:“梧桐生蒺藜,绿竹乏佳实。”

【佳趣】 高雅的情趣。张九龄《题画山水障》:“对玩有佳趣,使我心渺绵。”李白《与从侄杭州刺史良游天竺寺》:“诗成傲云月,佳趣满吴洲。”唐彦谦《夏日访友》:“移席临湖滨,对此有佳趣。”

【佳樣】 优美的式样。皮日休《茶中杂咏·茶鼎》:“龙舒有良匠,铸此佳样成。”

【佳賞】 指令人赏心悦目的美丽景致。李白《闻丹丘子于城北营石门幽居因叙旧以寄之》:“安居偶佳赏,丹心期此论。”韩翃《赠别王侍御赴上都》:“幽寻佳赏偏如此,残花片片细柳风。”薛能《题褒城驿池》:“池馆通秦槛向衢,旧闻佳赏此踟蹰。”

【佳篇】 优美的诗文。李白《答族侄僧中孚赠玉泉仙人掌茶》:“宗英乃禅伯,投赠有佳篇。”

【佳節】 美好的节日。王维《九月九日忆山东兄弟》:“独在异乡为异客,每逢佳节倍思亲。”白居易《寒食卧病》:“病逢佳节长叹息,春雨濛濛榆柳色。”杜牧《九日齐安登高》:“但将酩酊酬佳节,不用登临叹落晖。”韦庄《婺州水馆重阳日作》:“异国逢佳节,凭高独苦吟。”

【佳樹】 嘉木,好的树木。李德裕《瀑泉亭》:“菌阁饶佳树,菱潭有钓舟。”李绅《海棠》:“海边佳树生奇彩,知是仙山取得栽。”温庭筠《题端正树》:“路傍佳树碧云愁,曾侍金舆幸驿楼。”吴融《忆猿》:“犹有北山归意在,少惊佳树近房栊。”

【佳興】 (—xìng)美好的兴致。王维《崔濮阳兄季重前山兴》:“秋色有佳兴,况君池上闲。”李白《送别得书字》:“迁人发佳兴,吾子访闲居。”韦应物《答韩库部》:“清宵有佳兴,皓月直南宫。”李群玉《湘西寺斋夜》:“雨过琉璃宫,佳兴浩清绝。”

【佳聲】 ❶佳音,好消息。韦应物《送渑池崔主簿》:“东西殊不远,朝夕待佳声。”❷好名声。钱起《送李兵曹赴河中》:“黎人思坐啸,知子树佳声。”方干《寄于少监》:“修持清苦振佳声,众鸟那知一鹗情。”

【佳藻】 美妙的辞藻。陆龟蒙《补沈恭子诗》:“异才偶绝境,佳藻穷冥搜。”

【佳麗】 ❶秀丽,美好。李白《南都行》:“南都信佳丽,武阙横西关。”戴叔伦《送李长史纵之任常州》:“吴山本佳丽,谢客旧淹留。”牟融《送范启东还京》:“重到京华旧游处,春风佳丽好盘桓。”杜牧《润州二首》之二:“谢朓诗中佳丽地,夫差传里水犀军。”❷姿容美丽的女人,美女。杜甫《承闻河北诸道节度入朝欢喜口号绝句十二首》之六:“燕赵休矜出佳丽,宫闱不拟选才人。”武元衡《代佳人赠张郎中》:“洛阳佳丽本神仙,冰雪颜容桃李年。”白居易《长恨歌》:“后宫佳丽三千人,三千宠爱在一身。”陆龟蒙《圣姑庙》:“因知古佳丽,不独湘夫人。”

【佳麗地】 南朝齐谢朓《鼓吹曲》:“江南佳丽地,金陵帝王州。”后用以称金陵和江南地区。孟浩然《送袁太祝尉豫章》:“江南佳丽地,山水旧难名。”刘长卿

《送姚八之句容旧任便归江南》："折芳佳丽地，望月西南楼。"白居易《长洲曲新词》："茂苑绮罗佳丽地，女湖桃李艳阳时。"杜牧《润州二首》之二："谢朓诗中佳丽地，夫差传里水犀军。"

【佳麗城】　谓风光绮丽、文物荟萃的名城。李白《赠昇州王使君忠臣》："六代帝王国，三吴佳丽城。"

侍　〔shì《广韵》時吏切，去志，禪。〕❶陪从或伺候尊长、主人。储光羲《敬酬陈掾亲家翁秋夜有赠》："曳裾朝赤墀，酌醴侍紫宸。"杜甫《哀江头》："昭阳殿里第一人，同辇随君侍君侧。"裴漼《前相国赞皇公早葺平泉山居辄抒怀赋四言诗十四首奉寄》之二："挥翰飞文，入侍左右。"杜牧《醉后呈崔大夫》："谢傅秋凉阅管弦，徒教贱子侍华筵。"❷奉养，赡养。见"侍子❷""侍奉"。

【侍子】　❶古代属国之王或诸侯遣子入朝，陪侍天子，学习文化，所遣之子，称为侍子。张籍《送金少卿副使归新罗》："久为侍子承恩重，今佐使臣衔命归。"❷侍奉双亲之子，儿子。于鹄《送迁客二首》之一："白头无侍子，多病向天涯。"张籍《寄衣曲》："高堂姑老无侍子，不得自到边城里。"

【侍女】　❶皇宫中侍奉君王后妃的女子。杜甫《观公孙大娘弟子舞剑器行》："先帝侍女八千人，公孙剑器初第一。"司空曙《晚秋西省寄上李韩二舍人》："赐膳中人送，余香侍女收。"温庭筠《郭处士击瓯歌》："宫中近臣抱扇立，侍女低鬟落翠花。"孙元晏《咏史诗·宋·放宫人》："姚兴侍女方承宠，放出宫闱若等闲。"❷婢女，女佣人。王维《洛阳女儿行》："良人玉勒乘骢马，侍女金盘鲙鲤鱼。"张籍《赠孔尚书》："买来侍女教人嫁，赐得朝衣在箧间。"白居易《送滕庶子致仕归婺州》："已见曾孙骑竹马，独听侍女唱《梅花》。"韩偓《生查子》词之一："侍女动妆奁，故故惊人睡。"

【侍女吹笙】　传说西王母的侍女董双成善于吹笙。见汉班固《汉武帝内传》。后用以咏女仙或侍女。李商隐《留赠畏之》："郎君下笔惊鹦鹉，侍女吹笙弄凤凰。"

【侍中】　(—zhōng)官名。秦始置，为丞相属官。两汉沿置。因侍从皇帝左右，出入宫廷，应对顾问，地位渐升。北周时改为纳言，隋沿用。唐复称侍中，为门下省属宫，地位相当于宰相。王维《春日直门下省早朝》："遥闻侍中珮，暗识令君香。"王建《田侍郎归镇》之二："熨帖朝衣抛战袍，夔龙班里侍中高。"权德舆《古乐府》："身年二八婿侍中，幼妹承恩兄尚主。"周昙《咏史诗·后汉门·献帝》："汉灵早听侍中谏，安得献生称不辰。"

【侍中血】　(中 zhōng)西晋东海王越奉晋惠帝讨伐太弟颖，败绩于荡阴，百官及侍卫莫不散溃，唯侍中嵇绍俨然端冕，以身掩护惠帝，遂中箭死于帝侧，血溅御服。惠帝深哀之。及事定，惠帝保留血迹以示不忘。见《晋书·嵇绍传》。后因称作忠臣捐躯护君之典。韩偓《八月六日作四首》之二："御衣空惜侍中血，国玺几危皇后身。"

【侍中郎】　侍中下的郎官，如侍郎、起居郎等。崔颢《邯郸宫人怨》："不用城南使君婿，本求三十侍中郎。"乔知之《和李侍郎古意》："自矜夫婿胜王昌，三十曾作侍中郎。"《谣·武后长寿元年民间谣》："补阙连车载，拾遗平斗量。"

【侍中貂】　(中 zhōng)唐门下省设侍中二人，正二品，其冠以貂尾为饰，插在左边。因借指朝廷珍贵的赏赐。杜甫《诸将五首》之四："殊锡曾为大司马，总戎皆插侍中貂。"

【侍史】　古代没入官府为奴的家属中，以年少而有才智的女子为侍史。沈佺期《酬苏员外味道夏晚寓直省中见赠》："大官供宿膳，侍史护朝衣。"韩愈《题百叶桃花》："应知侍史归天上，故伴仙郎宿禁中。"陆畅《送崔员外使回入京钩驿逢因赠》："侍史别来经岁月，今宵应梦护香衣。"罗隐《送陆郎中赴阙》："幕下留连两月强，炉边侍史旧焚香。"

【侍立】　恭敬地站在一旁。杜甫《与李十二白同寻范十隐居》："入门高兴发，侍立小童清。"刘得仁《寄姚谏议》："函疏封还密，炉香侍立亲。"

【侍臣】　侍奉帝王的廷臣。宋之问《奉和春初幸太平公主南庄应制》："此日侍臣将石去，共欢明主赐金回。"韦应物《送云阳邹儒立少府侍奉还京师》："建中即藩守，天宝为侍臣。"李端《早春夜集耿拾遗宅》："如何逋客会，忽在侍臣家。"李商隐《汉宫词》："侍臣最有相如渴，不赐金茎露一杯。"

【侍行】　(—xíng)陪伴尊长者外出。郑谷《卷末偶题三首》之二："七岁侍行湖外去，岳阳楼上敢题诗。"

【侍車】　《后汉书·江革传》："建武末年，与母归乡里。每至岁时，县当案比，革以母老，不欲摇动，自在辕中挽车，不用牛马，由是乡里称之曰'江巨孝'。"后因用作咏孝母之典。孟郊《春日同韦郎中使君送邹儒立少府扶持赴云阳》："服彩老莱并，侍车江革同。"

【侍坐】　亦作"侍座"。在尊长者近旁陪坐。王建《代故人新姬侍疾》："侍坐长摇扇，迎医渐下床。"权德舆《送三十叔赴任晋陵》："春云结暮阴，侍坐捧离襟。"白居易《七月一日作》："双僮侍坐卧，一杖扶行止。"李昌符《下第后蒙侍郎示意指于新先辈宣恩感谢》："更惭君侍坐，问许可言诗。"

【侍奉】　伺候奉养。李白《赠历阳褚司马》："北堂千万寿，侍奉有光辉。"

【侍直】 在宫廷内伺候听命或宿夜值勤。卢纶《奉和户曹叔夏夜寓直寄呈同曹诸公并见示》："恭闻侍直时，敛板捧清词。"

【侍兒】 ❶使女；婢女。宋之问《和赵员外桂阳桥遇佳人》："妒女犹怜镜中发，侍儿堪感路傍人。"毕耀《古意》："愿得侍儿为道意，后堂罗帐一相亲。"孟简《咏欧阳行周事》："柔情托侍儿，为我遣所欢。"❷侍妾。张籍《离妇》："洛阳买大宅，邯郸买侍儿。"白居易《自咏老身示诸家属》："书听孙子读，汤看侍儿煎。"又《池上逐凉二首》之二："棹遣秃头奴子拨，茶教纤手侍儿煎。"❸指佛门中侍候长老的随从僧徒。可朋《观梦龟草书》："先教侍者浓磨墨，不揖傍人欻便书。"

【侍省】 (—shěng)指中书省。陈子昂《喜马参军相遇醉歌》序："吾无用久矣。进不能以义补阙，退不能以道隐身。天子哀矜，居于侍省。"

【侍香】 侍候进香。李商隐《戊辰会静中出贻同志二十韵》："科车遏故气，侍香传灵芬。"顾云《华清词》："太上符篆龙蛇踪，散花天女侍香氛。"

【侍射】 谓举行射礼时在旁侍候。张说有《玄武门侍射》。

【侍座】 同"侍坐"。曹邺《将赴天平职书怀寄翰林从兄》："方得一侍座，单车又星飞。"

【侍疾】 侍候、护理和陪伴患者。王建有《代故人新姬侍疾》。

【侍宴】 亦作"侍讌"。宴享时陪从或在一旁侍候。徐凝《宫中曲二首》之一："披香侍宴插山花，厌著龙绡著越纱。"张祜《爱妾换马》之二："侍宴永辞春色里，趁朝休立漏声中。"杜牧《杜秋娘诗》："崭崭整冠珮，侍宴坐瑶池。"林滋《和主司王起》："从此青衿与朱紫，升堂侍宴更何营。"

【侍郎】 ❶秦汉郎中令属官之一。东汉以后，尚书属官初任称郎中，满一年称尚书郎，三年称侍郎。陆龟蒙《王先辈草堂》："何如圣代弹冠出，方朔曾为汉侍郎。"徐铉《奉和七夕应令》："今宵星汉共晶光，应笑罗敷嫁侍郎。"❷隋唐以后，中书、门下及尚书省所属各部皆以侍郎为长官的副职，官位逐渐提高。李白《陪侍郎叔游洞庭醉后三首》之一："今日竹林宴，我家贤侍郎。"杜甫《和裴迪登新津寺寄王侍郎》："风物悲游子，登临忆侍郎。"贾至《自蜀奉册命往朔方途中呈韦左相文部房尚书门下崔侍郎》："时望挹侍郎，公才标缙绅。"韦庄《送崔郎中往使西川行在》："莫恋炉边醉，仙宫待侍郎。"

【侍祠】 陪从祭祀。韩愈《元和圣德诗》："侍祠之臣，助我恻楚。"刘禹锡《游桃源一百韵》："赐燕聆箫韶，侍祠阅琮璧。"

【侍娘】 伴嫁娘。五建《新嫁娘词三首》之二："锦帐两边横，遮掩侍娘行。"

【侍晨】 晨，通"宸"，帝居。侍晨，道家用以称侍奉天帝的仙官侍从。陆龟蒙《上元日道室焚修寄袭美》："执盖冒花香寂历，侍晨交佩响阑珊。"又《南阳广文博士还雷平后寄》："几遍侍晨官欲降，曙坛先起独焚香。"

【侍御】 唐代殿中侍御史、监察御史的省称。乔知之《和苏员外寓直》："墨草尚书奏，衣飘侍御香。"高适《酬秘书弟兼寄幕下诸公》："侍御执邦宪，清词焕春丛。"白居易《和答诗十首・和思归乐》："请看元侍御，亦宿此邮亭。"参见"侍御史"。

【侍御史】 官名。周有柱下史，秦改称侍御史。汉沿秦制，于御史大夫下，设侍御史或给事中。其职掌为举劾非法，督察郡县，奉使出外执行指定任务。晋以后，除侍御史外，又有治书侍御史、殿中侍御史等。唐改治书侍御史为御史中丞，而以侍御史、殿中侍御史、监察御史总为御史台的成员。后代多沿置。侍御史，一般称为侍御。阎朝隐《侍从途中口号应制》："一顾侍御史，再顾给事中。"岑参《范公丝竹歌》序："职方郎中兼侍御史范公乃于陕西使院内种竹。"

【侍從】 ❶侍奉在帝王左右。李白《温泉侍从归逢故人》："子云叨侍从，献赋有光辉。"白居易《东墟晚歇》："谁言渭浦栖迟客，曾作甘泉侍从臣。"李绅《忆春日太液池亭候对》："簪笔此时方侍从，却思金马笑邹枚。"和凝《宫词百首》之一八："香云双飐玉蝉轻，侍从君王苑里行。"❷跟随皇帝左右的官。崔颢《奉和许给事夜直简诸公》："宠列貂蝉位，恩深侍从年。"韩翃《经月岩山》："群峰若侍从，众阜如婴提。"张籍《赠道士宜师》："两朝侍从当时贵，五字声名远处传。"陆龟蒙《奉和袭美太湖诗二十首・孤园寺》："况即侍从臣，敢爱烟波坞。"

【侍婢】 女婢，女仆。包佶《尚书宗兄使过诗以奉献》："腹饱山僧供，头轻侍婢梳。"杜甫《佳人》："侍婢卖珠回，牵萝补茅屋。"陈羽《古意》："归来略略不相顾，却令侍婢生光辉。"白居易《达哉乐天行》："庖童朝告盐米尽，侍婢暮诉衣裳穿。"

【侍黄屋】 言天子行幸，侍从出入。岑参《郡斋闲坐》："幸曾趋丹墀，数得侍黄屋。"

【侍童】 侍奉主人的少年男仆。杨衡《登紫霄峰赠黄仙师》："璨璨真仙子，执旄为侍童。"

【侍筆】 谓以诗文侍奉主人。李白《南奔书怀》："侍笔黄金台，传觞青玉案。"

【侍游】 陪从皇帝出游。杜审言有《望春亭侍游应诏》。

【侍寢】 女子伴眠。杨师道《阙题》："不为披图来侍寝，非因主第奉身迎。"张籍《吴宫怨》："姑苏台上夕燕罢，他人侍寝还独归。”李暇《拟古东飞伯劳歌》：“谁家女儿抱香枕，开衾灭烛愿侍寝。”

【侍輦】 陪从帝王出行。林宽《哭栖白供奉》：“侍辇才难得，三朝有上人。”

【侍衛】 侍从人员。李洞《寄翠微无可上人》：“泉注城池梦，霞生侍卫衣。”

【侍膳】 陪同尊长吃饭。皎然《送颜处士长沙觐省》：“服彩将侍膳，撷芳思满襟。”刘禹锡《送太常萧博士弃官归养赴东都》：“侍膳曾调鼎，循陔更握兰。”温庭筠《送洛南李主簿》：“禄优仍侍膳，官散得专经。”齐己《送人赴官》：“聊应充侍膳，薄俸继朝餐。”

【侍講】 为皇帝或太子讲学。常衮《晚秋集贤院即事寄徐薛二侍郎》：“侍讲亲花扆，征吟步绮疏。”卢纶《和常舍人晚秋集贤院即事十二韵寄赠江南徐薛二侍郎》：“登封思议草，侍讲忆同筵。”司空曙《奉和常舍人晚秋集贤院即事寄徐薛二侍郎》：“司言陈禹命，侍讲发尧聪。”仅德舆《奉送孔十兄宾客承恩致政归东都旧居》：“南史编年著盛名，东朝侍讲常虚伫。”

【侍蹕】 陪从帝王出行。韦元旦《奉和圣制春日幸望春宫应制》：“侍跸妍歌临灞涘，留觞艳舞出京华。”

【侍讀】 ❶陪侍帝王读书论学或为皇子授书讲学。广宣《禁中法会应制》：“侍读沾恩早，传香驻日迟。”❷官名。为帝王、皇子讲学之官。唐始设，初属集贤殿书院，职在刊缉经史。后为翰林院学士之一，职在为皇帝及太子讲读经史，备顾问应对。李峤有《刘侍读见和山邸十篇重申此赠》。

【侍讌】 同“侍宴”。李景伯《回波乐》：“侍谯既过三爵，喧哗窃恐非仪。”

佶 〔jí《广韵》巨乙切，入質，羣。〕❶健壮貌。《诗·小雅·六月》：“四牡既佶，既佶且闲。”郑玄注：“佶，壮健之貌。”参见“佶傈”。❷耸动貌。见“佶栗❶”。❸战栗貌。见“佶栗❷”。

【佶栗】 ❶耸动貌。温庭筠《郭处士击瓯歌》：“佶栗金虬石潭古，勺陂潋滟幽修语。”❷战栗貌。陆龟蒙《奉和袭美太湖诗二十首·初入太湖》：“耳目骇鸿濛，精神寒佶栗。”又《吴俞儿舞歌·剑俞》：“四睨之人股佶栗，欲定不定定不得。”

【佶傈】 傈悍健壮。李商隐《骄儿诗》：“豪鹰毛崱屴，猛马气佶傈。”

供¹ 〔gōng《广韵》九容切，平鍾，見。〕❶供给，供应。杜甫《送韦讽上阆州录事参军》：“万方哀嗷嗷，十载供军食。”刘长卿《送元八游汝南》：“破产供酒钱，盈门皆食客。”孟郊《秋夕贫居述怀》：“浅井不供饮，瘦田长废耕。”杜荀鹤《醉书僧壁》：“听我吟诗供我酒，不曾穿得判斋钱。”亦用以指所供给的财物。韩愈《卢郎中云夫寄示盘谷子诗两章以和之》：“家请官供不报答，何异雀鼠偷太仓。”❷提供某种可供利用的条件。杜甫《屏迹三首》之三：“衰颜甘屏迹，幽事供高卧。”司空曙《送王尊师归湖州》：“多开石髓供调膳，时御霓裳奉易衣。”权德舆《送张周二秀才谒宣州薛侍郎》：“湖月供诗兴，岚风费酒钱。”徐铉《送吴郎中为宣州推官知泾县》：“风物聊供赏，班资莫系情。”❸排遣。李商隐《代赠二首》之二：“总把春山扫眉黛，不知供得几多愁。”参见“供愁❷”。

供² 〔gòng《广韵》居用切，去用，見。〕❶侍奉，伺候。杜甫《百忧集行》：“强将笑语供主人，悲见生涯百忧集。”参见“供₂奉❷”。❷供职，担任。韩愈《滓州溪堂诗》序：“专心一力，以供国家之职。”❸进献，奉献。李峤《茅》：“楚甸供王日，衡阳入贡年。”杜甫《自平》：“近供生犀翡翠稀，复恐征戎干戈密。”元稹《和李校书新题乐府·蛮子朝》：“匈奴互市岁不供，云蛮通好辔长駷。”❹祀奉；摆设供品。杜甫《承闻河北诸道节度入朝欢喜口号绝句十二首》之八：“苞茅重入归关内，王祭还供尽海头。”皮日休《青棂子》：“山风熟异果，应是供真仙。”参见“供₂養❶”。❺对僧人予以施舍。杜甫《太平寺泉眼》：“取供十方僧，香美胜牛乳。”参见“供₂僧”。

【供₂奉】 ❶指进奉财物给帝王。郑嵎《津阳门诗》：“幽州晓进供奉马，玉珂宝勒黄金羁。”❷侍奉，伺候。多用于对帝王和宫廷。梁补阙《赠米都知》：“供奉三朝四十年，圣时流落发衰残。”❸特指以技艺或姿色侍奉帝王和宫廷。李绅《悲善才》：“紫髯供奉前屈膝，尽弹妙曲当春日。”元稹《琵琶歌》：“管儿不作供奉儿，抛在东都双鬓丝。”李远《赠写御容李长史》：“三朝供奉无人敌，始觉僧繇浪得名。”花蕊夫人徐氏《宫词》之二十：“供奉头筹不敢争，上棚等唤近臣名。”❹以技艺或姿色侍奉帝王的人。王建《老人歌》：“如今供奉多新意，错唱当时一半声。”吴融《李周弹筝歌》：“供奉供奉且听语，自昔兴衰看乐府。”

【供₂奉曲】 （曲 qǔ）宫廷内演奏的歌曲。刘禹锡《听旧宫中乐人穆氏唱歌》：“休唱贞元供奉曲，当时朝士已无多。”

【供堂】 供养尊长。薛能《谢刘相寄天柱茶》：“惜恐被分缘利市，尽应难觅为供堂。”

【供₂帳】 亦作“供張”。陈设供宴会用的帷帐、用具、饮食等物。亦谓举行宴会。张九龄《恩赐乐游园宴应制》：“宝筵延厚命，供帐序群公。”崔尚《奉和圣制同二相已下群臣乐游园宴》：“供帐凭高列，城池入迥宽。”李白《经乱离后书怀赠江夏韦太守良宰》：“祖道拥万人，供帐遥相望。”独孤及《送李宾客荆南迎亲》：“还申供帐别，言赴倚门期。”

【供₂御】 进奉于帝王。王建《宫词一百首》之七二:“供御樱桃看守别,直无鸦鹊到园中。”袁高《茶山诗》:“未知供御余,谁合分此珍。”

【供₂張】 同“供帐”。张说《东都酺宴四首》序:“将吏咸集,佩章有序,锵锵济济,侃侃訚訚,供张于兴教之门,式酺宴也。”

【供₂進】 进献宫廷。白居易《六年秋重题白莲》:“本是吴州供进藕,今为伊水寄生莲。”元稹《和李校书新题乐府·缚戎人》:“供进腋腋御叱般,岂料穹庐拣肥腯。”

【供飯】 供给饭食。周贺《赠僧》:“松吹入堂资讲力,野蔬供饭爽禅身。”

【供給】 (—jǐ)❶以物资、钱财等给人以应其所需。王梵志《诗》之四二:“供给千余日,临时请不饥。”杜甫《奉送王信州崟北归》:“朝廷防盗贼,供给愍诛求。”刘驾《边军过》:“官家自供给,畏我田产破。”❷指供人生活所需的钱物。杜甫《有客》:“不嫌野外无供给,乘兴还来看药栏。”白居易《池上闲吟二首》之一:“莫愁客到无供给,家醖香浓野菜春。”

【供與】 供给。岑参《题新乡王釜厅壁》:“禄米尝不足,俸钱供与人。”

【供愁】 ❶带来愁闷。殷尧藩《经靖安里》:“巷底萧萧绝市尘,供愁疏雨打黄昏。”❷排遣愁闷。李群玉《旅泊》:“短篇才遣闷,小酿不供愁。”

【供頓】 (—dùn)供给行旅宴饮所需之物。元稹《连昌宫词》:“驱令供顿不敢藏,万姓无声泪潜堕。”

【供詩】 提供诗思。岑参《送严黄门拜御史大夫再镇蜀川兼觐省》:“山莺朝送酒,江月夜供诗。”皎然《答裴集阳伯明二贤各垂赠二十韵今以一章用酬两作》:“白云供诗用,清吹生座右。”

【供₂僧】 施舍财物给僧人。朱庆余《题钱宇别墅》:“药蔬秋后供僧尽,竹杖吟中望月回。”

【供₂養】 ❶祀奉;摆设供品。韩愈《丰陵行》:“设官置卫锁嫔妓,供养朝夕象平居。”吕岩《卜算子》:“供养及修行,旧话成重省。”❷赡养。寒山《诗三百三首》之一五八:“个个惜妻儿,爷娘不供养。”白居易《阿崔》:“何时能反哺,供养白头乌。”❸指用作供奉的物品。白居易《喜照密闲实四上人见过》:“斋后将何充供养,西轩泉石北窗风。”

【供億】 供给安顿。供,亦作“共”。李商隐《行次西郊作一百韵》:“乡里骇供亿,老少相扳牵。”

【供₂輸】 缴纳赋税。杜荀鹤《题田翁家》:“州县供输罢,追随鼓笛喧。”

【供₂膳】 所供之膳食。梁栽言《咏傅岩监司》:“卫司无帟幕,供膳乏鲜肥。”

【供應】 犹应接。皮日休《初夏游楞伽精舍》:“既不暇供应,将何以酬酢。”

【供₂應】 供奉应酬。姚合《送贾岛及钟浑》:“日日攻诗亦自强,年年供应在名场。”

使[1] 〔shǐ《广韵》踈士切,上止,生。〕❶派遣,吩咐。崔国辅《魏宫词》:“眉画犹未了,魏帝使人催。”王维《恭懿太子挽歌五首》之四:“五岁过人智,三天使鹤催。”卢纶《古艳诗》:“推醉唯知弄花钿,潘郎不敢使人催。”储光羲《同王十三维偶然作十首》之三:“使妇提蚕筐,呼儿傍渔船。”❷役使,使唤。张籍《隐者》:“每见邻家说,时闻使鬼神。”孙蜀《中秋夜戏酬顾道流》:“仙翁每被嫦娥使,一度逢圆一度吟。”蒋贻恭《五门街望有题》:“闲向五门楼下望,衙官骑马使衙官。”❸使用;利用。刘商《胡笳十八拍·第三拍》:“使余刀兮剪余发,食余肉兮饮余血。”孟郊《送崔爽之湖南》:“定知一日帆,使得千里风。”吕岩《绝句》之二五:“起来旋点黄金买,不使人间作业钱。”❹佣人,侍者。见“使者”。❺放纵。见“使氣❶”“使酒”。❻致使,让。郭震《十月乐游诗》:“愁仍夜未几,已使炭成灰。”杜甫《留花门》:“修德使其来,羁縻固不绝。”公乘亿《赋得临江迟来客》:“思君不可见,使我独愁吟。”孙郃《古意二首》之一:“何事葬江水,空使后人哀。”❼假使。王昌龄《出塞二首》之一:“但使龙城飞将在,不教胡马度阴山。”元稹《嘉陵水》:“若使江流会人意,也应知我远来心。”李郢《蝉》:“若使秦楼美人见,还应一为拔金钗。”

使[2] 〔shǐ《广韵》踈吏切,去志,生。〕❶出使。韦应物《答李浣三首》之一:“海隅人使远,书到洛阳秋。”元稹《台中鞫狱忆开元观旧事呈损之兼赠周兄四十韵》:“二月除御史,三月使巴蛮。”赵嘏《平戎》:“武帝未能忘塞北,董生才足使胶西。”❷使者。骆宾王《远使海曲看夜多怀》:“流星疑伴使,低月似依营。”李颀《听董大弹胡笳声兼寄语弄房给事》:“胡人落泪沾边草,汉使断肠对客归。”王维《送李判官赴东江》:“闻道皇华使,方随皂盖臣。”许棠《送金吾侍御奉使日东》:“还乡兼作使,到日倍荣亲。”

【使用】 作用,用处。李咸用《和友人喜相遇十首》之五:“和羹使用非胥靡,忆鲙言词小季鹰。”

【使令】 供使唤的奴仆。韩愈《永贞行》:“左右使令诈难凭,慎勿浪言常兢兢。”张籍《祭退之》:“子符奉其言,甚于亲使令。”元稹《乐府古题·估客乐》:“岂唯绝言语,奔走极使令。”

【使₂臣】 ❶奉君命出使外国的官员。杜审言《送高郎中北使》:“北狄愿和亲,东京发使臣。”耿湋《奉送崔侍御和藩》:“新恩明主启,旧好使臣修。”姚合《送少府田中丞入西蕃》:“护塞空兵帐,和戎在使臣。”❷泛指皇帝派遣出京负责专门使命的官员。王维《送元中丞转运江淮》:"薄赋归天府,轻徭赖使臣。"刘长卿《送独孤判官赴岭》:"遥想文身国,迎舟拜使臣。"元结《贼退示官吏》:"使臣将王命,岂不如贼焉。"徐铉《送杨郎中唐员外奉使湖南》:"江边微雨柳条新,握节含香二使臣。"

【使₂臣星】 即使星。王维《送邢桂州》:"明珠归合浦,应逐使臣星。"参见"使₂星"。

【使宅魚】 五代时钱镠据有两浙等地,横征暴敛,规定西湖渔者日纳鱼数斤。因其曾任杭州防御史,镇海镇平军节度使,故人称所交纳之鱼为"使宅鱼"。罗隐《题磻溪垂钓图》:"若教生在西湖上,也是须供使宅鱼!"

【使₂車】 使者所乘之车。徐安贞《送丹阳采访》:"为怜乡棹近,不道使车遥。"钱起《送集贤崔八叔承恩括图书》:"赠别倾文苑,光华比使车。"刘禹锡《送从弟郎中赴浙西》:"衔命出尚书,新恩换使车。"黄滔《南海幕和段先辈送韦侍御赴阙》:"树色川光入暮秋,使车西发不胜愁。"

【使君】 ❶汉时用以称刺史,后亦用以称州郡的长官。李白《陌上桑》:"使君且不顾,况复论秋胡。"杜甫《将赴荆南寄别李剑州》:"使君高义驱古今,寥落三年坐剑州。"杨巨源《送杜郎中使君赴虔州》:"迢递南康路,清辉得使君。"赵嘏《重寄卢中丞》:"贱子来还去,何人伴使君。"❷对人的尊称。杜甫《春日戏题恼郝使君兄》:"使君意气凌青霄,忆昨欢娱常见招。"韩愈《送灵师》:"昨者至林邑,使君数开筵。"牟融《陈使君山庄》:"新卜幽居地自偏,士林争羡使君贤。"

【使₂君】 对奉命出使的人的尊称。顾况《送使君》:"天中洛阳道,海上使君归。"司空曙《送郎使君赴郢州》:"使君持节去,云水满前程。"

【使君有婦】 《玉台新咏·日出东南隅行》:"使君谢罗敷,宁可共载否?罗敷前置词,使君一何愚!使君自有妇,罗敷自有夫。"后用作劝人忠于妻室之典。杜甫《数陪李梓州泛江有女乐在诸舫戏为艳曲二首赠李》之二:"使君自有妇,莫学野鸳鸯。"

【使君灘】 滩名。在今重庆万州区东。北魏郦道元《水经注·江水》有载。沈佺期《十三四时尝从巫峡过他日偶然有思》:"使君滩上草,神女馆前云。"孟浩然《陪张丞相登荆城楼因寄蓟州张使君及浪泊戍主刘家》:"府中丞相阁,江上使君滩。"严武《寄题杜拾遗锦江野亭》:"兴发会能驰骏马,应须直到使君滩。"

【使典】 在官府中办理文书的小吏。李商隐《行次西郊作一百韵》:"使典作尚书,厮养为将军。"

【使₂命】 使者所奉的命令。李商隐《自桂林奉使江陵途中感怀寄献尚书》:"纵然膺使命,何以奉徽音。"

【使府】 指使者,奉命出使之人。贾岛《送裴校书》:"使府临南海,帆飞到不迟。"李频《送裴御史赴湖南》:"使府悬帆去,能消几日风?"

【使者】 佣人,供役使之人。孟简《咏欧阳行周事》:"所欢使者来,侍儿因复前。"

【使₂者】 奉命出使的官员。杜审言《和李大夫嗣真奉使存抚河东》:"澄清得使者,作颂有人焉。"刘长卿《送康判官往新安》:"何须愁旅泊,使者有辉光。"陆龟蒙《江南秋怀寄华阳山人》:"郎官青琐拜,使者绣衣迎。"罗隐《使者》:"使者衔中旨,崎岖万里行。"

【使₂星】 指使者。语本《后汉书·方术传·李郃》。后因以称使者。陈子昂《喜遇冀侍御珪崔司议泰之二使》:"使星入东井,云是故交亲。"钱起《重送陆侍御使日本》:"辞天使星远,临水涧霜秋。"武元衡《送冯谏议赴河北宣慰》:"今宵燕分野,应见使星过。"徐铉《送高舍人使岭南》:"使星将渡汉,仙棹乍乘湖。"

【使風】 利用风力,张帆行船。王周《使风》:"沉思宦游者,何啻使风人。"裴耀卿有《酬张九龄使风见示》。卢象有《水城使风》。

【使₂客】 使者。杜甫《秦州杂诗二十首》之十二:"羌童看渭水,使客向河源。"

【使₂軒】 使者所乘的车子。高适《同房侍御山园新亭与邢判官同游》:"肃穆逢使轩,夤缘事登临。"

【使氣】 ❶肆逞意气。王维《济上四贤咏·成文学》:"使气公卿坐,论心游侠场。"许浑《经李给事旧居》:"汉庭使气摧张禹,楚国怀忧送范云。"吴象之《少年行》:"承恩借猎小平津,使气常游中贵人。"❷抒发胸臆、志气。语本《文心雕龙·才略》:"嵇康师心以遣论,阮籍使气以命诗。"刘禹锡《学阮公体三首》之三:"昔贤多使气,忧国不谋身。"

【使酒】 借酒使性。王维《老将行》:"誓令疏勒出飞泉,不似颍川空使酒。"刘叉《烈士咏》:"胡为轻薄儿,使酒杀平人。"

【使家】 指观察使。韩愈《八月十五夜赠张功曹》:"州家申名使家抑,坎轲只得移荆蛮。"

【使院】 节度使的官署。岑参有《使院中新栽柏树子呈李十五栖筠》。李益有《奉酬崔员外副使携琴宿使院见示》。方干有《越州使院竹》。

【使₂衙】 官宦人家。韦庄《代书寄马》:"休嫌绿绶嘶贫舍,好著红缨入使衙。"

【使幕】 指节度使的官署。韩翃有《送李司直赴江西使幕》《送高员外赴淄青使幕》《送赵陆司兵归使幕》等诗。法振有《送韩侍御自使幕巡北》。

【使₂範】 犹使节。陆龟蒙《送宣武从事越中按狱》:"晓看呈使范,知欲敕星轺。"

【使₂節】 ❶古代卿大夫聘于天子诸侯时所持的

信节。《周礼·地官·掌节》有载。白居易《送唐州崔使君侍亲赴任》:“连持使节历专城,独贺崔侯最庆荣。”李商隐《漫成五章》之四:“代北偏师衔使节,关中裨将建行台。”徐铉《南都遇前嘉鱼刘令言游闽岭作此与之》:“我持使节经韶石,君作闲游过武夷。”❷使者,派驻一方的官员。杜甫《送严侍郎到绵州同登杜使君江楼》:“归朝送使节,落景惜登临。”钱起《奉送户部李侍中充晋国副节度出塞》:“关防驱使节,花月眷离筵。”徐铉《绝句寄题毗陵驿》:“曾持使节驻毗陵,长与州人有旧情。”

【使鹤催】 用以作咏成仙之典,见旧题汉刘向《列仙传·王子乔》王维《恭懿太子挽歌五首》之四:“五岁过人智,三天使鹤催。”

侑 〔yòu《广韵》于救切,去宥,云。〕劝,以乐酒等助兴。张说《玄武门侍射》序:“厥后二日,乃命紫微、黄门、九卿、六事与熊罴之将、爪牙之臣合宴焉,侑以纯锦,颁以珍器。”《郊庙歌辞·周宗庙乐舞辞·肃雍舞》:“一倡三叹,朱弦之声。以妥以侑,既和且平。”李纾《唐德明兴圣庙乐章·迎俎》:“侑以清乐,细齐人情。”韩愈《南山诗》:“厥初孰开张,黾勉俯谁劝侑?”

【侑食】 劝食。《周礼·天官·膳夫》:“以乐侑食。”郑玄注:“侑,劝也。”白居易《郡斋旬假始命宴呈坐客示郡寮》:“侑食乐悬动,佐欢妓席陈。”

【侑席】 为酒席助兴。吕岩有《仙乐侑席》。

例 〔lì《广韵》力制切,去祭,来。〕❶成例,惯例。孟浩然《早梅》:“园中有早梅,年例犯寒开。”杜甫《送樊二十三侍御赴汉中判官》:“幕府辍谏官,朝廷无此例。”姚合《游春十二首》之五:“疏顽无异事,随例但添年。”元稹《杏花》:“常年出入右银台,每怪春光例早回。”❷按照惯例。元稹《和李校书新题乐府十二首·阴山道》:“税户逋逃例摊配,官司折纳仍贪冒。”李商隐《行次西郊作一百韵》:“况自贞观后,命官多儒臣。”李郢《茶山贡焙歌》:“殷勤烧焙复长叹,官府例成期如何。”徐夤《偶题二首》之一:“驽骀燕雀堪何用,仍向人前价例高。”❸如,像。李商隐《行次西郊作一百韵》:“廷臣例獐怯,诸将如羸奔。”❹类比,见“例及”。

【例及】 犹言连类而及。杜甫《赠秘书监江夏李公邕》:“例及吾家诗,旷怀扫氛翳。”

侣 〔lǚ《广韵》力舉切,上語,來。〕❶同伴;伙伴。李义府《咏鹦鹉》:“慕侣朝声切,离群夜影寒。”高适《夜别韦司士得城字》:“只言啼鸟堪求侣,无那春风欲送行。”元稹《独游》:“远地难逢侣,闲人且独行。”李商隐《酬别令狐补阙》:“惊露鹤辞侣,吸风蝉抱枝。”❷结为伴侣;陪伴。王勃《山居晚眺赠王道士》:“金坛疏俗宇,玉洞侣仙群。”张说《襄州景空寺题融上人兰若》:“何由侣飞锡,从此脱朝簪。”张祜《游仙》:“愿侣牧羊儿,休休在崖岭。”皮日休《三羞诗三首》之一:“利则侣轩裳,塞则友松月。”❸道侣;僧侣。陆敬《游清都观寻沈道士》:“方追羽化侣,从此得玄珠。”岑参《青龙招提归一上人远游吴楚别诗》:“久交应真侣,最叹青龙僧。”白居易《郡斋暇日忆庐山草堂兼寄二林僧社三十韵》:“为报山中侣,凭看竹下房。”郑巢《送袁肇归山阴》:“若值云门侣,多因宿翠微。”崔涂《送僧归江东》:“更寻同社侣,应得虎溪边。”

【侣伴】 同伴。钱起《病鹤篇》:“三山侣伴能远翔,五里裴回忍为别。”

【侣鹤下辽天】 喻指弃仕归隐,追求闲适生活的愿望,见晋陶潜《搜神后记》。张祜《丹阳新居四十韵》:“孤云出小屿,侣鹤下辽天。”

【侣俦】 朋友。鱼玄机《暮春即事》:“深巷穷门少侣俦,阮郎唯有梦中留。”

侗 〔tǒng《广韵》他孔切,上董,透。又他紅切,平東,透。〕见“侗侗”。

【侗侗】 又长又大的样子。寒山《诗三百三首》之一一〇:“见罢头兀兀,看时身侗侗。”

侃 〔kǎn《广韵》空旱切,上旱,溪。又苦旰切,去翰,溪。〕见“侃侃”。

【侃侃】 安和快乐的样子。《汉书·韦贤传》:“我虽鄙耇,心其好而,我徒侃尔,乐亦在而。”颜师古注:“侃,和乐貌。”储光羲《晚次东亭献郑州宋使君文》:“愔愔宿帝梧,侃侃居文府。”

【侃侃誾誾】 形容和悦而从容不迫地谈话。语出《论语·乡党》:“朝,与下大夫言,侃侃如也;与上大夫言,誾誾如也。”张说《东都酺宴四首》序:“将吏咸集,佩章有序,锵锵济济,侃侃誾誾。”

侏 〔zhū《广韵》章俱切,平虞,章。〕短小。见“侏儒”。

【侏儒】 身体异常短小者,矮子。白居易《新乐府·道州民》:“道州民,多侏儒,长者不过三尺余。”胡宿《次韵徐爽见寄》:“侏儒自是长三尺,澼絖都来直数金。”

【侏儒饱】 《汉书·东方朔传》载,东方朔对自己俸禄与侏儒相同甚为不满,对汉武帝说:朱儒长三尺余,奉一囊粟,钱二百四十。臣朔长九尺余,亦奉一囊粟,钱二百四十。朱儒饱欲死,臣朔饥欲死。后用以作抨击世道不公、小人得志贤才受屈之典。寒山《诗三百三首》之一二七:“只取侏儒饱,不怜方朔饿。”杜甫《秦州三十韵》："侏儒应共饱，渔父忌偏醒。"元稹《和李校书新题乐府十二首·立部伎》："奸声入耳佞入心，侏儒饱饭夷齐饿。"白居易《得微之到官后书因成四章》之三："侏儒饱笑东方朔，薏苡谗忧马伏波。"张祜《寄卢载》："侏儒他甚饱，款段尔应赢。"

侁

〔shēn《广韵》所臻切，平臻，生。〕见"侁侁"。

【侁侁】　众多貌。杜甫《题衡山县文宣王庙新学堂呈陆宰》："侁侁胄子行，若舞风雩至。"

佻

〔tiāo《广韵》吐彫切，平萧，透。〕见"佻眇"。

【佻眇】　轻佻，花哨。沈亚之《文祝延二阕》之二："右持妓兮左夫人，态修邃兮佻眇。"

佩

〔pèi《广韵》蒲昧切，去队，並。〕❶佩物，系于衣带的装饰物。元结《演兴四首·讼木魅》："敢引佩以指水，誓吾心兮自明。"孟郊《连州吟》："兰芷结新佩，潇湘遗旧音。"徐铉《陈侍郎宅观花烛》："佩声寥亮和金奏，烛影荧煌映玉钩。"冯待征《虞姬怨》："相期相许定关中，鸣銮鸣佩入秦宫。"❷佩戴，佩挂。刘长卿《同诸公登楼》："今君佩铜墨，还有越乡情。"韩愈《利剑》："利剑光耿耿，佩之使我无邪心。"权德舆《送安南裴都护》："忽佩交州印，初辞列宿文。"管雄甫《戛玉有余声》："想如君子佩，时得上堂鸣。"❸铭记。杜甫《送重表侄王砅评事使南海》："苟活到今日，寸心铭佩牢。"❹遵循。李颀《送刘方平》："童颜且白皙，佩德如瑶琼。"❺环绕。史凤《迷香洞》："洞口飞琼佩羽霓，香风飘拂使人迷。"

【佩刀】　❶佩戴在腰间的刀。男子佩之，以示勇武。高适《别王八》："征马嘶长路，离人挹佩刀。"姚合《裴大夫见过》："解下佩刀无所惜，新闻天子付三刀。"温庭筠《过西堡塞北》："白马犀匕首，黑裘金佩刀。"❷佩戴着刀。窦群《黔中书事》："佩刀看日晒，赐马傍江调。"杜牧《送苏协律从事振武》："王粲暂投笔，吕虔初佩刀。"

【佩牛】　指息兵务农。张祜《悲纳铁》："长闻为政古诸侯，使佩刀人尽佩牛。"参见"佩犊"。

【佩玉】　❶系于衣带用作装饰的玉。刘长卿《游四窗》："长笑天地宽，仙风吹佩玉。"白居易《归田三首》之三："三十为近臣，腰间鸣佩玉。"❷佩戴玉饰。权德舆《韦宾客宅与诸博士宴集》："佩玉三朝贵，挥金百虑忘。"马戴《寄贾岛》："佩玉与锵金，非亲亦非故。"

【佩印】　佩挂官印。言授以官职。张九龄《叙怀二首》之一："被褐有怀玉，佩印从负薪。"王维《既蒙宥罪旋复拜官简新除使官等诸公》："闻道百城新佩印，还来双阙共鸣珂。"白居易《读史五首》之三："一朝黄金多，佩印衣锦归。"杜荀鹤《遣怀》："题桥每念相如志，佩印当期季子荣。"

【佩玦】　佩系玉块。古人佩玦取有决断的意思。《白虎通》："君子能决断则佩玦。"李贺《白虎行》："烧书灭国无暇日，铸剑佩玦惟将军。"

【佩金鳴玉】　佩系金玉饰物，铃铛作响。褚载《晓感》："晓鼓冬冬星汉微，佩金鸣玉斗光辉。"

【佩服】　❶佩戴，佩挂。玄宗《答司马承祯上剑镜》："写鉴表容质，佩服为身防。"韩愈《送区弘南归》："腾蹋众骏事鞍靰，佩服上色紫与绯。"白居易《寓意诗五首》之一："佩服身未暖，已闻窜遐荒。"❷古代把饰物结在身上，成为衣服的一部分，因以"佩服"表示在身不忘。钱起《美杨侍御清文见示》："愿言书诸绅，可以为佩服。"元结《寿翁兴》："谁正好长生，此言堪佩服。"白居易《感时》："斯言胜金玉，佩服无失坠。"参见"佩紳"。❸钦佩。杜甫《湘江宴饯裴二端公赴道州》："鄙人奉末眷，佩服自早年。"皎然《自苏州访医回酬卢士关判官见赠》："周旋承惠爱，佩服比兰薰。"

【佩韋】　韦，皮绳，性柔软，古人性急者佩之以自戒。《韩非子·观行》："西门豹之性急，故佩韦以自缓；董安于之性缓，故佩弦以自急。"卢伦《送丹阳赵少府》："佩韦宗懒慢，偷橘爱芳香。"

【佩珠】　佩系的珠玉。孙逖《和咏廨署有樱桃》："香从花绶转，色绕佩珠明。"

【佩帶】　用以束身的带子。元稹《去杭州》："斯言皆为书佩带，然后别袂乃可扪。"又《和李校书新题乐府十二首·胡旋女》："南北东西逐君眄，柔软依身著佩带。"

【佩章】　古代官员佩戴的印章。张说《东都酺宴四首》序："将吏咸集，佩章有序，锵锵济济，侃侃訚訚。"

【佩魚】　唐五品以一品官员所佩戴的鱼袋。三品以上饰以金，五品以上饰以银。孙光宪《浣溪沙》词之九："乌帽斜欹倒佩鱼，静街偷步访仙居。"

【佩紳】　佩系在腰间的大带子。以带束腰，垂其余以为饰谓之绅。李白《酬王补阙惠翼庄庙宋丞泚赠别》："酬赠非炯诫，永言铭佩绅。"

【佩銅】　佩戴铜质官印。唐诸司均用铜印，故用以借指官员。黄滔《贻宋评事》："河阳城里谢城中，人曳长裾出佩铜。"

【佩墨】　佩系黑绶。《汉书·百官公卿表》："秩比六百以上，皆铜印墨绶。"曹松《赠华阴李明府》："佩墨县兼清，约关西近城。"

【佩劍】　腰间佩戴的剑。杜甫《人日》之二："佩剑冲星聊暂拔，匣琴流水自须弹。"戴叔伦《酬崔法曹遗剑》:“临风脱佩剑,相劝静胡尘。”

【佩璜】 佩系的玉佩。璜,半璧。韩愈、孟郊《城南联句》:“鹓毳翔衣带,鹅肪截佩璜。”

【佩璫】 玉佩。珰,玉类饰物。李贺《李夫人歌》:“红璧阑珊悬佩珰,歌台小妓遥相望。”魏承班《菩萨蛮》词:“宴罢入兰房,邀人解佩珰。”

【佩環】 玉质佩饰物。李白《桂殿秋》:“九霄有路去无迹,嫋嫋香风生佩环。”陆龟蒙《方响》:“王母闲看汉天子,满猗兰殿佩环声。”徐铉《亚元舍人不替深知猥贻佳作三篇因为长歌庶资一笑耳》:“阊门晓辟旌旗影,玉墀风细佩环声。”

【佩犢】 用以指弃官务农,见《汉书·循吏传·龚遂》。李峤《刀》:“列辟鸣鸾至,惟良佩犊旋。”

【佩寵】 佩系以示宠幸。元稹《奉和浙西大夫李德裕述梦四十韵次本韵》:“佩宠虽缡绶,安贫尚葛袍。”

【佩蘭】 佩系兰草。古人以兰草为饰物,以示志趣高洁。太宗《谒并州大兴国寺诗》:“未佩兰犹小,无丝柳尚新。”韩愈、孟郊《遣兴联句》:“殷鉴谅不远,佩兰永芬芳。”钱珝《蜀国偶题》:“佩兰应语宫臣道,莫向金盘进荔枝。”

【佩囊】 佩系在身上的小袋,以装零星物件。李颀《杂兴》:“千年魑魅逢华表,九日茱萸作佩囊。”李商隐《韦蟾》:“谢家临别正凄凉,少傅临岐赌佩囊。”

【佩觿】 佩戴牙锥。觿,以象骨制成的锥子,用以解结,亦作饰物。佩觿标志已为成年,具有才干。司空曙《送王使君小子孝廉登科归省》:“年少通经学,登科尚佩觿。”皎然《潘丞孩子》:“我识婴儿意,何须待佩觿。”

侈

〔chǐ《广韵》尺氏切,上紙,昌。〕❶奢侈,浪费。韩愈《元和圣德诗》:“敕戒四方,侈则有咎。”皮日休《吴中苦雨因书一百韵寄鲁望》:“啬止甘蟹鲟,侈唯僭车服。”陆龟蒙《奉和袭美酒中十咏·酒尊》:“黄金即为侈,白石又太拙。”徐夤《纸帐》:“针罗截锦饶君侈,争及蒙茸暖避风。”❷放纵。玄宗《登三台言志》:“未央初壮汉,阿房昔侈秦。”白居易《杂兴三首》之二:“吴王心日侈,服玩尽奇瑰。”❸大,超过限度。元稹《桐花》:“君若侈台殿,雍门可沾襟。”韦表微《池州夫子庙麟台》:“楚国浸广,秦封益侈。”王无竞《君子有所思》:“声侈遽衰歇,盛爱且离伤。”

【侈奢】 奢侈。丁居晦《琢玉》:“珮为廉节德,杯作侈奢名。”

【侈靡】 奢侈靡费。吴筠《览古十四首》之三:“侈靡竟何在,荆榛生庙堂。”又《步虚词十首》之八:“高情无侈靡,遇物生光华。”

【侈麗】 指文辞浮艳华丽。皮日休《正乐府十篇》序:“今之所谓乐府者,唯以魏晋之侈丽,陈梁之浮艳,谓之乐府诗。”

佼

〔jiǎo《广韵》古巧切,上巧,見。〕见“佼佼”。

【佼佼】 (—jiǎo)美好出众。《后汉书·刘盆子传》:“卿所谓铁中铮铮,佣中佼佼者也。”周昙《咏史诗·前汉门·樊崇徐宣》:“庸中佼佼铁铮铮,百万长驱入帝京。”

依

〔yī《广韵》於希切,平微,影。〕❶靠着,沿着。岑参《石上藤》:“石上生孤藤,弱蔓依石长。”王之涣《登鹳雀楼》:“白日依山尽,黄河入海流。”戴叔伦《泛舟》:“风吹扁舟稳,行依绿水堤”。姚合《垂钓亭》:“白鸟依窗宿,青蒲傍砌生。”❷依靠,依赖。刘长卿《酬皇甫侍御见寄时前相国姑臧公初临郡》:“岁俭依仁政,年衰忆故乡。”刘眘虚《越中问海客》:“初谓落何处,永将无所依。”戴叔伦《酬袁太祝长卿小湖村居书怀见寄》:“余亦归休者,依君老此身。”刘沧《送友人罢举赴蓟门从事》:“人生行止在知己,远佐诸侯重所依。”❸依附;投靠。杜甫《佳人》:“自云良家子,零落依草木。”白居易《有木诗八首》之七:“偶依一株树,遂抽百尺条。”许棠《送厉校书从事凤翔》:“赴辟依丞相,超荣事岂同。”参见“依劉”。❹按照,根据。许棠《雕阴道中作》:“马依膻草聚,人抱浊河澄。”参见“依方”“依行”。❺皈依。岑参《冬夜宿仙游寺南凉堂呈谦道人》:“愿谢区中缘,永依金人宫。”李嘉祐《故燕国相公挽歌二首》之一:“大梦依禅定,高坟共化城。”阎防《晚秋石门礼拜》:“永欲卧丘壑,息心依梵筵。”❻茂盛的样子。李益《水亭夜坐赋得晓雾》:“犹当依远树,断续欲穷天。”❼如,似。薛涛《月》:“魄依钩样小,扇逐汉机团。”❽向。李绅《宿扬州水馆》:“舟依浅岸参差合,桥映晴虹上下连。”罗隐《灵山寺》:“欲依师问道,何处系心猿。”

【依人】 ❶跟随别人。严维《荆溪馆呈丘义兴》:“失路荆溪上,依人忽暝投。”❷禽兽等跟着行人。褚亮《句》:“神羊既不触,夕鸟欲依人。”徐夤《白鹤》:“举翼凌空碧,依人到大邦。”❸同人亲近不离。钱起《咏白油帽送客》:“卷舒无定日,行止必依人。”李建勋《白雁》:“差池失群久,幽独依人切。”

【依山寄水】 言跋山涉水行踪不定。皎然《述祖德赠湖上诸沈》:“谁见予心独飘泊,依山寄水似浮云。”

【依止】 依靠,依归。刘长卿《寄普门上人》:“辛勤羞薄禄,依止爱闲田。”卢纶《题兴善寺后池》:“永愿容依止,僧中老此身。”张籍《赠华严院僧》:“一身依止荒闲院,烛耀窗中有宿烟。”皮日休《孤园寺》:“数刻日清净，终身欲依止。”

【依仁】 把儒家“仁”的观念作为言行准则。杜甫《寄张十二山人彪三十韵》：“此邦今尚武，何处且依仁。”薛逢《越王楼送高梓州入朝》：“让当游艺依仁日，便到攀辕卧辙秋。”韦庄《和薛先辈见寄初秋寓怀即事之作二十韵》：“托迹同吴燕，依仁似越禽。”

【依方】 依照配方。王建《设酒寄独孤少府》：“自看和酿一依方，缘看松花色较黄。”

【依地】 ❶依偎在地面。许棠《隗嚣宫晚望》：“碛鸟多依地，胡云不满天。”❷依靠土地。郭求《日暖万年枝》：“生植虽依地，光华只信天。”

【依托】 同“依托”。陈子昂《鸳鸯篇》。“乌啼倦依托，鹤鸣伤别离。”

【依投】 投靠。皇甫冉《酬张二仓曹杨子所居见寄兼呈韩郎中》：“渔父置词相借问，郎官能赋许依投。”杜牧《牧陪昭应卢郎中叙旧成二十二韵用以投寄》：“井闾安乐易，冠盖惬依投。”郑谷《送吏部曹郎中免官南归》：“小生诚浅拙，早岁便依投。”

【依因】 犹言依靠。张籍《献从兄》：“愿言灵溪期，聊欲相依因。”

【依行】 （—háng）按照行列。白居易《别桥上竹》：“穿桥迸竹不依行，恐碍行人被损伤。”又《竹窗》：“开窗不糊纸，种竹不依行。”

【依佛】 皈依佛门。卢纶《送恒操上人归江外觐省》：“依佛不违亲，高堂与寺邻。”姚合《送文著上人游越》：“念我为官应易老，羡师依佛学无生。”

【依門】 傍人门户。谓依附于人而不能自立。许棠《东归留辞沈侍郎》：“依门非近日，不虑旧恩移。”

【依念】 指对尘世的依恋和怀念。周贺《赠柏岩禅师》：“野寺绝依念，灵山会遍行。”

【依泊】 栖止，停留。李群玉《自澧浦东游江表途出巴丘投员外从公虞》：“依泊洞庭波，木叶忽已黄。”

【依依】 ❶轻柔披拂貌。韦应物《赠别河南李功曹》：“今朝章台别，杨柳亦依依。”李嘉祐《蒋山开善寺》：“看心兼送目，葭菼自依依。”李商隐《离亭赋得折杨柳二首》之一：“含烟惹雾每依依，万绪千条拂落晖。”崔道融《寒食客中有怀》：“江上闻莺禁火时，百花开尽柳依依。”❷深情依恋貌。王维《渭川田家》：“田夫荷锄至，相见语依依。”刘商《柳条歌送客》：“毵毵拂人行不进，依依送君无远近。”白居易《柳絮》：“三月尽是头白日，与春老别更依依。”钱珝《江行无题一百首》之七四：“江流何渺渺，怀古独依依。”❸隐隐约约貌。岑参《草堂村寻罗生不遇》：“数株溪柳色依依，深巷斜阳暮鸟飞。”李嘉祐《远寺钟》：“渐逐微风声，依依犹在耳。”韩愈《喜侯喜至赠张籍张彻》：“依依梦旧路，历历想行店。”黄滔《下第东归留辞刑部郑郎中诚》：“莺声历历秦城晓，柳色依依灞水春。”❹用在部分形容词和动词后面，以加深程度。李益《送客还幽州》：“惆怅秦城送独归，蓟门云树远依依。”白居易《因梦有悟》：“终为崔常侍，意色苦依依。”刘沧《从郑郎中高州游东潭》：“自是谢公心近得，登楼望月思依依。”南唐后主李煜《临江仙》词：“别巷寂寥人散后，望残烟草低迷，炉香闲袅凤皇儿。空持罗带，回首恨依依。”

【依前】 依照前例，依旧。元稹《辛夷花》：“明日不推缘国忌，依前不得花前醉。”许棠《献独孤尚书》：“虚抛南楚滞西秦，白首依前衣白身。”南唐嗣主李璟《摊破浣溪沙》词之二：“手卷真珠上玉钩，依前春恨锁重楼。”

【依约】 ❶隐约，仿佛。皮日休《江南道中怀茅山广文南阳博士三首》之一：“寒岚依约认华阳，遥想高人卧草堂。”罗隐《寄西华黄炼师》：“西华有路入中华，依约山川认永嘉。”郑渥《洛阳道》：“顷刻知音几存殁，半回依约认轮蹄。”❷大约，大概。元稹《和乐天示杨琼》：“腰身瘦小歌圆紧，依约年应十六七。”郑畋《初秋寓直三首》之一：“玉笛数声飘不住，问人依约在东头。”白居易《赠邻里往还》：“骨肉都卢无十口，粮储依约有三年。”❸美好貌。温庭筠《江南曲》：“连娟眉绕山，依约腰如杵。”孙光宪《女冠子》词之二：“淡花瘦玉，依约神仙妆束。”

【依草附木】 谓鬼怪附于他物上作祟。王周《巫庙》：“日既恃威福，岁久为精灵。依草与附木，诬诡殊不经。”

【依時】 按时。吕岩《五言》之五：“丹鼎烹成汞，炉中炼就铅。依时服一粒，白日上冲天。”

【依倚】 依托，依靠。张昌宗《少年行》：“依倚孟尝君，自知能市义。”李嘉祐《夜闻江南人家赛神因题即事》：“月隐回塘犹自舞，一门依倚神之祐。”韩愈《秋怀诗十一首》之九：“青冥无依倚，飞辙危难安。”李频《送友人喻坦之归睦州》：“彼此无依倚，东西又别离。”

【依倚子与夫】 依靠儿子和丈夫。语出《仪礼·丧服》：“妇人有三从之义，无专用之道，故未嫁从父，既嫁从夫，夫死从子。”张籍《征妇怨》：“妇人依倚子与夫，同居贫贱心亦舒。”

【依託】 亦作“依托”。依靠，依赖。韩愈、李正封《晚秋郾城会夜联句》：“烧陂除积聚，灌垒失依讬。”温庭筠《古意》：“散木无斧斤，纤茎得依讬。”杜荀鹤《乱后旅中遇友人》：“莫依乱世轻依讬，须学前贤隐姓名。”

【依偎】 亦作“依隈”。靠得很近。徐铉《和张少监晚菊》：“忆共庭兰倚砌栽，柔条轻吹独依隈。”

【依棲】 在他人处居住或安身。郑繇《失白鹰》：

"不知寥廓外，何处独依栖。"牟融《寄范使君》："从来姑息难为好，到底依栖总是诹。"袁皓《重归宜春偶成十六韵寄朝中知己》："直言干忌讳，权路耻依栖。"司空图《上陌梯寺怀旧僧二首》之一："依栖应不阻，名利本来疏。"

【依稀】 ❶隐隐约约貌。郭良《早行》："渐至重门外，依稀见洛城。"皎然《望远村》："一片山翠边，依稀见村远。"白居易《过昭君村》："惨澹晚云水，依稀旧乡园。"曹松《荆南道中》："十月荒郊雪气催，依稀愁色认阳台。"❷好像，仿佛。杜甫《驱竖子摘苍耳》："加点瓜薤间，依稀橘奴迹。"白居易《和殷协律琴思》："秋水莲冠春草裙，依稀风调似文君。"刘禹锡《奉送家兄归王屋山隐居二首》之一："洛阳天坛上，依稀似玉京。"徐铉《正初答钟郎中见招》："流年倏忽成陈事，春物依稀有旧情。"❸渐渐。李贺《河南府试十二月乐辞·十二月》："依稀和气解冬严，已就长日辞长夜。"

【依然】 ❶照旧，仍然。刘长卿《题灵祐和尚故居》："残经窗下依然在，忆得山中问许询。"戴叔伦《过故人陈羽山居》："不见山中人半载，依然松下屋三间。"皮日休《奉和鲁望四明山九题·樊榭》："主人成列仙，故榭独依然。"吴商浩《塞上即事》："分明更想残宵梦，故国依然在甬东。"❷依恋，思念。高适《遇冲和先生》："拊背念离别，依然出户庭。"皇甫冉《送包佶赋得天津桥》："相望依然一水间，相思已如千年隔。"权德舆《送从弟谒员外叔父回归义兴》："异乡兄弟少，见尔自依然。"白居易《访陶公旧宅》："每逢姓陶人，使我心依然。"❸仿佛，好像。徐铉《送朱先辈尉庐陵》："我重朱夫子，依然见古人。"

【依隈】 同"依偎"。陆龟蒙《五歌·放牛》："邻肩抵尾乍依隈，横去斜奔忽分散。"

【依微】 ❶隐隐约约貌。宋鼎《酬故人还山》："肃穆轻风度，依微隐径斜。"刘长卿《春望寄王涔阳》："依微水戍闻钲鼓，掩映沙村见酒旗。"韦应物《奉送从兄宰晋陵》："看山独送行，依微吴苑树。"李商隐《偶题二首》之二："清月依微香露轻，曲房小院多逢迎。"❷细小，轻细。韦应物《长安道》："晨霞出没弄丹阙，春雨依微自甘泉。春雨依微春尚早，长安贵游爱芳草。"李贺《石城晓》："春帐依微蝉翼罗，横茵突金隐体花。"又《河南府试十二月乐词·四月》："依微香雨青氛氲，腻叶蟠花照曲门。"

【依違】 ❶迟疑。白居易《和答诗十首·和阳城驿》："宪官闻此章，不敢怀依违。"❷依顺。刘叉《雪车》："依违用事佞上方，犹驱饿民运造化防暑厄。"高骈《途次内黄马病寄僧舍呈诸友人》："依违讽刺因行得，淡泊供需不在求。"❸言心不专决。温庭筠《河传》词："同伴，相唤，杏花稀，梦里每愁依违。"

【依蒲】 鱼依水草。喻人依明主。《诗·小雅·鱼藻》："鱼在在藻，依于其蒲。"郑玄笺："鱼之依水草，犹人之依明王也。"贺知章《奉和圣制送张说上集贤学士赐宴赋得谟字》："微躯不可答，空欲咏依蒲。"

【依僧】 依附佛门。韦应物《题从侄成绪西林精舍书斋》："慕谢始精文，依僧欲观妙。"

【依綴】 谓相从追随。元稹《大云寺二十韵》："驯鸽闲依缀，调猿静守群。"

【依德依仁】 依照儒家仁义道德处世行事。李咸用《和友人喜相遇十首》之八："还淳反朴已难期，依德依仁敢暂违。"

【依劉】 刘，指后汉刘表。《三国志·魏志·王粲传》："〔王粲〕年十七，司徒辟，诏除黄门侍郎，以西京扰乱，皆不就，乃之荆州依刘表。"后以"依刘"作为投靠权势之典。许浑《酬和杜侍御》："因过石城先访戴，欲朝金阙暂依刘。"李渥《秋日登越王楼献于中丞》："徒学仲宣聊四望，且将词赋好依刘。"罗隐《霅溪晚泊寄裴庶子》："道穷谩有依刘感，才急应无借寇期。"亦用以指投靠权势者的人。赵嘏《寄淮南幕中刘员外》："休向西斋久闲卧，满朝倾盖是依刘。"

【依劉表】 依附刘表。借指投靠地方长官。戴叔伦《送车参军江陵》："公子道存知不弃，欲依刘表住南荆。"武元衡《塞外月夜寄荆南熊侍御》："南依刘表北刘琨，征战年年箫鼓喧。"参见"依劉"。

【依劉客】 指投靠权贵并为之效命的人。许浑《郊居春日有怀府中诸公并柬王兵曹》："花前更谢依刘客，雪后空怀访戴人。"参见"依劉"。

【依憑】 依靠，凭借。李商隐《送千牛李将军赴阙五十韵》："内竖依凭切，凶门责望轻。"孙元晏《八关斋》："依凭金地甚虔诚，忍溺空王为圣明。"可止《雪十二韵》："道路依凭马，朝昏委托鸡。"亦用以指依凭的东西。王衍《题剑门》："作千寻壁垒，为万祀依凭。"

【依鄰】 孟子幼年家近墓地，嬉游时为墓间主事；后其母将家迁至街市附近，孟子又学为贾人炫卖之事；后迁至学宫旁，乃设俎豆揖让进退，孟母曰："真可以居吾子矣。"遂居之。见刘向《列女传·母仪》。孟郊《题韦承总吴王故城下幽居》："才饱身自贵，巷荒门岂贫。韦生堪继相，孟子愿依邻。"

【依遲】 ❶恋恋不舍貌。王维《别辋川别业》："依迟动车马，惆怅出松萝。"元稹《痁卧闲幕中呈三十韵》："怅望悲回雁，依迟傍古槐。"❷随风飘摇貌。崔日用《奉和圣制春日幸望春宫应制》："光风摇动兰英紫，淑气依迟柳色青。"

【依選】 按照举选。姚合《赠张籍太祝》："甘贫辞聘币，依选受官资。"

【依舊】 仍旧，照旧。耿湋《同李端春望》："南北东西各自去，年年依旧物华新。”吴武陵《题路左佛堂》：“自谓能生千里翼，黄昏依旧委蓬蒿。”许棠《讲德陈情上淮南李仆射八首》之二：“楚玉已曾分卞玉，膺门依旧是龙门。”张绮《和三乡诗》：“洛川依旧好风光，莲帐无因见女郎。”

【依歸】 依靠，依托。陆龟蒙《奉和袭美题达上人药圃二首》之二：“莫怪独亲幽圃坐，病容销尽欲依归。”

【依韻】 依照别人诗歌的韵部作诗。韵脚字只需与原诗同韵，不必同字。高骈有《依韵奉酬李迪》。徐铉有《依韵和令公大王蔷薇诗》。

佽 〔cì《广韵》七四切，去至，清。〕见“佽飛”。

【佽飛】 亦作“佽非”。春秋楚国勇士。《淮南子·道应训》载之。韦应物《汉武帝杂歌三首》之三：“左有佽飞落霜翮，右有孤儿贯犀革。”郑嵎《津阳门诗》：“射熊搏虎众莫敌，弯弧出入随佽飞。”

佯 〔yáng《广韵》與章切，平陽，以。〕❶假装。李白《越女词五首》之三：“笑入荷花去，佯羞不出来。”元稹《答姨兄胡灵之见寄五十韵》：“所期人拭目，焉肯自佯盲。”白居易《和殷协律琴思》：“烦君玉指分明语，知是琴心佯不闻。”和凝《宫词百首》之八二：“要对君王说幽意，低头佯念婕妤诗。”韦庄《女冠子》之一：“四月十七日，正是去年今日，忍泪佯低面，含羞半敛眉。”❷见“佯佯”。

【佯狂】 假装疯傻。秦系《鲍防员外见寻因书情呈赠》：“犹有郎官来问疾，时人莫道我佯狂。”元稹《秋堂夕》：“处世苟无闷，佯狂道非弘。”刘威《旅怀》：“自是一身嫌苟合，谁怜今日欲佯狂。”郑谷《渼陂》：“潸然四顾难消遣，只有佯狂泥酒杯。”柳宗元《弘农公以硕德伟材屈于诬枉左官三岁复为大僚谨献诗五十韵以毕微志》：“炯心那自视，昭世懒佯狂。”李商隐《赠送前刘五经映三十四韵》：“泣麟犹委吏，歌凤更佯狂。”

【佯佯】 做作，装模作样。韩偓《厌花落》：“也曾同在华堂宴，佯佯拢鬓偷回面。”又《不见》：“动静防闲又怕疑，佯佯脉脉是深机。”

【佯眠】 假装睡着。姚合《送崔之仁》：“佯眠随客醉，愁坐似僧禅。”齐己《寄东林言之禅子》：“听秋唯困坐，怕客但佯眠。”

【佯嗔】 假装生气。韩琮《题商山店》：“佯嗔阿母留宾客，暗为王孙换绮罗。”

【佯醉】 假装喝醉。卢纶《宴席赋得姚美人拍筝歌》：“已愁红脸能佯醉，又恐朱门难再过。”崔璀《赠营妓》：“只有今宵同此宴，翠娥佯醉欲先归。”

併 〔bìng《广韵》畀政切，去勁，幫。又必郢切，上静，幫。又蒲迥切，上迥，並。〕亦作“倂”。❶聚；集。韦应物《话旧》：“存亡三十载，事过悉成空。不惜沾衣泪，併话一宵中。”韩愈《东都遇春》：“贪求匪名利，所得亦已併。”又《忆昨行和张十一》：“殃消祸散百福併，从此直至耇与鲐。”❷合并；并吞。杜甫《屏迹三首》之一：“年荒酒价乏，日併园蔬课。”韩愈《寒食日出游》：“囊空甑倒谁救之，我今一食日还併。”❸副词。(1)俱，都。苏颋《奉和恩赐乐游园宴应制》：“日晚衔恩散，尧人併可封。”万齐融《三日绿潭篇》：“佳人祓禊赏韶年，倾国倾城併可怜。”卢纶《酬李端长安寓居偶咏见寄》：“流散俱多故，忧伤併在今。”李冶《偶居》：“心远浮云知不还，心云併在有无间。”(2)一起，一齐。张继《江上送客游庐山》：“晚来风信好，併发上江船。”韩愈《新竹》：“稀生巧补林，併出疑争地。”赵嘏《登安陆西楼》：“无由併写春风恨，欲下郧城首重回。”司空图《狂题二首》之二：“须知世乱身难保，莫喜天晴菊併开。”❹介词。(1)随，随着。杨凌《江上秋月》：“交亲几重别，归梦併愁侵。”(2)与，跟。谭铢《题九华山》：“色与山异性，性併山亦然。”

【併日】 喻辅佐君王。司空图《丁巳元日》：“扶天咨协力，併日召延英。”

【併手】 连手，合力。齐己《谢中上人寄茶》：“春山谷雨前，併手摘芳烟。”

【併吞】 ❶强行把别国的领土纳入本国的范围。胡曾《咏史诗·金牛驿》：“山岭千重拥蜀门，成都别是一乾坤。五丁不凿金牛路，秦惠何由得併吞。”❷互相倾轧吞并。李商隐《行次西郊作一百韵》：“华侈矜递衒，蒙俊相併吞。”

【併食】 并日而食，二日用一日食。元稹《六年春遣怀八首》之二：“检得旧书三四纸，高低阔狭粗成行。自言併食寻高事，唯念山深驿路长。”参见“併❷”。

【併起】 同时产生；同时出现。段文昌《晚夏登张仪楼呈院中诸公》：“併起乡关思，销忧在酒杯。”姚合《喜贾岛雨中访宿》：“虫声秋併起，林色夜相连。”贾岛《泥阳馆》：“客愁何併起，暮送故人回。”温庭筠《旅泊新津却寄一二知己》：“併起别离恨，似闻歌吹喧。”

【併隨】 随同。李白《金陵三首》之三：“古殿吴花草，深宫晋绮罗，併随人事灭，东逝与沧波。”刘禹锡《再授连州至衡阳酬柳柳州赠别》：“归目併随回雁尽，愁肠正遇断猿时。”

【併糧】 把口粮併在一起，让一个人吃。相传战国羊角哀与左伯桃为友，闻楚王招贤，同赴楚。途遇雨雪，粮少衣单，势难俱生。伯桃乃以衣食与哀，自入空树中死。哀至楚，为上卿，乃启树礼葬伯桃。见《太平御览》卷四十引《列士传》。后用以称颂生死之交。

吴筠《经羊角哀墓作》："感子初併粮，我心正氛氲。"韦庄《和郑拾遗秋日感事一百韵》："异国惭倾盖，归涂俟併粮。"

侘〔chà《广韵》丑亞切，去禡，徹。又敕加切，平麻，徹。〕见"侘傺"。

【侘傺】 失意苦闷，精神恍惚。张说《赠赵公》："送君在南浦，诧傺投此词。"

佷〔hěn《玉篇》户懇切。〕凶狠。李节《赠释疏言还道林寺诗》："湘川狺狺兮俗犷且佷，利杀业偷兮吏莫之驯。"

侔〔móu《广韵》莫浮切，平尤，明。〕❶齐等，相当。张九龄《题画山水障》："变化合群有，高深侔自然。"元结《开荒诗一首》："令行山川改，功与玄造侔。"权德舆《建除诗》："开济今如此，英威古不侔。"杨乘《甲子岁书事》："小大势难侔，逆顺初不敌。"❷类似。张巡《守睢阳作》："合围侔月晕，分守若鱼丽。"褚朝阳《五丝》："锦绣侔新段，羔羊寝旧诗。"郑俞《赋得玉水记方流》："如天涵素色，侔地引方流。"

七　画

俞〔yú《广韵》羊朱切，平虞，以。〕❶犹是、对，表示应答和应允。高适《真定即事奉赠韦使君二十八韵》："隐轸推公望，逶迤协帝俞。"温庭筠《病中书怀呈友人》："莲府侯门贵，霜台帝命俞。"来鹄《圣政纪颂》："贞观多吁，永徽多俞。"❷通"愉"。见"俞俞"。❸姓。见"俞簡"。

【俞俞】 和乐愉快貌。元稹《后湖》："人人傥自为，我亦不庀徒，下里得闻之，各各相俞俞。"

【俞簡】 贞元十五年（799）进士。生平不详。《全唐诗》存其《行不由径》诗一首。

俎〔zǔ《广韵》側吕切，上語，莊。〕❶古代祭祀或宴会时盛放牲体的礼器。陈叔达《州城西园入斋祠社》："折俎分归胙，充庭降受厘。"源光裕《祭汾阴乐章》："秀毕丰荐，芳俎盈实。"包佶《祀雨师乐章·送神》："饮福陈诚礼容备，撤俎终献曙光分。"权德舆《六府诗》："金罍映玉俎，宾友纷宴喜。"❷切肉用的砧板。引申为宰割。韦应物《燕衔泥》："不见百鸟畏人林野宿，翻遭网罗俎其肉，未若衔泥入华屋。"❸几案。韦应物《酒肆行》："晴景悠扬三月天，桃花飘俎柳垂筵。"

【俎豆】 ❶古代祭祀、宴飨用以盛食物的礼器。张说《唐封泰山乐章·雍和》："俎豆有馥，粢盛絜丰。"李贺《勉爱行二首送小季之庐山》之一："洛郊无俎豆，弊厩惭老马。"杜牧《洛中送冀处士东游》："武事何骏壮，文理何优柔！颜回捧俎豆，项羽横戈矛。"王卓《观北番谒庙》："休运威仪盛，丰年俎豆盈。"❷谓祭祀，奉祀。骆宾王《边城落日》："一朝辞俎豆，万里逐沙蓬。"杜甫《赠秘书监江夏李公邕》："宗儒俎豆事，故吏去思计。"吴筠《高士咏·洞灵真人》："乡人谋尸祝，不欲闻俎豆。"❸泛指礼仪。李咸用《自愧》："有心明俎豆，无力执干戈。"贯休《东阳罹乱后怀王慥使君五首》之三："货财不入崔洪口，俎豆尝闻夫子言。"

【俎羞】 祭祀时俎上盛献的珍馐美味。徐浩《谒禹庙》："负责故乡近，竭来申俎羞。"

【俎胾】 俎上所盛的大块肉。《礼记·曲礼上》："凡进食之礼，左殽右胾。"柳宗元《奉平淮夷雅表·皇武》之四："鼎臑俎胾，五献百笾。"

便[1]〔biàn《广韵》婢面切，去線，並。〕❶便利，方便。储光羲《苏十三瞻登玉泉寺峰入寺中见赠作》："忽与去人远，俄逢归者便。"韩愈《短灯檠歌》："长檠八尺空自长，短檠二尺便且光。"刘遵古《御沟新柳》："愿假骞飞便，归栖及此辰。"杜牧《赤壁》："东风不与周郎便，铜雀春深锁二乔。"❷适合；适宜。杜甫《寄赞上人》："年侵腰脚衰，未便阴崖秋。"戴叔伦《少女生日感怀》："欲教针线娇难解，暂弄琴书性已便。"朱庆余《镜湖西岛言事》："慵拙幸便荒僻地，纵闻猿鸟亦何愁。"齐己《喻吟》："日用是何专，吟疲即坐禅。此生还可喜，余事不相便。"❸适宜的时机；顺便的机会。舒元舆《八月五日中部官舍追怆故事》："燕戎伺其便，百万奋长戟。"白居易《题海图屏风》："鲸鲵得其便，张口欲吞舟。"辛学士《答王无功入长安咏秋蓬见示》："因风若有便，更共入云飞。"❹顺；顺利。张说《寄姚司马》："偶逢西风便，因之寄鄂渚。"皇甫冉《送顾袪往新安》："半是乘潮便，全非行路难。"方干《送僧归日本》："满帆若有归风便，到岸犹须隔岁期。"陈凝《马》："若遇追风便，当轩一举头。"❺顺从。韦应物《送李十四山东游》："权豪非所便，书奏寝禁门。"刘禹锡《酬乐天闻新蝉见赠》："人情便所遇，音韵岂殊常。"❻喜爱；擅长。寒山《诗三百三首》之二二八："野情便山水，本志慕道伦。"杜甫《陕陂西南台》："身退岂待官，老来苦便静。"裴度《窦七中丞见示辄戏和之》："故态君应在，新诗我亦便。"姚合《寄主客刘员外》："静者多便夜，豪家不见秋。"❼习惯，适应。高适《秦中送李九赴越》："镜水君所忆，莼羹余旧便。"司空曙《病中寄郑十六兄》："手便筇杖冷，头喜葛巾轻。"张籍《赠殷山人》："恓惶身独隐，寂寞性应便。"罗邺《山阳贻友人》："性僻多将云水便，山阳酒病动经年。"❽灵便；轻捷。杜甫《独立》："飘飖搏击便，容易往来游。"张复元《风光草际浮》："好助莺迁势，乘时冀便翔。”❾简易的；非正式的。参见“便幕”“便門❸”。❿副词。(1)即，就。上官昭容《游长宁公主流杯池二十五首》之八：“凿山便作室，凭树即为楹。”张旭《山行留客》：“山光物态弄春辉，莫为轻阴便拟归。”元稹《估客乐》：“一解市头语，便无乡里情。”刘沧《邺都怀古》：“一望青山便惆怅，西陵无主月空明。”(2)但；只。李白《江夏行》：“对镜便垂泪，逢人只欲啼。”杜甫《玉台观》：“更肯红颜生羽翼，便应黄发老渔樵。”岑参《送李翥游江外》：“便获赏心趣，岂歌行路难。”吕温《晋王龙骧墓》：“孙皓小儿何足取，便令千载笑争功。”(3)又。祖咏《答王维留宿》：“升堂还驻马，酌醴便呼儿。”刘长卿《送友人西上》：“十年经转战，几处便芳菲。”李端《送客东归》：“行人相见便东西，日暮溪头饮马别。”元稹《牡丹二首》之一：“眼看吹落地，便别一年春。”(4)已经。李建勋《宫词》：“宫门长闭舞衣闲，略识君王鬓便斑。”⓫连词。(1)即使，纵然。王昌龄《留别岑参兄弟》：“便以风雪暮，还为纵饮留。”杜甫《送郑十八虔贬台州司户情见于诗》：“便与先生应永诀，九重泉路尽交期。”杨巨源《美人春怨》：“纵便朦胧觉，魂犹逐楚王。”(2)虽然。司马扎《近别》：“咫尺不相见，便同天一涯。”韦庄《冬日长安感志寄献虢州崔郎中二十韵》：“济物便同川上楫，慰心还似邑中黔。”⓬通“辨”。察看。张九龄《酬周判官巡至始兴见贻之作兼呈耿广州》：“揽辔但荒服，循陔便私第。”

便²〔pián《广韵》房连切，平仙，並。《集韵》毗连切，平仙，並。〕❶安适；安宁。孟浩然《冬至后过吴张二子檀溪别业》：“外事情都远，中流性所便。”杜甫《寄题江外草堂》：“遭乱到蜀江，卧疴遣所便。”刘长卿《夜宴洛阳寻智者禅师隐居》：“魏阙从此去，沧州知所便。”权德舆《奉送韦起居归嵩阳旧居》：“滑和固难久，循性得所便。”❷形容腹部肥满。李端《晚春过夏侯校书值其沉醉戏赠》：“卧龙髯乍磔，栖蝶腹何便。”参见“便₂便❷”。❸通“辩”。善于言辞。皮日休《鲁望昨以五百言见贻因成一千言》：“其文如可用，不敢佞与便。”参见“便₂佞”。❹有利。见“便₂宜”。❺轻盈。见“便₂嬛”。❻回旋。见“便₂娟❶”。

【便門】❶古长安城门名。《三辅黄图·都城十二门》：“长安城南出第三门曰西安门，北对未央宫，一曰便门，即平门也。”和凝《宫词百首》之八五：“平明光政便门开，已见忠臣早入来。”❷即方便门。佛教语。引人领悟佛教真义之门径。刘禹锡《谒柱山会禅师》：“觉路明证入，便门通忏悔。”又《送宗密上人归南山草堂寺因谒河南尹白侍郎》：“自从七祖传心印，不要三乘入便门。”❸正门以外的旁门。李商隐《日高》：“镀镮故锦縻轻拖，玉筦不动便门锁。”

【便₂佞】巧言善辩，阿谀逢迎。卢仝《常州孟谏议座上有感五首》之二：“干禄无便佞，宜知黜此身。”

【便坐】别室，厢房。郭震《同徐员外除太子舍人寓直之作》：“露湿幽岩桂，风吹便坐桑。”

【便使】便道出使。谓受命后不必入朝谢恩，直接赴任。王维有《休假还旧业便使》。参见“便道”。

【便宜】谓斟酌事宜，不拘陈规，自行决断处理。戴叔伦《抚州被推昭雪答陆太祝三首》之一：“求理由来许便宜，汉朝龚遂不为疵。”李涉《山居》：“想得俗流应大笑，不知年老识便宜。”

【便₂宜】利益，好处。寒山《诗三百三首》之九八：“凡事莫容易，尽爱讨便宜。”又之二六八：“有人来骂我，分明了了知。虽然不应对，却是得便宜。”孙光宪有《引自落便宜句》。

【便房】古代帝王、诸侯王等墓葬中筑有仿生人居室，棺木即置其中。称为“便房”。重臣死后亦有受赐而享此待遇。后因用以为“墓室”之雅称。陆龟蒙《顾道士亡弟子奉束帛乞铭于袭美因赋戏赠》：“童初真府召为郎，君与抽毫刻便房。”

【便是】❶正是。孙逖《和左司张员外自洛使入京赠韦侍御等诸公》：“遥瞻使者星，便是郎官应。”元稹《哭子十首》之三：“钟声欲绝东方动，便是寻常上学时。”杜荀鹤《再经胡城县》：“今来县宰加朱绂，便是生灵血染成。”❷正如；即如。杨郇伯《送妓人出家》：“暂惊风烛难留世，便是莲花不染身。”李商隐《明日》：“谁言整双履，便是隔三桥。”❸即是；就是。贾耽《赋虞书歌》：“须知孔子庙堂碑，便是青箱中至宝。”裴夷直《令和州买松》：“须知剖竹日，便是看松来。”杜荀鹤《和舍弟题书堂》：“团圆便是家肥事，何必盈仓与满箱。”❹用于句末，表示肯定语气。贯休《送僧归日本》：“得达即便是，无生可作轻。”

【便₂便】（—pián）❶形容言语流畅。陈子昂《感遇诗三十八首》之十：“便便夸毗子，荣耀更相持。”❷腹部肥满貌。姚合《乞酒》：“况此便便腹，无非是满卮。”罗隐《暇日感怀因寄同院吴蜕拾遗》：“戏悲槐市便便笥，狂忆樟亭满满杯。”贯休《送郑阁赴闽辟》：“便便书腹德无邻，健笔从知又入闽。”

【便風】顺风。杨炯《梅花落》：“影随朝日远，香逐便风来。”王昌龄《巴陵送李十二》：“摇曳巴陵洲渚分，清江传语便风闻。”钱起《九日寄侄箓箕等》：“采菊偏相忆，传香寄便风。”陆龟蒙《江南二首》之一：“便风船尾香秔熟，细雨层头赤鲤跳。”

【便₂妍】俏丽；明媚。任希古《和李公七夕》：“便妍耀井色，窈窕凌波步。”刘宪《奉和春日幸望春宫应制》：“暮春春色最便妍，苑里花开列御筵。”

【便借】便于借用。赵璜《六月》：“秋风岂便借，客思已萧条。”

【便$_2$娟】 回旋飞舞貌。骆宾王《艳情代郭氏答卢照邻》：“流风回雪傥便娟，骥子鱼文实可怜。”徐彦伯《拟古三首》之二：“皎洁绮罗艳，便娟丝管清。”

【便習】 熟悉。孟浩然《南还舟中寄袁太祝》：“沿溯非便习，风波厌苦辛。”

【便堪】 即可。孟云卿《途中寄友人》：“倘使长如此，便堪休去程。”陆龟蒙《三宿神景宫》：“岂独冷衣襟，便堪遗造请。”皮日休《五贶诗·太湖砚》：“月融还似洗，云湿便堪研。”

【便當】 ❶即应；即当。韩愈《赠侯喜》：“便当提携妻与子，南入箕颍无还时。”白居易《病中友人相访》：“偶逢故人至，便当一逢迎。”陆龟蒙《奉酬袭美先辈吴中苦雨一百韵》：“不独庖羲轩，便当城老佛。”❷顺便。白居易《酬韩侍郎张博士雨后游曲江见寄》：“小园新种红樱树，闲绕花行便当游。”

【便道】 ❶犹即行。指拜官或受命后不必入朝谢恩，直接赴任。孙逖《送苏郎中绾出佐荆州》：“高车自兰省，便道出荆门。”杜甫《送十五弟侍御使蜀》：“归朝多便道，搏击望秋天。”❷顺路。刘长卿《奉和赵给事使君留赠李婺州舍人兼谢舍人别驾之什》：“便道访情亲，东方千骑尘。”又《冬夜宿扬州开元寺烈公房送李侍御之江东》：“炉峰若便道，为访东林僧。”

【便殿】 正殿以外的别殿。帝王休息消闲之处。元稹《酬翰林白学士代书一百韵》：“便殿承偏召，权臣惧挠私。”吴融有《便殿候对》。

【便幕】 用帐幕围成的简易宫室。张说《奉和圣制初入秦川路寒食应制》：“便幕那能镂鸡子，行宫善巧帖毛球。”

【便$_2$蕃】 亦作“便繁”。频繁；屡次。张九龄《酬周判官巡至始兴会改秘书少监见贻之作兼呈耿广州》：“过举及小人，便蕃在中岁。”崔元翰《奉和登玄武楼观射即事书怀赐孟涉应制》：“光赏文藻丽，便繁心膂亲。”李商隐《今月二日不自量度辄以诗一首四十韵干渎尊严辄复五言四十韵诗献上》：“系滞喧人望，便蕃属圣衷。”

【便橋】 即便门桥。《三辅黄图·都城十二门》：“武帝建元二年初作便门桥，跨渡渭水上，以趋茂陵，其道易直。《三辅决录》曰：‘长安城西门曰便门，桥北与门对，因号便桥。’”吴融有《赴职西川过便桥书怀寄同年》。

【便$_2$嬛】 轻盈美好貌。皮日休《鲁望昨以五百言见贻因成一千言》：“亦或尚华缛，亦曾为便嬛。”

【便$_2$繁】 见“便$_2$蕃”。

【便$_2$寵】 谓受宠幸。李商隐《效徐陵体赠更衣》：“楚腰知便宠，宫眉正斗强。”

侲

〔zhèn《广韵》章刃切，去震，章。〕见“侲子”。

【侲子】 童子。沈佺期《守岁应制》：“殿上灯人争烈火，宫中侲子乱驱妖。”

侠

〔xiá《广韵》胡頰切，入帖，匣。〕❶见义勇为，急人之难的性格或行为。蔡孚《打球篇》：“容色由来荷恩顾，意气平生事侠游。”李白《少年行》：“少年游侠好经过，浑身装束皆绮罗。”雍陶《少年行》：“不倚军功有侠名，可怜球猎少年情。”❷指仗义行侠的人。参见“侠士”“侠客”。

【侠士】 仗义勇为的人。李白《少年行》：“骄矜自言不可有，侠士堂中养来久。”

【侠少】 侠义少年之省称。王维《燕支行》：“赵魏燕韩多劲卒，关西侠少何咆勃。”李益《赴邠宁留别》：“侠少何相问，从来事不平。”刘禹锡《百舌吟》：“酡颜侠少停歌听，坠珥妖姬和睡闻。”

【侠少年】 能见义勇为、舍己助人的少年。王维《同比部杨员外十五夜游有怀静者季》：“香车宝马共喧阗，个里多情侠少年。”虞羽客《结客少年场行》：“幽并侠少年，金络控连钱。”

【侠烈】 指刚直严正、见义勇为的人。储光羲《赴冯翊作》：“耻从侠烈游，甘为刀笔吏。”

【侠客】 旧称急人之难、出言必信、抑强扶弱的豪侠之士。虞世南《从军行二首》之二：“侠客吸龙剑，恶少缦胡衣。”李峤《桂》：“侠客条为马，仙人叶作舟。”高适《古大梁行》：“侠客犹传朱亥名，行人尚识夷门道。”霍总《骢马》：“青骊八尺高，侠客倚雄豪。”李白有《侠客行》。

【侠骨】 刚正豪强、见义勇为的性格与气质。王维《少年行四首》之二：“孰知不向边庭苦，纵死犹闻侠骨香。”李白《侠客行》：“纵死侠骨香，不惭世上英。”李贺《马诗二十三首》之十三：“宝玦谁家子，长闻侠骨香。”

【侠游】 犹游侠。蔡孚《打球篇》：“容色由来荷恩顾，意气平生事侠游。”

修

〔xiū《广韵》息流切，平尤，心。〕❶修饰。见“修容”“修崇”。❷整修；修理。王维《济州过赵叟家宴》：“荷锄修药圃，散帙曝农书。”元结《将牛何处去二首》之二：“叔闲修农具，直者伴我耕。”张籍《送友人归山》：“移石修废井，扫龛盛旧书。”陆龟蒙《奉和夏初袭美见访题小斋次韵》：“尽趁晴明修网架，每和烟雨掉缫车。”❸修建；建造。杜甫《九成宫》：“虽无新增修，尚置官居守。”元稹《褒城驿》：“严秦修此驿，兼涨驿前池。”王播《题木兰院二首》之一：“三十年前此院游，木兰花发院新修。”王贞白《送马明府归山》："辞秩入匡庐，重修靖节居。"❹办理，置备。《郊庙歌辞·周郊祀乐章·禋顺乐》："既修昭事，潜达明诚。"储光羲《祭风伯坛应张太祝作》："将修风伯祀，更福太平人。"皇甫冉《奉和汉祖庙下之作》："方修汉祖祀，更使沛童歌。"白居易《酬郑侍御多雨春空过诗三十韵》："祀典修咸秩，农书振满床。"❺撰写；编纂。李白《冬日归旧山》："洗砚修良策，敲松拟素贞。"严维《哭灵一上人》："谁复修僧史，应知传已成。"刘禹锡《送分司陈郎中祗召直史馆重修三圣实录》："远取南朝贵公子，重修东观帝王书。"喻坦之《留别友人书斋》："背俗修琴谱，思家话药畦。"❻推举；提倡。张九龄《经江宁览旧迹至玄武湖》："佳气日将歇，霸功谁与修？"李华《咏史十一首》之二："汉皇修雅乐，乘舆临太学。"耿沣《奉送崔侍御和蕃》："新恩明主启，旧好使臣修。"❼研习，学习。沈佺期《饯唐郎中洛阳令》："一台推往妙，三史伫来修。"顾况《酬信州刘侍郎兄》："薄宦修礼数，长景谢谭谐。"张籍《送闲师归江南》："多生修律业，外学得诗名。"❽治理，整顿。刘昚虚《寄阎防》："应以修往业，亦惟立此身。"杨嗣复《题李处士山居》："今日仲容修故业，草堂焉敢更移文。"❾纠正。顾况《燕于巢一章》："昔在羲和，湎淫不修。"韩愈《谴疟鬼》："不修其操行，贱薄似汝稀。"❿修行。指学佛或学道，行善积德。寒山《诗三百三首》之四一："今生又不修，来生还如故。"李白《与南陵常赞府游五松山》："龙堂若可憩，吾欲归精修。"喻凫《题弘济寺不出院僧》："色相栽花视，身心坐石修。"张蠙《赠可伦上人》："修从多劫后，行出众人中。"⓫建立；培养。顾况《从江西至彭蠡寄齐相公》："无边尽未来，定惠双修功。"王贞白《妾薄命》："妾专修妇德，媒氏却相轻。"⓬遵循。独孤及《送马郑州》："勉修循吏迹，以谢主人恩。"李频《送狄明府赴九江》："字人修祖德，清白定闻传。"杜荀鹤《送韦书记归京》："朝客半修前辈礼，古人多重晚年荣。"徐铉《步虚词五首》之三："唯余养身法，修此与天通。"⓭高；长；远。孟浩然《襄阳公宅饮》："北林积修树，南池生别岛。"韩愈《海水》："我鳞日已大，我羽日已修，风波无所苦，还作鲸鹏游。"李商隐《江上》："刺字从漫灭，归途尚阻修。"⓮善；美好。萧颖士《江有归舟三章》之一："之子言旋，嘉名孔修。"姚合《寄无可上人》："见世虑皆尽，来生事更修。"⓯指贤人。韩愈《刘生诗》："我为罗列陈前修，芟蒿斩蓬利锄耰。"牟融《题李昭训山水》："卜筑藏修地自偏，尊前诗酒集群贤。"刘斌《和谒孔子庙》："及门思往烈，入室想前修。"⓰通"羞"。进献。《郊庙歌辞·享太庙乐章·歆和》："崇禋已备，粢盛聿修。"杨巨源《卢郎中拜陵遇雪蒙见召因寄》："蘋叶已修青玉荐，柳花仍拂赤车衣。"⓱姓。裴谐《观修处士画桃花图歌》："一从天宝王维死，于今始遇修夫子。"见"修睦"。

【修己】 自我修养。白居易《新乐府·骊宫高》："吾君修己人不知，不自逸兮不自嬉。"孟翱《言行相顾》："比珪斯不玷，修己直如弦。"

【修仁】 施行仁义。王炎《赋得行不由径》："远迹如违险，修仁在履平。"

【修文】 ❶兴修文教。指修治典章制度，提倡礼乐教化。韦述《奉和圣制送张说上集贤学士赐宴》："修文中禁启，改字令名加。"刘言史《初下东周赠孟郊》："修文返正风，刊字齐古经。"尚宫宋氏若昭《奉和御制麟德殿宴百僚应制》："修文招隐伏，尚武殄妖凶。"❷旧称"修文郎"为阴曹掌著作之官，故以"修文"指文人之死。杜甫《哭李常侍峄二首》之一："一代风流尽，修文地下深。"又《哭李尚书》："修文将管辂，奉使失张骞。"徐夤《伤前翰林杨左丞》："人间搦管穷仓颉，地上修文待卜商。"

【修文郎】 亦称"修文著作郎"。传说晋苏韶死后现形，告其弟曰：颜渊、卜商，今见在为修文郎，修文郎凡有八人，鬼之圣者。后因以"修文郎"称阴曹掌著作之官。陆龟蒙《次追和清远道士诗韵》："左右修文郎，纵横洒篇翰。"司空图《狂歌十八首》之九："地下修文著作郎，生前饥处倒空墙。"

【修文偃武】 兴办文教，停息武备。杜甫《承闻河北诸道节度入朝欢喜口号绝句十二首》之五："鸣玉锵金尽正臣，修文偃武不无人。"薛逢《九日曲池游眺》："正当海晏河清日，便是修文偃武时。"

【修文著作郎】 见"修文郎"。

【修心】 修养心性。王建《寄旧山僧》："因依老宿发心初，半学修心半读书。"姚合《过稠上人院》："应诏常翻译，修心出是非。"杜荀鹤《舟行晚泊江上寺》："挂衲虽无分，修心未觉非。"崔涂《读侯道华真人传》："不得修心要，翻知出世难。"

【修生】 犹养生。李建勋《中酒寄刘行军》："恋寝嫌明室，修生愧道书。"吕岩《七言》之二九："修生一路就中难，迷者徒将万卷看。"

【修白】 长长的白练。指瀑布。韩愈《答张彻》："泉绅拖修白，石剑攒高青。"

【修竹】 长长的竹子。宋之问《绿竹引》："青溪绿潭潭水侧，修竹婵娟同一色。"张九龄《送宛句赵少府》："修竹含清景，华池澹碧虚。"钱起《寻司勋李郎中不遇》："重花不隔陈蕃榻，修竹能深夫子墙。"

【修竹里】 系"修行里"之误。刘得仁《初夏题段郎中修竹里南园》，所指段郎中即曾任尚书郎之段成式。段著《酉阳杂俎》云：其私第在修行里，并有果园数亩。《唐两京城坊考》亦谓段成式宅在修行里。两京城坊中无"修竹"之名。故知"竹"与"行"因形近误植。参见“修行里”。

【修行】（—xíng）❶出家学佛或学道。寒山《诗三百三首》之八九：“再三劝你早修行，是你顽痴心恍惚。”王建《赠太清卢道士》：“修行近日形如鹤，导引多时骨似绵。”杜荀鹤《题觉禅和》：“少见修行得似师，茅堂佛像亦随时。”亦指学佛、学道之人。崔峒《题空山人石室》：“云山知夏腊，猿鸟见修行。”❷遵照实行。白居易《郡西亭偶咏》：“可怜此道人皆见，但要修行功用深。”姚合《寄不疑上人》：“是法修行遍，方栖不二门。”和凝《醴泉院》：“珍重支公每相勉，我于儒行也修行。”❸修行里之省称。见“修行里”。

【修行坊】即修行里。在长安朱雀门街东第四街。即皇城东之第一街。见《唐两京城坊考》卷三。修行坊在昭国坊东，白居易于元和九年至十年官左赞善大夫时寓居昭国坊。白居易《送张山人归嵩阳》：“黄昏惨惨天微雪，修行坊西鼓声绝。”参见“修行里”。

【修行里】唐都城居住区名。原称为里，后改称坊。(1)在西京长安朱雀门街东第四街，即皇城东之第二街。本名修华，武太后时，避讳改修行坊，景云元年复旧，后又改之。坊中有段成式宅。见《唐两京城坊考》卷三。元稹有《题李十一修行里居壁》。白居易《松声》诗题注：“修行里张家宅南亭作。”姚合有《题刑部马员外修行里南街新居》。亦省称“修行”。顾非熊有《夏日会修行段将军宅》。(2)在东都洛阳定鼎门街东第二街，北隔洛水，当皇城之左掖门。见《唐两京城坊考》卷五。温庭筠有《和太常杜少卿东都修行里有嘉莲》。

【修名】置备名帖。刘禹锡《寄毗陵杨给事三首》之一：“挥毫起制来东省，蹑足修名谒外台。”

【修身】修养身心。寒山《诗三百三首》之七四：“背后噇鱼肉，人前念佛陀，如此修身处，难应避奈何！”耿湋《冬夜寻李永因书事赠之》：“栖遑偏降志，疵贱倍修身。”李频《贻友人喻坦之》：“修身空有道，取事各无媒。”吴叔达《言行相顾》：“立志言为本，修身行乃先。”

【修表】写奏章。李商隐《偶成转韵七十二句赠四同舍》：“平明亦帖使修表，上贺嫖姚收贼州。”

【修武】❶整治武备。卢纶《送彭开府往云中觐使君兄》：“儒者曾修武，因贻上将篇。”❷地名。汉山阳县地，古名修武。隋因之。唐武德二年置陟州及修武县，贞观元年改属怀州。今并入河南焦作市。参见《旧唐书·地理志二》。钱起有《送修武元少府》。

【修刺】置备名帖以通报姓名。语出《后汉书·文苑·边让传》。李嘉祐《送樊兵曹潭州谒韦大夫》：“修刺辕门里，多怜尔为亲。”韩翃《送李湜下第归卫州便游河北》：“高谭魏国访先生，修刺平原过内史。”刘禹锡《同乐天送河南冯尹学士》：“阁上掩书刘向去，门前修刺孔融来。”

【修門】楚国郢都的城门。《楚辞·招魂》：“魂兮归来！入修门些。”王逸注：“修门，郢城门也。”后泛指京都城门。柳宗元《汨罗遇风》：“南来不作楚臣悲，重入修门自有期。”

【修明】阐明。权德舆《送别沅泛》：“经术既修明，艺文亦葳蕤。”

【修夜】长夜。张说《夕宴房主簿舍》：“伊人美修夜，朋酒惠来称。”

【修育】修身养育。元结《系乐府十二首·寿翁兴》：“借问多寿翁，何方自修育。”

【修治】整修。段谷《市中狂吟》：“一间茅屋，尚自修治。”

【修阻】遥远而阻隔。钱起《淮上别范大》：“游宦且未达，前途各修阻。”刘复《送王伦》：“清光日修阻，尺素安可论。”

【修春禊】见“修禊”。

【修貢】进献贡品。《郊庙歌辞·享太庙乐章·钧天舞》：“河岳修贡，神祇效职。”杜牧《题茶山》：“剖符虽俗吏，修贡亦仙才。”

【修持】持戒修行。李嘉祐《送弘志上人归湖州》：“能使南人敬，修持香火缘。”耿湋《晚秋宿裴员外寺院》：“愿向空门里，修持比昼龙。”贾岛《题童真上人》：“江上修持积岁年，滩声未拟住潺湲。”方干《寄于少监》：“修持清苦振佳声，众鸟那知一鹗情。”

【修修】❶谨饬貌。吕岩《七言》之五十：“修修修得到乾乾，方号人间一醉仙。”❷端正整齐貌。元结《演兴四首·招太灵》：“祠之巅兮眇何年，木修修兮草鲜鲜。”❸修长美好貌。杜甫《破船》：“邻人亦已非，野竹独修修。”白居易《池畔逐凉》：“风清泉冷竹修修，三伏炎天凉似秋。”许浑《与侯春时同年南池夜话》：“芦苇暮修修，溪禽上钓舟。”齐己《溪斋二首》之二：“杉竹映溪关，修修共岁寒。”❹象声词，形容风雨声。戎昱《收襄阳城二首》之一：“悲风惨惨雨修修，岘北山低草木愁。”韩愈《赴江陵途中寄赠三学士》：“湘水清且急，凉风日修修。”张籍《送南客》：“行路雨修修，青山尽海头。”薛能《秋夜听任郎中琴》：“十指宫商膝上秋，七条丝动雨修修。”

【修架】高架。指高耸的建筑物。韩愈《县斋有怀》：“寒空耸危阙，晓色曜修架。”

【修真】道教谓学道修行。玄宗《送道士薛季昌还山》：“洞府修真客，衡阳念旧居。”李群玉《别尹炼师》：“徒以菌蟪姿，缅攀修真诀。”刘沧《过铸鼎原》：“黄帝修真万国朝，鼎成龙驾上丹霄。”许三畏《题菖蒲废观》：“我来不见修真客，却得真如问远公。”

【修峻】 高而险峻。王翰《赋得明星玉女坛送廉察尉华阴》："三峰离地皆倚天，唯独中峰特修峻。"

【修躬】 自我修养。皎然《因游支硎寺寄邢端公》："践职勋庸列，修躬志行彰。"

【修徑】 长远的小路。姚倔《南源山》："修径投幽隐，轻裘怯暮寒。"

【修高廟】 东汉光武帝刘秀，庙号世祖，于建武元年(25)十月入洛阳定都。次年正月即于洛阳起高庙，建社稷。见《后汉书·光武帝纪上》。后因以"修高庙"喻指恢复社稷。杜甫《寄张十二山人彪三十韵》："世祖修高庙，文公赏从臣。"

【修容】 修饰容貌。李中《春闺辞二首》之一："尘昏菱鉴懒修容，双脸桃花落尽红。"

【修書】 写信。吴融《荆州寓居书怀》："绝迹思浮海，修书懒寄秦。"又《宪丞裴公上洛退居有寄二首》之二："门前立使修书懒，花下留宾压酒忙。"

【修書院】 即集贤殿书院。亦称集贤院。唐代文学三馆之一，掌理秘书图籍等事。开元五年(717)，玄宗决定在乾元殿整理内库藏书，置乾殿使，次年改为丽正修书院，称修书官为丽正殿直学士。开元十三年，改丽正殿为集贤殿，又改为集贤殿书院，并以中书令张说为学士知院事，置学士、正字等官。参阅《旧唐书·职官志二》。张说有《修书院学士奉敕宴梁王宅赋得树字》。

【修娥】 同"修蛾"。温庭筠《黄昙子歌》："萋芊小城路，马上修娥懒。"

【修處士】 唐代画家。名未详。元夏文彦《图绘宝鉴·补遗》中只说他工花鸟，余无记。裴谐有《观修处士画桃花图歌》。

【修畦】 整齐的畦田。孟郊《立德新居》之六："悬途多仄足，崎圃无修畦。"

【修蛇】 长蛇，大蛇。李白《荆州贼平临洞庭言怀作》："修蛇横洞庭，吞象临江岛。"皮日休《太湖诗·上真观》："大螾腾共结，修蛇飞相盘。"亦用以喻指坏人。

【修途】 长途，远道。欧阳詹《送袁秀才下第归毗陵》："羸马出都门，修途指江东。"白居易《和梦游春诗一百韵》："襄汉问修途，荆蛮指殊俗。"

【修偈】 (一jì)撰写偈颂。常用以称释家作诗。张蠙《寄法乾寺令諲太师》："望幸唯修偈，承恩不乱禅。"

【修章】 制定的规章。张籍《祭退之》："赠我珍重言，傲然委衾裳，公比欲为书，遗约有修章。"

【修密】 制作细密完备。元稹《八骏图诗》："华辀本修密，翠盖尚妍冶。"

【修軫】 大车。杜甫《赠郑十八贲》："水陆迷畏途，药饵驻修轸。"

【修雅】 唐法师。生平不详。《全唐诗》卷八二五收其诗一首。

【修短】 指寿命的长短。沈佺期《哭苏眉州崔司业二公》："古来修短分，神理竟难筌。"李白《月下独酌四首》之三："穷通与修短，造化夙所禀。"白居易《有感三首》之三："忘怀任行止，委命随修短。"刘兼《偶有下殇因而自遣》："修短百年先后定，贤愚千古是非同。"

【修然】 长貌。朱庆余《震为苍莨竹》："为擢东方秀，修然异众筠。"

【修煉】 亦作"修鍊"。指道教修道炼气炼丹等活动。李中《贻庐山清溪观王尊师》："霞帔星冠复杖藜，积年修炼住灵溪。"吕岩《忆江南》词之十一："劝君修炼保尊年，不久是神仙。"

【修幹】 高大的枝干。张九龄《杂诗五首》之一："疏阴不自覆，修干欲何施?"李益《竹溪》："宁知修干下，漠漠秋苔沽。"

【修睦】 (？—918)唐昭宗时人。光化中任洪州(今江西南昌市)僧正，与贯休、处默、栖隐为诗友。著有《东林集》一卷。《全唐诗》卷八四九收其诗二十首。李咸用有《和修睦上人听猿》及《依韵修睦上人山居十首》等诗，齐已有《别东林后回寄修睦》。

【修蛾】 细长的眉毛。借为美人的代称。许浑《途经敷水》："修蛾颦翠倚柔桑，遥谢春风白面郎。"韩偓《无题》："堕髻还名寿，修蛾本姓秦。"

【修蛾慢臉】 指浓妆的美女。白居易《忆旧游》："修蛾慢脸灯下醉，急管繁弦头上催。"孙光宪《后庭花》词："修蛾慢脸陪雕辇，后庭新宴。"

【修廊】 长廊。杜甫《赠蜀僧闾丘师兄》："景晏步修廊，而无车马喧。"刘禹锡《和牛相公南溪醉歌见寄》："修廊架空远岫入，弱柳覆槛流波沾。"张祜《处士隐居》："绝岸派沿洑，修廊趾崇隆。"

【修道】 ❶犹修行，行道。修养德行以实现某种理想。杜牧《皇风》："以德化人汉文帝，侧身修道周宣王。"李咸用《春日》："衰世难修道，花时不称贫。"❷学习并实践宗教教义。寒山《诗三百三首》之一七八："报汝修道者，进求虚劳神。"张谓《送僧》："童子学修道，诵经求出家。"戴叔伦《答崔法曹赋四雪》："已别剡溪逢雪去，雪山修道与师同。"薛莹《宿仙都观阴王二君修道处》："阴王修道处，云雪满高松。"

【修禊】 古代民俗于农历三月上旬之巳日(三国魏以后始固定为三月初三)到水边嬉游，以祓除不祥，称为修禊。崔日用《奉和圣制春日幸望春宫应制》："渭浦明晨修禊事，群公倾贺水心铭。"耿湋《上巳日》："共来修禊事，内顾一悲翁。"刘禹锡《三月三日与乐天及河南李尹奉陪裴令公泛洛禊饮各赋二十韵》："洛下今修禊，群贤胜会稽。”殷尧藩《上巳日赠都上人》：“无心修禊事，独步到禅斋。”亦作“修春禊”。王维《奉和圣制与太子诸王三月三日龙池春禊应制》：“故事修春禊，新宫展豫游。”

【修綆】 汲水用的长绳。耿湋《甘泉诗》：“修绠悬冰甃，新桐荫玉沙。”亦用以喻优越的条件和方法。韩愈《秋怀诗十一首》之五：“归愚识夷涂，汲古得修绠。”

【修飾】 ❶修整，装饰。王建《坏屋》：“若当君子住，一日还修饰。”❷修养品德。韩愈《示儿》：“嗟我不修饰，事与庸人俱，安能坐如此，比肩于朝儒。”❸讲究仪表。于鹄《过张老园林》：“身老无修饰，头巾用白纱。”吴筠《高士咏·玄晏先生》：“士安逾弱冠，落魄未修饰。”

【修篁】 修长的翠竹。包何《同阎伯均宿道士观有述》：“冉冉修篁依户牖，迢迢列宿映楼台。”欧阳詹《题华十二判官汝州宅内亭》：“新柳绕门青翡翠，修篁浮径碧琅玕。”杜牧《郡斋独酌》：“溪南重回首，一径出修篁。”方干《题悬溜岩隐者居》：“谷鸟暮蝉声四散，修篁灌木势交加。”

【修箭】 钓竿。韩愈、孟郊《城南联句》：“修箭袅金饵，群鲜沸池羹。”钱仲联集释引注：“修箭，钓竿也。”

【修儀】 古女官名。魏明帝置。隋炀帝立为九嫔之一。花蕊夫人《宫词》之十四：“修仪承宠住龙池，扫地焚香日午时。”

【修德】 ❶修养德行。杜甫《留花门》：“修德使其来，羁縻固不绝。”又《伤春五首》之五：“君臣重修德，犹足见时和。”皮日休《正乐府十篇·诮虚器》：“吾闻古圣王，修德来远人。”周昙《咏史诗·六朝门·又吟苻坚》：“水影星光怪异多，不思修德事干戈。”❷行善积德。杜荀鹤《经废宅》：“人生当贵盛，修德可延之。”

【修養】 ❶指道家的修身养性。白居易《仲夏斋戒月》：“脱巾且修养，聊以终天年。”许棠《宿华山》：“因知修养处，不必在嵩丘。”吕岩《忆江南》词之十：“学道客，修养莫迟迟，光景斯须如梦里。”❷休息调养。张籍《赠阎少保》：“辞荣恋阙未还乡，修养年多气力强。”

【修静寺】 在江夏。今湖北武昌。此寺是北海太守李邕旧宅。李白有《题江夏修静寺》。

【修學】 治学，研习学业。王建《励学》：“况我性顽蒙，复不勤修学。”

【修謁】 进见；拜见。李咸用《和友人喜相遇十首》之六：“短衣宁倦重修谒，谁识高阳旧酒徒。”杜荀鹤《下第寄池州郑员外》：“省出蓬蒿修谒初，蒙知曾不见生疏。”

【修勵】 砥砺，磨砺。张籍《别段生》：“努力自修励，常如见我时。”

【修鍊】 见“修炼”。

【修聳】 高高挺立。张九龄《晨坐斋中偶而成咏》：“孤顶乍修耸，微云复相续。”杜甫《晚登瀼上堂》：“所思注东北，深峡转修耸。”

【修齋】 会集僧众供斋食，作法事。广宣《降诞日内庭献寿应制》：“修斋长乐殿，讲道大明宫。”杜荀鹤《登灵山水阁贻钓者》：“江上见僧谁是了，修斋补衲日劳身。”

【修營】 修建；修造。苏拯《明禁忌》：“一年省修营，万民停困踬。”

【修禪】 学佛坐禅。李义府《在巂州遥叙封禅》：“创封超昔夏，修禅掩前姬。”

【修禮】 施行礼教。无名氏《册上公太常奏雅乐》(卷七八七)：“得贤因举颂，修礼便观风。”

【修隱】 休养，退隐。张蠙《题紫阁院》：“每到思修隐，将回苦不能。”

【修襟】 高尚的胸怀。孟郊《立德新居》之三：“俭教先勉力，修襟无余佗。”

【修轍】 长路。元结《与党侍御》：“长辕有修辙，驭者令尔驰。”

【修羅】 “阿修罗”的省称。意译为“不端正”或“非天”，是古印度神话中的恶神，住在海底，常与天神战斗。佛教将其列为天龙八部之一，又列为轮回六道之一。元稹《度门寺》：“佛语迦陵说，僧行猛虎从，修罗抬日拒，楼至拔霜锋。”吕岩《敲爻歌》：“声闻缘觉冰消散，外道修罗缩项惊。”

【修辭】 撰文。顾非熊《陈情上郑主司》：“求达非荣己，修辞欲继先。”

【修鯨】 长鲸，大鲸。许敬宗《奉和行经破薛举战地应制》：“混元分大象，长策挫修鲸。”

【修覺寺】 在四川新津县东南修觉山上。见《蜀总志》。杜甫有《游修觉寺》。郑谷有《别修觉寺无本上人》。

【修饌】 办置食物。王贞白《洗竹》：“锦箨裁冠添散逸，玉芽修馔称清虚。”

【修讌】 办置宴会。苏源明《小洞庭洄源亭宴四郡太守诗》序：“己事修宴，姑以为别。”

【修禳】 祭祷消灾。周昙《咏史诗·前汉门·夏贺良》：“汉代中微亦再昌，忠臣忧国冀修禳。”

【修鱗】 ❶蛇身。杜甫《义鹘》：“修鳞脱远枝，巨颡坼老拳。”亦用以指蛇。杜甫《万丈潭》：“闭藏修鳞蛰，出入巨石碍。”❷指大鱼之身。韩愈《送惠师》：“鹏骞堕长翮，鲸戏侧修鳞。”

【修纖】　细而长。杜甫《铁堂峡》："修纤无垠竹，嵌空太始雪。"

俚　〔lǐ《广韵》良士切，上止，來。〕❶粗俗，不文雅。沈亚之《文祝延二阕》序："其俗以为言俚，不足自道。"❷指民间歌谣。参见"俚歌"。

【俚人】　古代对南方某些少数民族的泛称。又称俚子。见《后汉书·南蛮西南夷传》及李贤注。刘禹锡《晚岁登武陵城顾望水陆怅然有作》："俚人祠竹节，仙洞闭桃花。"

【俚耳】　犹俗耳。指没有欣赏音乐能力的人。贯休《上裴大夫二首》之二："我有白云琴，朴斫天地精。俚耳不使闻，虑同众乐听。"

【俚言】　方言俗语。韩愈《山南郑相公樊员外酬答为诗依赋十四韵以献》："缀此岂为训，俚言绍庄屈。"

【俚兒】　乡村小孩。柳宗元《同刘二十八院长述旧言怀通赠二君子》："俚儿供苦笋，伧父馈酸楂。"

【俚柔】　古南诏语"百姓"的音译。赵叔达《星回节避风台骠信命赋》："下令俚柔洽，献赕弄栋来。"原注："俚柔，百姓也。"

【俚歌】　通俗的民间歌谣。刘禹锡《武陵书怀五十韵》："照山畬火动，踏月俚歌喧。"亦用为自己诗作的谦称。刘禹锡《插田歌》引："偶登郡楼，适有所感，遂书其事为俚歌，以俟采诗者。"

【俚語】　方言土语。刘禹锡《插田歌》："但闻怨响音，不辨俚语词。"

俣　〔yǔ《广韵》虞矩切，上麌，疑。〕大。贯休《寿春进祝圣七首·大兴三教》："曈曈悬佛日，天俣动云韶。"参见"俣俣"。

【俣俣】　魁伟貌。语出《诗·邶风·简兮》："硕人俣俣，公庭《万舞》。"毛传："俣俣，容貌大也。"李商隐《寄太原卢司空三十韵》："俣俣行忘止，鳏鳏卧不瞑。"

俔　〔qiàn《广韵》苦甸切，去霰，溪。又胡典切，上銑，匣。〕闲见。玄宗《祀圜丘乐章·肃和》："昭事颙若，存存以俔。"

保　〔bǎo《广韵》博抱切，上晧，幫。〕❶养育；抚养。李白《秋夕书怀》："桃花有源水，可以保吾生。"杜甫《奉赠射洪李四丈》："万里须十金，妻孥未相保。"张谓《读后汉逸人传二首》之二："誓将业田种，终得保妻子。"❷保佑。张说《羽林恩召观御书王太尉碑》："字得神明保，词惭少女徽。"《郊庙歌辞·明皇祀圜丘乐章·凯安》："馨香惟后德，明命光天保。"元稹《华之巫》："尔巫尔巫且相保，吾心自有丘之祷。"❸守；保卫。元结《系乐府十二首·下客谣》："岂知保忠信，长使令德全。"独孤及《代书寄上李广州》："疲民保中和，性足无夭阏。"天宝时人《玉龙子诗》："不如渭水沙中得，争保銮舆复九重。"卢汝弼《和李秀才边庭四时怨》："半夜火来知有敌，一时齐保贺兰山。"❹占有；拥有。孟浩然《襄阳公宅饮》："荣辱应无间，欢娱当共保。"孙逖《奉和李右相中书壁画山水》："自保千年遇，何论八载荣。"耿湋《晚登虔州即事寄李侍御》："愿保乔松质，青青过大寒。"权德舆《侍从游后湖宴坐》："愿销区中累，保此湖上居。"❺安；安定。李白《望黄鹤楼》："蹇予羡攀跻，因欲保闲逸。"白居易《新乐府·道州民》："道州民，老者幼者何欣欣，父兄子弟始相保，从此得作良人身。"韦庄《寄江南诸弟》："吾身不自保，尔道各何从？"❻保持。太宗《春日玄武门宴群臣》："庶几保贞固，虚己厉求贤。"高适《苦雪四首》之四："孰云久闲旷，本自保知寡。"孟郊《连州吟》之二："愿君保玄曜，壮志无自沉。"❼保全。古之奇《秦人谣》："中国既板荡，骨肉安可保。"孟郊《怨别》："君问去何之，贱身难自保。"白居易《寄卢少尹》："生命既能保，死籍亦可逃。"李绅《新楼诗二十首·橘园》："怜尔结根能自保，不随寒暑换贞心。"齐己《寓言》："造化安能保，山川凿欲翻。"❽依靠；仗恃。薛奇童《云中行》："举杯称寿永相保，日夕歌钟彻清昊。"孟云卿《今别离》："结发生别离，相思复相保。"韩愈《秋怀诗十一首》之十一："运穷两值遇，婉娈死相保。"李商隐《槿花》："未央宫里三千女，但保红颜莫保恩。"❾保证；保障。张潮《襄阳行》："是君妇，识君情，怨君恨君为此行。下床一宿不可保，况乃万里襄阳城。"薛令之《自悼》："只可谋朝夕，何由保岁寒。"韦庄《和郑拾遗秋日感事一百韵》："窜身奚可保，易地喜相将。"❿古代辅导天子和诸侯子弟的官员。见"保傅"。

【保大】　稳居高位。源乾曜《奉和圣制送张尚书巡边》："安人在勤恤，保大殚襟腑。"

【保合】　保持协和。褚亮《祭方丘乐章·舒和》："一德惟宁两仪泰，三才保合四时邕。"

【保守】　保持，守护。白居易《新乐府·杏为梁》："穷奢极丽越规模，付子传孙令保守。"

【保安】　保护而使之安全。周昙《咏史诗·春秋战国门·宫之奇》："虞虢相依自保安，谋臣吞度不为难。"

【保志】　保持志向。李绅《到宣武三十韵》："卫青终保志，潘岳未忘情。"

【保佐】　保护，佐助。李商隐《寄太原卢司空三十韵》："保佐资冲漠，扶持在杳冥。"

【保身】　保全自身。杜荀鹤《恩门致书远及山居因献之》："时难转觉保身难，难向师门欲继颜。"

【保和】　保持心志和顺，身体安适。皇甫冉《送陆鸿渐赴越》序："夫越地称山水之乡，辕门当节钺之重，进可以自荐求试，退可以闲居保和。"吴筠《高士咏·颜歜》："荣禄安可诱，保和从自然。"

【保持】　保存；保全，保护使不受损害。欧阳詹《有所恨二章》之二："相思遗衣，为忆以贻；亦既受止，曷不保持？"齐己《谢人惠拄杖》："造化已能分尺度，保持争合与寻常。"孙光宪《浣溪沙》词之十四："万种保持图永远，一般模样负神阴，到头何处问平生？"

【保重】　（一zhòng）珍重，爱护。齐己《谢人惠端溪砚》："保重更求装钿匣，闲将濡染寄知音。"

【保真】　保持原样，使不失真。白居易《三谣·素屏谣》："吾不令加一点一画于其上，欲尔保真而全白。"

【保章】　即保章正。唐代官名，掌观测、记录天象变异，以视吉凶。名出《周礼·春官》"保章氏"。李元操《和从叔禄愔元日早朝》："保章望瑞气，尚书免火灾。"

【保家】　保住家族或家业。马戴《校猎曲》："当时能猎贤，保国兼保家。"杜荀鹤《入关因别舍弟》："百口度荒均食易，数年经乱保家难。"

【保祐】　庇护，扶助。魏征《五郊乐章·雍和》："静言格思，惟神保祐。"

【保國】　安定邦国。马戴《校猎曲》："当时能猎贤，保国兼保家。"

【保惜】　保存，珍惜。姚合《拾得古砚》："大喜豪贵嫌，久长得保惜。"钟离权《赠吕洞宾》："子后分明说与汝，保惜吾言上大罗。"

【保傅】　古代辅导天子和诸侯贵族子弟的官员。殷文圭《观贺皇太子册命》："春宫保傅皆周召，致主何忧不太平。"

【保愛】　保重自珍。杜甫《湘江宴饯裴二端公赴道州》："不以丧乱婴，保爱金石坚。"

【保聚】　聚众守卫。韩愈《元和圣德诗》："腹败枝披，不敢保聚。"

【保慶】　安定，幸福。卢纶《秋夜宴集美校书郎张正元归乡》："保庆台榭古，感时琴瑟秋。"

【保寧】　辅佐护卫使安宁巩固。方干《王将军》："保宁帝业青萍在，投弃儒书绛帐空。"

【保釐】　（一lí）治理百姓，保持安定。王维《送韦大夫东京留守》："名器苟不假，保厘固其任。"钱起《送蒋尚书居守东都》："肃肃保厘处，水流宫苑清。"窦牟《天津晓望因寄呈分司一二省郎》："保厘才半仗，容卫尽空庐。"白居易《寄献北都留守裴令公》："保厘东宅静，守护北门牢。"

【保護】　护卫使不受损害。寒山《诗三百三首》之一七八："叮咛善保护，勿令有点痕。"杨牢《句》："虾蟆欲吃月，保护常教圆。"

俜　〔pīng《广韵》普丁切，平青，滂。又匹正切，去劲，滂。〕孤单貌。杜甫《新安吏》："肥男有母送，瘦男独伶俜。"李商隐《寄太原卢司空三十韵》："幕中虽策画，剑外且伶俜。"参见"伶俜"。

促　〔cù《广韵》七玉切，入燭，清。〕❶近，靠近；迫近。张说《岳阳早霁南楼》："歌闻枉渚遭，舞见长沙促。"孟浩然《宴崔明府宅夜观妓》："调移筝柱促，欢会酒杯频。"刘长卿《上湖田馆南楼忆朱宴》："归期诚已促，清景仍相留。"❷短；短促。许敬宗《奉和七夕宴悬圃应制二首》之二："喜中愁漏促，别后怨天长。"董思恭《守岁二首》之二："冬尽今宵促，年开明日长。"杜甫《高都护骢马行》："腕促蹄高如踣铁，交河几蹴曾冰裂。"韩琮《牡丹》："应恨年华促，迟迟待日长。"❸缩短。刘允济《怨情》："归期倘可促，勿度柳园春。"刘禹锡《八月十五日夜桃源玩月》："金霞昕昕渐东上，轮欹影促犹频望。"清昼、崔子向《泛长城东溪暝宿崇光寺联句》："恨与清景别，拟教长路促。"❹急；紧迫。殷遥《送杜士瞻楚州觐省》："淮月归心促，江花入兴新。"杜甫《酬郭十五受判官》："乔口橘洲风浪促，系帆何惜片时程。"戴叔伦《题横山寺》："自缘归思促，不得更迟留。"皎然《送吴冯游京》："北期何意促，蕙草夜来繁。"元稹《竹部》："持此欲何为，官家岁输促。"❺速，加快。刘言史《王中丞宅夜观舞胡腾》："四座无言皆瞪目，横笛琵琶偏头促。"孟郊《折杨柳》："但恐人别促，不怨来迟迟。"王建《送于丹移家洺州》："他皆缓别日，我愿促行轩。"徐夤《和仆射二十四丈牡丹八韵》："光阴嫌太促，开落一何频。"❻匆忙。杜甫《夏夜叹》："况复烦促倦，激烈思时康。"❼猝，突然；猛然。牟融《送陈衡》："秋江烟景晚苍苍，江上离人促去航。"李绅《悲善才》："衔花金凤当承拨，转腕拢弦促挥抹。"张祜《塞下曲》："促放雕难下，生骑马未调。"❽催动；促使。刘孝孙《冬日宴于庶子宅各赋一字得鲜》："解襟游胜地，披云促宴筵。"杜审言《经行岚州》："自惊牵远役，艰险促征鞍。"韦应物《饯雍聿之潞州谒李中丞》："丝竹促飞觞，夜燕达晨星。"无可《夏日送崔秀才游南》："莫向巴江过，猿啼促泪流。"❾移动；推动。刘禹锡《送李策秀才还湖南因寄幕中亲故》："悄如促柱弦，掩抑多不平。"白居易《小童薛阳陶吹觱栗歌》："急声圆转促不断，轹轹辚辚似珠贯。"吴融《秋日渚宫即事》："风高还促燕，雨细未妨蝉。"❿整理。杜牧《郡斋独酌》："促束自系缚，儒衣宽且长。"

【促令】　促使。杨衡《采莲曲》："促令芳本固，宁望雪霜中。"

【促坐】　亦作"促座"。靠近坐。裴度《西池送白二十二东归兼寄令狐相公联句》："促坐宴回塘，送君归洛阳。”周繇《嘲段成式》：“促坐疑辟咡，衔杯强朵颐。”

【促刺】 不安宁貌。指繁忙劳碌。王建《促刺词》：“促刺复促刺，水中无鱼山无石。”

【促拍满路花】 词牌名。促拍即繁声促节之意，所谓“急曲子”，相当于现今之“快板”。因快而字数较多。有平韵仄韵二体。吕岩有《促拍满路花》词。

【促迫】 催逼，推动。杜甫《戏题画山水图歌》：“十日画一水，五日画一石，能事不受相促迫，王宰始肯留真迹。”

【促弦】 把弦拧紧。白居易《琵琶引》：“感我此言良久立，却坐促弦弦转急。”

【促促】 ❶犹短促。张籍《山头鹿》：“山头鹿，角芟芟，尾促促。”白居易《劝酒寄元九》：“君今亦如此，促促生有涯。”鲍溶《秋怀五首》之一：“促促生有涯，营营意无限。”❷匆匆。孟郊《送从叔校书简南归》：“促促水上景，遥遥天际途。”刘禹锡《途中早发》：“中庭望启明，促促事晨征。”白居易《自问行何迟》：“何必冒风水，促促赴程归。”许浑《旅怀作》：“促促因吟昼短诗，朝惊秾色暮空枝。”❸繁忙劳碌貌。李益《效古促促曲为河上思妇作》：“促促何促促，黄河九回曲。”张籍《促促词》：“促促复促促，家贫夫妇欢不足。”❹蜷缩貌。温庭筠《烧歌》：“豆苗虫促促，篱上花当屋。”❺象声词。(1)虫鸣声。王建《当窗织》：“草虫促促机下啼，两日催成一匹半。”李咸用《山中夜坐寄故里友生》：“虫声促促催乡梦，桂影高高挂旅情。”(2)沙上急走声。李贺《黄家洞》：“雀步蹙沙声促促，四尺角弓青石镞。”(3)雉鸣声。元稹《雉媒》：“罥挂在君前，向君声促促。”

【促柱】 ❶移动支弦的柱，以调整音准。徐彦伯《拟古三首》之一：“红泪掩促柱，锦衾罗薰笼。”柳中庸《听筝》：“抽弦促柱听秦筝，无限秦人悲怨声。”❷指弹奏乐器。王邕《湘灵鼓瑟》：“依稀闻促柱，仿佛梦新妆。”刘禹锡《鄂渚留别李二十一表臣大夫》：“高樯起行色，促柱动离声。”

【促席】 坐席互相靠近。骆宾王《夏日游德州赠高四》：“将欢促席赏，遽尔又归别。”王表《清明日登城春望寄大夫使君》：“兴来促席唯同舍，醉后狂歌尽少年。”姚合《和太仆田卿酬殷尧藩侍御见寄》：“促席灯浮酒，听鸿霜满身。”秦韬玉《对花》：“谁家促席临低树，何处横钗戴小枝。”

【促座】 见“促坐”。

【促酒】 犹进酒。李白《经离乱后书怀赠江夏韦太守良宰》：“窥日畏衔山，促酒喜得月。”元结《宴湖上亭作》：“酣兴思共醉，促酒更相向。”郑嵎《津阳门诗》：“玉奴琵琶龙香拨，倚歌促酒声娇悲。”

【促宴】 催动宴会。谓为宴会助兴。韦元旦《奉和人日宴大明宫恩赐彩缕人胜应制》：“圣藻凌云裁柏赋，仙歌促宴摘梅春。”

【促戚】 严急，不宽容。韦应物《高陵书情寄三原卢少府》：“促戚下可哀，宽政身致患。”

【促密】 靠紧，靠拢。白居易《秦中吟十首·歌舞》：“欢酣促密坐，醉暖脱重裘。”

【促轸】 拧动琴弦的轴以调音。轸，弦乐器上转动弦的木柱。王绩《山夜调琴》：“促轸乘明月，抽弦对白云。”李嘉祐《送兖州杜别驾之任》：“停车邀别乘，促轸奏胡笳。”戎昱《听杜山人弹胡笳》：“今朝促轸为君奏，不向流俗传此心。”

【促短】 犹短促。司空曙《哭王注》：“异才伤促短，诸友哭门阑。”

【促筵】 犹促席。刘禹锡《历阳书事七十韵》：“促筵交履舄，痛饮倒簪缨。”参见“促席”。

【促節】 ❶急促的节奏。太宗《琵琶》：“促节萦红袖，清音满翠帷。”❷加快节奏。韦应物《贵游行》：“良时无还景，促节为我讴。”元稹《和李校书新题乐府十二首·五弦弹》：“促节频催渐繁拨，珠幢斗绝金铃掉。”

【促管】 笛的别名。因笛声急促，故称。元万顷《奉和春日二首》之二：“中堂促管淹春望，后殿清歌开夜扉。”白居易《松江亭携乐观渔宴宿》：“繁丝与促管，不解和渔歌。”

【促漏】 短促的漏声。李商隐《促漏》：“促漏遥钟动静闻，报章重叠杳难分。”

【促賞】 敦促游赏。弓嗣初《晦日重宴》：“促赏依三友，延欢寄一卮。”

【促舞】 加快舞步。元稹《元和五年予官不了罚俸西归思怆曩游因投五十韵》：“含词待残拍，促舞递繁吹。”亦指节奏急速的舞蹈。

【促膝】 ❶对坐而膝相接近。用以形容亲切交谈。骆宾王《秋日送侯四得弹字》：“岐路分襟易，风云促膝难。”韩翃《送陈明府赴淮南》：“花间一杯促膝，烟外千里含情。”权德舆《奉和李给事省中书情寄刘苗崔三曹长因呈许陈二阁老》：“分曹列侍登文石，促膝闲谣接羽觞。”刘禹锡《牛相公见示新什谨依本韵次用以抒下情》：“何时良宴会，促膝对华灯。”❷指屈膝或敛膝。吕岩《与潭州智度寺慧觉诗》引：“今见觉公，观其禅学精明，性源淳洁，促膝静坐，收光内照。”

【促調】 (—diào)节奏急速之曲调。白行简《夫子鼓琴得其人》：“促调清风至，操弦白日沉。”

【促駕】 催车速行。杜甫《暂如临邑至𡶴山湖亭奉怀李员外率尔成兴》：“霭霭生云雾，唯应促驾还。”

【促點】 毛笔蘸墨时稍沾即起的动作。李贺《杨生青花紫石砚歌》:“圆毫促点声静新,孔砚宽顽何足云。”

【促戰】 催促,推动作战。顾非熊《送李相公昭义平复起彼宜慰员外副行》:“天井虽收寇未平,所司促战急王程。”王贞白《送韩从事归本道》:“到蕃唯促战,应不肯和亲。”

【促觴】 犹促酒。杜甫《湘江宴饯裴二端公赴道州》:“促觞激百虑,掩抑泪潺湲。”参见“促酒”。

【促織】 ❶蟋蟀的别名。王维《黎拾遗昕裴秀才迪见过秋夜对雨之作》:“促织鸣已急,轻衣行向重。”皇甫曾《张芬见访郊居作》:“林中雨散早凉生,已有迎秋促织声。”赵嘏《发新安后途中寄卢中丞二首》之二:“晚树萧萧促织愁,风帘似水满床秋。”温庭筠《病中书怀呈友人》:“梦梭抛促织,心茧学蜘蛛。”❷指蟋蟀的鸣声。孟浩然《题长安主人壁》:“促织惊寒女,秋风感长年。”李白《感时留别从兄徐王延年从弟延陵》:“鸣蝉游子意,促织念归期。”白居易《寓意诗五首》之三:“促织不成章,提壶但闻声。”

【促韻】 急促之音。方干《登龙瑞观北岩》:“促韵寒钟催落照,斜行白鸟入遥空。”

【促齡】 寿命短促。吴筠《览古十四首》之三:“徇志仍未极,促龄已云亡。”

【促疊】 急速而轻轻敲击。张祜《观杨瑗柘枝》:“促叠蛮鼍引《柘枝》,卷檐虚帽带交垂。”

佋 〔yì《广韵》直立切,入緝,澄。《集韵》乙及切,入緝,影。〕见“佋佋”。

【佋佋】 力耕貌。语出《庄子·天地》:“佋佋乎耕而不顾。”成玄英疏:“佋佋,耕地之貌。”吴筠《高士咏·柏成子高》:“佋佋耕不顾,斯情邈难俦。”

侹 〔tǐng《广韵》他鼎切,上迥,透。又他定切,去徑,透。〕挺直。见“侹侹”。

【侹侹】 平直而长貌。韩愈《答张彻》:“石梁平侹侹,沙水光泠泠。”

俄 〔é《广韵》五何切,平歌,疑。〕❶瞬间;倏忽,一会儿。褚亮《伤始平李少府正己》:“辅嗣俄长往,颜生即短辰。”苏味道《奉和受图温洛应制》:“天旋俄制跸,孝享属严禋。”许康佐《日暮碧云合》:“林色黯疑暝,隙光俄已夕。”刘辟《登楼望月二首》之二:“未得金波转,俄成玉箸流。”❷仰起。王勃《观佛迹寺》:“共嗟陵谷远,俄视化城虚。”上官昭容《游长宁公主流杯池二十五首》之十三:“渐觉心神逸,俄看云雾低。”杜甫《秦州见敕目薛三璩毕曜迁官兼述索居凡三十韵》:“旧都俄望幸,清庙肃惟馨。”韩愈、孟郊《斗鸡联句》:“俄膺忽尔低,植立瞥而改。”❸通“峨”。高昂。伍乔《观华夷图》:“关路欲伸通楚势,蜀山俄耸入秦青。”

【俄而】 见“俄爾”。

【俄然】 ❶忽然;突然。李白《送殷淑三首》之一:“俄然蒲屿阔,岸去酒船遥。”皎然《步虚词》:“俄然动风驭,缥缈归青云。”皮日休《太湖诗·圣姑庙》:“俄然响环珮,倏尔鸣机杼。”❷一会儿,短时间。李白《泾川送族弟錞》:“见尔复几朝,俄然告将离。”韩愈《落齿》:“俄然落六七,落势殊未已。”刘禹锡《华山歌》:“俄然神功就,峻拔在寥廓。”

【俄頃】 片刻;瞬间。孟浩然《送从弟邕下第后寻会稽》:“千里在俄顷,三江坐超忽。”王维《林园即事寄舍弟紞》:“寓目一萧散,销忧冀俄顷。”皎然《白云上人精舍寻杼山禅师兼示崔子向何山道上人》:“夕霁山态好,空月生俄顷。”刘禹锡《西山兰若试茶歌》:“新芽连拳半未舒,自摘至煎俄顷余。”

【俄爾】 亦作“俄而”。顷刻;不久;短时间。寒山《诗三百三首》之二九九:“一生俄尔过,万事莫言赊。”李德裕《述梦诗四十韵》序:“始觉枕簟微冷,俄而假寐斯熟。”皮日休《太湖诗·入林屋洞》:“俄尔造平澹,豁然逢光晶。”孔德绍《王泽岭遭洪水》:“悠然万顷满,俄尔百川浮。”

侮 〔wǔ《广韵》文甫切,上麌,微。〕❶轻视;轻慢。萧颖士《菊荣一篇五章》之五:“人之侮我,混于薪棘。”杜甫《太平寺泉眼》:“广深丈尺间,宴息敢轻侮。”韩愈《昼月》:“嗟汝下民或敢侮,戏嘲盗视汝目瞽。”方干《送永嘉王令之任二首》之一:“定拟孜孜化海边,须判素发侮流年。”❷欺凌、欺负。杜牧《雨中作》:“贱子本幽慵,多为俊贤侮。”陆龟蒙《小鸡山樵人歌》:“长其船兮利其斧,输予薪兮勿予侮。”

【侮笑】 轻慢嘲笑。韩愈《送进士刘师服东归》:“低头受侮笑,隐忍硉兀冤。”

【侮劇】 轻慢戏弄。刘禹锡《游桃源一百韵》:“往事黄先生,群儿多侮剧。”

俗 〔sú《广韵》似足切,入燭,邪。〕❶风俗;习惯。张说《登九里台是樊姬墓》:“诗书将变俗,绨纩忽弥年。”刘长卿《送侯御赴黔中充判官》:“地远官无法,山深俗岂淳。”严维《晦日宴游》:“晦日湔裾俗,春楼致酒时。”温庭筠《烧歌》:“自言楚越俗,烧畬为早田。”❷平庸;庸俗。杜甫《李鄠县丈人胡马行》:“始知神龙别有种,不比俗马空多肉。”卢并《句》:“地灵无俗草,岩静有仙禽。”齐己《夏日草堂作》:“静是真消息,吟非俗肺肠。”❸指百姓、民众等一般人。太宗《执契静三边》:“循躬思励己,抚俗愧时康。”苏颋《奉和圣制途次旧居应制》:“昔试邦兴后,今过俗徯予。”钱起《奉和张荆州巡农晚望》:“时和俗勤业,播殖农厥壤。"张蠙《送友人及第归》:"乡俗稀攀桂,争来问月宫。"❹佛教称人间为俗。犹言尘世,与仙界相对。沈佺期《绍隆寺》:"处俗勒宴坐,居贫业行坛。"孙逖《和登会稽山》:"望中厌朱绂,俗内探玄牝。"王翰《赋得明星玉女坛送廉察尉华阴》:"仙俗途殊两情遽,感君无尽辞君去。"李频《送台州唐兴陈明府》:"见说海西隅,山川与俗殊。"❺指未出家的世俗之人。与僧、道、隐士相对。刘沧《题桃源处士山居留寄》:"白云深处葺茅庐,退隐衡门与俗疏。"杜荀鹤《赠袒肩和尚》:"山衣草屐染莓苔,双眼犹慵向俗开。"徐铉《赠奚道士》:"玉霄尘闭人长在,全鼎功成俗未知。"❻世俗人情。元结《欸乃曲五首》之一:"偶存名迹在人间,顺俗与时未安闲。"张继《赠章八元》:"俗薄交游尽,时危出处难。"李群玉《东湖二首》之一:"性野难依俗,诗玄自入冥。"王贞白《忆张处士》:"古乐知音少,名言与俗违。"❼通俗,流行。吴融《赠䛒光上人草书歌》:"篆书朴,隶书俗,草圣贵在无羁束。"❽通"欲"。想要;欲望。王建《酬柏侍御闻与韦处士同游灵台寺见寄》:"所出薝蔔香,外国俗来求。"皮日休《酒中十咏·酒城》:"万仞峻为城,沉酣浸其俗。"

【俗人】　❶庸俗之人;鄙俗之人。王绩《山夜调琴》:"从来山水韵,不使俗人闻。"宋之问《冬宵引赠司马承祯》:"此情不向俗人说,爱而不见恨无穷。"张籍《送许处士》:"高情自与俗人疏,独向蓝溪选僻居。"李涉《黄葵花》:"此花莫遣俗人看,新染鹅黄色未干。"❷见识浅陋之人。崔融《哭蒋詹事俨》:"即今流水曲,何处俗人知。"白居易《凶宅》:"嗟嗟俗人心,甚矣其愚蒙。"杜荀鹤《闲居即事》:"章句偶为前辈许,话言多被俗人疑。"王贞白《寄郑谷》:"只凭夫子鉴,不要俗人知。"❸泛指世间之人。王建《从军后寄山中友人》:"村童近去嫌腥食,野鹤高飞避俗人。"顾在镕《题玉芝双奉院》:"犬随童子出,鸟避俗人飞。"郑谷《鹤》:"一自王乔放自由,俗人行处懒回头。"❹佛教、道教指未出家的世俗之人,与出家人相对。刘言史《题茅山仙台药院》:"芝草迎飞燕,桃花笑俗人。"刘禹锡《酬淮南廖参谋秋夕见过之作》:"不逐繁华访闲散,知君摆落俗人心。"齐己《寄西山郑谷神》:"俗人应抚掌,闲处诵黄庭。"

【俗土】　指民间。许棠《寄黔南李校书》:"公筵饶越味,俗土尚巴歌。"

【俗士】　❶庸俗不高尚的人。孟浩然《题张野人园庐》:"门无俗士驾,人有上皇风。"元结《石宫四咏》之一:"拂云践石径,俗士谁能来?"孟郊《连州吟》:"贤人多安排,俗士多虚钦。"唐彦谦《六月十三日上陈微博士》:"巢由薄天下,俗士荣一官。"❷见识浅陋之人。韦应物《饵黄精》:"自怀物外心,岂与俗士论。"白居易《寄唐生》:"往往闻其风,俗士犹或非。"姚合《答窦知言》:"倒箧别收贮,不与俗士论。"杜牧《过魏文贞公宅》:"蟪蛄宁与雪霜期,贤哲难教俗士知。"❸未出家的世俗之士。皎然《洞庭山维谅上人院阶前孤生橘树歌》:"天生珍木异于俗,俗士来逢不敢触。"韩愈《别盈上人》:"山僧爱山出无期,俗士牵俗来何时。"徐铉《留题仙观》:"瑶坛醮罢晚云开,羽客分飞俗士回。"

【俗才】　平庸之人。薛能《孔雀》:"偶有功名正俗才,灵禽何事降瑶台。"

【俗子】　指见识浅陋或鄙俗之人。牟融《题朱庆余闲居四首》之一:"白丁门外远,俗子眼前无。"唐彦谦《六月十三日上陈微博士》:"蚊蝇如俗子,正尔相妒嫉。"

【俗夫】　鄙俗之人。白居易《早春闻提壶鸟因题邻家》:"欲期明日东邻醉,变作腾腾一俗夫。"

【俗化】　风俗教化。赵彦昭《奉和送金城公主适西蕃应制》:"俗化乌孙垒,春生积石河。"孟浩然《陪卢明府泛舟回作》:"已救田家旱,仍医俗化讹。"徐铉《和歙州陈使君见寄》:"簪履陪游盛,乡闾俗化敦。"

【俗屯】　(—zhūn)民间疾苦。屯,谓艰难困苦。元稹《赛神》:"岳阳贤刺史,念此为俗屯。"

【俗心】　追求利禄名位的世俗心志。李袆《石桥》:"冀兹捐俗心,永怀依妙力。"

【俗世】　犹人间,尘世。赵璜《七夕诗》:"欲减烟花饶俗世,暂烦云月掩楼台。"薛能《桃花》:"洞连非俗世,溪静接仙踪。"

【俗用】　民间使用。白居易《双石》:"俗用无所堪,时人嫌不取。"

【俗耳】　惯听流俗之声的耳朵。韩愈《题杜工部墓》:"笔追清风洗俗耳,心夺造化回阳春。"司马扎《弹琴》:"所弹非新声,俗耳安肯闻。"李咸用《览友生古风》:"不是钟期听,俗耳安能别。"周朴《题赤城中岩寺》:"谁知将俗耳,来此避嚣谗。"

【俗吏】　平庸的官吏。郭震《寄刘校书》:"俗吏三年何足论,每将荣辱在朝昏。"张九龄《郡舍南有园畦杂树聊以永日》:"形骸拘俗吏,光景赖闲林。"杜牧《题茶山》:"剖符虽俗吏,修贡亦仙才。"李频《五月一日蒙替本官不得随例入阙感怀献送相公》:"折狱也曾为俗吏,劝农元本是耕人。"

【俗年】　犹俗世。耿湋《题藏公院》:"俗年人见少,禅地自知高。"

【俗名】　流行于民间的名称,别于正式名称而言。钱起《紫参歌》序:"紫参,幽芳也。五葩连萼,状飞禽羽举,俗名之五鸟花。"胡玢《石楠树》:"青云士尽识珍木,白屋人多唤俗名。"

【俗忌】　为世俗所忌讳。赵冬曦《和张燕公耗磨日饮》："春来半月度，俗忌一朝闲。"

【俗事】 人世间的日常事务。王勃《送卢主簿》："城阙居年满，琴尊俗事稀。"包佶《秋日过徐氏园林》："屡入忘归地，长嗟俗事牵。"刘得仁《题吴先生山居》："山居心已惯，俗事耳憎闻。"齐己《酬元员外见寄》："且有吟情挠，都无俗事煎。"

【俗尚】 ❶习俗崇尚。张说《奉和圣制过晋阳宫应制》："太原俗尚武，高皇初奋庸。"❷世俗之风尚。孟郊《南阳公请东樱桃亭子春宴》："文心兹焉重，俗尚安能珍。"

【俗物】 ❶魏晋名士以脱离世务为清高，称与己不合的人为俗物。见《世说新语·排调》。后用以为对世俗庸人的鄙称。张氲《醉吟三首》之三："有时随俗物，相伴且营营。"韦应物《假中枉卢二十二书以诗答书因亦戏李二》："应笑王戎成俗物，遥持麈尾独徘徊。"白居易《闲居偶吟招郑庶子皇甫郎中》："更无俗物到，但与秋光俱。"姚岩杰《报颜标》："眼前俗物关情少，醉后青山入意多。"❷不高雅的物品。宋之问《题鉴上人房二首》之二："房中无俗物，林下有青苔。"崔宗之《赠李十二白》："担囊无俗物，访古千里余。"皎然《酬秦山人见寻》："山僧待客无俗物，唯有窗前片碧云。"陆龟蒙《寄怀华阳道士》："频抛俗物心还爽，远忆幽期目剩瞑。"

【俗阜】 谓民众富庶。崔铉《进宣宗收复河湟诗》："共遇圣明千载运，更观俗阜与时和。"

【俗念】 世俗之欲念。白居易《玩松竹二首》之二："幽怀一以合，俗念随缘息。"又《老病幽独偶吟所怀》："世缘俗念消除尽，别是人间清净翁。"

【俗状】 世俗庸人之举止与状貌。陆龟蒙《奉和袭美太湖诗二十首·上真观》："俗状既能遗，尘冠聊以卸。"

【俗姓】 僧道出家前的本姓。贾岛《送空公往金州》："惠能同俗姓，不是岭南卢。"

【俗侣】 指尘世间的友人。戴叔伦《游道林寺》："佳山路不远，俗侣到常稀。"孟郊《答昼上人止谗作》："俗侣唱桃叶，隐士鸣桂琴。"方干《送友及第归浙东》："南行无俗侣，秋雁与寒云。"

【俗客】 ❶指庸俗，不高雅的客人。杜甫《解闷十二首》之五："一饭未曾留俗客，数篇今见古人诗。"韩愈《奉和虢州刘给事二十一咏·竹洞》："洞门无锁钥，俗客不曾来。"白居易《题岐王旧山池石壁》："俗客看来犹解爱，忙人到此亦须闲。"裴夷直《留客》："湖馆翛然无俗客，白衣居士且匡床。"❷指尘世间人，与隐逸、出家之人或神仙相对。王维《桃源行》："惊闻俗客争来集，竞引还家问都邑。"段成式《赠诸上人联句》："撚眉愁俗客，支颊背残阳。"吕岩《山隐》："松枯石老水萦回，个里难教俗客来。"

【俗埃】 尘世。张祜《题虎丘东寺》："云树拥崔嵬，深行异俗埃。"

【俗致】 庸俗之意趣。与"雅致"相对。陆龟蒙《奉和袭美太湖诗二十首·明月湾》："此会非俗致，无由得旁窥。"

【俗骨】 ❶世俗之人的禀赋。李咸用《喻道》："汉武秦皇漫苦辛，那思俗骨本含真。"❷庸俗的气质。王贞白《寄天台叶尊师》："念予无俗骨，频与鹤书招。"

【俗徒】 庸俗之人。韩愈《寄卢仝》："先生结发憎俗徒，闭门不出动一纪。"

【俗流】 ❶庸俗，不高雅。韩偓《游江南水陆院》："早于喧杂是深雠，犹恐行藏坠俗流。"❷庸俗之辈。刘长卿《罢摄官后将还旧居留辞李侍御》："俗流应不厌，静者或相讥。"薛据《怀哉行》："俗流实骄矜，得志轻草莱。"李涉《山居》："想得俗流应大笑，不知年老识便宜。"段成式、郑符《书事联句》："悉为无事者，任被俗流憎。"

【俗家】 世俗人家。司空图《暮春对柳二首》之二："洞中犹说看桃花，轻絮狂飞自俗家。"

【俗書】 通俗流行的书体。韩愈《石鼓歌》："羲之俗书趁姿媚，数纸尚可博白鹅。"

【俗務】 人世间的日常事务。杜甫《咏怀二首》之二："牵缠加老病，琐细隘俗务。"元结《招陶别驾家阳华作》："无或毕婚嫁，竟为俗务牵。"

【俗紛】 尘世之纷扰。卢照邻《赤谷安禅师塔》："独坐岩之曲，悠然无俗纷。"宋之问《绿竹引》："妙年秉愿逃俗纷，归卧嵩丘弄白云。"张九龄《初发江陵有怀》："他日怀真赏，中年负俗纷。"萧颖士《蒙山作》："子尚捐俗纷，季随蹑遐轨。"

【俗理】 ❶世俗之道理、法则。魏奉古《奉酬韦祭酒偶游龙门北溪奉呈诸大僚之作》："道惬神情王，机忘俗理捐。"❷人世治理。谓社会太平安定。戎昱《开元观陪杜大夫中元日观乐》："今朝欢称玉京天，况值关东俗理年。"杨巨源《上刘侍中》："俗理宁因劝，边城讵假防？"

【俗眼】 ❶庸俗之人的眼睛，用以喻浅薄、势利的见识。杜甫《丹青引赠曹将军霸》："途穷反遭俗眼白，世上未有如公贫。"崔道融《献浙东柳大夫》："俗眼不知青琐贵，江头争看碧油新。"❷尘世中人的眼睛，借指凡夫俗子。李宗闵《赠毛仙翁》："俗眼暂惊相见日，疑心未测几时人。"齐己《禅庭芦竹十二韵呈郑谷郎中》："未逢仙手咏，俗眼见犹轻。"引申为世俗的眼界。方干《题严子陵祠二首》之二："苍翠云峰开俗眼，泓澄烟水浸尘心。"

【俗累】 (—lěi)世俗事务之牵累。赵中虚《游清都观寻沈道士》:“道存真理得,心灰俗累忘。”杜甫《桥陵诗三十韵因呈县内诸官》:“何当摆俗累,浩荡乘沧溟。”白居易《思往喜今》:“虽在簪裾从俗累,半寻山水是闲游。”邢象玉《古意》:“心神无俗累,歌咏有新声。”

【俗訛】 习俗谬误。张说《送苏合宫颋》:“都邑群方首,商泉旧俗讹。”卢纶《送宛丘任少府》:“俗讹唯竞祭,地古不留春。”

【俗情】 ❶世俗感情;世俗人情。李邕《铜雀妓》:“扰扰多俗情,投迹互相师。”杜甫《久客》:“羁旅知交态,淹留见俗情。”白居易《迂叟》:“冷暖俗情谙世路,是非闲论任交亲。”汪遵《郢中》:“莫言白雪少人听,高调都难称俗情。”❷尘世的情思,与脱悟的情思相对。韦述《春日山庄》:“自然成野趣,都使俗情忘。”皎然《苕溪草堂新营境胜因纪其事四十三韵》:“俗情封浅近,至理昧尧跖。”张祜《题润州鹤林寺》:“古寺名僧多异时,道情虚遣俗情悲。”

【俗間】 民间;尘世。白居易《西行》:“常闻俗间语,有钱在处乐。”王起《赠毛仙翁》:“冰霜肌骨称童年,羽驾何由到俗间。”黄滔《题王侍御宅内亭子》:“俗间尘外境,郭内宅中亭。”

【俗號】 非正式的称号。白居易《劝酒寄元九》:“俗号销愁药,神速无以加。”

【俗愁】 世俗之忧思。张乔《再题敬亭清越上人山房》:“久别多新作,长吟洗俗愁。”

【俗話】 庸俗、不高雅的言辞。杜荀鹤《题仇处士郊居》:“洞里客来无俗话,郭中人到有公情。”

【俗意】 庸俗的意向、旨趣。皮日休《临顿为吴中偏胜之地因成五言十首奉题屋壁》:“世情都太薄,俗意就中憎。”

【俗境】 犹尘世。皎然《晚春寻桃源观》:“全觉此身离俗境,玄机亦可照迷方。”

【俗慮】 世俗的思想情感。岑参《春半与群公同游元处士别业》:“爱兹清俗虑,何事老尘容。”权德舆《送信安刘少府》:“襟情无俗虑,谈笑成逸躅。”白居易《忆梦得》:“年长风情少,官高俗虑多。”

【俗塵】 ❶尘世。太宗《秋日翠微宫》:“摅怀俗尘外,高眺白云中。”许景先《征君宅》:“征君昔嘉遁,抗迹遗俗尘。”玄宗《王屋山送道士司马承祯还天台》:“间有幽栖者,居然厌俗尘。”戎昱《寂上人禅房》:“俗尘浮垢闭禅关,百岁身心几日闲。”❷喻指人世的烦扰。李峤《奉和幸韦嗣立山庄侍宴应制》:“云霞仙路近,琴酒俗尘疏。”李颀《题璿公山池》:“此外俗尘都不染,惟余玄度得相寻。”张鹭《莺出谷》:“已得辞幽谷,还将脱俗尘。”刘威《送元秀才入道》:“明月满时开道帔,俗尘飘处脱儒衣。”❸流行的习俗;庸俗的风气。张九龄《三月三日登龙山》:“禊饮岂吾事,聊将偶俗尘。”崔翘《郑郎中山亭》:“地奇人境别,事远俗尘收。”秦韬玉《桧树》:“唯堆寒色资琴兴,不放秋声染俗尘。”徐铉《从驾东幸呈诸公》:“宦游京口无高兴,习隐钟山限俗尘。”

【俗網】 尘世的罗网。比喻世俗事务的羁绊和牵累。郑愕《送萧颖士赴东府得往字》:“繄君曲得引,使我缨俗网。”吴筠《秋日望倚帝山》:“何事牵俗网,悠然负芝桂。”寇埴《题莹上人院》:“是明捐俗网,何独在山林。”

【俗態】 ❶世俗的情态。多指风尚。沈佺期《览镜》:“时芳固相夺,俗态岂恒坚。”杜甫《石笋行》:“惜哉俗态好蒙蔽,亦如小臣媚至尊。”刘长卿《送元八游汝南》:“世情薄恩义,俗态轻穷厄。”李商隐《崇让宅东亭醉后沔然有作》:“俗态虽多累,仙标发近狂。”❷鄙俗、不高雅的气质、风度。元稹《感石榴二十韵》:“俗态能嫌旧,芳姿尚可嘉。”皮日休《太湖诗·雨中游包山精舍》:“俗态既斗薮,野情空眷恋。”李山甫《病中答刘书记见赠》:“已知捐俗态,时许话风骚。”贯休《刘相公见访》:“对花无俗态,爱竹见天真。”

【俗貌】 平庸、不高雅的情态。白居易《病中对病鹤》:“但作悲吟和嘹唳,难将俗貌对昂藏。”

【俗輩】 平庸鄙俗之流。方干《寄江陵王少府》:“此来俗辈皆疏我,唯有故人心不疏。”

【俗談】 民间流行的说法。吕温《嘲黔南观察南卓》:“闲向南亭醉,南风变俗谈。”

【俗機】 世俗的机心。姚鹄《送贺知章入道》:“若非尧运及垂衣,肯许巢由脱俗机。”

【俗儒】 浅陋迂腐的儒生。与“大儒”“通儒”相对。李白《登广武古战场怀古》:“拨乱属豪圣,俗儒安可通。”李贺《五粒小松歌》:“主人壁上铺州图,主人堂前多俗儒。”

【俗緣】 佛教以因缘解释人事,因称尘世之人事诸关系为俗缘。韩愈《华山女》:“仙梯难攀俗缘重,浪凭青鸟通丁宁。”许瀍《纪梦》:“尘心未尽俗缘在,十里下山空月明。”

【俗戲】 即百戏。古散乐杂技,如跳丸、爬竿之类。因来自民间,故称俗戏。玄宗有《观拔河俗戏》。张说有《奉和圣制观拔河俗戏应制》。

【俗韻】 ❶鄙俗之情味。孟郊《答友人》:“落落出俗韵,琅琅大雅词。”张贲《奉和袭美醉中即席见赠次韵》:“清标称住羊车上,俗韵惭居鹤氅前。”❷格调不高的乐声。白居易《邓鲂张彻落第》:“古琴无俗韵,奏罢无人听。”

【俗籠】 尘俗之牢笼。谓尘世中人受俗事束缚,如处笼中。方干《题睦州乌龙山禅居》:“伴师长住应难住,归去仍须入俗笼。”褚载《少年行》:“狂歌放饮浑成性，知道逍遥出俗笼。”

【俗羈】 尘世间人事的牵制和束缚。林滋《望九华山》：“如何独得百丈索，直上高峰抛俗羁。”

【俗觀】 世俗之识见。佛教以“观”为“智”的别名，指观察妄惑，达观真理。韩愈《龊龊》：“大贤事业异，远抱非俗观。”

俘 〔fú《广韵》芳無切，平虞，敷。〕❶用战争手段掳获。高适《东平留赠狄司马》：“献捷见天子，论功俘可汗。”❷在战争中被擒获之人。玄宗《行次成皋缅思功业感而赋诗》：“克敌睿图就，擒俘帝道亨。”杜甫《喜闻官军已临贼境二十韵》：“此辈感恩至，羸俘何足操。”元稹《和李校书新题乐府十二首·缚戎人》：“少壮为俘头被髡，老翁留居足多刖。”

【俘囚】 在战争中被掳获的人。韩愈《晚秋郾城夜会联句》：“且待献俘囚，终当返耕获。”无名氏《观剑南献捷》（卷七八七）：“共睹俘囚入，赓歌万国安。”

【俘翦】 擒获，翦除。玄宗《平胡》序：“戎羯不虔，窃我荒服，命偏师之俘翦，彼应期而咸殄。”

【俘馘】 俘，活捉；馘，从敌尸上割取左耳。指擒获或斩杀。高适《睢阳酬别畅大判官》：“酋豪尽俘馘，子弟输征徭。”

俀 〔tuǐ《集韵》吐猥切，上賄，透。〕同“倭”。低俯。陆龟蒙《和袭美馆娃宫怀古五绝》之二：“一宫花渚漾涟漪，俀堕鸦鬟出茧眉。”

俛[1] 〔fǔ《广韵》亡辨切，上獮，明。《集韵》匪父切，上噳，非。〕屈身；低头。同“俯”。李纾《唐德明兴圣庙乐章·亚献终献》：“举备九成，俛终三献。”尉迟汾《府尹王侍郎准制拜岳因状嵩高灵胜寄呈三十韵》：“端仪大圭立，兴俛声玲珑。”

俛[2] 〔miǎn《广韵》亡辨切，上獮，明。〕勤劳貌。白居易《忆庐山旧隐及洛下新居》：“形骸僶俛班行内，骨肉句留俸禄中。”参见“俛₂僶”。

【俛仰】 ❶犹倏忽、瞬间。形容时间短暂。李白《下途归石门旧居》：“俛仰人间易凋朽，钟峰五云在轩牖。”白居易《题赠郑秘书征君石沟溪隐居》：“俛仰受三命，从容辞九重。”❷周旋，应付。权德舆《袛役江西路上以诗代书寄内》：“如何久人寰，俛仰学举措。”

【俛首】 低头。用以表示恭顺、沉思等情状。戴叔伦《抚州被推昭雪答陆太祝三首》之三：“春风旅馆长庭芜，俛首低眉一老夫。”李绅《趋翰苑遭诬构四十六韵》：“俛首安羸业，齐眉慰病夫。”杜牧《题茶山》：“重游难自克，俛首入尘埃。”

【俛眉】 低眉。表示谦恭、沉痛等情状。李颀《放歌行答从弟墨卿》：“敛迹俛眉心自甘，高歌击节声半苦。”

【俛₂僶】 努力，勉力。白居易《裴侍中晋公以集贤林亭即事诗三十六韵见赠辄广为五百言以伸酬献》：“从容就中道，俛僶来保厘。”

係 〔xì《广韵》古詣切，去霽，見。《集韻》胡计切，去霽，匣。〕❶继续，联结。权德舆《卧病喜惠上人李炼师茅处士见访因以赠》：“复有沈冥士，远系三茅君。”❷志，记。姚合《答韩湘》：“昨闻过春关，名系吏部籍。”韦庄《赠峨嵋山弹琴李处士》：“为君吟作听琴歌，为我留名系仙谱。”蜀太后徐氏《题彭州阳平化》：“殿严孙氏貌，碑暗系师名。”❸束缚，掳获。见“係虜”“係縲”。❹决定，指某一事物发生的作用，决定着另一事物的成败得失。《掷裴武公诗》（卷八六五）：“废兴尽系前生数，休衒英雄勇冠军。”

【係虜】 俘获。李端《度关山》：“谁知系虏者，贾谊是书生。”

【係縲】 捆绑，拘囚。柳宗元《鼓吹铙歌·苞枿》：“浩浩海裔，不威而同。系缧降王，定厥功。”

信 〔xìn《广韵》息晋切，去震，心。〕❶诚实，不欺。崔玄童《祭汾阴乐章》：“祝词以信，明德惟聪。”皎然《奉陪杨使君顼送段校书赴南海幕》：“硕贤静广州，信为天下贞。”李绅《趋翰苑遭诬构四十六韵》：“燕客书方诈，尧门信未孚。”温庭筠《病中怀友人》：“宁复机难料，庸非信未孚。”❷信用；守信。王勃《倬彼我系》：“名存实爽，负信愆义。”骆宾王《夕次旧吴》：“悬剑空留信，亡珠尚识机。”贯休《循吏曲上王使君》：“大信不信，贻厥无朕。”❸果真，确实。太宗《帝京篇十首》之五：“芳辰追逸趣，禁苑信多奇。”裴耀卿《敬酬张九龄当涂界留赠之作》：“茂先实王佐，仲举信时英。”刘禹锡《古词二首》之二：“簪领乃俗士，清谈信古风。”周贺《题何氏池亭》：“信是虚闲地，亭高亦有苔。”❹有规律；定期，按时。李白《闻李太尉大举秦兵百万出征东南留别金陵崔侍御十九韵》：“帝车信回转，河汉复纵横。”崔峒《登润州芙蓉楼》：“往来潮有信，朝暮事成非。”张仲素《春江曲二首》之一：“不如潮水信，每日到沙头。”常浩《寄远》：“春风不知信，轩盖独迟迟。”❺信任；相信。骆宾王《在狱咏蝉》：“无人信高洁，谁为表予心。”李白《惧谗》：“魏姝信郑袖，掩袂对怀王。”李翱《广庆寺》：“传者不足信，见景胜如闻。”殷尧藩《登凤凰台二首》之一：“始信人生如一梦，壮怀莫使酒杯干。”❻知道。孟浩然《武陵泛舟》：“莫测幽源里，仙家信几深。”杨志坚《送妻》：“渔父尚知溪谷暗，山妻不信出身迟。”李群玉《饭僧》：“交信方外言，二三空门子。”韦庄《焦崖阁》：“今朝夜过焦崖阁，始信星河在马前。”❼任随；听任。张抃《题衡阳泗州寺》：“一水悠悠百粤通，片帆无奈信秋风。”杜甫《题桃树》：“帘户每宜通乳燕，儿童莫信打慈鸦。”李益《行舟》：

“柳花飞入正行舟，卧引菱花信碧流。”刘兼《莲塘霁望》：“远岸牧童吹短笛，蓼花深处信牛行。”❽使者；传递公文函件之人。郭震《王昭君三首》之三：“闻有南河信，传言杀画师。”卢纶《春日忆司空文明》：“贫居静久难逢信，知隔春山不可寻。”孟郊《古意》：“欲寄未归人，当春无信去。”李商隐《酬令狐郎中见寄》：“封来江渺渺，信去雨冥冥。”❾信件；书简。储光羲《山中贻崔六琪华》：“屣履清池上，家童奉信归。”武元衡《送严秀才》：“灞浐别离肠已断，江山迢递信仍稀。”元稹《苍溪县寄扬州兄弟》：“凭仗鲤鱼将远信，雁回时节到扬州。”于武陵《远水》：“欲附故乡信，不逢归客舟。”❿消息，音讯。岑参《送郭乂杂言》：“博陵无近信，犹未换春衣。”耿湋《送河中张胄曹往太原计会回》：“遥听边上信，远计朔南程。”贾岛《夏夜登南楼》：“一点新萤报秋信，不知何处是菩提？”褚载《南徐晚望》：“入浙孤帆知楚信，过淮疏雨带潮声。”⓫信奉；信仰。王维《座上走笔赠薛璩慕容损》：“分地依后稷，用天信重黎。”韦应物《送郗詹事》：“忠良信旧德，文学播英声。”⓬特指信仰佛教。卢仝《寄赠含曦上人》：“起信中百门，敲骨得佛髓。”见“信士”“信門”。⓭依靠；凭借。白居易《对酒闲吟赠同老者》：“扶持仰婢仆，将养信妻儿。”刘驾《塞下曲》：“下营看斗建，传号信狼烟。”王周《道院》：“忘虑凭三乐，消闲信五禽。”郭求《日暖万年枝》：“生植虽依地，光华只信天。”⓮证验；证明。刘商《柳条歌送客》：“青春去住随柳条，欲寄来人以为信。”吕温《道州将赴衡州酬别江华毛令》：“布帛精粗任土宜，疲人识信每先期。”齐己《送秘上人》：“欲凭莲社信，转入洞庭云。”⓯表明心意的物件。白居易《寄两银榼与裴侍郎因题两绝句》：“贫无好物堪为信，双榼虽轻意不轻。”⓰谓连宿两夜。语出《诗·周颂·有客》：“有客宿宿，有客信信。”毛传：“一宿曰宿，再宿曰信。”窦群《同王晦伯朱遐景宿慧山寺》：“信此澹忘归，淹留冰玉邻。”参见“信宿”。⓱指潮汛或应时而至之风。刘长卿《自鄱阳还道中寄褚征君》：“江信久寂寥，楚云独惆怅。”张继《江上送客游庐山》：“晚来风信好，并发上江船。”李绅《早发》：“黄鹤浪明知上信，黑龙山暗避前程。”罗隐《寄杨秘书》：“两信海潮书不达，数峰稽岭眼长明。”⓲犹虽然。杜甫《成都府》：“信美无与适，侧身望川梁。”韩愈《江汉答孟郊》：“流沙信难行，马足常往还。”白居易《劝行乐》：“少年信美何曾久，春日虽迟不再中。”贾岛《寄丘儒》：“仪形信寂蔑，风雨岂乖间。”

【信人】　信徒，指信奉神仙的人。谢勮《游烂柯山》：“惟将无住理，转与信人说。”

【信士】　梵语优婆塞的译称。指信奉佛教的在家男子。黄滔《和王舍人崔补阙题天王寺》：“信士三公作，灵踪四绝推。”

【信口】　随口。白居易《答故人》：“读书未百卷，信口嘲风花。”

【信手】　随手。表示熟练自然。许瑶《题怀素上人草书》：“醉来信手两三行，醒后却书书不得。”白居易《琵琶引》：“低眉信手续续弹，说尽心中无限事。”姚合《寄崔之仁山人》：“苦将杯酒判身病，狂作文章信手书。”裴说《闻砧》：“愁捻银针信手缝，惆怅无人试宽窄。”

【信公】　即僧道信（580—651）。禅宗第四祖。俗姓司马，世居河内（今河南沁阳）。后徙于蕲州广济（今属湖北），住破头山。寿七十有二。代宗谥大医禅师，塔号慈云。包佶有《双山过信公所居》。

【信及豚兔】　比喻信义昭著，虽微隐之物皆及之。语出《易·中孚》：“信及豚鱼也。”《郊庙歌辞·后唐宗庙乐舞辞·文明舞》：“信及豚鱼，恩沾动植。”

【信心】　虔诚信仰宗教之心。贯休《赠弘顗三藏院》：“岳茶如乳庭花开，信心弟子时时来。”

【信臣】　忠诚可靠之臣。张蠙《送卢尚书赴灵武》：“西北正传烽候急，灵州共喜信臣居。”

【信行】　（—xíng）诚实守信的品行。贯休《续姚梁公坐右铭》：“忠孝信行，越食逾衣。”

【信任】　❶相信并加以任用。孟郊《寒江吟》：“何况异形体，信任为股肱。”亦谓相信。元稹《乐府古题·人道短》：“赖得人道有拣别，信任天道真茫茫。”❷任随，听凭。高骈《风筝》：“夜静弦声响碧空，宫商信任往来风。”鱼玄机《夏日山居》：“闲乘画舫吟明月，信任轻风吹却回。”

【信衣】　即法衣。佛教禅宗师徒传法，以法衣为凭信，故称。贯休《题曹溪祖师堂》：“信衣非苎麻，白云无知音。”

【信州】　古州名。❶治所在今重庆奉节。南朝梁普通四年（523）置，唐武德二年（619）改夔州。杜甫《贻华阳柳少府》：“俱客古信州，结庐依毁垣。”❷治所在今江西上饶。唐乾元元年（758）置。见《旧唐书·地理志三》。刘长卿有《送度支留后若侍御之歙州便赴信州省觐》。白居易有《送人贬信州判官》。方干有《赠信州高员外》。

【信安】　❶指信安王李祎。李白有《送梁公昌从信安北征》。参见“信安王”。❷地名。在今浙江衢州市境。东汉初平三年（192）立新安县，晋太康元年（280）改为信安。唐武德四年（621）置衢州，信安为其属县。咸通中改西安县。见《旧唐书·地理志三》。权德舆有《送信安刘少府》。张蠙有《赠信安太守》。贯休有《赠信安郑道人》。

【信安王】　名李祎。太宗子吴王恪之孙，玄宗之从兄。中宗特封嗣江王，累为州刺史。开元十二年封为信安郡王，寻迁礼部尚书，充朔方节度使。以攻伐吐蕃及讨平奚、契丹两部有战功，加开府仪同三司。坐事，除衢州刺史，俄历滑、怀二州刺史。天宝初(742)，拜太子少师，以年老致仕。二年迁太子太师，制出，病死。年八十余。《全唐诗》收诗一首。新、旧《唐书》均有传。储光羲有《贻鼓吹李丞时信安王北伐李公王之所器者也》。高适有《信安王幕府诗》。

【信步】　漫步，随意行走。许棠《登山》："信步上鸟道，不知身忽高。"曹松《钟陵野步》："冈扉聊自启，信步出波边。"李中《秋日途中》："信步腾腾野岸边，离家都为利名牵。"齐己《游谷山寺》："此生有底难抛事，时复携筇信步登。"

【信兵】　可信任之部队。李涉《哭田布》："魏师临阵却抽营，谁管豺狼作信兵。"

【信沈沈】　音讯杳然。杜牧《月》："三十六宫秋夜深，昭阳歌断信沉沉。"刘损《愤惋诗三首》之二："红粉尚存香幕幕，白云将散信沉沉。"

【信門】　犹佛门。夏鸿《和赠和龙妙空禅师》："出为信门兴化日，坐当吾国太平年。"

【信知】　深知，确知。高适《酬秘书弟兼寄幕下诸公》："信知命世奇，适会非常功。"杜甫《兵车行》："信知生男恶，反是生女好。"韩偓《病忆》："信知尤物必牵情，一顾难酬觉命轻。"

【信物】　作为凭证的物件。施肩吾《少女词二首》之一："信物无端寄谁去，等闲裁破锦鸳鸯。"

【信使】　传达消息、递送书信的人。杜甫《送王十五判官扶侍还黔中》："黔阳信使应稀少，莫怪频频劝酒杯。"晁采《子夜歌十八首》之九："信使无虚日，玉酝寄盈觥。"李绅《趋翰苑遭诬构四十六韵》："海标传信使，江棹认妻孥。"高骈《塞上寄家兄》："棣萼分张信使希，几多乡泪湿征衣。"

【信美】　❶的确美好。刘孝孙《游灵山寺》："信美谐心赏，幽邃且攀援。"白居易《春雪》："兹雪今如何，信美非时节！"陆龟蒙《白鸥诗》："池塘信美应难恋，针在鱼唇剑在虾。"❷汉王粲《登楼赋》："虽信美而非吾土兮，曾何足以少留。"后因以"信美"表示客居乡思。杜甫《成都府》："信美无与适，侧身望川梁。"杜牧《题池州弄水亭》："故园汉上林，信美非吾土。"牛征《登越王楼即事》："危楼送远目，信美奈乡情。"郑谷《巴賨旅寓寄朝中从叔》："惊秋思浩然，信美向巴天。"

【信風】　❶随时令变化，定期定向而至的风。李白《自金陵溯流过白壁山寄句容王主簿》："川长信风来，日出宿雾歇。"钱起《早发东阳》："信风催过客，早发梅花桥。"于鹄《舟中月明夜闻笛》："浦里移舟候信风，芦花漠漠夜江空。"❷任随风力；随风。元稹《有鸟二十章》之十一："驱去驱来长信风，暂托栋梁何用喜。"白居易《晚起》："闲上篮舆乘兴出，醉回花舫信风行。"尚颜《送朴山人归新罗》："浩渺行无极，扬帆但信风。"

【信音】　音信，消息。岑参《杨固店》："长安只千里，何事信音稀。"无名氏《消失婢榜诗》(外编下)："夹带无金玉，窝藏有是非，请君看赏格，惆怅信音稀。"

【信美寺】　在湘南。司空图有《赠信美寺岑上人》。另有题为《信美寺岑上人》，郑谷作。文字相同，是两首重出诗。

【信馬】　任马行走。岑参《西掖省即事》："平明端笏陪鹓列，薄暮垂鞭信马归。"杨凭《秋日独游曲江》："信马闲过忆所亲，秋山行尽路无尘。"韩愈《嘲少年》："只知闲信马，不觉误随车。"温宪《郊居》："寂寞春风里，吟酣信马行。"

【信息】　音信；消息。崔备《清溪路中寄诸公》："别来无信息，可谓井瓶沉。"杜牧《寄远》："塞外音书无信息，道傍车马起尘埃。"马戴《送从叔赴南海幕》："信息来非易，堪悲此路分。"鱼玄机《闺怨》："春来秋去相思在，秋去春来信息稀。"

【信陵】　即信陵君。高适《古大梁行》："魏王宫观尽禾黍，信陵宾客随灰尘。"陈羽《将归旧山留别》："信陵死后无公子，徒向夷门学抱关。"秦韬玉《吹笙歌》："信陵名重怜高才，见我长吹青眼开。"亦用以为礼贤养士者之美称。王昌龄《答武陵田太守》："曾为大梁客，不负信陵恩。"张祜《投陈许李司空二十韵》："犹希匹夫胆，一向信陵倾。"罗隐《江南寄所知周仆射》："世乱共嗟王粲老，时危俱受信陵恩。"参见"信陵君"。

【信陵公子】　即信陵君。薛涛《送卢员外》："信陵公子如相问，长向夷门感旧恩。"参见"信陵君"。

【信陵君】　战国魏安釐王异母弟，名无忌，封信陵君。礼贤下士，有食客三千人。曾用计夺晋鄙兵，救赵却秦。留赵十年后归魏，率五国之兵大破秦军。见《史记·魏公子列传》。李白《梁园吟》："昔人豪贵信陵君，今人耕种信陵坟。"刘禹锡《酬令狐相公赠别》："海峤新辞永嘉守，夷门重见信陵君。"贯休《别卢使君》："终期陶铸日，再见信陵君。"

【信陵門】　信陵君之门庭。常用以喻指好客养士之家。储光羲《舟中别武金坛》："忽乃异群萃，高歌信陵门。"皇甫曾《送王相公赴幽州》："渔阳在天末，恋别信陵门。"卢纶《东潭宴饯河南赵少府》："可怜桃李树，先发信陵门。"

【信陵門館】　喻指客士居处。刘言史《江陵客舍留别樊尚书》："信陵门馆下，多病有归思。"亦省作"信陵馆"。罗隐《投宣武郑尚书二十韵》："殷勤信陵馆，今日自途穷。"

【信脚】 犹漫步。寒山《诗三百三首》之一九五："不识心中无价宝，犹似盲驴信脚行。"李涉《长安闷作》："宵分独坐到天明，又策羸骖信脚行。"白居易《野行》："仰头听鸟立，信脚望花行。"蒋吉《樵翁》："独入深山信脚行，惯当貙虎不曾惊。"

【信宿】 （一sù）❶连宿两夜。张九龄《奉和圣制瑞雪篇》："信宿婵娟飞雪度，能使玉人俱掩媿。"李颀《送钱子入京》："还家应信宿，看子速如飞。"岑参《醴泉东溪送程皓元镜微入蜀》："二人来信宿，一县醉衣冠。"杜甫《秋兴八首》之三："信宿渔人还泛泛，清秋燕子故飞飞。"❷谓两三日。孟浩然《行出东川望汉川》："坐欣沿溜下，信宿见维桑。"王昌龄《过华阴》："信宿百余里，出关玩新月。"杜甫《三川观水涨二十韵》"交洛赴洪河，及关岂信宿？"

【信越】 汉将韩信与彭越的并称。王珪《咏汉高祖》："爪牙驱信越，腹心谋张陈。"罗隐《关亭春望》："信越功名高似狗，裴王气力大于牛。"

【信筆】 随手书写，不甚经心。韩偓先后写有两首《信笔》。

【信道】 知道，料知。白居易《曲江亭晚望》："不被马前提省印，何人信道是郎官。"

【信然】 确实如此。苏晋《奉和圣制送张说巡边》："三捷岂云尔，七擒良信然。"杜甫《别李秘书始兴寺所居》："安为动主理信然，我独觉子神充实。"

【信鼓】 佛教礼忏时，为唤起虔诚之信心所击之鼓。储光羲《至岳寺即大通大照禅塔上温上人》："山墟响信鼓，蘅薄生蕙香。"崔曙《宿大通和尚塔敬赠如上人兼呈常孙二山人》："然灯见栖鸽，作礼闻信鼓。"刘禹锡《乐天少傅五月长斋广延缁徒因以戏之》："宾阁缁衣占，书堂信鼓鸣。"

【信業】 信从业缘。谓一切境遇、生死均由命运决定。吕岩《七言》之四一："随缘信业任浮沉，似水如云一片心。"

【信節】 忠贞的节操。顾况《瑶草春》："执心轻子都，信节冠秋胡。"

【信路】 犹信步，顺路。杜荀鹤《和友人送弟》："干戈闹日分头去，山水寒时信路行。"

【信意】 随意，任意。白居易《步东坡》："信意取次栽，无行亦无数。"又《春池闲泛》："解缆随风去，开襟信意行。"

【信義】 信用与道义。高祖《嘲苏世长》："弃忠贞于郑国，忘信义于吾家。"徐夤《送刘常侍》："言端信义如明月，笔下篇章似涌泉。"

【信旗】 古代军中用以指挥进退的信号旗。杨汝士《和宗人尚书题临淮公旧碑》："昔谒从征盖，今闻拥信旗。"皮日休《送羊振文先辈往桂阳归觐》："竹人临水迎符节，风母穿云避信旗。"张蠙《赠九江太守》："昨日西亭从游骑，信旗风里说诗篇。"

【信潮】 ❶定期而来的潮水。孟浩然《宿天台桐柏观》："鹤唳清露垂，鸡鸣信潮早。"萧颖士《越江秋曙》："潋滟信潮上，苍茫孤屿分。"皇甫松《江上送别》："祖席驻征棹，开帆候信潮。"周匡物《应举题钱塘公馆》："钱塘江口无钱过，又阻西陵两信潮。"❷顺随潮流。储光羲《渔父词》："逆浪还极浦，信潮下沧洲。"崔道融《江夕》："江心秋月白，起柁信潮行。"

【信緣】 任随机缘。白居易《九江春望》："身外信缘为活计，眼前随事觅交亲。"周贺《赠胡僧》："情性人难会，游方应信缘。"刘兼《郡斋寓兴》："情怀放荡无羁束，地角天涯亦信缘。"

【信謙】 诚实谦恭。李商隐《赠送前刘五经映三十四韵》："式间真道在，拥篲信谦光。"

【信旛】 古代题表官号，用为符信的旗帜。徐铉《和歙州陈使君见寄》："晓吹传衙鼓，晴阳展信幡。"

侵 〔qīn《广韵》七林切，平侵，清。〕❶进入；到。杨师道《春朝闲步》："野迳香恒满，山阶简屡侵。"钱起《送李判官赴桂州幕》："雁峰侵瘴远，桂水出云流。"喻坦之《代北言怀》："草得春犹白，鸿侵夏始回。"❷渐往；渐进；渗入。岑参《南楼送卫凭》："鸟向望中灭，雨侵晴处飞。"窦群《晨游昌师院》："林馥乱沉烟，石润侵经室。"雍陶《晴诗》："新水乱侵青草路，残烟犹傍绿杨村。"林宽《苦雨》："润侵书缝黑，冷浸鬓丝明。"❸侵犯；侵占。崔颢《赠怀一上人》："人讲鸟常狎，坐禅兽不侵。"刘长卿《至德三年春正月闻王师收二京因书事五十韵》："略地侵中土，传烽到上京。"孟郊《连州吟》之二："正直被放者，鬼魅无所侵。"❹谓行事超越职权范围。参见"侵官"。❺冒犯。韩愈《石鼎联句》序："其不用意而功益奇，不可附说，语皆侵刘、侯。"❻侵袭，谓进入其中或其上。钱起《卧病李员外题扉而去》："清扬去莫寻，离念顷来侵。"韩愈《县斋读书》："南方本多毒，北客恒惧侵。"朱庆余《题王丘长史宅》："药气暗侵朝服上，花阴晚到簿书边。"皮日休《太湖诗·三宿神景宫》："石枕冷入脑，笋席寒侵肌。"❼侵蚀，逐渐损伤。张九龄《始兴南山下荆州卧病有怀此地》："敢忘丘山施，亦云年病侵。"卢纶《酬李端长安寓居偶咏见寄》："自别前峰隐，同为外累侵。"杨凌《江上秋月》："交亲几重别，归梦并愁侵。"孔德绍《夜宿荒村》："故乡万里绝，穷愁百虑侵。"❽侵害。萧颖士《仰答韦司业垂访五首》之二："独保贞素质，不为寒暑侵。"王季友《杂诗》："翳翳青桐枝，樵爨日所侵。"吕温《经河源军汉村作》："樵采未侵征虏墓，耕耘犹就破羌屯。"白居易《酬元九对新栽竹有怀见寄》："共保秋竹心，风霜侵不得。"❾侵扰。护国《怆故人旧居》:"命与时不遇,福为祸所侵。"韦应物《善福精舍示诸生》:"方以玄默处,岂为名迹侵。"贾岛《明月山怀独孤崇鱼琢》:"非不渴隐秀,却嫌他事侵。"白居易《郡西亭偶咏》:"常爱西亭面北林,公私尘事不能侵。"❿进逼;逼迫。严维《宿法华寺》:"无生久已学,白发浪相侵。"郑絪《寒夜闻霜钟》:"净兼寒漏彻,闲畏曙更侵。"许棠《冬夜怀真里友人会宿》:"从容不易到,莫惜曙钟侵。"江为《临刑诗》:"街鼓侵人急,西倾日欲斜。"⓫临近;接近。李白《冬日归旧山》:"嫩篁侵舍密,古树倒江横。"韦建《泊舟盱眙》:"夜久潮侵岸,天寒月近城。"韩愈《苦寒》:"侵炉不觉暖,炽炭屡以添。"黄滔《送人明经及第冬归》:"水到吴门方见海,树侵闽岭渐无霜。"⓬覆盖;遮蔽。王勃《郊兴》:"泽兰侵小径,河柳覆长渠。"窦常《花发上林》:"向暖风初扇,余寒雪尚侵。"姚合《游春十二首》之十:"晴野花侵路,春陂水上桥。"李中《书小斋壁》:"尘土侵闲榻,烟波隔故林。"⓭指时光流驶,时序更替。包融《酬忠公林亭》:"江外有真隐,寂居岁已侵。"杜甫《寄赞上人》:"年侵腰脚衰,未便阴崖秋。"清昼、潘述《项王古祠联句》:"遗庙风尘积,荒途岁月侵。"韩愈《幽怀》:"但悲时易失,四序迭相侵。"⓮照;映。裴迪《辋川集二十首·华子冈》:"云光侵履迹,山翠拂人衣。"李端《归山与酒徒别》:"红烛侵明月,青娥促白头。"项斯《送友人游边》:"绿阴斜向驿,残照远侵城。"

【侵人】　逼人。姚合《秋日寄李支使》:"秋思朝来起,侵人暑稍微。"

【侵天】　逼近云天。极言其高远。韩愈《游城南十六首·风折花枝》:"浮艳侵天难就看,清香扑地只遥闻。"

【侵旦】　凌晨,天刚亮。鲍溶《山中冬思二首》之一:"巢鸟侵旦出,饥猿无声啼。"

【侵早】　拂晓,天刚亮。杜甫《赠崔十三评事公辅》:"天子朝侵早,云台仗数移。"白居易《拜表早出赠皇甫宾客》:"一月一回同拜表,莫辞侵早过中桥。"项斯《早春题湖上顾氏新居二首》之一:"近得水云看,门长侵早开。"方干《采莲》:"采莲女儿避残热,隔夜相期侵早发。"

【侵吞】　非法侵占或武力吞并。围棋用以称投子侵入对方势力范围并占据多数空点。杜荀鹤《观棋》:"得势侵吞远,乘危打劫赢。"

【侵削】　侵占,削夺。元稹《和李校书新题乐府十二首·蛮子朝》:"犬戎强盛频侵削,降有愤心战无勇。"

【侵夜】　入夜,夜晚。虞世南《春夜》:"春苑月裴回,竹堂侵夜开。"张籍《寒食内宴二首》之一:"共喜拜恩侵夜出,金吾不敢问行由。"白居易《霓裳羽衣歌》:"贪看案牍常侵夜,不听笙歌直到秋。"韦庄《宿山家》:"山行侵夜到,云窦一星灯。"

【侵官】　超越权限而侵犯其他官员的职权。韩愈《送侯参谋赴河中幕》:"侵官固非是,妄作谴可惩。"

【侵空】　犹凌空。耸立空中。皎然《寒山》:"侵空撩乱色,独爱我中峰。"

【侵星】　拂晓,星尚未落时。王勃《焦岸早行和陆四》:"侵星违旅馆,乘月戒征俦。"宋之问《奉使嵩山途经緱岭》:"侵星发洛城,城中歌吹声。"高适《送蔡少府赴登州推事》:"祖筵方卜昼,王事急侵星。"褚载《晓发》:"朝朝陌上侵星去,待得酬身了便回。"

【侵侵】　(—qīn)稠密交叠貌。窦群《晚自台中归永宁里有怀呈上右司十一兄》:"白发侵侵生有涯,青襟曾爱紫河车。"李贺《高平县东私路》:"侵侵槲叶香,木花滞寒雨。"

【侵凌】　亦作"侵陵"。侵犯欺凌。杜甫《多病执热奉怀李尚书》:"衰年正苦病侵凌,首夏何须气郁蒸。"杨巨源《和杜中丞西禅院看花》:"深处最怜莺蹂践,懒时先被蝶侵凌。"白居易《枕上作》:"风疾侵凌临老头,血凝筋滞不调柔。"韩偓《梅花》:"风虽强暴翻添思,雪欲侵凌更助香。"

【侵宵】　傍晚。李商隐《雨》:"侵宵送书雁,应为稻粱恩。"

【侵雲】　凌云;耸入云霄。韦应物《始闻夏蝉》:"一听知何处,高树但侵云。"李绅《过荆门》:"帆势侵云灭又明,山程背日昏还见。"赵嘏《送僧归庐山》:"题诗片石侵云在,洗钵香泉覆菊流。"李商隐《题郑大有隐居》:"石梁高泻月,樵路细侵云。"

【侵晨】　凌晨,清早。寒山《诗三百三首》之二五:"入夜歌明月,侵晨舞白云。"白居易《晚归早出》:"退衙归逼夜,拜表出侵晨。"李商隐《富平少侯》:"当关不报侵晨客,新得佳人字莫愁。"唐彦谦《采桑女》:"侵晨探采谁家女,手挽长条泪如雨。"

【侵淫】　渐进,渐次发展。元稹《和李校书新题乐府十二首·法曲》:"明皇度曲多新态,宛转侵淫易沉著。"

【侵淄】　犹侵蚀。淄,污染。陈子昂《感遇诗三十八首》之三三:"疲疴苦沦世,忧痗日侵淄。"

【侵陵】　同"侵凌"。杜甫《前出塞九首》之六:"苟能制侵陵,岂在多杀伤。"

【侵階】　❶覆盖台阶。岑参《秋夕读书幽兴献兵部李侍郎》:"雨滋苔藓侵阶绿,秋飒梧桐覆井黄。"卢纶《冬夜赠别友人》:"侵阶暗草秋霜重,遍郭寒山夜月明。"裴度、白居易《西池落泉联句》:"照圃红分药,侵阶绿浸莎。"无名氏《长信宫》(卷七八五):"细草侵阶乱碧鲜,宫门深锁绿杨天。"❷临近台阶。刘商《早夏月夜问王开》:"清风首夏夜犹寒,嫩笋侵阶竹数竿。"姚合《武功县中作三十首》之一:"绕舍惟藤架,侵阶是药畦。"

【侵黑】 天将黑时。白居易《马上晚吟》:"出早冒寒衣校薄,归迟侵黑酒全消。"李廓《长安少年行》之三:"几度归侵黑,金吾送到家。"

【侵寒】 寒冷侵逼。韩愈《早春雪中闻莺》:"带涩先迎气,侵寒已报人。"

【侵寻】 渐进,逐渐发展。唐彦谦《原上》:"雨微风矗口,云暗雪侵寻。"

【侵鼓】 谓临近"开门鼓"声响时。唐长安各坊每日按时启闭坊门。凌晨五更二点,鼓自宫中发,诸街鼓随之而起。击鼓三千下,至辨曙色止。此时,坊门始开,方可入街行走。白居易《初授赞善大夫早朝寄李二十助教》:"远坊早起常侵鼓,瘦马行迟苦费鞭。"

【侵损】 侵蚀损坏。刘言史《初下东周赠孟郊》:"寄食若蠹虫,侵损利微生。"

【侵稜】 接近器物之边角。王建《和元郎中从八月十二至十五夜玩月五首》之四:"月似圆来色渐凝,玉盆盛水欲侵稜。"

【侵霄】 逼近云霄。极言其高。刘沧《题天宫寺阁》:"丹阙侵霄壮复危,排空霞影动檐扉。"

【侵暴】 侵犯暴掠。李绅《寿阳罢郡日·虎不食人》序:"自太和四年至六年,遂无侵暴,鸡犬不鸣;深山穷谷,夜行不止。"

【侵晓】 拂晓,天刚亮。王建《贻小尼师》:"唤起犹侵晓,催斋已过时。"孟宾于《公子行》:"锦衣红夺彩霞明,侵晓春游向野庭。"

【侵臨】 临近。白居易《题遗爱寺前溪松》:"偃亚长松树,侵临小石溪。"

【侵蹙】 进犯紧迫。李百药《郢城怀古》:"南风忽不竞,西师日侵蹙。"

侯 〔hóu《广韵》户鉤切,平侯,匣。〕❶箭靶。张以兽皮或以画上兽形的布为之。见"侯弓"。❷古代五等爵位之第二等。汉时用以封功臣贵戚。唐代封爵有县侯。李白《拟古十二首》之六:"惟昔鹰将犬,今为侯与王。"羊士谔《闲斋示一二道者》:"知止惭先觉,归欤想故侯。"李商隐《骄儿诗》:"当为万户侯,勿守一经帙。"徐铉《北苑侍宴杂咏诗·竹》:"自然名价重,不羡渭川侯。"❸诸侯。多用以称州郡长官及高级官员。杜甫《冬狩行》:"春蒐冬狩侯得同,使君五马一马骢。"陈羽《喜雪上窦相公》:"平地已沾盈尺润,年丰须荷富人侯。"皮日休《太湖诗》序:"凡自江汉至于京,干者十数侯,绕者二万里。"❹泛指官爵。岑参《初过陇山途中呈宇文判官》:"西来谁家子,自道新封侯。"戴叔伦《行路难》:"颠倒英雄古来有,封侯却属屠沽儿。"王贞白《田舍曲》:"岂思封侯贵,唯只待丰年。"❺封侯。李白《赠张相镐二首》之二:"苦战竟不侯,富年颇惆怅。"❻士大夫之间的一种尊称。李颀《送刘四赴夏县》:"刘侯致身能若此,天骨自然多叹美。"岑参《喜韩樽相过》:"长安城中足年少,独共韩侯开口笑。"崔宗之《赠李十二白》:"李侯忽来仪,把袂苦不早。"韩愈《赠崔立之评事》:"崔侯文章苦捷敏,高浪驾天输不尽。"❼姓。韩愈《喜侯喜至赠张籍张彻》:"孟生去虽索,侯氏来还歉。"见"侯芭""侯嬴"。

【侯十一】 不详何许人。李白有《送侯十一》。

【侯十七】 即侯钊。排行十七,故称。耿沣有《喜侯十七校书见访》。参见"侯剑"。

【侯弓】 古代较射时用以射侯之弓。侯,箭靶。罗隐《寄渭北徐从事》:"科随鹄箭频曾中,礼向侯弓以重招。"

【侯王】 诸侯王。皇族和功臣的官爵与封号。泛指达官显贵。杜甫《洗兵马》:"攀龙附凤势莫当,天下尽化为侯王。"秦系《鲍防员外见寻因书情呈赠》:"少小为儒不自强,如今懒复见侯王。"韩愈《谒衡岳庙遂宿岳寺题门楼》:"侯王将相望久绝,神纵欲福难为功。"李商隐《咏怀寄秘阁旧僚二十六韵》:"礼俗拘嵇喜,侯王忻戴逵。"

【侯氏】 唐会昌时边将张暌之妻。暌戍边十余年,其妻侯氏绣回文作龟形诗,诣阙进之。中有"绣作龟形献天子,愿教征客早还乡"句。武宗览诗,敕暌还乡,侯氏赐绢三百匹,以彰才美。见《唐诗纪事》。所作《绣龟形诗》存《全唐诗》,仅此一首。

【侯玉】 古代诸侯用作符信之玉。鲍溶《读李相心中乐》:"谁将侯玉乖南面,几使戎车殷左轮。"

【侯生遭骂】 侯生即侯嬴。《史记·魏公子列传》载其事。后因以"侯生遭骂"比喻蒙受误解。韩愈《县斋有怀》:"冶长信非罪,侯生或遭骂。"参见"侯嬴"。

【侯休祥】 初唐至开元天宝间人。籍贯仕履皆无考,《全唐诗外编》录其诗一首。

【侯印】 ❶侯爵之印信。钱起《送郑书记》:"几年丹阙下,侯印锡书生。"温庭筠《伤温德彝》:"侯印不闻封李广,他人丘垄似天山。"司空图《白菊杂书四首》之三:"侯印几人封万户,侬家只办买孤峰。"❷指州刺史印。岑参《东归发犍为至泥溪舟中作》:"前日解侯印,泛舟归山东。"

【侯伯】 诸侯之长。《国语·周语下》:"祚四岳国,命以侯伯。"后多用以指州郡长官等高级官员。苏颋《饯郢州李使君》:"佳政在离人,能声寄侯伯。"韦应物《送李十四山东游》:“高论动侯伯,疏怀脱尘喧。”皮日休《太湖诗·以毛公泉一瓶献上谏议因寄》:“炙背野人兴,亦思侯伯怜。”伍乔《寄张学士洎》:“职事久参侯伯幕,梦魂常绕帝王州。”

【侯甸】 见“侯甸服”。

【侯甸服】 亦作“侯甸”。侯服与甸服。古代王畿外围千里以内之区域。《周礼·夏官·职方氏》:“方千里曰王畿,其外方五百里曰侯服,又其外方五百里曰甸服。”骆宾王《帝京篇》:“皇居帝里崤函谷,鹑野龙山侯甸服。”玄宗《送忠州太守康昭远等》:“分符侯甸内,拜手明庭里。”

【侯芭】 汉钜鹿(今河北省)人。从扬雄受《太玄》《法言》,雄卒,为起坟,丧之三年。见《汉书·扬雄传下》。张祜《江南杂题三十首》之四:“何妨人不到,私酌是侯芭。”皮日休《屧步访鲁望不遇》:“拟受太玄今不遇,可怜遗恨似侯芭。”

【侯协律】 即侯喜。协律,协律郎,掌校正乐律,正八品上,属太常寺。侯喜何时任此职,无考。韩愈有《和侯协律咏笋》。题下注,侯喜也。

【侯門】 ❶诸侯之门。常用以指州郡长官之衙署。钱起《送李兵曹赴河中》:“侯门三事后,儒服一书生。”裴淑《答微之》:“侯门初拥节,御苑柳丝新。”温庭筠《病中书怀呈友人》:“莲府侯门贵,霜台帝命俞。”许坚《上舍人徐铉》:“几宵烟月锁楼台,欲寄侯门荐下才。”❷泛指显贵人家。元载《别妻王韫秀》:“年来谁不厌龙钟,虽在侯门似不容。”顾况《闲居怀旧》:“贫居谪所谁推毂,仕向侯门耻曳裾。”姚合《将归山》:“宫树蝉声多却乐,侯门月色少于灯。”杜荀鹤《乱后书事寄同志》:“皇泽正沾新将士,侯门不是旧公卿。”

【侯門仁義】 《庄子·胠箧》:“彼窃钩者诛,窃国者为诸侯,诸侯之门而仁义存焉,则是非窃仁义圣知邪?”后因以“侯门仁义”讥讽权贵标榜仁义的虚伪。刘禹锡《学阮公体三首》之三:“侯门有仁义,灵台多苦辛。”

【侯門如海】 相传崔郊之姑有侍婢与郊相恋。姑贫,将婢卖与连帅。郊思慕不已,后与婢相遇于途,感于显贵之家门禁森严,不得往来,乃作诗慨叹。见范摅《云溪友议》卷一。崔郊《赠去婢》:“侯门一入深如海,从此萧郎是路人。”后用“侯门如海”或“侯门似海”比喻旧日相识,因权势地位悬殊而疏远隔绝。杜荀鹤《与友人对酒吟》:“客路如天远,侯门似海深。”

【侯門似海】 。见“侯門如海”。

【侯知一】 武则天时大理正侯善业之子。长寿二年(693)任夏官侍郎,后为太子右庶子。侯为官亦厉威严。以年老敕放致仕,上表不服,于朝堂踊跃驰走,以示轻便。《台中语》(卷八七六):“侯知一不伏致仕。张悰自请起复。”

【侯侍御】 即侯钊。杨巨源有《赠侯侍御》。卢纶有《陈翃郎中北亭送侯钊侍御赋得带冰流歌》及《同柳侍郎题侯钊侍郎新昌里》。

【侯舍人】 指侯翮。翮以拔萃出身,为邠宁从事,僖宗幸蜀,拜中书舍人,故称。黄滔有《喜侯舍人蜀中新命三首》。参见“侯學士”。

【侯栅】 即稽侯栅(? —前31)。匈奴人,汉宣帝神爵四年(前58)立为呼韩邪单于。宣帝甘露二年(前52)归附西汉。元帝时入朝求和亲,乃遣宫人王昭君嫁之。事见《汉书·匈奴传下》。后用以借指亲汉族的少数民族首领。柳宗元《酬韶州裴曹长使君寄道州吕八大使因以见示二十韵》:“乘轺参孔仅,按节服侯栅。”

【侯服】 泛指京城外围之地。虞世南《从军行二首》之二:“方知万里相,侯服见光辉。”李中《依韵和智谦上人送李相公赴昭武军》:“吟里过侯服,梦中归帝城。”参见“侯甸服”。

【侯邸】 侯门府第。戎昱《下第留辞顾侍郎》:“绮陌彤彤花照尘,王门侯邸尽朱轮。”

【侯冽】 一作列。元和六年(811)进士。《全唐诗》录其诗二首。

【侯官】 县名。在今福建福州市。治所在今闽侯东南,贞元时移治今福州市,与闽县同城。温庭筠有《送陈嘏之侯官兼简李常侍》。

【侯社】 诸侯为自己设立的祀神之所。《礼记·祭法》:“诸侯为百姓立社曰国社,诸侯自为立社曰侯社。”韩愈、李正封《晚秋郾城夜会联句》:“侯社退无功,鬼薪惩不恪。”

【侯春時】 唐大和六年(832)进士。与许浑同榜登第。见清徐松《登科记考》卷二一。许浑有《与侯春时同年南池夜话》。

【侯郎中】 即侯温。咸通中自郎中任睦州刺史。李频有《送侯郎中任新定二首》。方干有《归睦州中路寄侯郎中》《初归故里献侯郎中》《送睦州侯郎中赴阙》《侯郎中新置西湖》及《经故侯郎中旧居》等诗。

【侯國】 侯爵之封地。借指藩镇割据形成的小国。杜荀鹤《寄顾云》:“侯国兵虽敛,吾乡业已空。”罗隐《得宣州窦尚书书因投寄二首》之一:“万里朝台劳寄梦,十年侯国阻趋尘。”

【侯第】 显贵人家之府第。吴融《长安里中闻猿》:“惯倚客船和雨听,可堪侯第见尘侵。”罗邺有《伤侯第》。

【侯参謀】 即侯继。继于贞元八年(792)与韩愈同登进士第。元和四年(809)又同官学省,愈任国子博士,继为助教。之后不久,继应节度使王锷之辟,赴河中幕府任职参谋。韩愈有《送侯参谋赴河中幕》。参见“侯三郎中”。

【侯喜】 贞元十九年(803)进士。上谷(今河北易县)人。字叔记(起)。家贫力学,能古文,工诗。为韩愈弟子。初任校书郎,仕终国子主簿。韩愈《石鼎联句》序:“有校书郎侯喜,新有能诗声,夜与刘(师服)说诗。”又有《赠侯喜》《喜侯喜至赠张籍张彻》及《送侯喜》。

【侯景】 (?—552)南朝梁怀朔镇(今内蒙古自治区固阳县西北)人。字万景。初为北朝魏尔朱荣将,后归高欢。欢死,附梁为河南王。次年,举兵叛变,攻破建康。梁大宝二年(551)自立为汉帝。不久,为梁将陈霸先等击败,逃亡时为部下所杀。见《梁书·本传》《南史·贼臣传》。韩愈《永贞行》:“董贤三公谁复惜,侯景九锡行可叹。”胡曾《咏史诗·金陵》:“侯景长驱十万人,可怜梁武坐蒙尘。”

【侯景九錫】 侯景降梁后废简文帝,立萧栋,又矫诏自加九锡,随即称帝。见《梁书·侯景传》。后因以“侯景九锡”喻指篡权谋反。韩愈《永贞行》:“董贤三公谁复惜,侯景九锡行可叹。”

【侯尊師】 指侯高。上谷(治所在今河北易县)人。字元览,少为道士,学黄老炼气保形之术。居庐山,号华阳居士。见李翱《故处士侯君墓志》。刘长卿有《自紫阳观至华阳洞宿侯尊师草堂简同游李延年》。

【侯道華】 大中时蒲(今山西永济西蒲州)人。曾于河中永乐县(今山西芮城)道净院供给使。常好子史,手不释卷。或问要此何为?答曰:“天下无愚懵仙人。”咸大笑之。一日醉归,悉斫院前松枝曰:“无碍我上升处也。”后亡所见,惟脱双履及衣挂松上,中留一诗。传说其窃院内贮存之道士邓太玄所炼药仙去。《全唐诗》录其《题院诗》一首。崔涂有《读侯道华真人传》。

【侯臺】 生卒年里不详,《全唐诗外编》下录其《闲吟》诗一首。

【侯調】 汉乐工。箜篌的创制人。《旧唐书·音乐志二》:“箜篌,汉武帝使乐人侯调所作。”后用以代指箜篌。李贺《送秦光禄北征》:“周处长桥役,侯调短弄哀。”

【侯學士】 即侯翮。韦庄有《和集贤侯学士分司丁侍御秋日雨霁之作》及《雨霁池上作呈侯学士》。

【侯嬴】 (?—前257)战国魏隐士,亦称侯生。年七十,为大梁夷门之守门小吏,后被信陵君迎为上客。魏安釐王二十年(前257),秦围赵,安釐王派将军晋鄙救赵,观望不前。侯嬴献计信陵君,窃得兵符,并推荐力士朱亥,击杀晋鄙,夺得兵权,却秦救赵。见《史记·魏公子列传》。魏征《出关》:“季布无二诺,侯嬴重一言。”李白《赠昇州王使君忠臣》:“应须救赵策,未肯弃侯嬴。”刘商《送庐州贾使君拜命》:“侯嬴不得从,心逐信陵君。”费冠卿《酬范中丞见》:“战国方须礼干木,康时何必重侯嬴?”

【侯鯖】 (—zhēng)精美的菜肴。鲭,碎鱼肉合烹的菜。陈陶《冬日暮旅泊庐陵》:“弃置侯鲭任羁束,不劳龟瓦问穷通。”

【侯籍】 诸侯之名录。权德舆《奉酬从兄南仲见示十九韵》:“德辉霭家牒,侯籍推时功。”又《伏蒙十六叔寄示喜庆感怀三十韵因献之》:“圭田接土宇,侯籍相纷纶。”刘禹锡《酬杨八庶子喜韩吴兴与余同迁见赠》:“远守惭侯籍,征还荷诏条。”

【侯霸】 (?—37)字君房。东汉河南密(今河南密县)人。笃志好学,治《穀梁春秋》。新莽时,任淮平大尹,政理有能名。更始初,遣使征霸,百姓号哭,遮道乞留。后为尚书令,以明习故事,而收录遗文,条奏前代善政法度,多被施行。进大司徒,封关内侯。《后汉书》有传。唐彦谦《严子陵》:“不怕旧交嗔僭越,唤他侯霸作君房。”李瀚《蒙求》:“秦彭樊辕,侯霸卧辙。”

俊

〔jùn《广韵》子峻切,去稕,精。〕❶才德出众的人。苏颋《奉和圣制漕桥东送新除岳牧》:“宝贤不遗俊,台阁尽鹓鸾。”源乾曜《奉和圣制送张说上集贤学士赐宴》:“丝纶贤得相,群俊学为名。”韩愈《示爽》:“名科掩众俊,州考居吏前。”皮日休《七爱诗·李翰林》:“惜哉千万年,此俊不可得。”❷美好;优秀。陈元光《落成会咏一首》:“昆俊歌《常棣》,民和教即戎。”杜甫《寄李十二白二十韵》:“处士祢衡俊,诸生原宪贫。”任华《寄李白》:“至于他作多不拘常律,振摆超腾,既俊且逸。”❸雄健;英武。元稹《有鸟二十章》之十九:“有鸟有鸟名俊鹘,鹞小雕痴俊无匹。”刘禹锡《和仆射牛相公寓言二首》之二:“雕鹗腾空犹逞俊,骅骝啮足自无惊。”罗隐《鹰》:“俊通司隶职,严奉武夫官。”

【俊人】 才德超群的人。杜甫《奉寄章十侍御》:“淮海维扬一俊人,金章紫绶照青春。”熊曜《送杨谏议赴河西节度判官兼呈韩王二侍御》:“贤哉征西将,幕府多俊人。”

【俊乂】 (—yì)才高德劭的人。杜甫《奉酬薛十二丈判官见赠》:“文王日俭德,俊乂始盈庭。”又《提封》:“时征俊乂入,草窃犬羊侵。”唐彦谦《留别四首》之三:“登庸趋俊乂,厕用野无遗。”

【俊才】 ❶卓越的才能。杜甫《贻华阳柳少府》:“俊才得之子,筋力不辞烦。”许浑《客至》:“得路逢津更俊才,可怜鞍马照春来。”❷才智卓越的人。苏颋《送光禄姚卿还都》:“汉室有英台,荀家宠俊才。”韩偓《送人弃官入道》:“俊才轻折桂,捷径取纡朱。”徐铉

《送龚员外赴江州幕》："烦君更上筑金台，世难民劳藉俊才。"

【俊秀】 卓越杰出。贾岛《送沈秀才下第东归》："沈生才俊秀，心肠无邪欺。"

【俊拔】 卓异出众。杜甫《殿中杨监见示张旭草书图》："俊拔为之主，暮年思转极。"

【俊味】 美味。杜甫《王十五前阁会》："病身虚俊味，何幸饫儿童。"

【俊茂】 卓越优秀。杜甫《送韦十六评事充同谷郡防御判官》："令侄才俊茂，二美又何求？"

【俊彦】 杰出之士，贤才。韦应物《同德精舍养疾寄河南兵曹东厅掾》："官曹亮先忝，陈躅惭俊彦。"杜牧《怀钟陵旧游四首》之一："玉帐军筹罗俊彦，绛帷环佩立神仙。"张仁溥《题龙窝洞》："折花携酒看龙窝，镂玉长旌俊彦过。"贯休《送王毂及第后归江西》："太宗罗俊彦，桂玉比光辉。"

【俊美】 俊丽，秀美。严维《晚霁登王六东阁》："俊美要殊观，萧条见远情。"

【俊哲】 高才博识的明智之士。杜甫《同元使君春陵行》："观乎春陵作，欻见俊哲情。"钱起《送李大夫赴广州》："支离交俊哲，弱冠至华发。"

【俊造】 《礼记·王制》："司徒论选士之秀者而升之学，曰俊士。升于司徒者不征于乡，升于学者不征于司徒，曰造士。"后因以"俊造"指才智杰出的人。元稹《春六十韵》："俊造欣时用，闾阎贺岁丰。"白居易《江州赴忠州至江陵已来舟中示舍弟五十韵》："掉头称俊造，翘足取公卿。"皮日休《正乐府十篇·贪官怨》："胥徒赏以财，俊造悉为吏；天下若不平，吾当甘弃市。"

【俊異】 杰出卓异之人。杜甫《宿凿石浦》："穷途多俊异，乱世少恩惠。"韩愈《归彭城》："周行多俊异，议论无瑕疵。"

【俊氣】 英俊的气概。李白《酬中都小吏携斗酒双鱼于逆旅见赠》："鲁酒若琥珀，汶鱼紫锦鳞。山东豪吏有俊气，手携此物赠远人。"李益《轻薄篇》："天生俊气自相逐，出与雕鹗同飞翻。"刘禹锡《酬乐天感秋凉见寄》："檐燕归心动，韝鹰俊气生。"杜牧《寄杜子二首》之一："狂风烈焰虽千尺，豁得平生俊气无。"

【俊鳥】 鸟的美称。贾岛《病鹘吟》："俊鸟还投高处栖，腾身戛戛下云梯。"

【俊健】 矫健过人。李贺《申胡子觱篥歌》："俊健如生猱，肯拾蓬中萤。"

【俊雄】 豪迈出众的人。张祜《寄朗州徐员外》："江岭昔飘蓬，人间值俊雄。"

【俊傑】 才智杰出。寒山《诗三百三首》之二一："俊杰马上郎，挥鞭指绿杨。"亦指才智杰出的人。杜甫《送顾八分文学适洪吉州》："列士恶苟得，俊杰思自致。"胡曾《咏史诗·沛宫》："汉高辛苦事干戈，帝业兴隆俊杰多。"

【俊逸】 英俊洒脱，超凡拔俗。杜甫《春日忆李白》："清新庾开府，俊逸鲍参军。"钱起《送傅管记赴蜀军》："终童之死谁继出，燕颔儒生今俊逸。"陆龟蒙《奉酬袭美先辈吴中苦雨一百韵》："鹿门皮夫子，气调真俊逸。"罗隐《薛阳陶觱篥歌》："乌江太守会稽侯，相次三篇皆俊逸。"

【俊發】 犹意气豪放。谓才识、情性、文采等的优异表现。杜审言《和李大夫嗣真奉使存抚河东》："兴来探马策，俊发抱龙泉。"李白《赠僧行融》："行融亦俊发，吾知有英骨。"又《九日登山》："题舆何俊发，遂结城南期。"

【俊髦】 才智杰出之士。髦，毛中之长毫。殷尧藩《帝京二首》之一："列郡征才起俊髦，万机独使圣躬劳。"郑谷《自贻》："头角俊髦应指笑，权门踪迹独差池。"

【俊賢】 才德出众的人。杜甫《承闻河北诸道节度入朝口号绝句十二首》之九："紫气关临天地阔，黄金台贮俊贤多。"钱起《李四劝为尉氏尉李七勉为开封尉》："美政惟兄弟，时人数俊贤。"韦应物《广陵遇孟九云卿》："雄藩本帝都，游士多俊贤。"

【俊邁】 英俊豪迈。杜甫《不归》："数金怜俊迈，总角爱聪明。"崔璐《览皮先辈盛制因作十韵以寄用伸款仰》："襄阳得奇士，俊迈真龙驹。"李瀚《蒙求》："阮简旷达，袁耽俊迈。"

【俊麗】 秀丽。皮日休《追和虎丘寺清远道士诗》序："格之以清健，饰之以俊丽，一句一字，若奋若搏，彼建安词人傥在，不得居其右矣。"

【俊鶻】 （—hú）矫健之鹘。杜甫《朝二首》之一："俊鹘无声过，饥乌下食贪。"元稹《兔丝》："俊鹘度海食，应龙升天行。"又《有鸟二十章》之十七："俊鹘无由拳狡兔，金雕不得擒魅狐。"

俟

〔sì《广韵》牀史切，上止，崇。〕等待；等候。苏颋《夜发三泉即事》："归奏丹墀左，骞能俟来哲。"储光羲《赴冯翊作》："广川俟舟楫，峻坂伤骐骥。"张祜《题常州水西馆》："聊当俟芳夕，一泛芰荷间。"林璠《季夏入北山》："整驾俟明发，逶迤历险途。"

【俟命】 等待命令。韩愈《元和圣德诗》："四方节度，整兵顿马，上章请讨，俟命起坐。"

【俟時】 等待时机。阎防《百丈溪新理茅茨读书》："不学东周儒，俟时劳伐辐。"韩偓《偶题》："俟时轻进固相妨，实行丹心仗彼苍。"贯休《桐江闲居作十二首》之六："祇应唯道在，无意俟时来。"

【俟罪】　犹待罪。封建官吏常用以谦称身居其职而力不胜任，意谓必将获罪。柳宗元《韦使君黄溪祈雨见召从行至祠下口号》："俟罪非真吏，翻惭奉简书。"白居易《端居咏怀》："贾生俟罪心相似，张翰思归事不如。"

八　画

倉〔cāng《广韵》七冈切，平唐，清。〕❶贮藏粮食的场所。杜甫《秋行官张望督促东渚耗稻向毕》："西成聚必散，不独陵我仓。"独孤及《送相里郎中赴江西》："三秦千仓空，战卒如饿狼。"白居易《知足吟》："不种一陇田，仓中有余粟。"聂夷中《田家二首》之一："六月禾未秀，官家已修仓。"❷匆忙急迫。见"倉卒""倉皇"。❸通"苍"。青色。见"倉琅"。❹姓。黄帝时有倉颉。参见"倉頡"。

【倉中悟】　指李斯见仓中鼠食积粟，居大庑之下，无人犬之忧，而思优越环境，热心功名利禄。韦庄《咸阳怀古》："李斯不向仓中悟，徐福应无物外游。"参见"倉中鼠"。

【倉中鼠】　《史记·李斯列传》："（李斯）年少时，为郡小吏，见吏舍厕中鼠食不洁，近人犬，数惊恐之。斯入仓，观仓中鼠，食积粟，居大庑之下，不见人犬之忧。于是李斯乃叹曰：'人之贤不肖譬如鼠矣，在所自处耳！'乃从荀卿学帝王之术。"后乃以"仓中鼠"喻指徒食俸禄，坐享富贵生活之人。曹邺《东武吟》："心如山上虎，身若仓中鼠。"韦庄《同和薛先辈见寄初秋寓怀即事之作二十韵旧韵》："安羡仓中鼠，危同幕上禽。"又《题李斯传》："临刑莫恨仓中鼠，上蔡东门去自迟。"

【倉史】　即仓颉。传说为黄帝时的史官，故称。刘宪《奉和幸三会寺应制》："岧峣仓史台，敞朗绀园开。"

【倉囤】　储粮的仓和盛粮的囤。贯休《田家作》："古堑侵门桃竹密，仓囤峨峨欲遮日。"又《鼓腹曲》："东邻老人好吹笛，仓囤峨峨谷多赤。"

【倉囷】　贮藏粮食之处所。方形曰仓，圆形曰囷。元稹《赛神》："贫者日消铄，富亦无仓囷。"白居易《初除户曹喜而言志》："廪禄二百石，岁可盈仓囷。"

【倉卒】　（一cù）❶匆忙急促。李白《上留田行》："田氏仓卒骨肉分，青天白日摧紫荆。"韩愈《此日足可惜赠张籍》："我时留妻子，仓卒不及将。"薛能《相国陇西公南征能以留务独宿府城作》："殊忆好僧招不及，夜来仓卒锁严城。"❷意外事故。杜甫《自京赴奉先县咏怀五百字》："岂知秋未登，贫窭有仓卒。"又《哭韦大夫之晋》："南过骇仓卒，北思悄联绵。"

【倉庚】　黄莺的别名。张九龄《使还都湘东作》："仓庚昨归候，阳鸟今去时。"杜甫《通泉县署屋壁后薛少保画鹤》："威迟白凤态，非是仓庚邻。"怀楚《送新平故人》："常听仓庚思旧友，又因蝴蝶梦生涯。"

【倉皇】　亦作"仓惶"。匆忙急迫。李远《过马嵬山》："金甲云旗尽日回，仓皇罗袖满尘埃。"胡曾《咏史诗·广武山》："仓皇斗智成何语，遗笑当时广武山。"

【倉庫】　贮藏大批粮食或其他物品的处所。皮日休《鲁望昨以五百言见贻因成一千言》："诸昆指仓库，谓我死道边。"

【倉琅】　装置在大门上的青铜铺首及铜环。仓通"苍"。《汉书·五行志中之上》："木门仓琅根。"颜师古注："门之铺首及铜锾也。铜色青，故曰仓琅。"史凤《闭门羹》："一豆聊供游冶郎，去时忙唤锁仓琅。"

【倉曹】　即仓曹参军事。官名，从五品下。主管仓谷事务。唐代左右各卫、王府官属、各府尹、各都督府、都护府、各州刺史、各镇将都设有仓曹参军事，或司仓参军事。参阅《通典·职官十》。王昌龄有《李四仓曹宅夜饮》。杜甫有《九月一日过孟十二仓曹十四主簿兄弟》。刘长卿有《送陆澧仓曹西上》。刘商有《杂言同豆卢郎中郭南七里桥哀悼姚仓曹》。

【倉部郎中】　官名。从五品上。掌管粮食收藏，发放禄廪之事，属户部。是主管仓部司的正职。参阅《旧唐书·职官二》《唐六典·户部尚书》。白居易《三月三日祓禊洛滨》序："仓部郎中崔晋……一十五人，合宴于舟中。"

【倉部員外】　官名。仓部员外郎之简称。从六品上。户部仓部司的副长官，比郎中地位略低。参阅《旧唐书·职官二》。韦应物有《送仓部萧员外院长存》。参见"倉部郎中"。

【倉庾】　贮藏粮食的仓库。杜甫《暂往白帝复还东屯》："加餐可扶老，仓庾慰飘蓬。"

【倉粟】　仓库中贮藏的米谷。白居易《南宾郡斋即事寄杨万州》："仓粟喂家人，黄缣裹妻子。"

【倉惶】　见"倉皇"。

【倉頡】　古代传说中的汉字创造者。《史记》以为是黄帝时的史官。徐夤《伤前翰林杨左丞》："人间搦管穷仓颉，地上修文待卜商。"

【倉箱】　装载谷物的车厢与贮藏谷物的仓囷。语出《诗·小雅·甫田》。柳宗元《唐铙歌鼓吹曲十二篇·第二》："黎之阳，土茫茫，富兵戎，盈仓箱。"皮日休《正乐府十篇·橡媪叹》："持之纳于官，私室无仓箱。"黄滔《壶公山》："樵牧时迷所，仓箱岁叠川。"亦用以喻丰收。蒋防《秋稼如云》："始惬仓箱望，终无灭裂忧。"薛能《秋雨》："仓箱足可恃，归去傲吾庐。"李咸用《春雨》："老农私与牧童论，纷纷便是仓箱本。"

【倉廩】 贮藏米谷的仓库。张九龄《登郡城南楼》:“驽铅虽自勉,仓廪素非实。”元结《雪中怀孟武昌》:“我麦根已濡,各得在仓廪。”韦应物《观田家》:“仓廪无宿储,徭役犹未已。”白居易《归来二周岁》:“时丰实仓廪,春暖葺庖厨。”

【倉儲】 仓库中储存的粮食或其他物资。杜甫《赠李八秘书别三十韵》:“对扬坑士卒,乾没费仓储。”

俸 〔fèng《广韵》扶用切,去用,奉。〕俸禄。旧指官吏所得的薪给。钱起《县城秋夕》:“俸薄不沽酒,家贫忘授衣。”刘长卿《硖石遇雨宴前主簿从兄子英宅》:“秩满少余俸,家贫仍散财。”李谅《苏州元日郡斋感怀寄元相公白舍人》:“举族共资随月俸,一身惟忆故山薇。”林宽《送人宰浦城》:“作宰应无俸,归船必有僧。”

【俸利】 犹俸钱。贾岛《重酬姚少府》:“俸利沐均分,价称烦嘘噏。”

【俸料】 唐代官员除俸禄外,又给食料、厨料等(折成钱钞谓之料钱),二者合称“俸料”。白居易《分司初到洛中偶题六韵兼戏呈冯尹》:“官衔依口得,俸料逐身来。”

【俸粟】 犹俸粮。作为俸禄支给的粟米。贯休《别卢使君》:“幸到膺门下,频蒙俸粟分。”

【俸禄】 官吏的薪给。戴叔伦《送万户曹之任扬州便归旧隐》:“俸禄资生事,文章实国风。”白居易《履道新居二十韵》:“病惬官曹静,闲惭俸禄优。”陆龟蒙《江南秋怀寄华阳山人》:“未得文章力,何由俸禄请。”亦用以指接受薪给,居官任职。方干《送剡县陈永秩满归越》:“俸禄三年后,程途一月间。”

【俸緡】 犹俸钱。缗同“缗”,穿钱用的绳子。薛逢《镊白曲》:“前年依亚成都府,月请俸缗六十五。”

【俸錢】 官吏的薪金。岑参《赠酒泉韩太守》:“俸钱尽供客,家计常清贫。”韦应物《寄李儋元锡》:“身多疾病思田里,邑有流亡愧俸钱。”白居易《早朝思退居》:“唯惭老病披朝服,莫虑饥寒计俸钱。”薛能《寄唐州杨郎中》:“贫得俸钱还乍喜,晚登朝序却无荣。”

倩[1] 〔qiàn《广韵》倉甸切,去霰,清。〕❶古时男子之美称。《说文・人部》:“倩,人美字。”李贺《南园十三首》之七:“长卿牢落悲空舍,曼倩诙谐取自容。”薛能《谢刘相寄天柱茶》:“偷嫌曼倩桃无味,捣觉嫦娥药不香。”罗虬《比红儿诗》之十五:“因事爱思荀奉倩,一生闲坐枉伤神!”❷笑容美好貌。参见“倩倩”。❸美好,俏丽。参见“倩妆”。

倩[2] 〔qìng《广韵》七政切,去劲,清。〕❶借助;借用。张旭《春游值雨》:“须倩东风吹散雨,明朝却待入华园。”孟郊《忆周秀才素上人时闻各在一方》:“羡尔欲寄书,飞禽杳难倩。”方干《镜中别业二首》之二:“落叶凭风扫,香粳倩水舂。”吴融《红白牡丹》:“看久愿成庄叟梦,惜留须倩鲁阳戈。”❷请;恳求。上官昭容《游长宁公主流杯池二十五首》之二三:“倩语张骞莫辛苦,人今从此识天河。”杜甫《九日蓝田崔氏庄》:“羞将短发还吹帽,笑倩旁人为正冠。”陆畅《送独孤秀才下第归太白山》:“须寻最近碧霄处,拟倩和云买一峰。”陆龟蒙《白鹭》:“见欲扁舟摇荡去,倩君先作云水媒。”❸使。孟郊《送丹霞子阮芳颜上人归山》:“倩鹤附书信,索云作衣裘。”刘禹锡《杨枝词二首》之一:“只缘袅娜多情思,更被春风长倩猜。”罗虬《比红儿诗》之一〇〇:“欲知此恨无穷处,长倩城乌夜夜啼。”司空图《虞乡北原》:“泽北村贫烟火狞,稚田冬旱倩牛耕。”

【倩$_2$人】 谓请托别人。王建《原上新居十三首》之八:“倩人开废井,趁犊入新园。”白居易《马坠强出赠同座》:“足伤遭马坠,腰重倩人抬。”姚合《寄酬卢侍御》:“今到诗家浑手战,欲题名字倩人书。”陆龟蒙《和袭美春夕酒醒》:“觉后不知明月上,满身花影倩人扶。”

【倩妝】 俏丽的打扮。吴融《还俗尼》:“柳眉梅额倩妆新,笑脱袈裟得旧身。”

【倩倩】 (一qiàn)笑容美好貌。杜甫《风疾舟中伏枕书怀三十六韵奉呈湖南亲友》:“披颜争倩倩,逸足竞骎骎。”

倀 〔chāng《广韵》褚羊切,平陽,徹。〕❶迷茫,不知所措。唐彦谦《紫薇花》:“恍似新相得,伥如久未归。”参见“伥伥”。❷旧指为虎所食或溺死者之鬼魂。参见“伥魂”。

【倀倀】 无所适貌,不知所措的样子。白居易《江上对酒二首》之一:“忽忽忘机坐,伥伥任运行。”李商隐《赠送前刘五经映三十四韵》:“多岐空扰扰,幽室竟伥伥。”曹邺《夜坐有怀》:“吾道固如此,安得苦伥伥。”韩偓《即目二首》之一:“倚道向人多脉脉,为情因酒易伥伥。”

【倀魂】 旧时传说,谓人死于虎,其鬼魂受虎役使为“伥鬼”或“伥魂”。元稹《酬乐天东南行诗一百韵》:“伥魂阴叫啸,鹏貌尽踟蹰。”又《酬乐天得微之诗知通州事因成四首》之三:“哭鸟昼飞人少见,伥魂夜啸虎行多。”

倖 〔xìng《广韵》胡耿切,上耿,匣。〕❶侥倖。参见“倖門”。❷亲幸;宠爱。参见“倖臣”“倖卿”。

【倖臣】 帝王宠幸嬖爱之臣子。白居易《代书诗一百韵寄微之》:“未为明主识,已被倖臣疑。”李商隐《行次西郊作一百韵》:“或出倖臣辈,或由帝戚恩。”温庭筠《龙尾驿妇人图》:“慢笑开元有倖臣,直教天子到蒙尘。”贯休《读玄宗幸蜀记》：“倖臣方赐死，野老不胜悲。”

【倖門】　奸邪小人或侥幸者进身之门户。白居易《杂兴三首》之三：“奸邪得藉手，从此倖门开。”司空图《狂题十八首》之一：“莫恨艰危日日多，时情其奈倖门何！”徐夤《咏钱》：“朝争暮竞归何处，尽人权门与倖门。”

【倖卿】　指帝王宠幸的贵臣。刘禹锡《贾客词》：“高赀比封君，奇货通幸卿。”

借　〔jiè《广韵》子夜切，去禡，精。又，資昔切，入昔，精。〕❶暂时取用别人提供的财物，指借人。韩翃《送高别驾归汴州》：“久客未知何计是，参差去借汶阳田。”戴叔伦《夏日登鹤岩偶成》：“愿借老僧双白鹤，碧云深处共翱翔。”杨巨源《和卢谏议朝回书情即事寄两省阁老兼呈二起居谏院诸院长》：“借地种寒竹，看云忆春蔬。”引申指乞求。白居易《李都尉古剑》：“有客借一观，爱之不敢求。”❷将自己之财物暂供人使用，指借出。王泠然《夜光篇》：“未得贵游同秉烛，唯将半影借披书。”高适《钜鹿赠李少府》：“骏马常借人，黄金每留客。”杜甫《逼仄行赠毕曜》：“东家蹇驴许借我，泥滑不敢骑朝天。”陆龟蒙《奉和袭美太湖诗二十首·上真观》：“何处好迎僧，希将石楼借。”❸得到，达到；得来。孙逖《和上巳连寒食有怀京洛》：“行乐光辉寒食借，太平歌舞晚春饶。”皇甫冉《和樊润州秋日登城楼》：“时同借河内，人是卧淮阳。”王建《昭应官舍》：“斜对寺楼分寂寂，远从溪路借潺潺。”白居易《小宅》：“渠分南巷水，窗借北家风。”❹造成；借以形成。张登《重阳宴集同用寒字》：“恩深百日泽，雨借九秋寒。”元稹《遣风二十韵》：“疑是阴兵致昏黑，果闻灵鼓借喧豗。”张祜《中秋夜杭州玩月》：“岸沙全借白，山木半含清。”黄滔《寄同年李侍郎龟正》：“莫道秋霜不滋物，菊花还借后时黄。”❺凭借；利用。卢象《赠程秘书》：“圣人借颜色，言事无不通。”岑参《汉上题韦氏庄》：“水痕侵岸柳，山翠借厨烟。”武元衡《酬崔使君寄麈尾》：“金声劳振远，玉柄借谈空。”李频《避暑》：“当暑忆归林，陶家借柳阴。”❻使用。耿湋《代宋州将淮上乞师》：“常闻铁剑利，早晚借余威。”王建《初到昭应呈同僚》：“同官若容许，长借老僧房。”李商隐《偶成转韵七十二句赠四同舍》：“借酒祝公千万年，吾徒礼分常周旋。”韦庄《题淮阴侯庙》：“如何不借平齐策，空看长星落贼围。”❼给予；授予。李义府《咏乌》：“上林如许树，不借一枝栖。”李白《凤台曲》：“人吹彩箫去，天借绿云迎。”李贺《马诗二十三首》之十二：“他时须搅阵，牵去借将军。”樊阳源《赋得风动万年枝》：“长令占天眷，四气借全功。”❽照顾；帮助。李白《醉后赠从甥高镇》：“江东风光不借人，枉杀落花空自春。”岑参《和祠部王员外雪后早朝即事》：“色借玉珂迷晓骑，光添银烛晃朝衣。”韩愈《县斋有怀》：“雷威固已加，飓势仍相借。”白居易《闻李六景俭授唐邓行军司马以诗贺之》：“泥埋剑戟终难久，水借蛟龙可在多。”❾赞许。蒋贻恭《咏金刚》：“刚被时流借拳势，不知自身是泥人。”❿同“惜”。韦述《晚渡伊水》：“光阴逝不借，超然暮畴昔。”⓫假托。李商隐《凤》：“万里峰峦归路迷，未判容彩借山鸡。”⓬指借职。元稹《代杭民答乐天》：“春坊幸无事，何惜借三年。”参见“借留”。⓭若；倘。表假设。李端《瘦马行》：“倘借长鸣陇上风，犹期一战安西道。”元稹《骠国乐》：“借如牛马未蒙泽，岂在抱瓮滋鼋鼍。”参见“借如”。

【借一】　地方百姓挽留官吏，婉称借用一年。语出《后汉书·寇恂传》：“愿从陛下复借寇君一年。”李瀚《蒙求》：“寇恂借一，何武去思。”参见“借寇”。

【借月】　凭借月光。孟郊《夜集汝郡斋听陆僧辩弹琴》：“征文北山外，借月南楼中。”贯休《晚望》：“更寻花发处，借月过前湾。”

【借示】　敬辞。给予见识。徐铉有《太傅相公深感庭梅再成绝唱曲垂借示倍认知怜谨用旧韵攀和》。

【借助】　取得别的人或事物之帮助。白居易《山中间月》：“借助秋怀旷，留连夜卧迟。”温庭筠《李羽处士寄新酝走笔戏酬》：“檐前柳色分张绿，窗外花枝借助香。”

【借名】　借用某一名义或名称。刘禹锡《和董庶中古散调词赠尹果毅》：“借名游侠窟，结客幽并儿。”

【借交】　指舍身助人报仇。典出《史记·游侠列传》。李瀚《蒙求》：“郭解借交，朱家脱急。”参见“借客❶”。

【借如】　假如，如果。元稹《遣病》：“借如今日死，亦足了一生。”又《古决绝词》之一：“借如死生别，安得长苦悲。”

【借取】　犹借得。赵嘏《送韦处士归省朔方》：“到家翻有喜，借取老莱衣。”

【借使】　❶假如，倘若。元稹《旱灾自咎贻七县宰》：“借使漏刑宪，得不虞鬼神！”❷即使，纵然。元稹《遣病》：“借使到百年，不知何所成？”

【借斧斤】　《庄子·徐无鬼》载，郢人曾请匠石运斧斤削其鼻端之垩。后因以“借斧斤”比喻请人修改自己的作品。郑谷《读故许昌薛尚书诗集》：“落笔空追怆，曾蒙借斧斤。”

【借河内】　同“借寇”。寇恂曾官河内太守。皇甫冉《和樊润州秋日登城楼》：“时同借河内，人是卧淮阳。”参见“借寇”。

【借前籌】　谓用眼前事实出谋划策。语出《汉书·张良传》：“臣请借前箸以筹之。”高适《东平旅游奉赠薛太守二十四韵》：“军书陈上策，廷议借前筹。”

杜甫《立秋雨院中有作》:“穷途愧知己,暮齿借前筹。”参见“借箸”。

【借便】（—biàn)犹得便,得到方便的机会。孙处玄《莺》:“高风不借便,何处得迁乔。”岑参《咏郡斋壁画片云》:“丹青忽借便,移向帝乡飞。”崔涯《咏春风》:“孤云虽是无心物,借便吹教到帝乡。”张鹭《莺出谷》:“一枝如借便,终冀托深仁。”

【借客】❶指助人报仇的任侠行为。语出《汉书·朱云传》:“少时通轻侠,借客报仇。”颜师古注:“借,助也。”卢照邻《长安古意》:“挟弹飞鹰杜陵北,探丸借客渭桥西。”崔颢《代闺人答轻薄少年》:“儿家夫婿多轻薄,借客探丸重然诺。”郑锡《邯郸少年行》:“唤人呈楚舞,借客试吴钩。”参见“借交”。❷供给客人。徐夤《郡庭惜牡丹》:“明年万叶千枝长,倍发芳菲借客看。”

【借借】借出。慈觉《书妙圆塔院张道者屋壁》:“活计生涯一物无,免被外人来借借。”

【借倩】（—qìng)借用。王建《洛中张籍新居》:“借倩学生排药合,留连处士乞松栽。”

【借笏】唐制,四、五品官员服绯,五品以上官员执象笏。未至五品者,特许服绯执象笏,称为“借牙绯”。牙,即象笏。亦称“借笏”。参见《旧唐书·舆服志》《通典·礼二三》。司空图《华下乞归》:“多病形容五十三,谁怜借笏趁朝参。”

【借留】地方百姓要求留用政绩卓著、深得民心的官吏。刘长卿《送梁郎中赴吉州》:“但愁征拜日,无奈借留何!”羊士谔《晚夏郡中卧疾》:“用拙怀归去,沉痾畏借留。”参见“借寇”。

【借書】❶暂时取用别人的书籍。张籍《酬韩庶子》:“寻寺独行远,借书常送迟。”❷借助于读书。唐彦谦《逢韩喜》:“借书消茗困,索句写梅真。”

【借問】❶犹询问。文德皇后《春游曲》:“林下何须远借问,出众风流旧有名。”康庭芝《咏月》:“佳期应借问,为报在刀头。”李颀《送从弟游江淮兼谒鄱阳刘太守》:“泊舟借问西林寺,晓听猿声在山翠。”皮日休《题潼关兰若》:“关吏不劳重借问,弃缥生拟入耶溪。”❷犹请问。向人打听情况时所用之敬辞。宗楚客《安乐公主移入新宅侍宴应制》:“借问游天汉,谁能取石回?”元结《寿翁兴》:“借问多寿翁,何方自修育?”韩愈《天星送杨凝郎中贺正》:“正当穷冬寒未已,借问君子行安之?”韦庄《愁》:“借问高轩客,何乡是醉乡?”❸假设性问语。一般上句设问,下句自答。郑愔《百舌》:“借问声何烦？未俗不尚默。”李白《清平调词三首》之二:“借问汉宫谁得似？可怜飞燕倚新妆。”白居易《寓言诗五首》之五:“借问虫何在,在身不在枝。借问虫何食,食心不食皮。”❹反诘用语。用以抒发感慨。贾至《送王道士还京》:“借问清都旧花月,岂知迁客泣潇湘!”郎士元《送张南史》:“借问山阳会,如今有几人!”韦应物《有所思》:“借问堤上柳,青青为谁春!”李群玉《洞庭干二首》之一:“借问蓬莱水,谁逢清浅年!”❺犹纵然,即使;如果。杨衡《征人》:“借问露沾衣,何如香满室?”长孙佐辅《关山月》:“借问映旌旗,何如鉴帷幕?”李商隐《漫成五章》之三:“借问琴书终一世,何如旗盖仰三分?”郑损《玉声亭》:“借问主人能住久,后来好事有谁同?”❻过问。郎士元《夜泊湘江》:“寂寞舟中谁借问,月明只自听渔歌。”张籍《逢王建有赠》:“新作句成相借问,闲求义尽共寻思。”许浑《送段觉归东阳兼寄窦使君》:“沈公如借问,心在浙河南。”

【借寇】《后汉书·寇恂传》载:恂历官河内太守、颍川太守,颇著政绩。离任后盗贼群起。光武帝引军南征,恂从至颍川,盗贼悉降,而竟不拜郡。百姓遮道曰:“愿从陛下借寇君一年。”后因以“借寇”指地方百姓挽留官吏。用作称美地方官深得民心。杜甫《奉送韦中丞之晋赴湖南》:“宠渥征黄渐,权宜借寇频。”钱起《送王使君移镇淮南》:“紫诰征黄晚,苍生借寇频。”窦常《奉使西还早发小硐馆寄卢滁州迈》:“试与茕嫠话,犹坚借寇心。”罗隐《霅溪晚泊寄裴庶子》:“道穷谩有依刘感,才急应无借寇期。”

【借寇恂】同“借寇”。杜甫《奉寄章十侍御》:“湘西不得归关羽,河内犹宜借寇恂。”元稹《代曲江老人百韵》:“内史称张敞,苍生借寇恂。”白居易《喜钱左丞再除华州以诗伸贺》:“那知不隔岁,重借寇恂来。”方干《睦州吕郎中郡中环溪亭》:“暂来此地非多日,明主那容借寇恂。”参见“借寇”。

【借喻】用其他事物作比喻,以说明本意。徐铉《太傅相公以庭梅二篇许舍弟同赋谨依韵奉和庶申感谢》:“缘情聊借喻,争敢道言诗。”

【借貸】将钱或物暂时供人使用。杜甫《寒雨朝行视园树》:“爱日恩光蒙借贷,清霜杀气得忧虞。”

【借與】借给。马异《答卢仝结交诗》:“昨日脱身卑贱笼,卯星借与老人峰。”韩愈《寄崔二十六立之》:“驹麛著爪牙,猛虎借与皮。”朱庆余《湖州韩使君置宴》:“高情太守容闲坐,借与青山尽日看。”杜牧《书怀寄中朝往还》:“朱绂久惭官借与,白题还叹老将来。”

【借箸】《汉书·张良传》:“郦生未行,良从外来谒汉王。汉王方食,曰:‘客有为我计桡楚权者。’具以郦生计告良曰:‘于子房何如?’良曰:‘谁为陛下画此计者？陛下事去矣。’汉王曰:‘何哉?’良曰:‘臣请借前箸以筹之。’”后因以“借箸”指为人谋划。杜牧《河湟》:“元载相公曾借箸,宪宗皇帝亦留神。”

【借繁】 借助于某种事物或条件而显得繁密茂盛。李君何《曲江亭望慈恩寺杏园花发》："野雪遥添净，山烟近借繁。"

【借獵】 暂时利用某一地区射猎。吴象之《少年行》："承恩借猎小平津，使气常游中贵人。"

值 〔zhí《广韵》直吏切，去志，澄。《集韵》丞職切，入職，禪。《中原音韵》音直，入作平，齊微。〕❶遇到；逢。虞世南《从军行二首》之一："全兵值月满，精骑乘胶折。"李颀《送刘方平》："漳水桥头值鸣雁，朝歌县北少行人。"姚康《奉陪段相公晚夏登张仪楼》："登览值晴开，诗从野思来。"许彬《寻白石山人涧》："路穷川岛上，果值古仙家。"❷当；处在。李白《送张舍人之江东》："张翰江东去，正值秋风时。"韦应物《汉武帝杂歌三首》之一："可怜穆满瑶池燕，正值花开不得荐。"杨凭《春中泛舟》："仙郎归奏过湘东，正值三湘二月中。"王枽《三峡闻猿》："正值三声断，仍教五夜闻。"❸对；面向。张说《登九里台是樊姬墓》："志阐三折后，愁值二毛前。"李益《自朔方还同会法云寺三门避暑》："始投清凉宇，门值烟岫表。"杨巨源《同薛侍郎登黎阳县楼眺黄河》："开襟值佳景，怀抱更悠然。"刘禹锡《游桃源一百韵》："依微闻鸡犬，豁达值阡陌。"❹在轮到的时间内担任某项工作。李洞《宿长安苏雍主簿厅》："听更池上鹤，伴值岳阳人。"参见"值官"。❺与价钱、价值相当。李白《寄远十一首》之十："相思千万里，一书值千金。"张又新《牡丹》："牡丹一朵值千金，将谓从来色最深。"吴融《赠晉光上人草书歌》："不系知之与不知，须言一字千金值。"李昪《咏灯》："一点分明值万金，开时惟怕冷风侵。"❻匹偶。李贺《唐儿歌》："东家娇娘求对值，浓笑画空作唐字。"❼通"植"。直立。李翱《戏赠诗》："两岸值芳草，中央漾清流。"

【值迥】 面对远方。卢纶《洛阳早春忆吉中孚司空曙因寄清江上人》："值迥逢高驻马频，雪晴闲看洛阳春。"

【值官】 当值办事的官吏。元稹《旱灾自咎贻七县宰》："符下敛钱急，值官因酒嗔。"

【值洑】 遇到涡流。张祜《观潮十韵》："鼓风连涵澹，值洑更旋回。"

【值遇】 遭逢。韩愈《秋怀诗》之十一："运穷两值遇，婉娈死相保。"

【值節】 逢到节日。司空曙《九日送人》："送人冠獬豸，值节佩茱萸。"

倚 〔yǐ《广韵》於綺切，上紙，影。又於義切，去寘，影。〕❶依靠在物体或人身上。王昌龄《长歌行》："系马倚白杨，谁知我怀抱。"戴叔伦《苏溪亭》："苏溪亭上草漫漫，谁倚东风十二阑。"刘禹锡《乐天是月长斋因以寄怀逐为联句》："树为清凉倚，池因盥漱临。"刘辟《登楼望月二首》之二："倚窗情渺渺，凭槛思悠悠。"❷仗恃；依赖。李白《邯郸才人嫁为厮养卒妇》："自倚颜如花，宁知有凋歇。"岑参《送郭司马赴伊吾郡请示李明府》："不倚将军势，皆称司马贤。"窦巩《赠王氏小儿》："莫倚儿童轻岁月，丈人曾共尔同年。"徐夤《蜀》："虽倚关张敌万夫，岂胜恩信作良图。"引申为凭借。杜甫《八月十五夜月二首》之二："张弓倚残魄，不独汉家营。"❸靠近；临近。张九龄《龙门旬宴得月字韵》："中席傍鱼潭，前山倚龙阙。"颜真卿《题杼山癸亭得暮字》："巍峨倚倐岫，旷望临古渡。"岑参《北庭贻宗学士道别》："孤城倚大碛，海气迎边空。"杜牧《入茶山下题水口草市绝句》："倚溪侵岭多高树，夸酒书旗有小楼。"❹依托；依偎，贴近。孙逖《立秋日题安昌寺北山亭》："楼观倚长霄，登攀及霁朝。"张继《冯翊西楼》："城上西楼倚暮天，楼中归望正凄然。"元稹《襄阳为卢窦纪事》："风弄花枝月照阶，醉和春睡倚香怀。"李郢《自水口入茶山》："茜茜红裙好女儿，相偎相倚看人时。"❺拄。卢纶《和徐法曹赠崔洛阳斑竹杖以诗见答》："劲堪和醉倚，轻好向空书。"张籍《酬藤杖》："倚来自觉身生力，每向傍人说得时。"李频《赋得长城斑竹杖》："细看生古意，闲倚动边思。"❻排击。引申为拨水，划动。张旭《清溪泛舟》："旅人倚征棹，薄暮起劳歌。"杜甫《回棹》："顺浪翻堪倚，回帆又省牵。"刘长卿《送道标上人归南岳》："悠然倚孤棹，却忆卧中林。"❼取法，效法。王维《送梓州李使君》："文翁翻教授，不敢倚先贤。"❽指以乐伴歌或以歌合乐。《杂曲歌辞·水调歌第二》："金鞍宝铰精神出，笛倚新翻水调歌。"李贺《莫愁曲》："罗床倚瑶瑟，残月倾帘钩。"陆龟蒙《奉酬袭美先辈吴中苦雨一百韵》："闲将歈儿唱，强倚帝子瑟。"引申为依韵吟咏。白居易《有小白马湓然而毙足可惊伤不能忘情题二十韵》："睡来乘作梦，兴发倚成诗。"❾耸立。皮日休《开元寺客省早景即事》："客省萧条柿叶红，楼台如画倚霜空。"翁洮《赠进士王雄》："笳吹古堞边声远，岳倚晴空楚色高。"韦庄《关河道中》："槐陌蝉声柳市风，驿楼高倚夕阳东。"❿偏侧；倾斜。杜甫《风疾舟中伏枕书怀三十六韵奉呈湖南诸友》："如闻马融笛，若倚仲宣襟。"崔日用《乞金鱼词》："倚翻灯脂污张五，还来啮带报韩三。"参见"倚盖"。⓫斜射；倾注。陆龟蒙《奉酬袭美先辈初夏见寄次韵》："幽篁倚微照，碧粉含疏茎。"罗隐《狄浦》："晴川倚落晖，极目思依依。"徐夤《和尚书咏泉山瀑布十二韵》："天外倚来秋水刃，海心飞上白龙绡。"⓬佩戴；着，穿着；带着。虞世南《出塞》："耿介倚长剑，日落风尘昏。"王维《送张判官赴河西》："慷慨倚长剑，高歌一送君。"李白《清平调词》三首之二:“借问汉宫谁得似?可怜飞燕倚新妆。”白居易《答崔十八见寄》:“倚疮老马收蹄立,避箭高鸿尽翅飞。”⓭姓。春秋楚有左史倚相。见“倚相”。

【倚弓】　背上挎着弓。高适《信安王幕府诗》:“倚弓玄兔月,饮马白狼川。”

【倚天】　❶形容极高。太宗《探得李》:“盘根直盈渚,交干横倚天。”王翰《赋得明星玉女坛送廉察尉华阴》:“三峰离地皆倚天,唯独中峰特修峻。”刘长卿《游四窗》:“苍崖倚天立,覆石如覆屋。”顾在熔《题光福上方塔》:“苍岛孤生白浪中,倚天高塔势翻空。”❷形容极长。常用以喻剑。李峤《剑》:“倚天持报国,画地取雄名。”卢纶《纶与吉侍郎中等风尘追游向三十载畅博士当感怀前趴有五十韵见寄辄有所酬以申悲旧》:“倚天方比剑,沉井忽如瓶。”王涣《上裴侍郎》:“玉经琢磨多成器,剑拔沉埋更倚天。”李咸用《剑喻》:“纵挺倚天形,谁是躬提絜。”

【倚天劍】　谓长剑。语本宋玉《大言赋》:“方地为车,圆天为盖,长剑耿耿倚天外。”李白《临江王节士歌》:“安得倚天剑,跨海斩长鲸。”皮日休《吴中苦雨因书一百韵寄鲁望》:“直拔倚天剑,又建横海纛。”张乔《华山》:“谁将倚天剑,削出倚天峰。”

【倚月】　徙倚于月下。徐安贞《闻邻家理筝》:“北斗横天夜欲阑,愁人倚月思无端。”引申为指夜间冶游。吴融《风雨吟》:“寻常倚月复眠花,莫说斜风兼细雨。”

【倚玉】　❶南朝宋刘义庆《世说新语·客止》:“魏明帝使后弟毛曾与夏侯玄共座,时人谓‘蒹葭倚玉树’。”后因以“倚玉”谓高攀或依附贤者。王泠然《句》:“官微思倚玉,文浅怯投珠。”李白《赠宣城宇文太守兼呈崔侍御》:“登龙有直道,倚玉阻芳筵。”刘商《山中寄元二侍御二首》之二:“拖紫锵金济世才,知君倚玉望三台。”❷指彼此品格才貌极不相称。常用作与友人交往之谦辞。卢纶《卧病寓居龙兴观因题十四韵寄冯生并赠乔尊师》:“倚玉翻成难,投砖敢望酬。”李端《慈恩寺怀旧》:“倚玉交文友,登龙年月久。”韩愈《和席八十二韵》:“倚玉难藏拙,吹竽久混真。”❸指与友人宴聚。钱起《仲春宴王补阙城东小池》:“醉来倚玉无余事,目送归鸿笑复歌。”元稹《三月三十日程馆饯杜十四归京》:“逾年长倚玉,连夜共衔杯。”

【倚石】　靠在石上。上官昭容《游长宁公主流杯池二十五首》之二一:“傍池聊试笔,倚石旋题诗。”李白《寻雍尊师隐居》:“拨云寻古道,倚石听流泉。”白居易《上香炉峰》:“倚石攀萝歇病身,青筇竹杖白纱巾。”陆龟蒙《渔具诗·舴艋》:“倚石迟后侣,徐桡供远山。”

【倚仗】　依靠。顾况《送大理张卿》:“迁客比来无倚仗,故人相去隔云泥。”

【倚市門】　语出《史记·货殖列传》:“夫用贫求富,农不如工,工不如商,刺绣文不如倚市门。”原以“倚市门”谓娼妓倚门卖笑。后亦用以指倚门调笑,或倚门伫望。李益《轻薄篇》:“淮阴少年不相下,酒酣半笑倚市门。”曹邺《东武吟》:“惆怅倚市门,无人与之语。”

【倚立】　倚栏伫立。李商隐《凉思》:“永怀当此节,倚立自移时。”

【倚伏】　❶谓祸福相因,互相依存,互相转化。语本《老子》:“祸兮福之所倚,福兮祸之所伏。”王圭《咏淮阴侯》:“吉凶成纠缠,倚伏难预详。”沈佺期《移禁司刑》:“物情牵倚伏,人事限荣枯。”白居易《归田三首》之二:“此理固是常,穷通相倚伏。”李咸用《山中夜坐寄故里友生》:“祸福既能知倚伏,行藏争不要分明。”❷借指祸福。刘长卿《瓜州驿奉饯张侍御先在淮南幕府》:“是非生倚伏,荣辱系悲欢。”白居易《九日醉吟》:“叹时论倚伏,怀旧数存亡。”李中《送仙客》:“危言危行是男儿,倚伏相牵岂足悲。”❸谓隐伏伺机出击以为倚托。胡皓《大漠行》:“三军遥倚伏,万里相驰逐。”

【倚曲】　谓按照乐曲吹奏。李白《清平调三首》题注:“上因调玉笛以倚曲,每曲遍将换,则迟其声以媚之。”

【倚杖】　拄着手杖。王维《渭川田家》:“野老念牧童,倚杖候荆扉。”李端《野亭三韵送钱员外》:“倚杖送行云,寻思故山远。”温庭筠《春尽与友人入裴氏林探渔竿》:“倚杖息惭倦,徘徊恋微暄。”吕从庆《游多宝寺》:“倚杖娱闲睫,闻钟寄远心。”

【倚吟】　和着韵律咏诗。李縠《和皮日休悼鹤》:“料得王恭披鹤氅,倚吟犹待月中归。”

【倚身】　❶将身体靠在他物之上。齐己《夏日西霞寺书怀寄张逸人》:“倚身柽几稳,洒面瀑流香。”❷依傍身体。陆龟蒙《寄怀华阳道士》:“倚身长短裁筇杖,倩客高低结草亭。”

【倚坐】　靠着坐。白居易《能无愧》:“一团香絮枕,倚坐稳于人。”李商隐《假日》:“素琴纹断酒瓶空,倚坐欹眠日已中。”

【倚披】　倾斜,裂开。宋之问《嵩山天门歌》:“纷窈窕兮岩倚披以鹏翅,洞胶葛兮峰棱层以龙鳞。”

【倚門】　❶《战国策·齐策六》:“王孙贾年十五,事闵王。王出走,失王之处。其母曰:‘女朝出而晚来,则吾倚门而望;女暮出而不还,则吾倚闾而望。’”后因以“倚门”或“倚闾”谓父母望子归来心切。张说《岳州别姚司马绍之制许归侍》:“天从扇枕愿,人遂倚门情。”李嘉祐《送从弟永任饶州录事参军》:“闻道慈亲倚门待,到时兰叶正萋萋。”钱起《送外甥范勉赴任常州长史兼觐省》:"怜君展骥去,能解倚门愁。"赵嘏《洛中逢卢郢石归觐》:"缘切倚门恋,倍添为客愁。"❷靠着门。李白《北风行》:"倚门望行人,念君长城苦寒良可哀。"毕耀《古意》:"璇闺绣户斜光入,千金女儿倚门立。"杜荀鹤《时世吟》:"至今鸡犬皆星散,日落西山哭倚门。"❸指闺妇怀人。无名氏《小苏家》(卷七八五):"堂内月娥横剪波,倚门肠断虾须隔。"

【倚門望】 义同"倚門❶"。王维《送友人南归》:"悬知倚门望,遥识老莱衣。"高适《宋中别李八》:"将趋倚门望,还念同人别。"刘长卿《客舍赠别韦建韦造赴任就便觐省》:"且副倚门望,莫辞趋府劳。"

【倚岸】 靠近岸边。白居易《东溪种柳》:"倚岸埋大干,临流插小枝。"景池《秋夜宿淮口》:"露白草犹青,淮舟倚岸停。"

【倚注】 依赖器重。宣宗《重阳赐宴群臣》:"倾心方倚注,叶力共安边。"方干《寄灵武胡常侍》:"青云直上路初通,已在明君倚注中。"罗隐《投寄韦右丞》:"便应酬倚注,何处话穷鳞。"

【倚附】 攀附,依傍。王建《寻橦歌》:"习多倚附欹竿滑,上下蹁跹皆著袜。"

【倚相】 人名。春秋楚国的左史。来鹄《圣政纪颂》:"丘明见嫌,倚相在摈。"

【倚柱】 战国时,孟尝君门客冯谖倚柱弹剑作歌,表示对待遇不满。见《战国策·齐策四》。后因以"倚柱"慨叹失意不遇。杜牧《登九峰楼》:"白头搔杀倚柱遍,归棹何时闻轧鸦?"

【倚俠】 仗义行侠。韩翃《赠张建》:"结客平陵下,当年倚侠游。"

【倚風】 谓随风倾斜摇摆。杜甫《奉留赠集贤院崔于二学士》:"倚风遗鹢路,随水到龙门。"李贺《恼公》:"鬓重疑盘雾,腰轻乍倚风。"杜牧《柳绝句》:"数树新开翠影齐,倚风情态被春迷。"李商隐《蜂》:"宓妃腰细才胜露,赵后身轻欲倚风。"

【倚恃】 依靠仗恃。孟郊《黄雀吟》:"黄雀舞承尘,倚恃主人仁。"安锜《题贾岛墓》:"倚恃才难继,昂藏貌不恭。"

【倚馬】 靠在马身上。南朝宋刘义庆《世说新语·文学》:"桓宣武北征,袁虎时从,被责免官。会须露布文,唤袁倚马前令作。手不辍笔,俄得七纸,殊可观。"后因以"倚马"形容文思敏捷,下笔立就。张说《奉和圣制行次成皋应制》:"战龙思王业,倚马赋神功。"高适《送蹇秀才赴临洮》:"倚马见雄笔,随身唯宝刀。"刘禹锡《酬窦员外郡斋宴客偶命柘枝因见寄兼呈张十一院长元九侍御》:"彩笔谕戎矜倚马,华堂留客看惊鸿。"李商隐《夜出西溪》:"军书虽倚马,犹未当能文。"

【倚馬才】 谓文思敏捷,有"倚马"作文之才。戎昱《上桂州李大夫》:"倚马才宁有,登龙意岂无。"吴融《灵池县见早梅》:"栖身未识登龙地,落笔元非倚马才。"卢延让《逢友人赴阙》:"倚马才高犹爱艺,问牛心在肯容私。"参见"倚馬"。

【倚託】 依靠,寄托。寒山《诗三百三首》之二四〇:"澄澄孤玄妙,如如无倚托。"又之二五四:"自羡山间乐,逍遥无倚托。"

【倚席】 把坐席搁置在一边,指废弃学术,不设讲座。语出《后汉书·儒林传序》。唐彦谦《送樊琯司业归朝》:"寂寥方倚席,容易忽升堂。"

【倚扇】 竖立的扇子。李贺《春昼》:"菱汀系带,荷塘倚扇。"

【倚堂門】 同"倚門❶"。孟郊《游子》:"慈亲倚堂门,不见萱草花。"参见"倚門❶"。

【倚麻】 立于麻中。语本《荀子·劝学》:"蓬生麻中,不扶而直。"用以喻环境影响和教育熏陶。柳宗元《同刘二十八院长述旧言怀通赠二君子》:"鸩翼尝披隼,蓬心类倚麻。"

【倚望】 ❶谓父母倚门望子。岑参《送杨千牛趁岁赴汝南郡觐省便成婚》:"汝南遥倚望,早去及春盘。"参见"倚門❶"。❷倚重期望。孟浩然《陪张丞相登荆州城楼因寄张使君及刘家》:"侧身聊倚望,携手莫同欢。"❸徙倚怅望。皇甫冉《华清宫》:"东郊倚望处,瑞气霭濛濛。"

【倚棹】 见"倚櫂"。

【倚雲】 靠近云彩。形容极高。宋之问《奉和幸三会寺应制》:"梵音迎漏彻,空乐倚云悬。"李贺《勉爱行二首送小季之庐山》:"长船倚云泊,石镜秋凉夜。"高蟾《下第后上永崇高侍郎》:"天上碧桃和露种,日边红杏倚云栽。"

【倚筇】 拄着竹杖。郭震《云》:"聚散虚空去复还,野人闲处倚筇看。"孟贯《寄李处士》:"吟坐倦垂钓,闲行多倚筇。"左偃《秋晚野望》:"倚筇聊一望,何处是秦川?"

【倚瑟】 谓和着瑟声。即以歌合曲。鲍溶《倚瑟行》:"高歌倚瑟流清悲,徐乐哀生知为谁?"温庭筠《金虎台》:"倚瑟红铅湿,分香翠黛嚬。"

【倚著】 (—zhuó)依靠;依附。高适《东平路中遇大水》:"农夫无倚著,野老生殷忧。"又《酬裴员外以诗代书》:"千官无倚著,万姓徒悲哀。"杜甫《自阆州领妻子却赴蜀山行三首》之一:"我生无倚著,尽室畏途边。"又《遣闷》:"倚著如秦赘,过逢类楚狂。"

【倚蓋】 《淮南子·天文训》:"昔者共工与颛顼争为帝,怒而触不周之山,天柱折,地维绝,天倾西北,故日月星辰移焉。"古人遂以天之形如倾斜之伞盖,称之为“倚盖”。刘禹锡《望衡山》：“东南倚盖卑，维岳资柱石。”又《奉和中书崔舍人八月十五日夜玩月二十韵》：“迥见孤轮出，高从倚盖旋。”

【倚楹】 靠着厅堂的前柱。韩愈《秋怀诗十一首》之九：“惊起出户视，倚楹久汍澜。”

【倚頓】 春秋鲁人。以经营畜牧及盐业致富，曾与陶朱并称于世。亦作“猗頓”。见《史记·货殖列传》《孔丛子·陈士义》。元稹《代曲江老人百韵》：“桥桃矜马骛，倚顿数牛犉。”

【倚歌】 谓以乐器为歌声伴奏。郑嵎《津阳门诗》：“玉奴琵琶龙香拨，倚歌促酒声娇悲。”

【倚翠】 指女子美好之眉色。高适《秋胡行》：“妾本邯郸未嫁时，容华倚翠人未知。”

【倚樓】 凭靠在楼窗或楼前栏杆上。杜甫《江上》：“勋业频看镜，行藏独倚楼。”杜牧《偶作》：“才子风流咏晓霞，倚楼吟住日初斜。”赵嘏《长安晚秋》：“残星几点雁横塞，长笛一声人倚楼。”李廷壁《愁诗》：“长途诗尽空骑马，远雁声初独倚楼。”

【倚醉】 仗恃着醉意。李贺《少年乐》：“陆郎倚醉牵罗袂，夺得宝钗金翡翠。”权德舆《旅馆雪晴又睹新月众兴所感因成杂言》：“履舄纷纭桂袖攒，朱颜倚醉尽君欢。”

【倚劍】 ❶佩剑。卢照邻《中和乐九章·歌东军第三》：“横戈碣石，倚剑浮津。”李白《古风》之五四：“倚剑登高台，悠悠送春目。”杜甫《寄司马山人十二韵》：“悬旌要路口，倚剑短亭中。”李益《盐州过胡儿饮马泉》：“几处吹笳明月夜，何人倚剑白云天？”❷仗剑；持剑。李白《发白马》：“倚剑登燕然，边峰列嵯峨。”高适《古大梁行》：“倚剑悲歌对秋草，侠客犹传朱亥名。”刘长卿《疲兵篇》：“自矜倚剑气凌云，却笑闻笳泪如雨。”许浑《长安岁暮》：“独望天门倚剑歌，于时无计老关河。”

【倚橈】 ❶划动船桨。指泛舟。陆龟蒙《奉酬袭美病中见寄》：“题诗石上空回笔，拾蕙汀边独倚桡。”又《奉酬袭美秋晚见题二首》之二：“何事乐渔樵，巾车或倚桡。”❷把船桨搁置一边。谓停舟。陆龟蒙《送宣武从事越中按狱》：“水国难驱传，山城便倚桡。”

【倚賴】 依赖；依靠。杜甫《病柏》：“静求元精理，浩荡难倚赖。”杜荀鹤《遣怀》：“谩道强亲堪倚赖，到头须是有前程。”花蕊夫人徐氏《宫词》之六七：“倚赖识书为录事，灯前时复错瞒人。”

【倚衡】 《史记·袁盎晁错列传》：“盎曰：‘臣闻千金之子坐不垂堂，百金之子不骑衡。’”“骑衡”后作“倚衡”。一据如淳说，谓倚靠在楼边栏杆上。李商隐《五言述怀献上杜七兄仆射相公》：“岂有曾黔突，徒劳不倚衡。”一据韦昭说，谓跨在车前横木上。陆龟蒙《渔具诗·钓车》：“高多倚衡惧，下有折轴速。”

【倚薄】 ❶迫近；交迫。杜甫《宿青草湖》：“寒冰争倚薄，云月递微明。”又《赠李十五丈别》：“多病纷倚薄，少留改岁年。”❷谓生活窘迫。杜甫《赠李八秘书别三十韵》：“沈绵疲井臼，倚薄似渔樵。”

【倚闌】 见“倚欄”。

【倚嘯】 凭栏啸吟。陆龟蒙《江南秋怀寄华阳山人》：“倚啸微抽恨，论玄好析酲。”

【倚櫂】 亦作“倚棹”。❶划动船桨。犹言泛舟。卢照邻《葭川独泛》：“倚棹春江上，横舟石岸前。”宋之问《渡吴江别王长史》：“倚棹望兹川，销魂独黯然。”陶翰《南楚怀古》：“倚棹下晴景，回舟随晚涛。”韦庄《家叔南游却归因献贺》：“遥知倚棹思家处，泽国烟深暮雨微。”❷把船桨靠在一边。犹言停船。张说《江路忆郡》：“倚棹攀岸篠，凭船弄波月。”刘长卿《别严士元》：“春风倚棹阖闾城，水国春寒阴复晴。”白居易《自问行何迟》：“逢山辄倚棹，遇寺多题诗。”罗隐《倚棹》：“倚棹听邻笛，沾衣认酒垆。”

【倚檻】 （—jiàn）犹倚栏。戎昱《中秋夜登楼望月寄人》：“西楼见月似江城，脉脉悠悠倚槛情。”元稹《酬乐天江楼夜吟稹诗因成三十韵》：“休文徒倚槛，彦伯浪回船。”许浑《淮阴阻风寄呈楚州韦中丞》：“淮月未明先倚槛，海云初起更维舟。”郑谷《莲叶》：“移舟水溅差差绿，倚槛风摇柄柄香。”

【倚麗】 仗恃俊美。白居易《筝》：“倚丽精神定，矜能意态融。”

【倚欄】 亦作“倚闌”。凭靠在栏杆上。牟融《过蠡湖》：“多情袁尹频移席，有道乔仙独倚阑。”赵嘏《宿灵岩寺》：“倚栏香径晚，移石太湖秋。”李频《秋宿慈恩寺遂上人院》：“满阁终南色，清宵独倚栏。”成彦雄《中秋月》：“王母妆成镜未收，倚栏人在水精楼。”

倢

〔jié《集韵》即涉切，入葉，精。〕见“倢伃”。

【倢伃】 宫中女官名。汉武帝时置。魏晋后多沿设。《汉书·外戚传上》：“至武帝制倢伃、娙娥、傛华、充依，各有爵位……倢伃视上卿，比列侯。”宋之问《故赵王属赠黄门侍郎上官公挽词二首》之一：“谪去因丞相，归来为倢伃。”杜甫《韦讽录事宅观曹将军画马图》：“内府殷红马脑碗，倢伃传诏才人索。”徐彦伯有《倢伃》。李咸用有《倢伃怨》。

倒1

〔dǎo《广韵》都晧切，上晧，端。〕❶仆倒；倒下。刘知几《咏史》：“逐浪高复下，从风起还倒。”李白《襄阳歌》：“清风朗月不用一钱买，玉山自倒非人推。”可朋《观梦龟草书》：“画状倒松横洞壑，点篦飞石落空虚。”❷弄倒；谓使人或物等倒下。韦应物《池上》："榆柳飘枯叶，风雨倒横查。"李商隐《韩碑》："长绳百尺拽碑倒，粗砂大石相磨治。"许棠《汴河十二韵》："浪倒长汀柳，风欹远岸楼。"骊山游人《题故翠微宫》："天子不来僧又去，樵夫时倒一株松。"❸躺倒，躺下。杨巨源《寄申州卢拱使君》："酒坐微酣诸客倒，毬场慢拨几人随。"齐己《寄江居耿处士》："醉倒芦花白，吟缘蓼岸红。"❹损伤；垮倒。韩愈、孟郊《秋雨联句》："深路倒羸骖，弱途拥行驮。"元稹《代曲江老人百韵》："箭倒南山虎，鹰擒东郭毚。"白居易《三谣·朱藤谣》："登高山兮车倒轮摧，渡汉水兮马跙蹄开。"❺倾服。李白《赠王判官时余归隐居庐山屏风叠》："荆门倒屈宋，梁苑倾邹枚。"❻压倒。杜甫《上韦左相二十韵》："聪明过管辂，尺牍倒陈遵。"

倒^2　〔dào《广韵》都導切，去号，端。〕❶颠倒。指位置、方向、性质等与原有或应有的相反。刘禹锡《历阳书事七十韵》："促筵交履舄，痛饮倒簪缨。"白居易《和李相公留守题漕山新桥六韵》："影定栏杆倒，标高华表齐。"温庭筠《长安寺》："宝题斜翡翠，天井倒芙蓉。"王承旨《咏后主出降》："蜀朝昏主出降时，衔璧牵羊倒系旗。"❷逆；向相反方向移动。钱起《山斋读书寄时校书杜叟》："倒岭和溪雨，新泉到户枢。"白居易《桐花》："地气反寒暄，天时倒生杀。"姚合《游春十二首》之十一："弄日莺狂语，迎风蝶倒飞。"李贞白《咏罂粟子》："倒排双陆子，希插碧牙筹。"❸翻转，反回过来。李白《书情赠蔡舍人雄》："倒海索明月，凌山采芳荪。"马异《答卢仝结交诗》："况值乱邦不平年，回陵倒谷如等闲。"徐凝《杭州祝涛头二首》之二："倒打钱塘郭，长驱白浪花。"❹倾出；倒出。李贺《长平箭头歌》："左魂右魄啼肌瘦，酪瓶倒尽将羊炙。"韩愈《岳阳楼别窦司直》："开筵交履舄，烂漫倒家酿。"张籍《寄和州刘使君》："别离已久犹为郡，闲向春风倒酒瓶。"元稹《泛江玩月十二韵》："已困连飞盏，犹催未倒缸。"❺倒映。董思恭《咏虹》："横彩分长汉，倒色媚清渠。"元稹《泛江玩月十二韵》："远树悬金镜，深潭倒玉幢。"韦处厚《盛山十二诗·胡卢沼》："倒花纷错秀，鉴月静涵冰。"卫光一《经太华》："势飞白云外，影倒黄河里。"❻副词。(1)反而。表示同一般情理相反。刘禹锡《曲江春望》："酒后人倒狂，花时天似醉。"(2)却。表示转折。张南史《早春书事奉寄中书李舍人》："还令亲道术，倒欲混樵渔。"

【倒$_2$干將】　倒持宝剑，将剑柄予人。喻授人以柄，反受其害。杜牧《华清宫三十韵》："玩兵师汉武，回手倒干将。"

【倒戈】　❶放下武器。指投降敌方。鱼玄机《浣纱庙》："一双笑靥才回面，十万精兵尽倒戈。"❷武器倒地。指战死。李贺《平城下》："惟愁裹尸归，不惜倒戈死。"

【倒$_2$戈】　❶掉转武器向己方攻击。杜甫《草堂》："西卒却倒戈，贼臣互相诛。"❷把武器倒着安放，表示不再用兵。贯休《送王贞白重试东归》："此行三可羡，正值倒戈时。"❸倒拖武器。指军队败逃。韦庄《又闻湖南荆渚相次陷没》："几时闻唱凯旋歌，处处屯兵未倒戈。"

【倒$_2$井】　谓雨势如井之倒倾。李白《玉真公主别馆苦雨赠卫尉张卿二首》之二："秋霖剧倒井，昏雾横绝巘。"

【倒心回腸】　谓感动于心，情意缠绵。韩愈《刘生诗》："妖歌慢舞烂不收，倒心回肠为青眸。"

【倒$_2$行】　（—xíng）走回头路。李贺《秦王饮酒》："洞庭雨脚来吹笙，酒酣喝月使倒行。"

【倒$_2$行逆施】　（行 xíng）做事违反常理或不按常规。语本《史记·伍子胥列传》："吾日莫途远，吾故倒行而逆施之。"李白《天马歌》："盐车上峻坂，倒行逆施畏日晚。"

【倒$_2$次元韻】　颠倒原诗用韵次序的和韵之作。即将原诗末句韵脚用于首句，再依次由后往前逆向押韵。吴融有《倒次元韵》。元韵即原韵，系所作《和韩致光侍郎无题三首十四韵》。参见"倒$_2$押前韻"。

【倒$_2$衣】　语出《诗·齐风·东方未明》："东方未明，颠倒衣裳。颠之倒之，自公召之。"后因以"倒衣"谓忙于公务。杜甫《送卢十四弟侍御护韦尚书灵榇归上都二十韵》："长路更执拂，此心犹倒衣。"

【倒$_2$把】　（—bǎ）倒拿着。张祜《戏颜中郎猎》："倒把角弓呈一箭，满川狐兔当头行。"薛逢《侠少年》："往来三市无人识，倒把金鞭上酒楼。"

【倒身】　躺下。韩愈《郑群赠簟》："倒身甘寝百疾愈，却愿天日恒炎曦。"

【倒$_2$押前韻】　颠倒前诗用韵次序的和韵之作。即将前诗末句韵脚用于首句，再依次由后往前逆向押韵。韩偓有《倒押前韵》。前韵指前作《无题》诗韵。参见"倒$_2$次元韻"。

【倒$_2$拖】　指由前向后或由下向上地拉着移动。唐彦谦《送许户曹》："沙头小燕鸣春和，杨柳垂丝烟倒拖。"

【倒$_2$來韻】　倒押来诗之韵。张贲有《酬袭美先见寄倒来韵》。来韵指皮日休《寄润卿博士》诗韵。参见"倒$_2$押前韻"。

【倒$_2$卓】　犹倒立。李山甫《下第献所知三首》之三："退飞莺谷春零落，倒卓龙门路渺茫。"

【倒卧】　横卧。李贺《江南弄》："鲈鱼千头酒百斛，酒中倒卧南山绿。"熊孺登《春郊醉中赠章八元》："看君倒卧杨花里，始觉春光为醉人。"

【倒₂垂】　倒悬着垂下。韩偓《伤乱》："岸上花根总倒垂，水中花影几千枝。"

【倒₂掛】　倒悬。刘言史《观绳伎》："危机险势无不有，倒挂纤腰学垂柳。"

【倒₂持】　颠倒把持。谓主持之事不合理。白居易《和微之诗二十三首·和雨中花》："真宰倒持生杀柄，闲物命长人短命。"

【倒₂柄】　谓授人以柄，反受其害。司空图《冯燕歌》："回身本谓取巾难，倒柄方知授霜刃。"

【倒₂流】　水从下游流向上游。储光羲《效古二首》之二："东风吹大河，河水如倒流。"杜甫《醉歌行》："词源倒流三峡水，笔阵独扫千人军。"孟郊《连州吟》："斗水正回干，倒流安可禁。"张蠙《再游西山赠许尊师》："昔时霜鬓今如漆，疑是年光却倒流。"

【倒₂屐】　同"倒₂屣"。姚鹄《随州献李侍御二首》之二："今朝倘降非常顾，倒屐宁惟有古人。"参见"倒₂屣"。

【倒₂接䍦】　倒著接篱之省称。岑参《陪封大夫宴瀚海亭纳凉》："细管杂青丝，千杯倒接篱。"钱起《山中酬杨补阙见过》："却惭身外牵缨冕，未胜杯前倒接篱。"许浑《闻薛先辈陪大夫看早梅因寄》："今日从公醉，何人倒接篱?"李郢《南池》："小男供饵妇搓丝，溢榼香醪倒接篱。"参见"倒著接䍦。"

【倒側】　向一旁偏倒。韩愈《南山诗》："绵联穷俯视，倒侧困清沤。"卢仝《月蚀诗》："红鳞焰鸟烧口快，翎鬣倒侧声𪄳邹。"

【倒₂提】　倒过来提着。骆宾王《艳情代郭氏答卢照邻》："倒提新缣成慊慊，翻将故剑作平平。"

【倒₂插】　倒过来插入。太宗《临洛水》："水花翻照树，堤兰倒插波。"李廓《长安少年行》之三："倒插银鱼袋，行随金犊车。"

【倒₂戟】　犹倒戈。语出《左传·宣公二年》："〔灵辄〕既而与为公介，倒戟以御公徒而免之。"杨伯峻注："倒戟犹言倒戈。"杜甫《八哀诗·赠司空王公思礼》："嗟嗟邓大夫，士卒终倒戟。"

【倒₂景】　见"倒₂影"。

【倒₂景臺】　山峰名。河南登封嵩山太室南麓。卢鸿一《嵩山十志十首·倒景台》序："倒景台者，盖太室南麓，天门右崖，杰峰如台，气凌倒景。"又同诗："耸天关兮倒景台，鲨颢气兮轶嚣埃。"

【倒₂着接䍦】　见"倒₂著接䍦"。

【倒₂著】　(—zhuó)将鞋、帽等颠倒穿戴。李白《襄阳曲四首》之二："头上白接篱，倒著还骑马。"参见"倒著接䍦"。

【倒₂著接䍦】　(著 zhuó)亦作"倒着接䍦"。"篱"亦作"䍦"。接篱，帽名。语出南朝宋刘义庆《世说新语·任诞》："山季伦(山简)为荆州，时出酣畅。人为之歌曰：'山公时一醉，径造高阳池。日莫倒载归，茗艼无所知。复能乘骏马，倒箸白接篱。'"后因以"倒著接篱"谓醉酒或酒醉失态。李白《襄阳歌》："落日欲没岘山西，倒著接䍦花下迷。"颜真卿、刘昼、陆羽《七言醉语联句》："倒著接䍦发垂领，狂心乱语无人并。"

【倒載】　(—zài)倒卧车中。晋时襄阳人以"日暮倒载归，茗艼无所知"咏山简的醉态。后因以"倒载"形容醉酒的情景。弓嗣初《晦日宴高氏林亭》："萧散林亭晚，倒载欲还家。"戴叔伦《奉酬卢端公饮后赠诸公见示之作》："当时不敢辞先醉，误逐群公倒载还。"张登《上巳泛舟得迟字》："且同山简醉，倒载莫褰帷。"段成式《和徐商贺卢员外赐绯》："莫辞倒载吟归去，看欲东山又吐茵。"参见"倒著接䍦"。

【倒₂載干戈】　倒置武器。语出《礼记·乐记》："倒载干戈，包之以虎皮，将帅之士，使为诸侯，名之曰建櫜，然后天下知武王之不复用兵也。"后因以"倒载干戈"喻平息战争，实现和平。杜荀鹤《春日山居寄友人》："倒载干戈是何日，近来麋鹿欲相随。"

【倒₂照】　指物象倒过来映现在水中。韩愈《和崔舍人咏月二十韵》："池边临倒照，檐际送横经。"

【倒₂暈】　花瓣颜色多为近萼处较深，至瓣尖则渐浅。若近萼处色浅，至瓣尖反而渐深者，称为倒晕。王建《同于汝锡赏白牡丹》："统心黄倒晕，侧茎紫重棱。"

【倒₂置】　指事物在顺序、方位、道理等方面的颠倒。元稹《和李校书新题乐府十二首·骠国乐》："是非倒置自古有，骠兮骠兮谁尔诃。"

【倒傾】　歪斜。项斯《暮上瞿唐峡》："有树皆相倚，无岩不倒倾。"

【倒誠】　犹倾诚。谓倾诉以真诚。来鹄《圣政纪颂》："君也尽问，臣也倒诚；磊磊其事，镗镗其声。"

【倒₂屣】　急于出迎，把鞋倒穿。语出《三国志·魏志·王粲传》："时邕才学显著，贵重朝廷，常车骑填巷，宾客盈坐。闻粲在门，倒屣迎之。粲至，年既幼弱，容状短小，一坐尽惊。"后因以"倒屣"喻热情迎客。萧颖士《仰答韦司业垂访五首》之五："中郎何为者?倒屣惊座宾。"崔兴宗《酬王维卢象见过林亭》："今朝忽枉嵇生驾，倒屣开门遥解颜。"司空曙《送高胜重谒曹王》："兴比乘舟访，恩怀倒屣亲。"唐彦谦《夏日访友》："主人闻故旧，出迎时倒屣。"

【倒₂影】　亦作"倒景"。❶指天上最高处。日月之光须由下上照其地，而于其处下视日月，其影皆倒，故称。虞世南《飞来双白鹤》："鸣群倒景外，刷羽阆风前。"郑愔《奉和九月九日登慈恩寺浮图应制》："涌霄开宝塔，倒影驻仙舆。"李白《古风》之二十："含笑凌倒景，欣然愿相从。”解彦融《雁塔》：“峥嵘彻倒景，刻削俯无地。”❷物体倒映在水中的影子。姚崇《故洛阳城侍宴应制》：“川凫连倒影，岩鸟应虚声。”杜甫《寄韩谏议》：“芙蓉旌旗烟雾乐，影动倒景摇潇湘。”李德裕《思平泉树石杂咏一十首·钓台》：“倒影含清沚，凝阴长碧苔。”韦庄《桐庐县作》：“潭心倒影时开合，谷口闲云自卷舒。”❸犹倒映。王维《辋川集·柳浪》：“分行接绮树，倒影入清漪。”杜甫《万丈潭》：“削成根虚无，倒影垂澹瀩。”王季文《九华山谣》：“灵光爽气嚑复旭，晴天倒影西江渌。”陆龟蒙《移石盆》：“无人尽日澄心坐，倒影新篁一两竿。”

【倒$_2$屧】同“倒$_2$屣”。皮日休《二游诗·任诗》：“多君方闭户，顾我能倒屧。”参见“倒$_2$屣”。

【倒$_2$履】同“倒$_2$屣”。赵冬曦《答张燕公翻著葛巾见呈之作》：“降欢时倒履，乘兴偶翻巾。”参见“倒$_2$屣”。

【倒$_2$屦】同“倒$_2$屣”。孟简《咏欧阳行周事》：“詹生喜言旋，倒屦走迎门。”参见“倒$_2$屣”。

【倒$_2$戴】倒过来戴着。多用以形容醉酒失态。陈嘉言《晦日重宴》：“兴阑巾倒戴，山公下习池。”参见“倒著接䍦”。

【倒$_2$泻】谓从上向下倾泻。孟郊《送萧炼师入四明山》：“千寻直裂峰，百尺倒泻泉。”

【倒$_2$悬】❶物体上下倒置地悬挂着。章孝标《少年行》：“画榼倒悬鹦鹉觜，花衫对舞凤凰文。”❷比喻处境极其困苦或危急。李白《送张秀才谒高中丞》：“宇宙初倒悬，鸿沟势将分。”杜甫《闻斛斯六官未归》：“本卖文为活，翻令室倒悬”孟郊《寄陕府邓给事》：“疾诉将何谕，肆鳞今倒悬。”

俳

〔pái《广韵》步皆切，平皆，並。〕诙谐，滑稽。参见“俳谐”。

【俳諧】诙谐戏谑。孙鲂《题梅岭泉》：“侍从非常客，俳谐像列仙。”李商隐有《俳谐》。

【俳諧体】内容诙谐的游戏之作。杜甫有《戏作俳谐体遣闷二首》。

倏

〔shū《广韵》式竹切，入屋，書。〕亦作“儵”。犬疾行貌。引申为疾速，忽然。王琚《美女篇》：“须臾破颜倏敛态，一悲一喜并相宜。”岑参《太一石鳖崖口潭旧庐招王学士》：“幽趣倏万变，奇观非一端。”张祜《寓言》：“倏值体中佳，未尝废三余。”唐尧臣《金陵怀古》：“吁嗟王气尽，坐悲天运倏。”

【倏忽】❶顷刻。指极短的时间。骆宾王《帝京篇》：“倏忽搏风生羽翼，须臾失浪委泥沙。”董思恭《咏云》：“参差过层阁，倏忽下苍梧。”任华《怀素上人草书歌》：“大叫一声起攘臂，挥毫倏忽千万字。”陈陶《哭王赞府》：“驱驰三楚掾，倏忽一空名。”❷形容时间迅速流逝。李颀《题綦毋校书别业》：“倏忽令人老，相思河水流。”戴叔伦《赠康老人洽》：“尔来倏忽五十年，却忆当时思眇然。”徐铉《正初答钟郎中见招》：“流年倏忽成陈事，春物依稀有旧情。”❸犹依稀、仿佛。包融《登翅头山题俨公石壁》：“苍茫远郊树，倏忽不相似。”徐铉《梦游三首》之三：“梦里行云还倏忽，暗中携手乍疑迟。”

【倏若】忽如。高适《赠别王十七管记》：“倏若异鹏搏，吾当学蝉蜕。”钱起《玛瑙杯歌》：“繁弦急管催献酬，倏若飞空生羽翼。”

【倏閃】❶顷刻；刹那间。戴叔伦《下鼻亭泷行八十里寄青苗郑副端朔阳》：“倏闪疾风雷，苍皇荡魂魄。”韩愈《南山诗》：“峥嵘跻冢顶，倏闪杂鼯鼬。”无名氏《秋日非所书情》(外编上)：“凌晨倏闪奔雷电，薄暮斯须敛霁霉。”❷闪烁不定貌。元稹《秋堂夕》：“萧条帘外雨，倏闪案前灯。”

【倏然】迅疾貌。孟浩然《九日怀襄阳》：“去国似如昨，倏然经杪秋。”苏源明《小洞庭洄源亭宴四郡太守诗》序：“繁丝疏管，纷尔自会；雅舞清唱，倏然同引。”白居易《送毛仙翁》：“语罢倏然别，孤鹤升遥天。”马云奇《白云歌》：“倏然云清销四极，所润宁知白云力。”

【倏爾】迅疾。指时间短暂。寒山《诗三百三首》之二七六：“倏尔过春秋，寂然无尘累。”张说《南中别王陵成崇》：“倏尔生六翮，翻飞戾九门。”孟浩然《送从弟邕下第后寻会稽》：“疾风吹征帆，倏尔向空没。”皮日休《太湖诗·圣姑庙》：“俄然响环珮，倏尔鸣机杼。”

【倏欻】疾速貌。吴筠《步虚词十首》之五：“倏欻造西域，嬉游金母家。”

【倏爍】亦作“倏鑠”。闪烁不定貌。王昌龄《又赠李侍御》：“渺然客子魂，倏铄川上晖。”李白《梁甫吟》：“三时大笑开电光，倏烁晦冥起风雨。”

【倏鑠】见“倏爍”。

儵

见“倏”。

倘

〔tǎng《集韵》坦朗切，上蕩，透。〕❶悠闲；自然。参见“倘然”。❷或许；可能。韩偓《大酺乐》：“倘随明月去，莫道梦魂遥。”王维《戏题示萧氏甥》：“老夫何足似，弊宅倘因之。”❸如果；假如。张九龄《登郡城南楼》：“陈力倘无效，谢病从芝术。”杨凝《送别》：“相思倘寄相思字，君到扬州扬子回。”庾承宣《赋得冬日可爱》：“倾心倘知期，良愿自兹毕。”朱存《金陵览古·新亭》：“倘能戮力扶王室，当自新亭复故乡。”

【倘因】　或因；如因。李峤《石》：“倘因持补极，宁复想支机。”孟浩然《寄天台道士》：“倘因松子去，长与世人辞。”贯休《送卢舍人朝觐》：“倘因星使出，一望问支镫。”

【倘使】　假如；如果。孟浩然《宴崔明府宅观妓》：“倘使曹王见，应嫌洛浦神。”

【倘若】　假使；如果。乔知之《羸骏篇》：“君王倘若不见遗，白骨黄金犹可市。”

【倘來】　不应得而得或无意中得到。刘禹锡《送鸿举游江西》引：“盖可勉而进者，与日月而至矣；彼倘来外物，虽日月无能至焉。”

【倘然】　悠闲自然貌。司空图《诗品二十四则·疏野》：“倘然适意，岂必有为。”

俶　〔chù《广韵》昌六切，入屋，昌。〕❶整理。参见“俶装”。❷始，开始。参见“俶扰”。

【俶装】　整理行装。杜甫《早发射洪县南》：“俶装逐徒旅，达曙凌险涩。”

【俶擾】　开始扰乱；动乱。语出《书·胤征》：“俶扰天纪，遐弃厥司。”孔颖达疏：“俶，始；扰，乱。”杜甫《大历三年春白帝城放船四十韵》：“旄头初俶扰，鹑首丽泥涂。”独孤及《奉和李大夫同吕评事太行苦热行兼寄院中诸公》：“赵魏方俶扰，安危俟明哲。”郑谷《寄司勋张员外学士》：“昨来闻俶扰，忧甚欲颠狂。”

倬　〔zhuō《广韵》竹角切，入覺，知。〕高大，显明。语本《诗·大雅·桑柔》：“倬彼昊天，宁不我矜？”郑玄笺：“倬，明大貌。”王勃《倬彼我系》：“倬彼我系，出自有周。”权德舆《和李大夫西山祈雨因感张曲江故事十韵》：“火星当永日，云汉倬炎天。”

俱¹　〔jù《广韵》舉朱切，平虞，見。〕❶共同；一起。高宗《七夕宴悬圃二首》之一：“俱叹三秋阻，共叙一宵欢。”韦应物《庄严精舍游集》：“谁能遽还归，幸与高士俱。”权德舆《病中苦热》：“何时洒微雨，因与好风俱。”杜牧《醉倒》：“日晴空乐下仙云，俱在凉亭送使君。”❷相同；一样。骆宾王《久戍边城有怀京邑》：“盈虚一易舛，心迹两难俱。”李白《登单父陶少府半月台》：“陶公有逸兴，不与常人俱。”元稹《酬乐天东南行一百韵》：“廉蔺声相让，燕秦势岂俱？”张子明《孤雁》：“江南塞北俱关念，两地飞归是故乡。”❸具备；具有。杜甫《入奏行赠西山检察使窦侍御》：“窦侍御，骥之子，凤之雏。年未三十忠义俱，骨鲠绝代无。”又《鹿》：“永与清溪别，蒙将玉馔俱。”孟郊《旅次湘沅有怀灵均》：“怀沙灭其性，孝行焉能俱？”❹姓。见“俱文珍”。

俱²　〔jū《广韵》舉朱切，平虞，見。〕副词。表示范围，相当于“全”“都”。郭震《古剑篇》：“君不见，昆吾铁冶飞炎烟，红光紫气俱赫然。”殷遥《送杜士瞻楚州觐省》：“风流与才思，俱似晋时人。”张碧《游春引三首》之三：“万汇俱含造化恩，见我春工无私理。”翁绶《陇头吟》：“横行俱是封侯者，谁斩楼兰献未央。”

【俱文珍】　唐贞元末宦官。后从义父姓，曰刘贞亮。陇西公董晋为宣武军节度使时，出任监军。王叔文欲夺宦官兵权，贞亮与之争，并请立广陵王李纯为太子，勾当军国大事。及太子受内禅，乃尽逐叔文之党。史称“二王八司马”之变。累迁至右卫大将军，知内侍省事。元和八年卒。宪宗思其翊戴之功，赠开府仪同三司。见《旧唐书·宦官·俱文珍传》《新唐书·宦者上·刘贞亮传》。韩愈有《送汴州监军俱文珍》。

倮　〔luǒ《集韵》鲁果切，上果，來。〕赤裸。见“倮足”。

【倮足】　犹赤脚。孟郊《弦歌行》：“暗中崒崒拽茅鞭，倮足朱裈行戚戚。”

倡¹　〔chàng《广韵》尺亮切，去漾，昌。〕❶发声先唱。见“倡和”。❷唱。《效庙歌辞·周宗庙乐舞辞·咸顺》：“贯珠一倡，击石九成。”❸长声高呼。杨衡《将之荆州南与张伯刚马惣钟陵夜别》：“莫诉杯来促，更筹屡已倡。”❹乐曲。乔知之《倡女行》：“文君正新寡，结念在歌倡。”白居易《渭村退居寄崔侍郎钱舍人一百韵》：“尊罍分圣酒，妓乐借仙倡。”

倡²　〔chāng《广韵》尺良切，平陽，昌。〕❶古代歌舞乐人。顾况《宜城放琴客歌》：“佳人玉立生此方，家住邯郸不是倡。”李贺《荣华乐》：“玉堂调笑金楼子，台下戏学邯郸倡。”❷娼妓。王琚《美女篇》：“东邻美女实名倡，绝代容华无比方。”韩愈《送李尚书赴襄阳八韵》：“风流岘首客，花艳大堤倡。”元稹《元和五年予官不了罚俸西归因投五十韵》：“名倡绣毂车，公子青丝辔。”刘禹锡《武夫词》：“探丸害公吏，抽刃妒名倡。”

【倡₂女】　古代以歌舞娱人的妇女。白居易《琵琶引》序：“本长安倡女，尝学琵琶于穆、曹二善才。”又《续古诗十首》之五：“邯郸进倡女，能唱黄花曲。”亦指卖身的娼妓。李端《春游乐》：“游童苏合带，倡女蒲葵扇。”乔知之有《倡女行》。

【倡₂門】　娼妓所居之处。储光羲《长安道》：“鸣鞭过酒肆，袨服游倡门。”

【倡₂舍】　妓院。李益《汉宫少年行》：“晚来香街经柳市，行过倡舍宿桃根。”

【倡和】 (—hè)一人首唱,他人相和,互相应答。语出《诗·郑风·萚兮》:“叔兮伯兮,倡予和女。”高亨注:“倡,亦作唱,始歌为唱,随歌为和。”杜甫《同豆卢峰知字韵》:“倡和将雏曲,田翁号鹿皮。”陆龟蒙《置酒行》:“千�掷毫春谱大,碧舞红啼相倡和。”

【倡₂條】 杨柳柔长的枝条。李商隐《燕台四首·春》:“蜜房羽客类芳心,冶叶倡条遍相识。”

【倡倡】 色彩鲜艳貌。陈陶《蜀葵咏》:“绿衣宛地红倡倡,熏风似舞诸女郎。”

【倡₂家】 ❶指乐伎歌舞的处所。李廓《长安少年行》之九:“苍头来去报,饮伴到倡家。”曹邺《赵城怀古》:“闲愁春日短,沽酒入倡家。”亦指乐伎。陈陶《续古诗二十九首》之二二:“秦家卷衣贵,本是倡家子。”❷倡女居处;妓院。李峤《倡妇行》:“十年倡家妇,三秋边地人。”崔颢《渭城少年行》:“可怜锦瑟筝琵琶,玉壶清酒就倡家。”张祜《到广陵》:“一年江海恣狂游,夜宿倡家晓上楼。”亦指妓女。司空图《洛中三首》之三:“薄命敢辞长滴泪,倡家未必肯留君。”

【倡₂婦】 倡家妇女。指歌舞乐伎;亦指卖身的妓女。韦承庆《折杨柳》:“征人远乡思,倡妇高楼别。”白居易《东南行一百韵》:“楼暗攒倡妇,堤妾簇贩夫。”曹邺《怨歌行》:“官田赠倡妇,留妾侍舅姑。”李峤有《倡妇行》。

【倡₂樓】 倡女住处,妓院。陈羽《广陵秋夜对月即事》:“相看醉舞倡楼月,不觉隋家陵树秋。”李贺《夜来乐》:“漏长送珮承明庐,倡楼嵯峨明月孤。”白居易《悲哉行》:“朝从博徒饮,暮有倡楼期。”徐凝《玩花五首》之四:“忆得倡楼人送客,深红衫子影门时。”

個 〔gè《广韵》古賀切,去箇,見。〕❶量词。(1)表示单独的人或物。任华《寄杜拾遗》:“昔在帝城中,盛名君一个。”黄山隐《向竹吟》:“古者有七贤,六个今何在?”(2)表示数量。犹一个。陈孙《移耶溪旧居呈陈元初校书》:“谢安无个事,忽起为苍生。”吴融《岐州安西门》:“今日登临须下泪,行人无个草萋萋。”❷助词。相当于“的”。用于表示某种情况。韩愈《盆池五首》之一:“老翁真个似童儿,汲水埋盆作小池。”

【個個】 一个一个,每一个。庞蕴《杂诗》之六:“十方同聚会,个个学无为。”慈觉《书妙园塔院张道者屋壁》:“尽奔名利谩驰驱,个个何曾有般若。”黄冠道人《歌二章》之二:“横排三十六条鳞,个个圆如紫磨真。”

候 〔hòu《广韵》胡遘切,去候,匣。〕❶伺望;侦察;探听。卢象《送赵都护赴安西》:“下客候旌麾,元戎复在斯。”李白《送王孝廉覲省》:“宁亲候海色,欲动孝廉船。”杜甫《桥陵诗三十韵因呈县内诸官》:“太史候凫影,王乔随鹤翎。”张籍《董逃行》:“重岩为屋橡为食,丁男夜行候消息。”引申为观察。王言史《广州王园寺伏日即事寄北中亲友》:“望霖窥润础,思吹候纤条。”❷斥候;哨所。骆宾王《久戍边城有怀京邑》:“锦车朝促候,刁斗夜传呼。”皮日休《鲁望读襄阳耆旧传见赠五百言次韵》:“爰从景升死,境上多兵候。”张蠙《送卢尚书赴灵武》:“西北正传烽候急,灵州共喜信臣居。”亦指土堡。王建《送严大夫赴桂州》:“岭头分界候,一半属湘潭。”❸掌管迎送宾客或管理驿站的官员。见“候吏”。❹驿站,驿馆。皎然《送严明府入关谒黎京兆》:“旅候闻嘶马,残阳望断鸿。”参见“候館❷”。❺军中任侦察之事者。朱庆余《送刘思复南河从军》:“不驻节旄先候发,偶逢山寺亦难过。”参见“候騎”。❻守门的官。吴融《败帘六韵》:“不堪风作候,岂复燕为仇。”❼迎候;迎接。杜审言《除夜有怀》:“冬氛恋虬箭,春色候鸡鸣。”王维《赠刘兰田》:“篱间犬迎吠,出屋候荆扉。”皎然《冬日天井西峰张炼师所居》:“开水净药苗,扫雪候山侣。”王贞白《远闻本郡行春到旧山二首》之一:“已领烟霞光野径,深惭老幼候柴关。”❽探望;拜访。张籍《祭退之》:“自是将重危,车马候纵横。”薛能《下第后春日长安寓居三首》之二:“犹将琢磨意,更欲候宗师。”❾侍候;服侍。张籍《祭退之》:“来候不得宿,出门每回遑。”李洞《送卢少府之任巩洛》:“堂下诸昆在,无妨候起居。”❿等候;等待。苏味道《咏石》:“燕归犹可候,羊起自成群。”孟浩然《宿业师山房期丁大不至》:“之子期宿来,孤琴候萝径。”韦应物《夏夜忆卢嵩》:“反侧候天旦,层城苦沉沉。”唐求《晓发》:“旅馆候天曙,整车趋远程。”⓫古代计时单位。五天为一候。王绩《九月九日赠崔使君善为》:“野人迷节候,端坐隔尘埃。”李贺《河南府试十二月乐词·闰月》:“七十二候回环推,天官玉琯灰剩飞。”韩愈《人日城南登高》:“初正候才兆,涉七气已弄。”殷尧藩《寒夜》:“凭谁荡涤穷残候,入眼东风喜在期。”⓬节候;气候。魏征《五郊乐章·雍和》:“阳月斯纪,应钟在候。”杜审言《旅寓安南》:“交趾殊风候,寒迟暖复催。”陈通方《赋得春风扇微和》:“阳升知候改,律应喜春归。”韩偓《早玩雪梅有怀亲属》:“北陆候才变,南枝花已开。”⓭时节;时候。徐彦伯《游禁苑幸临渭亭遇雪应制》:“玉律藏冰候,彤阶飞雪时。”杨於陵《郡斋有紫薇双本予嘉其美而能久因诗纪述》:“逮兹三伏候,息驾万里途。”李商隐《四年冬以退居蒲之永乐遂作忆雪又作残雪诗各一百言·忆雪》:“爱景人方乐,同云候稍愆。”皮日休《奉和鲁望樵人十咏·樵歌》:“多云采樵乐,或说林泉候。”⓮占验,预测。魏征《五郊乐章·青帝角音》:“律候新风,阳开初蛰。”李颀《送相里造入京》:“暖酒嫌衣薄,瞻风候雨晴。”杜甫《牵牛织女》：“神光意难候，此事终蒙胧。”⓯指在随时变化中的情状。窦庠《酬韩愈侍郎登岳阳楼见赠》：“昏旦呈新候，川原按旧经。”

【候月】 ❶伺望月色。语出《史记·匈奴列传》：“举事而候星月，月盛壮则攻战，月亏则退兵。”骆宾王《边城落日》：“候月恒持满，寻源屡凿空。”屈同仙《燕歌行》：“汉兵候月秋防塞，胡骑乘冰夜渡河。”❷待月明时。犹对月。王维《酬比部杨员外暮宿琴台率尔见赠之作》：“旧简拂尘看，鸣琴候月弹。”

【候火】 ❶烽火。杜甫《秦州杂诗二十首》之十九：“候火云峰峻，悬军幕井乾。”李约《从军行三首》之三：“候火起雕城，尘沙拥战声。”❷候馆迎客之灯火。卢纶《送李纵别驾加员外郎却赴常州幕》：“山雨迎军晚，芦风候火微。”李绅《过吴门二十四韵》：“候火分通陌，前旌驻外邮。”李郢《送刘谷》：“邮亭已送轻车发，山馆谁将候火迎。”❸察看炉火。韦应物《饵黄精》：“候火起中夜，馨香满南轩。”张籍《学仙》：“炉烧丹砂尽，昼夜候火光。”

【候僊亭】 在杭州灵隐寺前。贞元末韩皋任杭州刺史时建。久废。曾与虚白亭、观风亭、见山亭及冷泉亭并称灵隐五亭。见《咸淳临安志》卷二三。白居易有《醉题候仙亭》及《候仙亭同诸客醉作》。

【候吏】 ❶迎送宾客的官员。王维《送康太守》：“郭门隐枫岸，候吏趋芦洲。”刘长卿《奉和赵给事留赠李舍人兼谢舍人别驾之什》：“云山随候吏，鸡犬逐归人。”司空曙《送永阳崔明府》：“沙馆行帆息，枫洲候吏还。”李绅《移九江》：“津桥归候吏，竹巷开门户。”❷驿站的管理人。张籍《送人任济阴》：“春风济水上，候吏听车声。”刘禹锡《秋日送客至潜水驿》：“候吏立沙际，田家连竹溪。”白居易《想东游五十韵》：“递夫交烈火，候吏次鸣驺。”杜牧《使回枉唐州崔司马书兼寄四韵因和》：“清晨候吏把书来，十载离忧暂得开。”

【候門】 看守门户。王维《酬虞部苏员外过蓝田别业不见留之作》：“石路枉回驾，山家谁候门。”又《哭祖六自虚》：“候门家属苦，行路国人怜。”戴叔伦《春日访山人》：“候门童子问，游乐到谁家?”

【候命】 等候谕命。杨衡《长门怨》：“万遍凝愁枕上听，千回候命花间立。”

【候亭】 供瞭望用的小楼。陈子昂《送著作佐郎崔融等从梁王东征》序：“乃张蕙圃，席兰堂，环曲榭，罗羽觞，写中京之望，纵候亭之赏。”韦应物《乘月过西郊渡》：“已举候亭火，犹爱村原树。”

【候客】 接待客人。刘长卿《题萧郎中开元寺新构幽寂亭》：“候客石苔上，礼僧云树中。”卢纶《送夏侯校书归华阴别墅》：“候客定为黍，务农因燎原。”施肩吾《春霁》：“煎茶水里花千片，候客亭中酒一樽。”

【候馬】 ❶巡逻、侦察的骑兵。虞世南《从军行二首》之二：“沙磴离旌断，晴川候马归。”❷迎候坐骑。曹松《送陈樵校书归泉州》：“候马春风馆，迎船晓月溪。”

【候時】 ❶等候时机。钱起《送李兵曹赴河中》：“休命且随牒，候时常振缨。”❷犹按时，伺察时节变化。骆宾王《在狱咏蝉》序：“候时而来，顺阴阳之数；应节为变，审藏用之机。”薛存诚《膏泽多丰年》：“候时勤稼穑，击壤乐农功。”

【候病】 察看病情。白居易《自到郡斋仅经旬日偷闲走笔题二十四韵呈吴中诸客》：“候病须通脉，防流要塞津。”

【候朝】 （—cháo）等候朝见。殷尧藩《冬至酬刘使君》：“梅含露蕊知迎腊，柳拂宫袍忆候朝。”

【候雁】 雁于秋分后南飞，春分后北归，随气候变化定时转移栖息之地，故称“候雁”。沈佺期《塞北二首》之二：“冰壮飞狐冷，霜浓候雁哀。”顾况《从军行二首》之一：“回首家不见，候雁空中鸣。”曹松《将入关行次湘阴》：“神鸦乱噪黄陵近，候雁斜沉梦泽空。”

【候鼓】 报时的鼓声。耿沣《元日早朝》：“九陌朝臣满，三朝候鼓赊。”

【候對】 等候帝王召对。白居易《早朝贺雪寄陈山人》：“待漏午门外，候对三殿里。”

【候潮】 等候涨潮。李嘉祐《送冷朝阳及第东归江宁》：“长安带酒别，建业候潮归。”

【候曉】 等待天亮；等到天亮。王维《同崔员外秋宵寓直》：“建礼高秋夜，承明候晓过。”李竦《长至日上公献寿》：“候晓金门辟，乘时玉历长。”权德舆《早发杭州泛富春江寄陆三十一公佐》：“候晓起徒驭，春江多好风。”莫宣卿《百官乘月早朝听残漏》：“候晓车舆合，凌霜剑佩寒。”

【候謁】 等候谒见。孟郊《寄陕府邓给事》：“候谒随芳语，铿词芬蜀笺。”

【候館】 ❶供瞭望用的小楼。戴叔伦《下鼻亭泷行八十里聊状艰险寄青苗郑副端朔阳》：“云涯多候馆，努力勤登历。”王建《送裴相公上太原》：“边铺警巡旗尽换，山城候馆壁重修。”白居易《东南行一百韵》：“山头看候馆，水面问征途。”❷指接待过往官员的驿馆。钱起《清泥驿迎献王侍御》：“候馆扫清昼，使车出明光。”崔瓘《赠营妓》：“寒檐寂寂雨霏霏，候馆萧条烛烬微。”许浑《宿松江驿却寄苏州一二同志》：“候馆人稀夜自长，姑苏台远树苍苍。”

【候騎】 （—jì）侦察、巡逻的骑兵。皎然《从军行五首》之一：“候骑出纷纷，元戎霍冠军。”张籍《塞下曲》：“边州八月修城堡，候骑先烧碛中草。”赵嘏《送令狐郎中赴郢州》：“几处尘生随候骑，半江帆尽见分流。”韩琮《京西即事》：“候骑北来惊有说，戍楼西望悔为文。”

【候蟲】 随季节出没的虫类。如蝉、蟋蟀等。李贺《七月一日晓入太行山》：“新桥倚云阪，候虫嘶露朴。”刘禹锡《捣衣曲》：“报寒惊边雁，促思闻候虫。”李频《夏日题盩厔友人书斋》：“黑处巢幽鸟，阴来叫候虫。”

【候體】 迎合文体。齐己《秋夕言怀寄所知》：“忘筌话道心甘死，候体论诗口懒开。”

倕 〔chuí《广韵》是爲切，平支，禪。〕古代传说中的巧匠名。《庄子·胠箧》：“攦工倕之指，而天下始人有其巧矣。”陆德明释文：“倕，音垂，尧时巧者也。”韩愈《寄崔二十六立之》：“黄金涂物象，雕镌妙工倕。”

倭1 〔wēi《广韵》於爲切，平支，影。〕见“倭迟”。

倭2 〔wō《广韵》烏禾切，平戈，影。〕我国古代对日本人及其国家的称呼。见“倭₂國”“倭₂僧”。

倭3 〔wǒ《广韵》烏果切，上果，影。〕见“倭堕髻”。

【倭₂國】 我国古代对日本的称呼。《旧唐书·东夷传》有载。周朴《福州神光寺塔》：“海水旋流倭国野，天文方戴福州城。”

【倭₂僧】 我国古代对日本僧人的称呼。陆龟蒙《袭美见题郊居十首因次韵酬之以伸荣谢》之三：“倭僧留海纸，山匠制云床。”

【倭₃堕】 见“倭₃堕髻”。

【倭₃堕髻】 亦称“倭堕鬟”。古代妇女的一种发式。发髻向额前俯偃。许景先《折柳篇》：“宝钗新梳倭堕髻，锦带交垂连理襦。”司空曙《长林令卫象饧丝结歌》：“雪发羞垂倭堕鬟，绣囊畏并茱萸结。”亦省称“倭堕”。温庭筠《南歌子》词之三：“倭堕低梳髻，连娟细扫眉。”

【倭₃堕鬟】 见“倭₃堕髻”。

【倭遲】 迂曲历远貌。形容顺着迂回曲折的道路前进。语出《诗·小雅·四牡》：“四牡骓骓，周道倭迟。”独孤及《癸卯岁赴南丰道中闻京师失守寄权士繇韩幼深》：“不逢眼中人，调苦车倭迟。”

倰 〔lèng《广韵》鲁登切，平登，來。又鲁鄧切，去嶝，来〕见“倰僜”。

【倰僜】 象声词。弹弦声。吴融《个人三十韵》：“管咽参差韵，弦嘈倰僜声。”

倪 〔ní《广韵》五稽切，平齊，疑。〕❶端；边际。王维《青龙寺昙壁上人兄院集》：“高处敞招提，虚空讵有倪。”岑参《宿铁关西馆》：“雪中行地角，火处宿天倪。”钱起《自终南山晚归》：“绝境胜无倪，归途兴不尽。”韩愈《南内朝贺归呈同官》：“况于经籍深，岂究端与倪。”❷姓。见“倪曙”。

【倪塘】 在建康（今江苏南京市）东北方山埭南，倪氏筑塘，故称。杜牧《台城曲二首》之二：“潋滟倪塘水，叉牙出骨须。”

【倪曙】 字孟曦。福州侯官（今福建福州市）人。中和五年(885)及第。有赋名，官太学博士。黄巢之乱，避归故乡，为泉州刺史王延彬宾客。后西游岭表，南平王刘隐招礼之，辟置幕中。后梁贞明三年(917)，刘隐之子刘龑称帝，即位为南汉高祖，擢倪曙为工部侍郎，旋进尚书右丞，同平章事。南汉乾亨五年(921)卒。有赋一卷行世。齐己有《寄倪曙郎中》。

俾1 〔bǐ《广韵》並弭切，上紙，並。〕❶使。褚亮《祈谷乐章·舒和》：“庶俾亿龄禔景福，长欣万宇洽时邕。”韦应物《登高望洛城作》：“圣主乃东眷，俾贤拯元元。”刘禹锡《有僧言罗浮事因为诗以写之》：“阴阳迭用事，乃俾夜作晨。”黄滔《喜翁文尧员外病起》：“饮冰俾消渴，断谷皆清羸。”❷通“比”。从。叔孙玄观《洛出书》：“俾姒惟何远，休皇复在诸？”

俾2 〔bì《集韵》毗至切，去至，並。〕益；裨益。贺知章《唐禅社首乐章·太和》：“昭昭有唐，天俾万国；列祖应命，四宗顺则。”柳道伦《赋得春风扇微和》：“愿逐仁风布，将俾生植功。”

併 同“併”。见“併”。

倫 〔lún《广韵》力迍切，平諄，来。〕❶辈；同类。李白《赠张相镐二首》之一：“风云激壮志，枯槁惊常伦。”杜甫《狂歌行赠四兄》“吾兄吾兄巢许伦，一生喜怒长任真。”韦应物《寄令狐侍郎》：“群公共然诺，声问迈时伦。”褚载《贺赵观文重试及第》：“已把色丝要上第，又将彩笔冠群伦。”❷等类；流辈。陈子昂《观荆玉篇》：“丹青非异色，轻重有殊伦。”祖咏《酬汴州李别驾赠》：“文章参末议，荣贱岂同伦。”权德舆《奉和张舍人阁老因以书事通简僚友》：“盛才本殊伦，雅诰方在今。”引申为相类。元稹《四皓庙》：“显晦有遗迹，前后疑不伦。”李渤《喜弟淑再至为长歌》：“朝走安公桥上驹，暮伦陶令篱边菊。”❸比；匹敌。郎士元《闻吹杨叶者二首》之二：“天生一艺更无伦，寥亮幽音妙人神。”白居易《余思未尽加为六韵重寄微之》：

"海内声华并在身，箧中文字绝无伦。"伍乔《观山水障子》:"功绩精妍世少伦，图时应倍用心神。"❹次序；顺序。源乾曜《奉和御制与张说宋璟同日上官命宴都堂赐诗》:"鼓钟崇享礼，鹓鹭集朝伦。"顾况《陵霜之华一章》:"烈烈严秋，熙熙阳春，职生有伦，今华发非其辰。"元稹《旱灾自咎贻七县宰》:"轧轧输送车，无乃使不伦。"❺道理。韩愈《北极赠李观》:"所尚苟同趋，贤愚岂异伦。"亦专指人与人之间的道德关系。杜甫《聂耒阳以仆阻水书致酒肉疗饥荒江》:"昨见狄相孙，许公人伦表。"韩愈《谢自然诗》:"人生有常理，男女各有伦。"李渤《喜弟淑再至为长歌》:"虽然廪饩各不一，就中总免拘常伦。"

【倫比】 等同，比并。朱逵《怀素上人草书歌》:"于今年少尚如此，历睹远代无伦比。"许浑《赠萧炼师》序:"自梨园选为内妓，善舞《柘枝》，宫中莫有伦比者。"僧鸾《赠李粲秀才》:"陇西辉用真才子，搜奇探险无伦比。"

【倫次】 条理次序。元稹《元和五年予官不了罚俸西归思怆曩游因投五十韵》:"此时我独游，我游有伦次。"

【倫序】 等类。白居易《渭村退居寄礼部崔侍郎翰林钱舍人诗一百韵》:"朝野分伦序，贤愚定否臧。"

【倫侯】 秦爵名。与列侯相类而无封邑。皎然《兵后余不亭重送卢孟明游江西》:"伦侯古封邑，荣盛风雨歇。"

【倫擬】 比较；比并。白居易《玩止水》:"岂唯空狎玩，亦取相伦拟。"

【倫類】 流辈。方干《偶作》:"若于岩洞求伦类，今古疏愚似我多。"

【倫鑒】 品评鉴定。吴融《阌乡寓居十首·蛙声》:"稚珪伦鉴未精通，只把蛙声鼓吹同。"

倜 〔tì《广广韵》他歷切，入錫，透。〕❶见倜"倜儻❶"。❷见"倜儻❷"。❸奇诡。参见"倜詭"。

【倜詭】 奇特诡异。韩愈、孟郊《城南联句》:"类招臻倜诡，翼萃伏衿缨。"

【倜儻】 ❶卓异，不同寻常。李白《经离乱后天恩流夜郎忆旧游书怀赠江夏韦太守良宰》:"叹君倜傥才，标举冠群英。"杜甫《沙苑行》:"逸群绝足信殊杰，倜傥权奇难具论。"韩愈《会合联句》:"君才诚倜傥，时论方汹溶。"❷豪爽洒脱，不拘礼法。虞世南《结客少年场行》:"韩魏多奇节，倜傥遗声利。"李颀《别梁锽》:"梁生倜傥心不羁，途穷气盖长安儿。"李白《赠宣城宇文太守兼呈崔侍御》:"岧峣广成子，倜傥鲁仲连。"王周《自喻》:"九岁执公卷，倜傥干名意。"

俯 〔fǔ《广韵》方矩切，上麌，非。〕❶低头，面向下。杜甫《鹿头山》:"连山西南断，俯见千里豁。"顾况《十月之郊一章》:"俯而望之，矗与云齐。"白居易《不能忘情吟》:"予俯而叹，仰而咍。"杨衡《游陆先生故岩居》:"仰窥猿挂树，俯对鹤巢石。"❷屈身，弯腰。杜甫《青阳峡》:"仰看日车侧，俯恐坤轴弱。"韩愈《元和圣德诗》:"躬执百礼，登降拜俯。"张祜《早春钱塘湖晚眺》:"仰视天宇旷，俯登云树重。"陆龟蒙《奉酬袭美先辈吴中苦雨一百韵》:"仰咏尧舜言，俯遵周孔辙。"❸卧伏。韦应物《送终》:"晨迁俯玄庐，临诀但遑遑。"❹谓居高临下。太宗《经破薛举战地》:"于兹俯旧原，属目驻华轩。"李峤《王屋山第之侧杂构小亭暇日与群公同游》:"桂亭依绝巘，兰榭俯回溪。"张继《题严陵钓台》:"客星沉夜壑，钓石俯春流。"李商隐《晚晴》:"深居俯夹城，春去夏犹清。"❺称尊者、长者对下。则天皇后《唐武氏享先庙乐章》:"既迫王公屡请，方乃俯遂群心。"权德舆《侍从游后湖宴坐》:"慈颜俯见喻，辍尔诗与书。"

【俯伏】 俯首伏地，表示极为崇敬。白居易《新乐府·骠国乐》:"须臾百辟诣阁门，俯伏拜表贺至尊。"

【俯仰】 ❶俯视和仰望。刘允济《经庐岳回望江州想洛川有作》:"出入经变化，俯仰凭寥廓。"杜甫《写怀二首》之二:"放神八极外，俯仰俱萧瑟。"韩愈《岳阳楼别窦司直》:"星河尽涵泳，俯仰迷下上。"于武陵《友人亭松》:"俯仰不能去，如逢旧友同。"❷举止；举动。韦应物《始除尚书郎别善福精舍》:"俯仰垂华缨，飘飖翔轻毂。"皎然《步虚词》:"俯仰愧灵颜，愿随鸾鹄群。"陈陶《旅次铜山途中先寄温州韩使君》:"俯仰栗嵌空，无因掇灵草。"❸周旋，应付。孟郊《卧病》:"承颜自俯仰，有泪不敢流。"刘禹锡《韩十八侍御见示岳阳楼别窦司直诗因成六十二韵》:"陋容昧俯仰，孤志无依倚。"张光朝《获塘西庄赠房元垂》:"俯仰在颜色，区区人事间。"唐彦谦《过湖口》:"俯仰烟波内，蜉蝣寄此身。"❹形容沉思默想。储光羲《同诸公登慈恩寺塔》:"俯仰宇宙空，庶随了义归。"白居易《题浔阳楼》:"因高偶成句，俯仰愧江山。"❺倏忽；俄顷。卢象《叹白发》:"俯仰天地间，能为几时客?"李白《早秋单父南楼酬窦公衡》:"别君若俯仰，春芳辞秋条。"张继《秋日道中》:"径行俯仰成今古，却忆当年赋远游。"元稹《酬段丞与诸棋流会宿弊居见赠二十四韵》:"俯仰嗟陈迹，殷勤卜后期。"

【俯身】 屈身弯腰。杜甫《前出塞九首》之二:"捷下万仞冈，俯身试搴旗。"于鹄《秦越人洞中咏》:"低碍更俯身，渐远昼夜同。"

【俯念】 低头思念。韦应物《答刘西曹》:"千龄事虽邈，俯念忽已周。”

【俯拾】 俯身拾取。常用以喻易得。杜甫《入奏行赠西山检察使窦侍御》：“省郎京尹必俯拾，江花未落还成都。”陆龟蒙《渔具诗·鸣榔》：“驱之就深处，用以资俯拾。”

【俯拾地芥】 喻得官之易，见《汉书·夏侯胜传》。息夫牧《冬夜宴萧十丈因饯殷郭二子西上》序：“观光王庭，俯拾地芥。”

【俯拾即是】 俯身拾取，即得此物。谓其多而易得。司空图《诗品二十四则·自然》：“俯拾即是，不取诸邻。”

【俯映】 从高处向下映照。储光羲《同诸公秋霁曲江俯见南山》：“天静终南高，俯映江水明。”杜甫《五盘》：“仰凌栈道细，俯映江木疏。”

【俯首】 低头。权德舆《寓兴》：“俯首愧僮仆，蹇步羞亲宾。”李商隐《骄儿诗》：“仰鞭罥蛛网，俯首饮花蜜。”陆龟蒙《江湖散人歌》：“只今利口且箕敛，何暇俯首哀惸嫠。”

【俯规】 低头度量。韩愈、孟郊《城南联句》：“飞桥上架汉，缭岸俯规瀛。”

【俯眺】 从高向下远看。汤洙《登云梯》：“迥临天路广，俯眺夕阳低。”

【俯望】 从高向下远看。宣宗《幸华严寺》：“帐殿出空登碧汉，遐川俯望色蓝笼。”

【俯视】 向下看；低头看。杜甫《同诸公登慈恩寺塔》：“俯视但一气，焉能辨皇州？”元结《登白云亭》：“俯视松竹间，石水何幽清。”陈存《寓居武丁馆》：“俯视古苔积，仰聆早蝉吟。”徐铉《奉酬度支陈员外》：“俯视长沙赋，凄凄将焉如！”

【俯景】 下照的日光。景，日光。周彦晖《晦日重宴》：“春华归柳树，俯景落蓂枝。”

【俯傴】 低头曲背。刘禹锡《别夔州官吏》：“青帐联延喧驿步，白头俯伛到江滨。”

【俯跡】 谓屈尊下从。许敬宗《奉和圣制送来济应制》：“兴言共伤千里道，俯迹聊示五情同。”

【俯僂】 (—lǚ)低头曲背。杜甫《雷》：“真龙竞寂寞，土梗空俯偻。”权德舆《早夏青龙寺致斋凭眺感物因书十四韵》：“尘劳期抖擞，陟降聊俯偻。”张籍《城南》：“桥低竞俯偻，亭近闲夷犹。”

【俯傾】 低头倾杯饮酒。权德舆《侍从游后湖宴坐》：“清光照酒酣，俯倾百虑无。”

【俯察】 ❶俯首察看。则天皇后《唐享昊天乐·第五》：“仰惟灵鉴，俯察翘襟。”玄宗《过晋阳宫》：“俯察伊晋野，仰观乃参虚。”❷下察。白居易《新乐府·司天台》：“司天台，仰观俯察天人际。”

【俯瞰】 从高处往下看。王勃《临高台》：“俯瞰长安道，萋萋御沟草。”王武陵《宿慧山寺》序：“仰视云岭，俯瞰寒泉。”元稹《松鹤》：“俯瞰九江水，旁瞻万里壑。”刘禹锡《唐侍御寄游道林岳麓二寺诗并沈中丞姚员外所和见征继作》：“高殿呀然压苍巘，俯瞰长江疑欲吞。”

【俯臨】 居高临下。褚亮《临高台》：“高台暂俯临，飞翼耸轻音。”李白《九日登山》：“筑土按响山，俯临宛水湄。”李中《庐山》：“靖节门遥对，庾公楼俯临。”韦镒《经望湖驿》：“遥忆代王城，俯临恒山后。”

【俯聽】 俯首而听。岑参《与高适薛据同登慈恩寺浮图》：“下窥指高鸟，俯听闻惊风。”韩愈《合江亭》：“波涛夜俯听，云树朝对卧。”

倅 〔cuì《广韵》七内切，去隊，清。〕❶副。楼颖《东郊纳凉忆左威卫李录事收昆季太原崔参军三首》序：“仆三伏于通化门东北数里避暑之地，地即故倅天官顾公之旧林。”❷辅佐。李涉《却归巴陵途中走笔寄唐知言》：“军中贤倅李监察，人马晓来兼手札。”薛涛《江亭饯别》：“绿沼红泥物象幽，范汪兼倅李并州。”❸州郡长官的副职。王贞白《送韩从事归本道》：“献捷灵州倅，归时宠拜新。”齐己有《送崔判官赴归倅》。亦指充任州郡的副职官员。李涉有《送杨敬之倅湖南》。许浑有《别表兄军倅》。

【倅戎】 州郡的副长官。多用以指节度副使，因其佐理戎事故称。元稹《贻蜀五首·李中丞表臣》：“倅戎何事劳专席，老掾甘心逐众人。”

倍[1] 〔bèi《广韵》薄亥切，上海，並。〕❶照原数等量增加。张说《至尉氏》：“始知鲁卫间，优劣相悬倍。”韩愈《次邓州界》：“潮阳南去倍长沙，恋阙那堪又忆家。”元稹《赛神》：“吏来官税迫，求质倍称缗。”王初《望雪》：“银花珠树晓来看，宿醉初醒一倍寒。”❷加添，增强。杜审言《春日京中有怀》：“寄语洛城风日道，明年春色倍还人。”杜甫《八哀诗·赠太子太师汝阳郡王琎》：“爱其谨洁极，倍此骨肉亲。”皇甫冉《送云阳少府》：“渭曲春光无远近，池阳谷口倍芳菲。”韩愈《斗鸡联句》：“中休事未决，小挫势益倍。”引申为超过。杜审言《和李大夫嗣真奉使存抚河东》：“赐逾秦氏级，恩倍汉家钱。”白居易《有小白马溘然而毙不能忘情题二十韵》：“念倍燕求骏，情深项别骓。”❸越发；更加。李峤《人日侍宴大明宫恩赐彩楼人胜应制》：“凤城景色已含韶，人日风光倍觉饶。”岑参《送费子归武昌》：“秋来倍忆武昌鱼，梦著只在巴陵道。”牟融《客中作》：“几度无聊倍惆怅，临风搔首独兴哀。”杜荀鹤《冬末同友人泛潇湘》：“就船买得鱼偏美，踏雪沽来酒倍香。”

倍[2]　〔péi《集韵》蒲枚切，平灰，並。〕❶“陪”的古字。伴随。陶雍《和兵部郑侍郎省中四松诗》：“根倍双桐植，花分八桂开。”❷同“赔”。无名氏《五言诗》之五（外编下）：“租调无处出，还须里政倍。”

【倍切】　形容更加思念；更加忧伤。则天皇后《从驾幸少林寺》序：“睹先妃营建之所，倍切茕衿，逾凄远慕。”李洞《和寿中丞伤猿》：“天竺省怜伤倍切，亲知宽和思难任。”

【倍常】　胜过寻常，不同于一般。杜甫《郑典设自施州归》：“敕厨倍常羞，杯盘颇狼藉。”

倣　〔fǎng《广韵》分网切，上養，非。〕仿效，效法。柳宗元《法华寺石门精舍三十韵》：“蓄志徒为劳，追踪将焉仿？”

【倣効】　效法，模仿。张贲《和袭美寒夜贝访》：“云孤鹤独且相亲，仿效从它折角巾。”

倦　〔juàn《广韵》渠卷切，去綫，羣。〕❶疲劳；劳累。太宗《帝京篇十首》之三：“阅赏诚多美，于兹乃忘倦。”李峤《雁》：“往还倦南北，朝夕苦风霜。”李益《五城道中》：“寝兴倦弓甲，勤役伤风露。”欧阳瑾《折杨柳》：“朝朝倦攀折，征戍几时回？”❷厌烦；懈怠。许敬宗《同前拟江令于长安归扬州九日赋》：“游人倦蓬转，乡思逐雁来。”卢象《送祖咏》：“满酌野人酒，倦闻邻女机。”司空曙《残莺百啭歌同王员外等游慈恩各赋一物》：“乃知众鸟非俦比，暮噪晨鸣倦人耳。”牟融《客中作》：“芳草傍人空对酒，流年多病倦登楼。”❸衰；减。高适《酬岑二十主簿秋夜见赠之作》：“独有江海心，悠悠未尝倦。”郑巢《哭虚海上人》：“朗吟声不倦，高传有遗文。”张祜《题普贤寺》：“经年来客倦，半日与僧闲。”

【倦行】　厌倦行旅。刘沧《旅馆书怀》：“客计倦行分陕路，家贫休种汶阳田。”

【倦役】　倦于行役。尚颜《宿寿安甘棠馆》：“行人方倦役，到此似还乡。”

【倦色】　懈怠厌倦的神色。顾云《筑城篇》。“役夫登登无倦色，馔饱觞酣方暂息。”

【倦采】　怠于采摘。张文恭《佳人照镜》：“倦采蘼芜叶，贪怜照胆明。”

【倦枕】　厌倦睡卧。司空曙《病中寄郑十六兄》：“倦枕欲徐行，开帘秋月明。”

【倦夜】　整夜未眠。杜甫有《倦夜》。仇兆鳌引张远注：“竟夕不寐，故曰倦夜。”参见“倦寝”。

【倦客】　客游他乡，倦于行旅之人。姚系《秋夕会友》：“倦客易相失，欢游无良辰。”杨凝《别友人》：“倦客惊危路，伤禽绕树枝。”刘商《重阳日寄上饶李明府》：“陶潜何处登高醉，倦客停桡一事无。”姚偓《南源山》：“闲僧能解榻，倦客得休鞍。”

【倦容】　疲倦的脸色。皮日休《太湖诗·缥缈峰》：“遇歇有佳思，缘危无倦容。”

【倦鳥】　倦于飞翔之鸟。常用以喻倦游之人。钱起《秋霖曲》：“阴精离毕太淹度，倦鸟将归不知树。”白居易《香炉峰下新置草堂即事咏怀题于石上》：“倦鸟得茂树，涸鱼返清源。”李绅《却望无锡芙蓉湖》之五：“翠崖幽谷分明处，倦鸟归云在眼前。”詹琲《追和秦隐君辞荐之韵上陈侯乞归凤山》：“心随倦鸟甘栖宿，目送征鸿远奋飞。”

【倦悶】　疲乏烦闷。刘兼《从弟舍人惠茶》：“老丞倦闷偏宜矣，旧客过从别有之。”

【倦程】　疲于奔波。李商隐《肠》：“倦程山向背，望国阙嵯峨。”

【倦游】　亦作“倦遊”。❶厌倦游宦生活。许敬宗《冬日宴于庶子宅各赋一字得归》：“倦遊嗟落拓，短翮慕追飞。”张籍《病中寄白学士拾遗》：“倦游寂寞日，感叹蹉跎年。”温庭筠《酬友人》：“辞荣亦素尚，倦遊非夙心。”❷倦于行旅；游览已倦。王勃《麻平晚行》：“百年怀土望，千里倦遊情。”又《临江二首》之一：“归骖将别棹，俱是倦遊人。”孟简《咏欧阳行周事》序：“久之，倦遊太原，还来帝京，卒官灵台。”

【倦遊】　见“倦游”。

【倦魂】　精神倦乏。贾岛《登江亭晚望》：“望水知柔性，看山欲倦魂。”

【倦厭】　厌倦。韩愈《喜侯喜至赠张籍张彻》：“常思得游处，至死无倦厌。”

【倦寢】　谓难以成寐。孟郊《卧病》：“倦寝意蒙昧，强言声幽柔。”元稹《雨后》：“倦寝数残更，孤灯暗又明。”赵嘏有杂曲歌辞《昔昔盐·倦寝听晨鸡》。

【倦學】　厌倦读书，怠于学习。刘兼有《倦学》。

【倦聽】　厌烦听闻。韩愈《此日足可惜赠张籍》：“对食每不饱，共言无倦听。”

倥　〔kǒng《广韵》康董切，上董，溪。又苦貢切，去送，溪。〕见“倥偬”。

【倥傯】　（—zǒng）亦作“倥偬”。❶困苦。寒山《诗三百三首》之一五八：“作事不谐和，触途成倥傯。”❷事情纷繁。韩愈《人日城南登高》：“人生本坦荡，谁使妄倥偬。”

【倥偬】　见“倥傯”。

倨　〔jù《广韵》居御切，去御，見。〕傲慢不逊。白居易《和微之诗二十三首·和三月三十日四十韵》：“但令乐不荒，何必游无倨？”韦庄《虢州涧东村居作》：“儿童见少生于客，奴仆骄多倨似兄。”

倔 〔jué《广韵》衢物切，入物，羣。〕❶刚直，顽强不屈。参见"倔强"。❷突出。通"崛"。参见"倔起"。❸强健。韩愈《山南郑相公樊员外酬答为诗依赋十四韵以献》："荥公鼎轴老，烹斡力健倔。"

【倔起】 突然兴起。薛逢《题筹笔驿》："天地三分魏蜀吴，武侯倔起赞讦谟。"

【倔强】 （—jiàng）强硬直傲，不屈于人。高适《饯宋八充彭中丞判官之岭南》："彼邦本倔强，习俗多骄矜。"苏涣《赠零陵僧》："钩锁相连势不绝，倔强毒蛇争屈铁。"白居易《新乐府·蛮子朝》："开元皇帝虽圣神，唯蛮倔强不来宾。"

九 画

偃[1] 〔yǎn《广韵》於幰切，上阮，影。〕❶仰卧，睡卧。韦应物《和吴舍人早春归沐西亭言志》："赋诗乐无事，解带偃南扉。"韩愈《秋怀诗十一首》之十："悠悠偃宵寂，亹亹抱秋明。"李洞《题刘相公光德里新构茅亭》："唐封三万里，人偃翠微间。"❷倒伏。宋璟《奉和圣制送张说巡边》："德风边草偃，胜气朔云平。"杜甫《自阆州领妻子却赴蜀山行三首》之二："长林偃风色，回复意犹迷。"刘禹锡《忆春草》："无风自偃君知否，西子裙裾曾拂来。"万俟造《龙池春草》："迎风茎未偃，裛露色犹新。"❸停止，停息。杜审言《送和西蕃使》："圣朝尚边策，诏谕兵戈偃。"皎然《兵后送姚太祝赴选》："两河兵已偃，处处见归舟。"刘长川《将赴东都上李相公》："四海兵初偃，平津阁正开。"又指收卷。羊士谔《城隍庙赛雨二首》之二："回飙经画壁，忽似偃云旗。"李子昂《西戎即叙》："营收低陇月，旗偃度湟风。"❹覆压，覆盖。徐贤妃《秋风函谷应诏》："偃松千岭上，杂雨二陵间。"则天皇后《从驾幸少林寺》："云偃攒峰盖，霞低插浪旗。"李德裕《晨起见雪忆山居》："竹梢低未举，松盖偃应多。"罗虬《比红儿诗》之二一："醉和香态浓春睡，一树繁花偃绣帏。"❺屈曲。王涯《望禁门松雪》："叶铺全类玉，柯偃乍疑龙。"廖匡图《松》："枝柯偃后龙蛇老，根脚盘来爪距粗。"徐夤《画松》："枝偃只应玄鹤识，根深且与茯苓生。"❻隐藏。刘长卿《奉饯元侍郎加豫章采访兼赐章服》："任重兼乌府，时平偃豹韬。"❼人名，即主父偃。杜牧《春末题池州弄水亭》："偃须求五鼎，陶只爱吾庐。"

偃[2] 〔yàn〕"堰"的古字。堤堰。引申为堵塞。郑巢《送灵溪李侍郎》："河偃流澌叠，沙晴远树分。"

【偃王】 即徐偃王。相传为周穆王时徐国国君。施行仁义，江淮诸侯相从者三十六国。穆王闻，令楚伐之。偃王不忍其民罹难，乃逃至彭城武原县东山下，百姓相随者以万数。卒后民立祠于山上，岁时祈祷。事见《荀子·非相》《史记·秦本纪》、晋张华《博物志·异闻》。薛逢《送衢州崔员外》："红树暗藏殷浩宅，绿萝深覆偃王祠。"薛能《影灯夜二首》之一："偃王灯塔古徐州，二十年来乐事休。"

【偃戈】 休兵。指太平。高适《信安王幕府诗》："朝瞻授钺去，时听偃戈旋。"于鹄《出塞》之一："边人逢圣代，不见偃戈时。"李频《送姚部先辈赴汝州辟》："州当定鼎处，人去偃戈年。"和凝《宫词百首》之二九："献寿朝元欲偃戈，航深梯险竞骈罗。"

【偃月】 即上弦月。也指古代作战时部署成半月形的行阵。《三国志·魏志·杨阜传》《新唐书·突厥传上》对此有载。方干《狂寇后上刘尚书》："才施偃月行军令，便见台星逼座隅。"

【偃月岭】 山岭名。在今江苏省宜兴市境。陆希声《偃月岭》："山岭依稀偃月形，数层倚石叠空青。"

【偃月营】 营阵名。韦庄《春日》："落星楼上吹残角，偃月营中挂夕晖。"详见"偃月"。

【偃月爐】 一种半月形的炼丹炉。吕岩《六么令》："偃月炉中运坎离，灵砂且上飞。"

【偃文修武】 停止文教，整饬武备。海顺《三不为篇》之一："我欲偃文修武，身死名存。"

【偃甲兵】 义同"偃兵"。杜甫《同元使君春陵行》："狱讼永衰息，岂唯偃甲兵。"钱起《送张中丞赴桂州》："夙仰敦诗礼，尝闻偃甲兵。"

【偃帆】 收帆。王昌龄《巴陵别刘处士》："偃帆入山谷，一宿楚云里。"

【偃仰】 ❶谓游乐。语出《诗·小雅·北山》："或栖迟偃仰，或王事鞅掌。"储光羲《贻丁主簿仙芝别》："偃仰东城曲，楼迟依水滨。"高适《赋得还山吟送沈四山人》："看君解作一生事，山间偃仰无不至。"韦应物《寄冯著》："偃仰遂真性，所求惟斗储。"李节《赠释疏言还道林寺诗》："偃仰兮啸咏，鼓长江兮何时还。"❷俯仰。拾得《诗》之五三："时坐盘陀石，偃仰攀萝沿。"无可《奉和段著作山居呈诸同志三首次本韵》之二："偃仰青霄近，登临白日低。"❸随世俗应付。苏拯《凡草诫》："贤愚偃仰间，鉴之宜日日。"

【偃兵】 休兵。《郊庙歌辞·舞曲歌辞·凯乐歌辞·应圣期》："辟土欣耕稼，销戈遂偃兵。"元结《寄源休》："天下未偃兵，儒生预戎事。"钱起《送马使君赴郑州》："喜观班瑞礼，还在偃兵年。"鲍溶《蔡平喜遇河阳马判官宽话别》："从事东军正四年，相逢且喜偃兵前。"

【偃兵革】 义同"偃革"。苏颋《奉和送金城公主适西蕃应制》:“旋知偃兵革,长是汉家亲。”

【偃伯】(—bà)休战。魏征《享太庙乐章·大明舞》:“偃伯灵台,九官允穆。”陆敬《游隋故都》:“舞象文思泽,偃伯武功宣。”上官仪《奉和过旧宅应制》:“偃伯歌玄化,扈跸颂王游。”则天皇后《唐大飨拜洛乐章·德和》:“崇儒习旧规,偃伯循先旨。”

【偃武】停息武备。李暠《奉和圣制送张说上集贤学士赐宴》:“偃武尧风接,崇文汉道恢。”杜甫《承闻河北诸道节度入朝欢喜口号绝句十二首》之五:“鸣玉锵金尽正臣,修文偃武不无人。”白行简《归马华山》:“幸逢时偃武,不复鼓鼙间。”

【偃武修文】停息武备,修明文教。褚亮《明堂乐章·舒和》:“偃武修文九围泰,沉烽静柝八荒宁。”

【偃亞】❶覆压。亚,压。白居易《题遗爱寺前溪松》:“偃亚长松树,侵临小石溪。”❷低垂,下垂。白居易《菩提寺上方晚望香山寺寄舒员外》:“冰浮水明灭,雪压松偃亚。”又《司马厅独宿》:“荒凉满庭草,偃亚侵檐竹。”

【偃卧】❶睡卧,止息。王维《赠房卢氏琯》:“视事兼偃卧,对书不簪缨。”白居易《玩松竹二首》之一:“前松后修竹,偃卧可终老。”李商隐《题郑大有隐居》:“偃卧蛟螭室,希夷鸟兽群。”韦庄《和郑拾遗秋日感事一百韵》:“偃卧虽非晚,艰难亦备尝。”❷安睡。指太平。高适《古歌行》:“苍生偃卧休征战,露台百金以为费。”

【偃放】偃仰盘游,不受拘束。权德舆《与沈十九拾遗同游栖霞寺上方于亮上人院会宿二首》之一:“宗雷此相遇,偃放从所欲。”又《酬南园新亭宴会璩新第慰庆之作时任宾客》:“偃放斯自足,翛然去营欲。”

【偃波】❶书体名。即版书。因状如连文,故称。有时亦用于碑版。高适《观李九少府翥树宓子贱神祠碑作》:“龙盘色丝外,鹊顾偃波中。”❷指波浪平息。包融《和崔会稽咏王兵曹厅前涌泉势城中字》:“有草恒垂露,无风欲偃波。”

【偃革】休兵。革,兵革。《郊庙歌辞·舞曲歌辞·凯乐歌辞·君臣同庆乐》:“君看偃革后,便是太平秋。”张九龄《奉和圣制送尚书燕国公赴朔方》:“朔南方偃革,河右暂扬旌。”

【偃骨】仙骨。道教称名入仙籍者,有偃骨在胸。皮日休《寄题玉霄峰叶涵象尊师所居》:“子细扪心无偃骨,欲随师去肯相容。”

【偃俯】俯仰。谓游乐。蔡希寂《登福先寺上方然公禅室》:“晚来恣偃俯,茶果仍留欢。”

【偃草】❶《论语·颜渊》:“君子之德风,小人之德草,草上之风,必偃。”后遂以“偃草”喻道德教化的普及。羊士谔《郡斋读经》:“偃草怀君子,移风念啬夫。”李绅《拜三川守》:“风变市儿惊偃草,雨晴郊薮谬随车。”李中《和浔阳宰感旧绝句五首》之四:“政化有同风偃草,更将余力拯孤寒。”❷风吹草倒。窦常《奉使西还早发小硐馆寄卢滁州迈》:“马迹穿云去,鸡声出涧深。清风时偃草,久旱或为霖。”韩琮《风》:“偃草喜逢新雨后,鸣条愁听晓霜中。”

【偃脊】绵延的山脊。孟郊《济源春》:“太行横偃脊,百里芳崔巍。”

【偃息】❶安居,休息。杜甫《阻雨不得归瀼西甘林》:“条流数翠实,偃息归碧浔。”欧阳詹《晨装行》:“岂无偃息心,所务前有程。”张光朝《获塘西庄赠房元垂》:“黄昏钟未鸣,偃息早已眠。”徐弦《右省仆射相公垂览和诗复贻长句辄次来韵》:“铺陈政事留黄阁,偃息神机在素琴。”❷停止;止息。杜甫《寄题江外草堂》:“干戈未偃息,安得酣歌眠。”罗隐《大梁从事居汜水》:“泉暖旧谙龙偃息,露寒初见鹤精神。”❸指隐居。孟浩然《山中逢道士云公》:“偃息西山下,门庭罕人迹。”李白《赠韦秘书子春二首》之一:“惟君家世者,偃息逢休明。”

【偃師】❶相传为周穆王的巧匠。所制木偶能歌会舞,穆王与美人盛姬等并观之,木偶竟瞬其目而招王之左右侍妾,王大怒,将诛偃师,偃师遂剖偶示王,始得解。事见《列子·汤问》。李商隐《宫妓》:“不须看尽鱼龙戏,终遣君王怒偃师。”❷县名。唐时属河南府,即今河南偃师县。商代中期,盘庚曾由河北徙都于此。相传周武王伐纣曾于此筑城休整师旅,故名。张九龄有《送苏主簿赴偃师》。韩愈《此日足可惜赠张籍》:“暮宿偃师西,徒展转在床。”

【偃側】倾斜低垂貌。马戴《谒仙观二首》之一:“寒松多偃侧,灵洞遍清虚。”

【偃傲】偃仰啸傲。谓游乐。权德舆《竹径偶然作》:“琴觞恣偃傲,兰蕙相氛氲。”

【偃然】犹巍然。韩愈《南山诗》:“或靡然东注,或偃然北首。”

【偃蓋】形容古松枝叶四布如伞盖之状。杜甫《题李尊师松树障子歌》:“阴崖却承霜雪干,偃盖反走虬龙形。”马异《答卢仝结交诗》:“偃盖参天旧有松,术与松兮保身世。”陆肱《松》:“断砌盘根远,疏林偃盖清。”熊皎《道傍松》:“偃盖当衢莫记年,独含苍翠鹤应怜。”

【偃憩】安居休息。李白《感时留别从兄徐王延年从弟延陵》:“北宅聊偃憩,欢愉恤茕嫠。”

【偃蹇】❶屈曲貌。王绩《古意六首》之五:“连拳八九树,偃蹇二三行。”孟浩然《登鹿门山》:“白云何时去,丹桂空偃蹇。”白居易《泛太湖书事寄微之》:“涧雪压多松偃蹇,岩泉滴久石玲珑。”皮日休《公斋四咏·小桂》："棱层立翠节，偃蹇樛青螭。"❷屈伸貌。杜甫《毒热寄简崔评事十六弟》："蝮蛇暮偃蹇，空床难暗投。"任华《怀素上人草书歌》："又如翰海日暮愁阴浓，忽然跃出千黑龙，夭矫偃蹇，入乎苍穹。"殷文圭《玉仙道中》："山势北蟠龙偃蹇，泉声东漱玉琤琮。"❸高举飘扬貌。杜甫《奉同郭给事汤东灵湫作》："翠旗澹偃蹇，云车纷少留。"韩愈《丰陵行》："清风飘飘轻雨洒，偃蹇旗旆卷以舒。"又《征蜀联句》："翻霓纷偃蹇，塞野澒坱圠。"❹困顿。李白《咏山樽二首》之二："愧无江海量，偃蹇在君门。"又《送岑征君归鸣皋山》："余亦谢明主，今称偃蹇臣。"❺纷盛貌。清昼、顾况《送昼公联句》："草堂思偃蹇，麈尾去相随。"

【偃蹙】 虬曲貌。杜甫《病柏》："偃蹙龙虎姿，主当风云会。"

【偃曝】 偃卧曝日。表示隐居之乐。典出三国魏嵇康《与山巨源绝交书》："野人有快炙背而美芹子者，欲献之至尊。"孟浩然《冬至后过吴张二子檀溪别业》："草堂时偃曝，兰枻日周旋。"

偪 〔bī《广韵》彼側切，入職，幫。〕❶逼迫。孙氏《白蜡烛诗》："景胜银釭香比兰，一条白玉偪人寒。"❷迫近，靠近。见"偪仄❶"。❸促迫。见"偪仄❷"。❹密集。见"偪仄❸"。❺狭窄。见"偪仄❹"。❻窘迫。见"偪仄❺"。❼象声词。见"偪偪仆仆"。

【偪仄】 亦作"偪側"。❶迫近。杜甫《逼仄行赠毕曜》："逼仄何偪仄，我居巷南子巷北。"❷促迫。杜甫《送韦十六评事充同谷郡防御判官》："逼側兵马间，主忧急良筹。"❸密集，拥挤。韩愈、孟郊《城南联句》："贤明戒先庚，驰门填逼仄。"❹狭窄，狭小。韦应物《春月观省属城始憩东西林精舍》："榛荒屡罥罥，逼側殆覆颠。"❺窘迫。皮日休《太湖诗·入林屋洞》："有时若服匿，逼仄如见绷。"

【偪偪仆仆】 象声词。破裂声。王建《两头纤纤》："逼逼仆仆春冰裂，磊磊落落桃花结。"

【偪側】 见"偪仄"。

脩 同"偕"。

偕 〔xié《广韵》古諧切，平皆，見。《集韵》雄皆切，平皆，匣。〕❶共同，俱。张籍《祭退之》："为文先见草，酿熟偕共觞。"元稹《痁卧闻幕中诸公徵乐会饮因有戏呈三十韵》："濩落因寒甚，沉阴与病偕。"陆龟蒙《袭美先辈以龟蒙所献五百言既蒙见和复示荣唱至于千字》："或伴补缺砌，或偕诣荒祠。"❷比，并。杜甫《寄刘峡州伯华使君四十韵》："学并卢王敏，书偕褚薛能。"柳宗元《游南亭夜还叙志七十韵》："退想于陵子，三咽资李螬。"聂夷中《哭刘驾博士》："君坟须数尺，谁与夫子偕。"❸偕和。贾岛《赠友人》："五字诗成卷，清新韵具偕。"❹通"皆"。鲍溶《酬江公见寄》："多惭惠休句，偕得此阳春。"

【偕老】 生活到老。多指夫妻而言。沈佺期《天官崔侍郎夫人卢氏挽歌》："偕老言何谬，香魂事永违。"储光羲《同王十三维偶然作十首》之六："羡彼匹妇意，偕老常同栖。"白居易《妇人苦》："妾身重同穴，君意轻偕老。"李咸用《公无渡河》："偕老不偕死，箜篌遗凄凉。"

【偕行】 一同出发。欧阳詹《建溪行待陈诩》："偕行那得会心期，先者贪前后者迟。"

【偕承】 共同承受。徐夤《自咏十韵》："钱财尽是侯王惠，骨肉偕承里巷荣。"

【偕赋】 共同赋诗。吕温《奉和李相公早朝于中书候传点偶书所怀》："尽规酬主意，偕赋代交欢。"

【偕隐】 一同归隐。欧阳詹《送高士安下第归岷南宁觐》："偕隐有贤亲，岷南四十春。"

偵 〔zhēn《广韵》丑貞切，平清，徹。又丑鄭切，去勁，徹。又猪孟切，去映，知。〕❶询问。韩愈《陆浑山火和皇甫湜用其韵》："命黑螭侦焚其元，天阙悠悠不可援。"❷侦伺，察看。韩愈、孟郊《城南联句》："里儒拳足拜，土怪闪眸侦。"

【偵伺】 侦察，窥伺。韩愈《谒衡岳庙遂宿岳寺题门楼》："庙令老人识神意，睢盱侦伺能鞠躬。"

側[1] 〔cè《广韵》阻力切，入職，莊。〕❶旁边，左右。杜甫《可叹》："时危可仗真豪俊，二人得置君侧否。"钱起《玛瑙杯歌》："含华炳丽金尊侧，翠斝琼觞忽无色。"元稹《桐花》："安置君王侧，调和元首音。"韦庄《和郑拾遗秋日感事一百韵》："未睹君除侧，徒思玉在傍。"❷边侧，边沿。则天皇后《唐享昊天乐·第四》："铭开武岩侧，图荐洛川中。"杜甫《通泉驿南去通泉县十五里山水作》："驿楼衰柳侧，县郭轻烟畔。"权德舆《周平西墓》："岁岁寒塘侧，无人水自流。"贾岛《哭卢仝》："冢侧志石短，文字行参差。"❸倾斜。太宗《秋日即目》："袖轻低草露，盖侧舞松风。"杜甫《送高三十五书记》："饥鹰未饱肉，侧翅随人飞。"韩愈《东都遇春》："坐疲都忘起，冠侧懒复正。"裴夷直《献岁书情》："地远星辰侧，天高雨露偏。"❹翻倒；侧转。杜甫《青阳峡》："仰看日车侧，俯恐坤轴弱。"韩愈《和侯协律咏笋》："验长常携尺，愁乾屡侧盆。"又《送惠师》："鹏骞堕长翮，鲸戏侧修鳞。"❺僻远。见"側陋"。❻独。见"側輪車"。❼谦词。见"側想""側慚"。

侧[2]〔zè《广韵》阻力切，入職，莊。〕通“仄”。❶仄声。古汉语四声中上、去、入三声的总称。与平声相对。杜牧《寄珉笛与宇文舍人》：“调高银字声还侧，物比柯亭韵校奇。”寒山《诗三百三首》之二八六：“云不识蜂腰，仍不会鹤膝。平侧不解压，凡言取次出。”❷狭窄。见“侧₂井”“侧₂徑”“侧₂塞”。❸见“侧₂商調”。

【侧₂井】 小井。张祜《游仙》：“洞门出昏黑，却望如侧井。”

【侧月】 上弦或下弦月。高宗《九月九日》：“柳空穿石碎，弦虚侧月张。”

【侧石】 倾斜之石。李白《北上行》：“马足蹶侧石，车轮摧高冈。”

【侧目】 斜视貌。❶形容嫉恨。白居易《新乐府·上阳白发人》：“未容君王得见面，已被杨妃遥侧目。”❷表示哀伤。韦庄《重围中逢萧校书》：“侧目不成语，抚心空自伤。”

【侧立】 侧身而立。表示恭敬。王梵志《诗》之九：“尊人共客语，侧立在旁听。”

【侧弁】 指酒醉时皮帽歪戴。语出《诗·小雅·宾之初筵》：“是曰既醉，不知其邮。侧弁之俄，屡舞傞傞。”邮，过失。俄，倾斜。傞傞，舞不止貌。李迥秀《夜宴安乐公主宅》：“莫惊侧弁还归路，只为平阳歌舞催。”羊士谔《乾元初严黄门自京兆少尹贬牧巴郡》：“初筵方侧弁，故老忽沾襟。”后亦以“侧弁”表示洒脱不拘。王维《晦日游大理韦卿城南别业》之四：“纡组上春堤，侧弁倚乔木。”耿沣《题清萝翁双泉》：“侧弁向清漪，门中夕照移。”

【侧耳】 ❶倾耳而听。杜甫《夜闻觱篥》：“夜闻觱篥沧江上，衰年侧耳情所响。”❷谓注意倾听。骆宾王《艳情代郭氏答卢照邻》：“抱膝当窗看夕兔，侧耳空房听晓鸡。”李白《将进酒》：“与君歌一曲，请君为我侧耳听。”白居易《新乐府·立部伎》：“笙歌一声众侧耳，鼓笛万曲无人听。”裴说《怀素台歌》：“我呼古人名，鬼神侧耳听。”

【侧足】 ❶置足，插足。李白《梁甫吟》：“手接飞猱搏雕虎，侧足焦原未言苦。”杜甫《三川观水涨二十韵》：“人寰难容身，石壁滑侧足。”引申为行经。李白《送王屋山人魏万还王屋并序》：“侧足履半月，忽然思永嘉。”❷形容狭窄。李白《下泾县陵阳溪至涩滩》：“白波若卷雪，侧足不容舠。”

【侧伫】 侧身伫待。杜甫《壮游》：“群凶逆未定，侧伫英俊翔。”

【侧身】 ❶谓寝不安席，兢兢业业。语出《诗·大雅·云汉序》：“遇烖(灾)而惧，侧身修行。”岑参《北庭西郊候封大夫受降回军献上》：“侧身佐戎幕，敛衽事边陲。”杜牧《皇风》：“以德化人汉文帝，侧身修道周宣王。”❷向侧面转身。孟浩然《陪张丞相登荆城楼》：“侧身聊倚望，携手莫同欢。”李白《鸣皋歌奉饯从翁清归五崖山居》：“觉时枕席非碧山，侧身西望阻秦关。”杜甫《成都府》：“信美无与适，侧身望川梁。”韩偓《送人弃官入道》：“侧身期破的，缩手待呼卢。”❸侧着身子。小心谨慎貌。杜甫《万丈潭》：“跼步凌垠堮，侧身下烟霭。”韩愈《陆浑山火和皇甫湜用其韵》：“梦通上帝血面论，侧身欲进叱于阍。”刘言史《观绳伎》：“两边丸剑渐相迎，侧身交步何轻盈。”方干《山中寄吴磻十韵》：“书空翘足卧，避险侧身行。”❹置身。杜甫《得弟消息二首》之一：“侧身千里道，寄食一家村。”又《将赴成都草堂途中有作先寄严郑公五首》之五：“侧身天地更怀古，回首风尘甘息机。”

【侧近】 附近，左右。贾岛《哭孟东野》：“自从东野先生死，侧近云山得散行。”李商隐《河阳诗》：“百尺相风插重屋，侧近嫣红伴柔绿。”

【侧坐】 侧身而坐。韩愈《岳阳楼别窦司直》：“前临指近岸，侧坐眇难望。”

【侧坡】 斜坡。郑綮《题中书壁》：“侧坡蛆蜫蜦，蚁子竞来拖。”

【侧卧】 侧身而卧。韩偓《懒起》：“海棠花在否？侧卧卷帘看。”

【侧門】 正门旁侧之门。李商隐《蝶》：“叶叶复翻翻，斜桥对侧门。”

【侧陋】 ❶指处于卑微地位的贤人。语出《书·舜典》：“明明，扬侧陋”。李华《咏史十一首》之三：“蒲帛扬侧陋，薜萝为缙绅。”❷谓处境卑微。萧颖士《过河滨和文学张志尹》：“当其侧陋时，河水清且瀰。”

【侧侧】 倾斜貌。吴融《江行》：“攲攲侧侧海门帆，轧轧哑哑洞庭橹。”

【侧席】 《后汉书·章帝纪》：“朕思迟直士，侧席异闻。”李贤注：“侧席，谓不正坐，所以待贤良也。”后谓急求贤良坐不安席为“侧席”。岑参《送孟孺卿落第归济阳》：“圣朝徒侧席，济上独遗贤。”钱起《送褚大落第东归》：“汉家侧席名扬久，岂意遗贤在林薮。”唐思言《和主司王起》：“时方侧席征贤急，况说歌谣近帝京。”李中《赠蒯亮处士》：“吾君侧席求贤切，未可悬瓢枕碧流。”齐己《送孙凤秀才赴举》：“九重方侧席，四海仰文明。”

【侧畔】 旁边。刘禹锡《酬乐天扬州初逢席上见赠》：“沉舟侧畔千帆过，病树前头万木春。”

【侧息】 侧身休息。谓寝不安席。张说《杂诗四首》之三：“过蒙良时幸，侧息吏途烦。”

【侧₂徑】 亦作“侧₂逕”。小路。岑参《赴犍为经龙阁道》：“侧径转青壁，危梁透沧波。”又《上嘉州青衣山中峰题惠净上人幽居寄兵部杨郎中》:"浮舟一跻攀,侧迳缘穹苍。"钱起《登覆釜山遇道人二首》之一:"侧迳蹲怪石,飞萝掷惊狖。"

【側聆】 谓注意倾听。欧阳詹《李评事公进示文集因赠之》:"昔日越重阻,侧聆沧海传。"魏峦《登清居台》:"侧聆天上语,下视飞鸟背。"

【側₂逕】 见"側₂徑"。

【側₂商調】 古琴调之一。宋姜夔《琴曲·侧商调》有载。王建《宫词一百首》之五六:"求守管弦声款逐,侧商调里唱伊州。"

【側望】 侧身而望。杜甫《奉送十七舅下邵桂》:"昏昏阻云水,侧望苦伤神。"姚合《送王求》:"侧望卿相门,难入竖如石。"

【側帽】 头帽微倾。出《周书·独孤信传》。李商隐《病中闻河东公乐营置酒口占寄上》:"风长应侧帽,路隘岂容车。"

【側想】 推想,揣测。侧,谦词。杜甫《铜瓶》:"侧想美人意,应非寒甃沉。"

【側楸】 泛称棋局。见《说郛》卷十引五代马鉴《续事始·侧楸棋局》。李洞《对棋》:"侧楸敲醒睡,片石夹吟诗。"

【側睨】 斜视。韩愈、孟郊《斗鸡联句》:"高行若矜豪,侧睨如伺殆。"陆龟蒙《五歌·水鸟》:"孤翘侧睨瞥灭没,未是即肯驯檐楹。"

【側旒】 谓天子倾耳而听。旒,帝冕。来鹄《圣政纪颂》序:"天子侧旒于殿之上,奏者发诚于廷之中。"

【側₂塞】 充塞貌。杜甫《大云寺赞公房四首》之四:"侧塞被径花,飘飖委墀柳。"又《阻雨不得归瀼西甘林》:"虚徐五株态,侧塞烦胸襟。"

【側聞】 从旁听说。谓传闻。王维《同卢拾遗过韦给事东山别业二十韵》:"侧闻景龙际,亲降南面尊。"岑参《出关经华岳寺访法华云公》:"侧闻樵人言,深谷犹积冰。"孟郊《春日同韦郎中使君送邹儒立少府扶侍赴云阳》:"侧闻畿甸秀,三振词策雄。"曹唐《三年冬大礼五首》之四:"侧闻左右皆周吕,看取从容致太平。"

【側慚】 犹言惭愧。侧,谦词。李白《赠宣城赵太守悦》:"自笑东郭履,侧惭狐白温。"

【側輪車】 独轮车。窦巩《悼妓东东》:"惟有侧轮车上铎,耳边长似叫东东。"

【側₂調】 古乐调声名。古乐按声律之高下,分为清调、平调和侧调。侧调其声"焦杀哀怨"。王建《宫词》之二九:"琵琶先抹六么头,小管丁宁侧调愁。"

【側聽】 ❶从旁听说。杜甫《秋日夔府咏怀奉寄郑监李宾客一百韵》:"侧听中兴主,长吟不世贤。"戎昱《闺情》:"侧听宫官说,知君宠尚存。"孟郊《和钱侍郎甘露》:"侧听飞中使,重荣华德门。"❷侧身而听,表示尊敬。储光羲《同诸公送李云南伐蛮》:"邦人颂灵旗,侧听何洋洋。"

偶[1] 〔ǒu《广韵》五口切,上厚,疑。〕❶以土木等物制成的人像。皮日休《新秋言怀寄鲁望三十韵》:"有心同木偶,无舌并金铙。"又《偶书》:"至今顽愚者,生如土偶身。"❷同伴;同类。杜甫《阻雨不得归瀼西甘林》:"客居暂封殖,日夜偶瑶琴。"韦应物《对杂花》:"不与花为偶,终遣与谁言。"孙魴《看牡丹二首》之二:"闲年对坐浑成偶,醉后抛眠恐负伊。"卢仝《冬行三首》之二:"赁载得估舟,估杂非吾偶。"❸配偶。李白《古风》之二七:"焉得偶君子,共乘双飞鸾。"权德舆《杂诗五首》之一:"婉彼嬴氏女,吹箫偶萧史。"元稹《三叹》之三:"天骥失龙偶,三年常夜嘶。"胡宿《次韵徐爽见寄》:"寂寞死灰人丧偶,婆娑生意树交阴。"❹敌;匹敌。孙逖《故右丞相赠太师燕文贞公挽词二首》之一:"命与才相偶,年将位不并。"许圉师《咏牛应制》:"逸足还同骥,奇毛自偶麟。"❺似,相似。陆龟蒙《奉和袭美太湖诗二十首·入林屋洞》:"尝闻白芝秀,状与琅花偶。"李益、广宣《与宣供奉携瘿尊归杏溪园联句》:"儒释事虽殊,文章意多偶。"❻对,相对。独孤及《同皇甫冉侍御斋中春望见示之作》:"望远思归心易伤,况将衰鬓偶年光。"皎然《酬元主簿子球别赠》:"此夜偶禅室,一言了无生。"刘禹锡《晚步扬子游南塘望沙尾》:"卑湿久喧浊,搴开偶虚清。"郑巢《题灵隐寺皖公院》:"山寒叶满衣,孤鹤偶清羸。"❼遇,遇见。崔融《和梁王众传张光禄是王子晋后身》:"昔偶浮丘伯,今同丁令威。"綦毋潜《春泛若耶溪》:"幽意无断绝,此去随所偶。"郎士元《赠万生下第还吴》:"直道多不偶,美才应息机。"❽指排偶文。李贺《赠陈商》:"学为尧舜文,时人责衰偶。"❾全,都。见"偶抛"。

偶[2] 〔ǒu《广韵》五遘切,去候,疑。〕偶然。(1)意想不到。孟浩然《登万岁楼》:"今朝偶见同袍友,却喜家书寄八行。"张籍《祭退之》:"北游偶逢公,盛语相称明。"白居易《狐泉店前作》:"花水悠悠两无意,因风吹落偶相依。"韦庄《送福州王先辈南归》:"豫章城下偶相逢,自说今方遇至公。"(2)间或,有时。欧阳詹《及第后酬故园亲故》:"杨叶射频因偶中,桂枝材美敢当之。"

【偶人】 用土木等制成的人形物。杨嗣复《丁巳岁八月祭武侯祠堂因题临淮公旧碑》:"酹酒成坳泽,持兵列偶人。"

【偶匹】 配偶。张潮《江风行》:"妾本富家女,与君为偶匹。"

【偶成】 ❶偶然成功。杜牧《夏州崔常侍自少常亚列出领麾幢十韵》:“魏绛言堪采,陈汤事偶成。”❷偶然写成。白居易《早冬游王屋》:“我来高其事,咏叹偶成诗。”亦多于诗题。如刘禹锡有《牛相公林亭雨后偶成》。李商隐有《偶成转韵七十二句赠四同舍》。

【偶地】 随处,所到之处。柳宗元《赠江华长老》:“偶地即安居,满庭芳草积。”

【偶拋】 全部抛弃。卢延让《赠僧》:“浮世浮华一断空,偶抛烦恼到莲宫。”

【偶₂作】 偶然而作。多用于诗题之中。如柳宗元有《夏昼偶作》,白居易有《洛中偶作》,张祜有《偶作》。

【偶坐】 ❶陪坐。赵嘏《陪韦中丞宴扈都头花园》:“寻花偶坐将军树,饮水方重刺史天。”❷相对而坐,同坐。孟浩然《初出关旅亭夜坐怀王大校书》:“客中无偶坐,关外惜离群。”杜甫《题李尊师松树障子歌》:“松下丈人巾屦同,偶坐似是商山翁。”❸独坐。戴叔伦《客舍秋怀呈骆正字士则》:“无言堪自喻,偶坐更相悲。”贾岛《寄贺兰朋吉》:“相思蝉几处,偶坐蝶成群。”

【偶₂坐】 偶尔小坐。贺知章《题袁氏别业》:“主人不相识,偶坐为林泉。”

【偶吟】 独自吟咏。钱珝《客舍寓怀》:“无伴偶吟溪上路,有花偷笑腊前枝。”

【偶俗】 谓迎合世俗。刘长卿《归弋阳山居留别卢邵二侍御》:“偶俗机偏少,安闲性所便。”皎然《答郑方回》:“说诗迷颓靡,偶俗伤趋竞。”张籍《三原李氏园宴集》:“疏拙不偶俗,常喜形体闲。”

【偶書】 谓触物感兴,偶然写成。多用于诗题。如皮日休有《偶书》。

【偶時】 逢时。薛逢《贺杨收作相》:“威凤偶时因瑞圣,应龙无水谩通神。”

【偶倡】 谓与之并比的歌词。沈亚之《湘中怨·汜人歌解》:“元和十三年,余闻之朋中,因悉补其词,题之曰《湘中怨》,盖欲使南昭嗣《烟中志》为偶倡也。”

【偶然】 ❶意外地。王维《终南别业》:“偶然值林叟,谈笑无还期。”白居易《十年三月三十日别微之于澧上》:“夷陵峡口明月夜,此处逢君是偶然。”杜荀鹤《恩门致书远及山居因献之》:“若把白衣轻易脱,却成青桂偶然攀。”❷间或,有时。元稹《刘氏馆集隐客归和子元及之子蒙晦之》:“偶然沽市酒,不越四五升。”赵嘏《三像寺酬元秘书》:“偶然侍坐水声里,还许醉吟松影中。”

【偶聖】 谓生逢其时。圣,圣明。崔元翰《奉和圣制重阳旦日百寮曲江宴示怀》:“偶圣睹昌期,受恩惭弱质。”杨嗣复《仪凤》:“闻韶知鼓舞,偶圣愿逡巡。”唐扶《和兵部郑侍郎省中四松诗》:“偶圣为舟去,逢时与鹤来。”姚合《游河桥晓望》:“偶圣今方变,朝宗岂复还。”

【偶會】 相会,见面。项斯《巴中逢故人》:“劳思空积岁,偶会更无由。”

【偶爾】 意外地;事理上不一定发生而发生。唐彦谦《夏日访友》:“殷勤为延款,偶尔得良会。”王贞白《长门怨二首》之一:“寂寞故宫春,残灯晓尚存。从来非妾过,偶尔失君恩。”

【偶語】 相互私语。刘禹锡《和仆射牛相公春日闲坐见怀》:“阶蚁相逢如偶语,园蜂速去恐违程。”

【偶₂興】 偶然抒发兴致。多用于诗题。如罗隐有《偶兴》。李郢有《立春一日江村偶兴》。

【偶題】 ❶偶然写成,题书于壁。白居易有《香炉峰下新卜山居草堂初成偶题东壁》,又有《洛下诸客就宅相送偶题西亭》。❷偶然写成。多用作诗题。杜甫有《偶题》。李商隐有《偶题二首》。

偈

〔jì《广韵》其憩切,去祭,羣。〕梵语“偈陀”的略称,义为颂,佛经中的唱颂词。多以三言、四言、五言、六言、七言等形式。通常以四句为一偈。储光羲《同房宪部应旋》:“微言发新偈,粲粲如悬圃。”白居易《郡斋暇日忆庐山草堂》:“闲吟四句偈,静对一炉香。”顾非熊《题觉真上人院》:“能诗因作偈,好客岂关名。”齐己《寄岘山愿公三首》之一:“片言酬凿齿,半偈伏姚秦。”

【偈句】 即偈颂。贾岛《投孟郊》:“我知雪山子,谒彼偈句空。”参见“偈”。

【偈答】 以偈颂答问。段成式《中禅师影堂联句》:“坦率对万乘,偈答无所避。”

【偈讚】 即偈颂。白居易《题道宗上人十韵》:“如来说偈赞,菩萨著论议。”

偎

〔wēi《广韵》烏恢切,平灰,影。〕紧靠,依靠。李郢《自水口入茶山》:“蒨蒨红裙好女儿,相偎相倚看人时。”皮日休《鲁望昨以五百言见贻因成一千言》:“吟余凭几饮,钓罢偎蓑眠。”罗隐《庭花》:“向晚寂无人,相偎堕红泪。”齐己《荆门病中寄怀乡人欧阳侍郎彬》:“可怜馔玉烧兰者,肯慰寒偎雪夜炉。”

【偎倚】 紧靠,依靠。孙光宪《河传》词之一:“疏河千里,柳如丝,偎倚。绿波春水,长淮风不起。”

偲

〔sī《广韵》息兹切,平之,心。〕见“偲偲”。

【偲偲】 相互勉励貌。语出《论语·子路》:“朋友切切偲偲。”元稹《酬翰林白学士代书一百韵》:“近朱怜冉冉,伐木愿偲偲。”白居易《代书诗一百韵寄微之》:"交贤方汲汲,友直每偲偲。"

傀

〔kuǐ《广韵》口猥切,上贿,溪。〕见"傀儡"。

【傀儡】 木偶戏。也指木头人。玄宗《傀儡吟》:"刻木牵丝作老翁,鸡皮鹤发与真同。"寒山《诗三百三首》之二八八:"但看木傀儡,弄了一场困。"

偷

〔tōu《广韵》託侯切,平侯,透。〕❶浇薄。高适《奉酬睢阳李太守》:"先移白额横,更息赭衣偷。"此指风俗浇薄。韦应物《酒肆行》:"初酞后薄为大偷,饮者知名不知味。"此指酒味浇薄。❷苟且;怠惰。骆宾王《畴昔篇》:"偷存七尺影,分没九泉深。"姚合《和李补阙曲江看莲花》:"鸟恋惊难起,蜂偷困不前。"李绅《过吴门二十四韵》:"义感心空在,容衰日易偷。"❸盗窃。张谓《过从弟制疑官舍竹斋》:"野猿偷纸笔,山鸟污图书。"钱起《过王舍人宅》:"鸡犬偷仙药,儿童授道书。"韩愈《永贞行》:"君不见太皇谅阴未出令,小人乘时偷国柄。"吴融《闲居有作》:"爱弄绿苔鱼自跃,惯偷红果鸟无声。"❹取。文德皇后《春游曲》:"井上新桃偷面色,檐边嫩柳学身轻。"元稹《寄赠薛涛》:"言语巧偷鹦鹉舌,文章分得凤皇毛。"孟郊《喜符郎诗有天纵》:"偷笔作文章,乞墨潜磨揩。"温庭筠《太子西池二首》之二:"柳占三春色,莺偷百鸟声。"❺偷闲。姚合《答胡遇》:"晴日偷将睡,秋山乞与诗。"许棠《讲德陈情上淮南李仆射八首》之五:"已期到老还沾禄,无复偷闲却养生。"❻悄悄地,暗中。白居易《新乐府·新丰折臂翁》:"夜深不敢使人知,偷将大石捶折臂。"薛能《戏舸》:"远舸冲开一路萍,岸傍偷上小茅亭。"李商隐《三月十日流杯亭》:"偷随柳絮到城外,行过水西闻子规。"罗虬《比红儿诗》之九八:"旧恨常怀不语中,几回偷泣向春风。"

【偷生】 ❶苟且活着。杜甫《羌村》之二:"晚岁迫偷生,还家少欢趣。"柳宗元《游石角过小岭至长乌村》:"志适不期贵,道存岂偷生。"司空图《乙丑人日》:"今朝人日逢人喜,不料偷生作老人。"韩偓《避地》:"偷生亦似符天意,未死深疑负国恩。"❷谎称活着。常楚老《祖龙行》:"腐肉偷生三千里,伪书先赐扶苏死。"

【偷光】 晋葛洪《西京杂记》卷二:"匡衡字稚圭,勤学而无烛,邻舍有烛而不逮,衡乃穿壁引其光,以书映光而读之。"后以"偷光"为勤奋好学的典实。元稹《献荥阳公诗五十韵》:"惜日看圭短,偷光恨壁坚。"王播《淮南游故居感旧酬西川李尚书德裕》:"壁间潜认偷光处,川上宁忘结网时。"孟简《惜分阴》:"刺股情方励,偷光思益深。"温庭皓《观山灯献徐尚书》之三:"唯有偷光客,追游欲忘归。"

【偷名】 窃取名声。皮日休《伤卢献秀才》:"贵侯待写过门下,词客偷名入卷中。"

【偷安】 贪图目前安逸。刘商《赠严四草屦》:"轻微菅蒯将何用,容足偷安事颇同。"白居易《感兴二首》之二:"尊前诱得猩猩血,幕上偷安燕燕巢。"郑谷《水轩》:"日日狎沙禽,偷安且放吟。"罗隐《蟋蟀诗》:"蚊蚋有毒,食人肌肉。苍蝇多端,黑白偷安。"

【偷兒】 ❶窃贼,小偷。《晋书·王献之传》:"(王献之)夜卧斋中,而有偷人入其室,盗物都尽。献之徐曰:'偷儿,青毡我家旧物,可特置之。'"李端《晚春过夏侯校书值其沉醉戏赠》:"谒客唯题凤,偷儿欲觇毡。"元稹《酬张秘书因寄马赠诗》:"减粟偷儿憎未饱,骑驴诗客骂先行。"❷指东方朔。韩偓《荔枝三首》之一:"汉武碧桃争比得,枉令方朔号偷儿。"参见"偷桃"。❸对敌人的鄙称。罗隐《塞外》:"塞外偷儿塞内兵,圣君宵旰望升平。"

【偷金】 杜甫《赠裴南部》:"人皆知饮水,公辈不偷金。"典出《史记·万石张叔列传》。

【偷香】 晋韩寿美姿容,贾充辟以为掾。贾女见寿悦之,遂请婢潜通音问。寿及期往宿,家中莫知。充家有外国所贡奇香,为武帝所赐,一著人则历月不歇。后充会诸吏,闻寿有奇香之气,疑寿与女通,乃取婢考问,具知其状,充秘之,以女妻寿。事见南朝宋刘义庆《世说新语·惑溺》。后用为男女偷情的典故。李端《妾薄命》:"折步教人学,偷香与客熏。"

【偷珠】 《庄子·列御寇》:"河上有家贫恃纬萧而食者,其子没于渊,得千金之珠。其父谓其子曰:'取石来锻之!夫千金之珠,必在九重之渊而骊龙颔下,子能得珠者,必遭其睡也。使骊龙而寤,子尚奚微之有哉!'"元稹《出门行》:"弟沉沧海底,偷珠待龙睡。"

【偷桃】 《汉武故事》载,武帝好长生,七夕,西王母降其宫。有顷,索桃七枚,时东方朔从殿东厢牖中窥王母,王母谓武帝曰:"此窥牖儿尝三来偷吾桃。"后常用为诗词中的典实。武元衡《和杨三舍人晚秋与崔二舍人张秘监苗考功同游昊天观书事感怀》:"化药秦方士,偷桃汉侍臣。"柳宗元《摘樱桃赠元居士时在望仙亭南楼与朱道士同处》:"蓬莱羽客如相访,不是偷桃一小儿。"许浑《闻释子栖玄欲奉道因寄》:"三山未有偷桃计,四海初传问菊名。"李商隐《月夜重寄宋华阳姊妹》:"偷桃窃药事难兼,十二城中锁彩蟾。"韩偓《自负》:"人许风流自负才,偷桃三度到瑶台。"

【偷桃客】 指东方朔。崔澹《赠王福娘》:"惟应错认偷桃客,曼倩曾为汉侍郎。"顾甄远《惆怅诗九首》之三:"莫言灵圃步难寻,有心终效偷桃客。"参见"偷桃"。

【偷笑】　暗笑。钱珝《客舍寓怀》："无伴偶吟溪上路，有花偷笑腊前枝。"

【偷眼】　暗中窥看。杜甫《数陪李梓州泛江有女乐在诸舫戏为艳曲二首赠李》之一："竟将明媚色，偷眼艳阳天。"元稹《舞腰》："未必诸郎知曲误，一时偷眼为回腰。"齐己《寄尚颜》："莫向孤峰道息机，有人偷眼羡吾师。"和凝《宫词百首》之八九："轻动玉纤歌遍慢，时时偷眼看君王。"

【偷喜】　谓贪图欢乐。郑谷《偶书》："承时偷喜负明神，务实那能得庇身。"

【偷閒】　忙里取闲。窦群《春雨》："昨日偷闲看花了，今朝多雨奈人何。"姚合《送王嗣之典仪城》："日日思朝位，偷闲城外行。"皮日休《陪江西裴公游襄州延庆寺》："丹霄路上歇征轮，胜地偷闲一日身。"郑谷《寄献狄右丞》："逐胜偷闲向杜陵，爱僧不爱紫衣僧。"

【偷營】　偷袭敌营。栖蟾《游边》："偷营天正黑，战地雪多红。"

【偷聲】　轻声，低声。裴思谦《及第后宿平康里》："银缸斜背解鸣珰，小语偷声贺玉郎。"

【偷蹤】　暗中追踪。张祜《送王昌涉侍御》："号令朝移幕，偷踪夜斫营。"

【偷藥】　《淮南子·览冥训》："羿请不死之药于西王母，姮娥窃以奔月。"后用作咏嫦娥的典故。罗隐《秋夕对月》："姮娥谩偷药，长寡老中闲。"韩偓《无题》之二："枉道嫌偷药，推诚鄙效颦。"

停　〔tíng《广韵》特丁切，平青，定。〕❶停止。太宗《帝京篇十首》之三："移步出词林，停舆欣武宴。"杜甫《登高》："艰难苦恨繁霜鬓，潦倒新停浊酒杯。"白居易《狂吟七言十四韵》："药停有喜闲销疾，金尽无忧醉忘贫。"许棠《陈情献江西李常侍五首》之四："春闱久已滞，秋赋又逢停。"❷停留；停放。李白《将进酒》："将进酒，君莫停，与君歌一曲，请君为我侧耳听。"羊士谔《野望二首》之一："日暮不辞停五马，鸳鸯飞去绿江空。"韦庄《过当涂县》："客过当涂县，停车放旧游。"❸居留。韩愈《答张彻》："浚郊避兵乱，睢岸连门停。"又《南山诗》："明昏无停态，顷刻异状候。"❹留存。寒山《诗三百三首》之一八二："砖瓦片片落，朽烂不堪停。"❺燃，点燃。朱庆余《近试上张籍水部》："洞房昨夜停红烛，待晓堂前拜舅姑。"参见"停燈""停燭"。❻均，均匀。见"停腾"，"停分"。❼通"亭"。(1)耸立。柳宗元《商山临路有孤松感而赋诗》："孤松停翠盖，托根临广路。"(2)见"停停"。

【停午】　正午。宋之问《下桂江龙目滩》："停午出滩险，轻舟容易前。"孟浩然《疾愈过龙泉寺精舍呈易业二公》："停午闻山钟，起行散愁疾。"元稹《江边四十韵》："正寝初停午，频眠欲转胞。"刘禹锡《监祠夕月坛书事》："西皞司分昼夜平，羲和停午太阴生。"

【停分】　平分。李山甫《项羽庙》："停分天下犹嫌少，可要行人赠纸钱。"

【停辛佇苦】　谓历尽艰辛。李商隐《河内诗》之一："栀子交加香蓼繁，停辛伫苦留待君。"

【停杯】　放下酒杯；停止饮酒。李白《把酒问月》："青天有月来几时，我今停杯一问之。"贾至《岳阳楼宴王员外贬长沙》："停杯试北望，还欲泪沾襟。"白居易《二月一日作赠韦七庶子》："遂使爱酒人，停杯一百日。"

【停泊】　停船靠岸。亦指停留，停止。白居易《山路偶兴》："提笼复携榼，遇胜时停泊。"又《访皇甫七》："更无停泊处，还是觅君来。"冯著《短歌行》："参辰无停泊，且顾一西东。"

【停珂】　谓停马。珂，马笼头的玉饰。白居易《行简初授拾遗同早朝入阁因示十二韵》："待漏排阊阖，停珂拥建章。"

【停食】　积食。李群玉《送郑子宽弃官东游便归女儿》："停食不尽意，倾意怅可惜。"

【停留】　停止。杜甫《锦树行》："霜凋碧树待锦树，万壑东逝无停留。"韩愈《双鸟诗》："鬼神怕嘲咏，造化皆停留。"

【停家】　停留的人家。王绩《山中别李处士》："山中春酒熟，何处得停家。"

【停$_2$停$_2$】　停通"亭"。❶高貌。《郊庙歌辞·享太庙乐章·通和》："停停凤举，霭霭云升。"❷远立貌。李群玉《小弟艎南游近书来》："停停倚门念，瑟瑟风雨夕。"

【停軺】　停车。宋之问《度大庾岭》："度岭方辞国，停轺一望家。"

【停策】　停马。策，马鞭。孟浩然《寻梅道士》："我来从所好，停策汉阴多。"

【停筆】　停止写作。许浑《送楼烦李别驾》："王粲暂停笔，吕虔初佩刀。"元凛《中秋夜不见月》："吟诗得句翻停笔，玩处临尊却掩扉。"

【停駕】　停车。元结《陇上叹》："援车登陇坂，穷高遂停驾。"

【停翠】　谓翠色犹存。朱庆余《和刘补阙秋寓兴之什十首》之八："蕉叶犹停翠，桐阴已爽寒。"

【停橈】　停船。岑参《青山峡口泊舟怀狄侍御》："峡口秋水壮，沙边且停桡。"李郢《送李判官》："津市停桡送别难，荧荧蜡炬照更阑。"许棠《早发洛中》："孤村人尚梦，无处暂停桡。"

【停燈】　点灯。白居易《衰病》："行多朝散药，睡少夜停灯。"又《岁暮夜长病中灯下闻卢尹夜宴以诗戏之且为来日张本也》："当君秉烛衔杯夜，是我停飧服药时。”

【停燭】 燃烛。张籍《宿广德寺寄从舅》：“移床动栖鹤，停烛聚飞虫。”

【停騰】 调配合适。方干《赠夏侯评事》：“讲论参同深到骨，停腾姹女立成银。”

【停驂】 谓停车。杜甫《发同谷县》：“停骖龙潭云，回首白崖石。”牟融《春游》：“正是太平行乐处，春风花下且停骖。”

傞 〔suō《广韵》素何切，平歌，心。又七何切，平歌，清。〕见“傞傞”。

【傞傞】 ❶醉舞不止貌，语出《诗·小雅·宾之初筵》：“侧弁之俄，屡舞傞傞。”韩偓《雪中过重湖信笔偶题》：“处困不忙仍不怨，醉来唯是欲傞傞。”❷形容舞貌。元稹《骠国乐》：“千弹万唱皆咽咽，左旋右转空傞傞。”张祜《春莺啭》：“内人已唱《春莺啭》，花下傞傞软舞来。”薛能《孔雀》：“佳人为我和衫拍，遣作傞傞送一杯。”❸飘舞貌。罗隐《京口见李侍郎》：“傞傞江柳欲矜春，铁瓮城边见故人。”

偏[1] 〔piān《广韵》芳蓮切，平仙，滂。又匹戰切，去線，滂。〕❶偏斜，不正。韦应物《晚登郡阁》：“春风偏送柳，夜景欲沈山。”王建《织锦曲》：“窗中夜久睡髻偏，横钗欲堕垂著肩。”刘禹锡《酬乐天咏老见示》：“身瘦带频减，发稀冠自偏。”齐己《送刘蜕秀才赴举》：“丹枝如计分，一箭的无偏。”❷偏私，不公平。顾况《露青竹杖歌》：“章仇兼琼持上天，上天雨露何其偏。”卢纶《送彭开府往云中觐使君兄》：“一门三代贵，非是主恩偏。”元稹《和乐天赠樊著作》：“人人异所见，各各私所偏。”赵光逢《梁郊祀乐章·庆和》：“岁功已就，王道无偏。”❸边，边侧。储光羲《同王十三维哭殷遥》：“膏腴不可求，乃在许西偏。”高适《途中酬李少府赠别之作》：“宁知江上兴，乃在河梁偏。”韩愈《庭楸》：“朝日出其东，我常坐西偏。”卢征《天骥呈材》：“应知流赭汗，来自海西偏。”❹僻远，边远。骆宾王《秋日山行简梁大官》：“地偏心易远，致默体逾玄。”杜甫《云安九日郑十八携酒陪诸公宴》：“地偏初衣袂，山拥更登危。”刘言史《广州王园寺伏日即事寄北中亲友》：“地偏毛瘴近，山毒火威饶。”❺僻静。皇甫冉《田家作》：“汲流宁厌远，卜地本求偏。”白居易《自题新昌居止因招杨郎中小饮》：“地偏坊远巷仍斜，最近东头是白家。”牟融《题李昭训山水》：“卜筑藏修地自偏，尊前诗酒集群贤。”许棠《送裴拾遗宰下邽》：“地古桑麻广，城偏仆御闲。”❻片面，不周全。元结《与党评事》：“岂忘惠君子，恕之识见偏。”李程《玉壶冰》：“至鉴功宁宰，无私照岂偏。”❼偏瘫，半身不遂症。见“偏枯”。❽一个。见“偏轂”。❾多，深。孙逖《和常州崔使君咏后庭梅二首》之二：“使君停五马，行乐此中偏。”岑参《燉煌太守后庭歌》：“射得半段黄金钱，此中乐事亦已偏。”戎昱《玉台体题湖上亭》：“湖入县西边，湖头胜事偏。”黄滔《壶公山》：“鹤归悬圃少，凤下碧梧偏。”韩翃《赠别上元主簿张著》：“风流才调爱君偏，此别相逢定几年。”❿副词。表示出乎意料或与愿望相反。偏偏，却。韦应物《秋夜二首》之一：“惆怅平生怀，偏来委今夕。”张谓《辰阳即事》：“水近偏逢寒气早，山深常见日光迟。”鱼玄机《秋怨》：“洞房偏与更声近，夜夜灯前欲白头。”殷文圭《题友人庭竹》：“何事子猷偏寄赏，此君心似古人心。”⓫副词。表程度。最，特别。李白《上元夫人》：“上元谁夫人，偏得王母娇。”岑参《卫节度赤骠马歌》：“枥上看时独意气，众中牵出偏雄豪。”司空曙《松下雪》：“落照入寒光，偏能伴幽寂。”杜荀鹤《旅怀》：“水涉山行二年客，就中偏怕雨船声。”⓬副词。表示范围。独，只。中宗《立春日游苑迎春》：“寒光犹恋甘泉树，淑景偏临建始花。”卢纶《天长地久词》：“春光解天意，偏发殿南枝。”武元衡《送裴戡行军》：“送君偏有无言泪，天下关山行路难。”宋迪《龙池春早》：“幽姿偏占暮，芳意欲留春。”⓭副词。表时间。正，正在；恰巧。岑参《临河客舍呈狄明府兄留题县南楼》：“邑中雨雪偏著时，隔河东郡人遥羡。”李嘉祐《同皇甫冉登重玄阁》：“清梵林中人转静，夕阳城上角偏愁。”许棠《塞下二首》之一：“胡虏偏狂悍，边兵不敢闲。”韦庄《洛阳吟》：“如今父老偏垂泪，不见承平四十年。”皇甫冉《曾东游以诗寄之》：“正是扬帆时，偏逢江上客。”

偏[2] 〔biàn〕通“徧”。遍，皆。杜甫《次空灵岸》：“青春犹无私，白日亦偏照。”戎昱《寄许炼师》：“扫石焚香礼碧空，露华偏湿蕊珠宫。”韩翃《别汜水县尉》：“五侯客舍偏留宿，一县人家争看归。”徐敞《圆灵水镜》：“不分沙岸白，偏照海山清。”刘禹锡《同乐天和微之深春二十首》之十三：“迎呼偏熟客，拣选最多花。”

【偏小】 孤小。杜甫《观李固请司马弟山水图三首》之二：“范蠡舟偏小，王乔鹤不群。”

【偏巧】 特别灵巧。秦韬玉《贫女》：“敢将十指夸偏巧，不把双眉斗画长。”

【偏召】 犹特召，恩召。元稹《酬翰林白学士代书一百韵》：“便殿承偏召，权臣惧挠私。”又《五弦弹》：“众乐虽同第一部，德宗皇帝常偏召。”

【偏衣】 衣服两半的颜色不同。《左传·闵公二年》：“太子帅师，公衣之偏衣。”杜预注：“偏衣，左右异色。”后指戎衣。唐尧臣《金陵怀古》：“行路偏衣半，遂亡大梁族。”

【偏州】 僻远之州。无可《送薛重中丞充太原副使》:“书答偏州启,筹参上将营。”

【偏好】（—hào)犹嗜好。白居易《截树》:“人各有偏好,物莫能两全。”

【偏岸】　斜岸。韩愈《南溪始泛三首》之一:“或倚偏岸渔,竟就平洲饭。”

【偏盲】　谓月蚀时一部分光线昏暗。语出《吕氏春秋·明理》。韩愈《月蚀诗效玉川子作》:“黄帝有四目,帝舜重其明,今天只两目,何故许食使偏盲。”

【偏宜】　最宜。王勃《赠李十四四首》之二:“小径偏宜草,空庭不厌花。”高适《同陈留崔司户早春宴蓬池》:“池边转觉虚无尽,台上偏宜酩酊归。”郎士元《盖少府新除江南尉问风俗》:“缘溪花木偏宜远,避地衣冠尽向南。”翁承赞《题景祥院》:“一溪拖碧绕崔嵬,瓶钵偏宜向此隈。”

【偏孤】　孤单。赵嘏《昔昔盐·靡芜叶复齐》:“叶齐谁复见,风暖恨偏孤。”

【偏枯】　病名。中风,半身不遂。杜甫《清明二首》之二:“此身飘泊苦西东,右臂偏枯半耳聋。”

【偏重】　特别看重。杜荀鹤《送友游吴越》:“此中偏重客,君去必经年。”徐铉《送冯侍郎》:“应念筵中倍离恨,老来偏重十年兄。”

【偏促】　特别急促。韦庄《即事》:“乱世时偏促,阴天日易昏。”

【偏信】　听信一方。唐彦谦《楚世家》:“偏信由来惑是非,一言邪佞脱危机。”

【偏帥】　偏师之帅或一方守将。元结《寄源休》:“忽然向三岭,境外为偏帅。”

【偏殊】　谓特殊的恩遇。元结《讼木魅》:“岂元化之不均兮,非雨露之偏殊。”

【偏倚】　斜靠着。无名氏《杂诗》之九:“偏倚绣床愁不起,双垂玉筋翠鬟低。”

【偏師】　全军主力外的一部分。元结《漫酬贾沔州》:“上将屡颠覆,偏师尝救乱。”王建《赠田将军》:“初从学院别先生,便领偏师得战名。”李商隐《漫成五章》之四:“代北偏师衔使节,关中裨将建行台。”

【偏旁】　汉字合体字的组成部分。古称右为偏,左为旁。詹敦仁《复留侯从效问南汉刘岩改名龑字音义》:“点画有偏旁,阴阳贵协比。”

【偏袒】　佛教徒穿袈裟,须袒露右臂,以示恭敬与便于执持法器,称偏袒。杜甫《戏为双松图歌》:“偏袒右肩露双脚,叶里松子僧前落。”欧阳炯《贯休应梦罗汉画歌》:“不知夏腊几多年,一手搘颐偏袒肩。”

【偏郡】　僻远之郡。崔备《清溪路中寄诸公》:“偏郡隔云岑,回溪路更深。”

【偏執】　片面而固执。宋之问《浣纱篇赠陆上人》:“永割偏执性,自长薰修芽。”

【偏速】　特别急速。岑参《叹白发》:“白发生偏速,教人不奈何。”

【偏陬】　僻远之地。陬,角落。刘太真《顾十二况左迁》:“奔迸历畏途,缅邈赴偏陬。”

【偏提】　酒壶名。唐李匡乂《资暇集》有载。韩偓《从猎三首》之三:“忽闻仙乐动,赐酒玉偏提。”

【偏照】　❶照耀一方。李白《经乱离后天恩流夜郎忆旧游书怀赠江夏韦太守良宰》:“日月无偏照,何由诉苍昊。”❷正照,恰照。温庭筠《更漏子》之六:“玉炉香,红蜡泪,偏照画堂秋思。”

【偏愛】　特别喜爱。韦应物《将往滁城恋新竹简崔都水示端》:“停车欲去绕丛竹,偏爱新筠十数竿。”白居易《奉和思黯相公以李苏州所寄太湖石奇状绝伦因题二十韵见示兼呈梦得》:“疏傅心偏爱,园公眼屡回。”刘兼《新竹》:“自是子猷偏爱尔,虚心高节雪霜中。”

【偏裨】　偏将,裨将。将佐的通称。王维《陇头吟》:“身经大小百余战,麾下偏裨万户侯。”司空曙《晦日益州北池陪宴》:“常侍传花诏,偏裨问羽觞。”许浑《闻边将刘皋无辜受戮》:“外监多假帝王尊,威胁偏裨势不存。”

【偏稱】　最适宜,最适合。刘禹锡《抛球乐词》之一:“最宜红烛下,偏称落花前。”李商隐《和马郎中移白菊见示》:“偏称含香五字客,从兹得地始芳荣。”

【偏頗】　偏向一方,不公正。杜甫《秋行官张望督促东渚耗稻向毕》:“上天无偏颇,蒲稗各自长。”孟郊《达士》:“君看土中宅,富贵无偏颇。”皎然《白云歌寄陆中丞使君长源》:“白云遇物无偏颇,自是人心见同异。”周昙《咏史诗·春秋战国门·华元》:“未知军法忌偏颇,徒解于思腹漫皤。”

【偏慳】　偏私吝啬。韩愈《雪后寄崔二十六丞公》:“乾坤惠施万物遂,独于数子怀偏悭。”

【偏養】　谓宠养。元稹《有鸟二十章》之五:“主人偏养怜整顿,玉粟充肠瑶树栖。”又《大觜鸟》:“主人偏养者,啸聚最奔驰。”

【偏僻】　僻远。韦应物《野居》:“栖止且偏僻,嬉游无早晏。”

【偏憐】　最爱。窦巩《赠王氏小儿》:“竹林会里偏怜小,淮水清时最觉贤。”元稹《遣悲怀三首》之一:“谢公最小偏怜女,嫁与黔娄百事乖。”

【偏髻鬟】　一种发髻偏斜一边的发型。岑参《醉戏窦子美人》:“朱唇一点桃花殷,宿妆娇羞偏髻鬟。”

【偏蹄】　虎名。元稹《酬乐天得微之诗知通州事因成四首》之一:“茅檐屋舍竹篱州,虎怕偏蹄蛇两头。”

【偏諳】　最为熟悉。方干《与乡人鉴休上人别》:

"此日因师话乡里，故乡风土我偏谙。"

【偏轂】　独轮。孟郊《哭李观》："偏毂不可转，只翼不可翔。"

【偏藥】　少见之药。皮日休《病中秋怀寄袭美》："贪广异蔬行径窄，故求偏药出钱添。"

【偏黨】　偏私。语出《书·洪范》："无偏无党，王道荡荡。"周朴《早春》："韶光不偏党，积渐煦疲民。"

【偏露】　谓父死，失去荫庇。孟浩然《送莫甥兼诸昆弟从韩司马入西军》："平生早偏露，万里更飘零。"

【偏聽】　听信一方。周昙《咏史诗·春秋战国门·顷襄王》："秦陷荆王死不还，只缘偏听子兰言。"

健〔jiàn《广韵》渠建切，去願，羣。〕❶强壮有力，杜甫《送杨六判官使西蕃》："草轻蕃马健，雪重拂庐乾。"司空图《诗品二十四则·雄浑》："返虚入浑，积健为雄。"徐铉《晚归》："风清飘短袂，马健弄连环。"❷健康。杜甫《病后遇王倚饮赠歌》："酷见冻馁不足耻，多病沈年苦无健。"白居易《奉酬侍中夏中雨后游城南庄见示八韵》："心觉闲弥贵，身缘健更欢。"姚合《秋日闲居二首》之二："睡少身还健，愁多食不肥。"韩偓《病中初闻复官二首》之二："青云有路通还去，白发无私健亦生。"❸勇猛。钱珝《江行无题一百首》之七二："秋寒鹰隼健，逐雀下云空。"❹轻捷；迅疾。杜甫《百忧集行》："忆年十五心尚孩，健如黄犊走复来。"贯休《送僧归南康》："帆入汀烟健，经吟成月清。"齐己《秋兴寄胤公》："风声吹竹健，凉气著身轻。"特指笔锋锐利，善于作文。唐扶《使南海道长沙题道林岳麓寺》："晚来光彩更腾射，笔锋正健如可吞。"李频《送姚侍御充渭北掌书记》："豸冠严在首，雄笔健随身。"❺高强。刘长卿《行营酬吕侍御时尚书问罪襄阳》："孔璋才素健，早晚檄书成。"武元衡《河东赠别炼师》："孔璋才素健，羽檄定纷纷。"姚合《喜览泾州卢侍御诗卷》："自是天才健，非关笔砚灵。"❻好，美好。白居易《早朝》："翩翩稳鞍马，楚楚健衣裳。"又《秋池二首》之二："朝衣薄且健，晚簟清仍滑。"韦庄《秋霁晚景》："墙头山色健，林外鸟声欢。"❼深，浓。李洞《登圭峰旧隐寄荐福栖白上人》："夜寒吟病甚，秋健讲声圆。"齐己《送人赴举》："驿树秋声健，行衣雨点斑。"❽甚，非常。见"健羡❶"。❾通"羡（xiàn）"。贪欲。《荀子·哀公》："健，贪也。"见"健羡❷"。

【健夫】　健壮的男子。亦指军卒。姚合《腊日猎》："健夫结束执旌旗，晓度长江自合围。"

【健日】　健壮之时。白居易《题谢公东山障子》："多见忙时已衰病，少闻健日肯休闲。"

【健水】　激流。杜牧《茶山下作》："娇云光占岫，健水鸣分溪。"

【健在】　❶犹言康健。白居易《酬别微之》："且喜筋骸俱健在，勿嫌须鬓各皤然。"齐己《秋夕寄诸侄》："弟兄应健在，兵火里耕桑。"❷完好地存在。贯休《苦寒行》："唯有吾庭前杉松树枝，枝枝健在。"

【健步】　善行，疾行。张谓《三日岐王宅》："何时学健步，斗取落花轻。"杜甫《七月三日亭午已后较热退晚加小凉稳睡有诗》："退藏恨雨师，健步闻旱魃。"崔何《喜陆侍御破石埭草寇东峰亭赋诗》："中丞健步到，柱史捷书还。"韩偓《离家第二日却寄诸兄弟》："千行泪激傍人感，一点心随健步归。"

【健壯】　矫健强壮。韩愈《岳阳楼别窦司直》："巍峨拔嵩华，腾踔较健壮。"

【健忘】　容易忘事。白居易《偶作寄朗之》："老来多健忘，唯不忘相思。"司空图《漫题三首》之二："齿落伤情久，心惊健忘频。"

【健兒】　❶壮士。李商隐《行次西郊作一百韵》："健儿庇旁妇，衰翁舐童孙。"❷军卒。杜甫《草堂》："天下尚未宁，健儿胜腐儒。"韩愈《汴州乱二首》之一："健儿争夸杀留后，连屋累栋烧成灰。"刘驾《边军过》："健儿食肥肉，战马食新谷。"曹邺《官仓鼠》："健儿无粮百姓饥，谁遣朝朝入君口。"❸唐代士兵的一种。由诸军镇建置。其长住边军者，政府给以种种优待。参阅《唐六典·兵部尚书》。

【健卒】　壮健的军卒。元稹《缚戎人》："边头大将差健卒，入抄禽生快于鹘。"孔颙《上浙东孟尚书》："有个将军不得名，唯教健卒喝书生。"

【健馬】　壮健之马。曹邺《寄贾驰先辈》："长安高盖多，健马东西街。"

【健時】　壮健之时。白居易《闲忙》："多因病后退，少及健时还。"

【健倒】　谓直挺挺地倒下。卢仝《村醉》："昨夜村饮归，健倒三四五。"

【健倔】　矫健顽强。韩愈《山南郑相公樊员外酬答为诗愈依赋十四韵以献》："荥公鼎轴老，烹斡力健倔。"

【健毫】　犹健笔。罗隐《投宣武郑尚书二十韵》："健毫惊彩凤，高步出冥鸿。"

【健婦】　壮健之妇。杜甫《兵车行》："纵有健妇把锄犁，禾生陇亩无东西。"李贺《南园十三首》之二："长腰健妇偷攀折，将餧吴王八茧蚕。"

【健筆】　雄健之笔。❶指善于作文。岑参《送魏升卿擢第归东都因怀魏校书陆浑乔潭》："如君兄弟天下稀，雄辞健笔皆若飞。"钱起《送外甥怀素上人归乡侍奉》："遥知禅诵外，健笔赋闲居。"刘禹锡《酬国子崔博士立之见寄》："健笔高科早绝伦，后来无不揖芳尘。"杜牧《卢秀才将出王屋高步名场江南相逢赠别》：

“将携健笔干明主，莫向仙坛问白云。”❷指擅长书法。戴叔伦《怀素上人草书歌》：“神清骨疏意真率，醉来为我挥健笔。”

【健逸】 犹矫健。白居易《旱热二首》之二：“肉轻足健逸，发少头清凉。”

【健羡】 ❶十分羡慕。元稹《遣病十首》之三：“忆作孩稚初，健羡成人列。”白居易《偶作二首》之二：“名无高与卑，未得多健羡。”刘禹锡《牛相公见示新什谨以本韵次用以抒下情》：“荣华甘死别，健羡亦生憎。”温庭筠《感旧陈情五十韵献淮南李仆射》：“郑乡空健羡，陈榻未招延。”❷贪欲。项斯《忆朝阳峰前居》：“健羡机能破，安危道不逢。”

【健劍】 利剑。温庭筠《懊恼曲》：“莫言自古皆如此，健剑刜钟铅绕指。”

【健鶻】 即鹘鸟。因矫健勇猛，故称。杜甫《义鹘》：“斯须领健鹘，痛愤寄所宣。”僧鸾《赠李粲秀才》：“骏如健鹘鹗与雕，拿云猎野翻重霄。”

假1 〔jiǎ《广韵》古疋切，上馬。見。〕❶借。德宗《九日绝句》：“中流箫鼓诚堪赏，讵假横汾发棹歌。”李白《陈情赠友人》：“愿假东壁辉，余光照贫女。”钱起《清泥驿迎献王侍御》：“鷦鷯无羽翼，愿假宪乌翔。”罗隐《钱》：“小人无事艺，假尔作梯媒。”❷给予，授予。武元衡《饯裴行军赴朝命》：“来时圣主假光辉，心恃朝恩计日归。”韩愈《谒衡岳庙遂宿岳寺题门楼》：“火维地荒足妖怪，天假神柄专其雄。”徐夤《病中春日记事寄主人尚书二首》之二：“玄穹若假年龄在，愿捧铜盘为国贤。”朱休《春水绿波》：“愿假中流便，从兹发棹歌。”❸凭借，依恃。寒山《诗三百三首》之一一八：“狐假师子势，诈妄却称珍。”元稹《有鸟二十章》之七：“有鸟有鸟群纸鸢，因风假势童子牵。”李商隐《哭遂州萧侍郎二十四韵》：“虎威狐更假，隼击鸟逾喧。”杜荀鹤《题花木障》：“不假东风次第吹，笔匀春色一枝枝。”❹须，必。李白《送张遥之寿阳幕府》：“不假筑长城，大贤在其间。”窦庠《敕目至家兄蒙淮南仆射杜公奏授秘校兼节度参谋同书寄上》：“烟霄定从此，非假问陶钧。”李德裕《伊川晚眺》：“汉储何假终南客，甪里先生在谷中。”姚合《寻僧不遇》：“入门愁自散，不假见僧翁。”❺请，托。司空曙《迎神》：“假山鬼兮请东皇，托灵均兮邀帝子。”❻暂时。见“假息”。❼代理。元结《喻常吾直》：“何况假一官，而苟求其禄。”朱湾《假摄池州留别东溪隐居》：“一官仍是假，岂愿数离群。”白居易《又答贺客》：“银章暂假为专城，贺客来多懒起迎。”❽大；光大。《郊庙歌辞·朝日乐章·雍和》：“福履攸假，于昭允王。”杨巨源《送裴中丞出使》：“一清淮甸假朝纲，金印初迎细柳黄。”❾虚假，虚伪。韩愈《南山诗》：“得非施斧巾，无乃假诅咒。”元稹《象人》：“自悲人是假，那复假为人。”苏拯《伤彩饰》：“物假犹如此，人假争堪作。”❿欺骗，冒充。郭周藩《谭子池》：“恐为妖魅假，不如早平夷。”⓫连词。假设；即使。见“假如”“假使”。

假2 〔jià《广韵》古訝切，去禡，見。〕假期，休息日。张籍《和左司元郎中秋居十首》之九：“初当授衣假，无吏挽门铃。”白居易《移家入新宅》：“疾平未还假，官闲得分司。”贾岛《贺庞少尹除太常少卿》：“太白山前终日见，十旬假满拟秋寻。”徐铉《寄钟谟》：“假中西阁应无事，筵上南威幸有情。”

假3 〔gé《集韵》各額切，入陌，見。〕通“格”。至，到。何鸾《祭汾阴乐章》：“禋宗于地，昭假于天。”

假4 〔xià《集韵》亥駕切，去禡，匣。〕嘉，美。见“假4 廟”。

【假山】 由人工叠石而成的小山。多置于园林或庭院中以供人观赏。皮日休《秋晚访李处士所居》：“儿童不许惊幽鸟，药草须教上假山。”司空图《酒泉子》词：“假山西畔药阑东，满枝红。旋开旋落旋成空。”

【假王】 暂署而未被正式所封之王。李绅《却过淮阴吊韩信庙》：“英主任贤增虎翼，假王徼福犯龙鳞。”罗隐《中元甲子以辛丑驾幸蜀四首》之一：“已闻旰食思真将，会待畋游致假王。”详见《史记·淮阴侯列传》。

【假2 日】 休假的日子。孙逖《晦日与卢舍人同诣补阙城南林园》：“芳年正月晦，假日早朝回。”林宽《陪郑诚郎中假日省中寓直》：“宪厅名最重，假日许从容。”白居易《自咏》：“欲逢假日先招客，正对衙时亦望山。”黄滔《寄郑县李侍御》：“静长如假日，贫更甚闲时。”

【假手】 ❶借他人之手以达到其目的。高适《自淇涉黄河途中作十三首》之十二：“方项终比肩，乱隋将假手。”❷指请人代笔。窦庠《酬韩愈侍郎登岳阳楼见赠》：“假手诚知拙，斋心匪暂宁。”

【假令】 即使。骆宾王《代女道士王灵妃赠道士李荣》：“假令白里似长安，须使青牛学剑端。”李白《上李邕》：“假令风歇时下来，犹能簸却沧溟水。”

【假匄】 请求。匄，丐的异体。吴融《祝风三十二韵》：“所期免假匄，假匄多惭耻。”

【假合】 佛教认为世界万物均由万缘和合而成，但终必离散，故称假合。李白《与元丹丘方城寺谈玄作》：“腾转风火来，假合作容貌。”白居易《微之就拜尚书居易续除刑部因书贺意兼咏离怀》：“簪缨假合虚名在，筋力销磨实事中。”

【假名】　虚名。李涉《却归巴陵途中走笔寄唐知言》:“猥蒙方伯怜饥贫,假名许得陪诸宾。”

【假守】　暂时代理州郡长官。刘禹锡《韩十八侍御见示岳阳楼别窦司直诗因令属和重以自述》:“假守亦高卧,墨曹正垂耳。”自注:“窦时权领郡事,韩亦量移江陵法曹。”

【假如】　❶即使,纵使。韩愈《寄卢仝》:“假如不在陈力列,立言垂范亦足恃。”白居易《病中五绝句》之二:“方寸成灰鬓作丝,假如强健亦何为。”卢仝《感古四首》之二:“假如屈原醒,其奈一国醉。”杜牧《离题》:“假如三万六千日,半是悲哀半是愁。”❷如果。白居易《代林园戏赠》:“假如宰相池亭好,作客何如作主人。”又《裴常侍以题蔷薇架十八韵见示因广为三十韵以和之》:“假如君爱杀,留著莫移将。”

【假求】　求借。窦庠《留守府酬皇甫曙侍御弹琴之什》:“那令杂繁手,出假求焦尾。”

【假步】　代步。替代步行。殷尧藩《访许浑》:“去郭来寻隐者居,柳阴假步小篮舆。”

【假邑】　暂时代理县令。韦应物《天长寺上方别子西有道》:“假邑非拙素,况乃别伊人。”张蠙《赠南昌宰》:“假邑邀真邑命分,明庭元有至公存。”

【假豸】　暂时代理御史。豸,獬豸冠,御史所服。黄滔《奉酬翁文尧员外神泉之游见寄嘉什》:“含鸡假豸喜同游,野外嘶风并紫骝。”

【假言】　假说,假称。周昙《咏史诗·春秋战国门·赵简子》:“假言藏宝非真宝,不是生知焉得知?”

【假使】　❶如果。白居易《疑梦二首》之二:“假使如今不是梦,能长于梦几多时。”又《山路偶兴》:“假使在城时,终年有何乐。”❷即使,纵使。白居易《春游》:“假使得七十,只有五度春,逢春不游乐,但恐是痴人。”又《过裴令公宅二绝句》之二:“假使明朝深一尺,亦无人到兔园中。”

【假面】　面具。白居易《新乐府·西凉伎》:“西凉伎,假面胡人假狮子。”

【假息】　苟延残喘。许敬宗《奉和执契静三边应诏》:“鬒飞尚假息,乳视暂稽诛。”杜甫《喜闻官军已临贼境二十韵》:“鼎鱼犹假息,穴蚁欲何逃。”

【假符】　即假守。符,竹符。刘禹锡《吏隐亭述》:“海阳之名,自元先生。先生元结,有名其碣。元维假符,予维左迁。”参见“假守”‘

【假寐】　不脱衣冠而睡;打盹。徐彦伯《同韦舍人元旦早朝》:“逶迤纶禁客,假寐守铜笼。”元稹《去杭州》:“昔公为善日不足,假寐待旦朝至尊。”刘得仁《宿普济寺》:“饮茶除假寐,闻磬释尘蒙。”李商隐《自桂林奉使江陵途中感怀寄献尚书》:“假寐凭书簏,哀吟叩剑镡。”

【假號】　起事者自立的名号。吕温《题梁宣帝陵二首》之一:“假号孤城里,何殊在甬东。”

【假路】　喻求助。杨巨源《上刘侍中》:“官微思假路,战胜忝升堂。”

【假道】　取道。张说《安乐郡主花烛行》:“珊瑚刻盘青玉尊,因之假道入梁园。”岑参《阻戎泸间群盗》:“罢官自南蜀,假道来兹川。”韩愈《此日足可惜赠张籍》:“假道经盟津,出入行涧冈。”马戴《送吕郎中牧东海郡》:“假道经淮泗,樯乌集隼旟。”

【假$_4$廟】　嘉庙,灵庙。对宗庙的美称。李舒《让皇帝庙乐章·迎俎》:“祀盛体荐,礼协粢盛。方周假庙,用鲁纯牲。”

【假器】　借助于器物。陆龟蒙《大子夜歌二首》之二:“丝竹发歌响,假器扬清音。”

【假藉】　即假借。借助,凭借。白居易《六十拜河南尹》:“万金何假藉,一盏莫推辞。”

【假饒】　即使,纵使。李山甫《南山》:“假饶不是神仙骨,终抱琴书向此游。”

【假摄】　暂时代行职权。多指代理郡守或县令。朱湾有《假摄池州留别东溪隐居》。

偓

〔wò《广韵》於角切,入覺,影。〕见“偓佺”。

【偓佺】　仙人名。汉刘向《神仙传》载其事。事又见干宝《搜神记》卷一。储光羲《终南幽居献苏侍郎三首时拜太祝未上》:“偓佺空中游,虬龙水间吟。”杜甫《秋日夔府咏怀奉寄郑监李宾客一百韵》:“本自依迦叶,何曾藉偓佺。”元晦《越亭二十韵》:“独探洞府静,恍若偓佺遇。”

偉

〔wěi《广韵》于鬼切,上尾,云。〕❶伟大,卓越。王丘《咏史》:“伟哉谢安石,携妓入东山。”王建《寄李益少监兼送张实游幽州》:“伟哉清河子,少年志坚强。”❷壮美,盛大。张九龄《郡舍南有园畦杂树聊以永日》:“荣达岂不伟,孤生非所任。”韩愈《送诸葛觉往随州读书》:“伟哉群圣文,磊落载其腹。”❸高大。苏颋《奉和姚令公温汤旧馆永怀故人卢公之作》:“伟兹廊庙桢,调彼盐梅实。”

【偉材】　杰出的人才。杜审言《和李大夫嗣真奉使存抚河东》:“伟材何磊落,陋质几翩翾。”刘允济《经卢岳回望江州想洛川有作》:“豫章观伟材,江州访灵嵃。”

【偉長】　汉末思想家、文学家徐干之字。干为建安七子之一。郭震《同徐员外除太子舍人寓直之作》:“太子擅元良,宫臣命伟长。”

【偉然】　壮美貌。李颀《杂兴》:“乘车驾马往复旋,赤绂朱冠何伟然。”

【偉器】 大器。喻杰出的人才。颜萱《过张祜处士丹阳故居》："目管辂为神童，期孔融于伟器。"陈陶《赠江西周大夫》："御众付深人，参筹须伟器。"

十 画

傘 〔sǎn《广韵》蘇旱切，上旱，心。〕亦作"繖""幟"。车盖。白居易《新乐府·黑潭龙》："神之来兮风飘飘，纸钱动兮锦伞摇。"陆龟蒙《奉和袭美太湖诗·入林屋洞》："致伞在风林，低冠入云窦。"

傲 〔ào《广韵》五到切，去号，疑。〕❶高傲，傲慢。李白《答长安崔少府叔封游终南翠微寺太宗皇帝金沙泉见寄》："河伯见海若，傲然夸秋水。"刘长卿《酬张夏别后道中见寄》："海鸥知吏傲，砂鹤见人衰。"贾岛《重酬姚少府》："答迟礼涉傲，抱疾思加涩。"皮日休《虎丘寺西小溪闲泛三绝》之二："绝壑只怜白羽傲，穷溪唯觉锦鳞痴。"❷轻视，小看。高适《广陵别郑处士》："人生只为此，亦足傲羲皇。"刘禹锡《历阳书事七十韵》："齿衰亲药物，宦薄傲公卿。"秦系《山中崔大夫有书相问》："从来自多病，不是傲王侯。"蔡崑《善卷先生坛》："当时为有重华出，不是先生傲帝尧。"❸同"熬"。度过。权德舆《送张周二秀才谒宣州薛侍郎》："上帆涵浦岸，欹枕傲晴天。"白居易《食饱》："既可畅情性，亦足傲光阴。"

【傲兀】 高傲貌。韩愈《寄崔二十六立之》："傲兀坐试席，深丛见孤罴。"李商隐《怀求古翁》："何时粉署仙，傲兀逐戎旃。关塞犹传箭，江湖莫系船。"齐己《湘中感怀》："渔翁那会我，傲兀苇边行。"

【傲世】 轻视世人。韦应物《秋夕西斋与僧神静游》："息机非傲世，于时乏嘉闻。"权德舆《暮春闲居示同志》："避喧非傲世，幽兴乐郊园。"方干《赠许牍秀才》："傲世寄渔艇，藏名归酒杯。"杜荀鹤《山中贻同志》："闭门非傲世，守道是谋身。"

【傲吏】 指庄子。《史记·老子韩非列传》，载其不为有国者所羁之事。王维《辋川集·漆园》："古人非傲吏，自阙经世务。"后多借指高傲自负不为礼法所拘的官吏。孟浩然《与王昌龄宴王道士房》："漆园有傲吏，惠好在招呼。"李嘉祐《寄王舍人竹楼》："傲吏身闲笑五侯，西江取竹起高楼。"吕温《夜后把火看花南园》："夭桃红烛正相鲜，傲吏闲斋困独眠。"钱起《送弹琴李长史往洪州》："抱琴为傲吏，孤棹复南行。"

【傲岸】 高傲自负。岸，高貌。李白《答王十二寒夜独酌有怀》："一生傲岸苦不谐，恩疏媒劳志多乖。"又《赠宣城宇文太守兼呈崔侍御》："崔生何傲岸，纵酒复谈玄。"任华《寄李白》："平生傲岸其志不可测，数十年为客，未尝一日低颜色。"

【傲物】 高傲，轻视他人。陈子昂《秋日遇荆州府崔兵曹使宴》序："使卿士大夫，倚轩裳而傲物。山栖木食，负林壑而骄人。"

【傲俗】 轻视世俗。刘长卿《南湖送徐二十七西上》："傲俗宜纱帽，干时倚布衣。"

【傲客】 高傲之人。刘禹锡《同乐天和微之深春二十首》之八："傲客多凭酒，新姬苦上车。"

【傲倪】 同"傲睨❷"。顾况《曲龙山歌》之一："九仙傲倪折五芝，翠凤白麟回异道。"

【傲顽】 傲慢顽固。元稹《酬东川李相公十六韵》："戇直撩忌讳，科仪惩傲顽。"

【傲野】 高傲闲散，不拘礼法。贯休《闻赤松舒道士下世》："傲野高难狎，融怡美不殚。"

【傲逸】 高傲超逸。白居易《闲行》："林园傲逸真成贵，衣食单疏不是贫。"

【傲然】 高傲貌。赵冬曦《答张燕公翻著葛巾见呈之作》："傲然歌一曲，一醉濯缨人。"吴筠《楚狂接舆夫妻》："傲然辞征聘，耕绩代禄秩。"李白《赠别王山人归布山》："傲然遂独往，长啸开岩扉。"崔道融《牧竖》："牧竖持蓑笠，逢人气傲然。"

【傲睨】 ❶凭高远眺。沈佺期《登瀛州南城楼寄远》："傲睨非吾土，踌躇适远嚣。"杜甫《白水县崔少府十九翁高斋三十韵》："清晨陪跻攀，傲睨俯峭壁。"❷倨傲斜视。形容鄙视一切。萧颖士《重阳日陪元鲁山德秀登北城瞩对新斋因以赠别》："赖兹琴堂暇，傲睨倾菊酒。"罗隐《送宣武徐巡官》："傲睨公卿二十年，东来西去只悠然。"

【傲慢】 高傲怠慢。卢纶《寄郑七纲》："舍去形骸容傲慢，引随兄弟共团圆。"

【傲僻】 高傲怪僻。韩愈《东都遇春》："乖慵遭傲僻，渐染生弊性。"

【傲爵】 轻视官爵。周昙《咏史诗·春秋战国门·齐桓公》："微臣傲爵能轻主，霸主如何敢傲人。"

備 〔bèi《广韵》平秘切，去至，並。〕❶齐备。贺知章《唐禅社首乐章·太和》："五音克备，八变聿施。"元稹《遣兴十首》之七："择才不求备，任物不过涯。"杜荀鹤《哭友人》："葬礼难求备，交情好者贫。"❷具备。蒋挺《祭汾阴乐章》："大礼已备，大乐斯张。"韦应物《送雷监赴阙庭》："才大无不备，出入为时须。"邵谒《瞽者叹》："徒云备双足，天下何由行。"豆卢回《登乐游原怀古》："赫奕文物备，葳蕤休瑞繁。"❸准备。崔玄童《祭汾阴乐章》："祥符宝鼎，礼备黄琮。"白居易《九日宴集醉题郡楼》："日脚欲落备灯烛，风头渐高加酒浆。"朱庆余《送浙东周判官》："来备戎装嘶数骑，去持丹诏入孤舟。"徐夤《自咏十韵》："粗支菽粟防饥歉，薄有杯盘备送迎。”❹防备，戒备。张说《送赵二尚书彦昭北伐》：“虏地河冰合，边城备此时。”高适《塞上》：“亭堠列万里，汉兵犹备胡。”岑参《玉门关盖将军歌》：“南邻犬戎北接胡，将军到来备不虞。”魏扶《和白敏中圣德和平致兹休运岁终功就合咏盛明呈上》：“左衽尽知歌帝泽，从兹不更备三边。”❺设备；武备。杜甫《彭衙行》：“既无御雨备，径滑衣又寒。”❻充当；充任。杜甫《石壕吏》：“急应河阳役，犹得备晨炊。”权德舆《朔旦冬至摄职南郊因书即事》：“文轨尽同尧历象，斋祠忝备汉公卿。”白居易《伤唐衢二首》之二：“忆昨元和初，忝备谏官位。”又《续古诗十首》之五：“宜当备嫔御，胡为守幽独。”❼多；尽；皆。源乾曜《奉和御制乾曜与张说宋璟同日上官命宴都堂赐诗》：“惭多无以叙，拙备实难陈。”王昌龄《宴南亭》：“城楼空杳霭，猿鸟备清切。”白居易《适意二首》之二：“中年忝班列，备见朝廷事。”清昼《泛长城东溪暝宿崇光寺寄处士陆羽联句》：“荆吴备登历，风土随编录。”❽备尝；备历。王昌龄《淇上酬薛据兼寄郭微》：“独行备艰难，孰辞千鼎镬。”许景先《征君宅》：“探炼备海峤，赏心寓情人。”高适《淇上酬薛三据兼寄郭少府微》：“独行备艰险，所见穷善恶。”❾完成。《郊庙歌辞·祀九宫贵神乐章·肃和》：“献酬既备，俎豆斯撤。”《郊庙歌辞·祀雨神乐章·送神》：“饮福陈诚礼容备，撤俎终献曙光分。”《郊庙歌辞·祭方丘乐章·顺和》：“牲币具举，箫管备成。”❿人名。刘备。李瀚《蒙求》：“亮遗巾帼，备失匕箸。”

【備位】 ❶谦词。谓虚占其位，聊以充数。郑谷《入阁》：“小臣叨备位，歌咏泰阶前。”❷充数，凑数。陆龟蒙《奉酬袭美先辈吴中苦雨一百韵》：“良医只备位，药肆或虚设。”

【備言】 详述。元稹《连昌宫词》：“归来如梦复如痴，何暇备言宫里事。”

【備知】 周知，尽知。王维《送高适弟耽归临淮作》：“备知经济道，高卧陶唐时。”李商隐《人欲》：“秦中已久乌头白，却是君王未备知。”

【備物】 仪卫、祭祀等所用的器物，如车辂、旂章、弓矢、斧钺之类。则天皇后《唐享昊天乐·第六》：“昭昭上帝，穆穆下临。礼崇备物，乐奏锵金。”权德舆《赠文敬太子挽歌词二首》之一：“归全荣备物，乐善积深恩。”

【備員】 谦词。谓充数，凑数。杜甫《壮游》：“备员窃补衮，忧愤心飞扬。”又《秋日夔府咏怀奉寄郑监李宾客一百韵》：“幕府初交辟，郎官幸备员。”

【備載】 详细记载。王建《酬柏侍御闻与韦处士同游灵台寺见寄》：“古碑在云巅，备载置寺由。”

【備嘗】 尝尽。韦庄《和郑拾遗秋日感事一百韵》：“偃卧虽非晚，艰难亦备尝。”

【備樂】 尽善尽美之音乐。于邵《释奠武成王乐章·送神》：“明祀方终，备乐斯阕。”王涯《享惠昭太子庙乐章·送神》：“威仪毕陈，备乐将阕。”

【備舉】 ❶齐备并举行。则天皇后《唐大飨拜洛乐章·咸和》：“坎泽祠容备举，坤坛祭典爰申。”❷特指众乐齐奏。魏征《五郊乐章·赤帝徵音》：“博硕斯荐，笙镛备举。”《郊庙歌辞.享先农乐章》：“盛礼毕陈，嘉乐备举。”

【備禮】 礼仪周备。王昌龄《塞下曲四首》之三：“朝廷备礼出，郡国豫郊迎。”

傅

〔fù《广韵》方遇切，去遇，非。〕❶涂搽。王维《西施咏》：“邀人傅香粉，不自著罗衣。”特指搽粉。罗隐《粉》：“郎若姓何应解傅，女能窥宋不劳施。”❷官名。太傅的省称。张九龄《咏史》：“轻既长沙傅，重亦边郡徙。”杜牧《送薛种游湖南》：“贾傅松醪酒，秋来美更香。”❸姓。李商隐《鄠杜马上念汉书》：“英灵殊未已，丁傅渐华轩。”

【傅介子】 西汉北地（治今甘肃庆阳西北）人。昭帝时，楼兰、龟兹唆使匈奴遮杀汉使，他奉命出使，计杀楼兰王，封义阳侯。事见《汉书·傅介子传》。杜甫《忆昔二首》之一：“愿见北地傅介子，老儒不用尚书郎。”

【傅氏築】 傅说之版筑。韩愈《和裴仆射相公假山十一韵》：“傅氏筑已卑，磻溪钓何激。”参见“傅巖”。

【傅母】 负责辅导保育皇家贵族子女的老年妇女。王维《恭懿太子挽歌五首》之三：“傅母悲香褓，君家拥画轮。”

【傅臣】 指西汉政治家贾谊。贾谊曾为长沙王太傅与梁怀王太傅，故称。李绅《逾岭峤止荒陬抵高要》：“汉日傅臣终委弃，如今衰叟重辉光。”

【傅舟】 殷高宗得傅说于傅岩，举以为相，并谓傅说曰：“若金，用汝作砺；若济巨川，用汝作舟楫。”后以“傅舟”“傅说舟”为歌咏舟船的典实。苏颋《扈从温泉同紫微黄门群公泛渭川得齐字》：“傅舟来是用，轩驭往应迷。”白居易《宿裴相公兴化池亭兼蒙借船舫游泛》：“孙弘阁闹无闲客，傅说舟忙不借人。”

【傅姆】 同“傅母”。杜牧《杜秋娘诗》序：“杜秋，金陵女也。年十五为李锜妾，后锜叛灭，籍之入宫，有宠于景陵。穆宗即位，命秋为皇子傅姆。”

【傅昭】 字茂远，南朝梁北地灵州（今宁夏回族自治区灵武市）人。晋司隶校尉傅咸七世孙。永明初，为南郡王侍读，明帝时，为中书通事舍人。梁武帝践阼，迁给事黄门侍郎，领著作郎。天监十一年(512)，出为信武将军、安成内史。昭居朝廷，无所请谒，终日端居；所莅官，常以清静为政，不尚严肃。安成郡内多猛兽，吏常设槛阱。昭曰：人不害猛兽，猛兽亦不害人。乃命去槛阱，猛兽竟不为害。天监十七年(518)，出为智武将军、临海太守。郡有密岩，前后太守皆自封固，专收其利，昭乃教勿封，与百姓共之。《南史》《梁书》有传。周昙有《咏史诗·六朝门·傅昭》。

【傳粉】 搽粉。李贺《吕将军歌》："傅粉女郎火旗下，恒山铁骑请金枪。"元稹《恨妆成》："傅粉贵重重，施朱怜冉冉。"刘禹锡《题于家公主旧宅》："何郎独在无恩泽，不似当初傅粉时。"孙光宪《风流子》："微傅粉，拢梳头，隐映画帘开处。无语，无绪，慢曳罗裙归去。"

【傳粉何郎】 见"傅粉郎"。

【傳粉郎】 南朝宋刘义庆《世说新语·容止》："何平叔(何晏)美姿仪，面至白。魏明帝疑其傅粉，正夏月，与热汤饼。既啖，大汗出，以朱衣自拭，色转皎然。"后以"傅粉何郎""傅粉郎"指美男子。李端《赠郭驸马》："熏香荀令偏怜少，傅粉何郎不解愁。"韦庄《白牡丹》："闺中莫妒新妆妇，陌上须惭傅粉郎。"和凝《宫词百首》之九三："兰省初除傅粉郎，静端霜简入鸳行。"毛熙震《南歌子》之二："暗想为云女，应怜傅粉郎。"

【傳野】 即傅岩。杜甫《秋日荆南述怀三十韵》："贤非梦傅野，隐类凿颜坯。"亦借指隐居之地。武少仪《和权载之离合诗》："傅野绝遗贤，人希有盛迁。"韩偓《疏雨》："戎衣一挂清天下，傅野非无济世才。"

【傳温】 唐诗人。生卒里贯及生平事迹均未详。诗见《全唐诗逸》卷中。

【傳想】 谓思得贤才。太宗《春日登陕州城楼俯眺原野》："迹岩劳傅想，窥野访莘情。"参见"傅巖""傅舟"。

【傳説】 (—yuè)殷代贤相。相传殷高宗武丁，尝夜梦得圣人，名曰说。以梦所见视群臣百吏，皆非也。于是乃使百工营求之野，得说于傅险中。是时说为胥靡(刑徒)，筑于傅险。见于武丁，武丁曰是也。得而与之语，果圣人，举以为相，殷国大治。故遂以傅险姓之，号曰傅说。见《史记·殷本纪》。又见《孟子·告子下》《楚辞·离骚》《韩非子·难言》《吕氏春秋·求人》等。李峤《舟》："何当同傅说，特展巨川材。"李吉甫《癸巳岁吉甫圜丘摄事合于中书后阁宿斋常负忝愧移止于集贤院会门下相公以七言垂寄亦有所酬》："赠言因傅说，垂训在三篇。"公乘亿《赋得郎官上应列宿》："佐商依傅说，仕汉笑冯唐。"贯休《送刘相公朝觐二首》之二："燮理久征殷傅说，谭真欲过李玄通。"

【傳説舟】 见"傅舟"。

【傳説星】 《庄子·大宗师》："傅说得之，以相武丁，奄有天下，乘东维，骑箕尾，而比于列星。"皎然《问天》："谁道贤人死，今为傅说星。"后以"傅说星"借指贤相。李咸用《和友人喜相遇十首》之八："旄头影莫侵黄道，傅说星终近紫微。"

【傳説圖】 画有傅说形象的画图。武丁思良辅，梦天赐贤人，姓傅名说，乃使百工写其像，求诸天下。元稹《酬乐天东南行诗一百韵》："点检张仪舌，提携傅说图。"

【傳説羹】 《书·说命下》："若作酒醴，尔惟曲糵，若作和羹，尔惟盐梅。"后以"傅说羹"比喻大臣齐心合力以辅助君上。李商隐《五言述德抒情诗一首四十韵献上杜七兄仆射相公》："后饮曹参酒，先和傅说羹。"贯休《送卢舍人朝觐》："既握钟繇笔，须调傅说羹。"

【傳燮】 后汉北地灵州(宁夏回族自治区灵武市)人。字南容，曾任护军司马、安定都尉等职，后拜议郎，因忠直敢言，不阿权贵，出为汉阳太守。事见《后汉书》本传。杜牧《除官归京睦州雨霁》："网今开傅燮，书旧识黄香。"

【傳巖】 古地名。相传商代贤相傅说为奴隶时曾版筑于此。其地相传在今山西平陆县境。后遂以"傅巖"借指贤才或贤才的栖隐之处。太宗《秋暮言志》："抽思滋泉侧，飞想傅岩中。"王维《登河北城楼作》："井邑傅岩上，客亭云雾间。"刘长卿《和中丞出使恩命过终南别业》："君恩催早入，已梦傅岩边。"郑启《严塘经乱书事之一》："在野傅岩君不梦，乘轩卫懿鹤何功？"虚中《献郑都官》："何当答群望，高蹑傅岩踪。"卢肇《喜杨舍人入翰林》："平明玉案临宣室，已见龙光出傅岩。"周朴《喜贺拔先辈衡阳除正字》："寰中不用忧天旱，霖雨看看属傅岩。"❷借以称颂宰相贤能。姚合《和郑相演杨尚书蜀中唱和诗》："江同渭滨远，山似傅岩高。"赵嘏《献淮南李相公》："傅岩高静见台星，庙略当时讨不庭。"参见"傅説"。

【傳巖人】 指隐逸之贤才。独孤及《送陈坚应辟兼寄高适贾至》："适会傅岩人，虚舟济川时。"参见"傅巖"。

傈 〔lì《玉篇》力質切。〕壮健貌。见"佶傈"。

偺 〔xiā《广韵》呼八切，入黠，曉。〕亦作"傄"。见"傛傄"。

傖 〔cāng《广韵》助庚切，平庚，崇。又《集韵》千剛切，平唐。清。〕❶鄙陋；粗俗。刘禹锡《历阳书事七十韵》："本吴风俗剽，兼楚语音伧。”❷晋南北朝时，江东人对北方人、楚人的蔑称。《玉篇·人部》：“《晋阳秋》云：吴人谓中国人为伧。”《集韵·庚韵》：“吴人骂楚人曰伧。”皮日休《初夏即事寄鲁望》：“顾予客兹地，薄我皆为伧。”陆龟蒙《奉酬袭美先辈初夏见寄次韵》：“吾祖傲洛客，因言几为伧。”❸指古代楚国领地，长江中下游及淮河流域一带。韩愈、孟郊《城南联句》：“奚必事远觌，无端逐羁伧。”

【傖人】 晋南北朝时吴人对中原及楚地之人的蔑称。义为粗鄙之人。柳宗元《闻黄鹂》：“我今误落千万山，身同伧人不思还。”

【傖人國】 指湖南南部一带。春秋战国时为楚国领地。柳宗元《弘农公左官三岁复为大僚谨献诗五十韵》：“独弃伧人国，难窥夫子墙。”

【傖父】 粗鄙之夫。晋南北朝时吴人对中原及楚地之人的蔑称。柳宗元《同刘二十八院长述旧言怀感时书事》：“俚儿供苦笋，伧父馈酸楂。”皮日休《吴中言情寄鲁望》：“古来伧父爱吴乡，一上胥台不可忘。”

【傖吴】 中原地区与江南吴会之地。陆龟蒙《醉中戏赠袭美》：“南北风流旧不同，伧吴今日若相通。”

【傖鬼】 犹言北方之鬼。伧，晋南北朝时吴人对北方中原之人的蔑称。皮日休《吴中书事寄汉南裴尚书》：“唯望旧知怜此意，得为伧鬼也逍遥。”又《奉送浙东德师侍御罢府西归》：“从此受恩知有处，免为伧鬼恨吴天。”

傑 〔jié《广韵》渠列切，入薛，羣。〕同“杰”。❶特异，出众。李颀《题神力师院》：“大师神杰貌，五岳森禅房。”杜甫《天育骠骑歌》：“是何意态雄且杰，骏尾萧梢朔风起。”欧阳詹《赠山南严兵马使》：“为雁为鸿弟与兄，如雕如鹗杰连英。”❷才智超群的人。王湾《秋夜寓直即事怀赠萧令公裴侍郎兼通简南省诸友人》：“三杰贤更穆，百僚欢且兢。”杜甫《送鲜于万州迁巴州》：“京兆先时杰，琳琅照一门。”元稹《哭吕衡州六首》之一：“气敌三人杰，交深一纸书。”曹邺《续幽愤》：“惟公执天宪，身是台中杰。”❸高耸，高大。卢鸿一《嵩山十志十首·倒景台》：“天门豁兮仙台耸，杰屹崒兮零濒涌。”

【傑出】 才能出众。李峤《江》：“英灵已杰出，谁识卿云才。”李白《献从叔当涂宰阳冰》：“吾家有季父，杰出圣代英。”卢纶《纶与吉侍郎中孚司空郎中曙苗员外发崔补阙峒耿拾遗沣李校书端风尘追游向三十载畅博士当感怀前踪有五十韵见寄辄有所酬以申悲旧》：“侍郎文章宗，杰出淮楚灵。”

【傑立】 杰出，卓越。杜甫《送率府程录事还乡》：“程侯晚相遇，与语才杰立。”

【傑異】 卓越不凡。吕温《题石勒城二首》之二：“天生杰异固难驯，应变摧枯若有神。”

【傑黠】 聪慧机敏。韩愈《咏雪赠张籍》：“水官夸杰黠，木气怯胚胎。”

傚 〔xiào《广韵》胡教切，去效，匣。〕同“效”。❶效法。孟郊《择友》：“若是效真人，坚心如铁石。”白居易《效陶潜体诗十六首》之十二：“其他不可及，且效醉昏昏。”❷呈献。见“傚謀”。

【傚節】 效慕节操。吴筠《高士咏·颜阖》：“颜阖遵无名，饭牛聊自怡。”

【傚謀】 献策。吴筠《高士咏·郑商人弦高》：“效谋全郑国，矫命犒秦师。”

傍 〔páng《广韵》步光切，平唐，並。〕❶旁边，侧近。杨师道《咏马》：“鸣珂屡度章台侧，细蹀经向濯龙傍。”李白《白鹭鸶》：“心闲且未去，独立沙洲傍。”张籍《秋夜长》：“愁人不寐畏枕席，暗虫唧唧绕我傍。”唐求《古寺》：“路傍古时寺，寥落藏金容。”又指周围，四边。张九龄《杂诗五首》之一：“孤桐亦胡为，百尺傍无枝。”白居易《有木诗八首》之四：“四傍五六本，叶枝相交错。”❷广，普遍。杜审言《和李大夫嗣真奉使存抚河东》：“玺书傍问俗，旌节近推贤。”《释奠文宣王乐章·肃和》：“傍周万物，俯应千年。”❸偏斜，斜。孟浩然《疾愈过龙泉寺精舍呈易业二公》：“傍见精舍开，长廊饭僧毕。”杜甫《夜归》：“傍见北斗向江低，仰看明星当空大。”❹汉字合体字的组成部分之一。古称右为偏，左为傍。《谚谜·大明寺壁语》(卷八七七)：“泉深尺人，点去冰傍。”

傍[2] 〔bàng《广韵》蒲浪切，去宕，並。〕❶依，靠。虞世南《应诏嘲司花女》：“缘憨却得君王惜，长把花枝傍辇行。”柳中庸《河阳桥送别》：“若傍阑干千里望，北风驱马雨萧萧。”赵嘏《广陵城》：“红映高台绿绕城，城边春草傍墙生。”吴融《书怀》：“傍岩依树结檐楹，夏物萧疏景更清。”❷依附，依托。杜甫《三韵三篇》之三：“名利苟可取，杀身傍权要。”❸近，临近。张九龄《龙门旬宴得月字韵》：“中席傍鱼潭，前山倚龙阙。”杜甫《剑门》：“一夫怒临关，百万未可傍。”武元衡《桃源行送友》：“家傍流水多桃花，桃花两边种来久。”齐己《野步》：“傍涧蕨薇老，隔村冈陇横。”❹随，沿着。刘长卿《送薛承矩秩满北游》：“一路傍汾水，数州看晋山。”崔峒《书情寄上苏州韦使君兼呈吴县李明府》：“云外有时逢寺宿，日西无事傍江行。”赵嘏《忆山阳》之二：“凭高满眼送清渭，去傍故山山下流。”于濆《山村晓思》：“不问水边人，骑牛傍山去。”❺在，生活在。杜甫《忆弟二首》之一：“丧乱闻吾弟，饥寒傍济州。”何扶《送阆州妓人归老》：“竹翠婵娟草径幽，佳人归老傍汀洲。”陆龟蒙《和袭美春夕酒醒》：“几年无事傍江湖，醉倒黄公旧酒垆。”

【傍人】 别人。宋之问《折杨柳》：“妾自肝肠断，傍人那得知?"李白《襄阳歌》:"傍人借问笑何事?笑杀山翁醉似泥。"韩愈《楸树二首》之二:"傍人不解寻根本,却道新花胜旧花。"张乔《送许棠及第归宣州》:"傍人贺及第,独自却沾襟。"

【傍₂人】 依附人;依人。杜甫《九日》:"世乱郁郁久为客,路难悠悠常傍人。"牟融《客中作》:"芳草傍人空对酒,流年多病倦登楼。"张窈窕《春思二首》之一:"双燕不知肠欲断,衔泥故故傍人飞。"

【傍門】 道教词。歪门邪道。吕岩《满庭芳》:"十月脱胎丹就,除此外,皆是傍门。"

【傍若無】 "傍若无人"的省语。形容人神情自若或态度高傲。任华《寄杜拾遗》:"半醉起舞捋髭须,乍低乍昂傍若无。"

【傍看】 在傍观看。岑参《北庭西郊候封大夫受降回军献上》:"直上排青云,傍看疾若飞。"郭受《寄杜员外》:"松花酒熟傍看醉,莲叶舟轻自学操。"白居易《自题》:"傍看应寂寞,自觉甚逍遥。"

【傍家】 邻居。裴谞《又判争猫儿状》:"猫儿不识主,傍家搦老鼠。"

【傍俯】 谓俯视周围。王维《青龙寺昙壁上人兄院集》序:"深居僧坊,傍俯人里。"

【傍₂眼】 犹言眼前。杜甫《巴西驿亭观江涨呈窦使君二首》之一:"关心小剡县,傍眼见扬州。"

【傍鄰】 犹同座,同伴。李颀《听安万善吹觱篥歌》:"凉州胡人为我吹,傍邻闻者多叹息。"

【傍₂臨】 谓走近。陆龟蒙《江南曲五首》之二:"傍临谢山侧,恰值清风起。"

【傍瞻】 四顾,环顾。元稹《竞渡》:"傍瞻旷宇宙,俯瞰卑昆仑。"

【傍邊】 近旁,一边。刘言史《山寺看樱桃花题僧壁》:"老僧不语傍边坐,花发人来总不知。"薛能《牡丹四首》之一:"数难忘次第,立困恋傍边。"

【傍₂邊】 靠边。皮日休《奉和鲁望樵人十咏·樵火》:"傍边暖白酒,不觉瀑冰垂。"花蕊夫人《宫词》之一四一:"一一傍边书敕字,中官送与大臣家。"

十一画

僉 〔qiān《广韵》七廉切,平鹽,清。〕皆,都。柳宗元《贞符》:"有号于天,佥曰呜呼。咨尔皇灵,无替厥符。"卢肇《汉堤诗》:"惟汝元寮,佥举明哲。"

【僉議】 群臣百官共同的意见。贯休《上卢使君》:"夔龙在庙堂,虽然有佥议。"

債 〔zhài《广韵》侧賣切,去卦,莊。又侧革切,入麥,莊。〕欠人的钱财。岑参《送颜少府投郑陈州》:"爱客多酒债,罢官无俸钱。"王建《寄上韩愈侍郎》:"清俸探将还酒债,黄金旋得起书楼。"贾岛《送邹明府游灵武》:"债多凭剑与,官满载书归。"李频《自江上入关》:"文字为人弃,田园被债收。"

【債主】 放债人。李播《见志》:"门前债主雁行立,屋里醉人鱼贯眠。"周昙《咏史诗·六朝门·宋武帝》:"栖栖老楚未遭时,债主凭陵似迫危。"

【債利】 债款的利息。卢仝《寄男抱孙》:"宅钱都未还,债利日日厚。"

【債負】 所欠之债。白居易《江楼夜吟元九律诗成三十韵》:"老偿文债负,宿结字因缘。"陈寡言《临化示弟子》:"轮回债负今还毕,搔首翛然归上清。"李涉《却归巴陵途中走笔寄唐知言》:"酒家债负有填日,恣意颇敢排青缗。"

【債家】 即债主。卢仝《冬行三首》之二:"债家征利心,饿虎血染口。"

僅¹ 〔jǐn《广韵》渠遴切,去震,羣。〕❶副词。只,才。萧颖士《重阳日陪元鲁山德秀登北城瞩对新斋因以赠别》:"仅能泯宠辱,未免伤别离。"王播《淮南游故居感旧酬西川李尚书德裕》:"三径仅存新竹树,四邻惟见旧孙儿。"史凤《鲛红被》:"肱被当年仅御寒,青楼惯染血猩纨。"《会真诗》之四(卷八六三):"华岳无三尺,东瀛仅一杯。"❷副词。刚刚。陆龟蒙《四明山诗·过云》:"相访一程云,云深路仅分。"❸副词。还,又。徐夤《依韵赠南安方处士五首》之三:"百万僧中不为僧,比君知道仅谁能?"

僅² 〔jìn《广韵》渠遴切,去震,羣。〕副词。将近,几乎。杜甫《泊岳阳城下》:"江国逾千里,山城仅百层。"牛僧孺《李苏州遗太湖石奇状绝伦因题二十韵奉呈梦得乐天》:"利涉余千里,山河仅百程。"白居易《伤唐衢二首》之一:"遗文仅千首,六义无差忒。"罗隐《丁亥岁作》:"病想医门渴望梅,十年心地仅成灰。"

傳¹ 〔chuán《广韵》直攣切,平仙,澄。〕❶传授。严维《哭灵一上人》:"经论传缁侣,文章遍墨卿。"李端《赠衡岳隐禅师》:"半偈传初尽,群生意未回。"赵嘏《献淮南李相公》:"军中老将传兵术,江上诸侯受政经。"韦庄《闻官军继至未睹凯旋》:"已有孔明传将略,更闻王导得神机。"❷传代,让位。李商隐《韩碑》:"传之七十有二代,以为封禅玉检明堂基。"又《昭肃皇帝挽歌辞三首》之一:"周王传叔父,汉后重神君。"韦庄《和郑拾遗秋日感事一百韵》:"永期传子姓,宁误犯天狼。"❸延续,继续。李白《奉饯高尊师如贵道士传道箓毕归北海》:"吾师四万劫,历世递相传。”韦应物《送黎六郎赴阳翟少府》：“只应传善政，日夕慰高堂。”崔峒《奉和给事寓直》：“桂枝家共折，鸡树代相传。”许棠《讲德陈情上淮南李仆射八首》之一：“梁城东下虽经战，风俗犹传守旧规。”❹表达，流露。刘长卿《罪所留系寄张十四》：“不见君来久，冤深意未传。”戎昱《听杜山人弹胡笳》：“今朝促轸为君奏，不向俗流传此心。”刘禹锡《酬乐天初冬早寒见寄》：“两传千里意，书札不如诗。”常理《古别离》：“为传儿女意，不用远封侯。”❺传送；传达。崔国辅《宿法华寺》：“壁画感灵迹，龛经传异香。”韦应物《宝观主白上鹳鸽歌》：“岂不及阿母之家青鸟儿，汉宫来往传消息。”刘禹锡《送源中丞充新罗册立使》：“身带霜威辞凤阙，口传天语到鸡林。”许棠《送徐侍御充南诏判官》：“彤庭传圣旨，异域化戎情。”❻传扬；流传。苏晋《奉和圣制送张说巡边》：“祈父万邦式，英猷三略传。”杜甫《解闷十二首》之六：“复忆襄阳孟浩然，清诗句句尽堪传。”窦庠《于阗钟歌送灵彻上人归越》：“东南之美天下传，环文万象无雕镌。”方干《观项信水墨》：“小年师祖过今祖，异域应传项信名。”❼传说，传闻。孙逖《丹阳行》：“传是东南旧都处，金陵中断碧江深。”岑参《张仪楼》：“传是秦时楼，巍巍至今在。”司空曙《题玉真观公主山池院》：“唯余古桃树，传是上仙栽。”韦庄《耒阳县浮山神庙》：“一郡皆传此庙灵，庙前松桂古今青。”❽以画、写、拓等方式临摹原件。杜甫《杨监又出画鹰十二扇》：“明公出此图，无乃传其状。”

傳²〔zhuàn《广韵》直戀切，去線，澄。又知戀切，去線，知。〕❶传记。李颀《同张员外諲酬答之作》：“王湛床头见周易，长康传里好丹青。”严维《哭灵一上人》：“谁复修僧史，应知传已成。”杨衡《寄赠田仓曹湾》：“朝览夷胡传，暮习颍阳书。”杜牧《润州二首》之二：“谢朓诗中佳丽地，夫差传里水犀军。”孙颀《送薛大夫和蕃》：“当书外垣传，回奏赤墀前。”❷驿站。韩愈《答张彻》：“毕事驱传马，安居守窗萤。”❸驿站的车马。高适《酬裴员外以诗代书》：“驱传及远蕃，忧思郁难排。”权德舆《送穆侍御归东都》：“婉婉成名后，翩翩拥传归。”元稹《山枇杷》：“往年乘传过青山，正值山花好时节。”韦庄《梦入关》：“梦中乘传过关亭，南望莲峰簇簇青。”❹符节，凭证。见“傳₂瑞”。

【傳火】　古代边防遇有敌情即举火报警，逐站相传，故称传火。戴叔伦《和河南罗主簿送校书兄归江南》：“古戍阴传火，寒芜晓带霜。”

【傳水】　❶谓漏壶（古代计时器）滴水。古代用以计时。夜漏（漏水）尽，鼓鸣则起；昼漏尽，钟鸣则息。白居易《待漏入阁书事奉赠元九学士阁老》：“暗漏犹传水，明河渐下山。”❷传接水流。李端《题郑少府林园》：“竹筒传水远，麈尾坐僧高。”

【傳心】　佛教词。禅宗认为法即是心。主张以心传心，心心相印。故称传法为传心。宋之问《伤王七秘书监寄呈扬州陆长史》：“传心晤有物，秉化游无穷。”王维《同崔兴宗送衡岳瑗公南归》：“一施传心法，唯将戒定还。”包佶《双山过信公所居》：“传心不传法，谁可继高踪。”司空图《与伏牛长偈二首》之二：“长绳不见系空虚，半谒传心亦未疏。”

【傳心印】　同“傳心”。韦庄《赠礼佛名者》：“寻思六祖传心印，可是从来读藏经？”

【傳示】　传达告知。韩愈《咏雪赠张籍》：“莫烦相属和，传示及提孩。”

【傳付】　传给。卢纶《送少微上人游蜀》：“何当一传付，道侣愿知归。”

【傳₂吏】　驿站官吏。李端《送友人宰湘阴》：“传吏闲调象，山精暗讼人。”

【傳印】　同“傳心”。李频《题栖霞寺庆上人院》：“不知诸祖后，传印是何人。”杜荀鹤《和刘评事送海禅和归山》：“问禅将底说，传印得何心。”

【傳名】　谓名声流传。杨师道《阙题》：“燕赵蛾眉旧倾国，楚宫腰细本传名。”韩愈、轩辕弥明《石鼎联句》：“全胜瑚琏贵，空有口传名。”白居易《和汴州令狐相公新于郡内栽竹百竿拆壁开轩旦夕对玩》：“梁园修竹旧传名，园废年深竹不生。”罗泰《暗投明珠》：“媚川时未识，在掌共传名。”

【傳衣】　❶佛教词。佛教禅宗早期传法皆付以袈裟为信物，故称师徒传法为传衣。方干《赠江南僧》：“继后传衣者，还须立雪中。”❷借指继承师业。李商隐《谢书》：“自蒙半夜传衣后，不羡王祥得佩刀。”❸传代之衣。白居易《渭村退居寄礼部崔侍郎翰林钱舍人诗一百韵》：“传衣念褴褛，举案笑糟糠。”

【傳₂車】　驿站所备的专用车辆。张九龄《初发道中赠王司马》：“肃命趋仙阙，侨装抚传车。”孙逖《送靳十五侍御使蜀》：“传车春色送，离兴夕阳催。”李商隐《筹笔驿》：“徒令上将挥神笔，终见降王走传车。”

【傳位】　传授帝王之位。杜甫《哀王孙》：“窃闻天子已传位，圣德北服南单于。”唐彦谦《咸通中始闻褚河南归葬阳翟因成二十韵》：“泪心传位日，挥涕授遗朝。”

【傳言】　❶传告，传说。郭震《王昭君三首》之三：“闻有南河信，传言杀画师。”❷流言。杜牧《李甘诗》：“喧喧皆传言，明晨相登注。”

【傳芳】　❶谓芳香传播。李峤《梨》：“擅美玄光侧，传芳瀚海中。”❷谓美名流传。刘禹锡《广宣上人寄在蜀与韦令公唱和诗卷因以令公手扎答诗示之》：“碧云佳句久传芳，曾向成都住草堂。”

【傳芭】 手执香草，互相传递。古代楚国民间祭神结束时集体舞蹈的一种形式。《楚辞·九歌》有载。柳宗元《同刘十二院长禹锡述旧言怀》：“吴歈工折柳，楚舞旧传芭。”

【傳杯】 谓宴饮时传递酒杯而饮。徐安贞《书殿赐宴应制》：“酒正传杯至，饔人捧案前。”杜甫《九日五首》之二：“旧日重阳日，传杯不放杯。”李商隐《病中闻河东公乐营置酒口占寄上》：“刻烛当时忝，传杯此夕赊。”章碣《陪浙西王侍郎夜宴》：“深锁雷门宴上才，旋看歌舞旋传杯。”

【傳呼】 ❶传声呼喊。古代皇帝或达官出行，使人导引呼喊，令行者避路。王维《瓜园诗》：“穷巷正传呼，故人傥相存。”卢纶《和陈翃郎中拜本府少尹兼侍御史献上侍中》：“乡中贺者唯争路，不识传呼獬豸威。”张籍《沙堤行呈裴相公》：“街官闾吏相传呼，当前十里惟空衢。”司空图《丁巳元日》：“传呼清御道，雪涕识臣诚。”❷传唤，呼喊。严维《酬耿拾遗题赠》：“掩扉常自静，驿吏忽传呼。”权德舆《奉使宜春夜渡新淦江陆路至黄檗馆路上遇风雨作》：“传呼戒徒御，振辔转林麓。”王建《霓裳词十首》之八：“传呼法部按霓裳，新得承恩别作行。”张祜《大酺乐二首》之一：“小儿一伎竿头绝，天下传呼万岁声。”

【傳$_2$舍】 供行人来往止宿的处所。李白《题许宣平庵壁》：“我吟传舍咏，来访真人居。”韩翃《送刘评事赴广州使幕》：“蛮府参军趋传舍，交州刺使拜行衣。”刘禹锡《宿诚禅师山房题赠二首》之二：“视身如传舍，阅世似东流。”

【傳受】 谓传给他人。白居易《泛春池》：“谁知始疏凿，几主相传受。”

【傳法】 佛教词。佛教谓师徒以佛法相传授。顾况《鄱阳大云寺一公房》：“色界聊传法，空门不用情。”司空曙《赠衡岳隐禅师》：“垂垂身老将传法，因下人间遂北游。”

【傳盃】 谓宴饮时传递酒杯劝酒。薛能《野园》：“野园无鼓又无旗，鞍马传杯用柳枝。”

【傳香】 ❶传送香气。钱起《九日寄侄簃箕等》：“采菊偏相忆，传香寄便风。”❷佛教词。谓行法事时持香绕行道场。广宣《禁中法会应制》：“侍读沾恩早，传香驻日迟。”❸佛教词。寺院为新僧尼举行受戒，使之成为正式僧尼的仪式。马戴《送宗密上人》：“一自传香后，名山愿卜邻。”

【傳首】 传送首级。亦指被杀头。许浑《闻边将刘皋无辜受戮》：“才许誓心安玉垒，已伤传首动金门。”

【傳宣】 传令宣召。郑谷《回銮》：“香泛传宣里，尘清指顾间。”

【傳神】 逼真地表现出对象的神情态度。李群玉《规公业在净名得甚深义仆近获顾长康月宫真影对戴安道所画文殊走笔此篇以屈瞻礼》：“生公吐辩真无敌，顾氏传神实有灵。”按：南朝宋刘义庆《世说新语·巧艺》：“顾长康画人，或数年不点目精，人问其故，顾曰：‘四体妍蚩，本无关于妙处，传神写照，正在阿堵中。”

【傳真】 即写真。画家摹写人物形象。杜荀鹤《八骏图》：“只今恃骏凭毛色，绿耳骅骝赚杀人。”

【傳$_2$記】 文体名。指记载人物事迹的文章。齐己《寄怀东林寺匡白监寺》：“修心若是伊耶舍，传记须添十九贤。”

【傳家】 传给子孙。亦指子孙世代相传。皎然《送沙弥长文游京》：“迈俗多真气，传家有素风。”清昼《冬日建安寺西院喜昼公自吴兴至联句一首》：“传家知业坠，继祖忝声同。”赵嘏《东归道中二首》之一：“传家有天爵，主祭用儒衣。”罗隐《寄酬业王罗令公五首》之四：“早缘入梦金方砺，晚为传家鼎始铭。”

【傳書】 ❶传递书信。虞世南《秋雁》：“为有传书意，联翩入上林。”崔国辅《王昭君》：“何时得见汉朝使，为妾传书斩画师。”卢纶《酬畅当寻嵩岳麻道士见寄》：“开云种玉嫌山浅，渡海传书怪鹤迟。”陆龟蒙《中元夜寄道侣二首》之二：“孤枕易为蛩破梦，短檐难得燕传书。”参见“傳書雁”。❷传授书籍。特指道教徒入教时授受真箓。李白《访道安陵遇盖还为余造真箓临别留赠》：“学道北海仙，传书蕊珠宫。”

【傳書雁】 传递书信之雁。典出《汉书·苏武传》：昭帝即位，匈奴与汉和亲，汉求苏武，匈奴诡称已死。后汉使至匈奴，被囚于匈奴的汉使常惠，夜见汉使，教使者谓单于：“天子射上林中，得雁，足有系帛书，言武等在某泽中。”使者如其言以责单于，单于视左右而惊，谢汉使曰：“武等实在。”郑渥《塞上》：“帐前影落传书雁，日下声交失马翁。”

【傳教】 ❶传布佛教教义。刘长卿《赠普门上人》：“惠力堪传教，禅心久伏魔。”耿沣《濬公院怀旧》：“远公传教毕，身没向他方。”皇甫冉《题昭人上房》：“沃州传教后，百衲老空林。”姚合《送僧游边》：“传教多离寺，随缘不计程。”❷传来的教诲。李德裕《余所居平泉村舍近蒙韦常侍大尹特改嘉名因寄诗以谢》：“多惭孔北海，传教及衡门。”

【傳授】 谓传授于别人。清昼《建安寺夜会对雨怀皇甫侍御曾联句》：“戒相初传授，文章旧切磋。”齐己《寄蜀国广济大师》：“冰压霜坛律格清，三千传授尽门生。”陆龟蒙《奉和袭美怀华阳润卿博士三首》之二：“奇编早晚教传授，免以神仙问葛洪。”荨岭书生《示边洞元》：“拟将剑法亲传授，却为迷人未有缘。”

【傳唱】 传布歌唱。张祜《孟才人叹》："偶因歌态咏娇嚬，传唱宫中十二春。"

【傳國瑞】 传国之宝。即传国玺。元稹《出门行》："秦遣李斯书，书为传国瑞。"

【傳國璽】 古代皇帝世代相传的印章。始制于秦。秦始皇得蓝田玉，雕为印。正面刻有李斯所写篆文"受命于天，既寿永昌"八字，背有纽交之五龙，秦亡归汉。秦玺后亡，历代多自刻制，文亦有同有异。见《后汉书·光武帝纪》等。李商隐《送从翁东川弘农尚书幕》："苍黄传国玺，违远属车尘。"郑嵎《津阳门诗》："两君相见望贤顿，君臣鼓舞皆歔欷。"

【傳國寶】 即传国玺。元稹《谕宝二首》之一："刻为传国宝，神器人不侵。"

【傳₂郵】 驿站。谭用之《秋日圃田送人随计》："仆射陂前是传邮，去程雕鹗弄高秋。"

【傳情】 传达情意。刘商《胡笳十八拍·第六拍》："是非取与在指㧑，言语传情不如手。"李咸用《巫山高》："斗艳传情世不知，楚王魂楚春风里。"

【傳詔】 传达诏命。韩愈《华山女》："天门贵人传诏召，六宫愿识师颜形。"李德裕《长安秋夜》："内宫传诏问戎机，载笔金銮夜始归。"李商隐《寄太原卢司空三十韵》："内草才传诏，前茅已勒铭。"

【傳₂瑞】 符节的代称。顾况《苏方一章》："朱紫烂兮，传瑞晔兮，相唐虞之维百兮。"

【傳達】 转告。陆龟蒙《文宴招润卿博士辞以道侣将至一绝寄之》："不过传达杨君梦，从许人间小兆听。"

【傳盞】 即传杯。元稹《答姨兄胡灵之见寄五十韵》："传盏加分数，横波掷目成。"

【傳業】 传授学业。韩愈《游西林寺题萧二兄郎中旧堂》："中郎有女能传业，伯道无儿可保家。"

【傳号】 传递信号。刘驾《塞下曲》："下营看斗建，传号信狼烟。"参见"烽火""狼煙"。

【傳₂置】 驿站。苏颋《晓发方骞驿》："传置远山蹊，龙钟蹴涧泥。"

【傳意】 传达心意。温庭筠《蒋侯神歌》："巫娥传意托悲丝，铎语琅琅理双鬓。"吉师老《看蜀女转昭君变》："说尽绮罗当日恨，昭君传意向文君。"

【傳道】 传说。李白《东鲁见狄博通》："去年别我向何处，有人传道游江东。"贾至《出塞曲》："传道五原烽火急，单于昨夜寇新秦。"

【傳經】 传授经术。杜甫《秋兴八首》之三："匡衡抗疏功名薄，刘向传经心事违。"耿湋《宿韦员外宅》："传经韦相后，赐笔汉家郎。"权德舆《送韦行军员外赴河阳》："记事还同楚倚相，传经远自汉扶阳。"韩愈、孟郊《城南联句》："传经俪金籯，食家行鼎鼒。"

【傳聞】 传说，听说。李峤《床》："传闻有象床，畴昔献君王。"李邕《奉和初春幸太平公主南庄应制》："传闻银汉支机石，复见金舆出紫微。"韩愈《赴江陵途中寄赠王十二补阙李十一拾遗李二十六员外翰林三学士》："传闻闾里间，赤子弃渠沟。"徐凝《浙西李尚书奏毁淫昏庙》："传闻废淫祀，万里静山陂。"孙元晏《梁·勍敌》："传闻天子重儒才，特为皇华绮宴开。"

【傳語】 传告，传话。刘昚虚《送韩平兼寄郭微》："殷勤为传语，日夕念携手。"杜甫《赠别何邕》："五陵花满眼，传语故乡春。"白居易《寓意诗五首》之二："传语宦游子，且来归故乡。"赵嘏《昔昔盐二十首·彩凤逐帷低》："何年征戍客，传语报佳期。"

【傳説】 流传，辗转述说。韩愈《谁氏子》："神仙虽然有传说，知者尽知其妄矣。"朱庆余《南岭路》："越岭向南风景异，人人传说到京城。"曹邺《寄监察从兄》："空留建安书，传说七子名。"司空图《商山二首》之二："关头传说开元事，指点多疑孟浩然。"

【傳箭】 古代少数民族起兵，传箭以为令。《新唐书·吐蕃传》："其举兵，以七寸金箭为契。百里一驿，有急兵，驿人臆前加银鹘，甚急，鹘益多。"杜甫《投赠哥舒开府二十韵》："青海无传箭，天山早挂弓。"李端《边头作》："射雕过海岸，传箭怯边州。"李商隐《少将》："青海闻传箭，天山报合围。"亦指传令。白居易《新乐府·城盐州》："金鸟飞传赞普闻，建牙传箭集群臣。"

【傳寫】 传抄。陆龟蒙《奉和袭美二游诗·徐诗》："人间盛传写，海内奔穷研。"齐己《爱吟》："传写会逢精鉴者，也应知是咏闲情。"

【傳錫】 佛教词。指佛法的师徒相传。锡，锡杖。罗隐《秦望山僧院》："霸主卷衣才二世，老僧传锡已千秋。"

【傳燈】 佛教用语。❶即传法。佛教认为佛法犹如明灯，能破除迷暗，故称。武三思《秋日于天中寺寻复礼上人》："喻筏知何极，传灯竟不穷。"崔颢《赠怀一上人》："传灯遍都邑，杖锡游王公。"皎然《寒食日同陆处士行报德寺宿解公房》："寂寂传灯地，寥寥禁火天。"义净《道希法师求法西域终于庵摩罗跋国后因巡礼希公住房伤其不幸聊题一绝》："如何未尽传灯志，溘然于此遇途穷。"❷指佛像之前昼夜不灭的长明灯。杜甫《望牛头寺》："传灯无白日，布地有黄金。"皇甫曾《奉陪韦中丞使君游鹤林寺》："古寺传灯久，层城闭阁闲。"

【傳聲】 ❶谓声音传播。杜甫《示獠奴阿段》："病渴三更回白首，传声一注湿青云。"王涯《宫词三十首》之二七："禁树传声在九霄，内中残火独遥遥。"郑嵎《津阳门诗》："五王扈驾夹城路，传声校猎渭水湄。"

❷传达语言。杜甫《奉送王信州崟北归》："下诏选郎署，传声能典州。"王涯《宫词三十首》之五："传声总是君王唤，红烛台前著舞衣。"

【傳檄】 传送檄文。高适《自淇涉黄河途中作十三首》之十二："传檄举敖仓，拥兵屯洛口。"杜甫《警急》："玉垒虽传檄，松州会解围。"独孤及《奉和李大夫同吕评事太行苦热行》："会同传檄至，疑议立谈决。"

【傳點】 ❶朝房敲击云板以召集官员。唐制，平明，传点毕，内门开，监察御史领百官入，朝见天子。王建《宫词一百首》之二："殿前传点各依班，召对西来八诏蛮。"柳宗元《同刘二十八院长禹锡述旧言怀》："分行参瑞兽，传点乱宫鸦。"❷谓报时。点，指漏壶滴水之声。李商隐《深宫》："金殿销香闭绮栊，玉壶传点咽铜龙。"司空图《庚子腊月五日》："禁漏虚传点，妖星不振辰。"

【傳₂騎】 驿站之马。亦指乘驿站之马传递消息或命令的使者。权德舆《酬别蔡十二见赠》："潢污忽朝宗，传骑令载奔。"项斯《题赠宣州亢拾遗》："传骑一何催，山门昼来开。"

【傳觴】 即传杯。玄宗《端午》："盐梅已佐鼎，曲糵且传觞。"权德舆《端午日礼部宿斋有衣服彩结之贶以诗还答》："更想传觞处，孙孩遍目前。"唐彦谦《游南明山》："阄令促传觞，投壶更联句。"

【傳₂癖】 见《晋书・杜预传》。指嗜好读书或写作。皮日休《奉和鲁望早秋吴体次韵》："书淫传癖穷欲死，谚谚何必频相仍。"

【傳警】 古代帝王车驾出行，令左右传呼示警以清道，称传警。薛存诚《观南郊回仗》："传警千门寂，南郊彩仗回。"

【傳讀】 （—dòu）传授句读。卢仝《寄男抱孙》："传读有疑误，转告咨问取。"

【傳₂驛】 陆路的驿站。亦指驿站的车马。元稹《和李校书新题乐府十二首・驯犀》："行地无疆费传驿，通天异物罹幽枉。"

僊 〔xiān《广韵》相然切，平仙，心。〕❶同"仙❶"。缪岛云《马迹石》："堪信曾鸾驾，寻仙道已成。"❷飘举。见"僊僊"。

【僊人】 神仙。缪岛云《石人峰》："双峰何代列巍巍，忽化仙人世所稀。"又《仙桥》："月中才有仙人过，山下应闻笙磬音。"

【僊哥】 唐妓女名。《北里志》有载。郑仁表有《赠妓仙哥》。

【僊掌】 即仙人掌。华山峰名。在今陕西省华阴市。任宇《新安郡北即黄山前太守才客题咏至多偶登斯楼因成一绝》："雪晴雨霁潼关道，仙掌分明几度逢。"

【僊僊】 飘扬貌。刘禹锡《观柘枝舞二首》之一："胡服何葳蕤，仙仙登绮墀。"

傴 〔yǔ《广韵》於武切，上麌，影。〕曲背。见"傴背""傴僂""傴傴"。

【傴背】 驼背。蒋贻恭有《咏伛背子》。

【傴傴】 背驼貌。皮日休《橡媪叹》："伛伛黄发媪，拾之践晨霜。"

【傴僂】 ❶驼背。多指老年而言。白居易《贺雨》："伛偻田野翁，欢呼相告报。"刘言史《席上赠李尹》："伛偻山夫发似丝，松间石上坐多时。"施肩吾《诮山中叟》："天阴伛偻带嗽行，犹向岩前种松子。"皮日休《鲁望以花翁之什见招因次韵酬之》："九十携锄伛偻翁，小园幽事尽能通。"❷俯身，表示恭敬。韩愈《谒衡岳庙遂宿岳寺题门楼》："升阶伛偻荐脯酒，欲以菲薄明其衷。"白居易《秦中吟十首・不致仕》："金章腰不胜，伛偻入君门。"❸弯腰。秦系《山中崔大夫有书相问》："苍黄倒藜杖，伛偻睹银钩。"皮日休《重玄寺元达年逾八十好种名药余奇而访之因题二章》之一："雨涤烟锄伛偻赍，绀牙红甲两三畦。"

僂 〔lóu（又读 lǚ）《广韵》落侯切，平侯，來。又力主切，上麌，来。〕脊梁弯曲。杜甫《雷》："真龙竞寂寞，土梗空俯偻。"参见"傴僂"。

催 〔cuī《广韵》倉回切，平灰，清。〕❶催促。苏味道《正月十五夜》："金吾不禁夜，玉漏莫相催。"王之涣《宴词》："莫听声声催去棹，桃溪浅处不胜舟。"白居易《叹春风兼赠李二十侍郎二绝》之一："树根雪尽催花发，池岸冰消放草生。"韦庄《放榜日作》："邹阳暖艳催花发，太皞春光簇马归。"❷通"摧"。摧残。李白《玉真公主别馆苦雨赠卫尉张卿二首》之一："翳翳昏垫苦，沉沉忧恨催。"杜甫《送舍弟颖赴齐州三首》之二："兄弟分离苦，形容老病催。"司空曙《题落叶》："霜景催危叶，今朝半树空。"欧阳詹《江夏留别华二》："弭棹已伤别，不堪离绪催。"

【催妝詩】 旧时婚俗，新妇出嫁，须多次催促，始梳妆启行。（见段成式《酉阳杂俎・礼异》）贺者赋诗以催新妇梳妆，谓之催妆诗。陆畅有《云安公主下降奉诏作催妆诗》，贾岛有《友人婚杨氏催妆》。徐安期有《催妆》。陈峤有《自赋催妆诗》。

【催弦】 指弹奏丝弦乐器。李白《前有一樽酒行二首》之二："催弦拂柱与君饮，看朱成碧颜始红。"杨衡《白纻歌二首》之二："芳姿艳态妖且妍，回眸转袖暗催弦。"颜真卿、权器《水堂送诸文士戏赠潘丞联句》："何烦问更漏，但遣催弦索。"

【催促】 迫促。白居易《闲居春尽》："冬裘夏葛相催促，垂老光阴速似飞。"周匡物《及第谣》："水国寒消春日长，燕莺催促花枝忙。”李山甫《送职方王郎中吏部刘员外自太原郑相公幕继奉征书归省署》：“双凤衔书次第飞，玉皇催促列仙归。”齐己《庭际新移松竹》：“更待阳和信催促，碧梢青杪看凌空。”

【催迫】 催促逼迫。白居易《冀城北原作》：“废兴相催迫，日月互居诸。”

【催₂残】 损伤；伤残。崔涂《途中感怀寄青城李明府》：“鳞鬣催残志未休，壮心翻是此身仇。”韦庄《秦妇吟》：“破落田园但有蒿，催残竹树皆无主。”

【催唤】 催促叫唤。花蕊夫人徐氏《宫词》之七：“日午殿头宣索鲙，隔花催唤打鱼人。”

【催辦】 催促办理。皮日休《偶成小酌招鲁望不至以诗为解因次韵酬之》：“醉侣相邀爱早阳，小筵催办不胜忙。”

【催遷】 谓迅速推移。刘商《胡笳十八拍·第十一拍》：“日来月往相催迁，迢迢星岁欲周天。”

【催歸】 鸟名。杜鹃的别名。因鸣声有如“不如归去”，故名。韩愈《游城南十六首·赠同游》：“唤起窗全曙，催归日未西。无心花里鸟，更与尽情啼。”

【催颜】 谓催人衰老。杜甫《闷》：“无钱从滞客，有镜巧催颜。”

【催驅】 催促驱遣。司空图《修史亭二首》之一：“少年已惯掷年光，时节催驱独不忙。”

【催鬢】 犹言掠起鬓发。李贺《江楼曲》：“晓钗催鬓语南风，抽帆归来一日功。”

傷 〔shāng《广韵》式羊切，平陽，書。〕❶创伤，刺伤。杜甫《北征》：“所遇多被伤，呻吟更流血。”寒山《诗三百三首》之二〇八：“日日被刀伤，天生还自有。”张籍《采莲曲》：“试牵绿茎下寻藕，断处丝多刺伤手。”陆龟蒙《蔷薇》：“外布芳菲虽笑日，中含芒刺欲伤人。”❷伤害。储光羲《同诸公送李云南伐蛮》：“君子恶薄险，王师耻重伤。”张籍《乌夜啼引》：“借汝庭树作高巢，年年不令伤尔雏。”白居易《春雪》：“所怜物性伤，非惜年芳绝。”又《和答诗十首·答桐花》：“胡为爱其华，而反伤其生。”❸损伤，损害。武元衡《晨兴寄赠窦使君》：“白露伤红叶，清风断绿萝。”孟郊《感怀》：“登高有所思，寒雨伤百草。”崔涯《咏春风》：“动地经天物不伤，高情逸韵往何方。”杜牧《李甘诗》：“夜登青泥坂，坠车伤左股。”❹妨碍。李白《感兴六首》之二：“好色伤大雅，多为世所讥。”韩愈《琴操十首·猗兰操》：“不采而佩，于兰何伤。”白居易《偶作》：“聪明伤混沌，烦恼污头陀。”周繇《和段成式》之一：“若遇仙丹借羽花，便随萧史亦何伤。”❺忧思，悲伤。王勃《秋夜长》：“调砧乱杵思自伤，思自伤，征夫万里戍他乡。”李颀《送李回》：“不睹声明与文物，自伤流滞去关东。”权德舆《与沈十九拾遗同游栖霞寺上方于亮上人院会宿二首》之一：“稍觉天籁清，自伤人世促。”翁承赞《甲子岁衔命到家至榕城册封次日闽王降旌旗于新丰市堤饯别》：“正是离情伤远别，忽闻台旨许重来。”❻哀怜。崔曙《早发交崖山还太室作》：“伤此无衣客，如何蒙雪霜。”杜甫《垂老别》：“孰知是死别，且复伤其寒。”刘长卿《登吴古城歌》：“一朝空谢会稽人，万古犹伤甬东客。”元结《酬孟武昌苦雪》：“知公苦阴雪，伤彼灾患多。”白居易《伤唐衢二首》之二：“但伤民病痛，不识时忌讳。”❼伤失；浪费。戴叔伦《孤鸿篇》：“翔风一何厉，中道伤其雌。”白居易《新乐府·骊宫高》：“不伤财兮不伤力，骊宫高兮高入云。”❽伤于，失之于。孟浩然《闺情》：“畏瘦疑伤窄，防寒更厚装。”皎然《妙喜寺达公禅斋寄李司直公孙房都曹德裕从事方舟颜武康士骋四十二韵》：“墨家伤刻薄，儒氏知优劣。”元稹《有所教》：“莫画长眉画短眉，斜红伤竖莫伤垂。”❾太，过分。杜甫《曲江二首》之一：“且看欲尽花经眼，莫厌伤多酒入唇。”李商隐《俳谐》：“柳讶眉双浅，桃猜粉太轻。”齐己《野鸭》：“长生缘甚瘦，近死为伤肥。”

【傷弓】 同“傷弓鳥”。杜甫《归雁二首》之一：“伤弓流落羽，行断不堪闻。”刘长卿《落第赠杨侍御兼拜员外仍充安大夫判官赴范阳》：“泣连三献玉，疮惧再伤弓。”白居易《元十八从事南海临别旧居有恋泉声之什因以投和兼伸别情》：“伤弓未息新惊鸟，得水难留久卧龙。”

【傷弓鳥】 《战国策·楚策四》：“更羸与魏王处京台之下，仰见飞鸟。更羸谓魏王曰：‘臣为王引弓虚发而下鸟。’魏王曰：‘然则射可至此乎？’更羸曰：‘可’。有间，雁从东方来，更羸以虚发而下之。魏王曰：‘然则射可至此乎？’更羸曰：‘此孽也。’王曰：‘先生何以知之？’对曰：‘其飞徐而鸣悲。飞徐者，故疮痛也；鸣悲者，久失群也，故疮未息，而惊心未去也。闻弦音，引而高飞，故疮裂而陨也。’”后以“伤弓鸟”喻受挫者之心有余悸。曹邺《下第寄知己》：“不令伤弓鸟，日暮飞向越。”徐铉《陈觉放还至泰州以诗见寄作此答之》：“今朝我作伤弓鸟，却羡君为不系舟。”

【傷心】 ❶悲伤；感伤。李白《金陵歌送别范宣》：“此地伤心不能道，目下离离长春草。”司空曙《病中嫁女妓》：“万事伤心在目前，一身垂泪对花筵。”张祜《折杨柳枝二首》之一：“伤心日暮烟霞起，无限春愁生翠眉。”韩偓《寒食日重游李氏园亭有怀》：“伤心阔别三千里，屈指思量四五年。”❷犹言极其，十分。李白《菩萨蛮》：“平林漠漠烟如织，寒山一带伤心碧。”杜甫《滕王亭子》：“清心锦石伤心丽，嫩蕊浓花满目班。”

【傷生】 伤害生命。苏拯《雉兔者》：“谁能为扣天地炉，铸此伤生其可乎？”

【傷年】　悲伤年华流逝。张籍《赠故人马子乔六首》之二:“欢至不留日,感物辄伤年。”

【傷別】　悲伤地离别。李白《忆秦娥》词:“箫声咽,秦娥梦断秦楼月。秦楼月,年年柳色,灞陵伤别。”欧阳詹《江夏留别华二》:“弭棹已伤别,不堪离绪催。”李商隐《杜司勋》:“刻意伤春复伤别,人间惟有杜司勳。”又《夜出西溪》:“柳好休伤别,松高莫出群。”

【傷杯】　伤酒,饮酒过量。雍陶《寄题岘亭》:“岘亭留恨为伤杯,未得醒醒看便回。”

【傷春】　因春天到来触物而感伤。李嘉祐《自苏台至望亭驿人家尽空春物增思怅然有作因寄从弟纾》:“远岫依依如送客,平田渺渺独伤春。”司空曙《送郑明府贬岭南》:“青枫江色晚,楚客独伤春。”白居易《和微之诗二十三首·和知非》:“春无伤春心,秋无感秋泪。”唐彦谦《无题十首》之九:“杜鹃啼落枝头月,多为伤春恨不休。”

【傷秋】　悲秋。由秋景萧条而引起悲感。李嘉祐《九日》:“叹老堪衰柳,伤秋对白蘋。”韩愈《秋字》:“淮南悲木落,而我亦伤秋。”项斯《闻蝉》:“伤秋各有日,千可念因循。”

【傷神】　❶损伤心神。陈标《饮马长城窟》:“浴谷气寒愁坠指,断崖冰滑恐伤神。”李频《送姚侍御充渭北掌书记》:“败亡仍暴骨,冤哭可伤神。”罗虬《比红儿诗》之十五:“因事爱思荀奉倩,一生闲坐枉伤神。”❷伤心,伤感。白居易《为薛台悼亡》:“半死梧桐老病身,重泉一念一伤神。”姚合《杨给事师皋哭亡爱姬英英窃闻诗人多赋因而继和》:“见说忘情唯有酒,夕阳对酒更伤神。”云表《寒食日》:“寒食悲看郭外春,野田无处不伤神。”

【傷時】　为时世多艰而感伤。杜甫《通泉驿南去通泉县十五里山水作》:“伤时愧孔父,去国同王粲。”许棠《成纪书事二首》之一:“东吴远别客西秦,怀旧伤时暗洒巾。”杜荀鹤《自述》:“用心常合道,出语或伤时。”韦庄《中渡晚眺》:“魏王堤畔草如烟,有客伤时独扣舷。”

【傷鳥】　受过箭伤的鸟。白居易《得微之到官后书备知通州之事怅然有感因成四章》之四:“伤鸟有弦惊不定,卧龙无水动应难。”徐铉《池州陈使君见示游齐山诗因寄》:“哀猿出槛心虽喜,伤鸟闻弦势易惊。”参见“傷弓鳥”。

【傷貧】　为贫穷而忧伤。王绩《句》:“颜回唯乐道,原宪岂伤贫。”

【傷情】　伤感,伤心。卢纶《至德中途中书事却寄李僩》:“乱离无处不伤情,况复看碑对古城。”白居易《开成大行皇帝挽歌词四首》之四:“老病龙髯攀不及,东周退傅最伤情。”司空图《浙上》:“西北乡关近帝京,烟尘一片正伤情。”张泌《春夕言怀》:“风透疏帘月满庭,倚栏无事倍伤情。”

【傷殘】　❶伤害,损害。罗隐《送溪州使君》:“兵寇伤残国力衰,就中南土藉良医。”吕岩《忆江南》词:“长生术,玄要补泥丸,彭祖得之年八百,世人因此转伤残,谁是识阴丹。”❷受伤残废;受伤凋零。李商隐《柳枝五首》之四:“锦鳞与绣羽,水陆有伤残。”张隐《万寿寺歌词》:“位乖燮理致伤残,四面墙匡不忍看。”

【傷悲】　悲伤。储光羲《田家即事》:“我心多恻隐,顾此两伤悲。”白居易《悲哉行》:“古来无奈何,非君独伤悲。”李商隐《戏题枢言草阁三十二韵》:“古诗何人作,老大徒伤悲。”詹敦仁《劝王氏入贡宠予以官作辞命篇》:“争霸图王事总非,中原失统可伤悲。”

【傷嗟】　悲叹。皎然《早春书怀寄李少府仲宣》:“东田已芜没,南涧益伤嗟。”白居易《京使回累得南省诸公书因以长句诗寄谢》:“瘴乡得老犹为幸,岂敢伤嗟白发新。”喻坦之《陈情献中丞》:“取进心甘钝,伤嗟骨每惊。”崔道融《题李将军传》:“汉文自与封侯得,何必伤嗟不遇时。”

【傷禽】　受伤之鸟。元稹《六年春遣怀八首》之一:“伤禽我是笼中鹤,沈剑君为泉下龙。”刘禹锡《微之镇武昌中路见寄蓝桥怀旧之作凄然继和兼寄安平》:“宿草恨长在,伤禽飞尚迟。”参见“傷弓鳥”。

【傷痛】　伤心,哀痛。陆龟蒙《徐方平后闻赦因寄袭美》:“除却数般伤痛外,不知何事及王孙。”

【傷損】　损伤,损害。杜甫《又观打鱼》:“大鱼伤损皆垂头,屈强泥沙有时立。”

【傷魂】　伤神,伤心。刘长卿《旅次丹阳郡遇康侍御宣慰召募兼别岑单父》:“故人亦沧洲,少别堪伤魂。”颜真卿、韦介《登岘山观李左相石尊联句》:“迟回向遗迹,离别益伤魂。”戴叔伦《奉天酬别郑谏议云逵卢拾遗景亮见别之作》:“临岐荷赠言,对酒独伤魂。”杜荀鹤《乱后逢村叟》:“经乱衰翁居破村,村中何事不伤魂。”

【傷摧】　谓伤心。韦应物《伤逝》:“斯人既已矣,触物但伤摧。”

【傷酲】　伤酒,饮酒过量。李商隐《即目》:“细意经春物,伤酲属暮愁。”

【傷鳳麟】　同“傷麟”“歎鳳”。李白《答王十二寒夜独酌有怀》:“孔圣犹闻伤凤麟,董龙更是何鸡狗。”

【傷歎】　悲叹。元结《酬孟武昌苦雪》:“自经危乱来,触物堪伤叹。”赵嘏《送从翁中丞奉使黠戛斯六首》之六:“若遇单于旧牙帐,却应伤叹汉公卿。”

【傷離】　因别离而悲伤。杨巨源《送定法师归蜀法师即红楼院供奉广宣上人兄弟》:“孤猿学定前山夕,远雁伤离几地秋。”戴叔伦《赴抚州对酬崔法曹夜雨滴空阶五首》之三："雨中驱马去，非是独伤离。"许浑《京口津亭送张崔二侍御》："伤离与怀旧，明日白头人。"顾甄远《惆怅诗九首》之八："泪满罗衣酒满卮，一声歌断怨伤离。"

【傷懷】 伤心，悲伤。曹邺《寄贾驰先辈》："我祖西园事，言之独伤怀。"

【傷麟】 喻世衰道穷或生不逢时，见《孔子家语·辨物》。玄宗《经邹鲁祭孔子而叹之》："叹凤嗟身否，伤麟怨道穷。"

傒 〔xiè，又读 xī《广韵》先結切，入屑，心。又息七切，入質，心。〕见"傒窣"。

【傒窣】 象声词。形容细微的声响。刘禹锡《游桃源一百韵》："虚无天乐米，傒窣鬼兵役。"

傾 〔qīng《广韵》去營切，平清，溪。〕❶斜，偏斜。储光羲《同诸公秋日游昆明池思古》："坐作河汉倾，进退楼船飞。"李白《答高山人兼呈权顾二侯》："山海向东倾，百川无尽势。"白居易《问江南物》："苏州舫故龙头暗，王尹桥倾雁齿斜。"罗泰《暗投明珠》："月临幽室朗，星没晓河倾。"❷倾危。岑参《与鲜于庶子自梓州成都少尹自褒成同行至利州道中作》："岩倾劣通马，石窄难容车。"杜甫《水会渡》："微月没已久，崖倾路何难。"项斯《暮上瞿塘峡》："有树皆相倚，无岩不倒倾。"❸倒坍。杜甫《古柏行》："大厦如倾要梁栋，万牛回首丘山重。"王建《赠王侍御》："君子抱仁义，不惧天地倾。"周昙《咏史诗·春秋战国门·颜叔子》："夜雨邻娃告屋倾，一宵从寄念悲惊。"❹翻，覆。郑愔《贬降至汝州广城驿》："倾车无共辙，同派有殊澜。"孟浩然《陪张丞相祠紫盖山途经玉泉寺》："人随逝水没，波逐覆舟倾。"元结《讼木魅》："愿截恶木之根，倾枭獍之古巢。"张敬徽《采莲曲》："竞多愁日暮，争疾畏船倾。"❺倾覆，灭亡。李白《闻李太尉大举秦兵百万出征东南懦夫请缨冀申一割之用半道病还》："秦出天下兵，蹴踏燕赵倾。"武少仪《诸葛丞相庙》："欲尽智能倾僭盗，善持忠节转庸昏。"罗隐《西施》："西施若解倾吴国，越国亡来又是谁。"❻倾轧，排挤。孟郊《感兴》："万物根一气，如何互相倾。"元稹《估客乐》："迎客兼说客，多财为势倾。"白居易《青冢》："同侪倾宠幸，异类为配偶。"❼压倒，胜过。杜审言《和李大夫嗣真奉使存抚河东》："学总八千卷，文倾三百篇。"李白《古风》之五六："清浑照海月，美价倾皇都。"韩翃《送万巨》："红笺色夺风流座，白苎词倾翰墨场。"陈陶《续古二十九首》之二三："魏宫薛家女，秀色倾三殿。"❽倾吐。李白《出妓金陵子呈卢六四首》之四："我亦为君饮清酒，君心不肯向人倾。"黄滔《旅怀》："侯门莫问曾游处，槐柳影中肝胆倾。"许棠《献独孤尚书》："今日鞠躬高旆下，欲倾肝胆杳无因。"❾倾泻。王建《水精》："倾在荷叶中，有时看是露。"刘禹锡《再经故元九相公宅池上作》："竹丛身后长，台势雨来倾。"许棠《忆江南》："雷电闲倾雨，猿猱斗堕林。"张道古《咏雨》："亢阳今已久，嘉雨自云倾。"❿指斟酒，饮酒。杜甫《宗武生日》："流霞分片片，涓滴就徐倾。"杨凭《湘江泛舟》："除却同倾百壶外，不愁谁奈两魂销。"翁承赞《喜弟承检登科》："花繁不怕寻香客，榜到应倾贺喜杯。"⓫堕，落。令狐德棻《冬日宴于庶子宅》："落景虽已倾，归轩幸能驻。"孟浩然《张七及辛大见寻南亭醉作》："纳凉风飒至，逃暑日将倾。"皎然《短歌行》："短歌行，短歌无穷日已倾。"舒元舆《坊州按狱苏氏庄记室二贤自鄜州走马相访》："阳乌忽西倾，明蟾挂高枝。"⓬仰慕。太宗《赋得白日半西山》："藿叶随光转，葵心逐照倾。"李白《代别情人》："我悦子容艳，子倾我文章。"刘长卿《至德三年春正月时谬蒙差摄海盐令闻王师收二京因书事》："北虏传初解，东人望已倾。"钱起《陪南省诸公宴殿中李监宅》："宦贵攀龙后，心倾待士时。"⓭尽，竭尽。李白《酬中都小吏携斗酒双鱼于逆旅见赠》："意气相倾两相顾，斗酒双鱼表情素。"杜甫《阻雨不得归瀼西甘林》："诸侯旧上计，厥贡倾千林。"孟郊《自惜》："倾尽眼中力，抄诗过与人。"喻坦之《陈情献中丞》："依门情转切，荷德力须倾。"⓮全，全部。薛能《题逃户》："朽关生湿菌，倾屋照斜阳。"

【傾人國】 形容女子容貌绝美。罗虬《比红儿诗》之八十："不闻有貌倾人国，争得今朝更似红。"参见"傾國傾城"。

【傾巾漉】 解下头巾滤酒。典出南朝齐萧统《陶渊明传》："郡将尝候之，值其酿熟，即取头上葛巾漉酒，漉毕，复著之。"白居易《答皇甫十郎中秋深酒熟见忆》："未暇倾巾漉，还应染指尝。"

【傾亡】 覆亡。姚合《扬州春词三首》之二："可怜游赏地，炀帝国倾亡。"

【傾天側地】 天地倾斜。喻社稷危殆。元稹《和李校书新题乐府十二首·胡旋女》："倾天侧地用君力，抑塞周遮恐君见。"

【傾心】 ❶仰慕向往。裴度《中和节诏赐公卿尺》："荷宠承佳节，倾心立大中。"刘禹锡《送源中丞充新罗册立使》："想见扶桑受恩处，一时西拜尽倾心。"无可《赠圭峰禅师》："朝满倾心客，溪连学道僧。"罗隐《冬暮寄裴郎中》："南国倾心应望速，东堂开口欲从谁。"❷尽心，诚心。李白《雉朝飞》："雉子班奏急管弦，倾心酒美尽玉碗。"元稹《元和五年予官不了罚俸西归》："长安车马客，倾心奉权贵。"方干《狂寇后上刘尚书》："孙武倾心与万夫，削平妖孽在斯须。"吕岩《寄白龙洞刘道人》："惟君心与我心同，方敢倾心与君说。”❸指葵藿倾向太阳。喻忠诚。李峤《日》:“倾心比葵藿,朝夕奉光曦。”张九龄《酬周判官巡至始兴会改秘书少监见贻之作》:“葵藿是倾心,豺狼何反噬。”刘长卿《游南园偶见在阴墙下葵因以成咏》:“太阳偏不及,非是未倾心。”白居易《续古诗十首》之十:“阳光委云上,倾心欲何依。”参见“倾藿”。

【傾巧】 谓倾轧机诈。张说《古泉驿》:“岂无穷贱苦,羞与倾巧同。”

【傾世】 犹言当世。梁陟《送孙舍人归湘州》:“盛才倾世重,清论满朝归。”

【傾耳】 侧耳静听。窦庠《留守府酬皇甫曙侍御弹琴之什》:“座客无俗心,巢禽亦倾耳。”白居易《闻歌者唱微之诗》:“时向歌中闻一句,未容倾耳已伤心。”杜牧《闻蝉》:“不敢频倾耳,唯忧白发生。”章碣《陪浙西王侍郎夜宴》:“小儒末坐频倾耳,只怕城头画角催。”

【傾光】 夕阳。卢照邻《七日登乐游古墓》:“兰游澹未归,倾光下岩窈。”

【傾危】 ❶倾斜欲倒。形容形势危殆。钱起《巨鱼纵大壑》:“倾危嗟幕燕,隐晦诮泥龟。”李商隐《井泥四十韵》:“屠狗与贩缯,突起定倾危。”詹敦仁《复留侯从效问南汉刘岩改名龑字音义》:“唐祚值倾危,刘龑怀潜伪。”❷倾侧危险。知玄《祝尧诗》:“鹤背倾危龙背滑,君王且住一千年。”❸倾覆邦国之人。杜甫《石笋行》:“政化错迕失大体,坐看倾危受厚恩。”

【傾身】 身向前倾,即鞠躬。形容谦恭小心。李商隐《河内诗二首》之二:“倾身奉君畏身轻,双桡两桨樽酒清。”

【傾盃】 饮酒,干杯。孟浩然《初春汉中漾舟》:“倾杯鱼鸟醉,联句莺花续。”裴度、白居易《度自到洛中与乐天为文酒之会因为联句》:“欲迎先倒屣,亦坐便倾杯。”朱庆余《废宅花》:“相从无胜事,谁向此倾杯。”黄滔《赠友人》:“觅句朝忘食,倾杯夜废眠。”

【傾金罍】 同“倾罍”。岑参《使交河郡郡在火山脚其地苦热无雨雪献封大夫》:“军中日无事,醉舞倾金罍。”刘长卿《硖石遇雨宴前主簿从兄子英宅》:“谁言次东道,暂预倾金罍。”元凛《九日对酒》:“嘉辰复遇登高台,良朋笑语倾金罍。”

【傾附】 投靠,依附。郑嵎《津阳门诗》:“四方节制倾附媚,穷奢极侈沽恩私。”

【傾城】 ❶倾覆邦国。语出《诗·大雅·瞻卬》:“哲夫成城,哲妇倾城。”温庭筠《马嵬佛寺》:“才信倾城是真语,直教涂地始甘心。”❷形容女子极其美丽。孟浩然《美人分香》:“艳色本倾城,分香更有情。”白居易《霓裳羽衣歌》:“君言此舞难得人,须是倾城可怜女。”韩偓《六言三首》之一:“春楼处子倾城,金陵狎客多情。”❸形容花色极其艳丽。刘禹锡《思黯南墅赏牡丹》:“有此倾城好颜色,天教晚发赛诸花。”李商隐《僧院牡丹》:“倾城惟待笑,要裂几多缯。”裴说《牡丹》:“数朵欲倾城,安同桃李荣。”❹指绝色女子。王翰《飞燕篇》:“明月薄蚀阳精昏,娇妒倾城惑至尊。”李白《白纻词三首》之三:“扬眉转袖若雪飞,倾城独立世所稀。”柳宗元《浑鸿胪宅闻歌效白纻》:“翠帷双卷出倾城,龙剑破匣霜月明。”薛能《舞者》:“为问倾城年几许?更胜琼树是琼枝。”❺全城。李白《感兴六首》之五:“蛾眉艳晓月,一笑倾城欢。”杜甫《高都护骢马行》:“长安壮儿不敢骑,走过掣电倾城知。”钱起《送陆珽侍御使新罗》:“受命辞云陛,倾城送使臣。”张祜《千秋乐》:“倾城人看长竿出,一伎初成赵解愁。”❻犹言连城。形容价之贵重。权德舆《广陵诗》:“喷玉光照地,颦蛾价倾城。”

【傾城色】 同“倾城❹”。白居易《新乐府·李夫人》:“人非木石皆有情,不如不遇倾城色。”张祜《昭君怨二首》之二:“莫羡倾城色,昭君恨最多。”李商隐《曲江》:“金舆不返倾城色,玉殿犹分下苑波。”

【傾城客】 指绝色女子。李商隐《隋宫守岁》:“昭阳第一倾城客,不踏金莲不肯来。”参见“傾國傾城”。

【傾城國】 同“傾國傾城”。刘方平《乌栖曲二首》之一:“蛾眉曼脸倾城国,鸣环动佩新相识。”

【傾思】 向往,思念。钱起《夕游覆釜山道士观因登玄元庙》:“倾思丹灶术,愿采玉芝芳。”

【傾恭】 谦卑恭顺貌。欧阳炯《题景焕画应天寺壁天王歌》:“宝冠动总生威容,趋跄左右来倾恭。”

【傾財破産】 竭尽财产。李颀《缓歌行》:“小来托身攀贵游,倾财破产无所忧。”

【傾倒】 ❶倒塌,倒下。李白《金陵白杨十字巷》:“天地有反覆,宫城尽倾倒。”王建《过绮岫宫》:“玉楼倾倒粉墙空,重叠青山绕故宫。”白居易《南湖晚秋》:“旦夕秋风多,衰荷半倾倒。”李商隐《偶成转韵七十二句赠四同舍》:“青袍白简风流极,碧沼红莲倾倒开。”❷特指从酒器中倒酒。杜甫《雨过苏端》:“苏侯得数过,欢喜每倾倒。”陆龟蒙《奉和袭美公斋四咏次韵·新竹》:“金罍纵倾倒,碧露还鲜醒。”❸倾吐。孟云卿《古别离》:“宿昔梦同衾,忧心常倾倒。”李白《于五松山赠南陵常赞府》:“若惜方寸心,待谁可倾倒。”杜甫《奉赠射洪李四丈》:“志士怀感伤,心胸已倾倒。”❹倾心,佩服。杜甫《苏大侍御访江浦赋八韵记异》序:“书箧几杖之外,殷殷留金石声,赋八韵记异,亦见老夫倾倒于苏至矣。”

【傾酒】 ❶斟酒,饮酒。卢纶《与张擢对酌》:“倾酒请予歌,忽蒙张翁呵。”武元衡《送七兄赴歙州》:“玉杯倾酒尽，不换惨凄容。”姚合《偶题》：“偶逢游客同倾酒，自有前贻耻见山。”❷斟酒于地或水面。古代祭祀时的一种仪式。钱珝《江行无题一百首》之一：“倾酒向涟漪，乘流欲去时。”

【傾家】❶竭尽家产。李白《避地司空原言怀》：“倾家事金鼎，年貌可长新。”刘长卿《题冤句宋少府厅留别》：“薄俸不自资，倾家共人费。”❷家产用尽。李白《醉后赠从甥高镇》：“欲邀击筑悲歌饮，正值倾家无酒钱。”❸全家。王维《新晴晚望》：“农月无闲人，倾家事南亩。”

【傾窄】谓崎岖狭窄。赵居贞《云门山投龙诗》：“绝顶弥孤耸，盘途几倾窄。”

【傾敗】毁败，失败。孟郊《寄张籍》：“倾败生所竞，保全归懵懵。”

【傾國】❶倾覆邦国。李商隐《马嵬二首》之一：“君王若道能倾国，玉辇何由过马嵬。”周昙《咏史诗·隋门·贺若弼》：“破敌将军意气豪，请除倾国斩妖娆。”毛熙震《临江仙》之一：“纤腰婉约步金莲，妖君倾国。”远国《伤废国》：“牵羊废主寻倾国，逐鹿奸臣尽丧家。”❷形容女子容貌绝美。杨师道《阙题》：“燕赵蛾眉旧倾国，楚宫腰细本传名。”李白《系寻阳上崔相涣三首》之三：“纵为梦里相随去，不是襄王倾国人。”张祜《吴宫曲》：“可怜倾国艳，谁信女为戎。”何崇《宫怨二首》之二：“红泪渐销倾国态，黄金谁为达相如。”❸指绝色女子。王维《扶南曲歌词五首》之二：“倾国徒相看，宁知心所亲。”李白《清平调词三首》之三：“名花倾国两相欢，长得君王带笑看。”白居易《长恨歌》：“汉皇重色思倾国，御宇多年求不得。”赵璜《六月》：“倾国三年别，烟霞一路遥。”❹全国。极言人多。杜甫《留花门》：“胡为倾国至，出入暗金阙。”白居易《杂兴三首》之一：“楚王多内宠，倾国选嫔妃。”韦庄《东林寺再遇僧益大德》：“上讲每教倾国听，承恩偏得内官饶。”

【傾國傾城】形容女子容貌绝美。语出《汉书·外戚传上·李夫人》：“延年侍上起舞，歌曰：北方有佳人，绝世而独立，一顾倾人城，再顾倾人国。宁不知倾城与倾国，佳人难再得。”万齐融《三日绿潭篇》：“佳人祓禊赏韶年，倾国倾城并可怜。”武元衡《赠佳人》：“步摇金翠玉搔头，倾国倾城胜莫愁。”罗虬《比红儿诗》之三八：“倾国倾城总绝伦，红儿花下认真身。”

【傾笥】倾倒竹箱。白居易、王起、刘禹锡《喜晴联句》：“推林出书目，倾笥上衣椸。”

【傾側】❶倾斜不正貌。李白《宣城青溪》：“山貌日高古，石容天倾侧。”杜甫《虎牙行》：“洞庭扬波江汉迴，虎牙铜柱皆倾侧。”王建《坏屋》：“苟或幸其迁，回循任倾侧。”吕岩《七言》之三九：“倾侧华阳醉再三，骑龙遇晚下南岩。”❷引申为困顿。陈子昂《答洛阳主人》：“宁随当代子，倾侧且沉浮。”

【傾斜】偏斜。韩愈《雉带箭》：“冲人决起百余尺，红翎白镞相倾斜。”王氏妇《与李章武赠答诗》：“愿郎更回抱，终天从此诀。”

【傾産】尽全部家产。杜甫《李盐铁二首》：“一见能倾产，虚怀只爱才。”孟郊《达士》：“倾产取一醉，富者奈贫何。”

【傾巢】多指鸟巢倾覆。皮日休《奉和鲁望樵人十咏·樵斧》：“倒树去李父，倾巢啼木魅。”

【傾都】全都城。杜甫《巴西闻收宫阙送班司马入京》：“倾都看黄屋，正殿引朱衣。”

【傾壺】以壶注酒。借指饮酒。太宗《除夜》：“对此欢终宴，倾壶待曙光。”孟浩然《秋登张明府海亭》：“染翰聊题壁，倾壶一解颜。”李白《北山独酌寄韦六》：“倾壶事幽酌，顾影还独尽。”司空图《偶题三首》之二：“小池随事有风荷，烧酹倾壶一曲歌。”

【傾朝】❶满朝。指所有朝臣。韩愈《奉酬振武胡十二丈大夫》：“倾朝共羡宠光频，半岁迁腾作虎臣。”李频《五月一日蒙替本官不得随例入阙感怀献送相公》：“五月倾朝谒紫宸，一朝无分在清尘。”杨夔《题宣州延庆寺益公院》：“讲经旧说倾朝听，登殿曾闻降辇迎。”❷谓所有市人。王维《哭祖六自虚》：“满地传都赋，倾朝看药船。”

【傾攲】同“倾欹”。白居易《过元家履信宅》：“风荡宴船初破漏，雨淋歌阁欲倾攲。”陆龟蒙《江湖散人歌》：“行散任之适，坐散从倾攲。”

【傾欹】倾斜。卢纶《春日喜雨奉和马侍中宴白楼》：“今朝醉舞共乡老，不觉倾欹獬豸冠。”

【傾景】斜阳，夕阳。鲍溶《与峨眉山道士期尽日不至》：“倾景安再中，人生有何常。”李群玉《送郑子宽弃官东游便归女儿》：“停食不尽意，倾景怅可惜。”

【傾筐】同“顷筐”。一种前低后高的斜口竹筐。语出《诗·周南·卷耳》“采采卷耳，不盈顷筐”。后多指竹筐。杜甫《园人送瓜》：“倾筐蒲鸽青，满眼颜色好。”苏涣《变律》之三：“倾筐对空林，此意向谁道。”钱起《酬长孙绎蓝溪寄杏》：“懿此倾筐赠，想知怀橘年。”司空曙《卫明府寄枇杷叶以诗答》：“倾筐呈绿叶，重叠色何鲜。”

【傾尊】义同“倾壶”。耿沣《仙山行》：“数翁皆藉草，对弈复倾尊。”

【傾陽】倾向太阳。多喻忠诚。郑愔《奉和春日幸望春宫》：“幸同葵藿倾阳早，愿比盘根应候荣。”杜甫《夔府书怀四十韵》：“赏月延秋桂，倾阳逐露葵。”唐彦谦《秋葵》：“倾阳一点丹心在，承得中天雨露多。”参见“倾藿”。

【傾暉】斜阳。李白《秋猎孟诸夜归置酒单父东楼观妓》："倾晖速短炬，走海无停川。"

【傾蓋】 ❶行路相遇，停车而谈，车盖倾斜相接，形容一见如故。语出《史记·鲁仲连邹阳列传》："谚曰：'白头如新，倾盖如故'。何则，知与不知也。"李瀚《蒙求》："嵇吕命驾，程孔倾盖。"高正臣《晦日重宴》："班荆陪旧识，倾盖得新知。"杜甫《赠王二十四侍御契四十韵》："客则挂冠至，交非倾盖新。"牟融《楼城叙别》："故人为客上神州，倾盖相逢感昔游。"韦庄《柳谷道中作却寄》："莫怪苦吟鞭拂地，有谁倾盖待王孙。"❷形容促膝谈心。元稹《奉和权相公行次临阙驿逢郑仆射相公归朝俄顷分途》："栈阁才倾盖，关门已合繻。"❸形容云团如倾斜之车盖。杜甫《柏学士茅屋》："晴云满户团倾盖，秋水浮阶溜决渠。"

【傾幕】 全部幕僚。许浑《陪越中使院诸公镜波馆饯明台裴郑二使君》："倾幕来华馆，淹留二使君。"

【傾摧】 败亡。虚中《石城金谷》："晋祚一倾摧，骄奢去不回。"

【傾奪】 倾轧，争夺。陈子昂《感遇诗三十八首》之五："倾夺相夸侈，不知身所终。"李白《古风》之五九："田窦相倾夺，宾客互盈亏。"杜甫《壮游》："朱门任倾夺，赤族迭罹殃。"李德裕《早入中书行公主册礼事毕登集贤阁成咏》："倾夺非我心，凄然感田窦。"

【傾鳳】 谓凤鸟飞下停留。元稹《奉和窦容州》："禁林闻道长倾凤，池水那能久滞龙。"

【傾撓】 毁坏。杜甫《大历三年春白帝城放船出瞿塘峡将适江陵漂泊》："书史全倾挠，装囊半压濡。"

【傾寫】 谓挥笔直书。李瀚《蒙求》："逸少倾写，平子绝倒。"

【傾墮】 跌倒，倒下。韩愈《和虞部卢四酬翰林钱七赤藤杖歌》："绳桥拄过免倾堕，性命造次蒙扶持。"

【傾墜】 倒塌。白居易《大水》："闾阎半飘荡，城堞多倾坠。"

【傾駭】 惊骇。韩愈《谢自然诗》："观者徒倾骇，踯躅讵敢前。"

【傾蕩】 震荡，震动。任华《怀素上人草书歌》："中间张长史，独放荡而不羁，以颠为名倾荡于当时。"

【傾頹】 败坏，衰亡。孙元晏《梁·楚祠》："曾与萧侯醉玉杯，此时神影尽倾颓。"又《齐·王亮》："后见梁王未免哀，奈何无计拯倾颓。"

【傾簒】 篡夺。周昙《咏史诗·前汉门·再吟》："家传揖让亦难济，况是身从倾篡来。"

【傾興】 尽其兴致。顾云《池阳醉歌赠匡庐处士姚岩杰》："主人怜才多倾兴，许客酣歌露真性。"

【傾覆】 ❶颠覆，覆灭。苏拯《经马嵬坡》："一等异于众，倾覆皆如此。"子兰《诫贪》："多求待心足，未足旋倾覆。"❷倒塌，翻倒。杜甫《通泉县署屋壁后薛少保画鹤》："高堂未倾覆，常得慰嘉宾。"白居易《开龙门八节石滩诗二首》之二："夜舟过此无倾覆，朝胫从今免苦辛。"鲍溶《巢乌行》："夜愁风雨巢倾覆，常见一乌巢下宿。"杜荀鹤《泾溪》："泾溪石险人竞惧，终岁不闻倾覆人。"

【傾翻】 翻倒。姚合《采松花》："今朝试上高枝采，不觉倾翻仙鹤巢。"

【傾觴】 犹倾杯。皮日休《苦雨中又作四声诗寄鲁望·平去声》："堆书仍倾觞，富贵未换箇。"

【傾瀉】 倾倒。无名氏《琵琶》(卷七八五)："珊瑚鞭折声交戛，玉盘倾泻真珠滑。"

【傾藿】 葵藿倾向太阳。比喻忠诚。语出三国魏曹植《求通亲亲表》："若葵藿之倾叶太阳，虽不为之回光，然终向之者，诚也。臣窃自比葵藿。"韩愈李正封《晚秋郾城夜会联句》："诱接喻登龙，趋弛状倾藿。"

【傾轍】 翻车之路。喻败亡之途。杜光庭《怀古今》："胡为乎冒进贪名践危途与倾辙，胡为乎怙权恃宠顾华饰与雕簪。"

【傾懷】 倾吐情怀。徐夤《上卢三拾遗以言见黜》："冷眼静看真好笑，倾怀与说却为冤。"

【傾曦】 斜阳。吴筠《游仙二十四首》之十："倾曦复亭午，六合无瞑色。"

【傾罍】 以罍注酒，指饮酒。罍，酒器，形似壶。独孤及《李卿东池夜宴得池字》："去烛延高月，倾罍就小池。"

【傾聽】 侧耳而听。形容听得专心。白居易《松下琴赠客》："惭君此倾听，本不为君弹。"陆龟蒙《村夜二篇》之一："明发成浩歌，谁能少倾听。"

【傾囊】 谓罄其所有。韦庄《秦妇吟》："入门下马若旋风，罄室倾囊如卷土。"

像

〔xiàng《广韵》徐两切，上養，邪。〕❶形象，形状。乔知之《哭故人》："玉没终无像，兰言强问虚。"张说《山夜闻钟》："听之如可见，寻之定无像。"刘禹锡《送僧仲颙东游兼寄呈灵澈上人》："晴空礼拜见真像，金毛五髻卿云间。"❷模拟，仿效。顾况《丘小府小鼓歌》："地盘山鸡犹可像，坎坎砰砰随手长。"白居易《蜀路石妇》："后人高其节，刻石像妇形。"❸人及神佛的画像或雕塑。高适《信安王幕府诗》："帝思麟阁像，臣献柏梁篇。"权德舆《与沈十九拾遗同游栖霞寺上方于亮上人院会宿二首》之一："重楼回树杪，古像凿山腹。"韩愈《题炭谷湫祠堂》："祠堂像侔真，擢玉纡烟鬟。"陆龟蒙《奉和袭美太湖诗二十首·雨中游包山精舍》："僧闲若图画，像古非雕刻。"❹相似。方干《题越州袁秀才林亭》："清邃林亭指画开，幽岩别派像天台。"

【像宇】　庙宇。杨衡《宿陟岵寺云律师院》："像宇郁参差，宝林疏复密。"

【像教】　即佛教。因借形象以教人，故称。灵澈《宿东林寺》："千年像教今不闻，焚香独为鬼神说。"刘得仁《送智玄首座归蜀中旧山》："像教得重兴，因师说大乘。"杜牧《寄内兄和州崔员外十二韵》："西方像教毁，南海绣衣行。"

【像設】　用作祠祀的神佛供像。薛逢《社日游开元观》："浪渍法堂余像设，水存虚殿半科仪。"皮日休《太湖诗·包山祠》："白云最深处，像设盈岩堂。"陆龟蒙《奉和袭美太湖诗二十首·孤园寺》："今来四百载，像设藏云浦。"颜胄《适思》："精灵无奈何，像设安所荣。"

【像閣】　佛寺。薛能《凌云寺》："像阁与山齐，何人致石梯。"齐己《游三觉山》："孤峰擎像阁，万木蔽星空。"

傭　〔yōng《广韵》餘封切，平鍾，以。〕❶雇用。见"傭書"。❷被雇用。见"傭工""傭力"。❸雇工。李贺《南园十三首》之三："桃胶迎夏香琥珀，自课越佣能种瓜。"

【傭力】　出卖劳力，雇工。白居易《和春深二十首》之二："奴困归佣力，妻愁出赁车。"

【傭工】　雇工。元稹《江边四十韵》："庭草佣工薙，园蔬稚子掊。"刘禹锡《唐秀才赠端州紫石砚以诗答之》："此日佣工记名姓，因君数到墨池前。"

【傭刓】　犹琢磨。李贺《杨生青花紫石砚歌》："佣刓抱水含满唇，暗洒苌弘冷血痕。"

【傭舟子】　受雇的船工。白居易《大水》："独有佣舟子，鼓枻生意气。"

【傭居】　租赁的住宅。杜牧《分司东都寓居履道叨承川尹刘侍郎大夫恩知上四十韵》："赐第成官舍，佣居起客亭。"

【傭保】　雇工。皮日休《酒中十咏·酒垆》："倘得作杜根，佣保何足愧。"

【傭書】　受雇为人抄书或做笔札。白居易《效陶潜体诗十六首》之十五："布裙行赁舂，裋褐坐佣书。"杜牧《宣城赠萧兵曹》："赊酒不辞病，佣书非为贫。"韦庄《癸丑年下第献新先辈》："未酬阚泽佣书债，犹欠君平卖卜钱。"李瀚《蒙求》："偃师舞木，德润佣书。"

【傭賃】　受雇于人。耿湋《代园中老人》："佣赁难堪一老身，皤皤力役在青春。"

僇　〔lù《广韵》力竹切，入屋，來。又力救切，去宥，來。〕❶迟缓。皮日休《吴中苦雨因书一百韵寄鲁望》："狂发铿訇音，不得懈怠僇。"❷侮辱。见"僇辱"。

【僇辱】　侮辱。元稹《纪怀赠李六户曹崔二十功曹五十韵》："僇辱徒相困，苍黄性不能。"

十二画

僰　〔bó《广韵》蒲北切，入德，並。〕❶我国古代西南地区少数民族名。春秋前后居住在以僰道为中心的今川南及滇东一带。❷僰人所居之地。见"僰道"。

【僰童】　见"僰僮"。

【僰道】　古县名。西汉置，治所在今四川宜宾市西南安边场。北周保定三年(563)改为外江县，隋大业初复为僰道县。唐会昌三年(843)移至宜宾市东北长江北岸。唐诗中亦指通过僰道县境的道路。武元衡《酬李十一尚书西亭暇日书怀见寄十二韵之作》："烟尘开僰道，旌节护蛮陬。"权德舆《送黔中裴中丞阁老赴任》："辰溪分浩淼，僰道接萦回。"又《送袁中丞持节册南诏五韵》："烟雨僰道深，麾幢汉仪盛。"

【僰僮】　亦作"僰童"。被买作奴隶的僰人。高适《李云南征蛮诗》："野食掘田鼠，晡餐兼僰僮。"皮日休《江南书情二十韵寄秘阁韦校书贻之商洛宋先辈垂文二同年》："茶教弩父摘，酒遣僰童监。"

僥　〔jiǎo《集韵》吉了切。上篠，見。〕见"僥倖"。

【僥倖】　意外获得成功。犹幸运。李峤《宝剑篇》："承平久息干戈事，侥幸得充文武备。"韩愈《病鸱》："侥幸非汝福，天衢汝休窥。"白居易《吟四虽》："省躬审分何侥幸，值酒逢歌且欢喜。"

僨　〔fèn《广韵》方問切，去問，非。〕隆起，高。皮日休《新秋言怀寄鲁望三十韵》："偾田含紫芋，低蔓隐青匏。"

僛　〔qī《广韵》去其切，平之，溪。〕醉舞貌。见"僛垂"。

【僛垂】　醉舞貌。杜牧《寄李起居四韵》："南国剑眸能盼眄，侍臣香袖爱僛垂。"

僚　〔liáo《广韵》落蕭切，平蕭，來。又力小切，上小，來。〕❶官吏。岑参《左仆射相国冀公东斋幽居》："丞相百僚长，两朝居此官。"杜甫《送陵州路使君赴任》："众僚宜洁白，万役但平均。"蒋冽《台中书怀》："坐居三独中，立在百僚外。"❷部属，下僚。耿湋《会凤翔张少尹南亭》："更料重关外，群僚候启扉。"张籍《和裴司空即事通简旧僚》："犹闻动高韵，思与旧僚同。"温庭筠《寄河南杜少尹》："十载归来鬓未凋，玳簪珠履见常僚。"❸同僚，同官。岑参《和刑部成员外秋夜寓直寄台省寄己》："粉署荣新命，霜台忆旧僚。”杜甫《寄韦有夏郎中》：“万里皇华使，为僚记腐儒。”韩愈《叉鱼招张功曹》：“脍成思我友，观乐忆吾僚。”杨凝《留别》：“玉节随东阁，金闺别旧僚。”❹朋友。孟郊《寿安西渡奉别郑相公》之二：“昧趣多滞涩，懒朋寡新僚。”

【僚友】 同僚，同事。王昌龄《诸官游招隐寺》：“僚友同一心，清光遣谁取。”白居易《浔阳岁晚寄元八郎中庾三十二员外》：“虚怀事僚友，平步取公卿。”

【僚吏】 属官，属吏。徐彦伯《拟古三首》之二：“廨署相填噎，僚吏纷纵横。”司空图《冯燕歌》：“初闻僚吏翻疑叹，呵叱风狂词不变。”

【僚故】 故吏。张九龄《酬宋使君见赠之作》：“衰废时所薄，只言僚故情。”

【僚寀】 同僚。孟浩然《秋日陪李侍御渡松滋江》：“僚采争攀鹢，鱼龙亦避骢。”

【僚屬】 属官，属吏。张籍《董公诗》：“端居任僚属，宴语常从容。”罗隐《览晋史》：“齐王僚属好男儿，偶觅东归便得归。”慕幽《酬和友人见寄》：“莫效齐僚属，东归蓟钓竿。”

僭 〔jiàn《广韵》子念切，去㮇，精。〕❶超越身份，冒用在上者的职权行事。姚合《武功县中作三十首》之十二：“官卑食肉僭，才短事人非。”皮日休《吴中苦雨因书一百韵寄鲁望》：“啬止甘蟹䇹，侈唯僭车服。”❷差失，乱。陈陶《圣帝击壤歌四十声》：“在昔宫闱僭，仍罹羿浞殃。”❸僭据。李颀《郑樱桃歌》：“石季龙，僭天禄，擅雄豪。”元稹《将进酒》：“主今颠倒安置妾，贪天僭地谁不为。”❹追求，贪求。韩愈《喜侯喜至赠张籍张彻》：“人生但如此，朱紫安足僭。”❺过分。见“僭奢”。

【僭侈】 越分奢侈。韦庄《和郑拾遗秋日感事一百韵》：“僭侈彤襜乱，喧呼绣鬣攘。”

【僭差】 超起身份等级。元稹《茅舍》：“不使及僭差，粗得御寒夏。”

【僭越】 超越臣下身份行事。唐彦谦《严子陵》：“不怕旧交嗔僭越，唤他侯霸作君房。”

【僭奢】 过分奢侈。徐夤《忆长安行》：“旧历关中忆废兴，僭奢须戒俭须凭。”

【僭盗】 指僭据皇权之人。武少仪《诸葛丞相庙》：“欲尽智能倾僭盗，善持忠节转庸昏。”

【僭號】 僭用帝王称号。周昙有《僭号公孙述》。

【僭僞】 古称割据一方非正统的王朝政权。詹敦仁《复留侯从效向南汉刘岩改名》：“唐祚值倾危，刘龚怀僭伪。”

【僭擬】 越分妄比。多指臣下擅用君主的礼仪制度。杜牧《感怀诗》：“法制自作为，礼文争僭拟。”

【僭濫】 谓赏罚过度。语出《诗·商颂·殷武》：“不僭不滥，不敢怠遑。”元稹《献荥阳公诗五十韵》：“卫磬琤镝极，齐等僭滥偏。”

僕 〔pú《广韵》蒲木切，入屋，並。又蒲沃切，入沃，並。〕❶仆人。孟浩然《岁除夜有怀》：“渐与骨肉远，转于奴仆亲。”杜甫《北征》：“我行已水滨，我仆犹木末。”姚合《题李频新居》：“劝僧尝药酒，教仆辨书签。”❷谦词。用于第一人称。王勃《忽梦游仙》：“仆本江上客，牵迹在方内。”李白《走笔赠独孤驸马》：“是时仆在金门里，待诏公车谒天子。”张建封《酬韩校书愈打球歌》：“仆本修文持笔者，今来帅领红旌下。”韩熙载《感怀诗二章》之一：“仆本江北人，今作江南客。”❸官名。见“僕射”。

【僕人】 受雇供役使的人。储光羲《同诸公秋日游昆明池思古》：“仆人理车骑，西出金光逵。”又《同房宪部应旋》：“车骑践香草，仆人沐花雨。”

【僕夫】 奴仆，仆从。钱起《赠李十六》：“仆夫视日色，栖鸟催车声。”刘禹锡《送李策秀才还湖南因寄幕中亲故兼简衡州吕八郎中》：“仆夫前致词，门有白面生。”张籍《三原李氏园宴集》。“仆夫守旧宅，为客侍华筵。”

【僕使】 仆人。白居易《春葺新居》：“平旦领仆使，乘春亲指挥。”

【僕妾】 奴仆婢妾。司空图《白菊杂书四首》之三：“狂才不足自英雄，仆妾驱令学贩舂。”

【僕姑】 又名金仆姑。良箭名。欧阳詹《送张骠骑邠宁行营》：“宝马雕弓金仆姑，龙骧虎视出皇都。”卢纶《和张仆射塞下曲》：“鹫翎金仆姑，燕尾绣蝥弧。”杜牧《重送》：“手撚金仆姑，腰悬玉辘轳。”温庭筠《病中书怀呈友人》：“粉垛收丹采，金髇隐仆姑。”

【僕馬】 仆从与乘马。姚合《送李琮归灵州觐省》：“风沙移道路，仆马识山川。”又《送任畹评事赴沂海》：“严冬入都门，仆马气益豪。”

【僕射】 （—yè）官名。始置于秦。凡侍中、尚书、博士等官，皆置之，为其首先。东汉尚书仆射为尚书令之副，职权渐重，后又分置左右仆射，与尚书令同居宰相之任。唐代以左右仆射为尚书省长官，与中书令、门下侍中同为宰相。开元以后，非加同中书门下平章事者，则仅为优崇退位宰相及文武大臣的荣衔，无实权。韩翃《寄上田仆射》：“仆射临戎谢安石，大夫持宪杜延年。”刘禹锡《和白侍郎送令狐相公镇太原》：“行台仆射深恩重，从事中郎旧路归。”罗隐《薛阳陶觱篥歌》：“邗沟仆射戎政闲，试渡瓜洲吐伊郁。”

【僕射陂】 陂池名。在今河南新郑市东南四里，北魏孝文帝赐仆射李冲，因以为名。玄宗天宝六载(747)更名为广仁池，并禁止渔采。见《新唐书·地理志二》。姚合《送崔中丞赴郑州》：“仆射陂前郡，清高越四邻。”赵嘏《送李蕴赴郑州因献卢郎中假》：“仆射陂西想到时，满川晴色见旌旗。”罗隐《送郑州严员外》：“尚书碛冷鸿声晚，仆射陂寒树影秋。”谭用之《秋日圃田送人随计》：“仆射陂前是传邮，去程雕鹗弄高秋。”

【僕從】 随从，跟随身边的仆人。韩愈《寄卢仝》：“水南山人又继往，鞍马仆从塞闾里。”

【僕御】 驾驭车马的仆役。韦应物《送令狐岫宰恩阳》：“离人起视日，仆御促前征。”李商隐《咏怀寄秘阁旧僚二十六韵》：“仆御嫌夫懦，孩童笑叔痴。”许棠《送裴拾遗宰下邽》：“地古桑麻广，城偏仆御闲。”

【僕童】 未成年的仆人。韩愈《此日足可惜赠张籍》：“辕马蹢躅鸣，左右泣仆童。”

【僕隸】 仆人。姚合《送孙山人》：“尘土衣裳重，腥膻仆隶饥。”曹邺《将赴天平职书怀寄翰林从兄》：“谁遣辟书至，仆隶皆展眉。”

僩 〔xiàn《广韵》下赧切，上潸，匣。又古限切，上産，見。〕❶胸襟开阔貌。❷人名。韦应物《答僩奴重阳二甥》：“重阳守故家，僩子旅湘沅。”

僑 〔qiáo《广韵》巨嬌切，平宵，羣。〕❶客居异乡。见“僑居”“僑客”。❷人名。即公孙侨。又称国侨，郑侨。春秋郑国政治家，贵族子国之子，名侨，字子产。杜甫《奉赠卢五丈参谋》：“人幕知孙楚，披襟得郑侨。”元稹《赛神》：“吾闻国侨理，三年名乃振。”

【僑居】 寄居他乡。韦应物《岁日寄京师诸季端武等》：“献岁抱深恻，侨居念归缘。”薛能《闲题》：“八年藩翰似侨居，只此谁知报玉除。”

【僑客】 客居之人。李嘉祐《送窦拾遗赴朝因寄中书十七弟》：“老为侨客偏相恋，素是诗家倍益亲。”

【僑裝】 行装。亦谓穿上行装。张九龄《初发道中赠王司马兼寄诸公》：“肃命趋仙阙，侨装抚传车。”

【僑廬】 客居的屋舍。张说《赠赵侍御》：“险式压西湖，侨庐对南岘。”

僬 〔jiāo《广韵》即消切，平宵，精。又昨焦切，平宵，從。〕见“僬僥”。

【僬僥】 （—yáo）古代传说中的矮人，因以为国名。又为古代西南少数民族名。白居易《草词毕遇芍药初开偶成十六韵》：“勾漏丹砂里，僬侥火焰旗。”

僞 〔wěi《广韵》危睡切，去寘，疑。〕❶奸伪，欺诈。杜甫《敬寄族弟唐十八使君》：“在今气磊落，巧伪莫敢亲。”舒元舆《坊州按狱》：“真非既巧饰，伪意乃深韬。”❷伪装。杜甫《故司徒李公光弼》：“未散河阳卒，思明伪臣妾。”顾况《山中赠客》：“山中好处无人别，涧梅伪作山中雪。”❸虚假。韩愈《桃源图》：“世俗宁知伪与真，至今传者武陵人。”白居易《放言五首》之一：“朝真暮伪何人辨，古往今来底事无。”

【僞位】 僭伪之君位。李颀《郑樱桃歌》：“淫昏伪位神所恶，灭石者陵终不误。”

【僞言】 假话。白居易《新乐府·天可度恶诈人也》：“但见丹诚赤如血，谁知伪言巧似簧。”

【僞書】 伪造的诏书。常楚老《祖龙行》：“腐肉偷生三千里，伪书先赐扶苏死。”

【僞遊】 诈说巡游。胡曾《咏史诗·云梦》：“汉祖听谗不可防，伪游韩信果罹殃。”

【僞體】 指违背《诗经》《乐府》等优秀传统的虚伪浮华的诗歌。杜甫《戏为六绝句》之六：“别裁伪体亲风雅，转益多师是汝师。”

【僞蠶】 野蚕。贯休《避寇入银山》：“烧地生芞蕨，人家煮伪蚕。”

僦 〔jiù《广韵》即就切，去宥，精。〕价值。韩愈《南山诗》：“鸿荒竟无传，功大莫酬僦。”

僮 〔tóng《广韵》徒紅切，平東，定。〕❶未成年的男子。司空曙《寄卫明府常见短靴褐裘又务持诵是以有末句之赠》：“高僧静望山僮逐，走吏喧来水鸭沉。”❷奴仆。王维《酬慕容十一》：“挟毂双官骑，应门五尺僮。”高适《同鲜于洛阳于毕员外宅观画马歌》：“家僮愕视欲先鞭，枥马惊嘶还屡顾。”张籍《春日行》：“草堂晨起酒半醒，家僮报我园花满。”杜荀鹤《长安道中有作》：“回头不忍看羸僮，一路行人我最穷。”

【僮兒】 童仆。元稹《表夏十首》之二：“僮儿拂巾箱，鸦轧深林井。”

【僮御】 仆役。元稹《晓将别》：“屑屑命僮御，晨装俨已齐。”又《苦雨》：“回头命僮御，向我色踟蹰。”

【僮僕】 奴仆。丘为《寻西山隐者不遇》：“扣关无僮仆，窥室唯案几。”韦应物《答裴丞说归京所献》：“家贫无僮仆，吏卒升寝斋。”孟郊《远游》：“远行少僮仆，驱使无是非。”韩偓《离家第二日却寄诸兄弟》：“却望山川空黯黯，回看僮仆亦依依。”

【僮隸】 奴仆。韩愈、孟郊《城南联句》：“爵勋逮僮隶，簪笏自怀绷。”

僧 〔sēng《广韵》蘇增切，平登，心。〕僧伽的省称。指出家修行的男性佛教徒，俗称“和尚”。杜甫《大觉高僧兰若》：“一老犹鸣日暮钟，诸僧尚乞斋时饭。”鲍溶《送僧择栖游天台二首》之二：“金岭雪晴僧独归，水文霞彩衲禅衣。”刘沧《与僧话旧》：“南朝古寺几僧在，西岭空林唯鸟归。”

【僧正】 僧官名。始设于后秦，职掌各地僧尼。南朝历代因之。唐以后于各州设立僧正，掌管地方僧尼事务。李德裕有《戏赠慎微寺主道安上座三僧正》。

【僧史】 记载佛教历史的书籍。严维《哭灵一上人》："谁复修僧史，应知传已成。"李群玉《饭僧》："峻范照秋霜，高标掩僧史。"尚颜《寄华阴司空侍郎》："换笔修僧史，焚香阅道经。"

【僧尼】 僧人与尼姑。皮日休《开元寺佛钵诗》序："晋建兴二年，二圣像浮海而至沪渎，僧尼辈取之以归，今存于开元寺。"

【僧行】 指遵守佛门戒规刻苦修行的行为。白居易《赠僧五首·钵塔院如大师》："若不秉持僧行苦，将何报答佛恩深。"许浑《宣州开元寺赠惟真上人》："曾与径山为小师，十年僧行众人知。"杜荀鹤《赠元上人》："多少僧中僧行高，偈成流落遍僧抄。"

【僧衣】 袈裟。僧人之服。黄巢《自题像》："记得当年草上飞，铁衣著尽著僧衣。"

【僧戒】 佛教戒规。杜荀鹤《赠休禅和》："为僧难得不为僧，僧戒僧仪未是能。"

【僧坊】 佛寺。王维《青龙寺昙壁上人兄院集》序："以定力胜敌，以惠用解严，深居僧坊，傍俯人里。"

【僧伽】 ❶原指四人以上的僧团。后亦指僧人。刘行敏《嘲李叔慎贺兰僧伽杜善贤》："叔慎骑乌马，僧伽把漆弓。"❷即僧伽大师。西域名僧，俗名何，僧伽为其法号。高宗龙朔初入唐，于泗州临淮县建寺。中宗景龙二年(708)尊为国师，后居长安荐福寺，世称其为观音大士化身。李白《僧伽歌》："真僧法号号僧伽，有时与我论三车。"韩愈《送僧澄观》："僧伽后出淮泗上，势到众佛尤恢奇。"

【僧社】 佛寺，寺庙。白居易《春忆二林寺旧游因寄朗满晦三上人》："最惭僧社题桥处，十八人名空一人。"张登《招客游寺》："招取遗民赴僧社，竹堂分坐静看心。"

【僧盂】 即钵盂。用泥或铁制成。圆形，稍扁，底平，口略小。为僧徒吃饭用的食器。韩愈、孟郊《城南联句》："寺砌上明镜，僧盂敲晓钲。"

【僧門】 佛家。令狐峤《明庆节散后赠左右两街命服僧玄》："却羡僧门与道门，元年今日紫衣新。"

【僧舍】 寺庙。白居易《奉酬淮南牛相公思黯见寄二十四韵》："雪夜寻僧舍，春朝列妓筵。"和凝《洋川》："官闲最好游僧舍，江近应须买钓船。"

【僧定】 即禅定。佛教修行方法之一。修行时静坐敛心，专注一境，久之而获得佛教悟解，达到身心"轻安"，观照"明净"的状态。顾况《宿湖边山寺》："蒲团僧定风过席，苇岸渔歌月堕江。"齐己《登大林寺观白太傅题版》："怪石和僧定，闲云共鹤回。"

【僧房】 ❶僧人居住的房室。白居易《咏怀》："酒肆夜深归，僧房日高睡。"刘得仁《晚秋与友人游青龙寺》："因居话心地，川冥宿僧房。"唐彦谦《红叶》："晚风生旅馆，寒籁近僧房。"齐己《题终南山隐者室》："时向圭峰宿，僧房瀑布寒。"❷佛寺。徐铉《又和游光睦院》："客棹晚维岸，僧房犹掩关。"

【僧居】 指寺院，佛寺。冯少吉《山寺见杨少卿书壁因题其尾》："少卿真迹满僧居，只恐钟王也不如。"王驾《次韵和卢先辈避难寺居看牡丹》："乱后寄僧居，看花恨有余。"

【僧侣】 出家修行的男性佛教徒。韦应物《答河南李士巽题香山寺》："寂寞僧侣少，苍茫林木成。"

【僧俗】 僧人与一般人。徐夤《自咏十韵》："僧俗共邻栖隐乐，妻孥同爱水云清。"

【僧律】 佛教戒律。皇甫冉《和郑少尹祭中岳寺北访萧居士越上方》："晚节持僧律，他年著道书。"严维《赠别至弘上人》："年老从僧律，生知解佛书。"白居易《二月一日作赠韦七庶子》："今春入道场，清静依僧律。"

【僧院】 寺院。白居易《酬令狐相公春日寻花见寄六韵》："白飘僧院地，红落酒家楼。"姚合《题山寺》："未暇寻僧院，先看置寺碑。"许浑《寓居开元精舍酬薛秀才见贻》："芰荷风起客堂静，松桂月高僧院深。"司空图《漫书》："到还僧院心期在，瑟瑟澄鲜百丈潭。"

【僧格】 僧人风格。薛能《赠源寂禅师》："门禅从北祖，僧格似南朝。"贯休《题灵溪畅公墅》："境清僧格冷，新斩古林开。"

【僧夏】 佛教认为每年阴历四月十六日至七月十五日之间，外出易伤草木小虫，故规定僧尼须在寺内坐禅修学，接受供养，谓之"僧夏"，或称"夏安居""坐夏"。韦应物《起度律师同居东斋院》："安居同僧夏，清夜讽道言。"

【僧虔】 即东晋山阴嘉祥寺僧人慧虔。俗姓皇甫，北地(今陕西铜川市耀州区)人。东晋义熙中卒。事见南朝梁慧皎《高僧传》。皮日休《偶留羊振文先辈及一二文友小饮》："犹有僧虔多蜜炬，不辞相伴到天明。"

【僧家】 ❶佛门；僧人。刘长卿《早春赠别赵居士还江左时长卿下第归嵩阳旧居》："果得僧家缘，能遗俗人态。"皮日休《夏景冲淡偶然作二首》之一："红印寄泉惭郡守，青筐与笋愧僧家。"韦庄《赠武处士》："一身唯一室，高静若僧家。"❷僧院；佛寺。白居易《僧院花》："欲悟色空为佛事，故栽芳树在僧家。"沈传师《次潭州酬唐侍御姚员外游道林岳麓寺题示》："为闻楚国富山水，青嶂逦迤僧家园。"牟融《题寺壁》："僧家胜景瞰平川，雾重岚深马不前。"贾岛《送卢秀才游潞府》："过山干相府，临水宿僧家。"

【僧堂】 佛寺之堂，为僧徒坐禅之所。李端《慈恩寺怀旧》："孔席亡颜子，僧堂失谢公。"许浑《晨自竹径至龙兴寺崇隐上人院》："佛寺通南径，僧堂倚北坡。"

【僧庵】 佛寺。陆龟蒙《残雪》："何溪背林处，犹覆定僧庵。"

【僧窗】 佛寺的窗户。周贺《送石协律归吴》："僧窗梦后忆归耕，水涉应多半月程。"齐己《东林雨后望香炉峰》："翠湿僧窗里，寒堆鸟道边。"

【僧飯】 施给僧人的斋食。皮日休《奉和袭美抱疾杜门见寄次韵》："栖野鹤笼宽使织，施山僧饭别教炊。"

【僧榻】 僧床。张乔《秦原春望》："云离僧榻曙，燕远凤楼春。"

【僧鳳】 唐诗僧。俗姓萧，少工文翰。后师京师大兴善道场僧粲为僧，贞观初召主普集、定水二寺。贞观中卒，年七十七。事见唐释道宣《续高僧传》。《全唐诗》一首。

【僧肇】 (384—414)东晋高僧。俗姓张，京兆长安(今陕西西安)人。少时以书为业，因得历观经史。"志好玄微，每以庄老为心要"(《高僧传》)，后读《维摩诘经》，遂出家为僧，师事鸠摩罗什，以擅长般若学著称，为"什门四哲"之一。著作有《肇论》《维摩诘经注》等。郑薰《赠巩畴》："高论展僧肇，精言资巩生。"知玄《答僧澈》："若使龙光时可待，应怜僧肇论成初。"

【僧儀】 佛教仪式。如佛忌、祈祷、追福等法会仪式。杜荀鹤《赠休禅和》："为僧难得不为僧，僧戒僧仪未是能。"

【僧餐】 施给僧人的斋食。皮日休《奉和鲁望病中秋怀次韵》："因分鹤料家资减，为置僧餐口数添。"

【僧録】 僧官名。始置于后秦。至唐重置，掌全国寺院、僧籍及僧官补授等。分左街僧录与右街僧录，分别属左右街功德使所辖，并属祠部。程紫霄《与释惠江互谑》："僧录琵琶腿，先生觱栗头。"赵嘏有《题崇圣寺简云端僧录》。

【僧禪】 即僧人禅定。司空曙《题凌云寺》："云生客到侵衣湿，花落僧禅覆地多。"张乔《和薛监察题兴善寺古松》："鹤动池台影，僧禅雨雪声。"杜荀鹤《赠题兜率寺闲上人院》："人间寺应诸天号，真行僧禅此寺中。"李习《凌云寺》："僧禅寂寂无人迹，满地落花春又过。"

【僧繇】 即张僧繇。南朝梁画家。吴(今江苏苏州)人。武帝天监中为武陵王国侍郎，官至右军将军、吴兴太守。工于描绘道释人物，尤善画龙。相传于金陵安乐寺画四龙，二龙点睛后，即乘云飞去。武帝装饰佛寺，多由僧繇图之。与曹不兴、顾恺之、陆探微合称六朝四大画家。元稹《和乐天寻郭道士不遇》："欲请僧繇远相画，苦愁频变本形容。"吴融《华清宫四首》之四："玉皇掩泪频惆怅，应叹僧繇彩笔飞。"李远《赠写御容李长史》："三朝供奉无人敌，始觉僧繇浪得名。"贯休《题成都玉局观孙位画龙》："老僧相传道是僧繇手，寻常入海共龙斗。"

【僧齋】 ❶供给僧人斋食，谓之"僧斋"，或"斋僧"。亦指僧人遵守佛戒吃斋。姚合《赠王建司马》："老觉僧斋健，贫还酒债迟。"❷指僧院斋房。许浑《病间寄郡中文士》："心同客舍惊秋早，迹似僧斋厌夜长。"

【僧彌】 东晋王珉小字。珉字季琰，少有才艺，善行书。历官著作、散骑郎、国子博士、黄门侍郎、侍中，后为中书令。时谓献之为"大令"，珉为"小令"。《晋书》卷六五有传。陆龟蒙《奉和袭美古杉三十韵》："后雕依佛氏，初植必僧弥。"自注："寺即东晋王家别墅。"

【僧臘】 僧尼受戒后的年岁。皇甫曾《赠鉴上人》："律仪传教诱，僧腊老烟霄。"韩翃《题荐福寺衡岳暕师房》："僧腊阶前树，禅心江上山。"

【僧籍】 登录僧人姓名、年龄、籍贯等的簿籍。始设于南北朝时。由僧正或昭玄曹统管。唐时由尚书省祠部和左右街僧录司管理。每三年，州县为籍，一以留州县，一以上祠部。刘禹锡《送僧仲剬东游兼寄呈灵澈上人》："西游长安隶僧籍，本寺门前曲江碧。"

【僧寶】 佛教三宝(佛宝、法宝、僧宝)之一。原指僧团，后泛指继承宣扬佛教教义的僧众。杜甫《岳麓山道林二寺行》："地灵步步雪山草，僧宝人人沧海珠。"白居易《和微之春日投简阳明洞天五十韵》："髻里传僧宝，环中得道枢。"

【僧龕】 佛龛。供奉佛像或神像的石室或柜子。齐己《将游嵩华行次荆渚》："会向红霞峤，僧龛对薜萝。"

【僧籤】 佛经之籤。亦借指佛经。张籍《读经》："儒书难借索，僧签饶芳馨。"

【僧鸞】 唐僧名。蜀人。少有逸才，不事拘检，谒尚书薛能，令之出家。后入京，为文章供奉，赐紫。张乔有《送僧鸾归蜀宁亲》。李洞有《喜鸾公自蜀归》。鸾诗仅存二首，见《全唐诗》卷八二三。事见孙光宪《北梦琐言》卷十。

僝

〔chán《广韵》士山切，平山，崇。〕衰弱。贯休《迎举人歌行卷》："王恺家中藏难掘，颜回饥僝愁天雪。"

僎 〔zūn《广韵》將倫切，平諄，精。〕通“遵”。赞礼，即典礼时辅助主人导行仪节的人。引申为助手。卢仝《冬行三首》之二：“贫交多变态，僎得君子不？”

僜[1] 〔chēng《广韵》丑升切，平蒸，徹。〕行走不稳貌。元稹《纪怀赠李六户曹崔二十功曹五十韵》：“有时鞭款段，尽日醉僜僜。”

僜[2] 〔dèng《广韵》徒亙切，去嶝，定。〕象声词。形容琴声。吴融《个人三十韵》：“管咽参差韵，弦嘈倰僜声。”

儆 〔jǐng《广韵》居影切，上梗，見。又渠敬切，去映，羣。〕❶警戒，戒备。白居易《有木诗八首》序：“因引风人骚人之兴，赋《有木》八章，不独讽前人，亦儆后代尔。”又《高仆射》：“中心私自儆，何以为我戒？”❷警告，使戒惧。白居易《春雪》：“上将儆政教，下以防灾孽。”又《贺雨》：“或者天降沴，无乃儆予躬。”

十三画

僵 〔jiāng《广韵》居良切，平陽，見。〕❶倒，仆倒。韩愈《调张籍》：“帝欲长吟哦，故遣起且僵。”❷毙，死。韩愈《苦寒》：“虎豹僵穴中，蛟螭死幽潜。”❸僵硬。戎昱《塞下曲》：“塞北无草木，乌鸢巢僵尸。”孟郊《答卢仝》：“楚屈入水死，诗孟踏雪僵。”贯休《闻无相道人顺世五首》之三：“迂谈无世味，夜深山木僵。”

【僵尸】 僵硬的尸体。杜甫《夔府书怀四十韵》：“大庭终反朴，京观且僵尸。”李德裕《东郡怀古二首·阳给事》：“毕命在旗下，僵尸横道周。”

【僵屍】 同“僵尸”。徐晶《阮公体》：“唯见长城外，僵尸如乱麻。”岑参《过梁州奉赠张尚书大夫公》：“羌虏昔未平，华阳积僵尸。”李白《书怀赠南陵常赞府》：“至今西二河，流血拥僵尸。”戎昱《收襄阳城二首》之二：“五营飞将拥霜戈，百里僵尸满浕河。”

【僵踣】 跌倒。元稹《将进酒》：“仰天俯地不忍言，阳为僵踣主父前。”

【僵燕】 冻僵的燕子。李绅《趋翰苑遭诬构四十六韵》：“涸鱼思雨润，僵燕望雷苏。”

價 〔jià《广韵》古訝切，去禡，見。〕❶价格；价值。李峤《扇》：“翟扇旧传名，蒲葵价不轻。”杜甫《逼仄行赠毕曜》：“街头酒价常苦贵，方外酒徒稀醉眠。”李商隐《一片》：“一片琼英价动天，连城十二昔虚传。”韦庄《乞彩笺歌》：“也知价重连城璧，一纸万金犹不惜。”❷声价，名声。张九龄《酬通事舍人寓直见示篇中兼起居陆舍人景献》：“价以陆生减，贤惭鲍叔知。”李白《赠从弟南平太守之遥二首》之一：“梦得池塘生春草，使我长价登楼诗。”孟郊《和宣州钱判官使院厅前石楠树》：“始觉石楠咏，价倾赋两都。”贾岛《重酬姚少府》：“俸利沐均分，价称烦嘘噏。”❸钱款。杜甫《屏迹三首》之三：“年荒酒价乏，日并园蔬课。”姚合《买太湖石》：“贵我辨识精，取价复不多。”周贺《送石协律归吴》：“幕府罢来无药价，纱巾带去有山情。”朱庆余《题寄王秘书》：“唯求买药价，此外更无机。”

【價直】 同“價值”。白居易《偶以拙诗数首寄呈裴长尹侍郎蒙以盛制四篇一时酬和重投长句美而谢之》：“投君之文甚荒芜，数篇价直一束刍。”

【價沽】 卖价。语出《论语·子罕》：“有美玉于斯，韫椟而藏诸？求善贾而沽诸？”温庭筠《病中书怀呈友人》：“适与群英集，将期善价沽。”

僶 〔mǐn《广韵》武盡切，上軫，明。《集韵》弭盡切，上準，明。〕见“僶俛”。

【僶俛】 ❶努力，勤勉。王勃《倬彼我系》：“僶俛从役，岂敢告劳。”李颀《赠别高三十五》：“僶俛从寸禄，旧游梁宋时。”窦群《北地》：“僶俛思逋客，辛勤悔饭牛。”白居易《思归》：“遂求及亲禄，僶俛来京师。”❷俯仰，随俗浮沉。刘长卿《硖石遇雨宴前主簿从兄子英宅》：“折腰五斗间，僶俛随尘埃。”韩愈《南山诗》：“厥初孰开张，僶俛谁劝侑。”❸勉强。韦应物《西涧种柳》：“宰邑乖所愿，僶俛愧昔人。”元稹《春六十韵》：“僶俛还移步，持疑又省躬。”

【僶勉】 同“僶俛❶”。韩愈《寄崔二十六立之》：“月以喻夫道，僶勉励莫亏。”

儂 〔nóng《广韵》奴冬切，平冬，泥。〕❶我。李白《秋浦歌十七首》之一：“寄言向江水，汝意忆侬不。”刘禹锡《竹枝词九首》之二：“花红易衰似郎意，水流无限似侬愁。”薛涛《段相国游武担寺病不能从题寄》：“侬心犹道青春在，羞看飞蓬石镜中。”陆龟蒙《奉和袭美吴中言情见寄次韵》：“菰烟芦雪是侬乡，钓线随身好坐忘。”❷人。韩愈《泷吏》：“比闻此州囚，亦在生还侬。”韦庄《汉州》：“此侬初到汉州城，郭邑楼台触目惊。”❸辈，侪。卢肇《谪连州书春牛榜子》：“不得职田饥欲死，儿侬何事打春牛。”安锜《题贾岛墓》：“驰誉超先辈，居官下我侬。”

【儂阿】 （—ā）我。长孙无忌《新曲》之一：“侬阿家住朝歌下，早传名。结伴来游淇水上，旧长情。”

【儂家】 犹言我。家，后缀。王维《赠吴官》：“不如侬家任挑达，草屩捞虾富春渚。”顾况《谅公洞庭孤橘歌》：“待取天公放恩赦，侬家定作湖中客。”寒山《诗三百三首》之一六九：“侬家暂下山，入到城隍里。”司空图《白菊杂书四首》之三："侯印几人封万户，侬家只办买孤峰。"

儁 同"俊。"元稹《和王侍郎酬广宣上人观放榜后相贺》："竞走墙前希得儁，高县日下表无私。"

儉[1] 〔jiǎn《广韵》巨險切，上琰，羣。〕❶节俭，节省。储光羲《贻袁三拾遗谪作》："天子俭为德，而能清约身。"钱起《奉和杜相公移长兴宅奉呈元相公》："守贵常思俭，平津此意深。"白居易《新乐府·杏为梁》："俭存奢失今在目，安用高墙围大屋。"吴融《赴阙次留献荆南成相公三十韵》："俭常资澹静，贵绝恃穹崇。"❷少，不足。杜甫《牵牛织女》："称家随丰俭，白屋达公宫。"白居易《贺雨》："人变愁为喜，岁易俭为丰。"陆龟蒙《看压新醅寄怀袭美》："饮啄断年同鹤俭，风波终日看人争。"❸歉收。权德舆《送山人归旧隐》："岁俭山田薄，秋深晨服寒。"吴融《和严谏议萧山庙十韵》："路长资税驾，岁俭绝丰盛。"

儉[2] 通"險"。见"儉₂梳妝"。

【儉年】 同"儉歲"。卢纶《送李方东归》："身从丧日病，家自俭年贫。"

【儉府】 南朝齐王俭之府。俭字仲宝，曾佐高帝即位，历任侍中、尚书令、镇军将军等职。永明三年(485)诏俭以家为府，所辟皆才名之士，后遂以"俭府"为幕府的美称。李山甫《送职方王郎中吏部刘员外自太原郑相公幕继奉征书归省署》："莲影一时空俭府，兰香同处扑尧衣。"齐己《江寺春残寄幕中知己二首》之二："社莲惭与幕莲同，岳寺萧条俭府雄。"参见"儉蓮"。

【儉省】 俭约，节省。杜甫《惜别行送刘仆射判官》："襄阳幕府天下异，主将俭省忧艰虞。"

【儉風】 俭朴的风俗。张祜《投魏博李相国三十二韵》："俭风敦制度，和气茂逢迎。"

【儉陋】 俭朴，简陋。玄宗《春台望》："为想雄豪壮柏梁，何如俭陋卑茅室。"许景先《奉和御制春台望》："邦家已荷圣谟新，犹闻俭陋惜中人。"

【儉約】 节省，节约。元结《乱风诗·至虐》："兢慎俭约，可以保身。"又《乱风诗·至惑》："贤圣为上兮，必俭约戒身。"

【儉素】 节俭朴素。皎然《奉和袁使君高郡中新亭会张炼师昼会二上人》："公性崇俭素，雅才非广求。"和凝《宫词百首》之七一："越溪姝丽入深宫，俭素皆持马后风。"李瀚《蒙求》："田豫俭素，李恂清约。"

【儉恭】 俭约恭敬。白居易《贺雨》："莫如率其身，慈和与俭恭。"

【儉教】 俭约之教戒。孟郊《立德新居》之三："俭教先勉力，修襟无余佗。"

【儉₂梳妝】 即险妆，当时流行的一种怪异的装束。《新唐书·车服志》："禁高髻、险妆、去眉、开额及吴越高头草履。"秦韬玉《贫女》："谁爱风流高格调，共怜时世俭梳妆。"

【儉勤】 节俭而勤劳。韩愈《元和圣德诗》："皇帝俭勤，盥濯陶瓦。"

【儉歲】 歉收之年，荒年。刘长卿《登迁仁楼酬子婿李穆》："俭岁安三户，余年寄六条。"张南史《早春书事奉寄中书李舍人》："鹤膝兵家备，凫茨俭岁储。"

【儉蓮】 犹俭府。《南史·庾杲之传》："(王俭)乃用杲之为卫将军长史。安陆侯萧缅与俭书曰：'盛府元僚，实难其选，庾景行泛渌水依芙蓉，何其丽也。'时人以入俭府为莲花池，故缅书美之。"罗隐《贺淮南节度卢员外赐绯》："俭莲高贵九霄闻，粲粲朱衣降五云。"刘兼《宴游池馆》："俭莲发脸当筹著，绪柳生腰按柘枝。"

【儉德】 节俭的品德。杜甫《奉酬薛十二丈判官见赠》："文王日俭德，俊乂始盈庭。"元结《治风诗五篇·至劳》："至哉俭德，不丰不敷。"殷尧藩《帝京二首》之二："都将俭德熙文治，淳俗应还太古风。"韦庄《和郑拾遗秋日感事一百韵》："俭德遵三尺，清朝俟一匡。"

【儉潔】 俭约而清洁。白居易《过李生》："白瓯青竹箸，俭洁无膻腥。"又《晚起闲行》："午斋何俭洁，饼与蔬而已。"

【儉靜】 节俭恬静。李廓《上令狐舍人》："近来唯俭静，持此答深知。"

【儉薄】 谓生活俭朴。白居易《求分司东都寄牛相公十韵》："俭薄身都惯，疏顽性颇宜。"又《闲居贫活计》："俭薄身都惯，营为力不任。"

【儉禮】 俭约的礼仪。薛存诚《御制段太尉碑》："葬仪从俭礼，刊石荷尧君。"

僾 〔ài《广韵》烏代切，去代，影。又於豈切，上尾，影。〕❶隐约，仿佛。贺知章《禅社首乐章·顺和》："黄祇僾如在，泰折俟咸亨。"包佶《祀雨师乐章·送神》："飨时灵贶僾如在，乐罢余声遥可闻。"于邵《释奠武成王乐章·奠币登歌》："信以通，僾如及。"崔邠《享文恭太子庙乐章》："入室僾如在，升阶虔所历。"❷恭肃。张说《享太庙乐章·永和三章》之二："聆忾息，僾周旋。九诏遍，百福传。"

儋[1] 〔dān《广韵》都甘切，平談，端。〕❶同"担"。肩荷，挑。武元衡《兵行褒斜谷作》："矢橐弧室岂领军，儋爵食禄由从宦。"❷州名。儋州。《语·四王语》(卷八七六)："宁向儋、崖、振、白，不事江、滕、蒋、虢。”按，儋、崖、振、白皆唐岭南州名。详见“儋州”。❸见“儋藍”。

儋² 〔dàn《集韵》都濫切，去闞，端。〕同“甔”。石罂，一种小口大腹的陶器。受一石，故称儋石，用作成担谷物的计量单位。见“儋₂石”。

【儋₂石】（—shí）谷物的计量单位，即一石。一说两石。又借指少量米粟。杜甫《今夕行》：“君莫笑，刘毅从来布衣愿，家无儋石输百万。”王季友《酬李十六岐》：“问我草堂有卧云，知我山储无儋石。”徐夤《宋二首》之一：“天爵休将儋石论，一身恭俭万邦尊。”

【儋₂石儲】 谓家储少量米粟。白居易《北窗三友》：“或乏儋石储，或穿带索衣。”徐夤《赠黄校书先辈璞闲居》：“月明扫石吟诗坐，讳却全无儋石储。”

【儋耳】 古代南方国名。汉置儋耳郡。唐武德五年(622)置儋州，天宝初改称昌化郡，乾元初复名儋州。沈佺期《初达欢州》：“水行儋耳国，陆行雕题薮。”又《答魑魅代书寄家人》：“雕题飞栋宇，儋耳间衣裳。”参见“儋州”。

【儋州】 唐代州名。武德五年(622)置，治宁远(今海南岛儋州市西北)。辖境在今海南岛中西部。严维有《送李秘书往儋州》诗。参见“儋耳”。

【儋藍】 亦作“襜襤”。战国时北方部族名。高适《睢阳酬别畅大判官》：“李牧制儋蓝，遗风岂寂寥。”

億 〔yì《广韵》於力切，入職，影。〕❶安顿。李商隐《行次西郊作一百韵》：“乡里骇供亿，老少相扳牵。”❷数词。古代以十万为亿，或以万万为亿。杜审言《除夜有怀》：“还将万亿寿，更谒九重城。”杜甫《沙苑行》：“至尊内外马盈亿，伏枥在垌空大存。”韦应物《骊山行》：“乃言圣祖奉丹经，以年为日亿万龄。”李商隐《送臻师二首》之二：“何当百亿莲花上，一一莲花见佛身。”❸臆想，揣度。张说《封泰山乐章·豫和六首》之二：“亿上帝，临下庭，骑日月，陪列星。”

【億世】 万万代。李益《北至太原》：“始于一戎定，垂此亿世安。”

【億兆】 借指庶民百姓。亿兆，极言其多。郑愔《送金城公主适西蕃应制》：“皇情眷亿兆，割念俯怀柔。”韩愈《东都遇春》：“我独胡为哉，坐与亿兆庆。”元稹《酬别致用》：“达则济亿兆，穷则济毫牦。”温庭筠《晓仙谣》：“雾盖狂尘亿兆家，世人犹作牵情梦。”

【億劫】 ❶指无数劫数。劫，梵语“劫波”的省称，意为极久远的时节。佛经言世界经历若干万年即毁灭一次，然后重新创造世界，这样一个周期叫一“劫”。“劫”的时间长短，佛经有各种不同的说法，一说一“劫”为四十三亿二千万年。一“劫”包括“成”“住”“坏”“空”四个时期，叫“四劫”。至“坏劫”时，有水、火、风三灾出现，世界归于毁灭。顾况《归阳萧寺有丁行者能修无生忍担水施僧况归命稽首作诗》：“身披六铢衣，亿劫为大仙。”❷极言时间之长远。王昌龄《香积寺礼拜万回平等二圣僧塔》：“今我一礼心，亿劫同不移。”❸指灾难。高适《同马太守听九思法师讲金刚经》：“深知亿劫苦，善喻恒沙大。”

【億垓】 极言其数之多。亿，十万。垓，万万。贯休《送卢舍人三首》之三：“君不见释梵诸天寿亿垓，天上人间去复来。”

【億秋】 万万年。秋，年。贾岛《郑尚书新开涪江二首》之二：“山可疏三里，从知历亿秋。”

【億載】 ❶万万年。载，年。苏颋《奉和圣制过晋阳宫应制》：“孝思敦至美，亿载奉开元。”吴筠《游仙二十四首》之四：“一朝出天地，亿载犹童婴。”于邵《郊庙歌辞·释奠武成王乐章·奠币登歌》：“绵亿载，邈难挹。”❷十万年。韩愈《元和圣德诗》：“无异细钜，亿载万年。”

【億萬】 极言其数之多。韩愈《过鸿沟》：“龙疲虎困割川原，亿万苍生性命存。”杜牧《昔事文皇帝三十二韵》：“亿万持衡价，锱铢挟契论。”刘驾《祝河水》：“从今亿万岁，不见河浊时。”周昙《吟叙》：“历代兴亡亿万心，圣人观古贵知今。”

【億齡】 万万年。龄，年。褚亮《祈谷乐章·舒和》：“庶俾亿龄禔景福，长欣万宇洽时邕。”《郊庙歌辞·享孔子庙乐章·迎神》：“亿龄规法，万载嗣禋。”

儀 〔yí《广韵》魚羈切，平支，疑。〕❶容貌，风度。李白《望夫石》：“仿佛古容仪，含愁带曙辉。”白居易《赠写真者》：“无劳役神思，更画病容仪。”无可《送田中丞使西戎》：“应尽平生志，高全大国仪。”❷礼仪，制度。戎昱《辰州闻大驾还宫》：“渭水战添亡虏血，秦人生睹旧朝仪。”刘禹锡《和令狐仆射相公题龙回寺》：“路无胡马迹，人识汉官仪。”杨乘《南徐春日怀古》：“风流前事尽，文物旧仪存。”❸礼节，仪式。李景伯《回波乐》：“侍宴既过三爵，喧哗窃恐非仪。”李益《杂曲》：“妾本蚕家女，不识贵门仪。”吕温《奉敕祭南岳十四韵》：“赞道仪匪繁，祝史词甚直。”元稹《去杭州》：“返拜之仪自此绝，关雎之化皎不昏。”❹招来；来临。太宗《帝京篇十首》之四：“彩凤肃来仪，玄鹤纷成列。”张说《韦谯公挽歌二首》之二：“国骋双骐骥，庭仪两凤皇。”崔宗之《赠李十二白》：“李侯忽来仪，把袂苦不早。”亦指来归，归服。许敬宗《奉和执契静三边应诏》：“驼鹿输珍贶，树羽飨来仪。”❺指天或地。古代常以“二仪”指天地。太宗《咏司马彪续汉志》：“二仪初创象，三才乃分位。”顾况《上古之什补亡训传十三章·陵霜之华》：“二仪分位，六气不渝。”《游春台诗》之四(卷八六二):“二仪不辨处,忽吐清光圆。”❻法式,楷模。见“儀表”。❼通“翼”。鸟翼。王昌龄《送刘昚虚归取宏词解》:“声随羽仪远,势与归云便。”孙昌胤《清明》:“不及林间鸟,迁乔并羽仪。”陆龟蒙《添酒中六咏・酒龙》:“铜雀羽仪丽,金龙光采奇。”

【儀仗】 仪卫兵仗。李颀《送崔侍御赴京》:“肃肃仪仗里,凤生鹰隼姿。”刘禹锡《文宗元圣昭献孝皇帝挽歌三首》之二:“月落宫车动,风凄仪仗闲。”白居易《开成大行皇帝挽歌词四首》之四:“月低仪仗辞兰路,风引笳箫入柏城。”蜀太后徐氏《丈人观》:“仪仗影空寥廓外,金丝声揭翠微巅。”

【儀舌】 战国纵横家张仪之舌。《史记・张仪列传》载,张仪游说诸侯,尝从楚相饮,已而楚相亡璧,疑张仪,执仪并笞之。其妻曰:“嘻!子毋读书游说,安得此辱乎?”仪曰:“视吾舌尚在不?”其妻笑曰:“舌在也。”仪曰:“足矣。”后以“仪舌”指能言善辩之舌。元稹《献荥阳公诗五十韵》:“仪舌忻犹在,舒帷誓不褰。”

【儀刑】 ❶法式,楷模。卢照邻《中和乐九章・歌中宫》:“仪刑赤县,演教椒闱。”窦庠《东都嘉量亭献留守韩仆射》:“卜筑三川上,仪刑万井中。”刘公兴《望凌烟阁》:“图列青云外,仪刑紫禁前。”❷仪容,风范。刘禹锡《令狐相公自天平移镇太原以诗申贺》:“夷落遥知真汉相,争来屈膝看仪刑。”

【儀羽】 即鸟翼。孟浩然《赠萧少府》:“鸿渐升仪羽,牛刀列下班。”

【儀形】 ❶形貌,形体。李幼卿《游烂柯山四首》之三:“笙鹤何时还,仪形尚相对。”刘禹锡《飞鸢操》:“鹰隼仪形蝼蚁心,虽能戾天何足贵。”赵嘏《献淮南李相公》:“闻道国人思再入,熔金新铸鹤仪形。”卢注《酒胡子》:“鼻何尖,眼何碧,仪形本非天地力。”❷仪容,风范。高适《遇冲和先生》:“昔去限霄汉,今来睹仪形。”杜甫《秦州见敕目薛三璩授司议郎毕四曜除监察与二子有故远喜迁官兼述索居三十韵》:“秋风动关塞,高卧想仪形。”吕温《奉和武中丞秋日台中寄怀简诸僚友》:“指顾风行地,仪形月丽天。”罗隐《寄酬邺王罗令公五首》之四:“鹤发四垂烟阁远,此生何处拜仪形。”❸法式,楷模。则天皇后《唐大飨拜洛乐章・九和》:“恭崇礼则,肃奉仪形。”杨巨源《薛司空自青州归朝》:“一门累叶凌烟阁,次第仪形汉上公。”

【儀狄氏】 相传夏禹时发明酿酒的人。《战国策・魏策二》:“昔者帝女令仪狄作酒而美,进之禹。”陆龟蒙《酒城》:“必若据而争,先登仪狄氏。”

【儀表】 ❶容貌,风度。罗隐《郑州献卢舍人》:“会待两都收复后,右图仪表左题名。”李洞《述怀二十韵献覃怀相公》:“风流秦印绶,仪表汉公卿。”❷法式,楷模。元稹《恭王故太妃挽歌词二首》之二:“哀荣深孝嗣,仪表在河间。”

【儀坤廟】 祀庙名。原为睿宗在藩之第。开元初,置昭成、肃明二皇后庙,谓之仪坤庙。睿宗逝世后,昭成迁入太庙,肃明仍留于此,开元二十一年,肃明亦祔入太庙,遂为肃明道士观。宝应元年,为咸宜公主女冠观,称咸宜观。女诗人鱼玄机曾住于此。见徐松《唐两京城坊考》卷三。徐彦伯、祝钦明、刘知几、胡雄、张齐贤、郑善玉、丘悦等皆有《仪坤庙乐章》诗。

【儀牀】 即灵床。曹唐《哭陷边许兵马使》:“除却阴符与兵法,更无一物在仪床。”

【儀制】 礼仪制度。权德舆《赠文敬太子庙时享退文舞迎武舞乐章》:“昔献三雍盛礼容,今陈六佾崇仪制。”

【儀型】 楷模。温庭筠《过孔北海墓二十韵》:“后尘遵轨辙,前席咏仪型。”

【儀城】 即仪州,唐时属河东道。秦为上党郡地,晋改为轑阳,属乐平郡。隋开皇十六年(596)置辽山县,属并州。唐武德三年(620)置辽州,八年改为箕州,先天元年(712)又改为仪州。天宝元年(742)改为乐平郡,乾元元年(758)复为仪州。领县四:辽山、榆社、和顺、平城。州治在辽山县(今山西左权县)。姚合有《送王嗣之典仪城》诗。

【儀相】 仪表,相貌。寒山《诗三百三首》之一五九:“我见世间人,堂堂好仪相。”

【儀馬】 陵墓前的石马。李商隐《送千牛李将军赴阙五十韵》:“灵衣沾愧汗,仪马困阴兵。”

【儀容】 仪表,容貌。元稹《酬乐天得稹所寄纻丝布白轻庸制成衣服以诗报之》:“春草绿茸云色白,想君骑马好仪容。”牟融《重赠张籍》:“旧日仪容只宛然,笑谈不觉度流年。”雍陶《路逢有似亡友者恻然赋此》:“吾友今生不可逢,风流空想旧仪容。”薛逢《邻相反行》:“西家有儿才弱龄,仪容清峭云鹤形。”

【儀曹】 官名。三国魏始置,掌礼乐制度。魏晋以后属祠部。隋唐以后为礼部及礼部郎官的别称。厉玄《送顾非熊及第归茅山》:“名在仪曹籍,何人肯挂冠。”

【儀曹外郎】 礼部员外郎。李商隐《韩碑》:“诉武古通作牙爪,仪曹外郎载笔随。”

【儀曹郎】 即礼部郎中。刘禹锡有《蒙恩转仪曹郎依前充集贤学士》诗。

【儀殿】 帝王陵园内奉献祭祀的寝殿。姚合《敬宗皇帝挽词三首》之三:“灵辂万国护,仪殿百神朝。”

【儀像】 塑雕或图画的人物形象。齐己有《赴郑谷郎中招游龙兴观读题诗板谒七真仪像因有十八韵》诗。

【儀鳳】 ❶凤凰的别称。语本《书・益稷》“箫韶九成，凤皇来仪”。李峤《舞》：“仪凤谐清曲，回鸾应雅声。”柳宗元《弘农公以硕德伟材屈于诬枉左官三岁复为大僚谨献诗五十韵以毕微志》：“合乐来仪凤，尊祠重饩羊。”❷指排箫、凤笙等乐器，因其形参差，象凤之翼，故名。岑文本《奉和正日临朝》：“拂霓九旗映，仪凤八音殊。”卢照邻《临阶竹》：“聊将仪凤质，暂与俗人谐。”

【儀儀】 仪态整肃貌。皮日休《九夏歌·肆夏》：“愔愔清庙，仪仪象服。”又《九夏歌·纳夏》：“麟之仪仪，不紥不维。”

【儀貌】 仪表，相貌。《醉吟》(卷八六二)：“有同人世当少年，壮心仪貌皆俨然。”《京洛语》(卷八七六)：“衣裳好，仪貌恶，不姓许，即姓郝。”

【儀籥】 即凤凰箫，排箫。欧阳詹《元日陪早朝》：“仪籥不唯丹穴鸟，称觞半是越裳人。”参见“儀鳳❷”。

【儀禮】 指礼仪制度。皎然《赠颜主簿》：“汉家仪礼盛，名教出诸颜。”

【儀鸞殿】 唐宫殿名。在东京洛阳。隋炀帝大业间，有野雀飞集宝城朝堂前，校尉许称鸾凤来临，因于此地建仪鸾殿。太宗有《仪鸾殿早秋》诗，许敬宗有《奉和仪鸾殿早秋应制》诗。

僻 〔pì《广韵》普擊切，入錫，滂。又芳辟切，入昔，滂。〕 ❶邪僻。韦蟾《和柯古穷居苦日喜雨》：“贞机澹少思，雅尚防多僻。”亦指路途崎岖不平。林宽《下第寄欧阳瓒》：“诗人道僻命多奇，更值干戈乱起时。”❷偏僻。岑参《郡斋南池招杨辚》：“郡僻人事少，云山常眼前。”元结《说洄溪招退者》：“勿惮山深与地僻，罗浮尚有葛仙翁。”张籍《送汀州源使君》：“地僻寻常来客少，刺桐花发共谁看。”刘驾《山中有招》：“何如此幽居，地僻人不争。”❸孤僻，怪僻。萧颖士《江有归舟三章》序：“彼以我为僻，尔以我为正。”杜甫《江上值水如海势聊短述》：“为人性僻耽佳句，语不惊人死不休。”姚合《闲居遣怀十首》之二：“情性僻难改，愁怀酒为除。”刘得仁《夜携酒访崔正字》：“只应芸阁吏，知我僻兼愚。”❹冷僻。詹敦仁《复留侯从效问南汉刘岩改名龑字音义》：“孙休命子名，吴国尊王意。䨻莔䨺羿僻，䶑昷䆐䙳异。”❺指居住偏僻之处的贤者。齐己《贻庐岳陈沆秀才》：“莫虑搜贤僻，征君旧此居。”❻偏，靠近。许棠《题郑拾遗南斋》：“门连萧洞僻，地与曲江分。”参见“僻近”。❼差错。见“僻错”。❽通“癖”。癖好，嗜好。皎然《独游二首》之一：“好僻谁相似，从狂我自安。”王建《闲居即事》：“妻愁耽酒僻，人怪考诗严。”曹邺《对酒》：“爱酒知是僻，难与性相舍。”杜荀鹤《投李大夫》：“自小僻于诗，篇篇恨不奇。”

【僻寺】 偏僻幽静的山寺。韩愈《早赴街西行香赠卢李二中舍人》：“老僧情不薄，僻寺境还幽。”贾岛《寄无可上人》：“僻寺多高树，凉天忆重游。”许棠《长安书情》：“僻寺居将遍，权门到绝因。”

【僻地】 偏僻之地。于武陵《游中梁山》：“僻地好泉石，何人曾陆沈。”

【僻州】 僻远的州郡。严武《题龙日寺西龛石壁》：“报国建香刹，开蛮临僻州。”

【僻守】 僻远之州的郡守。宋华《蝉鸣一篇五章》序：“僻守外邑，而兰陵子相过，诘朝言归，赋诗见志。”

【僻近】 偏近，靠近。杜甫《夏日李公见访》：“贫居类村坞，僻近城南楼。”

【僻性】 ❶癖好，嗜好。元稹《酬翰林白学士代书一百韵》：“僻性慵朝起，新晴助晚嬉。”姚合《拾得古砚》：“僻性爱古物，终岁求不获。”杜荀鹤《叙吟》：“多惭到处有诗名，转觉吟诗僻性成。”❷怪僻的性格。元稹《代九九》：“僻性嗔来见，邪行醉后知。”

【僻居】 居住于幽僻之处。元结《忝官引》：“天下昔无事，僻居养愚钝。”于良史《闲居寄薛华》：“僻居人事少，多病道心生。”韦庄《和元秀才别业书事》：“僻居春事好，水曲乱花阴。”

【僻巷】 僻静的小巷。张籍《弟萧远雪夜同宿》：“数卷新游蜀客诗，长安僻巷得相随。”崔涯《杂嘲二首》之一：“二年不到宋家东，阿母深居僻巷中。”张祜《题程氏书斋》：“僻巷难通马，深园不藉篱。”齐己《酬元员外见寄》：“僻巷谁相访，风篱翠蔓牵。”

【僻幽】 偏僻幽远之处。王昌龄《送任五之桂林》：“羁谴同缯纶，僻幽闻虎豹。”

【僻陋】 ❶偏僻简陋。钱起《卧病李员外题扉而去》：“僻陋病者居，蒿莱行径失。”李益《喜入兰陵望紫阁峰呈宣上人》：“从今安僻陋，萧相是吾师。”❷谓性情识见孤僻寡陋。王维《送綦毋秘书弃官还江东》：“顽疏暗人事，僻陋远天聪。”

【僻徑】 小路，斜径。段成式、郑符《奇松联二十字绝句》：“僻径根从露，闲房枝任侵。”

【僻處】 幽僻之处。崔橹《山路木芙蓉》：“枉教绝世深红色，只向深山僻处开。”

【僻路】 偏僻的小路。杜甫《聂耒阳以仆阻水书致酒肉疗饥荒江》：“孤舟增郁郁，僻路殊悄悄。”

【僻境】 偏僻幽静之地。蜀太妃徐氏《题金华宫》：“同寻僻境思携手，暗指遥山学画眉。”

【僻遠】 偏僻幽远。杜甫《蕃剑》：“致此自僻远，又非珠玉装。”又《课小竖锄斫舍北果林枝蔓荒秽净讫移床三首》之一：“背堂知僻远，在野兴清深。”

【僻静】 偏僻清静。姚合《酬田就》：“闲居多僻静，犹恐道相违。”

【僻縣】 偏僻边远之县。韦庄《过内黄县》：“僻县不容投刺客，野陂时遇射雕郎。”

【僻错】 差错。《刘黑闼解嘲人语·嘲水恶鸟》（卷八七二）：“水恶，头如镰杓尾如凿，河里搦鱼无僻错。”

【僻壤】 偏僻荒远之地。无名氏《鲁阳城》：“豢术缘何竟醢龙，因迁僻壤隔云封。”

十四画

儔 〔chóu《广韵》直由切，平尤，澄。〕❶类，同类。孟浩然《与黄侍御北津泛舟》：“自顾躬耕者，才非管乐俦。”高适《东平旅游奉赠薛太守》：“神与公忠节，天生将相俦。”韩愈《刘生诗》：“生名师命其姓刘，自少轩轾非常俦。”孟郊《送卢郎中汀》：“玉珂摆新欢，声与鸾凤俦。”❷朋友，伴侣。王昌龄《放歌行》：“若得金膏遂，飞云亦可俦。”韦应物《月晦忆去年与亲友曲水游宴》：“晦赏念前岁，京国结良俦。”武元衡《闻相公三兄小园置宴以元衡寓直因寄上》：“兰菊回幽步，壶觞洽旧俦。”孟郊《投赠张端公》：“鸾步独无侣，鹤音仍寡俦。”❸匹敌，伦比。武三思《咏马》：“云螭非易匹，月驷本难俦。”杜甫《陪王侍御同登东山最高顶宴姚通泉》：“姚公美政谁与俦，不减昔时陈太丘。”孟郊《喜与长文上人宿李秀才小山池亭》：“更闻清净子，逸唱颇难俦。”吕价《浊水求珠》：“蚌胎应自别，鱼目岂能俦。”

【儔匹】 ❶伴侣。杜甫《写怀二首》之二：“群生各一宿，飞动自俦匹。”孟郊《同年春燕》：“塞鸿绝俦匹，海月难等夷。”❷相比。李嘉祐《送舍弟》：“老兄鄙思难俦匹，令弟清词堪比量。”皎然《送顾处士歌》：“性背时人高且逸，平生好古无俦匹。”

【儔比】 伦比。司空曙《残莺百啭歌同王员外耿拾遗吉中孚李端游慈恩各赋一物》：“乃知众鸟非俦比，暮噪晨鸣倦人耳。”

【儔侣】 朋辈；朋友；伴侣。宋之问《和库部李员外秋夜寓直之作》：“叨荣厕俦侣，省己惡空虚。”高适《自淇涉黄河途中作十三首》之二：“黄鹄何处来，昂藏寡俦侣。”包佶《酬顾况见寄》：“寒江鸂鶒思俦侣，岁岁临流刷羽毛。”方干《李侍御上虞别业》：“若将明月为俦侣，应把清风遗子孙。”

【儔倫】 匹敌，伦比。韩愈《酬裴十六功曹巡府西驿涂中见寄》：“遂令河南治，今古无俦伦。”

儚 〔méng《集韵》彌登切，平登，明。〕昏昧。见“儚僜”。

【儚僜】 （－chēng）昏昧貌。元稹《纪怀赠李六户曹崔二十功曹五十韵》：“有时鞭款段，尽日醉儚僜。”

儒 〔rú《广韵》人朱切，平虞，日。〕 ❶儒家；儒学。则天皇后《唐大飨拜洛乐章·德和》：“崇儒习旧规，偃伯循先旨。”戴叔伦《南野》：“家世素业儒，子孙鄙食禄。”司空图《奉和常舍人晚秋集贤院即事》：“官附三台贵，儒开百氏宗。”罗隐《代文宣王答》：“三教之中儒最尊，止戈为武武尊文。”❷儒士。亦泛指读书人。李白《答王十二寒夜独酌有怀》：“黄金散尽交不成，白首为儒身被轻。”司空曙《送王先生归南山》：“儒中年最老，独有济南生。”焦郁《春雪》：“小儒同品物，无以答皇明。”喻坦之《送友人游蜀》：“为儒早得名，为客不忧程。”❸见“儒儒”。

【儒士】 信奉儒家学说的人。汉以后为读书人的通称。韦应物《送宣州周录事》：“清时重儒士，纠郡属伊人。”齐己《寄许州清古》：“北来儒士说，许下有吟僧。”

【儒才】 指才能出众的儒士。孙元晏《咏史诗·梁·勍敌》：“传闻天子重儒才，特为皇华绮宴开。”

【儒公】 对博学硕儒的尊称。薛逢《送庆上人归湖州因寄道儒座主》：“若见儒公凭寄语，数茎霜鬓已惊秋。”

【儒丘】 即孔丘，孔子。借指儒家思想学说。韦庄《惊秋》：“不向烟波狎钓舟，强亲文墨事儒丘。”

【儒生】 儒士，信奉孔子学说的读书人。张说《再使蜀道》：“芸阁有儒生，轺车倦驰逐。”王维《偶然作六首》之五：“客舍有儒生，昂藏出邹鲁。”刘长卿《别严士元》：“东道若逢相识问，青袍今日误儒生。”崔涂《东晋》：“五陵豪侠笑为儒，将为儒生只读书。”

【儒玄】 儒学与玄学。刘禹锡《酬乐天醉后狂吟十韵》：“吏隐情兼遂，儒玄道两全。”

【儒臣】 儒生出身的大臣。萧颖士《仰答韦司业垂访五首》之三：“晋代有儒臣，当年富词藻。”亦指儒士，儒生。李商隐《行次西郊作一百韵》：“况自贞观后，命官多儒臣。”

【儒行】 ❶儒家的道德规范。耿湋《题杨著别业》：“如何守儒行，寂寞过年华。”和凝《醴泉院》：“珍重支公每相勉，我于儒行也修行。”❷指儒者高尚的操守及行为。储光羲《游茅山五首》之二：“世业传儒行，行成非不荣。”王维《济州过赵叟家宴》：“道言庄叟事，儒行鲁人余。”刘长卿《淮上送梁二恩命追赴上都》：“贾生年最少，儒行汉庭闻。”李嘉祐《送严二擢第东归》：“盛业推儒行，高科独少年。”

【儒行篇】 《礼记》中篇名。寒山《诗三百三首》之二二九：“将他《儒行篇》，唤作贼盗律。”

【儒衣】 ❶儒者的衣服。刘长卿《送秦侍御外甥张篆之福州谒鲍大夫》："镣门拜首儒衣弊，貌似牢之岂不怜。"司空曙《送菊潭王明府》："业成洙泗客，皓发著儒衣。"刘威《送元秀才入道》："明月满时开道帔，俗尘飘处脱儒衣。"张蠙《过萧关》："出得萧关北，儒衣不称身。"❷借指儒生。钱起《送张管书记》："边事多劳役，儒衣逐鼓鼙。"皇甫冉《和袁郎中破贼后经剡中山水》："武库分帷幄，儒衣事鼓鼙。"❸借指儒家思想学说，传统。权德舆《郊居岁暮因书所怀》："宁知肉食尊，自觉儒衣贵。"项斯《归家山行》："此怀难自遣，期在振儒衣。"

【儒林】　指儒家学者之群。林，多。宋之问《桂州三月三日》："载笔儒林多岁月，袱被文昌佐吴越。"王湾《哭补阙亡友綦毋学士》："明代资多士，儒林得异才。"耿沣《送归中丞使新罗》："远国通王化，儒林得使臣。"元稹《代曲江老人百韵》："儒林精阃奥，流品重清淳。"亦借指儒家，儒学。冯涯《太学创置石经》："儒林道益广，学者心弥锐。"

【儒林丈人】　对博学硕儒的尊称。语出《三国志·魏志·高贵乡公髦纪》裴松之注。刘禹锡《闻韩宾擢第归觐以诗美之》："为报儒林丈人道，如今从此鬓星星。"李端《喜皇甫郎中拜谕德兼集贤学士》："望苑迁词客，儒林拜丈人。"

【儒林傳】　《史记》《汉书》《后汉书》等史籍类传中的一种，专记儒家学者的事迹。郎士元《送韦逸人归钟山》："更作儒林传，应须载姓名。"章孝标《赠刘宽夫昆季》："曾穷晋汉儒林传，龙虎虽多未足夸。"

【儒门】　❶儒家门庭。陆坚《奉和圣制送张说上集贤学士赐宴》："书殿荣光满，儒门喜气临。"韩愈、孟郊《同宿联句》："儒门虽大启，奸首不敢闯。"耿沣《赠苗员外》："业继儒门后，心多道者期。"钱镠《题罗隐壁》："特到儒门谒老莱，老莱相见意徘徊。"❷犹儒家。玄宗《噉字赞》："儒门弟子无人识，穿耳胡僧笑点头。"杜荀鹤《登山寺》："儒门自多事，来此复何能。"冯道幕客《题酒户修孔庙状》(卷八七〇)："槐影参差覆杏坛，儒门子弟尽高官。"

【儒服】　❶儒者的服饰。独孤及《初晴抱琴登马退山对酒望远醉后作》："鲁人着儒服，甘就南山田。"权德舆《酬李二十二兄主簿马迹山见寄》："烟霞湿儒服，日月生寥天。"陆龟蒙《秋日遣怀十六韵寄道侣》："壮图须行行，儒服谩襜襜。"❷借指儒生。苏颋《故右散骑常侍舒国公褚公挽词》："学筵尊授几，儒服宠乘轩。"令狐峘《硖州旅舍奉怀苏州韦郎中》："儒服学从政，遂为尘事婴。"李频《送姚评事》："儒服从戎去，须知胜事全。"

【儒宗】　儒者的宗师。齐己《酬湘幕徐员外见寄》："东海儒宗事业全，冰棱孤峭类神仙。"李瀚《蒙求》："贺循儒宗，孙绰才冠。"亦指为人所宗仰的学者、法师。卢纶《送契玄法师赴内道场》："深契何相秘，儒宗本不殊。"

【儒官】　指国子监、太学等官学的官员或教师。韩愈《游青龙寺赠崔大补阙》："由于钝骏寡参寻，况是儒官饱闲散。"

【儒珍】　指才能杰出的儒士。王霞卿《答郑殷彝》："君是烟霄折桂身，圣朝方切用儒珍。"

【儒者】　儒士，儒生。汉以后泛指一般读书人。刘长卿《寄万州崔使君》："时艰方用武，儒者任浮沉。"王建《宋氏五女》："自得圣人心，不因儒者知。"白居易《悲哉行》："悲哉为儒者，力学不知疲。"马戴《答光州王使君》："自顾为儒者，何由答使君。"

【儒風】　❶儒家的风尚，传统。张说《奉和圣制经邹鲁祭孔子应制》："孔圣家邹鲁，儒风蔼典坟。"孟浩然《书怀贻京邑同好》："维先自邹鲁，家世重儒风。"韩愈《奉酬天平马十二仆射暇日言怀见寄之作》："威令加徐土，儒风被鲁邦。"许浑《送陆拾遗东归》："独振儒风遇盛时，紫泥初降世人知。"❷儒者优雅的风度。卢照邻《同崔录事哭郑员外》："一代儒风没，千年陇雾昏。"李华《杂诗六首》之五："儒风冠天下，而乃败王度。"钱起《同王锜起居程浩郎中韩翃舍人题安国寺用上人院》："慧眼沙门真远公，经行宴坐有儒风。"

【儒庠】　学校。韩愈、孟郊《纳凉联句》："儒庠恣游息，圣籍饱商榷。"

【儒客】　儒士，儒生。韩翃《家兄自山南罢归献诗叙事》："绛纱儒客帐，丹诀羽人篇。"李涉《六叹》之二："秦王烧书杀儒客，肘腋之中千里隔。"张蠙《赠水军都将》："战舰却容儒客卧，公厅唯伴野僧斋。"

【儒冠】　❶儒生之帽。孟云卿《新安江上寄处士》："即事遂幽赏，何必挂儒冠。"武元衡《送张六谏议归朝》："诏书前日下丹霄，头戴儒冠脱皂貂。"许浑《和浙西从事刘三复送僧南归》："怜师不得随师去，已戴儒冠事素王。"李山甫《兵后寻边三首》之一："自怜长策无人问，羞戴儒冠傍塞垣。"❷借指儒术。杜甫《奉赠韦左丞丈二十二韵》："纨绔不饿死，儒冠多误身。"吴融《途中》："儒冠解相误，学剑尽乘轩。"❸借指儒士出身的官吏。杜甫《赠蜀僧闾丘师兄》："多士尽儒冠，墨客蔼云屯。"姚合《和门下李相饯西蜀相公》："武骑增余勇，儒冠贵所从。"

【儒素】　儒生清白的品质。杜甫《所思》："世已疏儒素，人犹乞酒钱。"仇兆鳌注："孔安国少而孤贫，能善树节，以儒素见称。"

【儒哲】　才智出众的儒士。陆龟蒙《奉酬袭美先辈吴中苦雨一百韵》："三吴明太守，左右皆儒哲。"

【儒翁】　老儒。许浑《题倪处士旧居》："儒翁九十余，旧向此山居。”罗邺《冬夕江上言事五首》之五：“松亭尽日唯空坐，难得儒翁共讨论。”

【儒流】 儒家学派。后多泛指文人学士之辈。皎然《送沙弥大智游五台》：“童年随法侣，家世本儒流。”王建《寄上韩愈侍郎》：“重登大学领儒流，学浪词锋压九州。”杜牧《梁秀才以早春旅次大梁将归郊扉言怀》：“儒流当自勉，妻族更谁亲。”刘兼《去年今日》：“貔虎只知迎太守，蛮夷不信是儒流。”

【儒家】 ❶遵奉孔子学说的思想学派。古代九流之一。西汉以后，逐渐成为我国封建社会占统治地位的学派。张祜《题丘山寺》：“几代儒家业，何年佛寺碑。”许浑《送郑寂上人南行》：“儒家有释子，年少学支公。”李咸用《夜吟》：“白兔轮当午，儒家业敢慵。”❷指信奉孔子学说的读书人。白居易《送兖州崔大夫驸马赴镇》：“戚里夸为贤驸马，儒家认作好诗人。”徐铉《奉酬度支陈员外》：“儒家若迂阔，遂将世情疏。”

【儒宫】 学宫，学校。皎然《送张孝廉赴举》：“春田休学稼，秋赋出儒宫。”孟郊《夏日谒智远禅师》：“不得为弟子，名姓挂儒宫。”

【儒書】 儒家经籍。方干《王将军》：“保宁帝业青萍在，投弃儒书绛帐空。”周昙《咏史诗·六朝门·朱异》：“徒览儒书不学兵，彦和虚得不廉名。”

【儒教】 儒学，儒术。王维《和仆射晋公扈从温汤》：“王礼尊儒教，天兵小战功。”李嘉祐《送王正字山寺读书》：“欲究先儒教，还过支遁居。”白居易《和知非》：“儒教重礼法，道家养神气。”汪遵《苍颉台》：“观迹成文代结绳，皇风儒教浩然兴。”

【儒將】 学识广博而风度儒雅的将帅。薛能《清河泛舟》：“儒将不须夸郄縠，未闻诗句解风流。”

【儒術】 儒学，儒家思想学说。杜甫《醉时歌》：“儒术于我何有哉，孔丘盗跖俱尘埃。”韩愈《石鼓歌》：“方今太平日无事，柄任儒术崇丘轲。”方干《送睦州侯郎中赴阙》：“昔著政声闻国外，今留儒术化江东。”徐铉《酬郭先辈》：“论兵属少年，经国须儒术。”

【儒雅】 ❶学识渊博风度优雅。杜甫《咏怀古迹五首》之二：“摇落深知宋玉悲，风流儒雅亦吾师。”亦指学识渊博风度优雅之人。聂夷中《燕台二首》之一：“燕台累黄金，上欲招儒雅。”❷儒家，儒学。元结《游石溪示学者》：“今谁不务武，儒雅道将废。”

【儒肆】 学校。陆龟蒙《江南秋怀寄华阳山人》：“道源疏滴沥，儒肆售精诚。”

【儒業】 儒家学业，儒术。陈曙《答高越》：“罢修儒业学修真，养拙藏愚四十春。”

【儒裝】 儒生装束。借指书生。项斯《边游》：“塞馆皆无事，儒装亦有弓。”

【儒道】 ❶儒家的思想学说。许景先《征君宅》：“儒道匪远理，意胜聊自欣。”钱起《送李判官归桂州幕》：“欲知儒道贵，缝掖见诸侯。”薛能《酬曹侍御见寄》：“儒道苦不胜，迩来惟慕禅。”亦指儒家的道德原则。杜荀鹤《将归山逢友人》：“儒为君子儒，儒道不妨孤。”❷儒家与道家。孟浩然《题终南翠微寺空上人房》：“儒道虽异门，云林颇同调。”

【儒經】 儒家经籍。杨衡《经赵处士居》：“云居避世客，发白习儒经。”

【儒裳】 儒家装束。李端《闻吉道士还俗因而有赠》：“闻有华阳客，儒裳谒紫微。”

【儒褐】 即儒服。褐，粗毛衣。卢纶《同畅当咏蒲团》：“团团锦花结，乃是前溪蒲。拥坐称儒褐，倚眠宜病夫。”

【儒綱】 儒家之纲纪。郑谷《咏怀》：“自许亨途在，儒纲复振时。”

【儒墨】 儒家和墨家的思想学说。耿沣《题清源寺》：“儒墨兼宗道，云泉隐旧庐。”李中《言志寄刘钧秀才》：“童稚亲儒墨，时平喜道存。”

【儒學】 儒术，儒家学说。滕珦《释奠日国学观礼闻雅颂》：“圣上尊儒学，春秋奠茂勋。”

【儒懦】 柔弱。借指柔弱之人。唐彦谦《奏捷西蜀题沱江驿》：“野客乘轺非所宜，况将儒懦报戎机。”

【儒釋】 ❶儒学与佛学。王建《寄杜侍御》：“学通儒释三千卷，身拥旌旗二十年。”❶儒士与僧人。刘得仁《冬夜与蔡校书宿无可上人院》：“儒释偶同宿，夜窗寒更清。”

㑪 〔àn《广韵》五紺切，去勘，疑。又五合切，入合，疑。又五盍切，入盍，疑。〕见“㑪儑”。

【㑪儑】 闲散貌。皮日休《二游诗·任诗》：“尝闻佐浩穰，散性多㑪儑。”原注：“不任事貌。”

儛 〔wǔ《广韵》文甫切，上麌，微。〕 同“舞”。舞蹈。杜甫《暮秋枉裴道州手札率尔遣兴寄近呈苏涣侍御》：“倾壶箫管黑白发，舞剑霜雪吹青春。”裴谞《储潭庙》：“女巫纷纷堂下儛，色似授兮意似与。”

儗 〔nǐ《广韵》魚紀切，上止，疑。〕❶比拟。殷尧藩《友人山中梅花》：“铁心自拟山中赋，玉笛谁将月下横。”❷准备。刘禹锡《麻姑山》：“人到便须抛世事，稻田还拟种灵芝。”

【儗儗】 众多貌。王光庭《奉和圣制送张说巡边》：“虎貔纷儗儗，河洛振熊熊。”元结《演兴四首·闵岭中》：“常儗儗兮伺人，又如何兮不愁。”

儕 〔chái《广韵》士皆切，平皆，崇。〕❶同类，同辈。高适《酬裴员外以诗代书》：“所思在畿甸，曾是鲁宓侪。”杜甫《宴胡侍御书堂》：“今夜文星动，吾侪醉不归。”白居易《庭松》：“四时各有趣，万木非其侪。”周朴《薛老峰》：“直教截断苍苔色，浮世人侪眼始明。”❷匹敌，相当。陆龟蒙《奉和袭美醉中偶作见寄次韵》：“海鹤飘飘韵莫侪，在公犹与俗情乖。初呈酒务求专判，合祷山祠请自差。”

【儕輩】 同辈，朋辈。韩愈《寄崔二十六立之》：“侪辈妒且热，喘如竹筒吹。”

儐 〔bìn《广韵》必忍切，去震，幫。〕侍从之人。《郊庙歌辞·祀九宫贵神乐章·豫和》：“焕兮棽离，傧兮晻霭。”

儘 〔jǐn《字汇》子忍切。〕❶副词。总，全。吴融《雨后闻思归乐二首》之一：“尽道思归乐，应多离别愁。”李煜《喜迁莺》：“片红休扫尽从伊，留待舞人归。”❷最。李咸用《苔》：“生处景长静，看来情尽闲。”❸却。吕岩《绝句》之二七：“莫道幽人一事无，闲中尽有静功夫。”

【儘使】 一任，任从。吕岩《七言》之一七：“从教犊驾轰轰转，尽使羊车轧轧鸣。”

【儘教】 听凭，不管。牟融《写意二首》之二：“林下贫居甘困守，尽教城市不知名。”

十五画

優 〔yōu《广韵》於求切，平尤，影。〕❶饶，丰。白居易《履道新居二十韵》：“病惬官曹静，闲惭俸禄优。”温庭筠《送洛南李主簿》：“禄优仍待膳，官散得专经。”❷优良，好。王维《献始兴公》：“任智诚则短，守任固其优。”杜甫《暮秋将归秦留别湖南幕府亲友》：“大府才能会，诸公德业优。”戴叔伦《感怀二首》之一：“人生取舍间，趋竞固非优。”❸悠闲安逸。白居易《咏所乐》：“官优有禄料，职散无羁縻。”❹优待。李峤《晚秋喜雨》：“济窘邦储发，蠲穷井赋优。”王维《故太子太师徐公挽歌四首》之一：“就第优遗老，来朝诏不名。”沈千运《濮中言怀》：“圣朝优贤良，草泽无遗匿。”柳宗元《闻黄鹂》：“王畿优本少赋役，务闲酒熟饶经过。”❺胜过。宇文融《奉和圣制左丞相说右丞相璟太子少傅乾曜同日上官命宴都堂赐诗》：“职优三事老，位在百僚先。”❻古代乐舞或杂戏演员。见“優倡”。

【優旨】 即优诏。崔日用《奉和圣制送张说巡边》：“睿锡承优旨，乾文复宠行。”

【優劣】 ❶优与劣。皎然《妙喜寺达公禅斋寄李司直公孙房都曹德裕从事方舟颜武康士骋四十二韵》：“墨家伤刻薄，儒氏知优劣。”白居易《答友问》：“君疑才与德，咏此知优劣。”方干《寄谢麟》：“后来若要知优劣，学圃无过老圃知。”❷评定高下优劣。罗虬《比红儿诗》序：“余知红者，乃择古之美色灼然于史传三数十辈，优劣于章句间，遂题《比红儿诗》。”

【優幸】 犹优宠。白居易《狂言示诸侄》：“如我优幸身，人中十有七。”

【優孟】 春秋楚国优人。滑稽多智。楚相孙叔敖死，他着其衣冠，模仿其神态动作，为楚庄王祝寿，庄王以为叔敖复生。事见《史记·滑稽列传》。李益《汉宫少年行》：“巧为柔媚学优孟，儒衣嬉戏冠沐猿。”刘禹锡《历阳书事七十韵》：“谑浪容优孟，娇怜许智琼。”

【優柔】 优雅柔和。杜牧《洛中送冀处士东游》：“武事何骏壮，文理何优柔。”

【優秩】 优厚的俸禄。张九龄《登郡城南楼》：“平生本单绪，邂逅承优秩。”

【優倡】 表演歌舞杂戏的艺人。韩偓《边上看猎赠元戎》：“赞获一声连朔漠，贺杯环骑舞优倡。”

【優旃】 战国秦国优人。诙谐多辩。始皇欲大苑囿，二世欲漆其城，优旃以谈笑讽谏止之。事见《史记·滑稽列传》。李瀚《蒙求》：“优旃滑稽，落下历数。”

【優容】 ❶优待，宽容。吕温《病中自户部员外郎转司封》：“羸卧承新命，优容获所安。”白居易《山中酬江州崔使君见寄》：“眷眄情无恨，优容礼有余。”李商隐《送从翁东川弘农尚书幕》：“逗挠官军乱，优容败将频。”徐铉《病题二首》之一：“圣主优容恩未答，丹经疏阔病相陵。”❷闲适自得貌。吴圆《答李曜》：“曳履优容日日欢，须言达德倍汍澜。”

【優閒】 安闲，悠闲。崔颂《和张荆州九龄晨出郡舍林下》：“优闲表政清，林薄赏秋成。”刘长卿《奉和杜相公新移长兴宅呈元相公》：“献替常焚藁，优闲独对萱。”白居易《官舍闲题》：“职散优闲地，身慵老大时。”

【優貸】 宽恕；优待。白居易《长庆二年七月自中书舍人出守杭州路次蓝溪作》：“圣人存大体，优贷容不死。”李九龄《写庄子》：“圣泽安排当散地，贤侯优贷借新居。”

【優詔】 ❶优宠的诏书。李嘉祐《酬皇甫十六侍御曾见寄》：“自顾衰容累玉除，忽承优诏赴铜鱼。”白居易《长乐亭留别》：“优诏幸分四皓秩，祖筵惭继二疏欢。”许浑《和人贺杨仆射致政》：“莲府公卿拜后尘，手持优诏挂朱轮。”皮日休《奉献致政裴秘监》：“优诏加大监，所以符公议。”❷称诏书的套语。杜甫《寄李十二白二十韵》：“乞归优诏许，遇我宿心亲。”包佶《立春后休沐》：“定知书课日，优诏许辞归。”刘长卿《江州重别薛六柳八二员外》：“生涯岂料承优诏，世事空知学醉歌。”

【優游】 亦作"優遊"。❶悠闲自得。高适《奉酬睢阳路太守见赠之作》:"清净能无事,优游即赋诗。"张谓《读后汉逸人传二首》之二:"采药复采樵,优游终暮齿。"白居易《快活》:"谁知将相王侯外,别有优游快活人。"姚台《闲居遣怀十首》之四:"优游随本性,甘被弃慵疏。"❷悠闲地居其中。李颀《东京寄万楚》:"优遊白虎殿,偃息青琐闱。"储光羲《秋庭贻马九》:"孰谓忽离居,优游郑东里。"元稹《开元观闲居酬吴士矩侍御三十韵》:"烂熳烟霞驻,优游岁序淹。"李商隐《今月二日不自量度辄以诗一首四十韵干渎尊严》:"感激淮山馆,优游碣石宫。"❸从容洒脱。储光羲《奉和韦判官献侍郎叔除河东采访使》:"恬淡轻黜陟,优游邈千载。"吕温《上官昭容书楼歌》:"歌阑舞罢闲无事,纵恣优游弄文字。"❹游乐,游玩。元稹《春余遣兴》:"步屧恣优游,望山多气象。"皮日休《送从弟皮崇归复州》:"羡尔优游正少年,竟陵烟月似吴天。"罗隐《金陵寄窦尚书》:"二年岐路有西东,长忆优游楚驿中。"李中《思九江旧居三首》之二:"门前烟水似潇湘,放旷优游兴味长。"❺宽厚,宽和。温庭筠《题翠微寺三十二韵》:"偃息齐三代,优游念四方。"❻优容,宽待。温庭筠《感旧陈情五十韵献淮南李仆射》:"耿介非持禄,优游是养贤。"❼优柔不决。白居易《读汉书》:"优游两不断,盛业日已衰。"

【優遊自適】 悠闲适意。皮日休《二游诗》序:"吴之士有恩王府参军徐修矩者,守世书万卷,优游自适。"

【優遊卒歲】 悠闲度日。语出《左传·襄公二十一年》:"《诗》曰:'优哉游哉,聊以卒岁。'"戴叔伦《抚州对事后送外生宋垓归饶州觐侍呈上姊夫》:"父子自相传,优游聊卒岁。"白居易《想东游五十韵》:"良辰宜酩酊,卒岁好优游。"

【優鉢羅花】 花名。多产于天竺。"优钵罗"为梵语的音译,意译称青莲花、红莲花、黛花等。花有赤、白二色,青净香洁,佛经中多取以喻佛。岑参《优钵罗花歌》序:"参尝读佛经,闻有优钵罗花,目所未见。"贯休《道情偈三首》之三:"优钵罗花万劫春,频犁田地绝纤尘。"

【優遊】 见"優游"。

【優賢】 厚遇贤者。白居易《和刘郎中学士题集贤阁》:"欲知丞相优贤意,百步新廊不蹋泥。"姚鹄《和陕州参军李通微首夏书怀呈同寮张裳段群二先辈》:"公门何事更相牵,邵伯优贤任养闲。"郑谷《驾部郑郎中三十八丈尹贰东周荣加金紫谷以末派之外恩旧事深因贺送》:"郎署转曹虽久次,京河亚尹是优贤。"

【優賞】 厚赏。韩愈《元和圣德诗》:"优赏将吏,扶珪缀组。"

【優曇花】 即优钵昙花。又名祥瑞花。无花果树的一种。"优钵昙"为梵语的音译。意译为瑞应。张谓《送僧》:"手持贝多叶,心念优昙花。"

【優憐】 同情优待。李嘉祐《送从叔阳冰祗召赴都》:"常时矜礼数,渐老荷优怜。"

【優禮】 谓礼遇优待。权德舆《奉送孔十兄宾客承恩致政归东都旧居》:"乞身已见抗疏频,优礼新闻诏书许。"白居易《送刘五司马赴任硖州兼寄崔使君》:"郡丞自合当优礼,何况夷陵太守贤。"韩偓《锡宴日作》:"才有异恩颁稷契,已将优礼及邹枚。"

【優穩】 悠闲安逸。白居易《雪中晏起偶咏新怀兼呈张常侍韦庶子皇甫郎中》:"三年徼幸忝洛尹,两任优稳为商宾。"又《晚凉偶咏》:"幽深小池馆,优稳闲官职。"又《寒食》:"但恐优稳多,微躬销不得。"

【優饒】 丰厚;富裕。白居易《闲适》:"禄俸优饶官不卑,就中闲适是分司。"又《自宾客迁太子少傅分司》:"优饶又加俸,闲稳仍分曹。"姚合《寄陕府内兄郭冏端公》:"久客贵优饶,一醉旧疾平。"

儵 〔tiáo《广韵》直由切,平尤,澄。《集韵》田聊切,平萧,定。〕鱼名。一种生于淡水的白色小鱼。又名白鲦。见"儵鱼"。

【儵魚】 一种生于淡水的白色的小鱼。李德裕《忆平泉山居赠沈吏部一首》:"从来有好鸟,近复跃鲦鱼。"

償 〔cháng《广韵》市羊切,平陽,禪。又時亮切,去漾,禪。〕❶偿还。元稹《代郡斋神答乐天》:"为报何人偿酒债,引看墙上使君诗。"白居易《江楼夜吟元九律诗成三十韵》:"老偿文债负,宿结字因缘。"唐彦谦《蟹》:"买之最厌黄髯老,偿价十钱尚嫌少。"❷代价,报酬。张祜《忧旱吟》:"今年已憔悴,斗米百钱偿。"❸酬答,酬报。李贺《章和二年中》:"殷勤为我下田租,百钱携偿丝桐客。"❹实现,满足。殷尧藩《送刘禹锡侍御出刺连州》:"此去定知偿隐趣,石田春雨读书耕。"

【償冤】 报冤。韩愈《学诸进士作精卫衔石填海》:"鸟有偿冤者,终年抱寸诚。"

儲 〔chǔ《广韵》直魚切,平魚,澄。〕❶积蓄,储藏。《郊庙歌辞·太清宫乐章·终上》:"备礼周乐,垂光储庆。"元稹《通州》:"睡到日西无一事,月储三万买教闲。"孟郊《忽不贫喜卢仝书船归洛》:"日月更相锁,道义分明储。"❷指储存的粮食或其他物资。李颀《送綦毋三谒房给事》:"夫子大名下,家无钟石储。"韦应物《观田家》:"仓廪无宿储,徭役犹未已。"韩翃《送别郑明府》:"千金尽去无斗储,双袖破来空百结。"卢肇《送弟》:"去日家无担石储,汝须勤苦事樵渔。"❸储君,太子。韩王元嘉《奉和同太子监守违恋》："储诚虔晓夕，宸爱积炎凉。"吴筠《览古十四首》之五："汉储殒江充，晋嗣灭骊姬。"裴潾《前相国赞皇公早葺平泉山居暂还憩旋起赴诏命作镇浙右辄抒怀赋四言诗十四首奉寄》之三："建储固本，树屏息戎。"❹隐藏。韩愈《题炭谷湫祠堂》："妻沉固含蓄，本以储阴奸。"❺居住，住所。刘长卿《宿严维宅送包佶》："岁储无别墅，寒服羡邻机。"

【儲十二】　即储光羲。綦毋潜有《送储十二还庄城》诗，孟浩然有《同储十二洛阳道中作》。

【儲太祝】　即储光羲。因曾官太常寺太祝，故称。綦毋潜有《冬夜寓居寄储太祝》诗。

【儲光羲】　（约706—约763）唐润州延陵（今江苏丹阳市西南）人。开元十四年（726）进士。释褐为冯翊主簿，后又任安宜、下邽、汜水等县县尉。天宝六七年间任太常太祝，迁监察御史。安禄山陷长安，迫受伪职，两京收复后，贬谪岭南，后病卒于贬所。作品以田园山水诗著称，描写恬静自然的农村生活和田园风光，抒写向往隐逸的情趣，质朴清淡，趣远情深，风格和王孟相近。诗多五言古体，对后代田园山水诗的发展，有一定影响。事见《新唐书・艺文志三》《唐诗纪事》《唐才子传》。诗见《全唐诗》卷一三六至一三九。

【儲后】　储君，太子。《郊庙歌辞・享节愍太子庙乐章・迎神》："储后望崇，元良寄切。"

【儲妃】　太子之妃。胡元范《奉和太子纳妃太平公主出降三首》之一："帝子威仪绝，储妃礼度优。"

【儲君】　太子。李昂《赋戚夫人楚舞歌》："已见储君归惠帝，徒留爱子付周昌。"吴筠《高士咏・商山四皓》："自汉成帝业，一来翼储君。"高适《三君咏・狄梁公》："昌言太后朝，潜运储君策。"温庭筠《题翠微寺二十二韵》："储君犹问竖，元老已登床。"

【儲明】　指太子。褚亮《奉和禁苑饯别应令》："微臣夙多幸，薄宦奉储明。"

【儲供】　供祭祀用的物资。李峤《汾阴行》："斋宫宿寝设储供，撞钟鸣鼓树羽旂。"

【儲皇】　太子。李白《赠潘侍御论钱少阳》："眉如松雪齐四皓，调笑可以安储皇。"白居易《渭村退居寄礼部崔侍郎翰林钱舍人诗一百韵》："分庭皆命妇，对院即储皇。"张祜《读狄梁公传》："上保储皇位，深然国老勋。"殷文圭《贺皇太子册命》："嗣册储皇帝命行，万方臣妾跃欢声。"

【儲胥】　❶栅栏，藩篱。李商隐《筹笔驿》："猿鸟犹疑畏简书，风云常为护储胥。"温庭筠《禁火日》："骀荡清明日，储胥小苑东。"陆龟蒙《奉和袭美太湖诗・练渎》："平川盛丁宁，绝岛分储胥。"❷汉代官馆名。汉武帝先建迎风馆于甘泉山，后又在云阳建露寒、储胥二馆。见《三辅黄图・汉宫》。崔涂《续纪汉武》："分明三鸟下储胥，一觉钧天梦不如。"后用作宫阙的泛称。沈佺期《晦日浐水应制》："星移天上入，歌舞向储胥。"王维《上张令公》："从兹罢角抵，且复幸储胥。"权德舆《送张仆射朝见毕归镇》："双旌去去恋储胥，归路莺花伴隼旟。"杨巨源《和卢谏议朝回书情即事寄两省阁老兼呈二起居谏院诸院长》："一戎殄欃枪，重译充储胥。"

【儲宫】　太子之宫。亦借指太子。白居易王起《喜晴联句》："山阁蓬莱客，储宫羽翼师。"唐彦谦《四老庙》："西汉储宫定不倾，可能园绮胜良平。"又《汉嗣》："张良口辨周昌吃，同建储宫第一勋。"

【儲邕】　唐玄宗时人。生卒、里贯及生平事迹均未详。与诗人李白友善。白有《别储邕之剡中》《送储邕之武昌》等诗。

【儲貳】　储副，太子。周昙《咏史诗・隋门・独孤后》："储贰不遭谗构死，隋亡宁便在江都。"

【儲禁】　太子之宫。薛元超《奉和同太子监守违恋》："储禁铜扉启，宸行玉轪遥。"

【儲嗣宗】　唐润州延陵（今江苏丹阳市西南延陵镇）人。盛唐诗人储光羲之曾孙。大中十三年进士。曾任校书郎。所作苦思梦萦："逐句留心，每字着意，悠然皆尘外之想"（《唐才子传》卷八）。与顾非熊、司马扎、顾陶等友善。事见《唐才子传》等。诗见《全唐诗》卷五九四。

【儲蓄】　积蓄。王维《偶然作六首》之三："家贫禄既薄，储蓄非有素。"高适《真定即事奉赠韦使君二十八韵》："田园同季子，储蓄异陶朱。"

【儲潔】　含蓄洗练。司空图《诗品・洗炼》："体素储洁，乘月返真。"

【儲闈】　储宫，太子之宫。岑参《奉送李宾客荆南迎亲》："迎亲辞旧苑，恩诏下储闱。"

【儲靈】　太子之灵。李逢吉《享惠昭太子庙乐章》："肃将震念，昭格储灵。"

十六画

儵　〔shū《广韵》式竹切，入屋，书〕❶同"倏"。疾速。见"儵忽❶"。❷见"儵忽❷"。❸见"儵爚"。

【儵忽】　❶倏忽。急速貌。贯休《古意九首》之六："今交如暴流，倏忽生尘埃。"又《寄高员外》："倏忽维阳岁云暮，寂寥不觉成章句。"❷借指恶人。李商隐《哭遂州萧侍郎二十四韵》："暂能诛倏忽，长与向乾坤。"

【儵爚】　光彩鲜明貌。刘允济《经庐岳回望江州想洛川有作》："二门几迢递，三宫何倏爚。"

十七画

儳〔chán《广韵》士咸切，平咸，崇。〕❶不整齐。引申为高耸。张祜《题重玄寺阁八韵》："叠供儳寒碧，飞窗漏夕阳。"❷通"攙"。扶。韦庄《下邽感旧》："招他邑客来不醉，儳得先生去始休。"

十九画

儺〔nuó《广韵》諾何切，平歌，泥。〕古代一种迎神驱除疫鬼的仪式。《论语·乡党》："乡人傩。"唐代宫中和民间除夕之夜尤盛行这种风俗。参阅《新唐书·礼乐志六》与段安节《乐府杂录·驱傩》。王建《宫词一百首》之八九："金吾除夜进傩名，画裤朱衣四队行。"元稹《除夜酬乐天》："引傩绥旆乱毵毵，戏罢人归思不堪。"薛能《除夜作》："祝寿思明圣，驱傩看鬼神。"徐铉《除夜》："预惭岁酒难先饮，更对乡傩羡小儿。"

【儺聲】　驱傩仪式中驱逐疫鬼的呼号之声。唐段安节《乐府杂志·驱傩》有载。卢仝《除夜》之二："傩声方去病，酒色已迎春。"

儷〔lì《广韵》郎計切，去霽，来。〕❶比，相配。骆宾王《咏雪》："幽兰不可俪，徒自绕阳春。"陈子昂《晦日重宴高氏林亭》："循涯倦短翮，何处俪长离。"刘禹锡《武陵书怀五十韵》："鸢飞入鹰隼，鱼目俪玙璠。"❷双，两。亦指对仗，对偶。见"儷偶"。❸同"麗"。美。见"儷曲"。

【儷曲】　❶优美的乐曲。刘禹锡《三月三日与乐天及河南李尹奉陪裴令公泛洛禊饮各赋十二韵》："棹歌能俪曲，墨客竞分题。"姚向《奉陪段相公晚夏登张仪楼》："俪曲亲流火，凌风洽小杯。"❷指精美的诗作。陆龟蒙《奉和袭美酬前进士崔潞盛制见寄因赠至一百四十言》："俪曲信寡和，末流难嗣初。"

【儷偶】　对偶。萧颖士《江有归舟三章》序："文也者，非云尚形似，牵比类，以局夫俪偶，放于奇靡，其于言也，必浅而乖矣。所务乎激扬雅训，彰宣事实而已。"

儼〔yǎn《广韵》魚埯切，上儼，疑。〕❶庄重，庄严。王勃《观佛迹寺》："莲座神容俨，松崖圣趾余。"王维《上张令公》："匈奴遥俯伏，汉相俨簪裾。"李幼卿《游烂柯山四首》之四："石室过云外，二僧俨禅寂。"卢元辅《游天竺寺》："水田十里学袈裟，秋殿千金俨释迦。"❷恭敬。王建《从元太守夏宴西楼》："青衿俨坐傍，礼容益敦敦。"韩愈《题炭谷湫祠堂》："群怪俨伺候，恩威在其颜。"❸昂首。来鹄《圣政纪颂》："若俨见旒，若俯见冕。"❹矗立；伫立；耸立。王勃《铜雀妓二首》之一："舞席纷何就，歌梁俨未倾。"李颀《王母歌》："红霞白日俨不动，七龙五凤纷相迎。"韩愈《南山诗》："或俨若峨冠，或翻若舞袖。"吕温《闻砧有感》："千门俨云端，此地富罗纨。"❺排列。岑参《与鄠县群官泛渼陂》："瞑来呼小吏，列火俨归轩。"权德舆《酬南园新亭宴会璩新第慰庆之作时任宾客》："欢言交羽觞，列坐俨成行。"严巨川《仲秋太常寺观公卿辂车拜陵》："拜陵将展敬，车辂俨成行。"❻准备，整理。钱起《初黄绶赴蓝田县作》："贤尹正趋府，仆夫俨归轩。"韦应物《宴别幼遐与君贶兄弟》："征人惨已辞，车马俨成装。"权德舆《杂言同用离骚体送张评事襄阳觐省》："黯离堂兮日晚，俨壶觞兮送远。"姚合《送徐州韦仅行军》："饯幕俨征轩，行军归大藩。"❼仿佛，宛如。卢纶《皇帝感词》之四："天乐下天中，云軿俨在空。"李贺《昌谷诗》："小柏俨重扇，肥松突丹髓。"鲍溶《云溪竹园翁》："苍松含古貌，秋桂俨白英。"赵嘏《咏端正春树》："一树繁阴先著名，异花奇叶俨天成。"

【儼如】　❶庄重严肃貌。息夫牧《冬夜宴萧十丈因饯殷郭二子西上》序："夜处狭室，列座有位，尊卑俨如。"❷耸立貌。畅当《山居酬韦苏州见寄》："水定鹤翻去，松歌峰俨如。"❸宛如，好像。武少仪《诸葛丞相庙》："执简焚香入庙门，武侯神象俨如存。"白居易《赠内》："冀缺一农夫，妻敬俨如宾。"皮日休《游毛公坛》："却上南山路，松行俨如庑。"崔涂《巫山庙》："双黛俨如嚬，应伤故国春。"

【儼若】　仿佛，宛如。马戴《府试观开元皇帝东封图》："俨若翠华举，登封图乍开。"

【儼雅】　恭敬庄重。杜牧《李甘诗》："俨雅千官容，勃郁吾累怒。"

【儼然】　❶庄重貌；恭敬貌。王维《过乘如禅师萧居士嵩丘兰若》："深洞长松何所有，俨然天竺古先生。"皮日休《庭中初植松桂鲁望偶题奉和次韵》："恰似青童君欲会，俨然相向立庭中。"❷齐整有序貌。权德舆《奉和张仆射朝天行》："宫悬彩仗俨然合，瑞气炉烟相与春。"鲍溶《行路难》："玉堂向夕如无人，丝竹俨然宫商死。"❸仿佛，好像。白居易《蜀路石妇》："俨然整衣巾，若立在闺庭。"李绅《鉴玄影堂》："深夜月明松子落，俨然听法侍生公。"又宛然，逼真貌。李群玉《黄陵庙》："小姑洲北浦云边，二女容华自俨然。"罗隐《姥山》："临塘古庙一神仙，绣幌花容色俨然。"

二十画

儻 〔tǎng《广韵》他朗切，上宕，透。〕❶如，如果。王绩《山中叙志》："孟光倘未嫁，梁鸿正须妇。"李颀《送綦毋三谒房给事》："此行倘不遂，归食芦洲鱼。"杜甫《归燕》："故巢倘未毁，会傍主人飞。"韩愈《赠刘师服》："巨缗东钓倘可期，与子共饱鲸鱼脍。"赵嘏《关山别荡子》："倘见征西雁，应传一字还。"❷仍，仍然。骆宾王《畴昔篇》："舜泽尧曦方有极，谗言巧佞倘无穷。"又《夏日游德州赠高四》："倘忆幽岩桂，犹冀折疏麻。"❸漠然，无思无虑。见"儻然❶"。

儻[2] 〔tàng《广韵》他浪切，去宕，透。〕侥幸；偶然；忽然。《庄子·缮性》："物之倘来，寄者也。"成玄英疏："倘者，意外忽来者耳。"

【儻令】 倘使。李商隐《五言述德抒情诗一首四十韵献上杜七兄仆射相公》："倘令安隐忍，何以赞贞明。"

【儻$_2$来】 意外得来，偶然得到。语出《庄子·缮性》。白居易《九日宴集醉题郡楼兼呈周殷二判官》："盛时倘来合惭愧，壮岁忽去还感伤。"又《闻庾七左降因咏所怀》："究服相天下，倘来非我通。"

【儻使】 假使，假如。元稹《刘颇诗》："倘使权由我，还君白马津。"罗隐《谒文宣王庙》："倘使小儒名稍立，岂教吾道受栖迟。"

【儻若】 假使，假如。卢景亮《寒夜闻霜钟》："倘若无知者，谁能设此音。"焦郁《白云向空尽》："倘若从龙去，还施济物功。"李中《勉同志》："倘若功名立，那愁变化迟。"

【儻借】 倘使；倘给。李端《瘦马行》："倘借长鸣陇上风，犹期一战安西道。"杨巨源《赋得灞岸柳留辞郑员外》："好风倘借低枝便，莫遣青丝扫路尘。"

【儻得】 如能，倘能。陆贽《禁中春松》："倘得回天眷，全胜老碧峰。"张季略《小苑春望宫池柳色》："倘得辞幽谷，高枝寄一名。"白居易《览镜喜老》："倘得及此限，何羡荣启期。"

【儻然】 ❶漠然，无思无虑貌。皇甫冉《田家作》："顾物皆从尔，求心正倘然。"❷假如。贯休《寄僧野和尚》："倘然重结社，愿作扫坛人。"

二十一画

儽 〔léi《广韵》力追切，平脂，来。又盧對切，去隊，來。〕疲困，劳累。寒山《诗三百三首》之一四二："当取一腹饱，莫令两脚儽。"

儿 部

一 画

兀 〔wù《广韵》五忽切，入没，疑。〕❶高耸貌。刘禹锡《九华山歌》："君不见敬亭之山黄索漠，兀如断岸无棱角。"❷浑然无知貌。韦应物《郡内闲居》："永日一酣寝，起坐兀无思。"武元衡《秋日对酒》："百忧纷在虑，一醉兀无思。"柳宗元《读书》："临文乍了了，彻卷兀若无。"❸使安静。孟郊《送淡公》之一，"何以兀其心，为君学虚空。"❹摇晃。皮日休《孤园寺》："艇子小且兀，缘湖荡白芷。"郑谷《送京参翁先辈归闽中》："宿馆明寒烧，吟船兀夜波。"又《送张逸人》："人间疏散更无人，浪兀孤舟酒兀身。"❺还，尚。杜甫《壮游》："黑貂不免敝，斑鬓兀称觞。"独孤及《客舍月下对酒醉后寄毕四燿》："耳热心亦适，视身兀如泥。"白居易《泛春池》："半酣迷所在，倚榜兀回首。"❻断。柳宗元《同刘二十八院长述旧言怀赠二君子》："屋鼠从穿兀，林狙任攫拿。"

【兀兀】 ❶静止貌。韩愈《雉带箭》："原头火烧静兀兀，野雉畏鹰出复没。"杨乘《南徐春日怀古》："兴亡山兀兀，今古水浑浑。"贯休《经旷禅师院》："金玉声利，泥弃唾委，兀兀如顽云。"❷劳苦貌。杜甫《自京赴奉先县咏怀五百字》："兀兀遂至今，忍为尘埃没。"吕岩《七言》之一九："共语难兮情兀兀，独自行时轻拂拂。"刘景复《梦为吴泰伯作胜儿歌》："河湟咫尺不能收，挽粟推车徒兀兀。"❸昏沉貌。韦应物《沣上寄幼遐》："忽从东斋起，兀兀寻涧行。"白居易《桥亭卯饮》："生计悠悠身兀兀，甘从妻唤作刘伶。"方干《阳亭言事献漳州于使君》："重叠山前对酒罇，腾腾兀兀度朝昏。"贯休《再游东林寺作五首》之四："爱陶长官醉兀兀，送陆道士行迟迟。"

【兀坐】 独自端坐。宋之问《自洪府舟行直书其事》："愚以卑自卫，兀坐去沉滓。"戴叔伦《晖上人独坐亭》："萧条心境外，兀坐独参禅。"

【兀者】 被斩断一足的人。杜甫《入衡州》："寡妻从为郡，兀者安堵墙。"

【兀然】 昏沉的样子，宋之问《桂州陪王都督晦日宴逍遥楼》："兀然心似醉，不觉有吾身。"元稹《酬乐天劝醉》："独醉亦有趣，兀然无与他。"刘驾《效陶》："但使长兀然，始见天地祖。"

【兀傲】 沉醉貌。王维《偶然作六首》之四："兀傲迷东西，蓑笠不能守。"白居易《效陶潜体诗十六首》之十三："兀傲瓮间卧，憔悴泽畔行。"

【兀爾】 犹兀然。白居易《首夏》："兀尔水边坐，翛然桥上行。"

【兀䮠】 摇动。韩愈《赠刘师服》："我今牙豁落者多，所存十余皆兀䮠。"

二 画

元 〔yuán《广韵》愚袁切，平元，疑。〕❶头部。韩愈《陆浑山火和皇甫湜用其韵》："命黑螭侦焚其元，天阙悠悠不可援。"❷第一的，开头的。见"元年"。❸年长的。苏颋《故高安大长公主挽词》："孟孙家代宠，元女国朝封。"❹本来，原来。王维《阙题二首》之一："山路元无雨，空翠湿人衣。"孟郊《劝学》："击石乃有火，不击元无烟。"许棠《汴河十二韵》："昔年开汴水，元应别有由。"❺大。见"元功"。❻姓氏。刘长卿《送元八游汝南》："元生实奇迈，幸此喻畴昔。"白居易《晚春寄微之并崔湖州》："崔在吴兴元在越，出门骑马觅何人?"❼同"玄"。宋人避始祖玄朗讳，清人避圣祖玄烨讳，都存在改"玄"为"元"的情况。见"元冥"。

【元十八】 ❶指元集虚。集虚排行第十八。韩愈有《赠别元十八协律六首》《初南食贻元十八协律》。白居易有《题元十八溪亭》《元十八从事南海欲出庐山临别旧居有恋泉声之什因以投和兼伸别情》。❷名未详。戎昱有《成都元十八侍御》。

【元八】 ❶指元宗简。宗简排行第八。张籍有《移居静安坊答元八郎中》。白居易有《东坡秋意寄元八》《朝归书寄元八》。姚合有《和元八郎中秋居》。❷名未详。灵一有《于潜道中呈元八处士》。刘长卿有《送元八游汝南》《使回次杨柳过元八所居》。❸为元十八之讹。白居易有《题元八溪居》。

【元九】 ❶指元稹。稹排行第九。窦巩有《江陵遇元九李六二侍御纪事言情呈十二韵》。杨巨源有《奉寄通州元九侍御》。刘禹锡有《碧涧寺见元九侍御和展上人诗有三生之句因以和》。白居易《览卢子蒙侍御旧诗题于卷后》："早闻元九咏君诗，恨与卢君相识迟。"❷人名未详。张籍有《哭元九少府》。岑仲勉《唐人行第录》疑是元八（元宗简）之误。❸人名未详。许浑有《灞上逢元九处士东归》。

【元大夫】 指元稹。稹曾为越州刺史兼御史大夫、浙东观察使。张籍有《酬杭州白使君兼寄浙东元大夫》。

【元巳】 农历三月的第一个巳日，又称上巳。后定在三月三日。崔知贤《三月三日宴王明府山亭》："影媚元巳，和风上除。"崔国辅《奉和圣制上巳祓禊应制》："元巳秦中节，吾君灞上游。"张登《上巳泛舟得迟字》："令节推元巳，天涯喜有期。"

【元子】 ❶皇帝的嫡长子。李商隐《送从翁东川弘农尚书幕》："元子当传启，皇孙合授询。"❷对元姓友人的尊称。王昌龄《郑县宿陶太公馆中赠冯六元二》："冯公尚戢翼，元子仍跼步。"

【元天】 即玄天。天空。韦应物《凌雾行》："浩浩合元天，溶溶迷朗日。"

【元元】 ❶老百姓。张九龄《奉和圣制赐诸州刺史以题座右》："圣人合天德，洪覆在元元。"刘长卿《奉和杜相公新移长兴宅呈元相公》："江湖难自退，明主托元元。"权德舆《德宗神武孝文皇帝挽歌词三首》之一："恭闻留末命，犹是爱元元。"沈传师《次潭州酬唐侍御姚员外游道林岳麓寺题示》："嗟余潦倒久不利，忍复感激论元元！"❷即"玄玄"。（1）天。李咸用《大雪歌》："应是羲和倦晓昏，暂反元元归太素。"（2）指道家学说。卢鸿一《嵩山十志十首·洞元室》："披蕙帐兮促萝筵，谈空空兮核元元。"

【元友直】 唐诗人。元结之子。建中元年（780）进士及第。官至京兆少尹。《全唐诗》收其诗一首。

【元友讓】 唐诗人。元结幼子。《全唐诗》收其诗一首。

【元少尹】 即元宗简。宗简曾任京兆少尹。白居易有《新秋早起有怀元少尹》《朝回和元少尹绝句》《和元少尹新授官》《题故元少尹集后二首》。

【元少府】 ❶指元昱。李端有《送义兴元少府》。参见"元昱"。❷名未详。钱起有《送修武元少府》。

【元日】 正月初一。杜甫《远怀舍弟颖观等》："旧时元日会，乡党羡吾庐。"韩愈《元日酬蔡州马十二尚书去年蔡州元日见寄之什》："元日新诗已去年，蔡州遥寄荷相怜。"薛能《送从兄之太原副使》："元日何州住？枯风宿馆闻。"司空图《元日》："殷勤元日日，欹午又明年。"

【元化】 ❶古人认为的在冥冥之中有一种推动阴阳四时等运行的伟力。陈子昂《感遇诗三十八首》之三八："仲尼探元化，幽鸿顺阳和。"吴筠《高士咏·壶丘子》："太冲杳无朕，元化谁能知？"白居易《哭孔戡》："茫茫元化中，谁执如此权？"❷帝王的教化德政。元结《补乐歌十首·咸池》："元化油油兮，孰知其然？"孟郊《吊元鲁山》之三："始知补元化，竟须得贤人。"李商隐《有感二首》之一："九服归元化，三灵叶睿图。"唐彦谦《贺李昌时禁苑新命》："黄扉议政参元化，紫殿称觞拂寿星。"

【元父】 元气之父，即天帝。李贺《绿章封事》："绿章封事咨元父，六街马蹄浩无主。"

【元凶】 亦作"元兇"。首恶，罪魁祸首。刘长卿《奉和李大夫仍呈王员外》："诸将候轩车，元凶愁鼎镬。"贾至《自蜀奉册命往朔方途中呈韦左相文部房尚书门下崔侍郎》："元兇诱黠虏，肘腋生妖氛。"王建《寄贺田侍中东平功成》："密招残寇防人觉，遥斩元兇恐自专。"

【元公】 ❶主帅，主将。张籍《送李仆射愬赴镇凤翔》："先入贼城擒首恶，尽封筦库让元公。"❷名不详。孟浩然有《送元公之鄂渚寻观主张骖鸾》。

【元丹丘】 人名。李白在安陆时结识的道友，二人关系密切。元在嵩山、颍阳、石门山皆有别业。李白有《颍阳别元丹丘之淮阳》《与元丹丘方城寺谈玄作》。李白《酬岑勋见寻就元丹丘对酒相待以诗见招》："中逢元丹丘，登岭宴碧霄。"又《元丹丘歌》："元丹丘，爱神仙，朝饮颍川之清流，暮还嵩岑之紫烟。"

【元方】 东汉陈纪字。卢僎《送苏八给事出牧徐州用芳韵》："金鼎属元方，琐闱连季常。"武元衡《送许著作分司东都》："石渠荣正礼，兰室重元方。"杨巨源《上刘侍中》："王浑知武子，陈实奖元方。"

【元心】 初心，本心。吕岩《七言》之九五："本志不求名与利，元心只慕水兼霞。"

【元尹】 指元宗简。宗简官终京兆少尹。白居易有《予与故刑部李侍郎早结道友以药术为事与故京兆元尹晚为诗侣有林泉之期周岁之间二君长逝李住曲江北元居升平西追感旧游因贻同志》。

【元正】 （一 zhēng）正月初一。权德舆《奉和张仆射朝天行》："元正前殿朝君臣，一人负扆百福新。"韩愈《天星送杨凝郎中贺正》："会朝元正无不至，受命上宰须及期。"韩偓《元夜即席》："元宵清景亚元正，丝雨霏霏向晚倾。"崔道融《元日有题》："十载元正酒，相欢意转深。"

【元正】 （一 zhèng）原来的正一状态。徐铉《步虚词五首》之一："气为还元正，心由抱一灵。"

【元功】 大功。张籍《和裴司空即事通简旧僚》："当朝奉明政，早日立元功。"陆龟蒙《阖闾城北有卖花翁因招袭美》："十亩芳菲为旧业，一家烟雨是元功。"

【元古】 即玄古。远古。李白《古风》之一："圣代复元古，垂衣贵清真。"

【元本】 原来，本来。雍陶《寄题岘亭》："却想醉游如梦见，直疑元本不曾来。”李频《五月一日蒙替本官献送相公》：“折狱也曾为俗吏，劝农元本是耕人。”刘兼《西斋》：“莫恨移来栏槛远，譬如元本此间生。”

【元旦】 一年的第一天。徐彦伯有《同韦舍人元旦早朝》。

【元兄】 长兄。韦应物《送苏评事》：“季弟仕谯都，元兄坐兰省。”刘禹锡《送太常萧博士弃官归养赴东都》题注：“时元兄罢相为少师，仲兄为郎官，并分司洛邑。”

【元白】 元稹与白居易的合称。徐凝《自鄂渚至河南将归江外留辞侍郎》：“一生所遇唯元白，天下无人重布衣。”李昇有《元白席上作》。齐己《谢秦府推官寄丹台集》：“钱郎未竭精华去，元白终存作者来。”

【元吉】 大福。卢照邻《中和乐九章·歌储宫第六》：“黄裳元吉，邦家以宁。”

【元老】 ❶德高望重的老臣。刘长卿《送徐大夫赴广州》：“远人来百越，元老事三朝。”文宗《上巳日赐裴度》：“注想待元老，识君恨不早。”杜牧《洛下送张曼容赴上党召》：“未趋雉尾随元老，且蓦羊肠过少年。”❷宰相。权德舆《故太尉兼中书令赠太师西平王挽词》：“翊戴推元老，谋猷合大君。”鲍溶《读淮南李相行营至楚州诗》：“已分舟楫归元老，更使熊罴属丈人。”温庭筠《戏令狐相》：“自从元老登庸后，天下诸胡悉带铃。”

【元臣】 大臣。韩愈《送张侍郎》：“两府元臣今转密，一方逋寇不难平。”张籍《董公诗》：“谁主东诸侯，元臣陇西公。”李绅《却过淮阴吊韩信庙》：“功高自弃汉元臣，遗庙阴森楚水滨。”鲍溶《淮南卧病闻李相夷简移军山阳以靖东寇感激之下因抒长句》：“太白星前龙虎符，元臣出将顺天诛。”

【元年】 每个年号的第一年。杜甫《送李校书二十六韵》：“乾元元年春，万姓始安宅。”韩愈《元和圣德诗》：“维是元年，有盗在夏。”崔玄亮《临终诗》：“许时为客今归去，大历元年是我家。”令狐峤《明庆节散后赠左右两街命服僧玄》：“却羡僧门与道门，元年今日紫衣新。”

【元戎】 ❶元帅。虞世南《出塞》：“上将三略远，元戎九命尊。”杜甫《客居》：“今又降元戎，已闻动行轩。”许浑《登蒜山观发军》：“汉庭应有问，师律在元戎。”❷兵众。柳宗元《唐铙歌鼓吹曲十二篇·东蛮》：“歌诗铙鼓间，以壮我元戎。”李子昂《西戎即叙》：“元戎咸服罪，余孽尽输忠。”

【元后】 天子。后，君主。苏颋《奉和圣制至长春宫登楼望稼穑之作》：“赫赫惟元后，经营自左冯。”孟郊《吊元鲁山》之八：“当今富教化，元后得贤相。”

【元兇】 同“元凶”。

【元辰】 ❶吉日。《郊庙歌辞·昭德皇后庙乐章·永和》：“望灵光，集元辰，祚无极，享万春。”张仲素《上元日听太清宫步虚》：“仙客开金箓，元辰会玉京。”❷元旦。杨师道《奉和正日临朝应诏》：“皇猷被寰宇，端扆属元辰。”

【元成】 指西汉元帝刘奭、成帝刘骜。二帝前后相继，宦官外戚专权。白居易《读汉书》：“每读元成纪，愤愤令人悲。”又《新乐府·司天台》：“昔闻西汉元成间，上陵下替谪见天。”张祜《读西汉书十四韵》：“元成真渐地，哀少卒崩天。”

【元伯】 ❶长伯。储光羲《秋庭贻马九》序：“扶风马挺，余之元伯也。”❷东汉张劭字。张说《李工部挽歌三首》之二：“会葬知元伯，看碑识蔡邕。”权德舆《工部发引日属伤足卧疾不遂执绋》：“元伯归全去，无由白马来。”元稹《与乐天葬杓直》：“元伯来相葬，山涛誓抚孤。”

【元希聲】 (662—707)唐诗人。河南(今河南洛阳)人，隋兵部尚书元岩曾孙。三岁善草隶，七岁能属文，当时称神童。举进士，授相州内黄主簿。累官司礼博士，预修《三教珠英》。景龙初，进吏部侍郎。《新唐书·艺文志四》记传世有文集十卷。《全唐诗》收其诗八首。

【元孚】 唐诗僧。居宣城开元寺，奉禅宗曹洞宗。《全唐诗》收其诗二首。许浑有《冬日宣城开元寺赠元孚上人》。陈陶有《寄元孚道人》。

【元亨】 ❶通达。元，大；亨，通。本是《易》“乾”卦卦辞。玄宗《春中兴庆宫酺宴》序：“不言而海内知归，不教而寰中自肃，元亨之道，其在兹乎?”白居易《江州赴忠州至江陵已来舟中示舍弟五十韵》：“多知非景福，少语是元亨。”❷人名。当作元孚。唐诗僧。参见“元孚”。陈陶有《酬元亨上人》。

【元弟】 长弟。高适《酬秘书弟兼寄幕下诸公》：“酬赠欣元弟，忆贤瞻数公。”

【元宗】 ❶道教的宗旨。元同玄。吴筠《步虚词十首》之四：“忘心符元宗，返本协自然。”❷人名。李建勋有《和元宗元日大雪登楼》。

【元宗简】 (? —822)字居敬，河南(今河南洛阳)人。元稹族兄。进士及第，历任御史府、尚书郎，官终京兆少尹。晚年与白居易为诗友，白曾序其遗文集。张籍有《雨中寄元宗简》《送元宗简》。白居易有《答元八宗简同游曲江后明日见赠》。

【元良】 ❶大善。韩王李元嘉《奉和同太子监守违恋》：“卜征从献吉，守器属元良。”郭震《同徐员外除太子舍人寓直之作》：“太子擅元良，宫臣命伟长。”《郊庙歌辞·昭德皇后庙乐章·雍和》：“懿矣元良，万邦以贞。”❷太子代称。《郊庙歌辞·享节愍太子庙乐章·迎神》：“储后望崇，元良寄切。”宇文融《奉和圣制左丞相说同日上官命宴都堂赐诗》："宠获元良密，荣瞻端揆迁。"

【元君】 ❶道家称仙界中的主宰神。晋葛洪《抱朴子·内篇·金丹》有载。玄宗《赐道士邓紫阳》："太乙三门诀，元君六甲符。"李益《登天坛夜见海》："八鸾五凤纷在御，王母欲上朝元君。"❷道家对女仙的称谓。皎然《奉同颜使君真卿清风楼赋得洞庭歌送吴炼师归林屋洞》："中山炼师栖白云，道成仙秩号元君。"刘禹锡《和令狐相公送赵常盈炼师与中贵人同拜岳及天台投龙毕却赴京》："元君伏奏归中禁，武帝亲斋礼上清。"李商隐《题道静院院在中条山故王颜中丞所置虢州刺史舍官居此今写真存焉》："独坐遗芳成故事，褰帷旧貌似元君。"吴融《和皮博士赴上京观中修灵斋赠威仪尊师兼见寄》："霓结双旌羽缀裙，七星坛上拜元君。"❸指元稹。刘禹锡《酬乐天见寄》："元君后辈先零落，崔相同年不少留。"白居易《赠元稹》："所得惟元君，乃知定交难。"

【元長】 南朝齐王融字。皎然《答裴集阳伯明二贤各垂赠二十韵今以一章用酬两作》："诗名比元长，赋体凌延寿。"

【元武昌】 指元稹。稹官终武昌军节度使。刘禹锡有《西州李尚书知愚与元武昌有旧远示二篇吟之泫然因以继和二首》。

【元來】 原来。王梵志诗之一〇一："哭人尽是分钱人，口哭元来心里喜。"元稹《酬翰林白学士代书一百韵》："虎尾元来险，圭文却类疵。"章碣《焚书坑》："坑灰未冷山东乱，刘项元来不读书！"孙棨《赠妓人王福娘》："谩图西子晨妆样，西子元来未得如。"

【元尚書】 指元稹。稹曾从浙东观察使召为尚书左丞。张籍有《酬浙东元尚书见寄绫素》。

【元昆】 长兄。苏颋《寒食宴于中舍别驾兄弟宅》："始睹元昆锵玉至，旋闻季子佩刀回。"萧颖士《江有归舟三章》序："而太真元昆，前已甲科，未始间岁，翩其连举。"杜甫《览柏中允兼子侄数人除官制词因述父子兄弟四美载歌丝纶》："深诚补王室，戮力自元昆。"

【元和】 ❶调和的阴阳元气。李白《送于十八应四子举落第还嵩山》："归根复太素，群动熙元和。"吴筠《高士咏·郭文举》："元和感异类，猛兽怀德音。"权德舆《郊居岁暮因书所怀》："元和畅万物，动植咸使遂。"❷道教称人的津液。李华《杂诗六首》之三："甘酸不私人，元和运五行。"杜甫《幽人》："咽嗽元和津，所思烟霞微。"李咸用《临川逢陈百年》："强争龙虎是狂人，不保元和虚叩齿。"❸唐宪宗李纯的年号。窦巩《陕府宾堂览房杜二公仁寿年中题纪手迹》："仁寿元和二百年，濛笼水墨淡如烟。"李德裕《南梁行》："元和列侍明光殿，谏草初焚市朝变。"

【元和脚】 指唐书法家柳公权创造的楷书体。公权元和末曾为侍书学士。刘禹锡《酬柳柳州家鸡之赠》："柳家新样元和脚，且尽姜芽敛手徒。"

【元秀】 又作元琇。唐末僧。天台（今属浙江）人。郑谷有《重阳日访元秀上人》。

【元季川】 唐诗人。活动于大历、贞元间。一说名融，元结弟。《全唐诗》卷二五九收其诗四首。

【元命】 天命，上天的意志。陈子昂《感遇诗三十八首》之九："圣人秘元命，惧世乱其真。"储光羲《大酺得长字韵时任安宜尉》："大道启元命，时人居太康。"皇甫澈《赋四相诗·中书令汉阳王张柬之》："周历革元命，天步值艰阻。"吕岩《赠刘方处士》："丹就人间不久居，自有碧霄元命诰。"

【元侍郎】 指元载。载代宗时为户部侍郎度支使。刘长卿有《奉饯元侍郎加豫章采访兼赐章服》《重推后却赴岭外待进止寄元侍郎》。

【元侍御】 ❶指元结。结曾任监察御史。皇甫曾有《送元侍御充使湖南》。韦应物有《陪元侍御春游》。李嘉祐有《送元侍御还荆南幕府》。❷指元宗简。宗简亦曾任御史府职。见白居易《故京兆元少尹文集序》。柳宗元有《零陵赠李卿元侍御简吴武陵》。李涉有《庐山得元侍御书》。白居易《朝归书寄元八》："台中元侍御，早晚作郎官。"

【元使君】 ❶指元结。结曾为道州刺史。杜甫有《同元使君春陵行》。❷指元亘。亘曾为楚州刺史。刘商有《送元使君自楚移越》。

【元舍人】 指元万顷。万顷曾任中书省通事舍人。宋之问有《过中书元舍人山斋》。沈佺期有《和元舍人万顷临池玩月戏为新体》。

【元夜】 即元宵。韩偓有《元夜即席》。

【元注】 人名。河南（今河南洛阳）人。元稹从弟。李端有《题元注林园》。

【元居士】 ❶指元晟。灵一有《与元居士青山潭饮茶》。皎然有《对陆迅饮天目山茶因寄元居士晟》。❷名不详。柳宗元有《摘樱桃赠元居士时在望仙亭南楼与朱道士同处》。孟郊有《蓝溪元居士草堂》《听蓝溪僧为元居士说维摩经》。

【元始】 ❶开端。殷寅《玄元皇帝应见贺圣祚无疆》："睿祖光元始，曾孙体又玄。"❷道教供奉之最高天神元始天尊的简称。吕岩《七言》之二七："玉京殿里朝元始，金阙宫中拜老君。"

【元英】 即玄英，道教神名。吴筠《步虚词十首》之四："元英与桃君，朗咏长生篇。"

【元持】 人名。元稹从叔。元抟弟。官至都官郎中。杜甫《观公孙大娘弟子舞剑器行》序："大历二年十月九日，夔府别驾元持宅，见临颍李十二娘舞剑器，壮其蔚跂。”

【元拾遺】　指元稹。稹曾为左拾遗。白居易有《权摄昭应早秋书事寄元拾遗兼呈李司录》。

【元相】　指元稹。稹位至宰相。章孝标有《上浙东元相》。

【元相公】　❶指元载。载曾为中书侍郎同平章事，居相位。刘长卿有《奉和杜相公新移长兴宅呈元相公诗》。李嘉祐有《奉和杜相公长兴新宅即事呈元相公》。钱起有《咏门上画松上元王杜三相公》。郎士元有《和王相公题中书丛竹寄上元相公》。❷指元稹。稹曾为同中书门下平章事，亦居相位。刘禹锡有《和浙西李大夫晚下北固山喜径松成阴怅然怀古偶题临江亭并浙东元相公所和依本韵》。徐凝有《奉酬元相公上元》。赵嘏有《浙东陪元相公游云门寺》。薛能有《褒城驿有故元相公旧题诗因仰叹而作》。

【元昱】　人名。与李端、卢纶友善。曾任义兴(今江苏宜兴)县尉。卢纶有《送元昱尉义兴》。

【元侯】　❶对位至三公高官的尊称。权德舆《奉和刘侍郎司徒奉诏伐叛书情呈宰相》：“玉帐元侯重，黄枢上宰雄。”刘禹锡《唐侍御寄游道林岳麓二寺诗并沈中丞姚员外所和见征继作》：“星使双飞出禁垣，元侯饯之游石门。”鲍溶《寄宋申锡评事时从李少师移军回归》：“君逐元侯静虏归，虎旗龙节驻春晖。”张绍《冲佑观》：“内库颁金，元侯奉职。”❷对元姓僚友的尊称。宋之问《过中书元舍人山斋》：“元侯松子宾，寓此掖垣职。”

【元帥】　全军的统帅。刘长卿《赠别于群投笔赴安西》：“元帅许提携，他人伫瞻瞩。”杜甫《奉送郭中丞兼太仆卿充陇右节度使三十韵》：“元帅调新律，前军压旧京。”张祎《题击瓯楼》：“驻旌元帅遗风在，击缶高人逸兴酣。”徐铉《和元帅书记萧郎中观习水师》：“元帅楼船出治兵，落星山外火旗明。”

【元律】　指军中鼓乐。储光羲《贻鼓吹李丞时信安王北伐李公王之所器者也》：“辕门统元律，帝室命宗英。”

【元狩】　汉武帝刘彻年号(前122—前117)。皮日休《鲁望昨以五百言见贻亦迭和之微旨也》：“元狩富材术，建安俨英贤。”

【元亮】　晋陶渊明之字。元稹《月三十韵》：“荷锄元亮息，回棹子猷归。”牟融《题朱庆余闲居四首》之三：“路通元亮宅，门对子云居。”陆龟蒙《记事》：“我醉卿可还，陶然似元亮。”罗绍威《柳》：“亚夫营畔风轻处，元亮门前日暖时。”

【元亮自祭文】　陶渊明临终前作有《自祭文》。白居易《哭崔二十四常侍》：“伯伦每置随身锸，元亮先为自祭文。”

【元亮秫】　南朝梁萧统《陶渊明传》：“公田悉令吏种秫，曰：‘吾常得醉于酒足矣。’”因以为嗜酒典故。杜牧《许七侍御弃官东归潇洒江南颇闻自适高秋企望题诗寄赠十韵》：“冻醪元亮秫，寒鲙季鹰鱼。”

【元亮徑】　陶渊明《归去来兮辞》：“三径就荒，松菊犹存。”元亮径即三径，借指隐士的田园。王绩《田家三首》之一：“草生元亮径，花暗子云居。”

【元音】　大声。李华《杂诗六首》之一：“黄钟叩元音，律吕更循环。”

【元首】　❶君主。太宗《执契静三边》：“元首伫盐梅，股肱惟辅弼。”盖嘉运《编入乐府词四首》之二：“受律辞元首，相将讨叛臣。”元稹《桐花》：“安置君王侧，调和元首音。”❷一年之始。车纾《南至日隔仗望含元殿香炉》：“抗殿疏元首，高高接上元。”

【元郎中】　❶指元宗简。宗简曾为仓部郎中。王建有《题元郎中新宅》。张籍有《和左司元郎中秋居十首》。贾岛有《投元郎中》。白居易有《吟元郎中白须诗兼饮雪水茶因题壁上》。❷名未详。刘禹锡有《朗州窦员外见示与澧州元郎中郡斋赠答长句二篇因以继和》。

【元昶】　君臣。南诏骠信《星回节游避风台与清平官赋》：“元昶同一心，子孙堪贻厥。”

【元城】　县名。汉置，治所在今河北大名县东。北齐废，隋开皇中复置。唐初一度并入贵乡县，开元中移治今大名，与贵乡县同城而治。岑参有《送宇文舍人出宰元城》。李商隐有《代元城吴令暗为答》。

【元校書】　指元结。结曾任著作郎。钱起有《奉和王相公秋日戏赠元校书》。耿湋有《春日书情寄元校书伯和相国元子》。李端有《宿荐福寺东池有怀故园因寄元校书》。司空曙有《早夏寄元校书》。

【元晟】　唐诗人。河南府(今河南洛阳)人。进士。后归隐。《全唐诗》收其诗一首。皇甫冉有《送元晟归潜山所居》。皎然有《对陆迅饮天目山茶因寄元居士晟》。李端有《送元晟归江东旧居》。

【元員外】　❶指元宗简。宗简曾为金部员外郎。杨巨源有《和元员外题升平里新斋》。张籍有《寄元员外》。白居易有《酬元员外三月三十日慈恩寺相忆见寄》。❷名未详。张乔有《经宣城元员外山居》。❸名未详。齐己有《酬元员外见寄》。

【元氣】　❶天地间的混沌之气。陈子昂《庆云章》：“昆仑元气，实生庆云。”刘禹锡《踏潮歌》：“四边无阻音响调，背负元气掀重霄。”姚合《和郑相演杨尚书蜀中唱和诗》：“元气符才格，文星照笔毫。”❷人的精气。王翰《奉和圣制同二相已下群官乐游园宴》：“饪竦调元气，歌钟溢雅声。”刘禹锡《游桃源一百韵》：“瞥然不屑意，元气贮肝膈。”张籍《学仙》：“守神保元气，动息随天罡。”

【元神】 道教称人的灵魂。寒山《诗三百三首》之二四七：“欲知仙丹术，身内元神是。”韩屿《赠进士李守微》：“炼成正气功应大，养得元神道不差。”吕岩《七言》之三：“八卦气中潜至宝，五行光里隐元神。”

【元朔】 元旦。德宗《元日退朝观军仗归营》：“献岁视元朔，万方咸在庭。”

【元浙東】 指元稹。稹曾任浙东观察使。白居易有《酬集贤刘郎中对月见寄兼怀元浙东》。

【元冥】 即玄冥。暗昧。孟郊《读经》：“将如庶几者，声尽形元冥。”

【元宵】 正月十五日。韩偓《元夜即席》：“元宵清景亚元正，丝雨霏霏向晚倾。”无名氏《上元词》(外编下)：“金吾不禁元宵，漏声更莫催晓。”

【元容州】 指元结。结曾任容管经略使。刘长卿有《赠元容州》。

【元宰】 宰相。苏颋《奉和圣制幸望春宫送朔方大总管张仁亶》：“老臣帷幄算，元宰庙堂机。”贺知章《奉和圣制送张说巡边》：“选车命元宰，授律取文雄。”李白《赠张相镐二首》之一：“昊穹降元宰，君子方经纶。”

【元规】 ❶东晋庾亮字。参见“元规爱月”。❷美好的品行。吴筠《高士咏·太伯延陵》：“元规与峻节，历世无能攀。”

【元规爱月】 长官与属僚赏月典故。见《世说新语·容止》。卢纶《送邓州崔长史》：“闻说元规偏爱月，知君长得伴登楼。”杨巨源《怀德抒情寄上信州座主》：“沧州值康乐，明月向元规。”

【元规樓】 即庾公楼，又名庾亮楼。参见“庾亮樓”条。徐铉《送龚员外赴江州幕》：“元规楼迥清风满，匡俗山春画障开。”

【元规塵】 《世说新语·轻诋》：“庾公(亮)权重，足倾王公。庾在石头，王(导)在冶城坐，大风扬尘，王以扇拂尘曰：‘元规尘污人！’”后因以为权臣气焰嚣张的典故。李白《送岑征君归鸣皋山》：“西来一摇扇，共拂元规尘。”

【元常】 ❶三国魏钟繇字。刘禹锡《酬柳柳州家鸡之赠·答后篇》：“近来渐有临池兴，为报元常欲抗行。”❷道士名。韦应物有《示全真元常》。

【元常侍】 指元晦。晦曾任散骑常侍。路贯有《和元常侍除浙东留题》。

【元晦】 唐诗人。元稹从子。宝历元年(825)进士。会昌初为桂管观察使，终散骑常侍。《全唐诗》收其诗二首。

【元符】 上天的符命，即天意天命。张九龄《奉和圣制龙池篇》：“我后元符从此得，方为万岁寿图川。”李白《草创大还赠柳官迪》：“造化合元符，交媾腾精魄。”元结《引极三首·怀潜君》：“拜潜君兮索玄宝，佩元符兮轨皇道。”

【元皎】 唐僧。灵武(今属宁夏)人。肃宗时为内供奉，主持凤翔开元寺。杨凝有《寻僧元皎因病》。

【元卿】 西汉蒋诩字。温庭筠《题韦筹博士草堂》：“元卿谢免开三径，平仲朝归卧一裘。”又《寄崔先生》：“往年江海别元卿，家近山阳古郡城。”

【元淑】 当为元叔。东汉赵壹字。储光羲《贻刘高士别》：“元淑命不达，伯鸾吟可叹。”高适《信安王幕府诗》：“作赋同元淑，能诗匪仲宣。”

【元淳】 唐女道士。洛中人。《全唐诗》收其诗二首。

【元寂】 南唐僧。原姓高。保大中授左街僧录，内供奉。《全唐诗》收其歌一首。

【元陵】 唐代宗李豫陵寝。在陕西富平西北檀山。包佶有《朝拜元陵》。

【元博士】 指元诜。诜曾任太常博士。刘商有《泛舒城南溪赋得沙鹤歌奉饯张侍御赴河南元博士赴扬州拜觐仆射》。

【元惡】 犹元凶。李白《赠从孙义兴宰铭》：“元恶昔滔天，疲人散幽草。”杜甫《遣兴五首》之四：“人有甚于斯，足以劝元恶。”幸夤逊《云》：“横天未必朋元恶，捧日还曾瑞至尊。”

【元紫芝】 即元德秀。德秀字紫芝。皮日休《七爱诗·元鲁山》：“吾爱元紫芝，清介如伯夷。”

【元凱】 ❶“八元八凯”的省称。相传高阳氏有才子八人，称为“八凯”，高辛氏有才子八人，称为“八元”。这十六族后裔都能保持家声。至尧时，由舜荐于朝，遂使天下太平。事见《左传·文公十八年》。后以元凯借指辅弼大臣。韩愈《醉赠张秘书》：“方今向太平，元凯承华勋。”徐夤《寓题述怀》：“尧廷忘却征元凯，天阙重关十二门。”周昙《咏史诗·唐虞门·虞舜》：“满朝卿士多元凯，为黜兜苗与四凶。”❷晋杜预字。崔湜《襄城即事》：“子牟怀魏阙，元凯滞襄城。”岑参《西河郡太原守张夫人挽歌》：“从夫元凯贵，训子孟轲贤。”皎然《酬乌程杨明府华将赴渭北对月见怀》：“晋家用元凯，亦是鲁诸生。”杨凭《送客往荆州》：“若爱《春秋繁露》学，正逢元凯镇南荆。”

【元凱傳癖】 晋杜预爱读《左传》，注解成癖，有《春秋左氏传集解》传世。后以为好学苦读的典故。李颀《送皇甫曾游襄阳山水兼谒韦太守》：“元凯春秋传，昭明文选堂。”卢纶《酬崔侍御早秋卧病书情见寄时君亦抱疾在假中》：“元凯癖成官始贵，相如渴甚貌逾衰。”张祜《投魏博田司空二十韵》：“《传》癖深元凯，筹谋奥子房。”李瀚《蒙求》：“元凯《传》癖，伯英草圣。”

【元偉】　人名。河南(今河南洛阳)人。元稹从伯。官至三原(今属陕西)尉。韦应物有《酬元伟过洛阳夜燕》。耿湋有《荐福寺送元伟》。

【元象】　天象。元通玄。吴筠《高士咏·严君平》:"闭关动元象,何必游紫庭?"

【元陽觀】　(—guàn)道观名。在茅山(今属江苏句容市)之南。唐建。顾况有《题元阳观旧读书房赠李范》。

【元結】　(719—772)字次山,号漫郎,因避难于猗玗洞,又号猗玗子。河南(今河南洛阳)人。天宝十二年进士。历官监察御史、道州刺史。诗文反对六朝骈俪风气,是唐代古文运动倡导者之一。诗歌文字质直,多反映民间疾苦和政治现实的内容。今存《元次山文集》为明人所辑。《全唐诗》卷二四〇至二四一收其诗。

【元瑜】　东汉阮瑀字。瑀曾任丞相掾,后以为幕僚典故。卢纶《送朝长史赴荆南旧幕》:"元瑜思旧幕,几夜梦旌旟。"孟郊《送韩愈从军》:"王粲有所依,元瑜初应命。"李郢《重阳日寄浙东诸从事》:"元瑜正及从军乐,宁戚谁怜叩角哀?"尚颜《峡中酬荆南郑准》:"每喜诉流宾客说,元瑜刀笔润雄军。"

【元聖】　大圣人。王湾《晚春诣苏州敬赠武员外》:"回迁翊元圣,入拜伫惟良。"权德舆《仲秋朝拜昭陵》:"神祇戴元圣,君父纳大麓。"白居易《叙德书情四十韵上宣歙翟中丞》:"元圣生乘运,忠贤出应时。"广宣《早秋降诞日献寿二首应制》之一:"秋蓂开六叶,元圣诞千年。"

【元萬頃】　唐诗人。河南(今河南洛阳)人。始官通事舍人,乾封中,从李勣征高丽,因事贬岭外。遇赦还,为北门学士。武则天时迁凤阁舍人。徐敬业起兵,受牵连遭贬,死于贬所。《全唐诗》收其诗四首。

【元載】　(?—777)字公辅,凤翔岐山(今属陕西)人。官至宰相。阿附宦官李辅国,排斥异己,陷害忠良。为人贪鄙,贿赂公行,广置田产。后获罪被诛。《全唐诗》收其诗一首。杨炎有《赠元载歌妓》。杜牧《河湟》:"元载相公曾借箸,宪宗皇帝亦留神。"

【元極】　谓天。元结《引极三首·思元极》:"上何有兮人不测,积清寥兮成元极。彼元极兮灵且异,思一见兮藐难致。"

【元鼎】　汉武帝刘彻年号(前116—前111)。韩愈《答柳柳州食虾蟆》:"大战元鼎年,孰强孰败桡。"

【元會】　群臣于元旦朝拜皇帝。杜审言《岁夜安乐公主满月侍宴应制》:"明朝元会日,万寿乐章陈。"李建勋《和元宗元日大雪登楼》:"纷纷忽降当元会,著物轻明似月华。"

【元微之】　即元稹,微之,稹字。白居易《自吟拙什因有所怀》:"此外复谁爱,唯有元微之。"薛涛有《寄旧诗与元微之》。

【元舅】　长舅。孟郊《送从舅端适楚地》:"元舅唱离别,贱生愁不穷。"

【元兢】　唐诗人。龙朔中官周王府参军。曾著《古今诗人秀句》二卷及《诗格》一卷,今皆不传。《全唐诗逸》卷中收其诗一首。

【元暠】　唐僧。本姓陶,丹阳人。刘禹锡有《送僧元暠东游》。

【元僚】　对臣下或属吏的美称。张九龄《饯王司马入计同用洲字》:"元僚行上计,举饯出林丘。"

【元精】　❶天地间的精气。杜甫《病柏》:"静求元精理,浩荡难倚赖。"元稹《有酒十章》之二:"有酒有酒东方明,一杯既进吞元精。"李商隐《五言述德抒情诗一首四十韵献上杜七兄仆射相公》:"有人扶太极,惟岳降元精。"陆龟蒙《杂讽九首》之四:"元精遗万类,双目如牖户。"❷人的精气。吕岩《七言》之三七:"恍惚中间专志气,虚无里面固元精。"

【元賓】　李观字。孟郊《哭李观》:"自闻丧元宾,一日八九狂。"

【元綱】　即玄纲。天道。储光羲《同诸公秋日游昆明池思古》:"坤纪戮屏翳,元纲扶逶迤。"

【元勳】　❶大功。吴筠《高士咏·商山四皓》:"知几道可尚,隐括成元勋。"殷尧藩《李节度平虏诗》:"元勋未论封茅异,捷势应知破竹然。"崔涂《赤壁怀古》:"汉室河山鼎势分,勤王谁肯顾元勋?"❷立有大功的人。刘长卿《湖南使还留辞辛大夫》:"天子无南顾,元勋在上游。"刘商《送庐州贾使君拜命》:"二天移外府,三命佐元勋。"李郢《奉陪裴相公重阳日游安乐池亭》:"宁知北阙元勋在,却引东山旧客来。"

【元撝】　人名。元稹从叔。李林甫婿,历任水陆转运判官、监察御史、京兆府户曹参军等。李死后遭贬官。岑参有《岁暮碛外寄元撝》。

【元稹】　(779—831)唐诗人。字微之,河南(今河南洛阳)人。元和元年(806)对策举制科第一。历任左拾遗、监察御史。曾得罪宦官权贵而遭贬斥。长庆中依附宦官,升知制诰,拜中书门下平章事。被裴度劾罢,后死于武昌军节度使任。与白居易交情最深,共同倡导新乐府运动,并称"元白"。传世有《元氏长庆集》。《全唐诗》卷三九六至四二三收其诗。

【元德】　大恩德。张吉甫《前题(和熊渠虞庙怀古作)》:"元德长垂范,薰风尚满林。"

【元德秀】　(694—753)字紫芝,河南(今河南洛阳)人。少孤,事母至孝。开元二十一年进士。曾为鲁山令,人称元鲁山。官满后隐居陆浑山。恬然自处,陶情于琴酒间。世人仰其德行。谥文行先生。

《全唐诗外编》收其诗一首。

【元德昭】 五代吴越国相。字名远，杭州人。《全唐诗》收其逸句。

【元鲁山】 即元德秀。萧颖士有《重阳日陪元鲁山德秀登北城瞩对新霁因以赠别》。孟郊《寄义兴小女子》："我咏元鲁山，胸臆流甘滋。"又有《吊元鲁山》。皮日休有《七爱诗·元鲁山》。

【元凛】 唐诗人。事迹不详。《全唐诗》卷七七四收其诗二首。

【元論】 高深的言论。元同玄。陈抟《石刻诗》："因聆元论冥冥理，转觉尘寰一梦中。"

【元寮】 通元僚。刘言史《初下东周赠孟郊》："因依汉元寮，未似羁细轻。"卢肇《汉堤诗》："惟汝元寮，佥举明哲。"

【元錫】 人名。字君贶。河南（今河南洛阳）人。元稹从弟。历任苏州从事、淄王傅、衢州刺史。韦应物有《郡中对雨赠元锡兼简杨凌》。

【元龜】 大龟，商周时占卜所用。张九龄《骊山下逍遥公旧居游集》："我心希硕人，逮此问元龟。"杨巨源《元日观朝》："北极长尊报圣期，周家何用问元龟。"柳宗元《奉平淮夷雅表·皇武》："度拜稽首，庙于元龟。"引申为可资借鉴的人物和事情。王勃《出境游山二首》之一："化鹤千龄早，元龟六代春。"赵彦昭《哭仆射鄂公杨再思》："何言集大鸟，忽此丧元龟。"杜甫《夔府书怀四十韵》："议堂犹集凤，正观是元龟。"

【元龍】 汉末陈登字。柳宗元《同刘二十八哭吕衡州兼寄江陵李元二侍御》："遥想荆州人物论，几回中夜惜元龙。"

【元璫】 太监。韩偓有《大庆堂赐宴元珰而有诗呈吴越王》。

【元禮仙】 元礼、李膺字。后以为名流泛舟典故。《后汉书·郭太传》载其事。李峤《洛》："元礼期仙客，陈王睹丽人。"李白《陪族叔刑部侍郎晔及中书贾舍人至游洞庭五首》之三："洛阳才子贬湘川，元礼同舟月下仙。"楼颖《东郊纳凉忆左威卫李录事收昆季太原崔参军三首》之三："不见李元礼，神仙何处要？"刘禹锡《和东川王相公新涨驿池八韵》："无因接元礼，共载比神仙。"

【元禮門】《后汉书·党锢传·李膺》："膺独持风裁，以声名自高。士有被其容接者，名为'登龙门'。"后以为受权贵荐引典故。权德舆《和王祭酒太社宿斋不得赴李尚书宅会戏书见寄》："元礼门前劳引望，句龙坛下阻欢娱。"刘禹锡《武陵书怀五十韵》："士安曾重赋，元礼许登门。"

【元礎】 唐诗僧。《全唐诗》收其逸句。

【元儲】 太子。《郊庙歌辞·享懿德太子庙乐章·登歌酌鬯》："誉阐元储，寄崇明两。"

【元關】 天门。李郃《贺州思九疑作》："伸手叩元关，闾阖鸣金琅。"

【元韻】 原诗的韵脚。吴融有《倒次元韵》。

允 〔yǔn《广韵》余準切，上準，以。〕❶诚信。魏征《享太庙乐章·肃和》："大哉至德，允兹明圣。"《京兆二尹歌》："前尹赫赫，具瞻允若；后尹熙熙，具瞻允斯。"❷确实。王无竞《君子有所思行》："物盈道先忌，履谦福允臧。"陈子昂《洛城观酺应制》："圣人信恭己，天命允昭回。"《郊庙歌辞·释奠文宣王乐章·肃和》："旧章允著，嘉贽孔虔。"❸允诺。高适《奉酬睢阳李太守》："公族称王佐，朝经允帝求。"张祜《寄献萧相公》："谢安近日违朝旨，傅说当时允帝求。"

【允協】 和洽。张绍《冲佑观》："明明我后，允协昌基。"

【允迪】 真诚地实行。语出《尚书·皋陶谟》："允迪厥德。"崔日用《奉和圣制送张说巡边》："庙谋能允迪，韬略又纵横。"

【允恭】 诚信恭敬。语出《尚书·尧典》："允恭克让。"郑絪《享太庙乐章·大顺舞》："允恭玄默，化成理定。"《郊庙歌辞·周宗庙乐舞辞·观成舞》："锡以纯嘏，祚其允恭。"

三　画

兄 〔xiōng《广韵》許榮切，平庚，曉。〕❶哥哥。王维《过乘如禅师萧居士嵩丘兰若》："无著天亲弟与兄，嵩丘兰若一峰晴。"姚合《文宗皇帝挽词三首》之二："继兄还付弟，授圣悉推公。"韦庄《虢州涧东村居作》："儿童见少生于客，奴仆骄多倨似兄。"❷同辈朋友的敬称。白居易《岁日家宴戏乐弟侄等兼呈张侍御二十八丈殷判官二十三兄》："犹有夸张少年处，笑呼张丈唤殷兄。"

【兄弟】 哥哥和弟弟。杜甫《渼陂行》："岑参兄弟皆好奇，携我远来游渼陂。"韩愈《嗟哉董生行》："时之人，夫妻相虐，兄弟为仇，食君之禄，而令父母愁。"吴融《首阳山》："不同天下人为非，兄弟相看自为是。"

四　画

光 〔guāng《广韵》古黄切，平唐，見。〕❶明亮。杜甫《北征》："瘦妻面复光，痴女头自栉。"杜牧《冬至日寄小侄阿宜诗》："头圆筋骨紧，两眼明且光。"陆龟蒙《奉和袭美初夏游楞伽精舍次韵》："霭重灯不光，泉寒网犹薄。"❸光芒。潘炎《清如玉壶冰》:"日融光乍散,雪照色逾鲜。"刘禹锡《和浙西李大夫霜夜对月听小童吹觱篥歌依本韵》:"已见树杪明星光,谢公高斋吟激楚。"许棠《中秋夜对月》:"影蔽星芒尽,光分物状全。"❸照耀。太宗《喜雪》:"光楼皎若粉,映幕集疑沙。"岑参《和刑部成员外秋夜寓直寄台省知己》:"列宿光三署,仙郎直五宵。"元稹《会真诗三十韵》:"珠莹光文履,花明隐绣栊。"❹光阴,时光。韩愈《此日足可惜赠张籍》:"舍酒去相语,共分一日光。"❺荣耀,显耀。李绅《忆东郭居》:"旌旄光里舍,骑服欢妻嫂。"马戴《答太原从军杨员外送别》:"君将海月珮,赠之光我行。"❻光大。孟浩然《襄阳公宅饮》:"谈笑光六义,发论明三倒。"杜甫《凤凰台》:"再光中兴业,一洗苍生忧。"皮日休《二游诗·徐诗》:"其道苟可光,斯文那自伐?"❼光滑。栖蟾《南中怀友生》:"瘴村人起早,铜柱象揩光。"

【光大舞】 礼乐名。贞观十四年敕定为祭文德皇后的庙乐。开元二十九年定为享太庙献祖宣皇帝酌献时所用。见《旧唐书·音乐志一》。《全唐诗》卷十三有《郊庙歌辞·享太庙乐章·光大舞》。张说有《唐享太庙乐章·光大舞》。

【光化】 ❶县名。南齐初置安化县。西魏时改新化,北周改光化。故城在今湖北老河口市。司空图有《光化踏青有感》。❷唐昭宗李晔年号(898—901)。齐己《寄尚颜》:"满身光化年前宠,几轴开平岁里诗。"

【光光】 ❶显赫威武貌。高适《酬河南节度使贺兰大夫见赠之作》:"隐隐摧锋势,光光弄印荣。"贯休《大蜀皇帝寿春节进尧铭舜颂二首·舜颂》:"绥厥品汇,光光得一。"❷明亮貌。姚崇《秋夜望月》:"灼灼云枝净,光光草露团。"

【光州】 州名。南朝梁置。治所在光城(今河南光山)。唐太极元年(712),移治定城(今河南潢川)。辖境相当于今河南淮河以南、竹竿河以东地。马戴有《答光州王使君》。贾岛有《光州王建使君水亭作》。

【光宅】 全部占有,犹言一统。则天皇后《曳鼎歌》:"天下光宅,海内雍熙。"李舒《唐德明兴圣庙乐章·迎神》:"元尊九德,佐尧光宅。"郭邕《洛出书》:"光宅被寰区,图书荐河洛。"

【光芒】 光辉。储光羲《同诸公送李云南伐蛮》:"广车设置梁,太白收光芒。"欧阳詹《智达上人水精念珠歌》:"陆离电烻纷不常,凌眸晕目生光芒。"杜牧《和宣州沈大夫登北楼书怀》:"兵符严重辞金马,星剑光芒射斗牛。"

【光車】 髹漆的车子。李颀《送刘四赴夏县》:"明主拜官麒麟阁,光车骏马看玉童。"

【光孝寺】 寺名。在广州城西北。三国吴虞翻谪居南海时构宅于此,名曰虞苑。始为王园寺。后改光孝寺。林衢有《题广州光孝寺》。

【光色】 光泽,颜色。薛曜《舞马篇》:"阊阖间,玉台侧,承恩煦兮生光色。"白居易《新乐府·司天台》:"北辰微暗少光色,四星煌煌如火赤。"

【光武】 东汉光武帝刘秀。李白《箜篌谣》:"贵贱结交心不移,唯有严陵及光武。"元稹《代曲江老人百韵》:"光武休言战,唐尧念睦姻。"杜牧《杜秋娘诗》:"光武绍高祖,本系生唐儿。"胡曾《咏史诗·滹沱河》:"光武经营业未兴,王郎兵革正凭陵。"

【光門】 光耀门楣。刘得仁《山中舒怀寄上丁学士》:"砺镞端杨叶,光门待桂枝。"

【光明】 ❶光亮,明亮。韦应物《骊山行》:"翠华稍隐天半云,丹阁光明海中日。"白居易《悲哉行》:"状貌如妇人,光明膏粱肌。"杜牧《赠沈学士张歌人》:"孤直緪烟定,光明滴水圆。"聂夷中《咏田家》:"我愿君王心,化作光明烛。"❷光芒。拾得《诗》之二八:"一颗水精绝瑕翳,光明透满出人天。"无名氏《华山庆云见》(卷七八七):"气色含珠日,光明吐翠氛。"❸耀眼。杜甫《大云寺赞公房四首》之二:"细软青丝履,光明白氎巾。"郑谷《鹤》:"羽翼光明欺积雪,风神洒落占高秋。"徐铉《依韵和令公大王蔷薇诗》:"光明烘昼景,润腻浥轻霏。"❹明朗;显扬。白居易《薛中丞》:"直道渐光明,邪谋难盖覆。"陈陶《涂山怀古》:"旧物复光明,洪炉再埏熔。"❺显赫。贯休《偶作二首》之二:"朱门势峨峨,冠盖何光明!"❻磊落。白居易《蜀路石妇》:"夫行竟不归,妇德转光明。"❼荣耀。刘驾《励志》:"及时立功德,身后犹光明。"

【光采】 同"光彩"。

【光昭】 照耀显彰。卢肇《汉堤诗》序:"惟岘之碑曰羊公,惟汉之堤曰卢公,是古今之相光昭也,其谁曰不然?"

【光威裒】 姐妹三人之名,不知姓。晚唐人。《全唐诗》卷八〇一收其联句一首。鱼玄机有《光威裒姊妹三人少孤而始妍乃有是作精粹难俦虽谢家联雪何以加之有客自京师来者示予因次其韵》。

【光風】 雨停日出时的和风。语出《楚辞·招魂》:"光风转蕙,泛崇兰些。"王逸注:"光风,谓雨已日出而风,草木有光也。"魏征《五郊乐章·肃和》:"节物变柳,光风转蕙。"李白《古风》之五二:"光风灭兰蕙,白露洒葵藿。"韩翃《送蒋员外端公归淮南》:"光风千日暖,寒食百花燃。"元稹《西明寺牡丹》:"花向琉璃地上生,光风炫转紫云英。"也指丽日和风。权德舆《杂诗五首》之三:"光风雨摇荡,鸣珮出中闺。"

【光前】 增光前代,即超过前人之意。魏征《奉和正日临朝应诏》:"岂如今睿哲,迈古独光前。"

【光炯】 明亮。杜甫《法镜寺》:"朱甍半光炯,户牖粲可数。”

【光素】 明亮洁白。欧阳詹《赋得秋河曙耿耿送郭秀才应举》：“皑皑积光素，耿耿横虚碧。”

【光茫】 即光芒。皎然《吊灵均词》：“光茫荡漾兮化为水，万古忠贞兮徒尔为。”

【光氣】 灵异之气。李白《纪南陵题五松山》：“一朝和殷羹，光气为列星。”

【光容】 光彩照人的容颜，对人仪容的敬称。杨巨源《和卢谏议朝回书情即事寄两省阁老兼呈二起居谏院诸院长》：“志业耿冰雪，光容粲璠玙。”

【光華】 ❶光芒，光辉。元结《夜宴石鱼湖作》：“高烛照泉深，光华溢轩楹。”韩愈《游青龙寺赠崔大补阙》：“光华闪壁见神鬼，赫赫炎官张火伞。”雍陶《送客遥望》：“光华不可见，孤鹤没秋云。”陆龟蒙《怀仙三首》之三：“神烛光华丽，灵祛羽翼生。”❷明亮，闪耀。寒山《诗三百三首》之一九九：“圆满光华不磨莹，挂在青天是我心。”刘禹锡《令狐相公见示新栽蕙兰二草之什兼命同作》：“光华童子佩，柔软美人心。”陈中师《瑕瑜不相掩》：“光华开缜密，清润仰磨砻。”❸光荣，荣耀。张九龄《奉和圣制经孔子旧宅》：“旧宅千年外，光华空在兹。”钱起《送集贤崔八叔承恩括图书》：“赠别倾文苑，光华比使车。”李德裕《郊坛回舆中书二相公蒙圣慈召至御马前仰感恩遇辄书是诗兼呈二相公》：“咫尺天颜接，光华喜气来。”无名氏《梦到沙州奉怀殿下》(外编上)：“日夕恩波沾雨露，纵横顾盼益光华。”❹夺目而繁茂。张籍《赋花》：“且愿相留欢洽，惟愁虚弃光华。”元稹《芳树》：“天生细碎物，不爱好光华。”李君何《曲江亭望慈恩寺杏园花发》：“光华临御陌，色相对空门。”郭求《日暖万年枝》：“生植虽依地，光华只信天。”

【光彩】 亦作“光采”。❶光辉，光芒。王昌龄《斋心》：“云英化为水，光采与我同。”刘禹锡《八月十五日夜玩月》：“星辰让光彩，风露发晶英。”唐扶《使南海道长沙题道林岳麓寺》：“晚来光彩更腾射，笔锋正健如可吞。”李群玉《七月十五夜看月》：“竟夕瞻光彩，昂头把白醪。”❷光辉和色彩。李白《鲁郡尧祠送窦明府薄华还西京》：“君不见绿珠潭水流东海，绿珠红粉沉光彩。”韩愈《谒衡岳庙遂宿岳寺题门楼》：“粉墙丹柱动光彩，鬼物图画填青红。”白居易《感旧写真》：“莫问真何如，画亦销光彩。”赵抟《琴歌》：“玉徽冷落无光彩，堪恨钟期不相待。”❸明亮华丽。元稹《有鸟二十章》之十三：“贵人妾妇爱光彩，行提坐臂怡朱颜。”褚载《云》：“可怜光采一片玉，万里晴天何处来?”苏拯《伤彩饰》：“朝见亦光彩，暮见亦光彩，一旦风雨飘，十分无一在。”❹光荣，荣耀。张籍《送金少卿副使归新罗》：“从前此去人无数，光彩如君定是稀。”白居易《长恨歌》：“姊妹弟兄皆列土，可怜光彩生门户。”黄滔《奉和翁文尧戏寄》：“两度还家还未有，别论光彩向冠裳。”

【光净】 莹洁。元稹《估客乐》：“颜色转光净，饮食亦甘馨。”

【光啓】 唐僖宗李儇年号(885—888)。司空图有《光启丁未别山》《光启四年春戊申》《光启三年人日逢鹿》。

【光陰】 ❶日和月。元稹《遣兴十首》之十：“光阴本跳踯，功业劳苦辛。”杜牧《分司东都寓居履道叨承川尹刘侍郎大夫恩知上四十韵》：“寒暑逾流电，光阴甚建瓴。”❷时间。张九龄《始兴南山下有林泉尝卜居焉荆州卧病有怀此地》：“行行念归路，眇眇惜光阴。”白居易《六十六》：“病知心力减，老觉光阴速。”罗隐《大梁见乔翊》：“运命从难合，光阴奈不饶。”

【光揚】 发扬光大。《郊庙歌辞·后唐宗庙乐舞辞·文明舞》：“帝业光扬，皇图翕赫。”

【光晶】 光辉、光明。李白《古风》之三四：“长号别严亲，日月惨光晶。”吴筠《舟中夜行》：“阴云正飘飖，落月无光晶。”皮日休《太湖诗·入林屋洞》：“俄尔造平淡，豁然逢光晶。”

【光景】 ❶太阳，白日。张九龄《奉和圣制途次陕州作》：“行看洛阳陌，光景丽天中。”刘禹锡《酬皇甫十少尹暮秋久雨喜晴有怀见示》：“扫开云雾呈光景，流尽潢污见路岐。”李频《汉上逢同年崔八》：“世上路岐何缭绕，空中光景自逡巡。”也指白昼。李华《咏史十一首》之十一：“归径虽可寻，天阴光景促。”刘禹锡《百舌吟》：“可怜光景何时尽，谁能低回避鹰隼?”白居易《题郡中荔枝诗十八韵兼寄万州杨八使君》：“近南光景热，向北道途长。”❷时光。李白《相逢行二首》之一：“光景不待人，须臾发成丝。”张籍《怀友》：“百年受命短，光景良不足。”韦庄《绛州过夏留献郑尚书》：“光景暗消银烛下，梦魂长寄玉轮边。”❸景物，风光。李白《越女词五首》之五：“新妆荡新波，光景两奇绝。”权德舆《奉和礼部尚书酬杨著作竹亭歌》：“萦回疏凿随胜地，石磴岩扉光景异。”章碣《城南偶题》：“可惜登临好光景，五门须听鼓声回。”❹景况。元稹《戏赠乐天复言》：“乐事难逢岁且徂，白头光景莫令孤。”白居易《江楼月》：“一宵光景潜相忆，两地阴晴远不知。”又《早春忆微之》：“可道眼前光景恶，其如难见故人何!”

【光逸】 西晋名士。字孟祖，乐安(今山东博兴)人。举孝廉。好饮狂放，与谢鲲、阮放、毕卓等八人号称“八达”。《晋书》有传。李峤《被》：“光逸偷眠稳，王章泣恨长。”韩偓《赠吴颠尊师》：“狗窦号光逸，渔阳裸袮衡。”

【光弼】 人名。即李光弼(708—764)，唐名将。

营州柳城(今辽宁朝阳南)人，契丹族。因平息安史之乱有功，官至太尉、临淮王。岑参《奉送李太保兼御史大夫充渭北节度使》题注："即太尉光弼弟。"

【光煦】 明亮温暖。钱起《归义寺题震上人壁》："太阳忽临照，物象俄光煦。"

【光滑】 平滑而不毛糙。元稹《赠刘采春》："正面偷匀光滑笏，缓行轻踏破纹波。"

【光福】 ❶地名。在江苏苏州市西南，西临太湖。陆龟蒙《小鸡山樵人歌》序："小鸡山在胥门外光福之西。"顾在熔有《题光福上方塔》。❷坊名。在长安外郭城接近皇城南门处。白居易有《宴周皓大夫光福宅》。

【光福寺】 寺名。在巴郡(治所今重庆)南山。严武有《题巴州光福寺楠木》。羊士谔有《题郡南山光福寺寺即严黄门所置州门有去思碑即郄拾遗之词也》。刘兼《再看光福寺牡丹》："今日再游光福寺，春风吹我入仙家。"

【光禄】 ❶官署名。光禄寺的简称。在唐代是主管皇室祭祀、膳食及宴会的机构。李峤有《送光禄刘主簿之洛》。❷官名。光禄卿或光禄大夫的简称。光禄卿为光禄寺的长官；光禄大夫为散官，是荣誉性的官衔。刘希夷《代悲白头翁》："光禄池台开锦绣，将军楼阁画神仙。"王维《冬日游览》："丞相过列侯，群公饯光禄。"李贺《送秦光禄北征》："太常犹旧宠，光禄是新隮。"❸要塞名。汉武帝命光禄大夫徐自为筑，故称光禄塞，又名光禄城。在今内蒙古巴彦淖尔市境内。李华《奉使朔方赠郭都护》："绝塞临光禄，孤营佐贰师。"❹称南朝宋诗人颜延之。颜曾官金紫光禄大夫。李白《赠宣城宇文太守兼呈崔侍御》："光禄紫霞杯，伊昔忝相传。"严武《巴岭答杜二见忆》："可但步兵偏爱酒，也知光禄最能诗。"

【光禄坂】 地名。其地在今四川中江县广福镇东南十二里。杜甫有《光禄坂行》。

【光麈】 ❶对他人的风神的敬称。张说《赠崔公》："朝野光尘绝，榛芜年貌秋。"颜真卿《刻清远道士诗因继作》："悠然千载后，知我挹光尘。"❷清与浊。语出《老子》："和其光，同其尘。"皎然《杂寓兴》："冥冥光尘内，机丧成海沤。"吴筠《高士咏・柳下惠》："展禽抱纯粹，灭迹和光尘。"杜牧《寄内兄和州崔员外十二韵》："光尘能混合，擘画最分明。"陆龟蒙《奉酬袭美先辈吴中苦雨一百韵》："谓我同光尘，心中有溟渤。"

【光精】 ❶明亮莹洁。韩愈、轩辕弥明《石鼎联句》："磨砻去圭角，浸润著光精。"❷容光焕发。吕岩《绝句》之二三："养得儿形似我形，我身枯悴子光精。"

【光榮】 光彩荣耀。李白《东海有勇妇》："名在列女籍，竹帛已光荣。"张籍《酬浙东元尚书见寄绫素》："便令裁制为时服，顿觉光荣上病身。"段成式《汉宫词二首》之二："二八能歌得进名，人言入选便光荣。"

【光輝】 ❶光芒。孟浩然《腊月八日于剡县石城寺礼拜》："夕岚增气色，余照发光辉。"王起《浊水求珠》："行潦沉明月，光辉也不浮。"谭用之《别洛下一二知己》："金鼎光辉照雪袍，洛阳春梦忆波涛。"❷辉朗，明亮。寒山《诗三百三首》之一六六："闲游华顶上，日朗昼光辉。"李洞《龙州韦郎中先梦六赤后因打叶子以诗上》："光辉圆魄衔山冷，彩镂方牙着腕轻。"❸时光，光阴。沈佺期《和上巳连寒食有怀京洛》："行乐光辉寒食借，太平歌舞晚春饶。"李白《豳歌行上新平长史兄粲》："宁知流寓变光辉，胡霜萧飒绕客衣。"韩愈《烽火》："王城富且乐，曷不事光辉?"❹光荣；荣耀。杜甫《韦讽录事宅观曹将军画马图》："贵戚权门得笔迹，始觉屏障生光辉。"耿湋《送姚校书因归河中》："明日过闾里，光辉芸阁郎。"朱庆余《上宣州沈大夫》："今日得游风化地，却回沧海有光辉。"萧项《赠翁承赞漆林堂诗》："手植松筠同茂盛，身荣金紫倍光辉。"❺对别人仪容的敬称。张九龄《送杨府李功曹》："平生属良友，结绶望光辉。"韦应物《秋集罢还途中作谨献寿春公黎公》："平明大府开，一得拜光辉。"

【光影】 ❶日光。寒山《诗三百三首》之二〇三："光影腾辉照心地，无有一法当现前。"❷光辉。刘言史《放萤怨》："那将寂寞老病身，更就微虫借光影。"许浑《早行》："秋阳弄光影，忽吐半林红。"李玖《四丈夫同赋》之一："春月不知人事改，闲垂光影照洿宫。"罗隐《中元夜看月》："竟夕瞻光影，昂头把白醪。"❸光阴，时光。顾敻《渔歌子》词："酒杯深，光影促，名利无心较逐。"毛熙震《菩萨蛮》词之二："光影暗相催，等闲秋又来。"

【光穆皇后】 五代南唐元宗李璟皇后的谥号。后姓钟，为南唐后主李煜生母。徐铉有《光穆皇后挽歌三首》。

【光價】 光彩，价值。韩愈《石鼓歌》："荐诸太庙比部鼎，光价岂止百倍过。"白居易《昨以拙诗十首寄西川杜相公用伸答谢》："篇数虽同光价异，十鱼目换十骊珠。"

【光儀】 光彩焕发的仪容。杨巨源《送李虞仲秀才归东都因寄元李二友》："顾我于逆旅，与君发光仪。"张荐《奉酬礼部阁老转韵离合见赠》："间阔向春闱，日复想光仪。"元稹《大觜乌》："陇树巢鹦鹉，言语好光仪。"无名氏《玉卮无当》(卷七八七)："纵乖斟酌意，犹得奉光仪。"

【光鋩】 同光芒。程太虚《磨剑泉》："源泉岩溜漾清波，淬出光铓利太阿。"

【光德】 长安坊名。在外郭城西部。元稹《西归绝句十二首》之七："肠断裴家光德宅，无人扫地戟门深。"郑谷有《右省张补阙茂枢同在谏垣连居光德新春赋咏聊以寄怀》。李洞有《题刘相公光德里新构茅亭》。

【光澄】 明亮透彻。欧阳詹《咏德上韦检察》："辉影互光澄，阴森两葱郁。"

【光燄】 光辉、光芒。韩愈《调张籍》："李杜文章在，光焰万丈长。"

【光壁殿】 南朝陈宫殿名。陈后主有《宴光壁殿咏遥山灯诗》。段成式《观山灯献徐尚书》序："成式辞多嗤累，学未该悉，策山灯事，唯记陈后主宴光壁殿。"

【光臨】 光辉下照。阎朝隐《奉和立春游苑迎春应制》："愿得长绳系取日，光临天子万年春。"

【光鲜】 光彩。欧阳詹《李评事公进示文集因赠之》："一杯有余味，再览增光鲜。"

【光曜】 光辉。李白《北风行》："烛龙栖寒门，光曜犹旦开。"

【光寵】 荣耀、光荣。陈子昂《感遇诗三十八首》之三〇："岂不盛光宠，荣君白玉墀。"韩愈、李正封《晚秋郾城夜会联句》："声明动朝阙，光宠耀京洛。"杨汝士《和宗人尚书嗣复祠祭武侯毕题临淮公旧碑》："固宜光宠下，有泪刻前碑。"

【光耀】 光辉。孟云卿《伤时二首》之二："光耀侵白日，贤愚迷至精。"吴筠《高士咏·东方曼倩》："栖心抱清微，混迹秘光耀。"

【光曦】 明亮的太阳。李峤《日》："倾心比葵藿，朝夕奉光曦。"

【光顧】 以别人的来到为荣。薛能《郊居答客》："远劳才子骑，光顾野人门。"

先 〔xiān《广韵》蘇前切，平先，心。又蘇佃切，去霰，心。〕❶时间或次序在前。"后"的对立。贺知章《送人之军》："陇云晴半雨，边草夏先秋。"杜甫《送韦讽上阆州录事参军》："必若救疮痍，先应去蝨贼。"白行简《春从何处来》："欲识春生处，先从木德来。"许棠《送杜仓曹往沧洲觐叔常侍》："碛鸿来每后，朝日见常先。"❷先于，早于。王维《同卢拾遗过韦给事东山别业不果斯诺》："鸣玉满春山，列筵先朝暾。"杜甫《除草》："荷锄先童稚，日入仍讨求。"刘禹锡《早秋雨后寄乐天》："梧叶先风落，草虫迎湿吟。"吴融《送广利大师东归》："明发先晨鸟，寒栖入暝猿。"❸早。岑参《西河郡太原守张夫人挽歌》："鹊印庆仍传，鱼轩宠莫先。"杜甫《寄题江外草堂》："顾惟鲁钝姿，岂识悔吝先？"卢纶《同薛存诚登栖岩寺》："尘泥来自晚，猿鹤到何先。"姚合《游春十二首》之五："同伴无辞困，游春贵在先。"❹前导，前驱。韦应物《酬豆卢仓曹题库壁见示》："莫嗟年鬓改，郎署定推先。"耿湋《送郭秀才赴举》："乡赋鹿鸣篇，君为贡士先。"❺原先，本来。太宗《执契静三边》："剪暴兴先废，除凶存昔亡。"上官昭容《游长宁公主流杯池二十五首》之二三："沁水田园先自多，齐城楼观更无过。"杜甫《解闷十二首》之一一："可怜先不异枝蔓，此物娟娟长远生。"赵嘏《咏端正春树》："一树繁阴先著名，异花奇叶俨天成。"❻尊崇，重视。李益《赴渭北宿石泉驿南望黄堆烽》："汉庭议事先黄老，麟阁何人定战功？"赵嘏《华清宫和杜舍人》："上位先名实，中兴事宪章。"❼先人，祖先。王维《奉和圣制庆玄元皇帝玉像之作应制》："明君梦帝先，宝命上齐天。"李白《赠张相镐二首》之二："本家陇西人，先为汉边将。"韩愈《越裳操》："自周之先，其艰其勤。"李商隐《哭遂州萧侍郎二十四韵》："公先真帝子，我系本王孙。"❽已故的。一般用于尊长。杜甫《赠蜀僧闾丘师兄》："呜呼先博士，炳灵精气奔。"又《贻阮隐居》："塞上得阮生，迥继先父祖。"❾古代的。白居易《赠友五首》之二："所以先圣王，弃藏不为珍。"❿开端。郭仁表《梦中辞》："万物之先数在兹，不能行此欲何为？"

【先人】 ❶祖宗。王勃《倬彼我系》序："因陈先人之迹，以议出处，致天爵之艰难也。"王维《郑霍二山人》："幸有先人业，早蒙明主恩。"孟浩然《南山下与老圃期种瓜》："先人留素业，老圃作邻家。"❷亡父。白居易《和微之诗二十三首·和李势女》："忍将先人体，与主为疣疮。"周愿《句》："八十年前棠树阴，竟陵太守公先人。"

【先王】 ❶前代君主。张籍《学仙》："先王知其非，戒之在国章。"❷指古代贤明的君王。杜甫《石犀行》："先王作法皆正道，鬼怪何得参人谋？"韩愈《招杨之罘》："先王遗文章，缀缉实在余。"李咸用《水仙操》："指底先王长养情，曲终天下称太平。"唐彦谦《送樊琯司业归朝》："齑辛寻幼妇，醴酒忆先王。"

【先天】 ❶先于天时而行事。许敬宗《奉和秋暮言志应制》："圣敬韬前哲，先天谅不违。"陈子昂《感遇诗三十八首》之九："先天诚为美，阶乱祸谁因？"王维《送秘书晁监还日本国》序："大道之行，先天布化，乾元广运，涵育无垠。"❷天然、自然。殷尧藩《寄许浑秀才》："眼前谁悟先天理，去后还知今日非。"薛逢《题剑门先寄上西蜀杜司徒》："千年管钥谁熔范，只自先天造化炉。"吕岩《三字诀》："药苗新，先天兆。"❸以前的乾坤。崔居俭《后唐宗庙乐舞辞·武成舞》："先天再造，却日重光。"❹唐玄宗李隆基年号(712—713)。张说《东都酺宴四首》序："先天元祀孟冬十月，东都留守韦公，夤奉圣朝，述宣嘉旨。"

【先手】 谓先下手。吴圆《答李曜》："韶光今已输先手，领得蠙珠掌上看。”

【先公】　❶指亡父。韩愈《岐山操》：“我家于豳，自我先公。”❷人名。未详。齐己有《新秋霁后晚眺怀先公》。

【先正】　前代贤臣。权德舆《仲秋朝拜昭陵》：“方祗护山迹，先正陪岩腹。”

【先世】　前代。储光羲《上长史王公责躬》：“恻隐及先世，析薪成自悲。”

【先生】　❶对有道行或学问的人的尊称。杜甫《寄张十二山人彪三十韵》：“静者心多妙，先生艺绝伦。”元稹《四皓庙》：“先生相将去，不复婴世尘。”贾岛《宿姚合宅寄张司业籍》：“闲宵因集会，柱史话先生。”❷老师。韦庄《下邽感旧》：“招他邑客来还醉，儳得先生去始休。”❸作者自称。薛令之《自悼》：“朝日上团团，照见先生盘。”白居易《改业》：“先生老去饮无兴，居士病来闲有余。”

【先主】　指三国蜀刘备。备为蜀先主。岑参《先主武侯庙》：“先主与武侯，相逢云雷际。”杜甫《诸葛庙》：“翊戴归先主，并吞更出师。”李商隐《井络》：“堪叹故君成杜宇，可能先主是真龙。”李山甫有《代孔明哭先主》。

【先生柳】　晋陶渊明有《五柳先生传》。后以“先生柳”为隐居典故。王维《老将行》：“路傍时卖故侯瓜，门前学种先生柳。”

【先主廟】　祭祀三国蜀先主刘备的庙宇。❶在成都(今属四川)城南。岑参有《先主武侯庙》。杜甫《赠王二十四侍御契四十韵》：“重游先主庙，更历少城阛。”又《绝句九首》之二：“移船先主庙，洗药浣沙溪。”❷在奉节(今属重庆)城东。杜甫有《谒先主庙》。题注：“刘昭烈庙在奉节县东六里。”

【先民】　古人。皎然《苕溪草堂自大历三年夏新营四十三韵》：“先民崆峒子，沦景事金液。”

【先行】　(—xíng)犹先锋。徐坚《奉和圣制送张说巡边》：“四骓将戒道，十乘启先行。”

【先兆】　预兆。方干《送王霖赴举》：“须凭吉梦为先兆，必恐长才偶盛时。”徐夤《府主仆射王抟生日》：“熊罴先兆庆垂休，天地氤氲瑞气浮。”

【先步】　走在前面。王贞白《洛阳道》：“喧喧洛阳路，奔走争先步。”

【先見】　预见。周昙《咏史诗·春秋战国门·淳于髡再吟》：“时人多是轻先见，不独田家国亦然。”

【先君】　❶犹先帝。李白《谒老君庙》：“先君怀圣德，灵庙肃神心。”❷亡父。王周《志峡船具诗·百丈》：“少尝侍先君，余闲诵白氏。”

【先知】　❶能预知事情发展的结果。白居易《九年十一月二十一日感事而作》：“祸福茫茫不可期，大都早退似先知。”❷指有智慧的古圣贤。清昼、汤衡《讲古文联句》：“先知孔圣，飞步天衢。”

【先宗】　祖宗。宋之问《伤王七秘书监寄呈扬州陆长史通简府僚广陵以广好事》：“王氏贵先宗，衡门栖道风。”

【先春】　茶的异名。卢仝《走笔谢孟谏议寄新茶》：“仁风暗结珠琲瓃，先春抽出黄金芽。”

【先軌】　前人的法则。许敬宗《奉和九月九日应制》：“讲艺遵先轨，睹德畅宸衷。”

【先秋】　初秋。褚朝阳《登圣善寺阁》：“飞阁青霞里，先秋独早凉。”

【先皇】　即先帝。戎昱《秋望兴庆宫》：“先皇歌舞地，今日未游巡。”张籍《哭丘长史》：“曾是先皇殿上臣，丹砂久服不成真。”许浑《骊山》：“闻说先皇醉碧桃，日华浮动郁金袍。”崔道融《悲李拾遗二首》之二：“也是先皇能罪己，殿前频得触龙鳞。”

【先後】　❶时间或次序上的早晚前后。元稹《乐府古题序·捉捕歌》：“岂是惜狐兔，畏君先后误。”熊孺登《戏赠费冠卿》：“但恐红尘虚白首，宁论蹇逸分先后?”陆龟蒙《问吴宫辞》：“越山丛丛兮越溪疾，美人雄剑兮相先后出。”刘兼《偶有下殇因而自遣》：“修短百年先后定，贤愚千古是非同。”❷长幼，长辈和晚辈。韩愈《南山诗》：“或齐若友朋，或随若先后。”郑谷《寄职方李员外》：“谈笑不拘先后礼，岁寒仍契子孙情。”

【先帝】　指本朝已去世的皇帝。张说《五君咏五首·魏齐公元忠》：“甘心除君恶，足以报先帝。”杜甫《观公孙大娘舞剑器行》：“先帝侍女八千人，公孙剑器初第一。”又《桥陵诗三十韵因赠县内诸官》：“先帝昔晏驾，兹山朝百灵。”韦应物《酬郑户曹骊山感怀》：“先帝昔好道，下元朝百灵。”

【先哲】　古代的贤人。玄宗《早登太行山中言志》：“凉德惭先哲，徽猷慕昔皇。”刘禹锡《武陵观火诗》：“五行有沴气，先哲垂讦谟。”李咸用《放歌行》：“至哉先哲言，于物不凝滞。”

【先烈】　祖宗的业绩。张九龄《奉和圣制次成皋先圣擒建德之所》：“尊祖颂先烈，赓歌安用攀。”

【先時】　以前，早先。包融《武陵桃源送人》：“先时见者为谁耶? 源水今流桃复花。”李商隐《韩碑》：“公之斯文若元气，先时已入人肝脾。”

【先師】　❶指去世的老师。李白《题雍丘崔明府丹灶》：“先师有诀神将助，大圣无心火自飞。”郑谷《宜春再访芳公言公幽斋写怀叙事因赋长言》：“入门长恐先师在，香印纱灯似昔年。”杜荀鹤《送紫阳僧归庐岳旧寺》：“紫衣明主赠，归寺感先师。”❷指孔子。萧颖士《江有归舟三章》序：“先师孝弟谨信、泛爱亲仁、余力学文之训，尔其志之。”又《江有枫一篇十章》之十：

“我闻先师，体命委和。”令狐峘《释奠日国学观礼闻雅颂》：“肃肃先师庙，依依胄子群。”罗隐《谒文宣王庙》：“晚来乘兴谒先师，松柏凄凄人不知。”

【先酒】　酒的创始人。后祀为酒神。柳宗元《饮酒》：“举觞酹先酒，为我驱忧烦。”

【先容】　预先为之装饰。语出汉邹阳《狱中上梁王书》：“蟠木根柢，轮囷离奇，而为万乘器者，以左右先为之容也。”后引申为为人美言推荐。司马逸客《雅琴篇》：“自言幽隐乏先容，不道人物知音寡。”柳宗元《同刘二十八院长述旧言怀增至八十通赠二君子》：“弱岁游玄圃，先容幸弃瑕。”

【先规】　前代的遗法。则天皇后《唐大飨拜洛乐章·拜洛》：“乾乾遵后命，翼翼奉先规。”

【先朝】　前朝。韩翃《题玉山观禅师兰若》：“先朝亲与会龙华，紫禁鸣钟白日斜。”韦应物《白沙亭逢吴叟歌》：“问之执戟亦先朝，零落艰难却负樵。”章孝标《题上皇观》：“烟霞星盖七星坛，想像先朝驻禁銮。”蜀后主王衍《过白卫岭和韩昭》：“先朝神武力开边，画断封疆四五千。”

【先進】　指早得仕进。王湾《晚春诣苏州敬赠武员外》：“嘉郡位先进，鸿儒名重扬。”萧颖士《留别二三子得韵字》：“二纪尚雌伏，徒然忝先进。”

【先登】　最先登上城墙。形容作战英勇。语出《左传·隐公十一年》。韩愈《送侯参谋赴河中幕》：“犹思脱儒冠，弃死取先登。”

【先達】　❶指有德行的前辈或早得仕进的人。孙逖《送李补阙摄御史充河西节度判官》：“官序惭先达，才名畏后人。”牟融《赠浙西李相公》：“文章政事追先达，冠盖声华羡昔贤。”贾岛《夜集乌行中所居》：“座上同声半先达，名山独入此心来。”张蠙《言怀》：“岂能得路陪先达？却拟还家望少微。”❷指孔子。王勃《倬彼我系》之七：“我瞻先达，三十方起。”俞简《行不由径》：“后来无枉路，先达擅前名。”

【先聖】　❶前朝圣人。玄宗《行次成皋途经先圣擒建德之所缅思功业感而赋诗》：“先圣按剑起，叱咤风云生。”苏颋有《奉和圣制行次成皋擒建德之所感而成诗应制》。❷指孔子。李咸用《览文僧卷》：“虽无先圣耳，异代得闻韶。”

【先農】　指上古教民耕作的农神。元稹《代曲江老人百韵》：“校猎求初吉，先农卜上寅。”

【先路】　走在前头，比喻早得显要的官职。温庭筠《病中书怀呈友人》：“逸足皆先路，穷郊独向隅。”

【先輩】　❶前辈。王维《河南严尹弟见宿弊庐访别人赋十韵》：“为学轻先辈，何能访老翁。”安锜《题贾岛墓》：“驰誉超先辈，居官下我侬。”❷同榜进士间相互的敬称。唐李肇《唐国史补》卷下：“得第谓之前进士，互相推敬，谓之先辈。”白居易有《酬赵秀才赠新登科诸先辈》。许浑有《送同年崔先辈诗》。薛逢有《送同年郑祥先辈归汉南》。也有未考取而称同年应试及第者为先辈。李昌符有《下第后蒙侍郎示意指于新先辈宣恩感谢》。韦庄有《癸丑年下第献新先辈》。

【先賢】　以前的贤人。王维《送梓州李使君》：“文翁翻教授，不敢倚先贤。”张祜《题彭泽卢明府新楼》：“先贤尽为宰，空看县南山。”李咸用《苍颉台》：“先贤忧民诈，观迹成纲纪。”

【先賢傳】　记载前代贤人事迹的书籍。孟浩然《题张野人园庐》：“何处先贤传，惟称庞德公？”李商隐《崔处士》：“读遍先贤传，如君事者稀。”韩偓《南亭》：“行簪隐士冠，卧读先贤传。”

【先鋒】　❶打头阵的将士。王建《田侍郎归镇》之一：“贼城破后先锋入，看著红妆不敢收。”❷冲锋在前。许远《祭纛文》：“太一先锋，蚩尤后殿。”杜甫《送蔡希曾都尉还陇右因寄高三十五书记》：“官是先锋得，材缘挑战须。”

【先德】　❶祖先的德行。则天皇后《唐武氏享先庙乐章》：“先德谦㧑冠昔，严规节素超今。”《郊庙歌辞·享太庙乐章·钧天舞》：“奉扬先德，虔遵曩狩。”❷祖先。张九龄《酬周判官巡至始兴会改秘书少监见贻之作兼呈耿广州》：“阴庆荷先德，素风惭后裔。”

【先廟】　皇家宗祠。则天皇后有《唐武氏享先庙乐章》。

【先儒】　古代的儒者。孟郊《悼吴兴汤衡评事》：“独问冥冥理，先儒未曾言。”也特指孔子。丘光庭《新宫三章章八句·补茅鸱》序：“凡诗，先儒所不见者，皆谓之逸，不分其旧亡与删去也。”

【先聲】　祖先的声望。杜牧《分司东都寓居履道叨承川尹刘侍郎大夫恩知上四十韵》：“先声威虎兕，余力活蟭螟。”

【先鞭】　占先一步。高适《酬河南节度使贺兰大夫见赠之作》：“直道宁殊智，先鞭忽抗行。”杜甫《重送刘十弟判官》：“垂翅徒衰老，先鞭不滞留。”司空曙《送柳震归蜀》：“蹇步徒相望，先鞭不可亲。”熊曜《送杨谏议赴河西节度判官兼呈韩王二侍御》：“先鞭羡之子，走马辞咸秦。”

【先壠】　祖坟。牟融《翁母些》：“先垅每怀风木夜，画堂无复彩衣时。”

【先疇】　祖先的田产。张说《东都酺宴四首》序：“国家天地一统，君臣百年，朝荣旧德之序，野赖先畴之业。”

【先籌】　预先规定的数字。蔡孚《打球篇》：“自有长鸣须决胜，能驰迅走满先筹。”

【先覺】　（一jué）❶有先见之明。李华《寄赵七侍御》："茂挺独先觉，拔身渡京虹。"张蠙《送南海僧游蜀》："此世能先觉，他生岂再忘？"贯休《酬韦相公见寄》："万般如幻希先觉，一丈临山且奈何。"❷有先见之明的人。羊士谔《闲斋示一二道者》："知止惭先觉，归欤想故侯。"贯休《送卢舍人三首》之三："大哉释梵轮王璞，已矣何人继先觉？"

【先靈】　祖先的神灵。吕岩《敲爻歌》："九祖先灵得超脱，谁羡繁华贵与荣？"

【先蠶】　古代传说始教民养蚕的神。即黄帝元妃嫘祖。《郊庙歌辞》有《享先蚕乐章》。

兆　〔zhào《广韵》治小切，上小，澄。〕❶指古人占卜时甲骨经烤灼后出现的能预兆吉凶的裂纹。李峤《雾》："倘入非熊兆，宁思玄豹情？"玄宗《巡省途次上党旧宫赋》序："洎大横入兆，出处斯易，一挥宝剑，遽履瑶图。"杜甫《秋日夔府咏怀奉寄郑监李宾客一百韵》："业成陈始王，兆喜出于畋。"于邵《释奠武成王乐章·迎神》："卜畋不从，兆发非熊。"❷征兆。张说《唐享太庙乐章·大政舞》："封唐之兆，成天下君。"钱起《京兆尹厅前甘棠树降甘露》："济旱露为兆，有如埙应篪。"裴潾《前相国赞皇公早葺平泉山居诗十四首奉寄》之二："植爱在根，钟福有兆。"李中《喜春雨有寄》："父老应相贺，丰年兆已成。"❸预示。玄宗《首夏花萼楼观群臣宴宁王山亭回楼下又申之以赏乐赋诗》序："万物莫不气兆乎上而形视乎下。"❹应验。刘禹锡《酬柳柳州家鸡之赠·答前篇》："闻彼梦熊犹未兆，女中谁是卫夫人？"❺数名。古代下数以十万为亿，十亿为兆；中数以万万为亿，万亿为兆；上数以亿亿为兆。见"兆民"。

【兆人】　即世人，因避唐太宗讳改。张说《奉和圣制暇日与兄弟同游兴庆宫作应制》："问俗兆人阜，观风五教宣。"武元衡《德宗皇帝挽歌词三首》之三："岁岁秋风辞，兆人歌不足。"白居易《和微之诗二十三首·和三月三十日四十韵》："虽微五袴咏，幸免兆人诅。"周昙《咏史诗·隋门·炀帝》："兆人疲弊不堪命，天下嗷嗷新主资。"

【兆民】　犹万民。兆，极言其众。白居易《新乐府·捕蝗》："一人有庆兆民赖，是岁虽蝗不为害。"韩偓《过茂陵》："不悲霜露但伤春，孝理何因感兆民。"

【兆姓】　犹百姓。韩愈、孟郊《城南联句》："玄祇祉兆姓，黑秬餩丰盛。"

【兆朕】　形体。贯休《山居诗二十四首》之一三："腾腾兀兀步迟迟，兆朕消磨只自知。"

【兆庶】　犹兆民。庶，多。元结《治风诗五篇·至劳》："去尔兆庶，洪湮灾害。"

【兆夢】　占梦。古人认为梦中的情景能预示凶吉。储光羲《贻阎处士防卜居终南》："兆梦喉颜色，悬情乃文史。"

兇　〔xiōng《广韵》許容切，平鐘，曉。又許拱切，上腫，曉。〕❶凶恶，凶狠。韩愈《元和圣德诗》："有恇其凶，有饵其诱。"贯休《古塞下曲七首》之六："寒来知马疾，战后觉人凶。"❷恶人。太宗《执契静三边》："剪暴兴先废，除凶存昔亡。"又《句》："雪耻酬百王，除凶报千古。"昭宗《咏雷句》："只解劈牛兼劈树，不能诛恶与诛凶。"❸豪放，大胆。苏涣《赠零陵僧》："兴来走笔如旋风，醉后耳热心更凶。"❹凶的讹字。元稹《遣兴十首》之八："入水斩犀凶，上山椎虎狼。"又《奉和浙西大夫李德裕述梦四十韵次本韵》："早弯摧虎凶，便铸垦蓬蒿。"

【兇奴】　即匈奴。张祜《献太原裴相公三十韵》："黄河归博望，青冢破兇奴。"

【兇狠】　凶残。杜牧《郡斋独酌》："腥膻一扫洒，凶狠皆披攘。"

【兇逆】　凶恶的叛逆者。陆龟蒙《江湖散人歌》："必然大段剪凶逆，须召劲勇持军麾。"

【兇徒】　暴徒。韩愈、李正封《晚秋郾城夜会联句》："凶徒更蹈藉，逆族相啖嚼。"韦庄《秦妇吟》："凶徒马上暗吞声，女伴闺中潜生喜。"子兰《长安伤春》："霜陨中春花半无，狂游恣饮尽凶徒。"

【兇酗】　狂饮。元稹《赛神》："喧阗里闾溢，凶酗日夜频。"

【兇寇】　残暴的作乱者。白居易《寄唐生》："大夫死凶寇，谏议谪蛮夷。"

【兇殘】　残暴。李白《幽州胡马客歌》："天骄五单于，狼戾好凶残。"

【兇渠】　首恶元凶。李白《经乱离后天恩流夜郎忆旧游书怀赠江夏韦太守良宰》："长戟三十万，开门纳凶渠。"欧阳詹《东风二章》序："既去凶渠，黎甿以苏。"陆龟蒙《战秋辞》："凶渠歌笑，裂地无疑。"司空图《句》："物望倾心久，凶渠破胆频。"

【兇頑】　凶暴愚昧之徒。李白《豫章行》："岂惜战斗死？为君扫凶顽。"

【兇豎】　凶残的小人。沈佺期《答魑魅代书寄家人》："凶竖曾驱策，权豪岂易当？"皮日休《七爱诗·李太尉》："乘舆既反正，凶竖争亡魂。"

【兇暴】　残暴。白居易《杂感》："阳货肆凶暴，仲尼畏于匡。"

【兇醜】　凶暴丑恶的人。吴筠《览古十四首》之十四："誓期区宇静，爰使凶丑绝。"刘长卿《至德三年春正月寄上浙西节度李侍郎中丞行营五十韵》："凶丑将除蔓，奸豪已负荆。"元结《忝官引》："偶得凶丑降，功劳愧方寸。"

【兇嚚】　犹凶顽。吴筠《览古十四首》之四："所残必忠良，所宝皆凶嚚。”

充

〔chōng《广韵》昌終切，平東，昌。〕❶充满。张籍《新桃行》：“明年结其实，磊磊充汝家。”陆龟蒙《迎潮送潮辞·迎潮》：“潮之德兮无际，既充其大兮又充其细。”颜胄《适思》：“繁华扫地歇，蟋蟀充堂鸣。”❷丰裕，充实。白居易《文柏床》：“虽充悦目玩，终乏周身防。”司空图《诗品二十四则·雄浑》：“大用外腓，真体内充。”❸犹言饱。岑参《宿华阴东郭客舍忆阎防》：“主人炊新粒，行子充夜饥。”白居易《访陶公旧宅》：“肠中食不充，身上衣不完。”又《观刈麦》：“家田输税尽，拾此充饥肠。”陆龟蒙《村夜二篇》之二：“日晏腹未充，霜繁体犹裸。”❹备办。杜甫《送重表侄王砯评事使南海》：“自陈剪髻鬟，鬻市充杯酒。”元结《寿翁兴》：“不见充所求，空闻肆耽欲。”韦应物《赠冯著》：“岁晏乃云至，微褐还未充。”❺供作，充当。寒山《诗三百三首》之三九：“欲往蓬莱山，将此充粮食。”岑参《南池宴饯辛子赋得蝌斗子》：“且愿充文字，登君尺素书。”元稹《献荥阳公诗五十韵》：“蒲有临书叶，韦充读易编。”❻养。萧颖士《仰答韦司业垂访五首》之一：“主人有幽意，将以充林泉。”❼增添。元稹《春六十韵》：“但赏欢无极，那知恨亦充。”雍陶《酬李绀岁除送酒》：“故人充寿能分送，远客消愁免自沽。”❽充任。王维有《送宇文三赴河西充行军司马》。杜甫《奉赠韦左丞丈二十二韵》：“甫昔少年日，早充观国宾。”韩愈《龊龊》：“愿辱太守荐，得充谏诤官。”元稹《出门行》：“遣充行雨神，雨泽随客意。”❾抵偿。白居易《新乐府·卖炭翁》：“半匹红纱一丈绫，系向牛头充炭直。”又《秦中吟十首·重赋》：“生民理布帛，所求活一身，身外充征赋，上以奉君亲。”姚合《和王郎中召看牡丹》：“万物珍那比，千金买不充。”❿指王世充。白居易《新乐府·七德舞》：“白旄黄钺定两京，擒充戮窦四海清。”

【充仞】　充满。杜光庭《纪道德》：“既鼓铸于乾坤品物，信充仞乎东西南北。”

【充斥】　❶充满，充塞。杜甫《八哀诗·赠司空王公思礼》：“未甚拔行间，犬戎大充斥。”薛能《送李殷游京西》：“归京稍作意，充斥犯西邻。”❷众多。阎朝隐《鹦鹉猫儿篇》序：“强梁充斥之辈，愿为臣妾，稽颡阙下者日万计。”杜甫《追酬故高蜀州人日见寄》：“边塞西蕃最充斥，衣冠南渡多崩奔。”

【充盈】　❶充沛丰满。李华《杂诗六首》之三：“正销神耗衰，邪胜体充盈。”❷壅塞。元稹《哭女樊四十韵》：“欲寻方次第，俄值疾充盈。”

【充庭】　充满朝廷。则天皇后《唐明堂乐章·外办将出》：“负扆三春旦，充庭万宇宾。”《郊庙歌辞·太清宫乐章·煌煌》：“礼光尊祖，乐备充庭。”陈叔达《州城西园入斋祠社》：“折俎分归胙，充庭降受厘。”

【充國】　即西汉名将赵充国。苏颋《饯赵尚书摄御史大夫赴朔方军》：“明年麟阁上，充国画于斯。”羊士谔《送张郎中副使自南省赴凤翔府幕》：“亚夫高垒静，充国大田秋。”

【充國自贊】　《汉书·赵充国传》：“时充国年七十余，上老之，使御史大夫丙吉问谁可将者。充国对曰：‘亡逾于老臣者矣。’上遣问焉，曰：‘将军度羌虏何如，当用几人？’充国曰：‘百闻不如一见。兵难隃度，臣愿驰至金城，图上方略。然羌戎小夷，逆天背畔，灭亡不久。愿陛下以属老臣，勿以为忧。’上笑曰：‘诺。’”李瀚《蒙求》：“枚皋诣阙，充国自赞。”

【充飢】　亦作“充饑”。实肚解饥。杜甫《独坐二首》之一：“暖老须燕玉，充饥忆楚萍。”白居易《赠内》：“蔬食足充饥，何必膏粱珍？”

【充給】　（一jǐ）充足。白居易《饱食闲坐》：“衣食虽充给，神意不扬扬。”

【充腸】　犹充饥。杜甫《发秦州》：“充肠多薯蓣，崖蜜亦易求。”元稹《有鸟二十章》之五：“主人偏养怜整顿，玉粟充肠瑶树栖。”白居易《丘中有一士二首》之一：“藜藿不充肠，布褐不蔽形。”

【充腹】　充饥果腹。元稹《思归乐》：“红餐日充腹，碧涧朝析酲。”白居易《自咏》：“随宜饮食聊充腹，取次衣裘亦暖身。”又《短歌曲》：“布衾不周体，藜茹才充腹。”

【充塞】　堵塞。杜甫《三川观水涨二十韵》：“枯查卷拔树，礧磈共充塞。”

【充實】　充沛。杜甫《别李秘书始兴寺所居》：“安为动主理信然，我独觉子神充实。”

【充賦】　犹言充数。对参加科举考试的谦称。独孤及《送虞秀才擢第归长沙》：“充赋名今遂，安亲事不违。”元稹《酬翰林白学士代书一百韵》：“昔岁俱充赋，同年遇有司。”

【充饑】　见“充飢”。

五　画

克

〔kè《广韵》苦得切，入德，溪。〕❶能够。张九龄《奉和圣制烛龙斋祭》：“孰云阴骘，惟圣克彰。”杜甫《别李义》：“尔克富诗礼，骨清虑不喧。”顾况《上古之什补亡训传十三章·燕于巢一章》：“三五不备，罔克攸遂。”孟简《咏欧阳行周事》序：“生竟以蹇连不克如约，过期，命甲遣乘，密往迎妓。”❷战胜，制服。裴漼《奉和御制旋师喜捷》：“从来攻必克，天策振奇兵。”柳宗元《奉平淮夷雅表·皇武》：“旷诛四纪，其徯汝克。”张衮《梁郊祀乐章·庆休》：“七旬罪已服，六月师方克。”丘光庭《补新宫》序：“武王克殷之后，谥之曰文。”

【克己】 克制私欲，以合乎道德规范。太宗《赋尚书》：“纵情昏主多，克己明君鲜。”清昼、汤衡《讲德联句》：“克己恭俭，疲人休息。”

【克充】 能够相当。李白《访道安陵遇盖还为余造真箓临别留赠》：“黄金满高堂，答荷难克充。”

【克家】 善理家政。杜甫《奉送苏州李二十五长史文之任》：“食德见从事，克家何妙年。”

【克终】 善终。王勃《倬彼我系》之六：“思屏人事，克终前烈。”张九龄《奉和圣制送十道采访使及朝集使》：“持久望兹念，克终期所托。”

【克紹】 能够继承。丘丹《奉使过石门瀑布》序：“小子大历中奉使，窃有继作。虽不足克绍祖德，追踪昔贤，盖造奇怀感之志也。”

【克復】 攻克收复。杜甫《收京》：“克复成如此，安危在数公。”

【克勤】 见“克勤克俭”。孙逖《和左卫武仓曹卫中对雨创韵赠右卫李骑曹》：“克勤居簿领，多暇屏讙谣。”

【克勤克儉】 能够勤劳也能节俭。《郊庙歌辞·梁太庙乐舞辞·撤豆》：“克勤克俭，无怠无荒。”

【克壽】 能得长寿。柳宗元《敌戒》：“惩病克寿，矜庄死暴。”

【克敵】 战胜敌人。玄宗《行次成皋途经先圣擒建德之所缅思功业感而赋诗》：“克敌睿图就，擒俘帝道亨。”

【克讓】 能够谦让。吴筠《览古十四首》之十四：“鲁隐全克让，祸机遂潜结。”李纾《让皇帝庙乐章·迎神》：“因心则友，克让以位。”

免 〔miǎn《广韵》亡辨切，上獮，明。〕❶脱掉。见“免胄”。❷免除。杜甫《自京赴奉先县咏怀五百字》：“生常免租税，名不隶征伐。”❸逃避，避免。王维《李处士山居》：“君子盈天阶，小人甘自免。”孟郊《戏赠无本》：“拾月鲸口边，何人免为吞？”雍陶《放鹤》：“努力莫辞仙路远，白云飞处免群鸡。”韦承贻《策试夜潜纪长句于都堂西南隅》：“蓬巷几时闻吉语，棘篱何日免重来？”❹赦免。见“免戾”。❺以免，免得。崔峒《送陆明府之盱眙》：“政成堪吏隐，免负府公恩。”姚合《题刑部马员外修行里南街新居》：“朝朝常独见，免被四邻分。”杜荀鹤《题花木障》：“由来画看胜栽看，免见朝开暮落时。”❻罢免。刘禹锡《送湘阳熊判官孺登府罢归钟陵因寄呈江西裴中丞二十三兄》：“迎风奸吏免，先令疲人喜，”徐夤《退居》：“三年卧病不能免，一日受恩方得还。”

【免官】 免除官职。白居易《想东游五十韵》序：“太和三年春，予病，免官后，忆游浙右数郡，兼思到越一访微之。”

【免戾】 赦罪。吕温《道州途中即事》：“课终如免戾，归养洛城东。”

【免胄】 ❶脱掉头盔。古代武士敬礼方式。玄宗《饯王晙巡边》：“免胄三方外，衔刀万里余。”❷表示决一死战。李德裕《东郡怀古二首·阳给事》：“跳身入飞镞，免胄临霜矛。”

【免俗】 有别于世俗。杜甫《孟仓曹步趾领新酒酱二物满器见遗老夫》：“理生那免俗，方法报山妻。”

【免得】 以免，省得；因此而避免。裴玄智《书化度藏院壁》：“自非阿罗汉，焉能免得偷？”贾岛《送友人之南陵》：“少年跃马同心使，免得诗中道跨驴。”吴融《和韩致光侍郎无题三首十四韵·倒次元韵》：“如何断歧路，免得见行尘。”

【免褐】 脱掉穷人的衣服，表示做官。李频《送陆肱尉江夏》：“免褐方三十，青云岂白髭？”

兑 〔duì《广韵》杜外切，去泰，定。〕❶《易》卦名。韩愈、孟郊《秋雨联句》：“侵阳日沉玄，剥节风搜兑。”❷换取。丁仙芝《余杭醉歌赠吴山人》：“十千兑得余杭酒，二月春城长命杯。”❸西方。《蜀王氏谶文》（卷八七五）：“李祐西王逢吉昌，上德兑兴丹莫当。”

【兑澤】 恩泽。《易·兑》正义：“施于人事，犹人君以恩惠养民，民无不悦也。”刘兼《春晚寓怀》：“一承兑泽莅方州，八度春光照郡楼。”

六 画

兕 〔sì《广韵》徐姊切，上旨，邪。〕兽名。犀类。陈子昂《感遇诗三十八首》之二八：“霓旌翠羽盖，射兕云梦林。”杜甫《故秘书少监武功苏公源明》：“青荧芙蓉剑，犀兕岂独刲。”元稹《说剑》：“剑可刲犀兕，剑可切琼玖。”

【兕載】 兕拉的车子。沈亚之《文祝延二阕》之二：“兕载吹兮音咿咿，铜铙呶兮哦呼眈睢。”

【兕觥】 兕形酒器。卢仝《月下寄徐希仁》：“吾道岂已矣，为君倾兕觥。”白居易《仆射来示輾然自哂走呈仆射兼简尚书》联句：“只愿回乌景，谁能避兕觥？”温庭筠《病中书怀呈友人》：“兕觥增恐竦，杯水失锱铢。”

【兕觵】 即兕觥。牛僧孺《李苏州遗太湖石奇状绝伦因题二十韵奉呈梦得乐天》：“丑凸隆胡准，深凹刻兕觵。”

兒 〔ér《广韵》汝移切，平支，日〕❶儿子。陈元光《太母魏氏半径题石》："系牒公侯裔，悬弧将相儿。"白居易《酬微之》："由来才命相磨折，天遣无儿欲怨谁？"李商隐《骄儿》："儿慎勿学爷，读书求甲乙。"贯休《渔家》："黄鸡青犬花蒙笼，渔女渔儿扫风叶。"❷儿女对父母的自称。韩愈《琴操十首·履霜操》："父兮儿寒，母兮儿饥，儿罪当笞，逐儿何为？"❸青年男子。杜甫《送高三十五书记》："高生跨鞍马，有似幽并儿。"陈羽《送友人及第归江东》："落羽耻为关右客，成名空羡里中儿。"元稹《句》："儿歌杨柳叶，妾拂石榴花。"徐铉《翰林游舍人清明日入院中途见过余明日亦入西省上直因寄游君》："独对芝泥检，遥怜白马儿。"❹轻蔑之词，犹言小子。韩愈《调张籍》："不知群儿愚，那用故谤伤！"❺青年女子自称。丁仙芝《江南曲五首》之一："长干斜路北，近浦是儿家。"崔颢《代闺人答轻薄少年》："儿家夫婿多轻薄，借客探丸重然诺。"刘采春《啰唝曲六首》之一："载儿夫婿去，经岁又经年。"欧阳炯《木兰花》词之一："儿家夫婿心容易，身又不来书不寄。"❻鸟雏，兽崽。元稹《有鸟二十章》之一："珠丸弹射死不去，意在护巢兼护儿。"白居易《燕诗示刘叟》："衔泥两椽间，一巢生四儿。"又《杨柳枝二十韵》："唳鹤晴呼侣，哀猿夜叫儿。"❼人。修睦《题田道者院》："入门空寂寂，真个出家儿。"❽词尾。多有亲昵意味。王缙《青雀歌》："林间青雀儿，来往翩翩绕一枝。"刘禹锡《白鹭儿》："白鹭儿，最高格，毛衣新成雪不敌。"李群玉《钓鱼》："几回举手抛芳饵，惊起沙滩水鸭儿。"

【兒子】 ❶男儿。杜甫《醉歌行》："总角草书又神速，世上儿子徒纷纷。"❷指所生男孩。张祜《猎》："归来逞余勇，儿子乱弯弓。"

【兒女】 ❶儿子和女儿。李白《南陵别儿童入京》："呼童烹鸡酌白酒，儿女嬉笑牵人衣。"韩愈、张籍《会合联句》："病添儿女恋，老丧丈夫勇。"鲍溶《羽林行》："临风亲戚怀，满袖儿女泪。"常理《古别离》："为传儿女意，不用远封侯。"❷泛指小孩。白居易《送敏中归豳宁幕》："六十衰翁儿女悲，傍人应笑尔应知。"陈沆《句》："罢却儿女戏，放他草木生。"❸年轻恋人。王勃《杜少府之任蜀州》："无为在歧路，儿女共沾巾。"韩愈《听颖师弹琴》："昵昵儿女语，恩怨相尔汝。"贯休《古离别》："只恐长江水，尽是儿女泪。"

【兒女仁】 小孩般的心肠软弱。李白《留别贾舍人至二首》之二："何必儿女仁，相看泪成行。"

【兒女情】 对子女的感情。元稹《遣行十首》之四："已怆朋交别，复怀儿女情。"

【兒夫】 妇女自称其夫婿。魏承班《满宫花》词之二："梦中几度见儿夫，不忍骂伊薄幸。"

【兒男】 犹男儿。杨巨源《方城驿逢孟侍御》："军中得力儿男事，入驿从容见落晖。"

【兒姪】 子侄辈。郑谷《敷溪高士》："闲得林园栽树法，喜闻儿侄读书声。"王驾《过故友居》："乱来儿侄皆分散，惆怅僧房认得书。"

【兒郎】 ❶儿子。杜甫《奉先刘少府新画山水障歌》："自有两儿郎，挥洒亦莫比。"无名氏《五言白话诗》之五（外编下）："新妇知家事，儿郎永门户。"❷青年男子。元稹《莺莺诗》："频动横波嗔阿母，等闲教见小儿郎。"李郢《阳羡春歌》："长桥新晴好天气，两市儿郎棹船戏。"韩偓《避地》："白面儿郎犹巧宦，不知谁与正乾坤？"

【兒孫】 ❶子孙。白居易《能无愧》："婢仆遣他尝药草，儿孙与我拂衣巾。"于濆《田翁叹》："归来说向家，儿孙竞咨嗟。"曹松《商山》："垂白商于原下住，儿孙共死一身忙。"❷孙子。储光羲《田家杂兴八首》之六："糗糒常共饭，儿孙每更抱。"李商隐《行次西郊作一百韵》："儿孙生未孩，弃之无惨颜。"李洞《曲江渔父》："儿孙闲弄雪霜髯，浪飐南山影入檐。"

【兒曹】 儿辈。韩愈《示儿》："诗以示儿曹，其无迷厥初。"唐彦谦《梅亭》："世事徒三窟，儿曹且一经。"

【兒童】 古代凡婴儿以上直至未成年者都称儿童。杜甫《羌村》之三："兵革既未息，儿童尽东征。"韩愈《县斋有怀》："儿童稍长成，雀鼠得驱吓。"姚合《酬令狐郎中见寄》："昨是儿童今是翁，人间日月急如风。"王贞白《田舍曲》："牛羊晚自归，儿童戏野田。"

【兒戲】 ❶儿童嬉戏。欧阳詹《送高士安下第归岷南宁觐》："就养思儿戏，延年爱鸟伸。"白居易《宿荥阳》："追思儿戏时，宛然犹在目。"修雅《闻诵法华经歌》："我亦当年狎儿戏，将谓光阴半虚弃。"❷比喻玩世不恭或幼稚可笑的举动。权德舆《细柳驿》："棘门乃儿戏，从古多其人。"白居易《感悟妄缘题如上人壁》："弄沙成佛塔，锵玉谒王宫，彼此皆儿戏，须臾即色空。"罗隐《薛阳陶觱篥歌》："九鼎调和各有门，谢安空俭真儿戏。"

【兒輩】 儿子一辈的年轻人。杜荀鹤《送李镡游新安》："气直不与儿辈洽，醉来拟共天公争。"

兔 〔tù《广韵》湯故切，去暮，透。〕❶兽名。杜甫《有怀台州郑十八司户》："昔如水上鸥，今如置中兔。"舒元舆《坊州按狱》："龟鱼既绝迹，鹿兔无遗毛。"韦庄《观猎》："苑墙东畔欲斜晖，傍苑穿花兔正肥。"❷月亮。传说月中有兔，故以代称。杜审言《奉和七夕侍宴两仪殿应制》："天回兔欲落，河旷鹊停飞。"裴夷直《献岁书情》："音书鸿不到，梦寐兔空悬。"罗邺《冬日寄献庾员外》："却思紫陌觥筹地，兔缺乌沉欲半年。"韦庄《黄藤山下闻猿》："穿云宿处人难见，望月啼时兔正明。”❸笔。紫毫笔由兔毛制成。韩愈《李员外寄纸笔》：“兔尖针莫并，茧净雪难如。”

【兔子】　即兔。《唐旧讖》(卷八七五)：“兔子上金床。”

【兔月】　月亮。杨师道《阙题》：“羊车讵畏青门闭，兔月今宵照后庭。”李峤《市》：“细柳龙鳞映，长槐兔月阴。”唐晅妻张氏《答夫诗二首》之二：“兰阶兔月斜，银烛半含花。”

【兔目】　形容槐树初生的叶芽。李贺《勉爱行二首送小季之庐山》之二：“别柳当马头，官槐如兔目。”又《春归昌谷》：“春热张鹤盖，兔目官槐小。”

【兔走烏飛】　比喻日月如梭。传说月亮中有玉兔，太阳中有金乌。韦庄《秋日早行》：“行人自是心如火，兔走乌飞不觉长。”又《寓言》：“兔走乌飞如未息，路尘终见泰山平。”

【兔角】　(一jiǎo)兔不生角，故以喻虚诞之事。贯休《闻赤松舒道士下世》：“玄关评兔角，玉器琢鸡冠。”

【兔苑】　❶即兔园。高适《别韦参军》：“兔苑为农岁不登，雁池垂钓心长苦。”白居易《斋居春久感事遣怀》：“久作龙门主，多为兔苑宾。”罗隐《所思》：“梁王兔苑荆榛里，炀帝鸡台梦想中。”❷月亮。骆宾王《秋日送尹大赴京》序：“于时兔苑东上，龙火西流。”

【兔罝】　❶捕兔的网。李白《送韩准裴政孔巢父还山》：“猎客张兔罝，不能挂龙虎。”包佶《顾著作宅赋诗》：“已觉不嫌羊酪，谁能长守兔罝？”❷《诗·周南》篇名。《诗序》云：“《兔罝》，后妃之化也。《关雎》之化行，则莫不好德，贤人众多也。”后以此代称在野之贤。陈子昂《秋日遇荆州府崔兵曹使宴》序：“皇华昭国，怀凤绠而高寻；白桂追游，邀兔罝而下顾。”

【兔毫】　指紫毫笔。李白《醉后赠王历阳》：“书秃千兔毫，诗裁两牛腰。”许浑《李定言自殿院衔命归阙拜员外郎迁右史因寄》：“才归龙尾含鸡舌，更立螭头运兔毫。”罗隐《寄虔州薛大夫》：“会得窥成绩，幽窗染兔毫。”

【兔鉤】　新月或残月。崔橹《过南城县麻姑山之一》：“斜倚兔钩孤影伴，校低仙掌一头来。”

【兔絶良弓喪】　兔子射尽，弓就扔了。喻帝王不念旧恩，杀戮功臣。苏拯《猎犬行》：“可嗟猎犬壮复壮，不堪兔绝良弓丧。”

【兔絲】　即菟丝，一种蔓生攀缘植物。乔知之《和李侍郎古意》：“南山幂幂兔丝花，北陵青青女萝树。”杜甫《新婚别》：“兔丝附蓬麻，引蔓故不长。”沈亚之《汴州船行赋岸傍所见》：“露珠虫网细，金缕兔丝长。”刘沧《过北邙山》：“漠漠兔丝罗古庙，翩翩丹旐过孤村。”

【兔葵】　植物名。又名菟葵，叶似葵，有毛，刘禹锡《再游玄都观》引：“复为主客郎中，重游玄都观，荡然无复一树，唯兔葵燕麦动摇于春风耳。”

【兔園】　汉梁孝王刘武的园林。又称梁园。故址在今河南商丘东。梁孝王好结交文学之士，邹阳、枚乘、司马相如等人皆游其门。后成为雅集高会的典故。刘禹锡《和乐天洛下雪中宴集寄汴州李尚书》：“遥想兔园今日会，琼林满眼映旂竿。”白居易《过裴令公宅二绝句》之二：“假使明朝深一尺，亦无人到兔园中。”曹邺《贺雪寄本府尚书》：“有客怀兔园，吟诗绕城内。”徐铉《送从兄赴临川幕》：“梁王籍宠就东藩，还召邹枚坐兔园。”

【兔輪】　指月亮。元稹《乐府古题序·梦上天》：“西瞻若水兔轮低，东望蟠桃海波黑。”

【兔輝】　月光。黄颇《闻宜春诸举子陪郡主登河梁玩月》：“虹影迴分银汉上，兔辉全写玉筵中。”

【兔影】　月光。卢照邻《江中望月》：“沉钩摇兔影，浮桂动丹芳。”刘兼《万葛树》：“静铺讲席麟经润，高拂□枝兔影分。”

【兔藥】　谓长生之药。传说月中有玉兔捣药。牟融《赠浙西李相公》：“月里昔曾分兔药，人间今喜得椿年。”

【兔鏤】　当作“兔缕”，即兔丝。陆龟蒙《奉和袭美题达上人药圃二首》之二：“教疏兔镂金弦乱，自拥龙刍紫汞肥。”

七　画

兖　〔yǎn《广韵》以轉切，上獮，以。〕❶水名。见“兖水”。❷州名。见“兖州”。

【兖水】　古水名。应作沇水。《续汉书·郡国志》：“河东郡垣县……有王屋山，兖水出。”李商隐《彭城公薨后赠杜二十七胜李十七潘二君并与愚同出故尚书安平公门下》：“梁山兖水约从公，两地参差一旦空。”

【兖公】　指陆象先。象先曾封兖国公。张说有《同贺八送兖公赴荆州》。

【兖州】　州名。汉武帝所置十三刺史部之一。辖境相当于今山东西南和河南东部。东汉治所昌邑(今山东金乡东北)。后辖境逐渐缩小。张谓有《饯田尚书还兖州》。杜甫有《登兖州城楼》。戴叔伦有《暮春游长沙东湖赠辛兖州巢父二首》。吴融有《题兖州泗河中石床》。

【兖部】　即兖州。兖州曾为汉武帝十三刺史部之一，故称。骆宾王有《游兖部逢孔君自卫来欣然相遇若旧》。

八 画

党 〔dǎng《集韵》底朗切，上蕩，端。〕姓。史凤《八分羊》："党家风味足肥羊，绮阁留人漫较量。"

【党侍御】 指党晔。晔，字茂宗。历官职方郎中、大理评事、监察御史。元结有《与党侍御》。

【党項】 古族名。汉西羌的一支，故又称"党项羌"。初居今青海、甘肃、四川边缘地区，从事畜牧。南北朝后期逐渐强盛，移居于今甘肃、宁夏、陕北一带。杜牧有《闻庆州赵纵使君与党项战中箭身死辄书长句》。

【党評事】 指党晔。晔曾为大理评事。元结有《与党评事》。

九 画

兜 〔dōu《广韵》當侯切，平侯，端。〕❶头盔。见"兜鍪"。❷人名。见"兜苗"。

【兜玄國】 小说中的国名。《全唐诗》有《兜玄国怀归诗》。

【兜苗】 欢兜与三苗。欢兜是舜时的恶人；三苗为当时部落。《书·舜典》："放欢兜于崇山，窜三苗于三危。"周昙《咏史诗·唐虞门·虞舜》："满朝卿士多元凯，为黜兜苗与四凶。"

【兜率】 佛教语。"兜率天"的简称。孟浩然《陪张丞相祠紫盖山途经玉泉寺》："天宫上兜率，沙界豁迷明。"齐己《题东林白莲》："大士生兜率，空池满白莲。"吴越僧《武肃王有旨石桥设斋会进一诗共六首》之五："何必更寻兜率去，重重灵应事昭然。"

【兜率天】 佛教所谓欲界六天之第四天，义为知足、喜足等。元稹《哭子十首》之四："莲花上品生真界，兜率天中离世途。"白居易《答客说》："海山不是吾归处，归即应归兜率天。"

【兜率寺】 寺名，在唐梓州（今四川三台县）。杜甫有《上兜率寺》。白居易《寒食日寄杨东川》："兜率寺高宜望月，嘉陵江近好游春。"杜荀鹤有《赠题兜率寺闲上人院》。裴说有《兜率寺》。

【兜率宫】 兜率天上的宫殿。指佛寺。李群玉《题龙潭西斋》："远公一去兜率宫，唯有面前虎溪水。"

【兜鍪】 头盔。王昌龄《箜篌引》："橐驼五万部落稠，敕赐飞凤金兜鍪。"高适《睢阳酬别畅大判官》："兜鍪冲矢石，铁甲生风飙。"马戴《关山曲二首》之一："金甲耀兜鍪，黄金拂紫骝。"徐夤《闻长安庚子岁事》："羽檄交驰触冕旒，函关飞入铁兜鍪。"

【兜羅綿】 佛经称草木的花絮。李咸用《谢僧寄茶》："枝枝膏露凝滴圆，参差失向兜罗绵。"

十 画

兟 〔shēn《广韵》所臻切，平臻，生。〕见"兟兟"。

【兟兟】 众多貌。李商隐《戊辰会静中书贻同志二十韵》："金铃摄群魔，绛节何兟兟。"贯休《送僧入石霜》："兟兟齐白趾，赫赫共洪炉。"

十二画

兢 〔jīng《广韵》居陵切，平蒸，見。〕小心谨慎。王湾《秋夜寓直即事通简南省诸友人》："三杰贤更穆，百僚欢且兢。"李吉甫《癸巳岁吉甫圆丘摄事寄相公兼呈集贤院诸学士》："庙斋兢永夕，书府会群仙。"元稹《纪怀赠李六户曹崔二十功曹五十韵》："军幕威容盛，官曹礼数兢。"

【兢危】 谨慎畏惧。柳宗元《零陵赠李卿元侍御简吴武陵》："君子尚容与，小人守兢危。"

【兢惕】 谨慎戒惧。李绅《忆寿春废虎坑是岁虎不复为害至余去郡三载》："匪将履尾求兢惕，那效探雏所患争。"王周《志峡船具诗·戙》："拯危居坦夷，济险免兢惕。"

【兢惶】 谨惧。玄宗《鹡鸰颂》："夙夜兢惶，渐化疏兮。"

【兢慎】 小心谨慎。元结《乱风诗五篇·至虐》："夫为君上兮，兢慎俭约，可以保身。"许浑《送沈卓少府任江都》："少年作尉须兢慎，莫向楼前坠马鞭！"

【兢魂】 惊魂。刘禹锡《韩十八侍御见示岳阳楼别窦司直诗因令属和重以自述故足成六十二韵》："锻（当为'铩'之误）翮重叠伤，兢魂再三褫。"

【兢兢】 ❶战栗貌。韦应物《酬韩质舟行阻冻》："方舟未得行，凿饮空兢兢。"韩愈《南山诗》："空虚寒兢兢，风气较搜漱。"贾岛《让纠曹上乐使君》："战战复兢兢，犹如履薄冰。"❷谨慎貌。柳宗元《敌戒》："秦有六国，兢兢以强；六国既除，訑訑以亡。"薛逢《镊白曲》："到官只是推诚信，终日兢兢幸无吝。"司空图《退栖》："自此致身绳检外，肯教世路日兢兢。"齐己《酬元员外见寄八韵》："众人忘苦苦，独自愧兢兢。"

【兢懷】 谨慎之心。太宗《执契静之边》："秋驾转兢怀，春冰弥轸虑。"

入　部

入〔rù《广韵》人執切，入缉，日。〕❶从外进内。与“出”相对。太宗《饮马长城窟行》：“荒裔一戎衣，灵台凯歌入。”张籍《徐州试反舌无声》：“入雾暗相失，当风闲易惊。”朱庆余《过耶溪》：“恰是扁舟堪入处，鸳鸯飞起碧流中。”❷特指入朝。刘禹锡《寄毗陵杨给事三首》之一：“好著櫜鞬莫惆怅，出文入武是全才。”❸交纳。张祜《戊午年感事书怀二百韵谨寄献太原裴令公宣武李尚书》：“失路为闲物，无官入长钱。”❹收入。白居易《赠友五首》之三：“量入以为出，上足下亦安。”❺符合。见“入律”“入時”。❻侵入，渗透。李白《古风》之二：“蟾蜍入紫微，大明夷朝晖。”杜甫《奉先刘少府新画山水障歌》：“刘侯天机精，爱画入骨髓。”牟融《送徐浩》：“千里好山青入楚，几家深树碧藏楼。”刘沧《赠颛顼山人》：“浩气含真玉片辉，著书精义入玄微。”❼没收。韦庄《官庄》：“桑田稻泽今无主，新犯香醪没入官。”

【入山】　❶进入山里。严维《入唐溪》：“金涧流不尽，入山深更闻。”❷指隐居。白居易《山中戏问韦侍御》：“常吟反招隐，那得入山来？”又《效陶潜体诗十六首》之十四：“入山烧黄白，一旦化为灰。”

【入木】　比喻笔力强健。相传王羲之书木板，笔力能透入三分。李峤《书》：“请君看入木，一寸乃非虚。”沈传师《次潭州酬唐侍御姚员外游道林岳麓寺题示》：“锵金七言凌老杜，入木八法蟠高轩。”

【入手】　❶到手。孟浩然《春中喜王九相寻》：“当杯已入手，歌妓莫停声。”白居易《闻杨十二新拜省郎遥以诗贺》：“官职声名俱入手，近来诗客似君稀。”贯休《送梦上人归京》：“前程胜事未可涯，但恐圭峰难入手。”❷开头。白居易《苏州李中丞以元日郡斋感怀诗寄微之及予走笔奉答兼呈微之》：“莫嗟一日日催人，且贵一年年入手。”罗隐《寄乔逸人》：“长短此行须入手，更饶君占一年秋。”

【入月】　❶妇女月经来潮。王建《宫词一百首》之四六：“密奏君王知入月，唤人相伴洗裙裾。”❷侵逼月亮。李白《胡无人》：“云龙风虎尽交回，太白入月敌可摧。”

【入火術】　道家谓人进火中不焚的法术。比喻混迹官场的本领。张九龄《始兴南山下有林泉尝卜居焉荆州卧病有怀此地》：“多惭入火术，常惕履冰心。”

【入去】　进入。白居易《晚从省归》：“入去丞郎非散秩，归来诗酒是闲人。”张祜《送曾黯游夔州》：“下来千里峡，入去一条天。”

【入仕】　作官。李华《寄赵七侍御》：“属词慕孔门，入仕希上公。”韦应物《大梁亭会李四栖梧作》：“入仕三十载，如何独未伸？”钱起《南中春意》：“入仕无知言，游方随世道。”

【入用】　指入朝做官。苑咸《酬王维》：“为文已变当时体，入用还推间气贤。”元稹《酬乐天闻李尚书拜相以诗见贺》：“尚书入用虽旬月，司马衔冤已十年。”

【入玄】　达到神妙的地步。张乔《咏棋子赠弈僧》：“黑白谁能用入玄，千回生死体方圆。”

【入耳】　谓听见。陆龟蒙《奉酬袭美先辈吴中苦雨一百韵》：“喧哗不入耳，谗佞不挂舌。”贯休《长持经僧》：“伤嗟浮世之人，善事不曾入耳。”

【入臣】　归附称臣。张说《唐享太庙乐章·崇德舞》：“上帝配食，单于入臣。”

【入兆】　入梦之兆的简称。李商隐《今月二日不自量度辄以诗一首亦诗人咏叹不足之义也》：“服箱青海马，入兆渭川熊。”

【入羊】　用为咏神仙典故，左慈入羊群不可见，见晋干宝《搜神记》卷一。李端《雪夜寻太白道士》：“出游居鹤上，避祸入羊中。”

【入直】　入官署值班。杜甫《送顾八分文学适洪吉州》：“三人并入直，恩泽各不二。”

【入林】　归隐山林。王维《酬贺四赠葛巾之作》：“坐觉嚣尘远，思君共入林。”贾岛《贺庞少尹除太常少卿》：“中峰绝顶非无路，北阙除书阻入林。”

【入門】　❶进门。白行简《春从何处来》：“入门潜报柳，度岭暗惊梅。”李商隐《河内诗二首》之一：“入门暗数一千春，愿去闰年留月小。”方干《题新竹》：“怪得入门肌骨冷，缀风黏月满庭前。”❷嫁到夫家。李白《平虏将军妻》：“平虏将军妇，入门二十年。”

【入侍】　进宫侍奉君王。李白《秋夜独坐怀故山》：“入侍瑶池宴，出陪玉辇行。”

【入夜】　到晚上。李端《云际中峰居喜见苗发》：“经秋无客到，入夜有僧还。”长孙佐辅《山居》：“有时独杖藜，入夜犹启关。”皮日休《奉和再招》：“不知入夜能来否？红蜡先教刻五分。”

【入定】 佛家语。谓闭目趺坐，心中排除杂念的状态。秦系《题僧明惠房》：“入定几时将出定，不知巢燕污袈裟。”刘禹锡《观棋歌送儇师西游》：“有时凝思如入定，暗覆一局谁能知。”贾岛《赠僧》：“出尘头未白，入定衲凝霜。”裴说《句》：“苦吟僧入定，得句将成功。”

【入奏】 入朝奏事。刘长卿有《送王端公入奏上都》。

【入相】 入朝作宰相。李峤《牛》：“齐歌初入相，燕阵早横功。”崔颢《江畔老人愁》：“两朝出将复入相，五世叠鼓乘朱轮。”李商隐《寄太原卢司空三十韵》：“公乎来入相，王欲驾云亭。”

【入拜】 召入官署，委任以职官。张谓《赠吏部孙员外济》：“天子爱贤才，星郎入拜来。”王湾《晚春诣苏州敬赠武员外》：“回迁翊元圣，入拜伫惟良。”

【入律】 古代以竹管或金属管候气，称“律管”。节气至，管中的葭灰飞动。入律，犹言交节气。徐夤《东风解冻省试》：“入律三春照，朝宗万里通。”穆寂《冬至日祥风应候》：“既与乘时叶，还将入律同。”

【入洛】 到洛阳。语出《晋书·陆机传》。李端《送杨少府赴阳翟》：“陆云还入洛，潘岳更张筵。”储嗣宗《早春怀薛公裕》：“陆机初入洛，孙楚又游吴。”后作为陆氏典故。罗隐《寄京阙陆郎中昆仲》：“家从入洛声名大，迹为依刘事分偏。”韦庄《和陆谏议避地寄东阳进退未决见寄》：“入洛声华当世重，闵周章句满朝吟。”

【入室】 ❶进入内屋。张九龄《登南岳事毕谒司马道士》：“入室希把袖，登床愿启齿。”钱起《同王锖起居程浩郎中韩翃舍人题安国寺用上人院》：“狂夫入室无余事，唯与天花一笑同。”❷语出《论语·先进》：“由也升堂矣，未入于室也。”比喻尽得老师真传。杜甫《丹青引赠曹将军霸》：“弟子韩幹早入室，亦能画马穷殊相。”刘斌《和谒孔子庙》：“及门思往烈，入室想前修。”栖蟾《赠南岳玄泰布衲》：“曹溪入室人，终老甚难群。”

【入室升堂】 比喻得到老师的真传。李中《哭故主人陈太师》：“十年孤迹寄侯门，入室升堂忝厚恩。”

【入貢】 ❶向朝廷进献土产珍宝。苏味道《九江口南济北接蕲春南与浔阳岸》：“锡龟犹入贡，浮兽罢为灾。”杜甫《洗兵马》：“寸地尺天皆入贡，奇祥异瑞争来送。”平可飞《杨梅诗》：“飞艇似闻新入贡，登盘不见旧供吟。”❷贡士入京会试。皇甫冉《送孔党赴举》：“入贡列诸生，诗书业早成。”齐己《荆州贯休大师旧房》：“入贡文儒来请益，出官卿相驻过寻。”

【入破】 唐宋大曲专用语。大曲每套都有十余遍，归入散序、中序、破三大段。入破即第三段的第一遍。岑参《田使君美人舞如莲花北铤歌》：“翻身入破如有神，前见后见回回新。”白居易《卧听法曲霓裳》：“朦胧闲梦初成后，宛转柔声入破时。”牛殳《方响歌》：“忽然碎打入破声，石崇推倒珊瑚树。”

【入眼】 犹入望。杜甫《庭草》：“楚草经寒碧，逢春入眼浓。”

【入時】 ❶进去之时。张祜《退宫人二首》之二：“犹说入时欢圣寿，内人初著五方衣。”❷符合时尚，犹言时髦。刘禹锡《同乐天和微之深春二十首》之十五：“能偷新禁曲，自剪入时花。”朱庆余《近试上张籍水部》：“妆罢低声问夫婿，画眉深浅入时无？”郑谷《锦二首》之一：“布素豪家定不看，若无文彩入时难。”

【入骨】 ❶深入骨髓，比喻程度之深。白居易《新乐府·五弦弹》：“赵璧知君入骨爱，五弦一一为君调。”温庭筠《南歌子词二首》之二：“玲珑骰子安红豆，入骨相思知不知？”❷犹言刺骨。吴融《湖州晚望》：“两条溪水分头碧，四面人家入骨凉。”修睦《松》：“细韵飕飕入骨凉，影兼巢鹤过高墙。”

【入海】 ❶注入大海。王之涣《登鹳雀楼》：“白日依山尽，黄河入海流。”刘沧《题敬亭山庙》：“三江入海声长在，双鹤啼天影未回。”❷化用《论语·公冶长》“道不行，乘桴浮于海”语，有“退则独善其身”之意。杜甫《奉赠韦左丞丈二十二韵》：“今欲东入海，即将西去秦。”又《送孔巢父谢病归游江东兼呈李白》：“巢父掉头不肯住，东将入海随烟雾。”李九龄《上清辞五首》之一：“入海浮生汗漫秋，紫皇高宴五云楼。”

【入神】 达到神奇的境界。褚亮《伤始平李少府正己》：“述作纷无已，言谈妙入神。”李白《王右军》：“扫素写道经，笔精妙入神。”韦庄《听赵秀才弹琴》：“满匣冰泉咽又鸣，玉音闲淡入神清。”

【入冥】 进入幽远的境界。李群玉《东湖二首》之一：“性野难依俗，诗玄自入冥。”

【入務】 着手处理。白居易《晚兴》：“将吏随衙散，文书入务稀。”

【入鳥不亂】 到鸟群去而不使它们慌乱。表示已无机心。语出《庄子·山木》。王维《戏赠张五弟諲三首》之三：“入鸟不相乱，见兽皆相亲。”权德舆《奉和李大夫题郑评事江楼》：“入鸟不乱行，观鱼还自乐。”

【入望】 进入视野。李端《赠岐山姜明府》：“山河方入望，风日正宜诗。”刘得仁《监试莲花峰》：“当秋倚寥泬，入望似芙蓉。”韩偓《村居》：“前欢入望盈千恨，胜景牵心非一途。”曹松《冬日登江楼》：“远村虽入望，危槛不堪凭。”

【入款】 归服。太宗《幸武功庆善宫》：“梯山咸入款，驾海亦来思。”

【入朝】 晋见皇帝。褚亮《奉和咏日午》："昼寝惭经笥，暂解入朝衣。"李白有《入朝曲》。

【入雲】 ❶进入云层。张旭《山行留客》："纵使晴明无雨色，入云深处亦沾衣。"❷极言其高。白居易《听歌》："管妙弦清歌入云，老人合眼醉醺醺。"张乔《和薛监察题兴善寺古松》："瘦根盘地远，香吹入云清。"李山甫《公子家二首》之一："曾是皇家几世侯，入云高第照神州。"

【入進】 犹进入。薛据《题丹阳陶司马厅壁》："高鉴清洞彻，儒风入进难。"

【入畫】 进入画境。比喻景色优美。韩偓《冬日》："景状入诗兼入画，言情不尽恨无才。"

【入聖】 达到超凡的境界。齐己《读阴符经》："清虚可保升云易，嗜欲终知入圣难。"

【入微】 ❶深入到微妙的境地。顾况《拟古三首》之二："所贵法乾健，于道悟入微。"杜荀鹤《舟行晚泊江上寺》："月上潮平后，谈空渐入微。"❷渐趋微弱。刘得仁《宣义池上》："树起秋风细，西林磬入微。"

【入意】 中意，合意。姚岩杰《报颜标》："眼前俗物关情少，醉后青山入意多。"韩偓《格卑》："入意云山输画匠，动人风月羡琴僧。"

【入道】 归依道教。李林甫《送贺监归四明应制》："入道求真侣，辞恩访列仙。"王建有《送宫人入道》。李咸用有《吴处士寄香兼劝入道》。

【入塞】 (一sài)❶从边塞返回。王昌龄《塞下曲四首》之一："出塞入塞寒，处处黄芦草。"李商隐《泪》："人去紫台秋入塞，兵残楚帐夜闻歌。"曹邺有《送友人入塞》。❷汉乐府横吹曲名。多写边塞军旅生活。唐人多有拟作。刘希夷有《入塞》。岑参《田使君美人舞如莲花北铤歌》："忽作出塞入塞声，白草胡沙寒飒飒。"戎昱《听杜山人弹胡笳》："更闻出塞入塞声，穹庐毡帐难为情。"

【入境】 进入管辖范围。朱庆余《送淮阴丁明府》："之官未入境，已有爱人心。"又《送饶州张使君》："楚老只应思入境，吴儿从此去移家。"

【入壺】 晋葛洪《神仙传》卷五《壶公》有载。后以为神仙典故。储嗣宗《宿玉箫宫》："绿毛辞世女，白发入壶翁。"又《送道士》："药炉经月净，天路入壶深。"

【入幕】 ❶进入帷幕。李峤《雀》："衔书表周瑞，入幕应王祥。"❷指作幕僚。李白《送梁公昌从信安北征》："入幕推英选，捐书事远戎。"贾岛《送陈判官赴绥德》："将军邀入幕，束带便离家。"

【入幕賓】 语出《晋书·郗超传》。后因指参与机密的幕僚。李端《送宋校书赴宣州幕》："远避看书吏，行当入幕宾。"

【入夢】 出现在梦境。张谓《满月》："竹似因谈植，兰疑入梦栽。"白居易《长恨歌》："悠悠生死别经年，魂魄不曾来入梦。"赵嘏《昔昔盐二十首·惊魂同夜鹊》："思君常入梦，同鹊屡惊魂。"

【入輔】 入朝辅政。武元衡《奉酬淮南中书相公见寄》序："皇帝改元之二年，余与赵公同制入辅，并为黄门侍郎。"

【入臺】 谓当御史。御史官署称御史台，故称。刘长卿有《送史九赴任宁陵兼呈单父史八时监察五兄初入台》。

【入謁】 进见。李商隐《偶成转韵七十二句赠四同舍》："忆昔公为会昌宰，我时入谒虚怀待。"

【入靜】 道家语，义同佛家之入定。王建《送宫人入道》："问师初得经中字，入静犹烧内里香。"张籍《寻徐道士》："闻入静来经七日，仙童檐下独焚香。"

【入興】 (一xìng)引发兴致。殷遥《送杜士瞻楚州觐省》："淮月归心促，江花入兴新。"张子容《送司勋萧郎中》："渔父留歌咏，江妃入兴词。"

【入學】 进太学。韩愈《答张彻》："渐阶群振鹭，入学诲螟蛉。"

【入講】 开讲。崔颢《赠怀一上人》："入讲鸟常狎，坐禅兽不侵。"

【入禪】 (一chán)犹入定。宋之问《游云门寺》："入禅从鸽绕，说法有龙听。"陈子昂《同王员外雨后登开元寺南楼因酬晖上人独坐山亭有赠》："钟梵经行罢，香林坐入禅。"路德延《小儿诗》："恼客初酣睡，惊僧半入禅。"

【入闕】 谓进入内廷觐见皇帝。李频有《五月一日蒙替本官不得随例入阙感怀献送相公》。

【入關】 ❶进入关中地区。关，唐代指潼关(今属陕西)。李频有《自江上入关》。❷乐府名。贾驰有《入关》。张祜有《入关》。曹邺有《入关》。

【入懷】 ❶语出《古诗十九首》之一八："客从远方来，遗我一书札。上言长相思，下言久离别。置书怀袖中，三岁字不灭。"后以为友朋书信典故。杜甫《暮秋枉裴道州手札率尔遣兴寄近呈苏涣侍郎》："盈把那须沧海珠，入怀本倚昆山玉。"窦群《雨后月下寄怀羊二十七资州》："殷勤寄双鲤，梦想入君怀。"❷语出《世说新语·容止》："时人目夏侯太初朗朗如日月之入怀。"后人因以为明月典故。李端《和李舍人直中书对月见寄》："盈手入怀皆不见，阳春曲丽转难酬。"

【入爨】 《后汉书·蔡邕传》：吴人有烧桐以爨者，邕闻火烈之声，知其良木，因请而裁为琴，果有美音，而其尾犹焦，故时人名曰焦尾琴焉。爨，煮饭。李峤《桐》："不因将入爨，谁谓作鸣琴？"薛逢《北亭醉后叙旧赠东川陈书记》："临岐莫怪朱弦绝，曾是君家入爨桐。"贾岛《落第东归逢僧伯阳》："翠桐犹入爨，清镜未辞尘。"

二　画

内[1]〔nèi《广韵》奴對切，去隊，泥。〕❶里面，当中。与“外”相对。刘长卿《早春赠别赵居士还江左时长卿下第归嵩阳旧居》：“隐见湖中山，相连数州内。”白居易《哭孔戡》：“平生刚肠内，直气归其间。”李商隐《燕台四首·古秋》：“双珰丁丁联尺素，内记湘川相识处。”❷体内；内心。杜甫《客堂》：“栖泊云安县，消中内相毒。”白居易《续座右铭》：“修外以及内，静养和与真。”❸妻室。李白有《别内赴征三首》。李益《中桥北送穆质兄弟应制戏赠萧二策》：“欲陈汉帝登封草，犹待萧郎寄内书。”白居易有《赠内》。❹内廷，皇宫。杜甫《自京赴奉先县咏怀五百字》：“况闻内金盘，尽在卫霍室。”王建《奉同曾郎中题石瓮寺得嵌字》：“寺门连内绕丹岩，下界云开数过帆。”韦庄《延兴门外作》：“绿奔穿内水，红落过墙花。”

内[2]〔nà《集韵》諾答切，入合，泥。〕“纳”的古字。收起。见“内$_2$火”。

【内人】　❶宫女。张说《时乐鸟篇》：“内人试取御衣牵，啄手瞑声不许前。”王建《御猎》：“新教内人唯射鸭，长随天子苑东游。”黄滔《喜侯舍人蜀中新命三首》之三：“内人未识江淹笔，竟问当时不早求！”❷宫中歌舞女伎。鲍溶《汉宫词二首》之一：“夜久月当承露盘，内人吹笙舞凤鸾。”张祜《正月十五夜灯》：“三百内人连袖舞，一时天上著词声。”

【内大德】　宫内僧官名。大德，意为有大德行者。陆龟蒙有《和袭美腊后送内大德从勖游天台》。皮日休有《腊后送内大德从勖游天台》。

【内子】　妻子的通称。权德舆《桃源篇》：“内子闲吟倚瑶瑟，玩此沉沉销永日。”李贺《送秦光禄北征》：“内子攀琪树，羌儿奏落梅。”白居易有《赠内子》。

【内夫人】　宫廷女官名。记皇帝起居，或作代笔。花蕊夫人徐氏《宫词》之六八：“承奉圣颜忧误失，就中长怕内夫人。”

【内中】　皇宫里。王建《宫词一百首》之三七：“内中人识从来去，结得金花上贵妃。”又《宫词一百首》之六〇：“内中数日无呼唤，拓得滕王蛱蝶图。”

【内丹】　道家称以自身精气炼成之丹。吕岩《敲爻歌》：“内丹成，外丹就，内外相接和谐偶。”

【内火】　❶内热。孟郊《路病》：“飞光赤道路，内火焦肺肝。”❷欲火。鲍溶《宿悟空寺赠僧》：“朝光畏不久，内火烧人情。”李商隐《送从翁从东川弘农尚书幕》：“敢共颓波远，因之内火烧。”

【内$_2$火】　禁止用火。皎然《奉和陆中丞使君长源寒食日作》：“因逢内火千家静，便睹行春万木荣。”

【内户】　门内。戴叔伦《桂阳北岭偶过野人所居聊书即事呈王永州邕李道州圻》：“内户均皮席，枯瓢沃野餐。”

【内史】　❶官名。(1)秦官，掌治理京师。汉景帝分置左右内史。汉武帝太初元年(前104)改右内史为京北尹，左内史为左冯翊。钱起《京兆尹厅前甘棠树降甘露》：“内史用尧意，理京宣惠慈。”元稹《代曲江老人百韵》：“内史称张敞，苍生借寇恂。”(2)西汉初，诸侯王国置内史，掌民政。晋以内史行太守职权，隋废。参见❷❸❹。(3)隋文帝改中书省内史省，唐高祖武德三年(620)复为中书省。后多称中书省官员为内史。苏颋《春晚紫微省直寄内》：“内史通宵承紫诰，中人落晚爱红妆。”张籍《赠贾岛》：“姓名未上登科记，身屈惟应内史知。”❷指西晋陆机。机曾为平原内史。孟郊《赠转运陆中丞》：“皆经内史力，继得鄮侯功。”❸指东晋王羲之。羲之曾任会稽内史。王维《故人张諲工诗善易卜兼能丹青草隶顷以诗见赠聊获酬之》：“屏风误点惑孙郎，团扇草书轻内史。”皎然《早春送颜主簿游越东兼谒元中丞》：“山阴三月会，内史得嘉宾。”柳宗元《杨尚书寄郴笔知是小生本样令更商榷使尽其功辄献长句》：“尚书旧用裁天诏，内史新将写道经。”温庭筠《病中书怀呈友人》：“内史书千卷，将军画一厨。”❹指南朝梁萧子云。子云曾任临川内史。刘长卿《将赴岭外留题萧寺远公院》：“内史旧山空日暮，南朝古木向人秋。”自注：“寺即梁朝萧内史创。”

【内兄】　❶妻之兄。韦应物《送郑端公弟移院常州》：“时瞻宪臣重，礼为内兄全。”❷舅家表兄。权德舆《酬李二十二兄主簿马迹山见寄》：“内兄蕴遐心，嘉遁性所便。”杜牧有《寄内兄和州崔员外十二韵》。

【内丘】　县名。在河北省西南部，太行山东麓，与山西省毗邻。汉置中丘县，隋改内丘县，沿用至今。元稹《饮致用神曲酒三十韵》：“雕镌荆玉盏，烘透内丘瓶。”

【内外】　❶里面和外面。元稹《旅眠》：“内外都无隔，帷屏不复张。”❷自身和外物。寒山《诗三百三首》之二八九：“可中作得主，是知无内外。”白居易《自在》：“内外及中间，了然无一碍。”李山甫《山中依韵答刘书记见赠》：“至道非内外，讵言才不才。”❷内心和外表。张祜《慈乌》：“内外既相及，圣人空理心。”

【内外使】　内使和外使的合称。内使指以太监充任的使节；外使指以宫廷外百官充任的使节。张籍《庄陵挽歌词三首》之二：“陵分内外使，官具吉凶仪。”

【内外篇】　指《庄子》。司空曙《过卢秦卿旧居》：“韩康助采君臣药，支遁同看内外篇。”皮日休《五贶诗·太湖砚》：“寄与先生后，应添内外篇。”薛少殷《临川羡鱼》:“不逐沧波叟,还宗内外篇。”

【内外學】 谓佛学及其以外的学问。刘禹锡《送鸿举游江西》引:“距今年遇于建平,赤髭益蕃,文思益深,而内外学益富。”

【内召】 指征召入京的处士。廖匡图有《九日陪董内召登高》。

【内地】 腹地。贾至《燕歌行》:“彤弓黄钺授元帅,垦耕大漠为内地。”杨巨源《登宁州城楼》:“故关非内地,一为汉家羞。”杜牧《史将军二首》之二:“河湟非内地,安史有遗尘。”

【内臣】 太监。权德舆《送黔中裴中丞阁老赴任》:“内臣持凤诏,天厩锡龙媒。”白居易《秦中吟十首·轻肥》:“借问何为者,人称是内臣。”

【内江】 水名。在四川省。说法不一,或谓岷江,或谓涪江,又有与外江相对而言,则为通称。杜甫《送十五弟侍御使蜀》:“数杯巫峡酒,百丈内江船。”

【内兵】 皇帝的近卫军。张籍《赠赵将军》:“寻常得对论边事,委曲承恩掌内兵。”

【内弟】 妻之弟。王维有《秋夜独坐怀内弟崔兴宗》。

【内直】 犹入直。在官署值班。白居易《和答诗十首》序:“诏下日,会予下内直归,而微之已即路,邂逅相遇于街衢中。”韩偓《无题》序:“是岁十月末,余在内直,一旦兵起。”

【内尚書】 宫中掌管皇帝饮食起居的女官名。因有尚宫、尚仪、尚服、尚食、尚寝、尚功,故统称“六尚书”。王建《宫词一百首》之七五:“宫局总来为喜乐,院中新拜内尚书。”

【内門】 宫门。花蕊夫人徐氏《宫词》之六:“夹城门与内门通,朝罢巡游到苑中。”

【内明】 内心光明正大。卢肇《江陵府初试澄心如水》:“内明非有物,上善本无鱼。”

【内典】 指佛经。姚合《过不疑上人院》:“九经通大义,内典自应精。”郑嵎《津阳门诗》:“会昌御宇斥内典,去留二教分黄缁。”

【内制】 唐宋时称由翰林学士代皇帝起草的诏书。唐初,诏书之事属中书舍人,无内外制之分。玄宗开元二十六年(738),始置翰林学士,专掌内制,中书舍人只掌外制。朱庆余《上翰林蒋防舍人》:“清重可过知内制,从前礼绝外庭人。”

【内府】 宫内仓库。杜甫《韦讽录事宅观曹将军画马图》:“内府殷红马脑碗,婕妤传诏才人索。”郑嵎《津阳门诗》:“大开内府恣供给,玉缶金筐银簸箕。”

【内官】 ❶宦官。顾况《宫词五首》之一:“内官先向蓬莱殿,金合开香泻御炉。”张籍《宫词》之二:“尽理昨来新上曲,内官帘外送樱桃。”韦庄《长安清明》:“内官初赐清明火,上相闲分白打钱。”❷内廷僧官,即内供奉。韦庄《东林寺再遇僧益大德》:“上讲每教倾国听,承恩偏得内官饶。”子兰《寄乾陵杨侍郎》:“冷落官资不畏贫,司曹且共内官分。”

【内政】 ❶国家大事。邵谒《论政》:“内政由股肱,外政由诸侯。”❷后宫事务。中宗、皇后《景龙四年正月五日移仗蓬莱宫因重为柏梁体联句》:“大明御宇临万方,顾惭内政翊陶唐。”

【内苑】 宫内花园。李商隐《茂陵》:“内苑只知含凤嘴,属车无复插鸡翘。”花蕊夫人徐氏《宫词》之一:“三十六宫连内苑,太平天子住昆山。”

【内省】 (—shěng)宫中省署。杜甫《承沈八丈东美除膳部员外阻雨未遂驰贺奉寄此诗》:“今日西京掾,多除内省郎。”吕温《奉和李相公早朝于中书候传点偶书所怀奉呈门下武相公中书郑相公》:“禁门留骑吹,内省正衣冠。”

【内省】 (—xǐng)内心思忖。杜甫《八哀诗·故司徒李公光弼》:“内省未入朝,死泪终映睫。”

【内則】 原为《礼记》篇名。内容是妇女应守准则。后作为妇道代称。皮日休《九夏歌九篇·王夏》之四:“出有嘉谋,入有内则。”

【内修】 自身的修养。张九龄《感遇十二首》之六:“众情累外物,恕己忘内修。”

【内扇】 宫扇。项斯《旧宫人》:“宫钗折尽垂空鬓,内扇穿多减半风。”

【内馬】 御马。李贺《马诗二十三首》之十一:“内马赐宫人,银鞯刺骐驎。”

【内草】 内制的草稿。李商隐《寄太原卢司空三十韵》:“内草才传诏,前茅已勒铭。”

【内荏】 内心怯懦。来鹄《圣政纪颂》序:“盖以言多为己,曾不致君,内荏失中,畏使人听。”

【内訓】 妇道方面的训导。韦应物《送杨氏女》:“自小阙内训,事姑贻我忧。”

【内庫】 犹内府。张祜《高闲上人》:“卷轴朝廷饯,书函内库收。”李商稳《行次西郊作一百韵》:“万国困杼轴,内库无金钱。”张绍《冲佑观》:“内库颁金,元侯奉职。”

【内庭】 宫廷。权德舆《奉和圣制中春麟德殿会百寮观新乐》:“仲春蔼芳景,内庭宴群臣。”易重《寄宜阳兄弟》:“内庭再考称文异,圣主宣名奖艺奇。”黄滔《奉和翁文尧员外文秀光贤昼锦之什》:“莫凭栏干剩留驻,内庭虚位待才臣。”花蕊夫人徐氏《宫词》之三九:“内庭秋燕玉池东,香散荷花水殿风。”

【内家】 ❶皇宫,宫廷。王建《宫词一百首》之四九:“两楼相换珠帘额,中尉明朝设内家。”又之五〇:“尽送春来出内家,记巡传把一枝花。”又之六六:“明日梨花园里见，先须逐得内家歌。”❷宫女。李敬方《太和公主还宫》：“生还侍儿少，熟识内家稀。”薛能《吴姬十首》之十：“身是三千第一名，内家丛里独分明。”

【内家妆】　宫内的妆饰。李珣《浣溪沙》词之二：“晚出闲庭看海棠，风流学得内家妆。”

【内家香】　宫廷专用的香料。李贺《酬答二首》之一：“行处春风随马尾，柳花偏打内家香。”

【内家装】　宫内的服饰。王涯《宫词三十首》之七：“为看九天公主贵，外边争学内家装。”

【内宴】　宫廷宴会。王建《朝天词十首寄上魏博田侍中》之十：“重赐弓刀内宴回，看人城外满楼台。”方干《献王大夫二首》之一：“早副急征来凤沼，常陪内宴醉龙楼。”王毂《玉树曲》：“陈宫内宴明朝日，玉树新妆逞娇逸。”贯休《读唐史》：“我爱李景伯，内宴执良规。”

【内院】　❶后宫。张籍《赠道士宜师》：“旧住红楼通内院，新承墨诏赐斋钱。”❷佛家谓兜率天有内外二院，内院名善法堂，弥勒菩萨居此说法，故又称弥勒内院。贯休《闻大愿和尚顺世三首》之一：“古容图得否？内院去无疑。”

【内訟】　反省自己的言行。张九龄《郡舍南有园畦杂树聊以永日》：“内讼诚知止，外言犹匪忱。”又《荆州作二首》之二：“内讼已惭沮，积毁今摧残。”权德舆《送别沅泛》：“古人贵直道，内讼乖坦夷。”

【内朗】　心地纯洁。陈政《赠窦蔡二记室入蜀》：“英华虽外发，磨琢终内朗。”

【内屏】　古代诸侯府第在大门内筑的短墙，如后代的影壁。刘禹锡《令狐相公见示赠竹二十韵仍命继和》：“垂梢覆内屏，迸笋侵前启。”

【内黄】　县名。故城在今河南内黄县西北。战国魏为黄县，汉置内黄，以别于陈留之外黄。韦庄《过内黄县》：“相州吹角欲斜阳，匹马摇鞭宿内黄。”高骈有《途次内黄马病寄僧舍呈诸友人》。

【内景】　道家经典《黄庭内景经》的简称。皎然《奉同颜使君真卿清风楼赋得洞庭歌送吴炼师归林屋洞》：“应将内景还飞去，且从分风当此留。”严维、鲍防《中元日鲍端公宅遇吴天师联句》：“共契中元会，初修内景篇。”白居易《见于给事暇日上直寄南省诸郎官诗因以戏赠》：“黄麻敕胜长生箓，白纻词嫌内景篇。”

【内備】　对国内事变的防备。韦应物《睢阳感怀》：“豺虎犯天纲，升平无内备。”

【内然】　五内俱焚之意。然，燃的初文。卢仝《听萧君姬人弹琴》：“主人醉盈有得色，座客向隅增内然。”

【内詔】　不经中书、门下二省签署，直接由宫中颁发的诏命。张籍《寄白二十二舍人》：“早知内诏过先辈，蹭蹬江南百事疏。”

【内園】　犹内苑。皇家园圃。王建《华清宫》：“内园分得温汤水，二月中旬已进瓜。”

【内過】　内心自责。皮日休《三羞诗三首》之二序：“皮子为之内过曰：吾之道不足以济时，不可以备位，又手不提桴鼓，身不被兵械，恬然自顺，恬然自乐，吾亦为许师之罪人耳。”

【内傳】　（一zhuàn）传记之一种，多记叙遗闻轶事。刘禹锡《德宗神武孝文皇帝挽歌二首》之二：“唯应留内传，知是向蓬瀛。”李商隐《碧城三首》之三：“武皇内传分明在，莫道人间总不知。”

【内試】　殿试。齐己《同光岁送人及第东归》：“春官如白傅，内试似文皇。”

【内裏】　❶宫中。中宗朝优人《回波词》：“外边只有裴谈，内里无过李老。”王建《题石瓮寺》：“青崖白石夹城东，泉脉钟声内里通。”又《送宫人入道》：“问师初得经中字，入静犹烧内里香。”❷内室。元稹《杂忆五首》之一：“忆得双文通内里，玉栊深处暗闻香。”

【内愧】　内疚，内心羞愧。杜甫《送率府程录事还乡》：“内愧突不黔，庶羞以赒给。”白居易《纳粟》：“昔余谬从事，内愧才不足。”又《咏怀》：“唯此未忘怀，有时犹内愧。”

【内道場】　皇宫中举行佛道法事的道场。卢纶有《送契玄法师赴内道场》。贾岛有《内道场僧弘绍》。白居易《赠朱道士》：“仪容白皙上仙郎，方寸清虚内道场。”

【内殿】　皇帝听政的宫殿。沈佺期《再入道场纪事应制》：“南方归去再生天，内殿今年异昔年。”姚合《喜马戴冬夜见过期无可上人不至》：“内殿臣相命，开樽话旧时。”曹松《广州贻匡绪法师》：“只待外方缘了日，争看内殿诏来时。”

【内鄉】　县名。今属河南。春秋时楚国析邑。汉置析县。西魏改中乡县。隋开皇时文帝为避父杨忠讳，改内乡。白居易有《内乡村路作》。姚合有《送张齐物主簿赴内乡》。顾非熊有《送内乡张主簿赴任》。

【内監】　太监。王建《宫词一百首》之五九：“圣人生日明朝是，私地教人属内监。”花蕊夫人徐氏《宫词》之十七：“却被内监遥觑见，故将红豆打黄莺。”

【内閣】　❶贵族妇女居处。刘长卿《观李凑所画美人障子》：“华堂翠幕春风来，内阁金屏曙色开。”❷指秘书省。为皇家图籍秘藏处。许棠《送刘校书游东鲁》：“内阁劳雠校，东邦忽纵游。”

【内署】　宫内省署。刘禹锡《奉送李户部侍郎自河南尹再除本官归阙》：“昔年内署振雄词，今日东都结去思。”李商隐《喜舍弟羲叟及第上礼部魏公》：“国以斯文重，公仍内署来。”吴融《病中宜茯苓寄李谏议》：“南宫已借征诗客，内署今还托谏臣。”

【内厩】 皇家马棚。杜甫《瘦马行》：“士卒多骑内厩马，惆怅恐是病乘黄。”李商隐《过华清内厩门》：“华清别馆闭黄昏，碧草悠悠内厩门。”

【内熱】 ❶忧心如焚之意。李贺《长歌续短歌》：“秦王不可见，旦夕成内热。”白居易《效陶潜体诗十六首》之十一：“念此忽内热，坐看成白头。”陆龟蒙《袭美先辈以龟蒙所献五百言既蒙见和复示荣唱再抒鄙怀用伸酬谢》：“念此令人悲，翕然生内热。”❷医学名词。谓人体阴阳不调，虚火上亢。王维《敕赐百官樱桃》：“饱食不须愁内热，大官还有蔗浆寒。”杜甫《寄李十四员外布十二韵》：“远行无自苦，内热比何如？”

【内豎】 ❶周代官名。宫内小臣，职务为传达宫中命令。周昙《咏史诗·三代门·武王》：“文王寝膳武王随，内竖言安色始怡。”❷太监。李商隐《送千牛李将军赴阙五十韵》：“内竖依凭切，凶门责望轻。”

【内篇】 指《庄子》《黄庭经》等道经奥旨。高适《赠别晋三处士》：“手持道经注已毕，心知内篇口不言。”

【内請】 朝见皇帝。贾岛《宿慈恩寺郁公房》：“独住天台意，方从内请还。”

【内樂】 (－yuè)宫廷音乐。杜甫《千秋节有感二首》之二：“仙人张内乐，王母献宫桃。”

【内樂府】 负责宫廷音乐的机构，包括教坊和梨园。白居易《读张籍古乐府》：“愿播内乐府，时得闻至尊。”

【内蕊】 指宫花。杜甫《寄岳州贾司马六丈巴州严八使君两阁老五十韵》：“内蕊繁于缬，宫莎软胜绵。”

【内翰】 即翰林学士。韩偓《无题》序：“故内翰吴侍郎融、令狐舍人涣、阁下刘舍人崇誉、吏部王员外涣相次属和。”徐夤《辇下赠屯田何员外》：“内翰好才兼好古，秋来应数到君家。”又有《献内翰杨侍郎》。

【内戰】 思想斗争。白居易《和梦游春诗一百韵》：“外熏性易染，内战心难衄。”

【内學】 即佛学。皎然《因游支硎寺寄邢端公》：“外心亲地主，内学事空王。”权德舆《奉和礼部尚书酬杨著作竹亭歌》：“常通内学青莲偈，更奏新声白雪歌。”无可《送僧归中条》：“元戎宗内学，应就白云招。”李洞《赠三惠大师》：“枫猿峤角别多时，二教兼修内学师。”

【内嬖】 指受皇帝宠幸的人，温庭筠《过华清宫二十二韵》：“内嬖陪行在，孤臣预坐筹。”

【内艱】 谓母丧。储光羲《同王十三维哭殷遥》：“内艰未及虞，形影随化迁。”

【内舉】 指推荐亲族做官。张子容《赠司勋萧郎中》：“国以推贤答，家无内举疑。”杜牧《贺崔大夫崔正字》：“内举无惭古所难，燕台遥想拂尘冠。”

【内禪】 (－shàn)皇帝未死前即传位给继承者。贾至《自蜀奉册命往朔方途中呈韦左相文部房尚书门下崔侍郎》：“太皇时内禅，神器付嗣君。”刘禹锡《武陵书怀五十韵》：“内禅因天性，雄图授化元。”

【内職】 ❶指后妃应尽的职守。徐铉《光穆皇后挽歌三首》之三：“德感人伦正，风行内职修。”❷指亲近皇帝的官职。刘禹锡《读张曲江集作》引：“及今读其文，自内职牧始安，有瘴疠之叹；自退相守荆门，有拘囚之思。”

【内儲】 王位继承人。来鹄《圣政纪颂》：“孰窥孰测，外夷内储。”

【内歸】 心绪有所归附。白居易《夏日作》：“外养物不费，内归心不烦。”

【内寵】 指帝王宠爱的嫔妃。白居易《杂兴三首》之一：“楚王多内宠，倾国选嫔妃。”

【内籍】 汉代，宫门悬有门籍，上记够资格觐见皇帝者的姓名、年龄、身份等，以便核实放行，这种门籍称内籍。严维《句》：“名通内籍贵，立近御床寒。”

【内懼】 心中恐惧。杜甫《幽人》：“内惧非道流，幽人见瑕疵。”

【内顧】 暗自思忖。张九龄《秋晚登楼望南江入始兴郡路》：“内顾觉今是，追叹何时平。”杜甫《无家别》：“虽从本州役，内顾无所携。”耿沣《上巳日》：“共来修禊事，内顾一悲翁。”

【内觀】 道家修身方法。谓静坐观心，排除杂念。吕岩《七言》之二八：“北帝南辰掌内观，潜通造化暗相传。”

四　画

全 〔quán《广韵》疾缘切，平仙，從。〕❶完整，完好。杜甫《遣兴三首》之一：“汉虏互胜负，封疆不常全。”孟郊《去妇》：“君心匣中镜，一破不复全。”白居易《折剑头》：“勿轻直折剑，犹胜曲全钩。”❷周全。杜审言《和李大夫嗣真奉使存抚河东》：“昔出诸侯上，无何霸业全。”韦应物《送郑端公弟移院常州》：“时瞻宪臣重，礼为内兄全。”李频《送姚评事》：“儒服从戎去，须知胜事全。”❸保全。李颀《绝缨歌》：“青娥买死谁能识？果却一军全社稷。”孟郊《吊元鲁山》之一：“鲁山不自剖，全璞竟没躬。”李商隐《今月二日不自量度辄以诗一首四十韵干渎尊严亦诗人咏叹不足之意也》：“开吴相上下，全蜀占西东。”❹整个的。

骆宾王《夏日游德州赠高四》："日观邻全赵，星临俯旧吴。"❺很，非常。韦应物《李五席送李主簿归西台》："洛邑人全少，嵩高雪尚残。"杜甫《南邻》："锦里先生乌角巾，园收芋粟不全贫。"白居易《想归田园》："归乡年亦非全老，罢郡家仍未苦贫。"❻皆，都。(1)表范围。刘昚虚《积雪为小山》："峰小形全秀，岩虚势莫攀。"张祜《中秋夜杭州玩月》："岸沙全借白，山木半含清。"徐夤《招隐》："陶景岂全轻组绶？留侯非独爱烟霞。"(2)表程度。綦毋潜《经陆补阙隐居》："不敢要君征亦起，致君全得似唐虞。"白行简《夫子鼓琴得其人》："稍殊流水引，全辨圣人心。"周贺《宿李枢书斋》："夜凉书读遍，月正户全开。"❼姓。独孤及有《送江陵全少卿赴府任》。

【全才】　文武皆能的人才。权德舆《奉和鄜州刘大夫麦秋出师遮虏有怀中朝亲故》："天子爱全才，故人雄外台。"刘禹锡《寄毗陵杨给事三首》之一："好著櫜鞬莫惆怅，出文入武是全才。"

【全牛】　完整的牛。《庄子·养生主》："臣之所好者道也，进乎技矣；始臣之解牛之时，所见无非牛者，三年之后，未尝见全牛也。"李白《送方士赵叟之东平》："长桑晓洞视，五藏无全牛。"

【全功】　完美的功业。韩愈《杏花》："冬寒不严地恒泄，阳气发乱无全功。"樊阳源《赋得风动万年枝》："长令占天眷，四气借全功。"罗隐《投宣武郑尚书二十韵》："四年将故事，两地有全功。"

【全目】　双目皆全。王维《老将行》："昔时飞箭无全目，今日垂杨生左肘。"

【全生】　❶保全天性，顺应自然。杜甫《暮春题瀼西新赁草屋五首》之二："养拙干戈际，全生麋鹿群。"又《秋峡》："不寐防巴虎，全生狎楚童。"元结《喻旧部曲》："劝汝学全生，随我畬退谷。"❷犹活命。王昌龄《塞下曲四首》之三："纷纷几万人，去者无全生。"常衮《代员将军罢战后归故里》："结发事疆场，全生到海乡。"胡曾《咏史诗·会稽山》："越王兵败已山栖，岂望全生出会稽。"

【全州】　州名。五代十国楚天福四年(939)分永州置，治所在清湘(今全州西)。辖境相当于今广西全州、灌阳二县。吕岩有《题全州道士蒋晖壁》。

【全兵】　指只带弓矛而没有辎重的军队。虞世南《从军行二首》之一："全军值月满，精骑乘胶折。"

【全身】　❶保全生命。李白《赠韦侍御黄裳二首》之二："此地果摧轮，全身以为宝。"白居易《山中五绝句·洞中蝙蝠》："远害全身诚得计，一生幽暗又如何？"殷尧藩《赠龙阳尉马戴》："早学全身术，惟令耕近田。"❷指整个身体的骨灰。李绅《题法华寺五言二十韵》："殿涌全身塔，池开半月泉。"勾令元《敬礼瓦屋和尚塔偈》："一百六十三岁后，方于此塔葬全身。"

【全局】　整局，棋子原样地摆在棋盘上。许浑《寻周炼师不遇留赠》："夜棋全局在，春酒半壶空。"

【全物】　保全物类的生命。杜甫《麂》："乱世轻全物，微声及祸枢。"

【全活】　好好地活着。白居易《岁暮寄微之三首》之三："若并如今是全活，纡朱拖紫且开眉。"

【全美】　完美。韩愈《题杜工部坟》："独有工部称全美，当日诗人无拟伦。"

【全軍】　❶不战而使敌人全体降服。李峤《军师凯旋自邕州顺流舟中》："全军多胜策，无战在明时。"于鹄《出塞》："葱岭秋尘起，全军取月支。"❷整个军队。贾岛《赠李金州》："溯流随大旆，登岸见全军。"

【全神】　保存精气。储光羲《题辛道士房》："全神不言命，所尚道家流。"吕岩《题桐柏山黄先生庵门》："千朝炼就紫金身，乃致全神归返朴。"

【全真】　❶保全天性。李白《送岑征君归鸣皋山》："贵道能全真，潜辉卧幽邻。"李端《慈恩寺怀旧》："分明识行路，上智本全真。"❷谓道士。韦应物有《示全真元常》。

【全師】　❶保全军队，没有损伤。皮日休《二游诗·徐诗》："重于通侯印，贵却全师节。"陆龟蒙《风人诗四首》之一："十万全师出，遥知正忆君。"❷僧人名。"师"为尊称。李益有《入南山至全师兰若》。

【全家】　举家、整家。刘长卿《送李侍御贬郴州》："几路三湘水，全家万里人。"白居易《刑部尚书致仕》："全家遁世曾无闷，半俸资身亦有余。"李郢《偶作》："何似全家上船去，酒旗多处即淹留。"

【全椒】　县名。今属安徽。汉置，东晋废，隋大业初复置。韦应物有《寄全椒山中道士》。

【全策】　犹云万全之计。唐彦谦《四老庙》："举朝公将无全策，借请闲人羽翼成。"

【全盛】　❶最兴旺强盛。李峤《汾阴行》："君不见昔日西京全盛时，汾阴后土亲祭祠。"杜甫《忆昔二首》之二："忆昔开元全盛日，小邑犹藏万家室。"亦指全盛之时。武元衡《登阖闾古城》："全盛已随流水去，黄鹂空啭旧春声。"❷指年轻力壮。张九龄《登古阳云台》："方此全盛时，岂无婵娟子？"刘希夷《代悲白头翁》："寄言全盛红颜子，须怜半死白头翁。"陈羽《古意》："男儿全盛日忘旧，银床羽帐风飕飗。"

【全義】　保持节义。韦应物《睢阳感怀》："宿将降贼庭，儒生独全义。"

【全經】　秦始皇焚书前的所有儒家经籍。皇甫冉《沣水送郑丰鄠县读书》："上古全经皆在口，秦人如见济南生。"

【全輝】　明亮的光辉。孟郊《梦泽中行》："楚山争蔽亏，日月无全辉。”

【全節】 保全节操。皎然《采实心竹杖寄赠李萼侍郎》：“实心去内矫，全节无外饰。”

【全德】 完美的品德。崔颢《澄心如鉴》：“洁白依全德，澄清有片心。”权德舆《奉和李相公早朝奉呈门下相公中书相公》：“斧藻归全德，轮辕适众材。”贯休《寿春节进》：“体圣妙难知，俭德为全德。”

【全璞】 完整之璞玉。比喻纯洁内秀。王昌龄《宿灞上寄侍御玙弟》：“吾宗秉全璞，楚得球琳最。”

【全器】 谓器物完好无损。徐夤《尚书命题瓦砚》：“守黑还全器，临池早著名。”

【全獨】 谓独善其身。元结《系乐府·古遗叹》：“嗟嗟山海客，全独竟何辞！”

【全禮】 礼数周全。齐己《荆门寄题禅月大师影堂》：“泽国闻师泥日后，蜀王全礼葬余灰。”

【全體】 全部，全数。吕岩《苏幕遮》词：“不用之时全体在，用即拈来，万象周沙界。”

六　画

兩[1]　〔liǎng《广韵》良奬切，上養，來。〕❶数词。相当于今“双方”之“双”，用于对举之事物。李白《独坐敬亭山》：“相看两不厌，只有敬亭山。”白居易《和微之诗二十三首·和李势女》：“妾死主意快，从此两无妨。”韦庄《冬夜》：“睡觉寒炉酒半消，客情乡梦两遥遥。”❷数词。二。骆宾王《艳情代郭氏答卢照邻》：“谁分迢迢经两岁，谁能脉脉待三秋？”刘禹锡《洛中送韩七中丞之吴兴口号五首》之一：“海北天南零落尽，两人相见洛阳城。”李郢《偶作》：“一杯正发吟哦兴，两盏还生去住愁。”❸两度。柳宗元《法华寺石门精舍三十韵》：“昔人叹违志，出处今已两。”❹数词。表不定数。见“两三”。❺重量单位。旧制二十四铢为一两，十六两为一斤。白居易《能无愧》：“十两新绵褐，披行暖似春。”周昙《咏史·晋门·愍帝》：“耕牛吃尽大田荒，二两黄金籴斗量。”吕岩《五言》之九：“水中铅一两，火内汞三铢。”❻量词。用于成双之物件。戴叔伦《忆原上人》：“一两棕鞋八尺藤，广陵行遍又金陵。”

兩[2]　〔liàng《广韵》力讓切，去漾，來。〕“辆”的本字。量词。用于车辆。杨巨源《和吕舍人喜张员外自北番回至境上先寄二十韵》：“百两开戎垒，千蹄入御栏。”元稹《宪宗章武孝皇帝挽歌词三首》之三：“路隘车千两，桥危马万蹄。”张光朝《天门街西观荣王聘妃》：“三周初展义，百两遂言归。”

【兩三】 表示少量之概数。王绩《尝春酒》：“但令千日醉，何惜两三春。”白居易《戊申岁暮咏怀三首》之一：“穷冬月末两三日，半百年过六七时。”韦庄《病中闻相府夜宴戏赠集贤卢学士》：“无那两三新进士，风流长得饮徒怜。”

【兩小無猜】 谓男女孩童一起嬉戏，相互没有猜忌。李白《长干行二首》之一：“同居长干里，两小无嫌猜。”

【兩川】 东川和西川的合称。唐肃宗至德二年，剑南道置东、西川节度使，因有两川之称。白居易《同梦得暮春寄贺东西川二杨尚书》：“两川风景同三月，千里江山属一家。”

【兩分】 （一fēng）一分为二。胡曾《咏史诗·鸿沟》：“虎倦龙疲白刃秋，两分天下指鸿沟。”

【兩心】 彼此之心。白居易《长恨歌》：“临别殷勤重寄词，词中有誓两心知。”李商隐《送千牛李将军赴阙五十韵》：“洛川迷曲沼，烟月两心倾。”

【兩史】 汉官名。左史和右史。汉荀悦《申鉴时事》：“朝有二史，左史记言，右史记功。”韦庄《秦妇吟》：“翻持象笏作三公，倾佩金鱼为两史。”

【兩仗】 古仪仗两两相对，故称。张祜《大酺乐二首》之二：“双鬟笑说楼前鼓，两仗争轮好落花。”

【兩半】 道家指阴阳二者。吕岩《赠乔二郎》：“水火都来两半间，卦候翻成地天泰。”无名氏《度世古玄歌》（卷八六二）：“始青之下月与日，两半同升合为一。”

【兩司】 指中书、门下二省。中宗、崔湜、郑愔《十月诞辰内殿宴群臣效柏梁体联句》：“两司谬忝谢钟裴，礼乐铨管效涓埃。”

【兩丱】 一种幼童发式。发髻在头顶两旁各一，如两角。李商隐《安平公诗》：“其弟炳章犹两丱，瑶林琼树含奇花。”

【兩地】 两处。李商隐《彭城公薨后赠杜二十七胜李十七潘二君并与愚同出故尚书安平公门下》：“梁山兖水约从公，两地参差一旦空。”刘沧《怀江南友人》：“空劳两地望明月，多感断蓬千里身。”章碣《赠婺州苏员外》：“烟月一时搜古句，山川两地植甘棠。”

【兩全】 两方面均能照顾周全。王昌龄《杂兴》：“一举无两全，荆轲遂为血。”白居易《中稳》：“人生处一世，其道难两全。”李商隐《鸳鸯》：“不须长结风波愿，锁向金笼始两全。”

【兩妃】 指舜的妃子娥皇和女英。李宣古《听蜀道士琴歌》：“愤声高，怨声咽，屈原叫天两妃绝。”

【兩岐】 两个分枝。语出《后汉书·张堪传》。吕温《道州观野火》：“遍生合颖禾，大秀两岐麦。”郑畋《麦穗两岐》：“圣虑忧千亩，嘉苗荐两岐。”

【兩岐年】 指丰年。李商隐《四年冬以退居蒲之永乐渴然有农夫望岁之志遂作忆雪又作残雪诗各一百言以寄情于游旧·忆雪》:“瑞邀盈尺日,丰待两岐年。”参见“两岐”。

【兩岐歌】 赞美吏绩的歌谣。包何《和孟虔州闲斋即事》:“麦秋今欲至,君听两岐歌。”司空曙《送夔州班使君》:“夷陵旧人吏,犹诵两岐歌。”参见“两岐”。

【兩角】 即两角丱。《安禄山古谶》(卷八七五):“两角女子绿衣裳,端坐太行邀君王。”

【兩角丱】 犹两丱。韩愈《崔十六少府摄伊阳以诗及书见投因酬三十韵》:“捧书随诸兄,累累两角丱。”

【兩忘】 谓把两者都忘掉。《庄子·大宗师》:“泉涸,鱼相与处于陆,相呴以湿,相濡以沫,不如相忘于江湖。与其誉尧而非桀也,不如两忘而化其道。”骆宾王《在江南赠宋五之问》:“揆拙迷三省,劳生昧两忘。”韩愈《读皇甫湜公安园池诗书其后二首》之一:“诚不如两忘,但以一概量。”白居易《分司洛中多暇数与诸客宴游醉后狂吟偶成十韵因招梦得宾客兼呈思黯奇章公》:“性与时相远,身将世两忘。”

【兩兩】 一对对,一双双。储光羲《明妃曲四首》之四:“彩骑双双引宝车,羌笛两两奏胡笳。”白居易《和答诗十首·和松树》:“漠漠尘中槐,两两夹康庄。”薛涛《鸳鸯草》:“绿英满香砌,两两鸳鸯小。”

【兩兩三三】 谓少数几个组成群体。张志和《渔父》词之二:“钓台渔父褐为裘,两两三三舴艋舟。”吴融《水鸟》:“烟为行止水为家,两两三三睡暖沙。”

【兩虎】 比喻旗鼓相当而又势不两立的力量,指廉颇和蔺相如。《史记·廉颇蔺相如列传》:“相如曰:‘强秦之所以不敢加兵于赵者,徒以吾两人在也。今两虎共斗,其势不俱生,吾所以为此者,先国家之急而后私仇也。’”李白《古风》之五四:“赵倚两虎斗,晋为六卿分。”

【兩岸】 河流两边之陆地。王维《桃源行》:“渔舟逐水爱山春,两岸桃花夹去津。”李白《望天门山》:“两岸青山相对出,孤帆一片日边来。”白居易《城上夜宴》:“风月万家河两岸,笙歌一曲郡西楼。”毛文锡《醉花间》词之二:“金盘珠露滴,两岸榆花白。”

【兩京】 指西京长安和东京洛阳。太宗《入潼关》:“崤函称地险,襟带壮两京。”元稹《连昌宫词》:“两京定后六七年,却寻家舍行宫前。”李洞《寄太白隐者》:“此中栖息者,不识两京尘。”

【兩府】 指中书省和门下省。韩愈《送张侍郎》:“两府元臣今转密,一方逋寇不难平。”又《县斋有怀》:“两府变荒凉,三年就休假。”

【兩河】 安史之乱后对河北、河南二道合称。王建《上李吉甫相公》:“两河开地山川正,四海休兵造化仁。”李涉《奉使京西》:“卢龙已复两河平,烽火楼边处处耕。”罗隐《酬丘光庭》:“三川梗塞两河闭,大明宫殿生蒿莱。”

【兩相】 (—xiàng)指中书令和门下侍中。中书令为右相,侍中为左相,合称两相。玄宗有《春晚宴两相及礼官丽正殿学士探得风字》。

【兩面】 两旁,两边。王建《新修道居》:“两面有山色,六时闻磬声。”白居易《重修香山寺毕题二十二韵以纪之》:“两面苍苍岸,中心瑟瑟流。”姚合《题凤翔西郭新亭》:“两面寒波涨,当前软柳垂。”

【兩省】 (—shěng)中书省和门下省之合称。贾至有《早期大明宫呈两省僚友》。王建《贺杨巨源博士拜虞部员外》:“两省郎官开道路,九州山泽属曹司。”白居易有《初下汉江舟中作寄两省给舍》。

【兩重】 (—chóng)❶双重。白居易《读禅经》:“言下忘言一时了,梦中说梦两重虚。”❷两层,两道。杜牧《扬州三首》之三:“街垂千步柳,霞映两重城。”薛逢《送剡客》:“两重江外片帆斜,数里林塘绕一家。”

【兩重天】 比喻官吏施予百姓的恩泽深厚。《后汉书·苏章传》有载。戎昱《赠宜阳张使君》:“政移千里俗,人戴两重天。”

【兩重陽】 指九月九日重阳和九月十日小重阳。李白《九月十日即事》:“菊花何太苦,遭此两重阳。”

【兩晉】 西晋和东晋的合称。罗隐《送蕲州裴员外》:“两晋家声须有主,六朝文雅别无人。”

【兩般】 两样。贾岛《闻蝉感怀》:“正遇友人来告别,一心分作两般悲。”裴澈《吊孟昌图》:“从此蜀江烟月夜,杜鹃应作两般声。”唐彦谦《玫瑰》:“不知何事意,深浅两般红?”

【兩浙】 唐肃宗时分江南东道为浙江东路和浙江西路,简称浙东和浙西,合称两浙。权德舆有《省中春晚忽忆江南旧居戏书所怀因寄两浙亲故杂言》。元稹《奉和浙西大夫李德裕述梦四十韵次本韵》:“九霄难就日,两浙仅容舠。”李频有《送罗著作两浙按狱》。郑谷《梁烛处士辞金陵相国杜公归旧山因以寄赠》:“两浙寻山遍,孤舟载鹤归。”

【兩宫】 ❶两处宫殿。李远《吴越怀古》:“吴越千年奈怨何,两宫清吹作樵歌。”❷指皇帝与太子。因太子别居东宫,故称。徐安贞《奉和喜雪应制》:“两宫斋祭近登临,雨雪纷纷天昼阴。”杜甫《壮游》:“两宫各警跸,万里遥相望。”胡宿《淮南发运赵邢州被诏归阙》:“正是两宫裁化日,百金双璧拜虞卿。”

【兩掖】 犹两省。两掖为左掖和右掖之合称。唐时,门下省处宫廷之左,别称左省、左掖;中书省处宫廷之右,别称右省、右掖。权德舆有《酬崔舍人阁老冬至日宿直省中奉简两掖阁老并见示》。白居易《初下汉江舟中作寄两省给舍》:“不知两掖客,何似扁舟人?”薛能《塞上蒙汝州任中丞寄书》:“三省推贤两掖才,关东深许稍迟回。”郑谷《贺左省新除韦拾遗》:“百寮班列趋丹陛,两掖风清上碧天。”

【兩崤】 即崤山。崤一作殽。在河南洛宁县北。山分东崤、西崤,合称两崤。郑世翼《登北邙还望京洛》:“三河分设险,两崤资巨防。”

【兩造】 指诉讼之双方,即原告和被告。骆宾王《畴昔篇》:“慎罚宁凭两造辞,严科直挂三章律。”

【兩途】 二者,或两种状况。白居易《秦中吟十首·议婚》:“四座且勿饮,听我歌两途。”又《咏怀》:“一事尚难成,两途安可得。”

【兩情】 双方的情意。权德舆《古离别》:“两情不得已,念此留何为?”温庭筠《河渎神》词之二:“回首两情萧索,离魂何处飘泊。”

【兩淮】 唐二方镇淮西和淮南的合称。牟融《沈存尚林亭夜宴》:“松菊寒香三径晚,桑榆烟景两淮秋。”

【兩梁】 冠名。即两梁冠。韩偓《残春旅舍》:“两梁免被尘埃污,拂拭朝簪待眼明。”

【兩梁冠】 一种有两条横脊的帽子,博士和高级文官所戴。刘禹锡《送太常萧博士弃官归养赴东都》:“贪荣五彩服,遂挂两梁冠。”

【兩越】 犹两浙。指浙东和浙西。杜牧《除官归京睦州雨霁》:“溪山侵两越,时节到重阳。”

【兩都】 ❶犹两京。指长安与东都洛阳。李峤《扈从还洛呈侍从群官》:“四海帝王家,两都周汉室。”韩愈《赠河阳李大夫》:“四海失巢穴,两都困尘埃。”李商隐《漫成五章》之五:“两都耆旧偏垂泪,临老中原见朔风。”❷指班固之《两都赋》。孟郊《和宣州钱判官使院厅前石楠树》:“始觉石楠咏,价倾赋两都。”

【兩朝】 指前后两代皇帝之统治时期。杜甫《蜀相》:“三顾频烦天下计,两朝开济老臣心。”

【兩揆】 两度居相位。揆,管理。赵彦昭《哭仆射鄂公杨再思》:“两揆光天秩,三朝奉帝熙。”

【兩税】 税法名。唐德宗时杨炎为相,创立新税法,并租庸调为一,令以钱输税,规定夏税六月内纳毕,秋税十一月内纳毕,因合称“两税法”。白居易《秦中吟十首·重赋》:“国家定两税,本意在爱人。”

【兩傍】 两旁,两边。王季文《九华山谣》:“具区彭蠡夹两傍,正可别作一岳当少阳。”

【兩進】 分两路进击。崔融《塞垣行》:“是时军两进,东拒复西敌。”

【兩街】 泛指士大夫和权贵聚居的繁华之处。李洞《赠三惠大师》:“诏落五天开夏讲,两街人竞礼长眉。”

【兩廂】 左右两边厢房。韩愈、李正封《晚秋郾城夜会联句》:“两厢铺氍毹,五鼎调勺药。”

【兩疏】 汉代疏广与其侄疏受之合称。疏广为太傅,疏受为少傅,同时告老回乡。历来艳称为功成身退之典型。孟浩然《送告八从军》:“正待功名遂,从君继两疏。”

【兩鄉】 犹言两处。刘长卿《客舍赠别韦九建赴任河南韦十七造赴任郑县就便觐省》:“迢递两乡别,殷勤一宝刀。”白居易《除官赴阙留赠微之》:“两乡默默心相别,一水盈盈路不通。”韦庄《寓言》:“故人三载别,明月两乡悲。”

【兩葉能蔽目】 同成语“一叶障目,不见泰山”之意。聂夷中《杂兴》:“两叶能蔽目,双豆能塞聪。”

【兩楹】 ❶正厅中左右两根直柱,以分宾主、上下之序。王维《赠房卢氏琯》:“岂复少十室,弦歌在两楹。”顾况《酬本部韦左司》:“况与二三子,列坐分两楹。”❷停放灵柩之处。《礼记·檀弓上》:“殷人殡于两楹之间。”储光羲《同王十三维哭殷遥》:“茅茨俯苫盖,双殡两楹间。”❸指孔子梦坐奠于两楹之事。玄宗《经邹鲁祭孔子而叹之》:“今看两楹奠,当与梦时同。”王起《贡举人谒先师闻雅乐》:“两楹凄已合,九仞杳难分。”

【兩當縣】 县名。故城在今甘肃两当县东。因县有两当水得名。杜甫有《两当县吴十侍御江上宅》。

【兩蛾】 指妇女两眉。古代妇女梳妆,多将眉画成飞蛾触须般弯曲状,故称。温庭筠《菩萨蛮》词之十四:“两蛾愁黛浅,故国吴宫远。”

【兩蜀】 两川。李洞《戏赠侯常侍》:“两蜀词人多载后,同君讳却马相如。”

【兩意】 指把握不定的心思。李山甫《贫女》:“两意定知无说处,暗垂珠泪湿蚕筐。”

【兩衙】 早衙和晚衙之合称。地方官员早晚两次办公理事。元稹《醉题东武》:“功夫两衙尽,留滞七年余。”白居易《秋寄微之十二韵》:“可怜朝暮景,销在两衙中。”周贺《赠姚合郎中》:“两衙向后长无事,门馆多逢请益人。”李商隐《安平公诗》:“华州留语晓至暮,高声喝吏放两衙。”

【兩髦】 未成年人之发式。头发扎成两绺垂两边,长与眉齐,称为两髦。王建《宋氏五女》:“素钗垂两髦,短窄古时衣。”

【兩榜】 甲榜和乙榜之合称。唐代科举进士,试时务策五道,帖一大经,经、策气通者,放榜时入甲榜;策通四,帖过四以上者入乙榜。也指会试录取。黄滔《酬徐正字夤》:“名从两榜考升第,官自三台追起家。”

【兩端】 ❶游移于两者间之态度。张九龄《叙怀二首》之二:“既闻持两端,复见挟三术。”白居易《答崔侍郎钱舍人书问因继以诗》:“穷通与远近,一贯无两端。”❷二者。欧阳詹《江夏留别华二》：“将何慰两端？互勉临歧杯。”白居易《归田三首》之一：“人生何所欲？所欲唯两端。”

【兩漢】 西汉和东汉之合称。高适《同观陈十六史兴碑》：“东周既削弱，两汉更沦没。”王周《游仙都观》：“两汉真仙在何处？巡香行绕蕊珠宫。”法轮《观大驾出叙事寄怀》：“百城归北丽，两汉久惭雄。”

【兩綬】 ❶唐五品以上官吏服饰。《新唐书·车服志》有载。绶，丝带。崔颢《古游侠呈军中诸将》：“腰间带两绶，转盼生光辉。”陆龟蒙《看压新醅寄怀袭美》：“尊中若使常能渌，两绶通侯总强名。”皮日休《奉和鲁望渔具十五咏·种鱼》：“借问两绶人，谁知种鱼利？”❷指年少得志的人。杜牧《少年行》：“两绶藏不见，落花何处期？”

【兩儀】 指天地。褚亮《祭方丘乐章·舒和》：“一德惟宁两仪泰，三材保合四时邕。”柳宗元《与崔策登西山》：“迥穷两仪际，高出万象表。”陆龟蒙《袭美先辈以龟蒙所献五百言既蒙见和复示荣唱用伸酬谢》：“岂但标八索，殆将包两仪。”

【兩儀殿】 唐长安宫殿名。处宫城之中央。太宗与长孙无忌等有《两仪殿赋柏梁体》。李百药《文德皇后挽歌》：“裴回两仪殿，怅望九成台。”杜审言有《奉和七夕侍宴两仪殿应制》。

【兩劍】 《晋书·张华传》：“(雷焕)遣使送一剑并土与华，留一自佩……华诛，失剑所在。焕卒，子华为州从事。持剑行经延平津，剑忽于腰间跃出堕水。使人没水取之，不见剑，但见两龙各长数丈。”孟简《咏欧阳行周事》：“双魂终会合，两剑遂蜿蜒。”

【兩頭】 两端，两旁。李白《江上吟》：“木兰之枻沙棠舟，玉箫金管坐两头。”杨汝士《贺筵占赠营妓》：“一曲高歌红一匹，两头娘子谢夫人。”

【兩龍劍】 二龙化成的剑。参见“两劍”。李白《梁甫吟》：“张公两龙剑，神物合有时。”

【兩闈】 借指内廷。闱，皇宫寝侧小门。苏味道《赠封御史入台》：“故事推三独，兹辰对两闱。”

【兩臉】 犹两颊。脸，眼下部分。李洞《赠庞炼师》：“两脸酒醺红杏妒，半胸酥嫩白云饶。”

【兩曜】 指日月。刘宪《奉和圣制幸韦嗣立山庄》：“天藻缘情两曜合，山卮献寿万年余。”张说《东都酺宴》：“二天资广运，两曜益齐明。”李白《古风》之二：“浮云隔两曜，万象昏阴霏。”

【兩藩】 指五代吴越国。藩，藩镇。因吴越国据古吴越二地，故名。罗隐《钱塘府亭》：“九牧土田周制在，两藩茅社汉仪同。”

【兩轓】 车舆两边的障蔽。白居易《晚岁》：“不觉白双鬓，徒言朱两轓。”

【兩驂】 古以四匹马驾车，两旁之马合称两骖。张说《舞马词》：“将共两骖争舞，来随八骏齐歌。”

【兩鬟】 未婚女子之发式。刘禹锡《夔州窦员外使君见示悼妓诗顾余尝识之因命同作》：“前年曾见两鬟时，今日惊吟悼妓诗。”

【兩鬢】 两耳前面的头发。白居易《追欢偶作》：“乐天一过难知分，犹自咨嗟两鬓丝。”李商隐《过姚孝子庐偶书》：“两鬓蓬常乱，双眸血不开。”李郢《赠羽林将军》：“五湖归去孤舟月，六国平来两鬓霜。”陆龟蒙《秋日遣怀十六韵寄道侣》：“水恨同心隔，霜愁两鬓沾。”

【兩觀】 (一guàn)宫门前两旁望楼。储光羲《贻刘高士别》：“壮哉丽百常，美矣崇两观。”亦用以称代京城。杜甫《哭王彭州抡》：“兵戈暗两观，宠辱事三朝。”

七 画

俞 〔yú《广韵》羊朱切，平虞，以。〕同“俞”。姓氏。见“俞简”。

八　部

八　〔bā《广韵》博拔切，入黠，幫。〕❶数词。七加一所得。张说《奉和圣制赐崔日知往潞州应制》："川横八练阔，山带五龙长。"雍裕之《山中桂》："八树拂丹霄，四时青不凋。"参见"八水""八音""八裴"。亦作序数词，第八。岑参《白雪歌送武判官归京》："北风卷地白草折，胡天八月即飞雪。"白居易《赠僧五首·钵塔院如大师》："百千万劫菩提种，八十三年功德林。"李商隐《无题二首》之一："八岁偷照镜，长眉已能画。"❷谓形如"八"字。见"八字眉"。

【八十一家】　指《太玄经》，见《汉书·扬雄传》。并称美诗文富有异彩。陆龟蒙《奉和袭美暇日独处见寄》："三千余岁上下古，八十一家文字奇。"

【八十一颗】　当指一种珠形花木。薛涛有《咏八十一颗》。

【八十字】　指五言律诗。诗五言八韵十六句，全篇八十字，故称。白居易《初与元九别后忽然感怀因以此寄》："珍重八十字，字字化为金。"

【八十盤】　极言山路盘旋曲折，并非确指。雍陶《到蜀后记途中经历》："蜀门去国三千里，巴路登山八十盘。"

【八九】　❶十之八九。白居易《村居苦寒》："回观村闾间，十室八九贫。"又《新乐府·古冢狐》："忽然一笑千万态，见者十人八九迷。"又《六十六》："鬓丝千万白，池草八九绿。"❷概指。白居易《夜调琴忆崔少卿》："何人解爱中徽上，秋思头边八九声。"

【八九毛】　言禽鸟毛羽摧颓。始获之鹰，剪其劲翮，使不能高飞远举。高适《见薛大臂鹰作》："楚寒十二月，苍鹰八九毛。"

【八千子弟】　秦末，项羽及其叔父项梁起事时，其家乡江东子弟纷纷投奔，得精兵八千。垓下之战被刘邦打得惨败，至乌江时，八千子弟无一人存。见《史记·项羽本纪》。栖一《垓下怀古》："八千子弟归何处，万里鸿沟属汉家。"

【八川】　即八水。贺知章《奉和御制春台望》："缭绕八川浮，岧峣双阙映。"杨凭《乐游园望月》："彩凝双月迥，轮度八川迟。"参见"八水"。

【八井】　八井二字合拼为"并"字，借指并州。唐高祖起兵太原，太原属古之并州。《谶记·劝进疏引谶》："东海十八子，八井唤三军。"

【八元】　古代传说中的八位才子。后多用作对人称颂之词。刘禹锡《和浙西李大夫伊川卜居》："早入八元数，尝承三接恩。"又《和浙西李大夫晚下北固山并浙东元相公所和依本韵》："八元邦族盛，万石门风厚。"

【八友】　齐谢朓、王融、梁武帝、沈约、萧琛、范云、任昉、陆倕八人，号称八友。徐铉《后湖访古各赋一题得西邸》："南朝藩阃地，八友旧招寻。"

【八水】　古代关中地区长安附近灞、浐、泾、渭、沣、涝、滈、潏八条河流的总称。杜审言《和韦承庆过义阳公主山池五首》之五："池分八水背，峰作九山疑。"白居易《新乐府·昆明春》："诏开八水注恩波，千介万鳞同日活。"温庭筠《题翠微寺二十二韵》："镜写三秦色，窗摇八水光。"亦用以借指关中地区。韦庄《和郑拾遗秋日感事一百韵》："盗据三秦地，兵缠八水乡。"

【八分】　（一fēn）八分书，汉字书体名。本为汉隶，而魏晋也称楷书为隶书，因别称有波磔的隶书为"八分"，以示区别。关于"八分"的解释，历来纷纭。或以为似汉隶的波磔，向左向分开，像八字分背。或以为其二分似隶八分以篆。见张怀瓘《书断》。杜甫《送顾大分文学适洪吉州》："中郎石经后，八分盖憔悴。"又《李潮八分小篆歌》："大小二篆生八分，秦有李斯汉蔡邕。"韩愈《醉赠张秘书》："阿买不识字，颇知书八分。"

【八分書】　（分 fēn）书体名。李绰《尚书故实》："八分书起于汉时王次仲。"李建勋有《送八分书与友人继以诗》。参见"八分"。

【八公】　❶汉淮南王刘安八位有才能的门客。《史记·淮南衡山列传》记之。他们奉刘安之命，和诸儒大山、小山相与论说，著《淮南子》。至魏晋，他们被附会成仙人。杨炯《和辅先入昊天观星瞻》："汉君祠五帝，淮王礼八公。"李白《寄上吴王三首》之一："淮王爱八公，携手绿云中。"陆龟蒙《和袭美先辈悼鹤》："一夜圆吭绝不鸣，八公虚道得千龄。"❷杜甫称司空王思礼、司徒李光弼、左仆射郑国公严武、太子太师汝阳郡王李琎、秘书监李邕、秘书少监苏源明、著作郎贬台州司户郑虔、右仆射相国张九龄为八公。杜甫《八哀诗》序："伤时盗贼未息，兴起王公，李公，叹旧怀贤，终于张相国。八公前后存殁，遂不诠次焉。”

【八公山】　亦名北山。在今安徽淮南市西，淮水之南，淝水之西。相传西汉淮南王刘安与其门客八公炼丹于此，故名。东晋太元八年(383)淝水之战发生于此。山上原有刘安庙，今遗址尚存。孙逖《扬子江楼》：“江连二妃渚，云近八公山。”李白《送张遥之寿阳幕府》：“苻坚百万众，遥阻八公山。”吴融《经苻坚墓》：“八公山石君知否，休更中原作彗星。”参见“八公”。

【八月查】　(查 chá)同“八月槎”。

【八月槎】　亦作“八月查”。传说中八月里按期通往天河的船筏。晋张华《博物志》记之。杜甫《秋兴八首》之二：“听猿实下三声泪，奉使虚随八月查。”罗隐《寄西华黄炼师》：“坛高已降三清鹤，海近应通八月槎。”唐彦谦《秋霁丰德寺与玄贞师咏月》：“四溟水合疑无地，八月槎通好上天。”吴融《商人》：“随风逐浪年年别，却笑如期八月槎。”

【八屯】　设于宫廷四周的八个警卫哨所。《三辅黄图》记之。亦泛称宫廷四周的警卫哨所。武平一《奉和新丰温泉宫应制》：“行漏移三象，连营总八屯。”李益《汉宫少年行》：“君不见上宫警夜营八屯，冬冬街鼓朝朱轩。”

【八方】　指四方和四隅。犹言普天之下。沈佺期《答魑魅代书寄家人》：“礼乐移三统，舟车会八方。”权德舆《广陵诗》：“八方称辐凑，五达如砥平。”薛存诚《膏泽多丰年》：“八方甘雨布，四远报年丰。”和凝《宫词百首》之六二：“正旦垂旒御八方，蛮夷无不奉梯航。”

【八六子】　词牌名。起八十八字至九十三字，共六体。始见《尊前集》，唐杜牧作，双调九十字，上片四平韵，下片三平韵。见《全唐诗》卷八九一。宋词中此调以秦观一首最著名。秦词为双调，八十八字，上片三平韵，下片五平韵。因其词中有“黄鹂又啼数声”之语，故此词牌又称《感黄鹂》。

【八斗】　“八斗才”的简称。赵嘏《广陵答崔琛》：“八斗已闻传姓字，一枝何足计行藏。”僧鸾《赠李粲秀才》：“何事古人夸八斗，焉敢今朝定妍丑。”李瀚《蒙求》：“仲宣独步，子建八斗。”参见“八斗才”。

【八斗才】　言学富才高。谢灵运尝曰：天下才有一石，曹子建独占八斗，我得一斗，天下共分一斗。李商隐《可叹》：“宓妃愁坐芝田馆，用尽陈王八斗才。”徐夤《献内翰杨侍郎》：“欲言温署三缄口，闲赋宫词八斗才。”和凝《宫词百首》之八八：“立名金马近尧阶，尽是家传八斗才。”

【八尺躯】　身高八尺。杜甫《赠李十五丈别》：“不闻八尺躯，常受众目怜。”无名氏《听谗诗》(外编下)：“堂堂八尺躯，莫听三寸舌。”

【八正】　指八方的和风。《淮南子·地形训》：“凡八纮之气，是出寒暑，以合八正，必以风雨。”王勃《八仙径》：“柰园欣八正，松岩访九仙。”

【八石】　同“八瓊”。赵嘏《赠曹处士幽居》：“勾漏先生冰玉然，曾将八石问群仙。”贯休《送道友归天台》：“气养三田传未得，药非八石许还曾。”参见“八瓊”。

【八代】　指秦、汉、魏、晋、北魏、北齐、北周和隋八代。韩愈《石鼓歌》：“继周八代争战罢，无人收拾理则那。”

【八仙】　❶指淮南八公。魏晋以后他们被附会为神仙，故称。吕岩《七言》之四六：“八仙炼后钟神异，四海磨成照胆寒。”参见“八公”。❷指李白、贺知章、李适之、李琎、崔宗之、张晋、张旭、焦遂等八人，好饮酒赋诗，被称为“酒中八仙”。杜甫有《酒中八仙歌》。徐夤《李翰林》：“谪下三清列八仙，获调羹鼎侍龙颜。”

【八句诗】　指律诗。律诗四联八句，故称。泛称诗作。杜荀鹤《登石壁禅师水阁有作》：“画人画得从他画，六幅应输八句诗。”

【八外】　犹言八表。吴筠《游仙二十四首》之二二：“大空含常明，八外无隐障。”

【八行】　(一háng)指八行书，书信。刘长卿《送邵州判官往南》：“早晚裁书寄，银钩伫八行。”权德舆《送孔江州》：“江城多暇日，能寄八行无?”元稹《赠严童子》：“十岁佩觿娇稚子，八行飞札老成人。”贾岛《送人适越》：“若有相思梦，殷勤载八行。”参见“八行書”。

【八行書】　(行 háng)本指每页八行的信纸。《后汉书·窦融传》李贤注引马融《与窦伯向书》：“书虽两纸，纸八行，行七字。”故后用以指书信。张南史《早春书事奉寄中书李舍人》：“唯看五字表，不记八行书。”温庭筠《寄渚宫遗民弘里生》：“八行书未减，千里梦难寻。”韦道逊《晚春宴》：“谁能千里外，独寄八行书。”

【八米】　谓隋卢思道。《北史·卢思道传》：文宣帝崩，当朝文士各作挽歌十首，择其善者而用之……唯思道独得八篇。故时人称为“八米卢郎”。亦省称“八米”，比喻才高。罗隐《送卢端公归台卢校书之夏县》：“地推八米源流盛，才笑三张事业贫。”王锴《赠禅月大师》：“神通力遍恒沙外，诗句名高八米前。”或谓“八米”为“八采”之误。参见“八采盧郎”。

【八米詩】　称颂别人的诗又多又好。元稹《重酬乐天》：“百篇书判从饶白，八米诗章未伏卢。”张祜《寄卢载》：“少见双鱼信，多闻八米诗。”参见“八米”。

【八州】　❶八方之州，指全中国。韩翃《送李司直赴江西使幕》：“高视领八州，相期同一鹗。”❷指唐剑南道所置松州、茂州、巂州、雅州、黎州、戎州、姚州、泸州。岑参《送狄员外巡按西山军》："八州崖谷深，千里云雪闭。"杜甫《入奏行赠西山检察使窦侍御》："八州刺史思一战，三城守边却可图。"

【八字】 ❶指八字眉。薛逢《夜宴观妓》："愁傍翠蛾深八字，笑回丹脸利双刀。"吴融《即席》："何人借与丹青笔，画取当时八字愁。"❷星相家用天干地支表示人出生的年、月、日、时，合起来为八个字，以此来推断人的一生命运好坏。此法始于唐。吴融《寄贯休上人》："别来如梦亦如云，八字微言不复闻。"又《送策上人》："八字如相许，终辞尺组寻。"

【八字眉】 唐代妇女流行的眉式。眉形倒竖如"八"字，故称。雍裕之《两头纤纤》："两头纤纤八字眉，半白半黑灯影帷。"李商隐《蝶三首》之三："寿阳公主嫁时妆，八字宫眉捧额黄。"

【八戒】 "八关戒斋"的简称。指佛教在家男女于一日一夜中所受的八种斋戒法：不杀生，不偷盗，不邪淫，不妄语，不饮酒，不坐高广大床，不著华鬘璎珞，不习歌舞伎乐。白居易《白发》："八戒夜持香火印，三光朝念蕊珠篇。"参见"八關齋"。

【八采盧郎】 指隋卢思道。北齐文宣帝高洋死后，朝中文士奉命各作挽歌十首，择优录用。卢所作，被录用八首，故人称为八采卢郎。吴越失姓名人《重和大庆堂赐宴元珰有诗呈吴越王》："文章天子文章别，八采卢郎未可看。"参见"八米"。

【八角】 （一jiǎo）八个角落。李白《访道安陵遇盖还为余造真箓临别留赠》："七元洞豁落，八角辉星虹。"无名氏《平盖山》（外编下）："井通八角寒泉涌，观毁三清劫火余。"

【八表】 八方之外，指极远处。太宗《两仪殿赋柏梁体》："绝域降附天下平，八表无事悦圣情。"陈陶《圣帝击壤歌四十声》："泥丸封八表，金镜照中央。"齐己《浮云行》："安得东南风，吹散八表外。"亦指八方，普天之下。太宗《正日临朝》："车轨同八表，书文混四方。"权德舆《奉和圣制丰年多庆九日示怀》："声明畅八表，宴喜陶九功。"李群玉《中秋维舟君山看月二首》之一："气射繁星灭，光笼八表寒。"

【八卦】 《周易》中的八种基本图形。相传为伏羲所作。组成卦的一长划或两短划叫爻，用阳爻（—）、阴爻（--）两种符号组成八卦，每卦三爻。依次为：☰乾（天）、☷坤（地）、☳震（雷）、☴巽（风），☵坎（水）、☲离（火）、☶艮（山）、☱兑（泽）。《易传》作者认为，八卦象征天、地等自然现象，乾与坤、震与巽、坎与离、艮与兑是对立的，其中乾、坤两卦在八卦中占有特别重要的地位，是八卦的根本，是万事的最初根源。八卦表示方位，则从西北开始，依次为：乾（西北）、坎（北）、艮（东北）、震（东）、巽（东南）、离（南）、坤（西南）、兑（西）。八卦又以两卦相叠演为六十四卦，以象征自然现象和社会现象的发展变化，具有朴素的辩证法因素。八卦最初是上古人们记事的符号，后被用为卜筮符号，逐渐神秘化。春秋时又被用作宣扬天命论和迷信思想的工具。李峤《书》："河图八卦出，洛范九畴初。"丁泽《龟负图》："五方行有配，八卦义宁孤。"李贺《拂舞歌辞》："背有八卦称神仙，邪鳞顽甲滑腥涎。"

【八花磚】 唐德宗时翰林院厅前有花砖道，学士入值以日影及五砖时为准，翰林学士李程每于日过八砖始至，时号"八砖学士"。见唐李肇《翰林志》。后用作任职翰林院的典故。韩偓《感事三十四韵》："人归三岛路，日过八花砖。"黄滔《投翰长赵侍御》："五色笔驱神出没，八花砖接帝从容。"

【八拍蠻】 唐教坊曲，玄宗开元天宝间人作，始于八拍之蛮歌。七言，四句，二十八字，三或二平韵。一三两句皆以仄起，成拗格，三平韵者可能近于始辞，二平韵者为别体。孙光宪《八拍蛮》："孔雀尾拖金线长，怕人飞起入丁香。越女沙头争拾翠，相呼归去背斜阳。"为三平韵常体。阎选《八拍蛮》之一："云锁嫩黄烟柳细，风吹红蒂雪梅残。光影不胜闺阁恨，行行坐坐黛眉攒。"为二平韵别体。

【八到】 八方所到之地，即四方和四隅。欧阳詹《和严长官秋日登太原龙兴寺阁野望》："九霄回栈路，八到视并州。"

【八叔大人】 即沈传师。沈亚之有《题海榴树呈八叔大人》。

【八門】 ❶指吴郡八门。许浑《送元昼上人归苏州兼寄张厚二首》之二："共醉八门回画舸，独还三径掩书堂。"❷泛指八扇门。《郊庙歌辞·祀九宫贵神乐章·雍和》："乐变六宫，坛开八门。"

【八使】 东汉顺帝时，杜乔、周举、郭遵、冯羡、栾巴、张纲、周栩、刘班等八人，奉使视察风俗，被称为八使。见《后汉书·周举传》。后用以指监察、举贤之官。刘长卿《送薛据宰涉县》："颂德有舆人，荐贤逢八使。"皇甫冉《寄江东李判官》："澄清佐八使，纲纪案诸侯。"元晦《越亭二十韵》："乏才叨八使，徇禄非三顾。"

【八佾】 古代天子专用的乐舞。佾，舞列，纵横均八人，共六十四人。《论语·八佾》："孔子谓季氏，八佾舞于庭，是可忍也，孰不可忍也。"张说《唐封泰山乐章·舒和》："六钟翕协六变成，八佾徜徉八风生。"又《舞马词六首》之三："彩旄八佾成行，时龙五色因方。"

【八舍】 王宫东、西、南、北、东北、东南、西南、西北八隅所有休沐之所。沈佺期《自考功员外授给事中》："旭日千门起，初春八舍归。"刘禹锡《酬严给事贺加五品兼简同制水部李郎中》："九天雨露传青诏，八舍郎官换绿衣。”

【八命】　八命，为王之三公及州牧。后泛指高级官僚。柳宗元《同刘二十八院长述旧言怀感时书事奉寄澧州张员外使君五十二韵之作因增其韵至八十通赠二君子》：“册府荣八命，中闱盛六珈。”

【八法】　指汉字楷书运笔的八种基本法则：一、侧，即点；二、勒，即横画；三、努，即直画；四、趯，即钩；五、策，即斜笔向上；六、掠，即撇；七、啄，即右之短撇；八、磔，即捺。亦泛指书法。白行简《次潭州酬唐侍御姚员外游道林岳麓寺题示》：“锵金七言凌老杜，入木八法蟠高轩。”

【八珍】　本指古代八种烹饪方法。后用以指珍贵的食品。杜甫《丽人行》：“黄门飞鞚不动尘，御厨络绎送八珍。”元稹《和李校书新题乐府十二首·西凉伎》：“哥舒开府设高宴，八珍九酝当前头。”李商隐《行次西郊作一百韵》：“巍巍政事堂，宰相厌八珍。”陆龟蒙《奉酬袭美苦雨见寄》：“横眠木榻忘华荐，对食露葵轻八珍。”

【八政】　古代国家施政的八个方面。《书·洪范》：“八政：一曰食，二曰货，三曰祀，四曰司空，五曰司徒，六曰司寇，七曰宾，八曰师。”《礼记·王制》以饮食、衣服、事为、异别、度、量、数、制为八政。《逸周书·常训》以夫妻、父子、兄弟、君臣为八政。陈叔达《州城西园入斋祠社》：“农教先八政，阳和秩四时。”

【八垠】　八方的界限，泛指八方，普天下。杜甫《寄薛三郎中》：“赋诗宾客间，挥泪动八垠。”

【八柱】　神话传说中撑天的八根柱子，见《楚辞·天问》及王逸注。张说《唐享太庙乐章·大政舞》：“天齐八柱，地半三分。”钱起《避暑纳凉》：“十旬河朔应虚醉，八柱天台好纳凉。”刘禹锡《奉和淮南李相公早秋即事寄成都武相公》：“八柱共承天，东西别隐然。”皮日休《虎丘寺殿前有古杉一本遂赋三百言以见志》：“终添八柱位，未要一绳维。”

【八面】　八方，处处。周朴《福州神光寺塔》：“风云会处千寻出，日月中时八面明。”黄滔《壶公山》：“八面峰峦秀，孤高可偶然。”

【八品吏】　处于第八等级的官吏。曹魏时职官分为九品，一品最高，九品最低。隋、唐时九品又分正从，自正四品起，每品又分上下二阶，共有三十阶。八品有正八品上、正八品下、从八品上、从八品下四种。八品官品服为深青色，执竹木笏。杜牧《洛中送冀处士东游》：“我作八品吏，洛中如系囚。”

【八威】　八卦之神。吴筠《游仙二十四首》之二三：“八威先启行，五老同我游。”又《步虚词十首》之一：“八威清游气，十绝舞祥风。”

【八科】　指科举取士的八种科目。唐士子参加科举考试，科目很多，有秀才、明经、开元礼、三传、史、进士、明法、书学、算学及童子科等。《旧唐书·员半千传》：“上元初应八科举。”即指诸科中的八科。亦泛指科举考试。白居易《同崔十八寄元浙东王陕州》：“惆怅八科残四在，两人荣闹两人闲。”

【八風】　八方之风。其所指说法有异。《吕氏春秋》与《淮南子》所言不同。寒山《诗三百三首》之三〇一：“八风吹不动，万古人传妙。”孟郊《列仙文右·安度明》：“丹霞焕上清，八风鼓太和。”周昙《咏史诗·晋门·王夷甫》：“六合谁为辅弼臣，八风昏处尽胡尘。”

【八音】　我国古代对乐器的统称。指金、石、土、革、丝、木、匏、竹八类。钟、铃等属金，磬等属石，埙等属土，鼓等属革，琴、瑟等属丝，柷、敔等属木，笙、竽等属匏，管、箫等属竹。用以泛指音乐。岑文本《奉和正日临朝》：“拂霓九旗映，仪凤八音殊。”窦庠《于阗钟歌送灵彻上人归越》：“一声洞彻八音尽，万籁悄然星汉空。”孔德绍《观太常奏新乐》：“八音动繁会，九变叶希声。”

【八音詩】　字面上嵌有金、石、丝、竹、匏、土、革、木等八种乐器的诗。权德舆《八音诗》：“金谷盛繁华，凉台列簪组。石崇留客醉，绿珠当座舞。丝泪可销骨，冶容竟何补。竹林谅贤人，满酌无所苦。匏居容宴豆，儒室贵环堵。土鼓与污尊，颐神则为愈。革道当在早，谦光斯可取。木雁才不才，吾知养生主。”

【八洞】　指神仙所居的洞天福地，有上下八洞之别。王绩《游仙四首》之一：“三山银作地，八洞玉为天。”

【八神】　晋王嘉《拾遗记》卷一：帝喾之妃，邹屠氏之女也。妃常梦吞日，凡经八梦，则生八子，世谓为八神。后泛指八位神仙。牛凤及《奉和受图温洛应制》：“八神扶玉辇，六羽警瑶溪。”

【八姨】　杨贵妃姊，行八，封秦国夫人。《旧唐书·后妃传上·杨贵妃》有载。郑嵎《津阳门诗》：“八姨新起合欢堂，翔鹍贺燕无由窥。”

【八馬】　同“八駿”。李商隐《浑河中》：“九庙无尘八马回，奉天城垒长春苔。”又《华岳下题西王母庙》：“神仙有分岂关情，八马虚随落日行。”李舜弦《随驾游青城》：“因随八马上仙山，顿隔尘埃物象闲。”参见“八駿”。

【八荒】　❶八方荒远之地。宋之问《景龙四年春祠海》：“地阔八荒近，天回百川澍。”李商隐《题汉祖庙》：“乘运应须宅八荒，男儿安在恋池隍。”潘纬《中秋月》：“影当中土正，轮对八荒平。”❷犹言八方，普天之下。杜审言《和李大夫嗣真奉使存抚河东》：“八荒平物土，四海接人烟。”德宗《麟德殿宴百僚》：“恭己临群后，垂衣御八荒。”徐夤《新月》：“更期十五圆明夜，与破阴霾照八荒。”

【八埏】 八方的边际，八方。太宗《春日玄武门宴群臣》：“粤余君万国，还惭抚八埏。”《郊庙歌辞·祭太社乐章·舒和》：“神道发生敷九稼，阴极乘仁畅八埏。”徐知仁《奉和圣制送张说巡边》：“圣德膺三统，皇恩被八埏。”

【八桂】 ❶八株桂树。《山海经·海内南经》：“桂林八树，在番隅东。”唐诗中多用以表示吉祥和悦的环境。张昌宗《奉和圣制夏日游石淙山》：“云车遥裔三珠树，帐殿交阴八桂丛。”韩翃《送端州冯使君》：“三峰亭暗桥边宿，八桂林香节下趋。”李商隐《河内诗二首》之一：“八桂林边九芝草，短襟小鬓相逢道。”❷广西的代称。韩愈《送桂州严大夫同用南字》：“苍苍森八桂，兹地在湘南。”

【八校】 （一xiào）汉武帝设置中垒、屯骑、步兵、越骑、长水、胡骑、射声、虎贲等八个校尉，故称。后用以通称将佐。王维《奉和圣制登降圣观与宰臣等同望应制》：“山川八校满，井邑三农竟。”

【八索】 相传为古代书名。《左传·昭公十二年》：“是能读《三坟》《五典》《八索》《九丘》。”陆龟蒙《袭美先辈以龟蒙所献五百言既蒙见和复示荣唱至于千字提奖之重蔑有称实再抒鄙怀用伸酬谢》：“岂但标《八索》，殆将包两仪。”

【八彩眉】《艺文类聚》卷十一引《春秋元命苞》曰：“尧眉八彩。”后用以代称帝王。贯休《古镜词上刘侍郎》：“若非八彩眉，不可辄照临。”和凝《宫词百首》之四：“日和风暖御楼时，万姓齐瞻八彩眉。”

【八座】 指封建王朝的高级官员。东汉以六曹尚书、令、仆射为八座，魏晋南北朝以五曹尚书、二仆射、一令为八座，隋唐以六部尚书、左右仆射及令为八座。崔融《户部尚书崔公挽歌》：“八座图书委，三台章奏盈。”戎昱《过东平军》：“相逢士卒皆垂泪，八座朝天何日归。”贾岛《观冬设上东川杨尚书》：“何时却入三台贵，此日空知八座尊。”鱼玄机《寄刘尚书》：“八座镇雄军，歌谣满路新。”

【八座外郎】 泛指尚书省各部郎中和员外郎。郑谷有《故许昌薛尚书能尝为都官郎中后数岁载故建州李员外频自宪府内弹拜都官员外八座外郎皆一时骚雅遂赋自贺》。

【八病】 指作诗应当避忌的八种弊病：平头、上尾、蜂腰、鹤膝、大韵、小韵、旁纽、正纽。南朝梁沈约等讲求声律，探讨诗文声病，至唐有此八病名目。此说原为研讨声韵变化，对律诗的形成起过一定作用，但其过于苛严烦琐，不利于对思想内容的表达。姚合《武功县中作三十首》之三十：“诗标八病外，心落百忧中。”

【八海】 四方四隅之海。曹唐《小游仙诗九十八首》之三七：“谁游八海门前过，空洞一声风雨中。”陈陶《怀仙吟二首》之一：“十洲隔八海，浩渺不可期。”杜光庭《题剑门》：“题诗曾驻三天驾，碍日长含八海风。”

【八流】 指渭、汉、洛、泾、汝、泗、沔、沃八水。晋张华《博物志》有载。亦泛指众多的水流。薛能《升平词十首》之一：“会合皆重译，潺湲近八流。”

【八宫】 泛指后妃各宫。孙元晏《咏史诗·陈·狎客》：“八宫妃尽赋篇章，风揭歌声锦绣香。”

【八郡】 泛指各郡。顾况《从江西至彭蠡入浙西淮南界道中寄齐相公》：“一身控上游，八郡趋下风。”

【八陣】 ❶即八阵图。席豫《奉和圣制送张说巡边》：“五营将月合，八阵与云连。”刘禹锡《江陵严司空见示与成都武相公唱和因命同作》：“名重三司平水土，威雄八阵役风雷。”杜光庭《题平盖沼》：“势压长江空八阵，吴都仙客此修真。”参见“八陣圖”。❷古代的八种兵阵。《文选·班固〈封燕然山铭〉》：“勒以八阵，莅以威神。”周昙《咏史诗·春秋战国门·孙武》：“行刑不避君王宠，一笑随刀八阵成。”

【八陣形】 同“八陣圖”。骆宾王《畴昔篇》：“云气横开八阵形，桥形遥分七星势。”孟浩然《送莫甥兼诸昆弟从韩司马入西军》：“坐弃三牲养，行观八阵形。”参见“八陣圖”。

【八陣圖】 古代用兵的一种阵法。传为三国蜀诸葛亮所创。《三国志·蜀志·诸葛亮传》：“推演兵法，作八阵图。”杜甫《八阵图》：“功盖三分国，名高八阵图。”元稹《哭吕衡州六首》之三：“白马双旌队，青山八阵图。”八阵图遗址传说不一，或说在陕西，或说在四川。

【八紘】 犹八极，八方极远处。李颀《赠张旭》：“微禄心不屑，放神于八纮。”李益《华阴东泉同张处士诣藏律师兼简县内同官因寄齐中书》：“高网弥八纮，皇图明四辟。”陆龟蒙《江南秋怀寄华阳山人》：“武昔威殊俗，文今被八纮。”亦用以指八方之内，普天之下。韦应物《善福阁对雨寄李儋幼遐》：“太阴布其地，密雨垂八纮。”

【八區】 八方。刘宪《奉和圣制登骊山高顶寓目应制》：“骊阜镇皇都，銮游眺八区。”皇甫湜《出世篇》：“骑龙披青云，泛览游八区。”白居易《东南行一百韵》：“盻默思千古，苍茫想八区。”

【八趾】 八位仙人的足迹。刘禹锡《游桃源一百韵》：“唯余步纲势，八趾在沙砾。”

【八國】 指唐时云南一带八个少数民族，所记不一。顾云《天威行》：“云南八国万部落，皆知此路来朝天。”参见“八詔蠻”。

【八部】 ❶亦称天龙八部。佛教分诸天鬼神及龙为八部，即天、龙、夜叉、乾闼婆、阿修罗、迦楼罗、紧那罗、摩侯罗迦。因天、龙二部居首，故亦称天龙八部。见《翻译名义集·八部》。刘禹锡《送深法师游南岳》："十方传句偈，八部会坛场。"又《广宣上人寄唱和诗卷因以令公手扎答诗示之》："一时风景入诗思，八部人天入道场。"广宣《驾幸普济寺应制》："南方宝界几由旬，八部同瞻一佛身。"❷指唐江南西道洪、吉、虔、抚、袁、信、江、饶等八州。杜牧《中丞业深韬略志在功名再奉长句一篇兼有咨劝》："八部元侯非不贵，万人师长岂无权。"

【八陲】　八方的边陲，八方。白居易《和答诗十首·答四皓庙》："卷之不盈握，舒之亘八陲。"

【八都】　犹八方。吕岩《绝句》之十四："独上高峰望八都，黑云散后月还孤。"黄滔《喜侯舍人蜀中新命三首》之一："八都词客漫喧然，谁解飞扬诰誓间。"

【八極】　八方极远处；八方之内。李白《望鹦鹉洲怀祢衡》："魏帝营八极，蚁观一祢衡。"顾况《悲歌》之六："骑龙驾景游八极，轩辕弓剑无人识。"李群玉《将之吴越留别坐中文酒诸侣》："氛埃敛八极，万里净澄鲜。"刘兼《重阳感怀》："载花乘酒上高山，四望秋空八极宽。"

【八極周】　周游八方。杜甫《凤凰台》："坐看彩翮长，举意八极周。"

【八景】　(一jǐng)道教语。谓八采之景色。刘禹锡《三乡驿楼伏睹玄宗望女几山诗小臣斐然有感》："仙心从此在瑶池，三清八景相追随。"王仁裕《题斗山观》："三清辽廓抛尘梦，八景云烟事早朝。"

【八景輿】　(景 jǐng)简称八景。传为仙人所乘车名。徐彦伯《幸白鹿观应制》："凤舆乘八景，龟箓向三仙。"吴筠《步虚词十首》之九："腾我八景舆，威迟入天门。"

【八景靈輿】　即八景舆。张绍《冲佑观》："八景灵舆，九华神盖。清霄莫胥，明霜匪对。"

【八凱】　亦作"八愷"。相传为高阳氏时的八个才子。《左传·文公十八年》载之。凯，和的意思，亦作"恺"。贯休《蜀王入大慈寺听讲》："谢太傅须同八凯，姚梁公可并三台。"又《送薛侍郎贬峡州司马》："人如八凯须当国，猿到三声不用愁。"

【八貂】　唐时左右散骑、侍中、中书令各二人，冠制皆金蝉珥貂，左散骑与侍中为左貂，右散骑与中书令为右貂，称八貂。耿湋《元日早朝》："参差万戟合，左右八貂斜。"

【八詠】　即八咏诗。南朝齐隆昌元年沈约守东阳时，建元畅楼，并作《登台望月》《会圃临东风》《岁暮愍衰草》《霜来悲落桐》《夕行闻夜鹤》《晨征听晓鸡》《解佩去朝市》《被褐守山东》等八首诗，称"八咏诗"，亦简称"八咏"。后用以称颂美妙的诗文。崔峒《虔州见郑表新诗因以寄赠》："平子四愁今莫比，休文八咏自同时。"刘禹锡《赴苏州酬别乐天》："二南风化承遗爱，八咏声名蹑后尘。"参见"八詠樓"。

【八詠樓】　在今浙江金华市南隅，婺江北岸。南朝齐隆昌元年(494)沈约为东阳太宗时建成。原名元畅楼。沈约曾赋《登元畅楼》，又复咏长歌八篇，抒发自己外处不得意的心情，广为传颂。后人遂易今名。孟浩然《同独孤使君东斋作》："寄谢东阳守，何如八咏楼。"任华《寄李白》："未尝一日低颜色，八咏楼中坦腹眠。"权德舆《新秋月夜寄故人》："影落三湘水，诗传八咏楼。"参见"八詠"。

【八詔蠻】　隋唐时永昌、姚州地区的八个少数民族。一说"八诏"乃"六诏"之误。见吴企明《唐音质疑录》。王建《宫词一百首》之二："殿前传点各依班，召对西来八诏蛮。"

【八寒陰獄】　佛家语。指八种极寒冷之地狱。白居易《开龙门八节石滩诗二首》之二："十里吒滩变河汉，八寒阴狱化阳春。"

【八階】　亦称"八陛"。八层台阶。古代天子祭祀天地的祭壇有八个台阶。《后汉书·祭祀志上》有载。《明皇祀圜丘乐章·寿和》："六变爰阕，八阶载虔。"

【八絲】　泛指丝织物。黄滔《奉和翁文尧十九员外中谢日蒙恩赐金紫之什》："三品易悬鳞鬣赫，八丝展起彩章飞。"参见"八蠶""八繭蠶"。

【八達】　称晋谢鲲等八位放达之士。《晋书·光逸传》有载。范质《诫儿侄八百字》："南朝称八达，千载秽青史。"

【八節】　(一jié)指一年中的八个节气：立春、春分、立夏、夏至、立秋、秋分、立冬、冬至。古有四时八节祭祀鬼神的风俗。杜甫《狂歌行赠四兄》："四时八节还拘礼，女拜弟妻男拜弟。"王建《神树词》："四时八节上杯盘，愿神莫离神处所。"李商隐《五言四十韵》："四时当首夏，八节应条风。"

【八節灘】　(節 jié)滩名。在今河南洛阳市龙门潭之南。水中多石而流急处有八，故称。白居易《开龙门八节石滩诗二首》序："东都龙门潭之南，有八节滩、九峭石。船筏过此，例及破伤。舟人楫师，推挽束缚，大寒之月，裸跣水中，饥冻有声。"又《欢喜二偈》之一："心中别有欢喜事，开得龙门八节滩。"

【八雋】　指晋中兴名士八人阮放等。号曰兖州八伯，拟古之八隽。李瀚《蒙求》："阮放八隽，江泉四凶。"

【八解】　佛经中称能使人解脱束缚的八种禅定。周利用《奉和九月九日登慈恩寺浮图应制》："塔向三天迴，禅收八解空。”孟浩然《来阇黎新亭作》：“八解禅林秀，三明给苑才。”参阅《观无量寿经》和唐李师正《法门名义集·功德品·解脱》。

【八裔】　八方。李白《临路歌》：“大鹏飞兮振八裔，中天摧兮力不济。”

【八溟】　即八海。泛指天下湖海。杜甫《客居》：“安得覆八溟，为君洗乾坤。”白居易《送毛仙翁》：“论道穷重玄，浩荡八溟阔。”杜光庭《赠蜀州刺史》：“从此雄名压寰海，八溟争敢起波涛。”

【八蜡】　（一zhà）周代祭名，秦称腊，即于每年建亥之月（十二月）农事结束后举行的祭礼。《礼记·郊特牲》：“八蜡以记四方。”《郊庙歌辞·蜡百神乐章·迎神》：“八蜡开祭，万物合祀。”亦用以指农事。魏征《五郊乐章·黑帝羽音·肃和》：“八蜡已登，三农息务。”

【八裴】　魏晋时有裴、王二族兴盛于世。时人将裴姓中的裴徽及其子裴楷、裴康、裴绰再加上其孙辈的数人，合称为八裴。南朝宋刘义庆《世说新语·品藻》记其事。后用作咏旺族名流的典故。高适《酬裴员外以诗代书》：“兄弟真二陆，声名连八裴。”

【八際】　八方边远之地。李峤《晚秋喜雨》：“腾云八际满，飞雨四溟周。”

【八維】　东、南、西、北四方和东南、西南、东北、西北四隅的合称。犹言四面八方。韩愈《读东方朔杂事》：“簸顿五山踣，流漂八维蹉。”

【八牖】　明堂的八个窗户。古时明堂有九室，每室八窗。《大戴礼记·明堂》载之。褚亮《明堂乐章·雍和》：“八牖晨披，五精朝奠。”

【八薌】　谓各种谷物。芗，谷物的香气，代称谷物。《郊庙歌辞·祀九宫贵神乐章·太和》：“金奏九夏，圭陈八芗。”

【八儒】　指孔子死后儒家分出的八个派别。《韩非子·显学》载之。后用以泛指儒者。骆宾王《久戍边城有怀京邑》：“棘寺游三礼，蓬山簉八儒。”

【八龍】　东汉荀淑八子俭、绲、靖、焘、汪、爽、肃、敷，均有美誉，时人称为八龙。《世说新语·品藻》刘孝标注引《逸士传》：“靖字叔慈，颍川人，有俊才，以孝著名，兄弟八人号八龙。”后用以借指优秀的子弟和杰出的人才。沈佺期《夏日梁王席送张岐州》：“家传七豹贵，人擅八龙奇。”欧阳詹《酬裴十二秀才孩子咏》：“王家千里后，荀氏八龙先。”齐己《山中寄凝密大师兄弟》：“借问荀家兄弟内，八龙头角让谁先。”

【八龍三虎】　八龙，指东汉荀靖兄弟；三虎，指东汉贾彪兄弟。后用以指优秀的子弟和杰出的人才。卢纶《酬赵少尹戏示诸侄元阳等因以见赠》：“八龙三虎俨成行，琼树花开鹤翼张。”贯休《少监三首》之二：“八龙三虎森如也，万古千秋瑞圣唐。”参见“八龙”“三虎”。

【八龍荀】　即荀氏八龙。元稹《代曲江老人百韵》：“雄推三虎贾，群擢八龙荀。”参见“八龍”。

【八駿】　亦作“八馬”。相传为周穆王的八匹骏马。《穆天子传》载之。白居易《新乐府·八骏图》：“穆王八骏天马驹，后人爱之写为图。”刘叉《观八骏图》：“穆王八骏走不歇，海外去寻长日月。”李商隐《瑶池》：“八骏日行三万里，穆王何事不重来。”亦泛指骏马。韦应物《酬郑户曹骊山感怀》：“万马自腾骧，八骏按辔行。”李绅《赠毛仙翁》：“九州争夺无时休，八骏垂头避豺虎。”韩昭《从幸秦川过白卫献诗》：“八骏似龙人似虎，何愁飞过大漫天。”

【八駿圖】　画师所绘周穆王西巡时所乘八匹神马的图画。唐德宗幸蜀，有类于周穆王以八骏西巡之故事。当时画师诗人图写八骏，成为一种风尚。刘叉有《观八骏图》。元稹有《八骏图诗》。白居易有《新乐府·八骏图》。

【八簋】　簋，古代祭祀宴享时盛黍稷或食品用的圆口圈足器皿。周制，天子八簋。《诗·小雅·伐木》：“于粲洒扫，陈馈八簋。”褚亮《祈谷乐章·雍和》：“八簋盈和，六瑚登御。”

【八環】　八区，八方。彭晓《参同契明镜图诀诗二首》之一：“三篇秘列八环内，万象门开一镜中。”

【八瓊】　亦称八石。道家炼丹的八种石质原料：丹砂、雄黄、雌黄、空青、疏黄、云母、戎盐、硝石。吕岩《赠刘方处士》：“八琼秘诀君自识，莫待铅空车又破。”

【八繭蠶】　义同“八蠶”。李贺《南园十三首》之二：“长腰健妇偷攀折，将喂吴王八茧蚕。”参见“八蠶”。

【八難】　（一nán）指留侯张良谓汉王刘邦八件难办的事情。见《史记·留侯世家》。白居易《和答诗十首·答四皓庙》：“八难掉舌枢，三略役心机。”韦庄《和郑拾遗秋日感事一百韵》：“五丁功再睹，八难事难忘。”

【八關齋】　佛家语。指在家信徒于一昼夜之内受持的八条戒律。《资治通鉴·齐武帝永明元年》：“会上于华林园设八关斋，朝臣皆预。”胡三省注载之。刘禹锡《酬乐天醉后狂吟十韵》：“八关斋适罢，三雅兴尤偏。”

【八議】　周代所定减轻刑罚的八种条件。《周礼·秋官·小司寇》记之。意为此八种人犯罪应议而后定处，实即可从轻处理。后来成为封建帝王的亲族、近臣犯罪时减刑或免刑的特权规定。三国魏正式将其写入法典，以后各代一直相承。王维《寓言二首》之二：“生死在八议，穷达由一言。”

【八疊】　叠，歌词重叠复唱。八叠，即全首四句重唱一遍。白居易《何满子》："一曲四调歌八叠，从头便是断肠声。"

【八體】　指楷书以外的八种书体，即古文、大篆、小篆、隶书、飞白、八分、行书、草书。见唐张怀瓘《书断》。后用以泛指书法。岑文本《奉述飞白书势》："六文开玉篆，八体耀银书。"

【八轡】　谓四马，亦用以指八马。李贺《瑶华乐》："八轡冬珑逐天回，五精扫地凝云开。"王琦注："轡，马缰也。一马两轡，故《诗经正义》谓四马则八轡，长吉则以八马为八轡。"

【八灘】　即八节滩。白居易《开龙门潭八节石滩诗二首》之一："铁凿金锤殷若雷，八滩九石剑棱摧。"

【八變】　谓祭祀地神的音乐演奏八遍。韩思复《祭汾阴乐章》："一降通感，八变必臻。"贺知章《唐禅社首乐章·太和》："五音克备，八变聿施。"

【八蠶】　亦称"八繭蠶"。指一年之中蚕成熟八次。《文选·左思〈吴都赋〉》："乡贡八蚕之丝。"李商隐《烧香曲》："八蚕茧绵小分炷，兽焰微红隔云母。"陆龟蒙《京口与友生话别》："乞食羞孤凤，无衣羡八蚕。"王涣《惆怅诗十二首》之一："八蚕薄絮鸳鸯绮，半夜佳期并枕眠。"

【八蠻】　❶古谓南方的八蛮国。后用以泛指外族。贾岛《送李傅侍郎剑南行营》："勇看双节出，期破八蛮回。"曹唐《奉送严大夫再领容府二首》之二："无因得鞁真珠履，亲从新侯定八蛮。"❷犹八方。陈陶《登宝历寺阁》："金碧高层世界空，凭霓长啸八蛮风。"贯休《寿春节进》："八蛮须稽颡，四海仰昌期。"

【八鑾】　义同"八鸞"。李贺《瑶华乐》："八銮十乘，矗如云屯。"参见"八鸞"。

【八鸞】　亦称"八鑾"。八个鸾铃。鸾，结在马衔上的铃铛。一马二铃，系于马口镳端，四马八铃，故称。《诗·商颂·烈祖》："约軧错衡，八鸾鸧鸧。"后多指天子车驾。李益《登天坛夜见海》："八鸾五凤纷在御，王母欲上朝元君。"

二　画

兮　〔xī《广韵》胡雞切，平齊，匣。〕语气助词。用于韵文语句中间或末尾。相当现代汉语"啊"。贺知章《望人家桃李红》："桃花红兮李花白，照灼城隅复南陌。"萧颖士《有竹一篇七章》之一："君子秉心，惟其贞坚兮。"苏源明《小洞庭洄源亭宴四郡太守诗》："适予手兮非予期，将解袂兮丛予思。"韩偓《寄远》："想美人兮云一端，梦魂悠悠关山难。"刘戬《夏弹琴》："死而若有知，魂兮从我游。"

六[1]　〔liù《广韵》力竹切，入屋，來。〕❶数词。刘长卿《登迁仁楼酬子婿李穆》："俭岁安三户，余年寄六条。"白居易《晚归有感》："平生所善者，多不过六七。"罗隐《京中正月七日立春》："一二三四五六七，万木生芽是今日。"王揆《长沙六快诗》："然此一郡内，所乐人才六。"亦用以表序数。见"六月兵"。

六[2]　〔lù《广韵》力竹切，入屋，來。〕见"六₂安""六₂安丞"。

【六一】　即六一泥。白居易《同微之赠别郭虚舟炼师五十韵》："六一闳扃镐，子午守雄雌。"清昼、潘述《还丹可成诗联句》："封灶用六一，置门考休京。"参见"六一泥"。

【六一泥】　道家炼丹用以封炉的一种泥。晋葛洪《抱朴子·金丹》有载。后用以指炼丹。王维《和宋中丞夏日游福贤观天长寺》："墨点三千界，丹飞六一泥。"

【六一爐】　道家的炼丹炉。吕岩《七言》之十六："九三鼎内烹如酪，六一炉中结似霞。"贯休《寄天台道友》："冷立千年鹤，闲烧六一炉。"

【六丁】　道教神名。《无上九霄雷霆玉经》："六丁玉女，六甲将军。"道教认为，六丁（丁卯、丁巳、丁未、丁酉、丁亥、丁丑）是阴（女）神，与六甲同为天帝所役使，能行风雷，制鬼神，道士可用符箓召请，从事祈禳驱鬼。韩愈《调张籍》："仙官敕六丁，雷电下取将。"陈陶《步虚引》："赤城门闭六丁直，晓日已烧东海色。"

【六么】　亦作"六幺"。唐教坊曲名，后用为词牌。又名"六幺"、《绿腰》。么是小的意思，因此调羽弦最小，节奏繁急，故名。其词为双调九十四字，仄韵。王建《宫词一百首》之二九："琵琶先抹《六么》头，小管丁宁侧调愁。"白居易《杨柳枝词八首》之一："六么水调家家唱，白雪梅花处处吹。"元稹《琵琶歌》："管儿还为弹六么，六么依旧声迢迢。"

【六幺】　同"六么"。

【六天】　道教谓上天分为六，即赤虚天、泰玄都天、清皓天、泰玄天、泰玄仓天、泰清天。见《云笈七签》卷八。吴筠《游仙二十四首》之十九："导达三气和，驱除六天静。"又《步虚词十首》之七："豁落制六天，流铃威百魔。"吕岩《得火龙真人剑法》："昨夜钟离传一语，六天宫殿欲成尘。"

【六五】　指夏启、商汤、周武王、周成王、周康王和周穆王六王，黄帝、颛顼、帝喾、帝尧、帝舜五帝。太宗《帝京篇十首》之十："六五诚难继，四三非易仰。"

【六牙】　谓六牙白象。佛家谓象柔顺而有力。"六牙"表示六种神通。《瑞应本起经》谓菩萨自兜率天降生，即化乘六牙白象入胎。《法华经》谓六牙白象为普贤菩萨的坐骑。宋之问《游法华寺》："后果缠三足，前因感六牙。"李峤《象》："六牙行致远，千叶奉高居。"

【六壬占】 术数的一种。用阴阳五行占卜吉凶的方法之一。水、火、木、金、土五行，以水为首，十天干中，壬、癸皆属水，壬为阳水，癸为阴水，舍阴取阳，称为壬。在六十甲子中，壬有六：壬申、壬午、壬辰、壬寅、壬子、壬戌，故称六壬。其占法分六十四课，用刻有干支的天盘、地盘相叠，转动天盘后得出所值的干支及时辰的部位，以此判别吉凶。王建《贫居》："近来身不健，时就六壬占。"

【六月兵】 指正义之师。周宣王六月出兵北伐猃狁。古代兵法惯例，夏天不出兵，但因猃狁入侵，边事紧急，故在六月出兵抵抗。《诗·小雅·六月》歌咏其事。崔日用《奉和圣制送张说巡边》："吉日四黄马，宣王六月兵。"

【六文】 谓古文、奇字、篆书、隶书、缪篆、鸟书等六种文字。岑文本《奉述飞白书势》："六文开玉篆，八体曜银书。"

【六尺】 指成年男子之身躯。元稹《酬刘猛见寄》："六尺安敢主，方寸自由调。"李山甫《下第献所知三首》之一："虚教六尺受辛苦，枉把一身忧是非。"

【六尺孤】 ❶未成年的孤儿。周代一尺相当于现代六寸，身高六尺尚未达成年人高度，故称。刘禹锡《再经故元九相公宅池上作》："六尺孤安在，人间未有名。"❷特指未成年而继位的君主。《论语·秦伯》："可以托六尺之孤，可以寄百里之命。"徐夤《蜀》："能均汉祚三分业，不负荆州六尺孤。"

【六尺馬】 指普通的马。杜甫《苦雨奉寄陇西公兼呈王征士》："愿腾六尺马，背若孤征鸿。"

【六甲】 ❶道教神名。《天上九霄雷霆玉经》："六丁玉女，六甲将军。"道教认为六甲（甲子、甲戌、甲申、甲午、甲辰、甲寅）为阳神，六丁为阴神，为天帝所役使，能行风雷，驱鬼神，道士可用符箓召请，以祈禳驱鬼。陈陶《谪仙吟赠赵道士》："三元麟凤推高坐，六甲风雷闷小壶。"❷道教符箓名。《云笈七签》卷十四："若辟除恶神鬼者，书六甲、六乙符持行，并呼甲寅，神鬼皆散走。"玄宗《赐道士邓紫阳》："太乙三门诀，元君六甲符。"❸指六十岁。甲、乙、丙、丁、戊、己、庚、辛、壬、癸十天干和子、丑、寅、卯、辰、巳、午、未、申、酉、戌、亥十二地支相配，用以纪年，六十年循环一周，故称。卢象《家叔征君车溪草堂二首》之一："浮年笑六甲，元化潜一指。"李商隐《戊辰会静中出贻同志二十韵》："戏掷万里火，聊召六甲旬。"❹一种游戏，就是"双陆"。黑白两方各用六子赌胜负，故称。柳宗元《龟背戏》："八方定位开神卦，六甲离离齐上下。"李商隐《骄儿诗》："阶前逢阿姊，六甲颇输失。"

【六出】 指雪。雪花结晶，成六角形，故称。宋之问《奉和春日玩雪应制》："琼章定少千人和，银树长芳六出花。"元稹《赋得春雪映早梅》："一枝方渐秀，六出已同开。"李商隐《忆雪》："欲俟千箱庆，须资六出妍。"方干《雪中寄殷道士》："山阴道士吟多兴，六出花边五字成。"

【六代】 亦称"六朝"。指三国吴、东晋、南朝宋、齐、梁、陈六个朝代。李白《金陵三首》之三："六代兴亡国，三杯为尔歌。"魏万《金陵酬李翰林谪仙子》："金陵百万户，六代帝王都。"刘沧《经过建业》："六代兴衰会此地，西风露泣白蘋花。"

【六印】 ❶六国相印。战国时苏秦以合纵说六国，为合纵长，受六国相印。见《史记·苏秦列传》。李白《魏郡别苏明府因北游》："六印虽未佩，轩车若飞龙。"杜牧《赠别》："苏秦六印归何日，潘岳双毛去值秋。"崔道融《过农家》："苏秦无负郭，六印又如何？"❷指唐时官马身上的六种印记。杜甫《瘦马行》："细看六印带官字，众道三军遗路旁。"

【六百石】 古代职官品秩。秦中央属官郡臣和长吏秩均为六百石。汉有六百石和比六百石之别，年俸西汉为七十斛米和六十斛米，东汉为七十斛米和五十斛米。白居易《答刘禹锡白太守行》："吏满六百石，昔贤辄去之。"

【六百步】 战国时，苏秦游说韩王抗秦，谓韩军多劲弓而善远射，以坚定韩王抗秦之决心。见《史记·苏秦列传》。后借以咏弓弩。李峤《弩》："苏秦六百步，持此说韩王。"

【六曲】 指六曲屏风。李贺《屏风曲》："团回六曲抱膏兰，将鬟镜上掷金蝉。"李商隐《屏风》："六曲连环接翠帷，高楼半夜酒醒时。"参见"六曲屏風"。

【六曲屏風】 六曲，十二扇，以十二扇叠作六曲的屏风，称为六曲屏风。李商隐《行至金牛驿寄兴元渤海尚书》："六曲屏风江雨急，九枝灯檠夜珠圆。"

【六合】 天地四方。孙逖《丹阳行》："自从龙见圣人出，六合车书混为一。"韩愈《送惠师》："金鸦既腾翥，六合俄清新。"李商隐《井泥四十韵》："嬴氏并六合，所来因不韦。"周昙《咏史诗·晋门·王夷甫》："六合谁为辅弼臣，八风昏处尽胡尘。"

【六行】 ❶（一xíng）指六种善行。《周礼·地官·大司徒》："六行：孝、友、睦、姻、任、恤。"阎德隐《薛王花烛行》："从来六行比齐姜，自许千门奉楚王。"❷（一háng）指唐尚书省下属的吏、礼、户、工、刑、兵六部。泛指朝廷官吏。张籍《寄梅处士》："六行班里身常下，九列符中事亦稀。"

【六旬】 ❶六十日。旬，十天。韩愈《泷吏》："南行逾六旬，始下昌乐泷。"乐伸《闰月定四时》："六旬余可借，四序应如期。"❷六十岁。旬，十年。白居易《哭崔儿》："掌珠一颗儿三岁，鬓雪千茎父六旬。"

【六衣】 王后的六种服式。《周礼·天官·内司服》有载。薛能《恭禧皇太后挽歌词三首》之三："平生六衣在，曾著祀高禖。"徐铉《又三绝》之三："六衣盛礼如金屋，彩笔分题似柏梁。"

【六州】 ❶指唐河曲六州。《新唐书·突厥传上》有载。李益《登夏州城观送行人赋得六州胡儿歌》："六州胡儿六蕃语，十岁骑羊逐沙鼠。"薛逢《送灵州田尚书》："九姓羌浑随汉节，六州蕃落从戎鞍。"❷指唐魏博六州。李商隐《过故府中武威公交城旧庄感事》："山下只今黄绢字，泪痕犹堕六州儿。"

【六宇】 天地四方。薛曜《舞马篇》："我皇盛德苞六宇，俗泰时和虞石拊。"

【六$_2$安】 郡国名。西汉元狩二年(前121)改衡山郡置国。治所在六县(今安徽省六安市北)。东汉建武十三年(37)并入庐江郡。储光羲《夏日寻蓝田唐丞登高宴集》："君出罢六安，居此澹忘忧。"杜甫《寄刘峡州伯华使君四十韵》："皆为百里宰，正似六安丞。"

【六$_2$安丞】 《后汉书·桓谭传》载，谭复极言谶之非经。帝大怒，出其为六安郡丞。后因作贬官之典。杜甫《寄刘峡州伯华使君四十韵》："皆为百里宰，正似六安丞。"

【六羽】 义同"六佾"。古诸侯之舞乐。牛凤及《奉和受图温洛应制》："八神扶玉辇，六羽警瑶谿。"

【六赤】 骰子。李洞《龙州韦郎中先梦六赤后因打叶子以诗上》："微黄喜兆庄周梦，六赤重新掷印成。"

【六里】 秦欲伐齐，为离间齐楚两国关系，派张仪至楚说楚怀王，声称只要怀王绝约于齐，秦愿割商於之地六百里给楚。楚与齐绝约后派使者向秦索取商於之地六百里，张仪却以奉邑六里以搪塞。事见《史记·张仪列传》。罗隐《武牢关》："楚人曾此限封疆，不见清阴六里长。"崔道融《楚怀王》："六里江山天下笑，张仪容易去还来。"

【六成】 谓乐章六变而祭典始成。古代祭百神六奏乐而礼毕。《郊庙歌辞·明皇祀圜丘乐章·太和》："六成既阕，三荐云终。"权德舆《朔旦冬至摄职南郊因书即事》："大明南至庆天正，朔旦圆丘乐六成。"

【六位】 八卦以"—"和"--"两种线形组成："—"为阳爻；"--"为阴爻，每三爻合成一卦。重卦六画，故称六爻，亦称六位。借以指天地运行有则。杜审言《和李大夫嗣真奉使存抚河东》："六位乾坤动，三微历数迁。"

【六身】 六甲，用天干地支相配计算时日。王维《慕容承携素馔见过》："门看五柳识，年算六身知。"

【六言】 诗体名。全篇每句六字。相传始于西汉谷永，一说东方朔已有"六言"(见《文选·左思〈咏史〉》李善注)。其诗均不传。今所见以汉末孔融的六言诗为最早，有古体近体之分，但均不甚流行。《全唐诗》卷八五八载吕岩《六言》一首，诗曰："春暖群花半开，逍遥石上徘徊。独携玉律丹诀，闲踏青莎碧苔。古洞眠来九载，流霞饮凡千杯。逢人莫话他事，笑指白云去来。"

【六快】 唐诗人王揆所谓长沙郡六个快乐的人。王揆有《长沙六快诗》。

【六局】 唐殿中省设置尚食、尚药、尚医、尚舍、尚乘、尚辇等六局，负责皇帝和皇族的生活享受。花蕊夫人《宫词》之一六："二十四司分六局，御前频见错相呼。"

【六花】 指雪。雪花结晶体呈六角形，故称。贾岛《寄令狐绹相公》："自著衣偏暖，谁忧雪六花。"《凤台云母》(外编下)："凤台云母似六花，炼作芙蓉白云芽。"

【六刺灘】 滩名。在今安徽泾县陵阳溪。李白《下陵阳沿高溪三门六刺滩》："三门横峻滩，六刺走波澜。"

【六事】 六卿。用以指朝中的军事大臣。张说《玄武门侍射》序："乃命紫微、黄门、九卿、六事与熊罴之将、爪牙之臣合宴焉。"白居易《忆晦叔》："六事尽思君作伴，几时归到洛阳来。"

【六奇】 (一qí)原指谋士陈平为刘邦建立和巩固刘汉王朝所出的六条奇计。见《史记·陈丞相世家》。后用以泛指出奇制胜的谋略。太宗《宴中山》："对敌六奇举，临戎八阵张。"苏颋《饯赵尚书摄御史大夫赴朔方军》："野饯回三杰，军谋用六奇。"黄滔《鄜畤李相公》："计吐六奇谁敢敌，学穷三略不须论。"

【六尚書】 隋中央机构仿《周礼》六官，置吏、祠、度支、左户、都官、五兵六部，属尚书省，置六尚书。后改度支部为民部。唐改民部为户部，改祠部为礼部，改左户为工部，改都官为刑部，改五兵为兵部。此六部官制，历代相承，基本未变。各部首长称为尚书。刘禹锡《伤韦宾客》："韦公八十余，位至六尚书。"

【六典】 六种建邦之典。一曰治典，二曰教典，三曰礼典，四曰政典，五曰刑典，六曰事典，见《周礼·天官·大宰》。褚亮《祭方丘乐章·肃和》："九宫肃列，六典相仪。"

【六典書】 《新唐书·艺文志·职官类》载有《六典》三十卷。为法令之类书。玄宗时官修。自开元十年(722)至二十六年成书，张说、张九龄、李林甫先后主其事。原诏集贤院按周官六典以理典(避高宗李治讳,改治典为理典)、教典、礼典、政典、刑典和事典编修,因唐官制不能套用周宫,故以三师、三公、三省、九寺、五监、十二卫等为目,载列职司、宫佐、品秩。其中不乏虚构,但基本上能反映唐代政治经济情况。白居易《新乐府·道州民》:"城云臣按六典书,任土贡有不贡无。"

【六和】(—hé)谓以滑、甘调制酸、苦、辛、咸四种滋味。亦用以比喻美妙的音乐。滕珦《释奠日国学观礼闻雅颂》:"六和成远吹,九奏动行云。"

【六府】本为藏财之处。古人认为金、木、水、火、土、谷六者为财之所聚,故称。后泛指仓库。钱起《观村人牧山田》:"六府且未盈,三农争务作。"

【六宗】古代尊祀的六位神。另有几说:一说为水、火、雷、风、山、泽,一说为天地四方。白居易《和答诗十首·和大觜乌》:"杀鸡荐其肉,敬若禋六宗。"贯休《大蜀皇帝寿春节进尧铭舜颂二首·舜颂》:"六宗是禋,五瑞斯列。"

【六官】六卿之官。亦泛指百官。李贺《荣华乐》:"马如飞,人如水,九卿六官皆望履。"

【六佾】诸侯所用的乐舞。佾,舞列。舞者分六列,每列六人,计三十六人。或每列八人,六列共四十八人。《郊庙歌辞·享隐太子庙乐章·舒和》:"三县已判歌钟列,六佾将开羽鋮分。"权德舆《赠文敬太子庙时享退文舞迎武舞乐章》:"昔献三雍盛礼容,今陈六佾崇仪制。"

【六珈】古代妇女发簪上的金玉装饰物。语出《诗·鄘风·君子偕老》:"君子偕老,副笄六珈。"柳宗元《同刘二十八院长述旧言怀感时书事奉寄澧州张员外使君五十二韵之作因其韵增至八十通赠二君子》:"册府荣八命,中闱盛六珈。"

【六英】相传为高辛氏的乐歌。元结《补乐歌十首·六英》序:"《六英》,高辛氏之乐歌也。其义盖称帝喾能总六合之英华。"后用以称宫廷音乐或其他高雅音乐。许敬宗《奉和行经破薛举战地应制》:"虏场栖九穗,前歌被六英。"刘禹锡《历阳书事七十韵》:"早忝登三署,曾闻奏六英。"陆龟蒙《奉和袭美先辈初夏见寄次韵》:"海浪刷三岛,天风吹六英。"

【六胡】指六胡州,即突厥人所居的六州。李益有《从军夜次六胡北饮马磨剑石为祝殇辞》。参见"六州"。

【六相】(xiàng)指六部尚书。李山甫《赠徐三十》:"朱排六相助神耸,玉衬一厅侵骨凉。"

【六品階】六品的官阶。唐职官六品分正六品上阶、正六品下阶和从六品上阶、从六品下阶。范质《诫儿侄八百字》:"尔得六品阶,无乃太为优。"

【六幽】天地四方幽远之处。李峤《晚秋喜雨》:"睿感通三极,天诚贯六幽。"

【六皇帝】五皇帝之讹。即唐肃宗李亨、代宗李豫、德宗李适、顺宗李诵、宪宗李纯。元稹《连昌宫词》:"尔后相传六皇帝,不到离宫门久闭。"

【六律】我国古代乐音标准名。古称六律,实则十二律,即古乐的十二调。律,本指用来定音的竹管。相传古人用十二个长度不同的律管,吹出十二个高度不同的标准乐音的高低。十二律又分为阴阳两类,奇数六律为阳律,称为六律;偶数六律为阴律,称为六吕。魏征《五郊乐章·黄帝宫音》:"既长六律,兼和五声。"权德舆《奉和圣制九月十八日赐百僚追赏因书所怀》:"同和六律应,交泰万宇平。"卢仝《风中琴》:"五音六律十三徽,龙吟鹤响思庖羲。"吴融《李周弹筝歌》:"五音六律皆生知,就中十三弦最妙。"

【六度】佛家语。即六波罗密。姚合《赠王山人》:"既能施六度,了悟达双林。"

【六帝】指吴、东晋、宋、齐、梁、陈六国君主。李白《金陵凤凰台置酒》:"六帝没幽草,深宫冥绿苔。"又《金陵白杨十字巷》:"六帝余古丘,樵苏泣遗老。"

【六洞】道教谓鬼王都城罗酆山上有六洞,洞中有六官,为六天鬼神的宫室。罗酆山被附会在四川酆都。吕岩《哭陈先生》:"六洞真人归紫府,千年鸾鹤老苍梧。"

【六軍】《周礼·夏官·司马》:"凡制军万有二千五百人为军。王六军,大国三军,小国一军。"后作为军队的统称。贾至《燕歌行》:"六军将士皆死尽,战马空鞍归故营。"白居易《长歌恨》:"六军不发无奈何,宛转蛾眉马前死。"李商隐《马嵬二首》之二:"此日六军同驻马,当时七夕笑牵牛。"张陵《虏患》:"春风渭水不敢流,总作六军心上血。"

【六祖】佛教禅宗衣钵在中国共传六世。初祖达摩,二祖慧可,三祖僧璨,四祖道信,五祖弘忍。弘忍有慧能、神秀二弟子。他们行教于南方和北方,分别称为南北二宗六祖。韦庄《赠礼佛名者》:"寻思六祖传心印,可是从来读藏经。"齐己《寄文浩百法》:"当时六祖在黄梅,五百人中眼独开。"

【六姻】犹言六亲。刘长卿《别李氏女子》:"临歧方教诲,所贵和六姻。"参见"六親"。

【六飛】指皇帝的车驾。古代帝王用六匹马驾车,奔驰如飞,故称。宋之问《奉和幸三会寺应制》:"六飞回玉辇,双树谒金仙。"司马扎《观郊礼》:"钟鼓旌旗引六飞,玉皇初著画龙衣。"唐彦谦《岐王宅》:"承平旧物惟君尽,犹写雕鞍伴六飞。"亦用以代称帝王。杜牧《长安杂题长句六首》之五:"六飞南幸芙蓉院,十里飘香入夹城。"

【六馬】　指皇帝的车驾。古代帝王车驾用六匹马，故称。吕温《顺宗至德大圣大安孝皇帝挽歌词三首》之三："挽度千夫咽，笳凝六马迟。"鲍溶《辞辇行》："不惊六马缓天仪，从容鸣环前致辞。"苏拯《经鹤台》："六马不能驭，九皋欲何托。"贯休《大蜀皇帝寿春节进尧铭舜颂二首·尧铭》："朽索六马，罔坠厥命。"

【六城】　有二说。一说指朔方所统有的三受降城和丰安、定远、振武三城，均在黄河以北。一说六城中的振武换成经略军城。亦泛指北方边塞。李益《夜发军中》："半夜军书至，匈奴寇六城。"

【六根】　佛教用以指眼、耳、鼻、舌、身、意。根为能生之意，眼为视根，耳为听根，鼻为嗅根，舌为味根，身为触根，意为欲念之根。寒山《诗三百三首》之二六九："伸缩四肢全，勤听六根具。"

【六時】　佛家分一昼夜为昼三时(晨朝、日中、日没)和夜三时(初夜、中夜、后夜)，合称六时。寒山《诗三百三首》之二七五："六时学客春，昼夜不得卧。"杜甫《岳麓山道林二寺行》："五月寒风冷佛骨，六时天乐朝香炉。"李商隐《题白石莲花寄楚公》："白石莲花谁所共，六时长捧佛前灯。"顾在镕《题光福上方塔》："六时金磬落何处，偏傍芦苇惊钓翁。"

【六氣】　天地四时之气。顾况《送从兄使新罗》："六气铜浑转，三光玉律调。"刘禹锡《德宗神武孝文皇帝挽歌二首》之一："操弦调六气，挥翰动三辰。"白居易《赠友五首》之一："由兹六气顺，以遂万物性。"

【六師】　同"六軍"。李义府《在巂州遥叙封禅》："东后方肆觐，西都导六师。"郭汭《同崔员外温泉宫即事》："辇辂移双阙，宸游整六师。"参见"六軍"。

【六卿】　❶周代的六官。指冢宰、司徒、宗伯、司马、司寇，司空。许景先《奉和圣制送张尚书巡边》："汉主知三杰，周官统六卿。"❷指春秋时晋国的范、中行、知、赵、韩、魏六大家族。他们世代为晋卿，故称。后来范、中行、知三家败亡，韩、赵、魏三家分晋而为诸侯。李白《古风》之五三："赵倚两虎斗，晋为六卿分。"周昙《咏史诗·春秋战国门·文公》："文公徒欲三强服，分晋元来是六卿。"❸指六部尚书。自隋唐起，中国封建社会六部尚书制，仿自《周礼》六官，故称。玄宗《送贺知章归四明》序："正月五日，将归会稽，遂饯东都，乃命六卿、庶尹、大夫供帐青门，宠行迈也。"

【六畜】　指牛、马、羊、豖、鸡、犬。拾得《诗》之三："昨日设个斋，今朝宰六畜。"

【六宫】　❶古代皇后的寝宫，泛指皇后嫔妃所住的宫室。杜甫《送表侄王砅评事使南海》："六宫师柔顺，法则化妃后。"张祜《上巳乐》："却是内人争意切，六宫红袖一时招。"温庭筠《杨柳八首》之四："金缕毵毵碧瓦沟，六宫眉黛惹春愁。"❷代称宫女。韩愈《华山女》："天门贵人传诏召，六宫愿识师颜形。"杜牧《重送孟池先辈》："六宫虽念相如赋，其那防边重武夫。"张蠙《宫词》："日透珠帘见冕旒，六宫争逐百花球。"

【六郡】　谓陇西、天水、安定、北地、上郡、西河。见《汉书·地理志下》。杨炯《刘生》："卿家本六郡，年长入三秦。"李峤《饯薛大夫护边》："决胜三河勇，长驱六郡雄。"李益《从军有苦乐行》："侠气五都少，矜功六郡良。"

【六曹】　❶唐府州设功、仓、户、兵、法、士六曹。亦即六司，即司功、司仓、司户、司兵、司士。白居易《权摄昭应早秋书事寄元拾遗兼呈李司录》："邮传拥两驿，簿书堆六曹。"❷指唐吏、户、礼、兵、刑、工六部。黄滔《御试二首》之二："六曹三省列簪裾，丹诏宣来试士初。"

【六眸龜】　谓六眼龟。《文选·郭璞〈江赋〉》："有鳖三足，有龟六眸。"李善注引郭璞曰："今吴兴郡阳羡山上有池，池中出三足鳖，又有六眼龟。"借指阳羡山。裴夷直《秋日》："六眸龟北凉应早，三足乌南日正长。"

【六國】　指战国时楚、齐、燕、韩、魏、赵六个国家。宋之问《过函谷关》："六国兵同合，七雄势未分。"李商隐《咸阳》："咸阳宫阙郁嵯峨，六国楼台艳绮罗。"贾岛《经苏秦墓》："沙埋古篆折碑文，六国兴亡事系君。"

【六符】　谓三台六星的符验。后作为称颂朝廷或辅臣之词。权德舆《奉和新卜城南郊居得与卫右丞邻舍因赋诗寄赠》："六符既昭晰，万象随陶钧。"

【六翎】　犹六翮。白居易《画雕赞》："钩缀八爪，剑插六翎。"

【六條】　汉设刺史以六条考察官吏。《汉书·百官公卿表上》颜师古注有载。以后西晋、北周都有六条诏书。徐安贞《送丹阳采访》："归俗吴三让，遗风汉六条。"张籍《赠李杭州》："仙郎白首未旧朝，应为苍生领六条。"卢肇《除歙州途中寄座主王侍郎》："忽忝专城奉六条，自怜出谷屡迁乔。"

【六御】　《易·乾》："时乘六龙以御天。"后用以指天子车驾。杜审言《扈从出长安应制》："分野都畿列，时乘六御均。"

【六情】　佛教以眼、耳、鼻、舌、身、意为六根，亦称六情。房融《谪南海过始兴广胜寺果上人房》："方烧三界火，遽洗六情尘。"

【六陳】　指米、大麦、小米、大豆、小豆和芝麻六种可以长久存放的粮食。李益、广宣《宣上人病中相寻联句》："草木分千品，方书问六陈。"

【六琯】　指十二律中的六阳律。琯以玉为之，凡十二。六琯，举律以该吕。杜甫《小至》："刺绣五纹添弱线，吹葭六琯动浮灰。”

【六博】 亦作“六簿”。古代一种掷采下棋的比赛游戏。李颀《弹棋歌》：“坐中齐声称绝艺，仙人六博何能继。”李白《梁园吟》：“连呼五白行六博，分曹赌酒酣驰辉。”又《猛虎行》：“有时六博快壮心，绕床三匝呼一掷。”韩愈《送灵师》：“生死随机变，六博在一掷。”

【六朝】 （— cháo）同“六代”。刘禹锡《台城怀古》：“清江悠悠王气沉，六朝遗事何处寻。”杜牧《题宣州开元寺水阁阁下宛溪夹溪居人》：“六朝文物草连空，天淡云闲今古同。”孙元晏《咏史诗·陈·淮水》：“文物衣冠尽入秦，六朝繁盛忽埃尘。”参见“六代”。

【六虚】 指上下四方。皇甫湜《石佛谷》：“花座五云扶，玉毫六虚射。”

【六鈞】 指六钧弓。张说《将赴朔方军应制》：“幼志传三略，衰林谢六钧。”参见“六鈞弓”。

【六鈞弓】 意谓将其张满需用六钧之力，故后用以指强弓。杜荀鹤《读张仆射诗》：“双美总输张太守，二南章句六钧弓。”吴融《赴阙次留献荆南成相公三十韵》：“云生五色笔，月吐六钧弓。”

【六街】 指唐长安城中左右六条大街。于武陵《长安逢隐者》：“征车千里至，碾遍六街尘。”刘驾《长安旅舍纾情投先达》：“大宅满六街，此身入谁门。”亦泛指都城闹市。元稹《酬白太傅》：“三径池塘静，六街车马忙。”刘昭禹《怀华山隐者》：“应笑干名者，六街尘土深。”

【六番】 同“六蕃”。

【六腑】 中医学名词。指胃、大肠、小肠、三焦、膀胱和胆。李德裕《故人寄茶》：“六腑睡神去，数朝诗思清。”

【六象】 指凤的形象。象，亦作“像”。宋之问《游法华寺》：“感真六象见，垂兆二鸟鸣。”

【六詔】 唐时我国西南少数民族称王为“诏”。其地在今云南和四川西南部。元稹《和李校书新题乐府十二首·蛮子朝》：“西南六诏有遗种，僻在荒陬路寻壅。”白居易《新乐府·蛮子朝》：“臣闻云南六诏蛮，东连牂牁西连蕃。”

【六窗】 犹六根。贯休《酬王相公见赠》：“九德陶镕空有迹，六窗清净始通禅。”

【六瑚】 瑚，古代祭祀时盛粮食的器皿。殷人祭祀时以六瑚。后代承袭之。褚亮《祈谷乐章·雍和》：“八簋盈和，六瑚登御。”《郊庙歌辞·享隐太子庙乐章·诚和》：“礼亚六瑚，诚殚二簋。”

【六著】 古代博具。著，亦作“箸”。李峤《夏晚九成宫呈同僚》：“一枰移昼景，六著尽宵钟。”

【六葩】 指雪，雪花呈六角形，故称。李咸用《和人咏雪》：“轻轻玉叠向风加，襟袖谁能认六葩。”

【六極】 ❶六种凶恶的事情。《书·洪范》：“六极：一曰凶短折，二曰疾，三曰忧，四曰贫，五曰恶，六曰弱。”白居易《咏怀》：“或罹天六极，或被人刑残。”❷指上下四方。寒山《诗三百三首》之二九：“六极常婴困，九维徒自论。”

【六義】 《诗·大序》：“故诗有六义焉：一曰风，二曰赋，三曰比，四曰兴，五曰雅，六曰颂。”风是各国的民歌，雅是周王朝王都的歌曲，颂是庙堂祭祀的乐章，为《诗经》的三种体制。赋是铺叙其事，比是指物譬喻，兴是借物以起兴，为诗歌的三种艺术表现手法。玄宗《端午三殿宴群臣探得神字》：“进对一言重，遒文六义陈。”权德舆《奉和许阁老酬淮南崔十七端公见寄》：“旧友双鱼至，新文六义敷。”白居易《伤唐衢二首》之一：“遗文仅千首，六义无差忒。”亦用以代称以《诗经》为代表的文学创作的精神和原则。孟郊《读张碧集》：“天宝太白殁，六义已消歇。”韦蟾《和柯古穷居苦日喜雨》：“黎侯寓于卫，六义非凡格。”罗隐《广陵李仆射借示近诗因投献》：“闲寻绮思千花丽，静想高吟六义清。”

【六道】 佛家用语。亦称“六趣”。指天道、人道、阿修罗道、饿鬼道、畜生道和地狱道。佛家认为人都要在这六道内轮回。寒山《诗三百三首》之七二：“塚间瞻死尸，六道不干我。”又《诗三百三首》之二〇四：“张王李赵权时姓，六道三途事似麻。”又《诗三百三首》之二三四：“三界人蠢蠢，六道人茫茫。”修雅《闻诵法华经歌》：“土土皆作黄金色，四生六道一光中。”

【六窠】 六颗。窠通“颗”。黄滔《翁文尧员外有诗名昼锦集先将寄示因书五十六字》：“六窠只佩诸侯印，争比从天拥册归。”

【六經】 儒家的六部经典：《诗》《书》《礼》《乐》《易》和《春秋》。徐彦伯《拟古三首》之二：“读书三十载，驰骛周六经。”杜甫《奉酬薛十二丈判官见赠》：“不是无膏火，劝郎勤六经。”姚合《送进士田卓入华山》：“何物随身去，六经与一琴。”黄滔《奉和翁文尧员外文秀光贤画锦之什》之二：“山简愧兼诸郡命，郑玄惭秉六经权。”

【六聚】 六箸，古代博戏用具。俗名骰子、色子。早期用竹或玉石等做成，后以骨或象牙制成。形状正方，六面，分别刻以幺二三四五六之数，除四数为红色，余皆黑色。白居易《和春深二十首》之十七：“一先争破眼，六聚斗成花。”

【六幕】 天地四方。王初《自和书秋》：“汉宫夜结双茎露，阊阖凉生六幕风。”胡宿《寄昭潭王中立》：“高弦一弄武陵深，六幕天空万里心。”

【六夢】 六种吉凶不同的梦。后泛咏做梦。殷寅《玄元皇帝应见贺圣祚无疆》：“言因六梦接，庆叶九龄传。”

【六輔】　谓西汉京城长安附近的六个郡。六辅，谓京兆、冯翊、扶风、河东、河南、河内。陈政《赠窦蔡二记室入蜀》：“六辅昔推名，二江今振响。”

【六輔渠】　古代关中地区六条人工灌溉渠道的总称。张南史《早春书事奉寄中书李舍人》：“柳发三条陌，花飞六辅渠。”

【六銖】　❶言重量轻微。汉代以一百黍的重量为一铢，二十四铢为两，十六两为斤。元稹《春分投简阳明洞天作》：“果实经千岁，衣裳重六铢。”罗虬《比红儿诗》之八六：“天碧轻纱只六铢，宛如含露透肌肤。”❷指六铢衣。皎然《奉同颜使君真卿开元寺经藏院会观树文殊碑》：“六铢那更拂，劫石尽无期。”

【六銖衣】　衣之轻者。佛教谓忉利天衣重六铢，炎摩天衣重三铢，兜率天衣重二铢，半化乐天衣重一铢，能化自天衣重半铢。见《长阿含经》。宋之问《奉和幸大荐福寺》：“欲知皇劫运，初拂六铢衣。”权德舆《晚秋斐然酬和有愧芜音》：“银钩三洞字，瑶笥六铢衣。”李绅《开元寺》：“难保尔形终不转，莫令偷拂六铢衣。”徐夤《云》：“似盖好临千乘载，如罗堪剪六铢衣。”

【六塵】　佛经称色、声、香、味、触、法为六尘，以为它们与六根相接而产生各种嗜欲，导致诸多烦恼，故亦称六贼。苏颋《利州北佛龛前重于去岁题处作》：“地疑三界出，空是六尘销。”白居易《和送刘道士游天台》：“尚是色香味，六尘之所熏。”

【六趣】　同“六道”。寒山《诗三百三首》之二六一：“还作牛领虫，六趣受业道。”张说《游龙山静胜寺》：“禅室宴三空，神祠同六趣。”参见“六道”。

【六歎】　唐诗人李涉仿《五噫》《四愁》《九歌》《七启》而作的六首诗。李涉《六叹》序：“《五噫》《四愁》《九歌》《七启》，皆创文者立意之终，纪其数而名之也。《清江》《白云》《孤山》《远屿》，皆得时之人吟咏性情耳。余无暇于是焉，穷居岁阴，偶怀无悰，因追感闻见，成文六篇，目曰六叹。”诗仅存三首。

【六舞】　谓帗舞、羽舞、皇舞、旄舞、干舞、人舞等六种乐舞。后用以泛称各种舞蹈。玄宗《首夏花萼楼观群臣宴宁王府山亭回楼下又申之以赏乐赋诗》：“九歌扬政要，六舞散朝衣。”

【六寢】　谓天子宫中路寝和小寝。一路寝，五小寝，计六。后泛称皇后妃嫔居住之所。窦叔向《贞懿皇后挽歌三首》之一：“二陵恭妇道，六寝盛皇情。”

【六樂】　（一yuè）六代古乐。相传它们分别为黄帝、尧、舜、禹、汤和武王之乐。后用以泛指各种古乐。张说《东都酺宴四首》序：“是日六乐振作，万舞苒弱。”

【六駮】　猛兽名。亦省称“駮”。《山海经·西山经》：“中曲之山有兽焉，其状如马而白身黑尾，一角，虎牙爪，音如鼓音，其名曰驳，是食虎豹。”李白《送张秀才从军》：“六驳食猛虎，耻从驽马群。”

【六蕃】　（一fān）亦作“六番”。唐时对北方少数民族的总称。李益《登夏州城观送行人赋得六州胡儿歌》：“六州胡儿六蕃语，十岁骑羊逐沙鼠。”王建《元日早朝》：“六蕃倍位次，衣服各异形。”韦蟾《送卢潘尚书之灵武》：“却使六番诸子弟，马前不信是书生。”

【六翮】　翮，羽茎，即羽毛上的翎管。六翮，古多指善飞之鸟的劲羽。张说《南中别王陵成崇》：“倏尔生六翮，翻飞戾九门。”李白《宣州长史弟昭赠余琴谿中双舞鹤诗以见志》：“背风振六翮，对舞临山阁。”白居易《咏拙》：“亦曾奋六翮，高飞到青云。”亦用以指鸟。高适《别董大二首》之二：“六翮飘飖私自怜，一离京洛十余年。”

【六學】　同“六經”“六藝”。柳宗元《哭连州凌员外司马》：“六学诚一贯，精义穷发挥。”

【六膳】　六种肉类膳食品。有二说。一为牛、羊、豕、犬、雁、鱼。见《周礼·天官·食医》。一为马、牛、羊、豕、犬、鸡。见《周礼·天官·膳夫》郑玄注。沈佺期《嵩山石淙侍宴应制》：“仙人六膳调神鼎，玉女三浆捧帝壶。”

【六龍】　❶指乾卦的六爻。皎然《效古》：“六龙驱群动，古今无尽时。”钱起《奉和登会昌山应制》：“六龙多顺动，四海正雍熙。”❷古代传说中驾日车的“六龙”。古代神话，替太阳驾车的羲和每日驱赶六条龙载上太阳神在天空中从东到西行驶。李白《蜀道难》：“上有六龙回日之高标，下有冲波逆折之回川。”李益《大礼毕皇帝御丹凤门改元建中大赦》：“大明曈曈天地分，六龙负日升天门。”齐己《苦热行》：“离宫划开赤帝怒，喝出六龙奔日驭。”亦用以指太阳。李白《拟古十二首》之六：“百草死冬月，六龙颓西荒。”❸马八尺曰龙，天子车驾用六马，故称。储光羲《过华清宫五首》之二：“上出蓬莱时，六龙俨齐首。”玄宗《巡省途次上党旧宫赋》序：“今日逍遥，乘六龙而问风俗。”温庭筠《马嵬驿》：“穆满曾为物外游，六龙经此暂淹留。”亦用以代称帝王。李白《上皇西巡南京歌十首》之四：“谁道君王行路难，六龙西幸万人欢。”

【六親】　六种亲属关系。所说不一。按《左传·昭公二十五年》，为：父子、兄弟、姑姊、甥舅、婚媾、姻娅。按《易·家人》王弼注，为：父子、兄弟、夫妇。按《汉书·贾谊传》注，为：父母、兄弟、妻子。杜甫《前出塞九首》之四：“路逢相识人，附书与六亲。”王建《失钗怨》：“双杯行酒六亲喜，我家新妇宜拜堂。”李商隐《行次西郊作一百韵》：“官清若冰玉，吏善如六亲。”

【六聯】　周代官府联合治理政事的六个方面。权德舆《春送十四叔赴任渝州录事绝句》：“巴城锁印六联静，尽日闲谣廨署中。”

【六藏】（一zàng）六腑。有两说。(1)《庄子·齐物论》：“百骸，九窍，六藏，赅而存焉。”成玄英疏：“六藏，六腑也，谓大肠、小肠、膀胱、三焦也。”(2)即五藏：心、肝、脾、肺、肾。肾有二藏，其左为肾，右为命门，故称。见《难经·三十九难》。权德舆《多病戏书因示长孺》：“甘辛败六藏，冰炭交七情。”皮日休《初夏游楞伽精舍》：“欲照六藏惊，将窥百骸愕。”又《追和幽独君诗次韵》：“双睫不能濡，六藏无可摧。”

【六禮】《礼记·王制》：“司徒修六礼以节民性。”孔颖达疏：“六礼，谓冠一、婚二、丧三、祭四、卿五、相见六。”柳宗元《弘农公复为大僚献诗五十韵以毕微志》：“司仪六礼洽，论将七兵扬。”

【六藝】指儒家的六种经典。即《礼》《乐》《书》《诗》《易》《春秋》。寒山《诗三百三首》之一〇五：“世有聪明士，勤苦探幽文。三端自孤立，六艺越诸君。”皮日休《吴中苦雨因书一百韵寄鲁望》：“百家皆搜荡，六艺尽翻覆。”参见“六經”。

【六韻】即六韵诗。律诗的一种。六韵十二句，有五言，有七言，五言居多。张浑《七老会诗》：“诗联六韵犹应易，酒饮三杯未觉难。”

【六韜】❶中国古代兵书。汉人采掇旧说，假托为吕尚编写。分文韬、武韬、龙韬、虎韬、豹韬和犬韬六个部分，故称。记叙周文王、武王问吕尚兵战之事。东汉以后，此书盛行，影响很大。陈陶《闲居寄太学卢景博士》：“闲来长得留侯癖，罗列楂梨校六韬。”谭用之《别洛下一二知己》：“别来无限幽求子，应笑区区味六韬。”❷指各种武艺韬略。白居易《寄献北都留守裴令公》：“始擅文三捷，终兼武六韬。”韦庄《喻东军》：“五运未教移汉鼎，六韬何必待秦师。”

【六騶】驺，仁兽。六驺，借指六畜。陈陶《赠江西周大夫》：“不独苍生苏，仍兼六驺喜。”

【六籍】同“六經”。姚合《拾得古砚》：“或恐先圣人，尝用修六籍。”陆龟蒙《袭美先辈以龟蒙所献五百言既蒙见和再抒鄙怀用伸酬谢》：“就彼六籍内，说诗直解颐。”

【六鍾】亦作“六鐘”。六吕。十二律中属于阴声之六音。张说《唐封泰山乐章·舒和》：“六钟翕协六变成，八佾徜徉八风生。”

【六鰲】同“六鼇”。李沇《梦仙谣》：“银蟾半坠恨流咽，六鳌披月撼蓬阙。”

【六轡】辔，缰绳。古代一车四马，马各二辔，共八辔，其中两骖马的内两辔系在轼前不用，故御者只执其他六辔。陆龟蒙《寄怀华阳道士》：“六辔未收千里马，一囊空负九秋萤。”亦泛指奔马。萧至忠《奉和九月九日登慈恩寺浮图应制》：“天跸三乘启，星舆六辔行。”权德舆《古离别》：“人生天地间，瞥若六辔驰。”

【六變】指音乐的六次变换。褚亮《祭神州乐章·肃和》：“露洁三清，风调六变。”魏征《五郊乐章·青帝角音·雍和》：“六变有成，三登无体。”张九龄《南郊文武出入舒和之乐》：“六变云备，百礼斯浃。”《郊庙歌辞·明皇祀圜丘乐章·寿和》：“六变爰阕，八阶载虔。”

【六鼇】亦作“六鰲”。六只大海龟，见《列子·汤问》。李白《登高丘而望远》：“登高丘，望远海，六鳌骨已霜。三山流安在？”司空图《诗品二十四则·豪放》：“晓策六鳌，濯足扶桑。”

【六纛】六面军中大旗。唐节度使军中所用。白居易《送令狐相公赴太原》：“六纛双旌万铁衣，并汾旧路满光辉。”亦泛指军中主帅的大旗。张籍《将军行》：“蓬莱殿前赐六纛，还领禁兵为部曲。”

公〔gōng《广韵》古紅切，平東，見。〕❶公正无私。姚合《金州书事寄山中旧友》：“自知为政拙，众亦觉心公。”见“公心”“公平”“公忠”。❷公共，公有。德宗《丰年多庆九日示怀》：“推诚至玄化，天下期为公。”❸公事。见“公退”“公歸”。❹公开；公然。见“公然”。❺指公府。岑参《安西馆中思长安》：“寂寞不得意，辛勤方在公。”钱起《偶成》：“始觉牵卑剧，宵眠亦在公。”❻爵位名。五等爵位制的第一等。亦用以泛指地位较高的官僚。杜甫《晦日寻崔戢李封》：“杖藜复恣意，免值公与侯。”元稹《松树》：“屈为大厦栋，庇荫侯与公。”李颀《行路难》：“汉家名臣杨德祖，四代五公享茅土。”韩愈《符读书城南》：“不见公与相，起身自犁钽。”❼对人的尊称。刘长卿《奉和李大夫同吕评事太行苦热行》：“早晚归汉廷，随公上麟阁。”牛僧孺《句》：“不是道公狂不得，恨公逢我不教狂。”李商隐《酬别令狐补阙》：“人生有通塞，公等系安危。”❽称谓。(1)指父亲。无名氏《五言诗》之九（外编下）：“生儿拟替公，儿大须公死……父子总长命，地下无人使。”(2)指丈夫。李白《公无渡河》：“旁人不惜妻止之，公无渡河苦渡之。”

【公才】亦作“公材”。可与三公相当的才能。李憕《和户部杨员外伯成寓直》：“落日弥纶地，公才画省郎。”高适《哭裴少府》：“公才群吏感，葬事他人助。”刘长卿《哭陈歙州》：“儒行公才竟何在，独怜棠树一枝存。”

【公才吏用】言有公辅之才，堪任官吏。韩愈《送僧澄观》：“皆言澄观虽僧徒，公才吏用当今无。”

【公子】❶诸侯王嫡子称世子，其余的儿子称公子。王维《夷门歌》：“公子为嬴停驷马，执辔愈恭意愈下。”李白《玉真公主别馆苦雨赠卫尉张卿二首》之一：“弹剑谢公子，无鱼良可哀。”陈羽《将归旧山留别》：

"信陵死后无公子，徒向夷门学抱关。"韦庄《忆昔》："西园公子名无忌，南国佳人号莫愁。"❷指贵族官僚子弟。陈嘉言《晦日宴高氏林亭》："公子申敬爱，携朋玩物华。"刘禹锡《故相国燕国公于司空挽歌二首》之二："阴山贵公子，来葬五陵西。"李远《赠友人》："佳人惜别看嘶马，公子含情向翠蛾。"刘驾《春台》："谁能学公子，走马逐香车。"

【公子王孙】 指贵族官僚的子弟。崔液《上元夜六首》之四："公子王孙意气骄，不论相识也相邀。"韩琮《骆谷晚望》："公子王孙莫来好，岭花多是断肠枝。"贯休《落花》："因嗟好德人难得，公子王孙尽断肠。"

【公子挾彈】 用以作感叹世路险恶之典，见《战国策·楚策四》。庄南杰《黄雀行》："林间公子挟弹弓，一丸致毙花丛里。"

【公子無忌】 （？—前243）即信陵君。战国时魏国贵族。魏昭王少子、魏安釐王异母弟。以礼贤下士著称，有食客三千。曾任相国，封于信陵（今河南宁陵），号信陵君。魏安釐王二十年（前257），秦昭王围赵，赵平原君向魏求救，魏王惧秦，持两端以观望。无忌设法窃得兵符，击杀将军晋鄙，夺取军权，救赵胜秦。后十年，为上将军，联合五国击退秦将蒙恬的进攻。见《史记·魏公子列传》。著有《魏公子兵法》，今佚。周昙有《咏史诗·春秋战国门·公子无忌》。

【公尸】 公祭时用以代表死者受祭的活人。《郊庙歌辞·昭德皇后庙乐章·雍和》："公尸既起，享礼载终。"

【公王侯】 泛指高官显贵。无名氏《五言白话诗》之十一（外编下）："纵得公王侯，终归不免死。"又《五言白话诗》之二十："纵使公王侯，用钱遮不得。"

【公文】 文书，文件。唐彦谦《宿田家》："公文捧花柙，鹰隼驾声势。"

【公方】 公平正直。韦应物《示从子河南尉班》："拙直余恒守，公方尔所存。"欧阳詹《咏德上太原李尚书》："那似公方郭细侯，并州非复旧并州。"李瀚《蒙求》："山涛识量，毛玠公方。"

【公心】 公正无私之心。李颀《送裴腾》："衡镜合知子，公心谁谓无。"薛能《雨霁北归留题三学山》："闲思胜事多遗恨，却悔公心是谩忙。"

【公玉季】 李商隐自谓。李商隐《送从翁从东川弘农尚书幕》："为言公玉季，早日弃渔樵。"

【公平】 公正，不偏袒。邵谒《送徐群宰望江》："贡艺既精苦，用心必公平。"薛昭纬《华州榜寄诸门生》："开卷固难窥浩汗，执衡空欲慕公平。"

【公旦】 指周公旦。韩愈《岐山下二首》之二："自从公旦死，千载闷其光。"李德裕《夏晚有平林泉林居》："公旦既思周，宣尼亦念鲁。"

【公田】 ❶古代井田制，井田凡九区，中区称为公田。褚亮《享先农乐章·诚和》："耕斯帝籍，播厥公田。"❷公家的田。封建官府控制的土地。韩翃《送赵陆司兵归使幕》："远水公田上，春山郡舍西。"刘商《重阳日寄上饶李明府》："来岁公田多种黍，莫教黄菊笑杨朱。"陆龟蒙《自遣诗三十首》之一七："渊明不待公田熟，乘兴先秋解印归。"曹松《钟陵野步》："渚墙齐驿树，山鸟入公田。"

【公主】 帝王、诸侯之女的称号。周代称王姬，战国时始称公主。汉制，皇帝女称公主，皇帝的妹妹称长公主，帝姑称大长公主。历代沿称。李颀《古从军行》："行人刁斗风沙暗，公主琵琶幽怨多。"顾况《刘禅奴弹琵琶歌》："当时若值霍骠姚，灭尽乌孙夺公主。"韩愈《游太平公主山庄》："公主当年欲占春，故将台榭押城闉。"赵嘏《送从翁中丞奉使点戛斯六首》之二："料得坚昆受宣后，始知公主已归朝。"徐夤《汉宫新宠》："公主镜中争翠羽，君王袖底夺金钩。"

【公主嫁烏孫】 汉武帝时。刘细君作为公主远嫁乌孙王。细君悲愁，作歌曰："吾家嫁我兮天一方，远托异国兮乌孙王。"见《汉书·乌孙传》。后用作咏叹和亲的典故。孙叔向《送咸安公主》："卤簿迟迟出国门，汉家公主嫁乌孙。"鲍溶《述德上太原严尚书绶》："可惜汉公主，哀哀嫁乌孙。"

【公台】 古以三台象征三公。因借指三公之位。亦泛指高官。权德舆《奉和韦曲庄言怀贻东曲外族诸弟》："公台睦中外，墅舍邻西东。"姚合《使两浙赠罗隐》："何当世祖从人望，早以公台命卓侯。"周昙《咏史·前汉门·平津侯》："儒素逢时得自媒，忽从徒步列公台。"

【公吏】 官吏。陈子昂《感遇三十八首》之三四："赤丸杀公吏，白刃报私仇。"刘禹锡《武夫词》："探丸害公吏，抽刃妒名倡。"又《谢窦员外旬休早凉见示诗》："新秋十月浣朱衣，铃阁无声公吏归。"

【公有】 为众之所共有。皎然《和杨明府早秋游法华寺》："清景为公有，放旷云边亭。"

【公羊】 指《春秋公羊传》。唐彦谦《送樊琯司业归朝》："咍鳌讥尔雅，卖饼诉公羊。"

【公安】 唐县名。今湖北公安县。汉孱陵县地，三国蜀析置公安县，晋改江安县，南朝陈复名公安县。杜甫有《公安县怀古》。戎昱有《别公安贾明府》。郑谷有《赠宗人前公安宰君》。

【公材】 同"公才"。

【公車】 ❶官车。《周礼·春官·巾车》："掌公车之政令。"郑玄注："公犹官也。"元结《黍宫引》："公车诣魏阙，天子垂清问。"杨巨源《春日奉献圣寿无疆词十首》之三："年华富仙苑，时哲满公车。"薛涛《江亭饯别》："离亭急管四更后，不见公车心独愁。"❷汉代曾用公家车马接送应举的人，后因以作为举人入京应试的代称。王维《上张令公》："致君光帝典，荐士满公车。"杜甫《送韦书记赴安西》："书记赴三捷，公车留二年。"权德舆《戏赠表兄崔秀才》："明时早献甘泉去，若待公车却误人。"皮日休《孙发百篇将游天台请诗赠行因以送人》："孙子荆家思有余，元戎曾荐入公车。"

【公車待詔】　指赴京应试。皇甫冉《送钱唐路少府赴制举》："公车待诏赴长安，客里新正阻旧欢。"

【公私】　公和私，公家的和私人的。韩愈《寄卢仝》："俸钱供给公私余，时致薄少助祭祀。"元稹《茅舍》："启闭既及期，公私亦相借。"杜牧《李甘诗》："公私各闲暇，追游日相伍。"

【公伯】　指公伯寮。鲁人，孔子弟子。萧颖士《江有枫一篇十章》之十："公伯之诉，则如予何？"

【公冶】　指公冶长。公冶氏，名长，字子长。鲁国人，孔子弟子，也是孔子女婿。他因事入狱，孔子认为他无罪，以其女妻之。据传他懂得鸟语。萧颖士《山庄月夜作》："且事计然策，将符公冶言。"

【公局】　犹公衙，官署。王周《西山晚景》："公局长清淡，池亭晚景中。"

【公法】　国法，国家的法律。陈陶《圣帝击壤歌四十声》："政源归牧马，公法付神羊。"

【公事】　朝廷之事；公家之事。王维《赠刘蓝田》："讵肯无公事，烦君问是非。"杨巨源《送章孝标校书归杭州因寄白舍人》："不妨公事资高卧，无限诗情要细论。"白居易《七年春题府厅》："以此称公事，将何销俸钱。"徐铉《早春旬假独直寄江舍人》："省署皆归冰，西垣公事稀。"

【公叔】　战国初人。韩之公族，在魏为相，尚魏公主。时名将吴起为西河守，公叔畏其权势，在魏侯面前进谗，使吴起离魏而之楚。见《史记·孙子吴起列传》。周昙《咏史诗·春秋战国门·公叔》："吴起南奔魏国荒，必听公叔失贤良。"

【公門】　公署，衙门。王维《酬严少尹徐舍人见过不遇》："公门暇日少，穷巷故人稀。"刘禹锡《同乐天和微之深春二十首》之八："公门吏散后，风摆戟衣斜。"白居易《自问此心呈诸老伴》："不入公门慵敛手，不看人面免低眉。"贾岛《寄李辀侍郎》："宾幕谁嫌静，公门但晏如。"

【公忠】　无私而忠诚。高适《东平旅游奉赠薛太守二十四韵》："神与公忠节，天生将相俦。"又《酬裴员外以诗代书》："然诺多死地，公忠成祸胎。"李瀚《蒙求》："谢安高洁，王导公忠。"

【公垂】　唐诗人李绅字。白居易有《因梦得题公垂所寄蜡烛因寄公垂》。

【公服】　官吏的制服。高适《信安王幕府诗》："国章荣印绶，公服贵貂蝉。"张籍《送侯判官赴广州从军》："辟书远到开呈客，公服新成著谢恩。"

【公府】　官署。孙逖《宴越府陈法曹西亭》："公府西岩下，红亭间白云。"严维《赠别刘长卿时赴河南严中丞幕府》："万里趋公府，孤帆恨信潮。"白居易《咏兴五首·解印出公府》："解印出公府，斗薮尘土衣。"罗隐《得宣州窦尚书因投寄二首》之二："步兵校尉辞公府，车骑将军忆本朝。"

【公府步】　官步，即俗之所谓"踱方步"。皇甫冉《题裴二十一新园》："已得闲园心，不知公府步。"

【公卷】　谓名公著作。王周《自喻》："九岁执公卷，倜傥干名意。"

【公法】　国法。舒元舆《坊州按狱》："分明举公法，为我缓穷骚。"

【公相】　（一xiàng）公侯将相。颜真卿《咏陶渊明》："自以公相后，每怀宗国屯。"杜牧《冬至日寄小侄阿宜诗》："仕宦至公相，致君作尧汤。"郑谷《长安感兴》："落日狐兔径，近年公相家。"

【公胄】　王公后代。陈子昂《秋日遇荆州府崔兵曹使宴》序："崔兵曹紫庭公胄，青云贵人，以钟鼎不足以致奇才，烟霞可以交名士。"

【公是】　公正。元稹《杨子华画三首》之三："颠倒世人心，纷纷乏公是。"

【公侯】　五等爵位制中的一、二等爵位。《礼记·王制》："王者之制禄爵，公、侯、伯、子、男，凡五等。"三国以后，异姓封爵，一般按此等级。亦泛称达官显贵。陈元光《太母魏氏半径题石》："系牒公侯裔，悬弧将相儿。"卢纶《冬日登城楼有怀因赠程腾》："穷达皆为身外名，公侯可废刀头取。"陈羽《古意》："妾年四十丝满头，郎年五十封公侯。"白居易《秦中吟十首·歌舞》："雪中退朝者，朱紫尽公侯。"

【公侯復】　谓公侯的后代必能发扬光大其祖业。语出《左传·闵公元年》："公侯之子孙，必复其始。"杜甫《奉送苏州李二十五长史丈之任》："公侯终必复，经术昔相传。"又《奉送二十三舅录事之摄郴州》："必见公侯复，终闻盗贼平。"

【公室】　指君主之家；王室。顾况《十月之郊一章》序："十月之郊，造公室也。君子居公室，当思布德行化焉。"

【公怒】　因公事所产生的愤怒。孟郊《访疾》："公怒亦非道，怒消乃天和。"

【公乘億】　（乘 shèng）唐诗人。字寿仙，一作寿山。魏（今河北大名县）人。出身贫苦，累举不第。咸通十年举进士，历任万年县尉、京兆府考官。后与李山甫同为魏博节度使乐彦祯从事，加授侍郎。工诗文。《新唐书·艺文志》著录有诗集一卷、赋集十二卷,已散佚。《全唐诗》录其存诗四首,《全唐文》录其存文三篇。

【公租】 国家的租税。杜牧《题池州弄水亭》:"邻丧不相舂,公租无诟负。"

【公卿】 原指三公九卿,后泛指朝廷中高级官员。李白《行路难三首》之二:"淮阴市井笑韩信,汉朝公卿忌贾生。"王季友《酬李十六岐》:"亦知世上公卿贵,且养丘中草木年。"陆龟蒙《江南秋怀寄华阳山人》:"髡钳为皂隶,谈笑得公卿。"孙元晏《咏史诗·宋·王僧祐》:"肯与公卿作等伦,澹然名德只推君。"

【公庭】 公署,官衙。刘长卿《颍川留别司仓李万》:"槐暗公庭趋小吏,荷香陂水脍鲈鱼。"韩翃《送夏侯侍郎》:"公庭日夕罗山翠,功遂心闲无一事。"周繇《送人尉黔中》:"公庭飞白鸟,官俸请丹砂。"李中《晋陵县夏日作》:"事简公庭静,开帘暑气中。"

【公家】 犹官家。杜甫《前出塞九首》之一:"公家有程期,亡命婴祸罗。"韩愈《送张道士》:"既非公家用,且复还其私。"

【公宴】 官家宴会。杜荀鹤《献钱塘县罗著作判官》:"猩袍懒著辞公宴,鹤氅闲披访道流。"

【公宫】 ❶君王之宫殿。杜甫《牵牛织女》:"称家随丰俭,白屋达公宫。"权德舆《大行皇太后挽歌词三首》之一:"唯余文母化,阴德满公宫。"❷泛指官府。杜甫《送高司直寻封阆州》:"公宫造广厦,木石乃无数。"

【公案】 官府文牍案卷。子兰《寄乾陵杨侍郎》:"步量野色成公案,点检樵声入奏闻。"

【公書】 文牍。杜荀鹤《和友人寄长林孟明府》:"讼庭闲寂公书少,留客看山索酒斟。"

【公退】 办公回来。王建《赠华州郑大夫》:"公退晚凉无一事,步行携客上南楼。"刘得仁《早春送湘潭李少府之任》:"公退琴堂上,风吹斑竹枝。"周繇《送洛阳崔员外》:"郡斋台阁满,公退即吟登。"章碣《夏日湖上即事寄晋陵萧明府》:"陶家岂是无诗酒,公退堪惊日已曛。"

【公孫】 ❶人名。(1)指公孙述。杜甫《送元二适江左》:"晋室丹阳尹,公孙白帝城。"岑参《入剑门作寄杜杨二郎中时二公并为杜元帅判官》:"刘氏昔颠覆,公孙曾败绩。"李山甫《蜀中寓怀》:"蛙似公孙虽不守,龙如诸葛亦须休。"韩翃《寄武陵李少府》:"小县春山口,公孙吏隐时。"(2)指公孙弘。王韫秀《喻夫阻客》:"公孙开阁招嘉客,知道浮荣不久长。"(3)指公孙五楼。南朝宋人,慕容超之大将。见《宋书·武帝纪》。孙元宴《咏史诗·宋·大岘》:"公孙计策嗟无用,天与南朝作霸基。"(4)指公孙渊。三国魏将领。字妙才。谯(今安徽亳州市)人。夏侯淳族弟。有胆略。汉末随曹操起兵,从征韩遂、袁绍,屡建奇功。建安二十年(215)任征西将军,守汉中。后为刘备部将黄忠所杀。李华《咏史十一首》之十:"曹伯任公孙,国亡身不存。"(5)指公孙大娘。司空图《剑器》:"楼下公孙昔擅场,空教女子爱军装。"❷复姓。见"公孫弘""公孫述"。唐诗人中有公孙杲。

【公孫大娘】 唐开元时有名的女舞蹈家。据传书法家怀素观其舞剑,深受启发,书法大进。李白《草书歌行》:"古来万事贵天生,何必要公孙大娘浑脱舞。"杜甫有《观公孙大娘弟子舞剑器行》。

【公孫弘】 (前200—前121)西汉武帝时人。字季。菑川薛(今山东微山)人。武帝初以贤良对策第一拜为博士,后历任左内史、御史大夫、丞相等职。元朔时为丞相,封平津侯。治《春秋公羊传》,善于援引经义,议论政治,深得武帝信任。少时曾为薛狱吏,获罪罢免,家贫,以放猪为生。见《史记·平津侯主父列传》《汉书·公孙弘传》。王绩《薛记室收过庄见寻率题古意以赠》:"尝学公孙弘,策杖牧群猪。"

【公孫杲】 唐诗人。官承宣郎,行博城(故城在今山东泰安市东南)县丞。《全唐诗》录其《五言赠诸法师》一首。

【公孫城】 即白帝城。在四川奉节县城东,瞿塘峡西口的长江北岸。古称鱼腹,又称夔州。西汉末公孙述割据四川,依托"殿前井中有白龙出"的传说,于公元25年自称白帝,改鱼腹为白帝城。杜甫《同元使君舂陵行》:"肺枯渴太甚,漂泊公孙城。"

【公孫述】 (?—36)东汉初年割据者。字子阳,扶风茂陵(今陕西兴平东北)人。王莽时,为导江卒正(蜀郡太守)。起兵后,据有益州,自立为蜀王。建武元年(25)四月称帝,建元龙兴。建武十二年(36)为汉军所破,被杀。周昙有《咏史诗·前汉门·僭号公孙述》。

【公孫恃險】 公孙述于更始时恃其地险要而集众自称蜀郡太守,进而自立为帝。见《后汉书·公孙述传》。杜甫《风疾舟中伏枕书怀三十六韵奉呈湖南亲友》:"公孙仍恃险,侯景未生擒。"又《上白帝城》:"公孙初恃险,跃马意何长。"

【公孫策】 西汉公孙弘的故事。公孙弘被举为贤良,将赴殿对策,国人邹长倩以其家贫,解衣以衣之,释冠履以与之。又赠以刍一束,素丝一襚,扑满一枚,书题遗之曰:"夫人无幽显,道在则为尊。虽生刍之贱也,不能脱落君子,故赠君生刍一束。诗人所谓'生刍一束,其人如玉。'"见晋葛洪《西京杂记》卷五。后因作咏生刍的典故。于结《赋得生刍一束》:"孺子才虽远,公孙策未行。"

【公孫閣】 指受到礼遇，见《汉书·公孙弘传》。李涉《酬彭伉》："公孙阁里见君初，衣锦南归二十余。"

【公孫樹】 即银杏，又名白果。松柏科，落叶乔木，干高十余丈。核仁可食，木材坚细。张九龄《饯王尚书出边》："树比公孙大，城如道济长。"

【公孫躍馬】 公孙，指公孙述。《文选·左思〈蜀都赋〉》："公孙跃马而称帝，刘宗下辇而自王。"骆宾王《畴昔篇》："诸葛才雄已号龙，公孙跃马轻称帝。"杜甫《上白帝城》："公孙初恃险，跃马意何长。"

【公務】 公事，国家事务。李嘉祐《送裴员外往江南》："公务江南远，留欢马下幕。"皇甫冉《酬卢十一过宿》："闭门公务散，枉策故情深。"朱庆余《送浙东陆中丞》："公务肯容私暂入，丰年长与德相随。"司马扎《美刘太保》："藏名向宠节，辞疾去公务。"

【公理】 东汉哲学家、政论家仲长统字。沈佺期《自考功员外授给事中》："器惭公理拙，才谢子云微。"

【公莫舞歌】 乐府古舞曲歌辞。李贺《公莫舞歌》序："《公莫舞歌》者，咏项伯翼蔽刘沛公也。"

【公堂】 公署；官署厅堂。岑参《优钵罗花歌》："移根在庭，媚我公堂。"韦应物《扈亭西陂燕赏》："公堂日为倦，幽襟自兹旷。"元稹《竹部》："我来荆门掾，寓食公堂肉。"贾岛《酬姚合校书》："公堂朝共到，私第夜相留。"

【公途】 犹言为官前程。皮日休《新秋言怀寄鲁望三十韵》："时事方千蝎，公途正二崤。"

【公族】 君王或诸侯的同族。高适《奉酬睢阳李太守》："公族称王佐，朝经允帝求。"李端《送铜泽王归城》："昔闻公族出，其从亦高车。"

【公望】 公辅的名望。高适《真定即事奉赠韦使君二十八韵》："隐轸推公望，逶迤协帝命。"杜甫《奉赠太常张卿二十韵》："友于皆挺拔，公望各端倪。"杨巨源《上刘侍中》："军容雄朔漠，公望冠岩廊。"

【公情】 犹言世情。杜荀鹤《赠仇处士郊居》："洞里客来无俗语，郭中人到有公情。"

【公清】 公务清闲。张蠙《赠江都郑明府》："兵乱几年临剧邑，公清终日似闲居。"

【公將】 (一jiàng)三公和大将。亦泛指文武重臣。唐彦谦《四老庙》："举朝公将无全策，借请闲人羽翼成。"

【公超】 东汉张楷字。苏味道《咏雾》："方谢公超步，终从彦辅游。"参见"公超市""公超霧市""公超谷"。

【公超市】 东汉张楷字公超，隐居弘农山中，学者随之，所居成市。董思恭《咏雾》："待访公超市，将予赴华阴。"参见"公超谷"。

【公超谷】 在汉弘农县(治所在今河南灵宝市北)山中。东汉张楷，字公超，博古通今，门徒常百人，宾客慕之，父党夙儒，皆造其门。楷厌其如此，隐居弘农山中，学者随之，所居成市。见《后汉书·张楷传》。独孤及有《雨后公超谷北原眺望寄高拾遗》。

【公超霧市】 东汉张楷字公超，隐弘农山中，学者随之，所居成市，华阴山南遂有公超市。楷性好道术，能作五里雾，故称。李瀚《蒙求》："公超雾市，鲁般云梯。"参见"公超谷"。

【公雅】 东汉桓典字。元希声《赠皇甫侍御赴都八首》之五："宠盖伯山，气雄公雅。"

【公無渡河】 乐府《瑟调曲》名。四言四句，以歌词首句"公无渡河"而得名。亦称《箜篌引》。李白《公无渡河》："旁人不惜妻止之，公无渡河苦渡之。"李咸用亦有《公无渡河》。

【公程】 因公外出之旅程。韦应物《送郑端公弟移院常州》："公程倘见责，私爱信不愆。"张籍《使回留别襄阳李司空》："迟迟恋恩德，役役限公程。"熊孺登《祗役遇风谢湘中春色》："水生风熟布帆新，只见公程不见春。"李绅《姑苏台杂句》："公程迫蹙悲秋馆，吴乡越国旧淹流。"

【公然】 ❶公开，毫不躲闪、掩饰。王昌龄《浣纱女》："吴王在时不得出，今日公然来浣纱。"李商隐《天平公座中呈令狐令公时蔡京在坐京曾为僧徒故有第五句》："虽然同是将军客，不敢公然子细看。"❷犹言明目张胆。杜甫《茅屋为秋风所破歌》："公然抱茅入竹去，唇焦口燥呼不得。"韩愈《永贞行》："公然白日受贿赂，火齐磊落堆金盘。"无名氏《胡笳曲》(卷七八六)："汉家自失李将军，单于公然来牧马。"

【公幹】 东汉末文学家刘桢字，建安七子之一。孟浩然《李氏园林卧疾》："伏枕嗟公干，归山羡子平。"李端《宿荐福寺东池有怀故园因寄元校书》："众病婴公干，群忧集孝璋。"陆龟蒙《闲居杂题五首·松间斟》："子山园静怜幽木，公干词清咏荜门。"

【公幹沈綿】 见"公幹病"。杜甫《送高司直寻封阆州》："长卿消渴再，公干沉绵屡。"

【公幹病】 公干，三国魏刘桢字。《三国志·魏志·王粲传》："粲与……东平刘桢字公干并见友善。干为司空军谋祭酒掾属，五官将文学。"裴松之注："干清玄体道，六行修备，聪识治闻，操翰成章，轻官忽禄，不耽世荣。建安中，太祖特加旌命，以疾休息。后除上艾长，又以疾不行。"后用以作咏叹疾病之典。钱起《再得毕侍御书闻巴中卧病》："更闻公干病，一夜二毛新。"武元衡《长安叙怀寄崔十五》："家甚长卿贫，身多公干病。"

【公業】 ❶犹言事业、勋业。秦韬玉《贵公子行》："主人公业传国初，六亲联络驰朝车。"❷东汉郑太字。卢照邻《咏史四首》之三："公业负奇志，交结尽才雄。"

【公暇】 公务闲暇。韦应物《休暇东斋》："公暇及私身，何能独闲步。"

【公筵】 官宴。许棠《寄黔南李校书》："公筵饶越味，俗土尚巴歌。"

【公試】 官方主持的考试。张乔《送庞百篇之任青阳县尉》："都堂公试日，词翰独超群。"

【公意】 公众之意见。李商隐《五言述德抒情诗献上杜七兄仆射相公》："人言真可畏，公意本无争。"

【公道】 ❶公正之道。陈子昂《感遇三十八首》之十六："圣人去已久，公道缅良难。"孟云卿《途中寄友人》："事将公道背，尘绕马蹄生。"曹邺《杏园即席上同年》："一旦公道开，青云在平地。"杜荀鹤《出山》："文场公道开，朋人登第尽。"❷公平。杜牧《送隐者一绝》："公道世间唯白发，贵人头上不曾饶。"李咸用《送人》："况今大朝公道，天子文明，团团月树悬青青。"尚颜《寄方干处士》："闲居公道日，醉卧牡丹时。"

【公槐】 相传周代宫廷外种有三裸槐树，朝见天子时，三公面向三槐而立。后用为称颂三公之典。沈佺期《和户部岑尚书参迹枢揆》："御柳垂仙掖，公槐覆礼闱。"赵彦昭《哭仆射鄂公杨再思》："坐叹公槐落，行闻宰树悲。"

【公輔】 三公和辅相。刘允济《经庐岳回望江州想洛川有作》："稷契序揆图，良平公辅略。"

【公裳】 犹公服。卢延让《寄友》："每过私第邀看鹤，长著公裳送上驴。"

【公署】 官署。孙逖《山阴县西楼》："山月夜从公署出，江云晚对讼庭还。"元稹《表夏十首》之五："公署香满庭，晴霞复兰药。"朱庆余《杭州卢录事山亭》："山色满公署，到来诗景饶。"郑谷《题汝州从事厅》："诗人公署如山舍，只向阶前便采薇。"

【公瑾】 三国吴名将周瑜字。周昙《咏史诗·三国门·鲁肃》："公瑾窘饥救子敬，一言才起数船归。"又《咏史诗·后汉门·灵帝》："公瑾孔明穷退者，安知高卧遇雄英。"

【公瑾論兵】 建安十三年(208)春，孙权讨江夏，周瑜为前部大督。其年九月，曹操入荆州。孙权延见群下，问以计策。周瑜曰：今北土既未平安，加马超、韩遂尚在关西，为操后患。且舍鞍马，仗舟楫，与吴越争衡，本非中国所长。又今盛寒，马无藁草，驱中国士众远涉江湖之间，不习水土，必生疾病。此数四者，用兵之患也，而操皆冒行之。将军擒操，宜在今日。见《三国志·吴志·周瑜传》。皇甫冉《送崔使君赴寿州》："仲华遇主年犹少，公瑾论兵位已酬。"

【公論】 公众的评论。韩愈《奉酬天平马十二仆射暇日言怀见寄之作》："清为公论重，宽得士心降。"刘禹锡《奉和吏部杨尚书太常李卿二相公策免后即事述怀赠答十韵》："余芳在公论，积庆是神扶。"朱庆余《送张景宣下第东归》："高情怜道在，公论觉才遗。"杜荀鹤《送黄补阙南迁》："喧然公论在，难滞楚南春。"

【公賦】 官家赋税。鲍溶《山行经樵翁》："时清公赋薄，力勤地利繁。"

【公劉】 古代周部族的祖先，传为后稷曾孙。殷末率领周部族迁至豳(今陕西)，观察地形水利，开垦荒地，安定居处。《诗·大雅》有《公刘篇》。《郊庙歌辞·梁太庙乐舞辞·大合舞》："后稷累德，公刘创基。"刘得仁《送王书记归邠州》："从事公刘地，元戎旧礼贤。"

【公輸】 指公输般，即鲁班。春秋时建筑工匠。姓公输，名般。般亦作"盘"。鲁国人。"般"与"班"同音，故称鲁班。据传他手艺精湛，曾创制攻城的云梯和刨、钻等土木工具。见《墨子·公输》和《淮南子·修务训》。李白《赠从弟冽》："傅说降霖雨，公输造云梯。"

【公器】 ❶指名位、爵禄。《庄子·天命》："名，公器也，不可多取。"王维《献始兴公》："所不卖公器，动为苍生谋。"白居易《感遇二首》之一："名为公器无多取，利是身灾合少求。"❷指杰出的人才。刘长卿《题冤句宋少府厅留别》："世上无此才，天生一公器。"又《客舍赠别韦九建赴任河南韦十七造赴任郑县就便觐省》："弟兄尽公器，诗赋凌风骚。"

【公膳】 官府所供给的膳食。语出《左传·襄公二十八年》。崔备《清溪路中寄诸公》："野笋资公膳，山花慰客心。"

【公廨】 官署。郑棨《别庐州郡人》："唯有两行公廨泪，一时洒向渡头风。"

【公館】 官署廨舍。王昌龄有《郑县宿陶太公馆中赠冯六元二》。高适《睢阳酬别畅大判官》："清昼下公馆，尺书忽相邀。"杜甫《严公厅宴同咏蜀道画图》："日临公馆静，画满地图雄。"刘禹锡《题寿安甘棠馆二首》之一："公馆似仙家，池清竹径斜。"

【公齋】 官舍。陆龟蒙《和袭美寒日书斋即事三首每篇各用一韵》之一："不必探幽上郁冈，公斋吟啸亦何妨。"皮日休有《公斋四咏》。

【公歸】 办公归来。韩愈《贺张十八秘书得裴司空司》："旦夕公归伸拜谢，免劳骑去逐双旌。"

【公議】 ❶公众的议论，舆论。元稹《再酬复言和前篇》："潦倒微之从不占，未知公议道何人。"无可《赠王将军》："选帅如公议，须知少比肩。"皮日休《奉献致政裴秘监》："优诏加大监，所以符公议。"❷公正无私的言论。王维《献始兴公》："感激有公议，曲私非所求。"刘得仁《赠雍陶博士》:"汉庭公议在,正与触邪官。"温庭筠《过孔北海墓二十韵》:"愤容凌鼎镬,公议动朝廷。"

【公權】 官家给予的权力。雍陶《罢还边将》:"白须虏将话边事,自失公权怨语多。"

【公讌】 官家宴会。张说《酬崔光禄冬日述怀赠答》序:"顷因公宴,方接咏言。"皎然《答豆卢次方》:"近作公宴诗,如逢何柳在。"

【公廳】 公署。张蠙《赠水军都将》:"战舰却容儒客卧,公厅唯伴野僧斋。"徐铉《和印先辈及第后献座主朱舍人郊居之作》:"独坐公厅正烦暑,喜吟新咏见玄微。"

四　画

共[1] 〔gòng《广韵》渠用切,去用,羣。〕❶副词。(1)共同。韦承庆《直中书省》:"命将时共泰,言与行俱危。"高宗《太子纳妃太平公主出降》:"方期六合泰,共赏万年春。"白居易《酬元九对新栽竹有怀见寄》:"外事纷无极,共保秋竹心。"于武陵《送客东归》:"共惊年已暮,俱向客中多。"(2)极,深。刘长卿《夏中海红摇落一花独开》:"共怜芳意晚,秋露未须溥。"白居易《浔阳秋怀赠许明府》:"共思除醉外,无计奈愁何。"秦韬玉《贫女》:"谁爱风流高格调,共怜时世俭梳妆。"(3)同样,一样。刘长卿《金陵西泊舟临江楼》:"异乡共如此,孤帆难久游。"羊士谔《寄江陵韩少尹》:"别来玄鬓共成霜,云起无心出帝乡。"白居易《江上送客》:"共是多感人,仍为此中别。"李咸用《题友生丛竹》:"乃知子猷心,不与常人共。"❷介词。(1)与,跟。宗楚客《奉和幸上阳宫侍宴应制》:"鸟将歌合转,花共锦争鲜。"李益《宿石邑山中》:"浮云不共此山齐,山霭苍苍望转迷。"许棠《银州北书事》:"因共边人熟,行行起战心。"徐夤《忆长安行》:"不如坐钓清溪月,心共寒潭一片澄。"(2)随,随着。韩愈《送湖南李正字归》:"人随鸿雁少,江共蒹葭远。"❸连词。和,及。戴叔伦《寄刘禹锡》:"春去能忘诗共赋,客来应是酒频赊。"

共[2] 〔gōng《广韵》九容切,平鐘,見。〕❶通"供",供给。见"共₂給"。❷人名。即共工。古代传说人物。为尧臣,和欢兜、三苗、鲧并为"四凶",被流放于幽州。后用以喻坏人。韩愈《永贞行》:"膺图受禅登明堂,共流幽州鲧死羽。"

【共₂工】 亦作"共公"。古代传说中的天神。胡曾《咏史诗·不周山》:"共工争帝力穷秋,因此捐生触不周。"

【共少】 (一shǎo)共享少些东西。《北齐书·兰陵王孝瓘传》:"为将躬勤细事,每得甘美,虽一瓜数果,必与将士共之。"杜甫《园人送瓜》:"食新先战士,共少及溪老。"

【共水將山】 与山水共处。杜荀鹤《题道林寺》:"万般不及僧无事,共水将山过一生。"

【共₂公】 同"共₂工"。李白《上崔相百忧章》:"共公赫怒,天维中摧。"

【共同】 彼此相同。顾非熊《送友人及第归苏州》:"不道才堪并,多缘蹇共同。"

【共拙】 同样愚拙。刘禹锡、白居易《寄怀联句》:"官将方共拙,年与病交侵。"

【共知】 ❶犹言明知、深知。秦係《答泉州薛播使君重阳日赠酒》:"共知不是浔阳郡,那得王弘送酒来。"又《题女道士居》:"共知仙女丽,莫是阮郎妻。"❷犹言早已知道。法振《程评事西园之作》:"谁向春莺道,名园已共知。"

【共城】 古县名。汉共县,隋因之。唐武德元年(618)置共州,领共城、凡城二县。四年,废共州,省凡城人共城县。今河南辉县。姚合有《送贾谟赴共城营田》。

【共持】 共同拿着。戴叔伦《奉天酬别郑谏议云逵卢拾遗景亮见别之作》:"一尊自共持,以慰长相忆。"白居易《代书诗一百韵寄微之》:"有月多同赏,无杯不共持。"

【共乘】 同乘,共坐。无名氏《采菱女》(外编下):"望浦思同济,轻舟喜共乘。"

【共被】 用作歌咏孝行的典故,见《后汉书·姜肱传》。卢纶《送马尚书郎君侍从归觐太原》:"遥想称觞后,唯当共被眠。"李瀚《蒙求》:"姜肱共被,孔融让果。"

【共國】 谓同治国事。方干《途中逢孙辂因得李频消息》:"正忆同袍者,堪逢共国人。"

【共惜】 共同珍惜。裴度、张籍《西池送白二十二东归兼寄令狐相公联句》:"送行欢共惜,寄远意难忘。"

【共然】 一样。崔颢《赠王威古》:"报国行赴难,古来皆共然。"

【共遊】 一同出游。李绅《忆登栖霞寺峰》:"却数共游者,凋落非里闾。"

【共₂給】 (一jǐ)即供给,供应必需的财物。杜甫《课伐木》:"报之以微寒,共给酒一斛。"

【共載】 (一zài)共乘,一起乘坐。卢仝《萧宅二三子赠答诗二十首·石请客》:"怜君与我金石交,君归可得共载否?"

【共蒂】 并蒂,同一个花蒂。王勃《采莲曲》:"牵花怜共蒂,折藕爱连丝。"

【共蒂蓮】 即并蒂莲。两花共生于一蒂。王勃

《采莲曲》:"牵花怜共蒂,折藕爱连丝。"黄滔《壶公山》:"谷语升乔鸟,陂开共蒂莲。"

【共傳】（一chuán)众所传诵。杜甫《奉赠王中允》:"共传收庾信,不比得陈琳。"韩愈《和虞部卢四酬翰林钱七赤藤杖歌》:"共传滇神出水献,赤龙拔须水淋漓。"张籍《和令狐尚书平泉东庄近居李仆射有寄十韵》:"此处堪长往,游人早共传。"

【共飲】 同饮,一起饮酒。高骈《依韵奉酬李迪》:"而今共饮醇滋味,消得揶揄势利疏。"

【共語】 与人交谈。无名氏《五言白话诗》之四(外编下):"逢人若共语,荒说天下事。"

【共輦】 同车。用"共辇"表示嫔妃受宠。见《汉书·外戚传下·孝成班倢伃》。郑锡《玉阶怨》:"前鱼不解泣,共辇岂关羞。"

【共醉】 同醉。李绛《花下醉中联句》:"共醉风光地,花飞落酒杯。"

【共濟】（一jì)相互帮助,患难与共。杜甫《诸葛庙》:"君臣当共济,贤圣亦同时。"曹邺《杏园即席上同年》:"永怀共济心,莫起胡越意。"

五　画

兵〔bīng《广韵》甫明切,平庚,幫。〕❶兵器。李白《古风》之三:"收兵铸金人,函谷正东开。"杜甫《夔府书怀四十韵》:"凶兵铸农器,讲殿辟书帷。"齐己《送刘蜕秀才赴举》:"文物兵销国,关河雪霁天。"❷士兵,军队。韩休《奉和圣制送张说巡边》:"左律方先凯,中鼙即训兵。"李益《五城道中》:"仍闻旧兵老,尚在乌兰戍。"李商隐《泪》:"人去紫台秋入塞,兵残楚帐夜闻歌。"韦庄《观浙西府相畋游》:"十里旌旗十万兵,等闲游猎出军城。"❸战事,战争。耿沣《赠兴平郑明府》:"海内兵犹在,关西赋未均。"杜荀鹤《山中寡妇》:"夫因兵死守蓬茅,麻苎衣衫鬓发焦。"❹杀伤。钱起《送郑书记》:"出身唯殉死,报国且能兵。"

【兵士】 战士。王昌龄《从军行七首》之三:"表请回军掩尘骨,莫教兵士哭龙荒。"贯休《塞上曲二首》之二:"塞草萋萋兵士苦,胡虏如今勿胡虏。"

【兵刃】 兵器,借指战事。杨衡《送春》:"兵刃与水火,尽可违之去。"

【兵戈】 ❶兵器,借指战争。李峤《送和西蕃使》:"圣朝尚边策,诏谕兵戈偃。"韦应物《寄诸弟》:"岁暮兵戈乱京国,帛书间道访存亡。"白居易《新乐府·西凉伎》:"自从天宝兵戈起,犬戎日夜吞西鄙。"黄滔《和友人酬寄》:"大国兵戈日,故乡饥馑年。"❷士兵,军队。崔颢《江畔老人愁》:"兵戈乱入建康城,烟火连烧未央阙。"徐夤《陈》:"兵戈半渡前江水,狎客犹闻争酒巡。"

【兵火】 犹战火。钱珝《江行无题一百首》之四三:"兵火有余烬,贫村才数家。"裴说《岳阳兵火后题僧舍》:"十年兵火真多事,再到禅房却破颜。"齐己《和岷公送李评事往宜春》:"兵火销邻境,龙沙有去人。"

【兵甲】 ❶兵器。殷尧藩《李节度平虏诗》:"太平从此销兵甲,记取红羊换劫年。"❷兵士。储光羲《哥舒大夫颂德》:"河湟训兵甲,义勇方横行。"于濆《古征战》:"齐鲁足兵甲,燕赵多娉婷。"❸战事。王昌龄《咏史》:"天下尽兵甲,豺狼满中原。"杜甫《中宵》:"亲朋满天地,兵甲少来书。"又《别董颋》:"飘荡兵甲际,几时怀抱宽。"

【兵戎】 ❶兵器。柳宗元《唐铙歌鼓吹曲十二篇·兽之穷》:"富兵戎,盈仓箱,乏者德,莫能享。"❷战事。韦应物《贵游行》:"风雨愆岁候,兵戎横九州。"元稹《连昌宫词》:"燮理阴阳禾黍丰,调和中外无兵戎。"姚合《酬光禄田卿六韵见寄》:"心弥念鱼鸟,诏遣理兵戎。"

【兵名】 兵役的名分。无名氏《五言》之八(外编下):"一则元租调,二则绝兵名。"

【兵車】 战车,借指战争。郑谷《江际》:"兵车未息年华促,早晚闲吟向浐川。"

【兵役】 战争,兵乱。张乔《将归江淮书》:"郡因兵役苦,家为海翻移。"郑谷《送举子下第东归》:"秣陵兵役后,旧业半成芜。"

【兵事】 战事,军事。王贞白《入塞》:"玉殿论兵事,君王诏出征。"

【兵法】 ❶关于用兵方法的军事著作。杜甫《送从弟亚赴安西判官》:"兵法五十家,尔腹为箧笥。"权德舆《过隐者湖上所居》:"兵法窥黄石,天官辨白榆。"陆龟蒙《杂讽九首》之八:"兵法五十家,浩荡如溟渤。"❷用兵的方法。王建《赠李愬仆射》:"知时每笑论兵法,识势还轻立战功。"

【兵法五十家】 谓五十家兵书著作。实为五十三家。杜甫《送从弟亚赴安西判官》:"兵法五十家,尔腹为箧笥。"

【兵威】 军威,军队的威力。李峤《兔》:"唯当感纯孝,郛郭引兵威。"陆龟蒙《奉和袭美二游诗·徐诗》:"兵威忽破碎,焚爇无遗篇。"司空图《淮西》:"莫夸十万兵威盛,消个忠良效顺无?"

【兵革】 ❶兵,兵器;革,甲胄。泛指军备。韩愈《元和圣德诗》:"掉弃兵革,私习簋簠。"❷战事。杜甫《羌村》之三:"兵革既未息,儿童尽东征。"元结《招陶别驾家阳华作》:"海内厌兵革,骚骚十二年。"薛能《送人归上党》:"兵革未销王在镐,桑蚕临熟客还家。"罗隐《江都》:"惆怅晋阳星拆后,世间兵革地荒芜。"徐铉《和王明府见寄》:"莫叹京华同寂寞,曾经兵革共漂沦。"❸指军队。岑参《阻戎泸间群盗》:"兵革方御寇,尔恶胡不悛?"

【兵食】　军队用粮。刘长卿《湖南使还留辞辛大夫》:"王师劳近甸,兵食仰诸侯。"陆龟蒙《奉酬袭美先辈吴中苦雨一百韵》:"诸侯急兵食,冗剩方翦截。"

【兵馬】　指军队。岑参《潼关镇国军句覆使院早春寄王同州》:"旌旗遍草木,兵马如云屯。"杜甫《送韦十六评事充同谷防御判官》:"逼侧兵马间,主忧急良筹。"李商隐《行次西郊作一百韵》:"凤翔三百里,兵马如黄巾。"亦用以指战争。罗隐《秋日怀孟夷庚》:"中原正兵马,相见是何时。"

【兵馬使】　唐天下兵马元帅之属官,分前军兵马使、中军兵马使和后军兵马使。杜甫有《荆南兵马使太常卿赵公大食刀歌》。曹唐有《哭陷边许兵马使》。清江有《赠淮西贾兵马使》。

【兵荒】　战争所造成的荒凉景象。杜荀鹤《送人宰吴县》:"海涨兵荒后,为官合动情。"

【兵氣】　❶士气。苏颋《奉和圣制行次成皋途经先圣擒建德之所感而成诗应制》:"皇威正赫赫,兵气何匈匈。"杜甫《新婚别》:"妇人在军中,兵气恐不扬。"❷战争气氛。崔融《西征军行遇风》:"兵气腾北荒,军声振西极。"高适《塞下曲》:"青海阵云匝,黑山兵气衡。"王贞白《拟塞外征行》:"鼓声遥赤塞,兵气远冲天。"

【兵候】　用以探望敌情的土堡。皮日休《鲁望读襄阳耆旧传见赠五百言次韵》:"爰从景升死,境上多兵候。"

【兵徒】　士卒。李商隐《有感二首》之二:"御仗收前殿,兵徒剧背城。"

【兵師】　士兵,军队。姚合《从军行》:"昨来发兵师,各各赴战场。"孙元晏《咏史诗·陈·宣帝伤将卒》:"前后兵师战胜回,百余城垒尽归来。"吴越王钱镠《筑塘》:"吴都地窄兵师广,罗刹名高海众狞。"

【兵流】　指兵家著述。杜甫《八哀诗·故著作郎贬台州司户荥阳郑公虔》:"药纂西极名,兵流指诸掌。"

【兵家】　(一jiā)❶研究军事的学者。据《汉书·艺文志·兵书略》,汉以前的兵家著作,分权谋、形势、阴阳、技巧四家。杜甫《八哀诗·赠司空王公思礼》:"晓达兵家流,饱闻春秋癖。"元结《忝官行》:"兵家未曾学,荣利非所徇。"周昙《咏史诗·春秋战国门·孙武》:"理国无难似理兵,兵家法令贵遵行。"❷犹言掌管军事的人。储光羲《留别安庆李太守》:"兵家如讨逆,敢以庶盘溪。"杜牧《题乌江亭》:"胜败兵家事不期,包羞忍耻是男儿。"

【兵書】　❶研讨兵法的书。王昌龄《箜篌引》:"篦读兵书尽冥搜,为君掌上施权谋。"窦牟《奉使至邢州赠李八使君》:"尽心敷吏术,含笑掩兵书。"胡曾《咏史诗·长平》:"四十万人俱下世,元戎何用读兵书。"殷文圭《赠战将》:"阵前战马黄金勒,架上兵书白玉签。"❷战报。沈传师《寄大府兄侍史》:"将军破了单于阵,更把兵书仔细看。"韦庄《和郑拾遗秋日感事一百韵》:"日睹兵书捷,时闻虏骑亡。"

【兵械】　兵器。皮日休《三羞诗三首之二》序:"又手不提桴鼓,身不被兵械。"

【兵曹】　官名。即兵曹参军事,掌武官簿书、考课、仪卫等,为七品官。"曹"为古代分科办事的官署或州郡所置的属官。王昌龄有《送韦十二兵曹》。杜甫有《房兵曹胡马诗》。贾岛有《送朱兵曹回越》。

【兵略】　用兵的谋略。李白《猛虎行》:"暂到下邳受兵略,来投漂母作主人。"白居易《和微之春日投简阳明洞天五十韵》:"庙谟藏稷契,兵略贮孙吴。"姚鹄《襄州献卢尚书》:"藩臣皆竸师兵略,相国今多揖庙谟。"

【兵符】　❶兵书。李峤《安辑岭表事平罢归》:"绛宫韬将略,黄石寝兵符。"岑参《武威送刘单判官赴安西行营使》:"中岁学兵符,不能守文章。"常衮《代员将军罢战后归故里》:"雄剑依尘橐,兵符寄药囊。"罗隐《姑苏城南湖陪曹使君游》:"手里兵符神与术,腰间金印彩为囊。"❷调遣军队的符节凭证。李白《送薛九被谗去鲁》:"信陵夺兵符,为用侯生言。"权德舆《仲秋朝拜昭陵》:"良将授兵符,直臣调鼎悚。"柳宗元《古东门行》:"魏王卧内藏兵符,子西掩袂真无辜。"杜牧《史将军二首》之二:"何日武台坐,兵符授虎臣。"

【兵術】　军事本领。李德裕《题冠盖里》:"自喜无兵术,轻裘上阏宫。"赵嘏《献淮南李相公》:"军中老将传兵术,江上诸侯受政经。"

【兵部】　官署名。三国魏时曾设中兵、外兵、骑兵、别兵、都兵五兵尚书。晋又增设驾部、车部、库部等。唐综合设为兵部,与吏部、户部、礼部、刑部、工部,合称六部。主管中央及地方武官的选用、考查,以及兵籍、军械、军令等事务,长官为兵部尚书,副长官为兵部侍郎。下设兵部、职方、驾部和库部四司。韩愈曾任兵部侍郎。张敬忠《戏咏》:"有意嫌兵部,专心望考功。"岑参《送绵州李司马秩满归京因呈李兵部》:"因君报兵部,愁泪日沾衣。"白居易《新乐府·新丰折臂翁》:"是时翁年二十四,兵部牒中有名字。"

【兵部尚書】　兵部长官,六部尚书之一。唐为正三品。掌天下武官选授及地图与甲仗之政令。孙逖有《故陈州刺史赠兵部尚书韦公挽词》。

【兵部侍郎】 兵部副长官。唐置二员，正四品下，协助兵部尚书掌天下武官选授及地图与甲仗之政令。柳浑曾任此职。郑浣有《中书相公任兵部侍郎日后阁植四松逾数年浣忝此官因献拙作》。皮日休有《宏词下第感恩献兵部侍郎》。

【兵場】 (一chǎng)习兵的场所或战场。张祜《华清宫和杜舍人》："欢康昔时乐，讲武旧兵场。"

【兵鈐】 指军事，战事。玄宗《端午三殿宴群臣探得神字》序："朕宵衣旰食，辑声教于万方；卜战行师，总兵钤于四海。"张祜《送周尚书赴滑台》："昆河已在兵钤内，堂柳空留鹤岭前。"

【兵象】 战争的迹象、征兆。刘猛《苦雨》："古老传童歌，连淫亦兵象。"

【兵寇】 兵匪，指敌军。罗隐《送溪州使君》："兵寇伤残国力衰，就中南土籍良医。"齐己《送卢说乱后投知己》："兵寇残江墅，生涯尽荡除。"又《答友生山居寄示》："兵寇凭凌甚，溪山几许深。"

【兵亂】 战乱。张蠙《赠江都郑明府》："兵乱几年临剧邑，公清终日似闲居。"黄滔《旅怀》："羁游数地值兵乱，宿在孤城闻雨秋。"

【兵經】 兵家经典。贯休《古塞上曲七首》之三："嫖姚头半白，犹自看兵经。"

【兵署】 兵部官署。陶雍《和兵部郑侍郎省中四松诗》："右相历兵署，四松皆手栽。"

【兵簇簇】 兵器众多。言战事频仍。元稹《田家词》："六十年来兵簇簇，月月食粮车辘辘。"

【兵賦】 军赋，用于战争的赋税。储光羲《晚次东亭献郑州宋使君文》："道丧苦兵赋，时来开井疆。"李益《五城道中》："未知朔方道，何年罢兵赋。"张祜《乐静》："纵闻兵赋急，原宪本家贫。"

【兵鋒】 兵器的锋刃，喻战事前方。齐己《送灵习上人游五台》："想登金阁望，东北极兵锋。"亦泛指战事。刘长卿《奉送从兄罢官之淮南》："兵锋摇海内，亡命隔天涯。"

【兵衛】 卫卒。郑嵎《津阳门诗》："九门回望尘坌多，六龙夜驭兵卫疲。"景审《句》："暮鸦不噪禁城树，衙鼓未残兵卫秋。"

【兵機】 用兵的机宜。杜甫《警急》："才名旧楚将，妙略拥兵机。"刘禹锡《韩信庙》："将略兵机命世雄，苍黄钟室叹良弓。"赵嘏《送李裴评事》："寒垣从事识兵机，只拟平戎不拟归。"亦用以指战事。李嘉祐《题灵台县东山村主人》："天子如今能用武，只应岁晚息兵机。"

【兵器】 兵械，作战武器。姚合《送韩湘赴江西从事》："行装有兵器，祖席尽诗人。"齐己《乱后江西过孙鲂旧居因寄》："寰区有主权兵器，风月无人掌桂香。"

【兵額】 士兵名额。张蠙《送成州牧》："犬牙连蜀国，兵额贯秦州。"

【兵籍】 犹言士兵花名册。白居易《自到郡斋仅经旬日方专公务未及宴游偷闲走笔题二十四韵呈吴中诸客》："版图十万户，兵籍五千人。"

【兵權】 用兵大权。席豫《奉和圣制送张说巡边》："圣主重兵权，分符属大贤。"薛逢《送西川杜司空赴镇》："三入凤池操国柄，八分龙节付兵权。"孙元晏《咏史诗·晋·七宝鞭》："天命须知岂偶然，乱臣徒欲用兵权。"亦借指战争。杜审言《和李大夫嗣真奉使存抚河东》："中军归战敌，外府绝兵权。"

【兵纏】 战事困扰。陆龟蒙《伤越》："越溪自古好风烟，盗束兵缠已半年。"

六　画

其[1] 〔qí《广韵》渠之切，平之，羣。〕❶代词。回指上文的事或人。李峤《凤》："有鸟居丹穴，其名曰凤皇。"李颀《听董大弹胡笳声兼寄语弄房给事》："川为净其波，鸟亦罢其鸣。"王建《求友》："世路薄言行，学成弃其师。"李商隐《韩碑》："汤盘孔鼎有述作，今无其器存其辞。"亦指自己。杜甫《写怀二首》之二："吾亦驱其儿，营营为私实。"❷犹然，状事之词。白居易《题西亭》："忽其解郡印，他人来此居。"又《和寄乐天》："病魂黯然销，老泪凄其出。"❸任其。司空图《诗品二十四则·疏野》："若其天放，如是得之。"❹副词。(1)表反诘，难道。萧颖士《江有归舟三章》序："尔云过之，其可忘诸？"杜甫《北征》："胡命其能久，皇纲未宜绝。"息夫牧《冬夜宴萧十丈因饯殷郭二子西上》序："今殷、郭二子，天资才干，而加之镞羽，观光王庭，俯拾地芥，其谁曰不然？"孟郊《蜘蛛讽》："百虫虽切恨，其将奈尔何？"(2)表祈使，要，当。萧颖士《江有归舟三章》序："先师孝弟谨信，泛爱亲仁，余力学文之训，尔其志之。"❺助词。无义。王勃《倬彼我系》之八："今我不养，岁月其滔。"宋华《蝉鸣一篇五章》之五："岁之秋声，蝉其夕吟。"欧阳詹《李评事公进示文集因赠之》："吾其告先师，六义今还全。"孟郊《寄张籍》："君其隐壮怀，我亦逃名称。"

其[2] 〔jī《广韵》居之切，平之，見。〕疑问代词后面的助词。《郊庙歌辞·祀九宫贵神乐章·豫和》："夜如何其，明星煌煌。"韦应物《答长宁令杨辙》："嘉宾自远至，觞饮夜何其？"吕温《早觉有感》："严冬寒漏长，此夜如何其？"

【其中】 (一zhōng)那里面，这里面。寒山《诗三百三首》之一八九："摧残荒草庐，其中烟火蔚。"李白

《赠汉阳辅录事二首》之二："其中字数无多少，只是相思秋复春。"皎然《花石长枕歌答章居士赠》："长松为我生凉风，高友朗咏乐其中。"贯休《送杨秀才》："赤松君宅在其中，紫金为墙珠作室。"

【其他】 其余的，别的。萧颖士《江有归舟三章》序："比岁举进士登科，名与实相望腾迁，凡数子。其他自京畿太学，逾于淮泗，行束脩以上而未及门者，亦云倍之。"白居易《劝酒寄元九》："陶陶复兀兀，吾孰知其他。"陆龟蒙《渔具诗·药鱼》："苟负竭泽心，其他尽如此。"

【其次】 次第较后。白居易《忆江南》词之三："江南忆，其次忆吴宫。"

【其如】 怎奈；无奈。储光羲《秋庭贻马九》："其如久离别，重以霜风惊。"李端《送从兄赴洪州别驾兄善琴》："佐郡无辞屈，其如相府恩。"元稹《寄隐客》："非无官次第，其如身早衰。"沈亚之《曲江亭望慈恩杏花发》："芳景偏堪赏，其如积岁华。"亦作"其如××何"。岑参《送王录事却归华阴》："相送欲狂歌，其如此别何。"孟郊《君子勿郁郁士有谤毁者作诗以赠之》之一："自古皆如此，其如道在何。"

【其奈】 亦作"其那"。犹言怎奈。杜甫《赠苏四徯》："为郎未为贱，其奈疾病攻。"皇甫冉《送包佶赋得天津桥》："岂无朝夕轩车度，其奈相逢非所亲。"刘禹锡《乐天寄忆旧游因作报白君以答》："其奈钱塘苏小小，忆君泪点石榴裙。"白居易《早春忆苏州寄梦得》："诚知欢乐堪留恋，其奈离乡已四年。"

【其奈何】 犹言怎么办。王昌龄《长歌行》："宝玉频发掘，精灵其奈何。"韦应物《效陶彭泽》："物性有如此，寒暑其奈何。"亦作"其奈××何"。元稹《荥阳郑公以稹寓居严茅有池塘之胜寄诗四首因有意献》："自伤才畎浍，其奈赠珠何。"

【其那】 同"其奈"。岑参《客舍悲秋有怀两省旧游呈幕中诸公》："莫言圣主长不用，其那苍生应未休。"姚合《咏雪》："其那知音不相见，剡溪乘兴为君来。"杜牧《重送孟迟先辈》："六宫虽念相如赋，其那防边重武夫。"

【其若何】 无奈；怎奈。李颀《登首阳谒夷齐庙》："毕命无怨色，成仁其若何。"亦作"其若……何"。李白《忆旧游寄谯郡元参军》："兴来携妓恣经过，其若杨花似雪何。"

【其間】 (一jiān)其中，它的中间。白居易《哭孔戡》："平生刚肠内，直气归其间。"李群玉《乌夜号》："有鸟归其间，达晓自悲吟。"

【其然】 犹言如此。元结《补乐歌·咸池》："元化浘浘兮，孰知其然。"

【其實】 它的实际情况，实际上。张又新《孤屿》："不知谁与名孤屿，其实中川是一双。"

【其餘】 剩下的，其他的。杜甫《韦讽录事宅观曹将军画马图》："其余七匹亦殊绝，迥若寒空动烟雪。"刘禹锡《有感》："死且不自觉，其余安可论。"白居易《残酌晚餐》："除却慵馋外，其余尽不知。"许浑《南亭夜坐贻开元禅定二道者》："身闲境静日为乐，若问其余非我能。"

具 〔jù《广韵》其遇切，去遇，羣。〕❶供置，供设。苏颋《祭汾阴乐章》："礼物斯具，乐章乃陈。"❷备办，安排。孟浩然《过故人庄》："故人具鸡黍，邀我至田家。"王建《酬柏侍御闻与韦处士同游灵台寺见寄》："各自具所须，竹笼盛茶瓯。"白居易《观稼》："田翁逢我喜，默起具尊杓。"皮日休《吴中苦热因书一百韵寄鲁望》："呼童具盘餐，振衣换鸡鹜。"❸具备，具有。白居易《赠元稹》："衡门相逢迎，不具带与冠。"❹才具，才能。杜甫《自京赴奉先县咏怀五百字》："当今廊庙具，构厦岂云缺。"高适《淇上酬薛三据兼寄郭少府微》："隐轸经济具，纵横建安作。"元稹《青云驿》："谓言青云具，瑚琏杂象犀。"白居易《薛中丞》："每因匪躬节，知有匡时具。"❺器具，工具。元稹《捉捕歌》："然后巡田野，遍张畋猎具。"鲍溶《经秦皇墓》："哀哉送死厚，乃为弃身具。"❻陈叙。权德舆《祇役江西路上以诗代书寄内》："畏途信非一，离念纷难具。"❼俱，都，全。魏征《五郊乐章·舒和》："七德九功咸已畅，明灵降福具穰穰。"杜甫《西阁曝月》："毛发具自和，肌肤潜沃若。"羊士谔《息舟荆溪呈李功曹巨》："具观泽国秀，重使春心伤。"❽量词，件。张直《宿顾城二首》之一："茅屋八九家，农器六七具。"

【具物】 ❶各种物品、事物。崔融《登东阳沈隐侯八咏楼》："具物昔未改，斯人今已亡。"高适《和窦侍御登凉州七级浮图之作》："始知阳春后，具物皆筌蹄。"德宗《丰年多庆九日示怀》："重阳有佳节，具物欣年丰。"❷谓所备祭品。于邵《释奠武成王乐章·迎俎酌献》："进具物，扬鸿绩。"

【具官】 唐人行文习惯，在公文函牍或其他应酬文字，常把应写明的官爵品级，简写为"具官"。亦用以泛指职事官。张说《时乐鸟篇》："人见嘤嘤报恩鸟，多惭碌碌具官臣。"

【具修】 谓供置众物和打扫。修，亦作"脩"。尉池汾《府尹王侍郎准制拜岳寄呈三十韵》："具修谅蠲吉，曙色犹葱曚。"

【具美】 完美，皆美。高适《奉酬睢阳李太守》："握兰多具美，前席有嘉谋。"杜甫《江陵节度阳城郡王新楼成王请严侍御判官赋七字句同作》："杖钺褰帷瞻具美，投壶散帙有余清。"唐彦谦《玉蕊》："世人嫌具美，何必更清香。"

【具草】　拟稿;起草。谓作诗文。王勃《倬彼我系》之五:“礼乐咸若,诗书具草。贻厥孙谋,永为家宝。”

【具茨】　山名。在今河南新密市。李颀《送王道士还山》:“吾闻地仙多后身,安知不是具茨人。”钱起《奉和圣制登会昌山应制》:“睿想入希夷,真游到具茨。”杜甫《夔府书怀四十韵》:“不必陪玄圃,超然待具茨。”

【具區】　湖名。即今之江苏太湖。亦名震泽、笠泽。崔融《登东阳沈隐侯八咏楼》:“左右会稽镇,出入具区薮。”孟浩然《和宋太史北楼新亭》:“远水自嶓冢,长云吞具区。”陆龟蒙《奉和袭美太湖诗二十首·初入太湖》:“东南具区雄,天水合为一。”

【具陳】　❶一一陈说,详叙。王昌龄《岳阳别李十七越宝》:“具陈江波事,不异沧弃迹。”杜甫《奉赠韦左丞丈二十二韵》:“丈人试静听,贱子请具陈。”李商隐《行次西郊作一百韵》:“始若畏人问,及门还具陈。”❷一一陈列。杜甫《暇日小园散病将种秋菜督勒耕牛兼书触目》:“嘉蔬既不一,名数颇具陈。”

【具備】　❶具有。司空图《诗品二十四则·雄浑》:“具备万物,横绝太空。”❷准备。无名氏《五言诗》之五(外编下):“官人应须物,当家皆具备。”

【具聖體】　谓具有圣人姿质的身体。白居易《寄卢少尹》:“谁谓具圣体,不如肥瓠躯。”

【具僚】　亦作“具寮”。官员,百官。苏晋《奉和圣制送张说巡边》:“具僚诚寄望,奏凯秋风前。”温庭筠《题李卫公诗二首》之一:“肉视具僚忘匕箸,气吞同列削寒温。”

【具論】　详细论说。李白《答从弟幼成过西园见赠》:“醉罢同所乐,此情难具论。”杜甫《沙苑行》:“逸群绝足信殊杰,倜傥权奇难具论。”元稹《酬独孤二十六送归通州》:“我有平生志,临别将具论。”

【具寮】　同“具僚”。李观《试中和节诏赐公卿尺诗》:“具寮颁玉尺,成器幸良工。”

【具舉】　全都具备。包佶《祀风师乐章·迎俎酌献》:“酌醴具举,工歌再扬。”李纾《让皇帝庙乐章·酌献》:“八音具举,三寿既盥。”

【具禮】　备以大礼;安排仪式。房玄龄、萧瑀《两仪殿赋柏梁体》:“登封日观禅云亭,太常具礼方告成。”杜甫《冬日洛城北谒玄元皇帝庙》:“守祧严具礼,掌节镇非常。”

【具瞻】　为众人所瞻视。张说《五君咏五首·苏许公瓌》:“许公信国桢,克美具瞻情。”《歌·京兆二尹歌》:“前尹赫赫,具瞻允若。”韦庄《冬日长安感志寄献虢州崔郎中二十韵》:“已闻铃阁悬新诏,即向纶闱副具瞻。”

【具體】　具有的形体。白居易《太湖石》:“三峰具体小,应是华山孙。”

【具體而微】　内容大体具备而规模较小。《孟子·公孙丑上》:“冉牛、闵子、颜渊,则具体而微。”贯休《少监三首》之三:“具体而微太少年,凤毛五色带非烟。”

典〔diǎn《广韵》多殄切,上銑,端。〕❶典章,制度。来鹄《圣政纪颂》:“无典无法,顽肩莫比。”亦借指国家权力。韦庄《和郑拾遗秋日感事一百韵》:“志求扶坠典,力未振颓纲。”❷记载典章制度的重要典籍。储光羲《送沈校书吴中搜书》:“秦阁多遗典,吴台访阙文。”❸重大的庆典。李纾《唐德明兴圣庙乐章·登歌奠币》:“四时有典,百事来祭。”❹管理,掌管。王维《苑舍人能书梵字兼达梵音皆尽其妙戏为之赠》:“名儒待诏满公车,才子为郎典石渠。”元结《贼退示官吏》:“今来典斯郡,山夷又纷然。”贾岛《送李溟谒宥州李权使君》:“英雄典宥州,迢递苦吟游。”❺文雅。见“典雅”。❻抵押。杜甫《曲江二首》之二:“朝回日日典春衣,每日江头尽醉归。”刘禹锡《武昌老人说笛歌》:“当时买材恣搜索,典却身上乌貂裘。”白居易《新乐府·杜陵叟》:“典桑卖地纳官租,明年衣食将何如?”

【典午】　“司马”的隐语。(1)指晋朝。“司马”二字,借指司马氏当政的晋朝。贾彦璋《王龙骧墓》:“昔擅登坛宠,爰光典午朝。”(2)指司马之职。韩愈《晋公破贼回重拜台司以诗示幕中宾客愈奉和》:“长惭典午非材职,得就闲官即至公。”白居易《重到江州感旧游题郡楼十一韵》:“昔征从典午,今出自承明。”又《江州赴忠州至江陵已来舟中示舍弟五十韵》:“典午犹为幸,分忧固是荣。”

【典册】　记载典章制度的主要书籍。则天皇后《唐武氏享先庙乐章》:“大礼虔申典册,苹藻敬荐翘襟。”耿沣《送旧中丞使新罗》:“六君成典册,万里奉丝纶。”李中《吉水春暮访蔡文庆处士留题》:“好古未尝疏典册,悬图时要看潇湘。”

【典司】　牧民之吏。杜甫《夔府书怀四十韵》:“使者分王命,群公各典司。”

【典刑】　❶榜样;标准。杜甫《秦州见敕目凡三十韵》:“大雅何寥阔,斯人尚典刑。”白居易《府酒五绝·辨味》:“杯中此物何人别,柔旨之中有典刑。”又《听都子歌》:“更听唱到嫦娥字,犹有樊家旧典刑。”❷文教和刑法。罗隐《送汝州李中丞十二韵》:“理必资宽猛,谋须籍典刑。”

【典衣】　用衣衫抵押。周贺《赠李主簿》:“对酒妨料吏,为官亦典衣。”林宽《寄省中知己》:“花开封印早,雪下典衣频。”郑谷《故少师从翁隐岩别墅乱后榛芜感旧怆怀遂有追纪》:"立朝鸣珮重,归宅典衣贫。"齐己《假山》:"典衣酬土价,择日运工时。"

【典法】 典要法度。萧颖士《江有归舟三章》序:"所务乎宪章典法,膏腴德义而已。"

【典則】 ❶典章制度。玄宗《春晚宴两相及礼官丽正殿学士探得风字》序:"乃命礼官,考制度,稽典则,序文昭武穆,享天地神祇,所以申严洁也。"杜甫《入奏行赠西山检察使窦侍御》:"政用疏通合典则,戚联贵眈文儒。"❷犹言型范、榜样。同谷子《五子之歌》之四:"明明我祖万邦君,典则贻将示子孙。"

【典客】 原指鸿胪寺属官。唐鸿胪寺典客司置典客十三人。亦用以称门吏。刘鲁风有《江西投谒所知为典客所阻因赋》。

【典校】 (一jiào)校雠典籍,刊正文章。萧颖士《江有归舟三章》序:"浃旬有诏,俾征典校秘书。"白居易《常乐里闲居偶题十六韵》:"小才难大用,典校在秘书。"

【典校司】 (校 jiào)指秘书省。白居易曾任秘书省校书郎。白居易《代书诗一百韵寄微之》:"忆在贞元岁,初登典校司。"

【典秩】 职掌官吏之职位、品级。蒋涣《故太常卿赠礼部尚书李公及夫人挽歌二首》之一:"典秩崇三礼,临戎振五兵。"

【典郡】 主管郡事,指任郡守。岑参《赴犍为经龙阁道》:"圣朝幸典郡,不敢嫌岷峨。"李嘉祐《送卢员外往饶州》:"为郎复典郡,锦帐映朱轮。"白居易《酬皇甫庶子见寄》:"掌纶不称吾应笑,典郡无能我自知。"朱庆余《送璧州刘使君》:"王府登朝后,巴乡典郡新。"

【典教】 (一jiào)典章教化。韩愈《答柳柳州食虾蟆》:"周公所不堪,洒灰垂典教。"罗隐《投寄韦石》:"举朝明典教,封纳诏书频。"贯休《贺郑使君》:"人和美叶祯祥出,阵善深为典教推。"

【典常】 常法,常规。李邕《登历下古城员外孙新亭》:"高兴汨烦促,永怀清典常。"

【典章】 法令,制度。元稹《人道短》:"尧舜留得神圣事,百代天子有典章。"夏侯孜《享太庙乐章》:"兴起教义,申明典章。"

【典設】 官名。东宫官,掌太子汤沐、洒扫、铺陈之事。唐东宫典设局置典设郎四人,从六品下。李峤有《和曲典设扈从东郊忆弟使往安西冬至日恨不得同申拜庆》。杜甫有《郑典设自施州归》。

【典雅】 诗文优雅不俗。寒山《诗三百三首》之三〇一:"有人笑我诗,我诗合典雅。"司空图《诗品二十四则》有典雅一品。

【典策】 犹典册、史策。陈陶《投福建路罗中丞》:"三捷楷模光典策,一生封爵笑丹青。"

【典經】 犹言故实,典故。齐己《沙鸥》:"何如飞入汉宫里,留与兴亡作典经。"

【典誥】《尚书》中《尧典》《汤诰》的合称。后用以指典雅古朴的诗文。罗隐《上鄂州韦尚书》:"文穷典诰虽余力,俗致雍熙尽密谋。"皮日休《七爱诗·白太傅》:"欻从浮艳诗,作得典诰篇。"齐己《谢人墨》:"只应真典诰,消得苦磨研。"

【典實】 典雅平实。孟郊《品松》:"名华非典实,剪弃徒纤茸。"

【典墳】 三坟五典的省称。用以泛指古代文籍。张说《奉和圣制经邹鲁祭孔子应制》:"孔圣家邹鲁,儒风蔼典坟。"韦应物《送李侍御益赴幽州幕》:"二十挥篇翰,三十穷典坟。"朱庆余《送韦校书佐灵州幕》:"职已为书记,官曾校典坟。"罗隐《代文宣王答》:"吾今尚自披蓑笠,你等何须读典坟。"

【典樂】 (一yuè)❶典雅的音乐,古乐。李华《杂诗六首》之一:"典乐忽涓微,波浪与天浑。"❷职掌音乐。刘禹锡《奉和吏部杨尚书太常李卿二相公策免后即事述怀赠答十韵》:"铨材秉秦镜,典乐去齐竽。"

【典謨】《尚书》中《尧典》《舜典》和《大禹谟》《皋陶谟》等篇的并称。亦泛称典籍。苏颋《奉和圣制登蒲州逍遥楼应制》:"在昔尧舜禹,遗尘成典谟。"清昼、裴济《讲古文联句》:"爰有书契,乃立典谟。"

【典禮】 ❶典章礼仪。郑损《艺堂》:"揖让未能忘典礼,英雄孰不惯戎衣。"刘斌《和许给事伤牛尚书》:"《韶》《濩》倾复理,典礼紊还修。"❷指隆重的仪式。苏颋《奉和圣制过晋阳宫应制》:"诏书感先义,典礼巡旧藩。"则天皇后《唐明堂乐章·皇帝行》:"方兴典礼,永戢干戈。"❸掌管礼仪。白居易《与诸同年贺座主侍郎新拜太常同宴萧尚书亭子》:"宠新卿典礼,会盛客征文。"

【典籍】 典章图籍等重要文献。崔曙《奉酬中书相公至日圆丘摄事合于中书后阁宿斋移止于集贤院叙怀见寄之作》:"典籍开书府,恩荣避鼎司。"杜甫《题柏大兄弟山居屋壁二首》之一:"山居精典籍,文雅涉风骚。"周朴《喜贺拔先辈衡阳除正字》:"名自石渠书典籍,香从芸阁著衣衫。"

【典屬國】 汉代官职名。掌握民族交往和外国归服等事务。秦始置,汉沿秦置,至成帝时并入大鸿胪。王维《陇头吟》:"苏武才为典属国,节旄落尽海西头。"聂夷中《胡无人行》:"悠哉典属国,驱羊老一生。"

【典籤】 官名。本为掌握文书的小吏。南朝齐时,诸王充当刺史,朝以长史、典签为其辅佐,诸王子往往尚年幼,郡内大权实际落入长史、典签之手。典签多由时主亲近充任,权力尤重,称为签帅。梁以后渐废。唐诸王府亦设此官,但只掌文书。从八品下。

陆龟蒙《秋日遣怀十六韵寄道侣》："雅调宜观乐，清才称典签。"

八 画

兼 〔jiān，《广韵》古甜切，平添，見。又古念切，去㮇，見。〕❶同时具备若干方面。张九龄《龙门旬宴得月字韵》："恩华逐芳岁，形胜兼韶月。"杜甫《苏端薛复筵简薛华醉歌》："何刘沈谢力未工，才兼鲍昭愁绝倒。"皇甫冉《送王相公之幽州》："自昔萧曹任，难兼卫霍功。"李商隐《哭刘蕡》："平生风义兼师友，不敢同君哭寝门。"❷连，带。钱起《和万年成少府寓直》："一叶兼营度，孤云带雁来。"白居易《和答诗十首・和阳城驿》："一字不忍道，况兼姓呼之。"姚合《武功县中作三十首》之四："移花兼蝶至，买石得云饶。"许棠《过分水岭》："风兼雨气吹人面，石带冰棱碍马蹄。"❸多。杜甫《偶题》："圣朝兼盗贼，异俗更喧卑。"张籍《和李仆射西园》："虚坐诗情远，幽探道侣兼。"杜牧《怀钟陵旧游四首》之三："斜辉更落西山影，千步虹桥气象兼。"❹加倍。见"兼程""兼道"。❺兼并。见"兼并"。❻副词。(1)尽，都。杜甫《偶题》："后贤兼旧列，历代各清规。"又《倚杖》："物色兼生意，凄凉忆去年。"黄滔《送陈明府归衡阳》："雏鹤兼留下，单车出柳烟。"(2)很。韩偓《秋深闲兴》："此心兼笑野云忙，甘得贫闲味甚长。"❼连词。和，及。寒山《诗三百三首》之一〇九："止宿鸳鸯鸟，一雄兼一雌。"刘禹锡《令狐相公频示新什因抒短章以寄情愫》："惟有诗兼酒，朝朝两不同。"杜牧《送友人》："十载名兼利，人皆与命争。"赵嘏《今岁往辽西》："胡沙兼汉苑，相望几迢迢。"

【兼天】 连天。杜甫《秋兴八首》之一："江间波浪兼天涌，塞上风云接地阴。"

【兼之】 加之。陆龟蒙《奉酬袭美先辈吴中苦雨一百韵》："兼之渎财贿，不止行盗窃。"

【兼并】 并吞。元稹《估客乐》："子本频蕃息，货贩日兼并。"

【兼存】 都具备。杜甫《秋峡》："常怪商山老，兼存翊赞功。"

【兼車】 不止一辆车。白居易《新乐府・青石》："青石出自蓝田山，兼车运载来长安。"

【兼兩】 谓有两人。杜甫《八哀诗・故著作郎贬台州司户荥阳郑公虔》："神翰顾不一，体变钟兼两。"

【兼味】 重味，指两种以上的菜肴。杜甫《客至》："盘餐市远无兼味，樽酒家贫只旧醅。"韩愈《苦寒歌》："兼味养大贤，冰食葛制神所怜。"白居易《题新馆》："重裘每念单衣士，兼味尝思旅食人。"吴融《山居即事四首》之二："庖厨却得长兼味，三秀芝根五术苗。"

【兼金】 精金，价倍于常金的好金子。按古时所谓"金"，不是今日的"黄金"，一般实际上是铜。张九龄《答陈拾遗赠竹簪》："为君安首饰，怀此代兼金。"钱起《酬刘起居卧病见寄》："更枉兼金赠，难为继组词。"吕温《送段九秀归澧州》："寸义薄联组，片诚敌兼金。"

【兼封】 犹言重重封锁。李华《尚书都堂瓦松》："宁知深涧底，霜雪岁兼封。"

【兼秋】 形容时间久远。亦用以作为秋思之典。高适《送刘评事充朔方判官赋得征马嘶》："思深应带别，声断为兼秋。"刘长卿《秋夜北山精舍观体如师梵》："清切兼秋远，威仪对月闲。"钱起《晚春永宁墅小园独坐寄上王相公》："夔龙暂为别，昏旦思兼秋。"武元衡《秋日将赴江上杨弘微时任凤翔寄诗别》："兼秋无限思，惆怅属瑶琴。"

【兼室】 犹言全家。上元夫人《再赠封陟》(卷八六三)："弄玉有夫皆得道，刘纲兼室尽登仙。"

【兼曹】 兼任另一个部门职务。寇坦《同张少府和厍狄员外夏晚初霁南省寓直时兼充节度判官之作》："兼曹谋未展，入幕志方摅。"

【兼得】 同时得到。李白《入彭蠡经松门观石镜缅怀谢康乐题诗书游览之志》："余方窥石镜，兼得穷江源。"元稹《与乐天同葬杓直》："不知他日事，兼得似君无?"白居易《偶吟自慰兼呈梦得》："尊荣富寿难兼得，闲坐思量最要身。"

【兼雲】 带着浓云。韩愈《春雪》："兼云封洞口，助月照天涯。"

【兼程】 加倍赶路。钱起《送原公南游》："有意兼程去，飘然二翼轻。"

【兼復】 兼又，又。岑参《青龙招提归一上人远游吴楚别诗》："于焉久从戎，兼复解论兵。"

【兼愛】 普施仁爱。战国时墨翟主张"兼相爱，交相利"，提倡无等级差别、无厚薄亲疏的泛爱学说。元稹《赠毛仙翁》序："殊不知至仁无兼爱，大智无非灾。"

【兼資】 兼有两种资质。张九龄《骊山下逍遥公旧居游集》："君子体清尚，归处有兼资。"

【兼道】 义同"兼程"。李端《送彭将军云中觐兄》："因令白马将，兼道觅封侯。"

【兼遂】 两者同时实现。孟浩然《还山贻湛法师》："心迹罕兼遂，崎岖多在尘。"

【兼爾】 兼之，加之。张九龄《奉和圣制赐诸州刺史以题座右》："岂徒任遇重，兼尔宴锡繁。"

【兼僕】 两个仆人。白居易《题座隅》："左右有兼仆，出入有单车。"

【兼榮】 兼受两种荣职。刘长卿《瓜洲驿奉饯张侍御公拜膳部郎中却复宪台充贺兰大夫留后使之岭南时侍御先在淮南幕府》:“兼荣知任重,交辟许才难。”

【兼綰】 犹言分掌。杜甫《赠翰林张四学士》:“紫诰仍兼绾,黄麻似六经。”

【兼濟】 (一jì)谓使天下民众、万物咸受惠益。张九龄《和苏侍郎小园夕霁寄诸弟》:“何言兼济日,尚与宴私违。”薛据《古兴》:“丈夫须兼济,岂能乐一身。”张彪《杂诗》:“上德兼济心,中才不如愚。”

十四画

冀 〔jì《广韵》几利切,去至,見。〕❶希望,期望。骆宾王《尘灰》:“愿言心未翳,终冀效轻微。”戎昱《苦哉行五首》之一:“冀雪大国耻,翻是大国辱。”顾非熊《陈情上郑主司》:“恳情今吐尽,万一冀哀怜。”❷古代九州之一。见“冀州❶”。❸姓。陈子昂有《赠别冀侍御崔司议》。唐诗人中有冀金。

【冀公】 即冀国公裴冕。字章甫,河中府河东县(今山西永济西)人。岑参有《左仆射相国冀公东斋幽居同黎拾遗赋献》。

【冀方】 泛指中原地区。储光羲《奉和韦判官献侍郎叔除河东采访使》:“盛德滋冀方,仁风清汾浍。”同谷子《五子之歌》之三:“唯彼陶唐有冀方,少年都不解思量。”

【冀北】 冀州之北,今河南、山西间黄河以北地区。崔液有《冀北春望》。

【冀州】 ❶古九州之一。多称中原地区。吴融《陈琳墓》:“冀州飞檄傲英雄,却把文辞事邺宫。”❷唐州名。天宝元年改名信都郡,治所在今河北冀县。岑参《冀州客舍酒酣贻王绮寄题南楼》:“相看复乘兴,携手到冀州。”

【冀馬】 产于冀州北部的良马,亦泛指好马。虞世南《从军行二首》之一:“冀马楼兰将,燕犀上谷兵。”李商隐《马嵬二首》之一:“冀马燕犀动地来,自埋红粉自成灰。”

【冀缺】 (? 一前597)即缺成子。春秋战晋国大夫。其父芮封于冀(今山西河津东北),故称。因其父得罪被杀,降为庶人,耕于冀野。后因臼季推荐,任下军大夫。继因俘得白狄首领,升为卿,重封于冀。白居易《赠内》:“冀缺一农夫,妻敬俨如宾。”徐夤《龙蛰二首》之一:“伍员岂是吹箫者,冀缺非同执耒人。”

【冀願】 希冀,期望。萧颖士《舟中遇陆棣兄西归数日得广陵二三子书知迟晚次沙垫西岸作》:“冀愿崇朝霁,吾其一苇航。”

冂　部

三　画

冉[1]　〔rǎn《广韵》而琰切，上琰，日。又汝鹽切，平鹽，日。〕❶逐渐，渐进。见“冉冉❶”。❷柔弱。见“冉冉❷”。❸古地名。见“冉溪”。❹姓。见“冉牛”“冉颜”。

冉[2]　〔nán《五音集韵》那含切，平覃，泥。〕汉代西南少数民族名。亦指其国名。见“冉₂駹”。

【冉牛】　冉伯牛之省称。孔子弟子，名耕，字伯牛，有德行，患有恶疾。白居易《咏怀》：“冉牛与颜渊，卞和与马迁。”

【冉冉】　❶渐进貌。(1)形容时光慢慢流失。苏颋《夜发三泉即事》：“冉冉年将病，力困衰怠竭。”张九龄《高斋闲望言怀》：“岁华空冉冉，心曲且悠悠。”白居易《南亭对酒送春》：“冉冉三月尽，晚莺城上闻。”李绅《趋翰苑遭诬构四十六韵》：“骎骎移岁月，冉冉近桑榆。”(2)形容事物渐渐变化或缓缓移动。韦应物《学仙二首》之一：“云气冉冉渐不见，留语弟子但精坚。”杨巨源《秋夜闲居即事寄庐山郑员外蜀郡符处士》：“冉冉鸿雁度，萧萧帷箔秋。”温庭筠《烧歌》：“差差向岩石，冉冉凌青壁。”徐铉《赋得秋江晚照》：“不教行乐倦，冉冉下城楼。”❷轻柔下垂貌。何仲宣《七夕赋咏成篇》：“历历珠星疑拖珮，冉冉云衣似曳罗。”杜甫《奉答岑参补阙见赠》：“冉冉柳枝碧，娟娟花蕊红。”又《绝句六首》之五：“地晴丝冉冉，江白草纤纤。”贾岛《莲峰歌》：“冉冉山鸡红尾长，一声樵斧惊飞起。”亦用以形容柔媚美好。许浑《对雪》：“素娥冉冉拜瑶阙，皓鹤纷纷朝玉京。”李群玉《龙安寺佳人阿最歌八首》之一：“团团明月面，冉冉柳枝腰。”亦用以描写软弱无力。刘禹锡《送春曲三首》之二：“春已暮，冉冉如人老。”❸缠绵貌。刘长卿《送孔巢父赴河南军》：“边心冉冉乡人绝，寒色青青战马多。”权德舆《古离别》：“冉冉叹流景，悠悠限山陂。”吴融《关西驿亭即事》：“山犹带雪霏霏恨，柳未禁寒冉冉愁。”❹匆忙貌。韦丹《思归寄东林澈上人》：“王事纷纷无暇日，浮生冉冉只如云。”司空曙《逢江客向南中故人因以诗寄》：“应怜折腰吏，冉冉在风尘。”武元衡《长安叙怀寄崔十五》：“风尘冉冉秋复春，钟鼓喧喧朝复暮。”白居易《曲江早秋》：“我年三十六，冉冉昏复旦。”❺光亮闪动貌。元稹《会真诗三十韵》：“华光犹冉冉，旭旭渐曈曈。”温庭筠《偶题》：“画明金冉冉，筝语玉纤纤。”又《地肺山春日》：“冉冉花明岸，涓涓水绕山。”贯休《送越将归会稽》：“冉冉春光方婉娩，黯然别我归稽巘。”❻幽微貌。杜甫《狂夫》：“风含翠篠娟娟静，雨裛红蕖冉冉香。”李商隐《野菊》：“苦竹园南椒坞边，微香冉冉泪涓涓。”李中《锺陵春思》：“沉沉楼影月当午，冉冉风香花正开。”

【冉冉悠悠】　行动飘忽貌。刘言史《送婆罗门归本国》：“行多耳断金环落，冉冉悠悠不停脚。”

【冉冉趋】　指仕宦为政，见《玉台新咏·日出东南隅行》。杜甫《写怀二首》之一：“冉冉自趋竞，行行见羁束。”独孤及《自东都还濠州奉酬王八谏议见赠》：“青袍白面昔携手，冉冉府趋君记否?”元稹《遣春十首》之一：“冉冉一趋府，未为劳我躬。”白居易《郡中春宴因赠诸客》：“冉冉趋府吏，蚩蚩聚州民。”

【冉₂駹】　駹亦作“骓”。古代冉族和駹族的合称，亦为二国名。在今四川。《史记·西南夷列传》有载。陆龟蒙《忆袭美洞庭观步奉和次韵》：“地里方吴会，人风似冉駹。”

【冉弱】　柔弱貌。温庭筠《感旧陈情五十韵献淮南李仆射》：“冉弱营中柳，披敷幕下莲。”

【冉溪】　在唐永州府（今湖南永州市零陵区）城外。柳宗元《愚溪诗序》：“灌水之阳有溪焉，东流于潇水。或曰冉氏尝居也，故姓是溪为冉溪；或曰可以染也，名之以其能，故谓之染溪。”柳宗元触罪谪潇水，依愚公谷之意，更名为愚溪，并作有《冉溪》。

【冉颜】　冉有、颜回的合称。贾岛《送独孤马二秀才居明月山读书》：“濯志俱高洁，儒科慕冉颜。”

册　〔cè《广韵》楚革切，入麦，初。〕❶古代文字书于简，编连诸简谓之册。后用以称文献、典籍。湛贲《伏览吕侍郎丘员外旧题十三代祖历山草堂诗因书纪事》：“祖德今发扬，还同书史册。”❷古代帝王用于册立、封赠的册书。贾至《自蜀奉册命往朔方途中呈韦左相文部房尚书门下崔侍郎》：“捧册自南服，奉诏趋北军。”参见“册文”“册命”“册函”。❸册立，册封。杜甫《八哀诗·故司徒李公光弼》：“异王册崇勋，小敌信所怯。”韩愈《晋公破贼回重拜台司以诗示幕中宾客愈奉和》："南伐旋师太华东，天书夜到册元功。"白居易《新乐府·胡旋女》："梨花园中册作妃，金鸡障下养为儿。"

【册文】 文体之一种。简称"册"。原用为帝王封赠臣下的册命、册书等诰命文字，后世应用渐广。贾岛《送于中丞使回纥册立》："君立天骄发使车，册文字字著金书。"

【册立】 古代帝王以诏书封立太子、皇后、王妃和诸王。李益有《送归中丞使新罗册立吊祭》。贾岛有《送于中丞使回纥册立》。

【册立使】 为皇帝临时派出至外地进行册封的使者。刘禹锡有《送源中丞充新罗册立使》。亦简称册使。窦常有《奉送职方崔员外摄中丞新罗册使》。

【册吊】 持册书吊唁。权德舆有《送张阁老中丞持节册吊回鹘》。

【册命】 皇帝封立太子、皇后、王妃或诸王的诏令。王维《恭懿太子挽歌五首》之三："凯容金节护，册命玉符新。"刘禹锡《门下相公荣加册命忝沐眷私辄感申贺》："册命出宸衷，官仪自古崇。"白居易《赠悼怀太子挽歌辞二首》之二："剪叶藩封早，承华册命尊。"

【册府】 皇帝藏书之处。柳宗元《同刘二十八院长述旧言怀感时书事奉寄澧州张员外使君五十二韵之作因其韵增至八十通赠二君子》："册府荣八命，中闱盛六珈。"唐彦谦《咸通中始闻褚河南归葬阳翟因成二十韵》："册府藏余烈，皇纲正本朝。"徐铉《和集贤钟郎中》："石渠册府神仙署，当用明朝第一人。"

【册函】 内藏册书的匣子。借指册封诏书。薛逢《宣政殿前陪位观册顺宗宪宗皇帝尊号》："孔雀扇分香案出，衮龙衣动册函来。"

【册封】 古代皇帝以封爵授给宗族妃嫔等，均在受封者面前，宣读授给封爵位号的册文，连给宝印一同授给被封者，称为册封。唐制，凡三品以上官员均行册封。翁承赞有《甲子岁衔命到家至榕城册封次日闽王降旌旗于新丰市饯别》。

【册拜】 册封，册授。窦常《奉送职方崔员外摄中丞新罗册使》："册拜申恩重，留欢作限赊。"

【册號】 册封的名号。张籍《送和蕃公主》："邑司犹属宗卿寺，册号还同虏帐人。"

【册禮】 册立、册封时之礼仪。张籍《送从弟彻东归》："奉使贺成登册礼，陪班看出降恩书。"朱庆余《送于中丞入蕃册立》："蕃庭过册礼，几日却回朝。"周繇《送入蕃使》："早终册礼朝天阙，莫遣虬髭染塞霜。"

四　画

再〔zài《广韵》作代切，去代，精。〕❶两次；第二次。太宗《经破薛举战地》："一挥氛沴静，再举鲸鲵灭。"章怀太子《黄台瓜辞》："一摘使瓜好，再摘使瓜稀。"白居易《伤唐衢二首》之二："一读兴叹嗟，再吟垂涕泗。"贯休《上裴大夫二首》之二："一弹四时和，再弹中古清。"亦用以表示两个相关动作的连续。韩愈《归彭城》："一读已自怪，再寻良自疑。"❷重复；再现。耿沣《雪后宿王纯池州草堂》："良会应难再，晨鸡自有期。"李德裕《潭上紫藤》："故乡春欲尽，一岁芳难再。"周贺《重阳》："几回为客逢佳节，曾见何人再少年。"梁献《王昭君》："君恩不可再，妾命在和亲。"

【再三】 第二次第三次，一次又一次。乔知之《拟古赠陈子昂》："一弹再三叹，宾御泪潺湲。"韦应物《感事》："女工再三叹，委弃当此时。"王季友《观于舍人壁画山水》："独坐长松是阿谁，再三招手起来迟。"王福娘《谢棨诗》："久赋恩情欲托身，已将心事再三陈。"

【再生】 重生。周昙《咏史诗·春秋战国门·灵辄》："失水枯鳞得再生，翳桑天地谢深情。"

【再更】 谓二更。张籍《祭退之》："临风听繁丝，忽遽闻再更。"

【再來】 再一次来。孟浩然《夜登孔伯昭南楼时沈太清朱昇在座》："再来值秋杪，高阁夜无喧。"韦应物《行乐燕》："良辰思燕乐，乐往不再来。"周贺《春日重至南徐旧居》："绿水阴空院，春深喜再来。"卢纶《梦白衣妇人歌词》之二："他日孟家坡上约，再来相见是佳期。"

【再見】 ❶(一jiàn)第二次见面。王维《田园乐七首》之二："再见封侯万户，立谈赐璧一双。"❷(一xiàn)重新出现。无名氏《观南郊回仗》(卷七八七)："但惊龙再见，谁识日双开。"

【再命】 即二命。周代官爵分九级，称九命。九命最高，一命最低。后用以泛指授命为官。韦应物《送云阳邹儒立少府侍奉还京师》："再命趋王畿，请告奉慈亲。"钱起《送任先生任唐山丞》："再命果良愿，几年勤说诗。"

【再思】 再度思考，言其慎重。《论语·公冶长》："季文子三思而后行。子闻之曰：'再，斯可矣。'"韩偓《再思》："近来更得穷经力，好事临行亦再思。"

【再拜】 拜而又拜，以示恭敬。阎朝隐《鹦鹉猫儿篇》序："事恐久远，风雅所缺，再拜稽首为之篇。"杜甫《杜鹃》："我见常再拜，重是古帝魂。"张籍《别段生》："送我登山冈，再拜问还期。"

【再除】　再次到岁除。韦应物《张彭州前与缑氏冯少府各惠寄一篇因追哀叙事兼远简冯生》："一别守兹郡，蹉跎岁再除。"

【再造】　重新建造。元稹《奉和浙西大夫李德裕述梦四十韵次本韵》："再造承天宝，新持济巨篙。"

【再逢】　再次相逢。太宗《帝京篇十首》之八："欢乐难再逢，芳辰良可惜。"杜甫《夜》："南菊再逢人卧病，北书不至雁无情。"皎然《奉和崔中丞使君论李侍御萼登烂柯山宿石桥寺效小谢体》之一："灵境若仿佛，烂柯思再逢。"

【再涉】　第二次渡水。刘长卿《使还至菱陂驿渡浉水作》："清川已再涉，疲马共西还。"

【再接再礪】　接：交战；砺：磨快，奋勉。本写雄鸡相斗，每次交锋，均要磨快其利嘴。韩愈、孟郊《斗鸡联句》："一喷一醒然，再接再砺乃。"后用以比喻一次又一次地继续努力，越来越振奋勇猛。

【再期】　再见之期。沈千运《感怀弟妹》："冥冥无再期，哀哀望松柏。"

【再會】　再次相会。朱庆余《送人下第归》："高秋期再会，此去莫忘机。"

【再興】　（一xīng）再度兴起，中兴。杜甫《北征》："周汉获再兴，宣光果明哲。"

【再舉酒】　祭祀时皇帝第三次举酒时所歌之乐章。其与初举酒、举酒之词皆四言古体，概用雅乐。《郊庙歌辞》有《晋朝飨乐章・再举酒》。

【再顧】　❶再次访问、探望。李白《赠崔侍御》："长安复携手，再顾重千金。"❷再次眷顾。阎朝隐《侍从途中口号应制》："一顾侍御史，再顾给事中。"

五　画

冋　〔jiǒng《广韵》俱永切，上梗，見。〕❶明亮貌。孟郊《石淙》之九："潜角时耸光，隐鳞乍漂冋。"韩愈、孟郊《城南联句》："灵燔望高冋，龙驾闻敲飚。"参见"冋冋"。❷鸟飞貌。见"冋然"。

【冋冋】　光明貌。韩愈《答张彻》："冋冋抱瑚琏，飞飞联鹔鸰。"又《秋怀诗十一首》之六："虫鸣室幽幽，月吐窗冋冋。"元稹《梦井》："灯焰碧胧胧，泪光疑冋冋。"

【冋然】　本指鸟飞貌。亦引申为快速。崔国辅《题豫章馆》："向晚宴且久，孤舟冋然逝。"独孤及《下弋阳江舟中代书寄裴侍御》："遥羡绣衣客，冋然马首先。"又《代书寄上裴六冀刘二颖》："脱舄挂岭云，冋然若鸟逝。"

七　画

冒1　〔mào《广韵》莫報切，去号，明。又莫北切，入德，明。〕❶覆盖；笼罩。苏颋《奉和圣制途经华岳应制》："偃树枝封雪，残碑石冒苔。"李白《古风》之二六："秋花冒绿水，密叶罗青烟。"姚系《杨参军庄送宇文邈》："秋云冒原隰，野鸟满林声。"马戴《答太原从军杨员外送别》："衰柳摇边吹，寒云冒古城。"❷经受；经历。李义府《招谕有怀赠同行人》："远游冒艰阻，深入劳存谕。"孟浩然《入峡寄弟》："未尝冒湍险，岂顾垂堂言。"皇甫冉《秋日东郊作》："燕知社日辞巢去，菊为重阳冒雨开。"白居易《送张山人归嵩阳》："愧君冒寒来别我，为君酤酒张灯火。"❸冒出。陈子昂《感遇诗三十八首》之二："幽独空林色，朱蕤冒紫茎。"刘宪《兴庆池侍宴应制》："缘堤夏筱萦不散，冒水新荷卷复披。"权德舆《晓发武阳馆即事书情》："青菰冒白水，方塘接广畦。"刘禹锡《玄览亭》："淙流冒石下，轻波触砌回。"❹冒犯。李白《望鹦鹉洲怀祢衡》："才高竟何施，寡识冒天刑。"❺冒充。徐敞《白露为霜》："色冒沙滩白，威加木叶黄。"❻冒昧。见"冒謁"。

冒2　〔mò〕见"冒$_2$顿"。

【冒死】　不顾性命。白居易《新乐府・缚戎人》："蕃候严兵鸟不飞，脱身冒死奔逃归。"

【冒雨】　冒着雨水。贾岛《望山》："冒雨时立望，望之如朋亲。"李昌符《别谪者》："八月三湘道，闻猿冒雨时。"周昙《咏史诗・春秋战国门・魏文侯》："冒雨如何固出畋，虑乖群约失乾乾。"

【冒炎】　冒着炎热。韦应物《使云阳寄府曹》："夙驾祇府命，冒炎不遑息。"

【冒涉】　冒险跋涉。韩愈《送灵师》："灵师不挂怀，冒涉道转延。"

【冒恩】　犹蒙恩。宋璟《奉和御制璟与张说源乾曜同日上官命宴都堂赐诗应制》："冒恩怀宠锡，陈力省空虚。"

【冒進】　谓言行标新立异。杜光庭《怀古今》："君不见屈大夫纫兰而发谏，君不见贾太傅忌鹏而愁吟，君不见四皓避秦峨峨恋商岭，君不见二疏辞汉飘飘归故林，胡为乎冒进贪名践危途与倾辙？胡为乎怙权恃宠顾华饰与雕簪？"

【冒雪】　顶着雪，冒着雪。韦应物《雪中闻李儋过门不访聊以寄赠》："度门能不访，冒雪屡西东。"白居易《洛下诸客就宅相送偶题西亭》："几榻临池坐，轩车冒雪过。”

【冒寒】 不顾寒冷。白居易《酬皇甫宾客》：“冒寒寻到洛，待暖始归秦。”张蠙《华山孤松》：“石罅引根非土力，冒寒犹助岳莲光。”

【冒暑】 不顾炎暑。储光羲《同王十三维偶然作十首》之三：“野老本贫贱，冒暑锄瓜田。”杜甫《郑典设自施州归》：“吾怜荥阳秀，冒暑初有适。”戎昱《送辰州郑使君》：“惊魂随驿吏，冒暑向炎方。”

【冒$_2$頓】 （前？—前174）秦末汉初匈奴单于。前209年射杀其父而自立。有智勇，东灭东胡，西破月氏，有控弦之士三十余万。当时中原楚汉相争，疲于兵革，冒顿得自强，成为西汉初年主要边患。参见《史记·匈奴列传》。卢照邻《战城南》：“将军出紫塞，冒顿在乌贪。”元稹《古筑城曲五解》之一：“自从冒顿强，官筑遮虏城。”

【冒榮】 犹言叨受荣誉。白居易《自到郡斋仅经旬日呈吴中诸客》：“冒荣惭印绶，虚奖负丝纶。”

【冒謁】 冒昧谒见。周贺《投江州张郎中》：“要地无闲日，仍容冒谒频。”

【冒險】 承受危险。沈颂《送金文学还日东》：“冒险当不惧，皇恩措尔躬。”

【冒霜】 冒着严霜。玄宗《鹡鸰颂》：“蔼周庐兮，冒霜停雪。”刘禹锡《酬令狐相公庭前白菊花谢偶书所怀见寄》：“数丛如雪色，一旦冒霜开。”陆龟蒙《幽居有白菊一丛因而成咏呈知己》：“还是延年一种材，即将瑶朵冒霜开。”

【冒寵】 言无才而获宠幸。白居易《新昌新居书事四十韵因寄元郎中张博士》：“冒宠已三迁，归期始二年。”

九　画

冕 〔miǎn《广韵》亡辨切，上獮，明。〕古代帝王、诸侯、卿大夫所戴的礼帽。李峤《奉和幸韦嗣立山庄侍宴应制》：“幽情遗绂冕，宸眷属樵渔。”包佶《宿庐山赠白鹤观刘尊师》：“渐恨流年筋力少，惟思露冕事星冠。”皇甫冉《田家作》：“且复冠名鹖，宁知冕戴蝉。”

【冕旒】 ❶古代礼冠中最尊贵的一种。外面黑色，里面朱红色，顶头有延，后高前低，略向前倾。延的前头垂有组缨，穿挂玉珠，称为旒。天子之冕十二旒，诸侯九，上大夫七，下大夫五。历代之制大略相同。南北朝后冕只有皇帝专用。钱起《禁闱玩雪寄薛左丞》：“虚白生台榭，寒光入冕旒。”白居易《新乐府·蛮子朝》：“引临玉座近天颜，冕旒不垂亲劳俫。”赵蕃《荐冰》：“遥涵窗户冷，近映冕旒清。”陈陶《朝元引四首》之二：“正殿云开露冕旒，下方珠翠压鳌头。”❷借指皇帝。张九龄《奉和圣制瑞雪篇》：“朝冕旒兮载悦，想笞笠兮农节。”钱起《送李谏议归荆州》：“何日朝云陛，随君拜冕旒。”姚合《和裴结端公早朝》：“冕旒临玉殿，丞相入炉烟。”王仁裕《题孤云绝顶淮阴祠》：“不是冕旒轻布素，岂劳丞相追相寻。”

【冕裘】 谓戴冠服裘。冕，冠；裘，皮袄。李德裕《奉和圣制南郊礼毕诗》：“磬管歌大吕，冕裘旅天神。”

冖　部

二　画

冗 〔rǒng《广韵》而隴切，上腫，日。〕亦作“宂”。❶多余，闲散。见“冗吏”“冗員”“冗賸。”❷繁多貌。见“冗冗”。

【冗冗】 众多貌。皮日休《奉和鲁望读阴符经见寄》：“舜唯一鳏民，冗冗作什器。”

【冗長】 （一zhàng）多而无用。韩愈《岳阳楼别窦司直》：“炎风日搜搅，幽怪多冗长。”白居易《得微之到官后书备知通州之事怅然有感因成四章》之四：“通州海内恓惶地，司马人间冗长官。”

【冗食】 多余的食物。白居易《自喜》：“僮仆减来无冗食，资粮算外有余钱。”

【冗員】 没有专职的散官。白居易《送春归》：“莫惆怅，送春人，冗员无替五年罢，应须准拟再送浔阳春。”又《新乐府·采诗官》：“诤臣杜口为冗员，谏鼓高悬作虚器。”皮日休《鲁望昨以五百言见贻因成一千言上述吾唐文物之盛次叙相得之欢亦迭和之微旨也》：“无颜解婾合，底事居冗员。”

【冗僧】 多余的和尚。顾非熊《武宗挽歌词二首》之二：“国用销灵像，农功复冗僧。”

【冗賸】 指无用的事物。陆龟蒙《奉酬袭美先辈吴中苦雨一百韵》：“诸侯急兵食，冗剩方蒴截。”

六　画

罙 〔mí《广韵》武移切，平支，明。〕愈，更加。方干《送许温》：“壮岁分罙切，少年心正同。”

七　画

冠[1] 〔guān《广韵》古丸切，平桓，見。〕❶帽子。特指官吏所戴的帽子。库狄履温《夏晚初霁南省寓直用余字》：“寐来冠不解，奏罢草仍书。”韩愈《东都遇春》：“坐疲都忘起，冠侧懒复正。”白居易《杂兴二首》之三：“冠垂明月珠，带束通天犀。”杜牧《朱坡》：“有计冠终挂，无才笔谩提。”❷冠状物。杜淹《咏寒食斗鸡应秦王教》：“花冠初日照，芥羽正生风。”杜牧《寄澧州张舍人笛》：“楼中威凤倾冠听，沙上惊鸿掠水分。”

冠[2] 〔guàn《广韵》古玩切，去换，見。〕❶戴帽子；戴。王维《偶然作六首》之一：“散发不冠带，行歌南陌上。”司空曙《九日送人》：“送人冠獬豸，值节佩茱萸。”孟郊《送李尊师玄》：“头冠两片月，肩披一条云。”皮日休《贫居秋日》：“亭午头未冠，端坐独愁予。”❷古代男子到成年时举行加冠礼，叫作冠。一般在二十岁左右。《礼记·曲礼上》：“男子二十冠而字。”亦泛指成年。元结《漫酬贾沔州》：“家中孤弱子，长子未及冠。”息夫牧《冬夜宴萧十丈因饯殷郭二子西上》：“彼之才髦，其年未冠。”亦用以指年轻人。高瑾《三月三日宴王明府山亭》：“童冠八九，于洛之隈。”❸超凡出众；居于首位。王维《故太子大师徐公挽歌四首》之一：“功德冠群英，弥纶有大名。”韩翃《寄赠虢州张参军》：“三十事诸侯，贤豪冠北州。”周朴《吊李群玉》：“群玉诗名冠李唐，投诗换得校书郎。”❹谓加在前头。元稹《酬独孤二十六送归通州》：“名冠壮士籍，功酬明主恩。”丘光庭《补新宫》序：“其序不冠诸篇，别为编简。”

【冠$_2$三端】 谓笔端为笔端、锋端、舌头之首。《韩诗外传》卷七：“是以君子避三端：避文士之笔端，避武士之锋端，避辩士之舌头。”杨收《笔》：“一朝操政柄，定使冠三端。”

【冠巾】 头巾。韩愈《送僧澄观》：“向风长叹不可见，我欲收敛加冠巾。”

【冠$_2$山】 《艺文类聚》卷九七引《符子》：“东海有鳌焉，冠蓬莱而游于沧海，腾跃而上则干云，没而下潜于重泉。”后以“冠山”喻大。李群玉《龟》：“冠山期不小，铸印事宁虚。”

【冠子】 ❶古代贵族妇女所戴的帽子。五代马缟《中华古今注·冠子》：“冠子者，秦始皇之制也。令三妃九嫔当暑戴芙蓉冠子，以碧罗为之。”王涯《宫词三十首》之一：“白人宜著紫衣裳，冠子梳头双眼长。”褚载《句》：“鹿胎冠子水晶簪，长啸欹眠紫桂阴。”和凝《临江仙》词之二：“碧罗冠子稳犀簪，凤凰双飐步摇金。”❷指道士帽子。周渭《赠龙兴观主吴崇岳》：“楮为冠子布为裳，吞得丹霞寿最长。”

【冠₂沐猿】 意同沐猴而冠。《史记·项羽本纪》:"人言楚人沐猴而冠耳。"沐猴即猕猴。猕猴戴帽,徒具人形,以喻人虚有仪表,而无人性。李益《汉宫少年行》:"巧为柔媚学优孟,儒衣嬉戏冠沐猿。"

【冠₂古】 超过前代或前人。綦毋潜《送宋秀才》:"冠古积荣盛,当时数戟门。"杜甫《赠蜀僧闾丘师兄》:"吾祖诗冠古,同年蒙主恩。"又《雨》:"侍臣书王梦,赋有冠古才。"

【冠弁】 皮帽。天子田猎戴之。岑参《优钵罗花》序:"其状异于众草,势笼炭如冠弁,嶷然上耸。"

【冠₂豸】 戴上豸冠。豸冠,古代执法官戴的帽子。孟郊《寄院中诸公》:"冠豸犹屈蠖,匣龙期刳犀。"元稹《阳城驿》:"避权如避虎,冠豸如冠猴。"白居易《见萧侍御忆旧山草堂诗因以继和》:"晚起慵冠豸,闲行厌避聪。"许棠《旅次滑台投献陆侍御》:"霜台欹冠豸,赖许往来频。"

【冠₂昔】 超越前代。则天皇后《唐武氏享先庙乐章》:"先德谦㧑冠昔,严规节素超今。"

【冠帔】 古代妇女服饰。冠,帽子;帔,披肩。韩愈《华山女》:"洗妆拭面着冠帔,白咽红颊长眉青。"

【冠₂軍】 ❶列于诸军之首。《掷裴武公诗》(卷八六五):"废兴尽系前生数,休衒英雄勇冠军。"❷古将军名号。汉霍去病封冠军侯。南北朝均有冠军将军。唐置冠军大将军。唐诗中泛称带兵武将。李白《送张秀才从军》:"抱剑辞高堂,将投崔冠军。"杨巨源《观妓人入道二首》之二:"碧玉芳年事冠军,清歌空得隔花闻。"王涯《塞下曲二首》之二:"年少辞家从冠军,金妆宝剑去邀勋。"

【冠₂軍侯】 将军名号。汉霍去病封冠军侯。南北朝均有冠军将军。唐置冠军大将军,为武散官。诗中泛称带兵武将。储光羲《送丘健至州敕放作时下邽县》:"大君忽霆震,诏爵冠军侯。"韩翃《赠兖州孟都督》:"少年亲事冠军侯,中岁仍迁北兖州。"

【冠珮】 冠和佩玉。杜牧《杜秋娘诗》:"崭崭整冠珮,侍宴坐瑶池。"又《往年随故府吴兴公夜泊芜湖口今赴官西去再宿芜湖感旧伤怀因成十六韵》:"旌旗明迥野,冠珮照神仙。"

【冠帶】 ❶帽子和腰带。韦应物《闲居赠友》:"颜鬓日衰耗,冠带亦寥落。"戎昱《赠韦况征君》:"今日巢由旧冠带,圣朝风化胜尧时。"白居易《南宾郡斋即事寄杨万州》:"莓苔翳冠带,雾雨霾楼雉。"皮日休《酒中十咏·酒乡》:"从此共君游,无烦用冠带。"❷指衣冠士人。白居易《醉吟》:"醉来忘渴复忘饥,冠带形骸杳若遗。"司马扎《送孔恂入洛》:"前朝冠带掩金谷,旧游月径经铜驼。"

【冠₂帶】 戴冠束带。王维《山中示弟》:"山林吾丧我,冠带尔成人。"岑参《终南山双峰草堂作》:"有时逐樵渔,尽日不冠带。"白居易《庭松》:"愿我犹俗士,冠带走尘埃。"司马扎《隐者》:"终日不冠带,空山无是非。"

【冠冕】 ❶官吏戴的礼帽。薛能《升平词十首》之九:"衣裳承瑞气,冠冕盖重瞳。"刘兼《新蝉》:"齐女屏帏失旧容,侍中冠冕有芳踪。"曹邺《从天平节度使游平流园》:"幽鸟不识人,时来拂冠冕。"❷代指仕宦。李元操《和从叔禄愔元日早朝》:"冠冕多秀士,簪裾饶上才。"元结《与党评事》:"未知在冠冕,不合无拘牵。"戎昱《赠别张驸马》:"五年待罪湘江源,冠冕凄凉几迁改。"皮日休《三羞诗三首》之一:"未为冠冕人,死不惭忠烈。"❸指仕宦之人。王昌龄《放歌行》:"冠冕如星罗,拜揖曹与周。"杜甫《洗兵马》:"青春复随冠冕入,紫禁正耐烟花绕。"李山甫《山中答刘书记寓怀》:"贵门多冠冕,日与荣辱并。"❹指官职。皮日休《奉献致政裴秘监》:"既无阀阅门,常嫌冠冕累。"❺泛指华夏文明。王维《送李判官赴东江》:"封章通左语,冠冕化文身。"元稹《和乐天送客游岭南二十韵》:"冠冕中华客,梯航异域臣。"❻即冠珥。突出在太阳边缘外面的发光气团。韩偓《登南神光寺塔院》:"日宫紫气生冠冕,试望扶桑病眼开。"

【冠₂婚】 指冠礼和婚礼。韩愈《示儿》:"前荣馔宾亲,冠婚之所於。"白居易《朱陈村》:"世法重名教,士人重冠婚。"

【冠₂笄】 谓男女成人之礼。古代男二十而冠,女许嫁而笄。权德舆《新月与儿女夜坐听琴举酒》:"儿女各冠笄,孙孩绕衣襟。"

【冠₂絶】 卓绝,超群。皎然《薛卿教长行歌》:"聊将握槊偶时人,便被人间称冠绝。"罗隐《文选阁》:"三代以来成冠绝,六朝余外更无双。"

【冠綏】 王周《赠忒师》:"顾此名利场,得不惭冠绥。"原注:"绥,一作绣。"按:"绥"当为"绣"之误。见"冠绣"。

【冠裾】 犹衣冠。韩愈《从潮州量移袁州酬张韶州》:"暂欲系船韶石下,上宾虞舜整冠裾。"

【冠蓋】 ❶冠服车盖。太宗《正日临朝》:"赫奕俨冠盖,纷纶盛服章。"李白《古风》之二四:"路逢斗鸡者,冠盖何辉赫。"陈羽《经夫差庙》:"冠盖寂寥尘满室,不知箫鼓乐何人。"贯休《偶作二首》之二:"朱门势峨峨,冠盖何光明。"❷借指仕宦者。杜甫《梦李白二首》之二:"冠盖满京华,斯人独憔悴。"孟郊《上包祭酒》:"岳岳冠盖彦,英英文字雄。"白居易《池上作》:"洛阳冠盖自相索,谁肯来此同抽簪。"吴融《金陵怀古》:"玉树声沉战舰收,万家冠盖入中州。"❸为官。李绅《过吴门二十四韵》:"重来冠盖客,非复别离愁。"

陆龟蒙《樵人十咏·樵叟》:“不知冠盖好,但信烟霞活。”❹官场。萧祜《游石堂观》:“妙用腾声冠盖间,胜游恣意烟霞外。”薛能《春日旅舍书怀》:“蹉跎冠盖谁相念,二十年中尽苦辛。”❺官位。曹邺《下第寄知己》:“大贤冠盖高,何事怜屑屑。”❻指冠盖里。杜审言《登襄阳城》:“冠盖非新里,章华即旧台。”唐彦谦《曲江春望》:“汉朝冠盖皆陵墓,十里宜春汉苑花。”参见“冠蓋里”。

【冠蓋里】 古地名。在唐宜城县(今属湖北)。后用以称名臣冠族的故里。孙逖《故右丞相赠太师燕文贞公挽词二首》之二:“已成冠盖里,更有凤皇楼。”权德舆《奉和韦曲庄言怀贻东曲外族诸弟》:“韦曲冠盖里,鲜原郁青葱。”李德裕《题冠盖里》:“偶来冠盖里,愧是旧三公。”

【冠蓋相望】 言遣使往来不绝。韩愈《次潼关上都统相公》:“冠盖相望催入相,待将功德格皇天。”

【冠幘】 指鸡冠。齐己《谢南平王赐山鸡》:“金笼莫恨伤冠帻,玉粒颁惭剪羽翰。”

【冠飾】 冠帽服饰。许棠《闻蝉十二韵》:“朝士严冠饰,宫嫔逞鬓名。”

【冠₂綏】 戴帽。绥,帽带,代指帽子。李绅《过梅里七首·忆东郭居》:“冠绥身忝贵,斋沐心常祷。”

【冠劍】 帽子和剑。沈佺期《酬苏员外味道夏晚寓直省中见赠》:“冠剑无时释,轩车待漏飞。”孟郊《送魏端公入朝》:“大宾威仪肃,上客冠剑鲜。”鲍溶《会仙歌》:“冠剑低昂蹈舞频,礼容尽若君臣事。”

【冠₂劍】 戴冠佩剑。王维《送高适弟耽归临淮作》:“群公朝谒罢,冠剑下丹墀。”顾况《乐府》:“朝臣冠剑退,宫女管弦迎。”李吉甫《九日小园独谣赠门下武相公》:“上公留凤沼,冠剑侍清祠。”温庭筠《苏武庙》:“回日楼台非甲帐,去时冠剑是丁年。”亦用以指戴冠佩剑之人。卢纶《九日奉陪侍郎登白楼》:“此日所从何所问,俨然冠剑拥成林。”罗隐《筹笔驿》:“千里山河轻孺子,两朝冠剑恨谯周。”

【冠₂飾】 指举行冠礼。元稹《寄吴士矩端公五十韵》:“可怜何郎面,二十才冠饰。”

【冠履】 帽子和鞋。韩愈《谢自然诗》:“入门无所见,冠履同蜕蝉。”

【冠褐】 贫贱人所穿之服。李建勋《和致仕沈郎中》:“谬应星辰居四辅,终期冠褐作闲人。”

【冠簪】 插在冠上的簪子。李群玉《送处士自番禺东游便归苏台别业》:“汗漫江海思,傲然抽冠簪。”王周《自和西山晚景》:“琴阮资清格,冠簪养素风。”贯休《古镜词上刘侍郎》:“即归玉案头,为君整冠簪。”

【冠₂櫛】 整发戴帽。白居易《早行林下》:“披衣未冠栉,晨起入前林。”又《时热少客因咏所怀》:“冠栉心多懒,逢迎兴渐微。”

【冠纓】 帽带。借指当官。李白《古风》之十九:“流血涂野草,豺狼尽冠缨。”元结《喻瀼溪乡旧游》:“瀼人异其心,应为我冠缨。”

【冠₂纓】 戴好帽子,系好帽带。于鹄《早上凌霄第六峰入紫溪礼白鹤观祠》:“回途歇嵌窟,整带重冠缨。”

【冠₂鼇】 冠山之巨鳌。后用以称宅基稳固。刘禹锡《浙西李大夫述梦四十韵斐然继声》:“羽化如乘鲤,楼居旧冠鳌。”

八 画

冢 〔zhǒng《广韵》知隴切,上腫,知。〕❶坟墓。耿沣《晚次昭应》:“藤草蔓古渠,牛羊下荒冢。”白居易《新乐府·古冢狐》:“古冢狐,妖且老。”皮日休《伤史拱山人》:“峰头孤冢为云穴,松下灵筵是石床。”❷山顶。元稹《和李校书新题乐府十二首·蛮子朝》:“夜防抄盗保深山,朝望烟尘上高冢。”❸首领。参见“冢司”“冢宰”。

【冢中骨】 (中 zhōng)犹言死人。语出《三国志·蜀志·先主传》。胥偃《梦中诗》:“昔作树头花,今为冢中骨。”

【冢司】 丞相的别称。独孤及《送江陵全少卿赴府任》:“冢司方慎选,剧县得英髦。”

【冢宰】 本为周官名。为六卿之首,亦称太宰。后亦用以称吏部尚书或宰相。储光羲《同诸公送李云南伐蛮》:“冢宰统元戎,太守齿军行。”又《奉和韦判官献侍郎叔除河东采访使》:“天卿小冢宰,道大名亦大。”

【冢卿】 上卿。韩愈《城南联句》:“答云皆冢卿,败壁剥寒月。”许浑《和李相国》:“含消兼受彩,应贵冢卿心。”

【冢婦】 嫡长子之妻。白居易《续古诗十首》之七:“冢妇独守礼,群妾互奇邪。”

【冢墓】 坟墓。寒山《诗三百三首》之二四九:“若言由冢墓,个是极痴人。”王昌龄《代扶风主人答》:“乡亲悉零落,冢墓亦摧残。”王季友《代贺若令誉赠沈千运》:“平坡冢墓皆我亲,满田主人是旧客。”白居易《浩歌行》:“北邙冢墓高嵯峨,古来如此非独我。”

【冢嫡】 嫡长子。白居易《和答诗十首·答四皓庙》:“冢嫡欲废夺,骨肉相忧疑。”

【冢頭】 坟头。熊孺登《寒食野望》:“冢头莫种有花树,春色不关泉下人。”

冥 〔míng《广韵》莫經切，平青，明。〕❶昏暗不明。元稹《阳城驿》："吾闻玄元教，日月冥九幽。"参见"冥蒙"。❷蒙昧无知。参见"冥没❷"。❸阴间。参见"冥吏""冥路"。❹高远，参见"冥翳"。❺隐蔽，幽深。李白《金陵凤凰台置酒》："六帝没幽草，深宫冥绿苔。"参见"冥綿"。❻静默，沉静。参见"冥寂""冥默"。❼苍茫。参见"冥茫"。亦用以指苍茫的天际。刘禹锡《望衡山》："青冥结精气，磅礴宣地脉。"张祜《酬答柳宗言秀才见赠》："南下天台厌绝冥，五湖波上泛如萍。"朱景玄《溪东岑望天都山》："群峰争入冥，巉巉生太阴。"❽微妙，奥妙。参见"冥筌❷""冥观"。❾暗中。参见"冥合""冥觀"。❿沉思。参见"冥想""冥搜"。⓫泯灭。权德舆《酬李二十二兄主簿马迹山见寄》："出处岂异途，心冥即真筌。"皎然《奉酬李中丞洪湖州西亭即事见寄兼呈吴冯处士时中丞量移湖州长史》："宿昔邢城功，道高心已冥。"又《题山壁示道维上人》："身野长无事，心冥自不言。"⓬通"瞑"。参见"冥目"。

【冥升】 谓不断向上攀登。孟郊、韩愈《城南联句》："危望跨飞动，冥升蹑登闲。"

【冥心】 泯灭俗念，使心境宁静。张说《岳州守岁》："至乐都忘我，冥心自委和。"白居易《效陶潜体诗十六首》之三："朝饮一杯酒，冥心合元化。"许浑《游果昼二僧院》："何必老林泉，冥心便是禅。"修雅《闻诵法华经歌》："合目冥心子细听，醍醐滴入焦肠里。"

【冥目】 闭上眼睛。冥，通"瞑"。刘得仁《寄春坊顾校书》："冥目冥心坐，花开花落时。"贯休《对雪寄新定冯使君二首》之一："仙掌空思归未能，焚香冥目对残灯。"齐己《游三觉山》："良宵正冥目，海日上窗红。"

【冥吏】 阴间官吏。伶人有《戏为冥吏判》(卷八七三)。

【冥坐】 静坐。白居易《味道》："叩齿晨兴秋院静，焚香冥坐晚窗深。"

【冥没】 ❶消失。李白《大庭库》："帝图终冥没，叹息满山川。"❷蒙昧无知貌。高适《宋中十首》之七："逍遥漆园吏，冥没不知年。"

【冥空】 (一kōng)阴暗的天空。韦应物《鼋头山神女歌》："碧水冥空惟鸟飞，长天何处云随雨。"

【冥居】 幽居。李白《登梅冈望金陵赠族侄高座寺僧中孚》："冥居顺生理，草木不剪伐。"

【冥契】 (一qì)暗中相合。许浑《赠萧炼师》："急宜求故剑，冥契得遗簪。"

【冥思】 暗思。徐铉《哭刑部侍郎乔公诗》："静想忘年契，冥思接武晨。"

【冥飛】 高飞。比喻人的退隐。李群玉《湘阴县送迁客北归》："今日开汤网，冥飞亦未迟。"

【冥茫】 ❶苍茫无际。韩愈《咏雪赠张籍》："纬缅观朝萼，冥茫瞩晚埃。"曹唐《紫河张休真》："树石冥茫初缩地，杯盘狼籍未朝天。"❷空虚；渺茫。尹懋《秋夜陪张丞相赵侍御游滗湖二首》之一："杳霭入天壑，冥茫见道心。"白居易《薛中丞》："自古已冥茫，从今尤不谕。"

【冥想】 沉思。元结《演兴四首·讼木魅》："谅理性之不等于顺时兮，不如瘱吾心以冥想。"

【冥悟】 暗中领悟。元晦《越亭二十韵》："何必栖禅关，无言自冥悟。"

【冥冥】 ❶昏暗不明。寒山《诗三百三首》之九十："恶趣甚茫茫，冥冥无日光。"元结《补乐歌十首·大韶》："欲闻朕初兮，玄封冥冥。"白居易《梦仙》："半空直下视，人世尘冥冥。"王贞白《出自蓟北门行》："蓟北连极塞，塞色昼冥冥。"❷迷漫。张九龄《巫山高》："神女去已久，云雨空冥冥。"高适《苦雪四首》之一："二月犹北风，天阴雪冥冥。"崔涂《湘中弦》："烟愁雨细云冥冥，杜兰香老三湘清。"❸高远。刘长卿《题魏万成江亭》："不是莲花府，冥冥不可求。"陆长源《答东野夷门雪》："千里长江冰复冰，云鸿冥冥楚山雪。"韩愈《南山诗》："如聆笙竽韵，来自冥冥天。"皎然《答郑方回》："逸翮思冥冥，潜鳞乐游泳。"❹高空，天空高远之处。张九龄《感遇十二首》之十："冥冥愁不见，耿耿徒缄忆。"韦应物《赋得暮雨送李胄》："漠漠帆来重，冥冥鸟去迟。"孟郊《登华岩寺楼望终南山赠林校书兄弟》："地脊亚为崖，耸出冥冥中。"❺指避世隐居之处。张九龄《感遇十二首》之四："今我游冥冥，弋者何所慕。"杜甫《寄刘峡州伯华使君四十韵》："咄咄宁书字，冥冥欲避矰。"白居易《丘中有一士二首》之一："勿矜罗弋巧，鸾鹤在冥冥。"杜牧《重题绝句一首》："何如自筹度，鸿路有冥冥。"❻苍茫；茫茫。李华《仙游寺》："冥冥翠微下，高殿映杉柳。"李群玉《将游罗浮登广陵楞伽台别羽客》："冥冥人间世，歌笑不足惜。"齐己《夜坐》："百虫声里坐，夜色共冥冥。"亦用以指茫茫的宇宙。李商隐《井泥四十韵》："顾于冥冥内，为问秉者谁?"❼渺茫。沈千运《感怀弟妹》："冥冥无再期，哀哀望松柏。"❽茂盛。杜甫《醉歌行》："风吹客衣日杲杲，树搅离思花冥冥。"韦应物《长安遇冯著》："冥冥花正开，飏飏燕新乳。"又《听莺曲》："东方欲曙花冥冥，啼莺相唤亦可听。"孟郊《伤春》："乱兵杀儿将女去，二月三月花冥冥。"❾幽深。张籍《猛虎行》："南山北山树冥冥，猛虎白日绕林行。"章孝标《游地肺》："市朝扰扰千古，林壑冥冥四贤。"孟贯《宿故人江居》："渡口树冥冥，南山渐隐青。"❿静默，无声无息。韦应物《过昭国里故第》："冥冥独无语，杳杳将何适?"又《夕次盱眙县》："浩浩风起波，冥冥日沉夕。"鲍溶《旧镜》："瑶匣若浮云，冥冥藏玉水。"方干《经故侯郎中旧居》："一朝寂寂与冥冥，垄树未长坟草青。"⓫高深玄妙。储光羲《题太玄观》："所喧既非我，真道其冥冥。"孟郊《悼吴兴汤衡评事》："独问冥冥理，先儒未曾言。"⓬死亡。寒山《诗三百三首》之一七："唯有黄泉客，冥冥去不回。"孟云卿《古挽歌》："冥冥何所须，尽我生人意。"高适《哭单父梁九少府》："晋山徒峨峨，斯人已冥冥。"⓭阴间。寒山《诗三百三首》之二三四："冥冥泉台路，被业相拘绊。"元稹《遣病》："为生信异异，之死同冥冥。"

【冥冥子】 谓超逸之士。皎然《赠李中丞洪一首》："咄哉冥冥子，胡为自尘污。"

【冥莫】 ❶幽深貌。杜甫《万丈潭》："青溪合冥莫，神物有显晦。"又《青阳峡》："突兀犹趁人，及兹叹冥莫。"❷指死亡。杜甫《追酬故高蜀州人日见寄》："锦里春光空烂熳，瑶墀侍臣已冥莫。"又《八哀诗·故秘书少监武功苏公源明》："荥阳复冥莫，罪罟已横罥。"❸昏暗的暮色。莫，"暮"的古字。宋之问《陪群公登箕山赋得群字》："许由去已远，冥莫见幽坟。"

【冥寂】 ❶静默。李白《春陪商州裴使君游石娥溪》："萧条出世表，冥寂闭玄关。"❷幽静。顾况《幽居弄》："扣商占角两三声，洞户溪窗一冥寂。"又《弹琴谷》："谷中谁弹琴，琴响谷冥寂。"权德舆《酬李二十二兄主簿马迹山见寄》："中有冥寂人，闲读逍遥篇。"吴筠《高士咏·南郭子綦》："子綦方隐几，冥寂久灰心。"

【冥密】 深幽绵密。陈子昂《感遇诗三十八首》之六："石林何冥密，幽洞无留行。"李白《望黄鹤楼》："岩峦行穹跨，峰嶂亦冥密。"

【冥期】 阴间约会。皎然《哭吴县房耸明府》："冥期傥可逢，生尽会无缘。"

【冥搜】 亦作"冥想"。❶尽力寻找，搜集。宋之问《景龙四年春祠海》："仙事与世隔，冥搜徒已屡。"羊滔《游灿柯山》："采薪穷冥搜，深路转清映。"陈陶《海昌望月》："金盘谁雕镌，玉窟难冥搜。"❷深思苦想。方干《宋从事》："冥搜太苦神应乏，心在虚无更那边。"徐夤《长安述怀》："十载公卿早言屈，何须课夏更冥搜。"裴说《寄曹松》："冥搜不可得，一句至公知。"❸犹言探幽。李白《越中秋怀》："爱此从冥搜，永怀临湍游。"高适《东平旅游奉赠薛太守二十四韵》："观棋知战胜，探象会冥搜。"杜甫《同诸公登慈恩寺塔》："方知象教力，足可追冥搜。"尉迟汾《府尹王侍郎准制拜岳因状嵩高灵胜寄呈三十韵》："冥搜必殚竭，跻览忘崎穹。"

【冥棲】 (一qī)犹隐居。李白《古风》之十二："使我长叹息，冥栖岩石间。"又《古风》之五："不笑亦不语，冥栖在岩穴。"

【冥智】 玄奥的智慧。鲍溶《怀幽期》："窅机冥智难思量，无尽性月如空王。"

【冥無】 谓虚无缥缈，无迹象可求。司空图《诗品二十四则·流动》："超超神明，返返冥无。"

【冥筌】 ❶谓无形的拘束。筌，捕鱼器。李白《赠饶阳张司户燧》："何当共携手，相与排冥筌。"❷指道中微妙之处。李白《下途归石门旧居》："余尝学道穷冥筌，梦中往往游仙山。"

【冥然】 ❶茫然。皎然《杂兴六首》之六："精意不可道，冥然还掩扉。"白居易《首夏》："不如放身心，冥然任天造。"❷玄默貌。白居易《题赠定光上人》："安得遗耳目，冥然反天真。"又《逸老》："是故临老心，冥然合玄造。"❸昏然，昏迷貌。王丘《咏史》："何必苏门子，冥然闭清关。"郑巢《和姚郎中题凝公院》："后房寒竹连，白昼坐冥然。"

【冥絶】 杳远；隔绝。卢鸿一《嵩山十志十首·金碧潭》："霜天洞兮烟景涵，有幽人兮好冥绝。"李白《安陆白兆山桃花岩寄刘侍御绾》："蓬壶虽冥绝，鸾鹤心悠然。"

【冥感】 至诚而感通神灵。令狐楚《青云干吕》："瑞容惊不散，冥感信稀闻。"朱庆余《梦谢亭》："褰开诚得地，冥感竟因诗。"

【冥奥】 玄妙，奥妙。无可《寄题庐山二林寺》："冥奥终难尽，登临惜未从。"

【冥微】 渺茫。张继《重经巴丘》："浮生聚散云相似，往事冥微梦一般。"

【冥滅】 ❶佛教语。犹寂灭，涅槃。孟浩然《还山贻湛法师》："欲知冥灭意，朝夕海鸥驯。"❷犹泯灭。刘希夷《洛川怀古》："高楼倏冥灭，茂林久摧折。"皎然《兵后余不亭重送卢孟明游江西》："心迹贵冥灭，颓颜反芝术。"❸消除。陈子昂《登蓟城西北楼送崔著作融入都》序："仲冬寒苦，幽朔初平。苍茫天兵之气，冥灭戎云之色。"

【冥路】 黄泉之路。宣宗《吊白居易》："缀玉联珠六十年，谁教冥略作诗仙。"

【冥道】 冥而悟道。卢鸿一《嵩山十志十首·幂翠庭》序："幂翠庭者，盖崖巘积阴，林萝沓翠，其上绵幂，其下深湛，可以王神，可以冥道矣。"

【冥蒙】 ❶谓树木枝叶浓密。上官昭容《游长宁公主流杯池二十五首》之六："清波汹涌，碧树冥蒙。"元稹《松树》："槐树夹道植，枝叶俱冥蒙。"❷指死亡。白居易《会昌二年春题池西小楼》："苏李冥蒙随烛灭，陈樊漂泊逐萍流。"

【冥獄】 阴间监狱。段成式、昇上人《吴画联句》："冥狱不可视，毛戴腋流液。"

【冥漠】 ❶空无所有。宋之问《伤曹娘二首》之一："可怜冥漠去何之，独立丰茸无见期。"杜甫《九日五首》之三："欢娱两冥漠，西北有孤云。"卢纶《同兵部李纾侍郎刑部包佶侍郎哭皇甫侍御曾》："九陌霄汉侣，一灯冥漠人。"张琰《铜雀台》："君王冥漠不可见，铜雀歌舞空裴回。"❷死亡。宋之问《故赵王属赠黄门侍郎上官公挽词二首》之一："冥漠辞昭代，空怜赋子虚。"陆龟蒙《次追和清远道士诗韵》："斯人久冥漠，得不垂慨叹。"唐晅《还渭南感旧二首》之二："怳惚人事改，冥漠委荒丘。"❸隐约，模糊。李适《汾阴后土祠作》："神光终冥漠，鼎气独氛氲。"岑参《文公讲堂》："丰碑文字灭，冥漠不知年。"❹阴间，鬼怪世界。杜甫《过郭代公故宅》："高咏宝剑篇，神交付冥漠。"

【冥寞】 ❶消失；死亡。杜甫《惜别行送向卿进奉端午御衣之上都》："逆胡冥寞随烟烬，卿家兄弟功名震。"皎然《南湖春泛有客自北至说友人岑元和见怀因叙相思之志以寄焉》："声华尽冥寞，麋鹿徒呦呦。"权德舆《宫人斜绝句》："铅华新旧共冥寞，日暮愁鸱飞野田。"无名氏《唐晅悼妻诗》(卷八六六)："怳惚人事改，冥寞委荒丘。"❷寂寞。刘允济《见道边死人》："凄凉徒见日，冥寞讵知年。"杜甫《石镜》："冥寞怜香骨，提携近玉颜。"权德舆《苏小小墓》："寂寥红粉尽，冥寞黄泉深。"白居易《寒食野望吟》："冥寞重泉哭不闻，萧萧暮雨人归去。"❸幽深。李商隐《井泥四十韵》："下去冥寞穴，上承雨露滋。"❹模糊不清。韦应物《石鼓歌》："一书遗此天地间，精意长存世冥寞。"❺冥思苦想。曹松《吊贾岛二首》之一："冥寞如搜句，宜邀贺监论。"

【冥綿】 幽深绵密。徐彦伯《和李适答宋十一入崖口五渡见赠》："经亘去崖合，冥绵归壑深。"

【冥數】 (—shù)谓命运。王昌龄《郑县宿陶太公馆中赠冯六元二》："罢酒当凉风，屈伸备冥数。"刘禹锡《武陵书怀五十韵》："问卜安冥数，看方理病源。"白居易《读谢灵运诗》："吾闻达士道，穷通顺冥数。"

【冥機】 息机，韬晦。李白《赠僧崖公》："冥机发天光，独朗谢垢氛。"又《在水军宴赠幕府诸侍御》："卷身编蓬下，冥机四十年。"

【冥默】 ❶幽深。陆龟蒙《奉和袭美新秋言怀三十韵次韵》："山处虽冥默，薰莸肯溷淆。"❷玄默，沉静。李群玉《始忝四座奏状闻荐蒙恩授官》："冥默楚江畔，萧条林巷空。"又《湘中别成威阇黎》："游心杳何境，宴坐入冥默。"

【冥諷昧刺】 暗中讽刺。皮日休《追和虎丘寺清远道士诗》序："其冥讽昧刺，时出于世者，则与骚人狎客，往往敌于忽微焉。"

【冥壑】 幽静的山谷。卢鸿一《嵩山十志十首·涤烦矶》："灵矶盘礴兮溜奔错漱，泠风兮镇冥壑。"

【冥濛】 昏暗不明。王泠然《夜光篇》："游人夜到汝阳间，夜色冥濛不解颜。"刘商《姑苏怀古送秀才下第归江南》："凝艳妖芳安足恃，可怜荒堞晚冥濛。"白居易《早发楚城驿》："寂历闲吟动，冥濛暗思生。"齐己《夏雨》："霮䨴蔽穷苍，冥蒙自一方。"

【冥鴻】 ❶高飞的鸿雁。用以喻高才之士和有远大理想之人。羊士谔《小园春至偶呈吏部窦郎中》："幽抱想前躅，冥鸿度南山。"罗隐《投宣武郑尚书二十韵》："健豪惊彩凤，高步出冥鸿。"徐铉《寄蕲州高郎中》："直道未能胜社鼠，孤飞徒自叹冥鸿。"❷汉扬雄《法言·问明》："鸿飞冥冥，弋人何篡焉。"李轨注："君子潜神重玄之域，世网不能制御之。"后因喻避世隐居之士。白居易《题赠平泉韦征君拾遗》："笼鸡与梁燕，不信有冥鸿。"杜牧《寄宣州郑谏议》："文石陛前辞圣主，碧云天外作冥鸿。"陆龟蒙《奉和袭美寄题罗浮轩辕先生所居》："暂应青词为穴凤，却思丹徼伴冥鸿。"

【冥翳】 高远而隐蔽。李白《商山四皓》："偃卧松雪间，冥翳不可识。"

【冥懷】 心中记怀。白居易《长庆二年七月自中书舍人出守杭州路次蓝溪作》："冥怀齐宠辱，委顺随行止。"

【冥靈】 神话中的树木名。《庄子·逍遥游》："楚之南有冥灵者，以五百岁为春，五百岁为秋。"张说《遥同蔡起居偃松篇》："莫比冥灵楚南树，朽老江边代不闻。"

【冥觀】 (—guān)玄妙地体察。韩愈《荐士》："冥观洞古今，象外逐幽好。"

冤 〔yuān《广韵》於袁切，平元，影。〕❶枉曲，冤屈。李峤《晚秋喜雨》："望肃坛场祀，冤申囹圄囚。"白居易《新乐府·缚戎人》："自古此冤应未有，汉心汉语吐蕃身。"杨乘《南徐春日怀古》："邪侮尝移润，忠贞几度冤。"汪遵《望思台》："巫蛊事行冤莫雪，九层徒筑见无因。"❷怨恨，仇恨。雍陶《出青溪关有迟留之意》："千冤万恨何人见，唯有空山鸟兽知。"皮日休《正乐府十篇·农父谣》："农父冤辛苦，向我述其情。"❸仇敌。顾况《从江西至彭蠡入浙西淮南界道中寄齐相公》："本师留度门，平等冤亲同。"

【冤人】 蒙受冤屈之人。曹邺《奉命齐州推事毕寄本府尚书》："截断奸吏舌，擘开冤人肠。"广宣《贺王起》："再辟文场无枉路，两开金榜绝冤人。"

【冤亡】 受屈而死。顾况《子规》："杜宇冤亡积有时，年年啼血动人悲。"

【冤水】 蒙受冤枉之水流。鲍溶《隋帝陵下》："盘龙楼舰浮冤水，雕锦帆幢使乱风。"

【冤句】 (—qú)古县名。故城在今山东菏泽市西南。汉置，属梁国，景帝时划入济阴郡，冤句改属曹州。唐武德四年，分县西界置济阳县，属杞州。贞观元年，废济阳，并入冤句，仍属曹州。刘长卿有《题冤句宋少府厅留别》。

【冤死】　受屈而死。聂夷中《过比干墓》："日影不入地，下埋冤死魂。"

【冤匣】　指不为人用的匣中之剑。罗隐《大梁见乔诩》："败桐方委爨，冤匣正冲霄。"

【冤枉】　被诬指为有罪。李白《书情题蔡舍人雄》："皇穹雪冤枉，白日开氛昏。"

【冤屈】　冤枉。拾得《诗》之十五："死后受波吒，更莫称冤屈。"

【冤苦】　冤屈痛苦。白居易《新乐府·秦吉了》："秦吉了，人云尔是能言鸟，岂不见鸡燕之冤苦？"

【冤咤】　冤屈叫苦。元稹《茅舍》："台观亦已多，工徒稍冤咤。"

【冤恨】　冤屈怨恨。杜甫《八哀诗·赠秘书监江夏李公邕》："忠贞负冤恨，宫阙深旒缀。"李山甫《望思台》："九层黄土是何物，销得向前冤恨来。"

【冤怨】　冤屈怨恨。元结《二风诗·乱风诗五篇·至乱》："生人冤怨，言何极之。"

【冤氣】　因受冤屈而郁结在胸的不平之气。沈佺期《狱中闻驾幸长安二首》之一："扈从由来是方朔，为申冤气在长平。"权德舆《同陆太祝鸿渐崔法曹载华见萧侍御留后说得卫抚州报推事使张侍御却回前刺史戴员外无事喜而有作》之二："如今天下无冤气，乞为邦君雪谤书。"高骈《马嵬驿》："玉颜虽掩马嵬尘，冤气和烟锁渭津。"

【冤家】　❶仇人。寒山《诗三百三首》之一五九："兄弟似冤家，心中长怅快。"❷对情人的昵称。李茂复《自叹》："近来不做颠狂事，免被冤家恶眼看。"无名氏《醉公子》词（卷八九九）："划袜下香阶，冤家今夜醉。"

【冤望】　冤屈。陆龟蒙《送宣武从事越中按狱》："别愁当翠巘，冤望隔风潮。"

【冤禽】　受屈之禽，指杜鹃。世传杜鹃乃古蜀帝冤魂所化，故称。李山甫《闻子规》："冤禽名杜宇，此事更难知。"

【冤痛】　冤屈痛楚。白居易《效陶潜体诗十六首》之十："冤痛结为物，千岁不肯散。"

【冤悲】　冤屈悲苦。元结《系乐府十二首·古遗叹》："有国遗贤臣，万事为冤悲。"

【冤結】　结下的冤仇。常楚老《祖龙行》："黑云兵气射天裂，壮士朝眠梦冤结。"

【冤愁】　冤屈愁苦。元结《闵荒诗一首》："当时有遗歌，歌曲太冤愁。"

【冤煩】　冤屈烦恼。王建《寄崔烈中丞》："当时门前客，默默空冤烦。"

【冤魂】　蒙受冤屈之魂。杜牧《春申君》："烈士思酬国士恩，春申谁与快冤魂。"陆龟蒙《读阴符经寄鹿门子》："生民坠涂炭，比屋为冤魂。"

【冤滞】　滞留未申的冤狱。戎昱《汉阴吊崔员外坟》："存没抱冤滞，孤魂意何依。"

【冤魄】　冤魂，受屈而死者之魂魄。蔡京《咏子规》："千年冤魄化为禽，永逐悲风叫远林。"李商隐《燕台四首·右春》："研丹擘石天不知，愿得天牢锁冤魄。"

【冤憤】　冤屈、愤恨。白居易《赠樊著作》："东川八十家，冤愤一言伸。"李商隐《行次西郊作一百韵》："我听此言罢，冤愤如相焚。"

【冤聲】　呼唤冤屈之声。罗邺《长城》："降虏至今犹自说，冤声夜夜傍城根。"杜荀鹤《再经胡城县》："去岁曾经此县城，县民无口不冤声。"

【冤濫】　谓断狱冤枉失实。司空图《冯燕歌》："传声莫遣有冤滥，盗杀婴家即我身。"

【冤壘】　谓长城。旧说秦修长城，民夫饥冻冤死者众，故称。苏拯《长城》："嬴氏设防胡，烝沙筑冤垒。"

【冤謫】　受屈远谪。李商隐《哭刘司户蕡》："路有论冤谪，言皆在中兴。"

【冤讎】　亦作"冤讐"。仇恨。汪遵《延平津》："三尺晶荧射斗牛，岂随凡手报冤雠。"杜荀鹤《献钱塘县罗著作判官》："莫把一名专懊恼，放教双眼绝冤讐。"

【冤讐】　同"冤讎"。

【冤讒】　诬人致罪的谗言。周朴《喜贺拔先辈衡阳除正字》："黄纸晴空坠一缄，圣朝恩泽洗冤谗。"

十　画

幂　〔mì《集韵》莫狄切，入錫，明。〕❶盖覆食物的巾子。杜甫《驱竖子摘苍耳》："放筐亭午际，洗剥相蒙幂。"❷覆盖貌。洪子舆《严陵祠》："幽径滋芜没，荒祠幂霜霰。"李白《题江夏修静寺》："书带留青草，琴堂幂素尘。"王涯《望禁门松雪》："瑞雪凝清禁，祥烟幂小松。"

【幂翠庭】　嵩山十景之一。卢鸿一《嵩山十志十首·幂翠庭》序："幂翠庭者，盖崖巘积阴，林萝沓翠，其上绵幂，其下深湛，可以王神，可以冥道矣。"

【幂歷】　亦作"幂曆"。❶分布覆被貌。卢仝《楼上女儿曲》："心肠寸断谁得知，玉阶幂历生青草。"慧宣《秋日游东山寺寻殊昙二法师》："傍岭竹参差，缘崖藤幂历。”❷弥漫笼罩貌。徐夤《和尚书咏烟》：“玲珑薄展蛟绡片，幂历轻含凤竹丛。”

【幂幂】 ❶浓密貌。宋之问《温泉庄卧病寄杨七炯》：“幂幂涧畔草，青青山下木。”刘禹锡《游桃源一百韵》：“蕊检香氛氲，醮坛烟幂幂。”韩愈《叉鱼招张功曹》：“盖江烟幂幂，拂掉影寥寥。”常浩《寄远》：“可怜荧荧玉镜台，尘飞幂幂几时开。”❷覆盖貌。乔知之《和李侍郎古意》：“南山幂幂兔丝花，北陵青青女萝树。”张说《蜀路二首》之一：“磷磷含水石，幂幂覆林烟。”贾至《巴陵寄李二户部张十四礼部》：“江南春草初幂幂，愁杀江南独愁客。”

【幂歷】 同“幂歷”。❶分布覆被貌。卢照邻《怀仙引》：“石濑潺湲横石径，松萝幂歷掩松门。”储光羲《射雉词》：“幂歷疏篱下，毰毸深丛里。”❷弥漫笼罩貌。苏寓《东峰亭各赋一物得寒溪草》：“幂歷溪边草，游人不厌看。”

冫 部

三 画

冬 〔dōng《广韵》都宗切，平冬，端。〕季节名。农历以十、十一、十二月为冬季。杜甫《病后遇王倚饮赠歌》："长安冬菹酸且绿，金城土酥静如练。"白居易《偶作二首》之一："战马春放归，农牛冬歇息。"李频《送孙明秀才往潘州访韦卿》："草木春冬茂，猿猱日夜愁。"

【冬天】 冬季。寒山《诗三百三首》之八二："夏天将作衫，冬天将作被。"周贺《赠胡僧》："背经来汉地，袒膊过冬天。"

【冬日】 ❶冬天的太阳。白居易《自在》："杲杲冬日光，明暖真可爱。"郑昉《人不易知》："冬日承余爱，霜云喜暂披。"无名氏《哭从伯祭酒》(外编下)："明灵辞魏阙，冬日冷秦宫。"❷犹冬天。白居易《六年冬暮赠崔常侍晦叔》："易过唯冬日，难销是老愁。"《高黎贡山谣》(外编下)："冬日欲归来，高黎贡山雪。"

【冬心】 寂寞凄冷的心情。崔国辅《子夜冬歌》："寂寥抱冬心，裁罗又褧褧。"

【冬瓜】 瓜名。果实呈长圆形，皮有毛和白粉，夏天成熟。朱冲和《嘲张祜》："冬瓜堰下逢张祜，牛屎堆边说我能。"

【冬冬】 象声词，今作咚咚。白居易《初与元九别后忽梦见之因以此寄》："叩门声冬冬，言是商州使。"

【冬至】 二十四节气之一。此日夜最长，日最短。时间在阳历十二月二十二或二十三日。孟浩然《陪张丞相自松滋江东泊渚宫》："晚来风稍急，冬至日行迟。"元稹《书异》："行过冬至后，冻闭万物零。"殷尧藩《冬至酬刘使君》："异乡冬至又今朝，回首家山入梦遥。"

【冬青】 长绿乔木名。许浑有《洞灵观冬青》。《授马氏女诗》(卷八六二)："女是寄生枝，男是冬青木。"

【冬杪】 冬季的最后一月，指腊月。许棠有《冬杪归陵阳别业五首》。

【冬氛】 冬天的雾气。杜审言《除夜有怀》："冬氛恋虬箭，春色候鸡鸣。"

【冬服】 犹冬装。韦应物《军中冬燕》："是时冬服成，戎士气益振。"

【冬官】 《周礼》记周代设六官，司空称冬官，主工程制作。后代以为工部别称。岑参《陪狄员外早秋登府西楼因呈院中诸公》："谁当共携手，赖有冬官郎。"

【冬律】 犹冬天。律，音律。古以十二音律代十二个月。高宗《守岁》："今宵冬律尽，来朝丽景新。"钱众仲《玉壶冰》："冬律初阴结，寒冰贮玉壶。"

【冬狩】 帝王冬天的围猎。太宗有《冬狩》。张九龄《奉和圣制次琼岳韵》："我武因冬狩，何言是即禽。"刘长卿《温汤客舍》："冬狩温汤岁欲阑，宫城佳气晚宜看。"韦应物《白沙亭逢吴叟歌》："冬狩春祠无一事，欢游洽宴多颁赐。"

【冬凌】 冰。白居易《醉后戏题》："自知清冷似冬凌，每被人呼作律僧。"

【冬烘】 糊涂，迂腐。无名氏《嘲郑薰》(卷八七二)："主司头脑太冬烘，错认颜标作鲁公。"

【冬菁】 冬季成熟的芜菁。芜菁又名蔓菁，俗称大头菜。杜甫《暇日小园散病将种秋菜督勒耕牛兼书触目》："冬菁饭之半，牛力晚来新。"

【冬笋】 冬天从地下挖出的竹笋。杜甫《发秦州》："密竹复冬笋，清池可方舟。"

【冬陽】 冬天的阳光。贾岛《赠温观主》："弊庐道室虽邻近，自乐冬阳炙背闲。"

【冬節】 冬季。贾岛《寄孟协律》："别后冬节至，离心北风吹。"

【冬暮】 冬末。李商隐有《幽居冬暮》。刘昭禹《冬日暮国清寺留题》："天台山下寺，冬暮景如屏。"

【冬曉】 冬天的早晨。皮日休《冬晓章上人院》："山堂冬晓寂无闻，一句清言忆领军。"

【冬積】 冬天储存的食物。许敬宗《奉和喜雪应制》："伏槛观花瑞，称觞庆冬积。"

【冬瓏】 象声词。铃声。李贺《瑶华乐》："八銮冬珑逐天回，五精扫地凝云开。"

四　画

冲〔chōng〕❶"冲"的俗字。见"冲虚""冲融"。❷同"衝"。向前突进。元稹《春六十韵》："震动风千变，晴和鹤一冲。"李洞《秋日同觉公上人眺慈恩塔六韵》："细闻槎客语，遥辨海鱼冲。"

【冲天】　突飞上天。白居易《答裴相公乞鹤》："警露声音好，冲天相貌殊。"

【冲虚】　冲虚真人的简称。天宝元年尊列子为冲虚真人。周郭藩《谭子池》："言讫辞冲虚，杳霭上元微。"

【冲霄】　犹冲天。张祜《陵楚州韦舍人北闻门游宴》："挹海惊涯涘，冲霄讶羽毛。"

【冲融】　❶柔和。张嗣初《赋得白云起封中》："浮光弥皎洁，流影更冲融。"❷恬淡随和。张祜《读西汉书十四韵》："冲融当魏邴，覗衍自昭宣。"

冰[1]〔bīng《广韵》筆陵切，平蒸，幫。〕❶结冰。玄宗《温汤对雪》："未见温泉冰，宁知火井灭。"白居易《春雪》："或记水不冰，或书霜不杀。"❷水在摄氏零度以下的固体状态。太宗《饮马长城窟行》："塞外悲风切，交河冰已结。"皇甫冉《送窦十九叔向赴京》："冰结杨柳津，从吴去入秦。"杜牧《汴河阻冻》："浮生却似冰底水，日夜东流人不知。"❸如冰一样洁白无瑕的。见"冰心""冰輪"。❹寒冷的。见"冰食""冰甃"。

冰[2]〔níng《广韵》魚陵切，平蒸，疑。〕使冻结。包佶《宿庐山赠白鹤观刘尊师》："春飞雪粉如毫润，晓漱琼膏冰齿寒。"李商隐《蝇蝶鸡麝鸾凤等成篇》："玳瑁明书阁，琉璃冰酒缸。"

【冰刃】　冰凌。韦庄《三堂早春》："池边冰刃暖初落，山上雪棱寒未销。"

【冰井】　冰窖。古人在冬天把冰放进地窖，用来冷藏食物或夏天取用。陈叔达《初年》："和风起天路，严气消冰井。"元稹《奉和浙西大夫李德裕次本韵》："冰井分珍果，金瓶贮御醪。"贯休《苦热寄赤松道者》："蝉喘雷干冰井融，些子清风有何益。"

【冰天】　形容寒冷的天宇。徐仲雅《赠齐己》："闷见有唐风雅缺，敲破冰天飞白雪。"

【冰文繭】　有冰裂纹的绢。常衮《晚秋集贤院即事寄徐薛二侍郎》："墨润冰文茧，香销蠹字鱼。"

【冰心】　像冰一样清白高洁的心灵。王昌龄《芙蓉楼送辛渐二首》之一："洛阳亲友如相问，一片冰心在玉壶。"皎然《吊灵均词》："既冰心兮皎洁，上问天兮胡不闻？"杨巨源《送许侍御充云南哀册使判官》："冰心瘴江冷，霜宪漏天晴。"

【冰玉】　如冰之清，如玉之润，多比喻人的高尚品格。李白《寄远十一首》之十一："怜君冰玉清迥之明心，情不极兮意已深。"李商隐《行次西郊作一百韵》："官清若冰玉，吏善如六亲。"赵嘏《赠曹处士幽居》："勾漏先生冰玉然，曾将八石问群仙。"

【冰出水】　语出《荀子·劝学篇》："青，取之于蓝，而青于蓝；冰，水为之，而寒于水。"王季文《青出蓝》："还同冰出水，不共草为萤。"

【冰光】　冰的光泽。徐夤《钓车》："轴磨骍角冰光滑，轮卷春丝水面平。"

【冰$_2$肌玉骨】　形容女子洁白美好的体肤。后蜀嗣主孟昶《避暑摩诃池上作》："冰肌玉骨清无汗，水殿风来暗香暖。"

【冰谷】　冰封的山谷。李白《自梁园至敬亭山见会公因有此赠》："冰谷明且秀，陵峦抱江城。"

【冰花】　冰初结时，参差如花状，故名。钱俶《宫中作》："西第晚宜供露茗，小池寒欲结冰花。"

【冰河】　封冻的河流。令狐楚《从军词五首》之三："却望冰河阔，前登雪岭高。"吕温《道州月叹》："别馆月犁牛，冰河金山雪。"杜荀鹤《塞上》："冰河夜渡偷来马，雪岭朝飞猎去人。"

【冰泮】　解冻。孟浩然《自浔阳泛舟经明湖》："遥怜上林雁，冰泮也回翔。"和凝《宫词百首》之四五："凤池冰泮岸莎匀，柳眼花心雪里新。"

【冰兔】　皎洁的月亮。神话说月中有玉兔捣药，故名。李绅《奉酬乐天立秋夕有怀见寄》："冰兔半升魄，铜壶微滴长。"

【冰柱】　水下滴时凝结成的锥状冰。刘叉《冰柱》："旋落旋逐朝暾化，檐间冰柱若削出交加。"李洞《寄太白隐者》："栈阁交冰柱，耕樵隔日轮。"

【冰砌】　洁白的台阶。韩愈《和崔舍人咏月二十韵》："风台观滉瀁，冰砌步青荧。"

【冰炭】　冰寒炭热，比喻不能相容的事物。韦应物《送阎采赴东川辟》："冰炭俱可怀，孰云寒与热？"韩愈《听颖师弹琴》："颖乎尔诚能，无以冰炭置我肠！"白居易《读道德经》："只有一身宜爱护，少教冰炭逼心神。"章孝标《上西川王尚书》："下客低头来又去，暗堆冰炭在深衷。"

【冰泉】　冰下暗流的泉水。元稹《和李校书新题乐府十二首·五弦弹》："呜呜暗溜咽冰泉，杀杀霜刀涩寒鞘。"白居易《筝》："霜珮锵还委，冰泉咽复通。"韦庄《听赵秀才弹琴》："满匣冰泉咽又鸣，玉音闲淡入神清。"

【冰食】　冷食。韩愈《苦寒歌》："兼味养大贤，冰食葛制神所怜。"

【冰姿】　清白的身体。孟简《赋得亚父碎玉斗》：

"犹看虹气凝，讵惜冰姿碎？"张贲《和鲁望白菊》："雪彩冰姿号女华，寄身多是地仙家。"

【冰室】 犹冰井。孟浩然《家园卧疾毕太祝曜见寻》："冰室无暖气，炎云空赫曦。"杜牧《春日言怀寄虢州李常侍十韵》："论吐开冰室，诗陈曝锦张。"

【冰屋】 喻仙境中白玉建造的宫室。曹唐《小游仙诗九十八首》之十三："冰屋朱扉晓未开，谁将金策扣琼台？"

【冰氣】 冰点以下的极寒之气。方干《题陶详校书阳羡隐居》："长潭五月含冰气，孤桧中宵学雨声。"

【冰凌】 冰。李峤《绫》："马眼冰凌影，竹根雪霰文。"孟郊《戏赠无本》："瘦僧卧冰凌，嘲咏含金痍。"

【冰凍】 ❶结冰。韩愈《赴江陵途中寄赠三学士》："商山季冬月，冰冻绝行辀。"❷冰。徐夤《寄天台陈希畋》："阴山冰冻尝迎夏，蛰户云雷只待春。"

【冰消】 冰融。白居易《早春忆游思黯南庄因寄长句》："冰消见水多于地，雪霁看山尽入楼。"

【冰消瓦解】 冰融瓦碎，比喻大势已去，一切结束。寒山《诗三百三首》之八五："不过七十年，冰消瓦解置。"拾得《诗》之五一："未逾七十秋，冰消瓦解去。"

【冰容】 白皙美好的容貌。戎昱《送吉州阎使君入道二首》之二："冰容入镜纤埃静，玉液添瓶漱齿寒。"杨巨源《和汴州令狐相公白菊》："纨袖呈瑶瑟，冰容启玉堂。"施肩吾《赠施仙姑》："缥缈吾家一女仙，冰容虽小不知年。"参见"冰雪容"。

【冰雪】 ❶比喻肤色莹洁。刘禹锡《桃源行》："须臾皆破冰雪颜，笑言委曲问人间。"王周《无题二首》之一："冰雪肌肤力不胜，落花飞絮绕风亭。"❷比喻清雅脱俗。高适《酬马八效古见赠》："奈何冰雪操，尚与蒿莱群。"孟郊《送豆卢策归别墅》："一卷冰雪文，避俗常自携。"李咸用《览友生古风》："一卷冰雪言，清泠泠心骨。"

【冰雪姿】 犹冰姿。杨衡《赠罗浮易炼师》："荣卫冰雪姿，咽嚼日月精。"于頔《郡斋卧疾赠昼上人》："觌君冰雪姿，祛我淫滞想。"

【冰雪容】 以冰雪容为神仙典故，也喻指美人容颜，见《庄子·逍遥游》。杜甫《丈人山》："扫除白发黄精在，君看他时冰雪容。"皎然《奉和崔中丞效小谢体》："往想冥昧理，谁亲冰雪容？"杨凭《赠马炼师》："心嫌碧落更何从，月帔花冠冰雪容。"

【冰雪聰明】 成语。形容心地纯洁，智慧超群。杜甫《送樊二十三侍御赴汉中判官》："冰雪净聪明，雷霆走精锐。"

【冰堅】 比喻时机成熟。语出《易·坤》："初六，履霜坚冰至。"王绩《过汉故城》："冰坚成巨猾，火德遂颓纲。"

【冰眸】 明亮透彻的眼睛。昭宗《巫山一段云》词之一："冰眸莲脸见长新，巫峡更何人。"

【冰彩】 犹冰光。许浑《十二月拜起居表回》："寒水欲春冰彩薄，晓山初霁雪峰高。"莫宣卿《赋得水怀珠》："沦涟冰彩动，荡漾瑞光铺。"

【冰清】 比喻清高廉洁的道德。吴筠《高士咏·伯夷叔齐》："世浊不可处，冰清首阳岑。"皎然《送乌程李明府得陟状赴京》："士林推玉振，公府荐冰清。"温庭筠《感旧陈情五十韵献淮南李仆射》："冰清临百粤，风靡化三川。"

【冰清玉潤】 晋卫玠娶乐广女，人称妻父有冰清之资，婿有璧润之望，所谓秦晋之匹也。《晋书·卫玠传》作"妇公冰清，女婿玉润"。后以"冰清玉润"为翁婿美称。皎然《送顾处士歌》："满道喧喧遇君别，争窥玉润与冰清。"李瀚《蒙求》："叔宝玉润，彦辅冰清。"

【冰華】 犹冰光。鲍溶《玉山谣奉送王隐者》："水玉丁东不可闻，冰华皎洁应如待。"

【冰壺】 ❶盛冰的玉壶，夏天用以降温。韩偓《昼寝》："烦襟乍触冰壶冷，倦枕徐欹宝髻松。"❷喻莹洁透彻的事物。韦应物《赠王侍御》："心同野鹤与尘远，诗似冰壶见底清。"独孤及《题玉潭》："碧玉徒强名，冰壶难比德。"卢纶《送太常李主簿归觐省》："定交分玉剑，发咏写冰壶。"皮日休《石榴歌》："玉刻冰壶含露湿，斓斑似带湘娥泣。"❸喻清白廉洁的品行。崔湜《景龙二年春日赴襄阳途中言志》："毫发顾无累，冰壶邈自持。"李白《赠宣城宇文太守兼呈崔侍御》："下马不作威，冰壶照清川。"韦应物《寄洪州幕府卢二十一侍御》："文苑台中妙，冰壶幕下清。"唐彦谦《怀友》："冰壶总忆人如玉，目断重云十二楼。"❹借指明月。杜甫《寄裴施州》："金钟大镛在东序，冰壶玉衡悬清秋。"元稹《献荥阳公诗五十韵》："冰壶通皓雪，绮树眇晴烟。"

【冰棱】 冰的锋芒。张祜《寄王尊师》："天台南洞一灵仙，骨耸冰棱貌莹然。"许棠《过分水岭》："风兼雨气吹人面，石带冰棱碍马蹄。"

【冰筆】 犹冰柱。贯休《寄杜使君》："残磬隔风林，微阳解冰笔。"

【冰渠】 封冻的水沟。钱起《春郊》："水绕冰渠渐有声，气融烟坞晚来明。"卢纶《酬陈翃郎中见寄》："烧烟浮雪野，麦陇润冰渠。"

【冰絲】 ❶冰蚕所吐的丝。以冰丝为蚕丝美称。方干《酬将作于少监》："冰丝织络经心久，瑞玉雕磨措手难。"❷指琴弦。《湘妃诗四首》之二(卷八六四)："碧杜红蘅缥缈香，冰丝弹月弄清凉。"

【冰雹】 空中降落的冰块，多发生在春末和夏季。韩愈、孟郊《纳凉联句》："仰惧失交泰，非时结冰雹。”

【冰暉】　指明彻的月光。李群玉《中秋维舟君山看月二首》之二：“练彩连河晓，冰晖压树干。”

【冰稜】　同冰棱。

【冰鼠】　传说中的一种老鼠。汉东方朔《神异记》有载。杨巨源《和吕舍人喜张员外自北番回至境上先寄二十韵》：“地邻冰鼠净，天映烛龙寒。”

【冰腸】　指饥肠辘辘，又冷又饿。孟郊《饥雪吟》：“冰肠一直刀，天杀无曲情。”

【冰綃】　薄而白的丝织品。李商隐《利州江潭作》：“河伯轩窗通贝阙，水宫帷箔卷冰绡。”殷文圭《江南秋日》：“冰绡写上江南景，寄与金銮马长卿。”

【冰碧】　指嫩竹。因竹竿有白粉，故称。元稹《寺院新竹》：“冰碧林外寒，峰峦眼前耸。”又《和东川李相公慈竹十二韵》：“冰碧寒夜耸，箫韶风昼罗。”

【冰甃】　寒冷的井砖。耿沣《甘泉诗》：“修绠悬冰甃，新桐荫玉沙。”

【冰輪】　比喻明亮的圆月。王初《银河》：“历历素榆飘玉叶，涓涓清月湿冰轮。”朱庆余《十六夜月》：“昨夜忽已过，冰轮始觉亏。”徐夤《题福州天王阁》：“有时海上看明月，辗出冰轮叠浪间。”

【冰齒】　比喻诗文清新，吟诵而使牙齿有寒冷之感。杜荀鹤《读友人诗卷》：“冰齿味瑶轴，只应神鬼知。”

【冰輝】　寒光。李群玉《古镜》：“冰辉凛毛发，使我肝胆冷。”

【冰盤】　夏天把水果浸在放冰的盘中冷冻，取食以消暑，此盘称冰盘。韩愈《李花二首》之一：“冰盘夏荐碧实脆，斥去不御惭其花。”韩偓《雨后月中玉堂闲坐》：“绿香熨齿冰盘果，清冷侵肌水殿风。”

【冰瑩】　❶冰的透明。元稹《喻宝二首》之二：“珠玉照乘光，冰莹环坐热。”❷喻心地纯洁。元稹《送崔侍御之岭南二十韵》：“冰莹怀贪水，霜清顾痛岩。”

【冰漿】　犹冰水。孟郊《答卢仝》：“日劈高查牙，清棱含冰浆。”

【冰錐】　犹冰柱。韦庄《对雪献薛常侍》：“松装粉穗临窗亚，水结冰锥簇溜悬。”

【冰禪】　唐末僧人。与齐己同时。齐己有《送冰禅再往湖中》。

【冰霜】　❶冰与霜。杜甫《远怀舍弟颖观等》：“江汉春风起，冰霜昨夜除。”李涉《晓过函谷关》：“因韩为赵两游秦，十月冰霜渡孟津。”薛能《洛下寓怀》：“冰霜谷口晨樵远，星火炉边夜坐寒。”❷比喻高尚的情操或脱俗的格调。白居易《和答诗十首·和松树》：“彼如君子心，秉操贯冰霜。”李群玉《湘中别成威阇黎》：“至哉彼上人，冰霜凛规则。”陆龟蒙《奉和袭美太湖诗二十首·晓次神景宫》：“尽出冰霜书，期君一披省。”刘蜕《览陈拾遗文集》：“意气高于头，冰霜冷人腹。”❸比喻肌肤白皙。王起《赠毛仙翁》：“冰霜肌骨称童年，羽驾何由到俗间？”

【冰檗】　饮冰食檗（黄檗），形容生活清苦。皮日休《七爱诗·元鲁山》：“一室冰檗苦，四远声光飞。”

【冰簟】　用篾丝编成的凉席。李商隐《可叹》：“冰簟且眠金镂枕，琼筵不醉玉交杯。”温庭筠《瑶瑟怨》：“冰簟银床梦不成，碧天如水夜云轻。”唐彦谦《咏竹》：“醉卧凉阴沁骨清，石床冰簟梦难成。”

【冰鯉】　晋代王祥的后母不慈，冬天却命王祥去捕鱼。祥脱衣正要破冰，冰忽融化，双鲤跃出。事见《晋书·王祥传》。后以为孝子典故。柳宗元《弘农公以硕德伟材屈于诬枉谨献诗五十韵以毕微志》：“渊龙过许劭，冰鲤吊王祥。”又作为鲤鱼美称。唐彦谦《夏日访友》：“春盘擘紫虾，冰鲤斫银鲙。”

【冰顔】　犹冰容。曹唐《汉武帝思李夫人》：“惆怅冰颜不复归，晚秋黄叶满天飞。”

【冰轍】　冰上的车轮痕迹。白居易《新乐府·卖炭翁》：“夜来城上一尺雪，晓驾炭车辗冰辙。”

【冰鏡】　❶冰的镜子。冰平如镜，故云。刘昚虚《积雪为小山》：“孤影临冰镜，寒光对玉颜。”孟郊《古意》：“愿君如陇水，冰镜水还流。”路应《仙岩四瀑布即事十四韵》：“芸香蔼芳气，冰镜彻圆规。”❷以冰为镜，比喻能洞察事理。语出《晋书·乐广传》。刘兼《倦学》：“乐广亡来冰镜稀，宓妃嫫母混妍媸。”

【冰釋】　❶冰融化。刘禹锡《元和癸巳岁率尔成咏寄荆南严司空》：“就日知冰释，投人念鸟穷。”❷比喻疑团或忧愁等的消除。刘禹锡《游桃源一百韵》：“道芽期日就，尘虑乃冰释。”吴融《题画柏》：“闲取画图看，烦纡果冰释。”

【冰蘗】　亦作“冰檗”。喻生活清苦而有操守。皎然《苕溪草堂简潘丞述汤评事衡四十三韵》：“达贤观此意，烦想遂冰蘖。”刘言史《初下东周赠孟郊》：“素坚冰蘖心，洁持保坚贞。”

【冰鑒】　❶即冰镜。席豫《奉和敕赐公主镜》：“妍媸冰鉴里，从此愧非才。”❷喻十五明月。元稹《月三十韵》：“绛河冰鉴朗，黄道玉轮巍。”

【冰鱗】　指银色的游鱼。杜牧《题池州弄水亭》：“玄丝落钩饵，冰鳞看吞吐。”

【冰蠶】　❶神话中的一种蚕。参见“冰絲”。徐凝《员峤先生》：“逢人借问陶唐王，欲进冰蚕五色丝。”❷喻颂别人诗思的奇诡。皮日休《奉酬鲁望见答鱼笺之什》：“毫端白獭脂犹湿，指下冰蚕子欲飞。”王贞白《寄郑谷》：“火鼠重收布，冰蚕乍吐丝。”❸蚕或蚕丝的美称。牟融《春游》：“锦袍日暖耀冰蚕，上客陪游酒半酣。"陈标《长安秋思》："吴女秋机织曙霜，冰蚕吐丝月盈筐。"

决 〔jué〕"決"的俗体字。❶决定。李白《赤壁歌送别》："二龙争战决雌雄，赤壁楼船扫地空。"❷判决。张祜《苦旱》："狱俟于公决，心期戴令虔。"

五 画

况 〔kuàng〕"況"的俗体字。何况。独孤及《诗一首》："饮和自忘渴，况以初筵招。"

冷¹ 〔lěng《广韵》鲁打切，上梗，來。又力鼎切，上迥，來。〕❶寒冷。岑参《送王著作赴淮西幕府》："月色冷楚城，淮光透霜空。"元稹《春游》："镜水波犹冷，稽峰雪尚残。"李商隐《送千牛李将军赴阙五十韵》："弦危中妇瑟，甲冷想夫筝。"❷凄凉。韦应物《山行积雨归途始霁》："深林猿声冷，沮洳虎迹新。"牟融《秋夜醉归有感而赋》："惆怅后时孤剑冷，寂寥无寐一灯残。"李洞《废寺闲居寄怀一二罢举知己》："病居废庙冷吟烟，无力争飞类病蝉。"❸冷落，闲散。杜甫《醉时歌》："诸公衮衮登台省，广文先生官独冷。"张籍《酬秘书王丞见寄》："芸阁水曹虽最冷，与君长喜得身闲。"李中《赠永真杜翱少府》："爱静不嫌官况冷，苦吟从听鬓毛苍。"❹冷淡。白居易《酬张十八访宿见赠》："五侯三相家，眼冷不见君。"❺冷僻，清幽。李山甫《酬刘书记一二知己见寄》："身闲偏好古，句冷不求奇。"❻姓氏。唐诗人有冷朝阳。

冷² 〔líng《广韵》郎丁切，平青，來。〕见"冷冷""冷然"。

【冷天】 寒冷的天气。陆龟蒙《回文》："冷天侵极戍，寒月对行舟。"

【冷切】 严寒。王建《酬柏侍御闻与韦处士同游灵台寺见寄》："清冷玉涧泣，冷切石磬愁。"

【冷日】 光线不强的太阳。赵嘏《冷日过骊山》："冷日微烟渭水愁，翠华宫树不胜秋。"钱珝《江行无题一百首》之三："浦烟函夜色，冷日转秋旻。"

【冷句】 意境幽僻的诗句。郑谷《访题表兄王藻渭上别业》："浊醪最称看山醉，冷句偏宜选竹题。"贯休《蓟北寒月作》："清吟得冷句，远念失佳期。"

【冷灰】 灰烬。李商隐《韩冬郎即席为诗相送因成二绝寄酬兼呈畏之员外》："十岁裁诗走马成，冷灰残烛动离情。"司空图《诗品二十四则·悲慨》："百岁如流，富贵冷灰。"来鹄《鄂渚除夜书怀》："箸拨冷灰书闷字，枕陪寒席带愁眠。"

【冷光】 寒光。李贺《李凭箜篌引》："十二门前融冷光，二十三丝动紫皇。"喻坦之《长安雪后》："冷光兼素彩，向暮朔风吹。"齐己《剃发》："金刀闪冷光，一剃一清凉。"

【冷竹】 清凉或寒冷的竹林。孟郊《送淡公》之一："常于冷竹坐，相语道意冲。"白居易《初冬即事忆皇甫十》："冷竹风成韵，荒街叶作堆。"

【冷吟】 ❶闲散地吟诗。白居易《舟中晚起》："且向钱唐湖上去，冷吟闲醉二三年。"❷犹冷句。姚合《寄国子杨巨源祭酒》："门户饶秋景，儿童解冷吟。"又《心怀霜》："思劲凄孤韵，声酸激冷吟。"

【冷角】 凄凉的号角声。戴司颜《塞上》："冷角吹乡泪，干榆落梦床。"

【冷₂冷₂】 犹泠泠。形容声音清越。张祜《弹琴歌》："弄之不难听者难，金徽冷冷流水寒。"

【冷巷】 冷僻的小巷。白居易《题新居寄元八》："冷巷闭门无客到，暖檐移榻向阳眠。"

【冷杯】 冷酒。白居易《和薛秀才寻梅花同饮见赠》："忽惊林下发寒梅，便试花前饮冷杯。"

【冷雨】 寒凉的雨。韩愈《燕河南府秀才得生字》："阴风搅短日，冷雨涩不晴。"陆龟蒙《和袭美新秋即事次韵三首》之三："鸲鹆阵合残阳少，蜻蛚吟高冷雨疏。"

【冷炙】 谓吃剩的饭菜。杜甫《奉赠韦左丞丈二十二韵》："残杯与冷炙，到处潜悲辛。"

【冷冽】 ❶清醇。韩愈《醉赠张秘书》："酒味既冷冽，酒气又氛氲。"❷寒冷。贯休《寄高员外》："冷冽苍黄风似劈，雪骨冰筋满瑶席。"

【冷官】 闲散冷落的官职。张籍《早春闲游》："年长身多病，独宜作冷官。"

【冷面】 谓脸无笑容。苏拯《断火谣》："暗室枯槁饭，冷面相看坐。"

【冷香】 清幽的香气。王建《野菊》："晓艳出荒篱，冷香著秋水。"薛能《牡丹四首》之四："浓艳冷香初盖后，好风干雨正开时。"

【冷泉】 泉名。在浙江杭州灵隐寺前飞来峰下。白居易《留题天竺灵隐两寺》："谁教冷泉水，送我下山来。"徐夤《游灵隐天竺二寺》："丹井冷泉虚易到，两山真界实难名。"

【冷泉驛】 驿站名。故址在今山西灵石县境。李商隐有《寒食行次冷泉驿》。

【冷食】 古人寒食节禁火，只能吃节前煮好的食物，故云。韦应物《清明日忆诸弟》："冷食方多病，开襟一欣然。"张籍《寒食内宴二首》之一："廊下御厨分冷食，殿前香骑逐飞球。"

【冷風】 秋风。徐铉《送蒯司录归京》："迁客临流倍惆怅，冷风黄叶满山城。”解彦融《雁塔》：“绿野冷风浃，紫微佳气晶。”

【冷紅】　谓红色的秋花。李贺《南山田中行》：“云根苔藓山上石，冷红泣露娇啼色。”冯延巳《临江仙》词：“冷红飘起桃花片，青春意绪阑珊。”

【冷素】　谓白色的秋花。李群玉《雨夜呈长官》：“孤灯冷素艳，虫响寒房幽。”

【冷格】　恬淡的风度。郑谷《赠圆昉公》：“天阶让紫衣，冷格鹤犹卑。”

【冷峭】　犹凛冽。白居易《招客》：“日午微风且暮寒，春风冷峭雪干残。”

【冷氣】　寒冷的空气。刘言史《苦妇词》：“藁葶无一枝，冷气两悬悬。”张祜《润州杨别驾宅送蒋侍御收兵归扬州》：“冷气清金虎，兵威壮铁冠。”唐求《马嵬感事》：“冷气生深殿，狼星渡远关。”

【冷笑】　含有轻蔑、讽刺等意味的笑。李白《上李邕》：“世人见我恒殊调，闻余大言皆冷笑。”白居易《感所见》：“谁人会我心中事，冷笑时时一掉头。”杜牧《哭韩绰》：“归来冷笑悲身事，唤妇呼儿索酒盆。”徐夤《偶书》：“高皇冷笑重瞳客，盖世拔山何所为？”

【冷病】　因受寒而生病，即今感冒。姚合《亲仁里居》：“饮酒自缘防冷病，寻人多是为闲行。”又《别春》：“寂寞自疑生冷病，凄凉还似别亲知。”贯休《鄂渚赠祥公》：“客远何人识，吟多冷病增。”

【冷宴】　指露天宴会。韩偓《重和》：“冷宴殷勤展小园，舞鞇柔软彩虬盘。”

【冷陘】　地名。即冷口。在今河北迁安市东北，为长城要塞之一。高适《赠别王十七管记》：“沙深冷陉断，雪暗辽阳闭。”又《睢阳酬别畅大判官》：“诸将出冷陉，连营济石桥。”

【冷曹】　犹冷官。司空图《寄赠诗僧秀公》：“冷曹孤宦甘寥落，多谢携筇数访寻。”郑谷《小北厅闲题》：“冷曹孤宦本相宜，山在墙南落照时。”

【冷眼】　对事物抱冷静或冷漠的态度。李群玉《寄短书歌》：“孤台冷眼无来人，楚水秦天莽空阔。”徐夤《上卢三拾遗以言见黜》：“冷眼静看真好笑，倾怀与说却为冤。”

【冷修修】　犹冷飕飕。白居易《夜宴惜别》：“何况鸡鸣即须别，门前风雨冷修修。”

【冷淘】　一种冷拌面食。冯涓《酒令》：“乐乐乐，冷淘似馎饦。”

【冷淡】　❶素净淡雅。白居易《白牡丹》：“白花冷淡无人爱，亦占芳名道牡丹。”❷幽清，孤寂。白居易《花下对酒二首》之一：“冷淡病心情，暄和好时节。”李中《书小斋壁》：“其谁肯见寻，冷淡少知音。”❸谓格调冷峭。白居易《闲夜咏怀因招周协律刘薛二秀才》：“香浓酒熟能尝否，冷淡诗成肯和无？”郑谷《试笔偶书》：“乖慵恩地恕，冷淡好僧知。”贯休《读孟郊集》：“因知吾道后，冷淡亦如斯。”

【冷朝光】　唐诗人。年里无考。《全唐诗》卷七七三收其诗一首。

【冷朝阳】　唐诗人。金陵（今江苏南京）人。大历四年进士及第。曾入薛嵩幕府。《全唐诗》卷三〇五收其诗十一首。李嘉祐有《送冷朝阳及第东归江宁》。钱起有《送冷朝阳擢第后归金陵觐省》。韩翃有《送冷朝阳还上元》。

【冷然】　清凉的样子。独孤及《送陈兼应辟兼寄高适贾至》：“肃肃举鸿毛，冷然顺风吹。”皎然《宿道士观》：“古观秋木秀，冷然属鲜飙。”

【冷$_2$然】　犹泠泠。卢纶《割飞二刀子歌》：“日试曾磨汉水边，掌中恬栗声冷然。”司空图《诗品二十四则·实境》：“遇之自天，冷然希音。”

【冷$_2$然上人】　即诗僧泠然。费冠卿有《秋日与冷然上人寺庄观稼》。

【冷焰】　即将熄灭的火焰。常达《山居八咏》之六：“漏转寒更急，灯残冷焰微。”

【冷滑】　清凉光滑。白居易《游悟真寺诗》：“冷滑无人迹，苔点如花笺。”张祜《庚子岁寓游扬州赠崔荆四十韵》：“冷滑连心簟，轻疏着体缯。”

【冷絮】　比喻雪花。卢仝《苦雪寄退之》：“冷絮刀生削峭骨，冷齑斧破慰老牙。”

【冷落】　萧条寂寞。陆敬《游隋故都》：“枌榆何冷落，禾黍郁芊绵。”白居易《冬夜》：“冷落灯火暗，离披帘幕破。”李商隐《河内诗二首》之一：“碧城冷落空蒙烟，帘轻幕重金钩栏。”赵抟《琴歌》：“玉徽冷落无光彩，堪恨钟期不相待。”

【冷暖】　冷热。寒山《诗三百三首》之九八：“冷暖我自量，不信奴唇皮。”白居易《乌夜啼》：“画堂鹦鹉鸟，冷暖不相知。”引申为世态的炎凉。刘得仁《送车涛罢举归山》：“朝是暮还非，人情冷暖移。”

【冷碧】　形容寒天的山色。王毂《吹笙引》：“曲终满席悄无语，巫山冷碧愁云雨。”齐己《浣口泊舟晓望天柱峰》：“冷碧无云点，危棱有瀑悬。”

【冷夢】　❶在凄凉中梦见。陆龟蒙《奉和袭美暇日独处见寄》：“冷梦汉皋怀鹿隐，静怜烟岛觉鸿离。”❷孤寂凄凉的梦。杜荀鹤《将游湘湖有作》：“岳钟思冷梦，湘月少残篇。”

【冷翠】　形容植物在凋零前的暗绿色。陆龟蒙《秋荷》：“盈盈一水不得渡，冷翠遗香愁向人。”

【冷熱】　❶冷与热。白居易《春日闲居三首》之一：“饥来恣餐歠，冷热随所欲。”❷冷清与繁华。白居易《雪中晏起偶咏所怀兼呈张常侍韦庶子皇甫郎中》：

"红尘闹热白云冷，好于冷热中间安置身。"❸闲置与重用。白居易《再授宾客分司》："但问适意无，岂论官冷热。"

【冷箭】 比喻寒风的劲厉。孟郊《寒地百姓吟》："冷箭何处来，棘针风骚劳。"

【冷節】 即寒食节。白居易《酬郑二司与录李六郎中寒食日相过同宴见赠》："偶因冷节会嘉宾，况是平生心所亲。"韩偓《寒食日沙县雨中看蔷薇》："何处遇蔷薇，殊乡冷节时。"

【冷僻】 冷清偏僻。白居易《初到郡斋寄钱湖州李苏州》："霅溪殊冷僻，茂苑太繁雄。"

【冷静】 冷落清静。白居易《闲层》："风雨萧条秋少客，门庭冷静昼多关。"又《自题》："老宜官冷静，贫赖俸优饶。"南唐后主李煜《采桑子》词之二："绿窗冷静芳音断，香印成灰。"

【冷澹】 同"冷淡"。

【冷薄】 清凉轻薄。李商隐《燕台四首·秋》："瑶琴愔愔藏楚弄，越罗冷薄金泥重。"

【冷燭】 未燃的蜡烛。钱珝《未展芭蕉》："冷烛无烟绿蜡干，芳心犹卷怯春寒。"

【冷澀】 凝滞不流畅。白居易《琵琶引》："水泉冷涩弦疑绝，疑绝不通声暂歇。"陆龟蒙《上清》："新篁冷涩曲未尽，细拂云枝栖凤惊。"

【冷餳】 一种饴糖类食物，因须待冷却方能食用，故名。曹松《钟陵寒食日郊外闲游》："可怜时节足风情，杏子粥香如冷饧。"

【冷颼颼】 形容风冷。寒山《诗三百三首》之二四一："家破冷飕飕，食无一粒粟。"又《诗三百三首》之二六〇："寒月冷飕飕，身似孤飞鹤。"钱珝《江行无题一百首》之四九："风晚冷飕飕，芦花已白头。"

【冷飋飋】 犹冷飕飕。白居易《寄献北都留守裴令公》："汾云晴漠漠，朔吹冷飋飋。"

【冷癥】 冷僻的毛病。曹松《山中言事》："岚霭润窗棂，吟诗得冷症。"

【冷艷】 形容淡雅的花。丘为《左掖梨花》："冷艳全欺雪，余香乍入衣。"李郢《醉送》："江梅冷艳酒清光，急拍繁弦醉画堂。"李中《宿钟山知觉院》："笼灯吐冷艳，岩树起寒声。"

冶 〔yě《广韵》羊者切，上馬，以。〕❶熔炼金属。王涯《广宣上人以诗贺放榜和谢》："在冶只求金不耗，用心空学秤无私。"薛昭纬《谢银工》："早知文字多辛苦，悔不当初学冶银。"❷熔铸器物的工匠。刘禹锡《两如何诗谢裴令公赠别二首》之二："终期大冶再镕炼，愿托扶摇翔碧虚。"许棠《送李员外知扬子州留务》："冶例开山铸，民多酌海煎。"❸艳丽。张柬之《东飞伯劳歌》："绝世三五爱红妆，冶袖长裾兰麝香。"❹通"野"。见"冶游"。

【冶長】 即公冶长。公冶，复姓。孔子弟子。《论语》有《公冶长》篇。骆宾王《畴昔篇》："冶长非罪曾缧绁，长孺然灰也经溺。"韩愈《县斋有怀》："冶长信非罪，侯生或遭骂。"柳宗元《奉酬杨侍郎丈因送八叔拾遗戏赠诏追南来诸宾二首》之二："冶长虽解缧绁，无由得见东周。"

【冶服】 艳丽的服饰。陆敬《七夕赋咏成篇》："婉娈夜分能几许，靓妆冶服为谁新?"王绩《益州城西张超亭观妓》："冶服看疑画，妆台望似春。"

【冶城】 ❶地名。故址在今江苏南京市朝天宫附近。相传三国吴(一说吴王夫差)冶铁所在，故名。李白《登金陵冶城西北谢安墩》："冶城访古迹，犹有谢安墩。"❷地名。在今湖北武汉市黄陂区东南。相传梁武帝将攻郢城，修战守兵器之所。孟浩然《游明禅师西山兰若》："日暮方辞去，田园归冶城。"

【冶容】 ❶打扮妖媚。李白《赠清漳明府侄聿》："赵女不冶容，提笼昼成群。"❷妖媚的仪容。宋之问《浣纱篇赠陆上人》："始觉冶容妄，方悟群心邪。"权德舆《八音诗》："丝泪可销骨，冶容竟何补?"薛能《桃花》："有影宜暄煦，无言自冶容。"

【冶詞】 浮艳的词句。刘禹锡《观柘枝舞二首》之一："燕秦有旧曲，淮南多冶词。"

【冶遊】 ❶野游。卢纶《和崔侍郎游万固寺》："风云才子冶游思，蒲柳老人惆怅心。"又《春思贻李方陵》："不识冶游伴，多逢憔悴人。"❷暗指狎妓。崔颢《代闺人答轻薄少年》："青丝白马冶游园，能使行人驻马看。"李白《古风》之八："意气人所仰，冶游方及时。"陆畅《太子刘舍人邀看花》："年少风流七品官，朱衣白马冶游盘。"朱庆余《公子行》："闲从结客冶游时，忘却红楼薄暮期。"

【冶遊兒】 寻花问柳的年轻人。元稹《代九九》："把将娇小女，嫁与冶游儿。"

【冶遊郎】 犹冶游儿。李商隐《蝶三首》之三："见我佯羞频照影，不知身属冶游郎。"

【冶葉倡条】 形容杨柳的婀娜多姿。李商隐《燕台四首·春》："蜜房羽客类芳心，冶叶倡条遍相识。"

【冶態】 妖媚的仪态。李绅《新楼诗二十首·重台莲》："自含秋露贞姿结，不竞春妖冶态浓。"韩偓《残花》："余霞残雪几多在，蔫香冶态犹无穷。"

【冶艷】 妖艳。郑还古《赠柳氏妓》："冶艳出神仙，歌声胜管弦。"

六 画

冽 〔liè《广韵》良薛切，入薛，來。〕寒冷。刘禹锡《武陵书怀五十韵》："炎天无冽井，霜月见芳荪。"李德裕《怀山居邀松阳子同作》："春思岩花烂，夏忆寒泉冽。"莫宣卿《答问读书居》："井汲冽寒泉，桂花香玉露。"

【冽冽】 寒冷的样子。储光羲《同王十三维偶然作十首》之八："冽冽玄冬暮，衣裳无准拟。"韩愈《赠崔立之评事》："复闻王师西讨蜀，霜风冽冽摧朝菌。"孟郊《杏殇》之六："冽冽霜杀春，枝枝疑纤刀。"

七 画

浼 〔měi〕"浼"俗体字。污辱。梁震《荆台道院》："桑田一变赋归来，爵禄焉能浼我哉！"

八 画

清 〔qìng《广韵》七政切，去劲，清。〕凉爽。裴潾《前相国赞皇公早葺平泉山居赋四言诗十四首奉寄》之六："朝昏含景，夏清冬温。"

凌 〔líng《广韵》力膺切，平蒸，來。〕❶积冰。孟郊《羽林行》："挥鞭快白马，走出黄河凌。"又《寒江吟》："涉江莫涉凌，得意须得朋。"曹松《塞上》："河凌坚通马，胡云缺见雕。"❷侵犯，欺凌。李白《古风》之三七："群沙秽明珠，众草凌孤芳。"李端《赠故将军》："恃功凌主将，作气见王侯。"柳宗元《游南亭夜还叙志七十韵》："屯难果见凌，剥丧宜所遭。"❸冒着。韦应物《晚归沣川》："凌雾朝阊阖，落日返清川。"于溃《早发》："此身何自苦，日日凌霜霰。"郑述诚《华林园早梅》："独凌寒气发，不逐众花开。"❹升，登临。王湾《秋夜寓直即事怀赠萧令公裴侍郎兼通简南省诸友人》："云路俄平入，台阶忽上凌。"孟浩然《宿天台桐柏观》："高步凌四明，玄踪得三老。"杜甫《望岳》："会当凌绝顶，一览众山小。"❺超越。刘长卿《客舍赠别韦九建赴任河南韦十七造赴任郑县就便觐省》："弟兄尽公器，诗赋凌风骚。"苏涣《赠零陵僧》："亚相书翰凌献之，见君绝意必深知。"白居易《东南行一百韵寄窦七校书》："赋力凌鹦鹉，词锋敌辘轳。"❻迫近，临近。刘长卿《杂咏八首上礼部李侍郎·春镜》："宝镜凌曙开，含虚净如水。"韦应物《宝观主白鸐鸽歌》："有时一去凌苍苍，朝游汗漫暮玉堂。"柳宗元《巽上人以竹间自采新茶见赠酬之以诗》："蒸烟俯石濑，咫尺凌丹崖。"❼渡过。李白《留别于十一兄逖裴十三游塞垣》："且探虎穴向沙漠，鸣鞭走马凌黄河。"韩愈《送惠师》："凌江诣庐岳，浩荡极游巡。"许浑《将度故城湖阻风夜泊永阳戍》："终期一艇载樵去，来往使帆凌白波。"❽姓氏。柳宗元有《哭连州凌员外司马》。

【凌人】 官名。《周礼·天官·凌人》："凌人，掌冰。"柳宗元《哭连州凌员外司马》："凌人古受氏，吴世夸雄姿。"

【凌旦】 犹凌晨。王勃《散关晨度》："关山凌旦开，石路无尘埃。"

【凌冬】 越冬。虞世南《赋得临池竹应制》："欲识凌冬性，唯有岁寒知。"裴略《为温仆射嘲竹》："凌冬叶不凋，经春子不熟。"

【凌波】 ❶乘波、跨波。李白《金陵歌送别范宣》："石头巉岩如虎踞，凌波欲过沧江去。"顾况《游子吟》："引烛窥洞穴，凌波睥天琛。"温庭筠《昆明池水战词》："鼍鼓三声报天子，雕旌兽舰凌波起。"❷指曹植遇洛神的故事。长孙无忌《新曲二首》之二："回雪凌波游洛浦，遇陈王。"李德裕《鸳鸯篇》："既逢解佩游女，更值凌波宓妃。"李商隐《拟意》："解佩无遗迹，凌波有旧游。"多比喻美人亭亭玉立的仪态。许敬宗《奉和喜雪应制》："机前辉裂素，池上伴凌波。"朱景玄《望莲台》："半似红颜醉，凌波欲暮时。"郭恭《秋池一枝莲》："秋至皆零落，凌波独吐红。"

【凌波步】 形容女子轻盈的步履。语出曹植《洛神赋》："凌波微步。"任希古《和李公七夕》："便妍耀井色，窈窕凌波步。"

【凌波袜】 美人的袜子。语出三国魏曹植《洛神赋》："凌波微步，罗袜生尘。"孟浩然《同张明府碧溪赠答》："仙凫能作伴，罗袜共凌波。"刘禹锡《竞渡曲》："彩旗夹岸照鲛室，罗袜凌波呈水嬉。"又《马嵬行》："不见岩畔人，空见凌波袜。"

【凌空】 ❶乘空，升空。李嘉祐《夜闻江南人家赛神因题即事》："帝女凌空下湘岸，番君隔浦向尧山。"郑细《寒夜闻霜钟》："拂水宜清听，凌空散回音。"皮日休《重题蔷薇》："浓似猩猩初染素，轻如燕燕欲凌空。"❷迫近天空。孙逖《立秋日题安昌寺北山亭》："览古嗟夷漫，凌空爱泬寥。"李绅《华顶》："石标琪树凌空碧，水挂银河映月寒。"项斯《和李用夫栽小松》："即耸凌空干，偷偷岂易攀。"

【凌虐】 侵犯、肆虐。李白《古风》之十四："借问谁凌虐，天骄毒威武。"

【凌侮】 欺凌，欺侮。孟郊《吊元鲁山》之二："奔竞立诡节，凌侮争怪辉。"

【凌風】 借风而升。太宗《伤辽东战亡》："振鳞方跃浪，骋翼正凌风。"羊士谔《登乐游原寄司封孟郎中卢补阙》："白鸟凌风回，红蕖濯露多。"陆龟蒙《奉和袭美吴中言怀寄南海二同年》："曾见凌风上赤霄，尽将华藻赴嘉招。"

【凌室】 藏冰之所，犹冰井。赵蕃《荐冰》："仲月开凌室，斋心感圣情。"

【凌辱】 欺凌污辱。刘商《胡笳十八拍·第十拍》："恨凌辱兮恶腥膻，憎胡地兮怨胡天。"

【凌凌】 寒冷的样子。韩愈《秋怀诗十一首》之四："秋气日恻恻，秋空日凌凌。"

【凌晨】 清早。李白《送杨山人归天台》："无辞凌晨发，我家小阮贤。"白居易《宿西林寺早赴东林满上人之会因寄崔二十二员外》："薄暮萧条投寺宿，凌晨清净与僧期。"王贞白《庾楼晓望》："独凭朱槛亦凌晨，山色初明水色新。"

【凌越】 超越。储光羲《同诸公送李云南伐蛮》："群山高崭岩，凌越如鸟翔。"

【凌雲】 ❶直上云霄。皮日休《奉献致政裴秘监》："富贵尽凌云，何人能至此？"王周《巫山公署壁有无名氏戏书二韵》："南陵直上路盘盘，平地凌云势万端。"❷形容志向崇高或气势豪迈。王绩《古意六首》之四："自言生得地，独负凌云洁。"刘长卿《疲兵篇》："自矜倚剑气凌云，却笑闻笳泪如雨。"刘禹锡《和令狐相公初归京国赋诗言怀》："凌云羽翮掞天才，扬历中枢与外台。"崔珏《哭李商隐》之二："虚负凌云万丈才，一生襟抱未曾开。"

【凌雲寺】 佛寺名。在唐嘉州（今四川乐山市）东凌云山上，唐开元初建。岑参有《登嘉州凌云寺作》。司空曙有《题凌云寺》。薛涛《赋凌云寺二首》之一："闻说凌云寺里苔，风高日近绝纤埃。"

【凌雲操】 喻崇高的节操。钱起《和人秋归终南山别业》："物外凌云操，谁能继此心？"张祜《题小松》："耸地心才直，凌云操未全。"

【凌雲閣】 即凌云台。三国魏文帝时筑，故址在今河南洛阳市。顾况《萧郸草书歌》："若把君书比仲将，不知谁在凌云阁？"

【凌虚】 迫近天际。太宗《帝京篇十首》之一："连甍遥接汉，飞观迥凌虚。"刘言史《僧檐前独竹咏》："乱石田中寄孤本，亭亭不住凌虚引。"黄滔《题宣一僧正院》："五级凌虚塔，三生落发师。"

【凌寒】 冒着寒冷。李嘉祐《题王十九茅堂》："终日能留客，凌寒亦对花。"武元衡《送张六谏议归朝》："鸳鸿得路争先翥，松柏凌寒独后凋。"司空图《柳二首》之二："似拟凌寒妒早梅，无端弄色傍高台。"

【凌亂】 杂乱不整。张九龄《送窦校书见饯得云中辨江树》："微明岸傍树，凌乱渚前云。"元稹《和李校书新题乐府十二首·五弦弹》："风入春松正凌乱，莺含晓舌怜娇妙。"李群玉《长沙九日登东楼观舞》之二："低回莲破浪，凌乱雪萦风。"

【凌煙】 ❶犹凌云。虞世南《飞来双白鹤》："飞来双白鹤，奋翼远凌烟。"陈元光《落成会咏一首》："凌烟乔木茂，献宝介圭崇。"❷指凌烟阁。杜甫《丹青引赠曹将军霸》："凌烟功臣少颜色，将军下笔开生面。"司空图《有感》："国事皆须救未然，汉家高阁漫凌烟。"李洞《上灵州令狐相公》："笑倚凌烟金柱看，形容憔悴老于真。"

【凌煙閣】 历代帝王为表彰功臣业绩所建的绘有他们画像的高阁。唐代于太宗贞观十七年（643）建阁，上绘开国功臣二十四人画像。杨巨源《薛司空自青州归朝》："一门累叶凌烟阁，次第仪形汉上公。"李贺《南园十三首》之五："请君暂上凌烟阁，若个书生万户侯？"于濆《戍卒伤春》："凌烟阁上人，未必皆忠烈。"

【凌兢】 战栗的样子。储光羲《使过弹筝峡作》："晨过弹筝峡，马足凌兢行。"李白《赠僧崖公》："凌兢石桥去，恍惚入青冥。"

【凌歊】 台名。见"凌歊台"。杜牧《题池州贵池亭》："势比凌歊宋武台，分明百里远帆开。"许棠《登凌歊台》："平芜望已极，况复倚凌歊。"

【凌歊台】 台名。故址在今安徽当涂县西北。南朝宋武帝刘裕在此曾建离宫。凌歊，避暑之意。李白《书怀赠南陵常赞府》："置酒凌歊台，欢娱未曾歇。"李赤有《凌歊台》。许浑有《凌歊台》。

【凌澌】 流冰。姚合《夜期友生不至》："忍寒停酒待君来，酒作凌澌火作灰。"

【凌趠】 升腾。元结《引极三首·望仙府》："思假足兮虎豹，超阻绝兮凌趠。"

【凌霄】 ❶花名。见"凌霄花"。李端《慈恩寺怀旧》："凌霄徒更发，非是看花期。"白居易《有木诗八首》之七："有木名凌霄，擢秀非孤标。"❷犹凌云。李沇《巫山高》："抉天心，开地脉，浮动凌霄拂蓝碧。"刘兼《新蝉》："只知送恨添愁事，谁见凌霄羽蜕功。"

【凌霄花】 花名。木本攀援植物，夏秋时开朱色花。李颀《题僧房双桐》："青桐双拂日，旁带凌霄花。"唐彦谦《寄友三首》之一："新酒秦淮缩项鳊，凌霄花下共流连。"

【凌厲】 凌空高飞。李白《答高山人兼呈权顾二侯》："双萍易飘转，独鹤思凌厉。"白居易《诗酒琴人例多薄命聊写愧怀》："只合飘零随草木，谁教凌厉出风尘？"

【凌摩】 迫近。张籍《新桃行》："高未出墙颠，蒿苋相凌摩。"

【凌潮】 犹凌波。李群玉《广州重别方处士之封川》之二："愿回凌潮楫，且著登山屐。"

【凌澌】 即凌凘。杜甫《后苦寒行二首》之二："巴东之峡生凌澌，彼苍回轩人得知！"元稹《生春二十首》之六："芦笥锥犹短，凌澌玉渐融。"方干《题仙岩瀑布呈陈明府》："远壑流来多石脉，寒空扑碎作凌澌。"

【凌遲】 衰落，败坏。韦应物《登乐游庙作》："颓壖久凌迟，陈迹翳丘荒。"孟郊《答友人》："道语必疏淡，儒风易凌迟。"齐己《戊辰岁江南感怀》："曾吟子山赋，何啻旧凌迟。"

【凌歷】 经历，游历。李白《游泰山六首》之五："千峰争攒聚，万壑绝凌历。"

【凌曉】 犹凌晨。吴融《秋池》："凌晓无端照衰发，便悲霜雪镜光中。"

【凌險】 冒险。吴融《池上双凫二首》之二："敢为稻粱凌险去，幸无鹰隼触波来。"

【凌邁】 超越。卢纶《新移北厅因贻同院诸公兼呈畅博士》："恩辉坐凌迈，景物恣芳新。"

【凌勵】 犹凌厉。高适《赠别王十七管记》："浩歌方振荡，逸翮思凌励。"李绅《忆放鹤》："凌励坐看空碧外，更怜凫鹭老江濆。"

【凌霜】 顶霜。李白《鸣雁行》："客居烟波寄湘吴，凌霜触雪毛体枯。"张彤《奉和白太守拣橘》："凌霜远涉太湖深，双卷朱旗望橘林。"鲍溶《冬夜答客》："独见青松心，凌霜庇柔萝。"徐铉《和张先辈见寄二首》之二："鸡鸣候旦宁辞晦，松节凌霜几换秋。"

【凌霜色】 经冬而不变的长青之色。欧阳詹《题延平剑潭》："空余昔日凌霜色，长与澄潭生昼寒。"白居易《有木诗八首》之三："中含害物意，外矫凌霜色。"

【凌霜質】 经冬不凋的品质，多喻松柏。裴夷直《令和州买松》："好觅凌霜质，仍须带雨栽。"

【凌霜操】 犹凌霜节。李绅《南庭竹》："东南旧美凌霜操，五月凝阴入坐寒。"钱公仲《贡院楼北新栽小松》："爱此凌霜操，移来独占春。"

【凌霜節】 比喻坚贞的节操。卢象《和徐侍郎丛筱咏》："为重凌霜节，能虚应物心。"徐夤《大夫松》："争如涧底凌霜节，不受秦皇乱世官！"

【凌競】 犹凌兢。李白《鸣皋歌送岑征君》："洪河凌竞不可以径度，冰龙鳞兮难容舠。"

【凌轢】 欺凌。李白《结客少年场行》："少年学剑术，凌轹白猿公。"

凍[1] 〔dòng《广韵》多貢切，去送，端。又德紅切，平東，端。〕❶水结冰。李峤《人日侍宴大明宫恩赐彩楼人胜应制》："鱼猜水冻行犹涩，莺喜春熙弄欲娇。"孟郊《寒溪》之三："波澜冻为刀，剸割凫与鹥。"杜牧《汴河阻冻》："千里长河初冻时，玉珂瑶珮响参差。"❷冰凌。玄宗《早登太行山中言志》："涧泉含宿冻，山木带余霜。"白居易《风雪中作》："踏冻侵夜行，凌寒未明起。"谢邈《谢僧寄拄杖》："窗外冷敲檐冻折，溪边闲点戏鱼沉。"❸受寒。杜甫《乾元中寓居同谷县作歌七首》之一："中原无书归不得，手脚冻皴皮肉死。"白居易《安稳眠》："家虽日渐贫，犹未苦饥冻。"❹寒冷。见"冻泉""冻飙"。

凍[2] 〔dōng《广韵》德紅切，平東，端。〕"涷"的讹字。见"凍₂雨"。

【凍石】 晶莹如玉的石头。郑损《艺堂》："堂开冻石千年翠，艺讲秋胶百步威。"

【凍白】 寒冷的白色。韩偓《早玩雪梅有怀亲属》："冻白雪为伴，寒香风是媒。"

【凍死】 受寒而死。杜甫《自京赴奉先县咏怀五百字》："朱门酒肉臭，路有冻死骨。"白居易《村居苦寒》："竹柏皆冻死，况彼无衣民。"刘驾《古出塞》："北人尚冻死，况我本南越。"

【凍合】 封冻。李益《盐州过胡儿饮马泉》："从来冻合关山路，今日分流汉使前。"

【凍芋】 指芋艿。因古人于围炭炉时煨熟食用，故称。韩愈、轩辕弥明《石鼎联句》："秋瓜未落蒂，冻芋强抽萌。"

【凍₂雨】 暴雨。杜甫《枯楠》："冻雨落流胶，冲风夺佳气。"又《回棹》："火云滋垢腻，冻雨浥沉绵。"

【凍泉】 寒冷的泉水。杜甫《谒真谛寺禅师》："冻泉依细石，晴雪落长松。"

【凍凍】 象声词。王建《捣衣曲》："秋天丁丁复冻冻，玉钗低昂衣带动。"

【凍雪】 犹冰雪。韦应物《宿永阳寄璨律师》："遥知郡斋夜，冻雪封松竹。"

【凍閉】 犹言封冻。元稹《书异》："行过冬至后，冻闭万物零。"

【凍輪】 冰轮。喻发出冷光的圆月。王建《关山月》："冻轮当碛光悠悠，照见三堆两堆骨。"

【凍醪】 冬天酿造，来春取饮的酒。杜牧《许七侍御弃官东归寄赠十韵》："冻醪元亮秫，寒脍季鹰鱼。"又《寄内兄和州崔员外十二韵》："雨侵寒牖梦，梅引冻醪倾。"陆龟蒙《漉酒巾》："靖节高风不可攀，此巾犹坠冻醪间。"

【凍硯】 结冰的砚台。尚颜《夷陵即事》："暑衣经雪着，冻砚向阳呵。"

【凍裂】 受冻而开裂。杜甫《投简成华两县诸子》："南山豆苗早荒秽，青门瓜地新冻裂。"

【凍雲】 下雪前的阴云。太宗《望雪》："冻云宵遍岭，素雪晓凝华。"白居易《夜招晦叔》："庭草留霜池结冰，黄昏钟绝冻云凝。"

【凍皴】 受冻而皮肤裂口。杜甫《乾元中寓居同谷县作歌七首》之一："中原无书归不得，手脚冻皴皮肉死。"

【凍餒】　犹饥寒。杜甫《病后遇王倚饮赠歌》："酷见冻馁不足耻，多病沉年苦无健。"白居易《烹葵》："今亦不冻馁，昔亦无余资。"韩偓《再止庙居》："幽深冻馁皆推分，静者还应为讨论。"

【凍飆】　寒冬的狂风。孟郊《寒溪》之五："冻飙杂碎号，齑音坑谷辛。"

凄　〔qī《广韵》七稽切，平齊，清。〕"淒"的俗体字。

【凄凉】　寒冷衰落。丘齐云《王伯因邀游赤壁》："一片凄凉色，无人不可怜。"

【凄然】　悲伤的样子。无名氏《圣寿寺》之一(《外编》下)："石罅题诗纪别年，风烟南北各凄然。"

准　〔zhǔn《广韵》之尹切，上準，章。〕"準"的俗体字。

【准擬】　❶准定，一定。王建《宫词一百首》之六五："内人相续报花开，准拟君王便看来。"❷打算。卢仝《月蚀诗》："爪牙根天不念天，天若准拟错准拟。"❸料想。张碧《惜花三首》之二："老鸦拍翼盘空疾，准拟浮生如瞬息。"尚颜《送陆肱入关》："准拟何人口，吹嘘六义名。"

凋　〔diāo《广韵》都聊切，平蕭，端。〕❶草木遇寒枯萎。杜甫《哭王彭州抡》："翠石俄双表，寒松竟后凋。"刘禹锡《哭吕衡州时予方谪居》："一夜霜风凋玉芝，苍生望绝士林悲。"张祜《濠州水馆》："秋树色凋翠，夜桥声袅虚。"❷摧败。许景先《奉和御制春台望》："秦汉生人凋力役，阿房甘泉构云碧。"武元衡《同幕中诸公送李侍御归朝》："岁月不堪相送尽，颓颜更被别离凋。"韦庄《东林寺再遇僧益大德》："当时可爱人如画，今日相逢鬓已凋。"❸通"彫"，见"凋華"。❹通"刁"，见"凋甿"。

【凋亡】　衰亡。皎然《题报德寺清幽上人西峰》："陈世凋亡后，仁祠识旧山。"

【凋朽】　衰落，腐烂。李白《下途归石门旧居》："俯仰人间易凋朽，钟峰五云在轩牖。"陆龟蒙《江南秋怀寄华阳山人》："持斧自丁丁，惊惧疑凋朽。"

【凋年】　摧残生命。白居易《岁晚旅望》："万物秋霜能坏色，四时冬日最凋年。"又《和自劝二首》之二："急景凋年急于水，念此揽衣中夜起。"

【凋甿】　狡猾的农民。"凋"通"刁"。韦应物《月晦忆去年与亲友曲水游宴》："凋甿积逋税，华鬓集新秋。"

【凋枯】　❶枯涸。李白《感时留别从兄徐王延年从弟延陵》："百川尽凋枯，舟楫阁中逵。"杜甫《遣怀》："先帝正好武，寰海未凋枯。"❷死去。陈子昂《岘山怀古》："丘陵徒自出，贤圣几凋枯。"李白《拟古十二首》之七："万族皆凋枯，遂无少可乐。"又《上崔相百忧章》："豪圣凋枯，王风伤哀。"❸凋零衰败。元稹《酬乐天东南行诗一百韵》："别犹多梦寐，情尚感凋枯。"朱庆余《闲居冬末寄友人》："人情难故旧，草色易凋枯。"

【凋耗】　衰落。韩愈《荐士》："逶迤抵晋宋，气象日凋耗。"

【凋衰】　败落，衰老。吴筠《览古十四首》之一："君臣恣淫惑，风俗日凋衰。"司空图《杨柳枝寿杯词十八首》之十："游人莫叹易凋衰，长乐荣枯自有期。"

【凋悴】　枯萎。皎然《桃花石枕歌送安吉康丞》："应羡花开不凋悴，应嘉玉片无缁磷。"

【凋淪】　消歇，丧失。刘禹锡《送张盥赴举诗》："曲江一会时，后会已凋沦。"

【凋華】　修饰华丽。"凋"通"彫"。无名氏《焚裘》(卷七八七)："素朴回风变，凋华逐志休。"

【凋散】　死去和逃亡。韦应物《重九登滁城楼凄然怀旧》："凋散民里阔，摧翳众木衰。"

【凋喪】　丧失，丧亡。杜甫《丹青引赠曹将军霸》："幹唯画肉不画骨，忍使骅骝气凋丧。"李端《长安书事寄卢纶》："交游有凋丧，离别代追寻。"

【凋换】　衰败变化。李白《对酒行》："天地无凋换，容颜有迁改。"

【凋殘】　❶草木凋零。卢象《乡试后自巩还田家因谢邻友见过之作》："园场近阴壑，草木亦凋残。"白居易《东园玩菊》："秋蔬尽芜没，好树亦凋残。"林杰《王仙坛》："羽客已登仙路去，丹炉草木尽凋残。"❷败落，减损。刘长卿《送乔判官赴福州》："君去凋残后，应怜百越空。"刘商《题禅居废寺》："凋残精舍在，连步访缁衣。"贾岛《送友人游蜀》："卓家人寂寞，扬子业凋残。"薛媛《写真寄夫》："已经颜索寞，渐觉鬓凋残。"

【凋敝】　衰败。杜甫《送樊二十三侍御赴汉中判官》："天子从北来，长驱振凋敝。"

【凋渝】　零落而违背(本性)。孟郊《和宣州钱判官使院厅前石楠树》："生长如自惜，雪霜无凋渝。"

【凋疏】　衰败，稀疏。欧阳詹《太原旅怀呈薛十八侍御齐十二奉礼》："伊予亦投刺，恩煦胡凋疏？"白居易《初到江州》："树木凋疏山雨后，人家低湿水烟中。"方干《镜湖西岛言事寄陶校书》："樵猎两三户，凋疏是近邻。"胡传美《武康碧落观》："欲脱儒衣陪羽客，伤心齿发已凋疏。"

【凋落】　❶草木凋零。贺知章《望人家桃李花》："千年万岁不凋落，还将桃李更相宜。"李绅《重别西湖》："浦边梅叶看凋落，波上双禽去寂寥。"❷指人死亡。寒山《诗三百三首》之二五〇："那堪数十年，亲旧凋落尽。"李绅《忆登栖霞寺峰》："却数共游者，凋落非里闾。"❸衰颓，衰落。李白《寄远十一首》之三："朱颜凋落尽，白发一何新。"孟郊《出门行》："秋风白露沾人衣，壮心凋落夺颜色。"

【凋零】　❶草木凋谢。钱起《行路难》："君不见凋零委路蓬，长风飘举入云中。"白居易《惜小园花》："晓来红萼凋零尽，但见空枝四五株。"杜牧《和严恽秀才落花》："无情红艳年年盛，不恨凋零却恨开。"❷指人死亡。窦叔向《夏夜宿表兄话旧》："去日儿童皆长大，昔年亲友半凋零。"刘禹锡《白舍人见酬拙诗因以寄谢》："甘陵旧党凋零尽，魏阙新知礼数崇。"刘昭禹《闻蝉》："年年当此际，那免鬓凋零。"郑谷《寄赠孙路处士》："知己凋零垂白发，故园寥落近沧波。"❸衰落，耗尽，凋敝。寒山《诗三百三首》之四八："骨肉消散尽，魂魄几凋零。"罗隐《送汝州李中丞十二韵》："一凶虽剪灭，数县尚凋零。"

【凋歇】　衰败。李白《邯郸才人嫁为厮养卒妇》："自倚颜如花，宁知有凋歇。"又《感遇四首》之三："紫宫夸蛾眉，随手会凋歇。"

【凋傷】　零落，破败。李白《出自蓟北门行》："孟冬风沙紧，旌旗飒凋伤。"杜甫《秋兴八首》之一："玉露凋伤枫树林，巫山巫峡气萧森。"贯休《再到钟陵作》："六七年来到豫章，旧游知己半凋伤。"

【凋摧】　衰落，凋敝。韦应物《冬夜》："深哀当何为，桃李忽凋摧。"李群玉《大庾山岭别友人》："箕箵无子鸳雏饥，毛彩凋摧不得归。"

【凋槁】　枯萎。韩愈《秋怀诗十一首》之十一："西风蛰龙蛇，众木日凋槁。"

【凋弊】　即凋敝。李嘉祐《早秋京口旅泊章侍御寄书相问因以赠之时七夕》："吴越征徭非旧日，秣陵凋弊不宜秋。"杜甫《入衡州》："凋弊惜邦本，哀矜存事常。"

【凋謝】　丧亡。韩愈《寄崔二十六立之》："朋交日凋谢，存者逐利移。"韦庄《思归》："旧里若为归去好，子期凋谢吕安亡。"又《过渼陂怀旧》："三径荒凉迷竹树，四邻凋谢变桑田。"

【凋瘵】　犹凋敝。萧昕《洛出书》："海内昔凋瘵，天网斯浡潏。"杜甫《壮游》："大军载草草，凋瘵满膏肓。"赵嘏《淮信贺滕迈台州》："凋瘵民思太古风，上贤绥辑副宸衷。"

凉〔liáng〕"凉"的俗体字。凉爽。张祜《谢高燕公惠生衣》有"如披薄雾觉身凉"句。

【凉州】　曲名。张祜《登杭州龙兴寺三门楼》："高楼酒夜谁家笛，一曲凉州梦里残。"

十二画

凘〔sī《广韵》息移切，平支，心。〕冰凌。姚合《谢汾州田大夫寄茸毡葡萄》："晓起题诗报，寒凘满笔毫。"方干《酬故人陈乂都》："坐久吟移调，更长砚结凘。"

十三画

澿〔jìn《广韵》巨禁切，去沁，羣。又渠飲切，上寑，羣。〕寒极。贯休《夜对雪寄杜使君》："鹤澿声偏密，风焦片益粗。"

凜〔lǐn《广韵》力稔切，上寑，來；又巨金切，平侵，羣。〕❶寒冷。李贺《河南府试十二月乐词·十一月》："宫城团回凛严光，白天碎碎堕琼芳。"刘得仁《栽松》："翠色凛空庭，披衣独绕行。"李群玉《古镜》："冰辉凛毛发，使我肝胆冷。"❷恐惧。李颀《崔五六图屏风各赋一物得乌孙佩刀》："执之魍魉谁能前，气凛清风沙漠边。"孟浩然《与颜钱塘登障楼望潮作》："惊涛来似雪，一坐凛生寒。"岑参《陪狄员外早秋登府西楼因呈院中诸公》："旌节罗广庭，戈鋋凛秋霜。"❸威严。陈元光《太母魏氏半径题石》："竹符忠介凛，桐杖孝思凄。"杜甫《义鹘》："飘萧觉素发，凛欲冲儒冠。"李群玉《湘中别成威阇黎》："至哉彼上人，冰霜凛规则。"

【凜冽】　❶寒冷的样子。杜甫《西阁曝日》："凛冽倦玄冬，负暄嗜飞阁。"白居易《春雪》："寒销春茫苍，气变风凛冽。"温庭筠《病中书怀呈友人》："凛冽风埃惨，萧条草木枯。"❷威严的样子。李白《游溧阳北湖亭望瓦屋山怀古赠同旅》："凛冽天地间，闻名若怀霜。"皮日休《二游诗·徐诗》："自为方州来，清操称凛冽。"

【凜風】　寒风。席夔《霜菊》："可怜后时秀，当此凛风肃。"

【凜然】　❶寒冷的样子。李白《酬崔五郎中》："长啸出原野，凛然寒风生。"孟郊《杀气不在边》："杀气不在边，凛然中国秋。"❷恐惧的样子。李绅《宿扬州水馆》："却思海峤还凄叹，近涉江涛更凛然。"❸威严的样子。李白《宣城送刘副使入秦》："秉钺有季公，凛然负英姿。"刘禹锡《蜀先主庙》："天地英雄气，千秋尚凛然。"贯休《观李翰林真二首》之一："日角浮紫气，凛然尘外清。"

【凜慄】　冷得发抖的样子。杜甫《北征》："那无囊中帛，救汝寒凛慄。"

【凜凜】　❶寒冷的样子。虞世南《从军行二首》

之一："凛凛严霜节，冰壮黄河绝。"韩愈《咏雪赠张籍》："当窗恒凛凛，出户即皑皑。"吴融《题杨子津亭》："前路莫知霜凛凛，故乡何处雁冥冥。"❷威严的样子。苏味道《赠封御史入台》："凛凛当朝色，行行满路威。"权德舆《奉和刘侍郎司徒奉诏伐叛书情呈宰相》："行看画麟阁，凛凛有英风。"殷文圭《赠战将》："威慑万人长凛凛，礼延群客每谦谦。"

十四画

凝〔níng《广韵》魚陵切，平蒸，疑。又牛餧切，去證，疑。〕❶液体结为固体。杜甫《江边星月二首》之一："余光隐更漏，况乃露华凝。"白居易《裴常侍以题蔷薇架十八韵见示因广为三十韵以和之》："猩猩凝血点，瑟瑟蹙金匡。"李绅《守滁阳深秋忆登郡城望琅琊》："深夜独吟还不寐，坐看凝露满庭莎。"❷凝固(不动)。胡浩《大漠行》："云沙泱漭天光闭，河塞阴沉海色凝。"卢纶《七夕诗》："月露浩方下，河云凝不流。"皮日休《奉和鲁望樵人十咏・樵歌》："一唱凝闲云，再谣悲顾兽。"❸表示一种持续状态。韩愈《送侯参谋赴河中幕》："席尘惜不扫，残尊对空凝。"白居易《想东游五十韵》："舞繁红袖凝，歌切翠眉愁。"李商隐《骄儿诗》："凝走弄香奁，拔脱金屈戌。"❹凝结，凝聚。李邕《咏云》："散作五般色，凝为一段愁。"李绅《逾岭峤止荒陬抵高要》："寒气凝为戎虏骄，炎蒸结作虫虺毒。"徐夤《闻长安庚子岁事》："五色大云凝蜀郡，几般妖气扑神州。"❺形成。许敬宗《奉和行经破薛举战地应制》："垂衣凝庶绩，端拱铸群生。"刘晏《享太庙乐章》："三光再朗，庶绩其凝。"❻声调徐缓。褚亮《雩祀乐章・雍和》："凤管晨凝，云歌晓啭。"王维《故南阳夫人樊氏挽歌》："凝笳随晓旆，行哭向秋原。"韦渠牟《步虚词十九首》之九："凤曲凝犹吹，龙骖俨欲前。"❼谓精力集中。见"凝旒"。❽谓盛大或程度很深。见"凝妆""凝寒""凝嚴"。

【凝心】❶犹凝神。皎然《妙喜寺逵公院赋得夜磬送吕评事》："一磬寒山至，凝心转清越。"❷坚定的意念。韩愈《谢自然诗》："凝心感魑魅，慌惚难具言。"李绅《悲善才》："自怜淮海同泥滓，恨魄凝心未能死。"

【凝目】目不转睛。刘象《鹭鸶》："几日下巢辞紫阁，多时凝目向晴空。"

【凝立】久立不动。李建勋《离阙下日感恩》："斜日苇汀凝立处，远波微飐翠如苔。"

【凝妆】盛妆。谢偃《乐府新歌应教》："青楼绮阁已含春，凝妆艳粉复如神。"王昌龄《闺怨》："闺中少妇不曾愁，春日凝妆上翠楼。"韩愈《幽怀》："凝妆耀洲渚，繁吹荡人心。"

【凝沍】结冰，冻结。魏征《五郊乐章・肃和》："火林霰雪，阳泉凝沍。"杨巨源《奉酬窦郎中早入省苦寒见寄》："穷阴总凝沍，正气直肃杀。"

【凝明】晶莹剔透。方干《贻高说》："石上长松自森秀，雪中孤玉更凝明。"又《胡中丞早梅》："芬郁合将兰并茂，凝明应与雪相宜。"

【凝冽】严寒。陈子昂《与东方左史虬修竹篇》："岂不厌凝冽，羞比春木荣。"鲍溶《秋思》："蹉跎秋定还，凝冽坚冰至。"陆龟蒙《记事》："巍峨卞山雪，凝冽不可向。"

【凝拱】犹端拱，垂拱。指帝王敛手无为而治。许敬宗《奉和初春登楼即目应诏》："创规虽有作，凝拱遂无营。"

【凝眄】犹凝目。元稹《曹十九舞绿钿》："凝眄娇不移，往往度繁节。"

【凝思】(一sī)聚精会神地思考。刘禹锡《观棋歌送儇师西游》："有时凝思如入定，暗覆一局谁能知？"白居易《新乐府・牡丹芳》："低娇笑容疑掩口，凝思怨人如断肠。"许浑《长安旅夜》："掩瑟独凝思，缓歌空寄情。"

【凝神】聚精会神。钱起《奉和圣制登朝元阁》："感物乾文动，凝神道化成。"牟融《题山房壁》："玄奥凝神久，禅机入妙深。"高蟾《秋》："阳羡溪声冷骇人，洞庭山翠晚凝神。"

【凝脂】❶比喻皮肤白皙滑腻，一般指女性。白居易《长恨歌》："春寒赐浴华清池，温泉水滑洗凝脂。"李商隐《咏怀寄秘阁旧僚二十六韵》："官衔同画饼，面貌乏凝脂。"赵光远《咏手二首》之一："妆成皓腕洗凝脂，背接红巾掬水时。"❷比喻致密的东西。李商隐《哭虔州杨侍郎》："巧有凝脂密，功无一柱扶。"陆龟蒙《袭美先辈以龟蒙所献五百言既蒙见和复示荣唱用伸酬谢》："谁轻如鸿毛，谁密如凝脂？"

【凝眸】久久注视。元稹《何满子歌》："定面凝眸一声发，云停尘下何劳算。"李商隐《闻歌》："敛笑凝眸意欲歌，高云不动碧嵯峨。"温庭筠《过潼关》："片时无事溪泉好，尽日凝眸岳色秋。"

【凝笳】悲壮的胡笳声。凝，缓慢。玄宗《早登太行山中言志》："清跸度河阳，凝笳上太行。"顾况《相国晋公挽歌二首》之二："凝笳催晓奠，丹旐向青山。"杨衡《白纻歌二首》之一："清声袅云繁思多，凝笳哀瑟时相和。"

【凝情】思想专注。柳中庸《秋怨》："玉树起凉烟，凝情一叶前。"白居易《晚秋夜》："凝情不语空所思，风吹白露衣裳冷。"李咸用《赠来鹏》："默坐非关闷，凝情只在诗。"

【凝淡】恬静淡泊。陆龟蒙《引泉诗》："本性乐凝淡，及来更虚玄。”

【凝視】 久久注目。白居易《霓裳羽衣歌》：“当时乍见惊心目，凝视谛听殊未足。”

【凝陰】 ❶犹冻云，带雪的阴云。李峤《十一月奉教作》：“凝阴结暮序，严气肃长飙。”皇甫冉《和朝郎中扬子玩雪寄山阴严维》：“凝阴晦长箔，积雪满通川。”李绅《新楼诗二十首·南庭竹》：“东南旧美凌霜操，五月凝阴入坐寒。”❷乌云。许敬宗《奉和仪鸾殿早秋应制》：“高殿凝阴满，雕窗艳曲流。”张说《入海二首》之一：“茫茫失方面，混混如凝阴。”❸积聚的阴气。古人认为冬至那天是阴终而阳始。独孤铉《日南长至》：“玉历颁新律，凝阴发一阳。”

【凝華】 形容积雪。华，粉。慧净《冬日普光寺卧疾值雪简诸旧游》：“凝华照书阁，飞素涴琴弦。”岑参《和祠部王员外雪后早朝即事》：“长安雪后似春归，积素凝华连曙晖。”

【凝酥】 凝冻的酥油。❶喻积雪。白居易《雪中即事答微之》：“北市风生飘散面，东楼日出照凝酥。”❷喻美人细腻的皮肤。白居易《同诸客嘲雪中马上妓》：“腰为逆风成弱柳，面因冲冷作凝酥。”韩偓《密意》：“呵花贴鬓粘寒发，凝酥光透猩猩血。”

【凝睇】 犹凝目。刘禹锡《秋江早发》：“凝睇万象起，朗吟孤愤平。”白居易《与牛家妓乐雨后合宴》：“歌脸有情凝睇久，舞腰无力转裙迟。”吴融《和座主尚书登布善寺楼》：“往事何时不系肠，更堪凝睇白云乡。”

【凝嵐】 静止的山雾。李德裕《奉和太原张尚书山亭书怀》：“余景淡将夕，凝岚轻欲收。”

【凝然】 ❶专注貌。皎然《张伯英草书歌》：“有时凝然笔空握，情在寥天独飞鹤。”李咸用《升天行》：“玉皇据案方凝然，仙官立仗森幢幡。”❷犹依然。齐己《荆州新秋病起杂题一十五首·病起见苔色》：“病起见苔色，凝然阵未枯。”

【凝寒】 严寒。陆龟蒙《正月十五惜春寄袭美》：“花匠凝寒应束手，酒龙多病尚垂头。”

【凝結】 凝固。白居易《送兄弟回雪夜》：“夜长火消尽，岁暮雨凝结。”齐己《贺雪》：“上清凝结下乾坤，为瑞为祥表致君。”吕岩《酹江月》词：“金木相交坎离位，一粒刀圭凝结。”

【凝絶】 凝结不动。白居易《九日宴集醉题郡楼兼呈周殷二判官》：“笙歌一曲思凝绝，金钿再拜光低昂。”陆龟蒙《自遣诗三十首》之六：“阴洞曾为采药行，冷云凝绝烛微明。”

【凝想】 专注地思考。徐贤妃《拟小山篇》：“仰幽岩而流盼，抚桂枝以凝想。”刘禹锡《和河南裴尹侍郎宿斋天平寺诣九龙祠祈雨二十韵》：“缅怀断鳌足，凝想乘鸾姿。”曹唐《汉武帝将候西王母下降》：“昆仑凝想最高峰，王母来乘五色龙。”

【凝愁】 忧思不解。杨衡《长门怨》：“万遍凝愁枕上听，千回候命花间立。”李咸用《同友人秋日登庾楼》：“六代风光无问处，九条烟水但凝愁。”

【凝旒】 使冕旒不摇晃，表示帝王专心听政。权德舆《奉和张仆射朝天行》：“拜恩稽首纷无已，凝旒前席皇情喜。”韦庄《和郑拾遗秋日感事一百韵》：“负扆劳天眷，凝旒念国章。”也指享国。《郊庙歌辞·汉宗庙乐舞辞·章庆舞》：“酌鬯既终三献，凝旒何止千春。”

【凝腰】 束起的细腰。杜牧《为人题赠二首》之二：“半月缅双脸，凝腰素一围。”温庭筠《观舞妓》：“凝腰倚风软，花题照锦春。”

【凝滑】 致密光滑。韩愈《郑群赠簟》：“体坚色净又藏节，尽眼凝滑无瑕疵。”

【凝碧】 ❶深绿。杜甫《白丝行》：“象床玉手乱殷红，万草千花动凝碧。”皮日休《太湖诗·入林屋洞》：“前有方丈沼，凝碧融人睛。”刘兼《对雨》：“幽庭凝碧亦涟漪，檐溜声繁聒梦归。”❷即凝碧池。详“凝碧池”条。王昌龄《风凉原上作》：“佳气盘未央，圣人在凝碧。”韦应物《春思》：“阊阖晓开凝碧树，曾陪鸳鹭听流莺。”储嗣宗《和茅山高拾遗忆山中杂题五首·胡山》：“犬入五云音信绝，凤楼凝碧悄无声。”

【凝碧池】 唐首都长安宫城内池名。在西内苑重元门之北，飞龙院之南。王维《菩提寺禁裴迪来相看一时泪下私成口号诵示裴迪》：“秋槐叶落空宫里，凝碧池头奏管弦。”张祜《折杨柳枝二首》之二：“凝碧池边敛翠眉，景阳楼下绾青丝。”徐铉《柳枝词十首》之九：“凝碧池头蘸翠涟，凤皇楼畔簇晴烟。”

【凝魂】 犹凝神。杜牧《为人题赠二首》之一：“凝魂空荐梦，低耳悔听琴。”

【凝精】 谓凝合精华。孟郊《寒溪》之八：“凝精互相洗，漪涟竞将新。”

【凝滯】 ❶拘泥。李咸用《放歌行》：“至哉先哲言，于物不凝滞。”❷滞留。骆宾王《称心寺》：“凝滞蘅蕗岸，沿洄楂柚林。”

【凝潔】 聚结而高爽。崔宗之《赠李十二白》：“酌酒弦素琴，霜气正凝洁。”

【凝膚】 喻皮肤如凝脂。吴融《即席十韵》：“暖金轻铸骨，寒玉细凝肤。”

【凝澄】 专心无杂念。李群玉《龙山人惠石廪方及团茶》：“凝澄坐晓灯，病眼如蒙纱。”

【凝融】 消融。陆龟蒙《读襄阳耆旧传因作诗五百言寄皮袭美》：“凝融为漪澜，复结作莹琇。”

【凝澹】 静止貌。徐敞《月映清淮流》：“虚无含气白，凝澹映波清。”皇甫冉《同韩给事观毕给事画松石》：“扶疏半映晚天青，凝澹全和曙云黑。”

【凝霜】 ❶严霜。韩偓《夜船》：“野云低迷烟苍苍，平波挥目如凝霜。”❷喻头发变白。刘长卿《送从弟贬袁州》：“忧来沽楚酒，老鬓莫凝霜。”

【凝黛】 谓皱眉。古代妇女以黛（一种黑色矿物）涂眉，故黛为妇女眉毛之代称。张祜《送蜀客》：“峨眉远凝黛，脚底谷洞穴。”孙光宪《定风波》词：“上国献书人不在，凝黛，晚庭又是落红时。”

【凝邈】 庄重而超脱。李商隐《赠送前刘五经映三十四韵》：“凝邈为时范，虚空作士常。”

【凝嚬】 同“凝颦”。

【凝嚴】 封冻貌。杜牧《偶游石盎僧舍》：“益郁乍怡融，凝严忽颓坼。”

【凝顰】 亦作“凝嚬”。皱眉。顾况《梁广画花歌》：“手把梁生画花看，凝嚬掩笑心相许。”李群玉《送萧绾之桂林》：“苍梧云水晚，离思空凝颦。”又《初月二首》之二：“凝颦立户前，细魄向娟娟。”又《春晚》：“思乡之客空凝嚬，天边欲尽未尽春。”

【凝艷】 浓艳。刘商《姑苏怀古送秀才下第归江南》：“瓦解冰销真可耻，凝艳妖芳安足恃。”元稹《山枇杷》：“压枝凝艳已全开，映叶香苞才半裂。”李绅《新楼诗二十首·北楼樱桃花》：“凝艳拆时初照日，落英频处乍闻莺。”

十五画

瀆 〔dú〕“瀆”讹字。见“瀆亂”。

【瀆亂】 侵犯骚扰。陈子昂《送著作佐郎崔融等从梁王东征》序：“而林胡遗孽，渎乱边氓。”

几　部

几〔jī《广韵》居履切，上旨，见。〕❶古代设于坐侧供老人倚靠的器具。上官昭容《游长宁公主流杯池二十五首》之十二："漱流清意府，隐几避嚣氛。"李白《日夕山中忽然有怀》："云车来何迟，抚几空叹息。"耿沣《秋晚卧疾寄司空拾遗曙卢少府纶》："寒几坐空堂，疏髯似积霜。"白居易《闲居》："绵袍拥两膝，竹几支双臂。"❷用以祭祀或切肉用的小桌子。张昭《郊庙歌辞·汉宗庙乐舞辞·观德舞》："荐豆奉觞亲玉几，配天合祖耀璿枢。"李白《笑歌行》："猛虎不看几上肉，洪炉不铸囊中锥。"白居易《和李势女》："由来几上肉，不足挥干将。"温庭筠《过孔北海墓二十韵》："轮辕无匠石，刀几有庖丁。"❸搁置物件的小桌子。包融《登翅头山题俨公石壁》："万象以区别，森然共盈几。"舒元舆《八月五日中部官舍读唐历天宝已来追怆故事》："抚几观陈文，使我心不怿。"

【几杖】　❶几案和手杖。供老人平时依靠和行走时扶持的用具。古代天子对老臣常赐几杖，以示优宠。杜甫《回棹》："几杖将衰齿，茅茨寄短椽。"刘禹锡《昼居池上亭独吟》："浩然机已息，几杖复何铭。"李群玉《北风》："瘦骨呻吟后，羸容几杖初。"❷借指老人。王建《从元太守夏宴西楼》："五马游西城，几杖随朱轮。"皮日休《奉和添酒中六咏·酒池》："以此献吾君，愿铭于几杖。"杜甫《赠韦左丞丈》："家人忧几杖，甲子混泥途。"又《锦树行》："飞书白帝营斗粟，琴瑟几杖柴门幽。"

【几席】　几案与坐席。杜牧《华清宫三十韵》："几席延尧舜，轩墀接禹汤。"吕岩《大云寺茶诗》："断送睡魔离几席，增添清气入肌肤。"

【几案】　❶泛指桌子。崔颢《结定襄郡狱效陶体》："谤书盈几案，文墨相填委。"贾至《闲居秋怀寄阳翟陆赞府封丘高少府》："闭门对群书，几案在我旁。"刘禹锡《和令狐相公春早朝回盐铁使院中作》："簿书盈几案，要自有高情。"皮日休《苦雨杂言寄鲁望》："蜾蠃时时上几案，蛙黾往往跳琴书。"❷专指处理公牍文书的案桌。刘长卿《送薛据宰涉县》："几案终日闲，蒲鞭使人畏。"又《题冤句宋少府厅留别》："壶觞招过客，几案无留事。"贯休《水壶子》："一从亲几案，常恐近儿童。"

【几砚】　几案和砚台。郑薰《赠巩畴》："榻静几砚洁，帙散缣缃明。"

【几阁】　亦称"几格"。橱架。韦应物《南园陪王卿游瞩》："几阁文墨暇，园林春景深。"又《燕居即事》："几阁积群书，时来北窗阅。"

【几榻】　几案与坐榻。白居易《洛下诸客就宅相送偶题西亭》："几榻临池坐，轩车冒雪过。"

【几筵】　犹几席。《郊庙歌辞·周宗庙乐舞辞·禋顺》："礼毕祀先，香散几筵。"皮日休《过云居院玄福上人旧居》："南宗弟子时时到，泣把山花奠几筵。"

一　画

凡〔fán《广韵》符咸切，平凡，奉。〕❶皆，都。李颀《寄焦炼师》："得道凡百岁，烧丹惟一身。"卢纶《与张擢对酌》："卢叟醉言粗，一杯凡数呼。"唐扶《和兵部郑侍郎省中四松诗》："还闻旧凋契，凡在此中培。"❷共，总计。张说《岭南送使二首》之一："古来相送处，凡得几人还？"孟浩然《入峡寄弟》："我来凡几宿，无夕不闻猿。"刘禹锡《马大夫见示浙西王侍御赠答诗因命同作》："忆逐羊车凡几时，今来旧府统戎师。"于武陵《望月》："离家凡几宵，一望一寥寥。"❸概括之词。所有，凡是。寒山《诗三百三首》之一："凡读我诗者，心中须护静。"白居易《和答诗十首·和阳城驿》："凡是为善者，闻之恻然悲。"杜荀鹤《经九华费征君墓》："凡吊先生者，多伤荆棘间。"❹平常；平庸。杜甫《见王监兵马使说近山有白黑二鹰请余赋诗》："万里寒空只一日，金眸玉爪不凡材。"白居易《杏园中枣树》："人言百果中，唯枣凡且鄙。"李群玉《长沙元门寺张璪员外壁画》："世人只爱凡花鸟，无处不知梁广名。"皮日休《读书》："案头见蠹鱼，犹胜凡俦侣。"❺世俗。崔元略《赠毛仙翁》："莫将凡尘比云泥，椿菌之年本不齐。"司空图《携仙箓九首》之五："仙凡路阻两难留，烟树人间一片秋。"吕岩《瑶头坯歌》："真人以踵凡以喉，从此真凡两边立。"

【凡人】　❶一般人，平庸的人。顾况《千松岭》："问渠何旨意，恐落凡人耳。"白居易《赠友五首》之五："凡人贵达日，多在长大时。"姚合《闲居》："幽鸟偏栖竹，凡人笑种莎。"欧阳炯《贯休应梦罗汉画歌》："诗名画手皆奇绝，觑你凡人争是人。"❷世俗人，与"仙人"

相对。储嗣宗《和茅山高拾遗忆山中杂题五首·山泉》:"春风莫泛桃花去,恐引凡人入洞来。"吕岩《七言》之四三:"蓬莱不是凡人处,只怕愚人泄世机。"

【凡才】 亦作"凡材"。庸才。杜甫《乘雨入行军六弟宅》:"令弟雄军佐,凡才污省郎。"又《杨监又出画鹰十二扇》:"当时无凡材,百中皆用壮。"

【凡夫】 ❶同"凡人❶"。白居易《简简吟》:"此女不是凡夫妻,恐是天仙谪人世。"陈陶《涂山怀古》:"凡夫色难事,神圣安能恭。"王福娘《问棨诗》:"日日悲伤未有图,懒将心事话凡夫。"❷同"凡人❷"。寒山《诗三百三首》之二五九:"况复诸凡夫,无常岂长保。"贯休《送僧入石霜》:"论心齐至圣,对镜破凡夫。"

【凡木】 普通的树木。常以喻平庸之人。孟郊《井上枸杞架》:"高叶架云空,不与凡木并。"韩愈《芍药歌》:"丈人庭中开好花,更无凡木争春华。"杜荀鹤《题瓦棺寺真上人院矮桧》:"一自旧山来砌畔,几番凡木与云齐。"孙棨《题刘泰娘舍》:"寻常凡木最轻樗,今日寻樗桂不如。"

【凡手】 指平常之人。汪遵《延平津》:"三尺晶荧射斗牛,岂随凡手报冤仇。"

【凡今】 当今,现在。杜甫《戏为六绝句》之四:"才力应难夸数公,凡今谁是出群雄。"韩愈《剥啄行》:"凡今之人,急名与官。"

【凡世】 人世间。周匡物《及第谣》:"风吹金榜落凡世,三十三人名字香。"李中《寄庐山简寂观重道者》:"似醒一梦归凡世,空向彤霞寄梦频。"

【凡目】 谓识见平庸。刘禹锡《含辉洞述》:"天姿孤绝,凡目所忽。闷其清光,有待而发。"顾云《苏君厅观韩干马障歌》:"今日披图见笔迹,始知甫也真凡目。"

【凡百】 总共,一切。概括之词。杜甫《题衡山县文宣王庙新学堂呈陆宰》:"高歌激宇宙,凡百慎失坠。"

【凡羽翼】 指凡鸟。喻庸才。张蠙《投翰林张侍郎》:"丹穴虽无凡羽翼,灵椿还向细枝条。"

【凡材】 见"凡才"。

【凡花】 ❶指一般花木。于濆《寒食》:"二月野中芳,凡花亦能香。"❷喻寻常女子。罗虬《比红儿诗》之二五:"含情一向东风笑,差杀凡花尽不开。"

【凡物】 平凡之物。李商隐《李肱所遗画松诗书两纸得四十韵》:"寓身会有地,不为凡物蒙。"

【凡例】 指章法,规范。杜甫《八哀诗·赠秘书监江夏李公邕》:"各满深望还,森然起凡例。"

【凡界】 人世间。吴越僧《武肃王有旨石桥设斋会进一诗共六首》之一:"当知此界非凡界,一道幽奇各自分。"

【凡俗】 世人;世俗的人。郑谷《故少师从翁隐岩别墅乱后榛芜感旧怆怀遂有追纪》:"风骚为主人,凡俗仰清尘。"赵抟《琴歌》:"乃知凡俗难可名,轻者却重重者轻。"

【凡胎】 凡人之躯体。吕岩《敲爻歌》:"寻烈士,觅贤才,同安炉鼎化凡胎。"又《沁园春》词:"洗荡尘埃,是真元孕育,有仙风道骨,岂是凡胎?"

【凡音】 指通俗的歌曲。刘兼《自遣》:"照乘始堪沽善价,阳春争忍混凡音。"

【凡姿】 平凡的姿态、姿容。林滋《望九华山》:"兹山突出何怪奇,上有万状无凡姿。"苏拯《伤彩饰》:"尔形才似削,尔貌不如昨。本为是凡姿,谁教染丹雘。"

【凡流】 世俗的人。吕岩《七言》之四一:"药就功成身羽化,更抛尘坌出凡流。"又《敲爻歌》:"待把凡流尽提接,同越蓬莱仙会中。"

【凡客】 平庸之人。白居易《青龙寺早夏》:"闲有老僧立,静无凡客过。"罗隐《绝境》:"凡客从题凤,肤音未胜蛙。"

【凡馬】 平常的马。与千里马相对。杜甫《丹青引赠曹将军霸》:"斯须九重真龙出,一洗万古凡马空。"李贺《马诗二十三首》之四:"此马非凡马,房星本是星。"

【凡草】 ❶野草。李咸用《小松歌》:"幽人不喜凡草生,秋锄断得寒青青。"段成式、张希复《奇松联二十字绝句》:"至于摧折枝,凡草犹避阴。"❷喻平庸之辈。白居易《石山苔》:"路傍凡草荣遭遇,曾得七香车碾来。"苏拯《凡草诫》:"不唯不尔容,得无凡草嫉。"

【凡格】 平常的仪态、格局。刘禹锡《游桃源一百韵》:"乃言瞿氏子,骨状非凡格。"卢仝《客许石》:"石公说道理,句句出凡格。"

【凡骨】 凡人的躯体;凡人。韦应物《饵黄精》:"九蒸换凡骨,经著上世言。"杜荀鹤《依韵次同年张曙先辈见寄之什》:"九华山叟惊凡骨,同到蓬莱岂偶然。"韩偓《及第过堂日作》:"暗凉凡骨升仙籍,忽讶麻衣谒相庭。"王岩《题岩君观》:"寒云古木罩星台,凡骨仙踪信可哀。"

【凡庸】 指平庸者。李绅《龟山寺鱼池》:"凡庸不识慈悲意,自葬江鱼入九泉。"

【凡鳥】 喻庸才。王维《春日与裴迪过新昌里访吕逸人不遇》:"到门不敢题凡鸟,看竹何须问主人。"张九龄《杂诗五首》之一:"凡鸟已相噪,凤皇安得知。"权德舆《璩授京兆府参军戏书以示兼呈独孤郎》:"老牛还舐犊,凡鸟亦将雏。"陈陶《竹十一首》之六:"剩养万径将扫俗,莫教凡鸟闹云门。"

【凡魚】 喻平庸之辈。李白《赠崔侍郎》:"点额不成龙，归来伴凡鱼。”李群玉《龟》：“不应随跛鳖，宁肯滞凡鱼。”

【凡情】 世俗之情。皎然《支公诗》：“天生支公与凡异，凡情不到支公地。”郭周藩《谭子池》：“凡情留不得，攀望众号悲。”皮日休《和鲁望风人诗三首》之三：“逆风犹挂席，苦不会凡情。”

【凡間】 人世。罗隐《寄程尊师》：“未知朽败凡间骨，中授先生指教无。”吕岩《沁园春》词：“凡间，只恋尘缘，又谁信壶中别有天。”

【凡歌】 庸俗的歌曲。鱼玄机《春情寄子安》：“莫听凡歌春病酒，休招闲客夜贪棋。”

【凡愚】 平庸；平庸之人。寒山《诗三百三首》之二三〇：“我见凡愚人，多畜资财谷。”拾得《诗》之四五：“余住天台山，凡愚那见形。”韩偓《赠湖南李思齐处士》：“燕侠冰霜难狎近，楚狂锋刃触凡愚。”

【凡禽】 义同“凡鳥”。许棠《亲仁里双鹭》：“天然不与凡禽类，傍砌听吟性自驯。”

【凡鄉】 人世间。与“仙界”相对。孟郊《游韦七洞庭别业》：“崆峒非凡乡，蓬瀛在仙籍。”

【凡境】 平凡的境界。刘禹锡《瀑布泉》：“上盘下际非凡境，个里何曾俗客来。”

【凡輕】 平凡轻贱。牛僧儒《李苏州遗太湖石奇状绝伦因题二十韵奉呈梦得乐天》：“池塘初展见，金玉自凡轻。”

【凡塵】 尘世，人间。李群玉《书院二小松》：“一双幽色出凡尘，数粒秋烟二尺鳞。”

【凡缘】 世俗之情。牟融《题道院壁》：“若使凡缘终可脱，也应从此度闲身。”又《重赠张籍》：“凡缘未了嗟无子，薄命能孤不怨天。”

【凡濁】 凡俗重浊。白居易《咏家酝十韵》。“常嫌竹叶犹凡浊，始觉榴花不正真。”

【凡聲】 平凡之声。白居易《北亭卧》：“莲开有佳色，鹤唳无凡声。”方干《山中即事》：“野花多异色，幽鸟少凡声。”

【凡軀】 凡人的躯体。吕岩《七言》之三四：“便觉凡躯能变化，深知妙道不虚图。”

【凡類】 平常之种类。韦应物《述园鹿》：“兹兽有高貌，凡类宁比肩。”

【凡聾】 才识庸劣之人。孟郊《劝善吟》：“藏书挂屋脊，不惜与凡聋。”李群玉《始忝四座奏状闻荐蒙恩授官旋进歌诗》：“庶期白雪调，一奏惊凡聋。”

【凡鱗】 义同“凡魚”。李搏《复谑延裕》：“曾随风水化凡鳞，安上门前一字新。”李家明《元宗钓鱼无获进诗》：“凡鳞不敢吞香饵，知是君王合钓龙。”

六 画

凭 〔píng《广韵》扶冰切，平蒸，奉。又皮證切，去證，奉。〕靠，倚靠。杜又《赠王二十四侍御契四十韵》：“长歌敲柳瘿，小睡凭藤轮。”白居易《绣妇叹》：“虽凭绣床都不绣，同床绣伴得知无。”李君何《曲江亭望慈恩寺杏园花发》：“春晴凭水轩，仙杏发南园。”郑准《题宛陵北楼》：“雨来风静绿芜藓，凭著朱阑思浩然。”

【凭几】 倚靠着几案。杜甫《遣闷》：“哀筝犹凭几，鸣笛竟沾裳。”司空曙《送卢使君赴夔州》：“凭几双童静，登楼万井斜。”皮日休《鲁望昨以五百言见贻因成一千言》：“吟余凭几饮，钓罢偎蓑眠。”

【凭高】 登高。姚鹄《玉贞观寻赵尊师不遇》：“凭高目断无消息，自醉自吟愁落晖。”李洞《题咸阳楼》：“晚亚古城门，凭高黯客魂。”

【凭軒】 同“凭欄”。李贺《洛阳城外别皇甫湜》：“凭轩一双泪，奉坠绿衣前。”

【凭闌】 同“凭欄”。袁皓《重归宜春经过萍川题梵林寺》：“拖紫腰金成底事，凭阑惆怅欲如何。”李士元《登阁》：“乱后独来登大阁，凭阑举目尽伤心。”

【凭欄】 倚靠着栏杆。多谓有所思虑。李端《宿荐福寺东池有怀故园因寄元校书》：“抚枕愁华鬓，凭栏想故乡。”杨巨源《秋日题陈宗儒圃亭凄然感旧》：“今日重凭栏，清风空在竹。”陆龟蒙《奉和袭美酒中十咏·酒楼》：“须知凭栏客，不醉难为肠。”

九 画

凰 〔huáng《广韵》胡光切，平唐，匣。〕传说中的瑞鸟名。雄曰凤，雌曰凰。元稹《筝》：“火凤有凰求不得，春莺无伴啭空长。”

十 画

凱 〔kǎi《广韵》苦亥切，上海，溪。〕❶温和，和乐。见“凱風”“凱澤”。❷凯旋。卢从愿《奉和圣制送张说巡边》：“伫闻歌杕杜，凯入系名王。”韩休《奉和圣制送张说巡边》：“左律方先凯，中鞶即训兵。”杜甫《后出塞五首》之四：“献凯日继踵，两蕃静无虞。”韩愈孟郊《斗鸡联句》：“连轩尚贾余，清厉比归凯。”

【凱安】 唐武舞名。贞观初作，郊庙朝会用之。文舞曰《治康》，武舞曰《凯安》。舞者各六十四人。见《旧唐书·音乐志一》《新唐书·礼乐十一》。《全唐诗》“郊庙歌辞”有《凯安》舞辞。

【凱風】　和风。许敬宗《奉和初春登楼即目应诏》：“歌里霏烟飏，瑟上凯风清。”

【凱旋】　战胜而归。宋之问《军中人日登高赠房明府》：“闻道凯旋乘骑入，看君走马见芳菲。”柳宗元《唐铙歌鼓吹曲十二篇·苞枿第六》：“凯旋金奏，象形容。”

【凱旋歌】　同“凯歌。”韦庄《又闻湖南荆渚相次陷没》：“几时闻唱凯旋歌，处处屯兵未倒戈。”又《赠薛秀才》：“但闻哀痛诏，未睹凯旋歌。”

【凱歌】　胜利之歌。太宗《饮马长城窟行》：“荒裔一戎衣，灵台凯歌入。”高适《信安王幕府诗》：“落梅横吹后，春色凯歌前。”崔铉《进宣宗收复河湟诗》：“边陲万里注恩波，宇宙群芳洽凯歌。”王贞白《度关山》：“秦楼休怅望，不日凯歌还。”

【凱樂】　庆祝作战胜利的军乐。属鼓吹乐曲。唐制，凡命将征讨，有大功献俘馘者，奏凯乐。见《旧唐书·音乐志一》。沈佺期《塞北二首》之一：“归来拜天子，凯乐助南薰。”又《全唐诗》卷一五有“凯乐歌辞”四章。

【凱澤】　恩泽。许敬宗《奉和行经破薛举战地应制》：“普天沾凯泽，相携欣颂平。”

凵　部

二　画

凶　〔xiōng《广韵》許容切，平鍾，曉。〕❶不吉利；祸殃。与“吉”相对。王圭《咏淮阴侯》：“吉凶成纠缠，倚伏难预详。”韦应物《答令狐侍郎》：“一凶乃一吉，一是复一非。”白居易《新乐府·草茫茫》：“奢者狼藉俭者安，一凶一吉在眼前。”❷凶恶，暴虐。见“凶王”“凶徒”。❸夭折，死亡。见“凶問”“凶訃”。❹丧事；丧乱。李贺《昌谷诗》：“邻凶不相杵，疫病无邪祀。”姚合《庄恪太子挽词二首》之二：“华夷笺乍绝，凶吉礼空新。”❺灾荒。白居易《贺雨》：“上心念下民，惧岁成灾凶。”❻恶人。于邵《释奠武成王乐章·亚献终献》：“始神翊周，拯溺除凶。”柳宗元《游南亭夜还叙志七十韵》：“岷凶既云捕，吴虏亦已鏖。”元稹《宪宗章孝武皇帝挽歌词三首》之二：“二凶枭帐下，三叛斩都中。”❼猛烈，厉害。见“凶飆”。

【凶王】　荒淫暴虐的国王。元结《乱风诗五篇·至乱》：“嘻乎王家，曾有凶王。中世失国，岂非骄荒！”

【凶夭】　死伤夭亡。白居易《逸老》：“顺之多吉寿，违之或凶夭。”

【凶年】　荒年。白居易《别州民》：“唯留一湖水，与汝救凶年。”陆龟蒙《刈获》：“凶年是物即为灾，百阵野凫千穴鼠。”吴融《祝风三十二韵》：“籴贱兼粜贵，凶年翻大喜。”

【凶宅】　旧时指会给屋主带来殃祸的不吉利的住宅。如白居易有《凶宅》。

【凶忍】　凶恶残忍。元结《闵荒诗》：“天囚正凶忍，为我万姓仇。”

【凶災】　灾祸。徐浩《宝林寺作》：“洗心听经论，礼足蠲凶灾。”苏拯《明禁忌》：“可以没凶灾，四隅通一二。”

【凶門】　❶古代将领出征所经之门。刘希夷《从军行》：“天子庙堂拜，将军凶门出。”玄宗《平胡》：“将出凶门勇，兵因死地强。”❷指武将。李商隐《送千牛李将军赴阙五十韵》：“内竖依凭切，凶门责望轻。”

【凶訃】　死讯。韩愈《感春五首》之四：“音容不接只隔夜，凶讣讵可相寻来。”

【凶神】　凶恶之神。姚合《恶神行雨》：“凶神扇簸恶神行，汹涌挨排白雾生。”

【凶荒】　指荒凉的战场。贯休《经古战场》：“茫茫凶荒，迥如天设。驻马四顾，气候迂结。”

【凶徒】　恶人。杜甫《秋日夔府咏怀》：“旧物森犹在，凶徒恶未悛。”韩偓《老将》：“折枪黄马倦尘埃，掩耳凶徒怕疾雷。”

【凶殘】　凶狠残暴。亦指凶狠残暴之人。张九龄《奉和圣制幸晋阳宫》：“隋季失天策，万方罹凶残。”元稹《箭镞》：“砺将何所用，砺以射凶残。”王毂《后魏行》：“力微皇帝谤天嗣，太武凶残人所畏。”

【凶問】　死讯。杜甫《哭台州郑司户苏少监》：“羇游万里阔，凶问一年俱。”李商隐有《闻著明凶问哭寄飞卿》。

【凶豪】　凶恶强横之人。吕岩《化江南简寂观道士侯用晦磨剑》：“奸血默随流水尽，凶豪今逐渍痕消。”

【凶慝】　凶恶。亦指凶恶之人。王珪《咏淮阴侯》：“秦王日凶慝，豪杰争共亡。”徐浩《谒禹庙》：“灾淫破凶慝，祚圣拥神休。”皎然《同薛员外谊久旱感怀寄兼呈上杨使君》：“赖以王猷盛，中原无凶慝。”

【凶豎】　凶恶的小人。临淄县主《与独孤穆冥会诗》（卷八六六）：“出门皆凶竖，所向多逆谋。”

【凶器】　❶兵器。杜牧《感怀诗一首》：“急征赴军须，厚赋资凶器。”❷伤害或杀害人的工具。李白《战城南》：“乃知兵者是凶器，圣人不得已而用之。”

【凶險】　凶恶奸险。范质《诫儿侄八百字》：“能移谨厚性，化为凶险类。”

【凶醜】　凶恶不善。元稹《代曲江老人百韵》：“奸心兴桀黠，凶丑比顽嚚。”

【凶飆】　暴风。韩愈《苦寒》：“凶飙搅宇宙，铓刃甚割砭。”

三　画

出　〔chū《广韵》赤律切，入術，昌。又尺類切，去至，昌。〕❶自内而外。与“入”“进”相对。王绩《薛记室收过庄见寻率题古意以赠》：“曳裾出门迎，握手登前除。”杜甫《忆昔二首》之二：“九州道路无豺虎，远行不劳吉日出。”朱庆余《长安春日野中》："青春思楚地，闲步出秦城。"韦庄《赠边将》："昔因征远向金微，马出榆关一鸟飞。"❷出产，产生。崔融《咏宝剑》："宝剑出昆吾，龟龙夹采珠。"李颀《听安万善吹觱篥歌》："南山截竹为觱篥，此乐本自龟兹出。"刘禹锡《送李尚书镇滑州》："自古相门还出相，如今人望在岩廊。"皮日休《友人以人参见惠因以诗谢之》："神草延年出道家，是谁披露记三桠。"❸出生。卢象《赠张均员外》："出自平津邸，还为吏部郎。"亦指源头。白居易《和分水岭》："同出而异流，君看何所似。"❹出现，显露。王绩《采药》："时时断障遮，往往孤峰出。"贺知章《奉和圣制送张说巡边》："胄出天弧上，谋成帝幄中。"周贺《春日重至南徐旧居》："过雨远山出，向风孤鸟回。"刘沧《寓居寄友人》："夕阳云尽嵩峰出，远岸烟消洛水平。"❺升起，升出。刘长卿《清明后登城眺望》："百花如旧日，万井出新烟。"权德舆《古乐府》："莺啼日出不知曙，寂寂罗帏春梦长。"李郢《南池》："日出两竿鱼正食，一家欢笑在南池。"邵谒《自叹》："惆怅复惆怅，几回新月出。"❻发出。杜甫《阆州东楼筵奉送十一舅往青城县得昏字》："临风欲恸哭，声出已复吞。"钱起《送陆郎中》："莺声出汉苑，柳色过漳河。"刘禹锡《同乐天和微之深春二十首》之十三："饮馔开华幄，笙歌出钿车。"罗隐《鹦鹉》："劝君不用分明语，语得分明出转难。"❼高出。韦应物《善福寺阁》："残霞照高阁，青山出远林。"韩翃《送崔秀才赴上元兼省叔父》："烟开日上板桥南，吴岫青青出林表。"王铤《登越王楼见乔公诗偶题》："云架重楼出郡城，虹梁雅韵仲宣情。"翁承赞《柳》之二："高出营门远出墙，朱阑门闭绿成行。"❽超出。王维《赠从弟司库员外绿》："徒闻跃马年，苦无出人智。"杜甫《醉时歌》："先生有道出羲皇，先生有才过屈宋。"刘长卿《题魏万成江亭》："才出时人右，家贫湘水头。"李商隐《井泥四十韵》："长沙启封土，岂是出程姬。"又指突出，杰出。张籍《赠别王侍御赴任陕州司马》："更和诗篇名最出，时倾杯酒户常齐。"李山甫《山下残夏偶作》："声名何要出，吟咏亦堪休。"❾脱离，离开。李白《出妓金陵子呈卢六四首》之一："安石东山三十春，傲然携妓出风尘。"李华《云母泉诗》："访道出人世，招贤依福庭。"卢纶《陪中书李纾舍人夜泛东池》："看月复听琴，移舟出树阴。"许棠《题甘露寺》："何年增造化，万古出尘嚣。"❿经过，穿过。储光羲《贻袁三拾遗谪作》："路出大江阴，川行碧峰里。"钱起《陇右送韦三还京》："嘶骖顾近驿，归路出他山。"韩翃《经月岩山》："驱车过闽越，路出饶阳西。"齐己《过荆门》："路出荆门远，行行日欲西。"⓫指出仕或出任地方官职。韦应物《寄职方刘郎中》："予因谬忝出，君为沉疾婴。"李颀《送刘四赴夏县》："一朝出宰汾河间，明府下车人吏闲。"许棠《旅怀》："白发除还出，丹霄去转赊。"⓬用在动词后表示动作的目的已完成。贺知章《咏柳》："不知细叶谁裁出，二月春风似剪刀。"薛媛《写真寄夫》："泪眼描将易，愁肠写出难。"吕岩《七言》之三七："炼出一炉神圣药，五云归去路分明。"

【出人】　超出众人。李白《鞠歌行》："又不见田千秋才智不出人，一朝富贵如有神。"杜荀鹤《送友人入关》："此去青云莫更疑，出人才行足人知。"吴融《赠李长史歌》："咨嗟长史出人艺，如何值此艰难际。"张蠙《贻曹郎中》："细看明主意，终用出人才。"

【出入】　❶进出。李颀《缓歌行》："暮拟经过石渠署，朝将出入铜龙楼。"陈羽《古意》："是时妾家犹未贫，兄弟出入双车轮。"刘得仁《上张水部》："出入门阑久，儿童亦有情。"豆卢回《登乐游原怀古》："驰逐莲勺道，出入诸陵门。"❷往来。指时间的流逝。刘允济《经庐岳回望江州想洛川有作》："出入经变化，俯仰凭寥廓。"唐尧臣《金陵怀古》："出入三百年，朝事几翻覆。"❸出入朝廷。指出仕，在朝廷任职。王丘《奉和圣制送张尚书巡边》："出入敷能政，谋猷体至公。"杜甫《奉济驿重送严公四韵》："列郡讴歌惜，三朝出入荣。"韦应物《往富平伤怀》："丈夫须出入，顾尔内无依。"李德裕《离平泉马上作》："十年紫殿掌洪钧，出入三朝一品身。"❹或出或入。指行动，行为。曹邺《翠孤至渚宫寄座主相公》："恩门为宰相，出入用天道。"李频《春日鄜州赠裴居言》："虽将身佐幕，出入似闲君。"

【出土】　❶从土中生长出来。许浑《残雪》："轻压嫩蔬旁出土，冷冲幽鸟别寻枝。"温庭筠《晚归曲》："青丝系船向江木，兰芽出土吴江曲。"❷从土中发露出或掘出来。贯休《杞梁妻》："一号城崩塞色苦，再号杞梁骨出土。"伍乔《闻杜牧赴阙》："峡云难卷从龙势，古剑终腾出土光。"

【出口】　出言，张口。刘言史《初下东周赠孟郊》："言词野麋态，出口多累形。"

【出山】　❶晋谢安隐居东山，屡征不起，后出为征西大将军桓温司马，将发新亭，朝士咸出瞻送。事见南朝宋刘义庆《世说新语·俳调》。后以"出山"指出仕或求仕。司空图《力疾山下吴村看杏花十九首》之十七："行乐溪边步转迟，出山渐减探花期。"杜荀鹤《近试投所知》："敢辞成事晚，自是出山迟。"翁承赞《喜弟承检登科》："知尔苦心功业就，早携长策出山来。"曹松《言杯》："出山不得意，谒帝值戈铤。"❷离开山寺。白居易《东林寺白莲》："但恐出山去，人间种不生。"

【出水】　从水中生出。常用来形容水中之莲。白居易《因梦得题公垂所寄蜡烛因寄公垂》："照梁初日光相似，出水新莲艳不如。”李商隐《无题》：“照梁初有情，出水旧知名。”王贞白《有所思》：“芙蓉出水时，偶尔便分离。”

【出文入武】　谓文武双全。刘禹锡《寄毗陵杨给事三首》之一：“好著櫜鞬莫惆怅，出文入武是全才。”

【出火】　生火。杨凌《阁前双槿》：“含烟疑出火，隔雨怪舒霞。”张籍《寒食后》：“田舍清明日，家家出火迟。”白居易《清明日送韦侍御贬虔州》：“留饧和冷粥，出火煮新茶。”

【出世】　❶超脱尘世。王昌龄《同王维集青龙寺昙壁上人兄院五韵》：“檐外含山翠，人间出世心。”许棠《题金山寺》：“上穷如出世，下瞷忽惊神。”崔涂《读侯道华真人传》：“不得修心要，翻知出世难。”❷超出世人。卢纶《和张仆射塞下曲》之五：“调箭又呼鹰，俱闻出世能。”罗虬《比红儿诗》之七九：“休道将军出世才，尽驱诸妓下歌台。”贯休《上缙云段使君》：“活民刀尺虽无象，出世文章岂有师。”❸出仕。李白《窜夜郎于乌江留别宗十六璟》：“浪迹未出世，空名动京师。”钱起《赠汉阳隐者》：“当年不出世，知子餐霞人。”

【出世法】　佛教词。超脱生死境界的方法。皇甫冉《送从侄栖闲律诗》：“能知出世法，讵有在家心。”皎然《兵后经永安法空寺寄悟禅师》：“常说人间法自空，何言出世法还同。”

【出世僧】　超脱人世的真僧。王贞白《云居长老》：“巘路蹑云上，来参出世僧。”

【出生】　胎儿从母体中生出。寒山《诗三百三首》之一〇〇：“已死必应生，出生还复死。”亦指出生的家庭。

【出守】　由京官出为州郡长官。刘允济《经庐岳回望江州想洛川有作》：“重地资出守，英藩谅求瘼。”岑参《客舍悲秋有怀两省旧游呈幕中诸公》：“三度为郎便白头，一从出守五经秋。”钱起《送张员外出牧岳州》：“自怜黄阁知音在，不厌彤幨出守频。”朱庆余《送邵州林使君》：“一月计程那是远，中年出守未为迟。”

【出走】　为环境所迫而离开家国。卢仝《感古四首》之二：“仲尼鲁司寇，出走为群婢。”

【出車】　❶《诗·小雅》篇名。内容写周宣王派大将南仲出征，击退玁狁，胜利回朝的情景。后泛指受命出征或凯旋回朝之诗。许景先《奉和圣制送张尚书巡边》：“赏延颁赐重，宸赠出车荣。”岑参《奉和杜相公初发京城作》：“叨陪幕中客，敢和出车诗。”袁傪《喜陆侍御破石埭草寇东峰亭赋诗》：“战罢言归马，还师赋出车。”❷借指出征。王湾《秋夜寓直即事怀赠萧令公裴侍郎兼通简南省诸友人》：“出车遥俗震，登阁满朝称。”

【出佐】　出任州郡辅助之官。如长史、司马、录事参军等。白居易《放言五首》序：“予出佐浔阳，未届所任，舟中多暇，江上独吟。”

【出身】　❶献身。崔颢《赠王威古》：“三十羽林将，出身常事边。”李颀《放歌行答从弟墨卿》：“虽沾寸禄已后时，徒欲出身事明主。”钱起《送郑书记》：“出身唯殉死，报国且能兵。”❷在科举考试中，举子中礼部试者称及第，中吏部试者称出身。取得出身资格者始授官。杨志坚《送妻》：“渔父尚知溪谷暗，山妻不信出身迟。”徐凝《回施先辈见寄新诗二首》之二：“料得仙宫列仙籍，如君进士出身稀。”姚合《感时》：“忆昔未出身，索寞无精神。”郑谷《卷末偶题三首》之三：“一第由来是出身，垂名俱为国风陈。”❸入仕，为官。高适《奉酬北海李太守丈人夏日平阴亭》：“出身侍丹墀，举翮凌青冥。”岑参《送张郎中赴陇右觐省卿公》：“弱冠已银印，出身唯宝刀。”韦应物《云阳馆怀谷口》：“出身既事世，高躅难等论。”❹出生；生来。寒山《诗三百三首》之一四五：“出身既扰扰，世事非一状。”韦应物《再游西山》：“出身厌名利，遇境即踌躇。”李益《城傍少年》：“生长边城傍，出身事弓马。”

【出谷】　喻应进士科试。王昌龄《郑县宿陶太公馆中赠冯六元二》：“幽居与君近，出谷同所骛。”权德舆《送从弟广东归绝句》：“知尔业成还出谷，今朝莫怆断行飞。”孟球《和主司王起》：“谁料羽毛方出谷，许教齐和九皋鸣。”温庭筠《原隰荑绿柳》：“新莺将出谷，应借一枝栖。”参见“出谷鶯”。

【出谷鶯】　谓莺鸟从幽谷中飞出。语出《诗·小雅·伐木》：“出自幽谷，迁于乔木。”李白《荆门浮舟望蜀江》：“雪照聚沙雁，花飞出谷莺。”黎逢《小苑春望宫池柳色》：“渐到依依处，思闻出谷莺。”后多喻进士及第。高退之《和主司王起》：“叨陪鸳鹭朝天客，共作门阑出谷莺。”石贯《和主司王起》：“风波久伫济川楫，羽翼三迁出谷莺。”郑谷《咸通十四年府试木向荣》：“只待花开日，连栖出谷莺。”

【出谷禽】　即出谷莺。喻职位升迁。韦庄《三用韵》：“未化投陂竹，空思出谷禽。”参见“出谷鶯”。

【出没】　❶出现与隐没。杜甫《北征》：“坡陀望鄜畤，岩谷互出没。”刘长卿《游四窗》：“日月居东西，朝昏互出没。”白居易《重到渭上旧居》：“白日如弄珠，出没光不住。”❷时隐时现。陈叔达《春首》：“翔禽遥出没，积翠远参差。”韦应物《月溪与幼遐君贶同游》：“浅石方凌乱，游禽时出没。”韩愈《八月十五夜赠张功曹》：“洞庭连天九疑高，蛟龙出没猩鼯号。”朱延《再登河阳城怀古》：“远近浊河流，出没青山峰。”

【出幸】　谓帝王出外巡游。李甘《九成宫》：“中原无鹿海无波，凤辇鸾旗出幸多。”

【出來】　从里面出来。崔日用《又赐宴自歌》：

"墨制帘下出来，微臣眼看喜死。"白居易《琵琶行》："千呼万唤始出来，犹抱琵琶半遮面。"黄滔《经安州感故郑郎中二首》之一："岳客出来寻古剑，野猿相聚叫孤茔。"

【出東山】 同"出山❶"。权德舆《放歌行》："拂衣西笑出东山，君臣道合俄顷间。"

【出妻】 休妻。孟郊《尧歌》之一："一言应对姑，一度为出妻。"

【出門】 ❶走出门外。李白《赠卢司户》："秋色无远近，出门尽寒山。"温庭筠《题僧泰恭院二首》之二："出门还有泪，看竹暂忘机。"聂夷中《哭刘驾博士》："出门四顾望，此日何徘徊。"❷离家外出。李颀《欲之新乡答崔颢綦毋潜》："男儿在世无产业，行子出门如转蓬。"白居易《旱热二首》之一："端坐犹挥汗，出门岂容易。"姚合《秋日闲居二首》之二："自怜疏懒性，无事出门稀。"曹邺《送友人入塞》："如何恨路长，出门天涯外。"

【出牧】 外出任州郡长官。褚亮《奉和禁苑饯别应令》："大藩初锡瑞，出牧迩皇京。"李白《赠宣城赵太守悦》："出牧历三郡，所居猛兽奔。"刘长卿《钱王相公出牧括州》："缙云讵比长沙远，出牧犹承明主恩。"

【出使】 接受使命出外办理。徐安贞《送吕向补阙西岳勒碑》："圣作西山颂，君其出使年。"李白《送羽林陶将军》："将军出使拥楼船，江上旌旗拂紫烟。"岑参《送许员外江外置常平仓》："还家锦服贵，出使绣衣香。"

【出征】 出外征讨。岑参《轮台歌奉送封大夫出师西征》："上将拥旄西出征，平明吹笛大军行。"王贞白《入塞》："玉殿论兵事，君王诏出征。"

【出於藍】 谓青出于蓝，而将胜于蓝。比喻后辈将胜过前人。语出《荀子·劝学》："青，取之于蓝，而青于蓝。"包何《相里使君第七男生日》："谁道众贤能继体，须知个个出于蓝。"

【出定】 佛教词。与"入定"相对。静心坐禅完毕谓出定。秦系《题僧明惠房》："入定几时将出定，不知巢燕污袈裟。"贾岛《题山寺井》："汲早僧出定，凿新虫自无。"马戴《寄西岳白石僧》："云房出定后，岳月在池西。"方干《赠江南僧》："思山海月上，出定印香终。"

【出官】 由京官贬为地方官吏。韩愈《岳阳楼别窦司直》："前年出官由，此祸最无妄。"

【出函關】 见"出關❶"。

【出俗】 超出凡俗。司马退之《洗心》："君有出俗志，不贪英雄名。"孟郊《哭李观》："我有出俗韵，劳君疾恶肠。"皮日休《初夏即事寄鲁望》："各负出俗才，俱怀超世情。"

【出軍】 出兵。戎昱《塞下曲》之二："嫖姚夜出军，霜雪割人肉。"

【出祖】 古代外出时祭路神并宴饮，谓之出祖。后多指饯行送别。宋璟《奉和圣制送张说巡边》："聚观方结辙，出祖遂倾城。"岑参《送费子归武昌》："高秋八月归南楚，东门一壶聊出祖。"顾况《寄上兵部韩侍郎奉呈李户部卢刑部杜三侍郎》："诸子纷出祖，中宵久留连。"刘禹锡《历阳书事七十韵》："出祖千夫拥，行厨五熟烹。"

【出降】 (一jiàng)天子之女出嫁。因天子位尊，故称出嫁为出降。刘祎之有《奉和太子纳妃太平公主出降》，李商隐有《寿安公主出降》。

【出格】 破格，不同一般。张籍《酬秘书王丞见寄》："今体诗中偏出格，常参官里每同班。"

【出師】 出征，出兵。李白《永王东巡歌十一首》之一："永王正月东出师，天子遥分龙虎旗。"钱起《送马员外拜官觐省》："归觐屡经槐里月，出师常笑棘门军。"杨乘《甲子岁书事》："风雷随出师，云霞有战色。"殷文圭《边将别》："汉将出师冲晓雪，胡儿奔马扑征尘。"

【出師表】 ❶文章篇名。三国蜀诸葛亮作。蜀汉建兴五年(227)，诸葛亮率师伐魏，临行时向后主刘禅上此表，针对刘禅当时嬖昵小人的错误，进行了痛切的规谏。李商隐《武侯庙古柏》："谁将出师表，一为问昭融。"薛逢《题筹笔驿》："出师表上留遗恳，犹自千年激壮夫。"❷主将出征前上给皇帝的奏表。李商隐《寄太原卢司空三十韵》："那劳出师表，尽入大荒经。"

【出師篇】 同"出師表❷"。苏晋《奉和圣制送张说巡边》："亟闻降虏拜，复睹出师篇。"

【出家】 弃家入寺削发为僧尼。张谓《送僧》："童子学修道，诵经求出家。"皇甫冉《送安律师》："出家童子岁，爱此雪山人。"元稹《卢头陀诗》："卢师深话出家由，剃尽心花始剃头。"项斯《送僧》："从小即行脚，出家来至今。"

【出家人】 指僧尼。寒山《诗三百三首》之二四四："我见出家人，不入出家学。"卫准《逸句》："何必剃头为弟子，无家便是出家人。"

【出家兒】 出家人，僧尼。贯休《秋居寄王相公三首》之三："直须穷到底，始是出家儿。"

【出家學】 即佛学。研究佛教经典的学问。寒山《诗三百三首》之二四四："我见出家人，不入出家学。"

【出宰】 由京官外出任县令。李颀《送刘四赴夏县》："一朝出宰汾河间，明府下车人吏闲。"戴叔伦《敬酬陆山人二首》之一："当时漏夺无人问，出宰东阳笑杀君。"韩愈《县斋读书》："出宰山水县，读书松桂林。"袁求贤《早春送郎官出宰》："仙郎今出宰，圣主下忧民。”

【出陣】　上阵出战。张巡《守睢阳作》：“裹疮犹出阵，饮血更登陴。”

【出現】　显露出来。吕岩《瑶头坯歌》：“忽尔天门顶中破，真人出现大神通。”

【出處】　❶语出《易·系辞上》：“君子之道，或出或处，或默或语。”后多指出仕和隐退。张九龄《始兴南山下有林泉尝卜居焉荆州卧病有怀此地》：“出处各有在，何者为陆沉。”孟浩然《陪李侍御访聪上人禅居》：“出处虽云异，同欢在法筵。”孟郊《百忧》：“出处各有时，众议徒啾啾。”❷进退，行止。李白《题嵩山逸人元丹丘山居》序：“白久在庐霍，元公近游嵩山，故交深情，出处无间。”张继《赠章八元》：“俗薄交游尽，时危出处难。”白居易《常乐里闲居偶题十六韵》：“兰台七八人，出处与之俱。”熊孺登《青溪村居二首》之一：“渔船多在马长放，出处自由闲不闲。”❸开始；源头。李咸用《雪》：“也知出处花相似，可到贫家影便稀。”宣宗、黄檗禅师《瀑布联句》：“千岩万壑不辞劳，远看方知出处高。”

【出將】　出外统兵。杜审言《送崔融》：“君王行出将，书记远从征。”杜甫《奉和严中丞西城晚眺十韵》：“汲黯匡君切，廉颇出将频。”戎昱《观卫尚书九日对中使射破的》：“出将三朝贵，弯弓五善齐。”

【出將入相】　出为将帅，入为宰相。谓官居高位。崔颢《江畔老人愁》：“两朝出将复入相，五世叠鼓乘朱轮。”卢仝《杂兴》：“绿酒清琴好养生，出将入相无心取。”贯休《杜侯行》：“出将入相兮功德深，生人受赐兮直至今。”

【出産】　生长，产出。唐彦谦《索虾》：“出产在四时，极美宜于秋。”

【出無車】　出无车马，形容穷困不遇。典出《战国策·齐策四》。高适《行路难二首》之二：“东邻少年安所如，席门穷巷出无车。”钱起《罢官后酬元校书见赠》：“忘机贫负米，忆载出无车。”

【出衆】　超出常人。文德皇后《春游曲》：“林下何须远借问，出众风流旧有名。”方干《赠赵崇侍御》：“才因出众人皆嫉，势欲摩霄自不知。”又《宋从事》：“出众仙才是谪仙，裁霞曳绣一篇篇。”

【出號】　发出号令。杜甫《陪章留后侍御宴南楼》：“出号江城黑，题诗蜡炬红。”刘禹锡《边风行》：“将军占气候，出号夜翻营。”

【出路】　前途。成都醉道士《示胡二郎歌》(卷八六二)：“感君恩义言方苦，火急回心求出路。”

【出節】　谓遣使授节。唐代凡命将遣使，皆请旌节。旌以专赏，节以专杀。节，符节令所掌，属少府。见《新唐书·百官志》。韩愈《元和圣德诗》：“读命于庭，出节少府。”

【出遊】　亦作“出游”。❶外出游玩。王维《和仆射晋公扈从温汤》：“出游逢牧马，罢猎见非熊。”储光羲《夏日寻蓝田唐丞登高宴集》：“东望春明门，驾言聊出游。”❷指交游或游学。杜甫《壮游》：“往昔十四五，出游翰墨场。”张籍《献从兄》：“我念出游时，勿吟康乐文。”

【出意】　❶出游之意兴。贺朝《赋得游人久不归》：“稍觉出意尽，行看蓬鬓稀。”❷特意，用意。段成式《柔卿解籍戏呈飞卿三首》之三：“出意挑鬟一尺长，金为钿鸟簇钗梁。”

【出塞】　(一sài)❶出边塞。沈佺期《夏日都门送司马员外逸客孙员外佺北征》：“云迎出塞马，风卷渡河旗。”王维《送张判官赴河西》：“单车曾出塞，报国敢邀勋。”岑参《送张都尉东归》：“还家剑锋尽，出塞马蹄穿。”高骈《寓怀》：“关山万里恨难销，铁马金鞭出塞遥。”❷即《出塞曲》。汉乐府《横吹曲》曲名。杜牧《润州二首》之一：“月明更想桓伊在，一笛闻吹出塞愁。”参见“《出塞》《入塞》”。

【《出塞》《入塞》】　汉乐府《横吹曲》曲名。多以边疆战斗生活为题材。《晋书·乐志下》云，汉武帝时李延年因胡曲更造新声二十解，其中有《入塞》《出塞》等曲。唐代《入塞》曲《出塞》曲，盖出于此。岑参《田使君美人舞如莲花北铤歌》：“忽作出塞入塞声，白草胡沙寒飒飒。”戎昱《听杜山人弹胡笳》：“更闻出塞入塞声，穹庐毡帐难为情。”

【出塞曲】　汉乐府《横吹曲》曲名。李白《观胡人吹笛》：“愁闻出塞曲，泪满逐臣缨。”白居易《池边即事》：“毡帐胡琴出塞曲，兰塘越棹弄潮声。”参见“出塞入塞”。

【出塞吟】　即《出塞曲》。刘长卿《鄂渚听杜别驾弹胡琴》：“何事长江上，萧萧出塞吟？”

【出塞詩】　描写边塞战斗生活的诗篇。严维《送房元直赴北京》：“临歧未断归家目，望月空吟出塞诗。”

【出羣】　出众，不同一般。岑参《送弘文李校书往汉南拜亲》：“未识已先闻，清辞果出群。”杜甫《海棕行》：“自是众木乱纷纷，海棕焉知身出群。”李商隐《夜出西溪》：“柳好休伤别，松高莫出群。”罗隐《宫词》：“巧画蛾眉独出群，当时人道便承恩。”

【出羣蹄】　指出群之马，骏马。喻俊才。李群玉《投从叔》：“可惜出群蹄，毛焦久卧泥。”

【出嫁】　谓女子离家与丈夫成婚。宜芬公主《虚池驿题屏风》：“出嫁辞乡国，由来此别难。”陆畅《云安公主下降奉诏作催妆诗》：“云安公主贵，出嫁五侯家。”

【出語】 出言。杜牧《郡斋独酌》:"出语无近俗,尧舜禹武汤。"又《昔事文皇帝三十二韵》:"随行唯跼蹐,出语但寒暄。"杜荀鹤《自述》:"用心常合道,出语或伤时。"

【出塵】 ❶超出凡俗;不同寻常。韦庄《题安定张使君》:"器度风标合出尘,桂宫何负一枝新。"杜荀鹤《题汪氏茅亭》:"出尘景物不可状,小手篇章徒尔为。"❷脱离尘世。多指出家为僧。杜甫《陪章留后惠义寺饯嘉州崔都督赴州》:"出尘閟轨躅,毕景遗炎蒸。"韦应物《龙门游眺》:"素怀出尘意,适有携手客。"司空图《携仙箓九首》之九:"此生得作太平人,只向尘中便出尘。"贾岛《赠僧》:"出尘头未白,入定衲凝霜。"特指飞入空中。杜甫《通泉县署屋壁后薛少保画鹤》:"画色久欲尽,苍然犹出尘。"

【出震】 震,八卦卦名之一,位应东方。后以"出震"指帝王即位。许敬宗《奉和过旧宅应制》:"飞云临紫极,出震表青光。"张说《舞马词六首》之六:"圣君出震应箓,神马浮河献图。"独孤及《丙戌岁正月出洛阳书怀》:"幸逢帝出震,授钺清东藩。"郑絪《享太庙乐章》:"出震嗣德,应乾传圣。"

【出闉】 出外统兵。阃,国门。王翰《奉和圣制送张尚书巡边》:"登朝身许国,出阃将辞家。"钱起《送李九归河北》:"寄重分符去,威仍出阃行。"

【出豫】 谓天子巡游。豫,巡游。崔融《嵩山石淙侍宴应制》:"今朝出豫临悬圃,明日陪游向赤城。"赵彦伯《和九月九日登慈恩寺浮图应制》:"出豫垂佳节,凭高陟梵宫。"储光羲《群鸦咏》:"新宫骊山阴,龙衮时出豫。"

【出頭】 ❶伸出头。皮日休《嘲归仁绍龟诗》:"顽皮死后钻须遍,都为平生不出头。"❷出人头地。顾况《赠僧二首》之二:"出头皆是新年少,何处能容老病翁。"❸超出一般。李山甫《南山》:"莫嫌尘土佯遮面,能向楼台强出头。"

【出餞】 出外设宴饯行。崔日用《奉和送金城公主适西蕃》:"六龙今出饯,双鹤愿为歌。"王维《燕支行》:"万乘亲推双阙下,千官出饯五陵东。"韦应物《送洛阳韩丞东游》:"出饯宿东郊,列筵属城阴。"郑严《送韦员外赴朔方》:"出饯倾朝列,深功伫帝台。"

【出總】 出外统兵。韩休《奉和圣制送张说巡边》:"来威申庙略,出总叶师贞。"

【出鎮】 出任地方长官。高适《奉酬睢阳李太守》:"出镇兼方伯,承家复列侯。"许浑《宴饯李员外》:"膺舟出镇虚陈榻,郑履还京下隗台。"方干《献浙东王大夫二首》之一:"出镇当时移越俗,致君何日不尧年。"

【出獵】 出外打猎。杜甫《遣兴五首》之二:"长陵锐头儿,出猎待明发。"刘禹锡《令狐相公自太原累示新诗因以酬寄》:"灯前妓乐留宾宴,雪后山河出猎看。"

【出離】 佛教词。犹涅槃,谓出离生死苦海。寒山《诗三百三首》之九〇:"劝君求出离,认取法中王。"

【出關】 ❶亦作"出函關"。典出《后汉书·郭丹传》:郭丹,字少卿,南阳人,七岁而孤。后从师长安,买符入函谷关,慨然而叹曰:丹不乘使者车,终不出关。后征为谏议大夫,持节使归南阳安集受降,自去家十有二年,果乘高车出关,如其志焉。高适《秦中送李九赴越》:"适越虽有以,出关终耿然。"杜牧《道一大尹存之庭美二学士简于圣明自致霄汉书美歌诗兼自言志因成长句四韵呈上三君子》:"若念西河旧交友,鱼符应许出函关。"曹邺《出关》:"我独南征恨此身,更有无成出关者。"❷出函谷关。李频《送许寿下第归东山》:"出关心纵野,避世事终稀。"

凸 〔tū《广韵》陀骨切,入没,定;又徒結切,入屑,定。〕高出;突起。与凹相对。牛僧孺《李苏州遗太湖石奇状绝伦因题二十韵》:"丑凸隆胡准,深凹刻兕觵。"姚合《恶神行雨》:"风击水凹波扑凸,雨潈山口地嵌坑。"杜牧《羊栏浦夜陪宴会》:"毬来香袖依稀暖,酒凸觥心泛滟光。"

凹 〔āo《广韵》鳥洽切,入洽,影。《集韵》於交切,平爻,影。〕周围高,中间低。与凸相对。白居易《和微之春日投简阳明洞天五十韵》:"石凹仙药臼,峰峭佛香炉。"姚合《恶神行雨》:"风击水凹波扑凸,雨潈山口地嵌坑。"陆龟蒙《奉和袭美怀华阳润卿博士三首》之一:"北洞树形如曲盖,东凹山色入薰炉。"归仁《酬沈先辈卷》:"桂魄吟来满,蒲团坐得凹。"

六 画

函 〔hán《广韵》胡男切,平覃,匣。又胡讒切,平咸,匣。〕❶包含;含纳。李白《安州应城玉女汤作》:"沸珠跃明月,皎镜函空天。"钱珝《江行无题一百首》之三:"浦烟函夜色,冷日转秋旻。"柳宗元《贞符》:"仁函于肤,刃莫毕屠。"❷匣子。于鹄《宿西山修下元斋咏》:"持斋候撞钟,玉函散宝经。"章孝标《题东林寺寄江州李员外》:"象牙床坐莲花佛,玛瑙函盛贝叶经。"温庭筠《老君庙》:"自怜金骨无人识,知有飞龟在石函。"徐铉《题紫阳观》:"惆怅霓裳太平事,一函真迹锁昭台。"❸封套;套子。刘禹锡《哭吕衡州时予方谪居》:"遗草一函归太史,旅坟三尺近要离。"孟郊《读经》:"拂拭尘几案,开函就孤亭。"李商隐《隋宫》:"乘兴南游不戒严,九重谁省谏书函。"陆龟蒙

《奉和裘美卧疾感春见寄次韵》："除却数函图籍外，更将何事结良朋。"❹书信；信封。韦应物《答故人见谕》："机杼十缣单，慵疏百函愧。"刘禹锡《和汴州令狐相公到镇改月偶书所怀》："酒每倾三雅，书能发百函。"吕从庆《寄弟》："函罢家音又拆看，添书绝句报平安。"❺地名。指函谷关。太宗《入潼关》："崤函称地险，襟带壮两京。"温庭筠《鸿胪寺遗址仅有存者》："殽函与府寺，从此俱荒凉。"

【函丈】　原谓讲学者与听讲者坐席之间相距一丈，后用以指讲学或僧人讲经时的坐席。柳宗元《法华寺石门精舍三十韵》："幽蹊不盈尺，虚室有函丈。"

【函谷】　❶谷名。在今河南灵宝市境。东自崤山，西至潼津，东西十五里，绝岸壁立，崖上松柏荫翳，殆不见日。因深险为函，故名。见《元和郡县图志·陕州》。太宗《帝京篇十首》之一："秦川雄帝宅，函谷壮皇居。"白居易《出关路》："山川函谷路，尘土游子颜。"于邺《春过函谷关》："愁看函谷路，老尽布衣人。"皮日休《北禅院避暑联句》："摆落函谷尘，高歆华阳帻。"❷即函谷关。李白《奔亡道中五首》之四："函谷如玉关，几时可生还。"刘复《长歌行》："奸雄窃命风尘昏，函关重关不能守。"参见"函谷關"。

【函谷令】　即尹喜，周人，为函谷关令。求老子著《道德经》。李群玉《别尹炼师》："若非函谷令，谁注流沙说。"

【函谷塞】　亦作"函塞"。陈子昂《落第西还别刘祭酒高明府》："地连函谷塞，川连广阳城。"郑愔《贬降至汝州广城驿》："函塞云间别，旋门雾里看。"参见"函谷關"。

【函谷關】　关名。战国秦置。在今河南灵宝市东北。西汉元鼎三年（前114）移至今河南新安县东，西去故关三百里。三国魏正始元年（240）废。岑参《函谷关歌送刘评事使关西》："君不见函谷关，崩城毁壁至今在。"参见"函谷❶"。

【函京】　即长安。李群玉《石头城》："东南天子气，扫地入函京。"

【函首】　用匣子盛装人头。柳宗元《咏荆轲》："函首致宿怨，献田开版图。"刘禹锡《平齐行二首》之一："驿骑函首过黄河，城中无贼天气和。"

【函秦】　指函谷关以西的关中地区，因春秋、战国时地属秦国而得名。亦泛指长安。玄宗《春晚宴两相及礼官丽正殿学士探得风字》序："函秦则委输斯远，鼎邑则朝宗所利。"李颀《送刘十》："往来嵩华与函秦，放歌一曲前山春。"

【函崤】　函谷关与崤关的并称。亦泛指长安一带。柳宗元《游朝阳岩遂登西亭二十韵》："羁贯去江介，世仕尚函崤。"

【函疏】　奏疏。因以函装，故名。刘得仁《寄姚谏议》："函疏封还密，炉香侍立亲。"

【函道】　楼梯。司空曙《送王使君赴太原拜节度副使》："剑锋将破虏，函道罢登楼。"

【函塞】　（-sài）见"函谷塞"。

【函關】　函谷关的省称。王绩《绩溪岭》："磴道险如过栈道，丛关高似度函关。"杜甫《秋兴八首》之五："西望瑶池降王母，东来紫气满函关。"令狐楚《春思寄梦得乐天》："春来诗思偏何处，飞过函关入鼎门。"顾非熊《送从叔尉渑池》："白首青衫犹未换，又骑羸马出函关。"

【函關路】　函谷中路。刘长卿《送友人西上》："想见函关路，行人去亦稀。"裴度《刘二十八自汝赴左冯涂经洛中相见联句》："欲首函关路，来披缑岭云。"白居易《社日关路作》："晚景函关路，凉风社日天。"参见"函谷❶"。

【函關道】　即函关路。韦应物《送刘评事》："已想函关道，游子冒风尘。"吴融《阌乡寓居十首·茆堂》："犹嫌未远函关道，正睡刚闻报晓鸡。"

刀 部

刀 〔dāo《广韵》都牢切，平豪，端。〕泛指用于切割剪削的利器。徐延寿《人日剪彩》："闺妇持刀坐，自怜裁剪新。"岑参《赵将军歌》："九月天山风似刀，城南猎马缩寒毛。"舒元舆《坊州按狱》："氓苦税外缗，吏忧笑中刀。"

【刀儿】 犹刀俎。温庭筠《过孔北海墓二十韵》："轮辕无匠石，刀几有庖丁。"

【刀子】 小刀。卢纶《割飞二刀子歌》："改锻割飞二刀子，色迎霁雪锋含霜。"

【刀刃】 刀口。也泛指兵器。韦庄《秦妇吟》："忽见庭际刀刃鸣，身首支离在俄顷。"

【刀尺】 ❶剪刀直尺，缝纫工具。皎然《春夜赋得漉水囊歌送郑明府》："禅客能裁漉水囊，不用衣工秉刀尺。"张籍《白纻歌》："裁缝长短不能定，自持刀尺向姑前。"贯休《古意九首》之三："手把古刀尺，在彼白玉堂。"❷裁剪缝纫。杜甫《秋兴八首》之一："寒衣处处催刀尺，白帝城高急暮砧。"刘禹锡《翰林白二十二学士见寄诗一百篇因以答贶》："郢人斤斫无痕迹，仙人衣裳弃刀尺。"杜牧《自贻》："自嫌如匹素，刀尺不由身。"也指女红。王建《路中上田尚书》："去路何词见六亲，手中刀尺不如人。"❸比喻衡量进退人才的权力。杜牧《正初奉酬歙州刺史邢群》："明时刀尺君须用，幽处田园我有涯。"❹比喻治理的手段。贯休《上缙云段使君》："活民刀尺虽无象，出世文章岂有师。"

【刀圭】 ❶量药末的量器名。李绅《转寿春守亦粗继诗人之末云》："点检遗编尽朝菌，应难求望一刀圭。"崔元略《赠毛仙翁》："度世无劳大稻米，升天只用半刀圭。"查文徽《寄麻姑仙坛道士》："白发只应悲镜镊，丹砂犹待寄刀圭。"也泛指量粉状物的量器。白居易《谢李六郎中寄新蜀茶》："汤添勺水煎鱼眼，末下刀圭搅曲尘。"又《题李山人》："每日将何疗饥渴，井华云粉一刀圭。"❷指丹砂一类的药物。王绩《采药》："且复归去来，刀圭辅衰疾。"韩愈《寄随州周员外》："金丹别后知传得，乞取刀圭救病身。"皮日休《怀华阳润卿博士三首》之一："环堵养龟看气诀，刀圭饵犬试仙方。"

【刀圭藥】 指仙丹。殷尧藩《中元日观诸道士步虚》："倘赐刀圭药，还留不死名。"

【刀机】 犹刀几。李白《玉真公王别馆苦雨赠卫尉张卿二首》之二："厨灶无青烟，刀机生绿藓。"白居易《放鱼》："岂唯刀机忧，坐见蝼蚁图。"

【刀光】 ❶锋利的兵器闪出的寒光。崔国辅《从军行》："刀光照塞月，阵色明如昼。"张蠙《钱塘夜宴留别郡守》："屏间佩响藏歌妓，幕外刀光立从官。"❷指战争。无名氏《五言诗》之二(外编下)："生受刀光苦，意里极皇皇。"

【刀名錐利】 比喻名利的微小。参见"刀錐"。陆龟蒙《独夜有怀因作吴体寄袭美》："云虬涧鹿真逸调，刀名锥利非良图。"

【刀州】 晋王濬夜梦三刀悬于屋梁，不久又益(加)一刀。惊觉，心颇厌恶。主簿李毅圆梦以为三刀是"州"字，又益一刀，则是当益州太守之兆。后濬果任命为益州太守。事见《晋书・王濬传》。后以刀州为益州(治今四川成都)代称。王维《送崔五太守》："雾中远树刀州出，天际澄江巴字回。"岑参《送严黄门拜御史大夫再镇蜀川兼觐省》："刀州重入梦，剑阁再题词。"李远《送人入蜀》："不知烟雨夜，何处梦刀州？"薛逢《九日雨中言怀》："糕果盈前益自愁，那堪风雨滞刀州。"

【刀兵】 战争。杨巨源《失题》："山河空道路，蕃汉共刀兵。"刘叉《雪车》："刀兵残丧后，满野谁为载白骨？"方干《过申州作》："万人曾死战，几户免刀兵？"

【刀杵】 剪刀和棒槌。制冬衣的工具。杵的作用是把棉絮拍松。杜牧《闺情代作》："佳人刀杵秋风外，荡子从征梦寐希。"

【刀斧】 刀和斧子。白居易《宿紫阁山北村》："紫衣挟刀斧，草草十余人。"又《和答诗十首・答桐花》："宜遂天地性，忍加刀斧刑？"陈陶《草木言》："常忧刀斧劫，窃慕仁寿乡。"

【刀俎】 刀和砧板。指代宰割而享客之具。韩愈、李正封《晚秋郾城夜会联句》："未足烦刀俎，只应输管钥。"

【刀耕火種】 用刀翻地，用火烧山，指原始落后的耕作方法。方干《山中寄吴磻十韵》："盘餐怜火种，岁计付刀耕。"

【刀耕火耨】 犹刀耕火种。罗隐《别池阳所居》："黄尘初起此留连，火耨刀耕六七年。"

【刀筆】 ❶古代书写工具。古时书写于竹木简，若有笔误，用刀削去。杜审言《和李大夫嗣真奉使存抚河东》："雄词执刀笔，直谏罢楼船。"韩愈《谴疟鬼》："符师弄刀笔，丹墨交横挥。"罗隐《送支使萧中丞赴阙》："八年刀笔到京华，归去青冥路未赊。"❷借指文章。刘长卿《送元八游汝南》："刀笔素推高，锋芒久无敌。"李商隐《汉南书事》："文吏何曾重刀笔，将军犹自舞轮台。"尚颜《峡中酬荆南郑准》："每喜溯流宾客说，元瑜刀笔润雄军。"

【刀筆士】　指文人。戎昱《苦辛行》："如今刀笔士，不及屠沽儿。"

【刀筆吏】　掌管文案的小官。骆宾王《叙寄员半千》："嗟为刀笔吏，耻从绳墨牵。"柳宗元《游南亭夜还叙志七十韵》："永遁刀笔吏，宁期薄书曹？"李搏《贺裴廷裕蜀中登第诗》："应笑戎藩刀笔吏，至今泥滓曝鱼腮。"

【刀槍】　泛指武器。陈羽《梁城老人怨》："朝为耕种人，暮作刀枪鬼。"孟郊《答卢仝》："再三劝莫行，寒气有刀枪。"白居易《送徐州高仆射赴镇》："离筵歌舞花丛散，候骑刀枪雪队迎。"

【刀箭】　泛指武器。于濆《戍客南归》："为子惜功业，满身刀箭疮。"

【刀劍】　泛指武器。刘驾《唐乐府十首·田西边》："刀剑作锄犁，耕田古城下。"杜荀鹤《旅泊遇郡中叛乱示同志》："握手相看谁敢言，军家刀剑在腰边。"

【刀瘢】　刀疤。卢汝弼《和李秀才边庭四时怨》之四："朔风吹雪透刀瘢，饮马长城窟更寒。"

【刀頭】　❶刀尖，亦指刀。杜甫《后出塞五首》之一："千金买马鞭，百金装刀头。"卢纶《冬日登城楼有怀因赠程腾》："穷达皆为身外名，公侯可废刀头取。"孟郊《寒溪》之六："刀头仁义腥，君子不可求。"❷"还"的隐语。刀头有环，谐"还"字。沈佺期《和洛州康士曹庭芝望月有怀》："佳期应借问，为报在刀头。"钱起《送崔校书从军》："别马连嘶出御沟，家人几夜望刀头。"赵嘏《洞庭寄所思》："书中自报刀头约，天上三看破镜飞。"

【刀錐】　喻利益之微。陈子昂《感遇诗三十八首》之十："务光让天下，商贾竞刀锥。"

【刀環】　❶刀头之环，借指刀。柳中庸《征怨》："岁岁金河复玉关，朝朝马策与刀环。"李贺《谢秀才有妾缟练复继四首》之四："戟干横龙簴，刀环倚桂窗。"冯待徵《虞姬怨》："不惜罗衣沾马汗，不辞红粉著刀环。"❷隐言"还"。高适《入昌松东界山行》："王程应未尽，且莫顾刀环。"

【刀鎗】　同"刀枪"。白居易《禽虫十二章》之六："兽中刀枪多怒吼，鸟遭罗弋尽哀鸣。"姚合《从军行》："常恐虚受恩，不惯把刀枪。"

【刀鐮】　即镰刀。韩愈《苦寒》："肌肤生鳞甲，衣被如刀镰。"

刁　〔diāo《广韵》都聊切，平萧，端。〕❶刁斗之简称。韩愈、孟郊《征蜀联句》："戍寒绝朝乘，刁暗歇宵察。"❷姓氏。见"刁逵"。

【刁元亮】　即东晋刁协。协字玄亮（清避康熙讳，玄多改元），饶安（今河北沧州一带）人。少好经籍，博闻强记，累官至尚书左仆射。元帝南渡，倚为重臣。杨炯《和刘长史答十九兄》："共许刁元亮，同推周伯仁。"

【刁斗】　古代军中使用的铜炊具，容量一斗，晚上击以报更。李颀《古从军行》："行人刁斗风沙暗，公主琵琶幽怨多。"白居易《河阳石尚书破回鹘以诗美之》："画角三声刁斗晓，清商一部管弦秋。"李商隐《送千牛李将军赴阙五十韵》："何时绝刁斗，不夜见搀枪。"

【刁逵】　东晋人。字伯道。刁协之孙。桓玄篡位，以逵为豫州刺史。桓玄败，为刘裕所杀。周昙《咏史诗·六朝门·宋武帝》："人杰既为王谧识，刁逵诛斩独何悲。"

一　画

刃　〔rèn《广韵》而振切，去震，日。〕❶刀口。杜甫《前出塞九首》之三："磨刀呜咽水，水赤刃伤手。"孟郊《寒溪》之七："剑刃冻不割，弓弦强难弹。"温庭筠《过孔北海墓二十韵》："鸾凰婴雪刃，狼虎犯云屏。"❷借指刀。高适《奉酬睢阳李太守》："著鞭驱驷马，操刃解全牛。"戴叔伦《相思曲》："将刀斫水水复连，挥刃割情情不断。"徐夤《和尚书咏泉山瀑布十二韵》："天外倚来秋水刃，海心飞上白龙绡。"❸割杀。元稹《思归乐》："我可俘为囚，我可刃为兵。"孟简《拟古》："平生贵酬德，刃敌无幽深。"

二　画

切[1]　〔qiē《广韵》千結切，入屑，清。〕❶切割。马异《答卢仝结交诗》："将吾剑兮切淤泥，使良骥兮捕老鼠。"白居易《秦中吟十首·轻肥》："果擘洞庭橘，脍切天池鳞。"长孙佐辅《陇西行》："四月草不生，北风劲如切。"❷见"切磋"。

切[2]　〔qiè《广韵》千結切，入屑，清。〕❶摩，接。张籍《沈千运旧居》："高议切星辰，余声激喑聋。"司马扎《筑台》："结构切星汉，跻攀横绮罗。"解彦融《雁塔》"北斗临帝城，扶宫切太清。"❷迫近；进入。戎昱《上桂州李大夫》："晚镜伤秋鬓，晴寒切病躯。”元稹《酬乐天早夏见怀》：“八日复切九，月明侵半除。”齐己《寄怀江西僧达禅翁》：“苦甚伤心骨，清还切齿牙。”❸激烈。李峤《弓》：“徒切乌号思，攀龙遂不成。”杜甫《北征》：“东胡反未已，臣甫愤所切。”李群玉《哭小女痴儿》：“方同王衍钟情切，犹念商瞿有庆迟。”❹急切，迫切。卢纶《偶逢姚校书凭附书达河南郄推官因以戏赠》：“寄书常切到常迟，今日凭君君莫辞。”白居易《欲到东洛得杨使君书因以此报》：“向公心切向财疏，淮上休官洛下居。”皮日休《病中书情寄上崔谏议》：“殷勤莫怪求医切，只为山樱欲放红。”❺恳切。杜甫《奉和严中丞西城晚眺十韵》：“汲黯匡君切，廉颇出将频。”元稹《连昌宫词》：“姚崇宋璟作相公，劝谏上皇言语切。”皮日休《二游诗·徐诗》：“圣人患不学，垂诫尤为切。”吴融《和韩致光侍郎无题三首十四韵》之三：“病多疑厄重，语切见心真。”❻凄切。骆宾王《春日离长安客中言怀》：“揶揄惭路鬼，憔悴切波臣。”韦应物《骊山行》：“禁仗围山晓霜切，离宫积翠夜漏长。”孟郊《闻砧》：“杜鹃声不哀，断猿啼不切。”周昙《咏史诗·后汉门·赵孝》：“为感在原哀叫切，鹡鸰休报听双飞。”❼深切。元稹《酬翰林白学士代书一百韵》：“切愧寻常质，亲瞻咫尺姿。”❽务必。孙逖《和咏廨署有樱桃》：“切将稀取贵，羞与众同荣。”吕岩《忆江南》词之八：“要烧灵药切寻铅，寻得是神仙。”

【切₂切₂】 ❶急切貌。张九龄《西江夜行》：“悠悠天宇旷，切切故乡情。”姚合《送张宗原》：“子行何所之？切切食与衣。”❷悲切貌。徐彦伯《孤烛叹》：“切切夜闺冷，微微孤烛然。”王建《荆南赠别李肇著作转韵诗》：“欣欣还切切，又二千里别。”长孙佐辅《关山月》：“凄凄还切切，戍客多离别。”❸诚挚貌。王绩《薛记室收过庄见寻率题古意以赠》：“追道宿昔事，切切心相於。”王维《观别者》：“切切委兄弟，依依向四邻。”❹象声词。(1)形容声音幽细。韦应物《寇季膺古刀歌》：“月肃风凄古堂净，精芒切切如有声。”元稹《捉捕歌》：“切切主人窗，主人轻细故。”白居易《琵琶引》：“大弦嘈嘈如急雨，小弦切切如私语。”(2)形容声音凄切。杨师道《咏笙》：“切切孤竹管，来应云和琴。”权德舆《送人使之江陵》：“纷纷别袂举，切切离鸿响。”贾岛《辞二知己》：“况兹切切弄，绕彼行行躬。”

【切玉】 ❶切开玉石，形容刀锋犀利。李峤《剑》：“白虹时切玉，紫气夜干星。”李白《白马篇》：“秋霜切玉剑，落日明珠袍。”独孤及《代书寄上裴六冀刘二颖》：“畴昔切玉刃，应如新发硎。”周昙《咏史诗·隋门·贺若弼》：“红绡忍染娇春雪，瞪目看行切玉刀。”❷切开之玉。杜甫《峡隘》：“白鱼如切玉，朱橘不论钱。”

【切₂忌】 最需禁止，犹言务必避免。齐己《酬尚颜上人》：“不妨好鸟喧高卧，切忌闲人聒正吟。”吕岩《敲爻歌》：“花露初开切忌触，锁居上釜勿抽添。”

【切₂直】 恳切率直。孟简《咏欧阳行周事》序：“论大事，风韵清雅，词旨切直。”

【切₂事】 当务之急。杜荀鹤《送九华道士游茅山》：“于身无切事，在世有余闲。”

【切₂恨】 深恨。痛恨。孟郊《蜘蛛讽》：“百虫虽切恨，其将奈尔何！”

【切₂烈】 凄厉。元稹《酬独孤二十六送归通州》：“宁爱寒切烈，不爱旸温暾。”

【切₂骨】 刻骨。形容程度之深。白居易《酬严十八郎中见示》：“夜酌满容花色暖，秋吟切骨玉声寒。”

【切₂責】 急切索取。元结《舂陵行》：“军国多所需，切责在有司。”

【切₂雲】 犹言摩天。李贺《荣华乐》：“峨峨虎冠上切云，竦剑晨趋凌紫氛。”李商隐《昭肃皇帝挽歌辞三首》之一：“玉律朝惊露，金茎夜切云。”

【切磋】 原为用兽骨和象牙制作器物的两道工序，后喻朋友间在道德学问上的砥砺探讨。语出《诗·卫风·淇奥》：“有匪君子，如切如磋。”清昼、王遘《建安寺夜会对雨怀皇甫侍御曾联句》：“戒相初传授，文章旧切磋。”权德舆《酬崔千牛四郎早秋见寄》：“疲病多内愧，切磋常见同。”卢仝《寄赠含曦上人》：“切磋并工夫，休远不可比。”

【切₂齒】 咬牙，表示痛恨或发狠。寒山《诗三百三首》之九四：“努膊觅钱财，切齿驱奴马。”

【切₂諫】 恳切规劝。郑嵎《津阳门诗》：“忠臣张公识逆状，日日切谏上弗疑。”

【切斷】 割开，截断。宋齐丘《陪华林园试小妓羯鼓》：“切断牙床镂紫金，最宜平稳玉槽深。”

分¹ 〔fēn《广韵》府文切，平文，非。〕❶分开，划分。韦应物《叹白发》：“丝缕乍难分，杨花复相绕。”元稹《奉和浙西大夫李德裕述梦四十韵次本韵》：“量材分用处，终不学滔滔。”李绅《早渡扬子江》：“地分吴楚星辰内，水迫沧溟宇宙间。”❷区分，辨别。王维《夷门歌》：“七雄雄雌犹未分，攻城杀将何纷纷。”王建《励学》：“谁言三岁童，还能分善恶。”白居易《梦仙》：“渐失乡国处，才分山水形。”卢注《酒胡子》：“有眼不能分黼黻，有口不能明是非。”❸分离，离别。沈如筠《闺怨二首》之二：“何言幽咽所，更作死生分。”戎昱《逢陇西故人忆关中舍弟》：“每念支离苦，常嗟骨肉分。”陈去疾《送林刺史简言之漳州》：“明朝宿何处，未忍醉中分。”王贞白《雨后从陶郎中登庾楼》：“岛边渔艇聚，天畔鸟行分。”❹分为几部分；分为,分成。杜甫《夔州歌十绝句》之六:"晴浴狎鸥分处处,雨随神女下朝朝。"刘言史《嘉兴社日》:"今年社日分余肉,不值陈平又不均。"姚合《题刑部马员外修行里南街新居》:"朝朝常独见,免被四邻分。"李频《题张司马别墅》:"庭前树尽手中栽,先后花分几番开。"❺赐予,给予。杜甫《谢严中丞送青城山道士乳酒一瓶》:"山瓶乳酒下青云,气味浓香幸见分。"元结《与瀼溪邻里》:"我尝有匮乏,邻里能相分。"元稹《李中丞表臣》:"却待文星上天去,少分光影照沉沦。"白居易《天坛峰下赠杜录事》:"他日药成分一粒,与君先去扫天坛。"❻分散,解散。韦应物《射雉》:"羽分绣臆碎,头弛锦鞘悬。"孙元晏有《咏史诗·梁·分宫女》。❼分裂。杜甫《鹿头山》:"殊方昔三分,霸气曾间发。"殷尧藩《张飞庙》:"回首三分国,何人赋黍离?"❽半。杜甫《驱竖子摘苍耳》:"江上秋已分,林中瘴犹剧。"耿沣《秋夜》:"高秋夜分后,远客雁来时。"郑细《奉酬宣上人九月十五日东亭望月见赠因怀紫阁旧游》:"松斋月朗星初散,苔砌霜繁夜欲分。"姚合《秋中夜坐》:"疏散永无事,不眠常夜分。"❾断绝。高宗《太子纳妃太平公主出降》:"蝶舞袖香新,歌分落素尘。"李白《拟古十二首》之十二:"汉水既殊流,楚山亦此分。"顾非熊《经杭州》:"浦转山初尽,虹斜雨未分。"❿分明。杜甫《晓望》:"白帝更声尽,阳台曙色分。"滕珦《释奠日国学观礼闻雅颂》:"太学时观礼,东方晓色分。"李应《立春日晓望三素云》:"玄鸟初来日,灵仙望里分。"齐己《原上晚望》:"倚杖聊摅望,寒原远近分。"⓫分头,各自。太宗《咏桃》:"向日分千笑,迎风共一香。"张巡《守睢阳作》:"合围侔月晕,分守若鱼丽。"李商隐《代贵公主》:"分逐春风去,风回得故丛。"⓬量词。几分之一;一寸之十分之一。陈子昂《感遇诗三十八首》之十一:"舒可弥宇宙,卷之不盈分。"王建《和元郎中从八月十二至十五夜玩月五首》之一:"从未圆时看却好,一分分见傍轮生。"刘言史《弼公院问病》:"一头细发两分丝,卧见芭蕉白露滋。"方干《贻曦上人》:"四十年来多少人,一分零落九成尘。"丘光庭《补新宫》序:"当殷纣之代,三分天下之众,二分归周。"

分²〔fèn《广韵》扶問切,去問,奉。〕❶分际,分界。高适《赠别王十七管记》:"恒深取与分,孰慢平生契。"杜甫《义鹘行》:"人生许与分,只在顾盼间。"❷天分,天数。沈佺期《哭苏眉州崔司业二公》:"古来修短分,神理竟难筌。"韩愈《孟东野失子》:"且物各有分,孰能使之然?"白居易《宿西林寺早赴东林满上人之会因寄崔二十二员外》:"鹏鹓高低分皆定,莫劳心力远相思。"温庭筠《病中书怀呈友人》:"赋分知前定,寒心畏厚诬。"❸名分。骆宾王《同张二咏雁》:"无复能鸣分,空知愧稻粱。"湛贲《题历山司徒右长史祖宅》:"分能知止足,迹贵出尘嚣。"齐己《送人赴举》:"分有争忘得,时来须出山。"❹职分。顾况《寄上兵部韩侍郎奉呈李户部卢刑部杜三侍郎》:"国士分如此,家臣亦依然。"元稹《奉和浙西大夫李德裕述梦四十韵次本韵》:"分阻杯盘会,闲随寺观遨。"白居易《叹鲁二首》之二:"有如草木分,天各与其一。"❺情分。耿沣《得替后书怀上第五相公》:"应逾骨肉分,敢忘死生期?"崔峒《送薛良史往越州谒从叔》:"辞家年已久,与子分偏深。"吕温《送段九秀才归澧州》:"惭我一言分,贞君千里心。"白居易《病中作》:"唯有蔚章于我分,深于同在翰林时。"❻缘分,福分。刘禹锡《苏州白舍人寄新诗有叹早白无儿之句因以赠之》:"幸免如新分非浅,祝君长咏梦熊诗。"贾岛《青门里作》:"若无攀桂分,只是卧云休。"许浑《汉水伤稼》:"才微分薄忧何益,却欲回心学钓翁。"李商隐《过招国李家南园二首》之二:"惟有梦中相近分,卧来无睡欲如何!"❼才分,能力。许棠《送刘校书游东鲁》:"才偏精二雅,分合遇诸侯。"钱珝《江行无题一百首》之八一:"可怜无酒分,处处有旗亭。"❽地分,地域。孟浩然《卢明府九日岘山宴袁使君张郎中崔员外》:"地理荆州分,天涯楚塞宽。"陆龟蒙《读襄阳耆旧传因作诗五百言寄皮袭美》:"高当轸翼分,化作英髦囿。"韦庄《赠戍兵》:"夜指碧天占晋分,晓磨孤剑望秦云。"❾甘愿。顾况《游子吟》:"圣主虽启迪,奇人分湮沉。"戴叔伦《酬赠张众甫》:"分向空山老,何言上苑来。"韩愈《游城南十六首·落花》:"已分将身著地飞,那羞践踏损光晖。"齐己《自勉》:"分受诗魔役,宁容俗态牵。"❿料想。张渐《朗月行》:"今年花未落,谁分生别离。"钱起《长信怨》:"谁分昭阳夜歌舞,君王玉辇正淹留。"白居易《重答刘和州》:"分无佳丽敌西施,敢有文章替左司。"⓫通"忿",恨。元稹《古决绝词》之一:"分不两相守,恨不两相思。"

【分寸】 ❶一分一寸,形容微小。杜甫《前出塞九首》之九:"从军十年余,能无分寸功?"韩愈《听颖师弹琴》:"跻攀分寸不可上,失势一落千丈强。"曹松《观华夷图》:"分寸辨诸岳,斗升观四溟。"❷形容短暂。孟郊《投赠张端公》:"幸沾分寸顾,散此千万忧。"元稹《玉泉道中作》:"行行即前路,勿滞分寸光。"

【分支】 分成两半的军功状。北魏孝明帝熙平元年(516),尚书左丞卢同奏请,凡立军功,由行台发券为凭。其券分为二支,一支给立功者,一支存档,以便验合。韩愈《寄崔二十六立之》:"异日期对举,当如合分支。"

【分手】 ❶犹分别、分离。宋之问《饯中书侍郎来济》:"却将分手沾襟泪,还用持添离席觞。"牟融《送范启东》:"临岐分手处,无奈别离生。"杜荀鹤《酬张员外见寄》:"今日逢君惜分手,一枝何校一年迟?"❷分头,各自。王建《霓裳词十首》之四:"宣与书家分手写,中官走马赐功臣。"

【分日】　逐日,每日。王维《寒食城东即事》:"少年分日作遨游,不用清明兼上巳。"

【分功】　犹分工。朱庆余《中秋月》:"自古分功定,唯应缺又盈。"

【分甘】　本指分享美食,后喻慷慨施与。刘禹锡《奉和淮南李相公早秋即事寄成都武相公》:"献可通三略,分甘出万钱。"周昙《咏史诗·春秋战国门·颜回》:"宣尼行教何形迹,不肯分甘救子渊!"

【分付】　交付。王昌龄《听流人水调子》:"孤舟微月对枫林,分付鸣筝与客心。"杨巨源《和杜中丞西禅院看花》:"对持真境应无取,分付空门又未能。"白居易《题文集柜》:"只应分付女,留与外孙传。"陆龟蒙《袭美以春橘见惠兼之雅篇因次韵酬谢》:"珍重更过三十子,不堪分付野人边。"

【分瓜】　犹破瓜。"瓜"字可分析为两个"八"字,故分瓜遂作女子十六岁之隐语。段成式《戏高侍御七首》之三:"犹怜最小分瓜日,奈许迎春得藕时。"

【分$_2$外】　❶意外。杜甫《柴门》:"赏妍又分外,理惬夫何夸。"王建《赠崔礼驸马》:"家中弦管听常少,分外诗篇看即新。"皇甫湜《题浯溪石》:"心语适相应,出句多分外。"❷格外,特别。高蟾《晚思》:"虞泉冬恨由来短,杨叶春期分外长。"韩偓《晚岸》:"春江一夜无波浪,校得行人分外愁。"孙元晏《咏史诗·宋·羊玄保》:"就中堪爱羊玄保,偏受君王分外知。"

【分司】　❶分掌。陈叔达《州城西园入斋祠社》:"升坛预洁祀,诘早肃分司。"❷唐以洛阳为东京,中央官员任职于此,称作分司。张说《酬崔光禄冬日述怀赠答》序:"太极殿众君子,分司洛城,自春涉秋,日有游讨。"韩愈《和虞部卢四酬翰林钱七赤藤杖歌》:"妍辞丽句不可继,见寄聊且慰分司。"白居易《对镜》:"若使至今黄绮在,闻吾此语亦分司。"杜牧《兵部尚书席上作》:"华堂今日绮筵开,谁唤分司御史来。"

【分圭】　帝王把圭分授受封者。后指拜官。刘禹锡《和杨侍郎初至郴州纪事书情题郡斋八韵》:"旌节下朝台,分圭从北回。"

【分地】　❶分封土地。无可《送姚中丞赴陕州》:"二陕周分地,恩除左掖臣。"❷区分土地之种植所宜。王维《座上走笔赠薛璩慕容损》:"分地依后稷,用天信重黎。"

【分至】　指春分、秋分、夏至、冬至四节气。乐伸《闰月定四时》:"分至宁愆素,盈虚信不欺。"

【分竹】　犹分符。符为符节,帝王授予之权力象征。竹制,故云。后指出守州郡。赵冬曦《和燕公别灉湖》:"郢路委分竹,湘滨拥去麾。"韦应物《寄大梁诸友》:"分竹守南谯,弭节过梁池。"无可《送李使君赴琼州兼五州招讨使》:"分竹雄兼使,南方到海行。"薛能《平阳寓怀》:"曾为郡职随分竹,亦作歌词乞采莲。"

【分行】　(一háng)❶排成行列。李胄《文宣王庙古松》:"列植成均里,分行古庙前。"❷特指上朝时分班列队。柳宗元《同刘二十八院长述旧言怀因其韵增至八十通赠二君子》:"分行参瑞兽,传点乱宫鸦。"姚合《和裴结端公早朝》:"列位同居左,分行忝在前。"❸犹分道。离别。李商隐《梓州罢吟寄同舍》:"君缘接座交珠履,我为分行近翠翘。"姚鹄《送黄颇归袁》:"莫倦连期在醉乡,孔门多恋惜分行。"

【分$_2$交】　志趣相投之友。高适《宴郭校书因之有别》:"彩服趋庭训,分交载酒过。"

【分宅】　为对友仁义典故。杜甫《八哀诗·赠秘书监江夏李公邕》:"分宅脱骖间,感激怀未济。"

【分别】　❶离别。刘长卿《奉饯元侍郎加豫章采访兼赐章服》:"澄清湘水变,分别楚山高。"李中《海上载笔依韵酬左偃见寄》:"都城分别后,海峤梦魂迷。"王周《会哙岑山人》:"略坐移时又分别,片云孤鹤一枝筇。"❷分辨,区别。元稹《连昌宫词》:"翁言野父何分别,耳闻眼见为君说。"方干《赠江上老人》:"欲教鱼目无分别,须学揉蓝染钓丝。"陈中师《瑕瑜不相掩》:"今来傥成器,分别在良工。"❸差别,不同。白居易《闻早莺》:"鸟声信如一,分别在人情。"又《西省对花忆忠州东坡新花树因寄题东楼》:"花含春意无分别,物感人情有浅深。"罗隐《淮口军葬》:"一阵孤军不复回,更无分别只荒堆。"❹佛教语,谓不知精蕴而妄加猜度。柳宗元《巽公院五首·曲讲堂》:"圣默寄言宣,分别乃无知。"白居易《答次休上人》:"禅心不合生分别,莫爱余霞嫌碧云。"又《因梦有悟》:"识行妄分别,智隐迷是非。"

【分岐】　同"分歧"。

【分兵】　派遣军队。李峤《饯薛大夫护边》:"授律星芒动,分兵月晕空。"李商隐《淮阳路》:"昔年尝聚盗,此日颇分兵。"

【分位】　犹言各得其所。太宗《咏司马彪续汉书》:"二仪初创象,三才乃分位。"

【分身】　佛教语。谓佛因化度众生,在各处现成佛之相。张说《送考功武员外学士使嵩山署舍利塔》:"宝王四海转千轮,金昙百粒送分身。"房融《谪南海过始兴广胜寺果上人房》:"谁令乡国梦,终此学分身。"郎士元《双林寺谒傅大士》:"此方今示灭,何国更分身?"

【分角】　又称卯角,儿童编发于两耳上如角状,故云。路德延《小儿诗》:"长头才覆额,分角渐垂肩。"

【分₂拙】 才能平庸。孟郊《旅次湘沅有怀灵均》:“分拙多感激,久游遵长途。”

【分披】 犹纷披。散乱貌。杜甫《江雨有怀郑典设》:“乱波分披已打岸,弱云狼藉不禁风。”

【分直】 轮流当值。古代翰林院采取学士当值制度。羊士谔《郡中玩月寄江南李少尹虞部孟员外三首》之二:“凤池分直夜,牛渚泛舟年。”

【分析】 离别。李白《闻丹丘子于城北营石门幽居因叙旧以寄之》:“晚途各分析,乘兴任所适。”

【分刺】 犹言分而治之。汉武帝分全国为十三刺史部。陈羽《和王中丞中和日》:“汉家分刺诸侯贵,一曲阳春江水清。”

【分歧】 亦作“分岐”。❶分离,离别。本谓临歧而别。刘禹锡《再授连州至衡阳酬柳柳州赠别》:“去国十年同赴召,渡湘千里又分歧。”牟融《送罗约》:“独鹤孤琴随远旆,红亭绿酒惜分岐。”许彬《荆山夜泊与亲友遇》:“山海两分岐,停舟偶此期。”徐铉《南都遇前嘉鱼刘令言游闽岭作此与之》:“珍重分岐一杯酒,强加餐饭数吟诗。”❷分叉,分枝。刘禹锡《葡萄歌》:“分岐浩繁缛,修蔓蟠诘曲。”

【分虎】 古代分封诸侯,将虎符一分为二。一半留君王,一半予受命者。后以为接受君命,节制一方的典故。黄滔《鄜畤李相公》:“分虎名高初命相,攀龙迹下愧登门。”

【分虎竹】 剖分虎符、竹符。参见“分虎”“分竹”。张九龄《当涂界寄裴宣州》:“如何分虎竹,相与间山川?”

【分明】 ❶明确;清楚。杜甫《新婚别》:“妾身未分明,何以拜姑嫜?”于鹄《江南曲》:“众中不敢分明语,暗掷金钱卜远人。”皮日休《襄州春游》:“映柳认人多错误,透花窥鸟最分明。”❷明亮。戎昱《中秋夜登楼望月寄人》:“万里此情同皎洁,一年今日最分明。”元稹《古决绝词》之二:“感破镜之分明,睹泪痕之余血。”杜牧《过华清宫绝句三首》之三:“万国笙歌醉太平,倚天楼殿月分明。”❸显然;明明。任翻《经堕泪碑》:“数处烟岚色,分明是泪痕。”许坚《题茅山观》:“分明有个长生路,休向红尘叹二毛。”

【分金】 ❶平分钱财。骆宾王《帝京篇》:“陆贾分金将宴喜,陈遵投辖正留宾。”❷出钱,拨款。白居易《新乐府·七德舞》:“亡卒遗骸散帛收,饥人卖子分金赎。”

【分命】 受命。卢僎《送苏八给事出牧徐州用芳韵》:“畏盈聊出守,分命乃维良。”皇甫曾《送和西蕃使》:“白简初分命,黄金已在腰。”耿湋《奉送蒋尚书兼御史大夫东都留守》:“锡珪仍拜下,分命遂居东。”陈羽《送戴端公赴容州》:“分命诸侯重,葳蕤绣服香。”

【分朋】 分队,分组。李峤《奉和杜员外扈从教阅》:“夹岸虹旗转,分朋兽罟张。”王建《宫词一百首》之七七:“分朋闲坐赌樱桃,收却投壶玉腕劳。”

【分₂定】 命中注定。李商隐《即目》:“单栖应分定,辞疾索谁忧。”

【分官】 划分官署。元希声《赠皇甫侍御赴都八首》之四:“粤在古昔,分官厥初。”

【分封】 分土地以封诸侯。权德舆《酬张秘监阁老喜太常中书二阁老与德舆同日迁官相代之作》:“珠树共飞栖,分封受紫泥。”

【分政】 分别立国。玄宗《鹡鸰颂》:“天伦之性,鲁卫分政,亲贤居兮。”

【分茅】 分封诸侯。古时分封,授予白茅包裹之土,象征授予土地和权力。后泛指出任重要的地方官。杨巨源《重送胡大夫赴振武》:“向年擢桂儒生业,今日分茅圣主恩。”杜牧《送牛相公出镇襄州》:“盛时常注意,南雍暂分茅。”薛能《许州题观察判官厅》:“三载从戎类系匏,重游全许尚分茅。”

【分茅列土】 详“分茅”。“列”通“裂”。罗隐《秋日有酬》:“分茅列土才三十,犹拟回头睹锦袍。”

【分背】 分离。李益、广宣《红楼下联句》:“参差五陵晚,分背八川明。”

【分界】 交界;划分界域。白居易《送客春游岭南二十韵》:“诃陵国分界,交趾郡为邻。”张祜《题杭州灵隐寺》:“佛地花分界,僧房竹引泉。”薛能《望蜀亭》:“树簇烟迷蜀国深,岭头分界恋登临。”

【分香】 ❶见晋陆机《吊魏武帝文》序。乔知之《铜雀妓》:“金阁惜分香,铅华不重妆。”杜牧《出宫人二首》之二:“平阳拊背穿驰道,铜雀分香下璧门。”又《杜秋娘诗》:“咸池庆日升,铜雀分香悲。”罗隐《邺城》:“英雄亦到分香处,能共常人较几多?”❷犹偷香。为男女偷情典故。见《世说新语·惑溺》。欧阳炯《春光好》词之六:“虽似安仁掷果,未闻韩寿分香。”❸分出芳香。李商隐《李花》:“减粉与园箨,分香沾渚莲。”温庭筠《惜春词》:“蜂争粉蕊蝶分香,不似垂杨惜金缕。”

【分風】 为神仙典故,见北魏郦道元《水经注·庐江水》。王维《赠焦道士》:“饮人聊割酒,送客乍分风。”

【分首】 离别。杜甫《又送》:“直到绵州始分首,江边树里共谁来?”朱放《江上送别》:“向夕孤城分首处,寂寥横笛为君吹。”郑嵎《津阳门诗》:“平明酒醒便分首,今夕一樽翁莫违。”

【分派】 犹分流。李商隐《哭刘司户二首》之二:“溢浦应分派,荆江有会源。”方干《石门瀑布》:“直是银河分派落,兼闻碎滴溅天台。”杜荀鹤《题护国大师塔》："笠象胤明双不见，线源分派寸难寻。"

【分飛】 ❶各自飞散。白居易《寓意诗五首》之四："分飞来几时，秋夏炎凉变。"杜牧《别鹤》："分飞共所从，六翮势催风。"❷喻指分离。苏颋《送吏部李侍郎东归得归字》："赏来荣扈从，别至惜分飞。"李白《忆旧游寄谯郡元参军》："星离雨散不终朝，分飞楚关山水遥。"司空图《冯燕歌》："凤皇钗碎各分飞，怨魄娇魂何处追？"刘兼《寄滑州文秀大师》："分飞屈指十三年，菡萏峰前别社莲。"

【分班】 上朝时按官阶高低排定之序列。朱庆余《送崔拾遗赴阙》："剑佩分班日，风霜独立时。"

【分配】 配合。元稹《望云骓马歌》："当时项王乘尔祖，分配英豪称霸主。"

【分秩】 犹分司。参见"分司❷"。白居易《六年春赠分司东都诸公》："其间最幸者，朝客多分秩。"又《劝酒十四首》序："予分秩东都，居多暇日。"又《池上篇》序："太和三年夏，乐天始得请为太子宾客，分秩于洛下，息躬于池上。"

【分₂倍】 加倍，格外。齐己《酬王秀才》："相于分倍亲，静论到吟真。"

【分庭】 同处一庭。张九龄《登南岳事毕谒司马道士》："分庭八桂树，肃容两童子。"刘禹锡《历阳书事七十韵》："分庭展宾主，望阙拜恩荣。"

【分座】 依次而坐。温庭筠《感旧陈情五十韵献淮南李仆射》："满堂开照耀，分座俨婵娟。"

【分流】 ❶分道而流。白居易《和答诗十首·和分水岭》："分流来几年，昼夜两如此。"李商隐《代应二首》之一："沟水分流西复东，九秋霜月五更风。"刘沧《春日旅游》："浩浩晴原人独去，依依春草水分流。"❷支流。元稹《荥阳郑公以稹寓居严茅有池塘之胜寄诗四首因有意献》："激射分流阔，湾环此地多。"张祜《题杭州天竺寺》："上路穿岩竹，分流入寺泉。"赵嘏《送令狐郎中赴郢州》："几处尘生随候骑，半江帆尽见分流。"

【分家】 离家。包佶《奉和常阁老晚秋集贤院即事寄赠徐薛二侍郎》："左宦登吴岫，分家渡越溪。"

【分袂】 犹分手，离别。袂，衣袖。王泠然《淮南寄舍弟》："寄书迷处所，分袂隔凉温。"刘禹锡《发华州留别张侍御》："同人惜分袂，结念醉芳樽。"李频《寄远》："槐欲成阴分袂时，君期十日复金扉。"

【分務】 ❶拜官。皇甫冉《送裴员外往江南》："分务江南远，留欢幕下荣。"元稹《纪怀赠李六户曹崔二十功曹五十韵》："赤县才分务，青骢已迥乘。"❷犹分司。刘禹锡《自左冯归洛下酬乐天兼呈裴令公》："新恩通籍在龙楼，分务神都近旧丘。"姚合《和裴令公游南庄忆白二十韦七二宾客》："关东分务重，天下似公难。"

【分陝】 西周初，周公旦与召公奭分陕（今陕西陕县）而治，周公治陕之东，召公治陕之西。虞世南《奉和幸江都应诏》："封唐昔敷锡，分陕被荆吴。"韩愈《陪杜侍御游湘西两寺独宿有题一首因献杨常侍》："珥貂藩维重，政化类分陕。"也指陕城。张说《奉和圣制初入秦川路寒食应制》："昨从分陕山南口，驰道依依渐花柳。"

【分₂理】 名分事理。张烜《婕妤怨》："昭阳无分理，愁寂任前期。"

【分規】 喻不圆之月。韦应物《府舍月游》："散彩疏群树，分规澄素流。"

【分曹】 ❶分排班列。张九龄《奉和圣制南郊礼毕酺宴》："分曹日抱戴，赴节凤归昌。"权德舆《奉和许阁老酬淮南崔十七端公见寄》："分曹日相见，延首忆田苏。"温庭筠《病中书怀呈友人》："寓直回骢马，分曹对暝乌。"❷分组。李怀远《凝碧池侍宴看竞渡应制》："列筵飞翠斝，分曹戏鹢舟。"李益《汉宫少年行》："分曹陆博快一掷，迎欢先意笑语喧。"李商隐《无题二首》之一："隔座送钩春酒暖，分曹射覆蜡灯红。"❸犹分司。参见"分司❷"。白居易《自宾客迁太子少傅分司》："优饶又加俸，闲稳仍分曹。"李商隐《送王十三校书分司》："多少分曹掌秘文，洛阳花雪梦随君。"❹分别执掌。李频《送许棠归泾县作尉》："县人齐下拜，邑宰共分曹。"

【分處】 分手之处。张籍《春日留别》："临行记分处，回首是相思。"姚合《咏镜》："孤光常见鸾踪在，分处还因鹊影回。"

【分₂野】 星次下临之区域。古以十二星次划分州国。星谓分星，野为分野。如鹑火对应周，鹑尾对应楚等。杜审言《扈从出长安应制》："分野都畿列，时乘六御均。"武元衡《送冯谏议赴河北宣慰》："今宵燕分野，应见使星过。"章碣《送韦岫郎中典泗州》："玉皇恩诏别星班，去压徐方分野间。"

【分符】 犹分竹。杜甫《潭州送韦员外牧韶州》："分符先令望，同舍有辉光"。元稹《赠乐天》："莫言邻境易经过，彼此分符欲奈何。"姚合《送林使君赴邵州》："诏书飞下五云间，才子分符不等闲。"薛能《边城作》："行止象分符，监州是戏儒。"

【分途】 分道扬镳。杜牧《牧陪昭应卢郎中在江西宣州佐令叙旧成二十二韵用以投寄》："分途之绝国，洒泪拜行辀。"

【分貧】 施财济贫。李端《送铜泽王归城》："为善唯求乐，分贫必及疏。"

【分毫】 一分一毫，极言轻微。王建《霓裳词十首》之五："日长耳里闻声熟，拍数分毫错总知。"元稹

《自责》："犀带金鱼束紫袍，不能将命报分毫。"鲍溶《赠李黠将军》："搜伏雄儿欺魍魉，射声游骑怯分毫。"

【分張】 ❶分离。李白《白头吟》："宁同万死碎绮翼，不忍云间两分张。"❷分给，施予。寒山《诗三百三首》之一五一："汝今既饱暖，见我不分张。"杜甫《佐还山后寄三首》之二："白露黄粱熟，分张素有期。"温庭筠《李羽处士寄新醞走笔戏酬》："檐前柳色分张绿，窗外花枝借助香。"齐己《谢人自钟陵寄纸笔》："词客分张看欲尽，不堪来处隔秋涛。"❸分散，散布。司空图《柳二首》之一："漫说早梅先得意，不知春力暗分张。"孙元晏《咏史诗·梁·分宫女》："涤荡齐宫法令新，分张宫女二千人。"吕岩《七言》之三八："驱遣赤牛耕宇宙，分张玉粒种山川。"

【分將】 分离。姚合《欲别》："红芍药花虽共醉，绿蘼芜影又分将。"

【分陰】 一分光阴，极言时间之短。刘袆之《奉和别越王》："鹤盖分阴促，龙轩别念多。"权德舆《国子柳博士兼领太常博士辄申贺赠》："讲学分阴重，斋祠晓漏残。"白居易、刘禹锡《仆射来示重为联句疲兵再战勍敌难降下笔之时輾然自哂走呈仆射兼简尚书》："分阴当爱惜，迟景好逢迎。"姚鹄《虢州献杨抑卿二首》之二："碧山曾共惜分阴，暗学相如赋上林。"

【分散】 ❶离别，离散。王昌龄《送韦十二兵曹》："南风忽至吴，分散还入秦。"李白《月下独酌四首》之一："醒时同交欢，醉后各分散。"刘禹锡《福先寺雪中酬别乐天》："才子从今一分散，便将诗咏向吴依。"许彬《重经汉南》："分散多如此，人情岂自由？"❷散开，分开。寒山《诗三百三首》之一八二："墙壁分散尽，木植乱差横。"白居易《过元家履信宅》："鸡犬丧家分散后，林园失主寂寥时。"陆龟蒙《五歌·放牛》："邻肩抵尾乍依限，横走斜奔忽分散。"❸分布。韩愈《元和圣德诗》："分散逐捕，搜原剔薮。"李咸用《与刘三礼陈孝廉言志》："真宰无私造化均，年年分散月中春。"

【分惠】 分赠。唐彦谦《索虾》："慷慨胡隐君，果肯分惠否？"

【分朝】 （一cháo）退朝，散朝。白居易《独树浦雨夜寄李六郎中》："闲游预算分朝日，静语多同待漏时。"

【分開】 分成两半。尚颜《除夜》："九冬三十夜，寒与暖分开。"

【分鼎】 瓜分天下。鼎为礼器，政权的象征。宋之问《铜雀台》："昔年分鼎地，今日望陵台。"

【分減】 减少已有之物以赠予他人。杜甫《秋野五首》之一："盘餐老夫食，分减及溪鱼。"

【分畫】 区分，划分。元稹《有酒十章》之一："胡为沉浊以升清，矗然分画高下程。"又《酬独孤二十六送归通州》："分画久已定，波涛何足烦。"殷潜之《题筹笔驿》："圜觚当分画，前箸此操持。"

【分$_2$義】 情义。李白《赠溧阳宋少府陟》："人生感分义，贵欲呈丹素。"白居易《哭师皋》："平生分义向人尽，今日哀冤唯我知。"

【分愛】 隔断情爱。宋之问《发端州初入西江》："骨肉初分爱，亲朋忽解携。"

【分源】 从同一个源头分出。杜甫《重送刘十弟判官》："分源豕韦派，别浦雁宾秋。"

【分塗】 同"分途"。李商隐《次陕州先寄源从事》："离思羁愁日欲晡，东周西雍此分途。"

【分隔】 隔断。李商隐《曲池》："迎忧急鼓疏钟断，分隔休灯灭烛时。"

【分銖】 ❶一分一铢，形容极小分量。刘商《画石》："那知忽遇非常用，不把分铢补上天。"❷古代弩机上标明射程之刻度。独孤及《和李尚书画射虎图歌》："分铢远迩悬彀中，不中不发思全功。"

【分漕】 当作"分曹"。详该条❸。罗隐《送李右丞分司》："分漕得洛川，说议更昭然。"

【分憂】 ❶为皇帝治国分担忧愁。杜甫《寄裴施州》："尧有四岳明至理，汉二千石真分忧。"李绅《却到浙西》："尝叹晋郊无乞籴，岂忘吴俗共分忧。"郑谷《送祠部曹郎中郯出守洋州》："旧制诗多讽，分忧俗必康。"❷代称郡守。孟浩然《同独孤使君东斋作》："郎官旧华省，天子命分忧。"刘禹锡《酬窦员外郡斋宴客偶命柘枝因见寄兼呈张十一院长元九侍御》："分忧余刃又从公，白羽胡床啸咏中。"方干《献浙东王大夫二首》之一："四方皆是分忧寄，独有东南戴二天。"贯休《上杭州令狐使君》："颜冉德无邻，分忧浙水滨。"

【分閫】 阃，门槛。后以为委任将帅典故。见《史记·冯唐列传》。刘宪《奉和圣制幸望春宫送朔方大总管张仁亶》："分阃恩何极，临歧动睿篇。"杜甫《荆南兵马使太常卿赵公大食刀歌》："芮公回首颜色劳，分阃救世用贤豪。"李绅《到宣武三十韵》："授钺惭分阃，登坛荷列城。"吴融《赴阙次留献荆南成相公三十韵》："分阃兼文德，持衡有武功。"

【分賜】 敬称他人的赠予。杜牧《歙州卢中丞见惠名醞》："犹念悲秋更分赐，夹溪红蓼映风蒲。"

【分麾】 指出任将帅。麾，旌旗。骆宾王《军中行路难二首》之二："长驱万里詟祁连，分麾三命武功宣。"宋璟《奉和圣制送张说巡边》："画阃崇威信，分麾盛宠荣。"武元衡《秋晚途次坊州界寄崔玉员外》："欲识分麾重，孤城万壑西。"罗隐《送霅川郑员外》："明时塞诏列分麾，东拥朱轮出帝畿。"

【分頭】 ❶离别。温庭筠《过分水岭》："岭头便是分头处，惜别潺湲一夜声。”杜荀鹤《和友人送弟》：“干戈闹日分头去，山水寒时信路行。”❷各自。陈嘉言《上元夜效小庾体》：“连手窥潘掾，分头看洛神。”白居易《江南喜逢萧九彻因话长安旧游戏赠五十韵》：“结伴归深院，分头入洞房。”❸分叉。吴融《湖州晚望》：“两条溪水分头碧，四面人家入骨凉。”

【分器】 天子分宗庙藏器予诸侯或宗室。也称分得之器。王维《送秘书晁监还日本国》序：“金简玉字，传道经于绝域之人；方鼎彝尊，致分器于异姓之国。”

【分衡】 指出任考官。衡，量具。卢僎《季冬送户部郎中使黔府选补》：“握镜均荒服，分衡得大同。”

【分燈】 借取他人灯光。于鹄《题邻居》：“传屐朝寻药，分灯夜读书。”张乔《江上送友人南游》：“买酒过渔舍，分灯与钓舟。”

【分職】 拜官，授职。孟浩然《同卢明府饯张郎中除义王府司马海园作》：“故人分职去，潘令宠行来。”权德舆《送张阁老中丞持节册吊回鹘》：“分职南台知礼重，辍书东观见才难。”罗隐《秋日有寄》：“曾临铁瓮虽分职，近得金陵亦偶游。”

【分釐】 犹分司。李益《秋晚溪中寄怀大理齐司直》：“振仪自西眷，东夏复分厘。”

【分題】 诗人聚会，立诗题若干，各人探得，依题赋诗，谓之“分题”。元稹《酬乐天江楼夜吟稹诗因成三十韵》：“排韵曾遥答，分题几共联。”刘禹锡《三月三日与乐天及河南李尹奉陪裴令公泛洛禊饮各赋十二韵》：“棹歌能俪曲，墨客竞分题。”李建勋《赋得冬日青溪草堂四十字》：“坐中皆作者，长爱觅分题。”

【分襟】 离别。骆宾王《秋日送侯四得弹字》：“歧路分襟易，风云促膝难。”耿沣《送张侍御赴郴州别驾》：“佐郡人难料，分襟日复斜。”许浑《竹林寺别友人》：“明日分襟又何处，江南江北路悠悠。”

【分₂願】 犹本心。韩愈《郓州溪堂诗》：“孰冤不问，不得分愿。”

【分離】 分别，离别。孟郊《古离别》：“松山云缭绕，萍路水分离。”许棠《江上遇友人》：“阙下分离日，杏园花半开。”韦庄《离筵诉酒》：“感君情重惜分离，送我殷勤酒满卮。”

【分疆】 分界。李商隐《酬令狐郎中见寄》：“象卉分疆近，蛟涎浸岸腥。”

【分攜】 分离。李商隐《饮席戏赠同席》：“洞中屐响省分携，不是花迷客自迷。”

【分鑣】 “分道扬镳”之紧缩。张九龄《奉和圣制送十道采访使及朝集使》：“首路回竹符，分镳扬木铎。”

【分鸞】 喻夫妻离别。杨衡《夷陵郡内叙别》：“分鸾岂遐阻，别剑念相寻。”

刈

〔yì《广韵》魚肺切，去廢，疑。〕❶收割。崔颢《江畔老人愁》：“采樵屡入历阳山，刈稻常过新林浦。”王季友《酬李十六岐》：“自耕自刈食为天，如鹿如麋饮野泉。”白居易《村居卧病二首》之二：“种薤二十畦，秋来欲堪刈。”朱可名《应举日寄兄弟》：“废刈镜湖田，上书紫阁前。”❷砍断，铲除。陈子昂《登蓟城西北楼送崔著作融入都》序：“元戎按甲，方刈鲜卑之垒。”皎然《奉送袁高使君诏征赴行在效曹刘体》：“未刈蚩尤旗，方同轩后年。”柳宗元《唐铙歌鼓吹曲十二篇》之十：“一举刈膻腥，尸骸积如麻。”

【刈田】 收割过的田地。贾岛《原居即事言怀赠孙员外》：“采菌依余枿，拾薪逢刈田。”薛能《怀汾上旧居》：“好事喜逢投宿客，刈田因得自生瓜。”

【刈楚】 指选拔出的人才。详参“刈翘楚”。吕温《河南府试赎帖赋得乡饮酒诗》：“酌言修旧典，刈楚始登堂。”

【刈熟】 收割庄稼。韩愈、孟郊《城南联句》：“束枯樵枝秃，刈熟担肩赪。”

【刈翹楚】 语出《诗·周南·汉广》：“翘翘错薪，言刈其楚。”原意为割取高出的荆枝。后喻选拔优秀人才。李群玉《将离澧浦置酒野屿奉怀沈正字昆弟三人联登高第》：“上国刈翘楚，才微甘陆沉。”

【刈穫】 收割，割取，储光羲《田家杂兴八首》之五：“秋至黍苗黄，无人可刈获。”薛逢《邻相反行》：“我今躬耕奉所天，耘锄刈获当少年。”陈陶《种兰》：“刈获及葳蕤，无令见雪霜。”

三 画

刊

〔kān《广韵》苦寒切，平寒，溪。〕❶砍削。韦应物《新理西斋》：“养条刊朽枿，护药锄秽芜。”孟郊《严河南》：“隐士多饮酒，此言信难刊。”白居易《赠友五首》之三：“吾闻国之初，有制垂不刊。”皮日休《奉和鲁望读阴符经见寄》：“高挥春秋笔，不可刊一字。”❷雕刻。苏颋《送贾起居奉使入洛取图书因便拜觐》：“早持京副入，旋伫洛书刊。”刘禹锡《哭吕衡州时予方谪居》：“朔方徙岁行当满，欲为君刊第二碑。”陆龟蒙《寄怀华阳道士》：“休采古书探禹穴，自刊新历斗尧蓂。”王仁裕《和蜀后主题剑门》：“孟阳曾有语，刊在白云棱。”❸订正。王维《别綦毋潜》：“诏刊延阁书，高议平津邸。”皎然《奉陪颜使君修韵海毕东溪泛舟饯诸文士》：“外史刊新韵，中郎定古文。”

【刊木】 伐木。宋之问《扈从登封告成颂应制》：“宗禋仰神理，刊木望川途。”李商隐《送从翁东川弘农尚书幕》：“刊木方隆禹，升陑始创殷。”

【刊文】 刻印的科举程文。贾岛《酬姚少府》："刊文非不朽，君子自相于。"

【刊石】 刻碑。姚合《文宗皇帝挽词三首》之一："圣功青史外，刊石在陵前。"

【刊字】 校订文字。刘言史《初下东周赠孟郊》："修文返正风，刊字齐古经。"

【刊勒】 雕刻。《与崔渥冥会杂诗》(卷八六四)："遗美代移刊勒绝，唯闻留得泪痕斑。"

【刊謬】 纠正失误。独孤及《奉和中书常舍人晚秋集贤院即事寄赠徐薛二侍御》："汲冢同刊谬，蓬山共补亡。"

刌 〔cǔn《广韵》倉本切，上混，清。〕细切。韩愈《元和圣德诗》："挥刀纷纭，争刌脍脯。"

四 画

刑 〔xíng《广韵》户經切，平青，匣。〕❶惩罚。太宗《帝京篇十首》之十："纳善察忠谏，明科慎刑赏。"元结《治风诗五篇·至正》："功不滥赏，罪不滥刑。"皮日休《太湖诗·入林屋洞》："焉得彼丈人，窃之不加刑。"❷刑法。高适《奉酬北海李太守丈人夏日平阴亭》："谏官莫敢议，酷吏方专刑。"白居易《听歌六绝句·何满子》："世传满子是人名，临就刑时曲始成。"韦庄《题李斯传》："临刑莫恨仓中鼠，上蔡东门去自迟。"❸法律。高适《留上李右相》："传说明殷道，萧何律汉刑。"元稹《何满子歌》："婴刑系在囹圄间，水调哀音歌愤懑。"❹依法治理。刘希夷《谒汉世祖庙》："至德刑四海，神仪翳九泉。"❺伤害。无名氏《五言诗》之二(外编下)："带刀拟开煞，逢阵即相刑。"

【刑人】 受刑之人。皮日休《奉和鲁望读阴符经见寄》："禹本刑人后，以功继其嗣。"

【刑名】 刑律。戎昱《送郑炼师贬辰州》："谪去刑名枉，人间痛惜深。"

【刑法】 刑律。元结《治风诗五篇·至理》："意彼刑法，设以化人。"又《舂陵行》："有司临郡县，刑法竞欲施。"

【刑政】 刑法政令。白居易《杂兴三首》之一："色禽合为荒，刑政两已衰。"皮日休《奉和鲁望读阴符经见寄》："时代更复改，刑政崩且陊。"

【刑柄】 执掌刑法之权。韩愈《独钓四首》之二："坐厌亲刑柄，偷来傍钓车。"

【刑科】 刑律。周昙《咏史诗·后汉门·献帝再吟》："咸怨刑科有党偏，耕夫无不事戎旃。"

【刑冠】 谓任刑部官员。储光羲《贻王侍御出台掾丹阳》："礼服正邦祀，刑冠肃王度。"

【刑徒】 囚徒。李白《古风》之三："刑徒七十万，起土骊山隈。"李商隐《任弘农尉献州刺史乞假还京》："黄昏封印点刑徒，愧负荆山入座隅。"

【刑神】 掌刑杀之神。韩愈、孟郊《征蜀联句》："刑神吒犛旄，阴焰飐犀札。"

【刑書】 刑律。包佶《酬兵部李侍郎晚过东厅之作》："酒礼惭先祭，刑书已旷官。"

【刑曹】 犹刑部。李洞《赠曹郎中崇贤所居》："刑曹树荫千年井，华岳楼开万仞冰。"

【刑措】 废置刑法，形容大治之世。虞世南《赋得慎罚》："刑措谅斯在，欢然仰颂声。"杜审言《和李大夫嗣真奉使存抚河东》："人乐逢刑措，时康洽赏延。"

【刑章】 犹刑律。骆宾王《幽絷书情通简知己》："骢马刑章峻，苍鹰狱吏猜。"崔湜《责躬诗》："狱听除苛惨，刑章息滞疑。"顾况《乐府》："道德关河固，刑章日月明。"

【刑部】 掌管司法之官署，为六部之一。李白有《陪族叔刑部侍郎晔及中书贾舍人至游洞庭五首》。白居易《答崔十八见寄》："君乞曹州刺史替，我抛刑部侍郎归。"黄滔有《上刑部卢员外》。

【刑禍】 受刑之灾。皮日休《二游诗·任诗》："权豪暂翻覆，刑祸相填压。"

【刑辟】 (一bì)刑律。白居易《读史五首》之四："明则有刑辟，幽则有神祇。"

【刑罰】 刑谓肉刑、死刑，罚谓以金赎罪。后泛指依法处分。储光羲《同诸公秋日游昆明池思古》："刑罚一以正，干戈自有仪。"

【刑戮】 处死。李咸用《金谷园》："多积黄金买刑戮，千秋成得绿珠名。"

【刑憲】 刑法。张籍《寄孙洛阳格》："久持刑宪声名远，好是中朝正直臣。"

刓 〔wán《广韵》五丸切，平桓，疑。〕❶剜刻。李贺《杨生青花紫石砚歌》："傭刓抱水含满唇，暗洒苌弘冷血痕。"❷磨损。元稹《箭镞》："帅言发硎罪，不使刃稍刓。"杜牧《昔事文皇帝三十二韵》："接棹隋河溢，连蹄蜀栈刓。"皮日休《太湖诗·上真观》："摘菌杖头紫，缘崖屐齿刓。"贯休《灞陵战叟》："剑刓秋水鬓梳霜，回首胡天与恨长。"❸上平貌。白居易《游悟真寺诗》："危石叠四五，嵬嵬欹且刓。"

【刓缺】 消磨。韩偓《春阴独酌寄同年虞部李郎中》："诗道揣量疑可进，宦情刓缺转无多。"

列 〔liè《广韵》良薛切，入薛，來。〕❶"裂"的初文。分割。见"列土"。❷行列。太宗《帝京篇十首》之四："彩凤肃来仪，玄鹤纷成列。"杜甫《韦讽录事宅观曹将军画马图》："霜蹄蹴踏长楸间，马官厮养森成列。"刘禹锡《洛中初冬拜表有怀上京故人》："省门簪组初成列，云路鸳鸾想退朝。"❸朝列；位次。高适《留上李右相》："恩荣初就列，含育忝宵形。"杜甫《后出塞五首》之一："斑白居上列，酒酣进庶羞。"韩愈《元和圣德诗》："事始上闻，在列咸怒。"王涯《享惠昭太子庙乐章》："宫臣展事，肃雍在列。"❹陈列，排列。李峤《箭》："夏列三成范，尧沉九日辉。"杜甫《秋日夔府咏怀奉寄郑监李宾客一百韵》："顾凯丹青列，头陀琬琰镌。"孟郊《劝酒》："堂上陈美酒，堂下列清歌。"李商隐《行次西郊作一百韵》："快刀断其头，列若猪牛悬。"❺陈述。储光羲《贻鼓吹李丞时信安王北伐李公王之所器者也》："忠言虽未列，庶以知君诚。"韩愈《石鼓歌》："安能以此上论列，愿借辨口如悬河。"❻列入，居于。韦应物《答韩库部》："名列金闺籍，心与素士同。"卢纶《浑赞善东斋戏赠陈归》："长裾珠履飒轻尘，闲以琴书列上宾。"皮日休《宏词下第感恩献兵部侍郎》："分明仙籍列清虚，自是还丹九转疏。"周昙《咏史诗·前汉门·平津侯》："儒素逢时得自媒，忽从徒步列公台。"❼众，诸。杨续《安德山池宴集》："列峰疑宿雾，疏壑拟藏舟。"张祜《题常州水西馆》："隙地丛筠植，修廊列堵环。"❽姓氏。见"列御寇"。❾通"烈"。见"列女❶"。

【列土】 分封土地为诸侯。白居易《长恨歌》："姊妹弟兄皆列土，可怜光彩生门户。"李频《送薛能赴镇徐方》："列土人间盛，彭门属九州。"翁承赞《奉使封王次宜春驿》："不因列土封千乘，争得衔恩拜二天。"

【列士】 ❶即元士。古称天子的上士。韩翃《扈从郊庙因呈两省诸公》："丹墀列士主恩同，厩马翩翩出汉宫。"❷即烈士。指有节概之士。杜甫《送顾八分文学适洪吉州》："列士恶苟得，俊杰思自致。"

【列子】 即列御寇。战国郑人。后人归之于道家。相传列子能御风而行。董思恭《咏风》："方从列子御，更逐浮云归。"张彪《神仙》："列子何必待，吾心满寥廓。"刘禹锡《同乐天和微之深春二十首》之九："云是淮王宅，风为列子车。"

【列子居鄭圃】 《列子·天瑞篇》："子列子居郑圃，四十年人无识者。国君卿大夫视之，犹众庶也。"后以为隐士典故。李白《赠张公洲革处士》："列子居郑圃，不将众庶分。"

【列女】 ❶犹烈女，谓重节操的女子。李白《东海有勇妇》："名在列女籍，竹帛已光荣。"❷道家指诸女仙。刘禹锡《赠东岳张炼师》："堪为列女书青简，久事元君住翠微。"吕岩《直指大丹歌》："列女擎乌当左畔，将军戴兔镇西边。"

【列女操】 乐府歌辞名。孟郊有《列女操》。

【列火】 擎灯成列。岑参《与鄠县群官泛渼陂》："暝来呼小吏，列火俨归轩。"

【列生】 指列子。顾况《归阳萧寺有丁行者能修无生忍担水施僧况归命稽首作诗》："列生御风归，饲豕如人焉。"

【列仙】 群仙。储光羲《至嵩阳观观即天皇故宅》："花雾生玉井，霓裳画列仙。"钱起《过瑞龙观道士》："石窦采云母，霞堂陪列仙。"刘沧《看榜日》："禁漏初停兰省开，列仙名目上清来。"李山甫《送职方王郎中吏部刘员外自太原郑相公幕继奉征书归省署》："双凤衔书次第飞，王皇催促列仙归。"

【列位】 上朝所居位次。李峤《和同府李祭酒休沐田居》："列位簪缨序，隐居林野躅。"孙逖《送李给事归徐州觐省》："列位登青琐，还乡复彩衣。"张籍《送李仆射诉赴镇凤翔》："由来勋业属英雄，兄弟连营列位同。"姚合《和裴结端公早朝》："列位同居左，分行忝在前。"

【列坐】 相次而坐。韦应物《西郊燕集》："列坐遵曲岸，披襟袭兰芳。"权德舆《新月与儿女夜坐听琴举酒》："列坐屏轻箑，放怀弦素琴。"李绅《悲善才》："翠蛾列坐层城女，笙笛参差齐笑语。"王毂《梦仙谣三首》之二："青童递酒金觞疾，列坐红霞神气逸。"

【列侍】 相次而侍立。刘长卿《望龙山怀道士许法棱》："空林闲坐独焚香，真官列侍俨成行。"白居易《梦仙》："安期羡门辈，列侍如公卿。"李绅《南梁行》："元和列侍明光殿，谏草初焚市朝变。"

【列岳】 众大岳。高适《酬河南节度使贺兰大夫见赠之作》："股肱瞻列岳，唇齿赖长城。"白居易《梦仙》："东海一片白，列岳五点青。"

【列星】 众恒星。苏味道《使岭南闻崔马二御史并拜台郎》："远从南斗外，遥仰列星文。"沈东美《奉和苑舍人宿直晓玩新池寄南省友》："影摇宸翰发，波净列星悬。"李山甫《下第卧疾卢员外召进游曲江》："珍重列星相借问，嵇康慵病也天真。"

【列科】 名登科第。刘禹锡《武陵书怀五十韵》："列科叨甲乙，从宦出丘樊。"

【列侯】 爵位名。秦爵二十，彻侯最高。汉承秦制，避武帝讳改彻侯为通侯，又称列侯。白居易《读史五首》之三："秦时故列侯，老作锄瓜士。"后泛指高官。苏颋《奉和圣制幸礼部尚书窦希玠宅应制》："尚书列侯第，外戚近臣家。"梁锽《崔驸马宅咏画山水扇》："画扇出秦楼，谁家赠列侯？"赵嘏《送僧归庐山》："禅栖忽忆五峰游，去著方袍谢列侯。"韩偓《辛酉岁冬十一月随驾幸岐下作》："晓题御服颁群吏，夜发宫嫔诏列侯。"

【列城】 ❶指所有统辖的州郡方镇等。权德舆《送薛温州》："昨日馈连营，今来刺列城。"李绅《到宣武三十韵》："授钺惭分阃，登坛荷列城。"❷诸城。李商隐《行次西郊作一百韵》:"列城绕长河,平明插旗幡。"

【列校】 (一xiào)东汉时京师卫队分为五营,各营之首为校尉。五校统称列校。刘禹锡《武夫词》:"借问胡为尔,列校在鹰扬。"

【列秩】 指按品级排列之大小官员。来鹄《圣政纪颂》:"一体列秩,同力翼戴。"

【列缺】 指闪电时电光曲折有如天缺的错觉。储光羲《苏十三瞻登玉泉寺峰入寺中见赠作》:"鸿蒙已笑云,列缺仍挥电。"李白《梦游天姥吟留别》:"列缺霹雳,丘峦崩摧。"刘禹锡《武陵观火诗》:"怒如列缺光,迅与芬轮俱。"陆龟蒙、皮日休《开元寺楼看雨联句》:"翻伤列缺劳,却怕丰隆倦。"

【列席】 盛大的酒宴。玄宗《首夏花萼楼观群臣宴宁王山亭回楼下又申之以赏乐赋诗》序:"繁弦中止,列席半醉,佳辰易失,绝兴难追。"

【列座】 依次而坐。息夫牧《冬夜宴萧十丈因饯殷郭二子西上》序:"夜处狭室,列座有位,尊卑俨如。"

【列祖】 历代祖宗。贺知章《唐禅社首乐章·太和》:"列祖应命,四宗顺则。"皮日休《鲁望昨以五百言见贻亦迭和之微旨也》:"不惟娱列祖,兼可格上玄。"

【列郡】 ❶诸郡。苏颋《奉和圣制漕桥东送新除岳牧》:"特以专城贵,深惟列郡安。"杜甫《奉济驿重送严公四韵》:"列郡讴歌惜,三朝出入荣。"钱起《送王季友赴洪州幕下》:"列郡皆用武,南征所从谁。"❷出任刺史。严维《送薛尚书入蜀》:"列郡诸侯长,登朝八座尊。"韦应物《酬刘侍郎使君》:"孰云俱列郡,比德岂为邻?"

【列國】 指春秋战国之诸侯国。储光羲《晚次东亭献郑州宋使君文》:"既以迁列国,复兹邻帝乡。"杜甫《赠王二十四侍御契四十韵》:"列国兵戈暗,今王德教淳。"薛能《彭门偶题》:"直到春秋诸列国,拥旄才子也应无。"周昙《咏史诗·春秋战国门·祭足再吟》:"诸侯若解尊天子,列国何因次第亡?"

【列宿】 (一xiù)指二十八宿。褚亮《赋得蜀都》:"列宿光参井,分芒跨梁岷。"李白《狱中上崔相涣》:"台庭有夔龙,列宿粲成行。"孟郊《吊卢殷》之十:"文章飞上天,列宿增晶荧。"李山甫《赠徐三十》:"从今不羡乘槎客,曾到三星列宿傍。"

【列將】 诸将。崔日用《奉和圣制送张说巡边》:"列将怀威抚,匈奴畏盛名。"李白《宣城送刘副使入秦》:"列将咸出祖,英僚惜分离。"

【列陳】 列举。韩愈《杂诗四首》之四:"喑蝉终不鸣,有抱不列陈。"

【列戟】 在门前陈列画戟以示主人显赫身份的一种仪仗。杜审言《泛舟送郑卿入京》:"行舟萦渌水,列戟满红尘。"王昌龄《酬鸿胪裴主簿雨后北楼见赠》:"公门何清静,列戟森已肃。"李白《感时留别从兄徐王延年从弟延陵》:"列戟十八年,未曾辄迁移。"高适《奉酬睢阳李太守》:"列戟霜侵户,褰帏月在钩。"

【列象】 犹列宿。李群玉《送秦炼师归岑公山》:"紫泥飞诏下金銮,列象分明世仰观。"

【列卿】 指九卿。唐时太常、光禄、卫尉、宗正、太仆、大理、鸿胪、司农、太府等寺各置卿一人,合称九卿。岑参《韦员外家花树歌》:"君家兄弟不可当,列卿御史尚书郎。"杜甫《奉送郭中丞兼太仆卿充陇右节度使三十韵》:"妙誉期元宰,殊恩且列卿。"

【列聖】 历代先帝。李商隐《韩碑》:"誓将上雪列圣耻,坐法宫中朝四夷。"又《行次西郊作一百韵》:"列圣蒙此耻,含怀不能宣。"

【列肆】 铺陈排列。张说《城南亭作》:"北堂珍重琥珀酒,庭前列肆茱萸席。"

【列鼎】 陈鼎而食。鼎数因品爵高低而有多少之别。刘允济《经庐岳回望江州想洛川有作》:"横簪并附蝉,列鼎俱调鹤。"王维《寓言二首》之二:"列鼎会中贵,鸣珂朝至尊。"李白《古风》之一八:"入门上高堂,列鼎错珍羞。"贯休《白雪曲》:"列鼎佩金章,泪眼看风枝。"

【列筵】 铺设宴席。太宗《重幸武功》:"列筵欢故老,高宴聚新丰。"李怀远《凝碧池侍宴看竞渡应制》:"列筵飞翠斝,分曹戏鹢舟。"杜甫《阆州东楼筵奉送十一舅往青城县得昏字》:"游目俯大江,列筵慰别魂。"韦应物《送洛阳韩丞东游》:"出饯宿东郊,列筵属城阴。"

【列辟】 指历代帝王或诸侯。李峤《刀》:"列辟鸣鸾至,惟良佩犊旋。"钱起《奉和圣制登朝元阁》:"周王陟乔岳,列辟让英声。"又《裴仆射东亭》:"致君超列辟,得道在荣班。"

【列署】 百官之署。卢纶《和常舍人晚秋集贤院即事十二韵寄赠江南徐薛二侍郎》:"列署齐游日,重江并谪年。"

【列御】 列御寇的简称。骆宾王《于紫云观赠道士》:"人疑列御至,客似令威还。"

【列御寇】 即列子。孟郊《访嵩阳道士不遇》:"何当列御寇,去问仙人请。"

【列營】 ❶扎营。耿湋《送王将军出塞》:"列营依茂草,吹角向高风。"❷众营。羊士谔《西川独孤侍御见寄七言四韵一首为郡翰墨都捐逮此酬答诚乖拙速》:"百雉层城上将坛,列营西照雪峰寒。"

【列藩】 诸藩镇。张九龄《奉和圣制赐诸州刺史以题座右》:"兴化俟群辟,择贤守列藩。"

【列籍】 当作"列席"。王勃《圣泉诗》:"披襟乘石磴，列籍俯春泉。”

划 〔huá《广韵》户花切，平麻，匣。〕以桨拨水使船前进。萧结《批州符》：“人皆忙迫，划甚闲船？”

刖 〔yuè《广韵》魚厥切，入月，疑。又五忽切，入没，疑。又五刮切，入鎋，疑。〕❶截断。薛能《酬曹侍御见寄》：“匪石从遭刖，殊膏枉被煎。”❷古代酷刑之一。斩断足或趾。元稹《和李校书新题乐府十二首・缚戎人》：“少壮为俘头被髡，老翁留居足多刖。”皮日休《二游诗・徐诗》：“微宦不能去，归来坐如刖。”❸喻怀才不遇。参见“刖足”。姚鹄《随州献李侍御二首》之二：“再刖未甘何处说，但垂双泪出咸秦。”曹邺《下第寄知己》：“所痛无罪者，明时屡遭刖。”

【刖足】《韩非子・和氏》载和氏为献璧遭刖足之事。后为怀才不遇的典故。李白《鞠歌行》：“荆山长号泣血人，忠臣死为刖足鬼。”雍陶《再下第将归荆楚上白舍人》：“穷通应计一时间，今日甘从刖足还。”李商隐《任弘农尉献州刺史乞假还京》：“却羡卞和双刖足，一生无复没阶趋。”贯休《送友生入越投知己》：“知将刖足恨，去击李膺门。”

刎 〔wěn《广韵》武粉切，上吻，微。〕割、杀。张友正《锦带佩吴钩》：“应须待报国，一刎月支头。”唐尧客《大梁行》：“金槌夺晋鄙，白刃刎侯嬴。”

【刎頸】 割颈自杀。王维《夷门歌》：“向风刎颈送公子，七十老翁何所求！”吴筠《经羊角哀墓作》：“长呼遂刎颈，此节古未闻。”

五 画

刦 〔jié〕“劫”的异体字。劫难。方干《赠乾素上人》：“料师多劫长如此，岂算前生与后生。”

【刦奪】 抢劫掠夺。高适《同河南李少尹毕员外宅夜饮时洛阳告捷遂作春酒歌》：“彭门剑门蜀山里，昨逢军人劫夺我，到家但见妻与子。”

别 〔bié《广韵》皮列切，入薛，並。又方别切，入薛，幫。〕❶分开。李端《客行赠冯著》：“旅行虽别路，日暮各思归。”丘光庭《补新宫》序：“其序不冠诸篇，别为编简。”❷辨别，区分。顾况《山中赠客》：“山中好处无人别，涧梅伪作山中雪。”李咸用《览友生古风》：“不是钟期听，俗耳安能别？”赵抟《琴歌》：“向曾守贫贫不彻，贱价与人人不别。”❸不同，差别。岑参《轮台即事》：“蕃书文字别，胡俗语音殊。”刘禹锡《浙东元相公书叹梅雨郁蒸之候因寄七言》：“稽山自与岐山别，何事连年鸑鷟飞？”郑谷《十日菊》：“自缘今日人心别，未必秋香一夜衰。”❹另外。杜甫《天育骠骑歌》：“遂令大奴守天育，别养骥子怜神俊。”白居易《新乐府・杏为梁》：“今日官收别赐人，开府之堂将军宅。”李群玉《赠人》：“云雨无情难管领，任他别嫁楚襄王。”也指其他的。朱庆余《林下招胡长官》：“消暑近来无别物，桂阴当午满绳床。”项斯《送友人之江南》：“握手无别赠，为予书札频。”章碣《曲江》：“落絮却笼他树白，娇莺更学别禽啼。”❺辞别，离别。崔融《留别杜审言并呈洛中旧游》：“斑鬓今为别，红颜昨共游。”元稹《长庆历》：“所叹别此年，永无长庆历。”皮日休《三羞诗三首》之一：“苍惶出班行，家室不容别。”❻分别，各。王建《朝天词十首寄上魏博田侍中》之九：“有诏别图书阁上，先教粉本定风神。”司空图《寓居有感三首》之一：“只待东封沾庆赐，碑阴别刻老臣名。”黄滔《寄同年封舍人渭》：“龙领摘珠同泳海，凤衔辉翰别升天。”齐己《寄郑谷郎中》：“自封修药院，别扫著僧床。”❼更，再。徐贤妃《赋得北方有佳人》：“悬知一顾重，别觉舞腰轻。”孙逖《奉和四月三日上阳水窗赐宴应制得春字》：“气和先作雨，恩厚别成春。”白居易《宿竹阁》：“无劳别修道，即此是玄关。”张蠙《野泉》：“挂壁聊成雨，穿林别起风。”❽却。顾况《题明霞台》：“莫嫌憔悴无知己，别有烟霞似弟兄。”姚合《文宗皇帝挽词三首》之二：“云雾疑无日，笳箫别起风。”❾扭转。杜牧《牧陪昭应卢郎中在江西宣州佐今成二十二韵用以投寄》：“泥情斜拂印，别脸小低头。”❿莫非。表示揣测，一般与“是”连用。参见“别是”。⓫爱惜，喜爱。白居易《戏题卢秘书新移蔷薇》：“移他到此须为主，不别花人莫使看。”又《谢李六郎中寄新蜀茶》：“不寄他人先寄我，应缘我是别茶人。”司空图《重阳日访元秀上人》：“别画长怀吴寺壁，宜茶偏赏雪溪泉。”郑谷《赠宗人前公安宰君》：“喧卑从宦出喧卑，别画能琴又解棋。”

【别人】 ❶他人。王建《镜听词》：“回身不遣别人知，人意丁宁镜神圣。”张籍《感春》：“明年各自东西去，此地看花是别人。”朱庆余《题章正字道正新居》：“全无竹可侵行径，一半花犹属别人。”罗虬《比红儿诗》之三一：“汉皇若遇红儿貌，掌上无因著别人。”❷辞别亲朋。李廓《落第》：“气味如中酒，情怀似别人。”秦韬玉《亭台》：“清境渐深官转重，春时长是别人来。”❸犹离人。离家之人。颜真卿、杨凝《又溪馆听蝉联句》：“已催居客感，更使别人惊。”杜荀鹤《湘中秋日呈所知》：“虚垂异乡泪，不滴别人心。”

【别心】 犹别情。钱起《送王使君移镇淮南》：“别心倾祖席，愁望尽征轮。”

【别白】 辨明。韩愈《元和圣德诗》：“皇帝正直，别白善否。”元稹《去杭州》：“君今取友由取士，得不别白清与浑？”

【别曲】 ❶饯别时所奏之曲。刘禹锡《送华阴尉张苕赴邕府使幕》：“离筵出苍莽，别曲多悲辛。”无名氏《昭君怨》(外编下)：“别曲易凄断，哀弦不忍弹。”❷送神之曲。李贺有《神弦别曲》。

【别自】 犹独自。王维《奉和圣制幸玉真公主山庄因题石壁十韵之作应制》：“如何连帝苑，别自有仙家？”

【别宅】 ❶另置住宅。元稹《台中鞫狱忆开元观旧事呈损之兼赠周兄四十韵》：“开筵试歌舞，别宅宠妖娴。”❷犹外室。顾况《瑶草春》序：“陇西李迅者，纳别宅监奴。”

【别來】 别后。窦群《赠刘大兄院长》：“路自长沙忽相见，共惊双鬓别来殊。”曹邺《古相送》：“执君青松枝，空数别来日。”刘沧《经无可旧居兼伤贾岛》：“尘室寒窗我独看，别来人事几凋残。”李煜《清平乐》词：“别来春半，触目愁肠断。”

【别舍】 犹别第。韩翃《赠李翼》：“王孙别舍拥朱轮，不羡空名乐此身。”

【别客】 犹游子。董思恭《咏月》：“别客长安道，思妇高楼上。”

【别弦】 犹别曲。卢纶《和太常王卿立秋日即事》：“别弦添楚思，牧马动边情。”元稹《酬乐天江楼夜吟稹诗因成三十韵》：“阮籍惊长啸，商陵怨别弦。”

【别酌】 犹别酒。钱起《送张少府》：“愁云破斜照，别酌劝行子。”

【别是】 ❶另是。白居易《喜裴涛使君携诗见访醉中戏赠》：“共放诗狂同酒癖，与君别是一亲情。”又《昨日复今辰》：“风仪与名号，别是一生人。”李煜《相见欢》词之二：“别是一般滋味，在心头。”❷却是。李白《赠友人三首》之一：“兰生不当户，别是闲庭草。”钱起《题苏公林亭》：“平津东阁在，别是竹林期。”❸莫非是。贯休《古意九首》之一：“我有径寸珠，别是天地精？”钟离权《题长安酒肆壁三绝句》之二：“自言住处连沧海，别是蓬莱第一峰？”

【别思】 (一sī)离别的情绪。陈子昂《送客》：“相送河洲晚，苍茫别思盈。”李昂《从军行》：“归心海外见明月，别思天边梦落花。”孙颀《送薛大夫和蕃》：“别思流莺晚，归期候雁先。”

【别乘】 (一shèng)官名，别驾之别名。岑参《送襄州任别驾》：“别乘向襄州，萧条楚地秋。”李嘉祐《送兖州杜别驾之任》：“停车邀别乘，促轸奏胡笳。”李端《送别驾赴晋陵即舍人叔之兄》：“谢朓中书直，王祥别乘归。”

【别郤】 离开。李贺《昌谷北园新笋四首》之一：“更容一夜抽千尺，别却池园数寸泥。”

【别怨】 犹别恨。杜审言《奉和七夕侍宴两仪殿应制》：“一年衔别怨，七夕始言归。”

【别計】 指送别的仪式。白居易《答苏六》：“更无别计相宽慰，故遣阳关劝一杯。”

【别恨】 离别的愁恨。钱起《七盘岭阻寇闻李端公先到南楚》：“阮肠暗与孤鸿断，江水遥连别恨深。”顾甄远《惆怅诗九首》之三：“别恨离肠空恻恻，风动虚轩池水白。”

【别屋】 除正屋外的房舍。李商隐《无愁果有愁曲北齐歌》：“白杨别屋鬼迷人，空留暗记如蚕纸。”

【别島】 不相连的群岛。骆宾王《在江南赠宋五之问》：“别岛笼朝蜃，连洲拥夕涨。”孟浩然《襄阳公宅饮》：“北林积修树，南池生别岛。”刘禹锡《海阳十咏·切云亭》：“隔水生别岛，带桥如断虹。”张蠙《送友人归武陵》：“别岛垂橙实，闲田长荻牙。”

【别酒】 饯别之酒。岑参《送刘郎将归河东》：“山雨醒别酒，关云迎渡船。”又《崔驸马山池重送宇文明府》：“池凉醒别酒，山翠拂行镳。”

【别浦】 ❶二水汇合处。李商隐《和郑愚赠汝阳王孙家筝妓二十韵》：“荒郊白鳞断，别浦晴霞委。”❷水边送别处。杜甫《赠李八秘书别三十韵》：“清秋凋碧柳，别浦落红蕖。”李贺《七夕》：“别浦今朝暗，罗帷午夜愁。”刘禹锡《楼上》：“人从别浦经年去，天向平芜尽处低。”

【别流】 支流。孟浩然《经七里滩》：“彩翠相氛氲，别流乱奔注。”梁洽《观汉水》：“一道入溟渤，别流为沧浪。”

【别袂】 挥手送别的衣袖。钱起《送虞说擢第南归觐省》：“南风起别袂，心到衡湘间。”李益《城西竹园送裴佶王达》：“远行从此始，别袂重凄霜。”权德舆《送人使之江陵》：“纷纷别袂举，切切离鸿响。”韩偓《无题·倒押前韵》：“别袂翻如浪，回肠转似轮。”

【别容】 惜别的愁容。白居易《天竺寺送坚上人归庐山》：“岂要留离偈，宁劳动别容？”

【别處】 ❶(一chǔ)分别而居。刘长卿《江州留别薛六柳八二员外》：“江海相逢少，东南别处长。”韩愈《双鸟诗》：“两鸟既别处，闭声省愆尤。”❷(一chù)分别之处。张说有《还至端州驿前与高六别处》。独孤及《早发龙沮馆舟中寄东海徐司仓郑司户》：“津头却望后湖岸，别处已隔东山云。”❸(一chù)其他地方。吴融《湖州朝阳楼》：“仲宣题尽平生恨，别处应难看屋梁。”

【别帳】 指丈夫外出而孤眠。罗隐《蟋蟀诗》：“别帐缸冷，柔魂不定。”

【别情】 离别的情绪。皎然《赋得夜雨滴空阶送陆羽归龙山》:"闲阶夜雨滴,偏入别情中。"许浑《下第有怀亲友》:"无限别情多病后,杜陵寥落在漳滨。"陆龟蒙《新秋月夕客有自远相寻者作吴体二首以赠》之二:"林端片月落未落,强慰别情言后期。"

【别淚】 伤别之泪。杜甫《奉寄高常侍》:"天涯春色催迟暮,别泪遥添锦水波。"李商隐《魏侯第东北楼堂郢叔言别聊用书所见成篇》:"未必断别泪,何曾妨梦魂。"陆龟蒙《洞房怨》:"春衫将别泪,一夜两难裁。"

【别袖】 犹别袂。韩愈《送侯参谋赴河中幕》:"别袖拂洛水,征车转崤陵。"又《晚泊江口》:"回首那闻语,空看别袖翻。"

【别院】 正宅外的宅院。花蕊夫人徐氏《宫词》之十:"离宫别院绕宫城,金版轻敲合凤笙。"

【别將】 (一jiàng)武官名。唐诸卫折冲都尉府属官。高适有《送裴别将之安西》。岑参有《送李别将摄伊吾令充使赴武威便寄崔员外》。

【别裁】 区别取舍。杜甫《戏为六绝句》之六:"别裁伪体亲风雅,转益多师是汝师。"

【别資】 送别的礼物。白居易《同微之赠别郭虚舟炼师五十韵》:"俗家无异物,何以充别资?"

【别意】 ❶犹别情。李咸用《送别》:"别意说难尽,离杯深莫辞。"常理《妾薄命》:"初谓来心平若案,谁知别意险如山。"❷其他意思。白居易《答苏庶子月夜闻家僮奏乐见赠》:"不敢邀君无别意,弦生管涩未堪听。"

【别業】 犹别墅。祖咏《苏氏别业》:"别业居幽处,到来生隐心。"张继《送顾况泗上觐叔父》:"别业更临洙泗上,拟将书卷对残春。"周贺《送耿山人归湖南》:"南行随越僧,别业几池菱。"许棠《冬杪归陵阳别业五首》之一:"无媒归别业,所向自乖心。"

【别號】 (一hào)名、字外的别称。唐彦谦《吊方干处士二首》之一:"别号行鸣雁,遗编感获麟。"

【别路】 旅程,旅途。宋之问《送沙门泓景道俊玄奘还荆州应制》:"就日离亭近,弥天别路长。"王维《送严秀才还蜀》:"别路经花县,还乡入锦城。"姚合《寄安陆友人》:"别路在春色,故人云梦中。"罗邺《秋别》:"别路垂杨柳,秋风凄管弦。"

【别愁】 犹别恨。崔颢《赠卢八象》:"不作书相问,谁能慰别愁。"牟融《送客之杭》:"风清听漏惊乡梦,灯下闻歌乱别愁。"赵嘏《自遣》:"晚树疏蝉起别愁,远人回首忆沧洲。"陆龟蒙《送宣武从事越中按狱》:"别愁当翠巘,冤望隔风潮。"

【别筵】 饯行的筵席。古人送别多在道旁水边设筵。杜甫《送路六侍御入朝》:"更为后会知何地,忽漫相逢是别筵。"钱起《送田仓曹归觐》:"别筵寒日晚,归路碧云生。"李郢《江边柳》:"江上别筵终日有,绿条春在长应难。"

【别腸】 惜别的心情。韩愈、孟郊《远游联句》:"别肠车轮转,一日一万周。"贾岛《寄远》:"别肠多郁纡,岂能肥肌肤。"

【别殿】 正殿外的殿堂。魏元忠《银潢宫侍宴应制》:"别殿秋云上,离宫夏景移。"李绅《悲善才》:"此时奉诏侍金銮,别殿承恩许召弹。"温庭筠《嘲春风》:"春风何处好,别殿饶芳草。"吴融《华清宫四首》之四:"别殿和云锁翠微,太真遗象梦依依。"

【别夢】 别后思念之梦。袁晖《正月闺情》:"晓魂怜别梦,春思逼啼颜。"

【别魂】 犹别情。杜甫《阆州东楼筵奉送十一舅往青城县得昏字》:"游目俯大江,列筵慰别魂。"刘禹锡《酬仆射牛相公晋国池上别后至甘棠馆忽梦同游因成口号见寄》:"已嗟池上别魂惊,忽报梦中携手行。"李郢《画鼓》:"两杖一挥行缆解,暮天空使别魂惊。"

【别墅】 另置在山林等处的庄院。刘宪《奉和幸安乐公主山庄应制》:"主家别墅帝城隈,无劳海上觅蓬莱。"严维《酬谢侍御喜王宇及第见贺不遇之作》:"缄书到别墅,郢曲果先成。"李商隐《少将》:"烟波别墅醉,花月后门归。"薛涛《酬吴随君》:"支公别墅接花扃,买得前山总未经。"

【别鳳】 指离别的情人。李商隐《代应二首》之一:"离鸾别凤今何在,十二玉楼空更空。"

【别劍】 分离的雌雄双剑。喻夫妻离散。岑参《韩员外夫人清河县君崔氏挽歌二首》之二:"遽闻伤别剑,忽复叹藏舟。"杨衡《夷陵郡内叙别》:"分鸾岂遐阻,别剑念相寻。"也指孤剑。李贺《平城下》:"别剑无玉花,海风断鬓发。"

【别調】 犹别曲。李白《凤吹笙曲》:"欲叹离声发绛唇,更嗟别调流纤指。"

【别駕】 官名。汉时置,为州刺史从吏。因随刺史出巡时另乘专车,故名。又称别乘。隋唐时改长史,后又复旧名。苏颋《饯荆州崔司马》:"稍发仙人履,将题别驾舆。"岑参《送怀州吴别驾》:"覃怀人总喜,别驾得王祥。"许浑有《夏日戏题郭别驾东堂》。

【别緒】 犹别情。许敬宗《奉和七夕宴悬圃应制二首》之一:"两怀萦别绪,一宿庆停梭。"李远《题僧院》:"别绪长牵梦,情由乱种愁。"罗隐《酬高崇节》:"旧游虽一梦,别绪忽千般。"

【别操】 指《别鹤操》。骆宾王《送王明府参选赋得鹤》:"离歌凄妙曲,别操绕繁弦。"

【别録】 另行抄录。白居易《和答诗十首》序:"同者谓之和,异者谓之答,并别录《和梦游春》一章,各附于本篇之末。"

【別館】 ❶离宫。玄宗《春台望》:“闻道汉家全盛日,别馆离宫趣非一。”严武《酬别杜二》:“并向殊庭谒,俱承别馆追。”李商隐《过华清内厩门》:“华清别馆闭黄昏,碧草悠悠内厩门。”❷别墅。羊士谔《游郭驸马大安山池》:“马嘶芳草自淹留,别馆何人属细侯。”李绅《毗陵东山》:“昔人别馆淹留处,卜筑东山学谢家。”吕岩《答僧见》:“行满蓬莱为别馆,道成瓦砾尽黄金。”❸旅馆。羊士谔《林塘腊候》:“闲招别馆客,远念故山薇。”马戴《将别寄友人》:“别馆一尊酒,客程千里秋。”吴融《阌乡寓居十首·闻提壶鸟》:“今在天涯别馆里,为君沽酒复何情!”❹离开宫馆。李贺《同沈驸马赋得御沟水》:“别馆惊残梦,停杯泛小觞。”

【別騎】 (一jì)骑马远游的人。李咸用《和蒋进士秋日》:“尘随别骑东西急,波促年华日夜流。”齐己《杨花》:“软著朝簪去,狂随别骑游。”

【別鵠】 因时迁徙的天鹅。吴融《水鸟》:“为谢离鸾兼别鹄,如何禁得向天涯?”

【別鵠操】 即《别鹤操》。韩愈有《琴操十首·别鹄操》。

【別顔】 犹别容。刘长卿《奉陪使君西庭送淮西魏判官》:“羽檄催归恨,春风醉别颜。”罗隐《韦公子》:“击柱狂歌惨别颜,百年人事梦魂间。”

【別廬】 犹别墅。岑参有《暮春虢州东亭送李司马归扶风别庐》。

【別離】 分别,分离。王维《资圣寺送甘二》:“来往本无归,别离方此受。”戴叔伦《相思曲》:“鱼沉雁杳天涯路,始信人间别离苦。”司马扎《山斋会别》:“春草平陵路,荷衣醉别离。”徐夤《览柳浑汀洲采白苹之什因成一章》:“采尽汀蘋恨别离,鸳鸯鸂鶒总双飞。”

【別離曲】 乐府歌辞名。张籍有《别离曲》。

【別藻】 送别的诗篇。孙逖《送新罗法师还国》:“上卿挥别藻,中禁下禅衣。”

【別鶴】 ❶别巢之鹤。郑嵎《津阳门诗》:“三郎紫笛弄烟月,怨如别鹤呼羁雌。”韦庄《赠峨眉山弹琴李处士》:“吟蜂绕树去不来,别鹤引雏飞又止。”❷即《别鹤操》。太宗《秋日即目》:“别鹤栖琴里,离猿啼峡中。”张籍有《别鹤》。陈季卿《别妻》:“离歌凄凤管,别鹤怨瑶琴。”

【別鶴曲】 即《别鹤操》。王建有《别鹤曲》。

【別鶴詞】 即《别鹤操》。杨巨源有《别鹤词送令狐校书之桂府》。

【別鶴操】 乐府琴曲名。晋崔豹《古今注》有载。常建《送楚十少府》:“因送别鹤操,赠之双鲤鱼。”白居易有《和微之听妻弹别鹤操因为解释其义依韵加四句》。唐尧客《大梁行》:“前弹别鹤操,后奏大梁吟。”

利

〔lì《广韵》力至切,去至,來。〕❶锋利。杜淹《咏寒食斗鸡应秦王教》:“长翘频扫阵,利爪屡通中。”柳宗元《跂乌词》:“左右六翮利如刀,踊身失势不得高。”褚载《贺赵观文重试及第》:“龙泉再淬方知利,火浣重烧转更新。”❷疾利。杜甫《前苦寒行二首》之二:“冻埋蛟龙南浦缩,寒刮肌肤北风利。”元稹《野节鞭》:“使君鞭甚长,使君马亦利。”姚合《同卫尉崔少卿九月六日饮》:“风色初晴利,虫声向晚长。”齐己《静坐》:“诗魔苦不利,禅寂颇相应。”❸胜利。杜甫《高都护骢马行》:“雄姿未受伏枥恩,猛气犹思战场利。”也指胜过。韦庄《闺怨》:“戚戚彼何人,明眸利于月。”❹顺利,吉利。白居易《凶宅》:“自从十年来,不利主人翁。”皮日休《三羞诗三首》之一:“利则侣轩裳,塞则友松月。”❺利益,好处。李华《杂诗六首》之六:“争权复争利,终不得其力。”孟郊《伤时》:“古人结交而重义,今人结交而重利。”白居易《感兴二首》之一:“名为公器无多取,利是身灾合少求。”苏拯《贾客》:“尝言海利深,利深不如浅。”❻得利,使得利。元稹《和李校书新题乐府十二首·阴山道》:“群臣利己要差僭,天子深衷空悯悼。”白居易《和答诗十首·和大觜乌》:“乌巫互相利,不复两西东。”潘图《末秋到家》:“归来无所利,骨肉亦不喜。”❼资源。刘允济《经庐岳回望江州想洛川有作》:“迹随造化久,利与乾坤博。”白居易《和微之春日投简阳明洞天五十韵》:“利饶盐煮海,名胜水澄湖。”

【利人】 使人获利。刘禹锡《叹水别白二十二》:“利人利物,时行时止。”白居易《和微之诗二十三首·和除夜作》:“唯是利人事,比君全不如。”

【利口】 ❶口齿伶俐。含贬义。罗隐《言》:“须信祸胎生利口,莫将讥思逞悬河。”周昙《咏史诗·春秋战国门·子贡》:“救鲁亡吴事可伤,谁令利口说田常?”❷指佞人。李绅《趋翰苑遭诬构四十六韵》:“洁身酬雨露,利口扇谗谀。”陆龟蒙《江湖散人歌》:“只今利口且箕敛,何暇俯首哀惸嫠?”

【利刃】 锋利的刀剑。鲍溶《将归旧山留别孟郊》:“择木无利刃,羡鱼无巧纶。”方干《上郑员外》:“利刃从前堪切玉,澄潭到底不容尘。”

【利仁坊】 唐东都洛阳坊名。白居易《利仁北街作》:“草色斑斑春雨晴,利仁坊北面西行。”

【利用】 ❶其利之用。钱起《县内水亭晨兴听讼》:“磨铅辱利用,策蹇愁前程。”郑辕《清明日赐百僚新火》:“利用调羹鼎,余辉烛缙绅。”元稹《说剑》:“曾经铸农器,利用剪稂莠。”❷犹利器。喻杰出之才。胡皓《奉和圣制送张尚书巡边》:“利用经戎莽,英图叶圣谄。”鲁收《怀素上人草书歌》:“吾观文士多利用,笔精墨妙诚堪重。”

【利市】　吉利。薛能《谢刘相寄天柱茶》："惜恐被分缘利市，尽应难觅为供堂。"

【利名】　犹名利。牟融《寄周韶州》："功业要当垂永久，利名那得在须臾。"李咸用《山中》："寻思阮籍当时意，岂是途穷泣利名！"李中《春晚招鲁从事》："衮衮利名役，常嗟聚会稀。"

【利名場】　追逐名利之所。张籍《赠姚怤》："况我愚朴姿，强趋利名场。"

【利交】　以互利为结交基础。张说《夜坐》："复逢利交客，题户遥相谢。"

【利州】　州名。西魏废帝三年(554)改西益州置。治所兴安(今四川广元)。唐属山南西道。苏颋有《利州北佛龛前重于去岁题处作》。岑参有《与鲜于庶子自梓州成都少尹自褒城同行至利州道中作》。李商隐有《利州江潭作》。温庭筠有《利州南渡》。

【利如錐】　❶像锥子般的锋利。白居易《放鹰》："鹰翅疾如风，鹰爪利如锥。"❷比喻锋芒毕露。杜牧《题桐叶》："哆侈不劳文似锦，进趋何必利如锥?"

【利門】　获利的门路。杜荀鹤《赠僧》："利门名路两何凭，百岁风前短焰灯。"

【利物】　使天下得其利。李华《咏史十一首》之十："利物可分社，原情堪灭身。"徐敞《月映清淮流》："利物功难并，和光道已成。"白居易《玩止水》："利物不如流，鉴形不如止。"李绅《过梅里七首・忆东郭居》："徒怀利物心，不获藏身宝。"

【利往】　一路平安。储光羲《游茅山五首》之一："九衢平若水，利往无轻舟。"孟浩然《送张祥之房陵》："君意在利往，知音期自投。"

【利施】　布施钱财。张籍《游襄阳山寺》："寺贫无利施，僧老足慈悲。"

【利建】　《易・屯》："元亨利贞，勿用有攸往，利建侯。"后因以"利建"谓封侯。卢照邻《中和乐九章・歌诸王第七》："我有明德，利建攸存。"

【利病】　利弊。皮日休《正乐府十篇》序："乐府，盖古圣王采天下之诗，欲以知国之利病、民之休戚者也。"

【利涉】　❶顺利渡河。孟浩然《夜渡湘水》："客舟贪利涉，暗里渡湘川。"皇甫曾《赠沛禅师》："南岳满湘沅，吾师经利涉。"❷顺水行舟。孟浩然《舟中晓望》："舳舻争利涉，来往接风潮。"杜甫《客居》："舟子候利涉，亦凭节制尊。"孟郊《寒江吟》："何当春风吹，利涉吾道弘。"❸人名。西域僧，随玄奘法师入唐。《全唐诗》收其诗一首。

【利害】　❶好处及坏处。陈子昂《感遇诗三十八首》之十："谗说相啖食，利害纷嗫嗫。"刘长卿《送史判官奏事之灵武兼寄巴西亲故》："故人奉章奏，此去论利害。"韩愈《君子法天运》："利害有常势，取舍无定姿。"❷利益与损害。苏拯《蜘蛛谕》："小人与君子，利害一如此。"

【利欲】　逐利的欲望。权德舆《严陵钓台下作》："交情同市道，利欲相纷纶。"

【利産】　可获利的产业。陆龟蒙《和过张祜处士丹阳故居》序："不蓄善田利产为身后计。"

【利鈍】　❶锋利与不锋利。元稹《三叹》之一："颜色纵相类，利钝颇相倾。"白居易《喜与韦左丞同入南省因叙旧以赠之》："早年同遇陶钧主，利钝精粗共在熔。"❷顺利与挫折。刘禹锡《历阳书事七十韵》："时闻关利钝，智亦有聋盲。"❸智与愚。寒山《诗三百三首》之二一六："人根性不等，高下有利钝。"

【利賂】　获利之财。王建《祝鹊》："神鹊神鹊好言语，行人早回多利赂。"

【利路】　逐利的门径。李咸用《晓望》："世情随日变，利路与天长。"又《临川逢陈百年》："教我无为礼乐拘，利路名场多忌讳。"

【利祿】　财利荣禄。顾非熊《送内乡张主簿赴任》："混俗故来分利禄，不教长作异人看。"无名氏《子陵山洞》(外编下)："翩翩钓台翁，敝屣弃利禄。"

【利塵】　名利场中的尘土，喻逐利之烈。陆龟蒙《杂讽九首》之五："利尘白冥冥，独此清夜止。"徐夤《依韵赠南安方处士五首》之一："七贵五侯生肯退，利尘名网死当抛。"贯休《偶作二首》之二："名埃与利尘，千里万里行。"

【利劍】　快剑。许浑《送友人罢举归东海》："此去知投笔，须求利剑磨。"

【利養】　养育。韩愈、孟郊《城南联句》："利养积余健，孝思事严祊。"

【利嘴】　利口。吴融《平望蚊子二十六韵》："利嘴入人肉，微形红且濡。"

【利器】　❶锋利武器。周昙《咏史诗・春秋战国门・荆轲再吟》："诚哉利器全由用，可惜吹毛不得人!"❷喻生杀予夺的权力。舒元舆《坊州按狱》："自顾孱钝姿，利器非能操。"❸喻杰出之才。元希声《赠皇甫侍御赴都八首》之二："利器长材，温仪峻峙。"元稹《酬乐天东南行诗一百韵》："利器从头匣，刚肠到底刳。"薛涛《酬祝十三秀才》："诗家利器驰声久，何用春闱榜下看。"

【利穎】　❶指利锥之尖。元稹《酬乐天东南行诗一百韵》："摆囊看利颖，开颔出明珠。"❷锋芒。薛能《蜀州郑史君寄鸟觜茶因以赠答八韵》："拒碾干声细，撑封利颖斜。"

【利澤】　利益恩惠。白居易《题裴晋公女几山刻石诗后》："利泽浸入池，福降升自天。"

【利楫】 急桨。韩愈、孟郊《远游联句》:“驰深鼓利楫,趋险惊蜚辀。”

【利濟】 谓佛家普度众生。齐己《送谭三藏入京》:“阿阇梨与佛身同,灌顶难施利济功。”

【利權】 指财政大权。白居易《赠友五首》之三:“谁能革此弊,待君秉利权。”

删 〔shān《广韵》所姦切,平删,生。〕❶删削,除去。元稹《台中鞫狱忆开元观旧事呈损之兼赠周兄四十韵》:“死款依稀取,斗辞方便删。”皮日休、张贲《寒夜文宴联句》:“一会文章草,昭明不可删。”❷剪伐。韩愈《题炭谷湫祠堂》:“林丛镇冥冥,穷年无由删。”詹敦仁《柳堤诗》序:“况是木删之则枝叶倍长,剪之则芽蘖滋多,又得以供火爨之用焉。”❸删定。韦表微《池州夫子庙麟台》:“诗书既删,礼乐大定。”贾岛《重酬姚少府》:“百篇见删罢,一命嗟未及。”陆龟蒙《袭美先辈以龟蒙所献五百言既蒙见和复示荣唱用伸酬谢》:“首赞五十易,又删三百诗。”❹消除。韩愈《雪后寄崔二十六丞公》:“归来殒涕掩关卧,心之纷乱谁能删?”❺取。孟郊《送郑仆射出节山南》:“悠悠去住心,两说何能删?”皮日休《太湖诗·明月湾》:“好境无处住,好处无境删。”

【删定】 删改而确定。丘光庭《补新宫》序:“三百之篇,孔子既已删定,子夏从而序之。”

【删述】 删定、述作。李白《古风》之一:“我志在删述,垂辉映千春。”

【删書】 删定诗书。卢照邻《宿晋安亭》:“今日删书客,凄惶君讵知?”方干《赠华阴隐者》:“花月旧应看浴鹤,松萝本自伴删书。”

【删掠】 削除。成彦雄《柳枝辞九首》之五:“谁把金刀为删掠,放教明月入窗来?”

【删詩】 删改诗句。钱起《奉和中书常舍人晚秋集贤院即事寄徐薛二侍御》:“清昼删诗暇,高秋作赋初。”

【删繁】 削去芜杂。方干《题玉笥山强处士》:“酒里藏身岩里居,删繁自是一家书。”

判¹ 〔pàn《广韵》普半切,去换,滂。〕❶剖分。阎朝隐《奉和登骊山应制》:“混沌疑初判,洪荒若始分。”吴融《赋雪》:“未知融结判,唯见混茫包。”李洞《赠昭应沈少府》:“行宫接县判云泉,袍色虽青骨且仙。”❷半。杜甫《重过何氏五首》之五:“到此应常宿,相留可判年。”❸断定。王勃《河阳桥代窦郎中佳人答杨中舍》:“判知秋夕带啼还,那及春朝携手度。”韦应物《同李二过亡友郑子故第》:“斜月知何照,幽林判自芳。”元稹《乐府古题·估客乐》:“生为估客乐,判尔乐一生。”❹审理,裁定。钱起《县内水亭晨兴听讼》:“晨光起宿露,池上判黎氓。”王建《谢田赞善见寄》:“错判符曹群吏笑,乱书岩石一山憎。”周贺《赠李主簿》:“见说论诗道,应愁判是非。”❺署理。岑参《青山峡口泊舟怀狄侍御》:“把笔判甲兵,战士不敢骄。”刘禹锡《蒙恩转仪曹郎依前充集贤学士举韩潮州自代因寄七言》:“暂入南宫判祥瑞,还归内殿阅图书。”李涉《经涢川馆寄使府群公》:“大胜尘中走鞍马,与他军府判文书。”❻唐宋官制,高位兼摄低职之谓。苑咸有《送大理正摄御史判凉州别驾》。杨巨源有《胡二十拜户部兼判度支》。元稹有《贬江陵途中寄乐天杓直杓直以员外郎判盐铁乐天以拾遗在翰林》。

判² ❶割舍,舍弃。元稹《遣春三首》之二:“学问慵都废,声名老更判。”张祜《送琼贞发述怀》:“渐遥犹顾首,帆去意难判。”皮日休《吴中言情寄鲁望》:“宴时不辍琅书味,斋日难判玉鲙香。”方干《题报恩寺上方》:“清峭关心惜归去,他时梦到亦难判。”❷拚。杜甫《将赴成都草堂途中有作先寄严郑公五首》之三:“岂借荒庭春草色,先判一饮醉如泥。”戎昱《苦辛行》:“谁家有酒判一醉,万事从他江水流。”韦庄《离筵诉酒》:“不是不能判酩酊,却忧前路酒醒时。”❸甘愿。杜甫《书堂饮既夜复邀李尚书下马月下赋绝句》:“久判野鹤如霜鬓,遮莫邻鸡下五更。”白居易《酬舒三员外见赠长句》:“已判到老为狂客,不分当春作病夫。”李商隐《凤》:“万里峰峦归路迷,未判容彩借山鸡。”

【判司】 唐官名。节度使及州郡刺史的僚属,掌批文牍。亦称州郡佐吏。韩愈《八月十五夜赠张功曹》:“判司卑官不堪说,未免捶楚尘埃间。”元稹《书乐天纸》:“金銮殿里书残纸,乞与荆州元判司。”白居易《同微之赠别郭虚舟炼师五十韵》:“我为江司马,君为荆判司。”又《自吟拙什因有所怀》:“谪向江陵府,三年作判司。”

【判死】 拚命,舍命。元稹《乐府古题·采珠行》:“海波无底珠沉海,采珠之人判死采。”牛希济《临江仙》词之四:“须知狂客,判死为红颜。”

【判身】 舍身。元稹《酬乐天东南行诗一百韵》:“判身入矛戟,轻敌比锱铢。”又《遣春三首》之一:“逢酒判身病,拈花尽意怜。”姚合《寄崔之仁山人》:“苦将杯酒判身病,狂作文章信手书。”罗隐《钱唐见芮逢》:“醉思把箸欹歌席,狂忆判身入酒船。”

【判官】 官名。唐置,为大都督府、都督府及节度、观察、团练、防御等使的僚属,位次副使。孙逖有《送李补阙摄御史充河西节度判官》。白居易《戏赠户部李巡官》:“好去民曹李判官,少贪公事且谋欢。”杜牧有《寄扬州韩绰判官》。

【判₂花】 割舍花朵,暗指与情人分别。韦庄《出关》:“到处因循缘嗜酒,一生惆怅为判花。”

【判₂却】 犹俗言"豁出去。"高骈《送春》:"春光看欲尽,判却醉如泥。"

【判案】 批阅文牍。白居易《诏授同州刺史病不赴任因咏所怀》:"可怜病判案,何似醉吟诗。"

【判曹】 犹判司。曹松《顾少府池上》:"根离潮水岸,韵爽判曹人。"无名氏《五言白话诗》之一二(外编下):"长大人中官,当衙判曹事。"

【判₂割】 割舍。王建《乞竹》:"亦知自惜难判割,犹胜横根引出栏。"

剕 〔fú《广韵》符弗切,入物,奉。又敷勿切,入物,敷。〕砍击。窦庠《于阗钟歌送灵彻上人归越》:"手提文锋百炼成,恐剕此钟无一声。"白居易《新乐府·鸦九剑》:"君勿矜我玉可切,君勿夸我钟可剕。"

【剕鍾】 砍钟。相传干将、莫邪铸剑成,取以剕钟而钟不鸣,知剑之利。事见刘向《说苑》。吕温《古兴》:"剑任剕钟看,玉从投火试。"裴夷直《观淬龙泉剑》:"讵肯藏深匣,终朝用剕钟。"温庭筠《懊恼曲》:"莫言自古皆如此,健剑剕钟铅绕指。"

六 画

初 〔chū《广韵》楚居切,平魚,初。〕❶起初、当初。张九龄《奉和圣制次成皋先圣擒建德之所》:"天命诚有集,王业初惟艰。"储光羲《酬李处士山中见赠》:"厥初游太学,相与极周旋。"李端《卧病寄苗员外》:"故人初未贵,相见得淹留。"陆龟蒙《奉和袭美酬前进士崔潞盛制见寄因赠至一百四十言》:"俪曲信寡和,末流难嗣初。"❷一时之前期或一事之开端。李峤《象》:"郁林开郡毕,维扬作贡初。"岑参《送郭乂杂言》:"去年四月初,我正在河朔。"羊士谔《忆江南旧游二首》之一:"山阴道上桂花初,王谢风流满《晋书》。"白居易《赠友五首》之三:"吾闻国之初,有制垂不刊。"杜牧《赠别二首》之一:"娉娉袅袅十三余,荳蔻梢头二月初。"❸刚刚,方才。刘长卿《送朱山人放越州贼退后归山阴别业》:"越州初罢战,江上送归桡。"独孤及《季冬自嵩山赴洛道中作》:"天子初受命,省方造区宇。"李商隐《月》:"初生欲缺虚惆怅,未必圆时即有情。"李群玉《长沙陪裴大夫夜宴》:"泠泠玉漏初三滴,滟滟金觞已半酡。"❹用于农历每月开始十天。白居易《三月三日》:"画堂三月初三日,絮扑窗纱燕拂檐。"又《秋思》:"兽形云不一,弓势月初三。"徐铉《春分日》:"仲春初四日,春色正中分。"❺本来。杜甫《观公孙大娘弟子舞剑器行》:"先帝侍女八千人,公孙剑器初第一。"戴叔伦《怀素上人草书歌》:"人人细问此中妙,怀素自言初不知。"❻全然。韩愈《寄崔二十六立之》:"文如翻水成,初不用意为。"

【初一】 农历每月第一天。贾岛《二月晦日留别鄠中友人》:"明晓日初一,今年月又三。"

【初九】 《易·乾》:"初九,潜龙勿用。"《象》曰:"'潜龙勿用',阳在下也。"按,《易》六十四卦,每一卦画皆六行,每行称"爻"。阳爻(—)称"九",阴爻(--)称"六"。卦由下而上排列,第一爻称"初",第六爻称"上"。故第一爻为阳爻者即谓"初九"。表示事物发展处于初级阶段。吕岩《敲爻歌》:"加添火候切防危,初九潜龙不可炼。"也借指隐而未显之时。玄宗《巡省途次上党旧宫赋》序:"朕昔在初九,佐贰此州。"吕岩有《渔父词一十八首·初九》词。

【初日】 旭日。韦承庆《凌朝浮江旅思》:"天晴上初日,春水送孤舟。"刘禹锡《登陕州北楼却忆京师亲友》:"初日遍露草,野田荒悠悠。"刘得仁《答韦先辈春雨后见寄》:"轩窗透初日,砚席绝纤尘。"

【初分】 指冬至。此日某时辰,阴阳各半(白昼与黑夜一样长)。又因冬至在夏至前,故云。裴逵《南至日太史登台书云物》:"圆丘才展礼,佳气近初分。"

【初月】 新月,上弦前之月。太宗《初秋夜坐》:"斜廊连绮阁,初月照宵帏。"李白《忆旧游寄谯郡元参军》:"翠娥婵娟初月辉,美人更唱舞罗衣。"颜真卿、张荐《五言玩初月重游联句》:"春溪与岸平,初月出溪明。"杜牧《寄东塔僧》:"初月微明漏白烟,碧松梢外挂青天。"

【初心】 本心。张九龄《祠紫盖山经玉泉山寺》:"高僧闻逝者,远俗是初心。"韩愈《县斋读书》:"萧条捐末事,邂逅得初心。"李咸用《和友人喜相遇十首》之一:"且固初心希一试,箭穿正鹄岂无缘?"吕岩《题桐柏山黄先生庵门》:"莫退初心,善爱善爱。"

【初正】 (—zhēng)正月,一月。韩愈《人日城南登高》:"初正候才兆,涉七气已弄。"

【初古】 远古,上古。王昌龄《琴》:"仿佛弦指外,遂见初古人。"

【初平】 即黄初平,也称皇初平。传说之仙人。十五岁时牧羊山中,被道士引入金华山石室,后得道,能点石成羊。事见晋葛洪《神仙传》。皎然《寻天目徐君》:"常见仙翁变姓名,岂知松子号初平。"曹唐《小游仙诗九十八首》之四〇:"共爱初平住九霞,焚香不出闭金华。"贯休《和韦相公话婺州陈事》:"耕避初平石,烧残沈约楼。"

【初冬】 冬季第一个月,即农历十月。白居易《与僧智如夜话》:"炉向初冬火,笼停半夜灯。"陆龟蒙《别墅怀归》:"水国初冬和暖天,南荣方好背阳眠。"

【初地】 ❶佛家语。谓修行十阶位之第一阶位。萧翼《答辨才探得招字》:"弥天俄若旧,初地岂成遥?"

辛替否《奉和九月九日登慈恩寺浮图应制》："出豫从初地，登高适梵天。"卢纶《题云际寺上方》："空门不易启，初地本无程。"李群玉《法性寺六祖戒坛》："初地无阶级，余基数尺低。"❷借指寺院。王维《登辨觉寺》："竹径从初地，莲峰出化城。"曹著《曲江亭望慈恩寺杏园花发》："晚日分初地，东风发杏园。"李商隐《五月六日夜忆往岁秋与彻师同宿》："炎方忆初地，频梦碧琉璃。"

【初吉】　朔日，即农历每月初一。杜甫《北征》："皇帝二载秋，闰八月初吉。"

【初年】　❶新年，正月。苏颋《奉和初春幸太平公主南庄应制》："主第山门起灞川，宸游风景入初年。"高瑾《上元夜效小庾体》："初年三五夜，相知一两人。"孟浩然有《初年乐城馆中卧疾怀归作》。❷早岁。李频《赠长城庾将军》："初年三十拜将军，近代英雄独未闻。"

【初伏】　三伏之始。指从夏至后第三个庚日到第四个庚日之十天。萧颖士《游马耳山》："我来疑初伏，幽路无炎精。"刘言史《广州王园寺伏日即事寄北中亲友》："南越逢初伏，东林度一朝。"李频《避暑》："蝉从初伏噪，客向晚凉吟。"

【初旬】　上旬，每月前十日。赵彦昭《奉和人日清晖阁宴群臣遇雪应制》："祥云应早岁，瑞雪候初旬。"

【初旭】　初升之日。张说《岳阳早霁南楼》："山水佳新霁，南楼玩初旭。"杜牧《赴京初入汴口晓景即事先寄兵部李郎中》："初旭红可染，明河澹如扫。"李商隐《行次西郊作一百韵》："彩旗转初旭，玉座当祥烟。"陆龟蒙《奉和袭美茶具十咏·茶灶》："无突抱轻岚，有烟映初旭。"

【初交】　初次交往。胡宿《赵宗道归辇下》："半毡未暖还伤别，一臂初交又解携。"

【初衣】　指当官前的服装。李白《送贺监归四明应制》："久辞荣禄遂初衣，曾向长生说息机。"

【初志】　本来的志向。李咸用《谢僧寄茶》："空门少年初志坚，摘芳为药除睡眠。"杜荀鹤《寄李溥》："共莫更初志，俱期立后名。"

【初更】　(一gēng)旧时每夜分为五个更次，晚七至九时为初更。孙光宪《临江仙》词之二："暮雨凄凄深院闭，灯前凝坐初更。"

【初见】　❶始见。元稹《所思二首》之一："庾亮楼中初见时，武昌春柳似腰肢。"王驾《雨晴》："雨前初见花间蕊，雨后兼无叶里花。"❷初次拜见。"见"旧读xiàn。韩愈《元和圣德诗》："正月元日，初见宗祖。"

【初來】　才来，始到。沈佺期《人日重宴大明宫赐彩缕人胜应制》："山鸟初来犹怯啭，林花未发已偷新。"朱庆余《送崔秀才游江陵》："鸥惊帆乍起，虹见雨初来。"李商隐《蝶三首》之一："初来小苑中，稍与琐闱通。"

【初命】　初次任命。白居易《初授拾遗》："何言初命卑，且脱风尘吏。"

【初服】　犹初衣。张九龄《登乐游原春望书怀》："愿言从所好，初服返林丘。"刘长卿《罢摄官后将还旧居留辞李侍御》："故山桃李月，初服薜萝衣。"钱起《罢章陵令山居过中峰道者二首》之二："鸣鸠拂红枝，初服傍清畎。"权德舆《与故人夜坐道旧》："终当制初服，相与卧林丘。"

【初夜】　犹初更。常建《白湖寺后溪宿云门》："松阴澄初夜，曙色分远目。"卢纶《送郭判官赴振武》："鸣雁飞初夜，羌胡正晚秋。"许浑《舟次武陵寄天竺僧无昼》："还在孤舟宿，卧闻初夜钟。"和凝《江城子》词之一："初夜含娇入洞房，理残装，柳眉长。"

【初定】　佛家指入定之初。戴叔伦《留宿罗源西峰寺示辉上人》："山寂僧初定，廊深火自明。"许浑《晨起白云楼寄龙兴江准上人兼呈窦秀才》："东岩月在僧初定，南浦花残客未回。"李中《宿钟山知觉院》："磬罢僧初定，山空月又生。"

【初弦】　上弦月，即农历每月初七、初八的月亮。虞世南《奉和月夜观星应令》："早秋炎景暮，初弦月彩新。"杜甫《遣意二首》之二："云初掩弦月，香传小树花。"

【初春】　孟春，即春季第一月，农历正月。王绩有《初春》。李德裕《忆平泉杂咏·忆初暖》："今日初春暖，山中事若何？"

【初英】　始开之花。孟郊《南阳公请东樱桃亭子春宴》："初英濯紫霞，飞雨流清津。"

【初胎】　指萌发之花蕾。司空图《诗品二十四则·精神》："明漪绝底，奇花初胎。"

【初校】　(一jiào)指最早版本。元稹《和乐天过秘阁书省旧厅》："经排蠹简怜初校，芸长陈根识旧栽。"

【初夏】　夏季第一月，即农历四月。韦应物《李博士弟以余罢官直寄鄠怀聊以为答》："初夏息众缘，双林对禅客。"陆龟蒙《奉酬袭美先辈初夏见寄次韵》："览物正摇思，得君初夏行。"皮日休有《初夏游楞伽精舍》。

【初眠】　家蚕一生四次蜕皮之第一次。蚕蜕皮时不食不动，故云"眠"。唐彦谦《采桑女》："去岁初眠当此时，今岁春寒叶放迟。"

【初宵】　犹初更。杜甫《北风》："向晚霾残日，初宵鼓大炉。"薛能《秋夜山中述事》："初宵门未掩，独坐对霜空。"

【初基】 最初之基业。殷潜之《题筹笔驿》:“艰难推旧姓,开创极初基。”

【初晨】 清晨。孟郊《自商行谒复州卢使君虔》:“独泪起残夜,孤吟望初晨。”薛能《新雪八韵》:“大雪满初晨,开门万象新。”

【初情】 犹初心。许棠《下第东归留别郑侍郎》:“唯畏重回日,初情恐不同。”

【初涼】 天气开始转凉。白居易《西风》:“新霁乘轻屐,初凉换熟衣。”毛熙震《菩萨蛮》词之二:“残暑晚初凉,轻风渡水香。”

【初陵】 犹新陵。刘禹锡《文宗元圣昭献孝皇帝挽歌三首》之三:“日下初陵外,人悲旧剑前。”

【初場】 初次应举。黄滔《下第》:“辞家从早岁,落第在初场。”

【初景】 初日,朝阳。黎逢《夏首犹清和》:“早夏宜初景,和光起禁城。”

【初程】 开始之旅途。司空图《江行二首》之二:“初程风信好,回望失津楼。”刘昭禹《句》:“春光怀玉阙,万里起初程。”

【初笄】 古代女子十五岁加笄,即以簪挽髻。后因以“初笄”指女子成年。郑世翼《看新婚》:“初笄梦桃李,新妆应摽梅。”权德舆《赠梁国惠康公主挽词二首》之一:“初笄横白玉,盛服镂黄金。”

【初童】 幼童。孟郊《秋怀》之十:“常思书破衣,至死教初童。”

【初寒】 天气开始寒冷。陆龟蒙《寒日古人名》:“初寒朗咏裴回立,欲谢玄关早晚开。”孙光宪《临江仙》词之一:“霜拍井梧干叶堕,翠帏雕槛初寒。”

【初陽】 ❶冬至日阴极而阳生,因指冬至后到立春前为“初阳”。太宗《正日临朝》:“条风开献节,灰律动初阳。”玄宗《春中兴庆宫酺宴》序:“往以仲冬建子,南至初阳,爰诏司存,式陈郊祀。”李竦《长至日上公献寿》:“羽仪瞻上宰,云物丽初阳。”❷朝阳。钱起《闲居寄包何》:“林眠多晓梦,鸦散惊初阳。”元稹《元和五年予官不了罚俸西归思怆曩游因投五十韵》:“初阳好明净,嫩树怜低庳。”贾岛《投张太祝》:“风骨高更老,向春初阳葩。”温庭筠《正见寺晓别生公》:“初阳到古寺,宿鸟起寒林。”

【初歲】 新年,一年之始。韦述《春日山庄》:“初岁开韶月,田家喜载阳。”杜牧《别家》:“初岁娇儿未识爷,别爷不拜手吒叉。”

【初筵】 宴饮之始,亦泛指宴饮。杜甫《扬旗》:“初筵阅军装,罗列照广庭。”又《牵牛织女》:“初筵浥裛露,日出甘所终。”

【初節】 指元旦。许敬宗《奉和元日应制》:“天正开初节,日观上重轮。”

【初髫】 指童年。司空曙《寄卫明府常见短靴褐裘又务持诵是以有末句之赠》:“柴桑官舍近东林,儿稚初髫即道心。”

【初魄】 初月,指农历每月初三四之月。徐敞《圆灵水镜》:“成轮疑璧影,初魄类弓形。”

【初暾】 犹初日。韦元旦《早朝》:“挈壶分早漏,伏槛耀初暾。”

【初蟄】 久久蛰伏之蛇虫。魏征《五郊乐章·青帝角音》:“律候新风,阳开初蛰。”

【初霞】 朝霞。陆龟蒙《江南曲五首》之二:“鱼戏莲叶东,初霞射红尾。”

【初曙】 黎明。李商隐《燕台四首·春》:“絮乱丝繁天亦迷,醉起微阳若初曙。”

【初蟾】 犹初月。卢纶《割飞二刀子歌》:“两条神物秋冰薄,刃淬初蟾鞘金错。”

券 〔quàn《广韵》去願切,去願,溪。〕契据。古多以竹或木刻成,一分为二,双方各执其半,以便验合。温庭筠《病中书怀呈友人》:“市义虚焚券,关讥谩弃繻。”又《苏小小歌》:“买莲莫破券,买酒莫解金。”

刧 〔jié〕 “劫”的异体字。

【刧灰】 战乱或大火后之余烬。杜仁杰《至真观》:“莽刧灰,起天烧。”

【刧奪】 抢夺劫掠。无名氏《五言白话诗》之一三(外编下):“两两相刧夺,分毫努眼净。”

刲 〔kuī《广韵》苦圭切,平齊,溪。〕割。李贺《长平箭头歌》:“访古汍澜收断镞,折锋赤璺曾刲肉。”元稹《感梦》:“我病百日余,肌体顾若刲。”李咸用《谢友生遗端溪砚瓦》:“鸲眼工谙谬,羊肝士乍刲。”韦庄《秦妇吟》:“尚让厨中食木皮,黄巢机上刲人肉。”

刮 〔qià《广韵》恪八切,入黠,溪。〕剥。韩愈、孟郊《征蜀联句》:“刕肤浃疮痍,败面碎剠刮。”

刺[1] 〔cì《广韵》七賜切,去寘,清。又七跡切,入昔,清。〕❶戳,扎。寒山《诗三百三首》之三四:“弹指不可论,行恩却遭刺。”孟郊《秋怀》之十三:“衰毛暗相刺,冷痛不可胜。”李贺《马诗二十三首》之六:“饥卧骨查牙,粗毛刺破花。”赵武建有《刺左右膊诗》。❷刺绣。晁采《子夜歌十八首》之三:“金针刺菡萏,夜夜得见莲。”陈羽《古意》:“人言此是嫁时服,含笑不刺双鸳鸯。”徐凝《莫愁曲》:“玳瑁床头刺战袍,碧纱窗外叶骚骚。”徐夤《尚书会仙亭咏蔷薇夤坐中联四韵晚归补缉所联成一篇》:“结绿根株翡翠茎，句芒中夜刺猩猩。”❸刺杀。韩愈《利剑》：“我心如冰剑如雪，不能刺谗夫，使我心腐剑锋折。”白居易《折剑头》：“疑是斩鲸鲵，不然刺蛟虬。”郑钦《邯郸侠少年》：“兵符劫晋鄙，匕首刺秦人。”❹尖刺。杜甫《陪郑公秋晚北池临眺》：“采菱寒刺上，踏藕野泥中。”张籍《采莲曲》：“试牵绿茎下寻藕，断处丝多刺伤手。”白居易《新乐府·母别子》：“新人迎来旧人弃，掌上莲花眼中刺。”贾岛《莲峰歌》：“松刺梳空石差齿，烟香风软人参蕊。”也指使其成刺。元结《闵岭中》：“化毒铜以为戟，刺棘竹以为殳。”❺讽刺。元希声《赠皇甫侍御赴都八首》之四：“刺邪矫枉，非贤勿居。”韩愈《赠崔立之评事》：“频蒙怨句刺弃遗，岂有闲官敢推引。”范质《诫儿侄八百字》：“《相鼠》与《茅鸱》，宜鉴诗人刺。”❻刺激。见“刺鼻”。❼刺探。见“刺舉”。❽插入，钻进。顾况《寄上兵部韩侍郎奉呈李户部卢刑部杜三侍郎》：“身在薜萝中，头刺文案边。”曹松《望九华寄池阳太守》：“灵踪载籍古，怪刃刺云尖。”❾撑、舂一类动作。韩愈《南溪始泛三首》之三：“随波吾未能，峻濑乍可刺。”鲍溶《游山》：“烟花最深处，井臼得空刺。”❿任刺史。张九龄《出为豫章郡途次庐山东岩下》：“追兹刺江郡，来此涤尘襟。”权德舆《送薛温州》：“昨日馈连营，今来刺列城。”陆龟蒙《引泉诗》：“上嗣位六载，吾宗刺桐川。”张蠙《送薛郎中赴江州》：“几州闻出刺，谣美有江民。”⓫名片。骆宾王《夏日游德州赠高四》：“言投爵里刺，来泛野人船。”李嘉祐《送樊兵曹潭州谒韦大夫》：“修刺辕门里，多怜尔为亲。”刘禹锡《送湘阳熊判官孺登府罢归钟陵因寄呈江西裴中丞二十三兄》：“复持州民刺，归谒专城居。”齐己《勉诗僧》：“莫把毛生刺，低佪谒李膺。”

刺²

〔qì〕见“刺₂促”。

【刺口】 多言。韩愈《寄卢仝》：“彼皆刺口论世事，有力未免遭驱使。”

【刺天】 上薄云霄。杜甫《夔州歌十绝句》之四：“赤甲白盐俱刺天，闾阎缭绕接山巅。”

【刺手】 出手，探手。韩愈《调张籍》：“刺手拔鲸牙，举瓢酌天浆。”

【刺史】 官名。汉武帝分天下为十三州，州置长官称刺史。成帝改称州牧，哀帝时复改刺史。魏晋于要州置都督兼领刺史，权益重。隋炀帝、唐玄宗两度改州为郡，刺史改称太守，后又复旧。后刺史、太守互称。李颀《春送从叔游襄阳》：“同人应馆谷，刺史在郊迎。”柳宗元《韦道安》：“言我故刺史，失职还西京。”姚合《杭州官舍偶书》：“钱塘刺史谩题诗，贫褊无恩懦少威。”黄滔《赠旌德吕明府》：“须信隔帘看刺史，锦章朱绂已葳蕤。”

【刺耳】 谓不中听。贾岛《送沈秀才下第东归》：“直言好者谁？刺耳如长锥。”

【刺竹】 竹的一种，因多刺，故名。李绅《逾岭峤止荒陬抵高要》：“岭头刺竹蒙笼密，火拆红蕉焰烧日。”

【刺字】 名片上官职、姓名等字样。李商隐《江上》：“刺字从漫灭，归途尚阻修。”

【刺芡】 植物名，俗称“鸡头”。韩愈、孟郊《城南联句》：“鸿头排刺芡，鹄鶵攒瑰橙。”

【刺刺】 风尖厉声。李商隐《送千牛李将军赴阙五十韵》：“去程风刺刺，别夜漏丁丁。”刘驾《苦寒行》：“严寒动八荒，刺刺无休时。”

【刺股】 扎刺大腿。《战国策·秦策一》载苏秦读书欲睡，以锥刺股。后以为苦读典故。海顺《三不为篇》之二：“我欲刺股锥刃，悬头屋梁。”孟简《惜分阴》：“刺股情方励，偷光思益深。”

【刺斫】 刺砍。韩愈、李正封《晚秋郾城夜会联句》：“儒生惬教化，武士猛刺斫。”

【刺₂促】 ❶急迫貌。李贺《昌谷诗》：“刺促成纪人，好学鸱夷子。”又《浩歌》：“看见秋眉换深绿，二十男儿那刺促。”❷狭隘貌。权德舆《送别沅泛》：“徇吾刺促心，婉尔康庄姿。”❸惶恐不安貌。权德舆《数名诗》：“《九歌》伤泽畔，怨思徒刺促。”

【刺客傳】 《史记》列传之一，载春秋曹沫至战国荆轲五名刺客事迹。韩愈《学诸进士作精卫衔石填海》：“何惭《刺客传》，不著报仇名。”

【刺桐】 树名。亦称海桐、山芙蓉。落叶乔木，豆科。枝干有圆锥形尖刺。早春开花，总状花序，有红紫诸色，可供观赏。原产印度、马来西亚等地。我国南方多有种植。张籍《送汀州源使君》：“地僻寻常来客少，刺桐花发共谁看？”朱庆余《南岭路》：“经冬来往不踏雪，尽在刺桐花下行。”曹唐《奉送严大夫再领容府二首》之二：“蕲竹水翻台榭湿，刺桐花落管弦闲。”李珣《南乡子》词之十：“相见处，晚晴天，刺桐花下越台前。”

【刺骨】 深入及骨，形容锋利。李商隐《异俗二首》之一：“虎箭侵肤毒，鱼钩刺骨铦。”

【刺梧】 即刺桐。张登《小雪日戏题绝句》：“甲子徒推小雪天，刺梧犹绿槿花然。”

【刺规】 讽喻。杜甫《送卢十四弟侍御护韦尚书灵榇归上都二十韵》：“刺规多谏诤，端拱自光辉。”

【刺眼】 谓引人注目。杜甫《奉陪郑驸马韦曲二首》之一：“石角钩衣破，藤枝刺眼新。”詹玭《癸卯闽乱从弟监察御史敬凝迎仕别作》：“五斗嫌腰折，朋山刺眼新。”

【刺船】 撑船。杜甫《陪郑广文游何将军山林十首》之八:“刺船思郢客,解水乞吴儿。”元结《贼退示官吏》:“思欲委符节,引竿自刺船。”韩翃《和高平朱参军思归作》:“刺船频向剡中回,捧被曾过越人宿。”

【刺閨】 指夜有军事警急,允许投刺宫门,直接报告皇帝。闺,宫中小门。皎然《同薛员外谊久旱感怀寄兼呈上杨使君》:“戎寇夜刺闺,民荒岁伤国。”郑锡《出塞曲》:“会当系取天骄入,不使军书夜刺闺。”

【刺鼻】 刺激嗅觉。无名氏《嘲高士廉木履》(卷八六九):“刺鼻何曾嚏,踏面不知嗔。”

【刺蝟】 即刺猬。哺乳动物名。浑身长硬刺,遇敌害卷成球状。李贞白有《咏刺猬》。

【刺頭】 犹埋头。杜荀鹤《小松》:“自小刺头深草里,而今渐觉出蓬蒿。”

【刺舉】 侦探揭发。权德舆《郴州换印缄遣之际率成三韵因寄李二兄员外使君》:“刺举官犹屈,风谣政已成。”

【刺謁】 投名刺以求见。皮日休《七爱诗·李翰林》:“刺谒戴接䍦,赴宴著縠屣。”

【刺$_2$蹙】 犹“刺促”。急迫貌。李白《古风》之四○:“焉能与群鸡,刺蹙争一餐?”

【刺繡】 女红之一。用针引彩线在织物上缀出花纹。杜甫《小至》:“刺绣五纹添弱线,吹葭六琯动浮灰。”权德舆《玉台体十二首》之五:“楼上吹箫罢,闺中刺绣阑。”韩偓《幽窗》:“刺绣非无暇,幽窗自鲜欢。”常理《妾薄命》:“鸟衔樱桃花,此时刺绣闲。”

刳 〔kū《广韵》苦胡切,平模,溪。〕❶挖,掏空。元结《演兴四首·初祀》:“佐浑洪兮馥阗阗,管化石兮洞刳天。”元稹《春分投简阳明洞天作》:“穴为探符坼,潭因失箭刳。”皮日休《奉和添酒中六咏·酒船》:“剡桂复刳兰,陶陶任行乐。”❷斩杀。齐己《读李白集》:“竭云涛,刳巨鳌,搜括造化空牢牢。”❸清除。杜荀鹤《题德玄上人院》:“刳得心来忙处闲,闲中方寸阔于天。”徐夤《牡丹花二首》之一:“天纵秾华刳鄙吝,春教妖艳毒豪奢。”

【刳木】 挖空木头。宋之问《灵隐寺》:“扪萝登塔远,刳木取泉遥。”后泛指剖木造船。皎然《奉和颜鲁公真卿落玄真子舴艋舟歌》:“刳木新成舴艋舟,诸侯落舟自兹始。”李白《江行寄远》:“刳木出吴楚,危槎百余尺。”

【刳心】 挖出心肝,喻称受极度痛苦。权德舆《早夏青龙寺致斋凭眺感物因书十四韵》:“观化复何如,刳心信为愈。”

【刳肝】 挖出心肝,比喻竭诚。韩愈《归彭城》:“刳肝以为纸,沥血以书辞。”

【刳松】 指松木船。李咸用《公无渡河》:“刳松轻稳琅玕长,连呼急榜庸何妨。”

【刳削】 谓消除。贯休《寄大愿和尚》:“吾师隐庐岳,外念全刳削。”

【刳剝】 挖腹剥皮,谓残害之极。贯休《东阳罹乱后怀王慥使君五首》之五:“刳剥生灵为事业,巧通豪谮作梯媒。”

【刳剡】 代指舟楫。语出《易·系辞下》:“刳木为舟,剡木为楫。”吕温《岳阳怀古》:“方知刳剡利,可接鬼神游。”

【刳啖】 割而食之。王揆《长沙六快诗》:“今贤官是邦,刳啖人脂肉。”

【刳腸】 掏出肠子。王绩《古意六首》之三:“一朝失运会,刳肠血流死。”白居易《和答诗十首·答桐花》:“老龟被刳肠,不如无神灵。”又《放言五首》之二:“龟灵未免刳肠患,马失应无折足忧。”

到 〔dào《广韵》都導切,去號,端。〕❶到达;及于。孟浩然《游精思观回王白云在后》:“出谷未停午,到家日已曛。”杜甫《述怀一首》:“比闻同罹祸,杀戮到鸡狗。”姚合《扬州春词三首》之二:“谷鸟鸣还艳,山夫到更狂。”韦庄《题许仙师院》:“地古多乔木,游人到且吟。”❷精到。杜甫《奉先刘少府新画山水障歌》:“大儿聪明到,能添老树巅崖里。”❸通“倒”。反而,却。王绩《辛司法宅观妓》:“到愁金谷晚,不怪玉山颓。”韦应物《送元仓曹归广陵》:“旧国应无业,他乡到是归。”李嘉祐《秋朝木芙蓉》:“水面芙蓉秋已衰,繁条到是著花时。”薛涛《赠远二首》之一:“芙蓉新落蜀山秋,锦字开缄到是愁。”❹通“道”。知道。李商隐《富平少侯》:“七国三边未到忧,十三身袭富平侯。”❺通“道”。说道。罗虬《比红儿诗》之一九:“从到世人都不识,也应知有杜兰香。”

【到了】 (一liǎo)到最后。吴融《武关》:“贪生莫作千年计,到了都成一梦间。”

【到今】 至今,迄今。杜甫《去秋行》:“到今不知白骨处,部曲有去皆无归。”又《草堂》:“到今用钺地,风雨闻号呼。”刘禹锡《乐天见示伤微之敦诗晦叔三君子皆有深分因成是诗以寄》:“万古到今同此恨,闻琴泪尽欲如何。”

【到老】 到老年。白居易《予与微之老而无子发于言叹著在诗篇今年冬各有一子戏作二什一以相贺一以自嘲》之一:“常忧到老都无子,何况新生又是儿。”杜荀鹤《山中贻同志》:“到老如今日,无心愧古人。”

【到來】 来到,来临。祖咏《苏氏别业》:“别业居幽处,到来生隐心。”戎昱《题槿花》:“鲜红未许佳人见,蝴蝶争知早到来。”熊孺登《新成小亭月夜》:“已被月知处,斩新风到来。”皮日休《皋桥》:“唯我到来居上馆，不知何道胜梁鸿？"

【到底】 ❶到最后，到底部。寒山《诗三百三首》之一三五："秤锤落东海，到底始知休。"杜牧《池州送孟迟先辈》："蓬莱顶上斡海水，水尽到底看海空。"❷彻底。元稹《酬乐天东南行诗一百韵》："利器从头匣，刚肠到底刳。"李德裕《惠泉》："到底清何益，含虚势自贫。"郑谷《兵部卢郎中光济借示诗集以四韵谢之》："调和雅乐归时正，澄滤颓波到底清。"秦韬玉《长安书怀》："岚收楚岫和空碧，秋染湘江到底清。"❸始终。牟融《寄范使君》："从来姑息难为好，到底依栖总是诹。"❹毕竟，终究。王彦威《宣武军镇作》："寄语长安旧冠盖，粗官到底是男儿。"李山甫《秋》："邹家不用偏吹律，到底荣枯也自均。"方干《谢王大夫奏表》："死灰到底翻腾焰，朽骨随头却长肥。"

【到官】 抵达任所。高适《初至封丘作》："去家百里不得归，到官数日秋风起。"

【到時】 ❶到达之时。戎昱《送王端公之太原归觐相公》："到时丞相阁，应喜棣华芳。"白居易《和韦庶子远坊赴宴未夜先归之作兼呈裴员外》："到时常晚归时早，笑乐三分校一分。"朱庆余《送长安罗少府》："在处若逢山水住，到时应不及秋前。"❷到那时候。韩翃《送李湜下第归卫州便游河北》："旧竹青青常绕宅，到时疏旷应自适。"于鹄《送唐大夫让节归山》："到时浸发春泉里，犹梦红楼箫管声。"

【到處】 （一chù）❶所到之处。郎士元《送大德讲时河东徐明府招》："到处花为雨，行时杖出泉。"张籍《送远曲》："愿君到处自题名，他日知君从此去。"薛能《过象耳山二首》之二："到处逢山便欲登，自疑身作往来僧。"❷到处，各处。刘长卿《湘中纪行十首·秋云岭》："不知今远近，到处犹相对。"戴叔伦《寄孟郊》："乱余城郭怕经过，到处闲门长薜萝。"罗隐《裴庶子除太仆卿因贺》："秩随科第临时贵，官逐簪裾到处清。"

【到罷】 到达。李颀《送山阴姚丞携妓之任兼寄苏少府》："山阴政简甚从容，到罢惟求物外踪。"

【到頭】 ❶到最后。孟郊《寒地百姓吟》："到头落地死，踏地为游遨。"姚合《赠卢沙弥小师》："莫以衣服别，到头不相知。"贾岛《不欺》："掘井须到流，结交须到头。"杜荀鹤《秋日湖外书事》："朱门处处若相似，此命到头通不通？"❷究竟。卢仝《走笔谢孟谏议寄新茶》："便为谏议问苍生，到头还得苏息否？"杜荀鹤《秋日闲居寄先达》："到头身事欲何为？窗下工夫鬓上知。"孙鲂《柳》之一一："到头袅娜成何事？只解年年断客肠！"❸毕竟。王建《花褐裘》："到头须向边城著，消杀秋风称猎尘。"赵嘏《自遣》："到头生长烟霞者，须向烟霞老始休。"罗隐《送姚安之赴任秋浦》："到头称意须年少，赢得时光向酒杯。"徐夤《岚似屏风》："宦达到头思野逸，才多未必笑清贫。"

【到闕】 犹云到京。李端《得山中道友书寄苗钱二员外》："还山不及伴，到阙又无媒。"

制 〔zhì《广韵》征例切，去祭，章。〕❶制造。李峤《奉使筑朔方六州城率尔而作》："制为百王式，举合千载防。"又《琵琶》："将军曾制曲，司马屡陪观。"❷制定。任华《寄杜拾遗》："古人制礼但为防俗士，岂得为君设之乎？"张祜《鸿沟》："龙蛇百战争天下，各制雄心指此沟。"❸著述，创作。司空曙《送庞判官赴黔中》："论文谁可制？记室有何郎。"❹制度。白居易《赠友五首》之三："吾闻国之初，有制垂不刊。"罗隐《钱塘府亭》："九牧土田周制在，两藩茅社汉仪同。"❺诏书。武则天时因避讳改（诏、曌同音）。李峤《奉和幸韦嗣立山庄侍宴应制》："制下峒山跸，恩回灞水舆。"白居易《余思未尽加为六韵重寄微之》："制从长庆辞高古，诗到元和体变新。"刘得仁《送钱给事赴虢州》："疲瘵初承制，乡闾似得春。"郑谷《南宫寓直》："制承黄纸重，词见紫垣清。"❻形制。杜甫《阆州东楼筵奉送十一舅往青城县得昏字》："曾城有高楼，制古丹雘存。"❼统御。阎朝隐《三日曲水侍宴应制》："陛下制万国，臣作水心人。"颜真卿《赠裴将军》："大君制六合，猛将清九垓。"张鼎《邺城引》："荡海吞江制中国，回天运斗应南面。"武元衡《奉酬淮南中书相公见寄》序："后九月，赵公加大司马之秩，右弼如故，龙旂虎符，出制淮海。"❽制服。王维《过香积寺》："薄暮空潭曲，安禅制毒龙。"韩愈《驽骥》："力小若易制，价微良易酬。"白居易《放鹰》："取其向背性，制在饥饱时。"陆龟蒙《短歌行》："爪牙在身上，陷阱犹可制。"❾制止，禁止。杜甫《前出塞九首》之六："苟能制侵陵，岂在多杀伤！"于鹄《出塞》之二："分阵瞻山势，潜兵制马鸣。"李廓《落第》："榜前潜制泪，众里自嫌身。"韦庄《南阳小将张彦硖口镇税人场射虎歌》："张彦雄特制残暴，见之叱起如叱羊。"

【制作】 著述，创作。李白《酬崔五郎中》："制作参造化，托讽含神祇。"杜甫《八哀诗·故右仆射相公张公九龄》："向时礼数隔，制作难上请。"

【制幸】 帝王临幸。萧至忠《陪幸五王宅》："畴昔王门下，今兹制幸晨。"

【制使】 皇帝派遣之使。白居易《送高侍御使回因寄杨八》："明月峡边逢制使，黄茅岸上是忠州。"

【制科場】 科举场。白居易《因梦得酬牛相公初到洛中小饮见赠》："政事堂中老丞相，制科场里旧将军。"

【制度】 ❶法规。白居易《开成大行皇帝挽歌词四首奉敕撰进》之一："制度移民俗，文章变国风。"❷调节。卢照邻《中和乐九章·歌明堂第二》："调均风雨，制度阴阳。”❸形制，规模。杜甫《岳麓山道林二寺行》：“桃源人家易制度，橘洲田土仍膏腴。”姚合《题凤翔西郭新亭》：“西郭尘埃外，新亭制度奇。”方干《僧院小泉井》：“亦恐浅深同禹穴，兼云制度象污尊。”

【制書】　诏书。沈佺期《上之回》：“制书下关右，天子问回中。”

【制敕】　诏令。令狐楚有《南宫夜直宿见李给事封题其所下制敕知奏直在东省因以诗寄》。

【制牽】　驾驭。卢征《天骥呈材》：“异产应尧年，龙媒顺制牵。”

【制勝】　制服取胜。卢从愿《奉和圣制送张说巡边》：“安边俟帷幄，制胜在岩廊。”钱起《送屈突司马充安西书记》：“制胜三军劲，澄清万里余。”卢仝《送王储詹事西游献兵书》：“箧中制胜术，气雄屈指算。”皮日休《三羞诗》：“吾有制胜术，不奈贱碌碌。”

【制詞】　敕文。王建《贺杨巨源博士拜虞部员外》：“诸生拜别收书卷，旧客看来读制词。”白居易《新乐府·紫毫笔》：“慎勿空将弹失仪，慎勿空将录制词。”

【制詔】　诏书，圣旨。杜甫《有感五首》之四：“受钺亲贤往，卑宫制诏遥。”

【制置使】　官名。唐大中五年(851)设。职责为处理边防军务及弹压地方秩序。李洞有《赠永崇李将军充襄阳制置使》。

【制獄】　断狱，断案。元稹《琵琶歌》：“今春制狱正撩乱，昼夜推囚心似灰。”

【制誥】　诏令。刘禹锡《酬乐天醉后狂吟十韵》：“制诰留台阁，歌词入管弦。”白居易《自到郡斋仅经旬日仍呈吴中诸客》：“制诰夸黄绢，诗篇占白蘋。”皮日休《鲁望昨以五百言见贻亦迭和之微旨也》：“或作制诰薮，或为宫体渊。”

【制質】　扣押。陆龟蒙《战秋辞》：“制质守帅，披攘城池。”

【制敵】　克敌。马戴《赠淮南将》：“密机曾制敌，忧国更论兵。”

【制舉】　唐代科举制度之一。制举是常举之外的一种考试。制，即诏书。每次考试由皇帝下诏决定科目，并亲自主考。一般士人和现任官吏都可应试。岑参《冀州客舍酒酣贻王绮寄题南楼》题注：“时王子欲应制举西上。”

【制蹕】　临幸。苏味道《奉和受图温洛应制》：“天旋俄制跸，孝享属严禋。”

【制巖】　地名。故址在今河南荥阳市汜水镇。《左传·隐公元年》：“制，岩邑也。”因称“制岩。”储光羲《晚次东亭献郑州宋使君文》：“霏霏渠门色，晻晻制岩光。”又《荥阳马氏二子》：“制岩开别业，桑柘亦依然。”

刮　〔guā《广韵》古頒切，入鎋，見。〕❶用利刃紧贴物体表面，移动以去除异物或使其光洁之动作。杜甫《谒文公上方》：“金篦刮眼膜，价重百车渠。”白居易《眼病二首》之二：“人间方药应无益，争得金篦试刮看。”齐己《谢人惠竹蝇拂》：“妙刮筠篁制，纤柔玉柄同。”❷去除。杜甫《荆南兵马使太常卿赵公大食刀歌》：“太常楼船声嗷嘈，问兵刮寇趋下牢。”韩愈《山南郑相公樊员外酬答为诗愈依赋十四韵以献》：“樊子坐宾署，演孔刮老佛。”❸搜索；搜刮。杜甫《画鹘行》：“乃知画师妙，功刮造化窟。”贾岛《玩月》：“却坐竹丛外，清思刮幽潜。”皮日休《三羞诗三首》之二：“刮则齐民痈，分为猛士禄。”❹扫拂。岑参《冬夕》：“浩汗霜风刮天地，温泉火井无生意。”温庭筠《蒋侯神歌》：“商风刮水报西帝，庙前古树蟠白蛇。”和凝《宫词百首》之一二：“颟顸冰面莹池心，风刮瑶阶腊雪深。”

【刮目】　刮去目翳。比喻另眼相看。李商隐《和孙朴韦蟾孔雀咏》：“约眉怜翠羽，刮目想金篦。”

【刮地】　拂掠大地。韦庄《赠峨眉山弹琴李处士》：“余今正泣杨朱泪，八月边城风刮地。”

【刮削】　(—xiāo)❶用利刃刮磨使物体表面光滑。白居易《文柏床》：“刮削露节目，拂拭生辉光。”❷删改润色。元稹《献荥阳公诗五十韵》启：“诸儒有不安者，随为刮削，变嫫为妍。”

【刮骨】　❶刮除入骨箭毒。相传关羽曾为毒箭所伤，命医割肉刮骨，而羽饮酒谈笑自若。事见《三国志·蜀志·关羽传》。王维《燕支行》：“报仇只是闻尝胆，饮酒不曾妨刮骨。”元稹《饮致用神曲酒三十韵》：“刮骨都无痛，如泥未拟停。”❷比喻寒冷之极。杜牧《池州送孟迟先辈》：“古训屹如山，古风冷刮骨。”❸曲调名。见“刮骨鹽”。白居易《戏和贾常州醉中二绝句》之一：“罨头新令从偷去，《刮骨》清吟得似无？”

【刮骨鹽】　歌曲名。权德舆《杂兴五首》之三：“含羞敛态劝君住，更奏新声《刮骨盐》。”

【刮眼】　犹刮目。比喻看得真切。杜甫《秋日夔府咏怀奉寄郑监李宾客一百韵》：“金篦空刮眼，镜象未离铨。”韩愈《过襄城》：“郾城辞罢过襄城，颍水嵩山刮眼明。”蒋吉《樵翁》：“路傍花发无心看，惟见枯枝刮眼明。”

【刮膜】　❶去除目翳。皮日休《鲁望读襄阳耆旧传见赠五百言因而寄答亦诗人无言不酬之义也次韵》：“日似新刮膜，天如重熨绡。”❷去除膏肓之疾。韩偓《访明公大德》：“刮膜且扬三毒论，摄心徐指二宗禅。”

刹 〔chà《广韵》初鎋切，入鎋，初。〕❶梵语刹多罗的音译省称，意为土地或国土、世界。杜牧《题孙逸人山居》："长悬青紫与芳枝，尘刹无应免别离。"❷佛寺。李峤《奉和幸三会寺应制》："龙形虽近刹，鸟迹尚留书。"韦应物《过扶风精舍旧居简朝宗巨川兄弟》："佛刹出高树，晨光闾井中。"羊士谔《题郡南山光福寺门有去思碑即郄拾遗之词也》："岩廊初建刹，宾从亟鸣笳。"喻凫《夏日龙翔寺居即事寄崔侍御》："古刹一幡斜，吹门水过沙。"❸佛塔。耿湋《题童子寺》："耸刹临回磴，朱楼间碧丛。"元稹《湘南登临湘楼》："霞刹分危榜，烟波透远光。"许棠《题金山寺》："刹碍长空鸟，船通外国人。"李洞《冬日题觉公牛头兰若》："鹤归唯认刹，僧步不离云。"❹幡竿。顾况《经废寺》："断幡犹挂刹，故板尚支桥。"成鄩《登圣善寺阁望龙门》："刹连多宝塔，树满给孤园。"

【刹利】 梵语音译"刹帝利"之省称。古代印度第二种姓，掌国家政治军事之权，为世俗首领。刘言史《送婆罗门归本国》："刹利王孙字迦摄，竹锥横写叱萝叶。"贯休《遇五天僧入五台五首》之四："辟支迦状貌，刹利帝家儿。"

【刹那】 古印度最小计时单位，指妇女纺一寻线所用时间。又译为"须臾""一念"。佛教用作极短时间。后进入常用词汇。广宣《圣恩顾问独游月磴阁直书其事应制》："自解刹那知佛性，不劳更喻几尘沙。"白居易《和梦游春诗一百韵》："愁恨僧祇长，欢荣刹那促。"李涉《再至长安》："今日九衢骑马望，却疑浑是刹那身。"段成式、升上人《吴画联句》："苟能水成河，刹那沉火宅。"

【刹柱】 塔顶的相轮。刘宪《闰九月九日幸总持寺登浮图应制》："城端刹柱见，云表露盘新。"

【刹鳳】 饰有凤形的幡竿。慧净《和卢赞府游纪国道场》："株盘仰承露，刹凤俯摩霄。"赵彦昭《奉和幸大荐福寺》："刹凤迎雕辇，幡虹驻彩旗。"

剁 〔duò《广韵》都唾切，去過，端。〕砍成细末。杜甫《阌乡姜七少府设脍戏赠长歌》："无声细下飞碎雪，有骨已剁觜春葱。"

刻 〔kè《广韵》苦得切，入德，溪。〕❶雕镂。王维《春日上方即事》："鸠形将刻杖，龟壳用支床。"王建《宫词一百首》之九四："画作天河刻作牛，玉梭金镊采桥头。"陈羽《经夫差庙》："姑苏城畔千年木，刻作夫差庙里神。"李商隐《景阳宫井双桐》："未待刻作人，愁多有魂魄。"❷镌刻文字。玄宗《赐道士邓紫阳》："下传金版术，上刻玉清书。"杜甫《李潮八分小篆歌》："峄山之碑野火焚，枣木传刻肥失真。"韩愈《石鼓歌》："从臣才艺咸第一，拣选撰刻留山阿。"李商隐《自南山北归经分水岭》："犹余遗意在，许刻镇南勋。"❸刻剥。元稹《寄乐天二首》之二："羸骨欲销犹被刻，疮痕未没又遭弹。"❹刻厉。韩愈《送无本师归范阳》："念当委我去，雪霜刻以憯。"❺时间单位。古昼夜分为百刻，以漏壶刻度为计。杨巨源《同太常尉迟博士阙下待漏》："方瞻御陌三条广，犹觉仙门一刻迟。"李德裕《怀山居邀松阳子同作》："昼夜百刻中，愁肠几回绝。"姚合《和东都令狐留守相公》："拜表出时传七刻，排班衙日有三公。"杜牧《醉赠薛道封》："饮酒论文四百刻，水分云隔二三年。"❻指短暂之时。韩翃《送刘长上归城南别业》："数刻是归程，花间落照明。"白居易《早夏游宴》："荣落逐瞬迁，炎凉随刻变。"皮日休《太湖诗·孤园寺》："数刻得清净，终身欲依止。"方干《送王侍郎浙东入朝》："密奏无非经济术，从容几刻在炉烟。"❼修饰。贯休《夜寒寄卢给事二首》之一："刻羽流商否，霜风动地吹。"

【刻木】 ❶雕镂木头。玄宗《傀儡吟》："刻木牵丝作老翁，鸡皮鹤发与真同。"❷狱吏代称。相传上古画地为牢，刻木为吏，以象征刑威。柳宗元《弘农公以硕德伟材屈于诬枉谨献诗五十韵以毕微志》："刻木终难对，焚芝未改芳。"

【刻心】 铭刻于心。无可《赠王将军》："刻心思报国，吁气欲开边。"

【刻石】 ❶雕石为器物。杜甫《石犀行》："君不见秦时蜀太守，刻石立作三犀牛。"白居易《蜀路石妇》："后人高其节，刻石像妇形。"❷在石上铭刻文字。韦应物《石鼓歌》："周宣大猎兮岐之阳，刻石表功兮炜煌煌。"也指石刻文字。黄滔《经安州感故郑郎中二首》之二："江旬行人吟刻石，月肠是处象登楼。"

【刻舟】 在船舷上刻上标记。典出《吕氏春秋·察今》。季广琛《句》："刻舟寻已化，弹铗未酬恩。"

【刻字】 指碑刻。上官昭容《驾幸三会寺应制》："释子谈经处，轩臣刻字留。"

【刻屈】 犹"诘屈"。弯曲貌。韩愈《山南郑相公樊员外酬答》："梁维西南屏，山厉水刻屈。"

【刻削】 ❶刻镂。孟郊《秋怀》之十："还如刻削形，免有纤悉聪。"又《喷玉布》："仙凝刻削迹，灵绽云霞纤。"又《品松》："刻削大雅文，所以不敢慵。"❷剔透。陆龟蒙《奉和袭美太湖诗二十首·太湖石》："刻削九琳窗，玲珑五明扇。"

【刻峭】 峻拔。解彦融《雁塔》："峥嵘彻倒景，刻峭俯天地。"

【刻骨】 ❶形容程度之深。李群玉《劝人庐山读书》："怜君少隽利如锋，气爽神清刻骨聪。"罗隐《投浙东王大夫二十韵》："感深惟刻骨，时去欲沾裳。"❷形容求思之深。刘得仁《陈情上知己》："刻骨搜新句，无人悯白衣。"曹松《林下书怀寄建州李频员外》："水石南州好，谁陪刻骨吟。”

【刻剥】 残酷剥削。杜甫《遣遇》：“闻见事略同，刻剥及锥刀。”

【刻畫】 ❶雕凿，镌刻。杜甫《剑门》：“两崖崇墉倚，刻画城郭状。”又《白盐山》：“词人取佳句，刻画竟谁传？”也指碑文。李商隐《韩碑》：“愈拜稽首蹈且舞，金石刻画臣能为。”❷指盛饰。语出《晋书·周顗传》：“庾亮尝谓顗曰：‘诸人咸以君方乐广。’顗曰：‘何乃刻画无盐，唐突西施也。’”无盐，齐国丑女；西施，越国美人。储光羲《同王十三维偶然作十首》之六：“刻画尚风流，幸会君招携。”李商隐《今月二日不自量度辄以诗一首四十韵干渎尊严辄复五言四十韵诗献上亦诗人咏叹不足之义也》：“终须烦刻画，聊拟更磨砻。”徐铉《奉和宫傅相公怀旧见寄四十韵》：“每愧陋容劳刻画，长惭顽石费雕镌。”也指丑女。李端《题故将军庄》：“唯有老身如刻画，犹期圣主解衣看。”

【刻葉】 喻雕琢辞藻以吟花弄草。司空图《力疾山下吴村看杏花十九首》之五：“才情百巧斗风光，却笑雕花刻叶忙。”

【刻意】 专心，着力。张说《岳州作》：“唯有报恩字，刻意长不灭。”王昌龄《观江淮名胜图》：“刻意吟云山，尤知隐沦妙。”李商隐《杜司勋》：“刻意伤春复伤别，人间唯有杜司勋。”

【刻像】 雕像。崔液《上元夜六首》之二：“神灯佛火百轮张，刻像图形七宝装。”熊孺登《送准上人归石经院》：“旃檀刻像今犹少，白石镌经古未曾。”

【刻像求】 为帝王求贤典故，见晋皇甫谧《帝王世纪》。杜牧《洛中送冀处士东游》：“好入天子梦，刻像来尔求。”

【刻銘天山】 为立功边塞的典故，见《后汉书·窦宪传》。杜甫《八哀诗·赠司空王公思礼》：“洗剑青海水，刻铭天山石。”

【刻漏】 古计时器。以铜为壶，底有孔以滴漏水，壶中设一箭形浮标，上有刻度。随水面降低而可测知时辰。韩翃《扈从郊庙因呈两省诸公》：“昼趋行殿旌门北，夜宿斋房刻漏东。”也指漏滴声。阎朝隐《明月歌》：“箭水泠泠刻漏长，挥玉指，拂罗裳，为君一奏楚明光。”陈羽《长安卧病秋夜言怀》：“风清刻漏传三殿，甲第歌钟乐五侯。”喻凫《冬夜宿余正字静恭里闲居》：“微灯悬刻漏，旧梦返湘沅。”

【刻數】 漏壶箭标所示之时刻。刘禹锡《和牛相公雨后寓怀见示》：“晓看纨扇恩情薄，夜觉纱灯刻数长。”

【刻篆】 镌刻篆文。韦应物《信州录事参军常曾古鼎歌》：“雕螭刻篆相错盘，地中岁久青苔寒。”也指刻字。刘长卿《朱放自杭州与故里相使君立碑回因以奉简吏部杨侍郎制文》：“鹏集占书久，鸾回刻篆新。”

【刻燭】 《南史·王僧孺传》：“竟陵王子良尝夜集学士，刻烛为诗，四韵者则刻一寸，以此为率。”后以刻烛为赋诗典故。孟浩然《寒夜张明府宅宴》：“列筵邀酒伴，刻烛限诗成。”颜真卿、潘述《水堂送诸文士戏赠潘丞联句》：“诗教刻烛赋，酒任连盘酌。”白居易、王起《会昌春连宴即事》：“掷卢夸使气，刻烛斗成篇。”李商隐《病中闻河东公乐营置酒口占寄上》：“刻烛当时忝，传杯此夕赊。”

【刻鵠】 语出“刻鹄类鹜”。后指仿效。陆龟蒙《袭美先辈以龟蒙所献五百言既蒙见和复示荣唱用伸酬谢》：“刻鹄尚未已，雕龙奋而为。”

【刻蠟】 刻烛。古人刻度于烛，烧而估摸时辰。韩偓《妒媒》：“已嫌刻蜡春宵短，最恨鸣珂晓鼓催。”

【刻轢】 欺凌。韩愈《南山诗》：“秋霜喜刻铄，磔卓立癯瘦。”

刷 〔shuā《广韵》數刮切，入鎋，生。又所劣切，入薛，生。〕❶清洗。李白《求崔山人百丈崖瀑布图》：“石黛刷幽草，曾青泽古苔。”孟郊《石淙》之十：“劲飙刷幽视，怒水慑余懦。”又《寒溪》之五：“瑞晴刷日月，高碧开星辰。”陆龟蒙《奉酬袭美先辈吴中苦雨一百韵》：“伊余将贡技，未有耻可刷。”❷擦拭。李白《天马歌》：“鸡鸣刷燕晡秣越，神行电迈蹑恍惚。”杜甫《骢马行》：“昼洗须腾泾渭深，朝趋可刷幽并夜。”杜荀鹤《伤病马》：“顾主强抬和泪眼，就人轻刷带疮皮。”❸梳理。包佶《酬顾况见寄》：“寒江鸂鶒思俦侣，岁岁临流刷羽毛。”刘禹锡《岁杪将发楚州呈乐天》：“与君同旅雁，北向刷毛衣。”白居易《新春江次》：“粉片妆梅朵，金丝刷柳条。”刘象《早春池亭独游三首》之二：“莺刷初迁羽，莎拳拟拆苗。”❹涂抹。郑澣《赠毛仙翁》：“方口渥丹，浓眉刷青。”皮日休《吴中苦雨因书一百韵寄鲁望》：“千寻勃然蹙，一刷半天墨。”❺刷子。皮日休《虎丘寺殿前有古杉一本形状丑怪遂赋三百言以见志》：“槎头秃似刷，桁觜利于锥。”

【刷毛】 犹刷羽。李白《赠黄山胡公求白鹇》：“照影玉潭里，刷毛琪树间。”温庭筠《题友人池亭》：“鸂鶒刷毛花荡漾，鹭鸶拳足雪离披。”

【刷羽】 ❶鸟类以喙梳理羽毛。韩愈《海水》：“我将辞邓林，刷羽蒙笼枝。”顾非熊《崔卿双白鹭》：“刷羽竞生堪画势，依泉各有取鱼心。”❷振翅。钱起《长安落第作》：“刷羽思乔木，登龙恨失波。”吕温《喜俭北至送宗礼南行》：“衡阳刷羽待，成取一行回。”刘禹锡《吐绶鸟词》：“三山仙路寄遥情，刷羽扬翘欲上征。”

【刷尾】 梳理尾羽。陈子昂《鸳鸯篇》：“刷尾青江浦，交颈紫山岑。”

【刷帚】 用以洗碗涮锅的竹帚。卢仝《萧宅二三子赠答诗二十首·客请马兰》:“不须刷帚跳踪走,只拟兰浪出其门。”

【刷風】 被风吹拂振动。李贺《神弦曲》:“桂叶刷风桂坠子,青狸哭血寒狐死。”

【刷視】 拭目而视。孟郊《吊元鲁山》之八:“二三贞苦士,刷视耸危望。”

【刷翮】 振翅。权德舆《奉酬从兄南仲见示十九韵》:“时来无自疑,刷翮摩苍穹。”齐己《善哉行》:“大鹏刷翮谢溟渤,青云万层高突出。”

【刷鬢】 梳掠双鬓,抹上膏油。李嘉祐《入睦州分水路忆刘长卿》:“吴洲不可到,刷鬓为思君。”

七　画

剌 〔là《广韵》盧達切,入曷,來。〕见“剌剌”“撥剌”。

【剌剌】 象声词。风声。李商隐《送千牛李将军赴阙五十韵》:“去程风剌剌,别夜漏丁丁。”

尅 〔kè《广韵》苦得切,入德,溪。〕❶战胜;制伏。❷约束;限制。见“尅己”。❸严格限期。见“尅期”。❹克成;必遂。王昌龄《缑氏尉沈兴宗置酒南溪留赠》:“缑峰信所克,济北余乃遂。”❺截断。曹唐《和周侍御买剑》:“见说夜深星斗畔,等闲期克月支头。”

【尅己】 克制、约束自己。韩愈《岳阳楼别窦司直》:“生还真可喜,克己自惩创。”卢仝《人日立春》:“从今克己应犹及,颜与梅花俱自新。”

【尅復】 谓收复失地。李白《流夜郎半道承恩放还兼欣尅复之美书怀示息秀才》:“遥欣克复美,光武安可同!”

【尅期】 限期;按照限定日期。白居易《题裴晋公女几山刻石诗后》序:“裴侍中晋公出讨淮西时,过女几山下,刻石题诗。末句云:‘待平贼垒报天子,莫指仙山示武夫’。果如所言,克期平贼。”

剋 同“刺”。皎然《顾渚行寄裴方舟》:“吴婉携笼上翠微,蒙蒙香剋罥春衣。”齐己《蔷薇》:“根本似玫瑰,繁英剋外开。”

【剋蜜】 即“刺蜜”。《元和郡县志》卷四十云:西州前庭县故高昌国境(在今新疆吐鲁番盆地)“泽间有草,名为羊刺,其上生蜜,食之与蜂蜜不异,名曰刺蜜”。岑参《与独孤渐道别长句兼呈严八侍御》:“桂林蒲萄新吐蔓,武城剋蜜未可餐。”

削 〔xiāo,亦读 xuē。《广韵》息約切,入藥,心。〕❶谓用刀刮削简牍以书写。削,本为削刮竹简之小刀。书简有误,以刀刮去重写亦谓之削。李端《问张山人疾》:“不见领徒过绛帐,唯闻与婢削丹书。”齐己《寄曹松》:“旧制新题削复刊,工夫过甚琢琅玕。”参见“削簡”。❷用刀平切或斜切。杜甫《桃竹杖引赠章留后》:“斩根削皮如紫玉,江妃水仙惜不得。”白居易《和答诗十首·和大觜乌》:“主人憎慈乌,命子削弹弓。”姚合《过杨处士幽居》:“酒熟听琴酌,诗成削树题。”亦喻指尖利如切屑。卢仝《苦雪寄退之》:“冷絮刀生削峭骨,冷齑斧破慰老牙。”❸切割。崔颢《行经华阴》:“岧荛太华俯咸京,天外三峰削不成。”张乔《华山》:“谁将倚天剑,削出倚天峰?”徐夤《鸡》:“峨冠装瑞璧,利爪削黄金。”亦指状如切割。多形容山势陡峭。杜甫《青阳峡》:“林回硖角来,天窄壁面削。”刘长卿《奉和李大夫同吕评事太行苦热行仍呈王员外》:“千骑俨欲前,群峰望如削。”韩偓《仙山》:“水清无底山如削,始有山人骑鹤来。”亦形容平如刀削。韩愈《汴泗交流赠张仆射》:“汴泗交流郡城角,筑场十步平如削。”❹截断。白居易《江州赴忠州至江陵示舍弟五十韵》:“脍长抽锦缕,藕脆削琼英。”韩愈、孟郊《城南联句》:“凌花咀粉蕊,削缕穿珠樱。”❺形容瘦损如肌肤被削。元稹《三月二十四日宿曾峰馆寄乐天》:“是夕远思君,思君瘦如削。”冯延巳《思越人》词:“酒醒情怀恶,金缕褪,玉肌如削。”❻削除;削弱。温庭筠《题李卫公诗二首》之二:“肉视具僚忘匕箸,气吞同列削寒温。”许浑《正元》:“千官共削奸臣迹,万国初衔圣主恩。”吴筠《览古十四首》之九:“削彼诸侯权,永用得所宜。”❼删削;删减。王维《别綦毋潜》:“适意偶轻人,虚心削繁礼。”白居易《自到郡斋仅经旬日偷闲走笔题二十四韵兼寄常州贾舍人湖州崔郎中》:“削使科条简,摊令赋役均。”❽侵蚀,损削。贯休《洛阳尘》:“伊水削行路,冢石花磷磷。”苏拯《伤彩饰》:“尔形才似削,尔貌不如昨。”

【削玉】 切屑之玉。多用以比喻风姿美好,肌肤莹白。顾况《李供奉弹箜篌歌》:“指剥葱,腕削玉,饶盐饶酱五味足。”韩偓《和王舍人抚州饮席赠韦司空》:“削玉风姿官水土,黑头公自古来难。”贯休《少年行》之三:“面白如削玉,猖狂曲江曲。”亦用以比喻鹤竹等之风姿秀挺。卢纶《和马郎中画鹤赞》:“削玉点漆,乘轩姓丁。”秦韬玉《题竹》:“削玉森森幽思清,院家高兴尚分明。”

【削平】 ❶削之使平;铲平。李绅《新楼诗二十首·禹庙》:“削平水土穷沧海,畚锸东南尽会稽。”❷平定,肃清。张说《唐享太庙乐章·崇德舞》:“削平天地,大拯生人。”独孤及《代书寄上裴六冀刘二颍》:

“大盗近削平，三川近底宁。”杜牧《过鹂山作》：“削平天下实辛勤，却为道傍穷百姓。”胡曾《咏史诗·博浪沙》：“嬴政鲸吞六合秋，削平天下虏诸侯。”

【削瓜】　剖切之瓜。常用以比喻山崖陡峭如削。李白《题舒州司空山瀑布》：“断崖如削瓜，岚光破崖绿。”

【削地】　削除封地。皎然《送陈秀才赴举》：“诸侯惧削地，选士皆不羁。”

【削成】　谓状如斩削而成。多形容陡直之崖壁。语出《山海经·西山经》：“太华之山，削成而四方，其高五千仞。”崔融《嵩山石淙侍宴应制》：“洞口仙岩类削成，泉香石冷昼含清。”赵居贞《云门山投龙诗》：“前对竖裂峰，下临削成壁。”吴融《谷口寓居偶题》：“峭壁削成开画障，急溪飞下咽繁弦。”亦借指高峻之山。王维《华岳》：“右足踏方止，左手推削成。”亦以喻指削平祸乱。杜甫《承闻河北诸道节度入朝欢喜口号绝句十二首》之八：“澶漫山东一百州，削成如桉抱青丘。”

【削秀】　犹挺拔俊秀。李贺《南园》：“南山削秀蓝玉合，小雨归去飞凉云。”

【削骨】　犹言瘦骨。谓骨瘦如削。张为《谢别毛仙翁》：“羸形感神药，削骨生丰肌。”

【削弱】　减弱；衰颓。高适《同观陈十六史兴碑》：“东周既削弱，两汉更沦没。”杜甫《过郭代公故宅》：“群公有惭色，王室无削弱。”

【削菘】　犹削葱，喻指女子之手指。菘，白菜。李贺《恼公》：“短珮愁填粟，长弦怨削菘。”

【削寒玉】　形容马蹄坚可削玉。杜甫《李鄠县丈人胡马行》：“头上锐耳批秋竹，脚下高蹄削寒玉。”

【削葱】　喻指女子之手指。语出《玉台新咏·古诗为焦仲卿妻作》：“指如削葱根，口如含朱丹。”元稹《春六十韵》：“启齿呈编贝，弹丝动削葱。”赵鸾鸾《纤指》：“纤纤软玉削春葱，长在香罗翠袖中。”

【削蹟】　消除踪迹。指遁迹隐居。杜甫《赠高式颜》：“故人远寂寞，削迹共艰虞。”

【削髮】　剃去头发，指出家为僧尼。崔颢《赠怀一上人》：“削发十二年，诵经峨眉里。”岑参《青龙招提归一上人远游吴楚别诗》：“弃官向二年，削发归一乘。”李端《送少微上人入蜀》：“削发本求道，何方不是归?”杨巨源《观妓人入道二首》之二：“春来削发芙蓉寺，蝉鬓临风坠绿云。”

【削藁】　即“削稿”。谓大臣起草奏章及时销毁底稿。多用以誉人慎密而受宠信。武元衡《窦三中丞去岁有台中五言四韵未及酬报因追囊篇持以赠之》：“削稿书难见，除苛事早吟。”

【削簡】　谓在简牍上书写。简乃削竹片而成，书写有误则刮削后重写，故称。李峤《书》：“削简龙文见，临池鸟迹舒。”

則　〔zé《广韵》子德切，入德，精。〕❶规则，规律。郑愔《百舌》：“百舌鸣高树，弄音无常则。”许瑶《题怀素上人草书》：“志在新奇无定则，古瘦漓缅半无墨。”❷法度；规章。张说《奉和圣制赐诸州刺史应制以题座右》：“先言教为本，此言则是钦。”李华《杂诗六首》之二：“圣人端其源，上下皆有则。”元结《乱风诗五篇·至乱》：“复复之难，令则可忘?”张南容《静女歌》：“静女乐于静，动合古人则。”❸准则；法式。李白《纪南陵题五松山》：“旷哉至人心，万古可为则。”白居易《赠友五首》之四：“京师四方则，王化之本根。”张衮《梁郊祀乐章·庆休》：“伟哉帝道隆，终始常作则。”吴筠《高士咏·玄晏先生》：“薄葬信昭俭，可为将来则。”❹效法，用为准则。则天皇后《唐明堂乐章·外办将出》：“宏规则天地，神用叶陶钧。”李涉《怀古》：“至今百王则，孰不挹其源?”李频《府试丹浦非乐战》：“吾皇则尧典，薄伐至桑乾。”乐伸《闰月定四时》：“羲氏兼和氏，行之又则之。❺副词。(1)即(是)，就(是)。玄宗《为赵法师别造精院过院赋诗》序：“历西上阳，入清虚院，则法师所居之地也。”韦表微《池州夫子庙麟台》：“世治则麟，世乱则麕。”(2)乃，才。杜甫《自京赴奉先县咏怀五百字》：“盖棺事则已，此志常觊豁。”又《遭田父泥饮美严中丞》：“差科死则已，誓不举家走。”(3)立即。岑参《寄青城龙溪奂道人》：“诵戒龙每听，赋诗人则称。”(4)方，正。崔邠《礼部权侍郎阁老有离合酬赠之什宿直吟玩聊继此章》：“谏垣则随步，东观方承顾。”❻连词。(1)表顺接。就，便。李白《赠从孙义兴宰铭》：“欢笑相拜贺，则知惠爱深。”刘禹锡《李贾二大谏拜命后寄杨八寿州》：“则知天子明如日，肯放淮南高卧人。”白居易《高仆射》：“玄元应有训，知止则不殆。”邵谒《自叹》：“每念古人言，有得则有失。”或表反接，犹然。元结《寄源休》：“纵有一直方，则上似奸智。”丘光庭《补新宫》序：“纵其辞寻逸，则厥义犹存。”(2)表转折，却。王勃《倬彼我系》之四：“其位虽屈，其言则传。”李白《避地司空原言怀》：“我则异于是，潜光皖水滨。”权德舆《与道者同守庚申》：“无令耳目胜，则使性命倾。”白居易《寄唐生》：“歌哭虽异名，所感则同归。”(3)表让步，虽然。杜甫《别蔡十四著作》：“天地则创痍，朝廷多正臣。”又《槐叶冷淘》：“献芹则小小，荐藻明区区。”李端《长安书事寄薛戴》：“主人恩则厚，客子才自薄。”白居易《春日闲居三首》之二：“鱼鸟人则殊，同归于遂性。”

【則天皇后】　(624—705)即武则天。并州文水(今山西文水东)人。荆州都督武士彠之女。唐太宗时入宫为才人。后为尼。高宗召为昭仪。永徽六年(655)立为皇后。常预国政。弘道元年(683)中宗即位后，称皇太后，临朝称制。寻废中宗，立睿宗。载初元年(689)，自称帝，改国号为周，自名曰曌。神龙元年(705)张柬之等拥立中宗，复唐国号，武亦病卒。在位十六年，执政二十二年。谥则天顺圣皇后。有《垂拱集》百卷，《金轮集》六卷。今存诗数十首，收于《全唐诗》卷五。

剉〔cuò《广韵》麤卧切，去過，清。〕❶铡，切。李贺《马诗二十三首》之十七："白铁剉青禾，碪间落细莎。"曹唐《小游仙诗九十八首》之七八："供承童子闲无事，教剉琼花喂白驴。"❷锉；磋磨。贯休《观怀素草书歌》："月兔笔，天灶墨，斜凿黄金侧剉玉。"❸挫伤；损伤。方干《春日》："重雾已应吞海色，轻霜犹自剉花枝。"

【剉骨】　犹言粉身碎骨。王昌龄《行路难》："但愿莫忘前者言，剉骨黄尘亦无愧。"马异《答卢仝结交诗》："钢刀剉骨不辞去，卑躬君子今明明。"

【剉秣】　切草料供喂马。柳宗元《掩役夫张进骸》："生平勤皂枥，剉秣不告疲。"

【剉檗】　亦作"剉蘖"。切铡或锉研檗木。檗，树名。即子檗，或小檗。俗名山石榴。皮黄，民间常锉其枝以染黄。根皮可入药。以其味苦，故每以"剉檗"喻苦痛。元稹《代杭人作使君一朝去二首》之二："使君一朝去，断肠如剉檗。"程洛宾《归李江州后寄别王氏》："鱼雁回时写报音，难凭剉蘖数年心。"徐铉《和萧郎中午日见寄》："多罪静思如剉蘖，赦书才听似含饴。"亦指锉蘖木出汁以染黄。韩翃《赠张道者》："薜荷成旧屋，剉蘖染新衣。"参阅李时珍《本草纲目》卷三五。

【剉蘖】　见"剉檗"。

前〔qián《广韵》昨先切，平先，從。〕❶前行；向前。李颀《崔五六图屏风各赋一物得乌孙佩刀》："执之魍魉谁能前？气凛清风沙漠边。"李端《瘦马行》："岂意今朝驱不前，蚊蚋满身泥上腹。"陆龟蒙《纪梦游甘露寺》："怯慑不敢前，荷襟汗沾霢。"❷前面，前方。杜易简《湘川新曲二首》之二："二八相招携，采菱渡前溪。"刘长卿《初到碧涧招明契上人》："猿护窗前树，泉浇谷后田。"戴叔伦《边城曲》："不似京华侠少年，清歌妙舞落花前。"温宪《郊居》："村前村后树，寓赏有余情。"❸先前，从前。唐太宗《执契静三边》："烟波澄旧碧，尘火息前红。"李峤《奉使筑朔方六州城率尔而作》："道隐前业衰，运开今化昌。"元稹《春晓》："狌儿撼起钟声动，二十年前晓寺情。"吴融《秋日经别墅》："北山移去前文在，无复教人叹晓猿。"

【前川】　前面之溪流。李白《望庐山瀑布水二首》之二："日照香炉生紫烟，遥看瀑布挂前川。"李端《早春雪夜寄卢纶兼呈秘书元丞》："闻君随谢朓，春夜宿前川。"

【前夕】　前晚；前夜。白居易《东归》："前夕宿三堂，今旦游申湖。"齐己《中秋十四日夜对月上南平主人》："今宵前夕皆堪玩，何必圆时始竭才？"

【前王】　先王。前代之帝王。太宗《元日》："继文遵后轨，循古鉴前王。"玄宗《平胡》："武功今已立，文德愧前王。"

【前日】　前天。崔颢《渭城少年行》："驿使前日发章台，传道长安春早来。"白居易《临都驿答梦得六言二首》之一："昨日老于前日，去年春似今年。"徐铉《九月十一日寄陈郎中》："前日龙山烟景好，风前落帽是何人？"

【前心】　前时之心；往昔之心。刘昚虚《海上诗送薛文学归海东》："前心方杳眇，后路劳夷犹。"张蠙《吊孟浩然》："若重生此世，应更苦前心。"无名氏《改魏扶诗》(卷八七二)："昔年辛苦地，今日负前心。"

【前功】　前时已完成之事功，或已建立之功业。可隆《观棋》："万般思后行，一失废前功。"

【前世】　前生，上世。旧时迷信谓人死可转世再生，故称此生之前为前世。齐己《寄怀江西僧达禅翁》："何妨继余习，前世是诗家。"

【前古】　往古，古代。张蠙《贻曹郎中》："所作高前古，封章自曲台。"王周《齿落词》："不须考前古，聊且为近喻。"亦指作古。死之婉词。贾岛《哭张籍》："即日是前古，谁人耕此坟？"

【前史】　前代的史书。贾岛《易水怀古》："荆卿重虚死，节烈书前史。"张乔《秘省伴直》："纵欲抄前史，贫难遂此心。"

【前生】　佛家谓人有前生、今生与后生(来生)。未转世之前称前生，或前世。李涉《题涧饮寺》："还似萧郎许玄度，再看庭石悟前生。"郑还古《吉州道中》："若有前生债，今朝不懊还。"方干《赠乾素上人》："料师多劫长如此，岂算前生与后生？"

【前代】　先代，前世。方干《示乡叟》："青山前代业，老树此身移。"吴融《过丹阳》："桂枝自折思前代，藻鉴难逢耻后生。"

【前老】　犹前生。李绅《宿越州天王寺》："清夜佛宫观色相，却归前老更前身。"

【前曲】　旧时之乐曲。白居易《江南喜逢萧九彻因话长安旧游戏赠五十韵》："师子寻前曲，声儿出内坊。"

【前因】　佛家语。犹前缘。谓世上诸事皆由前定之因缘。宋之问《游法华寺》："后果缠三足，前因感六牙。"贯休《赠李祐道人》："相逢先合手，浑似有前因。"

【前年】　去年之前一年。李颀《送刘十》："前年上书不得意，归卧东窗兀然醉。”元稹《酬哥舒大少府寄同年科第》：“前年科第偏年少，未解知羞最爱狂。”亦指昔年、往年。项斯《献令狐相公时相公郊坛行事回》：“昨夜星辰回剑履，前年风月满江湖。”

【前行】（一xíng）向前行进。张祜《投魏博李相国三十二韵》：“济河无反顾，当阵必前行。”

【前名】前贤所获取之名声。钱起《奉和宣城张太守南亭秋夕怀友》：“江山飞丽藻，谢朓让前名。”亦指居于前列之名声。俞简《行不由径》：“后来无枉路，先达擅前名。”

【前交】旧交，故友。李绅《过梅里七首·上家山》：“旧径行处迷，前交坐中失。”

【前志】夙志。原有的志向、意愿。许浑《寄契盈上人》：“婚嫁乖前志，功名异夙心。”陆龟蒙《奉和袭美太湖诗二十首·投龙潭》：“亦既奉真官，因之循前志。”

【前車】见“前車覆”。

【前車覆】喻指须引为鉴戒的教训。语出《荀子·成相》：“前车已覆，后未知更何觉时?”郑谷《渭阳楼闲望》：“后车宁见前车覆，今日难忘昨日忧。”亦省作“前车”。胡宿《淮南王》：“贪铸金钱盗写符，何曾七国戒前车?”

【前身】佛家语。前生之身(即转世前之身)。王维《偶然作六首》之六：“宿世谬词客，前身应画师。”白居易《赠张处士山人》：“世说三生如不谬，共疑巢许是前身。”李商隐《赠司勋杜十三员外》：“前身应是梁江总，名总还曾字总持。”

【前事】往事。戴叔伦《除夜宿石头驿》：“寥落悲前事，支离笑此身。”杜牧《和州绝句》：“历阳前事知何实，高位纷纷见陷人。”罗隐《广陵开元寺阁上作》：“满槛山川漾落晖，槛前前事去如飞。”

【前非】昨非。谓往昔之迷误。白居易《江州赴忠州至江陵示舍弟五十韵》：“但在前非悟，期无后患婴。”

【前定】宿命观点谓凡事皆由前因注定。赵嘏《广陵答崔琛》：“声名官职应前定，且把旌麾入醉乡。”温庭筠《病中书怀呈友人》：“赋分知前定，寒心畏厚诬。”李咸用《送潭孝廉赴举》：“也知贵贱皆前定，未见疏慵遂有成。”

【前者】❶前时。王昌龄《行路难》：“但愿莫忘前者言，剉骨黄尘亦无愧。”❷先前之人。无名氏《题取经诗》(卷七八六)：“去者人百归无十，后者安知前者难。”

【前茅】前军之茅旌。春秋楚行军时，前军以茅为旌识，遇有异常，则举旌以示警。后遂以代指前军。王丘《奉和圣制答张说扈从南出鼠雀谷之作》：“花缛前茅仗，霜严后戈军。”李商隐《寄太原卢司空三十韵》：“内草才传诏，前茅已勒铭。”孟匡明《饯王将军赴云中》：“日转前茅影，春生细柳风。”

【前星】喻指太子。《晋书·天文志上》：“前星为太子，后星为庶子。”卢照邻《中和乐九章·歌储宫第六》：“波澄少海，景丽前星。”张说《奉和御制与宋璟源乾曜同日上官赐诗应制》：“右揆谋华硕，前星傅重资。”李白《商山四皓》：“阴虹浊太阳，前星遂沦匿。”

【前秋】❶去年秋天。薛能《汉庙祈雨回阳春亭有怀》：“池中水是前秋雨，陌上风惊自古尘。”张乔《游边城感怀二首》之二：“夜来因得思乡梦，重读前秋转海书。”❷秋前。王昌龄《留别岑参兄弟》：“长安故人宅，秣马经前秋。”李商隐《荷花》：“预想前秋别，离居梦棹歌。”叶葱奇注：“前秋，犹言秋前。”

【前後】❶指空间位置在其前与后。陆龟蒙《重忆白菊》：“我怜贞白重寒芳，前后丛生夹小堂。”❷指时间上在其前与后。犹先后。白居易《题文集柜》：“前后七十卷，小大三千篇。”方干《送僧归日本》：“四极虽云共二仪，晦明前后即难知。”罗邺《春望梁石头城》：“江山不改兴亡地，冠盖自为前后尘。”

【前爲壽】谓进前捧酒祝寿。王维《晦日游大理韦卿城南别业四声依次用各六韵》之二：“上卿始登席，故老前为寿。”

【前計】先前之计虑；原来的选择、安排。韩愈《崔十六少府摄伊阳以诗及书见投因酬三十韵》：“前计顿乖张，居然见真赝。”赵嘏《寒食新丰别友人》：“满楼春色傍人醉，半夜雨声前计非。”郑谷《通川客舍》：“奔走失前计，淹留非本心。”又《辇下冬暮咏怀》：“失路渐惊前计错，逢僧更念此生劳。”

【前度】犹言前时，前段时间。曹唐《刘阮再到仙台不复见仙子》：“草树总非前度色，烟霞不似昔年春。”曹松《拜访陆处士》：“吟鬓渐无前度漆，寝衣犹有昨宵云。”

【前度劉郎】南朝宋刘义庆《幽明录》载：剡县刘晨、阮肇于汉明帝永平间偶入天台山，迷径遇女仙，款留半年，归至家，子孙已七世。晋太康间复重返天台。后因称去而复归之人为“前度刘郎”。刘禹锡《再游玄都观》：“种桃道士归何处，前度刘郎今又来。”按此条系借刘阮之典以自指。

【前前】犹言前行再前行，谓不断向前。卢仝《哭玉碑子》：“更将前前行，复恐山神怒。”

【前軍】军队之前锋。孙逖《送李补阙摄御史充河西节度判官》：“早赴前军幕，长清外域尘。”

【前紀】犹前史。前代史实之纪事。刘禹锡《韩十八见示岳阳楼别窦司直诗因令属和故足成六十二韵》：“郭璞验幽经，罗含著前纪。”

【前約】 原先的约定、许诺。陆龟蒙《自遣诗三十首》之七："病来前约分明在，药鼎书囊便是家。"

【前哲】 犹前贤。前代之贤人。许敬宗《奉和秋暮言志应制》："圣敬韬前哲，先天谅不违。"韦应物《李博士弟以余罢官枉诗见问聊以为答》："冥搜企前哲，逸句陈往迹。"权德舆《诫言》："言之或未行，前哲所不取。"李中《秋夜吟寄左偃》："会钓垂名继前哲，任他玄发尽如霜。"

【前烈】 ❶指前人所建之功业。王勃《倬彼我系》之六："思屏人事，克终前烈。"❷犹前贤。王维《同卢给事过韦给事东山别业二十韵》："盛德启前烈，大贤钟后昆。"李白《别鲁颂》："夫子还倜傥，攻文继前烈。"杜甫《赠韦丞左丈济》："时议归前烈，天伦恨莫俱。"

【前修】 犹前贤。卢僎《稍秋晓坐阁遇舟东下扬州即事寄上族父江阳令》："族父江阳令，盛业继前修。"李商隐《今月二日不自量度辄以诗一首四十韵干渎尊严辄复五言四十韵诗献上》："故事曾尊隗，前修有荐雄。"汤诛《登云梯》："前修如可慕，投足固思齐。"

【前席】 谓移坐向前凑近说话之人。形容言谈使人倾心。典出《史记·商君传》：卫鞅复见孝公，公与语，不自知膝之前行也。后遂用"前席"指人有才略而受帝王重视召问。包佶《奉和柳相公中书言怀》："运筹时所贵，前席礼偏深。"杜甫《送李校书二十六韵》："汝翁草明光，天子正前席。"李绅《逾岭峤上荒陬抵高要》："贾生谪去因前席，痛哭书成竟何益！"李商隐《贾生》："可怜夜半虚前席，不问苍生问鬼神。"

【前庭】 前院。白居易《过元家履信宅》："前庭后院伤心事，唯是春风秋月知。"

【前陣】 与前敌相接之军阵。王建《饮马长城窟》："枕弓睡著待水生，不见阴山在前阵。"李咸用《猛虎行》："爪牙欺白刃，果敢无前阵。"

【前除】 堂前之台阶。王勃《观佛迹寺》："颓华临曲磴，倾影赴前除。"王维《赠祖三咏》："蟏蛸挂虚牖，蟋蟀鸣前除。"

【前規】 前代之规范；前代之事例。孟浩然《齿坐呈山南诸隐》："从来抱微尚，况复感前规。"郑昉《人不易知》："周行虽有置，殷鉴在前规。"

【前堂】 即堂屋。因位居于前，故称。刘驾《励志》："前堂吹参差，不作缑山声。"

【前途】 ❶旅途。前方途程。杜甫《石壕吏》："天明登前途，独与老翁别。"白居易《初贬官过望秦岭》："草草辞家忧后事，迟迟去国问前途。"李频《春日南游寄浙东许同年》："更想前途去，茫茫沧海涯。"❷犹前景。喻指未来发展状况。钱起《淮上别范大》："游宦且未达，前途各修阻。"杨巨源《寄江州白司马》："莫谩拘牵雨花社，青云依旧是前途。"白居易《六十拜河南尹》："六十河南尹，前途足可知！"喻凫《赠李商隐》："徒嗟好章句，无力致前途。"

【前魚】 战国魏王与其宠姬龙阳君同船钓鱼，得鱼十余而龙阳君泣下。魏王问何故，对曰：臣之始得鱼也，臣甚喜，后得又益大，则欲弃前之所得鱼。今天下美人甚多，必褰裳而趋王。臣亦犹曩臣之前所得鱼也，臣亦将被弃矣，能无涕出乎？事见《战国策·魏策四》。后遂以"前鱼"为失宠见弃之典。郑锡《玉阶怨》："前鱼不解泣，共辇岂关羞！"于武陵《长信宫二首》之一："一从悲画扇，几度泣前鱼。"

【前旌】 出行仪仗中领先的旌旗。张九龄《奉和圣制途次陕州作》："后殿函关尽，前旌阙塞通。"孟浩然《送韩使君除洪州都曹》："衣冠列祖道，耆旧拥前旌。"刘禹锡《送令狐相公自仆射出镇南梁》："前旌转谷去，后骑踏桥声。"

【前涼】 (301－376)晋时十六国之一。西晋末张轨为凉州刺史，永嘉元年(307)封西平郡公。其子张茂称凉王。后收降龟兹鄯善，拥有今甘肃西北部及新疆西部之地。晋孝武帝太元元年(376)灭于前秦。存国凡九世七十六年。周昙有《咏史诗·六朝门·前凉张轨》。

【前聖】 先圣。前代之圣人。聂夷中《古兴》："前圣后圣同，今人古人共。"

【前期】 ❶犹预期。李白《赠翟咨议》："世道有翻覆，前期难豫图。"耿湋《晚春青门林亭燕集》："欢游难再得，衰老是前期。"徐铉《和萧少卿见庆新居》："湘浦怀沙已不疑，京城赐第岂前期？"❷犹预约。戴叔纶《早春寄朱山人放》："心知剡溪路，聊且寄前期。"司空曙《留卢秦卿》："知有前期在，难分此夜中。"李商隐《夜思》："往事经春物，前期托报章。"

【前朝】 前代。已往之朝代。刘长卿《经漂母墓》："古墓樵人识，前朝楚水流。"刘禹锡《杨柳枝词九首》之一："请君莫奏前朝曲，听唱新翻《杨柳枝》。"熊孺登《赠灵彻上人》："况闻暗忆前朝事，知是修行第几身？"杜牧《赤壁》："折戟沉沙铁未销，自将磨洗认前朝。"

【前雄】 前代之英雄。骆宾王《伤祝阿王明府》："含章光后烈，继武嗣前雄。"

【前歲】 ❶前一年，即去年。陆龟蒙《南泾渔父》："今年川泽旱，前岁山源潦。"❷大前年。前年之前一年。白居易《花前叹》："前岁花前五十二，今年花前五十五。"

【前程】 ❶前路。前方之路程，李颀《奉送漪叔游颍川兼谒淮阳太守》："嵩阳入归梦，颍水半前程。"孟浩然《唐城馆中早发寄扬使君》："访人留后信，策蹇赴前程。”刘商《胡笳十八拍·第十七拍》：“努力前程是帝乡，生前免向胡中死。”王毂《梦春谣三首》之一：“前程渐觉风光好，琪花片片粘瑶草。”❷犹前景。谓将来之发展情况。耿湋《许下书情寄张韩二舍人》：“故人高步云衢上，肯念前程杳未期。”李涉《寄峡州韦郎中》：“年过五十鬓如丝，不必前程更问师。”郑嵎《津阳门诗》：“今我前程能几许，徒有余息筋力羸。”

【前進士】　已登第之进士。韩仪《记知闻近过关试》：“今日便称前进士，好留春色与明年。”周朴《赠李裕先辈》：“仙籍旧题前进士，圣朝新奏校书郎。”

【前楹】　即楹柱。因立于厅堂之前，故称。李白《秋夕书怀》：“萝月掩空幕，松霜皓前楹。”孟浩然《游明禅师西山兰若》：“西山多奇状，秀出倚前楹。”亦借指堂前。刘禹锡《早夏郡中书事》：“拂镜整危冠，振衣步前楹。”李绅《奉酬乐天立秋夕有怀见寄》：“屣履步前楹，剑戟森在行。”

【前路】　前方之路程。王维《早入荥阳界》：“前路白云外，孤帆安可论!”耿湋《之江淮留别京中亲故》：“前路诸侯贵，何人重客卿?”杨巨源《送人过卫州》：“相思前路几回首，满眼青山过卫州。”吴融《题扬子津亭》：“前路莫知霜凛凛，故乡何处雁冥冥?”

【前跡】　前人之踪迹。颜真卿、裴循《登岘山观李左相石尊联句》：“榛芜掩前迹，苔藓余旧痕。”

【前旒】　冕冠前部悬垂之冕旒。由数排玉珠串成。刘禹锡《古词二首》之一：“轩后初冠冕，前旒为蔽明。”

【前塗】　同“前途❷”。未来之发展前景。姚合《答韩湘》：“三十登高科，前涂浩难测。”

【前溪】　❶亦作“前谿”。舞曲名。传晋沈玩家于前溪(在今浙江德清县)，曾作《前溪曲》。至南朝时其地盛行乐舞，有“舞出前溪”之誉。崔颢《王家少妇》：“舞爱《前溪》绿，歌怜《子夜》长。”王维《同崔傅答贤弟》：“周郎陆弟为俦侣，对舞《前溪》歌《白苎》。”李商隐《回中牡丹为雨所败二首》之二：“《前溪》舞罢君回顾，并觉今朝粉态新。”李群玉《长沙九日登东楼观舞》：“越艳罢《前溪》，吴姬停《白苎》。”参见“前溪曲”。❷前面之溪。郎士元《赠强山人》：“或掉轻舟或杖藜，寻常适意钓前溪。”刘驾《牧童》：“昼日驱牛归，前溪风雨恶。”孟贯《寄伍乔》：“君看前溪树，山禽巢几枝?”

【前溪曲】　舞曲名。传为晋东骑将军沈玩所制。《乐府诗集·清商曲辞》谓：“吴声十曲，其七曰‘前溪’。”温庭筠《罩鱼歌》：“楚岸有花花盖屋，金塘柳色《前溪曲》。”参见“前溪❶”。

【前溪舞】　舞名。以前溪曲为舞曲。李商隐《离思》：“气尽《前溪舞》，心酸《子夜歌》。”参见“前溪❶”。

【前溪館】　驿馆名。在湖州武康县(今在德清县武康镇)。刘长卿有《恩敕重推使牒追赴苏州次前溪馆作》，李嘉祐有《题前溪馆》。

【前趙】　晋时十六国之一。晋惠帝建武元年(304)匈奴人刘渊称帝，国号汉。自蒲子徙都平阳(今山西临汾)。传至刘曜，改国号曰赵，徙部长安。史称前赵。晋成帝咸和四年(329)，为后赵石勒所灭。凡历三世五主，共二十六年。周昙有《咏史诗·六朝门·前赵刘聪》。

【前銜】　原先之官衔。杨嗣复《谢寄新茶》：“封题寄与杨司马，应为前衔是相公。”

【前榮】　南向之檐宇。代指堂前。韩愈《示儿》：“前荣馔宾亲，冠婚之所于。”

【前墀】　前除。堂前之台阶。李商隐《晓坐》：“后阁罢朝眠，前墀思黯然。”

【前模】　旧时之规模、模式。贺敳《奉和九月九日应制》：“泽宫申旧典，相圃叶前模。”

【前賢】　前代之贤人。宇文融《奉和圣制左丞相说右丞相璟太子少傅乾曜同日上官命宴都堂赐诗》：“何如偶昌运，比德迈前贤。”杜甫《冬狩行》：“况今摄行大将权，号令颇有前贤风。”丘上卿《和主司王起》：“簪裾尽过前贤贵，门馆仍叨旧学荣。”

【前輩】　❶对年长或辈分高者之敬称。柳棠《又忤杨尚书诗》：“前辈不须轻后辈，靖安今日在衡州。”杜荀鹤《闲居即事》：“章句偶为前辈许，话言多被俗人疑。”唐彦谦《吊方干处士二首》之一：“交犹及前辈，语不似今人。”黄滔《寄陈磻隐居》：“道经前辈许，名拔后时喧。”❷对前代人之尊称。高骈《寄鄠杜李遂良处士》：“池边写字师前辈，座右题铭律后生。”徐夤《咏写真》：“借将前辈真仪比，未愧金銮李谪仙。”❸及第进士相互间之敬称。刘耕《和主司王起》：“杨随前辈穿皆中，桂许平人折欲空。”杜荀鹤《送韦书记归京》：“朝客半修前辈礼，古人多重晚年荣。”

【前鋒】　先锋，先头部队。崔国辅《从军行》：“传闻贼满山，已共前锋斗。”韦应物《送孙徵赴云中》：“前锋直指阴山外，虏骑纷纷翦应碎。”韦庄《和郑拾遗秋日感事一百韵》：“上略咸推妙，前锋讵可当?”

【前箸】　《汉书·张良传》载：郦食其劝刘邦立六国后代以削弱项羽之势。刘邦以告张良，时刘方食，良曰：“臣请借前箸以筹之。”即以箸指画，为言食其之谋有八不可，事乃寝。后以“前箸”借指筹谋划策。殷潜之《题筹笔驿》：“團觚当分昼，前箸此操持。”

【前緣】　前定之缘分。薛能《自广汉游三学山》：“世缺一来应薄命，雨留三宿是前缘。”齐己《寄怀东林寺匡白监寺》：“南岳别来无约后，东林归住有前缘。”

【前頭】　前面。王建《田侍郎归镇》：“去处长将决胜筹，回回身在阵前头。”元稹《和李校书新题乐府十二首·西凉伎》："前头百戏竞撩乱，丸剑跳踯霜雪浮。"薛逢《李先辈擢第东归有赠送》："金榜前头无是非，平人分得一枝归。"

【前儔】 前方旅途上之伴侣。高适《涟上别王秀才》："崎岖山海侧，想像无前俦。"

【前録】 前代之载籍、著录。王维《哭祖六自虚》："福善闻前录，歼良昧上玄。"清赵殿成笺注："福善：《尚书·汤诰》：'天道福善祸淫。'"

【前諾】 昔日所许之诺言。杜甫《昔游》："妻子亦何人，丹砂负前诺。"

【前導】 ❶官员出行仪仗中居前导向之人。元稹《望云骓马歌》："九九属车十二纛，齐映前导引骓头。"❷谓在前开路。喻指开创风气。陆龟蒙《江湖散人歌》："无端后圣穿凿破，一派前导千流随。"

【前蹤】 前人之踪迹。太宗《帝京篇十首》之十："披卷览前踪，抚躬导既往。"李商隐《题僧壁》："舍生求道有前踪，乞脑剜身结愿重。"黄滔《钟陵故人》："一箸鲈鱼千古美，后人终少继前踪。"

【前驅】 ❶谓在前奔走效劳。骆宾王《久戍边城有怀京邑》："怀铅惭后进，投笔愿前驱。"韦应物《酬郑户曹骊山感怀》："小臣职前驱，驰道出灞亭。"❷官员出行仪仗之前导。白居易《天津桥》："报道前驱少呼喝，恐惊黄鸟不成啼。"皮日休《陪江西裴公游襄州延庆寺》："不署前驱惊野鸟，唯将后乘载诗人。"❸大军之前锋。王彦威《宣武军镇作》："前驱红旆关西将，坐间青娥赵国姬。"

【前謨】 前人之谋划、筹略。借指前代之政治制度。虞世南《奉和幸江都应诏》："百王岂殊轨？千载协前谟。"此指周朝之政治。

【前騶】 在前开道之骑从。徐铉《奉和宫傅相公怀旧见寄四十韵》："不遣前驺妨野逸，别寻逋客互招延。"亦指黄门侍郎。因其职为皇帝侍从，故称。刘得仁《书事寄万年厉员外》："前驺潘岳贵，故里邵平穷。"按岳官终黄门侍郎。

【前躅】 前人之形迹。皎然《观李中丞洪二美人唱歌轧筝歌》："谪官无愠如古人，交道忘言比前躅。"

【前籌】 谓用面前进食之箸以指划。借指为人筹谋划策。语出《史记·留侯世家》："臣请藉前箸为大王筹之。"杜甫《立秋雨院中有作》："穷途愧知己，暮齿借前筹。"参见"前箸"。

【前歡】 前度之欢会、欢乐。许浑《送韩校书》："恨与前欢隔，愁因此会同。"徐铉《十日和张少监》："每因佳节知身老，却忆前欢似梦回。"

剃 〔tì《广韵》他計切，去霽，透。〕 以刀刮去毛发。王建《贻小尼师》："新剃青头发，生来未扫眉。"欧阳詹《山中老僧》："秋深头冷不能剃，白黑苍然发到眉。"雍陶《赠宗静上人》："寒来垂顶帽，白发剃应稀。"李洞《赠青龙印禅师》："雨涩秋刀剃雪时，庵前曾礼草堂师。"

【剃刀】 剃毛发之刀。旧时僧人多备。段成式《题僧壁》："有僧支颊捻眉毫，起就夕阳磨剃刀。"李洞《颜上人房》："雨淋经阁白，日闪剃刀明。"齐己《与崔校书静话言怀》："霜髭晓几临铜镜，雪鬓寒疏落剃刀。"

【剃削】 指剃去头发。白居易《嗟发落》："因悟自在僧，亦资于剃削。"

【剃髮】 指落发为僧。周贺《书实上人房》："绝顶言无伴，长怀剃发师。"贾岛《送宣皎上人游太白》："剃发鬓无雪，去年三十三。"张蠙《赠栖白大师》："剃发得时名，僧应别应星。"

【剃頭】 剃去头发。多指出家为僧。徐凝《独住僧》："多应独住山林惯，唯照寒泉自剃头。"韦蟾《题僧壁》："剃头未必知心法，要且闲于名利人。"

㓬 同"创"。苏拯《明禁忌》："恣欲㓬楼台，率情染朱翠。"隐峦《浮桥》："横压惊波防没溺，当初元㓬是军机。"齐己有《闻尚颜上人禅居有寄》。

【㓬制】 同"創制"。孙鲂《题梅岭泉》："㓬制谁人解？根基太守贤。"

八 画

剄 〔yā《广韵》於加切，平麻，影。〕刎颈。柳宗元《同刘二十八院长述旧言怀感时书事》："守道甘长绝，明心欲自刭。"

剞 〔jǐ《广韵》居綺切，上紙，見。《集韵》居宜切，平支，見。〕见"剞劂"。

【剞劂】 木工用以镂刻之刀具。剞为钩刀，劂为曲凿。一说剞劂为一物，即曲刀。皎然《郑容全成蛟形木机歌》："浑朴无劳剞劂工，幽姿自可蛟龙质。"亦喻指雕琢文字。韩愈《送文畅师北游》："先生闭穷巷，未得窥剞劂。"

剈 〔guǒ《玉篇》古火切，上哿，見。〕割，砍。白居易《池畔二首》之二："持刀剈密竹，竹少风来多。"

剗 〔chǎn《广韵》初限切，上産，初。〕❶同"铲"。铲除，铲起。独孤及《垂花坞醉后戏题》序："余亦命薙氏治芜秽而划宿莽。"白居易《东坡种花二首》之二："划土壅其本，引泉溉其枯。"张碧《秋日登岳阳楼晴望》："三秋倚练飞金盏，洞庭波定平如划。"❷光。谓无配套之物而穿戴。李廓《长安少年行》："划戴扬州帽，重熏异国香。"又见"划袜"。

【剗却】 铲掉，除掉。李白《陪侍郎叔游洞庭醉后三首》之三："划却君山好，平铺湘水流。"裴说《游洞庭湖》："谪仙欲识雷斧手，划却古今愁共丑。"

【剗磢】 铲除擦洗。磢，以瓦石擦物以去垢。韩愈《元和圣德诗》："涤濯划磢，磨不瑕垢。"

【剗穢】 铲除污秽。白居易《新昌新居书事四十韵因寄元郎中张博士》："新园聊划秽，旧屋且扶颠。"

【剗釋】 犹生杀。除灭与宽释。陈陶《赠江西周大夫》："划释自宸衷，平戎在连帅。"

【剗襪】 谓无鞋而仅穿袜着地。无名氏《醉公子》词（卷八九九）："划袜下香阶，冤家今夜醉。"

【剗韈】 同"剗袜"。韈，袜之异体字。南唐后主李煜《菩萨蛮》词之一："划韈步香阶，手提金缕鞋。"

剔 〔tī《广韵》他歷切，入錫，透。〕❶以刀析骨离肉；剖、割。徐夤《山寺寓居》："高卧东林最上方，水声山翠剔愁肠。"❷剔除；消除。杜甫《夜听许十损诵诗爱而有作》："紫燕自超诣，翠驳谁翦剔？"韩愈《石鼓歌》："剜苔剔藓露节角，安置妥帖平不颇。"罗隐《钱塘遇默师忆润州旧游》："扪苔想豪杰，剔藓看文词。"徐夤《笋鞭》："筇竹岩边剔翠苔，锦江波冷洗琼瑰。"❸拨，挑（上声）。张祜《赠内人》："斜拔玉钗灯影伴，剔开红焰救飞蛾。"唐彦谦《无题十首》之六："满园芳草年年恨，剔尽灯花夜夜心。"❹上扬，举。白居易《泛小舲二首》之二："一茎竹篙剔船尾，两幅青幕覆船头。"

【剔皮刺血】 划破皮肤刺出血。贯休《赠写经僧楚云》："剔皮刺血诚何苦，为写灵山九会文。"

剛 〔gāng《广韵》古郎切，平唐，見。〕❶坚硬，或坚硬之质性。戎昱《赋得铁马鞭》："成器虽因匠，怀刚本自天。"白居易《折剑头》："我有鄙介性，好刚不好柔。"李咸用《剑喻》："黯黯秋水寒，至刚不可缺。"❷坚强，强劲。见"剛健""剛强"。❸刚正，正直。张祜《庚子岁游扬州赠崔荆四十韵》："酷遭狂客引，刚被俗人憎。"❹副词。偏偏，硬是。王智兴《徐州使院赋》："三十年前老健儿，刚被郎中遣作诗。"皮日休《太湖诗·晓次神景宫》："终然合委顿，刚亦慕廖廓。"南唐后主李煜《句》："人生不满百，刚作千年画。"或兼有仅、只义。郑谷《东蜀春晚》："潼江水上扬花雪，刚逐孤舟缭绕飞。"温庭筠《题西平王旧赐屏风》："世间刚有东流水，一送恩波更不回。"蒋贻恭《咏金刚》："刚被时流借拳势，不知身自是泥人。"

【剛刀】 钢刀。元稹《有鸟二十章》之十五："安知不是卷舌星，化作刚刀一时截。"

【剛夬】 同"剛決"。刚毅果断。韩愈、孟郊《雨中寄孟刑部几道联句》："何以验高明？柔中有刚夬。"

【剛正】 刚强正直。李咸用《和友人喜相遇十首》之八："寡欲自应刚正立，无私翻觉友朋稀。"

【剛地】 犹言硬是，偏偏。贯休《书倪氏屋壁诗三首》之三："春光靄靄忽已暮，主人刚地不放去。"又《山居诗二十四首》之十八："刚地无人知此意，不堪惆怅落花前。"

【剛吐】 吃到坚硬的东西也不吐出。意谓不畏强暴。语出《诗·大雅·烝民》："柔亦不茹，刚亦不吐；不侮矜寡，不畏强御。"司空图《效陈拾遗子昂感遇二首》之一："强欺自天禀，刚吐信吾徒。"

【剛決】 刚毅果决。孟郊《游侠行》："壮士性刚决，火中见石裂。"

【剛直】 刚强正直。韦应物《示从子河南尉班》序："时从子河南尉班，亦以刚直为政。"

【剛勁】 刚硬结实。孟郊《赵记室俶在职无事》："方圆水任器，刚劲木成灰。"

【剛風】 道家谓高天有强劲之风，名曰刚风。顾况《曲龙山歌》之二："愿逐刚风骑吏旋，起居按摩参寥天。"

【剛柔】 刚强与柔弱。白居易《遇物感兴因示子弟》："于何保终吉？强弱刚柔间。"

【剛耿】 犹清肃。清朗肃杀。韩愈《南山诗》："参差相叠重，刚耿陵宇宙。"

【剛狷】 刚直狷介。白居易《自题写真》："况多刚狷性，难与世同尘。"

【剛健】 刚强劲健。孟郊《石淙》之八："弱力谢刚健，蹇策贵安排。"

【剛須】 只须，偏须。司空图《暮春对柳二首》之一："恼得闲人作酒病，刚须又扑越溪茶。"皮日休《胥口即事六言二首》之二："斯人到死还乐，谁道刚须用机。"

【剛强】 ❶谓性格、作风刚烈强硬。孟郊《憩淮上观公法堂》："高僧积素行，事外无刚强。"白居易《遇物感兴因示子弟》："寄言处世者，不可苦刚强。"❷犹坚强，坚毅。张籍《祭退之》："三次论诤退，其志亦刚强。"

【剛腸】 喻刚烈正直之性情、情怀。张说《送王晙自羽林赴永昌令》："为负刚肠誉，还追强项名。"卢仝《常州孟谏议座上闻韩员外职方贬国子博士有感五首》之五："左道官虽乐，刚肠得健无？"杜牧《昔事文皇帝三十二韵》："我实刚肠者，形甘短褐髡。"齐己《送谢尊师自南岳出入京》："芝术未甘销勇气，风骚无那激刚肠。"

【剛彊】 同"剛强"。贯休《送僧入马头山》："更有叟，独往来，与我语。情无刚彊，气透今古。"

剠 同“黥”。古代墨刑，于面上刺字而涅以墨。韩愈、孟郊《征蜀联句》：“剟肤浃疮痍，败面碎剠剳。”又见“剠刖”。

【剠刖】 黥刑与刖刑。即刺面与刖足之刑。喻指残缺，不完整。韩愈《送文畅师北游》：“又闻识大道，何路补剠刖？”

剖 〔pōu《广韵》普后切，上厚，滂。又芳武切，上麌，敷。〕❶破开；切开。王湾《晚夏马嵬卿叔池亭即事寄京都一二知己》：“盛香莲近拆，新味瓜初剖。”杜甫《病橘》：“剖之尽蠹虫，采掇爽其宜。”钱起《玛瑙杯歌》：“瑶池碧岸生奇宝，剖质披心出文藻。”花蕊夫人《宫词》之八五：“帘畔玉盆盛净水，内人手里剖银瓜。”❷剖析，解析。卢仝《寄男抱孙》：“《尚书》当毕功，《礼记》速须剖。”张直《宿顾城二首》之二：“惊骇问主人，为我剖荒迷。”❸剖分，分开。见“剖符”。❹切、斩。指杀害。胡曾《咏史诗·钜桥》：“积粟成尘竟不开，谁知拒谏剖贤才。”

【剖心輸丹】 犹言竭诚尽忠。李白《驾去温泉后赠杨山人》：“一朝君王垂拂拭，剖心输丹雪胸臆。”

【剖心肝】 亦作“剖心”“剖心血”。犹言披肝沥胆。谓竭诚尽忠。杜甫《凤凰台》：“我能剖心血，饮啄慰孤愁。”李商隐《行次西郊作一百韵》：“我愿为此事，君前剖心肝。”薛能《洛下寓怀》：“唯有报恩心未剖，退居犹欲佩芄兰。”

【剖竹】 指受封官、爵。竹，竹符，朝廷封爵授官之符信，剖分为二，一留朝廷，一予受封者。唐多以指出任节度使或刺史。张说《游洞庭湖湘》：“剖竹守穷渚，开门对奇域。”李嘉祐《赠王八衢》：“腰金才子贵，剖竹老人迟。”郎士元《送陆员外赴潮州》：“含香台上客，剖竹海边州。”蒋防《藩臣恋魏阙》：“剖竹随皇命，分忧镇大藩。”黄滔《绛州郑尚书》：“剖竹已知垂凤食，摘珠何必到龙宫？”

【剖判】 犹辨析、判别。齐己《谢贯微上人寄示古风今体四轴》：“今体尽搜初剖判，古风淳凿未玄黄。”

【剖析】 分析，辨析。杜甫《两当县吴十侍御江上宅》：“台中领举劾，君必慎剖析。”又《催宗文树鸡栅》：“明明领处分，一一当剖析。”

【剖符】 同“剖竹”。岑参《送颜平原》：“仙郎授剖符，华省辍分忧。”独孤及《答李滁州忆玉谭新居见寄》：“从来招隐地，未有剖符人。”杜牧《题茶山》：“剖符虽俗吏，修贡亦仙才。”方干《上张舍人》：“剖符已副东人望，援笔曾传圣主心。”

【剖陳】 剖析陈说。孙元晏《咏史诗·陈·姚察》：“曾佐徐陵向北游，剖陈疑事动名流。”

【剖劈】 剖分，剖开。白居易《溢浦竹》：“剖劈青琅玕，家家盖墙屋。”

【剖膽】 犹沥胆。谓输诚、竭诚。李白《行路难三首》之二：“剧辛乐毅感恩分，输肝剖胆效英才。”

【剖辭】 即判辞。卢纶《书情上大尹十兄》：“剖辞纷若雨，奔吏殷成雷。”又《送朝邑张明府》：“剖辞云落纸，拥吏雪成泥。”

剡[1] 〔shàn《广韵》時染切，上琰，禪。〕❶指剡县(在今浙江嵊州市)。亦泛指剡县一带。刘长卿《和袁郎中破贼后军行过剡中山水谨上太尉》：“剡路除荆棘，王师罢鼓鼙。”马戴《寄剡中友人》：“故人今在剡，秋草意如何？”李洞《送友罢举赴边职》：“出剡篇章入洛文，无人细读叹俱焚。”❷指剡溪。崔颢有《舟行入剡》。贾岛《题长江》：“若任迂人去，西溪与剡通。”许浑《泛五云溪》：“更就千村宿，溪桥与剡通。”

剡[2] 〔yǎn《广韵》以冉切，上琰，以。〕❶削，削木。因《易·系辞下》有“刳木为舟，剡木为楫”语，故后多以指削制船楫。韩愈《陪杜侍御游湘西两寺独宿有题一首因献杨常侍》：“大厦栋方隆，巨川楫行剡。”皮日休《奉和添酒中六咏·酒船》：“剡桂复刳兰，陶陶任行乐。”亦代指船桨。吕温《岳阳怀古》：“方知刳剡利，可接鬼神游。”❷见“剡₂剡”。

【剡子遭孔聖】 春秋剡子以小国国君朝鲁。鲁昭公问少皞氏何以以鸟名官，剡子解答甚为周详。孔子闻之，亦从之学习。既而告人曰：“天子失官，学在四夷，犹信。”事见《左传·昭公十七年》。后遂用为咏四夷小邦能存中原古制之典。徐夤《渤海宾贡高元固先辈闽中相访云本国人写得夤斩蛇剑御沟水人生几何赋家皆以金书列为屏幛因而有赠》：“郯子昔时遭孔圣，繇余往代讽秦宫。”

【剡山】 剡县一带之山。主要指沃州天姥山。刘长卿《送行军张司马罢使回》：“春风吴苑绿，古木剡山深。”朱放有《剡山夜月》。薛逢有《早发剡山》。李建勋《怀赠操禅师》：“秋来得音信，又在剡山东。”

【剡川】 即剡溪。武后宫人《离别难》：“剡川今已远，魂梦暗相亲。”章八元《归桐庐旧居寄严长史》：“或在醉中逢夜雪，怀贤应向剡川游。”赵嘏《送张又新除温州》：“地与剡川分水石，境将蓬岛共烟霞。”徐夤《夜》：“剡川雪满子猷去，汉殿月生王母来。”

【剡中】 剡县(今浙江嵊州市)一带。宋之问《宿云门寺》：“庶几踪谢客，开山投剡中。”李白《秋下荆门》：“此行不为鲈鱼鲙，自爱名山入剡中。”刘禹锡《送曹璩归越中旧隐诗》：“剡中若问连州事，唯有千山画不如。”方干《路入剡中作》：“截湾冲濑片帆通，高枕微吟到剡中。”

【剡水】 即剡溪。李白《寻阳送弟昌峒鄱阳司马作》:“寻阳非剡水,忽见子猷船。”

【剡花】　剡中之花。孟郊《送淡公》之二:“镜浪洗手绿,剡花入心春。”

【剡汀】　剡溪水畔。陆龟蒙《送宣武从事越中按狱》:“客鸿吴岛尽,残雪剡汀消。”

【剡₂剡】　水流貌。杜甫《行官张望补稻畦水归》:“芊芊炯翠羽,剡剡生银汉。”

【剡紙】　产于剡中之纸。用剡藤捣浆制成。为唐时名纸。顾况《剡纸歌》:“剡溪剡纸生剡藤,喷水捣后为蕉叶。”皮日休《二游诗·徐诗》:“宣毫利若风,剡纸光与月。”

【剡硾】　剡纸之别称。硾谓捣纸浆。薛能《送浙东王大夫》:“越台随厚俸,剡硾得尤名。”原注:“近相传捣熟纸名硾。”齐己《谢人自钟陵寄纸笔》:“霜雪剪裁新剡硾,锋铓管束本宣毫。”又《荆渚病中因思匡庐遂成三百字寄梁先辈》:“新题忆剡硾,旧约怀匡庐。”

【剡溪】　水名。流经剡县。为曹娥江之上游。以景色优美称。李颀《送山阴姚丞携妓之任兼寄苏少府》:“落日花边剡溪水,晴烟竹里会稽峰。”李白《梦游天姥吟留别》:“湖月照我影,送我至剡溪。”姚合《咏雪》:“其那知音不相见,剡溪乘兴为君来。”李昌邺《和三乡诗》:“不应更学文君去,泣向残花归剡溪。”

【剡溪雪】　指晋王子猷夜雪乘兴访剡溪戴安道事。白居易《赠江州李十使君员外十二韵》:“经过剡溪雪,寻觅武陵春。”吴融《山居喜友人相访》:“高于剡溪雪,一棹到门回。”参见“剡溪興”。

【剡溪船】　晋王徽之雪夜乘兴远访戴逵之船。借指乘兴逸游访友之船。李白《叙旧赠江阳宰陆调》“多沽新丰醁,满载剡溪船。”参见“剡溪興”。

【剡溪牋】　用剡纸所造之笺。牋,同“笺”。齐己《寄敬亭清越》:“鼎尝天柱茗,诗硾剡溪笺。”

【剡溪興】　南朝宋刘义庆《世说新语·任诞》:“王子猷居山阴,夜大雪,眠觉,开室命酌酒。四望皎然,因起彷徨,咏左思《招隐诗》。忽忆戴安道,时戴在剡,即便夜乘小船就之。经宿方至,造门不前而返。人问其故,王曰:‘吾本乘兴而行,兴尽而返,何必见戴?’”后遂以“剡溪兴”为乘兴访友之典。李白《秋山寄卫尉张卿及王征君》:“虽然剡溪兴,不异山阴时。”

【剡鄉】　即剡中。剡溪一带。崔颢《舟行入剡》:“鸣棹下东阳,回舟入剡乡。”

【剡縣】　唐县名。即今浙江嵊州市。汉属会稽郡。唐武德四年(621),改置嵊州。八年复为剡县,归越州。以山水绝佳闻名。名胜有剡溪、天姥山等。名产有剡纸。李白《秋浦歌十七首》之六:“山川如剡县,风日似长沙。”李嘉祐有《和袁郎中破贼后经剡县山水上太尉》。方干有《送剡县陈永秩满归越》。

【剡藤】　即剡纸。因以剡溪之藤捣制而成,故名。刘禹锡《牛相公见示新什谨依本韵次用以抒下情》:“符彩添隃墨,波澜起剡藤。”徐夤《纸帐》:“几笑文园四壁空,避寒深入剡藤中。”

剜　〔wān《广韵》一丸切,平桓,影。〕❶挖掉;镂刻。韩愈《和裴仆射相公假山十一韵》:“有洞若神剜,有岩类天划。”徐夤《贡余秘色茶盏》:“功剜明月染春水,轻旋薄水盛绿云。”❷凹陷貌。见“剜剜”。

【剜刓】　雕刻。亦指碑石上所刻之文。刘蜕《览陈拾遗文集》:“剜刓存灭半,势欲入沟渎。”

【剜肉補瘡】　比喻以承受更大损害的办法解救眼前之急。聂夷中《咏田家》:“医得眼前疮,剜却心头肉。”

【剜身】　谓挖去身上之肉以燃灯求佛。语出《报恩经》。李商隐《题僧壁》:“舍生求道有前踪,乞脑剜身结愿重。”

【剜刻】　犹雕刻。元稹《寄吴士矩端公五十韵》:“歌辞妙宛转,舞态能剜刻。”无名氏《纪游东观山》:“神鬼若剜刻,乾坤真混茫。”

【剜剜】　凹陷貌。元稹《乐府古题·董逃行》:“剜剜深脐脂焰焰,人皆数叹曰:‘尔独不忆年年取我身上膏!’”

剟　〔duō《广韵》丁括切,入末,端。〕刺,戳。韩愈、孟郊《征蜀联句》:“剟肤浃疮痍,败面碎剠刮。”

剥　〔bō《广韵》北角切,入覺,幫。〕❶揭;除去外皮。韩愈《枯树》:“腹穿人可过,皮剥蚁还寻。”白居易《春末夏初闲游江郭二首》之一:“嫩剥青菱角,浓煎白茗芽。”徐仲雅《咏棕树》:“任君千度剥,意气自冲天。”亦指强行脱去。白居易《新乐府·杜陵叟》:“剥我身上帛,夺我口中粟。”❷剥落,凋蚀。杜甫《往在》:“当宁陷玉座,白间剥画虫。”岑参《送李卿赋得孤岛石》:“绿窠攒剥藓,尖硕坐鸬鹚。”朱庆余《题开元寺》:“长廊画剥僧形影,石壁尘昏客姓名。”皮日休《二游诗·徐诗》:“轴闲翠钿剥,签古红牙折。”❸盘剥。见“剥削”。❹伤害。见“剥丧”。❺《易》卦名。剥卦。其卦象为坤下艮上。韩愈《南山诗》:“或前横若剥,或后断若姤。”吕岩《敲爻歌》:“丹入腹,非寻常,阴阳剥尽化纯阳。”

【剥削】　谓盘剥、刮削他人财物。高亭《讥元载诗》:“上元官吏务剥削,江淮之人皆白著。”

【剥剥啄啄】　象声词。叩门之声。韩愈《剥啄行》:“剥剥啄啄,有客至门。”

【剥喪】　伤亡,丧乱。柳宗元《游南亭夜还叙志七十韵》:“屯难果见凌,剥丧宜所遭。”

【剥啄】 同“剥剥啄啄”。敲门之声。亦借指来访。高适《重阳》:“岂有白衣来剥啄,一从乌帽自欹斜。”

【剥落】 剥蚀;脱落。李白《襄阳歌》:“君不见晋朝羊公一片石,龟龙剥落生莓苔。”杜甫《瘦马行》:“皮干剥落杂泥滓,毛暗萧条连雪霜。”韦应物《寇季膺古刀歌》:“重叠泥沙更剥落,纵横鳞甲相参差。”白居易《题流沟寺古松》:“烟叶葱茏苍麈尾,霜皮剥落紫龙鳞。”

【剥葱】 去皮之葱,喻指白净之手。顾况《李供奉弹箜篌歌》:“指剥葱,腕削玉,饶盐饶酱五味足。”白居易《何处难忘酒》之五:“玉柱剥葱手,金章烂椹袍。”

九 画

副 〔fù《广韵》敷救切,去宥,敷。〕❶副贰。位仅次于主职者。高适《真定即事奉赠韦使君二十八韵》:“轩车辞魏阙,旌节副幽都。”此指韦任幽州别驾,为州刺史之佐吏。王建《东征行》:“舍人为宾侍郎副,晓觉蓬莱欠珮声。”参见“副相”“副使”。亦指协助、辅佐。高适《酬秘书弟兼寄幕下诸公》:“将副节制筹,欲令沙漠空。”❷附。于主物之外又附加之。杜牧《张好好诗》:“赠之天马锦,副以水犀梳。”又《洛中送冀处士东游》:“赠以蜀马箠,副之胡罽裘。”李商隐《井泥四十韵》:“猛虎与双翅,更以角副之。”❸符合;与之相称。武平一《送金城公主适西蕃》:“还将膝下爱,特副域中欢。”刘长卿《落第赠杨侍御兼拜员外仍充安大夫判官赴范阳》:“职副旌旄重,才兼识量通。”韩愈《此日足可惜赠张籍》:“开怀听其说,往往副所望。”丁棱《和主司王起》:“公心独立副天心,三辖春闱冠古今。”❹偿,遂愿。韩愈《南山诗》:“昨来逢清霁,宿愿忻始副。”白居易《种柳三咏》之一:“春风为催促,副取老人心。”林宽《穷冬太学》:“匡庐瀑布畔,何日副心期?”亦指应合、满足他人之愿望。刘禹锡《和仆射牛相公寓言二首》之二:“只恐重重世缘在,事须三度副苍生。”❺犹附着,伴随。方干《赠上虞胡少府百篇》:“敛板尘中无恨色,应缘利禄副晨昏。”

【副丞相】 御史大夫之别称。高适《同李员外贺哥舒大夫破九曲之作》:“遥传副丞相,昨日破西蕃。”此指哥舒翰。翰天宝八载(749)曾加摄御史大夫。

【副君】 储君,太子。王绩《赠李征君大寿》:“副君迎绮季,天子送严光。”《郊庙歌辞·享章怀太子庙乐章·迎神》:“副君昭象,道应黄离。”

【副使】 官名。唐节度使、观察使下皆置副使一人,佐理军务。凡将帅出行,兵满五千人以上,即置副使一人。岑参有《送张献心充副使归河西杂句》,韩愈有《奉使常山早次太原呈副使吴郎中》。参阅《旧唐书·职官志二》。

【副相】 (一xiàng)副丞相。御史大夫之别称。李峤《饯薛大夫护边》:“荒隅时未通,副相下临戎。”岑参《奉送李太保兼御史大夫充渭北节度使》:“上公周太保,副相汉司空。”李频《浙东献郑大夫》:“圣主东忧涨海滨,思移副相倚陶钧。”无可《送薛重中丞充太原副使》:“中司出华省,副相晋阳行。”

【副節】 副节度使之别称。李益《奉酬崔员外副使携琴宿使院见示》:“犹持副节留军府,未荐高词直掖垣。”

【副端】 殿中侍御史之符节。代指副节度使。戴叔伦有《下鼻亭泷行八十里聊状艰险寄青苗郑副端朔阳》。

【副職】 副贰之职,仅次于正职者。王昌龄《留别岑参兄弟》:“副职守兹县,东南棹孤舟。”时岑任江宁县丞,为县令之辅职,故称。

剪 〔jiǎn《广韵》即淺切,上獮,精。〕❶用剪子铰开,剪断。李白《送杨少府赴选》:“衣工剪绮绣,一误伤千金。”杨郇伯《送妓人出家》:“尽出花钿与四邻,云鬟剪落厌残春。”❷截断。陆龟蒙《江南秋怀寄华阳山人》:“愁长难自剪,歌断有谁赓?”齐己《新笋》:“欲知含古律,试剪凤箫看。”引申指摧折、折损。白居易《冬初酒熟二首》之一:“霜繁脆庭柳,风利剪池荷。”❸砍伐,刈割。杜甫《恶树》:“幽阴成颇杂,恶木剪还多。”颜真卿《赠僧皎然》:“嘉林幸勿剪,禅侣欣可庇。”李绅《趋翰苑遭诬构四十六韵》:“草毒人惊剪,茅荒室未诛。”❹斩杀,剪灭。李白《送族弟绾从军安西》:“尔随汉将出门去,剪虏若草收奇功。”高适《酬裴员外以诗代书》:“誓当剪鲸鲵,永以竭驽骀。”李德裕《剑门铭》:“始剪蜀妖,遂清邛棘。”陆龟蒙《江湖散人歌》:“必然大段剪凶逆,须召劲勇持军麾。”❺剪裁;裁制而成。杨巨源《奉酬端公春雪见寄》:“造化多情状物亲,剪花铺玉万重新。”温庭筠《齐宫》:“远水斜如剪,青莎绿似裁。”公乘亿《赋得秋菊有佳色》:“翠攒千片叶,金剪一枝花。”亦指截取。见“剪波”“剪秋水”。

【剪刀】 剪子。剪断布、纸等物之金属工具。苏颋《立春日侍宴内出剪彩花应制》:“剪刀因裂素,妆粉为开红。”贺知章《咏柳》:“不知细叶谁裁出?二月春风似剪刀。”施肩吾《春词》:“美人手暖裁衣易,片片轻云落剪刀。”项斯《遥装夜》:“蚊蚋已生团扇急,衣裳未了剪刀忙。”亦指似剪刀状之物。白居易《湖上闲望》:“藤花浪拂紫茸条,菰叶风翻绿剪刀。”又《春池闲泛》:“古文科斗出,新叶剪刀生。”

【剪刀錢】　剪出刀币之图案以为饰。于鹄《赠不食姑》:"不知何代女？犹带剪刀钱。"李贺《追赋画江潭苑四首》之二:"水光兰泽叶,带重剪刀钱。"

【剪爪】　指周公旦自剪其指甲投诸河,欲代成王受过而祈其疾愈事。语出《史记·鲁周公世家》。李白《寓言三首》之一:"武王昔不豫,剪爪投河湄。"

【剪伐】　砍伐。杜甫《严郑公宅同咏竹》:"但令无剪伐,会见拂雪长。"刘禹锡《武陵观火诗》:"山木行剪伐,江泥宜墐途。"

【剪拂】　修剪拂拭。指洗刷调理马匹。语出《文选·刘孝标〈广绝交论〉》:"顾盼增其倍价,剪拂使其长鸣。"沈佺期《紫骝马》:"荷君能剪拂,躞蹀喷桑乾。"高适《画马篇》:"荷君剪拂与君用,一日千里如旋风。"李群玉《自澧浦东游江表途出巴丘投员外从公虞》:"所希困辱地,剪拂成腾骧。"引申指对人的栽培、促进。杜甫《七月三日因论壮年乐事戏呈元二十一曹长》:"杖藜风尘际,老丑难剪拂。"又《遣闷呈严公二十韵》:"宽容存性拙,剪拂念途穷。"

【剪花】　剪彩之一种。剪彩绸作花形以为饰。刘宪《奉和圣制立春日侍宴内殿出剪彩花应制》:"剪花疑始发,刻燕似新窥。"孟浩然《人日登南阳驿门亭子怀汉川诸友》:"剪花惊岁早,看柳讶春迟。"

【剪刻】　用剪子剪,用刀刻。谓剪裁、镂刻出图案。李贺《艾如张》:"艾叶绿花谁剪刻,中藏祸机不可测。"无名氏《红蔷薇》(卷七八五):"九天碎霞明泽国,造化工夫潜剪刻?"

【剪波】　亦作"剪秋水"。喻眼睛明媚如剪取之秋波。白居易《吴宫辞》:"淡红花帔浅檀蛾,睡脸初开似剪波。"韦庄《秦妇吟》:"西邻有女真仙子,一寸横波剪秋水。"

【剪削】　❶砍伐削刻。指对竹木原料之加工。朱昼《赋得花藤药合寄颍阴故人》:"剪削为花枝,何人无文章!"杜牧《帘》:"徒云逢剪削,岂谓见偏装。"❷喻指作诗文时之取舍剪裁。方干《赠李郢端公》:"物外搜罗归大雅,毫端剪削有余功。"

【剪秋水】　见"剪波"。

【剪桐】　指帝王分封兄弟。典出《吕氏春秋·重言》张说《惠文太子挽歌二首》之一:"剪桐悲曩戏,攻玉怆新恩。"此指玄宗封弟李范事。高适《信安王幕府诗》:"剪桐光宠锡,题剑美贞坚。"此指玄宗封弟李祎事。

【剪翅】　剪短翅羽,使不能远飞。白居易《寄微之》:"鹦为能言长剪翅,龟缘难死久搘床。"又《鹦鹉》:"常恐思归先剪翅,每因喂食暂开笼。"

【剪剔】　修剪刷理。杜甫《夜听许十损诵诗爱而有作》:"紫燕自超诣,翠驳谁剪剔?"

【剪紙招魂】　剪纸作魂幡以招魂。旧俗多用来为受惊吓之人压惊。杜甫《彭衙行》:"暖汤濯我足,剪纸招我魂。"

【剪族】　谓剪灭其族。陆龟蒙《庆封宅古井行》:"庆封嗜酒荒齐政,齐人剪族封奔进。"参阅《左传纪事本末》卷二十一"崔庆之乱"。

【剪裁】　❶指剪开衣料以缝制衣物。曹松《天台瀑布》:"休疑宝尺难量度,直恐金刀易剪裁。"❷指写作诗文时对材料的取舍安排。郑谷《读故许昌薛尚书诗集》:"剪裁成几箧,唱和是谁人?"周昙《闲吟》:"考摭妍媸用破心,剪裁千古献当今。"

【剪葉】　同"剪桐"。白居易《和答诗十首·答桐花》:"戒君无戏言,剪叶封弟兄。"

【剪勝】　剪彩为人胜。温庭筠《春日寄岳州从事李员外二首》之一:"剪胜裁春字,开屏见晓江。"参见"人勝"。

【剪腸】　犹断肠。喻愁苦。无名氏《长门》(卷七八五):"花生针眼刺,月送剪肠刀。"

【剪滅】　剪除、消灭。罗隐《送汝州李中丞十二韵》:"一凶虽剪灭,数县尚凋零。"

【剪截】　指写作时斟酌删削。白居易《昨以拙诗十首寄西川杜相公相公亦以新作十首惠然报示重以一章用伸答谢》:"剪截五言兼用钺,陶钧六义别开炉。"

【剪飾】　修整装饰。卢鸿一《嵩山十志十首·草堂》序:"草堂者,盖因自然之溪阜……及靡者居之,则妄为剪饰,失天理矣。"

【剪翠】　剪彩之一种。立春日剪彩绸作绿叶形,置花树间以为饰。雍裕之《剪彩花》:"蝶犹迷剪翠,人岂辨裁红?"亦比喻春风催绿之枝叶,似由风师剪彩而成。无名氏《春二首》之一:"风师剪翠换枯条,青帝挼蓝染江水。"

【剪綵】　亦作"剪綵花"。旧习于立春日或人日以彩绸等物剪作花鸟等形置花树间或门户、屏风之上以为饰。李峤《立春日侍宴内殿出剪綵花应制》:"早闻年欲至,剪彩学芳辰。"刘宪《奉和立春日内出綵花树应制》:"开冰池内鱼新跃,剪彩花间燕始飞。"徐延寿有《人日剪彩》。白居易《山石榴花十二韵》:"离披乱剪彩,斑驳未匀妆。"

【剪綵花】　同"剪綵"。苏颋有《立春日侍宴内出剪綵花应制》。

【剪燭】　❶剪短烛之芯,使光焰更亮。崔备《奉陪武相公西亭夜宴陆郎中》:"剪烛清光发,添香暖气来。"白居易《杨柳枝二十韵》:"妆成剪烛后,醉起拂衫时。"❷借指挑灯夜话。典出李商隐《夜雨寄北》:"君问归期未有期,巴山夜雨涨秋池。何当共剪西窗烛,却话巴山夜雨时。”

【剪羅】 犹剪彩。吴融《个人三十韵》:“剪罗成彩字,销蜡脱珠缨。”

十 画

劏 〔dā《广韵》都榼切,入盍,端。〕从远处钩取物。贯休《观怀素草书歌》:“忽如鄂公喝住单雄信,秦王肩上劏著枣木槊。”

剩 〔shèng《广韵》實證切,去證,船。〕❶剩余,多余。寒山《诗三百三首》之一一四:“贫驴欠一尺,富狗剩三寸。”元稹《病醉》:“那知下药还沽底,人去人来剩一卮。”李商隐《和张秀才落花有感》:“回肠九回后,犹有剩回肠。”颜令宾《临终召客》:“气余三五喘,花剩三两枝。”❷多;久。独孤及《官渡柳歌送李员外承恩往扬州觐省》:“莫贪扬州好,客行剩淹留。”白居易《留题开元寺上方》:“恋水多临坐,辞花剩绕行。”黄滔《奉和翁文尧员外文秀光贤昼锦之什》:“莫凭栏杆剩留驻,内庭虚位待才臣。”亦指盛,密。柳宗元《种木槲花》:“只因长作龙城守,剩种庭前木槲花。”李商隐《李夫人三首》之二:“剩结茱萸枝,多擘秋莲的。”徐夤《菊花》:“陶公岂是居贫者,剩有东篱万朵金。”❸颇,甚。骆宾王《望乡夕泛》:“归怀剩不安,促榜犯风澜。”岑参《酬成少尹骆谷行见呈》:“岂不惮险艰,王程剩相拘。”刘长卿《送元八游汝南》:“勿复尊前酒,离居剩凄戚。”❹频。钱起《罢章陵令山居过中峰道者二首》之一:“随云剩渡溪,出门更垂钓。”司空图《白菊杂书四首》之四:“黄鹂啭处谁同听?白菊开时且剩过。”罗邺《槐花》:“愁杀江湖随计者,年年为尔剩奔波。”❺更加,愈益。高适《赠杜二拾遗》:“听法还应难,寻经剩欲翻。”卢仝《小妇吟》:“愿言两相乐,永与同心事我郎。夫子于傍剩欲狂。”❻再,更。顾况《伤大理谢少卿》:“无因重来此,剩哭两三声。”李毂《和皮日休悼鹤》之一:“人间华表堪留语,剩向秋风寄一声。”

【剩住】 多住。谓暂时延长居住时间。王维《送张道士归山》:“人间若剩住,天上复离群。”元稹《喜李十一景信到》:“留君剩住君须住,我不自由君自由。”

【剩物】 犹长物。多余之物。张祜《闲居作五首》之一:“剩物心长厌,闲书性不违。”

【剩沽】 谓多买酒。岑参《玉门关盖将军歌》:“我来塞外按边储,为君取醉酒剩沽。”

【剩舂】 犹余粮。贯休《归东阳临岐上杜使君七首》之三:“分忧若也皆如此,天下家家有剩舂。”

【剩覺】 深感;尤觉。齐己《竹里作六韵》:“我来深处坐,剩觉有吟思。”

創[1] 〔chuāng《广韵》初良切,平陽,初。〕创伤。元稹《冬夜怀李侍御王太祝段丞》:“簪裾讵几许?累创吞钩鱼。”卢延让《哭亡将诗》:“牒高身上职,碗大背边创。”

創[2] 〔chuàng《广韵》初亮切,去漾,初。〕❶创制;开创。李峤《布》:“御绩创羲黄,缁冠表素王。”李白《送王屋山人魏万还王屋》:“路创李北海,岩开谢康乐。”❷建造,建筑。宗楚客《安乐公王移入新宅侍宴应制》:“星桥他日创,仙榜此时开。”钱起《罢章陵令山居过中峰道者二首》之二:“梯云创其居,抱犊上绝巘。”沈亚之《题候仙亭》:“新创仙亭覆石坛,雕梁峻宇入云端。”郑嵎《津阳门诗》:“此时初创观风楼,檐高百尺堆华榱。”❸制订,制作。清昼、潘述《讲德联句》:“暨于嬴刘,乃创程式。”齐己《渚宫莫问诗》序:“因创莫问之题,凡一十五篇。”❹建立、树立。许敬宗《奉和行经破薛举战地应制》:“于斯建宸极,由此创鸿名。”李商隐《送从翁东川弘农尚书幕》:“刊木方隆禹,陛陋始创殷。”

【創$_2$宅】 建宅。宋之问《宋公宅送宁谏议》:“宋公爰创宅,庾氏更诛茅。”

【創$_2$制】 创立。谓首创性建立。清昼、潘述《讲古文联句》:“隐侯似病,创制规矩。”

【創$_2$物】 犹造物。谓创建事物。颜真卿《题杼山癸亭得暮字》:“高贤能创物,疏凿皆有趣。”

【創$_2$封】 谓封禅。李义府《在嶲州遥叙封禅》:“创封超昔夏,修禅掩前姬。”

【創$_2$草】 谓攻治草书书法。贾耽《赋虞书歌》:“不同怀素只攻颠,岂类张芝惟创草!”

【創$_2$規】 谓创建规模。许敬宗《奉和初春登楼即目应诏》:“创规虽有作,凝拱遂无营。”

【創$_2$基】 创立基业。《郊庙歌辞·梁太庙乐舞辞·大合舞》:“后稷累德,公刘创基。”

【創痍】 创伤,创疾。常喻指战乱造成之灾难疾苦。杜甫《别蔡十四著作》:“天地则创痍,朝廷当正臣。”

【創$_2$象】 犹言成形。谓构成仪象。太宗《咏司马彪续汉志》:“二仪初创象,三才乃分位。”

【創$_2$業】 开创事业。多指开创国基。罗隐《中元甲子以辛丑驾幸蜀四首》之四:“静怜贵族谋身易,危惜文皇创业难。”贯休《寿春节进》:“盛如唐创业,宛胜晋朝仪。”

【創$_2$置】 创建。严公弼《题汉州西湖》:“西湖创置自房公,心匠纵横造化同。”亦指首次设置。冯涯有《太学创置石经》。

【創$_2$圖】 犹开创。谓开始创建宏图。许敬宗《奉和执契静三边应诏》:“迎姜已创图,命力方论道。”

【創₂聲】 谓创作乐曲。白居易《霓裳羽衣歌》："由来能事皆有主，杨氏创声君造谱。"

割 〔gē《广韵》古達切，入曷，見。〕❶切割。李颀《夏宴张兵曹东堂》："羽扇摇风却珠汗，玉盆贮水割甘瓜。"韦应物《寇季膺古刀歌》："世人所好殊辽阔，千金买铅徒一割。"戴叔伦《相思曲》："将刀斫水水复连，挥刃割情情不断。"韦庄《冬夜》："无人为我磨心剑，割断愁肠一寸苗。"亦指划开，划破。杜甫《遣兴五首》之三："漆有用而割，膏以明自煎。"❷截断；砍伐。元结《讼木魅》："割大木使飞焰，徯枯腐之烧焚。"❸裁下，截取。韩愈、孟郊《城南联句》："割锦不酬价，构云有高营。"李商隐《房中曲》："枕是龙宫石，割得秋波色。"❹割舍，舍弃。杜甫《谒真谛寺禅师》："未能割妻子，卜宅近前峰。"岑参《登嘉州凌云寺作》："愿割区中缘，永从尘外游。"钱起《过瑞龙观道士》："得兹象外趣，便割区中缘。"❺切分，分割。杜甫《望岳》："造化钟神秀，阴阳割昏晓。"亦指割据。韩愈《过鸿沟》："龙疲虎困割川原，亿万苍生性命存。"❻刀割。岑参《走马川行奉送出师西征》："半夜军行戈相拨，风头如刀面如割。"戎昱《塞下曲》："嫖姚夜出军，霜雪割人肉。"又《苦哉行》之五："汉月割妾心，胡风凋妾颜。"

【割切】 切割。割裂切断。孟郊《寒溪》之六："恍如罔两说，似诉割切由。"

【割玉方】 指切割成方形之玉。李贺《酬答二首》之一："金鱼公子夹衫长，密装腰鞓割玉方。"

【割地】 谓割让土地。李商隐《商於》："割地张仪诈，谋身绮季长。"周昙《咏史诗·春秋战国门·虞卿》："割地求和国必危，安知坚守绝来思。"

【割肉】 指汉东方朔于伏日赐宴时拔剑割肉怀归事。典出《汉书·东方朔传》。杜甫《社日两篇》之一："尚想东方朔，诙谐割肉归。"

【割念】 谓割舍所眷念者。郑愔《送金城公主适西蕃应制》："皇情眷亿兆，割念俯怀柔。"皎然《哭吴县房耸明府》："割念命归驾，诀词向空筵。"

【割牲】 宰割牲畜。以为祭祀。李华《咏史十一首》之二："三老与五更，天王亲割牲。"

【割面】 割破颜面。王建《关山月》："边风割面天欲明，金沙岭西看看没。"此喻指风寒刺面，尖利如刀。

【割珠】 割下珍珠。李白《留别贾舍人至二首》之二："割珠两分赠，寸心贵不忘。"

【割砭】 割破、刺破人肤。韩愈《苦寒》："凶飙搅宇宙，铓刃甚割砭。"

【割席】 分席而坐，借指绝交。典出南朝宋刘义庆《世说新语·德行》。李瀚《蒙求》："管宁割席，和峤专车。"

【割酒】 据晋葛洪《神仙传·左慈》载：汉末方士左慈有道术。一日与曹操饮酒，拔道簪以画杯，酒中断，其间相去数寸。既饮半，半与曹操。后遂以"割酒"为咏道士或仙术之典。王维《赠焦道士》："饮人聊割酒，送客乍分风。"

【割剝】 ❶犹侵夺、盘剥。杜甫《送韦讽上阆州录事参军》："庶官务割剥，不暇忧反侧。"❷切割并剥去。杜甫《枯棕》："其皮割剥甚，虽众亦易朽。"

【割烹】 切割烹煮。代指烹饪。韩愈、李正封《晚秋郾城夜会联句》："洗沐恣兰芷，割烹厌腴膍。"

【割愛】 谓忍痛割绝、舍弃所爱。唐远悊《奉和金城公主适西蕃应制》："皇恩眷下人，割爱远和亲。"杨巨源《和吕舍人喜张员外自北番回至境上先寄二十韵》："割爱天文动，敦和国步安。"司空图《冯燕歌》："已为不平能割爱，更将身命救深冤。"

【割慈】 割舍慈亲之爱。指与亲人生离死别。杜甫《岁宴行》："况闻处处鬻男女，割慈忍爱还租庸。"

【割據】 谓凭借实力而分割占据一方土地。李白《读诸葛武侯传书怀赠长安崔少府叔封昆季》："霸图各未立，割据资豪英。"杜甫《夔州歌十绝句》之二："英雄割据非天意，霸主并吞在物情。"殷潜之《题筹笔驿》："江东矜割据，邺下夺孤嫠。"李山甫《乱后途中》："诸侯贪割据，群盗恣并吞。"

【割鮮】 谓切割宰杀禽畜或野兽。孟浩然《从张丞相游南纪城猎戏赠裴迪张参军》："顺时行杀气，飞刃争割鲜。"李白《幽州胡马客歌》："牛马散北海，割鲜若虎餐。"杜甫《病后遇王倚饮赠歌》："兼求富豪且割鲜，密沽斗酒谐终宴。"

【割鷄】 杀鸡。喻指治小邑。典出《论语·阳货》。李白《赠清漳明府侄聿》："小邑且割鸡，大刀伫烹牛。"吴筠《酬叶县刘明府避地庐山言怀诒郑录事昆季苟尊师兼见赠之》："从此罢飞凫，投簪辞割鸡。"

【割壤】 谓分割出一方土地。李白《留别金陵诸公》："黄旗一扫荡，割壤开吴京。"

十一画

剺 〔lí《广韵》里之切，平之，來。〕割，划破。元稹《闺晚》："红裙委砖阶，玉爪剺朱橘。"

【剺面】 以刀划破面部，表示决心或沉痛。杜甫《哀王孙》："花门剺面请雪耻，慎勿出口他人狙。"

剸 〔tuán《广韵》度官切，平桓，定。〕割切；斩截。杜甫《故秘书少监武功苏公源明》："青荧芙蓉剑，犀兕岂独剸！"孟郊《峡哀》之七："峡棱剸日月，日月多摧辉。”裴夷直《观淬龙泉剑》：“发硎思剸玉，投水化为龙。”

【剸割】 切割。孟郊《寒溪》之三：“波澜冻为刀，剸割凫与鹥。”白居易《叙德书情四十韵上宣歙翟中丞》：“磨铅重剸割，策蹇再奔驰。”

【剸犀】 谓剑锋利可截割犀革。后用以喻指出众的治事才干。语出汉王褒《圣主得贤臣颂》。刘长卿《古剑》：“傥遇拂拭恩，应知剸犀利。”孟郊《寄院中诸公》：“冠豸犹屈蠖，匣龙期剸犀。”

剽 〔piào《广韵》匹妙切，去笑，滂。〕❶抢劫。见“剽劫”“剽掠”。❷轻捷强悍。见“剽輕”。❸轻浮，轻薄。刘禹锡《历阳书事七十韵》：“本吴风俗剽，兼楚语音伧。”❹抄袭。见“剽盗”。❺指目光掠过。韩愈、孟郊《城南联句》：“鼻偷困淑郁，眼剽强盯睥。”

【剽劫】 抢劫，劫掠。杜甫《送韦十六评事充同谷郡防御判官》：“此邦承平日，剽劫吏所羞。”岑参《送颜平原》：“郊原北连燕，剽劫风未休。”贯休《读玄宗幸蜀记》：“百宫皆剽劫，九庙尽崩隳。”

【剽俗】 剽悍之习俗。沈佺期《别侍御严凝》：“自古传剽俗，有时逋恶子。”

【剽掠】 劫掠。杜甫《赠苏四徯》：“巴蜀倦剽掠，下愚成土风。”

【剽盗】 剽窃，抄袭。韩愈《荐士》：“搜春摘花卉，沿袭伤剽盗。”

【剽輕】 轻捷强悍之徒。刘禹锡《早夏郡中书事》：“虚怀询病苦，怀律操剽轻。”

勦[1] 〔jiǎo《集韵》子小切，上小，精。〕亦作“剿”。❶灭绝。陈元光《示珦》：“祛灾勦猛虎，溥德翊飞龙。”❷讨伐。徐彦伯《比干墓》：“锋剑勦遗孽。报复一何迅！”

勦[2] 〔chāo《广韵》初交切，平爻，初。〕轻捷。见“勦₂绝儿”。

【勦₂绝儿】 犹勦儿。健捷之勇士。李白《赠宣城宇文太守兼呈崔侍御》：“多逢勦绝儿，先著祖生鞭。”

十二画

劂 〔jué《广韵》居月切，入月，見。〕雕刻用的曲凿。见“剞劂”。

劀 〔guā《广韵》古滑切，入黠，見。〕刮除。皮日休《初夏游楞伽精舍》：“伊予惬斯志，有似劀瘢痍。”

劃[1] 〔huà《广韵》胡麥切，入麥，匣。又呼麥切，入麥，曉。〕❶分开，劈分。姚合《恶神行雨》：“龙喷黑气翻腾滚，鬼掣红光劈划揁。”亦指裂开，破裂。韩愈《忆昨行和张十一》：“念昔从君渡湘水，大帆夜划穷高桅。”❷忽然。王泠然《夜光篇》：“划为飞电来照物，乍作流星并上空。”杜甫《秋日荆南述怀三十韵》：“得丧初难识，荣枯划易该。”韩愈《调张籍》：“垠崖划崩豁，乾坤摆雷硠。”❸豁然。韩愈《南山诗》：“前低划开阔，烂漫堆众皱。”❹犹画。谓持物划出线条。白居易《新昌新居书事四十韵因寄元郎中张博士》：“浮荣水划字，真谛火生莲。”

劃[2] 〔huá〕❶以刀划破物。割切，刻划。孟浩然《行出东山望汉川》：“万壑归于汉，千峰划彼苍。”韩愈《和裴仆射相公假山十一韵》：“有洞若神剜，有岩类天划。”李沇《秋霖歌》：“恨无长剑一千刃，划断顽云看晴碧。”亦指刻划之痕迹。姚合《天竺寺殿前立石》：“霹雳划深龙旧攫，屈槃痕浅虎新抓。”❷拨动，划动。张籍《祭退之》：“划波激船舷，前后飞鸥鸧。”孙鲂《句》：“划多灰渐冷，坐久席成灰。”

【劃分】 从中划界使分开。徐夤《和尚书咏泉山瀑布十二韵》：“急恐划分青嶂骨，久应绷裂翠微腰。”

【劃見】 忽然见到。杜甫《苦雨奉寄陇西公兼呈王徵士》：“划见公子面，超然欢笑同。”任华《寄李白》：“手下忽然片云飞，眼前划见孤峰出。”

【劃然】 ❶忽然。鲁收《怀素上人草书歌》：“划然放纵惊云涛，或时顿挫萦毫发。”韩愈《听颖师弹琴》：“划然变轩昂，勇士赴敌场。”❷豁然。萧颖士《赵载同游焦湖夜归作》：“划然气象分，万顷行可见。”

十三画

劇 〔jù《广韵》奇逆切，入陌，羣。〕❶甚，极。杜牧《长安送友人游湖南》：“子性剧弘和，愚衷深褊狷。”皮日休《追和幽独君诗次韵》：“恨剧但埋土，声幽难放哀。”亦指浓、盛。杜甫《驱竖子摘苍耳》：“江上秋已分，林中瘴犹剧。”独孤及《客舍月下对酒醉后寄毕四耀》：“主人奏丝桐，能使高兴剧。”皇甫湜《题浯溪石》：“中行虽富剧，粹美若可盖。”❷胜过，甚于。王维《洛阳女儿行》：“狂夫富贵在青春，意气骄奢剧季伦。”李白《玉真公主别馆苦雨赠卫尉张卿二首》之二：“秋霖剧倒井，昏雾横绝巘。”司空曙《苦热》：“漱泉齐饮酎，衣葛剧兼裘。”皮日休《三羞诗三首》之一：“乘遽剧飞鸟，就传过风发。”❸繁多；频繁。常衮《咏冬槐花》：“雨朝胜濯锦，风夜剧焚香。”李贺《秋凉诗寄正字十二兄》：“长思剧寻环，乱忧抵覃葛。”白居易《寄杨六》：“青宫官冷静，赤县事繁剧。”杨衡《南海苦雨寄赠王四侍御》："念近剧怀远，涉浅定知深。"❹繁忙之政务、事务。孟浩然《赠萧少府》："处腴能不润，居剧体常闲。"刘长卿《洛阳主簿叔知和驿承恩赴选伏辞一首》："一从理京剧，万事皆容易。"韦应物《赠萧河南》："厌剧辞京县，褒贤待诏书。"亦指政务繁忙而地位重要之地。杜甫《遣怀》："名今陈留亚，剧则贝魏俱。"另见"劇縣""劇郡""劇鎮"。❺疾速。李白《宣城送刘副使入秦》："月明关山苦，水剧陇头悲。"❻戏游；嬉戏。李白《长干行二首》之一："妾发初覆额，折花门前剧。"又《越女词五首》之二："吴儿多白皙，好为荡舟剧。"韩愈《汴泗交流赠张仆射》："此诚习战非为剧，岂若安坐行良图？"❼道路交汇曰剧。引申指道路往来人多，交通繁忙。卢照邻《长安古意》："南陌北堂连北里，五剧三条控三市。"萧颖士《早春过七岭寄题硖石裴丞厅壁》："兹路岂不剧，能无俗累纷？"于兴宗《东阳涵碧亭》："路剧阴溪里，寒生暑气中。"

【劇邑】　事务繁难之邑。张蠙《赠江都郑明府》："兵乱几年临剧邑，公清终日似闲居。"

【劇辛】　战国赵人。燕昭王求贤，为郭隗筑宫而师之，剧辛乃自赵往，与乐毅、邹衍等共辅国政，燕遂富强而破齐。事见《战国策·燕策一》。李白《古风》之十五："剧辛方赵至，邹衍复齐来。"又《行路难三首》之二："剧辛乐毅感恩分，输肝剖胆效英才。"

【劇事】　繁难之事务、职事。元稹《卢头陀诗》序："不三十余，历八诸侯府，皆掌剧事。"

【劇孟】　西汉洛阳人，以任侠显名于诸侯，事见《史记·游侠列传》。袁瓘《鸿门行》："晨过剧孟游，暮投咸阳宿。"李白《梁甫吟》："吴楚弄兵无剧孟，亚夫咍尔为徒劳。"钱起《逢侠者》："燕赵悲歌士，相逢剧孟家。"李瀚《蒙求》："剧孟一敌，周处三害。"

【劇郡】　政务繁重之大郡。白居易《郡斋旬假始命宴呈座客示郡寮》："况为剧郡长，安得闲宴频！"

【劇曹】　原为汉尚书之属吏，后泛指事务繁忙之曹吏。李颀《送刘四赴夏县》："赤县繁词满剧曹，白云孤峰晖永日。"孙逖《送赵大夫护边》："欲传清庙略，先取剧曹郎。"

【劇部】　事务繁重之部门。卢纶《送元昱尉义兴》："风标当剧部，冠带称儒家。"元稹《台中鞫狱忆开元旧事呈损之兼赠周兄四十韵》："哀哉剧部职，唯数赃罪锾。"

【劇務】　繁重之政务、事务。韦应物《答长安丞裴说》："从容操剧务，文翰方见推。"

【劇談】　犹畅谈。亦指健谈。骆宾王《春日离长安客中言怀》："剧谈推曼倩，惊坐揖陈遵。"杜甫《寄李十二白二十韵》："剧谈怜野逸，嗜酒见天真。"陈陶《题赠高闲上人》："剧谈凌凿齿，清论倒波旬。"

【劇敵】　强敌，劲敌。元稹《酬卢秘书》："剧敌徒相轧，羸师亦自媒。"

【劇縣】　政务繁重之县。汉时与"平县"相对。如畿辅之县均为剧县。独孤及《送江陵全少卿赴府任》："冢司方慎选，剧县得英髦。"权德舆《送二十叔赴任余杭尉》："梅仙归剧县，阮巷奏离琴。"无可《书事寄万年厉员外》："帝城皆剧县，令尹美居东。"

【劇諫】　激切耿直之劝谏。贯休《送高九经赴举》："志列秋霜好，忠言剧谏奇。"

【劇黠】　轻捷狡黠。贯休《和杨使君游赤松山》："乳猿剧黠挂险树，露木翠脆生诸峰。"

【劇鎮】　重镇。政务繁剧之藩镇。元稹《和李校书新题乐府十二首·蛮子朝》："自居剧镇无他绩，幸得蛮来固恩宠。"

【劇韻】　谓写诗用险韵。刘禹锡《牛相公见示新什谨依本韵次用以抒下情》："剧韵新篇至，因难始见能。"

劍　〔jiàn《广韵》居欠切，去梵，見。〕❶古代兵器名。双刃，短柄，锋尖利，背中间有脊。许天正《和陈元光平潮寇》："落剑唯戎首，游绳系胁从。"刘长卿《奉饯郑中丞罢浙西节度还京》："孤蓬飞不定，长剑光未灭。"白居易《折剑头》："勿轻直折剑，犹胜曲全钩。"沈彬《都门送别》："一条灞水清如剑，不为离人割断愁。"❷指剑术。李百药《过杨玄感墓》："剑有万人敌，文为一代英。"❸指剑门山。李商隐《井络》："井络天彭一掌中，漫夸天设剑为峰。"韦庄《重围中逢萧校书》："剑高无鸟度，树暗有兵藏。"

【劍三千】　代指剑士或军士，见《庄子·说剑》。杜甫《寄岳州贾司马六丈巴州严八使君两阁老五十韵》："苍茫城七十，流落剑三千。"

【劍士】　长于剑术之武士。亦泛指武士。元稹《桐花》："剑士还农野，丝人归织纴。"

【劍工】　铸剑之工匠。皎然《桃花石枕歌赠康从事》："剑工见兮可为剑，玉工辨兮知非石。"

【劍山】　即大剑山。在剑州（今四川剑阁）。武元衡《幕中诸公有观猎之作因继之》："刀州城北剑山东，甲士屯云骑散风。"吴融《坤维军前寄江南弟兄》："二年征战剑山秋，家在松江白浪头。"

【劍川】　即大剑水。在剑州普安县（今四川剑阁）西空冢山下。岑参《送柳录事赴梁州》："知君归梦积，来去剑川长。"参阅李吉甫《元和郡县图志》卷三十三。

【劍水】　❶亦称剑河。在唐关内道北部回鹘境内。岑参《北庭西郊候封大夫受降回军献上》："阴山烽火灭，剑水羽书稀。"❷即大剑水。出剑州（今四川剑阁）西空冢山下，其近有千人岩，中有石室，可容千人。储光羲《陆著作挽歌》之三："剑水千人石，荆江万里流。"

【劍化】 喻离开人世，见《晋书·张华传》。韩愈《大行皇太后挽歌词三首》之二："凤飞终不返，剑化会相从。"

【劍化江】 即剑津、延平津。王初《延平天庆观》："剑化江边绿构新，层台不染玉梯尘。"

【劍文】 剑上之纹理。李益《从军有苦乐行》："剑文夜如水，马汗冻成霜。"韦庄《辛丑年》："西望翠华殊未返，泪痕空湿剑文斑。"

【劍心】 喻勇猛之气。韩愈、孟郊《会合联句》："剑心知未死，诗思犹孤耸。"

【劍功】 剑术方面的功力、功夫。皮日休《寄滑州李副使员外》："故人勋重金章贵，犹在江湖积剑功。"

【劍石】 耸立如剑形之石。韩愈、孟郊《城南联句》："剑石犹竦槛，兽材尚拿楹。"

【劍外】 指剑阁（在今四川）以南地区。杜甫《恨别》："草木变衰行剑外，兵戈阻绝老江边。"李德裕《故人寄茶》："剑外九华英，缄题下玉京。"李商隐《悼伤后赴东蜀辟至散关遇雪》："剑外从军远，无家与寄衣。"高璩《和薛逢赠别》："剑外绵州第一州，尊前偏喜接君留。"

【劍伎】 舞剑之技艺。郑嵎《津阳门诗》："都卢寻橦诚龌龊，公孙剑伎方神奇。"

【劍色】 剑气，剑光。项斯《送苗七求职》："独眠秋夜琴声急，未拜军城剑色高。"

【劍州】 唐州名，属剑南道。隋为普安郡。唐初改称始州，先天二年（713）更为剑州。领普安、黄安、梓潼、临津、剑门等八县。治在普安（今四川剑阁）。杜甫《将赴荆南寄别李剑州》："使君高义驱今古，寥落之年坐剑州。"李洞《送东宫贾正字之蜀》："长栈怀宫树，疏峰露剑州。"

【劍池】 水池名。❶在吴郡（今江苏苏州）虎丘。传吴王阖庐死后葬于此，下埋剑三千。秦始皇东巡至此，欲求其剑，有虎踞坟，始皇以剑击之，误中于石，乃陷为池。杜甫《壮游》："剑池石壁仄，长洲荷芰香。"颜真卿《刻清远道士诗因而继作》："剑池穿万仞，盘石坐千人。"白居易《重答刘和州》："花边妓引寻香径，月下僧留宿剑池。"李商隐《和人题真娘墓》："虎丘山下剑池边，长遣游人叹逝川。"❷在豫章丰城（今江西省丰城市）。传晋雷焕见斗牛间有剑气，乃于此处掘地得龙泉、太阿二剑。李群玉《宝剑》："雷焕丰城掘剑池，年深事远迹依稀。"章孝标有《丰城剑池即事》。陈陶有《剑池》。参阅《晋书·张华传》。

【劍池驛】 驿站名。在豫章丰城县（今江西省丰城）。权德舆有《丰城剑池驿感题》。参见"劍池❷"。

【劍芒】 同"劍鋩"。剑锋。陈至《赋得芙蓉出水》："剑芒开宝匣，峰影写蒲津。"

【劍花】 即剑华。剑之光芒。李白《塞下曲六首》之五："边月随弓影，胡霜拂剑花。"

【劍門】 山名。亦名大剑山、梁山。在剑州普安县北（今四川剑阁东北）。圣历二年（699），分普安、永归、阴平三县置剑门县，县即因剑门山为名。山东西二百余里，险处峭壁千丈，下瞰绝涧，唯阁道可通。为自秦入蜀之险塞。卢照邻《赠益府群官》："单栖剑门上，独舞岷山足。"辛常伯《军中行路难》："阁道岧峣起戍楼，剑门遥裔俯灵丘。"李逢吉《奉酬忠武李相公见寄》："剑门失险曾缚虎，淮水安流缘斩鲸。"王锋《谒梓潼张恶子庙》："剑门喜气随雷动，玉垒韶光待贼平。"

【劍門兵革】 指西川都兵马使崔旰杀剑南节度使郭英乂之乱，见《资治通鉴·代宗永泰元年》。戎昱《入剑门》："剑门兵革后，万事尽堪悲。"

【劍佩】 亦作"劍珮"。随身佩戴之剑与其垂佩。唐制五品以上官员之朝服有剑、佩、绶、袜、舄，五品以下至七品则去剑、佩、绶。朱庆余《送崔拾遗赴阙》："剑佩分班日，风霜独立时。"李商隐《谢往桂林至彤庭窃咏》："鱼龙排百戏，剑佩俨千官。"杜光庭《题鹤鸣山》："人间回首山川小，天上凌云剑佩轻。"

【劍河】 见"劍水❶"。岑参《轮台歌奉送封大夫出师西征》："剑河风急雪片阔，沙口石冻马蹄脱。"

【劍津】 亦名剑溪、剑潭、龙津，即延平津。在今福建延平。传晋雷焕于丰城掘得之双剑，后由其子华携至此津，于渡津时忽自腰间堕水化为双龙而去，故名。窦巩有《题剑津》。参见"劍化"。

【劍南】 地域名。唐十道之一。贞观时置，治在成都，辖今四川省剑阁以南、大江以北与云南省之东北一带。开元中复置剑南节度使。杜甫《至后》："冬至至后日初长，远在剑南思洛阳。"王建《宫词一百首》之三十："遥索剑南新样锦，东宫先钓得鱼多。"周贺《送蜀僧》："看经更向吴中老，应是山川似剑南。"薛能《闻官军破吉浪戎小而固虑史氏遗忽因记为二章》之一："高楼一拟望，新雨剑南清。"

【劍南臣】 乐府题名。《全唐诗》卷二七《杂曲歌辞》有《剑南臣》一首，五言八句，四平韵。谓系肃宗时人作。

【劍虹】 犹剑气。剑上之光芒。虞世南《结客少年场行》："焰焰霜戈动，耿耿剑虹浮。"

【劍脊】 劍棱。古代剑为双刃，其两面中间凸起之棱称剑脊。刘禹锡《游桃源一百韵》："宝气浮鼎耳，神光生剑脊。"

【劍客】 精于剑术之侠客。李贺《出城别张又新酬李汉》："时宜裂大袂，剑客车盘茵。"孟简《拟古》："剑客不夸貌，主人知此心。"李商隐《哭虔州杨侍郎》："入韩非剑客，过赵受钳奴。"

【劍珮】　同"剑佩"。岑参《奉和中书舍人贾至早朝大明宫》："花迎剑珮星初落，柳拂旌旗露未干。"戴叔伦《赠张挥使》："汉廷求卫霍，剑珮上青霄。"陈羽《送戴端公赴容州》："山断旌旗出，天晴剑珮光。"曹唐《送刘尊师祇诏阙庭三首》之一："五湖夜月幡幢湿，双阙清风剑珮轻。"

【劍華】　剑光。剑之光华。顾况《从军行二首》之一："长弓挽满月，剑华霜雪明。"

【劍峰】　喻指陡峭尖削如剑之山峰。雍陶《到蜀后记途中经历》："剑峰重叠雪云漫，忆昨来时处处难。"刘睽《题越王楼寄献中丞使君》："山簇剑峰朝阙远，水如巴字绕城流。"翁洮《赠进士李德新接海棠梨》："一种呈妍今得地，剑峰梨岭谩纵横。"

【劍氣】　剑之光芒。钱珝《江行无题一百首》之八三："自怜非剑气，空向斗牛星。"无可《书事寄万年厉员外》："凫飞将去叶，剑气尚埋丰。"谭用之《月夜怀寄友人》："剑气徒劳望斗牛，故人别后阻仙舟。"无名氏《桃川宫》(外编下)："九转丹砂龙虎伏，千年剑气鬼神惊。"

【劍笏】　剑与笏。亦指佩剑执笏，借指任职。韩翃《送夏侯侍郎》："事业初传小夏侯，中年剑笏在西州。"又《赠别上元主簿张著》："上书一见平津侯，剑笏斜齐秣陵尉。"

【劍眸】　犹清眸。谓人之明眸清亮如剑光。杜牧《寄李起居四韵》："南国剑眸能盼眄，侍臣香袖爱僛垂。"

【劍崖】　刻有山形图案之剑柄。李贺《夜来乐》："剑崖鞭节青石珠，白騧吹湍凝霜须。"

【劍術】　击剑之术。李白《结客少年场行》："少年学剑术，凌轹白猿公。"高适《东平留赠狄司马》："马蹄经月窟，剑术指楼兰。"钱起《送马员外拜官觐省》："笔精已许台中妙，剑术还令世上闻。"贯休《贺郑使君》："天文仰视同诸掌，剑术无前更数谁?"

【劍栈】　剑阁之栈道。李商隐《韩冬郎即席为诗相送句有老成之风因成二绝寄酬兼呈畏之员外》之二："剑栈风樯各苦辛，别时冰雪到时春。"

【劍戟】　剑与戟。亦泛指武器。韩愈、李正封《晚秋郾城夜会联句》："何当铸剑戟，相与归台阁?"刘禹锡《白舍人曹长寄新诗有游宴之盛因以戏酬》："水通山寺笙歌去，骑过虹桥剑戟随。"杜荀鹤《恩门致书远及山居因献之》："身居剑戟争雄地，道在乾坤未丧间。"蜀后主王衍《过白卫岭和韩昭》："前望陇山屯剑戟，后凭巫峡锁烽烟。"

【劍舄】　同"剑履"。权德舆《奉和圣制重阳日即事六韵》："金丝响仙乐，剑舄罗宗公。"温庭筠《病中书怀呈友人》："功庸留剑舄，铭戒在盘盂。"

【劍楯】　剑与盾。代指战争。韦庄《和郑拾遗秋日感事一百韵》："文风销剑楯，礼物换旗裳。"

【劍路】　剑阁之路。指入蜀栈道。朱庆余《送李余及第归蜀》："剑路红蕉明栈阁，巴村绿树荫神祠。"

【劍蜀】　指蜀地，即今四川一带。因其地有剑阁，故称。周昙《咏史诗·前汉门·僭号公孙述》："剑蜀金汤孰敢争，子阳才业匪雄英。"

【劍道】　剑阁之栈道。孙逖《送靳十五侍御使蜀》："驿绕巴江转，关迎剑道开。"张乔《送友人游蜀》："巴山开国远，剑道入天微。"

【劍歌】　弹剑而歌。典出《战国策·齐策四》。后遂以"剑歌"指壮士之慷慨悲歌。王珪《咏淮阴侯》："信亦胡为者，剑歌从项梁。"李白《少年行二首》之一："击筑饮美酒，剑歌易水湄。"李群玉《登宜春醉宿景星寺寄郑判官兼简空上人》："耻息恶木阴，难书剑歌意。"韦庄《东游远归》："扣角干名计已疏，剑歌休恨食无鱼。"

【劍铓】　亦作"劍芒"。剑锋，剑尖。柳宗元《与浩初上人同看山寄京华亲故》："海畔尖山似剑铓，秋来处处割愁肠。"

【劍鋒】　剑之尖端。司空曙《送王使君赴太原拜节度副使》："剑锋将破虏，函道罢登楼。"

【劍潭】　即剑津。欧阳詹有《题延平剑潭》。翁承赞《访建阳马驿僧亚齐》："一轴新诗剑潭北，十年旧识华山西。"

【劍履】　代指朝廷重臣所享有之殊荣，见《史记·萧相国世家》。宋之问《自洪府舟行直书其事》："济济同时人，台庭鸣剑履。"王维《故太子太师徐公挽歌四首》之二："剑履升前殿，貂蝉托后车。"刘禹锡《同乐天送令狐相公赴东都留守》："尚书剑履出明光，居守旌旗赴洛阳。"曹唐《仙都即景》："衣冠留葬桥山月，剑履如随浪海风。"

【劍器】　古代健舞(与软舞对称，即武舞)曲名。舞者戎装空手而舞。一说持剑而舞。或谓所持非剑，乃以丈余彩帛，两端缀彩物，舞时似剑非剑，故称"剑器"。杜甫《观公孙大娘弟子舞剑器行》："先帝侍女八千人，公孙剑器初第一。"姚合有《剑器词三首》。司空图有《剑器》。

【劍龍】　指晋雷焕子华佩其父所得宝剑过延平津时，剑忽堕水化龙而去事。鲍溶《寄福州从事殷尧藩》："雷令剑龙知去未，虎夷云鹤亦来无?"参见"劍化"。

【劍壁】　即剑门山，剑阁。以其陡峭如壁，故称。

骆宾王《艳情代郭氏答卢照邻》："锦字回文欲赠君，剑壁层峰自纠纷。"李白《上皇西巡南京歌十首》之一："剑壁门高五千尺，石为楼阁九天开。"钱起《赋得青城山歌送杨杜二郎中赴蜀军》："青城嵌岑倚空碧，远压峨嵋吞剑壁。"武元衡《送李正字归蜀》："剑壁秋云断，巴江夜月多。"

【劍壑】 指苏州虎丘之剑池。沈亚之《虎丘山真娘墓》："金钗沦剑壑，兹地似花台。"

【劍騎】 仗剑之骑士。亦指骑兵或军队。王丘《奉和圣制送张尚书巡边》："策密鬼神秘，威成剑骑雄。"张逊《长洲苑》："剑骑缘汀入，旌门隔屿开。"

【劍璽】 汉刘邦之斩蛇剑与传国玺。汉代太子即位受玺，中黄门即以斩蛇宝剑授，后遂用为政权之象征。李白《流夜郎半道承恩放还兼欣克复之美书怀示息秀才》："一朝让宝位，剑玺传无穷。"

【劍藝】 击剑之技艺。亦代指武艺。卢纶《送彭开府往云中觐使君兄》："破虏山铭在，承家剑艺全。"

【劍關】 剑门关之省称。储光羲《同诸公送李云南伐蛮》："剑关掉鞅归，武弁朝建章。"温庭筠《赠蜀府将》："十年分散剑关秋，万事皆随锦水流。"喻坦之《送友人游蜀》："雪消巴水涨，日上剑关明。"刘兼《蜀都道中》："剑关云栈乱峥嵘，得丧何由险与平？"

【劍鐔】 剑之贴近手柄部分。李商隐《自桂林奉使江陵途中感怀寄献尚书》："假寐凭书簏，哀吟叩剑镡。"陆龟蒙《京口与友生话别》："碧玉雕琴荐，黄金饰剑镡。"

劉 〔liú《广韵》力求切，平尤，來。〕❶诛杀，残害。顾况《从江西至彭蠡》："生人罢虔刘，井税均且充。"柳宗元《贞符》序："无刘于虐，人乃并受休嘉。"卢仝《月蚀诗》："食天之眼养逆命，安得上帝请汝刘！"❷指刘邦所建之汉王朝。王勃《倬彼我系》："居卫仕宋，臣嬴相刘。"刘禹锡《桃源图》："嬴颠刘蹶了不闻，地坼天分非所恤。"白居易《题四皓庙》："卧逃秦乱起安刘，舒卷如云得自由。"参见"劉項"。❸指东汉末刘晨。见"劉阮"。❹指东汉末刘桢。许浑《哭杨攀处士》："嵇阮没来无酒客，应刘亡后少诗人。"❺指晋刘琨。见"劉卢"。❻指唐刘禹锡。见"劉白"。❼指唐刘方舆。白居易《忆杭州梅花因叙旧游寄萧协律》："薛刘相次埋新垅，沈谢双飞出故乡。"

【劉乙】 五代闽泉州人。字子真。闽王昶通文年间官凤阁舍人。后弃官隐居安溪凤髻山。与詹敦仁为友。曾辑诸酗酒致误例事编为《百悔集》。传见《十国春秋》卷九十七。詹敦仁有《寄刘乙处士》。《全唐诗》卷七六三、八八六收其诗三首，逸句一联。

【劉二】 刘颍。唐曹州（今山东曹县北）人。兵部侍郎刘埴之子。曾任著作郎。《新唐书·艺文志四》载有《刘颍集》十卷。独孤及有《代书寄上裴六冀刘二颍》。

【劉二十八】 即刘禹锡。柳宗元有《朗州窦常员外寄刘二十八诗见促行骑走笔酬赠》。白居易有《醉赠刘二十八使君》。

【劉十五】 刘公舆。唐汴州尉氏县（今河南尉氏）县人。京兆少尹刘昂之孙，慈州刺史刘元鼎弟。曾官祠部员外郎。白居易有《常乐里闲居偶题十六韵兼寄刘十五公舆王十一起张十五仲元时为校书郎》。参阅《新唐书·表十一下》。

【劉八】 ❶即刘方平。皇甫冉有《寄刘八山中》《与张諲宿刘八城东庄》。❷即刘长卿。皇甫冉有《归阳羡兼送刘八长卿》。

【劉九】 刘传经。字仲习。曹州（今山东曹县）人。戴叔伦有《酬别刘九郎评事传经同泉字》。

【劉三十二】 即刘敦质。白居易有《过刘三十二故宅》《感化寺见元九刘三十二题名处》等诗。

【劉三復】 唐润州句容（今江苏句容）市人。懿宗宰相刘邺之父。少贫苦。李德裕任浙西观察使，奇其文，表为掌书记。李领剑南、淮南，亦用为幕僚。后遣诣京师求试，遂登第。武宗会昌时，历任刑部侍郎、弘文馆学士。《新唐书·艺文志四》载有《刘三复表状》一卷。许浑有《和浙西从事刘三复送僧南归》与《下第归朱方寄刘三复》。杜牧有《送刘三复郎中赴阙》。《全唐诗》卷五七〇收其诗一首。参阅《新唐书·刘邺传》。

【劉大】 ❶即刘眘虚。孟浩然有《九日龙沙作寄刘大眘虚》。高适有《别刘大校书》。❷刘伯刍。字素芝。河南伊阙（今洛阳南）人。曾任淮南节度府判官。历官右补阙、主客员外郎、虔州参军、给事中，迁刑部侍郎，卒赠工部尚书。《旧唐书》卷一五三、《新唐书》卷一六〇有传。窦群有《赠刘大兄院长》。

【劉大夫】 ❶刘公济。唐大臣。字敬。柳宗元父之友。贞元十八年（802）以同州刺史为鄜州刺史、鄜坊丹延节度使。入为工部尚书，贞元二十年卒。白居易有《和渭北刘大夫借便秋遮虏寄中朝亲友》。权德舆有《奉和鄜州刘大夫麦秋出师遮虏有怀中朝亲故》。❷刘瑑。唐高宗相刘仁轨之五世孙。字子全。开成初进士。为陈夷行判官。入迁左拾遗。大中初，擢翰林学士，迁刑部侍郎。由河南尹进宣武军节度使，徙河东节度使。大中十年（856）为相。十一年卒。赠尚书左仆射。传见《旧唐书》卷一七七，《新唐书》卷一八二。杜牧有《分司东都寓居履道叨承川尹刘侍郎大夫恩知上四十韵》。许浑有《玩残雪寄江南刘大夫》《蒙河南刘大夫见示与吏部张公喜雪酬唱辄敢攀和》。按：岑仲勉《读全唐诗札记》疑上述杜牧诗当为许浑诗，又谓许诗题中之“江南”当作“河南”。

【劉山甫】　晚唐彭城（今江苏徐州）人。仕闽王审知为威武军节度判官。官终殿中侍御史。著有《金豁闲谈》十二卷，今逸。以撰《徐寅墓志铭》为世所称。《十国春秋》卷九五有传。《全唐诗》卷七六三收其诗一首。

【劉叉】　唐诗人。自称彭城子。河朔间人。少任侠，因酒杀人亡命。遇赦出，乃改志读书，博学而工于诗。性刚直不与世合，家贫，不俯仰贵人。据传曾以诗谒韩愈，出入门馆无间，后以争语不能下宾客，持愈案上金数斤而去，曰：“此谀墓中人所得，不若与刘君为寿。”遂游齐鲁，不知所终。其诗造语险涩，为卢仝、孟郊、韩宗师所重，风格亦近之。传附《新唐书·韩愈传》后。诗见《全唐诗》卷三九五。姚合有《赠刘叉》。参阅元辛文房《唐才子传》卷五。宋计有功《唐诗纪事》卷三十五。

【劉元叔】　唐诗人。生平未详。《全唐文》卷九五四收其《夏云赋》一篇，“叔”字作“淑”。《全唐诗》卷七七三收其诗一首。

【劉元載妻】　名字未详。《全唐诗》卷八〇一载其诗一首。

【劉夫子】　指刘禹锡。裴度、白居易《度自到洛中与乐天为文酒之会而梦得亦分司至欢惬可知因为联句》：“唯忆刘夫子，而今又到来。”

【劉太白】　即刘敦质。太白其字。元稹有《送刘太白》。白居易有《梦亡友刘太白同游彰敬寺》。

【劉太冲】　唐诗人。刘太真之兄。萧颖士门生。彭城（今江苏徐州）人。天宝十二年登进士第。《全唐诗》卷二〇九收其诗一首。

【劉太真】　唐诗人。字仲适。宣州（今安徽宣城）人。少师事萧颖士。天宝十三年登进士第。淮南陈少游表为掌书记。大历中，拜起居郎。后自中书舍人转工部、刑部侍郎。迁礼部掌贡士，多取大臣贵近子弟，坐贬信州刺史，卒。有集三十卷，今逸。《全唐诗》卷二五二收其诗四首。与韦应物、贾邕有往还。韩翃有《送丹阳刘太真》。传见《旧唐书》卷一三七、《新唐书》卷二〇三。参阅裴度《刘太真神道碑铭》。

【劉中壘】　即汉刘向。汉成帝时曾为中垒校尉（京城屯兵八校之一），故称。独孤及《送刘宾客荆南迎亲》：“宗室刘中垒，文场谢客儿。”

【劉公】　❶指刘瑑。瑑曾任河南尹（唐人称三川守）。杜牧有《川守大夫刘公早岁寓居敦行里肆今之置第乃获旧居洛下大僚因有唱和》。许浑有《寄献三川守刘公》。❷指晋刘弘。许浑《寄献三川守刘公》之二：“长闻季氏千金诺，更望刘公一纸书。”❸指汉淮南王刘安。传刘服食仙药而升天。李山甫《自叹拙》：“不是刘公药，何由变此身？”❹指汉刘晨。温庭筠《寄分司元庶子兼呈元处士》：“刘公春尽芜菁色，华廙愁深苜蓿花。”

【劉公亮】　唐官员。建中元年（780）文词清丽科登第。曾任监察御史。欧阳詹有《福州送郑楚材赴京时监察刘公亮有感激郑意》。

【劉公幹】　即刘桢。公幹其字。李百药《赋得魏都》：“还惜刘公幹，疲病清漳隈。”高适《奉酬睢阳路太守见赠之作》：“逸气刘公幹，玄言向子期。”韩翃《送刘侍御赴令公行营》：“上客刘公幹，元戎郭细侯。”

【劉公興】　刘公舆之讹。全唐诗卷七八一收其诗一首。岑仲勉《读全唐诗札记》谓“公兴”当作“公舆”。

【劉公輿】　唐贞元、元和间尉氏（在今河南）人。京兆少尹昂之孙。慈州刺史元鼎弟。曾任祠部员外郎。白居易有《常乐里闲居偶题十六韵兼寄刘十五公舆王十一起张十五仲元时为校书郎》。《全唐诗》卷七八一收其诗一首。名误作“公兴”。

【劉舟】　唐诗人。萧颖士门生。天宝十二年进士及第。《全唐诗》卷二〇九载其诗一首。

【劉氏】　❶指汉朝王室。赵嘏《送从翁中丞奉使黠戛斯六首》之六：“秦皇无策建长城，刘氏仍穷北路兵。”❷犹言某家，非实指。刘禹锡《乐天少傅五月长斋谢绝文友坐成暌间因以戏之》：“马家供薏苡，刘氏饷芜菁。”

【劉文叔】　即汉光武帝刘秀。文叔，秀之字。无名氏《子陵山洞》（外编下）：“平生知己谁？故人刘文叔。”

【劉文樹】　唐玄宗时安西（今新疆库车县）牙将。黄幡绰《嘲刘文树》：“可怜好个刘文树，髭须共颏颐别住。”

【劉方平】　唐天宝、大历间诗人。河南（今河南洛阳）人。江南采访使刘微之子。善画，工山水树石。诗亦多写山水乡情。诗见《全唐诗》卷二五一。皇甫冉有《寄刘方平》《刘方平壁画山》《答张諲刘方平兼呈贺兰广》等诗。参阅傅璇琮《唐代诗人丛考·刘方平的世系及交游考》。

【劉允濟】　唐洛州巩（今河南巩县）人。少孤，工文辞，与王勃齐名。弱冠，本州举进士。补下邽尉，累迁著作郎。献《鲁后春秋》，迁左史，兼直弘文馆。武后垂拱间献《明堂赋》，拜著作郎。后为来俊臣构陷下狱。遇赦，贬大庾尉，复为著作佐郎，修国史，迁凤阁舍人。后为修文馆学士卒。《新唐书·艺文志》载，有《鲁后春秋》二十卷、《刘允济集二十卷》《金门待诏集》二十卷。《全唐诗》卷六三收其诗四首。传见《旧唐书》卷一九〇、《新唐书》卷二〇二。

【劉四】 ❶即刘晏。李颀有《送刘四赴夏县》《双笋歌送李回兼呈刘四》。刘长卿《奉饯郎中四兄罢余杭太守承恩加侍御史充行军司马赴汝南行营》,岑仲勉《唐人行第录》谓似是晏。❷刘公济。字景通,唐彭城(今江苏徐州)人。刘禹锡之从叔,郡望河间,曾官吏部员外。贞元十八年以同州刺史为鄜州刺史、鄜坊、丹延节度使。二十年迁工部尚书。卒谥敬。权德舆有《哭刘四尚书》。刘禹锡有《许给事见示哭工部刘尚书诗因命同作》。自注云:"从叔自渭北节度以疾归朝。比及拜尚书,竟不克中谢。"

【劉白】 刘禹锡、白居易之连称。令狐楚有《皇城中讥刘白赏春不及》。白居易《赠梦得》:"闻道洛城人尽怪,呼为刘白二狂翁。"牛僧孺《李苏州遗太湖石奇状绝伦因题二十韵奉呈梦得乐天》:"诗仙有刘白,为汝数逢迎。"薛能《柳枝词五首》之五:"刘白苏台总近时,当初章句是谁推?"

【劉主】 指三国蜀主。薛能《西县途中二十韵》:"葛侯真竭泽,刘主合亡家。"此指刘禅。韦庄《寄从兄遵》:"不将高卧邀刘主,自吐清谈护汉储。"此指刘备,并以喻指前蜀王建。

【劉玄刮席】 刘玄(? —25),字圣公,南阳蔡阳(今湖北枣阳)人。汉室皇裔。新莽末为王匡、王凤等农民起义军拥立为更始帝。破莽后入长安,荒淫放纵。更始三年,赤眉破长安,玄降,被杀。《后汉书·刘玄传》谓:更始初入长乐宫,升前殿,郎吏以次列之。更始羞怍,俯首刮席不敢视。刮席:以手擦席,手足无措貌。李瀚《蒙求》:"刘玄刮席,晋惠闻蟆。"

【劉司户】 即刘蕡。蕡卒于柳州司户参军任。李商隐有《赠刘司户》《哭刘司户二首》。

【劉弘】 晋大将。字和季,沛国相(今安徽萧县西南)人。太安中,代为镇南将军、都督荆州诸军事。平荆后,简选宰守,劝课衣桑,深得民心。进拜侍中,府仪同三司。卒于襄阳。《晋书·刘弘传》有载。刘禹锡《送湘阳熊判官孺登府罢归钟陵因寄呈江西裴中丞二十三兄》:"箧留马卿赋,袖有刘弘书。"皮日休《宏词下第感恩献兵部侍郎》:"空渐季布千金诺,但负刘弘一纸书。"

【劉先生】 唐敬宗时道士。名从政,号升玄先生。栖王屋山,迁至京师,后东还。卒于大和四年(830)。李商隐有《赠华阳宋真人兼寄清都刘先生》。

【劉向】 (约前 77—前 6)西汉学者。本名更生,字子政。楚元王刘交四世孙。宣帝时受征讲论"五经",拜郎中、谏大夫、给事中。元帝时因上书论宦官石显等专权,免为庶人,成帝即位,诛石显,乃拜为中郎,迁光禄大夫、中垒校尉。年七十二卒。著有《别录》《洪范五行传》《新序》《说苑》《列女传》《列仙传》等。司空曙《送李嘉祐正字括图书兼往扬州觐省》:"儒官比刘向,使者得陈农。"

【劉全白】 唐诗人。曾任大理评事。贞元六年官膳部员外郎,出为汝州刺史。十一年徙吴兴守,复迁秘书监,致仕。与颜真卿、吴筠、皎然、陆羽等有《登岘山观李左相石尊联句》。又与颜真卿、清昼、李益有《七言滑语联句》。

【劉行敏】 唐人。曾任长安令。与杜善贤同时。《全唐诗》卷八六八收其诗三首。参阅《太平广记》卷二五四。

【劉同州】 ❶即刘公济。济于德宗贞元十八年(802)始离同州刺史职。权德舆有《奉和崔评事寄外甥刘同州并呈杜宾客许给事杨少尹李侍御》。❷即刘禹锡。禹锡于文宗大和九年(835)自汝州刺史徙同州刺史,开成元年(836)罢。白居易有《闲卧寄刘同州》《喜见刘同州梦得》。

【劉汝州】 即刘禹锡。刘于文宗大和八年(834)自苏州刺史徙汝州刺史。白居易有《和刘汝州酬侍中见寄长句因书集贤坊胜事戏而问之》。

【劉安】 (前 179—前 122)汉高祖刘邦之孙。袭封淮南王。善文辞。曾招宾客方术之士数千人编著《淮南子》。后以谋反事发自杀。据葛洪《神仙传》、王充《论衡·道虚篇》所载传说,谓刘安招道术之士,服食仙药,举家升天。余药鸡犬食之,亦随王升天。杜甫《追酬故高蜀州人日见寄》:"文章曹植波澜阔,服食刘安德业尊。"刘叉《自古无长生劝姚合酒》:"何曾见天上,著得刘安宅?"罗隐《广陵开元寺阁上作》:"云中鸡犬刘安过,月里笙歌炀帝归。"吕岩《七言》之五七:"万卷仙经三尺琴,刘安闻说是知音。"

【劉孝威】 南朝梁官员。彭城(今江苏徐州)人。初为晋安王法曹。后除太子洗马,累迁中舍人庶子,率更令。太清中迁中庶子,兼通事舍人。梁武帝大同九年,白雀集东宫,孝威上颂,文辞甚美。兄弟七人,俱工文辞,以孝威最能诗。传见《梁书》卷四一,《南史》卷三九。韩翃《送刘评事赴广州使幕》:"征南官属似君稀,才子当今刘孝威。"

【劉孝標】 (458—521)即刘峻。孝标其字。南朝梁文学家。平原人(在今山东)。齐永明中自桑乾返江南。梁武帝天监初典校秘书。后为荆州户曹参军。以病乞归,隐东阳金华山,人多从其学。卒后,门人谥曰玄靖先生。著有《广绝交论》《辩命论》等,收于《文选》。又为《世说新语》作注,流行至今。传见《梁书》卷五十。马异《答卢仝结交诗》:"我心不畏朱公叔,君意须防刘孝标。"

【劉虬】 (438—495)南齐南阳(在今河南)人。宋泰始中,曾为晋平王记室、当阳令。后罢官归家,静处长斋，虽屡辟召而不应命。精信释氏，曾注《法华经》，自讲佛义。晚年徙居江陵西沙州。病卒。贯休《赠抱麻刘舍人》："刘虬师弟子，时喜一相亲。"

【劉廷堅】 唐诗人。生平未详。曾任吉州馆驿巡官将仕郎、常州晋陵县（今江苏常州）尉。《全唐诗外编》上收其诗二首。

【劉秀才】 指刘方舆。白居易有《闲夜咏怀因招周协律刘薛二秀才》。

【劉伯倫】 即刘伶。字伯伦。白居易《醉中得上都亲友书忧问贫乏偶乘酒兴咏而报之》："异世陶元亮，前生刘伯伦。"布燮《听妓洞云歌》："刘伯伦，虚生浪死过青春。"

【劉伯龍】 南朝宋沛郡萧（今安徽萧县）人。少贫。历位尚书左丞、少府、武陵太守。相传以家贫，常在家慨叹，召左右欲经商营利，忽见一鬼在旁抚掌大笑。乃叹曰："贫穷固有命，乃复为鬼所笑也，遂止。"孙元晏有《咏史诗·宋·刘伯龙》。

【劉伶】 西晋沛（今安徽宿州市）人。字伯伦。与阮籍、嵇康等并称"竹林七贤"。尝为建威将军。嗜酒，常携酒乘鹿车，使人荷锸随之，曰：死便埋我。著有《酒德论》。传见《晋书》卷四九。王绩《戏题卜铺壁》："旦逐刘伶去，宵随毕卓眠。"李益《答窦二曹长留酒还榼》："解酲元有数，不用吓刘伶。"李贺《将进酒》："劝君终日酩酊醉，酒不到刘伶坟上土。"韦庄《云散》："刘伶避世唯沉醉，宁戚伤时亦浩歌。"

【劉伶台】 台名。在山阳县（今江苏淮安）。许浑《淮阴阻风寄呈楚州韦中丞》："刘伶台下稻花晚，韩信庙前枫叶秋。"

【劉皂】 唐诗人。贞元间人。生平不详。《全唐诗》卷四七二收其诗五首。

【劉希夷】 唐诗人。字挺之（一作庭芝），汝州（今河南汝州）人。传为宋之问之甥。少有才华，落魄不拘。善为从军、闺中诗。孙昱撰《正声集》，以希夷为集中之最，由是声名大振。希夷诗有"年年岁岁花相似，岁岁年年人不同"句，自云此诗似谶。诗成未周，为奸人所杀。或云宋之问害之。传见《旧唐书·文苑传中》。《新唐书·艺文志四》载有《刘希夷集》十卷、诗集四卷。《金唐诗》卷八二录其诗一卷。《外编》据敦煌卷补其诗二首，名误作"希移"。

【劉采春】 唐歌女，诗人。俳优周季崇妻。见唐范摅《云溪友议》。《全唐诗》卷八〇二收其《罗唝曲》六首。元稹有《赠刘采春》。

【劉谷】 唐末诗人。刘得仁之从弟。与李郢同时。《全唐诗》卷七二六收其诗一首。李郢有《送刘谷》《酬刘谷除夜见寄》《酬刘谷立春日吏隐亭见寄》。刘得仁有《赠从弟谷》。

【劉言史】 唐诗人。赵州邯郸（在今河北省）籍。不从科举，与孟郊、李贺为诗友。冀镇节度使为之请官，诏授枣强令，辞不就，世称刘枣强。李夷简为淮南节度使，辟为司功掾。卒于任，葬襄阳。皮日休为作《刘枣强碑文》，称其诗"雕金篆玉，牢奇笼怪，百锻为字，千炼成句"。《新唐书·艺文志四》载有《刘言史歌诗》六卷。《全唐诗》卷四六八录其诗一卷。孟郊《哭刘言史》："精异刘言史，诗肠倾珠河。"又《送淡公》之十一："卢殷刘言史，饿死君已噫。"

【劉判官】 指刘颙，岑参有《虢州卧疾喜刘判官相过水亭》。

【劉牢】 （？－622）即刘牢之。晋大将。字道坚，彭城（今江苏徐州）人。以骁勇应谢玄募为参军，屡立战功，迁龙骧将军，赐爵武岗县男。坐不救高平免。王恭起用之，复背恭归朝廷，拜前将军，都督吴郡诸事。后降桓玄，又欲背之，诸佐吏谓："一人而三反，岂得立也？"乃自缢死。有甥何无忌，以功封安成郡开国公，杜甫《奉送二十三舅录事之摄郴州》："徐庶高交友，刘牢出外甥。"

【劉君】 ❶指晋刘伶。李百药《妾薄命》："太常先已醉，刘君常带醒。"❷指刘禹锡。白居易《因梦得酬牛相公初到洛中小饮见赠》："诗酒放狂犹得在，莫欺白叟与刘君。"❸指东汉刘晨。传刘晨与阮肇人山迷路而遇仙女。曹唐《小游仙诗九十八首》之二六："偷来洞口等刘君，缓步轻抬玉线裙。"

【劉邵龔黄】 东汉刘宠与西汉召信臣、龚遂、黄霸之并称。召，同邵。四人均为有政绩而得民心之州太守。贯休《送郑使君》："天资刘邵龚黄笔，神助韩彭卫霍才。"参阅《汉书》卷七六与《后汉书》卷八九《循吏传》。

【劉阮】 东汉刘晨、阮肇之并称。张佐《忆游天台寄道流》："今来尽是人间梦，刘阮茫茫何处行？"权德舆《桃源篇》："相逢自是松乔侣，良会应殊刘阮郎。"潘雍《赠葛氏小娘子》："若许随君洞中住，不同刘阮却归来。"亦喻指游冶之伴。

【劉武周】 （？－402）隋景城（今河北沧州）人。大业十三年杀马邑太守王仁恭代之，附突厥，僭称帝，建元天兴。入唐，遣兵攻占晋州。秦王李世民大败之，逃奔突厥。后谋归马邑，为突厥所杀。传见《旧唐书》卷一五三。柳宗元有《唐铙歌鼓吹曲二十篇·刘武周败裴寂咸有晋地太宗灭之为靖本邦第九》。

【劉長川】 唐诗人。肃宗、代宗间人。生平不详。《全唐诗》卷三一一收其诗二首。

【劉長卿】 （725？－786？）唐诗人。字文房。宣城（今安徽宣州）人。郡望河间。少居嵩阳。天宝间登进士第。至德中为监察御史，长洲尉，摄海盐令。

贬南巴尉。大历中以检校祠部员外郎为转运使判官，知淮南鄂岳转运留后。为观察使吴仲孺诬，贬睦州司马。建中初为随州刺史，卒。其诗长于炼饰，权德舆称为“五言长城”。有集十一卷，十卷为诗。《全唐诗》收其诗五卷(卷147－151)。包佶有《岭下卧疾寄刘长卿员外》，李嘉祐有《入睦州分水路忆刘长卿》。参阅傅璇琮《刘长卿事迹考辨》。

【劉表】(142－208)东汉末荆州牧。字景升，山阳高平(今山东邹城)人。汉皇族。以何进掾为北军中侯。灵帝死，为荆州刺史。南收零、桂，北据汉川，拥地方千里，兵十余万，坐观于曹操袁绍之间。后病故。王粲曾依之，不见用。窦牟《酬舍弟庠罢举从州辟书》：“之荆且愿依刘表，折桂终惭见郤诜。”张祜《投魏博李相国三十二韵》：“宁依刘表死，不接贾充荣。”薛能《监郡犍为舟中寓题寄同舍》：“佳期说尽君应笑，刘表尊前且不同。”清江《送韦参军江陵》：“公子道存知不弃，欲依刘表住南荆。”

【劉坦】五代后周人。显德五年登进士第。同榜十五人，经世宗命李昉覆试，亲擢第一。显德六年(959)，淮南节度使李重进辟为掌书记。《全唐诗》卷七三七收其诗一首。

【劉松】晚唐袁州(今江西宜春)人。字嵇美。曾集其州天宝以后诗编为《宜阳集》六卷。李咸用有《送进士刘松》《春日喜逢乡人刘松》。

【劉尚書】❶指刘公济。刘贞元二十年(804)自鄜坊节度使入为工部尚书。寻卒。刘禹锡有《许给事示哭工部刘尚书诗因命同作》。❷指刘禹锡。刘卒前检校礼部尚书。白居易《感旧》序：“刘尚书梦得会昌二年秋薨。”❸指刘瑑。大中七年(853)由河南尹检校工部尚书为宣武军节度使。许浑有《中秋夕寄大梁刘尚书》。方干有《狂寇后上刘尚书》。❹指刘潼。字子固。进士及第，为中宗巡官。历祠部郎中、京兆少尹，右谏议大夫、朔方节度使、湖南观察使。咸通三年(862)检校礼部尚书昭义节度使。后转河东节度使、西川节度使。卒赠司空。鱼玄机有《寄刘尚书》。

【劉昆反火】指东汉刘昆，叩头救火事。昆字桓公。陈留东昏(在今河南省)人。建武初除江陵令，县连年火灾，昆向火叩头，多能止。迁侍中、弘农太守。崤、黾驿道原有虎灾，后皆渡河而去。李瀚《蒙求》：“孟尝还珠，刘昆反火。”

【劉昇】太宗时刑部尚书刘德威之曾孙。彭城(今江苏徐州)人。父易从为彭州长史，被周兴构陷死。时升年十余岁，流落岭表。后易姓温，北归洛阳。睿宗景云中，授右武卫骑曹参军。开元中迁中书舍人，太子右庶子。能文，善草隶。传见《旧唐书》卷七七、《新唐书》卷七一。《全唐诗》卷一〇八收其诗一首。

【劉知幾】(661—721)唐史学家。字子玄。彭城(今江苏徐州)人。高宗开耀二年(682)登进士第。为获嘉主簿。迁凤阁舍人，兼修国史。历秘书少监、太子左庶子、兼崇文馆学士、左散骑常侍。领国史三十年，官虽徙而职如故。卒赠工部尚书，谥曰文。与徐坚、吴兢相友善。曾修《武后实录》，又著《史通》。尝论史才当有三长：才、学、识。《旧唐书》卷一〇二、《新唐书》卷一三二有传。《全唐诗》卷九四收其诗一首。《外编》上补收三首。

【劉和州】即刘禹锡。刘于敬宗宝历间任和州刺史。白居易有《酬刘和州戏赠》《重答刘和州》。

【劉季】即汉高祖刘邦。季其字。张良璞《览史》：“素灵感刘季，白马从子婴。”

【劉侍郎】❶指刘眺。眺于玄宗开元末与独孤峻同为安西四镇节度使之判官。李白有《送程刘二侍郎兼独孤判官赴安西幕府》。参阅《旧唐书·封常清传》。❷指刘瑑。瑑于宣宗大中六年(852)自刑部侍郎迁河南尹(唐人习称三川尹)。杜牧有《分司东都寓居履道叨承川尹刘侍郎大夫恩知上四十韵》。参阅岑仲勉《读全唐诗札记》。

【劉侍御】❶指刘绾。玄宗时任侍御史。李白有《安陆白兆山桃花岩寄刘侍御绾》。❷指刘湾。代宗永泰元年(765)，以侍御史居衡阳。元结《刘侍御月夜宴会》序：“乙巳岁，彭城刘灵源在衡阳，逢故人或有在者，日昔相会，第欢远游。”灵源，湾之字。

【劉使君】指刘禹锡。刘于穆宗长庆间为和州刺史，文宗大和五年(831)任苏州刺史。张籍有《寄和州刘使君》。殷尧藩有《冬至酬刘使君》。

【劉舍人】指刘崇鲁。刘于昭宗景福间以水部郎中知制诰。贯休有《赠抱麻刘舍人》。

【劉夜坐】即刘洞。刘有《夜坐》，见称一时，因称为“刘夜坐”。陈德诚《句》：“建水旧传刘夜坐，螺川新有夏江城。”

【劉放】三国魏大臣。涿郡(今河北涿州市)人。以劝王松归曹操受宠任。与孙资共历仕魏文帝、明帝二朝。累官为方城侯、左光禄大夫、骠骑将军。以仕久不退为夏侯献、曹肇所忌。李商隐《喜闻太原同院崔侍御台拜兼寄在台三二同年之什》：“刘放未归鸡树老，邹阳新去兔园空。”

【劉沛公】即汉高祖刘邦。李贺《公莫舞歌》序：“《公莫舞歌》者，咏项伯翼蔽刘沛公也。”参阅《史记·项羽本纪》。

【劉炎】唐诗作者。生平未详。《全唐诗》卷八七〇收其诗一首。

【劉相公】刘姓而为同中书门下平章事(即宰

相)者。❶指刘晏。刘于唐代宗广德元年(763)为宰相,后为河南江淮转运使,并主疏浚汴河事。岑参有《送张秘书充刘相公通汴河判官便赴江外觐省》《刘相公中书江山画障》。钱起有《奉送刘相公江淮催转运》。张众甫有《寄兴国池鹤上刘相公》。❷指刘崇望。唐滑州(今河南滑县)人。字希徒。进士及第,为王凝转运巡官,入为郎官。擢翰林学士。昭宗龙纪元年(889)进中书侍郎、同中书门下平章事。后授剑南东川节度使,未至而返。还为兵部尚书。卒赠司空。曾居长安光德里,故称"光德刘公"。《旧唐书》卷一七九、《新唐书》卷九十有传。李洞有《题刘相公光德里新构茅亭》。贯休有《送吏部刘相公除东川》《刘相公见访》。❸指刘鄴。刘三复之子。字汉藩。润州句容(在今江苏)人。咸通初为左拾遗、翰林学士。中书舍人。懿宗咸通十二年(871)为相,兼领度支。传见《旧唐书》卷一七七、《新唐书》卷一八三。薛能有《谢刘相公寄天柱茶》。

【劉昱】 唐官员。字士明。武功丞刘知晦之子。曾任大理司直。与李颀同时。李颀有《送刘昱》。参阅《新唐书》卷七一。

【劉昭禹】 唐末桂阳(今湖南郴州市)人(一说婺州人)。字休明。起家湖南县令。事十国楚武穆王马殷父子,历容管节度推官、天策府学士,终严州刺史。少师林宽学诗,刻苦求精,虚怀下贤。有诗一卷。《全唐诗》卷七六二录存九首,卷八八六补收五首。传见《十国春秋》卷七三。

【劉畋】 唐末人。进士及第。生平未详。《全唐诗》卷七一九收其诗一首。张为《诗人主客图》列为"清雅奇正""入室十人"之首。

【劉迥】 刘知几第四子。彭城(今江苏徐州)人。天宝中进士及第。历殿中侍御史,佐江淮转运使。大历初为吉州刺史。官终谏议大夫、给事中。有集五卷。传见《旧唐书》卷一〇二、《新唐书》卷一三二。《全唐诗》卷三一二有其诗四首。梁肃曾为作《刘公墓志》。

【劉幽求】 (? —715)唐大臣。冀州武强(在今河北冀州市)人。武后圣历间应制举。拜阆州尉,朝邑尉。睿宗景云元年(710),与薛崇暕、钟绍京等助李隆基诛诸韦,一夜下制敕百余道,皆幽求所为。以功擢中书舍人,赐爵中山县南。睿宗即位,封徐国公,迁户部、吏部尚书、侍中。先天元年拜相。以与张晔谋去太平公主之党,流封州。太平公主诛,召还为右仆射,兼侍中。以怨望贬睦州刺史,移杭州刺史。后徙郴州,卒于道。《旧唐书》卷九七、《新唐书》卷一二一有传。《全唐诗》卷九九收其诗一首。

【劉禹錫】 (772—842)唐诗人。字梦得。洛阳人,郡望中山(在今河北)。贞元九年进士及第,又登博学鸿词科。淮南节度使杜佑表管书记,累迁监察御史。与柳宗元等参与王叔文革新,擢屯田员外郎、判度支盐铁案。宪宗立,贬朗州司马。元和十年(815)召还,因作《戏赠看花诸君子》讥刺权贵,复出为播州刺史,以裴度言其母老,改连州刺史。后徙和州、夔州。宝历元年(826)入为主客郎中分司东都。大和二年(828),由宰相裴度荐为礼部郎中、集贤直学士。五年,迁苏州刺史,八年,徙汝州、又徙同州。开成元年(836)迁太子宾客,分司东都。与柳宗元并称"刘柳",后期与白居易唱和甚多,世称"刘白"。白称其诗"在处应有神物护持",誉之为"诗豪"。在朗州期间吸取民歌,作"竹枝词",别开一格,流传广远。《新唐书·艺文志》载,有《刘禹锡集》四十卷,又有分别与白居易、裴度、令狐楚、李德裕之唱和诗集多种。今传《刘宾客文集》四十卷,传见《旧唐书》卷一六〇、《新唐书》卷一六八。《全唐诗》收其诗十二卷(卷354—365)。

【劉侯】 指晋刘弘。刘于惠帝时为镇南将军,都督荆州诸军事。罗隐《句》:"张华谩出如丹语,不及刘侯一纸书。"

【劉郇伯】 唐诗人。文宗大和间进士。与范鄴(大和八年进士及第)为友。《全唐诗》卷五一六收其诗一首。

【劉庭琦】 唐官员。开元间人。曾为沧州长史、万年县尉。与阎朝隐、郑繇相善。坐与惠文太子范私游,贬雅安司户。事见《新唐书》卷八一。《全唐诗》卷一一〇收其诗四首。参阅岑仲勉《读全唐诗札记》。

【劉洞】 (? —975)南唐诗人。庐陵(今江西吉水)籍。少游庐山,学诗于陈贶。长于五律,自号"五言金城"。曾献诗百篇于后主李煜,因有"几许六朝事,不禁江水流"句,见弃。金陵被围,洞曾署诗于路旁云:"千里长江皆渡马,十年养士得何人!"与夏宝松为诗友。有《夜坐》,见称一时,因号曰"刘夜坐"。传见陆游《南唐书》卷十二、《十国春秋》卷三一。《全唐诗》卷七四一收其诗一首,逸句三联。

【劉前輩】 指刘瑑。前辈,唐人对同榜登进士第者之称谓。李商隐有《大卤平后寄刘韦二前辈二公尝于此县寄居》。

【劉郎】 ❶指汉武帝刘彻。李贺《金铜仙人辞汉歌》:"茂陵刘郎秋风客,夜闻马嘶晓无迹。"李商隐《无题四首》之一:"刘郎已恨蓬山远,更隔蓬山一万重。"又《海上谣》:"刘郎旧香炷,立见茂陵树。"温庭筠《反生桃花发因题》:"未知王母千年熟,且共刘郎一笑同。"参阅南朝齐王俭《汉武故事》。❷指东汉刘晨。白居易《酬刘和州戏赠》:"不似刘郎无景行,长抛春恨在天台。"此以刘晨喻指刘禹锡。施肩吾《赠女道士郑玉华二首》之一："世间风景那堪恋，长笑刘郎漫忆家。"李远《长安即事寄友人》："何时更伴刘郎去，却见夭桃满树红？"曹唐《刘阮洞中遇仙子》："愿得花间有人出，免令仙犬吠刘郎。"❸泛指情郎、夫君。李郢《醉送》："无限柳条多少雪，一将春恨付刘郎。"崔珏《和人听歌》之二："莫辞更送刘郎酒，万斛明珠异日酬。"曹邺《薄命妾》："刘郎马蹄疾，何处去不得？"❹指三国蜀刘备。吕温《刘郎浦口号》："谁将一女轻天下，欲换刘郎鼎峙心。"参见"劉郎浦"。❺指刘禹锡。刘禹锡《元和十一年自朗州召至京师戏赠看花诸君子》："玄都观里桃千树，尽是刘郎去后栽。"白居易《忆旧游》："赖得刘郎解吟咏，江山气色合归来。"又《早春同刘郎中寄宣武令狐相公》："谁引相公开口笑，不逢白监与刘郎？"又《花前有感兼呈崔相公刘郎中》："何事同生壬子岁，老于崔相及刘郎？"❻指刘谷。李郢《酬刘谷除夜见寄》："刘郎亦多恨，诗忆故山云。"

【劉郎中】 ❶指刘禹锡。张籍有《赠主客刘郎中》。令狐楚有《寄礼部刘郎中》。白居易有《酬集贤刘郎中对月见寄兼怀元浙东》《花前有感兼呈崔相公刘郎中》等诗。张祜有《寓怀寄苏州刘郎中》。❷指刘商。商于德宗贞元间曾任虞部郎中，官终检校礼部郎中、汴州观察判官。《时人为刘毕语》(卷八七六)："刘郎中松树孤标，毕庶子松根绝妙。"❸指刘晏。晏曾任度支郎中。刘长卿有《奉饯郎中四兄承恩加侍御史充行军司马赴汝南行营》。参阅郁贤皓《唐刺史考》卷四。刘公彦，大中六年(852)杭州刺史。曾任金部郎中。《景德传灯录》卷十二《宗彻禅师传》作"刘彦"。据岑仲勉《元和姓纂四校记》考订作"刘公彦"。

【劉郎浦】 地名。在江陵府石首县(今湖北石首)。传为三国孙吴联姻时刘备迎娶孙权妹处。杜甫有《发刘郎浦》。吕温有《刘郎浦口号》。杜牧《送刘秀才归江陵》："刘郎浦夜侵船月，宋玉亭春弄袖风。"

【劉瑰】 唐诗作者。生平不详。《全唐诗》卷七七九收其诗一首。

【劉採春】 即刘采春。元稹有《赠刘采春》。

【劉根】 东汉术士。颍川(今河南禹州市)人。据《后汉书·方术传》云：根隐居嵩山，远近就之学道。高适《同熊少府题卢主簿茅斋》："江山归谢客，神鬼下刘根。"杜牧《赠朱道灵》："刘根丹篆三千字，郭璞青囊两卷书。"皮日休《以毛公泉一瓶献上谏议因寄》："刘根昔成道，兹坞数百年。"

【劉真】 唐广平(今河北永年)人。曾为磁州刺史。会昌五年(845)三月，白居易在洛阳邀高年不仕者六人，合为七老会，各赋七言六韵诗一。真时年八十二，亦与此会。其所作诗见《全唐诗》卷四六三。

【劉眘虚】 唐诗人。字全乙。江东人(一说嵩山人)。开元二十一年(733)登进士第，次年登博学宏词科。授崇文馆校书郎、调洛阳尉、夏县令。与贺知章、包融、张旭并称"吴中四友"。殷璠《河岳英灵集》称其诗："声律婉态，无出其右。""惜其不永天年"。《全唐诗》收其诗一卷(卷二五六)。孟浩然有《九日龙沙作寄刘大眘虚》。王昌龄有《送刘眘虚归取宏词解》《宿京江口期刘眘虚不至》。刘湾有《和司空曙刘眘虚九日送人》。

【劉晃】 唐官员。高宗时宰相刘仁轨之孙。尉氏(在今河南省)人。曾任司勋郎中。开元中为给事中、太常少卿。袭封乐城公。《全唐诗》卷一一一收其诗一首。玄宗有《同刘晃喜雨》。张说有《奉和圣制同刘晃喜雨应制》。参阅《元和姓纂》《郎官石柱题名考》。

【劉晏】 (715－780)唐大臣。曹州南华(今山东东明)人。开元十三年(725)，玄宗封泰山，晏始十岁，献颂，授太子正字，号神童。后为洛阳尉。天宝中调夏县、温县令。历侍御史，彭原、陇州、华州刺史，河南尹，进户部侍郎，兼御史中丞、度支、铸钱、监铁等使，京兆尹。代宗时拜吏部尚书，同中书门下平章事。罢为御史大夫，迁吏部尚书、左仆射，均领转运、盐铁等使如故。后为杨炎诬构贬忠州刺史，赐死。贞元间追加司徒。晏长于理财，二十年间，于转运、盐铁、铸钱等方面均有建树，使国计不乏。后人誉为"管(仲)、萧(何)之亚"。新、旧《唐书》有传。王昌龄有《洛阳尉刘晏与府掾诸公茶集天宫寺岸道上人房》。《全唐诗》卷一二〇收其诗二首。其中《咏王大娘戴竿》，吴企明《唐音质疑录》谓系伪作。

【劉峡州】 刘伯华。唐河南巩(今河南巩义市)人。武后时凤阁舍人刘允济之子。曾任峡州刺史、工部郎中。杜甫有《寄刘峡州伯华使君》。参阅唐林宝《元和姓纂》。

【劉耕】 唐人。字遵益。会昌二年(842)及进士第。《全唐诗》卷五五二收其诗一首。

【劉秩】 唐彭城(今江苏徐州)人。刘知几第五子。字祚卿。开元末历左监门卫录事参军事，稍迁宪部员外郎。贬陇西司马。至德初迁给事中，出为阆中刺史，贬抚州长史，卒。著有《政典》《至德新议》等。传见《新唐书》卷一三二。《全唐诗》外编收其诗一首。

【劉皋】 唐人。宣宗时为盐州刺史，有威名。大中十二年(870)为盐州监军使诬杀。《全唐诗》卷五六三收其诗一首。许浑有《闻边将刘皋无辜受戮》。

【劉師】 即"劉尊师❷"。窦牟有《陪韩院长韦河南同寻刘师不遇》。

【劉師老】 唐官员。刘湾之子。贞元初举进士不第。后为义成军节度使刘悟幕僚。元和十五年

(820)由侍御史内供奉授尚书右司郎中。《全唐诗》卷八七二有无名氏《嘲刘师老》。参阅元稹《授刘师老尚书右司郎中郭行余守秘书省著作郎制》。

【劉師服】 唐人。元和七年(812)曾赴科举不第。十二年坐与驸马都尉于季友居母丧欢宴夜饮,流连州。韩愈有《赠刘师服》《送进士刘师服东归》。又《石鼎联句》序:"旧与刘师服进士衡湘中相识。"

【劉卿】 指刘巨鳞。开元末至天宝八年(741—749)间,两度任南海郡太守、五府经略采访使。天宝八年坐赃诛死。高适有《送柴司户充刘卿判官之岭外》。参阅郁贤诰《唐刺史考》卷五,孙钦善《高适集校注》。

【劉兼】 晚唐诗人。长安人。曾官荣州刺史。入宋卒。《全唐诗》卷七六六收其诗一卷。

【劉家】 ❶刘敦质家。在长安朱雀门第四街宣平坊。白居易《重到城七绝句·刘家花》:"刘家墙上花还发,李十门前草又春。"❷刘禹锡家。在长安光福里(小雁塔南)。白居易《会昌六年春五绝句·病后喜过刘家》:"谁能料得今春事,又向刘家饮酒来。"

【劉家豚犬】 指东汉刘表子刘琮。以《三国志·吴志·吴主传》有"刘景升(刘表)儿子若豚犬耳"之语,故称。刘兼《重阳感怀》之二:"蜀国江山存不得,刘家豚犬取何难!"按此以刘琮喻指刘禅。

【劉神童】 晚唐人。传于昭宗时以乡荐擢第,时方六岁。昭宗于便殿试之,讽诵经书无误,赐以果实。郑谷有《赠刘神童》。参阅《太平广记》卷一七五。

【劉孫】 汉朝王室刘氏之子孙。李洞《题咸阳楼》:"标衣多吕裔,荷锸或刘孙。"

【劉梅】 指寿阳公主梅花妆。因寿阳公主姓刘,故称"刘梅"。陆龟蒙《重忆白菊》:"何惭谢雪清才咏,不羡刘梅贵主妆。"

【劉連州】 即刘禹锡。刘于永贞元年(805)贬为连州刺史。柳宗元有《答刘连州邦字》。

【劉莊物】 唐文宗开成间人,与钱可复同时。生平未详。《全唐诗》卷五四六收其诗一首。

【劉晨】 见"劉阮"。曹唐有《刘晨阮肇游天台》。刘兼《访饮妓不遇招酒徒不至》:"毕卓未来轻竹叶,刘晨重到殢桃花。"

【劉崇魯】 刘崇龟之弟。字郊文。僖宗广明元年(880)登进士第。与兄同居太原节度使幕。中和间为右拾遗、翰林学士。时李磎受重用,任磎为宰相之墨麻(皇帝亲笔诏书)出,崇鲁掠麻大哭,阻之。磎于是不得为相。时称为"哭麻舍人"。事见《旧唐书》卷一七九与孙光宪《北梦琐言》卷四。《全唐诗》卷七一五收其诗一首。

【劉崇龜】 唐大臣。字子长。滑州(今河南滑县东)人。懿宗咸通六年(865)进士及第。历起居舍人,礼部、兵部员外郎,御史中丞。中和间为兵部郎中、给事中。昭宗时擢集贤殿学士。官终检校户部尚书、清海军节度使。新旧《唐书》有传。《全唐诗》卷七一五收其诗一首。

【劉得仁】 唐诗人。据《唐诗纪事》卷五三云,为贵主之子,自开成至大中三朝,其昆弟皆历贵仕,而得仁出入举场三十年,终未登第。长庆中,即以诗名世,独步文场。贯休《怀刘得仁》称其"诗名动京城,身谢亦因诗"。《全唐诗》收其诗两卷(卷544—545)。韦庄有《刘得仁墓》。栖白有《哭刘得仁》。

【劉猛】 唐诗人。安南都护刘延祐之孙。梁州进士。与元稹同时。元稹有《酬刘猛见送》。《全唐诗》卷四六三收其诗三首。

【劉章】 五代人。字克明。仕楚马氏。《全唐诗》卷七六二收其诗一首。

【劉商】 唐诗人。字子夏。彭城(今江苏徐州)人。大历间进士及第。累官比部员外郎、虞部郎中。官终检校礼部郎中(一说兵部)、汴州观察判官。后辞疾归,隐居义兴胡父渚,放适自遂。工画树石山水,诗亦清雅,以《胡笳十八拍》最著称。《新唐书·艺文志四》著录有《刘商诗集》一卷。武元衡为之序。《全唐诗》收其诗两卷(卷三〇三、三〇四)。

【劉商州】 即唐刘蜕。贯休有《上刘商州》。参阅郁贤诰《唐刺史考》卷五。

【劉望】 唐人。据《登科记考》卷二七著录,曾科举及第而年代不详。《全唐诗》卷七七五收其诗一首。

【劉惔】 晋官员。字真长。沛国相(今安徽萧县西南)人。少贫。简文帝时,累迁丹阳尹。性好老庄,为政清整。与王羲之相友善。年三十八卒。《晋书·何充传》载:"充能饮酒,雅为惔所赏,惔每云:'见次道(充字)饮酒,令人欲倾家酿。'"李瀚《蒙求》:"刘惔倾酿,孝伯痛饮。"

【劉淑柔】 唐女诗人。生平不详。《全唐诗》卷八〇一收其诗一首。

【劉琨】 (271－318)西晋将领。字越石。中山魏昌(今河北无极)人。少有文名,与陆机、陆云等游,时号"二十四友"。惠帝时以功封广武侯。永嘉元年(307),为并州刺史,领匈奴中郎将。愍帝即位,拜大将军,都督并州诸军事。时并州遗户无几,琨招亡抚伤,人多归之。又联段匹磾以抗石勒、刘聪。后以势孤为石勒所破,终为段匹磾所害。时年四十八。所作诗文,后人辑为《刘越石集》。《晋书·刘琨传》云:尝为胡骑所围数重,城中窘迫无计,琨乃乘月清啸,贼闻之,皆凄然长叹。中夜奏胡笳,贼又流涕,有怀土之切。向晓复吹之,贼并弃围而走。后遂称为"刘琨嘯”。武元衡《塞外月夜寄荆南熊侍御》:“南依刘表北刘琨,征战年年箫鼓喧。”许浑《送岭南卢判官罢职归华阴山居》:“曾事刘琨雁塞空,十年书剑似飘蓬。”韦庄《睹军回戈》:“漫教韩信兵涂地,不及刘琨啸解围。”殷文圭《中秋自宛陵寄池阳太守》:“郡楼遐想刘琨啸,相阁方窥谢傅棋。”

【劉琨舞】 指晋刘琨闻鸡起舞事。典出《晋书·祖逖传》。玄宗《巡省途次上党旧宫赋》:“不学刘琨舞,先歌汉祖风。”吴融《萧县道中》:“楚客早闻歌凤德,刘琨休更舞鸡声。”韦庄《同和薛先辈见寄之作二十韵》:“静笑刘琨舞,闲思阮籍吟。”谭用之《秋宿湘江遇雨》:“江上阴云锁梦魂,江边深夜舞刘琨。”参见“劉琨”条。

【劉項】 刘邦与项羽之并称。徐九皋《咏史》:“亡国秦韩代,荣身刘项年。”元稹《四皓庙》:“刘项取天下,先生游白云。”杜牧《过骊山作》:“始皇东游出周鼎,刘项纵观皆引颈。”章碣《焚书坑》:“坑灰未冷山东乱,刘项元来不读书。”参阅《汉书·高祖本纪》。

【劉越石】 即刘琨。李白《留别贾舍人》之一:“谁念刘越石,化为绕指柔?”又《宣城送刘副使入秦》:“君即刘越石,雄豪冠当时。”贯休《秋望寄王使君》:“只应刘越石,清啸正相宜。”

【劉植】 唐官员。字秉中。曹州南华(今山东曹县)人。曾官兵部郎中、吏部郎中。与姚合同时。姚有《晦日宴刘植录事宅》。

【劉棲楚】 (? —827)唐官员。出身寒微,以李逢吉荐,由邓州司曹参军擢右拾遗。历起居郎、刑部侍郎、京兆尹。峻诛罚,不避权豪。大和元年(827),出为桂管观察使,卒。《新唐书·艺文志》著录有《刘栖楚集》十卷。传见《旧唐书》卷一五四、《新唐书》卷一七五。贾岛有《寄刘栖楚》。

【劉軻】 唐文学家。字希仁。沛(今江苏沛县)人。世代务农,安史之乱中流落边境。贞元中,执经从师为僧,止于豫章高安(在今江西省)。元和初,隐于庐山,读书属文。元和十四年(819)登进士第。大和初为监察御史。四年(830),转殿中侍御史。开成中迁秘书监,史馆修撰学士。官终洛州刺史。以文名当世,为韩愈、白居易所称。《新唐书·艺文志》著录有《三传指要》《帝王历数歌》等,今多逸。《全唐诗》卷四九一收其诗一首。齐已《酬湖幕徐员外见寄》:“诗同李贺精通鬼,文拟刘轲妙入禅。”

【劉雲】 唐女诗人。生平不详。《全唐诗》卷八〇一收其诗三首。

【劉虚白】 唐竟陵(今湖北钟祥)人。大中十四年(860)登进士第。《全唐诗》卷四九五收其诗一首、逸句一联。

【劉景】 刘瞻之父。字司光。郡望彭城(今江苏徐州)。元和间进士及第。曾为鄜坊从事。刘禹锡有《赠刘景擢第》。

【劉單】 唐官员。天宝二年(743)登进士第。曾为高仙芝节度判官。后任礼部郎中,为宰相元载所器重。岑参有《武威送刘单判官赴安西行营便呈高开府》。

【劉黑闥】 (? —623)隋末农民起义领袖。清河漳南(今山东武城)人。原参加瓦岗军,后为王世充马军总管。又投窦建德,封汉东郡公。窦为唐攻灭,刘收集残部,收复建德旧地,称汉东王,建都洛州(今河北永年)。武德六年,为其叛将出卖被杀。《全唐诗》卷八七二收有《刘黑闼解嘲人语》。

【劉備】 (161—223)三国蜀先主。字玄德。涿郡涿县(在今河北省)人。东汉末起兵。曾依刘表。后得诸葛亮辅佐,联吴抗曹,先后取荆州、益州与汉中。公元 221 年称帝,国号汉,都成都。章武二年(222),伐吴败归奉节,次年病故。徐夤《李翰林》:“旧隐不归刘备国,旅魂长寄谢公山。”

【劉備城】 指公安县(在今湖北省)。刘备为荆州牧,即居此城,故称。杜甫《公安县怀古》:“野旷吕蒙营,江深刘备城。”

【劉鈞】 五代南唐人。李煜时,曾任某县令。入宋卒。与李中交密。李有《寄刘钧秀才》《言志寄刘钧秀才》《秋江夜泊寄刘钧》《怀庐岳旧游寄刘钧因感鉴上人》《秋江夜泊寄刘钧正字》《壬申岁承命之任淦阳再过庐山国学感旧寄刘钧明府》。

【劉復】 唐诗人。东平(在今山东省)人。代宗大历间进士及第。曾任侍御史、水部员外郎。《全唐诗》卷三〇五录其诗十六首。与孟郊、张祜同时。孟有《失意归吴因寄东台刘复侍御》。

【劉象】 (832—?)唐诗人。京兆人。昭宗天复元年(901)登进士第。时年已七十岁。同榜俱高龄,称“五老榜”。授太子校书。有咏仙掌诗闻名,时号“刘仙掌”。《全唐诗》卷七一五收其诗十首。沈彬有《纳省卷赠为首刘象》。贯休有《与刘象正字》。

【劉敦質】 唐刘知几之曾孙,刘敦儒之兄弟。字太白。望彭城(今江苏徐州)。与白居易、元稹、皇甫湜等有交往。白有《哭刘敦质》。皇甫湜有《答刘敦质书》。参阅《新唐书》卷七一上。

【劉斌】 隋末唐初间人。籍贯南阳(今河南邓州市)。少有文藻,与虞世南、刘孝孙等结为文会。后事窦建德为中书舍人,曾劝窦援、王世充以拒唐。窦败,复事刘黑闼为中书侍郎。刘死,没入突厥中。《全唐诗》卷七三三收其诗四首。

【劉尊師】 ❶天宝、大历间道人。修道于庐山白鹤观。与韦应物、包佶有交往。韦有《寄刘尊师》《寄黄刘二尊师》。包有《宿庐山赠白鹤观刘尊师》。❷贞元、元和间道人。曾修道于洛阳附近。韩愈有《同窦韦寻刘尊师不遇》。韦执中有《陪韩退之贻周同寻刘尊师不遇得师字》。❸大中、咸通间道人。修道于阳朔仙人山。曾奉诏入朝，曹邺有《听刘尊师弹琴》。曹唐有《送刘尊师祗诏阙庭三首》(按此诗《阳朔县志》作曹邺诗)。

【劉媛】　唐女诗人。生平不详。《全唐诗》卷八〇一收其诗三首。逸句二联。

【劉損】　唐咸通时人。生平不详。《全唐诗》卷五九七收其诗三首。

【劉聖公】　即汉刘玄(更始)。玄字圣公。周昙有《咏史诗·前汉门·刘圣公》。

【劉楨】　(? —210)东汉末文学家。字公干。东平(今山东东平)人。"建安七子"之一。曹操为丞相时曾用为掾属。建安中特加旌命，后又除上艾长，以疾不行。魏文帝时曾以不敬被刑。刑竟署为吏。以诗文见称当时。有《刘公干集》。曹丕《与吴质书》称"公干有逸气"。张九龄《眉州康司马挽歌词》:"刘桢徒有气，管辂独无年。"戴叔伦《行营送马侍御》:"故人多病尽归去，唯有刘桢不得眠。"张祜《叙诗》:"刘桢骨气真，王粲文质气。"包颖《和徐鼎臣见寄》:"谢朓却吟归省阁，刘桢犹自卧漳滨。"

【劉楨平視】　指三国魏刘桢于曹丕宴席中敢于抬头平视甄夫人事。李瀚《蒙求》:"甄后出拜，刘桢平视。"

【劉楨病】　东汉刘桢《赠五官中郎将四首》之一云:"余婴沉痼疾，窜身清漳滨。自夏涉玄冬，弥旷十余旬，常恐游岱宗，不复见故人。"后遂以"刘桢病"用为卧疾之典。卢纶《卧病寓居龙兴观因题十四韵寄冯生并赠乔尊师》:"潘岳衰将至，刘桢病未瘳。"白居易《病中辱崔宣城长句见寄因以四韵总而酬之》:"刘桢病发经春卧，谢朓诗来尽日吟。"皮日休《李处士郊居》:"满引红螺诗一首，刘桢失却病心情。"韦庄《旅中感遇寄呈李秘书昆仲》:"刘桢病后新诗少，阮籍贫来好客稀。"

【劉虞】　东汉宗室。字伯安，东海郯(今山东郯城)人。初举孝廉。累官幽州牧、大司马，封襄贲侯。为政宽简，劝督农植。董卓擅权时，韩馥、袁绍等以虞为宗室长者，欲立为帝，固拒之。后为公孙瓒诬陷，害于蓟市。事见《后汉书·刘虞传》。元稹《董逃行》:"城中四走公卿士，走劝刘虞作天子。"

【劉葛】　三国蜀刘备与诸葛亮之并称。李白《君道曲》:"小白鸿翼于夷吾，刘葛鱼水本无二。"

【劉睽】　唐宣宗大中间乡贡进士。《全唐诗》卷五六四收其诗一首。

【劉蜕】　❶唐官员。字复愚，号文泉子。桐庐(在今浙江省)人。宣宗大中四年(850)登进士第。累迁左拾遗，出为华阴令，后任商州刺史。懿宗咸通中为中书舍人。孙光宪《北梦琐言》卷三谓荆州每岁解送举人多不成名，刘蜕以荆解及第，号为"破天荒"。《新唐书·艺文志四》载录，有《文泉子》十卷。《全唐诗》外编收其诗一首。❷韩蜕之讹。齐己有《送刘蜕秀才赴举》。岑仲勉《读全唐诗札记》谓"刘"系"韩"字之讹。

【劉歆】　(前 50—前 23)西汉经学家。字子骏。刘向之子。成帝时为黄门郎，受诏与父同领校书。历河内、五原、涿郡三郡守。迁中垒校尉、京兆尹。封红休侯。入新莽，封国师。后因谋复汉，事泄自杀。歆于六艺诸子、数术方技，无所不究。著有《三统历谱》。明人辑有《刘子骏集》。传见《汉书》卷三六。卢纶《送崔邠拾遗》:"石建每闻宗谨孝，刘歆不敢衒师儒。"皮日休《襄阳闲居与友生夜会》:"草玄寂淡无人爱，不遇刘歆更语谁?"

【劉義度】　后蜀工部侍郎。生平未详。《全唐诗》卷七六一收其诗一首。

【劉道昌】　唐道士。生平未详。《全唐诗》卷八六二收其诗二首。

【劉滄】　唐诗人。字蕴灵，鲁(今山东西南部)人。宣宗大中八年(854)登进士第，时发已白。曾任华原尉、龙门令等职。元辛文房《唐才子传》称其体貌魁梧，尚气节，善饮酒，谈古今令人终日喜听。诗极清丽，句法绝同赵嘏、许浑。《新唐书·艺文志》著录有《刘沧诗集》一卷。《全唐诗》卷五八八录存一〇一首。张乔有《送龙门令刘沧》。

【劉瑶】　唐女诗人。生平不详。《全唐诗》卷八〇一收其诗三首。元辛文房《唐才子传》谓系"才色双美者也"。

【劉戩】　唐人。生平不详。《全唐诗》卷七六九收其诗一首。题注云:"一作刘希戬诗。又作刘希夷诗。"

【劉夢得】　即刘禹锡。其字梦得。柳宗元有《善谑驿和刘梦得酹淳于先生》。冯宿有《酬白乐天刘梦得》。白居易《和微之诗二十三首·和寄问刘白》:"正与刘梦得，醉笑大开口。"

【劉僕射】　即刘崇龟。刘于昭宗乾宁元年时为右仆射、岭南东道节度使。殷文圭有《寄广南刘仆射》。

【劉頗】　唐人。字保极。昌平(今北京昌平区)人。少任气。元和初为寿安主簿，官终万州刺史。与元稹相善。元有《刘颇诗》《寄刘颇二首》，并为作墓志铭。

【劉廓】　晚唐进士。《全唐诗》卷七七五收其诗一首。

【劉寬】 (？—185)东汉官员。字文饶，弘农华阴(在今陕西省)人。桓帝时拜尚书令，迁南阳太守。典历三郡，温仁多恕。吏人有过，但用蒲鞭示罚。灵帝时，侍讲华光殿。迁侍中。光和间拜太尉，封逯乡侯。卒。传见《后汉书》卷二五。李瀚《蒙求》："郭伋竹马，刘宽蒲鞭。"贯休《避地毗陵上王慥使君》："庾亮风流澹，刘宽政事超。"

【劉寬夫】 刘伯刍长子。字盛立。宪宗元和间登进士第。为泽潞掌书记，调秘书省校书郎。敬宗宝历间任监察御史，迁左补阙。弟端夫，吏部员外郎；岩夫，元和十年进士及第。章孝标有《赠刘宽夫昆季》。

【劉綺莊】 唐毗陵(今江苏常熟)人。曾为昆山尉。宣宗时官刺史。善乐府。与白敏中、崔元式等相友善。《新唐书·艺文志》载，有《集类》百卷，《刘绮庄集》十卷。《全唐诗》卷五六三收其诗二首，卷八八四收一首。

【劉綱】 三国吴下邳(今江苏宿迁西北)人。字伯经。曾任上虞令。传说能招鬼神，与妻居于四明山，后俱升仙而去。白居易《杨六尚书新授东川节度使代妻戏贺兄嫂二绝》："刘纲与妇共升仙，弄玉随夫亦上天。"又《酬赠李炼师见招》："刘纲有妇仙同得，伯道无儿累更轻。"上元夫人《再赠封陟》："弄玉有夫皆得道，刘纲兼室尽登仙。"

【劉樊】 三国吴刘纲与其妻樊云翘之并称。传俱于四明山升仙而去。李频有《游四明山刘樊二真人祠题山下孙氏居》。参见"劉綱"。

【劉整交質】 指刘整强取其嫂家襜帷以为米质事。刘整，南朝梁人，曾任中军参军。南朝齐西阳内史刘寅之弟。寅死后，整夺其奴婢。寅子往整处住十数日，整即向寅妻范氏索米六斗以为补偿。未得，即入其家强取车帷为质。范氏讼于御史中丞任昉处。任即奏请免整之官。事见《文选·任昉〈奏弹刘整〉》。李瀚《蒙求》："刘整交质，五伦十起。"

【劉蕃】 唐人。天宝六年(747)登进士第。《全唐诗》卷三〇七收其诗二首。

【劉遺民】 晋彭城(今江苏徐州)人。名程之，字仲思。少孤，事母孝，有高名。太尉刘裕、司徒王谧欲相聘，辞不就。入庐山与慧远、雷次宗等十八人于东林寺结白莲社，发愿奉佛教净土宗。韦蟾《岳麓道林寺》："何时得与刘遗民，同入东林远公社？"参阅《三十八贤传》。

【劉稹】 (？—844)唐昭义节度使刘从谏之从子。武宗会昌三年(843)，李从谏卒，稹秘不发丧，自请代任。武宗令护丧还东都，亦拒不奉诏，遂令石雄等发兵攻讨。次年，为其部将郭谊所杀。稹曾辟欧阳秬为幕僚，稹败，秬亦以代稹草表流崖州，后赐死。李郁《吊欧阳秬》："身死为修刘稹表，名高因让陆洿书。"

【劉徹】 即汉武帝。卒后葬于茂陵。旧传武帝曾遇西王母。顾况《梁广画花歌》："王母欲过刘彻家，飞琼夜入云軿车。"李贺《苦昼短》："刘彻茂陵多滞骨，嬴政梓棺费鲍鱼。"

【劉毅】 ❶(？—235)西晋初大臣。字仲雄。东莱掖(今山东掖县)人。魏末为司隶都官从事。入晋，为武帝尚书郎、国子祭酒。咸宁初，任司隶校尉，纠正豪右，无所曲挠。迁尚书左仆射。年七十归第，卒赠仪同三司。家清贫，武帝曾赐钱日给米肉。性刚正。杜甫《暮秋枉裴道州手扎呈苏涣侍御》："郭钦上书见大计，刘毅答诏惊群臣。"刘兼《晚楼寓怀》："刘毅暂贫虽壮志，冯唐将老自低颜。"❷(？—415)东晋大将。字希乐。彭城沛(今安徽萧县西南)人，与刘裕领兵平桓玄，以功封南平郡开国公，都督宣城军事。进拜卫将军。又迁荆州刺史、都督河东河南等四郡诸军事。以刚狠骄纵，为刘裕不容，矫诏攻讨之，毅兵败自缢。李远《友人下第因以赠之》："刘毅虽然不掷卢，谁人不道解樗蒲！"孙元晏《咏史诗·晋·刘毅》。

【劉賓客】 ❶即刘晏。晏代宗宝历间拜相。坐与程元振善，罢为太子宾客。钱起有《登刘宾客高斋》。❷即刘禹锡。刘于文宗开成元年(836)授太子宾客，分司东都。白居易有《洛下雪中与频刘李二宾客宴集因寄汴州李尚书》。

【劉禕之】 (？—687)唐大臣。字希美，晋陵(今江苏常州)人。少有文名。高宗上元中迁左史、弘文馆直学士。与元万顷、周思茂等召入禁中，共撰《列女传》等书。又密令参决时政，以分宰相之权，号称"北门学士"。历朝议大夫，召为中书舍人。睿宗立，拜中书侍郎同中书门下三品。同年贬辰州刺史。武后垂拱三年(687)赐死。《新唐书·艺文志》载有《刘祎之集》七十卷、《英国贞武公故事》四卷。《全唐诗》卷四四收其诗五首。

【劉駕】 唐诗人。江东人。宣宗大中六年(852)进士及第。官终国子博士。与曹邺友善。张为取其《早行》《古意》等诗人《主客图》。《全唐诗》卷五八五收其诗一卷。薛能有《送刘驾归京》。李频有《客洛酬刘驾》。聂夷中有《哭刘驾博士》。李洞有《和刘驾博士赠庄严律禅师》。

【劉墮】 刘白堕之省称。北魏时之善酿美酒者。北魏杨衒之《洛阳伽蓝记》记之。后常用以代指美酒。皮日休《初冬偶作》："豹皮茵下百余钱，刘堕闲沽尽醉眠。"

【劉臻】 唐人。生平未详。《全唐诗外编》下收其诗一首。晋、隋有刘臻，乃同名者，非此人。

【劉鄴】 唐大臣。字汉蕃。润州句容(今江苏)人。少能属文,李德裕使与己子同师而学。后为陕虢节度推官。大中十四年(860)赐进士第,召为左拾遗、翰林学士。历中书舍人、户部侍郎、诸道盐铁转运使。咸通十二年(871)拜相。僖宗立,为左仆射。徙淮南节度使。又还为左仆射。被黄巢军俘,见杀。《新唐书·艺文志四》著录有《甘棠集》三卷。《全唐诗》卷六七〇收其诗二首。

【劉學士】 ❶指刘禹锡。刘文宗大和三年(829)为集贤直学士。白居易有《和集贤刘学士早朝作》。❷指刘邺。邺懿宗咸通初为翰林学士。李山甫有《谒翰林刘学士不遇》。

【劉羲叟】 五代后蜀人。曾为翰林学士。《全唐诗》卷七六一收其诗一首。

【劉遵古】 (? —834)唐官员,东平(今山东)人。德宗贞元八年(792)登进士第。长庆间任京兆尹。宝历二年(827)以卫尉卿为湖南观察使。文宗大和三年为邠宁节度使,徙剑南东川节度使。官终大理卿。《全唐诗》卷三四七收其诗一首。

【劉憲】 唐武后时官员。字元度。宋州宁陵(今河南宁陵)人。弱冠擢进士第,调河南尉。累迁左台监察御史。天授中,奉诏按来俊臣罪,欲痛惩之,反为所陷,贬潾水令。俊臣死,召为给事中,转中书舍人,吏部侍郎。神龙初,出为渝州刺史。召为太仆少卿、修文馆学士。官终太子詹事。有集三十卷。传见《旧唐书》卷一九〇、《新唐书》卷二〇二。《全唐诗》卷七一收其诗一卷。

【劉寰】 唐人。国子祭酒刘瑗之孙。彭城(今江苏徐州)人。刘商有《送刘寰北归》。

【劉隨州】 即刘长卿。刘于贞元初为随州刺史。康骈《广谪仙怨》序:"窦使君(弘余)序《谪仙怨》云:刘随州之辞,未知本事,及详其意,但以贵妃为怀。"

【劉璐】 唐官员。曾为蜀州刺史。宣宗大中间,代于兴宗为绵州刺史。《全唐诗》卷五六四收其诗一首。

【劉聰】 (? —318)十六国汉国君。一名载,字玄明。匈奴人。刘渊第四子。少工书,能诗赋,兼善射。永嘉四年(310),杀兄即帝位。遣兵攻破洛阳、长安,虏晋怀、愍二帝。后荒淫侈靡、拒谏滥杀。在位九年卒。《晋书·载记二》云:聪俘晋怀帝,宴于光极殿,命怀帝行酒。后复鸩杀之。李白《赠张相镐二首》之二:"石勒窥神州,刘聪劫天子。"周昙《咏史诗·晋门·怀帝》:"刘聪大会平阳日,遣帝行觞事可哀。"

【劉蕡】 唐人。字去华,幽州昌平(今属北京市)人。敬宗宝历二年(827)登进士第。文宗大和二年(828),诏举贤良方正、能言极谏科。刘蕡对策,切责宦官之祸。第策官冯宿等一览叹服,以为晁错、董仲舒不如,然畏宦官权势不敢取。后令狐楚、牛僧儒为山南东、西道节度使,辟居幕府,礼之若师。终为宦官所诬,贬柳州司户参军,卒。昭宗立,追赠左谏议大夫。后人为立祠于昌平。《新唐书·艺文志》载,有《刘蕡策》一卷。传见《旧唐书》卷一九〇、《新唐书》卷一七八。王建有《寄刘蕡问疾》。李商隐有《哭刘蕡》。

【劉顒】 唐给事中刘晸之子。郡望彭城。曾为某节度使判官,亦曾官殿中侍御史。与岑参同时。岑有《水亭送刘颙使还归节度》。

【劉輿】 晋人。字庆孙,初为宰府尚书郎。历中书侍郎、颍川太守。范阳王虓镇邺,封为征虏将军、魏郡太守。虓死,东海王越将召之,或曰:"舆犹腻也,近则污人。"至,则应机辩画,人皆服其能。授左长史。与潘滔、裴邈并称越府三才。传见《晋书》卷六二。韩偓《驿步》:"物近刘舆招垢腻,风经庾亮污埃尘。"

【劉繇】 东汉末官员。字正礼。东莱牟平(在今山东省)人。举孝廉,任郎中,迁下邑长。诏为扬州刺史、振武将军。后为孙策所破,奔彭泽,卒。元稹《和王侍御酬广宣上人观放榜后相贺》:"珍重刘繇因首荐,为君送和碧云诗。"

【劉濟】 (? —810)唐大臣。幽州节度副使刘怦之子。字济之,幽州昌平(今属北京市)人。进士及第。德宗贞元元年(785)为幽州大都督府长史。五年为幽州、卢龙节度使。十二年加检校尚书右仆射,同中书门下平章事。元和五年(810),为其子毒死。李益有《献刘济》。杜牧《洛中送冀处士东游》:"刘济愿跪履,田兴请建筹。"

【劉縯】 (? —23)新莽末起义军将领。光武帝刘秀之兄。字伯升。南阳蔡阳(今湖北枣阳西)人。新莽末自舂陵起兵,会合新市、平林等农民起义军,众至十余万。诸将欲立刘氏宗裔为帝,缜言当于破王莽后再立未晚,未从。刘玄称帝后,被杀。传见《后汉书》卷十四。周昙《咏史诗·前汉门·刘圣公》:"不纳良谋刘缜言,胡为衔璧向崇宣!"

【劉禪】 (207—271)三国蜀后主。刘备之子。字公嗣,小字阿斗。年十七袭帝位,由诸葛亮辅政。亮卒后,朝政日衰。景耀六年(263)迫于魏大军逼临,遂降于魏。封安乐县公。徙至洛阳,宴席间闻故蜀伎,仍喜笑自若。传见《三国志》卷三三。杨炯《广溪峡》:"庸才若刘禅,忠佐为心腹。"周昙《咏史诗·三国门·后主》:"对此玄休长叹息,方知刘禅是庸才。"

【劉贊】 ❶刘知几之孙。尚书右丞汇之子。字公佐。曾任浙西观察判官、歙州刺史,徙常州、宣州刺史。卢纶之内兄。卢有《至德中赠内兄赞》。❷一作刘瓒。刘玭之子。魏州(今河北大名东)人。昭宗天祐二年(905)登进士第。魏州节度使罗绍威辟为判官。仕后唐庄宗为监铁判官。明宗时为中书舍人,迁御史中丞,刑部侍郎。后为秦王傅。秦王获罪,流岚州,清泰二年(935)卒。与罗隐相识。《全唐诗》卷七二七收其诗一首。

【劉灣】 唐彭城(今江苏徐州)人。字灵源。天宝间进士。曾官职方郎中。代宗永泰元年(765),为侍御史。后曾任黜陟使。与元结相友善。《全唐诗》卷一九六收其诗六首。

【劉寵】 东汉循吏。字祖荣,东莱牟平(今山东牟平)人。汉皇室宗裔。以明经举孝廉,除东平陵令。以母疾辞归。后四迁为豫章太守,三迁为会稽太守。俱有惠政。征为将作大匠,转宗正,拜司空、司徒、太尉。以日食免归乡。《后汉书·循吏传·刘宠》载,刘宠离任时,老父以百钱相送,乃取一钱受之。吴仁璧《金钱花》:"堪疑刘宠遗芳在,不许山阴父老贫。"贯休《送崔尚书朝覲》:"宋均颜未老,刘宠骨应贫。"李瀚《蒙求》:"刘宠一钱,廉范五袴。"

【劉蘇州】 即刘禹锡。刘于唐文宗大和五年(831)十月,自礼部郎中、集贤学士出为苏州刺史,白居易有《寄刘苏州》。

【劉龔】 (889—942)五代南汉国主。南海王刘隐之弟。其先彭城(今江苏徐州)人。父仁安仕唐为潮州刺史,因家岭南。为政好行苛虐,广务华靡,呼中原帝王为洛州刺史。传见《旧五代史》卷一三五。詹敦仁《复留侯从效问南汉刘龑改名龚字音义》:"龚龑虽同音,形体殊乖致。"

【劉鷺】 后梁官员。曾为衡州长史。曾进所撰《地理手镜》十卷。《全唐文》卷八四二收其《善歌如贯珠赋》一篇。《全唐诗》外编下收其诗一首。

【劉闢】 唐人。字太初。德宗贞元二年(786)擢进士宏词科。佐剑南西川节度使韦皋。累迁御史中丞、支度副使。永贞元年(805)皋卒,遂主后务。宪宗以即事中召之,不奉诏,授西川节度使。复求统三川,以兵叛,攻梓州。宪宗遣兵讨伐,擒获,斩于长安。新旧《唐书》有传。《全唐诗》卷七三三收其诗二首。白居易《贺雨》:"元年诛刘辟,一举清巴邛。"又《赠樊著作》:"刘辟肆乱心,杀人正纷纷。"

【劉顥】 唐人。给事中刘晨之子,殿中侍御史刘颙之兄。杜甫有《湖城东遇孟云卿归刘颢宅宿宴饮散因为醉歌》。参阅《新唐书》卷七一上。

【劉懷一】 唐官员。曾为驾部郎中、右台殿中侍御史。中宗景龙三年(709)为潞州刺史。《全唐诗》卷四四收其诗一首。

【劉驎】 晋刘驎之之省称。字子骥。南阳(今河南南阳)人。晋陶渊明《桃花源记》所云南阳刘子骥,即其人。隐于阳岐村。荆州刺史桓冲征为长史,固辞不就。居家,衣食有无,常与村人共之。李瀚《蒙求》:"李廞清贞,刘驎高率。"

【劉鑠】 (431－454)南朝宋文帝第四子。字文休。封南平王。少能诗。曾为豫州刺史。刘劭杀文帝自立,授为中军将军。孝武帝立,归之。进侍中、司空。后为孝武置药食中毒杀。有《拟古》三十余首。传见《宋书》卷七二、《南史》十四。丘丹《经湛长史草堂》序:"故南平王刘铄有《过湛长史历山草堂》,湛有酬和。"

【劉靈】 即刘伶。灵伶同音通用。李商隐《假日》:"谁向刘灵天幕内,更当陶令北窗风?"

劈 〔pī《广韵》普擊切,入錫,滂。〕❶剖分;破开。顾况《焙茶坞》:"旋旋续新烟,呼儿劈寒木。"李绅《逾岭峤止荒陬抵高要》:"泷夫拟楫劈高浪,瞥忽浮沉如电随。"贾岛《双鱼谣》:"掌握尺余雪,劈开肠有璜。"温庭筠《春江花月夜词》:"珠翠丁星复明灭,龙头劈浪哀笳发。"❷砍斫。孟郊《寒溪》之六:"波澜抽剑冰,相劈如仇雠。"❸指雷击。白居易《和答诗十首·和古社》:"风拔树根出,雷劈社坛开。"昭宗《咏雷句》:"只解劈牛兼劈树,不能诛恶与诛凶。"殷文圭《九华贺雨吟》:"雷劈老松疑虎怒,雨冲阴洞觉龙腥。"❹喻风利吹面如割。贯休《寄高员外》:"冷洌苍黄风似劈,雪骨冰筋满瑶席。"❺裂口。张孜《雪诗》:"岂知饥寒人,手脚生皴劈。"

【劈地】 犹拔地。形容突兀、高耸。李贺《赠陈商》:"太华五千仞,劈地抽森秀。"

【劈斫】 砍劈。孟郊《峡哀》之二:"石剑相劈斫,石波怒蛟虬。"

【劈破】 劈裂。沈彬《塞下三首》之二:"金钗漫作封侯别,劈破佳人万里心。"

【劈裂】 劈开,分裂。李宣古《听蜀道士琴歌》:"忽挥素爪画七弦,苍崖劈裂迸碎泉。"李咸用《石版歌》:"云根劈裂雷斧痕,龙泉切璞青皮皴。"

【劈碎】 劈之使碎。曹松《山寺引泉》:"劈碎琅玕意有余,细泉高引入香厨。"

【劈箭】 谓如箭一般穿破。韩愈《岳阳楼别窦司直》:"严程迫风帆,劈箭入高浪。"喻船激如箭,劈波而行。

十四画

劒 同"剑"。

劑 〔jì《广韵》在詣切，去霽，從。又遵爲切，平支，精。〕齐平。元稹《和乐天早春见寄》："湖添水剂消残雪，江送潮头涌漫波。"亦指止限，满。白居易《自咏五首》之四："亦须随丰约，可得无限剂？"

十六画

劉 〔yīng《广韵》烏莖切，平耕，影。〕割除。见"劉翦"。

【劉翦】 切割，剪截。陆龟蒙《奉和袭美公斋四咏次韵·小桂》："谅无劉剪忧，即是萧森时。"

十七画

劖 〔chán《广韵》鋤銜切，平銜，崇。〕❶刺。元稹《送崔侍御之岭南二十韵》："逸翮怜鸿翥，离心觉刃劖。"贾岛《玩月》："眙睚子细视，睛瞳桂枝劖。"❷凿，刻。韩愈《酬司门户四兄云夫院长望秋作》："若使乘酣骋雄怪，造化何以当镌劖？"

十九画

劘 〔mó《广韵》莫婆切，平戈，明。〕❶相擦；摩。见"劘拂"。❷逼近；接近。杜甫《壮游》："气劘屈贾垒，目短曹刘墙。"参见"劘壘"。

【劘切】 切磋，磋商。刘禹锡《送周鲁儒赴举诗》序："居五六日，复袖来，益引古事以相劘切。"

【劘拂】 挨擦，拂摩。谓相接触。语本汉司马相如《子虚赋》："下靡蕙兰，上拂羽盖。"韩愈《山南郑相公樊员外酬答为诗依赋十四韵以献》："威风挟惠气，盖壤两劘拂。"

【劘壘】 接触敌军之营垒。喻指战斗、战事。皮日休《鲁望昨以五百言见贻因成一千言上述吾唐文物之盛次叙相得之欢亦迭和之微旨也》："或为拔帜走，或遭劘垒还。"

二十一画

劚 ❶掘；刨。杜甫《正月三日归溪上有作简院内诸公》："药许邻人劚，书从稚子擎。"韩愈《送文畅师北游》："下开迷惑胸，窙豁劚株橛。"郭周藩《谭子池》："寻禀神仙诫，彻庙劚开窥。"聂夷中《田家二首》之一："父耕原上田，子劚山下荒。"❷锄。张碧《农父》："运锄耕劚侵星起，陇亩丰盈满家喜。"❸砍，斫。于武陵《赠卖松人》："劚将寒涧树，卖与翠楼人。"

【劚涷】 刨除冰雪。杨巨源《圣恩洗雪镇州寄献裴相公》："曾贺截云翻栅远，仍闻劚冻下营深。"

【劚藥】 挖药，采药。赵嘏《王先生不别而去》："劚药满囊身不病，抱琴何处鹤同栖？"

力　部

力〔lì《广韵》林直切，入職，來。〕❶体力，气力。刘晏《咏王大娘戴竿》："谁谓绮罗翻有力？犹自嫌轻更著人！"窦巩《赠阿史那都尉》："年来马上浑无力，望见飞鸿指似人。"白居易《中隐》："不劳心与力，又免饥与寒。"李商隐《咏史》："运去不逢青海马，力穷难拔蜀山蛇。"❷力量；能力。萧嵩《奉和御制命宴都堂赐诗》："荷恩思有报，陈力愧无良。"岑参《精卫》："怨积徒有志，力微竟不成。"韩愈《芍药歌》："翠茎红蕊天力与，此恩不属黄钟家。"张蠙《华山孤松》："石罅引根非土力，冒寒犹助岳莲光。"亦指武力。窦常《项亭怀古》："力取诚多难，天亡路亦穷。"❸奋力；尽力。杜甫《病后遇王倚饮赠歌》："惟生哀我未平复，为我力致美肴膳。"元结《西阳城》："衣食可力求，此外何所望？"杜荀鹤《书斋即事》："时清只合力为儒，不可家贫与善疏。"亦指致力于某事。邵谒《送徐群宰望江》："古人力文学，所务安疲甿。"❹功力，学力。杜甫《苏端薛复筵简薛华醉歌》："何刘沈谢力未工，才兼鲍昭愁绝倒。"❺功用；效力。张说《登九里台是樊姬墓》："楚国所以霸，樊姬有力焉。"杜甫《无家别》："生我不得力，终身两酸嘶。"白居易《伤唐衢二首》之一："怜君儒家子，不得诗书力。"无名氏《句》（外编下）："一生不得文章力，百口空为饱暖家。"

【力力】　象声词。烹调肉食之声。李绅《闻里谣效古歌》："恶声主吏噪尔门，唧唧力力烹鸡豚。"

【力士】　❶佛家语。或称金刚力士。守护佛法之大力神。元稹《大云寺二十韵》："示化维摩疾，降魔力士勋。"❷指高力士。元稹《连昌宫词》："力士传呼觅念奴，念奴潜伴诸郎宿。"

【力士脱靴】　传说天宝三载，李白在翰林，曾侍玄宗宴饮，沉醉，伸足命高力士为脱靴，遂为高忌恨谗谮。事见《太平广记》卷二四引唐韦睿《松窗录》。贯休《古意》九首之八："一朝力士脱靴后，玉上青蝇生一个。"

【力士鐺】　温酒器。因用唐时著名的豫章"力士瓷"作成，故名。李白《襄阳歌》："舒州杓，力士铛，李白与尔同死生。"

【力不禁風】　谓轻弱单薄，禁不起风吹。秦韬玉《春雪》："片才著地轻轻陷，力不禁风旋旋销。"

【力田】　致力于耕田。司马扎《卖花者》："不知力田苦，却笑耕耘辈。"

【力死】　犹拼死，谓不惜为某事拼死力争。郑遨《哭张道古》："谁是后来修史者，言君力死正颓纲。"

【力行】　谓尽力做某事。韩愈《谁氏子》："又云时俗轻寻常，力行险怪取贵仕。"

【力作】　致力于耕作。储光羲《田家杂兴八首》之一："不能自力作，黾勉娶邻女。"

【力役】　❶指官府摊派的劳役。许景先《奉和御制春台望》："秦汉生人凋力役，阿房甘泉构云碧。"吴筠《览古十四首》之三："力役弊万人，环奇殚八方。"元稹《酬乐天东南行诗一百韵》："拔家逃力役，连锁债逋诛。"❷谓竭力从事耕种。耿沣《代园中老人》："佣赁难堪一老身，皤皤力役在青春。"

【力牧】　人名。据《史记·五帝本纪》："举风后、力牧、常先、大鸿以治民。"又裴骃集解引班固云："力牧，黄帝相也。"后多以喻贤臣。王绩《古意六首》之六："皇臣力牧举，帝乐箫韶畅。"赵冬曦《奉和圣制答张说扈从南出雀鼠谷》："轩辕应顺动，力牧正趋陪。"杜甫《可叹》："吾辈碌碌饱饭行，风后力牧长回首。"李商隐《送千牛李将军赴阙五十韵》："曾无力牧御，宁待雨师迎！"

【力命】　人力与天命。语出《列子·力命篇》。独孤及《江上代书寄裴使君》："畴昔行藏计，只将力命推。"

【力争】　❶竭力相争。杜甫《楠树为风雨所拔叹》："干排雷雨犹力争，根断泉源岂天意？"❷凭武力争夺。李商隐《送千牛李将军赴阙五十韵》："且欲凭神算，无因计力争。"汪遵《项亭》："不修仁德合文明，天道如何拟力争？"

【力耕】　尽力耕作。多代指务农。韩愈《春雪》："呈丰尽相贺，宁止力耕家。"曹邺《夜坐有怀》："人言力耕者，岁旱亦有粮。"齐己《暮春久雨作》："谁知力耕者，桑麦最关心。"

【力農】　犹务农。谓致力于农事。孟郊《新卜清罗幽居奉献陆大夫》："力农唯一事，趣世徒万端。"皮日休《鲁望昨以五百言见贻因成一千言上述吾唐文物之盛次叙相得之欢亦迭和之微旨也》："何为不力农？稽古真可嗤。"

【力翰】　指文词作品。元稹《献荥阳公诗五十韵》序："因而次用所联'翩贤'等五十一字，合为一诗，止咏公之词业力翰，洎生徒学校之事而已也。"

【力學】 ❶致力于学业、读书。白居易《悲哉行》："悲哉为儒者，力学不知疲。"❷谓努力学习做某事。翁承赞《寄示儿孙》："力学烧丹二十年，辛勤方得遇真仙。"

【力薦】 着力举荐。张祜《寓怀寄苏州刘郎中》："天子好文才自薄，诸侯力荐命犹奇。"

三　画

功 〔gōng《广韵》古紅切，平東，見。〕❶事工；做工。杜甫《暂住白帝复还东屯》："复作归田去，犹残获稻功。"又《泥功山》："泥泞非一时，版筑劳人功。"钱起《白石枕》："璞坚难为功，谁怨晚成器？"白居易《和答诗十首·和大觜乌》："但食乌残肉，无施搏击功。"❷功效，功用。李观《试中和节诏赐公卿尺诗》："人何不取利，物亦赖其功。"韩愈《杏花》："冬寒不严地恒泄，阳气发乱无全功。"张籍《书怀》："自小习成疏懒性，人间事事总无功。"元稹《遣病十首》之一："岂是药无功，伊予久留滞。"❸功劳，功绩。骆宾王《边夜有怀》："城荒犹筑怨，碣毁尚铭功。"刘湾《出塞曲》："死是征人死，功是将军功。"李端《赠薛戴》："射策本何功？名登绛帐中。"李商隐《韩碑》："入蔡缚贼献太庙，功无与让恩不訾。"亦指功德，恩德。王毂《暑日题道边树》："却叹人无及物功，不似团团道边树。"伍彬《分水岭》："前贤功及物，禹后杳难俦。"❹功夫，功力。杜甫《奉观严郑公厅事岷山沱江画图十韵》："绘事功殊绝，幽襟兴激昂。"王建《赠卢汀谏议》："功证诗篇离景象，药成官位属神仙。"元稹《琵琶歌》："性灵甚好功犹浅，急处未得臻幽闲。"

【功力】 ❶功效，效验。白居易《卯时酒》："未如卯时酒，神速功力倍。"吕岩《赠刘方处士》："壶中一粒化奇物，物外千年功力奥。"❷由苦练所得到的造诣或本领。方干《陈式水墨山水》："造化有功力，平分归笔端。"韩偓《梦仙》："澡练纯阳功力在，此心唯有玉皇知。"

【功夫】 ❶指做事的时间。元稹《余杭周从事以十章见寄聊和诗首篇以答来贶》："多缘老病推辞酒，少有功夫久羡山。"皮日休《奉和鲁望招润卿博士辞以道侣将至之作》："瘿木樽前地胏图，为君偏辍俗功夫。"杜光庭《招友人游春》："难把长绳系日乌，芳时偷取醉功夫。"❷由苦练而获得之造诣、本领。王涯《广宣上人以诗贺放榜和谢》："延英面奉入春闱，亦选工夫亦选奇。"方干《项洙处士画水墨钓台》："虽云智惠生灵府，要且功夫在笔端。"❸指人力作成之物事。皮日休《太湖诗·太湖石》："乃是天诡怪，信非人功夫。"

【功用】 ❶由修养、练习所得之功夫、功力。白居易《咏怀》："自从委顺任浮沉，渐觉年多功用深。"又《郡西亭偶咏》："可怜此道人皆见，但要修行功用深。"曹唐《小游仙诗九八首》之七七："因驾五龙看较艺，白鸾功用不如妻。"亦指花时间修炼、练习。柳宗元《叠后》："劝君火急添功用，趁取当时二妙声。"❷功能、效用。徐铉《以端溪砚酬张员外水精珠兼和来篇》："方圆虽异器，功用信俱呈。"

【功臣】 有功之臣。杜甫《丹青引赠曹将军霸》："凌烟功臣少颜色，将军下笔开生面。"许浑《题四老庙二首》之一："山酒一卮歌一曲，汉家天子忌功臣。"吴越王钱镠《九日同群僚登高》："锦袍分赐功臣后，同向龙山醉羽觞。"

【功利】 功绩与利益。朱庆余《吴兴新堤》："深映菰蒲三十里，晴分功利几千家。"

【功成】 谓功业或事业得以成就。李端《赠郭驸马》："青春都尉最风流，二十功成便封侯。"清江《赠淮西贾兵马使》："破虏功成百战场，天书新拜汉中郎。"胡曾《咏史诗·上蔡》："功成不解谋身退，直待云阳血染衣。"

【功成名遂】 功业已建，名声已成。李白《悲歌行》："范子何曾爱五湖？功成名遂身自退。"刘禹锡《将赴汝州途出浚下留辞李相公》："功成名遂会归老，请向东山为近邻。"李洞《和曹监春晴见寄》："功成名著扁舟去，愁睹前题罩碧纱。"

【功成慶善】 唐乐舞名。贞观六年(632)唐太宗临其诞生地庆善宫，宴从臣，赋诗十韵。起居郎吕才被之管弦，遂名为《功成庆善》之乐。令童儿六十四人衣紫大袖裙襦，漆髻皮履，为《功成》之舞。其舞安徐，象文德洽而天下安详。后遂为立部伎八部之一，用于宴享及大庆。《全唐诗》卷十五《郊庙歌辞·舞曲歌辞》有《功成庆善乐舞词》。参阅《旧唐书·音乐志》。

【功行】 道家所谓修行功德。吕岩《七言》之二七："三千功行百旬见，万里蓬莱一日程。"又《浪淘沙》词："无漏得多年，结就因缘，修成功行满三千。"

【功名】 功业与声名。李颀《放歌行答从弟墨卿》："小来好文耻学武，世上功名不解取。"李白《江上吟》："功名富贵若长在，汉水亦应西北流。"羊士谔《题郡南山光福寺寺门有去思碑即郗拾遗之词也》："少壮称时杰，功名惜岁华。"司空图《携仙箓九首》之四："迹不趋时分不侯，功名身外最悠悠。"

【功名高似狗】 《史记·萧相国世家》载：汉定天下，刘邦定萧何功第一。群臣不服。刘邦曰：夫猎，追杀兽兔者狗也，而发踪指示兽处者人也。今诸君徒能得走兽耳，功狗也。至如萧何，发踪指示，功人也。后遂用为咏功臣之典。罗隐《关亭春望》："信越功名高似狗，裴、王气力大于牛。"

【功果】 功效，成果。苏拯《断火谣》："谁谓之推贤，于世何功果？"

【功能】 ❶功用，效能。刘禹锡《楚州开元寺北院枸杞临井群贤赋诗因以继和》："上品功能甘露味，还知一勺可延龄。"❷功用与能力。白居易《不如来饮酒七首》之六："自贤夸智慧，相纠斗功能。"陆龟蒙《鹤媒歌》："媒欢舞跃势离披，似谄功能邀弩儿。"

【功曹】 官名。汉建，为郡之属吏，掌考查记录功劳。北齐称功曹参军。唐为州府佐吏。系六曹判司之一。在州称司功参军，在府称功曹参军。掌考课、选举、学校及祭祀、表疏等事。王湾《晚春诣苏州敬赠武员外》："持此功曹掾，初离华省郎。"杜甫《奉寄别马巴州》："勋业终归马伏波，功曹非复汉萧何。"白居易《夜送孟司功》："浔阳白司马，夜送孟功曹。"

【功曹掾】 即功曹参军。因汉以后郡县属吏皆称掾，故称。贾至《赠陕掾梁宏》："白头仍作功曹掾，禄簿难供沽酒钱。"

【功曹参軍】 即"功曹"。韩愈《寒食日出游》序："愈与署（张署）同自御史贬官，又同为江陵掾，愈法曹参军，署功曹参军。"

【功略】 功绩与谋略。李白《赠张相镐二首》之二："功略盖天地，名飞青云上。"

【功庸】 功绩。温庭筠《病中书怀呈友人》："功庸留剑舄，铭戒在盘盂。"

【功程】 道家称修炼之进程。吕岩《七言》之三六："摆动乾坤知道力，逃移生死见功程。"又《西江月》词："若遇高人指引，都来不费功程。"

【功勞】 功勋与劳绩。元结《忝官引》："偶得凶丑降，功劳愧方寸。"张籍《寄虔州韩使君》："早得一人知姓字，常闻三事说功劳。"杜光庭《赠将军》："未会汉家青史上，韩彭何处有功劳？"

【功業】 功勋与业绩。顾况《闲居怀旧》："今日思来总皆罔，汗青功业又何如？"张祜《从军行》："白首汉廷刀笔吏，丈夫功业本相依。"陆龟蒙《顷自桐江得一钓车因出以为玩俄辱三篇复抒酬答》之三："第一莫教谙此境，倚天功业待君为。"

【功滿】 道家指修行之功圆满完成。吕岩《七言》之十五："直侯九年功满日，和根拔入大罗天。"

【功賞】 功劳与对功劳的赏赐。韩愈、孟郊《城南联句》："算蹄记功赏，裂脑擒摚掁！"

【功德】 ❶功勋与恩德；事业与德行。源乾曜《奉和圣制送张尚书巡边》："声华振台阁，功德标文武。"钱起《送王季友赴洪州幕下》："问我何功德，负恩留玉墀！"白居易《初加朝散大夫又转上柱国》："柱国勋成私自问，有何功德及生人？"刘驾《励志》："及时立功德，身后犹光明。"❷佛家语。指念经事佛、布施修行所积得之功。孟浩然《登总持寺浮图》："一窥功德见，弥益道心加。"李绅《题法华寺五言二十韵》："还将意功德，留偈法王前。"孙元晏《咏史诗·梁·八关斋》："内殿设斋申祷祝，岂无功德及台城！"齐己《赠持法华经僧》："我闻念经功德缘，舌根可算金刚坚。"

【功德天】 佛教女神名。梵名摩诃室利，又译吉祥天。本为婆罗门教神，后取入佛教。其法像为身端正，赤白色，臂环缨络，左手持如意珠，右手施咒无畏。僧凤《书遗文后》："苦哉黑暗女，乐矣功德天。"

【功德水】 佛家语。全称"八功德水"。佛经谓极乐之池中及须弥山之内海，皆有八功德水。以其一甘，二冷，三软，四轻，五清净，六不臭，七饮时不损喉，八饮后不伤肠，故称。钱起《梦寻西山凖上人》："觉来缨上尘，如洗功德水。"

【功德池】 佛家语。佛境之浴池。全称"八功德水池"。以池内贮八功德水，故称。钱起《同李五夕次香山精舍访宪上人》："冷冷功德池，相与涤心耳。"参见"功德水"。

【功德林】 佛家语。功德丛林之略称。指修炼功德之禅法。亦指禅院。白居易《赠僧五首·钵塔院如大师》："百千万劫菩提种，八十三年功德林。"寒山《诗三百三首》之八八："瞋是心中火，能烧功德林。"

【功課】 ❶按规定须每日定时完成之事务。杜甫《课伐木》："尚闻丁丁声，功课日各足。"❷指佛徒每日念经、礼佛等规定之课程。寒山《诗三百三首》之二七五："终日礼道场，持经置功课。"

【功勳】 功劳，勋绩。王维《老将行》："莫嫌旧日云中守，犹堪一战取功勋。"韦应物《送李侍御益赴幽州幕》："儒生幸持斧，可以佐功勋。"李绛《和裴相国答张秘书赠马诗》："伏枥莫令空度岁，黄金结束取功勋。"杜牧《寄唐州李玭尚书》："累代功勋照世光，奚胡闻道死心降。"

【功績】 ❶纺织所费之工。白居易《新乐府·缭绫》："缭绫织成费功绩，莫比寻常缯与帛。"❷劳绩，成绩。王贞白《述松》："岁寒虚胜竹，功绩不如桑。"王岩《燕》："一巢功绩破春光，絮落花残两翅狂。"伍乔《观山水障子》："功绩精妍世少伦，图时应倍用心神。"

加 〔jiā《广韵》古牙切。平麻，見。〕❶增加，添加。刘长卿《岁日作》："律变沧江外，年加白发中。"窦常《和裴端公枢芜城秋夕简远近亲知》："岁积登朝恋，秋加陋巷贫。"元稹《酬复言长庆四年元日郡斋感怀见寄》："去日渐加余日少，贺人虽闹故人稀。"王涣《悼亡》："春来得病夏来加，深掩妆窗卧碧纱。"❷施加；加于其上。王勃《咏风》："肃肃凉景生，加我林壑清。”李白《秦女休行》：“婿为燕国王，身被诏狱加。”韩愈《雉带箭》：“地形渐窄观者多，雉惊弓满劲箭加。”杜牧《今皇帝一诏征兵不日功集臣获睹圣功辄献歌咏》：“威加塞外寒来早，恩入河源冻合迟。”❸愈益，更加。贾至《闲居秋怀寄阳翟陆赞府封丘高少府》：“秋风吹二毛，烈士加慨慷。”❹加封，晋升。李颀《寄綦三》：“新加大邑绶仍黄，近与单车去洛阳。”白居易《闻行简恩赐章服喜成长句寄之》：“吾年五十加朝散，尔亦今年赐服章。”皮日休《奉献致政裴秘监》：“优诏加大监，所以符公议。”

【加年】　谓增加年岁。戴叔伦《问严居士易》：“自公来问易，不复待加年。”白居易《同梦得和思黯见赠因酬妍唱兼吟鄙怀》：“催老莫嫌孙稚长，加年须喜鬓毛秋。”又《欢喜二偈》之一：“得老加年诚可喜，当春对酒亦宜欢。”

【加階】　加官阶，升官。薛能有《加阶》。

【加等】　谓官阶更加一等。王维《送秘书晁监还日本国》序：“同仪加等，位在王侯之先。”

【加飱食】　同“加餐饭”。崔融《拟古》：“寄谢闺中人，努力加飱食。”

【加減】　增多与减少。杜甫《秋清》：“药饵憎加减，门庭闷扫除。”王建《宫词一百首》之九九：“供御香方加减频，水沉山麝每回新。”白居易《对酒闲吟赠同老者》：“饥饱进退食，寒暄加减衣。”

【加葱】　指贫居蔬食。李端《长安感事呈卢纶》：“原门唯有席，井饮但加葱。”

【加飯】　同“加餐饭”。杜甫《雨四首》之三：“多病久加饭，衰容新授衣。”独孤及《送相里郎中赴江西》：“前期傥犹阔，加饭勉自强。”白居易《古意》：“寄书多不达，加饭终无益。”杜牧《送杜颛赴润州幕》：“直道事人男子业，异乡加饭弟兄心。”

【加意】　特别留意。白居易《妇人苦》：“蝉鬓加意梳，蛾眉用心扫。”

【加様】　谓加以新花样。白居易《新乐府·红线毯》：“宣城太守加样织，自谓为臣能竭力。”

【加餐】　同“加餐饭”。王维《酌酒与裴迪》：“世事浮云何足问，不如高卧且加餐。”杜甫《垂老别》：“此去必不归，还闻劝加餐。”权德舆《太原郑尚书远寄新诗走笔酬赠因代书贺》：“只今麟阁待丹青，努力加餐报天子。”亦指饮食。齐己《示诸侄》：“莫问年将朽，加餐已不多。”

【加餐飯】　谓多进饮食。多用以劝勉珍重身体。语出《古诗十九首·行行重行行》：“弃捐勿复道，努力加餐饭。”岑参《送王大昌龄赴江宁》：“惜君青云器，努力加餐饭。”独孤及《酬梁二十宋中所赠兼留别梁少府》：“唯当加餐饭，好我袖中字。”

【加點】　❶对文字加以涂抹。点，涂去。岑参《送张直公归南郑拜省》：“万言不加点，七步犹嫌迟。”李白《赠黄山胡公求白鹇》序：“因援笔三叫，文不加点以赠之。”❷犹言掺杂、点缀。杜甫《驱竖子摘苍耳》：“加点瓜薤间，依稀橘奴迹。”

【加籩】　犹进食，上食。笾，古代盛食物的竹器。韦应物《送陆侍御还越》：“置榻宿清夜，加笾宴良辰。”

四　画

劣　〔liè《广韵》力輟切，入薛，來。〕❶差，弱。杜甫《戏为六绝句》之三：“纵使卢王操翰墨，劣于汉魏近风骚。”秦系《山中枉皇甫温大夫见招书》：“卧多共息嵇康病，才劣虚同郭隗尊。”白居易《江楼夜吟元九律诗成三十韵》：“顾我文章略，知他气力全。”亦指认为劣、差。韩愈《驽骥》：“人皆劣骐骥，共以驽骀优。”❷仅、才。孟浩然《云门寺西符公兰若最幽与薛八同往》：“小溪劣容舟，怪石屡惊马。”岑参《与鲜于庶子自梓州成都少尹自褒城同行至利州道中作》：“岩倾劣通马，石窄难容车。”李群玉《浔阳观水》：“南经梦泽宽浮日，西出岷山劣泛杯。”吴融《败帘六韵》：“伴灯微拚梦，兼扇劣遮羞。”

【劣薄】　谓才力低弱。无名氏《哭从伯祭酒》(外编下)：“劣薄无因报，恩知岂谓轻?”

五　画

劫　〔jié《广韵》居怯切，入業，見。〕❶胁迫；胁持。李白《赠张相镐二首》之二：“石勒窥神州，刘聪劫天子。”❷抢劫，掠夺。李白《登高丘而望远》：“盗贼劫宝玉，精灵竟何能!”韩愈《元和圣德诗》：“遂劫东川，遂据城阻。”王建《羽林行》：“长安恶少出名字，楼下劫商楼上醉。”引申指夺去。徐夤《题南寺》：“久别猿啼寺，流年劫逝波。”贯休《轻薄篇二首》之二：“不觉朱篱脸红，霜劫鬓漆。”❸佛家语。“劫波”之略。天地之一生一灭谓之一劫。武三思《奉和过梁王宅即目应制》：“愿持山作寿，恒用劫为年。”张谓《哭护国上人》：“昔喜三身净，今悲万劫长。”孟郊《右清虚真人》：“哀此去留会，劫尽天地倾。”李商隐《戊辰会静中出贻同志二十韵》：“丹泥因未控，万劫犹逡巡。”❹佛家语。劫灾。佛教谓“劫”有成劫、坏劫、增劫、减劫等名目，其中坏劫之末有火、风、水三灾，即劫灾。贾岛《题山寺井》：“此地如经劫，凉潭会共枯。”亦泛指火灾等灾难。张渭《长沙失火后戏题莲花寺》：“金园宝刹半长沙，烧劫旁延一万家。”陈陶《草木言》：“常忧刀斧劫，窃慕仁寿乡。”❺殿堂前的台阶。蔡希寂《登福先寺上方然公禅室》:“步登诸劫尽,忽造浮云端。”吴筠《步虚词十首》之六:“琼台劫万仞,孤映大罗表。”❻围棋术语。提掉对方一子后,又处于可被对方反提一子的棋型。李洞《对棋》:“日斜抛作劫,月午蹙成迟。”又《宿叶公棋阁》:“日到长天征未断,钟来岳顶劫须抛。”

【劫火】　佛教谓“坏劫”之中有火、风、水三劫灾,劫火即指三劫灾中之火灾。卢纶《题念济寺晕上人院》:“世尘徒委积,劫火定焚烧。”白居易《和送刘道士游天台》:“苦海不能漂,劫火不能焚。”司空图《狂题十八首》之十八:“曾闻劫火到蓬壶,缩尽鳌头海亦枯。”齐己《赠持法华经僧》:“他时劫火洞燃后,神光璨璨如红莲。”亦泛指战火或大灾难。韩偓《感事三十韵》:“中原成劫火,东海遂桑田。”

【劫石】　佛家语。坚固久长、历劫难毁之石。卢纶《慈恩寺石磬歌》:“吾师宝之寿中国,愿同劫石无终极。”李绅《赠毛仙翁》:“忽控香虬天上去,海隅劫石霄花尘。”齐己《送隆公上人》:“好骋陈那孔,谁云劫石顽?”

【劫灰】　佛教所说劫火后之余灰。郑愔《奉和三会寺应制》:“旧苑经寒露,残池问劫灰。”杜甫《千秋节有感二首》之一:“凤纪编生日,龙池堑劫灰。”朱庆余《省试晦日与同志昆明池泛舟》:“劫灰难问理,岛树偶知名。”聂夷中《闻人说海北事有感》:“海隅久已无春色,地底真成有劫灰。”

【劫劫】　❶犹汲汲,孜孜。卢仝《叹昨日三首》之三:“上帝板板主何物?日车劫劫西向没。”❷佛家以世界之一生一灭为一劫,或称劫波。劫劫,即一劫又一劫,犹言世世。贾岛《赠无怀禅师》:“身从劫劫修,果以此生周。”吕岩《沁园春》词:“奈今日茫然,不知明日,波波劫劫,有甚来由?”

【劫具】　或译迦波罗、吉贝、劫波育。树名,状如土葵。有壳,剖以出花,如柳絮,可以织布。皮日休《太湖诗·孤园寺》:“巾之劫贝布,馔以栴檀饵。”

【劫沙】　佛家语。喻劫量之不可数有如河沙。李频《书怀》:“别访栖禅侣,相期语劫沙。”

【劫風】　佛家谓“坏劫”之中,有水、风、火三劫灾。劫风即指三劫灾中之风灾。白居易《寓言题僧》:“劫风火起烧荒宅,苦海波生荡破船。”

【劫掠】　抢劫掠夺。寒山《诗三百三首》之二七二:“伴党六个贼,劫掠法财珠。”

【劫累】　(一lěi)佛家语。劫难之累。宋之问《游云门寺》:“劫累终期灭,尘躬且未宁。”参见“劫灰”。

【劫遷】　胁持而迁移之。韩偓《感事三十四韵》:“本是谋赊死,因之致劫迁。”按此指昭宗天复元年韩全海焚御院,以兵胁昭宗迁凤翔事。时昭宗曾遣人语韩偓:“欲召卿对,其势未可。”

【劫燼】　即“劫灰”。太宗《冬日临昆明池》:“石鲸分玉溜,劫烬隐平沙。”李绅《题法华寺五言二十韵》:“色尘知有数,劫烬岂无年?”

助　〔zhù《广韵》牀據切,去御,祟。〕❶帮助。肃宗《赐梨李泌与诸王联句》:“天生此间气,助我化无为。”包何《阙下芙蓉》:“一人理国致升平,万物呈祥助圣明。”白居易《有木诗》八首之一:“风烟借颜色,雨露助华滋。”徐夤《尚书命题瓦砚》:“不独雄文阵,兼能助笔耕。”❷增加;增益。骆宾王《艳情代郭氏答卢照邻》:“舞蝶临阶只自舞,啼鸟逢人亦助啼。”钱起《山居新种花药与道士同游赋诗》:“雨花相助好,莺鸣春草时。”戴叔伦《再巡道永留别》:“鬓下初惊白发时,更逢离别助秋悲。”褚载《瀑布》:“泻雾倾烟撼撼雷,满山风雨助喧豗。”

【助紂】　“助纣为虐”的略语。纣,商朝的末代暴君。周昙《咏史诗·三代门·夷齐》:“将除暴虐诚能阻,何异崎岖助纣来?”

【助理】　协助治理。张谓《送青龙一公》:“圣朝须助理,绝莫爱东山。”

【助教】　学官名。始置于西晋咸宁四年(278)。南北朝、隋因之。唐代国子学、太学、四门馆、广文馆均设助教。国子助教从七品上。四门馆助教从八品上。其职为协助博士教授生徒。韩愈有《晚寄张十八助教周郎博士》。刘得仁有《赠敬晊助教二首》。

【助酌】　指以菜肴等佐助下酒。白居易《春寒》:“助酌有枯鱼,佐餐兼旨蓄。”

【助順】　异族番邦等帮助朝廷平叛称助顺。杜甫《北征》:“其王愿助顺,其俗善驰突。”

【助興】　帮助增高兴致。白居易《酬皇甫郎中对新菊花见忆》:“黄花助兴方携酒,红叶添愁正满阶。”

劬　〔qú《广韵》其俱切,平虞,羣。〕劳累,劳苦。韦应物《观田家》:“饥劬不自苦,膏泽且为喜。”柳宗元《读书》:“书史足自悦,安用勤与劬?”来鹄《圣政纪颂》:“君劬臣劳,上讨下述。”

【劬劬】　辛劳貌。贾岛《义雀行和朱评事》:“双雀抱仁义,哺食劳劬劬。”

【劬愉】　恳切和悦。刘禹锡《武陵观火诗》:“吊场色惨怛,颜失词劬愉。”

【劬勞】　辛劳;劳苦。储光羲《同王十三维偶然作十首》之一:“无钱可沽酒,何以解劬劳?”杜甫《八哀诗·故秘书少监武功苏公源明》:“庶以勤苦志,报兹劬劳显。”牟融《赠欧阳詹》:“服勤因念劬劳重,思养徒怀感慨深。”

努〔nǔ《广韵》奴古切，上姥，泥。〕❶凸出；鼓起。唐彦谦《采桑女》："春风吹蚕细如蚁，桑芽才努青鸦嘴。"襄阳旅殡举人《诗》(卷八六五)："流水涓涓芹努芽，织乌西飞客还家。"蒋贻恭《咏虾蟆》："坐卧兼行总一般，向人努眼太无端。"❷用力。见"努力"。

【努力】 尽力；勉力。崔融《拟古》："寄谢闺中人，努力加飧食。"李白《古风》之二十："勗君青松心，努力保霜雪。"李涉《岳阳别张祜》："策马前途须努力，莫学龙钟虚叹息。"韦庄《仆者杨金》："努力且为田舍客，他年为尔觅金鱼。"

【努眼】 瞪眼。《僖宗时童谣》："金色虾蟆争努眼，翻却曹州天下反。"

【努膊】 伸臂。寒山《诗三百三首》之九五："努膊觅钱财，切齿驱奴马。"

六　画

劻〔kuāng《广韵》去王切，平陽，溪。〕见"劻勷"。

【劻勷】 (－ráng)惶恐不安貌。白居易《渭村退居寄礼部崔侍郎翰林钱舍人诗一百韵》："乐天无怨叹，倚命不劻勷。"杜牧《冬至日寄小侄阿宜诗》："参军与县尉，尘土惊劻勷。"陈陶《圣帝击壤歌四十声》："牝鸡何谶谯，猘犬漫劻勷。"

劼〔jié《广韵》恪八切，入黠，溪。〕❶辛勤。韩愈、孟郊《征蜀联句》："小臣昧戎经，维用赞勋劼。"❷见"敲劼"。

効同"效"。

劾〔hé《广韵》胡德切，入德，匣。〕揭发罪行或过失。杜甫《两当县吴十侍御江上宅》："台中领举劾，君必慎剖析。"刘禹锡《送湘阳熊判官孺登因寄呈江西裴中丞二十三兄》："何武劾腐儒，陈蕃礼高士。"陆龟蒙《和过张祜处士丹阳故居》序："亦受辟诸侯府，性狷介不容物，辄自劾去。"

七　画

勃〔bó《广韵》蒲没切，入没，並。〕❶见"勃然"。❷见"勃興"。

【勃起】 勃然兴起。孙鲂《题梅岭泉》："云峰从勃起，葵叶岂劳扇！"

【勃勃】 ❶蒸腾貌。戎昱《塞下曲》之四："单于竟未灭，阴气常勃勃。"白居易《送客南迁》："春畬烟勃勃，秋瘴露冥冥。"皮日休《太湖诗·桃花坞》："微风吹重岚，碧埃轻勃勃。"幸夤逊《云》："因登巨石知来处，勃勃元生绿藓痕。"❷雄伟盛大貌。罗隐《夏州胡常侍》："百尺高台勃勃州，大刀长戟汉诸侯。"贯休《古塞上曲》七首之七："山接胡奴水，河连勃勃城。"

【勃律】 唐西域国名。分大、小勃律。大勃律亦称布露，地当今帕米尔南部。小勃律与之相接，后为玄宗所灭，改置归仁军。杜甫《喜闻盗贼蕃寇总退口号五首》之四："勃律天西采玉河，坚昆碧碗最来多。"参阅《旧唐书·西域传》。

【勃然】 ❶突然发怒或突生变化貌。韩愈《南山诗》："勃然思坼裂，拥掩难恕宥。"卢仝《月蚀诗》："帝见尧心忧，勃然发怒决洪流。"皮日休《吴中苦雨因书一百韵寄鲁望》："狂蜃吐其气，千寻勃然蹙。"亦指忽然兴起貌。王周《志峡船具诗·百丈》："孱颜屹焉立，汹涌勃然起。"

【勃窣】 犹婆娑。胡宿《赵宗道归辇下》："江浦呕哑风送橹，河桥勃窣柳垂堤。"

【勃興】 蓬勃兴起，蓬勃兴盛。魏征《享太庙乐章·大明舞》："勋华既没，禹汤勃兴。"韩愈《荐士》："勃兴得李杜，万类困陵暴。"

【勃鬱】 郁结盘曲貌。杜牧《李甘诗》："俨雅千官容，勃郁吾累怒。"温庭筠《郭处士击瓯歌》："太平天子驻云车，龙炉勃郁双蟠拏。"

勑同"敕"。皇帝之命令、诏书。戎昱《赠别张驸马》："从奴斜抱勑赐锦，双双蹙出金麒麟。"花蕊夫人《宫词》之一三六："一一傍边书勑字，中官送与大臣家。"

勁〔jìng《广韵》居正切，去勁，見。〕❶强劲有力。杜甫《羌村》之一："萧萧北风劲，抚事煎百虑。"钱起《送屈突司马充安西书记》："制胜三军劲，澄清万里余。"孟郊《姑蔑城》："劲越既成土，强吴亦为墟。"温庭筠《塞寒行》："燕弓弦劲霜封瓦，朴簌寒雕睇平野。"陆龟蒙《村夜二篇》之一："开瓶浮蚁绿，试笔秋毫劲。"❷坚实牢固；坚韧挺拔。魏征《五郊乐章·白帝商音·肃和》："气肃霜严，林凋草劲。"卢纶《和徐法曹赠崔洛阳斑竹杖以诗见答》："劲堪和醉倚，轻好向空书。"张仲方《赋得竹箭有筠》："皮开凤彩出，节劲龙文现。"韩偓《此翁》："金劲任从千口铄，玉寒曾试几炉烘。"李子昂《西戎即叙》："肃杀三边劲，萧条万里空。"❸指风霜等凛冽寒重。太宗《赋得残菊》："露浓晞晚笑，风劲浅残香。"严武《酬别杜二》："未效风霜劲，空惭雨露私。"刘商《画树后呈濬师》："为君壁上画松柏，劲雪严霜君试看。"孙氏《闻琴》："初疑飒飒凉风劲，又似潇潇暮雨零。"❹强烈；深切。姚合《心怀霜》:“思劲凄孤韵,声酸激冷吟。”❺指气质、操守刚强、坚贞。高适《东平旅游奉赠薛太守二十四韵》:“御史风逾劲,郎官草屡修。”杨巨源《和卢谏议朝回书情即事寄两省阁老谏院诸院长》:“全仁气逾劲,大辨言甚徐。”刘禹锡《送裴处士应制举诗》:“裴生久在风尘里,气劲言高少知己。”

【勁木】 结实坚劲的树木。白居易《续古诗十首》之四:“风雪折劲木,涧松摧为薪。”

【勁卒】 强悍有力之士卒。王维《燕支行》:“赵魏燕韩多劲卒,关西侠少何咆勃!”

【勁直】 ❶刚劲正直。刘长卿《瓜洲驿奉饯张侍御使之岭南时侍御先在淮南幕府》:“劲直随台柏,芳香动省兰。”❷谓书法遒劲。任华《怀素上人草书歌》:“锋芒利如欧冶剑,劲直浑是并州铁。”

【勁氣】 凛冽寒气。徐贤妃《秋风函谷应诏》:“秋风起函谷,劲气动河山。”白居易《和酬郑侍御东阳春闷放怀追越游见寄》:“劲气森爽竹竿竦,妍文焕烂芙蓉披。”

【勁風】 强劲之风。舒元舆《坊州按狱苏氏庄记室二贤自鄜州走马相访因成诗寄之》:“君能犯劲风,信宿凌欹危。”吴融《汴上观》:“九曲河冰半段来,严霜结出劲风裁。”李中《腊中作》:“劲风吹大野,密雪翳高空。”

【勁勇】 刚强勇猛。亦代指刚强勇猛之将士。陆龟蒙《江湖散人歌》:“必然大段剪凶逆,须召劲勇持军麾。”

【勁草】 坚韧强劲之草。多喻在危难关头能坚持操守、刚毅不屈之人。太宗《赐萧瑀》:“疾风知劲草,板荡识诚臣。”

【勁挺】 坚韧挺拔。白居易《有木诗八首》之六:“根株非劲挺,柯叶多蒙笼。”皮日休《公斋四咏·小桂》:“劲挺隐珪质,盘珊缇油姿。”

【勁健】 ❶犹坚实。白居易《红藤杖》:“劲健孤茎直,疏圆六节匀。”❷指艺术风格雄劲刚健。司空图《诗品二十四则》有“劲健”一品。

【勁逸】 挺健俊逸。司空图《詈光大师草书歌》:“羸病爱师书劲逸,翻作长歌助狂笔。”

【勁虜】 犹强敌。苏颋《饯赵尚书摄御史大夫赴朔方军》:“劲虏欲南窥,扬兵护朔陲。”

【勁節】 ❶竹木之节的美称。以竹节或树节多紧密坚实,故称。李峤《松》:“岁寒终不改,劲节幸君知。”孟云卿《行路难》:“君不见长松百尺多劲节,狂风暴雨终摧折。”席夔《赋得竹箭有筠》:“虚心如待物,劲节自留春。”薛涛《十离诗·竹离亭》:“蓊郁新栽四五行,常将劲节负秋霜。”❷借指坚贞的气节、操守。韩偓《息兵》:“多难始应彰劲节,至公安肯为虚名!”

【勁質】 坚硬强固的质地、本性。陆肱《松》:“雪霜知劲质,今古占嘉名。”皮日休《虎丘寺殿前有古杉一本乃造化者方外之材乎遂赋三百言以见志》:“劲质如尧瘦,贞容学舜徽。”

【勁敵】 强劲的敌手。陆龟蒙《纪梦游甘露寺》:“鸟疾帆亦奔,纷纷助劲敌。”

【勁翮】 强健有力的翅膀。权德舆《从事淮南府过亡友杨校书旧厅感念愀然》:“欲翥摧劲翮,先秋落贞芳。”

【勁飆】 猛烈的暴风。孟郊《石淙》之十:“劲飙刷幽视,怒水慑余懦。”

勉 〔miǎn《广韵》亡辨切,上獮,明。〕❶努力;奋勉。玄宗《赐诸州刺史以题座右》:“勉哉各祗命,知予眷万方。”独孤及《送马郑州》:“勉修循吏迹,以谢主人恩。”韩愈《送进士刘师服东归》:“勉来取金紫,勿久休中园。”刘沧《早行》:“当自勉行役,终期功业齐。”❷劝勉,鼓励。李白《玉真公主别馆苦雨赠卫尉张卿二首》之一:“独酌聊自勉,谁贵经纶才?”王季友《滑中赠崔高士瑾》:“自勉将勉余,良药在苦口。”张籍《董公诗》:“其父教子义,其妻勉夫忠。”无可《金州别姚合》:“言之离别易,勉以道途难。”❸勉强。处默《忆庐山旧居》:“粗衣粝食老烟霞,勉把衰颜惜岁华。”

【勉力】 努力,尽力。孟郊《立德新居》之三:“俭教先勉力,修襟无余佗。”白居易《闲夜咏怀因招周协律刘薛二秀才》:“若厌雅吟须俗饮,妓筵勉力为君铺。”贯休《寄景地判官》:“勉力酬知己,昌朝正急贤。”

【勉勉】 频仍;勤勉不懈。韩愈《送侯参谋赴河中幕》:“勤勤酒不进,勉勉恨已仍。”孟郊《忽不贫喜卢仝书船归洛》:“勉勉不敢专,传之方在诸。”

【勉旃】 劝慰之语,犹言努力。旃,之焉之合音字。高适《宋中别李八》:“行矣各勉旃,吾当挹余烈。”苏涣《变律》之三:“世路险孟门,吾徒当勉旃。”罗隐《寄崔庆孙》:“交情澹泊应长在,俗态流离且勉旃。”

【勉率】 犹勉力。韩愈《送无本师归范阳》:“勉率吐歌诗,慰女别后览。”

【勉强】 心中不情愿或力不能及而强行去作。杜甫《送顾八分文学适洪吉州》:“南为祝融客,勉强亲杖屦。”白居易《苏州李中丞以元日郡斋感怀诗寄微之及予走笔奉答兼呈微之》:“杯前笑歌徒勉强,镜里形容渐衰朽。”方干《贻曦上人》:“与师犹得重相见,亦是枯株勉强春。”齐己《拟嵇康绝交寄湘中贯微》:“狱寺逍遥梦,侯门勉强居。”

【勉勵】 劝勉鼓励。元结《游石溪示学者》:“岂忘二三子,旦夕相勉励。”

勇〔yǒng《广韵》余隴切，上腫，以。〕❶勇敢无畏。耿沣《和王怀州观西营秋射》："名借三军勇，功推百中难。"王彦威《宣武军镇作》："天兵十万勇如貔，正是酬恩报国时。"李商隐《韩碑》："行军司马智且勇，十四万众犹虎貔。"❷勇气。宋昱《樟亭观涛》："寂听堪增勇，晴看自发蒙。"韩愈、张籍《会合联句》："病添儿女恋，老丧丈夫勇。"❸果敢、决断。刘长卿《吴中闻潼关失守因奉寄淮南萧判官》："赴敌甘负戈，论兵勇投笔。"韩愈《剥啄行》："今去不勇，其如后艰！"❹踊跃。刘禹锡《罢郡姑苏北归渡扬子津》："归心渡江勇，病体得秋轻。"

【勇力】 勇猛之力量。殷尧藩《张飞庙》："威名垂万古，勇力冠当时。"

【勇士】 勇武之士兵。亦指有勇气胆略之人。玄宗《校猎义成喜逢大雪率题九韵以示群官》："北风勇士马，东日华组练。"韩愈《听颖师弹琴》："划然变轩昂，勇士赴敌场。"

【勇夫】 勇敢之人。储光羲《观范阳递俘》："四履封元戎，百金酬勇夫。"亦指勇而愚鲁之人。太宗《赐萧瑀》："勇夫安识义，智者必怀仁。"

【勇决】 勇敢果决。杜甫《北征》："此辈少为贵，四方服勇决。"又《留花门》："北门天骄子，饱肉气勇决。"

【勇壯】 英勇豪壮。子兰《短歌行》："使勇壮我心，少年如顷刻。"

【勇果】 勇敢果决。崔璐《览皮先辈盛制因作十韵以寄用伸款仰》："勇果鲁仲由，文武蜀相如。"

【勇氣】 勇敢无畏的精神、气概。孟云卿《行行且游猎篇》："少年多武力，勇气冠幽州。"戎昱《观卫尚书九日对中使射破的》："勇气干牛斗，欢声震鼓鼙。"许浑《征西旧卒》："少年乘勇气，百战过乌孙。"王贞白《从军行》："每度因看猎，令人勇气多。"

【勇退】 果断迅速地退隐。权德舆《寄临海郡崔稚璋》："志士诚勇退，鄙夫自包羞。"

【勇略】 勇气与谋略。杜甫《上白帝城二首之二》："勇略今何在，当年亦壮哉。"

【勇進】 勇敢前行。徐彦伯《比干墓》："之子弥忠谠，愤然更勇进。"解彦融《雁塔》："勇进攀有缘，即崄恐迷坠。"

【勇義】 勇敢与正义。张祜《献太原裴相公三十韵》："勇义精诚感，温良美价沽。"贯休《避地毗陵上王慥使君》："勇义排千阵，诛锄拟一朝。"

【勇鋭】 勇敢而有锐气。杜甫《王兵马使二角鹰》："鞲上锋棱十二翮，将军勇锐与之敌。"又《哀王孙》："朔方健儿好身手，昔何勇锐今何愚！"周昙《咏史·六朝门·苻坚再吟》："空知勇锐不知兵，困兽孤军未可轻。"

【勇藝】 勇敢与才艺。许浑《题卫将军庙》序："遇神尧皇帝始建义旗，遂以勇艺进，备行列。"

八　画

勍〔qíng《广韵》渠京切，平庚，羣。〕❶强。柳宗元《鼓吹铙歌·晋阳武》："枯以肉，勍者羸。"韩愈、孟郊《城南联句》："足胜自多诣，心贪敌无勍。"张祜《投魏博李相国三十二韵》："远寄思弥厚，深欺敌不勍。"❷通"竞"。竞争。元稹《估客乐》："归来始安坐，富与王者勍。"孙纬《中秋夜思郑延美有作》："顾兔云初蔽，长蛇谁与勍？"

【勍寇】 强寇。褚遂良《奉和行经破薛举战地应诏》："昔往摧勍寇，今巡奏短箫。"

【勍敵】 ❶强敌，劲敌。杜甫《催宗文树鸡栅》："应宜各长幼，自此均勍敌。"胡曾《咏史诗·泜水》："犹疑转战逢勍敌，更向军中问左车。"❷强有力的对手；可相匹敌之事物。李颀《咏张諲山水》："谁堪记室妒风流，画与将军作勍敌？"杜甫《瞿塘怀古》："西南万壑注，勍敌两崖开。"司空图《戊午三月晦二首》之二："牛夸棋品无勍敌，谢占诗家作上流。"

勬〔juàn《广韵》渠卷切，去線，羣。〕同"倦"。❶困倦。元稹《苦雨》："炎蒸安敢勬，虫豸何时无？"❷厌倦。元稹《寺院新竹》："噪集勬鸱鸟，炎昏繁蠛蠓。"

務〔wù《广韵》亡遇切，去遇，微。〕❶从事；致力于。王维《丁寓田家有赠》："晨鸡鸣邻里，群动从所务。"岑参《送王著作赴淮西幕府》："各自务功业，当须激深衷。"元稹《寄吴士矩端公五十韵》："予时年最少，专务酒中职。"范质《戒儿侄八百字》："伊余奉家训，孜孜务进修。"引申指力求。张九龄《咏史》："大德始无颇，中智是所是。居然已不一，况乃务相诡。"皇甫曾《遇风雨作》："兽迹不敢窥，马蹄唯务速。"白居易《寄唐生》："非求宫律高，不务文字奇。"❷事务；政务。张说《代书寄薛四》："纹足经三象，素当综群务。"刘长卿《雨中登沛县楼赠表兄郭少府》："小邑务常闲，吾兄宦何薄？"柳宗元《首春逢耕者》："农事诚素务，羁囚阻平生。"皮日休《房杜二相国》："纵横柅中算，左右天下务。"亦专指农务。魏征《五郊乐章·肃和》："八蜡已登，三农息务。"❸务必，务须。武则天《早春夜宴》："务使霞浆兴，方乘泛洛归。"高适《宴韦司户山亭院》："习静务为适，所居还复尔。"孟郊《严河南》："取次令坊沽，举止务在宽。"

【務本】 致力于根本性的人事。旧以农为本，故常指务农。玄宗《游兴庆宫作》："务本方崇训，相辉保羽仪。”苏颋《奉和圣制漕桥东送新除岳牧》：“政行恩务本，风靡属胜残。”《郊庙歌辞·享先蚕乐章·昭庆》：“虔诚资宇内，务本勖黎庶。”

【務光】 亦写作瞀光。传为商汤时隐士。据《庄子·让王》云：汤放桀后，以天下让务光，务光不受，负石自沉于庐水。李白《雉子斑》：“善卷让天子，务光亦逃名。”参见《韩非子·说林》《史记·伯夷列传》。

【務作】 致力于耕作。苏颋《奉和圣制长春宫登楼望稼穑之作》：“敬时尧务作，尽力禹称功。”钱起《观村人牧山田》：“六府且未盈，三农争务作。”

【務屏】 (一bǐng)谓公务屏退。杜甫《故右仆射相国张公九龄》：“宾客引调同，讽咏在务屏。”

【務退】 公务完毕。戎昱《辰州建中四年多怀》：“务退门多掩，愁米酒独斟。”朱庆余《送饶州张使君》：“务退唯当吟咏苦，留心曾不在生涯。”

【務閒】 公务清闲。薛能《上盐铁尚书》：“闻说务闲心更静，此时忧国合求人。”

【務農】 从事农耕。杜甫《昼梦》：“安得务农息战斗，普天无吏横索钱。”魏兼恕《送张兵曹赴营田》：“河曲今无战，王师每务农。”

【務道】 致力于修道。谭铢《题九华山》：“我来暗凝情，务道志更坚。”

【務隙】 公务闲暇时。杜甫《郑典设自施州归》：“群书一万卷，博涉供务隙。”

【務實】 致力于实际事务。元稹《邮亭月》：“君多务实我多情，大抵偏嗔步月行。”郑谷《偶书》：“承时偷喜负明神，务实哪能得庇身？”韩偓《天鉴》：“何劳谄笑学趋时，务实清修胜用机。”

九　画

勘〔kān《广韵》苦紺切，去勘，溪。〕❶察看，检验。权德舆《李韶州著书常论释氏之理贵州有能公遗迹诗以问之》：“曹溪有宗旨，一为勘心源。”元稹《酬乐天待漏入阁见赠》：“未勘银台契，先排浴殿关。”❷校勘，校订。韩愈、孟郊《雨中寄孟刑部几道联句》：“圣书空勘读，盗食敢求嘬！”白居易《题诗屏风绝句》：“相忆采君诗作障，自书自勘不辞劳。”许浑《湖州韦长史山居》：“琴曲少声重勘谱，药丸多忌更寻芳。”

【勘契】 验对符契。契，鱼契。鱼形，分左右，凿枘相合，缕金为文。唐制，车驾至殿门，门使出左契，勘契官执右契，验对左右相合，始开殿门。刘邺《待漏院吟》：“玉堂帘外独迟迟，明月初沉勘契时。”郑谷《入阁》：“门严新勘契，仗入乍承宣。”

【勘鎖】 犹勘契。宫门出入须勘验符契相合始开锁放行。许浑《经古行宫》：“重门勘锁青春晚，深院垂帘白昼长。”

【勘鬭】 犹斗榫。玉石等物破损后，验其碎块之形状，拼合成原形。卢仝《哭玉碑子》：“勘斗平地上，罅坼多啮缺。”

勒1〔lè《广韵》盧則切，入德，來。〕❶带嚼子之马笼头。虞世南《饮马长城窟行》：“轻骑犹衔勒，疑兵尚解鞍。”岑参《卫节度赤骠马歌》：“红缨紫鞚珊瑚鞭，玉鞍锦鞯黄金勒。”元稹《望云骓马歌》：“亚身受取白玉羁，开口衔得紫金勒。”❷拉紧缰绳以控驭马。虞世南《出塞》：“扬桴上陇坂，勒骑下平原。”周繇《公子行》：“回望玉楼人不见，酒旗深处勒花骢。”贯休《观怀素草书歌》：“珊瑚枝长大如束，天马骄狞不可勒。”❸约束，抑制。刘得仁《春暮对雨》：“气蒙杨柳重，寒勒牡丹迟。”❹统率，部署。杨巨源《赠邻家老将》：“寇深争暗袭，关迥勒春防。”❺勒索；强逼。杜荀鹤《伤硖石县病叟》：“官家不管蓬蒿地，须勒王租出此中。”亦指勒令。李绅有《忆寿春废虎坑常修陷阱数十所勒猎者采其皮睛余悉除罢之是岁虎不复为害至余去郡三载》。❻镌刻。窦威《出塞》：“会勒燕然石，方传车骑名。”杜甫《奉酬薛十二丈判官见赠》：“欲学鸱夷子，待勒燕山铭。”李益《从军夜次六胡北饮马磨剑石为祝殇辞》：“我今抽刀勒剑石，告尔万世为唐休。”贯休《贺雨上王使君二首》之一：“应须蚤勒南山石，黄霸清风满内庭。”❼犹入。赵鸿《杜甫同谷茅茨》：“孤云飞鸟什，空勒旧山隅。”

勒2〔lēi《广韵》盧則切，入德，來。〕捆束。畅当《题沈八斋》：“绿绮琴弹白雪引，乌丝绢勒黄庭经。”

【勒功】 刻石记功。亦泛指建立功业。骆宾王《咏怀古意上裴侍郎》：“勒功思比宪，决略暗欺陈。”薛存诚《东都父老望幸》：“众愿其难阻，明君早勒功。”

【勒石】 刻字于石。东汉窦宪曾大破匈奴，于燕然山刻石勒功而还。故亦以指刻石记功或建功。李峤《送骆奉礼从军》：“希君勒石返，歌舞入城闉。”

【勒₂肌】 扣入肌肤。犹言刻骨铭心，牢记。白居易《叙德书情四十韵上宣歙翟中丞》：“佩德潜书带，铭仁暗勒肌。”

【勒兵】 统率部队。李適《汾阴后土祠作》：“勒兵十八万，旌旗何纷纷！”杨凭《边塞行》：“圣主嗤炎汉，无心自勒兵。”马戴《关山曲二首》之二：“勒兵临汉水，惊雁散胡天。”

【勒碑】 刻石立碑。徐安贞《送吕向补阙西岳勒碑》：“勒碑悬日月，驱传接云烟。”孙逖有《春初送吕补阙往西岳勒碑得云字》。

【勒頌】 刻石记功。亦指建功。徐坚《奉和圣制送张说巡边》："燕山应勒颂，麟阁伫名扬。"

【勒銘】 ❶于石碑或其他器物上镌刻文字。杜甫《贾山人隐居》："南极老人应有星，《北山移文》谁勒铭？"皮日休《庚寅岁十一月新罗弘惠上人与本国同书请日休为灵鹫山周禅师碑将还以诗送之》："勒铭虽即多遗草，越海还能抵万金。"唐彦谦《兴元沈氏庄》："江绕武侯筹笔地，雨昏张载勒铭山。"❷镌刻记功文字。亦指建立功勋。沈佺期《塞北二首》之二："何言投笔去？终作勒铭回。"皇甫冉《送常大夫加散骑常侍赴朔方》："人知窦车骑，计日勒铭还。"李商隐《寄太原卢司空三十韵》："内草才传诏，前茅已勒铭。"

【勒駕】 勒停车马。韦应物《自尚书郎出为滁州刺史》："登途建隼旟，勒驾望承明。"

【勒縛】 犹勒逼，逼迫。元稹《估客乐》："火伴相勒缚，卖假莫卖诚。"

【勒轡】 勒马。拉紧缰绳使马停下。施肩吾《少年行》："五凤街头新勒辔，半垂衫袖揖金吾。"

勖 〔xù《广韵》許玉切，入燭，曉。〕亦作"勗"。勉励。刘宪《饯唐永昌》："绪言已勖期年政，绮字当生满路光。"李白《赠韦侍御黄裳二首》之二："但勖冰壶心，无为叹衰老。"孟郊《立德新居》之八："手锄手自勖，激劝亦已饶。"齐己《蠹》："偶或成之，胡为勗人？"

動 〔dòng《广韵》徒揔切，上董，定。〕❶脱离静止状态。与"静"相对。李元操《和从叔禄愔元日早朝》："铜浑变秋节，玉律动年灰。"常衮《咏冬槐花》："密来惊叶少，动处觉枝长。"张聿《景风扇物》："水上微波动，林前媚景通。"王毂《春草碧色》："嫩叶舒烟际，微香动水滨。"❷举动；行动。韩愈《元和圣德诗》："生知法式，动得理所。"又《归彭城》："天下兵又动，太平竟何时？"黄损《句》："高齐日月方为道，动合乾坤始是心。"❸作；进行活动。李峤《萱》："还依北堂下，曹植动文雄。"杜甫《醉时歌》："清夜沉沉动春酌，灯前细雨檐花落。"戴叔伦《送崔融》："王者应无敌，天兵动远征。"❹动用，起用。辛常伯《从军中行路难》："玉玺分兵征恶少，金坛授律动将军。"杜甫《奉和严中丞西城晚眺十韵》："直词才不世，雄略动如神。"❺生发；起。王维《和陈监四郎秋雨中思从弟据》："袅袅秋风动，凄凄烟雨繁。"李端《同苗员外宿荐福寺僧舍》："潘安秋兴动，凉夜宿僧房。"王观《早行》："村店烟火动，渔家灯烛幽。"贯休《古塞曲三首》："单于烽火动，都护去天涯。"❻变化。改变平静的状态。杜甫《陪王侍御同登东山最高顶宴姚通泉晚携酒泛江》："满空星河光破碎，四座宾客色不动。"元稹《哭子十首》之三："钟声欲绝东方动，便是寻常上学时。"白居易《伤唐衢二首》之一："忽闻唐衢死，不觉动颜色。"❼感动；触动。李适《奉和幸望春宫送朔方军大总管张仁亶》："豹略恭宸旨，雄文动睿情。"李白《白纻辞三首》之二："郢中白雪且莫吟，子夜吴歌动军心。"权德舆《薄命篇》："镜里红颜不自禁，陌头香骑动春心。"孙元晏《马仙埤》："齐朝太守不甘降，忠节当时动四方。"❽引发；催动。太宗《春日玄武门宴群臣》："韶光开令序，淑气动芳年。"杜甫《北征》："青云动高兴，幽事亦可悦。"顾况《奉和韩晋公晦日呈诸判官》："不是风光催柳色，却缘威令动阳和。"皎然《酬张明府》："爱君诗思动禅心，使我休吟待鹤鸣。"❾震动；惊动。崔湜《大漠行》："旌旆悠悠静潮源，鼙鼓喧喧动卢谷。"李白《梦游天姥吟留别》："忽魂悸以魄动，恍惊起而长嗟。"张籍《送杨少尹赴凤翔》："诗名往日动长安，首首人家卷里看。"赵嘏《别麻氏》："晓哭呱呱动四邻，于君我作负心人。"❿指响动，奏响。刘长卿《贾侍郎自会稽使回因书数事率成十韵》："上国悲芜梗，中原动鼓鼙。"窦庠《酬谢韦卿二十五兄俯赠辄敢书情》："埋没剑中生紫气，尘埃瑟上动清商。"刘禹锡《元日乐天见过因举酒为贺》："震方天籁动，寅位帝车回。"钱珝《江上无题一百首》之三四："人居芦苇岸，终夜动秋声。"⓫指光闪耀，闪烁。李峤《鹊》："倘游明镜里，朝夕动光辉。"孟浩然《鹦鹉洲送王九之江左》："滩头日落沙碛长，金沙熠熠动飙光。"韦应物《寇季膺古刀歌》："阴森白日掩云虹，错落池光动金碧。"杨嗣复《仪凤》："向日朱光动，迎风翠羽新。"⓬指气、气味等侵袭、散发。杜甫《峡口二首》之二："乱离闻鼓角，秋气动衰颜。"钱起《省试湘灵鼓瑟》："苍梧来怨慕，白芷动芳馨。"元稹《襄阳为卢窦纪事》之三："莺声撩乱曙灯残，暗觅金钗动晓寒。"白居易《杂兴三首》之二："左右好风来，香动芙蓉蕊。"⓭动辄；常常。李峤《凫》："何当归太液，翱集动成雷。"杜甫《赠卫八处士》："人生不相见，动如参与商。"韩愈《赴江陵途中寄三学士》："猜嫌动置毒，对案辄怀愁。"李商隐《戏题枢言草阁三十二韵》："平昔苦南北，动成云雨乖。"⓮不经意，不觉。多指时光流逝之速。高适《送杨山人归嵩阳》："不到嵩阳动十年，旧时心事已徒然。"杜甫《燕子来舟中作》："湖南为客动经春，燕子衔泥两度新。"元稹《感梦》："行吟坐叹知何极，影绝魂销动隔年。"朱庆余《赠韩协律》："岭寺听猿频独宿，湖亭避宴动经年。"⓯动物。包佶《祀雨师乐章·迎俎酌献》："动植求声，飞沉允望。"权德舆《酬穆七侍郎早登使院西楼感怀》："动植相纠纷，车从竞喧阗。"白居易《早送举人入试》："日出尘埃飞，群动互营营。"徐铉《侍宴赋得归雁》："夜静群动息，翩翩一雁归。"

【動人】 感动人；使人动心。杜甫《促织》："促织甚细微，哀音何动人？"白居易《寄献北都留守裴令公》:"动人名赫赫,忧国意切切。"刘得仁《春日雨后作》:"北阙明如昼,南山碧动人。"罗隐《牡丹花》:"若教解语应倾国,任是无情亦动人。"

【動天】 惊动上天。形容对人之震动极大。苗晋卿《奉和圣制早登太行山中言志》:"金吾戒道清,羽骑动天声。"李商隐《一片》:"一片琼英价动天,连城十二昔虚传。"方干《德政上睦州胡中丞》:"上德由来合动天,旌旗到日是丰年。"

【動手】 谓伸手拿取。商则《嘲廪丘令丞》。"令丞俱动手,县尉止回身。"

【動心】 思想感情起波动。王镣《感事》:"击石易得火,扣人难动心。"崔萱《豪家子》:"马非躞蹀宁酬价,人不婵娟肯动心?"

【動石爲羊】 传说之仙人黄初平化石为羊之故事。典出旧题刘向撰《列仙传》。王绩《游仙四首》之二:"吹沙聊作乌,动石试为羊。"

【動用】 活动;使用。权德舆《书绅诗》:"谨之在事初,动用各有程。"又《与道者同守庚申》:"四支动用息,一室虚白生。"

【動地】 震动大地。形容声势很大。王翰《饮马长城窟行》:"遥闻鼙鼓动地来,传道单于夜犹战。"独孤及《同岑郎中屯田韦员外花树歌》:"东风动地吹花发,渭城桃李千树雪。"杨巨源《观打球有作》:"入门百拜瞻雄势,动地三军唱好声。"李商隐《瑶池》:"瑶池阿母绮窗开,黄竹歌声动地哀。"

【動色】 动容。谓面部呈现受感动或受触动的表情。李白《经乱离后天恩流夜郎忆旧游书怀赠江夏韦太守良宰》:"览君荆山作,江鲍堪动色。"杜甫《戏为双松图歌》:"绝笔长风起纤末,满堂动色嗟神妙。"

【動步】 抬脚起步;行走。顾云《苏君厅观韩干马障歌》:"思量动步应千里,谁见初离渥洼水?"

【動作】 犹行动,举动。储光羲《同王十三维偶然作十首》之四:"我心方处顺,动作何忧虞?"

【動言】 犹言行。动作言语。白居易《新乐府·紫毫笔》:"臣有奸邪正衙奏,君有动言直笔书。"

【動物】 生物之一大类,与植物相对。储光羲《祭风伯坛应张太祝作》:"帝心矜动物,非为属车人。"寒山《诗三百三首》之九二:"动物在其中,凭兹造化力。"

【動息】 ❶活动与休息。储光羲《泛茅山东溪》:"而我任天和,此时聊动息。"裴迪《青雀歌》:"动息自适性,不曾妄与燕雀群。"亦指人起居动止的全部时间。钱起《新丰主人》:"迍邅终薄命,动息尽穷愁。"蒋防《藩臣恋魏阙》:"梦魂通玉陛,动息寄朱轩。"❷指活动与静止之物。刘得仁《莺出谷》:"东风潜启物,动息意皆新。"尉迟汾《府尹王侍郎准制拜岳因状嵩高灵胜寄呈三十韵》:"动息形似蚁,玄黄气如笼。"

【動容】 神色改变。多形容受触动或受震惊而呈现感动、惊异或恐惧等表情。柳宗元《登蒲州石矶望横江口潭岛深迥斜对香零山》:"洄潭或动容,岛屿疑摇振。"王建《寻橦歌》:"纤腰女儿不动容,戴行直舞一曲终。"

【動情】 生发感情;触动感情。杜荀鹤《送人宰吴县》:"海涨兵荒后,为官合动情。"李洞《和淮南太尉留题凤州王氏别业》:"清秋看长鹭雏成,说向湘僧亦动情。"

【動植】 动物和植物。多代指一切生物。张九龄《奉和圣制早登太行山率尔言志》:"动植希皇豫,高深奉睿情。"辛替否《奉和九月九日登慈恩寺浮图应制》:"洪慈均动植,至德俯深玄。"权德舆《郊居岁暮因书所怀》:"元和畅万物,动植咸使遂。"白居易《昆明春》:"动植飞沈皆遂性,皇泽如春无不被。"

【動筆】 指写作。白居易《寄李蕲州》:"下车书奏龚黄课,动笔诗传鲍谢风。"

【動衆】 ❶劳动众人。多指大规模兴兵。杨乘《甲子岁书事》:"动众岂佳兵? 含忍恐无益。"❷惊动众人。方干《偶作》:"直为篇章非动众,遂令轩盖不经过。"

【動摇】 ❶摇动,摆动。王建《田侍中宴席》:"整顿舞衣呈玉腕,动摇歌扇露金钿。"李绅《宿瓜州》:"烟昏水郭津亭晚,回望金陵若动摇。"❷波动;荡漾。张子容《自乐城赴永嘉寄松阳李明府》:"树色烟轻重,湖光风动摇。"秦系《题章野人山居》:"门前山色能深浅,壁上湖光自动摇。"刘禹锡《酬乐天衫酒见寄》:"动摇浮蚁香浓甚,装束轻鸿意态生。"引申指情绪波动。元稹《西州院》:"怅望天回转,动摇万里情。"❸不稳定,不牢固。孟郊《擢第后东归书怀献座主吕侍御》:"云寺势动摇,山钟韵嘘吸。"白居易《有木诗八首》之七:"自谓得其势,无因有动摇。"❹撼动。杜甫《自平》:"蛮溪豪族小动摇,世封刺史非时朝。"元稹《有鸟二十章》之十:"有鸟有鸟名为鸮,深藏孔穴难动摇。"卢延让《谢杨尚书惠樱桃》:"满合虚红怕动摇,尚书知重赐樱桃。"

【動静】 ❶活动与静止。刘长卿《和灵一上人新泉》:"动静皆无意,唯应达者知。"白居易《斋居偶作》:"是非一以遣,动静百无妨。"❷响动与静寂。杜甫《白水县崔少府十九翁高斋三十韵》:"泉声闻复急,动静随所激。"❸犹言时时,无时无刻。李商隐《促漏》:"促漏遥钟动静闻,报章重迭杳难分。"韩偓《不见》:"动静防闲又怕疑,佯佯脉脉是深机。"

【動蕩】 波动摇荡,起伏不平貌。白居易《草词毕遇芍药初开偶成十六韵》:"动荡情无限,低斜力不支。"又《裴侍中晋公以集贤林亭即事诗三十六韵见赠辄广为五百言以伸酬献》："前有水心亭，动荡架涟漪。"

【動盪】 同"動蕩"。李绅《涉沅瀟》："水灵江暗扬波涛，鼋鼍动荡风骚骚。"

【動顔】 谓内心的喜怒等心情呈现于脸部表情。韩愈《斗鸡联句》："知雄欣动颜，怯负愁看贿。"

十 画

勛 "勳"之古字。

【勛劬】 勋劳。权德舆《奉和韦曲庄言怀贻东曲外族诸弟》："忆昔全盛时，勋劬播休功。"

勝1 〔shèng《广韵》詩證切，去證，書。〕❶胜利，制胜。王维《戏题萧氏甥》："郗公不易胜，莫著外家欺。"杜甫《前出塞九首之八》："潜身备行列，一胜何足论！"张籍《将军行》："陇头战胜夜亦行，分兵处处收旧城。"韦庄《和郑拾遗秋日感事一百韵》："定难输宸算，胜灾减御粱。"❷超过，胜过。太宗《赐魏征诗》："醽扬胜兰生，翠涛过玉蕤。"贾至《别裴九弟》："月色更添西风好，芦风似胜竹风幽。"欧阳詹《晚泊漳州营头亭》："回峰叠嶂绕庭隅，散点烟霞胜画图。"张蠙《青冢》："倾国可能胜效国，无劳冥寞更思回。"❸优美，美好。崔沔《奉和圣制同二相以下群官乐游园宴》："地胜春愈好，恩深乐更张。"杜甫《丽春》："百草竞春华，丽春应最胜。"张祜《题杭州天竺寺》："西南山最胜，一界是诸天。"杜牧《早春寄岳州李使君李善棋爱酒情地闲雅》："城高倚峭巘，地胜足楼台。"❹名胜；风景优美之处。玄宗《为赵法师别造精院过院赋诗》："坐朝繁听览，寻胜在清幽。"卢纶《太白西峰偶宿东祝二尊师石室寄呈凤翔齐员外张侍御》："弱龄诚昧鄙，遇胜唯求止。"长孙佐辅《秋日登山》："逐胜不法寒，秋山闲独登。"蜀后主王衍《过白卫岭和韩昭》："想到槐宫寻胜处，正应莺语暮春天。"❺妇女首饰名。汉代称华胜，六朝至唐，每于人日剪人形佩戴之，称人胜。李适《人日宴大明宫恩赐彩缕人胜应制》："宝帐金屏人已帖，图花学鸟胜初裁。"杜甫《人日两篇》之二："尊前柏叶休随酒，胜里金花巧耐寒。"王建《长安春早》："暖催衣上缝罗胜，晴报窗中点彩球。"李商隐《人日即事》："镂金作胜传荆俗，剪彩为人起晋风。"

勝2 〔shēng《广韵》識蒸切，平蒸，書。〕❶能够承担；经受得起。杨炎《赠元载歌妓》："玉山翘翠步无尘，楚腰如柳不胜春。"李嘉祐《承恩量移宰江邑临鄱江怅然作》："惆怅闭眼临极浦，夕阳秋草不胜情。"武元衡《度东径岭》："又过雁门北，不胜南客悲。"皮日休《偶成小酌招鲁望不至以诗为解因次韵酬之》："醉侣相邀爱早阳，小筵催办不胜忙。"❷尽。韩愈《送侯参谋赴河中幕》："沉冥不计日，为乐不可胜。"韩偓《复偶见三绝》之三："此意别人应未觉，不胜情绪两风流。"

【勝友】 良友。李峤《玉》："洛阳陪胜友，燕赵类佳人。"

【勝日】 佳日。节庆之日，或晴和之日。刘宪《人日玩雪应制》："胜日登临云叶起，芳风摇荡雪花飞。"陈元光《落成会咏二首》之二："胜日当佳庆，清风去积炎。"王俊《句》："胜日登楼望，山川一半春。"

【勝之】 唐御史杜觊之字。罗隐《送卢端公归台卢校书之夏县》："只见胜之为御史，不知梅福是仙人。"参看杜牧《故淮南支使兼监察御史杜公墓志铭》。

【勝引】 谓被胜景所吸引。亦指引人入胜之幽境。颜真卿《题杼山癸亭得暮字》："及兹纡胜引，曾是美无度。"孟郊《立德新居》之一："胜引即纡道，幽行岂通衢？"

【勝託】 美好的寄托、愿望。上官仪《酬薛舍人万年宫晚景寓直怀友》："留连穷胜托，夙期暌善谑。"杜审言《和李大夫嗣真奉使存抚河东》："莫以崇班阂，而云胜托捐。"綦毋潜《若耶溪逢孔九》："相逢此溪曲，胜托在烟霞。"

【勝地】 名胜之地，景色优美之地。刘孝孙《游灵山寺》："吾王游胜地，骖驾历祇园。"钱起《奉陪郭常侍宴浐川山池》："掖垣携爱客，胜地赏年光。"刘禹锡《和牛相公南溪醉歌见寄》："枕伊背洛得胜地，鸣皋少室来轩檐。"郑谷《送进士吴延保及第后南游》："胜地昔年诗板在，清歌几处郡筵开。"

【勝因】 佛家语。可生善果之善因、因缘。骆宾王《和王记室从赵王春日游陀山寺》："四禅明净业，三空广胜因。"寇坦《同皇甫兵曹天官寺浴室新成招友人赏会》："温室欢初就，兰交托胜因。"岑参《与高适薛据登慈恩寺浮图》："净理了可悟，胜因夙所宗。"

【勝2任】 能够承担、承受某事。郑谷《卷末偶题三首之二》："如今寒晚无功业，何以胜任国士知？"韩偓《咏浴》："初似洗花难抑按，终忧沃雪不胜任。"

【勝2衣】 ❶谓躯体可承受衣着。无名氏（卷七八五）《秋》："粉娥恨骨不胜衣，映门楚碧蝉声老。"❷指儿童稍长成之时。语出《史记·三王世家》："皇子赖天，能胜衣趋拜。"皎然《送至洪沙弥赴上元受戒》："不肯资章甫，胜衣被木兰。"

【勝2汲】 谓堪作汲水之事。卢纶《秋中野望寄舍弟绶兼令呈上西川尚书舅》："井臼赖依邻，儿童亦胜汲。"

【勝事】 美好之事。亦指美景。王维《终南别业》:“兴来每独往,胜事空自知。”杜甫《阆水歌》:“阆中胜事可肠断,阆中城南天下稀。”韩愈《奉和仆射裴相公感恩言志》:“林园穷胜事,钟鼓乐清时。”李咸用《送黄宾于赴举》:“早是乱来无胜事,更堪江上揖离觞?”

【勝具】 济胜之具。指借以登览胜景之身体条件。语本南朝宋刘义庆《世说新语·栖逸》。李瀚《蒙求》:“翟汤隐操,许询胜具。”

【勝侣】 佳伴,良友。韦丹《思归寄东林澈上人》序:“且芳时胜侣,卜游于三二道人,必当攀跻千仞之峰,观九江之派。”徐浩《宝林寺作》:“永愿依胜侣,清江乘度杯。”

【勝負】 胜利与失败。玄宗《观拔河俗戏》:“欲练英雄志,须明胜负多。”柳宗元《龟背戏》:“徒言万事有盈虚,终朝一掷知胜负。”杜牧《和野人殷潜之题筹笔驿十四韵》:“画地乾坤在,濡毫胜负知。”亦用作偏义复词,偏指胜利。李绅《新楼诗二十首·东武亭》:“鼍鼓若雷争胜负,柳堤花岸万人招。”

【勝迹】 名胜;美景。杜审言《都尉山亭》:“胜迹都无限,只应伴月归。”孟浩然《与诸子登岘山》:“江山留胜迹,我辈复登临。”岑参《过王判官西津所居》:“胜迹不在远,爱君池馆幽。”严维《游灞陵山》:“入山意未尽,胜迹聊独寻。”

【勝致】 佳美之景致。周繇《题东林寺虎掊泉》:“胜致通幽感,灵泉有虎掊。”

【勝氣】 美好的气象、景象。骆宾王《初秋于窦六郎宅宴》序:“而搦管操觚,叶神心于胜气。”李颀《望鸣皋山白云寄洛阳卢主簿》:“胜气欣有逢,仙游且难访。”亦指美好的风气。宋璟《奉和圣制送张说巡边》:“德风边草偃,胜气朔云平。”吴筠《建业怀古》:“王风久泯灭,胜气犹氤氲。”

【勝偶】 战胜对手。语本《左传·襄公二十五年》:“弈者举棋不定,不胜其耦。”偶,通“耦”。李端《送潘述宏词下第归江外》:“弈棋知胜偶,射策请焚舟。”

【勝淩】 谓大风以强劲之势吹过。元稹《遭风二十韵》:“胜凌岂但河宫溢?块轧浑忧地轴摧。”

【勝常】 唐代妇女相见问候之语。王涯《宫词三十首》之一:“新睡起来思旧梦,见人忘却道胜常。”

【勝敗】 胜利与失败。杜牧《题乌江亭》:“胜败兵家事不期,包羞忍耻是男儿。”崔涂《赤壁怀古》:“分明胜败无寻处,空听渔歌到夕曛。”黄损《句》:“机关才运动,胜败便相随。”

【勝異】 优美而奇异的景色。曹松《春日自吴门之阳羡道中书事》:“胜异恣游应未遍,路歧犹去几时还?”齐己《舟中江上望玉梁山怀李尊师》:“古来传胜异,人去学神仙。”

【勝遊】 ❶美好惬意的游览。宋璟《奉和圣制同二相已下群官乐游园宴》:“侍饮终酺会,承恩续胜游。”包佶《尚书宗兄使过诗以奉献》:“胜游如可继,还欲并园庐。”萧祜《游石堂观》:“妙用腾声冠盖间,胜游恣意烟霞外。”李商隐《奉同诸公题河中任中丞新创河亭四韵之作》:“独留巧思传千古,长与蒲津作胜游。”❷风景优美的游览地。雍裕之《曲江池上》:“殷勤春在曲江头,全藉群仙占胜游。”张祜《寄献萧相公》:“东去江干是胜游,鼎湖兴望不堪愁。”杜荀鹤《题开元寺门阁》:“一登高阁眺清秋,满目风光尽胜游。”

【勝$_2$情】 谓承受住感情的冲击。白居易《代琵琶弟子谢女师曹供奉寄新调弄谱》:“珠颗泪沾金捍拨,红妆弟子不胜情。”

【勝寄】 美好的寄居或憩息之处。张说《新都南亭送郭元振卢崇道》:“佳辰改宿昔,胜寄坐睽携。”朱庆余《酬萧员外见寄》:“胜寄幸容溪馆宿,龙钟惭见妓筵开。”

【勝景】 美景。绝佳之景色。李峤《刘侍读见和山邸十篇重申此赠》:“英藩盛宾侣,胜景想招寻。”韩翃《送李湜下第归卫州便游河北》:“路出司州胜景长,西山翠色带清漳。”牟融《寄羽士》:“山中胜景常留客,林下清风好炼丹。”

【勝策】 犹良策,妙策。李峤《军师凯旋自邕州顺流舟中》:“全军多胜策,无战在明时。”

【勝會】 犹盛会。美好的会聚。韦元旦《五言夏日游神泉诗》:“契冥邀异游,胜会不延晷。”崔护《三月五日陪裴大夫泛长沙东湖》:“从今留胜会,谁看画兰亭?”章碣《癸卯岁毗陵登高会中贻同志》:“流落常嗟胜会稀,故人相遇菊花时。”

【勝游】 同“勝遊”。

【勝絶】 犹言绝佳、极盛。杜甫《宴戎州杨使君东楼》:“胜绝惊身老,情忘发兴奇。”亦指绝佳之景色。白居易《秋日与张宾客舒著作同游龙门醉中狂歌凡二百三十八字》:“开怀旷达无所系,触目胜绝不可名。”

【勝節】 佳节。李峤《奉和人日清晖阁宴群臣遇雪应制》:“三阳偏胜节,七日最灵辰。”

【勝愜】 犹言称心惬意。岑参《自潘陵尖还少室居止秋夕凭眺》:“胜惬只自知,佳趣为谁浓?”

【勝境】 胜地。景色优美之地。李白《送别》:“胜境由来人共传,君到南中自称美。”白居易《送刘郎中赴任苏州》:“仁风膏雨去随轮,胜境欢游到逐身。”黄滔《忆庐山旧游》:“平生为客老,胜境失云栖。”

【勝概】 绝佳之景色。杜甫《入宅三首》之一:“衰年不敢恨,胜概欲相兼。”程太虚《洞阳峰》:“南岷胜概压诸方，东壁奇峰出洞阳。”李德裕《奉和韦侍御陪相公游开义五言六韵》：“羊公追胜概，兹地暂逍遥。”李咸用《和人游东林》：“一从张野卧云林，胜概谁人更解寻？”亦指喜爱山水之雅兴。

【勝趣】 极好的兴致。钱起《寻华山云台观道士》：“秋日西山明，胜趣引孤策。”

【勝賞】 赏心悦目之景色。郎士元《酬萧二十七传御初秋言怀》：“胜赏睽前夕，新诗报远情。”李夷简《西亭暇日书怀十二韵献上相公》：“胜赏不在远，怃然念玄搜。”徐铉《送和州张员外为江都令》：“若向西冈寻胜赏，旧题名处为踌躇。”亦指快意的游赏。钱起《南溪春耕》：“谁道耦耕倦，仍兼胜赏催。”

【勝踐】 赏心快意的远足、游览。张九龄《临泛东湖》：“郡庭日休暇，湖曲邀胜践。”

【勝緣】 佛教语，极佳之因缘。李乂《奉和幸三会寺应制》：“睿德总无边，神皋择胜缘。”白居易《重修香山寺毕题二十二韵以纪之》：“曾随减劫坏，今遇胜缘修。”

【勝蹟】 同“胜跡”。

【勝壤】 风物美好之地。骆宾王《至分陕》：“陕西开胜壤，召南分沃畴。”则天皇后《石淙》：“均露均霜标胜壤，交风交雨列皇畿。”

【勝覽】 优美的景色。李郃《贺州思九疑作》：“去留如有期，胜览夸新妆。”

勞[1] 〔láo《广韵》鲁刀切，平豪，來。〕❶劳动，劳碌。骆宾王《晚憩田家》：“转蓬劳远役，披薜下田家。”白居易《城盐州》：“渚边急警劳戍人，唯此一道无烟尘。”赵嘏《江边》：“终日劳车马，江边款竹扉。”❷劳苦。玄宗《春台望》：“须念作劳居者逸，勿言我后焉能恤。”杜甫《咏怀古迹五首》之五：“福移汉祚难恢复，志决身歼军务劳。”孟郊《立德新居》之四：“为于仁义得，未觉登陟劳。”许棠《秋日陪陆校书游玉泉》：“共爱泉源异，频来不觉劳。”亦指倦乏。韩愈《赠侯喜》：“晡时坚坐到黄昏，手倦目劳方一起。”陆龟蒙《归雁》：“北走南征象我曹，天涯迢递翼应劳。”❸忧愁，愁苦。高适《酬岑二十主簿秋夜见赠之作》：“感物我心劳，凉风惊二毛。”钱起《秋夜寄袁中丞王员外》：“一夕盈千念，方知别者劳。”权德舆《祗命赴京途次淮口因书所怀》：“靡靡遵远道，忡忡劳寸心。”韦庄《不寐》：“不寐天将晓，心劳转似灰。”❹花费，耗费。杜甫《泥功山》：“泥泞非一时，版筑劳人力。”刘叉《自问》：“断剑徒劳匣，枯琴无复弦。”韩偓《朝退书怀》：“孜孜莫患劳心力，富国安民理道长。”❺烦劳，劳驾。常用作敬语太宗《过旧宅二首》之二：“八表文同轨，无劳歌大风。”王维《杂诗》：“亲劳使君问，南阳驻香车。”白居易《咏家酝十韵》：“酿糯岂劳炊范黍，撇篘何假漉陶巾？”齐己《答知己自关下寄书》：“故人劳扎翰，千里寄荆台。”❻用；须要。杜甫《忆昔二首》之二：“九州道路无豺虎，远行不劳吉日出。”钱起《片玉篇》：“试劳香袖拂莓苔，不觉清心皎冰雪。”白居易《和答诗十首·和阳城驿》：“不劳叙世家，不用费文辞。”❼繁多，频繁。郭受《寄杜员外》：“新诗海内流传久，旧德朝中属望劳。”❽功劳。张荐《享文恭太子庙乐章》：“追劳表德，罢享宾天。”

勞[2] 〔lào《广韵》郎到切，去号，來。〕慰劳。独孤及《客舍月下对酒醉后寄毕四耀》：“沽酒聊自劳，开樽坐檐隙。”

【勞人】 ❶勤奋之人。崔轩《和主司王起》：“满朝朱紫半门生，新榜劳人又得名。”❷使人劳累。李频《之任建安渌溪亭偶作二首》之一：“逢溪难饮马，度岭更劳人。”引申指烦劳他人。周昙《咏史诗·六朝门·傅昭》：“人能善政兽何暴，焉用劳人以槛为？”

【勞力】 ❶劳作之力。张九龄《酬周判官巡至始兴会改秘书少监见贻之作兼呈耿广州》：“瘠土资劳力，良书启蒙蔽。”王建《坏屋》：“坚固传后人，从今勉劳力。”❷劳损气力。薛能《下第后春日长安寓居三首》之二：“劳力且成病，壮心能不衰？”

【勞山】 亦作崂山、牢山。在莱州即墨县东南（今山东青岛市崂山区），濒临黄海。周回八十里，有大、小劳山之分。主峰崂顶海拔1133米。山多清泉古洞，传秦始皇登牢盛山即此处。李白《寄王屋山人孟大融》：“我昔东海上，劳山餐紫霞。”

【勞王】 勤劳之王。指夏禹。元结《治风诗·至劳》：“于戏劳王，勤亦何极！”

【勞止】 劳苦。止，语助词。语出《诗·大雅·民劳》：“民亦劳止，汔可小康。”王昌龄《途中作》：“永图岂劳止，明节期所归。”

【勞心】 ❶劳神，费心思。钱起《和刘明府宴县前山亭》：“城隅劳心处，雪后岁芳开。”白居易《偶吟二首》之二：“老去生涯只如此，更无余事可劳心。”廖有方《题旅榇》：“嗟君没世委空囊，几度劳心翰墨场。”王贞白《拟塞外征行》：“恩重恒思报，劳心屡损年。”引申指经心，经意。杜甫《送高司直寻封阆州》：“为我问故人，劳心练征戍。”李中《赠朐山孙明府》：“买将病鹤劳心养，移得闲花用意栽。”❷劳乏之心。杜甫《大历三年春白帝城放船将适江陵漂泊有诗凡四十韵》：“劳心依憩息，朗咏划昭苏。”

【勞功】 劳费功夫。庞蕴《杂诗》之四：“不假坐禅持戒律，超然解脱岂劳功？”

【勞生】 劳苦之生活；劳碌之人生。语本《庄子·大宗师》。骆宾王《海曲书情》：“薄游倦千里，劳生负百年。”杜甫《陪章留后惠义寺饯嘉州崔都督赴州》："劳生共几何？离恨兼相仍。"王建《原上新居十三首》之十二："苦相常多泪，劳生自悟虚。"杜牧《旅怀作》："往事只应随梦里，劳生何处是闲时？"亦指为生活而劳累。耿沣《宿万固寺因寄严补阙》："为报故人雷处士，尘心终日自劳生。"白居易《重题香炉峰下新卜山居草堂初成》："喜入山林初息影，厌趋朝市久劳生。"崔珏《道林寺》："今来古往人满地，劳生未了归丘墟。"

【勞形】 劳身，使身体劳累。白居易《留别微之》："犹厌劳形辞郡印，那将趁伴著朝衣。"殷尧藩《李舍人席上感遇》："一官到手不可避，万事役我徒劳形。"司空图《退居漫题七首》之七："岂缘身外事，亦似我劳形。"

【勞役】 劳于事务；劳碌。令狐楚《游义兴寺寄上李逢吉相公》："劳役徒为万夫长，闲游曾与二人同。"司马扎《自渭南晚次华州》："劳役今若兹，羞吟招隐句。"杜荀鹤《赠题兜率寺闲上人院》："毕竟浮生谩劳役，算来何事不成空？"亦指劳苦之事务。钱起《送张管书记》："边事多劳役，儒衣逐鼓鼙。"

【勞物】 耗费财物。沈佺期《昆明池侍宴应制》："黩兵非帝念，劳物岂皇情？"

【勞疚】 劳瘁疾病。韩愈《南山诗》："创兹朴而巧，戮力忍劳疚。"

【勞者】 劳苦之人。李嘉祐《送岳州司马弟之任》："丞相今为郡，应无劳者歌。"耿沣《送海州卢录事》："损益关从事，期听劳者歌。"白居易《春日闲居三首》之三："劳者不觉歌，歌其劳苦事。"李商隐《五言述德抒情诗一首四十韵献上杜七兄仆射相公》："欲陈劳者曲，未唱泪先横。"

【勞苦】 劳累辛苦。杜甫《法镜寺》："身危适他州，勉强终劳苦。"韩愈《酬裴十六功曹巡府西驿途中见寄》："多才自劳苦，无用只因循。"

【勞畏】 劳苦而可畏之事。元结《寄源休》："谁为明信者，能辨此劳畏？"

【勞思】 苦苦思念；苦苦思虑。项斯《巴中逢故人》："劳思空积岁，偶会更无由。"贾岛《送乌行中石淙别业》："劳思当此夕，苗稼在西原。"詹敦仁《劝王氏入贡宠予以官作辞命篇》："周粟纵荣宁忍食？葛庐频顾谩劳思。"

【勞神】 耗费精神。太宗《登三台言志》："念劳惭逸己，居旷返劳神。"寒山《诗三百三首》之一七七："报汝修道者，进求虚劳神。"牟融《赠杨处厚》："十年学道苦劳神，赢得尊前一病身。"李中《献乔侍御》："卷舒唯合道，喜愠不劳神。"

【勞飛】 劳燕分飞之略语。李益《喜邢校书远至对雨同赋远晚饭阮返五韵》："旅宦竟何如？劳飞思自返。"

【勞息】 活动与休息。亦代指生与死。褚亮《伤始平李少府正己》："劳息本相循，悲欢理自均。"

【勞師】 ❶使军队受劳苦。皇甫冉《雨雪》："风沙悲久戍，雨雪更劳师。"亦指兴兵。李白《古风》之十四："赫怒我圣皇，劳师事鼙鼓。"韦应物《寄大梁诸友》："相敦在勤事，海内方劳师。"❷劳驾大师。白居易《山下留别佛光和尚》："劳师送我下山行，此别何人识此情？"

【勞$_2$倈】 对来客慰问、勉励。白居易《新乐府·蛮子朝》："冕旒不垂亲劳倈，赐衣赐食移时对。"又《和微之诗二十三首·和三月三十日四十韵》："俗以劳倈安，政因闲暇著。"

【勞倦】 疲劳。刘沧《送友人游蜀》："心期万里无劳倦，古石苍苔峡路清。"

【勞動】 ❶犹劳碌。元稹《新政县》："曾沾几许名兼利，劳动生涯涉苦辛。"❷敬辞，犹言劳驾、有劳。王建《酬于汝阳晓雪见寄》："劳动更裁新样绮，红灯一夜剪刀寒。"刘禹锡《病中一二禅客见问因以谢之》："劳动诸贤者，同来问病夫。"白居易《初到江州》："遥见朱轮来山郭，相迎劳动使君公。"

【勞情】 忧虑之情。张说《奉和圣制送宇文融安辑户口应制》："至德临天下，劳情遍九围。"崔颢《结定襄郡狱效陶体》："顾问边塞人，劳情曷云已？"

【勞悴】 劳累辛苦。周昙《咏史诗·后汉门·马后》："再实伤根嫌贵宠，惠慈劳悴育皇储。"

【勞逸】 劳累与闲逸；工作与休息。白居易《郡斋旬假始命宴呈座客示郡寮》："公多及私少，劳逸常不均。"又《诏授同州刺史病不赴任因咏所怀》："劳逸悬相远，行藏决不疑。"

【勞勞】 ❶忧伤貌。李白《劳劳亭》："天下伤心处，劳劳送客亭。"李贺《题归梦》："劳劳一寸心，灯花照鱼目。"❷劳碌，劳苦。元稹《送东川马逢侍御使回十韵》："流年等头过，人世各劳劳。"杜牧《偶题二首》之一："劳劳千里身，襟袂满行尘。"陈陶《渡浙江》："壮心殊未展，登涉漫劳劳。"亦指为人烦劳。元稹《酬刘猛见送》："未能深蹙蹙，多谢相劳劳。"❸犹落落。稀疏貌。李贺《夜饮朝眠曲》："觞酣出座东方高，腰横半解星劳劳。"

【勞勞亭】 亭名。在润州上元县新亭（今江苏南京西南）。三国吴建。亭在劳劳山上，一名望远楼，为送别之所。李白有《劳劳亭歌》。皎然《塞下曲二首》之一："劳劳亭上春应度，夜夜城南战未回。"

【勞費】 耗费财力。白居易《新乐府·捕蝗》："捕蝗捕蝗竟何利，徒使饥人重劳费。"又《洛下卜居》："诚知是劳费，其奈心爱惜！"

【勞碌】　辛劳忙碌。牟融《处厚游杭作诗寄之》："念我故人劳碌久，不如投老卧沧洲。"

【勞魂】　心神不安。幸夤逊《云》："不独朝朝在巫峡，楚王何事谩劳魂？"

【勞歌】　❶劳作者之歌。张九龄《南还湘水言怀》："拙宦今何有？劳歌念不成。"孟浩然《田园作》："望断金马门，劳歌采樵路。"权德舆《戏和三韵》："君今复劳歌，鹤发吹湿薪。"罗隐《早秋宿叶堕所居》："浮世知谁是？劳歌共一欢。"❷行旅之歌；送别之歌。宋务光《海上作》："劳歌玄月暮，旅睇沧浪极。"权德舆《送郑秀才贡举》："自怜归未得，相送一劳歌。"武元衡《途次》："去国策羸马，劳歌行路难。"许浑《夜行次东关逢魏扶东归》："劳歌此分手，风急马萧萧。"❸忧歌，悲歌。储光羲《太学贻张筠》："空此远相望，劳歌还自伤。"耿沣《春日书情寄元校书伯和相国元子》："律合声虽应，劳歌调自悲。"刘禹锡《请告东归发灞桥却寄诸僚友》："前欢渐成昔，感叹益劳歌。"李绅《忆登栖霞寺峰》："劳歌起旧思，感叹竟难摅。"

【勞嘈】　犹嘈杂。元稹《董逃行》："董逃董逃董卓逃，揩铿戈甲声劳嘈。"

【勞儉】　勤劳俭朴。元结《治风诗五篇・至劳》序："古有劳王，能执劳俭以大功业。"

【勞聲】　因劳倦病痛而发出之呻吟叹苦等声。卢纶《行药前轩呈董山人》："朝昏多病色，起坐有劳声。"

【勞鶩】　劳碌奔波。元稹《遣病十首》之九："何以强健时，公门日劳鹜？"

募　〔mù《广韵》莫故切，去暮，明。〕招募，募集。王维《老将行》："节使三河募年少，诏书五道出将军。"韦应物《寄畅当》："闻君新应募，籍籍动京关。"李益《赴邠宁留别》："幸应边书募，横戈会取名。"王贞行《拟塞外征行》："旌旗挂龙虎，壮士募鹰鹯。"

【募勇】　招募勇士。杨乘《甲子岁书事》："犒功椎千牛，募勇悬千帛。"

十一画

勣　〔jī《广韵》则歷切，入錫，精。〕同"绩"。功绩。于邵《释奠武成王乐章・迎俎酌献》："进具物，扬鸿勣。"

勢　〔shì《广韵》舒制切，去祭，書。〕❶权势，权力。李颀《行路难》："世人逐势争奔走，沥胆隳肝惟恐后。"李白《扶风豪士歌》："作人不倚将军势，饮酒岂顾尚书期！"白居易《凶宅》："权重持难久，位高势易穷。"❷气势，威势。宋昱《樟亭观涛》："涛来势转雄，猎猎驾长风。"任华《寄杜拾遗》："势攫虎豹，气腾蛟螭。"孟郊《登华岩寺楼望终南山赠林校书兄弟》："势吞万象高，秀夺五岳雄。"李群玉《秣陵怀古》："龙虎势衰佳气歇，凤凰名在故台空。"亦指力量。孙逖《江行有怀》："飞席乘风势，回流荡日晖。"韩愈《县斋有怀》："雷威固已加，飓势仍相借。"❸态势。自然界所呈现之状貌。太宗《帝京篇十首》之五："桥形通汉上，峰势接云危。"李华《仙游寺》："嶷然龙潭上，石势若奔走。"李贺《王濬墓下作》："耕势鱼鳞起，坟科马鬣封。"元稹《酬刘猛见送》："云势正横壑，江流初满槽。"❹形势，情势。上官昭容《句》："势如连璧友，心似臭兰人。"杜甫《垂老别》："势异邺城下，纵死时犹宽。"刘禹锡《蜀先主庙》："势分三足鼎，业复五铢钱。"《牛口谣》(卷八七八)："豆入牛口，势不得久。"❺趋势，势头。韩愈《落齿》："俄然落六七，落势殊未已。"刘禹锡《令狐相公见示赠竹二十韵仍命继和》："得地色不移，凌空势方起。"章孝标《瀑布》："非趋下流急，势使不得住。"齐己《杨花》："暖景照悠悠，遮空势渐稠。"❻姿势，样式。高适《金城北楼》："湍上急流声若箭，城头残月势如弓。"薛存诚《御题国子监门》："笔锋回日月，字势动乾坤。"徐仁嗣《天骥呈材》："躞蹀形难状，连拳势乍呈。"牛希济《临江仙》词之四："凌波罗袜势轻轻，烟笼日照，珠翠半分明。"亦指棋局阵势。刘禹锡《观棋歌送儇师西游》："今年访予来小桂，方袍袖中贮新势。"

【勢力】　权势，权力。乔知之《绿珠篇》："意气雄豪非分理，骄矜势力横相干。"韩愈《寄崔二十六立之》："往岁战词赋，不将势力随。"白居易《答桐花》："待余有势力，移尔献丹庭。"

【勢友】　势利之友。视人财势大小而决定交情态度之朋友。元稹《出门行》："仁兄捧尸哭，势友掉头讳。"

【勢利】　❶权势与财利。李颀《送刘四赴夏县》："脱略势利犹埃尘，啸傲时人而已矣。"孟浩然《山中逢道士云公》："物情趋势利，吾道贵闲寂。"白居易《酬元郎中同制加朝散大夫书怀见赠》："曩者定交非势利，老来同病是诗篇。"高骈《依韵奉酬李迪》："而今共饮醇滋味，消得揶揄势利疏。"❷视人之权势财力大小而取不同态度之待人作风。白居易《和寄乐天》："不似势利交，有名而无实。"李咸用《古意论友》："多为势利朋，少有岁寒操。"

【勢要】　有权势而显要之地位。韩愈《赠别元十八协律六首》之四："势要情所重，排斥则埃尘。"

勤　〔qín《广韵》巨斤切，平欣，羣。〕❶辛勤，勤奋。孙逖《和左卫武仓曹卫中对雨创韵赠右卫李骑曹》："克勤居簿领，多暇屏欢谈。"韦应物

《答裴丞说归京所献》:"执事颇勤久,行去亦伤乖。"韩愈《符读书城南》:"诗书勤乃有,不勤腹空虚。"徐铉《步虚词五首》之四:"勤行皆是道,谪下尚为仙。"亦指辛勤致力于某事。杜甫《奉酬薛二十丈判官见赠》:"不是无膏火,劝郎勤六经。"薛存诚《膏泽多丰年》:"候时勤稼穑,击壤乐农功。"孙咸《题九天使者庙》:"九江太守勤王事,好放天兵渡要津。"❷劳苦,劳倦。独孤及《送义乌韦明府》:"不惮关山远,宁辞簿领勤?"韩愈《孟东野失子》:"好子虽云好,未还恩与勤。"李翱《拜禹歌》:"惟天地之无穷兮,哀生人之常勤。"❸殷勤,深切。刘长卿《早春赠别赵居士还江左时长卿下第归嵩阳旧居》:"素愿徒自勤,清机本难逮。"韦应物《军中冬燕》:"沧海已云晏,皇恩犹念勤。"❹频繁,多。张说《别平一师》:"回首谢同行,勤会安请期。"杜甫《水宿遣兴奉呈群公》:"泽国虽勤雨,炎天竟浅泥。"权德舆《祗役江西路上以诗代书寄内》:"春江足鱼雁,彼此勤尺素。"南唐先主李昪《咏灯》:"主人若也勤挑拨,敢向尊前不尽心?"❺忧虑,体恤。见"勤恤"。

【勤王】　为王事而勤劳尽力。卢照邻《陇头水》:"从来共呜咽,皆是为勤王。"孟浩然《送贾昪主簿之荆府》:"奉使推能者,勤王不暂闲。"羊士谔《郡中言怀寄西川萧员外》:"功名无力愧勤王,已近终南得草堂。"贾至《自蜀奉册命往朔方途中呈韦左相文部房尚书门下崔侍郎》:"于役各勤王,驱驰拱紫宸。"亦指王室有危难时臣子起兵救援。储光羲《奉别长史庾公太守徐公应召》:"方伯骤勤王,杞人亦忧天。"崔涂《赤壁怀古》:"汉室河山鼎势分,勤王谁肯顾元勋?"

【勤行】　勤勉实行。杜光庭《纪道德》:"百姓日用而不知,上士勤行而必克。"

【勤役】　为服役或执行公务而外出奔劳。李益《五城道中》:"寝兴倦弓甲,勤役伤风露。"

【勤劬】　辛勤劳累。韩愈《射训狐》:"我念乾坤德泰大,卵此恶物常勤劬。"

【勤事】　辛勤尽力于职事。韦应物《寄大梁诸友》:"相敦在勤事,海内方劳师。"

【勤政樓】　勤政务本楼之略称。在长安兴庆宫西南隅。玄宗开元八年造。每岁千秋节,酺饮群臣于楼前。王维有《三月三日勤政楼侍宴应制》。王建《楼前》:"天宝年前勤政楼,每年三日作千秋。"

【勤苦】　勤劳刻苦。杜甫《柏学士茅屋诗》:"富贵必从勤苦得,男儿须读五车书。"白居易《新乐府·八骏图》:"周从后稷至文武,积德累功世勤苦。"卢肇《送弟》:"去日家无担石储,汝须勤若事樵渔。"

【勤恤】　体恤、忧怜。张九龄《奉和圣制送李尚书入蜀》:"皇心在勤恤,德泽委昭宣。"源乾曜《奉和圣制送张尚书巡边》:"安人在勤恤,保大殚襟腑。"吕敞《潘安仁戴星看河阳花发》:"行春潘令至,勤恤戴星光。"

【勤拳】　恳切,诚挚。白居易《送毛仙翁》:"玄功曷可报?感极惟勤拳。"

【勤將軍】　即勤思齐。和州历阳(今安徽和县)人。以神力为武则天授为游击将军、横南将军。李白《历阳壮士勤将军名思齐歌》:"特生勤将军,神力百夫倍。"

【勤渠】　犹勤勤。勤劳不倦。王周《金盘草诗》:"勤渠护根本,栽植当庭栏。"

【勤勞】　勤苦辛劳。陈元光《示珦》:"勤劳思命重,戏谑逐时空。"皇甫冉《送王相公之幽州》:"勤劳无远近,旌节屡西东。"张籍《和裴仆射移官言志》:"身在勤劳地,常思放旷时。"刘耕《和主司王起》:"一篑勤劳成太华,三年恩德仰维嵩。"

【勤勤】　❶殷勤,恳切。韩愈《送侯参谋赴河中幕》:"勤勤酒不进,勉勉恨已仍。"元稹《感梦》:"多谢致勤勤,未敢相唯唯。"徐铉《印秀才至舒州见寻别后寄诗依韵和》:"离怀耿耿年来梦,厚意勤勤别后诗。"❷勤劳,勤奋。赵嘏《冬至日寄小侄阿宜诗》:"勤勤不自已,二十能文章。"❸频频,一再。元稹《代九九》:"自隐勤勤索,相要事事随。"

【勤尊師】　横南将军勤思齐之孙。历阳(今安徽和县)人。少从军,为边将,后还乡入道。许浑有《题勤尊师历阳山居》。

【勤瘁】　辛勤劳苦。张说《岳州行郡竹篱》:"苟非小勤瘁,安得期逸宠?"

【勤齊】　诗篇名。张籍作。今佚。或谓系记横南将军勤思齐事。勤与张俱为历阳(今安徽和县)人。白居易《读张籍古乐府》:"读君勤齐诗,可劝薄夫敦。"参见"勤將軍"。

【勤儉】　勤劳俭朴。孟简《咏欧阳行周事》序:"以徇名故,心专勤俭,不识声色。"刘兼《春游》:"圣主未容归北阙,且将勤俭抚南夷。"

【勤學】　勤苦学习。周昙《咏史诗·春秋战国门·师旷》:"老能劝学照余生,似夜随灯到处明。"

【勤績】　勤劳治事之政绩。元结《治风诗五篇·至劳》:"至哉勤绩,不盈不延。"

勠　〔lù《广韵》力竹切,入屋,來。〕并力、合力。韩愈、孟郊《远游联句》:"江生行既乐,躬辇自相勠。"

勦[1]　〔jiǎo《广韵》子小切,上小,精。〕❶劳扰,使劳累。元稹《华原磬》:"愿君每听念封疆,不遣豺狼勦人命。"白居易《赠友五首》之一:"盛夏兴土功,方春勦人命,"❷讨伐。欧阳詹《东风二章》序:"浚军自勦淮夷二孽,矜功多悖,师用匪律，人亦由残。”❸勦绝，灭绝。雍裕之《了语》：“扫却烟尘寇初勦，深水高林放鱼鸟。”

勦² 〔chāo《集韵》初交切，平爻，初。〕轻捷。见“勦兒”“勦剛”。

【勦₂兒】 犹健儿。李贺《出城别张又新酬李汉》：“六郡无勦儿，长刀谁拭尘？”

【勦₂剛】 健捷刚劲。韩愈《山南郑相公樊员外酬答为诗其末咸有见及语依赋十四韵以献》：“禀生肖勦刚，难谐在民物。”勦，轻捷也。

十二画

勩 〔yì《广韵》羊至切，去至，以。〕劳苦。柳宗元《唐铙歌鼓吹曲十二篇·为靖本邦第九》：“守臣不任，勩于神圣。”

十四画

勳 〔xūn《广韵》許云切，平文，曉。〕❶功勋，功绩。虞世南《饮马长城窟行》：“拓地勋未赏，亡城律岂宽？”刘长卿《送李将军》：“征西诸将一如君，报德谁能不顾勋？”鲍溶《和淮南李相公夷简喜平淄青回军之作》：“马毛不汗东海靖，行见萧何第一勋。”方干《题桐庐谢逸人江居》：“少小高眠无一事，五侯勋盛欲如何？”❷勋位，勋爵。崔峒《刘展下判官相招以诗答之》：“国有非常宠，家承异姓勋。”郑余庆《享太庙乐章》：“开邸除暴，时迈勋尊。”白居易《初加朝散大夫又转上柱国》：“柱国勋成私自问，有何功德及生人？”

【勳臣】 有功勋之臣。花蕊夫人《宫词》之十九：“小球场近曲池头，宣唤勋臣试打毬。”

【勳伐】 功劳，功绩。韩愈《送文畅师北游》：“相公镇幽都，竹帛烂勋伐。”李商隐《送千牛李将军赴阙五十韵》：“班资古直阁，勋伐旧西京。”

【勳名】 建功之名声。刘长卿《同诸公袁郎中宴筵喜加章服》：“勋名传旧阁，蹈舞著新衣。”张籍《寄令狐宾客》：“勋名尽得国家传，退狎琴僧与酒仙。”姚合《寄狄拾遗时为魏州从事》：“主人树勋名，欲灭天下贼。”苏拯《长城》：“蒙公取勋名，岂算生民死。”

【勳劼】 功勋与勤劳。韩愈、孟郊《征蜀联句》：“小臣昧戎经，谁用赞勋劼！”

【勳烈】 功勋，功业。高适《三君咏·狄梁公》：“梁公乃贞固，勋烈垂竹帛。”

【勳戚】 有功勋之皇室显贵亲戚。白居易《悲哉行》：“二十袭封爵，门承勋戚资。”

【勳庸】 功绩、功勋通称。李峤《奉和天枢成宴夷夏群僚应制》：“辙迹光西崦，勋庸纪北燕。”高适《蓟门行五首》之一：“勋庸今已矣，不识霍将军。”杨巨源《上刘侍中》：“钟鼎勋庸大，山河诚誓长。”李商隐《行次昭应县道上送户部李郎中充昭义攻讨》：“早勒勋庸燕石上，伫光纶綍汉廷中。”

【勳華】 唐尧和虞舜的并称。尧名放勋，舜名重华，故节略合称“勋华”。魏征《享太庙乐章·大明舞》：“勋华既没，禹汤勃兴。”李群玉《始忝四座奏状闻荐蒙恩授官旋进歌诗呈同馆诸公二十四韵》：“巍巍致君期，勋华将比崇。”亦代指尧舜时的盛世政绩。白居易《裴侍中晋公以集贤林亭即事诗见赠辄广为五百言以伸酬献》：“四朝致勋华，一身举皋夔。”

【勳貴】 功臣与权贵。白居易《谕友》：“朱门有勋贵，陋巷有颜回。”张蠙《赠李司徒》：“承家拓定陇关西，勋贵名应上将齐。”

【勳業】 功勋业绩。李颀《赠别张兵曹》：“勋业河山重，丹青锡命优。”岑参《过梁州奉赠张尚书大夫公》：“勋业振青史，恩德继鸿私。”李端《送路司谏侍从叔赴洪州》：“勋业耿家盛，风流荀氏均。”殷文圭《和友人送衡尚书赴池阳副车》：“筑头勋业谐三阵，满腹诗书究九流。”

【勳德】 功勋与德行。白居易《秦中吟十首·立碑》：“勋德既下衰，文章亦陵夷。”

【勳賢】 有功而贤德之人。亦指功臣与贤人。蜀主王建《赠别唐太师道袭》：“褒斜旧地委勋贤，从此生灵永泰息。”刘公兴《望凌烟阁》：“丹楹崇壮丽，素壁绘勋贤。”

【勳绩】 功绩。李益《杂曲》：“前程有日月，勋绩在河源。”

【勳爵】 凭所建功勋而获得之爵位。韩愈《晚秋郾城夜会联句》：“徒然感恩义，谁复论勋爵？”

十五画

勵 〔lì《广韵》力制切，去祭，來。〕❶勉励，鼓励。太宗《执契静三边》：“循躬思励己，抚俗愧时康。”宋之问《过中书元舍人山斋》：“更阅青溪诗，逾励丹霞食。”许彬《酬简寂熊尊师以赵员外庐山草堂见借》：“还能励僮仆，稍更补杉松。”❷奋发，振奋。储光羲《登秦岭作时陷贼归国》：“鹏鹗励羽翼，俯视荆棘丛。”孟简《惜分阴》：“刺股情方励，偷光思益深。”❸通“砺”。砥砺，磨砺。张九龄《奉和圣制赐诸州刺史以题座右》：“载闻励臣节，持答明主恩。”卢纶《卧病寓居龙兴观因题十四韵寄冯生并赠乔尊师》：“依然在遐想，愿子励风猷。”裴夷直《观淬龙泉剑》：

“莲花生宝锷，秋日励霜锋。”皮日休《三羞诗三首》之三：“吾闻古君子，介介励其节。”

【勵志】 砥砺、振奋志气。白居易《醉后走笔酬刘五主簿长句之赠兼简张大贾二十四先辈昆季》：“心畏后时同励志，身牵前事各求名。”贯休《续姚梁公坐右铭》：“励志须至，扑满必破。”

【勵節】 砥砺节操。励，通“砺”。姚合《心怀霜》：“还如饮冰士，励节望知音。”

十七画

勷 〔ráng《广韵》汝陽切，平陽，日。〕见“劻勷”。

十八画

勸 〔quàn《广韵》去願切，去願，溪。〕❶鼓励，勉励。玄宗《早登太行山中言志》：“宣风问耆艾，敦俗劝耕桑。”戴叔伦《酬崔法曹遗剑》：“临风脱佩剑，相劝静胡尘。”白居易《读张籍古乐府》：“读君《勸齐诗》，可劝薄夫敦。”顾非熊《题永福寺临淮亭》：“常来劝农事，赖此近郊垧。”❷劝说；劝导。崔融《户部尚书崔公挽歌》：“举杯常有劝，曳履忽无声。”刘长卿《岁日作》：“春衣试稚子，寿酒劝衰翁。”李绅《滁阳春日怀果园闲宴》：“劝人莫折怜芳早，把烛频看畏晓催。”李商隐《有感》：“劝君莫强安蛇足，一盏芳醪不得尝。”

【勸引】 劝说引导。元结《游石溪示学者》：“时时溪上来，劝引辞学辈。”

【勸勉】 勉励，鼓励。王昌龄《留别伊阙张少府郭大都尉》：“把手相劝勉，不应老尘埃。”李白《游溧阳北湖亭望瓦屋山怀古赠同旅》：“长吁相劝勉，何事来吴关？”王建《求友》：“每怀一饭恩，不重劝勉词。”吕岩《勉牛生夏侯生》：“我有至言相劝勉，愿君兮勿猜勿猜。”

【勸酒】 劝人饮酒。戴叔伦《劝陆三饮酒》：“寒郊好天气，劝酒莫辞频。”白居易《戏答皇甫监》：“寒宵劝酒君须饮，君是孤眠七十身。”项斯《早春题湖上顾氏新居二首》之一：“劝酒客初醉，留茶僧未来。”

【勸進】 劝登帝王之位。卷八七五有裴寂等《劝进疏引谶》。

【勸詞】 劝勉之言词。白居易《老去》：“老去愧妻儿，冬来有劝词。”

【勸農】 鼓励农耕。陈元光《示珦》：“日阅书开士，星言驾劝农。”孙逖《送魏骑曹充宇文侍御判官分按山南》：“劝农开梦土，恤隐惠荆人。”李频《五月一日蒙替本官不得随例入阙感怀献送相公》：“折狱也曾为俗吏，劝农元本是耕人。”

【勸誡】 鼓励与告诫。杜甫《水槛》：“扶颠有劝诫，恐贻识者嗤。”白居易《和微之诗二十三首·和李势女》：“劝诫天下妇，不令阴胜阳。”

【勸善】 勉励人做善事、修善德。白居易《酬卢秘书二十韵》：“心为论文合，眉因劝善开。”

【勸善懲惡】 奖励善德善行，惩罚恶德恶行。语出《左传·成公十四年》：“惩恶而劝善，非圣人谁能修之！”韦表微《池州夫子庙麟台》：“劝善惩恶，奸邪乃正。”

【勸學】 勉励人勤学。薛能《送崔学士赴东川》：“文翁劝学人应恋，魏绛和戎戍自休。”

【勸諫】 规劝谏诤。元稹《连昌宫词》：“姚崇宋璟作相公，劝谏上皇言语切。”白居易《春听琵琶兼简长孙司户》：“迁客共君想劝谏，春肠易断不须听。”又《家醸新熟妻侄等劝令少饮因成长句以谕之》：“刘妻劝谏夫休醉，王侄分疏叔不痴。”

勹 部

一 画

勺[1] 〔sháo《广韵》市若切，入藥，禪。〕舀液体的器物。孟郊《寒溪》之八："千里冰裂处，一勺暖亦仁。"白居易《酬裴相公题兴化小池见招长句》："敢辞课拙酬高韵，一勺争禁万顷陂。"李山甫《古石砚》："追琢他山石，方圆一勺深。"

勺[2] 〔zhuó《广韵》之若切，入藥，章。〕❶舀取。皮日休《茶中杂咏·茶鼎》："此时勺复茗，野语知逾清。"❷调和。见"勺藥"。

【勺陂】 即芍陂。古代淮河流域最著名的水利工程，在今安徽寿县南。因引淠水经白芍亭东积而成湖，故名。建于战国时期。经王景、邓艾等人疏浚，陂周达二三百里，灌溉至万余顷。隋唐时因地属安丰县，又称安丰塘。温庭筠《郭处士击瓯歌》："信粟金虬石潭古，勺陂潋滟幽修语。"

【勺₂藥】 五味调料的总称。韩愈、李正封《晚秋郾城夜会联句》："两厢铺氍毹，五鼎调勺药。"

二 画

勿 〔wù《广韵》文弗切，入物，微。〕❶莫，不要。表禁止。李白《南阳送客》："斗酒勿为薄，寸心贵不忘。"韩愈《烽火》："勿言日已暮，相见恐行稀。"李商隐《送从翁从东川弘农尚书幕》："勿贪佳丽地，不为圣明朝。"❷不。刘长卿《送元八游汝南》："勿复尊前酒，离居剩凄戚。"韦应物《酬张协律》："观文心未衰，勿药疾当痊。"❸没有。释元康《与讲师互谑》(卷八六九)："轮王千个子，巷伯勿孙儿。"

匀 〔yún《广韵》羊倫切，平諄，以。〕❶均匀。杜甫《暇日小园散病将种秋菜督勒耕牛兼书触目》："秋耕属地湿，山雨近甚匀。"白居易《红藤杖》："劲健孤茎直，疏圆六节匀。"徐夤《咏帘》："素节轻盈珠影匀，何人巧思间成文。"❷调匀，使均匀。韦应物《送宫人入道》："金丹拟驻千年貌，宝镜休匀八字眉。"元稹《赠刘采春》："正面偷匀光滑笏，缓行轻踏破纹波。"温庭筠《菩萨蛮》词之十一："无言匀睡脸，枕上屏山掩。"❸匀称。杜甫《丽人行》："态浓意远淑且真，肌理细腻骨肉匀。"白居易《和梦游春诗一百韵》："朱唇素指匀，粉汗红绵扑。"❹均等。元稹《代曲江老人百韵》："李杜诗篇敌，苏张笔力匀。"韩偓《无题·倒押前韵》："酒劝杯须满，书羞字不匀。"

【匀妝】 涂脂抹粉。南唐韩王李从善《蔷薇诗一首十八韵呈东海侍郎徐铉》："匀妆低水鉴，泣泪滴烟霏。"

【匀面】 脸上涂脂抹粉而使其均匀。毛熙震《后庭花》词之三："倚阑无语摇轻扇，半遮匀面。"张泌《江城子》词之一："睡起卷帘无一事，匀面了，没心情。"

【匀粉】 使脂粉均匀地涂在脸上。权德舆《放歌行》："迎杯乍举石榴裙，匀粉时交合欢扇。"李贺《追赋画江潭苑四首》之二："泪痕沾寝帐，匀粉照金鞍。"

【匀淚】 重施脂粉以掩盖泪痕。王涣《惆怅诗十二首》之一："钟动红娘唤归去，对人匀泪拾金钿。"

【匀圓】 圆而均匀。杜甫《野人送朱樱》："数回细写愁仍破，万颗匀圆讶许同。"曹松《水精念珠》："等量红缕贯晶荧，尽道匀圆别未胜。"

【匀臉】 犹匀面。李贺《恼公》："匀脸安斜雁，移灯想梦熊。"

勾 〔gōu《篇海》古侯切。〕"句"的异体字。❶钩形符号。见"勾押"。❷汉字笔画的一种。即钩笔。《大明寺壁语》(卷八七七)："三梁四柱列火然，除却双勾两日全。"❸拘捕。见"勾黨"。❹诱使。见"勾引"。❺姓。见"勾令元"。❻发声词。见"勾吴"。

【勾引】 ❶诱惑。杜甫《风雨看舟前落花戏为新句》："影遭碧水潜勾引，风妒红花却倒吹。"❷诱使。姚合《送别友人》："独向山中觅紫芝，山人勾引住多时。"唐彦谦《无题十首》之二："锦筝银甲响鹍弦，勾引春声上绮筵。"

【勾令元】 五代后蜀诗人、居士。《全唐诗外编》卷十七录其诗一首。

【勾芒】 传说中之木神。勾又作句。裴谐《观修处士画桃花图歌》："勾芒若见应羞杀，晕绿匀红渐分别。"李中《祀风师迎神曲》："太皞御气，勾芒肇功。"参见"句芒"。

【勾吴】 即吴国，勾为发语词，无义。后以勾吴指吴地。柳宗元《感遇二首》之一："鸿鹄去不返，勾吴阻且深。"

【勾押】　指处理公文。勾，勾画已审标记；押，签字。白居易《酬别周从事二首》之一："腰痛拜迎人客倦，眼昏勾押簿书难。"

【勾留】　诱使而流连。章孝标《上浙东元相》："雪晴山水勾留客，风暖旌旗计会春。"

【勾牵】　留恋。白居易《题卢秘书夏日新栽竹二十韵》："撑拨诗人兴，勾牵酒客欢。"又《睡觉》："五欲已消诸念息，世间无境可勾牵。"

【勾漏】　也作"句漏"。山名。在今广西北流市东北。因山峰耸立，溶洞勾曲漏空，故名。出丹砂，晋葛洪曾求为勾漏令。此山为道家三十六小洞天的第二十二洞天。无名氏《题蓟州桃李寺》（外编下）："烧丹勾漏合，无处不逢君。"参见"句漏❶。"

【勾漏先生】　指葛洪。赵嘏《赠曹处士幽居》："勾漏先生冰玉然，曾将八石问群仙。"

【勾践】　即"句践"。孟迟《寄浙右旧幕僚》："句践岂能容范蠡，李斯何暇救韩非？"刘驾《姑苏台》："句践饮胆日，吴酒正满杯。"参见"句践"。

【勾龍逢】　五代后蜀诗人。事迹未详。《全唐诗外编》卷十七录其诗一首。

【勾黨】　拘捕同党。吴融《风雨吟》："李膺勾党即罹患，窦武忠谋又未行。"

三　画

匆　〔cōng〕"悤"的俗字。

【匆匆】　急迫的样子。李端《慈恩寺怀旧》："问天应默默，归宅太匆匆。"刘禹锡《征还京师见旧番官冯叔达》："前者匆匆襆被行，十年憔悴到京城。"牟融《送客之杭》："西风吹冷透貂裘，行色匆匆不暂留。"

【匆遽】　匆忙急迫。郑嵎《津阳门诗》"花肤雪艳不复见，空有香囊和泪滋"句下自注："当时乘舆匆遽，无复备周身之具，但以紫褥裹之。"

匄　〔gài《广韵》古太切，去泰，見。又古達切，入曷，見。〕同"丐"。❶乞求。韩愈、孟郊《秋雨联句》："秦俗动言利，鲁儒欲何丐？"皮日休《三羞诗三首》之三序："见颍民转徙者，盈途塞陌，至有父舍其子、夫捐其妻，行哭立丐，朝去夕死。"吴融《祝风三十二韵》："所期免假丐，假丐多惭耻。"❷给予。韩愈《和裴仆射相公假山十一韵》："枉语山中人，匄我涧侧石。"

包　〔bāo《广韵》布交切，平肴，幫。〕❶裹扎。李颀《渔父歌》："绿水饭香稻，青荷包紫鳞。"韩愈《石鼓歌》："毡包席裹可立致，十鼓只载数骆驼。"白居易《桥亭卯饮》："就荷叶上包鱼鲊，当石渠中浸酒瓶。"❷量词。用于包裹之物。归氏子《答日休皮字诗》："一包闲气如长在，惹踢招拳卒未休。"❸包围。王维《同卢拾遗过韦给事东山别业二十韵会无车马不果斯诺》："采地包山河，树井竟川原。"吴融《赋雪》："未知融结判，唯见混茫包。"贾彦璋《晚霁登汝南大云阁》："水包城下岸，云细郢中岑。"❹包含。王睿《竹》："庭竹森疏玉质寒，色包葱碧尽琅玕。"❺包容，统揽。骆宾王《夏日游德州赠高四》："神光包四大，皇威震八区。"王维《华岳》："大君包覆载，至德被群生。"皮日休《初夏即事寄鲁望》："具区包地髓，震泽含天英。"❻容忍。柳宗元《游朝阳岩遂登西亭二十韵》："囚居固其宜，厚羞久已包。"❼姓。唐诗人有包佶，包融。

【包二】　即包融。融排行第二。孟浩然有《宴包二融宅》。

【包七】　指包佶。佶排行第七。皇甫冉有《宿严维宅送包七》。

【包大監】　即包佶。佶官终秘书监。孟郊有《哭秘书包大监》。

【包山】　山名。又名苞山、夫椒山。即今苏州之洞庭西山，在太湖中。李颀《送顾朝阳还吴》："宦途已可识，归卧包山春。"白居易《早发赴洞庭舟中作》："渐看海树红生日，遥见包山白带霜。"皮日休《太湖诗·崦里》："洞庭取异事，包山极幽景。"

【包公】　指包融。孟浩然有《与崔二十一游镜湖寄包贺二公》。

【包何】　唐诗人。字幼嗣，润州延陵（今江苏镇江）人。包融之子，与弟包佶齐名，世称"二包"。天宝进士。师事孟浩然。大历中为起居舍人。《全唐诗》卷二〇八录其诗一卷。钱起有《闲居寄包何》。又有《题包何东游》。

【包含】　包容涵盖。刘禹锡《韩十八侍御见示岳阳楼别窦司直诗因令属和重以自述故足成六十二韵》："归往无旦夕，包含通远迩。"韩偓《十月七日早起作时气疾初愈》："阳精欲出阴精落，天地包含紫气中。"

【包虎】　用虎皮包扎起来。李白《发白马》："一扫清大漠，包虎戢金戈。"

【包佶】　唐诗人。字幼正，润州延陵（今江苏镇江）人。包融之子。登天宝六载（747）进士第。官谏议大夫，因附元载贬岭南。刘晏荐举为汴东两税使，又为诸道盐铁轻货钱物使，迁刑部侍郎，终秘书监。

卒封丹阳郡公。《全唐诗》卷二〇五录其诗一卷。刘长卿有《宿严维宅送包佶》。卢纶有《同兵部李纾侍郎刑部包佶侍郎哭皇甫侍御曾》。又有《郊居对雨寄赵涓给事包佶郎中》。又有《酬包佶郎中览拙卷后见寄》。

【包茅】 也作“苞茅”。捆扎起来的青茅草，古时祭祀时用以滤酒去滓。王维《送秘书晁监还日本国》序：“岂甘心于筇杖，非征贡于包茅。”

【包括】 包容囊括。玄宗《巡省途次上党旧宫赋》：“英髦既包括，豪杰自牢笼。”李白《赠别从甥高五》：“忽见无端倪，太虚可包括。”

【包胥】 即申包胥。春秋楚国大夫。姓公孙，封于申。与伍员友善。员出奔吴，引吴攻楚。包胥哭秦廷七日七夜，秦终发兵救楚。张说《过庾信宅》：“包胥非救楚，隋会反留秦。”元稹《楚歌十首》之六：“包胥心独许，连夜哭秦兵。”胡曾《咏史诗·秦庭》：“包胥不动咸阳哭，争得秦兵出武关？”

【包荒】 包藏污秽。李白《雪谗诗赠友人》：“包荒匿瑕，蓄此顽丑。”

【包納】 犹包容。李白《赠从弟宣州长史昭》：“君心亦如此，包纳无小大。”

【包容】 包藏容纳。贯休《寿春节进》：“覆帱高缘大，包容妙在卑。”

【包羞】 忍受耻辱。权德舆《寄临海郡崔稚璋》：“志士诚勇退，鄙夫自包羞。”李绅《过吴门二十四韵》：“茾萝妖覆灭，荆棘鬼包羞。”杜牧《题乌江亭》：“胜败兵家事不期，包羞忍耻是男儿”

【包祭酒】 指包佶。佶曾官国子祭酒。孟郊有《上包祭酒》。

【包涵】 犹包容。则天皇后《唐大飨拜洛乐章·归和》：“包涵动植兮顺荣枯，长贻宝贶兮赞璇图。”

【包賀】 ❶唐诗人。生卒、里贯及生平事迹均未详。《全唐诗》卷八七一收其谐诗逸句三联。❷指包融与贺知章。二人同属“吴中四士”。孟浩然有《与崔二十一游镜湖寄包贺二公》。

【包評事】 指包融。融曾任大理司直。评事，官名。属大理寺，故名。皇甫冉有《酬包评事壁画山水见寄》。

【包監】 指包佶。顾况有《寄秘书包监》。

【包裹】 包扎裹束。韩愈《和虞部卢四酬翰林钱七赤藤杖歌》：“几重包裹自题署，不以珍怪夸荒夷。”又《元和圣德诗》：“八月壬午，辟弃城走，载妻与妾，包裹稚乳。”白居易《洛下卜居》：“饮啄供稻粱，包裹用茵席。”

【包融】 唐诗人。润州延陵（今江苏镇江）人。与子包何、包佶，时称“三包”。与贺知章、张旭、张若虚齐名，号为“吴中四士”。张九龄引为怀州司马，迁集贤殿直学士，大理司直。《全唐诗》卷一一四收其诗八首。

【包穎】 南唐诗人。为徐铉表弟。《全唐诗》卷七五七收其诗一首。

【包諫議】 指包佶。佶曾任谏议大夫。刘长卿有《酬包谏议佶见寄之什》。戴叔伦有《将游东都留别包谏议》。卢纶有《苦雨闻包谏议欲见访戏赠》。权德舆有《陪包谏议湖墅路中举帆》。

【包藏】 ❶包容。则天皇后《唐大飨拜洛乐章·致和》：“神功不测兮运阴阳，包藏万宇兮孕八荒。”元稹《度门寺》：“翦凿基阶正，包藏景气浓。”❷指隐匿祸心。韩偓《八月六日作四首》之四：“坐看包藏负国恩，无才不得预经纶。”武翊黄《瑕瑜不相掩》：“缜密诚为智，包藏岂谓忠。”

【包羅】 犹包容。韩愈《咏雪赠张籍》：“隐匿瑕疵尽，包罗委琐该。”陆龟蒙《奉酬袭美先辈吴中苦雨一百韵》：“何大不包罗，何微不挑刮？”

【包纏】 束缚。韩愈《杂诗》：“古道自愚蠢，古言自包缠。”

四　画

匈 〔xiōng《广韵》許容切，平鍾，曉。〕❶象声词。见“匈匈”。❷见“匈奴”。

【匈奴】 我国古代北方游牧民族。秦汉时称匈奴，又称胡。先后又有鬼方、混夷、猃狁、山戎之称。善骑射，性剽悍，强盛时经常对中央政权形成威胁。李峤《城》：“何辞一万里，边徼捍匈奴。”周昙《咏史诗·前汉门·高祖再吟》：“北伐匈奴事可悲，当时将相是其谁？”也借指北方外族敌人。韩翃《送孙泼赴云中》：“匈奴破尽人看归，金印酬功如斗大。”元稹《和李校书新题乐府十二首·蛮子朝》：“匈奴互市岁不供，云蛮通好辔长駷。”陈陶《赠江西周大夫》：“恭闻庙堂略，欲断匈奴臂。”

【匈匈】 扰攘惊人的样子。苏颋《奉和圣制行次成皋途经先圣擒建德之所感而成诗应制》：“皇威正赫赫，兵气何匈匈。”

六　画

匌 〔kē《广韵》口荅切，入合，溪。又古沓切，入合，見。〕 见“匒匌”。

匊 〔jū《广韵》居六切，入屋，見。〕满把。“掬”之初文。杜甫《佳人》：“摘花不插发，采柏动盈掬。”

七 画

匍 〔pú《广韵》薄胡切，平模，並。〕见“匍匐”。

【匍匐】 ❶手膝着地，合力而行。柳宗元《奉平淮夷雅表·皇武》之七：“赤子匍匐，厥父是亢。”元稹《酬乐天东南行诗一百韵》：“邯郸笑匍匐，燕蒯受揶揄。”皮日休《太湖诗·入林屋洞》：“匍匐一百步，稍稍策可横。”❷勉力，尽力。杜甫《奉赠萧二十使君》：“联翩匍匐礼，意气死生亲。”孟郊《吊卢殷》之九：“孤丧鲜匍匐，闭哀抱郁陶。”伍唐珪《山中卧病寄卢郎中》：“空恋旧时恩奖地，无因匍匐出柴关。”

九 画

匐 〔fú《广韵》房六切，入屋，奉。又蒲北切，入德，並。〕见“匍匐”。

匏 〔páo《广韵》薄交切，平肴，並。〕同“瓟”。❶葫芦。元稹《江边四十韵》：“相顾忧为鳖，谁能复系匏。”朱庆余《和刘补阙秋园寓兴之什十首》之二：“深篱藏白菌，荒蔓露青匏。”杜牧《老僧》：“清瘦形容八十余，匏悬篱落似村居。”❷匏瓢或瓢形之酒尊，祭天时所用。《郊庙歌辞·明皇祀圜丘乐章·凯安》：“玉鋮初蹈厉，金匏既静好。”韩愈、孟郊《征蜀联句》：“台图焕丹玄，郊告俨匏秸。”❸笙竽一类乐器，八音之一。以匏为座，上设簧管。韩愈、孟郊《城南联句》：“哀匏蹙驶景，冽唱凝余晶。”

【匏瓜】 ❶葫芦。孟浩然《将适天台留别临安李主簿》：“枳棘君尚栖，匏瓜吾岂系？”李白《早秋赠裴十七仲堪》：“荆人泣美玉，鲁叟悲匏瓜。”白居易《感兴二首》之一：“虽异匏瓜难不食，大都食足早宜休。”❷星名。李白《游泰山六首》之六：“扪天摘匏瓜，恍惚不忆归。”

【匏居】 台名。战国楚庄王所造，形如匏，故名。权德舆《八音诗》：“匏居容宴豆，儒室贵环堵。”

【匏革】 匏，笙属；革，鼓属，皆乐器。泛指音乐。贾岛《观冬设上东川杨尚书》：“匏革奏冬非独乐，军城未晓启重门。”

十 画

匎 〔è《广韵》烏合切，入合，影。〕见“匎葉”。

【匎葉】 妇女发髻上的首饰。杜甫《丽人行》：“头上何所有？翠微匎叶垂鬓唇。”

匕 部

匕 〔bǐ《广韵》卑履切，上旨，幫。〕古代取食和舀物的用具，曲柄浅斗，有如今之汤匙。卢仝《哭玉碑子》："其长一周尺，其阔一药匕。"元稹《春分投简阳明洞天作》："琼杯传素液，金匕进雕胡。"施肩吾《古曲五首》之二："郎为匕上香，妾为笼下灰。"尚颜《宿寿安甘棠馆》之二："三更礼星斗，寸匕服丹霜。"

【匕首】 短剑。柄如匕，故名。陈子昂《蓟丘览古赠卢居士藏用七首·燕太子》："一闻田光义，匕首赠千金。"孟浩然《送吴宣从事》："平生一匕首，感激赠夫君。"柳宗元《古东门行》："当街一叱百吏走，冯敬胸中函匕首。"郑钦《邯郸侠少年》："兵符劫晋鄙，匕首刺秦人。"

【匕筯】 同"匕箸"。

【匕箸】 羹匙与筷子。韩愈《苦寒》："将持匕箸食，触指如排签。"刘禹锡《平蔡州三首》之三："四夷闻风失匕箸，天子受贺登高楼。"薛能《舞者》："筵停匕箸无非听，吻带宫商尽是词。"李瀚《蒙求》："亮遗巾帼，备失匕箸。"

二 画

化 〔huà《广韵》呼霸切，去禡，曉。〕❶变化，改变。王维《送李判官赴东江》："封章通左语，冠冕化文身。"杜甫《杜鹃行》："君不见昔日蜀天子，化作杜鹃似老乌。"韩愈《河之水二首寄子侄老成》之一："三年不见汝，使我鬓发未老而先化。"于濆《苦辛吟》："我愿燕赵姝，化为嫫母姿。"❷教化。玄宗《饯王晙巡边》："不应陈七德，欲使化先敷。"刘禹锡《答东阳于令寒碧图诗》："化得邦人解吟咏，如今县令亦风流。"许棠《送徐侍御充南诏判官》："彤庭传圣旨，异域化戎情。"沈彬《塞下三首》之一："胡儿向化新成长，犹自千回问汉王。"❸受感化。白居易《丘中有一士二首》之二："乡人化其风，熏如兰在林。"❹劝化。谓僧道劝人出家。贾岛《送僧》："大内曾持论，天南化俗行。"吕岩有《化江南简寂观道士侯用晦磨剑》。贯休《闻无相道人顺世五首》之一："又闻行脚也，何处化群生？"❺治，太平。唐人避高宗李治讳改。李峤《奉使筑朔方六州城率尔而作》："道隐前业衰，运开今化昌。"薛据《初去郡斋书怀》："尚想文王化，犹思巢父贤。"张聿《赋得首夏犹清和》："幸逢尧禹化，全胜谷中情。"罗邺《吴门再逢方干处士》："吾王若致升平化，可独成周只渭滨？"❻风俗。陈子昂《感遇诗三十八首》之二〇："吾闻西方化，清净道弥敦。"张说《奉和圣制经河上公庙应制》："化将和气一，风与太初邻。"许孟容《答权载之离合诗》："化识从臣谣，人推仙阁吏。"姚合《和门下李相饯西蜀相公》："恩深施远俗，化美见前踪。"❼造化，自然。权德舆《从事淮南府过亡友杨校书旧厅感念愀然》："故人随化往，倏忽今六霜。"白居易《达理二首》之一："懵然与化俱，混然与俗同。"❽犹死。张九龄《感遇十二首》之三："有生岂不化，所感奚若斯？"白居易《过昭君村》："妍姿化已久，但有村名存。"郑巢《哭虚海上人》："一化西风外，禅流稍稍分。"温庭筠《故城曲》："自从香骨化，飞作马蹄尘。"陈寡言有《临化示弟子》。❾熔化，融化。王湾《哭补阙亡友綦毋学士》："泣为洹水化，叹作泰山颓。"元结《演兴四首·闵岭中》："化毒铜以为戟，刺棘竹以为殳。"刘叉《冰柱》："旋落旋逐朝暾化，檐间冰柱若削出交加。"王季则《鱼上冰》："应节似知化，扬鬐任所如。"❿焚化。刘禹锡《荆门道怀古》："风吹落叶填宫井，火入荒陵化宝衣。"齐己《寄哭西川坛长广济大师》："还源未化火，举国葬全真。"

【化人】 ❶犹化民，教化百姓。避太宗李世民讳改。岑参《送颜平原》："易俗去猛虎，化人似驯鸥。"元结《治风诗五篇·至理》："意彼刑法，设以化人。"又《乱风诗五篇·至惑》之一："贤圣为上兮，必俭约戒身。鉴察化人，所以保福也。"杜牧《皇风》："以德化人汉文帝，侧身修道周宣王。"❷佛家谓化度众生，脱人于苦海。于鹄《哭凌霄山光上人》："买山寻主远，垒塔化人迟。"吴融《赠广利大师歌》："化人之心固甚难，自化之心更不易。"❸谓佛和菩萨。鲍溶《宿悟空寺赠僧》："迷路喜未远，宿留化人城。"崔橹《莲花》："轻雾晓和香积饭，片红时堕化人船。"

【化工】 造化，造物之主。权德舆《侍从游后湖宴坐》："化工若有情，生植皆不如。"白居易《春日闲居三首》之三："设自为化工，优饶只如是。"李商隐《今月二日不自量度辄以诗一首四十韵干渎尊严亦诗人咏叹不足之义也》："固是符真宰，徒劳让化工。"

【化元】 ❶造化的本原。权德舆《酬别蔡十二见赠》:"中饮见逸气,纵谈穷化元。"柳宗元《法华寺石门精舍三十韵》:"体空得化元,观有遗细想。"刘禹锡《武陵书怀五十韵》:"内禅因天性,雄图授化元。"孟简《咏欧阳行周事》:"哀哉浩然气,溃散归化元。"❷教化百姓。元,元元的简称。皇甫曾《送王相公赴幽州》:"台衮兼戎律,勤忧秉化元。"

【化日】 ❶指太平盛世。胡宿《淮南发运赵邢州被诏归阙》:"正是两宫裁化日,百金双璧拜虞卿。"❷化生万物的太阳。郑畋《麦穗两岐》:"讴歌连上苑,化日遍平陂。"

【化丹】 指方士炼丹。严维《游灞陵山》:"潭分化丹水,路绕升仙林。"

【化心】 改变心性。储光羲《石瓮寺》:"君子又知我,焚香期化心。"李白《送李青归南叶阳川》:"化心养精魄,隐几窅天真。"

【化石】 ❶变成石头。陆龟蒙《二遗诗》:"谁从毫末见参天?又到苍苍化石年。"也指这种石头。元结《演兴四首·初祀》:"仡浑洪兮馥阗阗,管化石兮洞刳天。"❷《初学记》卷五引刘义庆《幽明录》云:武昌北山上有望夫石,状若人立。古传云,昔有贞妇,其夫从役,远赴国难,携弱子饯送此山,立望夫而化为立石,因以为名焉。后作为贞妇典故。李白《拟古十二首》之十二:"望夫登高山,化石竟不返。"彭伉《寄妻》:"不须化作山头石,待我堂前折桂枝。"王周《西塞山二首》之二:"翻思岵屺传诗什,举世曾无化石人。"光威裒《联句》:"须知化石心难定,却是为云分易甘。"❸炼石成丹。骆宾王《代女道士王灵妃赠道士李荣》:"漫道烧丹止七飞,空传化石曾三转。"

【化生】 ❶佛家语,四生之一,谓无所依托,借业力忽然出现者。白居易《赠朱道士》:"两翼化生因服药,三尸卧死为休粮。"李群玉《谪仙吟赠赵道士》:"日月暗资灵寿药,山河直拟化生符。"司空图《偶书五首》之四:"证因池上今生愿,的的他生作化生。"张蠙《寄法乾寺令谭太师》:"院多喧种药,池有化生莲。"❷古时风俗,七夕用蜡做成婴儿像,谓化生,浮水中为戏,祈妇女生子。元稹《哭女樊四十韵》:"翠凤舆真女,红蕖捧化生。"薛能《吴姬十首》之十:"芙蓉殿上中元日,水拍银台弄化生。"

【化匠】 犹化工。陆龟蒙《奉酬袭美先辈初夏见寄次韵》:"诚明复散诞,化匠安能争。"

【化成】 ❶教化功成。郑细《享太庙乐章》:"允恭玄默,化成理定。"权德舆《奉和圣制重阳日中外同欢以诗言志因示百僚》:"宸衷在化成,藻思焕琼琚。"又《奉和李相公早朝于中书候传点偶书所怀奉呈门下相公中书相公》:"化成风偃草,道合鼎调梅。"❷自然生成。吕温《春日游郭驸马大安亭子》:"戚里容闲客,山泉若化成。"

【化行】 教化施行。白居易《旅次华州赠袁右丞》:"化行人无讼,囹圄千日空。"姚合《送饶州张使君》:"化行应免农人困,庭静惟多野鹤栖。"朱庆余《送邵州林使君》:"想得化行风土变,州人应为立生祠。"杜荀鹤《献郑给事》:"化行邦域二年春,樵唱渔歌日日新。"

【化衣】 衣服褪色。李峤《田假限疾不获还庄赠杜幽素》:"游宦劳牵网,风尘久化衣。"赵嘏《寄归》:"三年踏尽化衣尘,只见长安不见春。"

【化羽】 犹羽化,指飞升登仙。罗虬《比红儿诗》之七五:"化羽尝闻赴九天,只疑尘世是虚传。"

【化佛】 佛之化身。顾况《归阳萧寺有丁行者能修无生忍担水施僧况归命稽首作诗》:"化佛示持帚,仲尼称执鞭。"

【化身】 佛家语。佛三身之一。佛原本为法身,凡人不能看见,佛为脱人于苦难,变化出种种身形,称为化身。张乔《题玄哲禅师影堂》:"吾师视化身,一念即遗尘。"陈陶《哭宝月三藏大禅师》:"五峰习圣罢,乾竺化身归。"也指事物不以原来面目出现者。贾岛《题戴胜》:"星点花冠道士衣,紫阳宫女化身飞。"胡曾《咏史诗·望夫山》:"一上青山便化身,不知何代怨离人。"

【化金】 将他物点化为黄金。周贺《休粮僧》:"唯留温药火,未写化金方。"

【化育】 教化养育。许敬宗《奉和元日应制》:"发生同化育,播物体陶钧。"《舞曲歌辞·凯乐歌辞·应圣期》:"乾坤资化育,海岳共休明。"杜荀鹤《和吴太守罢郡山村偶题二首》之二:"快活田翁辈,常言化育时。"

【化城】 ❶佛家语。一时变化出的城郭,比喻小乘所能达到的境界。李绅《水寺》:"闻道化城方便喻,只应从此到龙宫。"❷指佛寺。王勃《观佛迹寺》:"共嗟陵谷远,俄视化城虚。"戴叔伦《二灵寺守岁》:"已悟化城非乐界,不知今夕是何年。"刘禹锡《贾客词》:"邀福祷波神,施财游化城。"❸寺名。旧址在当涂(今属安徽)。李白《陪族叔当涂宰游化城寺升公清风亭》:"化城若化出,金榜天宫开。"

【化城寺】 ❶寺名。旧址在当涂。李白有《陪族叔当涂宰游化城寺升公清风亭》。❷寺名。在今安徽青阳九华山。韦应物有《题化城寺》。

【化俗】 ❶移风易俗。韦应物《答裴处士》:"礼贤方化俗,闻风自款关。"杜甫《将赴荆南寄别李剑州》:"但见文翁能化俗,焉知李广未封侯。"许棠《题闻琴馆》:"乃是前贤意,常留化俗心。"❷化度凡俗。耿沣《赠隐公》："暮年聊化俗，初地即摧魔。"栖白《送僧归旧山》："传灯皆有分，化俗独无涯。"

【化度】 ❶佛家谓劝化济度众生。拾得《诗》之六："恐沉黑暗坑，示仪垂化度。"薛戎《游烂柯山》之二："只今成佛宇，化度果难量。"❷寺名。故址在长安（今陕西西安）。裴玄智有《书化度藏院壁》。

【化洽】 教化无处不及。虞世南《赋得慎罚》："乐和知化洽，讼息表刑清。"李白《赠从孙义兴宰铭》："化洽一邦上，名驰三江外。"刘商《金井歌》："文明化洽天地清，和气氤氲孕至灵。"沈颜《题县令范传真化洽亭》："斯亭何名？化洽而成。"

【化原】 犹"化元❶"。潘孟阳《元日和布泽》："恩洽因时令，风和比化原。"

【化理】 教化治理。萧颖士《过河滨和文学张志尹》："慷慨怀黄虞，化理何由臻？"

【化條】 教化之条令。武元衡《春日偶题》："静守化条无一事，春风独上望京楼。"

【化塔】 即寺庙佛塔。佛家视教化为本，故多于教化之所冠以"化"字。张说《侍宴蘘荷亭应制》："园林看化塔，坛埠识余封。"高适《和窦侍御登凉州七级浮图之作》："化塔屹中起，孤高宜上跻。"

【化源】 犹"化元❶"。杜鸿渐《句》："常愿追禅理，安能挹化源。"权德舆《待漏假寐梦归江东旧居》："南宗长老知心法，东郭先生识化源。"

【化緇】 《战国策·秦策一》："（苏秦）说秦王，书十上而说不行，黑貂之裘敝，黄金百斤尽，资用乏绝，去秦而归。"后为不得志的典故。骆宾王《宿山庄》："拾青非汉策，化缁类秦裘。"

【化蝶】 《庄子·齐物论》："昔者庄周梦为胡蝶，栩栩然胡蝶也。自喻适志与！不知周也。俄然觉，则蘧蘧然周也。……此之谓物化。"张九龄《感遇十二首》之五："化蝶犹不识，川鱼安可羡？"蒋防《至人无梦》："化蝶诚知幻，征兰匪契真。"徐夤《初夏戏题》："青虫也学庄周梦，化作南园蛱蝶飞。"

【化質】 变化。曹邺《相思极》："愿君从此日，化质为妾身。"陆龟蒙《奉和袭美公斋四咏次韵·新竹》："恭闻禀璇玑，化质离青冥。"

【化劍津】 即延平津，在今福建南平市东南，为闽江上游。相传为晋雷焕之子雷华堕剑化龙之处。徐铉《送礼部潘尚书致仕还建安》："化剑津头寻故老，同亭会上问仙卿。"

【化履】 郦道元《水经注》卷三七《泿水》引《南康记》："昔有卢耽，仕州为治中。少栖仙术，善解云飞。每夕辄凌虚归家，晓则还州。尝于元会至朝，不及朝列，化为白鹄至阙前，回翔欲下，威仪以石掷之，得一只履。耽惊还就列。内外左右，莫不骇异。"古人鹄、鹤或通用，因以为鹤的典故。武三思《仙鹤篇》："别有闻箫出紫烟，还如化履上青天。"

【化鄧】 语出《山海经·海外北经》："夸父与日逐走。入日，渴欲得饮。饮于河、渭，河、渭不足，北饮大泽。未至，道渴而死。弃其杖，化为邓林。"韩愈、孟郊《纳凉联句》："化邓渴且多，奔河诚已悫。"

【化機】 喻自然变化有如机械之往复。吴筠《步虚词十首》之十："二气播万有，化机无停轮。"

【化遷】 顺自然而推移。隐言死亡。储光羲《同王十三维哭殷遥》："内艰未及虞，形影随化迁。"白居易《效陶潜体诗十六首》之一："我无不死药，万万随化迁。"

【化融】 因教化而和乐。许天正《和陈元光平潮寇诗》："四野无坚壁，群生未化融。"

【化歷】 改岁，进入新年。李百药《奉和正日临朝应诏》："化历昭唐典，承天顺夏正。"

【化龍】 旧传鲤鱼跃过龙门而变化为龙。比喻进士及第。孟球《和主司王起》："当年门下化龙成，今日余波进后生。"颜萱《送羊振文归觐桂阳》："临岐独有沾襟恋，南巷当年共化龙。"薛昭蕴《喜迁莺》词之二："桦烟深处白衫新，认得化龙身。"

【化鶴】 辽东人丁令威学道成仙，千年后化鹤归来，停于华表。事见《搜神后记》卷一。李白《姑孰十咏·灵墟山》："不知曾化鹤，辽海归几度。"姚鹄《送费炼师供奉赴上都》："已同化鹤临华表，又见骖龙向玉清。"

【化權】 造化之力。陆龟蒙《奉和袭美古杉三十韵》："咏多灵府困，搜苦化权卑。"也喻大权。元稹《酬乐天闻李尚书拜相以诗见贺》："初因弹劾死东川，又为亲情弄化权。"无名氏《歌》（卷七八四）："直饶到老常如此，犹胜危时弄化权。"

【化鑪】 喻造化如洪炉熔铸万物。李绅《赴翰苑遭诬构四十六韵》："大乐调元气，神功运化垆。"

【化鱗】 犹化龙。刘得仁《上姚谏议》："终计依门馆，何疑不化鳞？"司空图《纶阁有感》："风涛曾阻化鳞来，谁料蓬瀛路却开。"

三　画

北 〔běi《广韵》博墨切，入德，幫。〕❶失败。姚合《答韩湘》："子在名场中，屡战还屡北。"❷方位名。李峤《雁》："往还倦南北，朝夕苦风霜。"白居易《秋思》："雁思来天北，砧愁满水南。"李频《送孙明秀才往潘州访韦卿》："北鸟飞不到，北人今去游。"

【北人】 北方人。元稹《哭吕衡州六首》之四：

"祝融峰上月，几照北人丧。"皮日休《病中有人惠海蟹转寄鲁望》："绀甲青筐染苔衣，岛夷初寄北人时。"吴融《江行》："说示北人应不爱，锦遮泥健马追风。"

【北土】 北方。王丘《奉和圣制答张说扈从南出鼠雀谷之作》："北土分尧俗，南风动舜歌。"白居易《浔阳三题》序："至有蒸爨其桂，剪弃其竹，白眼于莲花者，予惜其不生于北土也。"李商隐《向晚》："北土秋千罢，南朝祓禊归。"

【北上】 向北登上；向北行。古习以北为上，南为下，故往北亦称北上。王无竞《君子有所思行》："北上登渭原，南下望咸阳。"李白《北上行》："北上何所苦，北上缘太行。"高适《淇上酬薛三据兼寄郭少府微》："北上登蓟门，茫茫见沙漠。"

【北上行】 乐府名。宋郭茂倩《乐府诗集·相和歌辞八·苦寒行》题解引《乐府解题》云："晋乐奏魏武帝《北上篇》，备言冰雪溪谷之苦。其后或谓之《北上行》，盖因武帝辞而拟之也。"李白有《北上行》。

【北山】 ❶泛指北面的山。李白《题元丹丘颍阳山居》："却顾北山断，前瞻南岭分。"刘兼《寄高书记》："补衮应星曾奏举，北山南海孰为高？"❷山名。(1)即钟山，今江苏南京紫金山。徐铉《和钟大监泛舟同游见示》："潮沟横趣北山阿，一月三游未是多。"又《亚元舍人不替深知庶资一笑耳》："新亭风景如东洛，邙岭林泉似北山。"因孔稚圭有《北山移文》，后以为归隐典故。崔曙《早发交崖山还太室作》："吾亦自兹去，北山归草堂。"杜牧《送故人归山》："看著挂冠迷处所，北山萝月在移文。"(2)即北邙山，在今河南洛阳北。刘希夷《北邙篇》："自为骄奢彼都邑，何图零落北山颠？"李贺《铜驼悲》："桥南多马客，北山饶古人。"欧阳詹《观送葬》："他时不见北山路，死者还曾哭送人。"(3)即龙首山。在今陕西西安。唐大明宫所在。张九龄《奉和圣制谒玄元皇帝庙斋》："兴运昔有感，建祠北山巅。"岑参《西掖省即事》："西掖重云开曙晖，北山疏雨点朝衣。"刘行敏《嘲李叔慎贺兰僧伽杜善贤》："唤取长安令，共猎北山熊。"(4)即黄颊山。在今山西河津东北。王绩《薛记室收过庄见寻率题古意以赠》："赖有北山僧，教我以真如。"张乔有《北山书事》。

【北山子】 即尘外上人。皎然《遥和尘外上人与陆澧夜集山寺问涅槃义兼赏陆生文卷》："应随北山子，高顶枕云眠。"诗题下自注："上人自号北山子。"

【北山文】 《北山移文》之简称。白居易《和钱员外青龙寺上方望旧山》："共道使君非俗吏，南山莫动北山文。"借喻责人不肯归隐之文字。白居易《酬王十八见寄》："未报皇恩归未得，惭君为寄北山文。"

【北山寺】 寺名。在长安北山。喻凫有《游北山寺》。

【北山移】 《北山移文》之简称。李涉《杪春再游庐山》："无令诮余者，更效北山移。"吴融《秋日经别墅》："北山移去前文在，无复教人叹晓猿。"路应《仙岩四瀑布即事寄上明州李九郎十四韵》："征黄应计日，莫鄙北山移。"

【北山移文】 南朝齐孔稚圭所作。孔原与周颙同隐于北山(今南京紫金山)，后周出仕，任海盐县令。任满回京，经过北山，孔撰此文，假托山神，嘲讽周颙热衷利禄，违背诺言。杜甫《覃山人隐居》："南极老人自有星，北山移文谁勒铭？"

【北山精舍】 即北山寺。刘长卿有《秋夜北山精舍观体如师梵》。

【北山禪寺】 即北山寺。刘长卿有《宿北山禅寺兰若》。

【北山觀】 道观名。故址在今甘肃秦安北。吕岩有《秦州北山观留诗》。

【北平】 郡名。原为战国燕所置之右北平，西晋改北平，治所在徐无(今河北遵化)，辖境相当于今河北兴隆、蓟县一带。北魏太平真君七年(446)废，其后分辽西郡复置。治所在新昌(今河北卢龙)。北齐辖境相当于今河北长城以南、滦河流域以东地区。隋初废。隋大业及唐天宝、至德时又曾改平州为北平郡。杜审言《送崔融》："坐觉烟尘扫，秋风古北平。"王维《故西河郡杜太守挽歌三首》之一："天上去西征，云中护北平。"皮日休有《登初阳楼寄怀北平郎中》。

【北内】 指唐代西京长安的宫城。宫城处长安之北，故名。齐己《荆渚寄怀西蜀无染大师兄》："圣主降情延北内，诸侯稽首问南禅。"刘兼《寄长安郑员外》："乘醉几同游北内，寻芳多共谒东邻。"

【北方】 ❶北边，北部。张祜《投魏博田司空二十韵》："圣代倚龙骧，青油镇北方。"韦蟾《岳麓道林寺》："北方部落檀香塑，西国文书贝叶写。"崔珏《水晶枕》："南国旧知何处得？北方寒气此中凝。"❷指汉武帝之李夫人。夫人兄李延年曾对武帝歌曰："北方有佳人，绝世而独立；一顾倾人城，再顾倾人国。宁不知倾城与倾国，佳人难再得。"事见《汉书·外戚传》。孙鲂《看牡丹二首》之一："北方有态须倾国，西子能言亦丧家。"

【北方竫人】 神话中的矮人。《山海经·大荒东经》有载。柳宗元《行路难三首》之一："北方竫人长九寸，开口抵掌更笑喧。"

【北斗】 ❶星名。由天枢、天璇、天玑、天权、玉衡、开阳、摇光七星组成，处北天，呈斗状，故名。刘长卿《岁日作》："建寅回北斗，看历占春风。"刘商《胡笳十八拍·第六拍》："天翻地覆谁得知，如今正南看北斗。"解彦融《雁塔》："北斗临帝城，扶宫切太清。"❷喻相位。卢照邻《赠许左丞从驾万年宫》："中枢移北斗，左辖去南台。"颜真卿、崔万《五言月夜啜茶联句》："御史秋风劲，尚书北斗尊。"杜牧《李甘诗》："操持北斗柄，开闭天门路。"

【北斗星】 星名。刘元叔《妾薄命》："北斗星前横旅雁，南楼月下捣寒衣。"王偃《夜夜曲》："北斗星移银汉低，班姬愁思凤城西。"参见"北斗❶"。

【北斗城】 指长安。据《三辅黄图》，长安城城北为北斗形，城南为南斗形。因称长安为北斗城，又名斗城。胡宿《淮南发运赵邢州被诏归阙》："天台封诏紫泥馨，马首前瞻北斗城。"

【北户】 ❶上古国名。相传在交州一带，因借指南方边远之地。辛常伯《军中行路难》："交趾枕南荒，昆弥临北户。"高适《李云南征蛮诗》："鬼门无归客，北户多南风。"陈陶《赠漳州张怡使君》："已见嘉祥生北户，尝嫌夷貊蠹南薰。"❷北向的门。宋之问《冬宵引赠司马承祯》："河有冰兮山有雪，北户墐兮行人绝。"白居易《酬郑侍御多雨春空过诗三十韵》："已望东溟祷，仍封北户禳。"姚合《秋日寄李支使》："晓眠离北户，午饭尚生衣。"❸指翰林院。白行简《贡院楼北新栽小松》："北户知犹远，东堂幸见容。"

【北寺】 东汉监狱名。后为大理寺别称。苏颋《奉和崔尚书赠大理陆卿鸿胪刘卿见示之作》："北寺邻玄阙，南城写翠微。"

【北地】 ❶郡名。秦置。治处在义渠(今甘肃庆阳西南)，西汉移治马领(今甘肃庆阳西北)，东汉移治富平(今甘肃吴忠西南)。辖境相当于今宁夏贺兰山、青铜峡、苦水河以东及甘肃环江、马连河流域。东汉末被羌胡占领。郑愔《塞外三首》之三："阳鸟南飞夜，阴山北地寒。"岑参《河西太守杜公挽歌四首》之三："剖符移北地，授钺领西门。"杜甫《忆昔二首》之一："愿见北地傅介子，老儒不用尚书郎。"❷泛指北方。杜审言《赠苏味道》："北地寒应苦，南庭戍未归。"张蠙《观江南牡丹》："北地花开南地风，寄根还与客心同。"无名氏《王昭君怨诸词人连句》(外编上)："飞来北地不胜春，月照南庭空度夜。"

【北同城】 地名。故址在居延海(今内蒙古额济纳旗北)附近。岑参《田使君美人舞如莲花北铤歌》题注："此曲本出北同城。"

【北伐】 讨伐北面之敌。常建《吊王将军墓》："嫖姚北伐时，深入强千里。"李商隐《送从翁东川弘农尚书幕》："北伐将谁使？南征决此辰。"

【北向】 ❶面朝北。处于卑位。白居易《赠朱道士》："醮坛北向宵占斗，寝室东开早纳阳。"杜牧《中秋日拜起居表晨渡天津桥即事兼呈工部刘公》："月拜西归表，晨趋北向班。"许浑《登尉佗楼》："南来作尉任嚣力，北向称臣陆贾功。"❷北方。张登《秋夜馆中醉中作》："北向多虞剑戛戛，南中独望天茫茫。"

【北邙】 ❶山名。一作"北芒"，即邙山。在河南洛阳北。汉魏王公贵族多葬于此。郑世翼《登北邙还望京洛》："步登北邙坂，踟蹰聊写望。"张籍《北邙行》："洛阳北门北邙道，丧车辚辚入秋草。"贾岛《吊孟协律》："孤冢北邙外，空斋中岳西。"❷泛指墓地。权德舆《哭刘四尚书》："音容无处所，归作北邙尘。"白居易《浩歌行》："贤愚贵贱同归尽，北邙冢墓高嵯峨。"刘驾《别道者》："自君入城市，北邙无新坟。"

【北邙山】 ❶山名。详"北邙❶"。沈佺期《邙山》："北邙山上列坟茔，万古千秋对洛城。"韩愈《赠贾岛》："孟郊死葬北邙山，从此风云得暂闲。"白居易《哭孔戡》："形骸随众人，敛葬北邙山。"❷泛指坟墓。鲍溶《代楚老酬主人》："终古北邙山，樵人卖松柏。"李山甫《遣怀》："智者与愚者，尽归北邙山。"

【北邙行】 (一xíng)新乐府名。王建、张籍皆有此篇名。宋郭茂倩《乐府诗集·新乐府辞五·北邙行》题解："按《北邙行》，言人死葬北邙，与《梁甫吟》《泰山吟》《蒿里行》同意。"

【北邙原】 即北邙山。白居易《哭师皋》："北邙原边尹村畔，月苦烟愁夜过半。"

【北州】 泛指北方。护国《别盛安》："情人取次几淹留，别后南州与北州。"李吉甫《怀伊川赋》："正是北州梨枣熟，梦魂秋日到郊园。"羊士谔《九月十日郡楼独酌》："归期北州里，旧友东山客。"

【北江】 水名。发源于岷山。《山海经·海内东经》。贾岛《郑尚书新开涪江二首》之二："不侵南亩务，已拔北江流。"

【北辰】 ❶即北极星。虞世南《奉和月夜观星应令》："天文岂易述，徒知仰北辰。"李敬方《天台晴望》："坐冀无云物，分明见北辰。"罗隐《答宗人衮》："遥望北辰当上国，羡君归棹五诸侯。"❷比喻朝廷。元稹《宪宗章武孝皇帝挽歌词三首》之一："北辰移帝座，西日到虞泉。"张祜《戊午年寓兴二十韵》："泪因南国尽，心向北辰倾。"周昙《咏史诗·前汉门·平津侯》："北辰如不延吾辈，东阁何由逐汝开？"

【北里】 ❶古舞曲名。元稹《桐花》："北里当绝听，祸莫大于淫。"吴融《和韩致光侍郎无题三首十四韵》之二："凤笙追北里，鹤驭访南真。"❷长安平康里之别称。多卿相宅第，亦为妓女聚居处。卢照邻《长安古意》："南陌北堂连北里，五剧三条控三市。"杜甫《遣兴五首》之一："北里富熏天，高楼夜吹笛。"许浑《赠王处士》："冠盖西园夜，笙歌北里春。"司空图《效陈拾遗子昂感遇二首》之二："北里秘浓艳，东园锁名花。"

【北吹】　北风。李咸用《别友》:"北吹微微动旅情,不堪分手在平明。"

【北狄】　北方少数民族之总称。杜审言《送高郎中北使》:"北狄愿和亲,东京发使臣。"许棠《春日乌延道中》:"山川藏北狄,草木背东风。"贯休《寿春进祝圣七首·从谏如流》:"北狄皆输款,南夷尽贡琛。"

【北阮】　晋阮咸家贫,居于道南,诸阮居道北。七月七日曝晒衣服,北阮皆绫罗,阮咸唯一犊鼻裈。后称同族之富贵者为北阮。戴叔伦《旅次寄湖南张郎中》:"闭门茅底偶为邻,北阮那怜南阮贫?"

【北林】　❶林名。杨师道《春朝闲步》:"休沐乘闲豫,清晨步北林。"杨思玄《奉和别鲁王》:"北林分苑树,东流溢御沟。"高适《别王彻》:"归客自南楚,怅然思北林。"❷北边之林。韦应物《拟古诗十二首》之六:"月满秋夜长,惊鸟号北林。"蒋冽《夜飞鹊》:"北林夜方久,南月影频移。"

【北枝】　向北之枝。为梅花专用词。宋之问《度大庾岭》:"魂随南翥鸟,泪尽北枝花。"冯延巳《玉楼春》词:"北枝梅蕊犯寒开,南浦波纹如酒绿。"

【北來南去】　极言奔波辛劳。罗邺《观别》:"北来南去几时休?人在光阴似箭流。"

【北門】　❶北向城门。李峤《马武骑挽歌二首》之二:"谁言东郭路,翻枉北门车。"李白《叙旧赠江阳宰陆调》:"告急清宪台,脱余北门厄。"钱起《长安旅宿》:"明旦北门外,归途堪白发。"❷《诗·邶风》篇名。诗序谓是卫国士人不得志之作,中有"出自北门,忧心殷殷"句,后因喻士之不遇。徐彦伯《拟古三首》之三:"无作'北门'客,咄咄怀百忧。"李白《宣城送刘副使入秦》:"君携东山妓,我咏北门诗。"岑参《春遇南使贻赵知音》:"美人在南州,为尔歌北门。"❸喻指北疆。翁绶《雨雪曲》:"一自塞垣无李蔡,何人为解北门忧?"

【北門憂】　北疆安危之忧。卢纶《送鲍中丞赴太原》:"暂移西掖望,全解北门忧。"翁绶《雨雪曲》:"一自塞垣无李蔡,何人为解北门忧?"

【北固】　山名。在今江苏镇江。北临长江,地势险要。孟浩然《杨子津望京口》:"北固临京口,夷山近海滨。"皇甫冉《酬张继》:"怅望南徐登北固,迢遥西塞恨东关。"方干《送吴彦融赴举》:"西陵柳路摇鞭尽,北固潮程挂席飞。"

【北固山】　山名。孟浩然《早春润州送从弟还乡》:"归泛西江水,离筵北固山。"刘禹锡《答乐天临都驿见赠》:"北固山边波浪,东都城里风尘。"罗隐《钱塘遇默师忆润州旧游》:"归来北固山,水槛光参差。"

【北固山亭】　即北固亭。李涉有《登北固山亭》。

【北固亭】　亭名。在北固山上。李绅有《却到金陵登北固亭》。罗隐有《北固亭东望寄默师》。

【北使】　出使北方。唐之敌国如突厥、吐蕃等多在北方,双方互有通聘。杜审言有《送高郎中北使》。高适《答侯少府》:"北使经大寒,关山饶苦辛。"徐铉有《北使还襄邑道中作》。

【北征】　❶北去,北行。陈子昂《登蓟丘楼送贾兵曹入都》:"东山宿昔意,北征非我心。"杜甫《北征》:"杜子将北征,苍茫问家室。"❷北伐。李白有《送梁公昌从信安北征》。

【北京】　地名。唐以其发祥地太原府为北京,即今山西太原市西南晋源镇。岑参《送宇文南金放后归太原寓居因呈太原郝主簿》:"归去不得意,北京关路赊。"钱起《送鲍中丞赴太原军营》:"将略过南仲,天心寄北京。"周贺《寄新头陀》:"见说北京寻祖后,瓶盂自挈绕穷边。"

【北府】　东晋定都建康(今江苏南京),军府广陵(今江苏扬州)在建康之北,因称北府。殷尧藩《还京口》:"北府市楼闻旧酒,南桥官柳识归桡。"后以此泛称军府。孟简《咏欧阳行周事》:"此为太学徒,彼属北府官。"黄滔《催妆》:"北府迎尘南郡来,莫将芳意更迟回。"

【北河】　黄河流至磴口(今内蒙古境)分成两股。在北者古时为主流。对南而言,因称北河。相当于今五加河。徐彦伯《春闺》:"有使通西极,缄书寄北河。"储光羲《观范阳递俘》:"北河旄星陨,鬼方狝林胡。"

【北宗】　佛教禅宗之一派,由武后时神秀所立,教行于北方,故名。耿沣《诣顺公问道》:"方便如开诱,南宗与北宗。"贾岛《新年》:"谁能平此恨,岂是北宗人?"姚合《书怀寄友人》:"精心奉北宗,微宦在南宫。"

【北垣】　犹北省。指尚书省。杨巨源《述旧纪勋寄太原李光颜侍中二首》之一:"玉塞含凄见雁行,北垣新诏拜龙骧。"

【北胡】　指匈奴。宋璟《奉和圣制答张说扈从南出雀鼠谷》:"秦地雄西夏,并州近北胡。"杜牧《寄杜子二首》之一:"不识长杨事北胡,且教红袖醉来扶。"

【北拱】　北,北极星;拱,环卫。比喻尊重王室。罗隐《湘妃庙》:"八族未来谁北拱,四凶犹在莫南巡。"语出《论语·为政》:"为政以德,譬如北辰,居其所,而众星共(拱)之。"

【北面】　古代尊卑相对,前者坐北朝南,后者坐南朝北,因以北面为臣下及弟子之位。陆龟蒙《杂讽九首》之八:"北面师其谋,几能止征伐。"唐彦谦《闻李渎司勋下世》:"任被褚裒泉下笑,重将北面哭真长。"

【北省】　尚书省的别称。因尚书省处宫阙之北,故名。杜甫有《至日遣兴奉寄北省旧阁老两院故人二首》。白居易《闲意》:"北省朋僚音信断,东林长老往还频。”又《新雪二首》之一：“不思北省烟霄地，不忆南宫风月天。”李群玉《送秦炼师归岑公山》：“北省谏书藏旧草，南宫郎署握新兰。”

【北思】 对北方亲友的思念。李商隐《念远》：“北思惊沙雁，南情属海禽。”

【北風】 秋冬季来自北方的寒风。贾至《送李侍郎赴常州》：“雪晴云散北风寒，楚水吴山道路难。”长孙佐辅《南中客舍对雨送故人归北》：“家书作得不忍封，北风吹断阶前雨。”许棠《送从弟归泉州》：“问省归南服，悬帆任北风。”

【北風行】 （一xíng）乐府杂曲歌辞的曲名。宋郭茂倩《乐府诗集·杂曲歌辞五·北风行》题解：“《北风》，本卫诗也。《北风》曰：‘北风其凉，雨雪其雱。’传云：‘北风寒凉，病害万物，以喻君政暴虐，百姓不亲也。’若鲍照《北风凉》，李白‘烛龙栖寒门’，皆伤北风雨雪，而行人不归，与卫诗异矣。”李白有《北风行》。

【北郊】 祭北方之神黑帝之所。《郊庙歌辞·五郊乐章·送神》：“北郊时冽，南陆辉处。”

【北首】 ❶头向北。古礼，人死下葬，尸体头向北。故以隐喻人死。王维《故太子太师徐公挽歌四首》之三：“北首辞明主，东堂哭大臣。”❷北向。孟郊《梦泽中行》：“骐骥思北首，鹧鸪愿南飞。”韩愈《南山诗》：“或靡然东注，或偃然北首。”

【北客】 北方人之作客于南方者。张潮《长干行》：“北客真三公，朱衣满江中。”韩翃《送客之上谷》：“北客悲秋色，田园忆去来。”刘禹锡《竹枝词二首》之二：“今朝北客思归去，回入纥那披绿罗。”于武陵有《寄北客》。

【北帝】 北方之神，五帝之一，又称黑帝。陆龟蒙《和袭美寄广文先生》：“峰前北帝三元会，石上东卿九锡文。”又《寄怀华阳道士》：“直用森严朝北帝，爱将清浅问东溟。”吕岩《七言》之二八：“北帝南辰掌内观，潜通造化暗相传。”

【北軍】 唐代皇帝的北衙禁军。贾至《自蜀奉册命往朔方途中呈韦左相文部房尚书门下崔侍郎》：“捧册自南服，奉诏趋北军。”韩愈《永贞行》：“北军百万虎与貔，天子自将非他师。”李洞《赠宋校书》：“曾伴元戎猎，寒来梦北军。”

【北荒】 北方边远之地。崔融《从军行》：“关头落月横西岭，塞下凝云断北荒。”姚鹄《赠边将》：“却恨北荒沾雨露，无因扫尽虏庭空。”黄滔《送友人边游》：“何日还南越？今朝往北荒。”

【北原】 指长安以北、渭水北岸一带山地。其处多汉、唐王公贵族墓葬。沈佺期《初冬从幸汉故青门应制》：“朝市俱东逝，坟陵共北原。”杜甫《建都十二韵》：“愿枉长安日，光辉照北原。”刘言史《桂江逢王使君旅榇归》：“遥想北原新垅上，日寒光浅水松稀。”曹邺《赠道师》：“应笑北原上，丘坟乱如蚁。”

【北叟】 即塞翁。事见《淮南子·人间》，虽为寓言，然后人视为能预卜祸福倚伏者。骆宾王《宪台出絷寒夜有怀》：“自应迷北叟，谁肯问南冠。”储光羲《狱中贻姚张薛李郑柳诸公》：“吉凶问詹尹，倚伏信北叟。”杜甫《奉赠李八丈判官》：“垂白乱南翁，委身希北叟。”刘禹锡《乐天寄重和晚达冬青一篇因成再答》：“东隅有失谁能免，北叟之言岂便无？”

【北庭】 唐代六部护府之一。武则天长安二年（702）置，管辖盐、治十六府州，属陇右道。治所庭州，即今新疆吉木萨尔北。高适《东平留赠狄司马》：“地出北庭尽，城临西海寒。”杜甫《近闻》：“崆峒五原亦无事，北庭数有关中使。”岑参《寄韩樽》：“北庭苦寒地，体内今何如？”

【北朔】 北方。贾岛《酬鄠县李廓少府见寄》：“北朔霜凝竹，南山水入篱。”

【北海】 ❶湖名。即今贝加尔湖。苏武曾在这一带放牧。王勃《采莲曲》：“不惜西津交佩解，还羞北海雁书迟。”杨凭《边情》：“欲知北海苦辛处，看取节毛余几多。”周朴《塞上》：“蕃道北海北，谋生今始知。”❷郡、国名。汉景帝中元二年（前148）分齐郡置。治所在营陵（今山东昌乐东南）。辖境相当于今山东潍坊市及安丘、昌乐、寿光、昌邑等市县。东汉改为国，移治剧县（今昌乐西）。魏、晋国郡改置不常，北齐改名高阳。隋大业及唐天宝、至德时又曾改青州为北海郡。李白《东海有勇妇》：“北海李使君，飞章奏天庭。”权德舆《徐孺亭马上口号》序：“亭中有二碑，一则故曲江张公所制徐征君碣，一则北海李公所制放生池碑。”陆龟蒙《自遣诗三十首》之八：“思量北海徐刘辈，枉向人间号酒龙。”❸指汉末孔融。融曾任北海国相。张南史《早春书事奉寄中书李舍人》：“北海樽留客，西江水救鱼。”❹指唐李邕。邕曾任北海太守。李白《题江夏修静寺》：“我家北海宅，作寺南江滨。”自注：“此寺是李北海旧宅。”权德舆《徐孺亭马上口号》：“曲江北海今何处？尽逐东流去不回。”

【北海尊】 汉末孔融，为北海相，时称孔北海。《后汉书·孔融传》：“及退闲职，宾客日盈其门，常叹曰：‘坐上客恒满，尊中酒不空，吾无忧矣。’”后以为宴饮典故。萧颖士《山庄月夜作》：“未奏东山妓，先倾北海尊。”李群玉《哭郴州王使君》：“东山妓逐飞花散，北海尊随逝水空。”罗隐《秋日泊平望驿寄太常裴郎中》：“北海尊中常有酒，东阳楼上岂无诗。”黄滔《寄陈磻隐居》：“虚左中兴榜，无先北海尊。”

【北流】 向北流。古人以为水流向东向南是正常现象，反之为异。李益《军次阳城烽舍北流泉》：“今朝望乡客,不饮北流泉。"

【北祖】 指佛教禅宗中北宗之创始人神秀。与禅宗六祖、南宗之创始人慧能共师五祖弘忍。弘忍死后,武则天征神秀入京,传教于北方。元稹《度门寺》:"北祖三禅地,西山万树松。"薛能《赠源寂禅师》:"门禅从北祖,僧格似南朝。"

【北宫】 ❶王后之寝宫。裴交泰《长门怨》:"一种蛾眉明月夜,南宫歌管北宫愁。"杜牧《长安杂题长句六首》之二:"烟生窈窕深东第,轮撼流苏下北宫。"❷汉宫名。(1)故址在今陕西长安县西北。汉高祖时建,为礼神之处。李白《古风》之四三:"西海宴王母,北宫邀上元。"(2)故址在今河南洛阳。东汉明帝永平三年(60)建。褚琇《奉和圣制送张说上集贤学士赐宴》:"讲习延东观,趋陪盛北宫。"

【北宸】 北极星。喻帝王或尊崇之人。魏元忠《修书院学士奉敕宴梁王宅》:"愿陪南岳寿,长奉北宸樽。"

【北堂】 ❶后堂。李白《夜坐吟》:"冬夜夜寒觉夜长,沉吟久坐坐北堂。"薛奇童《和李起居秋夜之作》:"高秋南斗转,凉夜北堂开。"令狐楚《八月十七日夜书怀》:"谁向西园游,空归北堂卧。"❷妇女居处。韩愈《示儿》:"主妇治北堂,膳服适戚疏。"后代指母亲。李白《赠历阳褚司马》:"北堂千万寿,侍奉有光辉。"岑参《送韩巽入都觐省便赴举》:"北堂倚门望君忆,东归扇枕后秋色。"❸《诗·卫风·伯兮》:"焉得谖草,言树之背。"毛传:"背,北堂也。"谖草即萱草,后多与北堂连用,成为文学典故。胡皓《大漠行》:"北堂萱草不寄来,东园桃李长相忆。"元稹《和乐天早春见寄》:"萱近北堂穿土早,柳偏东面受风多。"

【北堂草】 即萱草。钱起《新昌里言怀》:"虽看北堂草,不望旧山薇。"

【北第】 接近宫阙之府邸。因皇宫位在长安城北部,故名。刘长卿《奉和杜相公新移长兴宅呈元相公》:"功高开北第,机静灌中园。"

【北郭】 ❶北面的外城。李白《送友人》:"青山横北郭,白水绕东城。"白居易《寄题余杭郡楼兼呈裴使君》:"北郭沙堤尾,西湖石岸头。"曹邺有《北郭闲思》。❷指北郭骚。详"北郭骚"条。钱起《小园招隐》:"谁言北郭贫,能分晏婴粟。"长孙佐辅《闻韦驸马使君迁拜台州》:"北郭乏中崖,东方称上头。"

【北郭骚】 人名。春秋齐人。北郭为复姓。《吕氏春秋·士节》:齐有北郭骚者,家贫不足以养母。踵门见晏子曰:"愿乞所以养母。"晏子之仆谓晏子曰:"此齐国之贤者也。"晏子使人分仓粟、分府金而遗之,辞金而受粟。后多指贫而贤者。参见"北郭❷"。李贺《感春》:"日暖自萧条,花悲北郭骚。"

【北部】 "北部尉"的略称。《三国志·魏志·武帝纪》:"年二十,举孝廉为郎,除洛阳北部尉。"裴松之注引《曹瞒传》:"太祖初入尉廨,缮治四门,造五色棒,悬门左右各十余枚,有犯禁者,不避豪强,皆棒杀之。"部,古时区域单位名。杜甫《哭王彭州抡》:"北部初高选,东堂早见招。"窦牟《秋日洛阳官舍寄上水部家兄》:"威声惭北部,仁化乐南薰。"

【北凉】 即凉州。孙逖《送赵大夫护边》:"青海连西掖,黄河带北凉。"

【北陆】 星名。二十八宿之一虚宿之别名。又称玄枵,位在北方。古以为日行至北陆即为冬季,故又以北陆为冬之代称。张祜《南宫叹亦述玄宗追恨太真妃事》:"北陆冰初结,南宫漏更长。"马戴《府试水始冰》:"南池寒色动,北陆岁阴生。"黄滔《鄜畤李相公》:"推恩每觉东溟浅,吹律能令北陆暄。"

【北都】 地名。即今山西太原。天授元年(690)置,天宝元年(742)改北京,至德元年(756)复称北都。刘禹锡《令狐相公自天平移镇太原以诗申贺》:"北都留守将天兵,出入香街宿禁扃。"白居易《寄太原李相公》:"闻道北都今一变,政和军乐万人安。"张祜《献太原裴相公三十韵》:"一镜辞西阙,双旌锁北都。"薛能有《北都题崇福寺》。题注:"寺即高祖旧宅。"

【北朝】 朝代名。南北朝时,北方北魏、东魏、西魏、北齐、北周之总称。常衮《晚秋集贤院即事寄徐薛二侍郎》:"北朝荣庾薛,西汉盛严徐。"李德裕《奉和韦侍御陪相公游开义五言六韵》:"风景同南岘,丹青见北朝。"钱珝《春恨三首》之一:"负罪将军在北朝,秦淮芳草绿迢迢。"

【北極】 ❶北方极地。郭震《子夜四时歌六首·冬歌》之一:"北极严气升,南至温风谢。"韩愈《北极赠李观》:"北极有羁羽,南溟有沉鳞。"❷星名。又名北辰、天枢。王绩《游仙四首》之三:"心疑游北极,望似陟西昆。"梁德裕《感寓二首》之一:"隐隐临北极,峨峨象南山。"武元衡《奉酬中书李相公早朝于中书候传点偶书所怀》:"北极星遥拱,南山阙迥临。"❸比喻帝位或朝廷。宋之问《途中寒食题黄梅临江驿寄崔融》:"北极怀明主,南溟作逐臣。"杜甫《登楼》:"北极朝廷终不改,西山寇盗莫相侵。"杜牧《酬张祜处士见寄长句四韵》:"北极楼台长挂梦,西江波浪远吞空。"

【北雁】 即大雁。古人认为雁为北方之禽,秋去春归故称。崔湜《早春边城怀归》:"路向南庭远,书因北雁稀。"韩翃《送中兄典邵州》:"北雁初回江燕飞,南湖春暖著春衣。"李频《回山后寄范酇先辈》:"高楼会月夜,北雁向南分。"

【北番】 指吐蕃。王卓有《观北番谒庙》。

【北渚】 ❶水北之岸。杜甫《陪李北海宴历下亭》："东藩驻皂盖，北渚凌青荷。"皇甫冉《秋夜有怀高三十五兼呈空和尚》："北渚三更闻过雁，西城万里动寒砧。"❷有关湘水的成语。语《楚辞·湘夫人》："帝子降兮北渚，目眇眇兮愁予。"王维《送杨少府贬郴州》："愁看北渚三湘远，恶说南风五两轻。"刘长卿《长沙早春雪后临湘水呈同游诸子》："北渚生芳草，东风变旧柯。"郎士元《题刘相公三湘图》："涔阳指天末，北渚空悠悠。"钱珝《江行无题一百首》之九四："愿饮西江水，那吟北渚愁。"

【北湖】❶湖名。即今江苏南京之玄武湖。因处城北，故名。李白有《春日陪杨江宁及诸官宴北湖感古作》。李商隐《咏史》："北湖南埭水漫漫，一片降旗百尺竿。"❷湖名。在溧阳(今属江苏)。李白《游溧阳北湖亭望瓦屋山怀古赠同旅》："朝登北湖亭，遥望瓦屋山。"❸泛指北面的湖。喻凫《和段学士对雪》："赞月登斜汉，兼沙搅北湖。"韦庄《暴雨》："波浪不知深几许，南湖今与北湖平。"

【北窗】❶北向之窗。孟浩然《晚春卧病寄张八》："南陌春将晚，北窗犹卧病。"韩愈《奉酬天平马十二仆射暇日言怀见寄之作》："岁晏偏相忆，长谣坐北窗。"张祜《所居即事六首·其四》："圣朝何用询名姓，从放书生老北窗。"❷典故。语出陶渊明《与子俨等疏》："常言五六月中，北窗下卧，遇凉风暂至，自谓是羲皇上人。"后遂以咏隐居或闲居生活。卢照邻《山林休日田家》："还思北窗下，高卧偃羲皇。"白居易《旱热二首》之一："安知北窗叟，偃卧风飒至。"许浑《元处士自洛归宛陵山居见示詹事相公饯行之什因赠》："月落尚留东阁醉，风高还忆北窗眠。"

【北窗風】❶北窗之风。唐彦谦《萤》："星散欲陵前槛月，影低如试北窗风。"徐铉《孟君别后相续寄书作此酬之》："跂足北窗风，遥怀浩无极。"❷参见"北窗❷"。白居易《新昌闲居招杨郎中兄弟》："暑月贫家何所有，客来唯赠北窗风。"李商隐《假日》："谁向刘灵天幕内，更当陶令北窗风。"又《自贶》："谁将五斗米，拟换北窗风?"

【北扉】犹北寺。指监狱。杜牧《华清宫三十韵》："北扉闲木索，南面富循良。"

【北落】❶星名。又称北落师门。古人以此星明暗占战争凶吉。李白《司马将军歌》："北落明星动光彩，南征猛将如云雷。"杜牧《东兵长句十韵》："玄象森罗摇北落，诗人章句咏东征。"❷长安北门名。刘允济《经庐岳回望江州想洛川有作》："丞相下南宫，将军趋北落。"

【北禁】(一jìn)犹北宫。泛指宫廷。卢象《赠张均员外》："夜直南宫静，朝趋北禁长。"

【北虜】对北方敌对的少数民族的蔑称。唐人多指突厥、契丹、吐蕃、党项等。白居易《新乐府·城盐州》："吾闻高宗中宗世，北虏猖狂最难制。"杜牧《雪中书怀》："北虏坏亭障，闻屯千里师。"皮日休《正乐府十篇·诮虚器》："持以遗北虏，给云生有神。"

【北溪】溪名。在洛阳(今属河南)龙门山北。王绩《晚年叙志示翟处士》："归来南亩上，更坐北溪头。"韦嗣立有《偶游龙门北溪忽怀骊山别业因以言志示弟淑奉呈诸大僚》。张说《奉酬韦祭酒嗣立偶游龙门北溪忽怀骊山别业呈诸留守之作》："闻君北溪下，想象南山隈。"

【北遊】到北方游历或谋生。刘长卿《送薛承矩秩满北游》："匹马向何处？北游殊未还。"李频有《和友人下第北游感怀》。许棠有《送友人北游》。

【北溟】犹北海。语出《庄子·逍遥游》："北冥有鱼，其名为鲲。鲲之大，不知其几千里也。化而为鸟，其名为鹏。"刘长卿《瓜洲驿奉饯张侍御公拜膳部郎中时侍御先在淮南幕府》："璧从全赵去，鹏自北溟抟。"杜甫《赠虞十五司马》："伫鸣南岳凤，欲化北溟鲲。"卢肇《及第送潘图归宜春》："三载皇都恨食贫，北溟今日化穷鳞。"黄滔《水荆山又吐琼瑶酬和以质奖私》："东越独推生竹箭，北溟喜足贮鲲鱼。"

【北趙】犹赵北。战国赵地北部。刘希夷《谒汉世祖庙》："长驱过北赵，短兵出南燕。"

【北樓】❶向北的城楼或楼阁。韦应物有《寒食后北楼作》。李郢有《夏日登信州北楼》。❷楼名。故址在宣城(今属安徽)，为南朝齐宣城太守谢朓所建，故又称谢公楼。李白《秋登宣城谢朓北楼》："谁念北楼上，临风怀谢公?"

【北暝】北方极阴之地。杜审言《和李大夫嗣真奉使存抚河东》："杀气西衡白，穷阴北暝玄。"

【北鄙】北部边境。贾岛《酬厉玄》："我来从北鄙，子省涉西陵。"曹松《送进士喻坦之游太原》："北鄙征难尽，诗愁满去程。"

【北齊】北朝之一。公元550—577年。高洋取代东魏孝静帝自立，国号齐，史称北齐。建都邺(今河南安阳)据有今山东、山西、河南及辽宁西部。为北周所灭。李商隐有《北齐二首》。

【北牖】❶犹北窗。唐彦谦《夜蝉》："那知北牖残灯暗，又送西楼片月低。"❷参见"北窗❷"。徐铉《奉和宫傅相公怀旧见寄四十韵》："东山妓乐供闲步，北牖风凉足晏眠。"

【北鋋】当为"北旋"之误。舞名。与胡旋舞相类。岑参有《田使君美人舞如莲花北鋋歌》。

【北蕃】即北番。指吐蕃。杨巨源有《送殷员外使北蕃》。

【北燕】(一yān)古诸侯国名。周武王封召公奭于北燕(今河北蓟县),因以为名。后亦称古燕国地。李峤《奉和天枢成宴夷夏群僚应制》:“辙迹光西崦,勋庸纪北燕。”李白《鲁郡尧祠送张十四游河北》:“击筑向北燕,燕歌易水滨。”

【北轅】 驾车北行。刘长卿《至饶州寻陶十七不在寄赠》:“谪宦投东道,逢君已北辕。”杜甫《自京赴奉先县咏怀五百字》:“北辕就泾渭,官渡又改辙。”殷文圭《初秋留别越中幕客》:“魂梦飘零落叶洲,北辕南舵几时休!”

【北嶽】 指恒山(今属山西)。贾岛《辞二知己》:“云飞北岳碧,火息西山红。”又《青门里作》:“欲问南宗理,将归北岳修。”黄滔《塞上》:“使发西都耸,尘空北岳横。”

【北嶽廟】 在北岳恒山上。贾岛有《北岳庙》。

【北闕】 古代宫殿北面之门楼,大臣朝见奏事等候之处。后指宫禁或朝廷。太宗《赋得夏首启节》:“北阙三春晚,南荣九夏初。”王维《不遇咏》:“北阙献书寝不报,南山种田时不登。”白居易《寄献北都留守裴令公》:“紫微留北阙,绿野寄东皋。”李频《自黔中归新安》:“朝过春关辞北阙,暮参戎幕向南巴。”

【北魏】 魏地之北,泛指今山西一带。齐己《寄双泉大师师兄》:“南凉来的的,北魏去腾腾。”

【北歸】 回到北方。刘长卿有《北归秋浦界清溪馆》。徐铉《清明日清远峡作》:“殷勤清远峡,留恋北归人。”

【北羅酆】 简称“北酆”。即罗酆山。道家谓该山有神司人间生死。李白《访道安陵遇盖还为余造真箓临别留赠》:“下笑世上士,沉魂北罗酆。”

【北酆】 北罗酆之简称。李白《草创大还赠柳官迪》:“北酆落死名,南斗上生籍。”参见“北羅酆”。

【北顧樓】 楼名。又名北固楼。故址在今江苏镇江市北固山上。梁武帝曾登临,改北固为北顾。岑参《送许子擢第归江宁拜亲因寄王大昌龄》:“闲眺北顾楼,醉眠湖上亭。”

【北巖】 地名。即今四川达县凤凰山。黄滔《送僧归北岩寺》:“北岩泉石清,本自高僧住。”李渭有《游北岩》句。

【北籟】 犹北风。陆龟蒙《子夜四时歌·冬》:“南云走冷圭,北籁号空木。”

九　画

匙 〔chí《广韵》是支切,平支,禪。〕舀食物之器具。杜甫《江阁卧病走笔寄呈崔卢两侍御》:“溜匙兼暖腹,谁欲致杯罂。”韩愈《赠刘师服》:“匙抄烂饭稳送之,合口软嚼如牛呞。”白居易《与沈杨二舍人阁老同食勅赐樱桃玩物感恩因成十四韵》:“手擘方离核,匙抄半是津。”

匚 部

二 画

匹¹ 〔pǐ《广韵》譬吉切，入質，滂。〕❶匹配；匹敌。武三思《句》："云螭非易匹，月驷本难俦。"李白《望黄鹤楼》："观奇遍诸岳，兹怜不可匹。"白居易《效陶潜体诗十六首》之十："方知曲蘖灵，万物无与匹。"皎然《奉同颜使君真卿清风楼赋得洞庭歌送吴炼师归林屋洞》："黄鹤孤云天上物，物外飘然自天匹。"❷配偶。李峤《奉和七夕两仪殿会宴应制》："灵匹三秋会，仙期七夕过。"孟郊《婵娟篇》："夜半姮娥朝太一，人间本自无灵匹。"❸量词。(1)计马驴等。李颀《郑樱桃歌》："宫军女骑一千匹，繁花照耀漳河春。"杜甫《韦讽录事宅观曹将军画马图》："翠华拂天来向东，腾骧磊落三万匹。"又《题壁画马歌》："一匹龁草一匹嘶，坐看千里当霜蹄。"(2)计布帛等。杜甫《戏为双松图歌》："我有一匹好东绢，重之不减锦绣段。"白居易《和春深二十首》之十五："齐桡争渡处，一匹锦标斜。"李商隐《送郑大台文南覲》："君怀一匹胡威绢，争拭酬恩泪得干。"孙元晏《咏史诗·陈·姚察》："却归掌选清何甚，一匹花练不肯收。"❹单独。见"匹馬"。

匹² 〔pì《字彙补·匚部》讀作譬。〕通"譬"。见"匹₂如"。

【匹士】 即士。以其地位低微，故称。义净《戏拟四愁聊题两绝》之二："上将可陵师，匹士志难移。"

【匹夫】 ❶古代指平民中的男子。后泛指平常百姓。张九龄《荆州作二首》之二："徇义在匹夫，报恩犹一餐。"白居易《效陶潜体十六首》之十五："西舍有贫者，匹妇配匹夫。"于溃《马嵬驿》："当时嫁匹夫，不妨得头白。"❷指平庸者，含贬义。周昙《咏史诗·三代门·夷齐》："让国由衷义亦乖，不知天命匹夫才。"又《咏史诗·春秋战国门·荆轲》："反刃相酬是匹夫，安知突骑驾群胡。"

【匹夫勇】 小勇。谓不用智谋，仅凭血气的勇气。王昌龄《杂兴》："诚知匹夫勇，何取万人杰。"

【匹₂似】 好似，比如。徐铉《离歌辞五首》之五："莫嫌春夜短，匹似楚襄王。"

【匹₂如】 比如，比方。元稹《酬乐天醉别》："好住乐天休怅望，匹如元不到京来。"白居易《和微之诗二十三首·和祝苍华》："匹如剃头僧，岂要巾冠主。"

【匹帛】 泛指布帛等纺织品。王建《赠田将军》："回残匹帛归天库，分好旌旗入禁营。"

【匹馬】 一匹马。谓单身一人。高适《送萧十八与房侍御回还》："匹马鸣朔风，一身济河浒。"岑参《送崔子还京》："匹马西从天外归，扬鞭只共鸟争飞。"白居易《别杨颖士卢克柔殷尧藩》："扁舟来楚乡，匹马往秦关。"韦庄《平陵老将》："匹马塞垣老，一身如鸟孤。"

【匹配】 ❶婚配。李涉《春山三朅来》之三："小男学语便分别，已辩君臣知匹配。"庾传素《木兰花》："若教为女嫁东风，除却黄莺难匹配。"❷配合。吕岩《瑶头坯歌》："弦而望，明而晦，消长盈虚相匹配。"

【匹婦】 寻常人家之妇女。储光羲《同王十三维偶然作十首》之六："羡彼匹妇意，偕老常同栖。"秦系《献薛仆射》："家中匹妇空相笑，池上群鸥尽欲飞。"王周《西塞山二首》之二："匹妇顽然莫问因，匹夫何去望千春。"

【匹敵】 对等，相当。杜甫《郑典设自施州归》："时虽属丧乱，事贵赏匹敌。"又《夜听许十损诵诗爱而有作》："何阶子方便，谬引为匹敌。"

【匹練】 白絹。颜真卿、王修甫《登岘山观李左相石尊联句》："远水明匹练，因晴见吴门。"王周《过武宁县》："细草浓蓝泼，轻烟匹练拖。"白元鉴《瀑布》："秋山匹练净，寒谷万珠明。"

【匹儔】 ❶同伴，同类。张九龄《感遇十二首》之六："燕雀感昏旦，檐楹呼匹俦。"贾岛《怀郑从志》："翩翩春归鸟，会自为匹俦。"❷匹敌，配得上。韩愈《驽骥》："骐骥生绝域，自矜无匹俦。"

【匹儕】 同伴，同类。韩愈《猛虎行》："猛虎虽云恶，亦各有匹侪。"又"匹侪四散走，猛虎还孤栖"。

三 画

匝 〔zā《字彙》作答切。〕❶周；圈。丁仙芝《京中守岁》："玉斗巡初匝，银河落渐微。"李白《猛虎行》："有时六博快壮心，绕床三匝呼一掷。"蒋洌《夜飞鹊》："何啻飞三匝，犹言未得枝。"白居易《新乐府·胡旋女》:“千匝万周无已时,人间物类无可比。”❷环绕,周绕。郑愔《奉和幸三会寺应制》:“睿览山川匝,宸心宇宙该。”元结《招陶别驾家阳华作》:“清渠匝庭堂,出门仍灌田。”周贺《旅怀》:“雪通庐岳梦,树匝草堂身。”薛能《赠隐者》:“庭树人书匝,栏花鸟坐低。”❸分布广泛;遍及。王维《奉和圣制天长节赐宰臣歌应制》:“唐尧后兮稷契臣,匝宇宙兮华胥人。”李泌《奉和圣制中和节曲江宴百僚》:“慈恩匝寰瀛,歌咏同君臣。”李洞《上昭国水部从叔郎中》:“行匝中华地,魂销四海秋。”杜光庭《景福中作》:“闷见戈铤匝四溟,恨无奇策救生灵。”❹充满;迷漫。杨炯《送李庶子致仕还洛》:“原野烟氛匝,关河游望赊。”苏味道《咏雾》:“氤氲起洞壑,遥裔匝平畴。”孟浩然《从张丞相游南纪城猎戏赠裴迪张参军》:“十里届宾馆,徵声匝妓筵。”刘兼《酬勾评事》:“鹭翘皓雪临汀岸,莲袅红香匝郡楼。”❺经历,经过。玄宗《首夏花萼楼观群臣宴赋诗》序:“尽九春之丽景,匝三旬之暇日,畅饮桂山,棹歌沁水。”息夫牧《冬夜宴萧十丈因饯殷郭二子西上》:“月落匝户,夜将向晨。”❻完满,周全。引申为成事、成功。张说《唐享太庙乐章·凯安三首》:“礼匝三献,乐遍九成。”岑参《田使君美人舞如莲花北铤歌》:“琵琶横笛和未匝,花门山头黄云合。”

【匝地】　遍地。姚合《闲居遣怀十首》之一:“萍任连池绿,苔从匝地斑。”李损之《都堂试贡士日庆春雪》:“匝地如铺练,凝阶似截肪。”齐己《读岘山碑》:“那堪望黎庶,匝地是疮痍。”

【匝岸】　绕岸。韩愈《寒食日出游》:“今朝寒食行野外,绿杨匝岸蒲生迸。”李昌符《南潭》:“匝岸青芜掩古苔,面山亭树枕潭开。”林宽《曲江》:“曲江初碧草初青,万毂千蹄匝岸行。”

四　画

匡　〔kuāng《广韵》去王切,平陽,溪。〕❶救助;挽救。杨巨源《夏日苦热同长孙主簿过仁寿寺纳凉》:“思减祝融权,期匡诸子宅。”韦庄《谒蒋帝庙》:“江声似激秦军破,山势如匡晋祚危。”❷方正,端正。见“匡坐”。❸辅佐;辅助。刘允济《经庐岳回望江州想洛川有作》:“盛业匡西夏,深谋赞禹亳。”杜甫《奉和严中丞西城晚眺十韵》:“汲黯匡君切,廉颇出将频。”白居易《宿香山寺酬广陵牛相公见寄》:“君匡圣主方行道,我事空王正坐禅。”徐夤《寄卢端公同年仁炯时迁都洛阳新立幼主》:“须簪白笔匡明主,莫许黄鼠博少师。”❹弯曲。皮日休《奉和鲁望叠韵双声二首·叠韵山中吟》:“荒篁香墙匡,熟鹿伏屋曲。”❺“框”的古字。边框;框框。白居易《裴常侍以题蔷薇架十八韵见示以和之》:“猩猩凝血点,瑟瑟蹙金匡。”郑谷《再经南阳》:“寥落墙匡春欲暮,烧残官树有花开。”韦庄《长安旧里》:“满目墙匡春草深,伤时伤事更伤心。”❻地名。(1)在今河南长垣县西南。白居易《杂感》:“阳货肆凶暴,仲尼畏于匡。”李咸用《君子行》:“尼甫至圣贤,犹为匡所縻。”(2)即江西省庐山。曹松《答匡山僧赠榔栗杖》:“栗杖出匡顶,百中无一枝。”见“匡山❶”“匡廬”。❼姓。见“匡衡”。

【匡山】　❶即江西庐山。李白《送二季之江东》:“禹穴藏书地,匡山种杏田。”韩愈《游西林寺题萧二兄郎中旧堂》:“偶到匡山曾住处,几行衰泪落烟霞。”白居易《题浔阳楼》:“大江寒见底,匡山青倚天。”李绅《移九江》:“云眇更苍苍,匡山低夕阳。”❷即四川油江县西大匡山,亦名大康山。杜甫《不见》:“匡山读书处,头白好归来。”

【匡山古社】　晋庐山东林寺高僧慧远,与僧俗十八贤结社念佛,因寺池有白莲,故称莲社。又因庐山亦称匡山,故亦称匡山古社。权德舆《惠上人房宴别》:“究竟相依何处好,匡山古社足烟霞。”

【匡正】　纠正,扶正。周昙《咏史诗·春秋战国门·再咏赵简子》:“谔谔能昌唯唯亡,亦由匡正得贤良。”

【匡汲俄寵辱】　匡,指西汉文帝时匡衡,曾为丞相,后因过失被免为庶人。汲,指武帝时汲黯,官列于九卿,后因过失免官,家居数年。见《汉书·匡衡传》和《汲黯传》。杜甫《八哀诗·赠左仆射郑国公严武公》:“匡汲俄宠辱,卫霍竟哀荣。”

【匡邦】　匡国,匡辅国家。崔涂《夏日书怀寄道友》:“达即匡邦退即耕,是非何足挠半生。”

【匡坐】　正坐。李白《赠何七判官昌浩》:“有时忽惆怅,匡坐至夜分。”

【匡君】　匡辅君王。白居易《雪中宴起偶咏所怀兼呈张常侍韦庶子皇甫郎中》:“上无皋陶伯益廊庙材,的不能匡君辅国活生民。”杜牧《分司东都寓居履道叨承川尹刘侍郎大夫恩知上四十韵》:“命世须人瑞,匡君在岳灵。”徐夤《长安即事三首》之二:“明时用即匡君去,不用何妨却钓台。”

【匡阜】　即庐山。宋之问《自洪府舟行直书其事》:“未尽匡阜游,远欣罗浮美。”孟浩然《彭蠡湖中望庐山》:“中流见匡阜,势压九江雄。”贯休《秋末入匡山船行八首》之四:“匡阜层层翠,修江叠叠波。”参见“匡俗”。

【匡牀】　安适的床。一说方正的床。乔知之《倡女行》:“愿君解罗襦,一醉同匡床。”杜甫《少年行》:“简易高人意,匡床竹火炉。”裴夷直《留客》:“湖馆翛然无俗客,白衣居士且匡床。”李群玉《自澧浦东游江表途出巴丘投员外从公虞》:"平明梁山泪,缘枕沾匡床。"

【匡城】 古县名。汉长垣县,隋改为匡城。唐属滑州。在今河南长垣县西南。岑参有《至大梁却寄匡城主人》和《醉题匡城周少府厅壁》。刘沧有《匡城寻薛闵秀才不遇》。

【匡政】 匡辅政治。陈子良《赞德上越国公杨素》:"济世同舟楫,匡政本阿衡。"周昙《咏史诗·三代门·又吟太公》:"匡政必能破苟媚,去邪当断勿狐疑。"

【匡俗】 指庐山。匡俗,本为传说中的人物。一说名"匡裕"。或说殷、周之际人,或说周武王时或秦末人。兄弟七人学仙得道,结庐隐居于南障山。故世称南障山为庐山、匡山、匡庐,尊匡俗为匡神。无可《寄题庐山二林寺》:"江微匡俗路,日杲晋朝松。"

【匡俗山】 江西庐山的别名。徐铉《送龚员外赴江州幕》:"元规楼迥清风满,匡俗山春画障开。"参见"匡俗"。

【匡時】 匡救世事,挽救时局。太宗《幸武功庆善宫》:"弱龄逢运改,提剑郁匡时。"白居易《薛中丞》:"每因匪躬节,知有匡时具。"牟融《寄永平友人》:"贾谊上书曾伏阙,仲舒陈策欲匡时。"

【匡救】 匡正补救。陈子昂《赠别冀侍御崔司议》序:"进不忘匡救于国,退不惭无闷在林,"周昙《咏史诗·春秋战国门·又吟晏婴》:"赖逢贤相能匡救,仍免吾君播恶声。"

【匡國】 匡正国家。李商隐《幽居冬暮》:"如何匡国分,不与夙心期。"郑谷《丞相孟夏祗荐南郊纪献十韵》:"就阳陈盛礼,匡国祷鸿休。"王贞白《题严陵钓台》:"应怜渭滨叟,匡国正论兵。"

【匡惠帝】 汉惠帝刘盈为太子时几被高祖刘邦所废,吕后听留侯张良计,请出四皓为太子辅佐,刘邦见太子羽翼已成,遂打消了废黜太子的念头。见《汉书·张良传》。后因作为辅立皇储之典。张说《赠崔公》:"卒能匡惠帝,岂不赖留侯。"

【匡復】 匡救复兴。李白《赠常侍御》:"匡复属何人,君为知音者。"杜甫《送樊二十三侍御赴汉中判官》:"恨无匡复姿,聊欲从此逝。"

【匡鼎】 后人多取张宴和《西京杂记》之说,以"匡鼎"为匡衡。杜甫《秋日夔府咏怀奉寄郑监李宾客一百韵》:"恳谏留匡鼎,诸儒引服虔。"韩愈、孟郊《同宿联句》:"匡鼎惟说诗,桓谭不读谶。"

【匡衡】 西汉东海承(今山东枣庄)人。字稚圭。经学家。家贫好学,庸作以供资用。经学精习,说有师道。善说《诗》,时引经义以论时政。元帝时,任丞相,封乐安侯。成帝时,为司隶校尉王尊所劾,免官。见《汉书·匡衡传》。高适《奉酬北海李太守丈人夏日平阴亭》:"谷永独言事,匡衡多引经。"杜甫《同元使君春陵行》:"贾谊昔流恸,匡衡常引经。"

【匡衡抗疏】 匡衡于汉文帝、汉成帝两朝为官,曾多次上疏进谏得失。杜甫《秋兴八首》之三:"匡衡抗疏功名薄,刘向传经心事违。"参见"匡衡"。

【匡衡鑿壁】 《西京杂记》卷二:匡衡勤学而无烛,邻舍有烛而不逮,乃穿壁引其光以读书。李瀚《蒙求》:"匡衡凿壁,孙敬闭户。"

【匡嶽】 亦作"匡岳"。庐山的别称。周贺《投江州张郎中》:"使君匡岳近,终作社中人。"曹松《喜友人归上元别业》:"匡岳来时过,迟回绝顶无。"齐己《荆渚逢禅友》:"社思匡岳无宗炳,诗忆扬州有鲍昭。"

【匡濟】 匡正救助。李白《避地司空原言怀》:"虽有匡济心,终为乐祸人。"钱起《海畔秋思》:"匡济难道合,去留随兴牵。"罗隐《淮南送卢端公归台》:"道从上国曾匡济,才向牢盆始重难。"吴筠《题龚山人草堂》:"独抱匡济器,能怀真隐心。"

【匡牆】 谓门框和墙壁。徐夤《古往今来》:"闲思郭令长安宅,草没匡墙旧事空。"

【匡贊】 唐人。即韦匡赞,行二,曾任县尉,北周韦夐后裔。杜甫有《公安送韦二少府匡赞》。

【匡廬】 指江西庐山。相传殷周之际有匡俗兄弟七人结庐于此,故称。《后汉书·郡国志·庐江郡》"寻阳南有九江,东合为大江"刘昭注引南朝宋慧远《庐山记略》:有匡俗先生者,出殷周之际,隐遁潜居其下,时谓所止为仙人之庐而命焉。陶岘《西塞山下回舟作》:"匡庐旧业是谁主,吴越新居安此生。"白居易《送后集往庐山东林寺兼寄云皋上人》:"后集寄将何处去,故山迢递在匡庐。"许棠《题张乔升平里居》:"匡庐曾共隐,相见自相亲。"

【匡廬山】 即江西庐山。白居易《浔阳三题·庐山桂》:"飘零落何处,乃落匡庐山。"徐夤《断酒》:"此事十年前已说,匡庐山下老僧知。"

【匡廬寺】 寺名。在江西庐山。罗邺有《钟陵崔大夫罢镇攀随再经匡庐寺宿》。

匠 〔jiàng《广韵》疾亮切,去漾,從。〕❶工匠。戎昱《赋得铁马鞭》:"成器虽因匠,怀刚本自天。"蒋防《玉卮无当》:"赋形期大匠,良璞勿同斯。"周朴《福州神光寺塔》:"良匠用材为塔了,神光寺更得高名。"❷制作,创造。元稹《献荥阳公诗五十韵》:"逸礼多心匠,焚书旧口传。"陆龟蒙《阿陵尊》:"鱼骼匠成尊,犹残海浪痕。"皎然《酬薛员外谊苦热行见寄》:"不知天地心,如何匠生成?"❸教。见"匠化"。❹指在某一方面造诣高深的人。齐己《寄郑谷郎中》:"人间近遇风骚匠,岛外曾逢心印师。"参见"匠手"。

【匠化】　教化。贯休《赠抱麻刘舍人》："生徒希匠化，寰海仰经纶。"又《别卢使君归东阳二首》之一："诗逢匠化唯贪住，日觉恩深不易铭。"

【匠手】　技艺高超者。吕岩《敲爻歌》："生擒活捉蛟龙首，始知匠手不虚传。"又《七言》之二三："颠倒五行凭匠手，不逢匠手莫施为。"

【匠氏】　工匠。顾况《上古之什补亡训传十三章·十月之郊一章》："匠氏度思，登斧以时。"

【匠心】　工巧的心思。多指文学作品中的精巧构思。张祜《题王右丞山水障二首》之一："精华在笔头，咫尺匠心难。"

【匠石】　古代名石的巧匠。见《庄子·徐无鬼》。后用以泛指技艺高超者。王绩《古意六首》之四："宁关匠石顾，岂为王孙折。"柳宗元《行路难三首》之二："柏梁天灾武库火，匠石狼顾相愁冤。"温庭筠《过孔北海墓二十韵》："轮辕无匠石，刀几有庖丁。"

【匠名】　犹匠心。王建《题石瓮寺》："地压龙蛇山色别，屋连宫殿匠名同。"

【匠伯】　即匠石。钱起《初黄绶赴蓝田县作》："蟠木无匠伯，终年弃山樊。"李端《长安感事呈卢纶》："聊将呈匠伯，今已学愚公。"

【匠者】　工匠。王季友《杂诗》："持斧事远游，固非匠者心。"卢纶《萧常侍瘿柏亭歌》："心规目制不暂疲，匠者受之无一词。"王贞白《述松》："虽蒙匠者顾，樵采日难防。"

【匠意】　刻意，极力。吕温《赠友人》："匠意方雕巧，时情正夸淫。"卢注《酒胡子》："雕镌匠意苦多端，翠帽朱衫巧妆饰。"

【匠硕】　匠人中之杰出者，比喻才华特异者。齐己《谢秦府推官寄丹台集》："凤阙几传为匠硕，龙门曾用振风雷。"

五　画

匣　〔xiá《广韵》胡甲切，入狎，匣。〕❶盛物器具。大者为箱，小者为匣。杜甫《西阁三度期大昌严明府同宿不到》："匣琴虚夜夜，手板自朝朝。"孟郊《赠李观》："埋剑谁识气，匣弦日生尘。"白居易《赠苏炼师》："明镜懒开长在匣，素琴欲弄半无弦。"❷特指剑壳。李益《闻亡友王七嘉禾寺得素琴》："讵欲匣孤响，送君归夜泉。"李绅《若耶溪》："凌波莫惜临妆面，莹锷当期出匣心。"

【匣中鸣】　古代传说，宝剑跃跃欲试时常于匣中鸣响。李白《邺中赠王大》："紫燕枥下嘶，青萍匣中鸣。"李益《夜发军中》："边马枥上惊，雄剑匣中鸣。"参见"匣龍"。

【匣氣】　匣中宝剑之紫气。传说三国吴未灭时，斗、牛二星之间常有紫气。及吴平，紫气愈明。有豫章人雷焕甚悉纬象，声称紫气乃豫章丰城宝剑之精，上彻于天。尚书令张华密令雷焕寻找，掘县狱屋基，得龙泉和太阿二剑，其夕紫气不复见。见《晋书·张华传》。崔融《咏宝剑》："匣气冲斗牛，山形转辘轳。"

【匣劍】　匣中宝剑。杜甫《又上后园山脚》："忧来杖匣剑，更上林北冈。"亦用以喻指被埋没的人才。羊士谔《资阳郡中咏怀》："匣剑宁求试，笼禽但自拘。"韦庄《冬日长安感志寄献虢州崔郎中二十韵》："未知匣剑何时跃，但恐铅刀不再铦。"参见"匣氣"。

【匣龍】　相传战国时有人盗王子乔墓，发现墓中唯有一剑，欲取之，"剑作龙鸣虎吼，遂不敢近，俄而径飞上天"。见《太平御览》卷三四三引《世说》。后用以称匣中的宝剑。孟郊《寄院中诸公》："冠豸犹屈蠖，匣龙期剸犀。"

六　画

匼[1]　〔kē《龙龛手鉴》苦合切。〕❶盒子。皮日休《寂上人院联句》："经笥安岩匼，瓶囊挂树桠。"又《江南书情二十韵寄二同年》："药苞陈雨匼，诗草蠹云函。"❷周匝环绕。白居易《醉后赠人》："香球趁拍回环匼，花醆抛巡取次飞。"见"匼匝"。

匼[2]　〔qiā〕通"帢"。古代的一种帽子。杜甫《七月三日呈元二十一曹长》："晚风爽乌匼，筋力苏摧折。"

【匼匝】　周匝环绕。寒山《诗三百三首》之六十："髻高花匼匝，人见皆睥睨。"任华《寄杜拾遗》："积翠扈游花匼匝，披香寓直月团栾。"白居易《得微之到官后因成四章》之二："匼匝巅山万仞余，人家应似甑中居。"

八　画

匪　〔fěi《广韵》府尾切，上尾，非。〕❶同"非"。(1)不，不是。张说《奉酬韦祭酒自汤还都见贻之作》："怀仁殊未远，重德匪专临。"卢纶《秋暮中即事兼呈同院诸公》："顾己草同贱，誓心金匪坚。"李绅《忆登栖霞寺峰》："顾眺匪恣适，旷襟怀卷舒。"周昙《咏史诗·后汉门·杨震》："为国推贤匪惠私，十金为报遽相危。"(2)无，没有。则天皇后《唐大飨拜洛乐章·九和》："渐惕罔寘，兴居匪宁。"萧颖士《江有归舟三章》之三："彼游惟帆，匪风不扬。"杜甫《遣遇》："我行匪利涉，谢尔从者劳。"参见"匪什"。❷指非亲近者。见"匪人"。❸通"斐"。有文采貌。

顾况《上古之什补亡训传十三章·十月之郊一章》:“有匪君子,自贤不已。”

【匪人】《易·比》:“比之匪人。”王弼注:“所与比者皆非己亲,故曰比之匪人。”后用以称非亲近者或孤立无援者。韦应物《酬张协律》:“匪人等鸿毛,斯道何由宣。”

【匪什】无篇什。谓无写作才能。贯休《刘相公见访》:“戒师惭匪什,都讲更胜询。”

【匪石】非石,不似石头那样可以转动。喻心志坚定不移。语出《诗·邶风·柏舟》:“我心匪石,不可转也。”乔知之《定情篇》:“由来共结褵,几人同匪石。”欧阳詹《送高士安下第归岷南宁觐》:“栖云自匪石,观国暂同尘。”赵嘏《代人赠别》:“平子是情词丽绝,诗人匪石誓分明。”崔道融《悲李拾遗二首》:“故友从来匪石心,谏多难得主思深。”

【匪他】❶《诗·小雅·頍弁》:“岂伊异人,兄弟匪他。”意谓是兄弟并非别人。后用以借指兄弟。杜甫《湖中送敬十使君适广陵》:“少壮乐难得,岁寒心匪他。”❷亦作“匪它”,并非别的什么。孟浩然《归至郢中》:“左右看桑土,依然即匪它。”杜甫《散愁二首》之一:“百万传深入,寰区望匪它。”韩愈《鸣雁》:“违忧怀惠性匪他,凌风一举君谓何。”

【匪它】同“匪他❷”。

【匪服】不胜任,不称职。窦叔向《酬李袁州嘉祐》:“公才屈指登黄阁,匪服胡颜上赤墀。”

【匪易】不容易。无名氏《人不易知》(卷七八七):“权衡谅匪易,愚智信难移。”

【匪忱】不诚实,不讲信用。张九龄《郡舍南有园畦杂树聊以永日》:“内讼诚知止,外言犹匪忱。”

【匪躬】谓忠心耿耿,不顾自身。语出《易·蹇》:“王臣蹇蹇,匪躬之故。”孔颖达疏:“尽忠于君,匪以私身之故而不往济君,故曰:匪躬之故。”窦常《和裴端公枢芜城秋夕简远近亲知》:“汉廷风宪在,应念匪躬人。”李观《试中和节诏赐公卿尺诗》:“紫翰宣殊造,丹诚厉匪躬。”鲍溶《风筝》:“幽咽谁生怨,清泠自匪躬。”

【匪席】不似席子可以卷曲。喻心志坚定,不可改变。语出《诗·邶风·柏舟》:“我心匪席,不可卷也。”寒山《诗三百三首》之一七四:“秉志不可卷,须知我匪席。”岑参《河西太守杜公挽歌四首》之四:“秉心常匪席,行义每挥金。”钱起《客舍赠郑贲》:“结交意不薄,匪席言莫违。”

【匪唯】非是,不是。杜甫《八哀诗·赠太子太师汝阳郡王琎》:“匪唯帝老大,皆是王忠勤。”仇兆鳌注:“此皆王之忠勤所格,非帝老而倦游也。”

【匪强】(—qiǎng)不附会牵强。司空图《诗品二十四则·雄浑》:“持之匪强,来之无穷。”

【匪親】不是亲信。李白《蜀道难》:“所守或匪亲,化为狼与豺。”

匿 〔nì《广韵》女力切,入職,泥。〕隐藏。羊士谔《息舟荆溪入阳羡南山游善权寺呈李功曹巨》:“勉君脱冠意,共匿无何乡。”元稹《寄吴士矩端公五十韵》:“常随猎骑走,多在豪家匿。”喻凫《夏日因怀阳羡旧游寄裴书记》:“藕花熏浦溆,菱蔓匿凫鹥。”亦用以指隐匿之人。沈千运《濮中言怀》:“圣朝优贤良,草泽无遗匿。”

【匿景】同“匿影”。陆龟蒙《江南秋怀寄华阳山人》:“匿景崦嵫色,呀空渤澥声。”吴筠《高士咏·荷蓧晨门》:“同讥孔宣父,匿景杳不还。”

【匿喪】(—sāng)祖父母、父母死,隐瞒不报,或另报时日,谓之匿丧。归处讷《咏石校书》:“十二年来匿父丧,三千之罪遣谁当。”

【匿瑕】喻人器量大而能包容。李白《雪谗诗赠友人》:“包荒匿瑕,蓄此顽丑。”

【匿影】亦作“匿景”。隐匿形迹。吴筠《高士咏·董威辇》:“匿影留雅什,精微信难穷。”

九 画

匭 〔guǐ《广韵》居洧切,上旨,見。〕匣子,小箱子。见“匭函。”

【匭函】犹今之意见箱。方形,四面分别涂青丹白黑四色,列于朝堂。凡臣民有冤滞和匡正补过、进献赋颂的,均可将状分别投匭。武后时所创。韩愈《赠唐衢》:“当今天子急贤良,匭函朝出开明光。”

區[1] 〔qū《广韵》豈俱切,平虞,溪。〕❶区域;场所。韦应物《同元锡题琅琊寺》:“钦骇风雨区,寒知龙蛇穴。”韩愈《元和圣德诗》:“区外杂虏,怛威赧德。”吕岩《哭陈先生》:“天网恢恢万象疏,一身亲到华山区。”参见“區域”“區寰”。❷界限。吴融《祝风三十韵》:“我有二顷田,长洲东百里。环涂为之区,积葑相连绷。”参见“區界”“區囿”。❸尘世,世俗。见“區中”“區中事”“區中緣”“區中學”。❹田畦。韩愈《示儿》:“松果连南亭,外有瓜芋区。”❺量词。处,所。寒山《诗三百三首》之二四九:“童仆八百人,水碓三十区。”权德舆《数名诗》:“一区扬雄宅,恬然无所欲。”胡宿《淮南发运赵邢州被诏归阙》:“一区东第趋晨近,数刻西厢接昼荣。”❻人名。贾区。唐诗人。贯休《读贾区贾岛集》:“区终不下岛,岛亦不多区。”

區² 〔ōu《广韵》烏侯切，平侯，影。〕姓。见"區₂弘"。

區³ 〔gōu《集韵》居侯切，平矦，見。〕弯曲。见"區₃谷"。

【區中】 人世间。王昌龄《裴六书堂》："窗下长啸客，区中无遗想。"李端《酬前驾部员外郎苗发》："自署区中职，同荒郭外田。"皎然《周长史昉画毗沙门天王歌》："长史画神独感神，高步区中无两人。"

【區中事】 世俗之事。姚系《送陆浑主簿赵宗儒之任》："存亡区中事，影响羽人情。"薛涛《酬李校书》："才游象外身虽远，学茂区中事易闻。"皎然《别山诗》："如何区中事，夺我林栖趣。"

【區中姻】 泛指人世之尘缘。孟郊《寿安西渡奉别郑相公》之一："相为物表物，永谢区中姻。"

【區中累】 世俗之牵累。权德舆《侍从游后湖宴坐》："愿销区中累，保此湖上居。"元稹《天坛归》："为结区中累，因辞洞里花。"

【區中緣】 谓人世之尘缘。李白《安陆白兆山桃花岩寄刘侍御绾》："独此林下意，杳无区中缘。"钱起《过瑞龙观道士》："得兹象外趣，便割区中缘。"权德舆《酬李二十二兄主簿马迹山见寄》："杳杳尘外想，悠悠区中缘。"白居易《游悟真寺诗》："终来此山住，永谢区中缘。"

【區中學】 世俗之学。无可《秋暮与诸文士集宿姚端公所居》："独寡区中学，空论树下禅。"

【區分】 区别；划分。白居易《感白莲花》："不与红者杂，色类自区分。"吕岩《七言》之七："九鼎烹煎九转砂，区分时节更无差。"

【區₂弘】 人名。从韩愈游者。愈自阳山徙江陵，寻召拜国子博士，区弘从之。与张籍友善。韩愈有《送区弘南归》。

【區宇】 天下。太宗《执契静三边》："已知隆至道，共欢区宇一。"刘长卿《至德三年春正月寄上浙西节度李侍郎中丞行营五十韵》："区宇神功立，讴歌帝业成。"秦韬玉《读五侯传》："朱紫盈门自称贵，可嗟区宇尽疮痍。"吴筠《游仙二十四首》之十八："遂使区宇中，祅气永沦灭。"

【區別】 ❶区分，辨别。包融《登翅头山题俨公石壁》："万象以区别，森然共盈几。"❷差别，不同。白居易《读汉书》："草木既区别，荣枯那等夷。"

【區₃谷】 弯曲的山谷。张绍《冲佑观》："高峰为壑，区谷成坰。"

【區界】 界限。段成式《光天帻赞联句》："指梦鸿纷，榜列区界。"

【區囿】 范围，界限。李德裕《清冷池怀古》："区囿三百里，常闻驷马来。"

【區夏】 诸夏之地，指中夏、中国。张说《奉和圣制暇日与兄弟同游兴庆宫作应制》："何如造区夏，复此睦亲贤。"玄宗《巡省途次上党旧宫赋》序："承厝数而顺讴谣，著天衣而御区夏。"贾至《燕歌行》："我唐区夏余十纪，军容武备赫万祀。"

【區域】 地区范围。吴筠《建业怀古》："皇家一区域，玄化通无垠。"

【區區】 ❶小；少。形容微不足道。杜甫《槐叶冷淘》："献芹则小小，荐藻明区区。"白居易《赠写真者》："区区尺素上，焉用写真为？"李敬方《劝酒》："日日无穷事，区区有限身。"❷辛苦貌。李白《寓言三首》之二："区区精卫鸟，衔木空哀吟。"杜甫《赠王二十四侍御契四十韵》："区区甘累趼，稍稍息劳筋。"又《杜鹃行》："其声哀痛口流血，所诉何事常区区。"陈季卿《别兄弟》："惆怅清江上，区区趁试期。"参见"區區矻矻"。❸犹方寸。形容人的心。引申谓真情挚意。韦应物《答故人见谕》："虽欲效区区，何由枉其志。"白居易《反鲍明远白头吟》："岂能泥尘下，区区酬怨憎。"鲍溶《读史》："区区亚父心，未究天人际。"贯休《拟君子有所思二首》之一："寂寥千载不相逢，无限区区尽虚掷。"❹愚拙，凡庸。用作谦词。李白《赠张相镐二首》之二："我挥一杯水，自笑何区区。"沈千运《濮中言怀》："一生但区区，五十无寸禄。"元稹《旱灾自咎贻七县宰》："区区昧陋称，祷祝非不勤。"❺拘泥，局限。王建《喻时》："区区未死间，回面相是非。"李商隐《赠送前刘五经映三十四韵》："草草临盟誓，区区务富强。"谭用之《约张处士游梁》："莫学区区老一经，夷门关吏旧书生。"又《别洛下一二知己》："别来无限幽求子，应笑区区味六韬。"

【區₃區】 弯曲，曲折。区，通"句"。罗隐《秦中富人》："高高起华堂，区区引流水。"

【區區矻矻】 形容奔走辛劳。张碧《野田行》："秦皇矻矻筑长城，汉祖区区白蛇死。"贯休《东西二林寺流水》："水尔何如此，区区矻矻流。"

【區娵】 角落。引申指偏僻。冯涓《自嘲绝句》："早知蜀地区娵与，悔不长安大比丘。"

【區寰】 境域；天下。钱起《裴仆射东亭》："则知真隐逸，未必谢区寰。"

十一画

滙 〔huì《广韵》胡罪切，上賄，匣。又苦淮切，平皆，溪。〕水流会合。柳宗元《登蒲州石矶望横江口潭岛深迥斜对香零山》："双江汇西奔，诡怪潜坤珍。"韩愈《岳阳楼别窦司直》："南汇群崖水，北注何奔放。"李渤《南溪诗》："桂水漓山，右汇阳江。"

十二画

匱[1] 〔kuì《广韵》求位切，去至，羣。〕❶穷尽，空乏。魏征《享太庙乐章·雍和》："永言孝思，庶几不匮。"太宗《咏司马彪续汉志》："大辨良难仰，小学终先匮。"段成式、郑符《中禅师影堂联句》："不动须弥山，多方辩无匮。"❷同"蒉"。杜甫《天宝初南曹小司寇舅于我太夫人堂下累土为山一匮盈尺兴之所至而作是诗》："一匮功盈尺，三峰意出群。"许浑《献韶阳相国崔公》："一匮为功极九层，康庄犹自剑棱棱。"

匱[2] 〔guì《广韵》求位切，去至，羣。〕大型藏物器。后多作"柜"。姜晞《享龙池乐章》："石匮渚傍还启圣，桃李初生更有仙。"齐己《咏茶十二韵》："颇贵高人寄，尤宜别匮盛。"

【匮乏】 缺乏；所缺乏之物。元结《与瀼溪邻里》："我尝有匮乏，邻里能相分，我尝有不安，邻里能相存。"

十三画

匳 〔lián《广韵》力鹽切，平鹽，來。〕❶古代盛香物或梳妆用品的器物。杜甫《往在》："镜奁换粉黛，翠羽犹葱胧。"李贺《恼公》："晓奁妆秀靥，夜帐减香筒。"李煜《挽辞》："玉笥犹残药，香奁已染尘。"❷泛指盛放东西的箱盒。张说《道家四首奉敕撰》之三："金奁调上药，宝案读仙经。"元稹《内状诗寄杨白二员外》："彤管内人书细腻，金奁御印篆分明。"姚合《和李舍人秋日卧疾言怀》："药奁开静室，书阁出丛篁。"李洞《赠王凤二山人》："养药同开鼎，休棋各枕奁。"❸装，装进。杜牧《题池州弄水亭》："一镜奁曲堤，万丸跳猛雨。"

十 部

十 〔shí《广韵》是執切，入缉，禪。〕❶数词，九加一所得。岑参《送张献心充副使归河西杂句》："箧中赐衣十重余，案上军书十二卷。"白居易《开成二年夏闻新蝉赠梦得》："十载与君别，常感新蝉鸣。"❷序数的第十位。见"十三""十五""十六"。❸表示数量多。见"十年❸""十数"。❹表示垂直相交状的物象。见"十字""十字水"。

【十一尹】 指白居易、严休复、王质、郑涚、李绅、李珏、裴潾、韦长、高铢、孙简、卢真十一人。白居易《宴后题府中水堂赠卢尹中丞》："从我到君十一尹，相看自置府来无。"

【十二三】 十分之二三。白居易《不如来饮酒七首》之三："藏镪百千万，沉舟十二三。"

【十二山】 指巫山十二峰。许浑《观章中丞夜按歌舞》："西楼月在襄王醉，十二山高不见人。"参见"十二峰"。

【十二月】 ❶一年中的第十二月。唐彦谦《第三溪》："日宴霜浓十二月，林疏石瘦第三溪。"❷十二个月。李贺有《十二月乐辞》。

【十二玉樓】 ❶指仙人所居之处。李商隐《代应二首》之一："离鸾别凤今何在，十二玉楼空更空。"又《无愁果有愁曲北齐歌》："秋娥点滴不成泪，十二玉楼无故钉。"曹邺《送进士下第归南海》："应无惆怅沧波远，十二玉楼非我乡。"参见"十二樓❶"。❷指皇宫中楼阁。张祜《华清宫四首》之四："武皇一夕梦不觉，十二玉楼空月明。"韦庄《长安旧里》："车轮马迹今何在，十二玉楼无处寻。"参见"十二樓❷"。

【十二仙】 指十二个美女。施肩吾《夜宴曲》："青蛾一行十二仙，欲笑不笑桃花然。"

【十二辰】 即子、丑、寅、卯、辰、巳、午、未、申、酉、戌、亥十二支。用以纪年，十二辰为十二年。韦应物《白沙亭逢吴叟歌》："星岁再周十二辰，尔来不语今为君。"

【十二門】 指长安诸城门。《三辅黄图·都城十二门》："《三辅决录》曰：'长安城，门三面，四面十二门，皆通达九逵，以相经纬，衢路平正，可并车轨。"李贺《李凭箜篌引》："十二门前融冷光，二十三丝动紫皇。"曹邺《送厉图南下第归澧州》："言毕尊未干，十二门已闭。"于濆《思归引》："日开十二门，自是无归计。"

【十二金人】 指秦始皇统一中国后收天下兵器而铸成的十二铜人。事见《史记·秦始皇本纪》。温庭筠《鸡鸣埭曲》："殿巢江燕砌生蒿，十二金人霜炯炯。"

【十二金釵】 "金钗十二行"本用以形容美女头上金钗之多，后以"十二金钗"借指众多的妃嫔或姬妾。长孙佐辅《宫怨》："三千玉貌休自夸，十二金钗独相向。"

【十二城】 晋王嘉《拾遗记·昆仑山》载，〔昆仑山〕旁有瑶台十二，各广千步，皆五色玉为台基。后用以指仙境中的楼阁。鲍溶《怀仙二首》之二："阆峰绮阁几千丈，瑶水西流十二城。"李商隐《月夜重寄宋华阳姊妹》："偷桃窃药事难兼，十二城中锁彩蟾。"李穀《和皮日休悼鹤》："犹怜反顾五六里，何意忽归十二城。"

【十二重】 (重 chóng)谓宫室深邃、幽深。贺知章《望人家桃李花》："南陌青楼十二重，春风桃李为谁容。"崔颢《卢姬篇》："魏王绮楼十二重，水晶帘箔绣芙蓉。"

【十二重樓】 (重 chóng)道家指人的喉咙管。吕岩《七言》之三〇："才吞一粒便安然，十二重楼九曲连。"

【十二宫樓】 指神仙所居之处。施肩吾《清夜忆仙宫子》："三清宫里月如昼，十二宫楼何处眠。"参见"十二樓❶"。

【十二時】 古时分一昼夜为十二时，因以十二时称一昼夜，全天。王维《送杨长史赴果州》："鸟道一千里，猿声十二时。"吕岩《敲爻歌》："玉炉中，文火烁，十二时中唯守一。"

【十二峯】 指川、鄂边境巫山的十二座山峰。峰名分别为：望霞、翠屏、朝云、松峦、集仙、聚鹤、净坛、上升、起云、飞凤、登龙、圣泉。李白《观元丹丘坐巫山屏风》："疑是天边十二峰，飞入君家彩屏里。"徐凝《荆巫梦思》："相思合眼梦何处，十二峰高巴字遥。"李商隐《楚宫二首》之一："十二峰前落照微，高唐宫暗坐迷归。"吴融《赋得欲晓看妆面》："十二峰前梦，如何不断肠。"

【十二部】 指佛经体例上的十二种类别。十二部经中的修多罗、祇夜、伽陀三类，是佛经的基本体裁，其余则是根据经文的内容立名。寒山《诗三百三首》之一五二："人生一百年，佛说十二部。"卢照邻《赤谷安禅师塔》："高谈十二部，细核五千文。"

【十二戟】　古时官府大宅门外左右各有六名执戟的卫士，因以十二戟借指守门卫士。张籍《伤歌行》："长安里中荒大宅，朱门已除十二戟。"

【十二嵐峯】　指巫山十二峰。刘沧《题巫山庙》："十二岚峰挂夕晖，庙门深闭雾烟微。"

【十二晚峯】　指夕照中的巫山十二峰。皇甫松《天仙子》词之一："泪珠滴，十二晚峰青历历。"毛文锡《巫山一段云》词："远风吹散又相连，十二晚峰前。"

【十二街】　唐长安皇城南北七街，东西五街，故以十二街借指长安街道。韩愈《南内朝贺归呈同官》："绿槐十二街，涣散驰轮蹄。"白居易《登乐游园望》："下视十二街，绿树间红尘。"聂夷中《住京寄同志》："不离十二街，日行一百里。"亦泛指城市街道。曹邺《姑苏台》："星散九重门，血流十二街。"

【十二徧】　犹言十二叠。据传霓裳羽衣曲凡十二遍而终。前六叠无节拍，故不跳舞。至第七叠中序时，始出现清快的节奏，舞女们开始跳舞。一直跳到十二叠，以一长声而结束。白居易《霓裳羽衣歌》："繁音急节十二遍，跳珠撼玉何铿铮。"

【十二碧峯】　指巫山十二峰。刘方平《巫山高》："万重春树合，十二碧峰齐。"刘禹锡《松滋渡望峡中》："十二碧峰何处所，永安宫外是荒台。"

【十二管】　十二根竹制的律管。王绩《古意六首》之二："裁为十二管，吹作雄雌律。"

【十二樓】　❶指神话传说中的仙人居处。李白《经乱离后赠江夏韦太守良宰》："天上白玉京，十二楼五城。"李商隐《赠白道者》："十二楼前再拜辞，灵风正满碧桃枝。"吴融《宪丞裴公上洛退居有寄二首》之一："自嗟不得从公去，共上仙家十二楼。"❷泛指高层的楼阁。王昌龄《放歌行》："南渡洛阳津，西望十二楼。"顾况《露青竹杖歌》："十二楼中奏管弦，楼中美人夺神仙。"薛逢《宫词》："十二楼中尽晓妆，望仙楼上望君王。"唐彦谦《怀友》："冰壶总忆人如玉，日断重云十二楼。"

【十二關】　泛指众多的门禁。李商隐《和郑愚赠汝阳王孙家筝奴二十韵》："九门十二关，清晨禁桃李。"

【十二層】　同"十二城"。白居易《酬微之开拆新楼初毕相报末联见戏之作》："南临赡部三千界，东对蓬宫十二层。"李商隐《无题》："如何雪月交光夜，更在瑶台十二层。"又《九成宫》："十二层城阆苑西，平时避暑拂虹霓。"

【十二鐘】　犹言十二律。花蕊夫人徐氏《宫词》之四八："太常奏备三千曲，乐府新调十二钟。"

【十二屬】　（一shǔ）以十二种动物配以十二地支以纪人的生年：子鼠、丑牛、寅虎、卯兔、辰龙、巳蛇、午马、未羊、申猴、酉鸡、戌犬、亥猪。亦称十二生肖。王充《论衡·物势》、蔡邕《月令问答》已有此说，南朝陈沈炯有《十二属》。徐夤《鸡》："名参十二属，花入羽毛深。"

【十二衢】　指长安十二条大街。王维《登楼歌》："俯十二兮通衢，绿槐参差兮车马。"白居易《和微之春日投简阳明洞天五十韵》："江上三千里，城中十二衢。"又《村居寄张殷衡》："唯看老子五千字，不踏长安十二衢。"

【十八九】　十之八九，十有八九。杜甫《枯棕》："蜀门多棕榈，高者十八九。"

【十八子】　指李姓。李字拆开为十、八、子三字，故称。《谶记·劝进疏引谶》："东海十八子，八井唤三军。"

【十八賢人】　指晋庐山白莲社中十八位贤人。李群玉《湘中别成威阇黎》："愿与十八贤，同栖翠莲国。"李中《题庐山东寺远大师影堂》："十八贤人消息断，莲池千载月沉沉。"

【十九人】　《史记·平原君虞卿列传》：秦之围邯郸，赵使平原君求救，合从于楚，约与食客门下有勇力文武备具者二十人偕。得十九人，余无可取者，无以满二十人。门下有毛遂者自荐。后因以指庸碌无能之辈。高拯《及第后赠试官》："当时不及三千客，今日何如十九人？"

【十九首】　指《古诗十九首》。李商隐《拟意》："曾来十九首，私谶咏牵牛。"

【十三】　指十三岁。李商隐《富平少侯》："七国三边未到忧，十三身袭富平侯。"按古人诗词中，常写到女子十三学艺事，已成常语，并非实指。王建《宫词一百首》之三一："十三初学擘箜篌，弟子名中被点留。"白居易《琵琶引》："十三学得琵琶成，名属教坊第一部。"

【十三州】　指吴越王钱镠所领两浙十三州。罗隐《春日投钱塘元帅尚父二首》之二："征东幕府十三州，敢望非才忝上游。"

【十三弦】　指筝。《隋书·音乐志》："筝，十三弦。"刘禹锡《夜闻商人船中筝》："大艑高帆一百尺，新声促柱十三弦。"白居易《听崔七妓人筝》："花脸云鬟坐玉楼，十三弦里一时愁。"李商隐《昨日》："二八月轮蟾影破，十三弦柱雁行斜。"吴融《李周弹筝歌》："五音六律皆生知，就中十三弦最妙。"

【十三聲】　指筝所发之声。筝为十三根弦，故云。李远《赠筝妓伍卿》："座客满筵都不语，一行哀雁十三声。”

【十三徽】 指琴。徽，琴徽，系弦之绳。卢仝《风中琴》：“五音六律十三徽，龙吟鹤响思庖羲。”

【十上】 战国时，纵横家苏秦入秦游说秦惠王，书十上而说不行，黑貂之裘敝，黄金百金尽，未知遇而归。见《战国策·秦策一》。后用以作干谒碰壁、怀才不遇之典。骆宾王《途中有怀》：“素服三川化，乌裘十上还。”孟浩然《南归阻雪》：“十上耻还家，裴回守归路。”韩愈《县斋有怀》：“虽免十上劳，何能一战霸。”唐求《伤张玖秀才》：“铜梁剑阁几区区，十上探珠不见珠。”

【十小天】 道家所谓三十个洞天中的十个洞天，陆龟蒙《奉和袭美太湖诗二十首·入林屋洞》：“知名十小天，林屋当第九。”原注：“人间三十六洞天，知名者十尔。”

【十子】 指战国时博学广闻、不法先王的十个人，即范睢、魏牟、田文、庄周、慎到、田骈、墨翟、宋钘、邓析、惠施。齐己《寄吴国西供奉》：“承恩位与千官别，应制才将十子齐。”

【十五】 ❶指十五岁。杜甫《兵车行》：“或从十五北防河，便至四十西营田。”李商隐《无题二首》之一：“十五泣春风，背面秋千下。”❷指农历每月十五日。温庭筠《张静婉采莲歌》：“郎心似月月无缺，十五十六清光圆。”

【十世宥】 春秋时，晋侯欲治叔向之罪。祁溪见范宣子，要求赦免叔向。他说叔向是国家柱石之才，像他这样的人，十世子孙犯罪，都应该赦免。只有这样才能劝勉能人。见《左传·襄公二十一年》。后用以作为称美柱石之才的典故。韩愈《寄卢仝》：“苗裔当蒙十世宥，岂谓贻厥无基址。”

【十日】 ❶古代神话传说天上本有十个太阳。《淮南子·本经训》：“逮至尧之时，十日并出，焦禾稼，杀草木，而民无所食。”韩愈《月蚀诗效玉川子作》：“尧呼大水浸十日，不惜万国赤子鱼头生。”李贺《感遇六首》之六：“十日悬户庭，九秋无衰草。”❷十天。白居易《送河南尹冯学士赴任》：“石渠金谷中间路，轩骑翩翩十日程。”李频《寄远》：“槐欲成阴分袂时，君期十日复金扉。”李郢《茶山贡焙歌》：“半夜驱夫谁复见，十日王程路四千。”❸指九月十日，俗称小重阳日。薛莹有《十日菊》。

【十日飲】 指友人连日欢聚，见《史记·范睢蔡泽列传》。韩翃《赠兖州孟都督》：“愿学平原十日饮，此时不忍歌骊驹。”

【十日歡】 义同“十日飲”。李白《寻鲁城北见范置酒摘苍耳作》：“近作十日欢，远为千载期。”

【十月】 ❶一年中的第十月。白居易《和杜录事题红叶》：“寒山十月旦，霜叶一时新。”赵嘏《赠解头贾嵩》：“贾生名迹忽无伦，十月长安看尽春。”刘兼《宣赐锦袍设上赠诸郡客》：“十月芙蓉花满枝，天庭驿骑赐寒衣。”❷十个月。杜甫《述怀》：“自寄一封书，今已十月后。”

【十分】 （一fēn）❶十成。章碣《癸卯岁毗陵登高会中贻同志》：“尘土十分归举子，乾坤大半属偷儿。”曹松《中秋月》：“九十日秋色，今秋已十分。”❷专指酒斟得很满的样子。白居易《想夫怜》：“玉管朱弦莫急催，容听歌送十分杯。”杜牧《后池泛舟送王十》：“为君蘸甲十分饮，应见离心一倍多。”

【十六】 ❶指十六岁。韩琮《春愁》：“秦娥十六语如弦，未解贪花惜杨柳。”❷指农历每月十六日。温庭筠《张静婉采莲歌》：“郎心似月月未缺，十五十六清光圆。”卢延让《八月十六夜月》：“十六胜三五，中天照大荒。”

【十六相】 （相 xiàng）即十六族。杜甫《述古三首》之二：“舜举十六相，身尊道何高。”参见“十六族”。

【十六族】 指古代传说中高阳氏后代八恺和高辛氏后代八元，为舜向尧推荐的十六位贤臣。因其各有大功，皆赐氏族，故称。亦称十六相。权德舆《酬穆七侍郎早登使院西楼感怀》：“岂唯十六族，今古称其贤。”

【十方】 佛教谓东西南北和四维上下。寒山《诗三百三首》之一五九：“慈悲大喜舍，名称满十方。”杜甫《太平寺泉眼》：“取供十方僧，香美胜牛乳。”韩偓《僧影》：“智灯已灭余空烬，犹自光明照十方。”庞蕴《杂诗》之六：“十方同聚会，个个学无为。”

【十目所視】 谓人的言行总是置于众人监督之下，如有不善，无法掩盖。语本《礼记·大学》。孟简《咏欧阳行周事》序：“席上有妓，北方之尤者，屡目于生。生感悦之，留赏累月……既而南辕，妓请同行。生曰：‘十目所视，不可不畏。’辞焉。”

【十生九死】 犹言九死一生。韩愈《八月十五夜赠张功曹》：“十生九死到官所，幽居默默如藏逃。”

【十地】 佛家谓菩萨修行所经历的十个境界。李峤《奉和幸三会寺应制》：“谬奉千龄日，欣陪十地初。”樊忱《奉和九月九日登慈恩寺浮图应制》：“十地祥云合，三天瑞景开。”周弘亮《曲江亭望慈恩寺杏园花发》：“容辉明十地，香气遍千门。”许浑《晨自竹径至崇隐上人院》：“欲结三天社，初降十地魔。”

【十百】 极言数目多。韩愈《元和圣德诗》：“来请来觐，十百其耦。”

【十年】 ❶十载。杜甫《释闷》：“四海十年不解兵，犬戎也复临咸京。”戎昱《赠岑郎中》：“四海烟尘犹隔阔，十年魂梦每相随。”李益《喜见外弟又言别》：“十年离乱后，长大一相逢。”❷指十年以前。杜甫《九日》：“酒阑却忆十年事，肠断骊山清路尘。”❸形容时间长久。戴叔伦《从军行》：“酬恩仗孤剑，十年弊貂裘。”牟融《寄周韶州》：“十年学道困穷庐，空有长才重老儒。”贾岛《剑客》：“十年磨一剑，霜刃未曾试。”

【十年兄】　古礼认为，对待比自己年长十岁以上的人，就要像对待自己的兄长一样。语出《礼记·曲礼上》：“十年以长，则兄事之。”武元衡《安邑里中秋怀寄高员外》：“高德十年兄，异才千里足。”韩偓《赠吴颠尊师》：“伊余常仗义，愿拜十年兄。”

【十全】　十分完美。徐夤《咏写真》：“写得衰容似十全，闲开僧舍静时悬。”

【十色花牋】　即十色笺。齐己有《谢人惠十色花笺并棋子》。

【十色牋】　古代蜀地出产的十色笺纸。十色谓深红、粉红、杏红、明黄、深青、浅青、深绿、浅绿、铜绿、浅云，见明杨慎《墐户录·十样蛮笺》。齐己《送王处士游蜀》：“来年的有荆南信，回札应缄十色笺。”

【十旬】　❶谓百日。旬，十天。白居易《卧疾来早晚》：“卧疾来早晚，悬悬将十旬。”❷酒名。李峤《五月奉教作》：“欲逃三伏暑，还泛十旬觞。”刘禹锡《和乐天以镜换酒》：“把取菱花百炼镜，换他竹叶十旬杯。”

【十字】　指物呈“十”字形。刘禹锡《酬令狐相公寄贺迁拜之什》：“三花秀色通春幌，十字清波绕宅墙。”

【十字水】　❶泛指呈“十”字形之水流。刘禹锡《同乐天和微之深春二十首》之十九：“分畦十字水，接树两般花。”❷水名。在洛阳附近。李商隐有《十字水期韦潘侍御同年不至时韦寓居水次故郭汾宁宅》，叶葱奇疏注：“十字水在洛阳。”

【十字街】　交叉像“十”字形的街道。张祜《苏小小歌》之一：“车轮不可遮，马足不可绊。长怨十字街，使郎心四散。”

【十角】　代称两头牛。“十角”为十二蹄角之省，古计牛四蹄两角为一头，合计有零数而取成数。陆龟蒙《放牛》：“江草秋穷似秋半，十角吴牛放江岸。”

【十枝】　指日。董思恭《咏日》：“沧海十枝晖，悬圃重轮庆。”

【十金】　十斤金或十镒斤。表示价值大。杜甫《奉赠射洪李四丈》：“万里须十金，妻孥未相保。”周昙《咏史诗·后汉门·杨震》：“为国推贤匪惠私，十金为报遽相危。无言暗室何人见，咫尺斯须已四知。”

【十春】　十年。徐铉《从驾东征幸呈诸公》：“吴公台下旧京城，曾掩衡门过十春。”

【十指】　十个手指。白居易《五弦》：“十指无定音，颠倒宫徵羽。”邵谒《古乐府》：“新音不可辨，十指幽怨深。”亦用以指双手。秦韬玉《咏手》：“一双十指玉纤纤，不是风流物不拈。”又《贫女》：“敢将十指夸偏巧，不把双眉斗画长。”

【十指有长短】　谓十个手指长短不一。(1)形容手指灵巧。顾况《李湖州孺人弹筝歌》：“寸心十指有长短，妙入神处无人知。”(2)喻同出的子女各不相同。刘商《胡笳十八拍·第十四拍》：“手中十指有长短，截之痛惜皆相似。”

【十思】　魏征谏唐太宗予以慎重思考的十个方面，见《旧唐书·魏征传》。贯休《送刘相公朝觐二首》之一：“魏相十思常自切，曹溪一句几生知。”又《寿春节进》：“俭德为全德，无思契十思。”

【十秋】　十年。侯氏《绣龟形诗》：“暌离已是十秋强，对镜那堪重理妆。”

【十帝】　本指两汉的十余位皇帝。“十”，取其成数。亦以泛指后世的十位皇帝。崔涂《读〈庾信集〉》：“四朝十帝尽风流，建业长安两醉游。”

【十洲】　道教称大海中神仙居住的十处名山胜境。见《海内十洲记》。亦泛指仙境。卢照邻《赠李荣道士》：“风摇十洲影，日乱九江文。”李商隐《牡丹》：“鸾凤戏三岛，神仙居十洲。”陈陶《怀仙吟二首》之一：“十洲隔八海，浩渺不可期。”韦庄《悼亡姬》：“凤去鸾归不可寻，十洲仙路彩云深。”

【十起】　谓夜间多次从床上爬起伺候病人。东汉第五伦秉公廉洁，人或问其有无私心，对曰：吾兄子常病，一夜十往，退而安寝；吾子有疾，虽不省视而竟夕不眠。若是者，岂可谓无私乎？见《后汉书·第五伦传》。白居易《和晨兴因报问龟儿》：“黄昏一恸后，夜半十起时。”李瀚《蒙求》：“刘整交质，五伦十起。”

【十乘】　(－shèng)十辆兵车。春秋时甲车一乘，配甲士三人，步卒七十二人。徐坚《奉和圣制送张说巡边》：“四骓将戒道，十乘启先行。”

【十家】　指唐开元中十王诸王宅。郑嵎《津阳门诗》：“上皇宽容易承事，十家三国争光辉。”

【十郡】　泛指陕西地区。杜甫《悲陈陶》：“孟冬十郡良家子，血作陈陶泽中水。”

【十郎官】　谓刑部十个郎官。即刑部郎中二员、员外郎二员；都官郎中一员、员外郎一员；比部郎中一员、员外郎一员；司门郎中一员、员外郎一员。白居易《和微之诗二十三首·和除夜作》：“我统十郎官，君领百吏胥。”

【十娘】　即崔十娘。张鷟《游仙窟》中的女主角。《游仙窟》中有《答十娘射雉》《十娘咏弓》《相思枕留赠十娘》等诗。

【十常侍】　东汉灵帝时宦官张让、赵忠、夏恽等十二人，都任中常侍，故称。亦以泛指百官。元稹《估客乐》:“先问十常侍,次求百公卿。”

【十堯】　十个像尧那样的圣人。谓圣人众多。皮日休《鲁望读襄阳耆旧传见赠五百言因而寄答次韵》:“翼卫两舜趋,钩陈十尧骤。”

【十葉】　十世。权德舆《顺宗至德大安孝皇帝挽歌三首》之一:“十叶开昌运,三辰丽德音。”

【十惡】　(－è)佛教以杀生、偷盗、邪淫、妄语、两舌、恶口、绮语、贪欲、瞋恚、邪见为十恶。寒山《诗三百三首》之九一:“五逆十恶辈,三毒以为亲。”

【十圍】　双手合抱成为圆圈为一围。另有径尺为围及一围等于三寸、五寸等说。韩愈《山石》:“山红涧碧纷烂漫,时见松枥皆十围。”郑嵎《津阳门诗》:“异谋潜炽促归去,临轩赐带盈十围。”

【十猶八九】　十有八九,十之八九。谓绝大多数。杜甫《负薪行》:“十犹八九负薪归,卖薪得钱应供给。”

【十聖】　指唐高祖、高宗、中宗、睿宗、玄宗、肃宗、代宗、德宗和顺宗十帝。柳宗元《贞符》序:“十圣济厥理,孝仁平宽,惟祖之则。”

【十載】　(－zǎi)十年。崔湜《责躬诗》:“效官已十载,理剧犹未期,狱听除苛惨,刑章息滞疑。”

【十號】　佛的十种名号。寒山《三字诗六首》之一:“寒山道,无人到,若能行,称十号。”

【十道志】　书名。唐梁载言撰。十六卷。按唐贞观元年(627)分全国为十道,即关内道、河南道、河东道、河北道、山南道、陇右道、淮南道、江南道、剑南道、岭南道。王维《鱼山神女祠歌》序:“按《十道志》云,渔山一名吾山,汉武帝过渔山,作《瓠子歌》云‘吾山平兮巨野溢’,是也。”

【十道採訪使】　唐贞观元年(627)分天下为十道。每道设采访处置使一人,简称采访使,掌管检查刑狱和监察州县官吏。张九龄有《奉和圣制送十道采访使及朝集使》。

【十辟】　(－bì)多次征召。王绩《赠李征君大寿》:“九征书未已,十辟誉弥彰。”

【十賚】　道教指有利于修炼的十种赏赐。见南朝梁陶弘景《授陆敬游十赉文》。皮日休《怀华阳润卿博士三首》之三:“他年欲事先生去,十赉须加陆逸冲。”自注:“十赉,犹人间九锡也。”

【十數】　(－shù)犹言十多;十几。表示较多。贾岛《送康秀才》:“酒泻两三盏,诗吟十数篇。”

【十駕】　谓马驾车走十天的路程。语出《荀子·劝学》:“驽马十驾,功在不舍。”张九龄《酬周判官巡至始兴会改秘书少监见贻之作兼呈耿广州》:“一麾尚云忝,十驾宜求税。”

【十霜】　十年。刘皂《旅次朔方》:“客舍并州数十霜,归心日夜忆咸阳。”

【十齋】　佛教语。谓每月持斋食素并禁止屠宰的十天。王梵志《诗》之八六:“十斋莫使阙,有力煞三场。”白居易《春日闲居》:“今日非十斋,庖童馈鱼肉。”

【十翼】　《易》的《上彖》《下彖》《上象》《下象》《上系》《下系》《文言》《说卦》《序卦》《杂卦》十篇,传为孔子所作,总称“十翼”。翼,辅助。权德舆《数名诗》:“十翼有格言,幽贞谢浮俗。”

【十體】　指十种文体。晋陆机《文赋》分文体为诗、赋、碑、诔、铭、箴、颂、论、奏、说十种。陆龟蒙《袭美先辈以龟蒙所献五百言既蒙见和复示荣唱再抒鄙怀用伸酬谢》:“十体免负赘,百家咸起痿。”

一　画

廾　〔niàn《广韵》人執切,入緝,日。〕同“廿”。数词。二十的合体。李贺《公无出门》:“鲍焦一世披草眠,颜回廾九鬓毛斑。”

千　〔qiān《广韵》蒼先切,平先,清。〕❶数词。十个百。王昌龄《青楼曲二首》之二:“金章紫绶千余骑,夫婿朝回初拜侯。”戴叔伦《奉天酬别郑谏议云逵卢拾遗景亮见别之作》:“知心三四人,越境千余里。”徐铉《步虚词五首》之三:“五千宗物母,七字秘神童。”❷量词。指千钱。古钱中间有孔,用绳索贯穿成串,一千钱为一贯,亦称一吊。王维《少年行四首》之一:“新丰美酒斗十千,咸阳游侠多少年。”❸表示多。李白《短歌行》:“天公见玉女,大笑亿千场。”李绅《题法华寺五言二十韵》:“贝叶千花藏,檀林万宝篇。”吴融《无题》:“万态千端一瞬中,沁园芜没伫秋风。”

【千二百輕鸞】　指一千二百名美女。晋葛洪《抱朴子·微旨》:“黄帝以千二百女升天。”李商隐《拟沈下贤》:“千二百轻鸾,春衫瘦著宽。”

【千人坐】　指千人石。在今江苏省苏州市虎丘山剑池旁。相传南朝梁高僧生公说法于此。贾岛《虎丘千人坐》:“上陟千人坐,低窥百尺松。”

【千山】　极言山多。刘长卿《得遇入京》:“巴路千山秋水在,江花独树夕阳微。”李商隐《柳》:“巴雷隐隐千山外,更作章台走马声。”李频《哭贾岛》:“一宦终遐徼,千山隔旅坟。”

【千山萬水】　形容山水之多,喻道路遥远艰险。张乔《寄维扬故人》:“离别河边绾柳条,千山万水玉人遥。”唐求《题刘炼师归山》:“千山万水瀛洲路,何处烟飞是醮坛。”贯休《送梦上人归京》:“伊余龙钟归海涯,千山万水情自怡。”

【千千】　形容数量多。李山甫《曲江二首》之一:

"争攀柳带千千手，间插花枝万万头。"章碣《赠边将》："千千铁骑拥尘红，去去平吞万里空。"吴融《绵竹山四十韵》："又如濯楚练，千千匹未轴。"

【千夫】 形容人多。卢纶《和金吾裴将军使往河北宣慰因访张氏昆季旧居兼寄赵侍郎赵卿拜陵未回》："气慑千夫勇，恩传万里春。"白居易《紫藤》："岂知缠树木，千夫力不如。"罗邺《经故洛城》："筑时驱尽千夫力，崩处空为数里尘。"

【千夫長】 （長 zhǎng）古武官名。《书·牧誓》有千夫长。孔颖达疏据孔传以千夫长帅二千五百人，取整数，故称。耿沣《塞上曲》："身微久属千夫长，家远多亲五郡兵。"李绅《渡西陵十六韵》："谬履千夫长，将询百吏情。"

【千木奴】 指千棵柑橘树。汉末李衡派人在武陵龙阳泛洲上作宅，种柑橘千株。临死，谓其子曰："吾州里有千头木奴，不责汝衣食。"事见《三国·吴志·孙休传》注。顾况《谅公洞庭孤橘歌》："不羡江陵千木奴，下生白蚁子，上生青雀雏。"

【千日酒】 传为能令一醉千日之酒。后作称颂美酒之典。李贺《河南府试十二月乐词·十一月》："挝钟高饮千日酒，却天凝寒作君寿。"韩偓《江岸闲步》："青布旗夸千日酒，白头浪吼半江风。"

【千日醉】 义同"千日酒"。王勃《春园》："还持千日醉，共作百年人。"刘希夷《故园置酒》："愿逢千日醉，得缓百年忧。"杜甫《垂白》："甘从千日醉，未许七哀诗。"武元衡《酬王十八见招》："高兴不辞千日醉，随君走马向新丰。"

【千牛】 禁卫官千牛备身、千牛卫的省称。掌执千牛刀，为君王护卫。许浑《送从兄别驾归蜀》序："从兄彦昭与桂阳令韦伯达，贞元中，俱为千牛。"

【千牛仗】 由千牛备身等武装护卫人员组成的帝王仪仗。《新唐书·仪卫志》有载。王建《宫词一百首》之六："千牛仗下放朝初，玉案傍边立起居。"

【千户】 指千户侯，食邑千户的侯爵。韩翃《别李明府》："五侯焦石烹江笋，千户沉香柒客衣。"

【千古】 ❶谓年代久远。李白《与贾至舍人于龙兴寺剪落梧桐枝望㴩湖》："千古风流事，名贤共此时。"韩愈《题杜工部坟》："怨声千古寄西风，寒骨一夜沉秋水。"许棠《贞女祠》："唯疑千古后，为瑞向人间。"李密《淮阳感怀》："一朝时运会，千古传名谥。"❷不朽，哀悼死者之词。王维《过沈居士山居哭之》："独自成千古，依然旧四邻。"杜荀鹤《经青山吊李翰林》："青山明月夜，千古一诗人。"

【千古名】 千秋不朽之名声。李白《于五松山赠南陵常赞府》："当时不好贤，岂传千古名。"

【千生】 犹言生生世世。李泌《长歌行》："一丈夫兮一丈夫，千生气志是良图。"

【千仞】 形容极高或极深。戴叔伦《孤石》："迥若千仞峰，孤危不盈尺。"陆龟蒙《奉和袭美二游诗·徐诗》："素业已千仞，今为峻云巅。"贯休《闻赤松舒道士下世》："倾摧千仞壁，枯歇一株兰。"

【千百】 言数量之多。皮日休《怀鹿门县名离合二首》之一："台前过雁盈千百，泉石无情不寄书。"

【千帆】 众多的帆船。刘禹锡《酬乐天扬州初逢席上见赠》："沉舟侧畔千帆过，病树前头万木春。"杜牧《怀钟陵旧游四首》："垂楼万幕青云合，破浪千帆阵马来。"徐铉《和元帅书记萧郎中观习水师》："千帆日助江陵势，万里风驰下濑声。"

【千年】 极言时间久远。王鋋《登越王楼见乔公诗偶题》："越王空置千年迹，丞相兼扬万古名。"白行简《赠毛仙翁》："只向人间称百岁，谁知洞里过千年。"崔珏《水晶枕》："千年积雪万年冰，掌上初擎力不胜。"韦庄《新正日商南道中作寄李明府》："嵩山不改千年色，洛邑长生一路尘。"

【千年一清】《太平御览》卷六一引《拾遗记》曰："黄河千年一清，圣王之大瑞也。"李白《西岳云台歌送丹丘子》："荣光休气纷五彩，千年一清圣人在。"

【千年别】 传说辽东人丁令威学道成仙，化鹤回到家乡，曾作歌感叹千年逝去。后以"千年别"表示成仙而去或惜别之情。魏知古《玄元观寻李先生不遇》："未作千年别，犹应七日还。"李白《送李青归南叶阳川》："莫作千年别，归来城郭新。"参见"千歲鶴歸"。

【千年計】 谓长久的谋划。吴融《武关》："只道地教秦设险，不知天与汉为关。贪生莫作千年计，到了都成一梦闲。"

【千年桃】 旧题班固《汉武帝内传》："王母仙桃三千年一开花，三千年一生实。"后用以咏仙境或咏桃。顾况《朝上清歌》："其桃千年，始著花些。"

【千年觥】 祝千秋的寿酒。觥，角制酒器。李贺《秦王饮酒》："黄鹅跌舞千年觥，仙人烛树蜡烟轻。"

【千年鼠】 长命老鼠。俗有鼠化蝙蝠之说。白居易《山中五绝句·洞中蝙蝠》："千年鼠化白蝙蝠，黑洞深藏避网罗。"

【千形萬象】 各式各样的形状。形容变化多端。来鹄《云》："千形万象竟还空，映水藏山片复重。"

【千村萬落】 （落 luò）谓村落众多。杜甫《兵车行》："君不闻汉家山东二百州，千村万落生荆杞。"

【千車萬馱】 形容车马之众。贯休《长安道》："千车万驮，半宿关月。"

【千里】 一千里。泛指路途遥远或面积辽阔。贾至《送友人使河源》："萧条千里暮，日落黄云秋。"白居易《杂兴三首》之二："不念阊门外，千里稻苗死。"李商隐《望喜驿别嘉陵江水二绝》之二："千里嘉陵江水色，含烟带月碧于蓝。"周昙《咏史诗·六朝门·后魏武帝》："从来吊伐宁如此，千里无烟血草红。"

【千里井】 三国魏曹植《代刘勋妻王氏见出为诗》："千里不唾井，况乃昔所奉。"后用作思乡之典。杜甫《风疾舟中伏枕书怀》："畏人千里井，问俗九州箴。"

【千里月】 谓远照的明月。李峤《送光禄刘主簿之洛》："他乡千里月，岐路九秋风。"

【千里目】 言目光看得很远，放眼而望，达于千里。李百药《郢城怀古》："虽异三春望，终伤千里目。"王之涣《登鹳雀楼》："欲穷千里目，更上一层楼。"姚合《春日江次》："因凝千里目，落日尚徘徊。"

【千里印】 谓就任远地之官。李贺《句》："情知一丘趣，不谢千里印。"

【千里足】 骏马。因其善远行，故以千里称之。常用以喻才识之士。戎昱《秋日感怀》："日下未驰千里足，天涯徒泛五湖舟。"白居易《羸骏》："相马失于瘦，遂遗千里足。"

【千里思】 ❶谓遥远的怀念。韦庄《同和薛先辈见寄初秋寓怀即事之作二十韵》："谢庄千里思，张翰五湖心。"❷乐府杂曲歌辞。李白、李端有此作。

【千里信】 谓远方之音讯。皇甫冉《九日寄郑丰》："重阳秋已晚，千里信仍稀。"杜牧《郡斋秋夜即事寄斛斯处士许秀才》："故国杳无千里信，彩弦时伴一声歌。"

【千里風】 谓远来之风。李贺《自昌谷到洛后门》："道上千里风，野竹蛇涎痕。"

【千里客】 指远方客居之人。语出《史记·张耳陈余列传》。僖宗宫人《金锁诗》："锁寄千里客，锁心终不开。"

【千里馬】 骏马，日行千里，极言其速。寒山《诗三百三首》之二四："快捞三翼舟，善乘千里马。"陆龟蒙《寄怀华阳道士》："六辔未收千里马，一囊空负九秋萤。"文鉴《题马迹山》："常说使君千里马，至今龙迹尚堪攀。"

【千里草】 青草绵延无际。形容远道。许浑《送杜秀才归桂林》："两岸晓霞千里草，半帆斜日一江风。"

【千里船】 谓远航之船。陆龟蒙《和袭美醉中即席赠润卿博士次韵》："登山凡著几緉屐，破浪欲乘千里船。"

【千里蓴】 "千里莼羹"的省称。为旧时思乡之辞。语出南朝宋刘义庆《世说新语·言语》。千里，湖名，在江苏溧阳县。莼羹，用莼菜煮的汤。原为具有吴地风味的名菜，后泛指本乡特产，含思乡之意。杜甫《赠别贺兰铦》："我恋岷山芋，君思千里莼。"

【千里駕】 至友相访之典，见《晋书·嵇康传》。韦嗣立《奉和张岳州王潭州别诗二首》之二："无因千里驾，忽睹四愁篇。"房琯《题汉州西湖》："同人千里驾，邻国五马车。"

【千里駿】 骏马。千里言其行走之速。窦牟《元日喜闻大礼寄上翰林四学士中书六舍人二十韵》："疾驱千里骏，清唳九霄禽。"

【千里驥】 骏马，日行千里，极言其速。常用以喻英才。刘长卿《题冤句宋少府厅留别》："洞澈万顷陂，昂藏千里骥。"慧净《和卢赞府游纪国道场》："欲追千里骥，终是谢连镳。"

【千言萬語】 形容所说甚多。郑谷《燕》："千言万语无人会，又逐流莺过短墙。"吕岩《七言》之一："此道非从它外得，千言万语谩评论。"

【千祀】 千年。玄宗《送忠州太守康昭远等》："嘉声驰九牧，惠化光千祀。"高适《宓公琴台诗三首》序："甲申岁，适登子贱琴台，赋诗三首，首章怀宓公之德，千祀不朽。"张籍《赠友人马子乔六首》之六："神物终不格，千祀倘还并。"

【千妖萬態】 千万种妖态。周昙《咏史诗·三代门·又吟太公》："千妖万态逞妍姿，破国亡家更是谁？"

【千花百卉】 言花卉众多。徐夤《依韵和尚书再赠牡丹花》："烂银基地薄红妆，羞杀千花百卉芳。"

【千枝燈臺】 玄宗韩国夫人所制能插燃千枝蜡烛的巨型烛台。郑嵎《津阳门诗》："韩家烛台倚林杪，千枝灿若山霞摛。"原注："韩国为千枝灯台，高八十尺，置于山上。每至上元夜则然之，千光夺月，凡百里之内，皆可望焉。"

【千巖萬壑】 形容山峰、山谷多，喻地形险峻。许浑《与张道士同访李隐君不遇》："千岩万壑独携琴，知在陵阳不可寻。"宣宗、黄檗禅师《瀑布联句》："千岩万壑不辞劳，远看方知出处高。"无可《御沟水》："银波玉沫空池去，曾历千岩万壑来。"

【千門】 ❶千家。薛据《怀哉行》："伐鼓千门启，鸣珂双阙来。"周弘亮《曲江亭望慈恩寺杏园花发》："容辉明十地，香气遍千门。"李洞《述怀二十韵献覃怀相公》："万国闻应跃，千门望尽倾。"薛涛《赠远二首》之二："知君未转秦关骑，月照千门掩袖啼。"❷言宫殿众多，建筑雄伟。杨师道《奉和正日临朝应诏》："九重丽天色，千门临上春。"岑参《西掖省即事》："千门柳色连青琐，三殿花香入紫微。"薛存诚《观南郊回仗》："传警千门寂，南郊彩仗回。"杜牧《过华清宫绝句三首》之一："长安回望绣成堆，山顶千门次第开。"

【千門萬户】 谓屋宇广大或人户众多。刘禹锡

《同留守王仆射各赋春中一物从一韵至七》："千门万户垂杨里，百转如簧烟景晴。"罗隐《酬丘光庭》："千门万户扃锁密，良匠不肯雕散材。"贯休《怀邻叟》："千门万户皆车马，谁爱如斯太古风。"

【千呼萬唤】 形容一再催促、呼唤。白居易《琵琶引》："千呼万唤始出来，犹抱琵琶半遮面。"

【千征萬戰】 极言征战之频繁。沈彬《金陵杂题二首》之一："千征万战英雄尽，落日牛羊食野田。"

【千金】 ❶千斤金。极言钱财众多。王勃《陇西行》："千金买骏马，蹀躞长安斜。"李白《将进酒》："天生我材必有用，千金散尽还复来。"❷谓千金躯。程长文《狱中书情上使君》："一命任从刀下死，千金岂受暗中欺。"

【千金一擲】 谓赌博时赌注下得很大，一出手就是千金。冯衮《掷卢作》："八尺台盘照面新，千金一掷斗精神。"亦形容生活豪奢。李白《自汉阳病酒归寄王明府》："莫惜连船沽美酒，千金一掷买春芳。"

【千金女兒】 称未婚女子。毕耀《古意》："璇闺绣户斜光入，千金女儿倚门立。"

【千金子】 富贵人家的子弟。刘禹锡《度桂岭歌》："寄言千金子，知余歌者劳。"李商隐《故番禺侯以赃罪致不辜事觉母者他日过其门》："不见千金子，空余数仞墙。"徐夤《牡丹花二首》之二："能狂绮陌千金子，也惑朱门万户侯。"

【千金字】 千金一字，形容文字价值之高。语本《史记·吕不韦列传》。杨炯《和郑校雠校内省眺瞩思乡怀友》："游雾千金字，飞云五色笺。"王维《上张令公》："市阅千金字，朝闻五色书。"

【千金馬】 贵重之马，指骏马。虞世南《门有车马客》："赭汗千金马，绣轴五香车。"参见"千金買骨"。

【千金笑】 言美人难得的笑容。卢照邻《十五夜观灯》："别有千金笑，来映九枝前。"李百药《少年行》："千金笑里面，一搦掌中腰。"

【千金買笑】 极言美人之笑难得。语出汉崔骃《七依》："回顾百万，一笑千金。"卢肇《戏宜春李令求厅前杜鹃》："百里望风惊调态，千金买笑惬当筵。"

【千金買骨】 花费千金买得千里马的骨头。比喻迫切地招纳人才。见《战国策·燕策一》。顾云《苏君厅观韩干马障歌》："当时若遇燕昭王，肯把千金买枯骨。"

【千金裘】 珍贵的皮衣。语出《史记·孟尝君列传》。李白《将进酒》："五花马，千金裘，呼儿将出换美酒，与尔同销万古愁。"又《君马黄》："各有千金裘，俱为五侯客。"

【千金酬一飯】 《史记·淮阴侯列传》：信钓于城下，诸母漂，有一母见信饥，饭信，竟漂数十日。信喜，谓漂母曰：吾必有以重报母。汉五年，韩信为楚王，都下邳。信至国，召所从食漂母，赐千金。后因以作厚酬报恩之典。李绅《却过淮阴吊韩信庙》："徒用千金酬一饭，不知明哲重防身。"李群玉《病起别主人》："益愧千金少，情将一饭殊。"

【千金賦】 相传汉武帝陈皇后失宠谪居长门宫，以黄金百斤请司马相如写了一篇《长门赋》，希望感动皇帝，使其回心转意。见汉司马相如《长门赋》序。曹邺《代班姬》："买得千金赋，花颜已如灰。"

【千金價】 言价值极高。陈凝《马》："自有千金价，宁忘伯乐酬。"

【千金諾】 言诺言诚实可靠，极可贵重。语出《史记·季布栾布列传》："得黄金百斤，不如季布一诺。"钱起《送李判官赴桂州幕》："且感千金诺，宁辞万里游。"许浑《寄献三川守刘公》之二："长闻季氏千金诺，更望刘公一纸书。"吴融《离霅溪感事献郑员外》："一饭意专堪便死，千金诺在转难酬。"

【千金軀】 言身体之宝贵。杜甫《哀王孙》："豺狼在邑龙在野，王孙善保千金躯。"

【千金贈】 ❶汉陆贾奉高祖之命出使南越，南越王赐陆贾千金，见《史记·郦生陆贾列传》。后用以指友人间的厚赠。杜甫《奉寄李十五秘书二首》之二："行李千金赠，衣冠八尺深。"❷汉韩信为楚王后，赐千金与淮阴漂母，以报漂母一饭之恩，见《史记·淮阴侯列传》。后用作厚酬报恩之典。汪遵《淮阴》："归荣便累千金赠，为报当时一饭恩。"

【千金體】 对人身体的美称。崔璐《览皮先辈盛制因作十韵以寄用伸款仰》："好保千金体，须为万姓谟。"

【千官】 言文武群臣。卢象《驾幸温泉》："千官扈从骊山北，万国来朝渭水东。"顾况《宫词五首》之三："玉阶容卫宿千官，风猎青旗晓仗寒。"权德舆《奉和圣制九日言怀赐中书门下及百寮》："丝竹调六律，簪裾列千官。"郑谷《朝谒》："捧日整朝簪，千官一片心。"

【千春】 千年，喻时间之长。李白《古风》之一："我志在删述，垂辉映千春。"皇甫湜《假石铭》："刻词假石，炯戒千春。"李商隐《同学彭道士参寥》："莫羡仙家有上真，仙家暂谪亦千春。"

【千界】 佛教语。大千世界的省称。白居易《和微之诗二十三首·和晨霞》："千界一时度，万法无与邻。"

【千品】 ❶犹言百官。刘庭琦《奉和圣制瑞雪篇》："九衢皛耀浮埃尽，千品差池贽帛来。"韩愈《题张十八所居》："名秩后千品，诗文齐六经。"❷物之各种品类。李益《宣上人病中相寻联句》："草木分千品，方书问六陈。”

【千秋】 ❶千年。形容岁月长久。卢象《寒食》：“四海同寒食，千秋为一人。”刘禹锡《蜀先主庙》：“天地英雄气，千秋尚凛然。”徐夤《开元即事》：“未必蛾眉能破国，千秋休恨马嵬坡。”❷婉言尊者之死。储光羲《陆著作挽歌》：“独言五日归，未道千秋去。”刘禹锡《酬乐天见寄》：“华屋坐来能几日，夜台归去便千秋。”白居易《元相公挽歌词三首》之二：“苍苍露草咸阳垅，此是千秋第一秋。”❸指千秋节。王昌龄《殿前曲二首》之二：“新声一段高楼月，圣主千秋乐未休。”郑嵎《津阳门诗》：“千秋御节在八月，会同万国朝华夷。”❹旧时称人寿辰的敬辞。王建《楼前》：“天宝年前勤政楼，每年三日作千秋。”❺见“千秋樂”。❻人名。车千秋，西汉人。因一言悟主，旬月取宰相封侯。《汉书》有传。李白《酬谈少府》：“三事或可羞，匈奴哂千秋。”又《经乱离后天恩流放夜郎忆旧游书怀赠江夏韦太守良宰》：“桀犬尚吠尧，匈奴笑千秋。”

【千秋小車】 西汉车千秋。因立太子有功，为丞相。千秋年老，上优之，许其乘小车入宫殿中。见《汉书·车千秋传》。李瀚《蒙求》：“冯异大树，千秋小车。”

【千秋亭】 亭名。在今河南渑池县东。晋潘岳丧子于此。后用作悼念亡子之典。刘禹锡《吟白乐天哭崔儿二篇怆然寄赠》：“四望车中心未释，千秋亭下赋初成。”

【千秋萬古】 极言岁月长久。杜牧《悲吴王城》：“千秋万古无消息，国作荒原人作灰。”周朴《升山寺》：“南望闽城尘世界，千秋万古卷尘埃。”

【千秋萬歲】 千年万年，形容岁月久长。亦常用以祝人长寿。李峤《汾阴行》：“声明动天乐无有，千秋万岁南山寿。”杜甫《梦李白二首》之一：“千秋万岁名，寂寞身后事。”王建《三台》：“天子千秋万岁，未央明月清风。”

【千秋節】 旧时皇帝的诞辰。始于唐玄宗。《唐会要·节日》有载。一说开元九年(721)置此节。玄宗《千秋节宴》：“兰殿千秋节，称名万寿觞。”顾况《八月五日歌》：“开元九年燕公说，奉诏听置千秋节。”杜牧《华清宫三十韵》：“歌吹千秋节，楼台八月凉。”

【千秋樂】 唐玄宗以八月五日生，开元十七年(729)起定是日为千秋节，制《千秋乐》大曲，见《教坊记·大曲名》。又于《教坊记·曲名》另见《千秋乐》《千秋子》等。但歌辞均不传，难以订为声诗。今传张祜《千秋乐》，《乐府诗集》列入“近代曲辞”，亦为记事诗，并非直接歌辞，其诗云：“八月平时花萼楼，万方同乐奏千秋。”广宣《早秋降诞日献寿二首应制》之二：“看献千秋乐，千秋乐未央。”

【千秋鏡】 指唐玄宗于千秋节赐给群臣的铜镜。玄宗《千秋节赐群臣镜》：“铸得千秋镜，光生百炼金。”张说有《奉和圣制赐王公千秋镜应制》。

【千重】 (一chóng)犹千层，谓事物重叠反复。李群玉《留别马使君》：“应怜旅梦千重思，共怆离心一曲歌。”李郢《邵博士溪亭》：“野茶无限春风叶，溪水千重返照波。”郑谷《渭阳楼闲望》：“千重二华见皇州，望尽凝岚即此楼。”

【千重鉤鎖】 (重chóng)重重门户上的关锁。张祜《楚州韦中丞箜篌》：“千重钩锁撼金铃，万颗真珠泻玉瓶。”

【千段】 犹千层。王绩《九月九日赠崔使君善为》：“映岩千段发，临浦万株开。”

【千度】 (一dù)千回，千遍。极言次数多。白居易《和春深二十首》之十四：“中山一沉醉，千度日西斜。”罗虬《比红儿诗》之六十：“总似红儿媚态新，莫论千度笑争春。”

【千姿萬態】 谓姿态丰富多彩。陆龟蒙《奉酬袭美苦雨见寄》：“不然受性圆如规，千姿万态分毫厘。”

【千室】 千家，千户。韩翃《送襄垣王君归南阳别墅》：“双兔坡东千室吏，三鸦水上一归人。”赵嘏《山阳韦中丞罢郡因献》：“照物二年春色在，感恩千室泪痕多。”

【千家】 谓众多的家庭。白居易《和微之春日投简阳明洞天五十韵》：“千家得慈母，六郡事严姑。”陆龟蒙《奉酬袭美先辈吴中苦雨一百韵》：“千家濛瀑练，忽似好披拂。”黄滔《书事》：“千家数人在，一税十年空。”

【千株橘】 千株橘树。孟浩然《南山下与老圃期种瓜》：“不种千株橘，惟资五色瓜。”见“千木奴”。

【千峯】 形容山峦重叠。朱延龄《秋山极天净》：“日落千峰上，云销万壑间。”白居易、王起《喜晴联句》：“千峰分远近，九陌好追随。”

【千乘】 (一shèng)战国时期诸侯国，小者称千乘，大者称万乘。后多用以指高官。杨衡《九日陪樊尚书龙山宴集》：“孟嘉从宴地，千乘复登临。”翁承赞《奉使封王次宜春驿》：“不因列土封千乘，争得衔恩拜二天。”徐夤《春末送陈先辈之清源》：“千乘侯王若相问，飞书与报白云家。”

【千乘萬騎】 (乘shèng)形容车马之盛。杜甫《忆昔二首》之一：“忆昔先皇巡朔方，千乘万骑入咸阳。”

【千師】 谓众多的军队。李绅《忆万岁楼望金山》：“楼高雉堞千师垒，峰拔惊波万壑攒。”

【千般】 多种多样。王维《听百舌鸟》：“入春解作千般语，拂曙能先百鸟啼。”中宗《石淙》：“霞衣霞锦千般状，云峰云岫百重生。”

【千畝】　千亩农田。借指农事。郑畋《麦穗两岐》：“圣虑忧千亩，嘉苗荐两岐。”

【千畝業】　指有一千亩竹林的产业。汉代种一千亩竹林，其收入与千户侯相等。说见《史记·货殖列传》。鲍溶《云溪竹园翁》：“因兹千亩业，以代双牛耕。”

【千莖】　千根。白居易《哭崔儿》：“掌珠一颗儿三岁，鬓雪千茎父六旬。”徐铉《又绝句寄题毗陵驿》：“为向驿桥风月道，舍人髭宾白千茎。”

【千頃】　一顷为百亩；千顷，极言面积广阔。韩愈《奉酬卢给事云夫四兄曲江荷花行》：“曲江千顷秋波净，平铺红云盖明镜。”钱珝《江行无题一百首》之七八：“千顷水纹细，一拳岚影孤。”

【千畦】　谓纵横交错的田畦。李益、广宣《与宣供奉携瘿尊归杏溪园联句》：“千畦抱瓮园，一酌瘿尊酒。”

【千野】　犹言千里原野。杜牧《将赴京题陵阳王氏水居》：“山簇暮云千野雨，江分秋水九条烟。”

【千悲萬恨】　极言悲恨之深。无名氏《琵琶》(卷七八五)：“千悲万恨四五弦，弦中甲马声骈阗。”

【千華殿】　(華 huá)谓布满鲜花的宫殿。崔元翰《杂言奉和圣制至承光院见自生藤感其得地因以成咏应制》：“遥依千华殿，稍上万年枝。”

【千葉】　❶千代，千世。李峤《象》：“六牙行致远，千叶奉高居。”❷谓花瓣重叠繁多。见“千葉蓮”。❸谓枝叶繁多。李颀《魏仓曹东堂柽树》：“爱君双柽一树奇，千叶齐生万叶垂。”姚伦《感秋》：“试向疏林望，方知节候殊。乱声千叶下，寒影一巢孤。”

【千葉桃】　碧桃的别名。元稹《连昌宫词》：“又有墙头千叶桃，风动落花红蔌蔌。”

【千葉蓮】　神话传说中的一种多瓣莲花。皮日休《惠山听松庵》：“千叶莲花旧有香，半山金刹照方塘。”

【千雲】　犹云浓云。李群玉《湖阁晓晴寄呈从翁二首》之二：“重雾披天急，千云触石轻。”

【千鈞】一钧三十斤，千钧即三万斤。常用以形容力量之大或器物之重。裴耀卿《敬酬张九龄当途界留赠之作》：“九派期方越，千钧或所轻。”韦应物《学仙二首》之一：“千钧巨石一发悬，卧之石下十三年。”刘商《送杨行元赴举》：“千钧何处穿杨叶，二月长安折桂枝。”韩偓《赠吴颠尊师》：“道若千钧重，身如一羽轻。”

【千扉】　犹千门。曹邺《古莫买妾行》：“千扉不当路，未似开一门。”

【千尋】　古以八尺为一寻。“千寻”，形容极高或极长。李端《山中寄苗员外》：“千寻楚水横琴望，万里秦城带酒思。”曹邺《旅次岳阳寄京中亲故》：“月回浦北千寻雪，树出湖东几点烟。”黄涛《壶公山》：“危磴千寻拔，奇花四季鲜。”

【千載】　(—zǎi)千年。形容岁月长久。韦承庆《直中书省》：“徒喜逢千载，何阶答二仪。”刘长卿《斑竹》：“苍梧千载后，斑竹对湘沅。”杜牧《偶题》：“千载更逢王侍读，当时还道有文章。”

【千載留芳】　(载 zǎi)长久地留传好的名声。徐夤《草》：“燕昭没后多卿士，千载留芳郭隗台。”

【千萬】　❶形容数目之多。权德舆《杂诗五首》之二：“朝云与游龙，变化千万状。”刘沧《经麻姑山》：“山顶白云千万片，时闻鸾鹤下仙坛。”王周《春答》：“花枝千万趁春开，三月瓓珊即自回。”❷非常，十分。齐己《谢人惠竹蝇拂》：“挥谈一无取，千万愧生公。”

【千椿】　千年的大椿。借指年寿久。语出《庄子·逍遥游》：“上古有大椿者，以八千岁为春，八千岁为秋。”吴筠《游仙二十四首》之十四：“暂赏过千椿，遐龄谁复算。”

【千歲】　千年。褚亮《临高台》：“独此三休上，还伤千岁心。”钱起《送柳道士》：“归期千岁鹤，行迈五云车。”白居易《和答诗十首·和大觜乌》：“千岁乃一出，喜贺主人翁。”

【千歲鶴歸】　指对故乡的眷念之情，见《搜神后记》。杜牧《八月十二日题句四韵》：“千岁鹤归犹有恨，一年人住岂无情。”

【千愁萬恨】　极言愁恨之深。元则《百舌鸟二首》之一：“千愁万恨过花时，似向春风怨别离。”

【千福寺】　在长安安定坊东南隅。本章怀太子宅，咸亨四年舍宅为寺。内有多宝塔，后易名铁塔寺。岑参有《登千福寺楚金禅师法华院多宝塔》。

【千駟】　四千匹马。极言马多。温庭筠《和周繇》：“齐马驰千驷，卢姬逞十三。”

【千閭】　千门，千家。韩翃《送海州姚别驾》：“坐觉千闾静，闲随五马游。”

【千嶂】　千山，千重山峰。翁承赞《华下霁后晓眺》：“千嶂华山云外秀，万重乡思望中深。”杨夔《题宣州延庆寺益公院》：“幽径北连千嶂碧，虚窗东望一川平。”冷然《宿九华化成寺庄》：“佛寺孤庄千嶂间，我来诗境强相关。”

【千態萬狀】　犹言千姿百态。王揆《长沙六快诗》：“千态与万状，六人欢不足。”

【千蓮葉】　即千叶莲。卫光一《经太华》：“上有千莲叶，服之久不死。”

【千甍】　犹千栋。甍，屋栋。王勃《临高台》：“旗亭百队开新市，甲第千甍分戚里。”

【千慮】　❶反复思考。张九龄《荆州作二首》之一:"千虑且犹失,万绪何其纷。"鲍溶《长安言怀》:"千虑恐一失,翔阳已蹉跎。"杜牧《和野人殷潜之题筹笔驿十四韵》:"寂默经千虑,分明浑一期。"❷多种虑念。太宗《望终南山》:"对此恬千虑,无劳访九仙。"许浑《送林处士自闽中道越由霅抵两川》:"智士役千虑,达人经百忧。"❸多种忧虑。高适《人日寄杜二拾遗》:"身在远藩无所预,心怀百忧复千虑。"

【千億】 极言其多。语出《诗·大雅·假乐》:"千禄百福,子孙千亿。"来鹄《圣政纪颂》:"常私心重惜史臣,以其史臣者,是当国之镜,千亿代之眉目也。"

【千艘】 谓很多船只。陈昌言《白日丽江皋》:"烟销占一候,风静拥千艘。"沈传师《次潭州酬唐侍御姚员外游道林岳麓寺题示》:"碧波回屿三山转,丹槛缭郭千艘屯。"

【千箱】 形容丰年储粮之多,见《诗·小雅·甫田》。太宗《秋暮言志》:"已获千箱庆,何以继熏风。"李商隐《四年冬寄情于游旧·忆雪》:"欲俟千箱庆,须资六出妍。"

【千嬌萬態】 谓娇态万端。徐凝《牡丹》:"疑是洛川神女作,千娇万态破朝霞。"

【千燈】 佛家谓佛的教旨可以破除迷暗,像灯照明一样。千灯喻佛力之大。皇甫曾《送普上人还阳羡》:"花宫难久别,道者忆千灯。"刘长卿《禅智寺上方怀演和尚寺即和尚所创》:"斗极千灯近,烟波万井通。"

【千鍾】 见"千鐘"。

【千霜】 千载,千年。李白《古风》之十四:"白骨横千霜,嵯峨蔽榛莽。"

【千騎】 形容人马众多。一人一马称为一骑。刘长卿《酬滁州李十六使君见赠》:"但愁千骑至,石路却生尘。"张继《奉送王相公赴幽州》:"双旌过易水,千骑入幽州。"陈陶《送江西周尚书赴滑台》:"多病无因酬一顾,鄢陵千骑去翩翩。"

【千辭】 谓众多的诗篇。李商隐《朱槿花二首》之二:"君问伤春句,千辞不可删。"

【千廬】 ❶千家房舍。极言房舍之多。王昌龄《驾幸河东》:"晋水千庐合,汾桥万国从。"李白《赠范金卿二首》之二:"百里鸡犬静,千庐机杼鸣。"❷谓武卫值宿之所众多。张九龄《和许给事中直夜简诸公》:"武卫千庐合,严扃万户深。"

【千齡】 ❶千岁,千年。张良器《河出荣光》:"千龄逢圣主,五色瑞荣光。"唐尧客《大梁行》:"千龄万化尽,但见汴水清。"王周《巫庙》:"隐约可一梦,缥缈余千龄。"❷特指皇运久长。高适《留上李右相》:"深沉谋九德,密勿契千龄。"广宣《降诞日内庭献寿应制》:"庆寿千龄远,敷仁万国通。"徐铉《吴王挽词三百》之一:"倏忽千龄尽,冥茫万事空。"

【千齡萬代】 犹千秋万代。极言时间长久。卢照邻《怀仙引》:"天长地久时相忆,千龄万代一来游。"

【千鐘】 ❶亦作"千鍾"。极言粮多。古以六斛四升为一钟,或谓八斛为一钟,又谓十斛为一钟。权德舆《奉和圣制重阳日即事六韵》:"恩随千钟洽,庆属五稼丰。"❷指丰厚的俸禄。皮日休《鲁望读襄阳耆旧传见赠五百言次韵》:"万乘不可谒,千钟固非茂。"❸指各种音乐。太宗《帝京篇十首》之八:"千钟合尧禹,百兽谐金石。"

【千鐘季孫粟】 指丰厚的赏赐。徐夤《温陵即事》:"争得千钟季孙粟,沧洲归与故人分。"

【千歡】 谓极度高兴。贺知章《奉和圣制送张说上集贤学士赐宴赋得谟字》:"三叹承汤鼎,千欢接舜壶。"

【千巖】 谓峰峦极多。李商隐《陆发荆南始至商洛》:"四海秋风阔,千岩暮景迟。"许棠《写怀》:"两鬓关中改,千岩海上春。"

【千巖萬水】 犹千山万水。司空图《秋燕》:"经冬好近深炉暖,何必千岩万水归。"

【千巖萬壑】 形容重山叠岭。白居易《题岐王旧山池石壁》:"况当霁景凉风后,如在千岩万壑间。"许浑《与张道士同访李隐君不遇》:"千岩万壑独携琴,知在陵阳不可寻。"李郢《洞灵观流泉》:"千岩万壑分流去,更引飞花入洞天。"

【千變萬化】 谓变化无穷。任华《怀素上人草书歌》:"回环缭绕相拘连,千变万化在眼前。"

二　画

午〔wǔ《广韵》疑古切,上姥,疑。〕❶十二地支的第七位。白居易《夏旱》:"太阳不离毕,太岁仍在午。"吕岩《徽宗斋会》:"陛下问臣来日事,请看午未丙丁春。"❷十二时辰之一,十一时至十三时为午时。白居易《春寝》:"烂熳不能休,自午将及未。"皮日休《太湖诗·游毛公坛》:"欹坐侵桂阴,不知巳与午。"吕岩《七言》之八:"凭君子后午前看,一脉天津在脊端。"❸正午;到了正午。岑参《青门歌送东台张判官》:"胡姬酒垆日未午,丝绳玉缸酒如乳。"韩愈《元和圣德诗》:"帝车回来,日正当午。"朱庆余《林下招胡长官》:"销暑近来无别物,桂阴当午满绳床。"齐己《临行题友生壁》:"峰西多古寺,日午乱松阴。"❹中天;到了中天。岑参《与独孤渐道别长句兼呈严八侍御》:"军中置酒夜挝鼓,锦筵红烛月未午。"窦群《东山月下怀友人》:"东山多乔木,月午始苍苍。"李贺《感讽五首》之三:"月午树无影,一山唯白晓。"

【午日】 中午。张籍《江南曲》："长江午日酤春酒，高高酒旗悬江口。"

【午光】 正午阳光。孟郊《冬日》："短景仄飞过，午光不上头。"

【午谷】 谷名。亦名子午谷。在今陕西西安市南终南山。杜牧《朱坡》："北阙千门外，南山午谷西。"

【午門】 帝王宫城之正门。白居易《早朝贺雪寄陈山人》："待漏午门外，候对三殿里。"

【午夜】 半夜。张说《奉和圣制赐诸州刺史应制以题坐右》："三时农不夺，午夜犬无侵。"羊士谔《和窦吏部雪中寓直》："迢递层城掩，徘徊午夜中。"温庭皓《观山灯献徐尚书》之二："九枝应并耀，午夜忽潜然。"李昭象《学仙词寄顾云》："仙人恩重何由报，焚尽星坛午夜香。"

【午後】 下午。白居易《慵不能》："午后恣情寝，午时随事餐。"又《闲园独赏》："午后郊园静，晴来景物新。"贾岛《酬姚合》："黍穗豆苗侵古道，晴原午后早秋时。"

【午時】 中午前后。寒山《诗三百三首》之一七五："午时庵内坐，始觉日头暾。"刘禹锡《秋日送客至潜水驿》："枫林社日鼓，茅屋午时鸡。"李涉《山居》："一从身世两相遗，往往关门到午时。"

【午氣】 正午热气。陆龟蒙《秋热》："午气朱崖近，宵声白羽随。"

【午睡】 午饭后短时间的睡眠。贯休《寄赤松舒道士二首》之二："一餐兼午睡，万事不如他。"

【午飯】 中餐，中午吃的饭。白居易《咏闲》："朝眠因客起，午饭伴僧斋。"

【午寢】 午睡。郑谷《咏怀》："溪莺喧午寝，山蕨止春饥。"韩偓有《午寝梦江外兄弟》。

【午橋】 指午桥庄。刘禹锡《送河南皇甫少尹赴绛州》："午桥群吏散，亥字老人迎。"又《洛中春末送杜录事赴蕲州》："君过午桥回首望，洛城犹自有残春。"李绅《和晋公三首》之三："残雪午桥岸，斜阳伊水滨。"参见"午橋莊"。

【午橋莊】 庄名。裴度的别墅。在今河南洛阳市。白居易《奉和裴令公新成午桥庄绿野堂即事》："只添丞相阁，不改午桥庄。"

【午餐】 午饭。白居易《夏日闲放》："午餐何所有，鱼肉一两味。"

【午齋】 中午斋饭。白居易《晚起闲行》："午斋何俭洁，饼与蔬而已。"

【午鐘】 寺院里午时钟声。蔡希寂《登福先寺上方然公禅室》："午钟振衣坐，招我同一餐。"

【午饌】 午饭。皮日休《雨中游包山精舍》："道人摘芝菌，为予备午馔。"

升

〔shēng《广韵》識蒸切，平蒸，書。〕❶容量单位。(1)十合为一升，十升为一斗。杜甫《醉时歌》："日籴太仓五升米，时赴郑老同襟期。"孟郊《投所知》："一暖荷匹素，一饱荷升粟。"张祜《戏赠村妇》："二升酸醋瓦瓶盛，请得姑嫜十日程。"皮日休《吴中苦雨因书一百韵寄鲁望》："或蒸一升麻，或煠两把菊。"(2)量酒的单位。王维《偶然作六首》之四："且喜得斟酌，安问升与斗。"元稹《酬乐天春寄微之》："一树梅花数升酒，醉寻江岸哭东风。"白居易《自题新昌居止因招杨郎中小饮》："春风小榼三升酒，寒食深炉一碗茶。"❷上升，升起。钱起《行路难》："君不见明星映空月，太阳朝升光尽歇。"李洞《和寿中丞伤猿》："小山罢绕随湘客，高树休升对岳禽。"唐尧臣《金陵怀古》："胡月蚀中原，白日升旸谷。"❸登，登上。储光羲《晚次东亭献郑州宋使君文》："曾点与曾子，俱升阙里堂。"包佶《祀雨师乐章·送神》："整驾升车望寥廓，垂阴荐祉荡昏氛。"李商隐《菊》："愿泛金鹦鹉，升君白玉堂。"❹升迁，提高职位。崔颢《邯郸宫人怨》："一朝太子升至尊，宫中人事如掌翻。"则天皇后《制袍字赐狄仁杰》："敷政术，守清勤，升显位，励相臣。"皮日休《太湖诗·上真观》："昔有叶道士，位当升灵官。"齐己《寄倪署郎中》："近闻南国升南省，应笑无机老病师。"❺古代祭祀时将烧熟的祭牲放入鼎中。则天皇后《唐大飨拜洛乐章·敬和》："兰俎即升，萍羞可荐。"

【升天】 ❶升至天空。黄滔《寄同年封舍人渭》："龙颔摘珠同泳海，凤衔辉翰别升天。"❷言前程远举，高升。姚合《送李余及第归蜀》："春来登高科，升天得梯阶。"❸谓得道成仙或死后成仙。李约《过华清宫》："玉辇升天人已尽，故宫犹有树长生。"严维、范淹等《中元日鲍端公宅遇吴天师联句》："道成能缩地，功满能升天。"刘禹锡《文宗元圣昭献孝皇帝挽歌三首》之二："享国十五载，升天千万年。"

【升天行】 （行 xíng）乐府杂曲歌辞。齐己有此作。

【升中】 （一zhòng）古帝王祭天上告成功。陈子昂《洛城观酺应制》："方睹升中禅，言观拜洛回。"李益《大礼毕皇帝御丹凤门改元建中大赦》："升中告成答玄贶，泥金检玉昭鸿恩。"

【升公】 即僧清升。唐天宝间人，善诗文。曾于古化城寺造舍利塔大戒坛，建清风亭于寺旁西湖，铸铜钟一。李白铭之，后尽废。李白《陪族叔当涂宰游化城寺升公清风亭》："升公湖上秀，粲然有辩才。"

【升斗】 斗亦作"蚪"。❶计量单位，十合为升，十升为斗。王建《水运行》："坏舟畏鼠复畏漏，恐向太仓折升蚪。"李群玉《赠方处士兼以写别》："才力似风鹏，谁能算升斗。"贯休《白雪曲》："负米无远近，所希升斗归。”❷古代酒亦以升斗计量，均亦借指酒。杜甫《遭田父泥饮美田中丞》：“月出遮我留，仍嗔问升斗。”

【升功】　论功晋级。李义府《在巂州遥叙封禅》：“建岳诚为长，升功谅在兹。”

【升平】　❶太平。杜甫《释闷》：“天子亦应厌奔走，群公固合思升平。”白居易《上巳日恩赐曲江宴会即事》：“共道升平乐，元和胜永和。”李虞《题李宾客旧居》：“逢时不得致升平，岂是明君忘姓名。”李郢《故洛阳城》：“欲问升平无故老，凤楼回首落花频。”❷长安街坊名。白居易《哭诸友人寄元八》：“早晚升平宅，开眉一见君。”又《亚枝花》：“还似升平池畔坐，低头向水自看妆。”见“升平里”。

【升平民】　谓和平年代或地区的人民。李商隐《行次西郊作一百韵》：“因令猛毅辈，杂牧升平民。”

【升平曲】　谓歌颂太平的曲调。窦常《还京乐歌词》：“家家尽唱升平曲，帝幸梨园亲制词。”

【升平里】　长安街坊名。在东市南，曲江池北。裴休宅所在地。元稹有《酬乐天吟张员外诗见寄因思上京每于乐天于居敬兄升平里咏张新诗》。

【升仙】　❶谓学道成仙而升天。陆畅《题自然观》：“行人若上升仙处，须拨白云三四重。”刘兼《晨鸡》：“淮南也伴升仙犬，函谷曾容借晓人。”❷谓人死亡。韦应物《逢杨开府》：“武皇升仙去，憔悴被人欺。”

【升仙橋】　桥名。在今四川成都市北。《史记·司马相如列传》“蜀人以为宠”司马贞索隐引《华阳国志》有载。汪遵有《升仙桥》。

【升合】　（－gě）量词。十龠为合，十合为升。喻数量微小。韩愈、刘师服《石鼎联句》：“徒示坚重性，不过升合盛。”

【升沈】　指仕宦的升降进退或遭际的幸与不幸。贺兰进明《行路难五首》之五：“人生结交在始终，莫为升沉中路分。”白居易《奉和思黯相公兼呈梦得》：“出处虽无意，升沉亦有媒。”杜荀鹤《投李大夫》：“进取门难见，升沉命未知。”李中《勉同志》：“明代搜扬切，升沉莫问龟。”

【升降】　（－jiàng）升高和降低。顾况《严公钓台作》：“扫门彼何人，升降不同朝。”杨衡《病中赴袁州次香馆》：“力微怯升降，意欲结踟躇。”

【升晅】　犹言升起亮光。许敬宗《奉和执契静三边应诏》：“升晅光西夜，驰恩溢东泻。”

【升高】　升入高处。陶拱《秋日悬清光》：“鉴下应无极，升高自有程。”

【升座】　登上座位。卢纶《送静居法师》：“五色香幢重复重，宝舆升座发神钟。”

【升㪷】　见“升斗”。

【升堂】　❶登堂。阶上室外称堂。李白《至鸭栏驿上白马矶赠裴侍御》：“临驿卷缇幕，升堂接绣衣。”韩愈《山石》：“升堂坐阶新雨足，芭蕉叶大支子肥。”清昼、崔达《重联句一首》：“自公退食，升堂草玄。”❷《论语·先进》：“由也升堂矣，未入于室也。”后用以指学问有所造就。杜甫《又示宗武》：“曾参与游夏，达者得升堂。”杨收《嘲吴人观者》：“若是升堂者，还应自得门。”李商隐《赠送前刘五经映三十四韵》：“莫逾巾屦念，容许后升堂。”❸古人相交，相访时，进入后堂拜候对方之母，以示结为通家之好。称升堂拜母。《后汉书·范式传》：“范式约期访张劭，至日，式升堂拜母，尽欢而别。”杨巨源《题赵孟庄》：“升堂俱自媚，得路难相见。”

【升朝】　（－cháo）进入朝廷。韩愈、孟郊《会合联句》：“升朝高辔逸，振物群听悚。”

【升笄】　加笄，谓女子成年。郭正一《奉和太子纳妃太平公主出降》：“桂宫初服冕，兰掖早升笄。”

【升階】　自台下拾级而上；升上台阶。韩愈《寄崔二十六立之》：“升阶揖侍郎，归舍日未欹。”又《谒衡岳庙遂宿岳寺题门楼》：“升阶伛偻荐脯酒，欲以菲薄明其衷。”

【升遐】　指帝王之死。罗隐《严陵滩》：“世祖升遐夫子死，原陵不及钓台高。”

【升歌】　谓祭祀、宴会升堂时演奏乐歌。则天皇后《唐大飨拜洛乐章·昭和》：“升歌荐序，垂币翘诚。”陈叔达《太庙祼地歌辞》：“发德朱弦，升歌丹陛。”

【升壇】　登上祭坛。陆龟蒙《寄怀华阳道士》：“霓轩入洞齐初月，羽节升坛拜七星。”

【升曉】　犹破晓。韩愈《同冠峡》：“宿云尚含姿，朝日忽升晓。”

【升攀】　犹言登临。包融《阮公啸台》：“逝者共已远，升攀想遗趣。”

【升騰】　❶飞腾上升。李商隐《井泥四十韵》：“升腾不自意，畴昔忽已乖。”齐己《同光岁送人及第东归》：“变化龙三十，升腾凤一行。”亦用以指官爵升迁。李昭象《山中寄崔谏议》：“从此升腾休说命，只奉公道数封书。”❷道家用以指成仙升天。元稹《刘氏馆集隐客归和子元及之子蒙晦之》：“诗客爱时景，道人话升腾。”

【升躋】　飞升。孟郊《与王二十一员外涯游枋口柳溪》：“凿出幽隐端，气象皆升跻。”

三　画

半　〔bàn《广韵》博漫切，去换，幫。〕❶一半，多半。窦叔向《夏夜宿表兄话旧》：“去日儿童皆长大，昔年亲友半凋零。”权德舆《奉和许阁老酬淮南崔十七端公见寄》:“帆席来应驶,郊园半已芜。”李频《太和公主还宫》:“禁花半老会攀树,宫女多非旧识人。”亦用指到了一半。岑参《送杜佐下第归陆浑别业》:“正月今欲半,陆浑花未开。”韦应物《雨夜感怀》:“耿耿心未平,沉沉夜方半。”朱庆余《发凤翔后途中怀田少府》:“识君春未半,意欲住经秋。”❷中间;半途。崔颢《赠卢八象》:“是日风波霁,高堂雨半收。”白居易《履道新居二十韵》:“厨晓孤烟起,庭寒雨半收。”❸俱,全。李白《宫中行乐词八首》之六:“艳舞全知巧,娇歌半欲羞。”杜甫《舍弟观赴蓝田取妻子到江陵喜寄三首》之二:“巡檐索共梅花笑,冷蕊疏枝半不禁。”韩愈《题韦氏庄》:“架倒藤全落,篱崩竹半空。”

【半人】　晋时,名士习凿齿少有志气,博学洽闻,以文笔著称。前秦君主苻坚攻陷襄阳时,加以聘任,同时被聘的还有释道安。因凿齿有脚气,苻坚称得了一个半人。后用以借称残废人。白居易《咏身》:“周南留滞称遗老,汉上赢残号半人。”

【半人家】　一半人家。刘方平《夜月》:“更深月色半人家,北斗阑干南斗斜。”

【半山】　半山腰。李颀《少室雪晴送王宁》:“隔城半山连青松,素色峨峨千万重。”

【半弓】　谓半弓形。形容弦月。元稹《春六十韵》:“昼漏频加箭,宵晖欲半弓。”

【半子】　女婿。严维《酬谢侍御喜王宇及第见贺不遇之作》:“老夫宁有力,半子自成名。”

【半天】　半空。刘宪《奉和幸安乐公主山庄应制》:“沓石悬流平起地,危楼曲阁半天开。”裴度《真慧寺》:“更有一般人不见,白莲花向半天开。”

【半世】　半生。韩愈《赠侯喜》:“半世遑遑就举选,一名始得红颜衰。”韩偓《过汉口》:“联翩半世腾腾过,不在渔船即酒楼。”杜荀鹤《感春》:“浮生七十今三十,已是人间半世人。”刘兼《春夕遣怀》:“范蠡扁舟终去相,冯唐半世只为郎。”

【半日】　半天,较长一段时间。白居易《萧庶子相过》:“半日停车马,何人在白家。”高蟾《落花》:“无人共得东风语,半日尊前计不成。”皇甫松《采莲子》词之二:“无端隔水抛莲子,遥被人知半日羞。”

【半日村】　村名。在陕西渭南。郎士元有别业于此。此村山高云蔽,阴影常照其一半,故名。郎士元有《酬王季友题半日村别业兼呈李明府》。

【半日吴村】　即半日村。钱起《题郎士元半日吴村别业兼呈李明府》:“半日吴村带晚霞,闲门高柳乱飞鸦。”

【半分】　(—fēn)平分为二。耿湋《酬张少尹秋日凤翔西郊见寄》:“草木凉初变,阴晴景半分。”

【半月】　❶半轮月亮。太宗《秋日即目》:“落野飞星箭,弦虚半月弓。”董思恭《咏琵琶》:“半月无双影,金花有四时。”韩偓《寄远》:“眉如半月云如鬟,梧桐落叶敲井阑。”❷半个月时间。皮日休《奉和鲁望白菊》:“已过重阳半月天,琅华千点照寒烟。”

【半月泉】　泉名。在浙江绍兴市。泉隐于岩下,虽月圆,池中亦只能见其半,故称。李绅《题法华寺五言二十韵》:“殿涌全身塔,池开半月泉。”

【半月臺】　台名。在唐之单父县(故城在今山东单县南)。为单父县尉陶沔所筑,形如半月,故名。李白有《登单父陶少府半月台》。

【半心疑】　将信将疑。李益《罢镜》:“欲令孤月掩,从遣半心疑。”

【半生】　生命的一半,半世。牟融《赠欧阳詹》:“为客囊无季子金,半生踪迹任浮沉。”李昭象《山中寄崔谏议》:“半生猿鸟共山居,吟月吟风两鬓疏。”徐夤《十里烟笼》:“浮世宦名浑似梦,半生勤苦谩为文。”

【半生熟】　半生半熟。杜甫《驱竖子摘苍耳》:“登床半生熟,下箸还小益。”

【半仗】　仪仗队的一半。姚合《和裴令公新成绿野堂即事》:“人间无此贵,半仗暮归城。”

【半白】　❶一半白。白居易《腊后岁前遇景咏意》:“海梅半白柳微黄,冻水初融日欲长。”王周《小园桃李始花偶以成咏》:“半红半白无风雨,随分夭容解笑人。”❷指头发白了一半。白居易《寄唐生》:“怜君头半白,其志意不衰。”黄滔《上刑部卢员外》:“半白侵吟鬓,微红见药颜。”曹松《拜访陆处士》:“万卷书边人半白,再来唯恐降玄纁。”

【半百】　指五十岁。李适之《朝退》:“年今将半百,不乐复如何?”杜甫《暮归》:“年过半百不称意,明日看云还杖藜。”韦庄《镊白》:“新年过半百,犹叹未休兵。”

【半死】　将死未死。李峤《天官崔侍郎夫人吴氏挽歌》:“簟怆孤生竹,琴哀半死桐。”陈子昂《代悲白头翁》:“寄言全盛红颜子,应怜半死白头翁。”唐暄《赠亡妻张氏》:“峄阳桐半死,延津剑一沉。”

【半死半生】　将死未死,将活未活。杜甫《又观打鱼》:“小鱼脱漏不可记,半死半生犹戢戢。”

【半死桐】　用作咏琴、咏桐及喻人悲痛的典故。李峤《天官崔侍郎夫人吴氏挽歌》:“簟怆孤生竹,琴哀半死桐。”李端《长安感事呈卢纶》:“昔慕能鸣雁,今怜半死桐。”鲍溶《悲湘灵》:“哀响云合来,清余桐半死。”

【半年】　一年时间的一半。刘沧《下第东归途中书事》:“峡路谁知倦此情,往来多是半年程。”李频《送友人下第归越》:“虽为半年客,便是往来鸿。”喻坦之《送友人游东川》:“春兼三月闰,人拟半年游。”

【半身】　一半身子。白居易《饱食闲坐》:“箕踞拥裘坐，半身在日旸。”韩偓《复偶见三绝》之三：“半身映竹轻闻语，一手揭簾微转头。”

【半刺】　指州郡长官下属的官吏，如长史、通判等。其任居刺史之半，故称。苏颋《赠彭州权别驾》：“只道歌谣迎半刺，徒闻礼数揖中台。”杜甫《寄彭州高三十五使君适虢州岑二十七长史参三十韵》：“诸侯非弃掷，半刺已翱翔。”

【半夜】　夜的一半，亦泛指深夜。刘禹锡《八月十五日夜半云开然后玩月因书一时之景寄呈乐天》：“半夜碧云收，中天素月流。”贾岛《寄董武》：“孤鸿来半夜，积雪在诸峰。”任翻《桐柏观》：“半夜人无语，中宵月送凉。”

【半夜鐘】　午夜报时的钟声。王建《宫词一百首》之二六：“灯前飞入玉阶虫，未卧常闻半夜钟。”许浑《寄题华严韦秀才院》：“今来故国遥相忆，月照千山半夜钟。”李洞《送三藏归西天国》：“五天到日应头白，月落长安半夜钟。”

【半空】　(—kōng)空中。张说《奉和圣制登骊山瞩眺应制》：“寒山上半空，临眺尽寰中。”温庭筠《晓仙谣》：“秦王女骑红尾凤，半空回首晨鸡弄。”唐彦谦《游南明山》：“石磴千叠斜，峭壁半空起。”

【半牀】　不满一床。韦庄《清平乐》词之二：“梦觉半床斜月，小窗风触鸣琴。”越溪杨女《联句》：“珠帘半床月，青竹满林风。”

【半面】　用以称瞥见一面。钱起《赠李十六》：“半面喜投分，数年钦盛名。”元稹《别李三》：“半面契始终，千金比然诺。”寥有方《题旅榇》：“半面为君申一恸，不知何处是家乡。”方干《题慈溪张丞壁》：“共向乡中非半面，俱惊鬓里有新丝。”

【半面妝】　《南史·梁元帝徐妃传》：“妃以帝眇一目，每知帝将至，必半面妆以俟，帝见则大怒而出。”李商隐《南朝》：“休夸此地分天下，只得徐妃半面妆。”亦用以指寻常妆扮。温庭筠《和太常杜少卿东都修竹里有嘉莲》：“同心表瑞荀池上，半面分妆乐镜中。”

【半段黄金錢】　指金钩。半段钱形如半轮残月，亦如钩，故云。岑参《敦煌太守后庭歌》：“射得半段黄金钱，此中乐事亦已偏。”

【半秦民】　秦地（陕西）半数的人民。杜甫《北征》：“遂令半秦民，残害为异物。”

【半夏】　药草名。因五月苗始生，居夏之半，故名。根可入药。王建《寄刘蕡问疾》：“赊来半夏重熏尽，投著山中旧主人。”

【半破】　破了一半。指月缺未圆。韩愈《合江亭》：“穷秋感平分，新月怜半破。”

【半眠】　未全睡着。李贺《沙路曲》：“柳脸半眠丞相树，珮马钉铃踏沙路。”

【半宵】　❶一夜之半。寒山《诗三百三首》之九十：“人间八百岁，未抵半宵长。”❷半夜，深夜。窦群《晨游昌师院》：“生期半宵梦，忧绪仍非一。”

【半袖】　亦称“半臂”。短袖衣，其袂半襦而施袖。李贺《谢秀才有妾缟练座人制诗嘲谢贺复继四首》之四：“邀人裁半袖，端坐据胡床。”

【半除】　半阶，一半台阶。元稹《酬乐天早夏见怀》：“八日复切九，月明侵半除。”

【半偏】　偏向一边，谓不整齐对称。白居易《长恨歌》：“云鬓半偏新睡觉，花冠不整下堂来。”

【半途】　中途。韩愈《病中赠张十八》：“半途喜开凿，派别失大江。”

【半陰】　❶谓天气多云。刘禹锡《洛中早春赠乐天》：“漠漠复霭霭，半晴将半阴。”❷谓未全阴暗。孔德绍《夜宿荒村》：“风度谷余响，月斜山半阴。”

【半華】　古称白发为华发，半华谓毛发一半变白。杜甫《负薪行》：“夔州处女发半华，四十五十无夫家。”

【半菽】　半菜半粮，指粗劣的饭食。杜甫《秦州见敕兼述索居凡三十韵》：“栖遑分半菽，浩荡逐流萍。”元稹《竹部》：“归来不买食，父子分半菽。”温庭筠《病中书怀呈友人》：“尚能甘半菽，非敢薄生刍。”

【半酣】　半醉。白居易《烧药不成命酒独醉》：“少年心不远，只在半酣中。”又《琴酒》：“耳根得听琴初畅，心地忘机酒半酣。”韦庄《古离别》：“晴烟漠漠柳毵毵，不那离情酒半酣。”

【半景】　(—yǐng)❶一半阴影。赵彦昭《奉和幸白鹿观应制》：“云骖驱半景，星跸坐中天。”❷谓余光，微光。王泠然《夜光篇》：“未得贵游同秉烛，唯将半影借披书。”

【半睡】　似睡非睡。韩偓《半睡》：“宵分未归帐。半睡待郎归。”

【半路】　中途。薛能《下第后春日长安寓居三首》之三：“全家期圣泽，半路敢农桑？”郑谷《送吏部曹郎中免官南归》：“满朝张祖席，半路上仙舟。”贯休《古出塞曲三首》之一：“圣君应入梦，半路遣封侯。”

【半腹】　谓山腰。刘长卿《关门望华山》：“雷雨飞半腹，太阳在其巅。”韩愈《谒衡岳庙遂宿岳寺题门楼》：“喷云泄雾藏半腹，虽有绝顶谁能穷？”张祜《题苏州楞伽寺》：“楼台山半腹，又此一经行。”

【半禄】　谓致仕后领取一半俸禄。唐制，五品以上官致仕可享受半禄。白居易《达哉乐天行》：“七旬才满冠已挂，半禄未及车先悬。”

【半醉】　饮酒过量而微醉。陈羽《公子行》：“马娇郎半醉，躞蹀望楼台。”李商隐《陈后宫》：“从臣皆半醉，天子正无愁。”李建勋《送喻炼师归茅山》：“半醉离城去，单衣行雪中。”

【半輪】　指上弦或下弦月。李白《峨眉山月歌》：“峨眉山月半轮秋，影入平羌江水流。”

【半影】　半个影子。高宗《九月九日》：“砌兰亏半影，岩桂发全香。”

【半餅】　谓半个茶饼。卢纶《新茶咏寄上西川相公二十三舅大夫二十舅》：“贮之玉合才半饼，寄与阿连题数行。”

【半壁】　❶半扇墙壁。刘沧《游上方石窟寺》：“一声疏磬过寒水，半壁危楼隐白云。”张乔《宿昭应》：“半壁空宫闭，连天白道闲。”黄滔《秋夕贫居》：“孤灯照独吟，半壁秋花死。”❷半山腰。李白《梦游天姥吟留别》：“半壁见海日，空中闻天鸡。”李白、高霁《改九子山为九华山联句》：“层标遏迟日，半壁明朝霞。”

【半闕】　半个寺阙。李洞《题西明寺攻文僧林复上人房》：“楼憩长空鸟，钟惊半阙人。”

【半曛】　天色半晚。韦承庆《江楼》：“独酌芳春酒，登楼已半醺。”

【半嶺】　半山腰。杜甫《雨》：“晴飞半岭鹤，风乱平沙树。”

【半點】　形容极少。窦巩《寻道者所隐不遇》：“篱外涓涓涧水流，槿花半点夕阳收。”

【半臂】　义同“半袖”。李贺《唐儿歌》：“竹马梢梢摇绿尾，银台睒光踏半臂。”《酒令・方干李主簿改令》之二：“只见半臂著襕，不见口唇开袴。”

【半蟾】　半边月亮。神话传说谓月中有蟾蜍，故称。李白《雨后望月》：“四郊阴霭散，开户半蟾生。”

【半巖】　亦作“半岩”。半山腰。牟融《题李昭训山水》：“半岩松暝时藏鹤，一枕秋声夜听泉。”许浑《和友人送僧归桂州灵岩寺》：“南京长老几年别，闻道半岩多影堂。”

卉　〔huì《广韵》許貴切，去未，曉。又許偉切，上尾，曉。〕草的总称。韦应物《休沐东还胄贵里示端》：“山明宿雨霁，风暖百卉舒。”柳宗元《戏题阶前芍药》：“凡卉与时谢，妍华丽兹晨。”崔橹《有酒失于虔州陆郎中肱以诗谢之》：“叵耐一双穷相眼，不堪花卉在前头。”

【卉木】　草木。司空图《效陈拾遗子昂感遇二首》之二：“阳和含煦润，卉木竞纷华。”

【卉物】　谓草类。白居易《秋池二首》之一：“前池秋始半，卉物多摧坏。”

【卉服】　❶用絺葛做的衣服。李峤《安辑岭表事平罢归》：“卉服纷如积，长川思游客。”白居易《送客春游岭南二十韵》：“红旗围卉服，紫绶裹文身。”李绅《逾岭峤止荒陬抵高要》：“天将南北分寒燠，北被羔裘南卉服。”吴筠《高士咏・孙公和》：“孙登好淳古，卉服从穴居。”❷指边远地区少数民族或岛居之人。王维《送祢郎中》：“卉服为诸吏，珠官拜本州。”又《送从弟蕃游淮南》：“席帆聊问罪，卉服尽成擒。”裴次元《南至日隔仗望含元殿炉香》：“冕旒初负扆，卉服尽朝天。”

【卉草】　草。于季子《咏萤》：“卉草诚幽贱，枯朽绝因依。”

六　画

協　〔xié《广韵》胡頰切，入帖，匣。〕❶符合；相同。徐坚《奉和圣制送张说巡边》：“累相承安世，深筹协子房。”杜甫《行次昭陵》：“天属尊《尧典》，神功协《禹谟》。”卢纶《腊日观咸宁王部曲娑勒擒豹歌》：“既苏复吼拗仍怒，果协英谋生致之。”李涉《咏古》：“顺天行杀机，所向协良谋。”❷协助；辅助。丁泽《龟负图》：“作瑞旌君德，披文协帝谟。”杨巨源《上刘侍中》：“道协陶钧力，恩回日月光。”卢文纪《后唐宗庙乐舞辞》：“运符武德，道协文明。”❸协调；和谐。《郊庙歌辞・中宗祀昊天乐章・舒和》：“已陈粢盛敷严祀，更奏笙镛协雅声。”上官昭容《游长宁公主流杯池二十五首》之十四：“攀藤招逸客，偃桂协幽情。”德宗《中和节赐百官燕集因示所怀》：“芳时协金奏，赐宴同群臣。”李舒《让皇帝庙乐章・迎俎》：“祀盛体荐，礼协粢盛。”❹和悦，和顺。《郊庙歌辞・昭德皇后庙乐章・坤元》：“昌时协庆，理内成功。”高适《真定即事奉赠韦使君二十八韵》：“隐轸推公望，逶迤协帝俞。”

【協比】　和谐，协调。詹敦仁《复留侯从效问南汉刘岩改龚字音义》：“点画有偏旁，阴阳贵协比。”

【協和】　和睦，融洽。胡曾《咏史诗・昆阳》：“师克由来在协和，萧王兵马固无多。”

【協契】　谓同心，一致。《郊庙歌辞・祭太社乐章・肃和》：“后土凝德，神功协契。”

【協律】　❶配以音乐声律。犹言谱曲。柳宗元《零陵赠李卿元侍御简吴武陵》：“惜无协律者，窈眇弦吾诗。”❷协律都尉、协律校尉、协律郎等乐官的省称。白居易《醉送李协律赴湖南辟命因寄沈八中丞》：“曾共中丞情缱绻，暂留协律语踟蹰。”杜牧有《郑瓘协律》。李商隐有《赠赵协律皙》。

【協律郎】　掌管音乐之官。汉武帝因李延年擅长新声，置为协律都尉。晋改为协律校尉。后魏改置协律郎。又有协律中郎。历代承袭此制。唐时为正八品上阶，掌管校正乐律，调和律吕，监试乐人典课。属太常寺。白居易《画竹歌》序：“协律郎萧悦善画竹，举时无伦。”

【協律都尉】　汉魏时掌管音乐之官。汉武帝以李延年为此官。三国魏左延年精通音乐，善为郑声，亦曾任此官。李白《秦女休行》题注："魏协律都尉左延年所作，今拟之。"

【協風】 和煦的春风。钱起《京兆尹厅前甘棠树降甘露》："协风与之俱，物性皆熙熙。"

【協晨】 和谐美好的晨景，道家用以称仙人之住所。皮日休《伤开元观顾道士》："协晨宫上启金扉，诏使先生坐蜕归。"

【協贊】 协助，辅佐。张说《赵耿公彦昭》："协赞休明启，恩华日月照。"

卓 〔zhuō《广韵》竹角切，入覺，知。〕❶特立，耸立。薛能《华岳》："簇簇复亭亭，三峰卓杳冥。"陆龟蒙《奉和袭美古杉三十韵》："格笔差犹立，阶干卓未麾。"李洞《毙驴》："三尺焦桐背残月，一条藜寒杖卓寡烟。"齐己《舟中晚望祝融峰》："天际卓寒青，舟中望晚晴。"❷树立；直立。杜牧《题茶山》："溪尽停蛮棹，旗张卓翠苔。"吴融《赴阙次留献荆南成相公三十韵》："卓旗云梦泽，扑火细腰宫。"徐夤《蕉叶》："只应青帝行春罢，闲倚东墙卓翠旗。"❸特异；超群。陆龟蒙《读襄阳耆旧传因作诗五百言寄皮袭美》："卓哉悲秋辞，合在风雅右。"❹停；停留。温庭筠《思帝乡》词："花花，满枝红似霞。罗袖画帘肠断，卓香车。回面共人闲语。"陆龟蒙《奉和袭美太湖诗二十首·明月湾》："空中卓羽卫，波上停龙螭。"韦庄《癸丑年下第献新先辈》："五更残月省墙边，绛旆蜺旌卓晓烟。"❺桌子。见"卓子"。❻正；当。见"卓午"。❼指奸臣董卓。李商隐《送千牛李将军赴阙五十韵》："马前烹莽卓，坛上揖韩彭。"❽姓。见"卓文君""卓侯"。唐诗人中有卓英英。

【卓子】 即桌子。几案。齐己有《谢人寄南榴卓子》。

【卓女】 指卓文君。元稹《梦游春七十韵》："卓女白头吟，阿娇金屋赋。"冯涓《蜀驮行》："卓女窥窗莫我知，严仙据案何曾识。"牛峤《女冠子》词之二："锦江烟水，卓女烧春浓美。"参见"卓文君"。

【卓王孫】 西汉临邛富商。卓文君之父。文君夜奔相如，同归成都。因家贫又返临邛，与相如卖酒。卓王孙深以为耻，分财产与之，使回成都。见《史记·司马相如列传》。杜牧《昔事文皇帝三十二韵》："瀌空沧海水，搜尽卓王孙。"张祜《送人归蜀》："长怨相如留滞处，富家还忆卓王孙。"

【卓午】 正午。李白《戏赠杜甫》："饭颗山头逢杜甫，顶戴笠子日卓午。"亦用以指午夜。黄滔《明月照高楼》："卓午收全影，斜悬转半明。"

【卓氏】 指卓文君。借指卖酒女子。元稹《好时节》："身骑骢马峨眉下，面带霜威卓氏前。"张泌《碧户》："卓氏仍多酒，相如正富才。"

【卓氏琴】 亦作"卓家琴"。临邛卓文君好音乐，司马相如以琴心相挑。唐诗中多用以咏蜀地。卢纶《送从舅成都县丞广归蜀》："唯应对杨柳，暂醉卓家琴。"许浑《赠萧炼师》："莫比班家扇，宁同卓氏琴。"贾岛《送朱休归剑南》："卓氏琴台废，深芜想径通。"参见"卓文君"。

【卓氏壚】 亦作"卓家壚"。指卓文君和司马相如所开的酒店。温庭筠《题城南杜邠公林亭》："卓氏垆前金线柳，隋家堤畔锦帆风。"张祜《送蜀客》："莫恋卓家垆，相如已屑屑。"

【卓文】 即卓文君。韦庄《乞彩牋歌》："蜀客才多染不供，卓文醉后开无力。"

【卓文君】 汉临邛大富商卓王孙之女，青年丧偶，居在家。司马相如之临邛，过饮卓氏，弄琴，文君窃从户窥之，心悦而好之。相如以琴挑之，文君夜奔相如，相如乃与其驰归成都。家徒四壁，无以自存，又返临邛。买一酒舍酤酒，而让文君当垆。相如身自著犊鼻裈，与保庸杂作。卓王孙深以为耻，不得已，分予文君僮百人，钱百万，及其嫁时衣被财物。文君乃与相如归成都，买田宅，为富人。见《史记·司马相如列传》。杜甫《琴台》："茂陵多病后，尚爱卓文君。"李商隐《杜工部蜀中离席》："美酒成都堪送老，当垆仍是卓文君。"陈陶《答莲花妓》："已向升天得门户，锦衾深愧卓文君。"李播《见美人闻琴不听》："闻琴不肯听，似妒卓文君。"

【卓立】 特立。杜甫《天育骠骑歌》："矫矫龙性合变化，卓立天骨森开张。"元稹《望云骓马歌》："上前喷吼如有意，耳尖卓立节踠奇。"李咸用《石版歌》："直方挺质贞且真，当庭卓立凝顽神。"亦用以指志趣非凡。贾岛《送汲鹏》："文采非寻常，志愿期卓立。"《赠僧》(卷八六四)："卓立不求名出家，长怀片志在青霞。"

【卓地】 直立于地。张祜《答僧赠柱杖》："画空疑未决，卓地计初成。"李贺《白虎行》："朱旗卓地白虎死，汉王知是真天子。"

【卓長官】 (長 zhǎng)指卓茂。字子康，东汉南阳宛人。平帝时为密县令。有政绩。汪遵《密县》："至今闾里逢灾沴，犹祝当时卓长官。"

【卓卓】 ❶高远貌。孟郊《峡哀》之六："月魄高卓卓，峡窟清沉沉，"❷特立貌。王建《题裴处士碧虚溪居》："春圃紫芹长卓卓，暖泉青草一丛丛。"

【卓侯】 指东汉卓茂。光武刘秀建武元年(25)，征卓茂为大傅，封褒德侯。后用以指循吏。姚合《使两浙赠罗隐》："何当世祖从人望，早以公台命卓侯。"

【卓馬】 犹云立马。李商隐《寄太原卢司空三十韵》："断鳌支四柱，卓马济三灵。"

【卓家】 指卓文君家。耿沣《送蜀客还》:"卓家人寂寞,扬子业荒残。"卢纶《送从舅成都县丞广归蜀》:"唯应对杨柳,暂醉卓家琴。"

【卓家琴】 同"卓氏琴"。

【卓家墟】 见"卓氏墟"。

【卓望】 遥望;瞭望。王建《送吴郎中赴忠州》:"何处忠州界,山头卓望旗。"

【卓異】 优异特出。贯休《上荆南府主三让德政碑》:"荆州化风何卓异,寡欲无为合天地。"

【卓植】 卓然植立。陆龟蒙《吴俞儿舞歌·矛俞》:"卓植赴列,夺避中节。"

【卓傑】 高峻特立。张乔《华山》:"卓杰三峰出,高奇四岳无。"

【卓然】 特异貌。寒山《诗三百三首》之一〇五:"神气卓然异,精彩超众群。"杜甫《饮中八仙歌》:"焦遂五斗方卓然,高谈雄辩惊四筵。"

【卓絶】 超然特出。李白《将游衡岳过汉阳双松亭留别族弟浮屠谈皓》:"卓绝道门秀,谈玄乃支公。"杜甫《狄明府》:"今者兄弟一百人,几人卓绝秉周礼。"窦常《故秘监丹阳郡公延陵包公挽歌词》:"卓绝明时第,孤贞贵后贫。"黄滔《寄同年李侍御龟正》:"昆璞要疑方卓绝,大鹏须息始开张。"

【卓爾】 特异貌。刘禹锡《令狐相公见示赠竹二十韵仍命继和》:"孤高何卓尔,垂梢覆内屏。"皮日休《鲁望读襄阳耆旧传见赠五百言次韵》:"伟哉洞上隐,卓尔隆中耨。"黄崇嘏《辞蜀相妻女诗》:"立身卓尔青松操,挺志铿然白璧姿。"

【卓犖】 卓绝,杰出。骆宾王《畴昔篇》:"五丁卓荦多奇力,四士英灵富文艺。"韩愈《荐士》:"建安能者七,卓荦变风操。"白居易《哭微之二首》之二:"文章卓荦生无敌,风骨英灵殁有神。"皮日休《虎丘寺殿前有古杉一本遂赋三百言以见志》:"卓荦掷枪干,叉牙束戟枝。"

【卓豎】 卓然竖立。吕岩《绝句》之三十:"粗眉卓竖语如雷,闻说不平便放杯。"

【卓魯】 东汉卓茂、鲁恭二人合称。二人均为循吏,诗文中用作能吏的代称。王维《奉送六舅归陆浑》:"伯舅吏淮泗,卓鲁方喟然。"李嘉祐《南浦渡口》:"惭无卓鲁术,解印谢黔黎。"

【卓闊】 高超深远。韩愈《山南郑相公樊员外酬答为诗依赋十四韵以献》:"辞悭义卓阔,呀豁疚掊掘。"

卑 〔bēi《广韵》府移切,平支,幫。〕❶低矮,与"高"相对。李白《万愤词投魏郎中》:"如其听卑,脱我牢狴。"韦应物《洛都游寓》:"草木同时植,生条有高卑。"舒元舆《坊州按狱》:"须知听甚卑,勿谓天之高。"❷卑贱;衰微。崔融《哭蒋詹事俨》:"置榻恩愈重,迎门礼自卑。"刘禹锡《和李六侍御文宣王庙释奠作》:"叹息鲁先师,生逢周室卑。"杜荀鹤《赠溧水崔少府》:"九华山叟心相许,不计官卑赠一篇。"张蠙《哭建州李员外》:"捷到重科早,官终一郡卑。"❸以为低矮,看不起。杜甫《青阳峡》:"东笑莲华卑,北知崆峒薄。"元稹《竞渡》:"傍瞻旷宇宙,俯瞰卑昆仑。"胡幽贞《归四明》:"天籍岂辄问,不是卑朝士。"

【卑小】 微小。白居易《得湖州崔十八使君书喜与杭越邻郡因成长句代贺兼寄微之》:"吴兴卑小君应屈,为是蓬莱最后仙。"

【卑吏】 小官。王湾《秋夜寓直即事怀赠萧令公裴侍郎兼通简南省诸友人》:"卑吏夙驱策,微涓效斗升。"王建《昭应官舍》:"朝客轻卑吏,从他不往还。"白居易《送人贬信州判官》:"若于此郡为卑吏,刺史厅前又折腰。"

【卑束】 谓服装寒碜。卢伦《虢州逢侯剑同寻南观因赠别》:"衰贫羞客过,卑束会君难。"

【卑位】 卑贱的官位。方干《赠上虞胡少府百篇》:"宏才尚遣居卑位,公道何曾雪至冤。"

【卑枝】 低枝。杜甫《彭衙行》:"野果充糇粮,卑枝成屋椽。"又《陪郑广文游何将军山林十首》之二:"卑枝低结子,接叶暗巢莺。"

【卑官】 小官。韩愈《八月十五夜赠张功曹》:"坎轲只得移荆蛮,判司卑官不堪说。"张籍《移居静安坊答元八郎中》:"长安寺里多时住,虽守卑官不苦贫。"徐铉《庐陵别朱观先辈》:"解怜才子宁唯我,远作卑官尚见君。"

【卑泥】 谓格调不高。薛能《荔枝诗》序:"白尚书曾有是作,兴旨卑泥,与无诗同,予遂为之题。"

【卑居】 矮屋。王建《从元太守夏宴西楼》:"六月晨亦热,卑居多烦昏。"

【卑室】 矮屋。储光羲《同王十三维偶然作十首》之十:"四邻竞丰屋,我独好卑室。"

【卑陋】 矮小简陋。王睿《燕》:"茅檐不必嫌卑陋,犹胜吴宫爇尔窠。"

【卑秩】 小官。秩,官位品级。张九龄《叙怀二首》之二:"晚节从卑秩,岐路良非一。"

【卑迹】 卑劣的行迹。张祜《感春申君》:"薄俗何心议感恩,谄容卑迹赖君门。"

【卑宦】 小官。徐夤《自咏十韵》:"未游宦路叨卑宦,才到名场得大名。"卢钰《勖曹生》:"尊前有恨惭卑宦,席上无憀爱艳妆。"

【卑宫】 使宫室卑小,以示俭德。语出《论语·泰伯》。后用以作为称颂帝王俭朴之典。陈子昂《奉和皇帝上礼抚事述怀应制》："卑宫昭夏德，尊老睦尧亲。"许景先《奉和御制春台望》："明主卑宫诫前失，辅德钦贤政惟一。"杜甫《有感五首》之四："受钺亲贤往，卑宫制诏遥。"

【卑躬】 谦恭貌。马异《答卢仝结交诗》："卑躬君子今明明，俯首辞山心惨恻。"

【卑飛】 低飞。张九龄《送苏主簿赴偃师》："贤人安下位，鸷鸟欲卑飞。"

【卑棲】 同卑栖。居于卑贱官位。王维《留别钱起》："卑栖却得性，每与白云归。"钱起《县中池竹言怀》："卑栖且得地，荣耀不关身。"韩愈《赠徐州族侄》："今者复何事，卑栖寄徐戎。"齐己《轻薄行》："伯阳道德何唾洟，仲尼礼乐徒卑栖。"

【卑情】 卑微的情意。严维《送薛尚书入蜀》："卑情不敢论，拜首入辕门。"

【卑陬】 地位低下。亦指卑微之官。韩愈《赴江陵途中寄赠王二十补阙李十一拾遗李二十六员外翰林三学士》："栖栖法曹掾，何处事卑陬。"

【卑散】 言地位卑下，不自检束。王建《上张弘靖相公》："卑散自知霄汉隔，若为门下赐从容。"薛逢《奉和仆射相公送东川李支使归使府夏侯相公》："平津万一言卑散，莫忘高松寄女萝。"

【卑詞】 卑躬的言词。周昙《咏史诗·三国门·蜀先主》："不是卑词三访谒，谁令玄德主巴邛。"

【卑尊】 卑贱和尊贵。韩愈《陆浑山火和皇甫湜用其韵》："祝融告休酌卑尊，错陈齐玫辟华园。"

【卑溼】 低矮潮湿。杜甫《北风》："爽携卑湿地，声拔洞庭湖。"刘禹锡《谪居悼往二首》之一："长沙地卑湿，楼上见春多。"张祜《送丰整尉长沙》："莫言卑湿地，未必乏新欢。"薛能《送人自苏州之长沙县》："炎方好将息，卑湿旧堪忧。"

【卑僚】 亦作"卑寮"。低级官吏。罗隐《寄酬邺王罗令公五首》之二："脉散源分历几朝，纵然官宦只卑僚。"

【卑微】 低矮微贱。杜甫《徐卿二子歌》："丈夫生儿有如此二雏者，名位岂肯卑微休。"姚合《寄崔之仁山人》："官职卑微从客笑，性灵闲野向钱疏。"

【卑劇】 谓事务琐碎繁重。钱起《偶成》："始觉牵卑剧，宵眠亦在公。"

【卑賤】 ❶微贱，低贱。韩愈《此日足可惜赠张籍》："卑贱不敢辞，忽忽心如狂。"马异《答卢仝结交诗》："昨日脱身卑贱笼，卯星借与老人峰。"❷轻蔑，轻视。皎然《咏史》："借问高车与珠履，何如卑贱一书生？"

【卑寮】 同"卑僚"。韦应物《广陵行》："列郡何足数，趋拜等卑寮。"

【卑靜】 卑微清静。孟郊《赵记室椒在职无事》："卑静身后老，高动物先摧。"

【卑願】 微小的愿望。吴越王钱镠《隐岳洞》："手炉香暖申卑愿，愿降殊祥福帝尧。"

【卑彌】 古日本国女王名。王维《送秘书晁监还日本国》序："卑弥遣使，报以蛟龙之锦。"赵殿成注："《魏志》：倭国乱，相攻伐历年，乃共立一女子为王，名曰卑弥呼。"

卒[1]

〔zú《广韵》臧没切，入没，精。〕❶伍卒，士兵。王珪《咏汉高祖》："虮虱生介胄，将卒多苦辛。"杜甫《北征》："默思失业徒，因念远戍卒。"韩愈《元和圣德诗》："爰命崇文，分卒禁御；有安其躯，无暴我野。"李郢《晚秋寄题陆勋校书兴禅居时淮南从事》："万卒千蹄马，横鞭从信骑。"❷旧时被征调服徭役之人。王翰《饮马长城窟行》："问之耆老何代人，云是秦王筑城卒。"

卒[2]

〔zú《广韵》子聿切，入術，精。〕❶终于，到底。张说《赠崔公》："卒能匡惠帝，岂不赖刘侯。"白居易《赠樊著作》："卒使不仁者，不得秉国钧。"刘得仁《寄雍陶先辈》："愁心不易去，蹇步卒难前。"齐己《夏日林下作》："草媚终难死，花飞卒未蔫。"❷死亡。苏颋《奉和姚令公温汤旧馆永怀故人卢公之作》："正悦虞垂举，翻悲郑侨卒。"杜甫《自京赴奉先县咏怀五百字》："入门闻号咷，幼子饥已卒。"❸停止。刘湾《虹县严孝子墓》："礼闻哭有卒，汝独哀无时。"

卒[3]

〔cù《广韵》倉没切，入没，清。〕 仓促，突然。杜甫《北征》："潼关百万师，往者散何卒。"参见"卒₃暴"。

【卒伍】 古代军队编制，五人为伍，百人为卒。后泛指军队，行伍。杜甫《览柏中允兼子侄数人除官制词因述父子兄弟四美载歌丝纶》："子弟先卒伍，芝兰叠玙璠。同心注师律，洒血在戎轩。"

【卒₃卒】 （—cù）匆促急迫貌。刘希夷《故园置酒》："卒卒周姬旦，栖栖鲁孔丘。"韩愈《秋怀诗十一首》之三："彼时何卒卒，我志何曼曼。"白居易《和寄乐天》："后恨苦绵绵，前欢何卒卒。"

【卒₃風暴雨】 急风大雨。卢仝《与马异结交诗》："忽雷霹雳卒风暴雨撼不动，欲动不动千变万化总是鳞皴皮。"

【卒₃急】 匆促，仓促。拾得《诗》之十："有偈有千万，卒急述应难。"

【卒₂章】 诗、词、文章结尾的段落。欧阳詹《东风二章》序："作《东风》二章。首美去凶渠也，其卒章，美苏甿也。"元稹《酬乐天江楼夜吟稹诗因成三十韵》："卒章还恸哭，蛟蚋溢山川。"白居易《新乐府》序："首章标其目，卒章显其志。”

【卒歲】 ❶过年，度过一年。王维《田家》：“老年方爱粥，卒岁且无衣。”薛逢《镊白曲》：“虽盖长安一片瓦，末遑卒岁容宁居？”❷终年，一年到头。李白《赠友三首》之一：“余芳若可佩，卒岁长相随。”皇甫冉《使往寿州淮路寄刘长卿》：“榛草荒凉村落空，驱驰卒岁亦何功。”白居易《想东游五十韵》：“良辰宜酩酊，卒岁好优游。”陆龟蒙《村夜二篇》之二：“安知勤播植，卒岁无闲暇。”

【卒₂暴】 突然而猛急。杜甫《雨》：“前雨伤卒暴，今雨喜容易。”

七 画

南[1] 〔nán《广韵》那含切，平覃，泥。〕❶方位名。与“北”相对。王季友《代贺若令誉赠沈千运》：“村南村西车马道，一宿通州水浩浩。”韩愈《游城南十六首·赠张十八助教》：“喜君眸子重清朗，携手城南历旧游。”白行简《在巴南望郡南山呈乐天》：“不作巴南天外意，何殊昭应望骊山。”贯休《循吏曲上王使君》：“自东自西，自南自北，伊飞伊走，乳乳良牧。”❷南方；南国。见“南土”“南地”“南帝”“南裔”。❸向南。周贺《酬吴之问见赠》。“荡桨期南去，荒园久废锄。”李频《哭贾岛》：“秦楼吟苦夜，南望只悲君。”韦庄《章台夜思》：“乡书不可寄，秋雁又南回。”❹姓。唐诗人有南巨川。

南[2] 〔nā《广韵》那含切，平潭，泥。〕见“南₂無佛陀。”

【南人】 南方之人。白居易《赠友五首》之二：“南人弃农业，求之多苦辛。”张乔《江楼作》：“南人废耕织，早晚罢王师。”李咸用《牡丹》：“少见南人识，识来嗟复惊。”孙光宪《菩萨鬘》词之五：“铜鼓与蛮歌，南人祈赛多。”

【南土】 南方。鲍溶《鸣雁行》：“七月朔方雁心苦，联影翻空落南土。”罗隐《送溪州使君》：“兵寇伤残国力衰，就中南土藉良医。”

【南工】 南方巧匠。张祜《赋得福州白竹扇子》：“金泥小扇谩多情，未胜南工巧织成。”

【南下】 自北至南。欧阳詹《题秦岭》：“南下斯须隔帝乡，北行一步掩南方。”李商隐《行次西郊作一百韵》：“南下大散关，北济渭之滨。”

【南山】 ❶指终南山，属秦岭山脉，在今陕西西安市南。李峤《豹》：“若令逢雨露，长隐南山幽。”孟浩然《岁暮归南山》：“北阙休上书，南山归敝庐。”杜甫《秋兴八首》之五：“蓬莱宫阙对南山，承露金茎霄汉间。”皮日休《三羞诗三首》之一：“赫赫负君归，南山采芝蕨。”❷指唐兴元府（府治即今汉中市）的南山。李商隐有《自南山北归经分水岭》和《南山赵行军新诗盛称游宴之洽因寄一绝》。❸泛指南面的山。李贺《江南弄》：“鲈鱼千头酒百斛，酒中倒卧南山绿。”

【南山老】 即商山四皓。李白《金陵歌送别范宣》：“送尔长江万里心，他年来访南山老。”王琦注：“南山皓，谓汉之四皓。四皓在秦时始入蓝田山，后又入地肺山，汉时匿于终南山。”

【南山豆】 汉杨恽，官至光禄勋，因事罢官家居，曾种豆一顷于南山。见《汉书·杨恽传》。后因用以作罢官闲居之典。骆宾王《夏日游德州赠高四》：“一顷南山豆，五色东陵瓜。”杜甫《投简成华两县诸子》：“南山豆苗早荒秽，青门瓜地新冻裂。”

【南山虎】 晋周处年少时不修细行，纵情肆恣，为乡人所患。乡人以其与南山白额猛虎、长桥下蛟为“三害”。见《晋书·周处传》。李白《白马篇》：“弓摧南山虎，手接太行猱。”

【南山豹】 刘向《列女传·陶答子妻》：“妾闻南山有玄豹，雾雨七日而不下食者，何也？欲以泽其毛而成文章也。故藏而远害。犬彘不择食以肥其身，坐而须死耳。”后用以喻指隐居伏匿、爱惜其身、有所不为之人。李白《经乱后将避地剡中留赠崔宣城》：“我垂北溟翼，且学南山豹。”

【南山皓】 即商山四皓。李白《览镜书怀》：“桃李竟何言，终成南山皓。”参见“南山老”。

【南山壽】 《诗·小雅·天保》：“如南山之寿，不骞不崩。”孔颖达疏：“天定其基业长久，且又坚固，如南山之寿。”后用作祝寿之词。魏元忠《修书院学士奉敕宴梁王宅》：“愿陪南岳寿，长奉北宸樽。”李峤《汾阴行》：“声明动天乐无有，千秋万岁南山寿。”李白《春日行》：“小臣拜献南山寿，陛下万古垂鸿名。”和凝《宫词百首》之五：“封人争献南山寿，五色云中御辇平。”

【南山霧】 谓退隐山林。权德舆《祗役江西路上以诗代书寄内》：“既非大川楫，则守南山雾。”亦指富有文采。许浑《酬河中杜侍御重寄》：“文章已变南山雾，羽翼应抟北海风。”参见“南山豹”。

【南天】 ❶南方天空。李白《陪族叔刑部侍郎晔及中书贾舍人至游洞庭五首》之一：“洞庭西望楚江分，水尽南天不见云。”❷指边远的南方。薛涛《酬人雨后玩竹》：“南天春雨时，那鉴雪霜姿。”贾岛《送南康姚明府》：“铜章美少年，小邑在南天。”杜荀鹤《闽中别所知》：“自疑双鬓雪，不似到南天。”裴夷直《崇山郡》：“交州已在南天外，更过交州四五州。”

【南天竺】 ❶古印度分为东西南北中五个部分，南天竺即南印度，际大海。李白《僧伽歌》：“此僧本住南天竺，为法头陀来此国。"刘言史《代胡僧留别》："定知不徇南天竺，死在条支阴碛中。"❷指天竺寺。在今浙江杭州市灵隐寺南面山中。清江《送坚上人归杭州天竺寺》："归卧南天竺，神心更寂寥。"

【南中】 ❶指今川南、云贵一带。王勃《蜀中九日》："人情已厌南中苦，鸿雁那从北地来。"辛常伯《军中行路难》："沧江绿水东流驶，炎州丹徼南中地。"李白《送别》："胜境由来人共传，君到南中自称美。"苏涣《赠零陵僧》："南中纸价当日贵，只恐贪泉成墨池。"❷指岭南地区。刘长卿《题灵祐上人法华院木兰花》："庭种南中树，年华几度新。"欧阳炯《南乡子》词之六："路入南中，桄榔叶暗蓼花红。"❸泛指南方。王建《荆门行》："南中三月蚊蚋生，黄昏不闻人语声。"白居易《新乐府·秦吉了》："秦吉了，出南中，彩毛青黑花颈红。"雍陶《送契玄上人南游》："南中多古迹，应访虎溪泉。"

【南内】 三大内之一，唐时兴庆宫。在隆庆坊。原系玄宗为藩王时故宅，后为宫。因其在东内大明宫之南，故称。韩愈《南内朝贺归呈同官》："罢贺南内衙，归凉晓凄凄。"唐彦谦《柳》："西园有雨和苔长，南内无人拂槛垂。"

【南内真人】 指唐玄宗李隆基。玄宗居南内，崇尚道教，故称。李益《过马嵬二首》之二："南内真人悲帐殿，东溟方士问蓬莱。"

【南月】 南方的月亮。借指故乡。刘湾《李陵别苏武》："万里长相思，终身望南月。"

【南方】 南部地区，一般指长江流域及其以南的地区。刘湾《云南曲》："百蛮乱南方，群盗如猬起。"权德舆《祗役江西路上以诗代书寄内》："南方出兰桂，归日自分付。"马戴《寄广州杨参军》："南方春景好，念子缓归心。"曹松《青龙寺赠云颢法师》："僧名喧北阙，师印续南方。"

【南火宅】 南面的住宅。汉董仲舒《春秋繁露·五行相生》："南方者，火也。"伊用昌《湖南闯斋吟》："避世早空南火宅，植田高种北山云。"

【南斗】 ❶星名，即斗宿，有星六颗，在北斗以南，形似斗，故称。辛常伯《军中行路难》："南中南斗映星河，秦关秦塞阻烟波。"欧阳詹《赋得秋河曙耿耿送郭秀才应举》："南斗接，北辰连，空濛鸿洞浮高天。"李洞《送沈光赴福幕》："南斗看应近，北人来恐稀。"❷借指南方，南部地区。苏味道《使岭南闻崔马二御使并拜台郎》："远从南斗外，遥仰列星文。"杜甫《上水遣怀》："一纪出西蜀，于今向南斗。"

【南巴】 县名。隋废县，唐高祖武德五年(622)置，属潘州。白居易《中书连直寒不归因怀》："去岁清明日，南巴古郡楼。"贾岛有《赴南巴留别苏台知己》。周朴《春中途中寄南巴崔使君》。

【南去北來】 谓南北来往不断。杜牧《汉江》："南去北来人自老，夕阳长送钓船归。"

【南巨川】 唐诗人。肃宗至德二载(757)三月，吐蕃遣使和亲，遣给事中南巨川报命，即此人。《全唐诗》卷七八〇录其《美玉》一首。

【南平】 ❶唐郡名。即渝州。隋之巴郡，天宝元年(742)更名，隶剑南道。治所在巴县。唐辖境相当于今重庆市及巴县、江北、江津等县。李白有《赠从弟南平太守之遥二首》。❷指南平太守李之遥。李白《赠从弟南平太守之遥二首》之二："东平与南平，今古两步兵。"❸五代时十国之一。亦称荆南。唐末，高季兴为荆南留守，后唐封为南平王。占有今湖北荆州一带地方。至高继冲，归降宋朝。公元907—963年。见"南平王"。❹指南平王高季兴。齐己有《题南平后园牡丹》。

【南平王】 即高季兴。本为五代梁朝荆南节度使。后唐庄宗灭梁，高季兴亲自入朝，得到优待，受封为南平王。齐己有《谢南平王赐山鸡》和《荆州新秋寺居写怀诗五首上南平王》。

【南北】 ❶南面与北面；南方与北方。李峤《雁》："往还倦南北，朝夕苦风霜。"刘商《胡笳十八拍·第十三拍》："泪痕满面对残阳，终日依依向南北。"李绅《忆西湖双鸂鶒》："渔歌惊起飞南北，缭绕追随不迷惑。"许棠《旦暮江上》："南北渡人少，高低归鸟重。"亦引申为方向。曹邺《秦后作》："圆丘无日月，旷野失南北。"❷泛称天下。高蟾《途中除夜》："南北浮萍迹，年华又暗催。"钟谟《献周世宗》："南北通欢永无事，谢恩归去老陪臣。"❸喻相隔遥远。许浑《旅中别侄昉》："相见又南北，中宵泪满襟。"李商隐《戏题枢言草阁三十二韵》："平昔苦南北，动成云雨乖。"于武陵《孤云》："南北各万里，有云心更闲。"司马扎《东门晚望》："兄弟正南北，鸿声堪独闻。"❹或南或北，喻情意不专。韦应物《横塘行》："象床可寝鱼可食，不知郎意何南北？"

【南北人】 谓居无常处之人。语出《礼记·檀弓上》："孔子既得合葬于防，曰：吾闻之，古也墓而不坟，今丘也东西南北之人也，不可弗识也，于是封之，崇四尺。"杜甫《谒文公上方》："甫也南北人，芜蔓少耘锄。"

【南北史】 《南史》和《北史》的合称。李延寿增删裁并宋、齐、梁、陈、北齐、魏、周、隋八书而成。《南史》八十卷，记南朝宋、齐、梁、陈四代历史。《北史》一百卷，记北朝自北魏至隋的历史。刘知几《史通·六家》："李延寿抄撮近代诸史，南起于宋终于陈，北始自魏卒于隋，合一百八十篇，号曰《南北史》。"司空图有《南北史感遇十首》。

【南北東西】 谓四面八方。耿沣《同李端春望》："南北东西各自去，年年依旧物华新。"薛能《题平湖》："平湖湖畔雨晴新，南北东西不隔尘。"沈麟《送道士曾昭莹》："南北东西事，人间会也无。"贯休《村行遇猎》："南北东西尽杀心，断烧残云在围里。"

【南北宗】 我国佛教禅宗的两个派别。禅宗自五祖弘忍之后，分为南北二宗：南宗为六祖慧能所创，主张"顿悟说"，行于南方；北宗为神秀所创，主张"渐修说"，行于北方。于頔《郡斋卧疾赠昼上人》："吻合南北宗，昼公我禅伯。"

【南北省】 南省和北省的合称。唐中书、门下、尚书三省均在大内之南，而尚书省更在中书、门下二省之南，故称南省；中书省和门下省则合称北省。权德舆有《奉和史馆张阁老以许陈二阁长爰弟俱为尚书郎伯仲同时列在南北省会于左掖因而有咏》。

【南北教】 即南北宗。姚合《寄白阁默然》："尝闻南北教，所得比师难。"

【南北路】 向南和向北的道路。泛指各种道路。白居易《登乐游园望》："可怜南北路，交盖者何人。"于武陵《洛中晴望》："古今人不断，南北路长存。"陆龟蒙《雁》："南北路何长，中间万弋张。"

【南史】 ❶即南史氏，春秋时齐国的史官。后因以为直书史实的良史楷模。高适《奉酬北海李太守丈人夏日平阴亭》："盛烈播南史，雄词豁东溟。"❷书名。详"南北史"。权德舆《奉送孔十兄宾客承恩致政归东都旧居》："《南史》编年著盛名，东朝侍讲常虚伫。"

【南史兩榮】 指南朝陈袁枢、袁宪兄弟。黄滔《贺清源仆射新命》："南史两荣唯百揆，东闽双拜有三台。"原注："《南史》：袁宪兄弟同为仆射，当时荣之。"

【南皮】 县名。今属河北省。汉县，属渤海郡。汉末建安中，魏文帝曹丕为五官中郎将，与友人吴质等文酒射雉，欢聚于此，传为佳话。唐属沧州。后成为称述朋友间雅集游宴之典。陈子良《游侠篇》："东郊斗鸡罢，南皮射雉归。"独孤及《送陈兼应辟兼寄高适贾至》："芳名动北步，逸韵凌南皮。"孟郊《同年春燕》："淹中讲精义，南皮献清词。"

【南地】 南方之地，南方。刘长卿《送灵彻上人归嵩阳兰若》："南地随缘久，东林几岁空。"徐凝《题开元寺牡丹》："此花南地知难种，惭愧僧闲用意栽。"贾岛《送人南归》："虽然南地远，见说北人多。"张蠙《观江南牡丹》："北地花开南地风，寄根还与客心同。"

【南夷】 旧指南方少数民族及其地区。柳宗元《溪居》："久为簪组累，幸此南夷谪。"刘兼《春游》："圣主未容归北阙，且将勤俭抚南夷。"贯休《寿春进祝圣七首·从谏如流》："北狄皆输款，南夷尽贡琛。"

【南至】 即冬至。郭震《子夜四时歌六首·冬歌》："北极严气升，南至温风谢。"权德舆《朔旦冬至摄职南郊因书即事》："大明南至庆天正，朔旦圆丘乐六成。"司空图《修史亭二首》之二："自从南至歌风顶，始见人烟外有人。"

【南至日】 即冬至日。王良士《南至日隔霜仗望含元殿炉烟》："节当南至日，星是北辰天。"参见"南至"。

【南吕】 ❶古代乐律调名。十二律之一，属阴律。魏征《五郊乐章·雍和》："律应西成，气躔南吕。"❷谓阴历八月。古人以十二律配十二月，南吕配在八月，故称。权德舆《拜昭陵出城与张秘监阁老同里临行别承在史馆未归寻辱清辞辄酬之》："仲月当南吕，晨装拜谷林。"

【南仲】 ❶周文王时武臣。《诗·大雅·常武》："南仲大祖，大师王父。"郑玄笺："南仲，文王时武臣也。"钱起《送鲍中丞赴太原军营》："将略过南仲，天心寄北京。"亦用以指武将。岑参《送郭仆射节制剑南》："南仲今时往，西戎计日平。"❷即权南仲，权德舆从兄。权德舆有《奉酬从兄南仲见示十九韵》。

【南行】 （—xíng）向南行进。杜甫《青阳峡》："塞外苦厌山，南行道弥恶。"周贺《送耿山人归湖南》："南行随越僧，别业几池菱。"于武陵《夜泊湘江》："一作南行客，无成空白头。"

【南充】 古县名。汉为安汉、充国二县。隋开皇十八年(598)改为南充县。故城在今四川南充市北。畅当有《南充谢郡客游洋州留赠宇文中丞》。

【南州】 ❶泛指南方。崔颢《游天竺寺》："南州十二月，地暖冰雪少。"窦巩《送元稹西归》："南州风土滞龙媒，黄纸初飞敕字来。"武元衡《送严秀才》："送君偏下临岐泪，家在南州身未归。"曹松《林下书怀寄建州李频员外》："水石南州好，谁陪刻骨吟。"❷指豫章郡，汉置，唐为洪州。故治在今江西南昌市。徐铉《送德迈道人之豫章》："楼中西岭真君宅，门外南州处士家。"❸指两粤。杜甫《从人觅小胡孙许寄》："人说南州路，山猿树树悬。"仇兆鳌注引顾宸之曰："两粤为南州路。"

【南江】 水名。在唐剑南道遂州（今四川遂宁市）。陈子昂有《遂州南江别乡曲故人》。

【南池】 ❶在唐虢州（治所在弘农县，今河南灵宝市南）。岑参有《喜华阴王少府使到南池宴集》。❷在唐阆州阆中县（今属四川）东南八里。即彭道将鱼池。自汉以来，赖以灌田。唐时堰坏，遂成陆田。今为一片冲积地。杜甫有《南池》。❸在唐都长安（今陕西西安市）南郊。赵嘏有《春尽独游慈恩寺南池》。❹泛指池塘。皎然《湖南草堂读书招李少府》："削去僧家事，南池便隐居。"李郢《南池》："日出两竿鱼正食，一家欢笑在南池。”

【南守】　谓南边州郡的刺史。薛能《陈州刺史寄鹤》：“南守欲知多少重，抚毛千万唤丁丁。”

【南宅】　南面的住宅。白居易《春池上戏赠李郎中》：“直似挼蓝新汁色，与君南宅染罗裙。”

【南安】　县名。西汉冶县，东汉为侯官县。晋为晋安县。陈置为南安县。唐武德五年(622)，置丰州，领南安、莆田二县。贞观元年(627)，废丰州，县属泉州。圣历二年(699)，属武荣州。州废来属。因南安江得名。今属福建。徐夤《依韵赠南安方处士五首》之三：“无家寄泊南安县，六月门前也似冰。”韩偓有《南安寓止》。

【南阮】　晋阮籍与其侄阮咸同负盛名，共居道南，合称“南阮”。南朝宋刘义庆《世说新语·任诞》：“阮仲容、步兵居道南，诸阮居道北。北阮皆富，南阮贫。”后用作叙述贫穷和叔侄关系之典。戴叔伦《旅次寄湖南张郎中》：“闭门茅底偶为邻，北阮那怜南阮贫。”李端《送别驾赴晋陵即舍人叔之兄》：“南阮贫无酒，唯将泪湿衣。”陆翱《闭居即事》：“悔下东山石，贫于南阮家。”

【南巡】　到南方巡视。张谓《邵陵作》：“已道一朝辞北阙，何须五月更南巡。”高骈《湘妃庙》：“帝舜南巡去不还，二妃幽怨水云间。”韦庄《合欢莲花》：“虞舜南巡去不归，二妃相誓死江湄。”

【南辰】　即南斗星。吕岩《七言》之四：“纵横北斗心机大，颠倒南辰胆气雄。”

【南村】　南面的村庄。杜甫《茅屋为秋风所破歌》：“南村群童欺我老无力，忍能对面为盗贼。”曹邺《早秋宿田舍》：“南村犊子夜声急，应是栏边新有霜。”

【南吴】　指南方吴地。李洞《送醉画王处士》：“几年乘兴住南吴，狂醉兰舟夜落湖。”

【南岑】　南边小山。顾况《酬房杭州》：“辟险延北阜，薙道陟南岑。”

【南伯】　对南方州郡长官的尊称。杜甫《送樊二十三侍御赴汉中判官》：“南伯从事贤，君行立谈际。”此指汉中王李瑀。又《湘江宴饯裴二端公赴道州》：“群公饯南伯，肃肃秩初筵。”此指道州刺史裴虬。

【南谷】　地名。唐永州乡下。在今湖南永州市零陵区。柳宗元《秋晓行南谷经荒村》。

【南城縣】　县名。汉分豫章郡，立南城县，以其在郡城之南而名。隋唐属抚州。今属江西。崔橹有《过南城县麻姑山》三首。

【南巷】　犹言南面的巷道。南朝宋刘义庆《世说新语·任诞》：“阮仲容、步兵居道南，诸阮居道北。北阮皆富，南阮贫。”皎然《送乌程李明府得陟状赴京》：“仲容纶绋贵，南巷有光荣。”

【南枝】　❶南面的树枝。李峤《梅》：“大庾敛寒光，南枝独早芳。”刘长卿《奉酬辛大夫喜湖南腊月连日降雪见示之作》：“柳絮三冬先北地，梅花一夜遍南枝。”白居易《舟中示舍弟五十韵》：“北渚寒留雁，南枝暖待莺。”薛逢《醉春风》：“时节先从暖处开，北枝未发南枝晚。”❷南面的树枝，用作思乡念旧之典。《文选·古诗十九首》之一：“行行重行行，与君生别离。相去万余里，各在天一涯。道路阻且长，会面安可知。胡马依北风，越鸟巢南枝。”李善注：“《韩诗外传》曰：诗曰‘代马依北风，飞鸟栖故巢’。皆不忘本之谓也。”后用以作为思乡或念旧之典。刘长卿《晚次苦竹馆却忆干越旧游》：“谁怜却回首，步步恋南枝。”元稹《忆云之》：“万里潇湘魂，夜夜南枝鸟。”储嗣宗《早春》：“踟蹰历阳道，乡思满南枝。”于濆《旅馆秋思》：“更见庭前树，南枝巢宿禽。”

【南卓】　唐诗人。字昭嗣。初游学吴、楚，漂泊十余年，穷愁潦倒。大和二年(828)，与杜牧、李甘等同登贤良方正直言极谏科，授左拾遗，因谏诤被贬为松滋令。会昌元年(841)，任洛阳令。时白居易、刘禹锡分司东都，卓常陪刘、白宴游，因谈及羯鼓，二公劝其撰《羯鼓录》。是书记述羯鼓形状、来源及开元、天宝间有关轶事，末附诸宫曲、诸佛曲等曲调名，为研究唐代音乐的重要史料。后为婺州、蔡州刺史。宣宗时，官终黔南观察史。所著另有《驳史》三十卷、《唐朝纲领图》一卷等，均佚。《新唐书·艺文志》著录有文集一卷，亦佚。《全唐诗》卷五六三录其《赠副戎》一首。吕温有《嘲黔南观察南卓》。贾岛有《送南卓归京》。

【南門】　南面之正门，即路寝门。刘长卿《送裴使君赴荆南充行军司马》：“盛府南门寄，前程积水中。”杜牧《过田家宅》：“安邑南门外，谁家板筑高。”罗隐《董仲舒》：“偶然留得阴阳术，闭却南门又北门。”

【南昌】　地名。汉置南昌县，属豫章郡。隋开皇九年(589)，平陈，以郡名邑，改为豫章县，又罢郡为洪州。唐上元二年(675)，改置南昌郡。宝应元年(762)，又置南昌县。今江西南昌市。元稹《天坛上境》：“因为南昌检仙籍，马君家世奉还丹。”杜荀鹤《和友人见题山居水阁八韵》：“南昌一榻延徐孺，楚国千钟逼老莱。”韦庄《南昌晚眺》：“南昌城郭枕江烟，章水悠悠浪拍天。”

【南昌仙】　指当涂少府赵炎。李白《当涂赵炎少府粉图山水歌》：“长松之下列羽客，对坐不语南昌仙。南昌仙人赵夫子，妙年历落青云士。”按：汉梅福曾为南昌尉，后传成仙，故称县尉为仙尉，赵炎为少府，故李白称其为南昌仙。

【南昌尉】　指汉梅福。福曾补南昌尉。李白《赠瑕丘王少府》:"梅生亦何事,来作南昌尉。"许浑《题灞西骆隐士》:"却笑南昌尉,悠悠城市间。"亦借以泛称县尉。许浑《送南陵李少府》:"明日南昌尉,空斋又掩关。"

【南昌灘】　指蜀江渠江三十六滩。江中沱碛,有若鸬鹚,若龟蛇、若系绦,有如明月之团圆,有如神仙之游戏,皆以形似得名。见《蜀中名胜记》卷八。元稹有《南昌滩》。

【南明山】　在唐江南道处州丽水县(今浙江丽水市)南。山上多胜迹、名人题刻。山顶云崖阁有"灵崇"两个大字,传为晋葛洪所书。唐彦谦《游南明山》:"久闻南明山,共慕南明寺。"

【南明寺】　在南明山,因山名寺。唐彦谦《游南明山》:"久闻南明山,共慕南明寺。"见"南明山"。

【南岡】　南面山冈。白居易《观刈麦》:"妇姑荷箪食,童稚携壶浆。相随饷田去,丁壮在南冈。"

【南牧】　南下牧马。谓南侵。韩休《奉和御制平胡》:"南牧正纷纷,长河起塞氛。"

【南岳】　见"南嶽"。

【南使】　南方来的使者。岑参有《春遇南使贻赵知音》。

【南征】　❶南行征讨。许浑《朝台送客有怀》:"赵佗西拜已登坛,马援南征土宇宽。"李商隐《送从翁东川弘农尚书幕》:"北伐将谁使,南征决此辰。"陆龟蒙《南征》:"丞相南征定有无,幕中谁是骋良图。"❷南游,到南边去。刘长卿《夏口送屈突司直使湖南》:"共悲来夏口,何事更南征。"戴叔伦《寄万德躬故居》:"何时醉把黄花酒,听尔南征长短歌。"林琨《送安养阎王簿还竹寺》:"分手怨河梁,南征历汉阳。"

【南金】　❶南方出产的铜,亦用以指贵重之物。《诗·鲁颂·泮水》:"元龟象齿,大路南金。"孔传:"南谓荆扬也。"郑玄笺:"荆扬之州,贡金三品。"古时所谓金多指铜。韦应物《杂体五首》之一:"南金既雕错,鞶带共辉饰。"贯休《闻知己入翰林》:"南金色如椹,入火不见火。"《谣·胡楚宾谣》:"胡楚宾,李翰林,词同三峡水,字值双南金。"❷比喻南方优秀杰出的人才。储光羲《述韦昭应画犀牛》:"遐方献文犀,万里随南金。"杜甫《题省中院壁》:"衮职曾无一字补,许身愧比双南金。"李群玉《送处士自番禺东游便归苏台别业》:"惜我入洛晚,不睹双南金。"

【南服】　南方。周制以地距国都远近分为五服,故南方称南服。李百药《郢城怀古》:"方城次北门,溟海穷南服。"贾至《自蜀奉册命往朔方途中呈韦左相文部房尚书门下崔侍郎》:"捧册自南服,奉诏趋北军。"李逢吉《望京楼上寄令狐华州》:"祗役滞南服,颓思属暮年。"许棠《送从弟归泉州》:"问省归南服,悬帆任北风。"

【南陂】　谓南面之坡。陂,与"坡"通。王维《晦日游大理韦卿城南别业四声依次各用六韵》之二:"临当游南陂,约略执杯酒。"孟云卿《田园观雨兼晴后作》:"贫贱少情欲,借荒种南陂。"

【南京】　指成都。天宝年间,安禄山攻入长安,明皇奔蜀。肃宗至德二载(757),升成都为府置南京。成都地处长安之南,故称。上元元年(760)罢。李白《上皇西巡南京歌十首》之六:"北地虽夸上林苑,南京还有散花楼。"杜甫《奉赠射洪李四丈》:"南京乱初定,所向邑枯槁。"郑巢《送人南游》:"南京路悄然,攲石漱流泉。"

【南宗】　以慧能为代表的佛教禅宗的一派。因初期流行南方,故名。耿湋《诣顺公问道》:"方便如开诱,南宗与北宗。"权德舆《酬灵彻上人以诗代书见寄》:"莲花出水地无尘,中有南宗了义人。"白居易《赠杓直》:"近岁将心地,回向南宗禅。"张乔《宿齐山僧舍》:"若言不得南宗要,长在禅床事更多。"

【南河】　水名。(1)在尧都,今山东濮县东二十里之南。见《史记·五帝本纪》"舜让辟丹朱于南河之南"裴骃集解和张守节正义。张说《喜度岭》:"东汉兴唐盾,南河复禹谋。"(2)在今河南巩城县。储光羲有《巩城南河作寄徐三景晖》。皇甫冉《送孔巢父赴河南军》:"闻道全师征北虏,更言诸将会南河。"(3)在唐河北道魏州,今河北魏县。姚合《闻魏州破贼》:"烟雾扫开尊北岳,蛟龙斩断净南河。"

【南苑】　即芙蓉苑,在唐都长安曲江之南,故名。为皇帝游赏之地,玄宗行宫。杜甫《哀江头》:"忆昔霓旌下南苑,苑中万物生颜色。"杜牧《长安杂题长句六首》之三:"南苑草芳眠锦雉,夹城云暖下霓旄。"吴融《赠李长史歌》:"不是东城射雉处,即应南苑斗鸡时。"

【南垞】　南面的小土丘。王维《南垞》:"轻舟南垞去,北垞淼难即。"

【南指】　指向南方。李商隐《偶成转韵七十二句赠四同舍》:"依稀南指阳台云,鲤鱼食钩猿失群。"

【南柯】　唐李公佐作《南柯太守传》,叙述淳于棼梦至槐安国,被封为南柯太守,并被招为驸马,享尽荣华富贵。后率师出征战败,公主亦死,遭国王疑忌,被遣归。醒后,在庭前槐树下掘得蚁穴,即梦中槐安国。南柯郡为槐树南枝下另一蚁穴。后因以指梦境。刘兼《偶有下殇因而自遣》:"南柯太守知人意,休问陶陶塞上翁。"又《江岸独步》:"是非得丧皆闲事,休向南柯与梦争。"

【南柯一夢】　泛指梦。陈璠《临刑诗》:"五年荣贵今何在,不异南柯一梦中。"详"南柯"。

【南柯靈夢】　泛指灵验之梦。刘兼《春宵》:"再取素琴聊假寐，南柯灵梦莫相通。”详“南柯”。

【南威】 古美女名。南之威的省称。据传晋文公得南威，三日不听朝。见《战国策·魏策二》。亦用作美女之代称。卢仝《与马异结交诗》：“绝胜明珠千万斛，买得西施南威一双婢。”聂夷中《公子行二首》之一：“美人尽如月，南威莫能匹。”徐铉《寄钟谟》：“假中西阁应无事，筵上南威幸有情。”

【南面】 古代以坐北朝南为尊位，故天子诸侯见群臣，或卿大夫见僚属，皆南面而坐。后引申泛指帝王或大臣的统治为南面。王维《同卢拾遗过韦给事东山别业二十韵》：“侧闻景龙际，亲降南面尊。”鲍溶《读李相心中乐》：“谁将侯玉乖南面，几使戎车殷左轮。”李山甫《代孔明哭先主》：“南面未能成帝业，西陵那忍送宫车。”

【南省】 指尚书省。因其在大明宫以南，故称。张说《送崔二长史日知赴潞州》：“东山怀卧理，南省怅悲翁。”韦应物《张彭州前与缑氏冯少府各惠寄一篇多故未答张已云没因追哀叙事兼远简冯生》：“余时忝南省，接宴愧空虚。”张籍《赠主客刘郎中》：“忆昔君登南省日，老夫犹是褐衣身。”贯休《寒夜有怀同志》：“南省雁孤下，西林鹤屡招。”

【南星】 即南箕星。陈子昂《征东至淇门答宋十参军之问》：“南星中大火，将子涉清淇。”李白《送梁四归东平》：“大火南星月，长郊北路难。”杜甫《寄高适》：“北阙更新主，南星落故园。”

【南岘】 山名。即岘石，亦称岘首山。在今湖北襄阳市南。西晋羊祜镇襄阳，常登此山吟诗。张说《赠赵侍御》：“险式压西湖，侨庐对南岘。”司空曙《晦日益州北池陪宴》：“岂令南岘首，千载播余芳。”李德裕《奉和韦侍御陪相公游开义五言六韵》：“风景同南岘，丹青见北朝。”

【南風】 ❶从南向北刮的风。孟浩然《送袁十岭南寻弟》：“万里独飞去，南风迟尔音。”白居易《观刈麦》：“夜来南风起，小麦覆陇黄。”王季文《九华山谣》：“南风拂晓烟雾开，满山葱蒨铺鲜碧。”❷古代乐曲名。相传为舜所作。《礼记·乐记》：“昔者舜作五弦之琴，以歌《南风》。”王丘《奉和圣制答张说扈从南出鼠雀谷之作》：“北土分尧俗，《南风》动舜歌。”李白《送杨少府赴选》：“吾君咏《南风》，衮冕弹鸣琴。”于武陵《匣中琴》：“应是《南风》曲，声声不合今。”❸南方的乐曲。《左传·襄公十八年》：“吾骤歌北风，又歌南风，南风不竞，多死声。”杨伯峻注：“北风、南风，犹今北曲、南曲也。”见“南風不競”。❹南方的风俗。杜甫《最能行》：“此乡之人气量窄，误竞南风疏北客。”

【南風不競】 比喻军力薄弱、士气不振，见《左传·襄公十八年》。李白《避地司空原言怀》：“南风昔不竞，豪圣思经纶。”贾至《燕歌行》：“南风不竞多死声，鼓卧旗折黄云横。”

【南風擲孕】 晋惠帝贾皇后名南风，贾充之女。妒忌多权诈，性酷虐，尝手杀数人。或以戟掷孕妾，子随刃堕地。见《晋书·后妃传上》。李瀚《蒙求》：“南风掷孕，商受斮涉。”

【南亭】 泛指南面的亭台。许浑《寓崇圣寺怀李校书》：“几日卧南亭，卷帘秋月清。”韦庄《奉和观察郎中春暮忆花言怀见寄四韵之什》：“对酒莫辞冲暮角，望乡谁解倚南亭。”刘长卿有《晦日陪辛大夫宴南亭》。赵嘏有《同州南亭陪刘侍郎送刘先辈》。

【南音】 ❶南方语音。韦应物《鼋头山神女歌》：“舟客经过奠椒醑，巫女南音歌激楚。”❷南方音乐。白居易《新乐府·骠国乐》：“雍羌之子舒难陀，来献南音奉正朔。”❸《左传·成公九年》：“晋侯观于军府，见钟仪，问之曰：‘南冠而絷者，谁也？’有司对曰：‘郑人所献楚囚也。’使税之，召而吊之，再拜稽首。问其族，对曰：‘泠人也。’公曰：‘能乐乎？’对曰：‘先父之职官也，敢有二事？’使与之琴。操南音……公语范文子，文子曰：‘楚囚，君子也，言称先职，不背本也。乐操土风，不忘旧也。’”后用以作不忘故国、怀念故旧之典。刘禹锡《采菱行》：“一曲南音此地闻，长安北望三千里。”鲍溶《怀远人》：“秋至汉水高，南音何时闻。”刘驾《久客》：“南音入谁耳，曲尽头自白。”

【南郊】 ❶靠近都邑南面的地区。李峤《日》：“东陆苍龙驾，南郊赤羽驰。”❷指帝王祭天的大礼。无名氏《观南郊回仗》(卷七八七)：“传警千门寂，南郊彩仗回。”

【南帝】 指南海之帝倏。典出《庄子·应帝王》：“南海之帝为倏，北海之帝为忽，中央之帝为浑沌。倏与忽，时相与遇于浑沌之地，浑沌待之甚善。倏与忽谋报浑沌之德，曰：‘人皆有七窍，以视、听、食、息，此独无有，尝试凿之。’日凿一窍，七日而浑沌死。”韩愈《嘲鼾睡》：“南帝初奋槌，凿窍泄混沌。”

【南洛】 泛称洛水以南地区。李峤《奉和幸韦嗣立山庄侍宴应制》：“南洛师臣契，东岩王佐居。”韩王元嘉《奉和同太子监守违恋》：“好士倾南洛，多才盛北场。”

【南洲】 ❶南方水洲。陈子昂《宿襄河驿浦》：“沿流辞北渚，结缆宿南洲。”❷泛指南方。李白《留别贾舍人至》：“大梁白云起，飘飖来南洲。”权德舆《题沈黎城》：“苏子卧北海，马翁渡南洲。”

【南津】 南面渡口。储光羲《洛桥送别》：“一听南津曲，分明散别愁。”许浑《下第归朱方寄刘三复》：“素衣京洛尘，归棹过南津。”崔珏《门前柳》：“将谓只栽郡楼下，不知迤逦连南津。”

【南客】 ❶客居南方。杜甫《冬晚送长孙渐舍人归州》:“南客潇湘外,西戎鄠杜傍。”❷客居南方之人。武元衡《春日偶作》:“飞花寂寂燕双双,南客衡门对楚江。”郑中丞《登汾上阁》:“惆怅江湖思,惟将南客论。”❸从南方来的客人。齐己《寄澧阳吴使君》:“南客西来话使君,涔阳风雨变行春。”

【南冠】 (guān)《左传·成公九年》:“晋侯观于军府,见钟仪,问之曰:‘南冠而絷者谁也?’有司对曰:‘郑人所献楚囚也。’”杜预注:“南冠,楚冠。”后用以作为囚犯的代称。骆宾王《宪台出絷寒夜有怀》:“自应迷北叟,谁肯问南冠。”李白《万愤词投魏郎中》:“南冠君子,呼天而啼。”元稹《三月三十日程氏馆饯杜十四归京》:“我正南冠絷,君寻北路回。”徐铉《移饶州别周使君》:“正怜东道感贤侯,何幸南冠脱楚囚。”

【南冠客】 (冠 guān)指囚犯。卢照邻《赠李荣道士》:“独有南冠客,耿耿泣离群。”参见“南冠”。

【南軍不袒左邊袖】 汉吕后时,京师之南北军分别为吕产、吕禄掌管。吕后死,诸吕谋乱,高祖旧臣绛侯周勃以太尉入北军门,传令军中:“为吕氏右襢(袒),为刘氏左襢(袒)!”北军皆左袒,周勃遂夺取军权。但尚有南军。丞相陈平派朱虚侯刘章协助周勃,令刘章率兵入宫,杀死吕产,然后尽诛诸吕。见《史记·吕太后本纪》。杜牧《题商山四皓庙一绝》:“南军不袒左边袖,四老安刘是灭刘。”参见“南军”。

【南祖】 佛教禅宗南宗之祖,即慧能禅师。白居易《重修香山寺毕题二十二韵以纪之》:“南祖心应学,西方社可投。”齐己《题赠湘西龙安寺利禅师》:“南祖衣盂曾礼谒,东林泉月旧经过。”

【南陌】 南面的道路。褚亮《咏花烛》:“言是东方骑,来寻南陌车。”刘方平《新春》:“南陌春风早,东邻曙色斜。”韦蟾《梅》:“谁知南陌草,却解望王孙。”李中《春晚招鲁从事》:“南陌草争茂,西园花乱飞。”

【南陌金】 秋胡出仕而归,误将妻子作为民女,于陌头出金调戏,遭到其妻严词拒绝。见刘向《列女传·节义传·鲁秋洁妇》。后用作调戏妇女之典。骆宾王《代女道士王灵妃赠道士李荣》:“何曾举意西邻玉,未肯留情南陌金。”

【南軍】 指汉代京师之南军。杜牧《题商山四皓庙一绝》:“南军不袒左边袖,四老安刘是灭刘。”清冯集梧注:“《文献通考》:汉京师有南北军之屯,南军卫尉主之,掌宫城门内之兵;北军,中卫主之,掌京城门内之兵。高后时,吕禄为将军,掌北军;产为相国,掌南军。”参见“南軍不袒左邊袖”。

【南陔】 古时笙诗篇名。《诗·小序》:“南陔,孝子相戒以养也……有其义而亡其辞。”后引用为人子侍养父母之意。李峤《笙》:“欢娱分北里,纯孝即南陔。”高适《宋中遇陈二》:“穷巷隐东郭,高堂咏《南陔》。”纪唐夫《送友人归宜春》:“故里南陔曲,秋期欲送君。”

【南紀】 ❶《诗·小雅·四月》:“滔滔江汉,南国之纪。”郑玄笺:“江也,汉也,南国之大水。”后用以称南方之水流。李百药《渡汉江》:“东流既涨涨,南纪信滔滔。”杜甫《题衡山县文宣王庙新学堂呈陆宰》:“南纪改波澜,西河共风味。”❷指南方。孟浩然《秋日陪李侍御渡松滋江》:“南纪西江阔,皇华御史雄。”杜甫《故右仆射相国张九龄》:“相国生南纪,金璞无留矿。”杜牧《奉送中丞姊夫俦自大理卿出镇江西叙事书怀因成十二韵》:“惟帝忧南纪,搜贤与大藩。”❸即南戒。杜甫《后苦寒行二首》之一:“南纪巫庐瘴不绝,太古以来无尺雪。”仇兆鳌引李淳风《法象志》:“以天下山河分为两戒,北纪所以限戎狄,南纪所以限蛮夷。”

【南熏】 同“南薰”。

【南榮】 ❶南方之地。《楚辞·汉王褒〈九怀·思忠〉》:“玄武步兮水母,与吾期兮南荣。”太宗《赋得夏首启节》:“北阙三春晚,南荣九夏初。”李白《登瓦官阁》:“钟山对北户,淮水入南荣。”包佶《近获风痹之疾题寄所怀》:“唯借南荣地,清晨暂负暄。”❷房屋的南檐。《史记·司马相如列传》:“偓佺之伦暴于南荣。”司马贞索隐引应劭曰:“南荣,屋檐两头如翼也。”白居易《赠吴丹》:“夏卧北窗风,枕席如凉秋。”薛能《汉庙祈雨回阳春亭有怀》:“南荣轩槛接城闉,适罢祈农此访春。”

【南箕】 星名。即箕宿。共四星,二星为踵,二星为舌。踵窄舌宽。夏秋之间见于南方,故称。李白《拟古十二首》之六:“北斗不酌酒,南箕空簸扬。”陆龟蒙《中秋待月》:“最爱笙调闻北里,渐看星澹失南箕。”

【南齊】 南朝朝代名。公元479年萧道成(南齐高帝)建,都建康(今江苏南京市),其疆域西至今之四川,北至淮河、汉水,史称南齐。502年为南朝梁所灭。毛熙震《临江仙》词:“南齐天子宠婵娟,六宫罗绮三千,潘妃娇艳独芳妍。”

【南鄰】 南边邻居。杜甫《遣兴五首》之一:“焉知南邻客,九月犹絺绤。”白居易《病中赠南邻觅酒》:“今朝似校抬头语,先问南邻有酒无。”韦庄《秦妇吟》:“南邻走入北邻藏,东邻走向西邻避。”

【南澗】 晋陆机《招隐》:“朝采南涧藻,夕宿西山足。”后因以泛指隐居地的涧谷。岑参《缑山西峰草堂作》:“片雨下南涧,孤峰出东原。”孟贯《寄张山人》:“草堂南涧边,有客啸云烟。”

【南澗寺】 在唐福州(今福建福州市)。欧阳衮有《南涧寺》。周朴有《登福州南涧寺》。

【南畿】 犹南都。杜甫《大历三年春白帝城放船将适江陵漂泊四十韵》:“县郭南畿好,津亭北望孤。”仇兆鳌注:“肃宗以江陵府为南都,故曰南畿。”

【南隥】 南面的阁道。贺知章《奉和御制春台望》:“旗回五丈殿千门,连绵南隥出西垣。”

【南鄭】 县名。战国秦南郑邑,刘邦为汉王都此。后置县,为汉中郡治。唐属梁州(后改为兴元府)。今陕西汉中市。岑参有《送张直公归南郑拜省》。刘长卿有《过李将军南郑林园观妓》。韩翃《送巴州杨使君》:“南郑侯家醉落晖,东关陌上著鞭归。”

【南潭】 ❶泛指池塘。白居易《池上作》:“西溪风生竹森森,南潭萍开水沉沉。”李洞《述怀二十韵献覃怀相公》:“南潭容伴鹤,西笑忽迁莺。”❷即南江。李商隐有《南潭上亭讌集以疾后至因而抒情》,叶葱奇疏注:“南潭即南江。”

【南賓】 郡名。即忠州。唐天宝元年改忠州为南宾郡,乾元元年复为忠州。今重庆市忠县。白居易《冬至夜》:“三峡南宾城最远,一年冬至夜偏长。”

【南賓太守】 白居易自称。白居易曾为忠州刺史,而忠州一度改称南宾郡,故称。白居易《木莲树生巴峡山谷因题三绝句云》之一:“云埋水隔无人识,唯有南宾太守知。”又《赠康叟》:“八十秦翁老不归,南宾太守乞寒衣。”

【南蕃】 南方的诸侯园。郑洪业《诏放云南子弟还国》:“万方同感化,岂独自南蕃。”

【南燕】 (一yān)古县名。汉有南燕县,唐初亦置此县,后废。其地在今河南延津县东,紧靠匡城。岑参《至大梁却寄匡城主人》:“故人南燕吏,籍籍名更香。”王铎《罢都统守镇滑州作》:“正会星辰扶北极,却驱戈甲镇南燕。”刘沧《匡城寻薛闵秀才不遇》:“不见故人劳梦寐,独吟风月过南燕。”刘兼《寄滑州文秀大师》:“薄宦偶然来左蜀,孤云何事在南燕。”

【南橋】 ❶指天津桥。桥在洛阳城南洛水之上,故称。杜审言《春日京中有怀》:“公子南桥应尽兴,将军西第几留宾。”❷在河阳城南孟津(今河南孟州市南),为黄河浮桥,晋杜预始造。见《晋书·杜预传》和《元和郡县志》卷五。岑参《春寻河阳陶处士别业》:“南桥车马客,何事苦喧喧?”

【南遷】 被贬谪、流放至南方荒远之地。李白《赠常侍御》:“登朝若有言,为访南迁贾。”张蠙《送人归南中》:“为问南迁客,何人在瘴林。”黄损《句》:“忽遇南迁客,若为西入心。”

【南縣】 指南宫县。岑参《冀州客舍酒酣贻王绮寄题南楼》:“前日在南县,与君上北楼。”陈铁民等校注:“作者由贝丘到冀州,经贝、冀二州之地,二州所辖,均无‘南县’,疑‘南县’为南宫县的省称。南宫唐时为冀州属县,故城在今河北南宫县西北。”

【南館】 ❶南边的客舍。泛指接待宾客的处所。李瀚《蒙求》:“魏储南馆,汉相东阁。”❷南边的官舍;南边的屋舍。羊士谔《早春对雨》:“南馆垂杨早,东风细雨频。”韩愈《奉和虢州刘给事使君三堂新题二十一咏·月台》:“南馆城阴阔,东湖水气多。”白居易《樟亭双樱树》:“南馆西轩两树樱,春条长足夏阴成。”

【南齋】 住室南面的书房。许浑《晨至南亭呈裴明府》:“南斋梦钓竿,晨起月犹残。”贾岛《南斋》:“独自南斋卧,神闲景亦空。”又《宿姚合宅寄张司业籍》:“谁伴南斋宿,月高霜满城。”

【南龍興寺】 即龙兴寺,在洛阳(今河南洛阳市)定鼎门街西第一街宁仁坊。寺有展子虔画八国三分舍利。见《两京城坊考》卷五。白居易有《南龙兴寺残雪》。

【南選】 唐高宗上元二年(675),以岭南五管、黔中都督府得即任土人,而官或非其才,乃遣郎官、御史为选补使,谓之南选。见《新唐书·选举志下》。孙逖有《送张环摄御史监南选》。

【南轅】 驾车向南。杜甫《别蔡十四著作》:“若凭南辕吏,书札到天垠。”孟简《咏欧阳行周事》序:“既而南辕,妓请同行。”

【南闈】 位于皇城以南的居舍。崔湜《襄阳早秋寄岑侍郎》:“江城秋气早,旭日坐南闱。”李益《奉和武相公郊居寓目》:“黄扉晚下禁垣钟,归坐南闱山万重。”

【南嶺】 ❶湘、赣、粤、桂边境一系列东北西南走向山地的总称。为长江、珠江分水岭。徐夤《荔枝二首》之一:“梅熟已过南岭雨,橘酸空待洞庭霜。”❷泛指南面山岭。刘禹锡《终南秋雪》:“南岭见秋雪,千门生早寒。”

【南嶽】 亦作“南岳”,指衡山。一名岣嵝山。在湖南省。跨旧长沙、衡州二郡。《书·舜曲》:“五月南巡守至于南岳。”孔传:“南岳,衡山。”山有七十二峰,以祝融、紫盖、云密、石廪、天柱五峰为最。李适《奉和立春游苑迎春》:“天杯庆寿齐南岳,圣藻光辉动北辰。”杜甫《望岳》:“南岳配朱鸟,秩礼自百王。”薛能《送人自苏州之长沙县官》:“全家上南岳,一尉事诸侯。”张乔《送友人游湖南》:“春生南岳早,日转大荒迟。”

【南燭】 灌木名。其干为木,其叶似草,故名南烛草木。又有男续,染菽、猴菽草、草木之王、惟那木、牛筋等异名。株高三五尺,叶类苦楝而小,凌冬不凋,冬生红子作穗。徐凝《忆紫溪》:“岩空水满溪自紫,水态更笼南烛花。”

【南燭酒】 用南烛草煎煮的酒。李商隐《题李上谟壁》:“饱闻南烛酒,仍及拨醅时。”叶葱奇注引《神仙服食经》："采南烛草（又名黑饭草，其实是木本，大约因为叶子像草，所以误称作草），煮其汁为酒，碧映五色，服之通神。"

【南豐】 县名。今属江西。汉南城县地。三国吴太平二年(257)置县于广昌县东，以其地产嘉禾得名。唐属抚州，开元八年(720)分南城县置。独孤及有《癸卯岁赴南丰道中闻京师失守寄权士繇韩幼深》。

【南薰】 亦作"南熏"。❶《史记·乐书》："昔者舜作五弦之琴，以歌南风。"故后用以泛指古乐。张说《扈从温泉宫献诗》："骑仗联联环北极，鸣笳步步引南熏。"吕温《奉和张舍人阁中直夜思闻雅琴因书事通简僚友》："方袭缁衣庆，永奉南薰吟。"李群玉《穆天子》："不思五弦琴，作歌咏南薰。"陆龟蒙《杂讽九首》之五："永播南熏音，垂之万年耳。"❷指礼乐教化。陈陶《赠漳州张怡使君》："已见嘉祥生北户，尝嫌夷貊蠹南薰。"❸指南风。邬载《送萧颖士赴东府得君字》："和风媚东郊，时物滋南薰。"

【南薰弦】 《史记·乐书》："昔者舜作五弦之琴，以歌《南风》。"南薰弦，指五弦琴。李峤《闰九月九日幸总持寺登浮图应制》："还将西梵曲，助入南薰弦。"

【南薰殿】 唐宫殿名。在南内兴庆宫中。李白《宫中行乐词八首》之八："水绿南薰殿，花红北阙楼。"杜甫《丹青引赠曹将军霸》："开元之中常引见，承恩数上南熏殿。"花蕊夫人徐氏《宫词》之二九："美人捧入南薰殿，玉腕斜封彩缕长。"

【南歸】 回到南方。刘长卿《却归睦州至七里滩下作》："南归犹谪宦，独上子陵滩。"于濆《戍客南归》："北别黄榆塞，南归白云乡。"

【南竄】 奔窜南方。杜审言《渡湘江》："独怜京国人南窜，不似湘江水北流。"

【南藩】 指南方州郡。李白《赠宣城赵太守悦》："大贤茂远业，虎竹光南藩。"王琦注："东方朔《七谏》：'闻南蕃乐而欲往。'王逸注：'南国诸侯为天子藩蔽，故称藩也。'此用其字以称宣城，宣城在南方，故曰南藩。"

【南關】 泛指南方之关塞。司空曙《送郑况往淮南》："西楚见南关，苍苍落日间。"

【南幰】 南去的幰车。指代御史。皇甫曾《送归中丞使新罗》："南幰衔恩去，东夷泛海行。"

【南簷】 南面之屋檐。薛能《赠普恭禅师》："南檐十月绳床暖，背卷真经向日看。"

【南邊】 南方，南面。江遵《过平泉庄》："刚欲平它不平事，至今惆怅满南边。"一钵和尚《一钵歌》："时人不会此中意，打著南边与北边。"

【南譙】 地名。在今安徽滁州市西南。南朝梁在汉全椒县地侨置南谯，北齐移治新昌郡，隋改为滁县。韦应物《寄大梁诸友》："分竹守南谯，弭节过梁池。"方干《滁上怀周贺》："南谯收旧历，上苑绝来书。"吴融《金陵遇悟空上人》："十年栖止如何报，好与南谯剩炷香。"

【南濡】 亦作"南濡"。地名。在扬子江南岸，靠近江苏镇江市。杜牧《分司东都寓居履道叨承川尹刘侍郎大夫恩知上四十韵》："商歌如不顾，归棹越南濡。"许浑《岁首怀甘露寺自省上人》："南濡一回首，山碧水滔滔。"

【南巖】 山名。(1)在湖北武当山西。山岭奇峭，林木森翠，上接碧霄，下临绝涧，为武当山三十六岩中风景最美的一岩，唐以来即有道家在此修炼。吕岩《白云岩》："世人到此如中悟，何必南岩海上寻。"(2)在江西修水县城南，与修城隔河相对。赵嘏《发剡中》："南岩气爽横郛郭，天姥云晴拂寺楼。"

【南蠻】 古称南方的民族及其居住的地方。卢僎《初出京邑有怀旧林》："世网余何触，天涯谪南蛮。"韩愈《宿曾江口示侄孙湘二首》之二："嗟我亦拙谋，致身落南蛮。"胡曾《草檄答南蛮有咏》："为报南蛮须屏迹，不同蜀将武侯功。"又《铜柱》："一柱高标险塞垣，南蛮不敢犯中原。"

【南船】 南去之船。李白《寄韦南陵冰余江上乘兴访之遇寻颜尚书笑有此赠》："南船正东风，北船来自缓。"孟迟《还淮却寄睢阳》："尽日回头看不见，两行愁泪上南船。"

【南禽】 南方之禽。指鹧鸪。李白《山鹧鸪词》："山鸡翟雉来相劝，南禽多被北禽欺。"韦庄《鹧鸪》："南禽无侣似相依，锦翅双双傍马飞。"

【南粵】 也作"南越"。今广东广西一带地。魏征《述怀》："请缨羁南粤，凭轼下东藩。"

【南郭】 南面之外城。皇甫冉《赴李少府庄失路》："君家南郭白云连，正待情人弄石泉。"许浑《陪郑史君泛舟晚归》："南郭望归处，郡楼高卷帘。"

【南郭子綦】 《庄子·齐物论》："南郭子綦隐几而卧，仰天而嘘，嗒焉似丧其偶。"是为忘我无物，物我合一的形象。吴筠有《高士咏·南郭子綦》。皎然《郑容全成蛟形木机歌》："南郭子綦我不识，非君独是是何人。"亦省称"南郭"。温庭筠《却经商山寄昔同行人》："便同南郭能忘象，兼笑东林学坐禅。"

【南烹】 谓用南方烹饪的方法制作出来的饭菜。韩愈《初南食贻元十八协律》："我来御魑魅，自宜味南烹。"

【南康】 ❶水名。在江西星子县。其源出于龟背、鹤鸣二山。东南流经城南门之外注入鄱阳湖。许浑有《南海府罢南康阻浅暮宿东溪》。❷县名。汉南野县，属豫章郡。三国吴分南野立南安县，晋改为南康，唐属江南道虔州。徐铉有《回至南康题紫极宫里道士房》。

【南部】 ❶南方，南边地区。陈子昂《送著作佐郎崔融等从梁王东征》："海气侵南部，边风扫北平。"❷县名。东汉分阆中置充国县，属巴郡，又分置南充国郡。梁改置南部郡。至后周闵帝罢郡立县，因地在阆中南面，故称。唐属阆州。今属四川省。杜甫有《赠裴南部闻袁判官自来欲有按问》。

【南商州】 指南阜。朱景玄有《题吕食新水阁兼寄南商州郎中》。

【南情】 谓旅居南方时思家的情绪。李商隐《念远》："北思惊沙雁，南情属海禽。"

【南淮】 泛指淮河流域。张说《湘州九日城北亭子》："西楚茱萸节，南淮戏马台。"

【南涼】 东晋列国之一。鲜卑族秃发乌孤起西平，称西平王，据广武。其弟傉檀，又称凉王，史称南凉。有今青海西宁市一带地区。公元414年为西秦所灭。齐己《寄双泉大师师兄》："南凉来的的，北魏去腾腾。"

【南涼堂】 堂名。在陕西周至县仙游寺中。岑参有《冬夜宿仙游寺南凉堂呈谦道人》。

【南梁】 指唐山南西道所设置的梁州。德宗兴元元年升为兴元府，节度使治所在今陕西汉中市。李绅《南梁行》："北阙趋承半隙尘，南梁笑客皆飞霰。"

【南陸】 南方，南方大地。《郊庙歌辞·五郊乐章·送神》："北郊时冽，南陆辉处。"骆宾王《秋晨同淄川毛司马秋九咏·秋云》："南陆铜浑改，西郊玉叶轻。"王季文《九华山谣》："九华峥嵘占南陆，莲花擢本山半腹。"

【南陵】 县名。汉置春谷县，属丹阳郡。晋改为阳谷，后并入芜湖。梁武帝时置南陵县。唐时隶江南道之宣州。今属安徽。丁仙芝《江南曲五首》之三："昨暝逗南陵，风声波浪阻。"韩翃《赠别韦兵曹归池州》："南陵八月天，暮色远峰前。"王周《金盘草诗》："今春从南陵，得草名金丝。"

【南陲】 南方边陲之地。徐铉《回至南康题紫极宫里道士房》："胡为拥征传，乃至天南陲。"

【南馳】 向南奔驰。许坚《登游齐山》："星使南驰入楚重，此山偏得驻行踪。"

【南華】 ❶《南华真经》的省称，即《庄子》。施肩吾《访松岭徐炼师》："开经犹在松阴里，读到《南华》第几篇。"李咸用《和彭进士感怀》："三编《大雅》曾关兴，一册《南华》旋解忧。"刘兼《秋夕书事》："此心旷荡谁相会，尽在《南华》十卷中。"❷南华真人的省称，即庄周。司空图《狂题十八首》之四："南华落笔似荒唐，若肯经纶亦不狂。"方干《哭江西处士陈陶》："南华至理须齐物，生死即应无异同。"黄滔《寓题》："三千九万平生事，却恨南华说北溟。"

【南華真人】 庄周的封号、别称。此称始于唐。《旧唐书·玄宗纪下》："天宝元年二月庄子号为南华真人。"吴筠有《高士咏·南华真人》。

【南華經】 即《南华真经》，《庄子》的别称。此称始于唐。《新唐书·艺文志三》："天宝元年，诏号《庄子》为《南华真经》。"白居易《咏意》："常闻《南华经》，巧劳智忧愁。"

【南華蝶】 谓庄子梦中所化之蝶。《庄子·齐物论》："昔者庄周梦为胡蝶，栩栩然胡蝶也。自喻适志与！不知周也。俄然觉，则蘧然周也。不知周之梦为胡蝶与？胡蝶之梦为周与？"吴融《杏花》："愿作南华蝶，翩翩绕此条。"

【南華篇】 指《南华真经》，即《庄子》。白居易《游悟真寺诗》："身著居士衣，手把《南华篇》。"

【南越】 指广州南海郡，今广东、广西、福建一带。王昌龄《别陶副使归南海》："南越归人梦海楼，广陵新月海亭秋。"韦应物《登高望洛城作》："舟通南越贡，城背北邙原。"皮日休《正乐府十篇·贱贡士》："南越贡珠玑，西蜀进罗绮。"齐己《送朱秀才归闽》："远客归南越，单衣背北风。"

【南都】 ❶指南阳郡。汉光武帝即位后建都洛阳，以其旧里南阳为别都，南阳在洛阳之南，故称。今河南南阳市。李白《南都行》："南都信佳丽，武阙横西关。"❷泛称南方都会。罗隐《淮南送司勋李郎中赴阙》："南都水暖莲分影，北极天寒雁著行。"

【南朝】 (—cháo)东晋以后据有中国南方的宋、齐、梁、陈四朝。皇甫冉《送延陵陈法师赴上元》："乞食向人烟，遍礼南朝寺。"杜牧《江南春绝句》："南朝四百八十寺，多少楼台烟雨中。"韦庄《上元县》："南朝三十六英雄，角逐兴亡尽此中。"

【南朝體】 指南北朝时期南朝出现的一种绮靡浮艳、内容空泛的诗体，如永明体、徐庾体等。戴叔伦有《送裴明州效南朝体》。

【南棹】 谓南去之船。赵嘏《赠越客》："南棹何当返，长江忆共游。"

【南極】 ❶星名。《史记·天官书》："狼比地有大星，曰南极老人。"李白《与诸公送陈郎将归衡阳》："衡山苍苍归紫冥，下看南极老人星。"赵蕃《老人星》："太史占南极，秋分见寿星。"曹松《与胡汾坐月期贯休上人不至》："星围南极定，月照断河连。"❷指南方。柳宗元《梅雨》："海雾连南极，江云暗北津。"李商隐《归墅》："行李逾南极，旬时到旧乡。"曹唐《王远宴麻姑蔡经宅》："闲抛南极归期晚，笑指东溟饮兴长。"

【南極老人】 指南极星，亦名老人星。旧时以为南极星现，兆示天下平安，国运久长。杜甫《寄韩谏议》："周南留滞古所惜，南极老人应寿昌。"李商隐《寄太原卢司空三十韵》："西山童子药，南极老人星。"参见"南極❶"。

【南雁】　南飞之雁。李商隐《闻歌》："青冢路边南雁尽，细腰宫里北人过。"

【南雲】　❶南飞之云。李商隐《到秋》："扇风淅沥簟流离，万里南云滞所思。"又《燕台四首·秋》："帘钩鹦鹉夜惊霜，唤起南云绕云梦。"赵嘏《十无诗寄桂府杨中丞》之六："望断南云日已晡，便应凭梦过重湖。"❷指南天。李白《寄远十一首》之五："踌躇未得往，泪向南云满。"

【南單于】　(单 chán)匈奴薁鞬日逐王比自立为南单于。东汉光武帝建武二十五年(49)，南单于遣使诣阙贡献，奉藩称臣。杜甫《哀王孙》："窃闻天子已传位，圣德北服南单于。"

【南陽】　郡名。秦置。唐属山南东道，治宛，即今河南南阳市。孙逖《故程将军妻南阳郡夫人樊氏挽歌》："国风犹在咏，江汉近南阳。"任华《寄杜拾遗》："南阳葛亮为友朋，东山谢安作邻里。"杨衡《冬夜举公房送崔秀才归南阳》："南阳三顾地，幸偶价千金。"刘兼《中夏昼卧》："壮图奇策无人问，不及南阳一卧龙。"

【南陽子】　指诸葛亮。亮南阳人，故称。李白《留别王司马嵩》："余亦南阳子，时为《梁甫吟》。"王琦注："诸葛亮躬耕南阳，好为《梁父吟》。"

【南陽公】　指张建封。建封郡望南阳，故称。权德舆《送张仆射朝见毕归镇》："东方连帅南阳公，文武吉甫如古风。"韩愈《此日足可惜赠张籍》："仆射南阳公，宅我睢水阳。"

【南陽有近親】　东汉光武帝刘秀的家乡南阳，皇帝近亲很多。他们中有人不守法制，地方官也不敢处理。见《后汉书·刘隆传》。韩愈《题广昌馆》："丘坟发掘当官路，何处南阳有近亲。"

【南陽卧】　三国时蜀汉丞相诸葛亮，南阳人。未仕时隐居隆中，躬耕陇亩，自比管仲、乐毅，人称卧龙。见《三国志·蜀志·诸葛亮传》。后用以作吟咏隐居生活的典故。韩偓《寄隐者》："渭滨晦迹南阳卧，若比吾徒更寂寥。"

【南陽氣】　东汉光武帝刘秀，南阳人，起兵春陵，望气术士苏伯阿奉王莽命至南阳，遥望春陵，曰：气佳哉！郁郁葱葱然。事见《后汉书·光武皇帝本纪》。后用以称帝王之气。杜甫《喜达行在所三首》之二："司隶章初睹，南阳气已新。"

【南$_2$無佛陀】　佛教用语。南无阿弥陀佛之省称。意为"归命无量光觉"或"归命无量寿佛"。净土宗以持名念佛为主要修行方法，谓专念此"六字洪名"，命终往生净土。寒山《诗三百三首》之二二五："举手高弹指，南无佛陀耶。"

【南詔】　唐代在我国西南洱海和滇池地区建立的少数民族政权。时有六诏，蒙舍诏在最南，故称。玄宗时，南诏皮逻阁统一六诏，建立地方政权，开元二十六年(738)封蒙归义为云南王。天宝九年(750)，占有云南地，号大蒙。治羊苴咩城，即今云南大理市。贞元十年(794)，改号为南诏，后称大理。白居易《红藤杖》："南诏红藤杖，西江白首人。"李商隐《五言述德抒情诗一首四十韵献上杜七兄仆射相公》："南诏应闻命，西山莫敢惊。"又《送从翁从东川弘农尚书幕》："南诏知非敌，西山亦屡骄。"

【南湖】　❶湖名。(1)在今浙江绍兴市。《嘉泰会稽志》卷十："镜湖在东二里，故南湖也。东汉太守马臻始筑塘立湖，周三百十里，溉田九千余顷。"朱庆余和温庭筠有《南湖》。(2)指鄱阳南湖。鄱阳湖湖身中为细腰，故有南湖、北湖之分。古罂子口(今江西星蓬县)以北为北湖，以南为南湖。岑参《送张升卿宰新淦》："遥知南湖上，只对香炉峰。"韦庄《暴雨》："波浪不知深几许，南湖今与北湖平。"(3)在唐沔州(今湖北武汉市汉阳区)城南。李白与尚书郎张谓等曾泛舟于此，以张谓爱此山水，因号之曰郎官湖。李白《泛沔州城南郎官湖》序："乾元岁秋八月，白迁于夜郎，遇故人尚书郎张谓出使夏口，沔州牧杜公、汉阳宰王公觞于江城之南湖，乐天下之再平也。"(4)在唐江州(治所在今江西九江市)。李翱《江州南湖堤铭》："长庆二年十二月，江州刺史李君濬之。截南陂筑堤三千五百尺，高若干尺，以通四乡之路，蓄水为湖。"(5)在唐怀仁县(今江苏连云港市赣榆区)。刘长卿有《宿怀仁县南湖寄东海荀处士》《南湖送徐二十七西上》和《送卢判官南湖》。❷泛称湖泊。白居易《放鱼》："怜其不得所，移放于南湖。"杜牧《句》："西塞长云尽，南湖片月斜。"储嗣宗《早春怀薛公裕》："相思复相望，春草满南湖。"韩偓《效崔国辅体四首》之四："南湖一夜雨，应湿采莲船。"

【南渡】　❶晋元帝渡江，建都建康，史称东晋。因自北向南渡过长江，故称南渡。孙逖《丹阳行》："传闻一马化为龙，南渡衣冠亦愿从。"李白《金陵三首》之一："晋家南渡日，此地旧长安。"李商隐《赠送前刘五经映三十四韵》："南渡宜终否，西迁冀小康。"❷泛称渡长江而南。皇甫冉《同诸公有怀绝句》："移家南渡久，童稚解方言。"于武陵《宿江口》："南渡人来绝，喧喧雁满沙。"

【南遊】　谓游至南方。孟贯《怀果上人》："拥锡南游去，名香几处焚。"罗隐《钟陵见杨秀才》："孺亭滕阁少踟蹰，三度南游一事无。"范夜《失题》："南游李邕死，北望宋圭殂。”

【南扉】　南向之门。韦应物《和吴舍人早春归沐西亭言志》：“赋诗乐无事，解带偃南扉。”

【南鄉子】　唐教坊曲名，后用为词牌。词分单调、双调两体。单调二十七字、二十八字或三十字，先叶两平韵，后转叶三仄韵。《全唐诗》卷八九六录李珣单调《南乡子》词十七首，每首三十字。

【南給事】　疑即南巨川。巨川曾官给事中。贾至《重别南给事》。

【南塘】　❶泛指池塘。司空图《春中》：“娇莺方晓听，无事过南塘。”吴融《中夜闻啼禽》：“若非西涧回波触，即是南塘急雨惊。”❷指长安慈恩寺前南池，亦即曲江池，以其在长安城南，故称。李商隐《宿晋昌亭闻惊禽》：“飞来曲渚烟方合，过尽南塘树更深。”又《水斋》：“多病欣依有道邦，南塘宴起想秋江。”

【南楚】　古地区名。春秋战国时，楚处中原之南，后世称南楚，为三楚之一。北起淮汉，南至江南，约包括今安徽中部、西南部，河南东南部，湖南、湖北东部及江西等地区。刘长卿《湘中忆归》：“湘流澹澹空愁予，猿啼啾啾满南楚。”许棠《忆江南》：“南楚西秦远，名迟别岁深。”王贞白《庐山》：“岳立镇南楚，雄名天下闻。”李中《宿山居书怀寄东林令图上人》：“南楚征途阔，东吴旧业空。”

【南路】　南方的道路。樊晃《南中感怀》：“南路蹉跎客未回，常嗟物候暗相催。”李颀《送綦毋三谒房给事》：“晚景南路别，炎云中伏初。”

【南園】　❶即涧南园，孟浩然襄阳南郊外之园庐。孟浩然有《仲夏归南园寄京邑旧游》。❷李贺家住福昌县的昌谷，其地依山带水，有南北二园。南园为李贺读书处。李贺有《南园十三首》。❸泛指花草园林。南，无实际方位意义。《后汉书・百官志》：“南园丞一人，二百石。”李贤注：“南园在洛水南。”此为东汉时皇家苑囿。后用为故实。孟云卿《田园观雨兼晴后作》：“晨登南园上，暮歇清蝉悲。”李君何《曲江亭望慈恩寺杏园花发》：“春晴凭水轩，仙杏发南园。”吴融《蛱蝶》：“两两自依依，南园烟露微。”

【南衙】　唐代禁卫军有南衙、北衙之分，南衙兵分十六卫，统属宰相管辖。王建《赠索暹将军》：“泪滴先皇阶下土，南衙班里趁朝回。”

【南裔】　南方边远地区。柳宗元《自衡阳移桂十余本植零陵所住精舍》：“谪官去南裔，清湘绕灵岳。”

【南資】　南方的物资财富。李商隐《行次西郊作一百韵》：“南资竭吴越，西费失河源。”

【南溪】　❶指四川成都西郊的浣花溪，锦江的支流。杜甫《汉州王大录事宅作》：“南溪老病客，相见下肩舆。”又《送韦郎司直归成都》：“为问南溪竹，抽梢合过墙。”仇兆鳌注：“南溪即浣花溪。”❷指河南登封县的南溪。发源于少室山南麓，为颍水的上源之一。《元和郡县志》卷五：“颍水有三源，右水出阳乾山之颍谷，中水导源少室，左水出少室南溪，东合颍水。”岑参有《南溪别业》。❸在唐缑氏县（今河南偃师东南）。王昌龄有《缑氏尉沈兴宗置酒南溪留赠》。❹在长安城外南山下，韩愈有别墅于此。韩愈《南溪始泛三首》之二：“南溪亦清驶，而无楫与舟。”张籍《祭退之》：“移船入南溪，东西纵篙撑。”❺在唐桂林郡（约相当于今广西柳州、桂林两地区）。李渤《南溪诗》序：“桂水漓山，右汇阳江，数里余得南溪口……以溪在郡之南，因目为南溪。”李渤有《留别南溪二首》和《南溪诗》。❻泛指终南山白阁峰（在今陕西户县）南边的溪涧。岑参《因假归白阁西草堂》：“惆怅飞写尽，南溪闻夜钟。”

【南溟】　溟，亦作“冥”。南方大海。语出《庄子・逍遥游》：“是鸟也，海运则将徙于南冥。南冥者，天池也。”宋之问《途中寒食题黄梅临江驿寄崔融》：“北极怀明主，南溟作逐臣。”李白《当涂赵炎少府粉图山水歌》：“峨眉高出西极天，罗浮直与南溟连。”韩愈《北极赠李观》：“北极有羁羽，南溟有沉鳞。”李群玉《送萧绾之桂林》：“憔悴清湘滨，一朝南溟飞。”

【南臺】　❶指御史台。唐赵璘《因话录》卷五：“高宗朝，改门下省为东台，中书省为西台，尚书省为文昌台，故御史台为南台。”刘长卿《李侍御河北使回至东京相访》：“故人南台秀，夙擅中朝美。”权德舆《送张阁老中丞持节册吊回鹘》：“分职南台知礼重，辍书东观见才难。”刘禹锡《韩十八侍御见示岳阳楼别窦司直诗因令属和重以自述故足成六十二韵》：“故人南台旧，一别如弦矢。”李商隐《喜闻太原同院崔侍御台拜兼寄在台三二同年之什》：“若向南台见莺友，为传垂翅度春风。”❷台名。即戏马台。在今江苏徐州市。晋义熙中，刘裕曾大会群僚赋诗于此。温庭筠《法云寺双桧》：“一下南台到人世，晓泉清籁更难闻。”❸泛称楼台。“南”字无方位意义。许浑《春望思旧游》：“适意极春日，南台披薜萝。”项斯《游头陀寺上方》：“更期招静者，长啸上南台。”贾岛《上谷送客游江湖》：“江楼到夜登，还见南台月。”

【南境】　南方边境地区。贾岛《送张校书季霞》：“南境异北候，风起无尘沙。”

【南樓】　❶古楼名。(1)在唐鄂州江夏郡武昌县，今武汉市武昌。李白《陪宋中丞武昌夜饮怀古》：“清景南楼夜，风流在武昌。”许浑《南楼春望》：“南楼春一望，云水共昏昏。”(2)在唐冀州，今河北冀市。岑参《南楼送卫凭》：“近县多过客，似君诚亦稀。南楼取凉好，便送故人归。”(3)在湖南潭州（今湖南长沙市）。

杜甫《舟中夜雪有怀卢十四侍御弟》："暗度南楼月，寒深北渚云。"卢注据柳子厚《长沙驿前南楼感旧》为证，是南楼即在潭州。(4)在湖北江陵县东南。张九龄有《登郡城南楼》。❷泛称位于南面的楼台。杜甫《登兖州城楼》："东郡趋庭日，南楼纵目初。"

【南歌】　南方歌曲。元稹《酬乐天得微之诗知通州事因成四首》之四："南歌未有东西分，敢唱《沧浪》一字歌。"

【南歌子】　唐教坊曲名，后用为词牌。亦名《南柯子》《春宵曲》。单调有两体，一体二十三字，一体二十六字，均为三平韵。双调常见者为五十二字体，六平韵或六仄韵。《全唐诗》卷八九一录温庭筠单调《南歌子》词七首。卷八九五录毛熙震双调《南歌子》词二首。

【南圖】　南飞，南征。喻抱负远大。语出《庄子·逍遥游》："背负青天，而莫之夭阏者，而后乃今将图南。"骆宾王《早秋出塞寄东台详正学士》："南图终铩翮，北斗邅催辕。"高适《东平路作三首》之一："南图适不就，东走岂吾心。"杜甫《奉送严公入朝十韵》："南图回羽翮，北极捧星辰。"林璠《季夏入北山》："谁怜后时者，六月未南图。"

【南荆】　即南楚。李白《赠参寥子》："白鹤飞天书，南荆访高士。"戴叔伦《送车参军江陵》："公子道存知不弃，欲依刘表往南荆。"白居易《和答诗十首·和思归乐》："获戾自东洛，贬官向南荆。"殷文圭《和友人送衡尚书赴池阳副车》："醉沉北海千尊酒，吟上南荆百尺楼。"

【南真】　谓上真司命南岳夫人。李商隐《戊辰会静中出贻同志二十韵》："龟山有慰荐，南真为弥纶。"叶葱奇疏注引冯诰曰："《南岳夫人传》：'太微帝君授夫人上真司命南岳夫人。'《真诰》所呼'南真'即夫人也。"吴融《和韩致光侍郎无题三首十四韵》之二："凤笙追北里，鹤驭访南真。"

【南軒】　❶指屋南之庭院。李白《南轩松》："南轩有孤松，柯叶自绵幂。"戴叔伦《梧桐》："亭亭南轩外，贞干修且直。"❷南向之楼阁。许浑《韶州驿楼宴罢》："主人不醉下楼去，月在南轩更漏长。"薛能《舞者》："绿毛钗动小相思，一唱南轩日午时。"司马扎《山中晚兴寄裴侍御》："南轩对林晚，篱落新蛩鸣。"吴商浩《水楼感事》："满湖菱荇东归晚，闲倚南轩尽日愁。"

【南原】　泛称原野。南，无方位意义。司空图《偶书五首》之五："新店南原后夜程，黄河风浪信难平。"曹松《赠胡处士》："年光离岳色，带疾卧南原。"

【南峯】　南边山峰。孙逖《奉和崔司马游云门寺》："更言穷寂灭，回策上南峰。"王建《寻李山人不遇》："从头石上留名去，独向南峰问老师。"刘禹锡《平蔡州三首》之三："南峰无火楚泽间，夜行不锁穆陵关。"

【南院】　唐代官署名，亦称南曹。属吏部，负责铨选官吏。寒山《诗三百三首》之一二〇："个是何措大，时来省南院。"黄滔《送人明经及第东归》："亦从南院看新榜，旋束春关归故乡。"参见"南曹"。

【南徐州】　州名。东晋南渡，在京口侨置徐州，至刘宋时称此徐州为南徐州，淮北之徐州仍称徐州。辖今江苏长江以南、太湖以北一带地方。岑参《送王大昌龄赴江宁》："自闻君欲行，频望南徐州。"

【南徐】　即南徐州。王昌龄《客广陵》："楼头广陵近，九月在南徐。"杨凭《送别》："江岸梅花雪不如，看君驿驭向南徐。"贾岛《寄宋州田中丞》："古郡近南徐，关河万里余。"

【南翁】　泛指南方的老人。杜甫《奉赠李八丈判官》："垂白乱南翁，委身希北叟。"又《社日两篇》之一："南翁巴曲醉，北雁塞声微。"

【南畝】　谓农田。南坡向阳，利于农作物生长，古人田土多向南开辟，故称。刘长卿《夜宴洛阳程九主簿宅送杨三山人往天台寻智者禅师隐居》："南亩自甘贱，中朝唯爱贤。"皇甫冉《奉和王相公早春登徐州城》："元戎资上策，南亩起耕桑。"贾岛《郑尚书新开涪江二首》之二："不侵南亩务，已报北江流。"徐铉《常州驿中喜雨》："远寻南亩去，细入驿亭来。"

【南庭】　❶犹南地、南方。杜甫《舟中》："飘泊南庭老，只应学水仙。"❷唐代西突厥乙毗咄陆可汗建庭于镞昌山西，谓之北庭，乙毗沙钵罗叶护可汗建亭于睢合水北，谓之南庭。杜审言《赠苏味道》："北地寒应苦，南庭戍未归。"袁瓘《鸿门行》："北风闻楚歌，南庭见胡马。"

【南唐】　五代十国之一。升元元年(937)，李昪代吴称帝，都金陵(今江苏南京市)，国号唐，史称南唐。曾灭闽、楚，极盛时其疆域包括今江苏、安徽淮河以南和福建、江西、湖南及湖北东北地区。975年为北宋所灭。历三主，计三十九年。朱存《金陵览古·北渠》："后庭花落恩波断，翻与南唐作御沟。"

【南唐先主】　(888—943)即李昪。五代时南唐建立者。937—943年在位。字正伦。徐州(今属江苏)人。少孤，战乱中流寓濠泗间，为杨行密所收养，后为吴丞相徐温养，易名徐知诰。天祐十五年(918)代徐温子知训参知政事。天成四年(929)出镇金陵，寻封东海王。至清泰二年(935)以金陵为齐国，封齐王。吴天祚三年(937)即帝王于金陵，改年号为升元，国号大齐。升元三年(939)复姓李，改名昪，国号为唐，史称南唐。在位时，关心农事，奖励生产，开垦荒地，废除"丁口钱"和"计亩输钱"的弊政，实行按产量计税，有利于生产的发展。传见《旧五代史》卷一三四、《新五代史》卷六二。《全唐诗》卷八录其《咏灯》一首。

【南唐後主】 (937—978)即李煜。字重光，初名从嘉，号钟隐，又号莲峰居士。徐州(今属江苏)人。李璟第六子。初封安定郡公，后进封郑王。显德六年(959)，徙封吴王，以尚书令知政事居东宫。建隆二年(961)，立为太子，同年嗣位于金陵。世称南唐后主。为人仁孝，而性骄侈，好声色，又喜浮图，高谈不抚政事，对北宋委曲求全。开宝七年(974)，宋师南征，翌年破金陵，煜肉袒出降。迁至京师，封违命侯，终被毒死。煜多才艺，善书画，知音律，能诗文，尤工于词。创作以南唐亡国为界，分为前后两期。前期作品多写豪华腐朽的宫廷生活，后期则多表现亡国的哀痛和对故国的怀念，带有浓厚的感伤情调。传在马令《南唐书》卷五、陆游《南唐书》卷三、《新五代史》卷六二。诗、词分别见《全唐诗》卷八六六、卷八八九。

【南唐嗣主】 即李璟。初名景通，改名瑶，又改名璟，后因避周讳，又改璟为景，字伯玉，徐州(今江苏徐州市)人。李昪长子。父昪专吴政，璟为兵部尚书，参知政事，南唐建国封齐王。昪卒，璟嗣位，史称中主或嗣主。在位十九年，庙号元宗。他一反其父保境安民、改善内政的正确国策，任用陈觉、冯延巳等五个佞人(史称"五鬼")，连年征战，民不堪命。保大四年(946)，兴兵攻福州，大败而还，后来攻湖湘，又失利。周师来攻，又连战皆败，遂献江北诸地，与周以江为界，岁贡地征数十万，去帝号，奉周正朔，为周外臣。爱文学，尤工于词。传在马令《南唐书》卷二、陆游《南唐书》卷二、《旧五代史》卷一三四、《新五代史》卷六二。诗、词分别见《全唐诗》卷八、卷八八九。

【南浦】 ❶泛指南面的水边。屈原《九歌·河伯》："子交手兮东行，送美人兮南浦。"后用以泛指送别之处。杨炯《和崔司空伤姬人》："昔时南浦别，鹤怨宝琴弦。"独孤及《送陈王府张长史还京》："极目故关道，伤心南浦花。"熊孺登《奉和兴元郑相公早春送杨侍郎》："征鞍欲上醉还留，南浦春生百草头。"徐夤《依韵酬常循州》："帆分南浦知离别，驾在东州更可伤。"❷地名。(1)在江西南昌市西南。章江到此分流，旧有南浦亭。王勃《滕王阁》："画栋朝飞南浦云，珠簾暮卷西山雨。"(2)在武昌南三里，亦称张公洲。李白《赠汉阳辅录事二首》之二："南浦登楼不见君，君今罢官在何处。"又《江夏行》："适来往南浦，欲问西江船。"又《赠张公洲革处士》："革侯遁南浦，常恐楚人闻。"(3)在济南市鹊山湖之南。李白《陪从祖济南太守泛鹊山湖三首》之三："水入北湖去，船从南浦回。"

【南海】 ❶我国南部海域。苏颋《饯荆州崔司马》："水连南海涨，星拱北辰居。"李白《寄崔侍御》："独怜一雁飞南海，却羡双溪解北流。"刘昚虚《越中问海客》："自云发南海，万里速如飞。"黄滔《寄怀南北故人》："南海浪高书堕水，北州城破客降胡。"❷县名。属广东省。秦置番禺县，为南海郡治。隋开皇十年(590)，分番禺县置南海县，唐为广州治。杜审言有《南海乱石山作》。杜甫《送段功曹归广州》："南海春天外，功曹几月程。"陆龟蒙有《奉和袭美送李明府之任南海》。❸郡名。秦始皇三十三年(前214)置，两汉因之。三国吴在此置广州。晋宋以后同。郡治番禺，即今广州市。辖今广东省大部分地区。王昌龄有《别陶副使归南海》。曹松有《南海旅次》。❹泛指南方。裴夷直《忆家》："谁言南海无霜雪，试向愁人两鬓看。"秦韬玉《亭台》："为向西窗添月色，岂辞南海取花栽。"

【南海神祠】 南方之神祠庙。祠在今广东广州市东南。《隋书·礼仪志二》："开皇十四年闰十月，诏……东海于会稽县界，南海于南海镇南，并近海立祠。"高骈有《南海神祠》。

【南海献荔支】 《后汉书·和帝纪》："旧南海献龙眼、荔支，十里一置，五里一候，奔腾阻险，死者继路。"唐诗中咏叹其事暗讽唐玄宗为杨贵妃运荔支之举。杜甫《病橘》："忆昔南海使，奔腾献荔支。"

【南浮】 乘船南行。李频《送新安少府》："南浮虽六月，风水已秋凉。"

【南宫】 ❶南方星宿之宫，指朱鸟星座。权德舆《和司马殷员外早秋省中书直夜寄荆南卫象端公》："风生北渚烟波阔，露下南宫星汉秋。"李频《感怀献门下相公》："日望南宫看列宿，迢迢婺女与乡比。"黄滔《送翁员外承赞》："风旋北阙虚丹穴，星复南宫逼紫微。"❷旧谓尚书省象列宿之南宫，故称尚书省为南宫。岑参《东归发犍为至泥溪舟中作》："忆昨在西掖，复曾入南宫。"杜甫《秋野五首》之四："飞霜任青女，赐被隔南宫。"韩愈《桃源图》："武陵太守好事者，题封远寄南宫下。"白居易《钱湖州以箬下酒李苏州以五酘酒相次寄到无因同饮聊咏所怀》："莫怪殷勤醉相忆，曾陪西省与南宫。"❸原为秦汉宫殿名，后泛指宫殿。裴交泰《长门怨》："一种蛾眉明月夜，南宫歌管北宫愁。"曹邺《姑苏台》："南宫酒未销，又宴姑苏台。"于武陵《长信宫二首》之一："坐听南宫乐，凉风摇翠裾。"

【南宫客】 指在尚书省诸部供职的官吏。耿湋《寄钱起》："寄谢南宫客，轩车不见亲。"李建勋《阙下偶书寄孙员外》："独有南宫客，时来话钓舟。"

【南宫郎】 指尚书省诸部郎官。权德舆有《户部王曹长杨考功崔刑部二院长并同钟陵使府之旧因以寄赠又陪郎署喜甚常僚因书所怀且叙所知》："忽惊西江侣，共作南宫郎。"刘禹锡《送华阴尉张苕赴邕府使幕》："昔忝南宫郎，往来东观频。"

【南宫草】　指尚书省文件。张九龄《酬周判官巡至始兴会改秘书少监见贻之作兼呈耿广州》："既起南宫草，复掌西掖制。"

【南家】　南邻，南面邻居。李颀《欲之新乡答崔颢綦毋潜》："吾属交欢此何夕，南家捣衣动归客。"白居易《赠邻里往还》："唯恐往还相厌贱，南家饮酒北家眠。"又《雪中晏起偶咏所怀兼呈张常侍韦庶子皇甫郎中》："东家典钱归碍夜，南家贳米出凌晨。"

【南郡】　地名。秦昭襄王二十九年（前278），白起攻楚取郢，置为南郡。在今湖北江陵县北。汉移治江陵（今县）。汉境有江陵等十八县。辖境东到武昌黄冈，西到四川巫山，北到襄阳安陆，南到恩施等地。其后渐小。三国吴移治公安城（今公安县），西晋又移江陵。隋开皇初废，大业时又曾改荆州为南郡。天宝元年（742）更名江陵郡。上元元年（760）号南都，为府。张说《别灉湖》："南郡延恩渥，东山恋宿心。"刘长卿《和樊使君登润州城楼》："王粲尚为南郡客，别来何处更销忧。"张继《送窦十九判官使江南》："南郡迎徐子，临川谒谢公。"元稹《奉和荥阳公离筵作》："南郡生徒辞绛帐，东山妓乐拥油旌。"

【南郡猶憐】　晋桓温娶李势妹为妾，其妻明帝女南康长公主凶妒，尝拔刀至李所，欲斫之。见李在窗前梳头，姿貌端丽，徐徐结发，神色闲正，辞甚凄婉，于是掷刀前抱之曰："阿子，我见汝亦怜，何况老奴。"见《世说新语·贤媛》。李瀚《蒙求》："郭槐自屈，南郡犹怜。"

【南飛】　自北向南飞翔。李益《奉酬崔员外副使携琴宿使院见示》："谁问南飞长绕树，官微同在谢公门。"刘沧《八月十五日夜玩月》："中秋朗月静天河，乌鹊南飞客恨多。"公乘亿《赋得临江迟来客》："北去鱼无信，南飞雁绝音。"

【南能】　指慧能。慧能为唐代佛教禅宗南能创始人，故称。雍陶《同贾岛宿无可上人院》："还因爱闲客，始得见南能。"杜牧《题平等院》："十里城中一院僧，各持巾钵事南能。"王贞白《云居长老》："了然方寸内，只应见南能。"

【南荒】　南方边远之地。辛常伯《军中行路难》："交趾枕南荒，昆弥临北户。"杨凭《赠窦牟》："南荒不死中华老，别玉翻同西国人。"周繇《经故宅有感》："身没南荒雨露赊，朱门空锁旧繁华。"

【南塢】　南边的山坳。吕岩《题灵石屋山》："南坞数回泉石，西峰几叠烟云。"

【南埭】　即鸡名埭。在今江苏江宁县南。李商隐《咏史》："北湖南埭水漫漫，一片降旗百尺竿。"

【南曹】　唐吏部掌判选院的官署。《唐会要·吏部员外郎》："南曹起于总章二年，司列少常伯李敬元奏置。"刘长卿《题冤句宋少府厅留别》："宋侯人之秀，独步南曹吏。"韩愈《送灵师》："手持南曹叙，字重青瑶镌。"杜牧有《新转南曹未叙朝散初秋暑退出守吴兴书此篇以自见志》。

【南堂】　南面之堂，犹客厅。任翻《送李衡》："君去南堂后，应无客到来。"

【南野】　南方郊野。刘长卿《游四窗》："箕星分南野，有斗挂檐北。"

【南國】　泛指南方。徐安贞《送丹阳采访》："郡县分南国，皇华出圣朝。"韩翃《宴杨驸马山池》："中朝驸马何平叔，南国词人陆士龙。"白居易《和敏中洛下即事》："水暖鱼多似南国，人稀尘少胜西京。"萧遘《春诗》："南国韶光早，春风送腊来。"

【南國貌】　谓南方美女。语出曹植《杂诗六首》之四："南国有佳人，容华若桃李。"杜牧《为人题赠二首》之一："虚传南国貌，争奈五陵心。"

【南崖】　南面山崖。司空曙《雪二首》之二："王屋南崖见洛城，石龛松寺上方平。"

十　画

博　〔bó《广韵》補各切，入鐸，幫。〕❶大，与"小"相对。顾况《上古之什补亡训传十三章·苏方一章》："苏方之赤，在胡之舶，其利乃博。"郭邕《洛出书》："微造功不宰，神行利攸博。"刘允济《经庐岳回望江州想洛川有作》："迹随造化久，利与乾坤博。"❷广大；宽广。李峤《安辑岭表事平罢归》："既弘天覆广，且谕皇恩博。"张九龄《奉和圣制送十道采访使兼朝集使》："课最力已陈，赏延恩复博。"❸扩大。顾况《上古之什补亡训传十三章·十月之郊一章》："审方面势，姑博其制。"❹普遍。杜甫《郑典设自施州归》："群书一万卷，博涉供务隙。"❺渊博。沈东美《奉和苑舍人宿直晓玩新池寄南省友》："史为三坟博，郎因五字迁。"卢纶《奉陪侍中游石笥溪十二韵》："静得渔者言，闲闻洞仙博。"❻换，以物易物。李白《宣州长史弟昭赠余琴溪中双舞鹤诗以见志》："白玉为毛衣，黄金不肯博。"卢仝《苦雪寄退之》："市头博米不用物，酒店买酒不肯赊。"白居易《渭村退居寄礼部崔侍郎翰林钱舍人一百韵》："朝衣典杯酒，佩剑博牛羊。"又《晓寝》："鸡鸣一觉睡，不博早朝人。"罗隐《炀帝陵》："君王忍把平陈业，只博雷塘数亩田。"❼求取；获得。刘长卿《奉和李大夫同吕评事太行苦热行呈王员外》："通越事岂难，渡泸功未博。"李洞《送郤先辈归觐华阴》："桂枝博得凤栖枝，欢觐家僮舞翠微。"李梦符《答常学士》："深谢名贤相远访，求闻难博凤为邻。"亦特指以贸易方式换取。卢仝《苦雪寄退之》："市头博米不用物，酒店买酒不肯赊。"孙棨《题妓王福娘墙》："移壁回窗费几朝，指环偷解博红椒。"齐己《溪居寓言》："寄向东溪老樵道，莫催丹桂博青钱。"❽博戏；以物赌输赢、角胜负。高适《邯郸少年行》："千场纵博家仍富，几度极仇身不死。"权德舆《和王祭酒太社宿斋不得赴李尚书宅会戏书见寄》："此时对局空相忆，博进何人更乐输。"韩愈《送侯参谋赴河中幕》："秋渔荫密树，夜博然明灯。"又《晚秋郾城夜会联句》："取欢移日饮，求胜通宵博。"❾博具。六博，亦称局戏，六箸十二棋。李白《梁园吟》："连呼五白行六博，分曹赌酒酣驰辉。"刘禹锡《唐侍御寄游道林岳麓二寺诗见征继作》："泉清石布博棋子，萝密鸟韵如簧言。"❿通"搏"。搏斗，争斗。李白《少年行二首》之一："因击鲁句践，争博勿相欺。"皮日休《初夏游楞伽精舍》："怒泉声似激，闻之意争博。"无名氏《纪游东观山》(卷七八六)："博噬千怪聚，焰烂五色光。"

【博士】　❶官名。始置于战国。秦汉两代相沿，六经、诸子、诗歌、术数、方技等均设博士。西汉为太常属官，教授博士弟子，并奉使议政，武帝建元五年(前136)罢黜百家，始置《诗》《书》《礼》《易》《春秋》今文五经博士。晋设国子博士、太学博士。唐国子监所领属的国子学、太学、四门馆、律学、算学等，皆设博士。此均为学官，较职掌礼义的太常博士有异。韩翃《别汜水县尉》："自怜寂寞会君稀，犹著前时博士衣。"韩愈《元和圣德诗》："博士臣愈，职是训诂，作为歌诗，以配吉甫。"周昙《咏史诗・后汉门・明帝》："博士一言除太傅，谥为明帝信其宜。"❷唐教坊内教习和掌乐之人。王建《宫词一百首》之五二："再三博士留残拍，索向宣徽作彻章。"又《宫词一百首》之五三："博士傍边亦被欺，忽觉管弦偷破拍。"

【博大】　硕大。陆龟蒙《江南秋怀寄华阳山人》："衣裾徒博大，文籍漫纵横。"

【博山】　指博山炉。韦应物《长安道》："下有锦铺翠被之粲烂，博山吐香五云散。"温庭筠《台城晓朝曲》："博山镜树香茸茸，袅袅浮航金画龙。"罗虬《比红儿诗》之四二："绣帐鸳鸯对刺纹，博山微暖麝微曛。"

【博山爐】　亦作"博山鑪"。古代铜制香炉，形略似今之高脚杯，炉上有盖，刻镂为山峦云树模样，炉身亦雕镂各种花纹。炉中燃香，香烟自炉盖冒出，为古代贵族生活用品。李白《杨叛儿》："博山炉中沉香火，双烟一气凌紫霄。"刘禹锡《泰娘歌》："妆奁虫网厚如茧，博山炉侧倾寒灰。"李商隐《烧香曲》："漳宫旧样博山炉，楚娇捧笑开芙蕖。"温庭筠《病中书怀呈友人》："祀亲和氏璧，香近博山炉。"

【博山鑪】　见"博山爐"。

【博平】　❶县名。春秋时齐博陵邑，汉置博平县，属东郡。唐贞观时并入聊城县，天授年间复置。今并入山东茌平县。李白《观博平王志安少府山水粉图》："博平真人王志安，沉吟至此愿挂冠。"❷郡名。隋置博州，治聊城。天宝元年，改为博平郡。乾元元年复为博州。隶河北道。地在今山东聊城市西北。李白有《博平郑太守自庐山千里相寻入江夏北市门见访却之武陵立马赠别》。

【博物】　❶博识多知，通晓众物。玄宗《送张说巡边》："茂先惭博物，平子谢文章。"陆龟蒙《京口与友生话别》："博物君能继，多才我尚惭。"钱珝《江行无题一百首》之七六："自怜非博物，犹未识凫葵。"❷指《博物志》。旧题晋张华撰。十卷。为仿《山海经》体而演变的志怪小说。分类记载异物、奇境、殊俗、琐闻等。陆龟蒙《奉和袭美赠魏处士五贶诗・太湖砚》："不知新博物，何处拟重刊。"❷借指晋张华。《博物志》旧题张华撰，故称。李皓《奉和圣制送张说上集贤学士赐宴》："佐命留侯业，词华博物才。"

【博物才】　晋张华博物洽闻，撰有《博物志》。后因用作称美博闻广识的典故，李皓《奉和圣制送张说上集贤学士赐宴》："佐命留侯业，词华博物才。"

【博弈】　六博和围棋。陈子昂《送著作佐郎崔融等从梁王东征》序："尔乃投壶习射，博弈观兵。"刘禹锡《游桃源一百韵》："往往游不归，洞中观博弈。"

【博帶】　宽大的衣带。韦承贻《策试夜潜纪长句于都堂西南隅》："褒衣博带满尘埃，独自都堂纳卷回。"

【博徒】　赌徒。元稹《酬李甫见赠十首》之三："十岁荒狂任博徒，挼莎五木掷枭卢。"白居易《悲哉行》："朝从博徒饮，暮有倡楼期。"

【博席】　谓进行博戏的席位。郑谷《自贻》："饮筵博席与心违，野眺春吟更是谁。"

【博浪沙】　"浪"亦作"狼"。地名。在今河南阳武县东南。秦始皇东游，张良与客曾于此狙击，误中副车。事见《史记・留侯世家》。李白《猛虎行》："朝过博浪沙，暮入淮阴市。"又《经下邳圯桥怀张子房》："沧海得壮士，椎秦博浪沙。"胡曾有《咏史诗・博浪沙》。

【博通】　博大通达。太宗《初晴落景》："寄言博通者，知予物外志。"

【博陸】　指汉霍光。武帝封光为博陆侯。光受武帝临终嘱托，辅佐幼主昭帝。见《汉书・霍光传》。后用以作帝王托孤之典。李华《杂诗六首》之五："绛侯与博陆，忠朴受遗顾。"

【博陸侯】　指汉霍光。武帝时光为博陆侯。见《汉书・霍光传》。周昙有《咏史诗・前汉门・博陆侯》。

【博陵】 隋郡名，唐改为定州，天宝元年(742)又改名博陵郡，治所在今河北定州市。李白《自广平乘醉走马六十里至邯郸登城楼览古书怀》："闲从博陵游，畅饮雪朝酲。"高适《酬秘书弟兼寄幕下诸公》序："今年适自封丘尉统吏卒于青夷，途经博陵，得太守贾公之政，相见如旧，他日之意存焉。"白居易《池上篇》序："博陵崔晦叔与琴，韵甚清。"

【博陵王】 指崔玄暐。玄暐，博陵安平人。则天季年，以预诛张易之功，封博陵郡公。中宗朝，晋爵为王。李商隐《安平公诗》："丈人博陵王名家，怜我总角称才华。"

【博陵君】 指崔玄暐。徐夤《吊崔补阙》："近来吾道少，恸哭博陵君。"参见"博陵王"。

【博野】 县名。汉蠡吾县，属涿郡。东汉分置博陵县，后魏改为博野。因地在博水之旷野而取名，唐武德间属蠡州，永泰间属深州。今属河北省。韦庄《秦妇吟》："皆言博野自相持，尽道贼军来未及。"

【博望】 ❶指汉博望侯张骞。羊士谔《赴资阳经嶓冢山》："今日鸣驺到嶓峡，还胜博望至河源。"吴融《太湖石歌》："用时应不称娲皇，将去也堪随博望。"参见"博望侯"。❷指博望苑。贾曾《奉和春日出苑瞩目应令》："铜龙晓辟问安回，金辂春游博望开。"白居易《酬别微之》："博望自来非弃置，承明重入莫拘牵。"温庭筠《题望苑驿》："花影至今通博望，树名从此号相思。"参见"博望苑"。

【博望苑】 汉宫苑名。武帝为卫太子置，供其交接宾客。博望，取其广观博望之意。故址在今陕西西安市。白居易《与皇甫庶子同游城东》："博望苑中无职役，建春门外足池台。"

【博望侯】 指张骞。汉武帝封张骞为博望侯。《史记·大宛列传》。虞世南《结客少年行》："寻源博望侯，结客远相求。"韩翃《送李侍御赴徐州行营归江南》："远属平津阁，前驱博望侯。"

【博望尋河】 博望，指博望侯张骞。骞使大夏，得黄河源头所在。见《史记·大宛列传》。李瀚《蒙求》："伏波标柱，博望寻河。"

【博望賓】 《三辅黄图·苑囿》："武帝立太子据为太子，为太子开博望苑以通宾客。《汉书》曰：'武帝年二十九乃得太子，甚喜。太子冠，为立博望苑，使之通宾客从其所好。'又云：'博望苑在长安城南，杜门外五里有遗址。'"后因以代称太子宾客。白居易《赠皇甫宾客》："昔曾对作承华相，今复连为博望宾。"

【博達】 博闻通达。寒山《诗三百三首》之三八："余曾昔睹聪明士，博达英灵无比伦。"

【博塞】 (一sài)亦作"博簺"。古之六博和格五等博戏。杜甫《今夕行》："咸阳客舍一事无，相与博塞为欢娱。"元稹《寄吴士矩端公五十韵》："藉草送远游，列筵酬博塞。"温庭筠《病中书怀呈友人》："亡羊犹博簺，牧马倦呼卢。"

【博碩】 谓牺牲肥壮。魏征《五郊乐章·赤帝徵音》："博硕斯荐，笙镛备举。"

【博戲】 古代博塞之类的游戏。吕岩《绝句》之十五："偶因博戏飞神剑，摧却中南第一峰。"

【博羅】 ❶县名。汉旧县，属南郡。唐属循州。今属广东。刘禹锡《崔元受少府自贬所还遗山姜花以诗答之》："故人博罗尉，遗我山姜花。"❷罗浮山之异名。在今广东省增城、博罗、河源等县间。传称晋葛洪于此得仙术，山上有洞，道教列为第七洞天。李贺《罗浮山父与葛篇》："博罗老仙时出洞，千岁石床啼鬼工。"高骈《寄题罗浮别业》："带日长江好归信，博罗山下碧桃春。"

【博簺】 同"博塞"。

【博覽】 广泛阅览。寒山《诗三百三首》之一二九："雍容美少年，博览诸经史。"

【博鑪】 博山炉的省称。姚月华《怨诗效徐淑体》："菱鉴兮慵启，博炉兮焉熏。"

十二画

𠁈 同"君"。武则天所造字。詹敦仁《复留侯从效问南汉刘岩改名龑字音义》："乖𠁈𠀆团星，𠁈思厓西𡴠。"

十六画

𠁈 同"載"。武则天所造字。詹敦仁《复留侯从效问南汉刘岩改名龑字音义》："乖𠁈𠀆团星，𠁈思厓西𡴠。"

卜 部

卜 卜〔bǔ《广韵》博木切，入屋，幫。〕❶古代预测吉凶之一种方术。其法以火烧灼龟甲，据其烧裂之纹以判吉凶。后亦泛指以其他方式预测吉凶。宋之问《明河篇》：“更将织女支机石，还访成都卖卜人。”杜甫《公安送李二十九弟晋肃入蜀余下沔鄂》：“凭将百钱卜，飘泊问君平。”于鹄《江南曲》：“众中不敢分明语，暗掷金钱卜远人。”曹邺《古相送》：“行人卜去期，白发根已出。”❷占卜以定选择。后亦泛指选择、择定。张九龄《和黄门卢监望秦始皇陵》：“秦帝始求仙，骊山何遽卜？”杜甫《卜居》：“浣花流水水西头，主人为卜林塘幽。”牟融《陈使君山庄》：“新卜幽居地自偏，士林争羡使君贤。”郑谷《赠文士王雄》：“小斋松菊静，愿卜子为邻。”❸预测，推断。杜甫《续得观书迎就当阳居止正月中旬定出三峡》：“颂椒添讽咏，禁火卜欢娱。”李端《将之泽潞留别王郎中》：“事成应未卜，身贱又无机。”刘禹锡《谒柱山会禅师》：“思此灵山期，未卜何年载？”李商隐《马嵬二首》之二：“海外徒闻更九州，他生未卜此生休。”

【卜人】 卖卜之人。以替人卜卦算命为职业者。曹邺《风人体》：“将金与卜人，谲道远行吉。”

【卜世】 以占卜测定传国之世数。语出《左传·宣公三年》：“成王定鼎于郏鄏，卜世三十，卜年七百，天所命也。”王贞白《经洛故城》：“卜世何久远，由来仰圣明。”《郊庙歌辞·周宗庙乐舞辞》：“卜世长，帝祚昌。定中国，服四方。”

【卜式】 西汉人。以田牧致富，屡捐家财助官，武帝召拜为中郎。式曾谓武帝曰：“治民犹牧羊，以时起居，恶者辄去，毋令败群。”后迁缑氏令、成皋令，拜齐王太傅，转为相，封关内侯。元鼎中为御史大夫。以谏罢盐铁忤武帝意。又加武帝封禅时，式不习文章，遂贬为太子太傅。事见《汉书》卷五十八。李白《悲歌行》：“惠施不肯干万乘，卜式未必穷一经。”白居易《渭村退居寄礼部崔侍郎翰林钱舍人诗一百韵》：“重文疏卜式，尚少弃冯唐。”

【卜地】 选择居住之地。李白《题元丹丘颍阳山居》：“卜地初晦迹，兴言且成文。”皇甫冉《田家作》：“汲流宁厌远？卜地本求偏。”亦指选择墓地。刘言史《北原情三首》之三：“卜地起孤坟，全家送葬去。”

【卜年】 以占卜预测国运之年数。语出《左传·宣公三年》：“成王定鼎于郏鄏，卜世三十，卜年七百，天所命也。”王维《奉和圣制庆玄元皇帝玉像之作应制》：“秦后徒闻乐，周王耻卜年。”姚合《文宗皇帝挽词三首》之一：“尧舜非传子，殷周但卜年。”鲍溶《洛阳春望》：“四海为家知德盛，二京有宅卜年长。”

【卜行】 占卜以定行期。亦泛指启程、成行。刘得仁《送友人下第归觐》：“君此卜行日，高堂应梦归。”厉霆《寄远游人》：“君此卜行日，离杯惜共传。”

【卜宅】 以占卜确定宅地。亦泛指选择住家之地。杜甫《为农》：“卜宅从兹老，为农去国赊。”李端《寄王密卿》：“买山多为竹，卜宅不缘贫。”李商隐《哭虔州杨侍郎》：“楚水招魂远，邙山卜宅孤。”

【卜命】 占卜命运。戎昱《桂城早秋》：“卜命知身贱，伤寒舞剑频。”卢纶《落第后归山下旧居留别刘起居昆季》：“有时空卜命，无事可酬恩。”白居易《对酒》：“未济卦中休卜命，《参同契》里莫劳心。”

【卜征】 占卜巡狩之宜否。古代帝王五年一巡狩，先此每年一卜，俱得吉兆方出巡狩，不吉则修德改卜。参阅《左传·襄公十五年》。玄宗《登蒲州逍遥楼》：“卜征巡九洛，展豫出三秦。”韩王元嘉《奉和同太子监守违恋》：“卜征从献吉，守器属元良。”

【卜夜】 《左传·庄公二十二年》载：陈公子敬仲奔齐，桓公使为工正。敬仲请桓公饮酒，桓公兴浓，欲举火烛继续夜饮。敬仲曰：“臣卜其昼，未卜其夜，不敢。”孔颖达正义引服虔曰：“臣将享君，必卜之，示戒慎也。”后遂以“卜夜”或“卜昼卜夜”指夜以继日地尽情欢宴。杜甫《宴王使君宅题二首》之二：“泛爱容霜发，留欢卜夜闲。”张登《冬至夜郡斋宴别前华阴卢主簿》序：“登与宾客僚吏，会别于郡斋，骊（酾）酒卜夜。”李商隐《夜饮》：“卜夜容衰鬓，开筵属异方。”吴融《和韩致光侍郎无题三首十四韵》：“漫游多卜夜，慵起不知晨。”

【卜居】 选择居住之地。张九龄《骊山下逍遥公旧居游集》：“卜居旧何所？休浣尝来兹。”杜甫《楠树为风雨所拔叹》：“诛茅卜居总为此，五月仿佛闻寒蝉。”刘得仁《访曲江胡处士》：“卜居天苑畔，闲步禁楼前。”齐己《荆渚病中因思匡庐遂成三百字寄梁先辈》：“张野久绝迹，乐天曾卜居。”

【卜居篇】 《楚辞》篇名。屈原作。屈原以忠获罪，发为愤激之辞，佯言于邪正之间不知所处，求太卜詹尹为之决疑，实以表明自己廉洁正直之志。窦常《之任武陵寒食日途次松滋渡先寄刘员外禹锡》："幸得柱山当郡舍，在朝长咏《卜居》篇。"

【卜畋】 占卜田猎宜否。于邵《释奠武成王乐章·迎神》："卜畋不从，兆发非熊。"

【卜洛】 谓周公以占卜择定于洛邑建东都。孟浩然《上巳洛中寄王九迥》："卜洛成周地，浮杯上巳筵。"亦泛指卜洛之地。李憕《同望幸新亭赐钱公宴》："地隔朝宗庆，亭临卜洛新。"详见"卜澗瀍"。

【卜室】 犹卜宅。选择居室。严维、谢良弼《中元日鲍端公宅遇吴天师联句》："游方依地僻，卜室喜墙连。"柳宗元《游南亭夜还叙志七十韵》："卜室有鄠杜，名田占沣涝。"

【卜師】 周代掌占卜之官。位次于大卜而高于卜人。《周礼·春官·序官》："人卜下大夫二人，卜师上士四人，卜人中士八人。"贾公彦疏："此大卜有卜师及卜人，皆士官。"韩愈《月蚀诗效玉川子作》："终令夸蛾抉汝出，卜师烧锥钻灼满板如星罗。"

【卜錢】 卜卦所用之铜钱。以其正反为阴阳，掷之以观吉凶。刘采春《罗唝曲六首》之三："莫作商人妇，金钗当卜钱。"一说指卜卦之酬金。

【卜商】 （前 57一?）春秋时晋温（今河南温县）人。一说卫国人。字子夏。孔丘弟子，少孔子四十四岁。丘殁后，居西河（汾州）讲学。魏父侯尊以为师。传说《诗经》等儒家经典均赖子夏得以传授。寒山《诗三百三首》之一四九："劝逐子张言，抛却卜商语。"王维《故西河郡杜太守挽歌三首》之一："空留《左氏传》，谁继卜商名?"李商隐《赠送前刘五经映三十四韵》："燕地尊邹衍，西河重卜商。"徐夤《伤前翰林扬左丞》："人间搦管穷苍颉，地上修文待卜商。"

【卜澗瀍】 指周公于涧水、瀍水占卜得吉兆而在洛邑（今河南洛阳）营建东都。语出《书·洛诰》。涧水，源出河南渑池，经新安至洛阳西入洛水。瀍水，源出河南谷城县北山，经偃师县入洛水。杜审言《和李大夫嗣真奉使存抚河东》："地即交风雨，都仍卜涧瀍。"

【卜晝】 原指占卜得吉而欢宴。语出《左传·庄公二二年》。后亦泛指欢宴。高适《送蔡少府赴登州推事》："祖筵方卜昼，王事急侵星。"刘禹锡《历阳书事七十韵》："几年方一面，卜昼便三更。"详见"卜夜"。

【卜第】 犹卜宅。选择居第。杨巨源《胡二十拜户部兼判度支》："为爱山前新卜第，不妨风月事琴樽。"

【卜肆】 ❶卖卜之铺子。韦庄《过旧宅》："朱槛翠楼为卜肆，玉栏仙杏作春樵。"❷特指汉代蜀人严君平卖卜之铺。典出《汉书·王贡两龚鲍传》序。岑参《严君平卜肆》："君平曾卖卜，卜肆芜已久。"耿湋《送夏侯审游蜀》："若访严夫子，无嫌卜肆贫。"李商隐《送崔珏往西川》："卜肆至今多寂寞，酒垆从古擅风流。"

【卜筮】 古代占卜之术。用龟甲以卜吉凶者称卜，用蓍草者称筮。吴筠《高士咏·严君平》："卜筮训流俗，指归畅玄经。"周昙《咏史诗·秦门·胡亥》："鹿马何难辨是非，宁劳卜筮问安危?"张钦若《洛出书》："含微卜筮远，抱数阴阳密。"

【卜塋】 选择坟地。王维《达奚侍郎夫人寇氏挽词二首》之二："卜茔占二室，行哭度千门。"

【卜鳳皇】 《左传·庄公二十二年》载：陈公子完奔齐，齐人懿仲欲嫁女于完，卜之，得吉辞曰："是谓凤皇于飞，和鸣锵锵。"后遂以"卜凤"或"卜凤凰"指择得佳婿。李群玉《送萧十二校书赴郢州婚姻》："蓬莱才子即萧郎，彩服青书卜凤皇。"

【卜算子慢】 词牌名。由卜算子增衍而来。中调，双阕，九韵（上阕四韵，下阙五韵），89 字。钟辐有《卜算子慢》词（卷八九一）。

【卜鋪】 卖卜之铺子。王绩有《戏题卜铺壁》。

【卜鄰】 选择邻居，择为邻居。杜甫《奉赠韦左丞丈二十二韵》："李邕求识面，王翰愿卜邻。"卢纶《早春游樊川野居却寄李端校书兼呈崔峒补阙司空曙主簿耿沣拾遗》："卜邻空遂约，问卦独无徵。"刘禹锡《重寄表臣二首》之二："早晚同归洛阳陌，卜邻须近祝鸡翁。"喻坦之《留别友人书斋》："卜邻期太华，同上上方梯。"

【卜築】 择地而筑住宅。张九龄《与生公寻幽居处》："兹焉求卜筑，所过皆神造。"李白《题东溪公幽居》："杜陵贤人清且廉，东溪卜筑岁将淹。"李绅《毗陵东山》："昔人别馆淹留处，卜筑东山学谢家。"卢献卿《梦中诗》："卜筑郊原古，青山无四邻。"

【卜隱】 寻择栖隐之处。张乔《题友人草堂》："空山卜隐初，生计亦无余。"张蠙《别后寄友生》："襄阳曾卜隐，应与孟家邻。"

二 画

卞 〔biàn《广韵》皮變切，去線，並。〕❶姓。❷指春秋楚卞和。元稹《月三十韵》："卞疑雕璧碎，潘感竟床稀。"

【卞山】 即荆山。因系卞和获和氏璧之山，故称。皎然《桃花石枕歌赠康从事》："卞山幽石产奇璞，荆人至死采不著。"

【卞子】 卞和之尊称。皎然《咏史》："卞子去不返，何人辩荆玉?"

【卞玉】　卞和所献之和氏璧。郑愔《同韦舍人早朝》："同声惭卞玉，谬此托韦金。"许棠《讲德陈情上淮南李仆射八首》之二："楚玉已曾分卞玉，膺门依旧是龙门。"唐求《伤张玖秀才》："卞玉影沉沙草暗，骅骝声断陇城孤。"丁居晦《琢玉》："卞玉何时献？初疑尚在荆。"

【卞田君】　指南齐卞彬。彬字士蔚，济阴冤句（今山东曹县北）人。才操不群，文多指刺。曾任右军参军、南康郡丞。所作有《蚤虱赋》《虾蟆赋》等。尝自称"卞田居"，妇为"傅蚕室"。韩翃《送田明府归终南别业》："近馆应逢沈道士，比邻自识卞田君。"参阅《南齐书・文学・卞彬传》。

【卞和】　春秋楚人。据《韩非子・和氏》云："楚人和氏得玉璞楚山中，奉而献之厉王，厉王使玉人相之，玉人曰：'石也。'王以和为诳，而刖其左足。及厉王薨，武王即位，和又奉其璧而献之武王。武王使玉人相之，又曰：'石也。'王又以和为诳，而刖其右足。武王薨，文王即位，和乃抱其璞而哭于楚山之下，三日三夜，泣尽而继之以血。王闻之，使人问其故，曰：'天下之刖者多矣，子奚哭之悲也？'和曰：'吾非悲刖也，悲夫宝玉而题之以石，贞士而名之以诳，此吾所以悲也。'王乃使玉人理其璞而得宝焉，遂命曰'和氏璧'。"文王封和为零阳侯，辞不就。李峤《玉》："徒为卞和识，不遇楚王珍。"李白《鞠歌行》："玉不自言如桃李，鱼目笑之卞和耻。"韩愈《孟生诗》："卞和试三献，期子在秋砧。"李商隐《任弘农尉献州刺史乞假还京》："却羡卞和双刖足，一生无复没阶趋。"

【卞泣】　卞和之泣。据传卞和两献和氏璞，玉人以为石，楚王以为诓，刖其双足。和乃抱璞哭于楚山之下，三日三夜，泪尽而继之以血。曰："吾非悲刖也，悲夫宝玉而题之以石，贞士而名之以诳。"故谓。杜甫《舟出江陵南浦奉寄郑少尹》："滥窃商歌听，时忧卞泣诛。"参见"卞和"。

三　画

占[1]　〔zhān《广韵》職廉切，平鹽，章。〕❶占卜以测吉凶祸福。张易之《出塞》："将军占太白，小妇怨流黄。"刘长卿《岁日见新历因寄都官裴郎中》："愁占蓍草终难决，病对椒花倍自怜。"元稹《酬翰林白学士代书一百韵》："病赛乌称鬼，巫占瓦代龟。"陆龟蒙《秋日遣怀十六韵寄道侣》："且把灵方试，休凭吉梦占。"❷观察，察看。杨炯《出塞》："明堂占气色，华盖辨星文。"王维《达奚侍郎夫人寇氏挽词二首》之二："卜茔占二室，行哭度千门。"赵殿成笺注："占，《文苑英华》作'瞻'。"李绅《渡西陵十六韵》："下车占黍稷，冬雨害粢盛。"❸验证。司空图《杨柳枝寿杯词十八首》之一："乐府翻来占太平，风光无处不含情。"❹犹选择。见"占勝"。

占[2]　〔zhàn《广韵》章艷切，去艷，章。〕❶计数，估测。韩愈《苦寒》："鸾皇苟不存，尔固不在占。"❷占据；占有。杜甫《奉陪郑驸马韦曲二首》之一："何时占丛竹，头戴小乌巾。"张渭《官舍早梅》："风光先占得，桃李莫相轻。"张籍《游襄阳山寺》："薜荔侵禅窟，虾蟆占浴池。"牛峤《忆江南》词之一："占得杏梁安稳处，体轻唯有主人怜。"❸具有；获，享。窦常《凉国惠康公主挽歌》："早加于氏对，偏占馆陶恩。"刘禹锡《洛中逢白监同话游梁之乐因寄宣武令狐相公》："少有一身兼将相，更能四面占文章。"雍陶《卢岳闲居十韵》："扰扰定人寰，争如占得闲。"罗隐《寄乔逸人》："长短此行须入手，更饶君占一年秋。"❹犹居、处。钱起《锄药咏》："云气垂来浥露偏，松阴占处知春晚。"韩愈《南山诗》："藩都配德运，分宅占丁戊。"王建《上张弘靖相公》："传封三世尽河东，家占中条第一峰。"王贞白《宫池产瑞莲》："香飘鸡树近，荣占凤池先。"

【占$_2$日】　犹和日、映日。卢纶《将赴阌乡灞上留别钱起员外》："远雪和霜积，高花占日开。"

【占$_2$水】　占有水面。谓在水上。张祜《题常州水西馆》："楼台疏占水，冈岸远成山。"李山甫《公子家二首》之二："鸳鸯占水能嗔客，鹦鹉嫌笼解骂人。"

【占月】　观察月亮之运行状况。皎然《山月行》："忧虞欢乐皆占月，月本无心同不同。"

【占斗】　观察斗星之位置。许浑《早行》："闻鸡凭早晏，占斗认西东。"

【占年】　占卜以问年成好坏。柳宗元《柳州峒氓》："鹅毛御腊缝山罽，鸡骨占年拜水神。"

【占$_2$竹】　据有竹林。李商隐《垂柳》："七贤宁占竹，三品且饶松。"按此指晋阮籍、向秀等七人享有"竹林七贤"之名。

【占$_2$吝】　犹占据。韩愈《送灵师》："自从入宾馆，占吝久能专。"

【占$_2$取】　占有；取得。刘禹锡《戏赠崔千牛》："劝君多买长安酒，南陌东城占取春。"

【占$_2$車】　谓在车上占据之空间大。刘禹锡《同乐天和微之深春二十首》之十六："妆坏频临镜，身轻不占车。"

【占$_2$佞】　犹言售奸。来鹄《圣政纪颂》序："岂图臣蓄滑谋，公无同事，欲弄尾舌，先卫岩穴，隔斥史臣，占佞明后！"

【占$_2$角】　（一jué）弹出角声。泛指抚琴。角，五声之一。顾况《幽居弄》："扣商占角两三声，洞户溪窗一冥寂。”

【占$_2$玩】 据有而赏玩之。薛能《牡丹四首》之四：“京国别来谁占玩，此花光景属吾诗。”

【占$_2$花】 犹观花。白居易《问诸亲友》：“占花租野寺，定酒典朝衣。”

【占$_2$春】 ❶占有春色。皎然《奉酬李员外使君嘉祐苏台屏营居春首有怀》：“移家水巷贫依静，种柳风窗欲占春。”李益《邠宁春日》：“伤心更见庭前柳，忽有千条欲占春。”刘遵古《御沟新柳》：“映水疑分翠，含烟欲占春。”吴融《海棠二首》之二：“云绽霞铺锦水头，占春颜色最风流。”❷喻指科举及第。曹邺《关试前送进士姚潜下第归南阳》：“莫羡长安占春者，明年始见故园花。”

【占相令】 酒令中小舞曲名。洛中举子《又赠妓茂英》：“坐中若打《占相令》，除却尚书莫点头。”参阅任半塘《唐声诗》上编第十章。

【占星】 观察星象以卜吉凶。王绩《晚年叙志示翟处士》：“望气登重阁，占星上小楼。”骆宾王《在江南赠宋五之问》：“占星非聚德，梦月讵悬名？”卢从愿《奉和圣制送张说巡边》：“占星引旌节，择日拜坛场。”刘长卿《送齐郎中赴海州》：“华省占星动，孤城望日遥。”

【占氣】 观测风云气象以测吉凶。穆寂《冬至日详风应候》：“节逢清景至，占气二仪中。”

【占氣候】 观测天象气候以预测收成好坏。孟浩然《田家元日》：“田家占气候，共说此年丰。”

【占書】 有关占卜之书。刘长卿《朱放自杭州与故里相使君立碑回因以奉简吏部扬侍郎制文》：“鹏集占书久，鸾回刻篆新。”

【占$_2$雲】 为云所占据。郑损《星精亭》：“地窄少留竹，空多剩占云。”

【占問】 占卜以问吉凶。元结《谢大龟》：“惠恩如可谢，占问敢终辞？”

【占$_2$勝】 选择、占有景胜之处。白居易《奉和汴州令狐相公二十二韵》：“选幽开后院，占胜坐前檐。”

【占象】 占卦，据卦象以测吉凶。李商隐《五言述德抒情诗一首四十韵献上杜七兄仆射相公》：“乘时乖巧宦，占象合艰贞。”

【占$_2$募】 ❶招募。白居易《大觜乌》：“占募能言乌，置者许高赀。”❷应募，应召。柳公权《阊门即事》：“耕夫占募逐楼船，春草青青万顷田。”

【占夢】 圆梦。据所梦以测度吉凶祸福。王绩《题酒店壁》：“梦中占梦罢，还向酒家来。”司空曙《客舍有怀因呈诸在事》：“愁来占吉梦，老去惜良辰。”李商隐《凉思》：“天涯占梦数，疑误有新知。”

【占$_2$磧】 占据沙洲，沙漠。卢纶《从军行》：“卷旗收败马，占碛拥残兵。”

【占$_2$斷】 占尽，全部占有。白居易《题孤山寺石榴花示诸僧众》：“山榴花似结红巾，容艳新妍占断春。”罗虬《比红儿诗》之一：“姓字看侵尺五天，芳菲占断百花鲜。”王毂《红蔷薇歌》：“苎萝西子见应妒，风光占断年年新。”和凝《小重山》词之二：“光阴占断曲江池，新榜上，名姓彻丹墀。”

【占$_2$護】 犹占断，占有。来鹄《圣政纪颂》：“控截僚位，占护阳光。”

六　画

卦 〔guà《广韵》古賣切，去卦，見。〕《易》经中用于占卜的一套符号。基本以阳爻（—）与阴爻（--）配合而成。每三爻为一卦，构成“八卦”，即：☰（乾）、☷（坤）、☳（震）、☴（巽）、☵（坎）、☲（离）、☶（艮）、☱（兑），分别用以象征天、地、雷、风、水、火、山、泽等自然事物。八卦又可组合成六十四卦，用以表现事物间的矛盾对立与发展变化的关系。古代以占卜所得之卦测断吉凶祸福。包佶《岭下卧疾寄刘长卿员外》：“丧马思开卦，占鹗懒发书。”白居易《偶然二首》之二：“六十四卦七十钻，毕竟不能知所以。”章孝标《日者》：“我来本乞真消息，却怕呵钱卦欲成。”陆龟蒙《江南秋怀寄华阳山人》：“分野星多蹇，连山卦少亨。”

【卦名诗】 用《易》经卦名入句写成的诗。如权德舆《卦名诗》：“节变忽惊春，临风骋望频。支颐倦书幌，步履整山巾。时鸟渐成曲，杂芳随意新。曙霞连观阙，绮陌丽咸秦。天地今交泰，云雷背遘屯。”其中自首联第一字“节”“临”起，每联递降一字，即二联之“颐”“履”，三联之“渐”“随”，四联之“观”“咸”，五联之“泰”“屯”，均为《易》卦名。

【卦候】 以《易》卦与节令、气候相配。吕岩《赠乔二郎》：“水火都来两半间，卦侯翻成地天泰。”

【卦辭】 《易》经内容的一部分。即卦形、卦名后解说卦义之辞。一说卦辞包括卦形与卦名。罗让《闰月定四时》：“气薰灰琯验，数扐卦辞推。”

八　画

卨 “契”之古字。人名。传说为商代之始祖，舜任为司徒。贯休《送卢舍人三首》之二：“使蹑卨践夔，逢轩见皞。”参阅《史记·五帝本纪》。

卩　部

二　画

卬　〔yǎng《广韵》魚兩切，上養，疑。〕“仰”之古字。❶头向上。刘言史《初下东周赠孟郊》：“鹤老身更卬，龟死壳亦灵。”❷望；仰身而望。卷八七七《益阳谚》：“长沙益阳，一时相卬。”

三　画

卯　〔mǎo《广韵》莫飽切，上巧，明。〕❶十二时辰之一。早晨五至七时。杜甫《遭田父泥饮美严中丞》：“朝来偶然出，自卯将及酉。”张籍《夏日闲居》：“药看辰日合，茶过卯时煎。”白居易《早饮醉中除河南尹敕到》：“雪拥衡门水满池，温炉卯后暖寒时。”❷地支之第四位。古代用以与天干相配以纪年月。白居易《春雪》：“元和岁在卯，六年春二月。”卷八七五《劝进疏引谶》：“只看寅卯岁，深水没黄扬。”❸同“昴”。星宿名。昴宿。韩愈《游青龙寺赠崔大补阙》：“秋灰初吹季月管，日出卯南晖景短。”

【卯酉】　卯时在晨，酉时在晚，星命家借卯酉指相冲相克之对立性事物。吕岩《七言》之六十三：“乾坤反覆龙收雾，卯酉相吞虎放光。”

【卯金】　指刘姓。繁体字“劉”拆开为卯、金、刀。省作“卯金”。王无竞《北使长城》：“卯金竟握谶，反璧俄沦祀。”

【卯星】　卯时之星。晨星。马异《答卢仝结交诗》：“昨日脱身卑贱笼，卯星借与老人峰。抱锄劚地芸芝木，偃盖参天旧有松。”

【卯時】　相当于今之早晨五时至七时。白居易《尝黄醅新酎忆微之》：“爱向卯时谋洽乐，亦曾酉日放粗狂。”

【卯酒】　亦称卯时酒。早晨所饮之酒。白居易《醉吟》：“耳底斋钟初过后，心头卯酒未消时。”又《卯时酒》：“未如卯时酒，神速功力倍。”

【卯飲】　早晨饮酒。白居易有《桥亭卯饮》。

印　〔yìn《广韵》於刃切，去震，影。〕❶官印。孙逖《送赵大夫护边》：“已佩登坛印，犹怀伏奏香。”高适《同河南李少尹毕员外宅夜饮时洛阳告捷遂作春酒歌》：“武侯腰间印如斗，郎官无事时饮酒。”羊士谔《夜听琵琶三首》之一：“当时谁佩将军印，长使蛾眉怨不穷？”李商隐《韩碑》：“腰悬相印作都统，阴风惨澹天王旗。”❷借指刺史、县令等官职。白居易《曲江感秋二首》之一：“近辞巴郡印，又秉纶闱笔。”❸印迹，痕迹。崔备《使院忆山中道侣兼怀李约》：“山君水上印，天女月中书。”顾非熊《崔卿双白鹭》：“立当风里丝摇急，步绕池边字印深。”徐夤《苔》：“印留麋鹿野禽踪，岩壁渔矶几处逢？”亦指按压而留下痕迹。郎士元《送张南史》：“虫丝黏户网，鼠迹印床尘。”孟郊《秋怀》之二：“席上印病文，肠中转愁盘。”张祜《黄蜀葵花》：“无奈美人闲把嗅，直疑檀口印中心。”李商隐《齐宫词》：“永寿兵来夜不扃，金莲无复印中庭。”❹形容某物如盖出之印文般显现、映衬于背景之上。费冠卿《答萧建》：“幡花扑净地，台殿印晴空。”李远《游故王驸马池亭》：“野鸟翻萍绿，斜桥印水红。”韦庄《清河县楼作》：“盘雕迴印天心没，远水斜牵日脚流。”又《题吉涧卢拾遗庄》：“怪来马上诗情好，印破青山白鹭飞。”❺马身上烙下之印记。杜甫《瘦马行》：“细看六印带官字，众道三军遗路旁。”亦指在马身上烙印记。白居易《新乐府·阴山道》：“草尽泉枯马病羸，飞龙但印骨与皮。”❻掩，遮。和凝《江城子》词之四：“鬓乱钗垂，梳堕印山眉。”❼印匣。鲍溶《寄海陵韩长官》：“吏散重门叩不开，玉琴招鹤舞裴回。”又见“印鎖”。❽燃着之香头。元稹《和友封题开善寺十韵》：“灯笼青焰短，香印白灰消。”白居易《酬梦得以予五月长斋见戏十韵》：“香印朝烟细，纱灯夕焰明。”清昼、崔子向《泛长城东溪宿崇光寺寄处士陆羽联句》：“印围水坛净，香护莲衣触。”贯休《寄怀楚和尚》：“印缺香崩火，窗疏蝎吃风。”❾佛家语。谓印证于心而顿悟。顾况《寻僧二首》之一：“方丈玲珑花竹间，已将心印出人间。”杜荀鹤《赠老僧》：“心空默是印，眉白雪为稜。”又《题护国大师塔》：“塔前尽礼灰来相，衲下谁宗印了心？”

【印文】　印章上文字。柳宗元《柳州寄丈人周韶州》：“印文生绿经旬合，砚匣留尘尽日封。”

【印心】　佛家语。谓印证于心而悟知。许棠《送元遂上人归吴中》：“印心谁受请？讲疏自携归。”贯休《归故林别知己》：“万里长江水，平生不印心。”

【印可】 佛家语。谓经印证而认可。刘禹锡《宣上人远寄和礼部王侍郎放榜后诗因而继和》："借问至公谁印可，支郎天眼定中观。"

【印吏】 即印曹。主簿之别称。县衙主管簿籍印信之吏。许浑《姑熟官舍寄汝洛友人》："务开唯印吏，公退只棋僧。"

【印先輩】 即印粲。先辈，科举及第者相互间之敬称。徐铉有《和印先辈及第后献座主朱舍人郊居之作》。

【印秀才】 即印粲。徐铉有《印秀才至舒州见寻别后寄诗依韵和》。

【印牀】 放置官印之文具。姚合《武功县中作三十首》之十五："谁念东山客，栖栖守印床。"朱庆余《夏日题武功姚主簿》："僧来茶灶动，吏去印床闲。"许棠《送李频之南陵主簿》："野蕨生公署，闲云拂印床。"郑谷《寄察院李侍御文炬》："古柏间疏篁，清阴在印床。"

【印香】 香之一种。由多种香料研制和成。王建《香印》："闲坐烧印香，满户松柏气。"方干《赠江南僧》："思山海月上，出定印香终。"

【印信】 公文文书印记。亦指私人印章。元稹《酬乐天东南行诗一百韵》："敛缗偷印信，传箭作符繻。"

【印馬】 烙有火印之官马。姚合《塞下曲》："印马秋遮虏，蒸沙夜筑城。"

【印組】 即印绶。系印之丝带。杜牧《牧陪昭应卢郎中在江西宣州佐今吏部沈公幕叙旧成二十二韵用以投寄》："印组萦光马，锋铓看解牛。"

【印粲】 南唐进士，与徐铉为诗友。入宋后卒。《全唐诗外编》上册收其诗一首。

【印綬】 信印与其所系丝带。多指官印。宋之问《范阳王挽词二首》之二："蒿里衣冠送，松门印绶迎。"崔颢《邯郸宫人怨》："兄弟印绶皆被夺，昔年赏赐不复存。"张浑《七老会诗》："幽亭春尽共为欢，印绶居身是大官。"李洞《述怀二十韵献覃怀相公》："风流秦印绶，仪表汉公卿。"亦借指仕宦、政务。韦应物《饵黄精》："终期脱印绶，永与天壤存。"方干《题盛令新亭》："此中难过逍遥事，计日应为印绶摧。"

【印壇】 寺庙燃香礼佛之坛。白居易《游悟真寺诗》："想见听法时，欢喜礼印坛。"

【印頭】 "叩头"之讹。虫名。据卢延让《冬夜》："树上咨陬批颊鸟，窗间壁驳叩头虫。""批颊鸟"与"叩头虫"对言，知"印头"乃"叩头"之讹。

【印鎖】 印匣之锁。白居易《赠皇甫庶子》："骑少马蹄生易蹶，用稀印锁涩难开。"李洞《秋宿长安韦主簿厅》："坐劳同步帘前月，鼠动床头印锁声。"亦指锁上印匣。贾岛《题皇甫荀蓝田厅》："客归秋雨后，印锁暮钟前。"

【印囊】 盛放印信之袋囊。韩翃《赠别上元主簿张著》："朝垂绶带远迎客，暮锁印囊飞上吏。"

【印龕】 盛放印信之龛。李洞《和淮南太尉留题凤州王氏别业》："节屋折将松上影，印龛移锁月中声。"

四 画

卮 〔zhī《广韵》章移切，平支，章。〕今字作"巵""卮"。盛酒器皿。李白《宣城送刘副使入秦》："昔赠紫骝驹，今倾白玉卮。"羊士谔《野望二首》之二："忘怀不使海鸥疑，水映桃花酒满卮。"蒋防《玉卮无当》："美玉常为器，玆焉变漏卮。"顾甄远《惆怅诗》之八："泪满罗衣酒满卮，一声歌断怨伤离。"

【卮酒】 犹杯酒。刘长卿《送子婿崔真父归长城》："送君卮酒不成欢，幼女辞家事伯鸾。"

危 〔wēi《广韵》魚爲切，平支，疑。〕❶危险；危难。太宗《登三台言志》："在危犹骋丽，居奢遂役人。"张巡《守睢阳作》："接战春来苦，孤城日渐危。"戴叔伦《下鼻亭泷行八十里聊状艰险寄青苗郑副端朔阳》："前危苦未尽，后险何其迫？"韦庄《谒蒋帝庙》："江声似激秦军破，山势如匡晋祚危。"亦指艰难、困涩。喻坦之《长安雪后》："气凌禽翅束，冻入马蹄危。"❷危害。吴筠《览古十四首》之九："奸臣负旧隙，乘衅谋相危。"❸高；高耸。太宗《饮马长城窟行》："迥戍危烽火，层峦引高节。"李白《蜀道难》："噫吁嚱，危乎高哉！蜀道之难难于上青天！"陈羽《西蜀送许中庸归秦赴举》："剑门当石隘，栈阁入云危。"刘沧《题天宫寺阁》："丹阙侵霄壮复危，排空霞影动檐扉。"亦指高峻之处。寒山《诗三百三首》之二二一："下危须策杖，上险捉藤攀。"❹忧惧不安。孟郊《病客吟》："僮仆手中病，忧危独难任。"❺正直。韦承庆《直中书省》："命将时共泰，言与行俱危。"徐铉《寄萧给事》："危言危行古时人，归向西山卧白云。"❻犹侧，不平正。见"危足"。

【危亡】 危急；有灭亡之险。耿湋《代宋州将淮上乞师》："唇齿幸相依，危亡故远归。"贯休《贺郑使君》："才谕危亡书半幅，便思父母泪双垂。"戴偃《句》："须把咽喉吞世界，盖因奢侈致危亡。"

【危石】 陡峭之岩石。王维《过香积寺》："泉声咽危石，日色冷青松。"杜甫《秦州杂咏二十首》之十二："秋花危石底，晚景卧钟边。"白居易《登香炉峰顶》："攀萝蹋危石，手足劳俯仰。"皮日休《奉和鲁望闲居杂题五首・砌思步》："褊褊古薜绷危石，切切阴螿应晚田。"

【危厄】 危难困窘。詹琲《永嘉乱衣冠南渡流落南泉作忆昔吟》："国势多危厄，宗人苦播迁。"

【危心】 惶惧不安之心。虞世南《飞来双白鹤》："危心犹警露，哀响讵闻天？"李益《宿冯翊夜雨赠主人》："危心惊夜雨，起望漫悠悠。"元稹《奉和浙西大夫李德裕述梦四十韵亦止述翰苑旧游而已次本韵》："渥泽深难报，危心过自操。"

【危主】 面临危难之君主。陈抟《归隐》："愁闻剑戟救危主，闷听笙歌聒醉人。"

【危朽】 犹枯朽。韩愈、孟郊《城南联句》："嘉植鲜危朽，膏理易滋荣。"

【危光】 濒临熄灭之光。徐彦伯《题东山子李适碑阴》："今复哀若人，危光迅风烛。"

【危曲】 陡峭隐僻之地。孟郊《寒溪》之二："仄步下危曲，攀枯闻霜啼。"

【危困】 危急困难。周昙《咏史诗·春秋战国门·鲍叔》："安不忘危臣所愿，愿思危困必无危。"

【危行】 行为正直。韩愈、孟郊《纳凉联句》："危行无低徊，正言免咿喔。"贯休《送谏官南迁》："危行危言者，从天落海涯。"

【危邦】 有危机、不安定之国家。温庭筠《过孔北海墓二十韵》："故国将辞宠，危邦竟缓刑。"周昙《咏史诗·三代门·太公》："危邦自谓多麟凤，肯把王纲取钓翁？"

【危步】 侧足而行。谓行于险窄之地，足不能放平。上官昭容《游长宁公主流杯池二十五首》之十三："策杖临霞岫，危步下霜蹊。"

【危岫】 高耸之山峰。许敬宗《送刘散员同赋得陈思王诗山树郁苍苍》："乔木托危岫，积翠绕连冈。"罗隐《秦望山僧院》："巉巉危岫倚沧州，闻说秦皇亦此游。"又《后土庙》："一带好云侵鬓绿，两层危岫拂眉青。"

【危岑】 高山。王勃《深湾夜宿》："津涂临巨壑，村宇架危岑。"

【危坐】 古人以两膝跪地上身挺直为危坐。后亦泛指正身端坐。徐彦伯《淮亭吟》："崩湍委咽日夜流，孤客危坐心自愁。"杜甫《玩月呈汉中王》："浮客转危坐，归舟应独行。"魏扶《赋愁》："闺阁危坐，风尘远游。"李山甫《山中答刘书记寓怀》："穷搜万籁息，危坐千峰静。"

【危言】 直言。杨炯《和刘长史答十九兄》："耿介酬天子，危言数贼臣。"杨巨源《和卢谏议朝回书情即事兼呈二起居谏院诸院长》："危言直且庄，旷抱郁以摅。"白居易《和梦游春诗一百韵》："危言诋阍寺，直气忤钧轴。"徐铉《送元帅书记高郎中出为婺源建威军使》："危言昔日尝无隐，壮节今来信不凡。"

【危言危行】 直言正行。谓言行正直。语出《论语·宪问》："邦有道，危言危行；邦无道，危行言逊。"李中《送仙客》："危言危行是男儿，倚伏相迁岂足悲！"徐铉《寄萧给事》："危言危行古时人，归向西山卧白云。"

【危刹】 高峻的寺庙。杨衡《游峡山寺》："翔禽拂危刹，落日避层楼。"

【危泊】 犹高栖。停息于高处。段成式《嘲飞卿七首》之三："翠蝶密偎金叉首，青虫危泊玉钗梁。"

【危空】 犹高空。卢纶《送何召下第后归蜀》："褒斜行客过，栈道响危空。"孟郊《登华岩寺楼望终南山赠林校书兄弟》："楼根插迥云，殿翼翔危空。"

【危苦】 犹困苦。李白《赠宣城宇文太守兼呈崔侍御》："危苦惜颓光，金波忽三圆。"杜甫《同元使君舂陵行》："感彼危苦词，庶几知者听。"张仲方《赠毛仙翁》："定是烟霞列仙侣，暂来尘俗救危苦。"清昼、潘述《讲古文联句》："鲍照从军，主意困苦。"

【危柯】 高处之树枝。李白《鸣皋歌送岑征君》："危柯振石，骇胆栗魄。"

【危殆】 危险。皮日休《太湖诗》序："道之不行者，有困辱危殆；志之可适者，有山水游玩。"

【危重】 危急严重。元稹《酬乐天东南行诗一百韵》"我病方吟越，君行已过湖。"自注："元和十六年六月至通州，染瘴危重。"

【危竿】 杂技所用之长竿。表演时，人攀援直立之长竿做各种惊险动作。韦元旦《奉和圣制春日聿望春宫应制》："危竿竞捧中街日，戏马争衔上苑花。"

【危泉】 高处之泉。王勃《三月曲水宴得烟字》："重檐交密树，複磴拥危泉。"

【危亭】 居于高处之亭。宋鼎《酬故人还山》："危亭暗松石，幽涧落云霞。"郭澹《喜陆侍御破石埭草寇东风峰赋诗》："回夜昏氛灭，危亭眺望雄。"白居易《春日题乾元寺上方最高峰亭》："危亭绝顶四无邻，见尽三千世界春。"李商隐《闲游》："危亭题竹粉，曲沼嗅荷花。"

【危冠】 高冠。耿湋《晚登虔州即事寄李侍御》："故交参盛府，新角耸危冠。"羊士谔《西川独孤侍御见寄七言四韵一首逮此酬答诚乖拙速》："草檄清油推健笔，曳裾黄阁耸危冠。"张立本女《诗》："危冠广袖楚宫妆，独步闲庭逐夜凉。"亦指戴高冠。李华《咏史十一首》之五："危冠揖万乘，幸得厌征讨。"

【危轩】 高阁之窗。温会《奉陪段相公晚夏登张仪楼》："危轩重叠开，访古上裴回。"

【危砌】 高台阶。韩愈《和侯协律咏笋》："已复侵危砌，非徒出短垣。"

【危時】 ❶危急之时刻。韦庄《秦妇吟》："闲日徒歆奠飨恩，危时不助神通力。”❷动乱不安之时世。韩偓《赠易卜崔江处士》：“白首穷经通秘义，青山养老度危时。”

【危峨】 高山。韩愈《南山诗》：“新曦照危峨，亿丈恒高袤。”

【危峰】 高耸之山峰。杜审言《和韦承庆过义阳公主山池五首》之二：“径转危峰逼，桥回缺岸妨。”孟郊《鸦路溪行呈陆中丞》：“危峰紫霄外，古木浮云齐。”

【危峻】 高险之地。罗隐《谩天岭》：“西去休言蜀道难，此中危峻已多端。”

【危徑】 高险的山路。王维《自大散以往磴道盘曲四五十里至黄牛岭见黄花川》：“危径几万转，数里将三休。”刘禹锡《裴祭酒尚书见示春归城南青松坞别墅寄王左丞高侍郎之什命同作》：“危径盘羊肠，连甍耸翚飞。”刘昭禹《括苍山》：“白云随步起，危径极天盘。”

【危脆】 危险脆弱。白居易《效陶潜体诗十六首》之一：“形质及寿命，危脆若浮烟。”鲍溶《子规》：“至教一昏芜，生人遂危脆。”

【危浪】 高浪，大浪。裴耀卿《酬张九龄使风见示》：“惊飙翻是托，危浪亦相因。”

【危堞】 高城墙。刘长卿《归沛县道中晚泊留侯城》：“白云去不反，危堞空崔嵬。”皇甫冉《奉和王相公早春登徐州城》：“落日凭危堞，春风似故乡。”许棠《过故洛城》：“夕阳唯照草，危堞不胜风。”陆龟蒙《送宣武从事越中按狱》：“旌旆临危堞，金丝发丽谯。”

【危處】 犹言高居。居身于高处。李白《幽涧泉》：“中见愁猿吊影而危处兮，叫秋木而长吟。”

【危側】 犹危殆。谓处于倾侧之危险中。张祜《送曾黯游夔州》：“何堪正危侧，百丈半山颠！”

【危途】 艰险的路途。苏颋《兴州出行》：“危途晓未分，驱马傍江渍。”杜甫《北风》：“且知宽疾肺，不敢恨危途。”韦应物《因省风俗与从侄成绪游山水中道先归寄示》：“独往倦危途，怀冲寡幽致。”李绅《趋翰苑遭搆四十六韵》：“满帆摧骇浪，征棹折危途。”

【危旌】 高悬的旌旗。祖咏《望蓟门》：“万里寒光生积雪，三边曙色动危旌。”刘长卿《奉和李大夫兼寄院中诸公仍呈王员外》：“汗马卧高原，危旌倚长薄。”皇甫冉《送归中丞使新罗》：“野风飘叠鼓，海雨湿危旌。”

【危涕】 与“墜心”互文。语本《文选·江淹〈别赋〉》：“或有孤臣坠心，孽子危涕。”“坠心”“危涕”，即“危心坠涕”，谓心不安而涕泣。后亦泛指忧伤流泪。刘禹锡《晚岁登武陵城顾望水陆怅然有作》：“孤臣本危涕，乔木在天涯。”唐彦谦《春阴》：“一寸回肠百虑侵，旅愁危涕两争禁。”

【危梁】 ❶高险之桥。戴叔伦《送张评事》：“城郭喧喧争送远，危梁袅袅渡东津。”武元衡《同幕中诸公送李侍御归朝》：“巴江暮雨连三峡，剑壁危梁上九霄。”陆龟蒙《任诗》：“十步一危梁，乍疑当绝壁。”亦指高悬水上之栈道。岑参《赴犍为经龙阁道》：“侧径转青壁，危梁透沧波。”❷高的屋梁。权德舆《早夏青龙寺致斋凭眺感物因书十四韵》：“虚室僧正禅，危梁燕初乳。”

【危烽】 高处点燃的烽火。郑锡《度关山》：“晓幕胡沙惨，危烽汉月低。”

【危陷】 危殆困陷。孟郊《寒溪》：“豁如君子怀，曾是危陷人。”

【危絃】 琴弦。代指琴或哀伤之琴音。袁朗《秋夜独坐》：“危弦断客心，虚弹落惊禽。”虞世南《门有车马客》：“危弦促柱奏巴渝，遗簪堕珥解罗襦。”羊士谔《夜听琵琶三首》之一：“掩抑危弦咽又通，朔云边月想朦胧。”李商隐《戏赠张书记》：“危弦伤远道，明镜惜红颜。”

【危巢】 高树枝头之鸟巢。以其寄于弱枝，岌岌危殆，故称。后亦泛指鸟巢。李峤《鹊》：“危巢畏风急，绕树觉星稀。”韦应物《睢阳感怀》：“饥喉待危巢，悬命中路坠。”李商隐《行次昭应县道上送户部李郎中充昭义攻讨》：“鱼游沸鼎知无日，鸟覆危巢岂待风？”胡玢《巢燕》：“妒尔长双飞，打尔危巢破。”

【危葉】 将落之叶。韦应物《楼中阅清管》：“淅沥危叶振，萧瑟凉气生。”司空曙《题落叶》：“霜景催危叶，今朝半树空。”雍陶《长安客感》：“客泪如危叶，长悬零落心。”姚鹄《将归蜀留献恩地仆射二首》之一：“危叶只将终委地，焦桐谁料却为琴！”

【危堤】 高堤。卢纶《客舍苦雨即事寄钱起郎士元二员外》：“绿萍藏废井，黄叶隐危堤。”

【危棧】 高险之栈道。贾至《自蜀奉册往朔方呈韦左相文部房尚书门下崔侍郎》：“崎岖凌危栈，惴栗惊心神。”武元衡《夕次潘山下》：“漾波归海疾，危栈入云迷。”李绅《过荆门》：“行行驱马万里远，渐入烟岚危栈赊。”周昙《咏史诗·前汉门·僭号公孙述》：“方知在德不在险，危栈何曾阻汉兵？”

【危梯】 高梯。喻高山之石磴小径。刘沧《登龙门敬善寺阁》：“独步危梯入杳冥，天风潇洒拂檐楹。”

【危睇】 谓高处下视而惊惧。温庭筠《登李羽士东楼》：“高楼本危睇，凉月更伤心。”

【危滑】 险而滑溜难行。方干《游张公洞寄陶校书》：“步步势穿江底去，此中危滑转身难。”

【危湍】 犹激湍。湍急的水流。颜真卿、陆羽《又溪馆听蝉联句》：“危湍和不似，细管学难成。”

【危階】 高台阶或石磴。杜甫《白水县崔少府十九翁高斋三十韵》："危阶根青冥，曾冰生淅沥。"顾况《独游青龙寺》："蚁步避危阶，蝇飞响深殿。"

【危絲】　琴弦。代指琴或琴声。张祜《乌夜啼》："忽忽南飞返，危丝共怨凄。"

【危槎】　高大的船或筏。李白《江行寄远》："刳木出吴楚，危槎百余尺。"

【危稜】　指高峻的石崖。齐己《浣口泊舟晓望天柱峰》："冷碧云无点，危棱有瀑悬。"

【危亂】　危难动乱。元结《酬孟武昌苦雪》："自经危乱来，触目堪伤叹。"

【危腸】　犹愁肠。唐彦谦《红叶》："茂陵愁卧客，不自保危肠。"

【危溜】　高处流下之水泉。李贺《昌谷诗》："霞霰殷嵯峨，危溜听争次。"

【危魂】　谓归天之游魂。曹邺《续幽愤》："危魂没太行，客吊空骨节。"

【危幕】　谓筑巢于帐幕之上而处境危险。语本《左传·襄公二十九年》："夫人之在此也，犹燕之巢于幕上。"李咸用《空城雀》："宁寻覆辙余，岂比巢危幕？"

【危構】　位居高处之建筑。韦应物《登西南冈卜居至沣壖萦带数里清流茂树云物可赏》："登高创危搆，林表见川流。"

【危樓】　高楼。刘宪《奉和幸安乐公主山庄应制》："沓石悬流平地起，危楼曲阁半天开。"窦庠《于阗钟歌送灵彻上人归越》："有灵飞动不敢悬，锁在危楼五百年。"樊宗师《蜀绵州越王楼诗》："危楼倚天门，如阖星辰宫。"裴说《柳》："高拂危楼低拂尘，灞桥攀折一何频！"

【危閣】　高阁。韦应物《滁州园池燕元氏亲属》："水门架危阁，竹亭列广筵。"顾非熊《与无可宿辉公院》："寒池清月彩，危阁听林声。"罗邺《夏日题远公北阁》："危阁压山岗，晴空疑鸟行。"

【危夐】　高远之地。陆龟蒙《奉和袭美公斋四咏次韵·小松》："因求饰清閟，遂得辞危夐。"

【危險】　险恶，不安全。亦指高而险。李郢《重游天台》："南国天台山水奇，石桥危险古来知。"

【危嶠】　高山尖。亦指高山。杜甫《自瀼西荆扉且移居东屯茅屋四首》之一："白盐危峤北，赤甲古城东。"

【危蓮】　指高峻的华山莲花峰。喻坦之《寄华阴姚少府》："峻掌光浮日，危莲影入池。"

【危壇】　高坛，高土台。苏味道《嵩山石淙侍宴应制》："隐暖源花迷近路，参差岭竹扫危坛。"

【危檣】　高的船桅。杜甫《过南岳入洞庭湖》："莫怪啼痕数，危樯逐夜乌。"钱珝《江行无题一百首》之四十："飞上危樯立，啼鸟报好音。"李群玉《落帆后赋得二绝》之一："平湖茫茫春日落，危樯独映沙洲泊。"

【危橋】　距水面很高之桥。秦系《题章野人山居》："带郭茅亭诗兴饶，回看一曲倚危桥。"张碧《山居雨霁即事》："杖策试危桥，攀萝瞰苔壁。"唐求《涂次偶作》："问人寻野寺，牵马渡危桥。"

【危機】　潜伏的危险因素。骆宾王《在狱咏蝉》序："见螳螂之抱影，怯危机之未安。"窦巩《江陵遇元九李六二侍御纪事书情呈十二韵》："学深通古字，心直触危机。"刘禹锡《题欹器图》："秦国功成思税驾，晋臣名遂叹危机。"唐彦谦《楚世家》："偏信由来惑是非，一言邪佞脱危机。"

【危壁】　倾侧欲倒之墙。周贺《送僧归江南》："饥鼠缘危壁，寒狸出坏坟。"

【危闌】　高处之阑杆。钱惟治《春日登大悲闲迴文》："净刹香风远，危阑碧雾浓。"钟辐《卜算子慢》词："独倚危阑久，把玉笋偷弹，黛蛾轻斗。"

【危牆】　倾侧欲坏之墙，钱弘俶《村家》："竹树参差处，危墙独木横。"

【危闕】　高耸之阙观。亦指高楼，韩愈《县斋有怀》："寒空耸危阙，晓色曜修架。"

【危檻】　高处之栏板或栏杆。羊士谔《春望》："独上层城倚危槛，柳营春尽马嘶闲。"喻坦之《题樟亭驿楼》："危槛倚山城，风帆槛外听。"

【危磴】　山路中高而险陡之石阶。卢鸿一《嵩山十志十首·期仙磴》序："期仙磴者，盖危磴穹窿，迥接云路。"顾况《华山西冈游赠隐玄叟》："危磴萝薜牵，迴步入幽谷。"

【危簷】　高屋檐。贾岛《黄鹤楼》："高槛危檐势若飞，孤云野水共依依。"陆龟蒙《奉和袭美苦雨四声重寄三十二句·平入声》："危檐仍空阶，十日滴不歇。"

【危辭】　直率之言辞。韩愈《忆昨行和张十一》："危辞苦语感我耳，泪落不揜何漼漼！"

【危欄】　高处之栏杆。顾况《芙蓉树》："文鱼翻乱叶，翠羽上危栏。"黄巢《自题像》："天津桥上无人识，独倚危栏看落晖。"

【危露】　草木上之露珠。以其易被吹落或晒干，存在期极短，故称。唐彦谦《夜蝉》："翠竹高梧夹后溪，劲风危露雨凄凄。"

【危巒】　高峻的山峦。宣宗《百丈山》："大雄真迹枕危峦，梵宇层楼耸万般。"

【危巘】　高峰。李伟《岳麓》："维舟就林樾，杖策瞰危巘。"

五 画

卵 〔luǎn《广韵》盧管切，上緩，來。〕❶蛋。杜甫《催宗文树鸡栅》："愈风传乌鸡，秋卵方漫吃。"韦应物《乌引雏》："引雏乌，尔心急急将如何？何得比日搜索、雀卵啖尔雏？"李贺《南园十三首》之十二："松溪黑水新龙卵，桂洞生硝旧马牙。"温庭筠《黄昙子歌》："罗衫袅回风，点粉金鹂卵。"❷卵生；孵化。韩愈《射训狐》："我念乾坤德泰大，卵此恶物常勤劬。"白居易《和微之诗二十三首・和晨霞》："胎卵湿化类，蠢蠢难具陈。"❸蛋青色。沈青箱《过台城感旧》："夜月琉璃水，春风卵色天。"孙光宪《河渎神》词之二："一方卵色楚南天，数行斜雁联翩。"

即 〔jí《广韵》子力切，入職，精。〕❶凑近；趋就。张说《游洞庭湖湘》："宛在太湖中，可望不可即。"王维《南垞》："轻舟南垞去，北垞淼难即。"柳宗元《种仙灵毗》："笑忭前即吏，为我擢其根。"亦指行为、业绩相近。崔融《拟古》："班张固非拟，卫霍行可即。"❷登上。多指上路。徐彦伯《同韦舍人元旦早朝》："愿言乘日旰，携手即云峰。"皇甫冉《登石城戍望海寄诸暨严少府》："即此沧洲路，嗟君久折腰。"权德舆《祗役江西路上以诗代书寄内》："摇摇结遐心，靡靡即长路。"孟郊《张徐州席送岑秀才》："去兹门馆闲，即彼道路长。"❸指登基，就帝位。韩愈《元和圣德诗》："皇帝即阼，物无违拒。"白居易《新乐府・七德舞》："二十有四功业成，二十有九即帝位。"亦指承继。元稹《大觜乌》："儿即富家业，玩好方爱奇。"❹至，到。李白《南陵五松山别荀七》："六即颍水荀，无惭许郡宾？"李益《竹溪》："访竹越云崖，即林若溪绝。"王建《送振武张尚书》："闲即单于台下猎，威声直到海西闻。"❺犹入。谓进入某种境界、状态。杜甫《遣兴五首》之五："吾怜孟浩然，裋褐即长夜。"李嘉祐《伤歙州陈二使君》："寂寞荒坟近渔浦，野松孤月即千秋。"贯休《秋夜吟》："如愚复爱诗，木落即眠迟。"❻谓就着现成便利条件。卢鸿一《嵩山十志十首・樾馆》序："樾馆者，盖即林取材，基颠柘，架茅茨，居不期逸，为不至劳，清谈娱宾，斯为尚矣！"又《洞元室》序："洞元室者，盖因岩作室，即理谈玄，室返自然，元斯洞矣。"钱起《和慕容法曹寻渔者寄城中故人》："孤烟一点缘溪湄，渔父幽居即旧基。"❼就是。杜审言《秋夜宴临津郑明府宅》："酒中堪累月，身外即浮云。"皇甫冉《送薛秀才》："郗公即吾友，合与尔相亲。"韩愈《广宣上人频见过》："三百六旬长扰扰，不冲风雨即尘埃。"黄滔《湘中赠张逸人》："羽客零落帽欹斜，不自孤峰即海沙。"❽连词。(1)则。宋璟《奉和圣制送张说巡边》："至和常得体，不战则亡精。"杜甫《观公孙大娘弟子舞剑器行》序："往者吴人张旭，善草书帖，数常于邺县见公孙大娘舞西河剑器，自此草书长进、豪荡感激，即公孙可知矣！"白居易《把酒》："穷通谅在天，忧喜即由己。"皮日休《三羞诗三首》之二："儒者斗即退，武者兵则黩。"(2)虽然；即使。杜甫《赠裴南部闻袁判官自来欲有按问》："即出黄沙在，何须白发侵？"白居易《咏怀》："命即无奈何，心可使泰然。"❾介词。当，就在。李白《金陵三首》之一："地即帝王宅，山为龙虎盘。"高适《同朱五题卢使君义井》："地即泉源久，人当汲引初。"❿副词。(1)便，就。裴漼《奉和圣制龙池篇》："始看鱼跃方成海，即睹飞龙利在天。"杜甫《天育骠骑歌》："如今岂无騕褭与骅骝？时无王良伯乐死即休。"元稹《箭镞》："为盗即当射，宁问私与官？"刘驾《下第后屏居长安书怀寄太原从事》："才看芳草歇，即叹凉风起。"(2)立即，即刻。岑参《送杜佐下第归陆浑别业》："还须及秋赋，莫即隐嵩莱。"韩愈《谢训狐》："纵之岂即遽有害？斗柄行拄西南隅。"杜牧《冬至日寄小侄阿宜诗》："今虽未即死，饿冻几欲僵。"(3)只，唯有。孟浩然《重酬李少府见赠》："致敬惟桑梓，邀欢即主人。"李白《对雪奉饯任城六父秩满归京》："一官即梦寐，脱屣归西秦。"刘长卿《题冤句宋少府厅留别》："开口即有求，私心岂无愧？"(4)须；必。杜甫《今夕行》："英雄有时亦如此，邂逅岂即非良图？"岑参《送李郎尉武康》："不须嫌邑小，莫即耻家贫。"李频《长安书情投知己》："道即穷通守，才应始未怜。"

【即日】 当日；本日。杜甫《戏作花卿歌》："锦州副使著柘黄，我卿扫除即日平。"韩愈《孟东野失子》："大灵顿头受，即日以命还。"贾岛《哭张籍》："即日是前古，谁人耕此坟？"陆龟蒙《丁隐君歌》："叩头且莫变名氏，即日更寻丁隐君。"

【即今】 如今，此时。张敬忠《边词》："即今河畔冰开日，正是长安花落时。"张谓《铜雀台》："即今西望犹堪思，况复当时歌舞人？"顾况《听刘安唱歌》："即今法曲无人唱，已逐霓裳飞上天。"白居易《逢旧》："即今欢乐事，放盏又成空。"

【即世】 去世。杜甫《哭王彭州抡》："夫人先即世，令子各清标。"柳宗元《韦道安》："君侯既即世，麾下相欹倾。"白居易《长恨歌》序："先是元献皇后、武淑妃皆有宠，相次即世，宫中虽良家子千数，无可悦目者。"

【即此】 当此；就此。太宗《帝京篇十首》之九："无劳上悬圃，即此对神仙。"韦应物《庄严精舍游集》："即此尘境远，忽闻幽鸟殊。"姚系《京西遇旧》："即此不胜愁，陇阴人更去。"亦指只此。韩愈《秋怀诗》之五："庶几遗悔尤，即此是幽屏。"

【即目】 犹入目。谓眼前所见景物。太宗有《秋日即目》。

【即位】 就位。指帝王登基或皇后册立。卢仝《月蚀诗》："新天子即位五年，岁次庚寅，斗柄插子，律调黄钟。"

【即戎】 习武；作战。陈元光《落成会咏一首》："昆俊歌常棣，民和教即戎。"

【即事】 ❶犹言遇事。谓凡眼前所见之诸事物。李白《茔禅师房观山海图》："即事能娱人，从兹得消散。"李端《宿兴善寺后堂池》："即事思江海，谁能万里行！"权德舆《新安江路》："即事遂幽赏，何心挂儒冠？"❷任事，做事。王维《赠从弟司库员外绿》："即事岂徒言？累官非不试。"杜甫《夔府书怀四十韵》："即事须尝胆，苍生可察眉。"钱起《蓝溪休沐寄赵八给事》："即事敦风尚，衡门方再关。"❸即刻从事于。谓便去做某事。宋之问《发端州初入江西》："金陵有仙馆，即事寻丹梯。"王维《韦给事山居》："即事辞轩冕，谁云病未能?"韦应物《和吴舍人早春归沐西亭言志》："即事同岩隐，圣渥良难违。"韩愈《东都遇春》："怀归苦不果，即事取幽迸。"❹就眼前事物赋诗抒怀。孟浩然《卢明府早秋宴张郎中海园即事得秋字》："更闻书即事，云物是清秋。"杜甫《曲江三章章五句》之二："即事非今亦非古，长歌激越梢林莽。"白居易《读谢灵运诗》："往往即事中，未能忘兴谕。"亦常用作诗题。如王勃有《郊园即事》，戴叔伦有《湘南即事》。

【即空即色】 东晋佛教即色宗所持之基本观念。该宗创始人支道林著《即色游玄论》，主张"即色是空"，即认为"色"（物质现象）非自身固有之存在，而是一种假有，故即为"空"，（佛教谓世界万物之本体是"空"，或称"本无"）。崔玄亮《临终诗》："暂荣暂悴石敲火，即空即色眼生花。"

【即是】 便是，就是。上官昭容《游长宁公主流杯池二十五首》之七："莫论圆峤，休说方壶，何如鲁馆，即是仙都。"刘长卿《感怀》："自笑不如湘浦雁，飞来即是北归时。"张叔卿《流桂州》："胡尘不到处，即是小长安。"孟郊《古薄命妾》："弃置今日悲，即是昨日欢。"

【即便】 ❶则便，就。王梵志《诗》之四六："若能不骂詈，即便是圣人。"❷即刻，立即。张籍《书怀》："未能即便休官去，惭愧南山采药翁。"

【即席】 当席；当场。柳宗元《初秋夜坐赠吴武陵》："相思岂云远！即席莫与同。"李商隐《肠》："即席回弥久，前时断固多。"又《碧瓦》："梦到飞魂急，书成即席遥。"

【即時】 当即，当时。崔邠《礼部权侍郎阁老有离合酬赠之什宿直吟玩聊继此章》："节苦文俱盛，即时人並命。"李商隐《五言述德抒情诗一首四十韵献上杜七兄仆射相公》："即时贤路辟，此夜泰阶平。"

【即將】 将要。杜甫《奉赠韦左丞丈二十二韵》："今欲东入海，即将西去秦。"

【即途】 犹云沿途。谓举凡途程所到之处。张九龄《与生公寻幽居处》："即途可淹留，随日成黼藻。"

【即景】 就眼前所见之景色。钱起《初黄绶赴兰田县作》："居人散山水，即景真桃源。"亦常用作诗题，指就所见之景作诗，如曹唐有《仙都即景》。

【即路】 登上旅途。白居易《和答诗十首》序："诏下日，会予下内直归，而微之已即路。"

【即墨】 县名。汉置，属胶东国，北齐废。隋复建即墨县，唐因之，属莱州。即今山东即墨。高适《送蔡少府赴登州推事》："胶东连即墨，莱水入沧溟。"胡曾有《咏史诗·即墨》。

【即墨牛】 战国齐田单于即墨攻灭燕军之火牛。典出《史记·田单列传》："田单乃收城中得千余牛，为绛缯衣，画以五彩龙文，束兵刃于其角，而灌脂束苇于尾，烧其端。凿城数十穴，夜纵牛，壮士五千人随其后。牛尾热，怒而奔燕军……燕军大骇，败走。"后亦用以喻指攻势凶悍之兵力。温庭筠《过华清宫二十二韵》："不料邯郸虱，俄成即墨牛。剑锋挥太皞，旗焰拂蚩尤。"

【即墨龍文】 同"即墨牛"。因田单用以攻燕军之火牛皆着绛缯衣，上绘五彩龙文，故称。杜牧《东兵长句十韵》："即墨龙文光照耀，常山蛇阵势纵横。"参阅《史记·田单列传》。

【即興】 由眼前景物触发兴致而临时作诗。李华《春行寄兴》。

【即讐】 投靠仇敌。吕温《题梁宣帝陵二首》之一："即仇终自翦，覆国岂为雄?"参阅《周书·萧察传》。

六　画

卹 〔xù《广韵》辛聿切，入術，心。〕忧念；怜悯。杜甫《桥陵诗三十韵因呈县内诸官》："岂徒恤备享，尚谓求无形。"刘叉《雪车》："天不恤吾氓，如何连夜瑶花乱！"白居易《新乐府·牡丹芳》："元和天子忧农桑，恤下动天天降祥。"

【卹災】 忧悯灾苦。李绅《却到浙西》序："初入浙西苏州界，吴人以恤灾之惠，犹惧旌幡留戒于迴野之处，不及城郭之所，则相率拜泣于舟楫前。"

【卹隱】 忧悯疾苦。吕温《道州途中即事》："守愚资地僻，恤隐望年丰。"

卷[1] 〔juǎn《广韵》居轉切，上獮，見。〕❶物体向心曲绕成圆形或筒状。太宗《帝京篇十首》之二："韦编断仍续，缥帙舒还卷。"李嘉祐《送王正字山寺读书》："向日荷新卷，迎秋柳半疏。"叶季良《省试吴宫教美人战》："挥戈罗袖卷，擐甲汗妆红。"杜荀鹤《溪兴》："山雨溪风卷钓丝，瓦瓯篷底独斟时。"❷谓风吹动物体使翻卷，滚动。《郊庙歌辞·中宗祀昊天乐章·凯安》："舜日启祥晖，尧云卷征旆。"戎昱《塞下曲》之一："惨惨寒日没，北风卷蓬根。"王涯《平戎辞》："太白秋高助发兵，长风夜卷虏尘清。"徐夤《荔枝二首》之二："日日薰风卷瘴烟，南园珍果荔枝先。"❸席卷，如席之卷物。喻迅速全部地荡除。杜甫《夔府书怀四十韵》："长吁翻北寇，一望卷西夷。"❹犹收敛、收缩。皎然《霅溪馆送韩明府章辞满归》："宿昔峰顶心，依依不可卷。"白居易《读张籍古乐府》："下可理情性，卷之善一身。"又《和答诗十首·答四皓庙》："卷之不盈握，舒之亘八陲。"❺收起，收藏。寒山《诗三百三首》之一〇三："行之则可行，卷之则可卷。"李白《梁甫吟》："智者可卷愚者豪，世人见我轻鸿毛。"刘长卿《至德三年春正月闻王师收二京因书事寄上浙西节度李侍郎中丞行营五十韵》："海内戎衣卷，关中贼垒平。"❻裹；嵌镶。常衮《晚秋集贤院即事寄徐薛二侍郎》："缥囊披锦绣，翠轴卷琼琚。"❼犹遮蔽，笼盖。贺知章《奉和御制春台望》："晓色遍昭阳，晴云卷建章。"柳中庸《丁评事宅秋夜宴集》："翠幕卷回廊，银灯开后堂。"李绅《迴望馆娃故宫》："飘雪荻花铺涨渚，变霜枫叶卷平田。"亦指映照。张籍《夏日可畏》："落照频空簟，余晖卷夕梧。"

卷[2] 〔juàn《广韵》居倦切，去線，見。〕❶诗文或字画之卷轴。张籍《和左司元郎中秋居十首》之十："新诗才上卷，已得满城传。"元稹《台中鞫狱忆开元观旧事呈损之兼赠周兄十四韵》："以我文章卷，文章甚煸斓。"王建《寄扬十二秘书》："新诗欲写中朝满，旧卷常抄外国将。"韦庄《袁州作》："烟霞尽入新诗卷，郭邑闲开古画图。"❷书籍。太宗《帝京篇十首》之十："披卷览前踪，抚躬寻既往。"李华《咏史十一首》之七："尝观《党锢传》，抚卷不胜悲。"岑参《秋夕读书幽兴献兵部李侍郎》："览卷试穿邻舍壁，明灯何惜借余光？"陈存《寓居武丁馆》："放卷一长想，闭门千里心。"❸卷轴的单位名称。一轴谓一卷。亦作书籍之单位名称。犹今之册、本。耿湋《屏居盩厔》："百年心不料，一卷日相知。"皇甫松《古松感兴》："家集四百卷，独立天地经。"张祜《题朱兵曹山居》："朱氏西斋万卷书，水门山阔自高疏。"陆希声《山居即事二首》之二："君阳遁叟何为乐？一炷清香两卷经。"❹考卷。杜荀鹤《入关因别舍弟》："莫愁寒族无人荐，但愿春官把卷看。"

卷[3] 〔quán《广韵》巨員切，平仙，羣。〕见"卷₃卷"。

卷[4] 〔gǔn《集韵》古本切，上混，見。〕通"衮"。见"卷₄衣"。

【卷土重來】 本谓战败后重聚力量再来进攻。后泛指失败后再度兴起。杜牧《题乌江亭》："江东子弟多才俊，卷土重来未可知。"

【卷牙】 卷而未展之草芽。杜甫《庭草》："旧低收叶举，新掩卷牙重。"

【卷₂中】 谓诗卷、卷轴之中。韩翃《送郑员外》："孺子亦知名下士，乐人争唱卷中诗。"

【卷₂末】 书卷之末尾。白居易有《编集拙诗成一十五卷因题卷末戏赠元九李二十》。

【卷地】 席卷地面。形容势头猛。韩愈《双鸟诗》："春风卷地起，百鸟皆飘浮。"

【卷地皮】 刮地皮，喻贪婪残酷地搜刮民财。卢仝《萧宅二三子赠答诗二十首·客谢井》："扬州恶百姓，疑我卷地皮。"

【卷耳】 草药名。即苍耳。主疗寒痛、风痹瘫痪。杜甫《驱竖子摘苍耳》："卷耳况疗风，童儿且时摘。"

【卷舌】 卷起舌头。谓闭口不言。李白《感遇四首》之四："举国莫能和，巴人皆卷舌。"李绅《忆东郭居》："卷舌堕谗谀，惊波息行潦。"徐铉《正初和鄂州边郎中见寄》："未能全卷舌，终拟学垂纶。"

【卷舌星】 星名。旧谓此星主知谗佞。见《汉书·天文志》。元稹《有鸟二十章》之十五："安知不是卷舌星，化作刚刀一时截？"皮日休《酒中十咏·酒星》："若遇卷舌星，谗君应堕地。"

【卷白波】 亦省称"卷波""卷白"。饮酒曲名，后用为酒令名。白，罚酒之爵（酒杯）。据宋黄朝英《缃素杂记·白波》云："所谓'卷白波'者，盖卷白上之酒波耳，言其饮酒之快也。"一说取义于东汉白波义军之被灭。白居易《代书诗一百韵寄微之》："打嫌《调笑》易，饮讶《卷波》迟。"自注云："抛打曲有《调笑令》，饮酒曲有《卷白波》。"又《东南行一百韵寄通州元九侍御》："长驱波卷白，连掷采成卢。"自注："骰盘、卷白波、莫走、鞍马，皆当时酒令。"参阅唐李匡义《资暇集》卷下。

【卷衣】 ❶语出乐府古题《秦王卷衣曲》。据唐吴兢《乐府古题要解》，本言秦王卷衣以赠所爱女子。后多指嫔妃侍寝，为皇帝卷收衣裳。崔国辅《秦女卷衣》:"虽入秦帝宫,不上秦帝床。夜夜玉窗下,与他卷衣裳。"李白《怨歌行》:"荐枕娇夕月,卷衣恋春风。"温庭筠《咏寒宵》:"秦蛾卷衣晚,胡雁度云迟。"亦代指嫔妃宫娥。李颀《郑樱桃歌》:"后庭卷衣三万人,翠眉清镜不得亲。"❷古代葬仪之一种。出殡前,将灵衣卷藏收起。王维《故西河郡杜太守挽歌三首》之二:"卷衣悲画翟,持翣待鸣鸡。"赵殿成笺注:"衣谓殡宫前所陈设之灵衣。殡将出,故卷而藏之。即谢朓《斋歌皇后哀策文》所云:'俎撤三献,筵卷六衣'之义。"贾至《铜雀台》:"灵几临朝奠,空床卷夜衣。"

【卷$_4$衣】　衮衣。卷通"衮"。古代帝王及王公绣龙之礼服。罗隐《秦望山僧院》:"霸主卷衣才二世,老僧传锡已千秋。"

【卷$_3$卷】　(一quán)叶干枯蜷曲貌。韩愈《秋怀诗十一首》之八:"卷卷落地叶,随风走前轩。"

【卷波】　见"卷白波"。

【卷席】　❶犹言卷铺盖、打点行装。李贺《将发》:"东床卷席罢,濩落行将去。"项斯《晓发昭应》:"灯残催卷席,手冷怕梳头。"又《遥装夜》:"卷席贫抛壁下床,且铺他处对灯光。"❷犹席卷。喻攻势迅猛。杜牧《郡斋独酌》:"谓言大义小不义,取易卷席如探囊。"

【卷施】　草名。又称宿莽。传说虽拔其心而仍不死。李白《寄远十一首》之九:"卷施心独苦,抽却死还生。"

【卷跡】　谓隐藏行迹而不露。岑参《丘中春卧寄王子》:"卷迹人方处,无心云自闲。"

【卷書】　卷收起书卷。韩愈《秋怀诗十一首》之四:"清晓卷书坐,南山见高棱。"

【卷$_2$書】　书卷,书籍。刘兼《春昼醉眠》:"自有卷书销永日,霜华未用鬓边添。"

【卷帷】　卷起、撩起帷帐。李白《长相思》:"卷帷望月空长叹,美人如花隔云端。"

【卷旌】　犹掩旗。卷起旌旗,指军队隐蔽行踪进行偷袭。张祜《从军行》:"一卷旌收千骑虏,万全身出百重围。"

【卷$_2$軸】　一端有轴可以卷舒的书卷或字画。钱起《初至京口示诸弟》:"新诗添卷轴,旧业见儿孙。"崔峒《喜逢妻弟郑损因送入京》:"遥知盈卷轴,纸贵在江城。"白居易《余思未尽加为六韵重寄微之》:"走笔往来盈卷轴,除官递互掌丝纶。"赵嘏《十无诗寄桂府杨中丞》之十:"膺门不避额逢珠,绝境由来卷轴须。"

【卷舒】　❶卷起与舒展。崔知贤《三月三日宴王明府山亭》:"林渚萦映,烟霞卷舒。"李白《赠从弟南平太守之遥二首》之一:"兰生谷底人不锄,云在高山空卷舒。"刘禹锡《送鸿举游江西》:"从风卷舒来何处?缭绕巴山不得去。"李商隐《赠荷花》:"唯有绿荷红菡萏,卷舒开合任天真。"亦指涨落。孟郊《忽不贫喜卢仝船书归洛》:"夜信为朝信,朝信良卷舒。"❷犹进退、屈伸。宋鼎《赠张丞相》:"盛德继微渺,深衷能卷舒。"李白《赠常侍御》:"大贤有卷舒,季叶轻风雅。"李绅《忆登栖霞寺峰》:"顾眺匪恣适,旷襟怀卷舒。"杜牧《自遣》:"遇事知裁剪,操心识卷舒。"

【卷絲】　卷起钓丝。杜荀鹤《赠彭蠡钓者》:"傍岸歌来风欲起,卷丝眠去月初沉。"

【卷葹草】　同"卷施"。李白《留别龚处士》:"赠君卷葹草,心断竟何言?"

【卷經】　卷起经书。指僧人束装远行。无可《送僧归中条》:"卷经归鸟外,转雪过山椒。"朱庆余《送僧游温州》:"卷经离峤寺,隔苇上秋船。"亦指闭上经书,中止读经。李洞《题竹溪禅院》:"闲来披衲数,涨后卷经看。"

【卷綃人】　传说中织丝帛之鲛人。亦指织绢帛之百姓。王维《送元中丞转运江淮》:"欢沾赐帛老,恩及卷绡人。"赵殿成笺注引《文选·左思〈蜀都赋〉》"泉室潜织而卷绡"刘渊林注云:"俗传鲛人从水中出,曾寄寓人家,积日卖绡。"

【卷箔】　卷帘。箔,竹帘。章八元《酬刘员外月下见寄》:"夜凉河汉白,卷箔出南轩。"孟贯《山斋早秋雨中》:"深居少往还,卷箔早秋间。"成彦雄《晓》:"佳人卷箔临阶砌,笑指庭花昨夜开。"

【卷旗】　犹言偃旗息鼓。指行军时隐蔽行踪。马戴《出塞词》:"卷旗夜劫单于帐,乱斫胡儿缺宝刀。"

【卷蓬】　风卷飞蓬。形容攻势之猛烈。周昙《咏史诗·六朝门·后魏武帝》:"太武南征似卷蓬,徐阳兖蔡杀皆空。"

【卷藏】　犹收藏。孟郊《猛将吟》:"虎队手驱出,豹篇心卷藏。"

【卷羅】　卷动的罗绮。常以比喻水波。太宗《临洛水》:"霞处流萦锦,风前漾卷罗。"

【卷簾】　卷起、拉开门窗上的竹帘。刘长卿《雨中登沛县楼赠表兄郭少府》:"卷帘高楼上,万里看日落。"李商隐《水斋》:"卷帘飞燕还拂水,开户暗虫犹打窗。"韦庄《梁氏水斋》:"卷帘山对客,开户犬迎僧。"

【卷懷】　谓收心潜隐。怀,同"褱",藏隐。语本《论语·卫灵公》:"邦无道,则可卷而怀之。"白居易《和答诗十首·答四皓庙》:"天下有道见,无道卷怀之。"杜牧《牧陪昭应卢郎中在江西宣州佐今吏部沈公幕叙旧成二十二韵用以投寄》:"卷怀能愤悱,卒岁且优游。"又《朱坡绝句三首》之三:"自笑卷怀头角缩,归盘烟磴恰如蜗。"

【卷籜】　竹笋外层翻卷之笋皮。戴叔纶《竹》:

“卷箨正离披，新枝复蒙密。”

【卷轡】 果实皱缩貌。韩愈、孟郊《城南联句》：“涩旋皮卷脔，苦开腹彭亨。”钱仲联集释引祝允曰：“卷脔，皮皱貌。”

七 画

卼 〔wù《广韵》五忽切，入没，疑。〕见“卼臲”。

【卼臲】 摇动不稳貌。元稹《谕宝二首》之一：“豫樟无厚地，危柢真卼臲。”

卸 〔xiè《广韵》司夜切，去祃，心。〕解除；除下。杜甫《王竟携酒高亦同过共用寒字》：“自愧无鲑菜，空烦卸马鞍。”岑参《送郭司马赴伊吾郡请示李明府》：“安西美少年，脱剑卸弓弦。”元稹《襄阳为卢窦纪事》之二：“依稀似觉双环动，潜被萧郎卸玉钗。”韩偓《懒卸头》词：“懒卸凤皇钗，羞入鸳鸯被。”亦指脱下。白居易《偶眠》：“妻教卸乌帽，婢与展青毡。”陆龟蒙《奉和袭美太湖诗二十首·上真观》：“俗状既能遗，尘冠聊以卸。”

【卸帆】 落下船帆。方干《题桐庐谢逸人江居》：“鸟自树梢随果落，人从窗外卸帆过。”

【卸卻】 除下，解除。岑参《虢州西山亭子送范端公》：“骢马劝君皆卸却，使君家酝旧来浓。”

【卸冠】 脱帽。于鹄《醉后寄山中友人》：“独忆卸冠眠细草，不知谁送出深松。”

【卸頭】 卸去头饰。司空图《灯花三首》之二：“姊姊教人且抱儿，逐他女伴卸头迟。”韩偓《闺情》：“轻风滴砾动帘钩，宿酒犹酣懒卸头。”薛昭蕴《浣溪沙》词之二：“钿匣菱花锦带垂，静临兰槛卸头时，约鬟低珥算归期。”

卻[1] 〔què《广韻》去約切，入藥，溪。〕亦作“却”。❶退却，退去。王昌龄《小敷谷龙潭祠作》：“百泉势相荡，巨石皆却立。”杜甫《送重表侄王砅评事使南海》：“逗留热尔肠，十里退呼号。”崔橹《过城南县麻姑山》：“似前如却玉堆堆，薄带轻烟翠好栽。”亦指使退却。李白《鸣皋歌送岑征君》：“哭何苦而救楚，笑何夸而却秦？”杜甫《秋日荆南送薛明府奉寄薛尚书颂德叙怀斐然之作三十韵》：“公时呵猰貐，首唱却鲸鱼。”❷后面；向后。李白《题元丹丘颍阳山居》：“却顾北山断，前瞻南岭分。”杜甫《寄董卿嘉荣十韵》：“下临千雪岭，却背五绳桥。”韩翃《送刘评事赴广州使幕》：“前临漳海无人过，却望衡阳少雁飞。”亦指时间后推。见“卻後”。❸避免，防止。陈子昂《卧病家园》：“还丹奔日御，却老饵云芽。”上官昭容《九月九日上幸慈恩寺登浮图群臣上菊花寿酒》：“却邪萸入佩，献寿菊传杯。”李颀《夏宴张兵曹东堂》：“羽扇摇风却汗珠，玉盆贮水割甘瓜。”黄滔《和王舍人崔补阙题天王寺》：“风篁清却暑，烟草绿无时。”❹除去。杜甫《观打鱼歌》：“众鱼常才尽却弃，赤鲤腾出如有神。”戎昱《苦哉行五首》之一：“鼠虽为君却，狸食自须足。”韦元甫《木兰歌》：“木兰能承父母颜，却卸巾鞲理丝簧。”❺返回；重返。于鹄《别旧山》：“旧伴同游尽却回，云中独宿守花开。”白居易《浔阳春三首·春去》：“百川未有回流水，一老终无却少人。”刘驾《送人登第东归》：“一夕颜却少，虽病心亦安。”韦庄《汉州》：“人心不似经离乱，时运还应却太平。”亦指使返回。李峤《太平公主山亭侍宴应制》：“遽惜欢娱歌吹晚，挥戈更却鲁阳回。”孟郊《汝州陆中丞席同赋十韵》：“愿折若木枝，却彼曜灵夕。”❻追溯，回溯。李白《朝下过卢郎中话旧游》：“却话山海事，宛然林壑存。”戴叔伦《赠康洽老人》：“尔来倏忽五十年，却忆当时思眇然。”张祜《枫桥》：“长洲苑外草萧萧，却算游程岁月遥。”李商隐《夜雨寄北》：“何当共剪西窗烛，却话巴山夜雨时。”❼反转，掉回。王维《苦热》：“却顾身为患，始知心未觉。”李白《重忆一首》：“稽山无贺老，却棹酒船回。”❽辞谢，拒绝。戴叔伦《汉宫人入道》：“瑶池醉月劳仙梦，玉辇乘春却帝恩。”白居易《新乐府·八骏图》：“文帝却之不肯乘，千里马去汉道兴。”引申指抵抗、抵敌。韩愈、李正封《晚秋郾城夜会联句》：“灵诛固无纵，力战谁敢却？”❾停息，伫止。司空曙《御制雨后出城观览敕朝臣以下属和》：“却马川原静，闻鸡水土平。”另见“却步”。❿介词。于，表比较。李白《别鲁颂》：“谁道太山高？下却鲁连节。”李咸用《早秋游山寺》：“静于诸境静，高却众山高。”杜荀鹤《经九华费征君墓》：“不知三尺墓，高却九华山。”南唐后主李煜《应天长》词：“昨夜春阑酒醒，春愁过却病。”⓫副词。(1)反而。寒山《诗三百三首》之七五：“险巇难可测，实语却成虚。”刘长卿《江楼送太康郭主簿赴岭南》：“料钱用尽却为谤，食客空多谁报恩？”权德舆《腊日龙沙会绝句》：“宁知腊日龙沙会，却胜重阳落帽时。”王播《淮南游故居感旧酬西川李尚书德裕》：“昔年献赋去江湄，今日行到看却悲。”(2)还，又。刘长卿《登扬州栖灵寺塔》：“鸟处高却低，天涯远如迫。”杜甫《宇文晁尚书之甥崔彧司业之孙重泛郑监前湖》：“尊当霞绮轻初散，棹拂荷珠碎却圆。”刘禹锡《竹枝词二首》之一：“东边日出西边雨，道是无晴却有晴。”贯休《观怀素草书歌》：“东却西，南又北，倒还起，断复续。”(3)犹再。李白《白头吟》：“覆水却收不满杯，相如还谢文君回。”杜甫《高都护骢马行》：“青丝络头为君老，何由却出横门道？”白居易《有感》：“绝弦与断丝，犹有却续时。”赵嘏

《长安月夜与友人话故山》:“重嘶匹马吟红叶,却听疏钟忆翠微,”(4)即,便。杜甫《奉赠卢五丈参谋》:“时清非造次,兴尽却萧条。”刘禹锡《初至长安》:“每行经旧处,却想似前身。”李建勋《宿山房》:“就枕浑无睡,披衣却出行。”(5)只。张旭《春游值雨》:“须倩东风吹散雨,明朝却待入华园。”秦系《晓鸡》:“不嫌惊破纱窗梦,却恐为妖半夜啼。”鱼玄机《卖残牡丹》:“应为价高人不问,却缘香甚蝶难亲。”漳郡守《梦康仙示诗》:“卖药因循未得还,却因耽酒到人间。”(6)正,恰。李白《送王屋山人魏万还王屋》:“却思恶溪去,宁惧恶溪恶?”杜甫《入奏行赠西山检察使窦侍御》:“八州刺史思一战,三城守边却可图。”钱起《岁初归旧山》:“莺暖初归树,云晴却恋山。”沈千运《感怀弟妹》:“岂知林园主,却是林园客。”韦庄《离筵诉酒》:“不是不能判酩酊,却忧前路酒醒时。”(7)竟然。杜甫《寄薛三郎中》:“高秋却束带,鼓枻视青旻。”秦系《秋日过僧惟则故院》:“今朝数行泪,却洒约公房。”⓬助词。犹了、掉。附动词之后,表动作完成。李颀《绝缨歌》:“青娥买死谁能识？果却一军全社稷。”秦系《徐侍郎素来相识时携酒命馔兼命诸诗客同访会稽山居》:“兰亭攀叙却,会此越中营。”张顶《献蔡京》:“抛却长竿卷却丝,手持蓑笠献新诗。”孙元晏《咏诗·宋·王方平》:“著却貂裘将采药,任他人唤作渔师。”

卻²

通“隙”。亦为姓。见“卻₂縠”。

【卻下】　落下,放下。李白《玉阶怨》:“却下水晶帘,玲珑望秋月。”

【卻月】　❶半圆之月。亦指半月之形状。陈叔达《听邻人琵琶》:“关山临却月,花蕊散回风。”王昌龄《城傍曲》:“射杀空营两腾虎,回身却月佩弓弰。”李端《胡腾儿》:“环行急蹴皆应节,反手叉腰如却月。”❷落月。窦威《出塞曲》:“看云方结阵,却月始连营。”❸唐代妇女眉型之一。见“卻月眉”。

【卻月盆】　状如半月之花盆。李贺《牡丹种曲》:“水灌香泥却月盆,一夜绿房迎日晓。”

【卻月眉】　唐代妇女画眉之一型。又称月棱眉。其形弯如半月。杜牧《闺情》:“娟娟却月眉,新鬓学鸦飞。”

【卻月樓】　戍楼名。在樊城(今湖北襄樊汉水北)。其地古有却月城(或曰却月垒)、却月戍,俱以形似半月而得名。李绅《新楼诗二十首·满桂楼》:“为怜湖水通宵望,不学樊杨却月楼。”参阅鲍照《吴歌三首》钱仲联注。

【卻立】　退立。李白《西岳云台歌送丹丘子》:“三峰却立如欲摧,翠崖丹谷高掌开。”柳宗元《韦道安》:“却立不亲授,谕以从父行。”亦指退居独处。崔知贤《三月三日宴王明府山亭》序:“遗形却立,终希独善之资;排患解纷,未洽随时之义。”

【卻老】　避免衰老。包佶《近获风痹之疾题寄所怀》:“无医能却老,有变是游魂。”

【卻老藥】　使人不老之药。韩愈、李正封《晚秋郾城夜会联句》:“但掷雇笑金,仍祈却老药。”

【卻去】　归去;离去。杜甫《羌村》之二:“娇儿不离膝,畏我复却去。”岑参《陪使君早春西亭送王赞府赴选》:“到来逢岁酒,却去换春衣。”项斯《忆朝阳峰前居》:“何时无一事,却去养疏慵。”

【卻死】　谓使死者复生。亦为香名,即却死香。据《海内十洲记·聚窟洲》云:以返魂树根心煮汁煎制而成。其“香气闻数百里,死者在地闻香气,乃却活”。又名惊精香。李商隐《寓怀》:“草为回生种,香缘却死熏。”

【卻回】　亦作“却回”。返回,回来。杜甫《喜达行在所三首》之一:“两忆岐阳信,无人遂却回。”王建《春来曲》:“黄衫白马带尘土,逢著探春人却回。”李频《太和公主还宫》:“离乱应无初去貌,死生难有却回身。”

【卻走】　向回跑。杜甫《李鄠县丈人胡马行》:“回鞭却走见天子,朝饮汉水暮灵州。”又《柏学士茅屋》:“碧山学士焚银鱼,白马却走身岩居。”

【卻步】　犹停步,驻足。张九龄《郡舍南有园畦杂树聊以永日》:“却步园畦里,追吾野逸心。”

【卻足】　犹停足。亦指撤身、后退。韦应物《假中对雨呈县中僚友》:“却足甘为笑,闲居梦杜陵。”

【卻坐】　❶退回原处坐下。李白《经乱后将避地剡中留赠崔宣城》:“胡床紫玉笛,却坐青云叫。”白居易《琵琶引》:“感我此言良久立,却坐促弦弦转急。”❷犹避席,退出座位。引申指让出权位。皇甫澈《礼部尚书门下侍郎平章事李岘》:“宦官既却坐,权奸亦移职。”

【卻到】　回到。刘长卿《送李秘书却赴南中》:“却到番禺日,应伤昔所依。”李郢《伤贾岛无可》:“却到京师事事伤,惠休归寂贾生亡。”韦庄《哭同舍崔员外》:“却到同游地,三年一电光。”

【卻來】　归来,返回。李白《东鲁见狄博通》:“谓言挂席度沧海,却来应是无长风。”顾况《天宝题壁》:“却来书处在,惆怅似前生。”孟郊《秋怀》之十四:“黄河倒上天,众水有却来。”周贺《送耿山人归湖南》:“去此应无事,却来知不能。”

【卻後】　往后,自某时以后。白居易《梦仙》:“帝言:‘却后十五年,期汝不死庭。’”

【卻秦】　指战国齐鲁仲连面折辛垣衍,使秦将为之退军五十里事。事见《史记·鲁仲连邹阳列传》。李白《赠从兄襄阳少府皓》："却秦不受赏，击晋宁为功！"又《鸣皋歌送岑征君》："哭何苦而救楚，笑何夸而却秦。"

【卻迴】 同"却回"。返回。杜甫《舍弟观归兰田迎新妇送示两篇》之一："汝去迎妻子，高秋念却回。"又《热》之二："闭户人高卧，归林鸟却回。"元稹《哭吕衡州》之五："回雁峰前雁，春回尽却回。"

【卻鬼丹】 也称却鬼丸。旧时迷信谓可用以避鬼之丹丸。段成式《酉阳杂俎·礼异》载有梁元帝于元旦赐群臣避恶散、却鬼丸事。无名氏《却鬼丸》(《外编》下)："书生但恐寒为祟，不用朱泥却鬼丹。"

【卻返】 回归，返还。窦常《凉国惠康公主挽歌》："泪有潜成血，香无却返魂。"徐铉《从兄龙武将军没于边戍过旧营宅作》："笙歌却返乌衣巷，部曲皆还细柳营。"

【卻望】 回头远望。王昌龄《别辛渐》："酒酣不识关西道，却望春江云尚残。"独孤及《早发龙沮馆舟中寄东海徐司仓郑司户》："津头却望后湖岸，别处已隔东山云。"卢纶《长安春望》："东风吹雨过青山，却望千门草色间。"

【卻浪】 退落之水浪。宋昱《樟亭观涛》："怒湍初抵北，却浪复归东。"

【卻扇】 古代结婚礼俗之一。婚礼时，新妇以长柄扇遮面，交拜后乃撤去，故称。亦指却扇诗。即撤扇前所吟之诗。李商隐有《代董秀才却扇》。参阅《资治通鉴·中宗景龙二年》。

【卻略】 ❶背后。杜甫《桥陵诗三十韵因呈县内诸官》："坡陀因厚地，却略罗峻屏。"❷后退，退身。顾况《酬本部韦左司》："却略欲一言，零泪和酒倾。"温庭筠《和周繇》："却略青鸾镜，翘翻翠凤篸。"

【卻旋】 返归。孟郊《赠文应上人》："厌此俗人群，暂来还却旋。"

【卻粒】 辟谷。谓学仙者不吃五谷粮食。司空图《有感二首》之一："留侯却粒商翁去，甲第何人意气归？"

【卻寄】 回寄。李白《秋浦寄内》："结荷倦水宿，却寄大雷书。"刘长卿《送灵澈上人归嵩阳兰若》："唯将旧瓶钵，却寄白云中。"张籍《蓟北春怀》："因逢过江使，却寄在家衣。"李商隐有《及第东归次灞上却寄同年》。

【卻報】 返报，回告。王绩《春日》："遥呼灶前妾，却报机中妇。"

【卻敵】 退敌。使敌人败退。李嘉祐《奉酬路五郎中院长新除工部员外见简》："词锋偏却敌，草奏直论兵。"陆龟蒙《筑城词二首》之二："莫叹将军逼，将军要却敌。"

【卻$_2$穀】 春秋晋人。晋文公求帅，赵衰荐之，谓却縠行年五十，悦礼乐而重诗书，德义惇笃，不忘百姓。遂使将中军伐曹卫，一战而败楚师释宋围。韩愈《酬别留后侍郎》："为文无出相如右，谋帅难居却縠先。"刘禹锡《令狐相公见示河中杨少尹赠答兼命继之》："自从却縠为元帅，大将归来尽把书。"李频《送薛能赴镇徐方》："虽同却縠举，却縠不封侯。"参阅《国语·晋语四》《左传·僖公二十七年》。

【卻憶】 回忆，追忆。王维《春夜竹亭赠钱少府归蓝田》："却忆山中时，人家涧西远。"李白《对酒忆贺监二首》之一："金龟换酒处，却忆泪沾巾。"卢纶《雷谤后书事上皇甫大夫》："却忆经前事，翻疑得此生。"

【卻還】 返回。刘长卿《送张栩扶侍之睦州》："遥忆新安旧，扁舟复却还。"亦指归还物品。刘长卿《汉阳献李相公》："早晚却还丞相印，十年空被白云留。"

【卻轉】 退转，调头转向。韦应物《长安道》："宝马横来下建章，香车却转避驰道。"

【卻瞻】 回头看。包融《登翅头山题俨公石壁》："却瞻迷向背，直下失城市。"

【卻歸】 返回。杜甫《诣徐卿觅果栽》："石笋街中却归去，果园房里为求来。"刘长卿《双峰下哭故人李宥》："惆怅东皋却归去，人间无处更相逢。"张籍《送海南客归旧岛》："却归春洞口，斩象祭天吴。"罗邺《驾蜀回》："上皇西幸却归秦，花木依然满禁春。"

【卻顧】 回望。李白《下终南山过斛斯山人宿置酒》："却顾所来径，苍苍横翠微。"戎昱《听杜山人弹胡笳》："南看汉月双眼明，却顾胡儿寸心死。"戴叔伦《九日与敬处士左学士同赋采菊上东山便为首句》："却顾郡斋中，寄傲与君同。"

八　画

卿 〔qīng《广韵》去京切，平庚，溪。〕❶古代一种高级官员名称。西周、春秋时天子、诸侯之高级官员有上、中、下卿。战国为爵位名称。秦汉于三公下设九卿。唐太常、光禄等九寺之长官亦称卿，次官称少卿。王勃《倬彼我系》："从役伊何？薄求卑位；告劳伊何？来参卿事。"高适《古乐府飞龙曲留上陈左相》："相门连户牖，卿族嗣弓裘。"姚合《同诸公会太府韩卿宅》："九寺名卿才思雄，邀欢笔下与杯中。"周昙《咏史诗·后汉门·灵帝》："榜悬金价鬻官荣，千万为公五百卿。"❷对朋友的敬称。李白《山中与幽人对酌》："我醉欲眠卿且去，明朝有意抱琴来。"杜甫《惜别行送向卿端午御衣之上都》："逆胡冥冥随烟烬，卿家兄弟功名震。”李贺《酒罢张大彻索赠诗》：“金门石阁知卿有，豸角鸡香早晚含。”❸君对臣、上对下的爱称。杜甫《送从弟赴安西判官》：“帝曰大布衣，藉卿佐元帅。”宣宗《吊白居易》：“文章已满行人耳，一度思卿一怆然。”❹通“庆”。见“卿雲”。

【卿士】 卿与士，亦泛指官员，包括卿、大夫与士。陈子昂《秋日遇荆州府崔兵曹使宴》序：“使卿士大夫，倚轩裳而傲物，山栖木食，负林壑而骄人。”玄宗《送忠州太守康昭远等》：“伫尔颂中和，吾将令卿士。”元稹《和李校书新题乐府十二首·上阳白发人》：“醉酣直入卿士家，闺闱不得偷回避。”陈陶《投赠福建桂常侍二首》之一：“长笑当时汉卿士，等闲恩泽画麒麟。”

【卿大夫】 卿与大夫。借指上层官员。韩愈《示儿》：“开门问谁来，无非卿大夫。”

【卿公】 对任卿职（唐代九寺长官）者之尊称。岑参有《送张郎中赴陇右觐省卿公》。

【卿月】 《尚书·洪范》：“王省唯岁，卿士唯月，师尹唯日。”孔安国注：“卿士各有所掌，如月之有别。”后遂用作月亮之美称，亦用以双关兼指列卿。杜甫《暮春江陵送马大卿公恩命追赴阙下》：“卿月升金掌，王春度玉墀。”岑参《送李卿赋得孤岛石》：“君心能不转，卿月岂相离。”又《送张郎中赴陇右觐省卿公》：“还家卿月迥，度陇将星高。”李商隐《今月二日不自量度辄以诗一首四十韵干渎尊严亦诗人咏叹不足之义也》：“将星临迥夜，卿月丽层穹。”

【卿材】 可作卿相之人。柳宗元《弘农公以硕德伟材屈于诬枉左官三岁复为大僚谨献诗五十韵以毕微志》：“卿材优柱石，公器擅岩廊。”杜牧《书怀寄中朝往还》：“霄汉几多同学伴，可怜头角尽卿材。”

【卿相】 （—xiàng）上卿与宰相。借指辅佐帝王的高级执政官。骆宾王《畴昔篇》：“卿相未曾识，王侯宁见拟？”杜甫《石笥行》：“恐是昔时卿相墓，立石为表今尚存。”杨发《小园秋兴》：“昔日扬雄宅，还无卿相舆。”罗邺《吴门再逢方干处士》：“一朝卿相俱前席，千古篇章冠后人。”

【卿家】 犹你家。对对方敬重而亲切之称谓。岑参《送张卿郎君赴硖石尉》：“卿家送爱子，愁见灞头春。”又《行军雪后月夜宴王卿家》：“子夜雪华余，卿家月影初。”

【卿曹】 犹言卿等、君辈。权德舆《酬冯绛州早秋绛台感怀见寄》：“经术推多识，卿曹亦累迁。”

【卿卿】 ❶谓以“卿”称所爱者。上“卿”字为动词，下为名词。语出南朝宋刘义庆《世说新语·惑溺》：王安丰妇常卿安丰，安丰曰：“妇人卿婿，于礼为不敬，后勿复尔。”妇曰：“亲卿爱卿，是以卿卿；我不卿卿，谁当卿卿？”陆龟蒙《寄远》：“中原犹将将，何时重卿卿？”❷对所爱者之昵称。苏颋《春晚紫微省直寄内》：“别离不惯无穷忆，莫误卿卿学太常。”李贺《出城》：“卿卿忍见问，镜中双泪姿。”施肩吾《江南织绫词》：“卿卿买得越人丝，贪弄金梭懒画眉。”温庭筠《偶题》：“自恨青楼无近信，不将心事许卿卿。”

【卿雲】 ❶即庆云。吉祥之云。古人谓此云出现则国有祥瑞。《郊庙歌辞·祀九宫贵神乐章·豫和》：“神之降矣，卿云郁兮。”刘禹锡《平齐行》：“妖氛扫尽河水清，日观杲杲卿云见。”李绅《庆云见二首》：“礼成中岳陈金册，祥报卿云冠玉峰。”李商隐《寓怀》：“彩鸾餐颢气，威凤入卿云。”❷指汉司马相如与扬雄。相如字子卿，雄字子云，故称。任华《寄李白》：“嗤长卿，笑子云。班张所作琐细不入耳，未知卿云得在嗤笑限。”❸人名。唐末岭南诗僧，与南唐沈彬为诗友。《全唐诗》卷八二五收其诗四首。

【卿監】 九寺五监之长官。分别称卿与监。亦特指管理佛道寺观之官员。即鸿胪寺之寺观监及宗正寺、崇玄寺等掌佛道之官员。刘隐辞《咏僧道二门论难》：“各斗轮蹄朝紫殿，尽称卿监满皇州。”

厂 部

二 画

厄 〔è《广韵》於革切，入麥，影。〕❶危难；困窘。李白《叙旧赠江阳宰陆调》："告急清宪台，脱余北门厄。"窦常《项亭怀古》："命厄留骓处，年销逐鹿中。"白居易《因沐发感寄朗上人二首》之二："只有解脱门，能度衰苦厄。"许棠《春日乌延道中》："边穷厄未穷，复此逐归鸿。"❷遭难；被困。孟浩然《山中逢道士云公》："既笑接舆狂，仍怜孔丘厄。"苏拯《颂鲁》："礼乐行未足，遭回厄于陈。"齐己《酬王秀才》："离乱几时休？儒生厄远游。"

【厄束】 困窘，窘迫。韦庄《秦妇吟》："四面从兹多厄束，一斗黄金一升粟。"

【厄苦】 困苦。杜甫《得舍弟消息》："直为心厄苦，久念与存亡。"

【厄酒】 困酒。为酒所困。姚合《寄卫拾遗乞酒》："老人罢厄酒，不醉已经年。"

【厄運】 旧时迷信所谓命运注定的危难遭遇。李贺《秦宫诗》："皇天厄运犹曾裂，秦宫一生花底活。"白居易《东南行一百韵寄通州元九侍御窦七校书》："况我身谋拙，逢他厄运拘。"

【厄窮】 艰难困窘。韩愈《赠徐州族侄》："岁时易迁次，身命多厄穷。"

六 画

厓 〔yá 亦读 ái《广韵》五佳切，平佳，疑。《正字通》宜才切。〕❶山崖。韦处厚《琵琶台》："褊地难层土，因厓遂削成。"蜀太妃徐氏《题彭州阳平化》："风起半厓闻虎啸，雨来当面见龙行。"杜光庭《题北平诏》："桐柏真人曾此居，焚看厓下诵灵书。"❷水边之高岸。张祜《送人归蜀》："红树两厓开霁色，碧岩千仞涨波痕。"

【厓阜】 犹山陵。皎然《答裴集阳伯明二贤各垂赠二十韵今以一章用酬两作》："出处藩我君，还来会厓阜。"

七 画

厙 〔shè《广韵》始夜切，去禡，書。〕姓。见"厙狄"。

【厙狄】 复姓。见"库狄履温"。

【厙狄員外】 指厍狄履温。寇坦有《同张少府和厍狄员外夏晚初霁南省寓直时兼充节度判官之作》。

【厙狄履温】 亦写作库狄履温。唐官员。曾官尚书员外郎，兼充节度判官。与寇坦有交往。《全唐文》卷三〇五录存其文。《今唐诗》卷一二〇收其诗一首。参阅《新唐书》卷一三四。

厖 〔máng《广韵》莫江切，平江，明。〕❶大。见"厖臣"。❷厚，浓。皮日休《忆洞庭观步十韵》："仙犬声音古，遗民意绪厖。"❸通"尨"。(1)多毛狗。亦泛指犬。耿湋《送叶尊师归处州》："狺狺吠声晓，洞府有仙厖。"殷文圭《玉仙道中》："信马冷吟迷路处，隔溪湮雨吠村厖。"(2)色杂。韩愈《病中赠张十八》："夜阑纵捭阖，哆口疏眉厖。"

【厖臣】 大臣。韩愈《元和圣德诗》："天锡皇帝，厖臣硕辅。"

厚 〔hòu《广韵》胡口切，上厚，匣。又胡遘切，去侯，匣。〕❶厚度大，与"薄"相对。崔融《登东阳沈隐侯八咏楼》："旦登西北楼，楼峻石墉厚。"岑参《天山雪歌送萧治归京》："北风夜卷赤亭口，一夜天山雪更厚。"顾况《弃妇词》："空床对虚慵，不觉尘埃厚。"韦庄《村居书事》："砌长苍苔厚，藤抽紫蔓肥。"❷增厚；使增加。白居易《晚寒》："缩水浓和酒，加绵厚絮袍。"陆龟蒙《记事》："瘦骨倍加寒，徒为厚缯纩。"李洞《雪》："正繁秦甸暖，渐厚楚宫饥。"❸犹"大"。王绩《古意六首》之五："荣荫诚不厚，斤斧亦勿伤。"❹犹"多"。刘禹锡《调瑟词》序："里有富豪翁，厚自奉养，而严督臧获。"白居易《寄隐者》："禄厚食万钱，恩深日三顾。"鲍溶《长安言怀》："殷殷生念厚，戚戚劳者多。"❺犹"盛"，"隆"。《郊庙歌辞·周宗庙乐舞辞·章德舞》："恭祖德，厚人伦。"❻深厚。韦述《奉和圣制送张说上集贤学士赐宴》："尊贤泽既厚，式宴宠愈深。"李德裕《北固怀古》："近世二千石，毕公宣化厚。”唐彦谦《题宗人故帖》：“惟有孝标情最厚，一编遗在茂陵书。”徐铉《还过东都留守周公筵上赠座客》：“麟符上相思偏厚，隋苑留欢日欲斜。”❼犹“亲”。亲近，与“疏”相对。杜甫《送重表侄王砯评事使南海》：“上云天下乱，宜与英俊厚。”又《将适吴楚留别章使君留后兼幕府诸公得柳字》：“相逢半新故，取别随薄厚。”岑参《与独孤渐道别长句兼呈严八侍御》：“台中严公于我厚，别后新诗满人口。”❽忠厚；厚道。元稹《说剑》：“此剑何太奇，此心何太厚！”

【厚土】　土地。杜甫《喜雨》：“巴人困军须，恸哭厚土热。”

【厚亡】　谓多所丧亡，丧失甚多。白居易《闲坐看书贻诸少年》：“多取终厚亡，疾驱必先堕。”李商隐《故番禺侯以赃罪致不辜事觉母者他日过其门》：“饮鸩非君命，兹身亦厚亡。”

【厚币】　厚礼，厚重的聘金。王绩《赠李征君大寿》：“前年辞厚币，今岁返寒乡。”

【厚生】　使生活富裕；使民生丰厚。权德舆《丙庚岁苦贫戏题》：“厚生彼何人？工拙各异宜。”欧阳詹《答韩十八驽骥吟》：“上帝本厚生，大君方建元。”韩愈、孟郊《城南联句》：“德孕厚生植，恩熙完刖剠。”李绅《渡西陵十六韵》：“望祷依前圣，垂休冀厚生。”

【厚地】　土地，大地。白居易《秦中吟十首·重赋》：“厚地植桑麻，所要济生民。”白行简《贡院楼北新栽小松》：“移根依厚地，委质别危峰”皮日休《奉和鲁望读阴符经见寄》：“得之升高天，失之沉厚地。”李咸用《庐山》：“有觉南方重，无疑厚地掀。”

【厚色】　重色。好女色。周昙《咏史诗·三代门·幽王》：“厚德未闻闻厚色，不亡家国幸亡身。”

【厚坤】　厚地；土地。杜甫《木皮岭》：“仰干塞大明，俯入裂厚坤。”

【厚夜】　长夜。喻死者长埋地下。白居易《过颜处士墓》：“厚夜肯教黄壤晓？悲风不许白杨春。”

【厚厚】　谓厚甚，极厚。王建《送衣曲》：“絮时厚厚绵纂纂，贵欲征人身上暖。”

【厚秩】　厚禄。丰厚之俸禄。宋璟《奉和御制璟与张说源乾曜同日上官命宴都堂赐诗应制》：“厚秩先为忝，崇班复此除。”

【厚俸】　丰厚之俸禄。白居易《早饮醉中除河南尹敕到》：“厚俸自来诚忝滥，老身欲起尚迟疑。”又《斋居》：“厚俸将何用？闲居不可忘。”薛能《送浙东王大夫》：“越台随厚俸，剡硾得尤名。”

【厚軸】　厚地，大地。孟郊《石淙》之五：“淙淙豗厚轴，棱棱攒高冥。”

【厚貺】　丰厚的馈赠。杜甫《太子张舍人遗织成褥段》：“奈何田舍翁，受此厚贶情？”

【厚載】　谓大地深厚而载万物。语出《易·坤》“坤厚载物，德合无疆。”褚亮《祭方丘乐章·顺和》：“阴祇协赞，厚载方贞。”贺知章《唐禅社首乐章·顺和》：“常顺称厚载，流谦通变盈。”《昭德皇后庙乐章·凯安》：“承天厚载均，并耀宵光灿。”

【厚葬】　谓以众多的人力财力用于丧葬。沈佺期《咸阳览古》：“唯有骊峰在，空闻厚葬余。”

【厚業】　丰厚之家业。于武陵《南游有感》：“杜陵无厚业，不得驻车轮。”

【厚遇】　厚重的礼遇。李咸用《谢所知》：“却愧此时叨厚遇，他年何以报深恩？”

【厚意】　深厚之情意。王维《送秘书晁监还日本国》序：“牺牲玉帛，以将厚意；服食器用，不宝远物。”韦应物《拟古诗十二首》之三：“百金非所重，厚意良难得。”徐铉《印秀才至舒州见寻别后寄诗依韵和》：“离怀耿耿年来梦，厚意勤勤别后诗。”

【厚禄】　丰厚之俸禄。白居易《诗酒琴人例多薄命予酷好三事雅当此科偶成狂咏聊写愧怀》：“荣名厚禄二千石，乐饮闲游三十春。”徐铉《奉和宫傅相公怀旧见寄四十韵》：“朱门自得施行马，厚禄何妨食万钱？”

【厚誣】　极大的诬蔑。温庭筠《病中书怀呈友人》：“赋分知前定，寒心畏厚诬。”

【厚養】　谓以丰厚之物资以养生。孟郊《立德新居》之十：“天意资厚养，贤人肯相违？”

【厚德】　❶犹高德，大德。羊士谔《腊夜对酒》：“传觞称厚德，不问吐车茵。”❷重德。重视道德修养。周昙《咏史诗·三代门·幽王》：“厚德未闻闻厚色，不亡家国幸亡身。”

【厚澤】　深厚的恩泽。虞世南《奉和幸江都应诏》：“鸿私洽幽远，厚泽润凋枯。”苏颋《祭汾阴乐章》：“窅然汾上，厚泽如春。”李绛《省试恩赐耆老布帛》：“厚泽沾翔泳，微生保子孙。”

【厚薄】　❶指厚度大小不等。白居易《秋晚》：“夜来霜厚薄，梨叶半低红。”❷喻指多少、大小、轻重、亲疏等。杜甫《缚鸡行》：“虫鸡于人何厚薄，吾叱奴人解其缚。”白居易《春日闲居三首》之三：“又问俸厚薄，百千随月至。”曹松《道中》：“主人厚薄礼，客子新故衣。”刘兼《木芙蓉》：“谁道金风能肃物，因何厚薄不相侔？”

【厚顏】　❶犹言脸皮厚，不知羞惭。刘得仁《陈情上知己》：“久居颜亦厚，独立事多非。”温庭筠《寓怀》：“衔知有贞爵，处实非厚颜。”❷谓面有愧色，难为情。杜甫《彭衙行》：“尽室久徒步，逢人多厚颜。”薛能《筹笔驿》：“生欺仲达徒增气，死见王阳合厚颜。”方干《赠郑仁规》：“可怜丽句能飞动，荀宋精灵亦厚颜。”

【厚譴】 深重的谴责。转指受贬谪。沈佺期《答魑魅代书寄家人》："一朝贻厚谴，五宅竟同防。"

【厚譺】 深重的怨恨。薛能《闲题》："时丁厚譺终无咎，道致中兴尚有余。"

八 画

厝1 〔cuò《广韵》倉各切，去暮，清。〕暂时安放棺柩曰厝。宋之问《故赵王属赠黄门侍郎上官公挽词二首》之二："一厝穷泉闭，双鸾遂不飞。"

厝2 〔cuò《广韵》倉故切，入鐸，清。〕错杂，杂乱。元稹《梦游春七十韵》："广榭舞萎蕤，长宴宾杂厝。"

原 〔yuán《广韵》愚袁切，平元，疑。〕❶本原，根本。裴潾《前相国赞皇公早葺平泉山居辄抒怀赋四言诗十四首奉寄》之一："动复有原，进退有期。"❷推究、考察。王勃《倬彼我系》序："故本其情性，原其事业，因陈先人之迹。"韩愈《陆浑山火和皇甫湜用其韵》："摆磨出火以自燔，有声夜中惊莫原。"❸原先。薛能《嘲赵璘》之二："不知原在鞍轿里，将谓空驮席帽归。"❹原宥，原谅。见"原赦"。❺高平之地。长安附近多有此种地形，广可达数里以至数十里。如杜陵原、乐游原皆是。李峤《奉和杜员外扈从教阅》："原启前禽路，山萦后骑行。"李观《宿裴友书斋》："林烟横近郊，谿月落古原。"周贺《晚题江馆》："越岛夜无侵阁色，寺钟凉有隔原声。"齐己《原上晚望》："倚杖聊摅望，寒原远近分。"亦泛指原野、旷野。皎然《苕溪草堂自大历三年夏新营因纪其事简潘丞述汤评事衡四十三韵》："原上无情花，山中听经石。"刘沧《长洲怀古》："野烧原空尽荻灰，吴王此地有楼台。"❻指孔子弟子原宪。白居易《效陶潜体十六首》之九："即此自可乐，庶几颜与原。"

【原上篇】 指《诗·小雅·棠棣》。以诗中有"脊令在原"句，故称。其所咏为兄弟友爱事。后遂以"原上篇"指兄弟相赠表达情谊之作。卢纶《奉和陕州十四翁》："沉劣本多感，况闻原上篇。"

【原田】 原野上之田地。张九龄《奉和圣制烛龙斋祭》："沛然时雨，雨我原田。"高适《淇上别业》："野人种秋菜，古老开原田。"权德舆《和李大夫西山祈雨因感张曲江故事十韵》："歌谣喧泽国，稼穑遍原田。"周扑《春日秦国怀古》："牛马放多春草尽，原田耕破古碑存。"

【原生】 即原宪。白居易《效陶潜体十六首》之九："原生衣百结，颜子食一箪。"

【原因】 原来因为。杜甫《古柏行》："扶持自是神明力，正直原因造化功。"

【原色】 原野之色。张籍《送安法师》："原色不分路，锡声遥隔尘。"刘禹锡《陕州河亭陪韦五大夫雪后眺望因以留别》："河流添马颊，原色动龙鳞。"

【原門】 原宪家门。李端《长安感事呈卢纶》："原门唯有席，井饮但加葱。"参阅"原憲貧"。

【原居】 原野上之居室。马戴有《宿贾岛原居》。亦指居于郊原之上。贾岛《送李余及第归蜀》："肯寄书来否？原居出亦稀。"

【原思病】 同"原憲病"。原宪字子思，亦名原思。权德舆《奉和许阁老酬淮南崔十七端公见寄》："孰谓原思病？非关宁武愚。"

【原草】 原野之草。岑参《早上五盘岭》："栈道谿雨滑，畬田原草干。"赵嘏《曲江春望忆江南故人》："目极思随原草遍，浪高书到海门稀。"

【原赦】 原宥，赦免。卢仝《月蚀诗》："众星尽原赦，一蟆独诛磔。"

【原野】 平原旷野。太宗有《春日登陕州城楼俯眺原野即目川岫聊以命篇》。李白《夕霁杜陵登楼寄韦繇》："原野旷超缅，关河纷杂重。"孟郊《终南山下作》："见此原野秀，始知造化偏。"李建勋《闲出书怀》："溪田雨涨禾生耳，原野莺啼黍熟时。"

【原陸】 陆地，原野。柳宗元《田家三首》之三："田翁笑相念，昏黑慎原陆。"

【原陵】 ❶平原与丘陵。代指原野。骆宾王《乐大夫挽歌词五首》之三："城郭犹疑是，原陵稍觉非。"郑畋《题缑山王子晋庙》："亡国原陵古，宾天岁月遥。"❷陵墓名。东汉光武帝刘秀之陵。在洛阳。罗隐《严陵滩》："世祖升遐夫子死，原陵不及钓台高。"

【原嘗春陵】 战国赵平原君赵胜、齐孟尝君田文，楚春申君黄歇、魏信陵君魏无忌之并称。李白《扶风豪士歌》："原尝春陵六国时，开心写意君所知。"

【原頭】 原上。原，高平之地。岑参《原头送范侍御》："百尺原头酒色殷，路傍骢马汗斑斑。"卢纶《哭司农苗主簿》："原头殡御绕新茔，原下行人望哭声。"王建《原上新居》："新占原头地，本无山可归。"亦泛指原野之上。韩愈《雉带箭》："原头火烧静兀兀，野雉畏鹰出复没。"

【原憲貧】 原宪，孔子之弟子。《史记·仲尼弟子列传》："孔子卒，原宪遂亡在草泽中。子贡相卫，而结驷连骑，排藜藿入穷阎，过谢原宪。宪摄敝衣冠见子贡。子贡耻之，曰：'夫子病乎？'原宪曰：'吾闻之，无财者谓之贫，学道而不能行之谓之病。若宪，贫也，非病也。'"王绩《被召谢病》："颜回唯乐道，原宪岂伤贫？"王维《山中示弟》："莫学嵇康懒，且安原宪贫。"卢纶《冬日登城楼有怀因赠程腾》："长卿未遇杨朱泣，蔡净无媒原宪贫。”元稹《酬孝甫见赠十首》之八：“原宪甘贫每自开，子春伤足少人哀。”亦作“原憲病”。韦庄《冬日长安感志寄献虢州崔郎中二十韵》：“病如原宪谁能疗？蹇似刘桢岂用占？”参阅《庄子·让王》。

【原憲病】　见“原憲贫”。

【原憲桑樞】　谓原宪贫穷，至以桑条为户枢。语出《庄子·让王》：“原宪居鲁，环堵之室，茨以生草，蓬户不完，桑以为枢而瓮牖。”李瀚《蒙求》：“孙晨槁席，原宪桑枢。”

【原隰】　广平之地与低湿之地。泛指原野。太宗《饮马长城窟行》：“绝漠干戈戢，车徒振原隰。”姚系《杨参军庄送宇文邈》：“秋云冒原隰，野鸟满林声。”孟郊《酬友人见寄新文》：“郊陌绝行人，原隰多飞蓬。”陈陶《番禺道中作》：“千年赵陀国，霸气委原隰。”

【原疇】　原野，田畴。李峤《晚秋喜雨》：“草木委林甸，禾黍悴原畴。”

【原獸】　原野上的野兽。钱起《汉武出猎》：“且贪原兽轻黄屋，宁畏渔人犯白龙！”

九　画

厠　同“廁”。置身于。白居易《续古诗十首》之六：“幸随众宾末，得厕门馆间。”

【厠儒】　置身于儒官之间。谓作儒官。杜甫《大历三年春白帝城放船出瞿塘峡漂泊有诗凡四十韵》：“卧疾淹为客，蒙恩早厕儒。”

廄　同“廐”。马棚。韩愈《招杨之罘》：“柏移就平地，马羁入厩中。”李贺《马诗二十三首》之二十三：“厩中皆肉马，不解上青天。”白居易《不能忘情吟》：“骆反厩，素反闺。”

【廄馬】　厩中之马，亦泛指马。韩翃《扈从郊庙呈两省诸公》：“丹墀列士主恩同，厩马翩翩出汉宫。”元稹《大觜乌》：“厩马啄疮痍，渗沥脂膏尽。”白居易《曲江独行》：“独来独去何人识，厩马朝衣野客心。”又《和梦游春诗一百韵》：“枥空无厩马，水涸失池鹜。”

十　画

厨　同“廚”。厨房。无名氏《五言》之三（外下）：“粗饭众厨餐，美味当房佉。”

厦　同“廈”。见“厦屋”。

【厦屋】　大屋。白居易《有木八首》之八：“匠人爱芳直，裁截为厦屋。”

厥[1]　〔jué《广韵》居月切，入月，見。〕❶代词。(1)领属性代词。其。王勃《倬彼我系》：“不常厥所，于兹五迁。”王迥《同孟浩然宴赋》：“共赋新诗发宫徵，书于屋壁彰厥美。”白居易《双石》：“苍然两片石，厥状怪且丑。”曹邺《夜坐有怀》：“年华且有恨，厥体难久康。”(2)指示代词。其；此。卢仝《忆金娥山沈山人二首》之二：“兼须巧会鬼物情，无求长生丧厥生。”❷助词。无义。王涯《享惠昭太子庙乐章·送神》：“迎精送往，厥鉴昭晰。”

厥[2]　〔jué《广韵》九勿切，入物，見。〕见“突厥”。

【厥初】　其初。张九龄《南阳道中作》：“佳气蔼厥初，图霸纷在昔。”储光羲《酬李处士山中见寄》：“厥初游太学，相与极周旋。”韩愈《示儿》：“诗以示儿曹，其无迷厥初。”陆龟蒙《彼农二章》之一：“彼农家流，犹存厥初。”按此指人类初始时之古朴风尚。

【厥明】　天明。皮日休《九夏歌九篇·王夏之歌》：“厥明御舒，如王出焉。”

【厥躬】　其身，自身。白居易《无可奈何歌》：“合冰炭以交战，只自苦兮厥躬。”

【厥摩師】　一译鸠摩拿。意译“东瓜鬼”。传说专啖人精气。后亦用以指死亡。无名氏《五言诗》之一（外编下）：“有钱但吃着，实莫留积□。一日厥摩师，他用不由你。”

厫　同“廒”。粮仓。许浑《汉水伤稼》：“高下绿苗千顷尽，新陈红粟万厫空。”

【厫庾】　粮食仓库。庾，露天谷仓。薛存诚《膏泽多丰年》：“厫庾千厢在，幽流万壑通。”

十二画

厭[1]　〔yàn《广韵》於艷切，去艷，影。〕❶厌烦，嫌弃。王勃《倬彼我系》：“天未厌乱，吾将谁辅？”李白《独坐敬亭山》：“相看两不厌，只有敬亭山。”白居易《忆洛中新居》：“厌绿栽黄竹，嫌红种白莲。”皮日休《新秋即事三首》之三：“醉多已任家人厌，病久还甘吏道疏。”❷同“饜”。吃饱，饱足。高适《蓟门行五首》之三：“戍足厌糠核，降胡饱衣食。”杜甫《醉时歌》：“甲第纷纷厌粱肉，广文先生饭不足。”韩愈《马厌谷》：“马厌谷兮，士不厌糠秕。”白居易《春寒》：“岂惟厌馋口？亦可调病腹。”❸满足。万齐融《三日绿潭篇》：“公子王孙恣游玩，沙阳水曲情无厌。”屈同仙《燕歌行》：“昭君远嫁已年多，戎狄无厌不复和。”刘禹锡《和牛相公南溪醉歌见寄》：“携觞命侣极永日，此会虽数心无厌。”姚合《和李补阙曲江看莲花》：“高名犹不厌，上客去争先。”

厭² 〔yā《广韵》於葉切，入葉，影。〕❶压。韩愈《杂诗》：“向者夸夺子，万坟厌其巅。”❷巫术之一。谓采用某种迷信手段以镇邪、制胜。中宗《幸秦始皇陵》：“欲厌东南气，翻伤掩鲍车。”又《石淙》：“水炫珠光遇泉客，岩悬石镜厌山精。”

厭³ 〔yǎn《广韵》於琰切，上琰，影。〕“魇”的古字。梦魇，做噩梦。元稹《乐府古题·梦上天》：“千惭万谢唤厌人，向使无君终不寤。”

厭⁴ 〔yān《集韵》於鹽切，平鹽，影。〕❶安静；安然。白居易《除官去未闲》：“在郡诚未厌，归乡去亦好。”❷见“厭₄ 厭”。

厭⁵ 〔yì《集韵》乙及切，入緝，影。〕见“厭₅ 浥”。

【厭世】 ❶厌恶尘世。李玖《白衣叟途中吟二首》之二：“厌世逃名者，谁能答姓名?”吕岩《雨中花》词：“悟黄粱弃事，厌世藏身。”❷弃世。死的婉词。段成式《汉宫词二首》之一：“君王厌世妾头白，闻唱歌声却泪垂。”

【厭生】 厌倦人生。谓不愿再活着。刘商《胡笳十八拍·第二拍》：“马上将余向绝域，厌生求死死不得。”白居易《放言五首》之五：“何须恋世常忧死？亦莫嫌身漫厌生。”刘言史《苦妇词》：“来时已厌生，到此自不全。”惟审《赋得闻晓莺啼》：“莫尽关关兴，羁愁正厌生。”

【厭代】 即厌世。多用指帝王之死。唐人避太宗李世民讳，改“世”为“代”。舒元舆《桥山怀古》：“轩辕厌代千万秋，渌波浩荡东南流。”

【厭武】 厌恶战争。张蠙《乱中寄友人》：“人情将厌武，王泽即兴诗。”

【厭足】 满足。孟浩然《初春汉中漾舟》：“探玩无厌足，波影摇妓钗。”

【厭兵】 厌恶战争。钱珝《江行无题一百首》之十二：“静听江叟语，俱是厌兵人。”

【厭苦】 厌烦，以之为苦事。元稹《春蝉》：“我自东归日，厌苦春鸠声。”

【厭₃ 咽】 梦魇中的哭泣抽咽。元稹《乐府古题·梦上天》：“哭声厌咽旁人恶，唤起惊悲泪飘露。”

【厭₅ 浥】 湿润，潮湿。张说《奉和圣制同刘晃喜雨应制》：“厌浥尘清道，空濛柳映台。”

【厭家鶏】 晋何法盛《晋中兴书》卷七：“庾翼书，少时与王右军齐名。右军后进，庾犹不分，在荆州与都下书云：‘小儿辈厌家鸡，爱野雉，皆学逸少书，须吾下当北之。’”后遂以“厌家鸡”喻轻近贵远、舍近求远。柳宗元《殷贤戏批书后寄刘连州并示孟仑二童》：“闻道近来诸子弟，临池寻已厌家鸡。”

【厭₂ 勝】 古代巫术之一种。用某种迷信手段以镇邪制胜，或致灾于人。杜甫《石犀行》：“自古虽有厌胜法，天生江水向东流。”颜真卿《刻清远道士诗因而继作》：“吴子多藏日，秦王厌胜辰。”李商隐《送从翁东川弘农尚书幕》：“兹行殊厌胜，故老遂分新。”吴融《和韩致光侍郎无题十四韵》：“厌胜还随俗，无疑不避人。”

【厭飫】 饱腻。杜甫《丽人行》：“犀箸厌饫久未下，鸾刀缕切空纷纶。”

【厭₃ 夢】 梦魇。做噩梦。李白《寄远十一首》之十一：“寒灯厌梦魂欲绝，觉来相思生白发。”

【厭₄ 厭】 ❶衰弱无力貌。白居易《不如来饮酒七首》之一：“不如来饮酒，相对醉厌厌。”鱼玄机《寄子安》：“有花时节知难遇，未肯厌厌醉玉楼。”陆龟蒙《自遣三十首》序：“故疾未平，厌厌卧田舍中。”韩偓《夜坐》：“格是厌厌饶酒病，终须的的学渔歌。”又《春尽日》：“把酒送春惆怅在，年年三月病厌厌。”❷时间久长貌。陈叔达《初年》：“索索枝未柔，厌厌漏犹永。”白居易《奉和汴州令狐令公二十二韵》：“犹嫌客不醉，同赋夜厌厌。”李中《宫词二首》之二：“风递笙歌门已掩，翠华何处夜厌厌?”耿玉真《句》：“林风淅淅夜厌厌，小楼新月，回首自纤纤。”亦指绵延不断。顾夐《酒泉子》词之五：“金虫玉燕锁香奁，恨厌厌。”

【厭聞】 厌听，不愿听。白居易《新乐府·上阳白发人》：“宫莺百啭愁厌闻，梁燕双栖老休妒。”

【厭₂ 翟】 后妃、公主所乘之车。因以翟羽(野鸡毛)为屏蔽，故称。韩愈《梁国惠康公主挽歌二首》：“龙辒非厌翟，还辗禁城尘。”

【厭劇】 厌恶繁忙的政务。韦应物《赠萧河南》。“厌剧辞京县，褒贤待诏书。”

【厭賤】 厌恶与鄙视。白居易《赠邻里往还》：“唯恐往还相厌贱，南家饮酒北家眠。”白居易《偶作二首》之二：“事无小与大，已得多厌贱。”

【厭薄】 厌恶薄情。顾况《宜城放琴客歌》：“人情厌薄古共然，相公心在持事坚。”

【厭₂ 禳】 巫术之一种。以迷信方法祈祷鬼神降福于人。薛能《黄蜀葵》：“记得玉人初病起，道家妆束厌禳时。”

十三画

厲 〔lì《广韵》力制切，去祭，來。〕❶砥砺。引申指奋发努力。太宗《春日玄武门宴群臣》：“庶几保贞固，虚已厉求贤。”❷指奋翅疾飞。

李益《溪中月下寄扬子尉封亮》："永愿厉高翼，慰我丹桂丛。"❸声音高而急。顾况《十月之郊》："万人挥斤，坎坎有厉。"❹严厉。皮日休《三羞诗三首》之三："厉能去人爱，荒能夺人慈。"❺威猛；猛恶。《郊庙歌辞·明皇祀圜丘乐章·凯安》："玉鉞初蹈厉，金匏既静好。"韩愈《射训狐》："侵更历漏气弥厉，何由侥幸休须臾。"亦特指风凌厉，或猛烈地吹过。魏征《五郊乐章·黑帝羽音》："严冬季月，星迴风厉。"吕温《青海西寄窦三端公》："时同事弗同，穷节厉阴风。"曹邺《怨歌行》："严风厉中野，女子心易孤。"❻倾危。《郊庙歌辞·享太庙乐章·升和》："夕惕若厉，钦奉弘基。"骆宾王《叙寄员半千》："不应惊若厉，只为直如弦。"❼连衣涉水。亦泛指涉水。韩愈《卢郎中云夫寄示送盘谷子诗两章歌以和之》："马头溪深不可厉，借车载过水入箱。"杜牧《除官归京睦州雨霁》："浅深须揭厉，休更学张纲。"❽恶鬼。李贺《汉唐姬饮酒歌》："强枭噬母心，奔厉索人魄。"

【厲王】 即周厉王姬胡。夷王之子。专制暴虐，宠幸好佞，用卫巫监国民，凡有谏讽者则杀，谓可弭谤，终遭反抗，奔逃于彘(今山西霍县)。白居易《新乐府·采诗官》："君不见厉王胡亥之末年，群臣有利君无利！"

【厲玄】 晚唐诗人。文宗大和二年(828)登进士第。曾为睦州刺史。官终侍御史。与姚合、顾非熊、无可、贾岛、刘得仁、马戴等有交往。姚合有《陕下厉玄侍御宅五题》。贾岛有《酬厉玄》《雨夜同厉玄怀皇甫荀》。无可有《秋日寄厉玄先辈》。刘得仁有《和厉玄侍御题户部相公庐山草堂》。马戴有《宿裴氏豁居怀厉玄先辈》。《全唐诗》卷十五收其诗五首，卷二四收其诗一首。

【厲侍御】 指厉玄。厉官终侍御史。无可有《酬厉侍御秋中思归树石所居见寄》。

【厲氣】 砥砺士气。陆龟蒙《徐方平后闻赦因寄袭美》："秦狱已收为厉气，瘴江初返未招魂。"

【厲鬼】 凶鬼，恶鬼。无名氏《罗池石刻》(卷八七五)："龙城柳，神所守。驱厉鬼，山左首。"

【厲階】 犹升阶。喻指使事势得到升级、扩展。杜甫《写怀二首》之二："祸首燧人氏，厉阶董狐笔。"

【厲霆】 唐诗人。生平未详。《全唐诗补逸》卷十七收其诗九首。孙望谓或即许棠《赠处士》。诗中之"厉生"。

【厲翼】 唐诗人。生平未详。《全唐诗》外编下收其诗一首，选自宋董棻编《严陵集》卷二。

二十二画

廳 同"廳"。韩愈《赠张籍》："留君住厅食，使立侍盘盏。"

厶 部

三 画

去〔qù《广韵》丘倨切，去御，溪。〕❶离开，离去。李泌《长歌行》："焉能不贵复不去，空作昂藏一丈夫？"杜甫《前出塞九首》之一："戚戚去故里，悠悠赴交河。"张籍《宴客词》："明朝花镜人已去，此地独来空绕林。"刘沧《题桃源处士山居留寄》："一从凤去千年后，迢递岐山水石秋。"❷距离。王昌龄《江上闻笛》："相去万余里，遥传此夜心。"李白《答高山人兼呈权顾二侯》："我与鸱夷子，相去千余岁。"王建《渡辽水》："渡辽水，此去咸阳五千里。"方干《书法华寺上方禅壁》："卧闻雷雨归岩早，坐见星辰去地低。"❸除掉，去除。太宗《帝京篇十首》之四："去兹郑卫声，雅音方可悦。"杜甫《送韦讽上阆州录事参军》："必若救疮痍，先应去蝥贼。"张祜《濠州水馆》："高阁去烦燠，客心遂安舒。"聂夷中《公子家》："花下一禾生，去之为恶草，"❹弃。白居易《读史五首》之五："去妻不敢视，妇嫂强依依。"王毂《鸿门宴》："殊不知人心去暴秦，天意归明主。"参见"去妇"。❺消失，消去。白居易《南院》："只应如过客，病去老迎来。"又《答苏六》："但喜暑随三伏去，不知秋送二毛来。"❻往，到。太宗《帝京篇个首》之六："飞盖去芳园，兰桡游翠渚。"李颀《送李回》："不睹声明与文物，自伤流滞去关东。"杨衡《送陈房谒抚州周使君》："去谒临川守，因怜鹤在笼。"韦庄《立春日作》："九重天子去蒙尘，御柳无情依旧春。"❼用于动词之后，表示动作行为的趋向。袁朗《赋饮马长城窟》："唯当事笔砚，归去草《封禅》。"刘长卿《自夏口至鹦鹉洲夕望岳阳寄源中丞》："贾谊上书忧汉室，长沙谪去古今怜。"元稹《酬乐天叹穷愁见寄》："老去心情随日减，远来书信隔年闻。"徐铉《月真歌》："殷郎一旦过江去，镜中懒作孤鸾舞。"❽经过，过去。刘长卿《酬郭夏人日长沙感怀见赠》："岁去随湘水，春生近桂林。"朱庆余《春日旅次》："弟兄来渐少，岁月去何频！"于武陵《南游》："去尽同行客，一帆犹未回。"亦指已经过去。李端《送诸暨裴少府》："事去恩犹在，名成泪却流。"李绅《忆题惠山寺书堂》："松下壮心年少去，池边衰影老人过。"另见"去年""去秋"。❾指逝世。韦应物《四禅精舍登览悲旧寄朝宗巨川兄弟》："存者邈难见，去者已冥冥。"

【去尤】 除去其尤甚者。李颀《送乔琳》："举善心称最，持奸当去尤。"

【去日】 ❶离去之日；分别之时。张彪《古别离》："去日忘寄书，来日乖前期。"张祜《爱妾换马》："去日岂无沾袂泣？归时还有顿衔嘶。"王贞白《折杨柳三首》之三："征人去日曾攀折，泣雨伤春翠黛残。"❷往日，昔日。窦叔向《夏夜宿表兄话旧》："去日儿童皆长大，昔年亲友半凋零。"❸离别后之时日。赵征明《思归》："为别未几日，去日如三秋。"

【去去】 ❶犹言一直前去，远去。杨炯《途中》："悠悠辞鼎邑，去去指金墉。"李白《拟古十二首》之十二："去去复去去，辞君还忆君。"张籍《送远曲》："行人行处求知亲，送君去去徒酸辛。"章碣《赠边将》："千千铁骑拥尘红，去去平吞万里空。"❷不止一次地离去、离开。方干《经旷禅师旧院》："更名变貌难休息，去去来来第几生？"杜荀鹤《寄李隐居》："溪山不必将钱买，赢得来来去去看。"

【去世】 ❶远避尘世。钱起《送柳道士》："去世能成道，游仙不定家。"❷僧人死去之婉词。贯休《寄大愿和尚》："尽骑金师子，去世久已矣。"

【去本】 指弃农外流。张说《奉和圣制送宇文融安辑户口应制》："念兹人去本，蓬转将何依？"

【去冬】 去年冬天。徐铉《月真歌》："殷郎去冬入翰林，九霄官署转深沉。"

【去年】 上一年。刘湾《出塞曲》："去年桑乾北，今年桑乾东。"皇甫冉《浪淘沙二首》之二："宿鹭眠州非旧浦，去年沙嘴是江心。"长孙佐辅《答边信》："征人去年戍辽水，夜得边书字盈纸。"赵嘏《遣兴二首》之二："花前独立无人会，依旧去年双燕来。"

【去邪】 去除邪恶。白居易《和答诗十首·和阳城驿》："进贤不知倦，去邪勿复疑。"来鹄《圣政纪颂》："祈福去邪，绝妨无碍。"

【去住】 犹去留。离开与停留。杜甫《哀江头》："清渭东流剑阁深，去住彼此无消息。"耿湋《寒蜂采菊蕊》："去住沾余雾，高低顺过风。"元稹《酬孝甫见赠十首》之六："卷舒莲叶终难湿，去住云心一种闲。"刘沧《留别山中友人》："欲辞松月恋知音，去住多同羁鸟心。"

【去來】 ❶犹言"去啊"。来，语气助词。李端

《杂歌呈郑锡司空文明》:"学仙去来辞故人,长安道路多风尘。"白居易《蟠木谣》:"蟠木,蟠木!吾与汝归草堂去来。"又《不能忘情吟》:"我姑酌彼金罍,我与尔归醉乡去来。"❷犹言"去后",离开以后。李白《长干行二首》之二:"去来悲如何?见少离别多。"王建《过绮岫宫》:"武帝去来罗袖尽,野花黄蝶领春风。"❸来回,往返。李峤《梅》:"雪含朝暝色,风引去来香。"许棠《过故洛城》:"去来皆过客,何处问遗宫?"李洞《送远上人》:"海岳两无边,去来都偶然。"黄滔《雁》:"楚岸花晴塞柳衰,年年南北去来期。"❹佛家语。指过去与未来。韦应物《寄恒璨》:"心绝去来缘,迹顺人间事。"严维《酬普选二上人期相会见寄》:"遥知大小朗,已断去来心。"

【去官】 舍弃官职;离开官位。白居易《长乐亭留别》:"昔时蹙促为迁客,今日从容自去官。"许棠《寄华阴刘拾遗》:"寄邑虽行化,眠云似去官。"林宽《送惠补阙》:"长因抗疏日,便作去官心。"

【去思】 指地方民众对有善政的官员离任后的思念。李瀚《蒙求》:"寇恂借一,何武去思。"

【去秋】 去年秋天。魏万《金陵酬李翰林谪仙子》:"去秋忽乘兴,命驾来东土。"齐己《寄诗友》:"相思去秋夕,共对冷灯吟。"

【去航】 离开之船。牟融《送陈衡》:"秋江烟景晚苍苍,江上离人促去航。"

【去殺】 去除杀戮。元结《治风诗五篇·至理》:"所谓代刑,以道去杀。"

【去留】 ❶离去与留下。杜甫《送韦十六评事充同谷判官》:"今归行在所,王事有去留。"韦迢《潭州留别杜员外院长》:"去留俱失意,把臂共潸然。"喻凫《题弘济寺不出院僧》:"欲取闲云并,闲云有去留。"罗隐《秋晓寄友人》:"洞庭霜落水云秋,又泛轻涟任去留。"亦指离别。孟郊《古别曲》:"欲陈去留意,声向言前咽。"白居易《何处难忘酒七首》之六:"此时无一盏,争奈去留何?"李频《送友人往振武》:"不共将军语,何因有去留。"陈季卿《别妻》:"月斜寒露白,此夕去留心。"❷指生死。白居易《足疾》:"应须学取陶彭泽,但委心形任去留。"❸犹弃取、取舍。陆龟蒙《南泾渔父》:"大小参去留,候其孳养报。"

【去病辭第】 指汉骠骑将军霍去病辞谢汉武帝为治府第事。典出《史记·卫将军骠骑列传》:"天子为治第,令骠骑视之,对曰:'匈奴未灭,无以家为也。'"李瀚《蒙求》:"卫青拜幕,去病辞第。"

【去處】 前往之处;所在。李白《少年行》:"兰蕙相随喧妓女,风光去处满笙歌。"岑参《题虢州西楼》:"愁来无去处,只上郡西楼。"钱起《谢张法曹万顷小山暇景见忆》:"乐道随去处,养和解朝簪。"

【去國】 ❶离开故乡。刘长卿《秋日夏口涉汉阳献李相公》:"十年犹去国,黄叶又纷纷。"杜甫《通泉驿南去通泉县十五里山水作》:"伤时愧孔父,去国同王粲。"卢纶《送从叔士准赴任润州司士》:"终悲去国远,泪尽竹林前。"司空曙《望商山路》:"南见青山道,依然去国时。"❷离开京都,亦指离开朝廷。张九龄《九月九日登龙山》:"为邦复多幸,去国殊迁放。"朱庆余《送长安罗少府》:"去国已辞趋府伴,向家还入渡江船。"徐铉《移饶州别周使君》:"四年去国身将老,百郡征兵主尚忧。"

【去得】 犹言去得成,可以去。白居易《送萧处士游黔南》:"不醉黔中争去得,磨围山月正苍苍。"又《和微之春日投简阳明洞天五十韵》:"白首青山路,抽身去得无?"

【去猛虎】 东汉宋均任九江守,闻郡多虎豹,虽屡设槛井而犹多害,乃曰:虎为民害,咎在残吏。当务退奸贪,思进忠善,除削课制。于是虎皆东游出境。事见《后汉书·宋均传》。后遂用为誉美官员有仁政之典。岑参《送颜平原》:"易俗去猛虎,化人似驯鸥。"

【去婦】 被休弃之妇。李白有《去妇词》。王建《路中上田尚书》:"去妇何词见六亲,手中刀尺不如人。"

【去鄉】 离开故乡。白居易《邓州路中作》:"去乡徒自苦,济世终无益。"

【去梯】 《后汉书·刘表传》载:刘表长子琦为后母所谮,不自宁,"尝与琅邪人诸葛亮谋自安之术。亮初不对。后乃共升高楼,因令去梯,谓亮曰:'今日上不至天,下不至地,言出子口而入吾耳,可以言未?'亮曰:'君不见申生在内而危,重耳居外而安乎?'"后遂以"去梯"指避人密语。韩渥《感事三十四韵》:"去梯言必尽,仄席意弥坚。"

【去奢】 ❶去除奢侈。杜光庭《怀古今》:"吾所以思抗迹忘机用虚无为师范,吾所以思去奢灭欲保道德为规箴。"❷唐僧人名。籍贯未详。《全唐诗逸》卷中收其《德征词》逸句一联。

【去智】 即弃智。语出《老子》:"绝圣弃智,民利百倍。"魏源《老子本义》引吴氏澄曰:"智慧出而后有大伪……弃绝王者圣智,以及于帝之仁义,则民利其利,百倍于王之时矣。"李绅《趋翰苑遭诬构四十六韵》:"选贤方去智,招谏忽升愚。"

【去程】 犹前路。远去之途程。钱起《送陆珽侍御使新罗》:"去程沧海月,归思上林春。"杨衡《送郑丞之罗浮中习业》:"钟管促离觞,烟霞随去程。"李商隐《送千牛李将军赴阙五十韵》:"去程风刺刺,别夜漏丁丁。"韦庄《过内黄县》:"犹指去程千万里,秣陵烟树在何乡?"

【去詐】 去除诈伪。孟浩然《赠萧少府》:"去诈人无谄,除邪吏息奸。"

【去就】　离开与趋近。亦指对某一事物所采取的取舍、向背等态度。李白《经乱离后天恩流夜郎忆旧游书怀赠江夏韦太守》:“人心失去就,贼势腾风雨。”耿沣《晚夏即事临南居》:“艰难逢事异,去就与时违。”贾岛《寄刘栖楚》:“趋走与偃卧,去就自殊分。”姚合《牧杭州谢李太尉德裕》:“皇恩特许拜杭坛,欲谢旌旄去就难。”

【去袍】　脱去长袍。齐己《闲居》:“睡少全无病,身轻乍去袍。”

【去歳】　去年。白居易《奉和裴令公三月上巳日游太原龙泉见示之作》:“去岁暮春上巳,共泛洛水中流。”长孙佐辅《关山月》:“去岁照同行,比翼复连形。”杜荀鹤《再经胡城县》:“去岁曾经此县城,县民无口不冤声。”刘兼《宴游池馆》:“去岁南岐离郡日,今春东蜀看花时。”

【去路】　前路。前行之路。玄宗《春日出苑游瞩》:“梅花百树障去路,垂柳千条暗回津。”许棠《春日乌延道中》:“去路多相似,行人半不同。”又《将过单于》:“并州去路殊迢递,风雨何当达近畿?”孟贯《送人归别业》:“别业五湖上,春残去路赊。”

【去意】　离去之意愿。李频《送刘山人归洞庭》:“去意无人命,唯应道是从。”

【去塵】　离人车马所掀起之路尘。亦代指离去之人。白居易《秦中吟十首·不致仕》:“寂寞东门路,无人继去尘。”姚合《寄送卢拱游魏州》:“车马回应晚,烟光满去程。”张蠙《别后寄友生》:“上马如飞鸟,飘然隔去尘。”

【去篷】　去帆。代指离去之船。褚亮《晚别乐记室彦》:“风严征雁远,云暗去篷迟。”

【去鎮】　卸去、离开节度使职位。韩愈《元和圣德诗》:“韦皋去镇,刘辟守后。”按此指永贞元年(805)剑南西川节度使韦皋卒。

九　画

參1　〔cān《广韵》倉含切,平覃,清。〕❶与之相并列。罗隐《寄渭北徐从事》:“官秩旧参荀秘监,樽垒今伴霍嫖姚。”亦指跻身于某一范围或行列。张说《赠赵公》“迹参前马圣,名缀鬻熊师。”杜甫《寄十四员外布十二韵》:“名参汉望苑,职述景题舆。”周存《西戎献马》:“来参八骏列,不假贰师功。”徐夤《鸡》:“名参十二属,花入羽毛深。”❷参与,参加。骆宾王《夏日游德州赠高四》:“言谢垂钓隐,来参负鼎职。”岑参《送张秘书充刘相公通汴河判官便赴江外觐省》:“既参幕中画,复展膝下欢。”鲍溶《羽林行》:“朝出羽林宫,入参云台议。”齐己《寄湘幕王重书记》:“抛掷潋江旧钓矶,日参筹画废吟诗。”❸参拜,谒见。储光羲《寻徐山人遇马舍人》:“复有金门客,来参萝薜衣。”顾况《郑女弹筝歌》:“郑女出参丈人时,落花惹断游空丝。”陈羽《古意》:“朝参暮拜白玉堂,绣衣著尽黄金缕。”贾岛《上杜驸马》:“鸳鸯殿里参皇后,龙凤堂前贺至尊。”❹间杂,掺杂。杜甫《朝二首》之一:“野人时独往,云木晓相参。”岑参《奉陪封大夫宴得征字时封公兼鸿胪卿》:“座参殊俗语,乐杂异方声。”元稹《寄吴士矩端公五十韵》:“大江鼓风浪,远道参荆棘。”贯休《古出塞曲三首》之一:“纵宴参胡乐,收兵过雪山。”❺参悟,领会。戴叔伦《二灵寺守岁》:“无人更献椒花颂,有客同参柏子禅。”白居易《题诗屏风绝句》序:“举目会心参,若其人在于前矣。”❻参酌;验别。陆龟蒙《南泾渔父》:“大小参去留,候其孳养报。”❼弹劾。柳宗元《哭连州凌员外司马》:“徒隶肃曹官,征赋参有司。”

參2　〔shēn《广韵》所今切,平侵,生。〕❶宿名。二十八宿之一。在西方。岑参《入剑门作寄杜杨二郎中》:“星当觜参分,地处西南僻。”杜甫《送严侍郎到绵州同登杜使君江楼》:“城拥朝来客,天横醉后参。”王建《织锦曲》:“合衣卧时参没后,停灯起在鸡鸣前。”李商隐《自桂林奉使江陵途中感怀寄献尚书》:“水势初知海,天文始识参。”❷人参。张鸿《赠乔尊师》:“静鼓三通齿,频汤一味参。”❸指曾参。孔子之弟子。孙逖《和登会稽山》:“能赋丘尝闻,和歌参不敏。”

參3　〔cēn《广韵》楚簪切,平侵,初。〕见“参差”。

參4　〔sān《广韵》蘇甘切,平談,心。〕同“三”。魏征《享太庙乐章·大成舞》:“藏用四履,屈道参分。”

【參$_2$井】　参星与井星。俱为二十八宿之一。其分野分别为益州与雍州,相当于今四川、甘肃一带。褚亮《赋得蜀都》:“列宿光参井,分芒跨梁岷。”李白《蜀道难》:“扪参历井仰胁息,以手抚膺坐长叹。”

【參天】　耸入高空。王维《送梓州李使君》:“万壑树参天,千山响杜鹃。”杜甫《古柏行》:“霜皮溜雨四十围,黛色参天二千尺。”鲍溶《倚瑟行》:“金舆传惊灞浐水,龙旗参天行殿巍。”陆龟蒙《二遗诗》:“谁从毫末见参天,又到苍苍化石年。”

【參玄】　佛家语。犹参禅。常达《山居八咏》之四:“为报参玄者,山山月色同。”

【參半】　达到一半。李商隐《井泥四十韵》:“悒怏夜参半,但歌井中泥。”陆龟蒙《渔具诗·叉渔》:“春溪正含绿,良夜才参半。”

【參同】　❶参验比照。同,会同。牟融《题山房壁》："参同大块理，窥测至人心。"吕岩《西江月》词之二："参同大易事分明，不晓醉眠难醒。"又《七言》之一五九："会饮酒时为伴侣，能行诗句便参同。"❷道书《周易参同契》之略称。方干《赠夏侯评事》："讲论《参同》深到骨，停腾姹女立成银。"薛能《送赵道士归天目旧山》："道引图看足，《参同》注解精。"

【参同契】　即《周易参同契》。道书名。旧题汉魏伯阳传。以道家黄老、炼丹之说附会《周易》卦象。为道家丹经之祖。白居易《对酒》："未济卦中休卜命，《参同契》里莫劳心。"曹松《赠曾陈先生》："读《太元经》新醮罢，注《参同契》夜灯微。"贯休《寄天台叶道士》："注《参同契》未将出，寻椰栗僧多宿来。"

【参决】　参酌决定。武元衡《秋日书怀》："参决万机空有愧，静观群动亦无言。"

【参₂辰】　❶参星与辰星(一名商星)。分别在东方与西方天空，此出彼没，从不相见，故常以比喻隔绝。庾抱《卧痾喜霁开霏望月简宫内知友》："怀贤虽不见，忽似暂参辰。"孟郊《出门行》："参辰出没不相待，我欲横天无羽翰。"元稹《西州院》："参辰次第出，牛女颠倒倾。"亦泛指星辰。杨炯《奉和上元酺宴应诏》："参辰昭文物，宇宙浃声名。"孟云卿《悲哉行》："行人念前程，不待参辰没。"❷借指星夜、夜晚。冯著《短歌行》："参辰无停泊，且顾一西东。"

【参佐】　❶佐吏参军等僚属。杜甫《江陵节度阳城郡王新楼成王请严侍御判官赋七字句同作》："自公多暇延参佐，江汉风流万古情。"又《送卢十四弟侍御护韦尚书灵榇归上都二十韵》："参佐哭辞毕，门阑谁送归？"❷指晋陆机、陆云未显时居住洛阳参佐官署事。典出南朝宋刘义庆《世说新语·赏誉》："蔡司徒在洛，见陆机兄弟住参佐廨中，三间瓦屋，士龙住东头，士衡住西头。"温庭筠《春暮宴罢寄宋寿先辈》："谁怜芳草生三径，参佐桥西陆士龙。"皮日休《寒日书斋即事三首》之一："参佐三间似草堂，恬然无事可成忙？"

【参承】　参拜奉候。元稹《送岭南崔侍御》："洞主参承惊豸角，岛夷安集慕霜威。"殷文圭《和友人送衡尚书赴池阳副车》："淮王上将例分忧，玉帐参承半列侯。"花蕊夫人《宫词》之九八："深宫内院参承惯，常从金舆到日斜。"

【参₂苓】　人参与茯苓。亦指以参苓浸泡之酒。李洞《将之蜀别友人》："嘉陵雨色青，澹别酌参苓。"

【参₂星】　星名。二十八宿之一。即猎户座之七颗亮星。刘禹锡《令狐相公自天平移镇太原以诗申贺》："鼙鼓夜闻惊朔雁，旌旗晓动拂参星。"

【参拜】　拜见。韩愈、孟郊《雨中寄孟刑部几道联句》："秋潦淹辙迹，高居限参拜。"

【参₃差】　(一cī)❶长短不齐貌。亦指形状、声音或色彩等不齐、不匀。张九龄《剪綵》："叶作参差发，枝从点缀新。"杜甫《彭衙行》："参差谷鸟吟，不见游子还。"卢纶《上巳日陪齐相公花楼宴》："树色参差绿，湖光潋滟明。"罗衮《清明登奉先城楼》："拭尽贾生无限泪，一行归雁远参差。"❷错杂；错落。太宗《帝京篇十首》之五："烟霞交隐映，花鸟自参差。"韦应物《寇季膺古刀歌》："重叠泥沙更剥落，纵横鳞甲相参差。"刘方平《代宛转歌二首》之一："星参差，明月二八灯五枝。"郑嵎《津阳门诗》："楼南更起斗鸡殿，晨光山影相参差。"❸纷繁貌。陈叔达《春首》："翔禽遥出没，积翠远参差。"李宏皋《题桃源》："山翠参差水渺茫，秦人昔在楚封疆。"亦指思绪纷繁、心情复杂。贾岛《送沈秀才下第东归》："东归家室远，掉辔时参差。"李商隐《送丰都李尉》："望乡尤忌晚，山晚更参差。"❹矛盾；不合。韩愈《出门》："岂敢尚幽独？与世实参差。"❺差池；差讹。白居易《禽虫十二章》之一："疑有凤凰颁鸟历，一时一日不参差。"薛能《下第后春日长安寓居三首》之二："隔年空仰望，临日又参差。"方干《送王霖赴举》："自古主司看荐士，明年应是不参差。"柳曾《险竿行》："百尺高竿百度缘，一足参差一家哭。"❻犹蹉跎。李白《送梁四归东平》："莫学东山卧，参差老谢安。"张谓《湖上对酒行》："风光若此人不醉，参差辜负东园花。"雍陶《月下喜吕郎中除兵部》："喜看列宿今朝正，休叹参差十四年。"❼顷刻。贯休《古塞曲三首》之三："百万精兵动，参差便渡辽。"❽几乎，差不多。徐夤《吴》："一主参差六十年，父兄犹庆授孙权。"周渍《逢邻女》："莫向秋池照绿水，参差羞杀白芙蓉。"贯休《古塞上曲七首》之二："故国今何处？参差近鬼方。"李和风《题敬爱诗后》："若向此中求荐枕，参差笑杀楚襄王。"亦指仿佛，相似。元稹《古决绝词》之一："君情既决绝，妾意亦参差。"白居易《长恨歌》："中有一人字太真，雪肤花貌参差是。"❾古代乐器名，即笙。以其由长短不齐之排箫构成，故称。白居易《听芦管》："粗豪嫌觱篥，细妙胜参差。"皎然《同李中丞洪水亭夜集》："佳人但莫吹参差，正怜月色生酒卮。"

【参軍】　❶官名。东汉末始建，本为参谋军事之官，全称"参某某军事"。晋以后为军府或王国官员。唐为州、府之佐吏。每州若干员，秩九品，掌直侍督守，无常职，有事则出使。另，每州设录事参军事一员，掌纠举六曹。判司之参军则分别称为司功、司仓、司户、司兵、司法、司士参军事。戎昱《送李参军》："好住好住王司户，珍重珍重李参军。"殷尧藩《还京口》："吏民莫见参军面，水宿风餐鬓发焦。"杜牧《冬至日寄小侄阿宜诗》："参军与县尉，尘土惊劻勷。"❷指晋郝隆担任桓温蛮府参军之事。典出南朝宋刘义庆《世说新语·排调》。杜甫《秋野五首》之五："儿童解蛮语，不必作参军。”韩翃《送刘评事赴广州使幕》：“蛮府参军趋传舍，交州刺史拜行衣。”❸指参军戏。流行于唐代的一种由两人扮演的戏曲。主角称参军，配角称苍鹘，两者通过谐谑的对话，表现对时政或世风的讽刺、嘲弄。李商隐《骄儿诗》：“忽复学参军，按声唤苍鹘。”薛能《吴姬十首》之八：“此日杨花初似雪，女儿弦管弄参军。”

【参真】 道教谓修炼成功后，可入神仙福地参见真人。吕岩《七言》之四九：“此时功满参真后，始信仙都有姓名。”

【参羞】 “参差”之讹。犹云几乎。王梵志《诗》之八七：“持戒须含忍，长斋不得嗔。莫随风火性，参羞误煞人。”张锡厚《校辑》据丁七本（斯坦因三三九三）“羞”作“差”。

【参卿】 《晋书·孙楚传》：“楚后迁佐著作郎，复参石苞骠骑军事。楚既负其材气，颇侮易于苞，初至，长揖曰：‘天子命我参卿军事。’”后遂用为咏参军之典，或用为参军之美称。卢照邻《山行寄刘李二参军》：“彼美参卿事，留连求友诗。”杜甫《陪郑公秋晚北池临眺》：“何补参卿事，欢娱到薄躬。”耿湋《送绛州郭参军》：“人传府公政，记室有参卿。”权德舆《送信安刘少府》：“参卿滞孙楚，隐市同梅福。”

【参₂商】 ❶参星与商星。参星居西，商星居东，此出彼没，从不相见，故常用以比喻隔绝。杜甫《赠卫八处士》：“人生不相见，动如参与商。”元稹《代九九》：“参商半夜起，琴瑟一声离。”白居易《新乐府·太行路》：“与君结发未五载，岂期牛女为参商？”又《渭村退居寄礼部崔侍郎翰林钱舍人诗一百韵》：“五年同昼夜，一别似参商。”❷喻兄弟不和。典出《左传·昭公元年》：“昔高辛氏有二子，伯曰阏伯，季曰实沈，居于旷林，不相能也。日寻干戈，以相征讨，后帝不臧，迁阏伯于商丘，主辰，商人是因，故辰为商星；迁实沈于大夏，主参，唐人是因，以服事夏商。”李白《上留田行》：“无心之物尚如此，参商胡乃寻天兵？”高适《宋中十首》之十：“人皆有兄弟，尔独为参商。”

【参₂参】 （一 shen）修长貌。韩愈《南山诗》：“参参削剑戟，焕焕衔莹琇。”

【参覃】 见“参驔”。

【参集】 会集而参拜上司。郑谷《寄察院李侍御文炬》：“参集行多揖，风仪见即庄。”

【参衙】 到公府上班。刘禹锡《和仆射牛相公寓言二首》之一：“御史定来休直宿，尚书依旧趁参衙。”

【参然】 罗列貌。牛希济《临江仙》词之七：“万里平湖秋色冷，星辰垂影参然。”

【参畫】 参谋筹划。李频《送姚侍御充渭北掌书记》：“抚绥初易帅，参画尽须人。”

【参尋】 犹追寻。引申指钻营。韩愈《游青龙寺赠崔大补阙》：“由来钝騃寡参寻，况是儒官饱闲散。”

【参₂旗】 星名。属毕宿，共九星，位于参星之西。见《史记·天官书》。李商隐《明日》：“天上参旗过，人间烛焰销。”

【参寥】 高远空阔。顾况《曲龙山歌》之二：“愿逐刚风骑吏旋，起居按摩参寥天。”

【参選】 参加铨选授官。骆宾王有《送王明府参选赋得鹤》。

【参錯】 掺杂交错。杜甫《入衡州》：“参错走洲渚，春容转林篁。”又《青阳峡》：“冈峦相经亘，云水气参错。”元稹《和李校书新题乐府十二首·法曲》：“雅弄虽云已变乱，夷音未得相参错。”白居易《新乐府·法曲》：“一从胡曲相参错，不辨兴衰与哀乐。”

【参謀】 ❶官名，为节度使府之幕职。掌参划谋议。姚发《送萧颖士赴东府得草字》：“中夏授参谋，东夷愿闻道。”戴叔伦有《同兖州张秀才过王侍御参谋宅赋十韵》。刘禹锡有《酬淮南廖参谋秋夕见过之作》。❷参酌谋划。钱起《送郑书记》：“受命麒麟殿，参谋骠骑营。”独孤及《送陈兼应辟兼寄高适贾至》：“方从幕中事，参谋王者师。”

【参禪】 佛教禅宗的修炼方法。通过打坐、冥想等方式以参悟禅理。戴叔伦《晖上人独坐亭》：“萧条心境外，兀坐独参禅。”张籍《题晖师影堂》：“日早欲参禅，竟无相识缘。”皮日休《题支山南峰僧》：“池里群鱼曾受戒，林间孤鹤欲参禅。”杜荀鹤《送僧归国清寺》：“到参禅后知无事，看引秋泉灌藕花。”

【参随】 犹跟随。花蕊夫人《宫词》之十五：“才人出入每参随，笔砚将行绕曲池。”

【参謁】 参拜，谒见。杜荀鹤《秋日山中寄池州李常侍》：“近来参谒陡生疏，因向云山僻处居。”李涉《却归巴陵途中走笔寄唐知言》：“教令参谒礼数全，头头要处相称掣。”

【参雜】 间杂，混杂。白居易《东坡种花二首》之一：“百果参杂种，千枝次第开。”

【参羅】 掺杂罗列。段成式、郑符《光天帧赞联句》：“众象参罗，福源田田。”

【参驔】 亦作“参覃”。相随、相接貌。卢照邻《战城南》：“雕弓夜宛转，铁骑晓参驔。”又《句》：“城狐尾独束，山鬼面参覃。”

十三画

毚 〔jùn《广韵》子峻切，去稕，精。又七倫切，平諄，清。〕狡兔。李白《留别于十一兄逖裴十三游塞垣》：“钓周猎秦安黎元，小鱼毚兔何足言？”

又　部

又〔yòu《广韵》於救切，去宥，云。〕❶重新出现，再次进行。韩愈《南山诗》："拘官计日月，欲进不可又。"❷副词。再次，重又。表示重复或继续。李白《日出行》："日出东方隈，似从地底来，历天又入海，六龙所舍安在哉？"戎昱《秋夜梁十三厅事》："梦里家仍远，愁中叶又飞。"朱庆余《山居》："归来青壁下，又见满篱霜。"李九龄《夜与张舒话别》："愁听南楼角又吹，晓鸡啼后更分离。"❸副词。更，表示更进一层意思。韦应物《答崔都水》："卜居又依仁，日夕正追攀。"元稹《别李三》："但感游子颜，又值余英落。"鱼玄机《句》："云情自郁争同梦？仙貌长芳又胜花。"❹副词。还，也。表示一事之外又加一事。李白《蜀道难》："但见悲鸟号古木，雄飞雌从绕林间；又闻子规啼夜月，愁空山。"滕珦《释奠日国学观礼闻雅颂》："威仪何棣棣，环珮又纷纷。"白居易《雪中晏起偶咏所怀兼呈张常侍韦庶子皇甫郎中》："下无巢父许由箕颍操，又不能食薇饮水自苦辛。"❺副词。却，偏。表转折或强调。戴叔伦《奉天酬别郑谏议云逵陆卢遗景亮见别之作》："羁旅忽相遇，别离又兹夕。"❻诗题用语。表示与前首诗题相同。如李商隐《又效江南曲》。

一　画

叉〔chā《广韵》楚佳切，平麻，初。〕❶交叉，相交。柳宗元《同刘二十八院长述旧言怀之作因其韵赠至八十通赠二君子》："入郡腰恒折，逢人手尽叉。"参见"叉手"。❷叉子。前端有二个以上尖利之分杈，用以穿刺物体。如渔叉等。杜甫《又观打鱼》："能者操舟疾若风，撑突波涛挺叉入。"❸用叉子刺、扎。陆龟蒙《渔具诗》序："矛而卓之曰矠，棘而中之曰叉。"参见"叉鱼"。❹手之拇指与其余四指分开成八字状按置于某一部位。见"叉腰"。

【叉牙】　参差不齐貌。韩愈《落齿》："叉牙妨食物，颠倒怯漱水。"李贺《南山田中行》："荒畦九月稻杈牙，蛰萤低飞陇径斜。"杜牧《台城曲二首》之二："潋滟倪塘水，叉牙出骨须。"皮日休《虎丘寺殿前有古杉一本乃造化者方外之材乎遂赋三百言以见志》："卓荦掷枪干，叉牙束戟枝。"

【叉手】　❶两手相交于胸前，表示敬礼。张保胤《示妓榜子》："叉手向前咨大使，这回不敢恼儿郎。"❷两手交握状。张祜《观宋州田大夫打球》："叉手膠黏去，分鬃线道绯。"此指打马球时，双手握球杆。

【叉鱼】　一种捕鱼方式。用叉、矛等锐器掷刺鱼身而捕之，多于夜晚燃火烛结众进行。韩愈《叉鱼招张功曹》："叉鱼春岸阔，此兴在中宵。"元稹《纪怀赠李六户曹崔二十功曹五十韵》："叉鱼江火合，唤客谷神应。"李群玉《仙明洲口号》："半浦夜歌闻荡桨，一星幽火照叉鱼。"陆龟蒙有《渔具诗·叉鱼》。

【叉腰】　双手之拇指与其余四指分开，按于腰部两侧。李端《胡腾儿》："环行急蹴皆应节，反手叉腰如却月。"

二　画

友〔yǒu《广韵》云久切，上有，云。〕❶朋友。上官昭容《咏后苑双头牡丹》："势如连璧友，心似臭兰人。"孟云卿《伤怀赠友人》："岂无同门友，贵贱易中肠。"白居易《池上竹下作》："水能性淡为吾友，竹解心虚即我师。"徐铉《奉酬度支陈员外》："吾友嗣世德，古风蔼有余。"❷旧指兄弟相处之道德规范，即兄弟间能友爱亲睦。《郊庙歌辞·享节愍太子庙乐章·登歌酌鬯》："既贤且哲，惟孝与友。"李纾《让皇帝庙乐章·迎神》："因心则友，克让以位。"韩愈《元和圣德诗》："皇帝大孝，慈祥悌友。"❸与之结友，以之为友。卢仝《冬行三首》之二："何当归帝乡，白云永相友。"孟郊《峡哀》之八："异类不可友，峡哀哀难伸。"贾岛《酬姚少府》："枯槁彰清镜，孱愚友道书。"皮日休《三羞诗三首》之一："利则侣轩裳，塞则友松月。"引申指亲近、接近。韩愈《酬裴十六功曹巡府西驿途中见寄》："我来亦已幸，事贤友其仁。"

【友人】　朋友。贺兰朋吉《客舍喜友人相访》："独为成名晚，多惭见友人。"贾岛《闻蝉感怀》："正遇友人来告别，一心分作两般悲。"

【友于】　❶《书·君陈》："惟孝友于兄弟。"后遂以"友于"指兄弟友爱之谊。张说《至尉氏》："慈惠留千室，友于存四海。"玄宗《游兴庆宫作》序："暇日与兄弟同游兴庆宫，登勤政务本及华萼相辉之楼，所以观风俗而劝人，崇友于而敦睦。"❷借指兄弟。宋之问《高山引》："松檟邈已远，友于何日逢？"杜甫《岳麓山道林二寺行》："一重一掩吾肺腑，山鸟山花吾友于。"白居易《东南行一百韵寄通州元九侍御窦七校书》："万里抛朋侣，三年隔友于。"齐己《独院偶作》："毕竟伊云鸟，从来我友于。"

【友生】 朋友；友伴。李峤《莺》："友生若可冀，幽谷响还通。"李华《云母泉诗》："共恨川路永，无由会友生。"韩愈《游青龙寺赠崔大补阙》："友生招我佛寺行，正值万株红叶满。"贾岛《寄刘栖楚》："友生去更远，来书绝如焚。"

【友好】 友朋。徐铉《奉和宫傅相公怀旧见寄四十韵》："岩廊礼绝威容肃，布素情深友好偏。"

【友朋】 朋友。任华《寄杜拾遗》："南阳葛亮为友朋，东山谢安作邻里。"皎然《同李侍御萼李判官集陆处士羽新宅》："戎佐推兄弟，诗流得友朋。"白居易《齐云楼晚望偶题十韵兼呈冯侍御周殷二协律》："病抛官职易，老别友朋难。"伍乔《送江少府授延陵后寄》："别馆友朋留醉久，去程烟月入吟新。"

【友封】 窦巩之字。元稹有《答友封见赠》《和友封题开善寺十韵》《送友封》等诗。

【友悌】 谓对兄弟和睦友爱。皇甫冉《故齐王赠承天皇帝挽歌》："礼盛追崇日，人知友悌恩。"白居易《和答诗十首·和阳城驿》："上言阳公行，友悌无等夷。"

【友爱】 友好亲睦。张说《奉和圣制暇日与兄弟同游兴庆宫作应制》："永言形友爱，万国共周旋。"

【友道】 为友之道。指信义等朋友间相处的道德准则。孟浩然《送张子容进士赴举》："无使谷风诮，须令友道存。"

【友僚】 僚友，同官之友。赵冬曦《奉答燕公》："友僚同省阁，昆弟接荆州。"萧颖士《有竹一篇七章》之六："友僚萃止，跗萼载韡。"

【友親】 亲友。寒山《诗三百三首》之一七二："吁嗟贫复病，为人绝友亲。"

反¹ 〔fǎn《广韵》府遠切，上阮，非。〕❶覆，翻转。见"反掌""反宇"。❷与之相反，违反。韦应物《任洛阳丞请告一首》："揆材各有用，反性生苦辛。"元稹《和李校书新题乐府十二首·驯犀》："渡江之橘逾汶貉，反时易性安能长。"白居易《偶作二首》之二："如此常自苦，反此或自安。"❸反叛。杜甫《送长孙九侍御赴武威判官》："去秋群胡反，不得无电扫。"窦弘余《广谪仙怨》序："天宝十五载正月，安禄山反，陷没洛阳。"白居易《新乐府·胡旋女》："禄山胡旋迷君眼，兵过黄河疑未反。"《僖宗时童谣》："金色虾蟆争努眼，翻却曹州天下反。"❹返还，回归。杨续《安德山池宴集》："酒阑高宴毕，自反山之幽。"李元操《和从叔禄愔元日早朝》："谁怜张仲蔚，日暮反蒿莱！"韩愈《陆浑山火和皇甫湜用其韵》："帝赐九河湔涕痕，又诏巫阳反其魂。"皮日休《鲁望昨以五百言见贻因成一千言上述吾唐文物之盛次叙相得之欢亦迭和之微旨也》："于焉周道反，由是秦法悛。"亦指使返转，使返回。章孝标《赠匡山道者》："尝闻一粒功，足以反衰容。"白居易《赠友五首》之二："谁能反古风，待君秉国柄。"❺反推，类推。王周《全盘草诗》："今之为政者，何不反此观？"❻副词。反而。卢鸿一《嵩山十志十首·云锦淙》："及匪士观之，则反曰'寒泉伤玉趾矣'！"戎昱《同辛兖州巢父虚副端岳相思献酬之作因纾归怀兼呈辛魏二院长杨长宁》："离心若千里，前欢反惆怅。"权德舆《观葬者》："万古皆如此，伤心反不言。"周昙《咏史诗·春秋战国门·再吟荆轲》："几尺如霜利不群，恩仇未报反亡身。"

反² 〔fān《广韵》孚袁切，平元，敷。〕翻；倒。见"反₂語"。

【反火】 使火势退去。谓熄灭火灾。李瀚《蒙求》："孟尝环珠，刘昆反火。"详见"劉昆反火"。

【反正】 ❶谓由迷误返回正途，由动乱回到安定。杜甫《送从弟亚赴安西判官》："安边敌何有，反正计始遂。"元结《补乐歌十首》序："诚不足全化金石，反正宫羽。"吴筠《览古十四首》之三："继踵迷反正，汉家崇建章。"❷指帝王复位。殷潜之《题筹笔驿》："重袭褒斜路，悬开反正旗。"皮日休《七爱诗·李太尉》："乘舆既反正，凶竖争亡魂。"罗隐《题段太尉庙》："近甸蒙尘日，南梁反正年。"

【反朴】 谓返回到原来的淳朴状态。李咸用《和友人喜相遇十首》之八："还淳反朴已难期，依德依仁敢暂违？"

【反舌】 鸟名。即百舌鸟。春鸣夏止，以能反复其舌，随百鸟之音，故名。旧谓"反舌有声，佞人在侧"。张籍《徐州试反舌无声》："夏木多好鸟，偏知反舌名。"

【反宇】 古代建筑中上翻而翘起之屋檐。柳宗元《游朝阳岩遂登西亭二十韵》："西亭构其巅，反宇临呀庨。"

【反招隱】 诗篇名。晋王康琚作。收于《文选》卷二十二。诗谓"小隐隐陵薮，大隐隐朝市……推分得天和，矫性失至理"，主张隐士不必拘于形迹，能混俗处朝市之中而不染，方为大隐。孙逖《和登会稽山》："愿奉濯缨心，长谣《反招隐》。"齐己《答友生山居寄示》："休为《反招隐》，携取一相寻。"

【反波】 谓水波往回流，指退潮。白居易《悲歌》:“寒鸿遇暖犹回翅,江水因潮亦反波。”

【反思】 回想,事后追想。杜甫《奉先刘少府画山水障歌》:“反思前夜风雨急,乃是蒲城鬼神入。”

【反風香】 传说中可逆风远播三十里的仙境之香。典出《太平御览》卷九八三引《真人关尹传》:“老子曰:‘真人游时各坐莲花之上,华径一丈,有反生灵香,迎风闻三十里。’”后遂用为咏仙境之典。顾况《朝上清歌》:“反风名香,香气遐些。”

【反哺】 谓雏鸟长成后反转来衔食哺其母。亦借以比喻子女奉养老人。王勃《倬彼我系》:“有鸟反哺,其声嗷嗷。”元稹《大觜乌》:“得食先反哺,一身常苦羸。”白居易《慈乌夜啼》:“声中如告诉,未尽反哺心。”又《阿崔》:“何时能反哺,供养白头乌?”

【反哭】 古代丧葬之礼仪。出葬后,捧神主返归再哭,表哀痛之甚。王湾《哭补阙亡友綦毋学士》:“反哭魂犹寄,终丧子尚孩。”

【反倒】 (—dào)颠倒,与正常位置相反。李商隐《骄儿诗》:“抱持多反侧,威怒不可律。”

【反旆】 军旗回指。借指回师,或凯旋回朝。旆,军前大旗。语本《左传·宣公十二年》:“令尹南辕反旆。”皇甫冉《春思》:“为问元戎窦车骑,何时反旆勒燕然?”亦指使返回、倒转。韩愈《李花二首》之一:“泫然为汝下雨泪,无由反旆羲和车。”

【反逆】 反叛,叛逆。郑嵎《津阳门诗》“忠臣张公识逆状”自注:“张曲江先识其(按指安禄山)必反逆状。”

【反常】 不正常,违背常规。孟郊《汴州离乱后忆韩愈李翱》:“人心既不类,天道亦反常。”白居易《赠友五首》之一:“时令一反常,生灵受其病。”又《春雪》:“寒燠苟反常,物生皆夭阏。”

【反側】 ❶不断翻身、转动,不安貌。杜甫《彭衙行》:“怀中掩其口,反侧声愈嗔。”韦应物《拟古十二首》之九:“思将魂梦欢,反侧寐不成。”又《夏夜忆卢嵩》:“反侧候天旦,层城苦沉沉。”❷指易反叛、多反复之不安定因素。杜甫《奉送严公入朝》:“与时安反侧,自昔有经纶。”又《送韦讽上阆州录事参军》:“庶官务割剥,不暇忧反侧。”

【反淳】 使民风回到淳厚质朴的状态。唐太宗《执契静三边》:“浇俗庶反淳,替文聊就质。”

【反植】 倒植,倒插。柳宗元《植灵寿木》:“柔条乍反植,劲节常对生。”

【反掌】 ❶反转手掌。喻事之容易。李益《轻薄篇》:“死生容易如反掌,得意失意由一言。”李贺《荣华乐》:“将回日月先反掌,欲作江河唯画地。”❷比喻时间短暂,谓反转手掌之间。杜甫《观公孙大娘弟子舞剑器行》:“五十年间似反掌,风尘倾动昏王室。”韦应物《弹棋歌》:“不见短兵反掌收已尽,唯有猛士守四方。”

【反掌字】 指晋葛洪少贫乏纸,故“每所写,反复有字”事。事见《抱朴子·外篇》卷五十二。后遂用为咏纸之典。李峤《纸》:“莫惊反掌字,当取葛洪规。”“掌”,一本作“覆”。

【反間】 (—jiàn)挑拨对方内部关系使有隔阂而相仇。周昙《咏史诗·春秋战国门·隐公》:“陈谋不信怀忧惧,反间须防却害身。”参阅《左传纪事本末》卷五。

【反景】 (—yǐng)即夕阳反照。钱起《观村人牧山田》:“中田聚黎甿,反景空村落。”

【反復】 ❶指叛乱,事变。杜甫《草堂》:“请陈初乱时,反复乃须臾。”❷变化无常。白居易《读史五首》之三:“寄言荣枯者,反复殊未已。”❸谓一再重复。姚合《答窦知言》:“反复千万意,一百六十言。”

【反虞】 古代葬仪名。下葬封墓之后所举行的祭仪。白居易《元相公挽歌词三首》之三:“送葬万人皆惨澹,反虞驷马亦悲鸣。”

【反照】 指日光或月光之斜照。杜甫《白水县崔少府十九翁高斋三十韵》:“前轩颓反照,巉绝华岳赤。”耿沣《秋日》:“反照入闾巷,忧来与谁语?”权德舆《石塘路有怀院中诸公》:“征车随反照,候吏映白云。”陆龟蒙《袭美留振文宴龟蒙抱病不赴猥示倡和因次韵酬谢》:“幽人独自西窗晚,闲凭香柽反照明。”

【反魂香】 传说中可使人复活之香。据《海内十洲记》载:聚窟洲有反魂树,取其木根心煎制成丸,名反生香,死者在地,闻香气乃却活。白居易《李夫人》:“九华帐深夜悄悄,反魂香降夫人魂。”

【反$_2$語】 魏晋时一种隐语。两字相连,以前字声母与后字韵母相切得一字,再以后字声母与前字之韵母切得一字。段成式《怯酒赠周繇》:“诗中反语常回避,尤怯花前唤索郎。”按:“索郎”二字之反语为“桑落”,美酒名。

【反樸】 谓还原到本来的自然质朴状态。杜甫《风疾舟中伏枕书怀三十六韵奉呈湖南亲友》:“反朴时难遇,忘机陆易沉。”吕温《奉和李相公》:“致君期反朴,求友得如兰。”

【反噬】 反咬。多喻指不顾恩义、背叛主人或陷害好人。张九龄《酬周判官巡至始兴见贻之作兼呈耿广州》:“葵藿是倾心,豺狼何反噬!”

【反覆】 ❶翻来覆去,谓不断重复。崔颢《孟门行》:“谀言反覆那可道,能令君心不自保。”韦应物《效何水部二首》之二:“反覆相思字,中有故人心。”白居易《禽虫十二章》之八:“蠨蛸网上罥蜉蝣,反覆相持死始休。”李绅《悲善才》:“心悲不觉泪阑干,更为调弦反覆弹。”引申指再三斟酌，仔细做某事。韦应物《答河南李士巽题香山寺》：“反覆终难答，金玉尚为轻。”白居易《感情》：“今朝一惆怅，反覆看未已。”李山甫《读汉史》：“四百年间反覆寻，汉家兴替好沾襟。”齐己《谢阴符经勉送藏休上人二首》之一：“欲知贤圣存亡道，自问心机反覆看。”❷反复无常，多变。杜甫《杜鹃行》：“苍天变化谁料得，万事反覆何所无?”李端《杂歌》：“世间反覆不易陈，缄此贻君泪如雨。”张籍《吴宫怨》：“宫中千门复万户，君恩反覆谁能数?”崔萱《叙别》：“愿持此意永相贻，只虑君情中反覆。”❸指上下颠倒。李白《金陵白杨十字巷》：“天地有反覆，宫城尽倾倒。”❹指叛乱，变故。杜甫《忆昔二首》之一：“邺城反覆不足怪，关中小儿坏纪纲。”又《遣兴三首》之二：“邺中事反覆，死人积如丘。”刘长卿《至德三年春正月书事寄上浙西节度李侍郎中丞行营五十韵》：“人心悬反覆，天道暂虚盈。”❺往返，来回。张说《再使蜀道》：“岁月镇羁孤，山川俄反覆。”罗隐《钱塘江湖》：“漫道往来存大信，也知反覆向平流。”❻更迭，交替。陆龟蒙《读阴符经寄鹿门子》：“成汤与周武，反覆更为尊。”罗隐《芳树》：“吾所以见造化之权，变通之理，春夏作头，秋冬为尾，循环反覆无终已。”徐夤《劝酒》：“六国英雄徒反覆，九原松柏甚分明。”❼指回文诗，以其可以顺读、倒读，故称。皮日休《杂体诗》序：“晋傅咸有回文反覆诗二首云：‘反覆其文者，以示忧心展转也，“悠悠远迈独茕茕”是也。’由是反覆兴焉。”

【反璧】《史记·秦始皇本纪》载：始皇三十六年：“使者从关东夜过华阴平舒道，有人持璧遮使者曰：‘为吾遗沇滈池君。’因言曰：‘今年祖龙死。’使者问其故，因忽不见……（始皇）使御府视璧，乃二十八年行渡江所沉璧也。”次年，秦始皇死。后遂以“反璧”为咏秦亡之典。王无竞《北使长城》：“卯金竟握谶，反璧俄沦祀。”

【反離骚】 赋名。汉扬雄作。扬雄认为君子遇时则大行，不遇则龙潜，不必如屈原怨愤自沉。故取《离骚》文反其意而作《反离骚》。语见《汉书·扬雄传上》。后遂用以指否定怨刺之作。钱珝《江行无题一百首》之七〇：“缘情无怨刺，却似《反离骚》。”

【反關】 将门从里面反扣上。卢仝《走笔谢孟谏议寄新茶》：“柴门反关无俗客，纱帽笼头自煎吃。”

【反顧】 ❶回头张望。表示留恋、徘徊。杜甫《咏怀二首》之二：“潜鱼不衔钩，走鹿无反顾。”韩愈《鸣雁》：“裴徊反顾群侣违，哀鸣欲下洲渚非。”李縠《和皮日休悼鹤》：“犹怜反顾五六里，何意忽归十二城!”❷回顾；事后反观。皮日休《鲁望昨以五百言见贻因成一千言上述吾唐文物之盛次叙相得之欢亦迭和之微旨也》：“忽穷一两首，反顾唯曲拳。”

及 〔jí《广韵》其立切，入缉，羣。〕❶追上，赶上。王昌龄《从军行二首》之二：“断蓬孤自转，寒雁飞相及。”钱起《田鹤》：“单飞后片雪，早晚及前侣。”卢纶《渡浙江》：“前船后船未相及，五两头平北风急。”亦指适时，谓赶上某节令。贾至《江南送李卿》：“愿值回风吹羽翼，早随阳雁及春还。”刘长卿《过裴舍人故居》：“篱花犹及重阳发，邻笛那堪落日听?”戴叔伦《送僧南归》：“归及梅花发，题诗寄陇头。”❷到，达。(1)表行进至某处。岑参《初过陇山途中呈宇文判官》：“平明发咸阳，暮及陇山头。”张籍《南归》：“行车未及家，天外非尽程。”李商隐《行次西郊作一百韵》：“始若畏人闻，及门还具陈。”(2)表行为动作涉及对象。王维《蓝田山石门精舍》：“道心及牧童，世事问樵客。”李白《酬殷明佐见赠五云裘歌》：“下窥夫子不可及，矫首相思空断肠。”元稹《竹部》：“岂惟遍妻孥，亦以及僮仆。”王贞白《宫池产瑞莲》：“雨露及万物，嘉祥有瑞莲。”(3)表时间之持续。杜甫《遭田父泥饮美严中丞》：“朝来偶然出，自卯将及酉。”白居易《贺雨》：“元和三年冬，自冬及暮春。”又《久雨闲闷对酒偶吟》：“自夏及秋晴日少，从朝至暮闷时多。”许棠《春夜同励文学先辈会宿》：“无眠将及曙，多是说山阴。”❸等待；等到。储光羲《同王十三维偶然作十首》之三：“一畦未及终，树下高枕眠。”于鹄《早上凌霄第六峰入紫溪礼白鹤观祠》：“及到紫石溪，唵唵已天明。”于渍《述己叹》：“不长不成人，及长老逼身。”安凤《赠别徐侃》：“泪别各分袂，且及来年春。”❹比得上，如。李白《送二季之江东》：“多惭一日长，不及二龙贤。”刘长卿《山鹳歌》：“山鹳鸰，一生不及双黄鹄。”毕耀《情人玉清歌》：“善踏斜柯能独立，婵娟花艳无人及。”刘商《不羡花》：“花开花落人如旧，谁道容颜不及花?”❺来得及。李白《送鲁郡刘长史迁弘农长史》：“相国齐晏子，赠行不及言。”韩愈《此日足可惜赠张籍》：“从丧朝至洛，还走不及停。”白居易《宿紫阁山北村》：“举杯未及饮，暴卒来入门。”❻牵及，连及。杜甫《贻华阳柳少府》：“指挥当世事，语及戎马存。”韦应物《发广陵留上家兄兼寄上长沙》：“推道固当遣，及情岂所忘?”皎然《白云上人精舍寻杼山禅师》：“为高皎皎姿，及爱苍苍岭。”❼介词。趁。孙逖《立秋日题安昌寺北山亭》：“楼观倚长霄，登攀及霁朝。”李白《月下独酌四首》之一：“暂伴月将影，行乐须及春。”白居易《闲忙》：“多因病后退，少及健时还。”温庭筠《送北阳袁明府》：“楚乡千里路，君去及良辰。”❽连词。和，与。韩愈《醉赠张秘书》：“今我及数子，固无莸与薰。”王周《金盘草诗》：“莫并蒿与莱，岂羡芝及兰?”

【及夫】 犹及至，到了。杜甫《八哀诗·赠司空王公思礼》：“及夫哭庙后，复领太原役。”

【及户】　到门。于武陵《访道者不遇》："及户无行迹，游方应未归。"

【及瓜】　代指任职期满，见《左传·庄公八年》。骆宾王。《晚渡天山有怀京邑》："旅思徒漂梗，归期未及瓜。"李白《送外甥郑灌从事三首》之三："月蚀西方破敌时，及瓜归日未应迟。"岑参《与鲜于庶子自梓州成都少尹自褒城至利州道中作》："过午方始饭，经时旋及瓜。"贯休《送人征蛮》："名须麟阁上，好去及瓜还。"

【及至】　等到，到了。王维《桃源行》："及至成仙遂不还，峡里谁知有人事？"韩愈《落齿》："忆初落一时，但念豁可耻；及至落二三，始忧衰即死。"韩熙载《感怀诗二首》之二："来到故乡时，将谓故乡好；及至亲得归，争如身不到！"

【及此】　到此时。戴叔伦《游道林寺》："及此烟霞暮，相看复欲归。"羊士谔《郡斋读经》："及此斋心暇，翛然与道俱。"白居易《思往喜今》："忆除司马向江州，及此凡经十五秋。"

【及早】　尽早；趁早。吕岩《沁园春》词之二："休休！及早回头，把往日风流一笔钩。"

【及事】　犹及字。谓女子已到婚嫁之年。韩愈《寄崔二十六立之》："长女当及事，谁助出帨缡？"

【及門】　❶到门；入其门。刘斌《和谒孔子庙》："及门思往烈，入室想前修。"许彬《题故李宾客庐山草堂》："为谢重来者，何人更及门？"❷指门下弟子。语出《论语·先进》："子曰：'从我于陈蔡者，皆不及门也。'"范传正《题皎然影堂》："余亦当时及门者，共吟佳句一焚香。"

【及物】　谓惠及万物。李敬方《题黄山汤院》："及物功何大！随流道亦尊。"马戴《哭京兆庞尹》："未尽群生意，才留及物功。"

【及肩】　❶谓高度与人之肩相齐。李颀《魏仓曹东堂柽树》："抽条向长未及肩，泉水绕根日三四。"❷指矮墙。语本《论语·子张》："赐之墙也及肩。"李绅《移九江》："容膝有匡床，及肩才数堵。"

【及兹】　至此，身临此处。崔融《西征军行遇风》："及兹戎旅地，忝从书记职。"杜甫《四松》："览物叹衰谢，及兹慰凄凉。"钱起《谢法曹万顷小山暇景见忆》："自昔仰高步，及兹劳所欲。"颜真卿《题杼山癸亭得暮字》："及兹纡胜引，曾是美无度。"韦应物《郡斋感利寄诸弟》："大道庶无累，及兹念已盈。"

【及時】　❶按照时令，赶上季节。孟云卿《田园观雨兼晴后作》："五行孰堪废？万物当及时。"孟郊《长安羁旅行》："万物皆及时，独余不觉春。"项斯《晚春花》："阴洞日光薄，花开不及时。"张彪《敕移菊栽》："及时望栽种，万里绕花园。"❷适时，不误时间。姚合《送贾谟赴共城营田》："山田依法种，兵食及时供。"李商隐《深宫》："斑竹岭边无限泪，景阳宫里及时钟。"司马扎《蚕女》："鸣梭夜达晓，犹恐不及时。"❸赶上机遇；抓紧时机。雍陶《感兴》："还似求名客，无媒不及时。"杜牧《湖南正初招李郢秀才》："行乐及时时已晚，对酒当歌歌不成。"李咸用《短歌行》："少年欢乐须及时，莫学懦夫长泣歧。"李暇《怨诗三首》之三："歌舞须及时，如何坐悲妾！"

【及第】　谓科举考试中选。因在放榜名单上排有次第，故称。韩愈《送侯参谋赴河中幕》："忆昔初及第，各以少年称。"章孝标《及第后寄广陵故人》："及第全胜十政官，金鞍镀了出长安。"刘沧《及第后宴曲江》："及第新春选胜游，杏园初宴曲江头。"崔安潜《报何泽》："四十九年前及第，同年唯有老夫存。"

【及第花】　杏花之别名。因唐新榜及第进士常会宴于曲江杏园，故称。郑谷《曲江红杏》："女郎折得殷勤看，道是春风及第花。"

【及期】　适时，按期。韩愈《天星送杨凝侍郎贺正》："会朝元正无不至，受命上宰须及期。"

【及得】　❶赶得上。元稹《西归绝句十二首》之四："只去长安六日期，多应及得杏花时。"❷等到获得之时。高骈《太公庙》："及得五师身已老，不知辛苦为何人？"

【及骭】　谓衣短仅及小腿。语本《史记·邹阳列传》"宁戚饭牛车下"裴骃集解引应劭曰："齐桓公夜出迎客，而宁戚疾击其牛角商歌曰：'南山矸，白石烂，生不遭尧与舜禅。短布单衣适至骭，从昏饭牛薄夜半，长夜漫漫何时旦？'"后因以"及骭"指衣着简陋。柳宗元《游南亭夜还叙志四十韵》："及骭足为温，满腹宁复饕！"

【及親】　谓奉养父母。白居易《思归》："遂求及亲禄，僶俛来京师。薄俸未及亲，别家已经年。"

六　画

取[1]　〔qǔ《广韵》七庾切，上麌，清。〕❶拿。李白《拟古十二首》之三："提壶莫辞贫，取酒会四邻。"戎昱《赋得铁马鞭》："希君剖腹取，还解抱龙泉。"杜甫《遭田父泥饮美严中丞》："叫妇开大瓶，盆中为吾取。"王建《华岳庙二首》之一："女巫遮客买神盘，争取琵琶庙里弹。"李商隐《镜槛》："传书两行雁，取酒一封驼。"❷获取，得到。高适《别韦参军》："举头望君门，屈指取公卿。"韦应物《赠别河南李功曹》："谈笑取高第，绾绶即言归。"顾非熊《崔卿双白鹭》："刷羽竟生堪画势，依泉各有取鱼心。"卢士衡《望山》："待取科名了，终期隐此身。"❸受，纳。岑参《南楼送卫凭》："南楼取凉好，便送故人归。"顾况《采蜡一章》："荒岩之人，自取其毒兮。"❹采用，择取。崔曙《宿大通和尚塔敬赠如上人兼呈常孙二山人》："身心能自观，色相了无取。"元结《系乐府十二首·农臣怨》："谣颂若采之，此言当可取。"王建《公无渡河》："男儿纵轻妇人语，惜君性命还须取。"黄滔《题宣一僧正院》："茶取寒泉试，松于远涧移。"❺求取。李颀《放歌行答从弟墨卿》："小来好文耻学武，世上功名不解取。"王昌龄《变行路难》："封侯取一战，岂复念闺阁！"姚合《过张邯郸庄》："岂独乡里荐，当取四海知！"任翻《洛阳道》："求富江海狭，取贵山岳小。"❻攻夺，攻占。杜甫《新安吏》："我军取相州，日夕望其平。"戎昱《观卫尚书九日对中使射破的》："忠臣思报国，更欲取关西。"皮日休《七爱诗·李太尉》："一战取王畿，一叱散妖氛。"❼邀；迎。张籍《夜宿里溪灶》："逢幽更移宿，取伴亦探行。"白居易《九日宴集醉题郡楼兼呈周殷二判官》："榜舟鞭马取宾客，扫楼拂席排壶觞。"❽迎合。戎昱《送零陵妓》："殷勤好取襄王意，莫向阳台梦使君。"❾任随。李白《赠崔秋浦三首》之二："抱琴时弄月，取意任无弦。"白居易《读史五首》之五："随分归舍来，一取妻孥意。"❿助词。用于动词之后。(1)犹"着"。岑参《暮秋会严京兆后厅竹斋》："能将吏部镜，照取寸心看。"钱珝《江行无题一百首》之六一："晚荷人不折，留取作秋香。"白居易《新乐府·新丰折臂翁》："老人言，君听取。"汪遵《延平津》："延平一旦为龙处，看取风云布九州。"(2)犹"得"。贺朝《赋得春莺送友人二首》之一："料取金闺意，因君问所思。"杜甫《戏题画山水图歌》："焉得并州快剪刀，剪取吴松半江水。"张碧《惜花三首》之三："留取秾红伴醉吟，莫教少女来吹扫。"陆龟蒙《送董少卿游茅山》："应知四扇灵方在，待取归时绿发生。"

取[2]　〔qū《集韵》逡須切，平虞，清。〕通"趋"。见"取₂舍"。

【取士】　选用贤士。多指科举选士。皮日休《鲁望昨以五百言见贻因成一千言上述吾唐文物之盛次叙相得之欢亦迭和之微旨也》："吾唐革其弊，取士将科县。"杜荀鹤《送友人入关》："况当朝野搜贤日，正是孤寒取士时。"

【取次】　❶犹言随意，随便。杜甫《送元二适江左》："经过自爱惜，取次莫论兵。"刘禹锡《吴方之见示独酌小醉辄呈滥吹益美来章》："散金疏傅寻常乐，枕曲刘生取次歌。"薛能《并州》："少年流落在并州，裘脱文君取次游。"❷寻常。元稹《离思五首》之五："取次花丛懒回顾，半缘修道半缘君。"李咸用《寄题从兄坤载村居》："覆巢破卵方堪惧，取决梧桐凤且栖。"吴融《闲书》："晋阳起义寻常见，湖口屯营取次闻。"

【取别】　犹作别，告别。杜甫《送长孙九侍御赴武威判官》："问君适万里，取别何草草？"又《将适吴楚留别章使君留后兼幕府诸公得柳字》："相逢半新故，取别随厚薄。"

【取事】　犹遇事，处事。郑谷《送进士王驾下第归蒲中》："孤单取事休言命，早晚逢人苦爱诗。"

【取舍】　留取与舍弃，选择。元稹《竞舟》："建标明取舍，胜负死生求。"李频《投京兆府试官任文学先辈》："取舍知由己，穷通断在兹。"

【取₂舍】　(一shè)犹行止。前趋与停止。韩愈《君子法天运》："利害有常势，取舍无定姿。"

【取法】　效法；取之以为准则。《郊庙歌辞·周郊祀乐章·福顺乐》："相承五运，取法三才。"

【取则】　取为准则；奉为规范。沈佺期《饯唐永昌》："余邑政成何足贵？因君取则四方同。"张绍《冲佑观》："三境求规，五灵取则。"

【取便】　自行方便，自乘其便。方干《送朱十二赴涟水》："鸾凰取便多如此，掠地斜飞上太虚。"

【取官】　取得官职，为官。杜牧《冬至日寄小侄阿宜诗》："愿尔出门去，取官如驱羊。"

【取笑】　❶遭人耻笑。杜甫《自京赴奉先咏怀五百字》："取笑同学翁，浩歌弥激烈。"刘长卿《负谪后登干越亭作》："独醒空取笑，直道不容身。"❷逗使喜笑。储光羲《射雉词》："大夫昔何苦，取笑欢妻子。"❸从中取乐以资欢笑。白居易《新乐府·西凉伎》："奈何仍看西凉伎，取笑资欢无所愧？"

【取將】　拿取，获取。贾岛《李斯井》："断绠数寻垂古甃，取将寒水是何人？"薛能《又和留山鸡》："由来不是池中物，鸡树归时即取将。"

【取得】　得到，获得。李绅《海棠》："海边佳树生奇彩，知是仙山取得栽。"

【取給】　谓取物仅足需用。杜甫《最能行》："富豪有钱驾大舸，贫穷取给行艓子。"

【取勢】　作势。谓作出美好的姿势。刘禹锡《寄毗陵杨给事三首》之二："青云直上无多地，却要斜飞取势回。"

【取暖】　求暖。谓用以驱寒、避寒。李商隐《拟意》："云屏不取暖，月扇未遮羞。"

【取解】　唐制选送举子赴进士试称取解。孟郊有《湖州取解述情》。

【取照】　谓取镜以照看形影。孟浩然《同张明府清镜叹》："愁来试取照，坐叹生白发。"

【取與】　拿取与给予。高适《赠别王十七管记》："恒深取与分，孰慢平生契！"刘商《胡笳十八拍·第六拍》："是非取与在指抝，言语传情不如手。"

【取經】 求取佛经。皮日休《重送圆载上人归日本国》:“取经海底开龙藏,诵咒空中散蜃楼。”

【取樣】 取其图样。白居易《新乐府·缭绫》:“去年中使宣口敕,天上取样人间织。”

【取醉】 饮酒求醉。孟浩然《宴荣二山池》:“山公来取醉,时唱接䍦歌。”李白《南陵别儿童入京》:“高歌取醉欲自慰,起舞落日争光辉。”岑参《行军雪后月夜宴王卿家》:“相逢剩取醉,身外尽空虚。”韩愈《感春四首》之一:“三杯取醉不复论,一生长恨奈何许!”

【取鬧】 有意吵闹,哄闹。韩愈《答柳柳州食虾蟆》:“鸣声相呼和,无理只取闹。”

【取適】 寻获适意。杜甫《苦雨奉寄陇西公兼呈王征士》:“式瞻北邻居,取适南巷翁。”又《回棹》:“灌园曾取适,游寺可终焉。”元结《刘侍御月夜宴会》序:“兵兴以来,十一年矣,获与同志欢解达旦,咏歌取适,无一二焉。”李商隐《秋日晚思》:“取适琴将酒,忘名牧与樵。”

【取履】 指汉张良为黄石公桥下取履事。典出《史记·留侯世家》。李瀚《蒙求》:“子房取履,释之结袜。”

【取履橋】 桥名。在下邳(今江苏睢宁县西北)城东小沂水上。传为汉张良遇黄石公为之取履处。李德裕《奉送相公十八丈镇扬州》:“取履桥边啼鸟换,钓璜溪畔落花初。”参见“取履”。

【取樂】 寻取欢乐。储光羲《牧童词》:“取乐须臾间,宁问声与音?”元季川《登云中》:“灌田东山下,取乐在尔休。”柳宗元《游朝阳岩遂登西亭二十韵》:“适道有高言,取乐非弦匏。”陆龟蒙《顷自桐江得一钓车以袭美乐烟波之思因出以为玩俄辱三篇复抒酬答》:“得失任渠但取乐,不曾生个是非心。”

【取興】 (—xìng)谓可使人产生兴致。韩翃《送客一归襄阳二归浔阳》:“两地由来堪取兴,三贤他日幸留诗。”白居易《移家入新宅》:“取兴或寄酒,放情不过诗。”

【取濟】 谓得其助力而成事。李颀《谒张果先生》:“何必待龙髯,鼎成方取济?”

【取譬】 用为比喻。王勃《自乡远号》:“无使棠棣废,取譬人无良。”

【取譽】 博取声誉、夸赞。杜甫《绝句四首》之四:“苗满空山惭取誉,根居隙地怯成形。”

【取鑒】 引为借鉴。孟郊《寒江吟》:“取鉴谅不远,江水千万层。”

【取鑑】 同“取鑒”。鑑,鉴之异体字。王建《寄李益少监兼送张实游幽州》:“古来难自达,取鑑在贤良。”

叔

〔shū《广韵》式竹切,入屋,書。〕❶叔父。对父亲的弟弟之称谓。李白《送赵判官赴黔府中丞叔幕》:“叔继赵平原,偏承明主恩。”亦用为对侄辈之自称。杜甫《佐还山后寄三首》之一:“旧谙疏懒叔,须汝故相携。”❷商末叔齐之省称。卢照邻《释疾文三歌》之三:“夷为柏兮秋有实,叔为柳兮春向飞。”❸古以伯、仲、叔、季为兄弟长幼顺序,叔居第三,后引申指衰暮。见“叔世”。

【叔子】 晋羊祜之字。祜都督荆州诸军事时,与吴将陆抗相峙。据《晋书·羊祜传》载:“抗称祜之德量,虽乐毅、诸葛孔明不能过也。抗尝病,祜馈之药,抗服之无疑心。人多谏抗,抗曰:‘羊祜岂酖人者!’”祜乐山水,常登岘山,谓邹湛曰:“如百岁后有知,魂魄犹应登此也。”卒后,百姓于其地建碑立庙,常望碑流涕,杜预因名之曰堕泪碑。孟浩然《卢明府九日岘山宴袁使君张郎中崔员外》:“叔子神如在,山公兴未阑。”颜真卿、张荐《登岘山观李左相石尊联句》:“叔子尚遗德,山公此回轩。”周繇《以人参遗段成式》:“惭非叔子空持药,更请伯言审细看。”按此用陆抗事,抗字幼节。伯言乃其父陆逊之字,周繇误用。

【叔牙】 即春秋齐大夫鲍叔牙。少与管仲游,管仲常欺之。后管仲事公子纠,鲍事小白。小白立,是为齐桓公。纠死,管被囚。桓公欲以鲍为相,鲍不计前隙,力荐管仲为相,管叹曰:“生我者父母,知我者鲍子也!”事见《史记·管晏列传》。张九龄《南还以诗代书赠京师旧僚》:“上惭伯乐顾,中负叔牙和。”李嘉祐《奉和杜相公长兴新宅即事呈元相公》:“雅望归安石,深知在叔牙。”李山甫《赴举别所知》:“叔牙忧我应相痛,回首天涯寄所思。”

【叔父】 对父亲的弟弟之称谓。徐彦伯《比干墓》:“孤卿帝叔父,特进贞而顺。”韦应物《奉酬处士叔见示》:“叔父亲降趾,壶觞携到门。”李商隐《昭肃皇帝挽歌辞三首》之一:“周王传叔父,汉后重神君。”

【叔世】 犹末世。衰微之世。李商隐《赠送前刘五经映三十四韵》:“叔世何多难! 兹基遂已亡。”

【叔向】 春秋晋大夫羊舌肸之字。晋悼公时为太子傅。平公时为太傅。子木与之言,归叹曰:“宜晋之伯也,有叔向以佐其卿。”孔子亦称:“叔向,古之遗直也。”平公六年(前552),一度因其弟羊舌虎之迁累,无罪被囚。萧颖士《仰答韦司业垂访五首》之四:“岂知晋叔向,无罪婴囚拘!”周昙有《咏史诗·春秋战国门·叔向》诗。参阅《左传纪事本末》卷三十、三十一。

【叔伯】 犹兄弟。兄弟之间,伯为长,仲,叔、季次之,概称为叔伯。杜甫《狄明府》:“比看叔伯四十人,有才无命百寮底。”

【叔侄】 叔与侄。称父之弟曰叔;称兄弟之子曰侄。杨巨源《贺田仆射子弟荣拜金吾》："五侯恩泽不同年，叔侄朱门襻稍连。"

【叔度】 ❶东汉黄宪之字。汝南（今河南驻马店市）人。世贫。终生不仕。以器度广远、风旨高标名于世。时人比为颜子。陈蕃、周举常相谓曰："时月之间不见黄生，则鄙吝之萌复存乎心。"郭泰言："叔度汪汪若千顷陂，澄之不清，淆之不浊，不可量也。"杜审言《赠崔融二十韵》："日疑怀叔度，夜似忆真长。"刘长卿《九日岳阳待黄遂张涣》："季鹰久疏旷，叔度早畴昔。"❷东汉廉范字。《后汉书·廉范传》载：范建中初为蜀郡太守。旧制禁民夜作，以防火灾。"范乃毁削先令，但严使储水而已。百姓为便，乃歌之曰：'廉叔度，来何暮？不禁火，民安作。平生无襦今五绔。'"后遂以代指有德政而为民爱戴之官员。刘长卿《送梁郎中赴吉州》："遥想庐陵郡，还听叔度歌。"刘禹锡《令狐相公自天平移镇太原以诗申贺》："孙璋旧檄家家有，叔度新歌处处听。"

【叔夜】 晋嵇康字。谯郡铚（今安徽宿州市）人。与魏宗室婚，拜中散大夫。山涛将去选官，举康自代。康遂作书与之绝交。后因不满当世，为司马昭所杀。性好老庄，著有《养生论》，又善弹琴，临刑，谓"《广陵散》于今绝矣！"南朝宋刘义庆《世说新语·容止》载："嵇康身长七尺八寸，风姿特秀。""山公（山涛）曰：'嵇叔夜之为人也，岩岩若孤松之独立；其醉也，傀俄若玉山之将崩。'"上官昭容《游长宁公主流杯池二十五首》之十五："携琴侍叔夜，负局访安期。"李端《哭张南史因寄南史侄叔宗》："仲宣新有赋，叔夜近无书。"段成式《哭房处士》："岂同叔夜终无分，空向人间著《养生》。"李瀚《蒙求》："仲容青云，叔夜玉山。"

【叔夜絃】 晋嵇康之琴。康字叔夜，善弹琴。传曾于洛西华阳亭夜间弹琴，遇异人授《广陵散》琴曲。事见《晋书》卷四十九。韩翃《家兄自山南罢归献诗叙事》："落照渊明柳，春风叔夜弦。"

【叔孫】 ❶指汉初叔孙通。魏征《赋西汉》："终藉叔孙礼，方知皇帝尊。"杜甫《忆昔二首》之二："百余年间未灾变，叔孙礼乐萧何律。"李瀚《蒙求》："萧何定律，叔孙制礼。"❷指春秋鲁叔孙武仲。名州仇，鲁国大夫。《论语·子张》载："叔孙武叔语大夫于朝曰：'子贡贤于仲尼。'子服景伯以告子贡。子贡曰：'譬之宫墙，赐之墙也及肩，窥见室家之好。夫子之墙数仞，不得其门而入，不见宗庙之美，百官之富。得其门者或寡矣。夫子之云，不亦宜乎！'叔孙武叔毁仲尼。子贡曰：'无以为也！仲尼不可毁也。他人之贤者，丘陵也，犹可逾也；仲尼，日月也，无得而逾焉。'"孟郊《君子勿郁郁士有谤毁者作诗以赠之》："叔孙毁仲尼，臧仓掩孟轲。"李商隐《赠送前刘五经映三十四韵》："叔孙谗易得，盗跖暴难当。"皮日休《奉和鲁望读阴符经见寄》："贤圣多如此。"徐夤《新屋》："耳顺何为土木勤？叔孙墙屋有所闻。"

【叔孫玄觀】 唐官员。藤县（在今山东省）人。开元间任大理司直。《全唐文》收其《仲冬时令赋》一篇。《全唐诗》卷七八〇收其诗一首。

【叔孫昭子】 春秋鲁臣。名婼。昭公二十五年曾受命聘于宋。宋景公享之，赋《新宫》。事见《左传·昭公二十五年》。丘光庭《补新宫》序："《昭二十五年·左传》：'叔孙昭子聘于宋，公享之，赋《新宫》。"

【叔孫通】 西汉薛（今山东枣庄市薛城）人。秦时为博士，后转事项梁、义帝、项羽，终降汉。刘邦为帝，朝无礼仪，诸臣醉或妄呼，拔剑击柱。通乃征鲁诸儒三十余人为制朝仪。时有二生不肯行，曰："礼乐所由起，积德百年而后可兴也。吾不忍为公所为。"通笑曰："若真鄙儒也，不知时变。"朝仪成，无复敢喧哗失礼者。刘邦喜曰："吾乃今日知为皇帝之贵也。"司马迁谓通"进退与时变化，卒为汉家儒宗"。事见《史记·刘敬叔孙通列传》。宋之问《奉和幸长安故城未央宫应制》："今朝天子贵，不假叔孙通。"李白《嘲鲁儒》："君非叔孙通，与我本殊伦。"皎然《送张孝廉赴举》："明年石渠署，应继叔孙通。"

【叔敖】 即孙叔敖。春秋楚庄王时之令尹。助庄王成就霸业。刘向《列女传·楚庄樊姬》云：樊姬向庄王言虞丘子相楚十余年而未进贤，虞丘子遂使人迎叔敖进于庄王，庄王用为令尹，楚乃大治。张说《登九里台是樊姬墓》："不怀沈尹禄，谁谙叔敖贤？"周昙《咏史诗·春秋战国门·樊姬》："当时不有樊姬问，令尹何由进叔敖？"

【叔敖陰德】 亦作"叔敖瘗"。叔敖，即孙叔敖。春秋楚令尹。汉贾谊《新书》卷六："孙叔敖之为婴儿也，出游而还，忧而不食。其母问其故，泣而对曰：'今日吾见两头蛇，恐去死无日矣！'其母曰：'今蛇安在？'曰：'吾闻见两头蛇者必死，吾恐他人又见之，吾已杀而埋之也。'其母曰：'无忧，汝不死。吾闻之，有阴德者，天必报之以福。'果不死。人闻之，皆谕其能仁也。"后遂用为仁者杀蛇除害之典。李瀚《蒙求》："柳下直道，叔敖阴德。"元稹《巴蛇三首》之一："欲学叔敖瘗，其如多似麻！"

【叔敖瘗】 见"叔敖陰德"。

【叔卿】 ❶指卫叔卿。传说中之仙人。曹唐《小游仙诗九十八首》之四四："叔卿遍览九天春，不见人间故旧人。"参阅晋葛洪《神仙传·卫叔卿》。❷唐官员。李适之次子。名万。万年人。弱冠擢明经第，曾授虞、乐二县尉。转金城尉。李白有《同族弟金城尉叔卿烛照山水壁画歌》。参阅李季卿《三坟记》。

【叔舅】 周天子称同姓小邦诸侯为叔父，异姓则称叔舅。后亦以指异姓藩镇。韩愈《元和圣德诗》："皇帝曰：'吁！伯父叔舅，各安尔位，训厥甿亩。'"钱仲联集释引王元启曰："此指九州之牧言之。"李商隐《寄太原卢司空三十韵》："将军功不伐，叔舅德惟馨。"

【叔寳】 晋卫玠字。河东安邑（今山西运城市东）人。司空卫瓘之孙。见《晋书·卫玠传》。陆龟蒙《奉酬袭美早春病中书事》："我亦休文瘦，君能叔宝清。"孙元晏《咏史诗·晋·卫玠》："叔宝羊车海内稀，山家女婿好风姿。"李瀚《蒙求》："叔宝玉润，彦辅冰清。"

受 〔shòu《广韵》殖酉切，上有，禅。〕❶接受；承受。储光羲《敬酬陈掾亲家翁秋夜有赠》："武皇受瑶图，爵士封其新。"李白《望鹦鹉洲怀祢衡》："黄祖斗筲人，杀之受恶名。"白居易《梦仙》："再拜受斯言，既寤喜且惊。"赵嘏《送从翁中丞奉使黠戛斯六首》之二："料得坚昆受宣后，始知公主已归朝。"亦指蒙受。黄滔《下第东归留辞刑部郑郎中諴》："万里家山归养志，数年门馆受恩身。"❷容纳；容受。杜甫《南邻》："秋水才深四五尺，野航恰受两三人。"张濯《迎春东郊》："考历明三统，迎祥受万人。"卢仝《与马异结交诗》："天不容，地不受。"❸遭受。王维《资圣寺送甘二》："来往本无归，别离方此受。"杜甫《两当县吴十侍御江上宅》："相看受狼狈，至死难塞责。"刘禹锡《乐天寄重和晚达冬青一篇因成再答》："秋隼得时凌汗漫，寒龟饮气受泥涂。"郑愚《醉题广州使院》："数年百姓受饥荒，太守贪残似虎狼。"❹犹得到，享受。李华《杂诗六首》之三："生人受其用，味正心亦平。"顾况《囝一章》："神道无知，彼受其福。"权德舆《元和元年蒙恩封成纪县伯时室中封安喜县君感庆兼怀聊申贺赠》："同欣井赋开，共受闺门祉。"陆龟蒙《奉和袭美太湖诗二十首·投龙潭》："所贵风雨时，民皆受其赐。"❺犹学习。谓接受知识的传授。皮日休《屣步访鲁望不遇》："拟受《太玄》今不遇，可怜遗恨似侯芭。"❻犹被。杜甫《寄题江外草堂》："古来达士志，宁受外物牵？"齐己《自勉》："分受诗魔役，宁容俗态牵？"❼同"授"。赵嘏《献淮南李相公》："军中老将传兵术，江上诸侯受政经。"

【受氏】 谓受封于某地而以之为姓氏。权德舆《伏蒙十六叔寄示喜庆感怀三十韵因献之》："受氏自有殷，树功缅前秦。"按《新唐书·宰相世系表五下》谓，权氏出自子姓，商武丁之裔孙封于权，其孙因以为氏。

【受册】 接受册封。唐制三品以上大员受皇帝当面册授。张籍《田司空入朝》："阊阖晓开铜漏静，身当受册大明宫。"

【受代】 指官员任职期满由新官替代。崔璞《蒙恩除替将还京洛偶叙所怀因成六韵呈军事院诸公郡中一二秀才》："两载求人瘼，三春受代归。"

【受刑】 遭受刑罚。姚合《寄杨茂卿校书》："惭辱乡荐书，忽欲自受刑。"

【受任】 接受任命、委任。崔湜《景龙二年余自门下平章事削阶授江洲员外司马寻拜襄州刺史春日赴襄阳途中言志》："徇禄期代耕，受任亦量力。"玄宗《过王濬墓》："受任敌已灭，策勋名不彰。"

【受戒】 俗人出家接受戒律的一种佛教仪式。受戒之后方得为僧或尼。李翱《断僧通状》："上岁童子，二十受戒。"姚合《赠卢沙弥小师》："年小未受戒，会解如老师。"皮日休《题支山南峰僧》："池里群鱼曾受戒，林间孤鹤欲参禅。"

【受材】 谓与生俱来之材质。韩愈《荐士》："有穷者孟郊，受材实雄骜。"

【受辛】 即帝辛，殷纣王。商之末代君主。徐彦伯《比干墓》："殷道微而在，受辛纂颓胤。"

【受事】 领受交办之事。曹唐《小游仙诗九十八首》之四十九："采女平明受事回，暗交丹契锦囊开。"

【受命】 ❶承受天命。古代帝王自称受天之命而享国。杜审言《和李大夫嗣真奉使存抚河东》："子月开阶统，房星受命年。"陆龟蒙《奉和袭美二游诗·徐诗》："伊唐受命初，载史声连延。"❷接受帝王之任命；任职。徐知仁《奉和圣制送张说巡边》："紫泥方受命，黄石乃推贤。"岑参《送张献心充副使归河西杂句》："将门子弟君独贤，一从受命常在边。"钱起《重送陆侍御使日本》："受命辞云陛，倾城送使臣。"白居易《初授拾遗》："受命已旬月，饮食随班次。"❸接受上司之命令、任务。韩愈《天星送杨凝郎中贺正》："会朝元正无不至，受命上宰须及期。"张籍《伤歌行》："辞成谪尉南海州，受命不得须臾留。"❹获有生命。亦指生存、生长。柳宗元《南中荣橘柚》："橘柚怀贞质，受命此炎方。"张籍《怀友》："百年受命短，光景良不足。"

【受服】 受命服。指任官职。独孤及《丙戌岁正月出洛阳书怀》："往岁衣褐见，受服金马门。"

【受性】 犹天性，生性。杜甫《客堂》："居然绾章绂，受性本幽独。"

【受法】 指僧人接受法师传授佛法。张乔《题兴善寺僧道深院》："江峰峰顶人，受法老西秦。"

【受屈】 受到委屈。韩愈《寄卢仝》："先生受屈未曾语，忽此来告良有以。"

【受恩】 受人恩惠。耿湋《邠州留别》："艰难为客惯，贫贱受恩多。"刘禹锡《将之官留辞裴令公留守》："重叠受恩久，遭回如命何？"朱庆余《送刘思复南河从军》："远作受恩身不易，莫抛书剑近笙歌。"杜牧

《将赴京留赠僧院》："谢却从前受恩地，归来依止叩禅关。"

【受律】　谓受命出师为将帅。骆宾王《从军中行路难二首》之一："玉玺分兵征恶少，金坛受律动将军。"李嘉祐《和袁郎中破贼后经剡县山水上太尉》："受律仙郎贵，长驱下会稽。"皇甫冉《和袁郎中破贼后经剡中山水》："受律梅初发，班师草未齐。"《舞典歌辞·凯乐歌辞·破阵乐》："受律辞元首，相将讨叛臣。"

【受胙】　接受祭祀所献胙肉。《郊庙歌辞·积善舞》："饮福受胙，舞降歌迎。"

【受降】　（—xiáng）接受投降。魏征《赋西汉》："受降临轵道，争长趣鸿门。"杜甫《与严二郎奉礼别》："山东群盗散，阙下受降频。"张仲素《塞下曲五首》之二："传声漠北单于破，火照旌旗夜受降。"许浑《吴门送振武李从事》："嫖姚若许传书檄，坐筑三城看受降。"

【受降城】　（降 xiáng）城名。筑以屯军受敌投降者，故名。汉代旧城在今内蒙古乌拉特旗北。唐景云二年(711)朔方军总管张仁亶又筑东、中、西三受降城。东受降城在今内蒙古托克托附近；中受降城在今内蒙包头北；西受降城在今内蒙古五原附近。两城间相距三百余里。李适《奉和幸望春宫送朔方军大总管张仁亶》："坐观膜拜入，朝夕受降城。"郑愔《塞外三首》之二："明年汉使返，须筑受降城。"李益《夜上受降城闻笛》："回乐峰前沙似雪，受降城下月如霜。"秦韬玉《边将》："无定河边蕃将死，受降城外虏尘空。"

【受辱】　遭受屈辱。皮日休《鲁望读襄阳耆旧传见赠五百言予次而赞之因而寄答次韵》："甘穷卧牛衣，受辱对狗窦。"

【受氣】　禀受自然之气。李白《赠宣城宇文太守兼呈崔侍御》："受气有本性，不为外物迁。"孟郊《和宣州钱判官使院厅前石楠树》："争芳无由缘，受气如郁纡。"

【受教】　接受教育、教诲。郑谷《谷比岁受同年丈人故川守李侍郎教谕衰晏龙钟益用感叹遂以章句自贻》："多感京河李丈人，童蒙受教便书绅。"

【受授】　❶犹呼应，唱和。杜甫《上水遣怀》："歌讴互激远，回斡明受授。"❷接受知识的传授。韩愈《南山诗》："山经及地志，茫昧非受授。"

【受飢】　挨饿。杜荀鹤《田翁》："官苗若不平平纳，任是丰年也受饥。"

【受脤】　古代出兵祭社曰宜社，宜社之肉曰脤，宜祭毕以脤颁赐众人曰受脤。后遂代指受命统军出征。储光羲《哥舒大夫颂德》："画阃入受脤，凿门出扞城。"钱起《送王相公赴范阳》："受脤仍调鼎，为霖更洗兵。"刘禹锡《和汴州令狐相公到镇改月偶书所怀》："受脤新梁苑，和羹旧傅岩。"

【受朝】　指帝王接受朝拜。温庭筠《题翠微寺二十二韵》："受朝松露晓，颁朔桂烟凉。"按寺系太宗升遐之所，故云。

【受詞】　受朝廷之命。杜甫《送韦十六评事充同谷郡防御判官》："受词太白脚，走马仇池头。"又《赠左仆射郑国公严武公》："受词剑阁道，谒帝萧关城。"

【受詔】　接受帝王之诏命。杜牧《和野人殷潜之题筹笔驿十四韵》："永安宫受诏，筹笔驿沉思。"

【受禄】　享受国家俸禄，指任官职。杨炯《和刘长史答十九兄》："受禄宁辞死？扬名不顾身。"

【受賀】　接受祝贺。贾岛《送朱休归剑南》："剑南归受贺，太学赋声雄。"

【受歲】　佛教以七月十五日为受岁日。因僧徒夏季修学毕即增一法岁，故称。后亦泛指年岁增长。李嘉祐《元日无衣冠入朝寄皇甫拾遗冉从弟补阙纾》："白髭空受岁，丹陛不朝天。"

【受業】　谓以之为师受其传习。李颀《送王道士还山》："双峰树下曾受业，应传肘后长生法。"于鹄《哭刘夫子》："痛心曾受业，追服恨无亲。"温庭筠《病中书怀呈友人》："受业乡名郑，藏机谷号愚。"杜荀鹤《送紫阳僧归庐岳旧寺》："受业恩难报，开堂影不知。"

【受罪】　遭受苦难折磨。王梵志《五言》之三："饱食不知惭，受罪无休日。"

【受節】　谓经历节令的变换。王勃《秋夜长》："北风受节雁南翔，崇兰委质时菊芳。"李嘉祐《九日送人》："受节人逾老，惊寒菊半黄。"

【受鉞】　指古代大将出征前接受帝王所授斧钺与符节。借指受命为将。韩休《奉和圣制送张说巡边》："受钺辞金殿，凭轩去鼎城。"杜甫《有感五首》之四："受钺亲贤往，卑宫制诏遥。"岑参《河西太守杜公挽歌四首》之三："剖符移北地，受钺领西门。"

【受經】　从师学习经书。李商隐《赠送前刘五经映三十四韵》："缧囚为学切，掌故受经忙。"

【受誓】　祭祀之前，先申儆戒，谓之受誓。储光羲《尚书省受誓诫贻太庙裴丞》："严车伊洛间，受誓文昌里。"

【受賜】　接受赏赐。翁承赞《蒙闽王改赐乡里》："自从受赐身无力，向来酬恩骨肯镌？"

【受遺】　谓接受皇帝遗命以辅政。杜甫《夔府书怀四十韵》："先帝严灵寝，宗臣切受遗。"

【受請】　接受邀请。贾岛《寄龙池寺贞空二上人》："受请终南住，俱妨去石桥。"

【受敵】　受敌人攻击。马戴《关山曲二首》之二："木落防河急，军孤受敌偏。"

【受禪】 (—shàn)接受前一皇帝让出之帝位。韩愈《永贞行》:"膺图受禅登明堂,共流幽州鲧死羽。"

【受齋】 谓僧人接受施主之斋食或馈赠。皮日休《送圆载上人归日本国》:"飓母影边持戒宿,波神宫里受斋归。"

【受釐】 (—xī)汉制祭天地五畤毕,以祭余之肉归致皇帝以示受福,谓之受釐。釐,即祭余之肉。一说通"禧"。陈叔达《州城西园入斋祠社》:"折俎分归胙,充庭降受釐。"张昭《汉宗庙乐舞辞》:"受釐饮酒皇欢洽,仰俟余灵泰九区。"

【受職】 接受委任的职务。王维《送秘书晁监还日本国》序:"百神受职,五老告期。"

【受謫】 官员遭受贬谪。许棠《送裴拾遗宰下邽》:"受谪因廷谏,兹行不出关。"

【受辭】 同"受詞"。刘长卿《行营酬吕侍御时侍御以州邻寇贼复有水火迫于征税诗以见谕》:"受辞瞻左钺,扶疾往前旌。"

【受籙】 谓道士自其师处接受所传符箓。戎昱《送吉州阎使君入道二首》之二:"风过鬼神延受箓,夜深龙虎卫烧丹。"刘禹锡《寻汪道士不遇》:"受箓金华洞,焚香玉帝宫。"贾岛有《元日女道士受箓》。

七　画

叟 〔sǒu《广韵》蘇后切,上厚,心。〕年老之男子。高适《渔父歌》:"曲岸深潭一山叟,驻眼看钩不移手。"杨巨源《酬崔博士》:"自知顽叟更何能？唯学雕虫谬见称。"雍陶《题友人所居》:"夜吟邻叟闻惆怅,七八年来无此声。"李商隐《井泥四十韵》:"磻溪老钓叟,坐为周之师。"

叛 〔pàn《广韵》薄半切,去换,並〕❶背叛;叛变。李白《猛虎行》:"一输一失关下兵,朝降夕叛幽蓟城。"亦指叛逆的。马戴《关山曲二首》之一:"叛羌旗下戮,陷壁夜中收。"张随《河中献捷》:"叛将忘恩久,王师不战通。"❷叛逆之人,叛乱者。杜甫《归梦》:"偷生唯一老,伐叛已三朝。"元结《漫酬贾沔州》:"奉诏举州兵,令得诛暴叛。"元稹《宪宗章武孝皇帝挽歌词三首》之二:"二凶枭帐下,三叛斩都中。"❸分开,离开。韩愈《南山诗》:"延延离又属,夬夬叛还遘。"

【叛亡】 叛逃。背叛逃亡。周昙《咏史诗·春秋战国门·襄子》:"叛亡能退修文德,果见中牟以义归。"又《咏史诗·六朝门·苻坚》:"百万南征几马归？叛亡如猬亦何悲!"

【叛奴】 犹叛臣,叛徒。周昙《咏史诗·六朝门·谢举》:"叛奴逃数岂堪留！忠节曾无肯到头?"

【叛臣】 叛逆之臣。佚名《破阵乐》之二:"受律辞元首,相将逃叛臣。"

【叛卒】 叛军,叛逆之兵。陆龟蒙《奉酬袭美先辈吴中苦雨一百韵》:"寻闻天子诏,赫怒诛叛卒。"又《杂讽九首》之八:"募为敢死军,去以枭叛卒。"

【叛逆】 背叛之人。陈陶《赠江南李偕副使》:"几日座谈诛叛逆,列城归美见歌诗。"

【叛族】 叛逆者之家族。刘禹锡《城西行》:"城西簇簇三叛族,叛者为谁蔡吴蜀。"

十四画

叡 〔ruì《广韵》以芮切,去祭,以。〕同"睿"。见"叡业"。

【叡山】 山名。在日本国。亦称睿峰。日本僧最澄自唐归国后,在此山传经,创日本天台宗。其弟子圆珍亦修行于此。清观《赠圆珍和尚》:"睿山新月冷,台峤古风清。"

【叡川】 晚唐僧人。原为崇圣寺僧。曾赐紫衣。宣宗大中七年(853),敕重修总持寺,毕工后,任总持寺寺主。无可有《寒夜过睿川师院》。参阅宋赞宁《宋高僧传》卷十六《唐京兆圣寿寺慧灵传》。

【叡業】 圣明之事业。指帝王之事业。则天皇后《唐享昊天乐·第四》:"巍巍睿业广,赫赫圣基隆。"

十六画

叢 〔cóng《广韵》徂紅切,平東,從。〕❶聚集,汇集。李白《泾川送族弟錞》:"中流漾彩鹢,列岸丛金羁。"孟郊《秋怀》之十:"四时既相迫,万虑自然丛。"温庭筠《蒋侯神歌》:"吴王赤斧斫云阵,画堂列壁丛霜刀。"吴融《风雨吟》:"端然拖愁坐,万感丛于心。"亦指聚拢,蹙。元稹《生春二十首》之六:"数宗船载足,商妇两眉丛。"❷丛生,丛聚。太宗《秋暮言志》:"结浪冰初镜,在径菊方丛。"李频《送友人之扬州》:"绿树丛垓下,青芜阔楚西。"杜荀鹤《哭山友》:"从见蓬蒿丛坏屋,长忧雨雪透荒坟。"亦指成丛的,丛生的。郑世翼《看新婚》:"杂珮含风响,丛花隔扇开。"❸密集攒聚的草木。王缙《古离别》:"下阶欲离别,相对映兰丛。"杜甫《苦竹》:"味苦夏虫避,丛卑春鸟疑。"韦应物《简寂观西涧瀑布下作》:"丛际松风起,飘来洒尘襟。"李商隐《偶题二首》之二:"春丛定见饶栖鸟,饮罢其持红烛行。"❹犹"群"。指聚集在一起的人或物。任华《寄杜拾遗》:"郎官丛里作狂歌,丞相阁中常醉卧。"杜甫《往在》:"是时妃嫔戮,连为粪土丛。”刘沧《赠天台隐者》：“静者多依猿鸟丛，衡门野色四郊通。”❺众多。元结《漫歌八曲·小回中》：“丛石横大江，人言是钓台。”另见“叢芳”。❻量词。多用于丛生之植物。太宗《秋日二首》之二：“露凝千片玉，菊散一丛金。”白居易《杪秋独夜》：“前头更有萧条物，老菊衰兰三两丛。”姚合《和王郎中召看牡丹》：“殷丽开繁朵，香浓发几丛。”温庭筠《巫山神女庙》：“一丛斑竹夜，环佩响如何？”

【叢山】 群山。赵嘏《发新安后途中寄卢中丞二首》之一：“目前已是陵阳路，回首丛山满眼云。”

【叢毛】 细小之羽毛。陆龟蒙《鹤屏》：“丛毛练分彩，疏节筇相望。”注云：“八公《相鹤经》云：‘大毛落，丛毛生，其色如雪。’”

【叢玉】 古代测风用具。也称风马。以玉石制成，悬于檐下，风吹则相触有声。李贺《有所思》：“鸦鸦向晓鸣森木，风过池塘响丛玉。”一说指丛竹。

【叢巧】 细巧；细伪。多以指舞小智、弄手腕。韩愈、孟郊《城南联句》：“丛巧竞采笑，骈鲜互探婴。”

【叢石】 丛聚之岩石。陈子昂《度峡口山赠乔补阙知之王二无竞》：“丛石何纷纠，赤山复翕艴。”张弘靖《山亭怀古》：“丛石依古城，悬泉洒清池。”

【叢生】 指植物聚集而生。刘长卿《送惠法师游天台因怀智大师故居》：“定攀岩下丛生桂，欲买云中若个峰？”陆龟蒙《重忆白菊》：“我怜贞白重寒芳，前后丛生夹小堂。”韩偓《桃林场客舍之前有池半亩木槿栉比阏水遮山因命仆夫运斤梳沐豁然清朗复睹太虚因作五言八韵》：“插槿作藩篱，丛生覆小池。”

【叢色】 指丛竹之色。岑参《范公丛竹歌》：“盛夏翛翛丛色寒，闲宵摵摵叶声干。”

【叢車】 群车。代指众多乘车而至之人。李端《送雍丘任少府》：“丛车饯才子，路走许东偏。”

【叢芮】 丛生之茅草。韩愈《岳阳楼别窦司直》：“夜缆巴陵洲，丛芮才可傍。”钱仲联集释引曰：“丛芮，岸上丛茅，可维舟处。”

【叢芳】 群芳。谓众多之芳草香花。陈子昂《庆云章》：“丛芳烂漫，郁郁纷纷。”金厚载《风不鸣条》：“暗剪丛芳发，空传谷鸟鸣。”

【叢林】 ❶犹密林。繁茂密集之树林。姚合《杭州观潮》：“岸摧连古道，洲涨踣丛林。”❷僧众聚居之所。《大智度论》卷三：“多比丘一处和合，是名僧伽，譬如大树丛居是名为林。”后遂以丛林代指佛寺。牟融《访请上人》：“曲径绕丛林，钟声杂梵音。”方干《因话天台胜异仍送罗道士》：“石上丛林碍星斗，窗边瀑布走风雷。”

【叢柯】 茂密之树木。李建勋《罢相进诗》：“叠颖弄芳秋气落，丛柯耸翠露华清。”

【叢桂】 茂密之桂花树。王维《山茱萸》：“幸与丛桂花，窗前向秋月。”徐铉《后湖访古各赋一题得西邸》：“曲池鱼自乐，丛桂鸟频吟。”

【叢倚】 谓多而密集，彼此紧靠。卢鸿一《嵩山十志十首·云锦淙》序：“云锦淙者，盖激溜冲攒，倾石丛倚，鸣湍叠濯，喷若雷风。”

【叢祠】 丛林中之祠庙。刘禹锡《晚岁登武陵城顾望水陆怅然有作》：“野桥过驿骑，丛祠发迥箛。”吴融《丛祠》：“丛祠一炬照秦川，雨散云飞二十年。”温庭筠《河渎神》之一：“河上望丛祠，庙前春雨来时。”孙光宪《菩萨蛮》之五：“木绵花映丛祠小，越禽声里春光晓。”

【叢書】 汇聚、堆放书籍。韩愈《剥啄行》：“门以两板，丛书于间。”

【叢梳】 细梳，密梳。张籍《倡女词》：“轻鬓丛梳阔扫眉，为嫌风日下楼稀。”

【叢集】 群集，聚集。韩愈《南山诗》：“或如帝王尊，丛集朝贱幼。”

【叢菊】 丛生之菊花。钱珝《江行无题一百首》之五九：“丛菊生堤上，此花长后时。”

【叢雲】 聚集相迭之浓云。李峤《奉和天枢成宴夷夏群僚应制》：“山类丛云起，珠疑大火悬。”

【叢棘】 聚集之荆棘。因古代囚系犯人处，四周围以荆棘以防逃跑，故常以代指监狱。沈佺期《狱中燕》：“拾蕊和丛棘，衔泥怯死灰。”刘长卿《狱中见壁画佛》：“独栖丛棘下，还见雨花时。”钱起《叹毕少府以持法无隐见系》：“落景闭圜扉，春虫网丛棘。”

【叢悲】 聚集心头之悲哀。孟郊《秋怀》之一：“触绪无新心，丛悲有余忆。”

【叢開】 谓花密集盛开。李益《牡丹》：“紫蕊丛开未到家，却教游客赏繁华。”

【叢嵐】 聚集之岚气。卷八六五《掷裴武公诗》：“屡策羸骖历乱岣，丛岚映日昼如曛。”

【叢鈴】 悬于马颈下之成串铃铛。温庭筠《郭处士击瓯歌》：“湘君宝马上神云，碎佩丛铃满烟雨。”

【叢葦】 丛生之芦苇。张蠙有《丛苇》。

【叢幹】 众多的树木。武元衡《甫构西亭偶题因呈监军及幕中诸公》：“列芳凭有土，丛干聚成林。”

【叢会】 犹群集、聚会。张祜《华清宫和杜舍人》：“因缘百司署，丛会一人汤。”

【叢蒿】 丛生之蓬蒿。齐己《过荆门》：“野店丛蒿短，烟村簇树齐。”

【叢翠】 丛绿。指竹木花草等植物丛聚的翠绿枝叶。白居易《池上作》：“丛翠万竿湘岸色，空碧一泊松江心。”此指绿竹。皮日休有《重玄寺元达年逾八十好种名药丛翠纷糅各可指名余奇而访之因题二章》。

【叢臺】 台名。战国赵武灵王所筑。在赵都邯郸(今河北邯郸)城内。因有数台连聚,故名。汉仍存,唐时仅剩遗基旧墉。骆宾王《在江南赠宋五之问》:"郢路少知音,丛台富奇士。"李白《自广平乘醉走马六十里至邯郸登城楼览古书怀》:"歌酣易水动,鼓震丛台倾。"杨巨源《辞魏博田尚书出境后感恩恋德因登丛台》:"丛台邯郸郭,台上见新月。"胡曾《咏史诗·房陵》:"魂断丛台归不得,夜来明月为谁升?"

【叢霄】 犹九霄、重霄。顾况《曲龙山歌》之一:"遥指丛霄杳灵岛,岛中晔晔无凡草。"

【叢篁】 丛生之竹。宋之问《泛镜湖南溪》:"杳嶂开天小,丛篁夹路迷。"岑参《东归留题太常徐卿草堂》:"曲池荫高树,小径穿丛篁。"许尧佐《石季伦金谷园》:"曲沼残烟敛,丛篁宿鸟喧。"韦庄《新栽竹》:"异乡流落谁相识?唯有丛篁似主人。"

【叢緑】 指植物丛聚的绿色枝叶。韦应物《庄严精舍游集》:"新林泛景光,丛绿含露濡。"

【叢蕙】 丛生之蕙兰。钱起《药圃》:"好容似风光,偏来入丛蕙。"

【叢篠】 茂密之箭竹(一种小竹)林。钱起《衡门春夜》:"丛筱轻新暑,孤花占晚春。"

【叢薄】 犹丛莽。丛生之深草或林莽。储光羲《巩城东庄道中作》:"总辔出丛薄,歇鞍登峻隅。"耿湋《旅次汉故畤》:"广川桑遍绿,丛薄雉连鸣。"

【叢闌】 细密之栅栏。钱起《山斋读书寄时校书杜叟》:"丛阑齐稚子,蟠木老潜夫。"

【叢聳】 众石群聚高耸貌。卢鸿一《嵩山十志·云锦淙》:"水攒冲兮石丛耸,焕云锦兮喷汹涌。"

【叢觴】 众多的酒杯。指有很多人举起酒杯。张说《奉和圣制爰因巡省途次旧居应制》:"丛觞祝尧寿,合鼎献汤厨。"

【叢叢】 ❶草木攒聚丛生貌。卢纶《玩春因寄冯卫二补阙戏呈李益》:"萱草丛丛尔何物?等闲穿破绿莓苔。"姚合《芭蕉屏》:"芭蕉丛丛生,月照参差影。"温庭筠《晓仙谣》:"宫花有露如新泪,小苑丛丛入寒翠。"齐己《闻落叶》:"来年未离此,还见碧丛丛。"亦指它物簇聚、众多貌。韩愈《此日足可惜赠张籍》:"淮之水舒舒,楚山直丛丛。"陆龟蒙《间吴宫辞》:"越山丛丛兮越溪疾,美人雄剑兮相先后出。"吴融《文德初闻车驾东游》:"龙旆丛丛下剑门,还将瑞气入中原。"❷人成群貌。张说《东都酺宴四首》之四:"人云歌袅袅,向日伎丛丛。"王建《宫词一百首》之四十五:"丛丛洗手绕金盆,旋拭红巾入殿门。"

【叢關】 多而密之关隘。王绩《绩溪岭》:"磴道险如过栈道,丛关高似度函关。"

【叢穢】 犹荒芜。元稹《虫豸诗》序:"通之地,丛秽卑褊,烝瘴阴郁。"

【叢雜】 众多而杂乱。卢仝《观放鱼歌》:"丛杂百千头,性命悬须臾。"

【叢蘭】 丛生之兰。喻指志行高洁之人。元稹《别李三》:"阶蓂附瑶砌,丛兰偶芳藿。"

【叢攢】 密集丛生。孟郊《送无怀道士游富春山水》:"花发我未识,玉生忽丛攒。"

【叢鬢】 浓密之鬓发。张祜《陪范宣城北楼夜宴》:"粉项高丛鬓,檀妆慢裹头。"

口 部

口 〔kǒu《广韵》苦后切，上厚，溪。〕❶人及动物进食的器官，亦为发声器官的一部分。杜甫《杜鹃行》："其声哀痛口流血，所诉何事常区区。"韩愈《归彭城》："到口不敢吐，徐徐俟其巇。"白居易《对酒五首》之二："随富随贫且欢乐，不开口笑是痴人。"李频《茶山贡焙歌》："几回到口重咨嗟，嫩绿鲜芳出何力。"❷人口。一人称一口。王维《送丘为往唐州》："四愁连汉水，百口寄随人。"戎昱《岁暮客怀》："异乡三十口，亲老复家贫。"白居易《自喜》："身兼妻子都三口，鹤与琴书共一船。"贾岛《寄令狐绹相公》："双僮前日雇，数口向天涯。"❸出入之通道，亦指口岸。綦毋潜《登天竺寺》："松门当涧口，石路在峰心。"岑参《送李副使赴碛西官军》："火山六月应更热，赤亭道口行人绝。"周匡物《应举题钱塘公馆》："钱塘江口无钱过，又阻西陵两信潮。"陆龟蒙《奉和袭美太湖诗二十首·入林屋洞》："自非方瞳人，不敢窥洞口。"❹口状物。韩愈《三星行》："牛奋其角，箕张其口。"❺表面，口头。见"口頭交"。❻口才。见"口辨"。❼与言语有关的。见"口舌"。"口口"。

【口口】 犹言句句话。吕岩《登平都访仙》之二："口口唯言三岛乐，抬眸已过洞庭春。"

【口占】 (—zhàn)谓作诗不起草。高崇文有《雪席口占》。吕岩有《口占》。

【口舌】 ❶言语。白居易《和答诗十首·答四皓庙》："岂无子房口，口舌无所施。"❷争吵。顾况《柳宜城鹊巢歌》序："俗传鹊巢在南，令人贫穷，多口舌。"

【口似懸河】 喻人健谈，言辞如河水倾泻，滔滔不绝。韩愈《石鼓歌》："安能以此上论列，愿借辨口如悬河。"白居易《赠僧五首·神照上人》："心如定水随形应，口似悬河逐病治。"

【口吟舌話】 口中喁喁私呓，不明白宣示，话语含糊。李贺《荣华乐》："口吟舌话称女郎，锦祛绣面汉帝旁。"

【口吻】 嘴，嘴边。韩愈《石鼎联句》序："喜思益苦，务欲压道士，每营度欲出口吻，声鸣亦悲。"皮日休《吴中苦雨因书一百韵寄鲁望》："吟诗口吻呐，把笔指节瘃。"

【口角】 (—jiǎo)嘴角，嘴边。韩愈《苦寒》："浊醪沸入喉，口角如衔箝。"李商隐《韩碑》："愿书万本诵万过，口角流沫右手胝。"

【口食】 口粮，粮食。白居易《效陶潜体诗十六首》之十五："以此求口食，一饱欣有余。"又《采地黄者》："岁晏无口食，田中采地黄。"

【口脂】 用以滋润皮肤防止寒冻燥裂的唇膏。唐有腊日赐臣下口脂面药之俗。杜甫《腊日》："口脂面药随恩泽，翠馆银罂下九霄。"韦庄《江城子》词："朱唇未动，先觉口脂香。"韩偓《意绪》："脸粉难匀蜀酒浓，口脂易印吴绫薄。"顾敻《甘州子》词："山枕上，私语口脂香。"

【口敕】 皇帝口谕。白居易《新乐府·缭绫》："去年中使宣口敕，天上取样人间织。"

【口唇】 嘴唇。《酒令·方干李主簿改令》："只见半臂著襕，不见口唇开袴。"

【口詠】 口中吟诵。李商隐《李肱所遗画松诗书两纸得四十韵》："口咏《玄云歌》，手把金芙蓉。"

【口訣】 原指道家以口语传授道法或秘术之要语。后泛指为掌握某种事物的要领而编成的简明而容易记诵的语句。岑参《下外江舟怀终南旧居》："早年好金丹，方士传口诀。"

【口腹】 ❶谓口与腹。王维《戏赠张五弟諲三首》之三："此是安口腹，非关慕隐沦。"白居易《游平泉宴浥涧宿香山石楼赠座客》："采摘助盘筵，芳滋盈口腹。"皮日休《吴中苦雨因书一百韵寄鲁望》："用以阅幽奇，岂能资口腹。"❷谓饮食。李端《赠岐山姜明府》："非关口腹累，自是雪霜姿。"韩愈、孟郊《城南联句》："海岳错口腹，赵燕锡媌娙。"章孝标《鹰》："会使老拳供口腹，莫辞亲手啖腥臊。"

【口號】 (—hào)诗体之一种，即随口吟成之诗，始于南朝梁简文帝萧纲。孙逖有《途中口号》。李白有《口号吴王美人半醉》。元稹《酬李六醉后见寄口号》："顾愈头风疾，因吟口号诗。"李商隐《咏怀寄秘阁旧僚二十六韵》："柏台成口号，芸阁暂肩随。"

【口業】 原为佛教语。佛教以身、口、意为三业。口业，指妄言、恶口、两舌和绮语。业，同"孽"。唐诗人以诗文类绮语，故用以指创作。白居易《斋月静居》："怱怱眼尘犹爱睡，些些口业尚夸诗。"又《寄题庐山旧草堂兼呈二林寺道侣》："渐伏酒魔休放醉，犹残口业未抛诗。"

【口誦】 口中诵读。孟郊《送李尊师玄》:"口诵碧简文,身是青霞君。"

【口實】 谓口舌谗间。杜甫《示从孙济》:"小人利口实,薄俗难可论。"

【口頭交】 限于嘴上或表面之交。孟郊《择友》:"面结口头交,肚里生荆棘。"

【口辨】 亦作"口辩",能言善辩。唐彦谦《汉嗣》:"张良口辨周昌吃,同建储宫第一勋。"

【口燥喉乾】 口和喉中干燥。僧鸾《苦热行》:"行人挥汗翻成雨,口燥喉干嗌尘土。"

【口藏】 (—zàng)口诵之经藏。白居易《赠草堂宗密上人》:"口藏宣传十二部,心台照耀百千灯。"

【口譚】 嘴上谈论。贯休《行路难》之四:"口谭羲轩与周孔,履行不及屠沽人。"

二 画

叶 〔xié《广韵》胡颊切,入帖,匣。〕同"协"。❶协和;符合。许敬宗《游清都观寻沈道士得清字》:"方叶栖迟趣,于此听钟声。"李百药《赋礼记》:"玉帛资王会,郊丘叶圣情。"韦渠牟《步虚词十九首》之十三:"神来知位次,乐变叶宫商。"杨巨源《春日奉献圣寿无疆词十首》之九:"赏叶元和德,文垂雅颂音。"齐己《夏雨》:"下叶黎甿望,高袪旱暵光。"❷协助;帮助。薛眘惑《奉和进船洛水应制》:"禁园纡睿览,仙棹叶宸游。"则天皇后《唐明堂乐章·外办将出》:"宏规则天地,神用叶陶钧。"皇甫澈《赋四相诗·中书令钟绍京》:"谋猷叶圣朝,披鳞奋英节。"张嗣初《赋得白云起封中》:"自叶尧年美,谁云汉日同。"

【叶力】 合力。宣宗《重阳锡宴群臣》:"倾心方倚注,叶力共安边。"

【叶時】 协和时序。欧阳詹《东风二章》之一:"东风叶时,匪沃匪飘。"

【叶瑞】 协和祥瑞。王邕《嵩山望幸》:"象车因叶瑞,龙驾愿升中。"

【叶慶】 协和庆瑞。褚亮《雩祀乐章·肃和》:"甸液应序,年祥叶庆。"王履贞《青云干吕》:"迎祥殊大乐,叶庆类横汾。"

【叶贊】 合力赞助。《郊庙歌辞·祀圜丘乐章·凯安》:"幽明同叶赞,鼎祚齐天壤。"

古¹ 〔gǔ《广韵》公户切,上姥,见。〕❶古代;古往。包融《阮公啸台》:"传是古人迹,阮公长啸处。"李商隐《有感》:"中路因循我所长,古来才命两相妨。"陆龟蒙《圣姑庙》:"因知古佳丽,不独湘夫人。"❷古老;年代久远。玄宗《端午》:"事古人留迹,年深缕积长。"刘长卿《无锡东郭送友人游越》:"旧都怀作赋,古穴觅藏书。"刘沧《寓居寄友人》:"芳草衡门天马迹,古槐深巷有蝉声。"韦庄《题许仙师院》:"地古多乔木,游人到且吟。"❸古朴。见"古淡""古雅""古誠"。❹指李道古。元和间为岳鄂岳蕲安黄团练观察使。李商隐《韩碑》:"愬武古通作牙爪,仪曹外郎载笔随。"❺姓。唐诗人中有古之奇。

古² 〔gù《集韵》古慕切,去莫,見。〕通"故"。见"古₂老"。

【古人】 古代之人。崔颢《题沈隐侯八咏楼》:"绿窗明月在,青史古人空。"白居易《纳粟》:"常闻古人语,损益周必复。"杜牧《自贻》:"寂寞怜吾道,依稀似古人。"皮日休《三羞诗三首》之二:"方知古人道,荫我已为足。"

【古人名】 指古人名诗。诗体之一种,诗中嵌入古代人名。皮日休有《奉和鲁望寒日古人名一绝》。

【古大梁】 古城名。指战国时魏都大梁,今河南开封市西北。隋唐以后,通称开封为大梁。高适有《古大梁行》。

【古大梁行】 即《大梁行》。《乐府诗集》归入《新乐府辞》。见《乐府诗集》卷九三《新乐府辞四》。高适有《古大梁行》。

【古井】 古老之水井。陆龟蒙《云北》:"一半遥峰雨,三条古井烟。"方干《题宝林山禅院》:"岩中古井虽通海,窗里阴云不上天。"张乔《兴善寺贝多林》:"远根穿古井,高顶起凉飙。"张蠙《遇道者》:"古井生云水,高坛出异松。"

【古井無波】 干涸之井无波浪。喻心志坚定。孟郊《列女操》:"波澜誓不起,妾心井中水。"白居易《赠元稹》:"无波古井水,有节秋竹竿。"

【古木】 老树。魏征《述怀》:"古木鸣寒鸟,空山啼夜猿。"刘长卿《秋夜肃公房喜普门上人自阳羡山至》:"寒禽惊后夜,古木带高秋。"白居易《江楼夕望招客》:"风吹古木晴天雨,月照平沙夏夜霜。"杜荀鹤《秋日卧病》:"山顶老猿啼古木,渡头新雁下平沙。"

【古今】 古代与现代。崔曙《缑山庙》:"涧水流年月,山云变古今。"白居易《把酒》:"把酒仰问天,古今谁不死。"韩琮《暮春浐水送别》:"绿暗红稀出凤城,暮云楼阁古今情。"廖匡图《和人赠沈彬》:"名利最为浮世重,古今能有几人抛。"

【古月】 古、月二字合为"胡"字。本于《晋书·苻坚载记》:"古月之末乱中州,洪水大起健西流。"李白《司马将军歌》:"狂风吹古月,窃弄章华台。"又《永王东巡歌十一首》之八:"长风挂席势难回,海动山倾古月摧。"

【古水】 指积水。李贺《勉爱行二首送小季之庐山》之二："荒沟古水光如刀，庭南拱柳生蛴螬。"

【古文】　指古文字。岑参《送王伯伦应制授正字归》："科斗皆成字，无令错古文。"白居易《春池闲泛》："古文科斗出，新叶剪刀生。"皎然《奉陪颜使君修韵海毕东溪泛舟饯诸文士》："外史刊新韵，中郎定古文。"❷泛指古代文章典籍。李白《赠何七判官昌浩》："羞作济南生，九十诵古文。"杜牧《卢秀才将出王屋高步名场江南相逢赠别》："王屋山人有古文，欲攀青桂弄氛氲。"

【古之奇】　唐诗人。宝应二年(763)登进士第。曾任安西幕府书记。以作《县令箴》著名。《唐才子传》称其"工古调，足幽闲淡泊之思，婉而成章"，并谓有诗集传世，今佚。与李端友善，李有《送古之奇赴安西幕》。《全唐诗》卷二六二收其《秦人谣》一首。

【古心】　不同凡俗的古人的思想。韩愈《孟生诗》："孟生江海士，古貌又古心。"

【古本】　古代版本。对新本而言。皮日休《虎丘寺殿前有古杉一本遂赋三百言以见志》："漆书明古本，铁室抗全师。"

【古史】　古代历史。无可《李常侍书堂》："已应穷古史，师律孰齐名。"亦用指古代史书。韩愈《杂诗》："古史散左右，诗书置后前。"

【古丘】　古老之坟墓。李白《永王东巡歌十一首》之四："龙蟠虎踞帝王州，帝子金陵访古丘。"李群玉《登章华楼》："伯业没荆棘，雄图成古丘。"陆龟蒙《补沈恭子诗》："落日倚石壁，天寒登古丘。"胡曾《咏史诗·吴江》："子胥今日委东流，吴国明朝亦古丘。"

【古仙】　古之仙人。李白《题随州紫阳先生壁》："道与古仙合，心将元化并。"皮日休《奉和鲁望四明山九题·潺湲洞》："料得深秋夜，临流尽古仙。"

【古寺】　年久之寺庙。周弘亮《曲江亭望慈恩寺杏园花发》："古寺迟春景，新花发杏园。"李绅《苏州不住遥望武丘报恩两寺》："秋山古寺东西远，竹院松门怅望同。"项斯《宿山寺》："月明古寺客初到，风度闲门僧未归。"刘沧《长安逢友人》："荒台共望秋山立，古寺多同雪夜吟。"

【古地】　古老之地。崔国辅《漂母岸》："古地多陻圮，时哉不敢言。"

【古$_2$老】　熟悉往昔掌故的老者。李白《上留田行》："古老向余言，言是上留田。"高适《淇上别业》："野人种秋菜，古老开原田。"刘猛《苦雨》："古老传童歌，连淫亦兵象。"

【古曲】　古代之乐曲。白居易《听幽兰》："琴中古曲是《幽兰》，为我殷勤更弄看。"又《苦哉远征人》："征人歌古曲，携手上河梁。"李咸用《和友人喜相遇十首》之七："《韶》《咸》古曲教谁爱，山水清音喜独闻。"

【古竹】　即老竹。李贺《昌谷北园新笋四首》之四："古竹老梢惹碧云，茂陵归卧叹清贫。"

【古先】　古代，古往。储光羲《酬李处士山中见赠》："含采共朝暮，知言同古先。"杜甫《北征》："忆昨狼狈初，事与古先别。"又《奉同郭给事汤东灵湫作》："百祥奔盛明，古先莫能俦。"元稹《和乐天赠樊著作》："神哉伊尹心，可以冠古先。"

【古先生】　道家称佛为古先生。王维《过乘如禅师萧居士嵩丘兰若》："深洞长松何所有，俨然天竺古先生。"白居易《酬梦得见戏十韵》："交游诸长老，师事古先生。"姚合《闲居》："何当学禅观，依止古先生。"

【古戍】　古时军队设防的关塞。徐安贞《奉和圣制早度蒲津关》："路得津门要，时称古戍闲。"戴叔伦《和河南罗主簿送校书兄归江南》："古戍阴传火，寒芜晓带霜。"刘禹锡《秋江晚泊》："古戍见旗迥，荒村闻犬稀。"翁绶《折杨柳》："阴移古戍迷芳草，花带残阳落远波。"

【古色】　苍古之色。杜甫《送韦十六评事充同谷郡防御判官》："古色沙土裂，积阴雪云稠。"钱起《片玉篇》："空山埋照凡几年，古色苍痕宛自然。"许坚《题茅山观》："松楸古色玉坛静，鸾鹤不来青汉高。"

【古字】　古代文字。窦巩《江陵遇元九李六呈十二韵》："学深通古字，心直触危机。"

【古别離】　乐府杂曲歌辞。《乐府诗集·杂曲歌辞》："《楚辞》曰：'悲莫悲兮生别离。'《古诗》曰：'行行重行行，与君生别离。相去万余里，各在天一涯。'后苏武使匈奴，李陵与之诗曰：'良时不可再，别离在须臾。'故后人拟之为《古别离》。梁简文帝又为《生别离》，宋吴远有《长别离》，唐李白有《远别离》，亦皆类此。"沈佺期、孟云卿、李益、于溃等均有此作。

【古岐】　古老的岔道口。王建《春意二首》之二："谁是杏园主，一枝临古岐。"

【古言】　古人之言论。贾岛《寓兴》："今时出古言，在众翻为讹。"

【古冶子】　春秋时力士，以勇力搏虎闻名。与公孙接、田开疆同事齐景公，为三勇士。后恃功骄傲，齐相晏婴劝景公去此三人，设计让景公送去两个桃子，要他们论功大小领取桃子，三人互不相让，争论起来，先后自杀。见《晏子春秋·谏下二四》。褚亮《梁甫吟》："借问谁家冢？田疆古冶子。"

【古社】　古老之社庙。白居易《和答诗十首·和古社》："废村多年树，生在古社隈。"

【古初】　太古之时。贾岛《寄李辀侍郎》："追琢垂今后，敦庞得古初。"徐铉《送史馆高员外使岭南》："桂蠹晨餐罢，贪泉访古初。"

【古長城】　指东接上郡、位于夏州宁朔县(今陕西靖边东北)的秦长城。李益《登长城》:“汉家今上郡,秦塞古长城。”

【古表】 古代,古往。孟郊《吊元鲁山》之十:“事已出古表,谁言独今奇。”

【古昔】 古代,古时。元希声《赠皇甫侍御赴都八首》之四:“粤在古昔,分官厥初,刺邪矫枉,非贤勿居。”萧祜《游石堂观》:“西山高高何所如,上有古昔真人居。”皎然《苕溪草堂四十三韵》:“吾师逆流教,禅隐殊古昔。”

【古東門行】 即《东门行》。乐府诗题,相和歌辞。吴兢《乐府古题要解·东门行》:“古词云:‘出东门,不顾归。’言士有贫不安其居者,拔剑将去,妻子牵衣留之,愿共铺糜,不求富贵,且曰:‘今时清,不可为非也!’若鲍照‘伤禽恶弦惊’,但伤离别而已。”柳宗元有《古东门行》。

【古事】 犹言故实,典故。姚合《闲居遣怀十首》之三:“展书寻古事,翻卷改新诗。”

【古來】 自古以来。李白《将进酒》:“古来圣贤皆寂寞,惟有饮者留其名。”牟融《寄周韶州》:“寄语故人休怅怏,古来贤达事多殊。”护国《别盛安》:“亲故相逢且借问,古来无种是王侯。”

【古松】 年久之松树。李商隐《李肱所遗画松诗书两纸得四十韵》:“万草已凉露,开图披古松。”韩偓《草书屏风》:“怪石奔秋涧,寒藤挂古松。”

【古物】 古代之物。张蠙《宴驸马宅》:“座中古物多仙意,壁上新诗有御题。”无名氏《古砚》(卷七八六):“癖性爱古物,终岁求不得。”

【古制】 同“古製”。

【古岸】 古老的堤岸。张祜《晚夏归别业》:“古岸扁舟晚,荒园一径微。”

【古往】 往古。对今而言。陈润《赋得池塘生春草》:“古往人何在,年来草自春。”陆龟蒙《自遣诗三十首》之十五:“古往天高事渺茫,宁知灵媛不凄凉。”吕岩《五言》之七:“古往诸仙子,根元占甲庚。”

【古刹】 (—chà)古庙。“刹”为梵语“瑟刹”的缩音,本为佛寺所树的幡竿。六朝人称塔为刹,唐以后则通称佛寺为刹。李贺《南园十三首》之十三:“古刹疏钟度,遥岚破月悬。”喻凫《夏日龙翔寺居即事寄崔侍御》:“古刹一幡斜,吹门水过沙。”吴融《木塔偶题》:“西南古刹近芳林,偶得高秋试一吟。”

【古往今來】 自古至今。李颀《行路难》:“鲁连所以蹈沧海,古往今来称达人。”杜牧《九日齐安登高》:“古往今来只如此,牛山何必泪沾衣。”吴融《过邓城县作》:“不用登临足感伤,古往今来尽茫茫。”徐夤《古往今来》:“古往今来恨莫穷,不如沉醉卧东风。”

【古服】 ❶古之服装。鲍溶《秋晚铜山道中宿隐者》:“野言得真风,山貌宜古服。”❷古之五服中的荒服。皮日休《泰伯庙》:“蛮荆古服属南荒,大圣开基辟草堂。”

【古法】 传统之作法。戴叔伦《怀素上人草书歌》:“楚僧怀素工草书,古法尽能新有余。”徐铉《和门下殷侍郎新茶二十韵》:“任道时新物,须依古法煎。”

【古治】 指古代州郡之治所。岑参《送郭司马赴伊吾郡请示李明府》:“秋山城北面,古治郡东边。”陈铁民等注:“古治:指伊州治所伊吾县,其地‘本后汉伊吾屯’(见《元和郡县志》卷四十)。”

【古房】 古老之住房。郑巢《送僧归富春》:“古房关藓色,秋径扫潮痕。”

【古春】 即春天。春天自古而然,故称。李贺《兰香神女庙三月中作》:“古春年年在,闲绿摇暖云。”

【古苔】 陈久的青苔。蔡桢《扬雄山》:“古苔环径碧,修竹绕轩清。”

【古城】 古老的城市或城镇。戴叔伦《关山月》:“一雁过连营,繁霜覆古城。”鲍溶《隋宫》:“炀帝春游古城在,坏宫芳草满人家。”李群玉《石头城》:“伯业随流水,寒芜上古城。”司马扎《送孔恂入洛》:“洛阳古城秋色多,送君此去心如何。”

【古城店】 古地名。在唐夷陵县(今湖北宜昌市)县南。杜甫有《行次古城店泛江作不揆鄙拙奉呈江陵幕府诸公》。

【古巷】 年代久远的巷道。项斯《落第后寄江南亲友》:“古巷槐阴合,愁多昼掩扉。”刘沧《长安冬夜书情》:“古巷月高山色静,寒芜霜落灞原空。”又《洛阳月夜书怀》:“疏柳高槐古巷通,月明西照上阳宫。”

【古查】 水中浮木。王维《皇甫岳云溪杂题五首·鸬鹚堰》:“乍向红莲没,复出清蒲扬。独立何褵褷,衔鱼古查上。”见“古楂”。

【古柏】 古老的柏树。刘言史《春过赵墟》:“古柏重生枝亦乾,余燎见风幽焰灭。”

【古相送】 拟古的送别诗。曹邺有《古相送》。

【古香】 古老之物所发出的气味。李贺《帝子歌》:“山头老桂吹古香,雌龙怨吟寒水光。”

【古俗】 古时之风俗。皮日休《鲁望读襄阳耆旧传见赠五百言次韵》:“庐罗遵古俗,鄢郢迷昔囿。”

【古泉驛】 古驿站名。在今山东邹平县境。战国於陵仲子即陈仲子曾居于此。张说有《古泉驿》。原注:“於陵仲子宅也。”

【古風】 ❶古代之人情风貌。刘禹锡《古词二首》之二:“簿领乃俗士,清谈信古风。”白居易《题赠平泉韦征君拾遗》:“箕颍千年后,唯君得古风。”杜牧《李给事中敏二首》之一:“一章缄拜皂囊中,懔懔朝廷有古风。”郑谷《访题进士张乔延兴门外所居》:“近日文场内，因君起古风。”❷诗体名。即古体诗、古诗。风，即诗歌之意，由《诗经》中的《国风》引申而来。唐及其以后之诗人作古体诗，还有以“古风”作为诗题者，如李白有《古风》五十九首。参见“古詩”“古体詩”。姚合《赠张籍太祝》：“古风无手敌，新语是人知。”齐己《览延栖上人卷》：“今体雕镂妙，古风研考精。”又《谢贯微上人寄示古风今体四轴》：“今体尽搜初剖判，古风淳凿未玄黄。”

【古思】　思恋古代之情。陆龟蒙《奉酬袭美秋晚见题二首》之一：“缘君多古思，携手上空城。”亦用作诗题。司马扎有《古思》。

【古亭】　古老之亭台。张继《送窦十九判官使江南》：“思归一惆怅，于越古亭中。”

【古音】　❶古代之语音。谓古人造字之本音，指先秦之音而言，以《诗经》为主，它如楚辞、先秦诸子之韵语，皆为研究古音可据之材料。唐宋人称隋陆法言《切韵》以前汉语音韵为古音。詹敦仁《复留侯从效问南汉刘岩改名龑字音义》：“私制窃无取，古音实相类。”❷指古乐。元结《补乐歌十首》序：“呜呼！乐声自太古始，百世之后，尽亡古音。”韩愈、孟郊《城南联句》：“岁律及郊至，古音命《韶》《韺》。”

【古恨】　昔日的遗恨。韩愈《辞唱歌》：“君教哭古恨，不肯复吞悲。”

【古祠】　古老之祠庙。皇甫曾《晚至华阴》：“云霞仙掌出，松柏古祠深。”张碧《山居雨霁即事》：“断续古祠鸦，高低远村笛。”贯休《江边祠》：“松森森，江浑浑，江边古祠空闭门。”

【古屏】　古老的画屏。钱珝《江行无题一百韵》之八十：“晚菊饶江垒，忽如开古屏。”

【古陌】　古老的道路。刘沧《晚秋洛阳客舍》：“隋朝古陌铜驼柳，石氏荒原金谷花。”朱晦《秋日送别》：“荒郊古陌时时断，野水浮云处处秋。”徐铉《赋得风光草际浮》：“宿露依芳草，春郊古陌旁。”

【古桐】　古老桐树之实。张祜《戊午年感事书怀二百韵谨献宣武李尚书》：“古桐收取好，坏屋荐来偏。”

【古原】　犹言古老的原野。皎然《送如献上人游长安》：“闲寻鄠杜看修竹，独上风凉望古原。”李商隐《乐游原》：“向晚意不适，驱车登古原。”刘沧《经古行宫》：“玉辇西归已至今，古原风景自沉沉。”崔涂《夕次洛阳道中》：“高树鸟已息，古原人尚耕。”

【古峭】　古朴峻峭。刘叉《爱碣石山》：“爱尔多古峭，不到人间行。”

【古時】　❶犹古代。曹邺《寄监察从兄》：“此地星已落，兼无古时城。”徐铉《寄萧给事》：“危言危行古时人，归向西山卧白云。”又《哭刑部侍郎乔公诗》：“襟怀道家侣，标格古时人。”❷昔时，往时。王昌龄《梁苑》：“梁园秋竹古时烟，城外风悲欲暮天。”白居易《窗中列远岫》：“宣城郡斋在，望与古时同。”李商隐《燕台四首·秋》：“金鱼锁断红桂春，古时尘满鸳鸯茵。”

【古氣】　指古代诗文的气韵。韩愈《送灵师》：“古气参《象》《系》，高标推《太玄》。”

【古偈】　古之佛偈。包佶《翻经台》：“金文翻古偈，汉字变胡书。”

【古徑】　古道。张公乂《金谷园花发怀古》：“点缀疏林遍，微明古径繁。”

【古訓】　古代之遗训。杜牧《池州送孟迟先辈》：“且复考诗书，无因见簪笏。古训屹如山，古风冷刮骨。”

【古梁州】　唐教坊曲名，即《梁州令》。李频《闻金吾妓唱梁州》：“闻君一曲《古梁州》，惊起黄云塞上愁。”

【古宫】　古代宫室。于武陵《长信宫》：“莫问古宫名，古宫空有城。”张乔《送沈先辈尉昭应》：“叶凋温谷晚，云出古宫迟。”翁宏《细雨》(句)：“何处残春夜，和花落古宫。”

【古容】　古人的容貌。欧阳炯《贯休应梦罗汉画歌》：“天教水墨画罗汉，魁岸古容生笔头。”

【古朗月行】　即《朗月行》，为乐府古题，属杂曲歌辞。南朝宋鲍照《朗月行》写佳人对月弦歌。李白采用此题，故称《古朗月行》，但并未因循旧的内容。李白有《古朗月行》。

【古冢】　亦作“古塚”。古老的坟墓。崔国辅《对酒吟》：“行行日将夕，荒村古冢无人迹。”贯休《送僧入石霜》：“穿林宿古冢，踏叶揭空盂。”

【古書】　古代书籍。赵牧《对酒》：“饥魂吊骨吟古书，冯唐八十无高车。”李群玉《自遣》：“修竹万竿资闃寂，古书千卷要穷通。”陆龟蒙《彼农二章》之一：“我慕圣道，我耽古书。”

【古娥眉怨】　即《蛾眉怨》。乐府相和歌辞。王翰有《古娥眉怨》。

【古莫買妾行】　唐诗人曹邺所拟诗题，古乐府中无此题。曹邺《古莫买妾行》：“千扉不当路，未似开一门。若遣绿珠丑，石家应尚存。”

【古雪】　经久未融之积雪。李白《寻高凤石门山中元丹丘》：“溪深古雪在，石断寒泉流。”

【古異】　古朴卓异。司空图《诗品二十四则·清奇》：“神出古异，淡不可收。如月之曙，如气之秋。”

【古國】　古代封国。司空曙《送永阳崔明府》：“古国群舒地，前当桐柏关。”

【古釵】　年代久远的金钗。钗，旧时妇女别在发髻上的一种首饰，由两股簪子合成。张籍《古钗叹》：

"古钗堕井无颜色，百尺泥中今复得。"

【古從軍行】　即《从军行》。乐府诗题，属乐府相和歌辞。述军旅苦辛。虞世南、骆宾王、李颀、刘长卿、王建、张祜均有此作。

【古凉州】　乐曲名。即《凉州曲》。唐天宝乐曲皆以边地名，若《凉州》《伊州》《甘州》之类。于濆《织素谣》："一曲《古凉州》，六亲长血食。"

【古淡】　古朴淡素。韩愈《醉赠张秘书》："张籍学古淡，轩鹤避鸡群。"

【古堞】　古老的城墙。刘长卿《步登夏口古城作》："平芜连古堞，远客此沾衣。"陆龟蒙《和袭美先辈悼鹤》："但掩丛毛穿古堞，永留寒影在空屏。"又《寒夜同袭美访北禅院寂上人》："鸟在寒枝栖影动，人依古堞坐禅深。"皮日休、陆龟蒙《寂上人院联句》："若许传心印，何辞古堞赊。"

【古堰】　年代久远之拦水矮坝。高适《自淇涉黄河途中作十三首》之八："古堰对河壖，长林出淇口。"

【古都】　古老的都城。张灌《题舜庙》："古都遗庙出河溃，万代千秋仰圣君。"

【古塚】　同"古冢"。

【古硯】　年代久远之砚台。无名氏《古砚》(卷七八六)："昨朝得古砚，兰河滩之侧。"

【古雅】　古朴典雅。李咸用《览友生古风》："分明古雅声，讽谕成凄切。"尚颜《读齐己上人集》："古雅如《周颂》，清和甚舜弦。"

【古集】　古人之诗文集。姚合《秋日闲居二首》之二："爱诗看古集，忆酒典寒衣。"郑谷《读前集二首》之二："爱日满阶看古集，只应陶集是吾师。"

【古稀】　七十岁的代称。始于杜甫《曲江二首》之二："酒债寻常行处有，人生七十古来稀。"

【古淥水】　即《渌水曲》，乐府舞曲歌辞，《齐明王歌辞》七曲之一。

【古渡】　古老之津渡。皇甫冉《与张諲宿刘八城东庄》："寒芜连古渡，云树近严城。"陆龟蒙《京口》："江干古渡伤离情，断山零落春潮平。"王贞白《晓泊汉阳渡》："落月临古渡，武昌城未开。"

【古詞】　指古诗。曹邺有《古词》。

【古畫】　年代久远之绘画。岑参《出关经华岳寺访法华云公》："长廊列古画，高殿悬孤灯。"韩愈《纳凉联句》："大壁旷凝净，古画奇驳荦。"许浑《宣州开元寺赠惟真上人》："经雨绿苔侵古画，过秋红叶落新诗。"

【古陽雲臺】　即阳云台。在重庆巫山县阳台山上。张九龄有《登古阳云台》。

【古聖】　古代圣人。陆龟蒙《村夜二篇》之一："守道希昔贤，为文通古圣。"

【古碑】　古之石碑。李群玉《黄陵庙》："野庙向江春寂寂，古碑无字草芊芊。"陆龟蒙《晓起即事因成回文寄袭美》："晴寺野寻同去好，古碑苔字细书匀。"熊皎《游嵩山》："翠木入云空自老，古碑横水莫知年。"

【古鼎】　古老之鼎。韦应物《信州录事参军常曾古鼎歌》："江南铸器多铸银，罢官无物唯古鼎。"王贞白《寄天台叶尊师》："采药霞衣湿，煎芝古鼎焦。"

【古鼎躍水】　周之九鼎于周亡后沉没水中，秦始皇时，鼎曾现于泗水，始皇派人寻找，未获。见《史记·封禅书》和郦道元《水经注·泗水》。韩愈《石鼓歌》："金绳铁索锁纽壮，古鼎跃水龙腾梭。"

【古路】　古老之路径。刘长卿《碧涧别墅喜皇甫侍御相访》："古路无行客，寒山独见君。"张碧《山居雨霁即事》："古路绝人行，荒陂响蝼蝈。"贾岛《送韩湘》："挂席从古路，长风起广津。"

【古跡】　亦作"古迹"。古代之遗迹。多指建筑物或其残迹。丘为《送阎校书之越》："此地饶古迹，世人多忘归。"高适《同群公秋登琴台》："古迹使人感，琴台空寂寥。"雍陶《送契玄上人南游》："南中多古迹，应访虎溪泉。"孙元晏《咏史诗·宋·乌衣巷》："古迹荒基好叹嗟，满川吟景只烟霞。"

【古單于】　古匈奴。岑参《轮台即事》："轮台风物异，地是古单于。"

【古節】　古人立身的节操。张九龄《奉和圣制过王濬墓》："古节犹不弃，今人争效忠。"李白《叙旧赠江阳宰陆调》："多君秉古节，岳立冠人曹。"

【古腸】　古人的心肠。孟郊《吊卢殷》之七："吟哦无滓韵，言语多古肠。"

【古詩】　❶古代之诗。贾岛《双鱼谣》："一得古诗字，与玉含异藏。"刘昭禹《仙都山留题》："山静祷灵药，夜闲论古诗。"❷古体诗之简称。李商隐《戏题枢言草阁三十二韵》："古诗何人作，老大徒伤悲。"徐铉《酬郭先辈》："古诗尤精奥，史论皆宏拔。"

【古誠】　古朴诚实。孟郊《答李员外小榼味》："荷君道古诚，使我善飞翎。"

【古意】　❶往古之意趣韵味。姚合《赠王建司马》："文高轻古意，官冷似前资。"李频《赋得长城斑竹杖》："细看生古意，闲倚动边思。"贯休《拟齐梁酬所知见赠二首》之二："释手复在手，古意深复深。"❷恋古之情意。杜甫《登兖州城楼》："从来多古意，临眺独踌躇。"李山甫《山中依韵答刘书记见赠》："慷慨追古意，旷望登高台。"郑谷《南游》："凄凉怀古意，湘浦吊灵均。"❸诗题名。与拟古、仿古同。多咏前代之故事，以寄其寓意，故云。崔国辅、戎昱、李白等均有《古意》之作。

【古道】　❶古老的路径。李白《寻雍尊师隐居》："拨云寻古道，倚石听流泉。"耿湋《秋日》："古道无人行，秋风动禾黍。”贾岛《送陈商》：“古道长荆棘，新岐路交横。”李绅《过梅里七首·上家山》：“上家山，临古道。”❷古代的道德风尚。李群玉《自澧浦东游江表途出巴丘投员外从公虞》：“孤醒立众醒，古道何由昌。”陆龟蒙《江湖散人歌》：“江湖散人悲古道，悠悠幸寄羲皇傲。”李山甫《遣怀》：“古道贵拙直，时事不足言。”

【古義】 古书之义理。李咸用《依韵修睦上人山居十首》之九：“《太玄》《太易》小窗明，古义寻来醉复醒。”

【古溪】 古老的溪水。裴休《题铜官山庙》：“浔阳贤太守，遗庙古溪边。”

【古塞】 古老的关塞。岑参《登北亭北楼呈幕中诸公》：“尝读《西域传》，汉家得轮台。古塞千年空，阴山独崔嵬。”戎昱《塞下曲》：“将军领疲兵，却入古塞门。”杨齐哲《过函谷关》：“逶迤众山尽，荒凉古塞空。”法振《越中寄程先生》：“古塞连山静，阴霞落海新。”

【古塞下曲】 （曲 qǔ）即《塞下曲》。乐府新辞。李颀有《古塞下曲》。

【古殿】 古老的宫殿。沈传师《次潭州酬唐侍御姚员外游道林岳麓寺题示》：“相重古殿倚岩腹，别引新径萦云根。”成彦雄《游紫阳宫》：“古殿烟霞簇画屏，直疑踪迹到蓬瀛。”

【古經】 古代经典。刘言史《初下东周赠孟郊》：“修文返正风，刊字齐古经。”皮日休《太湖诗·孤园寺》：“小殿熏陆香，古经贝多纸。”

【古絶】 犹言古来绝无。孟浩然《还山贻湛法师》：“墨妙称古绝，词华惊世人。”

【古墓】 古老的坟墓。寒山《诗三百三首》之二一八：“回瞻郊郭外，古墓犁为田。”刘长卿《经漂母墓》：“古墓樵人识，前朝楚水流。”白居易《续古诗十首》之二：“古墓何代人，不知姓与名。”韦镒《经望湖驿》：“垒垒多古墓，寂寞为墟久。”

【古臺】 年代久远之楼台。刘长卿《严陵钓台送李康成赴江东使》：“古台落日共萧条，寒水无波更清浅。”又《秋日登吴公台上寺远眺吴明彻战场》：“古台摇落后，秋日望乡心。”裴瑶《阖闾城怀古》：“惟有妖娥曾舞处，古台寂寞起愁烟。”

【古歌舊曲】 古时之歌曲。白居易《杨柳枝词八首》之一：“古歌旧曲君休听，听取新翻《杨柳枝》。”

【古槐】 古老之槐树。刘沧《访友人郊居》：“空塞山当清昼晚，古槐人继绿阴余。”

【古槎】 古老的竹、木筏。宋之问《巫山高》：“古槎天外落，瀑水日边来。”

【古塹】 古老的壕沟。许昼《江南行》：“叶扫秋空静，根横古堑危。”

【古碣】 古老的圆形字碑。王建《原上新居十三首》之十一：“古碣凭人榻，闲诗任客吟。”

【古製】 亦作“古制”。古代礼制、制度。宋之问《谒禹庙》：“茅殿今文袭，梅梁古制无。”张籍《离妇》：“薄命不生子，古制有分离。”薛存诚《太学创置石经》：“圣唐复古制，德义功无替。”皮日休《吴中苦雨因书一百韵寄鲁望》：“伊余之廨宇，古制拙卜筑。”

【古甃】 古老的井壁。李郢《晓井》：“桐阴覆井月斜明，百尺寒泉古甃清。”裴大章《恩赐魏文贞公诸孙旧第以导直臣》：“古甃开泉井，新禽绕画楹。”

【古像】 古老的佛像。郑巢《和姚郎中题凝公院》：“雪夕谁同话，悬灯古像前。”

【古貌】 谓容貌如古人。李白《赠别舍人弟台卿之江南》：“良图委蔓草，古貌成枯桑。”皮日休《华山李炼师所居》：“麻姑古貌上仙才，谪向莲峰管玉台。”

【古貌古心】 谓形貌、思想皆有古人风度。韩愈《孟生诗》：“孟生江海士，古貌又古心。”

【古瘦】 古朴硬瘦。许瑶《题怀素上人草书》：“志在新奇无定则，古瘦漓骊半无墨。”

【古態】 ❶旧态，旧的式样。陆龟蒙《看压新醅寄怀袭美》：“晓压糟床渐有声，旋如荒涧野泉清。身前古态熏应出，世上愁痕滴合平。”❷指旧时的装束。陆龟蒙《古态》：“古态日渐薄，新妆心更劳，城中皆一尺，非妾髻鬟高。”

【古墳】 古墓。卢纶《早春归周至旧居却寄耿拾遗沣李校书端》：“几家废井生青草，一树繁花傍古坟。”贾岛《寄贺兰朋吉》：“野菜连寒水，枯株簇古坟。”张蠙《宿山驿》：“古坟时见火，荒壁悄无邻。”叶元良《御制段太尉碑》：“揭出临新陌，长留对古坟。”

【古趣】 古雅的意趣。吕从庆《溪西行》：“入境闻鸡犬，悠悠古趣遐。”

【古墟】 年代久远之废墟。李绅《姑苏台杂句》：“寂寞千年尽古墟，萧条两地皆明月。”

【古蔓】 老藤。孙逖《和登会稽山》：“古蔓柔堪引，竹硐入山多。”

【古賢】 古代之贤人。白居易《喜老自嘲》：“名籍同逋客，衣装类古贤。”方干《湖北有茅斋湖西有松岛轻棹往返颇惬素心因成四韵》：“古贤暮齿方如此，多笑愚儒鬓未斑。”法振《陈九溪中草堂》：“缅帻题新句，蓑衣象古贤。”

【古篋】 旧箧。陆龟蒙《奉酬袭美秋晚见题二首》之二：“和诗盈古箧，赊酒半寒瓢。”

【古篇】 谓具有古代风韵的诗文。石殷士《日华川上动》：“孰假咸池望，幽情得古篇。”

【古儀】 古代式样的仪型。张籍《古钗叹》：“凤凰宛转有古仪，欲为首饰不称时。”

【古劍池】 即剑池。池名。在今江苏苏州市虎丘山。据传阖庐葬于此池下，下葬时曾以“专诸”“鱼肠”等剑三千殉葬，故称。相传秦始皇和东吴孙权都派人到此求剑，但均无所获。一说剑池是冶炼宝剑淬火之处。贯休有《古剑池》。

【古論】　古代论著。卢纶《晚次新丰北野老家书事呈赠韩质明府》：“衰翁正席矜新社，稚子齐襟读古论。”

【古調】　（—diào）❶古代的乐曲。刘长卿《听弹琴》：“古调虽自爱，今人多不弹。”白居易《和令狐仆射小饮听阮咸》：“古调何人识，初闻满座惊。”贾岛《夜集田卿宅》：“朗咏高斋下，如将古调弹。”王元《听琴》：“古调俗不乐，正声君自知。”❷古诗的格调。杜审言《和晋陵陆丞早春游望》：“忽闻歌古调，归思欲沾巾。”❸指汉魏以来形成的古体诗。元稹《见人咏韩舍人新律诗因有戏赠》：“喜闻韩古调，兼爱近诗篇。”

【古廟】　古老之祠庙。韩翃《送故人归蜀》：“古庙祠金马，春江带白鼋。”刘沧《过北邙山》：“漠漠兔丝罗古庙，翩翩丹旐过孤村。”李胄《文宣王庙古松》：“列植成均里，分行古庙前。”

【古樂】　（—yuè）古代之音乐。亦称雅乐。帝王祭祀、朝会时所奏。陆贽《晓过南宫闻太常清乐》：“南宫闻古乐，拂曙听初惊。”陆龟蒙《奉和袭美酒中十咏·酒乡》：“三杯闻古乐，伯雅逢遗裔。”王贞白《忆张处士》：“古乐知音少，名言与俗违。”

【古樂府】　（樂 yuè）指汉、魏、晋、南北朝的乐府诗。后代模仿其体制的作品，有时也称古乐府。高适有《古乐府飞龙曲留上陈左相》之作。孟简《咏欧阳行周事》序：“古乐府诗有《华山畿》，《玉台新咏》有庐江小吏，相死或类于此。暇日偶作诗以继之云。”白居易有《读张籍古乐府》。李商隐《樱桃答》：“何因古乐府，惟有郑樱桃。”

【古壇】　古之祭坛。陆龟蒙《奉和袭美太湖诗二十首·毛公坛》：“空遗古坛在，稠叠烟萝屏。”又《华阳巾》：“须是古坛秋霁后，静焚香炷礼寒星。”护国《归山作》：“松牖见初月，花间礼古坛。”

【古燕州】　指唐幽州。治所在幽都（今北京城西南）。战国时燕国都于此。李益《献刘济》：“草绿古燕州，莺声引独游。”

【古樹】　年代久远的树木；老树。武元衡《送李秀才赴滑州诣大舅》：“长亭叫月新秋雁，官渡含风古树蝉。”温庭筠《巫山神女庙》：“古树芳菲尽，扁舟离恨多。”

【古縣】　古老的县城。王周《泊巴东》：“偶泊巴东古县前，宦情乡思两绵绵。”

【古器】　古代器物。张籍《赠王秘书》：“每著新衣看药灶，多收古器在书楼。”朱庆余《寄刘少府》：“唯爱图书兼古器，在官犹自未离贫。”皮日休《江南书情二十韵寄二同年》：“室唯搜古器，钱只买秋杉。”黄滔《寄少常卢同年》：“古器岩耕得，神方客谜留。”

【古興】　（—xìng）思古的兴味与感情。颜真卿、皎然《登岘山观李左相石尊联句》：“览事古兴属，送人归思繁。”

【古錦】　年代久远的锦缎。李商隐《骄儿诗》：“古锦请裁衣，玉轴亦欲乞。”

【古澹】　古朴恬澹。陆龟蒙《和过张祜处士丹阳故居》序：“以曲阿地古澹，有南朝之遗风，遂筑室种树而家焉。”

【古壁】　古老的墙壁。卢照邻《文翁讲堂》：“空梁无燕雀，古壁有丹青。”韩愈《山石》：“僧言古壁佛画好，以火来照所见稀。”朱庆余《题开元寺》：“长廊画剥僧形影，石壁尘昏客姓名。”王周《道院》：“雨苔生古壁，雪雀聚寒林。”

【古聲】　指古乐之声。韩愈《秋怀诗十一首》之七：“古声久埋灭，无由见真滥。”

【古檜】　古老的桧树。桧，柏叶松身，而树龄很长，故称。李贺《昌谷诗》：“漂旋弄天影，古桧拏云臂。”

【古鄴城】　即邺城。本战国时魏国都邑，故址在今河北临漳县一带，为漳河流经地。建安十八年（213）曹操为魏王，定都于此，长期为中原地区最繁盛之都市。北周大象二年（580），相州总管尉池迥在此与杨坚大战，城遂被毁。岑参有《登古邺城》。

【古篆】　书体名。即大篆。广义指小篆以前的甲骨文、金文、籀文和六国文字在内。狭义指通行于春秋战国时代秦国的一种字体，亦称籀文。贾岛《经苏秦墓》：“沙埋古篆折碑文，六国兴亡事系君。”姚合《题宣义池亭》：“苔文翻古篆，石色学秋天。”灵一《安公》：“学文古篆中，义显心经内。”

【古離别】　乐府杂曲歌辞。沈佺期、常理、孟郊、顾况、贯休等均有此作。

【古藏】　古葬，年代久远之坟墓。韩愈、孟郊《城南联句》：“荒学五六卷，古藏四三茔。”

【古轍】　以往的车辆痕辙。贾岛《送陈商》：“君于荒榛中，寻得古辙行。”

【古鏡】　古代之铜镜。皇甫冉《寻戴处士》：“蛮僧留古镜，蜀客寄新琴。”孟简《酬施先辈》：“襄阳才子得声多，四海皆传古镜歌。”许棠《新年呈友》：“清晨窥古镜，旅貌近衰翁。”

【古韻】　谓古代风韵意趣。杜牧《和宣州沈大大登北楼书怀》：“笔落青山飘古韵，帐开红旆照高秋。”郑谷《送吏部曹郎中免官南归》：“高名向己求，古韵古无俦。”

【古籍】 古代书籍。杨衡《游陆先生故岩居》："拾薪遇遗鼎，探穴得古籍。"

【古竇】 古穴，旧洞。李端《度关山》："危楼缘广漠，古窦傍长城。"

【古鐵】 古旧铁器。陆龟蒙《奉和袭美茶具十咏·茶鼎》："新泉气味良，古铁形状丑。"又《杂讽九首》之九："古铁久不快，倚天无处磨。"皮日休《追和虎丘寺清远道士诗》："石涩古铁铁，岚重轻埃漫。"

【古驛】 古老之驿站。刘沧《春晓旅次有怀》："野水乱流临古驿，断烟凝处近孤城。"王周《宿疏陂驿》："谁知孤宦天涯意，微雨萧萧古驿中。"无名氏《桃源行送友人》(卷七八六)："古驿荒桥平路尽，崩湍怪石小溪行。"

【古體詩】 亦称"古诗""古风"。诗体名。与近体诗相对称，产生较早。每首句数不定，每句字数不定，有三、四、五、六、七言和杂言等形式，后世使用五言和七言较多，用韵比较自由，不讲求对仗、平仄等格律。杜甫《暮冬送苏四郎徯兵曹适桂州》："早作诸侯客，兼工古体诗。"

【古籙】 古老的道家秘文。陆龟蒙《寄茅山何道士》："古篆文垂露，新金汞绝烟。"

【古靈】 谓古之灵气。王湾《秋夜寓直通简南省诸友人》："古灵传岳秀，宏量禀川澄。"

【古觀】 (—guàn)古老之道观。皎然《晚春寻桃源观》："武陵何处访仙乡，古观云根路已荒。"皮日休《太湖诗·三宿神景宫》："古观岑且寂，幽人情自怡。"

叮 〔dīng《广韵》當經切，平清，端。〕❶谓昆虫类用针形口器螫刺。寒山《诗三百三首》之六三："蚊子叮铁牛，无渠下嘴处。"❷见"叮嚀"。

【叮嚀】 ❶再三嘱咐。寒山《诗三百三首》之一七八："叮咛善保护，勿令有点痕。"杨巨源《早春即事呈刘员外》："马蹄经历须应遍，莺语叮咛已怪迟。"白居易《送客南迁》："曾经身困苦，不觉语叮咛。"❷犹殷勤。鲍溶《范真传侍御累有寄因奉酬十首》之五："闻道中山酒，一杯千日醒。黄莺似传语，劝酒太叮咛。"

可[1] 〔kě《广韵》枯我切，上哿，溪。〕❶允许，许可。韩愈《元和圣德诗》："负鄙为艰，纵则不可。"白居易《闲坐看书贻诸少年》："我心知已久，吾道无不可。"陆龟蒙《读襄阳耆旧传因作诗五百言寄皮袭美》："将生皮夫子，上帝可其奏。"卢汪《酒胡子》："可亦不在心，否亦不在面。"❷是，正确。谓正确的意见或主张。独孤及《送陈兼应辟兼寄高适贾至》："料君能献可，努力副畴咨。"❸可以；能够。寒山《诗三百三首》之七九："益者益其精，可名为有益，易者易其形，是名之有易。"杜甫《前出塞九首》之七："浮云暮南征，可望不可攀。"李商隐《李肱所遗画松诗书两纸得四十韵》："可集呈瑞凤，堪藏行雨龙。"薛能《黄河》："润可资农亩，清能表帝恩。"张蠙《过山家》："家山不在此，至此可归休。"❹值得，堪。杜淹《召拜御史大夫赠袁天纲》："伊吕深可慕，松乔定是虚。"王昌龄《宿裴氏山庄》："遂解尘中组，终南春可游。"刘长卿《疲兵篇》："孤城望处增断肠，折剑看时可沾臆。"刘禹锡《八月十五日寄呈乐天》："斜辉犹可玩，移宴上西楼。"❺应该。顾况《上古之什补亡训传十三章·筑城二章》之一："咨尔寺兮，发郊外冢墓。死而无知，犹或不可；若其有知，惟上帝是愬。"❻符合，适合。杜甫《遣兴五首》之二："此日千里鸣，追风可君意。"王建《白纻歌二首》之二："堕钗遗佩满中庭，此时但愿可君意。"❼适宜，相宜。王维《送张五諲归宣城》："忆想兰陵镇，可宜猿更啼。"刘长卿《清明日青龙寺上方赋得多字》："上方偏可适，季月况堪过。"元结《系乐府十二首·贱士吟》："正方终莫可，江海有沧州。"❽病愈。寒山《诗三百三首》之一三五："自身病始可，又为子孙愁。"❾易，容易。杜甫《渡江》："春江不可度，二月已风涛。"❿当；对着。刘禹锡《生公讲堂》："高坐寂寥尘漠漠，一方明月可中庭。"⓫副词。(1)大约。寒山《诗三百三首》之一二〇："年可三十余，曾经四五造。"王维《洛阳女儿行》："洛阳女儿对门居，才可容颜十五余。"窦常《奉寄辰州房使君郎中》："新年只可三十二，却笑潘郎白发生。"黄滔《归思》："寒为旅雁暖还去，秦越离家可十年。"(2)表示反诘。犹岂，难道。岑参《北庭作》："可知年四十，犹自未封侯。"卢仝《萧宅二三子赠答诗二十首·石再请客》："可得杠压我，使我头不出。"李涉《谴谪康州先寄弟渤》："唯将直道信苍苍，可料无名抵宪章。"李商隐《春日寄怀》："纵使有花兼有月，可堪无酒又无人。"方干《山中言事》："潜夫自有孤云侣，可要王侯知姓名。"(3)恰恰。李白《古风五十九首》之十："吾亦澹荡人，拂衣可同调。"顾况《华山西冈游赠隐玄叟》："想是悠悠云，可契去留躅。"李商隐《辛未七夕》："由来碧落银河畔，可要金风玉露时。"(4)更，复。杜甫《和裴迪登蜀州东亭送客逢早梅相忆见寄》："此时对雪遥相忆，送客逢春可自由。"刘长卿《赴巴南书情寄故人》："裁书欲谁诉，无泪可潸然。"⓬连词。(1)虽，虽然如此。钱珝《江行无题一百首》之九九："可缘非直路，却有好风来。"(2)却，但是。李白《相逢行》："相见情已深，未语可知心。"韦庄《鸡公帻》："石状虽如帻，山形可类鸡。"⓭不可。中宗《景龙四年柏梁体联句》："当熊让辇愧前芳，再司铨笼恩可忘。"杜甫《热三首》："十年可解甲，为尔一沾巾。"白居易《听李士良琵琶》："闲人暂听犹眉敛，可使和蕃公主闻。"⓮通"何"。韩愈《永贞行》："慎勿浪信常兢兢，吾尝同僚情可胜。”又《题炭谷湫祠堂》：“弃去可奈何，吾其死茅菅。”元稹《有酒十章》之二：“呜呼不得真宰情，我可奈何兮杯再倾。”

可²　〔kè《字彙补》苦格切。〕见“可₂汗”“可₂敦”。

【可人】　谓美人。司空图《诗品二十四则·清奇》：“可人如玉，步屧寻幽。载行载止，空碧悠悠。”

【可上人】　即诗僧无可。李洞有《赠可上人》。

【可口】　随口，信口乱说。陆龟蒙《奉酬袭美先辈吴中苦雨一百韵》：“可口是妖讹，恣情专赏罚。”

【可止】　唐诗僧。俗姓马，范阳房山（今属北京市）人。擅长近体律诗。乾宁中，赐紫。后唐明宗令住洛阳长寿寺，署号文智大师。与贾岛友善。《全唐诗》卷八二五录其诗九首。

【可中】　❶假若。王建《镜听词》：“可中三日得相见，重绣锦囊磨镜面。”吴融《赠李长史歌》：“可中长似承平基，肯将此为闲人吹。”又《赠晉光上人草书歌》：“可中一入天子国，络素裁缣洒毫墨。”蒋贻恭《咏王给事》：“可中与个皮裩著，擎得天王左脚无。”❷恰巧。皎然《游溪待月》：“可中才望见，撩乱梼寒衣。”罗隐《绣》：“可中用作鸳鸯被，红叶枝枝不碍刀。”罗虬《比红儿诗》之七十：“可中得似红儿貌，若遇韩朋好杀伊。”

【可公】　即僧无可。贾岛有《就可公宿》和《夜集姚合宅期可公不至》。郑谷《寄题诗僧秀公》：“灵一心传清塞心，可公吟后楚公吟。”

【可以】　能，能够。李颀《王母歌》：“手指交梨遣帝食，可以长生临宇县。”孟郊《立德新居》之九：“岂唯耀兹日，可以荣远孙。”郭周藩《谭子池》：“发掘散生聚，可以救贫羸。”司马扎《沧浪峡》：“可以濯吾缨，斯言诚所慕。”

【可可】　❶不经心，不在意。薛昭蕴《浣溪沙》词之五：“瞥地见时犹可可，却来闲处暗思量。”❷隐约模糊貌。元稹《春六十韵》：“九霄浑可可，万姓尚忡忡。”❸少微，少许。寒山《诗三百三首》之一五八：“昔时可可贫，今朝最贫冻。”

【可行】　（—xíng）可以实行。皎然《奉陪杨使君项送段校书赴南海幕》：“处以德为藩，出则道可行。”

【可₂汗】　我国古代鲜卑、蠕蠕、突厥、回纥、蒙古等族国君之称。戎昱《苦哉行五首》之五：“可汗奉亲诏，今月归燕山。”白居易《新乐府·阴山道》：“咸安公主号可敦，远为可汗频奏论。”赵嘏《送从翁中丞奉使黠戛斯六首》之四：“谁见鲁儒持汉节，玉关降尽可汗军。”

【可否】　可与不可。皇甫冉《送陆潜夫往茅山赋得华阳洞》：“欲回头兮挥手，便辞家兮可否。”戴叔伦《回兖州张秀才过王侍御参谋宅赋十韵》：“秉心转孤直，沉照随可否。”

【可但】　岂止。严武《巴岭答杜二见忆》：“可但步兵偏爱酒，也知光禄最能诗。”

【可即】　❶犹岂能，怎么能够。丁仙芝《赠朱中书》：“会应怜尔居素约，可即长年守贫贱。”岑参《送胡象落第归王屋别业》：“可即疲献赋，山村归种田。”❷到达目的地；达到标准。崔融《拟古》：“班张固非拟，卫霍行可即。”

【可忍】　岂忍，哪忍。杜甫《三绝句》之一：“不如醉里风吹尽，可忍醒时雨打稀。”

【可奈】　怎奈，可恨。李煜《采桑子》词之二：“可奈情怀，欲睡朦胧入梦来。”

【可知】　岂知，岂料。岑参《北庭作》：“可知年四十，犹自未封侯。”白居易《放言五首》之一：“但爱臧生能诈圣，可知甯子解佯愚。”钱珝《江行无题一百首》之三五：“自念平生意，曾期一郡符。可知因谪宦，斑鬓入江湖。”

【可佳】　佳美。张九龄《临泛东湖》：“万族纷可佳，一游岂能展。”

【可念】　❶可怜，值得怜悯。杜甫《题郑十八著作虔》：“可念此翁怀直道，也沾新国用轻刑。”李贺《勉爱行送小季之庐山二首》之二：“江干幼客真可念，郊原晚吹悲号号。”❷可爱。白居易《弄龟罗》：“物情小可念，人意老多慈。”

【可朋】　五代后蜀诗僧。丹棱（今属四川）人。好酒，自号醉髡。欧阳炯以其比孟郊、贾岛。与方干友善，有唱酬。《全唐诗》卷八四九和卷八八八共录其诗五首。

【可怕】　❶使人害怕。韩愈《县斋有怀》：“气象杳难测，声音吁可怕。”❷只怕。李涉《送颜觉赴举》：“居然一片荆山玉，可怕无人是卞和。”

【可要】　何要，岂要。李商隐《辛未七夕》：“由来碧落银河畔，可要金风玉露时。”司空图《寄王赞学》：“一行万里纤尘静，可要张仪更入秦。”李山甫《项羽庙》：“停分天下犹嫌少，可要行人赠纸钱。”方干《山中言事》：“潜夫自有孤云侣，可要王侯知姓名。”

【可是】　岂是，难道。戎昱《桂城早秋》：“猿啼曾下泪，可是为忧贫。”皎然《春夜集陆处士居玩月》：“西林可是无清景，只为忘情不记春。”郑谷《舟行》：“季鹰可是思鲈鲙，引退知时自古难。”韦庄《过渼陂怀旧》：“渼陂可是当时事，紫阁空余旧日烟。”

【可畏】　令人惧怕。白居易《旱热二首》之一：“彤云散不雨，赫日吁可畏。”李商隐《五言述德抒情诗一首四十韵献上杜七兄仆射相公》：“人言真可畏，公意本无争。”陆龟蒙《鹤媒歌》：“君不见荒陂野鹤陷良媒，同类同声真可畏。”李咸用《读修睦上人歌篇》：“睦公睦公真可畏，开口向人无所忌。”

【可哀】 令人悲哀。聂夷中《闻人说海北事有感》：“故乡归路隔高雷，见说年来事可哀。”

【可耻】 认为羞耻。元稹《兔丝》：“翳荟生可耻，束缚死无名。”

【可笑】 令人发笑。寒山《诗三百三首》之三：“可笑寒山道，而无车马踪。”韩愈《调张籍》：“蚍蜉撼大树，可笑不自量。”周昙《咏史诗·春秋战国门·淳于髡》：“以少求多诚可笑，还如轻币欲全齐。”

【可能】 ❶能否；是否。戴叔伦《寄司空曙》：“可能相别还相忆，莫遣杨花笑白头。”白居易《杨六尚书新授东川节度使代妻戏贺兄嫂二绝》之二：“金花银碗饶君用，罨画罗衣尽嫂裁。觅得黔娄为妹婿，可能空寄蜀茶来。”李商隐《井络》：“堪叹故君成杜宇，可能先主是真龙。”罗隐《偶题》：“我未成名君未嫁，可能俱是不如人。”徐铉《赋得有所思》：“落日鲜云偏聚散，可能知我独伤心。”❷岂能；难道。白居易《哭微之二首》之二：“哭送咸阳北原上，可能随例作灰尘。”许浑《惜春》：“无计延春日，可能留少年。”罗隐《孙员外赴阙后重到三衢》：“宣室夜阑如有问，可能全忘未然灰。”张仲谋《题播口》：“大禹未生门未凿，可能天下总无龙。”齐己《和郑谷郎中看棋》：“樵夫可能解，也此废光阴。”❸也许，或许。李商隐《荆山》：“杨仆移关三百里，可能全是为荆山。”钱珝《江行无题一百首》之十七：“柳拂斜开路，篱边数户村。可能还有意，不掩向江门。”❹却能。张蠙《青冢》：“倾国可能胜效国，无劳冥寞更思回。”❺怎能；何至。表反诘、强调。白居易《夏旱》：“感此因问天，可能长不雨。”杜牧《除官行至昭应闻友人出官因寄》：“可能休涕泪，岂独感恩知。”李商隐《华清宫》：“当日不来高处舞，可能天下有胡尘。”❻可以，能够。李商隐《对雪二首》之二：“侵夜可能争桂魄，忍寒应欲试梅妆。”翁承赞《题景祥院》：“三卷贝多金粟语，可能心炼得成灰。”

【可掬】 可以用手捧住。韩愈《春雪》：“遍阶怜可掬，满树戏成摇。”

【可得】 岂能，不可能。戴叔伦《听韩使君美人歌》：“嫁与将军天上住，人间可得再相过。”李商隐《龙丘途中》：“泪流回月上，可得更猿啼。”又《北禽》：“纵能朝杜宇，可得值苍鹰。”

【可惜】 ❶令人惋惜。寒山《诗三百三首》之一八二：“可惜百年屋，左倒右复倾。”张鼎《邺城引》：“可惜望陵歌舞处，松风四面暮愁人。”权德舆《杂言十首》之十：“可惜长安无限春，年年空向江南见。”周昙《咏史诗·春秋战国门·再吟荆轲》：“诚哉利器全由用，可惜吹毛不得人。”❷可爱。李白《寄远十一首》之十一：“盈盈汉水若可越，可惜凌波步罗袜。”戎昱《和李尹种葛》：“清阴如可惜，黄鸟定飞来。”白居易《快活》：“可惜莺啼花落处，一壶浊酒送残春。”崔橹《过南城县麻姑山》之二：“家风负荷须名宦，可惜千峰绿似蓝。”❸值得珍惜；应该爱惜。高适《九日酬颜少府》：“檐前白日应可惜，篱下黄花为谁有。”韩愈《此日足可惜赠张籍》：“此日足可惜，此酒不足尝。”白居易《读史五首》之一：“良时真可惜，乱时何足钦。”李频《苑中题友人林亭》：“雄文终可惜，莫更弃高科。”

【可堪】 哪堪，哪里经受得住。李商隐《春日寄怀》：“纵使有花兼有月，可堪无酒又无人。”李郢《早秋书怀》：“青鬓已缘多病镊，可堪风景促流年。”黄滔《寓江州李使君》：“况是楚江鸿到后，可堪西望发孤舟。”徐铉《山路花》：“半隔烟岚遥隐隐，可堪风雨暮萧萧。”

【可喜】 令人喜悦。太宗《初晴落景》：“晚霞聊自怡，初晴弥可喜。”

【可期】 能够等待。戴叔伦《行路难》：“出门行路难，富贵安可期。”

【可恶】 (wù)令人厌恶。元稹《解秋十首》之二：“鸱鸮诚可恶，蔽日有高鹏。”

【可悲】 令人悲伤。权德舆《与沈十九拾遗同游栖霞寺上方于亮上人院会宿二首》之一：“下界诚可悲，南朝纷在目。”聂夷中《送友人归江南》：“上国身无主，下第诚可悲。”

【可貴】 值得珍贵。孟郊《品松》：“赏异尚可贵，赏潜谁能容。”刘禹锡《将赴汝州途出浚下留辞李相公》：“千思万虑尽如空，一笑一言真可贵。”

【可嗟】 令人叹嗟。秦韬玉《读五侯传》：“朱紫盈门自称贵，可嗟区宇尽疮痍。”刘臻《河边枯树》：“可嗟摧折尽，记得上河源。”

【可$_2$敦】 可汗之妻。白居易《新乐府·阴山道》：“咸安公主号可敦，远为可汗频奏论。”

【可傷】 令人悲伤。李商隐《赠送前刘五经映三十四韵》：“屋壁余无几，焚坑逮可伤。”

【可羡】 令人羡慕。司空曙《题落叶》：“随风偏可羡，得到洛阳宫。”杜牧《醉后题僧院》：“可羡高僧共心语，一如携稚往东西。”李商隐《石榴》：“可羡瑶池碧桃树，碧桃红颊一千年。”

【可隆】 五代诗僧。俗姓慕容。字了空。住福州东禅院。《全唐诗》卷八五一录其《观棋》逸句。

【可嘉】 值得称善。李峤《瓜》：“六子方呈瑞，三仙实可嘉。”元稹《芳树》：“芳树已寥落，孤英尤可嘉。”李商隐《喜雪》：“朔雪自龙沙，呈祥势可嘉。”

【可齊】 唐诗僧。《全唐诗外编下》录其《咏萍》一首。

【可鄙】 令人鄙视。韩愈《送侯参谋赴河中幕》："我齿豁可鄙，君颜老可憎。"

【可爱】 令人喜爱。杜甫《江畔独步寻花七绝句》之五："桃花一簇开无主，可爱深红爱浅红。"白居易《同梦得暮春寄贺东西川二杨尚书》："龙节对持真可爱，雁行相接更堪夸。"郑损《星精石》："孤岩恰恰容幽构，可爱江南释子园。"唐彦谦《蟹》："物之可爱尤可憎，尝闻取刺于青蝇。"

【可疑】 值得怀疑。崔涂《孤雁》："未必逢矰缴，孤飞自可疑。"

【可駭】 令人惊诧。李商隐《昭州》："乡音殊可骇，仍有醉如泥。"

【可歎】 亦作"可嘆"。令人叹息。骆宾王《月夜有怀简诸同病》："可叹高楼妇，悲思难终。"高适《田家春望》："可叹无知己，高阳一酒徒。"皮日休《太湖诗·上贞观》："两松峙庭际，怪状吁可叹。"

【可論】 能够评说，可以评论。李白《留别于十一兄逖裴十三游塞垣》："于公白首大梁野，使人怅望何可论？"

【可憫】 令人怜悯。李商隐《王十二兄与畏之员外相访见招小饮时予以悼亡日近不去因寄》："嵇氏幼男犹可悯，左家娇女岂能忘。"

【可憐】 ❶值得怜悯。宋之问《息夫人》："可怜楚破息，肠断息夫人。"韦应物《鸢夺巢》："可怜百鸟纷纵横，虽有深林何处宿。"白居易《叹鹤病》："右翅低垂左胫伤，可怜风貌甚昂藏。"皮日休《奉酬鲁望惜春见寄》："十五日中春日好，可怜沉痼冷如灰。"❷可爱。崔液《上元夜六首》之三："今年春色胜常年，此夜风光最可怜。"李白《清平词三首》之二："借问汉宫谁得似，可怜飞燕倚新妆。"李商隐《月》："池上与桥边，难忘复可怜。"孙元晏《咏史诗·梁·分宫女》："可怜无限如花貌，重见世间桃李春。"❸可惜。韦应物《简卢陟》："可怜《白雪》曲，未遇知音人。"卢纶《早春归盩厔旧居却寄耿拾遗沣李校书端》："可怜荒岁青山下，唯有松枝好寄君。"韩愈《赠崔立之评事》："可怜无益费精神，有似黄金掷虚牝。"钱珝《江行无题一百首》之八一："可怜无酒分，处处有旗亭。"❹可羡。岑参《卫节度赤骠马歌》："始知边将真富贵，可怜人马相辉光。"杜甫《奉贺阳城郡王太夫人恩命加邓国太夫人》："可怜忠与孝，双美画骐驎。"白居易《长恨歌》："姊妹弟兄皆裂土，可怜光彩生门户。"杜牧《润州二首》之一："大抵南朝皆旷达，可怜东晋最风流。"阎德隐《薛王花烛行》："富贵荣华实可怜，路旁观者谓神仙。"❺可喜。王昌龄《萧驸马宅花烛》："可怜今夜千门里，银汉星回一道通。"白居易《曲江早春》："可怜春浅游人少，好傍池边下马行。"罗邺《上东川顾尚书》："龙节坐持兵十万，可怜三蜀尽无忧。"❻可怪。杜甫《解闷十二首》之十一："可怜先不异枝蔓，此物娟娟长远生。"李商隐《贾生》："宣室求贤访逐臣，贾生才调更无伦。可怜夜半虚前席，不问苍生问鬼神。"皮日休《早春病中书事寄鲁望》："可怜真宰意，偏解困吾曹。"

【可憐許】 可爱。许，词尾，无义。陈陶《西川座上听金五云唱歌》："五云处处可怜许，明朝道向褒中去。"

【可憎】 令人憎恶。韩愈《送侯参谋赴河中幕》："我齿豁可鄙，君颜老可憎。"

【可謂】 可称，可以算得上。崔备《清溪路中寄诸公》："别来无信息，可谓井瓶沉。"皎然《哭吴县房耸明府》："仁人过厚德，可谓名实全。"李郢《茶山贡焙歌》："吾君可谓纳谏君，谏官不谏何由闻。"

【可親】 令人亲近。孙元晏《咏史诗·宋·谢澹云霞友》："仗气凌人岂可亲，只将范泰是知闻。"

【可觀】 值得观赏。李白《送王屋山人魏万还王屋》："缙云川谷难，石门最可观。"李频《府试观兰亭图》："往会人何处，遗踪事可观。"伍乔《游西山龙泉禅寺》："叠巘层峰坐可观，枕门流水更潺湲。"贯休《大蜀皇帝潜龙日述至德诗五首》之二："扶持社稷似齐桓，百万雄师贵可观。"

右 〔yòu《广韵》于救切，去宥，云。又云久切，上有，云。〕❶右边的方位，与"左"相对。李峤《熊》："导洛宜阳右，乘春别馆前。"白居易《小庭亦有月》："左顾短红袖，右命小青娥。"杜牧《过大梁闻河亭方宴赠孙子端》："板落岂缘无罚酒，不教客右更添人。"❷西边。韦庄《闺怨》："良人去淄右，镜破金簪折。"参见"右地"。❸右手。杨衡《赠罗浮易炼师》："左挹玉泉液，右搴云芝英。"❹往右。❺超过，胜过。刘禹锡《送从弟郎中赴浙西》："汉庭无右者，梁苑重归欤？"❻尊崇；显要。参见"右职"。❼权贵。蒋冽《台中书怀》："直绳备豪右，正色清冠盖。"

【右个】 犹右隔。王维《奉和圣制重阳节宰臣及群官上寿应制》："玉堂开右个，天乐动宫悬。"清赵殿成笺注："《吕氏春秋》：季秋之月，天子居总章右个。高诱注：明堂中方外圆，通达四出，各有左右房。谓之个，犹隔也。"

【右内史】 官名。周官有内史，秦因之，掌治京师。汉景帝二年（前 155），分置左右内史。武帝太初元年（前 104），改右内史为京兆尹。后因以右内史指京兆尹。皎然《送严明府入关谒黎京兆》："应思右内史，相见直城中。"

【右手】 右上肢。白居易《观刈麦》："右手秉遗穗，左臂悬敝筐。"李商隐《韩碑》："愿书万本诵万过，口角流沫右手胝。"

【右史】　官名。即起居舍人。周代史官分左史和右史。左史记行动，右史记言语。一说左史记言，右史记事。后世记载帝王言行的史官称起居。唐高宗龙朔二年(662)改起居郎为左史，起居舍人为右史。旋复旧名。徐铉《送高起居之泾县》："右史罢朝归，之官旬水湄。"

【右司】　官名。指右司郎中。隋置右司郎，尚书省之属官。唐尚书省置左右司郎中各一员，并从五品上，各掌副十二司之事。窦群有《晚自台中归永宁里南望山色怅然有怀呈上右司十一兄》。

【右丞】　❶官名。秦置尚书丞，汉沿用。东汉时分置左、右丞，掌尚书台，监察百官。六朝因之。唐尚书省置左右丞各一员。左丞，正四品上；右丞正四品下。左丞掌管辖诸司，纠正省内，勾吏部、户部、礼部十二司，通判都省事。若右丞阙，则并行之。右丞管兵部、刑部、工部十二司，若左丞阙，右丞兼知其事。权德舆有《奉和新卜城南郊居得与卫右丞邻舍因赋诗寄赠》。郑谷《寄献狄右丞》："身为醉客思吟客，官自中丞拜右丞。"❷特指诗人王维。维在肃宗朝官至尚书右丞，故称。张祜《题王右丞山水障二首》之二："右丞今已殁，遗画世间稀。"陈陶《西川座上听金五云唱歌》："唱着右丞征戍词，更闻闺月添相思。"《语・称二王语》："朝廷左相笔，天下右丞诗。"

【右地】　右方之地，即西部之地。许敬宗《奉和执契静三边应诏》："锦轺凌右地，华缨羁大夏。"杜甫《故右仆射相国张公九龄》："虽蒙换蝉冠，右地恧多幸。"权德舆《送灵武范司空》："三公临右地，七萃拥中坚。"崔铉《进宣宗收复河湟诗》："右地名王争解辫，远方戎垒尽投戈。"

【右丞相】　官名。春秋时齐景公置左右相各一人。战国时秦武王置左右丞。秦及汉初亦曾沿置。汉文帝以后仅置丞相一人。北齐、北周复置左、右丞相。唐尚书省置左右仆射各一员，从二品。开元元年(713)，改为左右丞相，天宝元年(742)复为左右仆射。孙逖有《故右丞相赠太师燕文贞公挽词二首》。玄宗有《左丞相说右丞相璟太子少傅乾曜同日上官命宴东堂赐诗》。白居易《新乐府・官牛》："昨来新拜右丞相，恐怕泥涂污马蹄。"

【右侍郎】　官名。指唐中书侍郎。唐设此官二员，为中书令之副。张说有《右侍郎集贤院学士徐公挽词二首》。

【右垣】　即中书省，亦称右掖。苏源明《秋夜小洞庭离宴诗》序："袁子曰：君公行当挥翰右垣，岂止典胄米廪邪?"

【右拾遺】　官名。唐武后垂拱元年(685)置，左右拾遗二人，从八品上。天授二年(691)增至五人，其后又有增加。左拾遗隶门下省，右拾遗隶中书省。为谏官，掌进谏。翁承赞有《天祐元年以右拾遗使册闽王而作》。

【右相】　官名。春秋齐景公始置左右相，秦及汉初因之。文帝以后置丞相一人。北齐、北周设左右丞相。唐光宅元年(684)，改尚书省为文昌台，左右仆射为文昌左右相。又天宝元年(742)，改门下省长官侍中为左相，中书省长官中书令为右相。王湾《秋夜寓直即事怀赠萧令公裴侍郎兼通简南省诸友人》："中书赠陈準，右相简王陵。"刘禹锡《和兵部郑侍郎省中四松诗十韵》："右相历中台，移松武库栽。"陶雍《和兵部郑侍郎省中四松诗》："右相历兵署，四松皆手栽。"

【右省】　即中书省。唐宣政殿前有两廊，各有门，东门称日华，西门称月华。日华门东边为门下省，在廊的左边，故称左省；月华门两边为中书省，在廊的右边，故称右省。宋南省亦分左右。郑谷《春暮咏怀寄集贤韦起居衮》："长安一夜残春雨，右省三年老拾遗。"韦庄有《寄右省李起居》。

【右威衛】　官署名。隋为左右屯卫，唐龙朔改为威卫，分左右，光宅改为左右豹韬卫，神龙复为威卫。右威卫在秘书省之东，其大厅逼校正院，南对御史台。《全唐诗》卷八七二有《谐谑・右威卫嘲语》。

【右軍】　❶指晋王羲之。因其曾为右军将军，故称。高适《途中寄徐录事》："空多箧中赠，长见右军书。"任华《怀素上人草书歌》："吾尝好奇，古来草圣无不知，岂不知右军与献之?"白居易《池鹤八绝句・鹤答鹅》："右军殁后欲何依，只合随鸡逐鸭飞。"齐己《荆州贯休大师旧房》："右军书画神传髓，康乐文章梦授心。"❷谓鹅形彩船。花蕊夫人徐氏《宫词》之五一："第一锦标谁夺得，右军输却小龙船。"

【右軍墨池】　晋王羲之用毛笔写字后洗涤笔砚的水池。据传王羲之墨池在江西南丰、庐山，浙江会稽、永嘉，湖北蕲水等地均有。刘言史有《右军墨池》。

【右軍鵝】　即鹅。晋王羲之曾为右军将军，性爱鹅，故称。见《晋书・王羲之传》。孟浩然《宴荣二山池》："枥嘶支遁马，池养右军鹅。"卢纶《寻贾尊师》："新传左慈诀，曾与右军鹅。"

【右衽】　右边的衣襟。古代中原汉族服装衣襟向右，因以"右衽"谓中夏风气。刘景复《梦为吴泰伯作胜儿歌》："麻衣右衽皆汉民，不省胡尘暂蓬勃。"

【右翅】　右边的翅膀。白居易《叹鹤病》："右翅低垂左胫伤，可怜风貌甚昂藏。"

【右席】　右边的席位。尊位。李中《送朐山孙明府赴寿阳幕府辟命》："堪羡元戎虚右席，便承纶綍起金台。"

【右衮】　指右补阙。郑谷《次韵酬张补阙因寒食见寄之什》："柳近清明翠缕长，多情右衮不相忘。"

【右袒】 袒露右臂、右肩。表示倒向不义者一方。语出《汉书·高后纪》："勃入军门，行令军中曰：'为吕氏右袒，为刘氏左袒。'"韩偓《八月六日作四首》之一："左牵犬鸡诚难测，右袒簪缨最负恩。"

【右掖】 ❶官署名。唐时门下、中书两省在宫中左右掖，故称门下省为左掖、左省，中书省为右掖、右省，统称掖省。权德舆《户部王曹长杨考功崔刑部二院长并同钟陵使府之旧因书所怀且叙所知》："偶来尘右掖，空此忆中台。"韩愈《和崔舍人咏月二十韵》："右掖连台座，重门限禁扃。"姚合《省直书事》："默默沧江老，官分右掖荣。"❷星名。《史记·天官书》："南四星，执法；中，端门；门左右，掖门。"董思恭《咏星》："历历东井舍，昭昭右掖垣。"

【右曹】 即右省。罗隐《酬寄右司李员外》："左省望高推健笔，右曹官重得名人。"

【右戚】 有权势之外戚。张大安《奉和别越王》："盛藩资右戚，连萼重皇情。"

【右散騎常侍】 散骑常侍始置于三国魏，即汉之散骑(皇帝骑从)和中常侍的合称。在皇帝左右规谏过失，以备顾问。唐门下和中书二省各置此官二员，从三品或正三品下。前者称左散骑常侍，后者称右散骑常侍。虽无实际职权，但为尊贵之官，多用为将相大臣之兼职。苏颋有《故右散骑常侍舒国公褚公挽词》。

【右揆】 即右丞相。张说《奉和圣制与宋璟源乾曜同日上官命宴东堂赐诗应制》："右揆谋华硕，前星傅重资。"

【右弼】 在天子身旁的辅弼重臣。苏颋《奉和姚令公温汤旧馆怀故人卢公之作》："清路荷前幸，明时称右弼。"武元衡《奉酬淮南中书相公见寄》序："后九月，赵公加大司马之秩，右弼如故。"罗隐《送程尊师东游有寄》："绛简便应朝右弼，紫旄兼合见东卿。"

【右臺】 官署名。唐御史台于光宅元年(684)分台为左右，号曰左右肃政台。左台监察京城百官，右台按察诸州。张元一《叙可笑事》："左台胡御史，右台御史胡。"

【右臺監察】 官名。即右台监察御史。唐武后光宅元年(684)分御史台为左右台。各置监察御史十员，正八品上。职掌巡察地方州县。刘怀一有《赠右台监察邓茂迁左台殿中》。

【右輔】 指长安以西凤翔府一带，汉时属右扶风，为三辅之一，故称。韩愈《石鼓歌》："故人从军在右辅，为我度量掘臼科。"李商隐《行次西郊作一百韵》："右辅田畴薄，斯民常苦贫。"

【右銀臺】 宫门名。唐时翰林院、学士院均在右银台门内。元稹《杏花》："常年出入右银台，每怪春光例早回。"李商隐《梦令狐学士》："右银台路雪三尺，风诏裁成当直归。"

【右職】 高职，要职。张九龄《酬宋使君见赠之作》："罢归犹右职，待罪尚南荆。"李颀《送刘四》："从今署右职，莫笑在农桑。"韦应物《送雷监赴阙庭》："时方重右职，蹉跎独海隅。"权德舆《建除诗》："除书加右职，骑吏拥前驱。"

【右賢】 官名。即右贤王。匈奴贵族之封号。王维《送韦评事》："欲逐将军取右贤，沙场走马向居延。"

叵 〔pǒ《广韵》普火切，上果，滂。〕❶不可，急读为叵。权德舆《奉和崔评事寄外甥刘同州之作》："叵能舍郊扉，来偶朝中客。"❷通"颇"。很，甚。韩愈《答柳柳州食虾蟆》："叵堪朋类多，沸耳作惊爆。"贯休《送崔尚书朝觐》："叵似卢怀慎，全如邵信臣。"

【叵耐】 ❶不可忍耐，经受不住。张鷟《游仙窟诗一首》："一眉犹叵耐，双眼定伤人。"❷无可奈何。引申为可恶。崔橹《有酒失于虔州陆郎中肱以诗谢之》："叵耐一双穷相眼，不堪花卉在前头。"

【叵羅】 一种圆形酒器。李白《对酒》："蒲萄酒，金叵罗，吴姬十五细马驮。"瞿蜕园等校注："叵罗，胡语酒杯也。《新唐书·高宗传》作颇罗。"岑参《酒泉太守席上醉后作》："浑炙犁牛烹野驼，交河美酒归叵罗。"

只 〔zhǐ《广韵》諸氏切，上紙，章。又章移切，平支，章。〕❶助词。见"只且"。❷副词(1)仅仅。杜甫《元日示宗武》："飘零还柏酒，衰病只藜床。"刘长卿《睢阳赠李司仓》："只为乏生计，尔来成远游。"戎昱《戏题秋月》："近来数夜飞霜重，只畏娑婆树叶凋。"罗衮《清明登奉先城楼》："年来年去只艰危，春半尧山草尚衰。"(2)犹，还。杜甫《至日遣兴二首》之二："玉几由来天北极，朱衣只在殿中间。"司空曙《江村即事》："钓罢归来不系船，江村月落正堪眠。纵然一夜风吹去，只在芦花浅水边。"长孙佐辅《答边信》："结成一夜和泪封，贮书只在怀袖中。"(3)尽，全。杜甫《解闷十二首》之十："京中旧见无颜色，红颗酸甜只自知。"杜牧《九日齐安登高》："古往今来只如此，牛山何必泪沾衣。"许棠《旅怀》："终年唯旅舍，只似已无家。"❸代词。自，自己。杜甫《课小竖鉏斫舍北果林枝蔓三首》之三："篱弱门何向，沙虚岸只摧。"又《奉赠萧二十使君》："王凫聊暂出，萧雉只相驯。"

【只今】 如今，现在。李白《越中览古》："宫女如花满春殿，只今惟有鹧鸪飞。"杜甫《醉歌行》："只今年才十六七，射策君门期第一。"耿湋《岐阳客舍呈张明府》："知己只今何处在，故山无事别渔樵。"李商隐《过故府中武威公交城旧庄感事》："山下只今黄绢字，泪痕犹堕六州儿。"

【只且】（一jū）语气助词。《诗·邶风·北风》："其虚其邪，既亟只且。"崔知贤《三月三日宴王明府山亭》："沿波式宴，其乐只且。"

【只有】❶唯有，仅有。李商隐《深宫》："岂知为雨为云处，只有高唐十二峰。"徐夤《岚似屏风》："君看东洛平泉宅，只有年年百卉春。"刘兼《秋夜书怀呈戎州郎中》之一："霜砧月笛休相引，只有离襟泪两行。"❷犹有，还有。白居易《船夜援琴》："身外都无事，舟中只有琴。"崔涂《过陶征君隐居》："不随陵谷变，应只有高名。"❸连词。表示必需的条件。韩愈《大行皇太后挽歌词三首》之三："只有朝陵日，妆奁一暂开。"

【只合】只应该。薛能《游嘉州后溪》："当时诸葛成何事，只合终身作卧龙。"韦庄《菩萨蛮》词之二："人人尽说江南好，游人只合江南老。"徐夤《自咏十韵》："只合沧洲钓与耕，忽依萤烛愧功成。"

【只好】只得。皮日休《奉和鲁望渔具十五咏·舴艋》："只好携桡坐，唯堪盖蓑睡。"

【只要】❶直要；一味地要。李商隐《歌舞》："只要君流眄，君倾国自倾。"❷连词。表示必要或充足条件。罗隐《送人赴职任褒中》："男儿只要有知己，才子何堪更问津。"

【只是】仅仅是。高适《送郑侍御谪闽中》："大都秋雁少，只是夜猿多。"李商隐《乐游原》："夕阳无限好，只是近黄昏。"朱庆余《题王丘长史宅》："时见街中骑瘦马，低头只是为诗篇。"崔涂《途中感怀寄青城李明府》："如何只是三年别，君著朱衣我白头。"

【只首】诚然，实在。李宣古《咏崔云娘》："何事最堪悲，云娘只首奇。"

【只恐】只怕，只担心。苏涣《赠零陵僧》："南中纸价当日贵，只恐贪泉成墨池。"陆龟蒙《奉酬袭美苦雨见寄》："不如驱入醉乡中，只恐醉乡田地窄。"高骈《残春遣兴》："不辞不为青春醉，只恐莺花也怪人。"贯休《古离别》："只恐长江水，尽是儿女泪。"

【只消】只需。无名氏《嘲蒋蟠金丹》（卷八七二）："张鹄只消千驮绢，蒋蟠惟用一丸丹。"

【只能】只好，不得不。来鹄《偶题二首》之二："可惜青天好雷雹，只能驱趁懒蛟龙。"刘兼《江楼望乡寄内》："魂梦只能随蛱蝶，烟波无计学鸳鸯。"

【只得】❶仅能，只是能够。李中《哭舍弟二首》之一："谁知归故里，只得奠吟魂。"❷仅有，只有。李商隐《武夷山》："只得流霞酒一杯，空中箫鼓几时回。"

【只箇】犹只管。李咸用《题王处士山居》："干戈猬起能高卧，只箇逍遥是谪仙。"

【只爾】仅仅如此。李商隐《七月二十九日崇让宅宴作》："岂到白头长只尔，嵩阳松雪有心期。"

【只應】❶只是；就是。刘长卿《上阳宫望幸》："独见彩云飞不尽，只应来去候龙颜。"杨巨源《春雪题兴善寺广宣上人竹院》："只应将日月，颜色不相饶。"李商隐《海客》："只应不惮牵牛妒，聊用支机石赠君。"❷只会，只应该。赵嘏《送同年郑祥先辈归汉南》："家去恩门四千里，只应从此梦旌旗。"韦庄《白樱桃》："只应汉武金盘上，泻得珊珊白露珠。"

史 〔shǐ《广韵》踈士切，上止，生。〕❶历史，记载过去事迹的书。崔融《西征军行遇风》："览史怀浸骄，读诗叹孔棘。"张谓《读后汉逸人传二首》之一："子陵没已久，读史思其贤。"白居易《赠樊著作》："编为一家言，以备史阙文。"吴融《祝风三十二韵》："自可致逍遥，无妨阅经史。"❷记言记事之史官。孙逖《送张环摄御史监南选》："恩沾柱下史，荣比选曹郎。"薛奇童《和李起居秋夜之作》："简成良史笔，年是洛阳才。"冯伉《和权载之离合诗》："动词宗伯雄，重美良史功。"无名氏《台中里行咏》："柱下虽为史，台中未是官。"❸文多质少。清昼《讲德联句》："士衡安仁，不史不野。"❹《史记》的省称。见"史記"。❺姓。唐诗人中有史俊、史延等。

【史丹青蒲】汉史丹伏青蒲上谏元帝废立典。见《汉书·史丹传》。李瀚《蒙求》："史丹青蒲，张湛白马。"

【史文】史籍，历史文献。来鹄《圣政纪颂》："曷以致此，史文不张。"

【史氏】谓史籍之编修官。元稹《和乐天赠樊著作》："如何至近古，史氏为闲官。"白居易《和答诗十首·和阳城驿》："然后告史氏，旧史有前规。"徐夤《咏笔二首》之一："史氏只应归道直，江淹何独偶灵通。"

【史册】历史著作。玄宗《集贤书院成赐宴得珍字》："所希光史册，千载仰兹晨。"白居易《奉和晋公之作》："抛掷功名还史册，分张欢乐与交亲。"郑畋《麦穗两岐》："史册书堪重，丹青画更宜。"

【史竹】谓史籍。古未有纸时，刻字于竹简，故称。皎然《同诸公奉侍祭岳渎使大理卢幼平自会稽回经平望将赴于朝廷期过故林不至》："占祥刊史竹，筮日数尧蓂"。

【史仲宣】唐诗人。《全唐诗》卷七八八录其与颜真卿等《登岘山观李左相石尊联句》"八座钦懿躅，高名播乾坤"句。

【史臣】即史官。王昌龄《箜篌引》："何用班超定远侯，史臣书之得已不。"杜甫《八哀诗·故司徒李公光弼》："直笔在史臣，将来洗箱箧。"又《哭李常侍峄二首》之二："发挥王子表，不愧史臣词。"陆龟蒙《和过张祜处士丹阳故居》："魂应绝地为才鬼，名与遗编在史臣。"

【史延】 唐诗人。大历九年，留守蒋涣试进士于东都，延及弟。《全唐诗》卷二八一录其《清明日赐百僚新火》一首。

【史青】 唐诗人。零陵（今属湖南）人。聪明强记。开元初，上书自荐能诗，云："子建七步，臣五步之内可塞明诏。"明皇试以《除夕》《上元》《竹》《火笼》等诗，应口而出。明皇称赏，授左监门卫将军。《全唐诗》卷一一五录其《应诏赋得除夜》一首。

【史官】 主管文书、典籍之官。古时天子诸侯皆有史官，以纪言动、历数之事。至后汉明帝，召当时名士入东观，撰《光武纪》，而史官因以他官兼之。魏明帝始置著作郎，专掌国史，隶中书。晋改隶秘书省。至唐贞观年间，移史馆于禁中。史官无常员，如有修撰大事，则用他官兼之，事毕即停。贞观以后，多以宰相监修国史，遂成故事。史官掌修国史，主张不虚美，不隐恶，直书其事。郑愔《奉和九月九日登慈恩寺浮图应制》："秋风圣主曲，佳气史官书。"陆龟蒙《江南秋怀寄华阳山人》："静翻词客系，闲难史官评。"黄滔《省试内出白鹿宣示百官》："戴豸惭端士，抽毫跃史官。"

【史拱山人】 唐末襄阳人。与皮日休、陆龟蒙友善。学浮图，兼善算术。皮日休有《伤史拱山人》。陆龟蒙有《奉和袭美伤史拱山人》。

【史思明】（？—761）唐叛乱者。亦为唐诗作者。本名窣干，玄宗赐名思明。唐宁州（治所在今甘肃宁县）突厥人。与安禄山相友善，俱以骁勇闻。天宝初，频立战功，至将军，擢为平卢兵马使。天宝十四载（755），安禄山反，他率领平卢精锐南下，攻取河北地，被禄山任为范阳节度使。占有十三郡，有兵八万。安庆绪杀其父禄山称帝，思明降唐，任范阳长史、河北节度使。旋即再度起兵叛乱。乾元二年（759），在魏（今河北大名）称大圣燕王，年号应天。出兵援安庆绪，解邺城之围。继又杀安庆绪，还范阳，称大燕皇帝，年号顺天。后被其子朝义所杀。新、旧《唐书》有传。《全唐诗》卷八六九录其《樱桃子诗》。

【史俊】 唐诗人。官监察御史，曾刺巴州。《全唐诗》卷七五录其《题巴州光福寺楠木》一首。

【史記】 汉司马迁著，一百三十篇。原名《太史公书》。自《隋书·经籍志》标立史部，以《史记》居首，遂成定名。记事起自黄帝，止于汉武，首尾共约三千年。全书以十二本纪、十表、八书、三十世家、七十列传组成。本纪仿《春秋经》十二公，按年月标举大事，为全书总纲。表仿周史官旧谱的体制，创世表、年表、月表三种，记事极为简便。书仿《尚书·禹贡》及《礼经》《乐经》的体制，总述古代文化成就，其中《天官书》《历书》《河渠书》《平准书》，总结了天文、历数学、地理学、经济学的知识，意义尤为重大。世家中有西周至战国十七个重要的侯国史。列传中有重大人物传，有特殊事业传，有国内诸少数民族传，有藩属国传，有外国传，叙述之面非常广泛。为我国第一部纪传体通史。文字语言生动，形象鲜明。据《汉书·司马迁传》，原书有十篇"有录无书"，三国魏张晏认为亡失的十篇为《景纪》《武纪》《礼书》《乐书》《兵书》(《律书》)、《汉兴以来将相年表》《日者传》《三王世家》《龟策列传》《傅靳列传》。至元帝成帝间，博士褚少孙补写各篇。后人为本书注释的主要有南朝宋裴骃《史记集解》，唐司马贞《史记索隐》，张守节《史记正义》。至北宋时，始将三家注散列在正文下，合为一编。通行的有殿本、百衲本，新中国成立后中华书局出版了校点本。王维《哭褚司马》："汉臣修《史记》，莫蔽褚生才。"

【史處士】 即史拱。皮日休有《史处士》。伍乔有《寄史处士》。

【史魚】 春秋时卫国大夫，以正直敢谏著名。灵公不用蘧伯玉而用弥子瑕，史鱼死以尸谏。灵公乃进伯玉而退子瑕。孔子称叹曰："直哉史鱼，邦有道如矢，邦无道如矢。"高适《苦雨寄房四昆季》："知人想林宗，直道惭史鱼。"参见"史鱼黜殡"。

【史魚黜殯】 汉韩婴《韩诗外传》卷七："昔者卫大夫史鱼病且死，谓其子曰：'我数言蘧伯玉之贤而不能进，弥子瑕不肖而不能退。为人臣生不能进贤而退不屑，死不当治丧正堂。殡我于室足矣。'卫君问其故。子以父言闻。君造然召蘧伯玉而贵之，而退弥子瑕，徙殡于正堂，成礼而后去。生以身谏，死以尸谏，可谓直矣。"后因用作歌颂忠谏的典故。李瀚《蒙求》："史鱼黜殡，子囊城郢。"

【史書】 记载历史的书籍。杜牧《冬至日寄小侄阿宜诗》："经书括根本，史书阅兴亡。"李中《和浔阳宰感旧绝句五首》之一："追感古今情不已，竹轩闲取史书看。"

【史將軍】 疑即史孝标。唐文宗时，史拜金吾卫将军。杜牧有《史将军二首》。

【史虛白】 南唐处士。字畏名。世家齐鲁，中原乱，南渡。文思敏捷。尝对客弈棋，旁令学徒四五辈各秉纸笔，先定题目，或为书启表章，或为诗赋碑颂，随口成文。握管者略不停辍，数食之间，众制皆就。虽不精绝，然辞采磊落，旨趣流畅。又传虚白闻宋齐邱总相府事，乃放言谓人曰："彼可代而相矣。"齐邱恨之，欲穷其伎。乃命僚属宴之以倡乐，试之以笺翰，使女奴多力扰之，虚白谈笑献酬，口手应接，曾未暂滞，众不能屈。事见《南唐近事》《十国春秋》诸书。李中有《赠史虚白》，伍乔有《寄落星史虚白处士》。

【史筆】 ❶史官记载历史直笔而书的笔法。岑参《佐郡思旧游》："史笔众推直，谏书人莫窥。"王建《寄上韩愈侍郎》："碑文合遣贞魂谢，史笔应令谄骨羞。"刘禹锡《寄朗州温右史曹长》："史笔枉将书纸尾，朝缨不称濯沧浪。"❷泛称修史之笔。曹唐《升平词五首》之四："史笔唯书瑞，天台绝见妖。"来鹄《圣政纪颂》序："是以正衙一开，则臣诚前而启之，帝旒近而镇之，史笔随而络之。"韦庄《渔塘十六韵》："他时操史笔，为尔著良称。"

【史牒】 历史书籍。韩愈《送侯参谋赴河中幕》："收绩开史牒，翰飞逐溟鹏。"

【史鳳】 唐女诗人。宣城妓，善诗。诗风绮丽。《全唐诗》卷八〇二录其诗七首。

【史瑜】 唐诗人。《全唐诗》卷七九五录其"溪从沮水流嶓冢，岭接青泥入剑天"句。

【史閣】 即史馆。杜甫《哭李尚书》："史阁行人在，诗家秀句传。"杨伦注："《秋官》有大行人，小行人。言其事当书之于史策也。"

【史漢】 谓《史记》与《汉书》。沈佺期《三日独坐驩州思忆旧游》："束皙言谈妙，张华《史》《汉》遒。"高适《过卢明府有赠》："胸怀豁清夜，《史》《汉》如流泉。"

【史維翰】 唐诗人。《全唐诗外编》下录其《漳州》一首。

【史論】 评论历史的著作、议论。徐铉《酬郭先辈》："古诗尤精奥，史论皆宏拔。"

【史遷】 即司马迁。司空图《狂题十八首》之三："不是史迁书与说，谁知孤负李陵心。"

【史興碑】 书名。唐陈章甫作。叙周末至隋季历史，善恶不隐。今书逸。高适《同观陈十六史兴碑》序："楚人陈章甫，继毛诗而作《史兴碑》，远自周末，迨乎隋季，善恶不隐，盖国风之流。"

【史館】 官修史书的机构。春秋时代的历史书，如晋《乘》、楚《梼杌》、鲁《春秋》，均为史官编的编年史。史官奉命编的纪传体史，从东汉班固等撰世祖本纪、列传载记开始，但尚无专设机构。至北齐始开史馆，负责修史，由宰相主管，称监修国史。后成定制。唐史馆始置于太宗贞观三年(629)，以宰相为监修，隶属门下省，开元时又移属中书省。置修撰四人。元稹《和李校书新题乐府十二首・骠国乐》："史馆书为朝贡传，太常编入鞮靺科。"白居易《太和戊申岁谨书盛事以俟采诗》："好入诗家咏，宜令史馆书。"

【史職】 谓史官。来鹄《圣政纪颂》序："由是诏史职，执史笔，立于廷之下，录君臣胪句之必行，载刚毅进退之敢议。"

【史籀】 传为周宣王太史，名籀。韦应物《石鼓歌》："喘逶迤，相纠错，乃是宣王之臣史籀作。"李瀚《蒙求》："程邈隶书，史籀大篆。"

【史懷一】 峨眉僧。与陈子昂、陆余庆、王无竞、房融、崔泰之等为岁寒之友。与崔颢、李白亦相友善。本豪家子，削发上峨眉，诵经十二载，精通佛学，卓然为道雄，朝野倾服。李白《赠僧行融》："峨眉史怀一，独映陈公出。"

【史籍】 历史书籍，历史文献。杜甫《敬寄族弟唐十八使君》："圣贤冠史籍，枝派罗源津。"李德裕《雨后净望河西连山怆然成咏》："只恨无功书史籍，岂悲临老事戎轩。"陆龟蒙《村夜二篇》之一："盘餐蔬粟粗，史籍签牌盛。"

句[1] 〔gōu《广韵》古候切，平候，見。〕❶弯曲。韩愈《苦寒》："遂令黄泉下，萌牙夭句尖。"参见"句曲""句萌"。❷逗引，勾引。王仁裕《荆南席上咏胡琴妓二首》之二："二五指中句塞雁，十三弦上啭春莺。"❸查考。见"句检"。❹发声之词。无义。见"句吴"。

句[2] 〔gòu《广韵》古候切，平候，見。〕见"句₂当"。

句[3] 〔jù《广韵》九遇切，去遇，見。〕❶句子。泛指诗句、文句及诗文。杜甫《酬郭十五受判官》："药里关心诗总废，花枝照眼句还成。"郑絪《奉酬宣上人九月十五日东亭望月见赠因怀紫阁旧游》："一览彩笺佳句满，何人更咏惠休文。"白居易《诗解》："旧句时时改，无妨悦性情。"朱庆余《发凤翔后涂中怀田少府》："见酒连诗句，逢花跋马头。"❷量词，用于诗文。储光羲《同房宪部应旋》："四句了自性，一音亦非取。"任华《寄李白》："海风吹不断，江月照还空，余爱此两句。"白居易《想夫怜》："长爱《夫怜》第二句，请君重唱夕阳开。"修雅《闻诵法华经歌》："师诵此经经一句，句句烂嚼醍醐味。"

【句引】 攀引。韦庄《春陌二首》之二："嫩烟轻染柳丝黄，句引花枝笑凭墙。"常理《妾薄命》："艳花句引落，灭烛屏风关。"参见"勾引"。

【句曲】 山名。在今江苏句容市东南。又名地肺山。又因山形弯曲如"己"字，故又称"己山"。相传汉茅盈与其弟固、衷曾于此处修道，故又称"茅山"。道家称为金坛华阳之洞天。刘长卿《自紫阳观至华阳洞宿侯尊师草堂简同游李延年》："石门媚烟景，句曲盘江甸。"李嘉祐《句容县东青阳馆作》："句曲千峰暮，归人向远烟。"李商隐《酬令狐郎中见寄》："句曲闻仙诀，临川得佛经。"

【句曲仙訣】 齐梁时，传说陶弘景曾于句曲山访药、炼丹，得到神符秘诀。见《南史・陶弘景传》。李商隐《酬令狐郎中见寄》："句曲闻仙诀，临川得佛经。"

【句$_3$次】 谓诗句。林宽《和周繇校书先辈省中寓直》:“时因搜句次,那惜一招携。”

【句芒】 木神。《礼记·月令》:“孟春之月……其神句芒。”郑玄注:“少皞氏之子曰重为木官。”孔颖达疏:“谓自古以来主春立功之臣,其祀以为神,是句芒者主木之官,木初生时句曲而有芒角,故云句芒。”阎朝隐《奉和圣制春日幸望春宫应制》:“句芒人面乘两龙,道是春神卫九重。”张濯《迎春东郊》:“颛顼时初谢,句芒令复陈。”李商隐《赠句芒神》:“愿得句芒索青女,不教容易损年华。”韩偓《早起探春》:“句芒一夜长精神,腊后风头已见春。”

【句吴】 即吴国。句为发声词,义无。见《汉书·地理志下》颜师古注。皮日休《鲁望昨以五百言见贻因成一千言上述吾唐文物之盛次叙相得之欢亦迭和之微旨也》:“避兵入句吴,穷悴只自跧。”参见“勾吴”。

【句吴亭】 应为向吴亭。在唐江南道润州丹阳郡(今江苏丹阳市)南。杜牧《润州二首》之一:“句吴亭东千里秋,放歌曾作昔年游。”

【句沚】 即句溪。杜牧《偶游石盎僧舍》:“敬岑草浮光,句沚水解脉。”参见“句溪”。

【句$_3$奇語重】 文句奇特新颖,用语庄重深刻。李商隐《韩碑》:“句奇语重喻者少,谗之天子言其私。”

【句注】 山名,在今山西代县西北。为古九塞之一。山势陡转,水势注流,故称。陆龟蒙《江南秋怀寄华阳山人》:“乘时收句注,即日扫欃枪。”

【句留】 因事而逗留。白居易《春江》:“莺声诱引来花下,草色句留坐水边。”又《忆庐山旧隐及洛下新居》:“形骸黾俛班行内,骨肉句留俸禄中。”又《春题湖上》:“未能抛得杭州去,一半句留是此湖。”

【句$_3$容】 县名。汉县,属丹阳郡。唐武德四年(621),于县置茅州,领句容。七年,州废,以县属蒋州。九年,属润州。乾元元年(758),属昇州。宝应元年(762)州废,属润州。今属江苏。刘长卿有《送姚八之句容旧任便归江南》。权德舆有《送句容王少府簿领赴上都》。徐铉有《晚憩白鹤庙寄句容张少府》。

【句連】 相互牵连。元稹《桐花落》:“暗澹灭紫花,句连蹙金萼。”

【句$_3$偈】 佛家用以称颂佛德叙说教旨的诗作。刘禹锡《送深法师游南岳》:“十方传句偈,八部会坛场。”又《同乐天和微之深春二十首》之十八:“迟回听句偈,双树晚阴斜。”

【句章】 古县名。秦置。晋废。故城在今浙江慈溪西南。刘长卿有《送州人孙沅自本州却归句章新营所居》。

【句陳】 (—chén)亦作“钩陳”。星名。在紫微垣内,最近北极,天文学家多借以测极,故亦称极星。见《晋书·天文志上》。亦以称后宫。皇甫冉《东郊迎春》:“句陈霜骑肃,御道雨师清。”窦庠《陪留守韩仆射巡内至上阳宫感兴二首》之二:“愁云漠漠草离离,太乙句陈处处疑。”李商隐《谢往桂林至彤庭窃咏》:“辰象森罗正,句陈翊卫宽。”又《陈后宫》:“渚莲参法驾,沙鸟犯句陈。”

【句萌】 草木初生的嫩芽、幼苗。拳曲者为“句”,有芒而直者为“萌”,合称“句萌”。顾况《上古之什补亡训传十三章·十月之郊一章》:“阳潜地中,舒达句萌。”

【句$_2$當】 办理。刘长卿有《送河南元判官赴河南句当苗税充百官俸钱》。

【句溪】 亦名东溪。水源从安徽宁国东乡溪岭承天目山脚水,合流连接,于宣城东流过。杜牧《张好好诗》:“霜凋谢楼树,沙暖句溪蒲。”郑薰《赠巩畴》序:“余在句溪时,重其能,车币而致之。”许棠《送王侍御赴宣城》:“戴豸却驱鸡,东南上句溪。”

【句漏】 ❶山名。在今广西北流市。岩穴勾曲穿漏,故称。山之最胜处名白沙洞,其下有枯井,即旧时采沙处。又有宝圭洞,内有三石室,相传晋葛洪修炼于此,故道书称为二十二洞天。皮日休《寄琼州杨舍人》:“清切会须归有日,莫贪句漏足丹沙。”❷指晋葛洪。洪曾为句漏令,故称。杜甫《奉送二十三舅录事之摄郴州》:“永嘉多北至,句漏且南征。”温庭筠《送陈嘏之侯官兼简李常侍》:“纵得步兵无绿蚁,不缘句漏有丹砂。”罗隐《题玄同先生草堂三首》之二:“石桥春暖后,句漏药成初。”

【句漏令】 指晋葛洪。句漏,县名。汉置,属交趾郡,在今越南北境。葛洪曾任句漏令,故称。杜甫《为农》:“远惭句漏令,不得问丹砂。”唐彦谦《赠窦尊师》:“为嫌句漏令,兼不要丹砂。”

【句踐】 (前? —前465)句亦作“勾”。春秋时越国之君。其先禹之苗裔,封于会稽,以奉守禹之祀。为吴王夫差所败,困于会稽,忍辱求和。其后卧薪尝胆,十年生聚,十年教训,终于灭吴。又渡淮水、会诸侯,受方伯之命。越兵横行江淮以东,诸侯称服,号称霸王。见《史记·越王句践世家》。李白《越中览古》:“越王句践破吴归,义士还乡尽锦衣。”白居易《和微之春日投简阳明洞天五十韵》:“句践遗风霸,西施旧俗姝。”殷尧藩《吴宫》:“徒令句践霸,不信子胥贤。”于濆《经馆娃宫》:“句践胆未尝,夫差心已误。”

【句踐投醪】 谓与士卒同甘共苦。越王句践伐吴,有客送醇酒一器,句践命注之江之上游,使士卒饮其下游,江水不因此味美,而士卒感奋。事见刘向《列女传·母仪·楚子发母》。李瀚《蒙求》:“句践投醪,陆抗尝药。”

【句踐禮】《韩非子·内储说上》："越王（句践）虑伐吴，欲人之轻死也，出见怒蛙，乃为之式。其从者曰：'奚敬于此？'王曰：'为其有气故也。'明年之请以头献王者，岁十余人。"韩愈《答柳柳州食虾蟆》："虽蒙句践礼，竟不闻报效。"

【句龍】人名。相传为共土之子，能平治水土，后代祀为后土之神。苏颋《秋社日崇让园宴得新字》："鸣爵三农稔，句龙百代神。"顾况《上古之什补亡训传十三章·上古一章》："句龙是生，乃有甫田。"

【句龍壇】即社稷坛。权德舆《和王祭酒太社宿斋不得赴李尚书宅会戏书见寄》："元礼门前劳引望，句龙坛下阻欢娱。"参见"句龍"。

【句檢】考察。唐代官吏考绩，流内之官叙以四善二十七最。其十七最曰："明于勘覆，稽失无隐，为句检之最。"见《新唐书·百官志一》。白居易《自咏》："句检簿书多卤莽，堤防官吏少机关。"

【句欄】栏杆。齐己《送僧归南岳》："岩猿应认得，连臂下句栏。"

【句驪】古国名。在今朝鲜境内。张说《唐享太庙乐章·钧天舞》："兵〔戢〕（赋）句骊，礼尊封禅。"

叱

〔chì《广韵》昌栗切，入質，昌。〕❶怒而大声呵斥。万齐融《仗剑行》："仗剑遥叱路傍子，匈奴头血溅君衣。"韩愈《陆浑山火和皇甫湜用其韵》："侧身欲进叱于阍，帝赐九河湔涕痕。"白居易《新乐府·盐商妇》："前呼苍头后叱婢，问尔因何得如此？"李商隐《行次西郊作一百韵》："公卿辱嘲叱，唾弃如粪丸。"❷呼唤，吆喝。柳宗元《古东门行》："当街一叱百吏走，冯敬胸中函匕首。"韩愈《送灵师》："六博在一掷，枭卢叱回旋。"白居易《新乐府·卖炭翁》："手把文书口称敕，回车叱牛牵向北。"张祜《容儿钵头》："争走金车叱鞅牛，笑声唯是说千秋。"

【叱羊】《艺文类聚》卷九四引《神仙传》："皇初平年十五，家使牧羊。有道士见其良谨，便将至金华山石室中，四十余年，忽然不复念家。其兄初起，行索初平，历年不得。后见市中有道士，乃问之，道士曰：'金华山中有牧羊儿，姓皇字初平。'兄乃随道士与初平相见。语毕，问：'羊何在？''在山东。'兄住视，但见白石不见羊。平曰：'羊在耳，兄自不见。'平乃往，言：'叱！叱！羊起！'于是白石皆起，成羊数万头。"白居易《南阳小将张彦硖口镇税人场射虎歌》："张彦雄特制残暴，见之叱起如叱羊。"

【叱咤】发怒。李百药《谒汉高庙》："抑扬驾人杰，叱咤掩时雄。"崔禹锡《奉和圣制送张说巡边》："叱咤阴山道，澄清瀚海阳。"李白《登广武古战场怀古》："赤精斩白帝，叱咤入关中。"胡曾《咏史诗·泜水》："韩信经营按镆铘，临戎叱咤有谁加。"

【叱起】相传皇初平牧羊遇仙，数年后其兄初起往寻，见初平对石叱曰："叱！叱！羊起！"石遂变为数万头羊。后因以表示以仙术创造巨勋。杜牧《感怀诗一首》："叱起文武业，可以豁洪溟。"参见"叱羊"。

【叱馭】为因公忘险、奋不顾身之典。见《汉书·王尊传》。拾得《诗》之三十："少年学书剑，叱驭到荆州。"李峤《和曲典设扈从东郊忆弟使往安西冬至日恨不得同申拜庆》："玉关方叱驭，桂苑正陪舆。"雍陶《蜀中战后感事》："忠臣叱驭来，卧龙同骇浪。"李瀚《蒙求》："桓典避马，王尊叱驭。"

【叱喝】（—hè）呵斥。卢仝《月蚀诗》："似天会事发，叱喝诛奸强。"'

【叱嗟】怒斥。温庭筠《鸿胪寺偶成四十韵》："顾盼生羽翼，叱嗟回雪霜。"

【叱狗】呵斥狗。狗，"狗"俗字。王梵志《诗》之四二："停客勿叱狗，对客莫频眉。"

【叱訶】呵斥。白居易《新乐府·青石》："如观奋击未泚日，似见叱诃希烈时。"

【叱撥駒】马名。唐天宝中，大宛进汗血马六匹，分别以红、紫、青、黄、丁香、桃花叱拨为名。见宋李石《续博物志》卷四。白居易《和张十八秘书谢裴相公寄马》："齿齐膘足毛头腻，秘阁张郎叱拨驹。"又《同诸客嘲雪中马上妓》："银篦稳篸乌罗帽，花襜宜乘叱拨驹。"韦庄《长安清明》："紫陌乱嘶红叱拨，绿阳高映画秋千。"

【叱灘】地名。在今湖北秭归县西二里，为川江中险滩之一。唐诗中借以泛指险滩。白居易《开龙门八节石滩诗二首》之二："十里叱滩变河汉，八寒阴狱化阳春。"

司

〔sī《广韵》息兹切，平之，心。〕❶主持，管理。崔知贤《三月三日宴王明府山亭》序："元已迨辰，季阳司月，列芳林而荐赏，控清洛以开筵。"韦应物《寇季膺古刀歌》："死生好恶不相弃，白虎司秋金气清。"卢仝《走笔谢孟谏议寄新茶》："山上群仙司下土，地位清高隔风雨"。❷守护，守卫。陈元光《太母魏氏半径题石》："剑埋龙守壤，石卧虎司碑。"杜甫《沙苑行》："王有虎臣司苑门，入门天厩皆云屯。"欧阳詹《咏德上太原李尚书》："九重帝宅司丹地，十万兵枢拥碧油。"❸官署名。唐尚书省分六部二十四司。严维《酬刘员外见寄》："苏耽佐郡时，近出白云司。"罗隐《秋日泊平望驿寄太常裴郎中》："地清每负生灵望，官重方升礼乐司。"花蕊夫人徐氏《宫词》之十六："二十四司分六局，御前频见错相呼。"

【司土】古官名。殷代为天子六府之一，《周礼》中作"土均"。掌平土地之政，以均地守，以均地事，以均地贡。苏源明《小洞庭洄源亭宴四郡太守诗》序：

“司土庀舟以待，司功设袯以告。”

【司士】 官名。北齐置士曹参军，为郡之佐史，掌工役。唐制，在府称士曹参军，在州为司士参军，在县为司士。孟浩然有《裴司士员司户见寻》。卢纶有《送从叔士準赴任润州司士》。

【司天臺】 官署名。掌观察天文，稽定历数。历代均设专官，称太史令。隋改太史监，至唐名称屡易。历称太史监、太史局、秘书阁局、浑天监、浑仪监等，大体称“局”则隶秘书省，称“监”则独立为署。乾元元年(758)改称司天台，长官司天监，从三品；少监二人，从七品下。白居易《新乐府・司天台》：“司天台，仰观俯察天人际。”和凝《宫词百首》之二四：“清旦司天台进状，夜来晴霁泰阶平。”李山甫有《司天台》。

【司分】 (—fēn)主历法之官。司分，谓司春分、秋分。《左传・昭公十七年》：“玄鸟氏司分者也。”杜预注：“玄鸟，燕也，以春分来，秋分去。”孔颖达疏：“此鸟以春分来，秋分去，故以名官，使之主二分。”刘禹锡《监祠夕月坛书事》：“西皞司分昼夜平，羲和停午太阴生。”

【司户】 官名。唐置。掌户口籍账之事。在州曰司户参军，在县曰司户。李白有《赠崔司户文昆季》。杜甫有《哭台州郑司户苏少监》。李商隐有《赠刘司户蕡》。

【司功】 官名。汉诸州有功曹书佐，在郡称功曹史，主选署功劳。北齐诸州皆置功曹参军。隋炀帝罢州置郡，改称司功书佐。唐在府称功曹参军，在州称司功参军，在县称司功。掌官园、祭祀、礼乐、学校、选举、表疏、医筮、考课、丧葬之事。苏源明《小洞庭洄源亭宴四郡太守诗》序：“司土庀舟以待，司功设袯以告。”高适有《宋中别司功叔各赋一物得商丘》。曲崇裕有《送司功入京》。

【司刑】 ❶主持刑政。韩愈《答张彻》：“日驾此回辖，金神所司刑。”❷官名。指刑部侍郎或刑部郎中。此二官在唐龙朔间改称司刑少常伯和司刑大夫，故称。杜牧《分司东都寓居履道叨承川尹刘侍郎大夫恩知上四十韵》：“禹谟推掌诰，汤网属司刑。”李商隐《哭遂州萧侍郎二十四韵》：“密侍荣方入，司刑望愈尊。”

【司刑大夫】 官名。唐刑部属官，即刑部郎中。唐刑部置郎中二员，从五品上，龙朔间改为司刑大夫。刘禹锡《含辉洞述》序：“前此二千石御史中执法河南元次山、谏义大夫北平阳亢宗、司刑大夫东平吕和叔，皆硕人也。”

【司更】 掌握漏刻之官，如挈壶正、司辰之属，属司天台。王建《鸡鸣曲》：“直内初烧玉案香，司更尚滴铜壶水。”

【司存】 犹有司，官吏。玄宗《春中兴庆宫酺宴》序：“往以仲冬建子，南至初阳，爰诏司存，式陈郊祀。”杜甫《承沈八丈东美除膳部员外郎阻雨未遂驰贺奉寄此诗》：“司存何所比，膳部默悽伤。”亦用以指吏事。元稹《月三十韵》：“司存委卿士，新拜出郊畿。”

【司戎】 官名。唐置。谓兵部尚书和兵部侍郎。龙朔二年(662)改兵部尚书为司戎太常伯，兵部侍郎为司戎少常伯，咸亨复旧。元稹《酬乐天东南行诗一百韵》：“近喜司戎健，寻常掌诰徂。”

【司州】 谓三国魏在畿辅所置之司州，治所在洛阳(今河南洛阳市东北)。韩翃《送李湜下第东归卫州便游河北》：“路出司州胜景长，西山翠色带清漳。”

【司言】 ❶职掌建言进谏。钱起《和范郎中宿直中书晓玩清池赠南省同僚两垣遗补》：“司言兼逸趣，鼓兴接知音。”卢纶《纶辄有所酬以申悲旧兼寄夏侯侍御审侯仓曹钊》：“掌赋若吹籁，司言如建瓴。”❷官名。古有左右史在天子身旁，左史记言，右史记事。司空曙《奉和常舍人晚秋集贤院即事寄徐薛二侍郎》：“司言陈禹命，侍讲发尧聪。”

【司兵】 官名。唐制，府置兵曹参军，州置司兵参军，县曰司兵。掌军防、门禁、田猎、烽候、驿传诸事。岑参有《冬宵家会饯李郎司兵赴同州》。石抱忠《始平谐诗》：“略彴桥头逢长史，棂星门外揖司兵。”

【司武】 司马的别称。权德舆《太原郑尚书远寄新诗走笔酬赠因代书贺》：“戎装蹬蹀纷出祖，金印煌煌宠司武。”

【司花女】 隋炀帝幸江都，洛阳人献合蒂迎辇花，帝令御车女袁宝儿持之，号司花女。见虞世南《隋遗录》卷上。虞世南有《应诏嘲司花女》。

【司花妓】 即司花女。韦庄《河传》词之一：“青娥殿脚春妆媚，轻云里，绰约司花妓。江都宫阙，清淮月映迷楼，古今愁。”

【司直】 官名。唐属大理寺，定额六员，从六品上。杜甫《送高司直寻封阆州》：“司直非冗官，荒山甚无趣。”又《戏赠友二首》之二：“元年建巳月，官有王司直。马惊折左臂，骨折面如墨。”李益有《秋晚溪中寄怀大理齐司直》。

【司門】 官衙名。唐刑部属司之一。龙朔、咸亨年间曾改称司关，有郎中一人，员外郎一人，掌天下诸门及关出入往来之籍赋而审其政。凡召见官员，“降墨敕，勘铜鱼、木契而后入”。官民人等出入关塞，由本司发给“过所”(通行证明)。权德舆有《和司门殷员外早秋省中书直夜寄荆南卫象端公》。韩愈有《酬司门卢四兄云夫院长望秋作》。《语・郎吏语》：“司门水部，入省不数。”

【司門郎中】 官名。《周礼》地官之属，守卫京城十二门,稽查走私,司国门启闭。汉为城门校尉,北周复置司门。隋称司门侍郎,后改称司门郎。唐曰司门郎中,从五品上,龙朔二年(662)改称司门大夫,咸亨元年(670)复旧名。属刑部。徐铉有《和司门郎中陈彦》。

【司牧】 ❶统治,管理。皮日休《吴中苦雨因书一百韵寄鲁望》:“我愿荐先生,左右辅司牧。”又《三羞诗三首》之三:“如何司牧者,有术皆在兹。”❷指统治者。太宗《咏司马彪续汉志》:“非惟树司牧,固亦垂文字。”

【司命】 ❶主宰命运。顾况《山居即事》:“杨君闲上法,司命驻流年。”王周《志峡船具诗·梢》:“招招俾作主,泛泛实司命。”❷司命之神。有大司命和少司命。大司命统司人之生死,少司命则司人子嗣之有无。说见王夫之《楚辞通释》。陆龟蒙《句曲山朝真词二首·迎真》:“司命旂旌未下来,焚香抱简凝神立。”

【司命鬼】 主宰人寿命的鬼神。崔泰之《哭李峤诗》:“魂随司命鬼,魄逐见阎王。”

【司法】 官名。两汉郡之佐吏有决曹、贼曹掾,主管刑法。北齐称法曹参军。唐制,在府称法曹参军,在州称司法参军,在县称司法。王昌龄有《送姚司法归吴》。杜甫有《简吴郎司法》。卢纶有《送卫司法河中觐省》。方干有《送饶州王司法之任兼寄朱处士》。

【司夜吏】 职掌夜禁之官吏。徐铉《亚元舍人不替深知猥贻佳作三篇清绝不敢轻酬因为长歌兼寄陈君庶资一笑耳》:“任他银箭转更筹,不怕金吾司夜吏。”

【司庖】 主庖厨之事者,即厨师。王建《东征行》:“司庖常膳皆得对,好事将军封尔身。”

【司金郎】 官名。唐司金郎为户部金部司之郎官。龙朔、咸亨年曾改金部为司珍,天宝末又改金部为司金,至至德二载(757)复名金部。有郎中、员外郎各一人。掌判天下库藏绵帛出纳之事。刘禹锡有《送赵中丞自司金郎转官参山南令狐仆射幕府》。

【司空】 ❶官名。(1)《周礼》冬官有大司空。掌水土之事。据传此官少昊时即置,唐虞时因之,禹曾为此官。后世往往用为工部尚书的别称。李益《从军夜次六胡北饮马磨剑石为祝殇辞》:“乃分司空授朔土,拥以玉节临诸侯。”周昙《咏史诗·三代门·再吟夏禹》:“司空定有匡尧术,九载之前何处来。”(2)三公之一。汉改御史大夫为大司空,与大司马、大司徒并列为三公。唐以司空、太尉、司徒为三公,各一员,并为正一品,佐天子理阴阳,平邦国,无所不统,但实无具体职务,仅为大臣虚衔。杜审言《和李大夫嗣真奉使存抚河东》:“秩比司空位,官临御史员。”韩愈《赴江陵途中寄赠翰林三学士》:“天子恻然感,司空叹绸缪。”刘禹锡《故相国燕国公于司空挽歌二首》之一:“十年镇南雍,九命作司空。”李建勋《答汤悦》:“司空犹不作,那敢作司徒。”❷星名。《史记·天官书》:“危东六星,两两相比,曰司空。”张守节正义:“危东两两相比者,是司命等星也。司空唯一星耳,又不在危东,恐‘命’字误为‘空’也。”窦常《求自试》:“双剑曾埋狱,司空问斗牛。”曹唐《勖剑》:“垂情不用将闲气,恼乱司空犯斗牛。”❸复姓。卢携《题司空图壁》:“姓氏司空贵,官班御史卑。”唐诗人中有司空图、司空曙。

【司空十四】 即司空曙。曙行十四。卢纶有《送张调参军侍从归觐荆南因寄长林司空十四曙》。张南史有《送司空十四北游宋州》。

【司空山】 又名司空原。在安徽岳西县。相传战国时淳于氏,官司空,曾隐居于此,故名。李白有《题舒州司空山瀑布》。陆蟾有《司空山闻子规》。

【司空文明】 即司空曙。曙字文明。李端有《九日赠司空文明》《秋日旅舍别司空文明》和《杂歌呈郑锡司空文明》。卢纶有《春日忆司空文明》。

【司空見慣】 据唐孟棨《本事诗·情感》载,曾任过司空的李绅宴请刘禹锡,酒酣,李命妓歌以送之。刘赋《赠李司空妓》曰:“高髻云鬟宫样妆,春风一曲《杜韦娘》。司空见惯浑闲事,断尽苏州刺史肠。”李因以妓赠之。后用“司空见惯”形容经常看到、不足为奇的事物。按:李、刘合宴及李赠刘妓事,均虚妄不可信。详见吴企明《唐音质疑录·“司空见惯”诗考辨》。

【司空侍郎】 即司空图。图寓居华阴时,曾征为户部侍郎,故称。徐夤有《寄华山司空侍郎二首》。尚颜有《寄华阴司空侍郎》。

【司空拾遺】 即司空曙。曙于唐代宗大历前入朝为左拾遗,故称。耿沣有《秋晚卧疾寄司空拾遗曙卢少府纶》。卢纶有《赠司空拾遗》。

【司空原】 即司空山。在今安徽岳西县。李白有《避地司空原言怀》。参见“司空山”。

【司空員外】 即司空图。图于乾符间,曾被召为礼部员外郎,故称。李洞有《上司空员外》。

【司空羡】 称美文章之典。见《晋书·张华传》。司空曙《送翰林张学士岭南勒圣碑》:“文独司空羡,书兼太尉能。”

【司空圖】 (837—908)唐诗人。字表圣,自号知非子、耐辱居士,河中虞乡(今山西永济市)人。少有俊才,咸通中一举登进士第,为主司王凝赏识。凝出为宣州观察使,辟图为从事。召拜殿中侍御史,迟留百日,被弹劾,授光禄寺主簿,分司东都。乾符六年(879),宰相卢携罢免,以宾客分司,图与之游,携嘉其高洁,厚礼之。明年携复入朝为相,召图为礼部员外郎，旋迁本司郎中。光启元年(885)，迁中书舍人。后归隐其先人别墅中条山王官谷，累召不就，与名僧高士游咏其中。后梁开平二年(908)，闻唐哀帝被杀，不怿而疾，数日卒，年七十二。其诗多写山林隐逸闲情，诸如《河湟有感》之类感时伤乱之作嫌少。撰有《诗品》二十四则，标举雄浑、冲淡、纤秾、含蓄、飘逸等二十四种诗歌风格，每则各以十二句形象化的四字韵语描摹其特征，文字优美而饶有诗意，在诗论著作堪称独创。但他在论述诗歌时，处处以"韵味"为中心，强调"韵外之致""味外之旨"，极力提倡超现实的意境，其各种风格的界限亦不甚清晰。其诗论，对宋严羽的"妙悟"说、清王士禛的"神韵"论很有影响。传在《旧唐书》卷一九〇下、《新唐书》卷一九四、《唐才子传》卷八。诗见《全唐诗》卷六三二至六三四。

【司空曙】 唐诗人。字文明，一作文初。广平(今河北永年附近)人。卢纶表兄。安史乱起，避居南方。曾举进士，任洛阳主簿。大历前期，入朝为左拾遗。德宗时，贬为长林县丞。贞元四年(788)前后，在剑南西川节度使韦皋幕府，官检校水部郎中，终虞部郎中。工诗，为大历十才子之一。家境贫苦，性情耿直，不愿干谒权贵。其诗多为送别赠答和羁旅漂泊之作，写景抒情，细致熨帖，五律对仗，尤为工整。传附《新唐书·卢纶传》。诗见《全唐诗》卷二九二。

【司春】 ❶职掌礼部。春官为礼部的别称，故云。韦应物《寄令狐侍郎》："西掖方掌诰，南宫复司春。"❷掌管春令。魏征《五郊乐章·肃和》："玄鸟司春，苍龙登岁。"

【司封】 官名。唐吏部有司封司，置司封郎中司封员外郎各一员，掌国之封爵。司封称此二官。吕温有《病中自户部员外郎转司封》。

【司封員外郎】 官名。亦简称司封员外。唐吏部司封司置司封员外郎一员。从六品上。协司封郎中，掌国之封爵。白居易《三月三日祓禊洛滨》序："开成二年三月三日，河南尹李待价以人和岁稔，将禊于洛滨。前一日启留守裴令公，令公明日，召太子少傅白居易……司封员外郎张可续、驾部员外郎卢言、虞部员外郎苗愔、和州刺史裴洽、检校礼部员外郎杨鲁士、四门博士谈弘等一十五人，合宴于舟中。"郑谷有《送司封从叔员外徼赴华州裴尚书均辟》。

【司封郎中】 官名。唐吏部司封司置司封郎中一员，从五品上。职掌国之封爵。羊士谔有《登乐游原寄司封孟郎中卢补阙》。姚合有《奉和前司封苏郎中喜严常侍萧给事见访惊斑鬓之什》。

【司南】 ❶犹司晨。杜甫《鸡》："气交亭育际，巫峡漏司南。"❷谓指南车。《晋书·舆服志》："司南车一名指南车，驾四马其下。制如楼，三级，四角金龙衔羽葆，刻木为仙人，衣羽衣，立车上，车虽回运，而手常南指。大驾出行，为先启之乘。"徐铉《和江西萧少卿见寄二首》之一："亡羊歧路愧司南，二纪穷通聚散三。"

【司契】 掌握契据。谓从容主持国政。《老子》："是以圣人执左契而不责于人，有德司契，无德司彻。"任继愈注："司契的人，只凭契据来收付，所以显得从容。"赵铎《玄元皇帝应见贺圣祚无疆》："圣主今司契，神功格上玄。"

【司馬】 ❶官名。指唐代州刺史之属吏。唐各州均置此官，上州从五品上，中州六品上，下州从六品下。名曰协助刺史处理一州事务，实多为优游禄位的闲职，用以安排贬斥大臣和宗室、武将。李白《答湖州迦叶司马问白是何人》："湖州司马何须问，金粟如来是后身。"杜甫《所思》："苦忆荆州醉司马，谪官樽俎定常开。"岑参《送郭司马赴伊吾郡请示李明府》："不倚将军势，皆称司马贤。"白居易《送陕州王司马建赴任》："陕州司马去何如，养静资贫两有余。"❷姓。唐诗人中有司马扎、司马都、司马退之。❸指司马相如。李峤《市》："渐离初击筑，司马正弹琴。"❹指白居易。白曾贬江州司马，故称。元稹《和乐天过秘阁书省旧厅》："司马见诗心最苦，满身蚊蚋哭烟埃。"

【司馬子微】 即司马承祯。承祯字子微。沈佺期有《同工部李侍郎适访司马子微》。元稹《惭问囚》："司马子微坛上头，与君深结白云俦。"

【司馬扎】 唐诗人。唐宣宗时人。曾官荣州刺史。与储嗣宗友善。一生汲汲于名利，奔波于今陕西、山西、河南、江苏等地，而竟无成。生活贫困，深知下层人民的痛苦，诗中多有反映。《全唐诗》卷五九六录其诗三十九首，编为一卷。

【司馬太守】 即卢溪郡太守司马氏。王昌龄有《留别司马太守》。

【司馬先生】 即司马承祯。李峤有《送司马先生》。崔湜有《寄天台司马先生》。

【司馬承禎】 (655或647—735)唐诗人。著名道士。字子微，号白云子，河内温(今河南温县)人。少好学，工书法，薄于为吏，遂为道士。事潘师正，传其符箓及辟谷导引服饵之术，甚得师正赏识。遍游名山，止于天台。武则天闻其名，召至都，亲降手敕予以褒奖。景云二年(711)，睿宗复召入宫中，问以阴阳术数之事。及还山，睿宗赐其宝琴一张，霞纹帔一件，朝中词人赠诗者百余人。后玄宗又多次召见，并亲受法箓，前后赏赐甚厚。又命其以三体写《老子经》，刊正文句。卒后赠银青光禄大夫，谥为贞一先生，玄宗亲制碑文。著有《天隐子》《道体论》《坐忘论》等。能诗。传载《旧唐书》一九二、《新唐书》一九六。《全唐诗》卷八五二录其《答宋之司》一首。

【司馬門】 指金陵建业宫的大司马门。温庭筠《台城晓朝曲》："司马门前火千炬，阑干星斗天将曙。"顾嗣立校注："《金陵志》建业宫有五门，正南口大司马门。"

【司馬季主】 人名。古占卜者。《史记·日者列传》："司马季主者，楚人也。卜于长安东市。"宋中、贾谊曾向其问卜。吴筠有《高士咏·司马季主》。

【司馬法】 指司马穰苴兵法。司马穰苴，春秋齐人，姓田氏，为大司马，故曰司马穰苴。其人文能超众，武能威敌，治军威严，令行禁止。身先士卒，士卒争奋为之赴战，大败晋、燕之师。至齐威王时，使人追论昔之《司马兵法》而附穰苴于其中，因号曰《司马穰苴兵法》。见《史记·司马穰苴列传》。宋璟《奉和圣制送张说巡边》："是关《司马法》，爰命总戎行。"李商隐《骄儿诗》："穰苴《司马法》，张良黄石术。便为帝王师，不假更纤悉。"陆龟蒙《江南秋怀寄华阳山人》："弘深《司马法》，雄主贰师兵。"

【司馬長卿】 即司马相如。相如字长卿。黄滔有《司马长卿》。

【司馬相如】 （前179—前118）汉成都人。字长卿。著名辞赋家。景帝时为武骑常侍，因病免，客游梁。旋归蜀。武帝时因作《子虚赋》受赏识而被召见。又作《上林赋》，武帝拜为郎。曾奉命出使西南，对西南开发有功。官拜孝文园令。所作辞赋多写帝王苑囿畋猎、神仙封禅之事，篇末则寄以对帝王奢侈淫靡生活的讽谏。作品语言流畅，文采横溢，为一代词宗，对汉赋的发展有很大影响。《史记》《汉书》均有传。范尧佐《一字至七字诗·书》："银钩屈曲索靖，题桥司马相如。"

【司馬相如琴歌】 乐府琴曲歌辞。张祜作。

【司馬相如琴臺】 故址在今四川成都市西南。岑参有《司马相如琴台》。

【司馬退之】 唐诗人。开元中道士。《全唐诗》卷八五二录其《洗心》一首。

【司馬將軍歌】 乐府《征伐王曲》调名。为李白仿《陇上歌》而作的乐府诗。诗见《全唐诗》卷一六三。

【司馬都】 唐诗人。咸通进士。与陆龟蒙友善，有诗作唱酬。《全唐诗》卷六百录其诗二首。

【司馬都督】 即司马逸客。逸客曾为凉州都督。张说有《送王尚一严嶷二侍御赴司马都督军》。

【司馬復】 唐诗人。《全唐诗》卷六〇七童翰卿《昆明池织女石》，一作司马复诗。

【司馬逸客】 唐诗人。则天朝尝从相李旦北征。与沈佺期、李乂友善。沈、李二人有《夏日都门送司马员外逸客孙员外栓北征》同题诗。《全唐诗》卷一〇〇录其《雅琴篇》一首。

【司馬稱好】 后汉司马徽不谈人短，与人交谈，无论美恶均称"好"。有人问其安否，答曰："好。"有人向其陈子死，答曰："太好。"其妻责之曰："人以君有德，故此相告，何闻人子死，反亦言好？"徽曰："如卿之言亦大好。"说见《谭概》。李瀚《蒙求》："东平为善，司马称好。"

【司馬道士】 即司马承祯。承祯为天台著名道士。宋之问、张说、沈如筠均有《寄天台司马道士》。

【司馬遷】 西汉史学家和文学家。字子长。夏阳（今陕西韩城）人。生于龙门（今陕西韩城市东平）。武帝时为郎中，奉使巴蜀，还为太史令。太初元年（前104），与唐都、落下闳等共订太初历，对历法进行改革。天汉间李陵降匈奴，而迁极言李陵忠于国家，逆武帝意，而被腐刑下狱。太始初，出为中书令，发愤著述。迁十岁能诵古文，世为史职，多览史官所藏图书，又性嗜游历，尝南游江、淮，上会稽，探禹穴，窥九疑，浮湘、沅，北涉汶、泗，历齐、鲁，过梁、楚以归。所著《史记》博大精深，一百三十篇，五十二万余言，为我国最早之通史，开纪传体史书之范例，对后代史学有深远影响。见《史记·太史公自序》及《汉书》本传。张祜《戊午年感事书怀二百韵》："戏傲东方朔，文轻司马迁。"贯休《上卢使君二首》之二："司马迁文亚圣人，三头九陌碾香尘。"

【司馬遷墓】 在陕西韩城市芝川镇南原，北距龙门40公里。有墓有祠，祠始建于西晋。牟融有《司马迁墓》。

【司馬盧谿】 即卢溪郡太守司马氏，名字里贯不详。卢溪，郡名，即辰州。隋沅陵县。唐武德四年（621），置辰州，领沅陵等五县。天宝元年（742）改为卢溪郡。乾元元年（758），复为辰州，取溪名。王昌龄有《武陵田太守席送司马卢溪》。故治今湖南沅陵县。

【司馬錯】 战国秦将。惠王欲伐蜀，张仪认为不如先伐吴后伐蜀，与错论辩。错折服张仪，惠王终听司马错之言，灭蜀。以错为郡守。事见《战国策·秦策》。刘禹锡有《登司马错古城》。参见"司馬錯古城"。

【司馬錯古城】 指秦将司马错征服西南少数民族在武宁沅江南所建的古城。《水经注·沅水》："秦昭王二十七年，使司马错以陇蜀军攻楚，楚割汉北与秦，至三十年，秦又取楚巫黔，及江南地，以为黔中郡。"刘禹锡有《登司马错古城》。参见"司馬錯"。

【司馬題橋】 《史记·司马相如列传》："天子以为然，乃拜相如为中郎将，建节往使。副使王然于、壶充国、吕越人驰四乘之传，因巴蜀吏币物以赂西夷。至蜀，蜀太守以下郊迎，县令负弩矢先驱，蜀人以为宠。”唐司马贞索隐引《华阳国志》云：“蜀大城北十里有升仙桥、送客观。相如初入长安，题其门云‘不乘赤车驷马，不过汝下’也。”汪遵《升仙桥》：“汉朝卿相尽风云，司马题桥众又闻。”

【司匭氏】 官衙名。即献院。天宝年间以匭与鬼音同，改为献院。元结《二风诗》序：“将欲求干司匭氏以裨天监，会有司奏待制者悉去之，于是归于州里。”

【司徒】 ❶官名。西周始置，春秋时沿置。其职掌为治理民事、掌握户口、官司籍田、征发徒役和收敛财赋。秦代省司徒而置丞相，汉哀帝元寿二年(前1年)，丞相改称大司徒，是三公之一。东汉改称司徒，主管教化。三国魏司徒不预朝政。北周以司徒为地官，称大司徒卿。隋唐复为三公之一。正一品。司徒与司空、太尉佐天子理阴阳，平邦国，无所不统，但隋唐时三公无单置者，于宰相为加官，亲王拜者亦不亲其事，仅存名位。王湾《秋夜寓直即事通简南省诸友人》：“司徒汉家重，国典颍川征。”卢纶《王评事驸马花烛诗》之一：“为报司徒好将息，明珠解转又能圆。”唐彦谦《奉使岐下闻唐弘夫行军为贼所擒伤而有作》：“散卒半随袁校尉，寡妻休问辟司徒。”李建勋《答汤悦》：“司空犹不作，那敢作司徒。”❷指李光弼。李于至德二年(757)为检校司徒，故称。杜甫《故司徒李公光弼》：“司徒天宝末，此收晋阳甲。”又《洗兵马》：“郭相谋深古来少，司徒清鉴悬明镜，尚书气与秋天杳。”又《恨别》：“闻道河阳近乘胜，司徒急为破幽燕。”

【司徒德】 德，应作“聽”。因字形相似而致误。司徒听，即李诉季弟李听，封检校司徒凉国公，故称。杜牧《题永崇西平王宅太尉诉院六韵》：“家呼小太尉，国号大梁公。”原注：“太尉季弟司徒德亦封梁国公。”

【司倉】 官名。汉置仓曹史，主管仓库，为郡之属官。北齐称仓曹参军。唐制，在府者称仓曹参军，在州者称司仓参军，在县者称司仓。王昌龄有《送郭司仓》。刘长卿有《颍川别司仓李万》。方干有《赠普州贾司仓岛》。

【司庫員外】 官名。指司库郎中或司库员外郎。唐龙朔二年(662)和天宝三年(744)曾改兵部库部司为司库。本司置郎中一员，从五品上；员外郎一员，从六品上。郎中、员外郎掌邦国军州戎器、仪仗。王维有《赠从弟司库员外绿》。

【司理】 执法；主管掌狱讼勘鞫之事。权德舆《伏蒙十六叔寄示喜庆感怀三十韵因献之》：“司理因旷职，曲台仍礼神。”

【司晨】 谓公鸡报晓。李白《对雪奉饯任城六父秩满归京》：“龙虎谢鞭策，鹓鸾不司晨。”元稹《有鸟二十章》之二十：“司晨守夜悲鸡犬，啄腐吞腥笑雕鹗。”殷尧藩《寒夜》：“鸡催梦枕司晨早，更咽寒城报点迟。”徐夤《龙蛰二首》之二：“逐日莫矜驽马步，司晨谁要牝鸡鸣。”

【司陶鈞】 指做宰相。陶钧，制作陶器的模子，下圆，可转动。古人以陶人转动模子使陶器成圆形比喻治国得法。李商隐《行次西郊作一百韵》：“例以贤牧伯，征入司陶钧。”

【司農】 ❶官衙名。即司农寺。汉初设治粟内史，景帝改为大农，武帝改称大司农。南朝梁始名其官署为司农寺。北朝隋唐沿置。唐司农寺下设机构繁多，除领上林、太仓、钩、盾、导官四署外，举凡各地属于中央的粮仓、司竹、诸汤、宫苑、盐池、诸屯等，均受其管理。主管仓储及农林园苑。设卿一员，少卿二员，丞六人，主簿二人。李颀有《送司农崔丞》。卢纶有《哭司农苗主簿》。❷指东汉经学家郑众。众曾任大司农，故称。张祜《送郑潜判官归冬宁》：“摘句竞推梁记室，谈经今绍汉司农。”

【司寇】 官名。西周始置。春秋战国沿置，职掌刑法狱讼。孔子曾任鲁司寇故唐诗中亦借指孔子。卢仝《感古四首》之二：“仲尼鲁司寇，出走为群婢。”李商隐《喜舍弟羲叟及第上礼部魏公》：“宁同鲁司寇，惟铸一颜回。”李山甫《早秋山中作》：“司寇亦曾遭鲁黜，步兵何事哭途穷。”亦借指泛称司法官。沈佺期《移禁司刑》：“司寇宜哀狱，台庭幸恤辜。”

【司寒】 北方神名。为冬神玄冥。《左传·昭公四年》：“黑牡秬黍，以享司寒。”杜预注：“司寒，玄冥，北方之神。”杨巨源《奉酬窦郎中早入省苦寒见寄》：“司寒申郑重，成岁在凛冽。”

【司業】 学官名。隋大业三年(607)始置司业一人，从四品。唐国子监置司业二员，从四品下。助国子监祭酒，掌邦国训导之政令。释奠孔子，祭酒为初献，司业为亚献。高适《酬秘书弟兼寄幕下诸公》：“司业张侯，周旋迨兹。”杜甫《怀旧》：“地下苏司业，情亲独有君。”白居易有《雨中招张司业宿》。唐彦谦有《送樊琯司业归朝》。

【司鼎】 官名。光禄卿之别称。苏颋《送光禄姚卿还都》：“不授纶为草，还司鼎用梅。”

【司過】 勘察过失。李商隐《明神》：“明神司过岂令冤，暗室由来有祸门。”

【司筵】 祭祀时掌管牺牲粢盛之官。《郊庙歌辞·享隐太子庙乐章·送神》：“掌礼云备，司筵告彻。”

【司僕】 官名。唐置。掌舆马、牧畜之事。龙朔中改太仆曰司驭，咸宁初复旧，光宅元年(684)改为司仆，神龙初复旧。宋之问《奉和梁王宴龙泓应教得微字》：“鸟惊司仆驭，花落侍臣衣。”

【司儀】 ❶官名。《周礼》秋官之属，主管接待宾客的礼仪。后魏设有司仪官，北齐设署。唐鸿胪寺领典客、司仪二署。司仪署设令一人，丞一人，司仪六人。王维《奉和圣制十五夜然灯继以酺宴》："奉引迎三事，司仪列万方。"❷负责迎宾、庆典、丧葬等仪式。柳宗元《弘农公以硕德伟材屈于诬枉谨献诗五十韵以毕微志》："司仪六礼洽，论将七兵扬。"

【司樂】 （—yuè）官名。北周置司乐，唐为乐正。元结《补乐歌十首》序："诚不足全化金石，反正宫羽，而或存之，犹乙乙冥冥有纯古之声，岂几乎司乐君子道和焉尔。"无名氏《册上公太常奏雅乐》（卷七八七）："司乐陈金石，逶迤引上公。"

【司曆】 官名。春秋时有此官，掌历法。唐司天台有司历二人，掌造历。司空曙《和耿拾遗元日观早朝》："大官陈禹玉，司历献尧蓂。"

【司閽】 守门者。韦应物《观早朝》："河汉忽已没，司阍启晨关。"

【司勳】 官名。指司勋郎中或司勋员外郎。李商隐《赠司勋杜十三员外学士》："杜牧司勋字牧之，清秋一首杜秋诗。"司空图《退居漫题七首》之五："诗家通籍美，工部与司勋。"唐彦谦有《闻李渎司勋下世》。参见"司勳郎中""司勳員外"。

【司勳郎中】 官名。《周礼》夏官之属，主管功赏事务。北周史部有司勋上士一人。隋文帝置司勋侍郎，炀帝改为司勋郎。唐武德初称司勋郎中，从五品上。职掌邦国官人之勋级。张子容有《赠司勋萧郎中》。祖咏有《清明宴司勋刘郎中别业》。李嘉祐有《司勋王郎中宅送韦九郎中往濠州》。罗隐有《淮南送司勋李郎中赴阙》。

【司勳員外】 官名。即司勋员外郎。唐吏部置此官二员，从六品上。配合司勋郎中掌邦国官人之勋级。李商隐有《赠司勋杜十三员外》。郑谷有《寄司勋张员外学士》。参见"司勳郎中"。

【司膳】 官署名。指司膳寺。唐光禄寺历改司宰寺、司膳寺，掌酒醴膳羞之事。和凝《宫词百首》之二六："司膳厨中也禁烟，春宫相对画秋千。"

【司諫】 官名。《周礼》地官之属。掌纠万民之德而劝之。唐时无此官名。唐诗中谓司谏，即谓司掌谏事，指任谏议大夫、补阙、拾遗一类谏职。亦用以指司理谏事。王维《和仆射晋公扈从温汤》："司谏方无阙，陈诗且未工。"杜甫《送司马入京》："黄阁长司谏，丹墀有故人。"白居易《酬赠李炼师见招》："几年司谏直承明，今日求真礼上清。"贾岛《喜姚郎中自杭州回》："东省期司谏，云门悔不寻。"

【司隸】 官名。指司隶校尉。《周礼》秋官之属有司隶，负责管理奴隶、俘虏，捕盗贼。汉武帝征和四年（前89年）初置司隶校尉。领兵千余人，捕巫蛊，督察大奸猾。后罢所领兵，使察三辅、三河、弘农七郡。哀帝时改称司隶之名。东汉复称司隶校尉，仍领七部，治河南洛阳。杜甫《喜达行所直三首》之二："司隶章初睹，南阳气已新。"韦应物《逢杨开府》："司隶不敢捕，立在白玉墀。"元稹《奉和浙西李大夫德裕述梦四十韵次本韵》："传乘司隶马，继染翰林毫。"

【司録】 官名。指司隶参军。唐开元元年（713），改京兆、河南、太原等府的录事参军为司录参军，各府置司录参军二人，正七品。其职责为纠举六曹，相当于尚书省左右丞和御史台职掌。元稹《泛江玩月十二韵》序："六月十四日，张季友、李景俭二侍御，王文仲司录、王众仲判官两昆季，为予载酒炙，选声音。"

【司憲】 官衙名。即御史台。唐龙朔二年（662）改御史台为宪台，御史大夫为大司宪，御史中丞为司宪大夫。武元衡《窦三中丞去岁有台中五言四韵因追曩篇持以赠之》："在昔谬司宪，常僚惟有君。"

【司議】 官名。即司议郎。唐东宫属官。唐太子司议郎四人，正六品上，掌侍从赞相，驳正启奏。王维《瓜园诗》序："维瓜园高斋，俯视南山形胜，二三时辈，同赋是诗，兼命词英数公，同用园字为韵，韵任多少，时太子司议郎薛琚发此题。"韦应物有《送颜司议使蜀访图书》。武元衡有《送韦侍御司议赴东都》。

叫 〔jiào《广韵》古弔切，去嘯，見〕❶呼，喊。李白《赠黄山胡公求白鹇》序："因援笔三叫，文不加点以赠之。"杜甫《早秋苦热堆案相仍》："束带发狂欲大叫，簿书何急来相仍。"韩愈、孟郊《斗鸡联句》："争观云填道，助叫波翻海。"元稹《和李校书新题乐府十二首·缚戎人》："半夜城摧鹅雁鸣，妻啼子叫曾不歇。"❷鸣；啼。李峤《送光禄刘主簿之洛》："背枥嘶班马，分洲叫断鸿。"杜甫《杜鹃》："杜鹃暮春至，哀哀叫其间。"孟郊《送殷秀才南游》："风叶乱辞木，雪猿清叫山。"黄滔《经安州感故郎中二首》之一："岳客出来寻古剑，野猿相聚叫孤茔。"❸召唤，打招呼。杜甫《遭田父泥饮美严中丞》："叫妇开大瓶，盆中为吾取。"❹吹奏；歌唱。李白《九日登山》："胡人叫玉笛，越女弹霜丝。"卢纶《送颜推官游银夏谒韦大夫》："丛篁叫寒笛，满眼塞山青。"韩愈《奉酬卢给事并呈上钱七兄阁老张十八助教》："撑舟昆明度云锦，脚敲两舷叫吴歌。"韦庄《旧居》："不知何处笛，一夜叫《梅花》。"

【叫叫】 远处之声。储光羲《京口题崇上山亭》："叫叫海鸿声，轩轩江燕翼。"柳宗元《湘口馆潇湘二水所会》："杳杳渔父吟，叫叫羁鸿哀。"

【叫吼】 大声叫唤，吼叫。卢仝《寄男抱孙》："莫学村学生，粗气强叫吼。”

【叫呼】　吵闹呼叫。李颀《别梁锽》：“朝朝饮酒黄公垆，脱帽露顶争叫呼。”卢仝《观放鱼歌》：“鸂鶒鸧鸥凫，喜观争叫呼。”

【叫呶】　叫嚣喧闹。柳宗元《奉平淮夷雅表·皇武》：“狂奔叫呶，以干大刑。”

【叫咷】　吵嚷。皮日休《三羞诗三首》之二序：“日休旅次于许传舍，闻叫咷之声动于城郭，问于道民，民曰：‘蛮围我交趾。’”

【叫帝】　即叫帝阍。李商隐《哭虔州杨侍郎》：“叫帝青天阔，辞家白日晡。”

【叫帝關】　义同“叫阍”。张乔《哭陈陶》：“神理今难问，予将叫帝关。”

【叫怒】　怒叫。杜甫《百忧集行》：“痴儿未知父子礼，叫怒索饭啼门东。”

【叫租】　呼叫催租。李贺《送韦仁实兄弟入关》：“夜雨叫租吏，春声暗交关。”

【叫笑】　呼叫笑语。李涉《山中》：“隔林呼不应，叫笑如生鹿。”

【叫聒】　喧叫。李白《江上寄元六林宗》：“停棹依林峦，惊猿相叫聒。”

【叫雲】　鸣叫于云中。姚鹄《虢州献杨抑卿二首》之一：“楼上叫云秋鼓角，林间宿鹤夜旌旗。”又《和徐先辈秋日游泾州南亭呈三二同年》：“送日暮钟交戍岭，叫云寒角动城楼。”崔橹《闻笛》：“横玉叫云天似水，满空霜逐一声飞。”

【叫喚】　呼叫，呼唤。王梵志《七言》：“生时不共作荣华，死后随车强叫唤。齐头送到墓门回，分你钱财各头散。”

【叫閽】　谓吏民因冤屈等原因向朝廷申诉。语本《楚辞·屈原〈离骚〉》：“吾令帝阍开关兮，倚阊阖而望予。”汉王逸注：“帝，谓天帝。阍，主门者也。阊阖，天门也。言己求贤不得，疾谗恶佞，将上诉天帝，使阍人开关，又倚天门望而距我，使我不得入也”。杜甫《奉留赠集贤院崔于二学士》：“昭代将垂白，途穷乃叫阍。”杜牧《感怀诗一首》：“韬舌辱壮心，叫阍无助声。”李商隐《哭遂州萧侍郎二十四韵》：“自叹离通籍，何尝忘叫阍。”李玖《白衣叟述甘棠馆西楹诗》：“白昼叫阍无近戚，缟衣饮气只门生。”

【叫閶闔】　义同“叫阍”。韩愈《龊龊》：“排云叫阊阖，披腹呈琅玕。”

【叫噪】　吵闹喧嚣。元稹《春鸠》：“免教争叫噪，沸渭桃花前。”又《元和五年思怆曩游因投五十韵》：“叫噪掷投盘，生狞摄觥使。”温庭筠《春日野行》：“野岸明媚山芍药，水田叫噪官虾蟆。”

【叫聲】　叫吼之声。无名氏《晚秋》之五（《外编》上）：“春来渐觉没心情，愁闻豺狼夜叫声。”

【叫嘯】　号叫呼啸。孟浩然《宿武阳即事》：“岭猿相叫啸，潭嶂似空虚。”韩愈《送惠师》：“鱼龙惊踊跃，叫啸成悲辛。”元稹《酬乐天东南行诗一百韵》：“伥魂阴叫啸，鹏貌昼踟蹰。”吴融《绵竹山四十韵》：“合有当此境，叫啸含仙曲。”

叩　〔kòu《广韵》苦后切，上厚，溪。〕❶击，打。杜甫《羌村》之三：“驱鸡上树木，始闻叩柴荆。”白行简《金在熔》：“何当得成器，待叩向知音。”赵嘏《宛陵寓居上沈大夫二首》之二：“醉叩玉盘歌袅袅，暖鸣幽涧鸟关关。”徐铉《早春左省寓直》：“终军年二十，默坐叩玄关。”❷俯首至地。古之最高礼节。韩愈《元和圣德诗》：“妇女累累，啼哭拜叩。”❸请求。元稹《新乐府·蛮子朝》：“清平官系金呿嵯，求天叩地持双珙。”

【叩角】　（—jiǎo）敲牛角。《艺文类聚》卷九四引《琴操》曰：“宁戚饭牛车下，叩角而商歌曰：‘南山矸，白石烂，生不逢尧与舜禅，短布单衣裁至骭，长夜冥冥何时旦。’齐桓公闻之，举以为相。”李瀚《蒙求》：“伊尹负鼎，甯戚叩角。”

【叩門】　敲门。白居易《效陶潜体诗十六首》之八：“有客忽叩门，言语一何佳。”又《纳粟》：“有吏夜叩门，高声催纳粟。”

【叩商】　叩击商弦。商为五音之一，故用叩商指奏乐或歌唱。韩愈《纳凉联句》：“喝道者谁子？叩商者何乐？”刘禹锡《送张盥赴举诗》序：“吾为若叩商之讴，幸有感夫二君子。”

【叩閤】　叩宫门。元稹《阳城驿》：“延英殿门外，叩阁仍叩头。”

【叩齒】　道教徒修炼之法。指牙齿上下相碰。王昌龄《题朱炼师山房》：“叩齿焚香出世尘，斋坛鸣磬步虚人。”权德舆《与道者同守庚申》：“收视忘趋舍，叩齿集神灵。”白居易《晨兴》：“起坐兀无思，叩齿三十六。”贾岛《过杨道士居》：“叩齿坐明月，搘颐望白云。”

【叩調】　谓弹琴。孟郊《游韦七洞庭别业》：“何以祛扰扰，叩调清淅淅。”

【叩頭】　以头叩地。韩愈《泷吏》：“叩头谢吏言，始惭今更羞。”廖有力《题旅榇》序：“叩头，久而复语。”陆龟蒙《丁隐君歌》：“叩头且莫变名氏，即日更寻丁隐君。”梁琼《远意》：“叩头从此去，烦恼阿谁禁。”

【叩頭蟲】　虫名。体为长椭圆形，长六七分，黑褐色。触角长，呈锯齿状。仰其腹能自跃起，以指按其体，则叩头有声，故称。卢延让《冬夜》：“树上咨诹批颊鸟，窗间壁驳叩头虫。”

【叩瓊】　敲击玉石。白居易《和答诗十首·答桐花》：“为君发清韵，风来如叩琼。”

【叩額】 磕头，以头撞地。李商隐《五言述德抒情诗一首四十韵献上杜七兄仆射相公》："率身期济世，叩额虑兴兵。"

【叩關】 本谓叩击城门请求进入，后亦用以称叩门或通过关卡。魏璞《陪皮袭美陆鲁望重过鸟巢迹》："重探灵迹到空山，山下茅庵几叩关。"钱起《送郭判官赴蜀》："举目叩关远，离心不可说。"

【叩鐘】 敲钟。王季友《酬李十六岐》："千宾揖对若流水，五经发难如叩钟。"胡宿《天街晓望》："长乐才闻一叩钟，百官初谒未央宫。"

叨 〔tāo《广韵》土刀切，平豪，透。〕❶同"饕"。贪。柳宗元《游南庭夜还叙志七十韵》："名窃久自欺，食浮固云叨。"❷犹忝。表示承受之意，用作谦词。张九龄《岁初巡县登高安南楼言怀》："不才叨过举，唯力酬明恩。"王湾《晚春诣苏州敬赠武员外》："陋学叨铅简，弱龄许翰场。"欧阳詹《述德上兴元严仆射》："非熊德愧当周辅，称杰叨惭首汉臣。"贾岛《即事》："心被通人见，文叨大匠称。"❸过分。参见"叨名"。

【叨同】 叨光同行。武元衡《送魏正则擢第归江陵》："叨同会府选，分手倍依然。"

【叨名】 谓虚有其名。李峤《刘侍读见和山邸十篇重申此赠》："顾己惭铅锷，叨名齿玳簪。"

【叨延】 叨受迎延。张九龄《初发道中赠王司马兼寄诸公》："谁谓风期许，叨延礼数殊。"

【叨和】 (一hè)叨光奉和。卢纶《奉和李舍人昆季咏玫瑰花寄赠徐侍郎》："尝闻赠琼玖，叨和愧升堂。"

【叨官】 忝官，自谦无才而居官位。杜牧《昔事文皇帝三十二韵》："昔事文皇帝，叨官在谏垣。"

【叨居】 忝居，忝列。中宗、李峤《十月诞辰内殿宴群臣效柏梁体联句》："润色鸿业寄贤才，叨居右弼愧盐梅。"

【叨承】 忝蒙承受。李峤《扈从还洛呈侍从群官》："叨承廊庙选，谬齿夔龙弼。"姚崇《奉和圣制龙池篇》："独有前池一小雁，叨承旧惠入天津。"李白《下途归石门旧居》："此心郁怅谁能论，有愧叨承国士恩。"高适《东平旅游奉赠薛太守二十四韵》："叨承解榻礼，更得问缣游。"

【叨逢】 谦词。犹言有幸相逢。杜甫《收京三首》之二："叨逢罪己日，沾洒望青霄。"

【叨馮】 叨据，占有不应有的位置。罗隐《尚父偶建小楼特摛丽藻绝句不敢称扬三首》之一："结构叨冯柱石才，敢期幢盖此裴回。"

【叨陪】 辱承相陪。苏瓌《奉和九日幸临渭亭登高应制得晖字》："恩深答效浅，留醉奉宸晖。"李白《江夏使君叔席上赠史郎中》："复如竹林下，叨陪芳宴初。"杜甫《哭王彭州抡》："顷壮戎麾出，叨陪幕府要。"颜荛《戏张道人不饮酒》："言自云山访我来，每闻奇秘觉叨陪。"

【叨蒙】 承蒙。李商隐《送千牛李将军赴阙五十韵》："幸藉梁园赋，叨蒙许氏评。"

【叨慕】 贪图，企慕。韦应物《寄皎然上人》："叨慕端成旧，未识岂为疏？"

【叨踐】 忝居其名位。阎朝隐《鹦鹉猫儿篇》序："臣叨践太子舍人，朝暮侍从，预见其事。"

【叨榮】 谦称非分地享受荣誉。宋之问《和库部李员外秋夜寓直之作》："叨荣厕俦侣，省己恧空虚。"韩休《奉和御制平胡》："叨荣逢偃羽，率舞咏时文。"权德舆《奉酬张监阁老雪后过中书见赠加两韵简南省僚旧》："寓直久叨荣，新恩倍若惊。"

【叨聲】 叨窃名声。刘允济《经庐岳回望江州想洛川有作》："窃价惭庸怠，叨声逾寂寞。"

【叨竊】 自谦才不胜任而居有其位。颜真卿、潘述《水堂送诸文士戏赠潘丞联句》："文场苦叨窃，钓渚甘漂泊。"

召[1] 〔zhào《广韵》直照切，去笑，澄。〕❶呼唤；相邀。李白《经乱后将避地剡中赠崔宣城》："崔子贤主人，欢娱每相召。"又《与元丹丘方城寺谈玄作》："幸逢禅居人，酌玉坐相召。"韩愈《示爽》："今从府公召，府公又时贤。"皮日休《太湖诗·圣姑庙》："月下留紫姑，霜中召青女。"❷天子召见。徐贤妃《进太宗》："千金始一笑，一召讵能来。"刘长卿《寄别朱拾遗》："天书远召沧浪客，几度临歧病未能。"薛曜《敕赠康尚书美人》："天门喜气晓氛氲，圣主临轩召冠军。"❸招致；引起。白居易《酬郑侍御多雨春空过诗三十韵》："月行离毕急，龙走召云忙。"又《新乐府·五弦弹》："融融曳曳召云气，听之不觉心平和。"陆龟蒙《秋日遣怀十六韵寄道侣》："故疾因秋召，尘容畏日黔。"❹招集。韩愈《县斋有怀》："军书既频召，戎马乃连跨。"参见"召募"。

召[2] 〔shào《广韵》寔照切，去笑，禅。〕❶古地名。在今陕西岐山县西南。周姬奭封于此，史称召公。见"召$_2$公""召$_2$伯"。❷指周召公奭。张说《奉和圣制途次陕州应制》："周召尝分陕，《诗》《书》空复传。"耿湋《奉送蒋尚书兼御史大夫东都留守》："谁云千载后，周召独为公。"罗隐《水边偶题》："穷似丘轲休叹息，达如周召亦尘埃。"❸姓。秦有召平。见"召$_2$平瓜"。

【召$_2$父】 指周之召公奭。孟浩然《送韩使君除洪州都曹》："召父多遗爱，羊公有令名。"参见"召$_2$公"。

【召$_2$公】 姓姬，名奭，周武王臣。因封地在召(今陕西岐山西南)，故称召公或召伯。曾佐武王灭商，被封于燕，为燕国始祖。成王时任太保，与周公旦分陕而治，陕以西由其治理。李商隐《武侯庙古柏》："大树思冯异，《甘棠》忆召公。"

【召令】　命令。杜甫《无家别》："县吏知我至，召令习鼓鞞。"韩愈《赠张籍》："召令吐所记，解摘了瑟僩。"

【召$_2$平瓜】　召平，秦东陵侯。秦破，为布衣，贫，种瓜于长安城东，瓜美，故世俗谓之东陵瓜，从召平以为名。高祖刘邦拜萧何为相国，益封置卫，诸君皆贺，召平独吊。事见《史记·萧相国世家》。后用以作安贫隐居之典。李商隐《永乐县所居即事一章》："芳年谁共玩，终老邵平瓜。"

【召見】　天子接见臣下。王季友《古塞曲》："欲言塞下事，天子不召见。"

【召$_2$伯】　指周之召公。成王时为三公，与周公分陕而治，为二伯，故称。一说召伯，指周宣时召虎。岑参《尹相公京兆府中棠树降甘露诗》："被兹甘棠树，美掩召伯诗。"刘兼《万葛树》："善政已闻思召伯，英风偏称号将军。"

【召$_2$伯樹】　木名。即甘棠。贯休《上卢使君》："可怜召伯树，婆娑不胜翠。"参见"召$_2$南棠"。

【召朋】　邀请朋友。韩愈《题杜工部坟》："召朋特地踏烟芜，路入溪村数百步。"

【召$_2$南】　❶召为地名，在今陕西岐山县西南。召南，即召地之南。周初召公奭封于召。骆宾王《至分陕》："陕西开胜壤，召南分沃畴。"❷指召公奭。借以称颂循吏，孟浩然《荆门上张丞相》："召南风更阐，丞相阁还开。"❸《诗》篇名，共十四篇。多为召地民间乐调歌谣，亦间有长江上游的歌谣。见《诗·召南·江有汜》郑玄笺。薛能《初发嘉州寓题》："州人若爱树，莫损召南诗。"丘光庭《补新宫》序："其诗有风焉，《周》《召南》是也。"

【召$_2$南棠】　称颂官吏政绩之词。典出《诗·召南·甘棠》序："《甘棠》，美召伯也。召伯之教，明于南国。"孔颖达疏："谓武王之时召公为西伯，行政于南土，决讼于小棠之下，其教著明于南国，爱结于民心，故作是诗以美之。"后用以作为称美循吏、追怀美政之典。柳宗元《弘农公以硕德伟材屈于诬枉谨献诗五十韵以毕微志》："敬逾齐国社，恩比召南棠。"

【召宴】　招人饮宴。朱庆余《上翰林蒋防舍人》："看花在处多随驾，召宴无时不及旬。"

【召$_2$陵】　地名。春秋时楚地，汉设县，属汝南郡，晋改为召陵，隋废。旧城在今河南郾城县东。齐桓公伐楚曾陈师于此。见《左传·僖公四年》。胡曾有《咏史诗·召陵》。

【召募】　谓募兵。召，亦作"招"。张继《阊门即事》："耕夫召募逐楼船，春草青青万顷田。"杜甫《后出塞五首》之一："召募赴蓟门，军动不可留。"李益《五城道中》："五城鸣斥堠，三秦新召募。"权徇《题沈黎城》："夜闻羽书至，召募此边州。"

【召賈生】　汉贾谊年二十为汉文帝召为博士，后贬为长沙王太傅，数年后又召回，拜为梁怀王太傅。见《史记·屈原贾生列传》。杜甫《春日江村五首》之五："群盗哀王粲，中年召贾生。"

【召對】　为天子所召而对答。白居易《新秋喜凉因寄兵部杨侍郎》："昨日闻慕巢，召对延英殿。"

【召議】　被召而议论、献策。杜牧《雪中书怀》："如蒙一召议，食肉寝其皮。"

台^1　〔yí《广韵》與之切，平之，以。〕见"台台"。

台^2　〔tái《广韵》土來切，平咍，透。〕❶三台。星名。古代用三台比喻三公。见"台$_2$斗""台$_2$星""台$_2$座"。❷敬辞。用于称呼对方或与对方有关的行为。见"台$_2$恩"。

台^3　〔tāi〕地名用字。见"台$_3$山""台$_2$州""台$_2$越"。

【台$_3$山】　指天台山。在今浙江天台县北。《谶记·天台观石简记》："海水竭，台山缺，皇家宝祚无休歇。"

【台$_2$中妙】　西晋尚书令卫瓘与尚书郎索靖皆工草书，时人号为"一台二妙"。见《晋书·卫瓘传》。后用作称颂精于书法之典。钱起《送马员外拜官覲省》："笔精已许台中妙，剑术还令世上闻。"

【台$_2$斗】　比喻宰辅重臣。台，三台星，斗，北斗。杜甫《送重表侄王砅评事使南海》："及乎贞观初，尚书践台斗。"

【台$_2$司】　谓三公之位。王丘《奉和圣制送张尚书巡边》："台司计祈父，师律总元戎。"李白《宣城送刘副使入秦》："寄深且戎幕，望重必台司。"刘得仁《和郑先辈谢秩闲居寓书所怀》："生涯贫帝里，公议到台司。"孙元晏《咏史诗·齐·王僧虔》："不学常流争进取，却忧门有二台司。"

【台$_3$州】　州名。隋永嘉郡之临海县。唐武德四年(621)，置海州，领临海、章安、始丰、乐安、宁海五县，五年，改为台州。今浙江临海市。孙逖有《送周判官往台州》。杜甫有《有怀台州郑十八司户》。长孙佐辅有《闻韦驸马使君迁拜台州》。贯休有《送友人及第后归台州》。

【台$_2$旨】　谓三公之命。翁承赞《甲子岁衔命到家至榕城册封次日闽王降旌旗于新丰市堤饯别》："正是离情伤远别，忽闻台旨许重来。"

【台₂臣】 谓宰辅重臣。徐彦伯《送特进李峤入都祔庙》："特进三公下，台臣百揆先。"玄宗《集贤书院成送张说上集贤学士赐宴得珍字》："集贤招衮职，论道命台臣。"

【台₂位】 三公之位。特指宰相。卢纶《送太常李主簿归觐省》："风景随台位，河山入障阁。"杨巨源《送陈判官罢举赴江外》："心期玉帐亲台位，魏勃因君说姓名。"

【台₂坐】 同"台₂座"。

【台₂席】 古以三公取象三台，故称宰相的职位为台席。李敬伯《和段相公登担寺西台》："自随台席贵，尽许羽觞同。"姚合《和门下李相公饯西蜀相公》："计日归台席，还听长门钟。"

【台₂恩】 恩惠，对人给予恩惠的敬称。罗隐《题玄同先生草堂三首》之三："往来无道侣，归去有台恩。"黄滔《奉和翁文尧员外文秀光贤昼锦之什》："乡名里号一朝新，乃觉台恩重万钧。"

【台₂旆】 借指宰相。和凝《洋川》："自陪台旆到洋川，两载优游汉水边。"

【台₂星】 三台星。古以三台星象征三公。唐诗中多用以称宰相。李白《上崔相百忧章》："台星再朗，天纲重恢。"鲍溶《读淮南李相行营至楚州诗》："来年二月登封礼，去望台星扈日轮。"赵嘏《献淮南李相公》："傅岩高静见台星，庙略当时讨不庭。"罗隐《所思》："生灵不幸台星拆，造化无情世界空。"

【台₂室】 宰相之位。令狐楚《将赴洛下旅次汉南献上相公二十兄言怀八韵》："台室名曾继，旌门节暂过。"韩愈《梁国惠康公主挽歌二首》之一："巽宫尊长女，台室属良人。"

【台₂庭】 丞相府之别称。萧嵩《奉和御制左丞相说右丞相璟太子少傅乾曜同日上官命宴都堂赐诗》："历选台庭旧，来熙帝业昌。"卢纶《秋晚河西县楼送浑中允赴朝阙》："今日台庭望，心遥非地遥。"王起《和李校书雨中自秘省见访不遇诗》："台庭才子来款扉，典校初从天禄归。"张乔《送庞百篇之任青阳县尉》："品秩台庭与，篇章圣主闻。"

【台₂座】 亦作"台坐"。谓宰相之位。崔禹锡《奉和圣制送张说巡边》："虏垣行决胜，台座伫为光。"张籍《寄令狐宾客》："还带郡符经几处，暂辞台座已三年。"刘禹锡《和南海马大夫闻杨侍郎出守郴州因有寄上之作》："赤泉侯在是深恩，玉环庆远瞻台坐。"

【台₂衮】 犹台辅。衮，古代帝王及三公的礼服。皇甫曾《送王相公赴幽州》："台衮兼戎律，勤忧秉化元。"

【台₃越】 指台州和越州。李白《送王屋山人魏万还王屋》序："寻诸名山，往复台越。"李白又有《同友人舟行游台越作》。

【台₂階】 即三台，星名。旧以应三公之位。岑参《过梁州奉赠张尚书大夫公》："戎幕宁久驻，台阶不应迟。"刘禹锡《和兵部郑侍郎省中四松诗十韵》："旧赏台阶去，新知谷口来。"杜牧《奉和门下相公送西川相公兼领相印出镇全蜀诗十八韵》："盛业冠伊唐，台阶翊戴光。"

【台₂階平】 三台星共六星，每台二星，成三阶。古人认为三阶平则阴阳和，风雨时，社稷神祇咸获其利，天下太平。后因以"台阶平"指天下太平。徐铉《奉和宫傅相公怀旧见寄四十韵》："玉烛调时钧轴正，台阶平处德星悬。"

【台₂象】 三台吉象。喻宰辅之位。韩休《奉和圣制送张说巡边》："一德光台象，三军掌夏卿。"

【台₂辅】 三公、宰相之称。徐凝《奉酬元相公上元》："出拥楼船千万人，入为台辅九霄身。"

【台₂鼎】 谓三公。三公如鼎有三足而立，故称。常衮《奉和圣制麟德殿燕百僚应制》："台鼎资庖膳，天星奉酒浆。"窦牟《故秘监丹阳郡公延陵包公挽歌》："台鼎尝虚位，夔龙莫致尧。"韩愈《送郑十校理得洛字》："相公倦台鼎，分正新邑洛。"

【台₂衡】 台，三台星；衡，玉衡，北斗杓三星。这些星宿均位于紫微宫帝座前，故用以喻宰辅大臣。徐知仁《奉和圣制送张说巡边》："国相台衡重，元戎庙略宣。"郎士元《奉和杜相公益昌路作》："春半梁山正落花，台衡受律向天涯。"白居易《劝酒》："不逾十稔居台衡，门前车马纷纵横。"徐夤《塔院小屋四壁皆是卿相题名因成四韵》："题名尽是台衡迹，满壁堪为宰辅图。"

【台₂墀】 义同"台阶"。方干《送叶秀才赴举兼呈吕少监》："与尔相逢终不远，昨闻秘监在台墀。"

【台₃嶠】 指天台山。峤，山小而高。清观《赠园珍和尚》(句)："睿山新月冷，台峤古风清。"

【台₃嶽】 指天台山。朱庆余有《送僧往台岳》。陆龟蒙《和袭美腊后送内大德从勖游天台》："若恋吾君先拜疏，为论台岳未封公。"

【台₂耀】 三台星的光芒。耀，亦作"曜"。刘昇《奉和圣制送张说上集贤学士赐宴》："台曜临东壁，乾光自北辰。"杨巨源《元日含元殿下立仗丹凤楼门下宣赦相公称贺二首》之一："天垂台耀扫欃枪，寿献香山祝圣明。"

三 画

吁 〔xū《广韵》况于切，平虞，晓。又王遇切，去遇，云。〕❶吹，呼出。见"吁嘘"。❷叹词。表示感叹，惊叹。储光羲《同诸公秋日游昆明池》："哉吁蒸人苦，始曰征伐非。"李白《蜀道难》：

"噫吁嚱危乎高哉，蜀道之难难于上青天。"韩愈《元和圣德诗》："皇帝曰吁，伯父叔舅，各安尔位。"宋齐丘《陪游凤皇台献诗》："吁哉未到此，褊劣同尺蠖。"❸叹息，叹气。王绩《过汉故城》："魂神吁社稷，豺虎斗岩廊。"李白《春日陪杨江宁及诸官宴北湖感古作》："荣盛当作乐，无令后贤吁。"白居易《东南行一百韵寄窦七校书》："女惊朝不起，妻怪夜长吁。"杜牧《感怀诗一首》："累圣但回吁，阃外将谁寄？"❹诚然，实在。杜甫《戏作俳谐遣闷二首》之一："异俗吁可怪，斯人难并居。"韩愈《县斋有怀》："气象杳难测，声音吁可怕。"白居易《旱热二首》之一："彤云散不雨，赫曰吁可畏。"皮日休《太湖诗·上真观》："两松峙庭际，怪状吁可叹。"❺惊奇，奇怪。杜甫《别苏徯》："十年犹塌翼，绝倒为惊吁。"又《病柏》："客从何乡来，伫立久吁怪。"又《草堂》："国家法令在，此又足惊吁。"

【吁咈哉】　叹词。表示不以为然。李商隐《井泥四十韵》："禹竟代舜立，其父吁咈哉！"

【吁氣】　叹气。无可《赠王将军》："刻心思报国，吁气欲开边。"

【吁嗟】　叹词。多用于表叹息、惋惜。寒山《诗三百三首》之一七三："吁嗟贫复病，为人绝友亲。"杜甫《送重表侄王砯评事使南海》："入怪鬓发空，吁嗟为之久。"元结《系乐府十二首·思太古》："吁嗟圣贤教，不觉久踌躅。"皮日休《正乐府十篇·颂夷臣》："吁嗟华风衰，何尝不由是。"

【吁嘘】　呼出，吐出。贯休《上刘商州》："周邵吁嘘气，结为祯祥云。"

【吁嘻】　叹气，惊叹。郑嵎《津阳门诗》："主翁莫泣听我语，宁劳感旧休吁嘻。"

【吁歎】　吁声叹气。贯休《酷吏词》："有叟有叟，暮投我宿。吁叹自语，云太守酷。"又《冬末病中作二首》之一："聃龙与摩诘，吁叹非不闻。"

【吁駭】　吁叹而惊骇。杜甫《不离西阁二首》之二："平生耽胜事，吁骇始初经。"

吐　〔tǔ《广韵》他鲁切，上姥，透。〕❶使物从口中出来。杜甫《寄薛三郎中》："听说松门峡，吐药揽衣巾。"韩愈《归彭城》："到口不敢吐，徐徐俟其巇。"于濆《野蚕》："野蚕食青桑，吐丝亦成茧。"王溥《咏牡丹》："枣花至小能成实，桑叶虽柔解吐丝。"❷口说，陈说。李白《侠客行》："三杯吐然诺，五岳倒为轻。"孟郊《老恨》："有时吐向床，枕席不解听。"白居易《和微之诗二十三首·和晨兴因报问龟儿》："因兹涟如际，一吐心中悲。"贾岛《辩士》："求食饲雏禽，吐出美言词。"❸显露，呈现。王昌龄《同从弟销南斋玩月忆山东崔少府》："高卧南斋时，开帷月初吐。"杜甫《法镜寺》："泄云蒙清晨，初日翳复吐。"钱起《田园雨后赠邻人》："残云虹未落，返景霞初吐。"韩愈《秋怀诗十一首》之六："虫鸣室幽幽，月吐窗冏冏。"唐求《古寺》："日暮月光吐，绕门千树松。"❹散发，发出。胡皓《奉和圣制同二相以下群官乐游园宴》："绮罗含草树，丝竹吐郊鄽。"杜甫《蕃剑》："如何有奇怪，每夜吐光芒。"韦应物《拟古诗十二首》之五："嘉树蔼初绿，靡芜吐幽芳。"白居易《和答诗十首·答桐花》："受君封植力，不独吐芳馨。"黄滔《别后》："亏蟾便是陈宫镜，莫吐清光照别离。"❺吐放；开放。刘长卿《九日题蔡国公主楼》："篱菊仍新吐，庭槐尚旧阴。"又《入桂渚次砂牛石穴》："枫林月出猿声苦，桂渚天寒桂花吐。"张籍《岳州晚景》："洲白芦花吐，园红柿叶稀。"陈至《赋得芙蓉出水》："菡萏迎秋吐，夭摇映水滨。"❻长出。上官昭容《奉和圣制立春日侍宴内殿出剪彩花应制》："密叶因裁吐，新花逐翦舒。"岑参《宿东谿王屋李隐者》："霜畦吐寒菜，沙雁噪河田。"又《与独孤渐道别长句兼呈严八侍御》："桂林蒲萄新吐蔓，武城刺蜜未可餐。"刘遵古《御沟新柳》："吐节茸犹嫩，通条泽稍均。"❼抒发；排遣。李白《梁甫吟》："宁羞白发照清水，逢时吐气思经纶。"

吐²　〔tù《广韵》湯故切，去暮，透。〕呕吐。见"吐₂車茵""吐₂锦茵"。

【吐口】　吐而出口。韩愈《元和圣德诗》："血人于牙，不肯吐口。"

【吐牙】　同"吐芽"。

【吐白】　呈现白色。常衮《晚秋集贤院即事寄徐薛二侍郎》："翻黄桐叶老，吐白桂花初。"

【吐吸】　呼吸，吐气。王湾《奉使登终南山》："辞处若轻飞，憩来唯吐吸。"

【吐₂車茵】　谓醉后过失为"吐车茵"。见《汉书·丙吉传》。羊士谔《晴夜对酒》："传觞称厚德，不问吐车茵。"白居易《长斋月满戏赠梦得》："若怕平原怪先醉，知君未惯吐车茵。"亦省作"吐茵"。

【吐吞】　吞吐，吞入吐出。韩愈《陆浑山火和皇甫湜用其韵》："山狂谷很相吐吞，风怒不休何轩轩。"

【吐兵】　谈兵。岑参《虢中酬陕西甄判官见赠》："阃外佐戎律，幕中吐兵奇。"

【吐伸】　吐诉申说。孟浩然《送崔遏》："别馆当虚敞，离情任吐伸。"

【吐谷渾】　（谷 yù）❶古族名。原为鲜卑族的一支，居辽东。魏晋时西迁，附阴山而居。西晋末，首领吐谷浑率所部西迁至今甘肃、青海间。再传至其孙叶延，始以吐谷浑为姓氏。从事游牧，用汉文。南北朝时，曾先后属宋、齐、北魏。其王夸吕始称可汗，居伏俟城（青海湖西岸）。隋开皇间，其王娶公主。唐太宗贞观中被李靖、侯君集攻破，国势渐衰。龙朔三年(663)被吐蕃并吞。其王诺曷钵被唐封为河源郡王，娶弘化公主。乾封初改封青海王。咸亨三年(672)率众迁灵州(今宁夏境)，任安乐州刺史。柳宗元《唐铙歌鼓吹曲十二篇·吐谷浑》："吐谷浑盛强，背西海以夸。"亦用以指鲜卑族进犯之敌。王昌龄《从军行七首》之五："前军夜战洮河北，已报生擒吐谷浑。"❷乐府名。本北朝马上乐，周隋时与西凉乐杂奏，成为宫廷音乐，唐时犹存。见《旧唐书·音乐志二》。柳宗元《鼓吹铙歌·吐谷浑》序："《吐谷浑》，言李靖灭吐谷浑于西海上也。"

【吐肝膽】 喻赤诚相待，说出心里话。高适《真定即事奉赠韦使君二十八韵》："永怀吐肝胆，犹惮阻荣枯。"

【吐芽】 亦作"吐牙"。发芽。温庭筠《懊恼曲》："庐江小吏朱斑轮，柳缕吐芽香玉春。"薛能《柳枝词五首》之二："晴垂芳态吐牙新，雨摆轻条湿面春。"

【吐花】 开花。李白《古风》之二五："所以桃李树，吐花竟不言。"

【吐春】 吐出春色。谓长出新芽。顾况《湖南客中春望》："便抛印绶从归隐，吴渚香莼漫吐春。"

【吐音】 发出声音。卢象《赠程秘书》："客自岐阳来，吐音若鸣凤。"

【吐紅】 谓开红花。郑锡《襄阳乐》："拂水初含绿，惊林未吐红。"郭恭《秋池一枝莲》："秋至皆零落，凌波独吐红。"

【吐$_2$茵】 谓醉酒。段成式《和徐商贺卢员外赐绯》："莫辞倒载吟归去，看欲东山又吐茵。"李郢《奉陪裴相公重阳日游安乐池亭》："自笑吐茵还酩酊，日斜空从绛衣回。"徐铉《使浙西先寄献燕王侍中》："欲问平台门下吏，相君还许吐茵不?"参见"吐$_2$車茵"。

【吐$_2$茵吏】 谓醉酒之官吏。元稹《游三寺回以诗自诮尔》："莫责寻常吐茵吏，书囊赤白报君侯。"参见"吐$_2$車茵"。

【吐茹】 "吐刚茹柔"之省称。喻欺软怕硬。语本《诗·大雅·烝民》："人亦有言，柔则茹之，刚则吐之。维仲山甫，柔亦不茹，刚亦不吐；不侮矜寡，不畏强御。"白居易《和微之诗二十三首·和三月三十日四十韵》："善恶有惩劝，刚柔无吐茹。"

【吐捉】 吐哺捉发。韩愈《和李相公摄事南郊览物兴怀呈一二知旧》："勿惮吐捉勤，可歌风雨调。"参见"吐握"。

【吐哺】 ❶吃饭时，吐出口中食物，以及时接待宾客。据传周公一沐三捉发，一饭三吐哺，起以待士，犹恐失天下之贤人。见《史记·鲁周公世家》。李峤《麟》："若惊能吐哺，为待凤皇来。"❷饭后吐出口中食物，供他人食。晋郗鉴值永嘉之乱，在乡里甚穷馁。乡人以其名德，传共饴之。时兄子迈外甥周翼，并小，常携之就食。乡人曰："各自饥困，以君贤欲共相济耳，恐不能兼有所存。"鉴于是独往，食讫，以饭著两腮边，还吐与二儿。后并得存，同过江，迈官护军，翼剡县令。鉴薨，翼追抚育之恩，解职席苫，心丧三年。见《晋书·郗鉴传》。李瀚《蒙求》："汜毓字孤，郗鉴吐哺。"

【吐宫嚥徵】 (徵 zhǐ)谓口中发出不同音阶的音乐。宫、徵，古代五个音阶中的两个音阶。贯休《长持经僧》："枞金挣玉，吐宫咽徵，头低草木，手合神鬼。"

【吐屑】 晋胡毋辅之，字彦国。少有高名，有知人之鉴。性嗜酒，任纵不拘小节。与王澄、王敦、庾敳俱为太尉王衍所昵，号曰"四友"。澄尝与人书曰："彦国吐佳言如锯木屑，霏霏不绝，诚为后进领袖也。"见《晋书·胡毋辅之传》。李瀚《蒙求》："淳于炙輠，彦国吐屑。"

【吐納】 ❶吞吐。刘禹锡《将赴汝州途出浚下留辞李相公》："联翩旧相来镇压，四海吐纳皆通流。"无名氏《久慽缧绁之作》(外编上)："吐纳共饮江海注，纵横竞揖慧风扬。"❷道家修炼之术。谓吐出恶浊之气，吸收清新之气。皎然《奉同颜使君真卿风楼赋得羽庭歌送吴炼师归林屋洞》："吐纳青牙养肌发，花冠玉舄何高洁。"

【吐鳳】 称赞擅长写作之词。《西京杂记二》："扬雄读书，有人语之曰：'无为自苦，《玄》故难传。'雄著《太玄经》，梦吐凤凰，集《玄》之上，顷而灭。"李商隐《喜舍弟羲叟及第上礼部魏公》："朝满迁莺侣，门多吐凤才。"罗隐《经张舍人旧居》："文余吐凤他年诏，树想栖鸾旧日春。"

【吐葉】 吐出新叶。魏元忠《银潢宫侍宴应制》："堑花仍吐叶，岩木尚抽枝。"郭震《二月乐游诗》："绿兰日吐叶，红蕊向盈枝。"岑参《送颜评事入京》："江柳秋吐叶，山花寒满枝。"

【吐握】 亦作"吐捉"。吐哺握发。《史记·鲁周公世家》："周公戒伯禽曰：'我文王之子，武王之弟，成王之叔父，我于天下亦不贱矣。然我一沐三捉发，一饭三吐哺，起以待士，犹恐失天下之贤人。子之鲁，慎无以国骄人。"后用吐哺握发表示殷勤待士、为国招贤的急切心情。简称"吐握"或"吐捉"。周昙《咏史诗·三代门·周公》："仍闻吐握延儒素，犹恐民疵未尽知。"李中《哭故主人陈太师》："车鱼郑重知难报，吐握周旋不可论。"

【吐雲】 兴云，兴起云气。李白《鸣皋歌送岑征君》："虎啸谷而生风，龙藏溪而吐云。"

【吐詞】 亦作"吐辭"。谓说话和做文章。韦应物《西郊养疾闻畅校书有新什见赠久伫不至先寄此诗》:“仰子游群英,吐词如兰馥。”杜牧《梁秀才见赠凡二十韵走笔依韵》:“松篁标节晚,兰蕙吐词春。”

【吐滋】 谓吐放香气。太宗《初秋夜坐》:“露结林疏叶,寒轻菊吐滋。”

【吐絢】 显露光彩。褚亮《雩祀乐章·雍和》:“绀筵分彩,宝图吐绚。”

【吐飯成蜂】 古代一种幻术。见吴淑《事类赋·蜂赋》注引《葛仙公别传》。罗隐《圣真观刘真师院十韵》:“鱼跳介象鲙,饭吐葛玄蜂。”

【吐溜】 (—liù)涌出流水。陈子昂《晦日宴高氏林亭》:“玉池初吐溜,珠树始开花。”

【吐綬鳥】 又名珍珠鸡,通称火鸡。因上嘴根有肉绥,能伸缩,时时变色,故称。产于巴峡及广闽山中。刘禹锡《吐绶鸟词》:“越山有鸟翔寥廓,嗉中天绶光若若。越人偶见而奇之,因名吐绶江南知。”

【吐綬鷄】 即吐绶鸟。无名氏有《咏吐绶鸡》(外编下)。

【吐論】 发表言论。王维《同崔兴宗送衡岳瑗公南归》序:“燕居吐论,缁属高之。”刘得仁《和范校书赠造微上人》:“修心将佛并,吐论与儒通。”李群玉《湘中别成威阇黎》:“吐论驾秋涛,龙宫发胸臆。”黄滔《赠怀光上人》:“过午休斋惯,离经吐论高。”

【吐實】 吐露实情。李商隐《骄儿诗》:“客前问所须,含意不吐实。”

【吐緑】 显出绿色。谓长出新叶。玄宗《鹡鸰颂》:“连枝同荣,吐绿含英。”

【吐蕃】 (—bō)我国古代藏族所建立的政权,在今西藏一带。系出西羌。唐初兼并诸羌,成为新兴的强国。其国称其王为赞普,相为大论、小论,以统理国事。无文字,刻木结绳为约。虽有官,不常厥职,临时统领。征兵用金箭,寇至举烽燧,百里一亭。用刑严峻。国俗尚武,累代战没,以为甲门。民慓悍果决,敏情持锐。有唐一代,乍叛乍服。杜甫《入奏行赠西山检察使窦侍御》:“吐蕃凭陵气颇粗,窦氏检察应时须。”王建《朝天词十首寄上魏博田侍中》:“胡马悠悠未尽归,玉关犹隔吐蕃旗。”白居易《新乐府·缚戎人》:“自古此冤应未有,汉心汉语吐蕃身。”贾岛《寄沧州李尚书》:“青冢骄回鹘,萧关陷吐蕃。”

【吐$_2$錦茵】 义同“吐$_2$車茵”。窦牟《奉诚园闻笛》:“曾绝朱缨吐锦茵,欲披荒草访遗尘。”

【吐穗】 稻、麦、高粱等禾本科植物的穗子由卷成筒状的叶子里露出来。白居易《太和戊申岁大有年谨书盛事以俟采诗》:“膏雨抽苗足,凉风吐穗初。”

【吐燄】 吐出火焰。卢仝《月蚀诗》:“今夜吐焰长如虹,孔隙千道射户外。”

【吐辭】 同“吐詞”。

【吐辯】 吐词辩论。李群玉《规公业在净名得甚深义仆近获顾长康月宫真影对戴安道所画文殊走笔此篇以屈瞻礼》:“生公吐辩真无敌,顾氏传神实有灵。”

【吐艷】 放射光辉。韦庄《捣练篇》:“月华吐艳明烛烛,青楼妇唱捣衣曲。”

吉

〔jí《广韵》居質切,入質,見。〕❶善;吉祥。蒋挺《祭汾阴乐章·凯安》:“维岁之吉,维辰之良。”韦应物《答令狐侍郎》:“一凶乃一吉,一是复一非。”姚合《庄恪太子挽词二首》之二:“华夷笺乍绝,凶吉礼空新。”曹邺《风人体》:“将金与卜人,谲道远行吉。”❷朔日。农历每月初一。《诗·小雅·小明》:“二月初吉,载离寒暑。”杜甫《北征》:“皇帝二载秋,闰八月初吉。”参见“吉日❷”。❸灵验。韩愈《谒衡阳庙遂宿岳寺题门楼》:“手持杯珓导我掷,云此最吉余难同。”❹地名。即吉州。《谚谜·江右四郡谚》:“筠袁赣吉,脑后插笔。”❺姓。唐诗人中有吉皎、吉逾、吉益等。

【吉卜】 吉利的卜兆。权德舆《仲秋朝拜昭陵》:“清秋寿原上,诏拜承吉卜。”

【吉人】 善人,好人。司空图《丙午岁旦》:“多虑无成事,空休是吉人。”冯道《偶作》:“须知海岳归明主,未必乾坤陷吉人。”

【吉了】 (—liǎo)鸟名。即秦吉了。嘴、脚红色,头部有黄肉冠,形状略似鹦鹉,性情伶俐,能学人语,能识人情,产于南方。元稹《和乐天送客游岭南二十韵》:“果然皮胜锦,吉了舌如人。”白居易《双鹦鹉》:“始觉琵琶弦莽卤,方知吉了舌参差。”殷尧藩《醉赠刘十二》:“莺将吉了语,猿其猓然啼。”

【吉土】 古代王者卜居之地。《礼记·礼器》:“因吉土,以飨帝于郊。”郑玄注:“吉土,王者所卜而居之土也。”亦泛称吉祥之地。白居易《凶宅》:“假使居吉土,孰能保其躬。”

【吉士】 善士。杜牧《昔事文皇帝三十二韵》:“一名为吉士,谁免吊湘魂。”

【吉王從謙】 南唐诗人。即李从谦。南唐中主李璟第九子,李煜后母弟。风采峭整,动有规诲,喜为律诗。封吉王,入宋后封鄂国公。《全唐诗》卷八录其《观棋》一首。

【吉日】 ❶好日子。崔日用《奉和圣制送张说巡边》:“吉日四黄马,宜王六月兵。”杜甫《咏怀二首》之二:“逆行少吉日,时节空复度。”司空曙《迎神》:“吉日兮临水,沐青兰兮白芷。”白居易《小岁日喜谈氏外孙女孩满月》:“新年逢吉日,满月乞名时。”❷指朔日。农历每月初一。《周礼·地官·党正》:“及四时之孟月吉日，则属民而读祁法以纠戒之。”郑玄注：“以四孟之月朔日读法。”孙逖《晦日湖塘》：“吉日初成晦，方塘遍是春。”李希仲《东皇太一词》：“吉日初斋戒，灵巫穆上皇。”参见“吉❷”。

【吉中孚】（？—约788）唐诗人。楚州（今江苏淮安市）人，后迁居鄱阳（今江西鄱阳县）。初为道士，后还俗。大历中，除校书郎。建中初授万年尉。后登宏辞科，为翰林学士。兴元元年（784），由司封郎中、知制诰擢为谏议大夫。贞元二年（786），又升户部侍郎、判度支事。贞元四年，为中书舍人，不久即卒。工诗，吟咏高雅，为“大历十才子”之一，与卢纶、李嘉祐、李端、韦应物等交游唱酬，颇有盛名，《新唐书·艺文志》著录有诗一卷，已佚。《全唐诗》卷二九五仅录其《送归中丞使新罗册立吊祭》一首。事迹散见于《旧唐书·德宗纪》及《卢简辞传》，《新唐书·艺文志四》及《卢纶传》，《唐才子传》卷四。

【吉水】县名。汉户陵县地。隋大业末年分庐陵水土十一乡，置吉水县。唐废，五代南唐复置。今属江西。李建功有《送王郎中之官吉水》。

【吉凶】祸福。王珪《咏淮阴侯》：“吉凶成纠缠，倚伏难预详。”韩愈《琴操十首·残形操》：“吉凶何为兮，觉坐而思。”白居易《闲卧有所思二首》之二：“大抵吉凶多自致，李斯一去二疏回。”

【吉凶祸福】谓幸福与灾难。白居易《感兴二首》之一：“吉凶祸福有来由，但要深知不要忧。”

【吉仗】谓吉服导从。见《晋书·礼志》。徐铉《光穆皇后挽歌三首》之二：“返虞严吉仗，复土掩空衣。”参见“吉從”。

【吉光】古代传说中的神兽名。一说神马。《海内十洲记·凤麟洲》：“吉光毛裘，黄色，盖神马之类也。裘入水数日不沉，入火不焦。”《西京杂记》卷一：“武帝时，西域献吉光裘，入水不濡。上时服此裘以听朝。”亦用以泛指极其珍贵的裘服。无名氏《焚裘》（卷七八七）：“忽看阳焰发，如睹吉光流。”

【吉行】（—xíng）为吉事而行。刘禹锡《德宗神武孝文皇帝挽歌二首》之二：“凤翣拥铭旌，威迟异吉行。”

【吉州】唐州名。隋庐陵郡。唐高祖武德五年，讨平林士弘，置吉州，领庐陵、新淦二县。七年，废颍州，以安福县来属。八年，废南平州，以太和县来属。玄宗天宝元年（742），改为庐陵郡。肃宗乾元元年（758）复为吉州。治所在今江西吉安市。郑还古《吉州道中》：“吉州新置掾，驰驿到条山。”刘长卿有《送裴郎中贬吉州》和《重送裴郎中贬吉州》，滕倪有《留别吉州太守宗人迈》。

【吉甫】即尹吉甫。周宣时重臣。姓兮，名甲，也称兮伯吉父，甫，或作“父”。宣王中兴时，曾率师北伐猃狁至太原。后奉命在成周（今河南洛阳）负责征收南淮夷等族的贡赋。据传他曾作《诗·大雅》之《嵩高》《烝民》《韩奕》《江汉》诸篇，以美宣王。张说《奉和圣制送王晙巡边应制》：“朝廷谓吉甫，邦国望君平。”权德舆《送张仆射朝见毕归镇》：“东方连帅南阳公，文武吉甫如古风。”杜牧《奉和白相公呈上三相公长句四韵》：“吉甫裁诗歌盛业，一篇《江汉》美宣王。”陆龟蒙《袭美先辈以龟蒙所献五百言既蒙见示再抒鄙怀用伸酬谢》：“作颂媲吉甫，直言过祖伊。”

【吉甫頌】《诗·小雅·烝民》：“吉甫作颂，穆如清风。”后用以指宰辅颂君之作。张九龄《和姚令公从幸温汤喜雪》：“还闻吉甫颂，不共郢歌俦。”王维《和仆射晋公扈从温汤》：“长吟吉甫颂，朝夕仰清风。”高适《古乐府飞龙曲留上陈左相》：“能为吉甫颂，善用子房筹。”参见“吉甫”。

【吉卦】善卦，好卦。司空图《南至日》：“吉卦偶成开病眼，暖簷还葺寄羸身。”

【吉音】好消息。韩偓《无题》：“吉音闻诡计，醉语近天真。”

【吉校書】即吉中孚。中孚于大历中曾任校书郎，故称。李嘉祐有《晚春送吉校书归楚州》。李端有《冬夜与故友聚送吉校书》。司空曙有《送吉校书东归》。

【吉師老】唐诗人。《全唐诗》卷七七四录其诗四首。

【吉益】唐诗人。建中贞元间人。吉逾子。《全唐诗外编》录其《题云居上寺》一首。

【吉祥】吉利祥瑞。李邕《登历下古城员外孙新亭》：“负郭喜粳稻，安时歌吉祥。”《郊庙歌辞·祭太社乐章·送神》：“吉祥式就，酬功载毕。”贯休《桐江闲居作十二首》之四：“不问庚桑子，唯师妙吉祥。”

【吉祥止止】言喜庆好事不断出现。语本《庄子·人间世》：“瞻彼阕者，虚室生白，吉祥止止。”权德舆《与道者同守庚申》：“吉祥能止止，委顺则生生。”

【吉皎】唐诗人。冯翊（今陕西大荔县）人。卫尉卿致仕。白居易退居洛中，作尚齿九老之会，居东都履道坊作尚齿七老之会，吉皎均在其列。《全唐诗》卷四六三录其《七老会诗》一首。

【吉從】指吉服导从的朝臣。姚合《文宗皇帝挽词三首》之三：“彻奠新阡起，登山吉从全。”李商隐《昭肃皇帝挽歌辞三首》之二：“小臣观吉从，犹误欲东封。”

【吉期】喜期。指婚期。贾岛有《送李校书赴吉期》。

【吉傅】即吉皎。白居易《四年春》：“分司吉傅频过舍,致仕崔卿拟卜邻。"

【吉陽】 县名。古之董城。梁分安陆置平阳县,后魏改为京池。隋改为吉阳,取山名。唐属安州。故城在今湖北孝感市北。耿沣《发绵津驿》:"千丛野竹连湘浦,一派寒江下吉阳。"

【吉逾】 唐诗人。建中贞元间人。曾任范阳县丞。《全唐诗外编》录其《题云居上寺》一首。

【吉道士】 即吉中孚。中孚初为道士,故称。李端有《闻吉道士还俗因而有赠》。

【吉夢】 好梦,吉祥之梦。杜甫《徐卿二子歌》:"君不见徐卿二子生奇绝,感应吉梦相追随。"陆龟蒙《秋日遣怀十六韵寄道侣》:"且把灵方试,休凭吉梦占。"方干《送王霖赴举》:"须凭吉梦为先兆,必恐长才偶盛时。"

【吉壽】 吉利而长寿。白居易《逸老》:"顺之多吉寿,违之或凶夭。"

【吉語】 谓好消息;吉祥的言词。韩愈《此日足可惜赠张籍》:"哀情逢吉语,惝恍难为双。"薛逢《伏闻令公疾愈对见延英因有贺诗远封投献》:"吉语云云海外传,令公疾愈起朝天。"韦承贻《策试夜潜纪长句于都堂西南隅》:"蓬巷几时闻吉语,棘篱何日免重来。"

【吉網】 谓唐玄宗时侍御史吉温所罗织的法网。《语·罗吉口号》:"罗钳吉網。"

【吉徵】 吉兆,好的征兆。李绅《趋翰苑遭诬构四十六韵》"鹊灵窥牖户,龟瑞出泥途"原注:"余到端州,有红龟一,州人李再荣来献,称常有里人言吉征也。"

【吉鄭】 指吉皎和郑据。白居易曾与吉、郑等作尚齿之会,并各赋诗记其事,见《全唐诗》卷四六二和卷四六三。白居易《六年立春日人日作》:"年方吉郑犹为少,家比刘韩未是贫。"

【吉潛】 唐诗人。建中贞元间人。吉逾侄。《全唐诗外编》录其《题云居上寺》一首。

【吉諫議】 即吉中孚。中孚于唐德宗兴元元年擢为谏议大夫,故称。薛能有《寄吉谏议》。

【吉駒駼】 唐诗人。建中贞元间人。吉逾侄。《全唐诗外编》卷七录其《题云居上寺》一首。

【吉蠲】 祭祀,祀典。李舒《让皇帝庙乐章·奠币》:"子孙拜后,承兹吉蠲。"

吏

〔lì《广韵》力置切,去志,來。〕❶古代对官员的泛称。刘长卿《酬张夏别后道中见寄》:"海鸥知吏傲,砂鹤见人衰。"白居易《酬郑侍御多雨春空过诗三十韵》:"德胜令灾弭,人安在吏良。"❷官府中的胥吏或差役。杜甫《石壕吏》:"暮投石壕村,有吏夜捉人。"韩愈《嗟哉董生行》:"门外惟有吏,日来征租更索钱。"白居易《羸骏》:"村中何扰扰,有吏征刍粟。"❸为官,治理。王维《奉送六舅归陆浑》:"伯舅吏淮泗,卓鲁方喟然。"高适《观李九少府翥树宓子贱神祠碑》:"吾友吏兹邑,亦尝怀宓公。"皎然《桃花石枕歌送安吉康丞》:"君吏桃州尚奇迹,桃州采得桃花石。"

【吏人】 ❶指官府中的胥吏和差役。王维《酬郭给事》:"禁里疏钟官舍晚,省中啼鸟吏人稀。"顾况《长安窦明府后亭》:"吏人何萧萧,终岁无喧竞。"白居易《南龙兴寺残雪》:"吏人引从多乘舆,宾客逢迎少下堂。"郑谷《秘阁伴直》:"吏人同野鹿,庭木似山林。"❷泛指当官之人。岑参《送李郎尉武康》:"山色低官舍,湖光映吏人。"张籍《乌夜啼引》:"秦乌啼哑哑,夜啼长安吏人家。"裴谞《储潭庙》:"吏人雨立喜再拜,神兮灵兮如献酬。"

【吏力】 指胥吏和仆役。白居易《赠友五首》之四:"科条日相矫,吏力亦已勤。"

【吏才】 为政的才能。亦指有为政才能之人。孙逖《送靳十五侍御使蜀》:"天使出霜台,行人择吏才。"

【吏用】 犹吏才,为政的才能。韩愈《送僧澄观》:"皆言澄观虽僧徒,公才吏用当今无。"

【吏民】 官吏与百姓。韩愈《赴江陵途中寄三学士》:"远地触途异,吏民似猿猴。"

【吏材】 为政之才。为吏之才,张祜《投常州从兄中丞》:"吏材谁是伍,经术世无双。"

【吏邑】 谓任职之城邑。綦毋潜《送集贤学士伊阙史少府放归江东觐省》:"吏邑沿清洛,乡山指白蘋。"

【吏兵】 ❶犹官兵。郑畋《题缑山王子晋庙》:"气舆仙女侍,天马吏兵调。"❷犹部从,仆从。张籍《送吴炼师归王屋》:"炼成云母休炊爨,已得雷公当吏兵。"

【吏役】 官府中胥吏和差役。韦应物《云阳馆怀谷口》:"吏役岂遑暇,幽怀复朝昏。"李涉《题清溪鬼谷先生旧居》:"偶因从吏役,远到冥栖处。"李郢《茶山贡焙歌》:"天涯吏役长纷纷,使君忧民惨容色。"

【吏局】 谓吏衙。韦应物《对雨赠李主簿高秀才》:"吏局劳佳士,宾筵得上才。"

【吏事】 官务,政事。钱起《津梁寺寻李侍御》:"聰声隔暗竹,吏事散空廊。"羊士谔《郡斋读经》:"华夷参吏事,巴汉混州图。"姚合《同诸公会太府韩卿宅》:"即听鸡唱天门晓,吏事相牵西复东。"徐铉《九月十一日寄陈郎中》:"我多吏事君多病,寂绝过从又几旬。"

【吏卒】 指胥吏与衙役。韦应物《答裴丞说归京所献》:"家贫无僮仆,吏卒升寝斋。"

【吏治】 官吏的作风和治绩。张籍《祭退之》："学无不该贯，吏治得其方。"

【吏胥】 官府中的小吏。白居易《和微之诗二十三首·和除夜作》："我统十郎官，君领百吏胥。"

【吏徒】 官吏和仆役。杜荀鹤《赠欧阳明府》："都缘民讼少，长觉吏徒闲。"

【吏案】 官吏的办公几案。韦应物《赠琮公》："山僧一相访，吏案正盈前。"

【吏理】 为吏的道理。皮日休《正乐府十篇·贪官怨》："素来不知书，岂能精吏理。"

【吏曹】 指吏部。李欣《赠别穆元林》："明主日征士，吏曹何忽贤。"李嘉祐《赠卫南长官赴任》："吏曹难茂宰，主意念疲人。"

【吏途】 谓仕途。张说《杂诗四首》之三："过蒙良时幸，侧息吏途烦。"

【吏術】 谓官吏治民之术。窦牟《奉使至邢州赠李八使君》："尽心敷吏术，含笑掩兵书。"

【吏部】 官署名。旧官制六部之一。西汉尚书有常侍曹，掌丞相御史公卿之事。东汉改为吏部曹，末期又改为选部曹。魏晋以后尚书省设吏部。唐列为六部之首，长官为尚书，次官为侍郎。掌天下官员选授、勋封、考课之政令。领吏郎、司封、司勋、考功四司。崔湜《景龙二年赴襄阳途中言志》："吏部既三践，中书亦五期。"岑参《陪使君早春西亭送王赞府赴选》："吏部应相待，如君才调稀。"韩翃《送郑员外》："身齐吏部还多醉，心顾尚书自有期。"韩愈《寄崔二十六立之》："不脱吏部选，可见偶与奇。"❷特指韩愈。愈曾为吏部侍郎，故称。张籍《祭退之》："呜呼吏部公，其道诚巍昂。"❸特指晋山涛。山涛入晋后，曾任吏部尚书，故称。刘长卿《哭张员外继》："独闻山吏部，流涕访孤儿。"

【吏部郎中】 官名。唐吏部置郎中二人，并从五品上。一人掌考天下文吏之班秩阶品，一人掌小铨。李嘉祐有《故吏部郎中赠给事中韦公挽歌二首》。

【吏部眠】 《晋书·毕卓传》："(卓)为吏部郎，常饮酒废职。比舍郎酿熟，卓因醉夜至其瓮间盗饮之，为掌酒者所缚，明旦视之，乃毕吏部也，遽释其缚。卓遂引主人宴于瓮侧，致醉而去。"后因谓饮酒废事为吏部眠。杜甫《游子》："厌就成都卜，休为吏部眠。"李端《晚秋旋舍寄苗员外》："吏部逢今日，还应瓮下眠。"

【吏部訪孤兒】 三国魏嵇康与山涛友善。康因事被杀时，深信自己的遗孤会得到山涛的照顾。后吏部尚书山涛果然举其子为官。见《世说新语·政事》。后用作知交抚孤之典。刘长卿《哭张员外继》："独闻山吏部，流涕访孤儿。"

【吏部鏡】 亦称衡镜、藻镜。吏部衡量、品藻、鉴别人才，镜取其明察。岑参《暮秋会严京兆后厅竹斋》："能将吏部镜，照取寸心看。"

【吏筆】 官吏之笔。吏笔能勾决人生死，事关重大。王周《志峡船具诗·梢》："有如提吏笔，有如执时柄。"

【吏遊】 借吏以旅游。韦应物《答畅参军》："秉笔振芳步，少年且吏游。"

【吏道】 ❶谓官吏处理政务之道。李夔《使至汴州喜逢宋之问》："巨源从吏道，正拥使车来。"包佶《近获风痹之疾题寄所怀》："久来从吏道，常欲奉空门。"钱起《李四劝为尉氏尉李七勉为开封尉》："皇枝双玉树，吏道二梅仙。"皮日休《新秋即事三首》之三："醉多已任家人厌，病久还甘吏道疏。"❷谓为官之途径。高适《答侯少府》："吏道顿羁束，生涯难重陈。"钱起《送孙十尉温县》："云衢有志终骧首，吏道无媒且折腰。"

【吏隱】 隐于吏。谓不以利禄萦心，虽宦犹隐。李峤《和同府李祭酒休沐田居》："若人兼吏隐，率性夷荣辱。"吴筠《同刘主簿承介建昌江泛舟作》："吾友从吏隐，和光心杳然。"韩翃《寄武陵李少府》："小县春山口，公孙吏隐时。"白居易《奉和李大夫题新诗二首六韵·因严亭》："何如兼吏隐，复得事跻攀。"

【吏隱亭】 在唐连州(州治在今广东连州市)海阳湖畔。刘禹锡贬连州刺史时所建。李郢有《酬刘谷立春日吏隐亭见寄》。

【吏職】 谓官吏之职务。羊士谔《和萧侍御监祭白帝城西村寺斋沐览镜有怀吏部孟员外并见赠》："轩裳烦吏职，风物动心期。"白居易《寄李十一建》："岂不思命驾，吏职坐相萦。"

【吏體】 官吏之风仪。刘长卿《同姜濬题裴式微余干东斋》："吏体庄生傲，方言楚俗讷。"又《罢摄官后将还旧居留辞李侍御》："风谣传吏体，云物助兵威。"

吕 〔lǚ《广韵》力举切，上語，來。〕❶古代音乐十二律中的阴律有六种。韩愈《忆昨行和张十一》："忆昨夹钟之吕初吹灰，上公礼罢元侯回。"白行简《春从何处来》："偏宜资律吕，应是候阳台。"翁洮《和方干题李频庄》："犹凭律吕传心曲，岂虑星霜到鬓根。"❷指吕尚。白居易《和答诗十首·答四皓庙》："勿高巢与由，勿尚吕与伊。"曹堂《三年冬大礼五首》："侧闻左右皆周吕，看取从容致太平。"李咸用《寄题从兄坤载村居》："说与众佣共版筑，吕将群叟共皤溪。"❸古国名。吕尚封于此地。在今河南南阳市西。参见"吕望"。❹姓。唐诗人中有吕牧、吕炅、吕温。

【吕二】 即吕炅。白居易有《和元九与吕二同宿话旧感赠》和《常乐里闲居偶题十六韵兼寄吕二炅吕四颎崔十八玄亮元九稹刘三十二敦质张十五元仲时为校书郎》。

【吕八】 即吕温。柳宗元有《酬韶州裴曹长使君寄道州吕八大使以见示二十韵一首》。窦巩有《哭吕衡州八郎中》。刘禹锡有《送李策秀才还湖南因寄幕中亲故兼简衡州吕八郎中》。

【吕三】 元稹《赠吕三校书》中吕三即吕二(吕炅)之误。诗原注称"与吕校书同年科第",而据元稹《酬哥舒大少府同年科第》原注,与元稹同年科第者只有吕二和吕四,并无吕三。

【吕子元】 即吕炅。元稹《同醉》原注:"吕子元、庾及之、杜归和同隐客泛韦氏池。"

【吕太一】 唐诗人。景云中为洹水令。与中书舍人苗延嗣、考功员嘉靖、侍御史崔训同为张嘉贞所荐,时人曰:"令君四俊,苗吕员训。"后拜监御史裹行。传见《新唐书》卷一二六。《全唐诗》卷一〇〇录其《咏院中丛竹》一首。

【吕公】 指吕尚。温庭筠《渭上题三首》之一:"吕公荣达子陵归,万古烟波绕钓矶。"

【吕氏】 谓吕后。李白《雪谗诗赠友人》:"汉祖吕氏,食其在傍。"元稹《四皓庙》:"惠帝竟不嗣,吕氏祸有因。"杜牧《题商山四皓庙一绝》:"吕氏强梁嗣子柔,我于天性岂恩仇。"

【吕四】 ❶指吕向。储光羲有《河中望鸟滩作贻吕四郎中》和《洛阳道五首献吕四郎中》。❷指吕颖。元稹《酬哥舒大少府寄同年科第》:"九陌争驰好鞍马,八人同著彩衣裳。"原注:"同年科第,宏词:吕二炅、王十一起;拔萃:白二十二居易;平判:李十一复礼、吕四颖、哥舒大烦、崔十八玄亮逮不肖。八人皆奉荣养。"按《全唐诗》"颖"误为"颎"。白居易有《常乐里闲居偶题十六韵兼寄吕二炅吕四颖崔十八玄亮元九稹刘三十二敦质张十五仲元时为校书郎》。按《全唐诗》颖误为"频"。贞元十七年与白居易同登科第的只有吕颖,而并无吕频、吕颎。

【吕母】 王莽时农民起义女首领。琅玡海曲(今山东日照)人。见《后汉书·刘盆子传》。周昙《咏史诗·后汉门·吕母》:"吕母衔冤穷老妇,亦能为帅复私仇。"

【吕向】 唐人。字子回。泾州(今甘肃泾川北)人。工书,擅草隶,能一笔环写百字,称"连绵体"。玄宗召入翰林。当时帝遣使挑选美女,向献《美人赋》以讽,忤上。幸宰相张说为之开脱,免罪。拜补阙。后频上赋颂,皆主讽谏。兼教习皇太子文章及书,官至给事中、中书舍人、刑部侍郎。白居易《新乐府·上阳白发人》:"君不见昔时吕向《美人赋》,又不见今日上阳《白发歌》。"

【吕后】 (前241—前180)汉高祖刘邦皇后。名雉,字娥姁。秦末单父(今山东单县)人。为人刚毅,佐高祖定天下,助高祖诛杀韩信、彭越等异姓诸侯王。汉高祖十二年(前195),其子惠帝刘盈即位,由其掌握国政。惠帝死后,临朝称制,背高祖约,排斥刘邦旧臣,立诸吕为王,以吕产、吕禄分掌南北军。杀少帝,立恒山王义为帝。吕后死,周勃、陈平尽灭诸吕,拥立文帝,恢复了刘汉政权。《史记》《汉书》有纪。李昂《赋戚夫人楚舞歌》:"君王纵恣翻成误,吕后由来有深妒。"

【吕安】 三国魏东平(今属山东)人。字仲悌。冀州刺史吕招第二子。志量开旷,有拔俗气。与嵇康友善。白居易《杂感》:"吕安兄不道,都市杀嵇康。"

【吕安亡】 魏晋之际人向秀与吕安、嵇康等友善。然嵇志远而疏,安心旷而放,均以事见法。向秀经其旧庐,追思曩昔游宴之好,曾作《思旧赋》。见《文选·向子期〈思旧赋·序〉》。后以"吕安亡"作为怀念亡友之典。韦庄《思归》:"旧里若为归去好,子期凋谢吕安亡。"

【吕安题鳳】 喻造访不遇,见南朝宋刘义庆《世说新语·简傲》。李瀚《蒙求》:"吕安题凤,子猷访戴。"

【吕判官】 即吕湮。陇右、河西节度使哥舒翰曾奏请湮充度支判官,故称。高适有《同吕判官从哥舒大夫破洪济城回登石军多福七级浮图》。

【吕君】 指吕炅。白居易《和元九与吕二同宿话旧感赠》:"见君新赠吕君诗,忆得向年行乐时。"

【吕果】 当作吕杲。唐人。杲曾为河东道绛州刺史。李白有《洞庭醉后送绛州吕使君果流沣州》。果,一作"杲"。

【吕炅】 唐诗人。吕牧之子。贞元十九年与元稹、白居易同时登进士弟。《全唐诗》卷七八一录其《贡举人谒先师闻雅乐》一首。

【吕尚父】 即吕尚。武王号为师尚父,故称。孟宾于《蟠溪怀古》:"良哉吕尚父,深隐始归周。"

【吕牧】 唐诗人。东平(今属山东)人。永泰二年(766),擢进士第,自尚书郎迁泽州刺史。《全唐诗》卷二七二录其《泾渭扬清浊》一首。

【吕和叔】 即吕温。温,一字和叔。何元上有《所居寺院凉夜书情旦上吕和叔温郎中》。

【吕侍郎】 即吕渭。渭曾任礼部侍郎,故称。湛贲有《伏览吕侍郎丘员外旧题十三代祖历山草堂诗因书记事》。

【吕使君】 即吕温。段弘古有《奉陪吕使君楼上夜看花》。

【吕相】 (—xiàng)即吕不韦。吕不韦为秦相,故称。曾招集门客撰《吕氏春秋》。传说,书成悬于国门，谓有能增损一字者予千金。韦庄《同和薛先辈见寄初秋寓怀即事之作旧韵》："貌愧潘郎璧，文惭吕相金。"

【吕叟】　指吕尚。权德舆《渭水》："吕叟年八十，皤然持钓钩。"白居易《晚池泛舟遇景成咏赠吕处士》："唯怜吕叟时相伴，同把磻溪旧钓竿。"

【吕洞賓】　即吕岩。岩字洞宾。《全唐诗》卷八六〇有《赠吕洞宾》。

【吕郎中】　即吕述。述曾任祠部郎中，故称。方干有《睦州吕郎中郡中怀溪亭》和《将谒商州吕郎中道出楚州留献章中丞》。

【吕虔刀】　吕虔所佩之刀。虔，三国魏任城（今山东济宁市）人。字子恪。官至徐州刺史。有佩刀，人相之，以为必登三公，可服此刀。虔以授王祥，祥临终又赠与王览，曰："汝后必兴，足称此刀。"后因用为称颂辅相之语。杜甫《喜闻官军已临贼境二十韵》："前军苏武节，左将吕虔刀。"许浑《送楼烦李别驾》："王粲暂停笔，吕虔初佩刀。"李瀚《蒙求》："雷焕送剑，吕虔佩刀。"

【吕員外】　即吕湮。湮曾为虞部员外郎，故称。高适有《同吕员外酬田著作幕门军西宿盘山秋夜作》。

【吕從慶】　唐诗人。本大梁（今河南开封市）人，从其祖吕伸宦金陵（今江苏南京市）。广明元年(880)，黄巢义军渡江攻金陵，偕弟从善走歙之堨田。朱梁代唐，又自歙迁隐于旌德（今属安徽）丰溪。每以陶渊明自况，自号丰溪渔叟。至南唐受吴禅，喜曰："吾今而后终为唐民矣。"年九十七卒。《全唐诗外编》上录其诗四十五首，编为一卷。

【吕望】　即吕尚。据传吕尚隐于钓，文王出猎遇之水滨，喜而谓曰："吾太公望子久矣。"因号太公望。其先封于吕，故亦称吕望。见《史记·齐太公世家》。赵嘏《华清宫和杜舍人》："畋思获吕望，谏祗避周昌。"罗隐《题磻溪垂钓图》："吕望当年展庙谟，直钩钓国更谁如。"李瀚《蒙求》："孔明卧龙，吕望非熊。"

【吕梁】　❶山名。在今山西西部，位于黄河与汾河间。主峰在离石县东北。夏禹治水，凿吕梁以通黄河，即指此。杨炯《巫峡》："可以涉砥柱，可以浮吕梁。"❷水名。也称吕梁壑，在今江苏徐州市东南五十里。有上下二洪，相去七里。巨石齿列，悬涛激荡，鱼鳖不能游。《庄子》所谓"孔子观于吕梁"，即指此地，张九龄《夏日奉使南海在道中作》："吕梁有出入，乃觉非虚词。"储光羲《登戏马台作》："小会衣冠吕梁壑，大征甲卒碻磝口。"顾况《行路难三首》之三："吕梁之水挂飞流，鼋鼍蛟蜃不敢游。"李绅《泛五湖》："岂复问津迷，休为吕梁叹。"

【吕將軍】　李贺《吕将军歌》："吕将军，骑赤兔，独携大胆出秦门，金粟堆边哭陵树。"叶葱奇注："吕将军当是护卫玄宗陵墓的将官。"

【吕敞】　唐诗人。吕炅之从兄弟，元和间任监察御史。《全唐诗》卷七八二录其诗二首。

【吕渭】　唐诗人。字君载。河中（治所在今山西永济县）人。父延之，越州刺史，浙江东道节度使。渭举进士，累授婺州永康令，大理评事，浙西支使，再迁殿中侍御史，后贬歙州司马。贞元间，累授舒州刺史、吏部员外、驾部郎中、知制诏、中书舍人、太子右庶子、礼部侍郎。出为潭州刺史、兼御史中丞、湖南都团练观察使。传见《旧唐书》卷一三七、《新唐书》卷一六〇。诗见《全唐诗》卷三〇七。

【吕温】　唐诗人。字和叔，一字化光。河中府（治所在今山西永济市）人。中书舍人吕渭之子。贞元十四年(798)登进士第。拜左拾遗。贞元二十年(804)，以侍御史入吐蕃。元和元年(806)使还，转户部员外郎。与窦群、羊士谔相昵，群为御史中丞，荐温知杂事，士谔为御史，宰相李吉甫持之不报，温乘间奏吉甫阴事，诘辩皆妄，贬均州刺史，朝议以所责太轻，再贬道州刺史。久之，转衡州，秩满归京，不得意，发疾卒。其文采为柳宗元、刘禹锡所称。传见《旧唐书》卷一三七、《新唐书》卷一六〇。诗见《全唐诗》卷三七〇。

【吕補阙】　即吕向。向曾拜补阙，故称。孙逖有《春初送吕补阙往西岳勒碑得云字》。徐安贞有《送吕向补阙西岳勒碑》。

【吕葛】　指吕尚和诸葛亮。杜甫《晚登瀼上堂》："凄其望吕葛，不复梦周孔。"

【吕蒙】　(178—219)三国吴名将。字子明。汝南富陂（今安徽阜阳西南）人。少依姐夫邓当，当死，代领其军。从周瑜破曹操于乌林，拜偏将军。定计袭取南郡，定荆州，擒关羽，封孱陵侯。孙权劝其笃志力学，蒙于军中手不释卷。鲁肃过蒙，言议常为蒙屈，称其"学识英博，非复吴下阿蒙"。陈元光《落成会咏一首》："设醴延张老，开轩礼吕蒙。"杜甫《投赠哥舒开府二十韵》："军事留孙楚，行间识吕蒙。"又《公安县怀古》："野旷吕蒙营，江深刘备城。"陈陶《赠江西周大夫》："报政黄霸惭，提兵吕蒙醉。"

【吕裔】　谓吕后的后代。李洞《题咸阳楼》："标衣多吕裔，荷锸或刘孙。"

【吕羣】　唐诗人。元和进士。性不容下，终为其奴所杀。《全唐诗》卷五〇五录其《题寺壁二首》。

【吕衡州】　即吕温。温元和间曾由道州刺史转衡州刺史，故称。柳宗元有《同刘二十八哭吕衡州兼寄江陵李元二侍御》。元稹有《哭吕衡州六首》。

【吕價】　唐诗人。乡贡进士。《全唐诗》卷七八

○收录其《浊水求珠》一首。

【吕巖】 唐诗人。字洞宾，号纯阳子，京兆(今陕西西安市)人，一说河中永济(今山西永济市)人。会昌中，两次应进士举，皆落第，遂浪游江湖。一说咸通中登进士第，曾两调县令，黄巢起义时，归隐终南山。相传在太华遇钟离权，授以丹诀，苦心修炼，遂得道，成为后世所云"八仙"之一。其诗多写求仙访道、炼丹服药，满纸云烟，无人间烟火味。事见《雅言系述》《能改斋漫录》卷十八、《唐才子传》卷十。诗见《全唐诗》卷八五六—八五九。

同 〔tóng《广韵》徒紅切，平東，定。〕❶相同，一样，一致。刘长卿《送李录事兄归襄邓》："十年多难与君同，几处移家逐转蓬。"耿湋《夏日寄东溪隐者》："处处山依旧，年年事不同。"白居易《凶宅》："周秦宅殽函，其宅非不同。"杜荀鹤《梁王坐上赋无云雨》："同是乾坤事不同，雨丝飞洒日轮中。若教阴朗长相似，争表梁王造化功。"❷齐一，统一。太宗《正日临朝》："车轨同八表，书文混四方。"严维《奉试水精环》："未肯齐珉价，宁同杂佩声。"姚合《文宗皇帝挽词三首》之二："代以无为理，车书万国同。"❸共，共一个。戴叔伦《送别钱起》："后夜同明月，山窗定忆君。"见"同心❹""同舟""同穴"。❹和谐；和睦。李舒《让皇帝庙乐章·亚献终献》："秩礼有序，和音既同。"❺谓共同参与某事，参与其中。蔡希周《奉和扈从温泉宫承恩赐浴》："天行云从指骊宫，浴日余波锡诏同。"德宗《重阳日赐宴曲江亭赋六韵诗用清字》序："夫共其戚者同其休，有其初者贵其终。"白居易《答友问》："良玉同其中，三日烧不热。"❻古代天下诸侯毕至朝见天子之礼。《周礼·春官·大宗伯》："春见曰朝，夏见曰宗，秋见曰覲，冬见曰遇，时见曰会，殷见曰同。"郑玄注："殷犹众也。十二岁，王如不巡守，则六服尽朝。朝礼既毕，王亦为坛合诸侯以命政焉……殷见，四方四时分来。"《郊庙歌辞·太清宫·乐章香初上》："四时禋祀，万国来同。"❼汇合；会同。孟浩然《彭蠡湖中望庐山》："寄言岩栖者，毕趣当来同。"杜甫《投赠哥舒开府二十韵》："受命边沙远，归来御席同。"韦应物《同德寺阁集眺》："三川浩东注，瀍涧亦来同。"薛据《登秦望山》："茫茫天际帆，栖泊何时同。"❽和。依照别人诗词的题材、体裁或韵作诗词。崔湜有《同李员外春闺》。杜甫有《同诸公登慈恩寺塔》和《同元使君舂陵行》。钱珝有《同程七早入中书》。❾副词。共同，一起。刘湾《云南曲》："哀哀云南行，十万同已矣。"崔玄亮《和白乐天》："几人樽下同歌咏，数盏灯前共献酬。"李商隐《闻著明凶问哭寄飞卿》："何因携庾信，同去哭徐陵。"韦庄《渔塘十六韵》："巢由应共到，刘阮想同登。"❿(1)介词。引进共同行动者。跟，与。杜甫《绝句四首》之一："梅熟许同朱老吃，松高拟对阮生论。"(2)引进比较的对象。同于，如同。崔融《和梁王众传张光禄是王子晋后身》："昔偶浮丘伯，今同丁令威。"韦应物《赠丘员外二首》之二："那同石氏子，每到府门趋。"赵嘏《昔昔盐二十首·惊魂同夜鹊》："思君常入梦，同鹊屡惊魂。"韦庄《和郑拾遗秋日感事一百韵》："窜逐同天宝，遭罹异建康。"⓫连词。和。白居易《喜裴涛使君携诗见访醉中戏赠》："共放诗狂同酒癖，与君别是一亲情。"

【同一】 相同；同样。韩愈《符读书城南》："欲知学之力，贤愚同一初。"

【同人】 《易》卦名。☰☲。离下乾上。与人同和的意思。后用以称志同道合者。席元明《三月三日宴王明府山亭》："同人聚饮，千载神交。"杜甫《水宿遣兴奉呈群公》："异县惊虚往，同人惜解携。"章孝标《初及第归酬孟元翊见赠》："未有片言惊后辈，不无惭色见同人。"马戴《赠鄠县尉李先辈二首》之一："同人家鄠杜，相见罢官时。"

【同力】 协力，共同努力。来鹄《圣政纪颂》："一体列秩，同力翼戴。"罗隐《筹笔驿》："时来天地皆同力，运去英雄不自由。"

【同才】 谓才气相同。郑谷《读李白集二首》之一："殷璠裁鉴《英灵集》，颇觉同才得旨深。何事后来高仲武，品题间气未公心。"

【同日】 ❶同一天。杜甫《秦州见敕目三十韵》："二子声同日，诸生困一经。"❷谓同一个时候。许浑《赠柳璟冯陶二校书》："桂堂同日盛，芸阁间年荣。"

【同文】 犹言国人。因其所用文字相同，故称。薛能《长安送友人之黔南》："同文到乡尽，殊国共行连。"

【同方】 谓同住一方。张九龄《与生公寻幽居处》："同方久厌俗，相与享遐讨。"

【同火】 古代兵制，十人共灶同炊，称为"同火"。无名氏《五言诗》之二(《外编》下)："铁钵淹甘饭，同火共分诤。"

【同心】 ❶情意相投。苏颋《奉和姚令公温汤旧馆永怀故人卢公之作》："同心不可忘，交臂何为失。"钱起《七盘岭阻寇闻李端公先到南楚》："明月既能通忆梦，青山何用隔同心。"白居易《府西池北新葺水斋即事招宾偶题十六韵》："绝境应难别，同心岂易求。"徐铉《又题白鹭洲江鸥送陈君》："同心携手今如此，金鼎丹砂何寂寞。"❷指与己同心之人。王维《送綦毋潜落第还乡》："置酒临长道，同心与我违。"韦应物《独游西斋寄崔主簿》："同心忽已别，昨事方成昔。"耿湋《立春日宴高陵任明府宅》："坐客同心满，流年此会稀。"陆龟蒙《秋日遣怀十六韵寄道侣》："水恨同心隔，霜愁两鬓沾。”❸指同心结。卢纶《古艳诗》之二：“自拈裙带结同心，暖处偏知香气深。”李涉《寄荆娘写真》：“五铢香帔结同心，三寸红笺替传语。”张祜《送走马使》：“新样花文配蜀罗，同心双带蹙金蛾。”牛峤《杨柳枝五首》之二：“不愤钱塘苏小小，引郎松下结同心。”❹指共一个中心或核心。韩翃《送王少府归杭州》：“葛花满把能消酒，栀子同心好赠人。”罗虬《比红儿诗》之九六：“栀子同心裛露垂，折来深恐没人知。”徐夤《菊花》：“篱物早荣还早谢，涧松同德复同心。”

【同心人】　知心者；亲爱者。王维《过李楫宅》：“与我同心人，东道安贫者。”李德裕《鸳鸯篇》：“君不见昔时同心人，化作鸳鸯鸟。”皎然《春望词四首》之三：“不结同心人，空结同心草。”

【同心友】　知心挚友。韦应物《酬李儋》：“不见同心友，徘徊忧且烦。”李中《依韵酬智谦上人见寄》：“性拙才非逸，同心友亦稀。”

【同心苣】　相连锁的火炬状图案花纹。亦指织有同心苣状图案的同心结。段成式《嘲飞卿七首》之五：“愁机懒织同心苣，闷绣先描连理枝。”牛峤《菩萨蛮》词之六：“窗寒天欲曙，犹结同心苣。”

【同心侣】　知心伴侣。特指匹偶。徐彦伯《采莲曲》：“既觅同心侣，复采同心莲。”

【同心結】　用锦带制成的菱形连环回文结，以喻恩爱。李白《去妇词》：“悔倾连理杯，虚作同心结。”王建《赠离曲》：“若知中路各西东，彼此不忘同心结。”刘禹锡《伤秦姝行》：“博山炉中香自灭，镜奁尘暗同心结。”晁采《子夜歌十八首》之一：“觅向无人处，绾作同心结。”

【同心帶】　一种扎有同心结的锦带。喻夫妇恩爱。杨衡《夷陵郡内叙别》：“留念同心带，赠远芙蓉簪。”徐夤《剪刀》：“初裁连理枝犹短，误绾同心带不长。”

【同心蒂】　即同心结。雍陶《美人春风怨》：“偏能飘散同心蒂，无那愁眉吹不开。”

【同心蓮】　莲之一种。一干两花，亦称合欢莲，嘉莲。喻男女恋情。莲为怜之谐音。徐彦伯《采莲曲》：“既觅同心侣，复采同心莲。”

【同心鬟】　发髻名。亦称流苏髻。中间绾髻，左右余发结束作同心结，垂于两肩，以珠翠饰之。杨巨源《独不见》：“竞理同心鬟，争持合欢扇。”

【同生】　一同活着。杜甫《题壁画马歌》：“时危安得真致此，与人同生亦同死。”

【同穴】　夫妇死后同葬一个墓穴。元稹《遣悲怀三首》之三：“同穴窅冥何所望，他生缘会更难期。”张籍《离妇》：“托身言同穴，今日事乖违。”白居易《赠内》：“生为同室亲，死为同穴尘。”

【同列】　谓身份地位与己相同者。孟浩然《仲夏归汉南园寄京邑耆旧》：“因声谢同列，吾慕颍阳真。”温庭筠《题李卫公诗二首》之一：“肉视具僚忘匕箸，气吞同列削寒温。”

【同死】　一同死去。杜甫《题壁画马歌》：“时危安得真致此，与人同生亦同死。”

【同光】　后唐庄宗年号。齐己有《同光岁送友人及第东归》。

【同里】　同乡。武元衡有《夏日游昊天观览旧题寄同里杨华州中丞》。

【同年】　❶同岁，同一年出生。白居易《偶吟自慰兼呈梦得》：“且喜同年满七旬，莫嫌衰病莫嫌贫。”又《酬梦得比萱草见赠》：“试问同年内，何人得白头。”亦用以指同岁之人。王季友《代贺若令誉赠沈千运》：“举声酸鼻问同年，十人六七归下泉。”❷指同届及第者。杜甫《赠蜀僧闾丘师兄》：“吾祖诗冠古，同年蒙主恩。”刘禹锡《奉和裴侍中将赴汉南留别座上诸公》：“同学同年又同舍，许君云路并华辀。”李涉《酬彭伉》：“莫叹屈声犹未展，同年今日在中书。”徐夤《赠垂光同年》：“他时黄阁朝元处，莫忘同年射策人。”❸同一年。杜甫《哭李尚书》：“漳滨与蒿里，逝水竟同年。”杨伦笺注：“言生病死葬，皆在是年也。”❹“同年而语”的略称。谓相提并论。元稹《春鸠》：“春鸠与百舌，音响讵同年。”

【同年友】　同届及第的朋友。耿沣《晚秋过苏少府》：“肯信同年友，相望青琐闱。”李端《卧病寄阎采》：“纵忆同年友，无人可寄书。”刘禹锡《送张盥赴举词》引：“古人以偕受学为同门友，今人以偕升名为同年友。”许浑《闻州中有宴寄崔大夫兼简邢群评事》：“甘心不及同年友，卧听行云一曲歌。”

【同年會】　同年及第者集会。李远有《陪新及第赴同年会》。

【同行】　（—xíng）❶同道而行。陆畅《成都赠别席夔》：“不值分流二江水，定应犹得且同行。”杜牧《奉和门下相公送西川相公兼领相印出镇全蜀诗十八韵》：“滞顽堪白屋，攀附亦同行。”司空图《长安赠王注》：“东方御闲驷，园外好同行。”❷指同行之人。杜甫《垂老别》：“投杖出门去，同行为辛酸。”

【同舟】　同乘一条船。喻同心协力。温庭筠《病中书怀呈友人》：“攲枕情何苦，同舟道岂殊。”

【同名】　同样命名。李商隐《判春》：“珠玉终相类，同名作夜光。”

【同并】　同时，一并。张籍《祭退之》：“偶有贾秀才，来兹亦同并。”

【同州】　州名。汉左冯翊地。北魏宣武帝永平三年（510）改为同州。隋为冯翊郡。唐武德元年

(618)复改为同州，领冯翊、蒲城、朝邑、登城、白水、郃阳、韩城八县。治所在今陕西大荔县。王昌龄有《上同州使君伯》。刘禹锡有《酬喜相遇同州与乐天替代》。白居易《诏授同州刺史病不赴任因咏所怀》："同州慵不去，此意复谁知。"

【同好】（—hào）有相同爱好的朋友。骆宾王《伤祝阿王明府》序："聊缀悲歌，敢贻同好。"

【同志】❶志向相同。王绩《薛记室收过庄见寻率题古意以赠》："同志亦不多，西庄有姚徐。"白居易《感鹤》："同游不同志，如此十余年。"喻凫《送石贲归吴兴》："同志幸同年，高堂君独还。"罗隐《湖上岁暮感怀有寄友人》："雪天萤席几辛勤，同志当时四五人。"❷谓志向相同之人。白居易《感秋怀微之》："推移感流岁，漂泊思同志。"罗隐《初秋寄友人》："樵侣兼同志，音书近亦稀。"

【同車】同乘一车。喻男女结为夫妇，情笃爱深。语出《诗·郑风·有女同车》："有女同车，颜如舜华。"羊士谔《玩槿花》："风流感异代，窈窕比同车。"

【同車書】谓车辙和文字相同。《礼记·中庸》："今天下车同轨，书同文。"引申为国家一统。德宗《重阳日中外同欢以诗言志因示群官》："欢心畅遐迩，殊俗同车书。"

【同步】犹同行。司空曙《寄准上人》："樵客应同步，邻僧定伴禅。"李咸用《寄友生》："圆月思同步，寒泉忆共闻。"

【同伴】伴侣，同行者。白居易《新乐府·缚戎人》："同伴行人因借问，欲说喉中气愤愤。"姚合《游春十二首》之五："同伴无辞困，游春贵在先。"温庭筠《西州曲》："回头语同伴，定复负情侬。"

【同身】相同的身躯。王季友《寄韦子春》："有情尽弃捐，土石为同身。"

【同谷】❶县名。北魏宣武帝正始中置广业郡，领白石、栗亭二县，后改为同谷县。唐属陇右道成州。地在今甘肃省成县境内，杜甫尝寄居于此，有《发同谷县》《乾元中寓居同谷县作歌七首》等诗作。赵鸿有《杜甫同谷茅茨》。❷郡名。唐兼置同谷郡，领上禄、长道、同谷三县，隶属于秦州都督府。地在今甘肃成县、天水县一带。杜甫有《送韦十六评事充同谷郡防御判官》。

【同谷子】唐诗人。与昭宗同时。何后用事，同谷子作《五子之歌》以讥之。何后潜令人诛之，事未行而奔去。《全唐诗》卷七八四录其《五子之歌》。

【同牢】亦作"共牢"。古代婚礼中新婚夫妇共食一牲的仪式。《礼记·昏义》："婿揖妇以入，共牢而食，合卺而酳。"唐孔颖达疏："共牢而食者，在夫之寝，婿东面，妇西面，共一牲牢而同食，不异牲。"杨衡《夷陵郡内叙别》："礼娶嗣明德，同牢夙所钦。"

【同社】❶同乡，同里。韩愈《南溪始泛三首》之二："愿为同社人，鸡豚燕春秋。"❷同在一个僧人或尊佛文士的结社。郑谷《宜春再访芳公言公幽斋写怀叙事因赋长言》："顷为弟子曾同社，今忝星郎更契缘。"

【同直】同时当值。元稹《寄浙西李大夫四首》之三："禁林同直话交情，无夜无曾不到明。"

【同事】❶同僚。张籍《寄孙冲主簿》："马从同事借，妻怕罢官贫。"❷一同侍奉。白居易《钱虢州以三堂绝句见寄因以本韵和之》："同事空王岁月深，相思远寄定中吟。"❸同样的事情。张九龄《酬周判官见贻之作兼呈耿广州》："无庸我先举，同事君犹滞。"

【同軌店】地名。在今河南洛宁县东。元稹有《雪后宿同轨店上法护寺钟楼望月》。

【同門】指同师受业者。元稹《酬乐天早春闲游西湖》："独喜同门旧，皆为列郡臣。"

【同門友】同师门之友。李颀《东京寄万楚》："在昔同门友，如今出处非。"羊士谔《郡中端居有怀袁州王员外使君》："忆作同门友，承明奉直庐。"刘禹锡《送张盥赴举诗》引："古人以偕受学为同门友，今人以偕升名为同年友。"白居易《秦中吟十首·伤友》："平生同门友，通籍在金闺。"

【同門生】同师而学之人。白居易《效陶潜体十六首》之十四："亦有同门生，先升青云梯。"

【同和】（—hé）彼此和谐，互相协和。张仲素《王昭君》："仙娥今下嫁，骄子自同和。"刘禹锡《游桃源一百韵》："性静本同和，物牵成阻阨。"

【同舍】（—shè）❶同居一舍。权德舆《和司门殷员外早秋省中书直夜寄荆南卫象端公》："早晚得为同舍侣，知君两地结离忧。"韩愈《和虞部卢四酬翰林钱七赤藤杖歌》："归来捧赠同舍子，浮光照手欲把疑。"薛能《赠苗端公二首》之二："两心宜一体，同舍又邻居。"参见"同舍郎"。❷指同舍之人。刘长卿《江州留别薛六柳八二员外》："白首辞同舍，青山背故乡。"杜甫《潭州送韦员外牧韶州》："分符先令望，同舍有辉光。"王表《清明日登城春望寄大夫使君》："兴来促席唯同舍，醉后狂歌尽少年。"薛能《太原使院晚出》："同舍尽归身独在，晚风开印叶萧萧。"

【同舍郎】（舍 shè）西汉直不疑为郎时，曾经历了同住一舍的郎官误疑窃金的事。事见《史记·万石张叔列传》。后常用以咏同居郎官之人。刘禹锡《送萧李二郎中兼中丞充京西京北覆粮使》："霜简映金章，相辉同舍郎。"钱起《寻司勋李郎中不遇》："知己知音同舍郎，如何咫尺阻清扬。"刘禹锡《酬朗州崔员外与任十四兄侍御同过鄙人旧居见怀之什时守吴都》："何人万里能相忆，同舍仙郎与外兄。"

【同制】　犹言同官。韩愈《酒中留上襄阳李相公》："浊水污泥清路尘，还曾同制掌丝纶。"

【同波】　混同于流俗。柳宗元《种术》："悟拙甘自足，激清愧同波。"

【同疢】　同病。谓同时被贬。王昌龄《出郴山口至叠石湾野人室中寄张十一》："同疢来相依，脱身当有筹。"

【同官】　同僚，在一起做官的人。刘长卿《送王司马秩满西归》："同官岁岁先辞满，唯有青山伴老身。"高适《同陈留崔司户早春宴蓬池》："同官载酒出郊圻，晴日东驰雁北飞。"王建《初到昭应呈同僚》："同官若容许，长借老僧房。"姚合《武功县中作三十首》之十三："同官数相引，下马上西坡。"

【同居】　共居一处。卢象《八月十五日诗三首》之三："同居虽渐惯，见人犹默默。"白居易《病中看经赠诸道侣》："无子同居草庵下，有钱偕老道场中。"姚合《别李余》："何计羁穷尽，同居不出城。"亦用以指同居之人。刘威《冬日送友人西归》："空有心如月，同居千里还。"

【同床】　共床，同睡一床。元稹《酬友封话旧叙怀十二韵》："草馆同床宿，沙头待月归。"

【同姓】　同一姓氏。杜甫《示从孙济》："勿受外嫌猜，同姓古所敦。"

【同軌】　❶车辙宽度相同。引申为同一、一统。张祜《元日仗》："文武千官岁仗兵，万方同轨奏升平。"《郊庙歌辞·享太庙乐章·升和》："中外同轨，夷狄来思。"❷谓同路而行。杜甫《湖城东遇孟云卿因为醉歌》："岂知驱车复同轨，可惜刻漏随更箭。"

【同軌會】　《左传·隐公元年》："天子七月而葬，同轨毕至。"晋杜预注："言同轨，以别四夷之国。"后因作歌咏皇帝葬礼之典。武元衡《顺宗至德大圣皇帝挽歌词三首》之一："桥山同轨会，轩后葬衣冠。"

【同科】　❶同类。李白《日出行》："吾将囊括大块，浩然与溟涬同科。"❷同一个鸟窠。无名氏《禅诗》之五(《外编》上)："百鸟同科宿，相看见兄弟。"

【同保】　共守。温庭筠《题李相公敕赐锦屏风》："几人同保山河誓，犹自栖栖九陌尘。"

【同俗】　相同的风俗。杨嗣复《仪凤》："比屋初同俗，垂思击壤人。"贾岛《送孙逸人》："衣屦犹同俗，妻儿亦宛然。"

【同音】　字音相同。詹敦仁《复留侯从效问南汉刘岩改名龑字音义》："龑岩虽同音，形体殊乖致。"

【同席】　指参加同一宴席者。李昌符有《赠同席》。

【同派】　谓同一个支流。郑愔《贬降至汝州广诚驿》："倾车无共辙，同派有殊澜。"

【同冠峡】　地名。在今广东阳山县西北七十里。韩愈有《同冠峡》。

【同室】　同居一室之人。特指妻室。白居易《赠内》："生为同室亲，死为同穴尘。"

【同泰寺】　在今江苏南京市。为南朝梁武帝所建，他曾三次括身此寺。大同十一年(545)，寺失火被焚，武帝又役使大量民众造十二层高塔，未竣，值侯景乱而止。李群玉《龙安寺佳人阿最歌八首》之五："何须同泰寺，然后始为奴。"

【同泰講】　指同泰寺讲说佛经。李商隐《哭遂州萧侍郎二十四韵》："始知同泰讲，徼福是虚言。"

【同班】　班列相同。张籍《酬秘书王丞见寄》："今体诗中偏出格，常参官里每同班。"又《寄孙洛阳格》："常思从省连归马，乍觉同班少旧人。"

【同時】　同一个时候。张九龄《和吏部李侍郎见示秋夜望月忆诸侍郎之什其卒章有前后行之戏因命仆继作》："同时亦所见，异路无相招。"戎昱《衡阳春日游僧院》："曾共刘谘议，同时事道林。"张祜《哭京兆庞尹》："故人昨日同时吊，旧马今朝别处嘶。"亦具体指同一个季节、同一个年代。李商隐《代魏宫私赠》："知有宓妃无限意，春松秋菊可同时。"

【同氣】　谓同胞兄弟。宋之问《留别之望舍弟》："同气有三人，分飞在此晨。"李中《哭舍弟二首》之二："同气未归日，慈亲临老时。"

【同徐】　同于徐稚。徐稚，东汉名士。陈蕃做豫章太守，不喜接待来访宾客，唯徐稚来访，特设一榻，稚一去就把榻挂起。见《后汉书·徐稚传》。戴叔伦《奉陪李大夫九日宴龙沙》："去官惭比谢，下榻贵同徐。"

【同衾】　谓同床共寝。亦指同床共寝之人。陈子昂《合州津口别舍弟至东阳峡步趁不及眷然有忆作以示之》："同衾成楚越，别岛类胡秦。"孟云卿《古别离》："宿昔梦同衾，忧心常倾倒。"长孙佐辅《别友人》："谁遣同衾又分手，不如行路本无情。"

【同座】　谓坐在一起之人。白居易有《赠同座》。

【同病】　所得疾病相同，喻有同样不幸命运。孟浩然《送席大》："知君命不偶，同病亦同忧。"独孤及《答皇甫十六侍御北归留别作》："劳生多故应同病，羸马单车莫自悲。"刘长卿《碧涧别墅喜皇甫侍御相访》："不为怜同病，何人到白云。"

【同宦】　一同为官。韦应物《趋府候晓呈两县僚友》："可怜同宦者，应悟下流难。"

【同袍】　❶《诗·秦风·无衣》："岂曰无衣，与子同袍。"袍，长衣，如后来之斗篷。军人行军时，日以当衣，夜以当被。言同袍，比喻友爱。王维《喜祖三至留宿》："早岁同袍者，高车何处归。"钱起《秋夜寄袁中丞王员外》："衰荣难会面，魂梦暂同袍。"张籍《赠殷山人》："同袍还共弊，连辔每推先。"薛逢《潼关驿亭》："犹惊往岁同袍者，尚逐江东计吏来。"❷朋友。卢象《追凉历下古城西北隅此地有清泉乔木》："故人皆得路，谁肯念同袍。"韩愈《崔十六少府摄伊阳以诗及书见投因酬三十韵》："府公旧同袍，拔擢宰山涧。"许浑《晚发天井关寄李师晦》："逢秋正多感，万里别同袍。"李洞《怀张乔张霞》："西风吹雨叶还飘，忆我同袍隔海涛。"

【同袍友】　好友。孟浩然《登万岁楼》："今朝偶见同袍友，却喜家书寄八行。"杨凝《晚夏逢友人》："一别同袍友，相思已十年。"白居易《秦中吟十首·伤友》："平生同袍友，通籍在金闺。"

【同院】　谓同在一个官署。卢纶有《和陈翃郎中拜本府少尹兼侍御史献上侍中因呈同院诸公》。

【同域】　同在一处。李威用《长歌行》："死生同域不用惧，富贵在天何足忧。"

【同曹】　谓在同一官署。卢纶有《奉和户曹叔夏夜寓直寄呈同曹诸公并见示》。

【同異】　❶相同和不同。皎然《白云歌寄陆中丞使君长源》："白云遇物无偏颇，自是人心见同异。"❷谓差异，不同。皮日休《鲁望昨以五百言见贻因成一千言上述吾唐文物之盛次叙相得之欢亦迭和之微旨也》："其物无同异，其人有媸妍。"

【同途】　同道，恪守的道义相同。许棠《讲德陈情上淮南李仆射八首》之四："古来比德由无侣，当代同途岂有人?"

【同族】　同一族类。白居易《和答诗十首·和雉媒》："身苦亦自忘，同族何足言。"

【同舲】　同船。韩愈《答张彻》："从赋始分手，朝京忽同舲。"

【同産】　同生，谓同母所生之兄弟。储光羲有《饯张七琚任宗城即环之季也同产八人俱以才名知》。

【同情】　谓相同之心情。源乾曜《奉和圣制送张尚书巡边》："此外无异言，同情报明主。"

【同宿】　（—sù）一同住宿。韩愈、孟郊有《同宿联句》。白居易《司马厅独宿》："官曹冷似冰，谁肯来同宿。"

【同扈】　一同扈从。贾至《巴陵早秋寄荆州崔司马吏部阎功曹舍人》："故人西掖寮，同扈岐阳搜。"

【同隊】　犹同群。韩愈《符读书城南》："少长聚嬉戏，不殊同队鱼。"

【同喜】　一同欣喜。刘沧《深愁喜友人至》："不避驱羸道路长，青山同喜惜年光。"

【同惡】　（—è）指共同作恶者。杜甫《北征》："奸臣竟菹醢，同恶随荡析。"

【同雲】　《诗·小雅·信南山》："上天同云，雨雪雰雰。"朱熹集传："同云，云一色也。将雪之候如此。"后用作降雪之典。李峤《游禁苑陪幸临渭亭遇雪应制》："同云接野烟，飞雪暗长天。"玄宗《温汤对雪》："北风吹同云，同云飞白雪。"李咸用《雪十二韵》："六出凝阴气，同云指上天。"秦韬玉《奉和春日玩雪》："北阙同云掩晓霞，东风春雪满山家。"

【同棲】　一同栖息。钱起《山下别杜少府》："情人那忍别，宿鸟尚同栖。"戴叔伦《孤鸿篇》："共欣相知遇，毕志同栖迟。"

【同鄉】　同一籍贯者在外地的互称。崔颢《长干曲四首》之一："停船暂借问，或恐是同乡。"元稹《景申秋八首》之六："眼前撩乱辈，元不是同乡。"

【同登】　一同攀登。韦庄《渔塘十六韵》："巢由应共到，刘阮想同登。"

【同載】　（—zài）谓同坐一车。鲍溶《辞辇行》："朝停玉辇诏同载，三十六宫皆眄睐。"

【同斟】　谓一起饮酒。韦庄《和薛先辈见寄初秋寓怀即事之作二十韵》："会随仙羽化，香蚁且同斟。"

【同歲】　谓年龄相同。白居易《七年元日对酒五首》之五："同岁崔何在，同年杜又无。"

【同盟】　❶谓国与国之间缔结盟约，结成联盟。李白《自广平乘醉走马六十里至邯郸登城楼览古书怀》："毛君能颖脱，二国且结盟。"郑启《严塘经乱书事》之一："虽知四海同盟久，未合中原武备空。"❷《左传·隐公元年》："天子七月而葬，同轨毕至。诸侯五月，同盟至。"本指共结盟约者，后用以指参加诸侯王或朝廷重臣葬礼的显要官员。宋之问《鲁忠王挽词三首》之一："同盟会五月，归葬出三条。"张九龄《故刑部李尚书挽词三首》之三："同盟会五月，华表记千年。"

【同會】　会合；相会。白居易《立秋日登乐游园》："萧飒凉风与衰鬓，谁教同会一时秋。"

【同遊】　❶一同出游。白居易《奉和裴令公见示之作》："鹏背负天龟曳尾，云泥不可得同游。"❷一同出游者。刘长卿《同诸公袁郎中宴筵喜加章服》："白社同游在，沧洲此会稀。"李涉《题白鹿兰若》："满城车马皆知有，每唤同游尽道忙。"温庭筠《初秋寄友人》："凭将离别恨，江外问同游。"

【同道】　❶信守的道义相同。张谓《夜同宴用人字》："平生颇同道，相见日相亲。"❷与己志同道合者。李涉《六叹》序："录之私斋，以示同道。"裴说《湖外寄处宾上人》："他年遇同道，为我话风尘。"

【同話】　一起讲话。郑巢《和姚郎中题凝公院》："雪夕谁同话，悬灯古像前。"

【同裯】　谓共被而寝。形容关系亲密。韩愈《赴江陵途中寄赠翰林三学士》："遗风邈不嗣，岂忆尝同禂。”

【同羣】 同类;同伴。李商隐《失猿》:“莫遣碧江通箭道,不教肠断忆同群。”薛能《麟中寓居寄蒲中友人》:“萧条秋雨地,独院阻同群。”韩偓《观斗鸡偶作》:“白日枭鸣无意问,唯将芥羽害同群。”

【同幕】 谓在同一幕府任职。李益有《惜春伤同幕故人孟郎中兼呈去年看花友》。

【同僚】 亦作“同寮”。同在一起做官的人。张说《至尉氏》:“途逢旧甿吏,城有同僚家。”韩愈《永贞行》:“慎勿浪信常兢兢,吾尝同僚情可胜。”刘禹锡《寄杨八拾遗》:“为谢同僚老博士,范云来岁即公卿。”

【同榮】 谓共享荣华。李益《杂曲》:“同器不同荣,堂下即千里。”

【同塵】 ❶谓如灰尘中混杂异物。语本《老子》:“和其光,同其尘,湛兮似或存。”魏源本义:“以尘之至杂而无所不同,则于万物无所异矣。”后用以喻混一、统一,与万物一体。钱起《题秘书王迪城北池亭》:“从宦辞人事,同尘即道心。”杨巨源《和元员外题升平里新斋》:“此外唯应任真宰,同尘敢是道门枢。”白居易《拜表回闲游》:“达磨传心令息念,玄元留意遣同尘。”司空图《诗品二十四则・形容》:“俱似大道,妙契同尘。”❷同于流俗。白居易《自题写真》:“况多刚狷性,难与世同尘。”

【同寢】 共眠。方干《题严子陵祠二首》之一:“物色旁求至汉庭,一宵同寝见交情。”

【同實】 谓同一事物。韩愈《初南食贻元十八协律》:“蛤即是虾蟆,同实浪异名。”

【同輩】 ❶谓辈分相同者。刘禹锡《乐天以愚相访沽酒致欢因成七言聊以奉答》:“少年曾醉酒旗下,同辈黄衣颔亦黄。”白居易《代梦得吟》:“后来变化三分贵,同辈凋零太半无。”❷犹言同伴,同伙。崔道融《班婕妤》:“宠极辞同辈,恩深弃后宫。”

【同輦】 与天子共乘一车。贾至《侍宴曲》:“欢余剑履散,同辇入昭阳。”

【同歎】 一同叹息,感叹。崔峒《寄上礼部李侍郎》:“白发常同叹,青云本要期。”

【同醉】 一同畅饮而醉。白居易《自题新昌居止因招杨郎中小饮》:“能到南园同醉否,笙歌随分有些些。”

【同儀】 合乎制度、礼仪。王维《送秘书晁监还日本国》序:“贡方物于天子,同仪加等。”

【同德】 同质。徐夤《菊花》:“篱物早荣还早谢,涧松同德复同心。”

【同調】 (—diào)声调相同,喻志趣相合。李白《古风》之十:“吾亦澹荡人,拂衣可同调。”杜甫《三韵三篇》之三:“列士恶多门,小人自同调。”又《赠毕四》:“同调嗟谁惜,论文笑自知。”陆龟蒙《渔具诗・罠》:“寄语龙伯人,荒唐不同调。”

【同寮】 同“同僚”。白居易《酬皇甫庶子见寄》:“别诏忽惊新命出,同寮偶与夙心期。”姚鹄有《和陕州参军李通微首夏书怀呈同寮张裳段群二先辈》。

【同慰】 一同安慰。白居易《皇甫郎中亲家翁赴任绛州宴送出城赠别》:“新妇不嫌贫活计,娇孙同慰老心情。”

【同樂】 (—lè)共同快乐。白居易《江楼偶宴赠同座》:“相逢且同乐,何必旧相知。”张祜《千秋乐》:“八月平时花萼楼,万方同乐奏千秋。”

【同機】 谓有机缘。吕岩《七言》之二八:“尘中若有同机者,共住烟霄不死乡。”

【同蹄】 乐人姓名。元稹《痁卧闻幕中诸公征乐会饮因有戏呈三十韵》:“白纻颦歌黛,同蹄坠舞钗。”原注:“白纻、同蹄,皆乐人姓名。”

【同賢】 与贤者相同。姚合《望江峰》:“举世未能知,愚亦望同贤。”

【同學】 同师受业者。杜甫《自京赴奉先县咏怀五百字》:“取笑同学翁,浩歌弥激烈。”韩翃《赠别华阴道士》:“紫府先生旧同学,腰垂彤管贮灵药。”杜牧《书怀寄中朝往还》:“霄汉几多同学伴,可怜头角尽卿材。”贯休《送僧归南康》:“到乡同学辈,应到赣江迎。”

【同儕】 同辈。白居易《青冢》:“同侪倾宠幸,异类为配偶。”

【同謀】 ❶共谋,共同谋划。吴融《豫让》:“韩魏同谋反覆深,晋阳三板免成沉。”❷同时谋求。韩愈《驽骥》:“喟余独兴叹,才命不同谋。”

【同趨】 ❶同步而行。窦群《赠刘大兄院长》:“万年枝下昔同趋,三事行中半已无。”❷(—qù)旨趣相同。韩愈《北极赠李观》:“所尚苟同趋,贤愚岂异伦。”

【同聲】 ❶相同的声音。孟浩然《同张明府碧溪赠答》:“别业闻新制,同声和者多。”陆龟蒙《鹤媒歌》:“君不见荒陂野鹤陷良媒,同类同声真可畏。”❷思想意向相同。綦毋潜《送平判官入秦》:“同声愿执手,驿骑到门扉。”储光羲《酬李处士山中见赠》:“同声既求友,不肖亦怀贤。”❸指志同道合者。孟浩然《与崔二十一游镜湖寄包贺二公》:“沧浪醉后唱,因此寄同声。”又《送韩使君除洪州都曹》:“无才惭孺子,千里愧同声。”李白《赠僧崖公》:“江濆遇同声,道崖乃僧英。”刘得仁《送顾非熊作尉盱眙》:“天下虽云大,同声有几人。”

【同聲友】 志同道合的朋友。张说《同贺八送兖公赴荆州》:“畴昔同声友,骞飞出凤池。”

【同聲相求】 (相 xiāng)谓志同道合者互相吸引

聚合。萧颖士《江有归舟三章》序："彼以我为僻，尔以我为正。同声相求，尔后我先，安得而不问哉？"

【同器】 使用共同的器具。意谓共同生活。李益《杂曲》："同器不同荣，堂下即千里。"

【同濟】 同渡，共渡。殷尧藩《送白舍人渡江》："晓发龙江第一程，诸公同济似登瀛。"无名氏《采菱女》(外编下)："望浦思同济，轻舟喜共乘。"

【同瞻】 一同瞻仰。李撰《句》："共抑新侯伯，同瞻旧宰臣。"

【同歸】 一同返回。孟迟《宫人斜》："茂陵不是同归处，空寄香魂著野花。"

【同襟】 谓相同的心境。唐彦谦《夜坐示友》："山中亦可乐，不似此同襟。"

【同襟期】 相同的怀抱。杜甫《醉时歌》："日籴太仓五升米，时赴郑老同襟期。"

【同轍】 同道者。谓思想、行为一致，王建《荆南赠别李肇著作转韵诗》："孔门忝同辙，潘馆幸诸甥。"

【同類】 ❶同一类别。白居易《蔷薇花一丛独死不知其故因有是篇》："同类今齐茂，孤芳忽独萎。"李商隐《柳枝五首》之一："花房与蜜脾，蜂雄蛱蝶雌。同时不同类，那复更相思。"陆龟蒙《鹤媒歌》："裴回未忍过南塘，且应同声就同类。"❷特指同一类人。储光羲《牧童词》："同类相鼓舞，触物成讴吟。"岑参《佐郡思旧游》："同类皆先达，非才独后时。"

【同歡】 谓一同欢乐。亦用以指一同欢乐之人。李颀《圣善阁送裴迪入京》："清吟可愈疾，携手暂同欢。"朱湾《咏柏板》："既能亲掌握，愿得接同欢。"卢注《酒胡子》："同心相遇思同欢，擎出酒胡当玉盘。"

【同懷】 志趣相同。贾至《闲居秋怀寄阳翟陆赞府封丘高少府》："我有同怀友，各在天一方。"贾岛《戏赠友人》："依旧得清冷，书赠同怀人。"

吃 〔chī《广韵》居乞切，入迄，見。〕❶口吃，说话结巴。李商隐《骄儿诗》："或谑张飞胡，或笑邓艾吃。"赵嘏《降虏》："杨雄尚白相如吃，今日何人从猎归。"唐彦谦《汉嗣》："张良口辨周昌吃，同建储宫第一勋。"❷言语、行动迟缓。孟郊《送淡公》之十一："问师何苦去，感吃言语稀。"又《冬日》："冻马四蹄吃，陟卓难自收。"

吒 〔zhà《广韵》陟駕切，去禡，知。〕❶愤怒声。与"咤"通。详"叱咤"。❷通叱。元稹《田家词》："牛吒吒，田确确，旱块敲牛蹄趵趵。"

【吒叉】 叉手。杜牧《别家》："初岁娇儿未识爷，别爷不拜手吒叉。"

【吒沙】 晃动貌。陆龟蒙《吴俞儿舞歌·剑俞》："秋照海心同一色，纛影吒沙千影侧。"

向[1] 〔xiàng《广韵》許亮切，去漾，曉。〕❶朝向，对着。杜易简《湘州新曲二首》之一："二八相招携，采菱渡前溪。弱腕随桡起，纤腰向舸低。"李贺《始为奉礼忆昌谷山居》："向壁悬如意，当帘阅角巾。"白居易《闲坐》："闲坐槐阴下，开襟向晚风。"温庭筠《舞衣曲》："张家公子夜闻雨，夜向兰堂思楚舞。"❷方向，方面。孟郊《北郭贫居》："三年失意归，四向相识疏。"❸接近，靠近。王维《辋川闲居》："青菰临水拔，白鸟向山翻。"元结《喻旧部曲》："兵兴向十年，所见堪叹哭。"刘商《山中寄元二侍御二首》之一："桃李向秋雕落尽，一枝松色独青青。"李群玉《北亭》："荷花向尽秋光晚，零落残红绿沼中。"❹归向，敬仰。卢纶《题李沆林园》："闲看入竹路，自有向山心。"德宗《送徐州张建封还镇》："报国尔所向，恤人予是资。"白居易《刑部尚书致仕》："迷路心回因向佛，宦途事了是县车。"❺旧时，往昔。李颀《春送从叔游襄阳》："向用五经笥，今为千里行。"赵抟《琴歌》："向曾守贫贫不彻，贱价与人人不别。"❻到，至。李峤《凤》："屡向秦楼侧，频过洛水阳。"陆龟蒙《奉和袭美太湖诗二十首·缥缈峰》："他日向华阳，敲云问名氏。"李逢吉《送令狐秀才赴举》："子有雄文藻思繁，龆年射策向金门。"❼介词。(1)同，与。高适《淇上别业》："且向世情远，吾今聊自然。"白居易《老慵》："岂是交亲向我疏，老慵自爱闭门居。"(2)在，于。白居易《洛阳有愚叟》："闲将酒壶出，醉向人家歇。"张仲方《赋得竹箭有筠》："偏宜林表秀，多向岁寒见。"黄滔《奉酬翁文尧员外神泉之游见寄嘉什》："松竹迥寻青障寺，姓名题向白云楼。"(3)从，随。张籍《猛虎行》："谷中近窟有山村，长向村家取黄犊。"元稹《以州宅夸于乐天》："星河似向檐前落，鼓角惊从地底回。"(4)当。杜甫《入奏行赠西山检察使窦侍御》："绣衣春当霄汉立，彩服日向庭闱趋。"又《夜归》："傍见北斗向江底，仰看明星当空大。"顾况《送从兄使新罗》："梦向愁中积，魂当别处销。"白居易《题崔常侍济上别墅》："山色好当晴后见，泉声宜向醉中闻。"(5)以。许棠《成纪书事二首》之二："难问开元向前事，依稀犹认隗嚣宫。"皮日休《奉酬鲁望惜春见寄》："以前虽被愁将去，向后须教醉领来。"参见"向前""向后"。(6)往。李白《幽州胡马客歌》："双双掉鞭行，游猎向楼兰。"戴叔伦《蕲州行营作》："蕲水城西向北看，桃花落尽柳花残。"李频《寄范郎中》："相知从海峤，寄食向京华。"高骈《写怀二首》之一："却恨韩彭兴汉室，功成不向五湖游。"(7)对，对于。孟浩然《京还赠张维》："因向智者说，游鱼思旧潭。"刘长卿《杂咏八首上礼部李侍郎·幽琴》："向君投此曲，所贵知音难。"又《寄普门上人》："白云幽卧处，不向世人传。"李频《赠长城庾将军》："向国报恩心比石，辞天作镇气凌云。”❽副词。近，约略。表概数。王维《辋川别业》：“不到东山向一年，归来才及种春田。”秦系《献薛仆射》序：“系家于剡山，向盈一纪。”陈彦《和徐舍人九月十一日见寄》：“衡门寂寂逢迎少，不见仙郎向五旬。”❾连词。表假设。见“向非”“向若”。❿语气词，用于“怎奈”“如何”一类之语，以加强语气。王建《荆南赠别李肇著作转韵诗》：“争向巴山夜，猿声满碧云。”又《酬赵侍御》：“别来衣马从胜旧，争向边尘满白头。”白居易《题酒瓮呈梦得》：“若无清酒两三瓮，争向白须千万茎。”

向²〔xiàng《广韵》式亮切，去漾，書。〕姓。见“向₂秀”“向₂子”“向₂老”“向₂卿”。

【向人】 对人；与人。刘长卿《杂咏八首上礼部李侍郎·疲马》：“骧首北风夕，徘徊鸣向人。”元稹《襄阳为卢窦纪事》：“素书三卷留为赠，从向人间说向人。”白居易《和春深二十首》之十一：“林间箕踞坐，白眼向人斜。”又《三月晦日晚闻鸟声》：“晚来林鸟语殷勤，似惜风光说向人。”

【向下】 ❶底下。皮日休《女坟湖》：“万贵千奢已寂寥，可怜幽愤为谁娇。须知韩重相思骨，直在芙蓉向下消。”❷朝下。裴迪《青龙寺昙壁上人院集》：“自然成高致，向下看浮云。”

【向夕】 傍晚。宗楚客《奉和幸上阳宫侍宴应制》：“向夕回雕辇，佳气满岩泉。”戎昱《晚次荆江》：“向夕垂钓还，吾从落潮去。”白居易《首夏同诸校正游开元观因宿玩月》：“向夕天又晴，东南余霞披。”孟迟《怀郑洎》：“美人来不来，前山看向夕。”

【向₂子】 ❶指东汉向长，字子平。孟浩然《经七里滩》：“五岳追向子，三湘吊屈平。”皇甫冉《田家作》：“向子谙樵路，陶家置黍田。”❷指晋向秀。刘长卿《哭魏兼遂》：“沉舟悲向子，留剑赠徐君。”

【向₂子平】 东汉朝歌（今河南淇县）人。光武帝建武中，为子女毕婚娶后，遂不问家事，出游名山大川，不知所终。见《后汉书·逸民·向长传》。吴筠有《高士咏·向子平》。

【向₂子期】 即晋向秀。字子期。岑参《送严黄门拜御史大夫再镇蜀川兼觐省》：“副相韩安国，黄门向子期。”高适《奉酬睢阳路太守见赠之作》：“逸气刘公干，玄言向子期。”皎然《酬薛员外谊见戏一首》：“犹倚披沙鉴，长歌向子期。”

【向₂子赋】 指晋向秀为悼念亡友嵇康和吕安而作的《思旧赋》。宋之问《咏笛》：“行观向子赋，坐忆旧邻情。”参见“向秀”“向秀聞笛”。

【向₂子识损益】 东汉向长，性尚中和，好读《老子》和《易经》。尝潜隐于家，读《易》至《损》《益》两卦时，喟然叹曰：“吾已知富不如贫，贵不如贱，但未知死何如生耳！”见晋皇甫谧《高士传》卷中。杜甫《两当县吴十侍御江上宅》：“仲尼甘旅人，向子识损益。”

【向日】 朝着太阳。郭澹《东峰亭各赋一物得临轩桂》：“向日阴还合，从风叶乍翻。”杨嗣复《仪凤》：“向日朱光动，迎风翠羽新。”赵嘏《昔昔盐二十首·垂柳复金堤》：“因风飘玉户，向日映金堤。”谭用之《春日期巢湖旧事》：“不知多少开元事，露泣春丛向日低。”

【向月】 ❶对着月亮。恒超《辞郡守李公恩命》：“厌树遮山色，怜窗向月明。”❷随着月亮。白居易《和答诗十首·答桐花》：“夜色向月浅，暗香随风轻。”

【向化】 归化。许棠《送金吾侍御使日东》：“向化虽多国，如公有几人？”

【向公】 犹言为公。方干《送朱二十赴涟水》：“为政必能安楚老，向公犹可钓淮鱼。”

【向方】 归向正道。武元衡《冬日汉江南行将赴夏口途次江陵界寄裴尚书》：“向方曾指路，射策许言兵。”孟郊《石淙》之二：“久迷向方理，逮兹耸前踪。”

【向火】 烤火。拾得《诗》之二：“炉子边向火，镬子里澡浴。”李群玉《与三山人夜话》：“酒思弹琴夜，茶芳向火天。”

【向古人求】 用以作称颂人才难得之典，见《三国志·魏志·陈登传》。杜甫《相逢歌赠严二别驾》：“垂老遇君未恨晚，似君须向古人求。”

【向永】 刘向、谷永二合称。徐铉《咏梅子真送郭先辈》：“向永且不用，况复论子真。”

【向老】 接近老年。李德裕《瀑泉亭》：“向老多悲恨，凄然念一丘。”

【向年】 往年。杨巨源《重送胡大夫赴振武》：“向年擢桂儒生业，今日分茅圣主恩。”

【向非】 若非，假使不是。杜甫《惜别行送刘仆射判官》：“向非戎事备征伐，君肯辛苦越江湖。”权德舆《丰城剑池驿感题》：“向非张茂先，孰辨斗牛光。”陈去疾《赋得骐骥长鸣》：“向非逢伯乐，谁足见其长。”陆龟蒙《袭美先辈以龟蒙所献五百言既蒙见和再抒鄙怀用伸酬谢》：“向非笔削功，未必无瑕疵。”

【向事】 ❶往事。孟郊《送卢郎中汀》：“一生空吟诗，不觉成白头。向事每计较，与山实绸缪。”❷犹言对待事情。白居易《秋斋》：“阮籍谋身拙，嵇康向事慵。”

【向來】 ❶从来；以前。苏颋《春晚紫微省直寄内》：“直省清华接建章，向来无事日犹长。”王翰《飞燕篇》：“歌舞向来人不贵，一旦逢君感君意，君心见赏不见忘，姊妹双飞入紫房。”杜甫《江边星月二首》之一：“天河元自白，江浦向来澄。”张籍《逢故人》：“说尽向来无限事，相看摩捋白髭须。”吴融《丛祠》：“何必向来曾识面，拂尘看字也凄然。”❷近来。杜甫《李司马桥了承高使君自成都回》：“向来江上手纷纷，三日成功事出群。”又《解忧》：“向来云涛盘，众力亦不细。”唐彦谦《罗江驿》：“已是向来多泪眼，短亭回首在天涯。”❸适才，顿时。孟浩然《送从弟邕下第后寻会稽》：“向来共欢娱，日夕成楚越。”李白《梦游天姥吟留别》：“惟觉时之枕席，失向来之烟霞。”高适《秋胡行》：“闻说行人已归止，乃是向来赠金子。”岑参《雪后与群公过慈恩寺》：“归家如欲懒，俗虑向来销。”杜甫《谒先主庙》：“向来忧国泪，寂寞洒衣襟。”韩翃《酬程延秋即事见赠》：“向来吟秀句，不觉已鸣鸦。”

【向明】　天明。曹唐《小游仙诗九十八首》之八三：“石洞沙溪二十年，向明杭日夜朝天。”

【向₂秀】　（约221—约300）魏晋时文学家、哲学家。字子期，河内怀（今河南武陟县）人。“竹林七贤”之一。早年尝与嵇康一起打铁，又曾与吕安一起灌园，情谊深厚。嵇康被杀后，应征入洛，任散骑侍郎，转黄门侍郎、散骑常侍。好老庄之学，注《庄子》，未竟而卒。善为诗赋，其《思旧赋》，为悼念亡友嵇康、吕安而作，情辞沉痛，言简意深，全文仅一百五十六字。传载《晋书》卷四九。刘禹锡《乐天示过敦诗旧宅有感一篇因成继和以寄苦怀》：“向秀心中嗟栋宇，萧何身后散图书。”韦庄《鄠杜旧居二首》之一：“阮咸贫去田园尽，向秀归来父老稀。”参见“向₂秀闻笛”。

【向₂秀園】　《晋书·向秀传》：“（嵇）康善锻，秀为之佐，相对欣然，旁若无人。又共吕安灌园于山阳。”后因以作逸士高蹈之典。李郢《园居》：“暮雨扬雄宅，秋风向秀园。”参见“向₂秀”。

【向₂秀聞笛】　嵇康被诛，向秀过其宅，闻邻人笛声，感而作《思旧赋》。见《晋书·向秀传》。后成为朋友间珍重情义的典故。李端《长安书事寄卢纶》：“向秀初闻笛，钟期久罢琴。”薛能《京中客舍闻筝》：“当时向秀闻邻笛，不是离家岁月深。”李瀚《蒙求》：“向秀闻笛，伯牙绝弦。”

【向使】　假使。岑参《醉后戏与赵歌儿》：“向使逢着汉帝怜，董贤气咽不能语。”杜甫《九成宫》：“荒哉隋家帝，制此今颓朽。向使国不亡，焉为巨唐有。”元稹《梦上天》：“千慚万谢唤厌人，向使无君终不寤。”白居易《放言五首》之三：“向使当初身便死，一生真伪复谁知。”

【向昏】　接近天黑，黄昏。杜甫《茅屋为秋风所破歌》：“俄顷风定云墨色，秋天漠漠向昏黑。”

【向夜】　夜间。刘长卿《余干夜宴奉饯前苏州韦使君新除婺州作》：“行春五马急，向夜一猿深。”施肩吾《幼女词》：“向夜在堂前，学人拜新月。”

【向者】　❶从前。韩愈《杂诗》：“向者夸夺子，万坟压其巅。”❷刚才。梁宝《与赵神德互嘲》：“向者入门来，案后唯见一挺墨。”

【向南牧】　南下牧马。意即南下寇边。戎昱《塞下曲》之二：“黄河冰已合，意又向南牧。”

【向背】　（—bèi）❶正反。包融《登翅头山题俨公石壁》：“却瞻迷向背，直下失城市。”刘长卿《陪元侍御游支硎山寺》：“密竹藏晦明，群峰争向背。”白居易《新乐府·牡丹芳》：“红紫二色间深浅，向背万态随低昂。”徐光溥《题黄居寀秋山图》：“高低向背无遗势，重峦叠嶂何孱颜。”❷犹言四面八方。皇甫冉《奉和独孤中丞游法华寺》：“向背春光满，楼台古制全。”陆龟蒙《樵人十咏·樵风》：“向背得清飙，相追无近远。”杜荀鹤《隽阳道中》：“客路客路何悠悠，蝉声向背槐花愁。”❸谓顺从和违背。白居易《放鹰》：“取其向背性，制在饥饱时。”

【向是】　以前是，一向是。王维《投道一师兰若宿》：“向是云霞里，今成枕席前。”刘长卿《登扬州栖灵寺塔》：“向是沧洲人，已为青云客。”卢纶《与张擢对酌》：“曾看乐官录，向是悲翁曲。”

【向後】　后面；以后。皮日休《奉酬鲁望惜春见寄》：“以前虽被愁将去，向后须教醉领来。”白居易《十二月二十三日作兼呈晦叔》：“案头历日虽未尽，向后唯残六七行。”

【向風】　临风。于结《赋得生刍一束》：“向风倾弱叶，裛露示纤茎。”徐铉《酬郭先辈》：“及我窜群舒，向风心郁郁。”又《和陈表用员外求酒》：“珍重一壶酬绝唱，向风遥想醉吟声。”

【向前】　❶以前。王建《行宫词》：“向前天子行幸多，马蹄车辙山川遍。”贾岛《逢博陵故人彭兵曹》：“别后解餐蓬虆子，向前未识牡丹花。”许棠《成纪书事二首》之二：“难问开元向前事，依稀犹认隗嚣宫。”张安石《苦别》：“向前不信别离苦，而今自到别离处。”❷适才。白居易《琵琶引》：“凄凄不似向前声，满坐重闻皆掩泣。”

【向₂栩】　东汉人。字甫兴，向长之后。性卓诡不伦。读《老子》，状如学道。又似狂生，好披发著绛绡头。入仕后被谗见杀。见《后汉书·独行列传·向栩》。李端《杂歌》：“向栩非才徒隐灶，田文有命那关户。”

【向時】　❶往时。玄宗《巡省途次上党旧宫赋》序：“向时沉默，驾四马而朝京师；今日逍遥，乘六龙而问风俗。”❷当时。杜甫《八哀诗·故右仆射相国曲江张公九龄》：“向时礼数隔，制作难上请。”

【向晨】　黎明；凌晨。息夫牧《冬夜宴萧十丈因饯殷郭二子西上》序：“飞霜霭林，寒气总至。月落匝户，夜将向晨。”鲍溶《李夫人歌》：“宫漏丁丁夜向晨，烟消雾散愁方士。”

【向晦】　黄昏。刘禹锡《秋萤引》：“谁言向晦常自明，儿童走步娇女争。”李频《府试风雨闻鸡》：“向晦如相警，知时似独清。”

【向國】　对于国家。李频《赠长城庾将军》：“向国报恩心比石，辞天作镇气凌云。”

【向晚】　傍晚。李白《饯校书叔云》：“向晚竹林寂，无人空闭关。”王建《赠郭将军》：“向晚临阶看号簿，眼前风景任支分。”张籍《猛虎行》：“向晚一身当道食，山中麋鹿尽无声。”李玖《白衣叟喷玉泉感旧游书怀》：“树色川光向晚晴，旧曾游处事分明。”

【向陽】　朝着太阳。白居易《题王处士郊居》：“负郭田园八九顷，向阳茅屋两三间。”又《自咏老身示诸家属》：“支分闲事了，爬背向阳眠。”陆龟蒙《奉和袭美茶具十咏·茶坞》：“向阳就中密，背涧差还少。”皮日休《鲁望以躬掇野蔬兼示雅什因以酬谢》：“杖擿春烟暖向阳，烦君为我致盈筐。”

【向隅】　向着墙角。汉刘向《说苑·贵德》：“今有满堂饮酒者，有一人独索然向隅而泣，则一堂之人皆不乐矣。”后用以指孤独失意。王昌龄《素上人影塔》：“一坐看如故，千龄独向隅。”钱起《送褚大落第东归》：“离琴禅苦调，美人惨向隅。”权德舆《夜泊有怀》：“心想洞房夜，知君还向隅。”于武陵《长信宫二首》之二：“一失辇前恩，绮罗生暗尘。唯应深夜月，独伴向隅人。”

【向滄州】　指归隐。岑参《终南东溪口作》：“兴来从所适，还欲向沧洲。”

【向暝】　傍晚。戎昱《衡阳春日游僧院》：“阶雪凌春积，炉烟向暝深。”

【向暮】　❶傍晚。刘禹锡《飞鸢操》：“仙禽徒贵华亭露，朴遬危巢向暮时。”李德裕《西岭望鸣皋山》：“晨兴采薇蕨，向暮归蓬荜。”❷接近某一个时间的尽头。玄宗《麟德殿宴百僚》：“务闲春向暮，朝罢日犹长。”

【向曉】　拂晓。何仲宣《七夕赋咏成篇》：“通宵道意终无尽，向晓离愁已复多。”

【向雕陵】　雕陵为丘陵的名称。《庄子》寓言云，庄子游雕陵之粟园，见一异鹊，翼广七尺，欲弹射，又发现此鹊乘螳螂搏蝉而攫取了螳螂，因而顿悟见利忘害之失。见《庄子·山木》。李商隐《北禽》：“知来有乾鹊，何不向雕陵。”

【向$_2$寵】　（？—240）三国时蜀汉名将。襄阳宜城（今湖北宜城南）人。先主时为牙门将，建兴初封都亭侯。后主时，为中部督，典宿卫兵，迁中领军。延熙三年（240），率兵攻汉嘉郡的少数民族，被杀。性行淑均，晓畅军事。传在《三国志》卷四一。司马扎《美刘太保》：“藏名向宠节，辞疾去公务。”

【向$_2$瓚】　五代后蜀诗人。初事高祖孟知祥为行军司马，后累加仆射。以谑词著名，其《乘烟观蒋炼师》，状炼师之状，令人绝倒。《全唐诗》外编下录其《乘烟观蒋炼师》一首。

后　〔hòu《广韵》胡口切，上厚，匣。又胡遘切，去候，匣。〕❶古之天子和诸侯。袁朗《和洗掾登城南坂望京邑》：“我后膺灵命，爰求宅兹土。”王维《送秘书晁监还日本国》序：“舜觐群后，有苗不格。”顾况《严公钓台作》：“汉后虽则贵，子陵不知高。”李德裕《述梦诗四十韵》：“我后怜词客，吾僚并隽髦。”李商隐《昭肃皇帝挽歌辞三首》之一：“周王传叔父，汉后重神君。”❷皇帝之妻。《郊庙歌辞·昭德皇后庙乐章·肃和》：“后来思，福如云。”薛能《恭禧皇太后挽歌词三首》之二：“月落娥兼隐，宫空后岂还。”❸古代对长官、郡守或将领等的尊称。李峤《汾阴行》：“欢娱宴洽赐群后，家家复除户牛酒。”玄宗《千秋节赐群臣镜》：“分将赐群后，遇象见清心。”贯休《上孙使君》：“岂知吾后意，忧此毗陵最。”❹通“厚”。大，重。参见“后土❸”。

【后土】　❶土神。《郊庙歌辞·祭太社乐章·肃和》：“后土凝德，神功协契。”白居易《贺雨》：“皇天与后土，所感无不通。”陆龟蒙《添酒中六咏·酒池》：“后土亦沉醉，奸臣空浩歌。”❷指后土祠。李峤《汾阴行》：“君不见昔日西京全盛时，汾阴后土亲祭祠。”王晙《祭汾阴乐章·太和》：“太原刻颂，后土疏场。”苗晋卿《奉和圣制早登太行山中言志》：“仍亲后土祭，更理晋阳兵。”参见“后土祠”。❸指土地。杜甫《秋雨叹三首》之三：“秋日未曾见白日，泥污后土何时干？”又《送率府程录事还乡》：“东风吹春冰，泱莽后土湿。”陆龟蒙《奉和袭美古杉三十韵》：“已觉寒松伏，偏宜后土疲。”

【后土夫人】　指后土之神。罗隐《后土庙》：“九天玄女犹无圣，后土夫人岂有灵。”

【后土祠】　祭祀后土之祠庙，见《汉书·郊祀志》。李适有《汾阴后土祠作》。杨巨源有《清明日后土祠送田彻》。

【后妃】　皇后和嫔妃。刘叉《狂夫》：“不读《关雎》篇，安知后妃德。”薛逢《金城宫》：“云外笙歌岐薛醉，月中台榭后妃眠。”

【后邑】　诸侯城邑。于邵《释奠武成王乐章·奠币登歌》：“恢帝功，锡后邑。”

【后羿】　神话传说的神射手。传为夏有穷国君，善射而不顾政事，为其臣寒浞所杀。又传其曾射十日。妻为嫦娥，夫妻不睦，嫦娥飞奔于月宫。袁郊《月》：“嫦娥窃药出人间，藏在蟾宫不放还。后羿遍寻无觅处，谁知天上却容奸。”

【后羿寻】　古代神话，嫦娥服西王母不死药，奔月而成为月中仙子，其夫神射手后羿遍寻不获。见《淮南子·览冥训》和高诱注。袁郊《月》：“后羿遍寻无觅处，谁知天上却容奸。”

【后稷】　周族之始祖。名弃。传为其母姜原践巨人之迹怀孕而生。为儿时，屹如巨人之志。其游戏，好种树麻、菽，及成人，遂好耕农，为舜农官。封于邰，号后稷，别姓姬氏。见《史记·周本纪》。《郊庙歌辞·梁太庙乐舞辞·大合舞》：“后稷累德，公刘创基。”张说《唐享太庙乐章·光大舞》：“玄王贻绪，后稷谋孙。”白居易《新乐府·八骏图》：“周从后稷至文武，积德累功世勤苦。”周昙《咏史诗·三代门·后稷》：“人唯邦本本由农，旷古谁高后稷功。”

【后稷分地】　后稷为周之始祖，曾任尧之农官。传说后稷曾划分土地，教民务农。后因以作咏农事的典故。见《史记·周本纪》。王维《座上走笔赠薛璩慕容损》：“分地依后稷，用天信重黎。”

【后德】　君王之德。张九龄《南郊太尉酌献武舞作凯安之乐》：“馨香惟后德，明命光天保。”卢从愿《祭汾阴乐章》：“神歆禋祀，后德惟明。”

【后夔】　指传说中舜时乐官夔。潘存实《赋得玉声如乐》：“后夔如为听，从此振琮琤。”

合[1]　〔hé《广韵》侯閤切，入合，匣。〕❶闭，闭合。司空曙《拟百劳歌》：“双蒂芙蓉共开合，谁家稚女著罗裳。”李商隐《赠荷花》：“惟有绿荷红菡萏，卷舒开合任天真。”参见“合眼”。❷聚合，汇合。杜甫《客居》：“峡开四千里，水合数百源。”韦应物《大梁亭会李四栖梧作》：“车马平明合，城郭满埃尘。”李德裕《忆种苽时》：“径间芳草合，山静落花迟。”莫宣卿《百官乘月早朝听残漏》：“候晓车舆合，凌霜剑佩寒。”❸符合；相合。李峤《奉和幸三会寺应制》：“天文光圣草，宝思合真如。”韦应物《沣上精舍答赴氏外生伉》：“对榻遇清夜，献诗合雅音。”白居易《赠元稹》：“所合在方寸，心源无异端。”姚合《和李补阙曲江看莲花》：“谁计江南曲，风流合管弦。”崔仲容《句》：“妾心合君心，一似影随形。”亦表示和同，融洽。太宗《帝京篇十首》之八：“千钟合尧禹，百兽谐金石。”李白《门有车马客》：“廓落无所合，流离湘水滨。”司空曙《送人游岭南》：“逢迎人易合，时日酒能消。”贯休《长持经僧》：“头低草木，手合神鬼。”❹合拢，合到一起。高适《送郑侍御谪闽中》：“东路云山合，南天瘴疠和。”杜甫《高柟》：“落景阴犹合，微风韵可听。”司空曙《御制雨后出城观览敕朝臣已以属和》：“陇麦垂秋合，郊尘得雨清。”戎昱《塞下曲》之二：“黄河冰已合，意又向南牧。”李贺《北中寒》：“一方黑照三方紫，黄河冰合鱼龙死。”裴夷直《上下七盘二首》之一：“从此万重青嶂合，无因更得重回头。”❺匝，围绕。苏味道《单于川对雨二首》之二：“气合龙祠外，声过鲸海滨。”王昌龄《夏月花萼楼酺宴应制》：“雨随行幕合，月照舞罗空。”卢纶《同崔峒补阙慈恩寺避暑》：“寺凉高树合，卧石绿阴中。”徐夤《门外闲田数亩长有泉源因筑直堤分为两沼》：“前岸好山摇细浪，夹门嘉树合晴烟。”❻全，满。张说《奉和圣制爰因巡省途次旧居应制》：“丛觞祝尧寿，合鼎献汤厨。”参见“合堂”“合殿”。❼布满。崔颢《辽西作》：“四月春草合，辽阳春水生。”杜甫《送卢十四弟侍御护韦尚书灵榇归上都二十韵》：“万姓疮痍合，群凶嗜欲肥。”❽掩映；互相映衬。耿湋《夏日寄东溪隐者》：“日华浮野水，草色合遥空。”刘沧《句》：“海曙云浮日，江遥水合天。”于渍《古宴曲》：“雉扇合蓬莱，朝车回紫陌。”❾调和药剂。陈子昂《感遇诗三十八首》之三三：“金鼎合神丹，世人将见欺。”元稹《予病瘴乐天寄通中散碧腴垂云膏因有酬答》：“紫河变炼红霞散，翠液煎研碧玉英。金籍真人天上合，盐车病骥轭前惊。”卢仝《忆金鹅山沈山人二首》之一：“莫合九转大还丹，莫读三十六部大洞经。”❿盒子。卢纶《新茶咏寄上西川相公二十三舅大夫二十舅》：“贮之玉合才半饼，寄与阿连题数行。”王建《宫词一百首》之六七：“黄金合里盛红雪，重结香罗四出花。”王贞白《白牡丹》：“异香开玉合，轻粉泥银盘。”⓫应当；合适。拾得《诗》之四十：“此合上天堂，却沉归地狱。”高适《送田少府贬苍梧》：“丈夫穷达未可知，看君不合长数奇。”白居易《秦中吟·不致仕》：“年高须告老，名遂合退身。”杨牢《赠舍弟》：“袖里镆铘光似水，丈夫不合等闲休。”⓬介词。与，跟。李白《月夜江行寄崔员外宗之》：“月随碧山转，水合青天流。”杜荀鹤《投郑先辈》：“匣中长剑未酬恩，不遇男儿不合论。”

合[2]　〔qià〕通“洽”。和柔。《周礼·考工记·弓人》：“春液角则合。”郑玄注：“合，读为洽。”孙诒让正义：“洽者，和柔之意。”参见“合₂合₂”。

【合丹】　合成丹药。张说《端午三殿侍宴应制探得鱼字》：“合丹同蝘蜓，灰骨共蟾蜍。”王昌龄《河上老人歌》：“河上老人坐古槎，合丹只用青莲花。”岑参《成王挽歌》：“漫作琉璃碗，淮王误合丹。”

【合水县】　汉之北地郡归德县地。西魏为华池县地。唐武德六年(623)分合水置蟠交县，天宝元年(742)废，并入合水。五代周省入乐蟠县，今属甘肃。无名氏有《合水县玉泉石崖刻》(卷七八六)。

【合手】　合掌示敬。贯休《赠李祐道人》：“相逢先合手，浑似有前因。”

【合同】　言说话投机。寒山《诗三百三首》之四十:“独回上寒岩,无人话合同。”

【合竹】　竹符,竹分两片而相合以为信,故称。李贺《许公子郑姬歌》:“两马八蹄踏兰苑,情如合竹谁能见。”

【合₂合₂】　(—qià)❶协和貌。贯休《送郑使君》:“讴歌合合千门乐,鼙角雄雄一阁雷。”又《富贵曲二首》之一:“纨绮杂杂,钟鼓合合。”又《山呼万岁》:“隆隆如谷响,合合似雷鸣。”❷纷错貌。贯休《长安道》:“憧憧合合,八表一辙。黄尘雾合,车马火热。”

【合衣】　和衣,穿着衣裳。王建《织锦曲》:“合衣卧时参没后,停灯起在鸡鸣前。”元稹《合衣寝》:“良夕背灯坐,方成合衣寝。”

【合並】　❶合而为一,彼此一致。清昼《还丹可成诗联句》:“吾心苟无妄,神理期合并。”❷谓相聚。姚合《寄杨茂卿校书》:“所悲道路长,亲爱难合并。”

【合州】　隋涪陵郡。唐武德元年(618),改为合州,领石镜、汉初、赤水三县。武德三年,又置新明县。天宝元年(742),改为巴川郡。乾元元年(758),复为合州。治所在今四川彭水县。杜甫有《短歌行送祁录事旧合州因寄苏使君》。贯休有《春送赵文观送故合州座主神榇归洛》。

【合江亭】　亭名。在唐衡州(治所在今湖南衡阳市)。韩愈有《合江亭》。

【合抱】　两手相接而抱,合围。白居易《杏园中枣树》:“眼看欲合抱,得尽生生理。”汤悦《鼎臣学士感旧伤怀发于吟咏惠然好我不能无言辄次来韵攀和》:“忆见萌芽日,还怜合抱时。”

【合岸】　犹两岸。陈子昂《宿襄河驿浦》:“结缆宿南洲,合岸昏初夕。”

【合沓】　(—tà)❶聚合;重叠。李白《鸣皋歌送岑征君》:“霜厓缟皓以合沓兮,若长风扇海涌沧溟之波涛。”杜甫《复阴》:“方冬合沓玄阴塞,昨日晚晴今日黑。”韩愈《此日足可惜赠张籍》:“惊波暗合沓,星宿争翻芒。”皎然《白云歌寄陆中丞使君长源》:“从龙合沓临清暑,就日逶迤绕露寒。”❷高峻貌。沈佺期《巫山高二首》之一:“巫山峰十二,合沓隐昭回。”储光羲《登秦岭作时陷贼归国》:“林木被繁霜,合沓连山红。”李白《当涂赵炎少府粉图山水歌》:“东厓合沓蔽轻雾,深林杂树空芊绵。”亦用以指高空。皎然《和杨明府早秋游法华寺》:“碧峰委合沓,香蔓垂蒙芩。”❸连绵不断;相继。萧颖士《蒙山作》:“东蒙镇海沂,合沓余百里。”杜甫《遣怀》:“乱离朋友尽,合沓岁月徂。”顾况《酬信州刘侍郎兄》:“鸟陵嶂合沓,月配波徘徊。”李德裕《二猿》:“钓濑水连漪,富春山合沓。”

【合和】　(—huò)谓几种物质按比例掺和。白居易《病中逢秋招客夜酌》:“合和新药草,寻检旧方书。”

【合制】　合乎制度。裴度《中和节诏赐公卿尺》:“短长思合制,远近贵攸同。”

【合肥】　地名。汉县,属九江郡。旧县在北。夏水出城父东南,至此与肥水合,故称。梁置合州,隋初为庐江郡,皆治此县。唐属淮南道。故城在今安徽合肥市北。刘商有《合肥至日愁中寄郑明府》。孙元晏《咏史诗·晋·谢玄》:“百万兵来逼合肥,谢玄为将统雄师。”

【合昏】　❶植物名,即合欢。亦名夜合花,朝开夜合。杜甫《佳人》:“合昏尚知时,鸳鸯不独宿。”元稹《感小株夜合》:“伤心落残叶,犹识合昏期。”参见“合欢”。❷黄昏。杜甫《往在》:“合昏排铁骑,清旭散锦䍦。”

【合宜】　合度,合适。韩愈《奉和杜相公上李相公十六韵》:“从容进退间,无一不合宜。”姚合《题凤翔西郭新亭》:“结构方殊绝,高低更合宜。”贯休《送友人及第后归台州》:“得桂为边辟,翩翩颇合宜。”

【合祔】　犹合葬。顾况有《鄜公合祔挽歌》。

【合弦】　合乎节拍。张籍《和左司元郎中秋居十首》之五:“书客多呈帖,琴僧与合弦。”

【合卺】　谓夫妇成婚。《礼记·昏义》:“妇至,婿揖妇以入,共牢而食,合卺而酳,所以合礼,同尊卑,以亲之也。”孔颖达疏:“卺谓半瓢,以一瓢分为两瓢谓之卺,婿之与妇各执一片以酳,故云合卺而酳。”权德舆《县君赴兴庆宫朝贺载之奉行册礼因书即事》:“合卺交欢二十年,今朝比翼共朝天。”

【合奏】　几种乐器同时演奏。汤悦《鼎臣学士侍郎楚金舍人以再伤庭梅诗同垂宠和因成四十字陈谢》:“连华得琼玖,合奏发埙篪。”

【合契】　相互契合。包佶《祀雨师乐章·奠币登歌》:“惟乐能感,与神合契。”

【合計】　共同谋划。李绅《却到浙西》序:“是岁,王璠不奏饥旱,反怒邻境所救,以为卖己,遂与王涯合计诬构。”

【合浦】　汉代郡名。武帝元鼎六年(前111)置,郡治在徐闻(今广西合浦县)。为著名的产珠区。张说《卢巴驿闻张御史张判官欲到不得待留赠之》:“旧庭知玉树,合浦识珠胎。”钱起《送韦信爱子归觐》:“借问还珠盈合浦,何如鲤也入庭闱。”李贺《感讽五首》之一:“合浦无明珠,龙州无木奴。”薛涛《咏八十一颗》:“色比丹霞朝日,形如合浦篔筜。”参见“合浦還珠”。

【合浦珠】　合浦郡所产之珍珠。杨衡《送王秀才往安南》:“无贪合浦珠,念守江陵橘。”参见“合浦珠還”。

【合蒲珠還】　《后汉书·孟尝传》:“迁合浦太守。郡不产谷实,而海出珠宝。与交趾比境,常通商贩,贸籴粮食。先时宰守并多贪秽，诡人采求，不知纪极。珠遂渐徙于交趾郡界，于是行旅不至，人物无资，贫者饿死于道。尝到官，革易前敝，求民病利。曾未逾岁，去珠复还，百姓皆反其业，商货流通，称为神明。”后用作人去复归或物回原主之典。李峤《珠》：“昆池明月满，合浦夜光回。”王维《送邢桂州》：“明珠归合浦，应逐使臣星。”独孤绶《投珠于泉》：“不是灵蛇吐，非缘合浦还。”

【合流】　汇合流动。吕牧《泾渭扬清浊》：“合流知禹力，同共到沧瀛。”张祜《题南陵隐静寺》：“合流厨下水，对耸殿前山。”

【合陣】　❶结合成阵。胡皓《大漠行》：“科斗连营太原道，鱼丽合阵武威川。”❷对阵。李昂《从军行》：“玄漠云平初合阵，西山月出闻鸣镝。”

【合堂】　集于一堂。柳宗元《弘农公以硕德伟材屈于诬枉谨献诗五十韵以毕微志》：“故友仍同里，常僚每合堂。”

【合眼】　闭起眼睛。王建《秋夜曲二首》之一：“香囊火死香气少，向帷合眼何时晓。”白居易《听歌》：“管妙弦清歌入云，老人合眼醉醺醺。”罗隐《酬丘光庭》：“道殷合眼拜九列，张濬掉舌升三台。”

【合符】　古以竹木或金石为符，书文字其上，剖而为二，各执其一，合之以为证。后称事之彼此相合为符合或合符。李程《观庆云图》：“欲识从龙外，今逢圣合符。”卢仝《观放鱼歌》：“故仁人用心，刺史尽合符。”温庭筠《病中书怀呈友人》：“处己将营窟，论心若合符。”

【合婚】　合卺成婚。张云容有《与薛昭合婚诗》。

【合陰】　交会成荫。武元衡《送魏正则擢第归江陵》：“商山路接玉山深，古木苍然尽合阴。”

【合雅】　❶与雅乐相合。陆贽《晓过南宫闻太常清乐》：“合雅将移俗，同和自感情。”❷合乎大雅之道。权德舆《送陆拾遗祗召赴行在》：“歌诗能合雅，献纳每论经。”

【合掌】　佛教礼仪之一。两掌相合以表敬意。两掌十指，故亦称合十。独孤及《题思禅寺上方》：“攀云到金界，合掌开禅扃。”刘禹锡《重送鸿举师赴江陵谒马逢侍御》：“茂陵才子江陵住，乞取新诗合掌看。”雍陶《安国寺赠广宣上人》：“今来合掌听师语，一似敲冰清耳根。”

【合圍】　❶四面包围。袁瓘《鸿门行》：“胡马秋正肥，相邀夜合围。”崔颢《古游侠呈军中诸将》：“仗剑出门去，孤城逢合围。”杜甫《冬狩行》：“夜发猛士三千人，清晨合围步骤同。”温庭筠《雉场歌》：“彩仗锵锵已合围，绣翎白颈遥相妒。”❷合抱。白居易《寓意诗五首》之五：“婆娑园中树，根株大合围。”薛逢《题上皇观》：“当时丹凤衔书处，老柏苍苍已合围。”薛能《留题汾上旧居》：“尘颜不见应消落，庭树曾栽已合围。”

【合道】　符合道义。李中《献乔侍郎》：“卷舒唯合道，喜愠不劳神。”杜荀鹤《自述》：“用心常合道，出语或伤时。”

【合繻】　验证帛符。繻，汉代出入关隘的帛制凭证。元稹《奉和权相公行次临阙驿逢郑仆射相公归朝俄顷分途因以奉赠诗十四韵》：“栈阁才倾盖，关门已合繻。”

【合葬】　将后死者祔于前死者之圹。崔融《则天皇后挽歌二首》之二：“前殿临朝罢，长陵合葬归。”

【合會】　聚集；聚合。张聿《剑化为龙》：“沉埋方出狱，合会却成龙。”

【合飲】　聚饮，共饭。李贺《申胡子觱篥歌》序：“今年四月，吾与对舍于长安崇义里，遂将衣质酒，命予合饮。”

【合殿】　全殿。卢照邻《昭君怨》：“合殿恩中绝，交河使渐稀。”杜甫《紫宸殿退朝口号》：“香飘合殿春风转，花覆千官淑景移。”

【合聚】　汇集。白居易《青毡帐二十韵》：“合聚千羊毳，施张百子卷。”

【合酺】　天子赐臣民大会饮曰“合酺”。唐有此举。张说《东都酺宴四首》之一：“忘味因观乐，欢心寄合酺。”

【合舞】　同舞，一起舞蹈。苏颋《恩制尚书省僚宴昆明池同用尧字》：“饱恩皆醉止，合舞共歌尧。”

【合影】　谓阴影重叠。吴融《僧舍白牡丹二首》之二：“合影只应天际月，分香多是畹中兰。”

【合儀】　符合礼仪。王建《朝天词十首寄上魏博田侍中》：“私从班里来长跪，捧上金杯便合仪。”

【合德】　谓以德相合。张说《舞马词》之五：“二圣先天合德，群灵率土可封。”

【合樂】　（—yuè）谓各种音乐合奏。李舒《德明兴圣庙乐章·兴圣酌献》：“闷宫静谧，合乐周张。”郑嵎《津阳门诗》：“花萼楼南大合乐，八音九奏鸾来仪。”吴融《闻李翰林游池上有寄》：“四面看人随画鹢，中流合乐起眠鸥。”吕炅《贡举人谒先师闻雅乐》：“闻歌音乍远，合乐和还迟。”

【合穎禾】　一茎两穗之禾苗。吕温《道州观野火》：“遍生合颖禾，大秀两岐麦。”

【合環】　周围。杜牧《感怀诗一首》：“合环千里疆，争为一家事。”

【合聲】　❶和声；和鸣。太宗《月晦》：“笑树花分色，啼枝鸟合声。”❷犹齐声。白居易《对酒吟》：“合声歌汉月，齐手拍吴歈。”

【合雜】　聚合；混杂，杨敬述《奉和圣制夏日游石淙山》："远近风泉俱合杂，高低云石共参差。"元稹《代曲江老人百韵》："万方来合杂，五色瑞轮囷。"吉皎《七老会诗》："宁用管弦来合杂，自亲松竹且清虚。"

【合璧】 两个半璧合成一个圆形，称之为合璧。亦用以喻帝后合葬。权德舆《大行皇太后挽歌词三首》之一："从龙开隧路，合璧向方中。"

【合藥】 调和药物。王建《赠阎少保》："侍女常时教合药，亦闻私地学求仙。"皮日休《新秋言怀寄鲁望三十韵》："合药还慵服，为文亦懒抄。"

【合韻】 合乎韵律。杨衡《夷陵郡内叙别》："同声若鼓瑟，合韵似鸣琴。"

【合譟】 一齐鼓噪。李贺《申胡子觱篥歌》序："歌成，左右人合噪相唱。"

【合歡】 ❶植物名。豆科，落叶乔木。叶似槐，至晚则合。故亦称合昏、夜合花。古人常以赠人，认为可消怨合好；又用作夫妇和悦的象征。薛奇童《楚宫词二首》之一："禁苑春风起，流莺绕合欢。"司空曙《长林令卫象饧丝结歌》："仰坼重衣倾万蕊，又如合欢交乱枝。"王建《赠离曲》："合欢叶堕梧桐秋，鸳鸯背飞水分流。"❷同和悦。多指夫妻情爱，并多用于夫妻共用之物。李峤《扇》："同心如可赠，持表合欢情。"韦应物《长安道》："中有流苏合欢之宝帐，一百二十凤皇罗列含明珠。"参见"合歡杯""合歡被""合歡帶"。

【合歡枝】 一干两枝并出。卢照邻《望宅中树有所思》："上舞双栖鸟，中秀合欢枝。"许景先《折柳篇》："荣花始遍合欢枝，游丝半罥相思树。"李商隐《相思》："相思树上合欢枝，紫凤青鸾共羽仪。"

【合歡杯】 新婚时夫妻共饮的酒杯，象征合欢偕老。沈佺期《寿阳王花烛》："莫令银箭晓，为尽合欢杯。"施肩吾《夜起来》："香销连理带，尘覆合欢杯。"黄滔《催妆》："烟树迥垂连蒂杏，彩童交捧合欢杯。"

【合歡床】 双人床；新婚之床。关盼盼《燕子楼三首》之一："楼上残灯伴晓霜，独眠人起合欢床。"

【合歡桃核】 （核 hú）一桃两核。温庭筠《南歌子词二首》之一："合欢桃核终堪恨，里许元来别有人。"皇甫松《竹枝》词之四："筵中蜡烛泪珠红，合欢桃核两人同。"

【合歡宮】 汉宫名。在长安。借指唐宫。阎朝隐《鹦鹉猫儿篇》："嘉喜堂前景福内，合欢殿上明光里。"王昌龄《萧驸马宅花烛》："青鸾飞入合欢宫，紫凤衔花出禁中。"

【合歡扇】 团扇。上有对称图案花纹，象征男女欢会之意。刘方平《班婕妤》："惟当合欢扇，从此箧中藏。"权德舆《放歌行》："迎杯乍举石榴裙，匀粉时交合欢扇。"杨巨源《独不见》："竞理同心鬟，争持合欢扇。"

【合歡被】 夫妻合睡的联幅大被。李端《王敬伯歌》："遂出合欢被，同为交颈禽。"温庭筠《织锦词》："为君裁破合欢被，星斗迢迢共千里。"亦泛指一般的大被。白居易《庾顺之以紫霞绮远赠以诗答之》："不如缝作合欢被，寤寐相思如对君。"

【合歡帶】 象征夫妻和合的带子。汪遵《白头吟》："失却青丝素发生，合欢罗带意全轻。"阎德隐《薛王花烛行》："合欢锦带蒲萄花，连理香裙石榴色。"

【合歡堂】 堂名。在华清宫内。唐玄宗时，为虢国夫人所建，价费万金。郑嵎《津阳门诗》："八姨新起合欢堂，翔鹍贺燕无由窥。"

【合歡榻】 夫妻合睡之床。元稹《张旧蚊帱》："施张合欢榻，展卷双鸳翼。"

【合歡連花】 并蒂双葩莲花，传为舜之二妃魂魄所幻。韦庄有《合欢莲花》。

【合歡蕊】 并蒂花蕊。元稹《遣兴十首》之四："中有合欢蕊，池枯难遽呈。"

【合體】 合为一体，关系密切。张子容《赠司勋萧郎中》："君臣道合体，父子贵同时。"

【合蠹】 谓蠹虫汇聚。元结《演兴四首·讼木魅》："见榛梗之森梢，闵枞橘兮合蠹。"

名 〔míng《广韵》武并切，平清，明。〕❶事物的名称。杨师道《咏琴》："久擅龙门质，孤竦峄阳名。"白居易《出府归吾庐》："但有富贵名，而无富贵实。"陈乘《游九鲤湖》："却怜饶药物，欲辨不知名。"❷人的名字；姓名。韦应物《送李侍御益赴幽州幕》："辟书五府至，名为四海闻。"白居易《杂兴三首》之一："有一愚夫人，其名曰樊姬。"杜牧《池州李使君没后十一日处州新命始到感而成诗》："多少四年遗爱事，乡闾生子李为名。"❸叫作，称之为。李峤《立春日侍宴内殿出剪彩花应制》："不与时光竞，何名天上人。"元稹《代杭人作使君一朝去二首》之一："自此一州人，生男尽名白。"宣宗《吊白居易》："浮云不系名居易，造化无为字乐天。"唐求《题友人寓居》："缭绕城边山是蜀，弯环门外水名巴。"❹名誉；名声。孙逖《故程将军妻南阳郡夫人樊氏挽歌》："德配程休甫，名高鲁季姜。"严维《赠送崔子向》："旅食来江上，求名赴洛阳。"白居易《初授秘监拜赐金紫闲吟小酌偶写所怀》："酒引眼前兴，诗留身后名。"孙元晏《咏史诗·陈·王僧辨》："彼此英雄各有名，石头高卧拟争衡。"❺著名，有名。见"名人""名士""名倡""名畫"。❻表述；称说。王翰《奉和圣制同二相已下群官乐游园宴》："空惭尧舜日，至德杳难名。"杜甫《太子张舍人遗织成褥段》："逶迤罗水族，琐细不足名。"元结《窊尊诗》："窊石堪为樽，状类不可名。"赵抟《琴歌》："乃知凡俗难可名，轻者却重重者轻。"❼功业；功名。岑参《与独孤渐道别长句兼呈严八侍御》："怜君白面一书生，读书千卷未成名。"李端《送诸暨裴少府》:"事去恩犹在,名成泪却流。"韩愈《赠徐州族侄》:"一名虽云就,片禄不足充。"❽名分。孟郊《吊元鲁山》之一:"食名皆霸官,食力皆尧农。"❾借口。刘长卿《至德三年五十韵》:"食参将可待,诛错辄为名。"

【名人】 有名望之人。罗隐《酬寄右司李员外》:"左省望高推健笔,右曹官重得名人。"

【名士】 ❶指名望高而不仕之人。李峤《琴》:"名士竹林隈,鸣琴宝匣开。"❷知名之士。杜甫《陪李北海宴历下亭》:"海内此亭古,济南名士多。"卢纶《秋夜宴集陈羽郎中圃亭美校书郎张正元归乡》:"硕儒欢颇至,名士礼能周。"李中《献乔侍御》:"格论思名士,舆情渴直臣。"贯休《闻知己入翰林》:"吾交二名士,遽立于帝左。"

【名下】 谓盛名之下。段成式、张希复《中禅师影堂联句》:"名下固无虚,敖曹貌严毅。"参见"名下士"。

【名下士】 有盛名之士。韩翃《送郑员外》:"孺子亦知名下士,乐人争唱卷中诗。"

【名山】 ❶有名之山。储光羲《田家杂兴八首》之四:"时来农事隙,采药游名山。"李白《金陵江上遇蓬池隐者》:"心爱名山游,身随名山远。"贾岛《寄无可上人》:"名山思遍往,早晚到嵩丘。"王周《西塞山二首》之一:"西塞名山立翠屏,浓岚横入半江青。"❷县名。汉青衣县,东汉改曰汉嘉,晋废。西魏置蒙山县,隋改曰名山。唐属剑南道雅州下都督府。今属四川。蒋贻恭《住名山日陈情上府主高太保》:"名山主簿实堪愁,难咬他家大骨头。"

【名王】 指少数民族诸王中有大名封土广者。杨师道《咏马》:"徒令汉将连年去,宛城今已献名王。"杜甫《前出塞九首》之七:"虏其名王归,系颈授辕门。"张籍《塞下曲》:"乌孙国乱多降胡,诏使名王持汉节。"崔铉《进宣宗收复河湟诗》:"右地名王争解辫,远方戎垒尽投戈。"

【名不移】 谓英名不朽。高适《赠任华》:"君不见管仲与鲍叔,至今留名名不移。"

【名公】 知名人士。李白《当涂赵炎少府粉图山水歌》:"名公绎思挥彩笔,驱山走海置眼前。"杜甫《八哀诗·故著作郎贬台州司户荥阳郑公虔》:"荥阳冠众儒,早闻名公赏。"皎然《酬秦山人赠别二首》之一:"姓被名公题旧里,诗将丽句号新亭。"权德舆《奉酬从兄南仲见示十九韵》:"圣朝辟四门,发迹贵名公。"

【名氏】 姓名。陆龟蒙《丁隐君歌》:"叩头且莫变名氏,即日更寻丁隐君。"又《奉和袭美太湖诗二十首·缥缈峰》:"他日向华阳,敲云问名氏。"

【名方】 谓有名的药方。陆龟蒙《奉和袭美新秋言怀三十韵次韵》:"好梦经年说,名方著处抄。"

【名世】 闻名于当世。皎然《劳山居寄呈吴处士》:"官居鼎鼐古今无,名世才臣独一余。"

【名目】 名称;名义。白居易《紫薇花》:"紫薇花对紫微翁,名目虽同貌不同。"刘沧《看榜日》:"禁漏初停兰省开,列仙名目上清来。"灵一《远公》:"禅经初纂定,佛语新名目。"孙鲂《题金山寺》:"万古波心寺,金山名目新。"

【名行】 (—xíng)名誉和行为。刘长卿《送孔巢父赴河南军》:"共许陈琳工奏记,知君名行未蹉跎。"

【名字】 ❶古代贵族始生有名,二十岁成人行冠礼加字,合称名字。后来在字之外,又有号,合称名号。自称用名,对别人为表示礼敬,用字或号相称。后多泛指姓名。李端《妾薄命》:"容颜南国重,名字北方闻。"周匡物《及第谣》:"风吹金榜落凡世,三十三人名字香。"罗虬《比红儿诗》之五五:"苏小空匀一面妆,便留名字在钱塘。"丁元和《诗》:"九重天子人中贵,五等诸侯阃外尊。争似布衣云水客,不将名字挂乾坤。"❷物之名称。陆龟蒙《早行》:"纵使碧虚无限好,客星名字也愁人。"又《奉和袭美赠魏处士五贶诗·乌龙养和》:"养和名字好,偏寄道情深。"罗邺《鸳鸯》:"一种鸟怜名字好,尽缘人恨别离来。"无则《百舌鸟二首》之二:"长截邻鸡叫五更,数般名字百般声。"❸名声。王建《题元郎中新宅》:"唯有好诗名字出,倍教年少损心神。"姚合《寄旧山隐者》:"以此名字低,不如风中尘。"曹邺《成名后献恩门》:"名字如鸟飞,数日便到越。"唐彦谦《宿赵嵲别业》:"摧藏名字在,疏率馔殽真。"

【名臣】 著名的贤臣。李颀《行路难》:"汉家名臣杨德祖,四代五公享茅土。"李商隐《送从翁东川弘农尚书幕》:"献书秦逐客,间谍汉名臣。"许棠《讲德陈情上淮南李仆射八首》之四:"帝念淮壖疫疹顽,牢笼山海委名臣。"刘斌《和许给事伤牛尚书》:"名臣不世出,百工之所求。"

【名利】 名位和利禄,名声与利益。寒山《诗三百三首》之一九六:"心神用尽为名利,百种贪婪进己躯。"高适《送郭处士往莱芜兼寄苟山人》:"身上未曾染名利,口中犹未知膻腥。"李商隐《和刘评事永乐闲居见寄》:"自探典籍忘名利,欹枕时惊落蠹鱼。"罗邺《偶题离亭》:"万般名利不关身,况待山平海变尘。"

【名利人】 为名利奔走之人。孟郊《感别送从叔校书简再登科东归》:"下有名利人,一人千万心。"又《送柳淳》:"世上名利人,相逢不知老。"韦蟾《题僧壁》:"剃头未必知心法,要且闲于名利人。"

【名利心】 争名夺利之心。韦应物《答故人见谕》:"素寡名利心,自非周圆器。"李群玉《饭僧》:"云泛名利心,风轻是非齿。"

【名利地】 人们奔走名利的地方。白居易《首夏同诸校正游开元观因宿玩月》:“长安名利地,此兴几人知。”于武陵《东门路》:“从来名利地,皆起是非心。”

【名利交】 以名利为基础的庸俗交情。王建《求友》:“遂作名利交,四海争奔驰。”

【名利客】 为名利奔走之人。崔颢《行经华阴》:“借问路傍名利客,无如此处学长生。”白居易《高仆射》:“遑遑名利客,白首千百辈。”殷尧藩《寄许浑秀才》:“任他名利客,车马闹康庄。”

【名利途】 义同“名利路”。王建《山中寄及第故人》:“始终名利途,慎勿罹咎殃。”权德舆《侍从游后湖宴坐》:“以兹心目畅,敌彼名利途。”陆龟蒙《樵人十咏·樵径》:“不似名利途,相期覆车辙。”

【名利場】 义同“名利地”。白居易《常乐里闲居偶题十六韵》:“帝都名利场,鸡鸣无安居。”王周《赠怤师》:“顾此名利场,得不惭冠绥。”

【名利路】 通向名利之路。崔涂《灞上》:“长安名利路,役役古由今。”王贞白《商山》:“商山名利路,夜亦有人行。”

【名位】 官职与品位;名誉与地位。王珪《咏淮阴侯》:“道契君臣合,时来名位彰。”戎昱《感春》:“名位未沾身欲老,诗书宁救跟前贫?”元稹《酬乐天东南行诗一百韵》:“士元名位屈,伯道子孙无。”陆龟蒙《奉和袭美初夏游楞伽精舍次韵》:“宣尼名位达,未必《春秋》作。”

【名言】 ❶高妙的言论。王昌龄《题僧房》:“彼此名言绝,空中闻异香。”王贞白《忆张处士》:“古乐知音少,名言与俗违。”❷明白说出。白居易《春眠》:“至适无梦想,大和难名言。”

【名花】 名贵的花。李白《清平调》之三:“名花倾国两相欢,常得君王带笑看。”方干《题盛令新亭》:“偶尝嘉果求枝去,因问名花寄种来。”

【名刺】 即名片。古代无纸时,削竹木写上自己的名字,拜访通名时用。西汉时称谒,东汉时称刺。后虽用纸,仍相沿叫刺或名刺。元稹《重酬乐天》:“最笑近来黄叔度,自投名刺占陂湖。”

【名垂萬古】 谓名声长久流传。杜甫《醉时歌》:“德尊一代常轗轲,名垂万古知何用。”

【名岳】 亦作“名嶽”。有名的山岳。李德裕《思归赤松村呈松阳子》:“禽庆潜名岳,鸱夷漾钓舟。”孔德绍《登白马山护明寺》:“名岳标形胜,危峰远郁纡。”无名氏《华山庆云观》(卷七八七):“圣主祠名岳,高风发庆云。”

【名法】 指名家和法家。陆龟蒙《袭美先辈以龟蒙所献五百言再抒鄙怀用伸酬谢》:“名法在深刻,虚玄至希夷。”

【名姓】 名和姓,姓名。刘禹锡《和董庶中古散调词赠尹果毅》:“贵臣上战功,名姓随意移。”殷尧藩《赠龙阳尉马戴》:“向来名姓茂,空被外情牵。”赵嘏《经无锡县醉后吟》:“客过无名姓,扁舟系柳阴。”杨夔《寻九华王山人》:“卧云情自逸,名姓厌人知。”

【名相】 (—xiàng)❶有名的宰相。韦庄《赠峨嵋山弹琴李处士》:“名卿名相尽知音,遇酒遇琴无间隔。”❷佛家语。耳可闻者曰名,眼可见者曰相。德宗《七月十五日题章敬寺》:“名相既双寂,繁华奚所荣。”

【名品】 ❶名声品格。李商隐《樱桃答》:“众果莫相诮,天生名品高。”陆龟蒙《自遣诗三十首》之二四:“稚子不知名品上,恐随春草斗输赢。”❷名贵之物。张祜《题陆墉金沙洞居》:“莫道遗名品,尝闻入洛初。”张贲《以青饳饭分送袭美鲁望因成一绝》:“谁屑琼瑶事青饳,旧传名品出华阳。”

【名香】 有名的薰香。王维《奉和圣制十五夜然灯继以酺宴应制》:“九衢陈广乐,百福透名香。”

【名科】 谓科举考试。韩愈《示爽》:“名科掩众俊,州考居吏前。”姚鹄《虢州献杨抑卿二首》之一:“名科累中求贤日,苦节高标守郡时。”

【名津】 著名的渡口。秦韬玉《寄怀》:“会致名津搜儁彦,是张愁网绊英雄。”

【名郎】 指知名的郎官。郑谷《春夕伴同年礼部赵员外省直》:“锦帐名郎重锦科,清宵寓直纵吟哦。”

【名姝】 著名的美女。李白《于阗采花》:“乃知汉地多名姝,胡中无花可方比。”裴度《句》序:“君若有心求逸足,我还留意在名姝。”

【名埃】 谓名声如尘埃,对名声的蔑称。贯休《偶作二首》之二:“门前数枝路,路路车马鸣。名埃与利尘,千里万里行。”

【名秩】 名位和官阶。韦应物《晚归沣川》:“名秩斯逾分,廉退愧不全。”韩愈《题张十八所居》:“名秩后千品,诗文齐六经。”

【名倡】 有名的倡优。无名氏《明月湖醉后蔷薇花歌》(卷七八五):“笙歌日日征教坊,倾国名倡尽佳丽。”

【名卿】 有名的公卿。刘长卿《瓜洲驿奉饯张侍御公侍御先在淮南幕府》:“月罢名卿署,星悬上将坛。”元稹《代曲江老人百韵》:“名卿唯讲德,命士耻忧贫。”皮日休《送董少卿游茅山》:“名卿风度足杓斜,一舸闲寻二许家。”韦庄《赠峨嵋山弹琴李处士》:“名卿名相尽知音,遇酒遇琴无间隔。”

【名高藝绝】 名声大,技艺精湛。皎然《薛卿教长行歌》:“名高艺绝何翩翩,几回决胜君王前。”

【名流】 著名人士。孟浩然《梅道士水亭》:“傲吏非凡吏,名流即道流。”李咸用《寄所知》:“名流古集典衣买，僻寺奇花贯酒寻。”孙元晏《咏史诗·陈·姚察》：“曾佐徐陵向北游，剖陈疑事动名流。”

【名宦】 名声与官宦。卢象《赠程秘书》：“且共歌太平，勿嗟名宦薄。”皇甫冉《送孔巢父赴河南军》：“共许陈琳工奏记，知君名宦未蹉跎。”李涉《偶怀》：“转知名宦是悠悠，分付空源始到头。”周繇《送杨环校书归广南》：“名宦两成归旧隐，遍寻亲友兴何饶。”

【名家】 ❶名门，有名望的家庭。王勃《陇西行》：“陇西多名家，子弟复豪华。”戎昱《苦哉行五首》之二：“生为名家女，死作塞垣鬼。”李商隐《安平公诗》：“丈人博陵王名家，怜我总角称才华。”❷在某一方面有突出成就者。顾云《苏君厅观韩干马障歌》：“秦王学士居武功，六印名家声价雄。”齐己《赠李明府》：“名家宰名邑，将谓屈锋芒。”

【名郡】 著名的都市。白居易《见殷尧藩侍御忆江南诗三十首因继和之》：“江南名郡数苏杭，写在殷家三十章。”杜荀鹤《寄温州朱尚书并呈军倅崔太博》：“永嘉名郡昔推名，连属荀家弟与兄。”

【名紙】 名片。古代发明纸以前，削竹木以书姓名，故谓之刺，或称名刺。后用纸书，称名纸。齐己《勉吟僧》：“忍著袈裟把名纸，学他低折五侯门。”

【名紙毛生】 祢衡初至颍川，怀刺求谒，而久无所投，至于刺字漫灭。见《后汉书·祢衡传》。后用以指长时间求谒而不得见。刘鲁风《江西投谒所知为典客所阻因赋》：“无钱乞与韩知客，名纸毛生不肯通。”卢延让《旅社言怀》：“名纸毛生五门下，家僮骨立六街中。”

【名教】 (—jiào)指儒家以正定名分为中心的封建礼教。陈子昂《感遇诗三十八首》之八：“名教信纷藉，死生俱未停。”权德舆《知非》：“名教自可乐，搢绅贵行道。”白居易《朱陈村》：“世法贵名教，士人重冠婚。”皎然《赠颜主簿》：“汉家仪礼盛，名教出诸颜。”

【名理】 魏晋时把辨别分析事物是非道理，称为名理。王绩《独坐》：“有客谈名理，无人索地租。”皇甫冉《送陆鸿渐赴越》序：“究孔释之名理，穷歌诗之丽则。”权德舆《郊居岁暮因书所怀》：“清言核名理，开卷穷精义。”陆龟蒙《同袭美游禅院》：“今日有情消未得，欲将名理问思光。”

【名爲公器】 《庄子·天运》：“老子曰：‘……名，公器也，不可多取；仁义，先王之蘧庐也，止可以一宿，而不可久处。’”按：孔子向老子问道。老子告诉他：名誉是天下共用之物，不可以多取。白居易《感兴二首》之一：“名为公器无多取，利是身灾合少求。”

【名望】 名誉声望。张籍《寄白二十二舍人》：“三省比来名望重，肯容君去乐樵渔。”皮日休《三羞诗》序：“视其色，若将厌禄位、悔名望者。”

【名欲】 对于名声的欲望。苑咸《酬王维》：“应同罗汉无名欲，故作冯唐老岁年。”

【名將】 (—jiàng)著名的将领。刘禹锡《美温尚书镇定兴元以诗寄贺》：“从此世人开耳目，始知名将出书生。”潘咸《登明戍堡》：“不见昔名将，徒称有战功。”无名氏《观剑南献捷》(卷七八七)：“遐圻新破虏，名将旧登坛。”

【名姬】 著名的美妇人。李商隐《华岳下题西王母庙》：“莫恨名姬中夜没，君王犹自不长生。”

【名華】 (—huá)名声与荣华。孟郊《品松》：“名华非典实，翦弃徒纤茸。”又《送超上归天台》：“遗身独得身，笑我牵名华。”

【名場】 (—chǎng)❶科举考场。章孝标《和滕迈先辈伤马》：“曾同客舍吞饥渴，久共名场踏崄巇。”刘得仁《宿韦津山居》：“静吟倾美酒，高论出名场。”方干《题赠李校书》：“名场失手一年年，月桂尝闻到手边。”徐夤《自咏十韵》：“未游宦路叨卑宦，才到名场得大名。”❷泛指追逐声名的场所。李咸用《临川逢陈百年》：“教我无为礼乐拘，利路名场多忌讳。”

【名都】 (—dū)著名的城市。骆宾王《夏日游德州赠高四》：“鬲津开巨浸，稽阜镇名都。”蔡希寂《登福先寺上方然公禅室》：“名都标佛刹，梵构临河干。”李白《陌上桑》：“妾本秦罗敷，玉颜艳名都。”

【名勝】 有古迹或风景秀美之地。王昌龄有《观江淮名胜图》。白居易《和微之春简投日阳明洞天五十韵》：“利饶盐煮海，名胜水澄湖。”

【名畫】 有名的绘画。李商隐《灯》：“锦囊名画掩，玉局败棋收。”温庭筠《题西明寺僧院》：“为寻名画来过院，因访闲人得看棋。”郑谷《予尝有雪景一绝为人所讽吟段赞善小笔精微忽为图画以诗谢之》：“赞善贤相后，家藏名画多。”曹松《霍山》：“直是画工须阁笔，况无名画可流传。”

【名疏】 谓名声为人忽视。钱起《奉和王相公秋日戏赠元校书》：“才妙心仍远，名疏迹可追。”

【名勢】 名声与权势。范质《诫儿侄八百字》：“闭门敛踪迹，缩首避名势。名势不久居，毕竟何足恃。”

【名業】 功名与事业。李群玉《登宜春醉宿景星寺寄郑判官兼简空上人》：“名业尔未从，临风嘿舒志。”

【名號】 (—hào)名称。白居易《昨日复今辰》：“风仪与名号，别是一生人。”皮日休《酒中十咏·酒旗》：“多为风所扬，时见酒名号。”

【名路】 通向功名利禄的道路。刘得仁《冬日题兴善寺崔律师院孤松》：“为此疏名路，频来访远公。”李咸用《旅馆秋夕》：“若教名路无知己，匹马尘中是自忙。”杜荀鹤《感秋》：“年年名路谩辛勤，襟袖空多马上尘。”

【名跡】　声誉和功业。王丘《咏史》：“卷舒混名迹，纵诞无忧患。”元结《欸乃曲五首》之一：“偶存名迹在人间，顺俗与时未安闲。”赵嘏《赠解头贾嵩》：“贾生名迹忽无伦，十月长安看尽春。”

【名園】　有名的庭园。李白《登金陵冶城西北谢安墩》：“我来酌清波，于此树名园。”郑絪《奉和武相公省中宿斋酬李相公见寄》：“高阁安仁省，名园广武庐。”杜牧《洛阳长句二首》之二：“月锁名园孤鹤唳，川酣秋梦凿龙声。”

【名稱】　谓名声。孟郊《寄张籍》：“君其隐壮怀，我迹逃名称。”

【名節】　名誉与节操。高适《赠别王十七管记》：“逢时愧名节，遇坎悲沧替。”唐彦谦《和陶渊明贫士诗七首》之六：“古来名节士，敢望彭城龚。”李洞《吊郑宾客》：“朝行丧名节，岳色惨天风。”

【名飲】　著名的善饮酒者。孟浩然《听郑五愔弹琴》：“阮籍推名饮，清风满竹林。”

【名義】　❶名誉和道义。张九龄《将发还乡示诸弟》：“至爱孰能舍，名义来相迫。”❷犹言心意。皎然《答黎士曹黎生前适越后之楚》：“何繇表名义，赠君金镳铲。”

【名遂功成】　谓名位与功业获得成功。贯休《贺郑使君》：“神资天赞谁堪比，名遂功成自不知。”吕岩《敲爻歌》：“飞升羽化三清客，名遂功成达上苍。”

【名臺】　有名的台阁。钱起《送王谏议任东都居守》：“官署名台下，云山旧苑中。”

【名銜】　名位与官衔。白居易《刑部尚书致仕》：“唯是名衔人不会，毗耶长者白尚书。”李洞《赠可上人》：“不断清风牙底嚼，无因内殿得名衔。”

【名網】　使人受其束缚的名誉网罗。刘禹锡《谒柱山会禅师》：“哀我堕名网，有如翾飞辈。”徐夤《依韵赠南安方处士五首》之一：“七贵五侯生肯退，利尘名网死当抛。”

【名緇】　名僧。缁，浅黑色僧服，故称。柳宗元《法华寺石门精舍三十韵》：“愿言怀名缁，东峰旦夕仰。”

【名輩】　有名之辈，名流。牛僧孺《席上赠刘梦得》：“粉署为郎四十春，今来名辈更无人。”温庭筠《法云寺双桧》：“晋朝名辈此离群，想对浓阴去住分。”皮日休《鲁望昨以五百言见贻因成一千言》：“当于李杜际，名辈或泝沿。”

【名數】　（—shù）❶谓户籍。张九龄《和吏部李侍郎见示秋夜望月忆诸侍郎之什其卒章有前后行之戏因命仆继作》：“名数虽云隔，风期幸未遥。”杜甫《投赠哥舒开府二十韵》：“茅土加名数，山河誓始终。”❷犹名目。杜甫《暇日小园散病将种秋菜督勒耕牛兼书触目》：“嘉蔬既不一，名数颇具陈。”

【名價】　名誉声价。李绛《和裴相国答张秘书赠马诗》：“高才名价欲凌云，上驷光华远赠君。”白居易《哭崔常侍晦叔》：“名价既相远，交分何其深。”陆龟蒙《和袭美寒日书斋即事三首》之三：“名价皆酬百万余，尚怜方丈讲玄虚。”徐铉《北苑侍宴杂咏诗・竹》：“自然名价重，不羡渭川侯。”

【名德】　名声和道德。孙元晏《咏史诗・晋・蒲葵扇》：“若非名德喧寰宇，争得蒲葵价数高。”又《咏史诗・齐・王僧祐》：“肯与公卿作等伦，澹然名德只推君。”

【名實】　名称和实际。萧颖士《留别二三子得韵字》：“英英尔众贤，名实郁双振。”张祜《华清宫和杜舍人》：“上位先名实，中兴事宪章。”皎然《哭吴县房耸明府》：“仁人还厚德，可谓名实全。”

【名醞】　名酒。杜牧有《歙州卢中丞见惠名酝》。

【名賢】　著名的贤人。李白《于五松山赠南陵常赞府》：“远客投名贤，真堪写怀抱。”李商隐《行次昭应县道上送户部李郎中充昭义攻讨》：“将军大旆扫狂童，诏选名贤赞武功。”李群玉《送处士自番禺东游便归苏台别业》：“江左风流尽，名贤成古今。”

【名器】　指表示等级的称号和车服仪制等。王维《送韦大夫东京留守》：“名器苟不假，保厘固其任。”杜甫《哭韦大夫之晋》：“《春秋》褒贬例，名器重双全。”

【名儒】　有名的儒者。李德裕《雨中自秘书省访王三侍御以诗赠之》：“金门待诏何逍遥，名儒早问张子侨。”杜牧《寄宣州郑谏议》：“大夫官重醉江东，潇洒名儒振古风。”赵嘏《十无诗寄桂府杨中丞》之八：“孔融襟抱称名儒，爱物怜才与世殊。”

【名謚】　名字和谥号。李密《淮阳感怀》：“一朝时运会，千古传名谥。”

【名聲】　名誉，声望。杜甫《望长孙九侍御赴武威判官》：“族父领元戎，名声国中老。”王建《求友》：“不求立名声，所贵去瑕玼。”韩愈《县斋有怀》：“名声荷朋友，援引乏姻娅。”皮日休《二游诗・徐诗》：“强学取科第，名声尽孤揭。”

【名檢】　名誉与礼法。白居易《寄元九》：“身为近密拘，心为名检缚。”

【名嶽】　同“名岳”。储光羲《游茅山五首》之五：“名岳征仙事，清都访道书。”崔备《使院忆山中道侣兼怀李约》：“松竹去名岳，衡茅思旧居。”

【名謳】　有名的歌手。杨续《安德山池宴集》：“西城多妙舞，主第出名讴。”李群玉《洞庭驿楼雪夜宴集奉赠前湘州张员外》：“银壶傲海雪，青管罗名讴。”

【名藩】 指地方重镇。杜甫《送鲜于万州迁巴州》:"朝廷偏注意,接近与名藩。"

【名譽】 名望与声誉。杜甫《苏端薛复筵简薛华醉歌》:"文章有神交有道,端复得之名誉早。"韩愈《符读书城南》:"行身陷不义,况望多名誉。"李商隐《漫成三首》之二:"清新俱有得,名誉底相伤。"

【名籍】 名单,名册。李颀《送暨道士还玉清观》:"仙宫有名籍,度世吴江滨。"韦应物《答崔都水》:"不知为时来,名籍挂郎间。"元稹《酬乐天待漏入阁见赠》:"谪仙名籍在,何不重来还。"孙光宪《女冠子》词之一:"品流巫峡外,名籍紫微中,真侣墉城令,梦魂通。"

各 〔gè《广韵》古落切,入鐸,見。〕❶各自。袁朗《和洗掾登城南坂望京邑》:"醒醉各相扶,讴歌从圣主。"贾至《闲居秋怀寄阳翟陆赞府封丘高少府》:"我有同怀友,各在天一方。"韩愈《寒食日出游》:"各言生死两追随,直置心亲无貌敬。"雍陶《蝉》:"何时各得身无事,每到闻时似不闻。"❷俱,都。杜甫《别赞上人》:"相看俱衰年,出处各努力。"白居易《酬别微之》:"且喜筋骸俱健在,勿嫌须鬓各皤然。"李商隐《二月二日》:"花须柳眼各无赖,紫蝶黄蜂俱有情。"

【各自】 各人自己,各个方面自己的一方。顾况《行路难三首》之一:"凡物各自有根本,种禾终不生豆苗。"司空图《洛中三首》之二:"不用频嗟世路难,浮生各自系悲欢。"任翻《长安冬夜书事》:"十二门车马,昏明各自忙。"隐峦《牧童》:"看看白日向西斜,各自骑牛又归去。"

【各行其志】 各人按照自己的意志行事。白居易《题新涧亭兼酬寄朝中亲故见赠》:"自得所宜还独乐,各行其志莫相咍。"

【各安爾位】 各自安心自己的职位。韩愈《元和圣德诗》:"皇帝曰吁!伯父叔舅,各安尔位,训厥甿亩。"

【各各】 各自。孟郊《偷诗》:"今文与古文,各各称可怜。"元稹《松树》:"株株遥各各,叶叶相重重。"又《江边四十韵》:"各各人宁宇,双双燕贺巢。"贯休《闻前王使君在泽潞居》:"千里与万里,各各来相附。"

【各言志】 各人谈自己的志向。语出《论语·先进》:"亦各言其志也已矣。"李商隐《赠送前刘五经映三十四韵》:"虽从各言志,还要大为防。"

【各異】 各不相同。白居易《观游鱼》:"一种爱鱼心各异,我来施食尔垂钩。"

【各異宜】 各异其宜,言各得其所。高适《答侯少府》:"浮沉各异宜,老大贵全真。"

四 画

吸 〔xī《广韵》許及切,入緝,曉。〕❶吸进;摄取。权德舆《晚秋陪崔阁老张秘监阁老苗考功同游昊天观时杨阁老新直未满以诗见寄斐然酬和有愧芜音》:"步虚清晓籁,隐几吸晨晖。"刘禹锡《奉送家兄归王屋山隐居二首》之二:"登台吸瑞景,飞步翼神飙。"白居易《梦仙》:"朝餐云母散,夜吸沆瀣精。"陆龟蒙《奉和袭美太湖诗二十首·三宿神景宫》:"频窥宿羽丽,三吸晨霞盛。"❷饮。寒山《诗三百三首》之一〇七:"此时吸两瓯,吟诗五百首。"杜甫《饮中八仙歌》:"左相日兴费万钱,饮如长鲸吸百川。"白居易《游悟真寺诗》:"来添砚中水,去吸岩底泉。"李洞《宿凤翔天柱寺穷易玄上人房》:"墨研青露月,茶吸白云钟。"❸吹奏。吕岩《题东都妓馆壁》:"一吸鸾笙裂太清,绿衣童子步虚声。"

【吸精】 吸取阴阳元气。张九龄《登南岳事毕谒司马道士》:"吸精反自然,炼药求不死。"

【吸霞】 吸食朝霞。道家用以修炼养生。陆龟蒙《寄茅山何威仪二首》之一:"年来已奉黄庭教,夕炼腥魂晓吸霞。"

呈 〔chéng《广韵》直貞切,平清,澄。又直正切,去勁,澄。〕❶显露,显现。韦应物《拟古诗十二首》之八:"艳曲呈皓齿,舞罗不堪风。"权德舆《杂诗五首》之三:"一顾授横波,千金呈瓠犀。"李绅《趋翰苑遭诬构四十六韵》:"庭兽方呈角,阶蓂始效莩。"李咸用《和吴处士题村叟壁》:"戏日鱼呈腹,翘滩鹭并肩。"❷施展某种技艺;表演。郑锡《邯郸少年行》:"唤人呈楚舞,借客试吴钩。"李绅《到宣武三十韵》:"弄马猿猱健,奔车角抵呈。"张祜《邠娘羯鼓》:"新教邠娘羯鼓成,大酺初日最先呈。"又《戏颜郎中猎》:"倒把角弓呈一箭,满川狐兔当头行。"❸进献;进呈。顾况《伤大理谢少卿》:"旧馆绝逢迎,新诗何处呈。"白居易《送萧炼师步虚词十首卷后以二绝句继之》:"试呈王母如堪唱,发遣双成更取来。"卢钧《荐冰》:"在捧摇寒色,当呈表素诚。"贯休《怀武昌栖一二首》之二:"得句先呈佛,无人知此心。"❹陈说。李端《赠薛戴》:"今呈胸臆事,当为泪沾巾。"卢纶《秋晚霁后野望忆夏侯审》:"前后无俦侣,此怀谁与呈。"韩愈《龊龊》:"排云叫阊阖,披腹呈琅玕。"李群玉《献王中丞》:"他日图勋画麟阁,定呈肝胆始应休。"❺同"程"。(1)标准,程式。皇甫冉《上礼部杨侍郎》:"郢匠轮材日,辕轮必尽呈。"(2)路程。亦用作动词。王建《春日五门西望》:"黄帕盖鞍呈了马,红罗系项斗回鸡。"

【呈色】 呈现色彩。肃宗《延英殿玉灵芝诗三章章八句》之二："紫微间采，白薤呈色。"白居易《池上早春即事招梦得》："云破山呈色，冰融水放光。"

【呈形】　呈现形貌。林藻《青云干吕》："作瑞来藩国，呈形表圣君。"

【呈妍】　同"呈妍"。

【呈奇】　显出特异、不凡。黄滔《省试一一吹竽》："次第教单进，宫商乃异宜。凡音皆窜迹，至艺始呈奇。"

【呈帖】　呈送请帖。张籍《和左司元郎中秋居十首》之五："书客多呈帖，琴僧与合弦。"

【呈卷】　呈上文卷。指举子以文卷干谒前辈显官，让自己的姓名达于主司。王建《题崔秀才里居》："自知名出休呈卷，爱去人家远处居。"刘禹锡《酬国子崔博士立之见寄》："遍看今日乘轩客，多是昔年呈卷人。"

【呈妍】　亦作"呈妍"。❶显露娇艳。翁洮《赠进士李德新接海棠梨》："一种呈妍今得地，剑峰梨岭谩纵横。"❷呈现吉兆。卢纶《和常舍人晚秋集贤院即事十二韵寄赠江南徐薛二侍郎》："唯应缄上宝，赠远一呈妍。"

【呈祥】　呈现祥瑞。李适《游禁苑幸临渭亭遇雪应制》："写曜衔天藻，呈祥拂御衣。"李商隐《喜雪》："朔雪自龙沙，呈祥势可嘉。"张良器《河出荣光》："位尊常守伯，道泰每呈祥。"韩偓《露》："五色呈祥须得处，戛云仙掌有金盘。"

【呈符】　呈现符瑞。紫宿《瑜不掩瑕》："光辉今见黜，毫发外呈符。"

【呈瑞】　呈现祥瑞。崔日用《奉和立春游苑迎春应制》："宫梅殿柳识天情，瑶筐彩燕先呈瑞。"熊孺登《日暮天无云》："应非暂呈瑞，不许出山川。"姚合《咏云》："呈瑞每闻开丽色，避风仍见挂乔松。"李商隐《李肱所遗画松诗书两纸得四十韵》："可集呈瑞凤，堪藏行雨龙。"

【呈暉】　呈现光彩。刘宪《人日玩雪应制》："呈晖幸得承金镜，飏彩还将奉玉衣。"

【呈诗】　献诗。无可《赠诗僧》："来谒吾曹者，呈诗问否臧。"

【呈新】　呈现新貌。喻凫《元日即事》："年光悲掷旧，景色喜呈新。"

【呈態】　谓显出妩媚之态。许敬宗《奉和七夕宴悬圃应制二首》之二："荐寝低云鬓，呈态解霓裳。"

【呈豐】　呈现丰年之兆。韩愈《春雪》："呈丰尽相贺，宁止力耕家。"

【呈露】　显露。许敬宗《七夕赋咏成篇》："情催巧笑开星靥，不惜呈露解云衣。"

吴[1]　〔wú《广韵》五乎切，平模，疑。〕❶古国名。(1)春秋吴国。姬姓，始祖为周太王之子太伯，至十九世孙梦寿称王，建都于吴（今江苏苏州市），据有今江苏、上海大部和安徽、浙江的一部分。传至夫差，于公元前473年为越所灭。李峤《象》："执燧奔吴战，量舟入魏墟。"骆宾王《夏日游德州赠高四》："日观邻全赵，星临俯旧吴。"于渍《经馆娃宫》："吴亡甘已矣，越胜今何处。"陆龟蒙《奉和袭美太湖诗二十首·练渎》："越恃君子众，大将压全吴。"(2)三国时吴国。222年孙权称吴王，建都建业（今江苏南京市）。229年称帝。占有今之长江中下游，南至福建、两广以及越南北部和中部。280年为晋所灭。武少仪《诸葛丞相庙》："因机定蜀延衰汉，以计连吴振弱孙。"李商隐《今月二日复五言四十韵献上亦诗人咏叹不足之义也》："开吴相上下，全蜀占西东。"薛逢《题筹笔驿》："天地三分魏蜀吴，武侯倔起赞讦谟。"储嗣宗《早春怀薛公裕》："陆机初入洛，孙楚又游吴。"(3)五代十国之一。见"吳國❸"。❷地名。泛称我国东南一带。张子容《乐城岁日赠孟浩然》："半是吴风俗，仍为楚岁时。"刘长卿《送从弟贬袁州》："游吴经万里，吊屈向三湘。"韦应物《赠丘员外二首》之一："告诸吴子弟，文学为何如。"李绅《趋翰苑遭诬构四十六韵》："盆浦潮通楚，匡山地接吴。"❸姓。唐诗人中有吴兢、吴筠、吴武陵、吴融。

吴[2]　〔yú《集韵》元俱切，平虞，疑。〕通"虞"。地名用字。见"吳₂坂"。

【吴二娘曲】　（曲 qǔ）古歌曲名。为杭州名妓吴二娘作，故称。白居易《寄殷协律》自注江南《吴二娘曲》词云："暮雨萧萧郎不归。"

【吴十】　即吴郁。杜甫有《两当县吴十侍御江上宅》，原注："吴侍御名郁，以言事被谪，家居两当。"

【吴十一】　即吴士矩。元稹有《元和五年至陕府与吴十一兄端公崔二十二院长思怆曩游因投五十韵》和《清希春霁寄胡三吴十一》。白居易有《京使回因以长句诗寄谢萧五刘二元八吴十一韦大陆郎中崔二十二牛二李七庾三十二李六李十杨三樊大扬十二员外》。

【吴七】　即吴丹。白居易有《留别吴七正字》《酬吴七见寄》和《吴七郎中山人待制班中偶题绝句》。

【吴人】　❶吴国之人。罗隐《西施》："家国兴亡自有时，吴人何苦怨西施。"❷吴地之人。韩愈《送文畅师北游》："自言本吴人，少小学城阙。"

【吴刀】　❶传说舜殛鲧所用之刀。后用以泛指宝刀。李贺《画角东城》："帆长摽越甸，壁冷挂吴刀。"❷吴地出产的剪刀。李白《白纻辞三首》之三："吴刀剪彩缝舞衣，明妆丽服夺春晖。”沈亚之《五月六日寄舍弟兼寄侯郎》：“蒲叶吴刀绿，筠筒楚粽香。”刘瑶《古意曲》：“吴刀剪破机头锦，茱萸花坠相思枕。”

【吴土】 吴地。罗隐《病中上钱尚父》：“纵饶吴土容衰病，争奈燕台费料钱。”

【吴士矩】 唐诗人。字方之。肃宗章敬皇后侄。幼爱文学，喜与豪英交游。开成初，为江西观察使，飨宴侈纵，日费十数万。贬蔡州别驾，旋流端州。与白居易、元稹、刘禹锡等有交往，尤与元稹交谊颇笃。传见《旧唐书》卷一五九。《全唐诗》八八七录其《饮后献时相》一诗。

【吴下】 泛指吴地。下，用于名词后表示处所。李鹭有《自惠山至吴下寄酬南徐从事》。

【吴大夫】 即吴士矩，字方之。刘禹锡有《酬瑞州吴大夫夜泊湘川见寄一绝》。又有《秋斋独坐寄乐天兼呈吴方之大夫》。

【吴大江】 唐诗人。《全唐诗》卷七四七录其《捣衣》一首。

【吴山】 泛称吴地之山。王建《扬州寻张籍不见》：“西江水阔吴山远，却打船头向北行。”徐凝《八月望夕雨》：“如练如霜在何处，吴山越水万重云。”韦庄《题盘豆驿馆后轩》：“冯轩尽日不回首，楚水吴山无限情。”

【吴山楚澤】 泛称吴楚山水。可止《送婆罗门》：“雪岭金河独向东，吴山楚泽意无穷。”

【吴山楚驛】 吴地之山脉，楚地之驿站。泛指江南。郑准《江南清明》：“吴山楚驿四年中，一见清明一改容。”

【吴子】 ❶即吴王夫差。鲁哀公八年(前487)，鲁与吴战，鲁大夫微虎欲宵攻吴之王舍，吴王夫差闻之，一夕三迁。见《左传·哀公八年》。颜真卿《刻清远道士诗因而继作》：“吴子多藏日，秦王厌胜辰。”❷“吾子”之谐音。相爱中女子对男子的昵称。崔道融《拟乐府子夜四时歌四首》之一：“吴子爱桃李，月色不到地。”

【吴子來】 唐诗人，道士。大中末止成都双流县兴唐观中，养气绝粒，时亦饮酒，他无所营。一日自写其真，并作诗二章，留遗观中道士费玄真而去。《全唐诗》卷八五二录其《留观中诗二首》。

【吴子華】 即吴融。融字子华。韩偓有《与吴子华侍郎同年玉堂同直怀恩叙恳因成长句四韵兼呈诸同年》。

【吴女】 吴地之女子。许浑《戏代李协律松江有赠》：“蜀客操琴吴女歌，明珠十斛是天河。”陈陶《续古二十九首》之二十：“吴女妒西施，容华日消铄。”

【吴王】 ❶指吴王夫差。王昌龄《浣纱女》：“吴王在时不得出，今日公然来浣纱。”陈羽《吴城览古》：“吴王旧国水烟空，香径无人兰叶红。”李商隐《吴宫》：“吴王宴罢满宫醉，日暮水漂花出城。”皮日休《太湖诗·练渎》：“吴王厌得国，所玩终不足。”❷指唐高祖第十四子李元轨。元轨，武德六年(623)封蜀王。八年，徙封吴王。祖咏有《宴吴王宅》。❸指南唐后主李煜。煜登位前曾封吴，故称。徐铉有《吴王挽辞二首》。

【吴王城】 指吴王夫差的城郭。杜牧有《悲吴王城》。

【吴王臺】 指吴王夫差所建的台榭。皮日休《咏白莲》之二：“吴王台下开多少，遥似西施上素妆。”

【吴王樓】 指吴王夫差所建的楼台。卢僎《稍秋晓坐阁遇舟东下扬州即事寄上族父江阳令》：“云昏巴子峡，月远吴王楼。”

【吴天】 指吴地之天空。李白《庐山谣寄卢侍御虚舟》：“翠影红霞映朝日，鸟飞不到吴天长。”杜牧《除官归京睦州雨霁》：“秋半吴天霁，清凝万里光。”刘驾《姑苏台》：“越鼓声腾腾，吴天隔尘埃。”

【吴太守】 即白居易。白居易曾任苏州刺史，故称。刘禹锡《白侍郎大尹自河南寄示池北新葺水斋即事招宾十四韵兼命同作》：“共讥吴太守，自占洛阳才。”

【吴少微】 唐诗人。新安(今属河南)人。举进士，累至晋阳尉。与富嘉谟友善，二人均善撰碑颂，属词皆以经典为本，时人钦慕，文体一变，称为富吴体。二人又与太原主簿谷倚同以文词著名，时人谓之“北京三杰”。中兴初，调于吏部，侍郎韦嗣立称荐，拜右台监察御史，卧病，闻嘉谟死，哭而赋诗，寻以卒。传见《旧唐书》卷一九〇中、《新唐书》卷四七。诗见《全唐诗》卷九四。

【吴中】 (—zhōng)❶特指苏州。李白《行路难三首》之三：“君不见吴中张翰称达生，秋风忽忆江东行。”韦应物《郡斋雨中与诸文士燕集》：“吴中盛文史，群彦今汪洋。”皮日休有《吴中言情寄鲁望》。❷泛指吴地。储光羲有《送沈校书吴中搜书》。刘长卿有《吴中闻潼关失守因奉寄淮南萧判官》。许棠《送元遂上人归吴中》：“吴中知久别，庵树想成围。”唐彦谦《寄徐山人》：“吴中高士虽求死，不那稽山有谢敷。”

【吴水楚山】 吴楚地方之山水。唐求《伤张玖秀才》：“吴水楚山千万里，旅魂归到故乡无。”

【吴牛】 即水牛。因多生于江、淮间，故称。杜甫《秋行官张望督促东渚耗稻向毕清晨遣女奴阿稽竖子阿段往问》：“吴牛力容易，并驱动莫当。”罗隐《春日独游禅智寺》：“鸾凤调高何处酒，吴牛蹄健满车风。”谭用之《寄王侍御》：“喘月吴牛如夜至，嘶风胡马识秋来。"

【吴牛喘月】 谓热之甚。《世说新语·言语》："满奋畏风，在武帝坐；北窗作琉璃屏，实密似疏，奋有难色。帝笑之，奋答曰：'臣犹吴牛，见月而喘。'"刘孝标注："今之水牛，唯生江、淮间，故谓之吴牛也。南土多暑，而此牛畏热，见月疑是日，所以见月则喘。"李白《丁督护歌》："吴牛喘月时，拖船一何苦。"又《送萧三十一之鲁中兼问稚子伯禽》："六月南风吹白沙，吴牛喘月气成霞。"

【吴仁璧】 唐诗人。字廷宝。吴人，或云关右人。昭宗大顺二年(891)登进士第。钱镠据浙，累辟不就，镠怒，沉之江。诗见《全唐诗》卷六九〇。

【吴公】 ❶西汉人，为河南守，曾师事李斯，治平为天下第一，与蜀守文翁齐名。文帝征为廷尉。见《汉书·循吏传》。刘禹锡《和河南裴尹侍郎宿斋天平寺诣九龙祠祈雨二十韵》："吴公敏于政，谢守工为诗。"白居易《春尽日天津桥醉吟偶呈李尹侍郎》："疏傅心情老，吴公政化新。"❷唐末诗人。不详名氏。弃官隐逸。《全唐诗》卷七八三录其《绝句》一首。

【吴公守】 西汉河南守吴公，治郡有善政美誉，汉文帝征为廷尉。后以"吴公守"作为称颂郡守的典故。权德舆《送杜尹赴东都》："朝选吴公守，时推杜尹贤。"参见"吴公"。

【吴公臺】 古台名。原为南朝宋沈庆之为攻竟陵王诞而构筑的弩台，后陈将吴明彻围攻北齐敬子猷增筑，故名。在今江苏扬州市北。白居易《新乐府·隋堤柳》："土坟数尺何处葬，吴公台下多悲风。"罗隐《湘中见进士乔诩》："吴公台下别经秋，破虏城边暂驻留。"徐铉《从驾东幸呈诸公》："吴公台下旧京城，曾掩衡门过十春。"

【吴丹】 唐诗人。字真存，吴人。贞元十六年(800)登进士第。历官正字、监察殿中侍御史、水部库部员外、都官驾部郎中、谏议大夫，大理少卿、饶州刺史。与白居易、元稹、鲍溶友善，有唱和。卒于饶州，葬于常州，白居易为志。《全唐诗》卷四六四录其《赋得玉水记方流》一首。

【吴方之】 即吴士矩。士矩，字方之。刘禹锡有《秋斋独坐寄乐天兼呈吴方之大夫》和《吴方之见示独酌小醉首篇呈滥吹益美来章》。

【吴正字】 即吴丹。丹曾官秘书省正字，故称。白居易有《留别吴七正字》。

【吴生】 即吴道子。杜甫《冬日洛城北谒玄元皇帝庙》："画手看前辈，吴生远擅场。"

【吴令】 指三国魏吴质。质曾为元城(故城在河北大名县境内)令，故称。李商隐有《代元城吴令暗为答》。

【吴句餘】 亦即吴子、吴子夷末。春秋吴国君。鲁襄公三十年立，在位十七年。陆龟蒙《小鸡山樵人歌》序："《春秋左氏传》云：襄二十八年，齐庆封乱而来奔，既而齐人来让，吴句余与之朱方，聚族而居之。"

【吴主】 ❶指三国吴主孙权。吴资《教弩台》："曹公教弩台，今为比丘寺。东门小河桥，曾飞吴主骑。"❷指吴越王钱镠。唐昭宗任其为镇海、镇东军节度使，先封越王，又封吴王，故称吴主、吴越王。钱镠《功臣堂》："越王册后封吴主，大国宣恩达万方。"❸指春秋时吴国之主夫差。皎然《访陆处士羽》："太湖东西路，吴主古山前。"

【吴市】 指秦会稽郡治吴县(今苏州市)。汉梅福于新莽时弃妻子，变姓名为吴市门卒，即于此处。李商隐《碧瓦》："吴市蠙蛦甲，巴賨翡翠翘。"温庭筠《送僧东游》："鸥飞吴市外，麟卧晋陵前。"徐铉《赠王贞素先生》："辽东几度悲城郭，吴市终应变姓名。"

【吴民】 指春秋吴国之民。陆龟蒙《庆封宅古井行》："虽过鲁国羞鲁儒，欲弄吴民窃吴柄。"

【吴地】 谓春秋时吴国之地，今淮泗以南浙江太湖以东地区。刘长卿《和樊使君登润州城楼》："江田漠漠全吴地，野树苍苍故蒋州。"皮日休《独在开元寺避暑颇怀鲁望因飞笔联句》："对碑吴地说，开卷梵天词。"处默《圣果寺》："到江吴地尽，隔岸越山高。"

【吴州】 泛指吴中之地。张籍《送陆畅》："共踏长安街里尘，吴州独作未归身。"李德裕《上巳忆江南禊事》："为忆渌江春水色，更无宵梦向吴州。"赵嘏《赠女仙》："不因金骨三清客，谁识吴州有洞天。"

【吴江】 长江流经江苏的一段。因江苏为古吴地，故称。王昌龄《李四仓曹宅夜饮》："欲问吴江别来意，青山明月梦中看。"杨凌《江上秋月》："月色吴江上，风声楚木林。"温庭筠《晚归曲》："青丝系船向江木，兰芽出土吴江曲。"章碣《变体诗》："东南路尽吴江畔，正是穷愁暮雨天。"

【吴均】 (469—520)南朝梁文学家。字叔庠，吴兴故鄣(今浙江安吉西北)人。出身寒苦，博学多才。梁初为吴兴太守柳恽主簿，后为建安王记室，迁国侍郎，入为奉朝请。因私撰《齐春秋》，梁武帝恶其实录，焚其稿，免其职。今存诗一百三十余首。诗中常露激愤不平之情，表达贫士的骨气和怀才不遇的感慨。又以小品书札见长，写景状物，清新秀逸，艺术成就较高，为六朝骈文之名作。吴均在当时文坛影响很大，时人仿效他的文体，称为"吴均体"。另有志怪小说《续齐谐记》。《梁书》《南史》均有传。清昼《讲古文联句》："吴均颇劲，失于典裁。"罗隐《上霅川裴郎中》："自是受恩心未足，却垂双翅羡吴均。"薛涛《棠梨花和李太尉》："吴均蕙圃移嘉木，正及东溪春雨时。"

【吴均體】 梁吴均工诗文，散文以写景见长，文体清拔，诗亦清新，时人仿效，称为吴均体。李绅《过梅里七首·上家山》序："余顷居梅里，常于惠山肄业，旧室犹在。垂白重游，追感多思，因效吴均体。"

【吴吟】 吟唱吴地民歌。亦指吴地民歌。表示思念故乡。《战国策·秦策二》："陈轸曰，王独不闻吴人之游楚者乎？楚王甚爱之。病，故使人问之曰：'诚病乎？意亦思乎？'左右曰：'臣不知其思与不思，诚思则将吴吟。'今轸将为王吴吟。"李白有《夜泊黄山闻殷十四吴吟》。白居易《戏和贾常州二绝句》之二："越调管吹留客曲，吴吟诗送暖寒杯。"陆龟蒙《和袭美怀锡山药名离合二首》之二："风前莫怪携诗稿，本是吴吟荡桨郎。"

【吴邑】 指吴县。皎然《哭吴县房耸明府》："一官自吴邑，六翮委江壖。"

【吴兵】 谓三吴兵卒。杜牧《郡斋独酌》："犀甲吴兵斗弓弩，蛇矛燕戟驰锋铓。"

【吴甸】 吴地。高蟾《吴门春雨》："吴甸落花春漫漫，吴宫芳树晚沉沉。"

【吴妝】 吴地的装扮。温庭筠《题磁岭海棠花》："蜀彩淡摇曳，吴妆低怨思。"

【吴豕】 喻贪暴者。《左传·定公四年》："吴为封豕长蛇，以荐食上国，虐始于楚。"杜预注："言吴贪害如蛇豕。"李百药《郢城怀古》："长策措吴豕，雄图竞周鹿。"

【吴武陵】 （？—834）唐诗人。原名侃，祖籍濮阳（今河南濮阳市），徙居信州（今江西上饶市）。元和二年(807)登进士第，翌年因事流配永州。时柳宗元为永州司马，武陵常与之讲论文义，赋诗唱和。淮西节度使吴少阳闻其才，召其为宾客，不答。吴元济叛，武陵遗书晓之，元济不纳。裴度征淮西，韩愈为司马，武陵因愈献策，不见用。长庆初，主管北边盐务，后人为太学博士。大和二年(828)，杜牧举进士，武陵荐之于主考官崔郾，牧以第五名登第。后出为韶州刺史，以贪赃贬为潘州司户参军。大和八年卒于贬所，传见《新唐书·文艺传下》。事又见柳宗元《濮阳吴君文集序》《唐诗纪事》卷四十三。《全唐诗》卷四七九录其《贡院楼北新栽小松》和《题路左佛堂》二首。

【吴$_2$坂】 亦称"吴山"。古地名。即虞坂，在春秋虞国（今山西平陆县）境内，道狭而险。据传商傅说隐于此。章孝标《省试骐骥长鸣》："力穷吴坂峻，嘶苦朔风生。"薛能《行路难》："已经吴坂困，欲向雁门难。"韦庄《和郑拾遗秋日感事一百韵》："吴坂嘶骐骥，岐山集凤凰。"

【吴松江】 松，亦作"淞"。一名松陵江，太湖的最大支流，在今江苏境内。宋之问有《夜渡吴松江怀古》。杜甫《戏题画山水图歌》："焉得并州快剪刀，翦取吴松半江水。"

【吴叔達】 唐诗人。《全唐诗》卷七八一录其《言行相顾》一首。

【吴明府】 即吴航。戴叔伦有《吴明府自远而来留宿》。

【吴明徹】 南朝陈将领。刘长卿有《秋日登吴公台上寺远眺寺即陈将吴明彻战场》。

【吴岫】 吴地之山。皇甫冉《送李万州赴饶州觐省》："川回吴岫失，塞阔楚云低。"刘长卿《奉送卢员外之饶州》："日向鄱阳近，应看吴岫微。"陆龟蒙《读襄阳耆旧传因作诗五百言寄皮袭美》："从知偶东下，帆影拂吴岫。"

【吴岳】 见"吴嶽"。

【吴季札】 亦称吴季子。春秋吴人，吴王寿梦之第四子。贤，寿梦欲立之，季札辞让。后封于延陵，故亦号为延陵季子。历聘上国，遍交贤士大夫。聘于鲁，请观周乐，言音乐与行政教化之关系至为精微。使徐，徐君好季札剑，口弗敢言。季札心知之，为使上国，未献。还至徐，徐君已死，于是解其剑系之徐君家树而去。见《史记·吴太伯世家》。韩翃《宴吴王宅》："听歌吴季札，纵饮汉中山。"

【吴季子】 见"吴季札"。

【吴延保】 唐人。进士。与郑谷、齐己相友善。郑谷有《送进士吴延保及第后南游》。齐己有《乱中闻郑谷吴延保下世》。

【吴兒】 吴地少年。贺知章《答朝士》："乡曲近来佳此味，遮渠不道是吴儿。"元稹《春分投简阳明洞天作》："似木吴儿劲，如花越女姝。"李叔卿《江南曲》："风似箭，月如弦，少年吴儿晓进船。"

【吴服】 泛指吴地。服，王畿以外的地方。宋之问《送李侍御》："南登指吴服，北走出秦畿。"

【吴京】 指金陵（今江苏南京市）。金陵为六朝故都，又处吴地，故称。李白《入朝曲》："金陵控海浦，渌水带吴京。"又《登瓦官阁》："灵光何足贵，长此镇吴京。"又《闻李太尉大举秦兵百万出征东南懦夫请缨冀申一割之用半道病还留别金陵崔侍御十九韵》："天夺壮士心，长吁别吴京。"

【吴官】 ❶吴地之官。王维有《赠吴官》。❷谓春秋时吴国之官。顾况《别江南》："汉将犹防虏，吴官欲向秦。"

【吴門】 古吴县城（今江苏苏州市）的别称。吴县为春秋吴国都城，故称。亦泛称吴地即今江浙一带。崔国辅《题豫章馆》："吴门绿波里，越国青山际。"杜甫《游子》："巴蜀愁谁语，吴门兴杳然。"杜牧《送沈处士赴苏州李中丞招以诗赠行》："举酒属吴门，今朝为君起。”徐铉《回至瓜洲献侍中》:“紫微垣里旧宾从,来向吴门谒府公。”

【吳門豪】 指专诸,春秋吴人,因伍子胥推荐,为吴公子光(阖闾)门客,故称。公子光欲杀吴王僚,邀王僚饮宴,预置匕首于鱼腹中,命专诸捧鱼至王僚席前,即从鱼腹中抽出匕首刺死王僚,专诸亦为王僚左右所杀。见《史记·刺客列传》。李白《结袜子》:“燕南壮士吴门豪,筑中置铅鱼隐刀。”

【吴弦】 指吴地制造的弦乐器。白居易《醉别程秀才》:“吴弦楚调潇湘弄,为我殷勤送一杯。”

【吴英秀】 唐诗人。《全唐诗》卷七七六录其《鹦鹉》一首。

【吴苑】 本指春秋时吴王阖闾所建之长洲苑,在今江苏苏州境。后亦用以泛称吴地众多的苑囿。刘长卿《送行军张司马罢使回》:“当时百战心,春风吴苑绿。”杜牧《赠沈学士张歌人》:“吴苑春风起,河桥酒旆悬。”温庭筠《莲浦谣》:“鸣桡轧轧溪溶溶,废绿平烟吴苑东。”亦用以借指苏州、无锡等吴地。白居易《早春忆苏州寄梦得》:“吴苑四时风景好,就中偏好是春天。”罗隐《夜泊毗陵无锡县有寄》:“浊浪势奔吴苑急,疏钟声彻惠山寒。”

【吴城】 ❶亦称阖闾城。即今江苏苏州。传为春秋时吴王阖闾所建。钱起《早下江宁》:“霜蘋留楚水,寒雁别吴城。”❷指五代时吴越国都城杭州。钱弘佐《谒宝塔回赐僧录》:“佛日辉光最有灵,真身宝塔镇吴城。”

【吴故宫】 即吴宫,吴王夫差所建之宫殿。常建有《吴故宫》。

【吴柄】 指春秋吴国之权柄。陆龟蒙《庆封宅古井行》:“虽过鲁国羞鲁儒,欲弄吴民窃吴柄。”

【吴相廟】 (相 xiàng)伍子胥之庙。子胥,春秋时楚国人,其父兄为楚平王所杀,子胥逃至吴国,助吴王伐楚败越。后因谏夫差勿与越媾和,赐死。后人立庙祀之,称为吴相庙。在今江苏苏州吴中区胥口镇西。方干《旅次钱塘》:“云藏吴相庙,树引越山禽。”

【吴叔庠】 南朝梁吴均字。皎然《杼山禅居寄赠东溪吴处士冯一首》:“诗祖吴叔庠,致君名不尽。”

【吴俞兒舞歌】 乐府舞曲歌辞。陆龟蒙作。分剑俞、矛俞、弩俞三章。

【吴後主】 指三国吴孙皓。周昙有《咏史诗·三国门·吴后主》。

【吴風】 吴地风俗。白居易《和梦得夏至忆苏州呈卢宾客》:“水国多台榭,吴风尚管弦。”

【吴風越俗】 吴越地方之风俗。刘长卿《西陵寄一上人》:“了义惠心能善诱,吴风越俗罢淫祠。”

【吴音】 犹吴语,今江苏一带口音。刘长卿《戏赠干越尼子歌》:“人听吴音歌一曲,杳然如在诸天宿。”顾况《南归》:“乡关殊可望,渐渐入吴音。”白居易《过李生》:“何以酤我酒,吴音吟一声。”

【吴洲】 ❶指杭州。李白《与从侄杭州刺史良游天竺寺》:“诗成傲云月,佳趣满吴洲。”❷指江宁(今南京市)。岑参《送许拾遗恩归江宁拜亲》:“诏书下青琐,驷马还吴洲。”❸泛指吴地。顾况《从江西至彭蠡入浙西淮南界道中寄齐相公》:“朝行楚水阴,夕宿吴洲东。”

【吴郎】 杜甫一个姓吴的亲戚。杜甫有《简吴郎司法》《又呈吴郎》《晚晴吴郎见过北舍》。

【吴郎中】 即吴丹。丹曾为驾部郎中,故称。韩愈有《奉使常山早次太原呈副使吴郎中》。白居易有《七言十二句赠驾部吴郎中七兄》。

【吴祕】 唐诗人。《全唐诗》卷七七九录其《风光草际浮》一首。

【吴祕監】 即吴士矩。士矩开成元年为秘书监分司。白居易有《吴秘监每有美酒独酌独醉但蒙诗报不以饮招辄此戏酬兼呈梦得》。

【吴娃】 吴地的姑娘。娃,美女。李白《经乱离后赠江夏韦太守良宰》:“吴娃与越艳,窈窕夸铅红。”白居易《九日宴集醉题郡楼兼呈周殷二判官》:“胡琴铮鏦指拨刺,吴娃美丽眉眼长。”张碧《鸿沟》:“吴娃捧酒横秋波,霜天月照空城垒。”李郢《晚泊松江驿》:“还有吴娃旧歌曲,棹声遥散采菱舟。”

【吴秦】 谓春秋吴国和秦国之故地。李群玉《金塘路中》:“山连楚越复吴秦,蓬梗何年是住身。”

【吴泰伯】 周古公亶父(太王)长子,仲雍、季历之兄。太王欲传王季历及其子昌(即周文王),太伯乃与仲雍出逃至荆蛮,号勾吴。后武王追封为吴伯,故称,为春秋吴国始祖。刘景复有《梦为吴泰伯作胜儿歌》。

【吴起】 (? —前378)战国时卫国左氏(今山东曹县北)人。曾参学生,又曾受业于子夏。善用兵。初仕鲁,后仕魏。魏文侯用为将,率军击秦,攻战五城,被任为河西郡守,以备御秦、韩的进犯。为魏相公叔所忌,奔至楚国。楚悼王素闻起贤,重用之,拜为令尹。明法审令,捐不急之官,废公族疏远者,以抚养战斗之士。南平百越,北并陈、蔡,却三晋,西伐秦。起之为将,与士卒最下者同衣食。卧不设席,行不骑乘,亲裹赢粮,与士卒分劳苦。士卒有病疽者,起为吮之。悼王死,被宗室大臣杀害。见《史记·孙子吴起列传》。《汉书·艺文志》兵家有《吴子》四十八篇。今本六篇,系后人依托之作。骆宾王《夏日游德州赠高四》:“泣魏伤吴起,思赵切廉颇。”白居易《慈乌夜啼》:“昔有吴起者,母殁丧不临。”方干《贼退后别刘将军》:

“非唯吴起与穰苴，今古推排尽不如。”周昙《咏史诗·春秋战国门·公叔》：“吴起南奔魏国荒，必听公叔失贤良。”

【吴根越角】（角 jiǎo）本指吴越故地之边陲。后多泛指今江浙一带。杜牧《昔事文皇帝三十二韵》：“溪山侵越角，封壤尽吴根。”

【吴晃】　唐诗人。晃，一作“冕”。元和进士。《全唐诗》卷四九一录其《鱼上冰》一首。

【吴員外】　即吴丹。丹曾为水部员外郎，故称。白居易《听水部吴员外新诗因赠绝句》。鲍溶有《寄卢给事汀吴员外丹》。

【吴國】　❶指春秋时吴国。孟浩然《早春润州送从弟还乡》：“兄弟游吴国，庭闱恋楚关。”刘禹锡《馆娃宫二章》之一：“艳倾吴国尽，笑入楚王家。”罗隐《西施》：“西施若解倾吴国，越国亡来又是谁。”崔道融《西施滩》：“宰嚭亡吴国，西施陷恶名。”❷指三国吴国。玄宗《过王濬墓》：“吴国分牛斗，晋室命龙骧。”李白《扶风豪士歌》：“我亦东奔向吴国，浮云四塞道路赊。”胡曾《咏史诗·华亭》：“陆机西没洛阳城，吴国春风草又青。”詹敦仁《复留侯从效问刘汉刘岩改名龑字音义》：“孙休命子名，吴国尊王意。”❸五代十国之一。892年杨行密为唐淮南节度使，据扬州。902年唐昭宗希图其攻宣武朱全忠，封为吴王。建都扬州。共有二十七州。相当于今江苏、安徽、江西和湖北等省的一部分。937年为南唐所代。齐己有《送东林寺睦公往吴国》和《送徐秀才游吴国》。

【吴乘】　（—shèng）吴甸，吴地。李义府《在嶲州遥叙封禅》：“眺迥分吴乘，凌高属汉祠。”

【吴師驚燧象】　吴师，春秋时吴国的军队。燧象，燃火炬系于象尾，使冲入敌阵。《左传·定公四年》：“鍼尹固与（楚）王同舟，王使执燧象以奔吴师。”杜预注：“烧火燧系象尾使赴吴师惊却之。”孔绍安《结客少年场行》：“吴师惊燧象，燕将警奔牛。”

【吴酒】　吴地所产的美酒。魏万《金陵酬李翰林谪仙子》：“楚歌对吴酒，借问承恩初。”白居易《忆江南词三首》之三：“吴酒一杯春竹叶，吴娃双舞醉芙蓉。”刘驾《姑苏台》：“句践饮胆日，吴酒正满杯。”

【吴宫】　❶指吴王夫差所建之宫殿。李峤《燕》：“勿惊留爪去，犹冀识吴宫。”李白《双燕离》：“吴宫又焚荡，雏尽巢亦空。”张籍《吴宫怨》：“吴宫四面秋江水，江清露白芙蓉花。”温庭筠《苏小小歌》：“吴宫女儿腰似束，家在钱塘小江曲。”❷指三国吴主的宫殿。李白《登金陵凤凰台》：“吴宫花草埋幽径，晋代衣冠成古丘。”王琦注：“吴宫，谓孙权建都时所造宫室。”

【吴宫燕】　巢于吴宫之燕。春秋吴都有东西宫。据汉袁康《越绝书·外传记吴地传》载：“西宫在长秋，周一里二十六步，秦始皇帝十一年，守宫者照燕，失火烧之。”后以“吴宫燕”比喻无辜受害者。李白《野田黄雀行》：“游莫逐炎洲翠，栖莫近吴宫燕。”

【吴娥】　吴地之女子。李贺《罗浮山人与葛篇》：“欲剪箱中一尺天，吴娥莫道吴刀涩。”又《少年乐》：“吴娥未笑花不开，绿鬓耸堕兰云起。”

【吴娘】　❶吴地姑娘。白居易《对酒自勉》：“夜舞吴娘袖，春歌蛮子词。”❷曲调名。即《吴二娘曲》。白居易《寄殷协律》：“吴娘暮雨萧萧曲，自别江南更不闻。”

【吴郡】　地名。东汉顺帝时分会稽郡置。南朝时与吴兴、丹阳台称“三吴”。隋改为苏州，唐武德四年(621)旋改吴州，后又为郡。后复为苏州。天宝元年(742)，改为吴县。乾元元年(758)，复为苏州。约有今江苏长江以南全部，及长江以北迤东之南通、海门诸地。韩翃《送王少府归杭州》：“吴郡陆机称地主，钱塘苏小是乡亲。”白居易《送苏州李使君赴郡二绝句》之一：“忆抛印绶辞吴郡，衰病当时已有余。”理莹《送戴三征君还谷口旧居》：“瞻星吴郡夜，作雾华山朝。”

【吴商浩】　唐诗人。《全唐诗》卷七七四录其诗九首。

【吴姬】　❶吴地美女。孙逖《和咏廨署有樱桃》：“海鸟衔初实，吴姬扫落英。”张籍《江南行》：“江南人家多橘树，吴姬舟上织白苎。”鲍溶《吴中夜别》：“楚客秋思著黄叶，吴姬夜歌停碧云。”贯休《酷吏词》：“吴姬唱一曲，等闲破红束。”❷特指南朝陈后主妃张丽华。陆龟蒙《景阳宫井》：“古堞烟埋宫井树，陈主吴姬堕泉处。”

【吴魚嶺雁】　吴地之鱼，五岭之雁。喻书信。韩琮《春愁》：“吴鱼岭雁无消息，水誓兰情别来久。”

【吴婉】　吴地少女。皎然《顾渚行寄裴方舟》：“吴婉携笼上翠微，蒙蒙香刺罥春衣。”

【吴通微】　唐人。其父名道瓘，为道士。兄名通玄。道瓘善教童孺，大历中召入宫为太子诸王授经。德宗在东宫师道瓘，通微与其兄通玄出入宫掖，常侍奉太子游。建中四年(783)，自寿安县令迁为金部员外，召充翰林学士。传见《旧唐书》卷一九〇下、《新唐书》卷一四五。钱起有《题吴通微主人》。

【吴越】　❶春秋时吴国和越国。吴，在今江苏省东南；越，在今浙江省。李绅《泛五湖》：“吴越郡异乡，婴童及为玩。”❷指吴越之地。张九龄《感遇十二首》之五：“吴越数千里，梦寐今夕见。”李华《寄赵七侍御》：“势排吴苍上，气压吴越雄。”杜甫《喜雨》：“安得鞭雷公，滂沱洗吴越。”李商隐《行次西郊作一百韵》：“南资竭吴越，西费失河源。”❸春秋吴国和越国频繁交战，故用以喻敌对或不协调的关系。姚月华《怨诗寄杨达》之二："与君形影分吴越，玉枕经年对离别。"

【吴越王】 ❶指钱镠。五代时吴越国建立者。韩偓有《大庆堂赐宴元珰而有诗呈吴越王》。❷指钱俶。钱镠孙，钱元瓘第九子，948—978年在位。陶縠有《献诗吴越王》(句)。

【吴越曲】 (曲qǔ)即《吴趋》。李白《赠薛校书》："我有吴越曲，无人知此音。"

【吴越春秋】 书名。汉赵晔撰。十卷；叙吴自太伯至夫差，越自无余至句践期间的史实，博采民间传说，类似小说。记越国世系，多与《史记》不合。有《汉书丛书》《四部丛刊》等版本。贯休有《读吴越春秋》。

【吴越調】 指吴越地方的歌曲。李白《经乱后将避地剡中留赠崔宣城》："闷为洛生咏，醉发吴越调。"

【吴都】 ❶指春秋吴国之都城，即今江苏苏州市。李白《送王屋山人魏万还王屋》："稍稍来吴都，裴回上姑苏。"白居易《九日宴集醉题郡楼兼呈周殷二判官》："铜鱼今乃泽国节，刺史是古吴都王。"陆龟蒙《叠韵吴宫词二首》之一："肤愉吴都姝，眷恋便殿宴。"罗虬《比红儿诗》之四八："千里长江旦暮潮，吴都风俗尚纤腰。"❷指五代时吴越国之都城杭州。吴越王钱镠《筑塘》："吴都地窄兵师广，罗刹名高海众狞。"

【吴都使者】 谓吴都(今江苏苏州市)的送信人。齐己《喜得自牧上人书》："吴都使者泛惊涛，灵一传书慰毳袍。"又《贺行军太傅得白氏东林集》："常闻荆渚通侯论，果遂吴都使者传。"

【吴雲】 谓吴地天空之云。李群玉《汉阳太白楼》："青枫绿草将愁去，远入吴云暝不还。"又《醒起独酌怀友》："摘花把酒弄秋芳，吴云楚水愁茫茫。"

【吴景帝】 即孙休，字子烈，孙权第六子。温庭筠有《过吴景帝陵》。曾益等注："《吴志》：孙休字子烈，权第六子。在位七年。薨时年三十，谥曰景皇帝，葬定陵。"

【吴象之】 唐诗人。《全唐诗》卷七七七录其《阳春歌》《少年行》二首。

【吴詠】 用吴音吟诗。杜甫《夜宴左氏庄》："诗罢闻吴咏，扁舟意不忘。"

【吴童】 吴地儿童。白居易《东城晚归》："一条邛杖悬龟榼，双角吴童控马衔。"

【吴渠州】 即吴士则。士则曾为渠州刺史，故称。元稹有《赠吴渠州从姨兄士则》。

【吴涵虚】 五代时诗人。字含灵。江西人。出家为道士；居南岳，俗呼为吴猱。好睡，经旬不饮食。常言曰："人若要闲，即须懒；好勤，即不闲。"至清泰年间羽化。《全唐诗》卷八六一录其《上升歌》一首。

【吴畫】 指吴道子所画佛像。白居易《游悟真寺诗》："粉壁有吴画，笔彩依旧鲜。"段成式、张希复有《吴画联句》。郑谷《送吏部曹郎中免官南归》："箧重藏吴画，茶新换越瓯。郡迎红烛宴，寺宿翠岚楼。"

【吴朝】 ❶指三国时吴国。贯休《棋》："因知韦氏论，不独为吴朝。"❷指五代十国中的吴国。齐己《送徐秀才游吴国》："好向吴朝看，衣冠尽汉庭。"

【吴楚】 ❶指春秋战国时吴国和楚国之地。地在我国东南部，即今江苏、浙江、安徽、江西、湖北、湖南等地。大致说来，吴在洞庭湖东，楚在湖西。杜甫《登岳阳楼》："吴楚东南坼，乾坤日夜浮。"崔峒《寄上礼部李侍郎》："吴楚相逢处，江湖共泛时。"元稹《酬乐天赴江州路上见寄三首》之一："昔在京城心，今在吴楚末。"齐己《寄勉二三子》："不见二三子，悠然吴楚间。"❷指西汉景帝时吴楚两个诸侯国。李白《梁甫吟》："吴楚弄兵无剧孟，亚夫咍尔为徒劳。"

【吴楚歌】 乐府杂歌谣辞。亦称《燕美人歌》。吴、楚两地之声。七言，四句，二十八字，三平韵，一三两句皆以平起，成拗格。张籍有《吴楚歌》。

【吴掾】 即姚司法。姚为吴人，官为州掾，故称。王昌龄《送姚司法归吴》："吴掾留觞楚郡心，洞庭秋雨海门阴。"

【吴圓】 唐诗人。曾任歙州刺史。与李曜友善，有唱酬。《全唐诗》卷七六八录其《答李曜》一首。

【吴筠】 (？—778)唐诗人。著名道士。字贞节，华州华阴(今属陕西)人。少通经，善属文，举进士不第。性高洁，不奈流俗，乃入嵩山，拜著名道士潘师正为师，传正一之法，苦心钻仰，乃尽通其术，开元中，南游金陵，访道茅山。天宝初，东游天台，与李白、孔巢父等隐居剡中，逍遥泉石，相互酬唱。所著歌篇，传于京师。玄宗闻其名，召入长安，令待诏翰林。每有所陈，均切名教世务，深为玄宗所重。大历十三年(778)卒，弟子私谥为宗元先生。工诗善赋，词理宏达，文采焕发，每制一篇，人皆传颂。传见《旧唐书》卷一九二、《新唐书》卷一九六。诗见《全唐诗》卷八五三。

【吴鉤】 一种似剑而曲的兵器。传为吴王阖闾所造，故称。唐诗中多用以泛指随身所佩之刀剑。孔绍安《结客少年行》："结客佩吴钩，横行度陇头。"杜甫《后出塞五首》之一："少年别有赠，含笑看吴钩。"卢纶《割飞二刀子歌》："越戟吴钩不足夸，斩犀切玉应怀怍。"李绅《过吴门二十四韵》："旧风犹越鼓，余俗尚吴钩。"参见"吴鸿"。

【吴歈】 吴地歌曲。骆宾王《久戍边城有怀京邑》："边愁伤郢调，乡思绕吴歈。"李白《过汪氏别业二首》之二："永夜达五更，吴歈送琼杯。"高适《送崔功曹赴越》："莫恨吴歈曲，尝看《越绝书》。"李贺《江南弄》：

“吴歈越吟未终曲，江上团团帖寒玉。”

【吴會】（—kuài）秦汉会稽郡治在吴县，郡县连称为吴会。或谓东汉时分会稽郡为吴郡和会稽二郡，并称吴会。唐诗中多用以泛称吴地。陈子良《于塞北春日思归》：“我家吴会青山远，他乡关塞白云深。”李白《赠从弟宣州长史昭》：“长川豁中流，千里泻吴会。”武元衡《送吴侍御司马赴台州》：“风景轻吴会，文章变越谣。”杜牧《洛中送冀处士东游》：“胡为去吴会，欲浮沧海舟。”

【吴會吟】（會 kuài）谓吴地民歌。李白《夜泊黄山闻殷十四吴吟》：“昨夜谁为吴会吟，风生万壑振空林。”又《送曲十少府》：“试发清秋兴，因为吴会吟。”参见“吴吟”“吴會”。

【吴資】唐诗人。《全唐诗外编》（下）收录其《八公山》和《教弩台》二首。

【吴道子】唐画家。名道玄。阳翟（今河南禹州市）人。少时贫寒，幼习画业，年未二十，已穷丹青之妙。初任兖州瑕丘县尉，后浪迹东洛。开元中召入供奉，为内教博士，专在宫廷作画。其画笔法超妙，尤擅长道释人物及山水，有画圣之称。著色轻拂微染，自然超出缣素，人称吴装。欧阳炯《贯休应梦罗汉画歌》：“唐朝历历多名士，萧子云兼吴道子。”又《题景焕画应天寺壁天王歌》：“张僧繇是有神人，吴道子称无敌者。”

【吴溪】泛指吴地溪流。杜牧《新转南曹未叙朝散初秋暑退出守吴兴书此篇以自见志》：“越浦黄柑嫩，吴溪紫蟹肥。”许坚《游溧阳霞泉寺限白字》：“地枕吴溪与越峰，前朝恩赐灵泉额。”

【吴塞】吴地边塞。李涉《醉中赠崔膺》：“白浪南分吴塞云，绿杨深入隋宫路。”司空图《江行二首》之一：“地阔分吴塞，枫高映楚天。”

【吴鄉】谓吴地。李林甫《送贺监归四明应制》：“鹤驾吴乡远，遥遥南斗边。”张继《送顾况泗上觐叔父》：“吴乡岁贡足嘉宾，后进之中有此人。”郑谷《蜀中三首》之三：“子规夜夜啼巴树，不并吴乡楚国闻。”钱珝《江行无题一百首》之五十：“吴疆连楚甸，楚俗异吴乡。”

【吴綃】吴地所产用生丝织成的薄纱或薄绡。张籍《促促词》：“家中姑老子复小，自执吴绡输税钱。”陆龟蒙《圣姑庙》：“蜀彩驳霞碎，吴绡盘雾匀。”

【吴絲】谓用吴地的蚕丝做成的琴弦。李贺《李凭箜篌引》：“吴丝蜀桐张高秋，空白凝云颓不流。”

【吴夢】谓梦见所思之人至吴地。许棠《寄黔南李校书》：“中夜怀吴梦，知经滟滪波。”

【吴臺】亦称胥台，即姑苏台。在今江苏苏州市南姑苏山上，传为吴王阖闾或夫差所筑。骆宾王《宿山庄》：“露积吴台草，风入郢门楸。”刘长卿《喜李翰自越至》：“南浮沧海上，万里到吴台。”吴融《松江晚泊》：“吴台越峤两分津，万万樯乌簇夜云。”孙光宪《杨柳枝词四首》之四：“万株枯槁怨亡隋，似吊吴台各自垂。”

【吴臺草】国家衰亡或村庄凋敝之典。见汉赵晔《吴越春秋·夫差内传》。骆宾王《宿山庄》：“露积吴台草，风入郢门楸。”

【吴兢】（670—749）唐诗人、史学家。汴州浚仪（今河南开封市）人。励志勤学，博通经史。武则天时，经魏元忠、朱敬则推荐，诏入直史馆，编修国史。累月，拜右拾遗内供奉。中宗时，迁右补阙，与韦承庆、崔融、刘知几等撰《武后实录》，书成转起居郎，俄迁水部郎中。玄宗时，拜谏议大夫，依前修史。俄兼修文馆学士，历卫尉少卿、左庶子。居史职三十年，叙事简要，人皆称之。出为荆州司马，制许以史稿自随，中书令萧嵩监修国史，奏取兢所撰《国史》，得六十五卷。累迁台、洪、饶、蕲四州刺史，加银青光禄大夫，迁相州长史，封襄垣县子。天宝初，为邺郡太守，入为恒王傅。又撰《梁史》《陈史》《齐史》《周史》《隋史》，伤于疏略。家中藏书丰富，著有《吴氏西斋书目》。性耿介，修《武后实录》所叙张宗昌诱张说陷害魏元忠事，直言不讳，后张说为相，屡请更改，均遭拒绝。传见《旧唐书》卷一〇二、《新唐书》卷一三二。《全唐诗》卷一〇一录其《永泰公主挽歌二首》。

【吴榜】（—bàng）吴船。榜，棹，船桨，借指为船。皎然《送李秀才赴婺州招》：“绿水迎吴榜，秋风入楚词。”

【吴歌】吴地之歌。亦指江南民歌。孙逖《下京口埭夜行》：“江树朝来出，吴歌夜渐闻。”李白《书情题蔡舍人雄》：“楚舞醉碧云，吴歌断清猿。”杜牧《吴宫词二首》之一：“越兵驱绮罗，越女唱吴歌。”罗隐《春日叶秀才曲江》：“一曲吴歌齐拍手，十年尘眼未曾开。”

【吴語】吴地方言。刘长卿《初贬南巴至鄱阳题李嘉祐江亭》：“稚子能吴语，新文怨楚辞。”孟郊《寄义兴小女子》：“家中多吴语，教尔遥可知。”又《送李翱习之》：“新秋折藕花，应对吴语娇。”

【吴漢】（？—44）东汉初将领。字子颜，南阳宛县（今河南南阳）人。性耿介，有智术。王莽时，亡命渔阳，以贩马为业。后归刘秀，拜偏将军，征发渔阳等郡骑兵，助刘秀消灭割据势力。光武即位，任大司马，封广平侯，率军伐蜀，与公孙述屡战屡捷，又追击匈奴。《后汉书》有传。周昙《咏史诗·后汉门·光武》：“萧王得众能宽裕，吴汉归来帝业昌。”徐铉《奉和宫傅相公怀旧见寄四十韵》：“袁安辞气忠仍恳，吴汉精诚直且专。”

【吴綾】吴地出产的一种丝织品。绫，似缎而薄。韩偓《意绪》:"脸粉难匀蜀酒浓,口脂易印吴绫薄。"齐己《谢人惠十色花戕并棋子》:"海蚌琢成星落落,吴绫隐出雁翩翩。"

【吴鞏】　唐诗人。少微子。开元中为中书舍人。《全唐诗》卷一二四载其《白云溪》一首。

【吴鞋】　吴地人所做之鞋。张籍《和左司元郎中秋居十首》之八:"凭医看蜀药,寄信觅吴鞋。"

【吴監】　即吴士矩。士矩于开成元年(826)曾为秘书监分司。白居易有《雪中酒熟欲携访吴监先寄此诗》。

【吴儂】　指吴人。吴人自称曰我侬,称人曰渠侬、个侬、他农,故称。刘禹锡《福先寺雪中酬别乐天》:"才子从今一分散,便将诗咏向吴侬。"

【吴綿】　谓吴地所产之丝绵。白居易《新制布裘》:"桂布白似雪,吴绵软于云。"又《醉后狂言酬赠萧殷二协律》:"吴绵细软桂布密,柔如狐腋白似云。"

【吴質】　(177—230)三国魏文学家。字季重,济阴(郡治今山东定陶西北)人。为五官将。建安中为朝歌长,迁元城令。入魏,拜为北中郎将,进振威将军,假节都督河北诸军事,后入为侍中,封列侯。与曹丕、曹植相友善。性善音乐。李贺《李凭箜篌引》:"吴质不眠倚桂树,露脚斜飞湿寒兔。"韩偓《阑干》:"吴质谩言愁得病,当时犹不凭阑干。"

【吴劍】　吴地所产之剑。李峤《奉和杜员外扈从教阅》:"燕弧带晓月,吴剑动秋霜。"

【吴魯燕韓】　(燕 yān)指春秋时战国时吴、鲁、燕、韩诸国。周御昙《咏史诗·春秋战国门·祭足》:"吴鲁燕韩岂别宗,曾无外御但相攻。"

【吴憑】　唐人。宪宗时为永乐令,因贿赂宰相杜黄裳,事发后敕配昭州。皎然有《秋宵书事寄吴凭处士》。

【吴調】　吴中方言、语调。白居易《重答汝州李六使君见和忆吴中旧游五首》:"蜀笺写出篇篇好,吴调吟时句句愁。"

【吴潮】　谓钱塘潮。崔融《吴中好风景》:"洛渚问吴潮,吴门想洛桥。"

【吴潭】　谓今江苏宜兴的一条河流。李贺《春坊正字剑子歌》:"先辈匣中三尺水,曾入吴潭斩龙子。"《世说新语》:周处少时凶强侠气,为乡里所患;又义兴水中有蛟,山中有白额虎,并皆暴犯百姓。义兴人谓为三横,而处尤剧。或说处:杀虎、斩蛟,实冀三横唯余其一。处即刺杀虎,又入水击蛟。蛟或浮,或没,行数十里。处与之俱。经三日三夜,乡里皆谓已死,更相庆,竟杀蛟而出,闻里人相庆,始知为人情所患……遂改厉(励)。终为忠臣孝子。这里即暗用此事。义兴即今江苏宜兴,三国时属于吴,所以称"吴潭"。

【吴練】　吴地出产的白绢。因白马如匹练,后因以指白马。刘威《伤曾秀才马》:"吴练已知随影没,朔风犹想带嘶闻。"

【吴燕】　即吴宫燕。韦庄《和薛先辈见寄初秋寓怀即事之作二十韵》:"托迹同吴燕,依仁似越禽。"参见"吴宫燕"。

【吴融】　唐诗人。吴翥之孙,字子华,越州山阴(今浙江绍兴)人。刻苦学习,文辞美赡,广明、中和之间,才名甚著。龙纪元年(889)进士及第,韦昭度讨蜀,表掌书记,累迁侍御史。因事去官,流浪荆南,依节度使成汭。后召为左补阙,以礼部郎中为翰林学士,迁中书舍人。天复元年(901),昭宗复位,融作诏书十余篇,剀切精当,昭宗甚为赏识,擢升为户部侍郎。是年末,朱全忠进犯京师,昭宗逃往凤翔,融扈从不及,流寓阌乡。不久召为翰林承旨,卒于宫。工诗善文。其诗靡丽有余,而雅重不足。多为流连光景之作,少数篇什对唐末战乱亦有反映。传在《新唐书·文艺传下》,事又见《唐摭言》卷五、《唐诗纪事》卷八。诗见《全唐诗》卷六八四至六八七卷。

【吴頭】　谓吴地西部地区,今湖北汉口、大冶一带。李频《送鄂渚韦尚书赴镇》:"夏口本吴头,重城据上游。"李屿《过洞庭》:"半洪侵楚翼,一汉属吴头"。齐己《过西塞山》:"边鸿渡汉口,楚树出吴头。"

【吴醑】　吴地美酒。皎然《早春送颜主簿游越东兼谒元中丞》:"别意倾吴醑,芳声动越人。"

【吴甌】　吴地所产之茶盏。李群玉《答友人寄新茗》:"满火芳香碾曲尘,吴瓯湘水绿花新。"

【吴閶】　苏州故城阊门。欧阳詹《陪太原郑行军中丞登汾上阁即事上答》:"并州汾上阁,登望似吴阊。"

【吴縣】　春秋时吴都阖闾邑。汉为吴县,属会稽郡。隋平陈,置苏州,取州西姑苏山为名。唐属江南东道苏州。今属江苏。王昌龄《东京府县诸公与綦毋潜李颀相送至白马寺宿》:"江月照吴县,西归梦中游。"李嘉祐《春日长安送从弟尉吴县》。杜荀鹤有《送人宰吴县》。

【吴黔】　唐诗人。《全唐诗》卷八八七收录其《失题》一首。

【吴興】　(—xīng)郡名。三国吴宝鼎元年(266)分丹阳郡置吴兴郡,郡治乌程。隋仁寿二年(602)改为湖州。唐天宝元年(742)复改为吴兴郡。乾元元年(758)复为湖州,辖乌程、武康、长城、安吉、德清五县。相当于今浙江吴兴、德清、吉安、长兴等。颜真卿、耿沣《送耿沣拾遗联句》:"吴兴贤太守,临水最殷勤。"白居易《晚春寄微之并崔湖州》:"崔在吴兴元在越,出门骑马觅何人。"陆龟蒙《纪事》:"吴兴郑太守,文律颇清壮。”孙元晏《咏史诗·梁·蔡撙》:“不饮吴兴郡中水,古今能有几多人。”

【吴興才人】 指唐沈亚之。亚之,乌程人;乌程,唐吴兴郡治,故称。李贺《送沈亚之歌》:“吴兴才人怨春风,桃花满陌千里红。”

【吴諫議】 即吴丹。丹曾为谏议大夫,故称。雍陶有《哭饶州吴谏议使君》。

【吴鴻】 人名。亦钩名。相传吴王阖闾悬百金之赏命国人作金钩。有人贪求重赏杀二子吴鸿和扈稽,以其血衅金,铸成二钩。吴王果赏之百金,遂服而不离身。事见《吴越春秋·阖闾内传四》。李白《结客少年场行》:“珠袍曳锦带,匕首插吴鸿。”

【吴縑】 吴地所产之细绢。皎然《春夜赋得漉水囊歌送郑明府》:“吴缣楚练何白晰,居士持来遗禅客。”

【吴趨】 歌曲名。吴人用以歌其土风。虞世南《赋得吴都》:“《吴趋》自有乐,还似镜中游。”刘禹锡《和乐天洛下醉吟寄太原令狐相公兼见怀长句》:“昨来亦有《吴趋》咏,惟寄东都与北京。”

【吴霜】 吴地之霜,喻白发。李贺《还自会稽歌》:“吴霜点归鬓,身与塘蒲晚。”

【吴嶽】 亦作“吴岳”。即《尚书·禹贡》中的岍山,在今陕西陇县西南。杜甫《青阳峡》:“昨忆逾陇坂,高秋视吴岳。”李商隐《九成宫》:“吴岳晓光连翠巘,甘泉晚景上丹梯。”韦庄《汧阳间》:“僧寻野度归吴岳,雁带斜阳入渭城。”

【吴燭】 唐诗人。《全唐诗》卷七七〇录其《铜雀妓》一首。

【吴館】 指吴王夫差所筑的馆娃宫。遗址在今苏州市灵岩山。李商隐《子直晋昌李花》:“吴馆何时熨,秦台几夜薰?”冯浩笺注:“《御览》引《越绝书》:吴人于砚石山(即灵岩山)置馆娃宫。”

【吴隱之】 晋濮阳鄄城(今河南鄄城县)人。字处默。美姿容,美谈论,家贫而事母至孝。累官尚书郎、御史中丞、左卫将军等职。出使广州,未至州二十里,地名石门,有水曰贪泉,隐之至而饮之,赋诗曰:“古人云此水,一歃怀千金。试使夷齐饮,终当不易心。”及在州为官清廉。见《晋书·吴隐之传》传。李群玉《石门戍》:“到此空思吴隐之,潮痕草蔓上幽碑。”周昙有《咏史诗·晋门·吴隐之》。

【吴嚭】 春秋吴国太宰伯嚭。楚大夫伯州犁之孙。出亡奔吴,以功任为太宰。性善逢迎,博取吴王夫差宠信。吴破越后,他接受越贿赂,许越媾和,并屡见谗言,谮杀伍子胥。吴亡后,降越为臣。一说为越王句践所杀。张说《奉和圣制过王濬墓应制》:“有策擒吴嚭,无言让范宣。”

【吴關】 吴地的关隘,亦借指吴地。❶指春秋吴国之地。李白《西施》:“句践征绝艳,扬蛾入吴关。”又《游溧阳北湖亭赠同旅》:“长吁相劝勉,何事来吴关。”❷指三国吴之故地。李白《永王东巡歌十一首》之六:“丹阳北固是吴关,画出楼台云水间。”

【吴羹】 吴人所作之羹。以味美著称。故常用以指美味佳肴。陆龟蒙《五歌·食鱼》:“且作吴羹助早餐,饱卧晴檐曝寒背。”

【吴疆】 谓春秋吴国的疆域。钱珝《江行无题一百首》之五十:“吴疆连楚甸,楚俗异吴乡。”

【吴饒州】 即吴丹。丹曾为饶州刺史,故称。白居易《花前叹》:“几人得老莫自嫌,樊李吴韦尽成土。”原注:“樊绛州宗师、李谏议景俭、吴饶州丹、韦侍郎颢,皆旧往还,相继丧逝。”

【吴體】 诗体之一种。为拗格七律。语言通俗,取譬浅俚,多仿南方民歌声调,有江南民歌风味,故称。杜甫《愁》题下自注:“强戏为吴体。”仇兆鳌注引黄生曰:“皮陆集中亦有吴体诗,乃当时俚俗为此体耳。诗流不屑效之。杜公篇什既众,时出变调,凡集中拗律,皆属此体。”陆龟蒙有《早春雪中作吴体寄袭美》。皮日休有《奉和鲁望早秋吴体次韵》。

【吴鹽】 吴地所产之盐。亦泛指江淮一带所晒制的散末盐。色白而味淡。唐宋人吃水果喜佐以盐,渍去果酸。李白《梁园吟》:“玉盘杨梅为君设,吴盐如花皎白雪。”杜甫《夔州歌十绝句》之七:“蜀麻吴盐自古通,万斛之舟行若风。”又《客居》:“蜀麻久不来,吴盐拥荆门。”吴融《绵竹山四十韵》:“又如煮吴盐,万万盆初熟。”

【吴蠶】 谓吴地之春蚕。李贺《春昼》:“越妇支机,吴蚕作茧。”又《感讽五首》之一:“越妇未织作,吴蚕始蠕蠕。”李群玉《洞庭入澧江寄巴丘故人》:“四月桑半枝,吴蚕初弄丝。”

吞 〔tūn《广韵》吐根切,平痕,透。〕❶咽下。杜甫《阆州东楼筵奉送十一舅往青城县得昏字》:“临风欲恸哭,声出已复吞。”白居易《和答诗十首·和大觜乌》:“探巢吞燕卵,入蔟啄蚕虫。”又《思旧》:“饥来吞热物,渴来饮寒泉。”❷消灭,并吞。王昌龄《杂兴》:“无道吞诸侯,坐见九州裂。”杜甫《八阵图》:“江流石不转,遗恨失吞吴。”白居易《新乐府·西凉伎》:“自从天宝兵戈起,犬戎日夜吞西鄙。”杜牧《西山怀古》:“上吞巴汉控潇湘,怒似连山净镜光。”❸包含,涵润。岑参《热海行送崔侍御还京》:“势吞月窟侵太白,气连赤坂通单于。”韦应物《登重玄寺阁》:“山川表明丽,湖海吞大荒。”白居易《得湖州崔十八使君书与杭越邻郡因成长句代贺兼寄微之》:“越国封疆吞碧海,杭城楼阁入青烟。”殷尧藩《金陵怀古》:“江吞彭蠡来三蜀，地接昆仑带九河。”沈亚之《文祝延二阕》之一：“闽山之杭杭兮水堋堋，吞荒抱大兮香叠层。”

【吞日】 谓吸取日精。道家修炼养生之法。李商隐《玄微先生》：“弄河移砥柱，吞日侍扶桑。”

【吞白鳳】 据传汉扬雄著《太玄》梦见吐凤凰于《太玄》之上，说见《西京杂记》二。李群玉《感兴四首》之一：“子云吞白凤，遂吐《太玄》书。”参见“吐鳳”。

【吞吐】 吐纳，呼吸。韩翃《经月岩山》：“岩峦互吞吐，岭岫相追携。”王建《题台州隐静寺》：“崆洞黯淡碧琉璃，白云吞吐红莲阁。”马异《送皇甫湜赴举》：“吞吐一腹文，八音兼五色。”司空图《诗品二十四则·豪放》：“观花匪禁，吞吐大荒。”

【吞舟】 ❶吞下船只。韩愈《海水》：“海有吞舟鲸，邓有垂天鹏。”白居易《题海图屏风》：“鲸鲵得其便，张口欲吞舟。”❷《庄子·庚桑楚》：“吞舟之鱼，砀而失水，则蚁能苦之。”后因以吞舟指代大鱼，常以喻人事之大者。杜牧《感怀诗一首》：“坐幄无奇兵，吞舟漏疏网。”李群玉《洞庭驿楼雪夜宴集奉赠湘州张员外》：“所期波涛助，燀赫呈吞舟。”

【吞舟魚】 鱼可吞舟，极言其大。李白《赠从弟南平太守之遥二首》之一：“愿随任公子，欲钓吞舟鱼。”参见“吞舟❷”。

【吞明月】 谓鲸吞。韩愈、孟郊《远游联句》：“海鲸吞明月，浪岛没大沤。”

【吞併】 亦作“吞并”。❶侵占。白居易《新乐府·两朱阁》：“忆昨平阳宅初置，吞并平人几家地。”❷兼併。罗隐《自贻》：“汉武巡游虚轧轧，秦皇吞併谩驱驱。”贯休《秋末江上望》：“吞併宁唯汉，凄凉莫问陈。”

【吞並】 同“吞併”。

【吞炭】 战国时韩魏赵合力攻杀智伯。智伯门人豫让矢志为智伯报仇，恐为人识，乃变名姓为刑人，欲刺赵襄子。后又漆身为厉，吞炭为哑，使形状不可知，行乞于市，想乘机刺杀赵襄子。事见《史记·刺客列传》。周匡物《及第后谢座主》：“中夜自将形影语，古来吞炭是何人。”李瀚《蒙求》：“豫让吞炭，钼麑触槐。”

【吞食】 （—shí）囫囵吞下。韦应物《经函谷关》：“秦皇既恃险，海内被吞食。”

【吞恨】 含怨受苦而无处申诉。卢照邻《释疾文三歌》之二：“骏马停驱兮几千里，麟兮凤兮，自古吞恨无已。”

【吞啄】 啄取吞食。陆龟蒙《五歌·水鸟》：“水鸟山禽虽异名，天工各与双翅翎。雏巢吞啄即一例，游处高卑殊不停。”

【吞鳥】 晋罗含少有志尚，尝昼卧，梦一鸟文彩异常，飞入口中。其叔母朱氏曰：“鸟有文彩，汝后必有文章。”自此藻思日进。见《晋书·文苑传》。后即用为文思灿然之典。李瀚《蒙求》：“罗含吞鸟，江淹梦笔。”

【吞納】 汇合；容纳。韩愈《岳阳楼别窦司直》：“潴为七百里，吞纳各殊状。”

【吞悲】 含悲，含忍悲愤。钱起《同邬戴关中旅寓》：“吞悲问唐举，何路出屯蒙。”韩愈《辞唱歌》：“君教哭古恨，不肯复吞悲。”白居易《反鲍明远白头吟》：“胡为坐自苦，吞悲仍抚膺。”

【吞翕】 吞纳。李白《早过漆林渡寄万巨》：“漏流昔吞翕，沓浪竞奔注。”

【吞筆】 犹言含毫。元稹《送东川马逢侍御使四十韵》：“思勇曾吞笔，投虚惯用刀。”

【吞腥】 吞食腥物。杜牧《分司东都寓居履道叨承川尹刘侍郎大夫恩知上四十韵》：“海边慵逐臭，尘外怯吞腥。”

【吞鉤】 谓鱼因贪诱饵而上钩。喻祸由自取。张继《题严陵钓台》：“古来芳饵下，谁是不吞钩。”白居易《感所见》：“网外老鸡因断尾，盘中鲜鲙为吞钩。”李远《咏壁鱼》：“潜穴河图内，吞钩乙字边。”

【吞蝗】 吞食蝗虫。唐贞观二年（628），蝗虫大起。太宗为了把灾害转移给自己，不顾生病，吞噬蝗虫一条。事见《贞观实录》。刘乂《雪车》：“吾闻躬耕南亩舜之圣，为民吞蝗唐之德。”白居易《新乐府·捕蝗》：“又闻贞观之初道欲昌，文皇仰天吞一蝗。”

【吞餌】 谓鱼吞食钓饵。喻祸由自取。白居易《不如来饮酒七首》之六：“鱼烂缘吞饵，蛾燋为扑灯。”

【吞噬】 吞食。杜甫《义鹘》：“白蛇登其巢，吞噬恣朝餐。”舒元舆《坊州按狱》：“攫搏如猛虎，吞噬若狂獒。”陆龟蒙《读阴符经寄鹿门子》：“狂喉恣吞噬，逆翼争飞翻。”齐己《猛虎行》：“狐莫威，兔莫狡，饥来吞噬取肠饱。”

【吞聲】 哭而不敢出声。李白《古风》之二一：“吞声何足道，叹息空凄然。”杜甫《遣兴五首》之二：“吞声勿复道，真宰意茫茫。”孟郊《尧歌》：“父母吞声哭，禽鸟亦为啼。”李商隐《代越公房妓嘲徐公主》：“笑啼俱不敢，几欲是吞声。”

【吞聲飲恨】 忍气含恨。无名氏《霅溪夜宴诗》之二（卷八六四）：“吞声饮恨兮语无力，徒扬哀怨兮登歌筵。”

【吞蘗】 吞食黄柏。蘗，黄柏，味苦。黄滔《旅怀寄友人》：“重叠愁肠只自知，苦于吞蘗乱于丝。”

吾[1] 〔wú《广韵》五乎切，平模，疑。〕❶我。李白《感遇四首》之一：“吾爱王子晋，得道伊洛滨。”戴叔伦《江行》：“驱驰非吾愿，虚怀浩已盈。”白居易《想东游五十韵》：“志气吾衰也，风情子在不?”齐己《寄郑谷郎中》:“高名喧省闼,雅颂出吾唐。”❷山名。见“吾山”。

吾²
〔yú《集韵》牛居切,平魚,疑。〕通“鱼”。见“吾₂山”。

【吾人】 犹我们,我们众人。德宗《中和节宴百僚赐诗》:“惭非熏风唱,曷用慰吾人。”韩愈《秋雨联句》:“吾人犹在陈,僮仆诚自郄。”文宗《上元日二首》之一:“丹诚傥彻玉帝座,且共吾人庆大田。”

【吾土】 犹言我的家园。杨巨源《和汴州令狐相公白菊》:“留此非吾土,须移凤沼傍。”白居易《吾土》:“身心安处为吾土,岂限长安与洛阳。”

【吾₂山】 山名。即鱼山。在今山东东阿县。《史记·河渠书》:“殚为河兮地不得宁,功无已时兮吾山平。”裴骃集解引徐广曰:“东郡东阿有鱼山,或者是乎?”苏源明《小洞庭洄源亭宴四郡太守诗》序:“左拂蚕尾,右遵吾山。”

【吾子】 相亲爱的称呼。杜甫《短歌行赠王郎司直》:“青眼高歌望吾子,眼中之人吾老矣。”李频《喜友人厉图南及第》:“承家吾子事,登第世人情。”齐己《送休师归长沙宁觐》:“吾子此归宁,风烟是旧经。”

【吾兄】 ❶称己之兄或表兄。李白《别中都明府兄》:“吾兄诗酒继陶君,试宰中都天下闻。”刘长卿《雨中登沛县楼赠表兄郭少府》:“小邑务常闲,吾兄宦何薄。”❷对朋友的称呼。韩愈《酬司门卢四兄云夫院长望秋作》:“云夫吾兄有狂气,嗜好与俗殊酸咸。”

【吾民】 犹言我们的人民。白居易《赠友五首》之四:“天下率如此,何以安吾民?”

【吾宗】 吾之同宗。王昌龄《宿灞上寄侍御玙弟》:“吾宗秉全璞,楚得璆琳最。”

【吾君】 ❶我们的君上。戴叔伦《奉天酬别郑谏议云逵卢拾遗景亮见别之作》:“采掇献吾君,朝廷视听新。”韩愈《岐山下二首》之二:“吾君亦勤理,迟尔一来翔。”白居易《新乐府·骊宫高》:“吾君在位已五载,何不一幸乎其中。”❷对人的尊称。岑参《奉陪封大夫九日登高》:“边头幸无事,醉舞荷吾君。”

【吾躬】 我的身体。卢仝《孟夫子生生亭赋》:“然后惭愧而来归兮,大息吾躬于夫子之亭。”

【吾師】 我所学习和效法之人。李频《秋宿慈恩寺遂上人院》:“吾师无一事,不似在长安。”

【吾徒】 我等,我辈。杜甫《宴王使君宅题二首》之一:“吾徒自漂泊,世事各艰难。”又《又观打鱼》:“吾徒胡为纵此乐,暴殄天物圣所哀。”李商隐《偶成转韵七十二句赠四同舍》:“借酒祝公千万年,吾徒礼分常周旋。”

【吾曹】 我们。指同辈中人。高适《同河南李少尹毕员外宅夜饮时洛阳告捷遂作春酒歌》:“长歌满酌惟吾曹,高谈正可挥麈毛。”戎昱《冬夜宴梁十三厅》:“故人能爱客,秉烛会吾曹。”皮日休《早春病中书事寄鲁望》:“可怜真宰意,偏解困吾曹。”黄滔《喜陈先辈及第》:“今年春已到京华,天与吾曹雪怨嗟。”

【吾喪我】 指无人无我之境,见《庄子·齐物论》。王维《山中示弟》:“山林吾丧我,冠带尔成人。”

【吾道】 ❶我所奉行的道义。周贺《送忍禅师归庐岳》:“已知身事非吾道,甘卧荒斋竹满庭。”司马扎《感萤》:“爱尔持照书,临书叹吾道。”杜荀鹤《钱塘别罗隐》:“吾道天宁丧,人情日可疑。”齐己《寄江居耿处士》:“相思何以寄?吾道本空空。”❷我所行走的路程。李商隐《江上》:“前程更烟水,吾道岂淹留。”

【吾道非】 谓己所行之道未当。自咎之词。王维《送綦毋潜落第还乡》:“既至君门远,孰云吾道非。”

【吾輩】 我等,我们。白居易《池鹤八绝句·鹤答鹅》:“右军殁后欲何依,只合随鸡逐鸭飞。未必牺牲及吾辈,大都我瘦胜君肥。”杜牧《洛中送冀处士东游》:“歌阕解携去,信非吾辈流。”

【吾儕】 我辈,我等。杜甫《宴胡侍御书堂》:“今夜文星动,吾侪醉不归。”韦应物《种瓜》:“信非吾侪事,且读古人书。”皮日休《醉中偶作呈鲁望》:“溪云涧鸟本吾侪,刚为浮名事事乖。”

【吾廬】 我的住宅。白居易《寄皇甫七》:“孟夏爱吾庐,陶潜语不虚。”又《出府归吾庐》:“出府归吾庐,静然安且逸。”薛能《老圃堂》:“邵平瓜地接吾庐,谷雨干时偶自锄。”

【吾黨】 犹吾辈,吾侪。黄滔《送翁员外承赞》:“谁言吾党命多奇,荣美如君历数稀。”又《经安州感故郑郎中二首》之一:“腾身飞上凤凰阁,惆怅终乖吾党情。”

【吾屬】 (—shǔ)我辈,我等,我们这些人。李颀《欲之新乡答崔颢綦毋潜》:“吾属交欢此何夕,南家捣衣动归客。”李白《古风》之三一:“秦人相谓曰,吾属可去矣。”清昼《泛长城东溪暝宿崇光寺寄处士陆羽联句》:“安得扣关子,玄言对吾属。”

否¹
〔fǒu《广韵》方久切,上有,非。〕❶否定。卢注《酒胡子》:“可亦不在心,否亦不在面。”❷用在句尾表示询问。王维《杂诗三首》之一:“常有江南船,寄书家中否?”杜甫《将适吴楚留别章使君留后兼幕府诸公得柳字》:“中原消息断,黄屋今安否?”杨巨源《寄江州白司马》:“江州司马平安否?惠远东林住得无?”徐铉《严相公宅牡丹》:“不知更许凭栏否,烂熳春光未肯残。”

否² 〔pǐ《广韵》並鄙切，上旨，并。〕❶闭塞，不通。李群玉《将之京国赠薛员外》："亨通与否闭，物理相沉浮。"又《始忝四座奏状闻荐蒙恩授官旋进歌诗延英宣赐言怀纪事呈同馆诸公二十四韵》："祇征《大易》言，物否不可终。"❷《易》卦名。䷋，坤下乾上。表示天地不交，上下隔阂，闭塞不通之象。玄宗《过晋阳宫》："运革祚中否，时迁命兹符。"吕岩《瑶头坯歌》："剥而复，否而泰。"❸恶；败。高适《奉酬北海李太守丈人夏日平阴亭》："当昔皇运否，人神俱未宁。"韩愈《元和圣德诗》："皇帝正直，别白善否。"韦表微《池州夫子庙麟台》："运极数残，德至时否。"吴融《过邓城县作》："未知尧桀谁臧否，可便彭殇有短长。"亦用以指恶运。王绩《古意六首》之三："弃置谁怨尤，自我招此否。"

【否₂泰】《周易》二卦名。天地交谓之"泰"，天地不交谓之"否"，故称运命通塞为"否泰"。王昌龄《宿灞上寄侍御玙弟》："哲弟感我情，问《易》穷否泰。"贾至《自蜀奉册命往朔方途中呈门下崔侍御》："古来有屯难，否泰长相因。"张继《送邹判官往陈留》："应将否泰理，一问鲁诸生。"吴筠《览古十四首》之二："兴亡道之运，否泰理所全。"

【否₂极】谓恶运至极点。元稹《遭风二十韵》："哪知否极休征至，渐觉宵分曙气催。"陈陶《赠江西周大夫》："否极生大贤，九元降灵气。"

【否₂极泰來】意即厄运终而好运至。闭塞到极点就会转向通泰。王维《哭祖六自虚》："否极尝闻泰，嗟君独不然。"李商隐《送千牛李将军赴阙五十韵》："否极时还泰，屯余运果亨。"韦庄《湘中作》："否去泰来终可待，夜寒休唱饭牛歌。"

【否₂運】谓恶运。张九龄《经江宁览旧迹至玄武湖》："否运争三国，康时劣九州。"

【否₂臧】❶好坏，善恶。否，恶；臧，善。李颀《送刘四》："辞满如脱屣，立言无否臧。"无可《赠诗僧》："来谒吾曹者，呈诗问否臧。"曹邺《奉命齐州推事毕寄本府尚书》："偶于擒纵间，尽得见否臧。"❷品评，褒贬。杜甫《赠秘书监江夏李公邕》："否臧太常议，面折二张势。"来鹄《圣政纪颂》："曷以致此，史文不张。后必非笑，将来否臧。"

吠 〔fèi《广韵》符廢切，去廢，奉。〕狗叫。李白《访戴天山道士不遇》："犬吠水声中，桃花带雨浓。"钱起《罢官后酬元校书见赠》："邻犬吠初服，家人愁斗储。"唐彦谦《夏日访友》："高轩俯清流，一犬隔花吠。"

【吠聲】狗叫声。白居易《和答诗十首·答箭镞》："一盗既流血，百犬同吠声。"

呃¹ 〔è〕亦作"呝"。象声词。见"呃喔"。

呃² 〔ài《广韵》烏界切，去怪，影。〕不平声。陆龟蒙《杂讽九首》之三："斯人道仍闳，不得不鸣呃。"

【呃喔】（—wō）象声词。禽鸟啼声。韩愈《咏雪赠张籍》："误鸡宵呃喔，惊雀暗裴回。"

呀¹ 〔xiā《广韵》許加切，平麻，曉。〕❶大、空貌。白居易《初入峡有感》："瞿唐呀直泻，滟滪屹中峙。"李群玉《浔阳观水》："朝宗汉水接阳台，呛呀填坑吼作雷。"❷张口。岑参《太一石鳖崖口潭旧庐招王学士》："石门吞众流，绝岸呀层峦。"见"呀呀"。❸宽广空洞。见"呀回""呀㾽""呀豁"。

呀² 〔yā《广韵》五加切，平麻，疑。〕高大。韩愈《南山诗》："惊呼惜破碎，仰喜呀不仆。"见"呀₂呀₂❶"。❷象声词。见"呀₂呀₂❷"。

【呀₂吁】（—xū）集体劳动时呼应声。卢肇《汉堤诗》："疲癃鳏独，奋有筋膂；呀吁来助，提筐负筥。"

【呀回】深广貌。元结《与瀼溪邻里》："峰谷呀回映，谁家无泉源。"

【呀坑】淤坑。杜甫《解忧》："呀坑瞥眼过，飞橹本无蒂。"仇兆鳌注："呀坑者，淤坑，如口之呀开也。"

【呀呀】（—xiā）开口，张嘴。独孤及《和李尚书画射虎图歌》："饥虎呀呀立当路，万夫震恐百兽怒。"李贺《荣华乐》："金蟾呀呀兰烛香，军装武妓声琅珰。"刘叉《冰柱》："反令井蛙壁虫变容易，背人缩首竞呀呀。"白居易《放鱼》："无声但呀呀，以气相煦濡。"

【呀₂呀₂】❶高貌。韩愈《月蚀诗效玉川子作》："东方青色龙，牙角何呀呀。"❷象声词。卢仝《示添丁》："不知四体正困惫，泥人啼哭声呀呀。"

【呀谷】大山谷。孟郊《石淙》之四："磴雪入呀谷，掬星洒遥天。"

【呀呷】吞吐开口貌。李白《酬中都小吏携斗酒双鱼于逆旅见赠》："双鳃呀呷鳍鬣张，跋剌银盘欲飞去。"徐凝《竞渡》："呀呷汀洲动，喧阗里巷空。"

【呀空】耸空，凌空。郑损《星精石》："突险呀空龙虎蹲，由来英气蓄寒根。"陆龟蒙《奉和袭美太湖诗二十首·晓次神景宫》："呀空雪牙利，嗽水石齿冷。"

【呀㾽】宽广深远貌。柳宗元《游朝阳岩遂登西亭二十韵》："西亭构其巅，反宇临呀㾽。"

【呀啄】张口啄食。卢仝《月蚀诗》："弧矢引满反射人，天狼呀啄明煌煌。"

【呀然】❶张口貌。杜甫《南池》："呀然阆城南，枕带巴江腹。"孟郊《峡哀》之五："谗人峡虬心，渴罪呀然浔。"刘禹锡《唐侍御见征继作》："高殿呀然压苍巘，俯瞰长江疑欲吞。”❷深广貌。白居易《太湖石》：“邈矣仙掌迥，呀然剑门深。”

【呀豁】　辽阔空旷。王建《温门山》：“崩崖欲相触，呀豁断行迹。”韩愈《赠刘师服》：“羡君齿牙牢且洁，大肉硬饼如刀截。我今呀豁落者多，所存十余皆兀鼿。”陆龟蒙《奉和袭美太湖诗二十首·初入太湖》：“坑来斗呀豁，涌处惊嵯崒。”

呐　〔nè《广韵》女劣切，入薛，娘。〕言语迟钝。见“呐呐”。

【呐呐】　形容言语迟钝。元稹《旱灾自咎贻七县宰》：“累累妇拜姑，呐呐翁语孙。”

告　〔gào《广韵》古到切，去號，見。〕❶上报。李颀《与诸公游济渎泛舟》：“玄冥掌阴事，祝史告年丰。”参见“告訴❶”。❷语，告诉。杜甫《桃竹杖引赠章留后》：“重为告曰：杖兮杖兮，尔之生也甚正直，慎勿见水踊跃学变化为龙，使我不得尔之扶持。”张籍《送远曲》：“行人告我挂帆去，此去何时返故乡。”郭周藩《潭子池》：“普遍拯疲俗，丁宁告亲知。”❸祷告；祈求。来鹄《鄂渚除夜书怀》：“难归故国干戈后，欲告何人雨雪天。”皮日休《吴中苦雨因书一百韵寄鲁望》：“念涝为之灾，拜神再三告。”苏拯《水旱祷》：“祷祈勿告天，酒浆勿浇地。”❹谓事成以告人。《舞曲歌辞·凯乐歌辞·贺圣欢》：“戎衣更不著，今日告功成。”包佶《祀风师乐章·奠币登歌》：“旨酒告洁，青蘋应候。”于邵《释奠武成王乐章·送神》：“黝縓就瘗，豆笾告撤。”周贺《送杨岳归巴陵》：“何处得乡信，告行当雨天。”

【告存】　慰问。《礼记·王制》：“八十，月告存。”唐孔颖达疏：“告，谓问也，君每月使人致膳，告问存否。”崔枢《赐耆老布帛》：“庆洽时方泰，仁沾月告存。”

【告成】　❶谓事成上报。太宗《两仪殿赋柏梁体》：“登封日观禅云亭，太常具礼方告成。”贺知章《唐禅社首乐章·福和》：“穆穆天子，告成岱宗。”息夫牧《冬夜宴萧十丈因饯殷郭二子西上》：“政既告成，德以永贞。”李益《大礼毕皇帝御丹凤门改元建中大赦》：“升中告成答玄贶，泥金检玉昭鸿恩。”❷县名。隋阳城县，唐登封元年(696)，将有事嵩山，改为告成县。故城在今河南登封市南。许棠有《送从弟筹任告成尉》。

【告休】　自请引退，辞职。韩翃《赠王逖》：“端笏事龙楼，思闲辄告休。”

【告别】　辞别，分别。杜甫《新婚别》：“暮婚晨告别，无乃太匆忙。”裴度《宴兴化池亭送白二十二东归联句》：“东洛言归去，西园告别来。”贾岛《闻蝉感怀》：“正遇友人来告别，一心分作两般悲。”韩偓《六言三首》之一：“幽欢不尽告别，秋河怅望平明。”

【告身】　古代授官的文凭。权德舆有《河南崔尹即安喜从兄宜于室家四十余岁一昨寓书病传永写告身既枉善祝因成绝句》。

【告命】　谓上天以文书垂告下民。郑余庆《享太庙乐章·文明舞》：“三元告命，四极骏奔。”

【告急】　遇急难求救于人。韩偓《北齐二首》之二：“犯寒猎士朝频戮，告急军书夜不通。”

【告哀】　报告噩耗。于鹄《哭王都护》：“告哀乡路远，助葬戍城空。”

【告捷】　宣告战争胜利。玄宗《平胡》：“一麾克定，告捷相仍。”高适《同河南李少尹毕员外宅夜饮时洛阳告捷遂作春酒歌》：“半醉忽然持蟹螯，洛阳告捷倾前后。”

【告虔】　表示虔诚。吴融《浐水席上献座主侍郎》：“暖泉宫里告虔回，略避红尘小宴开。”

【告畢】　宣告完毕。顾况《上古之什补亡训传十三章·十月之郊一章》：“绘事告毕，宾筵秩秩。”

【告旋】　宣告返回。《郊庙歌辞·祀九宫贵神乐章·福和》：“祀既云毕，明灵告旋。”吴筠《同刘主簿承介建昌江泛舟作》：“酣畅迷夜久，迟迟方告旋。”

【告報】　告诉，言说。元稹《阳城驿》：“往来相告报，县尹与公侯。”白居易《贺雨》：“欢呼相告报，感泣涕沾胸。”

【告期】　告以时期。王维《送秘书晁监还日本国》序：“百神受职，五老告期。”

【告善】　国君奖励人臣进谏，见《管子·桓公问》。李峤《旌》：“告善康庄侧，求贤市肆中。”

【告訴】　❶向上申诉、诉说。杜甫《送顾八分文学适洪吉州》：“请哀疮痍深，告诉皇华使。”元稹《树上乌》：“吾不会天教尔辈多子孙，告诉天公天不言。”杜牧《李甘诗》：“指名为锢党，状迹谁告诉。”❷向人诉说不如意之事。孟郊《雪》：“咽言词不成，告诉情状摧。”白居易《和晨兴因投问龟儿》：“去我四千里，使我告诉谁。”又《慈乌夜啼》：“声中如告诉，未尽反哺心。”❸泛指一般向人传言。杜甫《江畔独步寻花七绝句》之一：“江上被花恼不彻，无处告诉只颠狂。”又《山寺》：“山僧衣蓝缕，告诉栋梁摧。”

【告幣】　以束帛祭祀。陈叔达《州城西园入斋祠社》：“祈年服垂冕，告币动褰帷。”

【告徵】　预告吉凶征兆。魏征《享太庙乐章·大明舞》：“望云彰德，察纬告征。”

【告廟】　天子、诸侯有大事先告于祖庙。韩愈《元和圣德诗》：“来献阙下，以告庙社。”

【告謝】　告退。魏征《五郊乐章·赤帝徵音》：“青阳告谢，朱明戒序。”

【告歸】 ❶谓官吏请假回家。卢象《八月十五日赋是诗三首》之一:“谢病始告归,依然入桑梓。”杜甫《万丈潭》:“告归遗恨多,将老斯游最。”韦应物《任洛阳丞答前长安田少府问》:“告归应未得,荣宦又知疏。”❷告辞。杜甫《梦李白二首》之二:“告归常局促,苦道来不易。”邵谒《送从弟长安下第南归觐亲》:“征徒忽告归,执袂殷勤论。”

【告辭】 告别。洛中举子《又赠妓茂英》序:“一日告辞,帅开筵送别。”

呋 〔yāo《广韵》於交切,平肴,影。〕象声词。见“呋嗗”。

【呋嗗】 (—wā)形容恶鸟鸣声。元稹《大觜乌》:“音声甚呋嗗,潜通妖怪词。”

听 〔yǐn《广韵》宜引切,上軫,疑。又牛谨切,上隱,疑。〕见“听听”。

【听听】 犬吠声。同“狺狺”。杜甫《大云寺赞公房》之二:“泱泱泥污人,听听国多狗。”

吟 〔yín《广韵》魚金切,平侵,疑。又宜禁切,去沁,疑。〕❶叹息。李白《陪族叔当涂宰游化城寺升公清风亭》:“清乐动诸天,长松自吟哀。”杜甫《病马》:“物微意不浅,感动一沉吟。”孟郊《自商行谒复州卢使君虔》:“独泪起残夜,孤吟望初晨。”鱼玄机《隔汉江寄子安》:“江南江北愁望,相思相忆空吟。”❷鸣,啼。宋鼎《酬故人还山》:“思鸟吟高树,游鱼戏浅沙。”杜甫《彭衙行》:“参差谷鸟吟,不见游子还。”张祜《题李渎山居玉潭》:“何当烟月下,一听夜龙吟。”刘沧《留别山中友人》:“别后寂寥无限意,野花门路草虫吟。”❸吟哦;吟唱。李白《闻谢杨儿吟猛虎词因此有赠》:“同州隔秋浦,闻吟猛虎词。”杜甫《楠树为风雨所拔叹》:“我有新诗何处吟,草堂自此无颜色。”白居易《赠同座》:“薄解灯前舞,尤能酒后吟。”李商隐《乐游原》:“无悰托诗遣,吟罢更无悰。”徐铉《天阙山绝句》:“寒风天阙晚,尽日倚轩吟。”❹呻吟。杜甫《乾元中寓居同谷县作歌七首》之二:“此时与子空归来,男呻女吟四壁静。”元稹《酬乐天东南行一百韵》:“我病方吟越,君行已过湖。”❺吹奏。杨系《小苑春望宫池柳色》:“玉笛吟何得,金闺画岂成。”杨凝《送客往鄜州》:“晓上关城吟画角,暗驰羌马发支兵。”亦指吹奏之声。赵抟《琴歌》:“凤啭吟幽鹤舞时,捻弄铮摐声亦在。”❻指与作诗或诗人有关的事物。见“吟社”“吟壇”“吟鞭”。❼诗体名。元稹《乐府古题序》:“《诗》讫于周,《离骚》讫于楚。是后,诗之流为二十四名,赋、颂、铭、赞、文、诔、箴、诗、行、咏、吟、题、怨、叹、章、篇、操、引、谣、讴、歌、曲、词、调,皆诗人六义之余。”李白有《梁甫吟》。孟郊有《游子吟》。

【吟人】 诗人。熊皎《月中桂》:“莫言望夜无攀处,却是吟人有得时。”

【吟白蘋】 白萍,指南朝梁柳恽的《江南曲》。因此诗有“汀州采白萍”之语,故代称之。此诗写春日旅中客情,抒发思旧怀归之意。见《玉台新咏》卷五。后世诗文中遂以“吟白萍”表达怀人思乡的情绪。储嗣宗《晚眺徐州延福寺》:“今日惜携手,寄怀吟白蘋。”

【吟句】 吟咏诗句。陆龟蒙《京口与友生话别》:“系帆留宿客,吟句任羸骖。”

【吟次】 吟咏之时。黄滔《寄献梓橦山侯侍御》:“梦余蟾隐映,吟次鸟绵蛮。”

【吟弄】 吟咏;吟唱。李白《凤凰曲》:“嬴女吹玉箫,吟弄天上春。”李贺《湘妃》:“蛮娘吟弄满寒空,九山静绿泪花红。”李商隐《戊辰会静中出贻同志二十韵》:“吟弄东海若,笑倚扶桑春。”

【吟步】 行吟,边走边吟诗。朱庆余《赠陈逸人》:“朝昏吟步处,琴酒与谁同?”

【吟吼】 吼叫。杜甫《送重表侄王砅》:“下云风云合,龙虎一吟吼。”

【吟社】 诗社。高骈《寄鄠杜李遂良处士》:“吟社客归秦渡晚,醉乡渔去渼陂晴。”又《途次内黄马病寄僧舍呈诸友人》:“好与高阳结吟社,况无名迹达珠旒。”

【吟玩】 吟咏玩味。玄宗《首夏花萼楼观群臣宴宁王山亭赋诗》序:“吟玩乘风,不知衷情之发于翰墨也。”白居易《酬微之》:“吟玩独当明月夜,伤嗟同是白头时。”许棠《陪友人夏夜对月》:“烦蒸惊顿绝,吟玩畏闻鸡。”

【吟披】 吟咏披览。吕温《上官昭容书楼歌》:“吟披啸卷终无已,皎皎渊机破研理。”

【吟味】 ❶体会玩味。贯休《寄栖一上人》:“雨声虽到夜,吟味不如秋。”徐铉《送黄梅江明府》:“一首新诗无限意,再三吟味向秋云。”❷品味。李群玉《龙山人惠石廪方及团茶》:“持瓯默吟味,摇膝空咨嗟。”

【吟呻】 咏诵。刘禹锡《送僧方及南谒柳员外》引:“有辄求其词吟呻之,拳拳然。”

【吟苦】 吟诗之苦。林宽《下第寄欧阳瓒》:“莫作江宁王少府,一生吟苦竟谁知。”

【吟卧】 朗吟高卧。形容闲适。孟浩然《宿立公房》:“能令许玄度,吟卧不知还。”

【吟侣】 诗友。杜荀鹤《寄温州崔博士》:“好向贤侯话吟侣,莫教辜负少微星。”

【吟風】 ❶对风吟咏。窦牟《陪韩院长韦河南同寻刘师不遇》:“独游应驻马,相顾且吟风。”薛少殷《临川羡鱼》:“向水烟波夕,吟风岁月迁。”❷谓在风中有节奏地作响。王绩《古意六首》之二："绿叶吟风劲，翠茎犯霄密。"卢纶《孤松吟酬浑赞善》："露重色逾鲜，吟风似远泉。"

【吟客】 谓诗人。周贺《投江州张郎中》："噪蝉寄宿壳，吟客寄秋身。"郑谷《寄献狄右丞》："身为醉客思吟客，官自中丞拜右丞。"齐己《和孙支使惠示院中庭竹之什》："护噪蝉身稳，资吟客眼明。"

【吟酌】 边吟诗边饮酒。雍陶《和刘补阙秋园寓兴六首》之二："独坐还吟酌，诗成酒已空。"

【吟哦】 ❶吟咏，作诗。白居易《诗解》："只拟江湖上，吟哦过一生。"郑谷《春夕伴同年礼部赵员外省直》："锦帐名郎重锦科，清宵寓直纵吟哦。"❷叹息。韩愈《石鼓歌》："日销月铄就埋没，六年西顾空吟哦。"

【吟骨】 指诗作中表现的骨气、精神。杜荀鹤《读诸家诗》："辞赋文章能者稀，难中难者莫过诗。直应吟骨无生死，只我前身是阿谁。"

【吟殺】 极言吟咏之多。杀为加强语气之助字。韦庄《奉和左司郎中春物暗度感而成章》："才喜新春已暮春，夕阳吟杀倚楼人。"

【吟眺】 吟咏眺望。权德舆《苏小小墓》："风流有佳句，吟眺一伤心。"孟贯有《早秋吟眺》。

【吟鳥】 善鸣之鸟。谭用之《送僧中孚南归》："莫道翩翩去如梦，本来吟鸟在林泉。"

【吟望】 吟咏，眺望，杜甫《秋兴八首》之八："彩笔昔游干气象，白头吟望苦低垂。"

【吟景】 为诗文所状摹的景致。杜荀鹤《寄温州朱尚书并呈军倅崔太博》："山从海岸妆吟景，水自城根演政声。"

【吟筆】 作诗之笔。刘昭禹《赠惠律大师》："风月资吟笔，杉篁笼静居。"

【吟詠】 ❶吟诗；写诗。孟浩然《来阇黎新亭作》："静中何所得，吟咏也徒哉。"刘禹锡《送河南皇甫少尹赴绛州》："从此洛阳社，吟咏属书生。"白居易《问远师》："荤膻停夜食，吟咏散秋怀。"唐彦谦《八月十六日夜月》："赖将吟咏聊惆怅，早日疏顽耐别离。"❷借指诗作。白居易《读李杜诗集因题卷后》："吟咏留千古，声名动四夷。"贾岛《戏赠友人》："笔砚为辘轳，吟咏作縻绠。"❸吟读；有节奏地诵读。杜甫《至后》："愁极本凭诗遣兴，诗成吟咏转凄凉。"韦应物《春日郊居寄万年吉少府中孚三原少府伟夏》："独饮涧中水，吟咏老氏书。"

【吟登】 吟诗和登山游玩。周繇《送洛阳崔员外》："郡斋台阁满，公退即吟登。"

【吟想】 沉吟思念。权德舆《和九华观见怀贡院八韵》："支颐一吟想，恨不双翻飞。"

【吟會】 为吟诗而集会。孟浩然《同曹三御史行泛湖归越》："泛湖同逸旅，吟会是思归。"

【吟詩】 作诗。白居易《赠皇甫六张十五李二十三宾客》："家未苦贫常酝酒，身虽衰病尚吟诗。"项斯《送顾非熊及第归茅山》："吟诗三十载，成此一名难。"曹松《书怀》："吟诗应有罪，当路却如仇。"

【吟詩石】 诗人之砚。方干《寄普州贾司仓岛》："莫问吟诗石，年年芳草平。"亦省称"吟石"。齐己《和郑谷郎中幽栖之什》："墨沾吟石黑，苔染钓船青。"

【吟詩侶】 作诗的朋友，诗友。张乔《思宜春寄友人》："旧日吟诗侣，何人更不眠。"

【吟遊】 吟咏游赏。许棠《题汧湖二首》之一："吟游终不厌，还似曲江头。"

【吟魂】 ❶诗人之灵魂。杜荀鹤《秋日泊浦江》："江月渐明汀露湿，静驱吟魂入玄微。"翁承赞《访建阳马驿僧亚齐》："吟魂惜向江村老，空性元知世路迷。"李中《哭舍弟二首》之一："鸿雁离群后，成行忆日存。谁知归故里，只得奠吟魂。"❷谓诗情；诗思。李咸用《雪》："高楼四望吟魂敛，却忆明皇月殿归。"杜荀鹤《秋夕》："世间多少能诗客，谁是无愁得睡人。自我夜来霜月下，到头吟魂始终身。"刘昭禹《送人红花栽》："长安多未识，谁想动吟魂。"

【吟魂醉魄】 谓醉酒诗人之灵魂。李洞《吊曹监》："吟魂醉魄归何处，御水呜呜夜绕门。"

【吟僧】 善吟诗之僧，诗僧。张乔《送郑侍御赴汴州辟命》："朝客多相恋，吟僧欲伴行。"杜荀鹤《春日山中对雪有作》："牢系鹿儿防猎客，满添茶鼎候吟僧。"齐己《寄许州清古》："北来儒士说，许下有吟僧。"

【吟誦】 谓有节奏地诵读诗文。李白《游泰山六首》之四："吟诵有所得，众神卫我形。"

【吟鄰】 诗人的邻居。杜荀鹤《经青山吊李翰林》："谁移耒阳冢，来此作吟邻。"

【吟髮】 诗人的头发。杜荀鹤《秋晨有感》："吟发不长黑，世交无久情。"

【吟歎】 叹息。李白《秋日炼药院镊白发赠元六兄林宗》："时来极天人，道在岂吟叹。"元稹《酬乐天东南行诗一百韵》序："十三年，予以赦当迁，简省书籍，得是八篇，吟叹方极，适崔果州使至，为予致乐天。"

【吟賞】 吟咏欣赏。顾况《梅湾》："山深不吟赏，辜负委苍苔。"窦洵直《鸟散余花落》："微臣一何幸，吟赏对寒居。"方干《胡中丞早梅》："谢公吟赏愁飘落，可得更拈长笛吹。"

【吟論】 吟咏议论。裴说《题岳州僧舍》："与师吟论处，秋水浸遥天。"

【吟髭】 诗人的胡须。杜荀鹤《乱后再逢汪处士》："笑我于身苦，吟髭白数茎。"

【吟壇】 诗坛。牟融《过蠡湖》："几度篝帘相对处，无边诗思到吟坛。”

【吟嘯】 ❶唉声长叹。李白《赠张相镐二首》之二：“抚剑夜吟啸，雄心日千里。”孟贯《寄山中高逸人》：“烟霞多放旷，吟啸是寻常。”❷吟咏；吟诗。孟郊《访疾》：“请君吟啸之，正气庶不讹。”陆龟蒙《和袭美寒日书斋即事三首每篇各用一韵》之一：“不必探幽上郁冈，公斋吟啸亦何妨。”李中《闲居言怀》：“病后倦吟啸，贫来疏友朋。”

【吟興】 （—xìng）吟诗之兴趣。刘得仁《夜携酒访崔正字》：“吟兴忘饥冻，生涯任有无。”杜荀鹤《冬末同友人泛潇湘》：“残腊泛舟何处好，最多吟兴是潇湘。”王贞白《送友人南归》：“若教吟兴足，西笑是何年。”

【吟餘】 吟过诗，吟诗之后。李频《长安夜怀》：“梦永秋灯灭，吟余晓露明。”

【吟諷】 吟咏讽诵。杜甫《寄刘峡州伯华使君四十韵》：“会期吟讽数，益破旅愁凝。”白居易《病中诗十五首》序：“旬月以还，厥疾少间，杜门高枕，澹然安闲，吟讽兴来，亦不能遏，因成十五首，题为《病中诗》。”

【吟龍】 吟吼之龙。熊皎《九华望庐山》：“冷侵醉榻铺秋色，高亚吟龙送水声。”

【吟澤】 吟诗于水边。语出《楚辞・渔父》：“屈原既放，游于江潭，行吟泽畔。”孟郊《旅次湘沅有怀灵均》：“吟泽洁其身，忠节宁见输。”

【吟聲】 ❶吟诗之声。白居易《宣州寄题郡斋》：“谢玄晖殁吟声寝，郡阁寥寥笔砚闲。”雍陶《离京城宿商山作》：“山月吟声苦，春风引思长。”杜荀鹤《和友人见题山居水阁八韵》：“和君诗句吟声大，虫豸闻之谓蛰雷。”❷鸟鸣之声。白居易《有双鹤留在洛中予以二绝句答之》之二：“见君惊喜双回顾，应为吟声似主人。”

【吟鞭】 诗人的马鞭。诗人乘马赋诗，边挥鞭，边吟哦，故称。牟融《春游》：“笑拂吟鞭邀好兴，醉敧乌帽逞雄谈。”

【吟斷】 吟煞；吟尽。断，尽，住。李商隐《晋昌晚归马上赠》：“征南予更远，吟断望乡台。”

【吟譚】 吟诗谈笑。陆龟蒙《奉和袭美初夏游楞伽精舍次韵》：“吟谭乱篙舻，梦寐杂巘崿。”

【吟懷】 作诗的情怀。杜荀鹤《近试投所知》：“白发随梳落，吟怀说向谁！”

【吟繹】 吟诵寻绎。杨於陵《和权载之离合诗》：“昨来恣吟绎，日觉袪蒙鄙。”

【吟嚼】 （jué）吟咏咀嚼。贯休《避地毗陵寄东阳王使君三首》之二：“自怜不是悠悠者，吟嚼真风二十年。”

【吟讀】 吟咏诵读。白居易《和答诗十首》序：“时一吟读，心甚贵重。”

含

〔hán《广韵》胡男切，平覃，匣。〕❶口中衔物。见“含哺”“含桃”“含齒”“含筆”。❷包而未露；包涵，含有。李白《送韩准裴政孔巢父还山》：“韩生信英彦，裴子含清真。”白居易《有木诗八首》之三：“中含害物意，外矫凌霜色。”雍陶《送客二首》之二：“行人立马强盘回，别字犹含未忍开。”参见“含英”“含情”“含葩”。❸怀有；具有。杜甫《枯柟》：“犹含栋梁具，无复霄汉志。”又《石研诗》：“公含起草姿，不远明光殿。”刘长卿《观李凑所画美人障子》：“爱尔含天姿，丹青有殊智。”刘禹锡《始闻蝉有怀白宾客去岁白有闻蝉见寄诗云只应催我老兼遣报君知之句》：“人含不平意，景值欲秋时。”又《客有为余话登天坛遇雨之状因以赋之》：“蛟龙露鬐鬣，神鬼含变态。”❹笼罩；迷漫。太宗《初春登楼即目观作述怀》：“绮峰含翠雾，照日蕊红林。”康庭芝《咏月》：“天使下西楼，光含万里秋。”刘长卿《送薛据宰涉县》：“裴回白日隐，暝色含天地。”戴叔伦《游少林寺》：“双树含秋色，孤峰起夕阴。”钱珝《江行无题一百首》之三：“浦烟含夜色，冷日转秋旻。”❺隐蔽，不显露。韦应物《答崔都水》：“郡斋有佳月，园林含清泉。”又《蓝岭精舍》：“绿林含萧条，飞阁起弘敞。”白居易《新乐府・牡丹芳》：“映叶多情隐羞面，卧丛无力含醉妆。”崔公信《和太原张相公山亭怀古》：“叠石状崖巘，翠含城上楼。”❻泛出；照射。崔国辅《卫艳词》：“淇上桑叶青，青楼含白日。”皎然《晨登乐游原望终南积雪》：“曜彩含朝日，摇光夺寸眸。”鱼玄机《早秋》：“嫩菊含新彩，远山闲夕烟。”

【含山】 县名。本汉历阳县。唐武德六年(623)置含山县，八年废。长安四年(704)复，为武寿县。神龙元年(705)复为含山，属和州。今属安徽。韦庄有《含山店梦觉作》。

【含元仗】 谓含元殿之仪仗。杜甫《杨监又出画雁十二扇》：“忆昔骊山宫，冬移含元仗。”参见“含元殿”。

【含元殿】 唐都长安丹凤门内正殿。唐初建造，凿龙首山以为基址，彤墀扣砌，高五十余丈。每元朔朝会，禁军御仗，宿于殿庭，金甲葆戈，杂以绮绣，文武缨佩序立，蕃胡夷长，仰观玉座，如在霄汉。张祜《元日仗》：“上皇一御含元殿，丹凤门开白日明。”韦庄《秦妇吟》：“含元殿上狐兔行，花萼楼前荆棘满。”

【含仁蓄德】 涵蕴仁义道德。玄宗《春中兴庆宫酺宴》序：“夫抱器怀才，含仁蓄德，可以坐而论道者，我于是乎辟重门以纳之。”

【含生】 含有生机者。谓众生。薛能《国学试风化下》：“霁阙露穹崇，含生仰圣聪。”

【含弘】 包含博大。李邕《登历下古城员外孙新亭》："含弘知四大，出入见三光。"

【含光】❶内含光彩。郭子仪《享太庙乐章·保大舞》："箫勺群慝，含光远方。"❷韬晦。吴筠《高士咏·文始真人》："文始通道源，含光隐关吏。"参见"含光混世"。❸犹敛光。收敛光辉。刘禹锡《洞庭秋月行》："天鸡相呼曙霞出，敛影含光让朝日。"

【含光混世】亦作"含光混俗"。谓时而含光韬隐，时而游戏人间。李白《行路难三首》之三："含光混世贵无名，何用孤高比云月。"李益《赠毛仙翁》："玉树溶溶仙气深，含光混俗似无心。"

【含吐】（—tǔ）含藏吐露。李颀《无尽上人东林禅居》："含吐山上日，蔽亏松外村。"郑浣《赠毛仙翁》："胚浑造化，含吐阴阳。"

【含血吮創】吸吮伤口淤血。白居易《新乐府·七德舞》："含血吮创抚战士，思摩奋呼乞效死。"

【含色】含有春色。王綽《迎春东郊》："御柳初含色，龙池渐启津。"

【含冰】唐宫名。在长安，于拾翠殿东，金銮殿西北。李商隐《射鱼曲》："含冰汉语远于天，何由回作金盘死。"

【含沙】即含沙蜮。宋之问《早发韶州》："触影含沙怒，逢人女草摇。"沈佺期《入鬼门关》："夕宿含沙里，晨行冈路间。"刘禹锡《莫摇歌》："夜渡千仞溪，含沙不能射。"

【含沙射影】喻阴谋中伤他人。白居易《读史五首》之四："含沙射人影，虽病人不知。"参见"含沙""含沙蜮"。

【含沙蜮】害虫名。一名短狐。传能含沙射人，所中者头痛发热，剧者至死。白居易《寄元九》："山无杀草霜，水有含沙蜮。"

【含忍】包含忍耐。王梵志《诗》之八七："持戒须含忍，长斋不须嗔。"

【含花】谓花欲放未放。许浑《病间寄郡中文士》："卢橘含花处处香，老人依旧卧清漳。"

【含芳】蕴含芳香。李商隐《木兰》："桂岭含芳远，莲塘属意疏"。徐铉《太傅相公深感庭梅再成绝唱曲谨用旧韵攀和》："禁省繁华地，含芳自一时。"

【含雨】含有雨水。杜牧《柳长句》："巫娥庙里低含雨，宋玉宅前斜带风。"

【含育】含蕴培育。《郊庙歌辞·祭神州乐章·迎神》："含育九区，保安万国。"高适《留上李右相》："恩荣初就列，含育忝宵形。"李涉《濉阳行》："昨日太阳回照烛，转见天心重含育。"

【含空】映照天空。韦应物《咏水精》："映物随颜色，含空无表里。"

【含春】❶蕴含春色。雍陶《状春》："含春笑日花心艳，带雨牵风柳态妖。"武后宫人《离别难》："来时梅覆雪，去日柳含春。"❷带着春意。谓饱含情意。牛希济《临江仙》词之六："弄珠游女，微笑自含春。"

【含英】蕴含花苞。玄宗《鹡鸰颂》："连枝同荣，吐绿含英。"

【含胡】声音模糊不清。温庭筠《病中书怀呈友人》："百神歆仿佛，孤竹韵含胡。"

【含映】蕴含而映照。元结《补乐歌十首·云门》："玄云漠漠，含映逾光。"

【含思】怀思。白居易《和梦得洛中早春见赠七韵》："开迟花养艳，语懒莺含思。"张祜《洞房燕》："新妆正含思，莫拂画梁埃。"

【含香】❶谓口含鸡舌香。东汉尚书郎口含鸡舌香，以其奏事答对，欲使气息芳香。见《通典》卷二十二。后用以为在尚书省为官之典。王维《重酬苑郎中》："何幸含香奉至尊，多惭未报主人恩。"岑参《省中即事》："到来恒幞被，随例且含香。"权德舆《贡院对雪以绝句代八行奉寄崔阁老》："思君独步西垣里，日日含香草诏书。"徐铉《送杨郎中唐员外奉使湖南》："江边微雨柳条新，握节含香二使臣。"❷古代妇女衔香于口以增芬芳之气。张鷟《游仙窟诗·又赠十娘》："艳色浮妆粉，含香乱口脂。"

【含香客】指尚书省官吏。郑谷《府中寓止寄赵太谏》："老作含香客，贫无僦舍钱。"参见"含香❶""含香署"。

【含香署】指尚书省。古谓尚书郎奏事答对，口含鸡舌香，故称。李颀《圣喜阁送裴迪入京》："旧托含香署，云霄何足难。"

【含風】❶吸风。宋华《蝉鸣一篇五章》之二："含风饮露，以乐吾道。"❷为风所吹。周弘亮《曲江亭望慈恩寺杏园花发》："拂雨云初起，含风雪欲翻。"李商隐《戏赠张书记》："古木含风久，平芜尽日闲。"

【含恨】怀恨。韦庄《望远行》词："欲别无言倚画屏，含恨暗伤情。"

【含荑】（—tí）花木叶芽初露。王维《座上走笔赠薛琚慕容损》："草色有佳意，花枝稍含荑。"

【含桃】即樱桃。《吕氏春秋·仲夏》："仲春羞以含桃，先荐寝庙。"高诱注："莺鸟所含食，故曰含桃。"魏徵《五郊乐章·肃和》："木槿初荣，含桃可荐。"白居易《吴樱桃》："含桃最说出东吴，香色鲜秾气味殊。"杜牧《题于公花园》："含桃庄主后园深，繁实初成静扫阴。"

【含桃圃】种植樱桃的园圃。陆希声有《含桃圃》。

【含真】存养本性。刘沧《赠颛顼山人》："浩气含真玉片辉，著书精义入玄微。"

【含真客】 谓修道之人。柳公绰《赠毛仙翁》："中有含真客，长为不死人。"

【含哺】 含食而哺幼雏。李白《白鸠辞》："霜衣雪襟诚可珍，含哺七子能平均。"亦形容人民生活安乐。汪极《奉试麦垄多秀色》："来牟知帝力，含哺有衢歌。"

【含笑】 面含笑容。寒山《诗三百三首》之五六："含笑乐呵呵，啼哭受殃抉。"杜甫《丹青引赠曹将军霸》："至尊含笑催赐金，圉人太仆皆惆怅。"陈羽《古意》："人言此是嫁时服，含笑不刺双鸳鸯。"和凝《宫词百首》之一九："含笑试弹红蕊调，君王空赐酪樱桃。"

【含凍】 犹凝冰，结冰。杜甫《留别公安太易沙门》："沙村白雪仍含冻，江县红梅已放春。"

【含涕】 含着眼泪。无名氏《王昭君怨诸词人连句》(外编下)："夜中含涕独婵娟，遥念君边与朔边。"

【含容】 包含容纳。刘禹锡《平齐行二首》之一："地形十二虏意骄，恩泽含容历四朝。"

【含梗】 谓心情不快。韩愈《秋怀十一首》之六："丧怀若迷方，浮念剧含梗。"

【含雪】 带雪。李商隐《拟沈下贤》："倚风行稍急，含雪语应寒。"

【含章】 ❶含美于内。褚亮《赋得蜀郡》："连骑簪缨满，含章词赋新。"权德舆《伏蒙十六叔寄示喜庆感怀三十韵因献之》："含章穷典故，百氏若贯珠。"白居易《玉水记方流》："良璞含章久，寒泉彻底幽。"金真德《太平诗》："统天崇雨施，理物体含章。"❷汉宫殿名。徐锴《太傅相公以东观庭梅西垣旧植昔陪盛赏今独家兄唱和之余俾令攀和辄依本韵伏愧斐然》："静对含章树，闲思共有时。"

【含商】 含有凄厉的商音。元稹《何满子歌》："犯羽含商移调态，留情度意抛弦管。"

【含商咀徵】 (徵 zhǐ)谓沉浸于优美的音乐之中。"商""徵"均为中国古乐中的音阶名。温庭筠《觱篥歌》："含商咀徵双幽咽，软縠疏罗共萧屑。"

【含毫】 以口润笔。谓写作。李峤《笔》："握管门庭侧，含毫山水隈。"刘长卿《观李凑所画美人障子》："空令浣沙态，犹在含毫间。"钱起《春夜过长孙绎别业》："含毫凝逸思，酌水话幽心。"陆龟蒙《寒夜文宴得惊字》："千里建康衰草外，含毫谁是忆昭明。"

【含情】 饱含情意。钱起《送严士良侍奉詹事南游》："点翰遥相忆，含情向白蘋。"张碧《古意》："手持纨扇独含情，秋风吹落横波血。"李商隐《夜思》："寄恨一尺素，含情双玉珰。"温庭筠《湘东宴曲》："湘东夜宴金貂人，楚女含情娇翠嚬。"

【含悽】 怀藏悲凄。王维《观别者》："挥涕逐前侣，含凄动征轮。"许浑《早秋韶阳夜雨》："宋玉含凄梦亦惊，芙蓉山响一猿声。"

【含羞】 害羞，难为情。叶季良《省试吴宫教美人战》："掩笑分旗下，含羞入队中。"曹松《七夕》："燕羽几曾添别恨，花容终不更含羞。"花蕊夫人徐氏《宫词》之八九："遇著唱名多不语，含羞走过御床前。"

【含清】 含有青色。韦应物《拟古诗十二首》之九："春至林木变，洞房夕含清。"张祜《中秋夜杭州玩月》："岸沙全借白，山木半含清。"

【含淒】 义同"含悽"。杜甫《昔游》："良觌违夙愿，含凄向寥廓。"

【含淙】 含有凉气。狄仁杰《奉和圣制夏日游石淙山》："飞泉洒液恒疑雨，密树含凉镇似秋。"杜牧《中秋日呈工部刘公》："广殿含凉静，深宫积翠闲。"

【含淙閣】 长安安国寺内的楼阁名，或泛指寺内楼阁。李益《八月十五夜联句》："含凉阁迥通仙掖，承露盘高出上宫。"

【含淚】 眼眶中饱含泪水。李商隐《清夜怨》："含泪坐春宵，闻君欲度辽。"又《即日》："几家缘锦字，含泪坐鸳机。"

【含悲】 含着悲愁。权德舆《工部发引日属伤足卧疾不遂执绋》："片石潺湲泪，含悲叙史才。"白居易《新乐府・时世妆》："妍媸黑白失本态，妆成尽似含悲啼。"

【含黄】 含有黄色。陈羽《小苑春望宫池柳色》："宛宛如丝柳，含黄一望新。"

【含虛】 谓清净而不能含垢杂质。高适《同朱五题卢使君义井》："体清能鉴物，色洞每含虚。"刘长卿《春镜》："宝镜凌曙开，含虚净如水。"

【含虛洞】 山洞名。在今江西婺源县。独孤均有《题含虚洞二首》。

【含景】 ❶(—jǐng)谓日光照临。王昌龄《过华阴》："东峰始含景，了了见松雪。"❷(—yǐng)剑名。《艺文类聚》卷六十引汉公孙瑞《剑铭》："天生五材，金德唯刚。从革庚辛，含景吐商。"杜甫《玄都坛歌寄元逸人》："故人昔隐东蒙峰，已佩含景苍精龙。"仇兆鳌注："〔景〕音影。"

【含啼】 犹言含悲，含愁。王维《早春行》："游衍益相思，含啼向彩帷。"刘长卿《铜雀台》："含啼映双袖，不忍看西陵。"戎昱《从军行》："挥鞭望尘去，少妇莫含啼。"顾夐《木兰花》词之二："恨郎何处纵疏狂，长使含啼眉不展。"

【含峯雲】 谓笼罩于山峰之云。太宗有《赋得含峰云》。

【含筆】 口含笔毫。谓停笔沉思之状。唐彦谦《鸂鶒》："华屋撚弦弹鼓舞，绮窗含笔潸毛衣。"

【含載】 含有。吕岩《苏幕遮》词："天不高，地不大，惟有真心，物物俱含载。”

【含蕚】　犹含苞。白居易《对新家酝玩自种花》：“红蜡半含萼，绿油新酦醅。”

【含葩】　含苞未放。独孤及《山中春思》：“靡草知节换，含葩向新阳。”

【含愁】　含着愁苦。沈佺期《古意呈补阙乔知之》：“谁谓含愁独不见，更教明月照流黄。”

【含煙】　谓烟雾笼罩。孟浩然《陪姚使君题惠上人房》：“带雪梅初暖，含烟柳尚青。”顾况《登楼望水》：“鸟啼花发柳含烟，掷却风光忆少年。”刘禹锡《伤秦姝行》：“北池含烟瑶草短，万松亭下清风满。”

【含煙帶月】　谓烟雾缭绕，月色迷蒙。李商隐《望喜驿别嘉陵江水二绝》之二：“千里嘉陵江水色，含烟带月碧于蓝。”

【含煙惹霧】　谓烟雾笼罩。李商隐《离亭赋得折杨柳二首》之二：“含烟惹雾每依依，万绪千条拂落晖。”

【含意】　❶所蕴含的意义。独孤及《诗又一首》：“蹇淹留以醉止，孰云含意而未申。”❷犹言故意。李商隐《骄儿诗》：“客前问所须，含意下吐实。”

【含滋】　含蕴滋润。李峤《墨》：“绕画蝇初落，含滋绶更深。”

【含蓄】　❶包容，隐藏。杜甫《课伐木》：“舍西崖峤壮，雷雨蔚含蓄。”韩愈《题炭谷湫祠堂》：“森沈固含蓄，本以储阴奸。”刘禹锡《洛中早春赠乐天》：“花意已含蓄，鸟言尚沉吟。”❷指一种不明白说出、含而不露的诗体风格。司空图《诗品二十四则》有“含蓄”一品。

【含歌】　犹低吟。张仲方《赋得竹箭有筠》：“爱此守坚贞，含歌属时彦。”

【含酸】　怀着酸辛痛苦。李远《闻明上人逝寄友人》：“他时若更相随去，只是含酸对影堂。”

【含微】　蕴含微妙。张钦敬《洛出书》：“含微卜筮远，抱数阴阳密。”

【含榮】　含蕴花蕊。陈子昂《送客》：“白苹已堪把，绿芷复含荣。”

【含潤】　含育滋润。刘沧《雨后游南门寺》：“苔封石室云含润，露滴松枝鹤有声。”

【含態】　谓具有娇容美态。许敬宗《七夕赋咏成篇》：“一年抱怨嗟长别，七夕含态始言归。”

【含歎】　叹息。张九龄《武司功初有幽庭春暄见贻夏首获见以诗报焉》：“暄妍不相待，含叹欲焉如。”雍陶《明月照高楼》：“一妇独含叹，四坐谁成欢。”

【含齒】　口中有齿。指人。王维《送秘书晁监还日本国》序：“况乎戴发含齿，得不稽颡屈膝。”

【含嘶】　鸣叫。李商隐《谢先辈防记念拙诗甚多异日偶有此寄》：“熟寝初同鹤，含嘶欲并蝉。”

【含墨】　含有墨汁。孟浩然《寻陈逸人故居》：“池水犹含墨，风云已落秋。”

【含德】　怀德，怀含美德。李咸用《临川逢陈百年》：“不如含德反婴儿，金玉满堂真可贵。”

【含養】　含蕴养育。韦承庆《直中书省》：“昆蚑皆含养，驽骀亦驱驰。”萧颖士《游马耳山》：“乾坤正含养，种植总滋荣。”

【含嬌】　面含娇羞。梁锽《代征人妻喜夫还》：“征夫走马发渔阳，少妇含娇开洞房。”和凝《江城子》词：“初夜含娇入洞房，理残妆，柳眉长，翡翠屏中，亲爇玉炉香。”

【含緑】　含有绿色。郑锡《襄阳乐》：“拂水初含绿，惊林未吐红。”

【含蕊】　包含着花蕊。李煜《新谢恩词》之一：“秦楼不见吹箫女，空余上苑风光，粉英含蕊自低昂。”亦用以指包卷着的花蕊。吴越王钱镠《百花亭题梅二首》之一：“秾华围里万株梅，含蕊经霜待雪催。”

【含濁】　带着浊物。齐己《潇湘二十韵》：“对兹伤九曲，含浊出昆仑。”

【含聲】　口含歌声。梁锽《狷氏子》：“含声歌扇举，顾影舞腰回。”韩琮《柳》：“上阳宫女含声送，不忿先归舞细腰。”

【含霜】　❶凝结成霜。太宗《重幸武功》：“孤屿含霜白，遥山带日红。”戴叔伦《柳花歌送客往桂阳》：“摇烟拂水积翠间，缀雪含霜谁忍攀。”薛存诚《御箭连中双兔》：“影射含霜草，魂消向月弦。”李商隐《今月二日不自量度辄以诗一百四十韵干渎尊严辄复五言四十韵诗献上亦诗人咏叹不足之义也》：“含霜太山竹，拂雾峄阳桐。”❷形容白亮如霜。卢纶《割飞二刀子歌》：“改锻割飞二刀子，色迎霁雪锋含霜。”

【含隱】　含藏。吕岩《汉宫春》词：“情知道山中好，早翠嚣含隐，瑶草新芽，青溪故人信断。”

【含曦上人】　诗僧。元和、大和间人。长寿寺僧。与卢仝友善，仝有《访含曦上人》和《寄赠含曦上人》。《全唐诗》卷八二三录其《酬卢仝见访不遇题壁》一首。

【含嚬】　亦作“含颦”。愁眉不展。刘禹锡《和乐天春词依忆江南曲拍为句》之一：“弱柳从风疑举袂，丛兰裛露似沾巾，独坐亦含嚬。”温庭筠《湘宫人歌》：“娟娟照棋烛，不语两含嚬。”薛能《赠解诗歌人》：“同有诗情自合亲，不须歌调更含嚬。”顾敻《更漏子》词：“旧欢娱，新怅望，拥鼻含嚬楼上。”

【含懷】　怀藏于心。李商隐《行次西郊作一百韵》：“列圣蒙此耻，含怀不能宣。”

【含嚼】　（—jué）吹觱篥时的唇齿动作。谓以唇含管，上下齿啮管端而吹。白居易《小童阳薛陶吹觱粟歌》:"指点之下师授声,含嚼之间天与气。"李贺《申胡子觱篥歌》:"颜热感君酒,含嚼芦中声。"

【含露】 带着露水。许棠《题李昌符丰乐幽居》:"兰菊俱含露,杉梧为奏风。"萧彧《送德林郎中学士赴东府》:"含露东篱艳,泛香南浦杯。"齐己《桃花》:"千株含露态,何处照人红?"

【含籜】 带着笋皮。杜甫《严郑公宅同咏竹》:"绿竹半含箨,新梢才出墙。"

【含靈】 含有灵性。刘希夷《江南曲八首》之三:"朝游含灵果,夕采弄风苹。"包融《和崔会稽咏王兵曹厅前涌泉势成中字》:"含灵符上善,作字表中和。"席豫《奉和敕赐公主镜》:"含灵万象入,写照百花开。"

【含顰】 同"含嚬"。权德舆《杂诗五首》之五:"含颦倚瑶瑟,丹慊结繁虑。"杨知至《和李尚书命妓歌饯崔侍御》:"燕赵能歌有几人,为花回雪似含颦。"李群玉《感兴四首》之三:"弦冷玉指寒,含颦待明发。"

吻 〔wěn《广韵》武粉切,上吻,微。〕❶嘴唇。韩愈《月蚀诗效玉川子作》:"虾蟆掠汝两吻过,忍学省事不以汝嘴啄虾蟆?"卢仝《月蚀诗》:"须臾痴蟆精,两吻自决坼。"章孝标《鹰》:"穿云自怪身如电,煞兔谁知吻胜刀。"薛能《舞者》:"筵停匕箸无非听,吻带宫商尽是词。"❷吮,吸。柳宗元《笼鹰词》:"爪毛吻血百鸟逝,独立四顾时激昂。"❸借指牙。齐己《翡翠》:"磨吻鹰鹯莫相害,白鸥鸿鹤满沙滩。"

【吻合】 两唇相合。喻两事相合。于頔《郡斋卧疾赠昼上人》:"吻合南北宗,昼公我禅伯。"

吹[1] 〔chuī《广韵》昌垂切,平支,昌。〕❶合口用力呼气。徐夤《不把渔竿》:"鸟趁竹风穿静户,鱼吹烟浪喷晴轩。"参见"吹燈❶"。❷吹奏乐器。旧读 chuì。郑愔《铜雀台》:"玉座平生晚,金尊妓吹阑。"李白《金陵听韩侍御吹笛》:"韩公吹玉笛,倜傥流英音。"权德舆《玉台体十二首》之五:"楼上吹箫罢,闺中刺绣阑。"鲍溶《和淮南李相公夷简喜平淄青回军之作》:"横笛临吹发晓军,元戎幢节拂寒云。"❸弹,唱。汪遵《陈宫》:"留得后庭亡国曲,至今犹与酒家吹。"牛殳《琵琶行》:"引之于山,兽不能走,吹之于水,鱼不能游。"❹空气流动触动物体。萧昕《临风舒锦》:"低垂疑步障,吹起作晴虹。"刘禹锡《浪淘沙九首》之八:"千淘万漉虽辛苦,吹尽狂沙始到金。"李郢《送李判官》:"东风万里吹江月,谁伴袁褒宿夜滩。"贯休《夜寒寄卢给事二首》之一:"刻羽流商否,霜风动地吹。"

吹[2] 〔chuì《广韵》尺僞切,去寘,昌。〕❶指风。李峤《萍》:"青萍含吹转,紫蒂带波流。"耿湋《发南康夜泊赣石中》:"飒飒松上吹,泛泛花间露。"白居易《夜归》:"东吹先催柳,南霜不杀花。"王言史《广州王园寺伏日即事寄北中亲友》:"望霖窥润础,思吹候生条。"特指春风,喻恩惠。崔融《哭蒋詹事俨》:"置榻恩逾重,迎门礼自卑。竹林常接兴,黍谷每逢吹。"❷指音乐。李康成《自君之出矣》:"自君之出兮,弦吹绝无声。"令狐峘《释奠日国学观礼闻雅颂》:"颂歌清晓听,雅吹度风闻。"陈师穆《立春日晓望三素云》:"鸾骖攀不及,仙吹远难闻。"温庭皓《梅》:"羌吹应愁起,征徒异渴来。"

【吹毛】 ❶言刀剑锋利。李颀《崔五六图屏风各赋一物得乌孙佩刀》:"乌孙腰间佩两刀,刃可吹毛锦为带。"元稹《奉和浙西大夫李德裕述梦次本韵》:"金刚锥透玉,镔铁剑吹毛。"胡曾《咏史诗·平城》:"当时已有吹毛剑,何事无人杀奉春。"周昙《咏史诗·春秋战国门·季札》:"吹毛霜刃过千金,生许徐君死挂林。"❷借指锋利的刀剑。卢纶《难绾刀子歌》:"吹毛可试不可触,似有虫搜阙裂文。"周昙《咏史诗·春秋战国门·再吟荆轲》:"诚哉利器不由用,可惜吹毛不得人。"

【吹火】 撮口对火吹气。亦指游动之火。李益《从军夜次六胡北饮马磨剑石为祝殇辞》:"吹火荧荧又为碧,有鸟自称蜀帝魂。"温庭筠《烧歌》:"吹火向白茅,腰镰映赪蔗。"郑谷《淮上渔者》:"一尺鲈鱼新钓得,儿孙吹火荻花中。"无名氏《吹火诗》(卷八七二):"吹火朱唇动,添薪玉腕斜。"

【吹灰】 吹扬灰烬。韩愈《忆昨行和张十一》:"忆昨夹钟之吕初吹灰,上公礼罢元侯回。"参见"吹葭"。

【吹竹】 吹奏笙箫等管乐器。严维《相里使君宅听澄上人吹小管》:"秦僧吹竹闭秋城,早在梨园称主情。"和凝《宫词百首》之四七:"吹竹弹丝珠殿响,坠仙双降五云中。"

【吹角】 (—jiǎo)吹号角。刘长卿《自夏口至鹦鹉洲夕望岳阳寄源中丞》:"孤城背岭寒吹角,独戍临江夜泊船。"韩翃《赠兖州孟都督》:"卷帘满地铺氍毹,吹角鸣弦开玉壶。"卢纶《代员将军罢战后归故里》:"枕戈眠古戍,吹角立繁霜。"韦庄《过内黄县》:"相州吹角欲斜阳,匹马摇鞭宿内黄。"

【吹花】 ❶吹动花朵。虞世南《奉和咏风应魏王教》:"动枝生乱影,吹花送远香。"❷古代重阳节的一种游艺活动。赵彦昭《奉和九日幸临渭亭登高应制》:"须陪长久宴,岁岁奉吹花。"

【吹煦】 吹拂;沐浴。白居易《杏园中枣树》:"东风不择木,吹煦长未已。"

【吹香】 飘浮香气。李峤《烛》:"浮炷依罗幌,吹香匝绮茵。"

【吹竽】 《韩非子·内储说上》:"齐宣王使人吹

竽，必三百人。南郭处士请为王吹竽，宣王说之，廪食以数百人。宣王死，湣王立，好一一听之，处士逃。”后用“吹竽”作为自谦之词。韩愈《和席八十二韵》：“倚玉虽藏拙，吹竽久混真。”许浑《宣城崔大夫召联句偶疾不获赴因献》：“心慕知音命自拘，画堂闻欲试吹竽。”温庭筠《病中书怀呈友人》：“对虽希鼓瑟，名亦滥吹竽。”

【吹律】　口吹律气之管。据《太平御览》引刘向《别录》：邹衍在燕，燕有谷，地美而寒，不生五谷。邹衍居此谷，吹律而温气至，谷中生黍，至今名黍谷。李白《邹衍谷》：“邹子一吹律，能回天地心。”钱起《中书王舍人辋川旧居》：“诵经连谷响，吹律减云寒。”李山甫《秋》：“邹家不用偏吹律，到底荣枯也自均。”

【吹浪】　用嘴呼出水浪。顾况《送从兄使新罗》：“水豹横吹浪，花鹰迥拂霄。”赵嘏《越中寺居》：“水静鱼吹浪，枝闲鸟下空。”

【吹掃】　犹打扫。张碧《惜花三首》之三：“留取秾红伴醉吟，莫教少女来吹扫。”

【吹笙】　吹奏笙乐器。刘长卿《至德三年春正月五十韵》：“自将行破竹，谁学去吹笙。”刘禹锡《鹤叹二首》之一：“谁怜好风月，邻舍夜吹笙。”李商隐《留赠畏之》：“郎君下笔惊鹦鹉，侍女吹笙弄凤凰。”

【吹笙廟】　庙名。在今河南偃师县缑氏山上。许浑《送萧处士归缑岭别业》：“缑山住近吹笙庙，湘水行逢鼓琴祠。”

【吹魚】　谓捕鱼。晋羊祜嗜捕鱼，尝欲夜出捕鱼，其军司徐胤以安全为由强行劝阻，谓：“将军都督万里，安可轻脱！将军之安危，亦国家之安危也。胤今日若死，此门乃开耳。”祜改容谢之，此后稀出。见《晋书·羊祜传》。卢纶《送史采滑州谒贾仆射》：“君向东州问徐胤，羊公何事灭吹鱼。”

【吹葉】　❶风吹树叶。岑参《缑山西峰草堂作》：“隐几阅吹叶，乘秋眺归根。”❷衔树叶而啸，亦称啸叶。以橘柚叶为善。张籍《牧童词》：“隔堤吹叶应同伴，还鼓长鞭三四声。”王贞白《芦苇》：“穿花思钓叟，吹叶少羌雏。”

【吹葉嚼蕊】　（嚼 jiáo）吹奏，歌唱。李商隐《柳枝五首》序：“柳枝，洛中里娘也……吹叶嚼蕊，调丝抚管，作天海风涛之曲，幽忆怨断之音。”参见“吹葉”。

【吹帽】　晋孟嘉为征西大将军桓温参军。九月九日桓温游龙山，宾僚咸集，皆戎服。有风至，吹嘉帽堕落，嘉不觉。温令孙盛作文以嘲之，嘉即时以答，四座叹服。见《晋书·孟嘉传》。后作为重九登高雅集之典。杜甫《九日蓝田崔氏庄》：“羞将短发还吹帽，笑倩旁人为正冠。”戎昱《九日贾明府见访》：“却笑孟嘉吹帽落，登高何必上龙山。”韩愈《荐士》：“霜风破佳菊，嘉节迫吹帽。”

【吹鳳】　汉刘向《列仙传·王子乔》：“王子乔者，周灵王太子晋也，好吹笙作凤凰鸣。”后以“吹凤”指吹奏笙、箫等乐器。顾云《华清词》：“隔烟遥望见云水，弹璈吹凤清珑珑。”

【吹萬】　吹谓风。吹万，谓风吹万窍，发出各种声响。亦用以指为风所吹拂之万物，见《庄子·齐物论》。王昌龄《悲哉行》：“北上太行山，临风阅吹万。”

【吹葭】　古代候气之法，用葭莩灰填律管内端，气至则灰飞而管通。详见《后汉书·律历志上》。杜甫《小至》：“刺绣五文添弱线，吹葭六琯动浮灰。”

【吹愁】　谓牵引愁思。罗隐《蟋蟀诗》：“顽飔毙芳，吹愁夕长。”

【吹溜】　（—liù）谓为风吹动的屋檐水滴。张夫人《古意》：“涓涓吹溜若时雨，濯濯佳蔬非用天。”

【吹$_2$臺】　古迹名。在今河南开封市东南禹王台公园内。传为春秋时师旷吹乐之台。汉梁孝王增筑，称明台。孝王歌吹于此，亦称吹台。后有繁姓者居于台侧，故亦称繁台。亦借指歌舞场所。李夔《使至汴州喜逢宋之问》：“醉后长歌毕，余声绕吹台。”杜甫《遣怀》：“气酣登吹台，怀古视平芜。”李群玉《和吴中丞悼笙妓》：“丽质仙姿烟逐风，凤凰声断吹台空。”罗隐《早春送张坤归大梁》：“又送輶轩向吹台，别酒莫辞今夜醉。”

【吹管】　吹奏管乐器。皇甫松《怨回纥二首》之二：“隔筵桃叶泣，吹管杏花飘。”李绅《重别西湖》：“吹管曲传花易失，织文机学羽难飘。”徐铉《寒食成判官重访因赠》：“远巷蹋歌深夜月，隔墙吹管数枝花。”

【吹管許季長】　（长 cháng）季长，东汉马融字。融喜好音乐，尤善吹笛，曾作《长笛赋》。见《后汉书·马融传》。后用以作称颂善于吹笛之典。司马逸客《雅琴篇》：“弹弦本自称仁祖，吹管由来许季长。”

【吹醅】　谓吹去酒面浮沫。白居易《北亭招客》：“小盏吹醅尝冷酒，深炉敲火炙新茶。”

【吹嘘】　❶奖掖、推举。张九龄《初发道中赠王司马兼寄诸公》：“子云应寂寞，公叔为吹嘘。”杜甫《赠献纳使起居田舍人》：“扬雄更有《河东赋》，唯待吹嘘送上天。”张贾《和裴司空答张秘书赠马诗》：“须知上宰吹嘘意，送入天门上路行。”郑谷《叙事感恩上狄右丞》：“栖托情何限，吹嘘意数重。”❷吹拂。孟郊《秋怀》之九：“冷露多瘁索，枯风晓吹嘘。”韩愈《示儿》：“东堂坐见山，云风相吹嘘。”白居易《和三月三十日四十韵》：“寒景尚苍茫，和风已吹嘘。”陆龟蒙《村夜二篇》之二：“吹嘘川可倒，眄睐花争姹。”

【吹彈】　（—tán）吹竹弹丝。孟郊《尧歌》之二：“养馆洞庭秋，响答虚吹弹。”李绅《过梅里七首·上家山》："笑歌怜稚孺，弦竹纵吹弹。"

【吹箎】吹奏箎管。箎，古代管乐器，形如笛，有八孔。徐锴《太傅相公与家兄梅花酬唱谨奉清韵用感钧私伏惟采览》："论文叨接萼，末曲愧吹箎。"

【吹燈】❶点灯。韩愈《秋怀诗十一首》之八："童子自外至，吹灯当我前。"❷熄灯。杜甫《山馆》："山鬼吹灯灭，厨人语夜阑。"

【吹螺】吹奏法螺。法螺谓军中或僧道用螺壳穿空制成的乐器。韩愈《华山女》："街东街西讲佛经，撞钟吹螺闹宫庭。"

【吹簸】吹拂簸扬。韩愈、孟郊《城南联句》："机春潺湲力，吹簸飘飖精。"

【吹簫】吹奏箫管。刘长卿《送宣尊师醮毕归越》："吹箫江上晚，惆怅别茅君。"戴叔伦《汉宫人入道》："回首吹箫天上伴，上阳花落共谁言？"杜牧《寄扬州韩绰判官》："二十四桥明月夜，玉人何处教吹箫。"

【吹簫女】指秦穆公女弄玉。李煜《谢新恩》词之一："秦楼不见吹箫女，空余上苑风光。"

【吹簫吳市】春秋时，楚伍子胥流亡到吴国，无以糊口，曾鼓腹吹箫，乞食于吴市。见《史记·范雎蔡泽列传》。后用以写豪侠之士落魄的生活。虞世南《结客少年场行》："吹箫入吴市，击筑游燕肆。"

【吹簫客】指箫史。李群玉《将游罗浮登广陵楞伽台别羽客》："飘如出尘笼，想望吹箫客。"

【吹齏】《楚辞·屈原〈九章·惜诵〉》："惩于羹者而吹齏兮，何不变此志也？"王逸注："言人有歠羹而中热，心中惩忿，见齏则恐而吹之。"后用以喻因吃过苦头对任何事都存有戒心。李商隐《咏怀寄秘阁旧僚二十六韵》："遇炙谁先啖，逢齏即便吹。"韩偓《访同年虞部李郎中》："未入庆霄君择肉，畏逢华毂我吹齏。"

【吹鐃】击奏铙鼓。刘长卿《题独孤使君湖上林亭》："出树倚朱阑，吹铙引上官。"又《登迁仁楼酬子婿李穆》："临风敞丽谯，落日听吹铙。"韩偓《有感》："坚辞羽葆与吹铙，翻向天涯困系匏。"

【吹籥】吹箫。籥，箫。高适《同马太守听九思法师讲金刚经》："了义同建瓴，梵法若吹籥。"

吝〔lìn《广韵》良刃切，去震，來。〕❶顾惜，舍不得。孟浩然《送王大校书》："尺书能不吝，时望鲤鱼传。"柳宗元《韦道安》："货财足非吝，二女皆娉婷。"韩愈《潭州泊船呈诸公》："闻道松醪贱，何须吝错刀。"又《送侯参谋赴河中幕》："寄书惟在频，无吝简与缯。"❷贪婪，鄙俗。杨师道《侍宴赋得起坐弹鸣琴二首》之一："调弦发清徵，荡心祛褊吝。"高适《苦雨寄房四昆季》："携手风流在，开襟鄙吝祛。"张南史《早春书事寄中书李舍人》："不见神仙人，无由鄙吝祛。"❸悔恨，遗憾。徐彦伯《比干墓》："抚膺誓陨越，知死故不吝。"韦应物《与韩库部会王祠曹宅作》："守默共无吝，抱冲俱寡营。"李商隐《明禅师院酬从兄见寄》："贞吝嫌兹世，会心驰本原。"李咸用《猛虎行》："须知易水歌，至死无悔吝。"

【吝惜】吝啬，爱吝。吕岩《七言》之二二："今日与君无吝惜，功成只此是蓬瀛。"

吭〔háng《广韵》胡郎切，平唐，匣。又下浪切，去宕，匣。〕咽喉。韩愈《燕河南府秀才得生字》："怒起簸羽翮，引吭吐铿轰。"钱可复《莺出谷》："抟风翻翰疾，向日弄吭频。"

吚〔yī《集韵》於夷切，平脂，影。〕同"咿"。见"吚吚""咿噢"。

【吚吚】同"咿咿"，象声词。弱小含糊之声。李贺《贵主征行乐》："女垣素月角吚吚，牙帐未开分锦衣。"

【吚嘔】象声词。犹言叽里咕噜。柳宗元《唐铙歌鼓吹曲十二篇·东蛮》："睢盱万状乖，咿嘔九泽重。"

【吚噢】象声词。哭泣之声。白居易《和梦游春诗一百韵》："家人泣吚噢，心期正萧条。"

【吚嚘】象声词。形容语音含糊不清。王昌龄《箜篌引》："或有强壮能吚嚘，意说被他边将仇。"

君〔jūn《广韵》舉雲切，平文，見。〕❶主宰者；起主要作用的事物。杜甫《寄韩谏议》："星宫之君醉琼浆，羽人稀少不在旁。"韩愈《元和圣德诗》："日君月妃，焕赫媃媠。"陆龟蒙《次和袭美病后春思》："气和灵府渐氤氲，酒有贤人药有君。"又《奉和袭美太湖诗二十首·入林屋洞》："真君不可见，焚盥空迟久。"❷统治，主宰。太宗《春日玄武门宴群臣》："粤余君万国，还惭抚八埏。"周昙《咏史诗·晋门·再吟晋武帝》："君人为理在安民，论道求贤德自新。"❸君王。王翰《飞燕篇》："一旦逢君感君意，君心见赏不见忘。"韩愈《嗟哉董生行》："食君之禄，而令父母愁。"李商隐《歌舞》："只要君流眄，君倾国自倾。"❹对人尊称。李颀《赠苏明府》："苏君年几许，状貌如玉童。"杜甫《相逢歌赠严二别驾》："垂老遇君未恨晚，似君须向古人求。"李商隐《寄蜀客》："君到临邛问酒垆，近来还有长卿无？"杜荀鹤《送人游江南》："满酌劝君酒，劝君君莫辞。"❺妻妾敬称夫。陈叔达《自君之出矣》："自君之出矣，红颜转憔悴。"李端《妾薄命》："自从君弃妾，憔悴不羞人。"邵谒《苦别离》："十五为君婚，二十入君门。自从入户后，见君长出门。"

【君上】君主，国君。元结《乱风诗五篇·至虐》："夫为君上兮，慈顺明恕。"

【君山】洞庭湖中山名，一称洞庭山。李白《陪侍郎叔游洞庭醉后三首》之三："划却君山好，平铺湘水流。"贾至《巴陵早秋寄荆州崔司马吏部阎功曹舍人》："君山丽中波，苍翠长夜浮。"元稹《洞庭湖》："唯有君山下，狂风万古多。"程贺《君山》："曾游方外见麻姑，说道君山此本无。"

【君山祠】 在湖南岳阳市西南洞庭湖中。庙祀舜之二妃，即湘君。周岳秀有《君山祠》。

【君子】 ❶原为对统治者和贵族男子的通称。苏拯《蜘蛛谕》："小人与君子，利害一如此。"后泛称有才德之人。李白《赠韦侍御黄裳二首》之一："受屈不改心，然后知君子。"白居易《玩止水》："清能律贪夫，淡可交君子。"李商隐《安平公诗》："沥胆咒愿天有眼，君子之泽方滂沱。"贯休《古意九首》之六："我愿君子气，散为青松栽。"❷妻称夫。李白《感兴六首》之五："安得配君子，共乘双飞鸾。"冯侍征《虞姬怨》："年华灼灼艳桃李，结发簪花配君子。"

【君子人】 谓财德兼具之人。语出《论语·泰伯》："君子人与，君子人也。"白居易《哭刘敦质》："哭君岂无辞，辞云君子人。"贾岛《辩士》："善哉君子人，扬光掩瑕玼。"

【君子有所思行】 （行 xíng）乐府杂曲歌辞之一。陆机《命驾登北山》、鲍照《西山登雀台》、沈约《晨策终南首》均为此歌辞，其旨皆言雕室丽色不足为久欢，晏安鸩毒，满盈所应敬忌，与《君子行》有所不同。见《乐府古题要解》。李白有《君子有所思行》。

【君子行】 （行 xíng）乐府相和歌辞平调曲名。唐吴兢《乐府古题要解·君子行》："古词云：'君子防未然，不处嫌疑间。'言君子虽'瓜田不纳履，李下不正冠'，以远嫌疑也。"按：此古词见《乐府诗集·相和歌辞七·平调曲三》，《艺文类聚》卷四一以为三国魏曹植所作。韩愈《幽怀》："我歌《君子行》，视古犹视今。"齐己有《相和歌辞·君子行》。

【君子固窮】 谓有德之人能贫困自守。语出《论语·卫灵公》："君子固穷，小人穷斯滥矣。"李咸用《西门行》："君子当固穷，无为仲由滥。"

【君子墓】 指吴公子季札长子之墓。春秋时吴季札葬其长子，孔子曾观葬，以为合乎礼制。见《礼记·檀弓下》。后用以作为称颂丧葬之典。窦牟《故秘监丹阳郡公延陵包公挽歌》："有吴君子墓，返葬故山遥。"

【君子樹】 木名。似松。《艺文类聚》八九引《晋宫阁记》："华林园中有君子树三株。"《太平御览》卷九五九引晋郭义恭《广志》："君子树似柽松，曹爽树之于庭。"后作为松树的代称。李峤《松》："鹤栖君子树，风拂大夫枝。"

【君王】 ❶天子，皇帝。刘长卿《春草宫怀古》："君王不可见，芳草旧宫春。"杨巨源《春日奉献圣寿无疆词十首》之一："遥知千万岁，天意奉君王。"杜牧《闻庆州赵纵使君与党项战中箭身死辄书长句》："谁知我亦轻生者，不得君王丈二殳。"陆龟蒙《自遣诗三十首》之二二："水国君王又姓萧，风情由是冠南朝。"❷指诸侯国国君。李商隐《和郑愚赠汝阳王孙家筝妓二十韵》："满内不扫眉，君王对西子。"汪遵《渑池》："何事君王亲击缶，相如有剑可吹毛。"周昙《咏史诗·春秋战国门·孙武》："理国无难似理兵，兵家法令贵遵行。行刑不避君王宠，一笑随刀八阵成。"徐夤《楚国史》："君王不剪如簧舌，再得张仪欲奈何。"❸诸王之尊称。杜审言《送崔融》："君王行出将，书记远从征。"

【君父】 ❶指国君。权德舆《仲秋朝拜昭陵》："神祇戴元圣，君父纳大麓。"李商隐《行次西郊作一百韵》："礼数异君父，羁縻如羌零。"李山甫《望思台》："君父昏蒙死不回，谩将平地筑高台。"❷君主和父亲。白居易《风雪中作》："心为身君父，身为心臣子。"

【君平】 即严君平。汉蜀郡人。名遵。卜筮于成都市，足以自养，即闭肆下帘读《老子》。终身不仕，年九十余卒。李白《醉后答丁十八以诗讥余搥碎黄鹤楼》："君平帘下谁家子，云是辽东丁令威。"岑参《严君平卜肆》："君平曾卖卜，卜肆芜已久。"刘禹锡《和严给事闻唐昌观玉蕊花下有游仙二绝》之二："君平帘下徒相问，长伴吹箫别有人。"崔涂《问卜》："承家望一名，几欲问君平。"

【君平卜】 谓严君平之卜筮。严君平善卜，故称。李搏《贺裴廷裕蜀中登第诗》："嘉祯果中君平卜，贺喜须斟卓氏杯。"参见"君平"。

【君臣】 君主与臣民。王珪《咏淮阴侯》："道契君臣合，时来名位彰。"韩愈《和虞部卢四酬翰林钱七公赤藤杖歌》："途经百国皆莫识，君臣聚观逐旌麾。"韩偓《中秋禁直》："长卿只为《长门赋》，未识君臣际会难。"亦用以喻指某些支配物和被支配物。白居易《闲园独赏》："蝶双知伉俪，蜂分见君臣。"此指蜂王与工蜂。陆龟蒙《酬袭美夏首病愈见招次韵》："方灵只在君臣正，篆古须抛点画肥。"此指主治之药物与辅佐之药物。参见"君臣藥"。

【君臣藥】 中医用药，谓起主治作用之药物为君，起辅助作用之药物为臣。《神农本草经》："上药一百二十种为君，主养命；中药一百二十种为臣，主养性。"司空曙《过卢秦卿旧居》："韩康助采君臣药，支遁同看《内外篇》。"许浑《赠王山人》："君臣药在宁忧病，子母钱成岂患贫。"苏拯《医人》："遍行君臣药，先从冻馁均。"

【君長】 （—zhǎng）古代少数民族部落酋长。刘禹锡《送浑大夫赴丰州》："毡裘君长迎风驭，锦带酋豪踏雪衙。"

【君門】 ❶指皇宫。骆宾王《夏日游德州赠高四》序:"入门自媚,谁相谓言,致使君门隔于九重,中堂远于千里。"刘长卿《温汤客舍》:"君门献赋谁相达,客舍无钱辄自安。"顾况《宫词》:"君门一入无由出,唯有宫莺得见人。"徐铉《咏梅子真送郭先辈》:"梅生为一尉,献疏来君门。君门深万里,金虎重千钧。"❷犹言您门下;您家。崔颢《赠怀一上人》:"一从入君门,说法无朝昏。"邵谒《苦别离》:"十五为君婚,二十入君门。"

【君命】 国君所发之号令。孟匡明《饯王将军赴云中》:"饮冰君命速,挥涕饯筵空。"

【君房】 即侯霸。唐彦谦《严子陵》:"严陵情性是真狂,抵触三公傲帝王。不怕旧交嗔僭越,唤他侯霸作君房。"

【君苗見爇】 君苗,即晋崔君苗。他见陆机天才秀逸,辞藻宏丽,辄自焚笔砚。见《晋书·陆机传》。后用以称颂文才,亦用以吟咏笔砚。李峤《砚》:"君苗徒见爇,谁咏士衡篇。"

【君相】 (—xiàng)国君与丞相。陈子昂《登蓟城西北楼送崔著作融入都》序:"元戎按甲,方刈鲜卑之垒,天子赐书,且有君相之召。"

【君侯】 先秦时称列侯为君侯,秦汉以后多以列侯为丞相,亦称君侯,后转为对尊贵者的敬辞。韦应物《秋集罢还途中作谨献寿春公黎公》:"君侯枉高鉴,举善掩瑕疵。"韩愈《合江亭》:"君侯至之初,闾里自相贺。"元稹《遭风二十韵》:"紫衣将校临船问,白马君侯傍柳来。"张蠙《赠信安太守》:"三衢正对福星时,喜得君侯妙抚绥。"

【君馬玄黄】 《诗·周南·卷耳》:"陟彼高冈,我马玄黄。"毛传:"玄马病则黄。"《卷耳序》:"《卷耳》,后妃之志也。又当辅佐君子,求贤审官,知臣下之勤劳。"后用以作称颂为王命辛劳奔走之典。鲍溶《秋暮山中怀李端公益》:"此中会难得,梦君马玄黄。"

【君馬黄】 汉铙歌名。《乐府诗集》卷十六引《古今乐录》,谓汉鼓吹铙歌有《朱鹭》《思悲翁》《上之回》《战城南》等十八曲,其中第十曲为《君马黄》。因词首有"君马黄,臣马苍"之语,故名。李白有《君马黄》。

【君恩】 君王的恩惠。戴叔伦《白苎词》:"君恩如水流不断,但愿年年此同宵。"高骈《南征叙怀》:"万里驱兵过海门,此生今日报君恩。"徐夤《李夫人二首》之一:"若言要识愁中貌,也似君恩日日衰。"翁承赞《御命归乡蒙赐锦衣》:"德音耳聆君恩重,金印腰悬己力微。"

【君家】 ❶犹言您家,对人尊称其家。韩愈《醉赠张秘书》:"今日到君家,呼酒持劝君。"姚合《晦日宴刘值录事宅》:"城中杯酒家家有,唯是君家酒送春。"曹邺《古词》:"高阙碍飞鸟,人言是君家。"❷妻对夫之称。高适《在哥舒大夫幕下请辞退托兴奉诗》:"不是妾无堪,君家妇难作。"

【君側】 国君身旁。贯休《送吏部刘相公除东川》:"一日离君侧,千官送渭滨。"亦用以指国君左右的亲信。李商隐《有感二首》之二:"古有清君侧,今非乏老成。"

【君章才】 君章,晋罗含字。罗含少年时曾梦吞一彩鸟,从此文思日新。见《晋书·罗含传》。后以"君章才"作为称颂富于文采之典。皎然《送罗判官还寿州幕》:"君章才五色,知尔得家风。"

【君章拒獵】 谓东汉郅恽(字君章)谏阻国君耽于游猎之事。见《后汉书·郅恽传》。李瀚《蒙求》:"广德从桥,君章拒猎。"

【君陳】 《书·周书·君陈》:"周公既没,命君陈分正东郊成周。"按:君陈为周成王所信任的大臣。成王重视东郊成周之邑,特命君陈前往治理。后因以借指出任外官的重臣。杨巨源《薛司空自青州归朝》:"天眷君陈久在东,归朝人看大司空。"

【君惠】 君主恩惠。郭求《日暖万年枝》:"阳德符君惠,嘉名表圣年。"

【君聖臣賢】 谓君主英明大臣贤良。和凝《宫词百首》之五九:"君圣臣贤鱼水契,鸿基须贺永清平。"

【君與操】 东汉末,曹操曾对刘备说:"今天下英雄,唯使君与操耳。"见《三国志·蜀志·先主传》。后用以作为英雄或才士相知的典故。白居易《哭刘尚书梦得二首》之一:"杯酒英雄君与操,文章微婉我知丘。"

【君道】 人君所行之道。太宗《咏司马彪续汉志》:"炎汉承君道,英谟纂神器。"张九龄《奉和圣制赐诸州刺史以题座右》:"降鉴引君道,殷勤启政门。"

【君道曲】 (曲 qǔ)《全唐诗》卷二十《相和歌辞》载李白《君道曲》一首,李白自注:"梁之《雅歌》有五篇,今作一章。"

【君誥】 国君对臣下发布的命令。来鹄《圣政纪颂》:"君诰臣箴,觚编毫络,前书后经,规善鉴恶。"

【君遷樹】 果树名。又称君迁子、黑枣、软枣、羊矢枣。据传出交趾。树干细似甘蔗,树冠圆形,叶互生,椭圆,夏季开花,色淡黄,或淡红。浆果长椭圆形,如马奶,熟时蓝黑色。我国各地均有野生。可用作嫁接柿树的砧木。陆龟蒙《奉和袭美吴中言怀寄南海二同年》:"庭中必有君迁树,莫向空台望汉朝。"

【君親】 国君和父母。韩愈《谢自然诗》:"下以保子孙,上以奉君亲。"白居易《感白莲花》:"已忘乡土恋,岂念君亲恩。"贯休《阳春曲》:"男儿结发事君亲,须敦前贤多慷慨。”

【君臨】 谓登上王位统治天下。王维《送韦大夫东京留守》：“天工寄人英，龙衮瞻君临。”《郊庙歌辞·梁太庙乐舞辞·象功舞》：“建国之兆，君临万方。”

【君羹】 国君所赐予的肉羹。典出《左传·隐公元年》：“颍考叔为颍谷封人。闻之，有献于公。公赐之食，食舍肉。公问之，对曰：‘小人有母，皆尝小人之食矣，未尝君之羹，请以遗之。’”王维《送秘书晁监还日本国》序：“游宦三年，愿以君羹遗母；不居一国，欲其昼锦还乡。”

呹 〔xuè《广韵》許劣切，入薛，曉。〕小声。韩愈《读皇甫湜公安园池诗书其后二首》之一：“晋人目二子，其犹吹一呹。”

吼 〔hǒu《广韵》呼后切，上厚，曉。又呼漏切，去侯，曉。〕❶猛兽大声鸣叫。寒山《诗三百三首》之一五二：“欲伏猕猴心，须听狮子吼。”杜甫《相逢歌赠严二别驾》：“把臂开尊饮我酒，酒酣击剑蛟龙吼。”韩愈《嘲鼾睡》：“又如圈中虎，号疮兼吼馁。”白居易《新乐府·西凉伎》：“狮子回头向西望，哀吼一声观者悲。”司空图《狂题十八首》之十四：“闻道虎疮仍带镞，吼来和痛亦横行。”❷风、水、雷、钟等物发出巨响。李华《仙游寺》：“开拆秋天光，崩腾夏雷吼。”岑参《走马川行奉送出师西征》：“轮台九月风夜吼，一川碎石大如斗。”李商隐《送崔珏往西川》：“一条雪浪吼巫峡，千里火云烧益州。”李群玉《赠方处士兼以写别》：“清如南薰丝，韵若黄钟吼。”唐彦谦《游南明山》：“忽闻吼蒲牢，落日下云屿。”❸谓人因怒而高叫。见“吼怒”。

【吼怒】 怒极而叫嗥。李白《远别离》：“皇穹窃恐不照余之忠诚，雷冯冯兮欲吼怒。”

吮 〔shǔn《广韵》食尹切，上準，船。又徂兖切，上獮，從。〕以口含吸。钱珝《江行无题一百首》之二一：“诗癖非吾病，何妨吮短毫。”孟郊《峡哀》之一：“呀彼无底吮，待此不测灾。”皮日休《虎丘寺殿前有古杉一本遂赋三百言以见志》：“朽痈难可吮，枯瘇不堪治。”

【吮血】 吸血。李白《蜀道难》：“朝避猛虎，夕避长蛇，磨牙吮血，杀人如麻。”

【吮喋】 (—zhá)吮吸。顾况《上古之什补亡训传十三章·上古一章》：“水之蛭螾，吮喋我肌。”

【吮創】 (—chuāng)同“吮瘡”。

【吮瘡】 亦作“吮創”。以口吸疮之脓，欲使速愈。刘长卿《从军六首》之六：“谁为吮疮者，此事今人薄。”白居易《新乐府·七德舞》：“含血吮创抚战士，思摩奋呼乞效死。”

【吮癰】 吮吸痈疽之脓血。痈，恶性脓疮。《庄子·列御寇》：“秦王有病召医，破痈溃痤者得车一乘，舐痔者得车五乘。所治愈下，得车愈多。”《汉书·邓通传》：“文帝尝病痈，邓通常为上嗽吮之。”后多作不避污秽以取悦于人之词。薛奇童《拟古》：“吮痈世所薄，挟纩恩难顾。”

五　画

味 〔wèi《广韵》無沸切，去未，微。〕❶滋味，味道。太宗《赐魏征诗》：“千日醉不醒，十年味不败。”李峤《瓜》：“欲识东陵味，青门五色瓜。”刘禹锡《同乐天和微之深春二十首》之十二：“多沽味浓酒，贵买色深花。”贾岛《不欺》：“食鱼味在鲜，食蓼味在辛。”亦指气味。白居易《有木诗八首》之五：“爱其有芳味，因以调曲蘖。”❷一种食物称一味。刘升《奉和圣制送张说上集贤学士赐宴》：“圣酒千钟洽，仙厨百味陈。”杜甫《秋日夔府咏怀奉寄郑监李宾客一百韵》：“敕厨唯一味，求饱或三鳣。”秦系《晚秋拾遗朱放访山居》：“坠栗添新味，寒花带老颜。”白居易《和微之春日投简阳明洞天五十韵》：“乡味珍蟛蚏，时鲜贵鹧鸪。”亦用作量词。张鸿《赠乔尊师》：“静鼓三通齿，频汤一味参。”吕岩《七言》之六一：“九鼎烹煎一味砂，自然火候放童花。”❸尝味。引申指品味、体味。张九龄《奉和圣制谒玄元皇帝庙斋》：“曾是福黎庶，岂唯味虚玄。”耿湋《题惟幹上人房》：“绳床茅屋下，独坐味闲安。”韩愈《答张彻》：“初味犹啖蔗，遂通斯建瓴。”齐己《览清尚卷》：“从容味高作，翻为古人疑。”❹兴味；趣味。韦应物《答杨奉礼》：“临觞独无味，对榻已生尘。”孟郊《寿安西渡奉别郑相公》之二：“贵游意多味，贱别情易消。”❺意味。孟郊《冬日》：“万事有何味？一生虚自囚。”白居易《废琴》：“古声澹无味，不称今人情。”贾岛《寓兴》：“不得市井味，思响吾岩阿。”

【味江茶】 茶名。产蜀州青城县(今四川都江堰市西南)味江。《元丰九域志》卷七载，蜀州青城县“有青城、味江二茶场”。周庠《寄禅月大师》：“傍竹欲添犀浦石，栽松更碾味江茶。”

【味道】 体味道理。亦指体味修道之玄理。杜甫《秋日夔府咏怀奉寄郑监李宾客一百韵》：“高视收人寰，虚心味道玄。”钱起《酬刘起居卧病见寄》：“味道能忘病，过庭更学诗。”刘禹锡《南海马大夫见惠著述钦受嘉贶诗以谢之》：“味道轻鼎食，退公犹笔耕。”沈彬《题苏仙山》：“味道不来闲处坐，劳生更欲几时休？”

呿 〔qù《广韵》丘倨切，去御，溪。又丘伽切，平戈，溪。〕张口貌。刘禹锡《含辉洞述》引：“及是而口呿不能名，顾谓奇，信矣！”

【呿嗟】 同“呿嗟”。白居易《新乐府·蛮子朝》：

“清平官持赤藤杖，大将军系金呿嵯。”

【呿嵯】 亦作“呿嗟”。南诏语“佉苴”之别译。即韦带（皮带）。南诏习俗，凡曹长以下人员俱佩系金佉苴。元稹《和李校书新题乐府十二首·蛮子朝》：“清平官系金呿嵯，求天叩地持双珙。”参阅陈寅恪《元白诗笺证稿》第五章。

呵 〔hē《广韵》虎何切，平歌，曉。〕❶呵责，呵斥。李白《答杜秀才五松山见赠》：“陶公矍铄呵赤电，回禄睢盱扬紫烟。”杜甫《秋日荆南送石首薛明府三十韵》：“公时呵猰貐，首唱却鲸鱼。”卢纶《与张擢对酌》：“倾酒请予歌，忽蒙张翁呵。呵予宫非屈，曲有怨词多。”李贺《兰香神女庙》：“走天呵白鹿，游水鞭锦鳞。”❷哈气使暖。元稹《生春二十首》之十三：“骂雨愁妨走，呵冰喜旋融。”白居易《雪中即事答微之》：“戏团稚女呵红手，愁坐衰翁对白须。”秦韬玉《咏手》：“因把剪刀嫌道冷，泥人呵了弄人髯。”尚颜《夷陵即事》：“暑衣经雪着，冻砚向阳呵。”❸呵护。谓呵禁而护持之。元稹《和东川李相公慈竹十二韵》：“托身仙坛上，灵物神所呵。”齐己《渚宫莫问诗一十五首》之八：“旧峰呵练若，松径接匡庐。”❹大笑声。见“呵呵”。

【呵叱】 叱责。司空图《冯燕歌》：“初闻僚吏翻疑叹，呵叱风狂词不变。”顾云《池阳醉歌赠匡庐处士姚岩杰》：“呵叱潘陆鄙琐屑，提挈扬孟归孔门。”

【呵呵】 大笑声。亦指大笑，快乐。寒山《诗三百三首》之五六：“含笑乐呵呵，啼哭受殃抉。”韦庄《菩萨蛮》词：“遇酒且呵呵，人生能几何？”

【呵白鹿】 晋葛洪《神仙传》：“卫叔卿者，中山人也，服云母得仙。汉元凤二年八月壬辰，孝武皇帝闲居殿上，忽有一人乘浮云，驾白鹿集于殿前下。”后遂以“呵白鹿”指仙人驾车云游。李贺《兰香神女庙》：“走天呵白鹿，游水鞭锦鳞。”

【呵責】 呵斥，叱责。韦应物《马明生遇神女歌》：“神女呵责不合见，仙子谢过手足战。”

【呵筆】 谓以口呵气暖笔使解冻。方干《岁晚苦寒》：“挑灯青烬少，呵笔尺书迟。”罗隐《雪》：“寒窗呵笔寻诗句，一片飞来纸上销。”

【呵詬】 呵斥诟詈。韩愈《南山诗》：“固护蓄精祐。力虽能排斡，雷电怯呵诟。”

【呵嘘】 以口呵气以驱寒。韩愈《苦寒》：“炎帝持祝融，呵嘘不相炎。”

【呵錢】 古代以铜钱卜卦，掷钱时口中呵喝，谓之“呵钱”。章孝标《日者》：“我来本乞真消息，却怕呵钱卦欲成。”

【呵壁】 谓屈原书《天问》于楚先王庙壁，呵而问之。语出王逸《楚辞集注·〈天问〉序》。李贺《公无出门》：“分明犹惧公不信，公看呵壁书问天。”

【呵嚇】 呵叱呼喝。李白《叙旧赠江阳宰陆调》：“邀遮相组织，呵吓来煎熬。”

【呵鏡】 谓对镜呵气，拂拭使明。李商隐《晓起》：“拟杯当晓起，呵镜可微寒。”

【呵臂】 扬臂呼喝。李贺《送秦光禄北征》：“呵臂悬金斗，当唇注玉罍。”

【呵護】 呵禁而护卫之。李商隐《骊山有感》：“骊岫飞泉泛暖香，九龙呵护玉莲房。”

哑 〔zā《龙龛手鉴》子荅切。〕咬；吮吸。杜甫《棕拂子》：“哑肤倦扑灭，赖尔甘服膺。”白居易《蚊蟆》：“哑肤拂不去，绕耳薨薨声。”张祜《题程氏书斋》：“雨燕衔泥近，风鱼哑网迟。”

呫[1] 〔tiè《广韵》他協切，入帖，透。〕轻啜尝。见“呫₁衣”。

呫[2] 〔chè《集韵》尺涉切，入葉，昌。〕见“呫₂嗫”。

【呫₁衣】 舔衣。指禽鸟以口理羽毛。李郢《孔雀》：“越鸟青春好颜色，晴轩入户看呫衣。”

【呫₂嗫】 低语。皮日休《偶留羊振文先辈及一二文友小饮因成四韵》：“褵褷正重新开柳，呫嗫难通乍啭莺。”

咀 〔jǔ《广韵》慈吕切，上語，從。〕咀嚼；含。薛曜《舞马篇》：“咀衔拉铁并权奇，被服雕章何陆离！”柳宗元《贞符》序：“咀果壳，合偶而居。”温庭筠《觱篥歌》：“含商咀徵双幽咽，软縠疏罗共萧屑。”

【咀吞】 咀嚼吞食。韩愈《初南食贻元十八协律》：“腥臊始发越，咀吞面汗骍。”

【咀嚼】 咀嚼。韩愈《记梦》：“我以指撮白玉丹，行且咀嚼行诘盘。”

【咀嚼】 ❶咬嚼，谓吃。刘禹锡《和令狐相公谢太原李侍中寄蒲桃》：“咀嚼停金盏，称嗟响画堂。”皮日休《太湖诗·晓次神景宫》：“金醴可酣畅，玉豉堪咀嚼。”王周《齿落词》：“呼息缺吾防，咀嚼欠吾助。”❷犹体味，玩味。韩愈《剥啄行》：“变化咀嚼，有鬼有神。”

呷 〔xiā《广韵》呼甲切，入狎，曉。〕啜饮，吸饮。白居易《马坠强出赠同座》：“坐依桃叶枝，行呷地黄杯。”张蠙《送友人及第归越》：“远声鱼呷浪，层气蜃迎风。”周昙《咏史诗·春秋战国门·淳于髡》：“穰穰何祷手何赍，一呷村浆与只鸡。”

【呷啞】 犹吞饮。孟郊《寒溪》之五：“哮嘐呷啞冤，仰诉何时宁？”

呻〔shēn《广韵》失人切，平真，書。〕呻吟。痛苦之声。杜甫《乾元中寓居同谷县作歌七首》之二："此时与子空归来，男呻女吟四壁静。"孟郊《杏殇》之九："参差呻细风，唅喁沸浅江。"韩愈《郓州溪堂诗》："孰饥无食？孰呻孰叹？"温庭筠《烧歌》："仰面呻复嚏，鸦娘咒丰岁。"

【呻吟】 ❶因痛苦而发出吟唤声。杜甫《北征》："所遇多被伤，呻吟更流血。"钱起《猷川雪后送僧粲临还京时避世卧疾》："呻吟独卧猷川水，振锡先闻长乐钟。"廖有方《题旅榇》序："余元和乙未岁落第，西征适此，闻呻吟之声，潜听而微惋也。"李涉《濉阳行》："愁心翻覆梦难成，病仆呻吟呼不起。"❷犹吟咏，吟诵。韩愈《和侯协律咏笋》："属和才将竭，呻吟至日曛。"

【呻唤】 犹呻吟。韩愈《双鸟诗》："得病不呻唤，泯默至死休。"

呪〔zhòu《广韵》職救切，去宥，章。〕❶祝祷。钱起《晚归蓝田旧居》："引藤看古木，尝酒咒春鸡。"和凝《宫词百首》之三九："欲教官马冲关过，咒愿纤纤早掷卢。"韦庄《秦妇吟》："案前神水咒不成，壁上阴兵驱不得。"❷方士作法时念口诀以祈禳。施肩吾《弋阳访古》："空抛青竹杖，咒作葛陂神。"❸梵语陀罗尼之意译。佛教指可以显神通、除灾患之真言。丁仙芝《和荐福寺英公新搆禅堂》："咒中瀌甘露，指处流香泉。"王颤《怀素上人草书歌》："怀素身长五尺四，嚼汤诵咒吁可畏。"卢纶《送恒操上人归江外觐省》："持咒过龙庙，翻经化海人。"

【呪水】 僧人对水念咒语，使有神验。贾岛《赠圆上人》："古塔月高闻咒水，新坛日午见烧灯。"灵澈《送道虔上人游方》："贯花留净室，咒水度空山。"

【呪嶺】 指昙无谶施咒而使枯石生泉事。王维《游悟真寺》："掷山移巨石，咒岭出飞泉。"

【呪願】 犹祝愿。李商隐《安平公诗》："沥胆咒愿天有眼，君子之泽方滂沱。"

咒 同"呪"。❶祝祷。温庭筠《烧歌》："仰面呻复嚏，鸦娘咒丰岁。"❷佛家语。梵语陀罗尼之意译。指能发神通、除灾异之真言。张籍《赠海东僧》："与医收海藻，持咒取龙鱼。"周贺《赠胡僧》："闲话似持咒，不眠同坐禅。"亦指诵读咒文或诵咒之声。慧宣《奉和窦使君同恭法师咏高僧二首·竺佛图澄》："道盛咒莲华，灾生吟棘子。"怀浦《赠智舟三藏》："岳雪当禅暝，松声入咒寒。"

【咒詛】 犹咒骂。卢仝《寄萧二十三庆中》："山魈吹火虫入碗，鸩鸟咒诅鲛吐涎。"

咄〔duō《广韵》當没切，入没，端。又丁括切。入末，端。〕❶呵斥之声。韩愈《谴疟鬼》："赠汝以好辞，咄汝去莫为！"❷叹惋之声。高适《同群公出猎海上》："咄彼工拙间，恨非指踪徒。"柳宗元《觉衰》："咄此可奈何，未必伤我心。"白居易《自咏》："咄哉个丈夫，心性何堕顽！"❸呼喝之声。《说文·口部》："咄，相谓也。"段玉裁注："谓欲相语而先惊之之词。"司空图《题休休亭》："咄！诺！休休休，莫莫莫！伎俩虽多性灵恶，赖是长教闲处著。"

【咄石生】 指晋山涛与石鉴共宿，夜起蹴鉴，戒勿高卧事。语本《晋书·山涛传》。李白《送赵判官赴黔府中丞叔幕》："巨源咄石生，何事马蹄间！"

【咄咄】 ❶惊异感叹之声。陈子昂《感遇诗三十八首》之十七："咄咄安可言，时醉而未醒。"高适《同观陈十六史兴碑》："感叹将谓谁？对之空咄咄。"杨巨源《辞魏博田尚书因登丛台》："亲知殊恨恨，徒御方咄咄。"徐铉《陈觉放还至泰州以诗见寄作此答之》："壮气未平空咄咄，狂言无验信悠悠。"❷据《晋书·殷浩传》，浩为桓温废免在信安，"但终日书空，作'咄咄怪事'四字而已"。后常用为咏感愤之典。杜甫《寄刘峡州伯华使君四十韵》："咄咄宁书字，冥冥欲避矰。"徐铉《病题二首》之二："向空咄咄烦书字，举世滔滔莫问津。"

【咄呼】 呵叱呼叫。周昙《咏史诗·春秋战国门·公子无忌》："按剑临笼震咄呼，鹞甘枭戮伏鸠辜。"

【咄哉】 惊叹之声。韩愈《刘生诗》："咄哉识路行勿休，往取将相酬恩仇。"

【咄嗟】 ❶发出慨叹之声。李白《金陵歌送别范宣》："扣剑悲吟空咄嗟，梁陈白骨乱如麻。"柳宗元《韦道安》："咄嗟徇权子，翕习犹趋荣。"李群玉《将之京国赠薛员外》："节物凋壮志，咄嗟不能休。"司空图《效陈拾遗子昂感遇诗二首》之二："豪夺乃常理，笑君徒咄嗟。"❷惊叹之际。转指俄顷、瞬息。杜甫《山寺》之二："公为顾宾从，咄嗟檀施开。"韦应物《登蒲塘驿沿路见泉谷村墅忽想京师旧居追怀昔年》："不觉平生事，咄嗟二纪余。"吕温《读小弟诗有感因口号以示之》："忆吾未冠赏年华，二十年间在咄嗟。"

【咄喹】 咄欸。欸、喹音同。随意鸣啭之鸟声。元稹《有鸟二十章》之十五："有鸟有鸟皆百舌，舌端百啭声咄喹。"

咋〔zé《广韵》側革切，入麥，莊。〕咬。见"咋舌""咋指"。

【咋舌】 谓咬住舌头不说话。韩偓《即目二首》之二："动非求进静非禅，咋舌吞声过十年。"贯休《偶作》："因知咋舌人，千古空悠哉。"

【咋指】 自咬手指，表示悔恨。韩愈《答张彻》："悔狂已咋指，垂诫仍镌铭。"

和[1]　〔hé《广韵》户戈切，平戈，匣。〕❶声相应和。卢纶《晚次新丰北野老家书事呈赠韩质明府》："机鸣春响日暾暾，鸡犬相和汉古村。"皎然《送裴秀才往会稽山读书》："吟诗山响答，泛瑟竹声和。"白居易《吴宫辞》："坐对珠帘闲理曲，琵琶鹦鹉语相和。"鲍溶《荐冰》："已辨瑶池色，如和玉珮鸣。"❷和谐。耿湋《元旦早朝》："乐和天易感，山固寿无涯。"权德舆《奉和圣制丰年多庆九日示怀》："文丽日月合，乐和天地同。"元稹《追昔游》："谢傅堂前音乐和，狗儿吹笛胆娘歌。"❸和睦，和洽。李嘉祐《赠王八衢》："心静无华发，人和似古时。"玄宗《端午三殿宴群臣探得神字》序："故以式宴陈诗，上和下畅者也。"孟郊《游枋口》："和友莺相绕，言语亦以稠。"无名氏《五言白话诗》之五（外编下）："两家既不和，角眼相蛆姑。"❹和适；安泰。刘长卿《毗陵送邹结先赴河南充判官》："罢战逢时泰，轻徭伫俗和。"钱起《奉和张荆州巡农晚望》："时和俗勤业，播殖农厥壤。"权德舆《奉送韦起居老舅百日假满归嵩阳旧居》："机闲鱼鸟狎，体和芝术鲜。"员南溟《玉烛》："年和知岁稔，道泰喜秋成。"❺和平，无战事。屈同仙《燕歌行》："昭君远嫁已年多，戎狄无厌不复和。"许棠《塞下二首》之二："番情终未测，今昔谩言和。"亦指和蕃，与对方缔结和平关系。杜甫《秋日荆南述怀三十韵》："汉庭和异域，晋史拆中台。"项斯《长安退将》："翠眉红脸和回鹘，惆怅中原不用兵。"❻柔和，平和。牟融《天台》："鸡鸣犬吠三山近，草静云和一径斜。"杜牧《偶游石盎僧舍》："梅颣暖眠酣，风绪和无力。"❼混合，融合。王湾《丽正殿赐宴同勒天前烟年四韵应制》："院逼青霄路，厨和紫禁烟。"庾光先《奉和刘采访缙云南岭作》："悬萝弱筱垂清浅，宿雨朝暾和翠微。"王建《江楼对雨寄杜书记》："竹烟花雨细相和，看著闲书睡更多。"章孝标《风不鸣条》："慢逐轻烟散，轻和瑞气饶。"亦指掺杂、间杂。薛能《新雪八韵》："鼎消微是滓，车碾半和尘。"张蠙《题嘉陵驿》："嘉陵路恶石和泥，行到长宁日已西。"❽交会；交加。玄宗《春中兴庆宫酺宴》序："况乎天地交而万物通，阴阳和而四时序。"常衮《早秋望华清宫树因以成咏》："交映凝寒露，相和起夜风。"戴叔伦《永康孙明府题秩满将归杜路访别》："风烟复欲隔，悲笑屡相和。"刘禹锡《和乐天洛下雪中宴集寄汴州李尚书》："洛城无事足杯盘，风雪相和岁欲阑。"❾和暖。旧谓初春阴阳之气相交而生和暖之气。李白《雉朝飞操》："春天和，白日暖，啄食饮泉勇气满。"白居易《和微之春日投简阳明洞天五十韵》："暄和生野菜，卑湿长街芜。"赵嘏《商山道中》："和如春色净如秋，五月商山是胜游。"齐己《桃花》："风暖仙源里，春和水国中。"❿偕同；伴随。岑参《题李士曹厅壁画度雨云歌》："似出栋梁里，如和风雨飞。"白居易《以诗代书寄户部杨侍郎劝买东邻王家宅》："云映嵩峰当户牖，月和伊水入池台。"鱼玄机《愁思》："落叶纷纷暮雨和，朱丝独抚自清歌。"姚鹄《晓发》："残星萤共失，落叶鸟和飞。"亦指连带，带着。权德舆《秋闺月》："露浓香径和愁坐，风动罗帏照独眠。"元稹《贬江陵途中寄乐天杓直乐天以拾遗在翰林》："紫芽嫩茗和枝采，朱橘香苞数瓣分。"牟融《送范启东还京》："官桥杨柳和愁折，驿路梅花带雪看。"吴融《卖花翁》："和烟和露一丛花，担入宫城许史家。"⓫调和，调制。李白《纪南陵题五松山》："一朝和殷羹，光气为列星。"李舒《德明兴圣庙乐章·迎俎》："有铋嘉豆，既和大羹。"张籍《寒食夜寄姚侍御》："作酒和山药，教儿写道书。"⓬喜悦。孟郊《择友》："虽笑未必和，虽哭未必戚。"⓭车铃。见"和鈴"。⓮军营门。见"和門"。

和[2]　〔hè《广韵》胡卧切，去過，匣。〕❶乐曲或歌唱中的跟奏或跟唱，跟主曲或主歌相应和者。常非月《咏谈容娘》："歌要齐声和，情教细语传。"卢纶《宴席赋得姚美人拍筝歌》："有时轻弄和郎歌，慢处声迟情更多。"张祜《听崔莒侍御叶家歌》："一声唱断无人和，触破秋云直上天。"李商隐《公子》："歌好惟愁和，香浓岂惜飘。"❷依原诗体裁、题材或原韵作诗。耿湋《贺李观察祷河神降雨》："若出敬亭山下作，何人敢和谢玄晖？"韩愈《寄崔二十六立之》："唱来和相报，愧叹俾我疵。"白居易《初冬即事呈梦得》："走笔小诗能和否？泼醅新酒试尝看。"罗隐《暇日有寄姑苏曹使君兼呈张郎中郡中宾僚》："珊瑚笔架真珠履，曾和陈王几首诗？"

和[3]　〔huò〕❶掺和异物使为一体。杜甫《岁晏行》："往日用钱捉私铸，今许铅铁和青铜。"李商隐《饮席戏赠同舍》："兰回旧蕊缘屏绿，椒缀新香和壁泥。"路德延《小儿诗》："垒柴为屋木，和土作盘筵。"❷犹哄骗。陈子昂《感遇诗三十八首》之十二："呦呦南山鹿，罹罟以媒和。"

【和木】　乐器名。和，小笙；木，柷、敔之类打击乐器。合而借指高雅之音乐。薛存诚《闻击壤》："箕桴均下调，和木等南薰。"

【和氏】　❶即楚之卞和。韦应物《杂体五首》之五："荆璞非有求，和氏非有恩。"又《寄令狐侍御》："众宝归和氏，吹嘘多俊人。"刘得仁《送友人下第归觐》："莫将和氏泪，滴著老莱衣。"详见"和氏璧"。❷指和仲、和叔。传为尧时掌天地四时之官。《书·尧典》"乃命羲和"马融注："羲氏，掌天官；和氏，掌地官。四子掌四时。"孙星衍疏："'四子掌四时者'，即下经文羲仲、羲叔、和仲、和叔各主一时也。"乐伸《闰月定四时》："羲氏兼和氏，行之又则之。"或与传说御日之羲和合为一事。李贺《河南府试十二月乐词·闰月》："王母移桃献天子，羲氏和氏迂龙辔。"

【和氏玉】　同"和氏璧"。钱起《落第刘拾遗相送东归》："独收和氏玉，还采旧山薇。"

【和氏璧】　传战国楚卞和得于荆山之宝玉。典出《韩非子·和氏》。后世多用以比喻未获赏识之才华。宋之问《送赵司马赴蜀州》："定知和氏璧，遥掩玉轮辉。"温庭筠《病中书怀呈友人》："祀亲和氏璧，香近博山炉。"李咸用《赠来鹏》："既同和氏璧，终有玉人知。"

【和玉】　"和氏玉"之省称。即和氏璧。张说《岳州别姚司马绍之制许归侍》："和玉悲无已，长沙宦不成。"郑昉《人不易知》："和玉翻为泣，齐竽或滥吹。"

【和平】　❶指社会生活安定，无战事，无争斗。苏颋《奉和圣制至长春宫登楼望稼穑之作》："礼节家安外，和平俗在中。"《郊庙歌辞·享太庙乐章·昭和》："道洽二仪交泰，时休四宇和平。"李绅《到宣武三十韵》："教通因渐染，人悦尚和平。"齐己《秋夜听业上人弹琴》："人心尽如此，天下自和平。"❷指心情安宁平静，无波动。杜甫《太子张舍人遗织成褥段》："锦鲸卷还客，始觉心和平。"白居易《听弹古渌水》："闻君《古渌水》，使我心和平。"又《祗役骆口驿喜萧侍御书至兼睹新诗吟讽通宵因寄八韵》："始知听韶濩，可使心和平。"❸指气血、身体平和安顺，无不适。刘禹锡《与道者同守庚申》："三尸既伏窜，九藏乃和平。"白居易《丘中有一士二首》之一："面色不忧苦，血气常和平。"❹指乐声平和，不激亢。刘禹锡《平蔡州三首》之二："汝南晨鸡喔喔鸣，城头鼓角音和平。"

【和市】　官府以平价购百姓货物，名曰和市，实则以之压价豪夺。无名氏《五言诗》之五（外编下）："须钱便与钱，和市亦不避。"

【和戎】　谓与外族缔结和平友好关系。杜审言《送和西蕃使》："宁独锡和戎？更当封定远。"李嘉祐《送崔夷甫员外和西蕃》："和戎非用武，不学李轻车。"姚合《送少府田中丞入幕》："护塞空兵帐，和戎在使臣。"胡曾《咏史诗·汉宫》："何事将军封万户，却令红粉为和戎？"

【和光】　❶谓含蓄其光芒而不外露。亦指混迹于尘俗。语出《老子》："和其光，同其尘。"王维《送綦毋校书弃官还江东》："和光鱼鸟际，澹尔蒹葭丛。"吴筠《同刘主簿承介建昌江泛舟作》："吾友从吏隐，和光心杳然。"徐敞《月映清淮流》："利物功难并，和光道已成。"陆龟蒙《京口与友生话别》："积行依颜子，和光则老聃。"❷和祥之光。苏颋《奉和圣制河上公庙应制》："善物遗方外，和光绕道边。"周存《夏首犹清和》："早夏宜初景，和光起禁城。"欧阳詹《元日陪早朝》："和光仿佛楼台晓，休气氛氲天地春。"❸谓含蕴光泽。郑澣《赠毛仙翁》："气如含芳，貌若和光。"

【和$_2$曲】　和人之歌曲，亦借指和人之诗。李商隐《喜雪》："联辞虽许谢，和曲本惭《巴》。"徐铉《太傅相公以庭梅二篇许舍弟同赋谨依韵奉和庶申感谢》："攀条感花萼，和曲许埙篪。"

【和同】　❶"和光同尘"之略语。语本《老子》："和其光，同其尘。"意谓视光与尘相同。后用以指附和世俗，不显示特异。韩愈《赠别元十八协律六首》之一："洽惟尚和同，无俟于謇謇。"❷和洽同心。寒山《诗三百三首》之二四三："从此尽和同，如今过菩萨。"韦应物《易言》："未若同心言，一言和同解千结。"

【和合】　融和混合。吕岩《七言》之七："天地变通飞白雪，阴阳和合产金花。"

【和衣】　连着衣服一起。谭用之《塞上》："貂披寒色和衣冷，剑佩朝霞隔匣寒。"亦特指睡下时不脱衣。韩熙载《感怀诗二章》之二："风雨萧萧旅馆秋，归来窗下和衣倒。"

【和州】　州名。治在今安徽和县。唐属淮南道。隋为历阳郡。高祖武德三年改为和州。玄宗天宝元年，改历阳郡。肃宗乾元元年，复为和州。领历阳、乌江、含山三县。刘禹锡有《和州送钱侍御自宣州幕拜官便于华州觐省》。

【和邦】　谓治理政务使国家和平安定。陈子昂《群公集毕氏林亭》："金门有遗世，鼎实恣和邦。"

【和$_2$阮】　谓和阮籍之诗。阮籍，三国魏人，竹林七贤之一。有《咏怀诗》八十二首，独步一时，被称为"正始之音"。元稹《酬杨司业十二兄早秋述情见寄》："知心岂忘鲍？咏怀难和阮。"

【和厚】　温和敦厚。王涯《太平词》："风俗今和厚，君王在穆清。"

【和尚】　意译为亲教师。在中国用为对僧人之通称。李涉《题宣化寺道光上人居》："常思和尚当时语，衣钵留将与此人。"徐彦若《戏答成汭》："南海黄茅瘴，不死成和尚。"

【和奏】　和谐之协奏。于邵《释奠武王乐章·迎俎酌献》："和奏发，高灵寂。"

【和門】　军营之门，见《周礼·夏官·大司马》"以旌为左右和之门"郑玄注。李绅《到宣武三十韵》："鼓彻通宵警，和门候晓晴。"

【和風】　和煦之风；和畅之风。储光羲《田家即事答崔二东皋作四首》之四："不闻鸡犬音，日见和风起。"钱起《仲春晚寻复釜山》："蝶蝶弄和风，飞花不知晚。"卢真《七老会诗》："千朵嫩桃迎晓日，万株垂柳逐和风。"韦庄《登咸阳县楼望雨》："乱云如兽出山前，细雨和风满渭川。"

【和音】　和美之音乐。则天皇后《唐享昊天乐·第五》："筵辉丽璧，乐畅和音。"李舒《让皇帝庙乐章·亚献终献》："秩礼有序，和音既同。"

【和洽】　和谐融洽。姚合《闲居遣怀十首》之十："拙直难和洽，从人笑掩关。"

【和室】　谓与妻室和洽相处。刘商《赋得射雉歌送扬协律表弟赴婚期》："听调琴弄能和室，更能弯弧足自防。"

【和扁】　古代名医和与扁鹊之并称。元稹《蜘蛛三首》之三："看看长妖绪，和扁欲涟洏。"

【和柔】　柔和；和煦。杜甫《晦日寻崔戢李封》："起行视天宇，春气渐和柔。"

【和氣】　春日和暖之气。旧谓初春天地阴阳之气交感而生。张九龄《奉和圣制瑞雪篇》："昨讶骄阳积数旬，始知和气待迎新。"元结《系乐府十二首·贱士吟》："南风发天和，和气天下流。"刘商《金井歌》："文明化洽天地清，和气氤氲孕至灵。"王甚夷《和主司王起》："有蕴赤心分雨露，无私和气浃寰瀛。"

【和烟】　谓带着烟，与烟云雾气相融汇。杨凌《小苑春望宫池柳色》："和烟变浓淡，转目异阴晴。"鲁三江《张超台》："急瀑和烟泻，清猿带雨闻。"

【和容】　合于礼之容仪。谓从容色上表现出孝敬恭谨之情。张说《唐封泰山乐章·太和》："孝敬中发，和容外彰。"亦指使容仪温和而合乎礼。贺知章《唐禅社首乐章·福和》："乐以平志，礼以和容。"

【和理】　谓以和顺之道治理之。语出《礼记·昏义》："是故妇顺备而内和理。"权德舆《书绅诗》："和理通性术，悠久方昭明。"

【和淚】　犹流泪。带泪。李白《菩萨蛮》词："泣归香阁恨，和泪掩红粉。"曹邺《姑苏台》："美人和泪去，半夜阊门开。"韦庄《菩萨蛮》之一："残月出门时，美人和泪辞。"

【和順】　犹和睦。王梵志《诗》之一："兄弟须和顺，叔侄莫轻欺。"

【和$_2$詩】　依照他人诗作之题材或诗韵所作之奉酬诗。陆龟蒙《奉酬袭美秋晚见题二首》之二："和诗盈古箧，赊酒半寒瓢。"杜荀鹤《友人赠舍弟依韵戏和》："及见和诗诗自好，碍公不到更何时？"

【和愉】　和婉；和谐。李德裕《圣祖院石磬铭》："清越盈耳，和愉感心。"

【和睦】　谓相处关系友好和谐。陈子昂《座右铭》："兄弟敦和睦，朋友笃信诚。"

【和鼎】　❶于鼎中调合诸味。古代以之比喻辅佐帝王之宰臣。张九龄《敕赐宁王池宴》："徒惭和鼎地，终谢巨川舟。"司空曙《御制雨后出城观览敕朝臣已下属和》："薰弦歌舜德，和鼎致尧名。"刘斌《和许给事伤牛尚书》："伫闻和鼎实，行当奉介丘。"❷唐李甘之字。杜牧《李甘诗》："予时与和鼎，官班各持斧。"

【和暖】　和煦温暖。杜甫《寄赞上人》："亭午颇和暖，石田又足收。"白居易《偶作》："清凉秋寺行香去，和暖春城拜表还。"张祜《偶题》："微风和暖日鲜明，草色迷人向渭城。"郑谷《蜀中春日》："和暖又逢挑菜日，寂寥未是探花人。"

【和煦】　指春天之和暖。韦应物《寄柳州韩司户郎中》："春风吹百卉，和煦变闾井。"徐夤《风》："春能和煦秋摇落，生杀还同造化功。"齐己《苦寒行》："如此，则何如为和煦，为膏雨，自然天下之荣枯，融融于万户。"

【和鈴】　马车上的铃。车轼上者称和，车旗上者称铃。卢纶《纶与吉侍郎中孚司空郎中曙等风尘追游向三十载畅博士当感怀前踪有五十韵见寄辄有所酬以申悲旧兼寄夏侯侍御审侯仓曹钊》："差肩曳长裾，总辔奉和铃。"

【和鉛】　❶犹言研墨、蘸墨。古代书写或以铅为墨，故云。杜牧《长安杂题长句六首》之一："舐笔和铅欺贾马，赞功论道鄙萧曹。"❷谓融合了黄丹（道家称用铅炼成之丹）之气味。皮日休《以毛公泉一瓶献上谏议因寄》："颜色半带乳，气味全和铅。"

【和解】　熔冶化解。指道家以炉炼丹事。吕岩《七言》之四六："日为和解月呼丹，华夏诸侯肉眼看。"

【和煙】　同"和烟"。徐铉《和陈赞善致仕还京口》："泉声漱玉窗前落，江色和煙槛外流。"

【和暢】　和愉舒畅。韩思复《祭汾阴乐章·顺和》："大乐和畅，殷荐明神。"

【和鳴】　❶禽鸟应和鸣叫。徐彦伯《拟古三首》之一："交翰倚沙月，和鸣弄江风。"韩愈《同冠峡》："羁旅感和鸣，囚拘念轻矫。"李德裕《鸳鸯篇》："和鸣一夕不暂离，交颈千年尚为少。"刘斌《送刘散员汉赋陈思王诗得好鸟鸣高枝》："春林已自好，时鸟复和鸣。"引申喻指夫妇恩爱和谐。李群玉《戏赠魏十四》："知君调得东家子，早晚和鸣入锦衾。"又《送萧十二校书赴郢州婚姻》："领取和鸣好风景，石城花月送归乡。"❷指歌乐之声和谐应和。张说《唐封泰山乐章·雍和》："鼓钟管磬，肃唱和鸣。"李舒《让皇帝庙乐章·迎俎》："捧撤祇敬，击拊和鸣。"

【和適】　和顺安适。长孙辅佐《山居》："神体自和适，不是离人寰。"

【和嶠】　人名。字长舆，晋西平（今青海西宁）人。曾为颍川太守，武帝时迁中书令。惠帝立，拜太子太傅。卒谥简。史称其少有盛名，为政清简，性雅正强抗。南朝宋刘义庆《世说新语·方正》载：和峤为中书令时，荀勖为中书监，旧制监与令共用一官车，然峤恶勖谄谀，公车来，峤专车独坐，不复容勖。自是令与监乃各给车。《晋书》卷四五有传。李瀚《蒙求》："管宁割席，和峤专车。"

【和樂】（—lè）和睦欢乐。元结《刘侍御月夜宴会》："日夕得相从，转觉和乐全。"周昙《咏史诗·后汉门·鲍宣妻》："但能和乐同琴瑟，未必恩情在绮纨。"

【和樂】（—yuè）和谐之音乐。王翰《奉和圣制送张说上集贤学士赐宴得筵字》："和乐薰风解，湛恩时雨连。"李白《赠从孙义兴宰铭》："弦歌欣再理，和乐醉人心。"权德舆《奉和圣制中和节百官宴集因示所怀》："衢酒和乐被，薰弦声曲新。"

【和蕃】与外族媾和，缔结友好关系。亦指与外族和亲。郎士元有《送扬中丞和蕃》。李益《登夏州城观送行人赋得六州胡儿歌》："胡儿起作和蕃歌，齐唱呜呜尽垂手。"白居易《听李士良琵琶》："闲人暂听犹敛眉，可使和蕃公主闻。"李山甫《阴地关崇徽公主手迹》："谁陈帝子和蕃策？我是男儿为国羞。"

【和璞】即"和氏璧"。贯休《读离骚经》："谁能入水少取得，香沐函题贡上国。贡上国，即全胜和璞悬璃，垂棘结绿。"

【和諧】谓相互关系融洽协调。孟郊《与二三友秋宵会话清上人院》："琴樽互倾奏，歌赋相和谐。"又《送谈公》之六："我忧未相识，乳养难和谐。"吕岩《敲爻歌》："内丹成，外丹就，内外相接和谐偶。"

【和凝】（898—955）五代诗人。字成绩，郓州须昌（今山东东平）人。十九岁举进士，辟梁义成军节度使贺瓌从事。天成中入拜殿中侍御史，历礼部刑部员外郎，迁翰林学士。后唐明宗时迁中书舍人。后晋高祖任为宰相。入后汉，拜太子太保，封鲁国公。至后周，为太子太傅。历仕五代。长于诗词。有集百余卷，自镂版行世。《五代史》卷一二七有传。《全唐诗》卷七三五收其诗一卷，卷八九三收其词二四首。李瀚有《留题座主和凝旧阁》。

【和親】与异邦结为姻亲以求和平。东方虬《昭君怨三首》之一："何须薄命妾，辛苦事和亲？"杜甫《送杨六判官使西蕃》："绝域遥怀怒，和亲愿结欢。"苏郁《咏和亲》："君王莫信和亲策，生得胡雏虏更多。"梁琼《昭君怨》："自古无和亲，贻灾到妾身。"

【和嬌】谓带着娇态。崔珏《美人尝茶行》："闲教鹦鹉啄窗响，和娇扶起浓睡人。"

【和聲】❶和谐的音乐声。权德舆《奉和圣制重阳日中外同欢以诗言志因示百僚》："和声度箫韶，瑞气深储胥。"❷乐曲主声以外之伴声。如古乐府中之"贺贺""何何"之声皆是。唐人则以词填入，如皇甫松《采莲子》"船动湖光滟滟秋，贪看年少信船流"，其和声辞为"举棹""年少"。姚合《和卢给事酬裴员外》："夕郎夜直吟仙掖，天乐和声下禁楼。"参阅任半塘《唐声诗》上编第二章。❸凤凰和鸣之声。韩愈《岐山下二首》之二："和声随祥风，窅窕相飘扬。"亦指夫妇恩爱如凤凰和鸣。元万顷《奉和太子纳妃太平公主出降》："和声跻凤掖，交影步鸾墀。"

【和羹】❶以五味调和，煮制带汁的食物。李端《奉和元丞侍从游南城别业》："献寿回龟顾，和羹跃鲤香。"郑述诚《华林园早梅》："止渴曾为用，和羹旧有才。"亦指用五味调和煮成的带汁食物。李商隐《送千牛李将军赴阙五十韵》："蒸鸡殊减膳，屑曲异和羹。"❷喻指辅佐君主调理政务。张说《恩制赐食于丽正殿书院宴赋得林字》："位窃和羹重，恩叨醉酒深。"钱起《陪郭常侍令公东亭宴集》："不愁欢乐尽，积庆在和羹。"刘禹锡《和汴州令狐相公到镇改月偶书所怀》："受脤新梁苑，和羹旧傅岩。"

【和鐘】谓与钟声相应和。许棠《过中条山》："云垂多作雨，雷动半和钟。"

【和飆】犹和风。刘象《早春池亭独游三首》之二："细沙擢暖岸，淑景动和飙。"

【和釀】犹言酿酒。王建《设酒寄独孤少府》："自看和酿一依方，缘看松花色较黄。"

【和鑾】马车之铃，在轼称和，在镳（马口嚼之外露部分）称銮，合称和銮。亦代指车马。《后汉书·崔寔传》"岂暇鸣和銮"李贤注引《说苑》曰："銮设于镳，和设于轼。马动则銮鸣，銮鸣则和应，行之节也。"鲍溶《郊天回》："日动萧烟上泰坛，帝从黄道整和銮。"郑谷《入阁》："秘殿临轩日，和銮返正年。"

命〔mìng《广韵》眉病切，去映，明。〕❶差遣，命令。储光羲《述韦昭应画犀牛》："闲居命国工，作绘北堂阴。"孟浩然《同独孤使君东斋作》："郎官旧华省，天子命分忧。"孟简《咏欧阳行周事》序："过期，命甲遣乘，密往迎妓。"白居易《和答诗十首·和大觜乌》："主人憎慈乌，命子削弹弓。"亦指命仆役等备供用物。许敬宗《游清都观寻沈道士得清字》之一："或命余杭酒，时听洛滨笙。"储光羲《答王十三维》："门生故来往，知欲命浮觞。"顾况《十月之郊一章》："绘事告毕，宾延秩秩，乃命旨酒琴瑟。"❷任命；封授。贺知章《奉和圣制送张说巡边》："选车命元宰，授律取文雄。"储光羲《登商丘》："汉皇封子弟，周室命诸侯。"孙逖《送赵大夫护边》："外域分都护，中台命职方。"钱起《送蒋尚书居守东都》："前席命才彦，举朝推令名。"❸政令；诏命。裴耀卿《敬酬张九龄当涂界留赠之作》："珪符肃有命，江国远徂征。"韦应物《自尚书郎出为滁州刺史》："中岁守淮郡，奉命乃征行。"韩愈《元和圣德诗》："读命于庭，出节少府。"张蠙《费征君旧居》："古来天子命，还少到烟霞。"亦指授官之任命官职。岑参《虢州酬辛侍御见赠》:“夫子屡新命,鄙夫仍旧官。”又《和刑部成员外秋夜寓直寄台省知己》:“粉署荣新命,霜台忆旧僚。”❹周代官爵等第名。有一命至九命。如上公九命,王之三公八命,子男之大夫一命。骆宾王《幽絷书情通简知己》:“一命沦骄饵,三缄慎祸胎。”权德舆《哭张十八校书》:“芸阁为郎一命初,桐州寄傲十年余。”羊士谔《酬吏部窦郎中直夜见寄》:“解巾侍云陛,三命早为郎。”李郢《伤贾岛无可》:“一命未沾为逐客,万缘初尽别空王。”❺皇帝所赐或所封者。见“命珪”“命服”“命爵”“命妇”。❻命运;天命。韦承庆《直中书省》:“命将时共泰,言与行俱危。”顾朝阳《昭君怨》:“妾死非关命,都缘怨断肠。”吕温《同舍弟恭岁暮寄晋州李六协律三十韵》:“道因穷理悟,命以尽性知。”陈季卿《别兄弟》:“谋身非不早,其奈命来迟?”❼生命。杜甫《病后遇王倚饮赠歌》:“头白眼暗坐有胝,肉黄皮皱命如线。”皇甫冉《太常魏博士远出贼庭江外相逢因叙其事》:“心同合浦叶,命寄首阳薇。”舒元舆《坊州按狱》:“眷兹一州命,虑齐坠波涛。”杨鼎夫《记皂江堕水事》:“手携弱杖仓皇处,命出波涛顷刻间。”❽名;命名。储光羲《同王十三维偶然作十首》之五:“草木花叶生,相与命为春。”白居易《秦中吟十首》序:“因直歌其事,命为《秦中吟》。”❾召呼;邀。高瑾《晦日重宴》:“忽闻莺响谷,于此命相知。”王维《杂诗》:“双燕初命子,五桃新作花。”刘禹锡《和陈许王尚书酬白少傅侍郎长句因通简汝洛旧游之什》:“雪里命宾开玉帐,饮中请号驻金卮。”李绅《南梁行》:“山鸡锦质矜毛羽,透竹穿萝命俦侣。”郑畋《题缑山王子晋庙》:“西域要绰约,南岳命娇娆。”

【命士】　受爵命之士。元稹《代曲江老人百韵》:“名卿唯讲德,命士耻忧贫。”参阅“九命”。

【命中】　(—zhòng)射中目标。张说《玄武门侍宴》序:“唐弓在手,夏箭斯发,应弦命中,属羽连飞。”

【命分】　(—fèn)犹命运。韩愈《秋怀诗》之十一:“由来命分尔,泯灭岂足道!”白居易《白云期》:“年长识命分,心慵少营为。”姚合《送张宗原》:“子贤我且愚,命分不合齐。”

【命世】　谓名高一世。陈子良《赞德上越国公杨素》:“君侯称上帝,命世挺才英。”高适《酬秘书弟兼寄幕下诸公》:“信知命世奇?适会非常功。”吕温《古兴》:“安得命世客,直来开奥秘。”黄滔《贺清源仆射新命》:“虽言嵩岳秀崔嵬,少降连枝命世才。”

【命代】　即命世。著名于世。因避李世民讳,改称命代。高适《奉酬睢阳路太守见赠之作》:“盛才膺命代,高价动良时。”钱起《片玉篇》:“连城美价幸逢时,命代良工岂见遗?”杨巨源《上刘侍中》:“命代生申甫,承家翊禹汤。”杜牧《雪晴访赵嘏街西所居三韵》:“命代风骚将,谁登李杜坛?”

【命令】　上司所下达的强制性指示。王周《志峡船具诗·梢》:“有如秉师律,有如宣命令。”

【命曲】　犹弄曲、奏曲。顾况《幽居弄》:“关情命曲寄惆怅,久别山南山里人。”

【命舛】　谓命运乖违。白居易《谓村退居寄礼部崔侍郎翰林钱舍人诗一百韵》:“不才甘命舛,多幸逢时康。”

【命吕】　谓周穆王命吕侯审度刑法而作《吕刑》(《尚书》篇名)。后亦以借指在刑部任职。柳宗元《弘农公以硕德伟材左官三岁复为大僚谨献诗五十韵以毕微志》:“训刑方命吕,理剧复推张。”此借指弘农公杨凭任刑部侍郎。

【命奇】　(—jī)谓命运乖蹇。黄滔《出京别崔学士》:“命奇未便乘东律,言重终期雪北军。”

【命官】　皇帝任命之官。朝廷官员。白居易《纳粟》:“连授四命官,坐尸十年禄。”李商隐《行次西郊作一百韵》:“况自贞观后,命官多儒臣。”裴说《送人宰邑》:“官小任还重,命官难偶然。”

【命門】　中医指右肾,道家指两肾之间的穴位,俱以为系性命攸关之处。元稹《和乐天赠吴丹》:“雌一守命门,回九填血脑。”

【命封】　天命所封,指登帝位。苏颋《奉和圣制行次成皋途经先圣擒建德之所感而成诗应制》:“即此巡于岱,曾孙受命封。”

【命侣】　谓邀呼宾朋。刘禹锡《和牛相公南溪醉歌见寄》:“携觞命侣极永日,此会虽数心无厌。”亦指禽鸟呼召伴侣。虞世南《侍宴归雁堂》:“凫归初命侣,雁起欲分行。”李商隐《越燕二首》之二:“命侣添新意,安巢复旧痕。”

【命服】　周代天子所赐九命官员之服。后亦泛指规定的等级不同的官员之官服。张说《奉和圣制爰巡省途次旧居应制》:“三耆颁命服,五稔复田输。”权德舆《奉送孔十兄归东都》:“角巾华发忽自遂,命服金龟君更与。”

【命珪】　古代帝王赐诸侯大臣之玉圭。诸侯朝觐时执之。韩愈《桃林夜贺晋公》:“手把命圭兼相印,一时重叠赏元功。”

【命席】　犹设席;赐宴。张说《奉裴中书光庭酒》:“西掖恩华降,南宫命席阑。”高瑾《三月三日宴王明府山亭》:“乐饮命席,优哉悠哉!”

【命酒】　命仆人备酒供饮。储光羲《同武平一员外游湖五首时武贬金坛令》之三:“池边命酒怜风月,浦口回船惜芰荷。”孟郊《蓝溪元居士草堂》:“日昏各命酒,寒蛩鸣蕙丛。”

【命書】　颁布王命之诏书。权德舆《酬主客仲员外见贺正除》:“禁署独闻清漏晓,命书惭对紫泥新。”又《伏蒙十六叔寄示喜庆感怀三十韵因献之》:“命书备追锡,迹远道不伸。”

【命理】 犹命运。沈千运《赠史修文》:“岂曰无其才？命理应有时。”

【命將】 任命主将。萧至忠《送张亶赴朔方应制》:“命将择耆年,图功胜必全。”陆龟蒙《奉酬袭美先辈吴中苦雨一百韵》:“文坛如命将,可以持玉钺。”

【命棋】 命仆人备棋。亦指下棋。朱庆余《夏日访贞上人院》:“命棋限绿竹,尽日有清风。”

【命婦】 妇人因夫或子有官爵而受有封号者。皇帝妃嫔及太子良娣以下为内命妇,公主及王妃以下为外命妇。唐制外命妇封号分五等:国夫人、郡夫人、郡君、县君、乡君。窦叔向《贞懿皇后挽歌三首》之二:“命妇羞蘋叶,都人插柰花。”王建《鸡鸣曲》:“宝钗命妇灯下起,环珮玲珑晓光里。”张汇《观藏冰》:“冬赋凌人掌,春期命妇升。”

【命通】 谓命运亨通。《大中后进士语》(卷八七六):“欲得命通,问瑝嵎都雍。”

【命賞】 谓邀请赏景。令狐德棻《冬日宴于庶子宅各赋一字得趣》:“高门聊命赏,群英于此遇。”欧阳詹《小苑春望宫池柳色》:“王孙初命赏,佳客欲伤神。”

【命賜】 亦作“命錫”。帝王所赐。王维《送秘书晁监还日本国》序:“于是稽首北阙,裹足东辕,箧命赐之衣,怀敬问之诏。”

【命篇】 谓用以写成诗文篇章。太宗有《春日·登陕州城楼俯眺原野回丹碧缀烟霞即目川岫聊以命篇》。李商隐《谢先辈防记念拙诗甚多异日偶有此寄》:“晓用云添句,寒将雪命篇。”詹敦仁有《劝王氏入贡宠予以官作辞命篇》。

【命駕】 命仆人驾车马。指乘车出行。张说《与赵冬曦尹懋子均登南楼》:“命驾邀渔火,通家引凤雏。”李白《酬岑勋见寻就元丹丘对酒相待以诗见招》:“不以千里遥,命驾来相招。”魏万《金陵酬李翰林谪仙子》:“去秋忽乘兴,命驾来东土。”贾岛《清明日园林寄友人》:“几时能命驾,对酒落花前?”

【命樂】 (—yuè)命奏乐。韩愈《合江亭》:“为余扫尘阶,命乐醉众坐。”刘禹锡《同乐天和微之深春二十首》之八:“夜阑犹命乐,雨甚亦寻花。”

【命儔】 犹言呼侣,结伴。储光羲《夏日寻蓝田唐丞登高宴集》:“宫殿碧云里,鸳鸯初命俦。”

【命錫】 同“命賜”。权德舆《送崔谕德致政东归》:“大君不夺志,命锡忽以崇。”

【命薄】 薄命,命运不好。牟融《春日山亭》:“莫道愁多因病酒,只缘命薄不辞贫。”李商隐《属疾》:“多情真命薄,容易即回肠。”

【命爵】 命酒。谓劝饮杯中之酒。爵,酒杯。刘禹锡《竞渡曲》:“刺史临流褰翠帷,揭竿命爵分雄雌。”韦庄《和郑拾遗秋日感事一百韵》:“黑头期命爵,赪尾尚忧鲂。”

【命燭】 命燃烛。张登《重阳宴集同用寒字》:“还宵须命烛,举首谢三官。”刘禹锡《历阳书事七十韵》:“蔽明添翠帟,命烛拄金茎。”

【命題】 为诗文立题目。窦庠《奉酬侍御家兄东洛闲居夜晴观雪之什》:“绿醽乍孰堪聊酌,黄竹篇成好命题。”

【命雛】 谓禽鸟呼唤幼雏。权德舆《晓发武阳馆即事书情》:“芳树莺命雏,深林麏引麑。”元稹《黄草峡听柔之琴二首》之二:“别鹤凄清觉露寒,离声渐咽命雏难。”

呱 〔gū《广韵》古胡切,平模,見。〕见“呱呱”。

【呱呱】 婴儿哭声。亦泛指哀哭之声。储光羲《升天行贻卢六健》:“恻恻苦哉行,呱呱游子吟。”赵嘏《别麻氏》:“晓哭呱呱动四邻,于君我作负心人。”

呼 〔hū《广韵》荒烏切,平模,曉。〕❶吐气。与吸相对。顾况《上古之什补亡训传十三章·十月之郊》:“有巨根蒂,生混茫际。呼息群籁,万人挥斤。”❷呼唤,召唤。郑繇《失白鹰》:“云中呼暂下,雪里放还迷。”刘长卿《山鹳鸲歌》:“嘲哳相呼响空谷,哀鸣万变如成曲。”李贺《神弦》:“呼星召鬼歆杯盘,山魅食时人森寒。”许浑《下第归蒲城墅居》:“牧竖还呼犊,邻翁亦抱孙。”❸呼喊,喊叫。杜甫《送蔡希曾都尉还陇右因寄高三十五书记》:“身轻一鸟过,枪急万人呼。”韩愈《南山诗》:“惊呼惜破碎,仰喜呀不仆。”白居易《贺雨》:“蹈舞呼万岁,列贺明庭中。”李绅《趋翰苑遭诬构四十六韵》:“火风晴处扇,山鬼雨中呼。”❹称呼;叫。李白《对酒忆贺监二首》之一:“长安一相见,呼我谪仙人。”白居易《宣武令狐相公以诗寄赠代播吴中聊奉短草用申酬谢》:“尽解呼为好才子,不知官是上将军。”胡曾《戏妻族语不正》:“呼十却为石,唤针将作真。”

【呼天】 人有冤情或痛苦时呼喊上天以求助或抒愤。李白《万愤词投魏郎中》:“南冠君子,呼天而啼。”元稹《苦乐相倚曲》:“呼天抚地将自明,不悟寻时暗销骨。”

【呼叫】 呼喝,叫嚣。孟郊《感怀》:“擅摇干戈柄,呼叫豺狼声。”

【呼召】 呼唤,召唤。寒山《诗三百三首》之三〇一:“虎丘兼虎溪,不用相呼召。”

【呼吸】 ❶口鼻出气曰呼,入气曰吸。柳宗元

《种仙灵毗》:“能令深深息,呼吸还归跟。”秦韬玉《吹笙歌》:“檀唇呼吸宫商改,怨情渐逐清新举。”王周《齿落词》:“呼吸缺吾防,咀嚼欠吾助。”亦指吞吐。李德裕《漏潭石》:“大哉天地气,呼吸有盈虚。”❷谓呼吸之间,犹顷刻、瞬息。李白《登广武古战场怀古》:“呼吸八千人,横行起江东。”白居易《题海图屏风》:“白涛与黑浪,呼吸绕咽喉。”张祜《梦李白》:“玄宗开怀死其说,满朝呼吸生气云。”

【呼延】 匈奴贵族姓氏之一。其族世代为辅相。后亦以借指北方异族军。李白《从军行》:“突营射杀呼延将,独领残兵千骑归。”

【呼耶】 匈奴呼韩邪单于之略称。王维《送秘书晁监还日本国》序:“亦由呼耶来朝,舍于葡萄之馆,卑弥遣使,报以蛟龙之锦。”

【呼博】 谓作六博之戏。韩愈、孟郊《雨中寄孟刑部几道联句》:“研文较幽玄,呼博骋雄快。”

【呼唤】 召唤。元稹《通州丁溪馆夜别李景信三首》之三:“倦僮呼唤应复眠,啼鸡拍翅三声绝。”白居易《府斋感怀酬梦得》:“府伶呼唤争先到,家酝提携动辄随。”王继勋《赠和龙妙空禅师》:“猿鸟认声呼唤易,龙神降伏住持坚。”花蕊夫人徐氏《宫词》之一二一七:“宫女齐来池畔看,傍帘呼唤勿高声。”

【呼喝】 喝叫。为出行官员喝道之声。白居易《天津桥》:“报道前驱少呼喝,恐惊黄鸟不成啼。”

【呼傳】 犹传呼。谓传递呼唤之令。韩愈、孟郊《城南联句》:“货至貊戎市,呼传鹦鸽令。”

【呼號】 呼喊号叫。杜甫《有怀台州郑十八司户》:“呼号傍孤城,岁月谁与度?”孟郊《杏殇》之六:“木心既零落,山窍空呼号。”李商隐《风》:“已寒休惨淡,更远尚呼号。”赵嘏《旅馆闻雁别友人》:“路绕秋塘首独搔,背群燕雁正呼号。”

【呼鳴騶】 犹喝道。驺,官员出行之随从骑卫。岑参《送颜平原》:“海风掣金戟,导吏呼鸣驺。”

【呼豎子】 指三国魏阮籍登广武叹时无英雄,遂使刘邦成名事。李白《登广武古战场怀古》:“沉湎呼竖子,狂言非至公。”

【呼盧】 谓作樗蒲之戏。亦称五木。每木两面,一面涂黑,绘牛犊;一面涂白,绘雉。五子全黑为上胜,称卢。戏者掷子时,大声唤“卢”以求胜,故称呼卢。李白《少年行》:“呼卢百万终不惜,报仇千里如咫尺。”白居易《酬微之夸镜湖》:“酒盏省陪波卷白,骰盘思其彩呼卢。”殷尧藩《旅行》:“万里关河成传舍,五更风雨忆呼卢。”郑嵎《津阳门诗》:“绕床呼卢恣樗博,张灯达昼相谩欺。”郑谷《永日有怀》:“两掷未终樋檵内,座中何惜为呼卢!”

【呼廟】 三国魏王凌假节都督扬州诸军事,进太尉,因谋废立事发,司马懿发兵攻讨,乃自缚请罪,懿遣步骑六百人送还京都。过贾逵庙,凌呼曰其忠于魏之社稷。乃饮药自杀。事见《三国志·魏志·王凌传》“凌至项,饮药死”裴松之注引干宝《晋纪》。后遂以“呼庙”指呼冤。李瀚《蒙求》:“将闾仰天,王凌呼庙。”

【呼嘯】 呼喊叫嚷。韦庄《秦妇吟》:“一朝五鼓人惊起,呼啸喧争如窃语。”

【呼韓】 匈奴呼韩邪单于之省称。李商隐《谢往桂林至彤庭窃咏》:“甘泉犹望幸,早晚冠呼韩。”亦代指匈奴。皎然《从军行五首》之三:“百万逐呼韩,频年不解鞍。”李贺《送秦光禄北征》:“屡折呼韩颈,曾燃董卓脐。”

【呼鷹】 谓携苍鹰以狩猎。李白《南都行》:“走马红阳城,呼鹰白河湾。”李益《汉宫少年行》:“平明走马绝驰道,呼鹰挟弹通缭垣。”

周 〔zhōu《广韵》職流切,平尤,章。〕❶周密。白居易《和答诗十首》序:“每下笔时,辄相顾,共患其意太切而理太周。”唐彦谦《和陶渊明贫士诗七首》之四:“旁人吁已甚,自喜计虑周。”引申指周备,周全。阎朝隐《鹦鹉猫儿篇》:“智慧周则贪残囚,智慧犯之兮不复忧。”韦应物《送杨氏女》:“贫俭诚所尚,资从岂待周?”卢纶《秋夜宴集陈翃郎中圃亭美校书郎张正元归乡》:“硕儒欢颇至,名士礼能周。”薛据《泊震泽口》:“行藏空自秉,智识仍未周。”❷周遍。褚亮《临高台》:“迥瞰周平野,开怀畅远襟。”卢纶《送钱从叔辞丰州幕归嵩阳旧居》:“屯田布锦周千里,牧马攒花溢万群。”白居易《短歌曲》:“布衾不周体,藜茹才充腹。”❸谓循环一轮到头。骆宾王《宿山庄》:“金陵一超忽,玉烛几还周。”韦应物《白沙亭逢吴叟歌》:“星岁再周十二辰,尔来不语今为君。”于鹄《悼孩子》:“生来岁未周,奄然却归无。”陈陶《西川座上听金五云唱歌》:“卑官到官年未周,堂衡禄罢东西游。”亦指转圈或一圈。韩愈、孟郊《远游联句》:“别肠车轮转,一日一万周。”白居易《新乐府·胡旋女》:“左旋右转不知疲,千匝万周无已时。”❹至于尽头。引申为尽,毕。则天皇后《唐享昊天乐·第十》:“三献已周,九成斯毕。”亦指达于至极。中宗《九月九日幸临渭亭登高得秋字》:“九日正乘秋,三杯兴已周。”❺谓环绕四周。萧至忠《奉和幸安乐公主山庄应制》:“匝地金声初度曲,周堂玉溜好传杯。”韩愈《元和圣德诗》:“庐墓周施,开揭磊砢。”独孤铉《日南长至》:“乍疑周户耀,可爱逗林光。”❻周朝;周王室。殷寅《玄元皇帝应见贺圣祚无疆》:“应历生周日,修祠表汉年。”权德舆《读谷梁传二首》之二:“有力则宗楚,何人复尊周?”李商隐《人日即事》:“舜格有苗旬太远,周称流火月难穷。”苏拯《西施》："在周名褒姒，在纣名妲己。"亦喻指中国。刘长卿《同崔载华赠日本聘使》："怜君异域朝周远，积水连天何处通？"❼周之旧地。借指周都镐京（唐长安）至成周（唐东都洛阳）一带地区。钱起《寇中送张司马归洛》："戎狄寇周日，衣冠适洛年。"白居易、王起《会昌春连宴即事》联句："滞周惭太史，入洛继先贤。"❽指后周。《周宗庙乐舞辞·肃雍舞》："周道载兴，象日之明。"❾指周武王。钱起《观法驾自凤翔回》："周惭散马出，禹让濬川回。"❿指西汉周勃。元稹《四皓庙》："虽怀安刘志，未若周与陈。"⓫姓。汉有周勃。

【周二十二】　即周君巢。柳宗元有《奉和周二十二丈酬郴州侍郎衡江夜泊得韶州书并附当州生黄茶一封率然成篇代意之作》。

【周十一】　唐人。名未详。贞元十二年曾入吐蕃，元和三年还。储光羲有《送周十一》。吕温有《吐蕃别馆和周十一郎中扬七录事望白水山作》。

【周人】　指洛阳之人。传洛阳为周公所营，东周时为都城，故称。王维《宿郑州》："朝与周人辞，暮投郑人宿。"钱起《送蒋尚书居守东都》："凤辇幸秦久，周人傒帝情。"

【周才】　弘济之才。杜甫《山寺》："以兹抚士卒，孰曰非周才？"亦指出仕以济人。韩翃《家兄自山南罢归献诗叙事》："魏阙心犹系，周才道岂捐？"

【周大夫】　即周墀。墀武宗时出为华州刺史，迁江西观察使兼御史大夫。在华州时，李商隐曾就其幕职。李有《华州周大夫宴席》。陈陶有《赠江西周大夫》。

【周天】　❶岁星循环一周之时间，即十二年。独孤及《壬辰岁过旧居》："离居岁周天，犹作劳歌人。"刘商《胡笳十八拍·第十一拍》："日来月往相催迁，迢迢星岁欲周天。"白居易《除夜》："一从身去国，再见日周天。"❷指一月。元稹《和乐天送客游岭南二十韵》："大壑浮三岛，周天过五均。"❸犹言普天。吕岩《满庭芳》词："运周天水火，燮理寒温。"

【周天子】　周朝之帝王。李贺《马诗二十三首》之三："忽忆周天子，驱车上玉山。"此指周穆王姬满。

【周元範】　（？—832?）唐诗人。句曲（在今江苏句容）人。曾先后从白居易、元稹在杭州、苏州、浙西为判官。与贾岛、朱庆余有往还。白居易有《予以长庆二年冬十月到杭州明年秋九月始与范阳卢贾汝南周元范同游有愧于心遂留绝句》。此汝南或为其郡望。贾岛有《送周判官元范赴越》。张为《诗人主客图》取为《入室十人》。《全唐诗》卷四六三，《全唐诗逸》上各收其诗一首，逸句二联。

【周王】　周朝之帝王。(1)周文王。卢照邻《早度分水岭》："徒费周王粟，空弹汉吏冠。"理莹《送戴三征君还谷口旧居》："周王尊渭叟，颍客傲唐尧。"(2)周武王。白行简《归马华山》："牧野功成后，周王战马闲。"(3)周穆王。姚崇《奉和圣制夏日游石淙山》："周王久谢瑶池赏，汉主悬惭玉树宫。"杜甫《江陵望幸》："未枉周王驾，终期汉武巡。"李商隐《九成宫》："云随夏后双龙尾，风逐周王八骏蹄。"清昼、严伯均《远意联句》："将游莽苍穷大荒，车辙马足逐周王。"参阅《穆天子传》。(4)周懿王。李商隐《昭肃皇帝挽歌辞三首》之一："周王传叔父，汉后重神君。"(5)周宣王。李绅《逾岭峤止荒陬抵高要》："周王止化惟荆蛮，汉武凿远通孱颜。"(6)周幽王。李华《咏史十一首》之十一："周王惑褒姒，城阙成陂陁。"(7)周灵王。曹唐《小游仙诗九十八首》之二九："周王不信长生话，空使苌弘碧泪垂。"

【周太子】　即王子乔。亦称王子晋。为周灵王太子。传说好吹笙作凤凰鸣，后为浮丘道人接引成仙。鲍溶《途中旅思二首》之一："心期周太子，下马拜虚碧。"李群玉《升仙操》："复闻周太子，亦遇浮丘公。"司马扎《赠王道士》："愿随执轻策，往结周太子。"

【周太公】　即姜太公（吕尚）。欧阳詹有《读周太公传》。

【周太師】　即姜太公（吕尚）。周武王立，以太公望为师，故称。张九龄《骊山下逍遥公旧居游集》："岂与磻溪老，崛起周太师。"

【周五】　即周元范。白居易《忆旧游》："李娟张态一春梦，周五殷三归夜台。"参阅岑仲勉《唐人行第录》。

【周化】　周公之教化。虞世南《奉和幸江都应诏》："南国行周化，稽山秘夏图。"

【周帀】　即周匝。周密，普遍。韩愈《元和圣德诗》："赠官封墓，周匝宏溥。"

【周公】　❶姬姓，名旦。周武王之弟，成王之叔。曾佐武王灭纣。成王幼时，周公摄政，平管叔、蔡叔、武庚之乱。又营成周雒邑。传周之礼法制度俱为周公所创制。王绩《赠梁公》："圣莫若周公，忠岂逾霍光？"李颀《杂兴》："济水自清河自浊，周公大圣接舆狂。"韩愈《燕河南府秀才》："此都自周公，文章继名声。"杜牧《即事》："因思上党三年战，闲咏周公《七月》诗。"❷《论语·述而》："子曰：'甚矣吾衰也，久矣吾不复梦见周公。'"后因以代指梦。卢仝《走笔谢孟谏议寄新茶》："日高丈五睡正浓，军将打门惊周公。"

【周月】　满一月。张九龄《奉和圣制送李尚书入蜀》："周月成功后，明年或劳还。"

【周文】　周文王姬昌之省称。王维《大同殿柱产玉芝龙池上有庆云圣恩便赐宴乐敢书即事》："欲笑周文歌宴镐，遥轻汉武乐横汾。"贾至《自蜀奉册命往朔方途中呈韦左相文部房尚书门下崔侍郎》："岂惟太公望，往昔逢周文。"权德舆《几铭》："故曰：知几其神，孔父周文。"

【周孔】　周公、孔子的并称。陈子昂《夏日晖上人房别李参军崇嗣》序："觉周孔之犹述，知老庄之未晤。"杜甫《晚登瀼上堂》："凄其望吕葛，不复梦周孔。"李渤《喜弟淑再至为长歌》："口里虽谭周孔文，怀中不舍孙吴略。"杜牧《池州送孟迟先辈》："跳丸相趁走不住，尧舜禹汤文武周孔皆为灰。"

【周示】　遍示。韩愈《元和圣德诗》："周示城市，咸使观睹。"

【周右史】　周代记言之史官。唐高宗一度改起居舍人为右史。韩翃《访王起居不遇留赠》："载笔已齐周右史，论诗更事谢中书。"

【周田】　周王朝故地之田亩。马戴《送田使君牧蔡州》："望稼周田隔，登楼楚月生。"

【周史】　亦作"周柱史"。特指老子。周代之史官。传老子曾为周柱下史，故称。晋葛洪《神仙传·老子》谓：老子"文王时为文邑先生"，"至武王时为柱下史，时俗见其久寿，故号之为老子"。杜甫《赠王二十四侍御契四十韵》："伏闻周柱史，乘槎有汉臣。"张渭《寄李侍御》："柱下闻周史，书中慰越吟。"李商隐《赠华阳宋真人兼寄清都刘先生》："不因杖屦逢周史，徐甲何曾有此身？"

【周兄無慧】　周，指春秋晋襄公曾孙周子。晋厉公被弑后，因周子之兄愚而不辨菽麦，不可立，遂迎立周子，即晋悼公。李瀚《蒙求》："济叔不痴，周兄无慧。"参阅《左传·成公十八年》。

【周禾】　长安一带之禾谷。以其为周王朝之旧地，故称。吴融《送友赴阙》："空郊已叹周禾熟，旧苑应寻汉火残。"

【周仙】　指王子乔。《列仙传》卷上："王子乔者，周灵王太子晋也。好吹笙作凤凰鸣，游伊洛间，道士浮丘公（传说之仙人）接以上嵩高山。"李峤《歌》："汉帝临汾水，周仙去洛滨。"

【周召】　（—shào）周公旦与召公奭之并称。多用作圣人贤臣之代表。元稹《和李校书新题乐府十二首·五弦弹》："一贤得进胜累百，两贤得进同周召。"张祜《寓怀寄苏州刘郎中》："一闻周召佐明时，西望都门强策羸。"王贞白《经故洛城》："山河徒自壮，周召不长生。"贯休《偶作五首》之五："几许繁华几更改，唯有尧舜周召丘轲似长在。"

【周朴】　（？—878）唐诗人。字见素（一说字太朴）。长乐（今福建长乐）人（一说吴兴人，避地福州）。曾寄食僧寺。与方干、贯休等有往还。传乾符中为黄巢所杀。林嵩得其诗百余篇，编为二卷。《唐诗纪事》卷十一谓朴"性喜吟诗，尤尚苦涩，每遇景物，搜奇抉思，日旰忘返，苟得一联一句，则怡然自快"。元辛文房《唐才子传》谓其诗"时诗家称为月锻年炼，未及成篇，已播人口，取重当时如此"。贯休有《怀周朴张为》与《怀张为周朴》。《全唐诗》卷六七三收其诗一卷。

【周匝】　犹周到。白居易《谢李六郎中寄新蜀茶》："故情周匝向交亲，新茗分张及病身。"

【周至】　周贽之讹。乾元二年，史思明僭号应天皇帝，任周贽为相。史思明《樱桃子诗》："樱桃子，半赤半已黄。一半与怀王，一半与周至。"参阅《新唐书·逆臣传上》。

【周存】　唐诗人。代宗大历八年与陆贽等同榜登进士第。《全唐文》收其赋四篇。《全唐诗》卷二五八收其诗二首。

【周存孺】　唐诗人。《全唐诗逸》卷中收其《弹台》逸句一联。

【周回】　亦作"周迴"。四周，周围。朱庆余《省试晦日与同志昆明池泛舟》："周回余雪在，浩渺暮云平。"杜荀鹤《山居自遣》："茅屋周回松竹阴，山翁时挈酒相寻。"子兰《登楼忆友》："物象远濛濛，周回极望中。"蜀太后徐氏《丹景山至德寺》："周回云水游丹景，因与真妃眺上方。"

【周年】　满一年。白居易《寄答周协律》："暗想楼台万余里，不闻歌吹一周年。"又《闲吟二首》之二："闲游来早晚，已得一周年。"

【周成】　周成王诵之省称。张说《奉和圣制爰因巡省途次旧居应制》："周成会西土，汉武幸南都。"

【周仲美】　唐女诗人。成都人。适李氏，随夫居金陵幕。后李弃官入华山，周求归未得，随舅往长沙，因作诗书壁。《全唐诗》卷七九九收其诗一首。

【周任】　人名。古代之良史。《论语·季氏》："周任有言曰：'陈力就列，不能者止。'"又见《左传·昭公三年》。张九龄《酬王履震游园林见贻》："既负潘生拙，俄从周任言。"钱起《观村人牧山田》："庶追周任言，敢负谢生诺。"

【周行】　（—háng）❶周代之列位。后泛指朝廷之官列。《左传·襄公十五年》："诗云：'嗟我怀人，置彼周行'，能官人也。王及公侯伯子男，甸、采、卫、大夫，各居其列，所谓周行也。"李嘉祐《元日无衣冠入朝寄皇甫拾遗冉从弟补阙纾》："伏奏随廉使，周行外冗员。"韦应物《夜直省中》："顾迹知为忝，束带愧周行。"姚合《酬田卿书斋即事见寄》："旧隐同溪远，周行隔品遥。"薛能《送浙东王大夫》："亚相兼尤美，周行历尽清。"❷（—xíng）谓大道循环运行不止。语出《老子》："独立不改，周行而不殆，可以为天下母。吾不知其名，字之曰'道'。"权德舆《几铭》："周行不殆，造物可侔。”吕岩《七言》之一：“周行独立出群伦，默默昏昏亘古存。”

【周后】　周王。王若岩《试越裳贡白雉》：“作瑞兴周后，登歌美汉皇。”

【周弘亮】　唐诗人。德宗贞元四年(788)进士。《全唐诗》卷四六六收其诗三首。

【周防】　❶周密地防卫、防备。郭震《古剑篇》：“正逢天下无风尘，幸得周防君子身。”杜甫《瘦马行》：“当时历块误一蹶，委弃非汝能周防。”杜牧《帘》：“问屏何屈曲？怜帐解周防。”韩渥《病中初闻复官二首》之一：“烧玉谩劳曾历试，铄金宁为欠周防？”❷东汉经学家。字伟公，汝南汝阳(今河南上蔡县东南)人。年十六，仕郡小吏。帝巡狩汝南，召掾史试经，防尤能诵读，拜为守臣。以未冠辞免。后从盖豫受《古文尚书》，举孝廉，荐补博士，迁陈留太守。卒年七十八。撰有《尚书杂记》三十二篇。《后汉书》卷七九有传。高适《同诸公登慈恩寺浮图》：“盛时惭阮步，末宦知周防。”

【周巡】　犹周游。慧净《杂言》：“劳歌勿复陈，延眺且周巡。”

【周匡物】　唐诗人。字几本。漳州龙溪(今福建龙溪)人(一说漳浦人)。元和十一年(816)进士及第。少读书天城山，家贫，徒步应举。入长安，困顿十年。以歌诗称著于世。御试《学殖赋》《莺出谷诗》，为世传诵。敕改天成山为名第山，因号名第先生。仕至高州刺史。《全唐诗》卷四九〇收其诗五首，《外编》上补收一首。参阅《唐诗纪事》卷四十五。

【周辰】　犹周年。韦应物《重九登滁城楼忆前岁九日归沣上赴崔都水及诸弟谦集凄然怀旧》：“嘉节始云迈，周辰已及兹。”

【周車】　周武王伐纣之戎车，借指正义之师。《郊庙歌辞·祀圜丘乐章·凯安》：“大赉下周车，禁暴开殷网。”

【周吕】　周公旦、吕尚(姜太公)之并称。曹唐《三年冬大礼五首》之四：“侧闻左右皆周吕，看取从容致太平。”

【周利用】　中宗时人。据《唐诗纪事》卷十二载，金城公主和蕃时，曾受中宗令与御史大夫郑惟忠护送入蕃。《全唐诗》卷一〇五收其诗一首。

【周伯仁】　即周𫖮。伯仁其字。杨炯《和刘长史答十九兄》：“共许刁元亮，同推周伯仁。”

【周身】　谓保护身体使得周全。郑嵎《津阳门诗》“潜令改葬杨真妃”自注：“当时乘舆匆遽，无复备周身之具，但以紫缛裹之。”

【周身防】　保全自身之防虑。语出晋杜预《春秋左氏传》序：“圣人包周身之防。”张九龄《出为豫章郡途次庐山东岩下》：“多谢周身防，常恐横议侵。”白居易《文柏床》：“虽充悦目玩，终乏周身防。”

【周况】　唐官员。元和三年(808)进士。为韩愈从兄俞长女好好之婿。元和十一年曾官四门馆博士。韩愈有《晚寄张十八助教周郎博士》。周郎博士，即周况。孟郊有《凭周况先辈于朝贤乞茶》。

【周判官】　即周元范。张籍有《送浙西周判官》。白居易有《岁假内命酒赠周判官萧协律》《九日思杭州旧游寄周判官》等诗。朱庆余有《送浙东周判官》。

【周宋鐔】　以周、宋两地作为剑首。形容说话过分夸张。镡，剑首，剑柄下外突之部分。语本《庄子·说剑》：“天子之剑，以燕溪石城为锋，齐岱为锷，晋卫为脊，周宋为镡，韩魏为夹，包以四夷，裹以四时，绕以渤海，带以常山。”杜甫《风疾舟中伏枕书怀三十六韵奉呈湖南亲友》：“却假苏张舌，高夸周宋镡。”

【周邵】　即周召。周公旦与召公奭之并称。寒山《诗三百三首》之三〇一：“世间有王傅，莫把同周邵。”贯休《寿春进祝圣七首·文有武备》：“孙吴机不动，周邵事多行。”

【周武】　周武王之省称。文王之子，姓姬，名发。文王死后，袭封西伯，拜吕尚(姜太公)为太师，兴师伐纣，灭殷后建立周王朝，定都于镐(今陕西西安西)。后二年卒。孟郊《感怀》之四：“姜牙佐周武，世业永巍巍！”李绅《赠毛仙翁》：“曾师轩黄友尧汤，混迹和光佐周武。”

【周協律】　即周元范。白居易有《夜招周协律兼答所赠》《闲夜咏怀因招周协律刘薛二秀才》《酬周协律》《齐云楼晚望偶题十韵兼呈冯侍御周殷二协律》《寄答周协律》等诗。参阅朱金城《白居易集笺校》卷二十、二十一。

【周尚書】　指周墀。周约于武宗会昌年间任礼部尚书、郑滑节度使。张祜有《送周尚书赴滑台》(一作陈陶诗，题为《送江西周尚书赴滑台》)。参阅郁贤皓《唐刺史考》卷四。

【周易】　书名。后称《易经》。含经、传两部分。经含六十四卦，每卦六爻，依次列卦形、卦名、卦辞，爻题、爻辞。传含彖、象、文言、系辞、说卦、序卦、杂卦共十篇，称“十翼”。为周代卜筮之书，以象征天、地、风、雷、水、火、山、泽之八卦推算自然与人事之变化。旧传文王作卦、爻辞，孔子作传。通行本有唐孔颖达疏《周易正义》。沈佺期《答魑魅代书寄家人》：“独坐寻《周易》，清晨咏老庄。”刘长卿《感怀》：“愁中卜命看《周易》，梦里招魂读《楚词》。”白居易《喜老自嘲》：“《周易》休开卦，陶琴不上弦。”高骈《步虚词》：“洞门深锁碧窗寒，滴露研朱点《周易》。”

【周易参同契】　道教书名。亦省称《参同契》。

旧题东汉魏伯阳作。二卷。内容为借八卦附会道家阴阳五行、炼丹修道之说。王昌龄有《就道士问周易参同契》。

【周昉】　唐画家。字景玄(一说字仲朗)。中唐京兆(今陕西西安)人。官至宣州长史。工书能文。尤擅人物画。初学张萱,后自成风格,时称韩干得形似,昉得精神姿致。其仕女及肖像画,名噪一时。又长佛、道宗教画,所创水月观音与章敬寺神像壁画,影响广远。现存《簪花仕女图》,传为昉所作。元稹《白衣裳二首》之二:"闲倚屏风笑周昉,枉抛心力画朝云。"杜牧《屏风绝句》:"屏风周昉画纤腰,岁久丹青色半销。"欧阳炯《题景焕画应天寺壁天王歌》:"唐朝说著名公画,周昉毫端善图写。"

【周昌】　汉朝沛(今安徽濉溪东)人。从刘邦起义,历为中尉、御史大夫、汾阴侯。为人强力,口吃,敢直言。刘邦虑死后如意被害,乃用赵尧之策,令周昌为赵王如意之相。如意为吕后鸩杀,昌谢病不朝。卒谥悼侯。李昂《赋戚夫人楚舞歌》:"已见储君归惠帝,徒留爱子付周昌。"张祐《华清宫和杜舍人》:"畋思获吕望,谏祗避周昌。"唐彦谦《汉嗣》:"张良口辩周昌吃,同建储宫第一勋。"

【周典】　周代之典章。亦泛指经典。皎然《同诸公奉侍祭岳渎使大理卢幼平自会稽回经平望将赴于朝廷过故林不至》:"望祀崇周典,皇华出汉庭。"又《奉同颜使君真卿开元寺经藏院会观树文殊碑》:"故实刊周典,新声播鲁诗。"

【周制】　周朝之制度。韩愈、李正封《晚秋郾城夜会联句》:"汉刑支郡黜,周制闲田削。"罗隐《钱塘府亭》:"九牧土田周制在,两藩茅社汉仪同。"

【周侍郎】　即周墀。墀曾官中书侍郎,故称。会昌三年(843),王起三典举场,周作诗贺之。王起作《和周侍郎见寄》。王起门生一榜二十二人俱有和作。李景让有《寄华州周侍郎立秋日奉诏祭岳诗》。

【周使君】　指周载。唐官员,元和末曾任知盐铁转运山南东道院事殿中侍御史,长庆初为渝州刺史。与刘禹锡有交往。刘有《送周使君罢渝州归郢州别墅》。参阅元稹《授萧睦凤州周载渝州刺史制》。

【周岳秀】　唐诗人。生平不详。《全唐诗》卷七七二收其诗一首。

【周舍谔谔】　谓春秋赵简子之臣周舍能直谏。《史记·赵世家》载:周舍死,简子曰:"吾闻千羊之皮不如一狐之腋。诸大夫朝,徒闻唯唯,不闻周舍之鄂鄂,是以忧也。"周昙《咏史诗·春秋战国门·再吟赵简子》:"谔谔能昌唯唯亡,亦由匡正得贤良。一从忠谠无周舍,吾过何人为短长?"李瀚《蒙求》:"魏抒堂堂,周舍谔谔。"

【周周】　鸟名。《文选·阮籍〈咏怀〉》"周周尚衔羽"李善注:"《韩子》曰:'鸟有周周者,首重而屈尾,将欲饮于河,则必颠,乃衔羽而饮。'"李白《古风之五十六》:"周周亦何辜,六融掩不挥。"又《赋得鹤送史司马赴崔相公幕》:"愿托周周羽,相衔汉水湄。"

【周京】　周代之都城洛邑(今河南洛阳)。西周时为东都,东周初周平王迁都于此。杜审言《和李大夫嗣奉使存抚河东》:"城阙周京转,关河陕服连。"徐铉《谢文靖墓下作》:"越檄稽天讨,周京乱虏尘。"

【周宗】　南唐大臣。字君太。广陵(今江苏)人。少从李升为给使,常预密议。因劝升受禅,进为内枢使、同平章事。后罢为镇南军节度使,徙宁国军节度使。以司徒致仕。其二女相继为李后主后。李建勋有《批周宗书后》。

【周官】　周代之官。亦泛指官员。崔日用《奉和圣制送张说巡边》:"轩相推风后,周官重夏卿。"皎然《酬姚补阙南仲云溪馆中戏题随书见寄》:"补衮周官贵,能名汉主慈。"亦特指周代专设采诗之官,即"卿人"或"行人"。杨巨源《春日奉献圣寿无疆词十首之六》:"汉典方宽律,周官正采诗。"陆龟蒙《袭美见题郊居十首因次韵酬之以伸荣谢》之四:"谩欲陈风俗,周官未采诗。"

【周郎】　❶即周瑜。王绩《咏妓》:"不应令曲误,持此试周郎。"王维《同崔傅答贤弟》:"周郎陆弟为俦侣,对舞前溪歌白纻。"杨巨源《上刘侍中》:"幕中邀谢鉴,麾下得周郎。"杜牧《赤壁》:"东风不与周郎便,铜雀春深锁二乔。"亦借指少女心目中之英俊郎君。李贺《春怀引》:"阿侯系锦觅周郎,凭杖东风好相送。"❷指周况。韩愈有《晚寄张十八助教周郎博士》。❸指周元范。白居易《三月二十八日赠周判官》:"一春惆怅残三日,醉问周郎忆得无?"❹指周墀。刘耕《和主司王起》:"惭和周郎应见顾,感知大造竟无穷。"

【周苛】　西汉沛(今安徽濉溪东)人。秦时为泗水卒史。及刘邦起沛,击破泗水守监,从沛公。入关后为御史大夫。项羽围刘邦于荥阳,刘邦遁走,使苛守城。城破,羽迫苛降,苛骂曰:"若趣降汉王,不然,今为虏矣!"遂被烹。事见《史记·张丞相列传》。周昙有《咏史诗·前汉门·再吟周苛纪信》。

【周相公】　指周庠。庠在前蜀曾为宰相。贯休有《酬周相公见赠》。

【周柱史】　周之史官。特指老子(李耳)。高适《奉酬睢阳李太守》:"系高周柱史,名重晋阳秋。"李绅《赠毛仙翁》:"忆昔我祖神仙主,玄元皇帝周柱史。"杜牧《送国棋王逢》:"守道还如周柱史,鏖兵不羡霍嫖姚。"亦喻指御史。皎然《同颜使君真卿李侍御萼游法华寺登风翅山望太湖》:"正逢周柱史,来会鲁诸侯。"

施肩吾《寄西台李侍御》:“唯有绣衣周柱史,独将珠玉挂西台。”周贺《赠厉玄侍御》:“抱疾因寻周柱史,杜陵寒叶落无穷。”

【周南】 ❶指成周(今河南洛阳)及其以南地区。李义府《在巂州遥叙封禅》:“周南昔已叹,邛西今复悲。”冯著《洛阳道》:“春雨洒,春雨洒,周南一望堪泪下。”刘禹锡《洛滨病卧户部李侍郎见惠药物斐然仰谢》:“周南留滞商山老,星象如今属少微。”罗隐《封禅寺居》:“周南太史泪,蛮徼长卿书。”❷周公旦所封之采邑,在今陕西。韩翃《奉送王相公缙赴幽州巡边》:“不改周南化,仍分赵北忧。”齐己《送人游雍京》:“应见周南化,如今在雍京。”❸《诗》国风之一。包括《关雎》《葛覃》等十一篇。贯休《和毛学士舍人早春》:“丹心空拱北,新作继《周南》。”

【周南羽】 “周周羽”之讹。周周,鸟名,亦作“翢翢”。重首屈尾,饮于河则衔其羽以免颠仆。岑参《送史司马赴崔相公幕》:“愿托周南羽,相衔溪水湄。”

【周勃】 (?—前169)西汉大臣。沛(今安徽睢溪东)人。少以织薄曲(苇箔)为生。后从刘邦起事,屡建军功,拜将军,封绛侯。史称勃“木强敦厚,高帝以为可属大事”。惠帝立,为太尉。吕后卒,乃与陈平诛诸吕,迎立文帝。任右丞相。卒谥武侯。宋璟《奉和御制璟与张说源乾曜同日上官命宴都堂赐诗应制》:“不知周勃者,荣幸定何如?”杨夔《送张相公出征》:“汉推周勃重,晋让赵宣贤。”李瀚《蒙求》:“周勃织薄,灌婴贩缯。”

【周畋】 喻指帝王得贤才辅臣。见《史记·齐太公世家》。张祜《投魏博田司空二十韵》:“兆协周畋吉,言应禹拜昌。”

【周思钧】 初唐诗人。贝州漳南(今山东武城东)人。与兄思茂俱早知名。武后时为太子文学。后贬扬州司仓参军,终中书舍人。其孙女为武元衡母。传见《旧唐书·文苑传》。《全唐诗》卷七二收其诗二首。

【周侯山嶷】 谓晋周顗庄重伟岸,犹如高山。语出南朝宋刘义庆《世说新语·赏誉》:“世目周侯,嶷如断山。”李瀚《蒙求》:“周侯山嶷,会稽霞举。”

【周庠】 前蜀官员。唐末龙州司仓,后事前蜀王建,累官御史中丞。武成三年拜中书侍郎、同平章事。王衍嗣位,进司徒、同平章事,领武平军节度使。与贯休有往还。《十国春秋》卷四十有传。《全唐诗》卷七六〇存其诗一首。

【周彦昭】 唐诗人。高宗时人。与高正臣有交往。《全唐诗》卷七二收其诗一首。

【周彦暉】 唐诗人。咸亨五年(674)登进士第。有《晦日重宴序》。《全唐诗》卷七二收其诗二首。

【周宣】 周宣王之省称。苏颋《奉和马常侍寺中之作》:“作霖期傅说,为旱听周宣。”杜甫《忆昔二首》之二:“周宣中兴望我皇,洒血江汉身衰疾。”韦应物《石鼓歌》:“周宣大猎兮岐之阳,刻石表功兮炜煌煌。”杜牧《今皇帝陛下一诏征兵不日功集河湟诸郡次第归降臣获睹圣功辄献歌咏》:“汉武惭夸朔方地,周宣休道太原师。”

【周宣王】 周厉王之子姬静。厉王被逐,长于召公家。公元前827年即位,在周公、召公辅佐下,修文王、武王之政,号称中兴。在位四十六年。杜牧《皇风》:“以德化人汉文帝,侧身修道周宣王。”

【周室】 ❶周王朝。周昙《咏史诗·春秋战国门·再吟祭足》:“周室衰微不共匡,干戈终日互争强。”丘光庭《补新宫》序:“周室本为诸侯,文王身有圣德。”❷五代后周王朝。《郊庙歌辞·明德舞》:“载造周室,泽及遐荒。”

【周祚】 唐诗人。唐末进士。《全唐诗》卷七一九收其失题诗一首。

【周泰】 三国吴大将。字幼平。九江下蔡(今安徽凤台南)人。从孙策、孙权,多有战功,拜平虏将军。诸将以其出身寒门,不服。孙权特会诸将宴乐,自行酒至泰前,命泰解衣,手指其创痕,令述昔战斗处,并以己常用御帻授之。众将乃服,后拜汉中太守、陵阳侯。《三国志·吴志》卷五十五有传。孙元晏有《咏史诗·吴·周泰》。

【周秦】 ❶周朝与秦朝。于武陵《过洛阳城》:“周秦时几变,伊洛水犹清。”白居易《凶宅》:“周秦宅殽函,其宅非不同。”❷指洛阳与长安。李白《赠常侍御》:“燕赵期洗清,周秦保宗社。”瞿蜕园、朱金城校注引王琦云:“周地谓洛阳,在唐为东京,秦地谓长安,在唐为西京。”

【周秦漢魏】 朝代名。周朝、秦朝、汉朝与三国魏的并称。贯休《赠扬公杜之舅》:“周秦汉魏书书在,麟凤龟龙步步随。”

【周班】 周王朝以爵位高低所定之朝班等级。李商隐《岳阳楼》:“汉水方域带百蛮,四邻谁道乱周班?”亦泛指朝班。权德舆《酬主客仲员外见贺正除》:“周班每喜簪裾接,郢曲偏宜讽咏频。”

【周原】 地名。在岐山(在今陕西扶风美阳西北)下。《史记·周本纪》:“(古公亶父)遂去豳,度漆、沮,逾梁山,止于岐下。”后亦泛指周都镐京(今陕西西安)所在之渭河平原。沈佺期《句》:“周原五稼起,云海百川归。”

【周員外】 ❶指周墀。周于文宗大和四年(830)任池州刺史。张祜有《周员外席上观柘枝》。❷指周愿。愿于元和十五年任随州刺史。韩愈有《自袁州还京行次安陆先寄随州周员外》与《寄随州周员外》。

【周迴】　同“周回”。❶四周，周围。苏颋《奉和恩赐乐游园宴应制》：“下上花齐发，周回柳遍浓。”李商隐《井泥四十韵》：“曲随林掩映，缭以池周迴。”张孜《雪诗》：“到处爇红炉，周迴下罗幕。”方干《侯郎中新置西湖》：“远近利民因智力，周迴润物像心源。”❷回环；环绕。宋之问《龙门应制》：“嚣声引飏闻黄道，佳气周回入紫辰。”李白《越中秋怀》：“越水绕碧山，周迴数千里。”袁高《茶山诗》：“周迴绕天涯，所献愈艰勤。”

【周息元】　唐隐士。润州（今江苏镇江）人。据《新唐书·李德裕传》云，敬宗惑于佛老，山人杜景先言，其友周息元寿数百岁，帝令宦者往浙西迎之。息元自言与张果、叶静能游。然终帝世无它验。文宗即位，遂放还。皮日休《太湖诗·游毛公坛》：“我爱周息元，忽起应明主。”

【周師】　❶指周宣王北伐俨狁之师。喻指强大的军队。白居易《和渭北刘大夫借便秋遮虏寄朝中亲友》：“胡马辞南牧，周师罢北征。”❷指北周武帝伐北齐之师。李商隐《北齐二首》之一：“小怜玉体横陈夜，已报周师入晋阳。”罗虬《比红儿诗》之三：“陷却平阳为小怜，周师百万战长川。”❸指周元范。白居易《和微之诗二十三首·和酬郑侍御东阳春闷见寄》：“白首旧寮知我者，凭君一咏向周师。”自注：“周判官师范，苏杭旧判官。”

【周流】　❶犹周游，遍行。杜审言《和李大夫嗣真奉使存抚河东》：“缅邈朝廷问，周流朔塞旋。”李白《登峨眉山》：“周流试登览，绝怪安可息！”常衮《题金吾郭将军石湫茅堂》：“潇洒延清赏，周流会素襟。”韦庄《龙潭》：“垂髯傥遇穆王驾，阆苑周流应未还。”❷回环流转。寒山《诗三百三首》之二〇三：“泯时万象无痕迹，舒处周流遍大千。”李白《草创大还赠柳官迪》：“天地为橐籥，周流行太易。”独孤及《观海》：“澒洞吞百谷，周流无四垠。”白居易《潮》：“早潮才落晚潮来，一月周流六十回。”吕岩《渔父词一十八首·炼质》：“运本还元于此寻，周流金鼎虎龙吟。”

【周書】　书名。指《逸周书》。亦名《汲冢周书》。柳宗元《南省转牒欲具江国图令尽通风俗故事》：“南宫有意求遗俗，试检周书王会篇。”

【周赧王】　（？—前256）周朝之末代君王。姬姓，名延（一说名诞）。慎靓王姬定之子。前314年立。时周分裂为东周、西周，赧王微弱，寄居西周。因无君王之尊，足为惭赧，故号之曰“赧”。在位五十九年。前256年，为秦攻灭。事见《史记·周本纪》。陈子昂《感遇诗三十八首》之十七：“三季沦周赧，七雄灭秦嬴。”

【周處】　（？—299）晋吴郡（今江苏苏州）阳羡人（一说吴兴人）。字子隐。少孤，臂力过人，纵情肆欲，为乡里所患，与南山虎、长桥下蛟并称三害。后处射杀虎，入水搏蛟，经三日夜。乡人闻处已死，举相庆贺。处杀蛟返，见乡里相庆，乃知为人患甚，乃励志自新。从陆机、陆云学，官至御史中丞。奉命征齐万年，力战死。著有《风土记》与《默语》。《风土记》今有辑本。事见《晋书·周处传》与刘义庆《世说新语·自新》。储光羲《晚次东亭献郑州宋使君文》：“侍郎跨方朔，中丞蔑周处。”李贺《送秦光禄北征》：“周处长桥役，侯调短弄哀。”李瀚《蒙求》：“剧蒙一敌，周处三害。”

【周堂】　周室之庙堂。亦代指朝廷。皎然《因游支硎寺寄刑端公》：“雍容持汉稍，肃穆卫周堂。”

【周移】　遍移；遍及。阎朝隐《奉和立春游苑迎春应制》：“管籥周移寰极里，乘舆望幸斗城闉。”

【周從事】　即周元范。元稹有《酬周从事望海亭见寄》《余杭周从事以十章见寄聊和首篇以答来贶》。白居易《忆旧游》“周五殷三归夜台”注：“周、殷：苏州从事。”又有《重题小舫赠周从事兼戏微之》《酬别周从事二首》。

【周鹿】　喻指周天子之位。李百药《郢城怀古》：“长策挫吴豕，雄图竞周鹿。”

【周旋】　❶以礼应接。亦指往还、交游。语出《礼记·内则》：“在父母舅姑之所，有命之，应唯，敬对，进退周旋慎齐。”储光羲《酬李处士山中见赠》：“厥初游太学，相与极周旋。”高适《赋得还山吟送沈四山人》：“眠时忆问醒时事，梦魂可以相周旋。”杨衡《秋夜桂州宴送郑十九侍御》：“一杯勾离阻，三载奉周旋。”徐铉《奉和宫傅相公怀旧见寄四十韵》：“却许丘明师纪传，更容疏广奉周旋。”亦指虚礼应酬。于鹄《过凌霄洞天谒张先生词》：“见客不问谁，礼质无周旋。”❷犹周游，游历。李白《元丹丘歌》：“朝饮渭川之清流，暮还嵩岑之紫烟，三十六峰长周旋。”韦应物《使云阳寄府曹》：“周旋涉涂潦，侧峭缘沟脉。”❸旋转，周绕。刘瑰《三让月成魄》：“为礼依天象，周旋逐月成。”❹环周，四围。杜甫《寄岳州贾司马六丈巴州严八使君两阁老五十韵》：“此时沾奉引，佳气拂周旋。”唐廪《题蔡处士居》：“一亩周旋几十家，春轮相次好生涯。”引申指密布。李白《代佳人寄翁参枢先辈》：“周旋小字挑灯读，重叠遥山隔雾看。”

【周章】　惊惧惶恐貌。皮日休《苦雨杂言寄鲁望》：“鹿门人作州从事，周章似鼠唯知醉。”

【周商】　指长安、洛阳一带之商人。以其为周之故地，故称。王维《燕子龛禅师》：“周商倦积阻，蜀物多淹泊。”

【周陽暴虐】　周阳，复姓。汉淮南王舅赵兼封周阳侯，因以为氏。其子周阳由武帝时为郡守，暴酷骄恣，所爱者挠法活之，所憎者曲法灭之。为都尉，欺陵太守，夺其治。汲黯、司马安等均畏避之。后为河东都尉，与其守胜屠公争权，相告，坐罪弃市。详见《汉书·酷吏·周阳由传》。李瀚《蒙求》："义纵攻剽，周阳暴虐。"

【周瑀】　唐诗人。句容（今江苏丹阳）人。曾为吏部常选。《新唐书·艺文志》载：殷璠曾选其诗入《丹阳集》。《全唐诗》卷一一四收其诗三首。

【周馭】　周穆王之驭者。传说周穆王肆意远游，命驾八骏之乘，以造父为御。次车之乘，以参百为御。宾于西王母，饮于瑶池之上。西王母为之歌。刘宪《奉和幸白鹿观应制》："还似瑶池上，歌成周驭归。"参阅《列子·周穆王》。

【周都妻】　"周郁妻"之讹。《后汉书·列女传》谓："沛郡周郁妻者，同郡赵孝之女也，字阿。"其夫骄淫无礼，郁父责阿劝夫改过，阿退曰："我言而不用，君必谓我不奉教令，则罪在我矣。若言而见用，是为子违父而从妇，则罪在彼矣。生如此，亦何聊哉！"乃自杀。周昙有《咏史诗·后汉门·周都妻》。"都"，当为"郁"之讹字。

【周萬】　唐诗人。开元末登进士第（《登科记考》系于开元二九年）。其先汝南人，自南朝梁徙居永安黄冈（在今湖北）。祖父伯瑜，楚州刺史；父择从，宣州刺史。《全唐诗》卷一四五收其诗一首。参阅《登科记考》卷八，《新唐书》卷七四。

【周朝】　❶指西周与东周（前11世纪至前256年）。慧净《和卢赞府游纪国道场》："日光通汉室，星彩晦周朝。"亦指周都镐京（今陕西西安）。聂夷中《住京寄同志》："役役大块上，周朝复秦市。"❷指南北朝时之北周。孙元晏《咏史诗·梁·庾信》："苦心词赋向谁谈，沦落周朝心岂甘？"

【周粟】　周朝之粮食俸禄。亦泛指官禄。语出《史记·伯夷列传》："武王已平殷乱，天下宗周，而伯夷、叔齐耻之，义不食周粟，隐于首阳山，采薇而食之。"李白《送张秀才从军》："周粟犹不顾，齐珪安肯分？"詹敦仁《劝王氏入贡宠予以官作辞命篇》："周粟纵荣宁忍食？葛庐频顾谩劳思。"

【周雅】　《诗》篇类之一。包括《小雅》七十四篇，《大雅》三十一篇。作于西周至东周期间。为周朝上层人物所作之乐歌。张说《奉和圣制送王晙巡边应制》："六月歌周雅，三边遣夏卿。"李商隐《四年冬以退居蒲之永乐遂作忆雪又作残雪诗各一百言以寄情于旧游》："徒闻周雅什，愿赋朔风篇。"按张诗指《诗·小雅·六月》，李诗指《诗·小雅·信南山》。

【周晬】　犹周岁。晬，满周岁之婴儿。李商隐《骄儿诗》："文葆未周晬，固已知六七。"

【周皓】　唐官员。大历四年（769）曾任丹延都团练观察使。贞元间为太仆卿。传代宗时虎人元载私庙，曾引弩射杀之。事见《旧唐书》卷一、卷一三六，《新唐书》卷二〇七，吴廷燮《唐方镇年表》卷八。白居易有《宴周皓大夫光福宅》《题周皓大夫新亭子二十二韵》。

【周惲】　唐官员。汝南（在今河南）人。曾任汝州梁县令。周墀之曾祖。于鹄有《寄周恽》。参阅杜牧《唐故东川节度使检校右仆射兼御史大夫赠司徒周公墓志》。

【周游】　❶同"周遊❶"。许敬宗《奉和行经破薛举战地应制》："周游寻曩迹，旷望动天情。"郭利贞《上元》："烂漫惟愁晓，周游不问家。"苏拯《颂鲁》："天推鲁仲尼，周游布典、坟。"❷在水中游动或漂摆。郑嵎《津阳门诗》："竹花唯养栖梧凤，水藻周游巢叶龟。"

【周渭】　（？—805）唐诗人。字兆师。周澈之兄。大历十四年（779）进士。次年登军谋越众科，授汝州襄城尉。官终祠部郎中。权德舆《周君·墓志铭》称其"服儒笃学，工近体诗"。《全唐诗》卷二八一收其诗二首。文载《全唐文》卷四五三。

【周禄】　周朝之官禄。亦泛指官禄。温庭筠《病中书怀呈友人》："奕世参周禄，承家学鲁儒。"

【周賀】　唐诗人。字南乡（一说字南卿）。东洛人。少居庐山为僧，法名清塞。曾居南徐（今江苏镇江），往来于少室（在今河南登封）、终南山（在今陕西西安南）间。工近体诗。其诗格调清雅，与贾岛、无可齐名。与李郢、朱庆余、厉玄、方干等有往还。方干有《滁上怀周贺》。《全唐诗》卷五〇三收其诗一卷。参阅元辛文房《唐才子传》卷六。

【周瑞】　周朝之瑞兆。《史记·周本纪》载，武王伐纣，渡河后，"有大火自上复于下，至于王屋，流为乌，其色赤"。被视为兆示吉祥之"乌瑞"。后亦泛指祥瑞。李峤《雀》："衔书表周瑞，入幕应王祥。"

【周瑜】　（175—210）三国吴名将。字公瑾，庐江舒县（今安徽舒城）人。从孙策，年二十四，授建威中郎将，吴中呼为周郎。策死，与张昭共辅孙权，为前部大都督。曾于赤壁以火攻大败曹操。卒年三十六。《三国志·吴志·周瑜传》云："瑜长壮有姿貌。""少精意于音乐，虽三爵之后，其有阙误，瑜必知之，知之必顾，故时人谣曰：'曲有误，周郎顾。'"李白《赤壁歌送别》："烈火张天照云海，周瑜于此破曹公。"李九龄《读三国志》："武侯星落周瑜死，平蜀降吴似等闲。"

【周菘】　指白菜。《南齐书·周颙传》载："（周颙）清贫寡欲，终日长蔬食……文惠太子问颙：'菜食何味最胜？'颙曰：'春初早韭，秋末晚菘。'"后遂以周菘为白菜之雅称。唐彦谦《移莎》:"试才卑庾薤,求味笑周菘。"

【周掾】　指东汉周荣。袁安为司徒时曾辟为掾。柳宗元《奉和周二十二丈酬郴州侍郎衡江夜泊得韶州书并附当州生黄茶一封率然成篇代意之作》:"会入司徒府,还邀周掾归。"此借指周韶州。见"周愿"。

【周楚】　指历史上周与楚国之故地。韩愈《同李二十八夜次襄城》:"周楚仍连接,川原乍屈盘。"

【周歲】　一周年。白居易《府酒五绝·变法》:"自惭到府来周岁,惠爱威棱一事无。"

【周鼎】　周朝传国之九鼎。传为禹所铸,后亡于泗水中。秦始皇过彭城,欲出周鼎于泗水,未得。杜牧《过骊山作》:"始皇东游出周鼎,刘项纵观皆引颈。"又《池州送孟迟先辈》:"周鼎列瓶罂,荆璧横抛掷。"

【周圓】　犹周洽、周备。韦应物《答故人见谕》:"素寡名利心,自非周圆器。"

【周嵩狼抗】　言周嵩性抗直,不容于人。嵩,字仲智,周顗之弟。元帝为晋王时,因上表劝缓进,忤旨被贬。元帝责以矜豪傲倩。后顗、嵩果先后为王敦所害。见《世说新语·识鉴》。李瀚《蒙求》:"周嵩狼抗,梁冀跋扈。"

【周圍】　❶谓环行一周。韩愈《送区弘南归》:"我迁于南日周围,来见者众莫依稀。"钱仲联集释引高步瀛曰:"(日周围)谓日行黄道已周一匝也。"❷树木圆周的长度。吴融《三峰府内矮柏十韵》:"周围虽合抱,直上岂盈寻?"

【周牒】　周代朝廷之文书。亦泛指朝廷文书。贺知章《奉和圣制送张说巡边》:"遣戍征周牒,恢边重汉功。"

【周鉞】　唐文宗开成间人。有《积土成山赋》《海门山赋》传世。见《全唐文》卷七五九。与刘得仁有交往。刘有《送周钺往江夏》。

【周遑】　惶惧,惶恐不安貌。王勃《忽梦游仙》:"寥廓沈遐想,周遑奉遗诲。"

【周頌】　《诗》篇类之一。含《清庙》《维天之命》等三十一篇。多作于西周初武王至昭王之百余年间。为周王室宗庙祭祀之乐歌,演唱时配宫廷之乐、舞。内容则多为歌颂周朝廷之德政者。后亦用以泛指歌颂朝廷德政之诗文。司空曙《送翰林张学士岭南勒圣碑》:"汉恩天外洽,周颂日边称。"尚颜《读齐己上人集》:"大雅如周颂,清和甚舜弦。"

【周詩】　指《诗经》。韩愈《荐士》:"周诗三百篇,雅丽理训诰。"亦借指民间的诗篇。李端《送耿拾遗沣使江南括图书》:"汉使收三箧,周诗采百篇。"

【周遊】　❶遍游。到处游览。杨炯《紫骝马》:"侠客重周游,金鞭控紫骝。"李白《自巴东舟行经瞿唐峡登巫山最高峰晚还题壁》:"周遊孤光晚,历览幽意多。"❷到处游动。白居易《浔阳春三首·春生》:"春生何处暗周遊,海角天涯遍始休。"亦指手臂向四方活动。徐铉《采莲》:"纤手周遊不暂息,红英烂漫殊未极。"

【周尊師】　指周景复。据皮日休《寄题镜岩周尊师所居》序云:居处州仙都山镜岩迨八十年,日唯焚香读经,不食乎粟。陆龟蒙有《寄题镜岩周尊师所居》。

【周道】　❶周朝所奉行的使天下臻于太平盛世的德政教化。陈子昂《庆云章》:"庆云光矣,周道昌矣。"杜甫《别蔡十四著作》:"异才复间出,周道日惟新。"欧阳詹《读周太公传》:"论兵去商虐,讲德兴周道。"❷大道,大路。周道又为通道,亦大道也。刘禹锡《送河南皇甫少尹赴绛州》:"祖帐临周道,前旌指晋城。"殷尧藩《和赵相公登鹳雀楼》:"晴峰耸日当周道,秋谷垂花满舜田。"李商隐《灵仙阁晚眺寄郓州韦评事》:"爽气临周道,岚光入汉关。"按上三例"周道"之"周",又双关"周代"之"周",故分别跟"晋""舜""汉"为对文。

【周臺】　指周文王建于丰京之灵台。杜牧《朱坡》:"汉馆留余趾,周台接故蹊。"

【周墉】　围墙,四周之墙。顾况《上古之什补亡训传十三章·十月之郊》:"缭以周墉,域以崇阶。"

【周輔】　周王朝之辅弼。欧阳詹《述德上兴元严仆射》:"非熊德愧当周辅,称杰叨惭首汉臣。"

【周遭】　周围,四周。刘禹锡《金陵五题·石头城》:"山围故国周遭在,潮打空城寂寞回。"郑损《钓阁》:"小阁惬幽寻,周遭万竹森。"吴越后主钱俶《宫中作》:"廊庑周遭翠幕遮,禁林深处绝喧哗。"

【周愿】　唐官员。字君巢。汝南(在今河南省)人。贞元十一年登进士第。先后佐汴州董晋幕、岭南李复幕。历仕河南府司录参军,竟陵刺史、韶州刺史,随州刺史。兵部员外郎。《全唐文》收有所作《牧守竟陵因游西塔著三感说》一篇。与陆羽、韩愈、柳宗元、陈存有交往。陈存有《楚州赠别周愿侍御》。《全唐诗》卷七九五收其逸句一联。

【周鳳】　《国语·周语上》:"周之兴也,鸑鷟鸣于岐山。"鸑鷟,凤凰之别名。传说周文王祖父古公亶父自豳迁于岐山,始号为周。当时有凤来鸣于岐山,后,周逐渐强盛,终灭殷,建立周王朝。后遂以"周凤"为兆示兴盛之祥瑞。沈佺期《夏日梁王席送张岐州》:"秦鸡常下雍,周凤昔鸣岐。"

【周誥】　《尚书·周书》中的五篇诰文,即《大诰》《康诰》《酒诰》《召诰》与《洛诰》。李洞《述怀二十韵献覃怀相公》:"鲁儒祝蕴藉,周诰美和平。"

【周誦】　即周成王。周武王之太子,名诵。后常用以借指贤太子。韩王元嘉《奉和同太子监守违恋》："逖矣凌周诵，遥哉掩汉庄。"

【周遮】 ❶谓遮掩周密。元稹《和李校书新题乐府二十韵·胡旋女》："倾天侧地用君力，抑塞周遮恐君见。"❷反复多次地做某事，使周遍无遗。元稹《感石榴二十韵》："暗虹徒缴绕，濯锦莫周遮。"此指将锦在水中反复摆动，使无处不洗到。亦指说话重复啰嗦。白居易《老戒》："矍铄夸身健，周遮说话长。"

【周旗】 周代之旗。亦泛指旌旗。唐诗常于名物词上冠以周、汉之名，意在以历史盛世喻当时，借以歌功颂德。李峤《奉和拜洛应制》："周旗黄鸟集，汉幄紫云回。"

【周韶州】 即周愿。周元和初曾任韶州刺史。柳宗元有《柳州寄丈人周韶州》。牟融有《寄周韶州》。参阅郁浩贤《唐刺史考》卷五。

【周滿】 即周穆王。穆王姓姬名满，故称。卢征《天驥呈材》："周满夸常驭，燕昭恨不传。"

【周綱】 周代之朝纲。韩愈《石鼓歌》："周纲陵迟四海沸，宣王愤起挥天戈。"

【周墀】 唐大臣。字德升。唐蔡州汝南县(今河南汝南)人。长庆二年(822)进士，辟湖南团练府巡官，入为监察御史。大和末累迁至起居郎。开成二年(837)知制诰，充翰林学士。武宗即位，出为华州刺史。后以兵部侍郎召判度支，进同中书门下平章事。因议河湟事不称旨，罢为剑南东川节度使。郑颢为言于帝曰："世谓墀以直言相，以直言免。"乃加拜检校尚书右仆射。卒年五十九。史称周长于史学，能为古文，为文宗所重。《旧唐书》卷一八二有传。《全唐诗》卷五六三收其诗二首。

【周德】 周王室之德政。陆龟蒙《袭美先辈以龟蒙所献五百言既蒙见和复示荣唱再抒鄙怀用伸酬谢》："粤若鲁圣出，正当周德衰。"

【周徹】 周澈之讹。代宗大历十二年(777)进士。周渭之弟。曾官邓州刺史。《全唐诗》卷二八一收其诗一首。参阅岑仲勉《读全唐诗札记》。

【周衛】 严密守卫。薛曜《舞马篇》："钩陈周卫俨旌旄，钟镈陶匏声殷地。"

【周諒】 唐人。卢姓。大理评事卢长宗之子。行四。与白居易有交往。白有《春中与卢四周谅华阳观同居》。参阅《新唐书》卷七三上。

【周畿】 周朝之王畿。指周都镐京(今陕西西安)四近之地域，罗隐《送汝州李中丞十二韵》："尘土周畿暗，疮痍汝水腥。"

【周曆】 ❶周王室享国之历数。则天皇后《唐明堂乐章·迎送王公》："睿图方永，周历长隆。"此借周喻唐，实指唐享国之岁。❷武周之历。永昌元年十一月，武则天依周之历法建子，以是月为正月，改元元载。九月，革唐命，改国号为周。故称。皇甫澈《赋四相诗·汉阳王张柬之》："周历革元命，天步值艰阻。"

【周曇】 唐末诗人。曾任国子直讲。《全唐诗》卷七八二、七八三存其诗二卷。

【周舉】 东汉官员。字宣光，汝南汝阳(在今河南)人。博学洽闻。任并州刺史时，见其地民俗每冬逢介子推忌日前后则禁火，一月寒食，老小不堪，岁多死者，乃作吊书置介子推庙，言盛冬去火而损民，非贤者之意，终使革除寒食之俗。事见《后汉书·周举传》。杜甫《清明二首》之一："虚沾周举为寒食，实藉严君卖卜钱。"

【周嬴】 周朝与秦朝。韩愈、孟郊《城南联句》："益大联汉魏，肇初迈周嬴。"

【周濟】 普遍广泛地救济众生。吴筠《览古十四首》之一："圣人重周济，明道欲救时。"

【周環】 周遭，四周。顾况《上古之什补亡训传十三章·十月之郊》："琴瑟在堂，莫不静谧，周环掩辟，仰不漏日。"

【周穆】 周穆王之省称。姓姬名满。周昭王之子。曾西征犬戎，东伐徐戎。《国语·周语上》谓，祭公谋父曾谏阻伐西戎，穆王不听，"自是荒服者不至"。《列子》《竹书纪年》《抱朴子》及《穆天子传》等书载有诸多神话传说，谓穆王好游，驾八骏之乘，周游八荒，曾于瑶池会西王母，又日行千里东下平徐偃王乱。李白《古风》之四三："周穆八荒意，汉皇万乘尊。"王仁裕《和韩昭从驾过白卫岭》："自学汉皇开土宇，不同周穆好神仙。"《王母》(卷八六三)："不来便是数千载，周穆汉皇何处游？"

【周穆念物】 《穆天子传》卷五载：冬日大雪，有冻人，周穆王乃作诗三章以哀民。后常用此为咏雪之典。李咸用《雪十二韵》："念物希周穆，含毫愧惠连。"

【周繇】 唐诗人。字为宪，又字允元。池州青阳(今安徽青阳)人。懿宗咸通十三年(885)登进士第。为福昌(在今河南宜阳西)尉，调建德(今浙江建德)令。辟襄阳徐商幕府，检校御史中丞。与许棠、张蠙、喻坦之等并号为"芳林十哲"。元辛文房《唐才子传》云："家贫，生理索寞，只苦篇韵，俯有思，仰有咏，深造阃域，时号为'诗禅'。弟周繁，亦工诗。"《全唐诗》卷六三五收其诗一卷。温庭筠有《和周繇》，段成式有《怯酒赠周繇》《和周繇见嘲》，杜荀鹤有《送福昌繇少府归宁兼谋隐》。林宽、李昭象亦有赠周繇诗句。参阅《全唐诗纪事》卷五四、《登科记考》卷二三。

【周豐】 春秋鲁人。据《礼记·檀弓下》云，哀公曾请见，问何施而可得敬信于民。丰对曰："殷人作誓而民始畔，周人作会而民始疑。苟无礼义忠信诚慤之心以莅之，虽固结之，民其不解乎？”吴筠《高士咏·周丰》：“周丰贵隐耀，静默尊无名。”

【周臨】　谓四周环临。胡证《汝州北楼晚望少室诗》：“周临万里暮，犹挂夕阳红。”

【周顒】　南朝齐汝南安城（在今河南息县）人。字彦伦。晋周颢七世孙。南朝宋元徽间，曾为剡令。齐高帝建元初，为长沙王参军。后转太子仆，国子博士，中书郎。官终给事中。史称颙音辞辩丽，出言不穷，长于佛理，兼善《老》《易》，又工散隶书法。于钟山西立隐舍，休沐则归之。常山居蔬食。文惠太子问：“菜食何味最胜？”颙曰：“春初早韭，秋末晚菘。”并作书劝其兄菜食。李商隐《题李上谟壁》：“嫩割周颙韭，肥烹鲍照葵。”陆龟蒙《奉和袭美宿报恩寺水阁》：“周颙不用裁书劝，自得凉天证道情。”罗隐《寄右省王谏议》：“鱼惭张翰辞东府，鹤怨周颙负北山。”徐铉《和张少监舟中望蒋山》：“自知闲未得，不敢笑周颙。”

【周牆】　犹围墙。杜甫《沙苑行》：“君不见左辅白沙如白水，缭以周墙百余里。”

【周醪】　《三国志·周瑜传》“性度恢廓，大率为得人，惟与程普不睦”注引《江表传》曰：“普颇以年长，数陵侮瑜。瑜折节容下，终不与校。普后自敬服而亲重之，乃告人曰：‘与周公瑾交，若饮醇醪，不觉自醉。’时人以其谦让服人如此。”后遂以“周醪”为咏谦让服人之典。许敬宗《冬日宴于庶子宅各赋一字得归》：“周醪忽同醉，牙弦乃共挥。”

【周顓】　唐诗人。屡应试落第，后旅居浙西。《全唐诗》卷八七一收其诗一首。

【周儲】　周王室之王储，太子。《礼记·文王世子》载：周文王为世子时，善为世子之礼。故后多以周储指即位前之文王，并用以喻指贤太子。徐铉《文献太子挽歌词五首》之一：“夏启吾君子，周储上帝宾。”

【周鎮漏船】　谓晋周镇为官清廉，罢郡还都，所乘船狭小而漏雨，至无坐处。镇字康时，司空长史周震之子。陈留尉氏（今河南开封东北）人。曾为临川、吴兴郡守，清约寡欲，所在有异绩。李瀚《蒙求》：“张堪折辕，周镇漏船。”

【周禮】　❶周代之礼法。殷文圭《省试夜投献座主》：“圣教中兴周礼在，不劳干羽舞明庭。”❷经书名。原名《周官》，亦称《周官经》，西汉末改称《周礼》。旧传周公旦所作。内分《天官》《地官》《春官》《夏官》《秋官》《冬官》六篇。汉河间献王得其书而缺冬官，取《考工记》补之。所记与周时制度多不合，故或疑为汉刘歆所作，或谓出于六朝人。今通行本四十二卷，汉郑玄注，唐贾公彦疏。孙诒让撰《周礼正义》八十六卷，博采众说，多所订正。元稹《乐府古题·人道短》：“周公《周礼》二十卷，有能行者知纪纲。”

【周禮在魯】　谓鲁国能完美地保存周之礼法。语出《左传·昭公二年》。李商隐《赠送前刘五经映三十四韵》：“周礼仍存鲁，隋师果禅唐。”丘光庭《新宫三章·补茅鸱》序：“况周礼尽在鲁国，孔子贤于叔孙，岂叔孙尚得见之，而孔子反不得见也？”

【周顗】　（269—332）晋安成（今河南平舆南）人。字伯仁。少知名。西晋末为镇军将军史。渡江后，任荆州刺史，累官尚书右仆射，领吏部，转护军将军。为王敦所杀。好饮酒，尝三日不醒。时人称“三日仆射”。南朝宋刘义庆《世说新语·言语》载，过江诸人，每至美日，辄相邀新亭饮宴。周侯（即颉）中坐而叹曰：“风景不殊，正自有山河之异！”李白《金陵新亭》：“举目山河异，偏伤周颉情。”李商隐《今月二日不自量度辄以诗一首四十韵干渎尊严辄复五言四十韵诗献上亦诗人咏叹不足之义也》：“未曾周颉醉，转觉季心恭。”羊昭业《皮袭美见留小宴次韵》：“王戎似电休推病，周颉才醒众却惊。”

【周鏞】　晚唐诗人。诸暨县（在今浙江）人。《全唐诗》卷七二七收其诗一首。

【周廬】　宫廷四围禁卫值宿之处。玄宗《春台望》：“周庐徼道纵横转，飞阁回轩左右长。”又《鹡鸰颂》：“伊我轩宫，奇树青葱。蔼周庐兮，冒霜停雪，以茂以悦。”

【周鐘】　周景王所铸之无射钟。《左传·昭公二十一年》有记载。杜牧《昔事文皇帝三十二韵》：“周钟既窕槬，黥阵亦瘢痕。”

【周顧】　环顾，向四周看。宋之问《题张老松树》：“岁晚东岩下，周顾何凄恻！”又《游陆浑南山自歇马岭到枫香林以诗代书答李舍人适》：“徒寻灵异迹，周顾惬心目。”

【周續】　（？—423？）南朝宋人。字道祖。雁门广武（今甘肃永登）人。少受学范宁，通五经。后入庐山事慧远，与刘程之等十八人结社念佛，号“莲社十八贤”。传见《宋书》卷九三，《南史》卷七五。李商隐《自桂林奉使江陵途中感怀寄献尚书》：“社内容周续，乡中保展禽。”

【周覽】　遍观；一一观看。乔知之《巫山高》：“浔阳几千里，周览忽已遍。”韦应物《沣上寄幼遐》：“周览同游处，逾恨阻音形。”白居易《游悟真寺诗》：“灵境与异迹，周览无不殚。”皎然《妙喜寺达公禅斋寄李司直公孙房都曹德裕从事方舟颜武康士骋四十二韵》：“方舟颇周览，逸书亦备阅。”

【周灘】　环绕水滩。郑余庆《和黄门相公诏还题石门洞》：“嵌壑惊山势，周滩恋水声。”

【周觀】　谓每一面都全部看到。牛僧孺《李苏州遗太湖石奇状绝伦因题二十韵奉呈梦得乐天》：“侧眩魂犹悚，周观意渐平。”

【周靈】 周灵王之省称。周简王之子，名泄心。《史记·周本纪》“灵王崩”裴骃集解引《皇览》：“盖以灵王生而有髭，而神，故谥灵王。其冢，民祀之不绝。”鲍溶《怀仙二首》之二：“曾见周灵王太子，碧桃花下自吹笙。”

呴 〔xǔ《广韵》香句切。去遇，曉。〕吐气。薛能《黄河》：“沫乱知鱼呴，槎来见鸟蹲。”引申指滋养。希道《授炙毂子歌二首》之二：“魄微入魂牝牡结，阴呴阳滋神鬼灭。”

咎1 〔jiù《广韵》其九切，上有，羣。〕❶灾祸。见“咎殃”。❷罪过；过错。储光羲《狱中贻姚张薛李郑柳诸公》：“与人是非怪，西子言有咎。”王季友《滑中赠崔高士瑾》：“夫子保药命，处身得无咎？”权德舆《与道者同守庚申》：“视履苟无咎，天祐期永贞。”韦镒《经望湖驿》：“交欢初仗信，接宴翻贻咎。”❸责备；追究罪过。王维《晦日游大理韦卿城南别业四声依次用各六韵》之三：“归欤绌微官，惆怅心自咎。”刘禹锡《谒柱山会禅师》：“安能咎往事？且欲去沉痗。”

咎2 〔gāo《广韵》古劳切，平豪，見。〕通“皋”。见“咎繇”。

【咎殃】 灾祸。杜甫《寄彭州高三十五使君适虢州岑二十七长史参三十韵》：“羁旅推贤圣，沉绵抵咎殃。”王建《山中寄及第故人》：“始终名利途，慎勿罹咎殃。”

【咎₂繇】 即皋陶。咎通“皋”。舜臣。贯休《闻前王使君在泽潞居》：“唯祝銮舆早归来，用此咎繇仲虺才。”

【咎₂夔】 咎繇与夔。俱为舜之臣。陆龟蒙《袭美先辈以龟蒙所献五百言既蒙见和复示荣唱再抒鄙怀用伸酬谢》：“吾唐揖让初，陛列森咎夔。”

咆 〔páo《广韵》薄交切，平肴，並。〕兽吼叫。李白《梦游天姥吟留别》：“熊咆龙吟殷岩泉，慄深林兮惊层巅。”刘禹锡《武陵书怀五十韵》：“虎咆空野震，鼍作满川浑。”

【咆虎】 咆哮之虎。皎然《妙喜寺高房期灵澈上人不至重招之一首》：“岂虑咆虎逢？乍疑崩湍隔。”

【咆勃】 亦作“咆哮”。发怒貌。王维《燕支行》：“赵魏燕韩多劲卒，关西侠少何咆勃！”

【咆哮】 野兽吼叫。亦指如兽之吼叫。李白《西岳云台歌送丹丘子》：“巨灵咆哮擘两山，洪波喷箭射东海。”张良璞《览史》：“七虎门源上，咆哮关内鸣。”元稹《江边四十韵》：“总无篱缴绕，尤怕虎咆哮。”胡曾《咏史诗·召陵》：“小白匡周入楚郊，楚王雄霸亦咆哮。”

【咆哮】 同“咆勃”。白居易《效陶潜体十六首之十》：“壮士磨匕首，勇愤气咆哮。”

咜 同“呃”。见“咜嚱”。

【咜嚱】 叹词。感叹之声。王周《自喻》：“致身霄汉人，咜喊尽贤智。”

呞 〔shī《广韵》書之切。平之，書。〕亦作“齝”。牛反刍。引申指细嚼。韩愈《赠刘师服》：“匙抄烂饭稳送之，合口软嚼如牛呞。”

咈 〔fú《广韵》符弗切，入物，奉。〕见“咈哉”。

【咈哉】 犹言不可。表否定之词。语出《尚书·尧典》。李商隐《井泥四十韵》：“禹竟代舜立，其父吁咈哉。”

呶 〔náo《广韵》女交切，平肴，娘。〕喧闹。韩愈、孟郊《征蜀联句》：“渴斗信豗呶，啾奸何噢嚉！”沈亚之《文祝延二阕》之二：“兕觵吹兮音咿咿，铜铙呶兮睋呼䀛睢。”

【呶呶】 喧闹、吵嚷之声。韩愈《嘲鼾睡》：“乍如斗呶呶，忽若怨恳恳。”卢仝《苦雪寄退之》：“病妻烟眼泪滴滴，饥婴哭乳声呶呶。”

【呶號】 喧闹呼叫。刘禹锡《壮士行》：“里中欣害除，贺酒纷号呶。”

咍 〔hāi《广韵》呼來切。平咍，曉。〕❶嗤笑。李白《梁甫吟》：“吴楚弄兵无剧孟，亚夫咍尔为徒劳。”皎然《寓兴》：“因问老仙求种法，老仙咍我愚不答。”裴度《度自到洛中与乐天为文酒之会欢惬可知因为联句》：“新声还共听，故态复相咍。”❷欢笑。韩愈《感春五首》之四：“前随杜尹拜表回，笑言溢口何欢咍！”崔道融《江上逢故人》：“江村买一醉，破泪却成咍。”

【咍咍】 欢笑貌。吕岩《勉牛生夏侯生》：“然然卷，然然舒，哀哀咍咍。”

【咍笑】 笑。郑薰《赠巩畴》序：“巩背簦笈，草履，杖灵寿，下笠，且咍笑曰：‘闻公恬养澹逸，不屑于荣悴，故以玄成来助成之。’”

呦 〔yōu《广韵》於虬切，平幽，影。〕见“呦呦”。

【呦呦】 象声词。❶鹿鸣之声。语出《诗·小雅·鹿鸣》：“呦呦鹿鸣，食野之苹。”陈子昂《感遇诗三十八首》之十二：“呦呦南山鹿，罹罟以媒和。”萧颖士《仰答韦司业垂访五首》之一：“呦呦食苹鹿，常饮清泠川。”施肩吾《山中玩白鹿》:“呦呦白鹿毛如雪,踏我桃花过石桥。”谭用之《秋日圃田送人随计》:“向日迥飞驹皎皎,临风谁和鹿呦呦?”❷哭声。白居易《新乐府·新丰折臂翁》:“应作云南望乡鬼,万人冢上哭呦呦。”❸乐曲声。牛殳《琵琶行》:“未若此调呦呦兮啁啁,嘈嘈兮啾啾。”

【呦咽】(—yè)犹幽咽。低微之水声。雍陶《洛源驿戏题》:“如恨往来人不见,水声呦咽出花溪。”

【呦嘤】鸟兽低叫声。张说《游湓湖上寺》:“清旧岩前乐,呦嘤鸟兽驯。”

【呦鷕】鸟鸣之声。元稹《大觜乌》:“呦鷕呼群鹏,翩翻集怪鸱。”

咼[1] 〔wāi《广韵》苦緺切,平佳,溪。〕歪斜貌。唐玄应《一切经音义》卷六引《通俗文》:“斜戾曰咼。”元稹《痁卧闻幕中诸公征乐会饮因有戏呈三十韵》:“奔北翻成勇,司南却是咼。”

咼[2] 〔wǒ〕见“咼₂堕髻”。

【咼₂堕髻】即倭堕髻。妇女发髻一种式样。白居易《寄微之》:“何处琵琶弦似语,谁家咼堕髻如云?”

六　画

哇 〔wā《广韵》烏瓜切,平麻,影。〕见“哇咬”“哇淫”。

【哇咬】(—yāo)声音繁细。刘禹锡《采菱行》:“笑语哇咬顾晚晖,蓼花缘岸扣舷归。”

【哇淫】谓音乐声淫靡。郑薰《赠巩畴》:“疏越舍朱弦,哇淫鄙秦筝。”

哉 〔zāi《广韵》祖才切,平咍,精。〕语气助词。❶表示感叹。宋璟《奉和圣制答张说扈从南出雀鼠谷》:“盛哉逢道合,良以致亨衢。”阎宽《松滋江北阻风》:“远听知音骇,诚哉不可陵。”羊士谔《和武相早朝中书候传点书怀奉呈》:“良哉致君日,维岳有光辉。”孙郃《古意二首》之一:“道废固命也,瓢饮亦贤哉!”❷表示疑问。孟浩然《登龙兴寺阁》:“兹郡何填委,遥山复几哉?”李白《蜀道难》:“其险也如此,嗟尔远道之人胡为乎来哉?”杜甫《醉时歌》:“儒术于我何有哉,孔丘盗跖俱尘埃。”白居易《自题小园》:“主人安在哉,富贵去不回。”❸表示反诘。梁肃《荆台道院》:“桑田一变赋归来,爵禄焉能浼我哉!”❹表示祈使。玄宗《赐诸州刺史以题座右》:“勉哉各祗命,知予眷万方。”❺表示已然。严维《奉和皇甫大夫祈雨应时雨降》:“欲识皇天意,为霖贶在哉!”

咡 〔èr《广韵》仍吏切,去志,日。〕嘴边。《礼记·少仪》:“有问焉,则辟咡而对。”郑玄注:“口旁曰咡。”孔颖达疏:“尊者有事问己,己则辟口而对,不使口气及尊者。”周繇《嘲段成式》:“促坐疑辟咡,衔杯强朵颐。”

哂 〔shěn《广韵》式忍切,上軫,書。〕讥笑。徐彦伯《奉和兴庆池戏竞渡应制》:“群臣相庆嘉鱼乐,共哂横汾歌吹秋。”杜甫《赠苏四徯》:“肉食哂菜色,少壮欺老翁。”窦群《东山月下怀友人》:“宦情哂鸡口,世路倦羊肠。”白居易《咏兴五首·小庭亦有月》:“村歌与社舞,客哂主人夸。”

【哂千秋】指匈奴单于讥笑汉车千秋以一言悟主而取丞相封侯之事。《汉书·车千秋传》有载。李白《酬谈少府》:“三事或可羞,匈奴哂千秋。”

【哂要章】(要 yāo)指汉会稽太守朱买臣衣故衣,腰佩印章与守邸共食而遭到讥笑之事。《汉书·朱买臣传》有载。杜甫《壮游》:“蒸鱼闻匕首,除道哂要章。”

咥 〔xì《广韵》丑栗切,入質,徹。又徒結切,入屑,定。《集韵》虚器切,去至,曉。〕见“咥咥”。

【咥咥】讥笑貌。储光羲《田家杂兴八首》之五:“安知负薪者,咥咥笑轻薄。”

呰 〔zǐ《广韵》將此切,上紙,精。〕通“訾”。诋毁。李商隐《赠送前刘五经映三十四韵》:“何由羞五霸,直自呰三皇。”

咢 〔è《广韵》五各切,入鐸,疑。〕仅击鼓而不歌唱。《诗·大雅·行苇》:“或歌或咢。”毛传:“徒击鼓曰咢。”陆德明释文引毛传作“徒歌曰咢”。亦泛指歌唱作乐。韩愈、李正封《晚秋郾城夜会联句》:“尔牛时寝讹,我仆或歌咢。”

品 〔pǐn《广韵》丕飲切,上寑,滂。〕❶众多。见“品類”。❷事物种类。玄宗《首夏花萼楼观群臣宴宁王山亭回楼下又申以赏乐赋诗》序:“万物莫不气兆乎上,而形视乎下。铁石异品,云蒸并湿;草木无心,春来咸喜。”许浑《赠茅山高拾遗》:“长覆旧图棋势尽,遍添新品药名多。”❸物品,事物。张说《奉和御制与宋璟源乾曜同日上官命宴东堂赐诗应制》:“大块熔群品,经生偶圣时。”宋务光《海上作》:“鳞介错殊品,氛霞饶诡色。”卢纶《和赵给事白蝇拂歌》:“群蝇青苍恣游息,广庖万品无颜色。”李商隐《井泥四十韵》:“茫茫此群品,不定轮与蹄。”❹官位等级。王建《自伤》:“四授官资元七品,再经婚娶尚单身。”权德舆《酬冯绛州早秋绛台感怀见寄》:“斋祠常并冕,官品每差肩。”姚合《武功县中作三十首》之二二:“养生宜县僻,说品喜官微。”❺官位。韩愈《题张十八所居》："名秩后千品，诗文齐六经。"张籍《夏日可畏》："禁城千品烛，黄道一轮孤。"❻品评。见"品第""品彙❶"。❼格调。张祜《题画僧二首》之一："僧仪又入清流品，却恐前生是许询。"贯休《送姜道士归南岳》："松品落落，雪格索索。"❽演奏乐器。欧阳炯《木兰花》词："堪爱晚来韶景甚，宝柱秦筝方再品。"孙光宪《浣溪沙》词："早是销魂残烛影，更愁闻著品弦声。"❾指弦乐器上定音弦柱。见"品柱"。

【品子】　仕宦子弟。孟郊《立德新居》之六："品子懒读书，辕驹难服犁。"

【品位】　官阶。贾岛《吊孟协律》："才行古人齐，生前品位低。"范质《诫儿侄八百字》："若言品位卑，寄书来我求。"

【品松】　指三品松。武则天所封，在嵩山少林寺。见《嵩山志》。孟郊《品松》："品松徒高高，雌鸣讵噰噰。"又《奉报翰林张舍人见遗之诗》："品松何高翠，宫殿没荒榛。"

【品物】　犹万物。张说《奉和圣制赐诸州刺史应制以题坐右》："愿使天宇内，品物遂浮沉。"赵良器《三月三日曲江侍宴》："小臣同品物，陪此乐皇猷。"柳宗元《睎民诗》："其风既流，品物载休。"薛能《升平词十首》之七："品物尽昭苏，神功复帝谟。"

【品命】　周代官爵分九个等级，称九命，魏晋时有九品之制，北周复称九命，隋唐又称九品。因用以称官阶。杜甫《哭台州郑司户苏少监》："会取君臣合，宁铨品命殊。"元稹《酬翰林白学士代书一百韵》："分张殊品命，中外却驱驰。"

【品柱】　指弦乐器上定音弦柱。杨虞卿《过小妓英英墓》："四弦品柱声初绝，三尺孤坟草已枯。"

【品差】　品第，品评并分等差。李群玉《龙山人惠石廪方及团茶》："顾渚与方山，谁人留品差？"

【品流】　❶品类，类别。李群玉《石门韦明府为致东阳潭石鲫鲙》："隽味品流知第一，更劳霜橘助芳鲜。"郑谷《鹧鸪》："暖戏烟芜锦翼齐，品流应得近山鸡。"贯休《鹭鸶有怀》："栖宿必多清濑梦，品流还次白猿走。"孙光宪《女冠子》词："品流巫峡外，名籍紫微中。"❷流俗。韩偓《两贤》："而今若有逃名者，应被品流呼差人。"

【品格】　品性。薛能《牡丹四首》之一："品格如寒食，精光似少年。"皮日休《虎丘寺殿前有古杉一本形状丑怪遂赋三百言以见志》："品格齐辽鹤，年龄等宝龟。"张贲《悼鹤和袭美》："渥顶鲜毛品格驯，莎庭闲暇重难群。"齐己《谢人寄南榴卓子》："品格宜仙果，精光称玉壶。"

【品秩】　官位及俸秩。张登《醉题》："八十老翁无品秩，也曾身到凤池来。"姚合《和李绅助教不赴看花》："太学官资清品秩，高人公事说经书。"张乔《送庞百篇之任青阳县尉》："品秩台庭与，篇章圣主闻。"邓洵美《答同年李昉见赠次韵》："品秩虽然殊此日，岁寒终不改当年。"

【品第】　品评并分等第。陆龟蒙《奉和袭美谢友人惠人参》："品第已闻升碧简，携持应合重黄金。"

【品彙】　❶品第万类。韩愈《感春四首》之二："幸逢尧舜明四目，条理品汇皆得宜。"杨于陵《郡斋有紫薇双本自朱明接于徂暑其花芳馥数旬犹茂因诗纪述》："陶甄试一致，品汇乃散殊。"❷万类，万物。卢从愿《祭汾阴乐章》："播植资始，品汇咸亨。"贯休《大蜀皇帝寿春节进尧铭舜颂二首·舜颂》："绥厥品汇，光光得一。"《郊庙歌辞·梁太庙乐舞辞·来仪舞》："亭育品汇，宾礼百神。"

【品職】　官职。罗隐《春日投钱塘元帅尚父二首》之二："官秩已叨吴品职，姓名兼显鲁《春秋》。"

【品題】　❶品评诗文。郑谷《读前集二首》之一："何事后来高仲武，品题《间气》未公心？"❷观赏。畅当《蒲中道中二首》之二："岁晏来品题，拾叶总堪写。"

【品韻】　格调。司空图《杏花》："诗家偏为此伤情，品韵由来莫与争。"

【品類】　万物。拾得《诗》之三十："蠢蠢诸品类，贪生不觉死。"杨巨源《春日奉献圣寿无疆词十首》之五："垂拱乾坤正，欢心品类同。"

【品籍】　官籍。司空图《携仙箓九首》之六："若有阴功救未然，玉皇品籍亦搜贤。"

咽[1]　〔yān《广韵》烏前切，平先，影。〕❶咽喉。刘禹锡《有獭吟》："渔翁以为妖，举块投其咽。"皮日休《鲁望昨以五百言见贻因成一千言亦迭和之微旨也》："竞抵元化首，争扼真宰咽。"《李处郁语》(卷八七六)："飧若入咽，百无一全。"❷颈部。李贺《静女春曙曲》："粉窗香咽颓晓云，锦堆花密藏春睡。"韩愈《华山女》："洗妆拭面著冠帔，白咽红颊长眉青。"

咽[2]　〔yàn《广韵》於甸切，去霰，影。〕吞食。张九龄《与生公游石窟山》："犹希咽玉液，从此升云空。"柳宗元《游南亭夜还叙志七十韵》："退想于陵子，三咽资李螬。"崔珏《美人尝茶行》："朱唇啜破绿云时，咽入香喉爽红玉。"

咽[3]　〔yè《广韵》烏結切，入屑，影。〕❶哽咽。徐彦伯《孤烛叹》："相思咽不语，回向锦屏眠。"李白《古风》之二十："泣与亲友别，欲语再三咽。"吕温《顺宗至德大圣大安孝皇帝挽歌词三首》之三："挽度千夫咽，笳凝六马迟。"赵嘏《别麻氏》："满眼泪珠和语咽，旧窗风月更谁亲？"❷声音凝滞悲切。钱起《卢龙塞行送韦掌记》："万里飞沙咽鼓鼙，三军杀气凝旌旆。”窦叔向《贞懿皇后挽歌三首》之二：“后庭攀画柳，上陌咽清笳。”李约《观祈雨》：“朱门几处看歌舞，犹恐春阴咽管弦。”吴融《月夕追事》：“此时空见清凉影，来伴蛩声咽砌莎。”❸凝固。刘长卿《宿双峰寺寄卢七李十六》：“林暗僧独归，石寒泉且咽。”元稹《何满子歌》：“冰含远溜咽还通，莺泥晚花啼渐懒。”刘驾《苦寒吟》：“百泉冻皆咽，我吟寒更切。”卢延让《寒食日戏赠李侍御》：“十二街如市，红尘咽不开。”❹填塞。柳宗元《寄韦珩》：“炎烟六月咽口鼻，胸鸣肩举不可逃。”孟郊《吊李元宾坟》：“眼咽此时泪，耳凄在日言。”

【咽$_3$切】（—qiè）悲切。杜牧《代人作》：“戍辽虽咽切，游蜀亦迟回。”

【咽$_3$耳】充耳。韩愈《陆浑山火和皇甫湜用其韵》：“千钟万鼓咽耳喧，攒杂啾嚄沸篪埙。”

【咽$_3$言】说不出话。孟郊《雪》：“咽言词不成，告诉情状摧。”

【咽$_3$咽】❶悲泣声。僧鸾《赠李粲秀才》：“愁如湘灵哭湘浦，咽咽哀音隔云雾。”❷低吟声。李贺《伤心行》：“咽咽学楚吟，病骨伤幽素。”杜牧《题池州弄水亭》：“停樽迟晚月，咽咽上幽渚。”陆龟蒙《村夜二篇》之一：“绵绵起归念，咽咽兴微咏。”❸鸟虫低鸣声。元稹《通州丁溪馆夜别李景信三首》之三：“雨潇潇兮鹃咽咽，倾冠倒枕灯临灭。”贯休《书倪氏屋壁三首》之二：“白桑红椹莺咽咽，面揉玉尘饼挑雪。”齐己《蝉八韵》：“咽咽复啾啾，多来自早秋。”李中《秋夕书事寄友人》：“砌蛩声咽咽，檐月影沉沉。”❹乐声凝滞悲切。元稹《和李校书新题乐府十二首·骠国乐》：“千弹万唱皆咽咽，左旋右转空傞傞。”

【咽$_3$咽幽幽】形容声音低沉。韦庄《赠峨嵋山弹琴李处士》：“凄凄清清松上风，咽咽幽幽陇头水。”

【咽$_3$典噤法】不讲典章法规。来鹄《圣政纪颂》：“俾德音嘉访，默缩暗亡，咽典噤法，盖圣笼昌。”

【咽喉】❶咽部与喉部合称。王昌龄《箜篌引》：“思还本乡食犛牛，欲语不得指咽喉。”孟郊《卧病》：“春色烧肌肤，时餐苦咽喉。”姚合《寄陕府内兄郭冏端公》：“永昼吟不休，咽喉干无声。”曹松《南海陪郑司空游荔园》：“乱结罗纹照襟袖，别含琼露爽咽喉。”❷喻军事上要害地区。杜甫《送韦十六评事充同谷郡防御判官》：“銮舆驻凤翔，同谷为咽喉。”韦应物《经函谷关》：“及嗣同覆颠，咽喉莫能塞。”刘禹锡《将赴汝州途出浚下留辞李相公》：“夷门天下之咽喉，昔时往往生疮疣。”许浑《中秋夕寄大梁刘尚书》：“刁斗严更军耳目，戈铤长控圆咽喉。”亦喻要害部门。杜牧《昔事文皇帝三十二韵》：“宫省咽喉任，戈矛羽卫屯。”

【咽$_2$津】咽入津液。道家一种养生之方。杜甫《幽人》：“咽漱元和津，所思烟霞微。”元稹《和乐天赠吴丹》：“委气荣卫和，咽津颜色好。”

【咽$_3$嘔】❶声音凝滞悲切。元稹《和李校书新题乐府十二首·缚戎人》：“华裀重席卧腥臊，病犬愁鸪声咽嘔。”❷水流声。陆龟蒙《太湖诗·桃花坞》：“敲竹斗铮摐，弄泉争咽嘔。”

【咽$_3$绝】❶发声断绝。韩愈《嘲鼾睡》：“雄哮乍咽绝，每发壮益倍。”❷悲痛欲绝。白居易《和微之诗二十三首·和晨兴因报问龟儿》：“咽绝五脏脉，瘦消百骸脂。”王贞白《湘妃怨》：“至今闻鼓瑟，咽绝不胜愁。”南唐后主李煜《悼诗》：“咽绝风前思，昏濛眼上花。”

【咽$_3$源】谓水流声细涩幽咽。李贺《昌谷诗》：“嘹嘹湿蛄声，咽源惊溅起。”

【咽$_3$灭】发声断绝。罗隐《薛阳陶觱篥歌》：“高飘咽灭出滞气，下感知己时横流。”

【咽$_2$漱】吮吸吞入。杜甫《幽人》：“咽漱元和津，所思烟霞微。”

【咽$_3$哕】（—huì）低沉悲鸣声。司空曙《杜鹃行》：“声音咽哕如有谓，号啼略与婴儿同。”

咮〔zhòu《广韵》陟救切，去宥，知。〕鸟喙。刘禹锡《送僧方及南谒柳员外》引：“雅闻鸟咮之下有贤诸侯，愿跻其门，如蹈十地，敢乞辞以抵之。”

咸〔xián《广韵》胡谗切，平咸，匣。〕❶皆。太宗《幸武功庆善宫》：“梯山咸入款，驾海亦来思。”孟浩然《和贾主簿弁九日登岘山》：“国人咸寡和，遥愧洛阳才。”于頔《和丘员外题湛长史旧居》：“立言咸不朽，何必在青史。”韦庄《和郑拾遗秋日感事一百韵》：“上略咸推妙，前锋讵可当！”❷和乐。见“咸若”。❸咸阳之简称。见“咸洛”。❹黄帝之乐《咸池》之简称。见“咸池❷”“咸英”“咸韶”“咸濩”。

【咸池】❶东方大泽。传说为日浴之处。《淮南子·天文训》：“日出于旸谷，浴于咸池，拂于扶桑，是谓晨明。”皎然《浮云三章》之二：“浮云浮云，集于咸池。”李商隐《初起》：“想像咸池日欲光，五更钟后更回肠。”陆龟蒙《奉和袭美太湖诗二十首·初入太湖》：“尝闻咸池气，下注作清质。”石殷士《日华川上动》：“孰假咸池望，幽情得古篇。”❷相传为黄帝之乐，尧沿用之。元结《补乐歌十首》序：“岁时荐亨，则必作乐，而无《云门》《咸池》《韶》《夏》之声。”德宗《中春麟德殿会百僚观新乐诗一章章十六句》：“顾非《咸池》奏，庶协南风薰。”韩愈《孟生诗》：“作诗三百首，窅默《咸池》音。”元稹《和李校书新题乐府十二首·法曲》：“舜持干羽苗革心，尧用《咸池》凤巢阁。”

【咸安公主】（？—808）唐德宗之女。贞元三年

(787)，回纥可汗遣使请和亲，许之。四年，回纥来迎，下降武义成功可汗。元和三年(808)卒于回纥。追封并谥燕国襄穆公主。事迹略见《新唐书·诸帝公主传》。孙叔向有《送咸安公主》。白居易《新乐府·阴山道》："咸安公主号可敦，远为可汗频奏论。"

【咸亨】 ❶万事亨通。贺知章《唐禅社首乐章·顺和》："黄祇僾如在，泰折俟咸亨。"❷宫殿名。见"咸亨殿"。❸唐高宗李治年号(670—674)。义净有《余以咸亨元年在西京戏拟四愁聊题两绝》。

【咸亨殿】 九成宫内之殿名。在岐州麟游县(今属陕西)西五里。高宗有《咸亨殿宴近臣诸亲柏梁体》。

【咸林】 地名。春秋郑桓公之都。汉时为京兆郑县。唐为华州治所，今陕西华县。储光羲《次天元十载华阴发兵作时有郎官点发》："帝念霍嫖姚，诏发咸林兵。"又《送丘健至州敕放作时任下邽县》："朝集咸林城，师言乱啁啾。"按华阴、下邽皆属华州。

【咸京】 咸阳曾为京城，故称。唐人用以指京城长安。张九龄《奉和圣制次琼岳韵》："咸京天上近，清渭日边临。"韦应物《答河南李士巽题香山寺》："前岁守九江，恩诏赴咸京。"刘禹锡《谒柱山会禅师》："弱冠游咸京，上书金马外。"韩偓《残春旅舍》："旅舍残春宿雨晴，恍然心地忆咸京。"

【咸若】 和乐貌。王勃《倬彼我系》之五："礼乐咸若，诗书具草。"元稹《和李校书新题乐府十二首·骠国乐》："传称鱼鳖亦咸若，苟能效此诚足多。"

【咸英】 黄帝之乐《咸池》与帝喾之乐《六英》之连称。褚亮《祭方丘乐章·顺和》："具仪光玉帛，送舞变《咸》《英》。"苏味道《奉和受图温洛应制》："预奉《咸》《英》奏，长歌亿万春。"刘禹锡《酬湖州崔郎中见寄》："高人灵府间，律吕伴《咸》《英》。"李商隐《有感二首》之二："近闻开寿宴，不废用《咸》《英》。"

【咸洛】 咸阳、洛阳之连称。唐人称西京长安为咸阳，洛阳为唐东都。元稹《和李校书新题乐府十二首·法曲》："自从胡骑起烟尘，毛毳腥膻满咸洛。"

【咸秦】 咸阳为秦中地，故称。唐人指西京长安。储光羲《敬酬陈掾亲家翁秋夜有赠》："昼游还荆吴，迷方客咸秦。"杨凝《春怨》："花满帘栊欲度春，此时夫婿在咸秦。"许浑《寄献三川守刘公》："三川歌颂彻咸秦，十二楼前侍从臣。"

【咸原】 咸阳原。刘沧《咸阳怀古》："渭水故都秦二世，咸原秋草汉诸陵。"谭用之《再游韦曲山寺》："千年胜概咸原上，几代荒凉绣岭西。"

【咸秩】 谓皆有秩序。《书·洛诰》："周公曰：'王肇称殷礼，祀于新邑，咸秩无文。予齐百工，伻从王于周。'"权德舆《几铭》："下为人纪，百工咸秩。"白居易《酬郑侍御多雨春空过诗三十韵》："祀典修咸秩，农书振满床。"

【咸通】 ❶万事亨通。宣宗《句》："海岳宴咸通。"❷唐懿宗李漼年号(860—874)。韦庄《咸通》："咸通时代物情奢，欢杀金张许史家。"贯休《杜侯行》："我闻大中咸通真令主，相惟大杜兼小杜。"齐己《与崔校书静话言怀》："同年生在咸通里，事佛为儒趣尽高。"

【咸陽】 ❶地名。秦之都城。今属陕西。秦系《闲居览史》："当时汉祖无三杰，争得咸阳与子孙?"常楚老《祖龙行》："龙蛇撩乱入咸阳，少帝空随汉家马。"孙棨《题刘泰娘舍》："汉高新破咸阳后，英俊奔波遂吃虚。"❷唐人指西京长安。杜甫《送李校书二十六韵》："蔼蔼咸阳都，冠盖日云积。"王建《送张籍归江东》："行行成此归，离我适咸阳。"刘言史《买花谣》："咸阳亲戚长安里，无限将金买花子。"贾岛《渡桑乾》："客舍并州已十霜，归心日夜忆咸阳。"❸指咸阳原。白居易《梦微之》："漳浦老身三度病，咸阳草树八回秋。"李商隐《鄠杜马上念汉书》："渭水天开苑，咸阳地献原。"

【咸陽原】 指咸阳、长安周围高地，如五陵原、铜人原、少陵原、洪渎原等，为汉唐墓葬之地。张籍《将军行》："当朝受诏不辞家，夜向咸阳原上宿。"元稹《听庾及之弹乌夜啼引》："当时为我赛乌人，死葬咸阳原上地。"李商隐《浑河中》："咸阳原上英雄骨，半向君家养马来。"

【咸陽橋】 即便门桥，简称便桥。汉武帝建。在咸阳西南十里渭水上。杜甫《兵车行》："耶娘妻子走相送，尘埃不见咸阳桥。"

【咸陽壠】 指咸阳原上墓地。白居易《元相公挽歌词三首》之二："苍苍露草咸阳垅，此是千秋第一秋。"按，元稹葬洪渎原。

【咸韶】 黄帝之乐《咸池》与舜之乐《大韶》之连称。《郊庙歌辞·周朝飨乐章·忠顺》："《咸》《韶》息韵，鹓鹭归行。"

【咸寧王】 即浑瑊。瑊于兴元元年(784)封咸宁郡王。见《旧唐书》本传。卢纶有《腊日观咸宁王部曲娑勒擒豹歌》。

【咸濩】 黄帝之乐《咸池》与商汤之乐《大濩》之连称。权德舆《奉和圣制中春麟德殿会百寮观新乐》："正声迈《咸》《濩》，《易》象含羲文。"

【咸鎬】 咸阳与镐京之连称。咸阳为秦都，镐京为周都，均在唐长安西郊。唐人用以称京都地区。陆龟蒙《读襄阳耆旧传因作五百言寄皮袭美》："囊乏向咸镐，马重迟步骤。"刘兼《咸阳怀古》："高秋咸镐起霜风，秦汉荒陵树叶红。"

咿 〔yī《广韵》於脂切，平脂，影。〕象声词。见“咿哑”“咿喔”。

【咿呦】 象声词。呼叫声。韩愈、孟郊《征蜀联句》：“迫胁闻杂驱，咿呦叫冤跀。”

【咿咿】 ❶象声词。悲鸣之声。沈亚之《文祝延二阕》之二：“兕载吹兮音咿咿，铜铙呶兮眡呼眡睢。”林滋《望九华山》：“萝烟石月相蔽亏，天风枭枭猿咿咿。”罗隐《蟋蟀诗》：“危条槁飞，抽恨咿咿。”❷清寒貌。陆龟蒙《奉和袭美太湖诗二十首·明月湾》：“清光悄不动，万象寒咿咿。”

【咿哑】 象声词。(1)辘轳转动声。李贺《美人梳头歌》：“辘轳咿哑转鸣玉，惊起芙蓉睡新足。”刘禹锡《同乐天和微之深春二十首》之十九：“栉比栽篱槿，咿哑转井车。”(2)船橹摇动声。韩偓《南浦》：“应是石城艇子来，两桨咿哑过花坞。”吴融《汴上晚泊》：“萧然正无寐，夜橹莫咿哑。”

【咿喔】 象声词。(1)雉、鸡鸣声。储光羲《射雉词》：“遥闻咿喔声，时见双飞起。”刘禹锡《畬田行》：“晾麿走且顾，群雉声咿喔。”温庭筠《常林欢歌》：“锦荐金炉梦正长，东家咿喔鸡鸣早。”韩偓《访同年虞部李郎中》：“门庭野水褵褷鹭，邻里短墙咿喔鸡。”(2)强笑声。韩愈《纳凉联句》：“危行无低徊，正言免咿喔。”

【咿噢】 (—yù)象声词。哭叫声。皮日休《吴中苦雨因书一百韵寄鲁望》：“鸡犬并淋漓，儿童但咿噢。”

【咿嚘】 ❶语音不清貌。韩愈、孟郊《远游联句》：“貉谣众猥欸，巴语相咿嚘。”❷指欺诈之言。张说《过怀王墓》：“咿嚘不可信，以此败怀王。”❸象声词。叹息声。韩愈《赴江陵途中寄赠翰林三学士》：“亲逢道边死，伫立久咿嚘。”

咷 〔táo《广韵》徒刀切，平豪，定。〕大哭。杜甫《自京赴奉先县咏怀五百字》：“入门闻号咷，幼子饥已卒。”

哆 〔chǐ《广韵》尺氏切，上紙，昌。又昌者切，上馬，昌。又丁可切，上哿，端。〕❶张口。见“哆口”“哆鬌”。❷大貌。见“哆侈”。❸分散罗列貌。韩愈《元和圣德诗》：“群星从坐，错落侈哆。”

【哆口】 张口。韩愈《病中赠张十八》：“夜阑纵捭阖，哆口疏眉厖。”

【哆侈】 《诗·小雅·巷伯》：“哆兮侈兮，成是南箕。彼谮人者，谁适与谋?”按《史记·天官书》：“箕为敖客，曰口舌。”象征谮人。因用为谮言之典。杜牧《题桐叶》：“哆侈不劳文似锦，进趋何必利如锥。”

【哆啑】 哭泣。卢仝《小妇吟》：“夫子于傍聊断肠，小妇哆啑上高堂。”

【哆鬌】 张口。卢仝《月蚀诗》：“藏头抶脑不肯食，张唇哆鬌食不休。”

咬[1] 〔yǎo《集韵》五巧切，上巧，疑。〕以牙齿上下夹住或切断某物。孟郊《济源寒食》之七：“蜜蜂为主各磨牙，咬尽村中万木花。”李沇《醮词》：“犬咬天关闭，彩童呼仙吏。”贯休《江边祠》：“精灵应醉社日酒，白龟咬断菖蒲根。”

咬[2] 〔jiāo《广韵》古肴切，平肴，見。〕见“咬$_2$咬”。

咬[3] 〔yāo《广韵》於交切，平肴，影。〕见“哇咬”。

【咬$_2$咬】 鸟鸣声。温庭筠《常林欢歌》：“宜城酒熟花覆桥，沙晴绿鸭鸣咬咬。”李山甫《方干隐居》：“咬咬嘎嘎水禽声，露洗松阴满院清。”殷文圭《鹦鹉》：“应缘是我邯郸客，相顾咬咬别有情。”

【咬$_2$咬好音】 指鸟鸣悦耳之声。汉祢衡《鹦鹉赋》：“采采丽容，咬咬好音。”韦应物《送洛阳韩丞东游》：“顾我差池羽，咬咬怀好音。”

哀 〔āi《广韵》烏開切，平咍，影。〕❶悲哀，悲痛。李峤《凫》：“钱飞出井见，鹤引入琴哀。”戎昱《塞下曲》之五：“城上画角哀，即知兵心苦。”白居易《新乐府·新丰折臂翁》：“村南村北哭声哀，儿别爷娘夫别妻。”皮日休《追和幽独君次韵》之二：“恨剧但埋土，声幽难放哀。”❷哀怜，怜悯。孟浩然《家园卧疾毕太祝曜见寻》：“壮图哀未立，斑白恨吾衰。”皎然《哭吴县房耸明府》：“悟兹欢宴隔，哀彼岁月延。”刘禹锡《游桃源一百韵》：“聊复嗟蜉蝣，何烦哀虺蜴。”陆龟蒙《江湖散人歌》：“祇今利口且箕敛，何暇俯首哀惸嫠。”❸指可悲之事。孟郊《远愁曲》：“此地有时尽，此哀无处容。”令狐楚《立秋日悲怀》：“又添新节恨，犹抱故年哀。”李商隐《有怀在蒙飞卿》：“哀同庾开府，瘦极沈尚书。”南唐后主李煜《挽辞》之一：“前哀将后感，无泪可沾巾。”❹哀悼。见“哀挽”“哀臨”。❺声音哀婉。见“哀絲”“哀彈”。❻诗体之一种。杜甫有《八哀诗》。

【哀公】 (?—前467)即鲁哀公。春秋鲁君。定公之子。姬姓，名蒋(一作将)。周敬王二十五年(前495)即位，周贞定王二年(前467)为三桓所迫，奔越。回国后，死于有山氏家。在位二十七年。事迹见《左传》《史记·鲁周公世家》。周昙《咏史诗·春秋战国门·再吟哀公》：“接下不勤徒好士，叶公何异鲁哀公?”

【哀心】 悲哀之情。孟简《咏欧阳行周事》：“不饮亦不食，哀心百千端。”

【哀玉】 ❶一种能发出凄清之声的玉器。杜甫

《又于韦处乞大邑瓷碗》:"大邑烧瓷轻且坚,扣如哀玉锦城传。"武元衡《旬假南亭寄熊郎中》:"哀玉不可扣,华烛徒湛然。"李群玉《瀏鶒》:"锦羽相呼暮沙曲,波上双声戛哀玉。"❷喻诗文清丽。杜甫《奉酬薛十二丈判官见赠》:"清文动哀玉,见道发新硎。"李德裕《追和太师颜公同清远道士游虎丘寺》:"共扣哀玉音,皆舒文绣段。"

【哀叫】 悲鸣。周昙《咏史诗·后汉门·赵孝》:"为感在原哀叫切,鹡鸰休报听双飞。"

【哀叩】 谓苦苦推敲。孟郊《奉报翰林张舍人见遗之诗》:"况于三千章,哀叩不为神。"

【哀册使】 即册立吊祭使。杨巨源有《送许侍御充云南哀册使判官》。

【哀次】 丧寝。孟云卿《古挽歌》:"房帷即灵帐,庭宇为哀次。"

【哀困】 悲哀困苦。许孟容《奉和武相公春晓闻莺》:"千回万啭尽愁思,疑是血魂哀困声。"

【哀吟】 ❶悲叹。李商隐《自桂林奉使江陵途中感怀寄献尚书》:"假寐凭书簏,哀吟叩剑镡。"张泌《晚次湘源县》:"湘南自古多离怨,莫动哀吟易惨凄。"❷悲鸣。杜甫《丽人行》:"箫鼓哀吟感鬼神,宾从杂遝实要津。"

【哀吹】 悲壮之乐。吹指笛、箫一类吹奏乐器。舒元舆《八月五日中部官舍读唐历天宝已来追怆故事》:"况当近寒地,哀吹起边笛。"

【哀牢】 汉代西南少数民族。其地在今缅甸北部、云南南部一带。《后汉书·郡国志五》"永昌郡":"哀牢永平中置,故牢王国。"辛常伯《军中行路难》:"去去指哀牢,行行入不毛。"

【哀些】 (—suò)指哀伤之楚辞。些,楚辞中句末助词,相当于兮。戴叔伦《过贾谊旧宅》:"谩有长书忧汉室,空将哀些吊沅湘。"按,汉贾谊有《吊屈原赋》,属楚辞,并有"呜呼哀哉"等语,故称。

【哀呻】 悲鸣。孟郊《奉报翰林张舍人见遗之诗》:"众蕴有余采,寒泉空哀呻。"

【哀弦】 亦作"哀绘"。指悲伤之弦乐。无名氏《姜宣弹小胡笳引歌》(卷七八六):"哀弦已罢春恨长,恨长何如怀我乡?"无名氏《昭君怨》(外编下):"别曲易悽断,哀绘不忍弹。"

【哀弦怨柱】 指哀怨之弦乐。陆龟蒙《奉酬袭美苦雨见寄》:"哀弦怨柱合为吟,怳我穷栖蓬藋里。"

【哀思】 哀愁。房元阳《送薛大入洛》:"哀思一罢曲,幽桂徒芳菲。"薛能《闻官军破吉浪戎小而固虑史氏遗忽因记为二章》之二:"空余《罗凤曲》,哀思满边云。"

【哀咽】 (—yè)悲哀哽咽。李建勋《白雁》:"边风昨夜起,顾影空哀咽。"

【哀怨】 哀伤怨恨。王琚《美女篇》:"借问哀怨何所为?盛年情多心自悲。"灵一《项王庙》:"缅想咸阳事可嗟,楚歌哀怨思无涯。"徐凝《杨叛儿》:"哀怨《杨叛儿》,骀荡郎知否?"罗邺《闻杜鹃》:"汝身哀怨犹如此,我泪纵横岂偶然?"

【哀哀】 极度哀痛。陈子昂《感遇诗三十八首》之二九:"籍籍峰壑里,哀哀冰雪行。"王季友《古塞曲》:"东出咸阳门,哀哀旧如霰。"孟郊《和丁助教塞上吟》:"无令恻隐者,哀哀不能已。"贯休《临高台》:"雁来不得书,空寄声哀哀。"

【哀哀父母】 指生已养已之父母。哀哀谓养育所受之劳苦。《诗·小雅·蓼莪》:"哀哀父母,生我劬劳。"刘商《胡笳十八拍·第一拍》:"哀哀父母生育我,见离乱兮当此辰。"

【哀音】 悲伤之声。张九龄《巫山高》:"唯有巴猿啸,哀音不可听。"白居易《慈乌夜啼》:"慈乌失其母,哑哑吐哀音。"李群玉《乌夜号》:"悄悄夜正长,空山响哀音。"

【哀矜】 (—jīn)哀怜。虞世南《赋得慎罚》:"明慎全无枉,哀矜在好生。"李峤《扈从还洛呈侍从群官》:"德泽盛轩游,哀矜深禹恤。"杜甫《入衡州》:"凋弊惜邦本,哀矜存事常。"清昼、汤衡《讲德联句》:"哀矜鳏寡,旌礼儒墨。"

【哀挽】 ❶挽丧车而哀痛。刘言史《北原情三首》之二:"城中人不绝,哀挽相次行。"徐铉《陶使君挽歌三首》之二:"那堪城外送,哀挽逐归艎。"❷指挽歌。羊士谔《梁国惠康公主挽歌词二首》之二:"都人听哀挽,泪尽望寒原。"

【哀冤】 悲伤冤屈。白居易《哭师皋》:"平生分义向人尽,今日哀冤唯我知。"

【哀乌郎】 唐尚书省六部郎官之别称。储光羲《述韦昭应画犀牛》:"有我哀乌郎,新邑长鸣琴。"一本作衰乌,一本作衰凤,皆非。

【哀匏】 悲凉之乐。匏,八音之一。韩愈、孟郊《城南联句》:"哀匏蹙驶景,冽唱凝余晶。"

【哀笳】 胡笳之声悲凉哀咽,故称。太宗《望送魏征葬》:"哀笳时断续,悲旌乍舒卷。"杜甫《留花门》:"长戟乌休飞,哀笳曙幽咽。"无名氏《姜宣弹小胡笳引歌》(卷七八六):"哀笳慢指董家本,姜宣得之妙思忖。"

【哀情】 哀伤之情。韩愈《此日足可惜赠张籍》:"哀情逢吉语,惝怳难为双。"刘言史《恸柳论》:"裴回无处展哀情,惟有衣襟知下泪。"

【哀悼】 对死者表示哀痛追念。孟郊《旅次湘沅有怀灵均》:"相传历千祀,哀悼延八区。"

【哀眷】 哀怜眷顾。杜甫《大雨》："上天回哀眷，朱夏云郁陶。"

【哀絃】 见"哀弦"。

【哀訴】 悲诉。杜甫《瘦马行》："见人惨澹若哀诉，失主错莫无晶光。"

【哀痛】 悲痛。杜甫《冬狩行》："朝廷虽无幽王祸，得不哀痛尘再蒙。呜呼，得不哀痛尘再蒙！"

【哀痛天書】 同"哀痛詔"。李商隐《汉南书事》："西师万众几时回，哀痛天书近已裁。"

【哀痛詔】 《汉书·西域传下》载，汉武帝时军旅连出，师行三十二年，海内虚耗。末年，悔远征伐，乃下诏，深陈既往之悔。诏中责己之"不明"，并有"悲痛常在朕心"之语。后遂用以指帝王因连年战争而下罪己之诏。杜甫《有感五首》之五："愿闻哀痛诏，端拱问疮痍。"韦庄《赠薛秀才》："但闻哀痛诏，未睹凯旋歌。"郑谷《巴江》："诏书罪己方哀痛，乡县征兵尚苦辛。"

【哀絶】 乐声凝滞悲切。曹唐《送刘尊师祇诏阙庭三首》之一："锦诰凄凉遗古恨，玉箫哀绝醉离情。"

【哀絲】 指弦乐哀婉之声。杜甫《同李太守登历下古城员外新亭亭对鹊湖》："芳宴此时具，哀丝千古心。"

【哀絲豪竹】 指哀婉而又悲壮之乐。丝，弦乐；竹，管乐。杜甫《醉为马坠诸公携酒相看》："酒肉如山又一时，初筵哀丝动豪竹。"

【哀傷】 悲哀忧伤。寒山《诗三百三首》之四二："哀伤百年内，不免归山丘。"骆宾王《在狱咏蝉》序："不哀伤而自怨，未摇落而先衰。"王维《过太乙观贾生房》："夭促万涂尽，哀伤百虑新。"杜甫《成都府》："自古有羁旅，我何苦哀伤！"

【哀箏】 筝声哀婉，故称。杜甫《遣闷》："哀筝犹凭几，鸣笛竟沾裳！"李商隐《无题四首》之四："何处哀筝随急管，樱花永巷垂杨岸。"

【哀猿】 北魏郦道元《水经注·江水二》："每至晴初霜旦，林寒涧肃，常有高猿长啸，屡引凄异，空谷传响，哀转久绝。故渔者歌曰：'巴东三峡巫峡长，猿鸣三声泪沾裳。'"后因称猿为哀猿。岑参《峨嵋东脚临江听猿怀二室旧庐》："哀猿不可听，北客欲流涕。"卢拱《江亭寓目》："哀猿自相叫，乡泪好无端。"李商隐《访隐者不遇成二绝》之二："城郭休过识者稀，哀猿啼处有柴扉。"徐铉《池州陈使君见示游齐山诗因寄》："哀猿出槛心虽喜，伤鸟闻弦势易惊。"

【哀輓】 同"哀挽❶"。杜甫《故武卫将军挽歌三首》之三："哀輓青门去，新阡绛水遥。"

【哀歌】 ❶以悲伤心情唱歌。杜甫《夜》："独坐亲雄剑，哀歌叹短衣。"韩愈《北极赠李观》："哀歌西京市，乃与夫子亲。"❷悲歌。李群玉《寄短书歌》："三年音信凝颦外，一曲哀歌白发生。"

【哀鳴】 指鸟类哀切鸣叫。李颀《从军行》："胡雁哀鸣夜夜飞，胡儿眼泪双双落。"李白《山鹧鸪词》："我今誓死不能去，哀鸣惊叫泪沾衣。"戴叔伦《孤鸿篇》："顾影明月下，哀鸣声正悲。"陆龟蒙《孤雁》："哀鸣慕前侣，不免饮啄晏。"

【哀腸】 哀伤之心。齐己《夏雨》："闲思济时力，歌咏发哀肠。"

【哀慟】 极为悲痛。白居易《开成大行皇帝挽歌词四首奉敕撰进》之三："严恭七月礼，哀恸万人心。"

【哀榮】 ❶《论语·子张》："其生也荣，其死也哀。"后因指人臣在生前死后皆受到荣宠。李白《自广平乘醉走马六十里至邯郸登城楼览古书怀》："太古共今时，由来互哀荣。"杜甫《八哀诗·赠左仆射郑国公严公武》："匡汲俄宠辱，卫霍竟哀荣。"郑谷《访姨兄王斌渭口别墅》："哀荣孤族分，感激外兄恩。"❷特指人臣在死后受到荣宠。吴兢《永泰公主挽歌二首》之二："鳌缓哀荣备，游轩宠悼彰。"皇甫冉《赠恭顺皇后挽歌》："徂谢年方久，哀荣事独稀。"元稹《恭王故太妃挽歌词二首》之二："哀荣深孝嗣，仪表在河间。"白居易《赠悼怀太子挽歌辞二首》之一："寿夭由天命，哀荣出圣慈。"

【哀容】 "哀榮"之讹。岑参《西河郡太原守张夫人挽歌》："哀容今共尽，凄怆杜陵田。"

【哀憐】 怜悯。韦应物《马明生遇神女歌》："马生一立心转坚，知其丹白蒙哀怜。"韩愈《谁氏子》："谁其友亲能哀怜，写吾此诗持送似？"

【哀彈】 (—tán)弦乐哀婉之声。弹，指弦乐。孟郊《秋怀》之二："梧桐枯峥嵘，声响如哀弹。"韩愈《龊龊》："妖姬坐左右，柔指发哀弹。"贾岛《辞二知己》："离人闻美弹，亦与哀弹同。"

【哀樂】 (—lè)悲哀与欢乐。杜甫《渼陂行》："少壮几时奈老何，向来哀乐何其多。"张彪《神仙》："天地何苍茫，人间半哀乐。"法振《病愈寄友》："哀乐暗成疾，卧中芳月移。"许浑《重游练湖怀旧》："荣枯尽寄浮云外，哀乐犹惊逝水前。"

【哀聲】 悲哀之声。皮日休《三羞诗三首》之二："哀声动闾里，怨气成山谷。"罗隐《商於驿楼东望有感》："棠遗善政阴犹在，《薤》送哀声事已空。"

【哀臨】 到死者所在之处举哀。白居易《夜哭李夷道》："家人哀临毕，夜锁寿堂门。"

【哀壑】 指凄凉深谷。晋殷仲文《南州桓公九井作》："爽籁警幽律，哀壑叩虚牝。"杜甫《铁堂峡》："威迟哀壑底，徒旅惨不悦。"又《北游》："秋风动哀壑，碧蕙捐微芳。"

【哀鴻】 悲鸣之鸿雁。杜甫《曲江三章章五句》

之一："白石素沙亦相荡，哀鸿独叫求其曹。"钱起《冬夜题旅馆》："严冬北风急，中夜哀鸿去。"韩愈《酬裴十六功曹巡府西驿途中见寄》："哀鸿鸣清耳，宿雾褰高旻。"吴融《府试雨夜帝里闻猿声》："暗逐哀鸿泪，遥含禁漏清。"

【哀辭】 哀悼死者之韵文。詹琲《承清隐命访刘处士已殁因吊以诗》："我来吊旧多悲感，一纸哀辞酹一觞。"

【哀韻】 哀婉和谐之声。钱起《秋夜作》："商歌向秋月，哀韵兼浩叹。"

【哀囀】 声音哀怨宛转。韦应物《拟古诗十二首》之四："玉颜上哀啭，绝耳非世有。"

【哀響】 哀婉之乐。韩愈《感春三首》之三："妖童为我歌，哀响跨筝笛。"

咨 〔zī《广韵》即夷切，平脂，精。〕❶咨询，询问。萧嵩《奉和御制左丞相说右丞相璟太子少傅乾曜同日上官命宴都堂赐诗》："垂拱咨元老，亲贤辅少阳。"高适《信安王幕府诗》："庙堂咨上策，幕府制中权。"韩愈《山南郑相公樊员外酬答为诗依赋十四韵以献》："帝咨女予往，牙纛前岔坲。"来鹄《圣政纪颂》："善咨不偷，嘉论不盖。"❷叹词。表示赞赏。柳宗元《奉平淮夷雅表·方城》之九："皇曰咨勰，裕乃父功。"参见"咨爾"。❸嗟叹。权澈《琵琶浤石壁刻诗》："咨予白发年，始佐丹水曲。"

【咨四岳】 《书·尧典》："帝曰：'咨！四岳：汤汤洪水方割，荡荡怀山襄陵，浩浩滔天。下民其咨，有能俾乂？'"孔传："四岳，即上羲和之四子，分掌四岳之诸侯，故称焉。"孙星衍注疏引郑玄曰："四岳，四时之官，主四岳之事。始羲和之时，主四岳者谓之四伯。"后因用以称股肱之臣。独孤及《代书寄上李广州》："天子咨四岳，伫公济方割。"亦省作"咨岳"。张九龄《奉和圣制赐诸州刺史以题座右》："得人此为盛，咨岳今复存。"

【咨岳】 见"咨四岳"。

【咨怨】 咨嗟怨恨。韩愈《重云李观疾赠之》："小人但咨怨，君子惟忧伤。"

【咨度】 (—duó)咨询。张说《幽州送随军人秦》："归路有光辉，边庭少咨度。"

【咨咨】 叹息。顾况《上古之什补亡训传十三章·上古一章》："岂止馁与寒，啬夫咨咨。"韩愈《嗟哉董生行》："父母不戚戚，妻子不咨咨。"白居易《新乐府·五弦弹》："座中有一远方士，唧唧咨咨声不已。"

【咨嗟】 ❶赞叹。郭震《古剑篇》："龙泉颜色如霜雪，良工咨嗟叹奇绝。"杜甫《赠秘书监江夏李公邕》："慷慨嗣真作，咨嗟玉山桂。"刘禹锡《酬淮南牛相公述旧见贻》："追思往事咨嗟久，喜奉清光笑语频。"徐夤《辇下赠屯田何员外》："封章频得帝咨嗟，报国唯将直破邪。"❷叹息。李白《蜀道难》："蜀道之难难于上青天，侧身西望长咨嗟。"韦应物《出还》："咨嗟日复老，错莫身如寄。"韩愈《岣嵝山》："道人独上偶见之，我来咨嗟涕涟洏。"吴融《赠李长史歌》："咨嗟长史出人艺，如何值此艰难际。"

【咨爾】 《论语·尧曰》："尧曰：'咨！尔舜：天之历数在尔躬，允执其中。'"邢昺疏："咨，咨嗟。尔，女也。"后用为赞赏之词。顾况《上古之什补亡训传十三章·筑城二章》之一："咨尔寺兮，发郊外冢墓。"德宗《重阳日赐宴曲江亭赋六韵诗用清字》序："咨尔群僚，顺朕不暇，乐而能节，职思其忧，咸若时则，庶乎理矣。"

【咨謀】 商议，讨论。来鹄《圣政纪颂》序："无君臣咨谋洋溢之言，乏社稷安危强说之说。"

咳 〔ké《玉篇》苦代切。〕咳嗽。见"咳唾"。

【咳唾】 ❶咳嗽吐唾液。赵鸾鸾《檀口》："衔杯微动樱桃口，咳唾轻飘茉莉香。"❷《庄子·渔父》："窃待于下风，幸闻咳唾之音以卒相丘也。"后因用以称美他人言语、举动。沈千运《山中作》："咳唾矜崇华，迂俯相屈伸。"张祜《投魏博李相国三十二韵》："咳唾收齐土，疮痍盲蔡旷。"吴融《祝风三十二韵》："咳唾莫逢人，揶揄空睹鬼。"

【咳唾珠玉】 《庄子·秋水》："子不见夫唾者乎？喷则大者如珠，小者如雾，杂而下者不可胜数也。"《晋书·夏侯湛传》载《抵疑》："咳唾成珠玉，挥袂出风云。"后因用以称美他人言语、诗文。李白《妾薄命》："咳唾落九天，随风生珠玉。"牛僧孺《席上赠刘梦得》："珠玉会应成咳唾，山川犹觉露精神。"

【咳歎】 咳嗽叹气。杜羔《享惠昭太子庙乐章登歌》："发祗乃祀，咳叹如闻。"

咤 〔chà《字彙》丑亞切。〕通"詫"。❶夸耀。李白《初出金门寻王侍御不遇咏壁上鹦鹉》："落羽辞金殿，孤鸣咤绣衣。"❷惊讶。韩愈《南山诗》："杉篁咤蒲苏，杲耀攒介胄。"

咫 〔zhǐ《广韵》諸氏切，上紙，章。〕周制八寸曰咫，合今市尺六寸二分二厘。极谓长度之短，距离之近。见"咫尺"。

【咫寸】 极谓长度之短。指极小范围。张祜《又陪楚州韦舍人阊门游宴次韵北阊门》："诗能拘咫寸，酒妙乏丝毫。"

【咫尺】 ❶周制八寸曰咫，十寸曰尺。指一尺左右见方。张祜《招徐宗偃画松石》："咫尺云山便出尘，我生长日自因循。"江为《观山水障歌》："远近犹如二月春，咫尺分成百般象。"参见"咫尺万里"。❷极谓距离之近。刘允济《经庐岳回望江州想洛川有作》："咫尺穷杳冥，跬步皆恬漠。"钱起《寻司勋李郎中不遇》："知己知音同舍郎，如何咫尺阻清扬？"舒元舆《履薄冰》："咫尺忧偏远，危疑惧已频。"张窈窕《赠所思》："与君咫尺长离别，遣妾容华为谁说？"❸同"咫尺天颜"。杜甫《两当县吴十侍御江上宅》："余时忝净臣，丹陛实咫尺。"韩偓《六月十七日召对自辰及申方归本院》："清暑帘开散异香，恩深咫尺对龙章。"赵铎《玄元皇帝应见贺圣祚无疆》："咫尺近真容，巍峨大象悬。"

【咫尺千里】 谓近在咫尺，如同千里之遥。鱼玄机《隔汉江寄子安》："含情咫尺千里，况听家家远砧。"

【咫尺千尋】 谓近在咫尺，如隔千寻。八尺曰寻。白居易《池上作》："澄澜方丈若万顷，倒影咫尺如千寻。"

【咫尺天顔】 言离天子容颜极近。程太虚《醮坛峰》："独步苍苔寻故址，恍然咫尺觐天颜。"白居易《醉后走笔酬刘五主簿长句之赠兼简张大贾二十四先辈昆季》："步登龙尾上虚空，立去天颜无咫尺。"李德裕《郊坛回舆中书二相公蒙圣慈召至御马前仰感恩遇辄书是诗兼呈二相公》："咫尺天颜接，光华喜气来。"王贞白《戏赠乡人》："前年内殿考文华，咫尺天颜隔绛纱。"

【咫尺素】 即尺素，指书信。皎然《奉和薛员外谊赠汤评事衡反招隐之迹兼见寄十二韵》："府公中司贵，频贻咫尺素。"

【咫尺萬里】 谓在尺幅之内，画出广阔远景。《南史·萧贲传》："幼好学，能书善画，于扇上图山水，咫尺之内，便觉万里为遥。"后因用为山水画之典实。杜甫《戏题山水图歌》："尤工远势古莫比，咫尺应须论万里。"郎士元《题刘相公三湘图》："微明三巴峡，咫尺万里流。"

【咫步】 咫尺跬步。极言距离之近。钱起《长安旅宿》："直躬遭世道，咫步隔天阙。"

哆 〔liè《集韵》力蘗切，入薛，來。〕同"𠠲"。流貌。唐彦谦《索虾》："衔杯动遐思，哆口涎空流。"又《蟹》："一斗擘开红玉满，双螯哆出琼酥香。"

七 画

哢 〔lòng《广韵》盧贡切，去送，来。〕鸟鸣。褚亮《奉和禁苑饯别应令》："野花开更落，山鸟哢还惊。"韦应物《西郊游瞩》："新禽哢暄节，晴光泛嘉木。"韩愈《送郑十校理得洛字》："鸟哢正交加，杨花共纷泊。"杜牧《夏州崔常侍自少常亚列出领麾幢十韵》："野水差新燕，芳郊哢夏莺。"

哶 〔miē《玉篇》莫者切，上馬，明。〕苴哶，地名，在今云南大理。薛能《闻官军破吉浪戎小而固虑史氏遗忽因记为二章》之二："越嶲通游国，苴哶闭聚蚊。"又《西县途中二十韵》："梯航经杜宇，烽候彻苴哶。"

哲 〔zhé《广韵》陟列切，入薛，知。〕❶贤明，有才智。殷寅《铨试后微山别业寄源侍御》："圣君性则哲，济济多英彦。"贾岛《送李校书赴吉期》："诗书与箴训，夫哲又妻贤。"❷贤明、有才智之人。李嘉祐《广陵送林宰》："清政过前哲，香名达至尊。"杨巨源《春日奉献圣寿无疆词十首》之三："年华富仙苑，时哲满公车。"元稹《谕宝二首》之二："栋梁庇生民，艅艎济来哲。"李中《和浔阳宰感旧绝句五首》之一："欲亲往哲无因见，空树临风襟袖寒。"

【哲人】 聪慧明智之人。慧净《和琳法师初春法集之作》："哲人崇踵武，弘道会群龙。"孟郊《湘弦怨》："嘉木忌深蠹，哲人悲巧诬。"张祜《听岳州徐员外弹琴》："玉律潜符一古琴，哲人心见圣人心。"裴潾《前相国赞皇公起赴诏命作镇浙右辄抒怀赋四言诗十四首见寄》之一："夫唯哲人，会且有归。"

【哲士】 即哲人。明智之士。权德舆《晓发武阳馆即事书情》："哲士务缨弁，鄙夫恋蓬藜。"

【哲兄】 犹贤兄。对兄长之尊称。李白《感时别从兄徐王延年从弟延陵》："哲兄锡茅土，圣代罗荣滋。"

【哲匠】 聪慧而有才能之大师。王维《和仆射晋公扈从温汤》："谋犹归哲匠，词赋属文宗。"李白《登金陵冶城西北谢安墩》："哲匠感颓运，云鹏忽飞翻。"李益《华阴东泉同张处士诣藏律师兼简县内同官因寄齐中书》："哲匠熙百工，日月被光泽。"白居易《和杨尚书罢相后夏日游永安水亭兼招本曹杨侍郎同行》："良冶动时为哲匠，巨川济了作虚舟。"

【哲后】 贤明之君主。《郊庙歌辞·周郊庙乐章·福顺乐》："上天垂景贶，哲后举鸾觞。"李白《答高山人兼呈权顾二侯》："虹霓掩天光，哲后起康济。"

【哲婦】 贤慧之妇人。徐彦伯《比干墓》："已矣竟剖心，哲妇亦同殉。"

哮 〔xiāo《广韵》許交切，平肴，曉。〕❶兽怒吼。杜甫《石龛》："熊罴哮我东，虎豹号我西。"李贺《秦宫诗》："秃衿小袖调鹦鹉，紫绣麻緺踏哮虎。"❷风呼啸。韩愈《赴江陵途中寄翰林三学士》："飓起最可畏，訇哮簸陵丘。"

【哮吼】 呼啸吼叫。(1)指风雷声。姚合《恶神行雨》："哮吼忽雷声揭石，满天啾唧闹轰轰。"(2)指剑鸣。罗邺《早发宜陵即事》："青萍委匣休哮吼，未有恩仇拟报谁。"

【哮豁】 高峻貌。柳宗元《行路难》三首之三："群材未成质已灭，突兀哮豁空岩峦。"

【哮嘐】 (—jiāo)指动物大叫。孟郊《寒溪》之四："哮嘐呷喢冤，仰诉何时宁?"

哺 〔bǔ《广韵》薄故切，去暮，並。〕❶喂养幼儿。多用指鸟兽喂养幼子。杜甫《奉送十三舅录事之摄郴州》："舟鹢排风影，林鸟反哺声。"韩愈《嗟哉董生行》："家有狗乳出求食，鸡来哺其儿。啄啄庭中拾虫蚁，哺之不食鸣声悲。"元稹《大觜乌》："求食哺慈母，因以此名之。"❷嚼食；吃。杜甫《解闷十二首》之一："山禽引子哺红果，溪友得钱留白鱼。"孟郊《立德新居》之一："寺秩虽贵家，浊醪良可哺。"柳宗元《游南亭夜还叙志七十韵》："缅慕鼓枻翁，啸咏哺其糟。"刘禹锡《武夫祠》："昔为编户人，秉耒甘哺糠。"❸哺乳期间的；幼小的。韦庄《虢州涧东村居作》："清涧涨时翘鹭喜，绿桑疏处哺牛鸣。"❹入口之食；喂养之食。许浑《南阳道中》："饥乌索哺随雏叫，乳牸慵归望犊鸣。"温庭筠《寒食节日寄楚望二首》之一："流莺隐员树，乳燕喧余哺。"

【哺食】 (—sì)喂养。贾岛《义雀行》："双雀抱仁义，哺食劳劬劬。"

【哺啜】 指醉饮。语出《楚辞·渔父》："众人皆醉，何不哺其糟而啜其醨?"权德舆《同陆太祝鸿渐见萧侍御留后说得卫抚州报前刺史戴员外无事喜而有作三首》之三："众人哺啜喜君醒，渭水由来不杂泾。"

【哺雛】 指禽鸟喂养幼禽。杜甫《杜鹃行》："寄巢生子不自啄，群鸟至今与哺雏。"孟郊《覆巢行》："荒城古木枝多枯，飞禽嗷嗷朝哺雏。"

哽 〔gěng《广韵》古杏切，上梗，見。〕梗塞；气塞而不能出声。元稹《梦井》："还来绕井哭，哭声通复哽。"

【哽咽】 悲伤抽泣。李渤《喜弟淑再至为长歌》："离鸿一别影初分，泪袖双捧心哽咽。"

【哽噎】 哭时气塞而不能出声。元稹《梦井》："哽噎梦忽惊，觉来房舍静。"

哥 〔gē《广韵》古俄切，平歌，見。〕见"哥哥"。

【哥哥】 本指兄。亦为女子对情郎之爱称。孙光宪《浣溪沙》词之十五："醉后爱称娇姐姐，夜来留得好哥哥，不知情事久长么?"

【哥舒】 复姓。亦为唐大将哥舒翰之省称。李白《经乱离后天恩流夜郎忆旧游书怀赠江夏韦太守良宰》："函关壮帝居，国命悬哥舒。"杜甫《潼关吏》："请嘱防关将，慎勿学哥舒。"又《喜闻盗贼蕃寇总退口号五首》之二："朝廷忽用哥舒将，杀伐虚悲公主亲。"元稹《和李校书新乐府十二首·西凉伎》："哥舒开府设高宴，八珍九醒当前头。"

【哥舒大】 即哥舒恒。一作哥舒烦。贞元十九年(803)进士。与白居易、元稹、王起等同榜。白居易有《酬哥舒大见赠》。元稹有《酬哥舒大少府寄同年科第》。参阅徐松《登科记考》卷十五。

【哥舒翰】 (?—757)唐大将。突厥族之哥舒部落人。以部落为姓，世居安西。年四十，客居长安三年。后为陇右节度使王忠嗣之衙将，以军功充节度副使。天宝六载(747)冬，代王忠嗣为陇右节度使。八载，攻拔吐蕃石堡城。十一载，加开府仪同三司。次年封凉国公，寻封西平郡王。以遘风疾返长安，废疾于家。安史乱起，复拜兵马元帅，统兵二十万守潼关。因杨国忠掣肘，迫其悉众出关迎战，致兵败被俘，为安禄山所杀。事见《旧唐书》卷一〇四。薛逢《感塞》："无因得见哥舒翰，可惜西川十八州。"又西鄙人有《为哥舒翰歌》。

唇 〔chún《集韵》船倫切，平諄，船。〕亦作"脣"。❶嘴唇。口部边缘的肌肉组织。罗隐《除夜寄张达》："梅花已著眼，竹叶况粘唇。"另见"唇舌""唇齒"。❷边缘，旁边。杜甫《丽人行》："头上何所有? 翠微㔩叶垂鬓唇。"仇兆鳌注："鬓唇，鬓边也。"

【唇舌】 亦作"脣舌"。指言辞、言论。元稹《酬乐天见寄》："前日诗中高盖字，至今脣舌遍长安。"皮日休《新秋即事三首》之三："君卿唇舌非吾师，且向江南问鳆鱼。"

【唇齒】 亦作"脣齒"。喻相互依存、关系密切之事物。杨炯《和酬虢州李司法》："唇齿标形胜，关河壮邑居。"高适《酬河南节度使贺兰大夫见赠之作》："股肱瞻列岳，脣齿赖长城。"勾龙逢《献贺捷诗》："唇齿论交岁月长，岂其率意忽颠狂?"

哤 〔máng《广韵》莫江切，平江，明。〕谓言语杂乱。韩愈《病中赠张十八》："将归乃徐谓：子言得无哤?"

呗 〔bài《广韵》薄邁切，去夬，並。〕梵语 pāthaka 之音译。全译"呗匿"，略称"呗"。原指唱念短偈以赞美宗教，后泛指唱偈或诵经之声。张说《清远江峡山寺》："天香涵竹气，虚呗引松风。"刘长卿《秋夜北山精舍观体如师梵》："梵香奏仙呗，向夕遍空山。"陆龟蒙《次追和清远道士诗韵》："啸初风雨来，吟余钟呗乱。"陈陶《题居上人法华新院》："钟呗成僧国，湖山称法家。"

員1 〔yuán《广韵》王權切，平仙，云。〕❶官员数额。杜审言《和李大夫嗣真奉使存抚河东》："秩比司空位，官临御史员。"杜甫《壮游》："备员窃补衮，忧愤心飞扬。"❷同"圆"。温庭筠《寒食节日寄楚望二首》之一："流莺隐员树，乳燕喧余哺。"陈琡《别僧》："止若员底器，常恐他物触。"

員² 〔yún《广韵》王分切，平文，云。〕通"篔"。见"員₂管"。

員³ 〔yùn《广韵》王問切，去問，云。〕姓。见"員₃半千""員₃南溟"。

【員月】 团圆之月。韦元旦《五言夏日游神泉诗》："形随员月正，制逐规虹起。"

【員外】 即员外郎。唐尚书省六部诸司之次官。贺遂涉《嘲赵谦光》："员外由来美，郎中望亦优。"高适《陪窦侍御灵云南亭宴诗得雷字》序："员外李公曰：'七日者何？牛女之夕也。'"韩愈《送灵师》："落落王员外，争迎获其先。"白居易《代人赠王员外》："好在王员外，平生记得不？"

【員外丞】 正员以外之县丞。韩愈《寄崔二十六立之》："西城员外丞，心迹两屈奇。"

【員外郎】 唐尚书省诸司之次官。从六品上。在职事官中为清官。卢纶《送李纵别驾加员外郎却赴常州幕》。

【員₃半千】 (628—721)字荣期。本名余庆，王义芳嘉重之，曰："五百年一贤，足下当之矣。"遂改名。齐州全节(今山东济南东北)人，客居晋州临汾(今属山西)。上元三年(676)应八科举及第，授武陟尉。永隆元年(680)应岳牧举及第。历华原、武功尉。垂拱中，补左卫胄曹参军。武后闻其名，诏入。证圣元年，为弘文馆学士。圣历二年(699)以正谏大夫兼右控鹤监供奉。以为古无此官，请罢之，忤旨，左迁水部郎中，预修《三教珠英》。长安中，出为棣州刺史。复为弘文馆学士。中宗时，武三思嫉贤，其出为濠州刺史，徙蕲州。睿宗即位，召为太子右谕德，兼崇文馆学士，加银青光禄大夫，累封平原郡公。有著述多种，今皆佚。事迹见《旧唐书·文苑传中》《新唐书》本传，并附见《旧唐书·忠义上·王义方传》。《全唐诗》卷九四录其诗三首。

【員₃南溟】 里贯未详。大历八年(773)进士及第。《全唐诗》卷七八二录其诗二首。

【員郎】 即员外郎。卢仝《常州孟谏议座上闻韩员外职方贬国子博士有感五首》之二："员郎犹小小，国学大频频。"

【員₂管】 即篔管。管乐器之名。李白《捣衣篇》："晓吹员管随落花，夜捣戎衣向明月。"

【員嶠】 传说中仙山，见《列子·汤问》。顾况《送从兄使新罗》："几路通员峤，何山是沃焦？"

【員嶠先生】 指隐者。徐凝《员峤先生》："员峤先生无白发，海烟深处采青芝。"参见"员嶠"。

【員₃稷】 里贯未详。垂老居岳州巴陵县(今湖南岳阳)洞庭湖上。与刘长卿有交往。刘长卿有《雨中过员稷巴陵山居赠别》。

【員闕】 即魏阙。以其上圆下方，故称。无名氏《云》(外编下)："会人《大风歌》，从龙赴员阙。"

哭 〔kū《广韵》空谷切，入屋，溪。〕❶因悲痛而流泪发声。杜甫《天边行》："天边老人归未得，日暮东临大江哭。"韩愈《元和圣德诗》："妇女纍纍，啼哭拜叩。"李绅《过荆门》："林中有鸟飞出谷，月上千岩一声哭。"赵嘏《别麻氏》："晓哭呱呱动四邻，于君我作负心人。"❷对亡者之伤悼、吊唁。白居易《哭刘敦质》："苍苍白露草，此地哭刘君。"李虞《题李宾客旧居》："眼暗发枯缘世事，今来无泪哭先生。"李商隐有《哭遂州萧侍郎二十四韵》。

【哭征西】 《后汉书·耿秉传》载：耿秉建初元年(76)拜度辽将军。视事七年，匈奴怀其恩信。章和二年(88)，复拜征西将军。永元二年(90)卒。匈奴闻秉卒，举国号哭。后遂以"哭征西"为痛悼有恩威边将的典故。王维《故西河郡杜太守挽歌三首》之二："犹闻陇上客，相对哭征西。"

【哭泣】 有声之哭与无声之泣。亦泛指哭。储光羲《效古二首》之一："老幼相别离，哭泣无昏早。"

【哭穿市】 《左传·文公十八年》："夫人姜氏归于齐，大归也。将行，哭而过市曰：'天乎！仲为不道，杀適(嫡)立庶！'市人皆哭，鲁人谓之哀姜。"后遂以"哭穿市"形容妇人之悲痛。韩愈《谁氏子》："翠眉新妇年二十，载送还家哭穿市。"

【哭秦兵】 见"哭秦庭"。

【哭秦庭】 《左传·定公四年》载：伍子胥引吴兵攻楚，申包胥乞救兵于秦，秦王不许。申立依于庭墙而哭，日夜不绝声，勺饮不入口七日。秦哀公为之感动，遂发兵救楚。后遂用为请兵救国之典。李白《流夜郎半道承恩放还书怀示息秀才》："悲作楚地囚，何由哭秦庭？"又《酬裴侍御对雨感时见赠》："申包哭秦庭，泣血将安仰？"杜甫《秦州见敕目薛三璩授司仪郎毕四曜除监察凡三十韵》："独惭投汉阁，俱议哭秦庭。"亦作"哭秦兵"。元稹《楚歌十首》之六："包胥心独许，连夜哭秦兵。"

【哭真長】 真长，晋丹阳尹刘惔字。据《晋书》卷七五载：惔死后，孙绰在褚裒前流泪痛悼，褚大怒曰："真长生平何尝相比数，而卿今日作此面向人邪！"后遂以"哭真长"喻指痛悼亡友。唐彦谦《闻李渎司勋下世》："任被褚裒泉下笑，重将北面哭真长。"

【哭庭】 指春秋楚申包胥哭于秦庭以乞兵救楚

事。韦应物《睢阳感怀》:“使者哭其庭,救兵终不至。”按此以申包胥事喻南霁云向贺兰进明乞兵救睢阳。详见“哭秦庭”条。参阅韩愈《张中丞传后叙》。

【哭救楚】 指春秋楚申包胥哭于秦庭而乞兵救楚事。李白《鸣皋歌送岑徵君》:“哭何苦而救楚,笑何夸而却秦!”详见“哭秦庭”。

【哭鳥】 啼声似哭之鸟。多被视为不祥之鸟。元稹《酬乐天得微之诗知通州事因成四首》之三:“哭鸟昼飞人少见,伥魂夜啸虎行多。”

【哭途】 指晋阮籍遇途穷而恸哭事。典出《晋书·阮籍传》:“时率意独驾,不由径路,车迹所穷,辄恸哭而反。”后遂用为感叹生不遇时、困于穷途之典实。张祜《江西道中作三首》之一:“凄凉哭途意,行处又饥凶。”赵嘏《广陵道》:“青云回翅北归雁,白首哭途何处人?”罗邺《春过白遥岭》:“返驾王尊何足叹!哭途阮籍谩无聊。”亦作“哭途穷”或“哭穷途”。杜甫《陪章留后侍御宴南楼》:“此身醒复醉,不拟哭途穷。”又《大历三年春白帝城放船适江陵漂泊有诗凡四十韵》:“此生遭圣代,谁分哭穷途?”

【哭途窮】 见“哭途”。

【哭麻人】 恸哭谏阻皇帝诏书之人。麻,指诏书。唐时诏书以黄、白麻纸书写,故称。按此指唐昭宗时右拾遗刘崇鲁。《旧唐书》卷一七九载:景福二年(893),昭宗命李溪为相,宣制之日,崇鲁出班而哭,曰:“朝廷虽乏贤,不可用纤人为宰辅。”其兄闻崇鲁哭麻,数日不食。贯休《赠抱麻刘舍人》:“万年唐社稷,一个哭麻人。”

【哭陰山】 指边塞战事获胜,见《汉书·匈奴传下》。武元衡《单于罢战却归题善阳馆》:“曾是五年莲府客,每闻胡虏哭阴山。”

【哭寢門】 《礼记·檀弓上》:“孔子曰:‘吾恶乎哭诸?兄弟,吾哭诸庙;父之友,吾哭诸庙门之外;师,吾哭诸寝;朋友,吾哭诸寝门之外。”后遂以“哭寝门”指对同辈朋友之哭奠。孟郊《哭李丹员外并寄杜中丞》:“十年同在平原客,更遣何人哭寝门?”李商隐《哭刘蕡》:“平生风义兼师友,不敢同君哭寝门。”

【哭廟】 谓向太庙哭其先祖。亦特指太庙被焚后向庙哭三日。语本《礼记·檀弓下》:“有焚其先人之室(庙),则三日哭。”杜甫《八哀诗·赠司空王公思礼》:“及夫哭庙后,复领太原役。”又《寄岳州贾司马六丈巴州严八使君两阁老五十韵》:“哭庙悲风急,朝正霁色鲜。”按此指唐太庙于安史之乱中被焚,肃宗还京后,素服向庙哭三日事。

【哭窮途】 见“哭途”。

【哭臨】 在亡灵前集众举哀哭吊。朱庆余《哭胡遇》:“每向宣阳里中过,遥闻哭临泪先垂。”

哦 〔é《广韵》五何切,平歌,疑。〕吟咏,吟诵。韩愈《记梦》:“壮非少者哦七言,六字常语一字难。”李郃《贺州思九疑作》:“朝哦甑巅松,夕把流霞觞。”李郢《偶作》:“一杯正发吟哦兴,两盏还生去位愁。”吴融《绵竹山四十韵》:“往往草檄余,吟哦思幽独。”

【哦吟】 吟诵诗句。转指创作、推敲诗句。许坚《题扇》:“哦吟但写胸中妙,饮酒能忘身后名?”

唏 〔xī《广韵》虚豈切,上尾,曉。〕叹息;悲叹。韩愈《宿曾江口示侄孙湘二首》之一:“篙舟入其家,暝闻屋中唏。”

【唏息】 叹息。无名氏《题故人所居》(外编下):“相见未言语,唏吁先泪流。”

唅¹ 〔hán〕❶通“含”。皮日休《寺钟暝》:“重击蒲牢唅山日,冥冥烟树睹栖禽。”❷象声词。见“唅₁唅”。

唅² 〔hān《广韵》火含切,平覃,曉。〕见“唅₂呀”。

【唅₂呀】 ❶(—xiā)。张口貌。李群玉《浔阳观水》:“朝宗汉水接阳台,唅呀填坑吼作雷。”❷同“谽谺”。洞或山谷空大貌。杜甫《柴门》:“长影没窈窕,余光散唅呀。”顾况《华山西岗游赠隐玄叟》:“失风鼓唅呀,摇撼千灌木。”

【唅₁唅】 (—hán)象声词。羊鸣声。贯休《寿春节进》:“触邪羊唅唅,鼓腹叟嘻嘻。”

唁 〔yàn《广韵》魚變切,去線,疑。〕❶对遭遇不幸者进行慰问。白居易《浔阳三题》序:“至有蒸爨其桂,翦弃其竹,白眼于莲花者,予惜其不生于北土也,因赋三题以唁之。”张祜《偶登苏州重玄阁》:“何事越王侵敌国?不妨辽鹤唁人寰。”又《重答柳宗言秀才见赠》:“金门后俊徒相唁,且为人间寄茯苓。”❷对死者表示哀悼。柳宗元《掩役夫张进骸》:“伫立唁尔魂,岂复识此为?”唐尧安《大梁行》:“因之唁公子,慷慨此歌行。”

唐 〔táng《广韵》徒郎切,平唐,定。〕❶空,大。见“唐唐”。❷朝代名。(1)尧所建。见“唐尧”。(2)李渊所建。杜甫《九成宫》:“荒哉隋家帝,制此今颓朽。向使国不亡,焉为巨唐有?”卢仝《月蚀诗》:“予命唐天,口食唐土。唐礼过三,唐乐过五。”齐己《寄郑谷郎中》:“高名喧省闼,雅颂出吾唐。”参见“唐朝”。❸诸侯国名。(1)西周成王封弟叔虞之国。在今山西翼城西古唐城。见“唐叔”。(2)春秋诸侯国名。在今湖北枣阳东南唐县镇。见“唐公”。❹封号名。隋大业末,李渊封唐公,授太原留守。为李渊发迹地,后多指太原,即唐之北都。玄宗《过晋阳宫》："缅想封唐处，实惟建国初。"苏颋《奉和圣制过晋阳宫应制》："缅慕封唐道，追惟归沛魂。"王昌龄《驾幸河东》："开唐天业盛，入沛圣恩浓。"李商隐《寄太原卢司空三十韵》："隋舰临淮甸，唐旗出井陉。"参见"唐本"。❺州名。唐属山南东道，治所在今河南泌阳。见"唐鄧"。❻指尧。尧封于唐，故称。见"唐虞"。❼姓。见"唐勒""唐皋"。

【唐十一】　即唐知言。李涉《却归巴陵途中走笔寄唐知言》："唐氏一门今五龙，声华殷殷皆如钟。就中十一最年少，别有俊气横心胸。"

【唐十八】　即唐旻。中宗时相休璟之孙。为御史，乾元元年(758)诬劾颜真卿，人称"酷吏"。永泰末得罪，出为汾州刺史，复贬施州。与杜甫为故交。杜甫有《寄族弟唐十八使君》。又有《巫山县汾州刺史唐使君十八弟宴别兼诸公携酒乐相送率题小诗留于屋壁》。唐、杜皆出陶唐氏后，故称族弟。

【唐十五】　见"唐誡"。

【唐人】　唐朝之民。薛能《嘉陵驿见贾岛旧题》："贾子命堪悲，唐人独解诗。"贯休《遇五天僧入五台五首》之三："唐人亦何幸，处处觉花开。"

【唐土】　唐朝国土。秦韬玉《塞下》："凤林关外皆唐土，何日陈兵戍不毛？"

【唐大夫】　即唐朝臣。朝臣于贞元二至六年以检校兵部尚书兼单于大都护、御史大夫，充振武绥银麟胜等州节度营田观察处置押蕃落等使。王建有《送唐大夫罢节归山》。

【唐上】　即杭州唐山县(今浙江临安西)。李端有《丁少府往唐上》。

【唐山】　县名。唐属杭州，在今浙江。唐李吉甫《元和郡县图志·江南道一·杭州》："汉于潜县地，万岁通天元年置武隆县，神龙元年改为唐山县。"钱起有《送任先生任唐山丞》。

【唐山人】　即唐求。李洞有《赠唐山人》。

【唐弓】　周六弓之一。其力强弱居中。见《周礼·夏官·司弓矢》。后因用为习射、出使之典。张说《玄武门侍射》序："唐弓在手，夏箭斯发，应弦命中，属羽连飞。"贺知章《奉和圣制送张说巡边》："诏旂分夏物，专土锡唐弓。"

【唐元】　指唐朝首相。皇甫澈《赋四相诗·中书令钟绍京》："唐元佐命功，辉焕何烈烈！"

【唐太宗】　(598—649)即李世民。高祖次子。隋末，劝其父起兵太原，封敦煌郡公。隋义宁元年(617)，徙封秦国公。武德元年(618)徙赵公。同年，进封秦王。有首建大谋、削平海内、创立唐朝之功。与太子建成、齐王元吉有隙，九年，发动"玄武门之变"，杀太子、齐王。遂立为皇太子。同年即帝位。任贤纳谏，天下大治，史称"贞观之治"。锐意经籍。武德四年，天下既平，乃开文学馆，以杜如晦、房玄龄等十八人为学士，号"十八学士"。初即位，置弘文馆于殿侧，精选天下文学之士虞世南、褚亮等兼学士，更日宿直，讨论坟典，商略政事。贞观四年(630)诏颜师古考定五经。后又诏与孔颖达等撰定《五经正义》。于篇咏尤其所好。诗风壮伟，而又不乏精巧之语。以帝王之作，开有唐三百年重诗之风气。有集四十卷，佚。事迹见《旧唐书》《新唐书》本纪。《全唐诗》卷一录其诗一卷。

【唐太師】　见"唐道襲"。

【唐中丞】　指唐持。持于大中初自工部郎中出为容州刺史、御史中丞，容管经略招讨使。朱庆余有《送唐中丞开淘西湖夏日游泛因书示郡人》。杜牧有《送容州唐中丞赴任》。

【唐中宗】　(656—710)即李显。高宗第七子，武后所生。封周王。徙英王，改名哲。章怀太子废，立为皇太子。弘道元年(683)即位。武后临朝称制，废为庐陵王。圣历元年(698)召还东都，复立为皇太子，并复旧名。神龙元年(705)，复辟。信妖妄，重术士，多营佛寺。主和，人称"和事天子"。政出多门，外戚权宠，武三思及诸韦用事，大臣谏，皆不听。为韦后及安乐公主毒害。重文学。景龙二年(708)，置修文馆大学士四员，学士八员，直学士十二员，选公卿以下善为文者李峤、沈佺期等为之。每游幸禁苑，登临山水，宗戚宴集，学士毕从，赋诗属和，使上官昭容第其甲乙。应制之作，盛于一时。有集四十卷，佚。事迹见《旧唐书》《新唐书》本纪。《全唐诗》卷二录其诗七首。

【唐仁傑】　(？—975)南唐泉州(今属福建)人。初为僧，陈德诚劝之还俗。终汾阳令。《全唐诗续补遗》卷十五录其诗一联。

【唐公】　即唐成公。春秋唐国君，唐惠侯之后。楚昭王灭之。《左传·定公三年》："唐成公如楚，有两肃爽马。子常欲之，弗与，亦三年止之。唐人或相与谋，请代先从者，许之。饮先从者酒，醉之，窃马而献之子常。子常归唐侯。"晋张协《七命》："驾红阳之飞燕，骖唐公之骕骦。"胡曾《咏史诗·骕骦陂》："行行西至一荒陂，因笑唐公不见机。"

【唐文】　指有唐一代之文。来鹄《圣政纪颂》："国章可披，唐文可爱。"

【唐文宗】　(808—840)即李昂。初名涵。穆宗第三子，封江王。即位后更名。深知穆、敬两朝之弊，励精求治，去奢从俭。患牛、李党争而不能去，有"去河北贼易，去朝廷朋党难"之叹。欲尽除宦官专权，以李训、舒元舆等为相，以郑注为凤翔节度使，于大和九年(835)发动"甘露之变"，事败。自此，但饮醇酒求醉，作诗有“凭高何限意，无复侍臣知”之句。生杀除拜，皆决于宦官。博览群籍，好文，于国子监石壁刊九经，即“开成石经”。又好诗，曾欲置诗学士。事迹见《旧唐书》《新唐书》本纪。《全唐诗》卷四录其诗七首。

【唐文编】　即唐次。次字文编。权德舆有《唐开州文编远寄新赋累惠良药咏叹仰佩不觉斐然走笔代书聊书还答》。

【唐玄宗】　(685—762)即李隆基。亦称唐明皇。睿宗第三子。封楚王，改封临淄郡王。韦后弑中宗，诸韦专权。密谋起兵诛诸韦，进封平王。拥其父相王旦复帝位，是为睿宗。立为皇太子。延和元年(712)，受禅即位。任姚崇、宋璟等为相，刻厉节俭，励精图治，史称“开元之治”。开元后期，以李林甫为相，后又以杨国忠为相。纳寿王妃杨玉环，册为贵妃。倦于政事，以声色自娱。天宝十四载(755)，发生“安史之乱”。次年，逃奔巴蜀。皇太子亨即位于灵武，尊为太上皇。置丽正书院，聚文学之士，以张说知院事，徐坚为副，贺知章等为学士。性英断多艺，通历象之学，善八分书，精晓音律。制《阿滥堆》曲，张祜有“至今风俗骊山下，村笛犹吹《阿滥堆》”之句。所作之诗，宰相侍臣多有奉和。事迹见《旧唐书》《新唐书》本纪。《全唐诗》卷三录其诗一卷，又卷八八九录其词一首。

【唐本】　唐国之都。指晋阳(今山西太原)。《汉书·地理志上》：“〔太原郡晋阳〕故《诗》唐国，周成王灭唐，封弟叔虞。”李益《春日晋祠同声会集得疏字》：“风壤瞻唐本，山祠阅晋余。”

【唐史】　记载有唐一代之史。贯休有《读唐史》。

【唐生】　❶指唐举。曾为李兑、蔡泽看相。后因用为看相推命之典。陈子昂《赠严仓曹乞推命录》：“愿奉唐生诀，将知跃马年。”李白《送蔡山人》：“燕客期跃马，唐生安敢讥。”武元衡《长安叙怀寄崔十五》：“闻说唐生子孙在，何当一为问穷通？”段成式《送僧二首》之一：“四十三年虚过了，方知僧里有唐生。”参见“唐擧”。❷指唐衢。白居易《寄唐生》：“唐生今亦哭，异代同其悲。”参见“唐衢”。

【唐主】　唐君主。萧遘《和王侍中谒张恶子庙》：“未闻一剑传唐主，长拥千山护蜀城。”牛希济《奉诏赋蜀主降唐》：“唐主再悬新日月，蜀王难保旧山川。”按，此指后唐。

【唐民】　唐尧之民。指百姓。韦庄《题淮阴侯庙》：“能扶汉代成王业，忍见唐民陷战机！”

【唐弘夫】　(？—881)里贯未详，咸通十二年至广明元年(871—880)为灵州大都督府长史、朔方节度使。罢镇，为收复京城行营都统行军司马。与黄巢战于咸阳，乘胜入京师，被执遭杀。唐彦谦有《奉使岐下闻唐弘夫行军为贼所擒伤而有作》。

【唐臣】　唐尧之臣。陆龟蒙《奉酬袭美先辈吴中苦雨一百韵》：“家为唐臣来，奕世唯稷卨。”韦庄《耒阳县浮山神庙》：“山曾尧代浮洪水，地有唐臣奠绿醽。”

【唐有態】　唐歌女。元和中，张正甫为湖南观察使，在湖南幕。元稹《何满子歌》自注：“张湖南座为唐有态作。”诗云：“此时有态蹋华筵，未吐芳词貌夷坦。翠蛾转盼摇雀钗，碧袖歌垂翻鹤卵。定面凝眸一声发，云停尘下何劳算！”

【唐年】　犹唐代。李白《金陵白杨十字巷》：“不见吴时人，空生唐年草。”《郊庙歌辞·享懿德太子庙乐章·武舞作》：“隋季昔云终，唐年初启圣。”

【唐成公】　春秋唐国君，唐惠侯之后。为楚昭王所灭。曾至楚，带有两匹骕骦马。李峤《马》：“得随穆天子，何假唐成公。”参见“唐公”。

【唐次】　(？—805)字文编。并州晋阳(今山西太原)人。唐扶、唐持之父，唐彦谦之祖。建中元年登进士第。累辟使府。贞元初，历侍御史。以窦参荐，转礼部员外郎。八年，参贬，出为开州刺史，在郡达十二年。十九年，方改夔州刺史。宪宗即位，召授礼部郎中、知制诰，拜中书舍人，病卒道中。事迹见《旧唐书》卷一九〇下《文苑传下》《新唐书》卷八九本传。武元衡有《送唐次》。

【唐州】　州名。治所在今河南泌阳。隋为淮安郡。唐武德四年，置唐州，属显州总管。贞观九年，改显州为唐州。天宝元年，改为淮安郡。乾元元年，复为唐州。原属河南道，至德后，割属山南东道。见《旧唐书·地理志二》。徐彦伯有《饯唐州高使君赴任》。王维有《送丘为往唐州》。王建《赠李愬仆射二首》之二：“每日城南空挑战，不知生缚入唐州。”刘禹锡《重寄绝句》：“闻道唐州最清静，战场耕尽野花稀。”

【唐安寺】　寺院名。在唐越州会稽县(今浙江绍兴)。王霞卿有《题唐安寺阁壁》。

【唐丞】　指唐思亶。丰州副总管、左卫大将军玄表之子。官京兆府蓝田县丞。与储光羲有交往。储光羲有《夏日寻蓝田唐丞登高宴集》。

【唐扶】　(？—839)字云翔。唐并州晋阳(今山西太原)人。唐次之子。元和五年(810)登进士第。累佐幕府。入为监察御史，出为刺史。大和初(827)，入为屯田郎中。五年，充山南道宣抚使，为世所称。转司勋郎中，权知中书舍人事。开成元年(836)，正拜舍人，授福州刺史、兼御史中丞、福建团练观察使。滥杀人，不治政事。卒于官。与刘禹锡、沈传师、姚合、郑澣等有交往。事迹见《旧唐书》卷一九〇下《文苑传下》《新唐书》卷八九本传。《全唐诗》卷四八八录其诗二首。

【唐求】　一作唐球。唐、五代成都(今属四川)

人。隐居蜀之味江山(在今都江堰市),乡人称为唐隐居、唐山人。性放旷纯悫。酷爱吟咏,有诗名。所作工而不僻,气韵清新。日有所得,即将诗稿捻为丸,投大瓢中,或成联片语,不拘长短,数日后足成之。与李贺投诗锦囊相类。后卧病,投瓢于江,曰:"斯文苟不沉没,得者方知吾苦心尔。"后为人所得,有诗数十篇,知为唐山人诗,竞传于世。与李洞有交往,洞赠诗有"垂须长似发,七十色如鬒"句,知其至七十须发犹黑。事迹见宋黄休复《茅亭客话》卷三、宋计有功《唐诗纪事》卷五十、元辛文房《唐才子传》卷十。宋陈振孙《直斋书录解题》卷十九著录《唐求集》一卷。《全唐诗》卷七二四录其诗一卷。

【唐希雅】　南唐嘉兴(今属浙江)人。始学李后主金错刀书,又由书入画。妙于画竹,兼工翎毛。并善题画诗。画品与同时徐熙齐名。事迹见宋郭若虚《图画见闻志》卷四。《全唐诗续补遗》卷十五录其诗一首。

【唐叔】　名虞。亦称太叔、叔虞、唐叔虞。周武王子,成王弟。成王灭唐,封于唐。国有异亩同穗之嘉禾,献于成王。事迹见《左传·昭公元年》《史记·晋世家》。《书·微子之命》:"唐叔得禾,异亩同颖,献诸天子,王命唐叔归周公于东。"《太平御览》卷八七三引孙柔之《瑞应图》曰:"周时嘉禾本同穗异,贯桑而生,其穗盈箱,生于唐叔之国,以献周公。"无名氏《嘉禾合颖》(卷七八七):"影同唐叔献,称庆比周家。"

【唐明皇】　见"唐玄宗"。

【唐昌】　即唐昌观。白居易《白牡丹》:"唐昌玉蕊花,攀玩众所争。"徐铉《和贾员外戬见赠玉蕊花栽》:"喜见唐昌旧颜色,为君判病酌金罍。"

【唐昌公主】　见"唐昌公主院"。

【唐昌公主院】　即唐昌观。唐昌公主,唐玄宗女,下嫁薛锈。事迹略见《新唐书·玄宗二十九女传》。司空曙有《唐昌公主院看花》。

【唐昌觀】　寺观名。在长安安业坊南。观以唐玄宗女唐昌公主名。内有玉蕊花,为唐昌公主手植。花每发,若琼林玉树。杨凝、武元衡、杨巨源均有《唐昌观玉蕊花》。

【唐侍御】　❶指唐扶。扶曾官监察御史。沈传师有《次潭州酬唐侍御姚员外游道林岳麓寺题示》。刘禹锡有《唐侍御寄游道林岳麓二寺诗并沈中丞姚员外所和见征继作》。❷指唐持。福州刺史、御史中丞、福建团练观察使唐扶之弟。曾官侍御史。李群玉有《送唐侍御福建省兄》。

【唐使君】　见"唐十八"。

【唐兒】　❶指唐姬。汉景帝之姬,长沙定王发之母,原为程姬侍者。《史记·五宗世家》有载。杜牧《杜秋娘诗》:"光武绍高祖,本系生唐儿。"郑鈢《婕妤怨》:"那能妒褒姒,只爱笑唐儿。"❷唐杜黄裳之子。李贺有《唐儿歌》。自注:杜豳公之子。杜豳公即杜黄裳,有子二人:载、胜。未知此指何人。

【唐舍人】　指唐扶。扶以中书舍人授福州刺史、兼御史中丞、福建团练观察使。刘禹锡有《送唐舍人出镇闽中》。

【唐怡】　字君长。北周仪同三司、平寿忠武公永之孙。隋末唐初官内史大夫,封汉阳公。事迹略见《新唐书·宰相世系表四下》。《全唐诗》卷七七三录其诗二首。

【唐昭宗】　(867—904)即李晔。懿宗第七子,僖宗母弟,哀帝之父。初名杰。封寿王。文德元年(888),僖宗遗诏立为皇太弟,更名敏,即帝位。喜文学,尤重儒术。尊礼大臣,详询治道,有恢复前烈之志。而内无贤佐,外患已成。李克用、朱全忠、李茂贞、王建、杨行密、钱鏐、王潮、马殷等拥兵自重,割据一方。不时兵临京师,数次出奔南山、华州、凤翔等地。天复四年(904),朱全忠逼使迁都洛阳。同年,被弑。乾宁四年(897),出奔华州,与学士、亲王登楼,西望长安,作《菩萨蛮》词二首,令乐工奏唱,随从并有属和。词有"何处有英雄,迎侬归故宫"之叹。事迹见《旧唐书》《新唐书》本纪。《全唐诗》卷四录其佚句一联,又卷八八九录其词四首。

【唐思言】　字子文。会昌三年(843)登进士第。事迹略见五代王定保《唐摭言》卷三、宋计有功《唐诗纪事》卷五五。《全唐诗》卷五五二录其诗一首。

【唐典】　唐尧之典册。李百药《奉和正日临朝应诏》:"化历昭唐典,承天顺夏正。"

【唐侯】　指唐尧。《艺文类聚》卷八八引《列仙传》曰:"偓佺好食松实,能飞行逮走马。以松子遗尧,尧不能服。"刘希夷《孤松篇》:"耻受秦帝封,愿言唐侯食。"

【唐風】　唐尧之遗风。李峤《皇帝上礼抚事述怀》:"小臣滥簪笔,无以颂唐风。"裴漼《奉和圣制平胡》:"干戈还载戢,文德在唐风。"张九龄《奉和圣制幸晋阳宫》:"旧仪睹汉宫,唐风思何深!"

【唐音】　唐朝语音,汉语。齐己《赠念法华经僧》:"更堪诵入陀罗尼,唐音梵音相杂时。"

【唐彦謙】　(?—893?)字茂业,自号鹿门先生。唐并州晋阳(今山西太原)人。唐次之孙,唐扶之侄。咸通十四年(873)举进士及第。卒于兴元。博学多艺,书画、音乐、博饮之技,无不超出时辈。文词壮丽,尤工七言诗。少时师事温庭筠,故风格相似,多纤丽之词。后学李商隐,商隐诗学杜甫,诗变淳雅,极能用典,如从己出。为"西昆体"作者杨亿所推。事迹见

《旧唐书》卷一九〇下《文苑传下》《新唐书》卷八九本传、宋计有功《唐诗纪事》卷六八、元辛文房《唐才子传》卷九。《新唐书·艺文志四》著录《唐彦谦诗集》三卷。《全唐诗》卷六七一、卷六七二录其诗二卷。

【唐宣宗】　(810—859)即李忱。宪宗第十三子，懿宗之父。初名怡。封光王。会昌六年(846)，武宗遗诏立为皇太叔，即帝位，更名忱。大中元年(847)，牛僧孺死，又贬逐李德裕，至于贬死，“牛李党争”遂息。肃宗乾元中，吐蕃侵夺河湟之地三州七关，历近百年，至大中三年，收复失地；五年，张义潮又以瓜、沙、伊、肃等十一州归唐。杜牧诗有“文思天子复河湟”之颂。精于听断，以察为明。史称为英主明君，有贞观之风，虽汉文、景不足过。晚年好神仙之术，以服长生药致命。雅好儒士，留心贡举，有时微行，采听舆论，以观选士得失。精音律，自制新曲，有《播皇猷》等数十曲流传民间。每山池曲宴，学士诗什属和；公卿出镇，亦赋诗饯行。白居易卒，亲以诗吊之。事迹见《旧唐书》《新唐书》本纪。《全唐诗》卷四录其诗六首。

【唐突】　触犯，冲撞。李白《赤壁歌送别》：“君去沧江望澄碧，鲸鲵唐突留余迹。”高适《同观陈十六史兴碑》：“西晋何披猖，五胡相唐突。”元稹《和李校书新题乐府十二首·缚戎人》：“蕃马膘成正翘健，番兵肉饱争唐突。”李商隐《骄儿诗》：“截得青筼筜，骑走恣唐突。”

【唐郎中】　指唐扶。扶曾官屯田郎中、司勋郎中、职方郎中。刘禹锡有《唐郎中宅与诸公同饮酒看牡丹》。

【唐羿】　指唐尧时后羿。刘禹锡《韩十八侍御见示岳阳楼别窦司直诗足成六十二韵》：“唐羿断修蛇，荆王惮青兕。”

【唐城】　县名。唐属随州，在今湖北随州西北。孟浩然《唐城馆中早发寄杨使君》：“犯霜驱晓驾，数里见唐城。”

【唐晅】　见“唐暄”。

【唐晅妻张氏】　(？—730)张恭之小女。安定(今甘肃泾川)人。开元中嫁唐晅。事迹见《太平广记》卷三三二引《通幽记》载《唐晅手记》。《全唐诗》卷八六六录其诗二首。

【唐高】　并州晋阳(今山西太原)人。唐彦谦族叔。唐彦谦有《寄陈少府兼简叔高》。

【唐高宗】　(628—683)即李治。字为善。太宗第九子。封晋王。贞观十七年(643)，太子承乾废，立为皇太子。二十三年，即帝位。任用奸佞，以许敬宗、李义府为相。永徽六年(655)，废王皇后而立武宸妃为皇后。显庆以后，患风疾，百官表奏，皆委武后详决，武后由此得专权柄。诛弃正直大臣，逐褚遂良等，杀长孙无忌等。有集八十六卷，佚。事迹见《旧唐书》《新唐书》本纪。《全唐诗》卷二录其诗八首。

【唐唐】　堂堂。空大貌。李咸用《春雨》：“湿尘轻舞唐唐春，神娥无迹莓苔新。”

【唐家】　指唐王朝。无名氏《晚秋羁情》(外编上)：“屋宇摧残无个存，犹是唐家旧踪迹。”

【唐祖】　唐高祖。张蠙《言怀》：“唐祖本来成大业，岂非姚宋是平人？”

【唐祚】　唐之国运。李家明《题纸鸢宋齐丘哭子》：“安排唐祚革强吴，尽是先生作计谟。”詹敦仁《复留侯从效问南汉刘岩改名龑字音义》：“唐祚值倾危，刘龑怀僭伪。”

【唐書】　记载有唐一代之史。王建《上武元衡相公》：“褒贬唐书天历上，捧持尧日庆云中。”皮日休《七爱诗·卢征君》：“万世唐书中，逸名不可比。”贯休《送新罗人及第归》：“到乡必遇来王使，与作唐书寄一篇。”

【唐姬】　颍川(治所在今河南禹州市)人。东汉少帝之姬。董卓贬少帝为弘农王，并使人进鸩，强饮之。王乃与妻唐姬及宫人饮别。酒行，王悲歌，因令唐姬起舞，姬抗袖而歌曰：“皇天崩兮后土颓，身为帝兮命夭摧。死生路异兮从此乖，奈我茕独兮心中哀。”乃归乡里。父欲嫁之，誓不许。献帝下诏迎姬，置园中，拜为弘农王妃。见《后汉书·献帝何皇后纪》。李贺有《汉唐姬饮酒歌》。

【唐球】　见“唐求”。

【唐勒】　战国楚大夫。与宋玉、景差等事楚顷襄王。以辞赋见称。《史记·屈原贾生列传》：“屈原既死之后，楚有宋玉、唐勒、景差之徒者，皆好辞而以赋见称。然皆祖屈原之从容辞令，终莫敢直谏。”李商隐《宋玉》：“《楚辞》已不饶唐勒，《风赋》何曾让景差。”

【唐暄】　当作唐晅。晅，行第为七，称七郎。晋昌(今甘肃安西东南)人。开元间在世。事迹见《太平广记》卷三三二引《通幽记》载《唐晅手记》。《全唐诗》卷七七〇录其诗三首。又卷八六六附唐晅诗三首，重出。

【唐禀】　即唐廪。齐己有《送唐禀正字归萍川》。按，当以唐禀为正。

【唐尧】　❶尧初封于陶，后封于唐，故称。理莹《送戴三征君还谷口旧居》：“周王尊渭叟，颍客傲唐尧。”戈牢《风不鸣条》：“丰年知有待，歌咏美唐尧。”陆龟蒙《樵人十咏·樵家》：“所谓顺天民，唐尧亦如此。”周昙有《咏史诗·唐虞门·唐尧》。❷唐人用以指帝王。李白《赠清漳明府侄聿》：“弦歌咏唐尧，脱落隐簪组。”包佶《元日观百僚朝会》：“万国贺唐尧，清晨会百僚。”卢纶《秋幕中夜独坐迟明陪陈翃郎中晨谒上公因书即事兼呈同院诸公》:“熙熙造化功,穆穆唐尧年。”贯休《避地毗陵上王慥使君》:“应怜千万户,祷祝向唐尧。”

【唐堯臣】 唐开元时人。历官殿中侍御史、司勋员外郎。《全唐诗》卷七七六录其诗一首。

【唐堯客】 里贯生平均未详。《全唐诗》卷七七七录其诗一首。

【唐堯壽】 指华地守封疆之人向尧祝寿之事。后因用为向天子献寿之典。王涯《献寿辞》:“微臣欲献唐尧寿,遥指南山对衮龙。”

【唐朝】 (618—907)朝代名。唐高祖李渊所建。张乔《青鸟泉》:“山河几更变,幽咽到唐朝。”李洞《贾岛墓》:“位卑终蜀士,诗绝占唐朝。”欧阳炯《贯休应梦罗汉画歌》:“唐朝历历多名士,萧子云兼吴道子。”

【唐朝美】 五代后唐庄宗时伶人。事迹略见《清异录》卷上。《全唐诗续补遗》卷十四录其诗一首。

【唐開州】 指唐次。次于贞元八年至十九年(792—803)为开州刺史。权德舆有《唐开州文编远寄新赋累惠良药咏叹仰佩不觉斐然走笔代书聊书还答》。

【唐備】 里贯未详。龙纪元年(889)进士及第。晚唐诗风日颓,嘲云戏月,刻翠粘红,务巧于一联,伐善于只字。与同时于溃及邵谒、刘驾、曹邺等皆工古诗,力矫时弊,大为时流所许。诗多讽刺之作,有助教化。事迹见元辛文房《唐才子传》卷九。《全唐诗》卷七七五录其诗三首,《全唐诗续补遗》卷十三录其佚句一联。

【唐温如】 名珙,字温如。明初会稽(今浙江绍兴)人。《全唐诗》卷七七二录其诗一首,误。

【唐温琪】 或谓即张温琪之讹。与贾岛有交往。贾岛有《原东居喜唐温琪频至》。

【唐隋】 唐朝与隋朝之连称。薛能《下第后夷门乘舟至永城驿题》:“连浦一城兼汴宋,夹堤千柳杂唐隋。”

【唐虞】 ❶唐尧与虞舜之连称。綦毋潜《经陆补阙隐居》:“不敢要君征亦起,致君全得似唐虞。”吴筠《览古十四首》之十四:“鲧鳏诞英睿,唐虞育昏孽。”韩愈《嘲鲁连子》:“独称唐虞贤,顾未知之耳。”聂夷中《古兴》:“唐虞贵民食,只是勤播种。”❷唐人用以指君主。胡皓《奉和圣制同二相以下群官乐游园宴》:“衔杯不能罢,歌舞乐唐虞。”许浑《太和初靖恭里感事》:“宁有唐虞世,心知不为言?”

【唐道襲】 (?—913)前蜀阆州(今四川阆中)人。唐峰之子。以舞童事高祖王建。为马军都指挥使,迁枢密使。永平元年(911)任招讨使,高祖赠诗送行。进太子少保。与太子元膺有隙,被杀。赠太师,谥忠壮。事迹见《十国春秋》本传。蜀高祖王建有《赠别唐太师道袭》。

【唐遠悊】 唐中宗时人。中宗置修文馆,选公卿以下善为文者为大学士、学士、直学士,每游幸宴集等,学士毕从,赋诗属和。《全唐诗》录其诗一首。

【唐睿宗】 (662—716)即李旦。高宗第八子,中宗同母弟,玄宗之父。原名旭轮,又名轮。封豫王,徙冀王、相王,复为豫王。嗣圣元年(684),武后废中宗,立为皇帝。武后称制,载初元年(690),改国号为周,降为皇嗣。韦后临朝,临淄王隆基密谋起兵,诛诸韦,复帝位。用宰相张说之言,使皇太子隆基监国。延和元年(712),禅帝位于皇太子,自称太上皇。好学,工草隶,尤爱文字训诂之书。有集十卷,佚。事迹见《旧唐书》《新唐书》本纪。《全唐诗》卷二录其诗一首。

【唐誠】 唐次之父,唐扶之祖。有经济之才。天宝末曾与杜甫相逢,九年后又相别。杜甫有《别唐十五诫因寄礼部贾侍郎》。

【唐樞】 里贯生平均未详。《全唐诗逸》卷中录其佚句三联。

【唐德宗】 (742—805)即李适。代宗长子,顺宗之父。封奉节郡王,改封鲁王,又改雍王。广德二年(764),立为皇太子。大历十四年(779),即帝位。初年励精治道,求贤纳言,去无名之费,罢不急之官。建中三年(782)以后,叛乱迭起,朱滔、李希烈等称王;次年,朱泚称帝;兴元元年(784),李怀光叛,逃奔梁州。性猜忌,官无大小,必经自选。忌诸将,以宦官窦文场、王希迁监神策军左右厢兵马使。贞元十二年(796),又以窦文场、霍仙鸣为护军中尉。藩镇割据、宦官专权皆肇于此时。善为文,长于篇什。每与学士言诗于浴堂殿。至令节,御制诗,令中书门下文词之士三五十人应制,自考其诗,定为等次。晚年尤工诗。事迹见《旧唐书》《新唐书》本纪。《全唐诗》卷四录其诗十五首。

【唐肅宗】 (711—762)即李亨。玄宗第三子,代宗之父。初名嗣升,封陕王、忠王。更名浚,又更名玙。开元二十五年(737),皇太子瑛废,立为皇太子,更名绍,复更名亨。天宝十四载(755),发生“安史之乱”。次年,玄宗逃奔巴蜀。群臣劝进,即位于灵武。至德二载(757),平定永王璘之乱。同年,收复两京。宝应元年(762),病重,使皇太子豫监国。好学,属词典丽。事迹见《旧唐书》《新唐书》本纪。《全唐诗》卷四录其诗四首。

【唐鄧】 指唐唐州与邓州。二州相邻,同属山南东道。治所分别在今河南泌阳、邓州市。白居易有《闻李六景俭自河东令授唐邓行军司马以诗贺之》。

【唐曆】 唐尧之历律。张说《喜度岭》:“东汉兴唐历，南河复禹谋。"

【唐穎】 唐神颖之脱讹。唐指朝代，神颖为僧人。《全唐诗续补遗》卷十九录其诗一首。按，此诗已见《全唐诗》卷八二三神颖之下，此误。

【唐舉】 战国梁人。善相，知人凶吉、寿夭，曾为李兑、蔡泽看相。后因用为看相推命之典。钱起《送李四擢第归觐省》："少俊蔡邕许，长鸣唐举知。"又《同邬戴关中旅寓》："吞悲问唐举，何路出屯蒙？"参见"唐生❶"。

【唐興】 县名。唐属蜀州，在今四川崇州市东南。杜甫有《逢唐兴刘主簿弟》。

【唐興寺】 寺院名。唐时各地多有。孟郊有《溧阳唐兴寺观蔷薇花同诸公饯陈明府》。杜荀鹤有《雾后登唐兴寺水阁》。

【唐廩】 唐袁州萍乡(今属江西)人。乾宁元年登进士第。官秘书省正字。《新唐书·艺文志四》作唐稟，著录其所编总集《贞观新书》三十卷。《全唐诗》卷六九四录其诗一首，《全唐诗续补遗》卷十三录其诗三首。参见"唐稟"。

【唐環】 一本作唐瓌。居华州华阴县敷水驿(在今陕西华阴西)。与贾岛有交往。贾岛有《送唐环归敷水庄》。

【唐績】 里贯、生平未详。《全唐诗续补遗》卷十九录其诗一首。

【唐鎬】 (?—961)一作齊鎬，误。宋周密《浩然斋雅谈》卷中引《道山新闻》作唐镐。南唐李后主时人。《全唐诗》卷七九五录其诗一联。

【唐衢】 应进士，久而不第。五十寒且饥。能为歌诗，意多感发。《集古录》著录其《阳武复县记》，宋欧阳修谓其气格不俗。善八分书，《宝刻类编》卷五著录其元和五年(810)所书韦处厚撰《京河新开水门记》。有所感触，必哭，世称"唐衢善哭"。与韩愈、白居易等有交往。约卒于元和五年至九年间。事迹见《旧唐书》本传、唐李肇《唐国史补》卷中。韩愈有《赠唐衢》。白居易《伤唐衢二首》之一："忽闻唐衢死，不觉动颜色。"无名氏《唐衢墓》(卷七八六)："从来有感君皆哭，今日无君谁哭君？"参见"唐衢哭"。

【唐衢哭】 唐衢读人文章有所感伤或与人分别，必哭，世称"唐衢善哭"。见《旧唐书》本传。崔涂《声》："韩娥绝唱唐衢哭，尽是人间第一声。"

唧 〔jī《广韵》資悉切，入質，精。〕❶象声词。见"唧唧力力""唧嘖"。❷叹词。见"唧唧❶"与"唧唧咨咨"。

【唧唧】 ❶叹息之声。亦指发出叹息之声。储光羲《同王十三维偶然作十首》之九："想见明膏煎，中夜起唧唧。"李白《庭前晚花开》："结实苦迟为人笑，攀折唧唧长咨嗟。"孟郊《吊卢殷》："唧唧复唧唧，千古一月色。"白居易《琵琶行》："我闻琵琶已叹息，又闻此语重唧唧。"❷鸟鸣声。王维《青雀歌》："犹胜黄雀争上下，唧唧空仓复若何！"刘禹锡《鶗鴂吟》："如何上春日，唧唧满庭飞！"❸虫鸣声。孟郊《秋怀》之一："孤骨夜难卧，吟虫相唧唧。"白居易《闻虫》："暗虫唧唧夜绵绵，况是秋阴欲雨天。"鲍溶《秋怀五首》之二："草虫夜侵我，唧唧床下语。"李郢《宿杭州虚白堂》："秋月斜明虚白堂，寒蛩唧唧树苍苍。"

【唧唧力力】 象声词。烹煮食物之声。李绅《闻里谣效古歌》："恶声主吏嗥尔门，唧唧力力烹鸡豚。"

【唧唧咨咨】 赞叹之声。白居易《新乐府·五弦弹》："座中有一远方士，唧唧咨咨声不已。"

【唧溜】 伶俐，机灵。卢仝《扬州送伯龄过江》："不唧溜钝汉，何由通姓名？"

【唧嘖】 虫鸣声。陆龟蒙《江南秋怀寄华阳山人》："唧嘖蛩吟壁，连轩鹤舞楹。"

八 画

啞1 〔è《广韵》烏格切，入陌，影。又於革切，入麥，影。〕笑声。见"啞啞"。

啞2 〔yǎ《广韵》烏下切，上馬，影。〕由于生理缺陷不能说话或发声。顾况《春雨不闻百舌》："百舌春来哑，愁人共待晴。"司空图《感时》："宁教鹦鹉哑，不遣麒麟细。"吕岩《寄白龙洞刘道人》："问他金木是何般，噤口不言如害哑。"

啞3 〔yā《广韵》衣嫁切，去禡，影。《集韵》於加切，平麻，影。〕象声词。见"啞3啞"。

【啞2舌】 舌头不灵，不能鸣叫。赵抟《琴歌》："真龙不圣土龙圣，凤皇哑舌鸱枭鸣。"

【啞3啞】 象声词。禽鸟鸣。陈陶《独摇手》："仙人龙风云雨吹，朝哀暮愁引哑咿。"

【啞3軋】 (—yà)象声词。状木器声。杜牧《池州送孟迟先辈》："篱落见娉婷，机丝弄哑轧。"李群玉《送处士自番禺东游便归苏台别业》："哑轧暮江上，橹声摇落心。"汪遵《咏酒二首》之二："万事销沉向一杯，竹门哑轧为风开。"

【啞2咽】 (—yè)啼声嘶哑。王建《伤邻家鹦鹉词》："舌关哑咽畜哀怨，开笼放飞离人眼。"元稹《秋堂夕》："啼儿屡哑咽，倦僮时寝兴。"

【啞3咿】 小儿语声。亦借指小儿。杜牧《杜秋娘诗》："长杨射熊罴，武帐弄哑咿。"

【啞2咬】 形言方言聱牙难懂。常建《空灵山应田叟》:“泊舟问溪口,言语皆哑咬。”

【啞啞】（—è）笑声。王维《宋进马哀词》:“百官并入兮,何语笑之哑哑。”白居易《和微之诗二十三首·和寄乐天》:“会笑始哑哑,离嗟乃唧唧。”

【啞$_3$啞】（—yā）象声词。(1)鸟鸣声。李白《乌夜啼》:“黄云城边乌欲栖,归飞哑哑枝上啼。”王建《古宫怨》:“乳鸟哑哑飞复啼,城头晨夕宫中栖。”杨衡《乌啼曲》:“乌栖不定枝条弱,城头夜半声哑哑。”(2)小儿语声。于鹄《古词三首》之二:“新长青丝发,哑哑言语黠。”(3)器物响声。刘言史《买花谣》:“浇红湿绿千万家,青丝玉轳声哑哑。”温庭筠《春愁曲》:“红丝穿露珠帘冷,百尺哑哑下纤绠。”

【啞然】笑貌。韩愈《石鼎联句》序:“道士哑然失笑曰:‘子诗如是而乎?’”

【啞$_3$嘎】象声词。短促而响亮的声音。李郢《赠》:“闲把金钗恼鹦鹉,乱声哑嘎落轻毛。”

【啞$_2$瞑】谓黑暗无声。卢仝《冬行三首》之二:“落日无精光,哑瞑被掣肘。”

啀〔ái《广韵》五佳切,平佳,疑。〕❶犬相斗貌。见“啀喍”。❷呷,吸饮。元稹《痁卧闻幕中诸公征乐会饮因有戏呈三十韵》:“筹箸随宜放,投盘止罚啀。”

【啀喍】犬相争貌。寒山《诗三百三首》之五八:“我见百十狗,个个毛𦒿𩭤……投之一块骨,相与啀喍争。”

啄1〔zhuó《广韵》竹角切,入觉,知。又丁木切,入屋,端。〕❶谓鸟以嘴取食。张说《蜀路二首》之二:“鹰饥常啄腥,凤饥亦待琼。”李白《白田马上闻莺》:“黄鹂啄紫椹,五月鸣桑枝。”刘长卿《山鹳鸽歌》:“朝去秋田啄残粟,暮入寒林啸群族。”吴融《山禽》:“碧嶂为家烟外栖,衔红啄翠入芳蹊。”❷泛指食、吃。钱珝《江行无题一百首》之五一:“漫把尊中物,无人啄蟹黄。”韦应物《送洛阳韩丞东游》:“朝游尚同啄,夕息当异林。”亦指侵食。周昙《咏史诗·春秋战国门·范蠡》:“西子能令转嫁吴,会稽知尔啄姑苏。”❸鸟以喙击或夹物。司空曙《杜鹃行》:“穿皮啄朽觜欲秃,苦饥始得食一虫。”章孝标《饥鹰词》:“纵令啄解丝绦结,未得人呼不敢飞。”❹敲,叩击。韩愈《送僧澄观》:“洛阳穷秋厌穷独,丁丁啄门疑啄木。”宋齐丘《陪游凤皇台献诗》:“夜半鼠窸窣,天阴鬼敲啄。”❺象声词。见“啄啄❸”。

啄2〔zhòu《洪武正韵》職救切,去宥。〕鸟嘴。王翰《飞燕篇》:“复闻飞燕啄皇孙,皇孙不死燕啄折。”

【啄木】啄木鸟之略称。玄宗《续薛令之题壁》:“啄木觜距长,凤皇羽毛短。”元稹《有鸟二十章》之八:“有鸟有鸟名啄木,木中求食常不足。”韩渥《村居》:“日照神堂闻啄木,风含社树叫提壶。”

【啄木鳥】鸟名。色青,身有暗色横纹,顶有红毛。爪锐利,嘴长而尖,长数寸,可啄开树木,捕食害虫。白居易《寓意诗五首》之五:“岂无啄木鸟,觜长将何为?”

【啄皇孫】汉成帝时赵飞燕专宠而无子,曾先后害死许美人与曹宫所生皇子。十六年后事发,遂畏罪自杀。死前,有童谣曰:“燕飞来,啄皇孙。皇孙死,燕啄矢。”影射其事。事见《汉书·外戚传下·孝成赵皇后传》。后常用为咏飞燕之典。王翰《飞燕篇》:“复闻飞燕啄皇孙,皇孙不死燕啄折。”

【啄菢】谓禽卵孵化成熟时禽雏啄破卵壳而出。韩愈《荐士》:“鹤翎不天生,变化在啄菢。”

【啄啄】❶禽鸟啄食貌。韩愈《嗟哉董生行》:“啄啄庭中拾虫蚁,哺之不食鸣声悲。”王建《雉将雏》:“雉咿喔,雏出壳,毛斑斑,觜啄啄。”❷禽鸟哀啼貌。元稹《听庾及之弹乌夜啼引》:“今君为我千万弹,乌啼啄啄泪澜澜。”❸象声词。象叩门之声。韩愈《剥啄行》:“剥剥啄啄,有客至门。”

【啄鼠】喻志趣卑下之小人追逐利禄、猜忌君子。李咸用《升天行》:“堂堂削玉青蝇喧,寒鸦啄鼠愁飞鸾。”

【啄噪】谓群鸟喧噪啄食。储光羲《田家即事》:“群合乱啄噪,嗷嗷如道饥。”

啅1〔zhào《集韵》陟教切,去效,知。〕❶鸟雀鸣叫。李白《观放白鹰二首》之二:“寄言燕雀莫相啅,自有云霄万里高。”杜甫《枯棕》:“啾啾黄雀啅,侧见寒蓬走。”元稹《景申秋八首》之七:“饥啅空篱雀,寒栖满树鸦。”❷泛指虫鸟之喧叫。白居易《反鲍明远白头吟》:“譬如蜩鷃徒,啾啾啅龙鹏。”

啅2〔zhuó《广韵》竹角切,入觉,知。〕鸟啄食。韩愈、孟郊《城南联句》:“囚飞黏网动,盗啅接弹惊。”薛能《西县途中二十韵》:“硖路商逢使,山邮雀啅蛇。”

【啅雀】鸣叫之雀,杜甫《落日》:“啅雀争枝坠,飞虫满院游。”薛能《雕堂》:“鸣蛩孤烛雨,啅雀一篱秋。”

【啅然】惊乱貌。元稹《望云骓马歌》:“龙腾鱼鳖啅然惊,骥朌驴骡少颜色。”

唱〔chàng《广韵》尺亮切,去漾,昌。〕❶原指领唱,引申为首倡、倡导。杜甫《秋日荆南送石首薛明府奉寄薛尚书颂德叙怀斐然之作三十韵》:“公时呵猰貐,首唱却鲸鱼。”❷歌唱。李白《古风》之二一:“试为巴人唱,和者乃数千。”刘长卿《奉酬辛大夫喜湖南腊月连日降雪见示之作》:“闾里何人不相庆？万家同唱郢中词。”张籍《送枝江刘明府》：“向南渐渐云山好，一路唯闻唱《竹枝》。”李商隐《饮席戏赠同舍》：“唱尽《阳关》无限叠，半杯松叶冻颇黎。”❸指鸡鸣或报晓。李端《早春夜集耿拾遗宅》：“衔杯鸡欲唱，逗月雁应斜。”刘禹锡《酬乐天初冬早寒见寄》：“霜凝南屋瓦，鸡唱后园枝。”褚载《晓发》：“才闻鸡唱呼童起，已有铃声过驿来。”❹大声呼喊，呼报。和凝《宫词百首》之六：“鸡人一唱乾坤晓，百辟分班俨羽仪。”《郊庙歌辞·汉宗庙乐舞辞·章庆舞》：“罘罳晓唱鸡人，三牲八簋斯陈。”另见“唱名”“唱好”。❺谓发出有节奏之声有如唱歌。李端《晓发瓜州》：“棹唱临高岸，鸿嘶发远田。”❻诗词唱和中首作者称唱。韦应物《酬刘侍郎使君》：“始唱已惭拙，将酬益难伸。”白居易《寄献北都留守裴令公》序：“况辱知音，敢不先唱？”陆龟蒙《奉和袭美酬前进士崔潞盛制见寄因增至一百四十言》：“唱既野芳坼，酬还天籁疏。”亦泛指诗作。杨巨源《奉酬窦郎中早入省苦寒见寄》：“旷怀玉京云，孤唱粉垣雪。”

【唱月】　对月歌唱。李贺《洛姝真珠》：“寒鬓斜钗玉燕光，高楼唱月敲悬珰。”

【唱名】　高声呼名传唤。花蕊夫人《宫词》之八八：“遇著唱名多不语，含羞走过御床前。”

【唱好】　叫好。王建《观蛮妓》：“谁家年少春风里，抛与金钱唱好多？”

【唱和】　(—hè)❶原指领唱与和唱，引申指互相呼应、配合。杜甫《草堂》：“唱和作威福，孰肯辨无辜？”❷指诗词创作中的赠作、主作与和答之作。韩愈《和虞部卢四酬翰林钱七赤藤杖歌》：“南宫清深禁闱密，唱和有类吹埙篪。”杨巨源《酬崔博士》：“长被有情邀唱和，近来无力更祇承。”白居易《酬微之》：“满帙填箱唱和诗，少年为戏老成悲。”陆龟蒙《奉酬袭美先辈吴中苦雨一百韵》：“抽毫更唱和，剑戟相磨戛。”

【唱高不和】　(和 hè)同“唱高和寡”。李端《送潘述宏词下第归江外》：“唱高人不和，此去泪难收。”

【唱高和寡】　(和 hè)同“曲高和寡”。《文选·宋玉〈对楚王问〉》：“客有歌于郢中者，其始曰《下里》《巴人》，国中属而和者数千人；其为《阳阿》《薤露》，国中属而和者数百人；其为《阳春》《白雪》，国中属而和者不过数十人；引商刻羽，杂以流徵，国中属而和者，不过数人而已。是其曲弥高，其和弥寡。”后因以“唱高和寡”指愈是不同凡响之作，能应和之人愈少。杜牧《奉和门下相公送西川相公兼领相印出镇全蜀诗十八韵》：“唱高知和寡，小子斐然狂。”

【唱第】　科举考试毕宣唱及第进士名次。元稹《酬翰林白学士代书一百韵》：“唱第听鸡集，趋朝忘马疲。”亦指进士及第。刘禹锡《同乐天和微之深春二十首》之十四：“何处深春好？春深唱第家。”

【唱詠】　吟咏讽诵。张籍《祭退之》：“公为游溪诗，唱咏多慨慷。”

【唱歌】　发声吟唱歌曲。岑参《酒泉太守席上醉后作》：“琵琶长笛曲相和，羌儿胡雏齐唱歌。”独孤及《初晴抱琴登马退山对酒望远醉后作》：“举酒劝白云，唱歌慰颓年。”白居易《酬裴令公赠马相戏》：“不辞便送东山去，临老何人与唱歌？”李远《黄陵庙词》：“轻舟小楫唱歌去，水远山长愁杀人。”亦指禽鸟鸣叫悦耳如歌。徐夤《蝴蝶三首》之三：“不闻丝竹谁教舞？应仗流莺为唱歌。”

【唱酬】　作诗词相赠答、唱和。黄滔《南海幕和段先辈送韦侍御赴阙》：“璧连标格惊分散，雪课篇章互唱酬。”李中《送张惟贞少府之江阴》：“俗必期康济，诗谁互唱酬？”姚揆《颍川客舍》：“素琴孤剑尚闲游，谁共芳尊话唱酬？”

【唱經】　僧人或道士念经。王建《霓裳辞十首》之二：“一声声向天头落，效得仙人夜唱经。”李洞《终南山十二韵》：“梯滑危缘索，云深静唱经。”

【唱橈】　唱划桨之曲。桡，船桨。元结《欸乃曲五首》之二：“唱桡欲过平阳戍，守吏相呼问姓名。”

【唱曉】　报晓。贺朝《宿香山阁》：“一闻鸡唱晓，已见日曈曈。”

問　〔wèn《广韵》亡運切，去問，微。〕❶询问。岑参《送魏升卿擢第归东都因怀魏校书陆浑乔潭》：“乔生作尉别来久，因君为问平安否？”戴叔伦《怀素上人草书歌》：“人人细问此中妙，怀素自言初不知。”方干《赠萧山彭少府》：“尽拟勤求为弟子，皆得疑义问先生。”亦指过问。王缙《与卢员外象过崔处士兴宗林亭》：“身名不问十年余，老大谁能更读书？”刘长卿《送南特进赴归行营》：“闻道军书至，扬鞭不问家。”❷慰问；存抚。玄宗《早登太行山中言志》：“宣风问耆艾，敦俗劝耕桑。”杜甫《羌村三首》之三：“父老四五人，问我久远行。”牟融《写意二首》之二：“闲情欲赋思陶令，卧病何人问马卿？”齐己《春日西湖作》：“曾无长者辙，枉此问衰老。”亦指问候。见“問安”。❸责问，谴责。见“問罪”。❹诘问。见“問难”。❺向。刘长卿《送严侍御充东畿观察判官》：“洛阳征战后，君去问凋残。”窦群《自京将赴黔南》：“风雨荆州二月天，问人初雇峡中船。”张籍《和左司元郎中秋居十首》之七：“晚花回地种，好酒问人沽。”

【問卜】　占卜以问吉凶。刘禹锡《武陵书怀五十韵》：“问卜安冥数，看方理病源。”崔涂有《问卜》《友人问卜见招》。

【問子虛】　见“問長卿”。

【問天】　指屈原作《天问》，借向天发问以抒泄忧愤。赵冬曦《滬湖作》:"盈虚用舍轮舆旋,勿学灵均远问天。"齐己《荆门勉怀寄道林寺诸友》:"荣枯得失理昭然,谁敩《离骚》更问天?"

【問水濱】 到江水边询问。语本《左传·僖公四年》:齐师伐楚,楚人问何故,管仲曰:"昭王南征而不复,寡人是问。"楚人对曰:"昭王南征之不复,君其问诸水滨。"意谓周昭王南巡死于汉水,罪不在楚。曹邺《南征怨》:"吾欲问水滨,宫殿已生草。"

【問牛】《汉书·丙吉传》载:丙吉为丞相,一日出行,途遇群民相斗杀,过而不问。复遇人驱牛行,牛喘吐舌,乃止驻问:"逐牛行几里矣?"掾吏谓吉前后失问。"吉曰:'民斗相杀伤,长安令、京兆尹职所当禁备逐捕……宰相不亲小事,非所当于道路问也。方春少阳用事,未可大热,恐牛近行,用暑故喘,此时气失节,恐有所伤害也。三公典调和阴阳,职当忧,是以问之。'掾吏乃服,以吉知大体。"后遂以"问牛"指官员关心民间疾苦。长孙佐辅《闻韦驸马使君迁拜台州》:"谏虎昔赐骏,安人将问牛。"邵谒《论政》:"孙弘不开阁,丙吉宁问牛?"郑谷《送吏部曹郎中免官南归》:"道畅应为蝶,时来必问牛。"卢延让《逢友人赴阙》:"倚马才高犹爱艺,问牛心在肯容私?"

【問吉】 卜问吉日;选择吉日。岑参《送杨千牛趁岁赴汝南郡觐省便成婚》:"问吉转征鞍,安仁道姓潘。"

【問考槃】 考槃,《诗·卫风》篇名。毛诗小序云:"《考槃》,刺庄公也;不能继先公之业,使贤者退而穷处。"后因以"问《考槃》"指关心在野遗贤。高适《同群公十月朝宴李太守宅》:"良牧征高赏,褰帷问《考槃》。"

【問安】 向父母尊长问候起居。贾曾《奉和春日出苑瞩目应令》:"铜龙晓辟问安回,金辂春游博望开。"刘禹锡《送太常萧博士弃官归养赴东都》:"兄弟尽鸳鸾,归心切问安。"皮日休《送羊振文先辈往桂阳归觐》:"登第已闻传祢赋,问安犹听讲韩诗。"李洞《迁村居二首》之二:"槎来垂钓次,月落问安归。"

【問安調膳】 对父母尊长问候起居、伺候饮食。古礼子对父母晨必问安,食必在侧。罗隐《钱唐府亭》:"更有宠光人未见,问安调膳尽三公。"

【問言】 询问。言,犹问,同义连文。李白《朗月行》:"白兔捣药成,问言与谁餐?"韩愈《奉酬卢给事云夫四兄曲江荷花行见寄》:"我今官闲得婆娑,问言何处芙蓉多?"

【問長卿】 指汉武帝因读《子虚赋》而赏识、重用司马相如事。长卿,司马相如之字。语本《史记·司马相如列传》:"居久之,蜀人杨得意为狗监,侍上。上读《子虚赋》而善之,曰:'朕独不得与此人同时哉!'得意曰:'臣邑人司马相如自言为此赋。'上惊,乃召问相如……以为郎。"杜甫《赠陈二补阙》:"献纳开东观,君王问长卿。"亦作"问子虚"。韦庄《东游远归》:"青云不识扬生面,天子何由问《子虚》?"

【問取】 询问。取,助词,表动态。鲍溶《游山》:"终期太古人,问取松柏岁。"

【問奇字】《汉书·扬雄传下》:"刘棻(刘歆之子)尝从雄学作奇字。"后遂用"问奇字"誉人渊博如扬雄。韩愈《题张十八所居》:"端来问奇字,为我讲声形。"

【問易】 求教于《周易》,指用易卦占卜吉凶。王昌龄《宿灞上寄侍御玙弟》:"哲弟感我情,问《易》穷否泰。"

【問舍】 询问购置房舍之事。意谓无意从政,只求置田舍以归隐。戴叔伦《题招隐寺》:"昨日临川谢病还,求田问舍独相关。"详见"求田問舍"。

【問法】 求问佛理。杜甫《谒真谛寺禅师》:"问法看诗忘,观身向酒慵。"

【問政】 请教为政之事。元结《欸乃曲五首》之一:"来谒大官兼问政,扁舟却入九疑山。"

【問俗】 访察风俗民情。语本《礼记·曲礼上》:"入国而问俗,入门而问讳。"杜审言《和李大夫嗣真奉使存抚河东》:"玺书傍问俗,旌节近推贤。"阎宽《晓入宜都渚》:"问俗周楚甸,川行眇江浔。"王昌龄《武陵开元观黄炼师院三首》之三:"暂因问俗到真境,便欲投诚依道源。"韦庄《冬日长安感志寄献虢州崔郎中二十韵》:"观星始觉郎中贵,问俗方知太守廉。"

【問信】 犹问讯。关心地询问境况。杜甫《送孔巢父谢病归游江东兼呈李白》:"南寻禹穴见李白,道甫问信今何如?"

【問計】 询问计策。赵嘏《杜陵贻杜牧侍御》:"白首寻人嗟问计,青云无路觅知音。"

【問津】 打听渡口。亦喻指寻找出路。语出《论语·微子》。宋之问《明河篇》:"明河可望不可亲,愿得乘槎一问津。"孟浩然《久滞越中贻谢南池会稽贺少府》:"负郭昔云翳,问津今亦迷。"李绅《忆登栖霞寺峰》:"滔滔可问津,耕者非长沮。"薛逢《贺扬收作相》:"立门不是趋时客,始向穷途学问津。"

【問省】 (—xǐng)犹归觐。谓省亲问安。许棠《送从弟归泉州》:"问省归南服,悬帆任北风。"

【問訊】 ❶打听,探询。杜甫《重过何氏五首》之一:"问讯东桥竹,将军有报书。"❷犹问好,问候。上官昭容《游长宁公主流杯池二十五首》之四:"仰循茅宇,俯眄乔枝。烟霞问讯,风月相知。"白居易《想东游五十韵》:"劳君频问讯,劝我少淹留。"李商隐《五月六日夜忆往岁秋与御师同宿》:"万里飘流远,三年问讯迟。”陆龟蒙《送友人之湖上》：“欲寄一函聊问讯，洪乔宁作置书邮？”亦指探访、看望。韦应物《移疾会诗客元生与释子法朗因贻诸祠曹》：“释子来问讯，诗人亦扣关。”又《寄李儋元锡》：“闻道欲来相问讯，西楼望月几回圆？”白居易《偶作寄朗之》：“雀罗谁问讯，鹤氅罢追随。”

【問疾】 ❶询问病情。秦系《鲍防员外见寻因书情呈赠》：“犹有郎官来问疾，时人莫道我佯狂。”白居易《仲夏斋居偶题八韵寄微之及崔湖州》：“久别闲游伴，频劳问疾书。”❷询访民间穷苦。韦应物《登蒲塘驿沿路见泉谷村墅忽想京师旧居追怀昔年》：“均徭视属城，问疾躬里闾。”

【問陣】 求教军阵之事。语出《论语·卫灵公》。李商隐《今月二日不自度量辄以诗一首四十韵干渎尊严伏蒙奖逾辄复五言四十韵诗献上》：“仲尼羞问阵，魏绛喜和戎。”

【問程】 打听途程之远近。王建《汴路水驿》：“去舍已云远，问程犹向东。”

【問答】 询问与回答。亦指谈话、对话。白居易《裴侍中晋公以集贤林亭即事诗三十六韵见赠辄广为五百言以伸酬献》：“唱和笔走疾，问答杯行迟。”方干《茅山赠洪拾遗》：“我来幸与诸生异，问答时容近绛纱。”

【問罪】 谴责或声讨对方的罪恶、罪过。徐知仁《奉和圣制送张说巡边》：“问罪阴山下，安人属国前。”王维《送从弟蕃游淮南》：“席帆聊问罪，卉服尽成擒。”杜牧《和野人殷潜之题筹笔驿十四韵》：“慷慨匡时略，从容问罪师。”

【問絹】 为归觐省亲之典，亦以誉人父子清廉正直。见《三国志·魏志·胡质传》及裴松之注。杜甫《送窦九归成都》：“读书云阁观，问绢锦官城。”岑参《送陶铣弃举荆南觐省》：“采兰度汉水，问绢过荆州。”李嘉祐《奉酬路五郎中院长新除工部员外见简》：“问绢莲花府，扬旗细柳营。”钱起《送李四擢第归觐省》：“独揽还珠美，宁唯问绢情。”

【問鼎】 鼎，指三代之传国重器九鼎，为帝王权力之象征。后遂以“问鼎”喻指欲成霸业获帝位。骆宾王《夏日游德州赠夏四》：“封疆恢霸道，问鼎竞雄图。”玄宗《巡省途次上党旧宫赋》：“长怀问鼎气，夙负拔山雄。”李群玉《登章华楼》：“沉吟问鼎语，但见东波流。”亦作“問鼎大”。李商隐《行次西郊作一百韵》：“送者问鼎大，存者要高官。”

【問鼎大】 见“問鼎”。

【問寢】 问安。晨起向尊长问寝睡安否。卢照邻《中和乐九章·歌储宫第六》：“承规翠所，问寝瑶庭。”杜甫《洗兵马》：“鹤禁通霄凤辇备，鸡鸣问寝龙楼晓。”

【問蔡】 卜龟甲以问吉凶。蔡，大龟。韩愈、孟郊《秋雨联句》：“筮命或冯蓍，卜晴将问蔡。”

【問鵩】 见“问鹏”。

【問遺】 （—wèi）亲友间之馈赠。韩愈、李正封《晚秋郾城夜会联句》：“拜迎罗櫜鞬，问遗结囊橐。”陆龟蒙《奉酬袭美先辈吴中苦雨一百韵》：“轮蹄相压至，问遗无虚月。”

【問膳】 《礼记·文王世子》：“文王之为世子，朝于王季日三。鸡初鸣而衣服，至于寝门外，问内竖之御者曰：‘今日安否何如？’内竖曰：‘安。’文王乃喜……食上，必在视寒暖之节。食下，问所膳。”后遂以“问膳”为太子孝亲之典。王维《恭懿太子挽歌五首》之二：“鸡鸣常问膳，今恨玉京留。”

【問龜】 问卜。因卜卦须用龟甲，故云。李中《勉同志》：“明代搜扬切，升沉莫问龟。”

【問禪】 询问佛理。杜荀鹤《和刘评事送海禅和归山》：“问禅将底说？传印得何心？”

【問縑游】 指审慎严格之交游。见《后汉书·王丹传》。高适《东平旅游奉赠薛太守二十四韵》：“叨承解榻礼，更得问缣游。”

【問禮】 《史记·孔子世家》载有孔子“适周问礼，盖见老子”事，后遂以“问礼”代指向人请教或求学。王维《送秘书晁监还日本国》序：“问礼于老聃，学诗于子夏。”王昌龄《酬鸿胪裴主簿雨后北楼见赠》：“问礼侍彤襜，题诗访茅屋。”又《河西送李十七》：“问礼知才子，登科及少年。”刘商《送李元规昆季赴举》：“明朝问礼处，暂觉雁行稀。”

【問鴻蒙】 指云将向鸿蒙询问养育群生之道事。语本《庄子·在宥》。意谓养育群生之道当身心两忘，混同自然，处无为而物自化。张说《九日进茱萸山诗五首》之三：“路疑随大隗，心似问鸿蒙。”

【問難】 （—nàn）诘难质疑。无可《寒夜过睿川师院》：“问难无疆敌，声名掩古僧。”

【問鵬】 哀悼早逝或伤叹贬官之典故。典出《史记·屈原贾生列传》。苏颋《蜀城哭台州乐安少府》：“可叹悬蛇疾，先贻问鹏灾。”亦作“问鵩”。韩愈《叉鱼招张功曹》：“自可捐忧累，何须强问鵩？”

唾　〔tuò《广韵》湯卧切，去過，透。〕❶唾液，唾沫。杜甫《别李义》：“莫怪执杯迟，我衰涕唾烦。”姚合《陕下厉玄侍御宅五题·吟诗岛》：“坐危石是榻，吟冷唾成冰。”李商隐《骄儿诗》：“曲躬牵窗网，衉唾拭琴漆。”❷吐唾沫。韩愈《合江亭》：“瞰临眇空阔，绿净不可唾。”卢仝《冬行三首》之三：“不敢唾汴水，汴水入东海。”元稹《生春二十首》之十三：“乱骑残爆竹，争唾小旋风。”吴融《祝风三二韵》：“咳唾莫逢人，揶揄空睹鬼。”亦表示鄙夷、唾弃。刘叉《勿执古寄韩潮州》：“玉石共笑唾，驽骥相奔驰。”庞蕴《杂诗》之七：“可怜谷隐老禅伯，被唾如何见亦羞？”

【唾井】　犹言弃旧、不念旧情。语本三国魏曹植《代刘勋妻王氏见出为诗》：“人言去妇薄，去妇情更重。千里不唾井，况乃昔所奉？”丁晏注：“乃为常饮此井，虽舍而去之千里，知不复饮矣，然犹以尝饮乎此而不忍唾也。”骆宾王《艳情代郭氏答卢照邻》：“情知唾井终无理，情知覆水也难收。”李白《平虏将军妻》：“古人不唾井，莫忘昔缠绵。”

【唾地成珠】　见“唾成珠”。

【唾成珠】　比喻谈吐不俗、出口成章。语本《庄子·秋水》：“子不见夫唾者乎！喷则大者如珠，小者如雾。”杜甫《醉歌行》：“汝身已见唾成珠，汝伯何由发成漆？”亦作“唾地成珠”。沈徽《古兴二首》之二：“攀云无丑士，唾地尽成珠。”

【唾面】　吐唾沫于其面以示轻蔑。语本《战国策·赵策四》：“有复言令长安君为质者，老妇必唾其面。”杜甫《三韵三篇》之一：“高马勿唾面，长鱼无损鳞。”

【唾面娄】　指唐武后时宰相娄师德嘱其弟唾面自干事。典出《新唐书·娄师德传》：“其弟守代州，辞之官，教之耐事。弟曰：‘人有唾面，洁之乃已。’师德曰：‘未也，洁之，是违其怒，正使自干耳。’”唐彦谦《和陶渊明贫士诗七首》之四：“中年涉事熟，欲学唾面娄。”

【唾洟】　吐唾沫。常借以表示鄙夷唾弃。齐己《轻薄行》：“伯阳道德何唾洟，仲尼礼乐徒卑栖。”

【唾棄】　厌恶而鄙弃。李商隐《行次西郊作一百韵》：“公卿辱嘲叱，唾弃如粪丸。”

【唾壶】　古代器皿。吐痰用，状若盂，可执于手中。陆龟蒙《奉酬袭美苦雨见寄》：“唾壶虎子尽能执，舐痔折枝无所辞。”

【唾壶缺】　南朝宋刘义庆《世说新语·豪爽》：“王处仲每酒后辄咏‘老骥伏枥，志在千里。烈士暮年，壮心不已’。以如意打唾壶，壶口尽缺。”后因以“唾壶缺”表示忧愤而慷慨悲歌。独孤及《代书寄上裴六冀刘二颖》：“长啸林中动，高歌唾壶缺。”亦作“唾壶歌”。窦常《立春后言怀招汴州李匡衙推》：“闲斋夜击唾壶歌，试望夷门奈远何？”

【唾壶歌】　见“唾壶缺”。

唯[1]　〔wéi《广韵》以追切，平脂，以。〕❶只，仅。袁朗《赋饮马长城窟》：“唯当事笔砚，归去草封禅。”王维《酬张少府》：“晚年唯好静，万事不关心。”李绅《闻里谣效古歌》：“我无工巧唯无私，举手一挥临路歧。”储嗣宗《和顾非熊先生题茅山处士闲居》：“唯有阶前芳草色，年年惆怅忆王孙。”❷同“惟”。思，考虑。贯休《桐江闲居作十二首》之六：“只应唯道在，无意俟时来。”❸犹“愈”。卢纶《送畅当》：“秋风满离袂，唯老事唯多。”

唯[2]　〔wěi《广韵》以水切，上旨，以。〕应答之声。亦指应诺。刘禹锡《送僧方及南谒柳员外》引：“一旦以行日来告，且曰……敢乞辞以抵之。予唯而赋。”又见“唯₂诺”“唯₂阿”。

【唯允】　谓必以诚信。语出《书·舜典》：“夙夜出纳朕命，唯允。”张祜《戊午年感事书怀二百韵谨寄献太原裴令公》：“上意今唯允，人心遽益悛。”

【唯只】　唯独，仅只。方干《送钱特卿赴职天台》：“诗家弟子无多少，唯只与余别有情。”姚岩杰《报颜标》：“为报颜公识我么，我心唯只与天和。”

【唯恐】　只怕，只担心。白居易《赠邻里往还》：“唯恐往还相厌贱，南家饮酒北家眠。”韦庄《江南送李明府入关》：“分首不辞多下泪，回头唯恐更消魂。”李昼《戏酬张鲁封》：“如今柳巷通车马，唯恐他时立棘垣。”

【唯₂唯】　卑恭的应答之声。亦借指不分是非地卑恭顺从。卢照邻《咏史四首》之一：“丈夫当如此，唯唯何足荣？”元稹《感梦》：“多谢致勤勤，未敢相唯唯。”周昙《咏史诗·春秋战国门·再吟赵简子》：“谔谔能昌唯唯亡，亦由匡正得贤良。”

【唯唯洋洋】　相随而自在游貌。李咸用《赠友弟》：“谁能终岁摇赪尾，唯唯洋洋向碧涛。”

【唯₂阿】　喻指相差极小之事物。唯、阿，俱为应诺之声。语本《老子》：“唯之与阿，相去几何？”刘禹锡《送鸿举师游江西》引：“视予之仕，昔与今乃唯阿之差耳。”

【唯₂诺】　应答；应诺。宋齐丘《陪游凤皇台献诗》：“往往独自语，天帝相唯诺。”

售　〔shòu《广韵》承呪切，去宥，禅。〕❶卖出去。韩愈《南山诗》：“巨灵与夸娥，远贾期必售。”皮日休《奉和鲁望四明山九题·樊榭》：“欲买重栖隐，云峰不售钱。”陆龟蒙《读襄阳耆旧传因作诗五百言寄皮袭美》：“持冠适瓯越，敢怨不得售？”❷谓推献自己的才能、智谋以求得赏识、任用。岑参《送薛弁归河东》：“献赋今未售，读书凡几秋。”韦应物《赠冯著》：“善蕴岂轻售，怀才希国工。”皇甫冉《曾东游以诗寄之》：“沧州未可行，须售金门策。”❸指女子得嫁。杜甫《负薪行》：“更遭丧乱嫁不售，一生抱恨堪咨嗟。”

唫　〔yín《广韵》魚金切，平侵，疑。〕同“吟”。权德舆《奉和礼部尚书酬扬著作竹亭歌》：“虚斋寂寂清籁唫，幽涧纷纷杂英坠。”方干《贻钱塘县路明府》：“唫成五字句，用破一生心。”

啁[1]　〔zhāo《广韵》陟交切，平肴，知。〕见“啁哳”。

啁[2]　〔zhōu《广韵》張流切，平尤，知。〕见“啁₂啁”“啁₂啾”。

【啁哳】　声音繁杂而细琐貌。独孤及《伤春赠远》：“杨柳逶迤愁远道，鹧鸪啁哳怨南枝。”韩愈《桃源图》：“夜半金鸡啁哳鸣，火轮飞出客心惊。”

【啁₂啁】　（—zhōu）象声词。象鸟鸣之声。牛殳《琵琶行》：“未若此调呦呦兮啁啁，嘈嘈兮啾啾。”

【啁₂啾】　❶鸟鸣之声。王维《黄雀痴》：“到大啁啾解游飏，各自东西南北飞。”柳宗元《感遇二首》之二：“啁啾有余乐，飞舞西陵隈。”贾岛《颂德上贾常侍》：“啁啾鸟恐鹰鹯起，流散人归父母来。”方干《赠赵崇侍御》：“云鸿别有回翔便，应笑啁啾燕雀悲。”❷喻指其他有似鸟鸣之声。储光羲《同诸公送李云南伐蛮》：“余丑隐弭河，啁啾乱行藏。”此指败兵逃亡时杂乱之声。杜甫《渼陂行》：“凫鹥散乱棹讴发，丝管啁啾空翠来。”此指众乐杂奏之声。

【啁蜺】　鸣叫之寒蝉。张直《宿顾城二首》之二：“形骸仅盈寸，咿喔若啁蜺。”

啗　〔dàn《广韵》徒濫切，去闞，定。又徒敢切，上敢，定。〕❶吃，食。陆龟蒙《水国诗》：“我到荒村无食啗，对案又非梁谢览。”徐夤《鹰》：“惟擒燕雀啗腥血，却笑鸾皇啄翠筠。”陈沆《嘲庐山道士》：“啗肉先生欲上升，黄云踏破紫云崩。”王揆《长沙六快诗》：“今贤官是邦，刳啗人脂肉。”❷供人食。喻指以利引诱。韩愈《元和圣德诗》：“开库啗士，曰随所取。”

【啗螯】　南朝宋刘义庆《世说新语·纰漏》：“蔡司徒渡江，见彭蜞，大喜曰：‘蟹有八足，加以二螯。’令烹之。既食，吐下委顿，方知非蟹。后向谢仁祖说此事，谢曰：‘卿读《尔雅》不熟，几为《劝学》死。’”刘孝标注曰：“今彭蜞小于蟹而大于彭蜎，即《尔雅》所谓蜎蛑也。然此三物皆八足二螯，而状甚相类。蔡谟不精其大小，食而致弊。故谓读《尔雅》不熟也。”后遂以“啗螯”为食蟹之典，以誉人精熟古籍。唐彦谦《送樊琯司业归朝》：“啗螯讥《尔雅》，卖饼诉《公羊》。”

【啗嚼】　嚼食。韩愈、李正封《晚秋郾城夜会联句》：“凶徒更蹈藉，逆族相啗嚼。”

啐　〔cuì《广韵》七内切，去隊，清。又蘇内切，去隊，心。〕❶饮用。寒山《诗三百三首》之一四二：“衣单为舞穿，酒尽缘歌啐。”❷受，承。张说《唐享太庙乐章·福和》：“献怀称寿，啐感承恩。”

唼　〔shà《集韵》色甲切，入狎，生。〕禽鸟或鱼吃食。骆宾王《同张二咏雁》：“唼藻沧江远，衔芦紫塞长。”李商隐《子初全溪作》：“战蒲知雁唼，皱月觉鱼来。”韦庄《李氏小池亭十二韵》：“花落鱼争唼，樱红鸟竞鹐。”

【唼唼】　鱼或水禽吞食貌。张籍《春水曲》：“鸭鸭，嘴唼唼。”温庭筠《昆明池水战词》：“茂陵仙去菱花老，唼唼游鱼近烟岛。”

【唼啑】　禽鸟吃食时口部开合貌。韩偓《深院》：“鹅儿唼啑栀黄觜，凤子轻盈腻粉腰。”

【唼喋】　（—zhá）鱼或水禽吃食。郑愔《采莲曲》：“鱼鸟争唼喋，花叶相芬氲。”温庭筠《兰塘词》：“塘水汪汪凫唼喋，忆上江南木兰楫。”

商　〔shāng《广韵》式羊切，平陽，書。〕❶商人。李白《南都行》：“白水真人居，万商罗鄽闠。”权德舆《祗役江西路上以诗代书寄内》：“渔商闻远岸，烟火明古渡。”姚合《庄居野行》：“官家不税商，税农服作苦。”杜牧《西江怀古》：“范蠡清尘何寂寞，好风唯属往来商。”❷星宿名。即心宿，二十八宿之一。在东方，与西方参星出没不相见。故喻人分离不能相见。杜甫《赠卫八处士》：“人生不相见，动如参与商。”柳宗元《行路难三首》之三：“风台露榭生光饰，死灰弃置参与商。”施肩吾《杂古词五首》之四：“怜时鱼得水，怨罢商与参。”❸五音（宫、商、角、徵、羽）之一。其音悲凉。李白《幽涧泉》：“乃缉商缀羽，潺湲成音。”庄若讷《湘灵鼓瑟》：“微音时扣徵，雅韵乍含商。”顾况《幽居弄》：“扣商占角两三声，洞户溪窗一冥寂。”温庭筠《觱篥歌》：“含商咀徵双幽咽，软縠疏罗共萧屑。”❹《礼记·月令》：“孟秋之月……其音商。”后因用以指秋季。杜甫《七月三日亭午已后较热退晚加小凉戏呈元二十一曹长》：“今兹商用事，余热亦已末。”韦庄《和郑拾遗秋日感事一百韵》：“北望心如旆，西归律变商。”❺朝代名。商汤灭夏桀后所建，至商纣为周武王所灭。盘庚迁都后亦称殷。公乘亿《赋得郎官上应列宿》：“佐商依傅说，仕汉笑冯唐。”❻春秋时宋国别称。周武王灭商，封商纣之兄微子启为宋公，故宋又称商。见“商颂”。❼县名。见“商於”“商洛”。❽州名。见“商州”。❾人名。即卜商，字子夏。孔子弟子，长于文学。见《论语·先进》。徐夤《尚书荣拜恩命夤疾中辄课恶诗二首以申攀赞》之一：“昨日诏书犹漏缺，未言商也最能诗。”❿姓。见“商瞿”。

【商人】　买卖货物之人。李白《江夏行》：“悔作商人妇，青春长别离。”陈羽《湘君祠》：“商人酒滴庙前草，萧索风生斑竹林。”刘采春《啰唝曲六首》之三：“莫作商人妇，金钗当卜钱。”杜荀鹤《将过湖南经马当山庙因书三绝》之二：“贪残官吏虔诚谒，毒害商人沥胆过。”

【商山】　山名。亦名地肺山、楚山、商岭、商坂。在商州上洛(今陕西商洛市)东南。祖咏《长乐驿留别卢象裴总》:“灞水行人渡,商山驿路深。”耿湋《送郭正字归郢上》:“积雪商山道,全家楚塞人。”白居易《读史五首》之二:“商山有黄绮,颍川有巢许。”韦庄《辛丑年》:“但有羸兵填渭水,更无奇士出商山。”

【商山四老祠】　见“商山四皓祠”。

【商山四皓】　指秦末商山隐士东园公、甪里先生、绮里季、夏黄公。四人年皆八十有余,须眉皓白,故称。高祖欲废太子,吕后用张良计,使人奉太子书,卑辞厚礼,迎此四人,高祖卒不易太子。事见《史记·留侯世家》。吴筠有《高士咏·商山四皓》。蔡京《责商山四皓》:“秦末家家思逐鹿,商山四皓独忘机。”

【商山四皓祠】　亦作“商山四老祠”。即四皓庙。在商州上洛(今陕西商洛市)东南丹水岭上。杜牧《池州送孟迟先辈》:“商山四皓祠,心与樗蒲说。”段成式《题商山庙》:“无谋静国东归去,羞过商山四老祠。”

【商山老】　亦作“商山老人”。同“商山四皓”。贾曾《奉和春日出苑瞩目应令》:“招贤已得商山老,托乘还征邺下才。”杜甫《秋峡》:“常怪商山老,兼存翊赞功。”岑参《太白胡僧歌》:“商山老人已曾识,愿一见之何由得!”耿湋《春寻柳先生》:“言是商山老,尘心莫问年。”

【商山老人】　见“商山老”。

【商山芝】　同“商山紫芝”。杜甫《喜晴》:“千载商山芝,往者东门瓜。”贾至《寓言二首》之一:“悠哉千里心,欲采商山芝。”

【商山祠堂】　即商山四皓祠。窦常有《商山祠堂即事》。

【商山翁】　同“商山四皓”。王维《送陆员外》:“行当封侯归,肯访商山翁?”李德裕《早入中书行公主册礼事毕登集贤阁成咏》:“遥羡商山翁,闲歌紫芝秀。”

【商山紫芝】　秦汉之际隐士商山四皓作《采芝操》,其中有“晔晔紫芝,可以疗饥”之句,故又称《紫芝操》。后因用为隐居之典。李白《张相公出镇荆州寻除太子詹事赠余诗余答以此诗》:“荣乐一如此,商山老紫芝。”刘禹锡《秋日书怀寄白宾客》:“商山紫芝客,应不向秋悲。”白居易《醉送李二十常侍赴镇浙东》:“好去商山紫芝伴,珊瑚鞭动马头高。”

【商山皓】　同“商山四皓”。许敬宗《奉和执契静三边应诏》:“昔托游河乘,再备商山皓。”储光羲《效古二首》之一:“旷哉远此忧,冥冥商山皓。”李白《别韦少府》:“欲寻商山皓,犹恋汉皇恩。”

【商山遗老】　同“商山四皓”。白居易《题裴晋公女几山刻石诗后》:“商山有遗老,可以奉周旋。”

【商山館】　即商州上洛县层峰驿。在今陕西商洛市。元稹《感梦》:“今夜商山馆中梦,分明同在后堂前。”无名氏有《商山馆》(外编下)。

【商女】　商人之女眷。白居易《读张籍古乐府》:“读君商女诗,可感悍妇仁。”杜牧《泊秦淮》:“商女不知亡国恨,隔江犹唱《后庭花》。”孙光宪《竹枝词二首》之一:“商女经过江欲暮,散抛残食饲神鸦。”

【商日】　秋日。沈佺期《伤王学士》:“感游值商日,绝弦留此词。”

【商公】　指商山四皓。温庭筠《唐庄恪太子挽歌词二首》之一:“邺客瞻秦苑,商公下汉庭。”

【商丘】　邑名。在今河南商丘南。相传高辛氏之子阏伯始居此。周武王封微子于宋,遂以为国都。唐为宋州治所。储光羲《登商丘》:“维梢历宋国,结缆登商丘。”高适《宋中别司功叔各赋一物得商丘》:“商丘试一望,隐隐带秋天。”

【商老】　即商山四皓。杜甫《收京三首》之二:“羽翼怀商老,文思忆帝尧。”令狐楚《赋山》:“商老深寻,谢公远攀。”

【商州】　州名。在今陕西商洛市。唐属山南东道。李白有《春陪商州裴使君游石娥溪》。李涉《再宿武关》:“远别秦城万里游,乱山高下出商州。”裴夷直《八月十五日夜》:“去年今夜在商州,还为清光上驿楼。”

【商羊】　鸟名。仅一足,大雨将临,则跳而起舞。元稹《酬刘猛见送》:“百足虽捷捷,商羊亦翘翘。”白居易《酬郑侍御多雨春空过诗三十韵》:“却思逢旱魃,谁喜见商羊。”参见“商羊舞”。

【商羊舞】　相传齐国有鸟名商羊,天将大雨,则跳而起舞。《孔子家语·辨政》有载。事又见汉刘向《说苑·辨物》。后因用为大雨之典。李端《荆门歌送兄赴夔州》:“自是湘州石燕飞,那关齐地商羊舞。”白居易、王起《喜晴联句》:“舞去商羊速,飞来野马迟。”

【商君陌阡】　指战国秦商鞅开阡陌之事。《史记·商君列传》:“于是以鞅为大良造……为田开阡陌封疆,而赋税平。”张守节正义:“南北曰阡,东西曰陌。”张九龄《奉和吏部崔尚书雨后大明朝堂望南山》:“汉帝宫将苑,商君陌与阡。”

【商者】　商人。张彪《杂诗》:“商者多巧智,农者争膏腴。”

【商估】　同“商贾”。李端《古别离二首》之一:“行舟闻商估,宿在枫林下。”又《荆门歌送兄赴夔州》:“船门相对多商估,葛服龙钟篷下语。”

【商受】　即商纣。《书·西伯戡黎》:“祖伊恐,奔告于受。”毛传:“受,纣也。音相乱。”周昙《咏史诗·

三代门·文王》:“二老五侯何所诈,不归商受尽归周。”参见“商受斱涉”。

【商受斱涉】　指商纣斩冬日清晨涉水人之足,以观其耐寒之事。《书·泰誓下》:“商王受,狎侮五常,荒怠弗敬。自绝于天,结怨于民,斫朝涉之胫,剖贤人之心。”孔传:“冬月见朝涉水者,谓其胫耐寒,斩而视之。”李瀚《蒙求》:“南风掷孕,商受斫涉。”参见“商受”。

【商周】　商朝与周朝连称。陆龟蒙《补沈恭子诗》:“灵质贯轩昊,遐年越商周。”

【商於】　(—wū)战国秦商县、於中一带地区。在今陕西商南至河南内乡一带。秦惠王使张仪诈以商於之地六百里与楚怀王,而实与六里,即此地。见《史记·屈原贾生列传》。权德舆《送商州杜中丞赴任》:“安康地里接商於,帝命专城总赋舆。”李商隐《商於新开路》:“六百商於路,崎岖古共闻。”徐夤《楚国史》:“六国商於恨最多,良弓休绾剑休磨。”周昙《咏史诗·春秋战国门·楚怀王》:“不听陈轸信张仪,六里商於果见欺。”

【商於驛】　(於 wū)即商山馆。罗隐有《商於驿与于蕴玉话别》。

【商弦】　亦作“商絃”。指琴之第二弦,所奏之声为商声。《初学记》卷十六引《三礼图》曰:“琴第一弦为宫,次弦为商,次为角,次为羽,次为徵,次为少宫,次为少商。”李颀《听董大弹胡笳声兼寄语弄房给事》:“先拂商弦后角羽,四郊秋叶惊摵摵。”皓然《妙喜寺达公禅斋寄李司直四十二韵》:“不有清屏鉴,使我商弦绝。”

【商玲瓏】　唐杭州歌女。长庆三年,白居易刺杭州,曾遣玲珑为元稹歌诗。元稹《重赠》:“休遣玲珑唱我诗,我诗多是别君词。明朝又向江头别,月落潮平是去时。”自注:“乐人商玲珑能歌,歌予数十诗。”

【商政】　商朝政治。李峤《田假限疾不获还庄载想田园兼思亲友率成短韵用写长怀赠杜幽素》:“彼美符商政,优游绝汉机。”

【商胡】　外国商人。杜甫《解闷十二首》之二:“商胡离别下扬州,忆上西陵故驿楼。”包佶《抱疾谢李吏部赠诃黎勒叶》:“方士真难见,商胡辄自夸。”

【商虐】　指商纣之暴虐。欧阳詹《读周太公传》:“论兵去商虐,讲德兴周道。”

【商则】　廪丘县尉。性廉。《全唐诗》卷八七一录其谐谑诗一联。

【商侣】　结伴行商之人。杨巨源《大堤曲》:“细雨濛濛湿芰荷,巴东商侣挂帆多。”

【商風】　秋风。王昌龄《听弹风入松阕赠杨补阙》:“商风入我弦,夜竹深有露。”李贺《昌谷诗》:“谧谧厌夏光,商风道清气。”刘言史《立秋日》:“商风动叶初,萧索一贫居。”温庭筠《蒋侯神歌》:“商风刮水报西帝,庙前古树蟠白蛇。”

【商郊】　商都之郊。胡曾《咏史诗·商郊》:“莺啭商郊百草新,殷汤遗迹在荒榛。”又《钜桥》:“武王兵起无人敌,遂作商郊一聚灰。”《郊庙歌辞·享隐太子庙乐章·凯安》:“天步昔将开,商郊初欲践。”

【商洛】　秦汉时商县,商山四皓曾隐居于此。隋称商洛,唐属商州,因代称商州。在今陕西商洛市。李白《春陪商州裴使君游石娥溪》:“剖竹商洛间,政成心已闲。”皎然《送裴判官赴商幕》:“商洛近京师,才难赴幕时。”陆畅《题商山庙》:“商洛秦时四老翁,人传羽化此山空。”刘沧《题四皓庙》:“石壁苍苔翠霭浓,驱车商洛想遗踪。”

【商紂】　商朝末代之王。帝乙之子,名辛。号曰受,音转作纣。资辨捷疾,闻见甚敏,气力过人。好酒淫乐,嬖于妇人。重刑辟,有炮烙之法。周武王东伐,至盟津,诸侯叛者八百,战于牧野。甲子日,纣兵败,乃登鹿台,衣宝玉衣,自焚而死。在位五十二年。见《史记·殷本纪》。虚中《听轩辕先生琴》:“酷哉商纣世,曾不遇先生。”

【商南】　指商州上洛县。在今陕西商洛市。韦庄有《新正日商南道中作寄李明府》。

【商明府】　即殷明府。宋人避讳改。唐彦谦有《别商明府》。按,此为方干诗,题为《别殷明府》。方干又有《新安殷明府家乐方响》。乃睦州清溪县(今浙江淳安)县令。

【商氣】　秋气。孟郊《秋怀》之十二:“商气洗声瘦,晚阴驱景劳。”贾岛《感秋》:“商气飒已来,岁华又虚掷。”

【商翁】　即商山四皓。司空图《有感二首》之一:“留侯却粒商翁去,甲第何人意气归?”

【商庭漦】　“夏庭漦”之误。相传夏后氏衰落之时,有二神龙止于夏帝庭。夏帝卜请其聚而藏于椟。历商、周,莫敢发之。至厉王末,发而观之,漦流于庭,化为玄鼋,入于后宫。后宫之童妾遇之而孕,生褒姒。周幽王宠之,卒亡西周。见《国语·郑语》《史记·周本纪》。陆龟蒙《添酒中六咏·酒龙》:“潜倾郞宫酒,忽作商庭漦。”

【商旅】　行商。储光羲《贻余处士》:“渐闻商旅喧,犹见凫鹥起。”杜甫《最能行》:“小儿学问止《论语》,大儿结束随商旅。”刘禹锡《荆州歌二首》之二:“今日好南风,商旅相催发。”元稹《遭风二十韵》:“自叹生涯看转烛,更悲商旅哭沈财。”

【商崖】　即商山。陆龟蒙《奉和袭美抱疾杜门见寄次韵》:“因吟郢岸百亩蕙,欲采商崖三秀枝。”

【商絃】 见"商弦"。

【商婦】 商人之妻。元稹《生春二十首》之六："数宗船载足，商妇两眉丛。"

【商陵】 即商陵牧子。作《别鹤操》，伤与妻子生离死别。后因用为别离之典。元稹《酬乐天江楼夜吟稹诗因成三十韵》："阮籍惊长啸，商陵怨别弦。"白居易《和微之听妻弹别鹤操因为解释其义依韵加四句》："幸免生别离，犹胜商陵氏。"吴融《中夜闻啼禽》："金屋独眠堪寄恨，商陵永诀更牵情。"

【商量】 （—liáng）❶商略裁决。刘禹锡《浙东元相公书叹梅雨郁蒸之候因寄七言》："百辟商量旧相人，九天祗候老臣归。"薛能《嘉陵驿见贾岛旧题》："毕竟吾犹许，商量众莫疑。"崔道融《过隆中》："可怜蜀国关张后，不见商量徐庶功。"❷商讨，讨论。王建《调笑令》词之一："玉颜憔悴三年，谁复商量管弦？"李中《感事呈所知》："如求济世广，桑柘愿商量。"

【商皓】 即商山四皓。王建《题寿安南馆》："不缘尘驾触，堪作商皓宅。"白居易《病免后喜除宾客》："卧在漳滨满十旬，起为商皓伴三人。"崔涂《读留侯传》："翻把壮心轻尺组，却烦商皓正皇储。"殷文圭《观贺皇太子册命》："自有汉元争翊戴，不劳商皓定攲倾。"

【商絲】 商弦。李贺《李夫人歌》："翩联桂花坠秋月，孤鸾惊啼商丝发。"

【商肆】 店铺。元稹《和乐天送客游岭南二十韵》自注："南方去京华绝远，冠冕不到，唯海路稍通。吴中商肆多榜云：此有语儿巾子。"

【商賈】 （—gǔ）商人。陈子昂《感遇诗三十八首》之十："务光让天下，商贾竞刀锥。"李白《江夏行》："谁知嫁商贾，令人却愁苦。"白居易《和答诗十首·答桐花》："行者多商贾，居者悉黎氓。"姚合《送张宗原》："士人甚商贾，终日须东西。"

【商葉】 秋叶。孟郊《秋怀》之五："商叶堕乾雨，秋衣卧单云。"

【商葩】 秋花。孟郊《秋怀》之四："商葩将去绿，缭绕争余辉。"

【商鼎】 相传伊尹背负鼎俎为商汤调五味，借以近汤；汤知其贤而用以为相。见《韩非子·难言》《韩诗外传》卷七。后因以商鼎用为宰相之颂词。羊士谔《东渡早梅一树岁华如雪酣赏成咏》："晚实和商鼎，浓香拂寿杯。"温庭皓《梅》："莫贪题咏兴，商鼎待盐梅。"

【商節】 秋令时节。《初学记》卷三引南朝梁元帝《纂要》："秋曰白藏，亦曰收成，亦曰三秋、九秋、素秋、素商、高商……节曰素节、商节。"陆敬《游隋故都》："兹辰素商节，灰管变星躔。"李回秀《奉和九日幸临渭亭登高应制得风字》："重九临商节，登高出汉宫。"

【商頌】 《诗经》三颂之一。相传微子启封于宋，七世至戴公时，大夫正考父校商之名颂十二篇于周大师。至孔子录诗之时，仅得五篇而已。见《诗·商颂谱》。陆敬《游隋故都》："悲歌尽《商颂》，太息悯周篇。"柳宗元《觉衰》："高歌足自快，《商颂》有遗音。"贯休《拟君子有所思二首》之一："我爱正考甫，思贤作《商颂》。"

【商鞅】 （前390？—前338）战国卫人。姓公孙，名鞅。亦称卫鞅。少好刑名之学。事魏相公叔座为中庶子。入秦，说孝公，以为左庶长。定变法之令，行之十年，乡邑大治。破魏，封商、於十五邑，号为商君，又称商鞅。为秦相十年。孝公死，公子虔等诬其欲反，为秦惠王所杀。有《商君书》，多言开塞耕战之事。事迹见《史记》本传。杜甫《述古三首》之二："秦时任商鞅，法令如牛毛。"

【商歌】 悲凉之歌。《淮南子·道应训》："宁越欲干齐桓公，困穷无以自达，于是为商旅，将任车，以商于齐……宁越饭牛车下，望见桓公而悲，击牛角而疾商歌。桓公闻之，抚其仆之手曰：'异哉！歌者非常人也！'命后车载之。"后因用为自荐求仕之典。储光羲《临江亭五咏》之三："借问商歌客，年年何处归？"严维《书情献相公》："魏阙望中何日见，商歌奏罢复谁听？"刘复《长歌行》："淮南木落秋云飞，楚宫商歌今正悲。"杜牧《分司东都寓居履道叨承川尹刘侍郎大夫恩知上四十韵》："商歌如不顾，归棹越南濡。"

【商管】 商声之管乐。张说《端午三殿侍宴应制探得鱼字》："小暑夏弦应，徽音商管初。"

【商賓】 商山之宾。借指东宫属官。白居易《雪中晏起偶咏所怀兼呈张常侍韦庶子皇甫郎中》："三年徽幸忝洛尹，两任优稳为商宾。"又《迂叟》："一辞魏阙就商宾，散地闲居八九春。"参见"商山四皓"。

【商調】 （—diào）音乐七调之一。其音凄凉。顾况《弹琴谷》："因君扣商调，草虫惊暗壁。"

【商霖】 《书·说命上》载，商王武丁得傅说，"爰立作相，王置诸其左右，命之曰：朝夕纳诲，以辅台德。若金，用汝作砺；若济巨川，用汝作舟楫；若岁大旱，用汝作霖雨。"孔传："霖，三日雨。霖以救旱。"后因以"商霖"用作称颂朝廷大臣之词。许浑《蒙河南刘大夫见示与吏部张公喜雪酬唱辄敢攀和》："即应携手去，将此助商霖。"

【商餘山】 山名。在唐汝州鲁山县（今属河南）。元结《二风诗》序："后三岁，以多病习静于商余山。"

【商聲】 ❶音乐五音之一。其声凄凉。刘长卿《听笛歌》："商声寥亮羽声苦，江天寂历江枫秋。"严维《相里使君宅听澄上人吹小管》："今夕襄阳山太守，座中流泪听商声。”刘禹锡《武昌老人说笛歌》：“商声五音随指发，水中龙应行云绝。”张祜《五弦》：“徵调侵弦乙，商声过指拢。”❷秋声。罗隐《广陵李仆射借示近诗因投献》：“语继盘盂抛俗格，气兼河岳带商声。”

【商嶺】 即商山。皇甫冉《送魏六侍御葬》：“门临商岭道，窗引洛城钟。”韩愈《答张彻》：“叠雪走商岭，飞波航洞庭。”白居易《和答诗十首·答四皓庙》：“先生相随去，商岭采紫芝。”许浑《亡题》：“商岭采芝寻四老，紫阳收术访三茅。”

【商嶺老人】 同“商山四皓”。亦用以指太子宾客。白居易《秋日与张宾客舒著作同游龙门醉中狂歌凡二百三十八字》：“商岭老人自追逐，蓬丘逸士相逢迎。”

【商嶺客】 即“商山四皓”。亦用以指太子宾客。李绅《七年初到洛阳寓居宣教里时已春暮而四老俱在洛中分司》：“官职谬齐商岭客，姓名那重汉廷臣。”徐铉《文献太子挽歌词五首》之二：“空余商岭客，行泪下宜春。”

【商隱】 以行商隐居。吴筠《高士咏·郑商人弦高》：“卓哉弦高子，商隐独摽奇！”

【商瞿】 （前522—？）字子木，春秋鲁人。从孔子学《易》。《史记·仲尼弟子列传》：“商瞿年长无子，其母为取室。孔子使之齐，瞿母请之。孔子曰：‘无忧，瞿年四十后当有五丈夫子。’已而果然。”后因用为年老无子或年老得子之典。元稹《听妻弹别鹤操》：“商瞿五十知无子，更付琴书与仲宣。”白居易《阿崔》：“孤单同伯道，迟暮过商瞿。”李群玉《哭小女痴儿》：“方同王衍钟情切，犹念商瞿有庆迟。”

【商顔】 商山之颜面。唐人多指商山及商州（治所在今陕西商县）一带。韩愈《次邓州界》：“商颜暮雪逢人少，邓鄙春泥见驿赊。”李绅《重入洛阳东门》：“商颜重命伊川叟，时事知非入洛人。”皮日休《正乐府十篇·惜义鸟》：“商颜多义鸟，义鸟实可嗟。”吴融《宿青云驿》：“苍黄负谴走商颜，保得微躬出武关。”

【商關】 指商州武关。无可《冬晚姚谏议宅会送元绪上人归南山》：“分题回谏笔，留偈在商关。”

【商蟲】 秋虫。孟郊《秋怀》之七：“商虫哭衰运，繁响不可寻。”

【商禱】 指商汤自责以过，以身求雨于桑林之事。李峤《晚秋喜雨》：“夏祈良未拟，商祷讵为俦？”

【商飆】 见“商飈”。

【商飆觀】 宫观名。即商飙馆。南朝齐武帝建。在金陵（今江苏南京）。袁朗《秋日应诏》：“叶落商飙观，鸿归明月池。”

【商飈】 亦作“商飙”。❶秋风。陈季《鹤警露》：“南国商飙动，东皋野鹤鸣。”刘言史《立秋》：“兹晨戒流火，商飙早已惊。”李山甫《山中病后作》：“卧病厌厌三伏尽，商飙初自水边来。”❷馆名。见“商飙觀”。

【商巖】 即商山。徐彦伯《送特进李峤入都祔庙》：“骑转商岩日，旌摇关塞烟。”崔备《使院忆山中道侣兼怀李约》：“阮巷惭交绝，商岩愧迹疏。”

啖

〔dàn《广韵》徒敢切，上敢，定。〕❶食，吃。元稹《送林复梦赴韦令辟》：“几回曾啖炙，千里远衔珠。”章孝标《鹰》：“会使老拳供口腹，莫辞亲手啖腥臊。”曹邺《将赴天平职书怀寄翰林从兄》：“开口啖酒肉，将何报相知？”❷给食，让别人吃。李白《侠客行》：“将炙啖朱亥，持觞劝侯嬴。”李端《杂歌呈郑锡司空文明》：“啖我还丹拍我背，令我延年在人代。”❸姓。见“啖侯”。

【啖咋】 （—zé）食，咬。韩愈《杂诗四首》之一：“得时能几时，与汝恣啖咋。”

【啖侯】 指啖助，唐经学家。字叔佐，赵州人。天宝末曾任临海尉、丹阳主簿。专治《春秋》，考三家短长，以十年之功，成《春秋集传》。事见《新唐书》卷二〇〇。杜甫《桥陵诗三十韵因呈县内诸官》：“郑氏才振古，啖侯笔不停。”仇兆鳌注引朱鹤龄曰：“啖侯，疑即啖助。”

【啖食】 嚼食，吞食。陈子昂《感遇诗三十八首》之十：“谗说相啖食，利害纷𠴲𠴲。”李白《古风》之一：“龙虎相啖食，兵戈逮狂秦。”

【啖養】 犹喂养，饲养。元稹《雉媒》：“啖养能几时，依然已驯熟。”

唍

〔guān《广韵》古還切，平删，見。〕见“唍唍”。

【唍唍】 象声词。象鸟鸣之声。寒山《诗三百三首》之一六四：“松风清飒飒，鸟语声唍唍。”又二九〇：“花上黄莺子，唍唍声可怜。”

唳

〔lì《广韵》郎計切，去霽，來。又練結切，入屑，來。〕鹤鸣。武三思《仙鹤篇》：“九皋独唳方清切，五里惊群俄断绝。”孟浩然《宿天台桐柏观》：“鹤唳清露垂，鸡鸣信潮早。”陈羽《小江驿送陆侍御归湖上山》：“鹤唳天边秋水空，荻花芦叶起西风。”李商隐《曲江》：“死忆华亭闻唳鹤，老忧王室泣铜驼。”亦指蝉鸣。鲍溶《闻蝉》：“高蝉旦夕唳，景物浮凉气。”

啓

〔qǐ《广韵》康禮切，上薺，溪。〕❶开启，打开。陈元光《太母魏氏半径题石》：“鸿蒙山暝启，骏彩德昭垂。”韦应物《拟古诗十二首》之二：“娟娟双青娥，微微启玉齿。”李涉《奉和九弟渤见寄绝句》：“忽启新缄吟近诗，诗中韵出碧云词。”李商隐《南潭上亭宴集以疾后至因而抒情》：“鹢舟萦远岸，鱼钥启重关。”亦指揭开。皎然《奉同颜使君真卿清风楼赋得洞庭歌送吴炼师归林屋洞》："不有古仙启其秘，今日安知灵宝经？"❷开始。贾曾《孝和皇帝挽歌》："新命千龄启，鸿图累圣余。"元结《忝官引》："往在乾元初，圣人启休运。"沈亚之《勤政楼下观百官献寿》："菊尊开九日，凤历启千秋。"徐夤《伤前翰林杨左丞》："皇天未启升平运，不使伊皋相禹汤。"❸开创，创建。贺朝《从军行》："常山启霸图，汜水先天策。"殷寅《玄元皇帝应见贺圣祚无疆》："昔赞神功启，今符圣祚延。"徐夤《两晋》："三世深谋启帝基，可怜孀妇与孤儿。"赵光逢《梁郊祀乐章·庆和》："帝业显，王道夷。受景命，启皇基。"❹萌生；初起。王绰《迎春东郊》："御柳初含色，龙池渐启津。"顾况《同裴观察东湖望山歌》："夜光潭上明星启，风雨坛边树如洗。"白居易《新乐府·阴山道》："谁知黠虏启贪心，明年马多来一倍。"❺开导，启发。张九龄《酬周判官巡至始兴见贻之作兼呈耿广州》："瘠土资劳力，良书启蒙蔽。"崔颢《赠怀一上人》："上启黄屋心，下除苍生缚。"韦应物《复理西斋寄丘员外》："援斧开众郁，如师启群蒙。"吴融《和严谏议萧山庙十韵》："肺肠无处说，一为启聪明。"❻发；施。颜真卿《赠僧皎然》："元化隐灵踪，始君启高致。"耿沣《奉送崔侍御和蕃》："新恩明主启，旧好使臣修。"亦指引发。欧阳詹《和严长官秋日登太原龙兴寺阁野望》："烟火遗尧庶，山河启圣猷。"贾彦章《王龙骧墓》："刀悬临益梦，龙启渡江谣。"❼禀告；启奏。元稹《感梦》："启云吏有奉，奉命传所旨。"白居易《新乐府·骠国乐》："曲终王子启圣人，臣父愿为唐外臣。"又《三月三日祓禊洛滨》序："前一日，启留守裴令公。"❽危坐。席地而坐的一种姿势，亦称"跪"。其势双膝着地，腰股伸直。见"启坐""启处"。❾人名。即夏后帝启。夏禹之子。卢僎《上幸皇太子新院应制》："父子成钊合，君臣禹启同。"武元衡《顺宗至德大圣皇帝挽歌词三首》之三："缵夏功传启，兴周业继昌。"李商隐《送从翁东川弘农尚书幕》："元子当传启，皇孙合授询。"

【啓土】　分封土地。权德舆《元和元年蒙恩封成纪县伯时室中封安喜县君感庆兼怀聊申贺赠》："启土封成纪，宜家县安喜。"

【啓户】　开门。刘沧《秋日山斋书怀》："启户清风枕簟幽，虫丝吹落挂帘钩。"

【啓母】　夏后帝启之母，夏禹之妻。神话传说谓禹娶涂山氏，名修己。后涂山氏于嵩高山下化为石。禹呼曰："还我子！"石破乃生启。卢仝《萧宅二三子赠答诗二十首·石请客》："启母是诸母，三十六峰是诸父。"参阅《山海经·中山经·泰室山》与《汉书·武帝纪》颜师古注。

【啓告】　禀告，启奏。罗隐《中元甲子以辛丑驾幸蜀四首》之二："跪望峻山重启告，可能余烈不胜妖。"

【啓坐】　犹安坐、安居。古人双膝着地，臀部落于脚跟之上谓之"坐"；双膝着地，伸直腰股谓之"启"，亦称"跪"或"危坐"。杜审言《大酺》："紫宫初启坐，苍璧正临春。"

【啓沃】　谓臣子竭诚献策以辅佐君主。语本《书·说命上》："启乃心，沃朕心。"意谓"尽开汝心所有，以灌沃我心"。高适《古乐府飞龙曲留上陈左相》："迹与松乔合，心缘启沃留。"杨巨源《张郎中段员外初直翰林报寄长句》："启沃朝朝深禁里，香炉烟外是公卿。"杜牧《分司东都叨承川尹刘侍郎大夫恩知上四十韵》："性与奸邪背，心因启沃冥。"

【啓事】　❶向上司禀报事情。权德舆《送从翁赴任长子县令》："启事才方惬，临人政自殊。"❷文体名。陈述事情之奏章或函件。李商隐《赠宇文中丞》："人间只有嵇延祖，最望山公启事来。"

【啓明】　星名。即金星，亦称太白星。晨见于东方称启明，晚见于西方称长庚。权德舆《酬穆七侍郎早登使院西楼感怀》："楼中迟启明，林际挥宿烟。"刘禹锡《途中早发》："中庭望启明，促促事晨征。"

【啓奏】　上奏。向帝王上书或进言。于鹄《宿西山修下元斋咏》："启奏修律仪，天曙山鸟鸣。"

【啓迪】　启发，开导。顾况《游子吟》："圣主虽启迪，奇人分湮沈。"

【啓梵】　诵经。李绅《题法华寺五言二十韵》："磬疏闻启梵，钟息见安禅。"

【啓處】　同"启坐"。指安坐、安居。"处"指坐。储光羲《同房宪部应旋》："我地少安住，念天时启处。"

【啓閉】　❶开与关，引申指开始与结束。元稹《茅舍》："启闭既及期，公私亦相借。"❷分指立春、立夏、立秋、立冬四节令。前二者称"启"；后二者为"闭"。严维《题鲍行军小阁》："虚明先旦暮，启闭异冬春。"范传质《荐冰》："乘春方启闭，羞献有常程。"

【啓期】　即荣启期。春秋时隐士。善琴瑟，尝言己有三乐：生而为人，一乐；得为男子，二乐；年高九十五，三乐。后遂用为安贫乐道之典故。元稹《放言五首》之四："孙登不语启期乐，各自当情各自欢。"白居易《北窗三友》："嗜诗有渊明，嗜琴有启期。"

【啓路】　开道；开放道路。虞世南《凌晨早朝》："重门应启路，通籍引王侯。"宋璟《奉和圣制答张说扈从南出雀鼠谷》："禹行山启路，舜在邑为都。"

【啓發】　❶犹开放。李白《登巴陵开元寺西阁赠衡岳僧方外》："登眺餐惠风，新花期启发。"❷开启，打开。樊铸《及第后读书院咏物十首上礼部李侍郎·钥匙》："赖因相启发，遂得振金声。"

【啓齒】　❶开口露齿而笑。元稹《春六十韵》：

"启齿呈编贝，弹丝动削葱。"白居易《得潮州杨相公继之书并诗以此寄之》："初睹银钩还启齿，细吟琼什欲沾巾。"又《新乐府·胡旋女》："曲终再拜谢天子，天子为之微启齿。"韩偓《荔枝三首》之二："想得佳人微启齿，翠钗先取一双悬。"❷开口说话。张九龄《登南岳事毕谒司马道士》："入室希把袖，登床愿启齿。"刘禹锡《韩十八侍郎见示岳阳楼别窦司直诗故足成六十二韵》："兴酣更抵掌，乐极同启齿。"

【啓蟄】 节气名。即今惊蛰。因蛰伏过冬之动物至此时复出，故称。古之惊蛰在"雨水"前，至汉行太初历，始改在"雨水"后。滕迈《春色满皇州》："阳和如启蛰，从此事芳游。"李洪《腊月中游发生洞见双白蝙蝠三飞洞门时多异之同为口号》："应知五马来，启蛰迎春荣。"

【啓顔】 开颜而笑。卢仝《走笔追王内丘》："夫子一启颜，义重千黄金。"

【啓關】 拉开门闩，开门。长孙辅佐《山居》："有时独杖藜，入夜犹启关。"张蠙《雨》："半夜西亭雨，离人独启关。"郑谷《峡中寓止二首》之二："寨将来相问，儿童竞启关。"

啜 〔chuò《广韵》昌悦切，入薛，昌。又尝芮切，去祭，禅。又殊雪切，入薛，禅。〕❶饮，喝。颜真卿、张荐《七言大言联句》："四方上下无外头，一啜顿涸沧溟流。"孟郊《吊卢殷》之七："醉啜二杯醨，名郁一县香。"李德裕《忆药苗》："岂如甘谷士，只得香泉啜。"崔珏《美人尝茶行》："朱唇啜破绿云时，咽入香喉爽红玉。"❷食，吃。皮日休《初夏即事寄鲁望》："驻我一栈车，啜君数藜羹。"周昙《咏史诗·前汉门·高祖》："爱子从烹报主时，安知强啜不含悲？"贯休《送张拾遗赴施州司户》："且啜千年羹，醉巴酒。"

【啜汁】 《史纪·魏世家》："彼劝太子战攻，欲啜汁者众。太子虽欲还，恐不得矣。"张守节正义："冀功勋者众也。"后因以"啜汁"喻指乘机邀功图利者。陆龟蒙《杂讽九首》之二："得非佐饔者，齿齿待啜汁？"

【啜泣】 抽泣；抽噎。韩偓《感事三十四韵》："独夫常啜泣，多士已忘筌。"

【啜茗】 饮茶。李嘉祐《同皇甫侍御题荐福寺一公房》："啜茗翻真偈，然灯继夕阳。"萧祜《游石堂观》："嚼瓜啜茗身清凉，汗消絺绤如迎霜。"方干《山中言事》："日与村家事渐同，烧松啜茗学邻翁。"

【啜哺】 犹饮食。李绅《移九江》："体瘦寡行立，家肥安啜哺。"又《过梅里七首·忆东郭居》："醒醉迷啜哺，衣裳辨颠倒。"

【啜啄】 饮食貌。寒山《诗三百三首》之二九三："蔬斋敷茅坐，啜啄食紫芝。"

【啜菽飲水】 吃豆子，喝清水。《礼记·檀弓下》："子路曰：'伤哉贫也！生无以为养，死无以为礼也！'子曰：'啜菽饮水，尽其欢，斯之谓孝。'"后遂以"啜菽饮水"指贫者生活清苦亦可事亲尽孝。王勃《倬彼我系》之七："愿言毓德，啜菽饮水。"

九 画

喫 〔chī《广韵》苦擊切，入錫，溪。〕❶把食物放入口中经咀嚼咽下。王梵志《诗》之七二："煞生最罪重，吃肉亦非轻。"杜甫《甘林》："子实不得吃，货市送王畿。"白居易《放旅雁》："健儿饥饿射汝吃，拔汝翅翎为箭羽。"柳棠《答杨尚书》："一鱼吃了终无愧，鹍化为鹏也不难。"郑谷《山鸟》："惊飞失势粉墙高，好个声音好羽毛。小婢不须催柘弹，且从枝上吃樱桃。"❷饮，喝。崔国辅《对酒吟》："蒙笼荆棘一鸟吟，屡唱提壶沽酒吃。"杜甫《送李校书二十六韵》："临岐意颇切，对酒不能吃。"白居易《咏怀》："有诗不敢吟，有酒不敢吃。"项斯《梦仙》："云叶许裁成野服，玉浆教吃润愁身。"

【喫虚】 犹吃亏。孙棨《题刘泰娘舍》："汉高新破咸阳后，英俊奔波遂吃虚。"

【喫著】 （—zhuó）吃和穿，泛指生活费用。伏牛上人《三伤颂》："吃著能几多，强自萦烦恼。"

【喫虧】 受损失。杜牧《隋苑》："却笑吃亏隋炀帝，破家亡国为谁人。"

喆 〔同"哲"。〕权德舆《书绅诗》："败礼因近习，喆人自居贞。"

喜 〔xǐ《广韵》虚里切，上止，曉。〕❶欣喜，喜悦。戎昱《上李常侍》："千里政声人共喜，三军令肃马前嘶。"韦元甫《木兰歌》："父母见木兰，喜极成悲伤。"张碧《农父》："运锄耕斸侵星起，陇亩丰盈满家喜。"孙郃《哭方玄英先生》："犹喜韦补阙，扬名荐天子。"❷喜事。白居易《仆射来示兼简尚书联句》："有喜鹊频语，无机鸥不惊。"❸喜好。见"喜尚""喜客"。❹通"蟢"。见"蟢子"。

【喜子】 蜘蛛的一种。体细长，暗褐色，长脚。张祜《江南杂题三十首》之五："芘姑交宛叶，喜子抱游丝。"

【喜兆】 吉兆，喜事之预兆。李洞《龙州韦郎中先梦六赤后因打叶子以诗上》："微黄喜兆庄周梦，六赤重新掷印成。"

【喜色】 高兴的颜色。白居易《喜刘苏州恩赐金紫遥相贺宴以诗庆之》："贺宾喜色欺杯酒，醉妓欢声遏管弦。"刘沧《看榜日》："广陌万人生喜色，曲江千树发寒梅。"

【喜事】 值得高兴和庆贺之事。韩愈《咏灯花同侯十一》："更烦将喜事，来报主人公。"

【喜雨】 为下雨而高兴。李峤有《奉和春日游苑喜雨应制》。

【喜尚】 好尚。元结《游潓泉示泉上学者》："惬心则自适，喜尚人或殊。"无名氏《海阳泉》(《全唐诗逸》卷下)："人谁无耽爱，各亦有所偏。于吾喜尚中，不厌千万泉。"

【喜客】 好客，对来客热情。李商隐《江林题壁》："喜客尝留橘，应官说采金。"

【喜怒】 喜悦和愤怒。陆龟蒙《杂讽九首》之四："无木亦无风，笙簧由喜怒。"李山甫《风》："喜怒寒暄直不匀，终无形状始无因。"

【喜悦】 高兴。寒山《诗三百三首》之二八八："顺情生喜悦，逆意多瞋恨。"储光羲《田家杂兴八首》之一："闲时相顾笑，喜悦好禾黍。"贯休《秋居寄王相公三首》之一："饼唯餐喜悦，社已得宗雷。"

【喜氣】 ❶喜悦的气氛。陆坚《奉和圣制送张说上集贤学士赐宴》："书殿荣光满，儒门喜气临。"薛羿《敕赠康尚书美人》："天门喜气晓氛氲，圣主临轩召冠军。"刘威《七夕》："云收喜气星楼晓，香拂轻尘玉殿空。"贯休《归东阳临岐上杜使君七首》之四："忧民心切出冲炎，禾稼如云喜气兼。"❷祥瑞之气。司空图《贺翰林侍郎二首》之二："文星喜气连台曜，圣主方知四海安。"

【喜宴】 为喜庆之事而办的宴席。钱起《春夜宴任六昆季宅》："不才叨下客，喜宴齿诸簪。"

【喜捷】 为战争获胜而欣喜。玄宗有《旋师喜捷》。

【喜雪】 为下瑞雪而高兴。李商隐有《喜雪》。

【喜逢】 欣喜相逢。白居易《与诸道者同游二室至九龙潭作》："喜逢二室游仙子，厌作三川守土臣。"韦庄《曲池作》："咏诗行信马，载酒喜逢人。"

【喜期】 谓男女相会之期。颜真卿，清昼《三言重拟五杂组联句》："五杂组，五色丝，往复还，回文诗，不得已，失喜期。"

【喜晴】 为天气晴朗而高兴。刘长卿有《喜晴》。

【喜慍】 喜悦和愤怒。李中《献乔侍郎》："卷舒唯合道，喜愠不劳神。"

【喜聞】 高兴地听到。张碧《山居雨霁即事》："喜闻东皋润，欲往未通屐。"曹邺《怨歌行》："喜闻有行役，结束不待车。"

【喜樂】 (一lè)高兴，快乐。花蕊夫人徐氏《宫词》之一四八："宫局总来为喜乐，院中新拜内尚书。"

【喜慶】 谓值得高兴和庆贺之事。曹邺《送郑谷归宜春》："况是飞鸣后，殊为喜庆多。"

【喜遷鶯】 词牌名。有小令与长调两体。小令双调四十七字，上片四平韵，下片两仄韵转两平韵或平韵。因韦庄词中有"争看鹤冲天"句，故亦名《鹤冲天》；又因冯延巳词中有"拂面春光长好"句，故又名《春光好》。另有《燕归梁》《万年枝》《喜迁莺令》等名称。长调一百零三字，上片五仄韵，下片四至六仄韵。亦名《喜迁莺慢》《烘春桃李》等。李煜、韦庄、冯延巳均有《喜迁莺》词。

【喜憂】 喜悦忧愁。唐彦谦《和陶渊明贫士诗七首》之七："书生自无田，与众同喜忧。"

【喜聲】 报喜声。姚合《游春十二首》之二："好个林间鹊，今朝足喜声。"

【喜鵲】 鸟。嘴尖尾长，体大都呈黑色，肩和腹部白色，叫声嘈杂。古人附会鹊能报喜，故称。刘希夷《代秦女赠行人》："今朝喜鹊傍人飞，应是狂夫走马蹄。"钱起《送郑巨及第后归觐》："离人背水去，喜鹊近家迎。"李绅《江南暮春寄家》："想得心知近寒食，潜听喜鹊望归来。"鱼玄机《迎李近仁员外》："今日喜时闻喜鹊，昨宵灯下拜灯光。"

【喜顏】 欣喜的神色。韩愈、李正封《晚秋郾城夜会联句》："喜颜非忸怩，达志无陨获。"

【喜歡】 愉快，高兴。白居易《酬郑二司录与李六郎中寒食日相过同宴见赠》："相对喜欢还怅望，同年只有此三人。"陈标《赠元和十三年登第进士》："文字一千重马拥，喜欢三十二人同。"徐铉《寄歙州吕判官》："风光适意须留恋，禄秩资贫且喜欢。"

喪[1]

〔sāng《广韵》息郎切，平唐，心。〕❶哀悼死者的仪式。白居易《慈乌夜啼》："昔有吴起者，母殁丧不临。"姚合《敬宗皇帝挽词三首》之一："彩仗三清路，麻衣万国丧。"❷指祸难。聂夷中《过比干墓》："佞是福身本，忠作丧己源。"见"喪亂"。

喪[2]

〔sàng《广韵》蘇浪切，去宕，心。〕❶丧失；失去。李白《上崔相百忧草》："斯文未丧，东岳岂颓。"孟郊《感怀》："白日临尔躯，胡为丧丹诚。"朱庆余《行路难》："德丧淳风尽，年荒蔓草盈。"陈陶《塞下曲》之三："望湖阙下战，杂虏丧全师。"❷死亡。岑参《故仆射裴公挽歌三首》之二："五府瞻高位，三台丧大贤。"白居易《新乐府·李夫人》："汉武帝，初丧李夫人。"马戴《哭京兆庞尹》："神州丧贤尹，父老泣关中。"李洞《吊郑宾客》："朝行丧名节，岳色惨天风。"❸衰亡；失败。张说《郭代公元振》："兴丧一言决，安危万心注。"❹忘记，忘掉。《庄子·齐物论》："今者吾丧我，汝知之乎？"成玄英疏："丧，犹忘也。"王维《山中示弟》："山林吾丧我，冠带尔成人。"❺消耗，耗费。杜甫《暇日小园散病》："老病忌拘束，应接丧精神。"元稹《八骏图诗》序："吾闻八骏日行三万里。夫车行三万里而无毁轮坏辕之患，盖神车者；行三万里而无丧精褫魄之患，亦神之人也。”

【喪$_2$亡】 死亡。杜牧《李甘诗》：“贤者须丧亡，谗人尚堆堵。”

【喪$_2$元】 谓斩首。储光羲《贻余处士》：“吴王昔丧元，隋帝又灭祀。”

【喪$_2$文】 丧失斯文。语出《论语·子罕》：“子畏于匡，曰：‘文王既没，文不在兹乎？天之将丧斯文也，后死者不得与于斯文也；天之未丧斯文也，匡人其如予何！’”李白《雪谗诗赠友人》：“天未丧文，其如余何！”

【喪$_2$主】 谓失去国君。沈亚之《秦梦诗三首》之三：“春景似伤秦丧主，落花如雨泪燕脂。”

【喪$_2$志】 丧失志气。郑谷《池上》：“丧志嫌孤宦，忘机爱淡交。”

【喪車】 灵车，装运死者之车。张籍《北邙行》：“洛阳北门北邙道，丧车辚辚入秋草。”元稹《思归乐》：“丧车四门出，何关炎瘴萦。”又《出门行》：“丧车黔首葬，吊客青蝇至。”《谣·神鸡童谣》：“父死长安千里外，差夫治道挽丧车。”

【喪$_2$明】 谓眼睛失明。语出《礼记·檀弓上》：“子夏丧其子而丧其明。”元稹《哭子十首》之八：“长年苦境知何限，岂得因儿独丧明。”郑谷《兵部卢郎中光济借示诗集以四韵谢之》：“叶公好尚浑疏阔，忽见真龙几丧明。”

【喪$_2$真】 丧失天真。姚合《感时》：“信涉名利道，举动皆丧真。”

【喪$_2$家】 丧失家庭。白居易《过元家履信宅》：“鸡犬丧家分散后，林园失主寂寥时。”远公《伤悼前蜀废国》：“牵羊废主寻倾国，指鹿奸臣尽丧家。”孙鲂《看牡丹二首》之一：“北方有态须倾国，西子能言亦丧家。”

【喪$_2$家狗】 喻人无所依，如犬之无主。语本《史记·孔子世家》。杜甫《奉赠李八丈判官》：“真成穷辙鲋，或似丧家狗。”又《将适吴楚留别章使君留后兼幕府诸公得柳字》：“昔如纵壑鱼，今如丧家狗。”元稹《酬乐天得微之诗知通州事因成四首》之四：“饥摇困尾丧家狗，热暴枯鳞失水鱼。”卢仝《冬行三首》之二：“可怜圣明朝，还为丧家狗。”

【喪$_2$逝】 死亡。《乱后春日途经野塘》：“季重旧游多丧逝，子山新赋极悲哀。”

【喪$_2$敗】 丧乱。杜甫《佳人》：“关中昔丧败，兄弟遭杀戮。”

【喪$_2$偶】 死去配偶。胡宿《次韵徐爽见寄》：“寂寞死灰人丧偶，婆娑生意树交阴。”

【喪亂】 死丧祸乱。王绩《薛记室收过庄见寻率题古意以赠》：“伊昔逢丧乱，历数闰当余。”杜甫《茅屋为秋风所破歌》：“自经丧乱少睡眠，长夜沾湿何由彻。”戴叔伦《抚州对事后送外生宋垓归饶州觐侍呈上姊夫》：“淮汴初丧乱，蒋山烽火起。”齐己《送吴守明先辈游蜀》：“丧乱嘉陵驿，尘埃贾岛诗。”

【喪禍】 死丧祸乱。寒山《诗三百三首》之七二：“应当有别离，复是遭丧祸。”

【喪$_2$精褫魄】 丧失精神和力量。元稹《八骏图诗》序：“行三万里而无丧精褫魄之患，亦神之人也。”

【喪$_2$膽】 形容极为恐惧。薛能《献仆射相公》：“强虏外闻应丧胆，平人相见尽开颜。”

喃

〔nán《广韵》女咸切，平咸，娘。〕见“喃喃”。

【喃喃】 象声词。(1)鸟啼声。白居易《燕诗示刘叟》：“喃喃教言语，一一刷毛衣。”唐彦谦《留别四首》之二：“野花红滴滴，江燕语喃喃。”贯休《读吴越春秋》：“今日雄图又何在，野花香径鸟喃喃。”(2)读书声。寒山《诗三百三首》之十六：“仙书一两卷，树下读喃喃。”又《诗三百三首》之二〇：“微风吹幽松，近听声逾好。下有斑白人，喃喃读黄老。”孟郊《忽不贫喜卢仝书船归洛》：“喃喃肩经郎，言语倾琪琚。”(3)箜篌等乐器声。顾况《李供奉弹箜篌歌》：“小弦似春燕，喃喃向人语。”鱼玄机《光威裒姊妹三人少孤而始妍乃有是作有客自京师来者示予因次其韵》：“一曲艳歌琴杳杳，四弦轻拨语喃喃。”

哱

〔bó〕怒声。白居易《效陶潜体诗十六首》之十：“壮士磨匕首，勇愤气咆哱。”

嘤

〔yāo《广韵》於霄切，平宵，影。〕见“嘤嘤”。

【嘤嘤】 象声词。虫鸣声。孟郊《秋怀》之八：“织织劳无衣，嘤嘤徒自鸣。”白居易《秋虫》：“切切暗窗下，嘤嘤深草里。”

喚

〔huàn《广韵》火貫切，去换，曉。〕❶呼喊；呼叫。张谓《岐王席上咏美人》：“平阳莫相妒，唤出不如他。”杜甫《病后遇王倚饮赠歌》：“遣人向市赊香粳，唤妇出房亲自馔。”白居易《在家出家》：“中宵入定跏趺坐，女唤妻呼多不应。”薛涛《鹦鹉离笼》：“陇西独自一孤身，飞去飞来上锦茵。都缘出语无方便，不得笼中再唤人。”❷邀请；召唤。杜甫《续得观书迎就当阳居止正月中旬定出三峡》：“自汝到荆府，书来数唤吾。”李涉《题白鹿兰若》：“只去都门十里强，竹阴流水绕回廊。满城车马皆知有，每唤同游尽道忙。”韦庄《遣兴》：“声声林上鸟，唤我北归秦。”❸招引；招致；引起。戴叔伦《暮春感怀》之二："杜宇声声唤客愁，故园何处此登楼。"郑巢《题灵隐寺皖公院》："岚昏声磬早，果熟唤猿迟。"李商隐《燕台四首·夏》："绫扇唤风阊阖天，轻帏翠幕波渊旋。"❹啼鸣。刘希夷《代闺人春日》："林间鸟鸣唤，户外花相待。"韩愈《永贞行》："一蛇两头见未曾，怪鸟鸣唤令人憎。"又《东都遇春》："朝曦入牖来，鸟唤昏不醒。"❺称，称呼。胡曾《戏妻族语不正》："呼十却为石，唤针将作真。忽然云雨至，总道是天因。"参见"唤作❶"。

【唤仗】 唐天子上朝的仪式之一。白居易《和集贤刘学士早朝作》："吟君昨日早朝诗，金御炉前唤仗时。"

【唤作】 ❶叫作，称作。寒山《诗三百三首》之二二六："将他《儒行》篇，唤作贼盗律。"张祜《读老庄》："等闲缉缀闲言语，夸向时人唤作诗。"孙元晏《咏史诗·宋·王方平》："著却貂裘将采药，任他人唤作渔师。"❷以为。崔道融《病起二首》之一："病起春已晚，曳筇伤绿苔。强攀庭树枝，唤作花未开。"

【唤取】 呼请。杜甫《戏作花卿歌》："既称绝世无，天子何不唤取守京都。"又《江畔独步寻花七绝句》之四："谁能载酒开金盏，唤取佳人舞绣筵。"刘行敏《嘲李叔慎贺兰僧伽善贤》："唤取长安令，共猎北山熊。"

【唤起】 ❶叫起。杜甫《秋日夔州咏怀寄郑监李宾客一百韵》："唤起搔头急，扶行几屐穿。"李商隐《燕台四首·秋》："帘钩鹦鹉夜惊语，唤起南云绕云梦。"李洞《乙酉岁自蜀随计趁试不及》："客卧涪江蘸月厅，知音唤起进趋生。"❷鸟名。韩愈《赠同游》："唤起窗全曙，催归日未西。"宋洪兴祖注："唤起，催归，二禽名也。"

喈 〔jiē《广韵》古諧切，平皆，見。〕❶象声词。见"喈喈❶"。❷风雨疾速貌。见"喈喈❷"。

【喈喈】 ❶象声词。(1)禽鸟鸣叫声。张说《送尹补阙元凯琴歌》："先王册府，麒麟之台，鶋雌众雏故山曲，其鸣喈喈，其鸣喈喈，欲往衔之欻去来。"王季友《别李季友》："栖鸟不恋枝，喈喈在同声。"孟郊《南浦篇》："鸟鸣喈喈烟濛濛，自从远送对悲翁。"(2)啼哭声。孟郊《送淡公》之六："江湖有故庄，小女啼喈喈。"❷风雨疾速貌。元稹《痁卧闻幕中诸公征乐会饮因有戏呈三十韵》："穹苍真漠漠，风雨漫喈喈。"

喁 〔yóng《广韵》魚容切，平鐘，疑。〕鱼口露出水面呷动貌。见"喁喁""喁噞"。

【喁喁】 鱼口露出水面翕动貌。韩愈《南山诗》："喁喁鱼闯萍，落落月经宿。"

【喁噞】 义同"喁喁"。喻讽咏时口动之状。韩愈《喜侯喜至赠张籍张彻》："摇摇不可止，讽咏日喁噞。"

嗢 〔wò《广韵》烏八切，入黠，影。〕❶吞咽。见"嗢咽"。❷语声。见"嗢咿"。❸水流声。见"嗢嗢"。

【嗢咽】 (—yàn)吞咽，饮吞。陆龟蒙《奉酬袭美先辈吴中苦雨一百韵》："低头增叹咤，到口复嗢咽。"刘景复《梦为吴泰伯作胜儿歌》："汉土民皆没为虏，饮恨吞声空嗢咽。"

【嗢咿】 谓言语不懂或听不清。韩愈《和虞部卢四酬翰林钱七赤藤杖歌》："滇王扫宫避使者，跪进再拜语嗢咿。"

【嗢嗢】 象声词。水流声。元稹《景申秋八首》之三："嗢嗢檐霤凝，丁丁窗雨繁。"

【嗢落】 唐塞外地名，即嗢昆水。见《新唐书·地理志七下》。李益《送客归振武》："胡山通嗢落，汉节绕浑邪。"

喝 〔hè《广韵》許葛切，入曷，曉。〕❶大声喊叫。韩愈《雨中寄孟刑部几道联句》："争名求鹄徒，腾口甚蝉喝。"李贺《秦王饮酒》："洞庭雨脚来吹笙，酒酣喝月使倒行。"齐己《苦热行》："离宫画开赤帝怒，喝出六龙奔日驭。"吕岩《绝句》之二八："连喝三回急急去，欻然空里人头落。"❷斥骂。李商隐《安平公诗》："华州留语晓至暮，高声喝吏放两衙。"孔颙《上浙东孟尚书》："有个将军不得名，唯教健卒喝书生。"无名氏《王法曹歌》(卷八七四)："见钱满面喜，无镪从头喝。常逢饿夜叉，百姓不可活。"

【喝殺】 鸣叫声。刘禹锡《白鹰》："轻抛一点入云去，喝杀三声掠地来。"

【喝盧】 《晋书·刘毅传》："毅次掷得雉，大喜，褰衣绕床叫，谓同坐曰：'非不能卢，不事此耳。'裕恶之，因挼五木久之，曰：'老兄试为卿答。'既而四子俱黑，其一子转跃未定。裕厉声喝之，即成卢焉。"按：五子皆黑名卢，为摴蒲中最高之采。李商隐《代应二首》之二："昨夜双钩败，今朝百草输。关西狂小吏，唯喝绕床卢。"孙元宴《咏史诗·晋刘毅》："绕床堪壮喝卢声，似铁容仪众尽惊。"陆龟蒙《奉酬袭美先辈吴中苦雨一百韵》："隐几还自怡，逢卢亦争喝。"

喟 〔kuì《广韵》丘愧切，去至，溪。又苦怪切，去怪，溪。〕感叹；叹息。卢僎《稍秋晓坐闻鱼舟东下扬州即事寄上族父江阳令》："喟无排云翮，暂得抒离忧。"韩愈《驽骥》："喟余独兴叹，才命不同谋。"

【喟然】 感叹、叹息貌。王维《奉送六舅归陆浑》："伯舅吏淮泗，卓鲁方喟然。"刘禹锡《和李六侍御文宣王庙释奠作》:“闻君喟然叹,偏在上丁时。”薛光谦《任阆中下乡检田登艾萧山北望》:“回首乡关路,行歌犹喟然。”

單1 〔dān《广韵》都寒切,平寒,端。〕❶单独,一个。见“單身”“單馬”“單棲”“單騎”。❷衣衫单薄。岑参《李翥游江外》:“家贫禄尚薄,霜降衣仍单。”戎昱《罗江客舍》:“自伤庭叶下,谁问客衣单。”白居易《新乐府·卖炭翁》:“可怜身上衣正单,心忧炭贱愿天寒。”李商隐《行次西郊作一百韵》:“健儿立霜雪,腹歉衣裳单。”❸衰弱;寡少。孟郊《秋怀》之二:“秋月颜色冰,老客志气单。”又《路病》:“欲饮井泉竭,欲医囊用单。”❹通“箪”。食器。杜甫《陪郑广文游何将军山林十首》之七:“脆添生菜美,阴益食单凉。”参见“單醪”。

單2 〔chán《广韵》市連切,平仙,禪。〕❶见“單$_2$于”“單$_2$于庭”“箪$_2$于臺”。❷见“單$_2$閼”。

單3 〔shàn《广韵》時戰切,去線,禪。又常演切,上獮,禪。〕姓。见“單$_3$豹”“單$_3$雄信”。

【單$_2$于】 ❶汉时匈奴称其君长为单于。《史记·匈奴传》:“匈奴单于曰头曼。”裴骃集解引《汉书音义》:“单于者,广大之貌,言其象天单于然。”后用以乏称北方少数民族上层头领。贺朝《从军行》:“天子金坛拜飞将,单于玉塞振佳兵。”贾至《燕歌行》:“五军精卒三十万,百战百胜擒单于。”卢纶《和张仆射塞下曲》之三:“月黑雁飞高,单于夜遁逃。”无名氏《胡笳曲》(卷七八六):“汉家自失李将军,单于公然来牧马。”❷指单于都护府或其辖地。唐六都护府之一。唐高宗永徽元年(650),于蒙古大沙漠南置单于都护府,开元九年(721)都护府划归朔方节度使领辖。统辖碛南突厥部落诸府州。地约当今河套以北的广大地区。治所在云中(今内蒙古和林格尔西北土城子)。崔颢有《送单于裴都护赴西河》。岑参《热海行送崔侍御还京》:“势吞月窟侵太白,气连赤坂通单于。”李益《送柳判官赴振武》:“虏地山川壮,单于鼓角雄。”刘沧《边思》:“汉将边方皆镳轳,受降城北是单于。”❸角曲名。有两种,一曰大单于,一名小单于。多用于描写时间的流逝或边塞生活。李益《听晓角》:“无限塞鸿飞不度,秋风卷入《小单于》。”鲍溶《淮南卧病因抒长句》:“玉帐黄昏大刁斗,月营寒晓《小单于》。”温庭筠《病中书怀呈友人》:“塞歌伤督护,边角思《单于》。”

【單$_2$于庭】 匈奴所都处。《史记·匈奴列传》:“右方王将居西方,直上郡以西,接月氏、氐、羌,而单于之庭直代、云中。”司马贞索隐:“谓匈奴所都处为‘庭’。乐彦云‘单于无城郭,不知何以国之。穹庐前地若庭,故云庭。’”刘湾《李陵别苏武》:“转战单于庭,身随汉军没。”

【單$_2$于臺】 在今内蒙古自治区呼和浩特市西。相传汉武帝曾率军登临此台。陈子昂《感遇诗三十八首》之三五:“西驰丁零塞,北上单于台。”李益《塞下曲》之二:“秦筑长城城已摧,汉武北上单于台。”张嫔《登单于台》:“边兵春尽回,独上单于台。”

【單$_3$父】 (—fǔ)❶县名。春秋鲁邑。秦置县,西汉因之,属山阳郡;东汉为侯国;晋为济阴郡。南朝宋改为离狐县。今山东单县东南。隋于县置戴州,大业废。唐武德五年(622),复置戴州。贞观十七年(643),戴州废,县属宋州。李白有《登单父陶少府半月台》。高适有《单父逢邓司仓覆仓库因而有作》。岑参《送楚丘麴少府赴省》:“单父闻相近,家书早为传。”又《梁园歌送河南王说判官》:“单父古来称宓生,只今为政有吾兄。”❷人名。指宓子贱。春秋末鲁国人,名不齐,孔子学生。曾为单父宰,弹琴不下堂而治。杜甫《夏夜李尚书筵送宇文石首赴县联句》:“单父长多暇,河阳实少年。”刘得仁《送河池李明府之任》:“想得询民瘼,方称单父心。”李中《新喻县酬王仲华少府见贻》:“每渐花欠河阳景,长愧琴无单父声。”

【單$_3$父臺】 (父 fǔ)即宓子贱琴台。高三丈。在单父县(今山东单县东南)北。杜甫《昔游》:“昔者与高李,晚登单父台。”

【單$_3$父琴】 (父 fǔ)宓子贱琴。子贱为单父宰,弹琴不下堂而治。见《韩诗外传》卷二。杜甫《赠裴南部闻袁判官自来欲有按问》:“尘满莱芜甑,堂横单父琴。”高适《同房侍御山园新亭与邢判官同游》:“灌坛有遗风,单父多鸣琴。”罗隐《送前南昌崔令替任映摄新城令》:“亦知单父琴犹在,莫厌东归酒未醒。”

【單行】 (—xíng)单独行动,单独行走。吕岩《登平都访仙》之一:“两只单行谁解识,五阴空使马蹄虚。”

【單衣】 单薄的衣衫,单层无里子的衣服。李颀《行路难》:“火浣单衣绣方领,茱萸锦带玉盘囊。”刘禹锡《初夏曲三首》之一:“稍嫌单衣重,初怜北户开。”温庭筠《会昌丙寅丰岁歌》:“芊芊单衣麦田路,村南娶妇桃花红。”小白《罗浮》:“游人莫著单衣去,六月飞云带雪寒。”

【單車】 轻车。王维《使至塞上》:“单车欲问边,属国过居延。”刘长卿《送姨子弟往南郊》:“今我单车复西上,郎去灞陵转惆怅。”曹邺《将赴天平职书怀寄翰林从兄》:“方得一侍坐,单车又星飞。”

【單身】 ❶谓无配偶。王建《自伤》:“四授官资元七品,再经婚娶尚单身。”❷谓只身一人。李贺《洛阳城外别皇甫湜》:“单身野霜上,疲马飞蓬间。”

【單衫】 单衣，单薄的衣衫。白居易《池上逐凉二首》之一：“轻屐单衫薄纱帽，浅池平岸庳藤床。”又《赠皇甫庶子》：“更愧小胥谘拜表，单衫冲雪夜深来。”

【單牀】 单席，一重坐席。古时富者，席皆数重，以利坐卧。杨巨源《和卢谏议朝回书情即事寄两省阁老兼呈二起居谏院诸院长》：“华组澹无累，单床欢有余。”

【單居】 独居；寡居。韦应物《伤逝》：“单居移时节，泣涕抚婴孩。”

【單軌】 仅容一车通行的狭道。韦应物《经函谷关》：“洪河绝山根，单轨出其侧。”

【單食】 仅有一种菜肴的饭食。谓生活简朴。张祜《题灵隐寺师一上人十韵》：“片衣闲自纳，单食老长斋。”

【單飛】 谓孤鸟。李贺《昌谷诗》：“丁丁幽钟远，矫矫单飞至。”

【單馬】 单骑，单枪匹马。李颀《送裴腾》：“还令不得意，单马遂长驱。”

【單衾】 薄被。韦应物《善福精舍示诸生》：“斋舍无余物，陶器与单衾。”

【單$_3$豹】 春秋人。《庄子·达生》：“鲁有单豹者，岩居而水饮，不与民共利，行年七十而犹有婴儿之色；不幸遇饿虎，饿虎杀而食之。”柳宗元《种术》：“单豹且理内，高门复如何。”

【單$_3$家】 姓单的人家。戴叔伦《过珥渎单老》：“毫末成围海变田，单家依旧住溪边。”

【單$_3$推官】 名字不详。李端有《单推官厅前双桐咏》。

【單貧】 孤单贫寒。白居易《自咏》：“未必得年非瘦薄，无妨长福是单贫。”

【單戟】 谓单枪匹马。陈子昂《登蓟城西北楼送崔著作融入都》：“清规子方奏，单戟我无能。”

【單棲】 独居。多指夫妻分居。韦应物《对杂花》：“单栖守远郡，永日掩重门。”王初《春日咏梅花二首》之二：“仙家若有单栖恨，莫向银台半夜游。”杜牧《为人题赠二首》之二：“有貌虽桃李，单栖足是非。”罗虬《比红儿诗》之四九：“月落潜奔暗解携，本心谁道独单栖。还缘交甫非良偶，不肯终身作羿妻。”

【單$_3$雄信】 唐人。籍贯曹州（治所在今山东曹县西北）。李密之将。少骁健，尤善于马上用枪，密军号为“飞将”。密偃师失利，单遂降于王世充，署为大将军。太宗围逼东都，雄信出兵拒战，援枪而至，几及太宗。徐世绩喝止之，曰：“此秦王也。”雄信惶惧，遂退，太宗获免。东都平，斩于洛阳。《旧唐书》卷五三、《新唐书》八四有传。贯休《观怀素草书歌》：“忽如鄂公喝住单雄信，秦王肩上剔著枣木槊。”

【單雲】 轻云。孟郊《秋怀》之五：“商叶堕乾雨，秋衣卧单云。”

【單僕】 仅仅一个仆人。杨巨源《奉酬窦郎中早入省苦寒见寄》：“羸骖苦迟迟，单仆怨切切。”

【單寒】 孤单贫寒。韦庄《仆者杨金》：“半年辛苦葺荒唐，不独单寒腹亦虚。”黄滔《成名后呈同年》：“退愧单寒终预此，敢将恩岳怠斯须。”

【單疏】 衣食简单而不精致。谓俭朴。白居易《闲行》：“林园傲逸真成贵，衣食单疏不是贫。”

【單絲羅】 极薄的丝织品。为夏季所穿。王建《织锦曲》：“锦江水涸贡转多，宫中尽著单丝罗。”

【單絞】 苍黄色之单衣。《后汉书·文苑下·祢衡传》：“诸史过者，皆令脱其故衣，更著岑牟单绞之服。”皮日休《襄州春游》：“岑牟单绞何曾著，莫道猖狂似祢衡。”皮日休、陆龟蒙《北禅院避暑联句》：“逍遥脱单绞，放旷抛轻策。”

【單鮮】 稀少。王维《宋进马哀词》：“何胤嗣之不繁，就单鲜而又死。”

【單綃】 薄绸。李商隐《燕台四首·春》：“夹罗委箧单绡比，香肌冷衬琤玎珮。”

【單輕】 单薄轻巧。元稹《友封体》：“雨送浮凉夏簟清，小楼腰褥怕单轻。”

【單槍匹馬】 一个人单身上阵。谓无人帮助，单独行动。汪遵《乌江》：“兵散弓残挫虎威，单枪匹马突重围。”

【單複】 单衣和复衣。陆龟蒙《江湖散人歌》：“衣散单复便，食散酸醎宜。”

【單緒】 谓寒门后代。张九龄《登郡城南楼》：“平生本单绪，邂逅承优秩。”

【單嘶】 独自鸣叫。颜真卿、裴幼清《溪馆听蝉联句》：“单嘶出迥树，余响思空城。”

【單$_2$閼】 卯年的别称。《尔雅·释天》：“〔太岁〕在卯曰单阏。”柳宗元《弘农公以硕德伟材屈于诬枉谨献诗五十韵以毕微志》：“贾赋愁单阏，邹书怯大梁。”

【單薄】 微少，弱。白居易《西行》：“衣裘不单薄，车马不羸弱。”又《观稼》：“筋力苦疲劳，衣食常单薄。”陆龟蒙《夜泊咏栖鸿》：“同是江南寒夜客，羽毛单薄稻粱微。”

【單騎】 （—jì）一人一马。白居易《送沈仓曹赴江西》：“落日驱单骑，凉风换夹衣。”谭用之《塞上》：“秋风汉北雁飞天，单骑那堪绕贺兰。”

【單醪】 ❶谓一樽酒。单，通箪。独孤及《水西馆泛舟王员外》：“单醪敢献酢，曲沼荷经过。”❷刘向《列女传·母仪·楚子发母》：“子不闻：越王句践之伐吴，客有献醇酒一器，王使人注之江之上流，使士卒饮其下流。味不及加美，而士卒战自伍也。”后用为典实，喻主帅与士卒同其甘苦。韦应物《军中冬燕》："单醪昔所感，大醵况同欣。"卢仝《感古四首》之三："单醪投长河，三军尽沉沦。"

【單羅】 即单丝罗。李贺《恼公》："醉缬抛红网，单罗挂绿蒙。"

【單辭】 片面之词，不能对质核实之言。《书·禹刑》："今天相民，作配在下，明清于单辞。"孔颖达疏："单辞，谓一人独言，未有与对之人。"权德舆《奉和许阁老酬淮南崔十七端公见寄》："交辟尝推进，单辞忽受诬。"

【單羸】 孤单瘦弱。元结《春陵行》："大乡无十家，大族命单羸。"曹邺《翠孤至渚宫寄座主相公》："骨肉尽单羸，沉忧满怀抱。"

㸓 〔zhōu《广韵》職流切，平尤，章。又之六切，入屋，章。〕见"㸓㸓"。

【㸓㸓】 象声词。呼鸡声。施肩吾《句》："遗却白鸡呼㸓㸓。"

喘 〔chuǎn《广韵》昌兗切，上獮，昌。〕❶急促地呼吸；呼吸。张说《岭南送使》："饥狖啼相聚，愁猿喘更飞。"韩愈《寄崔二十六立之》："侪辈妒且热，喘如竹筒吹。"刘叉《与孟东野》："寒衣草木皮，饿喘吴门月。"颜令宾《临终召客》："气余三五喘，花剩两三枝。"❷气喘。吕岩《勉牛生夏侯生》："孩儿喘而不死，腹空虚兮长斋。"❸气息。杜甫《行次昭陵》："往者灾犹降，苍生喘未苏。"

【喘牛】 即喘月吴牛。白居易《东南行一百韵寄杜七校书》："喘牛犁紫芋，羸马放青菰。"

【喘月】 谓吴牛望月而喘。李峤《牛》："在吴频喘月，奔梦屡惊风。"元稹《酬许五康佐》："嘶风悲代马，喘月伴吴牛。"魏璞《题舜山后牛迹石》："泣天伸养志，喘月藉留名。"

【喘月吴牛】 相传吴地之牛惧热，见月亦以为日，喘息不已。见《世说新语·言语》。后用作典实，比喻因受某种事物之苦而畏其类似者。谭用之《寄王侍御》："喘月吴牛知夜至，嘶风胡马识秋来。"

【喘呼】 喘气呼号。卢肇《汉堤诗》："于惟余氓，饥伤喘呼。"

【喘急】 呼吸急促。白居易《旱热二首》之二："肥者不禁热，喘急汗如浆。"

【喘息】 呼吸。李白《题随州紫阳先生壁》："喘息餐妙气，步虚吟真声。"白居易《赠王山人》："夜后不闻龟喘息，秋来唯长鹤精神。"吕岩《摇头坯歌》："既不食，超百亿，口鼻都无凡喘息。"

喟 〔wā《广韵》烏八切，入黠，影。〕吞饮声。韩愈、孟郊《征蜀联句》："渴斗信㕟呶，啖奸何噢喟。"

嗡 〔yōu《龙龛手鉴》音幽。〕见"嗡嗡"。

【嗡嗡】 象声词。虫鸣声。李咸用《草虫》："如缲如织暮嗡嗡，应节催年使我愁。"

喞 〔同"衔"。〕口含。刘商《重阳日寄上饶李明府》："重阳秋雁未喞芦，始觉他乡节候殊。"李绅《莺莺歌》之三："还怕香风易飘荡，自令青鸟口喞之。"冯渚《燕喞泥》："井旁写水泥自足，喞泥上屋随尔欲。"

唽 〔shà《广韵》山輒切，入葉，生。〕同"歃"。指以唇轻抿。贯休《甘雨应祈》："东海浪滔滔，西江波漠漠。得不愿身为大虬，金其角，玉其甲，一吸再唽，云平雾迎。"

啾 〔jiū《广韵》即由切，平尤，精。〕❶众声杂沓。见"啾唧""啾啾"。❷吹奏。李咸用《远公亭牡丹》："潺潺绿醴当风倾，平头奴子啾银笙。"

【啾耳】 在耳边鸣响。韩愈、孟郊《城南联句》："痒肌遭蚝刺，啾耳闻鸡生。"

【啾唧】 ❶象声词。状虫鸟、水浪、乐器等声音。卢仝《听萧君姬人弹琴》："蔡琰薄命没胡虏，乌枭啾唧啼胡天。"姚合《恶神行雨》："哮吼忽雷声揭石，满天啾唧闹轰轰。"无名氏《五言白话诗》之十五（外编下）："生死如江河，波浪㖊啾唧。"❷啰唆，嘀咕。寒山《诗三百三首》之一四六："寄世是须臾，论钱莫啾唧。"无名氏《五言诗》之五（外编下）："丑妇来恶骂，啾唧哦头灰。"

【啾啾】 象声词。（1）鸟虫兽的鸣叫声。寒山《诗三百三首》之一四七："猿来树袅袅，鸟入林啾啾。"黄麟《郡中客舍》："虫响乱啾啾，更人正数筹。"顾况《宣城放琴客歌》："巴猿啾啾峡泉咽，泪落罗衣颜色好。"吴融《府试雨夜帝里闻猿声》："霎霎侵灯乱，啾啾入梦惊。"（2）琵琶、笙等乐器声。张仲素《夜闻洛滨吹笙》："泄泄飘难定，啾啾曲未分。"牛殳《琵琶行》："嘈嘈兮啾啾，引之于山，兽不能走，吹之于水，鱼不能游。"（3）说话声。孟郊《月忧》："出处各有时，众议徒啾啾。"白居易《香炉峰下新卜山居草堂初成重题东壁》之二："从兹耳界应清净，免见啾啾毁誉声。"贯休《山居诗二十四首》之六："紫术黄菁苗蕺蕺，锦囊香麝语啾啾。"（4）雨、水声。晁采《雨中忆夫》："窗前细雨日啾啾，妾在闺中独自愁。"贯休《东西二林寺流水》："墙墙边沥沥，砌砌下啾啾。"（5）鬼怪等凄厉尖细之声。王翰《饮马长城窟行》:“黄昏塞北无人烟，鬼哭啾啾声沸天。”杜甫《兵车行》:“新鬼烦冤旧鬼哭，天阴雨湿声啾啾。”陈裕《咏浑家乐》之一:“晨起梳头午不休，一窠精魅闹啾啾。”

【啾啾唧唧】 象声词。犹言叽叽咕咕。杜甫《狂歌行赠四兄》:“月斜枕肘寝已熟，啾啾唧唧是何人。”

【啾嘲】 (—zhāo)鸟声。庄南杰《黄雀行》:“虞人设网当要路，白日啾嘲祸万机。”

【啾嚄】 谓大小声音嘈杂喧闹。韩愈《陆浑山火和皇甫湜用其韵》:“千钟万鼓咽耳喧，攒杂啾嚄沸箎埙。”

【啾飀】 象声词。岑参《裴将军宅芦管歌》:“弄调啾飀胜洞箫，发动窈窕欺横笛。”陈铁民等校注:“啾飀，象声词，此指芦管之声。”

【啾譁】 嘈杂喧哗。韩愈《月蚀诗效玉川子作》:“臣请悉扫除，慎勿许语令啾譁。”

喬 〔qiáo《广韵》巨嬌切，平宵，羣。又舉喬切，平宵，見。〕❶高耸。樊宗师《蜀绵州越王楼诗》:“徂秋试登临，大霭屯乔空。”蜀后主王衍《幸秦川上梓潼山》:“乔岩簇冷烟，幽径上寒天。”❷特指高大的乔木。李绅《新昌宅画堂前有药树一株名之天上树》:“长带九天余雨露，近来葱翠欲成乔。”❸谓仙人王子乔。白居易《对酒五首》之三:“赖有酒仙相暖热，松乔醉即到前头。”李商隐《送从翁从东川弘农尚书幕》:“甘心与陈阮，挥手谢松乔。”❹姓。唐诗人中有乔知之、乔备、乔侃。

【喬十二】 即乔知之。陈子昂有《题祀山烽赠乔十二侍御》。

【喬口】 镇名。在唐潭州(今湖南长沙市)西北九十里。杜甫有《入乔口》。

【喬山】 亦作“桥山”,在今陕西境。传为黄帝所葬之处。晋葛洪《抱朴子·极言》:“《神仙传》云:黄帝自择亡日，七十日去，七十日还，葬于乔山，山陵忽崩，墓空无尸，但剑舄在焉。”鲍溶《霓裳羽衣歌》:“乔山一闭曲未终，鼎湖秋惊白头浪。”

【喬木】 ❶高大的树木。张九龄《商洛山行怀古》:“硕人久沦谢，乔木自森罗。”张继《冯翊西楼》:“近郭乱山横古渡，野庄乔木带新烟。”贾岛《题岸上人郡内闲居》:“炉烟上乔木，钟磬下危楼。”李频《淮南送友人归沧州》:“断烧缘乔木，盘雕隐片云。”❷《孟子·梁惠王下》:“所谓故国者，非谓有乔木之谓也，有世臣之谓也。”后因以作为咏故国或故里的典实，孟浩然《归至郢中》:“日夕见乔木，乡关在伐柯。”于逖《野外行》:“寒鸦噪晚景，乔木思故乡。”柳宗元《游石角过小岭至长乌村》:“乔木余故国，愿言果丹诚。”于鄴《游中梁山》:“因此见乔木，几回思旧村。”

【喬木求友】 《诗·小雅·伐木》:“伐木丁丁，鸟鸣嘤嘤。出自幽谷，迁于乔木。嘤其鸣矣，求其友声。”毛传:“君子虽迁于高位，不可以忘其朋友。”后以“乔木求友”喻位高不忘旧友。温庭筠《病中书怀呈友人》:“乔木能求友，危巢莫吓雏。”

【喬氏】 唐诗人。冯翊(今陕西大荔县)人。乔知之之妹。《全唐诗》卷七九九录其《咏破帘》一首。

【喬仙】 即仙人王子乔。牟融《过蠡湖》:“多情袁尹频移席，有道乔仙独倚阑。”

【喬匡舜】 唐诗人。《全唐诗》作乔舜，误。南唐高邮(今属江苏)人。字亚元。弱冠能文，以典赡称。李昪辅吴，用为秘书省正字。入南唐，宋齐邱辟置府中，后表为节度掌书记。后主嗣位，历殿中监，迁邢部侍郎。事见《十国春秋》。《全唐诗》卷七五七录其《送德林郎中学士赴东府》一首。

【喬知之】 唐诗人。同州冯翊(今陕西大荔县)人。与弟侃、备，并以文词知名。知之尤称俊才，所作篇咏，时人多讽诵之。则天时，除左补阙，迁左司郎中。知之有侍婢曰窈娘，美丽善歌舞，为武承嗣所夺。知之怨惜，因作《绿珠篇》以寄情，密送与婢，婢感愤自杀。承嗣大怒，指使酷吏罗织罪状诛杀之。与陈子昂交谊深厚，多有唱酬。传见《旧唐书》卷一九○中，事又见陈子昂《燕然军人画象铭序》《观荆玉篇序》。诗见《全唐诗》卷八一。

【喬侃】 唐诗人。同州冯翊(今陕西大荔县)人。乔知之之弟。开元初为兖州都督，又曾为随州刺史。与沈佺期友善。传见《旧唐书》卷一九○中。《全唐诗》卷八一录其《人日登高》一首。

【喬林】 由高大树木组成的森林。王维《送韦大夫东京留守》:“苍生讵有物，黄屋如乔林。”杜牧《金陵》:“故乡何处是，云外即乔林。”马云奇《赠乐使君》:“知君桃李遍成蹊，故托乔林此处栖。”

【喬枝】 高枝。上官昭容《游长林公主流杯池二十五首》之四:“仰循茅宇，俯眄乔枝。”张继《题严陵钓台》:“鸟向乔枝聚，鱼依浅濑游。”张乔《秘省伴直》:“乔枝聚暝禽，叠阁锁遥岑。”

【喬松】 高大的松树。耿湋《晚登虔州即事寄李侍御》:“愿保乔松质，青青过大寒。”李绅《龟山》:“一峰凝黛当明镜，十仞乔松倚翠屏。”刘驾《苦寒吟》:“半夜倚乔松，不觉满衣雪。”徐夤《猿》:“宿有乔林饮有溪，望来踪迹远云泥。”

【喬亞元】 即乔匡舜。亚元，匡舜字。徐铉《亚元舍人不替深知猥贻佳作三篇因为长歌以为报未竟复得子乔校书示问故兼寄陈君庶资一笑耳》:“开缄试读相思字，乃是多情乔亚元。”

【喬柯】 高枝。太宗《赋得樱桃》:“乔柯啭娇鸟，低枝映美人。”武元衡《送柳郎中裴起居》：“沱江水绿波，喧鸟去乔柯。”温庭筠《题翠微寺二十二韵》：“幽石归阶陛，乔柯入栋梁。”

【喬家】 即乔知之家。杜牧《偶呈郑先辈》：“不语亭亭俨薄妆，画裙双凤郁金香。西京才子旁看取，何以乔家那窈娘。”罗虬《比红儿诗》之十二：“当时便向乔家见，未敢将心在窈娘。”参见“乔知之”。

【喬琳】 唐诗人。太原(今属山西)人。少孤贫志学，以文词称。天宝初，举进士，补成武尉，累授兴平尉。朔方节度使郭子仪辟为掌书记，寻拜监察御史。因与同院御史毕耀嘲诮成隙，坐贬巴州员外司户。后起为南郭令，改殿中侍御史，充山南节度张献诚行军司马。使罢，为剑南东川节度鲜于叔明判官。改检校驾部郎中，果、绵、遂三州刺史，兼御史中丞。以张涉称引，拜御史大夫、平章事。朱泚之乱，扈从至奉天，转吏部尚书，迁太子少师。后受朱泚伪职，伏诛。与张谓、李颀、刘虚等相友善，有唱酬。传见《新唐书》卷二二四、《旧唐书》卷一二七。《全唐诗》一九六录其《绵州越王楼即事》一首。

【喬備】 唐诗人。同州冯翊(今陕西大荔县)人。乔知之之弟。武后时预修《三教珠英》，长安中卒于襄阳令。传见《旧唐书》卷一九〇中。《全唐诗》卷八一录其《山塞》和《长门怨》二首。

【喬羡】 仙人王子乔和羡门的合称。吴筠《游侍常山二首》之一：“目冀睹乔羡，心希驭龙鹤。”

【喬潭】 唐人。字源，一字德源，梁(今河南商丘一带)人。元德秀门弟子。天宝间登进士第，曾任陆浑尉。时德秀客死陆浑，家贫，无力安葬，潭礼葬之，并抚恤遗孤。人称潭“昂昂有古风”。今存《裴将军剑舞赋》《霜钟赋》《群玉山赋》《饶阳县令壁记》《中渭桥记》等文十篇，载《唐文粹》《文苑英华》《全唐文》。事见《唐摭言》卷四、《新唐书》卷一九四《元德秀传》。与岑参友善。岑参有《送魏升卿擢第归东都因怀魏校书陆浑乔潭》。

【喬遷】 《诗·小雅·伐木》：“伐木丁丁，鸟鸣嘤嘤。出自幽谷，迁于乔木。”后以“乔迁”称人迁居或升官。张籍《赠殷山人》：“满堂虚左待，众目望乔迁。”

【喬嶽】 高山。本特指泰山，后或作泛称。《诗·周颂·时迈》：“怀柔百神，及河乔岳。”陈元光《太母魏氏半径题石》：“乔岳标仙迹，玄庙妥寿姬。”钱起《奉和圣制登朝元阁》：“周王陟乔岳，列群让英声。”柳宗元《唐铙歌鼓吹曲十二篇·战武牢》：“战武牢，动河朔，逆之助，图犄角，怒毂䴥，抗乔岳。”李绅《趋翰苑遭巫构四十六韵》：“坠剑悲乔岳，号弓泣鼎湖。”

喉 〔hóu《广韵》户鉤切，平侯，匣。〕喉头。人与陆栖脊椎动物呼吸道的前端部分，上通咽，下接气管，有通气和发音之功能。韦应物《睢阳感怀》：“饥喉待危巢，悬命中路坠。”韩愈《答柳柳州食虾蟆》：“余初不下喉，近亦能稍稍。”杨乘《甲子书事》：“贼臂既已断，贼喉既已扼。”陆龟蒙《读阴符经寄鹿门子》：“狂喉恣吞噬，逆翼争飞翻。”

【喉舌】 ❶喉与舌。元稹《阳城驿》：“遂令不言者，反以言为訧。喉舌坐成木，鹰鹯化为鸠。”白居易《酒功赞》：“纳诸喉舌之内，凉凉泄泄，醍醐流溢。”齐己《早莺》：“羽毛新刷陶潜菊，喉舌初调叔夜琴。”❷《诗·小雅·蒸民》：“出纳王命，王之喉舌。”后用以喻掌握机要，出纳王命的重臣。亦用以指尚书等重要官员。杜甫《哭李尚书》：“樵苏封葬地，喉舌罢朝天。”张祜《送走马使》：“惯将喉舌传军好，马迹铃声遍两河。”又《送周尚书赴滑台》：“楚谣襦袴整三年，喉舌新恩下九天。”

【喉吻】 喉与口。卢仝《走笔谢孟谏议寄新茶》：“一碗喉吻润，两碗破孤闷。”

【喉音】 嗓音。陈陶《西川座上听金五云唱歌》：“满堂罗绮悄无语，喉音止驻云裴回。”贯休《题弘顗三藏院》：“初听喉音宝楼阁，如闻魔王宫殿拉金瓦落。”

【喉嚨】 咽喉。元稹《酬周从事望海亭见寄》：“衣袖长堪舞，喉咙转解歌。”又《酬郑从事宴望海亭次用旧韵》：“欲将滑甘柔藏府，已被郁噎冲喉咙。”

喻 〔yù《广韵》羊戍切，去遇，以。〕❶晓谕；告知；开导。李白《嵩山采菖蒲者》：“喻帝竟莫悟，终归武陵田。”元结有《喻瀼溪乡旧游》。严维《书情上李苏州》：“手持国宪郡僚畏，口喻天慈百姓安。”❷明白，懂得。戴叔伦《客舍秋怀呈骆正字士则》：“无言堪自喻，偶坐更相悲。”白居易《秦中吟·买花》：“低头独长叹，此叹无人喻。一丛深色花，十户中人赋。”李商隐《韩碑》：“句奇语重喻者少，谗之天子言其私。”孙纬《中秋夜思郑延美有作》：“安用玉轮盘，此意人难喻。”❸比喻。李峤《麟》：“奇音中钟吕，成角喻英才。”高适《同马太守听九思法师讲金刚经》：“深知红劫苦，善喻恒沙大。”白居易《凶宅》：“因小以明大，借家可喻邦。”薛逢《惊愁》：“长笑李斯称溷鼠，每多庄叟喻牺牛。”❹姓。唐诗人中有喻凫、喻坦之。

【喻旨】 喻示旨意。窦常《奉送职方崔员外摄中丞新罗册使》：“慰安皆喻旨，忠信自无瑕。”

【喻吟】 即歌吟。齐己有《喻吟》。

【喻坦之】 唐诗人。睦州(今浙江建德一带)人。咸通中举进士不第，久寓长安。曾游大梁、代北，后还归故乡。与许棠、张乔、郑谷、张蠙等齐名，合称“咸通十哲”。与李频、方干、曹松、韩翃相友善，有唱酬。事见《唐才子传》卷九。《全唐诗》卷七一三录其诗十八首。

【喻明府】 即喻凫。凫曾官乌程县令，故称。方干有《湖上言事寄长城喻明府》。

【喻若】 好像。无名氏《五言白话诗》之八（外编下）："喻若行路人，前后踏光陌。"

【喻馬】 以马为喻。王维《与胡居士皆病寄此诗兼示学人二首》之二："无烦君喻马，任以我为牛。"

【喻復】 谓正月初七，即人日。《易·复》："反复其道，七日来复。"王弼注："阳气始剥尽，至来复时凡七日。"李商隐《人日即事》："文王喻复今朝是，子晋吹笙此日同。"

【喻蜀】 用作安抚百姓的典实，见《史记·司马相如列传》。杜甫《王命》："深怀喻蜀意，恸哭望王官。"又《聂耒阳以仆阻水书致酒肉疗饥荒江诗得代怀兴尽本韵至县呈聂令陆路去方田驿四十里舟行一日时属江涨泊于方田》："人非西喻蜀，兴在北坑赵。"郎士元《奉和杜相公益昌路作》："已见庙谟能喻蜀，斯文更喜报金华。"

【喻蜀書】 汉唐蒙通夜郎，征巴蜀吏卒，用军兴法诛其渠帅，巴蜀大惊恐，武帝使司马相如责唐蒙，相如作《喻巴蜀檄》，因喻告巴蜀人以非朝廷意。参见"喻蜀"。后用以借指朝廷使者的檄书。徐铉《送史馆高员外》："东观时闲暇，还修《喻蜀书》。"

【喻鳬】 唐诗人。毗陵（今江苏常州市）人。开成五年（840）登进士第，任乌程县令。为诗以苦吟著称，诗多闲远秀朗，造句功深，无罗绮铅粉。与姚合、贾岛、方干、李商隐、杜荀鹤等交往唱酬，颇有诗名，后辈诗人皆尊重之。事见《新唐书·艺文志四》《唐诗纪事》卷五一、《唐才子传》卷七。诗见《全唐诗》卷五四三。

喑¹ 〔yīn《广韵》於金切，平侵，影。又烏含切，平覃，影。〕哑。见"喑人""喑蟬"。

喑² 〔yìn《广韵》於禁切，去沁，影。〕声音相和。韩愈、孟郊《同宿联句》："清琴试一挥，白鹤叫相喑。"

【喑人】 哑巴。刘禹锡《赠别震素上人诗》引："犹喑人之享太牢，信知其味，而不能形于言以闻于耳也。"

【喑嗚】 （—wū）❶悲咽。李白《感时留别从兄徐王延年从弟延陵》："大臣小喑呜，谪窜天南垂。"❷奏乐声。罗隐《薛阳陶觱篥歌》："勿惜喑呜更一吹，与君共下难逢泪。"

【喑蟬】 蝉的一种。小而色青赤，未得秋风，则喑不能鸣，故称。韩愈《杂诗四首》之四："喑蝉终不鸣，有抱不列陈。"

啻 〔chì《广韵》施智切，去寘，書。〕但；仅；止。常用在表示否定或疑问的词语之后，组成"不啻""何啻"等词，在句起连接或比况作用。王勃《杂曲》："若向阳台荐枕，何啻得胜朝云。"李白《悲歌行》："琴鸣酒乐两相得，一杯不啻千钧金。"姚合《别胡逸》："记得春闱同席赋，逡巡何啻十年余。"李山甫《古石砚》："凭君更研究，何啻直千金。"

啼 〔tí《广韵》杜奚切，平齊，定。〕❶鸣叫。太宗《秋日敩庾信体》："蝉啼觉树冷，萤火不温风。"孟郊《巫山曲》："目极魂断望不见，猿啼三声泪滴衣。"鲍溶《莺雏》："避日花阴语，愁风竹里啼。"许棠《陈情献江西李常侍五首》之五："越鸟啼春早，蛮花送雨寒。"❷出声哭。杜易简《湘州新曲二首》之一："自解看花笑，憎闻染竹啼。"韩愈《送灵师》："斑竹啼舜妇，清湘沉楚臣。"白居易《新乐府·驯犀》："驯犀死，蛮儿啼，向阙再拜颜色低。"于濆《戍卒伤春》："晚风吹碛沙，夜泪啼乡月。"

【啼叫】 鸣叫。唐彦谦《柳》："游客寂寥缄远恨，暮莺啼叫惜芳时。"

【啼血】 因啼泣而出血。南朝宋刘敬叔《异苑》卷三："杜鹃始阳相催而鸣。先鸣者吐血死。常有人山行，见一群寂然，聊学其声，便呕血死。初鸣先听其声者主离别，厕上听其声不祥。"后用作寄托悲伤或离别思归之典。顾况《子规》："杜宇冤亡积有时，年年啼血动人悲。"白居易《琵琶引》："其间旦暮闻何物，杜鹃啼血猿哀鸣。"李山甫《闻子规》："断肠思故国，啼血溅芳枝。"无名氏《听琴》（卷七八五）："田文堕泪曲未终，子规啼血哀猿死。"

【啼妝】 ❶女子在下眼皮涂粉的一种化妆术，形似啼痕，故名。东汉梁冀之妻孙寿为增其妖媚，在梳妆打扮上极尽花样，啼妆为其一种。见《后汉书·梁冀传》。李峤《桃》："山风凝笑脸，朝露泣啼妆。"李华《长门怨》："弱华鸳鸯荐，啼妆翡翠衾。"罗虬《比红儿诗》之四六："殷勤为报梁家妇，休把啼妆赚后人。"❷借指美人泪痕。韦庄《闺怨》："啼妆晓不干，素面凝香雪。"

【啼呼】 啼哭呼叫。卢肇《汉堤诗》："于惟余氓，饥伤啼呼。"陈陶《飞龙行》："万姓攀髯髯堕地，啼呼弓剑飘寒水。"

【啼眉】 唐天宝末年所风行的时世妆中的一种眉式。妇女用青黛点眉，令眉细长，并画作"八"字形状，用乌膏点唇，唇乌如泥，妆成后妍媸黑白，尽失本态，似含悲啼，故称。见白居易《新乐府·上阳白发人》和《新乐府·时世妆》。白居易《代书诗一百韵寄微之》："风流夸堕髻，时世斗啼眉。"

【啼咽】 (—yè)悲哽。李绅《南梁行》:“杜鹃啼咽花亦殷,声悲绝艳连空山。”

【啼烏】 鸣叫的乌鸦。李贺《出城》:“雪下桂花稀,啼乌被弹归。”

【啼紅】 形容蜡烛点燃似啼哭而流红泪。李商隐《燕台四首·冬》:“风车雨马不持去,蜡烛啼红怨天曙。”

【啼珠】 指水点。元稹《月临花》:“夜久清露多,啼珠坠还结。”又《生春二十首》之二十:“柳误啼珠密,梅惊粉汗融。”

【啼哭】 啼叫哭泣。寒山《诗三百三首》之七二:“啼哭缘何事,泪如珠子颗。”拾得《诗》之二:“阎罗使来迫,合家尽啼哭。”韩愈《元和圣德诗》:“妇女累累,啼哭拜叩。”无名氏《五言诗》之五(外编下):“舍漏儿啼哭,重重逢苦哉。”

【啼笑】 啼哭和欢笑。李贺《春归昌谷》:“细绿及团红,当路杂啼笑。”李商隐《槿花二首》之一:“殷鲜一相杂,啼笑两难分。”

【啼鳥】 鸣叫之鸟。刘长卿《过萧尚书故居见李花感而成咏》:“往年啼鸟至,今日主人非。”戴叔伦《雨》:“啼鸟云山静,落花溪水香。”李绅《宴安寺》:“啼鸟歇时山寂寂,野花残处月苍苍。”陈抟《归隐》:“携取琴书归旧隐,野花啼鸟一般春。”

【啼粉】 谓融湿香粉之眼泪。牛峤《菩萨蛮》词之六:“窗寒天欲曙,犹结同心苣。啼粉涴罗衣,问郎何日归?”

【啼容】 啼哭的容颜。侯冽《金谷园花发怀古》:“愁态莺吟涩,啼容露缀繁。”

【啼眼】 泪眼。李贺《苏小小墓》:“幽兰路,如啼眼。无物结同心,烟花不堪剪。”白居易《哭崔儿》:“悲肠自断非因剑,啼眼加昏不是尘。”又《杨柳枝词八首》之七:“叶含浓露如啼眼,枝袅轻风似舞腰。”

【啼痕】 泪痕。岑参《长门怨》:“绿钱侵履迹,红粉湿啼痕。”杜甫《负薪行》:“面妆首饰杂啼痕,地褊衣寒困石根。”罗隐《仿玉台体又一首》:“惟有桃花古时月,端端正正照啼痕。”吴融《秋闻子规》:“正是西风花落尽,不知何处认啼痕。”

【啼蛩】 鸣叫的蟋蟀。吴融《西陵夜居》:“尽夜成愁绝,啼蛩莫近庭。”

【啼號】 (—háo)啼哭号叫。韦应物《送终》:“童稚知所失,啼号捉我裳。”舒元舆《坊州按狱》:“其爱如赤子,始得无啼号。”

【啼猿】 啼叫之猿。太宗《帝京篇十首》之三:“惊雁落虚弦,啼猿悲急箭。”戴叔伦《送人游岭南》:“红芳绿笋是行路,纵有啼猿听却幽。”李涉《梢春再游庐山》:“坛空仙驭远,谷断啼猿悲。”

【啼猿峡】 指三峡。郦道元《水经注·江水二》有“巴东三峡巫峡长,猿鸣三声泪沾裳”之语,故称。李商隐《拟意》:“帆落啼猿峡,樽开画鹢舟。”

【啼鴉】 鸣叫的乌鸦。李贺《答赠》:“沉香薰小像,杨柳伴啼鸦。”又《过华清宫》:“春月夜啼鸦,宫帘隔御花。”高蟾《旅夕》:“风散古陂惊宿雁,月临荒戍起啼鸦。”

【啼聲】 啼哭之声。韩愈《此日足可惜赠张籍》:“忽如在我所,耳若闻啼声。”

【啼臉】 东汉时,妇女以粉拭目下,有似啼痕,称为啼妆。啼脸盖指此。刘宪《折杨柳》:“露叶怜啼脸,风光思舞中。”参见“啼妆”。

【啼螿】 即寒蝉,鸣于初秋。喻凫《书怀》:“暮雨啼螀次,凉风落叶初。”

【啼鵑】 鸣叫的杜鹃。于鹄《泛舟入后溪》:“唯有啼鹃似留客,桃花深处更无人。”

【啼顏】 啼哭的容颜。袁晖《正月闺情》:“晓魂怜别梦,春思逼啼颜。”

【啼嘯】 啼叫。张祜《丹阳新居四十韵》:“穷猿半啼啸,病隺欲飞眠。”

【啼鶯】 啼叫之莺。皮日休《酒中十咏·酒楼》:“舞蝶傍应酣,啼莺闻亦醉。”

嗟 〔jiē《广韵》子邪切,平麻,精。〕❶忧伤,感叹。张九龄《晨坐斋中偶而成咏》:“仰霄谢逸翰,临路嗟疲足。”元结《二风诗·乱风诗五篇·至伤》:“嗟伤王,自为人君,变为人奴,为人君者,忘戒乎!”白居易《问淮水》:“自嗟名利客,扰扰在人间。”贯休《览李秀才卷》:“因嗟和氏泪,不是等闲垂。”❷赞叹。见“嗟稱”。❸叹词。(1)表感叹、赞叹。见“嗟乎”“嗟吁”“嗟嗟”。(2)表愤慨。见“嗟哉”。❹表呼唤。见“嗟來”“嗟食”。

【嗟乎】 叹词。表示感叹、赞叹等。骆宾王《夏日游德州赠高四》序:“嗟乎,入门自媢,谁相谓言?”玄宗《巡省途次上党旧宫赋》序:“嗟乎,向时沉默,驾四马而朝京师;今日逍遥,乘六龙而问风俗。”白居易《三谣·朱藤谣》:“嗟乎,穷既若是,通复何如?”

【嗟吁】 叹词。感慨、叹息。孟浩然《书怀贻京邑同好》:“三十既成立,嗟吁命不通。”窦群《题剑》:“嗟吁一朝遇,愿言千载邻。”元稹《酬乐天东南行诗一百韵》:“耽眠稀醒素,凭醉少嗟吁。”温庭筠《病中书呈友人》:“胁肩难黾勉,搔首易嗟吁。”

【嗟辛】 咨嗟劳苦。李群玉《送萧绾之桂林》:“流光销道路,以此生嗟辛。”

【嗟來】 呼来。徐夤《逐臭苍蝇》:“多藏苟得何名当,饱食嗟来未胜饥。”

【嗟屈】 感叹委屈。韦应物《赋得鼎门送卢耿赴任》："去此无嗟屈，前贤尚抱关。"

【嗟哉】　叹词。表示愤慨、轻视。白居易《慈乌夜啼》："嗟哉斯徒辈，其心不如禽。"又《寓意诗五首》之三："嗟哉虫与鸟，无实有虚名。"

【嗟食】　"嗟来之食"的省称。原指同情饿者，叫其来食。后指侮辱性的施舍。李绅《却到浙西》："野悲扬目称嗟食，林极翳桑顾所求。"

【嗟咨】　嗟叹。郑嵎《津阳门诗》："万金酬工不肯去，矜能恃巧犹嗟咨。"

【嗟矜】　哀婉同情。韩愈《送侯参谋赴河中幕》："相逢风尘中，相视迭嗟矜。"

【嗟唏】　叹息。韩愈《送区弘南归》："佩服上色紫与绯，独子之节可嗟唏。"

【嗟訝】　嗟叹，惊叹。元稹《茅舍》："前日洪州牧，念此常嗟讶。"

【嗟悼】　哀叹伤悼。韩愈《荐士》："况承旧与张，二公迭嗟悼。"

【嗟惋】　慨叹惋惜。元结《演兴四首·讼木魅》："重嗟惋兮何补，每齐心以精意。"

【嗟稱】　叹赏。李白《赠新平少年》："千金答漂母，万古共嗟称。"

【嗟愁】　叹息、忧愁。贾岛《客喜》："未归长嗟愁，嗟愁填中怀。"

【嗟嗟】　叹词。❶表赞美。元结《与党侍御》："嗟嗟党茂宗，可为识者规。"孟郊《至孝义渡寄军事唐二十五》："咫尺不得见，心中空嗟嗟。"❷表惋惜、感慨等。张九龄《湘中作》："浮沉从此去，嗟嗟劳我形。"孟郊《吊卢殷》之九："嗟嗟无子翁，死弃如脱毛。"白居易《秦中吟十首·五弦》："嗟嗟俗人耳，好今不好古。"徐夤《渤海宾贡高元固先辈闽中相访因而有赠》："嗟嗟大国金门士，几个人能振素风。"

【嗟嗟乎】　叹息声。韩愈《马厌谷》："彼其得志兮不我虞，一朝失志兮其何如？已焉哉，嗟嗟乎鄙夫！"

【嗟嗟嚓嚓】　形容步行时衣裳擦动的声音。王建《镜听词》："嗟嗟嚓嚓下堂阶，独自灶前来跪拜。"

【嗟嘆】　叹息。杜甫《九成宫》："我行属时危，仰望嗟叹久。"又《通泉驿南去通泉县十五里山水作》："我生苦飘零，所历有嗟叹。"白居易《丘中有一士二首》之一："终岁守穷饿，而无嗟叹声。"又《南地早春有怀》："时光共抛掷，人事堪嗟叹。"

善〔shàn《广韵》常演切，上獮，禪。〕❶美好；善良。李颀《觉公院施鸟石台》："童子亦知善，众生无惧心。"柳宗元《送叔平学士知青州》："思宽敷汉礼，政善洽齐讴。"张籍《哭山中友人》："犬因无主善，鹤为见人鸣。"李荣《咏兴善寺佛殿灾》："道善何曾善，言兴且不兴。"❷指善德善言等美善的方面。太宗《帝京篇十首》之十："纳善察忠谏，明科慎刑赏。"薛据《怀哉行》："一言并拜相，片善咸居台。"杨敬之《赠项斯》："平生不解藏人善，到处逢人说项斯。"杜荀鹤《书斋即事》："时清只合力为儒，不可家贫与善疏。"❸友善。孟郊《求友》："求友须在良，得良终相善。"韩愈《赴江陵途中寄三学士》："同官尽才俊，偏善柳与刘。"❹擅长，善于。钱起《省试湘灵鼓瑟》："善鼓云和瑟，常闻帝子灵。"刘禹锡《伤我马词》："生于碛砺善驰走，万里南来困丘阜。"白居易《新乐府·七德舞》："含血吮创抚战士，思摩奋呼乞效死。则知不独善战善乘时，以心感人人心归。"徐铉《月真歌》："月真初年十四五，能弹琵琶善歌舞。"❺喜好。顾况《宣城放琴客歌》："上善若水任方圆，忆昨好之今弃捐。"❻多。韩愈《重云李观疾赠之》："劝君善饮食，鸾凤本高翔。"

【善人】　好人，道德高尚之人。白居易《赠樊著作》："何不自著书，实录彼善人。"又《效陶潜体诗十六首》之十六："谓神福善人，孔圣竟栖遑。"张祜《投常州从兄中丞》："扁舟何所往，言入善人邦。"陆龟蒙《彼农二章》之二："善人为邦，民受其赐。"

【善才】　唐代乐师之称。元稹《琵琶歌》："自后流传指拨衰，昆仑善才徒尔为。"白居易《琵琶引》序："尝学琵琶于穆、曹二善才，年长色衰，委身为贾人妇。"李绅《悲善才》："东头弟子曹善才，琵琶清进新翻曲。"

【善女】　佛家语。谓皈依佛法而在俗之女子。元稹《大云寺二十韵》："钵付灵童洗，香教善女薰。"

【善友】　好友。寇坦《同皇甫兵曹天官寺浴室新成招友人赏会》："清心多善友，颂德慰同人。"刘得仁《送智玄首座归蜀中旧山》："乡间语善友，喜似见南能。"刘兼《春游》："羞听黄莺求善友，强随绿柳展愁眉。"

【善手】　犹言妙手。李白《幽涧泉》："幽涧愀兮流泉深，善手明徽高张清。"

【善仁】　指善良仁慈之人或物。元结《演兴四首·闵岭中》："尽群类兮使无，令善仁兮不害。"

【善幻】　善戏，善谑。韩愈《崔十六少府摄伊阳以诗及书见投因酬三十韵》："又言致猪鹿，此语乃善幻。"

【善田】　良田。陆龟蒙《和张祜处士丹阳故居》序："性嗜水石，常悉力致之，从知南海间罢职，载罗浮石笋还，不蓄善田利产为身后计。"

【善生】　唐诗僧。贞元时人。《全唐诗》卷八二三录其诗四首。

【善行】　（—xíng）❶良善的行为。吕岩《又记鄂渚悟道歌》："阴功暗心修，善行长日积。"❷五代时吴越国僧人。义净有《余以咸亨元年与晋州小僧善行同去神州故友索尔分飞印度新知冥焉未会此时踯躅难以为怀戏拟四愁聊题两绝》。

【善吉】　美好吉利。贯休《大蜀高祖潜龙·献陈情偈颂》："轩镜光中，愿如善吉。"

【善否】　（—pǐ）好坏。韩愈《元和圣德诗》："皇帝正直，别白善否。"

【善言】　有益的言论，好话。周昙《咏史诗·六朝门·前赵刘聪》："戎羯谁令识善言，刑将不舍遽能原。"

【善事】　好事，积德之事。王梵志《诗》之九二："恶事惣须弃，善事莫相违。"贯休《长林经僧》："伤嗟浮世之人，善事不曾入耳。"

【善物】　美好的事物。苏颋《奉和圣制经河上公庙应制》："善物遗方外，和光绕道边。"

【善政】　美好的政治。张谓《送李著作倅杭州》："伫闻敷善政，邦国咏惟康。"韦应物《送令狐岫宰恩阳》："从来知善政，离别尉友生。"白居易《新乐府·捕蝗》："我闻古之良吏有善政，以政驱蝗蝗出境。"周昙《咏史诗·六朝门·傅昭》："人能善政兽何暴，焉用劳人以槛为？"

【善哉】　赞美感叹之词。贾岛《辩士》："善哉君子人，扬光掩瑕玼。"

【善哉行】　乐府瑟调曲名。汉末曹操有《善哉行》三首，其子曹植拟《善哉行》，以《当来日大难》名篇。李白的《来日大难》，则以首句命题。齐己和贯休有《善哉行》。

【善相】　（—xiàng）亦称"胜相""妙相"。谓佛法。李贺《马诗二十三首》之十九："萧寺驮经马，元从竺国来。空知有善相，不解走章台。"

【善卷】　《庄子》中人物。舜以天下让善卷，善卷不受。王维《过沈居士山居哭之》："善卷明时隐，黔娄在日贫。"李白《雉子斑》："善卷让天子，务光亦逃名。"

【善卷壇】　坛名。在今湖南常德东南德山上。《元丰九域志》卷六："善卷坛，在德山上，古传善卷隐此山。本名枉山，刺史樊子盖以善卷居此，改曰善德，后人唯号德山。"刘禹锡有《善卷坛下作》。按：此诗题下注"在柱山上"，柱，当为"枉"之误。虚中有《善卷坛》。

【善祝】　良好的祝愿。权德舆《病中寓直代书题寄》："寝兴劳善祝，疏懒愧良箴。"又《河南崔尹一昨寓书永写告身既枉善祝因成绝句》："尊崇善祝今如此，共待曾玄捧翟衣。"

【善射】　善于射术。陆龟蒙《村夜二篇》之二："羿臂束如囚，徒劳夸善射。"

【善眼仙人】　即善眼菩萨。李商隐《送臻师二首》之一："楞伽顶上清凉地，善眼仙人忆我无？"

【善惡】　（—è）好坏。王梵志《诗》之五八："□鱼在肠里，善恶有千般。"孟郊《秋怀》之十五："今人咏古书，善恶宜自分。"卢仝《冬行三首》之一："古来尧孔与桀跖，善恶何补如今人。"罗隐《春风》："也知有意吹嘘切，争奈人间善恶分。"

【善善】　以善为善。韩愈《荐士》："善善不汲汲，后时徒悔懊。"

【善善惡惡】　奖善疾恶，好恶鲜明。卢仝《月蚀诗》："善善又恶恶，郭公所以亡。"贯休《续姚梁公坐右铭》："善善恶恶，不得不作。"

【善道】　（—dào）正道。刘长卿《北游酬孟云卿见寄》："善道居贫贱，洁服蒙尘埃。"

【善猷】　好的决策、谋划。王建《留别舍弟》："从今解思量，勉力谋善猷。"

【善愛】　善自爱惜。吕岩《题桐柏山黄先生庵门》："莫退初心，善爱善爱。"

【善價】　高价。温庭筠《病中书怀呈友人》："适与群英集，将期善价沽。"齐己《谢人惠端溪砚》："端人凿断碧溪浔，善价争教惜万金。"南巨川《美玉》："终希逢善价，还得桂林枝。"

【善談】　善于谈论。李峤《史》："善谈方亹亹，青简见彬彬。"

【善鄰】　对邻邦友善。周昙《咏史诗·春秋战国门·少孺》："宝贵亲仁与善邻，邻兵何要互相臻。"

【善謀】　完善的谋划。张九龄《酬周判官巡至始兴会改秘书少监见贻之作兼呈耿广州》："善谋虽若兹，至理焉可替。"

【善謔驛】　驿站名。在唐襄州（今湖北襄阳市）之南。据传战国善谑者淳于髡曾于此放鹄，故称。柳宗元《善谑驿和刘梦得酹淳于先生》。原注："驿在襄州之南，即淳于髡放鹄之所。"

【善績】　出色的政绩。卢纶《送陈明府赴萍县》："岁终书善绩，应与古碑同。"

【善蘊】　善于贮藏。韦应物《赠冯著》："善蕴岂轻售，怀才希国工。"

【善辭】　美好的言辞。詹琲《癸卯闽乱从弟监察御史敬凝迎仕别作》："善辞如复我，四海五湖身。"

【善闡臺】　唐南诏别都善阐府中的台榭。南诏骠信《星回节游避风台与清平官赋》："避风善阐台，极目见藤越。"原注："南阐别都曰善阐府。"

【善聽】　善于听察。孟浩然《和张判官登万山亭因赠洪府都督韩公》："因声寄流水，善听在知音。"储光羲《秦中初霁献给事二首》之二："善听在知己，扬光唯达人。"

【善權寺】　在今江苏宜兴市南五十里离墨山。南朝齐时建立。寺内有洞府三所。其中乾洞，石室通明处可坐五百余人。李蠙于大和中曾于此司业。张祜有《题善权寺》。李蠙有《题善权寺石壁》。

【善釀】　善于酿酒。李白有《哭宣城善酿纪叟》。

喧1　〔xuān《广韵》况袁切，平元，曉。〕❶声大而繁闹。李白《献从叔当涂宰阳冰》："高歌振林木，大声喧雷霆。"韩愈《洞庭湖阻风赠张十一署》："男女喧左右，饥啼但啾啾。"许棠《秋日陪陆校书游玉泉》："尘间喧与闷，须向此中逃。"❷显赫。寒山《诗三百三首》之三八："一选嘉名喧宇宙，五言诗句越诸人。"韩愈《寄崔二十六立之》："佳句喧众口，考官敢瑕疵。"陆龟蒙《读阴符经寄鹿门子》："身外更何事，眼前徒自喧。"曹松《青龙寺赠云颢法师》："僧名喧北阙，师印续南方。"

喧2　〔xuǎn《字汇》况遠切。〕哭泣。舒元舆《桥山怀古》："哀喧叫笑牧童戏，阴天月落狐狸游。"

【喧一舍】　谓声响传得很远。一舍，三十里。皮日休《鲁望以轮钩相示缅怀高致因作三篇》之一："七里滩破喧一舍，五云溪月静三更。"

【喧天】　谓声音很大，响彻天空。张乔《送许棠及第归宣州》："宴别喧天乐，家归碍日岑。"

【喧呼】　喧闹呼喊。李白《古风》之三四："喧呼救边急，群鸟皆夜鸣。"刘禹锡《酬乐天斋满日裴令公置宴席上戏赠》："平阳不独容宾醉，听取喧呼吏舍声。"李群玉《野鸭》："鸂鶒借毛衣，喧呼鹰隼稀。"韦庄《秦妇吟》："朝闻奏对入朝堂，暮见喧呼来酒市。"

【喧吟】　喧叫。薛能《申湖》："忍事花何笑，喧吟瀑正粗。"

【喧吸】　谓吹奏。孟郊《长安道》："高阁何人家，笙簧正喧吸。"

【喧呶】　（—náo）喧哗，喧叫。柳宗元《游朝阳岩遂登西亭二十韵》："逍遥屏幽昧，淡薄辞喧呶。"

【喧妍】　谓纷呈美艳。武元衡《宜阳所居白蜀葵答咏柬诸公》："何当君子愿，知不竞喧妍。"

【喧和】　呈现和暖。李建勋《春日东山正堂作》："身闲赢得出，天气渐喧和。"

【喧卑】　❶嘈杂而又低矮。萧颖士《菊荣一篇五章》之三："彼劳者子，喧卑是处。"杜甫《宾至》："喧卑方避俗，疏快颇宜人。"柳宗元《酬贾鹏山人郡内新栽松寓兴见赠二首》之二："喧卑岂所安，任物非我情。"皮日休《公斋四咏·小桂》："愿老君子地，不敢辞喧卑。"❷谓尘世。杜甫《哭韦大夫之晋》："童孺交游尽，喧卑俗事牵。"张碧《山居雨斋即事》："结茅苍岭下，自与喧卑隔。"❸谓低下的社会地位。郑谷《赠宗人前公安宰君》："喧卑从宦出喧卑，别画能琴又解棋。"

【喧爭】　吵闹争夺。杜甫《秋日夔府咏怀奉寄郑监李宾客一百韵》："富贵空回首，喧争懒著鞭。"

【喧幽】　纷闹与幽静。岑参《刘相公中书江山画障》："喧幽趣颇异，出处事不同。"

【喧豗】　喧闹。张九龄《江上遇疾风》："不知天地气，何为此喧豗。"李白《蜀道难》："飞湍瀑流争喧豗，砯崖转石万壑雷。"温庭筠《昆明池水战词》："溟池海浦俱喧豗，青帜白旌相次来。"褚载《瀑布》："泻雾倾烟撼撼雷，满山风雨助喧豗。"

【喧紛】　喧扰。裴度《再送刘二十八》："顷来多谑浪，此夕任喧纷。"

【喧閒】　喧杂和悠闲。李商隐《题郑大有隐居》："结构何峰是，喧闲此地分。"

【喧鳥】　喧闹之鸟。李德裕《思山居一十首·清明后忆山中》："不待曙华分，已应喧鸟至。"

【喧訟】　喧闹争讼。韦应物《朝请后还邑寄诸友生》："闲阁寡喧讼，端居结幽情。"

【喧寂】　喧闹与寂静。杨巨源《夏日苦热同长孙主簿过仁寿寺纳凉》："心空得清凉，理证等喧寂。"姚合《送孙山人》："喧寂一为别，相逢未有期。"陆龟蒙《杂讽九首》之七："趋时与闭门，喧寂不同调。"

【喧聒】　喧闹聒耳。王维《偶然作六首》之二："喧聒茅檐下，或坐或复起。"韩愈《岳阳楼别窦司直》："余澜怒不已，喧聒鸣瓫盎。"

【喧啾】　喧闹鸣叫。韩愈《听颖师弹琴》："喧啾百鸟群，忽见孤凤凰。"

【喧然】　喧阗热闹。杜甫《成都府》："喧然名都会，吹箫间笙簧。"孟郊《石淙》："因之山水中，喧然论是非。"黄滔《喜侯舍人蜀中新命三首》之一："八都词客漫喧然，谁解飞扬诰誓间。"

【喧翔】　喧闹飞翔。司空曙《下武昌江行望涔阳》："渔人共留滞，水鸟自喧翔。"

【喧喧】　❶形容声音喧闹繁杂。张九龄《入庐山仰望瀑布水》："绝顶有悬泉，喧喧出烟杪。"岑参《春寻河阳陶处士别业》："南桥车马客，何事苦喧喧。"刘禹锡《游桃源一百韵》："喧喧车马驰，苒苒桑榆夕。"齐己《居道林寺书怀》："花落水喧喧，端居信昼昏。"❷形容声势赫赫。李涉《怀古》："一遇知己言，万方始喧喧。至今百王则，孰不挹其源。"段成式《哭李群玉》："酒里诗中三十年，纵横唐突世喧喧。"章碣《送谢进士还闽》："名场声利喧喧在，莫向林泉改鬓毛。"欧阳炯《贯休应梦罗汉画歌》："休公休公逸艺无人加，声誉喧喧遍海涯。"

【喧煦】 谓天气温暖，万物喧闹。方干《岁晚苦寒》："伫看开圣历，喧煦立为期。"

【喧傳】 (—chuán)盛传。李商隐《镜槛》："隐忍阳城笑，喧传郢市歌。"

【喧亂】 喧闹杂乱。王梵志《诗》之九："莫拍前头闹，喧乱作鸦鸣。"

【喧煩】 喧闹烦扰。柳宗元《法华寺石门精舍三十韵》："喧烦困蠛蠓，跼蹐疲魍魉。"白居易《郡亭》："山林太寂寞，朝阙空喧烦。"又《和梦游春诗一百韵》："趋走谒麾幢，喧烦视鞭朴。"

【喧隘】 谓喧闹而拥挤。白居易《过紫霞兰若》："朝市日喧隘，云村常悄寂。"

【喧塵】 谓尘世间烦嚣之俗务。陈存《寓居武丁馆》："虚馆无喧尘，绿槐多昼阴。"权德舆《与沈十九拾遗同游栖霞寺上方于亮上人院会宿二首》之二："清净诸天近，喧尘下界分。"

【喧嘩】 亦作"喧譁"。喧噪，吵闹。李景伯《回波乐》："侍宴既过三爵，喧哗窃恐非仪。"李群玉《饭僧》："一落喧哗竞，栖心愿依止。"吴越后王钱俶《宫中作》："廊庑周遭翠幕遮，禁林深处绝喧哗。"

【喧鬧】 喧叫吵闹。杜甫《雨过苏端》："亲宾纵谈谑，喧闹畏衰老。"皮日休《酒中十咏·酒楼》："钩楯跨通衢，喧闹当九市。"

【喧諍语】 喧闹争吵。韩滉有《判僧云晏五人聚赌喧诤语》。

【喧靜】 喧闹与安静。杜甫《甘林》："喧静不同科，出处各天机。"韦应物《赠琮公》："出处似殊致，喧静两皆禅。"姚合《寄旧山隐者》："万里亦未遥，喧静终难群。"

【喧噪】 呼叫吵闹。姚合《秋中寄崔道士》："贫居雀喧噪，况乃静巷陌。"

【喧默】 喧闹与安静。齐己《书古寺僧房》："劳生莫相问，喧默不相应。"

【喧濁】 嘈杂恶浊。刘禹锡《晚步扬子游南塘望沙尾》："卑湿久喧浊，搴开偶虚清。"杨发《秋晚日少陵原游山泉之什》："喧浊侵肌性未沉，每来云外恣幽寻。"

【喧聲】 喧闹之声。德宗《元日退朝观军仗归营》："勇余矜捷技，令肃无喧声。"

【喧闐】 喧嚷。袁朗《和洗掾登城南坂望京邑》："处处歌钟鸣，喧阗车马度。"杜甫《盐井》："君子慎止足，小人苦喧阗。"元稹《赛神》："喧阗里闾隘，凶酗日夜频。"罗隐《寒食日早出城东》："青门欲曙天，车马已喧阗。"

【喧雜】 嘈杂。韩偓《游江南水陆院》："早于喧杂是深仇，犹恐行藏坠俗流。"黄损《出山吟》："休将巢许争喧杂，自共伊皋论太平。"

【喧蟻】 喧闹的蚂蚁。东晋时，殷仲堪之父殷师病虚悸，闻床下蚁动，认为是牛斗。见《世说新语·纰编》。柳宗元《同刘二十八之作因其韵增至八十通赠二君子》："耳静烦喧蚁，魂惊怯怒蛙。"

【喧騰】 ❶喧闹沸腾。刘禹锡《聚蚊谣》："喧腾鼓舞喜昏黑，昧者不分听者惑。"郑渥《洛阳道》："客亭门外路东西，多少喧腾事不齐。"❷喻名声大振。李中《览友人卷》："自此寰区内，喧腾二雅名。"

【喧競】 喧哗争吵。顾况《长安窦明府后亭》："吏人何萧萧，终岁无喧竞。"孟郊《长安羁旅行》："始知喧竞场，莫处君子身。"李咸用《和殷衙推春霖即事》："蚌鹬徒喧竞，笙歌罢献酬。"

【喧囂】 吵闹，喧哗。寒山《诗三百三首》之四四："室中虽嗡叆，心里绝喧嚣。"司空图《杂题九首》之三："不须频怅望，且喜脱喧嚣。"

【喧譁】 同"喧嘩"。

喔 〔wō《广韵》於角切，入覺，影。〕❶见"喔咿❶"。❷鸡鸣声。见"喔咿❷""喔喔"。

【喔咿】 ❶献媚强笑貌。寒山《诗三百三首》之六九："众喔咿斯，蹇独立兮忠贞。"元稹《酬翰林白学士代书一百韵》："暂欲通愚謇，生憎效喔咿。"白居易《代书诗一百韵寄微之》："正色摧强御，刚肠嫉喔咿。"❷鸡鸣声。李白《雉子斑》："喔咿振迅欲飞鸣，扇锦翼，雄风生。"韩愈《天星送杨凝郎中贺正》："天星牢落鸡喔咿，仆夫起餐车载脂。"

【喔喔】 象声词。鸡鸣声。白居易《赎鸡》："喔喔十四雏，罩缚同一樊。"许浑《秋日行次关西》："早霜鸡喔喔，残月马萧萧。"李频《府试风雨闻鸡》："萧萧和断漏，喔喔报重城。"罗邺《冬夕江上言事五首》之二："喔喔晨鸡满树霜，喧喧晓渡簇舟航。"

喙 〔huì《广韵》許穢切，去廢，曉。〕❶鸟兽虫等之嘴。柳宗元《行路难三首》之三："蟠龙吐耀虎喙张，熊蹲豹掷争低昂。"元稹《蟆子》之一："毫端生羽翼，针喙噆肌肤。"李咸用《独鹄吟》："碧玉喙长丹顶圆，亭亭危立风林间。"❷人嘴。见"喙長三尺""喙長三千里"。

【喙長三尺】 (长 cháng)谓人能言善辩。语出《庄子·徐无鬼》："丘愿有喙三尺。"马异《答卢仝结交诗》："与君俯首大艰阻，喙长三尺不得语。"

【喙长三千里】 极言能言善辩。贯休《循吏曲上王使君》："我愿喙長三千里，枕著玉阶奏明主。"参见"喙長三尺"。

十 画

嗉 〔sù《广韵》桑故切，去暮，心。〕即嗉囊。刘禹锡《吐绶鸟词》“越山有鸟翔寥廓，嗉中天绶光若若。”白居易《新乐府·秦吉了》：“岂无雕与鹗，嗉中肉饱不肯搏。”

唽 〔zhā《集韵》知戛切，入黠，知。〕见“唽唽”。

【唽唽】 象声词。形容声音嘈杂。原陵老翁《原陵老翁吟》：“拿尾研动，袾袾唽唽。”

嗜 〔shì《广韵》常利切，去至，禅。〕❶爱好；喜爱。杜甫《九日寄岑参》：“岑生多新诗，性亦嗜醇酎。”韩愈《送无本师归范阳》：“来寻吾何能，无殊嗜昌歜。”皮日休《石榴歌》：“萧娘初嫁嗜甘酸，嚼破水精千万粒。”陆龟蒙《和过张祜处士丹阳故居》序：“性嗜水石，常悉力致之。”❷贪，贪求。柳宗元《感遇二首》之一：“众情嗜奸利，居货捐千金。”姚合《寄陕府内兄郭冏端公》：“蹇钝无大计，酷嗜进士名。”

【嗜好】 （—hào）喜好，特殊的爱好。韩愈《酬司马卢四兄云夫院长望秋作》：“云夫吾兄有狂气，嗜好与俗殊酸咸。”陆龟蒙《孤雁》：“汝惟材性下，嗜好不可谏。”

【嗜芰菱】 嗜好吃菱角。语出《国语·楚语上》：“屈到嗜芰。”刘禹锡《采菱行》引：“武陵俗嗜芰菱，岁秋矣，有女郎盛游于马湖，薄言采之，归以御客。”

【嗜衁】 嗜血。谓猛兽贪于血食。喻人凶残成性。来鹄《圣政纪颂》：“如何翌臣，蠹肉嗜衁。”

【嗜栗】 爱好吃栗子。李商隐《咏怀寄秘阁旧僚二十六韵》：“小男方嗜栗，幼女漫忧葵。”

【嗜酒】 对酒特别嗜好。李颀《赠张旭》：“张公性嗜酒，豁达无所营。”皇甫冉《寄高云》：“家贫仍嗜酒，生事今何有。”司空曙《逢江客问南中故人因以诗寄》：“望乡空泪落，嗜酒转家贫。”陆龟蒙《庆封宅古井行》：“庆封嗜酒荒齐政，齐人剪族封奔进。”

【嗜欲】 亦作“嗜慾”。嗜好与欲望。多指贪图身体感官方面的欲望。杜甫《送卢十四弟侍御护韦尚书灵榇归上都二十韵》：“万姓疮痍合，群凶嗜欲肥。”权德舆《与道者同守庚申》：“伊予嗜欲寡，居常痾恙轻。”白居易《赠韦炼师》：“上界女仙无嗜欲，何因相顾两裴回。”吕岩《渔父词一十八首·方契理》：“举世人生何所依，不求自己更求谁。绝嗜欲，断贪痴，莫把神明暗里欺。”

【嗜詩】 对做诗有特别爱好。白居易《北窗三友》：“嗜诗有渊明，嗜琴有启期，嗜酒有伯伦，三人皆吾师。”

【嗜飲】 即嗜酒。姚合《和太仆田卿酬殷尧藩侍御见寄》：“嗜饮殷偏逸，闲吟卿亦贫。”

【嗜學】 好学，酷爱学习。元稹《酬乐天早春闲游西湖粗为恬养之赠耳》：“墨池怜嗜学，丹井羡登真。”

嗔 〔chēn《广韵》昌真切，平真，昌。〕❶发怒；生气。杜甫《丽人行》：“炙手可热势绝伦，慎莫近前丞相嗔。”韩愈《剥啄行》：“我不出应，客去而嗔。”❷责怪，埋怨。杜甫《杜鹃》：“生子百鸟巢，百鸟不敢嗔。”元结《漫酬贾沔州》：“漫醉人不嗔，漫眠人不唤。”韩愈《感春四首》之四：“独宿荒陂射凫雁，卖纳租赋官不嗔。”韩琮《题商山店》：“佯嗔阿母留宾客，暗为王孙换绮罗。”

【嗔怪】 责怪。顾况《田家》：“县帖取社长，嗔怪见官迟。”

【嗔怒】 恼怒。韩偓《席上有赠》：“矜严标格绝嫌猜，嗔怒虽逢笑靥开。”

【嗔视】 怒目而视。韩愈、孟郊《城南联句》：“窟穷尚嗔视，箭出方惊抨。”

【嗔喝】 （—hè）呵斥，怒斥。杜甫《北征》：“问事竞挽须，谁能即嗔喝。”

【嗔睛】 怒目，愤怒的眼睛。韩愈、孟郊《斗鸡联句》：“事爪深难解，嗔睛时未怠。”

【嗔罰】 生气罚酒。施肩吾《夜宴曲》：“被郎嗔罚琉璃盏，酒入四肢红玉软。”

【嗔薄】 嗔妒鄙薄。元稹《竞渡》：“龙蛇相嗔薄，海岱俱崩奔。”

嗇 〔sè《广韵》所力切，入職，生。〕❶通“穡”。见“嗇夫”。❷爱惜。见“嗇神”。

【嗇夫】 田夫。顾况《上古之什补亡训传十三章·上古一章》：“嗇夫孔艰，浸兮暵兮。”徐夤《宋二首》之二：“岂知紫殿新天子，只是丹徒旧嗇夫。”亦泛称百姓。羊士谔《郡斋读经》：“偃草怀君子，移风念嗇夫。”

【嗇神】 爱惜精神，不使亏损。权德舆《顺宗至德大安孝皇帝挽歌三首》之二：“孝理本忧勤，玄功在嗇神。”

嗙 〔bó《广韵》補各切，入鐸，幫。〕嚼。韩愈、孟郊《城南联句》：“馋叉饱活脔，恶嚼嗙腥鲭。”

嗄 〔shà《广韵》所嫁切，去禡，生。〕声音嘶哑。柳宗元《同刘二十八院长述旧言怀赠二君子》：“骤歌喉易嗄，饶醉鼻成齇。”贯休《寄栖白大师二首》之一：“月苦蝉声嗄，钟清柿叶干。”亦用以指声音钝滞不脆。贯休《庐山寻灵纪不遇》：“钟嗄声飘驿，山顽气喷湖。”

嗣〔sì《广韵》祥吏切，去志，邪。〕❶继承君位。玄宗《行次成皋途经先圣擒建德之所缅思功业感而赋诗》：“顾惭嗣宝历，恭承天下平。”元稹《四皓庙》：“惠帝竟不嗣，吕氏祸有因。”又《顺宗至德大圣大安孝皇帝挽歌词三首》之二：“前春文祖庙，大舜嗣尧登。”白居易《贺雨》：“皇帝嗣宝历，元和三年冬。”❷君位或职位的继承人。杜甫《狄明府》：“国嗣初将付诸武，公独廷诤守丹陛。”吴筠《览古十四首》之五：“汉储殒江充，晋嗣灭骊姬。”元稹《遣春十首》之八：“后嗣炽阳台，前贤甘荜路。”皮日休《奉和鲁望读阴符经见寄》：“禹本刑人后，以功继其嗣。”❸子嗣；子孙。皎然《答裴集阳伯明二贤各垂赠二十韵今以一章用酬两作》：“裴生清通嗣，阳子盛德后。”刘言史《恸柳论》：“孀妻栖户仍无嗣，欲访孤坟谁引至。”张蠙《哭建州李员外》：“素风无后嗣，遗迹有生祠。”❹继承；传续。骆宾王《伤祝王阿明府》：“含章光后烈，继武嗣前雄。”吴筠《高士咏·太伯延陵》：“延陵嗣高风，去国不复还。”孟郊《吊元鲁山》之七：“谁能嗣教化，以此洗浮薄。”元稹《有酒十章》之三：“舜其贪耶？德能嗣耶。”皮日休《补周礼九夏系文》序：“夫大乐既去，至音不嗣。”❺后来。韦应物《经函谷关》：“秦皇既恃险，海内被吞食。及嗣同覆颠，咽喉莫能塞。”

【嗣弓裘】　谓继承家业。语出《礼记·学记》：“良冶之子，必学为裘；良弓之子，必学为箕。”高适《古乐府飞龙曲留上陈左相》：“相门连户牖，卿族嗣弓裘。”参见“嗣箕裘”。

【嗣子】　❶帝王或诸侯的承嗣子（多为嫡长子）。杜牧《题商山四皓庙一绝》：“吕氏强梁嗣子柔，我于天性岂恩仇。”❷嫡长子。薛存诚《御制段太尉碑》：“诏深荣嗣子，海变记孤坟。”杜牧《题永崇西平王宅太尉愬院六韵》：“陇山兵十万，嗣子握雕弓。”❸泛称子嗣。元稹《郡务稍简因得整比旧诗寄乐天》：“天遣两家无嗣子，欲将文集与它谁？”

【嗣天】　谓继承君位。《占辞·冯存澄为明皇占》：“合因斩关，铸印乘轩，始当果断，终得嗣天。”

【嗣世】　承嗣。《书·吕刑》“呜呼嗣孙，今往何监”孔传：“诸侯嗣世子孙，非一世。”亦用以称继位的君主。韦应物《金谷园歌》：“嗣世衰微谁肯忧，二十四友日日空追游。”

【嗣位】　继承君位。白居易《新乐府·二王后》：“欲令嗣位守文君，亡国子孙取为戒。”

【嗣良弓】　谓继承家业。《礼记·学记》：“良冶之子，必学为裘；良弓之子，必学为箕。”陆龟蒙《奉酬袭美先辈吴中苦雨一百韵》：“敢云嗣良弓，但欲终守节。”参见“嗣箕裘”。

【嗣君】　继位的国君。贾至《自蜀奉册命往朔方途中呈韦左相文部房尚书门下崔侍御》：“太皇时内禅，神器付嗣君。”

【嗣宗】　三国魏阮籍字。杜甫《示侄佐》：“嗣宗诸子侄，早觉仲容贤。”

【嗣皇】　继位的帝王。韩愈《八月十五夜赠张功曹》：“昨者州前捶大鼓，嗣皇继圣登夔皋。”又《县斋有怀》：“嗣皇新继明，率土日流化。”又《永贞行》：“嗣皇卓荦信英主，文如太宗武高祖。”

【嗣音】　谓连续传寄的音信。语出《诗·郑风·子衿》：“纵我不往，子宁不嗣音。”郑玄笺：“嗣，续也。女曾不传声问我，以恩责其忘己。”朱熹集传：“嗣音，继续其声闻也。”晁采《子夜歌十八首》之十六：“得郎日嗣音，令人不可观。”

【嗣復】　即杨嗣复。杨汝士有《和宗人尚书嗣复祠祭武侯毕题临淮公旧碑》。

【嗣聖】　继起的圣人。韦表微《池州夫子庙麟台》：“周虽不纲，孔实嗣圣。”

【嗣歲】　《诗·大雅·生民》：“载燔载烈，以兴嗣岁。”毛传：“兴来岁，继往岁也。”郑玄笺：“嗣岁，今新岁也。”后用以指来年，新的一年。孟简《嘉禾合颖》：“因知兴嗣岁，王道旧无颇。”

【嗣箕裘】　谓继承家业。《礼记·学记》：“良冶之子，必学为裘；良弓之子，必学为箕。”孔颖达疏：“积世善冶之家，其子弟见其父兄世业陶铸金铁，使之柔合，以补冶破器，皆令全好，故此子弟仍能学为袍裘，补续兽皮，片片相合以至完全也……善为弓之家，使干角挠屈调和成其弓，故其子弟亦睹父兄世业，仍学取柳和软挠之成箕也。”李群玉《将之京国赠薛员外》：“圭衮照崇阅，文儒嗣箕裘。”

【嗣德】　继承美德。郑絪《享太庙乐章》：“出震嗣德，应乾传圣。”

【嗣續】　延续。鲍溶《湘妃列女操》：“云和终奏钧天曲，乍听宝琴遥嗣续。”

嗥〔háo《广韵》胡刀切，平豪，匣。〕野兽叫。薛能《蒙恩除侍御史行次华州寄蒋相》：“行野众喧闻雁发，宿亭孤寂有狼嗥。”齐己《巫山高》：“秋猿嗥嗥日将夕，红霞紫烟凝老壁。”

【嗥嗥】　兽类吼叫声。齐己《巫山高》：“秋猿嗥嗥日将夕，红霞紫烟凝老壁。”

嗅〔xiù《广韵》許救切，去宥，曉。〕用鼻子辨别气味。杜甫《秋雨叹二首》之一：“堂上书生空白头，临风三嗅馨香泣。”白居易《故衫》：“残色过梅看向尽，故香因洗嗅犹存。”李商隐《朱槿花二首》之二：“嗅自微微白，看成沓沓殷。”陆龟蒙《江南秋寄怀华阳山人》：“庭橘低攀嗅，园葵旋折烹。”

嗚

〔wū《广韻》哀都切，平模，影。〕❶象声词。见"嗚嗚""嗚啞"。❷叹词。见"嗚呼"。

【嗚呃】（—ài）悲叹。李贺《致酒行》："少年心事当拏云，谁念幽寒坐呜呃。"陆龟蒙《杂讽九首》之三："斯人道仍阏，不得不呜呃。"

【嗚呼】叹词。❶表哀叹、慨叹。杜甫《严氏溪放歌行》："呜呼古人已粪土，独觉志士甘渔樵。"颜真卿《咏陶渊明》："呜呼陶渊明，奕叶为晋臣。自以公相后，每怀宗国屯。题诗庚子岁，自谓羲皇人。"韩愈《汴州乱二首》之二："庙堂不肯用干戈，呜呼奈汝母子何！"皮日休《七爱诗》序："呜呼！吾之道时耶，行其事也，在乎爱忠矣。不时耶，行其事也，亦在乎爱忠矣。"刘戬《夏弹琴》："呜呼钟子期，零落归荒丘。"❷表赞叹。杜甫《殿中杨监见示张旭草书图》："呜呼东吴精，逸气感清识。"又《赠蜀僧闾丘师兄》："呜呼先博士，炳灵精气奔。"张籍《祭退之》："呜呼吏部公，其道诚巍昂。"李商隐《韩碑》："呜呼圣皇及圣相，相与烜赫流淳熙。"

【嗚呼哀哉】表示悲痛之词。常用以哀悼死者。刘希夷《北邙篇》："呜呼哀哉洛阳道，相思相望蓬莱岛。"

【嗚咽】（—yè）❶水流声。窦常《酬舍弟牟秋日洛阳官舍寄怀十韵》："逝水犹呜咽，祥云自卷舒。"白居易《和答诗十首·和分水岭》："唯作呜咽声，夜入行人耳。"罗邺《汴河》："至今呜咽东流水，似向清平怨昔时。"韩溉《水》："别有岭头呜咽处，为君分作断肠流。"❷悲泣声。杜甫《自京赴奉先县咏怀五百字》："吾宁舍一哀，里巷亦呜咽。"权德舆《奉和郑宾客相公摄官丰陵扈从之作》："不堪程尽处，呜咽望文园。"舒元舆《八月五日中部官舍读唐历天宝已来追怆故事》："零落太平老，东西乱离客。往往为余言，呜咽泪双滴。"罗隐《送光禄崔卿赴阙》："鹓侣寂寥曹署冷，更堪呜咽问田园。"❸角声、笛声等。杜牧《题齐安城楼》："呜咽江楼角一声，微阳潋潋落寒汀。"王涣《惆怅诗十二首》之七："呜咽离声管吹秋，妾身今日为君休。"黄滔《塞上》："金徽互呜咽，玉笛自凄凄。"

【嗚啞】象声词。雁鸣声。李贺《勉爱行二首送小季之庐山》之一："岂解有乡情，弄月聊呜哑。"

【嗚嗚】❶象声词。多用于哭声或鸟鸣声、乐器声。李端《胡腾儿》："丝桐忽奏一曲终，呜呜画角城头发。"李贺《箜篌引》："被发奔流竟何如，贤兄小姑哭呜呜。"李绅《南梁行》："呜呜晓角霞辉粲，抚剑当应一长叹。"曹邺《筑城三首》之二："呜呜啄人鸦，轧轧上城车。"❷歌咏声。崔涂《过洛阳故城》："独吟人不问，清冷自呜呜。"

【嗚嘑】同"呜呼"。叹词，表哀叹。李商隐《安平公诗》："呜呼大贤苦不寿，时世方士无灵砂。五月至止六月病，遽颓泰山惊逝波。"

嗤

〔chī《广韵》赤之切，平之，昌。〕❶嘲笑；讥笑。孙逖《奉和李右相赏会昌林亭》："还嗤渭滨叟，岁晚独垂纶。"任华《寄李白》："嗤长卿，笑子云。"韩愈《赠侯喜》："叔起君今气方锐，我言至切君勿嗤。"李建勋《归燕词》："飞翻自有路，鸿鹄莫相嗤。"❷敦厚貌。见"嗤嗤₂"。❸惑乱貌。见"嗤嗤₂"。

【嗤笑】讥笑。任华《寄李白》："班张所作琐细不入耳，未知卿云得在嗤笑限。"

【嗤累】（—lèi）犹疵类。段成式《观山灯献徐尚书》序："成式辞多嗤累，学未该悉。"

【嗤嗤】❶嘲笑貌，嬉笑貌。李白《登广武古战场怀古》："抚掌黄河曲，嗤嗤阮嗣宗。"白居易《三年除夜》："嗤嗤童稚戏，迢迢岁夜长。"李涉《六叹》之一："隋侯殁世几千载，只今薄俗空嗤嗤。"❷敦厚貌。刘禹锡《送李策秀才还湖南因寄幕中亲故兼简衡州吕八郎中》："一挥出荥阳，惠彼嗤嗤氓。"❸喧扰貌；惑乱貌。陈子昂《感遇诗三十八首》之二十："玄天幽且默，群议曷嗤嗤。"柳宗元《贞符》序："何独仲舒尔，自司马相如、刘向、扬雄、班彪、彪子固，皆沿袭嗤嗤，推古瑞物以配受命。"

【嗤誚】❶讥笑责备。寒山《诗三百三首》之一四一："下愚读我诗，不解却嗤诮。"❷谓狂放不羁。白居易《秦中吟·不致仕》："少时共嗤诮，晚岁多因循。"

【嗤點】嗤笑指摘。杜甫《戏为六绝句》之一："庾信文章老更成，凌云健笔意纵横。今人嗤点流传赋，不觉前贤畏后生。"仇兆鳌注："后人取其流传之赋，嗤笑而指点之。"

嗌

〔ài《集韵》烏懈切，去卦，影。〕咽喉阻塞。僧鸾《苦热行》："行人挥汗翻成雨，口燥喉干嗌尘土。"

嗛

〔xián《集韵》乎監切，平銜，匣。〕见"嗛嗛"。

【嗛嗛】（—xián）衔恨貌。柳宗元《咏史》："燕有黄金台，远致望诸君。嗛嗛事强怨，三岁有奇勋。"

嗈

〔yōng《广韵》於容切，平鐘，影。〕见"嗈嗈"。

【嗈嗈】❶鸟鸣声。权德舆《酬穆七侍郎早登使院西楼感怀》："嗈嗈白云雁，嘒嘒清露蝉。"李煜《谢新恩》词之六："愁恨年年相似，嗈嗈新雁咽寒声。"❷器物发出之声。贯休《边上行》："黑松林外路，风角远嗈嗈。"

嗸　同“嗷”。

嗷　〔áo《广韵》五劳切，平豪，疑。〕亦作“嗸”。❶哀号声。见“嗷嗷”。❷喧杂。见“嗷嘈”。

【嗷嗷】　亦作“嗸嗸”。❶雁哀鸣声。《诗·小雅·鸿雁》：“鸿雁于飞，哀鸣嗸嗸。”高亨注：“嗸，同嗷。嗷嗷，雁哀鸣声。”张九龄《二弟宰邑南海见群雁南飞因成咏以寄》：“鸿雁自北来，嗷嗷度烟景。”李端《古别离二首》之一：“木落雁嗷嗷，洞庭波浪高。”白居易《江夜舟行》：“叫曙嗷嗷雁，啼秋唧唧虫。”齐己《楚寺寒夜作》：“水寺闲来僧寂寂，雪风吹去雁嗷嗷。”❷泛指某些禽兽声。王勃《倬彼我系》之八：“有鸟反哺，其声嗷嗷。”李白《空城雀》：“嗷嗷空城雀，身计何戚促。”皇甫冉《赋得郢路悲猿》：“啾啾深众木，嗷嗷入孤城。”孟郊《覆巢行》：“荒城古木枝多枯，飞禽嗷嗷朝哺雏。”❸哀号愁怨声。杜甫《大雨》：“西蜀冬不雪，春农尚嗷嗷。”又《送韦讽上阆州录事参军》：“万方哀嗷嗷，十载供军食。”周昙《咏史诗·隋门·炀帝》：“北人疲弊不堪命，天下嗷嗷新主资。”❹谓众声嘈杂。柳宗元《游南亭夜还叙志七十韵》：“神明固浩浩，众口徒嗷嗷。”

【嗷嗷待哺】　本谓饥饿的幼雏急于求食。后多用以喻小孩饥饿求食的急切心情或灾难中的人民受饿的惨状。皇甫冉《赋长道一绝送陆邃潜夫》序：“众雏嗷嗷，开口待哺。”

【嗷嘈】　喧杂。杜甫《荆南兵马使太常卿赵公大食刀歌》：“太常楼船声嗷嘈，问兵刮寇趋下牢。”

嘷　同“嗥”。齐己《巫山高》：“秋猿嘷嘷日将夕，红霞紫烟凝老壁。”

十一画

嘒　〔huì《广韵》呼惠切，去霽，曉。〕❶形容星光微小而明亮。杜甫《宿凿石浦》：“回塘澹暮色，日没众星嘒。”❷蝉鸣。张祜《秋霁》：“何妨一蝉嘒，自抱木兰丛。”

【嘒唳】　蝉鸣声。颜真卿、伯成《又溪馆听蝉联句》：“嘒唳松间坐，萧寥竹里行。”沈鹏《寒蝉树》：“忝有翩翾分，应怜嘒唳声。”齐己《宿舒湖希上人房》：“语来灯焰短，嘒唳发高梧。”

【嘒嘒】　蝉鸣声。权德舆《酬穆七侍郎早登使院西楼感怀》：“嗈嗈白云雁，嘒嘒清露蝉。”

嘖　〔zé《广韵》侧革切，入麦，莊。又士革切，入麦，崇。又侧伯切，入陌，莊。〕象声词。见“嘖嘖”。

【嘖嘖】　象声词。形容声音轻细。多指鸟虫鸣声。储光羲《野田黄雀行》：“嘖嘖野田雀，不知躯体微。”冯著《燕衔泥》：“尔不见东家黄觳鸣嘖嘖，蛇盘瓦沟鼠穿壁。”李贺《南山田中行》：“秋野明，秋风白，塘水漻漻虫嘖嘖。”张瑛《铜雀台》：“西陵嘖嘖悲宿鸟，高殿沉沉闭青苔。”

【嘖嘖啾啾】　象声词。鸟雀声。张籍《废居行》：“黄雀衔草入燕窠，嘖嘖啾啾白日晚。”

嘕　〔xiān《广韵》許延切，平仙，曉。〕喜笑貌。皮日休《鲁望昨以五百言见贻因成一千言上述吾唐文物之盛次叙相得之欢亦迭和之微旨也》：“何为不力农，稽古真可嘕。”

嘉　〔jiā《广韵》古牙切，平麻，見。〕❶美，善。元稹《有鸟二十章》之六：“飞飞竞占嘉树林，百鸟不争缘凤惜。”参见“嘉句”“嘉言”“嘉詞”。❷赞美，称颂。钱起《初黄绶赴蓝县作》：“且嘉讼庭寂，前阶满芳荪。”孟郊《与二三友秋宵会话清上人院》：“但嘉鱼水合，莫令云雨乖。”白居易《新乐府·驯犀》：“上嘉人兽俱来远，蛮馆四方犀入苑。”吴筠《高士咏·黔娄先生》：“辞禄乃余贵，表谥良可嘉。”❸嘉祥，祥瑞。见“嘉祥”“嘉瑞”“嘉禎”。

【嘉士】　谓有才德之士。皎然《送李喻之处士洪州谒曹王》：“西邸延嘉士，遗才得正平。”

【嘉木】　佳木，好树。孟郊《赠苏州韦郎中使君》：“嘉木依性植，曲枝亦不生。”陆龟蒙《白鸥诗》序：“修篁嘉木，掩隐限隩。”

【嘉玉】　美玉。邵谒《赠郑殷处士》：“善琴不得听，嘉玉不得名。”

【嘉卉】　谓芳草。杜牧《题吴兴消暑楼十二韵》：“台榭罗嘉卉，城池敞丽谯。”

【嘉生】　谓禾稼。杜甫《种莴苣》：“植物半蹉跎，嘉生将已矣。”

【嘉石】　有纹之石。古代设于外朝门左，命犯人坐之以示众。据罪行轻重，有坐三日、五日、七日、九日之别，并另罚劳役。见《周礼·地官·司救》。后用以称执法。虞世南《赋得慎罚》：“幪巾示廉耻，嘉石务详平。”

【嘉禾】　❶特别茁壮的禾稻。古以为吉祥之兆。后称一茎多穗之禾。崔峒《送丘二十二之苏州》：“积水与寒烟，嘉禾路几千。”❷郡名。宋置。寻升为嘉兴府，即今浙江嘉兴县治。李瀚《朱都知嘉禾屯田纪绩诗》：“嘉禾之田，际海茫茫。”

【嘉禾虡】　指古晋地。西周时，唐叔虞所在的晋地发现嘉禾，故称。韩愈《奉使常山早次太原呈副使吴郎中》："地失嘉禾处，风存蟋蟀辞。"

【嘉瓜】《后汉书·五行志》："安帝元初三年，有瓜异本共生，八瓜同蒂，时以为嘉瓜。"亦泛称好瓜。李商隐《柳枝五首》之三："嘉瓜引蔓长，碧玉冰寒浆。"

【嘉句】谓优美的诗作。颜真卿、李崿《三言喜皇甫曾侍御见过南楼玩月》："卷翠幕，吟嘉句，恨清光，留不住。"

【嘉名】❶美誉，好的名声。张九龄《郢城西北有大古冢数十观后人为植松柏故行路尽知之》："嘉名有所在，芳气无幽深。"陆肱《松》："雪霜知劲质，今古占嘉名。"李咸用《水仙操》："水仙缥缈来相迎，伯牙从此留嘉名。"❷指好的名字。姚合《送李秀才赴举》："登科旧乡里，当为改嘉名。"贞元文士《题端正树》："昔日偏沾雨露荣，德皇西幸赐嘉名。"

【嘉色】美色，美丽的景色。白居易《委顺》："山城虽荒芜，竹树有嘉色。"又《玩松竹二首》之二："窗竹多好风，檐松有嘉色。"

【嘉州】唐州名。汉犍为郡南安县地。北周大成元年(579)置嘉州，因州境近汉之汉嘉旧县而得名。唐时治所在今四川乐山市。岑参有《赴嘉州过城固县寻永安超禅师房》和《上嘉州青衣山中峰题惠净上人幽居寄兵部杨郎中》。薛能《监郡犍为将归使府登楼寓题》："江楼一望西归去，不负嘉州只负身。"

【嘉辰】良辰，美好时光。李商隐《樱桃花下》："他日未开今日谢，嘉辰长短是参差。"元凛《九日对酒》："嘉辰复遇登高台，良朋笑语倾金垒。"

【嘉言】佳言，善言，美好的言论。高适《东平旅游奉赠薛太守二十四韵》："高兴陪登陟，嘉言忝献酬。"韦应物《答畅参军》："嘉言忽见赠，良药日所瘳。"杨巨源《春日奉献圣寿无疆词十首》之十："风掖嘉言进，鸳行喜气随。"黄滔《酬俞钧》："虽忝立名纪圣鉴，敢期兴咏叠嘉言。"

【嘉招】谓美好友善的邀请。顾况《送从兄使新罗》："楼船非习战，骢马是嘉招。"权德舆《送人使之江陵》："嘉招不辞远，捧檄利攸往。"许棠《送张员外西川从事》："为郎不入朝，自是赴嘉招。"杜荀鹤《赠友人罢举赴交趾辟命》："如何待取丹霄桂，别赴嘉招作上宾。"

【嘉雨】好雨，及时雨。张道古《咏雨》："亢阳今已久，嘉雨自云倾。"

【嘉果】佳果。方干《题盛令新亭》："偶尝嘉果求枝去，因向名花寄种来。"

【嘉肴】美馔，美味。柳宗元《游朝阳岩遂登西亭二十韵》："挹流敌清觞，掇野代嘉肴。"白居易《寄卢少尹》："嘉肴与旨酒，信是腐肠膏。"

【嘉祉】善福。卢渥《赋得寿星见》："无如此嘉祉，率土荷秋成。"

【嘉苗】谓美好的禾苗。郑畋《麦穗两岐》："圣虑忧千亩，嘉苗荐两岐。"

【嘉音】❶谓优美的音乐。李旭《及第后呈朝中知己》："凌晨晓鼓奏嘉音，雷拥龙迎出陆沉。"❷好听的声音。杜甫《过津口》："白鱼困密网，黄鸟喧嘉音。"

【嘉客】贵客，尊贵的客人。张九龄《感遇十二首》之七："可以荐嘉客，奈何阻重深。"钱起《太子李舍人城东别业与二三文友逃暑》："宫臣礼嘉客，林表开兰堂。"王韫秀《喻夫阻客》："公孙开阁招嘉客，知道浮荣不久长。"

【嘉姻】美好的姻亲。白居易《闲吟赠皇甫郎中亲家翁》："早为良友非交势，晚接嘉姻不失亲。"

【嘉約】美好的约会。元稹《赠毛仙翁》："此日临风飘羽卫，他年嘉约指盐梅。"

【嘉草】❶芳草。郑嵎《津阳门诗》"孔雀松残赤琥珀，鸳鸯瓦碎青琉璃"原注："寺之前峰，古松老柏，洎乎嘉草，今皆樵苏荡除矣。"❷蘘荷之异名。柳宗元《种白蘘荷》："庶氏有嘉草，攻襘事久泯。"

【嘉致】美好的景致。项斯《姚氏池亭》："池馆饶嘉致，幽人惬所闲。"于濆《拟古风》："旱苗当垄死，流水资嘉致。"齐己《怀武陵因寄幕中韩先辈何从事》："武陵嘉致迹多幽，每见图经恨白头。"

【嘉氣】喜气，祥瑞之气。白居易《大社观献捷诗》："淮海妖氛灭，乾坤嘉气通。"罗邺《岁仗》："歌舜薰风铿剑珮，祝尧嘉气蔼楼台。"

【嘉宴】美好的宴会。钱起《赠李十六》："酌水即嘉宴，新知甚故情。"

【嘉祥】祥瑞。王贞白《宫池产瑞莲》："雨露及万物，嘉祥产瑞莲。"陈陶《和容南韦中丞题瑞亭白燕白鼠六眸龟嘉莲》："尽写流传在轩槛，嘉祥从此百年知。"又《赠江西周大夫》："不独苍生苏，仍兼六驺喜。"

【嘉祥寺】寺名。在今浙江绍兴市。创建年岁未详。历代尝有高僧住此。如著《高僧传》之慧皎和三论宗之祖吉藏皆曾卓锡于此，而吉藏并大张讲席，此寺遂为天下所知。皎然《寄常一上人》："何因请住嘉祥寺，内史新修湖上亭。"

【嘉郡】美好的郡府。王湾《晚春诣苏州敬赠武员外》："嘉郡位先进，鸿儒名重扬。"

【嘉晨】嘉辰，美好的时光。裴夷直《和刑郎中病中重阳强游乐游原》："嘉晨令节共陶陶，风景牵情并不劳。"

【嘉唱】谓美好的诗作。李山甫《山中览刘书记新诗》："静酬嘉唱对幽景，苍鹤羸栖古木柯。"

【嘉魚】❶好鱼，名贵之鱼。韦应物《西郊燕集》:“野庖荐嘉鱼,激涧泛羽觞。”刘禹锡《有獭吟》:“有獭得嘉鱼,自谓无见怜。”白居易《虾蟆》:“嘉鱼荐宗庙,灵龟贡邦家。”李绅《翡翠坞》:“翡翠飞飞绕莲坞,一啄嘉鱼一鸣舞。”❷《诗·小雅·南有嘉鱼》:“南有嘉鱼,烝然罩罩。”后用以称颂别人之诗文。许浑《重游练湖怀旧》:“鹏鸟赋成人已没,嘉鱼诗在世空传。”徐铉《和印先辈及第后献座主朱舍人郊居之作》:“嘉鱼始赋人争诵,荆玉频收国自肥。”原注:“印以《南有嘉鱼赋》及第。”❸县名。今属湖北。本为蒲圻县鲇渎镇。五代南唐保大中置县。以其地有鱼岳山,故取《诗·小雅》“南有嘉鱼”之义为名。徐铉有《南都遇前嘉鱼令言游闽岭作此与之》。

【嘉訪】　谓美好的来访。来鹄《圣政纪颂》:“俾德音嘉访,默缩暗亡。咽典噤法,盖圣笼昌。”

【嘉陵江】　水名。亦称西汉水、阆中水、阆水。源出秦州(今甘肃天水市一带)嘉陵谷,故称。杜甫《阆水歌》:“嘉陵江色何所似,石黛碧玉相因依。”元稹《江楼月》:“嘉陵江岸驿楼中,江在楼前月在空。”李商隐《望喜驿别嘉陵江水二绝》之二:“千里嘉陵江水色,含烟带月碧于蓝。”刘兼《送从弟舍人入蜀》:“嘉陵江畔饯行车,离袂难分十里余。”

【嘉陵驛】　在今四川南充市。嘉陵江绕郡南流,设驿于此,故称。武元衡有《题嘉陵驿》。雍陶有《宿嘉陵驿》。张蠙《题嘉陵驿》:“嘉陵路恶石和泥,行到长亭日已西。”齐己《送吴守明先辈游蜀》:“丧乱嘉陵驿,尘埃贾岛诗。”

【嘉期】　谓美好的相会时日。孟郊《分水岭别夜示从弟寂》:“嘉期何处定,此晨堪寄情。”

【嘉植】　谓好树。韩愈、孟郊《城南联句》:“嘉植鲜危朽,膏理易滋荣。”

【嘉惠】　❶对人家所给予的恩惠的敬称。骆宾王《伤祝阿王明府》序:“某昔承嘉惠,曲荷恩光。”陈子昂《观荆玉篇》序:“岂非神明嘉惠,将欲扶吾寿也。”杜甫《送樊二十三侍御赴汉中判官》:“至尊方旰食,仗尔布嘉惠。”李益《从军有苦乐行》:“一旦承嘉惠,轻身重恩光。”❷唐诗作者名。姓不详。《全唐诗外编》上录其《咏鹊》一首。

【嘉景】　佳景,美丽的景致。许彬《湘江》:“孤舟方此去,嘉景称于闻。”伍乔《暮冬送何秀才毗陵》:“毗陵城下饶嘉景,回日新诗应满堂。”无名氏《御制春游长句》(卷七八四):“天意分明道已光,春游嘉景胜仙乡。”

【嘉詠】　谓优美的诗作。韩愈、孟郊《城南联句》:“惟昔集嘉咏,吐芳类鸣嘤。”

【嘉詞】　谓美好的言论。周昙《咏史诗·春秋战国门·鲍叔》:“忠臣祝寿吐嘉词,鲍叔临轩酒一卮。”

【嘉善】　称许善行。语出《礼记·中庸》:“嘉善而矜不能,所以柔远人也。”寒山《诗三百三首》之一四九:“嘉善矜不能,仁徒方得所。”

【嘉禎】　嘉瑞;祥瑞。李搏《贺裴延裕蜀中登第诗》:“嘉祯果中君平卜,贺喜须斟卓氏杯。”

【嘉瑞】　嘉祥,祥瑞。李行敏《省试观庆云图》:“裂素观嘉瑞,披图贺圣君。”李绅《上党奏庆云见》:“五色传嘉瑞,千龄表圣君。”蒋防《望禁苑祥光》:“嘉瑞生天色,葱茏几效祥。”陆龟蒙《奉和袭美太湖诗二十首·投龙潭》:“持来展明诰,敬以投嘉瑞。”

【嘉會】　谓美好的宴集或集会。寇坦《同张少府和厍狄员外夏晚初霁南省寓直时兼充节度判官之作》:“高才推独唱,嘉会喜连茹。”王武陵《宿慧山寺》序:“夫良辰嘉会,古人所惜。”孟郊《同年春燕》:“少年三十士,嘉会良在兹。”

【嘉節】　美好的节日。廖匡图《九日陪董内召登高》:“祝融峰下逢嘉节,相对那能不怆神。”皎然《同颜使君清明日游园因送萧主簿》:“谁知赏嘉节,别意忽相和。”

【嘉遁】　同“嘉遯”。张九龄《商洛山行怀古》:“园绮值秦末,嘉遁此山阿。”储光羲《贻王处士子文》:“王屋尝嘉遁,伊川复陆沉。”齐己《答友生山居寄示》:“嘉遁有新吟,因僧寄竹林。”吴筠《览古十四首》之十三:“方验嘉遁客,永贞天壤同。”

【嘉話】　善言。严维《夏日纳凉》:“衮衮承嘉话,清风纳晚凉。”韩愈、孟郊《雨中寄孟刑部几道联句》:“耿耿蓄良思,遥遥仰嘉话。”司空图《漫书五首》之四:“世路快心无好事,恩门嘉话合书绅。”

【嘉遊】　谓高雅的游览者。温庭筠《题丰安里王相林亭二首》之一:“花竹有薄埃,嘉游集上才。”

【嘉猷】　谓正确的治国大略。许敬宗《奉和圣制登三台言志应制》:“形言防处逸,粹藻发嘉猷。”皎然《哭吴县房耸明府》:“恨以荣级浅,嘉猷未及宣。”

【嘉幣】　佳美之币帛。于邵《释奠武成王乐章·奠币登歌》:“管磬升,坛芗集。上公进,嘉币执。”

【嘉遯】　亦作“嘉遁”。古时称合乎正道的退隐。宋之问《宿云门寺》:“兹焉多嘉遁,数子今莫同。”钱起《登覆釜山遇道人二首》之二:“真气重嶂里,知君嘉遁幽。”又《题章陵令山居过中峰道者二首》之二:“昨日山僧来,犹嫌嘉遯浅。”权德舆《酬李二十二兄主簿马迹山见寄》:“内兄蕴遐心,嘉遯性所便。”

【嘉頌】　美好的赞颂。崔翘《奉和圣制答张说南出雀鼠谷》:“嘉颂推英宰,春游扈圣君。”

【嘉蓮】　谓并蒂莲。古以此为祥瑞。姚合《咏南池嘉莲》:“田野人闻皆尽喜,争来入郭看嘉莲。”陈陶有《和容南韦中丞题瑞亭白燕白鼠六眸龟嘉莲》。

【嘉穀】 古以粟(小米)为嘉谷，后成为五谷的总称。李华《杂诗六首》之四："未闻东菑稼，一气嘉谷成。"清昼《讲德联句》："乃修堤防，乃浚沟洫。以利通商，以溉嘉谷。"

【嘉論】 美好的言论。来鹄《圣政纪颂》："善咨不偷，嘉论不盖。"

【嘉魴】 佳美的鲂鱼。贯休《闲居拟齐梁四首》之三："红藕映嘉鲂，澄池照孤坐。"

【嘉慶】 喜庆。张九龄《酬周判官巡至始兴会改秘书少监见贻之作兼呈耿广州》："嘉庆始获申，恩华复相继。"孟浩然《夕次蔡阳馆》："明朝拜嘉庆，须著老莱衣。"钱起《送郑巨及第后归觐》："嘉庆送归客，新秋带雨行。"

【嘉賓】 ❶贵宾，尊贵的客人。韦应物《答王郎中》："守郡犹羁寓，无以慰嘉宾。"白居易《酬郑二司录与李六郎中寒食日相过同宴见赠》："偶因冷节会嘉宾，况是平生心所亲。"李商隐《送从翁从东川弘农尚书幕》："大镇初更帅，嘉宾素见邀。"罗隐《投浙东王大夫二十韵》："嘉宾邹润甫，百姓贺知章。"❷雀的别称。意谓雀常栖集人家，如同宾客。李峤《雀》："大厦初成日，嘉宾集杏梁。"白居易《寄题周至厅前双松》："手栽两树松，聊以当嘉宾。"

【嘉樂】 (一yuè)优美的音乐。魏征《享太庙乐章·肃和》："嘉乐斯登，鸣球以咏。"无名氏《郊坛听雅乐》(卷七八七)："展礼陈嘉乐，斋心动众灵。"

【嘉蔬】 佳美的蔬菜。王维《游化感寺》："香饭青菰米，嘉蔬绿笋茎。"杜甫《暇日小园散病将种秋菜督勒耕牛兼书触目》："嘉蔬既不一，名数颇具陈。"

【嘉樹】 ❶嘉木，好树。白居易《续古诗十首》之七："凉风飘嘉树，日夜减芳华。"章碣《夏日湖上即事寄晋陵萧明府》："亭午羲和驻火轮，开门嘉树庇湖渍。"徐铉《又和萧少卿见庆新居》："更喜良邻有嘉树，绿阴分得近南枝。"❷《左传·昭公二年》载，晋韩宣子来聘，公享之，韩子赋《角弓》。既享宴于季氏，有嘉树焉，宣子誉之。武子曰："宿敢不封殖此树，以无忘《角弓》。"遂赋《甘棠》。杜甫《冬日有怀李白》："更寻嘉树传，不忘《角弓》。"

【嘉餐】 美餐。贾至《寓言二首》之二："玉以委贞心，盘以荐嘉餐。"

【嘉興】 县名。属会稽郡。三国吴改嘉兴，隋废。唐武德七年(624)，复置，属苏州。八年，废入吴。贞观八年(634)复置，属苏州。今属浙江。方干有《嘉兴县内池阁》和《嘉兴许明府》。

【嘉謀】 好的谋划。张九龄《故刑部李尚书挽词三首》之一："明德尝为礼，嘉谋屡作忠。"皎然《览史》："嘉谋匡帝道，高步游天关。"司空图《自诫》："我祖铭座右，嘉谋贻厥孙。"

【嘉豫】 愉悦快乐。许敬宗《奉和仪鸾殿早秋应制》："睿想追嘉豫，临轩御早秋。"

【嘉薦】 ❶谓美好的祭品。归登《享惠昭太子庙乐章》："嘉荐既陈，祀事孔明。"❷谓美好的荐举。皎然《霅溪馆送韩明府章辞满归》："荣君有嘉荐，顾我阻游行。"

【嘉聲】 美誉，好的名声。储光羲《述韦昭应画犀牛》："陛阁飞嘉声，丘甸盈仁心。"李商隐《五言述德抒情诗一首四十韵献上杜七兄仆射相公》："旂常悬祖德，甲令著嘉声。"罗隐《韦公子》："李将军自嘉声在，不得封侯亦自闲。"

【嘉禮】 ❶古代吉、凶、军、宾、嘉五礼之一，后专指婚礼。徐铉《观吉王从谦花烛》："王门嘉礼万人观，况是新承置醴欢。"❷地名。在唐复州(治所在今湖北沔阳县西)。许浑有《送卢先辈自衡岳赴复州嘉礼二首》。

【嘉謨】 美好、完善的谋划。岑参《故仆射裴公挽歌三首》之一："盛德资邦杰，嘉谟作世程。"柳宗元《省试观庆云图诗》："九天开秘祉，百辟赞嘉谟。"来鹄《圣政纪颂》："奏问莫睹，嘉谟固稀。"陈陶《闽中送任畹端公还京》："多少嘉谟奏风俗，斗牛孤剑在平津。"

【嘉願】 美好的夙愿。韩愈《远游联句》："默誓去外俗，嘉愿还中州。"又韩愈、孟郊《纳凉联句》："嘉愿苟未从，前心空缅邈。"

【嘉獻】 谓所献美好之物。韦应物《至西峰兰若受田妇馈》："田妇有嘉献，泼撒新岁余。"

【嘉藻】 美丽的辞藻，优美的诗文。孟浩然《与张折冲游耆阇寺》："因君振嘉藻，江楚气雄哉。"韦应物《酬韩质舟行阻冻》："晨坐枉嘉藻，持此慰寝兴。"又《赠冯著》："华觞发欢颜，嘉藻播清风。"

【嘉麗】 谓美丽的景致。寒山《诗三百三首》之二六六："静玩偏嘉丽，虚岩蒙雾迷。"

【嘉饗】 指美好的祭品。源光裕《祭汾阴乐章》："方丘既膳，嘉飨载谧。"

【嘉豔】 指美好之物。孟郊《江邑春霖奉赠陈侍御》："嘉艳皆损污，好音难殷勤。"

嘆 〔tàn《广韵》他旦切，去翰，透。又他干切，平寒，透。〕❶叹息。羊士谔《酬卢司门晚夏过永宁里弊居林亭见寄》："自叹淮阳卧，谁知去国心。"白居易《早朝》："汉庭方尚少，惭叹鬓如霜。"司马扎《感萤》："爱尔持照书，临书叹吾道。青荧一点光，曾误几人老。"李涉《酬彭伉》："莫叹屈声犹未展，同年今日在中书。"❷赞叹。钱起《片玉篇》："美人之鉴明且彻，玉指提携叹奇绝。"

【嘆咨】 叹嗟。贾岛《纪汤泉》："古寺僧寂寞，但余壁上诗。不见题诗人，令我长叹咨。”

【嘆息】 嗟叹；叹气。杜甫《两当县吴十侍御江上宅》：“朝廷非不知，闭口休叹息。”韦应物《杂体五首》之一：“自非磨莹工，日日空叹息。”

【嘆嗟】 嗟叹，叹息。顾非熊《斜谷邮亭玩海棠花》：“忽识海棠花，令人只叹嗟。”贾岛《投张太祝》：“有子不敢和，一听千叹嗟。”徐夤《春末送陈先辈之清源》：“贫中惟是长年华，每羡君行自叹嗟。”柳曾《险竿行》：“我不知尔是人耶复猱耶，使我为尔长叹嗟。”

【嘆短衣】 春秋时卫人宁戚失意为商，夜宿齐国东门外，着短布单衣。桓公夜出，宁戚方喂牛，叩角作歌。桓公闻声知其贤，用为客卿。见《楚辞·屈原〈离骚〉》王逸注、《吕氏春秋·举难》《史记·鲁仲连邹阳列传》裴骃集解。后因用作失意求仕的典故，杜甫《夜》：“独坐亲雄剑，哀歌叹短衣。”

【嘆疆埸】 唐教坊曲。玄宗开元间人作。宫调。调之始，应出于边戍，咏调名本意。五言，四句，二十字，二平韵。孟郊有《叹疆场》。

嘈 〔cáo《广韵》昨劳切，平豪，從。〕喧闹。吴融《個人三十韵》：“管咽参差韵，弦嘈倰僜声。”参见“嘈嘈”“嘈囋”“嘈囐”。

【嘈然】 声音杂乱貌。李白《忆旧游寄谯郡元参军》：“餐霞楼上动仙乐，嘈然宛似鸾凤鸣。”

【嘈嗷】 声音响亮悠长。韩愈、孟郊《同宿联句》：“逸韵何嘈嗷，高名俟沽赁。”

【嘈嘈】 众声嘈杂。李白《鸣皋歌送岑征君》：“邈仙山之峻极兮，闻天籁之嘈嘈。”韩愈《潭州泊船呈诸公》：“夜寒眠半觉，鼓笛闹嘈嘈。”李贺《荣华乐》：“嘈嘈弦吹匝天开，洪崖箫声绕天来。”刘禹锡《竹枝词九首》之七：“瞿塘嘈嘈十二滩，人言道路古来难。”

【嘈囋】 喧闹；声音杂乱。薛曜《舞马篇》：“承云嘈囋骇日灵，调露铿铉动天驷。”顾况《宫词五首》之四：“嘈囋一声钟鼓歇，万人楼下拾金钱。”刘禹锡《更衣曲》：“满堂醉客争笑语，嘈囋琵琶青幕中。”又《曹刚》：“大弦嘈囋小弦清，喷雪含风意思生。”

【嘈囐】 形容鼓声喧阗。韩愈《奉和杜相公太清宫纪事陈诚上李相公十六韵》：“噌吰宫夜辟，嘈囐鼓晨挝。”

嘔1 〔ōu《广韵》烏侯切，平侯，影。〕❶象声词。见“嘔啞”“嘔軋”“嘔嘎”。❷通“謳”。歌唱。齐己《寄钱塘罗给事》：“愦愦呕谗书，无人诵《子虚》。”

嘔2 〔ǒu《广韵》烏后切，上厚，影。〕吐。姚岩杰《酒令》：“凭阑一呕，已觉空喉。”见“嘔血”“嘔泄”。

【嘔₂血】 吐血。白居易《新丰折臂翁》“君不闻开元宰相宋开府，不赏边功防黩武”原注：“开元初，突厥数寇边。时天武军牙将郝灵全出使，因引特勒回鹘部落，斩突厥默啜，献首于阙下，自谓有不世之功。时宋璟为相，以天子年少好武，恐徼功者生心，痛抑其赏。逾年，始授郎将。灵全遂恸哭呕血而死也。”

【嘔₂泄】 吐泻。杜甫《北征》：“老夫情怀恶，呕泄卧数日。”元稹《送崔侍御之岭南二十韵》序：“海物多肥腥，啖之好呕泄。”

【嘔軋】 象声词。摇橹声。薛逢《潼关河亭》：“橹声呕轧中流渡，柳色微茫远岸村。”

【嘔啞】 象声词。❶小儿说话声。白居易《念金銮子二首》之一：“况念夭札时，呕哑初学语。”韦庄《与小女》：“见人初解语呕哑，不肯归眠恋小车。”❷车船声。曹邺《四怨三愁五情诗十二首》之四：“手推呕哑车，朝朝暮暮耕。”陆龟蒙《北渡》：“江客柴门枕浪花，鸣机寒橹任呕哑。”李咸用《江行》：“潇湘无事后，征棹复呕哑。”胡宿《赵宗道归辇下》：“江浦呕哑风送橹，河桥勃窣柳垂堤。”❸泛指嘈杂之声。见“嘔啞嘲哳。”

【嘔啞嘲哳】 形容嘈杂的声音。白居易《琵琶行》：“岂无山歌与村笛，呕哑嘲哳难为听。”

【嘔嘎】 象声词。鸟鸣声。王睿《燕》：“海燕双飞意若何，曲梁呕嘎语声多。”

【嘔鵶】 象声词。元稹《酬乐天待漏入阁见赠》：“飐闪才人袖，呕鸦软举环。”

噉1 〔dàn《广韵》徒敢切，上敢，定。〕❶食，吃。拾得《诗》之三二：“寒山为伴侣，松下啖灵芝。”杜甫《壮游》：“翠华拥英岳，螭虎啖豺狼。”鲍溶《巢乌行》：“既分青雀啖尔雏，尔雏虽长心何如。”李商隐《咏怀寄秘阁旧僚二十六韵》：“遇炙谁先啖，逢齑即便吹。”

噉2 〔hǎn〕喊；呼叫。李郢《茶山贡焙歌》：“万人争噉春山摧，驿骑鞭声砉流雷。”

【噉蔗】 南朝宋刘义庆《世说新语·排调》：“顾长康噉甘蔗，先食尾。人问所以，云渐至佳境。”后以“噉蔗”形容初时乏味而以后渐入佳境的状况。韩愈《答张彻》：“初味犹噉蔗，遂通斯建瓴。”

嗽1 〔sòu《广韵》蘇奏切，去侯，心。〕咳嗽。施肩吾《诮山中叟》：“天阴伛偻带嗽行，犹向岩前种松子。”白居易《病中书事》：“气嗽因寒发，风痰欲雨生。”又《自叹》：“春来痰气动，老去嗽声深。”

嗽2 〔shù《集韵》所救切，去宥，生。〕通“漱”。漱口。李白《送韩准裴政孔巢父还山》：“斧冰嗽寒泉，三子同二屐。”陆龟蒙《奉和袭美太湖诗二十首·晓次神景宫》：“呀空雪牙利，嗽水石齿冷。”

嘏 〔gǔ，又读 jiǎ，《广韵》古疋切，上馬，見。〕❶福。张说《封泰山乐章·寿和》："皇皇降嘏，天子万年。"韩愈《元和圣德诗》："饫沃膻芗，产祥降嘏。"《郊庙歌辞·祀九宫贵神乐章·福和》："锡兹纯嘏，天子万年。"❷致福于主人。《礼记·礼运》："修其祝嘏，以降上神。"郑玄注："祝，祝为主人飨神辞也；嘏，祝为尸致福于主人之辞也。"魏征《五郊乐章·肃和》："诚备祝嘏，礼殚珪币。"

嘎 〔gā《广韵》古黠切，入黠，見。〕象声词。❶禽鸟鸣叫声。王睿《燕》："海燕双飞意若何，曲梁呕嘎语声多。"见"嘎嘎(1)"。❷物体活动时发出的声响。见"嘎嘎(2)"。

【嘎嘎】 象声词。(1)禽鸟鸣叫声。李山甫《方干隐居》："咬咬嘎嘎水禽声，露洗松阴满院清。"(2)物体活动时发出的声响。贯休《怀邻叟》："桔槔打水声嘎嘎，紫芋白薤肥濛濛。"

嚐 〔cháng《广韵》市羊切，平陽，禪。〕❶辨味；吃；喝。杜审言《奉和承庆过义阳公主山池五首》之四："园果尝难遍，池莲摘未稀。"张子容《送苏倩游天台》："琪树尝仙果，琼楼试羽衣。"韩愈《此日足可惜赠张籍》："此日足可惜，此酒不足尝。"王建《新嫁娘词三首》之三："三日入厨下，洗手作羹汤。未谙姑食性，先遣小姑尝。"曹唐《小游仙诗九十八首》之三十："闲依碧海攀鸾驾，笑就苏君觅橘尝。"❷经历。韦庄《和郑拾遗秋日感事一百韵》："偃卧虽非晚，艰难亦备尝。"❸曾经。苏颋《奉和圣制春台望应制》："暴嬴国此尝图霸，霸业后仁先以诈。"窦常《哭张仓曹南史》："丽藻尝专席，闲情欲烂柯。"姚合《买太湖石》："我尝游太湖，爱石青嵯峨。"孙元晏《咏史诗·吴·太史慈》："陈韩昔日尝投楚，岂是当归召得伊。"❹经常。岑参《题新乡王釜厅壁》："禄米尝不足，俸钱供与人。"又《虢州卧疾喜刘判官相过水亭》："卧疾尝晏起，朝来头未梳。"白居易《题新馆》："重裘每念单衣士，兼味尝思旅食人。"许棠《讲德陈情上淮南李仆射八首》之一："尝念苍生如赤子，九州无处不沾恩。"

【嚐先】 即常先。黄帝臣。尝，"常"之假借字。《史记·五帝本纪》："举风后、力牧、常先、大鸿以治民。"张守节正义："四人皆黄帝臣。"李白《君道曲》："轩后爪牙常先太山稽，如心之使臂。"

【嚐酒】 品尝酒味，喝酒。杜甫《遭田父泥饮美田中丞》："田翁逼社日，邀我尝春酒。"李端《慈恩寺怀旧》："重入远师溪，谁尝陶令酒。"白居易《初致仕后戏酬留守牛相公并呈分司诸寮友》："采花尝酒多先到，拜表行香尽不知。"

【嚐茶】 品尝茶味。郑巢《秋日陪姚郎中登郡中南亭》："隔石尝茶坐，当山抱琴吟。"贾岛《再投李益常侍》："联句逢秋尽，尝茶见月生。"李郢《茶山贡焙歌》："使君忧民惨容色，就焙尝茶坐诸客。"

【嚐新】 尝食新收获的五谷、果蔬等。杜甫《茅堂检校收稻二首》之一："御裌侵寒气，尝新破旅颜。"顾况《樱桃曲》："遥知寝庙尝新后，敕赐樱桃向几家。"

【嚐聞】 曾经听到；曾经听到说。孙逖《和登会稽山》："能赋丘尝闻，和歌参不敏。"崔峒《送丘二十二之苏州》："曾见长洲苑，尝闻大雅篇。"李郢《画鼓》："尝闻画鼓动欢情，及送离人恨鼓声。"

【嚐膽】 春秋时越王句践自吴释归，立志报仇，于坐卧处悬挂苦胆，连吃饭时也要尝尝，示不忘其苦。经过长期准备，越国终于战胜吴国。见《史记·越王句践世家》。后用以喻刻苦自励、奋发图强。王维《燕支行》："报仇只是闻尝胆，饮酒不曾妨刮骨。"杜甫《寄董嘉喜荣十韵》："猛将宜尝胆，龙泉必在腰。"刘长卿《登吴古城歌》："越王尝胆安可敌，远取石田何所益。"李贺《春归昌谷》："思焦面如病，尝胆肠似绞。"

【嚐醪】 尝酒。胡皓《奉和圣制送张尚书巡边》："尝醪企行迈，听乐罢涟洏。"

【嚐藥】 谓辨别药性。李峤《藤》："神农尝药罢，质子寄书来。"

嘍 〔lóu《广韵》落侯切，平侯，來。〕见"嘍囉""嘍嘍"。

【嘍嘍】 (—lóu)象声词。韦应物《燕衔泥》："衔泥燕，声喽喽。"

【嘍囉】 ❶能干；有本领。寒山《诗三百三首》之一五九："自逞说喽罗，聪明无益当。"又《诗三百三首》之二三七："岐路逞喽罗，欺谩一切人。"郑綮《题中书壁》："一朝白雨中，无钝无喽罗。"❷吵闹；喧攘。李贞白《咏狗蚤》："与蝨都来不较多，攧挑筋斗太喽啰。"

【嘍囉兒】 犹言聪明的孩子。卢仝《寄男抱孙》："喽罗儿读书，何异摧枯朽。"

【嘍囉漢】 犹言英雄好汉。寒山《诗三百三首》之二三六："临死度奈河，谁是喽罗汉。"

嚓 〔qiè《广韵》千結切，入屑，清。〕见"嚓嚓"。

【嚓嚓】 象声词。形容细碎的声音。王建《镜听词》："嗟嗟嚓嚓下堂阶，独自灶前来跪拜。"陆龟蒙《挟瑟歌》："寥寥倚浪系，嚓嚓沉湘语。"皮日休、陆龟蒙《寒夜文宴联句》："松吟方嚓嚓，泉梦忆潺潺。"

嗾 〔sǒu《广韵》蘇后切，上厚，心。又蘇奏切，去侯，心。〕❶使唤狗时发出的声音；发出声音使狗。李贺《公无出门》："嗾犬狺狺相索索，舐掌偏宜佩兰客。”刘禹锡《连州腊日观莫徭猎西山》：“张罗依道口，嗾犬上山腰。”杜牧《昔事文皇帝》：“吠声嗾国猘，公议怯膺门。”韩偓《感事三十四韵》：“嗾獒翻丑正，养虎欲求全。”❷犹言引起。刘禹锡《秋词二首》之二：“试上高楼清入骨，岂如春色嗾人狂。”

【嗾獒】　嗾使猛犬咬人。《左传·宣公二年》有载。周昙《咏史诗·春秋战国门·赵宣子》：“门人曾不有提弥，连嗾呀呀孰敢支。临难若教无苟免，乱朝争那以獒为？”韩偓《感事三十四韵》：“嗾獒翻丑正，养虎欲求全。”

嘐

〔jiāo《广韵》古肴切，平肴，見。〕见“嘐嘐”。

【嘐嘐】　（—jiāo）象声词。动物叫声。柳宗元《游朝阳岩遂登西亭二十韵》：“晨鸡不余欺，风雨闻嘐嘐。”元稹《江边四十韵》：“犬惊狂浩浩，鸡乱响嘐嘐。”

嘓

〔guō《广韵》古禾切，平戈，見。〕见“嘓嘓”。

【嘓嘓】　小孩应答声。寒山《诗三百三首》之一五：“妇摇机轧轧，儿弄口啰啰。”

十二画

嘵

〔xiāo《广韵》許幺切，平蕭，曉。〕见“嘵呼”。

【嘵呼】　纷乱呼叫。李绅《逾岭峤止荒陬抵高要》：“鹧鸪猿鸟声相续，椎髻哓呼同戚促。”

【嘵嘵】　❶惊惧声。贾岛《义雀行和朱评事》：“一夕皆莫归，哓哓遗众雏。”❷嘈杂声。刘禹锡《踏潮歌》：“海人狂顾迭相招，罽衣髽首声哓哓。”

【嘵譊】　喧闹貌。陆龟蒙《奉和袭美新秋言怀三十韵次韵》：“石林空寂历，云肆肯哓譊？”

噴¹

〔pēn《广韵》普魂切，平魂，滂。又普悶切，去慁，滂。〕❶液体或气体等受压力自口鼻射出。李颀《与诸公游济渎泛舟》：“苍螭送飞雨，赤鲤喷回风。”韩愈、孟郊《斗鸡联句》：“一喷一醒然，再接再砺乃。”姚合《恶神行雨》：“龙喷黑气翻腾滚，鬼掣红光劈划揁。”郑蒉《天骥呈材》：“喷勒金铃响，追风汗血生。”❷激射。太宗《咏雨》：“罩云飘远岫，喷雨泛长河。”刘禹锡《秋萤引》：“纷纶晖映互明灭，金炉星喷灯花发。”白居易《府西池北新葺水斋即事招宾偶题十六韵》：“喷时千点雨，澄处一泓油。”曹松《赠华阴李明府》：“雪篠欹难直，风泉喷易横。”❸吐出。见“噴香”。

噴²

〔pèn〕见“噴鼻”。

【噴玉】　形容奔马喷溅的唾沫。乔知之《羸骏篇》：“喷玉长鸣西北来，自言当代是龙媒。”严维《奉和刘祭酒伤白马》：“色照鸣珂静，声连喷玉雄。”权德舆《奉和度支李侍郎早朝》：“腰金初辨色，喷玉自生光。”徐仁嗣《天骥呈材》：“追风奇质异，喷玉彩毛轻。”

【噴玉布】　即喷玉泉。孟郊《喷玉布》：“赠君喷玉布，一濯高崭崭。”

【噴玉泉】　瀑布名。故址在今河南宜阳境。白居易有《题喷玉泉》。题下自注：“泉在寿安山下，高百余尺，直泻潭中。”

【噴吼】　吐气长嘶。元稹《望云骓马歌》：“上前喷吼如有意，耳尖卓立节踠奇。”

【噴沫】　奔马喘气时喷出唾沫。韩翃《看调马》：“玉勒斗回初喷沫，金鞭欲下不成嘶。”刘言史《春游曲》之二：“喷沫团香小桂条，玉鞭兼赐霍嫖姚。”

【噴香】　吐出香气。罗隐《寄前宣州窦常侍》：“喷香瑞兽金三尺，舞雪佳人玉一围。”秦韬玉《贵公子行》：“阶前莎球绿不卷，银龟喷香挽不断。”贯休《夜夜曲》：“蟪蛄切切风骚骚，芙蓉喷香蟾蜍高。”

【噴風】　临风喷沫。高适《部落曲》：“蕃军傍塞游，代马喷风秋。”

【噴射】　犹喷涌。李白《求崔山人百丈崖瀑布图》：“龙潭中喷射，昼夜生风雷。”

【噴飛】　犹喷洒。方干《题仙岩瀑布呈陈明府》：“方知激鼈与喷飞，直恐古今同一时。”

【噴雪】　形容微粒飘落。裴度、刘禹锡《西池落泉联句》：“喷雪萦松竹，攒珠溅芰荷。”柳宗元《柳州城西北隅种柑树》：“几岁开花闻喷雪，何人摘实见垂珠。”

【噴然】　突然。孟郊《送草书献上人归庐山》：“忽怒画蛇虺，喷然生风烟。”

【噴湧】　激发而射出。李白《有所思》：“长鲸喷涌不可涉，抚心茫茫泪如珠。”郭周藩《谭子池》：“巨源出岭顶，喷涌世间稀。”

【噴₂鼻】　扑鼻。刘禹锡《西山兰若试茶歌》：“悠扬喷鼻宿酲散，清峭彻骨烦襟开。”张泌《酒泉子》词之一：“酒香喷鼻懒开缸，惆怅更无人共醉，旧巢中。”

【噴蕩】　激射震荡。李白《上崔相百忧章》：“鲲鲸喷荡，扬涛起雷。”

【噴激】　犹喷涌。孟郊《峡哀》：“谷号相喷激，石怒争旋回。”

【噴薄】　❶激荡貌。张九龄《入庐山仰望瀑布水》：“雷吼何喷薄，箭驰入窈窕。”杜甫《巴西驿亭观江涨呈窦使君》:“孤亭凌喷薄,万井逼春容。”元稹《书异》:“汹涌潢潦浊,喷薄鲸鲵腥。”李德裕《东郡怀古二首·王京兆》:“峥嵘金堤下,喷薄风雷音。”❷喷涌。崔颢《游天竺寺》:“匡泉争喷薄,江岫相萦绕。”杜甫《过郭代公故宅》:“及夫登衮冕,直气森喷薄。”薛据《登秦望山》:“溪壑争喷薄,江湖递交通。”

【噴簿】 同“喷薄”。阎防《夕次鹿门山作》:“喷簿湍上水,春容漂里山。”

【噴灑】 激射散布。崔道融《溪上遇雨二首》之二:“坐看黑云衔猛雨,喷洒前山此独晴。”

嘻 〔xī《广韵》許其切,平支,曉。〕叹词。王维《送秘书晁监还日本国》序:“嘻!去帝乡之故旧,谒本朝之君臣。”元结《乱风诗五篇·至乱》之二:“嘻乎王家,曾有凶王。”韩愈《元和圣德诗》:“皇帝曰嘻,岂不在我!”陆龟蒙《村夜二篇》之二:“嘻今居宠禄,各自矜雄霸。”

【嘻嘻】 欢笑貌。贯休《寿春节进》:“触邪羊晗晗,鼓腹叟嘻嘻。”

噎 〔yē《广韵》烏結切,入屑,影。〕❶食物阻塞咽喉。张说《岳州作》:“重欷视欲醉,懵满气如噎。”李白《白鸠辞》:“含哺七子能平均,食不噎,性安驯。”❷壅塞。张南史《雪》:“初从云外飘,还向空中噎。”孟郊《往河阳宿峡陵寄李侍御》:“暮天寒风悲屑屑,啼鸟绕树泉水噎。”

【噎嚜】 阻塞。孟郊《嵩少》:“噎塞春咽喉,蜂蝶事光辉。”

【噎歐】 逆呃作呕。韩愈《元和圣德诗》:“卿士庶人,黄童白叟,踊跃欢呀,失喜噎欧。”

嘶 〔sī《广韵》先稽切,平齊,心。〕❶沙哑。杜甫《无家别》:“生我不得力,终身两酸嘶。”孟郊《寒溪》之三:“独立欲何语,默念心酸嘶。”❷马叫。杜甫《题壁画马歌》:“一匹龁草一匹嘶,坐看千里当霜蹄。”章孝标《闻角》:“关头老马嘶看月,碛里疲兵泪湿衣。”梁琼《昭君怨》:“朔风嘶去马,汉月出行轮。”❸泛指竭力而鸣。李端《晓发瓜州》:“棹唱临高岸,鸿嘶发远田。”陈羽《夜泊荆溪》:“小雪已晴芦叶暗,长波乍急鹤声嘶。”许棠《夏州道中》:“无蝉嘶折柳,有寇似防兵。”

【嘶叫】 马长鸣。杨行敏《失题二首》之一:“驽骀嘶叫知无定,骐骥低垂自有心。”

【嘶風】 迎风而鸣。白居易《有小白马乘驭多时奉使东行至稠桑驿溘然而毙足可惊伤不能忘情题二十韵》:“嘶风觉声急,踏雪怪行迟。”张祜《爱妾换马》:“恩劳未尽情先尽,暗泣嘶风两意同。”卢征《天骥呈材》:“嘶风深有恋,逐日定无前。”

【嘶號】 马长鸣。曹唐《病马五首呈郑校书章三吴十五先辈》:“追电有心犹款段,逢人相骨强嘶号。”

【嘶酸】 鸣声凄楚。李颀《听董大弹胡笳声兼寄语弄房给事》:“嘶酸雏雁失群夜,断绝胡儿恋母声。”

【嘶鳴】 马叫。李白《古风》之二二:“胡马顾朔雪,躞蹀长嘶鸣。”韩愈《驽骥》:“嘶鸣当大路,志气若有余。”陈去疾《赋得骐骥长鸣》:“骐骥忻知己,嘶鸣忽异常。”

【嘶噪】 竭力呼叫。元稹《和李校书新题乐府十二首·阴山道》:“臣闻平时七十万匹马,关中不省闻嘶噪。”又《哭子十首》之一:“独在中庭倚闲树,乱蝉嘶噪欲黄昏。”

嘲 〔cháo《广韵》陟交切,平肴,知。〕❶调笑,嘲弄。李白《鸣皋歌送岑征君》:“蝘蜓嘲龙,鱼目混珍。”元稹《春分投简阳明洞天作》:“怪我携章甫,嘲人托鹧鸪。”张祜《和杜牧之齐山登高》:“不堪孙盛嘲时笑,愿送王弘醉夜归。”❷吟咏。韩愈《玩月喜张十八员外以王六秘书至》:“惜无酒食乐,但用歌嘲为。”白居易《留题郡斋》:“吟山歌水嘲风月,便是三年官满时。”又《重题别东楼》:“太守三年嘲不尽,郡斋空作百篇诗。”罗虬《比红儿诗》之六六:“闻道只因嘲落絮,何曾得似杜红儿?”❸象声词。见“嘲嘲”。

【嘲叱】 戏弄呵斥。李商隐《行次西郊作一百韵》:“公卿辱嘲叱,唾弃如粪丸。”

【嘲哳】 繁杂喧闹貌,犹嘈杂。白居易《琵琶引》:“岂无山歌与村笛,呕哑嘲哳难为听。”

【嘲嘶】 “嘶”为“哳”字之讹。刘长卿《山鸲鹆歌》:“山鸲鹆,长在此山吟古木,嘲嘶相呼响空谷。”权德舆《晓发武阳馆即事书情》:“清晨策羸车,嘲嘶闻村鸡。”

【嘲啁】 犹嘲哳。韩愈《赴江陵途中寄赠王二十补阙李十一拾遗李二十六员外翰林三学士》:“生狞多忿很,辞舌纷嘲啁。”

【嘲評】 讥笑讽刺。韩愈《东都遇春》:“旧游喜乖张,新辈足嘲评。”

【嘲詠】 吟咏。韩愈《双鸟诗》:“鬼神怕嘲咏,造化皆停留。”白居易《裴常侍以题蔷薇架十八韵见示因广为三十韵以和之》:“岂可轻嘲咏,应须痛比方。”

【嘲哳】 同“嘲哳”。柳宗元《巽公院五咏·苦竹桥》:“差池下烟日,嘲哳鸣山禽。”白居易《东南行一百韵寄通州元九侍御窦七校书》:“夷音语嘲哳,蛮态笑睢盱。”陈陶《早发始兴》:“挂席借前期,晨鸡莫嘲哳。”

【嘲嗤】 讥笑。刘禹锡《插田歌》:“时时一大笑,此必相嘲嗤。”

【嘲誚】 讥笑。韩愈、轩辕弥明《石鼎联句》:“愿君莫嘲诮,此物方施行。”

【嘲嘲】 鸟鸣声。柳宗元《放鹧鸪词》:“楚越有鸟甘且腴,嘲嘲自名为鹧鸪。”

【嘲諧】 戏谑。韩愈《送灵师》："饮酒尽百盏，嘲谐思逾鲜。"

【嘲噪】 嘲笑起哄。白居易《池鹤八绝句》序："乌鸢鸡鹅，次第嘲噪。"

【嘲戲】 戏谑。韩愈《醉后》："初喧或忿争，中静杂嘲戏。"

嘹 〔liáo《广韵》落蕭切，平嘯，來。〕见下列各条。

【嘹亮】 高亢响亮。高骈《边方春兴》："笙歌嘹亮随风去，知尽关山第几重。"

【嘹唳】 嘹亮。陈子昂《西还至散关答乔补阙知之》："葳蕤苍梧凤，嘹唳白露蝉。"杜甫《奉送卿二翁统节度镇军还江陵》："嘹唳吟笳发，萧条别浦清。"张籍《和裴司空以诗请刑部白侍郎双鹤》："徘徊幽树月，嘹唳小亭风。"李群玉《早鸿》："参差天汉雾，嘹唳月明风。"

【嘹喨】 同"嘹亮"。刘商《泛舒城南溪赋得沙鹤歌奉饯张侍御拜觐仆射》："紫顶昂藏肯狎人，一声嘹喨冲天阙。"杜仁杰《至真观》："笙嘹喨，鹤窈窕。"

【嘹嘹】 犹嘹唳。顾况《湖南客中春望》："鸣雁嘹嘹北向频，渌波何处是通津？"李贺《昌谷诗》："嘹嘹湿蛄声，咽源惊溅起。"

噆 〔cǎn《广韵》七感切，上感，清。又子荅切，入合，精。〕叮咬。王建《荆门行》："生纱帷疏薄如雾，隔衣噆肤耳边鸣。"皮日休《蚊子》："隐隐聚若雷，噆肤不知足。"吴融《平望蚊子二十六韵》："天下有蚊子，候夜噆人肤。"

【噆食】 咬食。元稹《虫豸诗·蚊子》之二："攻穿漏江海，噆食困蛟鲸。"

嘘 〔xū《广韵》朽居切，平魚，曉，又許御切，去御，曉。〕呼气。急者为吹，缓者为嘘。王建《冬夜感怀》："气嘘寒被湿，霜入破窗凝。"刘禹锡《白舍人自杭州寄新诗因而戏酬兼寄浙东元相公》："鳌惊震海风雷起，蜃斗嘘天楼阁成。"皮日休《吴中苦雨因书一百韵寄鲁望》："嘘之为玄云，弥亘千万幅。"李咸用《春风》："青帝使和气，吹嘘万国中。"

【嘘吸】 ❶吞吐呼吸。李白《赠僧朝美》："百川随龙舟，嘘吸竟安在？"韦应物《凌雾行》："霏微误嘘吸，肤腠生寒栗。"刘禹锡《韩十八侍御见示岳阳楼别窦司直诗故足成六十二韵》："嘘吸写楼台，腾骧露鬐尾。"又《踏潮歌》："介鲸得性方逍遥，仰鼻嘘吸扬朱翘。"❷抑扬。孟郊《擢第后东归书怀献座主吕侍御》："云寺势动摇，山钟韵嘘吸。"

【嘘呵】 吹气鼓风。韩愈《元和圣德诗》："紫焰嘘呵，高灵下堕。"

【嘘唏】 叹息。孟郊《病客吟》："况于滞疾中，何人免嘘唏？"

【嘘噏】 同"嘘吸"。吹嘘，宣扬。贾岛《重酬姚少府》："倖利沐均分，价称烦嘘噏。"

【嘘嚱】 叹息。刘商《姑苏怀古送秀才下第归江南》："伍员结舌长嘘嚱，忠谏无因到君耳。"

嘬 〔chuài《广韵》楚夬切，去夬，初。〕大口吞食。韩愈、孟郊《雨中寄孟刑部几道联句》："圣书空勘读，盗食敢求嘬。"

嘽 〔tān《广韵》他干切，平寒，透。〕见"嘽嘽"。

【嘽嘽】 威武貌。张九龄《送赵都护赴安西》："封侯自有处，征马去啴啴。"

嘿 〔mò《集韵》莫北切，入德，明。〕同"默"。闭口不作声。李群玉《登宜春醉宿景星寺寄郑判官兼简空上人》："名业尔未从，临风嘿舒志。"贾岛《感秋》："几蜩嘿凉叶，数蛩思阴壁。"皮日休《初夏游楞伽精舍》："时禽倏已嘿，众籁萧然作。"齐己《寺居》："难嘿吟风口，终清饮露肠。"

【嘿坐】 无言而坐。陆龟蒙《袭美先辈以龟蒙所献五百言既蒙见和复示荣唱用伸酬谢》："嘿坐无影响，唯君款茅茨。"杨夔《题宣州延庆寺益公院》："嘿坐能除万种情，腊高兼有赐衣荣。"

【嘿語】 沉默。王勃《春日还郊》："闲情兼嘿语，携杖赴岩泉。"

【嘿嘿】 沉默。刘禹锡《送张盥赴举诗》："依依见眉睫，嘿嘿含悲辛。"

嗥 同"嗥"。白居易《和答诗十首·答箭镞》："狺狺嗥不已，主人为之惊。"鲍溶《壮士行》："沙鸿嗥天末，横剑别妻子。"薛能《相国陇西公南征能以留务独宿府城作》："高墉撼铎思巴栈，老木嗥风念野营。"

噏 〔xī《广韵》許及切，入緝，曉。〕"吸"的异体字。元稹《和李校书新题乐府十二首·胡旋女》："潜鲸暗噏笡波海，回风乱舞当空霰。"贾岛《重酬姚少府》："倖利沐均分，价称烦嘘噏。"

嗚 〔huī《集韵》吁爲切，平支，曉。〕丑陋貌。皮日休《吴中苦雨因书一百韵寄鲁望》："吟诗口吻吻，把笔指节瘃。"

噇 〔chuáng《集韵》宅江切，平江，澄。〕吃、喝。寒山《诗三百三首》之七四："背后噇鱼肉，人前念佛陀。"又《诗三百三首》之一五九："买肉自家噇，抹觜道我畅。"李昌符《婢仆诗》之二："不论秋菊与春花，个个能噇空腹茶。"

噂 〔zǔn《广韵》兹损切,上混,精。〕见“噂喈”。

【噂喈】 也作“噂沓”。嘈杂。杜甫《示从孙济》:“权门多噂喈,且复寻诸孙。”

嶙 〔lián《集韵》靈年切,平先,來。〕见“嶙嶙”。

【嶙嶙】 鼓声不绝貌。牛殳《琵琶行》:“若似长安月蚀时,满城敲鼓声嶙嶙。”

嘮 〔láo《集韵》郎刀切,平豪,來。〕见“嘮嘮”。

【嘮嘮】 多言貌。贯休《长持经僧》:“嘮嘮长夜坐,嘮嘮早起。”又《四皓图》:“何人图四皓?如语话嘮嘮。”又《湖上作》:“我竟胡为者?嘮嘮但爱吟。”

噀 〔xùn《龙龛手鉴》蘇困切。〕喷出。皮日休《寄题玉霄峰叶涵象尊师所居》:“闲迎仙客来为鹤,静噀灵符去是龙。”徐夤《雨》:“引电随龙密又轻,酒杯闲噀得嘉名。”

【噀雨】 晋葛洪《神仙传·栾巴》载栾巴知成都失火,乃含酒起望西南噀之,火止,雨着人皆酒气。后以为神仙行雨典故。杜甫《奉酬薛十二丈判官见赠》:“自云帝里女,噀雨凤凰翎。”

【噀風】 临风喷酒。用栾巴典。李端《晚春过夏侯校书值其沉醉戏赠》:“噀风仍作雨,洒地即成泉。”

【噀酒】 喷酒。参见“噀雨”。卢纶《栖岩寺隋文帝马脑盏歌》:“五云如拳轻复浓,昔曾噀酒今藏龙。”李瀚《蒙求》:“栾巴噀酒,偃师舞木。”

【噀雪】 喻月光皎洁。贯休《中秋十五夜月》:“噀雪喷霜满碧虚,王孙公子玩相呼。”

【噀飯】 喷饭。晋葛洪《神仙传·麻姑》:“时弟妇新产数十日,麻姑望见乃知之,曰:‘噫!且止勿前!’即求少许米,至得米便以撒地,谓以米祛其秽也。视米皆成真珠。”元稹《春分投简阳明洞天作》:“投壶怜玉女,噀饭笑麻姑。”

噢 〔yǔ《广韵》於武切,上麌,影。〕见“噢咻”“噢嗗”。

【噢咻】 抚慰。白居易《叙德书情四十韵上宣歙翟中丞》:“自顾龙钟者,尝蒙噢咻之。”卢肇《汉堤诗》:“来视襄人,噢咻提挈。”

【噢嗗】 吞咽声。韩愈、孟郊《征蜀联句》:“渴斗信匽呶,啖奸何噢嗗。”

十三画

噩 〔è《广韵》五各切,入鐸,疑。〕见“作噩”。

嚄 〔huò《广韵》胡伯切,入陌,匣。〕见“嚄唶”。

【嚄唶】 喧闹。皮日休《太湖·入林屋洞》:“欲去既嚄唶,将回又伶俜。”

噤 〔jìn《广韵》巨禁切,去沁,羣。又渠飲切,上寑,羣。〕❶闭口。杜甫《后苦寒行二首》之一:“玄猿口噤不能啸,白鹄翅垂眼流血。”陆龟蒙《杂讽九首》之一:“纵操上古言,口噤难即贡。”黄滔《明月照高楼》:“冰铺梁燕噤,霜覆瓦松倾。”❷颤抖。李洞《寄太白隐者》:“高遮辞碛雁,寒噤入川人。”

【噤口】 闭口不言。吕岩《寄白龙洞刘道人》:“问他金木是何般,噤口不言如害哑。”

【噤瘁】 寒战。韩愈、孟郊《斗鸡联句》:“磔毛各噤瘁,怒瘿争碨磊。”牛僧孺《李苏州遗太湖石奇状绝伦因题二十韵奉呈梦得乐天》:“噤瘁微寒早,轮囷数片横。”韩偓《日高》:“朦胧犹记管弦声,噤瘁余寒酒半醒。”

噦[1] 〔yuě《广韵》於月切,入月,影。又乙劣切,入薛,影。〕❶阻塞;逆呃。韩愈《送文畅师北游》:“幽穷谁共语,思想甚含哕。”刘言史《苦妇词》:“气哕不发声,背头血涓涓。”❷作呕。皮日休《二游诗·徐诗》:“有此竞苟荣,闻之兼可哕。”

噦[2] 〔huì《广韵》呼會切,去泰,曉。〕象声词。韩愈、孟郊《秋雨联句》:“蛩穴何迫迮,蝉枝扫哕鸣。”

【噦₂ 噦₂】 有节奏之铃声。王维《送李睢阳》:“鸾声哕哕鲁侯旂,明年上计朝京师。”

嘴 〔zuǐ《集韵》祖委切,上紙,精。〕缺口。唐彦谦《游南明山》:“白云锁峰腰,红叶暗溪嘴。”

噱 〔jué《广韵》其虐切,入藥,羣。〕笑。皮日休《吴中苦雨因书一百韵寄鲁望》:“入门且抵掌,大噱时碌碌。”

器 〔qì《广韵》去冀切,去至,溪。〕❶工具,用具,器物。刘允济《咏琴》:“雕琢今为器,宫商不自持。”韦应物《咏玉》:“雕琢为世器,真性一朝伤。”白居易《寄两银榼与裴侍郎因题两绝句》之二:“小器不知容几许,襄阳米贱酒升宽。”李商隐《韩碑》:“汤盘孔鼎有述作,今无其器存其辞。”❷古代标志爵位之器物。白居易《遣怀》:“乃知名与器,得丧俱为害。”❸与“道”相对。器为有形，道为无形。司空图《诗品二十四则·委曲》：“道不自器，与之圆方。”❹气量。皇甫澈《赋四相诗·门下侍郎平章事王缙》：“知己不易遇，宰相固有器。”❺才具，才能。王勃《倬彼我系》之三：“伊我有器，思逢其主。”岑参《虢中酬陕西甄判官见赠》：“夫子廊庙器，迥然青冥姿。”李贺《唐儿歌》：“骨重神寒天庙器，一双瞳人剪秋水。”徐仲雅《赠齐己》：“我唐有僧号齐己，未出家时宰相器。”❻看重。储光羲有《贻鼓吹李丞时信安王北伐李公王之所器者也》。孟郊《吊国殇》：“尧舜宰乾坤，器农不器兵。”

【器皿】 饮食用具。王揆《长沙六快诗》：“帏幕皆绮纨，器皿尽金玉。”

【器用】 器物。王维《送秘书晁监还日本国》序：“牺牲玉帛，以将厚意，服食器用，不宝远物。”储光羲《同诸公秋日游昆明池思古》：“恶德忽小丑，器用穷地赀。”褚载《移石》：“不是不堪为器用，都缘良匠未留心。”许碏《题南岳招仙观壁上》：“洪炉烹锻人性命，器用不同分皆定。”

【器宇】 气度。刘长卿《洛阳主簿叔知和驿承恩赴选伏辞一首》：“器宇溟渤宽，文锋镆铘利。”杜甫《赠虞十五司马》：“形像丹青逼，家声器宇存。”

【器具】 器物。陆龟蒙《江湖散人歌》：“风波不独困一士，凡百器具皆能施。”

【器度】 才能气量。韦庄《赠安定张使君》：“器度风标合出尘，桂宫何负一枝新？”

【器械】 用具总称。欧阳炯《题景焕画应天寺壁天王歌》：“交加器械满虚空，两面或然如斗敌。”

【器量】 识见度量。孟郊《寄崔纯亮》：“器量各相悬，贤愚不同科。”

【器業】 才具学问。李商隐《和刘评事永乐闲居见寄》：“白社幽闲君暂居，青云器业我全疏。”孙偓《答门生王涣李德邻赵光胤王拯长句》：“各怀器业宁推让，俱上青霄肯后先？”李洞《述怀二十韵献覃怀相公》：“青云县器业，白日贯忠贞。”

【器貌】 品貌。李商隐《骄儿诗》：“前朝尚器貌，流品方第一。”

噪 〔zào《广韵》蘇到切，去号，心。〕喧闹嘈杂。阎朝隐《鹦鹉猫儿歌》：“朝飞暮噪无以拒，逢之兮屏气。”韩愈《丰陵行》：“哭声訇天百鸟噪，幽坎昼闭空灵舆。”赵嘏《风蝉》：“噪轩高树合，惊枕暮山横。”唐求《邛州水亭夜宴送顾非熊之官》：“蜀关蝉已噪，秦树叶应秋。”

【噪噪】 嘈杂貌。白居易《新乐府·秦吉了》：“尔竟不为凤皇之前致一言，安用噪噪闲言语。”

噣 〔zhòu《广韵》陟救切，去宥，知。又都豆切，去侯，端。〕鸟嘴。通“咮”。韩愈《南山诗》：“孤撑有巉绝，海浴褰鹏噣。”

噬 〔shì《广韵》時制切，去祭，禪。〕❶咬。杜甫《送樊二十三侍御赴汉中判官》：“川谷血横流，豺狼沸相噬。”司空图《感时》：“好鸟无恶声，仁兽肯狂噬？”无名氏《纪游东观山》(卷七八六)：“搏噬千怪聚，绚烂五色光。”❷吞。杜甫《义鹘》：“白蛇登其巢，吞噬恣朝餐。”舒元舆《坊州按狱》：“攫搏如猛虎，吞噬若狂獒。”李咸用《放歌行》：“如何不食甘，命合苦其噬？”

【噬吞】 吞食。柳宗元《行路难三首》之一：“须臾力尽道渴死，狐鼠蜂蚁争噬吞。”

【噬臍】 ❶比喻不可及之事。孟云卿《放歌行》：“目见难噬脐，心通可亲脑。”❷比喻后悔已晚。白居易《感兴二首》之二：“热处先争炙手去，悔时其奈噬脐何！”胡曾《咏史诗·邓城》：“不用三甥谋楚计，临危方觉噬脐难。”韩偓《故都》：“天涯烈士空垂涕，地下强魂必噬脐。”

【噬齧】 吞咬。韩愈《孟东野失子》：“日月相噬啮，星辰踣而颠。”

噭 〔jiào《广韵》古弔切，去嘯，見。〕见下列诸条。

【噭哮】 怒吼。杜甫《义鹘》：“斗上捩孤影，噭哮来九天。”

【噭噭】 啼声不住貌。陈子昂《晚次乐乡县》：“如何此时恨，噭噭夜猿鸣。”孟郊《峡哀》：“峡哀哭幽魂，噭噭风吹来。”

噞 〔yǎn《广韵》魚檢切，上琰，疑。又魚窆切，上豏，疑。〕鱼在水面张口吸气。李贺《昌谷诗》：“潭镜滑蛟涎，浮珠噞鱼戏。”

【噞喁】 鱼口开合貌。皎然《观李中丞洪二美人唱歌轧筝歌》：“游鱼噞喁鹤裴回，主人高情始为开。”元稹《度门寺》：“画井垂枯朽，穿池救噞喁。”纪元皋《鱼上冰》：“噞喁情自乐，沿溯意宁疏。”黄滔《投翰长赵侍郎》：“攀鸿日浅魂飞越，为鲤年深势噞喁。”

噫[1] 〔yī《广韵》於其切，平之，影。〕❶感叹词。杜甫《桃竹杖引赠章留后》：“噫，风尘澒洞兮豺虎咬人，忽失双杖兮吾将曷从！”韩愈《利剑》：“噫，剑与我俱变化归黄泉。”皮日休《追和虎丘寺清远道士诗》序：“噫，圣贤有不得其志者，则必垂之于言也。”❷感叹。钱起《东城初陷与薛员外王补阙暝投南山佛寺》：“噫我朝露世，翻浮与波澜。”孟郊《吊卢殷》之二：“噫贫气已焚，噫死心更灰。”元稹《古决绝词》之二：“噫春冰之将泮，何予怀之独结。”

噫² 〔ài《广韵》烏界切，去怪，影。〕见“噫欠”“噫气”“噫然”。

【噫₂欠】 呵欠。韩愈《读东方朔杂事》：“噫欠为飘风，濯手大雨沱。”

【噫乎】 感叹词。韩愈《谢自然诗》：“噫乎彼寒女，永托异物群。”

【噫吁戲】 惊叹词。李白《蜀道难》：“噫吁戲，危乎高哉！蜀道之难，难于上青天！”

【噫₂氣】 欠伸吐气。阎朝隐《鹦鹉猫儿篇》：“霹雳引，丰隆鸣，猛兽噫气蛇吼声。”李白《赠张相镐二首》之一：“大块方噫气，何辞鼓青苹？”

【噫₂然】 欠伸貌。李白《感时留别从兄徐王延年从弟延陵》：“天籁何参差，噫然大块吹。”

【噫嘻】 感叹词。徐彦伯《题东山子李适碑阴二首》序：“噫嘻李公，生自号东山子，死葬东山，岂其谶哉！”吴融《祝风三十二韵》：“噫嘻尔风师，吴中多豪士。”

噰 〔yōng《广韵》於容切，平鍾，影。〕见“噰噰”。

【噰噰】 鸟和鸣声。孟郊《品松》：“品松徒高高，雌鸣讵噰噰。”姚合《和门下李相饯西蜀相公》：“冰销鱼澈澈，林暖鸟噰噰。”无名氏《临水闻雁》(外编上)：“羁绁只今肠自断，更闻哀雁叫噰噰。”

噱 〔méng《集韵》謨蓬切，平東，明。〕见“噱雺”。

【噱霿】 浓雾。拾得《诗》之五四：“静坐偏佳丽，虚岩噱雺迷。”

十四画

嚇 〔hè《广韵》呼格切，入陌，曉；又呼訝切，去禡，曉。〕❶怒斥声。王绩《过汉故城》：“狐兔惊魍魉，鸱鸮吓獝狂。”韩愈《县斋有怀》：“儿童稍长成，鼠雀得驱吓。”陆龟蒙《孤雁》：“吾常吓鸳雏，尔辈安足讪！”赵抟《废长行》：“门前有吏吓孤穷，欲诉门深抱冤哭。”❷使恐惧。李益《答窦二曹长留酒还榼》：“解醒元有数，不用吓刘伶。”白居易《初着刺史绯答友人见赠》：“银印可怜将底用，只堪归舍吓妻儿！”

【嚇雛】 《庄子·秋水》：“于是鸱得腐鼠，鹓雏过之，仰而视之曰：‘吓！’今子欲以子之梁国而吓我邪？”后以为小人猜忌贤才的典故。元稹《酬乐天东南行诗一百韵》：“鹓鹭方求侣，鸱鸢已吓雏。”温庭筠《病中书怀呈友人》：“乔木能求友，危巢莫吓雏。”

嚔 〔tì《玉篇》丁計切。〕打喷嚏。温庭筠《烧歌》：“仰面呻复嚏，鸦娘咒丰岁。”选人《嘲高士廉木履》：“刺鼻何曾嚏，蹋面不知嗔。”

嚅 〔rú《广韵》人朱切，平虞，日。〕见“嗫嚅”。

嚐 〔cháng〕“尝”的区别字。以口辨味。唐彦谦《蟹》：“充盘煮熟堆琳琅，橙膏酱渫调堪嚐。”

嚌 〔jì《广韵》在詣切，去霽，從〕尝。杜甫《赠秘书监江夏李公邕》：“祸阶初负谤，易力何深哜？”

嘯 〔xiào《广韵》蘇弔切，去嘯，心。〕❶嘬口出声，即今吹口哨。田游岩《弘农清岩曲有磐石可坐宋十一每拂拭待余寄诗赠之》：“风来应啸阮，波动可琴嵇。”武元衡《酬严司空荆南见寄》：“刘琨坐啸风清塞，谢朓题诗月满楼。”白居易《山路偶兴》：“独吟还独啸，此兴殊未恶。”贯休《送姜道士归南岳》：“万里长风啸一声，九贞须拍黄金儿。”❷招呼。李百药《和许侍郎游昆明池》：“知君啸俦侣，短翮徒联翩。”陈子昂《万州晓发寄蜀中亲朋》：“啸旅乘明发，奔桡骛断矶。”陆龟蒙《奉和袭美太湖诗二十首·入林屋洞》：“唯君好奇士，复啸忘情友。”❸高声鸣叫。张九龄《巫山高》：“唯有巴猿啸，哀音不可听。”杜甫《青阳峡》：“魑魅啸有风，霜霰浩漠漠。”喻坦之《送友人游东川》：“思君登栈道，猿啸始应愁。”❹风尖利声。孟郊《严河南》：“苦竹声啸雪，夜斋闻千竿。”李绅《悲善才》：“花翻风啸天上来，裴回满殿飞春雪。”卢士衡《花落》：“迎风啸未已，和雨落谷谷。”

【嘯水】 当为“潇水”之误。潇水流经道州(今湖南道县)。吕温《道州感兴》：“今朝流落处，啸水绕孤城。”

【嘯父憶魚】 为咏鱼典故，见《晋书·虞啸父传》。吴融《南迁途中作七首·渡汉江初尝鳊鱼有作》：“啸父知机先忆鱼，季鹰无事已思鲈。”

【嘯志】 舒啸襟怀。杜牧《齐安郡晚秋》：“云容水态还堪赏，啸志歌怀亦自如。”

【嘯阮】 为雅士栖逸之典，见《世说新语·栖逸》。田游岩《弘农清岩曲有磐石可坐宋十一每拂拭待余寄诗赠之》：“风来应啸阮，波动可琴嵇。”

【嘯風】 ❶在风中发出啸声。许棠《成纪书事二首》之二：“天垂大野雕盘草，月落孤城角啸风。”陈陶《题僧院紫竹》：“杳霭万丈间，啸风清独速。”❷呼啸之风。皇甫冉《酬杨侍御寺中见招》：“高阁宜春雨，长廊好啸风。”司空曙《苦热》：“啸风兼炽焰，挥汗讶成流。”

【嘯咤】 大声呼叫。李白《赠新平少年》：“一遭龙颜君，啸咤从此兴。”又《赠何七判官昌浩》：“平明空啸咤，思欲解世纷。”

【嘯詠】 犹啸歌。刘禹锡《酬窦员外郡斋宴客偶命柘枝因见寄兼呈张十一院长元九侍御》：“分忧余刃又从公，白羽胡床啸咏中。”杜牧《春末题池州弄水亭》：“嘉宾能啸咏，宫妓巧妆梳。”李节《赠释疏言还道林寺诗》之二：“偃仰兮啸咏，鼓长江兮何时还?”陆龟蒙《夏日闲居作四声诗寄袭美·平去声》：“耕耘闲之资，啸咏性最便。”

【嘯傲】 啸咏放浪。李颀《送刘四赴夏县》：“脱略势利犹埃尘，啸傲时人而已矣。”白居易《新构亭台示诸弟侄》：“夏日如秋时，啸傲颇有趣。”李商隐《哭遂州萧侍郎二十四韵》：“啸傲张高盖，从容接短辕。”陆龟蒙《奉酬袭美苦雨见寄》：“我本曾无一棱田，平生啸傲空渔船。”

【嘯臺】 地名。故址在苏门山(今河南辉县市境)，相传为晋阮籍与孙登竞相长啸处。包融有《阮公啸台》。储光羲《田家杂兴八首》之一：“夜夜登啸台，南望洞庭渚。”法振《题天长阮少府湖上客归》：“佳期更何许，应向啸台前。”贾岛有《阮籍啸台》。

【嘯聚】 招呼而集。元稹《大觜乌》：“主人偏养者，啸聚最奔驰。”

【嘯歌】 啸咏歌吟。萧颖士《江有枫一篇十章》之十：“怅然山河，唯以啸歌，其忧也哉。”皎然《酬薛员外谊苦热行见寄》：“捧玩烦袂涤，啸歌美风生。”柳宗元《夏初雨后寻愚溪》：“幸此息营营，啸歌静炎燠。”温庭筠《寄山中友人》：“啸歌成往事，风雨坐凉轩。”

【嘯歎】 悲啸。张九龄《感遇十二首》之一二：“啸叹此寒木，畴昔乃芳蕤。”

嚮 〔xiàng《广韵》許亮切，去漾，曉。〕通“向”。❶趋向，向往。储光羲《题应圣观》：“上心方向道，时复朝金阙。”杜甫《夜闻觱篥》：“夜闻觱篥沧江上，衰年侧耳情所向。”卢栯《和于中丞登越王楼作》：“向风舒霁景，如伴谢公游。”杜荀鹤《寄舍弟》：“弟兄皆向善，天地合相容。”❷以前。苏源明《秋夜小洞庭离宴诗》序：“及醒，或说向之陈事。”❸方向。白居易《青毡帐二十韵》：“有顶中央耸，无隅四向圆。”

【嚮来】 近来。杜甫《秋日荆南送石首薛明府辞满告别奉寄薛尚书颂德叙怀斐然之作三十韵》：“向来披述作，重此忆吹嘘。”

十五画

嚙 〔yǎo《集韵》五巧切，上巧，疑。〕同“咬❶”。阎朝隐《鹦鹉猫儿篇》序：“飞翔其背焉，啮啄其颐焉。”王建《公无渡河》：“蛟龙啮骨鱼食血，黄泥直下无青天。”孟郊《吊卢殷》之一：“故书穷鼠啮，狼藉一室间。”温庭筠《阳春曲》：“厩马何能啮芳草，路人不敢随流尘。”

嚗 〔bó《广韵》北角切，入覺，幫。〕见“嚗嚗”。

【嚗嚗】 怒声。宋齐丘《陪游凤皇台献诗》：“晚风吹梧桐，树头鸣嚗嚗。”

嚚 〔yín《广韵》語巾切，平真，疑。〕愚蠢。元稹《代曲江老人百韵》：“奸心兴桀黠，凶丑比顽嚚。”

【嚚頑】 愚蠢而固执。韩愈、李正封《晚秋郾城夜会联句》：“恩泽诚布濩，嚚顽已箫勺。”

十六画

嚥 〔yàn《广韵》於甸切，去霰，影。〕吞。通“咽”。李白《早望海霞边》：“一餐咽琼液，五内发金沙。”戎昱《送吉州阎使君入道二首》之一：“金汞封仙骨，灵津嚥玉池。”白居易《天坛峰下赠杜录事》：“顶上将探小有洞，喉中须咽大还丹。”王贞白《仙岩二首》之二：“江暖客寻瑶草，洞深人咽丹霞。”

【嚥服】 吞服。李白《上清宝鼎诗》之二：“咽服十二环，奄有仙人房。”

【嚥嚼】 咀嚼吞咽。杨衡《赠罗浮易炼师》：“荣卫冰雪姿，咽嚼日月精。”

嚬 〔pín《广韵》步真切，平真，並。〕通“颦”。皱眉。杨炯《有所思》：“不掩嚬红缕，无论数绿钱。”严 韦应物《悲纨扇》：“掩嚬人已无，委箧凉空在。”温庭筠《湘东宴曲》：“湘东夜宴金貂人，楚女含情娇翠嚬。”崔涂《巫山庙》：“双黛俨如嚬，应伤故国春。”

【嚬伸】 犹嚬呻。吟咏。白居易《不出门》：“食饱更拂床，睡觉一嚬伸。”

【嚬呻】 ❶痛苦呻吟。李白《鸣皋歌送岑征君》：“寡鹤清唳，饥鼯嚬呻。”❷吟咏。贯休《寄大愿和尚》：“自怜亦是师子子，未逾三载能嚬呻。”自注：“江西三载诵《法华经》。”

【嚬眉】 皱眉。李白《经乱后将避地剡中留赠崔宣城》：“四海望长安，嚬眉寡西笑。”卢纶《伦开府席上赋得咏美人名解愁》：“嚬眉乍欲语，敛笑又低头。”刘禹锡《和乐天以镜换酒》：“嚬眉厌老终难去，蘸甲须欢便到来。”杜牧《旧游》：“闲吟芍药诗，惆望久嚬眉。”

【嚬蛾】 犹嚬眉。飞蛾触须细而弯曲，故女子之眉美称蛾眉。徐彦伯《孤烛叹》：“嫒手缝轻素，嚬蛾续断弦。”李白《捣衣篇》：“闺里佳人年十余，嚬蛾对影恨离居。”刘方平《铜雀妓》：“遗令奉君王，嚬蛾强一妆。”李远《吴越怀古》：“霞拂故城疑转旆，月依荒树想嚬蛾。”

【嚬黛】 犹嚬眉。古代妇女用青黑色颜料画眉。鲍溶《李夫人歌》：“嚬黛含犀竟不言，春思秋怨谁能问。”李群玉《和人赠别》：“嚬黛低红别怨多，深亭芳恨满横波。”

十七画

巇 〔xì《广韵》香義切，去寘，曉。〕叹词。见“巇夫”。

【巇夫】 叹词。权德舆《徐孺亭马上口号》序：“巇夫！二君子久随化往，而二文之盛，传于天下。”

嚶 〔yīng《广韵》烏莖切，平耕，影。〕鸟鸣声。李贺《经沙苑》：“今春还不归，塞嚶折翅雁。”

【嚶鳴】 比喻朋友同声相应。语出《诗・小雅・伐木》：“嚶其鸣矣，求其友声。”储光羲《田家即事答崔二东皋作四首》之三：“念别求须臾，忽至嚶鸣时。”又《同诸公秋霁曲江俯见南山》：“大君及群臣，宴乐方嚶鸣。”

【嚶儜】 犹“伧伫”。形容发音重浊不可分辨。刘禹锡《插田歌》：“齐唱郢中歌，嚶伫如《竹枝》。”按刘禹锡《竹枝词九首》引云：“四方之歌，异音而同乐。岁正月，余来建平，里中儿联歌《竹枝》。……聆其音，中黄钟之羽，卒章激讦如吴声，虽伧伫不可分，而含思宛转。”

【嚶嚶】 ❶鸟和鸣声。王维《同卢拾遗过韦给事东山别业二十韵会无车马不果斯诺》：“蔼蔼树色深，嚶嚶鸟声繁。”张仲素《春江曲二首》之二：“前洲在何处，霜里雁嚶嚶。”白居易《和答诗十首・和思归乐》：“山中不栖鸟，夜半声嚶嚶。”鲍溶《春日言怀》：“寂寂花舞多。嚶嚶鸟言频。”❷鸾铃声。李贺《贾公闾贵婿曲》：“嚶嚶白马来，满脑黄金重。”

嚴 〔yán《广韵》語輸切，平嚴，疑。〕❶紧急，急促。戎昱《从军行》：“远戍报烽火，孤城严鼓鼙。”杜牧《长安杂题长句六首》之四：“期严无奈睡留癖，势窘犹为酒泥慵。”曹邺《送进士李殷下第游汾河》：“城中鼓角严，旅客常夜惊。”黄滔《寄边上从事》：“朔雪定鸿翼，西风严角声。”❷猛烈。张九龄《临泛东湖》：“岁徂风露严，日恐兰苕剪。”李白《秋浦感主人归燕寄内》：“霜凋楚关木，始知杀气严。”羊士谔《巴南郡斋雨中偶看长历是日小雪有怀昔年朝谒因成八韵》：“气耿簪裾肃，风严刻漏频。”韩愈《杏花》：“冬寒不严地恒泄，阳气发乱无全功。”❸浓重。杜牧《雨中作》：“浊醪气色严，皤腹瓶罂古。”❹严厉，严格。宋之问《龙门应制》：“千乘万骑銮舆出，水静山空严警跸。”王翰《奉和圣制送张尚书巡边》：“荣怀应尽服，严杀已先加。”刘言史《苦妇词》：“必当负严法，岂有胎孕篇。”朱庆余《上汴州令狐相公》：“政严初领节，名重更因诗。”❺庄严，整肃。李颀《谒张果先生》：“笙歌迎拜首，羽帐崇严卫。”李德裕《寒食日三殿侍宴奉进诗一首》：“象舞严金铠，丰歌耀宝刀。”薛能《献仆射相公》：“清如冰雪重如山，百辟严趋礼绝攀。”许棠《闻蝉十二韵》：“朝士严冠饰，宫嫔逞鬓名。”❻严密，精微。韩愈《岣嵝山》：“事严迹秘鬼莫窥，道人独上偶见之。”又《石鼓歌》：“辞严义密读难晓，字体不类隶与科。”❼戒严。见“严城❶”。❽姓。相传本庄姓，后避汉明帝刘庄讳改。韦应物《寄二严》：“打破蜘蛛千道网，总为鹡鸰两个严。”张籍《赠殷山人》：“郑逃秦谷口，严爱越溪边。”周贺《早春越中留故人》：“清夜芦中客，严家旧钓台。”贾岛《寄令狐绹相公》：“一缄论贾谊，三蜀寄严家。”

【嚴十八】 即严休复。白居易有《严十八郎中在郡日改制东南楼颇有幽致聊成十韵兼戏寄严》《酬严十八郎中见示》。

【嚴八】 即严武。岑参有《与独孤渐道别长句兼呈严八侍御》。杜甫有《寄岳州贾司马六丈巴州严八使君两阁老五十韵》《奉赠严八阁老》。

【嚴士元】 盛唐时人。吴（今江苏苏州）人。士良之弟。曾官员外郎、郴州（今属湖南）刺史。刘长卿有《别严士元》。

【嚴士良】 生卒年不详，活动于盛唐。吴（今江苏苏州）人，严士元之兄。曾官婺州（治今浙江金华）刺史。钱起有《送严士良侍奉詹事南游》。

【嚴大夫】 ❶指严武。杜甫有《奉待严大夫》。❷指严谟。王建有《送严大夫赴桂州》。韩愈有《送桂州严大夫同用南字》。张籍有《送严大夫之桂州》。白居易有《送严大夫赴桂州》。❸指严公素。曹唐有《奉送严大夫再领容府二首》。

【嚴子】 指严光。卢象《家叔征君东溪草堂二首》之二：“水深严子钓，松挂巢父衣。”皇甫冉《送顾长往新安》：“严子千年后，何人钓旧滩?”白居易《秋池独泛》：“严子垂钓日，苏门长啸时。”李频《题钓台障子》：“君家尽是我家山，严子前台枕古湾。”

【嚴子重】 即严恽。恽字子重。陆龟蒙有《严子重以诗游于名胜间旧矣余因息悲而为之和》，皮日休有《伤进士严子重诗》。

【嚴子陵】 即严光。光字子陵。李白《古风》之一二:"昭昭严子陵,垂钓沧波间。"吴筠有《高士咏·严子陵》。唐彦谦有《严子陵》。

【嚴子陵祠】 祠观名。故址在今浙江桐庐县富春山。方干有《题严子陵祠二首》。

【嚴子瀨】 地名。又称严光濑、严陵濑、严陵滩、七里濑、七里泷、七里滩。在浙江建德县城东北 36 公里处,始于建德梅城镇双塔凌云,止于桐庐县严子陵钓台,全长 23 公里。两岸奇峰陡立,水流湍急,故又称"严湍"。岑参《终南山双峰草堂作》:"缅怀郑生谷,颇忆严子濑。"钱起《送虞说擢第东游》:"月中严子濑,花际楚王城。"陆龟蒙《闲居杂题五首·饮岩泉》:"严子濑高秋浪白,水禽飞尽钓舟还。"韦庄《桐庐县作》:"白羽鸟飞严子濑,绿蓑人钓季鹰鱼。"

【嚴夫子】 ❶指西汉严忌。忌今存《哀时命》一篇。孔绍安《伤顾学士》:"今日严夫子,哀命不哀时。"❷指西汉严君平。君平曾卖卜成都市。耿沣《送夏侯审游蜀》:"若访严夫子,无嫌卜肆贫。"

【嚴少尹】 指严维。维曾为河南尉,少尹为尉别称。王维有《酬严少尹徐舍人见过不遇》。

【嚴少府】 指严维。维曾作诸暨尉。皇甫冉有《登石城戍望海寄诸暨严少府》。耿沣有《秋夜喜卢司直严少府访宿》。

【嚴中丞】 ❶指严武。岑参有《虢州南池候严中丞不至》。杜甫有《谢严中丞送青城山道士乳酒一瓶》。刘长卿有《送严维赴河南充严中丞幕府》。严维有《赠别刘长卿时赴河南严中丞幕府》。❷指严谟。白居易有《酬严中丞晚眺黔江见寄》。❸指严砺。薛逢有《席上酬东川严中丞叙旧见赠》。

【嚴公貺】 唐诗人。梓州盐亭(今属四川)人。震子,公弼弟。曾为山南节度使严砺从事。兄弟皆与柳宗元友善。《全唐诗》卷四七〇收诗一首。

【嚴公釣臺】 地名。又称严子陵钓台、严陵台等。在浙江桐庐县城西 15 公里富春山腰。相传东汉隐士严光垂钓处。顾况有《严公钓台作》。

【嚴公弼】 唐诗人。梓州盐亭(今属四川)人。严震子。贞元五年(789)进士,历官太子中舍、沔、随二州刺史,袭父郧国公爵。《全唐诗》卷四七〇收诗一首。

【嚴尹】 指严维。维曾为河南尉,当称"少尹",此恐有佚字。王维有《河南严尹弟见宿弊庐访别人赋十韵》。

【嚴平】 严君平略称。郑世翼《过严君平古井》:"严平本高尚,远蹈古人风。"

【嚴巨川】 唐诗人。事迹不详。《全唐诗》卷七八一收其诗二首。

【嚴史君】 当为"严使君"。指严休复。章孝标有《赠杭州严史君》。"史"下注"一作使"。

【嚴白】 寒冷而洁白。指雪。孟郊《雪》:"崚嶒堕庭中,严白何皑皑。"

【嚴仙】 指严君平。冯涓《蜀驮引》:"卓女窥窗莫我知,严仙据案何曾识?"

【嚴令】 肃杀的时令,指深秋。殷寅《铨试后征山别业寄源侍御》:"严令天地肃,城阙如何见。"

【嚴冬】 极寒冷的冬天。王维《别綦毋潜》:"严冬爽群木,伊洛方清泚。"岑参《经火山》:"我来严冬时,山下多炎风。"李商隐《李肱所遗画松诗书两纸得四十韵》:"是时方暑夏,座内若严冬。"方干《赠美人四首》之二:"严冬忽作看花日,盛暑翻为见雪时。"

【嚴司空】 即严绶。绶,挺之从孙。擢进士第,历官刑部员外郎、河东节度使,因平杨惠琳、刘辟之乱,封扶风郡公、司空,出为荆南节度使,封郑国公,终太子少傅。武元衡有《送兄归洛使谒严司空》《酬严司空荆南见寄》。刘禹锡有《江陵严司空见示与成都武相公唱和因命同作》。元稹有《奉和严司空重阳日同崔常侍崔郎及诸公登龙山落帽台佳宴》。

【嚴刑】 酷烈的肉刑。李白《东海有勇妇》:"津妾一棹歌,脱父于严刑。"

【嚴光】 东汉隐士。字子陵,会稽余姚(今属浙江)人。少与光武帝刘秀同学。秀称帝,严光变姓名隐于富春山。王绩《赠李征君大寿》:"副君迎绮季,天子送严光。"李白《翰林读书言怀呈集贤诸学士》:"严光桐庐溪,谢客临海峤。"李德裕《重忆山居六首·钓石》:"严光隐富春,山色溪又碧。"吴融《富春》:"严光万古清风在,不敢停桡更问津。"

【嚴光釣臺】 即严公钓台。欧阳詹有《题严光钓台》。

【嚴光臺】 严光钓台之简称。方干有《暮发七里滩夜泊严光台下》。

【嚴光瀨】 即严子濑。李白《送王屋山人魏万还王屋》:"乱流新安口,北指严光濑。"又《赠从孙义兴宰铭》:"他日一来游,因之严光濑。"

【嚴休復】 唐诗人。字玄锡,里贯未详。历官吏部郎中、杭州、处州刺史、给事中、平卢节度使。《全唐诗》卷四六三收诗二首。

【嚴更】 (—gēng)❶三严之报时声。玄宗《早度蒲津关》:"钟鼓严更曙,山河野望通。"李白《侍从游宿温泉宫作》:"严更千户肃,清乐九天闻。"花蕊夫人徐氏《宫词》之三八:"金井秋啼络纬声,出花宫漏报严更。"❷戒严时值夜报更。刘行敏《嘲崔生》:"崔生犯夜行,武侯正严更。"

【嚴車】 精致的车子。储光羲《尚书省受誓诫贻太庙裴丞》:"严车伊洛间,受誓文昌里。"韦应物《还阙首途寄精舍亲友》:“严车候门侧,晨起正朝冠。”又《送李億》:“日昃不留宴,严车出崇墉。”

【嚴助】　(前?—前122)西汉文学家。会稽吴(今江苏苏州)人。严忌子(一说从子)。善词赋,与东方朔、司马相如等同为武帝亲幸。曾出使南越,归拜会稽太守,官终侍中。淮南王刘安谋反,受牵连被杀。刘长卿《送严维赴河南充严中丞幕府》:“何当举严助,遍沐汉朝恩?”罗隐《东归途中作》:“买臣严助精灵在,应笑无成一布衣。”黄滔《奉和翁文尧十九员外中谢日蒙恩赐金紫之什》:“严助买臣精魄在,定应羞著昔年归。”徐铉《庐陵别朱观先辈》:“岭外独持严助节,宫中谁荐长卿文?”

【嚴吹】　寒风。郑仁表《赠妓仙哥》:“严吹如何下太清,玉肌无疹六铢轻。”

【嚴兵馬使】　指严砺。砺,严震为山南西道节度使时署为牙将。砺为震从祖弟。欧阳詹有《赠山南严兵马使》,自注:“即从射堂弟也。”

【嚴君】　❶父亲。李白《忆旧游寄谯郡元参军》:“君家严君勇貔虎,作尹并州遏戎虏。”❷指严君平。武元衡《送温况游蜀》:“应到严君开卦处,将余一为问生涯。”项斯《送刘道士之成都严真观》:“严君名不朽,道出二经中。”罗隐《圣真观刘真师院十韵》:“帘下严君卜,窗间少室峰。”❸指严光。曹邺《题山居》:“只应光武恩波晚,岂是严君恋钓鱼?”

【嚴君平】　西汉高士。名遵,蜀郡(治今四川成都)人。一生不仕,卖卜于成都市自给。好读《老子》,扬雄少时曾从学。九十余岁谢世。郑世翼有《过严君平古井》。岑参有《严君平卜肆》。吴筠有《高士咏·严君平》。

【嚴君觀】　(觀 guàn)供奉严光灵位的道观。故址未详。王岩有《题严君观》。

【嚴妝】　整齐妆扮。李白《入朝曲》:“槌钟速严妆,伐鼓启重城。”章孝标《古行宫》:“莺传旧语娇春日,花学严妆妒晓风。”罗虬《比红儿诗》之二七:“凭君细看红儿貌,最称严妆待晓钟。”和凝《喜迁莺》词:“严妆欲罢转黄鹂,飞上万年枝。”

【嚴長史】　指严维。维曾入河南郡幕府。朱放有《归桐庐旧居寄严长史》。

【嚴長官】　指严武。武少时为太原府参军事。欧阳詹有《太原和严长官八月十五日夜西山童子上方玩月寄中丞少尹》《和严长官秋日登太原龙兴寺阁野望》。

【嚴武】　(726—765)字季鹰,华州(治今陕西华县)人。父严挺之。早为哥舒翰判官,历任绵州刺史、御史中丞、剑南节度使,因破吐蕃,封郑国公。《全唐诗》卷二六一及《外编》共收诗八首。

【嚴尚書】　指严绶。绶曾以检校工部尚书代河东节度使。白居易有《春送卢秀才下第游太原谒严尚书》。鲍溶有《述德上太原严尚书绶》。

【嚴明】　严肃公正。白居易《和郭使君题枸杞》:“山阳太守政严明,吏静人安无犬惊。”

【嚴侍郎】　指严武。武曾为吏部侍郎,又为黄门侍郎。杜甫有《送严侍郎到绵州同登杜使君江楼》。

【嚴侍御】　❶指严丹。丹,绶父,曾任殿中侍御史。宋之问有《赠严侍御》。❷指严武。武在天宝间曾任殿中侍御史。刘长卿有《送严侍御充东畿观察判官》。杜甫有《江陵节度阳城郡王新楼成王请严侍御判官赋七字句同作》。戎昱有《闰春宴花溪严侍御庄》。清江有《喜严侍御蜀还赠严秘书》。

【嚴使君】　❶指严武。武少时曾任绵州刺史。司空曙有《送严使君游山》。❷人名,事迹未详。袁皓有《寄岳阳严使君》。

【嚴祀】　庄严的祭典。魏征《享太庙乐章·雍和》:“于穆清庙,聿修严祀。”徐彦伯《仪坤庙乐章·永和》:“国荐严祀,坤兴淑灵。”徐坚《仪坤庙乐章·青和》:“于穆清庙,肃雍严祀。”

【嚴京兆】　指严武。武曾为京兆尹。岑参《暮秋会严京兆后厅竹斋》。

【嚴河南】　❶指河南尹严武。岑参有《使君席夜送严河南赴长水》《稠桑驿喜逢严河南中丞便别》。❷名不详。孟郊有《严河南》。

【嚴姑】　严厉的婆母。白居易《和微之春日投简阳明洞天五十韵》:“千家得慈母,六郡事严姑。”

【嚴毒】　严酷。贯休《苦寒行》:“北风北风,职何严毒。”

【嚴城】　❶整肃之城。宗楚客《奉和幸安乐公主山庄应制》:“玉楼银榜枕严城,翠盖红旂列禁营。”杨巨源《和大夫边春呈长安亲故》:“严城吹笛思寒梅,二月冰河一半开。”章孝标《次韵和光禄钱卿二首》之一:“大隐严城内,闲门向水开。”陆龟蒙《奉和袭美公斋四咏次韵·新竹》:“别坞破苔藓,严城树轩槛。”❷夜间戒严之城。王维《从岐王过杨氏别业应教》:“严城时未启,前路拥笙歌。”李正封《洛阳清明日雨霁》:“游人恋芳草,半犯严城鼓。”李商隐《赠歌妓二首》之二:“白日相思可奈何,严城清夜断经过。”薛能《相国陇西公南征能以留务独宿府城作》:“殊忆好僧招不及,夜来仓卒锁严城。”

【嚴持】　严格遵守。许棠《送省玄上人归江东》:“释律周儒礼,严持用戒身。”

【嚴威】　肃杀而使人畏惧。李白《古风》之二:“桂蠹花不实,天霜下严威。”

【嚴科】　整肃(法律)条文。骆宾王《畴昔篇》:

“慎罚宁凭两造辞，严科直挂三章律。”

【嚴秋】 指深秋。顾况《陵霜之华一章》：“烈烈严秋，熙熙阳春。”

【嚴重】 ❶威严。姚合《和东都令狐留守相公》：“旌旗严重临关外，庭宇清深接禁中。”杜牧《和宣州沈大夫登北楼书怀》：“兵符严重辞金马，星剑光芒射斗牛。”❷庄重。杜牧《中丞业深韬略志在功名再奉长句一篇兼有谘劝》：“要君严重疏欢乐，犹有河湟可下鞭。”

【嚴風】 寒风。太宗《出猎》：“长烟晦落景，灌木振严风。”孟云卿《生别离》：“严风吹积雪，晨起何鼻酸。”权德舆《贡院对雪以绝句代八行奉寄崔阁老》：“寓宿春闱岁欲除，严风密雪绝双鱼。”周朴《早春》：“良夜岁应足，严风为变春。”

【嚴恭】 严肃恭敬。陈叔达《太庙祼地歌辞》：“大哉孝思，严恭祖祢。”白居易《开成大行皇帝挽歌词四首奉敕撰进》之三：“严恭七月礼，哀恸万人心。”尉迟汾《府尹王侍郎准制拜岳因状嵩高灵胜寄呈三十韵》：“明朝虔昭报，颁祀岁严恭。”

【嚴真觀】 （觀 guàn）供奉严君平神位的道观。项斯有《送刘道士之成都严真观》。

【嚴訓】 严厉的家教。韦应物《杂言送黎六郎》：“朱门严训朝辞去，骑出东郊满飞絮。”卢纶《送黎燧尉阳翟》：“玉貌承严训，金声称上才。”

【嚴峻】 威严高峻。徐铉《月真歌》：“闲庭深院资贤宅，宅门严峻无凡客。”

【嚴氣】 凛冽之气。陈叔达《初年》：“和风起天路，严气消冰井。”李峤《十一月奉教作》：“凝阴结暮序，严气肃长飙。”郭震《冬歌》之一：“北极严气升，南至温风谢。”吕温《风咏》：“一朝乘严气，万里号清霜。”

【嚴徐】 西汉严安、徐乐之合称。二人因上书武帝，被授予郎中。后借以指有才之士。颜真卿、耿沣《送耿沣拾遗联句》：“尧舜逢明主，严徐得侍臣。”常衮《晚秋集贤院即事寄徐薛二侍郎》：“北朝荣庾薛，西汉盛严徐。”

【嚴家瀨】 即严子濑。温庭筠《送并州郭书记》：“惟有严家濑，回环径草微。”又《宿沣曲僧舍》：“更想严家濑，微风荡白蘋。”

【嚴郎中】 即严休复。白居易有《冯阁老处见与严郎中酬和诗因戏赠绝句》《湖上醉中代诸妓寄严郎中》。朱庆余有《和处州严郎中游南溪》。

【嚴秘書】 指严维。维曾为秘书省校书郎。清江有《早发陕州途中赠严秘书》《喜严侍御蜀还赠严秘书》。武元衡有《夏日陪冯许二侍郎与严秘书游昊天观览旧题寄同里杨华州中丞》。

【嚴常侍】 指严休复。休复曾为散骑常侍。刘禹锡有《和苏十郎中谢病闲居时严常侍萧给事同过访叹初有二毛之作》。姚合有《奉和前司封苏郎中喜严常侍萧给事见访惊斑鬓之什》。

【嚴郭】 唐诗人。事迹未详。《全唐诗》卷七七〇收诗一首。

【嚴陵】 严子陵的简称。李白《箜篌谣》：“贵贱结交心不移，唯有严陵及光武。”吕温《道州敬酬何处士书情见赠》：“严陵钓处江初满，《梁甫》吟时月正高。”殷尧藩《寄许浑秀才》：“汉廷累下征贤诏，未许严陵老钓矶。”唐彦谦《严子陵》：“严陵情性是真狂，抵触三公傲帝王。”

【嚴陵祠】 即严子陵祠。洪子舆有《严陵祠》。

【嚴陵釣臺】 即严子陵钓台。见“严公釣臺”。刘长卿有《奉使新安自桐庐县经严陵钓台宿七里滩下寄使院诸公》。权德舆有《严陵钓台下作》。许浑有《严陵钓台贻行侣》。王贞白有《题严陵钓台》。

【嚴陵臺】 严子陵钓台之简称。见“严公釣臺”。杜牧《寄桐江隐者》：“严陵台下桐江水，解钓鲈鱼能几人？”汪遵有《严陵台》。

【嚴陵瀨】 即严子濑。孟浩然《经七里滩》：“复闻严陵濑，乃在兹湍路。”李频《送寿昌曹明府》：“若宿严陵濑，谁当是客星。”

【嚴陵灘】 又称七里滩，七里泷。见“严子瀨”。秦系《耶溪书怀寄刘长卿员外》：“拟共钓竿长往复，严陵滩上胜耶溪。”戴叔伦《闲思》：“何似严陵滩上客，一竿长伴白鸥闲。”皮日休《钓侣二章》之二：“严陵滩势似云崩，钓具归来放石层。”

【嚴陰】 冬天浓重的阴霾。郭震《十月乐游诗》：“十月严阴盛，霜气下玉台。”李白《邹衍谷》：“燕谷无暖气，穷岩闭严阴。”

【嚴紳】 人名。严绶之兄，曾官光禄少卿。刘商有《秋夜听严绅巴童唱竹枝歌》。武元衡有《送严绅游兰溪》。

【嚴黄門】 即严武。武曾任黄门侍郎。岑参有《送严黄门拜御史大夫再镇蜀川兼觐省》。羊士谔有《乾元初严黄门自京兆少尹贬牧巴郡士谔谬因出守得继兹赏乃赋诗十四韵刻于石壁》《题郡南山光福寺寺即严黄门所置门有去思碑即郄拾遗之词也》。

【嚴郾】 唐末诗人。事迹未详。《新唐书·艺文志四》载有诗二卷，今《全唐诗》卷七二七存录其诗二首。

【嚴程】 限时到达的行程。宋之问《自洪府舟行直书其事》：“严程无休隙，日夜涉风水。”刘希夷《送友人之新丰》：“宾游宽旅宴，王事促严程。”韦应物《李五席送李主簿归西台》：“请告严程尽，西归道路寒。”韩愈《岳阳楼别窦司直》：“严程迫风帆，劈箭入高浪。”

【嚴童子】 严绶之孙。小名照郎，十岁能赋诗，往往有奇句。元稹有《赠严童子》。

【嚴惲】 （？—870）唐诗人。字子重，吴兴（今浙江湖州）人。进士。《全唐诗》卷五四六收诗一首。杜牧有《和严恽秀才落花》。王枢有《和严恽落花诗》。

【嚴湍】 即严光濑。李白《题宛溪馆》："却笑严湍上，于今独擅名。"李德裕《春暮思平泉杂咏二十首·双碧潭》："清剡与严湍，潺湲皆可忆。"又《思平泉树石杂咏一十首·钓台》："我有严湍思，怀人访故台。"

【嚴寒】 极度寒冷。刘驾《苦寒行》："严寒动八荒，刺刺无休时。"

【嚴給事】 ❶指严武。武，房琯为相时荐为给事中。岑参有《宿岐州北郭严给事别业》。❷指严休复。休复大和间为给事中。张籍有《和严给事闻唐昌观玉蕊花下有游仙》。刘禹锡有《酬严给事贺加五品兼简同制水部李郎中》。白居易有《酬严给事》。

【嚴越卿】 严武次子。卢纶有《贼中与严越卿曲江看花》。

【嚴鼓】 急促的鼓声。刘禹锡《始至云安寄兵部韩侍郎中书白舍人二公近曾远守故有属焉》："蛮军击严鼓，笮马引双旌。"

【嚴詵】 唐进士。事迹未详。岑参有《送严诜擢第归蜀》。

【嚴遂州】 即严震。杜甫有《行次盐亭县聊题四韵奉简严遂州蓬州两使君咨议诸昆季》。

【嚴補闕】 指严维。维曾任右补阙。耿沣有《宿万固寺因寄严补阙》。

【嚴肅】 严厉。陈羽《古意》："姑嫜严肃有规矩，小姑娇憨意难取。"

【嚴裝】 整治行装。刘长卿《送元八游汝南》："生事诚可忧，严装远何适？"高适《赠别王十七管记》："折剑留赠人，严装遂云迈。"

【嚴僕射】 ❶指严武。武死，赠尚书左仆射。杜甫有《哭严仆射归榇》。❷指严绶。绶曾为尚书右仆射。欧阳詹有《述德上兴元严仆射》。

【嚴潔】 整肃不烦。玄宗《春晚宴两相及礼官丽正殿学士探得风字》序："乃命礼官，考制度，稽典则，序文昭武穆，享天地神祇，所以申严洁也。"

【嚴禋】 犹严祀。魏征《享太庙乐章·舒和》："严禋克配鸿基远，明德惟馨凤历昌。"则天皇后《唐明堂乐章·登歌》："礼崇宗祀，志表严禋。"苏味道《奉和受图温洛应制》："天旋俄制跸，孝享属严禋。"李纾《唐德明兴圣庙乐章·登歌奠币》："尊祖奉宗，严裎大帝。"

【嚴维】 唐诗人。字正文，越州山阴（今浙江绍兴）人。初隐居桐庐，至德二年（757）辞藻宏丽科进士及第。历官诸暨尉、河南尉、秘书省校书郎等，终右补阙。与刘长卿、钱起、耿沣、皇甫冉等友善。《全唐诗》卷二六三收诗一卷。刘长卿有《送严维赴河南充严中丞幕府》。岑参有《送严维下第还江东》。钱起有《送严维尉河南》。武元衡有《酬严维秋夜见寄》。

【嚴蓬州】 即严砺。严砺（？—809）字元明。严震从祖弟。官兴州刺史兼监察御史。震卒，权留府事。终山南西道节度使。杜甫有《行次盐亭县聊题四韵奉简严遂州蓬州两使君咨议诸昆季》。

【嚴震】 （723—799）唐大臣。字遐闻，梓州盐亭（今属四川）人。为严武赏识，署为押衙。历渝州、凤州刺史。治凤州十四年，以政绩封郧国公。累官至同中书门下平章事。《全唐诗》卷八七〇有诗一首。元稹《望云骓马歌》："齐映前导引骓头，严震迎号抱骓足。"

【嚴毅】 威严坚定。段成式、张希复《中禅师影堂联句》："名下固无虚，敖曹貌严毅。"

【嚴鄭】 指西汉严君平和郑子真，二人皆隐士。杜甫《渼陂西南台》："劳生愧严郑，外物慕张邴。"

【嚴鄭公】 即严武。杜甫有《奉观严郑公厅事岷山沱江画图十韵》《晚秋陪严郑公摩诃池泛舟》《将赴成都草堂途中有作先寄严郑公五首》等诗。

【嚴澗】 人名。历官祠部员外郎、主客郎中、金部郎中、监察御史。元稹有《鄂州寓馆严涧宅》。又《和乐天示杨琼》："卢戡及第严涧在，其余死者十八九。"

【嚴諫議】 指严龟。龟，严震从孙严谟之子。曾任谏议大夫。韩偓有《奉和峡州孙舍人肇荆南重围中寄诸朝士二篇时李常侍洵严谏议龟李起居殷衡李郎中冉皆有继和余久有是债今至湖南方暇牵课》。吴融有《和严谏议萧山庙十韵》。

【嚴親】 父母双亲。李白《古风》之三四："长号别严亲，日月惨光晶。"

【嚴遵】 即严君平。褚亮《赋得蜀都》："得上仙槎路，无待访严遵。"李德裕《思山居一十首·题寄商山石》："自知来处所，何暇问严遵。"

【嚴凝】 ❶寒冷封冻。高适《饯宋八充彭中丞判官之岭南》："立谈多感激，行李即严凝。"权德舆《奉和刘侍郎司徒奉诏伐叛书情呈宰相》："震耀恭天讨，严凝助岁功。"白居易《十二年冬江西温暖喜元八寄金石棱到因题此诗》："今冬腊候不严凝，暖雾温风气上腾。"周贺《冬日山居思乡》："大野始严凝，云天晓色澄。"❷人名。沈佺期有《别侍御严凝》。

【嚴霜】 ❶浓霜。王缙《九日作》："莫将边地比京都，八月严霜草已枯。"李益《答郭黄中孤云首章见赠》："已矣玄凤叹，严霜集灵苕。"元稹《遣兴十首》之一："严霜九月半，危蒂几时客。"齐己《小松》："严霜百草白，深院一林青。"❷喻法律严厉。中宗、窦重一、李晋卿《景龙四年正月五日因重为柏梁体联句》："权豪屏迹肃严霜，铸鼎开岳造明堂。"

【嚴蹕】　帝王出行时的戒严。郑愔《人日重宴大明宫恩赐彩楼人胜应制》："琼殿含光映早轮，玉鸾严跸望初晨。"

【嚴嶷】　唐诗人。事迹未详。《全唐诗外编》上收诗一首。张说有《送王尚一严嶷二侍御赴司马都督军》。

【嚴識玄】　唐诗人。武后时任魏州刺史，后为兵部郎中。《全唐诗》卷七六八收诗一首。

【嚴瀨】　严陵濑之简称。杜牧《秋晚早发新定》："悬缨未敢濯，严濑碧淙淙。"许浑《送客归兰溪》："众水喧严濑，群峰抱沈楼。"

【嚴嚴】　庄重貌。韩愈《读东方朔杂事》："严严王母宫，下维万仙家。"

【嚴飆】　寒风。虞世南《奉和幸江都应诏》："严飙肃林薄，暖景澹江湖。"

【嚴譴】　严厉的贬谪。宋之问《至端州驿见杜五审言沈三佺期题壁慨然成咏》："逐臣北地承严谴，谓到南中每相见。"杜甫《送郑十八虔贬台州司户伤其临老陷贼之故阙为面别情见于诗》："万里伤心严谴日，百年垂死中兴时。"

【嚴續姬】　南唐仆射严续的歌妓。《全唐诗》卷八〇〇收诗一首。

【嚴灘】　严陵滩之简称。岑参《送李明府赴睦州便拜觐太夫人》："严滩一点舟中月，万里烟波也梦君。"温庭筠《送李生归旧居》："莫却严滩意，西溪有钓矶。"皮日休《鲁望以轮钩相示缅怀高致因作三篇》之三："孤篷半夜无余事，应被严滩聒酒醒。"徐夤《钓车》："把向严滩寻辙迹，渔台基在辗难倾。"

嚵　〔chán《广韵》鋤銜切，平銜，崇。又慈染切，上琰，從；又楚鑒切，去鑑，初。〕通"馋"。贪食。韩愈《月蚀诗效玉川子作》："女于此时若食日，虽食八九无嚵名。"来鹄《圣政纪颂》："如何翌臣，嚵肉嗜岊。"王仁裕《奉诏赋剑州途中鸷兽》："从将户口资嚵口，未委三丁税几丁。"

【嚵涎】　因贪欲而生涎。李贺《公无出门》："鲍焦一世披草眠，颜回廿九鬓毛斑。"

嚲　〔duǒ《广韵》丁可切，上哿，端。〕下垂。虞世南《应诏嘲司花女》："学画鸦黄半未成，垂肩嚲袖太憨生。"岑参《送郭人杂言》："朝歌城边柳嚲地，邯郸道上花扑人。"姚合《霁后登楼》："碧池舒暖景，弱柳嚲和风。"唐彦谦《无题十首》之二："醉倚阑干花下月，犀梳斜嚲鬓云边。"

【嚲鞚】　放松马勒。杜甫《醉为马坠诸公携酒相看》："江村野堂争入眼，垂鞭嚲鞚凌紫陌。"曹唐《小游仙诗九十八首》之十："西归使者骑金虎，嚲鞚垂鞭唱《步虚》。"

嚾　〔huān《集韵》呼官切，平桓，曉。〕见"嚾呼"。

【嚾呼】　喧哗。无名氏《汴州人歌》(卷八七四)："阒道嚄呼，公来之初。"

十八画

嚼　〔jiáo，或读 jué《广韵》在爵切，入藥，從。〕❶用牙齿咬碎物食。韦应物《述园鹿》："仰首嚼园柳，俯身饮清泉。"韩愈《崔十六少府摄伊阳以诗及书见投因酬三十韵》："肯效屠门嚼？久嫌弋者篡。"白居易《题郡中荔枝诗十八韵兼寄万州杨八使君》："嚼疑天上味，嗅异人间香。"唐彦谦《蟹》："岸头沽得泥封酒，细嚼频斟弗停手。"❷衔着。白居易《洛桥寒食日作十韵》："连钱嚼金勒，凿落写银罂。"章碣《春别》："花边马嚼金衔去，楼上人垂玉箸看。"❸含着。卢仝《寄赠含曦上人》："随钟嚼宫商，满口文字美。"李贺《申胡子觱篥歌》："颜热感君酒，含嚼芦中声。"

【嚼啜】　吃喝。韩愈《月蚀诗效玉川子作》："从官百余座，嚼啜烦官家。"

【嚼齒】　切齿含恨。孟郊《峡哀》之四："嚼齿三峡泉，三峡声龂龂。"

【嚼囓】　❶衔咬。杜甫《哀江头》："辇前才人带弓箭，白马嚼啮黄金勒。"❷紧咬。韩愈《陆浑山火和皇甫湜用其韵》："齿牙嚼啮舌腭反，电光磩磹赪目暖。"

囁　〔niè《广韵》而涉切，入葉，日；又之涉切，入葉，照。〕见"囁嚅"。

【囁嚅】　口欲语又止貌。元稹《酬乐天东南行一百韵》："谏猎宁规避，弹豪讵嗫嚅。"

囀　〔zhuàn《广韵》知戀切，去線，知。〕❶宛转发声。《郊庙歌辞·明皇祀圜丘乐章·肃和》："止奏潜聆，登仪宿啭。"韦应物《拟古诗十二首》之二："玉颜上哀啭，绝耳非世有。"❷鸣禽变调之声。郑愔《黄莺儿》："欲啭声犹涩，将飞羽未调。"卢纶《和崔侍郎游万固寺》："闻说中方高树林，曙华先照啭春禽。"雍裕之《四气》："春禽犹竞啭，夏木忽交阴。"李建勋《春日小园晨看兼招同舍》："鸟啭风潜息，蜂迟露未干。"

【囀喉】　宛转之歌喉。张祜《歌》："不知新弟子，谁解啭喉轻。”

嚣[1] 〔xiāo《集韵》虚嬌切，平宵，曉。〕❶喧闹。钱起《天门谷题孙逸人石壁》：“恶嚣慕嘉遁，几夜瞻少微。”韩愈《叉鱼招张功曹》：“竞多心转细，得隽语时嚣。”白居易《郡亭》：“唯兹郡阁内，嚣静得中间。”皮日休《鲁望昨以五百言见贻亦迭和之微旨也》：“百家嚣浮说，诸子率寓篇。”❷烦躁。李敬方《题黄山汤院》：“形秽欣除垢，神嚣喜破昏。”

嚣[2] 〔áo《集韵》牛刀切，平豪，疑。〕见“嚣₂然”“嚣₂嚣₂”。

【嚣天】　震天。张柬之《出塞》：“歙野山川动，嚣天旌旆扬。”

【嚣氛】　尘世之嘈杂。苏味道《咏石》：“何当握灵髓，高枕绝嚣氛。”贾岛《过杨道士居》：“先生修道处，茅屋远嚣氛。”李昌符《寄栖白上人》：“相逢应未卜，余正走嚣氛。”韩偓《赠僧》：“尽说归山避战尘，几人终肯别嚣氛？”

【嚣埃】　犹嚣尘。卢鸿一《嵩山十志十首·倒景台》：“鲨颢气兮轶嚣埃，皎皎之子兮自独立。”

【嚣書】　进谗言的奏本。骆宾王《畴昔篇》：“果乘骢马发嚣书，复道郎官禀纶诰。”

【嚣₂然】　忧愁纷扰貌。元稹《悟禅三首寄胡果》：“百年都几日，何事苦嚣然？”

【嚣喧】　亦作“嚣諠”。喧闹。李白《与周刚清溪玉镜潭宴别》：“此中得佳境，可以绝嚣喧。”白居易《中隐》：“丘樊太冷落，朝市太嚣喧。”

【嚣煩】　❶烦闷，烦躁。李白《题金陵王处士水亭》：“何时复来此，再得洗嚣烦？”柳宗元《种仙灵毗》：“穷陋缺自养，疠气剧嚣烦。”张籍《三原李氏园宴集》：“暮春天早热，邑居苦嚣烦。”❷喧闹杂乱。吴筠《高士咏·老莱夫妻》：“一遁嚣烦趣，永契云壑情。”李绅《新楼诗二十首·寒林寺》序：“寺在城郭最嚣烦处，自有一峰，岩壑皆入寺中。”元晦《越亭二十韵》：“未闻述职效，偶脱嚣烦趣。”

【嚣塵】　喧闹扬起的红尘。寒山《诗三百三首》之四：“吾家好隐沦，居处绝嚣尘。”韦应物《任洛阳丞请告一首》：“休告卧空馆，养病绝嚣尘。”戴叔伦《宿无可上人房》：“偶来人境外，何处染嚣尘？”张祜《题虎丘西寺》：“嚣尘楚城外，一寺枕通波。”

【嚣聞】　喧闹之声。孟郊《立德新居》之二：“厚韵属疏语，薄名谢嚣闻。”

【嚣諠】　同“嚣喧”。

【嚣雜】　嘈杂。孟郊《南阳公请东樱桃亭子春宴》：“赏异出嚣杂，折芳积欢欣。”皮日休《二游诗·任诗》：“一宅闾林泉，终身远嚣杂。”

【嚣譊】　喧闹嘈杂。杜牧《长安送友人游湖南》：“相舍嚣譊中，吾过何由鲜。”

【嚣嘩】　喧闹。韩愈《招杨之罘》：“嚣哗所不及，何异山中闲？”

【嚣₂嚣₂】　❶喧闹貌。李白《怀仙歌》：“尧舜之事不足惊，自余嚣嚣直可轻。”于武陵《洛中晴望》：“九陌尽风尘，嚣嚣昼复昏。”韩偓《寄禅师》：“销聚本来皆是幻，世间闲口漫嚣嚣。”❷扰攘骚动貌。王无竞《北使长城》：“六国复嚣嚣，两龙斗觜觜。”黄滔《寄友人》：“入门有势利，孰能无嚣嚣？”贯休《苦寒行》：“冻云嚣嚣，碍雪一片下不得。”

【嚣讒】　喧闹的谗言。周朴《题赤城中岩寺》：“谁知将俗耳，来此避嚣谗。”

嚬 〔yán《集韵》牛姦切，平删，疑。〕见“嚬嚬”

【嚬嚬】　争斗貌。柳宗元《酬韶州裴曹长使君寄道州吕八大使因以见示二十韵一首》：“秉心方的的，腾口任嚬嚬。”

十九画

囊 〔náng《广韵》奴當切，平唐，泥。〕❶盛物之袋。岑参《送李别将摄伊吾令充使赴武威便寄崔员外》：“词赋满书囊，胡为在战场。”孟郊《赠城郭道士》：“松枝休策云，药囊翻贮钱。”雍陶《同贾岛宿无可上人院》：“何处消愁宿？携囊就远僧。”牛殳《琵琶行》：“一弹决破真珠囊，迸落金盘声断续。”❷以囊盛物。司空曙《送人游岭南》：“囊金如未足，莫恨故乡遥。”杜牧《送沈处士赴苏州李中丞招以诗赠行》：“悬弓三百斤，囊书数万纸。”贯休《怀诸葛珏二首》之二：“囊草无非刺，魏人那识公？”

【囊中術】　指道家长生之法。许彬《寻白石山人涧》：“难见囊中术，人间有岁华。”

【囊中錐】　喻才能早晚为人所知。见《史记·平原君虞卿列传》。陆龟蒙《袭美先辈以龟蒙所献五百言用伸酬谢》：“虽非倚天剑，亦是囊中锥。”

【囊衣】　一袋衣服。极言清廉俭朴。《汉书·王吉传》：“自吉至崇，世名清廉。……及迁徙去处，所载不过囊衣，不畜积余财。”颜师古注：“一囊之衣也。”李瀚《蒙求》：“王阳囊衣，马援薏苡。”按王吉字子阳，人称王阳。

【囊空】　特指钱已用尽。杜甫《空囊》：“囊空恐羞涩，留得一钱看。”韩愈《寒食日出游》：“囊空甑倒谁救之？我今一食日还并。”杨衡《送陈房谒抚州周使君》：“貌羸缘塞苦，道蹇为囊空。”贯休《怀武昌栖一二首》之一："病愈囊空后，神清木落初。"

【囊括】 包罗。陈子昂《感遇诗三十八首》之一一："囊括经世道，遗身在白云。"储光羲《同诸公送李云南伐蛮》："囊括千万里，矢谟在庙堂。"李白《日出行》："吾将囊括大块，浩然与溟涬同科。"

【囊盎】 装粮食的袋子和坛子。卢仝《寄男抱孙》："别来才经年，囊盎未合斗。"

【囊装】 行李。李咸用《投知》："酌量才地心虽动，点检囊装意又阑。"

【囊橐】 借指才具，才能。贯休《秋末入匡山船行八首》之六："囊橐谁相似？馋慵世少双。"

【囊萤】 《晋书·车胤传》载，家贫不常得油，夏夜则练囊盛数十萤以照书。后以为苦学典故。李中《壬申岁承命之任淦阳再过庐山国学感旧寄刘钧明府》："三十年前共苦辛，囊萤曾寄此烟岑。"又《送相里秀才之匡山国子监》："已能探虎穷骚雅，又欲囊萤就典坟。"贯休《寄匡山大愿和尚》："一听玄音下竹亭，却思窗雪与囊萤。"

䡪 〔chǎn《集韵》丑展切，上獮，徹。〕见"䡪然"。

【䡪然】 笑貌。刘禹锡《送周鲁儒赴举诗》引："众咸䡪然而熟视生，疑也愈甚。"白居易《酬思黯相公见过弊居戏赠》："村妓不辞出，恐君䡪然咍。"

囉 〔luó《广韵》鲁何切，平歌，來。〕见"囉嗊曲"。

【囉嗊曲】 曲子名。南朝梁顾野王《玉篇·口部》："嗊，啰嗊，歌曲。"可知梁前即有此曲。唱词多写离愁别苦，盼望游子归来的内容。刘采春有《啰嗊曲六首》。

囋 〔zá《广韵》才達切，入曷，從。〕见"嘈囋"。

二十一画

囓 〔niè《篇海》延海切。〕同"齧"。咬。罗隐《投浙东王大夫二十韵》："想望鱼烧尾，咨嗟鼠啮肠。"孙光宪《浣溪沙》词之一八："啮指暗思花下约，凭阑羞睹泪痕衣。"

嘱 〔zhǔ《广韵》之欲切，入燭，章。〕吩咐，叮嘱。中宗《立春日游苑迎春》："迎春正启流霞席，暂嘱曦轮勿遽斜。"杜甫《潼关吏》："请嘱防关将，慎勿学哥舒。"元稹《有鸟二十章》之一八："君不见隋朝陇头姥，娇养双鹦嘱新妇。"吴融《送弟东归》："此别更无闲事嘱，北山高处谢猿啼。"

【嘱付】 吩咐。戎昱《听杜山人弹胡笳》："当时海内求知音，嘱付胡笳入君手。"

【嘱託】 犹嘱付。卢仝《寄男抱孙》："丁宁嘱托汝，汝活箨龙不？"

囗 部

一 画

囜 〔yì〕同“日”。武则天所造字。詹敦仁《复留侯从效问南汉刘岩改名龑字音义》：“乖匵囜团星，匵恧厓西埊。”

二 画

囚 〔qiú《广韵》似由切，平尤，邪。〕❶拘禁。张籍《乌夜啼引》：“吏人得罪囚在狱，倾家卖产将自赎。”白居易《新乐府·缚戎人》：“没蕃被囚思汉土，归汉被劫为蕃虏。”周昙《咏史诗·三代门·武王》：“七载岂堪囚羑里，一夫为报亦何疑。”❷拘束，束缚。王绩《赠程处士》：“礼乐囚姬旦，诗书缚孔丘。”孟郊《冬日》：“万事有何味，一生虚自囚。”陆龟蒙《补沈恭子诗》：“览物性未逸，反为情所囚。”曹松《哭胡处士》：“疑是冲虚去，不为天地囚。”❸囚犯。李峤《晚秋喜雨》：“望肃坛场祀，冤申囹圄囚。”王建《赠华州郑大夫》：“报状拆开知足雨，赦书宣过喜无囚。”光业《征李怀果嘲道门》：“山上擒来镇里收，天然模样已成囚。”亦用指监狱。钱起《叹毕少府以持法无隐见系》：“囚中千念时，窗外百花色。”

【囚拘】 ❶囚禁。萧颖士《仰答韦司业垂访五首》之四：“岂知晋叔向，无罪婴囚拘。”❷受束缚。韩愈《同冠峡》：“羁旅感和鸣，囚拘念轻矫。”温庭筠《病中书怀呈友人》：“蛇矛犹转战，鱼服自囚拘。”亦用以指被囚系之人。元稹《听庾及之弹乌夜啼引》：“谪官诏下吏驱遣，身作囚拘妻在远。”❸囚俘，俘虏。柳宗元《鼓吹铙歌·高昌》：“臣靖执长缨，智勇伏囚拘。”

【囚居】 谓居不自由，如囚所居。李宣远《近无西耗》：“烽堠惊秦塞，囚居困越吟。”

【囚桎】 囚系而加桎梏。沈佺期《被弹》：“昆弟两三人，相次俱囚桎。”

【囚閉】 囚禁。白居易《和答诗十首·和大觜乌》：“暂曾说乌罪，囚闭在深笼。”又《戊申岁暮咏怀三首》之三：“七年囚闭作笼禽，但愿开笼便入林。”

【囚梁】 汉邹阳为梁王门客，因公孙诡、羊胜等进谗而被梁王囚系下狱。见《汉书·邹阳传》。后用以泛指监狱。杜甫《秦州见敕目薛三璩授司议郎三十韵》：“还蜀只无补，囚梁亦固扃。”

【囚虜】 俘虏，囚俘。温庭筠《达摩支曲》：“一旦臣僚共囚虏，欲吹羌管先汍澜。”

【囚竄】 谓如囚犯逃窜。白居易《移家入新宅》：“十载囚窜客，万时征戍儿。”

【囚羈】 囚系。亦指受人羁束。柳宗元《哭连州凌员外司马》：“高堂倾故国，葬祭限囚羁。”

四 〔sì《广韵》息利切，去至，心。〕❶数词。三加一所得。太宗《执契静三边》：“羽贤崆岭四，翼圣襄城七。”刘禹锡《将赴汝州途出浚下留辞李相公》：“相看却数六朝臣，屈指如今无四五。”李频《奉和郑薰相公》：“三四株松匝草亭，便成彭泽柳为名。”罗隐《京中正月七日立春》：“一二三四五六七，万木生芽是今日。”亦泛指不定数。见“四方志”。❷四面、四周。韩愈《琴操十首·履霜操》：“四无人声，谁与儿语。”参见“四野”“四郊”。

【四十九年非】 春秋时，卫大夫蘧瑗字伯玉，年五十知四十九年所行之非。见《淮南子·原道训》。后用作表示有所觉悟之典，并称五十为知非之年。李琼《苏州元日郡斋感怀寄越州元相公杭州白舍人》：“首开三百六旬日，新知四十九年非。”黄滔《寓言》：“非通非介人，谁论四十九。贤哉蘧伯玉，清风独不朽。”

【四十六時】 谓四十六岁。白居易《浔阳春三首·春去》：“四十六时三月尽，送春争得不殷勤。”

【四十州】 当为“十四州”之讹。薛涛《筹边楼》：“平临云鸟八窗秋，壮压西川四十州。”一说剑南道有州三十八，四十州举成数。

【四人】 即四民，四方之民，避太宗李世民讳改。高适《单父逢邓司仓覆仓库因而有赠》：“四人忽不扰，耕者遥相望。”贯休《大蜀高祖潜龙日献陈情偈颂》：“忠贞贯日，四人苏活。”

【四三】 “四才三实”的简称。四才谓身、言、书、判。三实谓德行、才用、劳效。为唐时选拔和考核官吏的标准。《旧唐书·职官志二》：“凡择人以四才，校功以三实。”原住：“四才，谓身、言、书、判。其优长者，有可取焉。三实，谓德行、才用、劳效。德均以才，才均以劳，劳必考其实而进退之。”太宗《帝京篇十首》之十:"六五诚难继,四三非易仰。"

【四士】　指蜀中四士:司马相如、严君平、王褒、扬雄。骆宾王《畴昔篇》:"五丁卓荦多奇力,四士英灵富文艺。"

【四大】　佛家语。指地、水、火、风。认为此四者为构成人体和万物的四种基本因素,故称。骆宾王《夏日游德州赠高四》:"神光包四大,皇威震八区。"李邕《登历下古城员外孙新亭》:"含弘知四大,出入见三光。"刘禹锡《闻董评事疾因以书赠》:"火风乖四大,文字废三余。"贯休《茫茫曲》:"深浅与高低,尽能生棘榛,茫茫四大愁杀人。"

【四山】　四周之山。崔融《塞垣行》:"十月边塞寒,四山沍阴积。"杜牧《冬日五湖馆水亭怀别》:"云抱四山终日在,草荒三径几时归。"唐彦谦《和陶渊明贫士诗七首》之三:"松风四山来,清宵响瑶琴。"

【四子】　❶指蜀中著名文学家司马相如、王褒、扬雄、陈子昂。雍陶《蜀中战后感事》:"文章四子盛,道路五丁开。"❷汉王褒虚构的寓言人物微斯文学、虚仪夫子、浮游先生、陈丘子。见《文选·王褒〈四子讲德论序〉》吕延济注。严维《九日登高》:"四子醉时争讲德,笑论黄霸屈为邦。"❸指老子、庄子、列子、文子四位道家人物。见"四子舉"。

【四子舉】　谓应老、庄、文、列四位道家著作的科举考试。李白有《送于十八应四子举落第还嵩山》。《通典》载,开元二十九年,始于京师置崇玄馆,诸州置道举生徒有差,谓之道举。送举课试与明经等。京都各百人,诸州无常员,习老、庄、文、列,谓之四子。

【四王軍】　佛经所称帝释的四名外将,亦称护世四天王。据传他们分别居于须弥山四垂,各护一方。东方持国天王,名多罗吒,身白色,持琵琶;南方增长天王,名毗瑠璃,身青色,执宝剑;西方广目天王,名毗留博叉,身红色,执羂索;北方多闻天王,名毗沙门,身绿色,执宝叉。旧时寺庙山门两旁多塑四天王像,身形高大,面目狰狞,俗称"四大金刚"。参阅《法苑珠林》卷五三《三界诸天会名》《经律异相》卷一《四天王》。元稹《大云寺二十韵》:"现身千佛国,护世四王军。"

【四天】　❶四方的天空。沈佺期《从幸香山寺应制》:"岭上楼台千地起,城中钟鼓四天闻。"徐凝《八月灯夕寄游越施秀才》:"四天净色寒如水,八月清辉冷似霜。"❷佛家语。即四无色天。佛教所说修习四无色定者死后所得之果报。据《俱舍论》卷八载,所谓四天,即空无边处、识无边处、无所有处、非想非非想处。寒山《诗三百三首》之二六〇:"十善化四天,庄严多七宝。"贯休《偶作五首》之二:"金乌饱,飞复飞,四天下人眼眙眙。"

【四天空】　佛家语。《楞伽经》认为,四空天,名无色界,谓空无边处,识无边处,无所有处,非想非非想处。高适《同群公登濮阳圣佛寺阁》:"佛因初地识,人觉四天空。"参见"四天❷"。

【四元觀】　(觀 guàn)道观名。在唐都长安(今陕西西安市)亲仁里南。玄宗时,为安禄山甲第,后为道观。郑嵎《津阳门诗》:"诏令上路建甲第,楼通走马如飞翚。"原注:"时于亲仁里南陌为禄山建甲第……今四元观,即其故第耳。"

【四支】　同"四肢"。陆龟蒙《和袭美新秋即事次韵三首》之一:"愁寻冷落惊双鬓,病得清凉减四支。"徐夤《赠董先生》:"餐松双鬓嫩,绝粒四支轻。"毛熙震《小重山》词:"谁信损婵娟,倚屏啼玉筋,湿香钿,四支无力上秋千。"

【四凶】　❶亦作"四兇"。指古代传说中浑敦、穷奇、梼杌、饕餮。见《左传·文公十八年》。又《书·舜典》以共工、欢兜、三苗、鲧为四凶。或以穷奇为共工,浑敦为欢兜,饕餮为三苗,梼杌为鲧。温庭筠《鸿胪寺有开元中锡宴堂楼台池沼雅为胜绝荒凉遗址仅有存者偶成四十韵》:"四凶有獬豸,一臂无螳螂。"唐彦谦《湘妃庙》:"八族未来谁北拱,四凶犹在莫南巡。"无名氏《时人为李义甫语》(卷八七六):"今日巨唐年,还诛四凶族。"❷指晋江泉、史畴、张嶷、羊聃等四人。大鸿胪陈留江泉以能食为谷伯,豫章太守史畴以大肥为笨伯,散骑郎高平张嶷以狡妄为猾伯,羊聃以狼戾为琐伯,拟古之四凶。见《晋书·羊曼传》。李瀚《蒙求》:"阮放八隽,江泉四凶。"

【四分五裂】　支离破碎。语出《战国策·魏策一》:"张仪为秦连横,说魏王曰:'……魏南与楚而不与齐,则齐攻其东,东与齐而不与赵,则赵攻其北;不合于韩,则韩攻其西,不亲于楚,则楚攻其南。此所谓四分五裂之道也。'"柳宗元《龟背戏》:"四分五裂势未已,出无入有谁能知。"

【四分律】　佛教书名。五部律藏之一。天竺僧昙无德编撰。后秦佛佗耶舍与竺佛念共译。六十卷。原为印度上座部系统法藏部所传戒律。因全书内容分四部分,故名。其中比丘戒和比丘尼戒计有六百余条,从行动(身)、言论(口)、思想(意)三个方面对出家比丘、比丘尼的修行和衣食坐卧规定详细而烦琐的戒条,并规定对违犯者应采取的惩处方式。为中国古代最有影响的佛教戒律,是唐代律宗所依据的基本典籍。吕温《送僧归漳州》:"修行四分律,护净七条衣。"

【四方】　❶东西南北。用以指天下各地。太宗《正日临朝》:"车轨同八表,书文混四方。"韦应物《始建射侯》:"男子本悬弧,有志在四方。"杜荀鹤《苦吟》:

"世间何事好，最好莫过诗。一句我自得，四方人已知。"张嫔《钱塘夜宴留别郡守》："四方骚动一州安，夜到樽垒伴客欢。"❷四面，周围。皮日休《太湖诗·缥缈峰》："众岫点巨浸，四方接圆穹。"

【四方志】　谓志向远大，欲树勋四方。杜甫《前出塞九首》之九："丈夫四方志，安可辞固穷。"戴叔伦《从军行》："丈夫四方志，结发事远游。"

【四方事】　指征战、游宦等为王命奔波之事。戴叔伦《再巡道永留别》："从今不学四方事，已共家人海上期。"李益《重赠邢校书》："俱从四方事，共会九秋中。"

【四六】　佛家语。"四生六道"之略称。四生谓世界众生为四大类，即胎生、卵生、湿生、化生；六道谓众生轮回的六去处，即天道、人道、阿修罗道、畜生道、饿鬼道和地狱道。吕岩《七言》之十七："四六关头路坦平，行人到此不须惊。"

【四正】　指坎、离、震、兑四正卦。西汉经学家以《易卦》与四时气候相配，以此四卦为正卦，主四时，其爻主二十四气。汉儒和后来术士常用以占验吉凶。吕岩《瑶头坯歌》："了命如何是本元，先认坎离并四正。"

【四目】　❶四只眼睛。杜牧《赠李处士长句四韵》："老翁四目牙爪利，掷火万里精神高。"❷四面八方的眼睛。《书·舜典》："明四目，达四聪。"唐孔颖达疏："明四方之目，使为己远视四方也。"王维《奉和圣制御春明楼临右相园亭赋乐贤诗应制》："褰旒明四目，伏槛纡三顾。"韩愈《感春四首》之二："幸逢尧舜明四目，条理品汇皆得宜。"舒元舆《坊州按狱》："大君明四目，烛之洞秋毫。"

【四兄】　指杜甫从弟。名不详。杜甫有《狂歌行赠四兄》。仇兆鳌注引胡夏客曰："公之诸弟，见于诗者不一。此所赠兄，又其诸从也。"

【四生】　佛教用语。佛教分世界众生为四大类：(1)卵生，从卵壳而生，有鸡、雀、乌鸦、鹊、孔雀等；(2)胎生，从母胎而生，如人及畜生至二足虫等；(3)湿生(亦名因缘生)，从湿气而生，如虫、蝎、飞蛾等；(4)化生，无所依托，借业力而出现者，如诸天神、饿鬼及地狱中的受苦者。寒山《诗三百三首》之二四六："三界任纵横，四生不可泊。"修雅《闻诵法华经歌》："四生六道一光中，狂夫犹自问弥勒。"

【四代三公】　东汉时，杨震和其子杨秉、其孙杨赐与曾孙杨彪、杨奇四代五人均位至三公。见《后汉书·杨彪传》。后用以作称颂官宦世家之典。李白《送杨燕之东鲁》："四代三公族，清风播人天。"

【四代五公】　指汉杨彪四代人中有五人官至三公。李颀《行路难》："汉家名臣杨德祖，四代五公享茅土。"参见"四代三公"。

【四句】　❶指近体诗中的绝句。因一首四句，故称。韩愈《酬马侍郎寄酒》："一壶情所寄，四句意能多。"裴夷直《病中寄王绩》："烦君四句遥相寄，应得诗中便看花。"❷指佛经中的偈。亦指偈体诗。因四句分为一偈，故称。岑参《观楚国寺璋上人写一切经院南有曲池深竹》："音翻四句偈，字译五天书。"白居易《重酬钱员外》："雪中重寄雪中偈，问答殷勤四句中。"

【四民】　士民、农民、工民、商民。《穀梁传·成公元年》："古者有四民：有士民，有商民，有农民，有工民。"薛逢《六街尘》："百役并驱衣食内，四民长走路岐中。"韦庄《和郑拾遗秋日感事一百韵》："四民皆组绶，九土堕耕桑。"

【四考】　古代对官吏考绩的一种制度。《新唐书·选举志下》："凡居官必四考，四考中中，进年劳一阶叙。"李频《送狄明府赴九江》："四考兼重请，相知住几年。"

【四老】　❶指四皓。张说《赠崔公》："我闻西汉日，四老南山幽。"李益《汉宫少年行》："欲求四老张丞相，南山如天不可上。"杜牧《题商山四皓庙一绝》："南军不袒左边袖，四老安刘是灭刘。"许浑《亡题》："商岭采芝寻四老，紫阳收术访三茅。"❷指李绅、皇甫镛、张仲方、白居易等四位年老诗人。李绅《却望无锡芙蓉湖》："惆怅白头为四老，远随尘土去伊川。"

【四老庙】　即四皓庙。许浑有《题四老庙二首》。唐彦谦和蒋吉有《四老庙》。

【四夷】　对边远地区少数民族的贬称。李益《登长城》："当今圣天子，不战四夷平。"张籍《妾薄命》："汉家天子平四夷，护羌都尉裹尸归。"李商隐《韩碑》："誓将上雪列圣耻，坐法宫中朝四夷。"韩偓《感事三十四韵》："四夷同效顺，一命敢虚捐。"

【四至】　汉司马安，汲黯姊子。少与黯为太子洗马。安文深巧善宦，四至九卿，经河南太守。见《汉书·汲黯传》。李瀚《蒙求》："马安四至，应璩三入。"

【四先生】　指四皓。白居易《和答诗十首·答四皓庙》："皤皤四先生，高冠危映眉。"

【四合】　❶从四周向中间集合。韩愈《汴泗交流赠张仆射》："发难得巧意气粗，欢声四合壮士呼。"白居易《和微之诗二十三首·和望晓》："朝车雷四合，骑火星一贯。"❷四面包围。李商隐《日射》："回廊四合掩寂寞，碧鹦鹉对红蔷薇。"周昙《咏史诗·春秋战国门·张孟谭》："强兵四合国将危，赖有谋臣为发挥。"

【四仲】　四季中每季第二月之合称：仲春二月，仲夏五月，仲秋八月，仲冬十一月。令狐楚《句》："唯应四仲祭，使者暂悲嗟。"

【四兇】　同"四凶❶"。罗隐《湘妃庙》："八族未来谁北拱，四凶犹在莫南巡。”周昙《咏史诗·唐虞门·虞舜》：“满朝卿士多元凯，为黜兜苗与四凶。”

【四色】　指白、青、红、黑四种颜色。雍裕之有《四色》。

【四宇】　天下，四方。《郊庙歌辞·享太庙乐章·昭和》：“道洽二仪交泰，时休四宇和平。”

【四安寺】　寺名。在唐新津县（今属四川）南。神秀禅师所建。杜甫有《暮登四安寺钟楼寄裴十》。

【四妃】　指帝喾四个妃子。《大戴礼记·帝系》：“帝喾卜其四妃之子，而皆有天下。上妃，有邰氏之女也，曰姜嫄氏，产后稷；次妃，有娀氏之女也，曰简狄氏，产契；次妃，陈锋氏之女也，曰庆都氏，产帝尧；次妃，陬訾氏之女也，曰常仪氏，产帝挚。”徐铉《光穆皇后挽歌三首》之二：“功业投三母，光灵极四妃。”

【四更】　（—gēng）古将一夜分为五更，每更两小时。四更，指翌晨一时至三时。杜甫《月》：“四更山吐月，残夜水明楼。”薛能《影灯夜二首》之一：“此日将军心似海，四更身领万人游。”黄滔《寄李校书游简寂观》：“梧桐四更雨，山水一庭风。”

【四牡】　❶驾车的四匹牡马。卢照邻《中和乐九章·歌南郊第四》：“龙驾四牡，鸾旗九旂。”张说《送李问政河北简兵》：“依然四牡别，更想八龙游。”孙逖《送李给事归徐州觐省》：“莫愁东路远，四牡正騑騑。”赵彦昭《奉和幸韦嗣立山庄侍燕应制》：“六龙驻旌罕，四牡耀旂常。”❷《诗·小雅》篇名。丘光庭《补新宫》序：“乡饮酒礼云：工升而歌《鹿鸣》《四牡》《皇皇者华》，歌讫笙入。”

【四坐】　同“四座”。元结《石鱼湖上醉歌》：“我持长瓢坐巴丘，酌饮四坐以散愁。”皎然《夏日登观农楼和崔使君》：“片雨拂檐楹，烦襟四坐清。”

【四角】　❶四只角。张祜《读曲歌五首》之二：“看渠驾去车，定是无四角。”❷建筑物的四个飞檐。岑参《与高适薛据登慈恩寺浮图》：“四角碍白日，七层摩苍穹。”陆龟蒙《奉和袭美太湖诗二十首·毛公坛》：“四角镇露兽，三层差羽婴。”

【四言】　指四联诗句。骆宾王《秋夜送阎五还润州》：“请勒四言，俱申五际。”

【四言詩】　诗体名。全篇每句四字或以四字句为主。是我国古代诗歌中最早形成的诗体，盛行于春秋以前。它集中地保存在我国最早的诗歌总集《诗经》中。东汉后，五言诗渐兴，此诗体渐衰，唐以后四言诗则少见。孙思邈有《四言诗》。郑澣《赠毛仙翁》亦为四言诗。

【四序】　春、夏、秋、冬四季。魏征《五郊乐章·肃和》：“气调四序，风和万籁。”白居易《春雪》：“上天有时令，四序平分别。”贾岛《感秋》：“今人何异昔，四序驰百年。”韩偓《家书后批二十八字》：“四序风光总是愁，鬓毛衰飒涕横流。”

【四君子】　指李白、杜甫、韩愈和柳宗元。杜牧《冬至日寄小侄阿宜诗》：“李杜泛浩浩，韩柳摩苍苍。近者四君子，与古争强梁。”

【四表】　四方极远之处。无名氏《挽歌五首》之二（外编上）：“宠极孤臣惧，恩深四表知。”

【四枝鬟】　妇人簪之一种。段成式《戏高侍御七首》之六：“不独邯郸新嫁女，四枝鬟上插通犀。”

【四味】　药物的一种为一味。四味，四种药物。郑谷《宗人惠四药》：“宗人忽惠西山药，四味清新香助茶。”

【四明】　指四明山。宋之问《郡宅中斋》：“讼寝归四明，龄颓亲九转。”李白《送王屋山人魏万还王屋》：“天台连四明，日入向国清。”张祜《游天台山》：“回首望四明，矗若城一堵。”陆龟蒙《和袭美腊后送内大德从勖游天台》：“归思不离双阙下，去程犹在四明东。”参见“四明山”。

【四明山】　山名。唐属越州。在今浙江宁波市西南。自天台山发脉而绵亘于奉化、慈溪、余姚、上虞、嵊县诸地。相传上有方石，四面如窗，中通日月星宿之光，故称。刘长卿《游四窗》：“四明山绝奇，自古说登陆。”张籍《送施肩吾东归》：“世业偏临七里濑，仙游多在四明山。”施肩吾《遇越州贺仲宣》：“君在镜湖西畔住，四明山下莫经春。”

【四明狂客】　唐贺知章晚年自号。知章，字季真，唐越州（今浙江绍兴地区）人。性旷夷，善谈论笑谑。晚年尤加纵诞，无复礼度，因越州有四明山，故自号“四明狂客”。李白《对酒忆贺监二首》之一：“四明有狂客，风流贺季真。”

【四門】　指明堂四方之门。李峤《车》：“天子驭金根，蒲轮辟四门。”韩愈《永贞行》：“共流幽州鲧死羽，四门肃穆贤俊登。”贯休《舜颂》：“五典克从，四门伊穆。”

【四門博士】　学官名。北魏创立四门小学，初设于京师四门，后与太学同在一起，因刘芳表请立四门博士。唐四门馆置博士六人，从七品上。白居易《三月三日祓禊洛滨》序：“……四门博士谈弘谟等一十五人，合宴于舟中。”

【四門聰】　义同“四聪”。语出《书·舜典》：“舜格于文祖，询于四岳，辟四门，明四目，达四聪。”王维《三月三日勤政楼侍宴应制》：“天保无为德，人欢不战功。仍临九衢宴，更达四门聪。”

【四迴】　四方。孟郊《至孝义渡寄郑军师唐二十五》：“岸亭当四迴，诗老独一家。”苏拯《山中道者》：“是时天气清，四迴无尘侣。”

【四垂】 ❶四面，四周。唐彦谦《东韦曲野思》：“淡雾轻云匝四垂，绿塘秋望独颦眉。”齐己《新笋》：“直上心终劲，四垂烟渐宽。”❷自四面下垂。储光羲《终南幽居献苏侍郎三首时拜太祝未上》之三：“卜筑青岩里，云萝四垂阴。”白居易《有木诗八首》之一：“渐密阴自庇，转高梢四垂。”

【四知】 东汉东莱太守杨震，字伯起。道经昌邑，县令王密夜以十金相送，并说：“暮夜无知者。”杨震说：“天知、神知、我知、子知，何谓无知？”见《后汉书·杨震传》。李峤《金》：“方同杨伯起，独有四知名。”杜牧《分司东都寓居履道叨承川尹刘侍郎大夫恩知上四十韵》：“四知台上镜，三惑井中瓶。”李瀚《蒙求》：“震畏四知，秉去三惑。”

【四季】 春、夏、秋、冬四时，每时三月，其第三个月为季月，季月终则进入另一时，故四时亦称四季。拾得《诗》之三六：“林花长似锦，四季色常新。”李白《草创大还赠柳官迪》：“罗络四季间，绵微无一隙。”白居易《新乐府·陵园妾》：“四季徒支妆粉钱，三朝不识君王面。”张蠙《次韵和友人冬日书斋》：“四季多花木，穷冬亦不凋。”

【四岳】 亦作“四嶽”。❶指不包括中岳嵩山以外的四座山岳：东岳泰山、西岳华山、南岳衡山、北岳恒山。李白《题嵩山逸人元丹丘山居》：“三山旷幽期，四岳聊所托。”张乔《华山》：“卓杰三峰出，高奇四岳无。”贯休《蜀王入大慈寺听讲》：“宽似大溟生日月，秀如四岳出尘埃。”❷古时分掌四时、方岳之官。后用以比拟贤臣。高适《真定即事奉赠韦使君二十八韵》：“乃继三台侧，仍将四岳俱。”独孤及《代书寄上李广州》：“天子咨四岳，伫公济方割。”元稹《和李校书新题乐府十二首·骠国乐》：“万人有意皆洞达，四岳不敢施烦苛。”

【四肢】 人体的两上肢和两下肢。寒山《诗三百三首》之二六九：“伸缩四肢全，勤听六根具。”张籍《野居》：“四肢暂宽柔，中肠郁不舒。”白居易《效陶潜体诗十六首》之四：“连延四五酌，酣畅入四肢。”韩偓《又一绝请为申达京洛亲交知余病废》：“鬓惹新霜耳旧聋，眼昏腰曲四肢风。”

【四周】 四个周期。李蠙《题善权寺石壁》：“四周寒暑镇湖关，三卧漳滨带病颜。”

【四周遭】 犹周围。舒元舆《坊州按狱》：“中部接戎塞，顽山四周遭。”

【四刻】 古以铜漏计时，刻孔壶为漏，浮箭为刻，昼夜共百刻。春分和秋分日，昼夜各五十刻。秋分以后，减昼益夜，九日加一刻；春分以后，减夜益昼，九日减一刻。四刻，约近于一小时。杜牧《早春赠军事薛判官》：“雪后新正半，春来四刻长。”

【四返】 返，亦作“反”。《诗·齐风·猗嗟》：“射则贯兮，四矢反兮，以御乱兮。”四反，谓四矢反复地射中一个地方。后用以作称颂箭术高超之典。张说《玄武门侍射》：“贯心精四返，饮羽妙三联。”

【四宗】 指唐之太宗、高宗、中宗和睿宗。贺知章《唐禅社首乐章·太和》：“列祖应命，四宗顺则。”

【四弦】 张有四弦之乐器，似琵琶而圆，形似今之月琴。传为晋阮咸所创，故亦称阮咸。刘禹锡《和令狐相公南斋小宴听阮咸》：“阮巷久芜沉，四弦有遗音。”白居易《代琵琶弟子谢女师曹供奉寄新调弄谱》：“一纸展看非旧谱，四弦翻出是新声。”皮日休《春夕酒醒》：“四弦才罢醉蛮奴，醽醁余香在翠炉。”刘景复《梦为吴泰伯作胜儿歌》：“四弦拢撚三五声，唤起边风驻明月。”

【四孟】 春、夏、秋、冬四季的第一个月。即孟冬月（正月）、孟春月（四月）、孟夏月（七月）和孟冬月（十月）。卢拱《中元日观法事》：“四孟逢秋序，三元得气中。”

【四姓】 指三国吴国朱、张、顾、陆四个大姓。欧阳詹《送潭州陆户曹之任》：“多年名下人，四姓江南英。”

【四始】 指《诗经》中风、小雅、大雅和颂为首的四篇。《史记·孔子世家》：“《关雎》之乱以为风始，《鹿鸣》为小雅始，《文王》为大雅始，《清庙》为颂始。”又说，以为风、小雅、大雅和颂四者为王道兴衰之所由始，故名。此外，尚有他说。骆宾王《伤祝阿王明府》：“盍言四始，同赋七哀。”

【四阿含經】 佛家语。指四部小乘经，即《增一阿含经》《长阿含经》《中阿含经》和《杂阿含经》。段成式《题约公院》：“七俱胝咒，四阿含经。”

【四封】 四境，四方边境。储光羲《奉和韦判官献侍郎叔除河东采访使》：“四封尽高足，相府轺车最。”权德舆《奉和张仆射朝天行》：“元侯重寄贞师律，三郡四封今静谧。”刘禹锡《武陵书怀五十韵》：“四封当列宿，百雉俯清沅。”

【四垠】 四边，四极。白居易《新制布裘》：“安得万里裘，盖裹周四垠。”

【四柱】 地之四柱。晋张华《博物志》卷一：“地下有四柱，四柱广十万里，地有三千六百轴，犬牙相牵。”李商隐《寄太原卢司空三十韵》：“断鳌撑四柱，卓马济三灵。”

【四面】 ❶四周，周围。李颀《送刘四》：“青槐罗四面，渌水贯中央。”白居易《又和令公新开龙泉晋水二池》：“笙歌闻四面，楼阁在中央。”杜牧《商山麻涧》：“云光岚彩四面合，柔柔垂柳十余家。”许棠《题金山寺》：“四面波涛匝，中楼日月邻。”❷四方。裴迪《辋川集二十首·欹湖》:"舣舟一长啸,四面来清风。"皎然《武源行赠丘卿岑》:"三春不见芳草色,四面唯闻刁斗声。"苏拯《明禁忌》:"四面兴土功,四时妨农事。"

【四面楚歌】《史记·项羽本纪》:"项王军壁垓下,兵少食尽,汉军及诸侯兵围之数重。夜闻汉军四面皆楚歌,项王乃大惊曰:'汉皆已得楚乎?是何楚人之多也!'"后喻处于四面受敌,孤立无援的困境。冯待征《虞姬怨》:"谁误四面楚歌起,果知五星汉道雄。"

【四星】北斗七星,去斗杓三星,零落四星。喻凄凉冷落。白居易《昭君怨》:"明妃风貌最娉婷,合在椒房应四星。"

【四界】四周界限,即佛家所称地、水、火、风四大。广宣《寺中柿树一蒂四颗咏应制》:"因开四界分,本自百花中。"

【四科】孔子评论人物的分类。《论语·先进》:"德行:颜渊、闵子骞、冉伯牛、仲弓。言语:宰我、子贡。政事:冉有、季路。文学:子游、子夏。"钱起《和韦侍御寓直对雨》:"名贯四科首,班宜二妙齐。"许浑《赠所知》:"明时又作《闲居赋》,谁荐东门策四科。"张乔《赠边将》:"应笑孔门客,年年羡四科。"清江《月夜有怀黄端公简朱孙二判官》:"四科弟子称文学,五马诸侯是绣衣。"

【四郊】❶古以王城之外五十里为近郊,百里为远郊。后泛指四外郊野。刘元济《经庐岳回望江州想洛川有作》:"四郊时迷路,五月先投龠。"李白《雨后望日》:"四郊阴霭散,开户半蟾生。"白居易《西楼喜雪命宴》:"四郊铺缟素,万室甃琼瑶。"❷犹言天下四方。杜甫《垂老别》:"四郊未宁静,垂老不得安。"参见"四郊多壘"。

【四郊多壘】四郊有很多营垒。言敌军四面进逼,形势危急。后用以形容天下多战事。李商隐《寿安公主出降》:"四郊多垒在,此礼恐无时。"郑启《严塘经乱书事》:"正是四郊多垒日,波涛早晚静鲸鲵。"郑谷《赠泗口苗居士》:"四郊多垒日,勉我舍朝簪。"周昙《咏史诗·六朝门·朱异》:"四郊多垒犹相罪,国破将何谢太清。"

【四郊多難】(難 nàn)犹言天下多战事。耿沣《晚秋东游寄猗氏第五明府解县韩明府》:"四郊多难日,千里独归心。"参见"四郊多壘"。

【四美】指良辰、美景、赏心、乐事四件美事。语出南朝宋谢灵运《拟魏太子邺中集诗》序:"天下良辰、美景、赏心、乐事,四者难并。"王勃《上巳浮江宴韵得阯字》:"逸兴怀九仙,良辰倾四美。"刘禹锡《韩十八侍御见示岳阳楼别窦司直诗因令属和重以自述故足成六十二韵》:"晔若观五色,欢然臻四美。"

【四洲】佛家语。指须弥山咸海外四大洲,即南瞻部洲、东胜身洲、西牛货洲、北瞿卢洲。贯休《寿春节进大蜀皇帝五首》之三:"四洲不必归王化,一统那能计圣情。"

【四祖】即道信禅师。驻锡今湖北黄梅县双峰山。贾岛《夜坐》:"三更两鬓几枝雪,一念双峰四祖心。"

【四屋】屋的四方;满屋。李白《长门怨二首》之二:"桂殿长愁不记春,黄金四屋起秋尘。"

【四紀】约言四十年。纪,十二年。李商隐《马嵬二首》之二:"如何四纪为天子,不及卢家有莫愁。"

【四馬】即驷马。一车套四马。玄宗《巡省途次上党旧宫赋》序:"向时沉默,驾四马而朝京师;今日逍遥,乘六龙而问风俗。"

【四荒】❶四方荒远之地。李颀《龙门送裴侍御监五岭选》:"椰叶四荒外,梅花五岭头。"李白《秋日登扬州西灵塔》:"宝塔凌苍苍,登攀览四荒。"❷四种荒唐的嗜酒行为。陆龟蒙《添酒中六咏》序:"昔人之于酒,有注为池而饮之者,象为龙而吐之者,亲盗瓮间而卧者,将实舟中而浮者,可为四荒矣。"

【四荒八極】四方极远之地。白居易《新乐府·八骏图》:"穆王独乘何所之,四荒八极踏欲遍。"

【四真】指庄子、文子、列子和庚桑子。《旧唐书·玄宗纪下》:"庄子号为南华真人,文子号为通玄真人,列子号为冲虚真人,庚桑子号为洞虚真人。"祖咏《酬汴州李别驾赠》:"叹逝逢三演,怀贤忆四真。"韩愈《奉和杜相公太清宫纪事陈诚上李相公十六韵》:"四真皆齿列,二圣亦肩差。"

【四時】指春、夏、秋、冬四季。陈叔达《州城西园入斋祠社》:"农教先八政,阳和秩四时。"孟浩然《夏日辨玉法师茅斋》:"物华皆可玩,花蕊四时芳。"李绅《移九江》:"四时嗟阅水,一纪换流年。"李频《夏日题周至友人书斋》:"四时无夏气,三伏有秋风。"

【四時八節】四时指春、夏、秋、冬,八节指立春、春分、立夏、夏至、立秋、秋分、立冬、冬至。杜甫《狂歌行赠四兄》:"四时八节还拘礼,女拜弟妻男拜弟。"王建《神树词》:"四时八节上杯盘,愿神莫离神处所。"

【四畔】四周,四边。白居易《江楼夕望招客》:"灯火万家城四畔,星河一道水中央。"

【四蛇】佛家把地、水、火、风喻为四条毒蛇。寒山《诗三百三首》之二七二:"可笑五阴窟,四蛇共同居。"

【四恩】佛教用语。指四种恩德。据《释要览》卷中,其说有二:(1)父母恩、众生恩、国主恩和三宝恩;(2)父母恩、师长恩、国主恩和施主恩。义净《道希法师求法伤其不幸聊题一绝》:"百苦忘劳独进影,四恩在念契流通。"

【四氣】 ❶四时阴阳变化、温热冷寒之气。沈佺期《度安海入龙编》:“四气分寒少,三光置日偏。”刘禹锡《和乐天闲园独赏八韵因成小巧以取大咍》:“动植随四气,飞沉含五情。”白居易《送客春游岭南二十韵》:“蓊郁三光晦,温暾四气匀。”贾岛《和孟逸人林下道情》:“四气相陶铸,中庸道岂销?”❷四季。孟浩然《除夜有怀》:“五更钟漏欲相催,四气推迁往复回。”刘驾《古出塞》:“胡风不开花,四气多作雪。”

【四候】 犹四季。刘禹锡《令狐相公见示赠竹二十韵仍命继和》:“坚贞贯四候,标格殊百卉。”

【四翁】 指四皓。司空图《漫书五首》之五:“四翁识势保安闲,须为生灵暂出山。”

【四座】 亦作“四坐”。四周的座位。指四周在座的众人。李颀《琴歌》:“一声已动物皆静,四座无言星欲稀。”杜甫《羌村》:“歌罢仰天叹,四座泪纵横。”白居易《秦中吟十首・议婚》:“四座且勿饮,听我歌两途。”温庭筠《谢公墅歌》:“四座无喧梧竹静,金蝉玉柄俱持颐。”

【四海】 四方,天下。魏征《奉和正日临朝应诏》:“声教溢四海,朝宗引百川。”张渭《饯田尚书还兖州》:“忠义三朝许,威名四海闻。”苏涣《变律》之三:“一夫不得意,四海行路难。”李商隐《陆发荆南始至商洛》:“四海秋风阔,千岩暮景迟。”徐夤《尚书荣拜恩命夤疾中辄课恶诗二首以申攀赞》:“明公家凿凤皇池,弱冠封侯四海推。”

【四海一家】 四海之内,如同一家。朱庆余《长城》:“一人如有德,四海尽为家。”杜牧《长安杂题长句六首》之一:“四海一家无一事,将军携镜泣霜毛。”参见“四海爲家”。

【四海八荒】 犹言四面八方。杜甫《秋雨叹三首》之二:“阑风长雨秋纷纷,四海八荒同一云。”

【四海五山】 犹言天下山水。张仲方《赠毛仙翁》:“四海五山长独游,矜贫傲富欺王侯。”

【四海爲家】 (为 wéi)言四海归于一家,即天下一统。《荀子・议兵》:“四海之内若一家,通达之属莫不从服。”刘禹锡《西塞山怀古》:“今逢四海为家日,故垒萧萧芦荻秋。”亦用以称人居无定所,漂泊无依。李峤《汾阴行》:“千龄人事一朝空,四海为家此路穷。”罗隐《中元甲子以辛丑驾幸蜀四首》之一:“四海为家虽未远,九州多事竟难防。”

【四海無波】 谓天下无战事,太平安定。贯休《杜侯行》:“四海无波八表臣,如今而后君看取。”

【四海聲名】 犹言名声著于天下。白居易《喜梦得自冯翊归洛兼呈令公》:“上客新从左辅回,高阳兴助洛阳才。已将四海声名去,又占三春风景来。”

【四書】 指经、史、子、集四类书籍。陆龟蒙《奉和袭美二游诗・徐诗》:“尝闻四书曰,经史子集焉。”

【四郡】 指天下四方。贯休《夏雨登干霄亭上宋使君二首》之一:“自怜四郡干戈日,得在文翁教化中。”

【四頂山】 在今安徽肥东县城南。山有四峰,故名。山上树木苍翠,怪石林立。有天然石池,名炼丹池。又有岩石如鹦鹉敛翅挺立,石尖端常年滴水,名茶壶嘴。登山眺望,巢湖、姥山、中庙风光尽入眼帘。罗隐和张彦修均有《四顶山》。

【四野】 四面旷野。许天正《和陈元光平潮寇诗》:“四野无坚壁,群生未化融。”王建《早发金堤驿》:“虫声四野合,月色满城白。”姚合《赋月华临静夜》:“九霄晴更彻,四野气难侵。”杜荀鹤《献新安于尚书》:“四野绿云笼稼穑,千山明月静干戈。”

【四國】 四方诸侯之国。语出《诗・小雅・青蝇》:“谗人罔极,交乱四国。”李白《雪谗诗赠友人》:“交乱四国,播于八埏。”

【四國豪】 义同“四豪”。吕温《道州敬酬何处士书情见赠》:“意气曾倾四国豪,偶来幽寺息尘劳。”

【四郭】 城郭四周。戴叔伦《题友人山居》:“四郭青山处处同,客怀无计答秋风。”元稹《余杭周从事以十章见寄聊和首篇以答来贶》:“清夜笙歌喧四郭,黄昏钟漏下重关。”

【四厢】 四面,四周。张籍《学仙》:“先生坐中堂,弟子跪四厢。”

【四部】 指甲、乙、丙、丁或经、史、子、集图书四分类法。晋荀勖将群书分为四部:六艺、小学为甲部;诸子、兵书、术数为乙部;历史记载和杂著为丙部;诗赋、图赞、《汲冢书》为丁部。至东晋,李充任著作郎。时典籍于战乱中散佚混乱,充删除繁重,以类相从,在荀勖分类的基础上加以调整,以五经为甲部,历史记载为乙部,诸子为丙部,诗赋为丁部。隋唐以后沿此分类法,称为经、史、子、集。卢肇《将归宜春留题新安馆》:“芸台四部添新学。秘殿三年学老郎。”李瀚《蒙求》:“李充四部,井春五经。”

【四望】 ❶四面,四向。太宗《冬狩》:“旌旗四望合,罝罗一面求。”骆宾王《夏日游德州赠高四》:“霞水两分红,川源四望通。”杜牧《题白云楼》:“西北楼开四望通,残霞成绮月悬弓。”李商隐《登霍山驿楼》:“庙列前峰迥,楼开四望穷。”❷四面眺望。王勃《临高台》:“斜对甘泉路,高台四望同。”李德裕《西岭望鸣皋山》:“四望何萧瑟,帝乡佳气郁葱葱。”又《雪霁晨起》:“四望无行迹,谁怜孤老翁。”韦庄《三堂早春》:“独倚危楼四望遥,杏花春陌马声骄。”

【四望亭】 在今湖北黄冈市。后更名高寒楼。朱景玄有《四望亭》。

【四望樓】 在今河南洛阳市东。曹邺有《四望楼》。原注:“楼在洛阳东,今废。秦时,有贵公子贾虚每日宴其上。”

【四窗】 指四明山。据传此山群峰之间,上有方石,四面如窗,中通日月星辰之光,故称四明山,亦称四窗山。刘长卿有《游四窗》。

【四散】 (—sàn)向四处分散。白居易《燕诗示刘叟》:“举翅不回顾,随风四散飞。”姚合《寄陕府内兄郭冏端公》:“春榜四散飞,数日遍八纮。”张祜《苏小小歌三首》之一:“长怨十字街,使郎心四散。”韩偓《闲步》:“樵人相见指惊麏,牧童四散收嘶马。”

【四黄馬】 四匹黄色的骏马。语出《诗·小雅·车攻》:“四黄既驾,两骖不猗。”崔日用《奉和圣制送张说巡边》:“吉日四黄马,宣王六月兵。”

【四達】 ❶通达四方,四通八达。刘蜕《览陈拾遗文集》:“树之四达地,覆碑高作屋。”❷四方。张九龄《和崔尚书喜雨》:“三辰破黍稷,四达屏尘埃。”房琯《题汉州西湖》:“三伏气不蒸,四达暑自徂。”吴筠《游仙二十四首》之九:“阳灵赫重晖,四达何皎皎。”

【四順】 顺民心以治国的四种办法。明王应麟《小学绀珠·治道》:“四顺:民恶忧劳,我佚乐之;民恶贫贱,我富贵之;民恶危坠,我存安之;民恶灭绝,我生育之。”《郊庙歌辞·善胜舞·肃顺》:“乐奏四顺,福受万年。”

【四皓】 ❶汉初四个隐士。名东园公、绮里季、夏黄公、甪里先生。四人须眉皆白,故称。高祖召,不应。后高祖欲废太子,吕后用留侯计,迎四皓,使辅太子。高祖见太子羽翼已成,遂罢废太子之议,见《史记·留侯世家》。张说《奉和同皇太子过慈恩寺应制二首》之二:“至乐三灵会,深仁四皓归。”李白《赠潘侍御论钱少阳》:“眉如松雪齐四皓,调笑可以安储皇。”白居易《长乐亭留别》:“优诏幸分四皓秩,祖筵惭继二疏欢。”徐夤《愁》:“四皓入山招不得,无家归客最堪欺。”❷谓四个老人。刘禹锡《刑部白侍郎谢病长告改宾客分司以诗赠别》:“九霄路上辞朝客,四皓丛中作少年。”又《乐天是月长斋遂为联句所期解闷焉敢惊禅》联句:“鉴容称四皓,扪腹有三壬。”白居易《赠皇甫六张十五李二十三宾客》:“昨日三川新罢守,今年四皓尽分司。”参见“四老❷”。

【四皓祠】 即四皓庙。杜牧《池州送孟迟先辈》:“商山四皓祠,心与樗蒲说。”黄滔《入关旅次言怀》:“独愧商山路,千年四皓祠。”参见“四皓廟”。

【四皓墓】 即商山四皓之坟墓。在唐商州(今陕西商洛市)。李白有《过四皓墓》。

【四皓廟】 在今陕西商洛市东商山上。商山亦名楚山。见《水经注·丹水》。元稹、李商隐、胡曾等均有《四皓庙》。

【四衆】 佛弟子四众,即比丘、比丘尼、优婆塞、优婆夷。海顺《三不为篇》之三:“我欲炫才鬻德,入市趋朝,四众瞻仰,三槐附交。”

【四番】 (—fān)四面边境。杜甫《客居》:“儒生老无成,臣子忧四番。”

【四象】 古代用以表示天空东、西、南、北四个方向的星象。殷代前后,人们把春天黄昏时出现于南方的若干星星想象为一只鸟形,同时把东方的若干星星想象为一条龙,西方的若干星星想象为一只虎,北方的若干星星想象为龟蛇形象。二十八宿体系形成后,就把它们一分为四,每七宿组成上述一种动物形象。至春秋战国,流行五方配五色之说,四象亦标上了颜色,成为:青龙、朱鸟、白虎和玄武。吕岩《题桐柏山黄先生庵门》:“浮沉升降入中宫,四象五行齐见土。”

【四運】 指春、夏、秋、冬四时。骆宾王《晚泊江镇》:“四运移阴律,三翼泛阳侯。”张说《岳阳早霁南楼》:“四运相终始,万形纷代续。”李白《日出行》:“谁挥鞭策驱四运,万物兴歇皆自然。”

【四限】 四角,四隅。白居易《登城东古台》:“靡靡春草合,牛羊缘四限。”

【四隅】 ❶四角。韦应物《酬元伟过洛阳夜燕》:“明灯照四隅,炎炎正可依。”白居易《禽虫十二章》之五:“阿阁鹓鸾田舍乌,妍蚩贵贱两悬殊。如何闭向深笼里,一种摧颓触四隅。”❷四周,四边。白居易《官舍内新筑小池》:“中底铺白沙,四隅甃青石。”陈陶《种兰》:“椒桂夹四隅,茅茨居中央。”❸四方。李绅《趋翰苑遭诬构四十六韵》:“烟岛深千瘴,沧波淼四隅。”项斯《舜城怀古》:“四隅咸启圣,万古赖成功。”

【四絶】 ❶四种难得的事物。李白《普照寺》:“天台国清寺,天下为四绝。”王琦注引晏殊《类要》云:“齐州灵岩,荆州玉泉,润州栖霞,台州国清,世称四绝。”❷四处寂无人声。李频《朔中即事》:“山头堠火孤明后,星外行人四绝时。”❸四周尽头。陈陶《空城雀》:“断肠四隅天四绝,清泉绿蒿无恐疑。”

【四絶亭】 即四绝堂。齐己有《游道林寺四绝亭观宋杜诗版》。

【四絶堂】 堂名。在今湖南长沙市西岳麓山下道林寺内。齐己《怀道林寺道友》:“四绝堂前万木秋,碧参差影压湘流。”

【四載】 ❶(—zài)古之四种交通工具。《书·益稷》:“予乘四载。”孔传:“所载者四:谓水乘舟,陆乘车,泥乘輴,山乘樏。”宋之问《谒禹庙》:“夏王乘四载,兹地发金符。”杜甫《禹庙》:“早知乘四载,疏凿控三巴。”❷(—zǎi)四年。刘兼《对镜》:“故园迢递千山外,荒郡淹留四载余。”

【四遠】 ❶四方边远之地。李颀《双笋歌送李回兼呈刘四》:“为君当面拂云日,孤生四远何足论。”王昌龄《代扶风主人答》:“浮埃起四远,游子弥不欢。”❷四方。薛存诚《膏泽多丰年》:“八方甘雨布,四远报年丰。”修睦《题虎跲泉》:“一自虎跲得,清声四远流。”

【四極】 四方极远之地。太宗《元日》:“恭己临四极,垂衣驭八荒。”杜甫《送樊二十三侍御赴汉中判官》:“二京陷未收,四极我得制!”韦渠牟《步虚词十九首》之一:“四极威仪异,三天使命同。”方干《早春》:“运行元化不参差,四极中华共一时。”

【四輔】 ❶官名。传为古代天子身旁的四个辅佐。《书·洛诰》有四辅之称,《益稷》有四邻,《史记·夏本纪》作四辅。至《尚书大传》《贾谊新书》始有疑、承、辅、弼(《新书》作道、弼、辅、承)为四辅之说,均出于秦汉间人的依托。至王莽托古改制,置四辅以配三公,又为其子置师疑、傅承、保拂(弼)、阿辅之官。李建勋《和致仕沈郎中》:“谬应星辰居四辅,终期冠褐作闲人。”❷星名。抱北极四星曰四辅,后用作称颂辅臣之典。公乘亿《赋得郎官上应列宿》:“纬结三台侧,钩连四辅傍。”

【四路】 四方道路。汪遵《杨柳》:“亚夫营畔柳濛濛,隋主堤边四路通。”

【四罪】 谓舜治共工、驩兜、三苗、鲧四凶之罪。《书·虞书·舜典》:“流共工于幽洲,放驩兜于崇山,窜三苗于三危,殛鲧于羽山,四罪而天下咸服。”韩愈《赠别元十八协律六首》之四:“不知四罪地,岂有再起辰。”

【四愁】 ❶指张衡所作《四愁诗》。崔峒《虔州见郑表新诗因以寄赠》:“平子《四愁》今莫比,休文《八咏》自同时。”李商隐《韩同年新居饯韩西迎家室戏赠》:“南朝禁脔无人近,瘦尽琼枝咏《四愁》。”郑谷《题张衡庙》:“江烟日午无箫鼓,直到如今咏《四愁》。”护国《别盛安》:“欲除豺虎论三略,莫对云山咏《四愁》。”❷指多种忧愁。马周《凌朝浮江旅思》:“羁望伤千里,长歌遣四愁。”窦常《晚次方山精舍却寄张荐员外》:“马羸三径外,人病四愁中。”李益《宿冯翊夜雨赠主人》:“赖君时一笑,方能解四愁。”

【四愁詩】 诗歌篇名。东汉张衡作。衡为河间相,“时天下渐弊,郁郁不得志,为四愁诗”。诗为七言骚体,共四首,采用楚辞比兴的手法和民歌反复咏叹的形式,以寄忧思。后亦用以指抒发忧愤情怀的诗篇。李白《张相公五月五日赠余诗余答以此诗》:“张衡殊不乐,应有《四愁诗》。”皇甫冉《刘方平西斋对雪》:“自然堪访戴,无复《四愁诗》。”窦庠《冬夜寓怀寄王翰林》:“满地霜芜叶下枝,几回吟断《四愁诗》。”

【四筵】 四座。杜甫《饮中八仙歌》:“焦遂五斗方卓然,高谈雄辩惊四筵。”

【四節】 指春、夏、秋、冬四季。张南史《早春书事奉寄中书李舍人》:“一身从弃置,四节苦居诸。”

【四鉢】 佛成道时,四天王各献一石钵,佛受之,重叠为一而用,故称。陆龟蒙《奉和袭美开元寺佛钵诗》:“空王初受逞神功,四钵须臾现一重。”原注:“至今钵缘有四重也。”

【四裔】 四方极远之地。杜甫《八哀诗·赠秘书监江夏李公邕》:“干谒走其门,碑版照四裔。”

【四溟】 ❶四海,四方之海。杜甫《奉同郭给事汤东灵湫作》:“箫鼓荡四溟,异香泱漭浮。”柳宗元《寄韦珩》:“神兵庙略频破虏,四溟不日清风涛。”杜光庭《赠将军》:“八表顺风惊雨露,四溟随剑息波涛。”谭用之《古剑》:“三尺何年拂尘土,四溟今日绝波涛。”❷指全国,天下。李峤《晚秋喜雨》:“腾云八际满,飞雨四溟周。”柳宗元《零陵赠李卿元侍御简吴武陵》:“阳光竞四溟,敲石安所施。”贯休《道情偈三首》之一:“独坐松根石头上,四溟无限月轮孤。”

【四塞】 (—sài)四方边塞。李峤《城》:“四塞称天府,三河建洛都。”李商隐《哭遂州萧侍郎二十四韵》:“苦雾三辰没,穷阴四塞昏。”无可《寄羽林卢大夫将军》:“羽卫九天静,英豪四塞知。”黄滔《闺怨》:“五陵夜作酬恩计,四塞秋为破虏期。”

【四境】 四面地境。白居易《和三月三十日四十韵》:“雨衙少辞牒,四境稀书疏。”杜牧《题吴兴消暑楼十二韵》:“一溪通四境,万岫绕层霄。”

【四楹】 四根柱子。楹,柱。孟郊《西上经灵宝观》:“真文秘中顶,宝气浮四楹。”

【四鄙】 四方边邑。韦庄《秦妇吟》:“自从大寇犯中原,戎马不曾生四鄙。”

【四豪】 指战国时魏信陵、赵平原、齐孟尝、楚春申四位公子。李白《献从叔当涂宰阳冰》:“虽无三台位,不借四豪名。”又《送当涂赵少府赴长芦》:“仙尉赵家玉,英风凌四豪。”杜光庭《怀古今》:“嗟四豪之不返,痛七贵以难寻。”

【四際】 四周,四面。孟郊《分水岭别夜示从弟寂》:“四际乱峰合,一眺千虑并。”吴融《祝风三十二韵》:“四际上通波,兼之葭与苇。”

【四維】 四角,四方。孟浩然《陪张丞相自松滋江东泊渚宫》:“云物凝孤屿,江山辨四维。”刘禹锡《翰林白二十二学士见寄诗一百篇因以答贶》:“世人方内欲相寻,行尽四维无处觅。”郭周藩《潭子池》:“异境流千古,终年福四维。”贯休《寿春节进》:“金镜悬千古,彤云起四维。”

【四儀】 佛教用语。指佛教对其教徒在行、住、坐、卧四个方面的规范。皎然《花石枕歌答章居士赠》:“行住四仪皆道意,不学小乘一曲士。”

【四德】 ❶儒家称孝、悌、忠、信为四德。贯休《大蜀皇帝寿春节进尧铭舜颂二首·尧铭》:“四德炎炎,阶蓂不凋。”❷指妇德、妇言、妇容、妇功。李百药《戏赠潘徐城门迎两新妇》:“三星宿已会,四德婉而嫔。”

【四調】 四种调子。白居易《何满子》:“一曲四调歌八叠,从头便是断肠声。”

【四鄰】 ❶左邻右舍。杨炯《刘生》:“日暮歌钟发,喧喧动四邻。”包何《送乌程王明府夜贬巴江》:“一片孤帆无四邻,北风吹过五湖滨。”李商隐《行次西郊作一百韵》:“生儿不远征,生女事四邻。”曹邺《弃妇》:“欲将告此意,四邻已相疑。”❷四周邻国。周昙《咏史诗·春秋战国门·再咏智伯》:“攻城来下惜先分,一旦家邦属四邻。徒逞威强称智伯,不知权变是愚人。”❸四周,四处。王维《与卢员外象过崔处士兴宗林亭》:“绿树重阴盖四邻,青苔日厚自无尘。”刘长卿《郧上送韦司士归上都旧业》:“苍苔白露生三径,古木寒蝉满四邻。”

【四履】 四境,四方之境。履,所践踏之界。魏征《享太庙乐章·大成舞》:“藏用四履,屈道参分。”储光羲《观范阳递俘》:“四履封元戎,百金酬勇夫。”

【四樂】 春秋时隐士荣启期以生而为人,又为男子,又行年九十,为其三乐。见《列子·天瑞》。白居易于三乐之外又加一酒,成为四乐。白居易《琴酒》:“若使启期兼解醉,应言四乐不言三。”

【四賢】 指四皓。窦常《商山祠堂即事》:“夺嫡心萌事可忧,四贤西笑暂安刘。”

【四舉酒】 乐诗之一种。始创于后晋天福四年(939)。正月朝贺设宴,皇帝第四次举酒时所歌。五言,八句,四十字,四平韵。传辞如五律,首句以仄起。前六句作三对。《郊庙歌辞》有《晋朝飨乐章·四举酒》。

【四諦】 佛家语。即苦谛、集谛、灭谛、道谛。“谛”为真理之意。苦为生老病死,集为集聚骨肉财帛,灭为灭惑业而离生死之苦,道为八正道,以能通于涅槃。段义宗《题三学院经楼二首》之一:“尚欲归心求四谛,敢辞旋绕满三周。”

【四禪】 亦称“四禅定”“四静虑”“四定静虑”。佛教用以治惑、生诸功德的四种基本禅定。据称修四禅死后可生于色界四禅天,达到不苦不乐的精神境界。骆宾王《和王记室从赵王春日游陀山寺》:“四禅明静业,三空广胜因。”王维《游悟真寺》:“猛虎同三径,愁猿学四禅。”李商隐《明禅师院酬从兄见寄》:“人非四禅缚,地绝一尘喧。”陆龟蒙《奉和袭美初冬章上人院》:“每伴来方丈,还如到四禅。”

【四壁】 四面之墙壁。王泠然《夜光篇》:“两京贫病若为居,四壁皆成凿照余。”刘得仁《吊草堂禅师》:“杖履疑师在,房关四壁蛩。”孙光宪《河渎神》词:“四壁阴森排古画,依旧琼轮羽驾。”

【四險】 指四方险阻之地。杨炯《和刘侍郎入隆唐观》:“山川临四险,城树隐三台。”

【四環】 四面环绕。刘禹锡《韩十八侍御见示岳阳楼别窦司直诗因令属和重以自述故足成六十二韵》:“荡漾浮天盖,四环宣地理。”

【四聲詩】 四声,指汉字的平、上、去、入四种声调。四声诗,指平声诗、平上声诗、平去声诗和平入声诗。所谓平声诗,是指接连的两句,各字均为平声;所谓平上声诗,是接连的两句,上句各字均为平声,下句各字均为上声。余类推。为陆龟蒙所创,《全唐诗》卷六三〇载其《夏日闲居作四声诗寄袭美》和《奉酬袭美苦雨四声重寄三十二句》八首。皮日休亦有此类诗作。《全唐诗》卷六一六载其《奉酬鲁望夏日四声四首》和《苦雨中又作四声诗寄鲁望》八首。

【四聲韻】 指近体诗。近体诗,除押韵外,辨四声以调平仄,至为重要,故称。元稹《思归乐》:“闲穷四声韵,闷阅九部经。”

【四聰】 犹言四面八方之耳。语出《书·舜典》:“明四目,达四聪。”宋若宪《奉和御制麟德殿宴百官》:“四聪闻受谏,五服远朝王。”杨巨源《春日奉献圣寿无疆词十首》之五:“间气登三事,祥光启四聪。”

【四騎】 (一jì)四方车骑。指四方亲朋。李商隐《李肱所遗画松诗书两纸得四十韵》:“忆昔谢四骑,学仙玉阳东。”

【四騑】 四马所驾之车。骓,四马驾车时两旁之马。徐坚《奉和圣制送张说巡边》:“四骓将戒道,十乘启先行。”

【四鎮】 ❶指朔方、泾原、陇西、河东四节度。姚合《穷边词二首》之二:“箭利弓调四镇兵,蕃人不敢近东行。”❷指安西四镇:龟兹、焉耆、于阗、疏勒。岑参有《送四镇薛侍御东归》。

【四瀆】 江、河、淮、济四水。因它们独流入海,故谓之渎。杜甫《三川观水涨二十韵》:“不有万穴归,何以尊四渎?”白居易《效陶潜体诗十六首》之十六:“济水澄而清,河水浑而黄。交流列四渎,清浊不相伤。”亦用以指四方。陆龟蒙《风人诗四首》之三:“丹青传四渎,难写是秋怀。”

【四關】 指关中的东函谷关、南武关、西散关、北萧关。李白《古风》之三〇:“扰扰季叶人,鸡鸣趋四关。”

【四羅】 四布。韩愈《元和圣德诗》:“天兵四罗,旂常婀娜。”

【四簷】　四方屋檐。屋顶向四旁伸出的边沿部分。白居易《题西亭》："四檐轩鸟翅，复屋罗蜘蛛。"薛能《秋雨》："簇声诸树密，悬滴四檐疏。"

【四簾】　四面的窗帘。孙光宪《浣溪沙》词之十："风撼芳菲满院香，四帘慵卷日初长，鬓云垂枕响微锽。"

【四邊】　四面。方干《袁明府以家酝寄余余以山梅答赠非唯四韵亦兼双关》："封匏寄酒提携远，织笼盛梅答赠迟。九度搅和谁用法，四边窥摘自攀枝。"

【四韻】　指律诗。律诗八句四次押韵，故称。亦泛指诗作。王建《谢李续主簿》："一官虽隔水，四韵是同人。"刘璐有《洋州于中丞顼牧左绵题诗越王楼上朝贤继和辄课四韵》。

【四瀛】　四海。瀛，大海。《郊庙歌辞·祭方丘乐章·金奏》："列镇五岳，环流四瀛。"

【四懸】　懸亦作"縣"。古代钟磬之类乐器悬挂的形式，按身份地位定其等次，天子最尊，四面悬乐。见《周礼·春官·小胥》及郑玄注、《汉书·礼乐志》"高张四县"颜师古注。褚亮《宗庙九德之歌辞》："礼终九献，乐展四悬。"

【四寶宫】　《西京杂记》载，武帝为七宝床、杂宝案、厕宝屏风、列宝帐，设于桂宫，时人谓之"四宝宫"。崔颢《行路难》："艳彩朝含四宝宫，香风旦入朝云殿。"

【四闢】　四开，四方开通。李益《华阴东泉同张处士诣藏律师兼简县内同官因寄齐中书》："高网弥八纮，皇图明四辟。"

【四顧】　四面眺望。白居易《九日宴集醉题郡楼兼呈周殷二判官》："半酣凭槛起四顾，七堰八门六十坊。"许棠《过洞庭湖》："四顾疑无地，中流忽有山。"韦庄《泛鄱阳湖》："四顾无边鸟不飞，大波惊隔楚山微。"郑谷《初还京师寓止府署偶题屋壁》："秋光不见旧亭台，四顾荒凉瓦砾堆。"

【四聽】　四方之听闻。韩愈《洞庭湖阻风赠张十一署》："犬鸡断四听，粮绝谁与谋？"

【四體】　四肢。韦应物《园林晏起寄昭应韩明府卢主簿》："起来望青天，四体一舒散。"权德舆《数名诗》："四体苟不勤，安得丰菽粟。"徐夤《鸿门》："皇王尚法三推理，白社宁忘四体勤。"亦用以泛指身体。刘禹锡《酬马大夫登洭口戍见寄》："新辞将印拂朝缨，临水登山四体轻。"白居易《得微之到官后备知通州之事怅然有感因成四章》之三："老去一身须爱惜，别来四体得如何？"

【四衢】　四方大道。寒山《诗三百三首》之二五四："露地四衢坐，当地万事空。"

三　画

因〔yīn《广韵》於真切，平真，影。〕❶亲；亲近。卢纶《咸阳送房济侍御归太原幕》："握手重相勉，平生心所因。"见"因心"。❷顺应；依靠。孟浩然《冬至后过吴张二子檀溪别业》："卜筑因自然，檀溪不更穿。"卢鸿一《嵩山十志十首·洞元室》序："洞元室者，盖因岩作室。"李端《山中寄苗员外》："既近浅流安笔砚，还因平石布蓍龟。"无名氏《笙磬同音》(卷七八七)："兽因繁奏舞，人感至和通。"❸沿袭。元稹《代曲江老人百韵》："青凫连不解，红粟朽相因。"❹凭借；依托；利用。李白《寄远十一首》之二："念此送短书，愿因双飞鸿。"岑参《送绵州李司马秩满归京因呈李兵部》："因君报兵部，愁泪日沾衣。"欧阳詹《自南山却赴京师石臼岭头即事寄严仆射》："因高回望沾恩处，认得梁州落日边。"李商隐《送阿龟归华》："因汝华阳求药物，碧松根下茯苓多。"郑准《代寄边人》："片心因卜解，残梦过桥惊。"❺连接。赵冬曦《酬燕公出湖见寄》："聚散本相因，离情自悲怅。"李白《流夜郎半道承恩放还书怀示息秀才》："左扫因右拂，旋收洛阳宫。"❻循环。贾至《自蜀奉册命往朔方途中呈韦左相文部房尚书门下崔侍郎》："古来有屯难，否泰长相因。"❼原因，原由。李白《赠何七判官昌浩》："老死阡陌间，何因扬清芬。"于逖《忆舍弟》："夏期秋未来，安知无他因。"张弘靖《山亭怀古》："归田竟何因，为郡岂所宜。"白居易《雪中晏起偶咏所怀兼呈张常侍韦庶子皇甫郎中》："奴温婢饱身晏起，致兹快活良有因。"❽机缘，机会。张籍《望行人》："无因见边使，空待寄寒衣。"刘禹锡《酬令狐相公秋怀见寄》："相去数千里，无因同一杯。"姚合《送僧栖真归杭州天竺寺》："吏事日纷然，无因到佛前。"王贞白《有所思》："自此无因见，长教挂所思。"❾佛家用以指导致果报的因缘。崔颢《赠怀一上人》："作礼忏前恶，洁诚期后因。"顾况《题灵山寺》："觉地本随身，灵山重结因。"白居易《自觉二首》之二："但受过去报，不结将来因。"李商隐《送臻师二首》之二："苦海迷途去来因，东方过此几微尘。"参见"因果"。❿副词。就，于是。孟浩然《西山寻辛谔》："漾舟寻水便，因访故人居。"李白《九日登山》："渊明归去来，不与世相逐。为无杯中物，遂偶本州牧。因招白衣人，笑酌黄花菊。"刘禹锡《游桃源一百韵》："因思人间世，前路何狭窄。"⓫连词。(1)因而，因此。孟浩然《京还赠张维》："因向智者说，游鱼思旧潭。"杜甫《送远》："别离已昨日，因见古人情。"卢纶《九日奉陪侍郎登白楼》："碧霄孤鹤发清音，上宰因添望阙心。"杜元颖《赋得玉水记方流》："始玩清堪赏，因知宝可求。”(2)因为；由于。玄宗《平胡》：“将出凶门勇，兵因死地强。”卢纶《同耿拾遗春中题第四郎新修书院》：“得接西园会，多因野性同。”白居易《白牡丹》：“彼因稀见贵，此以多为轻。始知无正色，爱恶随人情。”杜荀鹤《山中寡妇》：“夫因兵死守蓬茅，麻苎衣衫鬓发焦。”⓬介词。(1)趁，乘。太宗《出猎》：“岂若因农暇，阅武出镮嵩。”元结《石鱼湖上醉歌》序：“漫叟以公田米酿酒，因休暇则载酒于湖上，时取一醉。”(2)按，按照。孟浩然《送张参明经举兼向泾州觐省》：“孝廉因岁贡，怀橘向秦川。”参见“因時”。(3)由；从。李绅《到宣武三十韵》：“教通因渐染，人悦尚和平。”韦庄《镊白》：“始因丝一缕，渐至雪千茎。”(4)随任，任凭。杜甫《秋日荆南述怀三十韵》：“伏枕因超忽，扁舟任往来。”

【因人】　❶依靠人。骆宾王《春日离长安客中言怀》：“自惟安直道，守拙忌因人。”李白《赠张相镐二首》之二：“因人耻成事，贵欲决良图。”杜甫《秦州杂诗二十首》之一：“满目悲生事，因人作远游。”❷缘人，由人。白居易《和答诗十首·和思归乐》：“我谓此山鸟，本不因人生。”王维《早入荥阳界》：“因人见风俗，入境闻方言。”❸便于人。玄宗《春晚宴两相及礼官丽正殿学士探得风字》序：“因人所利，择其可劳，所以便亿兆也。”❹对人亲敬。李峤《皇帝上礼抚事述怀》：“恭己忘自逸，因人体至公。”

【因之】　❶由此；因此。李白《赠范金卿二首》之二：“游子睹嘉政，因之听颂声。”戴叔伦《游少林寺》：“步入招提路，因之访道林。”陆龟蒙《奉和袭美太湖诗二十首·投龙潭》：“亦既奉真官，因之徇前志。”❷于是到达。孟郊《石淙》之六：“因之山水中，喧然论是非。”❸因致，由此寄予。李颀《寄万齐融》：“我有一书扎，因之芳杜洲。”李白《寄东鲁二稚子》：“裂素写远意，因之汶阳川。”

【因心】　亲善仁爱之心。刘湾《虹县严孝子墓》：“至性孝不及，因心天所资。”李纾《让皇帝庙乐章·迎神》：“因心则友，克让以位。”杜羔《享惠昭太子庙乐章登歌》：“因心克孝，位震遗芬。”

【因由】　原因，缘由。王建《望定州寺》：“省得老僧留不住，重寻更可有因由。”元稹《苦乐相倚曲》：“未有因由相决绝，犹得半年佯暖热。”

【因地】　依据地理条件。何频瑜《墙阴残雪》：“积雪还因地，墙阴久尚残。”张嗣初《赋得白云起封中》：“表圣宁因地，逢时岂待风。”

【因而】　因此。王湾《晚夏马嵬卿叔池亭即事寄京都一二知己》：“逮此乘务闲，因而访幽叟。”苑咸《酬王维》序：“然王兄当代诗匠，又精禅理，枉采知音，形于雅作，辄走笔以酬焉，且久未迁，因而嘲及。”陆龟蒙《江湖散人歌》：“因而称曰有巢氏，民共敬贵如君师。”

【因此】　于是，因而。王泠然《夜光篇》：“谁家暗起寒山烧，因此明中得见山。”李白《入彭蠡经松门观石镜缅怀谢康乐题诗书游览之志》：“谢公之彭蠡，因此游松门。”温庭筠《哭王元裕》：“闻说萧郎逐逝川，伯牙因此绝清弦。”韩偓《夏课成感怀》：“居世无媒多困踬，昔贤因此亦号咷。”

【因果】　佛家用以指因缘和果报。认为善因得善果，恶因得恶果。寒山《诗三百三首》之七二：“所为在贫穷，未能了因果。”又《诗三百三首》之九二：“因果都未详，盲儿问乳色。”又《诗三百三首》之五七：“肯信有因果，顽皮早晚裂。”

【因物】　借助外物。綦毋潜《登天竺寺》：“因物成真悟，遗世在兹岑。”薛据《出青门往南山下别业》：“及此离垢氛，兴来亦因物。”

【因依】　❶偎依。王昌龄《途中作》：“惊禽栖不定，寒兽相因依。”刘长卿《入白沙渚夤缘二十五里至石窟山下怀天台陆山人》：“浮云去寂寞，白鸟相因依。”刘禹锡《和乐天洛下雪中宴集寄汴州李尚书》：“树上因依见寒鸟，坐中收拾尽闲官。”❷依靠。李白《树中草》：“草木虽无情，因依尚可生。”韩愈《送区弘南归》：“离其母妻绝因依，嗟我道不能自肥。”李端《赠康洽》：“后辈轻肥贱衰朽，五侯门馆许因依。”白居易《裴侍中晋公以集贤林亭即事诗三十六韵见赠以伸酬献》：“愿我比蒲稗，永得相因依。”❸依托。元稹《邮竹》：“嚣静本殊途，因依偶同寄。”李山甫《下第献所知三首》之一：“青桂本来无欠负，碧霄何处有因依。”罗邺《自蜀入关》：“匹马出门还怅望，孤云何处是因依。”又《夏晚望嵩亭有怀》：“此地又愁无计住，一竿何处是因依。”

【因風】　凭借风力。刘庭琦《奉和圣制瑞雪篇》：“埋云翳景无穷已，因风落地吹还起。”薛奇童《云中行》：“云中小儿吹金管，向晚因风一川满。”武元衡《长安秋夜怀陈京昆季》：“一瓢非可乐，六翮未因风。”张夫人《柳絮》：“或值花同舞，不因风自飘。”

【因兹】　由此。李商隐《井泥四十韵》：“因兹感物理，恻怆平生怀。”

【因時】　按照一定的时间。太宗《咏司马彪续汉志》：“车服随名表，文物因时置。”孟浩然《九日龙沙作寄刘大昚虚》：“风俗因时见，湖山发兴多。”韦应物《春日观省属城始憩东西林精舍》：“因时省风俗，布惠迨高年。”

【因家】　犹言临时居家。因，就。刘长卿《送柳使君赴袁州》：“宜阳出守新恩至，京口因家始愿违。”又《和州送人归郢》：“因家汉水曲，相送掩柴扉。”

【因循】　❶沿袭遵循。高适《自淇涉黄河途中作十三首》之十："禹功本豁达，汉迹方因循。"元稹《代曲江老人百韵》："措刑非苟简，稽古蹈因循。"白居易《秦中吟十首·重赋》："奈何岁月久，贪吏得因循?"高骈《留别彰德军从事范校书》："未出尘埃真落魄，不趋权势正因循。"❷守旧苟安，不图进取。寒山《诗三百三首》之二三九："世有一般人，不恶又不善。不识主人公，随客处处转。因循过时光，浑是痴肉脔。"韩愈《酬裴十六功曹巡府西驿途中见寄》："多才自劳苦，无用只因循。"白居易《秦中吟十首·不致仕》："少时共嗤诮，晚岁多因循。"薛能《送人归上党》："燕台基坏穴狐蛇，计拙因循岁月赊。"❸迟疑，耽搁。元稹《醉题东武》："因循未归得，不是忆鲈鱼。"李商隐《行次西郊作一百韵》："愧客问本末，愿客无因循。"孟宾于《题颜氏亭宇》："园林萧洒闻来久，欲访因循二十秋。"漳郡守《梦康仙示诗》："卖药因循未得还，却因耽酒到人间。"❹流连；徘徊不去。姚合《武功县中作三十首》之二二："门外青山路，因循自不归。"韦庄《出关》："到处因循缘嗜酒，一生惆怅为判花。"

【因爲】 ❶(—wéi)(1)于是成为。王维《同崔兴宗送衡岳瑗公南归》序："初，给事中房公，谪居宜春，与上人风土相接，因为道友。"李白《赠别舍人弟台卿之江南》："因为洞庭叶，飘落之潇湘。"李频《送太学吴康仁及第南归》："因为太学选，志业彻春闱。"(2)于是制作。曹邺《寄监察从兄》："因为《二雅》，出语有性灵。"❷(—wèi)(1)由于。元稹《天坛上境》："因为南昌检仙籍，马君家世奉还丹。"(2)因而。法振《送褚先生海上寻封炼师》："悬知居缥缈，因为识浮丘。"

【因話】 犹云知己之言。白居易《寄王质夫》："因话出处心，心期老岩壑。"刘得仁《和段校书冬夕寄题庐山》："是夕吟因话，他年必去随。"

【因緣】 ❶机会，缘分。白居易《叹鲁二首》之一："虫兽尚如是，岂谓无因缘。"刘羲叟《同徐学士咏筍》："为是因缘生此地，从他长养譬如无。"❷缘故，原因。拾得《诗》之十一："借问何因缘，致令遣如此。"白居易《新乐府·新丰折臂翁》："问翁臂折来几年，兼问致折何因缘?"❸关系。白居易《江楼夜吟元九律诗成三十韵》："老偿文债负，宿结字因缘。"❹佛教语。"因"和"缘"的合称，指得以形成事物、引起认识和造就"业极"等现象所依赖的原因和条件。严维《秋日与诸公文会天寺》："相访从吾道，因缘会尔时。"李涉《再谪夷陵题长乐寺》："谁知渐渐因缘重，羞见长燃一盏灯。"姚合《送僧栖真归杭州天竺寺》："草庵盘石上，归此是因缘。"❺姻缘。楚儿《贻郑昌图》："应是前生有宿冤，不期今世恶因缘。"吕岩《直指大丹歌》："欲得坎男求匹偶，须凭离女结因缘。"

【因緣法】 佛家用以指造成后果的原因和条件及其法则。王维《过卢四员外宅看饭僧共题七韵》："身逐因缘法，心过次第禅。"

【因聲】 犹云寄语。孟浩然《送崔遏》："因声两京旧，谁念卧漳滨。"李白《宿白鹭洲寄杨江宁》："因声玉琴里，荡漾寄君愁。"杜甫《缆船苦风戏题四韵奉简郑十三判官》："因声置驿外，为觅酒家垆。"仇兆鳌注："因声，犹云寄语。"

回 〔huí《广韵》户恢切，平灰，匣。〕❶转动，旋转。岑参《田使君美人舞如莲花北鋋歌》："回裾转袖若飞雪，左鋋右鋋生旋风。"钱起《巨鱼纵大壑》："龙摅回地轴，鲲化想天池。"杨巨源《上裴中丞》："政引风霜成物色，语回天地到阳和。"❷环绕；包围。太宗《春池柳》："年柳变池台，隋堤曲直回。"孟浩然《武陵泛舟》："水回青嶂合，云度绿溪阴。"玄宗《潼关口号》："河曲回千里，关门限二京。"❸迂回，曲折。陈子昂《度峡口山赠乔补阙知之王二无竞》："崔崒乍孤断，逶迤屡回直。"杜审言《登襄阳城》："楚山横地出，汉水接天回。"又《和韦承庆过义阳公主山池五首》之二："径转危峰逼，桥回缺岸妨。"杜甫《玉华宫》："溪回松风长，苍鼠窜古瓦。"❹掉转，转至相反的方向；扭转，改转事物的发展方向。李白《古风》之四六："举动摇白日，指挥回青天。"杜甫《冬狩行》："杀声落日回苍穹，幕前生致九青兕。"李益《古别离》："江回汉转两不见，云交雨合知何年。"杨巨源《上刘侍中》："珍簟回烦暑，层轩引早凉。"❺还，返回。崔国辅《宿法华寺》："此心竟谁证，回憩支公床。"白居易《春雪过皇甫家》："晚来篮舆雪中回，喜遇君家门正开。"许棠《送王侍御赴宣城》："朝回离九陌，岛外赏残春。"韦庄《寄园林主人》："晓莺闲自啭，游客暮空回。"❻牵动。杜甫《入衡州》："悠悠委薄俗，郁郁回刚肠。"王建《送张籍归江东》："君诗发《大雅》，正气回我肠。"杜牧《子规》："一叫一回肠一断，三春三月忆三巴。"❼量词，次。崔国辅《王昭君》："一回望月一回悲，望月月移人不移。"王建《寄远曲》："千回相见不分明，井底看星梦中语。"姚合《奉和四松》："此地无因到，循环几百回。"褚载《贺赵观文重试及第》："一枝仙桂两回春，始觉文章可致身。"❽回复。王维《送崔五太守》："欲持画省郎官笔，回与临邛父老书。"❾运用。岑参《入剑门作寄杜杨二郎中时二公并为杜元帅判官》："暂回丹青虑，少用开济策。"❿邪，邪僻。见"回邪"。⓫回避。见"回避"。⓬犹醒。指觉后醒来。南唐李璟《摊破浣溪沙》词之一："细雨梦回鸡塞远，小楼吹彻玉笙寒。"⓭人名。孔子弟子颜回。徐彦伯《题东山子李适碑阴二首》之二："回也实夭折，贾生亦脆促。"孟浩然《西山寻辛谔》："回也一瓢饮，贤哉常晏如。"卢纶《送赵真长归夏县旧山依阳征君读书》："感物如有待，况依回也贤。"贯休

《送高九经赴举》:“回也曾言志,明君则事之。”

【回川】 回流,旋流。李白《蜀道难》:“上有六龙回日之高标,下有冲波逆折之回川。”

【回也賢】 回,指颜回,孔子弟子。《论语·雍也》:“子曰:‘贤哉,回也!一箪食,一瓢饮,在陋巷,人不堪其忧,回也不改其乐。贤哉,回也!’”后用作为称颂安贫乐道之典。卢纶《送赵真长归夏县旧山依阳征君读书》:“感物如有待,况依回也贤。”

【回天】 ❶使天地回转。温庭筠《瑟瑟钗》:“只因七夕回天浪,添作湘妃泪两行。”❷谓权势巨大。卢照邻《长安古意》:“别有豪华称将相,转日回天不相让。”❸回之于天。徐安贞《奉和圣制答二相出雀鼠谷》:“颂声先奉御,辰象复回天。”

【回天轉地】 犹言扭转乾坤。王建《送振武张尚书》:“回天转地是将军,扶助春宫上五云。”

【回互】 ❶回环交错。杜甫《有怀台州郑十八司户》:“相望无所存,乾坤莽回互。”元稹《捉捕歌》:“网罗布参差,鹰犬走回互。”又《梦游春七十韵》:“长廊抱小楼,门牖相回互。”❷隐晦曲折。白居易《秋日怀杓直》:“风雨忽消散,江山眇回互。”❸循环反复。白居易《薛中丞》:“悠哉上天意,报施纷回互。”❹邪曲不正。张籍《白头吟》:“人心回互自无穷,眼前好恶那能定。”

【回日】 义同“回日馭”。日,指日驭。李白《蜀道难》:“上有六龙回日之高标,下有冲波逆折之回川。”

【回日馭】 使太阳所乘之车折回。李商隐《玉山》:“何处更求回日驭,此中兼有上天梯。”

【回中】 ❶秦宫名。故址在今陕西陇县西北。秦始皇二十七年(前220)出巡陇西、北地(今宁夏和甘肃东部),东归时途经于此。汉文帝十四年(前166)匈奴从萧关(今宁夏固原东南)深入,烧毁此宫。李白《上之回》:“淫乐意何极,金舆向回中。”❷古道路名。南起汧水河谷,北出萧关,因途出回中得名。西汉元封四年(前107)武帝自雍县(今陕西凤翔南)经回中道,北出萧关。东汉建武八年(32)来歙由此攻取隗嚣割据下的略阳(今甘肃秦安东北)。卢照邻《上之回》:“回中道路险,萧关烽候多。”陈子昂《赠赵六贞固二首》之一:“回中烽火入,塞上追兵起。”杨凝《送客往鄜州》:“回中地近风常急,鄜畤年多草自生。”李商隐有《回中牡丹为雨所败二首》。温庭筠有《回中作》。

【回夭折】 孔子弟子颜回年二十九,发尽白,早死。后用作哀挽贤才早逝之典。徐彦伯《题东山子李适碑阴二首》之二:“回也实夭折,贾生亦脆促。”

【回文】 谓字句回旋往返都能成义可诵的诗文。据《文心雕龙·明诗》,此体为刘宋贺道庆所创,但贺诗已失。今所传者以刘宋苏伯玉妻《盘中诗》为最古。李峤《锦》:“机迥回文巧,绅兼束发新。”骆宾王《艳情代郭氏答卢照邻》:“锦字回文欲赠君,剑壁层峰自纠纷。”李白《代赠远》:“织锦作短书,肠随回文结。”李珣《定风波》词之四:“纵有回文重叠意,谁寄,解鬟临镜泣残妆。”

【回文詩】 见“回文”。颜真卿、清昼《三言重拟五杂组联句》:“五杂组,五色丝,往复还,回文诗。”

【回文機】 织璇玑图的布机。施肩吾《望夫词》:“手爇寒灯向影频,回文机上暗生尘。”

【回心】 转变心意,改变主意。许浑《汉水伤稼》:“才微分薄忧何益,却欲回心学钓翁。”

【回去】 从别处回到原来之处。尚颜《将欲再游荆渚留辞岐下司徒》:“今朝回去精神别,为得头厅宰相诗。”

【回仗】 谓皇帝仪仗队回宫。无名氏有《观南郊回仗》。(卷七八七)

【回汀】 曲折的小洲,杜甫《桥陵诗三十韵因呈县内诸官》:“金城蓄峻址,沙苑交回汀。”

【回光】 反光,回映之光。李益《校书郎杨凝往年以古镜贶别今追赠以诗》:“明镜出匣时,明如云间月。一别青春鉴,回光照华发。”

【回回】 ❶盘旋回转貌。杜甫《法镜寺》:“回回山根水,冉冉松上雨。”又《扬旗》:“回回偃飞盖,熠熠迸流星。”❷纷扰烦乱貌。苏颋《蜀城哭台州乐安少府》:“边郡饶藉藉,晚庭正回回。”杨衡《夷陵郡内叙别》:“悯悯百虑起,回回万恨深。”❸次次,每次。岑参《田使君美人舞如莲花北铤歌》:“翻身入破如有神,前见后见回回新。”王建《乌夜啼》:“一飞直欲飞上天,回回不离旧楼处。”元稹《遣行十首》之七:“七过褒城驿,回回各为情。”

【回合】 (—hé)回环,围绕。宋之问《嵩山天门歌》:“天门兮穹崇,回合兮攒丛。”岑参《登嘉州凌云寺作》:“回合俯近郭,寥落见远舟。”皇甫冉《登石城戍望海寄诸暨严少府》:“江海方回合,云林自寂寥。”李群玉《宿巫山庙二首》之二:“庙闭春山晓月光,波声回合树苍苍。”

【回舟】 回船,让船开回。许浑《吴门送客早发》:“惆怅回舟日,湘南春草生。”

【回車】 回转车子。戴叔伦《江馆会别》:“莫以回车泣,前途不尽穷。”白居易《卖炭翁》:“手把文书口称敕,回车叱牛牵向北。”

【回邪】 指奸邪之人。李洞《述怀二十韵献覃怀相公》:“忠谠期登用,回邪自震惊。”贯休《寿春节进》:“正直方亲切,回邪岂敢窥?”

【回别】 辞别,告别。孙光宪《上行杯》词之二:

"金船满捧，绮罗愁，丝管咽，回别，帆影灭，江浪如雪。"

【回身】 回转身子。司空图《冯燕歌》："回身本谓取巾难，倒柄方知授霜刃。"

【回沙】 回旋的沙粒或沙洲。王勃《山居晚眺赠王道士》："斜照移山影，回沙拥箍文。"萧颖士《舟中遇陆棣兄西归数日得广陵二三子书知迟晚次沙埑西岸作》："苍苍前洲日，的的回沙鹭。"

【回花側葉】 谓织在锦上盘曲的花朵和花旁的叶子。王建《织锦曲》："回花侧叶与人别，唯恐秋天丝线干。"

【回來】 从别处回至原处。韩愈《元和圣德诗》："帝车回来，日正当午。"王建《宫词一百首》之三八："恐见失恩人旧院，回来忆著五弦声。"

【回波】 回旋的波浪。吴融《中夜闻啼禽》："若非西涧回波触，即是南塘急雨惊。"

【回波樂】 亦作"回波词""回波辞"。唐教坊曲名，又舞曲名，词牌名。北魏尔朱荣曾与左右连手踏地唱《回波乐》，但其歌词久佚。《乐府诗集》称此曲出于唐中宗之时，属商调。后流为舞曲。现存唐人词均为单词二十四字，六言四句，叶三韵，或平或仄，首句均有"回波尔时"四字。李景伯有《回波乐》，一作《回波辞》。沈佺期有《回波词》。

【回沉】 旋转纡曲。陆希声《山居即事二首》之一："涌泉回沉鱼龙气，怪石惊腾鸟兽形。"

【回面】 ❶回过脸面。元稹《哭女樊四十韵》："别常回面泣，归定出门迎。"白居易《自咏》："回面顾妻子，生计方落然。"❷邪恶的面目。王建《喻时》："区区未死间，回面相是非。"

【回看】 回头观看。白居易《长恨歌》："君王掩面救不得，回看血泪相和流。"刘沧《怀汶阳兄弟》："回看云岭思茫茫，几处关河隔汶阳。"

【回風】 旋风。王维《瓜园诗》："回风城西雨，返景原上村。"李颀《登首阳山谒夷齐庙》："落日吊山鬼，回风吹女萝。"杜甫《病橘》："玄冬霜雪积，况乃回风吹。"李贺《感讽六首》之二："娇魂从回风，死处悬乡月。"

【回音】 回复音信。钱起《送任先生任唐山丞》："金门定回音，云路有佳期。"

【回首】 ❶回顾，回过头看。太宗《宴中山》："回首长安道，方欢宴柏梁。"张继《重经巴丘》："今日片帆城下去，秋风回首泪阑干。"刘禹锡《请告东归发灞桥却寄诸僚友》："征徒出灞涘，回首伤如何。"❷回忆。杜甫《铁堂峡》："飘蓬逾三年，回首肝肺热。"韩愈《寄崔二十六立之》："回首卿相位，通途无他岐。"徐夤《春入鲤湖》："回首浮生真幻梦，何如斯地傍幽栖。"

【回軍】 撤军，使军队返回驻地。王昌龄《从军行七首》之三："表请回军掩尘骨，莫教兵士哭龙荒。"李商隐《送千牛李将军赴阙五十韵》："扈跸三才正，回军六合晴。"

【回紇】 （—hé）❶古代民族名，即今维吾尔族。其先匈奴，北魏时称高车部，或敕勒，讹为铁勒。有十五个部落，散居漠北，以游牧为生。其袁纥部隋时称韦纥。大业中，因反抗突厥贵族的压迫，同仆骨、同罗、拔野古等部组成回纥部落联盟，与唐一直保持着友好和从属关系。唐德宗贞元四年(788)改为回鹘，开成五年(840)为点戛斯所战败，部落分散西迁。杜甫《洗兵马》："京师皆骑汗血马，回纥喂肉葡萄宫。"又《诸将五首》之一："岂谓尽烦回纥马，翻然远救朔方兵。"白居易《新乐府・阴山道》："藕丝蛛网三丈余，回纥诉称无用处。"❷乐府杂曲歌辞商调曲。《全唐诗》卷二十有无名氏《回纥》。

【回馬】 回过马头。谓回返。白居易《晚归有感》："回马独归来，低眉心郁郁。"

【回翅】 回飞，向回飞。白居易《悲歌》："塞鸿遇暖犹回翅，江水因潮亦反波。"

【回軒】 回车。轩，车子。戴叔伦《下鼻亭泷行八十里聊状艰险寄青苗郑副端朔阳》："远想欲回轩，岂兹还泛鹢。"李群玉《送于少监自广州还紫逻》："海峤烟霞轻逸翰，洛川花木待回轩。"

【回迷】 郁结迷惑。元结《引极三首・怀潜君》："思不从兮空踟蹰，心回迷兮意萦纡。"

【回流】 回旋或倒流的流水。杜审言《春日江津游望》："飞棹乘空下，回流向日平。"徐坚《棹歌行》："扣船过曲浦，飞帆越回流。"李绅《欲到西陵寄王行周》："西陵沙岸回流急，船底黏沙去岸遥。"

【回家】 归家，回到家中。刘言史《泊花石浦》："杜鹃啼断回家梦，半在邯郸驿树中。"

【回書】 回信。李德裕《寄题甘露寺北轩》："天涯无去雁，船上有回书。"

【回朝】 回到朝廷。韦庄《寄右省李起居》："才闻阙下征书急，已觉回朝草诏忙。"

【回連】 曲回相通。李益《江南曲》："春楼不闭葳蕤锁，绿水回连宛转桥。"

【回雪】 本谓雪花因风吹而回旋。因三国魏曹植《洛神赋》中有"仿佛兮若轻云之蔽月，飘飖兮若流风之回雪"之语，以描绘洛神之美，故后用"回雪"作为称颂女子舞姿优美之典。陈子良《赋得妓》："流霞席上满，回雪掌中飞。"顾况《王郎中妓席五咏・舞》："落花绕树疑无影，回雪从风暗有情。"李商隐《歌舞》："遏云歌响清，回雪舞腰轻。"亦用作舞女名。李群玉《赠回雪》："回雪舞萦盈，萦盈若回雪。"

【回眼】 转过目光。王建《和蒋学士新授章服》:“看宣赐处惊回眼,着谢恩时便称身。”白居易《溢浦行》:“谁肯溢浦头,回眼看修竹。”

【回眸】 回目顾盼。刘禹锡《海阳十咏·吏隐亭》:“几度欲归去,回眸情更深。”白居易《长恨歌》:“回眸一笑百媚生,六宫粉黛无颜色。”韦庄《秦妇吟》:“有时马上见良人,不敢回眸空泪下。”

【回斜】 回旋。徐凝《忆紫溪》:“长忆紫溪春欲尽,千岩交映水回斜。”

【回途】 归途,回归之途。李商隐《酬别令狐补阙》:“惜别夏仍半,回途秋已期。”

【回旌】 回军。李益《观回军三韵》:“万里将军没,回旌陇戍秋。”

【回旋】 盘旋,转动。李白《赠宣城宇文太守兼呈崔侍御》:“回旋若流光,转背落双鸢。”韩愈《送灵师》:“六博在一掷,枭卢叱回旋。”刘禹锡《飞鸢操》:“游鹍翔雁出其下,庆云清景相回旋。”

【回望】 掉头观望。李德裕《追和太师颜公同清远道士游虎丘寺》:“冥搜既窈窕,回望何萧散。”杜牧《过华清宫绝句三首》之一:“长安回望绣成堆,山顶千门次第开。”李商隐《板桥晓别》:“回望高城落晓河,长亭窗户压微波。”

【回章】 回赠的诗文。王建《寄李益少监兼送张实游幽州》:“幸君达精诚,为我求回章。”

【回梁】 曲桥。王勃《易阳早发》:“危阁寻丹障,回梁属翠屏。”

【回晝爲宵】 变白天为夜晚。王建《白纻歌二首》之二:“回昼为宵亦不寐,年年奉君君莫弃。”

【回期】 归期,归来之日。高骈《南征叙怀》:“回期直待烽烟静,不遣征衣有泪痕。”

【回報】 回复。许浑《赠隐者》:“回报隐居士,莫愁山兴阑。”又《送王总下第归丹阳》:“凭寄家书为回报,旧乡还有故人知。”

【回惑】 曲折迂回,令人迷惑。王昌龄《山行入泾州》:“林峦信回惑,白日落何处。”张潮《襄阳行》:“襄阳传近大堤北,君到襄阳莫回惑。”

【回雁】 向北飞的雁群。杨凌《早春雪中》:“乡信忆随回雁早,江春寒带故阴迟。”刘禹锡《再授连州至衡阳酬柳柳州赠别》:“归目并随回雁尽,愁肠正遇断猿时。”

【回雁峯】 亦名雁回峰。衡山七十二峰之一,在今湖南衡阳市南。山势如飞雁回旋。相传雁飞至此,不再越过,折回原地,故名。耿沣《发南康夜泊灨石中》:“稍出回雁峰,明登斩蛟柱。”

【回雁嶺】 即回雁峰。吴融《和韩致光侍郎无题三首十四韵》:“眼穿回雁岭,魂断饮牛津。”

【回策】 回鞭,策马而回。孙逖《奉和崔司马游云门寺》:“更言穷寂灭,回策上南峰。”李益《罢秩后入华山采茯苓逢道者》:“欲传山中宝,回策忽已暝。”

【回復】 回报,回答。李舒《德明兴圣庙乐章·送神》:“元精回复,灵贶繁滋。”权德舆《仲秋朝拜昭陵》:“拥佑乃清夷,威灵谅回复。”

【回徨】 徘徊不前。王建《斜路行》:“南楼弹弦北户舞,行人到此多回徨。”

【回廊】 曲折回环的走廊。李嘉祐《同皇甫侍御题荐福寺一公房》:“人归远相送,步履出回廊。”张仲素《汉苑行二首》之二:“千步回廊闻凤吹,珠帘处处上银钩。”李商隐《华师》:“院门昼锁回廊静,秋日当阶柿叶阴。”徐夤《咏扇》:“曾伴一樽临小槛,几遮残日过回廊。”

【回翔】 盘旋飞翔。孟浩然《自浔阳返舟经明海》:“遥怜上林雁,冰泮也回翔。”贯休《寄怀楚和尚二首》之二:“跳踯诸峰险,回翔万里空。”

【回湍】 回旋的急流。骆宾王《早发诸暨》:“薄烟横绝巘,轻冻涩回湍。”

【回渡】 回归时渡河。王建《渡辽水》:“身在应无回渡日,驻马相看辽水傍。”

【回陽】 ❶犹夕阳。耿沣《题杨著别业》:“柳巷向陂斜,回阳噪乱鸦。”❷犹言向南。吕岩《秘诀歌》:“又不知有返阴之龟,回阳之雁。”

【回塘】 曲折的池塘。包佶《秋日过徐氏园林》:“回塘分越水,古树积吴烟。”羊士谔《郡中即事三首》之一:“晓风山郭雁飞初,霜拂回塘水榭虚。”刘威《晚春陪王员外东塘游宴》:“水绿山青春日长,政成因暇泛回塘。”李珣《菩萨蛮》词:“回塘风起波文细,刺桐花里门斜闭。”

【回愚】 回,指颜回,孔子弟子。《论语·为政》:“子曰:‘吾与回言终日,不违,如愚。退而省其私,亦足以发,回也不愚。”后用作表示自谦之典。杜牧《送王侍御赴夏口座主幕》:“礼数全优知隗始,讨论常见念回愚。”

【回照】 光线反射,返照。刘长卿《春镜》:“不知娉婷色,回照今何似。”杨巨源《月宫词》:“迥过前殿曾学眉,回照长门惯催泪。”

【回腸】 谓内心焦急,如肠子被牵动。骆宾王《畴昔篇》:“岷峰阻且修,回肠随九折。”杜甫《秋日夔府咏怀奉寄郑监李宾客一百韵》:“吊影夔州僻,回肠杜曲煎。”李商隐《和张秀才落花有感》:“回肠九回后,犹有剩回肠。”

【回道】 归去之路。杜甫《过津口》:“回道过津口,而多枫树林。”

【回溝】 弯曲的沟渠。元结《闵荒诗一首》:“河淮可支合，峰巉生回沟。”

【回溪】 曲折的水溪。李峤《王屋山第之侧杂构小亭暇日与群公同游》：“桂亭依绝巘，兰榭俯回溪。”

【回禄】 火神名。《左传·昭公十八年》：“禳火于玄冥、回禄。”晋杜预注：“玄冥，水神；回禄，火神。”李白《答杜秀才五松山见赠》：“陶公矍铄呵赤电，回禄睢盱扬紫烟。”陆龟蒙《奉和袭美太湖诗二十首·销夏湾》：“昔予守圭窦，过于回禄囚。”

【回夢】 归梦，归家之梦。李商隐《悼伤后赴东蜀辟至散关遇雪》：“散关三尺雪，回梦旧鸳机。”

【回斡】 ❶回旋斡转。杜甫《三川观水涨三十韵》：“乘陵破山门，回斡裂地轴。”又《上水遣怀》：“歌讴互激远，回斡明受授。”❷变化。李德裕《追和太师颜公同清远道士游虎丘寺》：“乃知造化意，回斡资奇玩。”

【回語】 回转头来说话。王建《田家留宿》：“丁宁回语屋中妻，有客勿令儿夜啼。”

【回輪】 回车。刘禹锡《许给事见示哭工部刘尚书诗因命同作》：“宫星徒列位，隙日不回轮。”

【回潮】 回旋的潮水。刘长卿《蛇浦下重送严维》：“明日行人已远，空余泪滴回潮。”刘沧《送李休秀才归岭中》：“独夜猿声和落叶，晴江月色带回潮。”

【回潭】 曲折的池塘。孟浩然《登江中孤屿赠白云先生王迥》：“回潭石下深，绿篠岸傍密。”又《同张明府碧溪赠答》：“曲岛寻花药，回潭折芰荷。”韩翃《宴杨驸马山池》：“落日泛舟同醉处，回潭百丈映千峰。”

【回駕】 回转车驾。谓回归。白居易《宿阳城驿对月》：“亲故寻回驾，妻孥未出关。”韦庄《和郑拾遗秋日感事一百韵》：“已报新回驾，仍闻近纳隍。”

【回樂峯】 亦作“回乐烽”。回乐县境内的一座山峰。回乐县唐属灵州，为朔方节度使驻所，今宁夏灵武市西南。一说回乐峰在西受降城(故址在今内蒙古杭锦后旗乌加河北岸)。李益《夜上受降城闻笛》：“回乐峰前沙似雪，受降城下月如霜。”李益又有《暮过回乐烽》。

【回樂烽】 见“回樂峯”。

【回頭】 ❶转过头来。杜甫《徐卿二子歌》：“小儿五岁气食牛，满堂宾客皆回头。”白居易《洗竹》：“依然若有情，回头语僮仆。”李商隐《独居有怀》：“觅使嵩云暮，回头灞岸阴。”花蕊夫人徐氏《宫词》之一一六：“回头瞥见宫中唤，几度藏身入画屏。”❷回来。韦庄《东阳酒家赠别二绝句》之一：“正是落花饶怅望，醉乡前路莫回头。”❸不久，以后。白居易《春尽日》：“无人关口共谁语，有酒回头还自倾。”赵嘏《送裴延翰下第归觐滁州》：“一枝攀折回头是，莫向清秋惜马蹄。”❹谓改变原来的想法或行为。吕岩《沁园春》词：“休休，及早回头，把往日风流一笔钩。”

【回還】 循环往复。白居易《放言五首》之二：“祸福回还车转毂，荣枯反复手藏钩。”

【回縈】 回环萦绕。元稹《分水岭》：“势高竞奔注，势曲已回萦。”又《哭女樊四十韵》：“四年巴养育，万里硖回萦。”

【回龍】 盘曲回旋之龙。喻云雾缭绕。岑参《自潘陵尖还少室居止秋夕凭眺》：“向下望雷雨，云间见回龙。”

【回避】 避开，躲避。王建《岁晚自感》：“一向破除愁不尽，百方回避老须来。”赵嘏《落第》：“九陌初晴处处春，不能回避看花尘。”段成式《怯酒赠周繇》：“诗中反语常回避，尤怯花前唤索郎。”

【回環】 ❶回旋，围绕。任华《怀素上人草书歌》：“回环缭绕相拘连，千变万化在眼前。”戴叔伦《暮春游长沙东湖赠辛兖州巢父二首》之二：“回环路不尽，历览意弥新。”雍陶《峡中行》：“两岸开尽水回环，一叶才通石罅间。”陆龟蒙《开元杂题七首·汤泉》：“暖殿流汤数十间，玉渠香细浪回环。”❷反复。李峤《汾阴行》：“路逢故老长叹息，世事回环不可测。”

【回薄】 辗转相逼。李白《古风》之五二：“青春流惊湍，朱明骤回薄。”

【回磴】 曲折的石道。耿湋《题童子寺》：“耸刹临回磴，朱楼间碧丛。”崔橹《华清宫三首》之一：“草遮回磴绝鸣銮，云树深深碧殿寒。”

【回蹕】 天子回驾返宫。玄宗《途经华岳》：“循途经太华，回跸暂周旋。”

【回輿】 谓皇帝车驾返宫。太宗《帝京篇十首》之七：“落日双阙昏，回舆九重暮。”

【回燭】 移烛，移灯。杨巨源《月宫词》：“管弦回烛无限情，环珮凭栏不能去。”

【回鞭】 回马。杜甫《李鄠县丈人胡马行》：“回鞭却走见天子，朝饮汉水暮灵州。”白居易《饮散夜归赠诸客》：“回鞭招饮妓，分火送归人。”

【回櫂】 回船。韩愈《答柳柳州食虾蟆》：“哀哉思虑深，未见许回棹。”

【回轉】 (—zhuǎn)❶翻转。元稹《遣行十首》之三：“就枕回转数，闻鸡撩乱惊。”❷回旋。护国《临川道中》：“出谷入谷路回转，秋风已至归期晚。”

【回瞻】 回顾，掉头回看。王维《渡河到清河作》：“回瞻旧乡国，淼漫连云霞。”亦用以指归家探望。李益《将赴朔方早发汉武泉》：“奉役良有期，回瞻终未屡。”

【回歸】 回返，返归。王湾《闰月七日织女》：“今年七月闰，应得两回归。”吕岩《忆江南》词之十：“光景斯须如梦里，还丹粟粒变金姿，死去莫回归。”

【回籌】 回转酒筹。郑仁表《赠妓命洛真》:“时时欲得横波盻,又怕回筹错指人。”

【回飆】 旋风。李白《久别离》:“云鬟绿鬓罢梳结,愁如回飙乱白雪。”李益《华山南庙》:“岩雨神降时,回飙入松柏。”

【回鶻】 (—hú)即回纥。杜甫《北征》:“阴风西北来,惨澹随回鹘。”贾岛《寄沧州李尚书》:“青冢骄回鹘,萧关陷叶蕃。”花蕊夫人徐氏《宫词》之一〇七:“回鹘衣装回鹘马,就中偏称小腰身。”详“回紇❶”。

【回護】 回绕护卫。裴士淹《游石门洞》:“澹滟水澄澈,欹倾石回护。”

【回顧】 回过头来看。王梵志《诗》之一〇五:“他人骑大马,我独骑驴子。回顾担柴汉,心下较些子。”长孙佐辅《伤故人歌妓》:“愁脸无红衣满尘,万家门户不容身。曾将一笑君前去,误杀几多回顾人。”白居易《燕诗示刘叟》:“举翅不回顾,随风四散飞。”方干《送于丹》:“焚舟不回顾,薄暮又何之。”

【回巖】 曲折的山岩。杜牧《朱坡绝句三首》之三:“乳肥春洞生鹅管,沼避回岩势犬牙。”又《念昔游三首》之三:“李白题诗水西寺,古木回岩楼阁风。”

【回灘】 急流回转的河道。杜甫《放船》:“收帆下急水,卷幔逐回滩。”

【回轡】 回马。杜甫《冬狩行》:“喜君士卒甚整肃,为我回辔擒西戎。”

【回觀】 回过头观看。白居易《村居苦寒》:“回观村闾间,十室八九贫。”

【回矚】 回顾,回头观看。上官昭容《驾幸新丰温泉宫献诗三首》之一:“遥看电跃龙为马,回瞩霜原玉作田。”

【回鑾】 谓帝王回京。銮,銮驾,帝王车驾。太宗《谒并州大兴国寺诗》:“回銮游福地,极目玩芳晨。”宋璟《蒲津迎驾》:“回銮下蒲坂,飞旆指秦京。”刘禹锡《和令狐仆射相公题龙回寺》:“兹地回銮日,皇家禅圣时。”钟谟《献周世宗》:“三年耀武群雄服,一日回銮万国春。”

【回鸞】 指《回鸾舞》。古舞曲名。虞世南《咏舞》:“繁弦奏《渌水》,长袖能《回鸾》。”

【回鸞轉鳳】 使鸾凤回转。谓音乐的巨大吸引力。戴叔伦《白苎词》:“回鸾转凤意自娇,银筝锦瑟声相调。”

囝1 〔jiǎn《集韵》九件切,上獮,見。〕儿子。顾况《囝一章》:“囝生闽方,闽吏得之,乃绝其阳,为臧为获。”

囝2 〔yuè《集韻》魚厥切,入月,疑。〕武则天所造字。詹敦仁《复留侯从效问南汉刘岩改名龑字音义》:“私制迄无取,古音实相类。乖亷囙囝星,亷思厓西埊。”

四　画

困 〔kùn《广韵》苦闷切,去慁,溪。〕❶处境窘迫;受困。王昌龄《郑县宿陶公馆中赠冯六元二》:“无何困躬耕,且欲驰永路。”杜甫《舟前小鹅儿》:“翅开遭宿雨,力小困沧波。”韩愈《郑群赠簟》:“自从五月困暑湿,如坐深甑遭蒸炊。”周昙《咏史诗·春秋战国门·颜回》:“陋巷箪瓢困有年,是时端木饫腥膻。”❷贫穷,贫困;缺乏。杜甫《东屯北崦》:“盗贼浮生困,诛求异俗贫。”秦系《会稽山居寄薛播侍郎袁高给事高参舍人》:“宁知买臣困,犹负会稽樵。”周昙《咏史诗·春秋战国门·韩昭侯》:“对此不思人力困,楼门何可更高张。”吕岩《长短句》:“闲来无事玩青山,困来街市货丹药。”❸疲惫无力。苏颋《夜发三泉即事》:“冉冉年将病,力困衰怠竭。”白居易《朝回游城南》:“朝退马未困,秋初日犹长。”沈亚之《送庞子肃》:“三年游宦也迷律,马困长安九陌尘。”陆龟蒙《记事》:“虽然营卫困,亦觉精神王。”❹疲乏欲睡。吕温《夜后把火看花南园招李十一兵曹不至呈座上诸公》:“夭桃红烛正相鲜,傲吏闲斋困独眠。”白居易《华州西》:“每逢人静慵多歇,不计程行困即眠。”路德延《小儿诗》:“柳傍慵独坐,花底困横眠。”❺困境。杜甫《早发射洪县南途中作》:“鄙人寡道气,在困无独立。”李绅《寿阳罢郡十首·肥河维舟阻冻祗待敕命》之一:“食蘖苦心甘处困,饮冰持操敢辞寒。”朱庆余《送友人赴举》:“处困非乖道,求名本为亲。”❻围困。李洞《题云际寺》:“开门风雪顶,上彻困飞禽。”❼卦名。䷮,坎下兑上。《易·困》:“象曰:泽无水,困。”元稹《答姨兄胡灵之见寄五十韵》:“分作屯之蹇,那知困亦亨。”

【困厄】 困苦危难。李白《鞠歌行》:“二侯行事在方册,泣麟老人终困厄。”李群玉《自澧浦东游江表途出巴丘投员外从公虞》:“饥寒束困厄,默塞飞星霜。”

【困立】 倦立,疲惫地站立。白居易《寒食日过枣团店》:“困立攀花久,慵行上马迟。”

【困危】 困苦危难。亦指困苦危难之人。周郭藩《潭子池》:“果获无穷宝,均融沾困危。”按“窥”当为“穷”之误。

【困坂】 《战国策·楚策四》:“夫骥之齿至矣,服盐车而上太行。蹄申膝折,尾湛胕溃,漉汁洒地,白汗交流,中坂迁延,负辕不能上。伯乐遭之,下车攀辕而哭之,解纻衣以幂之。骥于是俯而喷,仰而鸣,声达于天,若出金石者,何也?彼见伯乐之知己也。”后因以喻怀才不遇。贾岛《送令狐绹相公》:“困坂思回顾,迷邦辄问津。”

【困坐】 困倦地坐着。齐己《寄东林言之禅子》："听秋唯困坐，怕客但佯眠。"

【困尾】 疲乏无力之尾。元稹《酬乐天得微之诗知通州事因成四首》之四："饥摇困尾丧家狗，热暴枯鳞失水鱼。"

【困苦】 困辱痛苦。杜甫《哀王孙》："问之不肯道姓名，但道困苦乞为奴。"

【困卧】 困倦而卧。白居易《暮归》："归来长困卧，早晚得开颜。"齐己《期友人》："困卧谁惊起，闲行自欲回。"

【困约】 困苦穷乏。韩愈《咏雪赠张籍》："巧借奢华便，专绳困约灾。"

【困辱】 困窘屈辱。李群玉《自澧浦东游江表途出巴丘投员外从公虞》："所希困辱地，剪拂成腾骧。"皮日休《太湖诗》序："道之不行者，有困辱危殆，志之可适者，有山水游玩，则休戚不孤矣。"韩偓《息兵》："正当困辱殊轻死，已过艰危却恋生。"李洞《述怀二十韵献覃怀相公》："二年犹困辱，百口望经营。"

【困顿】 疲劳。韩偓《马上见》："去带懵腾醉，归成困顿眠。"花蕊夫人《宫词》之六二："归来困顿眠红帐，一枕西风梦里寒。"

【困蒙】 本为二卦名，均为六十四卦之一。困，坎下兑上。《易·困》："象曰：泽无水，困。"蒙，坎下艮上。《易·蒙》："象曰：山下有险，险而止，蒙。"后用以指窘迫的处境。权德舆《奉酬从兄南仲见示十九韵》："耕凿汝山下，退然安困蒙。"

【困慵】 困乏，疲惫。卢仝《示添丁》："不知四体正困慵，泥人啼哭声呀呀。"

【困衝】 因困乏而碰撞。韩愈、孟郊《城南联句》："喘觑锋刃点，困冲株枿肓。"

【困翮】 困乏的翅膀。杜甫《赠崔十三评事公辅》："舅氏多人物，无惭困翮垂。"

【困褭】 困乏柔弱。李咸用《长歌行》："鼓腕腾棍晴雷收，舞腰困褭垂杨柔。"

【困獸】 被围困之兽。比喻处绝境中的人。李白《古风》之三四："困兽当猛虎，穷鱼饵奔鲸。"高适《同群公出猎海上》："高鸟下骍弓，困兽斗匹夫。"刘长卿《冬夜宿扬州开元寺烈公房送李侍御之江东》："中原驰困兽，万里栖饥鹰。"周昙《咏史诗·六朝门·苻坚再吟》："空知勇锐不知兵，困兽孤军未可轻。"

【困躓】 困苦，困顿。韩偓《夏课成感怀》："居世无媒多困踬，昔贤因此亦号咷。"苏拯《明禁忌》："一年省修营，万民停困踬。"

【困癲】 困乏而不能自持。杜甫《风雨看舟前落花戏为新句》："吹花困癫傍舟楫，水光风力俱相怯。"

囤 〔dùn《广韵》徒损切，上混，定。〕❶储粮器。贯休《山居诗二十四首》之十七："且为小囤盛红粟，别有珍禽胜白鸥。"❷关养动物的圈牢。戴叔伦《女耕田行》："去年灾疫牛囤空，截绢买刀都市中。"

五 画

固 〔gù《广韵》古暮切，去暮，見。〕❶坚固。高适《自淇涉黄河途中作十三首》之六："兵革徒自勤，山河孰云固。"顾况《上古之什补亡训传十三章·筑城二章》之一："筑城登登，于以作固。"于邺《春过函谷关》："岁远关犹固，时移草亦春。"❷稳固，巩固。魏征《享太庙乐章·永和》："用光武志，永固鸿业。"李峤《奉和天枢成宴夷夏群僚应制》："声流尘作劫，业固海成田。"杨衡《采莲曲》："促令芳本固，宁望雪霜中。"薛逢《君不见》："人生倏忽一梦中，何必深深固权位。"❸坚定，坚决。杜审言《赠崔融二十韵》："雅节君弥固，衰颜余自伤。"崔融《哭蒋詹事俨》："贞节既已固，殊荣良不訾。"则天皇后《唐大飨拜洛乐章·昭和》："德以恒固，功由永贞。"白居易《薛中丞》："中丞薛存诚，守直心甚固。"❹固执；顽固。见"固必"。❺安守；坚守。卢纶《早春游樊川野居却寄李端校书兼呈崔峒补阙司空曙主簿耿沣拾遗》："守农穷自固，行乐病何能。"参见"固穷"。❻确实；的确。王维《献始兴公》："任智诚则短，守任固其优。"杜甫《次晚州》："晚洲适知名，秀色固异状。"唐尧臣《金陵怀古》："金陵实形胜，关山固重复。"❼深居。无名氏《骊龙》（卷七八七）："大壑长千里，深泉固九重。"❽确定。孟云卿《邺城怀古》："三台竟寂寞，万事良难固。"❾必，一定。李颀《杂兴》："青青兰艾本殊香，察见泉鱼固不祥。"薛据《古兴》："四时固相代，谁能久要津。"汤洙《登云梯》："前修如可慕，投足固思齐。"❿本来；原来。陈子昂《宴胡楚真禁所》："人生固有命，天道信无言。"王季友《杂诗》："持斧事远游，固非匠者心。"白居易《杂感》："立教固如此，抚事有非常。"许棠《哭宣城元征君》："高眠终不起，远趣固难知。"⓫固然。韦应物《发广陵留上家兄兼寄上长沙》："推道固当遣，及情岂所忘。"孟郊《投所知》："尽美固可扬，片善亦不遏。"孙郃《古意二首》之一："道废固命也，瓢饮亦贤哉。"⓬久已，已经。韩愈《赴江陵途中寄三学士》："富者既云急，贫者固已流。"又《送无本师归范阳》："夫岂能必然，固已谢黯黮。"王初《梅花二首》之一："应为阳春信未传，固将青艳属残年。"吴融《春寒》："固教梅忍落，休与杏藏娇。"⓭应，应该。岑参《饯王岑判官赴襄阳道》："害群应自慑，持法固须平。"⓮也，又。戎昱《苦辛行》："谁谓西江深，涉之固无忧。"陆龟蒙《江南冬至和人怀洛下》："鸟声浑欲转，草色固应知。"徐铉《送魏舍人仲甫为蕲州判官》："以道卷舒犹自适，临戎谈笑固无妨。"⑮因，按照。杜甫《述古三首》之一："贤人识定分，进退固其宜。"⑯才，就。温庭筠《寄山中友人》："惟昔有归趣，今兹固愿言。"吉王李从谦《观棋》："恃强斯有失，守分固无侵。"

【固必】 固执不肯变通。语出《论语·子罕》："毋必，毋固。"杜甫《寄题江外草堂》："事迹无固必，幽贞愧双全。"

【固本】 固守根本。经济上古代以农业为本。同谷子《五子之歌》之一："邦惟固本自安宁，临下常须驭朽惊。"

【固金湯】 喻城池或阵地之坚固。沈佺期《初冬从幸汉故青门应制》："何必金汤固，无如道德藩。"韦镒《经望湖驿》："岂不金汤固，终闻击铜斗。"

【固陋】 鄙陋。白居易《东南行一百韵》："共遇升平代，偏惭固陋躯。"陆龟蒙《奉和袭美太湖诗二十首·晓次神景宫》："人间附尘躅，固陋真钳颈。"

【固然】 本即如此。张九龄《杂诗五首》之五："物类有固然，谁能取径通。"殷寅《玄元皇帝应见贺圣祚无疆》："北阙心超矣，南山寿固然。"刘得仁《寄雍陶先辈》："久别青云士，幽人分固然。"

【固節】 固守节操。许昼《江南行》："固节还同我，虚心欲待谁。"

【固膠投漆】 以胶投漆中，相互粘固，不可分离。喻情感深厚。李商隐《赠庾十二朱版》："固漆投胶不可开，赠君珍重抵琼瑰。"

【固窮】 甘于穷困，不改节操。语出《论语·卫灵公》："君子当固穷，小人穷斯滥矣。"张九龄《杂诗五首》之五："道家贵至柔，儒生何固穷。"孟浩然《书怀贻京邑同好》："感激遂弹冠，安能守固穷。"李咸用《西门行》："君子固穷，无为仲由滥。"尚能《中秋旅怀》："所畜唯骚雅，兼之得固穷。"

【固護】 谓维护牢固。韦庄《秦妇吟》："城壕固护教金汤，赋税如云送军垒。"

囷 〔qūn《广韵》去倫切，平真，清。〕❶圆形谷仓。《周礼·考工记·匠人》："囷窌仓城。"郑玄注："囷，圜仓。"后亦泛指粮仓。杜甫《水宿遣兴奉呈群公》："赠粟囷应指，登桥柱必题。"元稹《江边四十韵》："囷圆收薄禄，厨敞备嘉肴。"白居易《书绅》："新酒始开瓮，旧谷犹满囷。"李咸用《古意论交》："见义必许死，临危当指囷。"❷指形似圆仓之物。宋之问《自衡阳至韶州谒能禅师》："湘岸竹泉幽，衡峰石囷闭。"

【囷倉】 本指圆形粮仓，后泛指一般粮仓。韩愈《南溪始泛三首》之二："囷仓米谷满，未有旦夕忧。"杜牧《郡斋独酌》："尚可活乡里，岂唯满囷仓。"陆龟蒙《村夜二篇》之一："耕稼一以微，囷仓自然罄。"吴融《祝风三十二韵》："囷仓过九年，一粒惜如死。"

【囷輪】 曲折盘旋貌。张说《岳阳石门墨山二山相连有禅堂观天下绝境》："囷轮江上山，近在华容县。"

囹 〔líng《广韵》郎丁切，平清，來。〕见"囹圄"。

【囹圄】 监狱。李峤《晚秋喜雨》："望肃坛场祀，冤申囹圄囚。"张说《相州冬日早衙》："除苛囹圄息，伐枳吏人宽。"钱起《偶成》："门静吏人息，心闲囹圄空。"白居易《读史五首》之二："马迁下蚕室，嵇康就囹圄。"鱼玄机《寄刘尚书》："囹圄长空锁，干戈久覆尘。"

六　画

囿 〔yòu《广韵》于救切，去宥，云。又于六切，入屋，云。〕❶古代畜养禽兽以供观赏的园林。皮日休《鲁望读襄阳耆旧传见赠五百言次韵》："庐罗遵古俗，鄢郢迷昔囿。"吴融《出迟》："文王之囿小，莫惜借人看。"❷菜园；果园。司空曙《过卢秦卿旧居》："五柳茅茨楚国贤，桔槔蔬囿水涓涓。"❸聚集。韩愈《南山诗》："吾闻京城南，兹惟群山囿。"❹事物萃集之处。柳宗元《弘农公以硕德伟材屈于诬枉左官三岁复为大僚谨献诗五十韵以毕微志》："足逸诗书囿，锋摇翰墨场。"温庭筠《病中书怀呈友人》："文囿陪多士，神州试大巫。"又《过孔北海墓二十韵》："发言惊辨囿，抟翰动文星。"陆龟蒙《读襄阳耆旧传因作诗五百言寄皮袭美》："高当轸翼分，化作英髦囿。"

圀 "国"之或体，为唐武后所造。《玉篇》："圀，古文国字，唐武后所作。"詹敦仁《复留侯从效问南汉刘岩改名龑字音义》："缶圀及曌凬，作史难详备。"

七　画

圃 〔pǔ《广韵》博古切，上姥，幫。又博古切，去暮，幫。〕❶种植蔬菜、花果或苗木的园地。杜甫《宿花石戍》："罢人不在村，野圃泉自注。"李绅《过吴门二十四韵》："竹扉梅圃静，水巷橘园幽。"项斯《归家山行》："遍陇耕无圃，缘溪钓有矶。"韦庄《立春》："雪圃乍开红菜甲，彩幡新翦绿杨丝。"❷种菜之人。杜甫《种莴苣》："中园陷萧艾，老圃永为耻。"柳宗元《溪居》："闲依农圃邻，偶似山林客。"

【圃人】 种菜之人。鲍溶《答客》:“劳问圃人终岁事,桔槔声里雨春畦。”

【圃田】 ❶犹甫田,大田。钱起《送马使君赴郑州》:“膏雨带荥水,归人耕甫田。”❷古泽薮名。故地在今河南中牟县西。《周礼·夏官·职方氏》:“河南曰豫州,其山镇曰华山,其泽薮曰圃田。”祖咏有《夕次圃田店》。赵嘏《送友人郑州归觐》:“风消荥泽冻,雨静圃田沙。”

【圃畦】 种蔬菜、花果的园畦。杜甫《晚晴吴郎见过北舍》:“圃畦新雨润,愧子废锄来。”元结《游潓泉示泉上学者》:“筑塘列圃畦,引流灌时蔬。”

圄 〔yǔ《广韵》魚巨切,上語,疑。〕监狱。沈佺期《移禁司刑》:“首夏方忧圄,高秋独向隅。”

八 画

圉 〔yǔ《广韵》魚巨切,上語,疑。〕见“圉人”。

【圉人】 官名。掌管养马放牧等事。杜甫《丹青引赠曹将军霸》:“至尊含笑催赐金,圉人太仆皆惆怅。”元稹《望云骓马歌》:“圉人初进望云骓,彩色憔悴众马欺。”亦泛指养马之人。白居易《不能忘情吟》序:“圉人牵马出门,马骧首反顾一鸣,声音间似知去而旋恋者。”

【圉城】 县名。春秋时郑地,后属魏。汉置圉县,晋废,后魏复置,继改曰圉城。北齐废,隋复置圉城县,唐废。故城在今河南杞县南五十里。罗隐有《圉城偶作》。

國 〔guó《广韵》古或切,入德,見。〕❶国家。郭震《王昭君三首》之一:“自嫁单于国,长衔汉掖悲。”杜甫《徒步归行》:“国之社稷今若是,武定祸乱非公谁。”郑巢《送边使》:“汉使多长策,须令远国从。”韦庄《上元县》:“有国有家皆是梦,为龙为虎亦成空。”亦用以指建立国家。苏颋《奉和圣制春台望应制》:“暴嬴国此尝图霸,霸业后仁先以诈。”❷国都,京城。刘长卿《秋日夏口涉汉阳献李相公》:“十年犹去国,黄叶又纷纷。”郑锡《出塞》:“去国三千里,归心红粉楼。”柳宗元《别舍弟宗一》:“一身去国六千里,万死投荒十二年。”白居易《除夜》:“一从身去国,再见日周天。”❸家乡。羊士谔《早春对雨》:“千里巴江守,三年故国春。”元稹《张旧蚊帱》:“家居无见期,况乃异乡国。”❹地域,地方。陈子昂《登泽州城北楼宴》:“复来登此国,临望与君同。”刘禹锡《罢郡姑苏北归渡扬子津》:“几岁悲南国,今朝赋北征。”白居易《见殷尧藩侍御忆江南诗因继和之》:“境牵吟咏真诗国,兴入笙歌好醉乡。”齐己《逢乡友》:“生缘同一国,相识共他州。”❺专指帝王或有关皇室的。见“國夫人”“國奢”。❻指国中最好的、最美的。见“國工”“國色”“國娃”。❼姓。唐诗人有国邵南。

【國人】 百姓,人民。沈佺期《哭道士刘无得》:“国人思负局,天子惜被衣。”孟浩然《和贾主簿弁九日登岘山》:“国人咸寡和,遥愧洛阳才。”周昙《咏史诗·春秋战国门·侯嬴朱亥》:“屠肆监门一贱微,信陵交结国人非。”叶元良《御制段太尉碑》:“国人皆坠泪,王府已铭勋。”

【國力】 国家实力。于濆《金谷怀古》:“黄金骄石崇,与晋争国力。”罗隐《送溪州使君》:“兵寇伤残国力衰,就中南土藉良医。”

【國土】 国之领土。张祜《鸿沟》:“宁似九州分国土,地图初割海中流。”护国《访云母山僧》:“莲花国土异,贝叶梵书能。”

【國士】 国中杰出之士。魏征《述怀》:“岂不惮艰险,深怀国士恩。”李嘉祐《送杜御史还广陵》:“同事元戎久,俱承国士恩。”杜牧《春申君》:“烈士思酬国士恩,春申谁与快冤魂。”胡曾《咏史诗·豫让桥》:“年年桥上行人过,谁有当时国士心。”

【國工】 国中技艺高超者。储光羲《述韦昭应画犀牛》:“闲居命国工,作绘北堂阴。”韦应物《赠冯著》:“善蕴岂轻售,怀才希国工。”又《寄中书刘舍人》:“忽睹九天诏,秉纶归国工。”

【國子】 ❶公卿大夫的子弟。《周礼·地官·师氏》:“以三德教国子。”郑玄注:“国子,公卿大夫之子弟。”马戴有《送国子韦丞》。❷国子监的简称。包融有《送国子张主簿》。韩愈《崔十六少府摄伊阳以诗及书见投因酬三十韵》:“三年国子师,肠肚习藜苋。”

【國子司業】 学官名。隋炀帝大业三年(607)始置此官,以助祭酒教授生徒。后世沿袭此制。唐国子监置司业二人,从四品下,助祭酒掌邦国儒学训导之政令。苏源明《秋夜小洞庭离宴诗》序:“源明从东平太守征国子司业,须昌外尉袁广载酒于洄源亭。”

【國子門】 即国子监门楼。薛存诚《御题国子监门》:“宸翰符玄造,荣题国子门。”

【國子博士】 即国子监博士。唐国子学置博士五人,正五品上。卢仝有《常州孟谏议座上闻韩员外职方贬国子博士有感五首》。

【國子祭酒】 学官名。汉置博士祭酒,为博士之首。西晋改为国子祭酒。隋唐以后,称为国子监祭酒,为国子监的主管官。唐代国子监为中央教育机关,总辖国子、太学、四门等学,此官为从三品。张说《素盘盂铭》序:“国子祭酒韦公好游山水。”

【國子監】　封建王朝的教育管理机构和最高学府。简称“国学”。汉有太学，西晋咸宁二年(276)置国子学，为教育五品以上官僚子弟的贵族学校。以后或称国学，或称太学，隶属太常。北齐孝昭帝皇建元年(560)始设国子寺，置祭酒一人，为主官。隋炀帝大业三年(607)改国子寺为国子监，兼管教育行政。唐代国子监下辖国子、太学、广文、四门、律、书、算等七科。薛存诚有《御题国子监门》。

【國夫人】　命妇的一种封号。唐制，文武官一品及国公母、妻封国夫人，为最高封号。《旧唐书·后妃传上·玄宗杨贵妃》：“〔贵妃〕有姊三人，皆有才貌，玄宗并封国夫人之号：长曰大姨，封韩国；三姨，封虢国；八姨，封秦国。并承恩泽，出入宫掖，势倾天下。”杜甫《虢国夫人》：“虢国夫人承主恩，平明上马入宫门。”

【國手】　国中技艺出众者。白居易《醉赠刘二十八使君》：“诗称国手徒为尔，命压人头不奈何。”张瀛《赠琴棋僧歌》：“阿谁称是国手人，罗浮道士赌却鹤。”裴说《棋》：“十九条平路，言平又险巇。人心无算处，国手有输时。”齐己《寄欧阳侍郎》：“棋轻国手知难敌，诗是天才肯易酬。”

【國用】　国之用度。刘长卿《送度支留后若侍御之歙州便赴信州省觐》：“国用忧钱谷，朝推此任难。”杜甫《又上后园山脚》：“于时国用富，足以守边疆。”钱起《奉送刘相公江淮催转运》：“国用资戎事，臣劳为主忧。”

【國史】　一国或一朝之历史。张说《时乐鸟篇》序：“望编国史，以彰圣瑞。”白居易《新乐府·骠国乐》：“伏见骠人献新乐，请书国史传子孙。”皮日休《房杜二相国》：“巨业照国史，大勋镇王府。”徐夤《寄华山司空侍郎二首》之一：“清论尽应书国史，静筹皆可息边烽。”

【國外】　谓都城以外。方干《送睦州侯郎中赴阙》：“昔著政声闻国外，今留儒术化江东。”

【國老】　❶指国之重臣。卢纶《皇帝感词》之一：“禁花呈瑞色，国老见星精。”孟郊《送郑仆射出节山南》：“国老出为将，红旗入青山。”张祜《读狄梁公传》：“上保储皇位，深然国老勋。”❷甘草的别名。甘草为中药配剂之常药，有调和众药之用，故称。柳宗元《从崔中丞过卢少尹郊居》：“莳药闲庭延国老，开樽虚室值贤人。”

【國多狗】　《左传·哀公十二年》：“国狗之瘈，无不噬也。而况大国乎？”《韩非子·外储说右上》：“术之不行，有故，不杀其狗则酒酸。夫国亦有狗，且左右皆社鼠也。”后遂将狗与国相关联，用以喻奸臣。杜甫《大云寺赞公房四首》之四：“泱泱泥污人，听听国多狗。”

【國色】　❶指极美的女子。白居易《霓裳羽衣歌》：“若求国色始翻传，但恐人间废此舞。”于濆《拟古意》：“国色久在室，良媒亦生疑。”❷指极艳丽之花，多指牡丹。刘禹锡《赏牡丹》：“唯有牡丹真国色，花开时节动京城。”罗隐《牡丹》：“当庭始觉春风贵，带雨方知国色寒。”白居易《山石榴花十二韵》：“此日逢国色，何处觅天香。”

【國志】　犹国史。杨汝士《和宗人尚书嗣复祠祭武侯毕题临淮公旧碑》：“敬名探国志，饰像慰甿思。”

【國步】　❶犹国运。杜甫《赠别贺兰铦》：“国步初返正，乾坤尚风尘。”杨巨源《和吕舍人喜张员外自北番回至境上先寄二十韵》：“割爱天文动，敦和国步安。”郑谷《读前集二首》之二：“风骚如线不胜悲，国步多艰即此时。”❷指国土。高适《古大梁行》：“军容带甲三十万，国步连营一千里。”

【國邑】　诸侯国之城邑。杜甫《昔游》：“吕尚封国邑，傅说已盐梅。”

【國佐】　国家辅佐。梁升卿《奉和圣制答张说扈从南出雀鼠谷》：“国佐同时雨，天文属岁阳。”

【國初】　立国之初。杜甫《韦讽录事宅观曹将军画马图》：“国初已来画鞍马，神妙独数江都王。”秦韬玉《贵公子行》：“主人公业传国初，六亲联络驰朝车。”

【國忌】　国家的忌日。唐以皇帝及皇后的死日为国忌。元稹《辛夷花》：“明日不推缘国忌，依前不得花前醉。”

【國事】　国家政事。李商隐《东阿王》：“国事分明属灌均，西陵魂断夜来人。”

【國門】　京都之城门。李义府《招谕有怀赠同行人》：“春去辞国门，秋还在边戍。”岑参《送颜平原》：“拜命宣皇猷，驷马辞国门。”戎昱《骆家亭子纳凉》：“江湖思渺然，不离国门前。”皮日休《李太尉》：“骁雄十万兵，四面围国门。”

【國典】　国家的典章制度。王湾《秋夜寓直即事怀赠萧令公裴侍郎兼通简南省诸友人》：“司徒汉家重，国典颍川征。”李益《秋晚溪中寄怀大理齐司直》：“国典唯平法，伊人方在斯。”

【國命】　❶国之诏令。韦元旦《奉和送金城公主适西蕃应制》：“军容旌节送，国命锦车传。”❷国之命运。李白《经乱离后书怀赠江夏韦太守良宰》：“函关壮帝居，国命悬哥舒。”白居易《叹鲁二首》之一：“阳货道岂正，其权执国命。”

【國氛】　国之妖氛。韦应物《送李侍御益赴幽州幕》：“司徒拥精甲，誓将除国氛。”

【國使】　受国家委派、代表国家出使他国的使者。王昌龄《代扶风主人答》：“将军降匈奴，国使没桑乾。”张继《送邹判官往陈留》：“国使乘轺去，诸侯拥节迎。”耿沣《凉州词》：“国使翻翻随旆旌，陇西岐路足荒城。”

【國征】 国税。杨巨源《胡二十拜户部兼判度支》：“庙略已调天府实，国征方觉地官尊。”

【國府】 国家乐府，国家音乐机关。顾况《李供奉弹箜篌歌》：“国府乐手弹箜篌，赤黄绦索金鐰头。”

【國邵南】 唐诗人。曾任兵马使。《全唐诗》卷八六八录其《梦崔暇妻诗》。

【國珍】 国家珍贵人才。褚亮《伤始平李少府正己》：“迈德惟家宝，生才谅国珍。”

【國政】 国之政事。杜甫《桥陵诗三十韵因呈县内诸官》：“孝理敦国政，神凝推道经。”白居易《读史五首》之一：“楚怀放灵均，国政亦荒淫。”

【國英】 国家英才。源乾曜《奉和御制乾曜与张说宋璟同日上官命晏都堂赐诗》：“盛业光书府，征人尽国英。”

【國柄】 国家权柄。高适《留上李右相》：“钧衡持国柄，柱石总朝经。”韩愈《永贞行》：“君不见太皇谅阴未出令，小人乘时偷国柄。”薛逢《送西川杜司空赴镇》：“三入凤池操国柄，八分龙节付兵权。”

【國相】 丞相；宰相。徐知仁《奉和圣制送张说巡边》：“国相台衡重，元戎庙略宣。”岑参《苗侍中挽歌二首》之一：“摄政朝章重，持衡国相尊。”王建《上武元衡相公》：“长得萧何为国相，自西流水尽朝宗。”

【國胄】 王侯之子。卢照邻《中和乐九章·歌储宫第六》：“山宾皎皎，国胄青青。”

【國界】 国家边界。赵彦昭《奉和幸大福寺》：“千花开国界，万善累皇基。”方干《送僧归日本》：“大海浪中分国界，扶桑树底是天涯。”杜荀鹤《送宾贡登第后归东海》：“国界波穷处，乡心日出时。”

【國香】 ❶极香之花。窦牟《元日喜闻大礼寄上翰林四学士中书六舍人二十韵》：“国香煴翠幄，庭燎赩红衾。”温庭筠《鸿胪寺有开元中锡宴堂楼台池沼雅为胜绝荒凉遗址仅有存者偶成四十韵》：“婵娟得神艳，郁烈闻国香。”❷《左传·宣公三年》：“以兰有国香，人服媚之如是。”后用以特指兰花。宋之问《过史正议宅》：“国香兰已歇，里树橘犹新。”崔涂《幽兰》：“自无君子佩，未是国香衰。”❸喻人的高贵品质。温庭筠《中书令裴公挽歌词二首》之二：“国香荀令去，楼月庾公来。”

【國信】 ❶两国通使作为凭证的符节文书。张籍《送金少卿副使归新罗》：“通海便应将国信，到家犹自著朝衣。”❷国家情报。雍陶《送于中丞使北蕃》：“经年通国信，计日得蕃情。”

【國風】 ❶《诗经》中的十五国风，为当时各地民间歌谣，自《周南》至《豳风》计百六十篇。张九龄《奉和圣制烛龙斋祭》：“闻诗有训，《国风》兹始。”杜甫《奉寄河南韦尹丈人》：“鼎食分门户，词场继《国风》。”熊皎《冬日原居酬光上人见访》：“门无尘事闭，卷有《国风》开。”亦用以称颂优美的诗文。章孝标《山中送进士刘蟾赴举》：“故友多朝客，新文尽国风。”杜荀鹤《秋日山中寄李处士》：“言论关时务，篇章见国风。”❷国之风俗。高适《别韦参军》：“国风冲融迈三五，朝廷欢乐弥寰宇。”元结《舂陵行》：“何人采国风，吾欲献此辞。”白居易《开成大行皇帝挽歌词四首奉敕撰进》：“制度移民俗，文章变国风。”吕炅《贡举人谒先师闻雅乐》：“国风由是正，王化自雍熙。”

【國胤】 皇室之子孙。陆龟蒙《补沈恭子诗》：“我亦小国胤，易名惭见优。”

【國計】 ❶治国的方略大计。陆龟蒙《京口与友生话别》：“国计徒盈策，家储不满甑。”罗隐《咏史》：“未必片言资国计，只应邪说动人心。”❷谓国之命运。李山甫《送刘将军入关讨贼》：“指星忧国计，望气识天风。”

【國庠】 国家所设之学校。刘禹锡《国学新修五经壁歌》记：“国庠重严，过者必式。”刘得仁《赠敬晊助教二首》之二：“禁掖人知连状荐，国庠官满一家贫。”

【國娃】 国色，极美的女子。陆龟蒙《石竹花咏》：“曾看南朝画国娃，古萝衣上碎明霞。”

【國馬】 御马，指舞马、立仗马等。杜甫《壮游》：“国马竭粟豆，官鸡输稻粱。”

【國耻】 国之耻辱。李白《独漉篇》：“国耻未雪，何由成名。”

【國破家亡】 国家破碎，家庭离散。胡曾《咏史诗·房陵》：“赵王一旦到房陵，国破家亡百恨增。”无名氏《冥会诗》(卷八六六)：“自从国破家亡后，陇上唯添芳草新。”

【國恩】 国家的恩惠。李义府《宣正殿芝草》：“且标宣德重，更引国恩施。”

【國租】 指职田所收租税。李商隐《街西池馆》：“国租容客旅，香熟玉山禾。”

【國討】 国家出兵以征讨。李白《送白利从金吾董将军西征》：“西羌延国讨，白起佐军威。”

【國家】 阶级统治的工具，指实行统治的组织。古代诸侯称国，大夫称家。一般以国家为国之通称。李白《述德兼陈情上哥舒大夫》：“天为国家孕英才，森森矛戟拥灵台。”杜甫《草堂》：“国家法令在，此又足惊吁。”白居易《秦中吟十首·重赋》：“国家定两税，本意在爱人。”张为《渔阳将军》：“向北望星提剑立，一生长为国家忧。”

【國容】 国家的景象。薛曜《舞马篇》：“鸾锵锵，车翼翼，备国容兮为戎饰。”李白《古风》之四六：“一百四十年，国容何赫然。”

【國蛾】　国色，极艳丽之女子。蛾喻美人之眉。李山甫《曲江二首》之二：“千队国蛾轻似雪，一群公子醉如泥。”

【國猘】　国狗，喻妨贤害能之人。杜牧《昔事文皇帝三十二韵》：“吠声嗾国猘，公议怯膺门。”参见“國多狗”。

【國章】　❶国之礼仪、典章。高适《信安王幕府诗》：“国章荣印绶，公服贵貂蝉。”皎然《因游支硎寺寄端公》：“排难知臣节，攻疑定国章。”张籍《学仙》：“先王知其非，戒之在国章。”来鹄《圣政纪颂》：“国章可披，唐文可爱。”❷国法。沈佺期《被弹》：“尔何按国章，无罪见呵叱。”

【國清】　指国清寺。寒山《诗三百三首》之四十：“惯居幽隐处，乍向国清中。”

【國清寺】　在今浙江天台县天台山中，本名天台寺。隋开皇十八年(598)僧智𫖮募建。相传𫖮曾梦神曰，寺若成，国即清；大业中因此改名国清。为我国佛教天台宗的发源地。唐贞元二十年(804)，日本僧人最澄来寺，从天台宗十祖道邃习教规，次年归国后创立了日本佛教天台宗。该宗教徒尊国清寺为祖庭，时时来华参谒。寺后五峰环列，寺前双涧回绕，风景秀美。寒山《诗三百三首》之二七四：“国清寺中人，尽道寒山痴。”陆龟蒙有《寄题天台国清寺齐梁体》。齐己《怀天台华顶僧》：“曾从国清寺，上看月明潮。”

【國華】　(—huá)国家精华人才。韦述《奉和圣制送张说上集贤学士赐宴》：“台座征人杰，书坊应国华。”刘禹锡《伤独孤舍人》：“昔别矜年少，今悲丧国华。”郑谷《同志顾云下第出京偶有寄勉》：“凤策联华是国华，春来偶未上仙槎。”

【國朝】　(—cháo)本朝。苏颋《故高安大长公主挽词》：“孟孙家代宠，元女国朝封。”程行谌《奉和圣制送张说上集贤学士赐宴》：“国朝将舜颂，同是一康哉。”韩愈《荐士》：“国朝盛文章，子昂始高蹈。”舒元舆《八月五日中部官舍读唐历天宝已来追怆故事》：“将寻国朝事，静读柳芳历。”

【國棋】　指国中杰出的棋手。杜牧有《送国棋王逢》。

【國程】　指国家法式、规章。刘长卿《至德三年春正月因书事寄上浙西节度李侍郎中丞行营五十韵》：“八使推邦彦，中司案国程。”韦应物《送郗詹事》：“君子独知止，悬车守国程。”

【國鈞】　犹国政。白居易《赠友五首》之二：“谁能反古风，待君秉国钧。”又《赠樊著作》：“卒使不仁者，不得秉国钧。”

【國奢】　帝、后乳母之夫。《语·窦仆射语》：“窦仆射，前为韦氏阿奢，后作公主邑丞。”

【國陽】　都城之阳即都城之南。沈佺期《送韦商州弼》：“会府应文昌，商山镇国阳。”

【國瑞】　国之吉兆。裴逵《南至日太史登台书云物》：“恭惟司国瑞，兼用察人文。”

【國勢】　国运，国家的势运。詹琲《永嘉乱衣冠南渡流落南泉作忆昔吟》：“国势多危厄，宗人苦播迁。”

【國楨】　国家栋梁。张说《苏许公环》：“许公信国桢，克美具瞻情。”卢纶《雪谤后书事上皇甫大夫》：“盛德总群英，高标仰国桢。”李商隐《五言述德抒情诗一首四十韵》：“自昔流王泽，由来仗国桢。”

【國號】　❶国家或朝代的名号。卢纶《送李校书赴东川幕》：“字形知国号，眉势识山名。”❷国家所赠之封号。杜牧《题永崇西平王宅太尉愬院六韵》：“家呼小太尉，国号大梁公。”

【國運】　国之命运。韦庄《和郑拾遗秋日感事一百韵》：“国运方夷险，天心讵测量。”

【國禎】　国之吉兆。许景先《奉和圣制送张尚书巡边》：“文武承邦式，风云感国祯。”

【國境】　国家边境。路德延《感旧诗》：“国境未安身未立，至今颜巷守箪瓢。”

【國圖】　国家版图。王建《朝天词十首寄上魏博田侍中》之一：“山川初展国图宽，未识龙颜坐不安。”

【國語】　国人有关国事的议论。皎然《奉陪颜使君修韵海毕东溪泛舟饯诸文士》：“国语思开物，王言欲致君。”

【國維】　国家纲常。白居易《赠友五首》之五：“谁能正婚礼，待君张国维。”

【國殤】　谓国家为死者哀伤。皎然《吊灵均词》：“国殇人悲兮雨飕飕，雨飕飕兮望君时。”

【國賦】　国家赋税。皎然《送路少府使京兼觐侍御兄》：“国赋推能吏，今朝发贡湖。”

【國儀】　国家礼仪。吴越王钱镠《西园产芝》：“兴吴定越崇王道，殄物平凶建国仪。”

【國賓】　❶国之贵宾。皎然《送穆寂赴举》：“君抛青霞去，荣资观国宾。”❷新王朝对旧王朝之臣的尊称。白居易《新乐府·二王后》：“二王後，彼何人，介公酅公为国宾。”

【國樂】　(—yuè)国家所定之乐，用以祭祀、朝会、战争等。刘禹锡《同乐天和微之深春二十首》之十一：“国乐呼联辔，行厨载满车。”李汭《命妓盛小丛歌饯崔侍御还阙》：“曾向教坊听国乐，为君重唱盛丛歌。”

【國賢】　国家贤才。徐夤《病中春日即事寄主人尚书二首》之二：“玄穹若假年龄在，愿捧铜盘为国贤。”

【國器】 国家宝器，喻指治国英才。刘禹锡《许给事见示哭工部刘尚书诗因命同作》："济时成国器，乐道任天真。"徐夤《长安即事三首》之三："绮席促时皆国器，羽觞飞处尽王孙。"李瀚《蒙求》："季珪士首，长孺国器。"

【國學】 封建王朝的教育管理机构和最高学府。国子监的简称。唐代国子监下辖国子、太学、广文、四门、律、书、算等七学。卢仝《常州孟谏议座上闻韩员外职方贬国子博士有感五首》之二："员郎犹小小，国学大频频。"

【國澤】 国之恩泽。沈彬《入塞二首》之二："生希国泽分偏将，死夺河源答圣君。"

【國憲】 国家法制刑律。严维《书情上李苏州》："手持国宪群僚畏，口喻天慈百姓安。"

【國蹙】 指中央控制的地区缩小。李商隐《行次西郊作一百韵》："国蹙赋更重，人稀役弥繁。"

【國難】 (—nàn)国之危难。独孤及《季冬自嵩山赴洛道中作》："甘心赴国难，谁谓荼叶苦？"皎然《奉送袁高使君诏征赴行在效曹刘体》："国难倚长城，庙谋资大贤。"

【國璽】 传国玉玺。李商隐《井泥四十韵》："当涂佩国玺，本乃黄门携。"

【國璽危皇后】 《汉书·元后传》："及莽即位，请玺。太后不肯授莽。莽使安阳侯舜谕指。舜素谨敕，太后雅爱信之。舜既见，太后知其为莽求玺，怒骂之曰：'……我汉家老寡妇，旦暮且死，欲与此玺俱葬，终不可得！'……太后闻舜语切，恐莽欲胁之，乃出汉传国玺，投之地以授舜，曰：'我老已死，如而兄弟，今族灭也！'舜既得传国玺，奏之，莽大说。"后用作咏叛臣篡位的典故。韩偓《八月六日作四首》之二："御衣空惜侍中血，国玺几危皇后身。"

【國寶】 ❶国之宝器。崔曙《奉试明堂火珠》："遥知太平代，国宝在名都。"韦应物《杂体五首》之五："所献知国宝，至公不待言。"贯休《少监三首》之一："器琢仙珪美有余，席珍国宝比难如。"❷喻杰出的人才。赵冬曦《陪张燕公行郡竹篱》："良臣乃国宝，麾守去承明。"杜甫《送长孙九侍御赴武威判官》："尊前失诗流，塞上得国宝。"

【國饌】 帝王用以祭奠的食物。徐彦伯《比干墓》："帝词书乐石，国馔罗芳蚌。"

【國權】 国家大权。杨夔《送张相公出征》："得意在当年，登坛秉国权。"

【國讎】 亦作"国雠"。国家的仇敌。张宣明《使至三姓咽面》："岂不服艰险，只思清国讎。"郑锡《邯郸少年行》："见说秦兵至，甘心赴国讎。"李频《赠李将军》："却得河源水，方应洗国讎。"

【國雠】 同"国讎"。张祜《读西汉书十四韵》："国仇因破虏，民耗是求仙。"

【國蠹】 喻乱国之坏人。白居易《和答诗十首·和阳城驿》："誓心除国蠹，决死犯天威。"

【國艷】 极艳丽之花，特指牡丹。徐铉《严相公宅牡丹》："数朵已应迷国艳，一枝何幸上尘冠。"

圈 〔juàn《广韵》求晚切，上阮，羣。又渠篆切，上獮，羣。〕❶养兽之所。韩愈《嘲鼾睡》："又如圈中虎，号疮兼吼馁。"元稹《和李校书新乐府十二首·驯犀》："贞元之岁贡驯犀，上林置圈官司养。"❷畜栏。寒山《诗三百三首》之二三四："不自见已过，如猪在圈卧。"

九 画

圚 〔yà《广韵》乙鎋切，入鎋，影。〕骆驼鸣叫声。韩愈、孟郊《征蜀联句》："椎肥牛呼牟，载实驼鸣圚。"

圌 〔chuí《广韵》是爲切，平支，禪。〕地名用字。李白有《题窦圌山》残句。

圍 〔wéi《广韵》雨非切，平微，云。〕❶包围。王维《夷门歌》："秦兵益围邯郸急，魏王不救平原君。"朱庆余《羽林郎》："酒后引兵围百草，风前驻旆领边书。"周昙《咏史诗·春秋战国门·襄子》："君子常闻不迫危，城崩何用急重围。"❷包围圈。岑参《送裴判官自贼中再归河西幕府》："东郊未解围，忠义似君稀。"耿湋《代宋州将淮上乞师》："身轻百战出，家在数重围。"陈去疾《送韩将军之雁门》："破围铁骑长驱疾，饮血将军转战危。"罗邺《征人》："青楼一别戍金微，力尽秋来破虏围。"❸环绕，围绕。李白《观元丹丘坐巫山屏风》："苍苍远树围荆门，历历行舟泛巴水。"岑参《郡斋平望江山》："山光围一郡，江月照千家。"白居易《早寒》："黄叶聚墙角，青苔围柱根。"陆龟蒙《丹阳道中寄友生》："短亭幽径入，陈庙数峰围。"❹围猎。韩愈《送文畅师北游》："酒场舞闺姝，猎骑围边月。"❺围场。李商隐《北齐二首》之二："晋阳已陷休回顾，更请君王猎一围。"❻下围棋。耿湋《仙山行》："看毕初围局，归逢几世孙。"参见"圍棋"。❼量词，用以计度圆周。或曰径尺为围，或曰五寸为围，一抱亦称围，说法各异。杜甫《古柏行》："霜皮溜雨四十围，黛色参天二千尺。"戴叔伦《过洱渎单老》："毫末成围海变田，单家依旧住溪边。"欧阳詹《答韩十八驽骥吟》："楩楠十围瑰，松柏百尺坚。"白居易《寓意诗五首》之一："挺高二百尺，本末皆十围。"❽腰围。杜甫《伤秋》："懒慢头时栉，艰难带减围。"白居易《不二门》:“束带剩昔围,穿衣妨宽袖。”卢殷《晚蝉》:“深藏高柳背斜晖,能轸孤愁减昔围。”

【圍兵】　围军,包围的敌军。张祜《大唐圣功诗》:“祜闻昔隋末,炀帝厄围兵。”陆龟蒙《庆封宅古井行》:“一朝云梦围兵至,胸陷锋芒脑涂地。”

【圍碁】　同“围棋”。张鹭《诗一首》:“娘子为性好围棋,逢人剩戏不寻思。”颜真卿、李观《竹山连句题潘氏画堂》:“读《易》三时罢,围碁百事忘。”

【圍棋】　亦作“围碁”。古称棋或弈。棋类游艺的一种。传为尧所创,春秋战国时已流行。东晋以前17道289路,南北朝时发展为19道361路。双方用黑白棋子对弈,互相围攻,吃去对方的棋子。以占位(路)多者为胜。秦系《期王炼师不至》:“昨日围棋未终局,多乘白鹤下山来。”元稹《酬翰林白学士代书一百韵》:“还醇凭酎酒,运智托围棋。”周贺《赠道人》:“摇头说易当朝客,落手围棋对俗人。”唐求《题李少府别业》:“何年亦作围棋伴,一到松间醉一回。”

【圍繞】　犹环绕。寒山《诗三百三首》之二六一:“我见转轮王,千子常围绕。”张说《襄州景空寺题融上人兰若》:“众山既围绕,长川复回临。”白居易《春题湖上》:“湖上春来似图画,乱峰围绕水平铺。”陆龟蒙《头陀僧》:“万峰围绕一峰深,向此长修苦行心。”

【圍爐】　围绕火炉取暖。刘得仁《夜携酒访崔正字》:“忽起围炉思,招携酒满壶。”

十　画

園　〔yuán《广韵》雨元切,平元,云。〕❶用篱笆环围种植蔬菜、花卉、竹木的地方。韦应物《西郊养疾闻畅校书有新什见赠久伫不至先寄此诗》:“养病惬清夏,郊园敷卉木。”张籍《和令狐尚书平泉东庄近居李仆射有寄十首》:“门静山光别,园深竹影连。”白居易《杏园中枣树》:“胡为不自知,生花此园里。”李商隐《寓目》:“园桂悬心碧,池莲饫眼红。”❷游息之所。见“園林”“園亭”。❸田园。见“園井”“園田”。

【園井】　菜园和水井。刘言史《放萤怨》:“且逍遥,还酩酊,仲舒漫不窥园井。”元稹《酬段丞与诸棋流会宿弊居见赠二十四韵》:“琴书甘尽弃,园井讵能窥。”

【園公】　❶指东园公,商山四皓之一。刘禹锡《自左冯归洛下酬乐天兼呈裴令公》:“自有园公紫芝侣,仍追少傅赤松游。”白居易《奉和思黯相公兼呈梦得》:“疏傅心偏爱,园公眼屡回。”❷种菜的老头。多用作谦称。窦牟《酬舍弟庠罢举从州辟书》:“舍弟未应丝作鬓,园公不用印随身。”白居易《陕府王大夫相迎偶赠》:“紫微阁老自多情,白首园公岂要迎。”

【園田】　园圃和田地。韦应物《答库部韩郎中》:“风雪积深夜,园田掩荒蹊。”李渤《南溪诗》序:“桂水漓山,右汇阳江,数里余得南溪口。溪左屏外崖巘,斗丽争高,其孕翠曳烟,逦迤如画,左连幽墅,园田鸡犬,疑非人间。”

【園令】　陵园令,掌守护陵园。《史记·司马相如列传》:“相如拜为孝文园令。”司马贞索隐引《百官志》曰:“‘陵园令,六百石,掌案行扫除’也。”后多用以称司马相如。张说《对酒行巴陵作》:“留侯封万户,园令寿千金。”钱起《罢章陵令山居过中峰道者二首》之一:“宁辞园令秩,不改渊明调。”李贺《恼公》:“使君居曲陌,园令住临邛。”罗隐《寄易定公乘亿侍郎》:“侍中生不到,园令死须降。”

【園吏】　❶主管园圃的小官。杜甫《园官送菜》:“园吏未足怪,世事固堪论。”❷《史记·老子韩非列传》:“庄子者,蒙人也,名周。周尝为蒙漆园吏。”故后借以指庄周。许浑《早秋三首》之二:“生公与园吏,何处是吾师。”徐铉《步虚词五首》之四:“不嫌园吏傲,愿在玉宸前。”

【園吏夢】　园吏,指庄周。《庄子·齐物论》:“昔者庄周梦为胡蝶,栩栩然胡蝶也。自喻适志与!不知周也。俄然觉,则蘧蘧然周也。不知周之梦为胡蝶与?胡蝶之梦为周与?”后作为咏梦之典。戴叔伦《赠韦评事儹》:“是非园吏梦,忧喜塞翁心。”章碣《桃源》:“别后自疑园吏梦,归来谁信钓翁言。”

【園林】　种植花木供人游赏休息之所。张谔《铜雀台》:“铜台宫观委灰尘,魏主园林漳水滨。”钱起《山园秋晚寄杜黄裳少府》:“惆怅佳期阻,园林秋景闲。”白居易《六十六》:“童稚尽成人,园林半乔木。”皮日休《襄州汉阳王故宅》:“园林一半为他主,山水虚言是故乡。”

【園官】　管理园圃的小官,即园吏。杜甫《园官送菜》序:“园官送菜把,本数日阙,矧苦苣、马齿掩乎嘉蔬,伤小人妒害君子,菜不足道也,比而作诗。”朱鹤龄注:“园官,管园之吏。”

【園亭】　庭园台阁。李适《侍宴长宁公主东庄应制》:“歌舞平阳第,园亭沁水林。”宋璟《送苏尚书赴益州》:“园亭若有送,杨柳最依依。”

【園客】　❶游园之客。刘禹锡《题于家公主旧宅》:“邻家犹学宫人髻,园客争偷御果枝。”❷仙人名。晋干宝《搜神记》卷一:“园客者,济阴人也,貌美,邑人多欲妻之,客终不娶。尝种五色香草,积数十年,服食其实。忽有五色神蛾,止香草之上,客收而荐之以布,生桑蚕焉。至蚕时,有神女夜至,助客养蚕,亦以香草食蚕。得茧百二十头,大如瓮,每一茧缫六七日乃尽。

缫讫，女与客俱仙去，莫知所如。”后用作咏蚕丝之典。杨师道《侍宴赋得起坐弹琴二首》之二：“丝传园客意，曲奏楚妃情。”

【園院】 庭园。卢照邻《相如琴台》：“园院风烟古，池台松槚春。”

【園畦】 园中田畦。泛指田园。张九龄《郡舍南有园畦杂树聊以永日》：“却步园畦里，追吾野逸心。”

【園陵】 皇帝陵墓。杜甫《洞房》：“万里黄山北，园陵白露中。”又《奉送郭中丞兼太仆卿交陇右节度使三十韵》：“宸极袄星动，园陵杀气平。”徐铉《文献太子挽歌词五首》之四：“甲观光阴促，园陵天地长。”

【園場】 园林场圃。卢象《乡试后自巩还田家因谢邻友见过之作》：“园场近阴壑，草木易凋残。”韦应物《休沐东还胄贵里示端》：“竹木稍摧翳，园场亦荒芜。”

【園葵】 园中之葵。葵，菜名，蔬用，子可入药。李白《书怀赠南陵常赞府》：“将无七擒略，鲁女惜园葵。”杜甫《移居公安敬赠卫大郎钧》：“水烟通径草，秋露接园葵。”

【園塋】 坟茔。叶元良《御制段太尉碑》：“园茔标石篆，雨露降天文。”

【園寢】 建于帝王墓地的庙。吕温《顺宗至德大圣大安孝皇帝挽歌词三首》之二：“更留园寝诏，恭听有余芳。”张籍《拜丰陵》：“岁朝园寝遣公卿，学省班中亦摄行。”严巨川《仲秋太常寺观公卿辂车拜陵》：“郊原佳气引，园寝瑞烟长。”

【園綺】 商山四皓中的东园公和绮里季。李白《过四皓墓》：“园绮复安在，云萝尚宛然。”韦应物《送郗詹事》：“朝野同称叹，园绮郁齐名。”徐夤《闻司空侍郎讣音》：“园绮生虽逢汉室，巢由死不谒尧阶。”

【園廟】 帝王陵园旁所建之庙。耿湋《登乐游原》：“园庙何年废，登临有故丘。”郭良骥《邺中行》：“年去年来秋更春，魏家园庙已成尘。”

【園廬】 田园庐舍。孟浩然《冬至后过吴张二子檀溪别业》：“园庐二友接，水竹数家连。”杜甫《无家别》：“寂寞天宝后，园庐但蒿藜。”羊士谔《永宁小园即事》：“萧条梧竹下，秋物映园庐。”朱庆余《和刘补阙秋园寓兴之什十首》之六：“苍翠经宵在，园庐景自深。”

【園籜】 园中竹笋。李商隐《李花》：“减粉与园箨，分香沾渚莲。”

圓 〔yuán《广韵》王權切，平仙，云。〕❶圆周；环形。太宗《帝京篇十首》之九：“珮移星正动，扇掩月初圆。”潘炎《清如玉壶冰》：“琰玉性惟坚，成壶体更圆。”李商隐《小桃园》：“犹怜未圆月，先出照黄昏。”韦庄《送李秀才归荆溪》：“八月中秋月正圆，送君吟上木兰船。”❷宛转；圆润。白居易《江楼夜吟元九律诗成三十韵》：“冰扣声声冷，珠排字字圆。”温庭筠《夜宴谣》：“莺咽姹唱圆无节，眉敛湘烟袖回雪。”李洞《登圭峰旧隐寄荐福栖白上人》：“夜寒吟病甚，秋健讲声圆。”❸指天。包佶《祀雨师乐章·迎神》：“陟降左右，诚达幽圆。”❹圆滑。元结《恶圆》：“宁方为阜，不圆为卿。”❺团圆。吕岩《七言》之十一：“白龟窟里夫妻会，青凤巢中子母圆。”❻成功，完成。张九龄《奉和圣制谒玄元皇帝庙斋》：“乐动人神会，钟成律度圆。”

【圓仁】 日本天台宗始祖最澄弟子。唐开成三年(838)与圆载等随同日本第十八次遣唐使入唐求法。先至扬州向荣睿和尚学梵语，继诣五台山，又至长安，就元政义真学密教，并至南天竺宝月处学佛。归国时，携去经书传记八百余卷及大量佛像、道具、高僧真影等。在中国学佛期间备尝辛苦。对日本天台宗贡献很大，在日本佛学史上享有盛名。栖白有《送圆仁三藏归本国》。

【圓公】 即圆明上人。李德裕《赠圆明上人》原注：“圆公，佛顶之最。”参见“圓明上人”。

【圓月】 ❶圆形之月。姚合《郡中冬夜闻蛩》：“微霜风稍静，圆月雾初开。”温庭筠《月中宿云居寺上方》：“众星中夜少，圆月上方明。”李威用《寄友生》：“圆月思同步，寒泉忆共闻。”❷月当正圆。张祜《题于越亭》之二：“肠断中秋正圆月，夜来谁唱异乡歌。”李洞《客亭对月》：“一年十二度圆月，十一回圆不在家。”

【圓文】 圆形水纹。韦应物《西涧即事示卢陟》：“空林细雨至，圆文遍水生。”温庭筠《秋雨》：“细响鸣林叶，圆文破沼萍。”

【圓方】 ❶谓天地。古人认为天圆地方，故称。无可《小雪》：“集物圆方别，连云远近同。”❷谓呈圆形或方形。司空图《诗品二十四则·委曲》：“道不自器，与之圆方。”

【圓平】 圆而平整。白居易《盘石铭》序：“夜从山来，遗我盘石，圆平腻滑，广袤六尺。”

【圓丘】 ❶天子祭天之坛。卢照邻《中和乐九章·歌南郊》：“虔郊上帝，肃事圆丘。”刘禹锡《卧病因寄李六侍郎》：“清庙既策勋，圆丘俟燔柴。”白居易《新乐府·立部伎》：“长令尔辈调宫徵，圆丘后土郊祀时。”郑谷《丞相孟夏祗荐南郊纪献十韵》：“至诚闻上帝，明德祀圆丘。”❷神山名。圆，亦作“员”。晋张华《博物志·物产》：“员丘山上，有不死树，食之乃寿；有赤泉，饮之不老。多大蛇为人害，不得居也。”李白《秋猎孟诸夜归置酒单父夜楼观妓》：“冀餐圆丘草，欲以还颓年。”亦借指神州，即中国。曹邺《秦后作》：“圆丘无日月，旷野失南北。”

【圓光】 日月之光。多指月光。王维《赋得秋日悬清光》:"圆光含万象,醉影入闲流。"李白《君子有所思行》:"圆光过满缺,太阳移中昃。"吕温《吐蕃别馆月夜》:"回身向暗卧,不忍见圆光。"叶季良《赋得月照冰池》:"圆光生碧海,素色满瑶池。"

【圆成】 佛教语。成就很圆满。吕岩《敲爻歌》:"太虚之上真修士,朗朗圆成一物无。"常达《山居八咏》之七:"胡僧论的旨,物物唱圆成。"

【圆折】 盘旋曲折。杜牧《池州送孟迟先辈》:"时步郭西南,缭径苔圆折。"

【圆沚】 圆形小洲。骆宾王《在江南赠宋五之问》:"浮光凝折水,积润疏圆沚。"

【圆沙】 圆形沙滩。杜甫《草堂即事》:"寒鱼依密藻,宿鹭起圆沙。"

【圆吭】 犹言珠圆的嗓子。陆龟蒙《和袭美先辈悼鹤》:"一夜圆吭绝不鸣,八公虚道得千龄。"

【圆明】 ❶圆而明亮。元稹《月三十韵》:"须遣圆明尽,良嗟造化非。"白居易《以镜赠别》:"月破天暗时,圆明独不歇。"郑畋《句》:"圆明青饳饭,光润碧霞浆。"❷指圆而明亮的珍珠。张籍《罔象得玄珠》:"皎洁因成性,圆明不在泉。"苑岫《暗投明珠》:"错落珍寰宇,圆明隔浅流。"一钵和尚《一钵歌》:"尘劳灭尽真如在,一颗圆明无价珠。"❸佛家语。圆通明彻。一钵和尚《一钵歌》:"莫怪狂言无次第,筛罗渐入粗中细。只这粗中细也无,即是圆明真实谛。"

【圆明上人】 唐福州(今属福建)人。俗姓陈,广州文殊院禅师。尝游五台山睹文殊化现,乃随方建院,以"文殊"为额。至宋太宗淳化元年(990)圆寂,寿一百三十六。见《景德传灯录》卷十一。李德裕有《赠圆明上人》。

【圆知】 丰富的知识。郑缙《咏浮沤为辛明府作》:"洁容无变染,圆知有谦柔。"

【圆波】 圆形波纹。温庭筠《罩鱼歌》:"鱼尾迸圆波,千珠落湘藕。"

【圆空】 佛家语。本谓一切皆空,无所执着。亦借指宇宙。法进《七言伤大和尚》:"大师慈育契圆空,远迈传灯照海东。"

【圆穹】 谓天。皮日休《太湖诗·缥缈峰》:"众岫点巨浸,四方接圆穹。"亦用以喻指朝廷。皮日休《鲁望读襄阳耆旧传见赠五百言予次而赞之因而寄答亦诗人无言不酬之义也次韵》:"在昔房陵迁,圆穹正中漏。"

【圆珍】 日本天台宗始祖最澄弟子,日本天台宗第五代座主。曾入唐学佛,与晚唐诗僧清观友善。清观有《赠圆珍和尚》。

【圆首】 谓头胪,古人以人头圆似天,故称。司空图《戊午三月晦二首》之一:"随风逐浪剧蓬萍,圆首何曾解最灵。"

【圆冠】 圆形之冠,儒者所戴。元稹《赠毛仙翁》序:"余尝见圆冠方领之士,读道书,疑其绝智弃仁。"

【圆珪】 圆形之玉珪。韦庄《信州西三十里山名仙人城下有月岩山聊赋是诗》:"中有月满轮,皎洁如圆珪。"

【圆珠】 圆形之珠。元稹《消卢戡与予数约游三寺戡独醉而不行》:"素帚茅花乱,圆珠稻实齐。"裴休《赠黄蘖山僧希运》:"曾传达士心中印,额有圆珠七尺身。"

【圆罛】 圆形之渔网。陆龟蒙《渔具诗·罩》:"左手揭圆罛,轻桡弄舟子。"

【圆缺】 月圆和月缺。吴融《题画柏》:"圆缺且不常,高低图难测。"李建枢《咏月》:"一年十二度圆缺,能得几多时少年?"李建勋《柏梁隔句韵诗》:"圆缺都如月,东西只似云。"

【圆扇】 即团扇。刘商《赋得射雉歌送杨协律表弟赴婚期》:"秋深为尔持圆扇,莫忘鲁连飞一箭。"

【圆彩】 日月之光彩。虞世南《奉和咏日午》:"翠盖飞圆彩,明镜发轻花。"邓陟《珠还合浦》:"素辉明荡漾,圆彩色玢瑞。"姚合《中秋夜洞庭圆月》:"圆彩含珠魄,微飚发桂馨。"

【圆悟】 佛家语。谓圆满觉悟真理。慧净《杂言》:"唯有能仁独圆悟,廓尘静浪开玄路。"

【圆毫】 指毛笔。李贺《杨生青花紫石砚歌》:"圆毫促点声静新,孔砚宽顽何足云。"

【圆宫】 圆形宫室。玄宗《端午三殿宴群臣探得神字》:"方殿临华节,圆宫宴雅臣。"

【圆荷】 圆形的荷叶。李峤《荷》:"新溜满澄陂,圆荷影若规。"毛文锡《虞美人》词:"蛛丝结网露珠多,滴圆荷。"

【圆规】 ❶指月亮。莫宣卿《赋得水怀珠》:"素魄生蘋末,圆规照水隅。"❷指形如满月的圆镜。张佐《秦镜》:"皎色新磨出,圆规旧铸成。"

【圆顶】 ❶圆形之顶端。苏颋《奉和圣制幸礼部尚书窦希玠宅应制》:"圆顶图嵩石,方流拥魏沙。"李商隐《无题二首》之一:"凤尾香罗薄几重,碧文圆顶夜深缝。"❷指削发之僧。曹松《荐福寺赠应制白公》:"瓶势倾圆顶,刀声落碎髭。"

【圆笠】 圆形斗笠。储光羲《牧童词》:"圆笠覆我首,长蓑披我襟。"

【圆旋】 回旋。顾况《石窦泉》:"吹沙复喷石,曲折仍圆旋。"

【圆清方濁】 犹言天清地浊。杜光庭《纪道德》:"故可以越圆清方浊兮不始不终,何止乎居九流五常兮理家理国。"

【圓寂】 佛教用语。意为诸德圆满俱足,诸恶寂灭净尽。羊滔《游烂柯山》之四:"深入不动境,乃知真圆寂。"羊士谔《郡斋读经》:"圆寂期超诣,凋残幸已苏。"

【圓寂上人】 唐僧。即无生和尚。邺都(故址在今河北临漳县西)人。曾修行于醴泉县(今属陕西)瑶台寺。唐大历中卒,年百余岁。颜真卿有《使过瑶台寺有怀园寂上人》。

【圓陰】 圆形阴影。薛能《赠无表禅师》:"笠戴圆阴楚地棕,磬敲清乡蜀山铜。"

【圓通】 佛家语。谓觉慧周圆,通入法性。《三藏法数》卷四六:"体性周遍曰圆,妙用无碍曰通,乃一切众生本有之心源,诸佛菩萨所证之圣境也。"王昌龄《同王维集青龙寺昙壁上人兄院五韵》:"圆通无有象,圣境不能侵。"

【圓景】 (—yǐng)谓月或月光。皎然《晚冬废溪东寺怀李司直纵》:"清想属遥夜,圆景当空林。"武元衡《八月十五酬从兄常望月有怀》:"坐爱圆景满,况兹秋夜长。"羊士谔《郡中玩月三首》之三:"圆景旷佳宾,徘徊夜漏频。"

【圓象】 天象,日月星辰变化之象。顾非熊《夏夜汉渚归舟即事》:"巨浸分圆象,危樯入众星。"

【圓扉】 监狱之门。借指监狱。骆宾王《幽絷书情通简知己》:"圆扉长寂寂,疏网尚恢恢。"

【圓夢】 解说梦之凶吉。李珣《西溪子》词:"金缕翠钿浮动,妆罢小窗圆梦。"

【圓載】 日本僧人,开成三年(838)至唐学天台宗。修持戒律精严,富于学问,深受晚唐诗人皮日休、陆龟蒙、颜萱等尊敬,与其多有唱和。归国时携回大量的书卷经文。圆寂于归国途中。皮日休有《送圆载上人归日本国》。

【圓塘】 圆形池塘。廖融《题伍彬屋壁》:"圆塘绿水平,鱼跃紫莼生。"

【圓暉】 指圆月。拾得《诗》之四十:"圆晖挂太虚,莹净能萧洒。"

【圓滿】 圆实丰满。寒山《诗三百三首》之一九九:"众星罗列夜明深,岩点孤灯月未沉。圆满光华不磨莹,挂在青天是我心。"

【圓蓋】 ❶谓天。《郊庙歌辞·周郊祀乐章·昭顺乐》:"告功圆盖,受命云坛。"李商隐《人欲》:"人欲天从竟不疑,莫言圆盖便无私。"亦用以指国家版图。太宗《执契静三边》:"圆盖归天壤,方舆入地荒。"❷圆形之伞盖。司空曙《迎神》:"鸾旌圆盖望欲来,山雨霏霏江浪起。"

【圓蒼】 指天。李贺《吕将军歌》:"圆苍低迷盖张地,九州人事皆如此。"

【圓輕】 指圆而轻的团扇。黄滔《去扇》:"已知秦女升仙态,休把圆轻隔牡丹。"

【圓緊】 ❶谓歌声圆转急促。元稹《和乐天示杨琼》:"腰身瘦小歌圆紧,依约年应十六七。"❷圆而紧束。皮日休《公斋四咏·新竹》:"圆紧珊瑚节,钐利翡翠翎。"

【圓輝】 指园而亮的露珠。骆宾王《秋露》:"变霜凝晓液,承月委圆辉。"

【圓嶠】 山名。五神山之一。圆,亦作员。《列子·汤问》有载。则天皇后《游石淙诗》序:"若夫圆峤、方壶,涉沧波而靡际;金台玉阙,陟元圃而无阶。"上官昭容《游长宁公主流杯池二十五首》之七:"莫论圆峤,休说方壶,何如鲁馆,即是仙都。"

【圓魄】 圆月。李峤《中秋月二首》之二:"圆魄上寒空,皆言四海同。"权德舆《唐开州文编远寄新赋聊书还答》:"归云夕鳞鳞,圆魄夜苍苍。"贾岛《晚晴见终南诸峰》:"圆魄将升兔,高空欲叫鸿。"

【圓澈】 圆融透彻。郑薰《赠巩畴》:"圆澈保直性,客尘排妄情。"

【圓壇】 郊祀祭天之圆形坛场。张谔《东封山下宴群臣》:"明朝陪圣主,山下礼圆坛。"韩愈《元和圣德诗》:"兽盾腾拏,圆坛帖妥。"

【圓融】 圆满融通。段成式、张希复《中禅师影堂联句》:"洞达见空王,园融入佛地。"贯休《寄天台道友》:"贤圣无他术,圆融只在吾。"

【圓轉】 (—zhuǎn)❶圆滑转动。白居易《游悟真寺诗》:"隔瓶见舍利,圆转如金丹。"又《与沈杨二舍人阁老同食敕赐樱桃玩物感恩因成十四韵》:"圆转盘倾玉,鲜明笼透银。"❷圆滑,圆通。刘得仁《夏日感怀寄所知》:"趋时不圆转,自古易湮沉。"卢注《酒胡子》:"可亦不在心,否亦不在面,徇客随时自圆转。"❸婉转。白居易《小童薛阳陶吹觱栗歌》:"急声圆转促不断,轹轹辚辚似珠贯。"

【圓轉如珠】 如珠之圆滑转动。白居易《短歌行》:"曈曈太阳如火色,上行千里下一刻。出为白昼入为夜,圆转如珠住不得。"

【圓闕】 圆和缺。亦用以指时圆时缺的月亮。李峤《云》:"会入大风歌,从龙赴圆阙。"苏颋《奉和圣制春台望应制》:"圆阙朱光焰,横山翠微积。"

【圓蟾】 月亮之别称。张碧《美人梳头》:"玉容惊觉浓睡醒,圆蟾挂出妆台表。"

【圓蘆】 圆形芦苇。杜牧《张好好诗》:"繁弦迸关纽,寒管裂圆芦。"

【圓靈】 ❶镜名。徐敞《圆灵水镜》:"浮光上东洛,扬彩满圆灵。"❷谓天。吴融《八月十五夜禁直寄同僚》:"明涵太液鱼龙定,静锁圆灵象纬沈。"

【圓觀】 唐诗僧。修行于洛阳惠林寺。梵学之外，精通音律。与谏议大夫李源为忘年友。卒于杭州天竺寺。《全唐诗外编》下录其《竹枝词》二首。

【圓鑿方枘】 谓方形之木而入圆形之孔，喻齟齬不合。寒山《诗三百三首》之四五："圆凿而方枘，悲哉空尔为。"杜甫《入衡州》："嗟彼苦节士，素于圆凿方。"

十一画

團〔tuán《广韵》度官切，平桓，定。〕❶圆。杜审言《和康五庭芝望月有怀》："暂将弓并曲，翻与扇俱团。"韩愈《秋怀诗十一首》之九："谓是夜气灭，望舒實其团。"白居易《题卢秘书夏日新栽竹二十韵》："未夜青岚入，先秋白露团。"❷揉合，聚集。姚崇《秋夜望月》："灼灼云枝净，光光草露团。"姚康《礼部试早春残雪》："无柳花常在，非秋露正团。"参见"團飞"。❸量词。戎昱《闰春宴花溪严侍御庄》："一团青翠色，云是子陵家。"白居易《能无愧》："一团香絮枕，倚坐稳于人。"平曾《縶白马诗上薛仆射》："白马披鬃练一团，今朝被绊欲行难。"卢延让《谢杨尚书惠樱桃》："万颗真珠轻触破，一团甘露软含消。"❹圆状物。贯休《秋寄栖一》："卷句冰团大，炉香枥橛粗。"❺通"抟"。李白《上云乐》："女娲戏黄土，团作愚下人。"

【團光】 谓月光。李贺《梦天》："玉轮轧露湿团光，鸾珮相逢桂香陌。"

【團花】 四周呈放射状或旋转式的圆形装饰纹样。欧阳炯《春光好》词："叠雪罗袍接武，团花骏马娇行。开宴锦江游烂熳，柳烟轻。"

【團枝】 卷曲成团的树枝。吴融《题画柏》："回首寄团枝，无劳惠消息。"

【團沙】 聚沙成堆。于濆《长城》："团沙世所难，作垒明知苦。"

【團紅】 指花朵。李贺《石城晓》："细露湿团红，寒香解夜醉。"李咸用《富贵曲》："编珠影里醉春庭，团红片下攒歌黛。"

【團飛】 相聚而飞。温庭筠《博山》："粉蝶团飞花转影，彩鸳双泳水生纹。"

【團茶】 特制而成的圆饼状茶叶。李群玉有《龙山人惠石廪方及团茶》。

【團雪】 成团之雪，喻洁白之花。温宪《杏花》："团雪上晴梢，红明映碧寥。"

【團練】 即团练使。唐肃宗时于诸州置团练使，职司监察。代宗时，元载秉政，恩结人心，凡刺史悉兼团练使。贯休有《寄韩团练》。

【團霞】 聚集而成云霞。喻花。顾云《池阳醉歌赠匡庐处士姚岩杰》："四面繁英拂槛开，帖雪团霞坠枝丫。"

【團轉】 犹圆滑。元稹《香球》："顺俗唯团转，居中莫动摇。"

【團迴】 周围回合。李贺《河南府试十二月乐词·十一月》："宫城团回凛严光，白天碎碎堕琼芳。"又《屏风曲》："团回六曲抱膏兰，将鬟镜上掷金蝉。"

【團珠】 谓凝聚而成珠。卢纶《九日奉陪侍郎登白楼》："红霞似绮河如带，白露团珠菊散金。"

【團扇】 ❶圆形之扇。古时宫内宫女常用之物，亦称宫扇。李白《中山孺子妾歌》："芙蓉老秋霜，团扇羞网尘。"刘方平《长信宫》："秋风能再热，团扇不辞劳。"李贺《感讽六首》之五："晓菊泫寒露，似悲团扇风。"❷指汉班婕妤所作《怨歌行》。因诗中有"新裂齐纨素，鲜洁如霜雪。裁为合欢扇，团团似明月"等语，故称。李嘉祐《古兴》："莫道君恩长不休，婕妤《团扇》苦悲秋。"翁绶《婕妤怨》："繁华事逐东流水，《团扇》悲歌万古愁。"参见"團扇詩"。

【團扇郎】 ❶乐府吴声歌曲。亦称"团扇歌"。刘禹锡和张祜均有《团扇郎》。❷原是晋人谢芳姿对其情人中书令王珉的称呼，唐诗中借用为女子对情郎的爱称。段成式《嘲飞卿七首》之三："愁生半额不开靥，只为多情团扇郎。"

【團扇草書】 《晋书·王羲之传》："尝在蕺山见一老姥，持六角竹扇卖之。羲之书其扇，各为五字。姥初有愠色。因谓姥曰：'但言是王右军书，以求百钱邪。'姥如其言，人竞买之。"又《白氏六帖》卷九："王右军草书于团扇。"后用以作称美书法之典。王维《赠张谭》(句)："屏风误点惑孙郎，团扇草书惊内史。"权德舆《马秀才草书歌》："犹轻昔日墨池学，未许前贤团扇书。"

【團扇詩】 汉成帝妃班婕妤，为赵飞燕所谮，退处东宫，作《怨歌行》自伤。诗曰："新制齐纨素，皎洁如霜雪。裁为合欢扇，团团似明月。出入君怀袖，动摇微风发。常恐秋节至，凉风夺炎热。弃捐箧笥中，恩情中道绝。"团扇诗指此。武平一《妾薄命》："正悦掌中舞，宁哀《团扇诗》?"张窈窕《寄故人》："无金可买《长门赋》，有恨空吟《团扇诗》。"

【團荷】 圆形荷叶。李珣《南乡子》词之四："带香游女偎伴笑，争窈窕，竞折团荷遮晚照。"

【團酥】 犹凝脂。温庭筠《南歌子》词之二："似带如丝柳，团酥握雪花。"

【團圓】 ❶圆貌。卢纶《送张成季往江上赋得垂杨》："露繁光的皪，日丽影团圆。"元稹《高荷》："飐闪碧云扇，团圆青玉叠。"裴夷直《奉和大梁相公送人二首》之一："想到越中秋已尽，镜河应羡月团圆。"殷文圭《八月十五夜》:“万里无云镜九州,最团圆夜是中秋。”❷亲人团聚。寒山《诗三百三首》之八五:“家眷实团圆,一呼百诺至。”白居易《自咏老身示诸家属》:“家居虽濩落,眷属幸团圆。”李商隐《昨日》:“未容言语还分散,少得团圆足怨嗟。”吕岩《敲爻歌》:“黄婆匹配得团圆,时刻无差口付传。”

【團團】 ❶圆貌。储光羲《田家杂兴八首》之八:“日暮闲园里,团团荫榆柳。”卢纶《同畅当咏蒲团》:“团团锦花结,乃是前溪蒲。”韩愈《送灵师》:“环回势益急,仰见团团天。”李群玉《龙安寺佳人阿最歌八首》之一:“团团明月面,冉冉柳枝腰。”❷行走不安貌。李贺《汉唐姬饮酒歌》:“妾身昼团团,君魂夜寂寂。”❸簇聚貌。王毂《暑日题道边树》:“却叹人无及物功,不似团团道边树。”韦庄《登汉高庙闲眺》:“天畔晚峰青簇簇,槛前春树碧团团。”❹围绕、旋转貌。顾云《筑城篇》:“画阁团团真铁瓮,堵阔巉岩齐石壁。”

【團翠】 凝翠。裴说《游洞庭湖》:“楚云团翠八百里,沣兰吹香堕春水。”

【團臍】 雌蟹腹甲形圆,称团脐。唐彦谦《蟹》:“漫夸丰味过蝤蛑,尖脐犹胜团脐好。”

【團辭】 猜度之词。团,估量,猜度。韩愈《南山诗》:“团辞试提挈,挂一念万漏。”

【團欒】 ❶圆貌。任华《寄杜拾遗》:“积翠扈游花匼匝,披香寓直月团栾。”唐彦谦《秋葵》:“月瓣团栾剪赭罗,长条排蕊缀鸣珂。”❷团聚。孟郊《惜苦》:“可惜大雅旨,意此小团栾。”

【團鬟】 卷曲的鬓发。李贺《兰香神女庙》:“团鬟分蛛巢,浓眉笼小唇。”

【團圞】 ❶圆貌。牛希济《生查子》词之二:“新月曲如眉,未有团圞意。”❷团聚。杜荀鹤《乱后山中作》:“兄弟团圞乐,羁孤远近归。”

圖 〔tú《广韵》同都切,平模,定。〕❶版图;地图。刘长卿《送卢侍御赴河北》:“千里按图收故地,三军罢战及春耕。”杜甫《秦州杂诗二十首》之三:“州图领同谷,驿道出流沙。”李贺《五粒小松歌》:“主人壁上铺州图,主人堂前多俗儒。”方干《送永嘉王令之任二首》之二:“虽展县图如到县,五程犹入缙云东。”❷图册;图画。杜甫《八哀诗·故著作郎贬台州司户荥阳郑公虔》:“昔献书画图,新诗亦俱往。”李程《观庆云图》:“五云从表瑞,藻绘宛成图。”张籍《和左司元郎中秋居十首》之七:“每忆旧山居,新教上墨图。”郑巢《赠丘先生》:“砚取檐前雨,图开异国山。”❸河图。李峤《奉和拜洛应制》:“文如龟负出,图似凤衔来。”李白《悲歌行》:“凤皇不至河无图,微子去之箕子奴。”丁泽《龟负图》:“天意将垂象,神龟出负图。”❹绘,画。梁锽《观王美人海图障子》:“自从图渤海,谁为觅湘娥。”姚合《武功县中作三十首》之八:“点笔图云势,弹琴学鸟声。”贯休《四皓图》:“何人图四皓,如语话唠唠。”❺考虑;计议。席豫《奉和圣制送张说巡边》:“经略图方远,怀柔道更全。”卢仝《感古四首》之一:“苟图容一身,万事良可恻。”元稹《放言五首》之四:“甯戚饭牛图底事,陆通歌凤也无端。”❻谋求;谋取。刘长卿《赠别于群投笔赴安西》:“且欲图变通,安能守拘束。”孟郊《结交》:“铸镜图鉴微,结交图相依。”李德裕《汨罗》:“都缘靳尚图专国,岂是怀王厌直臣。”贾岛《酬胡遇》:“丽句传人口,科名立可图。”❼希图;贪图。萧至忠《送张亶赴朔方应制》:“命将择耆年,图功胜必全。”岑参《峨眉东脚临江听猿怀二室旧庐》:“久别二室间,图他五斗米。”雍陶《恨别二首》之一:“知君饯酒深深意,图使行人涕不流。”陆龟蒙《五歌·水鸟》:“则有觜铍爪戟劲立直视者,击搏挽裂图膻腥。”❽谋划;谋略。王翰《饮马长城窟行》:“长安少年无远图,一生惟羡执金吾。”高适《塞上》:“转斗岂长策,和亲非远图。”周昙《咏史诗·三代门·管蔡》:“伊商胡越尚同图,管蔡如何有异谟。”皎然《苕溪草堂简潘丞述汤评事衡四十三韵》:“放世与成名,两图在所择。”❾谋图,设法对付。元稹《酬翰林白学士代书一百韵》:“犹胜忆黄犬,幸得早图之。”白居易《紫藤》:“寄言邦与家,所慎在其初。毫末不早辨,滋蔓信难图。”❿企图;雄图,宏图。苏颋《奉和圣制登蒲州逍遥楼应制》:“缅怀祖宗业,相继文武图。”《郊庙歌辞·武后享清庙乐章十首·第六送文舞》:“帝图草创,皇业初开。”陆龟蒙《奉和袭美二游诗·徐诗》:“君抱王佐图,纵步凌陶甄。”李建勋《闲游》:“道胜他图薄,身闲白日长。”⓫料想。陈子昂《观荆玉篇》序:“始者与此君别,不图至是而见之。”

【圖王】 图谋王业。太宗《春日望海》:“霓裳非本意,端拱且图王。”裴夷直《亚夫碎玉斗》:“图王业已失,为虏言空悔。”

【圖功】 ❶图立功业。刘宪《奉和圣制幸望春宫送朔方大总管张仁亶》:“命将择耆年,图功胜必全。”❷图绘之功。张籍《新城甲仗楼》:“图功百尺丽,藏器五兵修。”白居易《赠写真者》:“迢递麒麟阁,图功未有期。”

【圖史】 图书史籍。韩愈《食曲河驿》:“亲戚顿乖角,图史弃纵横。”

【圖形】 绘画形象。崔液《上元夜六首》之二:“神灯佛火百轮张,刻象图形七宝装。”白居易《香山居士写真诗》:“昔作少学士,图形入集贤。”韩偓《及第过堂日作》:“百群敛容开路看,片时辉赫胜图形。”亦用以指所绘之画像。张祜《李夫人词》:“争奈世间惆怅在,甘泉宫夜看图形。”

【圖形類狗】　即画虎不成反类狗，见《后汉书·马援传》。后用以喻事与愿违。李商隐《咏怀寄秘阁旧僚二十六韵》："图形翻类狗，入梦肯非熊。"

【圖身】　为自己谋算。白居易《有木诗八首》序："余尝读《汉书》列传，见佞顺婞婀，图身忘国，如张禹辈者。"

【圖典】　图书典册。杜审言《南海乱石山作》："相传称乱石，图典失其事。"

【圖南】　《庄子·逍遥游》："有鸟焉，其名为鹏，背若泰山，翼若垂天之云；抟扶摇羊角而上者九万里，绝云气，负青天，然后图南，且适南冥也。"后用喻大业始兴，宏图初展。卢象《赠张均员外》："去去图南远，微才幸不忘。"杜甫《泊岳阳城下》："图南未可料，变化有鲲鹏。"钱起《送李大夫赴广州》："图南不可御，惆怅守薄暮。"权德舆《送宇文文府赴行在》："从此图南路，青云步武间。"

【圖南翼】　谓宏图大志。骆宾王《夏日游德州赠高四》："未展从东骏，空戢图南翼。"参见"圖南"。

【圖後】　图谋后事。柳宗元《咏史》："岂不善图后，交私非所闻。"

【圖烟閣】　图绘功臣之象于凌烟阁。烟阁，指凌烟阁，唐王朝为表彰功臣而建筑的高阁。阁在长安。贞观十七年图画开国功臣长孙无忌、杜如晦、魏征、尉池敬德等二十四人于阁。太宗亲自作赞，褚遂良题图，阎立本画。见唐刘肃《大唐新语·褒锡》。李洞《感恩书事寄上集义司徒相公》："功居第一图烟阁，依旧终南满杜陵。"

【圖書】　❶书籍文册。崔融《户部尚书崔公挽歌》："八座图书委，三台章奏盈。"张谓《过从弟制疑官舍竹斋》："野猿偷纸笔，山鸟污图书。"朱庆余《寄刘少府》："唯爱图书兼古器，在官犹自未离贫。"曹松《将入关行次湘阴》："背顾秦城在何处，图书作伴过湘东。"❷指《河图》《洛书》。贾曾《孝和皇帝挽歌》："天行应潜跃，帝出受《图》《书》。"郭邕《洛出书》："德合天贶呈，龙飞圣人作。光宅被寰区，图书荐《河》《洛》。"张钦敬《洛出书》："浮空九洛水，瑞圣千年质。奇象八卦分，《图》《书》九畴出。"❸指地图。徐安贞《题襄阳图》："图书空咫尺，千里意悠悠。"

【圖書府】　藏收图书的府库。张说《恩制赐食于丽正殿书院宴赋得林字》："东壁图书府，西园翰墨林。"刘禹锡《题集贤阁》："凤池西畔图书府，玉树玲珑景气闲。"

【圖進】　图谋进取。张九龄《使还都湘东作》："养真无上格，图进岂前期。"

【圖象】　画像，绘画形象。贯休《遇五天僧入五台五首》之三："白叠还图象，沧溟亦泛杯。"

【圖畫】　❶绘画，图绘事物形象。王建《上崔相公》："施行圣泽山川润，图画天文彩色新。"❷绘制的画儿。宗楚客《奉和幸安乐公主山庄应制》："日映层岩图画色，风摇杂树管弦声。"杜甫《即事》："飞阁卷帘图画里，虚无只少对潇湘。"杜牧《杜秋娘诗》："眉宇俨图画，神秀射朝辉。"陆龟蒙《奉和袭美太湖诗二十首·雨中游包山精舍》："僧闲若图画，像古非雕刻。"

【圖經】　❶图书经典。王建《题酸枣县蔡中郎碑》："不向图经中旧见，无人知是蔡邕碑。"薛能《华岳》："每思穷本末，应合记图经。"齐己《怀武陵因寄幕中韩先辈何从事》："武陵嘉致迹多幽，每见图经恨白头。"❷地图。韩愈《将至韶州先寄张端公使君借图经》："愿借图经将入界，每逢佳处便开看。"张籍《送郑尚书赴广州》："海北蛮夷来舞蹈，岭南封管送图经。"

【圖像】　画像。柳宗元《巽公院五咏·净土堂》："华堂开净域，图像焕且繁。"

【圖榮】　❶谓希图繁茂。张祜《扬州法云寺双桧》："谢家双植本图荣，树老人因地变更。"❷谓谋取荣达。陆龟蒙《江南秋怀寄华阳山人》："逢山即堪隐，何路可图荣。"

【圖澄】　指佛图澄。西晋、后赵时僧人。西域龟兹(今新疆库车一带)人。本姓帛。晋怀帝永嘉四年(310)至洛阳，自称已四百余岁，能听铃声知凶吉，石勒建立后赵政权后，以鬼神方术受宠信，经常参议军政大事，被尊称"大和上"。屡以佛教规劝石氏施行"德化""不杀""不为暴虐，不害无辜"，并大力传播佛教。在其影响下，石氏正式允许汉人出家为僧。其所历州郡，共建寺八百九十三所。从其授业弟子甚多，身旁常有数百，前后达万人。著名弟子有道安、法雅、法汰、法和等。死于邺宫寺。齐己《谢贯微上人寄示古风今体四轴》："谩求龙树能医眼，休向图澄学洗肠。"

【圖寫】　写绘事物之形状，绘画。白居易《霓裳羽衣歌》："疑从魂梦呼召来，似著丹青图写出。"李朋《奉酬绵州中丞以江山小图远垂赐及兼寄诗》："图写丹青内，分明烟霭间。"欧阳炯《题景焕画应天寺壁天王歌》："唐朝王著名公画，周昉毫端善图写。"

【圖勳】　图写功勋。李群玉《献王中丞时有除拜》："他日图勋画麟阁，定呈肝胆始应休。"

【圖謀】　企图，打算。王梵志《五言》之五："图谋未入手，只是愿饥荒。"

【圖壁】　绘有图画的墙壁。韩愈《奉和杜相公太清宫纪事陈诚上李相公十六韵》："卫门罗戟槊，图壁杂龙蛇。"

【圖臒】　用颜料图绘。臒，赤石脂之类，可作颜料。齐己《灵松歌》："安得良工妙图臒，写将偃蹇悬烟阁。"

【圖麒麟】 图像于麒麟阁。麒麟，亦作骐驎。汉宣帝思股肱之臣，令人绘霍光、苏武等十一人之像于此阁。见《汉书·李广苏建传》。刘长卿《时平后送范伦归安州》："昨闻战罢图麟阁，破虏收兵卷戎幕。"杜甫《前出塞九首》之三："功名图骐驎，战骨当速朽。"

【圖籍】 图书，书籍。苏颋《饯郢州李使君》："复闻拥符传，及是收图籍。"独孤及《奉和中书常舍人晚秋集贤院即事寄赠徐薛二侍御》："图籍凌群玉，歌诗冠柏梁。"陆龟蒙《奉和袭美卧疾感春见寄次韵》："除却数函图籍外，更将何事结良朋。"

【圖讖】 谓《河图》《洛书》等符命之书。书多宣扬符合占验。杜审言《和李大夫嗣真奉使存抚河东》："讴移歌火德，图谶在金天。"

十三画

圜 〔yuán《广韵》王權切，平仙，云。〕❶指天。见"圜蓋"。❷牢狱。见"圜户""圜狴""圜扉"。❸同"圓"。(1)圆形。见"圜觚"。(2)旋转，引申为圆滑。见"圜轉""圜變"。

【圜户】 狱门。亦指监狱。卢照邻《狱中学骚体》："圜户杳其幽邃兮，愁人披此严霜。"沈佺期《移禁司刑》："严城看熠耀，圜户对蜘蛛。"

【圜丘】 古时祭天地的圆形高坛。元稹《和李校书新题乐府十二首·立部伎》："顷向圜丘见郊祀，亦曾正旦亲朝贺。"

【圜狴】 监狱。狴，指狴犴，猛兽，有威力，古代立其像于狱门，故称。沈佺期《则天门赦改年》："圣人宥天下，幽钥动圜狴。"

【圜觚】 圆形酒杯。殷潜之《题筹笔驿》："圜觚当分画，前箸此操持。"

【圜扉】 监狱之门。钱起《叹毕少府以持法无隐见系》："落景闭圜扉，春虫网丛棘。"亦借指监狱。刘长卿《罪所上御史惟则》："误因微禄滞南昌，幽系圜扉昼夜长。"程长文《狱中书情上使君》："但看洗雪出圜扉，始信白圭无玷缺。"

【圜蓋】 谓天。魏征《五郊乐章·肃和》："眇眇方舆，苍苍圜盖。"

【圜壇】 即圜丘。则天皇后《唐享昊天乐·第三》："圜坛敢申昭报，方璧冀展虔情。"

【圜轉】 旋转。白居易《新乐府·胡旋女》："天宝季年时欲变，臣妾人人学圜转。"

【圜變】 圆滑善变。元稹《和李校书新题乐府十二首·胡旋女》："承奉君恩在圜变，是非好恶随君口。"

二十三画

圞 〔luán《广韵》落官切，平桓，來。〕见"團圞"。

部首目录

国家出版基金项目
NATIONAL PUBLICATION FOUNDATION

全唐诗词语通释

第五卷

《全唐诗词语通释》编纂组 编著

北京师范大学出版集团
BEIJING NORMAL UNIVERSITY PUBLISHING GROUP
安徽大学出版社

第五卷　部首表

第五卷　部首检字表

3493 米部

3506 糸部

4007
虍部

4332 走部

4354 足部

4373 身部

4376 車部

第五卷　竹部

竹 〔zhú《广韵》張六切，入屋，知。〕❶竹子。一种多年生的禾本常绿植物。嫩芽曰“笋”，可食。茎干可作建筑材料或编作器具。骆宾王《秋晨同淄川毛司马秋九咏·秋风》：“乱竹摇疏影，萦池织细流。”王维《冬晚对雪忆胡居士家》：“隔牖风惊竹，开门雪满山。”戴叔伦《女耕田行》：“乳燕入巢笋成竹，谁家二女种新谷？”姚合《闲居》：“幽鸟偏栖竹，凡人笑种莎。”项斯《和李中丞醉中期王征君月夜同游浐水旧居》：“风流还爱竹，此夜尚思闲。”❷指竹筒。刘禹锡《畲田行》：“照潭出老蛟，爆竹惊山鬼。”参见“竹爆”。❸竹竿。杜甫《清明二首》之一：“绣羽衔花他自得，红颜骑竹我无缘。”刘禹锡《奉送裴司徒令公自东都留守再命太原》：“爱棠余故吏，骑竹见新童。”路德延《小儿诗》：“嫩竹乘为马，新蒲折作鞭。”❹指竹制管乐器，箫、笛之类。元结《补乐歌十首·六英》：“我有丝竹兮，韵和泠泠。”权德舆《杂兴五首》之二：“乍听丝声似竹声，又疑丹穴九雏惊。”韩愈《县斋有怀》：“弓箭围狐兔，丝竹罗酒肴。”刘禹锡《和乐天南园试小乐》：“闲步南园烟雨晴，遥闻丝竹出墙声。”吴融《李周弹筝歌》：“古人云，丝不如竹，竹不如肉。”❺竹简。指史册。刘禹锡《南海马大夫见惠著述三通勒成四帙烦诗以谢之》：“编蒲曾苦思，垂竹愧无名。”参见“竹简”。❻竹制的信符。韦应物《寄大梁诸友》：“分竹守南谯，弭节过梁池。”白居易《初领郡政衙退登东楼作》：“何言符竹贵，未免州县劳。”李绅《寿阳罢郡日有诗十首与追怀不殊今编于后兼纪瑞物·肥河维舟阻冻祗待敕命》：“罢分符竹作闲官，舟冻肥河拟棹难。”参见“竹使符”。

【竹人】　筼筜竹节中状如人的实。见北魏贾思勰《齐民要术·五谷果蓏菜茹非中国物产者》。皮日休《送羊振文先辈往桂阳归觐》：“竹人临水迎符节，风母穿云避信旗。”

【竹几】　夏日取凉寝具，以青竹篾编成，或用整段竹打通竹节，周围开洞以通风，置放床席间，取其清凉。又名“竹夹膝”。白居易《闲居》：“绵袍拥两膝，竹几支双臂。”陆龟蒙有《以竹夹膝寄赠袭美》。

【竹山】　县名。即今湖北竹山县。境内有竹山，因山上竹林茂盛故名。颜真卿《竹山连句题潘氏书堂》：“竹山招隐处，潘子读书堂。”元稹《竹部》：“竹部竹山近，岁伐竹山竹。”

【竹巾】　竹笠的别称。张籍《太白老人》：“日观东峰幽客住，竹巾藤带亦逢迎。”

【竹王】　指汉代夜郎国王。传说其生于大竹之中，故名。见《后汉书·西南夷传·夜郎》。皮日休《寄琼州杨舍人》：“行遇竹王因设奠，居逢木客又迁家。”

【竹木】　竹与树木。白居易《病中宴坐》：“窗户纳秋景，竹木澄夕阴。”韩偓《曲江晚思》：“云物阴寂历，竹木寒青苍。”

【竹火爐】　见“竹爐”。

【竹瓦】　剖竹以代瓦，故称竹瓦。元稹《夜雨》：“竹瓦风频裂，茅檐雨渐疏。”齐己《荆渚偶作》：“竹瓦雨声漂永日，纸窗灯焰照残更。”

【竹牙】　笋的别称。见宋赞宁《笋谱》。张籍《春日行》：“春日融融池上暖，竹牙出土兰心短。”

【竹化龍】　同“竹杖❷”。胡曾《咏史诗·葛陂》：“长房回到葛陂中，人已登真竹化龙。”

【竹月】　竹林中的月色。张籍《奉和舍人叔直省时思琴》：“竹月泛凉影，萱露澹幽丛。”

【竹户】　竹编的门。赵嘏《早发剡中石城寺》：“竹户半开钟未绝，松枝静霁鹤初还。”

【竹皮】　即笋壳。李百药《谒汉高庙》：“竹皮聚寒径，枌社落霜丛。”白居易《小台》：“风飘竹皮落，苔印鹤迹上。”

【竹皮巾】　即竹皮冠。亦称“笋皮巾”。王绩《被召谢病》：“横裁桑节杖，直剪竹皮巾。”王维《过太乙观贾生房》：“共携松叶酒，俱篸竹皮巾。”

【竹皮冠】　（—guān）古代一种以笋壳制作的冠。韩偓《清兴》：“拥鼻绕廊吟看雨，不知遗却竹皮冠。”

【竹寺】　竹林中的寺庙。皇甫曾《建元寺昼公与崔秀才见过联句与郑奉礼说同作》：“柏台辞汉主，竹寺寄潜师。”谭用之《闲居寄陈山人》：“破梦晓钟闻竹寺，沁心秋雨浸莎庭。”

【竹西】　竹林西边。相传后因杜牧诗而筑竹西亭，在今江苏扬州市北。杜牧《题扬州禅智寺》：“谁知竹西路，歌吹是扬州。”赵嘏《山中寄卢简求》：“竹西池上有花开，日日幽吟看又回。”

【竹色】　竹子青润的色泽。许浑《宿开元寺楼》：

“竹色寒清簟，松香染翠帱。”杜牧《斫竹》：“寺废竹色死，宦家宁尔留。”李商隐《潭州》：“湘泪浅深滋竹色，楚歌重叠怨兰丛。”刘沧《题马太尉华山庄》：“竹色拂云连岳寺，泉声带雨山溪林。”

【竹米】 即竹实。皮日休《夏初访鲁望偶题小斋》：“野客病时分竹米，邻翁斋日乞藤花。”参见“竹實”。

【竹如意】 一种竹制的爪杖。长三尺许，前端作手指形，可搔抓脊背之痒，或作指划与防身之用。孟浩然《过景空寺故融公兰若》：“平生竹如意，犹挂草堂前。”

【竹花】 竹子所开之花。张九龄《感遇十二首》之九：“凤凰一朝来，竹花斯可食。”皎然《酬元主簿子球别赠》：“甘泉多竹花，明年待君食。”李群玉《送萧绾之桂林》：“竹花不给口，憔悴清湘滨。”郑嵎《津阳门诗》：“竹花唯养栖梧凤，水藻周游巢叶龟。”

【竹批双耳】 形容马耳如斜削的竹筒。古人以两耳尖锐为良马的特征。杜甫《房兵曹胡马》：“竹批双耳峻，风入四蹄轻。”

【竹村】 竹林茂盛的村庄。杜甫《弊庐遣兴奉寄严公》：“野水平桥路，春沙映竹村。”杜牧《题池州弄水亭》：“晚酒眠松坞，纡余带竹村。”又《忆游朱坡四韵》：“带雨经荷沼，盘烟下竹村。”

【竹杖】 ❶竹制的手杖。崔兴宗《同王右丞送瑗公南归》：“铜瓶与竹杖，来自祝融峰。”白居易《偶咏》：“御热蕉衣健，扶羸竹杖轻。”❷《后汉书·方术传下·费长房》载，费长房从仙人壶入深山学道，后仙人令其乘竹杖归家。抵家后，竹杖化龙而去。后遂用以咏仙道出行的典故。骆宾王《代女道士王灵妃赠道士李荣》：“蘋风入驭来应易，竹杖成龙去不难。”顾况《送李道士》：“羡君乘竹杖，辞我隐桃花。”刘禹锡《游桃源一百韵》：“仙翁遗仙杖，王母留桃核。”韦庄《王道者》：“因携竹杖闻龙气，为使仙童带橘香。”

【竹夹膝】 即竹几。陆龟蒙有《以竹夹膝寄赠袭美》诗。皮日休有《鲁望以竹夹膝见寄因次韵酬谢》。参见“竹几”。

【竹町】 (一tǐng)谓竹间小路。宗楚客《句》：“竹町罗千卫，兰莛降两宫。”

【竹吹】 指箫笛之类的竹制管乐器。储光羲《同武平一员外游湖》：“竹吹留歌扇，莲香入舞衣。”

【竹光】 竹林中的光影。杜甫《屏迹三首》之二：“竹光团野色，舍影漾江流。”

【竹里館】 王维辋川别业中的形胜之一。在今陕西蓝田县东南。王维有《辋川集·竹里馆》。卢象有《竹里馆》。

【竹兵】 因古代蜀人以竹为弓矢，故称。韩愈、孟郊《征蜀联句》：“竹兵彼皴脆，铁刃我枪鱵。”

【竹谷】 地名。在今陕西周至县西南。贾岛有《题竹谷上人院》。温庭筠有《题竹谷神祠》。

【竹拂】 一种竹制的拂子，用以驱赶蚊蝇。张祜《题灵隐寺师一上人十韵》：“朗吟挥竹拂，高楫曳芒鞋。”

【竹林】 ❶众多竹子成林之处。陆海《题奉国寺》：“一馨竹林外，千灯花塔西。”白居易《闲居自题戏招宿客》：“水畔竹林边，闲居二十年。”张祜《黄蜀葵花》：“名花八叶嫩黄金，色照书窗透竹林。”曹松《陪湖南李中丞宴隐溪》：“竹林啼鸟不知休，罗列飞桥水乱流。”❷用作朋侣间宴集游乐的典故。王绩《独酌》：“不如多酿酒，时向竹林倾。”王维《哭祖六自虚》：“花时金谷饮，月夜竹林眠。”刘长卿《赠西邻卢少府》：“时因杖藜次，相访竹林东。”韦应物《陪王郎中寻孔征君》：“偶随香署客，来访竹林欢。”胡宿《次韵徐爽见寄》：“年来想见琼枝色，久梦蘧蘧到竹林。”参见“竹林七子”。❸用作咏叔侄关系的典故。见《晋书·阮咸传》。李白《对雪奉饯任城六父秩满归京》：“何时竹林下，更与步兵邻。”杜甫《示侄佐》：“自闻茅屋趣，只想竹林眠。”皎然《送德守二叔侄上人还国清寺觐师》：“道贤齐二阮，俱向竹林归。”卢纶《酬赵少尹戏示诸侄元阳等因以见赠》：“谬入阮家逢庆乐，竹林因得奉壶觞。”权德舆《送三十叔赴任晋陵》：“便道停桡处，应过旧竹林。”❹借指弈棋。李从谦《观棋》：“竹林二君子，尽日竟沉吟。”

【竹林七子】 即竹林七贤。亦称“竹林七友”“竹林七人”。见《三国志·魏书·嵇康传》。李白《鲁郡尧祠送窦明府薄华还西京》：“竹林七子去道赊，兰亭雄笔安足夸。”卢纶《九日同司直九叔崔侍御登宝鸡南楼》：“竹林唯七友，何幸亦登攀。”武元衡《闻严秘书与正字及诸客夜会因寄》：“闻道今宵阮家会，竹林明月七人同。”

【竹林七友】 见“竹林七子”。

【竹林七人】 见“竹林七子”。

【竹林人】 指隐居山林之士。骆宾王《畴昔篇》：“时有桃源客，来访竹林人。”参见“竹林七子”。

【竹林才】 喻指才俊之士。李夔《使至汴州喜逢宋之问》：“阮籍蓬池上，孤韵竹林才。”参见“竹林七子”。

【竹林寺】 ❶寺院名。在今江西庐山。韦应物《春月观省属城始憩东西林精舍》：“东西竹林寺，灌注寒涧泉。”❷又名鹤林寺。在今江苏镇江市南。朱放《题竹林寺》：“殷勤竹林寺，能得几回过。”又许浑有《竹林寺别友人》。

【竹林客】 同“竹林七子”。皎然《咏数探得七》：

"逢君竹林客，相对弄清弦。"

【竹林宴】 同"竹林❸"。李白《流夜郎至江夏陪长史叔及薛明府宴兴德寺南阁》："恭陪竹林宴，留醉与陶公。"又《陪侍郎叔游洞庭醉后三首》之一："今日竹林宴，我家贤侍郎。"

【竹林期】 ❶同"竹林❷"。张说《酬崔光禄冬日述怀赠答》："朝携兰省步，夕退竹林期。"钱起《题苏公林亭》："平津东阁在，别是竹林期。"❷同"竹林❸"。卢纶《奉和户曹叔夏夜寓直寄呈同曹诸公》："便因当五夜，敢望竹林期。"许浑《郡斋夜坐寄旧乡二侄》："三月已乖棠树政，二年空负竹林期。"

【竹林會】 ❶同"竹林❷"。李峤《饯骆四二首》之二："人追竹林会，酒献菊花秋。"窦巩《赠王氏小儿》："竹林会里偏怜小，淮水清时最觉贤。"❷同"竹林❸"。储光羲《奉和韦判官献侍郎叔除河东采访使》："超超青云器，婉婉竹林会。"

【竹林僧】 晋孙绰撰《僧史》，以七人配德嵇、阮等竹林七贤，号竹林七僧。后泛指居住山寺的高僧。皎然《雪夜送海上人常州觐叔父上人殷仲文后》："明朝阮家集，知有竹林僧。"参见"竹林賢❷"。

【竹林賢】 ❶同"竹林七子"。贯休《和韦相公见示闲卧》："只闻温树誉，堪鄙竹林贤。"见"竹林七子"。❷同"竹林僧"。皎然《遥和尘外上人与陆澧夜集山寺问涅槃义兼赏陆生文卷》："共是竹林贤，心从贝叶传。"灵一《林公》："谁为竹林贤，风流相比附。"参见"竹林僧"。

【竹林興】 (一xìng)❶同"竹林❷"。崔融《哭蒋詹事俨》："竹林常接兴，黍谷每逢吹。"❷同"竹林❸"。❸綦毋潜《送郑务拜伯父》："奉料竹林兴，宽怀此别晨。"

【竹枝】 ❶竹子的小枝。杜甫《示从孙济》："萱草秋已死，竹枝霜不蕃。"刘沧《题古寺》："古寺萧条偶宿期，更深霜压竹枝低。"❷即竹枝歌。顾况《竹枝曲》："巴人夜唱竹枝后，肠断晓猿声渐稀。"于鹄《巴女谣》："巴女骑牛唱竹枝，藕丝菱叶傍江时。"刘禹锡《洞庭秋月行》："荡桨巴童歌竹枝，连樯估客吹羌笛。"薛能《春咏》："春来还似去年时，手把花枝唱竹枝。"方干《赠赵崇侍御》："却教鹦鹉呼桃叶，便遣婵娟唱竹枝。"参见"竹枝歌"。❸唐教坊曲名。后用为词牌名。单调十四字，分平韵、仄韵两体。皇甫松有《竹枝》词六首。

【竹枝曲】 (一qǔ)即竹枝歌。顾况有《竹枝曲》。白居易《九日登巴台》："闲听竹枝曲，浅酌茱萸杯。"温庭筠《西江贻钓叟骞生》："衣泪潜生竹枝曲，春潮遥上木兰舟。"陈陶《题僧院紫竹》："久绝钓竿歌，聊裁竹枝曲。"参见"竹枝歌"。

【竹枝歌】 唐时巴渝地区(今四川、重庆一带)的民歌。音调婉转，多歌咏当地风光和男女恋情。刘禹锡《竹枝词九首》引："四方之歌，异音而同乐。岁正月，余来建平，里中儿联歌竹枝，吹短笛击鼓以赴节。歌者扬袂睢舞，从曲多为贤。聆其音，中黄钟之羽，卒章激讦如吴声，虽伧儜不可分，而含思宛转，有淇澳之艳音。"杜甫《奉寄李十五秘书二首》之一："竹枝歌未好，画舸莫迟回。"顾况《早春思归有唱竹枝歌者坐中下泪》："渺渺春生楚水波，楚人齐唱竹枝歌。"白居易《听竹枝赠李侍御》："巴童巫女竹枝歌，懊恼何人怨咽多。"杜牧《见刘秀才与池州妓别》："楚管能吹柳花怨，吴姬争唱竹枝歌。"

【竹枝詞】 ❶唐教坊曲名。孟郊《教坊歌儿》："能嘶竹枝词，供养绳床禅。"❷即竹枝歌。蒋吉《闻歌竹枝》："巡堤听唱竹枝词，正是月高风静时。"

【竹枕】 竹制的枕头。刘威《冬夜旅怀》："寒窗危竹枕，月过半床阴。"

【竹岡】 生长竹林的山冈。杜牧《池州送孟迟先辈》："竹冈森羽林，花坞团宫缬。"唐彦谦《兴元沈氏庄》："清浅萦纡一水间，竹冈藤树小跻攀。"

【竹使】 同"竹使符❷"。刘祎之《酬郑沁州》："芸书暂辍载，竹使方临俗。"王维《故西河郡杜太守挽歌三首》之一："忽见刍灵苦，徒闻竹使荣。"严维《陪皇甫大夫谒禹庙》："竹使羞殷荐，松龛拜夏祠。"武元衡《奉酬淮南中书相公见寄》："扬州隋故都，竹使汉名儒。"

【竹使符】 ❶汉代朝廷授予郡守的竹节信符。后遂泛指郡守的印符。韦应物《郡内闲居》："腰悬竹使符，心与庐山缁。"羊士谔《郡斋读经》："迹似桃源客，身撄竹使符。"❷借指郡守、刺史。张九龄《登荆州城楼》："自罢金门籍，来参竹使符。"刘禹锡《酬喜相遇同州与乐天替代》："旧托松心契，新交竹使符。"

【竹帛】 竹简与白绢。古代在纸发明之前以之书写文字，后用以指：❶书籍。韦述《晚渡伊水》："远游亦何为，归来存竹帛。"章碣《焚书坑》："竹帛烟销帝业虚，关河空锁祖龙居。"❷史册，史籍。高适《三君咏·狄梁公》："梁公乃贞固，勋烈垂竹帛。"杜甫《览柏中允兼子侄数人除官制词因述父子兄弟四美载歌丝纶》："高名入竹帛，新渥照乾坤。"崔备《奉酬中书相公至日圆丘摄事合于中书宿直移止于集贤院叙情见寄之什》："勋共山河列，名同竹帛垂。"张俨《贞元八年十二月谒先主庙绝句三首》之三："雄名垂竹帛，荒陵压阡陌。"❸功业，功名。独孤及《客舍月下对酒醉后寄毕四耀》："与物无亲疏，斗酒胜竹帛。"刘禹锡《游桃源一百韵》："且欲遗姓名，安能慕竹帛。"

【竹兒】 骑竹马的小儿。孟郊《寄洺州李大夫》：

"诗叟未相识，竹儿争见君。"参见"竹馬❸"。

【竹兔】 一种食竹叶的小兔。杜甫《王兵马使二角鹰》："杉鸡竹兔不自惜，溪虎野羊俱辟易。"

【竹沼龍】 同"竹杖"❷。李峤《夏晚九成宫呈同僚》："林引梧庭风，泉归竹沼龙。"参见"竹杖"❷。

【竹郎祠】 竹郎，即竹王。竹郎祠亦作"竹郎庙"，在今四川荣县城东。韩翃《送李中丞赴辰州》："功成益地日，应见竹郎祠。"薛涛《题竹郎庙》："竹郎庙前多古木，夕阳沈沈山更绿。"参见"竹王"。

【竹郎庙】 见"竹郎祠"。

【竹房】 竹林环绕的屋室，多指寺院之禅房。崔颢《赠怀一上人》："竹房见衣钵，松宇清身心。"刘长卿《宿双峰寺寄卢七李十六》："竹房响轻吹，萝径阴余雪。"李绅《新楼诗二十首·晏安寺》："绛纱凝焰开金像，清梵销声闭竹房。"陆龟蒙《同袭美游北禅院》："连延花蔓映风廊，岸帻披襟到竹房。"石召《送人归山》："霜明松岭晓，花暗竹房春。"

【竹門】 以竹编制的门。杜牧《冬至日遇京使发寄舍弟》："竹门风过还惆怅，疑是松窗雪打声。"杜荀鹤《闲居即事》："形觉清羸道觉肥，竹门前径静相宜。"

【竹牀】 竹制的床。韩愈《题秀禅师房》："桥夹水松行百步，竹床莞席到僧家。"许浑《病中二首》之一："风衣藤簟滑，露井竹床寒。"陆龟蒙《奉和袭美卧疾感春见寄次韵》："烟径水涯多好鸟，竹床蒲椅但高僧。"

【竹巷】 竹林中小径。刘禹锡《伤愚溪三首》之三："柳门竹巷依依在，野草青苔日日多。"李绅《移九江》："津桥归候吏，竹巷开门户。"韦庄《河内别村业闲题》："阮氏清风竹巷深，满溪松竹似山阴。"

【竹栅】 竹编的栅栏。李贺《南园》："熟杏暖香梨叶老，草梢竹栅锁池痕。"

【竹屋】 以竹子建造的简陋的房屋。贾岛《寄钱庶子》："犹记听琴夜，寒灯竹屋间。"刘威《宿渔家》："竹屋清江上，风烟四五家。"谭用之《感怀呈所知》："竹屋乱烟思梓泽，酒家疏雨梦临邛。"

【竹竿】 ❶竹子的主干。孟郊《送淡公》之三："闲倚青竹竿，白日奈我何。"白居易《和微之诗二十三首·和酬郑侍御东阳春闷放怀追越游见寄》："劲气森爽竹竿竦，妍文焕烂芙蓉披。"刘驾《苦寒吟》："竹竿有甘苦，我爱抱苦节。"❷指以竹竿制作的钓鱼竿。孟浩然《岘潭作》："试垂竹竿钓，果得槎头鳊。"

【竹律】 指律管。古代用作定音或测候季节变化的器具，亦借指节候。太宗《咏司马彪续汉志》："政宣竹律和，时平玉条备。"

【竹胎】 笋的别称。皮日休《夏景无事因怀章来二上人二首》之一："水花移得和鱼子，山蕨收时带竹胎。"

【竹岛】 竹林茂盛的小岛。皮日休《褚家林亭》："广亭遥对旧娃宫，竹岛萝溪委曲通。"

【竹風】 竹林间的风。贾至《别裴九弟》："月色更添春色好，芦风似胜竹风幽。"李绅《别石泉》："微渡竹风涵淅沥，细浮松月透轻明。"

【竹亭】 竹林中的亭阁。裴迪《夏日过青龙寺谒操禅师》："安禅一室内，左右竹亭幽。"李翔《谢公石罇》："康乐云楼迹尚存，竹亭犹仰古洼罇。"

【竹洞】 竹林中的屋室。亦指竹林围绕的禅房。韩愈《奉和虢州刘给事使君三堂新题二十一咏·竹洞》："竹洞何年有，公初斫竹开。"李绅《过梅里七首·上家山》："竹洞磬声长，松楼钟韵疾。"

【竹室】 以竹木建造的简陋住室。魏璞《陪皮袭美陆鲁望重过乌窠迹》："拟约高贤同结社，好移竹室住前湾。"

【竹宫】 即甘泉宫。汉代祠宫名。因以竹建造，故名。在今陕西淳化县西北。杜甫《覆舟二首》之二："竹宫时望拜，桂馆或求仙。"

【竹祖】 已长出笋芽的生长于地下的竹根。杜牧《川守大夫刘公早岁寓居敦行里肆有题壁十韵今之置第乃获旧居洛下大僚因有唱和叹咏不足辄献此诗》："林繁轻竹祖，树暗惜桐孙。"皮日休《重玄寺元达年逾八十好种名药余奇而访之因题二章》之一："药名却笑桐君少，年纪翻嫌竹祖低。"

【竹屏】 竹制的屏风。皮日休《南阳润卿将归雷平因而有赠》："竹屏风扇抄遗事，柘步舆竿系隐书。"

【竹陣】 谓茂盛整齐的竹林。杜牧《朱坡》："偃蹇松公老，森严竹阵齐。"

【竹院】 栽有竹子的庭院。刘禹锡《送僧方及南谒柳员外》："石门耸峭绝，竹院含空蒙。"白居易《对琴待月》："竹院新晴夜，松窗未卧时。"李涉《题鹤林寺僧舍》："因过竹院逢僧话，又得浮生半日闲。"

【竹馬】 ❶儿童游戏时当马骑的竹竿。顾况《悼稚》："稚子比来骑竹马，犹疑只在屋东西。"白居易《送滕庶子致仕归婺州》："已见曾孙骑竹马，犹听侍女唱梅花。"李贺《唐儿歌》："竹马梢梢摇绿尾，银鸾睒光踏半臂。"杜牧《冬至日寄小侄阿宜诗》："去年学官人，竹马绕四廊。"亦指年龄幼小。白居易《赠悼怀太子挽歌辞二首》之一："竹马书薨岁，铜龙表葬时。"❷用作回忆儿童生活与友谊的典故。李白《长干行二首》之一："郎骑竹马来，绕床弄青梅。"白居易《送王卿使君赴任苏州因思花迎新使感旧游寄题》："不论竹马尽成人，亦恐桑田半为海。"卢肇《嘲小儿》："昨日见来骑竹马，今朝早是有年人。"韦庄《下邽感旧》："昔为童稚不知愁，竹马闲乘绕县游。"路德延《感旧侍》："初骑竹马咏芭蕉，尝忝名卿诵满朝。”❸用为称颂地方长官的典故。《后汉书·郭伋传》载，郭伋由颍州太守复调并州牧，所到县邑，老幼相携，逢迎道路，儿童数百，各骑竹马，道次拜迎。李白《赠宣城宇文太守兼呈崔侍御》：“竹马数小儿，拜迎白鹿前。”岑参《凤翔府行军送程使君赴成州》：“竹马诸童子，朝朝待使君。”赵嘏《淮信贺滕迈台州》：“旌旆影前横竹马，咏歌声里乐樵童。”李群玉《洞庭驿楼雪夜宴集奉赠前湘州张员外》：“童儿待郭伋，竹马空迟留。”朱元《迎孙刺史》：“今朝竹马诸童子，尽是当时竹马孙。”

【竹馬年】　指幼年。韦庄《洪州送西明寺省上人游福建》：“记得初骑竹马年，送师来往御沟边。”

【竹馬兒】　指幼童。许浑《酬殷尧藩》：“竹马儿犹小，荆钗妇惯贫。”

【竹馬劇】　同“竹馬戲”。杜牧《杜秋娘诗》：“渐抛竹马剧，稍出舞鸡奇。”

【竹馬戲】　指儿时的游戏。白居易《观儿戏》：“一看竹马戏，每忆童骙时。”

【竹素】　即竹帛。指书籍、史册等。柳宗元《读书》：“竟夕谁与言？但与竹素俱。”

【竹莊】　竹林茂盛的村庄。郑谷《郊墅》：“韦曲樊川雨半晴，竹庄花院遍题名。”

【竹軒】　竹林间的房室。赵嘏《忆山阳》：“家在枚皋旧宅边，竹轩晴与楚坡连。”孟贯《山中访人不遇》：“已见竹轩闭，又闻山鸟啼。”路洵美《夜坐》：“帘卷竹轩清，四邻无语声。”谭用之《送友人归青社》：“好期圣代重相见，莫学袁生老竹轩。”杨夔《题郑山人郊居》：“竹轩相对无言语，尽日南山不欲回。”

【竹逕】　同“竹径”。李嘉祐《送王正字山寺读书》：“山阶闲听法，竹逕独看书。”张祜《题李戡山居》：“三亩溪田竹径通，道情交态只渔翁。”黄滔《题友人山居》：“到君栖迹所，竹逕与衡门。”

【竹根】　❶竹子的根；竹子的根部。杜甫《屏迹三首》之三：“鸟下竹根行，龟开萍叶过。”❷以竹根制作的酒器。杜甫《少年行二首》之一：“倾银注瓦惊人眼，共醉终同卧竹根。”李贺《始为奉礼忆昌谷山居》：“土甑封茶叶，山杯锁竹根。”❸指竹笋。杜甫《绝句漫兴九首》之七：“竹根稚子无人见，沙上凫雏傍母眠。”

【竹笏】　古代大臣入朝时所执竹制的手版。杜荀鹤《贺顾云侍御府主与子弟奏官》：“戏把蓝袍包果子，娇将竹笏恼先生。”徐夤《寓题》：“酒壶棋局似闲人，竹笏蓝衫老此身。”

【竹氣】　竹林间的雾霭。孙逖《同邢判官寻龙湍观归湖中》：“丝管荷风入，帘帷竹气清。”白居易《江楼早秋》：“湖光朝霁后，竹气晚凉时。”

【竹徑】　竹间小路。卢崇道《新都南亭别郭大元振》：“竹径女萝蹊，莲洲文石堤。”裴迪《游感化寺昙兴上人山院》：“入门穿竹径，留客听山泉。”孟贯《寄张山人》：“野桥通竹径，流水入芝田。”寇埴《题莹上人院》：“缭绕藤轩密，逶迤竹径深。”

【竹部】　地名。在今湖北石首市西。元稹《竹部》：“竹部竹山近，岁伐竹山竹。”

【竹瓶】　外壳以竹编成的瓶钵。为僧人的饭盂。皎然《送道契上人之越觐大夫叔》：“外国传香氎，何人施竹瓶？”

【竹粉】　笋壳脱落时附着在竹节旁的白色粉末。刘禹锡《和乐天秋凉闲卧》：“荷珠贯索断，竹粉残妆在。”李商隐《闲游》：“危亭题竹粉，曲沼嗅荷花。”

【竹酒篘】　一种滤酒用的竹编器具。张籍《寄昭应王丞》：“独凭藤书案，空悬竹酒篘。”

【竹書】　编缀成册的竹简。泛指书籍。杜甫《秋野五首》之三：“掉头纱帽仄，曝背竹书光。”皮日休《北禅院避暑联句》：“逐幽随竹书，选胜铺菰席。”参见“竹簡”。

【竹陰】　竹林中日光遮蔽的阴凉之处。钱起《夏日陪史郎中宴杜郎中果园》：“竹阴疏柰院，山翠傍芜城。”又《题玉山村叟屋壁》：“一径入溪色，数家连竹阴。”白居易《池上二绝》之一：“山僧对棋坐，局上竹阴清。”

【竹蛇】　即竹根蛇。李贺《黄家洞》：“山潭晚雾吟白鼍，竹蛇飞蠹射金沙。”

【竹符】　“竹使符”的省称。陈元光《太母魏氏半径题石》：“竹符忠介凛，桐杖孝思凄。”张九龄《奉和圣制送十道采访使及朝集使》：“首路回竹符，分镳扬木铎。”权德舆《送孔江州》：“才子厌兰省，邦君荣竹符。”

【竹笠】　以竹篾夹竹叶编制而成的斗笠。贯休《送僧入马头山》：“竹笠援补，芒鞋藤乳。”

【竹笥】　盛放衣物、书籍的方形竹器。皮日休《临顿宅将有归于之日鲁望以诗见贶因抒怀酬之》：“几枚竹笥送德曜，一乘柴车迎少君。”

【竹淚】　同“竹斑”。韩愈《晚泊江口》：“二女竹上泪，孤臣水底魂。”李涉《寄荆娘写真》：“苍梧九疑在何处，斑斑竹泪连潇湘。”

【竹斑】　斑竹。用为咏竹、咏潇湘洞庭或哀痛死者的典故。姚合《敬宗皇帝挽词三首》之二：“荆山鼎成日，湘浦竹斑时。”许浑《送友人归荆楚》：“竹斑悲帝女，草绿怨王孙。”

【竹埤】　（－pí）竹篱。杜甫《题省中院壁》：“掖垣竹埤梧十寻，洞门对霤常阴阴。”

【竹塢】　竹林深处。杜牧《奉送中丞姊夫俦自大理卿出镇江西叙事书怀因成十二韵》：“庸书酬万债，竹坞问樊村。”李商隐《宿骆氏亭寄怀崔雍崔衮》：“竹坞无尘水槛清,相思迢递隔重城。”李郢《伤贾岛无可》:“萧萧竹坞斜阳在,叶覆闲阶雪拥墙。”刘沧《与僧话旧》:“莎径晚烟凝竹坞,石池春色染苔衣。”

【竹塢亭】 竹林深处的亭阁。钱起《赋得绵绵思远道送岑判官入岭》:“夜月松江戍,秋风竹坞亭。”

【竹葉】 即竹叶青,古代美酒名。后多泛指美酒。骆宾王《代女道士王灵妃赠道士李荣》:“鹦鹉杯中浮竹叶,凤凰琴里落梅花。”杜甫《九日五首》之一:“竹叶于人既无分,菊花从此不须开。”刘禹锡《和乐天春词依忆江南曲拍为句》之二:“犹有桃花流水上,无辞竹叶醉樽前。”韦庄《悼亡姬》:“竹叶岂能消积恨,丁香空解结同心。”

【竹葉杯】 指竹叶青。美酒名。李峤《藤》:“色映蒲萄架,花分竹叶杯。”孟浩然《除夜有怀》:“渐看春逼芙蓉枕,顿觉寒销竹叶杯。”刘禹锡《和乐天以镜换酒》:“把取菱花百炼镜,换他竹叶十旬杯。”

【竹葉春】 古代美酒名。杜甫《闻惠二过东溪特一送》:“崖蜜松花熟,山杯竹叶春。”白居易《洛下雪中频与刘李二宾客宴集因寄汴州李尚书》:“碧毡帐暖梅花湿,红燎炉香竹叶春。”

【竹葉帶】 一种制成竹叶形的绿色衣带。李贺《冯小怜》:“裙垂竹叶带,鬓湿杏花烟。”

【竹援】 竹篱。援,篱笆。亦指竹林围绕。张祜《题庐山僧》:“粉牌新薤叶,竹援小葱台。”

【竹棧】 用竹架设的栈道。刘禹锡《元和癸巳岁仲秋诏发江陵偏师问罪蛮徼后命宣慰释兵归降凯旋之辰率尔成咏》:“歌谣开竹栈,拜舞戢桑弓。”

【竹棚】 用竹子建造的棚子。杜牧《蛮中醉》:“瘴塞蛮江入洞流,人家多在竹棚头。”

【竹策】 竹杖。马戴《山中作》:“屐齿无泥竹策轻,莓苔梯滑夜难行。”

【竹筒】 ❶竹管。韩愈《寄崔二十六立之》:“侪辈妒且热,喘如竹筒吹。”❷指引水竹筒。多用于山区,用凿通竹节的长竹筒节节相连,将泉水引向灌溉或供人饮用之处。李端《题郑少府林园》:“竹筒传水远,麈尾坐僧高。”马戴《题庐山寺》:“别有一条投涧水,竹筒斜引入茶铛。”

【竹筍】 ❶竹子初生的嫩茎,可食用。王延彬《春日寓感》:“因携久酝松醪酒,自煮新抽竹笋羹。”❷用作孝亲的典故。杜甫《送王十五判官扶侍还黔中》:“青青竹笋迎船出,日日江鱼入馔来。”

【竹傘】 一种以竹为骨架制作的伞。陆龟蒙《忆袭美洞庭观步奉和次韵》:“竹伞遮云径,藤鞋踏藓矼。”

【竹窗】 竹林间屋室的窗户。牟融《秋夜醉归有感而赋》:“竹窗凉雨鸣秋籁,江郭清砧捣夜寒。”马戴《新秋雨霁宿王处士东郊》:“露气竹窗静,秋光云月深。”陆龟蒙《奉和袭美开元寺客省早景即事次韵》:“水榭初抽寥泬思,竹窗犹挂梦魂中。”刘沧《宿苍溪馆》:“孤馆门开对碧岑,竹窗灯下听猿吟。”

【竹扉】 竹门。钱起《送元评事归山居》:“水宿随渔火,山行到竹扉。”戴叔伦《过柳溪道院》:“溪上谁家掩竹扉,鸟啼浑似惜春晖。”白居易《归履道宅》:“驿吏引藤舆,家童开竹扉。”刘沧《晚归山居》:“娟娟唯有西林月,不惜清光照竹扉。”

【竹蔭】 同“竹陰”。徐知证《东林寺天祚二年联句》:“竹荫禅扃青霭合,岚蒸幽径绿苔封。”

【竹路】 竹林中的小路。刘长卿《登思禅寺上方题修竹茂松》:“众溪连竹路,诸岭共松风。”

【竹園】 种竹之园。储光羲《酬李壶关奉使行县忆诸公》:“去时能忆竹园游,来时莫忘桃园记。”卢纶《早春归盩厔旧居却寄耿拾遗沣李校书端》:“野日初晴麦垅分,竹园相接鹿成群。”

【竹節】 ❶竹子各段之间相连的部分。亦指竹。杨炯《和石侍御山庄》:“莲房若个实,竹节几重虚。”李昌符《题友人屋》:“竹节偶相对,鸟名多自呼。”❷竹符文书。李建勋《春日尊前示从事》:“州中案牍鱼鳞密,界上军书竹节稠。”❸古代蜀地祭祀竹郎的节日。司空曙《送柳震入蜀》:“夷人祠竹节,蜀鸟乳桐花。”又《送柳震归蜀》:“桐花能乳鸟,竹节竞祠神。”刘禹锡《晚岁登武陵城顾望水陆怅然有作》:“俚人祠竹节,仙洞闭桃花。”参见“竹郎祠”。

【竹煙】 竹林中的雾霭。李绅《忆登栖霞寺峰》:“林叶脱红影,竹烟含绮疏。”姚合《游春十二首》之三:“苔痕雪水里,春色竹烟中。”李群玉《龙安寺佳人阿最歌八首》之四:“门路穿茶焙,房门映竹烟。”

【竹閣】 以竹子建造的楼阁。张籍《和陆司业习静寄所知》:“山开登竹阁,僧到出茶床。”白居易《宿竹阁》:“晚坐松檐下,宵眠竹阁间。”赵嘏《吕校书雨中见访》:“竹阁斜溪小槛明,惟君来赏见山情。”

【竹障】 即竹屏。竹制的屏风。文宗有《题程修己竹障》。

【竹榼】 竹制的盛酒器。张祜《所居即事六首》之六:“扁舟远棹寻春处,竹榼新醪喜自随。”

【竹箸】 竹筷。白居易《过李生》:“白瓯青竹箸,俭洁无膻腥。”

【竹澗】 亦作“竹磵”。竹林环绕的山涧。张说《和张监游终南》:“夜闻竹涧静,晓望林岭重。”孙逖《和登会稽山》:“竹磵入山多,松崖向天近。”

【竹實】 竹子所结之实。王绩《赠李征君大寿》:“兰英犹足酿,竹实本无粮。”李白《赠柳圆》:“竹实满秋浦,凤来何苦饥。”韩愈《孟生诗》:“竹实凤所食,德馨神所歆。”伊梦昌《凤》：“竹实不得饱，桐孙何足栖。”

【竹碉】见“竹澗”。

【竹鞋】 以竹片编制的鞋。白居易《游丰乐招提佛光三寺》：“竹鞋葵扇白绡巾，林野为家云是身。”

【竹樓】 用毛竹等建造的楼阁。刘禹锡《采菱行》：“家家竹楼临广陌，下有连樯多估客。”赵嘏《寄梁佾兄弟》：“桃李春多翠影重，竹楼当月夜无风。”温庭筠《初秋寄友人》：“闲梦正悠悠，凉风生竹楼。”刘昭禹《句》：“藓色围波井，花阴上竹楼。”

【竹影】 日光或月光下竹子枝叶的影子。韩愈、孟郊《城南联句》：“竹影金琐碎，泉音玉淙琤。”江为《句》：“竹影横斜水清浅，桂香浮动月黄昏。”

【竹篋】 竹编的小箱。殷文圭《送道者朝见后归山》：“松坛月作尊前伴，竹箧书为教外欢。”

【竹箭】 ❶一种竹名。宋昱《晓次荆江》：“徒称竹箭美，未得枫林趣。”权德舆《省中春晚忽忆江南旧居戏书所怀》：“更想东南多竹箭，悬圃琅玕共葱蒨。”项斯《句》：“更望会稽何处是，沙连竹箭白鹇群。”❷比喻杰出的人才。高适《宋中送族侄式颜》：“乡山西北愁，竹箭东南美。”黄滔《翁文尧员外捧金紫还乡之命雅发篇章将原交情远为嘉贶辄兹酬和》：“东越独推生竹箭，北溟喜足贮鲲鱼。”❸竹制的利箭。多用来比喻河流迅疾。骆宾王《送郭少府探得忧字》：“贝阙桃花浪，龙门竹箭流。”李峤《河》：“桃花来马颊，竹箭入龙宫。”刘禹锡《述旧贺迁寄陕虢孙常侍》：“关头古塞桃林静，城下长河竹箭回。”刘绮庄《扬州送人》：“桂楫木兰舟，枫江竹箭流。”

【竹擔】 竹制的扁担。张籍《樵客吟》：“日西待伴同下山，竹担弯弯向身曲。”

【竹樹】 竹与树木。王勃《山居晚眺赠王道士》：“琴尊方待兴，竹树已迎曛。”韦应物《登西南冈卜居遇雨寻竹浪至沣壖》：“云水成阴澹，竹树更清幽。”刘禹锡《金陵五题·江令宅》：“池台竹树三亩余，至今人道江家宅。”韦庄《过渼陂怀旧》：“三径荒凉迷竹树，四邻凋谢变桑田。”

【竹橋】 用毛竹建造的桥。白居易《张常侍池凉夜闲宴赠诸公》：“竹桥新月上，水岸凉风至。”伍彬《句》：“稚子出看莎径没，渔翁来报竹桥流。”

【竹器】 以竹为材料编制的器具。王昌龄《出郴山口至叠石湾野人室中寄张十一》：“野人善竹器，童子能溪讴。”

【竹嶼】 生有竹林的小岛。孟浩然《西山寻辛谔》：“竹屿见垂钓，茅斋闻读书。”储光羲《同武平一员外游湖五首》之五：“花潭竹屿傍幽蹊，画楫浮空入夜溪。”李嘉祐《题王十九茆堂》：“海鸥过竹屿，门柳拂江沙。”刘沧《题桃源处士山居留寄》：“闲看竹屿吟新月，特酌山醪读古书。”无名氏《空水共澄鲜》(卷七八七)：“樵声喧竹屿，棹唱入莲丛。”

【竹篙】 以竹竿制作的撑船竿。韩愈《潭州泊船呈诸公》：“暗浪舂楼堞，惊风破竹篙。”白居易《奉酬淮南牛相公思黯见寄》：“竹篙撑钓艇，金甲拥楼船。”又《开龙门八节石滩诗二首》之一：“竹篙桂楫飞如箭，百筏千艘鱼贯来。”

【竹篘篘】 同“竹酒篘”。杜荀鹤《句》：“旧衣灰絮絮，新酒竹篘篘。”

【竹錫】 竹制的禅杖。清昼《康录事宅送僧联句》：“莲衣宜着雨，竹锡好随云。”朱庆余《送僧往台岳》：“触雪麻衣静，登山竹锡轻。”

【竹錐】 毛笔。刘言史《送婆罗门归本国》：“刹利王孙字迦摄，竹锥横写叱萝叶。”

【竹館】 竹林中的馆阁。钱起《宴崔驸马玉山别业》：“竹馆烟催暝，梅园雪误春。”

【竹聲】 风吹竹叶之声。王周《题厅壁》：“竹声并雪碎，溪色共烟深。”刘兼《对镜》：“风送竹声侵枕簟，月移花影过庭除。”

【竹簡】 古代用以书写记事的竹片，编以成册。后借指史册、篇章。杨炯《和辅先入昊天观星瞻》：“道书编竹简，灵液灌梧桐。”武元衡《送许著作分司东都》：“署分刊竹简，书橐护芸香。”潘孟阳《和权载之离合诗》：“笥中操绿笺，竹简何足编。”李中《赠永真杜翱少府》：“蓝袍竹简佐琴堂，县僻人稀觉日长。”

【竹輿】 一种竹制的轿子。罗隐《病中上钱尚父》：“藜杖已干难更把，竹舆虽在不堪悬。”

【竹齋】 竹林围绕的书斋。亦指竹子结构的书斋。李群玉《寄长沙许侍御》：“竹斋琴酒欢成梦，水寺烟霞赏对谁。”刘沧《送元叙上人归上党》：“此去寂寥寻旧迹，苍苔满径竹斋秋。”韦庄《寄江南逐客》：“记得竹斋风雨夜，对床孤枕话江南。”颜仁郁《山居》：“柏树松阴覆竹斋，罢烧药灶纵高怀。”

【竹藥】 种植于庭院中的竹子与草药。白居易《酬吴七见寄》：“竹药闭深院，琴尊开小轩。”

【竹霧】 竹林中的雾霭。白居易《庾楼晓望》：“竹雾晓笼衔岭月，蘋风暖送过江春。”

【竹叢】 丛生的竹子。王维《河南严尹弟见宿弊庐访别人赋十韵》：“茶香透竹丛，薄霜澄夜月。”韩愈《病鸱》：“饱入深竹丛，饥来傍阶基。”刘禹锡《再经故元九相公宅池上作》：“竹丛身后长，台势雨来倾。”

【竹簟】 竹席。韩翃《送南少府归寿春》：“淮风生竹簟，楚雨移茶灶。”元稹《竹簟》：“竹簟衬重茵，未忍都令卷。”白居易《残暑招客》：“却取生衣着，重拈竹簟开。”

【竹籃】 以竹编制的盛物器。白居易《放鱼》：

"晓日提竹篮,家僮买春蔬。"

【竹簰】 竹筏。用毛竹编制的水上交通工具。萧遘《成都》:"月晓已开花市合,江平偏见竹簰多。"

【竹爆】 爆竹。薛能《除夜作》:"兰萎残此夜,竹爆和诸邻。"

【竹欄】 以竹编制的栅栏。张祜《丹阳新居四十韵》:"竹栏限杳袅,藤杖决潺湲。"

【竹爐】 亦作"竹火爐"。一种外壳以竹编制的用以取暖的炭火炉。杜甫《观李固请司马弟山水图三首》之一:"简易高人意,匡床竹火炉。"欧阳衮《寄陈去疾进士》:"玄言萝幌馥,诗思竹炉温。"

【竹雞】 鸟名。形似鹧鸪而小。多生活在江南竹林之中,善啼鸣。元稹《遣行十首》之九:"猿声芦管调,羌笛竹鸡声。"殷尧藩《春怨》:"只愁明日送春去,落日满园啼竹鸡。"章碣《寄友人》:"竹里竹鸡眠藓石,溪头鸂鶒踏金沙。"

【竹露】 竹叶上的露水。孟浩然《夏日南亭怀辛大》:"荷风送香气,竹露滴清响。"杜甫《晚晴》:"秋分客尚在,竹露夕微微。"

【竹籠】 以竹片编制的盛器。贾岛《题皇甫荀蓝田厅》:"竹笼拾山果,瓦瓶担石泉。"

【竹籬】 竹编的篱笆。钱起《过裴长官新亭》:"慢水萦蓬户,闲云挂竹篱。"白居易《新亭病后独坐招李侍郎公垂》:"趁暖泥茶灶,防寒夹竹篱。"姚合《原上新居》:"墙下当官道,依前夹竹篱。"项斯《山行》:"蒸茗气从茅舍出,缲丝声隔竹篱闻。"

二 画

竺 〔zhú《广韵》張六切,入屋,知。〕❶天竺的省称。耿沣《赠海明上人》:"来自西天竺,持经奉紫微。"参见"竺乾❶""竺國"。❷姓。天竺僧初来中国,多以竺为姓。后遂以竺为僧人之姓。刘长卿《寄灵一上人》:"高僧本姓竺,开士旧名林。"

【竺先生】 指佛教。裴坦《予自右辖出镇钟陵秘监今过寺因题诗一首》:"引得病夫无外想,一心师事竺先生。"

【竺卿】 僧人之间的亲昵之称。贯休《经栖白旧院二首》之一:"竺卿何处去,触目尽凄凉。"齐己《谢王先辈湘中回惠示卷轴》:"多君百首贻衰飒,留把吟行访竺卿。"又《秋兴寄胤公》:"试裂芭蕉片,题诗问竺卿。"

【竺乾】 (一qián)❶天竺,古印度的别称。贯休《大蜀皇帝寿春节进尧铭舜颂二首·舜颂》:"昔救世师,降生竺乾。"❷佛,佛法。权德舆《贞元七年代书却寄》:"医方验桐君,道术依竺乾。"白居易《新昌新居书事四十韵》:"大抵宗庄叟,私心事竺乾。"

【竺乾公】 佛的代称。马戴《题石瓮寺》:"稀逢息心侣,独礼竺乾公。"

【竺乾師】 佛法;僧人。白居易《斋戒》:"从此始堪为弟子,竺乾师是古先生。"齐己《渚宫莫问诗一十五首》之十四:"分明说此苦,珍重竺乾师。"

【竺乾教】 佛教。白居易《和微之诗二十三首·和送刘道士游天台》:"此是竺乾教,先生垂典坟。"

【竺國】 天竺,古印度的别称。李贺《马诗二十三首》之十九:"萧寺驮经马,元从竺国来。"刘言史《病僧二首》之一:"竺国乡程算不回,病中衣锡徧浮埃。"

【竺道人】 即竺道生。中国东晋著名僧人。刘禹锡《碧涧寺见元九侍御和展上人诗有三生之句因以和》:"古来唯有王文度,重见平生竺道人。"陆龟蒙《和袭美寄怀南阳润卿》:"才情未拟汤从事,玄解犹嫌竺道人。"

【竺經】 佛经。李洞《将之蜀别友人》:"若遇多吟友,何妨勘竺经。"又《叙旧游寄栖白》:"老着重袍坐石房,竺经休讲白眉长。"

【竺僧】 僧侣。司空曙《赠衡岳隐禅师》:"讲席旧逢山鸟至,梵经初向竺僧求。"李贺《听颖师琴歌》:"竺僧前立当吾门,梵宫真相眉棱尊。"

三 画

竿 〔gān《广韵》古寒切,平寒,見。〕❶竹竿。亦泛指竹。刘禹锡《酬思黯见示小饮四韵》:"三足鼎中知味久,百寻竿上掷身难。"白居易《常乐里闲居偶题十六韵》:"何以待君子,数竿对一壶。"雍陶《闻杜鹃二首》之一:"碧竿微露月玲珑,谢豹伤心独叫风。"贾岛《题郑常侍厅前竹》:"万顷歌王子,千竿伴阮公。"❷特指钓竿。岑参《初授官题高冠草堂》:"只缘五斗米,辜负一渔竿。"高适《金城北楼》:"垂竿已羡磻溪老,体道犹思塞上翁。"赵嘏《长安月夜与友人话故山》:"宅边秋水浸苔矶,日日持竿去不归。"齐己《严陵钓台》:"夫子垂竿处,空江照古台。"❸量词。用于竹子的计量,犹棵、株。杜甫《将赴成都草堂途中有作先寄严郑公五首》之四:"新松恨不高千尺,恶竹应须斩万竿。"刘长卿《避地江东留别淮南使院诸公》:"此去行持一竿竹,等闲将狎钓渔翁。"元稹《使东川·亚枝红》:"还向万竿深竹里,一枝浑卧碧流中。"赵嘏《发柏梯寺》:"一泓秋水千竿竹,静得劳生半日身。"❹通"杆"。量词。用于有杆的器物。戎昱《出军》:"龙绕旌竿兽满旗,翻营乍似雪中移。"刘禹锡《淮阴行五首》之一:"好日起樯竿,乌飞惊五两。"贾岛《寄长武朱尚书》:"不日即登坛,枪旗一万竿。"和凝《宫词百首》之一:“千声鼓定将宣赦,竿上金鸡翅欲飞。”刘禹锡《竹枝词九首》之四:“日出三竿春雾消,江头蜀客驻兰桡。”杜牧《齐安郡中偶题二首》之一:“两竿落日溪桥上,半缕轻烟柳影中。”李郢《南池》:“日出两竿鱼正食,一家欢笑在南池。”李茂复《自叹》:“落日西山近一竿,世间恩爱极难挤。”

【竿頭】 ❶竹竿的顶端。顾况《五两歌送张夏》:“竿头五两风袅袅,水上云帆逐飞鸟。”张祜《大酺乐二首》之一:“小儿一伎竿头绝,天下传呼万岁声。”薛逢《观竞渡》:“江上人呼霹雳声,竿头彩挂虹霓晕。”❷比喻最高地位或境界。白居易《代梦得吟》:“竿头已到应难久,局势虽迟未必输。”刘禹锡《和仆射牛相公寓言二首》之一:“两度竿头立定夸,回眸举袖拂青霞。”

竽 〔yú《广韵》羽俱切,平虞,云。〕古代管乐器,三十六簧,形状参差,如鸟翼。李白《秋浦清溪雪夜对酒客有唱山鹧鸪者》:“持此足为乐,何烦笙与竽。”韩愈《谢自然诗》:“如聆笙竽韵,来自冥冥天。”刘禹锡《酬乐天闻新蝉见赠》:“因之比笙竽,送我游醉乡。”李商隐《七夕偶题》:“花果香千户,笙竽滥四邻。”

【竽瑟】 竽和瑟。柳宗元《酬贾鹏山人郡内新栽松寓兴见赠二首》之二:“清韵动竽瑟,谐此风中声。”陆龟蒙《杂讽九首》之七:“𥫗笙磬竽瑟,是必登清庙。”

【竽籟】 竽和箫。杜甫《楠树为风雨所拔叹》:“野客频留惧雪霜,行人不过听竽籁。”元稹《寺院新竹》:“风朝竽籁过,雨夜鬼神恐。”陆龟蒙《寄怀华阳道士》:“匝地山川皆暗写,隐天竽籁只闲听。”

竺 同“竺”。见“竺仙偈”。

【竺仙偈】 即偈颂。佛经中的唱颂词。每句三、四、五、六或七字以至多字不等,通常以四句为一偈。贯休《夜雨》:“闲吟竺仙偈,清绝过于玉。”

笈 〔jí《广韵》其立切,入缉,羣。又楚洽切,入洽,初。又其辄切,入葉,羣。又巨業切,入業,羣。〕❶以竹或藤编织的书箱。或用以放置药物、衣巾等物。王勃《寻道观》:“玉笈三山记,金箱五岳图。”李嘉祐《送韦邕少府归钟山》:“祈门官罢后,负笈向桃源。”陈孙《移耶溪旧居呈陈元初校书》:“书笈将非重,荷衣著甚轻。”温庭筠《赠考功卢郎中》:“一笈负山药,两瓶携涧泉。”李山甫《春日商山道中作》:“谷鸟衔枝去,巴人负笈归。”❷引申指书籍。唐彦谦《题宗人故帖》:“所忠无处访相如,风笈尘编迹尚余。”

【笈囊】 书袋;书箱。张籍《祭退之》:“学诗为众体,久乃溢笈囊。”

四 画

笄 〔jī《广韵》古奚切,平齊,見。〕❶簪子。古代用以挽住头发和固定弁、冕。殷尧藩《醉赠刘十二》:“定寻雷令剑,应识越王笄。”韦镒《经望湖驿》:“埋宝贼夫人,磨笄伤彼妇。”❷古代女子十五岁成年曰“笄”。见《礼记·内则》。亦指十五岁成年所行之礼。郑世翼《看新婚》:“初笄梦桃李,新妆应摽梅。”权德舆《杂兴五首》之一:“丛鬓愁眉时势新,初笄绝代北方人。”李绅《莺莺歌》:“千言万语对生意,小女初笄为姊妹。”

【笄年】 谓女子十五岁成年。窦常《凉国惠康公主挽歌》:“玉立分尧绪,笄年下相门。”白居易《对酒示行简》:“复有双幼妹,笄年未结褵。”王韫秀《夫人相寄姨妹》:“笄年解笑鸣机妇,耻见苏秦富贵时。”

笓 〔bì《集韵》毗至切,去至,並。〕见“篘笓”。

笑 〔xiào《广韵》私妙切,去笑,心。〕❶因喜悦而开颜或发出笑声。王维《辋川别业》:“披衣倒屣且相见,相欢语笑衡门前。”韦应物《清都观答幼遐》:“粲然顾我笑,绿简发新章。”白居易《赠楚州郭使君》:“笑看儿童骑竹马,醉携宾客上仙舟。”刘兼《宴游池馆》:“座客半酣言笑狎,孔融怀抱正怡怡。”❷喜爱;羡慕。王维《送孟八归襄阳》之二:“醉歌田舍酒,笑读古人书。”杜甫《元日示宗武》:“汝啼吾手战,吾笑汝身长。”孟郊《雪》:“意劝莫笑雪,笑雪贫为灾。”拾得《诗》之五四:“可笑是林泉,数里少人烟。”❸嘲笑;讥笑。骆宾王《在江南赠宋五之问》:“弹随空被笑,献楚自多伤。”李白《赠从弟南平太守之遥二首》之一:“当时笑我微贱者,却来请谒为交欢。”刘禹锡《杏园花下酬乐天见赠》:“游人莫笑白头醉,老醉花间有几人。”皮日休《又寄次前韵》:“应被高人笑,忧身不似名。”周渍《废宅》:“豪家莫笑此中事,曾见此中人笑人。”❹比喻花朵开放。骆宾王《秋晨同淄川毛司马秋九咏·秋菊》:“分黄俱笑日,含翠共摇风。”李白《观元丹丘坐巫山屏风》:“溪花笑日何年发,江客听猿几岁闻。”崔护《题都城南庄》:“人面不知何处在,桃花依旧笑春风。”韦庄《楚行吟》:“惆怅楚宫云雨后,露啼花笑一年年。”

【笑口】 指笑时口部形态,笑容。白居易《刘苏州寄酿酒糯米李浙东寄杨柳枝舞衫寄谢之》:“舞时已觉愁眉展,醉后仍教笑口开。”冯延巳《莫思归》词:“花满名园酒满觞,且开笑口对秾芳。”

【笑抃】 拍手欢笑。柳宗元《种仙灵毗》:“笑忭前即吏，为我擢其根。”刘禹锡《韩十八侍御见示岳阳楼别窦司直诗因令属和重以自述故足成六十二韵》：“笑抃随伸纸，晔若观五色。”

【笑言】　谈笑，说笑。韦应物《酬李儋》：“明当策疲马，与子同笑言。”刘禹锡《和令狐相公以司空裴相见招南亭看雪四韵》：“瑞呈霄汉外，兴入笑言间。”李群玉《小弟艎南游近书来》：“笑言频梦寐，独立想容色。”张固《重阳宴东观山亭和从事卢顺之》：“交友会时丝管合，羽觞飞处笑言同。”

【笑呵呵】　开口笑貌。韦庄《天仙子》词之二：“惊睡觉，笑呵呵，长笑人生能几何。”

【笑胡盧】　嘲笑貌。胡卢，笑貌。《太平御览》卷五一引《阚子》：“宋之愚人，得燕石于梧台之东，归而藏之，以为大宝。周客闻而观看，主人端冕去服以发宝，华匮十重，缇中十袭。客见之，卢胡而笑曰：‘此燕石也，与瓦甓不异。’主人大怒，藏之愈固。”温庭筠《病中书怀呈友人》：“叶龙图夭矫，燕鼠笑胡卢。”

【笑盈盈】　笑容满面。南唐后主李煜《菩萨蛮》词之二：“慢脸笑盈盈，相看无限情。”张泌《浣溪沙》词之八：“晚逐香车入凤城，东风斜揭绣帘轻，慢回娇眼笑盈盈。”

【笑笑】　花盛开貌。包融《赋得岸花临水发》：“笑笑傍溪花，丛丛逐岸斜。”

【笑殺】　形容大笑的样子。杀，用在动词后，形容程度之深。司空图《榜下》：“春风漫折一枝桂，烟阁英雄笑杀人。”裴谞《判误书纸背》：“我也不辞与你判，笑杀门前著靴汉。”

【笑疾】　一种笑而不能自禁之病。《晋书·陆云传》：“云字士龙……少与兄机齐名，虽文章不及机，而持论过之，号曰‘二陆’……吴平，入洛，机初诣张华，华问云何在。机曰：‘云有笑疾，不敢自见。’俄而云至。华为人多姿制，又好帛绳缠须。云见而大笑，不能自已。”后遂用为典故。李商隐《奉和太原公送前杨秀才戴兼招杨正字戎》：“谁惮士龙多笑疾，美髭终类晋司空。”

【笑容】　笑时的面容。白居易《新乐府·牡丹芳》：“低娇笑容疑掩口，凝思怨人如断肠。”尹鹗《临江仙》词之一：“时逞笑容无限态，还如菡萏争芳。”

【笑唾】　嗤笑，唾弃。刘叉《勿执古寄韩潮州》：“玉石共笑唾，驽骥相奔驰。”

【笑喧】　大笑。柳宗元《行路难三首》之一：“北方竫人长九寸，开口抵掌更笑喧。”

【笑傲】　❶谓傲慢不敬，不受约束。李白《江上吟》：“兴酣落笔摇五岳，诗成笑傲凌沧洲。”李端《长安感事呈卢纶》：“长裾游邸第，笑傲五侯中。”孟郊《戏赠无本》之二：“补缀杂霞衣，笑傲诸贵门。”司空图《南北史感遇十首》之三：“若向沧洲犹笑傲，江山虚有石头城。”李山甫《山中答刘书记寓怀》：“山中有独夫，笑傲出衰盛。”❷笑乐。多形容心情悠闲自在。裴度、张籍《宴兴化池亭送白二十二东归联句》：“随游多笑傲，遇胜且裴回。”薛能《彭门解嘲二首》之一：“呜呜吹角贰师营，落日身闲笑傲行。”徐铉《送元帅书记高郎中出为婺源建威军使》：“倚马未曾妨笑傲，斩牲先要厉威严。”

【笑資】　笑料；谈笑资料。白居易《和微之诗二十三首·和酬郑侍御东阳春闷放怀追越游见寄》：“此诗勿遣闲人见，见恐与他为笑资。”

【笑赫赫】　犹笑呵呵。无名氏《占辞·占年》：“正月三白，田公笑赫赫。”

【笑語】　❶谈笑；说笑。白居易《洛中春游呈诸亲友》：“笑语销闲日，酬歌送老身。”贾岛《喜雍陶至》：“今朝笑语同，几日百忧中。”陆龟蒙《鹤媒歌》：“而况世间有名利，外头笑语中猜忌。”元凛《九日对酒》：“嘉辰复遇登高台，良朋笑语倾金罍。”❷笑声，说话声。李绅《悲善才》：“翠娥列坐层城女，笙笛参差齐笑语。”李群玉《长沙陪裴大夫夜宴》：“四面雨声笼笑语，满堂香气泛笙歌。”杜牧《怀钟陵旧游四首》之四：“城头晚鼓雷霆后，桥上游人笑语多。”马逢《宫词二首》之二：“玉楼天半起笙歌，风送宫人笑语和。”

【笑談】　谈笑；笑谑。牟融《重赠张籍》：“旧日仪容只宛然，笑谈不觉度流年。”韩熙载《赠陈郎》：“陈郎不着世儒衫，也好嬉游日笑谈。”徐锴《同家兄哭乔侍郎》：“三日笑谈成理命，一篇投吊尚应知。”

【笑樂】　（—lè）欢笑，欢喜快乐。白居易《和韦庶子远坊赴宴未夜先归之作》：“到时常晚归时早，笑乐三分校一分。”

【笑盧胡】　同“笑胡盧”。白居易《和微之春日投简阳明洞天五十韵》：“送觥歌宛转，嘲妓笑卢胡。”

【笑謔】　笑乐；嬉戏。白居易《寄元九》：“把手或酣歌，展眉时笑谑。”

【笑聲】　嘻笑之声。杜牧《过华清宫绝句三首》之三：“云中乱拍禄山舞，风过重峦下笑声。”

【笑臉】　含笑的面容。李峤《桃》：“山风凝笑脸，朝露泫啼妆。”杜牧《留赠》：“舞靴应任闲人看，笑脸还须待我开。”

【笑顔】　笑脸；笑容。刘禹锡《送李友路秀才赴举》：“伫俟明年桂，高堂开笑颜。”

【笑癖】　同“笑疾”。王贞白《赠刘台处士》：“兵机不让韩擒虎，笑癖微方陆士龙。”

【笑蘧】　用作善于改过的典故。见《庄子·则阳》《淮南子·原道训》。杜牧《自遣》：“嗜酒狂嫌阮，知非晚笑蘧。”

【笑譚】 谈笑；说笑。张祜《投陈许崔尚书二十韵》："才周儒学外，礼厚笑谭中。"

【笑靨】 ❶笑容，笑颜。韩偓《席上有赠》："矜严标格绝嫌猜，嗔怒虽逢笑靥开。"❷笑窝。鱼玄机《浣纱庙》："一双笑靥才回面，十万精兵尽倒戈。"❸古代妇女脸上的妆饰品。韦庄《叹落花》："西子去时遗笑靥，谢娥行处落金钿。"温庭筠《菩萨蛮》词之四："绣衫遮笑靥，烟草黏飞蝶。"

⿱⺮氏 同"匙"。钥匙。李商隐《日高》："镀镮故锦縻轻拖，玉⿱⺮氏不动便门锁。"

笏 〔hù《广韵》呼骨切，入没，曉。〕古代臣子朝见君王时所执的手版，以玉、象牙或竹木制成。后专为大臣上朝时所执，用以记事，以备遗忘。岑参《西掖省记事》："平明端笏陪鹓列，薄暮垂鞭信马归。"韦应物《自尚书郎出为滁州刺史》："少年不远仕，秉笏东西京。"姚合《罢武功县将入城》："乍抛衫笏觉身轻，依旧还称学道名。"司空图《华下乞归》："多病形容五十三，谁怜借笏趁朝参。"

【笏花】 指笏板上的鲛鱼须文饰。王建《和蒋学士新授章服》："五色箱中绛服春，笏花成就白鱼新。"参见"魚頭笏"。

【笏諫】 执笏以谏君主。唐彦谦《咸通中始闻褚河南归葬阳翟是岁上平徐方大肆庆贺又诏八品锡其裔孙追叙风概》："不听还笏谏，几覆缀旒祧。"

笇 〔suàn《广韵》蘇贯切，去换，心。〕同"筭"。谋划，计谋。窦弁《元日喜闻大礼寄上翰林四学士中书六舍人二十韵》："大哉环海晏，不笇子牟心。"

笐 〔háng《广韵》古郎切，平唐，見。〕竹子的行列。《说文·竹部》："笐，竹列也。"。引申为竹木架。贯休《寄紫阁隐者》："苔上枯藤笐，泉淋破石楼。"

笆 〔bā《广韵》伯加切，平麻，幫。又傍下切。上馬，幫。〕篱笆。用竹或荆条编成的围绕房屋庭院或场地的遮拦物。柳宗元《同刘二十八院长述旧言怀感时书事》："引泉开故窦，护药插新笆。"

【笆籬】 篱笆。白居易《秦中吟十首·买花》："上张幄幕庇，旁织笆篱护。"刘禹锡《洛中送韩七中丞之吴兴口号五首》之五："溪中士女出笆篱，溪上鸳鸯避画旗。"花蕊夫人徐氏《宫词》之七四："安排竹栅与笆篱，养得新生鹁鸽儿。"

五　画

筇 〔qióng《广韵》渠容切，平鍾，羣。〕❶竹名，因产于古邛国（今四川西昌市东南），故名。因竹节高起，中心坚实，常用以制作手杖，为杖中珍品。周彦昭《晦日宴高氏林亭》："御柳惊春色，仙筇掩月华。"李白《送殷淑三首》之三："痛饮龙筇下，灯青月复寒。"黄滔《投翰长赵侍郎》："泽国雨荒三径草，秦关雪折一枝筇。"❷即筇竹杖。郭震《云》："聚散虚空去复还，野人闲处倚筇看。"陆龟蒙《南泾渔父》："出户手先筇，见人头未帽。"无可《送僧》："百年三事衲，万里一枝筇。"左偃《秋晚野望》："倚筇聊一望，何处是秦川？"

【筇竹】 亦作"笻竹"。❶竹名。即筇竹。李贺《巫山高》："瑶姬一去一千年，丁香筇竹啼老猿。"徐夤《笋鞭》："筇竹岩边剔翠苔，锦江波冷洗琼瑰。"❷即筇竹杖。刘禹锡《病中一二禅客见问因以谢之》："身是芭蕉喻，行须筇竹扶。"周贺《送蜀僧》："万里独行无弟子，惟赍筇竹与檀龛。"徐夤《西寨寓居》之一："闲读南华对酒杯，醉携筇竹画苍苔。"王周《早春西园》："引步携筇竹，西园小径通。"

【筇竹杖】 亦作"笻竹杖"。用筇竹制成的手杖。王维《谒璿上人》："床下阮家屐，窗前筇竹杖。"杜甫《送梓州李使君之任》："老思筇竹杖，冬要锦衾眠。"武元衡《寻三藏上人》："临水手持筇竹杖，逢君不语指芭蕉。"高骈《筇竹杖寄僧》："坚轻筇竹杖，一枝有九节。"

【筇杖】 亦作"笻杖"。即筇竹杖。司空曙《病中寄郑十六兄》："手便筇杖冷，头喜葛巾轻。"权德舆《送濬上人归扬州禅智寺》："Ⅲ露宗通法已传，麻衣筇杖去悠然。"白居易《新昌新居书事四十韵》："缓步携筇杖，徐吟展蜀笺。"李商隐《华师》："孤鹤不睡云无心，衲衣筇杖来西林。"苏拯《山中道者》："筇杖六尺许，坐石流泉所。"

【筇枝】 亦作"笻枝"。筇竹杖。殷尧藩《潭州独步》："一帆螟色鸥边雨，数尺筇枝物外身。"张祜《赠僧云栖》："麈尾与筇枝，几年离石坛。"参见"筇竹杖"。

【筇節】 即筇竹杖。李洞《赠禅友》："溪声过长耳，筇节出羸肩。"韩屿《赠进士李守微》："鸟曳鹤毛千氍毹，杖携筇节瘦槎牙。"参见"筇竹杖"。

笻 同"筇"。

【笻杖】 见"筇竹"。

【笻竹杖】 见"筇竹杖"。

【笻杖】 见"筇杖"。

【笴枝】 见“筇枝”。

笴 〔gǎn《广韵》古旱切，上旱，見。又古我切，上哿，見。〕箭杆。《广韵·哿韵》：笴，箭茎也。亦用作地名。李白《游秋浦白笴陂二首》之一：“何处夜行好，月明白笴陂。”

笛 〔dí《广韵》徒歷切，入錫，定。〕管乐器。又称笛子、横吹、横笛。以竹管制成。一般有六个音孔，另有膜孔和吹孔各一。卢照邻《和吴侍御被使燕然》：“关山有新曲，应向笛中吹。”王维《陇头吟》：“陇头明月回临关，陇上行人夜吹笛。”卢纶《夜泊金陵》：“江中正吹笛，楼上又无更。”滕迈《杨柳枝词》：“此日令人肠欲断，不堪将入笛中吹。”韦庄《纪村事》：“数声牛上笛，何处饷田归。”

【笛曲】 笛子吹出的曲调。徐锴《太傅相公以东观庭梅西垣旧植昔陪盛赏今独家兄唱和之余俾令攀和辄依本韵》：“唱酬胜笛曲，来往韵朱丝。”

【笛竹】 唐时蕲州（今湖北蕲春县北）出产的一种优良竹子，可制笛与簟。韩愈《郑群赠簟》：“蕲州笛竹天下知，郑君所宝尤瑰奇。”刘禹锡《武昌老人说笛歌》：“往年镇戍到蕲州，楚山萧萧笛竹秋。”白居易《寄蕲州簟与元九》：“笛竹出蕲春，霜刀劈翠筠。”

【笛牀】 即笛子。杜甫《数陪李梓州泛江有女乐在诸舫戏为艳曲二首赠李》之二：“白日移歌袖，清霄近笛床。”

【笛怨】 笛子发出的凄怨声音。白居易《题周皓大夫新亭子二十二韵》：“笛怨音含楚，筝娇语带秦。”张昭《夜吟窦巩集追思夷门题处已三稔矣凄然感兴书之》：“三径竹风邻笛怨，一庭霜月井梧愁。”

【笛梅】 指《梅花落》，笛曲名。李峤《送骆奉礼从军》：“笛梅含晚吹，营柳带余香。”

【笛管】 ❶笛子。杜牧《奉和门下相公送西川相公兼领相印出镇全蜀诗》：“笛管伶伦曲，箫韶清庙章。”路德延《小儿诗》：“棋图添路画，笛管欠声镌。”❷指竹子。李贺《昌谷北园新笋四首》之三：“今年水曲春沙上，笛管新篁拔玉青。”

【笛聲】 吹笛发出的乐声。司马扎《南徐夕眺》：“岸影几家柳，笛声何处船。”韦庄《三用韵》：“笛声随晚吹，松韵激遥砧。”

笙 〔shēng《广韵》所庚切，平庚，生。〕❶管乐器名。由笙管、簧片、斗子三部分组成。笙管为长短不一的竹管。斗子以匏、木或铜制成，连有吹口。簧片装在笙管内，以竹箬或铜片制成，作为发声的振动器。李白《凤吹笙曲》：“仙人十五爱吹笙，学得昆丘彩凤鸣。”刘禹锡《鹤叹二首》之一：“谁怜好风月，邻舍夜吹笙。”姚合《庄恪太子挽词二首》之二：“吹笙今一去，千古在逡巡。”丘光庭《补新宫》序：“歌讫笙入，立于堂下，奏南陔、白华、华黍，笙之所奏，例皆小雅，皆是文王之诗。”❷指笙簧。元稹《答姨兄胡灵之见寄五十韵》：“世道难于剑，谗言巧似笙。”参见“笙簧❶”。❸古代吴人谓簟为笙。刘禹锡《送李策秀才还湖南因寄幕中亲故兼简衡州吕八郎中》：“薰风香麈尾，月露濡桃笙。”

【笙竽】 笙和竽。亦泛指吹奏乐声。魏征《五郊乐章·雍和》：“珪币咸列，笙竽备举。”杜甫《玉华宫》：“万籁真笙竽，秋色正萧洒。”元稹《春分投简阳明洞天作》：“荣光飘殿阁，虚籁合笙竽。”李商隐《七夕偶题》：“花果香千户，笙竽滥四邻。”

【笙笛】 笙和笛。亦泛指笙笛声音。李绅《悲善才》：“翠娥列坐层城女，笙笛参差齐笑语。”

【笙歌】 吹笙唱歌。亦泛指奏乐唱歌。李白《少年行》：“兰蕙相随喧妓女，风光去处满笙歌。”顾况《宫词五首》之二：“玉楼天半起笙歌，风送宫嫔笑语和。”章孝标《八月》：“长安夜夜家家月，几处笙歌几处愁。”杜牧《过华清宫绝句三首》之三：“万国笙歌醉太平，倚天楼殿月分明。”高骈《边方春兴》：“笙歌嘹亮随风去，知尽关山第几重。”

【笙篁】 即笙。篁，竹子。因笙由长短不同的竹子编排而成，故名。亦泛指吹奏乐声。李绅《拜三川守》：“改张琴瑟移胶柱，止息笙篁辨鲁鱼。”张为《秋醉歌》：“动叶如笙篁，音律相怡融。”和凝《小重山》词之一：“时时微雨洗风光，天衢远，到处引笙篁。”

【笙調】 笙的乐声。陆龟蒙《中秋待月》：“最爱笙调闻北里，渐看星澹失南箕。”

【笙磬】 笙和磬。磬，古代打击乐器，状如曲尺，以玉石或金属制成。《郊庙歌辞·昭德皇后庙乐章·舒和》：“金枝羽部彻清歌，瑶台肃穆笙磬罗。”耿湋《陪宴湖州公堂》：“壶觞邀薄醉，笙磬发高音。”贯休《秋夜玩月怀玉霄道士》：“惟宜华顶叟，笙磬有余声。”

【笙磬諧和】 喻人事关系融洽和谐。李绅《过梅里七首·忆东郭居》：“笙磬谅谐和，庭除还洒扫。”

【笙簧】 ❶指笙。簧，笙中吹奏时发音的簧片。亦指笙的乐音。杜甫《七月一日题终明府水楼二首》之一：“绝壁过云开锦绣，疏松夹水奏笙簧。”刘禹锡《墙阴歌》：“东邻侯家吹笙簧，随阴促促移象床。”翁洮《春》：“林间鸟奏笙簧月，野外花含锦绣风。”黄滔《和王舍人崔补阙题天王寺》：“啼鸟笙簧韵，开花锦绣姿。”❷喻谗言。陆龟蒙《杂讽九首》之四：“无木亦无风，笙簧由喜怒。”唐彦谦《咸通中始闻褚河南归葬阳翟追叙风概》：“罗织黄门讼，笙簧白骨销。”

【笙簫】 笙和箫。亦泛指管乐器。白居易《重题别东楼》：“海仙楼塔晴方出，江女笙箫夜始吹。”廖融《梦仙谣》：“银河旌节摇波影，珠阁笙箫吸月华。”

【笙鏞】 笙和镛。镛，大钟，古乐器名。沈佺期《三日梨园侍宴》："日晚迎祥处，笙镛下帝台。"耿湋《贺李观察祷河神降雨》："玉帛才敷云淡淡，笙镛未撤雨霏霏。"卢纶《留别耿湋侯钊冯著》："笙镛新宅第，岐路古山陂。"陈陶《涂山怀古》："道隐三千年，遗芳播笙镛。"

【笙鶴】 指仙人乘骑之仙鹤。后因以为咏仙道的典故。见汉刘向《列仙传·王子乔》。孙逖《葛山潭》："犹醉空山里，时闻笙鹤飞。"李白《赠别王山人归布山》："愿言弄笙鹤，岁晚来相依。"李幼卿《游烂柯山四首》之三："笙鹤何时还，仪形尚相对。"权德舆《酬李二十二兄主簿马迹山见寄》："若闻笙鹤声，宛在耳目前。"刘禹锡《酬令狐相公见寄》："群玉山头住四年，每闻笙鹤看诸仙。"

筰 〔zuó《广韵》在各切，入鐸，從。〕❶竹索，竹缆。亦指竹索桥。杜甫《桔柏渡》："连筰动袅娜，征衣飒飘飖。"陆龟蒙《奉和袭美初夏游楞伽精舍次韵》："险穴骇坤牢，高萝挂天筰。"❷古代我国西南地区部族名。其地在今四川汉源县东南。以产名马闻名。见"筰馬"。

【筰馬】 古代我国西南筰地所产的名马。刘禹锡《始至云安寄兵部韩侍郎中书白舍人二公》："蛮军击严鼓，筰马引双旌。"

符 〔fú《广韵》防無切，平虞，奉。〕❶古代发兵所用的虎形兵符。亦指将帅之印。骆宾王《宿温城望军营》："兵符关帝阙，天策动将军。"刘禹锡《酬思黯见示小饮四韵》："兵符相印无心恋，洛水嵩云恣意看。"杜牧《史将军二首》之二："何日武台坐，兵符授虎臣。"虞羽客《结客少年场行》："窃符方救赵，击筑正怀燕。"❷指竹符。古代授予郡守的凭证。后多指郡守职权或郡守之官印。高适《真定即事奉赠韦使君二十八韵》："始佩仙郎印，俄兼太守符。"岑参《酬成少尹骆谷行见呈》："忆昨蓬莱宫，新授刺史符。"韦应物《示全真元常》："余辞郡符去，尔为外事牵。"钱起《送李九归河北》："寄重分符去，威仍出阃行。"白居易《对酒吟》："一抛学士笔，三佩使君符。"参见"竹符"。❸符节。古代出入门关的凭证。李商隐《戊辰会静中出贻同志二十韵》："瑶简被灵诰，持符开七门。"参见"符節""符繻"。❹官府下达的文书、文告。见《新唐书·百官志一》。元结《舂陵行》："郭亭传急符，来往迹相追。"元稹《旱灾自咎贻七县宰》："符下敛钱急，值官因酒嗔。"❺票券，单据。皮日休《新秋即事三首》之一："酒坊吏到常先见，鹤料符来每探支。"❻符合，相合。萧颖士《山庄月夜作》："且事计然策，将符公冶言。"岑参《终南山双峰草堂作》："兴来恣佳游，事惬符胜概。"独孤及《同徐侍郎五云溪新庭重阳宴集作》："已符东山趣，况值江南秋。"皮日休《奉献致政裴秘监》："优诏加大监，所以符公议。"❼应验，验证。李绅《龙宫寺》序："僧又偶言寺中灵祇所相告耳，余问疾而已，不能对，及后符其言，而讯其存没，则僧及门人悉已殂谢。"李敬方《闻高侍御卒贬所》："官移人未察，身没事多符。"公乘亿《赋得郎官上应列宿》："自然符列象，千古耀岩廊。"❽当；相当。高正臣《晦日置酒林亭》："正月符嘉节，三春玩物华。"许敬宗《奉和圣制登三台言志应制》："高门符令节，形胜总神州。"杜甫《送窦九归成都》："非尔更苦节，何人符大名。"❾符箓。仙家之书。陆敬《游清都观寻沈道士得都字》："缥帙桐君录，朱书王母符。"苏颋《幸白鹿观应制》："受符邀羽使，传诀注香童。"李贺《恼公》："符因青鸟送，囊用绛纱缝。"贾岛《元日女道士受箓》："立听师语了，左肘系符归。"皮日休《太湖诗·太湖石》："或若巨人骼，或如太帝符。"❿符谶。一种预示未来的神秘文书。崔日用《奉和圣制龙池篇》："龙兴白水汉兴符，圣主时乘运斗枢。"骆宾王《夏日游德州赠高四》："紫云浮剑匣，青山孕宝符。"姚崇《奉和圣制龙池篇》："既协翠泉光宝命，还符白水出真人。"岑参《送许子擢第归江宁拜亲因寄王大昌龄》："玄元告灵符，丹洞获其铭。"⓫咒符。道士巫师画的图形或线条，用以驱役鬼神、治病避邪。杜甫《信行远修水筒》："讵要方士符，何假将军盖。"顾况《步虚词》："飞符超羽翼，焚火醮星辰。"王建《赠溪翁》："看日和仙药，书符救病人。"元稹《开元观闲居酬吴士矩侍御三十韵》："禹步星纲动，焚符灶鬼詹。"⓬瑞兆。上天显示给人的某种征兆。玄宗《过晋阳宫》："运革祚中否，时迁命兹符。"崔玄童《祭汾阴乐章》："祥符宝鼎，礼备黄琮。"刘允济《经庐岳回望江州想洛川有作》："佐历符贤运，人期茂天爵。"彭伉《青云干吕》之二："圣布中区化，祥符异域云。"李绅《别连理树》："垂阴敢慕甘棠叶，附干将呈瑞木符。"

【符子珪】 据岑仲勉《读全唐诗札记》考订，"符"当作"苻"。开元十八年(730)任定州别驾。事见《元和姓纂四校记》。《全唐诗》卷七六九录其《芳树》一首。

【符印】 郡守之印。元结《酬裴云客》："符印随坐起，守位常森森。"姚合《杭州郡斋南亭》："符印悬腰下，东山不得归。"参见"符竹"。

【符吏】 道教词。指守护符箓的神官。孟蜀妃张太华《谢李若冲》："符吏匆匆叩夜扃，便随金简出幽冥。"

【符竹】 又称"竹符""竹使符"。汉代朝廷向郡守传达命令或征调兵将所用的凭证。见《汉书·文帝纪》。后借指郡守(刺史)或郡守(刺史)之职权。张九龄《巡属县道中作》："短才滥符竹，弱岁起柴荆。"孟浩然《和宋太史北楼新亭》:“谁道山林近,坐为符竹拘。”韦应物《岁日寄京师诸季端武等》:“昨日罢符竹,家贫遂留连。”薛逢《北亭醉后叙旧赠东川陈书记》:“符竹谬分锦水外,妻孥犹隔散关东。”

【符竹使】 指郡守(刺史)。柳宗元《送叔平学士知青州》:“郡分符竹使,亲膳洁兰羞。”参见“符竹”。

【符守】 ❶谓受符为地方长官。严武《题龙日寺西龛石壁》:“嗟余参符守,汉主远分忧。”❷借指郡守或郡守之职权。张说《登九里台是樊姬墓》:“自我来符守,因君树蕙茎。”王维《故西河郡杜太守挽歌三首》之二:“返葬金符守,同归石窌妻。”韦应物《郡中西斋》:“岂将符守恋,幸已栖心幽。”羊士谔《郡中端居有怀袁州王员外使君》:“风波移故辙,符守忽离居。”参见“符竹”。

【符命】 上天预示的一种征兆。韦表微《池州夫子庙麟台》:“吁嗟麟兮,克昭符命。”段成式《河出荣光》:“符命自陶唐,吾君应会昌。”胡宿《函谷关》:“符命已归如掌地,一丸曾误隗王东。”

【符郎】 韩愈子韩昶小名。孟郊有《喜符郎诗有天纵》。

【符彦卿】 五代后唐诗人。字冠侯,陈州宛丘(今河南淮阳县东南)人。后唐中书令符存审第三子。《全唐诗外编》录其《知汴州作》一首。事迹见《全唐诗外编》上作者小传。

【符亭】 地名,在河南宜阳县东。薛能《符亭二首》之一:“符亭之地雅离群,万古悬泉一旦新。”

【符師】 指画咒符的道士、巫师。韩愈《谴疟鬼》:“符师弄刀笔,丹墨交横挥。”

【符書】 官府公文,文书。李商隐《有感二首》之一:“证逮符书密,辞连性命俱。”

【符曹】 指县官署中的各曹司。即上承州府六曹司的司功佐、司仓佐、司户佐、司兵佐、司法佐、司士佐等。王建《谢田赞善见寄》:“错判符曹群吏笑,乱书岩石一山憎。”

【符處士】 符载。杨衡有《秋夜闲居即事寄庐山郑员外符处士》。

【符彩】 光彩。亦指才华出众。杜甫《同豆卢峰知字韵》:“符彩高无敌,聪明达所为。”刘禹锡《牛相公见示新什谨依本韵次用以抒下情》:“符彩添隃墨,波澜起剡藤。”蒋防《玉卮无当》:“符彩功难补,盈虚数已亏。”杜牧《洛中送冀处士东游》:“坛宇宽帖帖,符彩高酋酋。”刘斌《和许给事伤牛尚书》:“符彩照千里,铨衡综九流。”

【符章】 官府印绶。多指郡守之印绶。白居易《咏怀》:“尚平婚嫁了无累,冯翊符章封却还。”

【符詔】 道教词。上天的诏书。王建《赠王屋道士赴诏》:“玉皇符诏下天坛,玳瑁头簪白角冠。”

【符瑞】 祥瑞。一种吉祥的征兆。郭周藩《谭子池》:“泓澄表符瑞,水旱无竭时。”

【符牒】 下达于官府的各种公文的统称。元结《春陵行》序:“到官未五十日,承诸使征求符牒二百余封,皆曰,失其限者罪至贬削。”

【符楊】 符载和杨衡。贞元初均隐庐山,见《全唐文》卷六一二崔群《送庐岳处士符载日蜀觐省序》、卷六九〇符载《荆州与杨衡说旧因送游南越序》。李涉《杪春再游庐山》:“萧魏故已尘,符杨亦川驰。”

【符節】 ❶古代符信的一种,以金玉竹木等制成。上刻文字,分为两半,一半留在朝廷,一半授予使者或地方长官,作为征调兵将的凭证。张籍《送郑尚书赴广州》:“圣朝选将持符节,内使宣时百辟听。”❷指朝廷授予郡守(刺史)的凭信,或借指郡守(刺史)。元结《春陵行》:“安人天子命,符节我所持。”武元衡《酬陆员外歙州许员外郢州二使君》:“符节分忧重,鹓鸿去路翔。”皮日休《送羊振文先辈往桂阳归觐》:“竹人临水迎符节,风母穿云避信旗。”

【符載】 据岑仲勉《读全唐诗札记》,“符”当作“苻”。字厚之,郡望武都(今属甘肃),居蜀中。大历末与杨衡等隐于青城山,建中初又偕于庐山,自称庐山山人。贞元间曾入江西观察使李巽、淮南节度使杜佑幕,贞元十九年(803)入西川节度使韦皋幕,为节度支使。元和四年(809),荆南节度使赵宗儒辟为记室。《全唐诗》卷四七二录其诗二首,断句一联。

【符蒙】 (?—944)五代诗人。字适之,赵州昭庆(今河北隆尧县)人。后唐同光三年(925)登进士第,累迁镇州节度副使。仕后晋历右谏议大夫、给事中、礼部侍郎等。《全唐诗》卷七九五录其断句一联,《全唐诗外编》录其《旅夜怀故人》一首。

【符傳】 (—chuán)符,指符竹;传,传车,驿骑。借指赴郡守之任的传车、驿骑。苏颋《饯郢州李使君》:“复闻拥符传,及是收图籍。”

【符離】 县名。治所在今安徽宿州市北符离集。韦应物《寄大梁诸友》:“昨日次睢阳,今夕宿符离。”白居易《醉后走笔酬刘五主簿长句之赠》:“是时相遇在符离,我年二十君三十。”

【符籍】 户籍。刘禹锡《莫瑶歌》:“莫瑶自生长,名字无符籍。”

【符繻】 汉代出入关卡时的符信。裂繻帛而各持一半,合之以为符信。后泛指出入关卡时的凭证。元稹《酬东天东南行诗一百韵》:“敛缗偷印信,传箭作符繻。”

【符籙】 道教词。符,一种笔画屈曲、似字非字的图形;箓,是记天曹官属佐吏之名又有诸符错杂其间的秘文。道教认为符箓为天神之文字，能驱役鬼神，治病消灾，故道士受道必先受符箓。顾云《华清词》："太上符箓龙蛇踪，散花天发侍香童。"

【符驗】 应验。亦指秘方。朱庆余《赠道者》："药成休伏火，符验不传人。"

笭 〔líng《广韵》郎丁切，平青，來。又力鼎切，上迥，來。〕见"笭箵"。

【笭箵】 渔具的总称。亦指盛放鱼的竹笼。陆龟蒙《渔具诗》序："所载之舟曰舴艋，所贮之器曰笭箵。"又《渔具诗·笭箵》："谁谓笭箵小，我谓笭箵大。"皮日休《奉和鲁望渔具十五咏·笭箵》："朝空笭箵去，暮实笭箵归。"

笠 〔lì《广韵》力入切，入缉，來。〕笠帽。以竹篾编成，中间夹箬叶或棕皮。刘长卿《送灵澈上人》："荷笠带夕阳，青山独归远。"刘禹锡《竹枝词九首》之九："银钏金钗来负水，长刀短笠去烧畬。"温庭筠《秋日》："良时有东菑，吾将事蓑笠。"翁洮《渔者》："一叶飘然任浪吹，雨蓑烟笠肯忘机。"吴融《送策上人》："瓶添新涧绿，笠卸晚峰阴。"

【笠子】 笠帽。高适《渔父歌》："笋皮笠子荷叶衣，心无所营守钓矶。"李白《戏赠杜甫》："饭颗山头逢杜甫，顶戴笠子日卓午。"李群玉《嘲卖药翁》："莫抛破笠子，留作败天公。"

【笠澤】 太湖的别称。陆龟蒙《和张广文贲旅泊吴门次韵》："茅峰曾醮斗，笠泽久眠云。"皮日休《公斋四咏·新竹》："笠泽多异竹，移之植后楹。"吴融《灵池县见早梅》："春日暖时抛笠泽，战尘飞处上琴台。"

【笠簷】 笠帽边檐。陆龟蒙《晚渡》："各样莲船逗村去，笠簷蓑袂有残声。"

笥 〔sì《广韵》相吏切，去志，心。〕用以盛放衣物书籍等的方形竹器。褚亮《奉和咏日午》："昼寝惭经笥，暂解入朝衣。"潘孟阳《和权载之离合诗》："笥中操彩笺，竹简何足编。"鲍溶《闻蝉》："星井欲望河，月扇看藏笥。"南唐后主李煜《挽辞》之一："玉笥犹残药，香奁已染尘。"

第 〔dì《广韵》特計切，去霽，定。〕❶次第；等级。张子容《巫山》："朝云暮雨连天暗，神女知来第几峰。"任华《寄杜拾遗》："杜拾遗，名甫第二才甚奇。"刘禹锡《送僧仲剬东游兼寄呈灵澈上人》："旧闻南方多长老，次第来入荆门道。"高骈《边方春兴》："笙歌嘹亮随风去，知尽关山第几重。"❷科第。唐代指进士及第。岑参《送严维下第还江东》："勿叹今不第，似君殊未迟。"韩愈《送陆畅归江南》："一来取高第，官佐东宫军。"李绅《答章孝标》："十载长安得一第，何须空腹用高心。"赵嘏《赠解头贾嵩》："顾我先鸣还自笑，空沾一第是何人。"❸府第；住宅。李适《侍宴长宁公主东庄应制》："歌舞平阳第，园亭沁水林。"祖咏《宴吴王宅》："吴王承国宠，列第禁城东。"戎昱《戏赠张使君》："如今野客无家第，醉处寻常是主人。"皮日休《二游诗·任诗》："有第可栖息，有书可渔猎。"❹副词。只，只是。刘禹锡《海阳湖别浩初师》引："而里中儿贤适与浩初比者，婴冠带，豢妻子，吏得以乘凌之，汩没天慧，不得自奋，莫可望浩初之清光于侯门上坐，第自吟羡而已。"❺连词。如果。刘禹锡《送张盥赴举诗》引："第如京师，无骚骚尔，无忻忻尔，时秋也，吾为若叩商之讴。"

【第一】 ❶居于首位。杜甫《观打鱼歌》："鲂鱼肥美知第一，既饱欢娱亦萧瑟。"李群玉《王内人琵琶引》："三千宫嫔推第一，敛黛倾鬟艳兰室。"李商隐《骄儿诗》："前朝尚器貌，流品方第一。"曹唐《小游仙诗九十八首》之二十："清思密谈谁第一，不过邀取小茅君。"❷首先，最重要。寒山《诗三百三首》之六三："若人逢鬼魅，第一莫惊惧。"元稹《离思五首》之三："第一莫嫌材地弱，些些纰缦最宜人。"薛能《嘲赵璘》："第一莫教娇太过，缘人衣带上人头。"罗隐《堠子》："君知不识字，第一莫形相。"

【第一人】 指风度、才德或姿容等居于首位的人。王维《同崔傅答贤弟》："更闻台阁求三语，遥想风流第一人。"杜甫《哀江头》："昭阳殿里第一人，同辇随君侍君侧。"李商隐《华清宫》："朝元阁迥羽衣新，首按昭阳第一人。"赵嘏《赠李秘书》："莫将芸阁轻科第，须作人间第一人。"徐夤《寄华山司空侍郎》："山掌林中第一人，鹤书时或问眠云。"

【第一功】 功居首位。李商隐《四皓庙》："萧何只解追韩信，岂得虚当第一功。"齐己《老将》："破虏与平戎，曾居第一功。"贯休《大蜀皇帝潜龙日述圣德诗五首》之三："若论朝野艰难日，第一之功美有余。"

【第一名】 名居首位。薛能《吴姬十首》之十："身是三千第一名，内家丛里独分明。"韦庄《寄薛先辈》："悬知回日彩衣荣，仙籍高标第一名。"

【第一州】 指物产、文物或地理形势等最重要的州。罗隐《上江州陈员外》："寒江九派转城楼，东下钟陵第一州。"韦庄《送人游并汾》："如今虏骑方南牧，莫过阴关第一州。"

【第一官】 最重要的官位。唐时多指行使宰相职权的中书令、中书侍郎、门下侍中、门下侍郎等。刘禹锡《酬思黯见示小饮四韵》："抛却人间第一官，俗情惊怪我方安。"

【第一品】 第一等。皎然《奉酬于中丞使君郡斋卧病见示一首》："格居第一品，高步凌前躅。"

【第一流】 第一等。刘禹锡《和思黯忆南庄见示》："从来天下推尤物，合属人间第一流。"许浑《早秋寄刘尚书》："天生心识富人侯，将相门中第一流。"薛能《杏花》："活色生香第一流，手中移得近青楼。"韩偓《思录旧诗于卷上凄然有感因成一章》："自吟自泣无人会，肠断蓬山第一流。"徐夤《牡丹花二首》之二："万万花中第一流，浅霞轻染嫩银瓯。"

【第一義】 佛教词。亦称第一义谛、真谛。指至高无上的真理；与世谛、俗谛相对。李颀《题神力师院》："每闻第一义，心净琉璃光。"杜甫《谒文公上方》："愿闻第一义，回向心地初。"

【第三禪】 佛教词。色界四禅天中的第三禅天，其中又分三天，谓之少净、无量净、遍净。禅者，梵语禅那之略，意为思维、静虑，即静息心虑之义。易言之，禅天即禅定者得静息心虑之天处。因静虑有四种之浅深，故有四禅天之别。皎然《答李侍御问》："身外空名何足问，吾心已出第三禅。"

【第一聲】 ❶指蝉鸣的第一声。白居易《六月三日夜闻蝉》："微月初三夜，新蝉第一声。"杜牧《东都送郑处诲校书归上都》："槿堕初开艳，蝉闻第一声。"❷指最好最优美的歌声。崔涂《声》："韩娥绝唱唐衢哭，尽是人间第一声。"

【第一籌】 即头筹。打球时鞠第一次入网得胜者，叫头筹。王建《宫词一百首》之十五："对御难争第一筹，殿前不打背身球。"

【第三聲】 ❶指猿凄悲的啼声。见北魏郦道元《水经注·江水》。戴叔伦《和崔法曹建溪闻猿》："闻道建溪肠欲断，的知断著第三声。"李端《送客赋得巴江夜猿》："楚人皆掩泪，闻到第三声。"元稹《哭女樊》："应是一声肠断去，不容啼到第三声"。雍裕之《江上闻猿》："愁多肠易断，不待第三声。"❷领舞人所拍的第三次击拍声，表示舞蹈开始。王建《宫词一百首》之二八："整顿衣裳皆著却，舞头当拍第三声。"

【第五】 复姓。李颀《送刘十》："诸兄相继掌青史，第五之名齐骠骑。"耿沣有《得替后书怀上第五相公》。又《晚秋东游寄猗氏第五明府解县韩明府》。欧阳詹有《题第五司户侍御》。吴筠有《第五将军入道因寄》。

【第五相公】 (相 xiàng)第五琦。耿沣有《得替后书怀上第五相公》和《奉和第五相公登鄱阳郡城西楼》。

【第五琦】 (713？－782)唐诗人。字禹珪，京兆长安(今陕西西安市)人。玄宗天宝末为北海录事参军，肃宗朝官监察御史、江淮租庸使，加度支郎中兼御史中丞，迁户中侍郎判度支，领诸道盐铁转运使。乾元二年(759)拜相，十一月贬忠州长史。宝应元年(762)后起为郎州刺史，历太子宾客，关内元帅副使兼粮科使、京兆尹，括、饶、湖三州刺史，封扶风郡公，官终太子宾客。新旧《唐书》有传。《全唐诗》卷七九五录其断句一联。

【第六祖】 即唐代名僧慧能(638－713)。中国佛教禅宗南宗创始人，佛教史上称为禅宗六祖。住韶州(今广东韶关市)曹溪宝林寺。所授佛法——《坛经》(由其弟子记录整理成书)为后来禅宗的宗经。顾况《归阳萧寺有丁行者能修无生忍担水施僧况归命稽首作诗》："曹溪第六祖，踏碓逾三年。"

【第四聲】 指乐曲《阳关三叠》的第四声。白居易《对酒五首》之四："相逢且莫推辞醉，听唱阳关第四声。"原注："第四声，劝君更尽一杯酒，西出阳关无故人。"

【第行】 即行第。唐代指同一曾祖父同辈兄弟的排行次第。灵澈《答徐广叔四问》："童子出家无第行，随师乞食遣称名。"

【第宅】 府邸；住宅。郑世翼《登北邙还望京洛》："左右多第宅，参差居将相。"杜甫《秋兴八首》之四："王侯第宅皆新主，文武衣冠异昔时。"白居易《与梦得偶同到敦诗宅感而题壁》："履道凄凉新第宅，宣城零落旧笙歌。"罗隐《塞外》："汉王第宅秦田土，今日将军已自荣。"

笳

〔jiā《广韵》古牙切，平麻，見。〕即胡笳。古代管乐器。汉时流行于西域和塞北一带。初卷芦叶吹之，后以竹管。其音凄悲，多用于军乐，亦用于丧葬时的哀乐。太宗《望送魏征葬》："哀笳时断续，悲旌乍舒卷。"王维《送宇文三赴河西充行军司马》："横吹杂繁笳，边风卷塞沙。"顾况《送柳宜城葬》："鸣笳已逐春风咽，匹马犹依旧路嘶。"杨巨源《赠张将军》："天晴红帜当山满，日暮清笳入塞长。"许棠《塞下二首》之二："汉卒闻笳泣，胡儿击剑歌。"

【笳曲】 胡笳吹奏的曲调。骆宾王《王昭君》："唯有清笳曲，时闻芳树春。"蒋涣《故太常卿赠礼部尚书李公及夫人挽歌二首》之二："薤挽疑笳曲，松风思翟衣。"

【笳吟】 胡笳吹奏，笳声萦回。杜甫《奉送郭中丞兼太仆卿充陇右节度使三十韵》："箭入昭阳殿，笳吟细柳营。"崔翘《奉和圣制答张说南出雀鼠谷》："笳吟中岭树，仗入半峰云。"元晦《越亭二十韵》："笳吟寒垒迥，鸟噪空山暮。"

【笳鼓】 笳声与鼓声。借指军乐。杜甫《八哀诗·赠左仆射郑国公严公武》："江山少使者，笳鼓凝皇情。"韩愈《丰陵行》："逾梁下坂笳鼓咽，嵲嵲遂走玄宫间。"吴融《绵竹山四十韵》："早晚扫欃枪，笳鼓迎畅毂。"

【笳聲】 胡笳吹奏的曲调。亦指边地之声。郑愔《送金城公主适西蕃应制》："笳声出虏塞，箫曲背秦楼。"赵嘏《送李裴评事》："入夜笳声含白发，报秋榆叶落征衣。"高骈《塞上寄家兄》："笳声未断肠先断，万里胡天鸟不飞。"

【笳箫】 笳声与箫声。杜甫《哭韦大夫之晋》："帟幕疑风燕，笳箫急暮蝉。"李嘉祐《故燕国相公挽歌二首》之二："车马行仍止，笳箫咽又悲。"白居易《元相公挽歌词三首》之二："墓门已闭笳箫去，唯有夫人哭不休。"罗隐《感旧》："丘陇笳箫咽，池台岁月平。"

笲 〔fán《广韵》附袁切，平元，奉。又扶晚切，上阮，奉。又皮變切，去線，並。〕古代盛干果的竹器，形似筥，新妇向舅姑行贽礼时常用以盛干果。元稹《去杭州》："昔公令子尚贵主，公执舅礼妇执笲。"

笯 〔nú《广韵》乃都切，平模，泥。又乃故切，去暮，泥。又女加切，平麻，泥。〕鸟笼。皮日休《补周礼九夏系文·九夏歌九篇》之四："凤之愉愉，不篝不笯。"陆龟蒙《奉和袭美太湖诗二十首·初入太湖》："乍如开雕笯，耸翅忽飞出。"

笞 〔chī《广韵》丑之切，平之，徹。〕用鞭、杖或竹板抽打人。韩愈《寄崔二十六立之》："老翁不量分，累月笞其儿。"杜牧《雪中书怀》："臣实有长策，彼可徐鞭笞。"周昙《咏史诗·三代门·成王》："成王有过伯禽笞，圣惠能新日自奇。"

【笞箠】 以竹木之类的棍条抽打。杜牧《冬至日寄小侄阿宜诗》："一语不中治，笞箠身满疮。"

笱 〔gǒu《广韵》古厚切，上厚，見。〕竹制的笼形捕鱼器。陆龟蒙《渔具诗》序："矢鱼之具，莫不穷极其趣。大凡结绳持纲者，总谓之网罟……缗而竿者总谓之筌。筌之流曰筒，曰车。横川曰梁，承虚曰笱。"白居易《久雨闲闷对酒偶吟》："鹭临池立窥鱼笱，隼傍林飞拂雀罗。"陆龟蒙《渔具诗·鱼梁》："缺处欲随波，波中先置笱。"

六 画

筐 〔kuāng《广韵》去王切，平陽，溪。〕❶一种方形盛物竹器。岑参《汉上题韦氏庄》："调笑提筐妇，春来蚕几眠。"章孝标《送张使君赴饶州》："日暖提筐依茗树，天阴把酒入银坑。"李山甫《贫女》："两意定知无说处，暗垂珠泪湿蚕筐。"陈陶《种兰》："无阶答风雨，愿献兰一筐。"❷方正；安适。见"筐牀"。

【筐牀】 安适的床。君主所睡之床。见《庄子·齐物论》。韦庄《和郑拾遗秋日感事一百韵》："八珍罗膳府，五采斗筐床。"

【筐幣】 筐里盛放的玉帛等礼品。则天皇后《唐享昊天乐·第五》："爰设筐币，式表诚心。"《郊庙歌辞·武后享清庙乐章十首·第三登歌》："敬陈筐币，载表丹诚。"

【筐箱】 筐子与箱子。均为盛物的竹器。贾岛《孟融逸人》："衣褐唯粗帛，筐箱只素书。"

【筐篋】 用竹片或柳条等编制的长方形箱子。韦应物《过昭国里故第》："残工委筐箧，余素经刀尺。"钱起《暇日览旧诗因以题咏》："筐箧静开难似此，蕊珠春色海中山。"孟郊《逢江南故昼上人会中郑方回》："筐箧有遗文，江山旧清气。"顾云《苔歌》："采之不敢盈筐箧，苦怕龙神河伯惜。"

【筐筥】 ❶盛物的竹器。方曰筐，圆曰筥。杜甫《种莴苣》："苋也无所施，胡颜入筐筥。"陈陶《冬日暮旅泊庐陵》："楚国蕙兰增怅望，番禺筐筥旅虚空。"❷借指帝王厚赐的物品。玄宗《首夏花萼楼观群臣宴宁王山亭回楼下又申之以赏乐赋诗》序："鼓之以琴瑟，侑之以筐筥。"杜甫《自京赴奉先县咏怀五百字》："圣人筐筥恩，实欲邦国活。"元稹《江边四十韵》："制榻容筐筥，施关拒斗筲。"

【筐篚】 盛物的竹器。方曰筐，高曰篚。陆龟蒙《记事》："图书筐篚外，关眼皆胜长。"

等 〔děng《广韵》多肯切，上等，端。又多改切，上海，端。〕❶同；如同；等同。王绩《北山》："槁项同枯木，丹心等死灰。"韦应物《广陵行》："列郡何足数，趋拜等卑寮。"韩愈《荐士》："齐梁及陈隋，众作等蝉噪。"贾岛《送玄岩上人归西蜀》："去腊催今夏，流光等逝波。"❷比；相比。杜甫《八哀诗·故右仆射相国张公九龄》："寂寞想土阶，未遑等箕颍。"顾况《谢王郎中见赠琴鹤》："此琴等焦尾，此鹤方胎生。"陆龟蒙《江南秋怀寄华阳山人》："只能分跖惠，谁解等殇彭。"李洞《赠徐山人》："山房古竹粗于树，海岛灵童寿等龟。"❸等级；级别。岑参《送颜平原》序："十二年春，有诏补尚书十数公为郡守。上亲赋诗觞群公，宴于蓬莱前殿，仍赠以缯帛，宠饯加等。"韦应物《幽居》："贵贱虽异等，出门皆有营。"韩愈《晋公破贼回重拜台司以诗示幕中宾客愈奉和》："将军旧压三司贵，相国新兼五等崇。"杜牧《雪中书怀》："向来躐等语，长作陷身机。"李商隐《送从翁东川弘农尚书幕》："封崇自何等，流落乃斯民。"❹台阶的级。参见"等级❷"。❺等待；等候。顾况《空梁落燕泥》："为黏珠履迹，未等画梁齐。"崔郾《赠毛仙翁》："终待此身无系累，武陵山下等黄公。"路德延《小儿诗》："等鹊前篱畔，听蛩伏砌边。"❻度量；衡量。孟浩然《闺情》："裁缝无处等，以意忖情量。"雍陶《题等界寺二首》之二："两国道途都万里，来从此地等平分。"薛能《吴姬十首》之一："偏怜不怕傍人笑，自把春罗等舞衫。"❼区别，分别。韩愈《赴江陵途中寄赠王二十补阙李十一拾遗李二十六员外翰林三学士》："因疾鼻又塞，渐能等薰莸。"❽使，让。杨巨源《夏日苦热同长孙主簿过仁寿寺纳凉》："心空得清凉，理证等喧寂。"❾代词，表示疑问，相当于"何"。王维《哭殷遥》："念君等为死，万事伤人情。"❿助词。(1)用在人称代词或指人的名词后，表示复数。王昌龄《郑县宿陶太公馆中赠冯六元二》："张范善终始，吾等岂不慕。"杜甫《洗兵马》："汝等岂知蒙帝力，时来不得夸身强。"李商隐《酬别令狐补阙》："人生有通塞，公等系安危。"(2)表示列举人数未尽。玄宗有《送忠州太守康昭远等》。杜甫《晦日寻崔戢李封》："至今阮籍等，熟醉为身谋。"无名氏《国学新修五经壁歌》记："于是学官陈师正等暨生徒凡四百二十有八人。"(3)列举后的煞尾。王维《辋川集》序："余别业在辋川山谷，其游止有孟城坳、华子冈、文杏馆、斤竹岭、鹿柴、木兰柴、茱萸沜、宫槐陌、临湖亭、南垞、欹湖、柳浪、栾家濑、金屑泉、白石滩、北垞、竹里馆、辛夷坞、漆园、椒园等。"李商隐有《蝇蝶鸡麝鸾凤等成篇》。

【等夷】 ❶同辈。杜甫《移居公安敬赠卫大郎钧》："雅量涵高远，清襟照等夷。"❷同等；同样。白居易《读汉书》："草木既区别，荣枯那等夷。"❸匹比。孟郊《同年春燕》："塞鸿绝俦匹，海月难等夷。"白居易《裴侍中晋公以集贤林亭即事诗三十六韵见赠猥蒙征和广为五百言以伸酬献》："历征今与古，独步无等夷。"❹等级的差别。白居易《和答诗十首·和阳城驿》："上言阳公行，友悌无等夷。"

【等度】 度量；考虑。白居易《题卢秘书夏日新栽竹二十韵》："等度须当砌，疏稠要满阑。"

【等级】 ❶高下级别。杜甫《赠李十五丈别》："孤陋忝末亲，等级敢比肩。"白居易《新乐府·立部伎》："太常部伎有等级，堂上者坐堂下立。"亦指区别。白居易《赠内子》："贫中有等级，犹胜嫁黔娄。"❷台阶的石级。杜牧《题茶山》："等级云峰峻，宽平洞府开。"❸高低差别。罗隐《投浙东王大夫二十韵》："地清无等级，天阔任徊翔。"

【等候】 等待。吕岩《敲爻歌》："斋戒等候一阳生，便进周天参同理。"花蕊夫人徐氏《宫词》之九九："日高房里学围棋，等候官家未出时。"又《宫词》之一二八："预排白兔兼苍狗，等候君王按鹘来。"

【等倫】 同辈；同类。杜甫《别蔡十四著作》："安知蔡夫子，高义迈等伦。"元稹《古社》："绕坛旧田地，给授有等伦。"姚合《寄旧山隐者》："名在进士场，笔毫争等伦。"孙元晏《咏史诗·齐·王僧祐》："肯与公卿作等伦，澹然名德只推君。"

【等差】 等级差别。杜甫《咏怀二首》之二："贤愚诚等差，自爱各驰骛。"耿湋《元日早期》："环珮声重叠，蛮夷服等差。"韩愈《李花二首》之二："长姬香御四罗列，缟裙练帨无等差。"刘叉《冰柱》："或低或昂，小大莹洁，随势无等差。"

【等衰】 (一cuī)犹等差。陆龟蒙《奉和袭美古杉三十韵》："世只论荣落，人谁问等衰。"

【等流】 同辈。寒山《诗三百三首》之一一八："谓是等流类，焉知道不亲。"

【等閒】 ❶随便；随意。卢纶《玩春因寄冯卫二补阙戏呈李益》："萱草丛丛尔何物，等閒穿破绿莓苔。"孟郊《寄陕府邓给事》："不敢等閒用，愿为长寿钱。"白居易《新昌新居书事四十韵因寄元郎中张博士》："等閒栽树木，随分占风烟。"皮日休《襄州春游》："等閒遇事成歌咏，取次冲筵隐姓名。"罗隐《清溪江令公宅》："还有往年金甃井，牧童樵叟等閒窥。"❷轻易；容易。元稹《莺莺诗》："频动横波嗔阿母，等閒教见小儿郎。"白居易《琵琶引》："今年欢笑复明年，秋月春风等閒度。"杜牧《东都送郑处诲校书归上都》："故人容易去，白发等閒生。"杨牢《赠舍弟》："袖里镆铘光似水，丈夫不合等閒休。"韦庄《含山店梦觉作》："曾为流离惯别家，等閒挥袂客天涯。"吕岩《七言》之二六："一旦炼成身内宝，等閒探得道中玄。"❸平常；平凡。孟云卿《途中寄友人》："昔时闻远路，谓是等閒行。"贾岛《古意》："俱为不等閒，谁是知音目。"徐夤《寄天台陈希畋》："拍手相思性大笑，我曹宁比等閒人。"孙元晏《咏史诗·齐·明帝裹蒸》："至尊尊贵异人间，御膳天厨岂等閒。"贯休《上冯使君渡水僧障子》："尽权无著印，不是等閒僧。"❹平时；平常时期。钱珝《江行无题一百首》之四七："海月非常物，等閒不可寻。"李益《逢归信偶寄》："无事将心寄柳条，等閒书字满芭蕉。"刘禹锡《答乐天见忆》："与老无期约，到来如等閒。"白居易《重答刘和州》："随分笙歌聊自乐，等閒篇咏被人知。"褚载《少年行》句："上马等閒销白日，出门轻薄倚黄金。"❺常常；经常。李岘《剑池》："澄碧尚疑神物在，等閒雷雨起潭中。"韩愈《晚春》："榆荚只能随柳絮，等閒撩乱走空园。"令狐楚《年少行四首》之二："等閒飞鞚秋原上，独向寒云试射声。"幸夤逊《云》："静即等閒藏草木，动时顷刻遍乾坤。"❻如同往常；照常。张谓《湖上对酒行》："眼前一尊又长满，心中万事如等閒。"卢纶《送畅当还旧山》："山中松桂花尽发，头白属君如等閒。"徐凝《玩花五首》之二："时人自惜花肠断，春风却是等閒吹。"章碣《城南偶题》："野水不知何处去，游人却是等閒来。"韦庄《旧居》："青云容易散，白日等閒斜。"❼无端；平白无故。钱起《归雁》："潇湘何事等閒回，水碧沙明两岸苔。"刘禹锡《竹枝词九首》之七："长恨人心不如水，等閒平地起波澜。"罗隐《过废江宁县》："我亦有心无处说，等閒停棹似迷津。"李商隐《青陵台》："莫讶韩凭为蛱蝶，等閒飞上别枝花。"❽悠闲；悠然。岑参《巴南舟中思陆浑别业》："溪鹭等閒飞，镜里愁衰鬓。"刘长卿《避地江东留别淮南使院诸公》："此去行持一竿竹，等閒将狎钓渔翁。"欧阳詹《韦昭宅听歌》："等閒逐酒倾杯乐，飞尽虹梁一夜尘。"白居易《晚兴》："等閒消一日，不觉过三年。"❾相离；离去。李中《思九江旧居三首》之一："游宦等閒千里隔，空余魂梦到渔台。"贯休《秋末入匡山船行八首》之二："等閒千万里，道在亦无妨。"

【等第】 ❶唐代科举考试。京兆府解送贡士，须经考试，分等级次第，进行选拔，谓之等第。❷指"八等"。唐代礼部试进士、明经后，及第者给于出身。然后逐项经过吏部考试——关试（又名"释褐试"）。试判两道，中者谓之"入等"，即授官。刘禹锡《酬郑州权舍人见寄十二韵》："彀中飞一箭，云际落双鸧。"原注："舍人一举登科，又判入等第。"

【等量】 比较；衡量。白居易《草词毕遇芍药初开因咏》："等量无胜者，唯眼与心知。"曹松《水精念珠》："等量红楼贯晶荧，尽道匀圆别未胜。"

【等頭】 ❶同样；相同。元稹《放言五首》之二："总被天公沾雨露，等头成长尽生涯。"白居易《喜梦得自冯翊归洛兼呈令公》："甲子等头怜共老，文章敌手莫相猜。"❷犹等闲。轻易。元稹《送东川马逢侍御使回十韵》："流年等头过，人世各劳劳。"

【等頭空】 谓同样都是空。白居易《劝行乐》："欢笑胜愁歌胜哭，请君莫道等头空。"

【等儔】 同类。引申为匹比。戴公怀《奉和郎中游仙山四瀑泉》："况此特形胜，自余非等俦。"

筑 〔zhú《广韵》張六切，入屋，知。〕古弦乐器名。其形如筝，项细肩圆，弦下设柱，演奏时以竹尺击弦发声。虞世南《结客少年场行》："吹箫入吴市，击筑游燕肆。"李白《少年行二首》之一："击筑饮美酒，剑歌易水湄。"刘长卿《山鹳鸽歌》："巴人峡里自闻猿，燕客水头空击筑。"张籍《同锦州胡郎中清明日对雨西亭宴》："政闲方宴语，琴筑任遥情。"温庭筠《病中书怀呈友人》："质文精等贯，琴筑韵相须。"

策 〔cè《广韵》楚革切，入麥，初。〕❶马鞭。高适《送浑将军出塞》："远别无轻绕朝策，平戎早寄仲宣诗。"柳中庸《征怨》："岁岁金河复玉关，朝朝马策与刀环。"羊士谔《野夫采鞭于东山偶得元者》："追风岂无策，持斧有遐想。"白居易《题卢秘书夏日新栽竹二十韵》："爱从抽马策，惜未截鱼竿。"❷驱使；驱赶。李白《鲁郡尧祠送窦明府薄华还西京》："朝策犁眉騧，举鞭力不堪。"岑参《送颜少府投郑陈州》："出关策匹马，逆旅闻秋蝉。"孟郊《赠城郭道士》："松枝休策云，药囊翻贮钱。"许棠《讲德陈情上淮南李仆射八首》之七："愁策羸蹄更归去，乱山流水满翻潮。"❸乘；驾驭。韦应物《同长源归南徐寄子西子烈有道》："策驾复谁游，入门无与晤。"韩翃《送别郑明府》："劝君不得学渊明，且策驴车辞五柳。"卢纶《喜从弟激初至》："儒服策羸车，惠然过我庐。"❹引申指车马。王勃《易阳早发》："饬装侵晓月，奔策候残星。"孟浩然《寻梅道士》："我来从所好，停策汉阴多。"王维《赠裴十迪》："请君理还策，敢告将农时。"韦应物《寄酬李博士永宁主簿叔厅见待》："晨策已云整，当同林下期。"李德裕《思山居一十首·寄龙门僧》："为我谢此僧，终当理归策。"❺勉力，勉励。陈元光《示珦》："恩衔枫陛渥，策向桂渊弘。"❻计谋；谋略。陈子昂《题居延古城赠乔十二知之》："还汉功既薄，逐胡策未行。"李白《邺中赠王大》："欲献济时策，此心谁见明。"白居易《新乐府·城盐州》："如今边将非无策，心笑韩公筑城壁。"徐夤《经故广平员外旧宅》："平生欲献匡君策，抱病犹言未息机。"❼谋划；筹划。孟浩然《送莫甥兼诸昆弟从韩司马入西军》："饰装辞故里，谋策赴边庭。"高适《东平路作三首》之二："明时好画策，动欲干王公。"钱起《送襄阳卢判官奏开河事》："有诏许其策，随山兴此功。"殷尧藩《寄许浑秀才》："文字饥难煮，为农策最良。"❽办法；方法。王维《送孟六归襄阳》："以此为良策，劝君归旧庐。"顾况《白鹭汀》："夜起沙月中，思量捕鱼策。"皎然《苕溪草堂自大历三年夏新营洎秋及春弥觉境胜因纪其事简潘丞述汤评事衡四十三韵》："应物非宿心，遗身是吾策。"姚合《送王求》："士有经世筹，自无活身策。"❾拐杖。孟浩然《寻白鹤岩张子容隐居》："睹兹怀旧业，回策返吾庐。"耿湋《听早蝉歌》："闲院支颐，深林倚策。"孟郊《长安羁旅行》："野策藤竹轻，山蔬薇蕨新。"齐己《荆渚病中因思匡庐遂成三百字寄梁先辈》："披衣试步履，倚策聊踌躇。"❿拄。秦系《赠乌程杨苹明府》："策杖政成时，清溪弄钓丝。"许浑《泛溪夜回寄道玄上人》："几回策杖终难去，洞口云归不见山。"李中《送圆上人归庐山》："莲宫旧隐尘埃外，策杖临风拂袖还。"子兰《晚景》："池荷衰飒菊芬芳，策杖吟诗上草堂。"⓫古代用以记事的竹木片。编在一起叫"策"，后通作"册"。后泛指书籍、史籍。柳宗元《弘农公以硕德伟材屈于诬枉左官三岁复为大僚天监昭明人心感悦宗元窜伏湘浦拜贺末由谨献诗五十韵以毕微志》："右言盈简策，左辖备条纲。"参见"策府"。⓬皇帝对臣下封土、授爵、免官、加谥等所使用的一种简册。参见"策免""策令""策勳"。⓭文体名。古代议论文的一种。（1）制策。皇帝考试取士，以问题令应试者应答。张继《河间献王墓》："频求千古书连帙，独对三雍策几篇。"(2)试策。唐代指参加科举考试。杜甫《醉歌行》："只今年才十六七，射策君门期第一。"高适《真定即事奉赠韦使君二十八韵》："诏宠金门策，官荣叶县凫。"钱起《送李秀才落第游荆楚》："名逃郤诜策，兴发谢玄文。"韩愈《此日足可惜赠张籍》："驰辞对我策，章句何炜煌。"自注："汴州举进士，愈为考官。试反舌无声诗、籍中等。"刘禹锡《送裴处士应制举诗》："忽然结束如秋蓬，自称对策明光宫。"(3)进策。个人对朝廷大事所进呈的意见书。孟浩然《送洗然弟进士举》："献策金门去，承欢彩服违。"高适《东平旅游奉赠薛太守二十四韵》："军书陈上策，廷议借前筹。"钱起《送褚大落第东归》："顷来荷策干明主，还复扁舟归五湖。"薛据《怀哉行》："怀策望君门，岁晏空迟回。"⓮记载在策书之上。韩休《奉和御制平胡》："功成奏凯乐，战罢策归勋。"储光羲《陆著作挽歌》之四："金堂策令名，仙掖居清位。"韩愈《晚秋郾城夜会联句》："策勋封龙额，归兽获麟脚。"刘禹锡《卧病闻常山旋师策勋宥过王泽大洽因寄李六侍郎》："清庙既策勋，圆丘俟燔柴。"⓯古代用于计算的小筹。卜筮时与蓍草作用同。刘禹锡《游桃源一百韵》："自从婴网罗，每事问龟策。"又《送惟良上人》引："以貌窥天者曰，乾然而健，于然而高。以数迎天者曰，其用四十有九。天果以有形而不能脱乎数。立象以推策，既成而遗之。古所谓神交造物者，非空言耳。"⓰象声词。参见"策策"。

【策上人】 晚唐僧人。生平不详。吴融有《送策上人》。

【策子】 又称"叶子"。连数页而成的书册。喻凫《经刘校书墓》："霜情月思今何在？零落人间策子中。"

【策令】 皇帝的简册诏令。无名氏《送薛大夫和蕃》："策令天文盛，宣威使者尊。"

【策竹】 谓手拄竹杖。孟郊《上昭成阁不得于从侄僧悟空院叹嗟》："结僧为亲情，策竹为子孙。"

【策行】 谓安边之策得以实行。杜甫《投赠哥舒开府二十韵》："策行遗战伐，契合动昭融。"卢纶《送刘判官赴丰州》："策行须耻战，虏在莫言家。"

【策名】 ❶"策名委质"的省语。见《左传·僖公二十三年》。后泛指出仕。邬载《送萧颖士赴东府得君字》："策名十二载，独立先斯文。"独孤及《癸卯岁赴南丰道中闻京师失守寄权士繇韩幼深》："种田不遇岁，策名不遭时。"刘禹锡《送僧元暠东游》序："予策名二十年，百虑而无一得，然后知世所谓道，无非畏途。"白居易《首夏同诸校正游开元观因宿玩月》："我与二三子，策名在京师。"❷科举考试；科举及第。高适《睢阳酬别畅大判官》："吾友遇知己，策名逢圣朝。"陆长源《酬孟十二新居见寄》："去岁登美第，策名在公车。"刘禹锡《哭庞京兆》："俊骨英才气褒然，策名飞步冠群贤。"孙偓《答门生王涣李德邻赵光胤王拯长句》："昔岁策名皆健笔，今朝称职并同年。"

【策杖】 拄杖。王绩《薛记室收过庄见寻率题古意以赠》："尝学公孙弘，策杖牧群猪。"王维《田园乐七首》之三："采菱渡头风急，策杖林西日斜。"姚合《闲居遣怀十首》之一："倚松听唳鹤，策杖望秋山。"杜荀鹤《和友人见题山居水阁八韵》："未称执鞭奔紫陌，惟宜策杖步苍苔。"

【策免】 皇帝以策书免官。刘禹锡有《奉和吏部杨尚书太常李卿二相公策免后即事述怀赠答十韵》。

【策府】 帝王藏书之所。刘昇《奉和圣制送张说上集贤学士赐宴》："图书应明主，策府宴嘉宾。"

【策馬】 驱马而行。高适《蓟中作》："策马自沙漠，长驱登塞垣。"韩翃《送李湜下第归卫州便游河北》："屡道主人多爱士，何辞策马千余里。"刘禹锡《酬元九侍御赠璧竹鞭长句》："何时策马同归去，关树扶疏敲镫吟。"刘沧《早行》："旅途乘早景，策马独凄凄。"

【策高駕】 驱赶快马。高驾，即上驾，上等快马。韩愈《县斋有怀》："悠悠指长道，去去策高驾。"

【策高足】 谓乘上等快马疾驰。汉代驿传设高足、中足、下足三等马匹。高足，谓上等快马。皎然《送裴判官赴商幕》："看君策高足，自此烟霄期。"

【策略】 谋略，谋划。高适《酬裴员外以诗代书》："临边无策略，览古空裴回。"杜甫《送灵州李判官》："将军专策略，幕府盛材良。"

【策策】 象声词。韩愈《秋怀诗十一首》之一："秋风一拂披，策策鸣不已。"白居易《冬夜》："策策窗户前，又闻新雪下。"又《秋月》："落叶声策策，惊鸟影翩翩。"唐彦谦《越城待旦》："策策虚楼竹隔明，悲来展转向谁倾。"

【策勋】 同"策勳"。陈子昂《登蓟城西北楼送崔著作融入都》序："策勋饮至，方同廊庙之欢；偃武櫜弓，借尔文儒之首。"

【策畫】 谋划，筹划。元稹《奉和权相公行次临阙驿逢郑仆射相公归朝俄顷分途因以奉赠诗十四韵》："将军遥策画，师氏密订谟。"李商隐《寄太原卢司空三十韵》："幕中虽策画，剑外且伶俜。"

【策賢】 以策取士。指参加科举考试。元稹《酬翰林白学士代书一百韵》："使回耽乐事，坚赴策贤时。"

【策試】 古代以策问试士，因称对臣下或举子的考试为"策试"。唐代指科举考试。韦承贻有《策试夜潜纪长句于都堂西南隅》。

【策勳】 将功勋记载于策书之上。玄宗《过王濬墓》："受任敌已灭，策勋名不彰。"刘禹锡《平蔡州三首》之三："策勋礼毕天下泰，猛士按剑看恒山。"白居易《新乐府·母别子》："关西骠骑大将军，去年破虏新策勋。"韦庄《南阳小将张彦硖口镇税人场射虎歌》："试征张彦作将军，几个将军愿策勋。"

【策蹇】 乘跛足驴而行。张九龄《在郡秋怀二首》之二："策蹇惭远途，巢枝思故林。"孟浩然《唐城馆中早发寄杨使君》："访人留后信，策蹇赴前程。"崔峒《客舍书情寄赵中丞》："关山劳策蹇，僮仆惯投人。"贾岛《京北原作》："登原见城阙，策蹇思炎天。"

【策藜】 见"策藜仗"。

【策藜杖】 亦作"策藜"。即拄杖。藜，一年生草本植物，老茎可为杖，质轻而坚实。王维《菩提寺禁口号又示裴迪》："悠然策藜杖，归向桃花源。"权德舆《郊居岁暮因书所怀》："策藜出村渡，岸帻寻古寺。"

【策羸】 同"策羸馬"。张祜《寓怀寄苏州刘郎中》："一闻周召佐明时，西望都门强策羸。"

【策羸馬】 谓乘瘦弱之马而行。李嘉祐《广陵送林宰》："长吟策羸马，青楚入关门。"武元衡《途次》："去国策羸马，劳歌行路难。"张泌《长安道中早行》："何事悠悠策羸马，此中辛苦过流年。"

【策驅】 驱赶，驱逐。白居易《东南行一百韵寄通州元九侍御澧州李十一舍人果州崔二十二使君开州韦大员外庚三十二补阙杜十四拾遗李二十助教员外窦七校书》："戈剑星芒耀，鱼龙电策驱。"

筒 〔tǒng《广韵》徒紅切，平東，定。〕❶竹管。杜甫《引水》："白帝城西万竹蟠，接筒引水喉不干。"韩愈《寄崔二十六立之》："侪辈妒且热，喘如竹筒吹。"白居易《与微之唱和来去常以竹筒贮诗陈协律美而成篇因以此答》："拣得琅玕截作筒，缄题章句写心胸。"峡中白衣《赠马植》："截竹为筒作笛吹，凤凰池上凤凰飞。"❷谓形状如竹筒。元稹《酬翰林白学士代书一百韵》："苇笋针筒束，鲫鱼箭羽鬐。"姚合《谢汾州田大夫寄茸毡葡萄》："筐封紫葡萄，筒卷白茸毛。"❸借指竹。元稹《春六十韵》："种莎怜见叶，护笋冀成筒。"

【筒水】 竹筒中水。古代山区农户多用竹节凿通的长竹筒，节节相连，引山上泉水以灌溉或饮用。李群玉《引水行》一诗即写此事。张祜《题宿州城西宋征君林亭》："磴崖欹入竹，筒水下浇田。"

【筒中布】 古代一种细布名，因可卷而藏于竹筒中，故名。白居易《寄蕲州簟与元九因题六韵》："卷作筒中信，舒为席上珍。"

【筒布】 即筒中布。韩翃《送故人归蜀》："客衣筒布润，山舍荔枝繁。"

【筒竹布】 即筒中布。刘禹锡《插田歌》："昨来补卫士，唯用筒竹布。"

【筒格】 古代南方山民捕捉狒狒时将竹筒套在手臂上，谓之"筒格"。元稹《和乐天送客游岭南二十韵》："狒狒穿筒格，猩猩置屐驯。"

【筒桶】 筒与桶。皆为捕鱼之器。筒，竹制。桶，木制。杜甫《黄鱼》："筒桶相沿久，风雷肯为神。"

【筒釣】 渔具名。用以钓鱼。殷文圭《江南秋日》："青笠渔儿筒钓没，蒨衣菱女画桡轻。"

【筒簟】 竹席，竹簟。张籍《和左司元郎中秋居十首》之一："风前卷筒簟，雨里脱荷衣。"元稹《景申秋八首》之三："枕倾筒簟滑，幔飐案灯翻。"朱庆余《题王丘长史宅》："玉琴闲把看山坐，筒簟长铺与客眠。"杜牧有《斑竹筒簟》。

筥 〔jǔ《广韵》居許切，上語，見。〕古代盛物器。竹制，圆形。《诗·召南·采蘋》："于以盛之，维筐及筥。"毛传："方曰筐，圆曰筥。"皮日休《补周礼九夏系文·九夏歌九篇》之四："自筐及筥，我有牢醑。"

篕 〔qū《集韵》區玉切，入燭，溪。〕见"蘧篕"。

筳 〔tíng《广韵》特丁切，平青，定。〕小竹片。亦指小竹枝或小木枝。韩愈《醉留东野》："东野不回头，有如寸筳撞巨钟。"又《答张彻》："微诚慕横草，琐力摧撞筳。"

筈 〔kuò《广韵》苦栝切，入末，溪。又古活切，入末，見。〕箭的尾端，发射时搭在弓弦上的部分。陆龟蒙《奉酬袭美先辈吴中苦雨一百韵》："譬如饰箭材，尚欠镞与筈。"钟元章《射》句："金筈离弦三尺电，星髇破的一声雷。"

筏 〔fá《广韵》房越切，入月，奉。又北末切，入末，幫。〕❶用竹或木编排而成的水上交通工具。杜甫《奉使崔都水翁下峡》："无数涪江筏，鸣桡总发时。"李颀《裴尹东溪别业》："闲观野人筏，或饮川上酒。"白居易《开龙门八节石滩诗二首》之一："竹篙桂楫飞如箭，百筏千艘鱼贯来。"殷尧藩《送白舍人渡江》："横锁已沉王濬筏，投鞭难阻谢玄兵。"❷比喻手段、方法。韩愈《送文畅师北游》："开张箧中宝，自可得津筏。"❸佛教词。佛教将教法比喻为筏。说渡河到达彼岸之后，则筏当舍。李白《春日归山寄孟浩然》："金绳开觉路，宝筏度迷川。"刘长卿《禅智寺上方怀演和尚寺即和尚所创》："舍筏追开士，回舟狎钓翁。"寒山《诗三百三首》之二九九："济渡不造筏，漂沦为采花。"白居易《和李澧州题韦开州经藏诗》："闻君登彼岸，舍筏复何如。"

筵 〔yán《广韵》以然切，平仙，以。〕❶古代用以铺地作坐垫的席子。多以竹篾、蒲苇等编织而成。白居易《新昌新居书事四十韵因寄元郎中张博士》："门闾堪驻盖，堂室可铺筵。"杨衡《九日陪樊尚书龙山宴集》："旆摇秋吹急，筵卷夕光沉。"杜牧《张好好诗》："此地试君唱，特使华筵铺。"李玖《喷玉泉冥会诗八首·四丈夫同赋》："惆怅林间中夜月，孤光曾照读书筵。"❷席位。刘禹锡《海门潮别浩初师》："前日过萧寺，看师上讲筵。"段义宗《题大慈寺芍药》："繁影夜铺方丈月，异香朝散讲筵风。"❸宴席。王勃《别人四首》之三："桂轺虽不驻，兰筵幸未开。"李白《出妓金陵子呈卢六四首》之三："东道烟霞主，西江诗酒筵。"杨衡《秋夜桂州宴送郑十九侍御》："秋至触物愁，况当离别筵。"韦庄《江亭酒醒却寄维扬饯客》："别筵人散酒初醒，江步黄昏雨雪零。"

【筵上】 宴席之上。刘长卿《同诸公袁郎中宴筵喜加章服》："手诏来筵上，腰金向粉闱。"李绅《忆被牛相留醉州中时无他宾牛公夜出真珠辈数人》："银烛坐隅听子夜，宝筝筵上起春风。"韦庄《虚席》："鼠偷筵上果，蛾扑帐前灯。"

【筵别】 设宴饯别。张籍《使回留别襄阳李司空》："从此一筵别，独为千里行。"

【筵客】 设宴请客。钱起《九日宴浙江西亭》："诗人九日怜芳菊，筵客高斋宴浙江。"

【筵秩】 形容筵宴时主宾之间肃敬有礼。见《诗·小雅·宾之初筵》。杜甫《同李太守登历下古城员外新亭亭对鹊湖》："主称寿尊客，筵秩宴北林。"

【筵羞】 宴席上的珍馐。刘禹锡《桃源行》："筵羞石髓劝客餐，灯爇松脂留客宿。"

箹 〔háng《广韵》胡郎切，平唐，匣。又户庚切，平庚，匣。〕见"箹篖"。

【箹篖】 竹编的粗席。皮日休《忆洞庭观步十韵》："袯襫渔人服，箹篖野店窗。"

筌 〔quán《广韵》此缘切，平仙，清。〕❶竹制的捕鱼器。见"筌蹄"。❷渔具的统称。陆龟蒙《渔具诗》序："缗而竿者总谓之筌，筌之流曰筒，曰车，横川曰梁，承虚曰笱。"❸比喻手段或工具。骆宾王《秋日山行简梁大官》："得性虚游刃，忘言已弃筌。"张元正《临川羡鱼》："结网非无力，忘筌自有心。"徐凝《问渔叟》："如何临逝水，白发未忘筌。"温庭筠《感旧陈情五十韵献淮南李仆射》："从师当鼓箧，穷理久忘筌。"❹通"诠"。解释，阐述。骆宾王《和王记室从赵王春日游陀山寺》："雕谈筌奥旨，妙辩漱玄津。"沈佺期《哭苏眉州崔司业二公》："古来修短分，神理竟难筌。"权德舆《酬李二十二兄主簿马迹山见寄》："出处岂异途，心冥即真筌。"

【筌了】 义同"筌空"。刘孝孙《游灵山寺》："永怀筌了义，寂念启玄门。"

【筌空】 （一kōng）佛教词。谓万物皆空。皎然《秋日遥和卢使君游何山寺宿敭上人房论涅槃经义》："诗情缘境发，法性寄筌空。"

【筌鱼】 佛教词。谓解释义理。筌，指诠释；鱼，比喻义理。骆宾王《夏日夜忆张二》："烹鲤无尺素，筌鱼劳寸心。"

【筌蹄】 语出《庄子·外物》。筌、蹄为古代捕鱼和捕兔的两种工具。后因以比喻达到目的之手段或工具，或比喻诗歌中赖以表达情思的语言形式或生活中需要淡忘的往事。王绩《薛记室收过庄见寻率题古意以赠》："何事须筌蹄，今已得兔鱼。"吴筠《酬叶县刘明府避地庐山言怀诒郑录事昆季苟尊师兼见赠之》："顾已成非薄，忝兹忘筌蹄。"高适《和窦侍御登凉州七级浮图之作》："始知阳春后，具物皆筌蹄。"杜甫《寄刘峡州伯华使君四十韵》："妙取筌蹄弃，高宜百万层。"权德舆《奉和李大夫题郑评事江楼》："往事尽筌蹄，虚怀寄杯杓。"

答[1] 〔dá《广韵》都合切，入合，端。〕❶对，应对。卢照邻《首春贻京邑文士》："横琴答山水，披卷阅公卿。"❷回答，答复。李颀《与诸公游济渎泛舟》："神应每如答，松篁气葱茏。"韩愈《卢郎中云夫寄示送盘谷子诗两章歌以和之》："家请官供不报答，何异雀鼠偷太仓。"刘禹锡《送裴处士应制举诗》："人言策中说何事，掉头不答看飞鸿。"朱庆余《自述》："愿答相思意，援毫愧不才。"❸酬答。储光羲《苏十三瞻登玉泉寺峰入寺中见赠作》："恨无荆文璧，以答丹青绚。"韦应物《答崔主簿倬》："兰章不可答，冲襟徒自盈。"李廓《上令狐舍人》："近来唯俭静，持此答深知。"崔涂《江上怀翠微寺空上人》："空怀白阁夜，未答碧云诗。"❹报答，答谢。王珪《咏淮阴侯》："千金答漂母，百钱酬下乡。"杜甫《野望》："唯将迟暮供多病，未有涓埃答圣朝。"焦郁《春雪》之一："小儒同品物，无以答皇明。"沈彬《入塞二首》之二："生希国泽分偏将，死夺河源答圣君。"❺回应。赵冬曦《和尹懋秋夜游㴩湖二首》之一："吹笙虚洞答，举楫便风催。"刘长卿《酬李员外从崔录事载华宿三河戍先见寄》："人语空山答，猿声独戍闻。"杨巨源《春日奉献圣寿无疆词十首》之二："人醉逢尧酒，莺歌答舜弦。"孟郊《尧歌》之二："养馆洞庭秋，响答虚吹弹。"❻当；应合。张子容《赠司勋萧郎中》："国以推贤答，家无内举疑。"白居易《贺雨》："上思答天戒，下思致时邕。"❼应允；同意。赵光逢《郊庙歌辞·梁郊祀乐章·庆平》："神祐以答，敷锡永宁。"

答²

〔dā〕通"荅"。参见"答₂然"。

【答云】 回答说。杜甫《送高三十五书记》："答云一书记，所愧国士知。"元稹《感梦》："答云痰滞久，与世复相暌。"韩愈、孟郊《城南联句》："答云皆冢卿，败壁剥寒月。"杜牧《郡斋独酌》："答云此山外，有事同胡羌。"

【答回】 谓回应。杜牧《题茶山》："舞袖岚侵涧，歌声谷答回。"

【答言】 回答。卢照邻《赠益府群官》："答言寒乡子，飘飖万余里。"李白《古风》之三四："借问此何为，答言楚征兵。"高适《自淇涉黄河途中作十三首》之十三："辍榜聊问之，答言尽终始。"

【答效】 回报。苏瓌《奉和九日幸临渭亭登高应制得晖字》："恩深答效浅，留醉奉宸晖。"杜甫《夔府书怀四十韵》："形容真潦倒，答效莫支持。"

【答₂然】 形体死寂貌。见《庄子·齐物论》。白居易《隐几赠客》："有时独隐几，答然无所偶。"

筋

〔jīn《广韵》舉欣切，平欣，見。〕❶附在骨头上的韧带；肌肉。杜甫《赠王二十四侍御契四十韵》："区区甘累趼，稍稍息劳筋。"元稹《谕宝二首》之二："骥踊环堵中，骨附筋入节。"❷静脉管。白居易《病中诗十五首·枕上作》："风疾侵凌临老头，血凝筋滞不调柔。"吴融《平望蚊子二十六韵》："人筋为尔断，人力为尔枯。"❸经脉，经络。王季友《滑中赠崔高士瑾》："日月不能老，化肠为筋否。"白居易《新乐府·八骏图》："背如龙兮颈如象，骨耸筋高脂肉壮。"❹泛指像筋的东西。卢仝《月蚀诗》："蛇筋束紧束破壳，寒龟夏鳖一种味。"无名氏《街中又唱》："不怕凤凰当额打，更将鸡脚用筋缠。"杜甫《敬寄族弟唐十八使君》："雷霆霹长松，骨大却生筋。"元稹《旱灾自咎贻七县宰》："半租岂不薄，尚竭力与筋。"

【筋力】 ❶体力。杜甫《早发射洪县南途中作》："将老忧贫窭，筋力岂能及。"令狐楚《年少行四首》之一："如今年老无筋力，犹倚营门数雁行。"白居易《微之就拜尚书居易续除刑部因书贺意兼咏离怀》："簪缨假合虚名在，筋力销磨实事空。"杜荀鹤《田翁》："白发星星筋力衰，种田犹自伴孙儿。"❷精力衰疲的省语。杜甫《客堂》："别家长儿女，欲起惭筋力。"权德舆《送张詹事致政归嵩山旧隐》："明诏优筋力，安车适性灵。"于濆《织素谣》："贫女苦筋力，缫丝夜夜织。"

【筋斗】 人或动物身体向下弯曲翻转的动作。李贞白《咏狗蚤》："与虱都来不较多，攧挑筋斗太喽罗。"

【筋竹】 竹名。中实而坚劲，可作矛用。皮日休《鲁望春日多寻野景日休抱疾杜门因有是寄》："乌纱任岸穿筋竹，白袷从披趁肉芝。"

【筋血】 精力与血汗。李涉《感兴》："万人聚筋血，一旦为尘埃。"

【筋角】 多指用来制弓的动物的筋与角。亦指角弓。元稹《戴光弓》："潞府筋角劲，戴光因合成。"鲍溶《塞上行》："西风应时筋角坚，承露牧马水草冷。"

【筋骨】 ❶人体的肌腱与骨骼。柳宗元《寄韦珩》："迩来气少筋骨露，苍白瀚汨盈颠毛。"元稹《感梦》："阴寒筋骨病，夜久灯火低。"杜牧《自宣州赴官入京路逢裴坦判官归宣州因题赠》："我初到此未三十，头脑钐利筋骨轻。"皮日休《太湖诗·入林屋洞》："斋心已三日，筋骨如烟轻。"❷指马的骨架、形体或体力。元稹《三叹》之三："春来筋骨瘦，吊影心亦迷。"刘禹锡《崔元受少府自贬所还遗山姜花以诗答之》："驿马损筋骨，贵人滋齿牙。"杜荀鹤《八骏图》："丹雘传真未得真，那知筋骨与精神。"或指马的风骨、体貌。杜甫《韦讽录事宅观曹将军画马图》："腾骧磊落三万匹，皆与此图筋骨同。"顾况《梁司马画马歌》："画精神，画筋骨，一团旋风瞥灭没。"❸骨骼。卢仝《夏夜闻蚯蚓吟》："念尔无筋骨，也应天地心。"白居易《江楼夜吟元九律诗成三十韵》："文头交比绣，筋骨软于绵。"又《小童薛阳陶吹觱栗歌》："有时婉软无筋骨，有时顿挫生棱节。"❹指书法中字体的骨架与格局。贾躭《赋虞书歌》："形势素，筋骨老，父子君臣相揖抱。"

【筋脉】 静脉管；脉络。皮日休《北禅院避暑联句》："清阴竖毛发，爽气舒筋脉。"

【筋疲力竭】 体力衰惫。元稹《有酒十章》之五："筋疲力竭波更大，鳍燋甲裂身已干。"

【筋幹】 指弓箭。筋谓弓，干谓箭。李白《胡无人》："严风吹霜海草凋，筋幹精坚胡马骄。"

【筋節】 筋络与关节。元稹《和李校书新题乐府十二首·骠国乐》："促舞跳趫筋节硬，繁辞变乱名字讹。"欧阳炯《题景焕画应天寺壁天王歌》："马头壮健多筋节，乌觜弯环如屈铁。"

【筋膂】 体力。卢肇《汉堤诗》："疲癃鳏独，奋有筋膂。"

【筋骸】 ❶犹筋骨。元稹《痁卧闻幕中诸公征乐会饮因有戏呈三十韵》："鼠骄衔笔砚，被冷束筋骸。"白居易《逸老》："筋骸本非实，一束芭蕉草。"陆龟蒙《奉酬袭美先辈吴中苦雨一百韵》："筋骸将束缚，腠理如棰挞。"❷身体；体力。权德舆《早春南亭即事》："节候开新历，筋骸减故年。"元稹《辛夷花》："不畏辛夷不烂开，顾我筋骸官束缚。"白居易《别行简》："筋骸已衰惫，形影仍分诀。"李敬方《遣兴》："日月仙壶外，筋骸药臼中。"

【筋體】 身体。李商隐《行次西郊作一百韵》："筋体半痿痺，肘腋生臊膻。"

筍[1] 〔sǔn《广韵》思尹切，上準，心。〕亦作"笋"。❶竹的嫩芽，可食用。杨师道《春朝闲步》："野茎香恒满，山阶笋屡侵。"岑参《范公丛竹歌》："为君成阴将蔽日，迸笋穿阶踏还出。"白居易《初致仕后戏酬留守牛相公并呈分司诸寮友》："炮笋烹鱼饱餐后，拥袍枕臂醉眠时。"李洞《赠三惠大师》："游归笋长齐童子，病起巢成露鹤儿。"亦指芦苇的嫩芽。形似竹笋而小。王维《戏题示萧氏甥》："芦笋穿荷叶，菱花罥雁儿。"张籍《江村行》："南塘水深芦笋齐，下田种稻不作畦。"❷笋壳。张籍《赠太常王建藤杖笋鞋》："蛮藤剪为杖，楚笋结成鞋。"❸指嫩竹。戴叔伦《送人游岭南》："红芳绿笋是行路，纵有啼猿听却幽。"参见"筍莊"。❹古代悬挂钟磬等乐器的横木。韩愈《元和圣德诗》："除于国南，鳞笋毛簴。"

筍[2] 〔xùn《集韵》须闰切，去稕，心。〕见"筍₂輿"。

筍[3] 〔yún〕嫩竹的青皮。因其柔韧，故用来制席。见"筍₃席。"

【筍牙】 同"筍芽"。元稹《有酒十章》之六："红艳犹存榴树花，紫苞欲绽高笋牙。"

【筍石】 尖峭的岩石。其状如笋，故名。元稹《使东川·南秦雪》："千峰笋石千株玉，万树松萝万朵银。"李郢《小石上见亡友题处》："笋石清琤入紫烟，陆云题处是前年。"

【筍皮冠】 以笋壳制作的一种帽子。陆龟蒙《奉酬袭美先辈初夏见寄次韵》："蟠木几甚曲，笋皮冠且轻。"

【筍皮笠子】 即笋笠。高适《渔父歌》："笋皮笠子荷叶衣，心无所营守钓矶。"

【筍皮鞋】 即笋鞋。杜荀鹤《题宗上人旧院》："壁上尘黏蒲叶扇，床前苔烂笋皮鞋。"

【筍芽】 竹笋露出地面的芽尖。寒山《诗三百三首》之三五："罗袖盛梅子，金鎞挑笋芽。"刘言史《与孟郊洛北野泉上煎茶》："粉细越笋芽，野煎寒溪滨。"吴越后王钱俶《宫中作》："界开日影怜窗纸，穿破苔痕恶笋芽。"

【筍竿】 新竹之竿。张祜《江南杂题三十首》之八："积壤连泾脉，高林上笋竿。"

【筍莖】 竹笋。王维《游化感寺》："香饭青菰米，嘉蔬绿笋茎。"

【筍莊】 竹林环绕的村庄。方干《越中言事二首》之二："沙边贾客喧鱼市，岛上潜夫醉笋庄。"

【筍₃席】 以嫩竹之皮编制成的席。皮日休《太湖诗·三宿神景宫》："石枕冷入脑，笋席寒侵肌。"

【筍笠】 用笋壳制作的斗笠。陈羽《见锦绣万花谷》："稚子新能编笋笠，山妻旧解补荷衣。"

【筍蒂】 竹枝分杈处。鲍溶《闻蝉》："清香笋蒂风，晓露莲花泪。"

【筍蕨】 竹笋与蕨菜。林宽《送谢石先辈归宣州》："笋蕨犹堪采，荣归及养期。"李咸用《和吴处士题村叟壁》："秋果楂梨涩，晨羞笋蕨鲜。"

【筍鞋】 用笋皮编结的鞋。张籍《题李山人幽居》："画苔藤杖细，踏石笋鞋轻。"张祜《题曾氏园林》："斫树遗桑斧，浇花湿笋鞋。"

【筍₂輿】 竹舆。竹制的轿子。姚偓《南源山》："明朝梯石路，更仗笋舆安。"

【筍鞭】 竹的地下根茎。齐己《湘妃庙》："庙荒松朽啼飞猩，笋鞭迸出阶基倾。"

【筍簴】 古代悬挂钟磬等的架子，横架为笋，直架为簴。韩愈《岳阳楼别窦司直》："蛟螭露笋簴，缟练吹组帐。"元稹《和李校书新题乐府十二首·华原磬》："何时得向笋簴悬，为君一吼君心醒。"

【筍籜】 笋皮。元稹《和乐天题王家亭子》："风吹笋箨飘红砌，雨打桐花盖绿莎。"司空图《偶书五首》之二："色变莺雏长，竿齐笋箨垂。"

筆 〔bǐ《广韵》鄙密切，入質，幫。〕❶毛笔。书写绘画的工具。古代的毛笔以兔或狼等的毛制成笔头。岑参《逢入京使》："马上相逢无纸笔，凭君传语报平安。"白居易《读张籍古乐府》："日夜秉笔吟，心苦力亦勤。"李商隐《韩碑》："愬武古通作牙爪，仪曹外郎载笔随。"李频《寻华阳隐者》："窗中聊取笔，架上独留书。"❷运笔写作；记载。岑参《冀州客舍酒酣贻王绮寄题南楼》："学富赡清词，下笔不能休。"韩愈《桃源图》："南宫先生忻得之，波涛入笔驱文辞。"张祜《高闲上人》："日色屏初揭，风声笔未休。"杜牧《和宣州沈大夫登北楼书怀》："笔落青山飘古韵，帐开红旆照高秋。"❸文笔，文才。高适《送蹇秀才赴临洮》："倚马见雄笔，随身唯宝刀。"岑参《送魏升卿擢第归东都因怀魏校书陆浑乔潭》："如君兄弟天下稀，雄辞健笔皆若飞。"杜甫《赠蜀僧闾丘师兄》："世传闾丘笔，峻极逾昆仑。"刘禹锡《酬窦员外郡斋宴客偶命柘枝因见寄》："彩笔谕戎矜倚马，华堂留客看惊鸿。"牟融《山寺律僧画兰竹图》："偶来绝顶兴无穷，独有山僧笔最工。❹指散文。与诗相对而言。岑参《佐郡思旧游》："史笔众推直，谏书人莫窥。"韩愈《寄崔二十六立之》："文书自传道，不仗史笔垂。"

【筆力】 笔下之力。多指诗歌、散文或绘画创作中的能力和气魄。韩愈《病中赠张十八》："龙文百斛鼎，笔力可独扛。"张祜《题酸枣驿前碑》："苍苔古涩字雕疏，谁道中郎笔力余。”李商隐《偶成转韵七十二句赠四同舍》：“横行阔视倚公怜，狂来笔力如牛弩。”子兰《夜直》：“笔力将群吏，人情在致唐。”

【筆札】 ❶指章表书疏等。出《汉书·楼护传》、汉王充《论衡·效力》。李瀚《蒙求》：“谷永笔札，顾恺丹青。”杜甫《敬寄族弟唐十八使君》：“登陆将首途，笔札枉所申。”刘禹锡《送李策秀才还湖南因寄幕中亲故兼简衡州吕八郎中》：“森然就笔札，从试春官卿。”按：此指科举考试中的策文。❷泛指文章。曹唐《王远宴麻姑蔡经宅》：“大篆龙蛇随笔札，小天星斗满衣裳。”❸文牍小吏。亦指代人抄书的人。皮日休《二游诗·徐诗》：“昔之慕经史，有以傭笔札。”

【筆舌】 犹笔尖。指运笔作文。薛昭纬《华州榜寄诸门生》：“机云笔舌临文健，沈宋章篇发咏清。”

【筆直】 很直。顾况《露青竹杖歌》：“亭亭笔直无皴节，磨捋形相一条铁。”

【筆法】 书画或作文时的运笔技法。亚栖《对御书后一绝》：“通神笔法得玄门，亲入长安谒至尊。”

【筆底】 犹笔下、笔端。刘禹锡《客有话汴州新政书事寄令狐相公》：“庭前剑戟朝迎日，笔底文章夜应星。”罗虬《比红儿诗》之一六：“笔底如风思涌泉，赋中休谩说婵娟。”方干《雪中寄薛郎中》：“碎花若入樽中去，清气应归笔底来。”

【筆牀】 放置毛笔的器具。岑参《初至西虢官舍南池呈左右省及南宫诸故人》：“白鸟上衣桁，青苔生笔床。”又《过王判官西津所居》：“沙鸟上笔床，溪花彗帘钩。”鲍溶《酬王侍御》：“希冀留书阁，提携在笔床。”

【筆削】 ❶指删述整理典籍。陆龟蒙《袭美先辈以龟蒙所献五百言既蒙见和复示荣唱至于千字再抒鄙怀用伸酬谢》：“向非笔削动，未必无瑕疵。”❷著述。笔，指书写；削，指删改时用力削刮简牍。黄滔《遇罗员外衮》：“绮园难贮林栖意，班马须持笔削权。”❸指书写。无名氏《国学新修五经壁歌》记：“申命国子能通法书者，分章揆日，逊其业而缮写焉。笔削既成，雠校既精，白黑彬班，瞭然飞动。”

【筆思】 犹文思。张祜《观山海图二首》之二：“何人笔思狂，一壁尽沧浪。”

【筆陣】 比喻诗文或书法结构布局的严谨。杜甫《醉歌行》：“词源倒流三峡水，笔阵独扫千人军。”元稹《答姨兄胡灵之见寄五十韵》：“笔阵戈矛合，文房栋桷撑。”又《奉和浙西大夫李德裕述梦四十韵次本韵》：“戈矛排笔阵，貔虎让文韬。”

【筆架】 放置毛笔的架子。杜甫《题柏大兄弟山居屋壁二首》之二：“笔架沾窗雨，书签映隙曛。”罗隐《暇日有寄姑苏曹使君兼呈张郎中郡中宾僚》：“珊瑚笔架真珠履，曾和陈王几首诗。”

【筆耕】 以笔代耕。指以文字写作维持生活。卢纶《送李校书赴东川幕》：“男儿须聘用，莫信笔堪耕。”刘禹锡《南海马大夫见惠著述三通勒成四帙贶诗以谢之》：“味道轻鼎食，退公犹笔耕。”

【筆格】 笔架。陆龟蒙《和袭美江南道中怀茅山广文南阳博士三首次韵》之一：“自拂烟霞安笔格，独开封检试砂床。”

【筆迹】 同“筆跡”。杜甫《奉先刘少府新画山水障歌》：“岂但祁岳与郑虔，笔迹远过杨契丹。”白居易《三谣·素屏谣》：“当世岂无李阳冰之篆字、张旭之笔迹？”

【筆海】 形容人学问渊博，著述富赡。出汉王充《论衡·乱龙篇》。薛元超《奉和同太子监守违恋》：“归塘横笔海，平圃振词条。”任希古《和东观群贤七夕临泛昆明池》：“文峰开翠激，笔海控清涟。”骆宾王《秋日送尹大赴京》序：“虽道术相望，协神交於灵府，而风烟悬隔，贵申心於翰林，请振词锋，用开笔海。”

【筆冢】 书法家埋弃废笔的处所。后用为称赞书法家苦练书法的典故。裴说《怀素台歌》：“笔冢低低高如山，墨池浅浅深如海。”

【筆研】 （—yàn）同“筆硯”。韩偓《与吴子华侍郎同年玉堂同直怀恩叙恳因成长句四韵兼呈诸同年》：“二纪计偕劳笔研，一朝宣入掌丝纶。”

【筆毫】 ❶笔头上的毛。姚合《谢汾州田大夫寄茸毡葡萄》：“晓起题诗报，寒澌满笔毫。”又《省直书事》：“蜀笺金屑腻，月兔笔毫精。”❷指笔墨。姚合《游春十二首》之六：“嫩云轻似絮，新草细如毛。”又《和郑相演杨尚书蜀中唱和诗》：“元气符才格，文星照笔毫。”❸笔力。指写作能力。姚合《寄旧山隐者》：“名在进士场，笔毫争等伦。”

【筆硯】 ❶笔和砚。令狐楚《节度宣武酬乐天梦得》：“见拥旌旄治军旅，知亲笔砚事文章。”皮日休《奉和鲁望秋日遣怀次韵》：“笔砚秋光洗，衣巾夏藓沾。”方干《献浙东王大夫二首》之一：“吟处美人擎笔砚，行时飞鸟避旌旃。”❷指文墨书写工作。袁朗《赋饮马长城窟》：“唯当事笔砚，归去草封禅。”岑参《银山碛西馆》：“丈夫三十未富贵，安能终日守笔砚。”刘禹锡《送李友路秀才赴举》：“生长绮纨内，辛勤笔砚间。”杜荀鹤《投江上崔尚书》：“闭户十年专笔砚，仰天无处认梯媒。”钱珝《江行无题一百首》之七十：“幸有烟波兴，宁辞笔砚劳。”

【筆勢】 指书法文章的笔法气势。任华《怀素上人草书歌》：“狂僧有绝艺，非数仞高墙不足以逞其笔势。”

【筆跡】 ❶指书画作品或书画真迹。杜甫《韦讽录事宅观曹将军画马图》：“贵戚权门得笔迹，始觉屏障生光辉。"顾云《苏君厅观韩干马障歌》："今日披图见笔迹，始知甫也真凡目。"❷指笔墨文字。李郢《和绵州于中丞登越王楼作》："景象诗情在，幽奇笔迹分。"

【筆端】 笔头。皎然《奉应颜尚书真卿观玄真子置酒张乐舞破阵画洞庭三山歌》："盻睐方知造境难，象忘神遇非笔端。"方干《水墨松石》："三世精能举世无，笔端狼藉见功夫。"吴融《寄贯休上人》："世上浮沉应念我，笔端飞动只降君。"伍乔《观华夷图》："笔端尽现寰区事，堪把长悬在户庭。"

【筆精】 精妙的书法。李白《王右军》："扫素写道经，笔精妙入神。"刘长卿《至德三年春正月时谬蒙差摄海盐令闻王师收二京五十韵》："金石悬词律，烟云动笔精。"刘禹锡《送李策秀才还湖南因寄幕中亲故兼简衡州吕八郎中》："暂将息薄游，焦思穷笔精。"

【筆墨】 谓运笔创作。姚合《秋夕遣怀》："风劲衣巾脆，窗虚笔墨轻。"

【筆鋒】 ❶毛笔的尖端。韩愈《寒食日出游》："饮酒宁嫌盏底深，题诗尚倚笔锋劲。"刘禹锡《韩十八侍御见示岳阳楼别窦司直诗自述故足成六十二韵》："笔锋不能休，藻思一何绮。"方干《卢卓山人画水》："海色未将蓝汁染，笔锋犹傍墨花行。"赵抟《废长行》："何当化子作笔锋，常在手中行法令。"❷指创作诗文、书画时的笔触所表露出来的气势和锋芒。李白《草书歌行》："墨池飞出北溟鱼，笔锋杀尽中山兔。"姚合《武功县中作三十首》之二十："晴月销灯色，寒天挫笔锋。"薛存诚《御题国子监门》："笔锋回日月，字势动乾坤。"陆龟蒙《顾道士亡弟子奉束帛乞铭于袭美因赋戏赠》："唯我有文无卖处，笔锋销尽墨池荒。"

【筆鋒蠅】 用为形容性急的典故。见《三国志·魏志·梁习传》。张祜《忆江东旧游四十韵寄宣武李尚书》："兴扪头上虱，闲视笔锋蝇。"

【筆翰】 毛笔。李白《自汉阳病酒归寄王明府》："今年敕放巫山阳，蛟龙笔翰生辉光。"

【筆頭】 ❶毛笔用以书写的部分。杜牧《池州清溪》："何物赖君千遍洗，笔头尘土渐无痕。"李山甫《山中答刘书记寓怀》："笔头指金波，座上横玉柄。"❷指写作，创作。白居易《赠楚州郭使君》："黄金印绶悬腰底，白雪歌诗落笔头。"韦庄《冬日长安感志寄献虢州崔郎中二十韵》："松下围棋期褚胤，笔头飞箭荐陶谦。"欧阳炯《题景焕画应天寺壁天王歌》："兴来便请泥高壁，乱抢笔头如疾风。"陆子《嘲父》："陆余庆，笔头无力觜头硬。"

【筆興】 (—xìng)指运笔创作时的激情与兴致。韩偓《横塘》："蜀纸麝煤沾笔兴，越瓯犀液发茶香。"

【筆蹤】 犹笔迹。刘禹锡《洛中寺北楼见贺监草书题诗》："高楼贺监昔曾登，壁上笔踪龙虎腾。"

筝 〔zhēng《广韵》侧茎切，平耕，莊。〕传统乐器。形似瑟。战国时流行于秦，故又名"秦筝"。音箱为木制长方形，面上张弦，弦有柱。古代用筝为五弦，唐宋时教坊用筝均十三弦。岑参《秦筝歌送外甥萧正归京》："汝不闻秦筝声最苦，五色缠弦十三柱。"李白《杂曲歌辞·春日行》："佳人当窗弄白日，弦将手语弹鸣筝。"李端《听筝》："鸣筝金粟柱，素手玉房前。"刘禹锡《同留守王仆射各赋春中一物从一韵至七》："营中缘催短笛，楼上来定哀筝。"路德延《小儿诗》："帘拂鱼钩动，筝推雁柱偏。"

【筝人】 弹筝的女子。李贺《浩歌》："筝人劝我金屈卮，神血未凝身问谁。"刘禹锡《伤秦姝行》序："河南房开士，前为虞部郎中。为余语曰，我得善筝人于长安怀远里。"

【筝柱】 筝上的弦柱。一弦一柱。柱可以左右移动，以调节音高。按五声音阶定弦。徐彦伯《乐府杂曲·鼓吹歌辞·芳树》："晓目怜筝柱，春风忆镜台。"孟浩然《宴张记室宅》："玉指调筝柱，金泥饰舞罗。"钱起《送崔十三东游》："当杯缓筝柱，倏忽催离宴。"李商隐《独居有怀》："蜡花长递泪，筝柱镇移心。"

【筝筝】 筝的弹奏声。李峤《筝》："莫听西秦奏，筝筝有剩哀。"

【筝歌】 筝声和歌声。皎然《观李中丞洪二美人唱歌轧筝歌》："筝歌一动凡音辍，凝弦且莫停金罍。"刘禹锡有《冬夜宴河中李相公中堂命筝歌送酒》。

【筝頭】 山名。在今陕西省蓝田县南。张籍《使至蓝溪驿寄太常王丞》："云中迷象鼻，雨里下筝头。"

【筝聲】 筝弹奏的曲调。元稹《筝》："莫愁私地爱王昌，夜夜筝声怨隔墙。"

七 画

筭 〔suàn《广韵》蘇贯切，去换，心。《集韵》绪纂切，上缓，邪。〕古代计数的筹码。亦谓计数，计算。张祜《投魏博李相国三十二韵》："国用鞭头筭，军机帐下萌。"张彧《赵郡南石桥铭》："穷琛莫筭，盈纪方就。"

筠[1] 〔yún《广韵》爲贇切，平真，云。〕❶竹皮，竹的青皮。刘禹锡《许给事见示哭工部刘尚书诗因命同作》："特达圭无玷，坚贞竹有筠。"李程《赋得竹箭有筠》："冉冉犹全节，青青尚有筠。"❷竹子。太宗《谒并州大兴国寺诗》："圆光低月殿，碎影乱风筠。"孟浩然《重酬李少府见赠》："回看后彫色，青翠有松筠。"姚合《题长安薛员外水阁》："翠筠和粉长，零露逐荷倾。"李群玉《昼寐》："筠桂晚萧疏，任人嘲宰予。"王贞白《远闻本郡行春到旧山二首》之二："清风借响松筠外，画隼停晖水石间。"

筠² 〔jūn〕用于州名。❶唐武德七年(624)以米州改名，治所在高安县(今属江西)。无名氏《江右四郡谚》："筠袁赣吉，脑后插笔。"❷唐置，治所在今四川筠连县南。

【筠竹】 即斑竹。李贺《湘妃》："筠竹千年老不死，长伴秦娥盖湘水。"

【筠風】 竹林中的风。白居易《北窗竹石》："筠风散余清，苔雨含微绿。"

【筠席】 竹簟。陆龟蒙《药名离合夏日即事三首》之二："避暑最须从朴野，葛巾筠席更相当。"又《奉和袭美茶具十咏·茶瓯》："光参筠席上，韵雅金罍侧。"

【筠粉】 竹节上生长的一层白粉。白居易《晚兴》："闲吟倚新竹，筠粉污朱衣。"又《题洛中第宅》："松胶黏琥珀，筠粉扑琅玕。"

【筠筒】 竹筒。《太平御览》卷三一引《续齐谐记》："屈原五月五日投汨罗而死，楚人哀之，每至此日，竹筒贮米投水祭之。"沈亚之《五月六日发石头城步望前船示舍弟兼寄侯郎》："蒲叶吴刀绿，筠筒楚粽香。"

【筠扉】 竹扉。以竹编成的门。韦应物《往富平伤怀》："今者掩筠扉，但闻童稚悲。"

【筠溪】 竹林中的小溪。杜牧《许七侍御弃官东归潇洒江南颇闻自适高秋企望题诗寄赠十韵》："兰畹晴香嫩，筠溪翠影疏。"

【筠管】 ❶竹管。罗邺《题笙》："筠管参差排凤翅，月堂凄切胜龙吟。"韩偓《安贫》："窗里日光飞野马，案头筠管长蒲卢。"❷指毛管，毛笔。元稹《答姨兄胡灵之见寄五十韵》："题头筠管缦，教射角弓骍。"自注："灵之善笔札，习骑射。"又《寄吴士矩端公五十韵》："矜持翠筠管，敲断黄金勒。"

【筠篁】 竹子。齐己《谢人惠竹蝇拂》："妙刮筠篁制，纤柔玉柄同。"

【筠箭】 竹箭。也称箭竹。性坚韧，可作箭杆。张仲方《赋得竹箭有筠》："东南生绿竹，独美有筠箭。"

【筠簟】 竹簟，竹席。白居易《闲夕》："兰釭耿无烟，筠簟清有露。"皮日休《独在开元寺避暑颇怀鲁望因飞笔联句》："筠簟临杉穗，纱巾透雨丝。"顾甄远《惆怅诗九首》之二："禁漏声稀蟾魄冷，纱厨筠簟波光净。"

【筠籠】 ❶竹编的盛物器。杜甫《野人送朱樱》："西蜀樱桃也自红，野人相赠满筠笼。"❷竹编鸟笼。杜牧《为人题赠二首》之一："兰径飞蝴蝶，筠笼语翠襟。"皮日休《华亭鹤闻之旧矣及来吴中以钱半千得一只养之请垂见和》："菰米正残三日料，筠笼休碍九霄程。"

筮 〔shì《广韵》時制切，去祭，禪。〕用蓍草占卦，以卜问吉凶。骆宾王《代女道士王灵妃赠道士李荣》："洛滨仙驾启遥源，淮浦灵津符远筮。"寒山《诗三百三首》之八十："筮遭连蹇卦，生主虚危星。"顾况《上古之什补亡训传十三章·燕于巢一章》："我筮我龟，莫我告繇。"权德舆《大行皇太后挽歌词三首》之一："筮水灵源濬，因山祔礼崇。"刘禹锡《浙西李大夫述梦四十韵并浙东元相公酬和斐然继声》："昔仕当初筮，逢时咏载櫜。"

【筮仕】 古人出仕前先占吉凶，谓"筮仕"。后用以指入仕。卢照邻《元日述怀》："筮仕无中秩，归耕有外臣。"储光羲《同王十三维哭殷遥》："筮仕苦贫贱，为客少田园。"权德舆《伏蒙十六叔寄示喜庆感怀三十韵因献之》："筮仕就色养，宴居忘食贫。"白居易《答故人》："自从筮仕来，六命三登科。"温庭筠《感旧陈情五十韵献淮南李仆射》："嵇绍垂髫日，山涛筮仕年。"

【筮仕蓍】 用以筮卜出吉凶的蓍草。白居易《和梦游春诗一百韵》："端详筮仕蓍，磨拭穿杨镞。"

【筮宅】 建造第宅前，以筮卜来选择方位，叫筮宅。陈元光《落成会咏一首》："筮宅龙钟地，承恩燕翼宫。"

【筮命】 谓卜问命运。韩愈、孟郊《秋雨联句》："筮命或冯蓍，卜晴将问蔡。"

【筮算】 谓多次筮卜而计算其吉凶。贾岛《送李校书赴吉期》："筮算重重吉，良期讵可迁。"

筴 〔jiā《广韵》古洽切，入洽，見。又古協切，入帖，見。〕夹住；钳制。王周《志峡船具诗·艣》："鱼之拨者鬣，弩之进者筴。"

筲 〔shāo《广韵》所交切，平肴，生。〕竹制的盛器。古人用来盛饭食等。容积一斗二升，或曰一斗，或曰五升。陆龟蒙《江南秋怀寄华阳山人》："公衫白纻卷，田饷绿筲擎。"又《奉和袭美新秋言怀三十韵次韵》："白菌盈枯枿，黄精满绿筲。"

筯 〔zhù《广韵》遲倨切，去御，澄。〕同"箸"。❶筷子。李白《杂曲歌辞·行路难三首》之一："停杯投箸不能食，拔剑四顾心茫然。"韩翃《题龙兴寺澹师房》："卷帘苔点净，下筯药苗新。"元稹《代曲江老人百韵》："万钱才下筯，五酘未称醇。"薛能《舞者》："筵停匕筯无非听，吻带宫商尽是词。"❷指一双筷子所夹的食物。形容量少。吴融《即事》："何须一筯鲈鱼脍，始挂孤帆问钓矶。"黄滔《钟陵故人》："一筯鲈鱼千古美，后人终少继前踪。"罗隐《东归别常修》："名惭桂苑一枝绿，鲙忆松江两筯红。"刘兼《秋夕书怀》之一："宦情总逐愁肠断，一筯鲈鱼直万金。"

箣

〔lí《广韵》里之切，平之，來。又郎奚切，平齊，來。〕见"箣筂"。

【箣筂】　捕取河虾的竹器。皮日休《添鱼具诗·钓矶》："洼处著箣筂，窍中维舸艏。"

筱

〔xiǎo《广韵》先鳥切，上篠，心。〕同"篠"。小竹。《说文·竹部》："筱，箭属。小竹也。"元结《演兴四首·闵岭中》："则必蒙皮篻以为矢，弦毋筱以为弧。"

筦

〔guǎn《广韵》古滿切，上緩，見。〕同"管"。❶管理。中宗《景龙四年正月五日移仗蓬莱宫御大明殿会吐蕃骑马之戏因重为柏梁体》："当熊让辇愧前芳，再司铨筦恩可忘。"❷管乐器。参见"筦磬"。

【筦库】　仓库。张籍《送李仆射愬赴镇凤翔》："先入贼城擒首恶，尽封筦库让元公。"

【筦榷】　古代官府对盐、铁、酒等的专卖，叫"筦榷"。刘禹锡《武陵书怀五十韵》："校缗资筦榷，复土奉山园。"薛能《酬曹侍御见寄》："妨春愁筦榷，响夜忆林泉。"

【筦磬】　管乐器与磬。泛指乐器。白居易《池上篇》序："罢刑部侍郎时，有粟千斛、书一车。洎臧获之习筦磬弦歌者指百以归。"

筰

〔zuó《广韵》在各切，入鐸，從。〕或作"笮"。竹索，竹缆。韩愈、李正封《晚秋郾城夜会联句》："雷鼓揭千枪，浮桥交万筰。"

【筰水】　水名。即"笮江水"。《元和郡县志·剑南道·成都府》："（华阳县）笮江水，在县南六里。"。刘长卿有《送李七之筰水谒张相公》。

筤

〔láng《广韵》鲁當切，平唐，來。〕一种竹名。元稹《生春二十首》之七："斫筤天虽暖，穿区冻未融。"温庭筠《春尽与友人入裴氏林探渔竿》："历寻婵娟节，翦破苍筤根。"朱庆余有《震为苍筤竹》。

【筤篣】　盛茶叶的竹器。皮日休《茶中杂咏·茶籝》："筤篣晓携去，蓦个山桑坞。"

箬

同"箘"。《玉篇·竹部》："箬，同箘。"竹名，见"箬簵"。

【箬簵】　竹名。皮日休《太湖诗·包山祠》："箬簵突古砌，薜荔绷颓墙。"

節

〔jié《广韵》子结切，入屑，精。〕❶竹节。高适《咏马鞭》："龙竹养根凡几年，工人截之为长鞭，一节一目皆天然。"王维《沈十四拾遗新竹生读经处同诸公之作》："嫩节留余箨，新业出旧阑。"刘禹锡《酬元九侍御赠璧竹鞭长句》："多节本怀端直性，露青犹有岁寒心。"张祜《首阳竹》："首阳山下路，孤竹节长存。"❷树木枝干交接处。王绩《古意六首》之四："风惊西北枝，雹陨东南节。"卢纶《萧常侍瘿柏亭歌》："莓苔旧点色尚青，霹雳残痕节犹黑。"张籍《古树》："蠹节莓苔老，烧痕霹雳新。"齐己《古松》："蠹依枯节死，蛇入朽根盘。"❸草禾茎上生叶的部分。刘洎《安德山池宴集》："蒲新节尚短，荷小盖犹低。"张籍《寄菖蒲》："石上生菖蒲，一寸十二节。"王贞白《送芮尊师》："石上菖蒲节节灵，先生服食得长生。"张蠙《和友人许裳题宣平里古藤》："嫩条悬野鼠，枯节叫秋蛩。"❹人和动物的骨节。柳宗元《贞符》序："人皆漻然休然，相睎以生，相持以成，相弥以宁。琢斮屠剔膏流节离之祸不作，而人乃克完平舒愉，尸其肌肤，以达于夷途。"❺季节。高适《途中酬李少府赠别之作》："西上逢节换，东征私自怜。"司空曙《送程秀才》："东风催节换，焰焰春阳散。"李贺《秋凉诗寄正字十二兄》："百日不相知，花光变凉节。"白居易《立秋夕凉风忽至炎暑稍消即事咏怀寄汴州节度使李二十尚书》："蝉迎节又换，雁送书未回。"❻节令。张濯《迎春东郊》："飞灰将应节，宾日已知春。"陆贽《晓过南宫闻太常清乐》："节随新律改，声带绪风轻。"权德舆《奉酬张监阁老雪后过中书见赠加两韵简南省僚旧》："风清五夜永，节换一阳生。"王良士《南至日隔霜仗望含元殿炉烟》："节当南至日，星是北辰天。"❼节日。王维《九月九日忆山东兄弟》："独在异乡为异客，每逢佳节倍思亲。"陈羽《九月十日即事》："节过重阳人病起，一枝残菊不胜愁。"舒元舆《八月五日中部官舍读唐历天宝已来追怆故事》："自此千秋节，不复动金石。"赵嘏《九日陪越州元相燕龟山寺》："共贺万家逢此节，可怜风物似荆州。"❽时期，时。太宗《初秋夜坐》："愁心逢此节，长叹独含悲。"王维《赠房卢氏琯》："鄙夫心所尚，晚节异平生。"张籍《送安法师》："山阴到家节，犹及蕙兰春。"刘禹锡《伤循州浑尚书》："遥想长安此时节，朱门深巷百花开。"李商隐《凉思》："永怀当此节，倚立自移时。"❾符节。古代使臣所执以为凭证。袁朗《相和歌辞·饮马长城窟行》："属国拥节归，单于款关入。"李白《送长沙陈太守二首》之一："荣君按节去，不及远相从。"杨巨源《和吕舍人喜张员外自北番回至境上先寄二十韵》："节异苏卿执，弦殊蔡女弹。"杜牧《少年行》："豪持出塞节，笑别远山眉。"❿节操，节概。虞世南《出塞》："缅怀古人节，思酬明主恩。"杜甫《送韦十六评事充同谷郡防御判官》："朝廷壮其节，奉诏令参谋。"⓫志节，志向。裴光庭《奉和御制左丞相说右丞相璟太子少傅乾曜同日上官命宴都堂赐诗》："共保坚贞节，常期雨露均。"杜甫《自京赴奉先县咏怀五百字》:"终愧巢与由,未能易其节。"戎昱《辰州建中四年多怀》:"竹寒宁改节,隼静早因禽。"皮日休《三羞诗三首》之一:"吾闻古君子,介介励其节。"⓬节制,节度。德宗《重阳日赐宴曲江亭赋六韵诗用清字》序:"咨尔群僚,顺朕不暇,乐而能节,职思其忧,咸若时则,庶乎理矣。"韩愈《雨中寄张博士籍侯主簿喜》:"雨惯曾无节,雷频自失威。"元稹《桐花》:"征以节百事,奉事罔不钦。"⓭节省,节俭。王昌龄《塞下曲四首》之三:"臣愿节宫厩,分以赐边城。"杜甫《别董颋》:"素闻赵公节,兼尽宾主欢。"⓮礼节。包佶《郊庙歌辞·祀风师乐章·送神》:"微穆敷华能应节,飘扬发彩宜行庆。"⓯事件,事项。李白《赠从兄襄阳少府皓》:"小节岂足言,退耕春陵东。"⓰节奏,节拍。元结《系乐府十二首·颂东夷》:"东惊且悲叹,节变何烦数。"顾况《王郎中妓席五咏·舞》:"汗浥新装画不成,丝催急节舞衣轻。"许孟容《享文恭太子庙乐章》:"觞牢具品,管弦有节。"白居易《新乐府·五弦弹》:"一弹一唱再三叹,曲澹节稀声不多。"⓱敲击以控制乐曲节奏的乐器,俗称"拍子"。杜审言《守岁侍宴应制》:"弹弦奏节梅风入,对局探钩柏酒传。"韦应物《贵游行》:"良时无还景,促节为我讴。"白居易《琵琶引》:"钿头云篦击节碎,血色罗裙翻酒污。"刘禹锡《牛相公见示新什谨依本韵次用以抒下情》:"惬心时拊髀,击节日麾肱。"⓲量词。顾况《公子行》:"珊瑚几节敌流星,红肌拂拂酒光狞。"刘禹锡《吴兴敬郎中见惠斑竹杖兼示一绝聊以谢之》:"一茎炯炯琅玕色,数节重重玳瑁文。"又《白侍郎大尹自河南寄示池北新葺水斋即事招宾十四韵兼命同作》:"蒲根抽九节,莲萼捧重台。"裴夷直《南诏朱藤杖》:"六节南藤色似朱,拄行阶砌胜人扶。"

【節士】 具有气节操守的人。李白《杂歌谣辞·临江王节士歌》:"风号沙宿潇湘浦,节士感秋泪如雨。"杜甫《魏将军歌》:"万岁千秋奉明主,临江节士安足数。"白居易《续古诗十首》之四:"可怜苦节士,感此涕盈巾。"徐铉《题梁王旧园》:"节士逢秋多感激,不须频向此中游。"

【節下】 对将领、使臣或地方官吏的敬称。钱起《送田仓曹归觐》:"节下趋庭处,秋来怀橘情。"韩翃《送端州冯使君》:"三峰亭暗橘边宿,八桂林香节下趋。"

【節日】 传统祭祀或庆祝的日子。和凝《宫词百首》之二六:"清明节日颁新火,蜡炬星飞下九天。"

【節毛】 同"節旄❶"。杨凭《边情》:"欲知北海苦辛处,看取节毛余几多。"霍总《塞下曲》:"雪沾旗尾落,风断节毛稀。"王涣《惆怅诗十二首》之一一:"却到茂陵唯一恸,节毛零落鬓毛斑。"

【節目】 ❶树木枝干交接处为节,纹理纠结不顺处叫目。白居易《文柏床》:"刮削露节目,拂拭生辉光。"❷竹节。裴略《为温仆射嘲竹》:"虚心未得待国士,皮上何须生节目。"韩愈《和侯协律咏笋》:"外恨苞藏密,中仍节目繁。"❸引申指关键之处。阎防《百丈溪新理茅茨读书》:"开卦推盈虚,散帙攻节目。"

【節印】 符节和印信。权德舆《送张曹长工部大夫奉使西番》:"西候车徒出,南台节印雄。"

【節行】 志节操行。韩愈《感春四首》之三:"诗书渐欲抛,节行久已惰。"

【節角】 指文字笔画所显示的屈折和棱角。韩愈《石鼓歌》:"剜苔剔藓露节角,安置妥帖平不颇。"

【節序】 ❶节令变化的顺序;节令的变化。李义府《招谕有怀赠同行人》:"轩车行未返,节序催难驻。"杜甫《庭草》:"看花随节序,不敢强为容。"郑谷《送吏部曹郎中免官南归》:"桑麻胜禄食,节序免乡愁。"❷节令,节气。骆宾王《畴昔篇》:"江南节序多,文酒屡经过。"杜甫《立秋后题》:"日月不相饶,节序昨夜隔。"唐彦谦《九日游中溪》:"何知是节序,风日自清妥。"

【節苦】 谓艰苦卓绝,守志不渝。崔颢《赠梁州张都督》:"风霜臣节苦,岁月主恩深。"高适《答侯少府》:"节苦名已富,禄微家转贫。"崔邠《礼部权侍郎阁老史馆张秘监阁老有离合酬赠之什宿直吟玩聊继此章》:"节苦文俱盛,即时人并命。"

【節拍】 音乐术语。是衡量节奏的单位,它在乐曲中周期性地出现而形成有规律的强弱交替。张祜《感王将军柘枝妓殁》:"画鼓不闻招节拍,锦靴空想挫腰肢。"

【節制】 ❶旌节与制书,亦特指节度使。高适《饯宋八充彭中丞判官之岭南》:"绣衣当节制,幕府盛威棱。"杜甫《送重表侄王砅评事使南海》:"廷评近要津,节制收英髦。"刘禹锡《令狐相公见示河中杨少尹赠答兼命继之》:"四面诸侯瞻节制,八方通货溢河渠。"李商隐《行次西郊作一百韵》:"临门送节制,以锡通天班。"黄滔《鄜畤李相公》:"秦城择日发征辕,斋戒来投节制尊。"❷指挥管辖州郡或方镇。李白《经乱离后天恩流夜郎忆旧游书怀赠江夏韦太守良宰》:"节制非桓文,军师拥熊虎。"岑参《送狄员外巡按西山军》:"莫辞冒险艰,可以裨节制。"杜甫《渔阳》:"渔阳突骑犹精锐,赫赫雍王都节制。"武元衡《送崔判官使太原》:"两地山河分节制,十年京洛共风尘。"

【節物】 ❶不同季节的风物景色。骆宾王《杂曲歌辞·从军中行路难二首》之一:"徒觉炎凉节物非,不知关山千万里。"高适《重阳》:"节物惊心两鬓华,东篱空绕未开花。"白居易《谕友》:"怜君感节物,晨起步前阶。"李商隐《野菊》:"已悲节物同寒雁,忍委芳心与暮蝉。"李群玉《将之京国赠薛员外》:"节物凋壮志,咄嗟不能休。”❷某一季节的风物景色。刘宪《奉和春日幸望春宫应制》：“欢娱节物今如此，愿奉宸游亿万年。”沈佺期《三日独坐驩州思忆旧游》：“两京多节物，三日最遨游。”钱起《江陵晦日陪诸官泛舟》：“节物堪为乐，江湖有主人。”白居易《途中感秋》：“节物行摇落，年颜坐变衰。”

【節帥】　指节度使。洛中举子《又赠》诗注：“举子时谒节帅，留连数月，宴饮既频。”参见“節度使”。

【節使】　❶节度使的省称。岑参《九日使君席奉饯卫中丞赴长水》：“节使横行西出师，鸣弓擐甲羽林儿。”又《阻戎泸间群盗》：“明主每忧人，节使恒在边。”李商隐《行次西郊作一百韵》：“节使杀亭吏，捕之恐无因。”❷持符节的朝廷使者。王维《老将行》：“节使三河募年少，诏书五道出将军。”

【節奏】　音乐术语。由音响的轻重缓急而形成，其中节拍的长短强弱交替出现，且合乎一定的规律。它是音乐旋律的骨干。韩愈《岳阳楼别窦司直》：“鬼神非人世，节奏颇跌踢。”胡直钧《太常观阅骠国新乐》：“才可宫商辨，殊惊节奏新。”皮日休《寒夜文宴联句》：“节奏惟听竹，从容只话山。”

【節度】　即节度使。杜甫《冬狩行》：“君不见东川节度兵马雄，校猎亦似观成功。”韩愈《元和圣德诗》：“四方节度，整兵顿马。”白居易《新乐府·城盐州》：“蕃东节度钵阐布，忽见新城当要路。”

【節度判官】　节度使属官。掌处理兵马钱粮等实际事务。孙逖有《送李补阙摄御史充河西节度判官》。寇坦有《同张少府和厍狄员外夏晚初霁南省寓直时兼充节度判官之作》。

【節度使】　官名。唐代都督带使持节者称节度使。唐初沿北周及隋旧制，于重要地区设行军总管，后改称都督，总揽数州军事。睿宗景云二年(711年)，贺拔延嗣为凉州都督，充河西节度使，自此始有节度使称号。玄宗天宝初年，沿边有九节度使，一经略使(岭南五府经略使)，以后遍设于国内。节度使授职时赐给双旌双节，拥有专杀之权，总揽一道或数州的军、民、财政，所辖区内各州刺史(郡守)均为其下属。安史乱后，节度使纷纷拥兵自重，不奉朝命，父死子继，世称藩镇。五代时节度使设置更滥，废置亦不常。宋初兵权收回中央，节度使遂为虚衔。刘长卿有《同郭参谋咏崔仆射淮南节度使厅前竹》。元稹有《过襄阳楼呈上府主严司空楼在江陵节度使宅北隅》。曹邺有《从天平节度使游平流园》。

【節度留後】　官名。唐、五代藩镇节度使因事离职或临死前、死后，常以亲信将领或其子掌辖所部并主持使府或本镇事务，号为节度使留后。岑参《送张郎中赴陇右觐省卿公》自注：“时张卿公亦充节度留后。”李商隐《行次昭应县道上送户部李郎中充昭义攻讨》自注：“会昌三年，昭义节度使刘从谏卒，子稹拒命，自为留后，诏成德、魏博、河北、河阳合兵讨之。”

【節院】　唐代节度使官衙的庭院。刘禹锡《同乐天和微之深春二十首》之四：“节院收衙队，球场簇看车。”喻凫《题弘济寺不出院僧》：“声寒通节院，城黑见烽楼。”

【節素】　节俭清素。则天皇后《唐武氏享先庙乐章》：“先德谦㧑冠昔，严规节素超今。”

【節華】　(一huā)季节中开的花。德宗《贞元六年春三月庚子百寮宴于曲江亭上赋诗以赐之》：“岁闰节华晚，众芳繁暮春。”

【節根】　草本的根节。韩愈《郓州溪堂诗》：“孰为邦蟊，节根之螟。”

【節烈】　谓坚守节操的壮烈行为和事迹。贾岛《易水怀古》：“荆卿重虚死，节烈书前史。”

【節氣】　犹节候。季节，气候。玄宗《端午三殿宴群臣探得神字》序：“叹节气之循环，美君臣之相乐。”张籍《喜王起侍郎放牒》：“东风节气近清明，车马争来满禁城。”姚合《穷边词二首》之一：“将军作镇古汧洲，水腻山春节气柔。”李建勋《醉中咏梅花》：“北客见皆惊节气，郡僚痴欲望杯盘。”

【節候】　时令气候。独孤及《三月三日自京到华阴于水亭独酌寄裴六薛八》：“还家问节候，知到上巳辰。”刘商《重阳日寄上饶李明府》：“重阳秋雁未衔芦，始觉他乡节候殊。”权德舆《早春南亭即事》：“节候开新历，筋骸减故年。”刘沧《夏日登慈恩寺》：“晚景风蝉催节候，高空云鸟度轩层。”

【節旄】　❶节，以竹为之，柄长八尺。节上缀有牦牛尾为饰物。古代作为使者所持的凭信。卢照邻《雨雪曲》：“节旄零落尽，天子不知名。”王维《陇头吟》：“苏武才为典属国，节旄落尽海西头。”钱起《送张将军征西》：“始笑子卿心计失，徒看海上节旄稀。”陈羽《读苏属国传》：“肠断帝乡遥望日，节旄零落汉家臣。”杨衡《边思》：“苏武节旄尽，李陵音信稀。”❷旌节；旌和节。唐制：节度使赐双旌双节。旌以专赏，节以专杀。高适《送柴司户充刘卿判官之岭外》：“岭外资雄镇，朝端宠节旄。”王建《田侍郎归镇》之二：“对时先奏牙间将，次第天恩与节旄。”姚合《和郑相演杨尚书蜀中唱和诗》：“天福坤维厚，忠贤拥节旄。”参见“節旌”。❸指节度使。陆龟蒙《寄茅山何威仪二首》之二：“曾向人间拜节旄，乍疑因梦到仙曹。”郑谷《故许昌薛尚书能尝为都官郎中后数岁故建州遂赋自贺》：“他日节旄如可继，不嫌曹冷在中行。”

【節唱】　按节歌唱。元稹《乐府古题序》：“在音声者，因声以度词，审调以节唱，句度短长之数，声韵平上之差，莫不由之准度。”

【節假】 节日间放的假期。元稹《和李校书新题乐府十二首·五弦弹》：“旬休节假暂归来，一声狂杀长安少。”

【節旌】 ❶旌和节。唐代天宝中规定，节度使赐双旌双节。旌以专赏，节以专杀。张祜《投魏博田司空二十韵》：“节旌穷海岛，诗句起河梁。”❷犹节旄。张祜《边思》：“苏武节旌尽，李陵音信稀。”

【節將】 （一jiàng）指节度使。元稹《和李校书新题乐府十二首·立部伎》：“如今节将一掉头，电卷风收尽摧挫。”

【節婦】 有坚贞节操的妇女。李频《寄远》：“化石早曾闻节妇，沉湘何必独灵妃。”

【節量】 （一liàng）节制限量。元稹《哭子十首》之五：“节量梨栗愁生疾，教示诗书望早成。”

【節腕】 谓手腕胳膊。节，指肘；腕，手腕。欧阳炯《贯休应梦罗汉画歌》：“高握节腕当空掷，窸窣毫端任狂逸。”

【節鼓】 古代一种鼓名。唐杜佑《通典》：“节鼓，状如博局，中开圆孔，适容其鼓，击之以节乐也。”。张说《安乐郡主花烛行》：“绿軿绀幰纷如雾，节鼓清笳前启路。”

【節概】 志节气概。高骈《留别彰德军从事范校书》：“无金寄与白头亲，节概犹夸似古人。”

【節會】 犹乐曲。王建《捣衣曲》：“高楼敲玉节会成，家家不睡皆起听。”

【節鉞】 ❶符节与斧钺。古代天子授予将帅或地方长官如节度使、刺史等，象征得以诛杀的权力。杜甫《览柏中允兼子侄数人除官制词因述父子兄弟四美载歌丝纶》：“方当节钺用，必绝祲沴根。”钱起《送王使君赴太原行营》：“诸侯持节钺，千里控山河。”张祜《送周尚书赴滑台》：“鼓角雄都分节钺，蛇龙旧国罢楼船。”罗隐《钱尚父生日》：“贵盛上持龙节钺，延长应续鹤春秋。”❷借指将帅或节度使、刺史、太守。白居易《题周皓大夫新亭子二十二韵》：“十载歌钟地，三朝节钺臣。”

【節義】 气节操守与正义的行为。卢仝《寄赠含曦上人》：“劈破天地来，节义可屈指。”姚合《裴大夫见过》：“湖南谯国尽英髦，心事相期节义高。”鲍溶《辞辇行》：“回赐忠臣妾恩泽，一时节义动贤君。”

【節義士】 节义之士。卢仝《扬州送伯龄过江》：“节义士枉死，何异鸿毛轻。”

【節歲】 ❶岁时节候。韩愈《苦寒歌》：“岂不有阳春，节岁聿其周。”❷岁时节令。白居易《六年立春日人日作》：“乡园节岁应堪重，亲故欢游莫厌频。”

【節幡】 即旌节。卢仝《月蚀诗》：“此时九御导九日，争持节幡麾幢旒。”

【節儉】 节约俭省。杜甫《往在》：“君臣节俭足，朝野欢呼同。”白居易《太平乐词二首》之一：“岁丰仍节俭，时泰更销兵。”

【節麾】 朝廷授予将帅的符节和旌旗。李频《赠长城庾将军》：“定拥节麾从此去，安西大破犬戎群。”

【節操】 气节操守。杜甫《七月一日题终明府水楼二首》之二：“承家节操尚不泯，为政风流今在兹。”储光羲《敬酬陈掾亲家翁秋夜有赠》：“特达逾珪璋，节操方松筠。”邵谒《贞女墓》：“生持节操心，死作坚贞鬼。”亦指松柏等的不畏冰霜严寒。李洞《宿成都松溪院》：“松持节操溪澄性，一炷烟岚压寺隅。”

八 画

箐 〔qiāng《集韵》千羊切，平陽，清。〕山间的大竹林。亦泛指树木丛生的山谷。贾至《自蜀奉册命往朔方途中呈韦左相文部房尚书门下崔侍郎》：“饮啄丛箐间，栖息虎豹群。”薛能《边城作》：“管排蛮户远，出箐鸟巢孤。”自注：“蜀人谓税为排户，谓林为丛箐。”

箝 〔qián《广韵》巨淹切，平鹽，羣。〕❶拑子。夹东西的工具。或借喻虾、蟹的两拑子。唐彦谦《索虾》：“双箝鼓繁须，当顶抽长矛。”❷紧闭。元稹《开元观闲居酬吴士矩侍御三十韵》：“狂歌终此曲，情尽口长箝。”❸马衔，马嚼子。以铜或铁制，放在马口内，用以勒马。韩愈《苦寒》：“浊醪沸入喉，口角如衔箝。”

【箝口】 谓闭口不言。杜甫《大云寺赞公房四首》之四：“晤语契深心，那能总箝口。”

箸 〔zhù《广韵》遲倨切，去御，澄。〕❶筷子。杜甫《阌乡姜七少府设脍戏赠长歌》：“落砧何曾白纸湿，放箸未觉金盘空。”韩愈《苦寒》：“将持匕箸食，触指如排签。”白居易《过李生》：“白瓯青竹箸，俭洁无膻腥。”李群玉《始忝四座奏状闻荐蒙恩授官旋进歌诗延英宣二十四韵》：“一饭五放箸，愀然念途穷。”❷借指谋划、筹划。杜牧《河湟》：“元载相公曾借箸，宪宗皇帝亦留神。”殷潜之《题筹笔驿》：“圜觚当分画，前箸此操持。”❸喻指泪水。骆宾王《王昭君》：“金钿明汉月，玉箸染胡尘。”高适《燕歌行》：“铁衣远戍辛勤久，玉箸应啼别离后。”

箕 〔jī《广韵》居之切，平之，見。〕❶簸箕。白居易《洗竹》：“勿作篲与箕，而令粪土辱。”❷箕踞。随意张开两腿，席地而坐，形似簸箕。李敬方《题黄山汤院》：“汗洽聊箕踞，支羸暂虎蹲。”白居易《睡觉》：“转枕频伸书帐下，披裘箕踞火炉前。”徐铉《又和游光睦院》:"箕踞一长啸,忘怀物我间。"❸星宿名。二十八宿之一,有四星组成。李白《拟古十二首》之六:"北斗不酌酒,南箕空簸扬。"韩愈《三星行》:"牛奋其角,箕张其口。"❹草名。顾非熊《出塞即事二首》之一:"席箕草断城池外,护柳花开帐幕前。"❺山名。参见"箕山""箕颍"。

【箕山】 ❶山名。在今河南登封市东南。相传古代隐士许由曾隐居于此。睿宗《石淙》:"奇峰嶾嶙箕山北,秀崿岧峣嵩镇南。"宋之问《雨从箕山来》:"雨从箕山来,倏与飘风度。"李白《赠宣城宇文太守兼呈崔侍御》:"饮水箕山上,食雪首阳颠。"❷为咏隐士的典故。王绩《田家三首》之二:"家住箕山下,门枕颍川滨。"陈子昂《感遇诗三十八首》之三一:"箕山有高节,湘水有清源。"李白《赠崔司户文昆季》:"岂伊箕山故,特以风期亲。"高适《酬岑二十主簿秋夜见赠之作》:"箕山别来久,魏阙谁不恋。"钱起《谒许由庙》:"故向箕山访许由,林泉物外自清幽。"

【箕山客】 指古代隐士许由。李商隐《览古》:"回头一吊箕山客,始信逃尧不为名。"参见"箕山"。

【箕子】 商朝大臣,商纣王之叔。封于箕(今山东太谷东北)。敢于直谏。纣杀比干后,他惧祸佯狂为奴,遭纣王囚禁。周武王灭商后,被释。事见《史记·殷本纪》。李白《杂曲歌辞·悲歌》:"凤鸟不至河无图,微子去之箕子奴。"卢仝《感古四首》之二:"箕子为之奴,比干谏而死。"

【箕斗】 星宿名。即箕宿与斗宿。喻虚有其名。陆龟蒙《村夜二篇》之二:"才能诮箕斗,辩可移嵩华。"

【箕舌】 喻指谗人之舌。孟郊《寒溪》之五:"天欃徒昭昭,箕舌虚龂龂。"

【箕伯】 风伯。神名。因箕星主风,故称。钱珝《江行无题一百首》之二二:"箕伯无多怒,回头讵不能。"

【箕尾】 ❶皆星宿名。箕,四星。尾,九星。分野在幽、燕。古代指幽燕地区。杜牧《感怀诗一首》:"旄头骑箕尾,风尘蓟门起。"冯集梧注:"《晋书·天文志》:'昴七星,又为旄头,大而数动。若跳跃者,兵大起。'又'尾九星,箕四星,州郡躔次,尾箕,燕幽州。"❷比喻朝廷群臣。贯休《寿春节进大蜀皇帝五首》之一:"上玄大帝降坤维,箕尾为臣副圣期。"

【箕帚】 亦作"箕箒"。❶以箕帚扫除。杜甫《送重表侄王砅评事使南海》:"家贫无供给,客位但箕箒。"❷喻妇女操持家内杂务。寒山《诗三百三首》之一七四:"未解乘机杼,那堪事箕帚。"❸借指妻妾。李贺《赠陈商》:"臣妾气态间,唯欲承箕帚。"苏拯《思妇吟》:"一从秉箕帚,十载孤怀抱。"卢纶《梦白衣妇人歌词》之二:"清风明月夜深时,箕帚卢郎恨已迟。"上元夫人《赠封陟》:"为爱君心能洁白,愿操箕帚奉屏帏。"

【箕星】 星宿名。二十八宿之一。刘长卿《游四窗》:"箕星分南野,有斗挂檐北。"吕岩《七言》之五二:"箕星昴宿下长天,凡景宁教不愕然。"

【箕裘】 喻指祖先的事业。钱起《海畔秋思》:"箕裘空在念,咄咄谁推贤。"李群玉《将之京国赠薛员外》:"圭衮照崇阅,文儒嗣箕裘。"范质《诫儿侄八百字》:"童年志于学,不惰为箕裘。"

【箕箒】 见"箕帚"。

【箕颍】 箕,箕山。颍,颍水。古代隐士许由的隐居之地。后遂用为咏隐居之地的典实。许敬宗《游清都观寻沈道士得清字》:"幽人蹈箕颍,方士访蓬瀛。"杜甫《西枝村寻置草堂地夜宿赞公土室二首》之二:"数奇谪关塞,道广存箕颍。"韩愈《赠侯喜》:"便当提携妻与子,南入箕颍无还时。"白居易《奉和李大夫题新诗二首各六韵·因严亭》:"箕颍人穷独,蓬壶路阻难。"参见"箕山"。

【箕颍客】 借指隐士。杜甫《贻阮隐居》:"足明箕颍客,荣贵如粪土。"参见"箕山"。

【箕颍操】 借指隐居不仕的节操。白居易《雪中晏起偶咏所怀兼呈张常侍韦庶子皇甫郎中》:"下无巢父许由箕颍操,又不能食薇饮水自苦辛。"参见"箕山"。

【箕踞】 古人席地而坐。如坐时两腿随意伸直岔开,形似簸箕,叫"箕踞"。这是一种不拘礼节的姿态。王维《与卢员外象过崔处士兴宗林亭》:"科头箕踞长松下,白眼看他世上人。"李端《题元注林园》:"独有野人箕踞惯,过君始得一长吟。"白居易《醉游平泉》:"狂歌箕踞酒尊前,眼不看人面向天。"翁洮《赠方干先生》:"由来箕踞任天真,别有诗名出世尘。"来鹄《偶题二首》之二:"水边箕踞静书空,欲解愁肠酒不浓。"

【箕踞坐】 同"箕踞"。白居易《秋池独泛》:"半酣箕踞坐,自问身为谁。"又《和春深二十首》之十一:"林间箕踞坐,白眼向人斜。"

【箕瓢】 用为咏隐居山林的典故。李咸用《览文僧卷》:"调高非郢雪,思静碍箕瓢。"

【箕敛】 以箕收取。形容赋敛繁苛。陆龟蒙《江湖散人歌》:"只今利口且箕敛,何暇俯首哀惸嫠。"

箬 〔ruò《广韵》而灼切,入藥,日。〕❶竹名。其叶可用来编织或包裹物品。柳宗元《柳州峒氓》:"青箬裹盐归峒客,绿荷包饭趁虚人。"❷地名。参见"箬下"。❸水名。见"箬溪""箬水"。

【箬下】 酒名。因产于乌程县箬溪北岸之箬下,故名。白居易《湖上招客送春泛舟》:"两瓶箬下新开得,一曲霓裳初教成。"又《钱湖州以箬下酒李苏州以五酘酒相次寄到无因同饮聊咏所怀》:“劳将箬下忘忧物,寄与江城爱酒翁。”皮日休《伤进士严子重诗》:“箬下斩新醒处月,江南依旧咏来春。”参见“箬葉露”。

【箬下春】 即箬下酒。唐人常以“春”名酒。刘禹锡《洛中送韩七中丞之吴兴口号五首》之四:“骆驼桥上蘋风急,鹦鹉杯中箬下春。”参见“箬下”。

【箬水】 即箬溪。崔子向《泛长城东溪暝宿崇光寺寄处士陆羽联句》:“箬水青似箬,玉山碧于玉。”

【箬屋】 以箬叶盖的房屋。贯休《古意九首》之九:“箬屋开地炉,翠墙挂藤衣。”

【箬岘亭】 亭名。在今浙江长兴县西北箬岘山下。白居易《箬岘东池》:“箬岘亭东有小池,早荷新荇绿参差。”

【箬笠】 用竹篾编成中间铺以箬竹叶的笠帽。张志和《渔父歌》之一:“青箬笠,绿蓑衣,斜风细雨不须归。”齐己《耕叟》:“春风吹蓑衣,暮雨滴箬笠。”

【箬葉】 箬竹的叶子。许浑《湖州韦长史山居》:“溪浮箬叶添醅绿,泉绕松根助茗香。”又《送人归吴兴》:“箬叶沉溪暖,蘋花绕郭香。”

【箬葉露】 即箬下酒。李贺《追和柳恽》:“酒杯箬叶露,玉轸蜀桐虚。”

【箬溪】 水名。在今浙江长兴县南,北流入太湖。皎然《忆天台》:“箬溪朝雨散,云色似天台。”

【箬溪醑】 即箬下酒。白居易《郡斋旬假始命宴呈座客示郡寮》:“萍醅箬溪醑,水鲙松江鳞。”参见“箬下”。

箋 〔jiān《广韵》则前切,平先,精。〕❶古代文体的一种。李白《答杜秀才五松见赠》:“飞笺络绎奏明主,天书降问回恩荣。”皮日休《太湖诗·上真观》:“欲笺紫微志,唯食虹影丹。”❷书信。刘损《愤惋诗三首》之一:“得意紫鸾休舞镜,断踪青鸟罢衔笺。”❸供写信、题诗用的精美纸张。白居易《江楼夜吟元九律诗成三十韵》:“斜行题粉壁,短卷写红笺。”

【箋奏】 同“牋奏”。属章奏一类的文书。李商隐《郑州献从叔舍人褎》:“蓬岛烟霞阆苑钟,三官笺奏附金龙。”

箑 〔shà《广韵》山洽切,入洽,生。又山輒切,入葉,生。〕扇子。杜甫《雨》:“轻箑烦相向,纤絺恐自疑。”权德舆《新月与儿女夜坐听琴举酒》:“列坐屏轻箑,放怀弦素琴。”皮日休《二游诗·任诗》:“闲日不整冠,闲风无用箑。”

篪 〔hǔ《集韵》火五切,上姥,曉。〕同“箎”。古代的一种管乐器,长一尺一寸,十孔。高适《酬裴员外以诗代书》:“金玉本高价,埙篪终易谐。”钱起《京兆尹厅前甘棠树降甘露》:“济旱露为兆,有如埙应篪。”

【篪埙】 篪和埙。篪,管乐器。埙,一种土制乐器,有六孔。韩愈《陆浑山火和皇甫湜用其韵》:“千钟万鼓咽耳喧,攒杂啾嚄沸篪埙。”

【篪簧】 泛指管乐器。魏征《五郊乐章·雍和》:“礼陈牲币,乐备篪簧。”

算 〔suàn《广韵》蘇管切,上缓,心。〕❶数目。窦庠《东都嘉量亭献留守韩仆射》:“玉斝飞无算,金铙奏未终。”❷计算。孟云卿《古别离》:“人皆算年寿,死者何曾老。”钱起《秋夜作》:“浮生竟何穷,巧历不能算。”王建《塞上逢故人》:“何时得乡信,每日算归程。”李群玉《赠方处士兼以写别》:“才力似风鹏,谁能算升斗。”❸谋划。苏颋《奉和圣制幸望春宫送朔方大总管张仁亶》:“老臣帷幄算,元宰庙堂机。”高适《同李员外贺哥舒大夫破九曲之作》:“解围凭庙算,止杀报君恩。”皮日休《七爱诗·房杜二相国》:“纵横握中算,左右天下务。”章碣《变体诗》:“今古若论英达算,鸱夷高兴固无边。”❹考虑。元稹《何满子歌》:“定面凝眸一声发,云停尘下何劳算。”刘禹锡《再赠乐天》:“身外名何足算,别来诗且同吟。”姚合《寄陕府内兄郭冏端公》:“中外无亲疏,所算在其情。”杜牧《不饮赠酒》:“细算人生事,彭殇共一筹。”❺寿命。王维《慕容承携素馔见过》:“门看五柳识,年算六身知。”❻征税。刘禹锡《武陵书怀五十韵》:“户算资渔猎,乡豪恃子孙。”

【算人】 计算别人。杜荀鹤《观棋》:“算人常欲杀,顾己自贪生。”

【算日】 计算年龄。欧阳詹《酬裴十二秀才孩子咏》:“算日未成年,英姿已褎然。”

【算甲】 计算年龄。欧阳詹《除夜长安客舍》:“望家思献寿,算甲恨长年。”参见“绛老”。

【算字】 计算年龄。杨巨源《送绛州卢使君》:“绛老问年须算字,庾公逢月要题诗。”参见“绛老”。

【算度】 计算考虑。司空图《漫书五首》之五:“一种老人能算度,磻溪心迹愧商颜。”吕岩《长短句》:“卖得钱,不算度,酤美酒,自斟酌。”

【算料】 推测,料想。王建《送魏州李相公》:“当朝面受新恩去,算料妖星不敢生。”

【算程】 计算路程。王建《水运行》:“县官部船日算程,暴风恶雨亦不停。”周贺《送陆判官防秋》:“算程淮邑远,起帐夕阳曛。”翁承赞《汉上登舟忆闽》:“久客自怜归路近,算程不怕酒觞空。”李珣《定风波》词之三:“愁坐算程千万里,频跂,等闲经岁两相违。”

【算畫】 筹划,谋划。元稹《纪怀赠李六户曹崔二十功曹五十韵》:“夔龙劳算画,貔虎带威棱。”

【算緡】 ❶汉代对商人、手工业者、高利贷者及车船所征的赋税。杜甫《奉和严中丞西城晚眺十韵》："帝念深分阃，军须远算缗。"元稹《贬江陵途中寄乐天杓直杓直以员外郎判盐铁乐天以拾遗在翰林》："算缗草诏终须解，不敢将心远羡君。"施肩吾《过桐庐场郑判官》："算缗百万日不虚，吏人丛里唯簿书。"❷计算钱币。缗，穿钱的丝绳。张籍《相和歌辞·贾客乐》："金多众中为上客，夜夜算缗眠独迟。"

箇 〔gè《广韵》古賀切，去箇，見。〕❶竹一枝谓"箇"。《说文·竹部》："箇，竹枚也。从竹，固声。"后引申为数量词，如一个、一只、一棵等。戴叔伦《答崔载华》："偷归瓮间卧，逢箇楚狂来。"白居易《将至东都先寄令狐留守》："东都添箇狂宾客，先报壶觞风月知。"朱庆余《同友人看花》："每箇树边行一匝，谁家园里最多时。"韩偓《曲江秋日》："有箇高僧入图画，把经吟立水塘西。"无名氏《和渔父词十五首》之七（外编下）："孤艇小，信横斜，那箇汀洲不是家。"❷量词。王翰《春日归思》："不知湖上菱歌女，几箇春舟在若耶。"岑参《送滕亢擢第归苏州拜亲》："橘怀三箇去，桂折一枝将。"顾况《山中》："庭前有箇长松树，夜半子规来上啼。"元稹《新政县》："已闻城上三更鼓，不见心中一箇人。"杜荀鹤《钓叟》："渠将底物为香饵，一度抬竿一箇鱼。"❸助词。王维《酬黎居士淅川作》："侬家真箇去，公定随侬否。"王建《荆门行》："向前问箇长沙路，旧是屈原沉溺处。"张籍《寄朱阚二山人》："为箇朝章束此身，眼看东路去无因。"朱庆余《采莲》："隔烟花草远濛濛，恨箇来时路不同。"徐月英《句》："枕前泪与阶前雨，隔箇窗儿滴到明。"❹指示代词。这；那。白居易《自咏》："咄哉箇丈夫，心性何堕顽。"陆龟蒙《正月十五惜春寄袭美》："见织短篷裁小檝，拏烟闲弄箇渔舟。"李九龄《上清辞五首》之三："不会无端箇渔父，阿谁教入武陵溪。"贯休《秋末闲居作》："尽日吟诗坐，无端箇病成。"温庭筠《河传》词之一："晓妆鲜，仙景箇女采莲。"

【箇中】 此中，这中间。王梵志《兀然无事》之五："劫石可动摇，箇中无改变。"寒山《诗三百三首》之二五四："若得箇中意，纵横处处通。"

【箇身】 此身。顾况《酬柳相公》："箇身恰似笼中鹤，东望沧溟叫数声。"

【箇事】 什么事。秦系《将移耶溪旧居留赠严维秘书》："谢安无箇事，忽起为苍生。"

【箇是】 这是。骆宾王《咏美人在天津桥》："寄言曹子建，箇是洛川神。"寒山《诗三百三首》之一八九："饱食腹膨脝，箇是痴顽物。"又《诗三百三首》之一三七："观者满路傍，箇是谁家子。"齐己《和郑谷郎中看棋》："箇是仙家事，何人合用心。"

【箇時】 这时。骆宾王《代女道士王灵妃赠道士李荣》："箇时无数并妖妍，箇里无穷总可怜。"

【箇裏】 其中。骆宾王《代女道士王灵妃赠道士李荣》："箇时无数并妖妍，箇里无穷总可怜。"王维《同比部杨员外十五夜游有怀静者季》："香车宝马共喧阗，箇里多情侠少年。"刘禹锡《竹枝词九首》之八："箇里愁人肠自断，由来不是此声悲。"杜牧《寄杜子二首》之二："武牢关吏应相笑，箇里年年往复来。"

【箇箇】 ❶每个。寒山《诗三百三首》之一五九："箇箇惜妻儿，爷娘不供养。"包何《相里使君第七男生日》："谁道众贤能继体，须知箇箇出于蓝。"元稹《寄赠薛涛》："纷纷辞客多停笔，箇箇公卿欲梦刀。"陆龟蒙《白芙蓉》："澹然相对却成劳，月染风裁箇箇高。"❷一个一个；逐个。杜甫《屏迹三首》之一："村鼓时时急，渔舟箇箇轻。"拾得《诗》之三二："箇箇入地狱，早晚出头时。"贯休《读离骚经》："曾食灵均之肉兮，箇箇为忠臣。"黄滔《省试一一吹竽》："欲使声声别，须令箇箇吹。"

【箇儂】 那个人或这个人。韩偓《赠渔者》："箇侬居处近诛茅，枳棘篱兼用荻梢。"又有《箇侬》。

【箇邊】 那边，这边。杜甫《哭李尚书》："秋色凋春草，王孙若箇边。"岑参《燉煌太守后庭歌》："醉坐藏钩红烛前，不知钩在若箇边。"贾岛《盐池院观鹿》："条峰五老势相连，此鹿来从若箇边。"

箘 〔jùn《广韵》渠殞切，上軫，羣。又去倫切，平真，溪。〕竹名。可以为箭。参见"箘簬"。

【箘簬】 美竹；箭竹。储光羲《贻王侍御出台掾丹阳》："高高琅琊台，台下生箘簬。"

箠 〔chuí《广韵》之累切，上紙，章。〕鞭子。亦指鞭打。崔颢《结定襄郡狱效陶体》："小大必以情，未尝施鞭箠。"韩愈《送张道士》："恨无一尺箠，为国苔羌夷。"刘禹锡《平蔡州三首》之一："汉家飞将下天来，马箠一挥门洞开。"孙元晏《咏史诗·晋·苻坚投箠》："投箠填江语未终，谢安乘此立殊功。"

【箠撻】 鞭打。陆龟蒙《奉酬袭美先辈吴中苦雨一百韵》："筋骸将束缚，腠理如箠挞。"

筡 〔niàn《集韵》奴店切，去㮇，泥。〕用以牵船的竹缆。武元衡《南昌滩》："渠江明净峡逶迤，船到名滩拽筡迟。"元稹《遭风二十韵》："后侣逢滩方拽筡，前宗到浦已眠桅。"白居易《初入峡有感》："苒箬竹篾筡，欹危楫师趾。"又《夜入瞿唐峡》："逆风惊浪起，拔筡暗船来。"

箙 〔fú《广韵》房六切，入屋，奉。〕盛弓箭的袋子。柳宗元《唐铙歌鼓吹曲十二篇·兽之穷》："甲之櫜弓，弭矢箙。"李贺《黄家洞》："黑幡三点铜鼓鸣，高作猿啼摇箭箙。”又《吕将军歌》：“恒山铁骑请金枪，遥闻箙中花箭香。”

箑 〔shà《广韵》山洽切，入洽，生。又即葉切，入葉，精。同“箑”。〕扇子。韩愈《纳凉联句》：“单絺厌已褫，长箑倦还捉。”

箊 〔yū《广韵》央居切，平魚，影。〕竹名。又称“箖箊”“林箊”。高适《苦雨寄房四昆季》：“弥望无端倪，北风击林箊。”

【箊箕】 竹制的簸箕。钱起有《九日寄侄箊箕等》。

箔 〔bó《广韵》傍各切，入鐸，並。〕❶帘子。王维《左掖梨花》：“闲洒阶边草，轻随箔外风。”李嘉祐《题裴十六少卿东亭》：“卷箔岚烟润，遮窗竹影闲。”白居易《长恨歌》：“揽衣推枕起裴回，珠箔银屏逦迤开。”李中《吉水作尉酬高援秀才见赠》：“卷箔当山色，开窗就竹声。”❷养蚕用的竹席、竹筛。韩愈《晚秋郾城夜会联句》：“暮鸟已安巢，春蚕看满箔。”❸竹席。寒山《诗三百三首》之八：“吾归此有时，唯须一番箔。”

【箔花】 织有花纹的帘子。见宋钱惟治《春日登大悲阁回文二首》。

【箔頭】 养蚕用的竹席。头，词缀。王建《簇蚕辞》：“蚕欲老，箔头作茧丝皓皓。”

【箔簾】 帘帷。王昌龄《题净眼师房》：“日暮钟声相送出，袈裟挂着箔簾钉。”

管 〔guǎn《广韵》古满切，上緩，見。〕❶竹，竹管。卢肇《木笔花》：“软如新竹管初齐，粉腻红轻样可携。”陆龟蒙《奉和袭美茶具十咏·茶笋》：“轻烟渐结华，嫩蕊初成管。”❷笔。后称笔为管。骆宾王《初秋于窦六郎宅宴》序：“而搦管操觚，叶神心于胜气。”李峤《笔》：“握管门庭侧，含毫山水隈。”王维《达奚侍郎夫人寇氏挽词二首》之二：“女史悲彤管，夫人罢锦轩。”杜甫《春日江村五首》之三：“赤管随王命，银章付老翁。”徐夤《咏笔二首》之一：“班超握管不成事，投掷翻从万里戎。”亦借指诗文。吕温《嘲柳州柳子厚》：“柳管依然在，千秋柳拂天。”❸笔杆。杜甫《奉送王信州崟北归》：“尘生彤管笔，寒腻黑貂裘。”安鸿渐《题杨少卿书后》：“端溪石砚宣城管，王屋松烟紫兔毫。”❹管子，或其他管状物。杜甫《腊日》：“口脂面药随恩泽，翠管银罂下九霄。”李商隐《寄太原卢司空三十韵》：“自顷徒窥管，于今愧挈瓶。”又《四年冬以退居游旧·残雪》：“檐冰滴鹅管，屋瓦镂鱼鳞。”杜牧《朱坡绝句三首》之三：“乳肥春洞生鹅管，沼避回岩势犬牙。”❺管乐器。魏征《五郊乐章·舒和》：“鸣鞞奏管芳羞荐，会舞安歌葆旄扬。”刘宪《奉和送金城公主入西蕃应制》：“那堪马上曲，时向管中吹。”武元衡《春日与诸公泛舟》：“驻帆云缥缈，吹管鹤裴回。”颜舒《凤栖怨》：“捣衣明月夜，吹管白云秋。”亦指吹奏管乐器。元稹《舞曲歌辞·冬白纻歌》：“西施自舞王自管，雪纻翻翻鹤翎散。”❻管乐器乐曲声。太宗《帝京篇十首》之四：“急管韵朱弦，清歌凝白雪。”李白《忆旧游寄谯郡元参军》：“袖长管催欲轻举，汉中太守醉起舞。”白居易《听歌六绝句·乐世》：“管急弦繁拍渐稠，绿腰宛转曲终头。”李商隐《寓怀》：“金书惟是见，玉管不胜闻。”❼律管。用来定音的竹管。古代用十二个管律相同而长度不同的律管吹出十二个高度不同的标准音，以确定乐音的高低，叫十二律。从低音管算起，成奇数的六管叫“律”，成偶数的六管叫“吕”，合称“律吕”。孟郊《投所知》：“谁谓黄钟管，化为君子舌。”❽律管。用作测候季节变化的器具。其法是将芦苇内的薄膜烧成灰，放在十二根律管内，到某一节气，相应律管内的灰就会自行飞出，据此可预测节气的变化。骆宾王《尘灰》：“听歌梁上动，应律管中飞。”令狐楚《青云干吕》：“色令天下见，候向管中分。”韩愈《游青龙寺赠崔大补阙》：“秋灰初吹季月管，日出卯南晖景短。”刘禹锡《度自到洛中与乐天为文酒之会时时构咏乐不可支梦得亦分司至止欢惬可知因为联句》：“春榆初改火，律管又飞灰。”❾管辖；管理。顾况《酬信州刘侍郎兄》：“南州管灵山，可惜旷土栖。”白居易《和微之诗二十三首·和除夜作》：“我掌四曹局，君管十乡闾。”李频《黔中酬同院韦判官》：“江流来绝域，府地管诸夷。”陆龟蒙《送董少卿游茅山》：“将随羽节朝珠阙，曾佩鱼符管赤城。”❿管属；管领。刘禹锡《洛中酬福建陈判官见赠》：“南宫旧籍遥相管，东洛闲门昼未开。”杜荀鹤《伤硖石县病叟》：“官家不管蓬蒿地，须勒王租出此中。”⓫统领；率领。韩愈《次潼关上都统相公》：“暂辞堂印执兵权，尽管诸军破贼年。”白居易《奉送三兄》：“少年曾管二千兵，昼听笙歌夜斫营。”⓬过问。包佶《再过金陵》：“江山不管兴亡事，一任斜阳伴客愁。”刘禹锡《杂曲歌辞·杨柳枝》之八：“长安陌上无穷树，唯有垂杨管别离。”卢仝《悲新年》：“太岁只游桃李径，春风肯管岁寒枝。”⓭一定，准定。杨发《南野逢田客》：“生时自乐死由命，万事在天管不迷。”⓮量词。用于笔或其他管状器物。杜牧《寄唐州李玭尚书》：“书功笔秃三千管，领节门排十六双。”吴融《赠䛒光上人草书歌》：“江南有僧名䛒光，紫毫一管能颠狂。”⓯唐代于岭南道设置的某些特别行政区域称“管”。韩愈《刘生诗》：“五管历遍无贤侯，回望万里还家羞。”⓰姓。李白《赠张相镐二首》之一：“昔为管将鲍，中奔吴隔秦。”李商隐《筹笔驿》：“管乐有才终不忝，关张无命欲何如。”

【管中窺豹】 （中 zhōng）从管中看豹，只能看到豹身上的一个斑点。语出南朝宋刘义庆《世说新语·方正》。后用以比喻眼光狭小，所见有限。归仁《悼罗隐》："管中窥豹我犹在，海上钓鳌君也沈。"

【管氏】　即管仲。张九龄《咏史》："贤哉有小白，雠中有管氏。"陆龟蒙《奉和袭美初夏游楞伽精舍次韵》："管氏包霸图，须人解其缚。"

【管灰】　放在律管中的葭莩之灰。宋之问《剪彩》："驻想持金错，居然作管灰。"参见"律管"。

【管夷吾】　管仲字。春秋时齐国贤相。高适《真定即事奉赠韦使君二十八韵》："郡称廉叔度，朝议管夷吾。"

【管色】　指管类乐器。白居易《南园试小乐》："高调管色吹银字，慢拽歌词唱渭城。"

【管束】　控制，约束。齐己《谢人自钟陵寄纸笔》："霜雪剪栽新剡硾，铎铓管束本宣毫。"李珣《渔歌子》词之一："信浮沉，无管束，钓回乘月归湾曲。"

【管吹】　❶指管乐器。又称"吹奏乐器"。因利用口吹使气流振动管体而发音，故名。白居易《登阊门闲望》："处处楼前飘管吹，家家门外泊舟航。"许浑《吴门送客早发》："寺晓楼台迥，江秋管吹清。"张乔《曲江春》："自是游人老，年年管吹新。"徐铉《陶使君挽歌二首》之一："筵空收管吹，郊迥俨骖骓。"❷管乐器吹奏。白居易《戏和贾常州醉中二绝句》之二："越调管吹留客曲，吴吟诗送暖寒杯。"许浑《寄袁校书》："广陌埃尘远，重门管吹深。"

【管兒】　中唐艺人名。善弹琵琶。元稹《琵琶歌》："段师弟子数十人，李家管儿称上足。"又《仁风李著作园醉后寄李十》："胧明春月照花枝，花下音声是管儿。"

【管兒舞】　即竿儿舞。作者因避诗句中的字面重复，故改"竿儿"为"管儿"。竿儿舞，又称"长竿舞""险竿舞"，唐代百戏名。见郑处诲《玄宗杂录》。唐代诗人顾况《险竿歌》、柳曾《险竿行》，都描写了这种百戏的场面。李贺《荣华乐》："乱袖交竿管儿舞，吴音绿鸟学言语。"

【管弦】　❶管乐器与弦乐器。宗楚客《奉和幸安乐公主山庄应制》："日映层岩图画色，风摇杂树管弦声。"王维《菩提寺禁裴迪来相看说逆贼等凝碧池上作音乐供奉人等举声便一时泪下私成口号诵示裴迪》："秋槐叶落空宫里，凝碧池头奏管弦。"白居易《斋戒满夜戏招梦得》："明朝又拟亲杯酒，今夕先闻理管弦。"韦庄《汉州》："松桂影中旌旆色，芰荷风里管弦声。"❷管弦乐声。崔湜《奉和春日幸望春宫》："庭际花飞锦绣合，枝间鸟啭管弦同。"孟浩然《岘山送萧员外之荆州》："涧竹生幽兴，林风入管弦。"武元衡《送田三端公还鄂州》："南陌送归车骑合，东城怨别管弦愁。"薛能《秋日将离滑台酬所知二首》之二："明朝欲别忘形处，愁把离杯听管弦。"

【管奏】　谓吹奏管乐器。皮日休《添鱼具诗·樵歌》："此曲太古音，由来无管奏。"

【管咽】　谓管乐声凄冽悲咽。李绅《姑苏台杂句》："歌清管咽欢未极，越师戈甲浮江来。"

【管帶】　❶管理照料。元稹《哭子十首》之二："才能辨别东西位，未解分明管带身。"❷犹管束。雍陶《春咏》："殷勤最是章台柳，一树千条管带春。"

【管記】　古代对书记、记室参军等文职官吏的通称。司空曙《送崔校书赴梓幕》："管记催飞檄，蓬莱辍校文。"沈佺期有《送卢管记仙客北伐》。

【管絃】　同"管弦"。高适《行路难二首》之二："子孙成行满眼前，妻能管弦妾能舞。"顾况《乐府》："朝臣冠剑退，宫女管弦迎。"张籍《杂曲歌辞·伤歌行》："高堂舞榭锁管弦，美人遥望西南天。"赵嘏《今年新先辈以遏密之际每有宴集必资清谈书此奉贺》："鹤驭回飘云雨外，兰亭不在管弦中。"

【管参差】　即笙。又名洞箫，无底的排箫。相传舜造，像凤翼参差不齐，故名。王无竞《相和歌辞·凤台曲》："凤台何逶迤，嬴女管参差。"刘禹锡《酬令狐相公新蝉见寄》："忽尔弦断绝，俄闻管参差。"又《窦夔州见寄寒食日忆故姬小红吹笙因和之》："鸾声窈眇管参差，清韵初调众乐随。"

【管葛】　管仲和诸葛亮的合称。管仲为春秋时齐国的贤相，曾佐齐桓公成就霸业。诸葛亮为三国时蜀国的贤相，曾佐刘备建立三分天下的基业。后遂用"管葛"作为美称辅弼之才的典故。李白《驾去温泉后赠杨山人》："自言管葛竟谁许，长吁莫错还闭关。"杜甫《别张十三建封》："君臣各有分，管葛本时须。"

【管領】　❶管辖统领。白居易《送姚杭州赴任因思旧游二首》之一："且喜诗人重管领，遥飞一盏贺江山。"李群玉《赠人》："云雨无情难管领，任他别嫁楚襄王。"段成式《不赴光风亭夜饮赠周繇》："姹女不愁难管领，斩新铅里得黄牙。"翁承赞《柳》之三："长条细叶无穷尽，管领春风不计年。"❷领受，感受。王建《咏史诗·赠薛涛》："扫眉才子知多少，管领春风总不如。"白居易《早春晚归》："金谷风光依旧在，无人管领石家春。"又《送东都留守令狐尚书赴任》："歌酒家家花处处，莫空管领上阳春。"

【管雄甫】　唐诗人。里贯事迹不详。《全唐诗》卷七八〇录其《戛玉有余声》。

【管蔡】　管叔鲜与蔡叔度的合称。二人均为周武王之弟，他们在周公摄政时，散布流言，攻击周公，进而发动叛乱，事败。见《史记·管蔡世家》和《鲁周公世家》。李白《箜篌谣》："周公称大圣，管蔡宁相容。”

【管輅】 三国魏人。聪明过人，幼时被称为神童。以精通天文、妙于占卜著称。见《三国志·魏志·方技传》。杜甫《上韦左相二十韵》：“聪明过管辂，尺牍倒陈遵。”又《哭李尚书》：“修文将管辂，奉使失张骞。”

【管輅無年】 管辂善占卜，自知“天与我才分明，不与我年寿，恐四十七八间”，果年四十八而卒。见《三国志·魏志·方技传》。张九龄《眉州康司马挽歌词》：“刘桢徒有气，管辂独无年。”

【管寧】 东汉高士。灵帝末渡河避乱至辽东，隐居多年，屡征不出。常戴皂帽，穿布裙，坐木榻，世称贤者。见晋皇甫谧《高士传》卷下。后遂以“管宁”作咏隐居高士的典故。杜甫《严中丞枉驾见过》：“扁舟不独如张翰，白帽还应似管宁。”又《秋日夔府咏怀奉寄郑监李宾客一百韵》：“管宁纱帽净，江令锦袍鲜。”顾况《送从兄使新罗》：“管宁虽不偶，徐市倘相邀。”李德裕《思山居一十首·忆葛藤木禅床》：“管宁穿亦坐，徐孺去常悬。”

【管寧祭礼】 管宁极重视祭祀祖先之礼，“四时祠祭，辄自力强”，见《三国志·魏志·管宁传》。王绩《赠李征君大寿》：“管宁存祭礼，王霸重朝章。”

【管蕭】 管仲与萧何的并称。管仲为春秋齐国著名的政治家，萧何为汉高祖开国名相。陆长源《酬孟十二新居见寄》：“将必继管萧，岂惟蹑应徐。”白居易《和微之诗二十三首·和我年三首》之二：“因读管萧书，窃慕大有为。”

【管磬】 管乐器和玉磬。《封泰山乐章·雍和》：“钟鼓管磬，肃唱和鸣。”李华《咏史十一首》之八：“两床陈管磬，九奏殊未阑。”于邵《释奠武成王乐章·奠币登歌》：“管磬升，坛芗集。”李逢吉《享惠昭太子庙乐章》：“愔愔管磬，亦具是听。”

【管鮑】 管仲和鲍叔牙的并称。二人均为春秋齐国大臣。二人交情笃厚，相知甚深，后因用作称美知交的典故。李白《箜篌谣》：“管鲍久已死，何人继其踪。”杜甫《贫交行》：“君不见管鲍贫时交，此道今人弃如土。”杨巨源《题赵孟庄》：“管鲍化为尘，交友存如线。”李咸用《论交》：“松篁贞管鲍，桃李艳张陈。”又《古意论交》：“常恐管鲍情，参差忽终老。”参见“管仲”“鲍叔”。

【管窺】 “管中窥豹”的略语。李商隐《咏怀寄秘阁旧僚二十六韵》：“典籍将蠡测，文章若管窥。”参见“管中窺豹”。

【管聲】 管乐器的声音。杨衡《长门怨》：“丝声繁兮管声急，珠帘不卷风吹入。”

【管轄】 管理统辖。李白《草创大还赠柳官迪》：“执枢相管辖，摧伏伤羽翮。”

【管屬】 （—shǔ）管辖，管领。施肩吾《登岘亭怀孟生》：“鹿门才子不再生，怪景幽奇无管属。”

【管籥】 ❶笙和箫两种乐器名。见《孟子·梁惠王下》。阎朝隐《奉和立春游苑迎春应制》：“管籥周移寰极里，乘舆望幸斗城闉。”刘禹锡《奉送裴司徒令公自东都留守再命太原》：“山河归旧国，管籥换离宫。”又《奉和裴令公新成绿野堂即书》：“官名司管籥，心术去机关。”❷钥匙。籥，通“鑰”。鲍溶《述德上太原严尚书绶》：“天王委管籥，开闭秦北门。”

【管鑰】 锁匙。韩愈《晚秋郾城夜会联句》：“未足烦刀俎，只应输管钥。”白居易、刘禹锡《仆射来示有三春向晚四者难并之说诚哉是言辄引起题重为联句》：“鄭侯司管钥，疏傅傲簪缨。”薛逢《题剑门先寄上西蜀杜司徒》：“千年管钥谁熔范，只自先天造化炉。”

箜

〔kōng《广韵》苦紅切，平東，溪。〕见“箜篌”。

【箜篌】 古代弹拨弦乐器，形制大小不一，有卧式、竖式两种。卧式似瑟而小，七弦，流行于汉代，据《隋书·音乐志》，至隋时已失传。竖式体曲而长，二十三弦，抱于怀，两手齐奏，俗谓之“擘箜篌”，实为竖琴的前身。李白《相和歌辞·公无渡河》：“公乎公乎，挂骨于其间，箜篌所悲竟不还。”权德舆《秋闺月》：“初卷珠帘看不足，斜抱箜篌未成曲。”李贺《李凭箜篌引》：“江娥啼竹素女愁，李凭中国弹箜篌。”施肩吾《赠女道士郑玉华二首》之二：“朱丝误落青囊里，犹是箜篌第几弦。”李商隐《拟意》：“真防舞如意，佯盖卧箜篌。”

【箜篌引】 乐府歌辞名。属《相和歌辞》中的《相和六引》之一。《全唐诗》卷一九有李白、李贺、王建、温庭筠等《箜篌引》。

【箜篌謡】 乐府歌辞，属杂歌谣辞。不详所起，大略言结交当有终始，与《箜篌引》异。李白有《箜篌谣》。

箒

〔zhǒu《广韵》之九切，上有，章。〕同“帚”。扫帚。杜牧《惜春》：“怅望送春杯，殷勤扫花箒。”唐扶《和兵部郑侍郎省中四松诗》：“日射苍鳞动，尘迎翠箒回。”司空图《杨柳枝寿杯词十八首》之九：“狂风更与回烟箒，扫尽繁花独占春。”李洞《喜鸾公自蜀归》：“扫石月盈箒，滤泉花满筛。”陈沆《闲居》句：“扫地云粘箒，耕山鸟怕牛。”

箄

〔bēi《广韵》府移切，平支，幫。〕竹制的捕鱼工具。韩愈《寄崔二十六立之》：“去来伊洛上，相待安罛箄。”陆龟蒙《渔具诗》序：“矢鱼之具，莫不穷极其趣，大凡结绳持网者，总谓之网罟；网罟之流曰罛、曰罾、曰罺；圆而纵舍曰罩，挟而升降曰罱；缗而竿者总谓之筌，筌之流曰筒、曰车；横川曰梁，承虚曰笱；编而沉之曰箄。”

九 画

篋 〔qiè《广韵》苦协切，入帖，溪。〕竹编的箱子。大曰箱，小曰篋。李白《感兴六首》之三：“委之在深篋，蠹鱼坏其题。”韩翃《送王少府归杭州》：“早晚重过鱼浦宿，遥怜佳句篋中新。”羊士谔《郡斋感物寄长安亲友》：“自愧朝衣犹在篋，归来应是白头翁。”白居易《余思未尽加为六韵重寄微之》：“海内声华并在身，篋中文字绝无伦。”许浑《怀旧居》：“兵书一篋老无功，故国郊扉在梦中。”

【篋衣】 置于篋中的衣服。刘禹锡《泰娘歌》：“秦嘉镜有前时结，韩寿香销故篋衣。”

【篋笥】 藏物的竹箱。杜甫《留别公安太易沙门》：“数问舟航留制作，长开篋笥拟心神。”韦应物《东林精舍见故殿中郑侍御题诗追旧书情涕泗横集因寄呈阎澧州冯少府》：“结骑京华年，挥文篋笥积。”韩愈《赠崔立之评事》：“深藏篋笥时一发，戢戢已多如束笋。”张籍《赠王建》：“白君去后交游少，东野亡来篋笥贫。”

範 〔fàn《广韵》防錽切，上范，奉。〕❶制造器物的模子。见“範金”。❷模范，榜样。裴漼《奉和圣制送张说上集贤学士赐宴》：“谋谟言可范，舟楫事斯凭。”元稹《去杭州》：“君名师范欲何范，君之烈祖遗范存。”李商隐《赠送前刘五经映三十四韵》：“凝邈为时范，虚空作士常。”❸法则；法度。《郊庙歌辞·太清宫乐章·再上》：“五千贻范，亿万斯年。”顾况《赠别崔十三长官》：“崔侯两兄弟，垂范继芳烈。”裴度《中和节诏赐公卿尺》：“作程施有政，垂范播无穷。”韩愈《寄卢仝》：“假如不在陈力列，立言垂范亦足恃。”❹合乎礼仪的举动、行为。《郊庙歌辞·中宗·祀昊天乐章·中宫助祭升坛》：“睿范超千载，嘉猷备六宫。”王维《送张舍人佐江州同薛璩十韵》：“清范何风流，高文有风雅。”

【範金】 浇铸金属。白行简《金在熔》：“巨橐方熔物，洪炉欲范金。”

【範圍】 界限。温庭筠《和友人题壁》：“冲尚犹来出范围，肯将经世作风徽。”

箱 〔xiāng《广韵》息良切，平陽，心。〕❶车厢。车内可供人坐或装载物品的地方。储光羲《晚次东亭献郑州宋使君文》：“籍籍歌五袴，祁祁颂千箱。”刘长卿《送营田判官郑侍御赴上都》：“晓奏趋双阙，秋成报万箱。”韩愈《卢郎中云夫寄示送盘谷子诗两章歌以和之》：“马头溪深不可厉，借车载过水入箱。”杜荀鹤《和舍弟题书堂》：“团圆便是家肥事，何必盈仓与满箱。”❷箱子。收藏衣物的方形或长方形的器具。则天皇后《杂曲歌辞·如意娘》：“不信比来长下泪，开箱验取石榴裙。”白居易《知足吟》：“不采一株桑，箱中有余服。”杜牧《冬至日寄小侄阿宜诗》：“一日读十纸，一月读一箱。”齐己《寄孙辟呈郑谷郎中》：“淹留才半月，酬唱颇盈箱。”

【箱奩】 箱匣，小箱子。李绅《灵蛇见少林寺》序：“二大松上有青蛇，不知所自。下马之际，忽坠于地，盘结异状，若紫组绶，青光荧射，逼之不怒。问其寺僧，僧云：尝见。因令祝以箱奁引之，遂逶迤就器。”

【箱篋】 指大小箱子。韩愈《征蜀联句》：“杯盂酬酒醪，箱篋馈巾帨。”李涉《寄荆娘写真》：“画图封裹寄箱篋，洞房艳艳生光辉。”周贺《投江州张郎中》：“炼句贻箱篋，悬图见蜀岷。”

箴 〔zhēn《广韵》職深切，平侵，章。〕❶针灸治病用的石针。韩愈《郓州溪堂诗》：“箴之石之，膊而磔之。”❷规谏；劝戒。张九龄《始兴南山下有林泉尝卜居焉荆州卧病有怀此地》：“浮生如过隙，先达已吾箴。”元结《二风诗·乱风诗五篇·至荒》：“敢正亡王，永为世箴。”权德舆《病中寓直代书题寄》：“寝兴劳善祝，疏懒愧良箴。”孟郊《秋怀》之七：“防深不防露，此意古所箴。”❸一种以规谏劝戒为内容的文体。王维《送韦大夫东京留守》：“慷慨念王室，从容献官箴。”元结《忝官引》：“敢诵王者箴，亦献当时论。”顾况《游子吟》：“鹿鸣志丰草，况复虞人箴。”李商隐《自桂林奉使江陵途中感怀寄献尚书》：“长怀五羖赎，终著九州箴。”温庭筠《洞户二十二韵》：“任达嫌孤愤，疏慵倦九箴。”

【箴訓】 以规谏劝戒为内容的箴言箴文。陈元光《落成会咏二首》之二：“忠勤非一日，箴训要三拈。”贾岛《送李校书赴吉期》：“诗书与箴训，夫哲又妻贤。”

【箴規】 规谏劝戒。李景伯《回波乐》：“回波尔时酒卮，微臣职在箴规。”孟郊《劝友》：“人生静躁殊，莫厌相箴规。”齐己《赴郑谷郎中招游龙兴观读题诗板谒七真仪像因有十八韵》：“雄方垂朴略，后辈仰箴规。”

箭 〔jiàn《广韵》子賤切，去線，精。〕❶竹名。见《说文·竹部》及晋戴凯之《竹谱》。骆宾王《畴昔篇》：“东南美箭称吴会，名都隐轸三江外。”高适《宋中送族侄式颜》：“乡山西北愁，竹箭东南美。”❷武器名。多以竹制，装上箭头，末端附有羽毛，搭在弓弦上发射。杨炯《紫骝马》：“蛇弓白羽箭，鹤辔赤茸鞦。”杜甫《前出塞九首》之六：“挽弓当挽强，用箭当用长。”张祜《寄献萧相公》：“暂向聊城飞一箭，长为沧海系扁舟。"张蠙《云朔逢山友》:"战马分旗牧,惊禽曳箭飞。"❸飞箭。形容流速或动作的快疾。李白《巴女词》:"巴水急如箭,巴船去若飞。"岑参《青门歌送东台张判官》:"须臾望君不可见,扬鞭飞鞚疾如箭。"白居易《花下对酒二首》之二:"仰首看白日,白日走如箭。"韦庄《关河道中》:"但见时光流似箭,岂知天道曲如弓。"❹漏箭。古代漏壶中用的标尺,用以指示时间。卢照邻《同崔录事哭郑员外》:"夜台无晓箭,朝奠有虚尊。"杜审言《除夜有怀》:"冬氛恋虬箭,春色候鸡鸣。"王维《冬晚对雪忆胡居士家》:"寒更传晓箭,清镜览衰颜。"李商隐《夜思》:"银箭耿寒漏,金钉凝夜光。"

【箭水】 漏壶的水。漏壶利用滴水的多寡来计量时间。阎朝隐《明月歌》:"梅花雪白柳叶黄,云雾四起月苍苍。"参见"漏壶"。

【箭羽】 箭杆末端的羽毛。白居易《放旅雁》:"健儿饥饿射汝吃,拔汝翅翎为箭羽。"温庭筠《昆明池水战词》:"箭羽枪缨三百万,踏翻西海生尘埃。"

【箭芒】 指箭镞的光芒。段成式《游长安诸寺联句·宣阳坊静域寺·三阶院联句》:"龙臂胜猿臂,星芒超箭芒。"

【箭材】 制造箭的材料。陆龟蒙《奉酬袭美先辈吴中苦雨一百韵》:"譬如饰箭材,尚欠镞与筈。"

【箭波】 形容有如飞箭的光波。卢照邻《江中望月》:"镜圆珠溜彻,弦满箭波长。"

【箭弦】 弓弦。亦指箭出弦。喻离别之后难再会面。李白《代美人愁镜二首》之二:"藁砧一别若箭弦,去有日,来无年。"

【箭括】 箭的末端。发射时搭上弓弦的部分。括,或作"栝",或作"筈"。樊铸有《箭括》。

【箭�】 皮革制作的箭箙。亦指弓箭。元稹《酬孝甫见赠十首》之五:"一自低心翰墨场,箭靫抛尽负书囊。"又《痁卧闻幕中诸公征乐会饮因有戏呈三十韵》:"蛇蛊迷弓影,雕翎落箭靫。"贾岛《老将》:"燕雀来鹰架,尘埃满箭靫。"

【箭筈】 山峰名。在今陕西省岐山。筈,或作"栝",或作"括"。杜甫《望岳》:"车箱入谷无归路,箭栝通天有一门。"

【箭道】 ❶射箭之术,射技。元稹《酬窦校书二十韵》:"令夸齐箭道,力斗抹弓弦。"李商隐《偶成转韵七十二句赠四同舍》:"武威将军使中侠,少年箭道惊杨叶。"❷指窄似一线的水道。李商隐《失猿》:"莫遣碧江通箭道,不教肠断忆同群。"冯浩注:"《梁书》:'高祖曰:汉口不阔一里,箭道交至。'此只取莫为人所射耳。"

【箭箙】 盛放弓箭的器物。李贺《追赋画江潭苑四首》之三:"鞦垂妆钿粟,箭箙钉文牙。"王琦注:"箭箙,盛箭之箙。钉文牙,钉象牙于箙上以为饰。"

【箭漏】 指漏壶。古代计时器。漏壶中放置一根标杆,称之为箭,箭上刻有度数,利用滴水的多寡来标示时间。钱珝《江行无题一百首》之十三:"箭漏日初短,汀烟草未衰。"参见"漏壶"。

【箭簳】 箭身。前端有箭头,末端有羽毛。皮日休《寄滑州李副使员外》:"军前草奏旄头下,城上封书箭簳中。"

【箭頭】 箭镞,箭的尖利的前端。刘禹锡《琴曲歌辞·飞鸢操》:"旗尾飘扬势渐高,箭头砉划声相似。"白居易《和答诗十首·答箭镞》:"徒沾一点血,虚污箭头腥。"贾岛《上邠宁邢司徒》:"箭头破帖浑无敌,杖底敲球远有声。"

【箭頭書】 用为建功报国的典故。方干《贼退后赠刘将军》:"白马知无髀上肉,黄巾泣向箭头书。"

【箭鏃】 装在箭头上的金属尖端。王建《射虎行》:"远立不敢污箭镞,闻死还来分虎肉。"白居易《和答诗十首·答箭镞》:"摩弓拭箭镞,夜射不待明。"皮日休《吴中苦雨因书一百韵寄鲁望》:"著树胜戟支,中人过箭镞。"

篂

〔xīng《广韵》桑經切,平青,心。〕见"箳篂"。

箾

〔shuò《广韵》所角切,入覺,生。〕❶古代舞者所执之竿。《广韵·觉韵》:"箾,舞者所执。"《字彙·竹部》:"箾,舞竿。"张昭《汉宗庙乐舞辞》:"星俎云罍兼鲁礼,朱干象箾杂巴渝。"❷用同"鞘"。刀箭套子。李贺《舞曲歌辞·公莫舞歌》:"腰下三看宝玦光,项庄掉箾拦前起。"

箵

〔xǐng《广韵》蘇挺切,上迥,心。〕渔人盛放鱼的竹笼。陆龟蒙《新夏东郊闲泛有怀袭美》:"经略彴时冠暂亚,佩笭箵后带频搊。"参见"笭箵"。

篌

〔hóu《广韵》户鉤切,平侯,匣。〕见"箜篌"。

篬

〔cī《集韵》叉宜切,平支,初。〕见"篸篬"。

簐

〔hóng《集韵》胡公切,平東,匣。〕一种捕鱼的竹器。陆龟蒙《寄吴融》:"到头江畔从渔事,织作中流万尺簐。"

篨

〔chú《广韵》直魚切,平魚,澄。〕见"籧篨"。

篁〔huáng《广韵》胡光切，平唐，匣。〕❶竹林；竹丛。孟浩然《行出东山望汉川》："异县非吾土，连山尽绿篁。"蔡希寂《陕中作》："更怜栖泊处，池馆绕林篁。"李绅《奉酬乐天立秋夕有怀见寄》："阶篁淅沥响，露叶参差光。"韦庄《和薛先辈见寄初秋寓怀即事之作二十韵》："露白凝湘簟，风篁韵蜀琴。"❷泛指竹子。宋之问《泛镜湖南溪》："杳嶂开天小，丛篁夹路迷。"李白《冬日归旧山》："嫩篁侵舍密，古树倒江横。"岑参《东归留题太常徐卿草堂》："曲池荫高树，小径穿丛篁。"姚合《和李舍人秋日卧疾言怀》："药夌开静室，书阁出丛篁。"❸竹管乐器。韩愈《听颖师弹琴》："嗟余有两耳，未省听丝篁。"陆龟蒙《上清》："新篁冷涩曲未尽，细拂云枝栖凤惊。"罗隐《薛阳陶觱篥歌》："左篁揭指徵羽吼，炀帝起坐淮王愁。"和凝《小重山》词："天衢远、到处引笙篁。"

【篁竹】　竹林。孙逖《送赵评事摄御史监军岭南》："篁竹迎金鼓，楼船引绣衣。"刘禹锡《经伏波神祠》："蒙蒙篁竹下，有路上壶头。"

【篁逕】　竹林中的小径。孟浩然《寻香山湛上人》："石门殊豁险，篁径转森邃。"严武《题龙日寺西龛石壁》："碧烟曳篁径，白日悬沙洲。"

篆〔zhuàn《广韵》持兖切，上獮，澄。〕❶篆体字。汉字书体之一。陈元光《太母魏氏半径题石》："许史峋嶙篆，曹侯感旧诗。"杜甫《李潮八分小篆歌》："陈仓石鼓又已讹，大小二篆生八分。"韦应物《信州录事参军常曾古鼎歌》："雕螭刻篆相错盘，地中岁久青苔寒。"李嘉祐《送从叔阳冰祇召赴都》："伯喈文与篆，虚作汉家贤。"参见"篆字"。❷篆刻，以篆体字书写铭刻。孟郊《赠剑客李园联句》："太一装以宝，列仙篆其文。"贯休《闻赤松舒道士下世》："仙庙诗虽继，苔墙篆必鞔。"自注："师善大小篆，尝有诗题赤松子庙。"亦喻侵蚀。许昼《江南行》："粉腻虫难篆，丛疏鸟易窥。"亦喻指鸟之足迹。韩愈《城南联句》："沙篆印回平，庠肌遭眊刺。"又《喜雪献裴尚书》："阵势鱼丽远，书文鸟篆奇。"❸指道教符箓。杜牧《赠李处士长句四韵》："玉函怪牒锁灵篆，紫洞香风吹碧桃。"李商隐《赠华阳宋真人兼寄清都刘先生》："玉检赐书迷凤篆，金华归驾冷龙鳞。"❹因官印用篆文雕刻，故用为官印的代称。刘叉《饿咏》："妻孥从饿死，敢爱黄金篆。"韦庄《和郑拾遗秋日感事一百韵》："鹊印提新篆，龙泉夺晓霜。"

【篆文】　篆体字。李白《献从叔当涂宰阳冰》："落笔洒篆文，崩云使人惊。"薛逢《灵台家兄古镜歌》："一尺圆潭深黑色，篆文如丝人不识。"王贞白《仙岩二首》之一："白烟昼起丹灶，红叶秋书篆文。"参见"篆字"。

【篆玉】　喻指盘香。和凝《天仙子》词之二："懒烧金，慵篆玉，流水桃花空断续。"

【篆古】　古篆。古代篆体字。陆龟蒙《酬袭美夏首病愈见招次韵》："方灵只在君臣正，篆古须抛点画肥。"

【篆印】　用篆体字刻的印章。亦喻指盘香。温庭筠《访知玄上人遇暴经因有赠》："风飑檀烟销篆印，日移松影过禅床。"

【篆字】　❶篆体字。元友让《复游浯溪》："剥苔看篆字，薙草觅书堂。"白居易《三谣·素屏谣》："当世岂无李阳冰之篆字，张旭之笔迹？"李贺《沙路曲》："独垂重印押千官，金窠篆字红屈盘。"❷指盘香。李洞《秋宿梓州牛头寺》："篆字焚初缺，翻经诵若流。"

【篆書】　❶篆体字。大篆小篆的统称。吴融《赠䛒光上人草书歌》："篆书朴，隶书俗，草圣贵在无羁束。"欧阳炯《贯休应梦罗汉画歌》："五七字句一千首，大小篆书三十家。"❷以篆体字书写的书表。李沇《醮词》："一封红篆书，为奏尘寰事。"

【篆筆】　以篆体字书写。崔翘《郑郎中山亭》："篆笔飞章暇，园亭染翰游。"

【篆碑】　用篆文刻的碑。王勃《题九江英烈庙》："帝重亲书额，臣钦相篆碑。"

【篆煙】　盘香的缕缕轻烟。戴叔伦《宫词》："尘暗玉阶綦迹断，香飘金屋篆烟清。"花蕊夫人徐氏《宫词》之三六："夜寒金屋篆烟飞，灯烛分明在紫微。"

【篆經】　用篆文书写、雕刻或铸成的经文字句。潘纬《句》："篆经千古涩，影泻一堂寒。"

【篆銘】　用篆体字刻的铭文。刘禹锡《和牛相公题姑苏所寄太湖石兼寄李苏州》："嵌穴胡雏貌，纤铓虫篆铭。"

【篆隸】　篆书和隶书。薛存诚《太学创置石经》："奥旨悦诗书，遗文分篆隶。"黄滔《贻宋评事》："数踪篆隶书新得，一灶屯蒙火细红。"

【篆蹤】　古代遗留下来的篆书。唐求《古寺》："乱纸失经偈，断碑分篆踪。"

【篆籀】　篆文与籀文。韩愈《南山诗》："或错若绘画，或缭若篆籀。"陆龟蒙《读襄阳耆旧传因作诗五百言寄皮袭美》："陈诗采风俗，学古穷篆籀。"皮日休《鲁望读襄阳耆旧传见赠五百言予次而赞之因而寄答亦诗人无言不酬之义也次韵》："秘于龙宫室，怪于天篆籀。"

十　画

篸〔qín〕古乐器名。如筝，有七弦。唐彦谦《春日偶成》："篸筝箫管和琵琶，兴满金尊酒量赊。"

篝 〔gōu《广韵》古侯切,平侯,見。〕❶竹笼。皮日休《九夏歌九篇》之四:"凤之愉愉,不篝不籢。"❷灯笼。陆龟蒙《奉和袭美茶具十咏·茶坞》:"遥盘云髻慢,乱簇香篝小。"

【篝火】 用竹笼罩住的火。亦指在竹笼中置火。周昙《咏史诗·三代门·幽王》:"狼烟篝火为边尘,烽候那宜悦妇人。"

【篝簾】 灯笼与帘帷。牟融《过蠡湖》:"几度篝帘相对处,无边诗思到吟坛。"

篚 〔fěi《广韵》符尾切,上尾,非。〕竹编的方形盛物器。则天皇后《唐明堂乐章·角音》:"荐珪篚,陈诚实。"张说《恩赐乐游园宴》:"馔玉颁王篚,纵金下帝钧。"杜甫《种莴苣》:"苋也无所施,胡颜入筐篚。"姚合《答窦知言》:"倒篚别收贮,不与俗士论。"皮日休《九夏歌九篇》之四:"自筐及篚,我有货币。"

【篚服】 方形竹器里盛放的朝廷给予的官服。指出仕。骆宾王《早秋出塞寄东台详正学士》:"一朝从篚服,千里骛轻轩。"

【篚實】 筐内的实物。韩愈《纳凉联句》:"篚实摘林珍,盘肴馈禽鬲。"

篤 〔dǔ《广韵》冬毒切,入沃,端。〕❶厚;深厚;加深。岑文本《冬日宴于庶子宅各赋一字得平》:"金兰笃惠好,尊酒畅生平。"元稹《雉媒》:"思君意弥笃,朝朝旧处飞。"刘禹锡《养鸷词》引:"夫鸷禽,饥则为用。今哺之过笃,故然也。"❷诚笃,专一。骆宾王《送宋五之问得凉字》:"道术君所笃,筌蹄余自忘。"柳宗元《贞符》:"曷徒祝之,心诚笃之。"皮日休《吴中苦雨因书一百韵寄鲁望》:"君才既不穷,吾道由是笃。"❸重,重视。皎然《同诸公奉侍祭岳渎使大理卢幼平自会稽回经平望将赴于朝廷期过故林不至》:"礼秩加新命,朝章笃理刑。"❹甚。刘禹锡《海阳湖别浩初师》引:"师慕道,于泉石为笃,故携之以嬉。"

【篤好】 (一hào)非常爱好。韩愈《谢自然诗》:"秦皇虽笃好,汉武洪其源。"

【篤信】 敦厚诚信。王梵志《诗》之六五:"立身存笃信,景行胜将金。"

築 〔zhù《广韵》張六切,入屋,知。〕❶捣土的杵。杨炯《广溪峡》:"常山集军旅,永安兴版筑。"高适《自淇涉黄河途中作十三首》之十:"畚筑岂无谋,祈祷如有神。"刘禹锡《罢郡姑苏北归渡扬子津》之二:"筑用金锤力,摧因石鼠窠。"杜牧《华清宫三十韵》:"钓筑乘时用,芝兰在处芳。"李咸用《寄题从兄坤载村居》:"说与众佣同版筑,吕将群叟共磻溪。"❷修建;建造。杜甫《诸将五首》之二:"韩公本意筑三城,拟绝天骄拔汉旌。"窦常《过宋氏五女旧居》:"一宅柳花今似雪,乡人拟筑望仙台。"雍陶《河阴新城》:"高城新筑压长川,虎踞龙盘气色全。"韦庄《长年》:"大盗不将炉冶去,有心重筑太平基。"❸建筑之处。王勃《三月曲水宴得烟字》:"傅岩来筑处,磻溪入钓前。"韩愈《和裴仆射相公假山十一韵》:"傅氏筑已卑,磻溪钓何激。"❹建筑居室;居室。孟浩然《冬至后过吴张二子檀溪别业》:"卜筑因自然,檀溪不更穿。"岑参《汉上题韦氏庄》:"结茅闻楚客,卜筑汉江边。"杜甫《畏人》:"畏人成小筑,褊性合幽栖。"李商隐《复至裴明府所居》:"伊人卜筑自幽深,桂巷杉篱不可寻。"❺打,击。韦庄《丙辰年鄜州遇寒食城外醉吟五首》之五:"永日迢迢无一事,隔街闻筑气球声。"

【築人】 指筑城的劳工。曹邺《筑城三首》之三:"筑人非筑城,围秦岂围我。"

【築長城】 修筑长城。王无竞《北使长城》:"秦世筑长城,长城无极已。"李白《送张遥之寿阳幕府》:"不假筑长城,大贤在其间。"张碧《野田行》:"秦皇矻矻筑长城,汉祖区区白蛇死。"贯休《杞梁妻》:"秦之无道兮四海枯,筑长城兮遮北胡。"

【築居】 修建居室。杜甫《泛溪》:"谁谓筑居小,未尽乔木西。"孙元晏《咏史诗·齐·何氏小山》:"显达何曾肯系心,筑居郊外好园林。"

【築城】 修筑城墙、城池、城堡等。杜甫《潼关吏》:"士卒何草草,筑城潼关道。"张籍《杂曲歌辞·筑城词》:"筑城去,千人万人齐抱杵。"姚合《塞下曲》:"印马秋遮虏,蒸沙夜筑城。"曹邺《洛原西望》:"筑城畏不坚,城坚心自毁。"

【築城吏】 监管筑城士卒的官吏。李贺《平城下》:"借问筑城吏,去关几千里。"

【築城曲】 (一qǔ)乐府杂曲歌辞名。见《乐府诗集·杂曲歌辞十五·筑城曲》宋郭茂倩题解。《全唐诗》卷二六《杂曲歌辞》有张籍、元稹、陆龟蒙等所作《杂曲歌辞·筑城曲》。

【築城卒】 筑城的士卒。王翰《饮马长城窟行》:"问之耆老何代人,云是秦王筑城卒。"

【築怨】 谓因滥征劳役修筑长城而造成人民怨怒。骆宾王《边夜有怀》:"城荒犹筑怨,碣毁尚铭功。"王翰《饮马长城窟行》:"富国强兵二十年,筑怨兴徭九千里。"

【築室】 修筑居室。章孝标《赠庐山钱卿》:"象魏抽簪早,匡庐筑室牢。"李商隐《题道静院院在中条山故王颜中丞所置虢州刺史舍官居此今写真存焉》:"自怜筑室灵山下,徒望朝岚与夕曛。"温庭筠《病中书怀呈友人》:"筑室连中野,诛茅接上腴。"

【築黄金臺】 战国时燕昭王筑黄金台招纳贤士之典。李白《古风》之十五:"燕昭延郭隗,遂筑黄金台。"

【築場】　修筑场地。杜甫《从驿次草堂复至东屯二首》之一："筑场看敛积，一学楚人为。"韩愈《汴泗交流赠张仆射》："汴泗交流郡城角，筑场十步平如削。"

【築道】　修筑道路。王维《和宋中丞夏日游福贤观天长寺之作》："钓矶开月殿，筑道出云梯。"

【築臺】　❶修建亭台。韩愈《河南令舍池台》："灌池才盈五六丈，筑台不过七八尺。"❷同"築黄金臺"。贾至《燕歌行》："昔时燕山重贤士，黄金筑台从隗始。"杨巨源《题范阳金台驿》："六国唯求客，千金遂筑台。"刘禹锡《武陵书怀五十韵》："筑台先自隗，送客独留髡。"李瀚《蒙求》："燕昭筑台，郑庄置驿。"

【築壇】　修筑台坛，准备登坛拜将。杜甫《秦州杂诗二十首》之十九："故老思飞将，何时议筑坛。"吕温《奉送范司空赴朔方》："筑坛登上将，膝席委前筹。"

【築館】　为公主下嫁之典。见《春秋·庄公元年》。崔日用《奉和送金城公主适西蕃》："受降追汉策，筑馆计戎和。"

【築巖】　用为起用贤才的典故。出《史记·殷本纪》。武平一《奉和幸韦嗣立山庄侍宴应制》："筑岩思感梦，磻石想垂纶。"

篥　〔lì《广韵》力質切，入質，來。〕即觱篥。杜甫《夜闻觱篥》："夜闻觱篥沧江上，衰年侧耳情所向。"刘禹锡《和浙西李大夫霜夜对月听小童吹觱篥歌》："侯家小儿能觱篥，对此清光天性发。"罗隐《薛阳陶觱篥歌》："平泉上相东征日，曾为阳陶歌觱篥。"参见"觱篥"。

簒　〔cuàn《广韵》初患切，去諫，初。〕❶古代谓臣下窃取君位。白居易《放言五首》之三："周公恐惧流言后，王莽谦恭未簒时。"❷取，射取。见《字彙补·竹部》："簒，弋取也。"。韩愈《崔十六少府摄伊阳以诗及书见投因酬三十韵》："肯效屠门嚼，久嫌弋者簒。"陆龟蒙《孤雁》："况是婚礼须，忧为弋者簒。"

【簒亂】　簒权乱世。元稹《楚歌十首》之一："干戈长浩浩，簒乱亦纷纷。"又《董逃行》："刘虞不敢作天子，曹瞒簒乱从此始。"

【簒奪】　谓窃夺君位。周昙《咏史诗·隋门·隋文帝》："孤儿寡妇忍同欺，辅政刚教簒夺为。"

篳　〔bì《广韵》卑吉切，入質，幫。〕❶以荆条竹木编结而成的篱笆。❷见"篳圭苑"。

【篳圭苑】　东汉时洛阳苑囿名。杜牧《故洛阳城有感》："筚圭苑里秋风后，平乐馆前斜日时。"

篔　〔yún《广韵》王分切，平文，云。〕竹名。参见"篔簹"。

【篔簹】　一种竹名。柳宗元《构法华寺西亭》："菡萏溢佳色，篔筜遗清斑。"韩愈《答张十一功曹》："篔筜竞长纤纤笋，踯躅闲开艳艳花。"李贺《假龙吟歌》："崖蹬苍苔吊石发，江君掩帐篔筜折。"贯休《书匡山老僧庵》："篔筜红实好鸟语，银髯瘦僧貌如祖。"

【篔簹筍】　篔筜的竹笋。皮日休《太湖诗·太湖石》："胮肛篔筜笋，格磔琅玕株。"

簉　〔zào《广韵》初救切，去宥，初。〕❶副；附属。韩愈《南山诗》："西南雄太白，突起莫间簉。"❷杂；杂厕。太宗《春日玄武门宴群臣》："九夷簉瑶席，五狄列琼筵。"❸齐，汇集。骆宾王《久戍边城有怀京邑》："棘寺游三礼，蓬山簉八儒。"

篠　〔xiǎo《广韵》先鳥切，上篠，心。〕❶小竹。王勃《羁游饯别》："槿丰朝砌静，篠密夜窗寒。"李白《金门答苏秀才》："缘溪见绿篠，隔岫窥红蕖。"庾光先《奉和刘采访缙云南岭作》："悬萝弱篠垂清浅，宿雨朝暾和翠微。"朱庆余《和刘补阙秋园寓兴之什十首》之五："翠篠寒愈静，孤花晚更明。"温庭筠《春初对暮雨》："淅沥生丛篠，空濛泫网轩。"❷竹叶。罗虬《比红儿诗》之五四："若见红儿此中住，不劳盐篠洒宫廊。"

【篠風】　竹林之风。项斯《姚氏池亭》："篠风能动浪，岸树不遮山。"

【篠簜】　篠，小竹；簜，大竹。泛指竹。杜甫《课伐木》序："我有藩篱，是缺是补，载伐篠簜，伊杖支持。"罗隐《寄西华黄炼师》："羽客昔时留篠簜，故人今又种烟霞。"

【篠露】　竹叶上的露水。许棠《闻蝉十二韵》："篠露凝潜吸，蛛丝忽进萦。"

篩　〔shāi《玉篇》所街切。〕❶筛子。一种竹编的器具，底部多小孔，用以去细取粗。李洞《喜鸾公自蜀归》："扫石月盈帚，滤泉花满筛。"❷用筛子筛。引申为从空隙中穿过、漏下、纷纷洒落。多用于光线、风、月等。元稹《闲二首》之一："晻澹洲烟白，篱筛日脚红。"孟郊《送从舅端适楚地》："羽扇扫轻汗，布帆筛细风。"罗隐《甘露寺看雪上周相公》："筛寒洒白乱溟濛，祷请功兼造化功。"詹敦仁《柳堤诗》序："露滴疏枝，月筛淡影。"

【篩月】　谓竹林间漏下的月光。李中《庭竹》："筛月牵诗兴，笼烟伴酒杯。"

【篩雪】　谓小雪纷纷落下。贯休《送庐山衲僧》："冻天方筛雪，别我去何邦。"

【篩羅】　一种形似筛子的竹器。亦指用筛罗筛东西。一钵和尚《一钵歌》："莫怪狂言无次第，筛罗渐入粗中细。"

篦 〔bì《广韵》邊兮切，平齊，幫。《字汇》毗意切。〕❶一种梳头用具，齿密于梳子。杜甫《水宿遣兴奉呈群公》："耳聋须画字，发短不胜篦。"李贺《秦宫诗》："鸾篦夺得不还人，醉睡氍毹满堂月。"李商隐《和孙朴韦蟾孔雀咏》："约眉怜翠羽，刮目想金篦。"温庭筠《归国遥》词之二："双脸，小凤战篦金飐艳。"❷同"鎞"。古代用以医治眼疾的器械。杜甫《谒文公上方》："金篦刮眼膜，价重百车渠。"又《秋日夔府咏怀奉寄郑监李宾客一百韵》："金篦空刮眼，镜象未离铨。"刘禹锡《裴侍郎大尹雪中遗酒一壶兼示喜眼疾平一绝斐然仰酬》："卷尽轻云月更明，金篦不用且闲行。"

【篦鳳】 一种形状似凤的篦子。吴融《和韩致光侍郎无题三首十四韵》之一："篦凤金雕翼，钗鱼玉镂鳞。"

簑 同"蓑"。雨具名。即蓑衣。《仪礼·既名礼》："稿车载蓑笠。"清阮元校勘记："毛本从簑。"储光羲《牧童词》："圆笠覆我首，长簑披我襟。"柳宗元《同刘二十八院长述旧言怀感时书事奉寄澧州张员外使君五十二韵之作因其韵增至八十通赠二君子》："曳捶牵羸马，垂簑牧艾豭。"李德裕《忆平泉杂咏·忆春耕》："野老荷蓑至，和风吹草轻。"许棠《冬杪归陵阳别业五首》之三："鸡犬唯随鹿，儿童只衣簑。"苏拯《渔人》："垂竿朝与暮，披簑卧横楫。"

【簑衣】 用棕、竹叶或蒲草编结而成的雨衣。徐夤《鸿门》："雨洒簑衣芳草暗，鸟啼云树小村贫。"

【簑笠】 簑衣和笠帽。李白《赠从孙义兴宰铭》："农人弃簑笠，蚕女堕缨簪。"秦系《奉寄昼公》："簑笠双童傍酒船，湖山相引到房前。"徐夤《嘉运》："嘉运良时两阻修，钓竿簑笠乐林丘。"

【簑褐】 簑衣和粗毛衣。罗邺《钓翁》："来往烟波非定居，生涯簑褐外无余。"

篙 〔gāo《广韵》古劳切，平豪，見。〕❶撑船的竹竿。王维《皇甫岳云溪杂题五首·莲花坞》："弄篙莫溅水，畏湿红莲衣。"李白《下泾县陵阳溪至涩滩》："渔子与舟人，撑折万张篙。"张籍《祭退之》："移船入南溪，东西纵篙撑。"姚合《舟行书事寄杭州崔员外》："夜行篙触石，晚泊缆依桥。"❷用作测量水深的量词。刘禹锡《浙西李大夫述梦四十韵并浙东元相公酬和斐然继声》："曲岛花千树，官池水一篙。"温庭筠《洞户二十二韵》："桥弯双表迥，池涨一篙深。"❸竹竿。李建勋《宿友人山居寄司徒相公》之二："郢客相寻夜，荒庭雪洒篙。"

【篙工】 撑船的船工。杜甫《覆舟二首》之一："篙工幸不溺，俄顷逐轻鸥。"韩愈《叉鱼招张功曹》："文客惊先赋，篙工喜尽谣。"孟郊《寒溪》之四："篙工磓玉星，一路随迸萤。"元稹《遣风二十韵》："湘南贾伴乘风信，夏口篙工厄溯洄。"

【篙工檝師】 撑篙与划船的船工。卢仝《蜻蜓歌》："处处惊波喷流飞雪花，篙工楫师力且武。"

【篙舟】 用篙撑船。韩愈《宿曾江口示侄孙湘二首》之一："篙舟入其家，暝闻屋中唏。"

【篙竿】 撑船的竹竿。花蕊夫人徐氏《宫词》之八二："旋刺篙竿令过岸，满池春水蘸红妆。"

【篙師】 撑船的老船工。杜甫《咏怀二首》之二："拥滞僮仆慵，稽留篙师怒。"李绅《却渡西陵别越中父老》："海潮晚上江风急，津吏篙师语默齐。"

【篙艣】 船篙和船橹。陆龟蒙《奉和袭美初夏游楞伽精舍次韵》："吟谭乱篙舻，梦寐杂巘崿。"

篘 〔chōu《广韵》楚鳩切，平尤，初。〕❶一种滤酒用的竹编器具。张籍《寄昭应王中丞》："独凭藤书案，空悬竹酒篘。"白居易《咏家酝十韵》："酿糯岂劳炊范黍，撇篘何假漉陶巾。"皮日休《奉和鲁望新夏东郊闲泛》："碧莎裳下携诗草，黄篾楼中挂酒篘。"方干《山中言事八韵寄李支使》："旧诗改处空留韵，新酝尝来不满篘。"❷过滤(酒)。白居易《浔阳秋怀赠许明府》："试问陶家酒，新篘得几多?"郑谷《书村叟壁》："春蔬和雨割，社酒向花篘。"唐彦谦《宿独留》："争买鱼添价，新篘酒带浑。"

【篘篘】 用竹篘过滤酒。杜荀鹤《句》："旧衣灰絮絮，新酒竹篘篘。"

篛 〔ruò《集韵》日灼切，入藥，日。〕竹名。即箬竹。亦指箬竹的叶。见"篛笠"。

【篛笠】 以竹篾编制内铺以箬叶的宽边帽。皮日休《鲁望以轮钩相示缅怀高致因作三篇》之二："蓑衣旧去烟披重，箬笠新来雨打香。"隐峦《牧童》："牧童见人俱不识，尽着芒鞋戴箬笠。"

篪 〔chí《广韵》直離切，平支，澄。〕亦作"箎"。古代管乐器之一。形似笛，横吹，其开孔数与长短尺寸，古书记载不一。杜甫《奉赠萧二十使君》："埙篪鸣自合，金石莹逾新。"杜牧《寄内兄和州崔员外十二韵》："恩义同钟李，埙篪实弟兄。"郑嵎《津阳门诗》："月中秘乐天半间，丁珰玉石和埙篪。"皮日休《太湖诗·三宿神景宫》："五更山蝉响，醒发如吹篪。"

篷 〔péng《广韵》薄紅切，平東，並。〕❶用篾席或帆布搭在车船之上用以遮避风雨阳光的设备。王昌龄《沙苑南渡头》："篷隔苍茫雨，波连演漾田。"张抃《题衡阳泗州寺》："几层峡浪寒春月，尽日江天雨打篷。"杜牧《江上雨寄崔碣》："声眠篷底客，寒湿钓来蓑。”杜荀鹤《溪兴》：“山雨溪风卷钓丝，瓦瓯篷底独斟时。”❷船帆。亦借指船。褚亮《晚别乐记室彦》：“风严征雁远，雪暗去篷迟。”钱起《送张管书记》：“河广篷难度，天遥雁渐低。”韦庄《润州显济阁晓望》：“一篷何处客，吟凭钓鱼舟。”皮日休《寄怀南阳润卿》：“何事对君犹有愧，一篷冲雪返华阳。”

【篷舟】　有篷的舟船。温庭筠《西江上送渔父》：“三秋梅雨愁枫叶，一夜篷舟宿苇花。”皮日休《送润卿博士还华阳》：“雪打篷舟离酒旗，华阳居士半酣归。”李洞《曲江渔父》：“卧稳篷舟龟作枕，病来茅舍网为帘。”

【篷雨】　落在船篷上的雨。杜牧《晚泊》：“篷雨延乡梦，江风阻暮秋。”

【篷艇】　即篷舟。温庭筠《南湖》：“飘然篷艇东归客，尽日相看忆楚乡。”

【篷櫂】　船篷和船桨。陆龟蒙《渔具诗·舴艋》：“篷棹两三事，天然相与闲。”

篖　〔táng《广韵》徒郎切，平唐，定。〕见“箵篖”。

篣　〔péng《广韵》薄庚切，平庚，並。〕笼。见《方言》第十三：“笼，南楚、江、沔之间，谓之篣。”参见“篑篣”。

篇　〔piān《广韵》芳連切，平仙，滂。〕❶简册。古代用绳或皮条将竹简依次编缀成文，称为“篇”。后遂用为诗文的量词。戴叔伦《赠康老人洽》：“一篇飞入九重门，乐府喧喧闻至尊。”马异《贞元旱岁》：“定应焦烂无人救，泪落三篇古尚书。”白居易《寄唐生》：“篇篇无空文，句句必尽规。”郑准《寄进士崔鲁范》：“百战市朝千里梦，三年风月几篇诗。”❷指诗文之作。骆宾王《丹阳刺史挽词三首》之二：“恻怆恒山羽，留连棣萼篇。”杜甫《寄彭州高三十五使君适虢州岑二十七长史参三十韵》：“意惬关飞动，篇终接混茫。”耿湋《送郭秀才赴举》：“乡赋鹿鸣篇，君为贡士先。”章孝标《送张使君赴饶州》：“太守能诗兼爱静，西楼见月几篇成。”张蠙《途次绩溪先寄陈明府》：“何当许过县，闻有箧中篇。”

【篇什】　诗章的别称。《诗经》的“雅”“颂”皆以十篇为一什，后遂称诗章为“篇什”。杜甫《八哀诗·赠太子太师汝阳郡王琎》：“挥翰绮绣扬，篇什若有神。”白居易《马上作》：“高声咏篇什，大笑飞杯盂。”姚合《酬卢汀谏议》：“篇什纵横文案少，亲朋撩乱吏人闲。”唐彦谦《乱后经表兄琼华观旧居》：“醉中篇什金声在，别后音书锦字空。”

【篇書】　书籍。韦应物《寄柳州韩司户郎中》：“独闷终日眠，篇书不复省。”

【篇章】　指诗篇。刘禹锡《酬令狐相公首夏闲居书怀见寄》：“翔泳各殊势，篇章空寄情。”朱庆余《送窦秀才》：“江南才子日纷纷，少有篇章得似君。”韦庄《题七步廊》：“不羡东都丞相宅，每行吟得好篇章。”杜荀鹤《入关寄九华友人》：“箧里篇章头上雪，未知谁恋杏园春。”

【篇詠】　诗歌，诗作。韦应物《张彭州前与缑氏冯少府各惠寄一篇多故未答张已云没因追哀叙事兼远简冯生》：“金玉蒙远贶，篇咏见吹嘘。”皇甫冉《闲居作》：“篇咏投康乐，壶觞就步兵。”白居易《重答刘和州》：“随分笙歌聊自乐，等闲篇咏被人知。”

【篇翰】　篇章。指诗文之作。韦应物《送李侍御益赴幽州幕》：“二十挥篇翰，三十穷典坟。”李德裕《追和太师颜公同清远道士游虎丘寺》：“逸人缀清藻，前哲留篇翰。”陆龟蒙《记事》：“平生乐篇翰，至老安敢忘。”

【篇辭】　指诗歌，诗作。温会《和段相公登武担寺西台》：“眺听逢秋兴，篇辞变国风。”

【篇籍】　典籍。陆龟蒙《袭美先辈以龟蒙所献五百言既蒙见和复示荣唱至于千字再抒鄙怀用伸酬谢》：“遂令篇籍光，可并日月姿。”

箳　〔píng《广韵》薄經切，平青，並。又府盈切，平清，幫。〕古代车上遮挡灰尘的竹席。后又借指安有箳篂的别驾车。参见“箳篂”。

【箳篂】　别驾车名。白居易《江州赴忠州至江陵已来舟中示舍弟五十韵》：“箳篂州乘送，艛艓驿船迎。”

十一画

篲　〔huì《广韵》祥歲切，去祭，邪。《集韵》雖遂切，去至，心。〕❶扫帚。白居易《洗竹》：“勿作彗与箕，而令粪土辱。”李贺《章和二年中》：“云萧索，田风拂拂，麦芒如彗黍如粟。”薛能《寄终南隐者》：“扫坛花入彗，科竹露沾衣。”郑嵎《津阳门诗》：“骊驹吐沫一奋迅，路人拥彗争珠玑。”❷扫过；掠过。岑参《过梁州奉赠张尚书大夫公》：“春景透高戟，江云彗长麾。”

簀　〔zé《广韵》側革切，入麥，莊。〕❶床垫。以竹子或木条编成。王绩《田家三首》之三：“抽帘持益炬，拔箦更燃炉。”李商隐《哭遂州萧侍郎二十四韵》：“遗音和蜀魄，易箦对巴猿。”皮日休《奉和鲁望看压新醅》：“一箦松花细有声，旋将渠碗撇寒清。”❷粗篾席；芦席。韦应物《郊居言志》：“出去唯空屋，弊箦委窗间。”杜牧《杜秋娘诗》：“安知魏齐首，见断箦中尸。”

簎

〔cè《广韵》测戟切，入陌，初。又士角切，入覺，崇。〕用叉刺取水中的鱼鳖。陆龟蒙《南泾渔父》："我初簎鱼鳖，童丱至于耄。"

簧

〔huáng《广韵》胡光切，平唐，匣。〕❶管乐器中用以振动发声的薄片，用竹箬或铜片制成。杜甫《成都府》："喧然名都会，吹箫间笙簧。"柳宗元《浑鸿胪宅闻歌效白纻》："朱唇掩抑悄无声，金簧玉磬宫中生。"杜牧《寄李起居四韵》："云罍心凸知难捧，凤管簧寒不受吹。"❷借指乐器中簧片振动发出的乐声。刘禹锡《同留守王仆射各赋春中一物从一韵至七》："千门万户垂杨里，百转如簧烟景晴。"白居易《题周家歌者》："清紧如敲玉，深圆似转簧。"殷文圭《鹦鹉》："丹觜如簧翠羽轻，随人呼物旋知名。"❸借指巧言、谗言。罗隐《言》："珪玷由来尚可磨，似簧终日复如何。"❹借指黄莺之舌。皮日休《闻鲁望游颜家林园病中有寄》："蝶欲试飞犹护粉，莺初学啭尚羞簧。"

【簧舌】 如簧之舌。形容巧言惑人的小人。陆龟蒙《感事》："古来信簧舌，巧韵凄锵曲。"徐夤《楚国史》："君王不剪如簧舌，再得张仪欲奈何。"

【簧言】 ❶乐管吹奏簧片振动而发出的乐声。刘禹锡《唐侍御寄游道林岳麓二寺诗并沈中丞姚员外所和见征继作》："泉清石布博棋子，萝密鸟韵如簧言。"❷谎言；谗言。李白《雪谗诗赠友人》："坦荡君子，无悦簧言。"

篿

〔zhuān《广韵》職緣切，平仙，章。〕古代楚人的一种占卜。皮日休《鲁望昨以五百言见贻过有褒美内揣庸陋弥增愧悚因成一千言》："不能收乱辙，岂暇重为篿。"

簌

〔sù《集韵》蘇谷切，入屋，心。〕见"簌簌"。

【簌簌】 象声词。形容风声。韩偓《雨》："坐来簌簌山风急，山雨随风暗原隰。"

簚

〔piǎo《广韵》敷沼切，上小，滂。又彌遥切，平宵，明。〕竹名。即筋竹。见《文选·左思〈吴都赋〉》。元结《演兴四首·闵岭中》："则必蒙皮簚以为矢，弦毋筱以为弧。"

簍

〔lǒu《广韵》郎斗切，上厚，來。又落侯切，平侯，來。又力主切，上麌，來。〕篓子。竹制盛物器。唐彦谦《蟹》："扳罾拖网取赛多，篾篓挑将水边货。"

篾

〔miè《广韵》莫结切，入屑，明。〕细薄竹片；剖成条状的竹皮。元稹《台中鞫狱忆开元观旧事呈损之兼赠周兄四十韵》："香汤洗骢马，翠篾笼白鹇。"白居易《重题小舫赠周从事兼戏微之》："细篷青篾织鱼鳞，小眼红窗衬麴尘。"张祜《赋得福州白竹扇子》："藤缕雪光缠柄滑，篾铺银薄露花轻。"皮日休《奉和鲁望新夏东郊闲泛》："碧莎裳下携诗草，黄篾楼中挂酒篘。"

【篾簍】 竹编的盛器。唐彦谦《蟹》："扳罾拖网取赛多，篾篓挑将水边货。"

簃

〔yí《广韵》弋支切，平支，以。又直離切，平支，澄。〕楼阁边的小屋。徐彦伯《拟古三首》之三："弱年仕关辅，簃门豁御沟。"

簁

〔shāi《广韵》所宜切，平支，生。又所綺切，上紙，生。〕筛子。亦谓用筛子筛东西。韩愈《喜雪献裴尚书》："宿云寒不卷，春雪堕如簁。"

【簁簁】 鱼跃貌。皎然《奉和颜鲁公真卿落玄真子舴艋舟歌》："竹竿袅袅鱼簁簁，此中自得还自笑。"白居易《南池早春有怀》："簁簁鱼尾掉，瞥瞥鹅毛换。"

簏

〔lù《广韵》盧谷切，入屋，來。〕❶竹制的盛物器。张说《伤妓人董氏四首》之二："粉蕊粘妆簏，金花竭翠条。"王昌龄《箜篌引》："簏读兵书尽冥搜，为君掌上施权谋。"李商隐《自桂林奉使江陵途中感怀寄献尚书》："假寐凭书簏，哀吟叩剑镡。"陆龟蒙《记事》："图书筐簏外，关眼皆縢长。"❷见"簏簌"。

【簏簌】 下垂貌。李郢《张郎中宅戏赠二首》之一："薄雪燕翁紫燕钗，钗垂簏簌抱香怀。"

簇

〔cù《广韵》千木切，入屋，清。〕❶聚集；丛集。孟浩然《云门寺西六七里闻符公兰若最幽与薛八同往》："云簇兴座隅，天空落阶下。"权德舆《仲秋朝拜昭陵》："鸟飞田已辟，龙去云犹簇。"韦庄《听赵秀才弹琴》："蜂簇野花吟细韵，蝉移高柳迸残声。"杜牧《将赴京题陵阳王氏水居》："山簇暮云千野雨，江分秋水九条烟。"❷丛。丛集一起的人或物。李端《鲜于少府宅看花》："谢家能植药，万簇相萦倚。"刘禹锡《同乐天和微之深春二十首》之四："节院收衙队，球场簇看车。"白居易《松江亭携乐观渔宴宿》："水面排罾网，船头簇绮罗。"杨义方《赠王枢密处回》："雨声鞭自禁门出，一簇人从天上来。"❸停，停住。杜甫《九日奉寄严大夫》："遥知簇鞍马，回首白云间。"令狐楚《春游曲三首》之二："风前调玉管，花下簇金羁。"白居易《三月三日祓禊洛滨》："转岸回船尾，临流簇马蹄。"❹量词。杜甫《江畔独步寻花七绝句》之五："桃花一簇开无主，可爱深红爱浅红。"刘禹锡《和汴州令狐相公到镇改月偶书所怀》："旌旗遥一簇，舄履近相搀。"白居易《题卢秘书夏日新栽竹二十韵》："几声清淅沥，一簇绿檀栾。"韦庄《官庄》："谁氏园林一簇烟，路人遥指尽长叹。"翁洮《赠方干先生》："城头鼙鼓三声晓，岛外湖山一簇春。”❺供蚕做茧的设备。多用植物的茎秆扎成。在蚕将吐丝时放置其上，名曰“蚕山”。窦常《北固晚眺》：“露蚕开晚簇，江燕绕危樯。”王建《荆南赠别李肇著作转韵诗》：“麦收蚕上簇，衣食应丰足。”白居易《孟夏思渭村旧居寄舍弟》：“日暮麦登场，天晴蚕拆簇。”皮日休《临顿为吴中偏胜之地陆鲁望居之不出郛郭旷若郊墅余每相访欵然惜去因成五言十首奉题屋壁》之三：“茧稀初上簇，醅尽未干床。”❻象声词。参见“簇簌”“簇聲”。

【簇拍】　乐拍名。犹言促拍。其曲音调急促。《全唐诗》卷二七《杂曲歌辞》中有《簇拍陆州》与《簇拍相府莲》。

【簇馬】　驻马。白居易《劝酒十四首·何处难忘酒七首》之六：“敛襟收涕泪，簇马听笙歌。”司空图《剑器》：“潼关一败吴儿喜，簇马骊山看御汤。”

【簇時新】　聚集新物。后遂成“簇新”“簇嶄新”词，为全新、极新之意。花蕊夫人徐氏《宫词》之七：“厨船进食簇时新，侍宴无非列近臣。”

【簇隊】　排立成队。李贺《黄家洞》：“彩巾缠踍幅半斜，溪头簇队映葛花。”王琦注：“言蛮人以彩色之布斜缠其胫，在于溪头，簇立成队，与葛花相映。”

【簇蝶裙】　一种绣有簇蝶花的裙子。京兆韦氏子《悼妓诗》：“惆怅金泥簇蝶裙，春来犹见伴行云。”

【簇蹄】　义同“簇馬”。张籍《苏州江岸留别乐天》：“银泥裙映锦障泥，画舸停桡马簇蹄。”

【簇聲】　簌簌之声。象声词。薛能《秋雨》：“簇声诸树密，悬滴四檐疏。”

【簇簇】　一丛丛；一堆堆。韩翃《经月岩山》：“仙山翠如画，簇簇生虹蜺。”韩愈《祖席前字》：“野晴山簇簇，霜晓菊鲜鲜。”韦庄《登汉高庙闲眺》：“天畔晚峰青簇簇，槛前春树碧团团。”李建勋《采菊》：“簇簇竟相鲜，一枝开几番。”王毂《刺桐花》：“林梢簇簇红霞烂，暑天别觉生精神。”

【簇簌】　象声词。梭织锦时的声音。温庭筠《织锦词》：“簇簌金梭万缕红，鸳鸯艳锦初成匹。”

【簇蠶】　让蚕上蚕山做茧。王建有《簇蚕辞》。

簋　〔guǐ《广韵》居洧切，上旨，見。〕古代食器。多用于祭祀、宴享。形制变化较多，一般为圆腹，圆口，双耳，耳并有珥，亦有四耳或无耳者。底多有圈足，或为三足，或连方座。有盖，盖冠多作圈状，颈部、腹部和方座多有纹饰。簋有时与鼎配合使用，作为“明上下，别贵贱”的标志。《诗·秦风·权舆》：“於，我乎！每食四簋。”陆德明释文：“内方外圆曰簋，以盛黍稷；外方内圆曰簠，用贮稻粱，皆容一斗二升。”褚亮《祈谷乐章·雍和》：“殷荐乘春，太坛临曙。八簋盈和，六瑚登御。”独孤及《垂花坞醉后戏题》序：“余亦命薙氏治芜秽而划宿莽，遂辟为登赋之位，位广二席，席间足以函尊酒二簋。”

【簋簠】　簋和簠。盛黍稷稻粱的祭器。韩愈《元和圣德诗》：“掉弃兵革，私习簋簠。来请来觐，十百其耦。”

篸[1]　〔cēn《集韵》初簪切，平侵，初。〕见“篸箸”。

篸[2]　〔zān《广韵》作含切，平覃，精。又作紺切，去勘，精。〕同同“簪”。❶簪子。令狐楚《杂曲歌辞·远别离二首》之二：“玳织鸳鸯履，金装翡翠簪。”韩愈《送桂州严大夫同用南字》：“江作青罗带，山如碧玉篸。”李贺《申胡子觱篥歌》：“花娘篸绥妥，休睡芙蓉屏。”温庭筠《和周繇》：“却略青鸾镜，翘翻翠凤篸。”李昭象《寄尉迟侍御》：“我眠青嶂弄澄潭，君戴貂蝉白玉篸。”❷戴；插戴。王维《过太乙观贾生房》：“共携松叶酒，俱篸竹皮巾。”韩翃《张山人草堂会王方士》：“新湿头巾不复篸，相看醉倒卧藜床。”元稹《离思五首》之一：“自爱残妆晓镜中，环钗谩篸绿丝丛。”顾敻《酒泉子》词之五：“云鬟半坠懒重篸，泪侵山枕湿。”温庭筠《酒泉子》词之三：“玉钗斜篸云鬟重，裙上金缕凤。”❸以针缀物。李贺《恼公》：“褥缝篸双线，钩绦辫五总。”

【篸$_2$巾】　戴上头巾。张祜《乐静》：“引手强篸巾，徐徐起病身。”

【篸$_2$瓜】　谓插竹枝于地上搭成瓜架。张祜《夏日梅溪馆寄庞舍人》：“扫簟因松叶，篸瓜使竹枝。”

【篸$_2$花】　插戴花。灵一《妙乐观》：“忽见一人檠茶碗，篸花昨夜风吹满。”韩偓《重和》：“篸花尽日疑头重，病酒经宵觉口干。”

【篸箸】　洞箫的别名。《楚辞·九歌》：“望夫君兮未来，吹参差兮谁思。”王逸注：“参差，洞箫也。”洪兴祖补注：“一作篸箸。”陈陶《镜道中吹箫》：“金栏白的善篸箸，双凤夜伴江南栖。”

篭　〔long《集韵》良中切，平東，來。〕篁竹。《玉篇·竹部》：“篭，篁。”欧阳詹《宿建溪中宵即事》：“篭篣一席眠还坐，蛙噪萤飞夜未央。”

十二画

簠　〔fǔ《广韵》方矩切，上麌，非。又甫無切，平虞，非。又芳遇切，去遇，敷。〕古代食器。用途与簋相同。形制一般为长方形。口沿外倾，四短足。有盖。盖与器形状大小相同，合上为一器，打开可作两器使用。西周至战国时多为青铜器。后多为竹制、木制。多作宴享、祭祀之用。参见“簠簋”。

【簠簋】 簠和簋。古代两种食器，多供宴享、祭礼时用。《国语·周语》：“修其簠簋。”韦昭注：“方曰簠，圆曰簋。盛黍稷稻粱器。”《玄宗祀圜丘乐章·肃和》：“簠簋聿升，牺牲递荐。”《仪坤庙乐章·雍和》：“笾豆静器，簠簋芬苾。”张衮《梁郊祀乐章·庆肃》：“笾豆簠簋，黍稷非馨。”

簟 〔diàn《广韵》徒玷切，上忝，定。〕❶供坐或卧用的竹席或苇席。岑参《送永寿王赞府径归县》：“夜深露湿簟，月出风惊蝉。”秦系《早秋宿崔业居处》：“上帘宜晚景，卧簟觉新秋。”李贺《河南府试十二月乐词·七月》：“仅厌舞衫薄，稍知花簟寒。”韦庄《早秋夜作》：“翠簟初清暑半销，撇帘松韵送轻飙。”❷竹笋。元结《雪中怀孟武昌》：“云有山客来，篮中见冬簟。”❸竹；簟竹。韦应物《寄杨协律》：“舟泊南池雨，簟卷北楼风。”张祜《题曾氏园林》：“醉眠风卷簟，棋罢月移阶。”参见“簟竹”。

【簟文】 同“簟紋”。李商隐《灯》：“影随帘押转，光信簟文流。”

【簟竹】 竹名。晋嵇含《南方草木状》：“簟竹，叶疏而大，一节相去六七尺，出九真，彼人取嫩者，槌浸纺绩为布，谓之竹疏布。”韩愈《郑群赠簟》：“蕲州簟竹天下知，郑君所宝尤瑰奇。”

【簟色】 竹席的颜色。李白《长相思》：“络纬秋啼金井阑，微霜凄凄簟色寒。”白居易《雨中招张司业宿》：“过夏衣香润，迎秋簟色鲜。”

【簟牀】 铺有竹簟的床。项斯《寄坐夏僧》：“苔色侵经架，松阴到簟床。”

【簟席】 簟子，竹席。王建《新嫁娘词三首》之二：“遣郎铺簟席，相并拜亲情。”罗隐《早秋宿叶堕所居》：“蝇蚊犹得志，簟席若为安。”曹松《赠南陵李主簿》：“簟席弹棋子，衣裳惹印朱。”

【簟紋】 席纹。章碣《夏日湖上即事寄晋陵萧明府》：“行来宾客奇茶味，睡起儿童带簟纹。”

簝 〔liáo《广韵》落萧切，平萧，來。又鲁刀切，平豪，來。〕竹名。见“簝竹”“簝筍”。

【簝竹】 一种竹名。李贺《长平箭头歌》：“南陌东城马上儿，劝我将金换簝竹。”

【簝筍】 竹笋。温庭筠《锦城曲》：“蜀山攒黛留晴雪，簝笋蕨芽萦九折。”

簪 〔zān《广韵》作含切，平覃，精。又側吟切，平侵，莊。〕❶古人用来绾住发髻或连冠于发的用品。王勃《郊园即事》：“闲居饶酒赋，随兴欲抽簪。”杜甫《楼上》：“天地空搔首，频抽白玉簪。”戎昱《采莲曲二首》之一：“同侣怜波静，看妆堕玉簪。”杨巨源《古意赠王常侍》：“绣户纱窗北里深，香风暗动凤凰簪。”林宽《送惠补阙》：“东门有归路，徒自弃华簪。”❷绾结插上簪。王维《过李楫宅》：“散发时未簪，道书行尚把。”杜甫《春望》：“白头搔更短，浑欲不胜簪。”刘言史《葛巾歌》：“篱边折枯蒿，聊用簪华发。”齐己《戊辰岁湘中寄郑谷郎中》：“白发久慵簪，常闻病亦吟。”❸插。杜甫《寄彭州高三十五使君适虢州岑二十七长史参三十韵》：“荆玉簪头冷，巴笺染翰光。”刘禹锡《乐天寄忆旧游因作报白君以答》：“丫头小儿荡画桨，长袂女郎簪翠翘。”李贺《美人梳头歌》：“纤手却盘老鸦色，翠滑宝钗簪不得。”杜牧《商山麻涧》：“秀眉老父对樽酒，蒨袖女儿簪野花。”符子珪《芳树》：“遂令秾李儿，折取簪花钿。”❹戴。杜甫《早发》：“随意簪葛巾，仰惭林花盛。”皇甫冉《题高云客舍》：“晏起簪葛巾，闲吟倚藜杖。”韩翃《赠别太常李博士兼寄两省旧游》：“一朝簪惠文，客事信陵君。”李建勋《金陵所居青溪草堂闲兴》：“素壁题看遍，危冠醉不簪。”花蕊夫人徐氏《宫词》之七六：“焚修每遇三元节，天子亲簪白玉冠。”❺连缀；满。《仪礼·士丧礼》：“复者一人以爵弁服簪裳于衣。”郑玄注：“簪，连也。”元稹《桐花》：“满院青苔地，一树莲花簪。”李绅《七年初到洛阳寓居宣教里时已春暮而四老俱在洛中分司》：“青莎满地无三径，白发簪头忝四人。”❻借指冠或头。韦庄《和薛先辈见寄初秋寓怀即事之作二十韵》：“惭闻纡绿绶，即候挂朝簪。”张怀《吴江别王长史》：“多年襆被玉山岑，鬓雪欺人忽满簪。”❼通“綰”。见“簪紀”。

【簪白筆】 ❶古代史官、谏官、御史或其他近臣入朝时插笔于冠，以备随时记录书写。李白《赠宣城赵太守悦》：“伊昔簪白笔，幽都逐游魂。”韩翃《送张中丞归使幕》：“满台簪白笔，捧手恋清晖。”卢纶《陈翃郎中北亭送侯钊侍御赋得带冰流歌》：“主人有客簪白笔，玉壶贮水光如一。”徐夤《寄卢端公同年仁炯时迁都洛阳新立幼主》：“须簪白笔匡明主，莫许黄龇博少师。”

【簪弁】 簪，冠簪；弁，礼帽。借指出仕。司空曙《酬李端校书见赠》：“昨日闻君到城阙，莫将簪弁胜荷衣。”

【簪花】 戴花于头或冠。❶古代在佳节、宴会或举行典礼时，男女都有戴花的习俗。杜牧《代人作》：“斗草怜香惠，簪花间雪梅。”黄滔《断酒》：“免遭拽盏郎君谑，还被簪花录事憎。”❷亦指妇女平日戴花。司空图《效陈拾遗子昂》：“丑妇竞簪花，花多映愈丑。”冯待征《虞姬怨》：“年华灼灼艳桃李，结发簪花配君子。”

【簪豸】 同“簪獬豸”。王维《河南严尹弟见宿弊庐访别人赋十韵》：“冠上方簪豸，车边已画熊。”郑谷《李夷遇侍御久滞水乡因抒寄怀》：“簪豸年何久，悬帆兴甚长。”

【簪佩】 见"簪珮"。

【簪冠】 插簪于冠。喻指仕宦。齐己《东林作寄金陵知己》:"凭君听朝贵,谁欲厌簪冠。"

【簪紀】 纲纪,指综理诸事的人。《左传·僖公二十四年》:"秦伯送卫于晋三千人,实纪纲之仆。"杜预注:"诸门户仆隶之事,皆秦卒共之,为之纪纲。"张祜《戊午年感事书怀二百韵谨寄献太原裴令公淮南李相公汉南李仆射宣武李尚书》:"三千拥簪纪,十万各旌旃。"

【簪珪】 簪,冠簪;珪,官员入朝所执的玉版。喻指仕宦。孟郊《和皇甫判官游琅琊溪》:"客来暂游践,意欲忘簪珪。"

【簪珥】 发簪和珠玉制成的耳饰。顾况《酬漳州张九使君》:"促膝堕簪珥,辟幌戛琳球。"陆龟蒙《黄金二首》之一:"近来簪珥重,无可上高台。"

【簪珮】 亦作"簪佩"。❶冠簪与系在衣带上的佩饰。储光羲《贻刘高士别》:"俯视趋朝客,簪珮何璀璨。"吕温《奉敕祭南岳十四韵》:"澡洁事夙兴,簪佩思尽饰。"❷借指官员、官宦。权德舆《待漏假寐梦归江东旧居》:"觉后忽闻清漏晓,又随簪珮入君门。"

【簪笏】 ❶古代仕宦者的冠簪和入朝时所执之手版。寒山《诗三百三首》之一四三:"欹斜有瓮瓶,振拨无簪笏。"孟郊《城南联句》:"簪笏自怀绷,乳下秀嶷嶷。"白居易《招王质夫》:"濯足云水客,折腰簪笏身。"❷借指仕宦。杜甫《与李十二白同寻范十隐居》:"不愿论簪笏,悠悠沧海情。"白居易《初除户曹喜而言志》:"弟兄俱簪笏,新妇俨衣巾。"陆龟蒙《奉酬袭美先辈吴中苦雨一百韵》:"君来赞贤牧,野鹤聊簪笏。"❸借指朝廷官员。陈陶《赠江西周大夫》:"时康簪笏冗,世梗忠良议。"又《贺容府韦中丞大府贤兄新除黔南经略》:"蓬瀛簪笏旧联行,紫极差池降宠章。"黄滔《寄献梓橦山侯侍御》:"汉宫行庙略,簪笏落民间。"❹指置身朝廷,参与朝政。杜甫《将晓二首》之二:"归朝日簪笏,筋力定如何。"杜牧《池州送孟迟先辈》:"且复考诗书,无因见簪笏。"

【簪冕】 古代官员的冠簪和礼帽,借指仕宦。岑参《过王判官西津所居》:"夫子贱簪冕,注心向林丘。"

【簪萸】 古人于重阳节登高时头(或冠)插茱萸以辟邪,谓之簪萸。欧阳詹《九日广陵登高怀邵二先辈》:"簪萸泛菊俯平阡,饮过三杯却惘然。"

【簪紱】 ❶在宦者的冠簪和缨带。吴筠《酬叶县刘明府避地庐山言怀诒郑录事昆季苟尊师兼见赠之》:"郑公解簪绂,华萼曜松溪。"卢纶《题天华观》:"眼见仙丹求不得,汉家簪绂在羸身。"崔元翰《奉和圣制重阳旦日百寮曲江宴示怀》:"远岫对壶觞,澄澜映簪绂。"徐铉《附池州薛郎中书因寄歙州张员外》:"一旦江山驰别梦,几年簪绂共周行。"❷借指仕宦、出仕。李白《闻丹丘子于城北营石门幽居中有高凤遗迹仆离群远怀亦有栖遁之志因叙旧以寄之》:"绿萝笑簪绂,丹壑贱岩廊。"钱起《卧病李员外题扉而去》:"谁知簪绂贵,能问幽忧疾。"白居易《别李十一后重寄》:"岂独恋乡土,非关慕簪绂。"刘得仁《秋夜喜友人宿》:"无将簪绂意,祗损壮夫心。"吴融《宪丞裴公上洛退居有寄二首》之一:"抛来簪绂都如梦,泥著杯香不为愁。"❸借指官员、显宦。杨续《安德山池宴集》:"簪绂启宾馆,轩盖临御沟。"阎朝隐《奉和九日幸临渭亭登高应制得筵字》:"簪绂趋皇极,笙歌接御筵。"王维《韦侍郎山居》:"良游盛簪绂,继迹多夔龙。"周昙《咏史诗·晋门·怀帝》:"蕃汉戈矛遍九垓,两京簪绂走黄埃。"

【簪组】 ❶冠簪和冠带。古代官员的服饰。韦应物《郡斋感秋寄诸弟》:"簪组聊挂壁,焉知有世荣。"白居易《三月三日祓禊洛滨》序:"由斗亭历魏堤,抵津桥,登临泝沿。自晨及暮,簪组交映,歌笑间发。"方干《湖上言事寄长城喻明府》:"却笑萦簪组,劳心字远人。"《郊庙歌辞·周朝飨乐章·治顺》:"鸳鸾成列,簪组相辉。"❷借指仕宦,出仕。李白《赠清漳明府侄聿》:"弦歌咏唐尧,脱落隐簪组。"柳宗元《溪居》:"久为簪组累,幸此南夷谪。"李德裕《潭上喜见新月》:"簪组十年梦,园庐今夕情。"薛能《彭门解嘲二首》之二:"身外不思簪组事,耳中唯要管弦声。"❸借指官宦、官员。王维《留别丘为》:"亲劳簪组送,欲趁莺花还。"戴叔伦《抚州对事后送外生宋垓归饶州觐侍呈上姊夫》:"顷因物役牵,偶逐簪组辈。"权德舆《卧病喜惠上人李炼师茅处士见访因以赠》:"各言麋鹿性,不与簪组群。"刘禹锡《洛中初冬拜表有怀上京故人》:"省门簪组初成列,云路鸳鸾想退朝。"蒋吉《次商於感旧寄卢中丞》:"昔年簪组隘丘门,今日旌幢一院存。"

【簪绅】 冠簪和绅带。借指百官。颜师古《奉和正日临朝》:"肃肃皆鹓鹭,济济盛簪绅。"《郊庙歌辞·享太庙乐章·送神》:"皇灵徙跸,簪绅拜辞。"

【簪筆】 同"簪白笔❶"。李峤《皇帝上礼抚事述怀》:"小臣滥簪笔,无以颂唐风。"皎然《奉陪颜使君真卿登岘山送张侍御严归台》:"烟霞正登览,簪笔限趋谒。"裴迪《南至日太史登台书云物》:"太史新簪笔,高台纪彩云。"李绅《忆春日太液池亭候对》:"簪笔此时方侍从,却思金马笑邹枚。"

【簪御府筆】 同"簪白笔❶"。杜甫《奉酬寇十侍御锡见寄四韵复寄寇》:"来簪御府笔,故泊洞庭船。"

【簪貂】 貂,貂尾。汉魏时达官显贵侍中,中常侍等皆冠武弁,貂尾为饰。殷文圭《赠池州张太守》:"神珠无颣玉无瑕,七叶簪貂汉相家。"

【簪犀】 即犀簪导。古代一种以犀为装饰的冠饰名，用以束发。韩愈《南内朝贺归呈同官》："岂惟一身荣，佩玉冠簪犀。"

【簪蒿】 以蒿作簪。形容生活俭朴。田游岩《弘农清岩曲有磐石可坐宋十一每拂拭待余寄诗赠之》："傥见山人至，簪蒿且杖藜。"

【簪裘】 古代官员的冠簪和衣裘。卢纶《秋幕中夜独坐迟明因陪陈翃郎中晨谒上公因书即事兼呈同院诸公》："簪裘肃已整，车骑俨将前。"

【簪裾】 ❶指仕宦者的簪冠袍服。李白《入朝曲》："日出照万户，簪裾烂明星。"权德舆《奉和圣制九日言怀赐中书门下及百寮》："丝竹调六律，簪裾列千官。"白居易《晚从省归》："犹思泉石多成梦，尚叹簪裾未离身。"❷古代妇女的头簪服饰。唐彦谦《毗陵道中》："烟火谁开寒食禁，簪裾那复丽人行。"❸借指仕宦；高官显位。令狐楚《赋山》："世人只向簪裾老，芳草空余麋鹿闲。"李群玉《送陶少府赴选》："自是葛洪求药价，不关梅福恋簪裾。"黄滔《严陵钓台》："终向烟霞作野夫，一竿竹不换簪裾。"李建勋《溪斋》："乖慵自有素，不是忽簪裾。"刘兼《春霁》："老色渐来欺鬓发，闲情将欲傲簪裾。"❹借指达官显贵。裴守真《奉和太子纳妃太平公主出降三首》之二："丝竹扬帝熏，簪裾奉宸庆。"苏味道《初春行宫侍宴应制》："簪裾承睿赏，花柳发韶年。"张南史《早春书事奉寄中书李舍人》："帝庭张礼乐，天阁绣簪裾。"灵一《远公》："钵帽绝朝宗，簪裾翻拜伏。"杨巨源《春日奉献圣寿无疆词十首》之八："物象朝高殿，簪裾溢上京。"❺借指官员；百官。卢纶《送浑炼归觐却赴阙庭》："露幕拥簪裾，台庭饯伯鱼。"李绅《初秋忽奉诏除浙东观察使检校右貂》："龙楼寄引簪裾客，凤阙陪趋朔望朝。"李群玉《洞庭驿楼雪夜宴集奉赠前湘州张员外》："是时簪裾会，景物穷冥搜。"黄滔《御试二首》之二："六曹三省列簪裾，丹诏宣来试士初。"

【簪裳】 古代官员的冠簪和章服。借指官宦。《郊庙歌辞·周宗庙乐舞辞·善庆舞》："奏激楚，转清商。罗俎豆，列簪裳。"

【簪髮】 簪发于冠。喻指仕官。樊骧《和主司王起》："满朝簪发半门生，又见新书甲乙名。"

【簪履】 ❶簪笄与鞋子。借指官员。张说《岳州作》："夜梦云阙间，从容簪履列。"徐铉《和歙州陈使君见寄》："簪履陪游盛，乡闾俗化敦。"❷借指行踪。齐己《渚宫莫问诗一十五首》之八："簪履三千外，形骸六十余。"❸《韩诗外传》卷九："孔子出游少源之野，有妇人中泽而哭，其音甚哀。孔子怪之，使弟子问焉，曰：'夫人何哭之哀？'妇人曰：'乡者刈蓍薪而亡吾蓍簪，吾是以哀也。'弟子曰：'刈蓍薪而亡蓍簪，有何悲焉？'妇人曰：'非伤亡簪也，吾所以悲者，盖不忘故也。'"后以借指故人、旧物。元稹《奉和浙西大夫李德裕述梦四十韵》："犹怜弊簪履，重委旧旌旄。"罗隐《江南寄所知周仆射》："飞盖寂寥清宴罢，不知簪履更谁存。"

【簪獬豸】 "簪獬豸冠"之省略。獬豸冠，又名法冠，古代为御史之冠。故以之借指左右御史台官员。《旧唐书·舆服志》："法冠，一名獬豸冠，以铁为柱，其上施珠两枚，为獬豸之形，左右御史台流内九品以上服之。"权德舆《奉和许阁老酬淮南崔十七端公见寄》："方看簪獬豸，俄叹絷騊駼。"张谓《送韦侍御赴上都》："更谒麒麟殿，重簪獬豸冠。"戎昱《谪官辰州冬至日有怀》："去年长至在长安，策杖曾簪獬豸冠。"

【簪屧】 ❶簪笄与鞋子。陆龟蒙《江湖散人歌》："客散忘簪屧，禽散虚笼池。"❷同"簪履❸"。徐铉《和萧少卿见庆新居》："簪屧尚应怜故物，稻粱空自愧华池。"

【簪缨】 ❶冠簪和缨带。古代官员的冠饰。王维《赠房卢氏琯》："视事兼偃卧，对书不簪缨。"杜甫《奉送郭中丞兼太仆卿充陇右节度使三十韵》："随肩趋漏刻，短发寄簪缨。"刘禹锡《历阳书事七十韵》："促筵交履舄，痛饮倒簪缨。"又《早夏郡中书事》："阍吏告无事，归来解簪缨。"❷借指仕官。杜甫《八哀诗·赠左仆射郑国公严公武》："空余老宾客，身上愧簪缨。"李端《归山居寄钱起》："发鬓将回色，簪缨未到身。"刘商《归山留别子侄二首》之一："莫言贫病无留别，百代簪缨将付君。"白居易《郡中闲独寄微之及崔湖州》："少年宾旅非吾辈，晚岁簪缨束我身。"徐铉《游蒋山题辛夷花寄陈奉礼》："簪缨且免全为累，桃李犹堪别作期。"❸借指官员，显宦。褚亮《赋得蜀都》："连骑簪缨满，含章词赋新。"李百药《奉和正日临朝应诏》："充庭富礼乐，高宴齿簪缨。"骆宾王《帝京篇》："剑履南宫入，簪缨北阙来。"权德舆《奉和从兄南仲见示十九韵》："簪缨盛西州，清白传素风。"罗隐《投宣武郑尚书二十韵》："汉代簪缨盛，梁园雉堞雄。"

簏

〔jù《集韵》臼許切，上語，羣。〕同"簴"。

簣

〔kuì《广韵》求位切，去至，羣。又苦怪切，去怪，溪。〕❶盛土的竹筐。刘禹锡《送僧方及南谒柳员外》："抢榆念陵厉，覆簣图穹崇。"❷土块。见"簣桴"。

【簣桴】 谓抟土为鼓槌。《礼记·礼运》："汙尊而抔饮，簣桴而土鼓。"孔颖达正义："(簣桴)谓抟土为桴也；土鼓，筑土为鼓也。"陆德明释文："(簣)苦对反，又苦怪反，土块也。桴，音浮，鼓槌。"石殷士《闻击壤》："簣桴均下调，和木等南薰。"

【簣撮】 谓一小筐土。陆龟蒙《奉酬袭美先辈吴中苦雨一百韵》:“顾余为山者,所得才篑撮。”

箪 〔dān《广韵》都寒切,平寒,端。〕❶古代以竹或节苇编成的一种圆形器。或指饭食。韦应物《题从侄成绪西林精舍书斋》:“虽甘巷北箪,岂塞青紫耀。”韩愈《荐士》:“救死具八珍,不如一箪犒。”白居易《效陶潜体诗十六首》之九:“原生衣百结,颜子食一箪。”崔涂《春日郊居酬友人见贻》:“方期五字达,未厌一箪贫。”

【箪食】 盛在箪里的饭食。也泛指食物。王维《酬诸公见过》:“箪食伊何,副瓜抓枣。”白居易《观刈麦》:“妇姑荷箪食,童稚携壶浆。”

【箪瓢】 ❶盛饭食的箪与饮水的瓢。多泛指饮食。孟浩然《书怀贻京邑同好》:“甘脆朝不足,箪瓢夕屡空。”白居易《送刘五司马赴任硖州兼寄崔使君》:“笔砚莫抛留压案,箪瓢从陋也销钱。”罗隐《投宣武郑尚书二十韵》:“人地应无比,箪瓢奈屡空。”❷同“箪瓢陋巷”。权德舆《送少清赴润州参军因思练旧居》:“二纪乐箪瓢,烟霞暮与朝。”白居易《过颜处士墓》:“箪瓢颜子生仍促,布被黔娄死更贫。”陆龟蒙《庆封宅古井行》:“因知富德不富财,颜氏箪瓢有深意。”李咸用《依韵修睦上人山居十首》之四:“季子祸从怜富贵,颜生道在乐箪瓢。”罗隐《秋寄张坤》:“吾徒自多感,颜子只箪瓢。”❸借指颜回。温庭筠《醉歌》:“辛勤到老慕箪瓢,于我悠悠竟何有。”

【箪瓢人】 指孔子学生颜回。白居易《夏日闲放》:“若比箪瓢人,吾今太富贵。”参见“箪瓢陋巷”。

【箪瓢陋巷】 《论语·雍也》:“子曰:‘贤哉,回也!一箪食,一瓢饮,在陋巷,人不堪其忧,回也不改其乐。贤哉,回也!’”后因用为咏生活清贫或安于贫贱笃志好学的典故。白居易《闲居贫活计》:“冠盖闲居少,箪瓢陋巷深。”

簰 〔pái《集韵》蒲街切,平佳,並。〕木筏,竹筏。萧遘《成都》:“月晓已开花市合,江平偏见竹簰多。”

箙 〔fù《广韵》方六切,入屋,非。〕竹实,竹花。皮日休《公斋四咏·新竹》:“有根可以执,有箙可以馨。”陆龟蒙《置酒行》:“安知寂寞西海头,青箙未垂孤凤饿。”

篣 〔páng《广韵》步光切,平唐,並。〕一种有毒的竹。《文选·左思〈吴都赋〉》:“柚梧有篁,篻篣有丛。”刘逵注:“篣竹,有毒,夷人以为觚,刺兽,中之,则必死。”皮日休《太湖诗·雨山游包山精舍》:“篻篣还戛刃,栟榈自摇扇。”

簜 〔dàng《广韵》徒郎切,上荡,定。〕大竹。《书·禹贡》:“篆簜既敷。”孔传:“簜,大竹。”参见“篠簜”。

簡 〔jiǎn《广韵》古限切,上産,見。〕❶古代用以写字的竹片。后泛指书写用品。王湾《晚春诣苏州敬赠武员外》:“陋学叨铅简,弱龄许翰场。”杜甫《又作此奉卫王》:“白头授简焉能赋,愧似相如为大夫。”顾况《酬漳州张九使君》:“短题自兹简,华篇讵能酬。”韩愈《赠崔立之评事》:“摇毫掷简自不供,顷刻青红浮海蜃。”❷书籍;史籍。王维《酬比部杨员外暮宿琴台朝跻书阁率尔见赠之作》:“旧简拂尘看,鸣琴候月弹。”薛奇童《和李起居秋夜之作》:“简成良史笔,年是洛阳才。”刘禹锡《赠东岳张炼师》:“堪为列女书青简,久事元君住翠微。”❸特指道教或佛教经籍。上官昭容《驾幸三会寺应制》:“故台遗老识,残简圣皇求。”王维《送秘书晁监还日本国》序:“金简玉字,传道经于绝域之人;方鼎彝尊,致分器于异姓之国。”卢仝《赠金鹅山人沈师鲁》:“君到头来忆我时,金简为吾镌一字。”李远《赠咸阳李少府》:“美貌雄才已少齐,宝书仙简两看题。”❹书柬。亦谓寄送书柬。李峤《刘侍读见和山邸十篇重申此赠》:“寓言摅宿志,窃吹简知音。”高适有《酬别薛三蔡大留简韩十四主簿》。杜甫《同元使君春陵行》序:“感而有诗,增诸卷轴,简知我者,不必寄元。”刘禹锡有《送李策秀才还湖南因寄幕中亲故兼简衡州吕八郎中》。❺特指奏章。孟浩然《同曹三御史行泛湖归越》:“白简徒推荐,沧洲已拂衣。”高适《陪窦侍御灵云南亭宴诗得雷字》序:“军中无事,君子饮食宴乐,宜哉。白简在边,清秋多兴。”刘禹锡《送工部萧郎中刑部李郎中并以本官兼中丞分命充京西京北覆粮使》:“霜简映金章,相辉同舍郎。”李商隐《偶成转韵七十二句赠四同舍》:“青袍白简风流极,碧沼红莲倾倒开。”❻玉简。祭告鬼神的手版文书。于鹄《宿西山修下元斋咏》:“投简石洞深,称过上帝灵。”武少仪《诸葛丞相庙》:“执简焚香入庙门,武侯神象俨如存。”殷尧藩《中元日观诸道士步虚》:“扫坛天地肃,投简鬼神惊。”皮日休《太湖诗·投龙潭》:“端严持碧简,斋戒挥紫笔。”❼笏,手版。岑参《送赵侍御归上都》:“执简皆推直,勤王岂告劳。”钱起《送上官侍御》:“执简朝方下,乘轺去不赊。”韩翃《赠别王侍御赴上都》:“翩翩马上郎,执简佩银章。”李频《入朝遇雪》:“霜鬓持霜简,朝天向雪天。”❽简省;简易。李颀《送山阴姚丞携妓之任兼寄苏少府》:“山阴政简甚从容,到罢惟求物外踪。”杜甫《奉和严中丞西城晚眺十韵》:“政简移风速,诗清立意新。”韦应物《夏景端居即事》:“遇此庭讼简,始闻蝉初鸣。”钱起《登玉山诸峰偶至悟真寺》:“郭南云水佳,讼简野情发。”❾简单;少。韦应物《晓至园中忆诸弟崔都水》:“景清神已澄,事简虑绝牵。”李嘉祐《晚登江楼有怀》:“心闲鸥鸟时相近,事简鱼竿私自亲。”权德舆《暮春闲居示同志》:“体羸谙药性，事简见心源。"韩愈《送张道士》："其言简且要，陛下幸听之。"李商隐《戏题枢言草阁三十二韵》："政静筹画简，退食多相携。"❿选择，选用。萧嵩《奉和圣制送张说上集贤学士赐宴》："帝曰简才能，旌贤在股肱。"张说《奉和圣制送宇文融安辑户口应制》："柏台简行李，兰殿锡朝衣。"高适《奉酬睢阳路太守见赠之作》："帝简登藩翰，人和发咏思。"刘禹锡《送湘阳熊判官孺登府罢归钟陵因寄呈江西裴中丞二十三兄》："前年初缺守，慎简由宸扆。"⓫检阅；视察。张说有《送李问政河北简兵》。⓬大。《诗·邶风·简兮》："简兮简兮，方将万舞。"毛传："简，大也。"《郊庙歌辞·祀圜丘乐章·豫和》："明德感兮非黍稷，降福简兮祚休徵。"高适《奉寄平原颜太守》序："张公吹嘘之美，兼述小人狂简之盛，遍呈当代群英。"⓭通"簡"。察阅，存留。苏颋《奉和圣制漕桥东送新除岳牧》："未若调人切，其如简帝难。"王维《奉和圣制御春明楼临右相园亭赋乐贤诗应制》："从来简帝心，讵得回天步。"陆坚《奉和圣制送张说上集贤学士赐宴》："复有夔龙相，良哉简帝心。"钱起《送襄阳卢判官奏开河事》："千里趋魏阙，一言简圣聪。"

【簡册】 ❶古代书籍由许多竹简以绳编连而成。后泛称书籍、典籍。张南史《早春书事奉寄中书李舍人》："风尘游上路，简册委空庐。"崔邠《礼部权侍郎阁老史馆张秘监阁老有离合酬赠之什宿直吟玩聊继此章》："林雪消艳阳，简册漏华光。"参见"簡策"。❷史册，史籍。耿湋《上将行》："谁道古来多简册，功臣唯有卫将军。"元稹《贞元历》："无因书简册，空得咏诗篇。"❸册书。李德裕《早入中书行公主册礼事毕登集贤阁成咏》："简册自中来，貂黄忝宣授。"翁承赞《甲子岁衔命到家至榕城册封次日闽王降旌旗于新丰市堤饯别》："此时暂与交亲好，今日还将简册回。"

【簡州】 州名。唐武德三年(620)置，治所在阳安县(今四川简阳市西北)。天宝元年(742)改为阳安郡，乾元元年(758)复为简州。吴融《简州归降贺京兆公》："分栋山前曙色开，三千铁骑简州回。"

【簡易】 ❶简单平易。多指生活或居处设施不完备。卢鸿一《嵩山十志十首·草堂》序："草堂者，盖因自然乏溪阜，前当墉洫，资人力之缔构。后加茅茨，将以避燥湿，成栋宇之用。昭简易，叶乾坤之德。"杜甫《观李固请司马弟山水图三首》之一："简易高人意，匡床竹火炉。"刘商《金井歌》："君王俭德先简易，赡国肥家在仁义。"❷犹简略。刘禹锡《答东阳于令寒碧图诗》引："及涖官，以简易为治，故多暇日。"

【簡要】 节俭，俭约。李瀚《蒙求》："王戎简要，裴楷清通。"

【簡约】 简省，节俭。贯休《寿春节进》："简约逾前古，升平美不疑。"

【簡書】 ❶原指告急文书。后泛指军中的文书命令。李商隐《筹笔驿》："猿鸟犹疑畏简书，风云常为护储胥。"❷朝廷任命官吏的文书。苏味道《赠封御史入台》："风连台阁起，霜就简书飞。"韦应物《送阎寀赴东川辟》："袛承简书命，俯仰豸角冠。"柳宗元《韦使君黄溪祈雨见召从行至祠下口号》："俟罪非真吏，翻惭奉简书。"李德裕《忆平泉山居赠沈吏部一首》："岂不念归路，徘徊畏简书。"元稹《去杭州》："简书五府已再至，波涛万里酬一言。"❸官府的公文、文书。韦应物《简恒璨》："简书日云旷，文墨谁复持?"钱起《送李评事赴潭州使幕》："谩说简书催物役，遥知心赏缓王程。"羊士谔《燕居》："简书随吏散，宝骑与僧期。"❹文章。李贺《咏怀二首》之一："惟留一简书，金泥泰山顶。"

【簡略】 ❶简朴，简易。杜甫《范二员外邈吴十侍御郁特枉驾阙展待聊寄此》："幽栖诚简略，衰白已光辉。"❷简单。姚合《寄李余卧疾》："幽斋外浮事，梦寐亦简略。"❸通脱，疏阔。韦应物《始除尚书郎别善福精舍》："简略非世器，委身同草木。"

【簡棄】 犹抛弃。王梵志《诗》之六十："贫人莫简弃，有食最须呼。"

【簡寂】 寂静。白居易《同微之赠别郭虚舟炼师五十韵》："简寂馆钟后，紫霄峰晓时。"

【簡通】 简约通达。畅当《奉送杜中丞赴洪州》："豪右贪威爱，纡繁德简通。"

【簡報】 及时而简略地反映情况的报导。郭澹《喜陆侍御破石埭草寇东峰亭赋诗》："忽闻飞简报，曾是坐筹功。"

【簡策】 即简册。后指史籍、典籍。柳宗元《弘农公以硕德伟材屈于诬枉左官三岁复为大僚天监昭明人心感悦宗元窜伏湘浦拜贺末由谨献诗五十韵以毕微志》："右言盈简策，左辖备条纲。"

【簡傲】 高傲；傲慢。李瀚《蒙求》："陈逵豪爽，田方简傲。"

【簡肅】 精简整饬。郑谷《赠富平李宰》："简肃诸曹事，安闲一境人。"

【簡圖】 图籍。高适《真定即事奉赠韦使君二十八韵》："城邑推雄镇，山川列简图。"

【簡誨】 教诲的书简。卢纶《秋中野望寄舍弟绶兼令呈上西川尚书舅》："小生即何限，简诲偏盈箧。"

【簡編】 ❶书籍，典籍。编，编连竹简的带子。韩愈《符读书城南》："灯火稍可亲，简编可卷舒。"温庭筠《感旧陈情五十韵献淮南李仆射》："投足乖蹊径，冥心向简编。"陆龟蒙《奉和袭美二游诗·徐诗》："直至沈范辈，始家藏简编。"❷史籍；史册。李中《王昭君》：

"谁贡和亲策,千秋污简编。"

【簡墨】 书纸笔墨。指写作。储光羲《哥舒大夫颂德》:"在车持简墨,粲粲皆词英。"

【簡静】 简约清静。徐铉《亚元舍人不替深知猥贻佳作三篇清绝不敢轻酬因为长歌聊以为报未竟复得子乔校书示问故兼寄陈君庶资一笑耳》:"王言简静官司闲,朋好殷勤多往还。"

【簡擇】 选择。韩愈《燕河南府秀才得生字》:"群儒负己材,相贺简择精。"

【簡翰】 书简;文章。张祜《投宛陵裴尚书二十韵》:"简翰垂师法,文章述帝谟。"

【簡稽】 考察;查核。张说《奉和圣制送王晙巡边应制》:"欲施攻战法,先作简稽行。"

【簡禮】 简单的礼仪。魏征《五郊乐章·雍和》:"大乐稀音,至诚简礼。"

【簡牘】 ❶竹木片,古代用以书写记事。后泛指书籍。孔绍安《赠蔡君》:"赫奕盛青紫,讨论穷简牍。"❷公文;文书。韦应物《园林晏起寄昭应韩明府卢主簿》:"束带理官府,简牍盈目前。"白居易《初领郡政衙退登东楼作》:"鳏茕心所念,简牍手自操。"陆龟蒙《奉和袭美见访不遇》:"只道府中持简牍,不知林下访渔樵。"❸引申为阅读文书,处理公务。韦应物《始至郡》:"宾朋未及宴,简牍已云疲。"又《酬张协律》:"晨期简牍罢,驰慰子忡然。"蒋冽《台中书怀》:"简牍时休暇,依然秋兴多。"

【簡籍】 书籍;文章。陈元光《太母魏氏半径题石》:"清贞蜚简籍,规范肃门楣。"

簨 〔sǔn《广韵》思尹切,上準,心。〕古代悬挂钟鼓磬架子的横杆。参见"簨簴"。

【簨簴】 即簨簴。刘复《禅门寺暮钟》:"簨簴高悬于阒钟,黄昏发地殷龙宫。"

【簨簴】 古代悬挂钟鼓磬的架子。横杆曰簨,直柱曰簴。刘复《禅门寺暮钟》:"簨簴高悬于阒钟,黄昏发地殷龙宫。"吕炅《贡举人谒先师闻雅乐》:"轻泠流簨簴,缭绕动缨緌。"

簦 〔dēng《广韵》都滕切,平登,端。〕❶古代雨具,长柄。如今之雨伞。陈羽《若耶溪逢陆澧》:"担簦蹑屐仍多病,笑杀云间陆士龙。"元稹《纪怀赠李六户曹崔二十功曹五十韵》:"吹嘘期指掌,患难许檐簦。"林宽《苦雨》:"蒙簦来客绝,跃甃噪蛙狞。"朱鄴《句》:"好是晚来香雨里,担簦亲送绮罗人。"

【簦笈】 雨伞和竹箱。温庭筠《病中书怀呈友人》:"齿牙频激发,簦笈尚崎岖。"郑薰《赠巩畴》序:"雪中有客叩柴门,樵童视之,走复曰:'巩处士。'遽下榻开关,执手话艰苦。巩背簦笈、草履、杖灵寿、下笠。"

籅 〔yú《广韵》羊諸切,平魚,以。〕淘米的筲箕。《方言》第五:"竹箕谓之缩。"郭璞注:"漉米籅也。"。皮日休《吴中苦雨因书一百韵寄鲁望》:"空厨方欲炊,渍米未离籅。"

十三画

簸[1] 〔bǒ《广韵》布火切,上果,幫。又補過切,去過,幫。〕❶扬去米糠。引申为飘动。韩愈《南山诗》:"无风自飘簸,融液煦柔茂。"白居易《渭村退居寄礼部崔侍郎翰林钱舍人诗一百韵》:"提携劳气力,吹簸不飞扬。"刘禹锡《浪淘沙九首》之一:"九曲黄河万里沙,浪淘风簸自天涯。"❷颠簸,颠动。王维《送秘书晁监还日本国》序:"扶桑若荠,郁岛如萍,沃白日而簸三山,浮苍天而吞九城。"李白《上李邕》:"假令风歇时下来,犹能簸却沧溟水。"杜甫《遣闷奉呈严公二十韵》:"浪簸船应坼,杯干瓮即空。"寒山《诗三百三首》之二三一:"宛转任风吹,高低随浪簸。"陆龟蒙《记事》:"料峭采莲船,纵横簸天浪。"❸摇动;挥动。李白《鲁郡尧祠送窦明府薄华还西京》:"银鞍绣毂往复回,簸林蹶石鸣风雷。"杜甫《将适吴楚留别章使君留后兼幕府诸公》:"健儿簸红旗,此乐或难朽。"韩愈《感春三首》之二:"狂风簸枯榆,狼籍九衢内。"徐夤《两晋》:"谁知高鼻能知数,竞向中原簸战旗。"❹冲击,冲打。杜甫《复阴》:"江涛簸岸黄沙走,云雪埋山苍兕吼。"

簸[2] 〔bò《广韵》補過切,去過,幫。〕见"簸$_2$箕。"

【簸弄】 玩弄。韩愈《别赵子》:"婆娑海水南,簸弄明月珠。"钱钟联集释引孙汝听曰:"诗意谓其怀宝自乐也。"

【簸揚】 ❶扬去谷物中的糠粃等杂物。语出《诗·小雅·大东》。李白《拟古十二首》之六:"北斗不酌酒,南箕空簸扬。"韩愈《三星行》:"箕独有神灵,无时停簸扬。"❷颠簸动荡。李白《上云乐》:"叱咤四海动,洪涛为簸扬。"❸飘扬。韩愈《送李尚书赴襄阳八韵》:"壤画星摇动,旗分兽簸扬。"❹宣扬。陆龟蒙《袭美先辈以龟蒙所献五百言既蒙见和复示荣唱至于千字再抒鄙怀用伸酬谢》:"簸扬尧舜风,反作三代吹。"

【簸頓】 颠簸。韩愈《读东方朔杂事》:"簸顿五山踣,流漂八维蹉。"

【簸$_2$箕】 畚箕。用来扬米去糠或存放东西的器具。郑嵎《津阳门诗》："大开内府恣供给，玉缶金筐银簸箕。"自注："时于亲仁里南陌为禄山建甲第，令中贵人督其事，仍谓之曰：'卿善为部署。禄山眼孔大，勿令笑我。'至于篣筐簸箕釜缶之具，咸金银为之。今四元观，即其故第耳。"

【簸旗】 摇旗。白居易《新乐府·新丰折臂翁》："张弓簸旗俱不堪，从兹始免征云南。"韦庄《秦妇吟》："簸旗掉剑却来归，又道官军悉败绩。"

【簸錢】 唐宋时一种以掷钱赌输赢的游戏。参与者持钱在手中颠簸，然后掷在石阶上，依次摊平，以正反面之多寡决定胜负，故又称"掷钱""摊钱"。王建《宫词一百首》之九五："暂向玉花阶上坐，簸钱赢得两三筹。"

【簸蕩】 ❶飘荡；动荡。杜甫《沙苑行》："角壮翻同麇鹿游，浮深簸荡鼋鼍窟。"元稹《有鸟二十章》之十四："大鹏忽起遮白日，余风簸荡山岳移。"李群玉《洞庭风雨二首》之一："鱼龙方簸荡，云雨正喧阗。"❷放任不拘。李白《寻鲁城北范居士失道落苍耳中见范置酒摘苍耳作》："风流自簸荡，谑浪偏相宜。"

籀 〔zhòu《广韵》直祐切，去宥，澄。〕汉字的一种字体。又名"大篆"。韩愈《南山诗》："或错若绘画，或缭若篆籀。"参见"籀文"。

【籀文】 我国古代书体的一种。也称"大篆""籀书""籀字"。因出自《史籀篇》而得名。籀文是由甲骨文、金文演变而来，但比甲骨文、金文繁复。王勃《山居晚眺赠王道士》："斜照移山影，回沙拥籀文。"

【籀字】 即籀文。贯休《游严陵钓台》："危榭高碑镌籀字，沧洲老鹤识先生。"

簳 〔gǎn《广韵》古旱切，上旱，見。〕❶一种可作箭杆的小竹。李峤《竹》："高簳楚江渍，婵娟含曙氛。"杜甫《石龛》："苦云直簳尽，无以充提携。"韩愈《奉和虢州刘给事使君三堂新题二十一咏·竹溪》："穿沙碧簳净，落水紫苞香。"李商隐《射鱼曲》："纤纤粉簳馨香饵，绿鸭回塘养龙水。"❷箭杆。亦指箭。李贺《长平箭头歌》："白翎金簳雨中尽，直余三脊残狼牙。"❸同"竿"。白居易《和答诗十首·答箭镞》："插以青竹簳，羽之赤雁翎。"

【簳蠟】 谓涂蜡于簳竹之头。裴诚《南歌子词三首》之三："簳蜡为红烛，情知不自由。"

簬 〔lù《广韵》洛故切，去暮，來。〕竹名。可制箭杆。见"箘簬"。

簴 〔jù《广韵》其吕切，上語，羣。〕古代悬挂钟鼓等架子的立柱。亦指钟鼓架。韩愈《元和圣德诗》："除于国南，鳞笋毛簴。"元稹《代曲江老人百韵》："建簴崇牙盛，衔钟兽目嗔。"李贺《谢秀才有妾缟练改从于人秀才引留之不得后生感忆座人制诗嘲谢贺复继四首》之四："戟干横龙簴，刀环倚桂窗。"温庭筠《元日》："威凤跄瑶簴，升龙护璧门。"

簹 〔dāng《广韵》都郎切，平唐，端。〕竹名。李商隐《骄儿诗》："截得青筼筜，骑走恣唐突。"李群玉《太庾山岭别友人》："筼筜无子鸳雏饥，毛彩凋摧不得归。"王周《志峡船具诗·百丈》："破之以筼筜，续之以麻枲。"参见"篔簹"。

簽 〔qiān《集韵》千廉切，平鹽，清。〕同"籤"。书签。古代悬挂于书卷、画轴首端旁的标识，多用牙质制成。张籍《和李仆射西园》："高眠著琴枕，散帖检书签。"张蠙《次韵和友人冬月书斋》："象版签书帙，蛮藤络酒瓢。"

簷 〔yán《广韵》余廉切，平鹽，以。〕同"檐"。❶屋檐。卢照邻《宿晋安亭》："窗横暮卷叶，簷卧古生枝。"高适《同陈留崔司户早春宴蓬池》："隔岸春云邀翰墨，傍簷垂柳报芳菲。"钱起《效古秋夜长》："簷前碧云静如水，月吊栖乌啼鸟起。"陈羽《夏日宴九华池赠主人》："黄金买酒邀诗客，醉倒簷前青玉床。"韦庄《颍阳县》："何处留诗客，茆簷倚后峰。"❷指屋宇，房屋。王维《登裴秀才迪小台》："遥知远林际，不见此簷间。"❸物体之形状似檐的部分。李商隐《饮席代官妓赠两从事》："新人桥上著春衫，旧主江边侧帽簷。"原注："隋独孤信举止风流，曾风吹帽簷侧，观者塞路。"

【簷下】 屋檐底下。元结《漶阳亭作》："为我引漶泉，泠泠簷下来。"戴叔伦《又酬晓灯离暗室五首》之三："一向簷下声，远来愁处滴。"姚合《题杭州南亭》："暮潮簷下过，溅浪湿衣襟。"

【簷日】 檐下的阳光。韩愈《赠崔立之评事》："晖晖簷日暖且鲜，摵摵井梧疏更殒。"

【簷竹】 靠近屋檐下的竹丛。丁儒《归闲诗二十韵》："好鸟鸣簷竹，村黎爱幕臣。"

【簷宇】 屋檐。亦指房屋。高适《苦雨寄房四昆季》："滴沥簷宇愁，寥寥谈笑疏。"高铢《和太原张相公山亭怀古》："远壑簷宇际，孤峦雉堞间。"

【簷冰】 屋檐下的冰凌。李商隐《四年冬以退居蒲之永乐渴然有农夫望岁之志遂作忆雪又作残雪诗各一百言以寄情于游旧·残雪》："簷冰滴鹅管，屋瓦镂鱼鳞。"

【簷花】 屋檐近处的花木。李白《赠崔秋浦三首》之一："山鸟下厅事，簷花落酒中。"白居易《伤春词》："深浅簷花千万枝，碧纱窗外啭黄鹂。"李暇《拟古东飞伯劳歌》："簷花照月莺对栖，空将可怜暗中啼。"

【簷底】 屋檐下。齐己《游橘州》："渔家好生计，簷底系扁舟。"

【簷果】 靠近屋檐之树木果实。杜荀鹤《和友人见题山居水阁八韵》:"试攀簷果猿先见,才把渔竿鹤即来。"

【簷雨】 屋檐滴下的雨水。杜甫《陪章留后侍御宴南楼》:"野云低渡水,簷雨细随风。"杜牧《送国棋王逢》:"玉子纹楸一路饶,最宜簷雨竹萧萧。"

【簷牀】 靠近檐下的床。雍陶《贫居春怨》:"贫居尽日冷风烟,独向簷床看雨眠。"

【簷乳】 屋檐流下的水。卢仝《酬愿公雪中见寄》:"簷乳堕悬玉,日脚浮轻红。"

【簷峯】 指如房脊般连绵的山峰。岑参《高冠谷口招郑鄠》:"门径稀人迹,簷峰下鹿群。"

【簷陰】 檐下阳光不到处。亦指屋檐下。张祜《题海陵监李端公后亭十韵》:"竹欹丛岸势,池满到簷阴。"

【簷帷】 同"簷幕"。李白《感时留别从兄徐王延年从弟延陵》:"阶轩日苔藓,鸟雀噪簷帷。"

【簷隙】 ❶谓庑廊之下。独孤及《客舍月下对酒醉后寄毕四耀》:"沽酒聊自劳,开樽坐簷隙。"杨衡《送公孙器自桂林归蜀》:"旧户闲花草,驯鸽傍簷隙。"❷屋檐坏漏之处。姚合《题金州西园九首·药堂》:"时闻有仙鼠,窃药簷隙间。"

【簷楹】 ❶檐下廊庑的梁柱。亦指廊庑。卢照邻《首春贻京邑文士》:"忽闻岁云晏,倚杖出簷楹。"李白《宿清溪主人》:"簷楹挂星斗,枕席响风水。"皎然《夏日登观农楼和崔使君》:"片雨拂簷楹,烦襟四坐清。"陆龟蒙《杂兴》:"桃李傍簷楹,无人赏春华。"管雄甫《戛玉有余声》:"依稀流户牖,仿佛在簷楹。"❷指屋宇。吴融《书怀》:"傍岩依树结簷楹,夏物萧疏景更清。"

【簷幕】 檐下廊庑的帘幕。白居易《早寒》:"半卷寒簷幕,斜开暖阁门。"

【簷溜】 (－Liù)❶屋檐沟。齐己《暮春久雨作》:"簷溜声何暴,邻僧影亦沉。"❷檐沟流下的雨水。包何《裴端公使院赋得隔帘见春雨》:"须移户外屦,簷溜夜相侵。"贾岛《郊居即事》:"叶书传野意,簷溜煮胡茶。"

【簷塵】 屋檐落下的尘埃。卢照邻《酬杨比部员外暮宿琴堂朝跻书阁率尔见赠之作》:"闲拂簷尘看,鸣琴候月弹。"

【簷蔔】 植物名。相传即栀子花。顾况《谅公洞庭孤桔歌》:"飞花簷蔔旃檀香,结实如缀摩尼珠。"

【簷廡】 廊庑。皎然《赠乌程李明府伯宜沈兵曹仲昌》:"昨夜西溪涨,扁舟入簷庑。"

【簷影】 檐下日光;檐下日影。杜甫《遣意二首》之二:"簷影微微落,津流脉脉斜。"杜牧《题桐叶》:"樽香轻泛数枝菊,簷影斜侵半局棋。"

【簷牖】 檐下之窗。宋昱《题石窟寺》:"簷牖笼朱旭,房廊挹翠微。"

【簷樹】 靠近屋檐的树木。岑参《东归发犍为至泥溪舟中作》:"猿拂岸花落,鸟啼簷树重。"白居易《立秋夕凉风忽至炎暑稍消即事咏怀寄汴州节度使李二十尚书》:"袅袅簷树动,好风西南来。"

【簷燕】 檐下之燕。王维《早春行》:"不及红簷燕,双栖绿草时。"刘禹锡《酬乐天感秋凉见寄》:"簷燕归心动,鞲鹰俊气生。"

【簷頭】 屋檐的边端。王建《春燕词》:"飞鸣当户影悠扬,一绕簷头一绕梁。"

【簷蟲】 檐下的飞虫。李德裕《思山居一十首·忆村中老人春酒》:"巢燕衔泥疾,簷虫挂网高。"

【簷霤】 ❶承接檐水的沟槽。元结《漶阳亭作》序:"初得漶泉,则为亭于泉上,因开簷霤,又得石渠。"元稹《景申秋八首》之三:"嗢嗢簷霤凝,丁丁窗雨繁。"❷指屋檐滴下的雨水或滴水之声。刘兼《对雨》:"幽庭凝碧亦涟漪,簷霤声繁聒梦归。"窦牟《秋夕闲居对雨赠别卢七侍御坦》:"夜长簷霤寒无寝,日晏厨烟湿未炊。"

簾 〔lián《广韵》力鹽切,平鹽,來。〕以竹、布或苇等制成的遮蔽门窗的用具。韦承庆《直中书省》:"暗花临户发,残月下簾欹。"岑参《白雪歌送武判官归京》:"散入珠簾湿罗幕,狐裘不暖锦衾薄。"白居易《司马厅独宿》:"府吏下厅簾,家僮开被幞。"张祜《公子行》:"锦堂昼永绣簾垂,立却花骢待出时。"王邵《冬晚对雪忆胡处士》:"隔牖风惊竹,开簾雪满山。"

【簾月】 穿帘的月光。杜牧《旅情》:"松风半夜雨,簾月满堂霜。"

【簾衣】 即帘幕。出《梁书·夏侯亶传》。陆龟蒙《寄远》:"画扇红弦相掩映,独看斜月下簾衣。"

【簾押】 垂挂于帘子下端作镇压用的物品。李商隐《灯》:"影随簾押转,光信簟文流。"皮日休《二游诗·任诗》:"白莲倚阑楯,翠鸟缘簾押。"

【簾雨】 帘外之雨。杨衡《山斋独宿赠晏上人》:"窗灯寒几净,簾雨晓阶愁。"

【簾波】 形容帘子摇曳的光影。李商隐《烧香曲》:"玉佩呵光铜照昏,簾波日暮冲斜门。"

【簾柙】 同"簾押"。罗隐《仿玉台体》:"晚梦通簾柙,春寒逼酒垆。"

【簾帷】 门窗的帘幕。孙逖《同邢判官寻龙湍观归湖中》:"丝管荷风入,簾帷竹气清。"皇甫冉《刘方平西斋对雪》:"花飘疑节候,色净润簾帷。"白居易《期宿客不至》:"风飘雨洒簾帷故,竹映松遮灯火深。"许浑

《对雪》："簾帷增曙色，珠翠发寒光。"

【簾旌】 以帛制成的帘子，因形状似旌（旗），故称。黎逢《小苑春望宫池柳色》："垂丝遍阁榭，飞絮触簾旌。"李商隐《正月崇让宅》："蝙拂簾旌终展转，鼠翻窗网小惊猜。"吴融《个人三十韵》："匣镜金螭怒，簾旌绣兽狞。"皇甫松《忆江南》词之二："楼上寝，残月下簾旌。"孙光宪《虞美人》词之二："好风微揭簾旌起，金翼鸾相倚。"

【簾鉤】 挂门窗帷帘的钩子。杜甫《落日》："落日在簾钩，溪边春事幽。"钱起《禁闱玩雪寄薛左丞》："怒涛堆砌石，新月孕簾钩。"唐彦谦《怀友》："金井凉生梧叶秋，闲看新月上簾钩。"韩偓《闺情》："轻风滴砾动簾钩，宿酒犹酣懒卸头。"

【簾幕】 门窗的帘子与帷幕。元结《宴湖上亭作》："远水入簾幕，淅沥吹酒舫。"白居易《葺池上旧亭》："向暖窗户开，迎寒簾幕合。"杜牧《题宣州开元寺水阁阁下宛溪夹溪居人》："深秋簾幕千家雨，落日楼台一笛风。"孟宾于《落花》句："千家簾幕春空在，几处楼台月自明。"翁洮《夏》："大野烟尘飘赫日，高楼簾幕逗薰风。"

【簾幌】 门或窗的帘子。张淅《朗月行》："朗月照簾幌，清夜有余姿。"

【簾絛】 指帘子。絛，编结帘子的丝带。刘禹锡《浙西李大夫述梦四十韵并浙东元相公酬和斐然继声》："银花悬院榜，翠羽映簾絛。"

【簾幃】 门窗的帘幕。白居易《移家入新宅》："清旦盥漱毕，开轩卷簾帏。"殷尧藩《久雨》："诗酒从教数，簾帏一任重。"南唐后主李煜《锦堂春》词："昨夜风兼雨，簾帏飒飒秋声。"吕岩《沁园春》词："温温铅鼎，光透簾帏。"

【簾箔】 门帘或窗帘。崔颢《邯郸宫人怨》："水晶簾箔云母扇，琉璃窗牖玳瑁床。"李白《捣衣篇》："真珠簾箔掩兰堂，横垂宝幄同心结。"白居易《北亭》："前楹卷簾箔，北牖施床席。"李商隐《碧城三首》之三："七夕来时先有期，洞房簾箔至今垂。"

【簾廡】 指堂前庑下垂帘之处。刘禹锡《早夏郡中书事》："华堂对嘉树，簾庑含晓清。"

【簾額】 窗帘或门帘的上端。王建《宫词一百首》之四十："连夜宫中修别院，地衣簾额一时新。"李贺《宫娃歌》："寒入罘罳殿影昏，彩鸾簾额著霜痕。"张泌《南歌子》词之一："画堂开处远风凉，高卷水精簾额，衬斜阳。"

【簾櫳】 ❶门帘、窗帘和窗牖。多泛指窗帘或门窗。钱起《画鹤篇》："点素凝姿任画工，霜毛玉羽照簾栊。"杨凭《海榴》："海榴殷色透簾栊，看盛看衰意欲同。"温庭筠《李先生别墅望僧舍宝刹因作双韵声》："簾栊兰露落，邻里柳林凉。"❷指闺阁；内室。李白《经乱离后天恩流夜郎忆旧游书怀赠江夏韦太守良宰》："呼来上云梯，含笑出簾栊。"鲍君徽《东亭茶宴》："闲朝向晓出簾栊，茗宴东亭四望通。"窦巩《少妇词》："昨来谁是伴，鹦鹉在簾栊。"刘禹锡《和郴州杨侍郎玩郡斋紫薇花十四韵》："雨余人吏散，燕语簾栊静。"韩偓《倚醉》："静中楼阁深春雨，远处簾栊半夜灯。"

簿 〔bù《广韵》裴古切，上姥，並。〕❶文书册籍。韦应物《再游西山》："自叹乏弘量，终朝亲簿书。"姚合《武功县中作三十首》之三："簿书销眼力，杯酒耗心神。"朱庆余《题王丘长史宅》："药气暗侵朝服上，花阴晚到簿书边。"郑谷《入阁》："言动挥毫疾，雍容执簿专。"❷笏；手版。韩愈《答张彻》："点缀簿上字，趋跄阁前铃。"❸官名。指主簿一类的官职。张籍《寄孙冲主簿》："低折沧洲簿，无书整两春。"刘禹锡《寄杨八拾遗》："忽领簿书游太学，宁劳侍从厌承明。"原注："时出为国子主簿，分司东都。"许浑《陪宣城大夫崔公泛后池兼北楼宴二首》之二："王珣作簿公曾喜，刘表为邦客尽依。"

【簿吏】 官府中管理文书的胥吏。李贺《感讽五首》之一："县官踏餐去，簿吏复登堂。"

【簿案】 官府的文书狱讼。元结《漫酬贾沔州》："未曾弛戈甲，终日领簿案。"

【簿書】 ❶官府的文书簿册。杜甫《早秋苦热堆案相仍》："束带发狂欲大叫，簿书何急来相仍。"独孤及《酬皇甫侍御望天灊山见示之作》："愧作拳偻人，沉迷簿书内。"张籍《寄徐晦》："应胜昨来趋府日，簿书床上乱重重。"白居易《权摄昭应早秋书事寄元拾遗兼呈李司录》："邮传拥两驿，簿书堆六曹。"曹邺《奉命齐州推事毕寄本府尚书》："狱吏相对语，簿书堆满床。"❷借指官府公务。包何《同舍弟佶班韦二员外秋苔对之成咏》："每看苔藓色，如向簿书闲。"卢纶《酬金部王郎中省中春日见寄》："鹤侣正疑芳景引，玉人那为簿书沉。"刘禹锡《到郡未浃日登西楼见乐天题诗因即事以寄》："云水正一望，簿书来绕身。"白居易《酬李少府曹长官舍见赠》："往往簿书暇，相劝强为欢。"

【簿書曹】 同"簿曹"。柳宗元《游南亭夜还叙志七十韵》："永通刀笔吏，宁期簿书曹。"

【簿曹】 主簿办公的官署。杜甫《临邑舍弟书至苦雨黄河泛溢堤防之患簿领所忧因寄此诗用宽其意》："舍弟卑栖邑，防川领簿曹。"

【簿尉】 主簿与县尉。泛指县府佐理官员。杜甫《送高三十五书记》："脱身簿尉中，始与捶楚辞。"薛逢《君不见》："或闻羁旅甘常调，簿尉文参各天表。"

【簿領】 ❶官府中的文书簿册。独孤及《诗一首》："簿领日盈机，知君傲烦嚣。"刘禹锡《和浙西李大夫伊川卜居》："烟霞遥在想，簿领益为繁。"白居易《郡亭》："除亲簿领外，多在琴书前。"❷借指官府中的公务杂事。张九龄《岁初巡属县登高安南楼言怀》："拂衣释簿领，伏槛遗纷喧。"李颀《送裴腾》："相将簿领闲，倚望恒峰孤。"独孤及《送义乌韦明府》："不惮关山远，宁辞簿领勤。"刘禹锡《古词二首》之二："簿领乃俗士，清谈信古风。"❸借指郡守县令等地方长官。孙逖《和左卫武仓曹卫中对雨创韵赠右卫李骑曹》："克勤居簿领，多暇屏谴谗。"杨于陵《郡斋有紫薇双本自朱明接于徂暑其花芳馥数旬犹茂庭宇之内回无其伦予嘉其美而能久因诗纪述》："簿领幸无事，宴休谁与娱。"原注："于陵宪宗朝尝为桂阳郡守，诗为桂阳时作。"李频《赠同官苏明府》："簿领分王事，官资寄野情。"喻凫《广德官舍二松》："杨公休簿领，二木日坚牢。"

【簿领書】 同"簿领❶"。独孤及《代书寄上裴六冀刘二颖》："尽屏簿领书，相与议岩穴。"

【簿籍】 官府文书册籍。姚合《武功县中作三十首》之十七："簿籍谁能问，风寒趁早眠。"崔璞《蒙恩除替将还京洛偶叙所怀因成六韵呈军事院诸公郡中一二秀才》："务繁多簿籍，才短乏恩威。"

簺 〔sài《广韵》先代切，去代，心。〕古代的一种博戏。见《后汉书·梁冀传》。温庭筠《病中书怀呈友人》："亡羊犹博簺，牧马倦呼卢。"

簫 〔xiāo《广韵》蘇彫切，平蕭，心。〕古代一种管乐器名。以若干长短不等的竹管编排而成。有底者叫"底箫"，无底者叫"洞箫"。其管数、长度不但历代不同，而且大小有别。其形制与后代只用一根竹管直吹的箫不同。卢照邻《长安古意》："借问吹箫向紫烟，曾经学舞度芳年。"王维《辋川集·欹湖》："吹箫凌极浦，日暮送夫君。"施肩吾《同诸隐者夜登四明山》："相呼已到无人境，何处玉箫吹一声。"杜牧《寄扬州韩绰判官》："二十四桥明月夜，玉人何处教吹箫？"李洞《赠庞炼师》："家住涪江汉语娇，一声歌戛玉楼箫。"

【簫勺】 （—zhuó）古代乐名。见《汉书·礼乐志》。郭子仪《享太庙乐章·保大舞》："箫勺群慝，含光远方。"韩愈《晚秋郾城夜会联句》："恩泽诚布濩，嚚顽已箫勺。"

【簫史】 春秋时人，据传娶秦穆公之女弄玉，教弄玉吹箫引凤，后二人成仙而去。见旧题刘向《列仙传·萧史》。郑愔《春怨》："不及随箫史，高飞向紫烟。"

【簫曲】 箫吹出的乐曲。钱起《过杨驸马亭子》："彩凤翻箫曲，祥鳣入馆名。"

【簫笳】 箫与胡笳。皆管乐器名。卢纶《送张郎中还蜀歌》："须臾醉起箫笳发，空见红旌入白云。"鲍溶《羽林行》："箫笳整部曲，幢盖动郊次。"徐铉《文献太子挽歌词五首》之四："箫笳咽无韵，宾御哭相将。"

【簫箏】 皆乐器名。箫，管乐器；筝，拨弦乐器。程长文《铜雀台怨》："君王去后行人绝，箫筝不响歌喉咽。"

【簫鼓】 箫和鼓。泛指乐器。李白《忆旧游寄谯郡元参军》："浮舟弄水箫鼓鸣，微波龙鳞莎草绿。"武元衡《塞外月夜寄荆南熊侍御》："南依刘表北刘琨，征战年年箫鼓喧。"李益《同崔邠登鹳雀楼》："汉家箫鼓空流水，魏国山河半夕阳。"刘禹锡《梁国祠》："梁国三郎威德尊，女巫箫鼓走乡村。"许浑《观章中丞夜按歌舞》："夜按双娃禁曲新，东西箫鼓接云津。"

【簫韶】 相传为舜舞乐名。后泛指宫廷音乐。王绩《古意六首》之六："皇臣力牧举，帝乐箫韶畅。"李白《侍从宜春苑奉诏赋龙池柳色初青听新莺百啭歌》："新莺飞绕上林苑，愿入箫韶杂凤笙。"权德舆《德宗神武孝文皇帝挽歌词三首》之二："晏车悲卤簿，广乐遏箫韶。"杜牧《奉和门下相公送西川相公兼领相印出镇全蜀诗十八韵》："笛管伶伦曲，箫韶清庙章。"和凝《宫词百首》之六六："箫韶响亮春云合，日照尧阶舞瑞鸾。"

【簫韶九成】 箫韶，相传为舜乐名。见《书·益稷》。陈子昂《与东方左史虬修竹篇》："妙曲方千变，箫韶亦九成。"刘禹锡《吐绶鸟词》："如何一借羊角风，来听箫韶九成曲。"

【簫韶九奏】 同"箫韶九成"。武元衡《奉酬中书李相公早朝于中书候传点偶书所怀》："鱼水千年运，箫韶九奏音。"沈亚之《西蕃请谒庙》："瑞气千重色，箫韶九奏声。"韦庄《村笛》："箫韶九奏韵凄锵，曲度虽高调不伤。"参见"箫韶"。

【簫韶曲】 同"箫韶"。席豫《奉和圣制答张说南出雀鼠谷》："风送箫韶曲，花铺黼黻文。"鲍溶《忆郊天》："至今满耳箫韶曲，徒羡瑶池舞凤凰。"

【簫歌】 指乐声与歌声。吴筠《步虚词十首》之八："至乐无箫歌，金玉音琅琅。"李翔《涉道诗·题金泉山谢自然传后》："箫歌近向峰头合，羽驾低临洞口迎。"

【簫管】 ❶泛指管乐器。箫，指排箫；管，指大管。刘宪《兴庆池侍宴应制》："苍龙阙下天泉池，轩驾来游箫管吹。"孟浩然《夏日与崔二十一同集卫明府宅》："座中殊未起，箫管莫相催。"章孝标《少年行》："落日胡姬楼上饮，风吹箫管满楼闻。"许浑《闻州中有宴寄崔大夫兼简邢群评事》："箫管筵间列翠蛾，玉杯金液耀金波。"❷指箫。储光羲《杂诗二首》之二："洪崖吹箫管，玉女飘飖来。"孟浩然《姚开府山池》："轩车人已散，箫管风初来。”❸指箫史弄玉所吹之箫。萧祜《游石堂观》：“凤去空遗箫管音，星翻寥落银河水。”李远《游故王驸马池亭》：“子猷箫管绝，谁爱碧鲜浓。”杜牧《闺情代作》：“月照石泉金点冷，凤酣箫管玉声微。”参见“簫史”。

【簫鳳】 借指萧史和弄玉。李峤《拟古东飞伯劳西飞燕》：“传书青鸟迎箫凤，巫岭荆台数通梦。”参见“簫史”。

【簫聲】 ❶箫吹出的乐声。刘沧《及第后宴曲江》：“紫毫粉壁题仙籍，柳色箫声拂御楼。”❷化用箫史弄玉之事，用作咏爱情、咏神仙或咏公主驸马的典故。骆宾王《代女道士王灵妃赠道士李荣》：“台前镜影伴仙娥，楼上箫声随凤史。”刘禹锡《题于家公主旧宅》：“树绕荒台叶满池，箫声一绝草虫悲。”朱庆余《题崔驸马林亭》：“亭开山色当高枕，楼静箫声落远风。”李群玉《玉真观》：“一自箫声飞去后，洞宫深掩碧瑶坛。”吴融《无题》：“粉貌早闻残洛市，箫声犹自傍秦宫。”参见“簫史”。

十四画

籍[1] 〔jí《广韵》秦昔切，入昔，從。〕❶书籍；典册。王维《故人张諲工诗善易卜兼能丹青草隶顷以诗见赠聊获酬之》：“自想蔡邕今已老，更将书籍与何人。”杜甫《赠虞十五司马》：“书籍终相与，青山隔故园。”韩愈《南内朝贺归呈同官》：“况于经籍深，岂究端与倪。”李商隐《和刘评事永乐闲居见寄》：“自探典籍忘名利，欹枕时惊落蠹鱼。”❷簿籍；户籍。记载户口、贡赋等内容的簿册。殷尧藩《帝京二首》之二：“英雄尽入江东籍，将相多收蓟北功。”杜牧《分司东都寓居履道叨承川尹刘侍郎大夫恩知上四十韵》：“马群先去害，民籍更添丁。”陆龟蒙《五歌·刈获》：“天职谁司下民籍，苟有区区宜析析。”❸门籍。汉代一种书有人名的小牌子，悬于宫门，有人需入宫门，皆凭此门籍验证后方得进入。见《汉书·元帝纪》。后遂指在朝廷任职的簿籍。李白《效古二首》之一：“谬题金闺籍，得与银台通。”韦应物《东林精舍见故殿中郑侍御题诗追旧书情涕泗横集因寄呈阎澧州冯少府》：“永谢柏梁陪，独阙金门籍。”皎然《送梁拾遗肃归朝》：“天子初未起，金闺籍先通。”刘禹锡《为郎分司寄上都同舍》：“籍通金马门，家在铜驼陌。”陆龟蒙《纪梦游甘露寺》：“奈何有名氏，未列金闺籍。”❹官籍。记载官宦的簿册。张籍《赠殷山人》：“世业公侯籍，生涯黍稷田。”白居易《马上作》：“一列朝士籍，遂为世网拘。”湛贲《题历山司徒右长史祖宅》：“隳官长史籍，高步历山椒。”姚合《答韩湘》：“昨闻过春关，名系吏部籍。”❺代表个人身份或个人对国家或组织的隶属关系。杜甫《遭田父泥饮美严中丞》：“渠是弓弩手，名在飞骑籍。”刘禹锡《送僧仲剬东游兼寄呈灵澈上人》：“西游长安隶僧籍，本寺门前曲江碧。”姚合《从军乐二首》之一：“每日寻兵籍，经年别酒徒。”杜牧《张好好诗》序：“好好年十三，始以善歌来乐籍中。”❻登记。包何《长安晓望寄崔补阙》：“自怜久滞诸生列，未得金闺籍姓名。”❼籍贯。韩愈《寄崔二十六立之》：“旧籍在东郡，茅屋枳棘篱。”❽籍没。古代对罪人的一种处罚，家产充公，亲属为奴。杜牧《杜秋娘诗》序：“杜秋，金陵女也，年十五为李锜妾。后锜叛灭，籍之入宫。”❾盛大；盛多。李白《寄上吴王三首》之三：“英明庐江守，声誉广平籍。”刘长卿《三月李明府后亭泛舟》：“处处纫兰春浦渌，萋萋籍草远山多。”参见“籍籍”。❿籍礼。古代的一种礼仪。春耕开始前，帝王率群臣庶民亲耕于划定的田地，并举行一定的仪式。见《礼记·月令》。参见“籍田”。

籍[2] 〔jiè《广韵》慈夜切，去禡，從。〕通“藉”。❶借，借助。杜甫《秋日荆南述怀三十韵》：“饥籍家家米，愁征处处杯。”❷垫着。孟浩然《题长安主人壁》：“枕籍琴书满，褰帷远岫连。”杜甫《八哀诗·故秘书少监武功苏公源明》：“前后百卷文，枕籍皆禁脔。”❸坐。王勃《圣泉宴》：“披襟乘石磴，列籍俯春泉。”❹践，践踏。杜甫《同李太守登历下古城员外新亭亭对鹊湖》：“迹籍台观旧，气溟海岳深。”

【籍田】 古代帝王于春耕前率群臣百姓亲耕的农田。耕作时，王执耒耜掘起一坺土块，公卿百吏依此增加三倍；庶人一直耕种到终。耕种结束，再举行宴会。籍田的目的用于劝农，其收获主要用于祭祀，其次用于“尝新”或救济。和凝《宫词百首》之六三：“圣主躬耕在籍田，公卿环卫待丰年。”

【籍甚】 盛大；盛多。杜甫《暮春江陵送马大卿公恩命追赴阙下》：“激扬音韵彻，籍甚众多推。”韦应物《送陆侍御还越》：“英声颇籍甚，交辟乃时珍。”皇甫冉《送荣别驾赴华州》：“还将海沂咏，籍甚汉公卿。”白居易《赠苏少府》：“籍甚二十年，今日方款颜。”

【籍籍】 ❶语声杂乱貌。引申为众口称扬传颂貌。李白《赠韦秘书子春二首》之一：“高名动京师，天下皆籍籍。”储光羲《晚次东亭献郑州宋使君文》：“籍籍歌五袴，祁祁颂千箱。”韩翃《送万巨》：“夫子前年入朝后，高名籍籍时贤口。”白居易《和梦得》：“纶阁沉沉无宠命，苏台籍籍有能声。”李群玉《赠方处士兼以写别》：“籍籍九江西，篇篇在人口。”❷声名盛大貌。杜甫《赠蜀僧闾丘师兄》：“大师铜梁秀，籍籍名家孙。”仇兆鳌注：“籍籍，声名之盛也。”高适《钜鹿赠李少府》：“李侯虽薄宦，时誉何籍籍。”李颀《放歌行答从弟墨卿》："徒尔当年声籍籍，滥作词林两京客。"李商隐《韩同年新居饯韩西迎家室戏赠》："籍籍征西万户侯，新缘贵婿起朱楼。"李群玉《送魏珪觐省》："登龙屈指内，飞誉甚籍籍。"❸纵横交错貌；众多貌。陈子昂《感遇诗三十八首》之二九："籍籍峰壑里，哀哀冰雪行。"

籉〔tái《广韵》徒哀切，平咍，定。〕笠帽的一种。见《玉篇·竹部》。见"籉笠""籉簦"。

【籉笠】　笠帽。张九龄《奉和圣制瑞雪篇》："朝冕旒兮载悦，想籉笠兮农节。"皮日休《吴中苦雨因书一百韵寄鲁望》："唯堪著笞笠，复可乘艄宿。"又《鲁望昨以五百言见贻过有褒美内揣庸陋弥增愧悚因成一千言》："遂与袯襫著，兼之笞笠全。"又《添鱼具诗》序："江汉间时候率多雨，唯以笞笠自庇。"

【籉簦】　笠帽和雨伞。徐铉《赋得秋江晚照》："罾网鱼梁静，籉簦稻穗收。"

籌〔chóu《广韵》直由切，平尤，澄。〕❶筹码。(1)算筹。记数的筹码。王建《宫词一百首》之九五："暂向玉花阶上坐，簸钱赢得两三筹。"韩愈《和侯协律咏笋》："讵可持筹算，谁能以理言。"(2)酒筹。元稹《宿醉》："风引春心不自由，等闲冲席饮多筹。"白居易《东南行一百韵》："筹并频逃席，觥严列置盂。"薛能《泛觞池》："净看筹见影，轻动酒生纹。"方干《赠美人四首》之三："剥葱十指转筹疾，舞柳细腰随拍轻。"(3)更筹。古代夜间报更用的计时竹签。黄麟《郡中客舍》："虫响乱啾啾，更人正数筹。"皎然《南湖春泛有客自北至说友人岑元和见怀因叙相思之志以寄焉》："别后谒禅老，更添石室筹。"耿沣《下邽客舍喜叔孙主簿郑少府见过》："萧条旅馆月，寂历曙更筹。"杨衡《将之荆州南与张伯刚马惣钟陵夜别》："莫诉杯来促，更筹屡已倡。"李商隐《石城》："玉童收夜钥，金狄守更筹。"(4)漏壶中的浮标。古代夜间的计时之具。虞世南《凌晨早朝》："玉花停夜烛，金壶送晓筹。"元稹《欲曙》："江堤阅暗流，漏鼓急残筹。"刘禹锡《早秋集贤院即事》："灰琯应新律，铜壶添夜筹。"❷筷子。白居易《与诸客空腹饮》："碧筹攒米碗，红袖拂骰盘。"又《代书诗一百韵寄微之》："筹插红螺碗，觥飞白玉卮。"李贞白《咏罂粟子》："倒排双陆子，希插碧牙筹。"❸谋划，策划。杜甫《送韦十六评事充同谷郡防御判官》："逼侧兵马间，主忧急良筹。"韦应物《寄别李儋》："首戴惠文冠，心有决胜筹。"无可《送薛重中丞充太原副使》："书答偏州启，筹参上将营。"罗隐《筹笔驿》："抛掷南阳为主忧，北征东讨尽良筹。"

【籌度】　考虑，谋划。杜牧《重题绝句一首》："何如自筹度，鸿路有冥冥。"

【籌略】　谋略。李白《赠别从甥高武》："自顾寡筹略，功名安所存。"姚合《从军行》："又无远筹略，坐使虏灭亡。"

【籌帷】　在军帐中谋划军机。陆龟蒙《京口》："可怜宋帝筹帷处，苍翠无烟草自生。"

【籌策】　谋划，策略。杜甫《洗兵马》："征起适遇风云会，扶颠始知筹策良。"卢纶《冬日登城楼有怀因赠程腾》："世情多以风尘隔，泣尽无因画筹策。"姚合《送李廓侍御赴西川行营》："何人荐筹策，走马逐旌旃。"张濬《山居洞前得杜鹃花走笔偶成以简桂帅仆射兼寄呈广州仆射刘公》："帷中筹策知无暇，洞里观花别有珍。"

【籌運】　谋划，制定策略。杜甫《送重表侄王砅评事使南海》："番禺亲贤领，筹运神功操。"

【籌筆驛】　地名。故址在今四川广元市(唐时属利州绵谷县)东北神宣驿。为川、陕之间交通要站。相传诸葛亮出师伐魏，曾驻此谋划军事，因而得名。杜牧《和野人殷潜之题筹笔驿十四韵》："永安宫受诏，筹笔驿沉思。"李商隐有《筹笔驿》。

【籌筆】　运笔制定筹划。唐彦谦《兴元沈氏庄》："江绕武侯筹笔地，雨昏张载勒铭山。"

【籌畫】　谋划；策划。张说《送李侍郎迥秀薛长史季昶同赋得水字》："薛公善筹画，李相威边鄙。"杜甫《送杨六判官使西蕃》："慎尔参筹画，从兹正羽翰。"杜牧《往年随故府吴兴公夜泊芜湖口今赴官西去再宿芜湖感旧伤怀因成十六韵》："筹画言何补，优容道实全。"齐己《寄湘幕王重书记》："抛掷湓江旧钓矶，日参筹画废吟诗。"

【籌筯】　筷子。元稹《遣春十首》之十："波绿紫屏风，螺红碧筹筯。"

【籌箸】　竹筹；酒筹。元稹《酬翰林白学士代书一百韵》："暗插轻筹箸，仍提小屈卮。"自注："予有篇箕草筹筯小盏酒胡之辈，当时尝在书囊，以供饮备。"路德延《小儿诗》："频邀筹箸插，时乞绣针穿。"

【籌謀】　谋划。张祜《投魏博田司空二十韵》："传癖深元凯，筹谋奥子房。"

【籌邊樓】　楼名。故址在今四川成都西郊，为唐剑南西川节度使李德裕建。楼上四壁画边关险要图，李德裕常在此筹划边事。薛涛有《筹边楼》。

【籌議】　商量谋划。熊曜《送杨谏议赴河西节度判官兼呈韩王二侍御》："筹议秉刀尺，话言在经纶。"

籃〔lán《广韵》鲁甘切，平談，來。〕❶篮子。元结《雪中怀孟武昌》："云有山客来，篮中见冬簟。"寒山《诗三百三首》之二〇八："我见瞒人汉，如篮盛水走。"白居易《放鱼》："晓日提竹篮，家僮买春蔬。"❷篮舆。司空曙《送永阳崔明府》："乘篮若有暇，精舍在林间。"权德舆《送陆太祝赴湖南幕同用送字》："新知折柳赠，旧侣乘篮送。"

【籃子】 用竹、藤或柳条等编结的盛物器。李贞白《咏狗蚤》："忽然管著一籃子，有甚心情那你何。"

【籃舁】 ❶同"籃輿❶"。白居易《题朗之槐亭》："犹望君归同一醉，籃舁早晚入槐亭。"❷同"籃輿❷"。白居易《奉使途中戏赠张常侍》："共笑籃舁亦称使，日驰一驿向东都。"又《哭师皋》："南康丹旐引魂回，洛阳籃舁送葬来。"

【籃輿】 ❶一种供人乘坐的类似轿子的交通工具，以前后两人肩抬行走。王维《酬严少尹徐舍人见过不遇》："偶值乘籃輿，非关避白衣。"权德舆《送李处士归弋阳山居》："想到家山无俗侣，逢迎只是坐籃輿。"白居易《城东闲行因题尉迟司业水阁》："病乘籃輿出，老著茜衫行。"殷尧藩《访许浑》："去郭来寻隐者居，柳阴假步小籃輿。"❷指乘籃輿的人。韩翃《送客归江州》："闻道泉明居止近，籃輿相访为淹留。"李端《慈恩寺怀旧》："籃輿来问道，玉柄解谈空。"羊士谔《酬卢司门晚夏过永宁里弊居林亭见寄》："苔甃窥泉少，籃輿爱竹深。"许浑《维舟秦淮过温州李给事宅》："蜡屐青筇杖，籃輿白罽衫。"

【籃輿子】 即籃輿。孟郊《尧歌》之二："村肩籃輿子，野坐白发官。"

籊 〔tì《广韵》他曆切，入錫，透。又徒曆切，入錫，定。〕见"籊籊"。

【籊籊】 长而尖细貌。出《诗·卫风·竹竿》。白居易《洗竹》："青青复籊籊，颇异凡草木。"

篸 〔sǎn《广韵》桑感切，上感，心。〕字或非"篸"。同"槮"。积柴水中以便捕鱼。见《尔雅·释器》。陆龟蒙《渔具诗》序："矢鱼之具，莫不穷极其趣。大凡结绳持网者，总谓之网罟。……列竹于海澨曰沪，错薪于水中曰篸。"自注："（篸）音槮。"皮日休有《奉和鲁望渔具十五咏·瓒》。

十五画

籓 〔fān《广韵》甫煩切，平元，非。〕同"藩"。屏障。《说文·竹部》："籓，一曰蔽也。"钱弘俶《感降内夫人赐家室药物金器》："锡宠便籓光石窌，内嫔迢递下金门。"

籛 〔qiān《广韵》七然切，平仙，清。〕竹名。见"箬籛"。

十六画

籜 〔tuò《广韵》他各切，入鐸，透。〕❶竹笋皮。王维《沈十四拾遗新竹生读经处同诸公之作》："嫩节留余籜，新业出旧阑。"李端《宿荐福寺东池有怀故园因寄元校书》："旧笋方辞籜，新莲未满房。"李贺《昌谷北园新笋四首》之一："籜落长竿削玉开，君看母笋是龙材。"王叡《竹》："翠筠不乐湘娥泪，斑籜堪裁汉主冠。"王贞白《洗竹》："锦籜裁冠添散逸，玉芽修馔称清虚。"❷指竹笋。柳宗元《巽公院五咏·苦竹桥》："进籜分苦节，轻筠抱虚心。"李绅《新楼诗二十首·南庭竹》："烟惹翠梢含玉露，粉开春籜耸琅玕。"朱庆余《震为苍筤竹》："嫩籜沾微雨，幽根绝细尘。"皮日休《闻开元寺开笋园寄章上人》："园锁开声骇鹿群，满林鲜籜水犀文。"

【籜竹】 竹。张籍《和李仆射雨中寄卢严二给事》："偏滋解籜竹，并洒落花槐。"

【籜冠】 竹皮冠。陆龟蒙《奉和袭美夏景冲澹偶作次韵二首》之一："蝉雀参差在扇纱，竹襟轻利籜冠斜。"司空图《华下》："籜冠新带步池塘，逸韵偏宜夏景长。"

【籜龍】 竹笋的别名。卢仝《寄男抱孙》："丁宁嘱讬汝，汝活籜龙不？"

籟 〔lài《广韵》落蓋切，去泰，來。〕❶古代管乐器。见《说文·竹部》《广雅·释乐》。高适《同马太守听九思法师讲金刚经》："了义同建瓴，梵法若吹籟。"卢纶《纶与吉侍郎中孚司空郎中曙苗员外发崔补阙峒耿拾遗湋李校书端风尘追游向三十载畅博士当感怀前踪有五十韵见寄辄有所酬以申悲旧》："掌赋若吹籟，司言如建瓴。"司空曙《同张参军喜李尚书寄新琴》："轻埃随拂拭，杂籟满铿锵。"张祜《箫》："清籟远愔愔，秦楼夜思深。"❷从孔穴中发出的声音。也泛指自然界的一般声响。骆宾王《冬日野望》："灵岩闻晓籟，洞浦涨秋潮。"李白《赠僧崖公》："一风鼓群有，万籟各自鸣。"王琦注："《韵会》：凡孔窍机括，皆曰籟。《庄子》：人籟则比竹是已，地籟则众窍是已，天籟则人心之自动者是矣。"欧阳衮《南涧寺》："松籟泠泠疑梵呗，柳烟历历见招提。"李商隐《崇让宅东亭醉后沔然有作》："密竹沉虚籟，孤莲泊晚香。"陆龟蒙《和袭美寄毗陵魏处士朴》："溪籟自吟朱鹭曲，沙云还作白鸥媒。"

籧 〔qú《广韵》强魚切，平魚，羣。〕❶见"籧篨"。❷见"籧篨"。

【籧篨】 竹席。陆龟蒙《奉和袭美太湖诗·销夏湾》："日为籧篨徒，分作祇裯鞴。"自注："渠曲二音，簟之异名。"

【籧篨】　有残疾，腰不能弯。即今所谓"鸡胸"。见《诗・邶风・新台》。一说，谄佞之徒。范质《诫儿侄八百字》："举世好承奉，昂昂增意气。不如承奉者，以尔为玩戏。所以古人疾，籧篨与戚施。"

籛　〔jiān《广韵》则前切，平先，精。又即淺切，上獮，精。〕姓。见"籛壽"。

【籛壽】　钱铿的寿命。钱铿，即彭祖，相传为颛顼之玄孙，至殷末世，年七百六十岁。见晋葛洪《神仙传》。吕岩《寄白龙洞刘道人》："徒夸钱寿千来岁，也是云中一电光。"

籙　〔lù《广韵》力玉切，入燭，來。〕❶古代帝王自称受命于天的神秘文书。玄宗《玄宗祀圜丘乐章・豫和》："授牺膺箓，复禹继明。"张说《舞马词》之六："圣君出震应箓，神马浮河献图。"《郊庙歌辞・享太庙乐章・钧天舞》："承天抚箓，纂圣登皇。"武元衡《德宗皇帝挽歌词三首》之三："尝闻闾阖前，星拱北辰箓。"❷簿籍。王维《和尹谏议史馆山池》："洞有仙人箓，山藏太史书。"张九龄《苏侍郎紫薇庭各赋一物得芍药》："名见桐君箓，香闻郑国诗。"白居易《见于给事暇日上直寄南省诸郎官诗因以戏赠》："黄麻敕胜长生箓，白纻词嫌内景篇。"徐夤《赠董先生》："来年期寿箓，何处待先生。"❸道教秘文。见《隋书・经籍志四》。李白《访道安陵遇盖还为余造真箓临别留赠》："为我草真箓，天人惭妙工。"顾况《崦里桃花》："老人方授上清箓，夜听步虚山月寒。"王建《送吴谏议上饶州》："鄱阳太守是真人，琴在床头箓在身。"殷尧藩《中元日观诸道士步虚》："玄都开秘箓，白石礼先生。"

【籙字】　指道教经籍。陆龟蒙《江南秋怀寄华阳山人》："箓字多阶品，华阳足弟兄。"

【籙堂】　收藏道教经籍的地方。卢仝《哭玉碑子》："心期香汤洗，归送箓堂里。"

【籙籍】　道教秘文，亦指仙人的名籍。姚合《送张齐物主簿赴内乡》："几年山下事仙翁，名在长生箓籍中。"

籠[1]　〔lǒng《广韵》盧紅切，平東，來。〕❶竹制的盛物器。杜甫《野人送朱樱》："西蜀樱桃也自红，野人相赠满筠笼。"韩愈《南溪始泛三首》之二："馈我笼中瓜，劝我此淹留。"张仲素《春闺思》："提笼忘采叶，昨夜梦渔阳。"刘禹锡《刘驸马水亭避暑》："赐冰满碗沉朱实，法馔盈盘覆碧笼。"❷鸡笼；鸟笼。杜淹《咏寒食斗鸡应秦王教》："寒食东郊道，扬鞲竞出笼，"李白《流夜郎半道承恩放还兼欣剋复之美书怀示息秀才》："半道雪屯蒙，旷如鸟出笼。"白居易《题赠平泉韦征君拾遗》："笼鸡与梁燕，不信有冥鸿。"❸熏笼；熏炉。孟浩然《寒夜》："夜久灯花落，薰笼香气微。"韦应物《效何水部二首》之一："玉宇含清露，香笼散轻烟。"元稹《蔷薇架》："五色阶前架，一张笼上被。"白居易《与僧智如夜话》："炉向初冬火，笼停半夜灯。"长孙佐辅《古宫怨》："看笼不记薰龙脑，咏扇空曾秃鼠须。"❹灯笼。姚合《和王郎中召看牡丹》："乍怪霞临砌，还疑烛出笼。"❺指如笼的形状。刘禹锡《令狐相公自太原累示新诗因以酬寄》："万里胡天无警急，一笼烽火报平安。"尉迟汾《府尹王侍郎准制拜岳因状嵩高灵胜寄呈三十韵》："动息形似蚁，玄黄气如笼。"❻笼罩；弥漫。李颀《送綦毋三寺中赋得纱灯》："禅室吐香烬，轻纱笼翠烟。"元稹《陪张湖南宴望岳楼稹为监察御史张中丞知杂事》："今日高楼重陪宴，雨笼衡岳是南山。"李远《赠弘文杜校书》："漠漠禁烟笼远树，泠泠宫漏响前除。"贯休《梦游仙四首》之四："宫殿峥嵘笼紫气，金渠玉砂五色水。"徐夤《喜雨上主人尚书》："细如春雾笼平野，猛似秋风击古松。"❼遍，漫。白居易《读谢灵运诗》："大必笼天海，细不遗草树。"马戴《校猎曲》："楚子畋郊野，布罟笼天涯。"郑嵎《津阳门诗》："羽林六军各出射，笼山络野张罝维。"张复元《风光草际浮》："靃靡含新彩，霏微笼远芳。"❽遮蔽。李白《送友人入蜀》："芳树笼秦栈，春流绕蜀城。"元稹《春余遣兴》："野马笼赤霄，无由负羁鞅。"李群玉《长沙陪裴大夫夜宴》："四面雨声笼笑语，满堂香气泛笙歌。"李洞《寄东蜀幕中友》："柳絮涨天笼地暖，角声经雨透云寒。"詹敦仁《柳堤诗》序："夫柳之性，断根插地，遂有生意。越一二年，而笼晴蔽阴矣。"❾映照，辉映。宋昱《题石窟寺》："檐牖笼朱旭，房廊挹翠微。"李群玉《中秋越台看月》："水光笼草树，练影挂楼台。"元稹《代杭民答乐天》："翠幕笼斜日，朱衣俨别筵。"韦庄《和郑拾遗秋日感事一百韵》："晚翠笼桑坞，斜晖挂竹堂。"徐夤《和仆射二十四丈牡丹八韵》："素练笼霞晓，红妆带脸春。"❿缠绕。韩愈《闲游二首》之二："萍盖污池净，藤笼老树新。"刘禹锡《乐天少傅五月长斋广延缁徒谢绝文友坐成暌间因以戏之》："暗网笼歌扇，流尘晦酒铛。"⓫罩住，捉住。徐夤《张仪》："怀王本是无心者，笼得苍蝇却放飞。"⓬笼络。吴筠《高士咏・董威辇》："嚣尘不能杂，名位安可笼。"⓭青翠茂盛。刘禹锡《桃源行》："鸡声犬声遥相闻，晓色葱笼开五云。"亦以形容青葱簇团之状。李贺《新夏歌》："晓木千笼真蜡彩，落蕊枯香数分在。"

籠[2]　〔lǒng《广韵》力董切，上董，來。〕见"籠₂竹"。

【籠中鳥】　同“籠鳥”。杜甫《衡州送李大夫七丈勉赴广州》：“日月笼中鸟，乾坤水上萍。”韩愈《东都遇春》：“譬如笼中鸟，仰给活性命。”

【籠月】　❶月色朦胧。钱起《梨花》：“艳静如笼月，香寒未逐风。”❷谓月光照进房间。鱼玄机《期友人阻雨不至》：“闭户方笼月，褰帘已散丝。”钱惟治《春日登大悲阁回文二首》之一：“映云窗绮暖，笼月箔花重。”

【籠$_2$竹】　蜀地所产的一种大竹，又名笼葱竹。杜甫《堂成》：“桤林碍日吟风叶，笼竹和烟滴露梢。”

【籠栅】　即鸡笼。杜甫《催宗文树鸡栅》：“笼栅念有修，近身见损益。”仇兆鳌注：“有栅，即鸡不啄蚁；有笼，则狐不噬鸡。”

【籠香】　熏炉里的香气。笼，熏笼。白居易《寒闺夜》：“笼香销尽火，巾泪滴成冰。”

【籠帳】　帐幕，笼罩。高宗《谒大慈恩寺》：“绮霞遥笼帐，丛珠细网林。”

【籠鳥】　笼中之鸟。比喻身不自由的人。杜甫《寄张十二山人彪三十韵》：“高兴知笼鸟，斯文起获麟。”白居易《山中与元九书因题书后》：“笼鸟槛猿俱未死，人间相见是何年。”又《失婢》：“笼鸟无常主，风花不恋枝。”

【籠脱】　鹞的别名。见《广雅·释鸟》。王建《宫词》之二四：“内鹰笼脱解红绦，斗胜争飞出手高。”

【籠葱】　青翠茂盛。元稹《生春二十首》之一：“笼葱闲著水，晻淡欲随风。”吕温《道州途中即事》：“渔烟生缥缈，犬吠隔笼葱。”

【籠禽】　笼中之禽鸟。比喻身被羁绊。张九龄《秋晚登楼望南江入始兴郡路》：“枥马苦踡跼，笼禽念遐征。”孟郊《新卜清罗幽居奉献陆大夫》：“笼禽得高巢，辙鲋还层澜。”白居易《戊申岁暮咏怀三首》之三：“七年囚闭作笼禽，但愿开笼便入林。”李绅《悲善才》：“笼禽铩翮尚还飞，白首生从五岭归。”杜荀鹤《和友人见题山居水阁八韵》：“笼禽岂是摩霄翼，润木元非润下材。”

【籠裙】　隋唐时女子所穿的一种裙名。以丝绢制成。顾况《宜城放琴客歌》：“善抚琴瑟有文章，新妍笼裙云母光。”于鹄《赠碧玉》：“新绣笼裙豆蔻花，路人笑上返金车。”白居易《见紫薇花忆微之》：“一丛暗淡将何比，浅碧笼裙衬紫巾。”

【籠媒】　用来诱捕鸟类的鸟。李贺《艾如张》：“陇东卧穟满风雨，莫信笼媒陇西去。”王琦注：“笼媒，取雏鸟畜之，长乃驯狎笼而置之圹野，得其鸣声，以招集同类而掩取之。《西京杂记》：茂陵文固阳善驯野雉为媒，用以射雉，是其事也。”

【籠罩】　一种捕鱼器。李贺《春归昌谷》：“韩鸟处矰缴，湘鲦在笼罩。”王琦注：“笼捕，鱼器也。罩亦谓之藿，编细竹为之，用以掩取鱼者。”

【籠煙】　烟雾笼罩。顾况《谅公洞庭孤橘歌》：“洞庭橘树笼烟碧，洞庭波月连沙白。”羊士谔《春日朝罢呈台中寮友》：“玉树笼烟鸡鹊观，石渠流水凤凰池。”元稹《杂忆五首》之二：“花笼微月竹笼烟，百尺丝绳拂地悬。”张彤《奉和白太守拣橘》：“树树笼烟疑带火，山山照日似悬金。”

【籠僮】　同“籠銅”。沈佺期《则天门赦改年》：“笼僮上西鼓，振迅广阳鸡。”

【籠銅】　鼓声。柳宗元《同刘二十八院长述旧言怀感时书事》：“蹀躞驺先驾，笼铜鼓报衙。”又《寄韦珩》：“饥行夜坐设方略，笼铜枹鼓手所操。”

【籠撚】　弹奏琵琶的两种手法，也作“拢”“捻”。见白居易《琵琶引》。元稹《琵琶歌》：“凉州大遍最豪嘈，六幺散序多笼撚。”

【籠樊】　鸟笼。或比喻不自由。独孤及《丙戌岁正月出洛阳书怀》：“蛰虫竞飞动，余亦辞笼樊。”

【籠翮】　笼鸟之翼。卢纶《送浑炼归觐却赴阙庭》：“甑尘方欲合，笼翮或将舒。”

【籠頭】　戴在头上。卢仝《走笔谢孟谏议寄新茶》：“柴门反关无俗客，纱帽笼头自煎吃。”

【籠燈】　即灯笼。殷尧藩《宫词》：“夜深怕有羊车过，自起笼灯看雪纹。”

【籠縶】　犹牢笼。縶，羁绊。喻在官场身不自由。张九龄《临泛东湖》：“永念出笼絷，常思退疲蹇。”

【籠鵝】　晋代王羲之写字换鹅的故事。见《晋书·王羲之传》。后遂成为歌咏书法的典故。李白《王右军》：“书罢笼鹅去，何曾别主人。”

【籠檻】　❶饲养家禽、鸟的笼子。白居易《红鹦鹉》：“文章辩慧皆如此，笼槛何年出得身。”❷捕捉鱼、虾的竹笼。陆龟蒙《渔具诗·鱼梁》：“投身入笼槛，自古难飞走。”

【籠鬆】　同“籠葱”。王建《唐昌观玉蕊花》：“一树笼松玉刻成，飘廊点地色轻轻。”

【籠欄】　囚禽鸟或家畜之处。亦指鸟笼。吴融《池上双凫二首》之二：“不在笼栏夜仍好，月汀星沼剩裴回。”

【籠籠】　葱笼茂盛貌。孟郊《和宣州钱判官使院厅前石楠树》：“笼笼抱灵秀，簇簇抽芳肤。”

【籠籦】　即笼竹。皮日休《奉和鲁望渔具十五咏·钓筒》：“笼籦截数尺，标置能幽绝。”参见“籠$_2$竹”。

【籠籞】　鸟笼。柳宗元《放鹧鸪词》：“羽毛摧折触笼籞，烟火煽赫惊庖厨。”

籯 同“籝”。

【籯金】 亦作“籝金”。❶指儒家经典。见《汉书·韦贤传》。王勃《伤裴录事丧子》：“芝焚空叹息，流恨满籯金。”元稹《酬乐天余思不尽加为六韵之作》：“商瞿未老犹希冀，莫把籯金便付人。”方干《送李恬及第后还贝州》：“擢桂谁相比，籯金已不如。”李昂《睢阳送韦参军还汾上》：“世业重籯金，青春映士林。”❷一籯之金。形容财富之多。骆宾王《夏日游德州赠高四》：“谈玄明毁璧，拾紫陋籯金。”韩翃《赠别韦兵曹归池州》：“籯金诸客贵，佩玉主人贤。”权德舆《奉和韦谏议奉送水部家兄上后书情寄诸兄弟仍通简南宫亲旧并呈两省阁老院长》：“人望皆同照乘宝，家风不重满籯金。”

十七画

籞 〔yù《广韵》魚巨切，上語，疑。〕❶古代帝王所居周围竖有竹篱的禁苑。王维《三月三日曲江侍宴应制》：“仙籞龙媒下，神皋凤跸留。”元稹《代曲江老人百韵》：“池籞呈朱雁，坛场得白麟。”白敏中《至日上公献寿酒》：“日色临仙籞，龙颜对昊宫。”侯冽《花发上林》：“鲜芳盈禁籞，布泽荷天心。”❷竹篱。皮日休《奉和鲁望渔具十五咏·渔梁》：“波际插翠筠，离离似清籞。”❸鸟笼。柳宗元《放鹧鸪词》：“羽毛摧折触笼籞，烟火煽赫惊庖厨。”

【籞宿】 汉代长安禁苑名。亦作“御宿”。见《汉书·元后传》。卢照邻《还赴蜀中贻示京邑游好》：“籞宿花初满，章台柳向飞。”

籥 〔yuè《广韵》以灼切，入藥，以。〕❶古代管乐器。有吹籥与舞籥两种。其开孔数也不同。见《尔雅·释乐》郝懿行义疏。魏征《五郊乐章·舒和》：“执籥持羽初终曲，朱干玉戚始分行。”裴度《享惠昭太子庙乐章》：“奠斝致馨香，在庭纷羽籥。”韩愈《晚秋郾城夜会联句》：“青娥翳长袖，红颊吹鸣籥。”萧俶《享太庙乐章》：“羽籥象德，金石荐祥。”❷冶铸所用以鼓风吹火的器具。李商隐《咏怀寄秘阁旧僚二十六韵》：“橐籥言方喻，樗蒲齿讵知。”汪遵《干将墓》：“橐籥冰霜万古闻，拍灰松地见余坟。”❸古代烧苇膜（葭莩）成灰置于形似籥的律管中，放置密室，以占气候。当某一节候到，管中葭灰即行飞出。后以“籥”指节候时间。沈佺期《奉和圣制同皇太子游慈恩寺应制》：“天歌应春籥，非是为春风。”张九龄《南还以诗代书赠京师旧僚》：“苒苒穷年籥，行行尽路岐。”孟浩然《荆门上张丞相》：“四时年籥尽，千里客程催。”❹竹简。见《书·金縢》。储光羲《题应圣观》：“登门骇天书，启籥问仙诀。”

【籥舞】 执籥而舞。魏征《五郊乐章·舒和》：“笙歌籥舞属年韶，鹭鼓凫钟展时豫。”

籖 〔qiān《广韵》七廉切，平鹽，清。〕❶古代书卷、画轴悬于卷轴之旁的标签。因多用牙质制成，故又称“牙签”。韩愈《送诸葛觉往随州读书》：“一一悬牙签，新若手未触。”元稹《开元观闲居酬吴士矩侍御三十韵》：“神编启黄简，秘箓捧朱签。”皮日休《二游诗·徐诗》：“轴间翠钿剥，签古红牙折。”殷文圭《赠战将》：“阵前战马黄金勒，架上兵书白玉签。”❷借指书帙。杜甫《题柏大兄弟山居屋壁二首》之二：“笔架沾窗雨，书签映隙曛。”刘禹锡《和乐天早寒》：“酒瓮新陈接，书签次第排。”李商隐《哭刘司户二首》之一：“酒瓮凝余桂，书签冷旧芸。”皮日休《访寂上人不遇》：“须将二百签回去，得得支公恐隔年。”❸竹签，削尖了的小竹棍。韩愈《苦寒》：“触指如排签，侵炉不觉暖。”❹即漏箭。古代漏壶中有以刻度记时的竹签。随漏水上浮以报时。杜甫《宿青草湖》：“宿桨依农事，邮签报水程。”温庭筠《湘东宴曲》：“重城漏断孤帆去，唯恐琼签报天曙。”韦庄《冬日长安感志寄献虢州崔郎中》：“才惊素节移铜律，又见玄冥变玉签。”

【籖帙】 标签和书套。泛指书籍卷帙。陆龟蒙《袭美先辈以龟蒙所献五百言既蒙见和复示荣唱再抒鄙怀用伸酬谢》：“抽书乱签帙，酌茗烦瓯犧。”

【籖牌】 书签，画签。古代书卷、画轴悬于卷轴之旁的标签。陆龟蒙《村夜二篇》之一：“盘餐蔬粟粗，史籍签牌盛。”又《奉和袭美二游诗·徐诗》：“风吹签牌声，满室铿锵然。”

【籖聲】 指漏壶的滴水之声。签，漏壶中有时间刻度的铜签或竹签，随漏水上浮，刻度时间也随之改变。宫中专司报时之人按签筹所指示的时刻，敲击钟、鼓或铜板以报时。唐彦谦《汉代》：“箭响犹残梦，签声报早朝。”

【籖籌】 更筹。李贺《崇义里滞雨》：“南宫古帘暗，湿景传签筹。”参见“籖聲”。

籦 〔zhōng《广韵》職容切，平鍾，章。〕见“籠籦。”

籢 〔lián《广韵》力鹽切，平鹽，來。〕同“匳”。古代妇女梳妆用的镜匣。见《说文·竹部》。韩偓《懒卸头》：“侍女动妆奁，故故惊人睡。”又《北齐二首》之一：“几千奁镜成楼柱，六十间云号殿廊。”

十八画

籭 〔liè《集韵》力协切，入帖，來。〕同“躐”。织机上提综的踏板。施肩吾《江南织绫词》：“女伴能来看新籭，鸳鸯正欲上花枝。”

籩 〔biān《广韵》布玄切，平先，幫。〕古代祭祀或宴会用以盛果脯的竹器，形如高脚盘。见《周礼·天官·笾人》。韦应物《送陆侍御还越》：“置榻宿清夜，加笾宴良辰。”皇甫冉《杂言迎神词二首·迎神》：“纷下拜，屡加笾，人心望岁祈丰年。”柳宗元《奉平淮夷雅表·皇武》之四章：“鼎臑俎胾，五献百笾。”白居易《题周皓大夫新亭子》：“置醴宁三爵，加笾过八珍。”

【籩豆】 古代祭祀或宴会时用的两种盛物器。竹制曰笾，木制曰豆。魏征《享太庙乐章·雍和》：“笾豆撤荐，人祇介祉。”萧祜《游石堂观》：“胡为空山百草花，倏尔笾豆肆我旁。”张衮《梁郊祀乐章·庆肃》：“笾豆簠簋，黍稷非馨。”《郊庙歌辞·五郊乐章·送神》：“黍稷已享，笾豆宜收。”

【籩食】 用笾盛放的食品。张祜《闲居》：“喜客加笾食，邀僧长路棋。”

【籩篚】 笾和篚。古代两种盛物器。王绩《古意六首》之三：“丰骨输庙堂，鲜腴藉笾篚。”

籪 〔duàn〕渔具名。以竹片编结而成的栅栏，拦在湖泊河流之中，以围捕鱼类。陆龟蒙《渔具诗·沪》题下自注：“沪，吴人今谓之簖。”

籬 〔lí《广韵》吕支切，平支，來。〕篱笆。卢照邻《山林休日田家》：“南涧泉初洌，东篱菊正芳。”李白《冬日归旧山》：“木落禽巢在，篱疏兽路成。”秦系《题茅山李尊师山居》：“篱间五月留残雪，座右千年荫老松。”羊士谔《郡中即事三首》之三：“登临何事见琼枝，白露黄花自绕篱。”韦庄《村居书事》：“不觉春光暮，绕篱红杏稀。”

【籬下】 篱笆之下；篱边。高适《九日酬颜少府》：“檐前白日应可惜，篱下黄花为谁有。”刘商《赋得月下闻蛩送别》：“清迥檐外见，凄其篱下闻。”周贺《送康绍归建业》：“篱下西江阔，相思见白波。”刘沧《秋夕山斋即事》：“衡门无事闭苍苔，篱下萧疏野菊开。”

【籬下先生】 指陶渊明。出南朝梁萧统《陶渊明传》。白居易《家园三绝》之二：“篱下先生时得醉，瓮间吏部暂偷闲。”

【籬下菊】 同“籬菊”。亦泛指菊花。张九龄《九月九日登龙山》：“且汎篱下菊，还聆郢中唱。”

【籬花】 即菊花。刘长卿《过裴舍人故居》：“篱花犹及重阳发，邻笛那堪落日听。”独孤及《和张大夫秋日有怀呈院中诸公》：“肘印拘王事，篱花思长年。”参见“籬菊”。

【籬栅】 篱笆和栅栏。亦指篱笆。卢纶《同吉中孚梦桃源》之二：“园林满芝术，鸡犬傍篱栅。”

【籬根】 篱下，篱笆接地处。高适《宋中遇陈二》：“篱根长花草，井上生莓苔。”严维《题茅山李尊师所居》：“篱根五月留残雪，座右千年荫古松。”皮日休《秋晚留题鲁望郊居二首》之二：“檐上落斗雀，篱根生晚潮。”

【籬菊】 篱边菊花。出晋陶渊明《饮酒》诗之五。后遂用为诗词中咏重阳或晚秋的典实。皇甫冉《寄权器》：“节近重阳念归否，眼前篱菊带秋风。”李益《重阳夜集兰陵居与宣上人联句》：“酒巡明刻烛，篱菊暗寻芳。”白居易《效陶潜体诗十六首》之八：“重阳虽已过，篱菊有残花。”赵嘏《长安晚秋》：“紫艳半开篱菊静，红衣落尽渚莲愁。”

【籬雀】 篱上之雀。杜甫《客居》：“凤随其皇去，篱雀暮喧繁。”

【籬落】 ❶篱笆。刘长卿《赠西邻卢少府》：“篱落能相近，渔樵偶复同。”王建《荒园》：“朝日满园霜，牛冲篱落坏。”刘禹锡《同乐天和微之深春二十首》之一七：“菜园篱落短，遥见桔槔斜。”薛能《老僧》：“清瘦形容八十余，匏悬篱落似村居。”❷借指屋舍、村庄。李嘉祐《自常州还江阴途中作》：“处处空篱落，江村不忍看。”耿湋《赠田家翁》：“老人迎客处，篱落稻畦间。”皇甫冉《送王绪剡中》：“篱落云常聚，村墟水自通。”陆龟蒙《江墅言怀》：“汀洲藏晚弋，篱落露寒舂。”

【籬筍】 篱边之笋。符载《句》：“绿迸穿篱笋，红飘隔户花。”

【籬障】 篱笆。刘商《裴十六厅即事》：“每到夕阳岚翠近，只言篱障倚前山。”

【籬槿】 篱边木槿。木槿，一种落叶灌木，其花朝开暮落。卢纶《和太常王卿立秋日即事》：“篱槿花无色，阶桐叶有声。”柳公绰《赠毛仙翁》：“莫遣同篱槿，朝荣暮化尘。”刘禹锡《同乐天和微之深春二十首》之十九：“栉比栽篱槿，咿哑转井车。”

【籬頭】 犹篱边。司空图《重阳四首》之四：“篱头应是蝶相报，已被邻家携酒来。”

【籬聲】 篱下传出的虫鸣声。齐己《新秋雨后》：“篱声新蟋蟀，草影老蜻蜓。”

【籬藩】 用竹、木或苇等编成的栅栏或篱笆。元稹《赛神》：“主人一心好，四面无篱藩。”

【籬邊菊】 同“籬菊”。公乘亿《赋得秋菊有佳色》：“陶令篱边菊，秋来色转佳。”

二十画

籯 〔yíng〕亦作"籝"。❶竹箱一类的盛器。李百药《赋礼记》："重广开环堵，至道轶金籯。"白居易《赠言》："捧籯献千金，彼金何足道。"陈陶《哭王赞府》："陇遂添新草，珠还满旧籯。"陆龟蒙《奉和袭美酒中十咏·酒笃》："汪汪日可挹，未羡黄金籯。"❷采茶时背负的茶叶筐。见唐陆羽《茶经·具》。皮日休有《茶中杂咏·茶籯》。

【籯金】 见"籝金"。

米 部

米 〔mǐ《广韵》莫禮切，上薺，明。〕❶去皮的谷实。多指去皮的稻实。杜甫《醉时歌》："日籴太仓五升米，时赴郑老同襟期。"韦应物《酬豆卢仓曹题库壁见示》："运筹知决胜，聚米似论边。"刘禹锡《酬乐天衫酒见寄》："酒法众传吴米好，舞衣偏尚越罗轻。"白居易《六年寒食洛下宴游赠冯李二少尹》："米价贱如土，酒味浓于饧。"❷去皮壳的某些植物的子实。杜牧《早雁》："莫厌潇湘少人处，水多菰米岸莓苔。"❸姓。唐诗人有米都知。

【米都知】 宋初伶人。善骚雅，为有道之士。见《南部新书》癸卷。梁补阙（梁同翰）有《赠米都知》。此乃宋诗，《全唐诗》误收。

【米麦】 米与麦。亦泛称粮食。《天宝中京兆谣》："欲得米麦贱，无过追李岘。"

【米雪】 小雪珠。刘言史《北原情三首》之一："米雪晚霏微，墓成悄无人。"

【米粒】 米的颗粒。亦泛称粮食。元结《说洄溪招退者》："松膏乳水田肥良，稻苗如蒲米粒长。"皮日休《正乐府十篇·卒妻怨》："况当札瘥年，米粒如琼瑰。"

【米廪】 周代鲁国的学校。相传起始于虞舜时代。亦泛称官学。苏源明《秋夜小洞庭离宴诗》序："君公行当挥翰右垣，岂止典胄米廪邪？"

【米囊花】 罂粟花之别名。郭震有《米囊花》。雍陶《西归出斜谷》："万里客愁今日散，马前初见米囊花。"

三 画

糹乞 〔hé《广韵》胡結切，入屑，匣。《集韵》下扢切，入没，匣。〕米麦的粗屑。亦泛指粗劣的食物。杜甫《驱竖子摘苍耳》："乱世诛求急，黎民糠糹乞窄。"又《雨》："针灸阻朋曹，糠糹乞对童孺。"

籹 〔nǚ《广韵》尼吕切，上語，娘。〕见"粔籹"。

四 画

粃 〔bǐ《集韵》補履切，上旨，幫。〕瘪谷。见"粃糠"。

【粃糠】 ❶瘪谷和米糠。喻琐碎、无用之物。见《庄子·逍遥游》。罗隐《春风》："但是粃糠微细物，等闲抬举到青云。"❷轻视，视为粃糠。沈佺期《答魑魅代书寄家人》："戚属甘胡越，声名任粃糠。"贾岛《题岸上人郡内闲居》："金玉重四句，粃糠轻九流。"

粉 〔fěn《广韵》方吻切，上吻，非。〕❶米细末。引申为细末状物质。韦应物《夏至避暑北池》："绿筠尚含粉，圆荷始散芳。"王建《于主簿厅看花》："小叶稠枝粉压摧，暖风吹动鹤翎开。"李贺《兰香神女庙》："幽篁画新粉，蛾绿横晓门。"姚合《题长安薛员外水阁》："翠筠和粉长，零露逐荷倾。"❷化妆用的白色粉末。亦有染成红色者。虞世南《怨歌行》："镜前红粉歇，阶上绿苔侵。"元稹《月临花》："镜匀娇面粉，灯泛高笼缬。"又《会真诗三十韵》："啼粉流清镜，残灯绕暗虫。"白居易《新乐府·时世妆》："时世流行无远近，腮不施朱面无粉。"❸涂饰或绘画用的白色或有色粉末。皎然《喜义兴权明府自君山至集陆处士羽青塘别业》："已见县名花，会逢闱是粉。"王建《和少府崔卿微雪早朝》："粉画南山棱郭出，初晴一半隔云看。"裴夷直《晚望》："白鸟一行飞，联联粉书字。"花蕊夫人徐氏《宫词》之一三八："小殿初成粉未干，贵妃姊妹自来看。"❹粉饰，涂饰。孟浩然《宴崔明府宅夜观妓》："汗湿偏宜粉，罗轻讵著身。"白居易《和微之诗二十三首·和李势女》："不朱面若花，不粉肌如霜。"引申为掩盖过失或缺点。来鹄《圣政纪颂》序："然圣人存简者，亦非以粉名也。"❺研成细末；粉碎。阎朝隐《侍从途中口号应制》："常愿粉肌骨，特答造化功。"❻白色或粉红色的。杜牧《除官归京睦州雨霁》："远树疑罗帐，孤云认粉囊。"又《丹水》："沈定蓝光彻，喧盘粉浪开。"

【粉末】 细屑。卢仝《蛱蝶请客》："粉末为四体，春风为生涯。"

【粉本】 画稿。古人作画，先施粉上样，然后依样落笔，故称画稿为粉本。王建《朝天词十首寄上魏博田侍中》之九："有诏别图书阁上，先教粉本定风神。"韩偓《商山道中》："却忆往年看粉本，始知名画有工夫。"

【粉竹】 带粉的竹子。吴融《偶题》："乌衣旧宅犹能认，粉竹金松一两枝。"

【粉色】 ❶白色。岑参《咏郡斋壁画片云》："云片何人画，尘侵粉色微。"❷喻女子容颜美好。亦借指美女。李白《邯郸南亭观妓》："粉色艳日彩，舞袖拂花枝。"杜荀鹤《蚕妇》："粉色全无饥色加，岂知人世有荣华。"

【粉汗】 带有粉脂的汗水。指妇女的汗水。元稹《生春二十首》之二十："柳误啼珠密，梅惊粉汗融。"韩愈、孟郊《城南联句》："粉汗泽广额，金星堕连璎。"徐铉《赠浙西妓亚仙》："粉汗沾巡盏，花钿逐舞茵。"

【粉匣】 妆奁，女子梳妆用的镜匣。李绅《登禹庙回降雪五言二十韵》："妒妆凌粉匣，欺酒上琼杯。"

【粉英】 白花。王周《道中未开木杏花》："粉英香萼一般般，无限行人立马看。"南唐后主李煜《谢新恩》词之一："粉英含蕊自低昂。东风恼我，才发一襟香。"

【粉面】 ❶傅粉的脸。亦谓面颜白皙，如同傅粉。刘禹锡《历阳书事七十韵》："坐久罗衣皱，杯频粉面骍。"陆畅《解内人嘲》："粉面仙郎选圣朝，偶逢秦女学吹箫。"❷借指美女。杜牧《兵部尚书席上作》："偶发狂言惊满坐，三重粉面一时回。"《与何光远赠答诗》之六："负妾当时寤寐求，从兹粉面阻绸缪。"

【粉竿】 带粉竹竿。许浑《夏日戏题郭别驾东堂》："晚树垂朱实，春篁露粉竿。"

【粉紅】 浅红，为红、白混合而成的颜色。吴融《买带花樱桃》："粉红轻浅靓妆新，和露和烟别近邻。"

【粉屏】 画屏。张祜《观杭州柘枝》："看著遍头香袖褶，粉屏香帕又重隈。"

【粉項】 白皙的颈项。张祜《陪范宣城北楼夜宴》："粉项高丛鬓，檀妆慢裹头。"温庭筠《会昌丙寅丰岁歌》："新姑车右及门柱，粉项韩凭双扇中。"

【粉翅】 带有白粉的翅膀。李商隐《蝶》："孤蝶小徘徊，翩翾粉翅开。"齐己《蝴蝶》："翠裛丹心冷，香凝粉翅浓。"孙光宪《玉胡蝶》词："粉翅两悠扬，翩翩过短墙。"

【粉胸】 白嫩的胸脯。张祜《途次扬州赠崔荆二十韵》："粉胸斜露玉，檀脸慢回刀。"崔珏《有赠》之一："莫道妆成断客肠，粉胸绵手白莲香。"方干《赠美人四首》之一："粉胸半掩疑晴雪，醉眼斜回小样刀。"

【粉席】 女子梳妆之处。宋之问《牛女》："粉席秋期缓，针楼别怨多。"李峤《同赋山居七夕》："花庭开粉席，云岫敞针楼。"祖咏《七夕》："玉庭开粉席，罗袖捧金盘。"

【粉堵】 粉墙。杜牧《题宣州开元寺》："溪声入僧梦，月色晖粉堵。"

【粉彩】 粉脂油彩。杜牧《牧陪昭应卢郎中在江西宣州佐今吏部沈公幕叙旧成二十二韵用以投寄》："日晚花枝烂，釭凝粉彩稠。"

【粉毫】 犹言彩笔。杜牧《赠张祜》："粉毫唯画月，琼尺只裁云。"

【粉痕】 傅粉的痕迹。温庭筠《张静婉采莲歌》："一夜西风送雨来，粉痕零落愁红浅。"马戴《府试观开元皇帝东封图》："粉痕疑检玉，黛色讶生苔。"王贞白《春日咏梅花》："靓妆才罢粉痕新，迨晓风回散玉尘。"齐己《竹里作六韵》："踏多鞭节损，题乱粉痕隳。"

【粉淚】 带粉脂的眼泪。旧称女子的眼泪。张安石《苦别》："两行粉泪红阑干，一朵芙蕖带残露。"毛熙震《木兰花》词："匀粉泪，恨檀郎，一去不归花又落。"

【粉頸】 白皙的颈项。司空图《冯燕歌》："粉颈初回如切玉，凤皇钗碎各分飞。"

【粉堞】 用白垩粉刷的女墙。王维《送康太守》："朱阑将粉堞，江水映悠悠。"杜甫《峡口二首》之一："城欹连粉堞，岸断更青山。"李贺《潞州张大宅病酒遇江使寄上十四兄》："城鸦啼粉堞，军吹压芦烟。"韦庄《过内黄县》："云中粉堞新城垒，店后荒郊旧战场。"

【粉堠】 以白粉涂饰的土坛，用以标志分界或记里数。元稹《留呈梦得子厚致用》："暗落金乌山渐黑，深埋粉堠路浑迷。"

【粉牌】 涂有白漆的木牌，用以记事。张祜《开圣寺》："西去山门五里程，粉牌书字甚分明。"又《赠庐山僧》："粉牌新薤叶，竹援小葱台。"

【粉筆】 蘸白粉用以绘画和写字的笔。姚合《和李补阙曲江看莲花》："画工投粉笔，宫女弃花钿。"

【粉廊】 ❶粉署。尚书省的别称。张祜《题润州李尚书北固新楼》："蹑石攀云一径危，粉廊朱槛眺江湄。"郑谷《阙下春日》："绮陌暖风嘶去马，粉廊初日照趋朝。"❷指尚书省举行的试进士的考场。李景《都堂试贡士日庆春雪》："密雪分天路，群才坐粉廊。"

【粉絮】 指柳絮。崔国辅《白纻辞二首》之一："坐恐玉楼春欲尽，红绵粉絮裛妆啼。"元稹《春别》："云屏留粉絮，风幌引香兰。"

【粉碎】 碎如粉末。贯休《经旷禅师院》："一敲粉碎狂性歇，庭松无韵冷撼骨。"

【粉腮】 白皙的脸颊。刘兼《征妇怨》："金闺寂寞罢妆台，玉箸阑干界粉腮。"

【粉蛾】 身带白粉的蛾子。李商隐《日高》："轻身灭影何可望，粉蛾帖死屏风上。”无名氏《秋》(卷七八五)：“粉蛾恨骨不胜衣，映门楚碧蝉声老。”

【粉署】 尚书省的别称。见《汉官仪》。故唐人称尚书省为粉署。高适《真定即事奉赠韦使君二十八韵》：“擢才登粉署，飞步蹑云衢。”权德舆《奉和许阁老酬淮南崔十七端公见寄》：“抡才超粉署，驳议在黄枢。”李商隐《喜雪》：“粉署闱全隔，霜台路正赊。”徐铉《送王员外宰德安》：“家世朱门贵，官资粉署优。”

【粉署仙】 对尚书省郎官的美称。李商隐《怀求古翁》：“何时粉署仙，傲兀逐戎旃。”

【粉署郎】 尚书省郎官。刘长卿《送邵州判官往南》：“始罢沧江令，还随粉署郎。”

【粉節】 带有白粉的竹节。亦借以指竹。李贺《昌谷诗》：“竹香满凄寂，粉节涂生翠。”白居易《与微之唱和来去常以竹筒贮诗陈协律美而成篇因以此答》：“粉节坚如太守信，霜筠冷称大夫容。”罗隐《竹》：“子猷死后知音少，粉节霜筠谩岁寒。”

【粉奩】 妆奁。刘禹锡《牛相公林亭雨后偶成》：“新竹开粉奁，初莲爇香注。”

【粉圖】 画图。陈子昂有《山水粉图》。李白《当涂赵炎少府粉图山水歌》：“五色粉图安足珍，真仙可以全吾身。”又《酬殷明佐见赠五云裘歌》：“粉图珍裘五云色，晔如晴天散彩虹。”

【粉貌】 谓美人。吴融《无题》：“粉貌早闻残洛市，箫声犹自傍秦宫。”

【粉塵】 花粉。温庭筠《和道溪君别业》：“花房透露红珠落，蛱蝶双飞护粉尘。”

【粉態】 美态，娇美的姿容。李商隐《回中牡丹为雨所败二首》之二：“前溪舞罢君回顾，并觉今朝粉态新。”王涣《悼亡》：“腰肢暗想风欺柳，粉态难忘露洗花。”吴越王钱镠《百花亭题梅二首》之一：“莫讶玉颜无粉态，百花中最我先开。”

【粉蝶】 即蝴蝶。蝶身有粉，故称。刘禹锡《和令狐相公玩白菊》：“粉蝶来难见，麻衣拂更香。”李商隐《蜂》：“青陵粉蝶休离恨，长定相逢二月中。”韩偓《蜻蜓》：“碧玉眼睛云母翅，轻于粉蝶瘦于蜂。”李建勋《蝶》：“粉蝶翩翩若有期，南园长是到春归。”

【粉墨】 绘画用的白粉与黑墨。杜甫《杨监又出画鹰十二扇》：“粉墨形似间，识者一惆怅。”又《通泉县署屋壁后薛少保画鹤》：“佳此志气远，岂惟粉墨新。”又《画鹘行》：“乾坤空峥嵘，粉墨且萧瑟。”皮日休《太湖诗·销夏湾》：“沙屿扫粉墨，松竹调埙篪。”

【粉綿】 白絮。喻絮状物。李商隐《忆雪》：“庭树思琼蕊，妆楼认粉绵。”王初《梅花二首》之一：“东君欲待寻佳约，剩寄衣香与粉绵。”

【粉壁】 白色墙壁。孙逖《同和咏楼前海石榴二首》之一：“露色珠帘映，香风粉壁遮。”王涯《宫词三十首》之二十六：“银瓶泻水欲朝妆，烛焰红高粉壁光。”鲍溶《宣城北楼昔从顺阳公会于此》：“凭师看粉壁，名姓在其间。”刘沧《及第后宴曲江》：“紫毫粉壁题仙籍，柳色箫声拂御楼。”

【粉蕊】 带粉的花蕊。白居易《草词毕遇芍药初开偶成十六韵》：“钗葶抽碧股，粉蕊扑黄丝。”温庭筠《惜春词》：“蜂争粉蕊蝶分香，不似垂杨惜金缕。”曹唐《穆王宴王母于九光流霞馆》：“歌咽细风吹粉蕊，饮余清露湿瑶砂。”

【粉澤】 粉黛脂泽。窦牟《元日喜闻大礼寄上翰林四学士中书六舍人二十韵》：“粉泽资鸿笔，薰和本素琴。”

【粉牆】 白色的墙壁。韩愈《谒衡岳庙遂宿岳寺题门楼》：“粉墙丹柱动光彩，鬼物图画填青红。”姚合《杨柳枝词五首》之一：“黄金丝挂粉墙头，动似颠狂静似愁。”李商隐《对雪二首》之二：“旋扑珠帘过粉墙，轻于柳絮重于霜。”刘兼《春宴河亭》：“一筵金翠临芳岸，四面烟花出粉墙。”

【粉霞】 淡红的云霞。借指淡红色。李贺《天上谣》：“粉霞红绶藕丝裙，青洲步拾兰苕春。”

【粉闈】 ❶尚书省之别称。韦应物《寄职方刘郎中》：“归来坐粉闱，挥笔乃纵横。”窦群《雪中遇直》：“寒光凝雪彩，限直居粉闱。”白居易《闻杨十二新拜省郎遥以诗贺》：“文昌新入有光辉，紫界宫墙白粉闱。”李山甫《送职方王郎中吏部刘员外归省署》：“此生长扫朱门者，每向人间梦粉闱。”❷唐宋时由尚书省举行的试进士的考场。司空图《省试》：“粉闱深锁唱同人，正是终南雪霁春。”

【粉黛】 ❶敷面的白粉和画眉的黛墨。均为化妆用品。杜甫《玉华宫》：“美人为黄土，况乃粉黛假。”刘言史《乐府杂词三首》之二：“蝉鬓红冠粉黛轻，云和新教羽衣成。”李商隐《月》：“姮娥无粉黛，只是逞婵娟。”亦引申为妆饰。来鹏《牡丹》：“雨过阿娇慵粉黛。”❷借指美女。白居易《长恨歌》：“回眸一笑百媚生，六宫粉黛无颜色。”

【粉臒】 粉红。韩愈、李正封《晚秋郾城夜会联句》：“密坐列珠翠，高门涂粉臒。”

【粉繢】 见“粉繪”。

【粉簳】 带粉的小竹。李商隐《射鱼曲》：“纤纤粉簳馨香饵，绿鸭回塘养龙水。”

【粉鏡】 化妆用的镜子。司空图《力疾山下吴村看杏花十九首》之十：“秾艳三千临粉镜，独悲掩面李夫人。”

【粉繪】 亦作“粉繢”。彩色的图画。刘长卿《王昭君歌》：“那知粉缋能相负，却使容华翻误身。”钱起

《画鹤篇》:“借问飞鸣华表上,何如粉缋彩屏中。”刘商《画石》:“苍藓千年粉绘传,坚贞一片色犹全。”司空图《歌者十二首》之十一:“绕壁依稀认写真,更须粉绘饰羸身。”

【粉籜】 竹笋的外壳。李远《邻人自金仙观移竹》:“圆节不教伤粉箨,低枝犹拟拂霜坛。”李商隐《自喜》:“绿筠遗粉箨,红药绽香苞。”方干《越州使院竹》:“莫见凌风飘粉箨,须知碍石作盘根。”孙光宪《浣溪沙》词之八:“粉箨半开新竹径,红苞尽落旧桃蹊。”

【粉餍】 搽粉的面颊。皮日休《奉酬鲁望惜春见寄》:“梅片尽飘轻粉靥,柳芽初吐烂金醅。”

【粉蠹】 蠹虫蛀蚀的粉末。李贺《堂堂》:“十年粉蠹生画梁,饥虫不食推碎黄。”

粔

〔jù《广韵》其吕切,上語,羣。〕见“粔籹”。

【粔籹】 古代的一种食品。以蜜和米面,搓成长条,盘制成束,扭成环形,用油煎,如今之馓子。杜甫《戏作俳谐体遣闷二首》之二:“於菟侵客恨,粔籹作人情。”李群玉《九日越台》:“黄花罗粔籹,绛实簇茱萸。”皮日休《吴中苦雨因书一百韵寄鲁望》:“一钱买粔籹,数里走病仆。”

五　画

粗

〔cū《广韵》徂古切,上姥,從。《集韵》聰徂切,平模,清。〕❶糙米;粗粮。杜甫《清明二首》之一:“钟鼎山林各天性,浊醪粗饭任吾年。”❷粗劣;粗糙。孟郊《古意赠梁肃补阙》:“金铅正同炉,愿分精与粗。”陆龟蒙《村夜二篇》之一:“盘餐蔬粟粗,史籍签牌盛。”❸大,巨大。薛能《春霁》:“吏叫能惊鹭,官粗实害身。”郑谷《送举子下第东归》:“野绿梅阴重,江春浪势粗。”王贞白《芦苇》:“嫩喜日光薄,疏忧雨点粗。”吕岩《绝句》之二九:“剑起星奔万里诛,风雷时逐雨声粗。”❹与“细”相对。谓条状物横断面大。皮日休《新秋即事三首》之二:“秋期净扫云根瘦,山信回缄乳管粗。”李贺《马诗二十三首》之六:“饥卧骨查牙,粗毛刺破花。”贯休《送僧入石霜》:“撩舍新罗瘦,炉烟榾柮粗。”❺粗疏,粗略。韩愈《南山诗》:“欲休谅不能,粗叙所经觏。”白居易《思旧》:“随日合破坏,至今粗完全。”姚合《从军行》:“六义虽粗成,名字犹未扬。”❻稍微,略微。张谓《句》:“稽山贺老粗知名,吴郡张颠曾不易。”白居易《昔与微之在朝日同蓄休退之心追寻前约且结后期》:“稍无骨肉累,粗有渔樵资。”又《闲居》:“书卷略寻聊取睡,酒杯浅把粗开颜。”❼粗壮,豪壮。岑参《灭胡曲》:“都护新灭胡,士马气亦粗。”杜甫《草堂》:“中宵斩白马,盟歃气已粗。”白居易《东南行一百韵》:“一杯愁已破,三盏气弥粗。”吕岩《绝句》之一六:“朝游北越暮苍梧,袖里青蛇胆气粗。”❽粗野。卢纶《与张擢对酌》:“卢叟醉言粗,一杯凡数呼。”

【粗才】 庸才。白居易《赴苏州至常州答贾舍人》:“一别承明三领郡,甘从人道是粗才。”

【粗衣】 粗布衣服。杜荀鹤《自遣》:“粝食粗衣随分过,堆金积帛欲如何。”周昙《咏史诗·后汉门·马后》:“粗衣闲寂阅群书,荐达嫔妃广帝居。”无名氏《分柑子示诸小》(外编下):“粗衣粝食尽须一,何况异味兼时新。”

【粗狂】 粗疏狂放。白居易《尝黄醅新酎忆微之》:“爱向卯时谋洽乐,亦曾酉日放粗狂。”

【粗帛】 质地比较粗糙的布帛。贾岛《孟融逸人》:“衣褐唯粗帛,筐箱只素书。”

【粗官】 指武官。唐代重内轻外,凡不历台省便出任节镇者,称为粗官。薛能《谢刘相寄天柱茶》:“粗官寄与真抛却,赖有诗情合得尝。”

【粗俗】 粗野鄙俗,钱弘俶《渔者》:“不辞粗俗气,惟取大鱼虾。”

【粗淡】 粗疏淡泊。贯休《桐江闲居作十二首》之二:“阴森古树气,粗淡老僧情。”

【粗疏】 疏略;不细致。卢僎《奉和李令扈从温泉宫赐游骊山韦侍郎别业》:“伊皋羞过狭,魏丙服粗疏。”韩偓《闲居》:“麋鹿跳梁忧触拨,鹰鹯搏击恐粗疏。”

【粗飯】 粗粝的饭食。王维《郑果州相过》:“中厨办粗饭,当恕阮家贫。”无名氏《五言诗》之三(外编下):“粗饭众厨飡,美味当房估。”

【粗錦】 粗糙的锦。李贺《公莫舞歌》:“横楣粗锦生红纬,日炙锦嫣王未醉。”

【粗豪】 ❶粗疏豪放。杜甫《少年行》:“不通姓字粗豪甚,指点银瓶索酒尝。”又《青丝》:“青丝白马谁家子,粗豪且逐风尘起。”白居易《四十五》:“清瘦诗成癖,粗豪酒放狂。”❷粗犷豪壮。白居易《听芦管》:“粗豪嫌觱篥,细妙胜参差。”

【粗醜】 粗俗丑陋。杜甫《负薪行》:“若道巫山女粗丑,何得此有昭君村。”

【粗獷】 粗鲁豪强。孟郊《吊江南老家人春梅》:“奈何粗犷儿,生鞭见死痕。”

【粗識】 粗略懂得。李绅《赠毛仙翁》:“穆王粗识神仙事,八极轮蹄方逞志。”

【粗糲】 ❶糙米。亦泛称粗劣的食物。杜甫《有客》:“竟日淹留佳客坐,百年粗粝腐儒餐。”❷犹言粗犷。一钵和尚《一钵歌》:“也系裹,也摆拨,也学柔和也粗粝。”

粘 〔zhān，又读 nián《广韵》女廉切，平盬，娘。〕❶黏的东西附着在物体上。元稹《虫豸诗·虻》：“汗粘疮痏痛，日曝苦辛行。”林宽《和周繇校书先辈省中寓直》：“粘尘贺草没，剥粉薜禽迷。”皮日休《胥口即事六言二首》之一：“黑蛱蝶粘莲蕊，红蜻蜓袅菱花。”伍乔《九江旅夜寄山中故人》：“尘土积年粘旅服，关山无处寄归心。”❷胶合。郑綮《老僧》：“冻瓶粘柱础，宿火陷炉灰。”

粕 〔pò《广韵》匹各切，入鐸，滂。〕糟粕，已滤过酒的渣滓。陈裕《过旧居》：“豆豉锅中沸，粕糕案上葩。”

粒 〔lì《广韵》力入切，入缉，来。〕❶谷米之粒。岑参《宿华阴东郭客舍忆阎防》：“主人炊新粒，行子充夜饥。”杜甫《秋兴八首》之八：“香稻啄余鹦鹉粒，碧梧栖老凤皇枝。”李群玉《登宜春醉宿景星寺寄郑判官兼简空上人》：“夜中香积饭，蔬粒俱精异。”❷泛指粒状物。孟郊《黄雀吟》：“蓬蒿正繁新，蒿粒无人争。”李商隐《九月於冬逢雪》：“粒轻还自花薄未成重，食之足为珍。”❸量词。用于粮食等细小粒状之物。孟郊《访嵩阳道士不遇》：“常言一粒药，不堕生死境。”白居易《天坛峰下赠杜录事》：“他日药成分一粒，与君先去扫天坛。”李绅《古风二首》之一：“春种一粒粟，秋成万颗子。”皮日休《石榴歌》：“萧娘初嫁嗜甘酸，嚼破水精千万粒。”❹通“鬣”。植物花、叶、穗芒形如马鬃者。刘禹锡《和兵部郑侍郎省中四松诗十韵》：“翠粒晴悬露，苍鳞雨起苔。”李商隐《残雪》：“岭霁岚光坼，松暄翠粒新。”叶葱奇注：“《酉阳杂俎·广动植之三木篇》：‘松，今言两粒、五粒，粒当言鬣。’按鬣是说松针如马鬣，粒是音近而讹。”陆龟蒙《奉和袭美太湖诗二十首·三宿神景宫》：“风凝古松粒，露压修荷柄。”

【粒食】 以谷物为食。褚亮《享先农乐章·诚和》：“粒食伊始，农之所先。”

六 画

粤 〔yuè《广韵》王伐切，入月，云。〕❶助词，多用于句首，表示审慎语气。太宗《幸武功庆善宫》：“粤予承累圣，悬弧亦在兹。”孟浩然《田园作》：“粤余任推迁，三十犹未遇。”萧华《扈从回銮应制》：“粤在秦京日，议乎封禅难。”吴融《祝风三十二韵》：“粤余病眠久，而复家无峙。”❷古民族名。居今江、浙、闽、粤一带，总称百粤。温庭筠《感旧陈情五十韵献淮南李仆射》：“冰清临百粤，风靡化三川。”❸地名。古称百粤人所居之地。萧颖士《江有枫一篇十章》之五：“粤东可居，彼吴之墟。”刘禹锡《送唐舍人出镇闽中》：“暂辞鸳鹭出蓬瀛，忽拥貔貅镇粤城。”周朴《次梧州却寄永州使君》：“潮添瘴海阔，烟拂粤山孤。”

【粤王臺】 即越王台。在今广州市越秀山上。宋之问《登粤王台》：“江上粤王台，登高望几回。”

【粤若】 发语词。用于句首，引起下文。陆龟蒙《袭美先辈以龟蒙所献五百言既蒙见和复示荣唱再抒鄙怀用伸酬谢》：“粤若鲁圣出，正当周德衰。”

粟 〔sù《广韵》相玉切，入燭，心。〕❶谷物名。即谷子。一年生草本植物，茎直立，叶子条状披形，有毛，穗状园锥花序，子实圆形或椭圆形，去壳后称小米。诗中亦泛称粮食。李白《书怀赠南陵常赞府》：“虽有数斗玉，不如一盘粟。”李绅《古风二首》之一：“春种一粒粟，秋成万颗子。”施肩吾《春日美新绿词》：“前日萌芽小于粟，今朝草树色已足。”褚载《吊秦叟》：“市西楼店金千秤，渭北田园粟万钟。”❷指俸禄。白居易《狂吟七言十四韵》：“俸随日计钱盈贯，禄逐年支粟满囷。”

【粟金】 粟状的金粒。王建《宫词一百首》之三四：“粟金腰带象牙锥，散插红翎玉突枝。”

【粟帛】 谷物和布帛。杜甫《别蔡十四著作》：“穷谷无粟帛，使者来相因。”白居易《效陶潜体诗十六首》之十五：“东京收粟帛，西市鬻金珠。”

【粟顆】 粟粒。李商隐《题僧壁》：“大去便应欺粟颗，小来兼可隐针锋。”

【粟廩】 粮仓。白居易《池上篇》序：“虽有台，无粟不能守也，乃作池东粟廪。”

粧 〔zhuāng《字汇补》侧羊切。〕装扮。元稹《赠刘采春》：“新粧巧样画双蛾，谩裹常州透额罗。”

【粧樓】 旧时妇女居住的楼房。李白《句》：“佳人微醉玉颜酡，笑倚粧楼澹小蛾。”刘希夷《北邙篇》：“墨池沙枯通草蔓，粧楼瓦尽向林倾。”

【粧樓畫眉】 汉张敞为京兆尹，常为其妻画眉。见《汉书·张敞传》。后以此为典，咏闺阁韵事。刘希夷《死马赋》：“盐车垂耳不知年，粧楼画眉宁记日？”

【粧點】 梳妆打扮。范禹偁《句》：“绕城山雪自粧点，三县人烟共接连。”

粥 〔zhōu《广韵》之六切，入屋，章。〕❶稀饭。王维《田家》：“老年方爱粥，卒岁且无衣。”韩愈《赠崔立之》：“薄粥不足裹，深泥谅难驰。”元稹《酬段丞与诸棋流见赠二十四韵》：“僧请闻钟粥，宾催下药卮。”白居易《闲居》：“空腹一盏粥，饥食有余味。”❷象声词。参见“粥粥”。

【粥粥】 鸡相呼声。韩愈《琴操十首·雉朝飞操》：“随飞随啄，群雌粥粥。”

【粥飯僧】　本谦词。意谓自己是光吃粥饭而不努力修行的僧人。后多用以嘲弄尸位素餐者。韩昭裔《与李专美》："何如且作宣徽使，免被人呼粥饭僧。"

粢　〔zī《广韵》即夷切，平脂，精。〕谷物名称。即稷。特指用于祭祀的谷物。《郊庙歌辞·祭太社乐章·雍和》："絜粢登俎，醇牺入馈。"赵光逢《梁郊祀乐章·庆和》之三："明粢荐，广乐陈。"

【粢盛】　（一chéng）装于祭器内用于祭祀的谷物。出《公羊传·桓公十四年》。魏征《享太庙乐章·雍和》："粢盛咸絜，牲牷孔备。"贺知章《唐禅社首乐章·雍和》："粢盛以絜，房俎斯荐。"李纾《让皇帝庙乐章·迎俎》："祀盛体荐，礼协粢盛。"李绅《渡西陵十六韵》："下车占黍稷，冬雨害粢盛。"

七　画

粳　[jīng《广韵》古行切，平庚，見。]粳稻。杜审言《和韦承庆过义阳公主山池五首》之二："玉泉移酒味，石髓换粳香。"则天皇后《夏日游石淙诗》序："洞口全开，溜千年之芳髓；山腰半拆，吐十里之香粳。"亦指粳米。李端《赠岐山姜明府》："酿酒栽黄菊，炊粳折绿葵。"

【粳米】　粳稻碾出的米。罗隐《旅梦》："子鹅京口远，粳米会稽赊。"

【粳稻】　稻之一种。茎杆较矮，叶较窄，深绿色，米粒短而粗，黏性较糯米弱。杜甫《后出塞五首》之四："云帆转辽海，粳稻来东吴。"

粲　[càn《广韵》蒼案切，去翰，清。]❶鲜明；明亮。张九龄《岁初巡属县登高安南楼言怀》："江气偏宜早，林英粲已繁。"白居易《和微之诗二十三首·和栉沐寄道友》："高星粲金粟，落月沉玉环。"李绅《南梁行》："呜呜晓角霞辉粲，抚剑当应一长叹。"徐夤《荔枝二首》之一："朱弹星丸粲日光，绿琼枝散小香囊。"❷清楚，明白。陈陶《小笛弄》："五夜流珠粲梦卿，九青鸾倚洪崖醉。"❸众多貌。李白《赠刘都使》："归家酒债多，门客粲成行。"又《狱中上崔相涣》："台庭有夔龙，列宿粲成行。"柳宗元《界围岩水帘》："悬泉粲成帘，罗注无时休。"李德裕《早秋龙兴寺江亭闲眺忆龙门山居寄崔张旧从事》："乔木粲凌苕，阴崖积幽藓。"❹笑貌。南唐后主李煜《子夜歌》："何妨频笑粲，禁苑春日晚。"

【粲然】　❶鲜明；明亮。李白《雪谗诗赠友人》："萋斐暗成，贝锦粲然。"元结《刘侍御月夜宴会》："河汉望不见，几星犹粲然。"郑谷《寄左省张起居》："消息当弥入，丝纶的粲然。"❷笑貌。李白《古风》之五："粲然启玉齿，授以炼药说。"韦应物《清都观答幼遐》："粲然顾我笑，绿简发新章。"皮日休《太湖诗·上真观》："谓我或龙胄，粲然与之欢。"❸优异，杰出。李白《东海有勇妇》："豁此伉俪愤，粲然大义明。"又《陪族叔当涂宰游化城寺升公湖上秀，粲然有辩才。"

【粲粲】　❶鲜明；明亮。元稹《冬夜怀李侍御王太祝段丞》："泛览星粲粲，轻河悠碧虚。"白居易《和微之诗二十三首·和望晓》："莺杂佩锵锵，花饶衣粲粲。"李宣古《赋寒食日亥时》："人定朱门尚未开，初星粲粲照人回。"罗隐《贺淮南节度卢员外赐绯》："俭莲高贵九霄闻，粲粲朱衣降五云。"❷众多貌。陈子昂《三月三日宴王明府山亭》："奕奕车骑，粲粲都人。"高适《单父逢邓司仓覆仓库因而有赠》："粲粲府中妙，授词如履霜。"❸优异，突出。储光羲《哥舒大夫颂德》："在车持简墨，粲粲皆词英。"李白《自梁园至敬亭山见会公谈陵阳山水兼期同游因有此赠》："粲粲吴与史，衣冠耀天京。"杜甫《同元使君舂陵行》："粲粲元道州，前圣畏后生。"卢纶《送太常李主簿归觐省》："粲粲美仍都，清闲一贵儒。"

【粲錯】　纷纭交错。皮日休《太湖诗·晓次神景宫》："琼帏自回旋，锦旌空粲错。"

【粲爛】　鲜明；明亮。韦应物《长安道》："下有锦铺翠被之粲烂，博山吐香五云散。"李绅《泛五湖》："宇宙可东西，星辰泱粲烂。"

粱　[liáng《广韵》吕張切，平陽，來。]❶即粟。通称"谷子"，去壳后称"小米"。古称其优良品种为粱，今无别。杜甫《佐还山后寄三首》之二："白露黄粱熟，分张素有期。"又《赠卫八处士》："夜雨翦春韭，新炊间黄粱。"白居易《旱热二首》之二："数匙粱饭冷，一领绡衫香。"❷特指精细的小米。杜甫《驱竖子摘苍耳》："饱食复何心，荒哉膏粱客。"柳宗元《游南亭夜还叙志七十韵》："安将蒯及菅，谁慕粱与膏。"

【粱肉】　以粱为饭，以肉为肴。谓精美的膳食。语出《管子·小匡》。杜甫《醉时歌》："甲第纷纷厌粱肉，广文先生饭不足。"元稹《大觜乌》："群乌饱粱肉，毛羽色泽滋。"皮日休《吴中苦雨因书一百韵寄鲁望》："竟未成麦饘，安能得粱肉。"

八　画

粻　[zhāng《广韵》陟良切，平陽，知。]米粮。见《诗·大雅·崧高》。李商隐《赠送前刘五经映三十四韵》："感激殊非圣，栖迟到异粻。"

精　〔jīng《广韵》子盈切，平清，精。〕❶纯净的好米。见《论语·乡党》。陆龟蒙《奉酬袭美先辈吴中苦雨一百韵》："椒兰任芳苾，精粣从罗列。”❷精华，精粹。皎然《答苏州韦应物郎中》：“迹隳世上华，心得道中精。”❸精纯，纯粹。张说《奉和圣制赐诸州刺史应制以题坐右》：“朝廷多秀士，熔炼比精金。”孟郊《古意赠梁肃补阙》：“不有百炼火，孰知寸金精。”❹精细，精密。韦应物《杂体五首》之三：“心精烟雾色，指历千万绪。”牛僧孺《李苏州遗太湖石因题二十韵奉呈梦得乐天》：“念此园林宝，还须别识精。”❺专精；专一。韦应物《学仙二首》之二：“读多七过可乞言，为子心精得神仙。”又《马明生遇神女歌》：“学仙贵功亦贵精，神女变化感马生。”白居易《拣贡橘书情》：“洞庭贡橘拣宜精，太守勤王请自行。”陆龟蒙《奉和袭美太湖诗二十首·毛公坛》：“我访岑寂境，自言斋戒精。”❻精通。姚合《过不疑上人院》：“九经通大义，内典自应精。”许棠《送刘校书游东鲁》：“才偏精二雅，分合遇诸侯。”皮日休《正乐府十篇·贪官怨》：“素来不知书，岂能精吏理。”张乔《送僧鸾归蜀宁亲》：“歌诗精外学，天子是知音。”❼精工；精美。刘禹锡《历阳书事七十韵》：“接境人情洽，方冬馔具精。”白居易《和答诗十首·答箭镞》：“矢人职司忧，为箭恐不精。”姚合《成名后留别从兄》：“为客衣裳多不稳，和人诗句固难精。”杜荀鹤《维扬冬末寄幕中二从事》：“典尽客衣三尺雪，炼精诗句一头霜。”❽好，美好。陆龟蒙《奉酬袭美秋晚见题二首》之一：“鸟啄琴材响，僧传药味精。”❾指日月星辰之属。刘禹锡《吐绶鸟词》：“四明天姥神仙地，朱鸟星精钟异气。”李商隐《送千牛李将军赴阙五十韵》：“长刀悬月魄，快马骇星精。”皮日休《奉和鲁望读阴符经见寄》：“结为日月精，融作天地髓。”贯休《古意九首》之一：“我有径寸珠，别是天地精。”❿精灵；妖精。李颀《赠张旭》：“皓首穷草隶，时称太湖精。”杜甫《殿中杨监见示张旭草书图》：“呜呼东吴精，逸气感清识。”卢仝《月蚀诗》：“传闻古老说，蚀月虾蟆精。”吕岩《闲题》：“惟有城南老树精，分明知道神仙过。”⓫精气。白居易《新乐府·鸦九剑》：“金铁腾精火翻焰，踊跃求为镆铘剑。”精神；精力。裴漼《奉和御制旋师喜捷》：“中军才受律，妖寇已亡精。”吴融《秋兴》：“襟期渐萧洒，精爽欲飞扬。”⓬精神、思想、意识等。李白《豫章行》：“精感石没羽，岂云惮险艰。”⓭锐利。见“精刚”。⓮隐微奥妙。见“精言”。⓯明白，清楚。元稹《梦游春七十韵》：“曩意自未精，此行何所诉。”又《山枇杷》：“天高万里看不精，帝在九重声不彻。”姚合《和裴令公新成绿野堂即事》：“道旷襟情远，神闲视听精。”⓰同“晶”。羊士谔《林馆避暑》：“山蜩金奏响，荷露水精圆。”李商隐《日高》：“水精眠梦是何人，栏药日高红髲鬌。”

【精力】　精神气力。卢仝《自君之出矣》：“驰情增悴容，蓄思损精力。”

【精心】　用心，专心。岑参《尹相公京兆府中棠树降甘露诗》：“王泽布人和，精心动灵祇。”元稹《游三寺回以诗自诮尔》：“贪缘稽首他方佛，无暇精心满县囚。”姚合《书怀寄友人》：“精心奉北宗，微宦在南宫。”

【精甲】　精锐的部队。韦应物《送李侍御益赴幽州幕》：“司徒拥精甲，誓将除国氛。”

【精考】　精心考证。丘光庭《补新宫》序：“惟此《新宫》，则辞义俱失，苟非精考，难究根源。”

【精至】　工巧精致。方干《送吴彦融赴举》：“用心精至自无疑，千万人中似汝稀。”

【精光】　❶光辉。李白《拟古十二首》之六：“太白出东方，彗星扬精光。”李华《寄赵七侍御》：“阴奥潜鬼物，精光动烟空。”韩愈、孟郊《斗鸡联句》：“精光目相射，剑戟心独在。”卢仝《冬行三首》之二：“落日无精光，哑暝被掣肘。”❷光彩，光焰。郭震《古剑篇》：“精光黯黯青蛇色，文章片片绿龟鳞。”李白《古风》之十六：“精光射天地，雷腾不可冲。”陆龟蒙《奉和袭美太湖诗二十首·太湖石》：“或剖出温瑜，精光具华瑱。”齐己《谢人墨》：“正色浮端砚，精光动蜀笺。”❸指人的风仪神采。白居易《饱食闲坐》：“子弟多寂寞，僮仆少精光。”薛能《牡丹四首》之一：“品格如寒食，精光似少年。”

【精芒】　光芒。李白《出自蓟北门行》：“虏阵横北荒，胡星耀精芒。”韦应物《寇季膺古刀歌》：“月肃风凄古堂净，精芒切切如有声。”

【精兵】　精锐的士卒。刘禹锡《送浑大夫赴丰州》：“故吏来辞辛属国，精兵愿逐李轻车。”鱼玄机《浣纱庙》：“一双笑靥才回面，十万精兵尽倒戈。”杜牧《感怀诗一首》：“号为精兵处，齐蔡燕赵魏。”贯休《古塞曲三首》之三：“百万精兵动，参差便渡辽。”

【精利】　精良锐利。吕温《同舍弟恭岁暮寄晋州李六协律三十韵》：“剑匣益精利，玉韬宁磷缁。”

【精言】　精微奥妙的言论。赵冬曦《和燕公岳州山城》：“访道精言合，论经大义通。”郑薰《赠巩畴》：“高论展僧肇，精言资巩生。”

【精宇】　精舍，佛寺。李白《莹禅师房观山海图》：“真僧闭精宇，灭迹含达观。”

【精究】　精心研究。彭晓《参同契明镜图诀诗二首》之一：“同人好道宜精究，究得长生路便通。”

【精妍】　精良优异。伍乔《观山水障子》：“功绩精妍世少伦，图时应倍用心神。”

【精奇】　精彩奇妙。齐己《还黄平素秀才卷》：“冷澹闻姚监，精奇见浪仙。”

【精明】　❶明亮。张聿《剑化为龙》：“古剑试难屈，精明有所从。”❷精细明察，精细聪明。寒山《诗三百三首》之二四七：“心月自精明，万象何能比。”杜牧

《奉送中丞姊夫俦自大理卿出镇江西因成十二韵》："精明如定国，孤峻似陈蕃。"

【精物】 宝物。韦应物《咏玉》："乾坤有精物，至宝无文章。"

【精金】 纯金。张说《奉和圣制赐诸州刺史应制以题坐右》："朝廷多秀士，熔炼比精金。"

【精舍】 指寺中僧人习经、诵经、起居之室。亦用以泛称寺庙。张九龄《冬中至玉泉山寺有此作》："石壁开精舍，金光照法筵。"戎昱《题招提寺》："招提精舍好，石壁向江开。"刘禹锡《送僧方及南谒柳员外》："昔事庐山远，精舍虎溪东。"刘得仁《夏日游慈恩寺》："何处消长日，慈恩精舍频。"

【精念】 专意。刘长卿《齐一和尚影堂》："昔余精念访禅扉，常接微言清道机。"

【精享】 精诚祭奠。宋之问《谒禹庙》："揆材非美箭，精享愧生刍。"

【精怪】 犹精灵。指妖魔鬼怪之类。岑参《杨雄草玄台》："精怪喜无人，睢盱藏老树。"贯休《赠钟陵陈处士》："高吟千首精怪动，长啸一声天地开。"

【精珍】 精致珍贵。白居易《哭崔常侍晦叔》："顽贱一拳石，精珍百炼金。"

【精苦】 精勤刻苦。邵谒《送徐群宰望江》："贡艺既精苦，用心必公平。"

【精要】 精微。李白《与元丹丘方城寺谈玄作》："灭除昏疑尽，领略入精要。"

【精研】 ❶精心研习。清昼《讲古文联句》："孤标爽迈，深造精研。"❷精深。徐铉《奉和宫傅相公怀旧见寄四十韵》："尽日凝思殊怅望，一章追叙信精研。"

【精思】 ❶精力和思虑。李昂《题程修己竹障》："良工运精思，巧极似有神。"李华《咏史十一首》之六："何为汉武帝，精思偏群山。"❷精心思考。储光羲《贻韦炼师》："精思莫知日，意静如空虚。"王建《昭应李郎中见贻佳作次韵奉酬》："精思道心缘境熟，粗疏文字见诗回。"

【精氣】 阴阳精灵之气。古人认为天地间万物皆秉之以生。见《易・繫辞上》。李峤《宝剑篇》："风霜凛凛匣上清，精气遥遥斗间明。"杜甫《沙苑行》："岂知异物同精气，虽未成龙亦有神。"窦庠《于阗钟歌送灵彻上人归越》："精气激射声冲瀜，护持海底诸鱼龙。"崔璐《览皮先辈盛制因作十韵以寄用伸款仰》："河岳挺灵异，星辰精气殊。"

【精修】 精心修炼。李白《与南陵常赞府游五松山》："龙堂若可憩，吾欲归精修。"皎然《同颜使君真卿李侍御萼游法华寺登凤翅山望太湖》："萧辰资丽思，高论惊精修。"清江《早发陕州途中赠严秘书》："贫病吾将有，精修许少卿。"王遘《冬日建安寺西院喜昼公自吴兴至联句一首》："宗系传康乐，精修学远公。"

【精神】 ❶精力体气。李白《古风》之三五："棘刺造沐猴，三年费精神。"杜甫《暇日小园散病将种秋菜督勒耕牛兼书触目》："老病忌拘束，应接丧精神。"韩愈《赠崔立之评事》："可怜无益费精神，有似黄金掷虚牝。"欧阳炯《贯休应梦罗汉画歌》："形如瘦鹤精神健，顶似伏犀头骨粗。"❷心神；神志。指神情意态。顾况《梁司马画马歌》："画精神，画筋骨，一团旋风瞥灭没。"贾岛《过杨道士居》："精神含药色，衣服带霞纹。"陆龟蒙《奉和袭美太湖诗二十首・初入太湖》："耳目骇鸿濛，精神寒佶栗。"李中《鹤》："警露精神异，冲天羽翼新。"❸形容人或物有生气，有活力。白居易《洛中春游呈诸亲友》："春娃无气力，春马有精神。"杜牧《蔷薇花》："朵朵精神叶叶柔，雨晴香拂醉人头。"司空图《诗品二十四则・形容》："风云变态，花草精神。"花蕊夫人徐氏《宫词》之六七："昭仪侍宴足精神，玉烛抽看记饮巡。"❹风采神韵。李白《效古二首》之二："低头不出气，塞默少精神。"杜牧《送刘秀才归江陵》："落落精神终有立，飘飘才思杳无穷。"李郢《上裴晋公》："四朝忧国鬓如丝，龙马精神海鹤姿。"❺人的品质、意识等。岑参《过梁州奉赠张尚书大夫公》："精神感灵祇，勋业振青史。"皇甫湜《出世篇》："精神如太阳，霍然照清都。"孟郊《自惜》："零落雪文字，分明镜精神。"刘行敏《又嘲杨文瓘》："精神既如此，长叹复何为。"❻精灵。刘得仁《题山中故静禅师》："溪院秋先雪，山堂古有精。"罗隐《西京道中》："祢生词赋抛江夏，汉祖精神忆沛中。"罗虬《比红儿诗》之十三："通宵甲帐散香尘，汉帝精神礼百神。"

【精剛】 锋利坚韧。白居易《李都尉古剑》："至宝有本性，精刚无与俦。"

【精彩】 ❶精神；神采。寒山《诗三百三首》之一〇五："神气卓然异，精彩超众群。"李白《感兴六首》之一："瑶姬天帝女，精彩化朝云。"❷佳妙出色。徐铉《奉和御制茱萸》："台畔西风御果新，芳香精彩丽萧辰。"贯休《寄杜使君》："杉松经雪后，别有精彩出。"

【精討】 精心研讨。李白《拟古十二首》之八："金丹宁误俗，昧者难精讨。"

【精悍】 精明强干。杜甫《八哀诗・赠司空王公思礼》："短小精悍姿，屹然强寇敌。"

【精能】 精通熟练。方干《水墨松石》："三世精能举世无，笔端狼藉见功夫。"又《观项信水墨》："险峭虽从笔下成，精能皆自意中生。"

【精理】 精粹之理。岑参《入剑门作寄杜杨二郎中时二公并为杜元帅判官》："良筹佐戎律，精理皆硕画。"杜甫《赠特进汝阳王二十韵》："精理通谈笑，忘形向友朋。”

【精専】 精纯专一。欧阳詹《答韩十八驽骥吟》:“班尔图永安,抡择期精专。”白居易《游悟真寺诗》:“往有写经僧,身静心精专。”皮日休《鲁望昨以五百言见贻因成一千言上述吾唐文物之盛次叙相得之欢亦迭和之微旨也》:“尔来五寒暑,试艺称精专。”曹唐《小游仙诗九十八首》之九:“武帝徒劳厌暮年,不曾清净不精专。”

【精堅】 精诚坚定。韦应物《学仙二首》之一:“云气冉冉渐不见,留语弟子但精坚。”白居易《题裴晋公女几山刻石诗后》:“襟怀转萧洒,气力弥精坚。”

【精爽】 ❶精神。杜甫《魏将军歌》:“魏侯骨耸精爽紧,华岳峰尖见秋隼。”孟简《咏欧阳行周事》:“襟情一夕空,精爽旦日残。”❷魂魄。李华《咏史十一首》之六:“高标尚可仰,精爽今何之。”顾况《哭从兄苌》:“人生倏忽间,精爽无不之。”李群玉《题二妃庙》:“不知精爽归何处,疑是行云秋色中。”司空图《冯燕歌》:“此君精爽知犹在,长与人间留炯诫。”

【精異】 超群,异乎寻常。杜审言《南海乱石山作》:“观此得咏歌,长时想精异。”孟郊《哭刘言史》:“精异刘言史,诗肠倾珠河。”李群玉《登宜春醉宿景星寺寄郑判官兼简空上人》:“夜中香积饭,蔬粒俱精异。”

【精粗】 亦作“精麤”。❶精密和粗疏。韩愈《示儿》:“来过亦无事,考评道精粗。”吕温《道州将赴衡州酬别江华毛令》:“布帛精粗任土宜,疲人识信每先期。”❷精良和粗劣。王绩《田家三首》之三:“家贫留客久,不暇道精粗。”孟郊《乙酉岁舍弟扶持归兴义庄居后独止舍待替人》:“饮食迷精粗,衣裳失宽窄。”白居易《喜与韦左丞同入南省因叙旧以赠之》:“早年同遇陶钧主,利钝精粗共在镕。”

【精深】 精微深奥。齐己《谢虚中寄新诗》:“趣极同无迹,精深合自然。”又《谢王秀才见示诗卷》:“后须离影响,得必洞精深。”

【精通】 透彻通晓。李咸用《赠陈望尧》:“若说精通事艺长,词人争及孝廉郎。”吴融《阌乡寓居十首·蛙声》:“稚珪伦鉴未精通,只把蛙声鼓吹同。”

【精華】 ❶事物中最优秀的部分。张祜《题王右丞山水障二首》之一:“精华在笔端,咫尺匠心难。”李频《长安书情投知己》:“精华搜未竭,骚雅琢须全。”齐己《谢秦府推官寄丹台集》:“钱郎未竭精华去,元白终存作者来。”❷光辉;光华。徐晶《阮公体》:“黄尘暗天起,白日敛精华。”欧阳詹《智达上人水精念珠歌》:“精华极,何宜更复加磨拭。”贯休《读杜工部集二首》之一:“日月精华薄,山川气概卑。”齐己《寓言》:“精华销地底,珠玉聚侯门。”❸精神元气。李百药《赋得魏都》:“炎运精华歇,清都宝命开。”

【精潔】 精致洁净。章孝标《题朱秀城南亭子》:“土木欲知精洁处,社天归燕怯安巢。”

【精進】 佛教语。为“六波罗蜜”之一。谓按佛教教义,在修善断恶、去染转净的修行过程中,不懈地努力。贾岛《赠弘泉上人》:“洗足下蓝岭,古师精进同。”刘得仁《题景玄禅师院》:“古僧精进者,师复是谁流。”

【精富】 精深博大。郑谷有《宗人作尉唐昌官署幽胜而又博学精富得以言谈将欲他之留书屋壁》。

【精奥】 精微奥妙。清昼、汤衡《讲古文联句》:“左张精奥,嵇阮高寡。”徐铉《酬郭先辈》:“古诗尤精奥,史论皆宏拔。”

【精誠】 ❶真诚。张九龄《南郊太尉酌献武舞作凯安之乐》:“介福何穰穰,精诚格穹昊。”李白《古风》之三七:“精诚有所感,造化为悲伤。”鲍溶《寄归》:“几夕精诚拜初月,每秋河汉对空机。”吴融《和皮博士赴上京观中修灵斋赠威义尊师兼见寄》:“精诚有为天应感,章奏无私鬼怕闻。”❷精神。骆宾王《边城落日》:“壮志凌苍兕,精诚贯白虹。”独孤及《送李宾客荆南迎亲》:“毛节精诚著,铜楼羽翼施。”李德裕《忆平泉山居赠沈吏部一首》:“殁世有遗恨,精诚何所如。”徐铉《奉和宫傅相公怀旧见寄四十韵》:“袁安辞气忠仍恳,吴汉精诚直且专。”

【精意】 ❶专心一意;诚意。贾曾《祭汾阴乐章》:“至诚无昧,精意惟芳。”张九龄《奉和圣制烛龙斋祭》:“精意允溢,群灵鼓舞。”皇甫冉《祭张公洞二首》之一:“尧心知稼穑,精意绕山川。”元结《演兴四首·讼木魅》:“重嗟惋兮何补,每齐心以精意。”❷精深的旨趣。王昌龄《悲哉行》:“观其微灭时,精意莫能论。”韦应物《石鼓歌》:“一书遗此天地间,精意长存世冥寞。”

【精詣】 精到。谓学养精粹。皎然《苕溪草堂四十三韵》:“汤子自天德,精诣功不僻。”

【精義】 精深微妙的义理、道理。李白《赠宣城赵太守悦》:“闲吟步竹石,精义忘朝昏。”窦牟《元日喜闻大礼寄上翰林四学士中书六舍人二十韵》:“密辞投水石,精义出沙金。”孟郊《同年春燕》:“淹中讲精义,南皮献清词。”刘沧《赠颢顼山人》:“浩气含真玉片辉,著书精义入玄微。”

【精魄】 精神魂魄。李颀《二妃庙送裴侍御使桂阳》:“无人见精魄,万古寒猿悲。”李绅《涉沅潇》:“行来击棹独长叹,问尔精魄何所如。”李商隐《过景陵》:“武皇精魄久仙升,帐殿凄凉烟雾凝。”陆龟蒙《送羊振文先辈往桂阳归觐》:“灵均精魄如能问,又得千年贾傅词。”

【精鍊】 ❶提取精华或去除杂质，使之纯净。白居易《天坛峰下赠杜录事》："河车九转宜精炼，火候三年在好看。"❷精于修炼。皎然《兵后早春登故鄣南楼望昆山寺白鹤观示清道人并沈道士》："隳形舍簪绂，烹玉思精炼。"

【精禋】 精诚祭祀。储光羲《述华清宫五首》之一："大圣不私己，精禋为群氓。"

【精賾】 精微的养身之道。于頔《郡斋卧疾赠昼上人》："晚依方外友，极理探精赜。"

【精誓】 精诚的誓言。宋之问《自衡阳至韶州谒能禅师》："洗虑宾空寂，焚香结精誓。"

【精魂】 精神魂魄。陈子昂《月夜有怀》："空帘隔星汉，犹梦感精魂。"杜甫《客居》："子规昼夜啼，壮士敛精魂。"李德裕《阳给事》："徘徊望故垒，尚想精魂游。"罗隐《金陵思古》："高洞紫箫吹梦想，小窗残雨湿精魂。"

【精微】 ❶精深微妙。王昌龄《裴六书堂》："经纶精微言，兼济当独往。"白居易《江楼夜吟元九律诗成三十韵》："清楚音谐律，精微思入玄。"方干《献王大夫》："操心已在精微域，落笔皆成典诰词。"❷精深微妙之旨趣。孙逖《送新罗法师还国》："苦心归寂灭，宴坐得精微。"杜甫《夜听许十损诵诗爱而有作》："精微穿溟涬，飞动摧霹雳。"孟郊《吊元鲁山》之六："精微自然事，视听不可寻。"❸犹精华。谓人才德出众。孟郊《桐庐山中赠李明府》："即此佳志士，精微谁相群。"吴筠《览古十四首》之一二："谋物暗谋已，谁言尔精微。"

【精粹】 精英。贯休《上孙使君》："恭惟岳精粹，多出于昭代。"

【精察】 精细明察。韩愈、孟郊《征蜀联句》："石潜设奇伏，穴覷骋精察。"

【精慮】 精思。皎然《答豆卢居士春夜游东园见怀》："事表精虑远，月中华木繁。"

【精輝】 精气光辉。李白《将游衡岳过汉阳双松亭留别族弟浮屠谈皓》："丹彩泻沧溟，精辉凌白虹。"

【精魅】 妖精鬼怪。寒山《诗三百三首》之一六九："今成白发婆，老陋若精魅。"贯休《偶作五首》之五："铜台老树作精魅，金谷野狐多子孙。"欧阳炯《题景焕画应天寺壁天王歌》："蟒蛇拖得浑身堕，精魅搦来双眼空。"

【精鋭】 ❶精悍勇锐。高适《东平留赠狄司马》："练兵日精锐，杀敌无遗残。"杜甫《渔阳》："渔阳突骑犹精锐，赫赫雍王都节制。"❷指精悍勇锐的部队。杜甫《送樊二十三侍御赴汉中判官》："冰雪净聪明，雷霆走精锐。"又《观安西兵过赴关中待命二首》之一："四镇富精锐，摧锋皆绝伦。"

【精衛】 古代神话传说中的鸟名。见《山海经·北山经》。李白《寓言三首》之二："区区精卫鸟，衔木空哀吟。"顾况《龙宫操》："龙宫月明光参差，精卫衔石东飞时。"王建《精卫词》："精卫谁教尔填海，海边石子青磊磊。"聂夷中《客有追叹后时者作诗勉之》："精卫一微物，犹恐填海平。"

【精選】 精心挑选。杜甫《八哀诗·故秘书少监武功苏公源明》："射君东堂策，宗匠集精选。"清昼、潘述《讲德联句》："精选藩翰，庸资正直。"

【精騎】 精锐的骑兵。崔融《塞垣行》："精骑突晓围，奇兵袭暗壁。"虞世南《从军行二首》之一："全兵值月满，精骑乘胶折。"

【精藍】 佛寺；僧舍。精，精舍；蓝：阿兰若。张祜《伊山》："晋代衣冠梦一场，精蓝往是读书堂。"

【精藝】 精美的艺术。皇甫湜《石佛谷》："精艺贯古今，穷岩谁爱惜。"

【精廬】 精舍。亦指佛寺。宋之问《雨从箕山来》："此时客精庐，幸蒙真僧顾。"韦应物《善福精舍答韩司录见忆》："弱志厌众纷，抱素寄精庐。"贾岛《宿山寺》："众岫耸寒色，精庐向此分。"吴融《绵竹山四十韵》："行府寄精庐，开窗对林麓。"

【精覽】 晶莹映照。李白《安州应城玉女汤作》："精览万殊入，潜行七泽连。"

【精鑒】 见"精鑑"。

【精髓】 精气真髓。齐己《祈真坛》："何当断欲便飞去，不要九转神丹换精髓。"吕岩《窑头坯歌》："既不悟，终不悔，死了犹来借精髓。"

【精鑑】 亦作"精鑒"。❶明亮的镜子。郑谷《闲题》："举世何人肯自知，须逢精鉴定妍媸。"❷精于鉴别。亦指精于鉴别者。刘长卿《客舍赠别韦九建赴任河南韦十七造赴任郑县就便觐省》："香名冠二陆，精鉴逢山涛。"皎然《奉和裴使君清春夜南堂听陈山人弹白雪》："通幽鬼神骇，合道精鉴稀。"

【精靈】 ❶灵魂。宋之问《桂州黄潭舜祠》："精灵游此地，祠树日光辉。"李白《登高丘而望远》："盗贼劫宝玉，精灵竟何能。"白居易《哭刘尚书梦得二首》之一："贤豪虽殁精灵在，应共微之地下游。"吴融《首阳山》："精灵长在白云里，应笑随时饱死人。"❷指神仙、妖怪之类。李白《姑孰十咏·牛渚矶》："但惊群木秀，莫测精灵状。"李涉《与弟渤新罗剑歌》："我有神剑异人与，暗中往往精灵语。"王周《巫庙》："日既恃威福，岁久为精灵。"齐己《谢高辇先辈寄新唱和集》："洛浦精灵慑，邙山鬼魅愁。"❸谓人的精神、业绩等。褚亮《伤始平李少府正己》："精灵与毫翰，千祀寿何人。"❹灵异；出众。寒山《诗三百三首》之一七八："人有精灵物，无字复无文。"杜甫《秦州见敕三十韵》："交期余潦倒，材力尔精灵。"薛能《蜀州郑史君寄鸟嘴茶因以赠答八韵》："鸟觜撷浑牙，精灵胜镆铘。"李咸用《宿渔家》："陶家壁上精灵物，风雨未来终是梭。"

【精麤】　见"精粗"。

粼　〔lín《广韵》力珍切，平真，來。〕亦作"粦"。见"粼粼"。

【粼粼】　亦作"粦粦"。水流清澈貌；水石闪耀貌。见《诗·唐风·扬之水》。高适《答侯少府》："漆园多乔木，睢水清粼粼。"李贺《蜀国弦》："凉月生秋浦，玉沙粼粼光。"何希尧《操莲曲》："锦莲浮处水粼粼，风外香生袜底尘。"温庭筠《张静婉采莲歌》："城边杨柳向娇晚，门前沟水波粼粼。"

粹　〔cuì《广韵》雖遂切，去至，心。〕纯，纯正。韩愈《荐士》："杳然粹而清，可以镇浮躁。"卢仝《赠金鹅山人沈师鲁》："种玉不耕山外非内粹。"白居易《题郡中荔枝诗十八韵兼寄万州杨八使君》："粹液灵难驻，妍姿嫩易伤。"

【粹色】　纯正的色彩。褚载《移石》："磨看粹色何殊玉，敲有奇声直异金。"

【粹和】　精纯和美。陆龟蒙《读襄阳耆旧传因作诗五百言寄皮袭美》："不知粹和气，有得方大受。"

【粹美】　精美；美好。韩愈《赠张籍》："吾爱其风骨，粹美无可拣。"皇甫湜《题浯溪石》："中行虽富剧，粹美若可盖。"

【粹然】　纯正貌。刘禹锡《秋日过鸿举法师寺院便送归江陵》序："故自近古而降，释子以诗闻于世者相踵焉。因定而得境，故翛然以清，由慧而遣辞，故粹然以丽。"

【粹精】　精纯。阎朝隐《鹦鹉猫儿篇》："鹦鹉鸟，同资造化兮殊粹精。"

【粹藻】　精美的文采。许敬宗《奉和圣制登三台言志应制》："形言防处逸，粹藻发嘉猷。"

粽　〔zòng《广韵》作弄切，去送，精。〕亦作"糉"。即粽子。端午节民间有吃粽子的习俗。粽子，用竹叶或苇叶等把糯米包住，扎成三角锥体或其他形状，煮熟后食用。相传战国屈原怀怨投汨罗江后，楚人每于五月五日端午节用竹洞贮米投江祭之。后世沿其习俗，以粽子为应节食品。玄宗《端午三殿宴群臣探得神字》："四时花竞巧，九子粽争新。"元稹《酬乐天东南行诗一百韵》："绿粽新菱实，金丸小木奴。"姚合《夏夜宿江驿》："渚闹渔歌响，风和角粽香。"温庭筠《鸿胪寺有开元中锡宴偶成四十韵》："盘斗九子粽，瓯擎五云浆。"沈亚之《五月六日发石头城步望前船示舍弟兼寄侯郎》："蒲叶吴刀绿，筠筒楚粽香。"

九　画

糊　〔hú《广韵》户吴切，平模，匣。〕❶涂附；黏合。白居易《竹窗》："开窗不糊纸，种竹不依行。"元稹《春分投简阳明洞天作》："村扉以白板，寺壁耀赪糊。"郑光业《纪中表试案》："新糊案子，其白如银。"❷铺盖；布满。元稹《酬乐天雪中见寄》："知君夜听风萧索，晓望林亭雪半糊。"白居易《和微之春日投简阳明洞天五十韵》："泉岩雪飘洒，苔壁锦漫糊。"李洞《乙酉岁自蜀随计趁试不及》："风卷坏亭羸仆病，雪糊危栈蹇驴行。"

糇　〔hóu《广韵》户鉤切，平侯，匣。〕干粮。见"糇粮"。

【糇粮】　干粮；粮食。刘禹锡《游桃源一百韵》："芝术资糇粮，烟霞拂巾帻。"

粼　同"粼"。

糈　〔xǔ《广韵》私吕切，上語，心。又踈舉切，上語，生。〕粮食。特指祭神用的精米。见《楚辞·离骚》。韩愈《远游联句》："怀糈餽贤屈，乘桴追圣丘。"

糅　〔róu《广韵》女救切，去宥，娘。《集韵》而由切，平尤，日。〕混合，揉合。张说《时乐鸟篇》序："臣按《南海异物志》：有时乐鸟，鸣云太平，天下有道则见。验其图，丹首红臆，朱冠绿翼，莺领文背，糅以五色。"元结《演兴四首·初祀》："涂木兰兮莳糅蕙，被弱草兮褯礿联。"

十　画

糒　〔bèi《广韵》平祕切，去至，並。〕干饭；干粮。见"糗糒"。

糗　〔qiǔ《广韵》去久切，上有，溪。〕炒熟的米麦。亦泛称干粮。见"糗粻""糗糒"。

【糗粻】　食粮。柳宗元《贞符》："赋彻而藏，厚我糗粻。"

【糗糒】　米麦做成的干粮。储光羲《田家杂兴八首》之六："糗糒常共饭，儿孙每更抱。"

【糗糧】　干粮。岑参《送狄员外巡按西山军》："战士常苦饥，糗粮不相继。"

模〔mó〕见“模糊”。

【模糊】 不清楚；不分明。杜甫《戏作花卿歌》：“子章髑髅血模糊，手提掷还崔大夫。”又《送蔡希曾都尉还陇右因寄高三十五书记》：“马头金狎帖，驼背锦模糊。”白居易《雪中即事答微之》：“连夜江云黄惨澹，平明山雪白模糊。”

十一画

糟〔zāo《广韵》作曹切，平豪，精。〕古指未漉清的带滓的酒。后指酒渣。王绩《过酒家五首》之三：“竹叶连糟翠，蒲萄带曲红。”韩愈《感春四首》之二：“屈原离骚二十五，不肯铺啜糟与醨。”姚合《秋日书事寄秘书窦少监》：“头巾何所直，且漉瓮头糟。”张直《宿顾城二首》之一：“春酒新泼醅，香美连糟滤。”

【糟丘】 和酒糟成丘山。极言酿酒之多，沉酒之甚。李白《月下独酌四首》之四：“蟹螯即金液，糟丘是蓬莱。”皮日休《奉和添酒中六咏·酒船》：“尝行麹封内，稍系糟丘泊。”

【糟粕】 酒滓。喻无用之物。韩愈《晚秋郾城夜会联句》：“为诗安能详，庶用存糟粕。”孟郊《吊元鲁山》之七：“礼法虽相救，贞浓易糟粕。”元稹《和李校书新题乐府十二首·法曲》：“作之宗庙见艰难，作之军旅传糟粕。”皮日休《酒中十咏·酒泉》：“玉液是浇漓，金沙乃糟粕。”

【糟牀】 酒榨，制酒用的榨床。杜甫《羌村》之二：“赖知禾黍收，已觉糟床注。”鲍溶《山中冬思二首》之二：“幽人毛褐暖，笑就糟床醉。”段成式《醉中吟》：“只爱糟床滴滴声，长愁声绝又醒醒。”皮日休《奉和添酒中六咏·酒瓮》：“移来近麹室，倒处临糟床。”

【糟漿】 酒浆，酒。元稹《答姨兄胡灵之见寄五十韵》：“糟浆闻渐足，书剑讶无成。”鲍溶《山行经樵翁》：“举案馈宾客，糟浆盈陶尊。”陆龟蒙《奉和袭美酒中十咏·酒城》：“殊无甲兵守，但有糟浆气。”

【糟甕】 酒瓮。白居易《和春深诗二十首》之十四：“铺歠眠糟瓮，流涎见麹车。”

【糟糠】 ❶酒滓、谷皮等粗劣食物，穷以之充饥。李白《古风》之十五：“珠玉买歌笑，糟糠养贤才。”刘禹锡《墙阴歌》：“西邻田舍乏糟糠，就影汲汲春黄粱。”❷出《后汉书·宋弘传》。意谓贫贱时与之共食糟糠的妻室不可遗弃。故以糟糠指曾经共过患难的妻子。白居易《二年三月五日赠妻弘农郡君》：“忆同牢卺初，家贫共糟糠。”

糞〔fèn《广韵》方問切，去問，非。〕❶扫除。见“糞掃”。❷屎。孟郊《尧歌》：“娥女无礼数，污家如粪泥。”权龙褒《秋日述怀》：“饱食房里侧，家粪集野蜋。”贯休《送人之岭外》：“小店蛇羹黑，空山象粪枯。”

【糞土】 ❶秽土。杜甫《贻阮隐居》：“足明箕颍客，荣贵如粪土。”韦应物《汉武帝杂歌三首》之一：“虽留桃核桃有灵，人间粪土种不生。”白居易《和答诗十首·和松树》：“粪土种瑶草，瑶草终不芳。”贯休《行路难》之一：“谁道黄金如粪土，张耳陈余断消息。”❷喻卑贱的事物。引申为卑视。白居易《丘中有一士二首》之二：“所逢苟非义，粪土千黄金。”杨衡《经端溪峡中》：“逍遥一息间，粪土五侯荣。”于濆《秦富人》：“粪土视金珍，犹嫌未奢侈。”

【糞丸】 蜣螂抟成球状的粪便。李商隐《行次西郊作一百韵》：“公卿辱嘲叱，唾弃如粪丸。”

【糞掃】 扫除。贾岛《送玄岩上人归西蜀》：“会当依粪扫，五岳遍头陀。”

【糞壤】 秽土。韩愈《咏雪赠张籍》：“松篁遭挫抑，粪壤获饶培。”又《读皇甫湜公安园池诗书其后二首》之一：“枉智思掎摭，粪壤污秽岂有臧。”白居易《叹鲁二首》之一：“彘肥因粪壤，鼠稳依社坛。”又《梦仙》：“一朝同物化，身与粪壤并。”

縻〔mí《广韵》靡爲切，平支，明。〕❶粥。元结《说洄溪招退者》：“縻色如珈玉液酒，酒熟犹闻松节香。”❷浪费。见“縻費”。❸毁坏。贯休《经古战场》：“昔人昔人既能忠尽于力，身縻戈戟，脂其风，膏其域。”❹姓。三国时有縻竺。据传为人乐善好施，神灵预报火警，免其家资受损。见晋干宝《搜神记》。李瀚《蒙求》：“縻竺收资，桓景登高。”

【縻費】 浪费。李华《咏史十一首》之六：“縻费巨万计，宫车终不还。”

【縻爛】 腐烂。王绩《古意六首》之四：“行当縻烂尽，坐共灰尘灭。”

糠〔kāng《广韵》苦岡切，平唐，溪。〕稻、麦、谷子等子实脱下的皮或壳。刘禹锡《武夫词》：“昔为编户人，秉耒甘哺糠。”罗隐《春风》：“但是秕糠微细物，等闲抬举到青云。”

【糠籺】 亦作“糠覈”。指粗劣的食物。高适《蓟门行五首》之二：“戍卒厌糠覈，降胡饱衣食。”杜甫《驱竖子摘苍耳》：“乱世诛求急，黎民糠籺窄。”韩愈《马厌穀》：“马厌穀兮，士不厌糠籺。”皮日休《二游诗·徐诗》：“吾衣任縠纑，吾食某糠核。”

【糠秕】 ❶谷皮和瘪谷。李白《空城雀》：“食君糠秕余，尝恐乌鸢逐。”黄滔《秋夕贫居》：“豪门腐粱肉，穷巷思糠秕。”贯休《读唐史》：“大簸怕清风，糠秕缭乱飞。”❷喻粗劣无用之物。引申为视为糠粃。顾况《严公钓台作》:“糠秕当世道,长揖夔龙朝。”

【糠覈】　见“糠籺”。

糁　〔sǎn《广韵》桑感切,上感,心。〕❶以米和羹。引申为搀和、混合。孟浩然《和张丞相春朝对雪》:“撒盐如可拟,愿糁和羹梅。”杜甫《水宿遣兴奉呈群公》:“童稚频书札,盘餐讵糁藜。”韩翃《赠别崔司直赴江东兼简常州独孤使君》:“楚酪沃雕胡,湘羹糁香饵。”❷米粒,饭粒。秦韬玉《春雪》:“云重寒空思寂寥,玉尘如糁满春朝。”❸散粒,碎粒。韩愈《送无本师归范阳》:“始见洛阳春,桃枝缀红糁。”❹散落;散上,沾上。李白《春感诗》:“榆荚钱生树,杨花玉糁街。”杜甫《绝句漫兴九首》之七:“糁径杨花铺白毡,点溪荷叶叠青钱。”姚合《寄贾岛浪仙》:“风凄林叶萎,苔糁行径涩。”顾云《苏君厅观韩干马障歌》:“轻匀杏蕊糁皮毛,细捻银丝插鬃尾。”

【糁徑】　飘落于路面。杜甫《绝句漫兴九首》之七:“糁径杨花铺白毡,点溪荷叶叠青钱。”

【糁粒】　米粒。陆龟蒙《奉酬袭美苦雨见寄》:“伊予不战不耕人,敢怨烝黎无糁粒。”

十二画

粮　〔liáng《广韵》吕張切,平陽,來。〕粮食。谷类食物的总称。亦指出行所携食粮。王珪《咏淮阴侯》:“北讨燕承命,东驱楚绝粮。”韦应物《采玉行》:“独妇饷粮还,哀哀舍南哭。”韩愈《洞庭湖阻风赠张十一署》:“鸡犬断四听,粮绝谁与谋。”朱庆余《题任处士幽居》:“生涯无一物,谁与读书粮。”

【糧食】　古时行道所食曰粮,止居所食曰食。后即为供食用的谷物、豆类和薯类的统称。寒山《诗三百三首》之三九:“欲往蓬莱山,将此充粮食。”卢仝《萧宅二三子赠答诗二十首·客谢石》:“虽有提携劳,不忧粮食钱。”杜荀鹤《赠李镡》:“著卧衣裳难辨洗,旋求粮食莫供炊。”

【糧粒】　粮食。杜甫《雨过苏端》:“况蒙霈泽垂,粮粒或自保。”

【糧道】　运粮的道路。韦庄《秦妇吟》:“东南断绝无粮道,沟壑渐平人渐少。”

【糧薪】　粮食和柴火。李群玉《登宜春醉宿景星寺寄郑判官兼简空上人》:“粮薪极桂玉,大道生榛刺。”

【糧儲】　储备的粮食。白居易《赠邻里往还》:“骨肉都卢无十口,粮储依约有三年。”

十三画

糉　同“粽”。

十四画

糯　〔nuò《集韵》奴卧切,去過,泥。〕❶有黏性的稻米。元稹《估客乐》:“鍮石打臂钏,糯米炊项璎。”❷指酒。白居易《咏家酝十韵》:“酿糯岂劳炊范黍,撇篘何假漉陶巾。”

【糯米】　糯稻碾出的米。元稹《估客乐》:“鍮石打臂钏,糯米吹项璎。”

【糯醁】　用糯米酿制的美酒。杜牧《梁秀才见赠凡二十韵走笔依韵》:“弦泛桐材响,杯澄糯醁醇。”

糲　〔lì《广韵》力制切,去祭,來。又落蓋切,去泰,來。又盧達切,入曷,來。〕❶糙米。韩愈《山石》:“铺床拂席置羹饭,疏粝亦足饱我饥。”❷粗糙,粗恶。杜甫《孟仓曹步趾领新酒酱二物满器见遗老夫》:“饭粝添香味,朋来有醉泥。”白居易《洛阳有愚叟》:“点检盘中饭,非精亦非粝。”李咸用《和吴处士题村叟壁》:“粝曲芰汀蓼,甘荼挈石泉。”

【糲食】　粗恶的饭食。寒山《诗三百三首》之二六九:“褐衣随春冬,粝食供朝暮。”姚合《哭费拾遗征君》:“服儒师道旨,粝食卧中林。”李商隐《咏怀寄秘阁旧僚二十六韵》:“粝食空弹剑,亨衢讵置锥。”裴说《冬日作》:“粝食拥败絮,苦吟吟过冬。”

十六画

糴　〔dí《广韵》徒歷切,入錫,定。〕买进谷物。杜甫《醉时歌》:“日籴太仓五升米,时赴郑老同襟期。”陆龟蒙《五歌·刈获》:“古者为邦须蓄积,鲁饥尚责如齐籴。”吴融《祝风三十二韵》:“籴贱兼粜贵,凶年翻大喜。”周昙《咏史诗·晋门·愍帝》:“耕牛吃尽大田荒,二两黄金籴斗粮。”

糵　〔niè《广韵》魚列切,入薛,疑。〕生芽的谷类。亦指酒曲。白居易《效陶潜体诗十六首》之十:“方知麴糵灵,万物无与匹。”

十九画

糶　〔tiào《广韵》他弔切,去嘯,透。〕卖出谷物。白居易《赠友五首》之三:“贱粜粟与麦,贱贸丝与绵。”聂夷中《咏田家》:“二月卖新丝,五月粜新谷。”吴融《祝风三十二韵》:“籴贱兼粜贵,凶年翻大喜。”

糸　部

一　画

系〔xì《广韵》胡計切，去霽，匣。〕❶继续。元结《二风诗·治风诗五篇·至理》："理何为兮，系修文德。"❷世系；谱系。王勃《倬彼我系》之一："倬彼我系，出自有周。"高适《奉酬睢阳李太守》："系高周柱史，名重晋阳秋。"李岑《玄元皇帝应见贺圣祚无疆》："皇纲归有道，帝系祖玄元。"萧倣《享太庙乐章》："金石荐祥，圣系无极。"

糺〔jiū《集韵》吉酉切，上黝，見。〕同"糾"。

【糺合】　相互交错连接。李如璧《明月》："沅有漪兮湘有澜，沅湘纠合淼漫漫。"

【糺紛】　见"糾紛"。

【糺結】　见"糾結"。

【糺曹】　州郡属官录事参军的别称。其职责是纠举六曹，故名。贾岛有《让纠曹上乐使君》。

【糺謬】　见"糾謬"。

【糺纆】　见"糾纆"。

二　画

糾〔jiū《广韵》居黝切，上黝，見。〕❶亦作"糺"。绞合的绳索。参见"糾纆"。❷缠绕；纠缠。王绩《古意六首》之五："枝枝自相纠，叶叶还相当。"李咸用《水仙操》："檿丝相纠成凄清，调和引得薰风生。"❸纠举。李白《送族弟单父主簿凝摄宋城主簿留饮赠之》："往来纠二邑，此去何时还。"韦应物《送宣州周录事》："清时重儒士，纠郡属伊人。"又《信州录事参军常曾古鼎歌》："三年纠一郡，独饮寒泉井。"❹惩处。崔元翰《清明节赋得十韵兼呈马十八郎丞公》："执宪纠奸邪，刊书正讹谬。"卢仝《月蚀诗》："月明无罪过，不纠蚀月虫。"

【糾紛】　亦作"糺紛"。❶交互杂错貌。卢照邻《至望喜瞩目言怀贻剑外知己》："碧流递萦注，青山互纠纷。"骆宾王《艳情代郭氏答卢照邻》："锦字回文欲赠君，剑壁层峰自纠纷。"独孤申叔《终南精舍月中闻磬》："响尽河汉落，千山空纠纷。"❷纷扰；杂乱。杜甫《寄常征君》："万事纠纷犹绝粒，一官羁绊实藏身。"权德舆《卧病喜惠上人李炼师茅处士见访因以赠》："心源暂澄寂，世故方纠纷。"

【糾錯】　纠结交错。韦应物《石鼓歌》："喘逶迤，相纠错。"

【糾峯嶺】　山名。当在今安徽旌德县境。吕从庆有别墅于此。吕从庆《登纠峰顶》："盘盘纠峰岭，不与群峰同。"又《纠峰别业》："纠峰岭半树森然，伐竹编成翠底廛。"

【糾結】　亦作"糺結"。缠绕连接。李白《古意》："枝枝相纠结，叶叶竞飘扬。"柳宗元《登蒲州石矶望横江口潭岛深回斜对香零山》："纠结良可解，纡郁亦已伸。"

【糾慝】　惩处邪恶。李瀚《蒙求》："三王尹京，二鲍纠慝。"

【糾謬】　亦作"糺謬"。纠正谬误。沈佺期《移禁司刑》："一朝逢纠谬，三省竟无虞。"白居易《赠吴丹》："手操纠谬简，心运决胜筹。"又《和梦得游春诗一百韵》："纠谬静东周，申冤动南蜀。"

【糾纆】　亦作"糺纆"。绳索。喻事物相互纠缠，错综复杂。出《文选·贾谊〈鹏鸟赋〉》。钱起《叹毕少府以持法无隐见系》："毕公在囹圄，世事何纠纆。"柳宗元《游南亭夜还叙志七十韵》："长沙哀纠纆，汉阴嗤桔槔。"

【糾纏】　❶相互交错。王珪《咏淮阴侯》："吉凶成纠缠，倚伏难预详。"❷搅扰不停。吕从庆《山中作》："老子于今得此趣，纵有尘事难纠缠。"

三　画

紆〔yū《广韵》憶俱切，平虞，影。〕❶弯曲；曲折。魏征《述怀》："郁纡陟高岫，出没望平原。"韦应物《往云门郊居途经回流作》："才遵板桥曲，复此清涧纡。"皎然《奉和薛员外见寄十二韵》："诮兹长往志，纡彼独游步。"❷迟缓。来鹄《圣政纪颂》："论出不盖，谟行不纡。"❸萦绕，围绕。宋璟《奉和圣制答张说扈从南出雀鼠谷》："征作宫常应，星环日每纡。"杜甫《寒雨朝行视园树》："江上今朝寒雨歇，篱中秀色画屏纡。”又《遣闷奉呈严公二十韵》：“西岭纡村北，南江绕舍东。”❹系结；垂挂。孟郊《邀人赏蔷薇》之一：“丽蕊惜未扫，宛枝长更纡。”元稹《酬乐天东南行诗一百韵》：“缣缃工女竭，青紫使臣纡。”白居易《登龙尾道南望忆庐山旧隐》：“自笑形骸纡组绶，将何言语掌丝纶。”韦庄《和薛先辈二十韵》：“惭闻纡绿绶，即候挂朝簪。”❺屈抑。孙逖《进船泛洛水应制》：“禁园纡睿览，仙棹叶时游。”李適《侍宴长宁公主东庄应制》：“凤楼纡睿幸，龙舸畅宸襟。”席豫《奉和圣制答张说南出雀鼠谷》：“献赋纡天札，飘飖飞白云。”杜甫《奉赠鲜于京兆二十韵》：“献纳纡皇眷，中间谒紫宸。”

【紆曲】（一qū）迂回曲折。韦应物《登西南冈云物可赏》：“纡曲水分野，绵延稼盈畴。”

【紆朱拖紫】形容官位显赫。朱、紫指高官所佩印绶之颜色。白居易《岁暮寄微之三首》之三：“若并如今是全活，纡朱拖紫且开眉。”

【紆直】曲直。李华《仙游寺》：“灵溪自兹去，纡直互纷纠。”高适《自淇涉黄河途中作十三首》之五：“东入黄河水，茫茫泛纡直。”温庭筠《春尽与友人裴氏林探渔竿》：“一迳互纡直，茅棘亦已繁。”

【紆徐】从容舒缓貌。沈佺期《扈从出长安应制》：“翕习黄山下，纡徐清渭东。”孟浩然《西山寻辛谔》：“石潭窥洞彻，沙岸历纡徐。”

【紆道】迂回曲折的道路。孟郊《立德新居》之一：“胜引即纡道，幽行岂通衢。”

【紆組】佩系官印。亦代称为官。王维《晦日游大理韦卿城南别业四声依次用各六韵》之四：“纡组上春堤，侧弁倚乔木。”刘禹锡《和浙西李大夫并浙东元相公所和依本韵》：“种松夹石道，纡组临沙阜。”杜牧《朱坡》：“树老萝纡组，岩深石启闺。”

【紆結】郁积不解。独孤及《太行苦热行》：“摇策汗滂沱，登岸思纡结。”

【紆縈】山水回环旋绕。唐彦谦《游清凉寺》：“白云红树路纡萦，古殿长廊次第行。”

【紆餘】❶迂回曲折。崔湜《登总持寺阁》：“纡余一水合，寥落五陵平。”杜甫《鹿头山》：“纡余脂膏地，惨澹豪侠窟。”张仲素《上元日听太清宫步虚》：“纡余空外尽，断续听中生。”❷谓文辞委婉曲折。韩愈《荐士》：“敷柔肆纡余，奋猛卷海潦。”

【紆緩】迂回。李贺《昌谷诗》：“纡缓玉真路，神娥蕙花里。”

【紆鬱】抑郁；郁积。杜甫《画鹘行》：“吾今意何伤，顾步独纡郁。”元稹《遣春十首》之四：“江流复浩荡，相为坐纡郁。”白居易《和微之诗二十三首·和寄乐天》：“居人色惨淡，行子心纡郁。”李涉《怀古》：“徒怀教化心，纡郁不能伸。”

紅〔hóng《广韵》户公切，平東，匣。〕❶颜色的名称。本指浅红色，后泛称各种红色。白居易《小舫》：“慢牵欲傍樱桃泊，借问谁家花最红。”李商隐《日高》：“水精眠梦是何人，栏药日高红髲䯲。”王毂《苦热行》：“祝融南来鞭火龙，火旗焰焰烧天红。”殷益《看牡丹》：“发从今日白，花是去年红。”❷变红；呈现红色。薛据《登秦望山》：“朝阳半荡漾，晃朗天水红。”李群玉《赠花》：“酒为看花酝，花须趁酒红。”张蠙《送友人及第归》：“家林沧海东，未晓日先红。”黄滔《书事》：“没阵风沙黑，烧城水陆红。”❸借指红色的花。韩愈《奉和虢州刘给事使君三堂新题二十一咏·花源》：“丁宁红与紫，慎莫一时开。”元稹《牡丹二首》之二：“繁绿阴全合，衰红展渐难。”何希尧《一枝花》：“几树晴葩映水开，乱红狼藉点苍苔。”韦庄《寄园林主人》：“桃艳红将落，梨华雪又摧。”❹指红色的布帛之类。亦指其他红色物。韩愈《元和圣德诗》：“以锦缠股，以红帕首。”郑渥《塞上》：“到此客头潜觉白，未秋山叶已飘红。”❺借指美女。司空曙《拟百劳歌》：“红销月落不复见，可惜当时谁拂面。”沈亚之《秦梦诗三首》之一：“泣葬一枝红，生同死不同。”

【紅巾】红色巾帕。李白《捣衣篇》：“摘尽庭兰不见君，红巾拭泪生氤氲。”杜甫《丽人行》：“杨花雪落覆白蘋，青鸟飞去衔红巾。”权德舆《杂言和常州李员外副使春日戏题十首》之八：“相思寂不语，珠泪洒红巾。”白居易《和杜录事题红叶》：“连行排绛帐，乱落剪红巾。”

【紅子】红色骰子。《又湘妃诗四首》之四（卷八六四）：“相约杏花坛上去，画阑红子斗摴蒱。”

【紅牙】❶檀木的别称。檀木色红质坚，故名。皮日休《二游诗·徐诗》：“轴闲翠钿剥，签古红牙折。”❷染成红色的象牙或兽骨。岑参《玉门关盖将军歌》：“野草绣窠紫罗襦，红牙缕马对樗蒲。”

【紅日】太阳。因其放射红日光辉，故名。王建《宫词一百首》之一：“蓬莱正殿压金鳌，红日初生碧海涛。”杜荀鹤《题仇处士郊居》：“笑我有诗三百首，马蹄红日急于名。”李洞《秋宿梓州牛头寺》：“鹤梦生红日，云闲锁梓州。”

【紅叱撥】名马名。唐天宝中，西域进汗血马六匹，分别以红、紫、青、黄、丁香、桃花叱拨为名。见宋李石《续博物志》卷四。元稹《望云骓马歌》：“登山纵似望云骓，平地须饶红叱拨。”也泛指骏马。韦庄《长安清明》：“紫陌乱嘶红叱拨，绿杨高映画秋千。”

【紅心草】草名。或说为红心灰藋之俗称。唐元和初，太原王炎梦游吴。闻吴王宫中出辇，吹箫击鼓，言葬西施。诏词客作挽歌。王炎《葬西施挽歌》，有“满地红心草，三层碧玉阶”之句。见《全唐诗》卷八六八。

【紅玉】　红色宝玉。常以喻美人肤色。白居易《新乐府·陵园妾》:“青丝发落丛鬓疏,红玉肤销系裙慢。”施肩吾《夜宴曲》:“被郎嗔罚琉璃盏,酒入四肢红玉软。”温庭筠《张静婉采莲歌》:“兰膏坠发红玉春,燕钗拖颈抛盘云。”李商隐《深树见一颗樱桃尚在》:“矮堕绿云髻,攲危红玉簪。”

【紅术】　(一zhú)赤术。多年生草本植物。叶细小而多膏,根茎可入药。卢士衡《游灵溪观》:“樵翁接引寻红术,道士留连说紫书。”

【紅布】　红色布帛。韩翃《送崔秀才赴上元兼省叔父》:“行乐远诗红布旆,风流近赌紫香囊。”

【紅片】　红色花瓣。韩偓《惜春》:“应是西园花已落,满溪红片向东流。”

【紅白】　红的和白的。形容色彩鲜明美丽。韩愈《寒食日出游》:“迩来又见桃与梨,交开红白如争竞。”杜牧《念昔游三首》之三:“半醒半醉游三日,红白花开山雨中。”罗隐《吴门晚泊寄句曲道友》:“桃花李花斗红白,山鸟水鸟自献酬。”

【紅印】　红色官印。皮日休《夏景冲澹偶然作二首》之一:“红印寄泉惭郡守,青筐与笋愧僧家。”

【紅光】　红色光芒。郭震《古剑篇》:“君不见昆吾铁冶飞炎烟,红光紫气俱赫然。”

【紅旭】　红日。杨巨源《春日奉献圣寿无疆词》之六:“碧霄传凤吹,红旭在龙旗。”元稹《游碧涧寺》:“穿廊玉涧喷红旭,踊塔金轮拆翠微。”郑谷《入阁》:“玉儿当红旭,金炉纵碧烟。”吴融《海上秋怀》:“几度黄昏逢罔象,有时红旭见蓬莱。”

【紅衣】　❶红色衣裳。李远《闻明上人逝寄友人》:“游人缥缈红衣乱,座客从容白日长。”❷红色羽毛。杜牧《齐安郡后池绝句》:“尽日无人看微雨,鸳鸯相对浴红衣。”❸荷花瓣的别称。许浑《秋晚云阳驿西亭莲池》:“烟开翠扇清风晓,水泥红衣白露秋。”李商隐《如有》:“芭蕉开绿扇,菡萏荐红衣。”赵嘏《长安晚秋》:“紫艳半开篱菊静,红衣落尽渚莲愁。”陆龟蒙《芙蓉》:“莫引西风动,红衣不耐秋。”

【紅守宫】　饲以朱砂的壁虎。旧说将饲以朱砂的壁虎捣烂,点于女子肢体以防不贞,谓之“守宫”。见晋张华《博物志》卷四。李贺《宫娃歌》:“蜡光高悬照纱空,花房夜捣红守宫。”李商隐《河阳诗》:“巴西夜市红守宫,后房点臂斑斑红。”

【紅芳】　红花。陈子昂《感遇诗三十八首》之三十:“但恨红芳歇,凋伤感所思。”白居易《移牡丹栽》:“红芳堪惜还堪恨,百处移将百处开。”李群玉《恼自澄》:“莫遣春风里,红芳点袈裟。”徐铉《奉和御制茱萸》:“柔条细叶妆治好,紫蒂红芳点缀匀。”

【紅杏】　红色杏花。白居易《游赵村杏花》:“赵村红杏每年开,十五年来看几回。”项斯《落第后归觐喜逢僧再阳》:“宴乖红杏寺,愁在绿杨津。”高骈《访隐者不遇》:“惆怅仙翁何处去,满庭红杏碧桃开。”韦庄《闻春鸟》:“红杏花前应笑我,我今憔悴亦羞君。”

【紅豆】　红豆树,海红豆及相思子等植物种子的统称。诗中常用以象征爱情或相思。王维《相思》:“红豆生南国,秋来发故枝。”温庭筠《南歌子词二首》之二:“玲珑骰子安红豆,入骨相思知不知?”路德延《小儿诗》:“宝箧拏红豆,妆奁拾翠钿。”贯休《将入匡山别芳昼二公二首》之二:“红豆树间滴红雨,恋师不得依师住。”

【紅尾】　❶红色尾巴。温庭筠《晓仙谣》:“秦王女骑红尾凤,半空回首晨鸡弄。”❷借指红鲤。温庭筠《薛氏池垂钓》:“朱瑀空偷御沟水,锦鳞红尾属严光。”

【紅妝】　亦作“红粧”。❶指女子的盛妆。因其多用红色,故称。陈叔达《自君之出矣》之二:“自君之出矣,明镜罢红妆。”岑参《敦煌太守后庭歌》:“美人红妆色正鲜,侧垂高髻插金钿。”元稹《瘴塞》:“瘴塞巴山哭鸟悲,红妆少妇敛啼眉。”亦泛称一般红色衣服。张籍《宫词》之一:“薄暮千门临欲锁,红妆飞骑向前归。”❷借指美女。李白《忆旧游寄谯郡元参军》:“红妆欲醉宜斜日,百尺清潭写翠娥。”司空图《冯燕歌》:“掷果潘郎谁不慕,朱门别见红妆露。”王仁裕《荆南席上咏胡琴妓二首》之一:“红妆齐抱紫檀槽,一抹朱弦四十条。”❸喻指红花。孙逖《和常州崔使君咏后庭梅二首》之一:“弱干红妆倚,繁香翠羽寻。”

【紅苞】　红色的花苞或果实的皮壳。李商隐《和张秀才落花有感》:“晴暖感余芳,红苞杂绛房。”来鹄《卖花谣》:“紫艳红苞价不同,匝街罗列起香风。”徐夤《鹧鸪》:“荔枝初熟无人际,啄破红苞坠野田。”

【紅林】　❶盛开红花的树林。太宗《初春登楼即目观作述怀》:“绮峰含翠雾,照日蕊红林。”❷如林的红旗。卢纶《奉陪侍中春日过武安君庙》:“白羽三千骑,红林一万层。”

【紅板】　红色的木板。白居易《杨柳枝词八首》之四:“红板江桥青酒旗,馆娃宫暖日斜时。”

【紅雨】　❶红色的雨。殷尧藩《襄口阻风》:“鸥散白云沉远浦,花飞红雨送残春。”❷落在红花上的雨。孟郊《同年春燕》:“红雨花上滴,绿烟柳际垂。”❸喻落花。李贺《将进酒》:“况是青春日将暮,桃花乱落如红雨。”

【紅果】　红色果实。方干《山中言事》:“山鸟踏枝红果落,家童引钓白鱼惊。”吴融《闲居有作》:“爱弄绿苔鱼自跃,惯偷红果鸟无声。”左偃《江上晚泊》:“寒云淡淡天无际,片帆落处沙鸥起。”

【紅明】　红艳明亮。温宪《杏花》："团雪上晴梢，红明映碧寥。"

【紅岸】　开满红花的堤岸。钱起《和范郎中晓玩清池赠南省同僚两垣遗补》："兰气飘红岸，文星动碧浔。"刘兼《春怨》："绣林红岸落花钿，故去新来感自然。"

【紅旌】　红旗。白居易《湖上招客送春泛舟》："排比管弦行翠袖，指麾船舫点红旌。"韦庄《赠戍兵》："红旌不卷风长急，画角闲吹日又曛。"

【紅房】　红色楼房。曹唐《小游仙诗九十八首》之六一："细腰侍女瑶花外，争向红房报玉妃。"毛熙震《浣溪沙》词之三："晚起红房醉欲消，绿鬟云散袅金翘。"

【紅屈盤】　指印文。李贺《沙路曲》："独垂重印押千官，金窠篆字红屈盘。"

【紅弦】　乐器上的红色丝弦。李贺《洛姝真珠》："兰风桂露洒幽翠，红弦袅云咽深思。"陆龟蒙《寄远》："画扇红弦相掩映，独看斜月下帘衣。"

【紅荆】　荆树的一种。元稹《红荆》："庭中栽得红荆树，十月花开不待春。"

【紅茸】　红色的丝线。司空曙《长林令卫象饧丝结歌》："红茸向暮花参差，吴蚕络茧抽尚绝。"南唐后主李煜《一斛珠》词："烂嚼红茸，笑向檀郎唾。"

【紅英】　红花。白居易《白牡丹》："君看入时者，紫艳与红英。"杨衡《寄赠田仓曹湾》："芳兰媚庭除，灼灼红英舒。"李群玉《山榴》："洞中春气蒙笼暄，尚有红英千树繁。"李昭象《招西洞道者》："危峰抹黛夹晴川，树簇红英草碧烟。"

【紅茵】　红色的垫褥。杨巨源《邵州陪王郎中宴》："红茵照水开樽俎，翠幕当云发管弦。"白居易《池上早春即事招梦得》："白角三升榼，红茵六尺床。"皮日休《奉和鲁望玩金鸂鶒戏赠》："夜来曾吐红茵畔，犹似溪边睡不闻。"李沇《闲宵望月》："卷箔舒红茵，当轩玩明月。"

【紅蕚】　红花。蕚，花蒂。王维《辋川集·辛夷坞》："木末芙蓉花，山中发红蕚。"白居易《南园试小乐》："红蕚紫房皆手植，苍头碧玉尽家生。"李绅《重台莲》："绿荷舒卷凉风晓，红蕚开萦紫药重。"陆龟蒙《和袭美木兰后池三咏·重台莲花》："风情为与吴王近，红蕚常教一倍多。"

【紅荎】　红色香草。徐彦伯《送特进李峤入都祔庙》："乐池歌绿藻，梁苑藉红荎。"

【紅茶】　红色的茶花。司空图《红茶花》："景物诗人见即夸，岂怜高韵说红茶。"

【紅荔】　红色荔枝。皮日休《初夏游楞伽精舍》："紫藤垂罽珥，红荔悬缨络。"

【紅草】　❶即荭草。见《诗·郑风·山有扶苏》。张说《入海二首》之二："隰中生红草，所美非美然。"❷泛指红色的草。刘希夷《江南曲八首》之七："北堂红草盛葑茸，南湖碧水照芙蓉。"杜牧《渡吴江》："月转碧梧移鹊影，露低红草湿萤光。"

【紅砌】　红色台阶。李商隐《清夜怨》："绿池荷叶嫩，红砌杏花娇。"

【紅星】　火星，火花。李白《秋浦歌十七首》之十四："炉火照天地，红星乱紫烟。"

【紅香】　色红而味香。亦指色红味香花。谭用之《春日期巢湖旧事》："暖掠红香燕燕飞，五云仙珮晓相携。"王周《问春》："游丝垂幄雨依依，枝上红香片片飞。"刘兼《酬勾评事》："鹭翘皓雪临汀岸，莲袅红香匝郡楼。"齐己《夏日草堂作》："园林坐清影，梅杏嚼红香。"

【紅缸】　灯盏的别称。白居易《立秋夕凉风忽至咏怀寄汴州节度使李二十尚书》："红缸霏微灭，碧幌飘飖开。"

【紅泉】　红色的泉水。传说汉东方朔小时掘井，陷落地下，有人欲引往采仙草，中隔红泉不得渡，其人与其一屐，遂泛红泉，至长仙草之地，采而食之。见旧题郭宪《洞冥记》。后遂以"紅泉"为传说中仙境美景之一。邵升《奉和初春幸太平公主南庄应制》："沁园佳丽夺蓬瀛，翠壁红泉绕上京。"李白《春陪商州裴使君游石娥溪》："横天耸翠壁，喷壑鸣红泉。"钱起《山中酬杨补阙见过》："日暖风恬种药时，红泉翠壁薜萝垂。"皮日休《茶中杂咏·茶舍》："棚上汲红泉，焙前蒸紫蕨。"

【紅盆】　指红日。杨巨源《送章孝标校书归杭州因寄白舍人》："潮色银河铺碧落，日光金柱出红盆。"

【紅亭】　❶红色的亭子。孙逖《宴越府陈法曹西亭》："公府西岩下，红亭间白云。"张谓《早春陪崔中丞浣花溪宴得暄字》："红亭移酒席，画鹢逗江村。"岑参《虢州西亭陪端公宴集》："红亭出鸟外，骏马系云端。"❷长亭。古人送别或供人休憩之亭。多漆成红色，故名。岑参《暮春虢州东亭送李司马归扶风别庐》："柳亸莺娇花复殷，红亭绿酒送君还。"又《虢州后亭送李判官使赴晋绛》："西原驿路挂城头，客散红亭雨未收。"牟融《送罗约》："独鹤孤琴随远旆，红亭绿酒惜分岐。"

【紅旆】　见"紅旆"。

【紅姿】　红色的姿容。指红花。张文姬《双槿树》："绿影竞扶疏，红姿相照灼。"

【紅淚】　❶晋王嘉《拾遗记·魏》："文帝所爱美人，如薛名灵芸，常山人也……灵芸闻别父母，歔欷累日，泪下沾衣，至升车就路之时，以玉唾壶承泪，壶则红色。既发常山，及至京师，壶中泪凝如血。”后以“紅淚”称美人泪。徐彦伯《拟古三首》之一：“红泪掩促柱，锦衾罗薰笼。”白居易《听歌六绝句·离别难》：“不觉别时红泪尽，归来无泪可沾巾。”杜牧《杜秋娘诗》：“濞既白首判，秋亦红泪滋。”温庭筠《达摩支曲》：“红泪文姬洛水春，白头苏武天山雪。”罗隐《庭花》：“向晚寂无人，相偎堕红泪。”❷血泪。章孝标《织陵词》：“去年蚕恶绫帛贵，官急无丝织红泪。”韦庄《过旧宅》：“莫问此中销歇寺，娟娟红泪滴芭蕉。”

【紅炬】 红烛。白居易、刘禹锡《会昌春连宴即事》联句：“舞袖翻红炬，歌鬟插宝蝉。”

【紅袂】 红袖。白居易《秦中吟十首·五弦》：“清歌且罢唱，红袂亦停舞。”鲍溶《范真传侍御累有寄因奉酬十首》之六：“红袂歌声起，因君始得闻。”

【紅珠】 ❶红色珠玉。许浑《赠萧炼师》：“红珠络绣帽，翠钿束罗襟。”❷喻红色果实。白居易《酬舒三员外见赠长句》：“杨柳花飘新白雪，樱桃子缀小红珠。”张祜《樱桃》：“斜日庭前风袅袅，碧油千片漏红珠。”温庭筠《和道溪君别业》：“花房透露红珠落，蛱蝶双飞护粉尘。”又《自有扈至京师已后朱樱之期》：“空看翠幄成阴日，不见红珠满树时。”❸喻泪。白居易《恨词》：“翠黛眉低敛，红珠泪暗销。”

【紅素】 ❶指红的落花和白的飞絮。杜甫《春远》：“肃肃花絮晚，菲菲红素轻。”❷白皙中透红晕。王琚《美女篇》：“浓纤得中非短长，红素天生谁饰妆。”

【紅埒】 金埒。以钱铺成的界沟，极言豪奢。埒，界限。见《世说新语·汰侈》。李峤《马武骑挽歌二首》之二：“试马依红埒，吹箫弄紫霞。”

【紅苋】 红苋菜。马希振、贯徽《与何致雍僧贯徽联句》：“青蛇每用腰为力，红苋时将叶作花。”

【紅荷】 红色荷花。崔国辅《古意》：“红荷楚水曲，彪炳烁晨霞。”

【紅軒】 红色房屋。王翰《春女行》：“紫台穹跨连绿波，红轩铪匝垂纤罗。”

【紅桂】 莽草的别称。李商隐《燕台四首·秋》：“金鱼锁断红桂春，古时尘埃鸳鸯茵。”

【紅桐】 赪桐。叶大花艳，色红如火，可供观赏。李商隐《无愁果有愁曲北齐歌》：“推烟唾月抛千里，十番红桐一行死。”叶葱奇注引《埤雅》：“赪桐，夏始花，红似火。”

【紅桃】 红色桃花。王维《春园即事》：“开畦分白水，间柳发红桃。”白居易《晚桃花》：“一树红桃亚拂池，竹遮松荫晚开时。”薛能《重游通波亭》：“十年抛掷故园花，最忆红桃竹外斜。”亦指红色桃实。曹唐《小游仙诗九十八首》之九八：“攀花笑入春风里，偷折红桃寄阮郎。”

【紅脈】 红色筋脉。司空图《村西杏花二首》之二：“肌细分红脉，香浓破紫苞。”

【紅脂】 胭脂。张东之《东飞伯劳歌》：“谁家绝世绮帐前，艳粉红脂映宝钿。”

【紅脂花】 指丹桂花。李贺《神弦别曲》：“南山桂树为君死，云衫浅污红脂花。”

【紅旆】 亦作“紅斾”。红旗。高适《部落曲》：“雕戈蒙豹尾，红旆插狼头。”白居易《陕府王大夫相迎偶赠》：“伴我绿槐阴下歇，向君红旆影前行。”张蠙《送薛郎中赴江州》：“尺书先假路，红旆旋烧尘。”王彦威《宣武军镇作》：“前驱红旆关西将，坐间青娥赵国姬。”

【紅粉】 ❶妇女化妆用的胭脂和水粉。李白《浣溪石上女》：“玉面耶溪女，青娥红粉妆。”李贺《追赋画江潭苑四首》之一：“小鬟红粉薄，骑马佩珠长。”杜牧《代吴兴妓春初寄恭薛军事》：“雾冷侵红粉，春阴扑翠钿。”张保嗣《戏示诸妓》：“绿罗裙上标三棒，红粉腮边泪两行。”❷借指美女。孟浩然《长乐宫》：“红粉邀君在何处，青楼苦夜长难晓。”柳中庸《春思赠人》：“红粉当三五，青娥艳一双。”雍裕之《宫人斜》：“几多红粉委黄泥，野鸟如歌又似啼。”杜光庭《题霍山秦尊师》：“翠蛾红粉婵娟剑，杀尽世人人不知。”

【紅燒】 指燃烧着的火。杨巨源《和杜中丞西禅院看花》：“迎日似翻红烧断，临流疑映绮霞层。”

【紅浪】 红色的波浪。白居易《江州赴忠州至江陵已来舟中示舍弟五十韵》：“日煎红浪沸，月射白砂明。”

【紅袖】 ❶指女子红色的衣袖。董思恭《咏琵琶》：“促节萦红袖，清音满翠帷。”陈羽《古意》：“十三学绣罗衣裳，自怜红袖闻馨香。”杜牧《书情》：“摘莲红袖湿，窥渌翠蛾频。”温庭筠《感旧陈情五十韵献淮南李仆射》：“舞转回红袖，歌愁敛翠钿。”❷借指美女。王建《夜看扬州市》：“夜市千灯照碧云，高楼红袖客纷纷。”白居易《对酒吟》：“今夜还先醉，应烦红袖扶。”杜牧《南陵道中》：“正是客心孤迥处，谁家红袖凭江楼。”徐夤《闲》：“江上翠娥遗佩去，岸边红袖采莲归。”

【紅娘】 曲名。元稹《痁卧闻幕中诸公征乐会饮因有戏呈三十韵》：“红娘留醉打，觥使及醒差。”自注：“舞引红娘抛打，曲名。”又《狂醉》：“岘亭今日颠狂醉，舞引红娘乱打人。”

【紅桑】 传说为仙境中的桑树。见晋王嘉《拾遗记·少昊》。曹唐《小游仙诗九十八首》之三四：“秦皇汉武死何处，海畔红桑花自开。”

【紅紗】 ❶红色的纱。元稹《灯影》：“洛阳昼夜无车马，漫挂红纱满树头。”❷女子夏季红色服装。李贺《大堤曲》：“妾家住横塘，红纱满桂香。”韦庄《伤灼灼》：“桃脸曼长横绿水，玉肌香腻透红纱。”

【紅紙】　红色纸张。韩偓《厌花落》："夜深窗下烧红纸，红纸千张言不尽。"

【紅埃】　❶红尘，飞扬的尘土。罗邺《春夕寄友人时有与歌者南北》："愁眼向谁零玉箸，征蹄何处驻红埃。"❷尘世。李白《上清宝鼎诗》："我居清空表，君处红埃中。"

【紅帶】　❶红色的衣带。吴融《个人三十韵》："数钱红带结，斗草蒨裙盛。"❷鸟名。练鹊的一种。杜牧《题白蘋洲》："山鸟飞红带，亭薇拆紫花。"

【紅軟】　红润柔软。指红桃。蒋防《玄都楼桃》："红软满枝须作意，莫交方朔施偷将。"

【紅雪】　❶喻红花。白居易《同诸客携酒早看樱桃花》："绿饧粘盏杓，红雪压枝柯。"❷古代一种名贵的化妆用品。犹今之护肤油脂之类。王建《宫词一百首》之六七："黄金合里盛红雪，重结香罗四出花。"

【紅帷】　红色帷幕。韩愈《陆浑山火和皇浦湜用其韵》："红帷赤幕罗脤膰，衁池波风肉陵屯。"

【紅梨】　略带红色的梨子。李商隐《归来》："却将波浪眼，清晓对红梨。"又《代秘书赠弘文馆诸校书》："崇文馆里丹霜后，无限红梨忆校书。"韩偓《春闷偶成十二韵》："素姿凌白柰，圆颊诮红梨。"

【紅彩】　指花。见《文选·江淹〈杂体诗·效张华'离情'〉》。李白《古风》之四四："玉颜艳红彩，云发非素丝。"

【紅魚】　红色的鱼。窦牟《奉使至邢州赠李八使君》："瓮头开绿蚁，砧下落红鱼。"皮日休《奉和鲁望怀杨台文杨鼎文二秀才》："钓前青翰交加倚，醉后红鱼取次分。"又《南阳润卿将归雷平因而有赠》："绛树实多分紫鹿，丹沙泉浅种红鱼。"

【紅旌】　红旗。白居易《梦仙》："坐乘一白鹤，前引双红旌。"

【紅粒】　米。见《文选·张协〈杂诗〉之十》。则天皇后《唐明堂乐章·羽音》："黄钟既陈玉烛，红粒方殷稔岁。"钱起《秋霖曲》："公卿红粒爨丹桂，黔首白骨封青苔。"白居易《饱食闲坐》："红粒陆浑稻，白鳞伊水鲂。"又《池上小宴问程秀才》："净淘红粒罯香饭，薄切紫鳞烹水葵。"

【紅窗】　红漆的船窗。白居易《感苏州旧舫》："画梁朽折红窗破，独立池边尽日看。"

【紅斑】　红色斑点。贾岛《赠梁浦秀才斑竹拄杖》："莫嫌滴沥红斑少，恰似湘妃泪尽时。"

【紅堤】　开满红花的堤岸。无名氏《桃源行送友人》："相见维舟登览处，红堤绿岸宛然成。"

【紅葉】　❶经秋变红的树叶。王维《阙题二首》之一："荆溪白石出，天寒红叶稀。"牟融《沈存尚林亭夜宴》："近山红叶堆林屋，隔浦青帘拂画楼。"许棠《陈情献江西李常侍五首》之二："始见红叶落，又闻黄鸟啼。"刘兼《送二郎君归长安》："红叶满山归故国，黄茅遍地住他州。"❷红叶题诗的佳话。唐宣宗宫人韩氏《题红叶》："殷勤谢红叶，好去到人间。"卢偓应举于御沟中得此诗叶，置于巾箱，后宣宗出宫人，卢得韩氏。事见唐范摅《云溪友议》卷十。郑谷《郊野》："题诗满红叶，何必浣花笺。"

【紅葩】　红花。张祜《题宿州城两宋征君林亭》："黑壤沾河润，红葩寄树鲜。"李涉《杪春再游庐山》："红葩列涧艳，碧茑悬林丝。"

【紅萱】　红色萱草。钱起《秋夜送赵冽归襄阳》："斗酒忘言良夜深，红萱露滴鹊惊林。"

【紅棗】　红色枣子。喻凫《绝句》："银地无尘金菊开，紫梨红枣堕莓苔。"贯休《士马后见赤松舒道士》："堰茗蒸红枣，看花似好时。"

【紅酥】　亦作"紅蘇"。红润柔腻。王建《宫词一百首》之四九："一样金盘五千面，红酥点出牡丹花。"元稹《杂忆五首》之五："忆得双文衫子薄，钿头云映褪红酥。"亦指红润柔腻的花朵。元稹《离思五首》之一："须臾日射燕脂颊，一朵红苏旋欲融。"

【紅粟】　储藏过久而变红的陈米。亦指丰足的粮食。杜甫《赠左仆射郑国公严公武》："意待犬戎灭，人藏红粟盈。"元稹《代曲江老人百韵》："青凫连不解，红粟朽相因。"喻凫《送友人罢举归蜀》："卖琴红粟贵，看镜白髭新。"唐彦谦《送樊琯司业归朝》："红粟填郿坞，青袍过寿阳。"

【紅雲】　❶红色的云。传说仙人所居之处，常有红云缭绕。李峤《宝剑篇》："淬绿水，鉴红云，五采焰起光氛氲。"曹唐《小游仙诗九十八首》之四七："红云塞路东风紧，吹破芙蓉碧玉冠。"司空图《携仙箓九首》之八："剪取红云剩写诗，年年高会趁花时。"谭用之《送丁道士归南中》："子陵山晓红云密，青草湖平雪浪高。"❷喻大片红花。韩愈《奉酬卢给事云夫曲江荷花行见寄并呈上钱七兄阁老张十八助教》："曲江千顷秋波净，平铺红云盖明镜。"❸指红旗。李贺《上之回》："上之回，大旗喜。悬红云，挞凤尾。"

【紅掌】　红色的脚掌。骆宾王《咏鹅》："白毛浮绿水，红掌拨清波。"和凝《山花子》词之一："鸂鶒战金红掌坠，翠云低。"韩偓《玩水禽》："两两珍禽渺渺溪，翠衿红掌净无泥。"

【紅景】　见"紅影"。

【紅焰】　红色的火焰。罗邺《蜡烛》："煖香红焰一时燃，缇幕初垂月落天。"

【紅黍】　红色黍子。贯休《春山行》："黑壤生红黍，黄猿领白儿。"

【紅牋】　亦作"紅箋"。红色笺纸。多用以题写诗词或作名片等。韩翃《送万巨》:"红笺色夺风流座,白苎词倾翰墨场。"薛涛《寄旧诗与元微之》:"长教碧玉藏深处,总向红笺写自随。"白居易《除夜言怀兼赠张常侍》:"唯恨诗成君去后,红笺纸卷为谁开。"程长文《狱中书情上使君》:"当年二八盛容仪,红笺草隶恰如飞。"韩偓《偶见》:"小叠红笺书恨字,与奴方便寄卿卿。"

【紅粧】 见"紅妝"。

【紅滋】 指红叶。李白《书情寄从弟邠州长史昭》:"怀君芳岁歇,庭树落红滋。"

【紅裙】 ❶红色裙子。万楚《五日观妓》:"眉黛夺将萱草色,红裙妒杀石榴花。"皇甫松《采莲子二首》之一:"晚来弄水船头湿,更脱红裙裹鸭儿。"李郢《自水口入茶山》:"蒨蒨红裙好女儿,相偎相倚看人时。"韦庄《赠姬人》:"莫恨红裙破,休嫌白屋低。"❷指美女。韩愈《醉赠张秘书》:"不解文字饮,惟能醉红裙。"白居易《寄殷协律》:"几度听鸡歌白日,亦曾骑马咏红裙。"李郢《阳羡春歌》:"溪头铙鼓狂杀侬,青盖红裙偶相值。"

【紅陽城】 地名。汉属南阳郡(治所在宛县,今河南南阳市)。南阳郡有红阳侯国,故名。李白《南都行》:"走马红阳城,呼鹰白河湾。"

【紅絲】 红色丝。借指红丝状物或制品。李贺《冯小怜》:"玉冷红丝重,齐宫妾驾鞭。"崔珏《和友人鸳鸯之什》之三:"红丝毳落眠汀处,白雪花成蹙浪时。"曹唐《病马五首呈郑校书章三吴十五先辈》之二:"尾蟠夜雨红丝脆,头捽秋风白练低。"罗隐《览晋史》:"盘擎紫线莼初熟,箸拨红丝鲙正肥。"

【紅蓮】 ❶红色荷花。王维《皇甫岳云溪杂题五首·莲花坞》:"弄篙莫溅水,畏湿红莲衣。"钱起《送武进韦明府》:"卢橘垂残雨,红莲拆早霜。"李涉《寄荆娘写真》:"缘池并戏双鸳鸯,田田翠叶红莲香。"杨衡《白纻词》之二:"月华泛滥红莲湿,牵裙揽带翻成泣。"❷早稻名。陆龟蒙《别墅怀归》:"遥为晚花吟白菊,近炊香稻识红莲。"❸剪制成莲花形状的红色沙灯。唐宋时每逢正月十五夜晚贵族富户辄争制造灯夜燃,以资观赏。李颀《送綦母三寺中赋得纱灯》:"长绳挂青竹,百尺垂红莲。"❹"紅蓮幕"的简称。罗隐《寄京阙陆郎中昆仲》:"才见玳簪欹细柳,便知油幕胜红莲。"

【紅蓮幕】 幕府之美称。见《南史·庾杲之传》。李商隐《寄成都高苗二从事》:"红莲幕下紫梨新,命断湘南病渴人。"

【紅觜】 某些禽鸟的红色嘴喙。王建《上杜元颖相公》:"马上唤遮红觜鸭,船头看钓赤鳞鱼。"司空图《喜山鹊初归三首》之一:"翠衿红嘴便知机,久避重罗稳处飞。"罗邺《鹦鹉咏》:"金笼共惜好毛羽,红嘴莫教多是非。"

【紅筵】 红色的席子。亦泛称酒席。白居易《和薛秀才寻梅花同饮见赠》:"白马走迎诗客去,红筵铺待舞人来。"皮日休《偶留羊振文先辈及一二文交小饮因成四韵》:"谢庄初起恰花晴,强侍红筵不避觥。"罗隐《七夕》:"络角星河菡萏天,一家欢笑设红筵。"

【紅鉛】 胭脂和铅粉。武元衡《代佳人赠张郎中》:"心爱阮郎留不住,独将珠泪湿红铅。"张祜《李家柘枝》:"红铅拂脸细腰人,金绣罗衫软著身。"杜牧《宣州留赠》:"红铅湿尽半罗裙,洞府人间手欲分。"温庭筠《江南曲》:"扇薄露红铅,罗轻压金缕。"

【紅腰】 谓舞系有红绸的腰身。亦指美女。白居易《三月三日祓禊洛滨》:"舞急红腰软,歌迟翠黛低。"又《题王家庄临水柳亭》:"翠羽偷鱼入,红腰学舞回。"

【紅旓】 红旗飘带。杜牧《送牛相出镇襄州》:"危幢侵碧雾,寒旆猎红旓。"

【紅障】 红色的屏障。韦城《和元秀才别业书事》:"绿钱榆贯重,红障杏篱深。"

【紅綆】 红色井绳。郑嵎《津阳门诗》:"石鱼岩底百寻井,银床下卷红绠迟。"

【紅綃】 ❶红色薄绸。李正封《咏露》:"佳人比珠泪,坐感红绡薄。"白居易《琵琶引》:"五陵年少争缠头,一曲红绡不知数。"韩偓《别锦儿》:"一尺红绡一首诗,赠君相别两相思。"周昙《咏史诗·隋门·贺若弼》:"红绡忍染娇春雪,瞪目看行切玉刀。"❷人名。(1)白居易歌女。白居易《小庭亦有月》:"红绡信手舞,紫绡随意歌。"自注:"菱、谷、紫、红,皆小臧获名也。"(2)唐大历中某勋臣家妓。有崔生探视勋臣疾,勋臣令红绡送生出院,二人遂相爱慕。红绡指作隐语诗云:"深洞莺啼恨阮郎,偷来花下解珠珰。碧云飘断音书绝,空倚玉箫愁凤凰。"崔家昆仑奴磨勒,夜负生逾高墙入勋臣院,令红绡与崔生相会,并负二人俱,守御无有觉者。见《全唐诗》卷八百红绡妓《忆崔生》。

【紅蔌蔌】 落花纷纷貌。元稹《连昌宫词》:"又有墙头千叶桃,风动落花红蔌蔌。"

【紅蕖】 ❶红色的荷花。李白《越中秋怀》:"一为沧波客,十见红蕖秋。"李商隐《寄成都高苗二从事》:"家近红蕖曲水滨,全家罗袜起秋尘。"李洞《题薛少府庄》:"有期登白阁,又得赏红蕖。"刘兼《郡斋寓兴》:"秋庭碧藓铺云锦,晚阁红蕖簇水仙。"❷喻指女子的红鞋。杜甫《千秋节有感二首》之二:"罗袜红蕖艳,金羁白雪毛。"

【紅榮】 红花。李白《赠友人三首》之一:"夙被霜露欺,红荣已先老。"

【紅蓼】 蓼的一种。多生水边,花呈淡红色。元稹《和乐天秋题曲江》:“绵绵红蓼水,飏飏白鹭鹚。”白居易《曲江早秋》:“秋波红蓼水,夕照青芜岸。”李商隐《越燕二首》之二:“将泥红蓼岸,得草绿杨村。”杜荀鹤《题新雁》:“暮天新雁起汀洲,红蓼花疏水国秋。”

【紅靺鞨】　红宝石名。相传产于靺鞨国,故名。皮日休《太湖诗·销夏湾》:“山果红靺鞨,水苔青髹髵。”

【紅榴】　红石榴。王维《田家》:“夕雨红榴拆,新秋绿芋肥。”韦庄《途中望雨怀归》:“谁家树压红榴折,几处篱悬白菌肥。”又《鄠杜旧居二首》之二:“紫菊乱开连井合,红榴初绽拂檐低。”

【紅頰】　红润的面颊。亦喻红颊状物。杜牧《代人作》:“绿鬟羞妥么,红颊思天偎。”李商隐《石榴》:“可羡瑶池碧桃树,碧桃红颊一千年。”

【紅霓】　彩虹。亦喻虹状物。李应《立春日晓望三素云》:“碧落流轻艳,红霓间彩文。”韦庄《乞彩笺歌》:“不使红霓段段飞,一时驱上丹霞壁。”

【紅閨】　犹红楼。指少女所居之处。王谭《后庭怨》:“君不见红闺少女端正时,夭夭桃李仙容姿。”张夫人《拜新月》:“回看众女拜新月,却忆红闺年少时。”

【紅蜻蜓】　红色蜻蜓。皮日休《胥口即事六言二首》之一:“黑蛱蝶粘莲蕊,红蜻蜓袅菱花。”

【紅氊】　红色的毛毯。贺朝《赠酒店胡姬》:“红氊铺新月,貂裘坐薄霜。”

【紅箋】　见“紅牋”。

【紅緜】　见“紅綿”。

【紅旗】　古代用作军旗或仪仗队的红色旗。韩翃《寄令狐尚书》:“立身荣贵复何如,龙节红旗从板舆。”白居易《刘十九同宿》:“红旗破贼非吾事,黄纸除书无我名。”姚合《辞白宾客归后寄》:“千骑红旗不可攀,水头独立暮方还。”黄滔《寓题》:“纷纷墨敕除官日,处处红旗打贼时。”

【紅實】　红色果实。许浑《洞灵观冬青》:“未秋红实浅,经夏绿阴寒。”郑嵎《津阳门诗》:“銮舆却入华清宫,满山红实垂相思。”贯休《书匡山老僧庵》:“篔筜红实好鸟语,银髯瘦僧貌如祖。”

【紅翠】　山鸟名。皮日休《寄题罗浮轩辕先生所居》:“红翠数声瑶室响,真檀一炷石楼深。”自注:“红翠,山鸟名。”

【紅綾餅餤】　古代一种珍贵的饼饵。以红绫裹之,故名。见宋叶梦得《避暑录话》卷下。卢延让《句》:“莫欺零落残牙齿,曾吃红绫饼餤来。”

【紅綺】　红色有花纹的丝织品。长孙佐辅《答边信》:“挥刀就烛裁红绮,结作同心答千里。”

【紅縷】　红线。刘言史《看山木瓜花二首》之二:“深藏数片将归去,红缕金针绣取看。”

【紅網】　用红线织的渔网。李贺《恼公》:“醉缬抛红网,单罗挂绿蒙。”

【紅綿】　亦作“紅緜”。红色丝织品。崔国辅《白纻辞二首》之一:“坐惜玉楼春欲尽,红绵粉絮裛妆啼。”韩偓《无题》之三:“紫蜡融花蒂,红绵拭镜尘。”

【紅綸】　红色丝织品。李颀《郑樱桃歌》:“织成花映红纶巾,红旗掣曳卤簿新。”参见“紅輪❷”。

【紅塵】　❶车马扬起的飞尘。孟浩然《同储十二洛阳道中作》:“酒酣白日暮,走马入红尘。”顾况《露青竹杖歌》:“红尘扑辔汗湿鞯,师子麒麟聊比肩。”杜牧《过华清宫绝句三首》之一:“一骑红尘妃子笑,无人知是荔枝来。”❷佛教、道教等指人世为红尘。一般也用以指繁华之地。寒山《诗三百三首》之一一一:“抛绝红尘境,常游好阅书。”白居易《偶作二首》之一:“犹胜不悟者,老死红尘间。”李九龄《山中寄友人》:“乱云堆里结茅庐,已共红尘迹渐疏。”李中《赠重安寂道者》:“白发只闻悲短景,红尘谁解信长生。”

【紅蕉】　红色美人蕉。骆宾王《陪润州薛司空丹徒桂明府游招隐寺》:“绿竹寒天笋,红蕉腊月花。”李绅《逾岭峤止荒陬抵高要》:“岭头刺竹蒙笼密,火拆红蕉焰烧日。”赵嘏《送陈嘏登第作尉归觐》:“洲迷翠羽云遮槛,露湿红蕉月满廊。”李茂复《马上有见》:“行尽疏林见小桥,绿杨深处有红蕉。”

【紅櫻】　红色樱桃果实。韦庄《题汧阳县马跑泉李学士别业》:“西园夜雨红樱熟,南亩清风白稻肥。”

【紅蕊】　红色花蕊。郭震《二月乐游诗》:“绿兰日吐叶,红蕊向盈枝。”司空图《偶书五首》之二:“只怜直上抽红蕊,似我丹心向本朝。”

【紅槿】　红色木槿花。槿,木槿,落叶灌木,花有红、白、紫等颜色。武元衡《旬假南亭寄熊郎中》:“红槿粲庭艳,绿蒲繁渚烟。”朱庆余《送罗先辈书记归后却还闽中留别》:“望岭又生红槿思,登车旹倦白云程。”喻凫《怀乡》:“断岸绿杨荫,疏篱红槿遮。”刘威《秋日寄陈景孚秀才》:“风叶青桐落,露花红槿低。”

【紅樓】　❶红色的楼阁;彩绘艳丽的楼阁。李白《侍从宜春苑奉诏赋》:“东风已绿瀛洲草,紫殿红楼觉春好。”温庭筠《哭王元裕》:“他时若到相寻处,碧树红楼自宛然。”项斯《梦仙》:“红楼近月宜寒水,绿杏摇风占古春。”郑嵎《津阳门诗》:“庆山污潴石瓮毁,红楼绿阁皆支离。”❷富贵人家女子之住房。亦泛指寻常人家女子之住房。白居易《秦中吟十首·议婚》:“红楼富家女,金缕绣罗襦。”李远《咏雁》:“碧海魂应断,红楼信自稀。”李商隐《春雨》:“红楼隔雨相望冷,珠箔飘灯独自归。”韦庄《闺月》:“美人情易伤,暗上红楼立。”❸指歌楼舞榭或妓馆。黄滔《寄南海黄尚书》:“红楼入夜笙歌合,白社惊秋草木疏。”尹鹗《何满子》词:“每忆良宵公子伴，梦魂长挂红楼。”孙光宪《浣溪沙》词之一九：“一生狂荡恐难休，且陪烟月醉红楼。”❹指红楼院。在唐长安长乐坊安国寺内。郑细《奉酬宣上人东亭望月见赠因怀紫阁旧游》：“紫阁道流今不见，红楼禅客早曾闻。”白居易《广宣上人以应制诗见示因以赠之诏许上人居安国寺红楼院以诗供奉》：“红楼许住请银钥，翠辇陪行蹋玉墀。”

【紅輪】　❶喻红日。太宗《赋得白日半西山》：“红轮不暂住，乌飞岂复停。”温庭筠《陈宫词》：“淅沥湘风外，红轮映曙霞。”《歌·挽歌》：“红轮决定沈西去，未委魂灵往那方。”❷亦作“紅綸”。红色丝织品。李贺《谢秀才有妾缟练改从于人四首》之四：“泪湿红轮重，栖乌上井梁。”李商隐《碧瓦》：“碧瓦衔珠树，红纶结绮寮。”

【紅霞】　❶红色云霞。杨衡《登紫霄峰赠黄仙师》：“鸡鸣秋汉侧，日出红霞中。”曹邺《送进士下第归南海》：“数片红霞映夕阳，揽君衣袂更移觞。”李延陵《自紫阳观至华阳洞宿侯尊师堂简同游》：“青鸟来去闲，红霞朝夕变。”谭用之《秋夜同友人话旧》：“何当归去重携手，依旧红霞作近邻。”❷喻成片红花。王毂《红蔷薇歌》：“红霞烂泼猩猩血，阿母瑶池晒仙缬。”

【紅影】　亦作“紅景”。红色物投下的影子。李绅《忆登栖霞寺峰》：“林叶脱红影，竹烟含绮疏。”韦庄《和薛先辈见寄初秋寓怀即事之作二十韵》：“柿叶添红景，槐柯减绿阴。”又《三堂早春》：“溪送绿波穿郡宅，日移红影度村桥。”

【紅蝦】　亦作“紅鰕”。海虾之一种。许浑《沧浪峡》：“红虾青鲫紫芹脆，归去不辞来路长。”贯休《鼓腹曲》：“饼红虾兮析麋腊，有酒如浊醨兮呼我吃。”

【紅稻】　稻的一种。韦应物《送张侍御秘书江左觐省》：“沃野收红稻，长江钓白鱼。”白居易《自题小草亭》：“绿醅量盏饮，红稻约升炊。”韦庄《雨霁池上作呈侯学士》：“正是如今江上好，白鳞红稻紫莼羹。”郑遨《伤农》：“一粒红稻饭，几滴牛颔血。”

【紅篆】　红色篆体字。李沇《醮词》：“一封红篆书，为奏尘寰事。”

【紅皺】　干枣。韩愈、孟郊《城南联句》：“红皱晒檐瓦，黄团系门衡。”

【紅漿】　谓仙酒。司空曙《送曲山人之衡州》：“白石先生眉发光，已分甜雪饮红浆。”

【紅線毯】　一种精致的红色丝织地毯。白居易《红线毯·忧蚕桑之费也》：“红线毯，择茧缫丝清水煮。”欧阳炯《更漏子》词之二：“红线毯，博山炉，香风暗触流苏。”

【紅燕】　毛羽呈红色的燕子。殷尧藩《馆娃宫》：“夫差旧国久破碎，红燕自归花自开。”

【紅薔】　红色蔷薇。李商隐《题二首后重有戏赠任秀才》：“一丈红蔷拥翠筠，罗窗不识绕街尘。”

【紅薇】　红蔷薇。权德舆《从叔将军宅蔷薇花开太府韦卿有题壁长句因以和作》：“环列从容蹀躞归，光风骀荡发红薇。”李咸用有《红薇》。

【紅樹】　❶盛开红花之树。陈子良《酬萧侍中春园听妓》：“红树摇歌扇，绿珠飘舞衣。”邢巨《游春》：“绿潭渔子钓，红树美人攀。”孟浩然《来阇黎新亭作》：“碧网交红树，清泉尽绿苔。”许浑《别表兄军倅》：“客路晚依红树宿，乡关朝望白云归。”❷指经霜叶红之树。韦应物《登楼》：“坐厌淮南守，秋山红树多。”李绅《宿扬州》：“嘹唳塞鸿经楚泽，浅深红树见扬州。”武瓘《九日卫使君筵上作》：“满眼黄花初泛酒，隔烟红树欲迎霜。”齐己《秋兴寄胤公》：“村遥红树远，野阔白烟平。”

【紅橋】　红色之桥。张说《清明日诏宴宁王山池赋得飞字》：“绿渚传歌榜，红桥度舞旂。”白居易《新春江次》：“鸭头新绿水，雁齿小红桥。”许浑《酬杜补阙初春雨中舟次横江喜裴郎中相迎见寄》：“红桥迤逦春岩下，米旆联翩晓树中。”

【紅錦】　红色丝织品。刘禹锡《春日书怀寄东洛白二十二杨八二庶子》：“野草芳菲红锦地，游丝撩乱碧罗天。”杜牧《残春独来南亭因寄张祜》：“一岭桃花红锦黦，半溪山水碧罗新。”韩琮《题商山店》：“红锦机头抛皓腕，绿云鬟下送横波。”谭用之《别江上一二友生》：“白纶巾卸苏门月，红锦衣裁御苑花。”

【紅燈】　红色的灯。亦指红烛。王建《宫词一百首》之二七：“红灯睡里唤春云，云上三更直宿分。”李宣古《杜司空席上赋》：“红灯初上月轮高，照见堂前万朵桃。”曹邺《恃宠》：“台上红灯尽，未肯下金车。”

【紅壁】　红墙。亦指赤色的山壁。沈佺期《神龙初废逐南荒途出郴口北望苏耽山》：“碧峰泉附落，红壁树傍分。”李贺《李夫人歌》：“孤鸾惊啼商丝发，红壁阑珊悬佩珰。”许浑《雪上宴别》：“红壁耿秋烛，翠帘凝晓香。”李商隐《蜂》：“红壁寂寥崖蜜尽，碧帘迢递雾巢空。”

【紅顆】　❶红色颗粒。戴叔伦《荔枝》：“红颗真珠诚可爱，白髭太守亦何痴。”❷指含苞未放的荷花。戎昱《玉台体题湖上亭》：“绿竿初长笋，红颗未开莲。”

【紅螺】　一种软体动物。壳薄而红，可制为酒杯。诗中常用作酒杯或酒的代称。许浑《送友人罢举归东海》：“海风吹白鹤，沙日晒红螺。”皮日休《李处士郊居》：“满引红螺诗一首，刘桢失却病心情。”曹唐《南游》：“政思碧树关心句，难放红螺蘸甲杯。”李珣《南乡子》词之五：“倾绿蚁，泛红螺，闲邀女伴簇笙歌。”

【紅螺盞】　用红螺壳制成的酒杯。王建《送从侄拟赴江陵少尹》："沙头欲买红螺盏，渡口多呈白角盘。"

【紅蘩】　即荭蘩。两种植物名。荭，即红草，一名马蓼，叶大而赤白色，高丈余。蘩，即白蒿。李贺《三月过行宫》："渠水红蘩拥御墙，风娇小叶学娥妆。"

【紅臉】　❶红颜。指妇女红润艳丽的面容。刘希夷《采桑》："红脸耀明珠，绛唇含白玉。"李绅《回望馆娃故宫》："因问馆娃何所恨，破吴红脸尚开莲。"杜牧《秋日偶题》："绿眉甘弃坠，红脸恨飘流。"李群玉《赠妓人》："今日分明花里见，一双红脸动春心。"❷借指美女。项斯《长安退将》："翠眉红脸和回鹘，惆怅中原不用兵。"

【紅鮮】　❶红米；红稻。杜甫《行官张望补稻畦水归》："玉粒足晨炊，红鲜任霞散。"又《茅堂检校收稻二首》之一："红鲜终日有，玉粒未吾悭。"❷指鱼。李百药《和许侍郎游昆明池》："羽觞倾绿蚁，飞日落红鲜。"韩翃《送郢州郎使君》："红鲜供客饭，翠竹引舟行。"❸色红而鲜艳。张祜《江南杂题》："碧瘦三棱草，红鲜百叶桃。"温庭筠《春洲曲》："韶光染色如蛾翠，绿湿红鲜水容媚。"牛希济《临江仙》词之七："橘林霜重更红鲜，罗浮山下，有路暗相连。"

【紅顔】　❶指年轻人的红润脸色。亦指青少年或青少年时期。李白《流夜郎赠辛判官》："夫子红颜我少年，章台走马著金鞭。"高适《逢谢偃》："红颜怆为别，白发始相逢。"韩愈《赠侯喜》："半世遑遑就举选，一名始得红颜衰。"邵谒《览镜》："昨日照红颜，今朝照白丝。"❷特指女子的美丽容颜。亦代称美女。杜甫《春日戏题恼郝使君兄》："愿携王赵两红颜，再骋肌肤如素练。"刘商《胡笳十八拍・第一拍》："忽将薄命委锋镝，可惜红颜随虏尘。"白居易《新乐府・上阳白发人》："上阳人，红颜暗老白发新。"温庭筠《春晓曲》："衰桃一树近前池，似惜红颜镜中老。"

【紅顔子】　美貌的年轻人。王翰《春女行》："君不见楚王台上红颜子，今日皆成狐兔尘。"

【紅燭】　红色蜡烛。李白《幽歌行上新平长史兄粲》："赵女长歌入彩云，燕姬醉舞娇红烛。"白居易《奉酬淮南牛相公思黯见寄二十四韵》："何时红烛下，相对一陶然。"杜牧《秋夕》："红烛秋光冷画屏，轻罗小扇扑流萤。"陆龟蒙《奉和袭美酒中十咏・酒垆》："数钱红烛下，涤器春江口。"

【紅糝】　指红色散粒状之物。韩愈《送无本师归范阳》："始见洛阳春，桃枝缀红糁。"

【紅牆】　红色的墙壁。李商隐《代应》："本来银汉是红墙，隔得卢家白玉堂。"

【紅繖】　红色伞盖。古代高级官员出行时所用的一种仪仗。有黄、红、蓝诸色，以黄、蓝为贵。伞以罗、绢制成。和凝《宫词百首》六五："天街香满瑞云生，红伞凝空景日明。"

【紅藍】　即红蓝花。一年生草本植物。高三四尺，叶箭簇形，有锯齿状，夏季开红黄色花，可制胭脂和红色颜料。白居易《新乐府・红线毯》："拣丝练线红蓝染，染为红线红于蓝。"

【紅藜】　红色藜杖。吴筠《酬叶县刘明府》："入门披彩服，出谷杖红藜。"

【紅藤】　红色的藤蔓。吕从庆《章氏幽居》："绿树当檐里，红藤倚壁牵。"参见"紅藤杖"。

【紅藤杖】　即赤藤杖。产自南诏，为唐代朝士所珍赏之物。张籍《和李仆射秋日病中作》："独倚红藤杖，时时阶上行。"白居易《红藤杖》："南诏红藤杖，西江白首人。"自注："杖出南蛮"。又《红藤杖》："唯有红藤杖，相随万里来。"

【紅蘭署】　即兰台。唐指秘书省。元稹《酬翰林白学士代书一百韵》："并入红兰署，偏亲白玉规。"贞元十七年(801)白居易与元稹以书判拔萃同登科，同授秘书省校书郎，二人成了挚友。

【紅藥】　芍药花。韩愈《和席八十二韵》："傍砌看红药，巡池咏白蘋。"钱仲联集释："红药，芍药也。"白居易《秦中吟十首・伤宅》："绕廊紫藤架，夹砌红药栏。"李绅《建元寺》："紫荆繁艳空门昼，红药深开古殿春。"贾岛《赠圆上人》："一双童子浇红药，百八真珠贯彩绳。"

【紅翹】　红色的鸟尾。钱起《紫参歌》："春风宛转虎溪傍，紫翼红翘翻霁光。"

【紅藕】　红莲。温庭筠《寄卢生》："绿杨阴里千家月，红藕香中万点珠。"顾敻《醉公子》词之一："漠漠秋云澹，红藕香侵槛。"

【紅檻】　红色船板。白居易《春池闲泛》："绿塘新水平，红槛小舟轻。"

【紅礎】　红色台阶。徐彦伯《奉和幸新丰温泉宫应制》："青坛环玉甃，红础铄金光。"

【紅曛】　夕阳。孙逖《下京口埭夜行》："孤帆度绿氛，寒浦落红曛。"

【紅蟬】　红色丝织品。蝉，古代一种极薄的丝织品，以其薄如蝉翼而得名。高蟾《偶作二首》之二："霞衣重叠红蝉暖，云髻葱笼紫凤寒。"

【紅鯉】　红色鲤鱼。方干《送郑台处士归绛岩》："白猿垂树窗边月，红鲁惊钩竹外溪。"温庭筠《水仙谣》："水客夜骑红鲤鱼，赤鸾双鹤蓬瀛书。"

【紅潤】　色红而有光泽。白居易《游平泉宴浥涧宿香山石楼赠座客》："紫鲜林笋嫩，红润园桃熟。"张损《句》："金镫冷光风宛转，锦袍红润雨霏微。"

【紅蘇】　见"紅酥"。

【紅麴】 一种调制食品的材料。可供制造红糟、红酒及红腐乳等。褚载《句》:"有兴欲沽红曲酒,无人同上翠旌楼。"

【紅獸】 烧红的兽炭。皮日休《夜会问答十》之五:"金火障,红兽飞来射罗幌。"和凝《宫词百首》之八:"红兽慢然天色暖,凤炉时复爇沈香。"

【紅羅】 红色丝绸。寒山《诗三百三首》之六二:"角婢红罗缜,阉奴紫锦裳。"李端《襄阳曲》:"谁家儿女临夜妆,红罗帐里有灯光。"元稹《杂思五首》之三:"红罗著压逐时新,吉了花纱嫩麴尘。"施肩吾《抛缠头词》:"一抱红罗分不足,参差裂破凤凰儿。"

【紅簷】 红色廊檐。王维《早春行》:"不及红檐燕,双栖绿草时。"

【紅鏡】 喻太阳。李贺《河南府试十二月乐词·六月》:"炎炎红镜东方开,晕如车轮上裴回,啾啾赤帝骑龙来。"

【紅燼】 红色灰烬。郑谷《灯》:"背照翠帘新洒别,不挑红烬正含愁。"

【紅櫳】 红色窗户。陆龟蒙《叠韵吴宫词二首》之二:"红栊通东风,翠珥醉易坠。"

【紅籌】 红色酒筹。孙光宪《更漏子》词之六:"歌皓齿,舞红筹,花时醉上楼。"

【紅蘭】 兰花的一种。又,兰花蕊心带红色,故亦泛称兰花。刘方平《斑婕妤》:"露浥红兰湿,秋凋碧树伤。"李吉甫《九日小园独谣赠门下武相公》:"受露红兰晚,迎霜白薤肥。"李贺《相劝酒》:"蓐收既断翠柳,青帝又造红兰。"翁绶《婕妤怨》:"火烧白玉非因玷,霜翦红兰不待秋。"

【紅鰕】 见"紅蝦"。

【紅爐】 亦作"紅鑪"。烧得很旺的火炉。杜甫《湖城东遇孟云卿复归刘颢宅宿宴饮散因为醉歌》:"照室红爐促曙光,萦窗素月垂文练。"白居易《酬皇甫十早春对雪见赠》:"绿醅香堪忆,红爐暖可亲。"李群玉《龙山人惠石廪方及团茶》:"红炉爨霜枝,越儿斟井华。"

【紅鬚】 红色的胡须。喻红色须状物。储光羲《蔷薇》:"高处红须欲就手,低边绿刺已牵衣。"韦庄《残花》:"和烟和露雪离披,金蕊红须尚满枝。"

【紅躑躅】 红杜鹃花的别称。王建《宫词一百首》之七四:"敕赐一窠红踯躅,谢恩未了奏花开。"白居易《题元八溪居》:"晚叶尚开红踯躅,秋芳初结白芙蓉。"

【紅蠟】 红烛。皮日休《春夕酒醒》:"夜半醒来红蜡短,一枝寒泪作珊瑚。"方干《陪李郎中夜宴》:"遍请玉容歌白雪,高烧红蜡照朱衣。"吴融《追咏棠梨花十韵》:"夜宜红蜡照,春称锦筵遮。"韦庄《病中闻相府夜宴戏赠集贤卢学士》:"满筵红蜡照香钿,一夜歌钟欲沸天。"

【紅鱠】 带血的鲜鱼鲙。岑参《送李翥游江外》:"砧净红鲙落,袖香朱橘团。"

【紅鱗】 红色的鱼。方干《题越州袁秀才林亭》:"白鸟不归山里去,红鳞多自镜中来。"周朴《客州赁居寄萧郎中》:"眼看白笔为霖雨,肯使红鳞便曝腮。"薛昭纬《谢银工》:"一碟毡根数十皴,盘中犹更有红鳞。"韦庄《赠渔翁》:"芦刀夜鲙红鳞腻,水甑朝蒸紫芋香。"

【紅纓】 套在马颈上的红色革带。王建《朝天词十首寄上魏博田侍中》之五:"殿头宣赐连催上,未解红缨不敢骑。"李绅《到宣武三十韵》:"拥旄差白羽,分辔引红缨。"韦庄《代书寄马》:"休嫌绿绶嘶贫舍,好著红缨入使衙。"

【紅蠶】 老熟的蚕。体呈红色,故称。陆龟蒙《杂讽九首》之一:"红蚕缘枯桑,青茧大如瓮。"

【紅鹽】 ❶盐之一种。贯休《送僧之灵夏》:"连天唯白草,野饼有红盐。"❷红色粉末。皮日休《奉和鲁望秋日遣怀次韵》:"药囊除紫蠹,丹灶拂红盐。"

【紅鑪】 见"紅爐"。

【紅艷】 红花。刘长卿《夏中崔中丞宅见海红摇落一花独开》:"绿滋经雨发,红艳隔林看。"司空曙《石莲花》:"红艳秋风里,谁怜众芳后。"许浑《题陆侍御林亭》:"寒树雪晴红艳吐,远山云晓翠光来。"刘兼《玉烛花》:"袅袅香英三四枝,亭亭红艳照阶墀。"

【紅鸞】 神话传说中的红色仙鸟。李颀《送刘四赴夏县》:"九霄特立红鸾姿,万仞孤生玉树枝。"王建《和蒋学士新授章服》:"瑞草唯承天上露,红鸾不受世间尘。"曹唐《小游仙诗九十八首》之七三:"紫水风吹剑树寒,水边年少下红鸾。"

【紅鸞扇】 绘有红鸾鸟的扇子。王建《宫中三台词二首》之一:"日色柘袍相似,不著红鸾扇遮。"

【紅鸞鏡】 以红鸾为饰的妆镜。西域罽宾国王网获一只鸾鸟,置于金丝笼中,三年不鸣。后让鸾鸟照镜,鸾鸟哀鸣而死。见《艺文类聚》卷九十引宋范泰《鸾鸟诗序》。后因用为失偶哀伤或夫妻分离之典。李暇《拟古东飞伯劳歌》:"青绮帏中坐相忆,红鸾镜里见愁色。"

紂

〔zhòu《广韵》除柳切,上有,澄。〕商代最后一个君主帝辛的谥号。见《史记·殷本纪》。李白《雪谗诗赠友人》:"妲己灭纣,褒女惑周。"元稹《说剑》:"太古初断鳌,武王亲击纣。"李涉《咏古》:"纣虐武既贤,风云固可求。"周昙《咏史诗·三代门·太公》:"昌猎关西纣猎东,纣怜崇虎弃非熊。"

紇〔hé《广韵》下没切，入没，匣。又胡結切，入屑，匣。〕见"紇那""紇那曲"。

【紇干】 复姓。唐诗人有纥干著、纥干讽。

【紇那】 踏曲的和声。刘禹锡《竹枝词二首》之二："今朝北客思归去，回入纥那披绿罗。"又《纥那曲》之一："同郎一回顾，听唱纥那声。"

【紇那曲】 （曲 qǔ）词牌名。刘禹锡有《纥那曲》。后成为词牌，单调二十字，四句三平韵。

【紇$_2$梯紇榻】 （紇 gē）象声词。崔涯《嘲妓》："更著一双皮屐子，纥梯纥榻出门前。"

【紇邏敦】 青草。突厥语的音译。纥逻，意为"青"；敦，意为"草"或"草原"。白居易《新乐府·阴山道》："阴山道，阴山道，纥逻敦肥水泉好。"

【紇囊】 歌曲中衬字，无义。《歌·得体歌》（卷八七四）："得体纥那也，纥囊得体那。"按，"那"当为"耶"字之误。

紃〔xún《广韵》詳遵切，平諄，邪。又食倫切，平諄，船。〕绦子，用丝线编织成的圆形细带，可用以镶边。见《礼记·内则》。杨巨源《古意赠王常侍》："组紃常在佳人手，刀尺空摇寒女心。"元稹《代曲江老人百韵》："曲艺争工巧，雕机变组紃。"

約〔yuē《广韵》於略切，入藥，影。又於笑切，去笑，影。〕❶缠束；环束。骆宾王《春晚从李长史游开道林故山》："古藤依格上，野径约山隈。"晁采《子夜歌十八首》之十七："先怀侬袖里，然后约郎腰。"❷阻止，遮拦。翁承赞《柳》之一："洛阳才子多情思，横把金鞭约马头。"孙光宪《浣溪沙》词之二："桃杏风香帘幕闲，谢家门户约花关。"鹿虔扆《临江仙》词之二："翠帘慵卷，约砌杏花零。"❸掠，拂过。韩愈《独钓四首》之三："露排四岸草，风约半池萍。"牛峤《菩萨蛮》词之五："风帘燕舞莺啼柳，妆台约鬓低纤手。"顾敻《酒泉子》词之四："黛薄红深，约掠绿鬟云腻。"❹约请，邀请。唐彦谦《渔》："约伴过前溪，撑破蘼芜绿。"贯休《将入匡山别芳昼二公二首》之一："临岐约我来不来，若来须拨红霞觅。"南唐后主李煜《梅花》："共约重芳日，还忧不盛妍。"❺事前的约定。羊士谔《小园春至偶呈吏部窦郎中》："心期自有约，去扫苍苔斑。"周贺《留辞杭州姚合郎中》："尚有重来约，知无省阁心。"❻简陋。太宗《帝京篇十首》之八："望古茅茨约，瞻今兰殿广。"❼涂饰。王勃《杂曲》："蛾眉始约，罗袖初薰。"

【約束】 ❶管束。顾况《露青竹杖歌》："约束蜀儿采马鞭，蜀儿采鞭不敢眠。"❷相互约定。骆宾王《艳情代郭氏答卢照邻》："别日分明相约束，已取宜家成诫勖。"

【約法】 公布简要的法律条文。张说《唐封泰山乐章·凯和》："戢兵天下安，约法人心改。"李益《送人流贬》："汉章虽约法，秦律已除名。"

【約眉】 画眉，描画眉毛。李商隐《和孙朴韦蟾孔雀咏》："约眉怜翠羽，刮目想金篦。"

【約黄】 古代妇女涂黄于额以为妆饰。故亦以"約黄"指美女。李商隐《效长吉》："君王不可问，昨夜约黄归。"

【約略】 ❶粗略，大约。白居易《答客问杭州》："为我踟蹰停酒盏，与君约略说杭州。"❷略微，不经意。王维《晦日游大理韦卿城南别业四声依次用各六韵》之二："临当游南陂，约略执杯酒。"元稹《春六十韵》："约略环区宇，殷勤绮镐酆。"❸仿佛，依稀。李端《长安书事寄薛戴》："笑语且无聊，逢迎多约略。"

【約潔】 简洁。皇甫湜《题浯溪石》："然长于指叙，约洁有余态。"

級〔jí《广韵》居立切，入緝，見。〕❶阶，磴。变用作阶、磴的计量词。刘禹锡《游桃源一百韵》："三休俯乔木，千级扳峭壁。"孟郊《吊元鲁山》之五："远阶无近级，造次不可升。"又《喜符郎诗有天纵》："念符不由级，屹得文章阶。"王初《送陈校勘入宿》："银台级级连清汉，桂子香浓月杵低。"❷秦制，战争中斩敌首一，赐爵一级，称为首级。故后用"级"称所斩之首，亦指所斩之首的数量。刘希夷《将军行》："截围一百里，斩首五千级。"元稹《和李校书新题乐府十二首·缚戎人》："大将论功重多级，捷书飞奏何超忽。"亦引申指功业。刘禹锡《赠澧州高大夫司马霞寓》："一误云中级，南游湘水清。"

紈〔wán《广韵》胡官切，平桓，匣。〕白色细绢。虞世南《怨歌行》："裁纨凄断曲，织素别离心。"贾至《寓言二首》之二："玉砧调鸣杵，始捣机中纨。"刘禹锡《送韦秀才道冲赴制举》："秋扇一离手，流尘蔽霜纨。"史凤《鲛红被》："肱被当年仅御寒，青楼惯染血猩纨。"

【紈素】 洁白的细绢。董思恭《三妇艳》："大妇裁纨素，中妇弄明珰。"李白《拟古十二首》之一："闺人理纨素，游子悲行役。"韦应物《棕榈蝇拂歌》："丽人纨素可怜色，安能点白还为黑。"吴大江《捣衣》："那堪裂纨素，时许出房栊。"

【紈扇】 用细绢制成的团扇。宗楚客《奉和圣制喜雪应制》："影随明月团纨扇，声将流水杂鸣弦。"韦应物《夏冰歌》："粉壁生寒象筵布，玉壶纨扇亦玲珑。"张碧《古意》："手持纨扇独含情，秋风吹落横波血。"韩偓《荷花》："纨扇相欹绿，香囊独立红。"

【紈袴】 细绢制成的裤子。因其多为贵族子弟所服，故亦指贵族子弟。杜甫《奉赠韦左丞丈二十二韵》:“纨袴不饿死,儒冠多误身。”刘禹锡《答东阳于令寒碧图诗》序:“东阳令于兴宗,丞相燕国公之犹子。生绮襦纨袴间,所见皆贵盛,而挈然有心,如山东书生。”

【紈綺】 精美的丝织品。钱起《送李兵曹赴河中》:“能荷钟鼎业,不矜纨绮荣。”白居易《新乐府·缭绫》:“缭绫缭绫何所似,不似罗绡与纨绮。”温庭筠《感旧陈情五十韵献淮南李仆射》:“琴樽陈席上,纨绮拜床前。”贯休《富贵曲二首》之一:“雕墙绣毂,纨绮杂杂。”

紀[1] 〔jì《广韵》居理切,上止,見。〕❶丝缕的头绪。引申为纲纪。柳宗元《贞符》:“祝唐之纪,后天罔坠。”❷治理。《郊庙歌辞·祭方丘乐章·顺和》:“九域咸雍,四溟为纪。”❸终极之处。《郊庙歌辞·蜡百神乐章·迎神》:“上极天维,下穷坤纪。”❹日月相会。见《礼记·月令》。见郑玄注:“纪,会也。”魏征《五郊乐章·黑帝羽音·肃和》:“次极阳乌,纪穷阴兔。”❺纪年的单位,十二年为一纪。韦应物《京师叛乱寄诸弟》:“弱冠遭世难,二纪犹未平。”李敬方《太和公主还宫》:“二纪烟尘外,凄凉转战归。”李商隐《马嵬二首》之二:“如何四纪为天子,不及卢家有莫愁。”郑嵎《津阳门诗》:“开元到今逾十纪,当初事迹皆残隳。”❻年岁。白居易《把酒》:“勿忧渐衰老,且喜加年纪。”❼通“記”。(1)记载,记录。储光羲《同王十三维偶然作十首》之八:“公卿时见赏,赐赉难具纪。”皇甫冉《送卢郎中使君赴京》:“康乐多新兴,题诗纪所经。”徐凝《送马向入蜀》:“工文人共许,应纪蜀中行。”沈彬《入塞二首》之二:“功多地远无人纪,汉阁笙歌日又曛。”(2)挂记。吴筠《高士咏·庞德公》:“保兹永无患,轩冕何足纪。”

紀[2] 〔jǐ《广韵》居理切,上止,見。〕姓。汉有纪信。

【紀石】 勒石纪功。太宗《饮马长城窟行》:“扬麾氛雾静,纪石功名立。”

【紀年】 记年岁。郑愔《奉和幸上官昭容院献诗四首》之二:“十五蓂知月,三千桃纪年。”

【紀行】 (一xíng)记述旅行见闻。卢纶《学颜鲁公送挺赟归翠微寺》:“一斋三请纪行诗,诮我垂鞭弄鸣镝。”吴融《题扬子津亭》:“扬子江津十四经,纪行文字遍长亭。”

【紀事】 记载事实。席豫有《江行纪事二首》。陆龟蒙《丁隐君歌》序:“时时书细字,作文纪事,皆有楷法意义。”

【紀南城】 在今湖北江陵县西北。即春秋战国时楚国郢都遗址。现为全国重点文物保护单位之一。刘禹锡《纪南歌》:“风烟纪南城,尘土荆门路。”

【紀南驛】 在今湖北江陵县西北。罗隐有《宿纪南驿》。参见“紀南城”。

【紀律】 纪纲;法度。吕温《奉和武中丞秋日台中寄怀简诸僚友》:“圣朝思纪律,宪府得中贤。”

【紀國道場】 即纪国寺。在今山东寿光市南。

【紀綱】 国家法度、綱纪。储光羲《同诸公送李云南伐蛮》:“边吏静县道,新书行纪纲。”杜甫《送魏二十四兼寄韦韶州》:“才美膺推荐,君行佐纪纲。”刘长卿《题元录事开元所居》:“幽居萝薜情,高卧纪纲行。”郑谷《故少师别墅乱后榛芜感旧怆怀遂有追纪》:“大仪墙仞峻,东辖纪纲新。”

【紀德】 记载功德。杜甫《鸡》:“纪德名标五,初鸣度必三。”

紉 〔rèn《广韵》女鄰切,平真,娘。〕❶搓;捻。贺兰进明《古意二首》之二:“慨然纫杂佩,重奏丘中琴。”元稹《代曲江老人百韵》:“野杏浑休植,幽兰不复纫。”白居易《和春深二十首》之十:“兰索纫幽珮,蒲轮驻软车。”❷以线穿针。见“紉針”。❸缝缀,缝纫。玄宗《春晚宴两相及礼官丽正殿学士探得风字》序:“朕以薄德,祗膺历数,正天柱之将倾,纫地维之已绝。”

【紉針】 穿针。方干《山中言事寄赠苏判官》:“执爨纵曾炊橡实,纫针曾解补荷衣。”亦指缝纫用的针。唐彦谦《七夕》:“而予愿乞天孙巧,五色纫针补衮衣。”

【紉珮】 亦作“紉佩”。语出《楚辞·离骚》。言捻缀秋兰,佩带于身。太宗《过旧宅二首》之二:“纫珮兰凋径,舒圭叶翦桐。”无可《兰》:“灵均曾采撷,纫珮挂荷裳。”白居易《酬郑侍御多雨春空过诗三十韵》:“兰湿难纫珮,花凋易落妆。”

【紉蘭】 喻人品高洁。见《楚辞·离骚》。刘长卿《三月李明府后亭泛舟》:“处处纫兰春浦渌,萋萋籍草远山多。”徐铉《和萧郎中午日见寄》:“岂知泽畔纫兰客,来赴城中角黍期。”杜光庭《怀古今》:“君不见屈大夫纫兰而发谏,君不见贾太傅忌鹏而愁吟。”

【紉佩】 见“紉珮”。

四　画

紜 〔yún《广韵》王分切,平文,云。〕见“紜紜”。

【紜紜】 多而杂乱貌。见胡皓《大漠行》。白居易《朱陈村》:“机梭声札札,牛驴走纭纭。”

素 〔sù《广韵》桑故切，去暮，心。〕❶白色生绢。古人用绢帛书写，故亦以为书籍或书信的代称。张说《代书寄薛四》："孤雁东飞来，寄我纹与素。"李白《寄东鲁二稚子》："裂素写远意，因之汶阳川。"皎然《张伯英草书歌》："张生奇绝难再遇，草罢临风展轻素。"柳宗元《省试观庆云图诗》："裂素荣光发，舒华瑞色敷。"❷白色；无色。王维《奉和圣制御春明楼临右相园亭赋乐贤诗应制》："商山原上碧，浐水林端素。"陆长源《答东野夷门雪》："好丹与素道不同，失意得途事皆别。"张籍《惜花》："春潭足芳树，水清不如素。"白居易《曲江感秋二首》之二："独我鬓间毛，昔黑今垂素。"❸质朴无饰。杜甫《西枝村寻置草堂地夜宿赞公土室二首》之一："赞公汤休徒，好静心迹素。"钱起《白石枕》："琢珉胜水碧，所贵素且贞。"参见"素面""素钗"。❹平素；向来。王维《赠从弟司库员外绿》："惠连素清赏，夙语尘外事。"岑参《初至西虢官舍南池呈左右省及南宫诸故人》："素多江湖意，偶佐山水乡。"韦应物《酬卢嵩秋夜见寄五韵》："素秉栖遁志，况贻招隐诗。"朱庆余《送璧州刘使君》："知君素清俭，料得却来贫。"❺平素的行为、修养及志向、愿望等。王维《偶然作六首》之三："家贫禄既薄，储蓄非有素。"韦应物《答崔主簿问兼简温上人》："即此抱余素，块然诚寡俦。"孟郊《古意》："芙蓉无染污，将以表心素。"唐彦谦《和陶渊明贫士诗七首》之一："不如行其素，辛苦奈寒饥。"❻交情。李真《丈人山诗》："岂是与山无素，丈人著帽相迎。"❼常例，成法。杜甫《佐还山后寄三首》之二："白露黄粱熟，分张素有期。"王嗣奭释："黄粱，稻之美者，熟则分饷亲族，有此俗期。"❽空。谓有名无实或有实无名。见"素王""素餐"。❾素食。与"荤"相对。白居易《五月斋戒罢宴彻乐以长句呈谢》："散斋香火今朝散，开素盘筵后日开。"又《戏赠梦得兼呈思黯》："月终斋满谁开素，须拟奇章置一筵。"

【素几】 不加雕饰的几案。司空曙《题玉真观公主山池院》："羽衣重素几，珠网俨轻埃。"

【素士】 寒素之士。韦应物《赠冯著》："谁当念素士，零落岁华空。"又《答韩库部》："名列金闺籍，心与素士同。"

【素女】 ❶传说中古代神女。与黄帝同时。见《史记·孝武本纪》。李峤《瑟》："伏羲初制法，素女昔传名。"李贺《李凭箜篌引》："江娥啼竹素女愁，李凭中国弹箜篌。"李商隐《送从翁从东川弘农尚书幕》："素女悲清瑟，秦娥弄玉箫。"王初《青帝》："韩凭舞羽身犹在，素女商弦调未残。"❷即嫦娥。鲍溶《弄玉词二首》之一："素女结念飞天行，白玉参差凤皇声。"❸神话中天河仙女。传晋安帝时谢端偶得一大螺，归养瓮中，螺化为少女为端备食，后于风雨中离去。见陶渊明《搜神后记》卷五。李郢《送人之岭南》："谢氏海边逢素女，越王潭上见青牛。"❹指汉皋之神女。郑交甫于汉皋台上遇二神女，神女解佩相赠。事见《韩诗外传》。李白《宫中行乐词八首》之八："素女鸣珠珮，天人弄彩球。"❺谓白衣美女。刘禹锡《和令狐相公玩白菊》："仙人披雪氅，素女不红妆。"

【素文】 阐述素王之道的文章。特指《春秋》。王建《寄李益少监兼送张实游幽州》："箧中有素文，千里求发扬。"

【素爪】 白皙的手指。李宣古《听蜀道士琴歌》："忽挥素爪画七弦，苍崖劈裂迸碎泉。"

【素王】 指孔子。意谓孔子有帝王之德而未居帝王之位。李峤《布》："御绩创羲黄，缁冠表素王。"刘沧《经曲阜城》："三千弟子标青史，万代先生号素王。"韦庄《寄右省李起居》："多惭十载游梁客，未换青襟侍素王。"

【素王庙】 孔子庙。鲍溶《闻国家将行封禅聊抒臣情》："清跸间过素王庙，翠华高映大夫松。"

【素友】 旧友，老友。韦应物《慈恩伽蓝清会》："素友俱薄世，屡招清景赏。"

【素手】 洁白的手。李白《赠裴司马》："天寒素手冷，夜长烛复微。"李端《听筝》："鸣筝金粟柱，素手玉房前。"陆畅《帘》："劳将素手卷虾须，琼室流光更缀珠。"徐夤《新刺袜》："素手春溪罢浣纱，巧裁明月半弯斜。"

【素毛】 白毛。白居易《刘苏州以华亭一鹤远寄以诗谢之》："素毛如我鬓，丹顶似君心。"

【素月】 明月；明亮的月光。太宗《赋帘》："珠光摇素月，竹影乱清风。"孟云卿《伤时二首》之二："太空流素月，三五何明明。"刘禹锡《八月十五日夜玩月因书一时之景寄呈乐天》："半夜碧云收，中天素月流。"姚合《中秋夜洞庭圆月》："素月闲秋景，骚人泛洞庭。"

【素心】 ❶素愿；本心。张九龄《巡属县道中作》："迹与素心别，感从幽思盈。"李白《赠从弟南平太守之遥二首》之二："素心爱美酒，不是顾专城。"李商隐《漫成五章》之五："郭令素心非黩武，韩公本意在和戎。"李咸用《寄所知》："曾将俎豆为儿戏，争奈干戈阻素心。"❷闲淡纯洁的心地。李白《日夕山中忽然有怀》："素心自此得，真趣非外惜。"皇甫冉《酬裴十四》："素心终不易，玄发何须变。"卢纶《秋夜寄冯著作》："素心难比石，苍鬓欲如君。"❸指某些事物中心的白色部分。黄韬《书怀寄友人》："此生如孤灯，素心挑易尽。"

【素札】 书信。韦应物《答崔都水》："常缄素札去，适枉华章还。"

【素册】 卷册，简册。赵居贞《云门山投龙诗》：

"祝起鸣天鼓，拜传端素册。"

【素白】 纯洁清白。罗隐《鹭鸶》："不要向人夸素白，也知常有羡鱼心。"

【素穴】 山名。皎然《妙喜寺达公禅斋四十二韵》："药化成白云，形雕辞素穴。"原注："素穴，山名。"

【素朴】 朴素，质朴无华。夏侯孜《享太庙乐章》："俗尚素朴，人皆乐康。"吴筠《高士咏·师金》："圣人贵素朴，礼仪非玄同。"无名氏《焚裘》："素朴回风变，雕华逐志休。"

【素光】 洁白明亮的光辉。陈希烈《省试白云起封中》："素光非曳练，灵贶是从龙。"崔宗之《赠李十二白》："明月出高岑，清谿澄素光。"李沇《方响歌》："十六叶中侵素光，寒玲震月杂珮珰。"张公乂《金谷园花发怀古》："未全红艳折，半与素光翻。"

【素足】 白皙的脚。李白《越女词五首》之四："东阳素足女，会稽素舸郎。"

【素行】 (一xíng)❶平素之品行。孟郊《憩淮上观公法堂》："高僧积素行，事外无刚强。"❷指所处地位行事。见《礼记·中庸》。孟郊《奉报翰林张舍人见遗之诗》："前贤素行阶，夙嗜青山勤。"清江《春游司直城西鸬鹚谿别业》："家贫知素行，心苦见清溪。"

【素肌】 白色的肌肉。特指蔬菜、瓜果的白色肉质。白居易《食笋》："紫箨坼故锦，素肌擘新玉。"

【素色】 白色。李颀《少室雪晴送王宁》："隔城半山连青松，素色峨峨千万重。"戴叔伦《梧桐》："广叶结青阴，繁花连素色。"叶季良《赋得月照冰池》："圆光生碧海，素色满瑶池。"方干《东山瀑布》："素色喷成三伏雪，余波流作万年溪。"

【素衣】 ❶白色衣服。平民所服，因即指平民，亦指无官职或功名的士人。权德舆《送别同用阔字》："缁尘素衣敝，风露秋江阔。"刘禹锡《送李庚先辈赴选》："曾脱素衣参幕客，却为精舍读书人。"许浑《下第归朱方寄刘三复》："素衣京洛尘，归棹过南津。"黄滔《寄同年崔学士》："已脱素衣酬素发，敢持青桂爱青山。"亦喻青白的操守。韦庄《酬吴秀才霅川相送》："夫君别我应惆怅，十五年来识素衣。"❷白色丧服。刘禹锡《哭王仆射相公》："群吏谒新府，旧宾沾素衣。"

【素交】 故旧交情，老朋友。杜甫《过故斛斯校书庄二首》之二："素交零落尽，白首泪双垂。"欧阳衮《寄陈去疾进士》："江山兹夕意，唯有素交存。"

【素冰】 洁白的冰。王维《清如玉壶冰》："玉壶何用好，偏许素冰居。"

【素羽】 白色羽毛。指白鸟。杨衡《经端溪峡中》："素羽漾翠涧，碧苔敷丹英。"

【素志】 平素之心愿。李益《合源溪期张计不至》："素志久沦否，幽怀方自吟。"许浑《与侯春时同年南池夜话》："素志应难契，清言岂易求。"唐彦谦《留别四首》之四："盐车淹素志，长坂入青云。"李中《献中书张舍人》："飞腾谐素志，霄汉是前程。"

【素花】 见"素華"。

【素芳】 白花。司马都《和陆鲁望白菊》："耻共金英一例开，素芳须待早霜催。"

【素車】 古代凶、丧事所用之车，以白土涂刷。杜甫《哭韦大夫之晋》："素车犹恸哭，宝剑欲高悬。"窦巩《哭吕衡州八郎中》："望尽素车秋草外，欲将身赎返魂香。"白居易《劝酒》："游人驻马出不得，白舆素车争路行。"刘禹锡《伤韦宾客》："海内时流尽，何人动素车。"

【素匣】 不施雕饰的盒匣。王元《听琴》："拂尘开素匣，有客独伤时。"

【素沙】 白沙。杜甫《曲江三章章五句》之一："白石素沙亦相荡，哀鸿独叫求其曹。"李绅《别石泉》："素沙见底空无色，青石潜流暗有声。"

【素泥】 白泥。白居易《新乐府·杏为梁》："素泥朱版光未灭，今日官收别赐人。"

【素妝】 淡妆。打扮淡雅而不浓艳。皮日休《咏白莲》之二："吴王台下开多少，遥似西施上素妆。"

【素抱】 平昔之抱负。韦应物《端居感怀》："沈沈积素抱，婉婉属之子。"

【素來】 从来；向来。李商隐《送千牛李将军赴阙五十韵》："素来矜异类，此去岂亲征。"皮日休《正乐府十篇·贪官怨》："素来不知书，岂能精吏理。"李中《秋夜吟寄左偃》："与君诗兴素来狂，况入清秋夜景长。"

【素柰】 白柰。木名。即林檎，亦名少果，俗称花红，有红白二种。白者开花时白中带红。杜甫《寄李十四员外十二韵》："宿阴繁素柰，过雨乱红蕖。"姚合《题梁国公主池亭》："素柰花开西子面，绿榆枝种沈郎钱。"

【素尚】 平素之愿望。李白《自梁园至敬亭山见会公谈陵阳山水兼期同游因有此赠》："敬亭惬素尚，弭棹流清辉。"温庭筠《酬友人》："辞荣亦素尚，倦游非夙心。"

【素秋】 秋季。杜甫《秋兴八首》之六："瞿唐峡口曲江头，万里风烟接素秋。"李商隐《端居》："远书归梦两悠悠，只有空床敌素秋。"陆龟蒙《子夜四时歌·子夜变歌三首》之三："岁月如流迈，行已及素秋。"廖匡图《松》："直待素秋摇落日，始将凡木斗荣枯。"

【素知】 ❶一向了解。《病后遇王倚饮赠歌》："且遇王生慰畴昔，素知贱子甘贫贱。"❷所了解之人。周昙《咏史诗·春秘战国门·毛遂》："平原门下三千客，得力何曾是素知。"

【素卷】（—juàn）谓简册。杨巨源《题表丈三大夫书斋》："素卷堆瑶席，朱弦映绛纱。"

【素沫】白色水花。卢照邻《至陈仓晓晴望京邑》："涧流漂素沫，岩景霭朱光。"苏味道《单于川对雨二首》之一："缘阶起素沫，竟水聚圆文。"

【素波】白色的波浪。李绅《龟山》："秋月满时侵兔魄，素波摇处动龟形。"温庭筠《蒋侯神歌》："楚神铁马金鸣珂，夜动蛟潭生素波。"亦喻指月光。刘辟《登楼望月二首》之一："素波流粉壁，丹桂拂飞瓮。"

【素房】白色的花房。白居易《六年秋重题白莲》："素房含露玉冠鲜，绀叶摇风钿扇圆。"

【素弦】素琴的弦。刘禹锡《许给事见示哭工部刘尚书诗因命同作》："素弦哀已绝，青简叹犹新。"权德舆《侍从游后湖宴坐》："素弦激凄清，旨酒盈樽壶。"参见"素琴"。

【素空】（—kōng）素净的天空。李贺《秋凉诗寄正字十二兄》："大野生素空，天地旷肃杀。"又《艾如张》："齐人织网如素空，张在野田平碧中。"

【素帚】白色的扫帚。元稹《诮卢戡与予数约游三寺戡独沉醉而不行》："素帚茅花乱，圆珠稻实齐。"

【素垣】白色的墙桓。白居易《自题小园》："素垣夹朱门，蔼蔼遥相对。"

【素城】越城。《谶记·越中狂生题旗亭》："日日草重生，悠悠傍素城。"诗前序谓："素城者，越城。隋越公杨素所筑也。"

【素英】白花。韦应物《朝请后还邑寄诸友生》："晨露含瑶琴，夕风殒素英。"李绅《橘园》："朱实摘时天路近，素英飘处海云深。"

【素指】洁白的手指。元稹《西斋小松二首》之二："簇簇枝新黄，纤纤攒素指。"

【素面】不施粉脂的天生美颜。李白《白微时募县小吏入令卧内尝驱牛经堂下令妻怒将加诘责白亟以诗谢云》："素面倚栏钩，娇声出外头。"张萧远《送宫人入道》："舍宠求仙畏色衰，辞天素面立阶墀。"韦庄《闺怨》："啼妆晓不干，素面凝香雪。"杜光庭《咏西施》："素面已云妖，更著花钿饰。"

【素貞】谓朴拙坚贞的品质。李白《冬日归旧山》："洗砚修良策，敲松拟素贞。"

【素律】秋季。韦庄《三用韵》："素律初回驭，商飙暗触襟。"刘兼《秋夕书怀呈戎州郎中》之一："素律初回枕簟凉，松风飘泊入华堂。"王周《落叶》："素律铄欲脆，青女妒复稀。"

【素風】❶纯朴的风尚；高洁的风格。王维《送綦毋秘书弃官还江东》："天命无怨色，人生有素风。"王建《赠王侍御》："幸君扬素风，永作来者程。"刘禹锡《送李二十九兄员外赴邠宁使幕》："家袭韦平身业文，素风清白至今贫。"张蠙《哭建州李员外》："素风无后嗣，遗迹有生祠。"❷秋风。储光羲《述降圣观》："玉殿俯玄水，春旗摇素风。"窦牟《杏园渡》："君子素风悲已矣，杏园无复一枝花。"朱庆余《赠陈逸人》："药圃无凡草，松庭有素风。"王良会《和武相公中秋夜西蜀锦楼望月得清字》："令行秋气爽，乐感素风轻。"

【素帟】白色帷幕。用于丧事。徐铉《光穆皇后挽歌三首》之一："素帟尧门掩，凝笳毕陌长。"

【素音】音讯，消息。皎然《晚冬废溪东寺怀李司直纵》："安得西归云，因之传素音。"

【素姿】素面；不施粉脂的洁白容颜。周弘亮《曲江亭望慈恩寺杏园花发》："萼中轻蕊密，枝上素姿繁。"韩偓《春闷偶成十二韵》："素姿凌白柰，圆颊诮红梨。"南唐嗣主李璟《保大五年元日登楼赋》："东风今日放梅花，素姿好把芳姿掩。"

【素屏】不施彩饰的白色屏风。任华《怀素上人草书歌》："谁不造素屏，谁不涂粉壁。"白居易《自咏老身示诸家属》："置榻素屏下，移炉青帐前。"又《三谣·素屏谣》："素屏素屏，胡为乎不文不饰，不丹不青？"

【素約】朴素简约。丁仙芝《赠朱中书》："会应怜尔居素约，可即长年守贫贱。"

【素紈】白色细绢。李益《立春日宁州行营因赋朔风吹飞雪》："捐扇破谁执，素纨轻欲裁。"

【素衷】平素的心曲。元稹《会真诗三十韵》："慢脸含愁态，芳词誓素衷。"

【素彩】❶白色的光彩。范传质《荐冰》："洁朗寒光彻，辉华素彩明。"喻坦之《长安雪后》："冷光兼素彩，向暮朔风吹。"苑诎《暗投明珠》："精灵辞合浦，素彩耀神州。"❷指月光。吕温《道州敬酬何处士郡楼月夜之作》："清质悠悠素彩融，长川迥陆合为空。"李群玉《望月怀友》："盈手水光寒不湿，流天素彩静无风。"

【素瓷】白色瓷器。颜真卿、陆士修《五言月夜啜茶联句》："素瓷传静夜，芳气满闲轩。"皎然《饮茶歌诮崔石使君》："素瓷雪色缥沫香，何似诸仙琼蕊浆。"

【素扇】洁白而未写字绘画的扇子。李益《赋得早燕送别》："今至随红萼，昔还悲素扇。"卢士政《奉陪武相公西亭夜宴陆郎中》："舞转朱丝逐，歌余素扇回。"

【素袍】白袍。罗隐《芳树》："但愿开素袍，倾绿蚁，陶陶兀兀大醉于青冥白昼间。"

【素娥】嫦娥的别称。亦用作月的代称。李华《海上生明月》："素娥尝药去，乌鹊绕枝惊。"李商隐《霜月》："青女素娥俱耐冷，月中霜里斗婵娟。"罗隐《中秋不见月》："天为素娥孀怨苦，并教西北起浮云。"韦庄《夜景》："欲把伤心问明月，素娥无语泪娟娟。"

【素書】❶写在白绢上的书信。语出古乐府《饮马长城窟行》。岑参《夜过盘石隔河望永乐寄闺中效齐梁体》:“波上思罗袜,鱼边忆素书。”杜甫《寄岑嘉州》:“不见故人十年余,不道故人无素书。”杨凭《送别》:“相闻不必因来雁,云里飞轿落素书。”白居易《代书诗一百韵寄微之》:“素书三往复,明月七盈亏。”❷本兵书名。传为黄石公所作。后泛称一般道书。韦应物《马明生遇神女歌》:“安期再拜将生出,一授素书天地毕。”皇甫冉《送张道士归茅山谒李尊师》:“尝以素书传弟子,还因白石号先生。”李群玉《送隐者归罗浮》:“两卷素书留贳酒,一柯樵斧坐看棋。”曹唐《小游仙诗九十八首》之二七:“欲将碧字相教示,自解盘囊出素书。”❸书籍。钱起《过曹钧隐居》:“素书寸阴尽,流水怨情新。”刘禹锡《和苏十郎中谢病闲居时严常侍萧给事同过访叹初有二毛之作》:“一卷素书消永日,数茎斑发对秋风。”皮日休《吴中苦雨一百韵寄鲁望》:“千卷素书外,此外无余蓄。”

【素規】 白色的圆圈。指圆月、水井等。李绅《新楼诗二十首·满桂楼》:“惟待素规澄满镜,莫看纤魄挂如钩。”郑嵎《津阳门诗》:“当时清影荫红叶,一旦飞埃埋素规。”

【素雪】 白雪。太宗《望雪》:“冻云宵遍岭,素雪晓凝华。”

【素帷】 白色帷幕。多用于丧事。韦应物《往富平伤怀》:“晨起凌严霜,恸哭临素帷。”刘商《同诸子哭张元易》:“素帷旅榇乡关远,丹旐孤灯客舍中。”白居易《履道居三首》之二:“东里素帷犹未彻,南邻丹旐又新悬。”郑谷《哭进士李洞二首》之二:“瘴蒸丹旐湿,灯隔素帷清。”

【素帳】 白色帐幕。多用于丧色。李商隐《安平公诗》:“西风冲户卷素帐,隙光斜照旧燕窠。”无可《哭张籍司业》:“多雨铭旌故,残灯素帐闲。”

【素魚】 ❶白色的鱼。李绅《忆登栖霞寺峰》:“乌噪啄秋果,翠惊衔素鱼。”❷即蟫。也称蠹鱼。蛀蚀书籍、衣物的小虫。李白《冬日归旧山》:“拂床苍鼠走,倒箧素鱼惊。”

【素釵】 朴素的发钗。王建《宋氏五女》:“素钗垂两髦,短窄古时衣。”

【素欲】 平素的心愿。韦应物《同长源归南徐寄子西子烈有道》:“临觞一长叹,素欲何时谐。”

【素舸】 不加装饰的船。李白《与谢良辅游泾川陵岩寺》:“乘君素舸泛泾西,宛似云门对若溪。”卢纶《送陈明府赴萍县》:“素舸载陶公,南随万里风。”薛能《长安送友人之黔南》:“陆路终何处,三湘在素船。”李群玉《广州重别方处士之封川》之一:“长波飞素舸,五月下南溟。”

【素産】 贫乏的家产。孟浩然《涧南即事贻皎上人》:“弊庐在郭外,素产惟田园。”

【素商】 秋季。五行以金配秋,其色尚白,故云。陆敬《游隋故都》:“兹辰素商节,灰管变星躔。”魏征《五郊乐章·白帝商音·舒和》:“璿仪气爽惊缇籥,玉吕灰飞含素商。”员半千《仪坤庙乐章》:“云感玄羽,风凄素商。”

【素望】 平素的愿望。李逢吉《再赴襄阳辱宣武相公贻诗今用奉酬》:“自惊非素望,何力及清时。”张蠙《送成州牧》:“素望知难惬,新恩且用酬。”

【素情】 平素的心愿。张九龄《洪州西山祈雨是日辄应因赋诗言事》:“虚美怅无属,素情缄所依。”

【素液】 白色的液体。多指酒。元稹《月三十韵》:“素液传烘盏,鸣琴荐碧徽。”又《春分投简阳明洞天作》:“琼杯传素液,金匕进雕胡。”

【素琴】 不加装饰的琴。李白《古风》之五五:“安识紫霞客,瑶台鸣素琴。”王琦注:“素琴谓琴之素朴不用金银珠宝以为饰者也。”白居易《九年十一月二十一日感事而作》:“顾索素琴应不暇,忆牵黄犬定难追。”刘威《冬夜旅怀》:“寂寞谁相似,残灯与素琴。”徐铉《右省仆射相公垂览和诗复贻长句辄次来韵》:“铺陈政事留黄阁,偃息神机在素琴。”

【素華】 ❶(一huā)亦作“素花”。白色的花,亦用以喻雪。武元衡《宜阳所居白蜀葵答咏柬诸公》:“红艳世方重,素华徒可怜。”白居易《白牡丹》:“素华人不顾,亦占牡丹名。”又《题郡中荔枝诗十八韵兼寄万州杨八使君》:“素华春漠漠,丹实夏煌煌。”胡宿《雪》:“屏翳驱云结夜阴,素花飘坠恶氛沈。”❷(一huá)白色的光华。裴迪《辋川集二十首·金屑泉》:“迎晨含素华,独往事朝汲。”李白《挂席江上待月有怀》:“素华虽可揽,清景不可游。”❸指丹田元气。张籍《求仙行》:“丹田有气凝素华,君能保之升绛霞。”

【素萼】 白色的花萼。沈传师《和李德裕观玉蕊花见怀之作》:“素萼年年密,衰容日日侵。”

【素期】 平素之所期望的事情。韦应物《与幼遐君贶兄弟同游白家竹潭》:“清赏非素期,偶游方自得。”刘禹锡《马大夫见示浙西王侍御赠答诗因命同作》:“秣陵从事何年别,一见琼章如素期。”张祜《中秋月》:“碧落桂含姿,清秋是素期。”徐铉《又和萧少卿见庆新居》:“惊蓬偶驻知多幸,断雁重联惬素期。”

【素雲】 白云。贯休《对雪寄新定冯使君二首》之一:“翳月素云埋粉堞,堆巢孤鹤下金绳。”

【素幃】 白色帷幔,用于丧事。薛能《恭禧皇太后挽歌词三首》:“旌去题新谥,宫存锁素帏。”

【素牋】 白色的纸笺。白居易《同微之赠别郭虚舟炼师五十韵》:“素笺一百句,题附元家诗。”

【素腕】 白皙的手腕。李群玉《龙安寺佳人阿最歌八首》之七："素腕撩金索，轻红约翠纱。"

【素絲】　本色的丝；白色。见《吕氏春秋·情欲》。李白《古风》之五九："恻恻泣路歧，哀哀悲素丝。"白居易《叹老三首》之二："昔似玄云光，今如素丝色。"李绅《皋桥》："鸿鹄羽毛终有志，素丝琴瑟自谐声。"刘驾《白髭》："素丝易染髭难染，墨翟当年合泣髭。"

【素蓮】　白莲花。李绅《趋翰苑遭诬构四十六韵》："庾楼清桂满，远寺素莲敷。"

【素楹】　不施雕饰的楹柱。李群玉《长沙元门寺张璪员外壁画》："片石长松倚素楹，翛然云壑见高情。"

【素業】　❶清白的操守。刘长卿《哭陈歙州》："千秋万古葬平原，素业清风及子孙。"马戴《哭京兆庞尹》："清光沉皎月，素业振遗风。"❷平素的事业、功业。张九龄《酬王履震游园林见贻》："宅生惟海县，素业守郊园。"李端《长安书事寄卢纶》："素业在山下，青泉当树阴。"杨巨源《送李虞仲秀才归东都因寄元李二友》："素业且无负，青冥殊未迟。"陆龟蒙《奉和袭美二游诗·徐诗》："素业已千仞，今为峻云巅。"❸祖业，先世所遗之业。储光羲《献八舅东归》："素业作仙居，子孙当自传。"孟浩然《南山下与老圃期种瓜》："先人留素业，老圃作邻家。"顾非熊《成名后将归茅山酬群公见送》："素业承家了，离筵去国欢。"赵嘏《送裴延翰下第归觐滁州》："江上诗书悬素业，日边门户倚丹梯。"

【素蛾】　淡画蛾眉。阎选《谒金门》词："双髻绾云颜似玉，素蛾辉淡绿。"

【素節】　❶秋季。亦指中秋、重阳等秋季佳节。李义府《和边城秋气早》："金微凝素节，玉律应清葭。"王绩《九月九日赠崔使君善为》："忽见黄花吐，方知素节回。"韦庄《冬日长安感志寄献虢州崔郎中二十韵》："才惊素节移铜律，又见玄冥变玉签。"吴越王钱镠《秋景》："解使金风催物象，能教素节运清凉。"❷清白的操守。张九龄《郡舍南有园畦杂树聊以永日》："苟能秉素节，安用叨华簪。"乔知之《羸骏篇》："丹心素节本无求，长鸣向君君不留。"❸指竹。杜甫《课伐木》："苍皮成委积，素节相照烛。"

【素誠】　素积内心的诚意、情感。韩思彦《酬贺遂亮》："累日同游处，通宵款素诚。"李白《淮阴书怀寄王宗成》："斗酒烹黄鸡，一餐感素诚。"姚合《寄陕府内兄郭冏端公》："睽违逾十年，一会豁素诚。"曹唐《三年冬大礼五首》之一："皇帝斋心洁素诚，自朝真祖报升平。"

【素暉】　见"素辉"。

【素腰】　女子细腰。见战国楚宋玉《登徒子好色赋》。李峤《舞》："非君一顾重，谁赏素腰轻。"

【素煙】　白烟。李白《安州应城玉女汤作》："地底烁朱火，沙傍歊素烟。"曹唐《送刘尊师祗诏阙庭三首》之三："红露想倾延命酒，素烟思爇降真香。"

【素綆】　汲水桶上的绳子。刘长卿《杂咏八首上礼部李侍郎·旧井》："素绠久未垂，清凉尚含洁。"陆龟蒙《野井》："寒泉未必能如此，奈有银瓶素绠何。"贯休《行路难》之三："几度美人照影来，素绠银瓶濯纤玉。"

【素絹】　白绢。或谓素和绢，皆缯名。李白《草书歌行》："笺麻素绢排数厢，宣州石砚墨色光。"

【素蕖】　白荷花。李群玉《玉真观》："秋月无云生碧落，素蕖寒露出清澜。"

【素聞】　一向所说。熊孺登《赠侯山人》："一见清容惬素闻，有人传是紫阳君。"

【素幔】　白色帷幕，用于丧事。杜甫《哭严仆射归榇》："素幔随流水，归舟返旧京。"于鹄《哭王都护》："素幔朱门里，铭旌秋巷中。"

【素管】　指管乐器。亦泛称乐器。李贺《神弦曲》："画弦素管声浅繁，花裙綷縩步秋尘。"

【素貌】　未加修饰的本来面貌。李山甫《贫女》："镜里只应谙素貌，人间多自信红妆。"

【素塵】　❶灰尘。李白《门有车马客行》："雄剑藏玉匣，阴符生素尘。"又《送鲁郡刘长史迁弘农长史》："宝镜匣苍藓，丹经埋素尘。"又《题江夏修静寺》："书带留青草，琴堂幕素尘。"❷喻雪花。李商隐《残雪》："旭日开晴色，寒空失素尘。"

【素旗】　白旗。指古代灵柩前的白色旗幡。权德舆《湖南观察使故相国袁公挽歌二首》之一："湘水秋风至，凄凉吹素旗。"

【素滻】　浐水的别名。关中八川之一。素，言其水色白。宋之问《奉和春初幸太平公主南庄应制》："青门路接凤凰台，素浐宸游龙骑来。"刘长卿《客舍赠别韦九建赴任河南韦十七造赴任郑县就便觐省》："征马临素浐，离人倾浊醪。"张濯《迎春东郊》："云敛黄山际，冰开素浐滨。"刘得仁《书事寄万年厉员外》："紫禁黄山绕，沧溟素浐通。"

【素翟】　白雉。王若岩《试越裳贡白雉》："素翟宛昭彰，遥遥自越裳。"

【素髮】　白发。储光羲《渔父词》："素发随风扬，远心与云游。"韦应物《元日寄诸弟兼呈崔都水》："一从守兹郡，两鬓生素发。"汪遵《白头吟》："失却青丝素发生，合欢罗带意全轻。"李中《秋夕书事寄友人》："未遂青云志，那堪素发侵。"

【素髯】　白须。韦庄《谒蒋帝庙》："建业城边蒋帝祠，素髯清骨旧风姿。"

【素璆】　白玉。璆，美玉。李德裕《阳给事》："颜子缀清藻，铿然如素璆。”

【素齒】 皓齿，白色的牙齿。徐凝《白铜鞮》：“留欢住不住，素齿白铜鞮。”

【素輝】 亦作“素晖”。白色的光亮。骆宾王《夏日游德州赠高四》序：“庶瞻雅韵，伫辱报章，则紫耀运星，开龙文于剑匣，素辉亏月，领骊颔于珠胎云尔。”李德裕《峡山亭月夜独宿对樱桃花有怀伊川别墅》：“皎月照芳树，鲜葩含素辉。”侯冽《花发上林》：“素晖云积苑，红彩绣张林。”邓陟《珠还合浦》：“素辉明荡漾，圆彩色玢璘。”

【素影】 谓月影或日影。杜审言《和康五庭芝望月有怀》：“雾濯清辉苦，风飘素影寒。”万齐融《三日绿潭篇》：“素影沉沉对蝶飞，金沙砾砾窥鱼泳。”

【素儀】 洁白的外衣。李绅《过梅里七首・忆放鹤》：“闲整素仪三岛近，回飘清唳九霄闻。”

【素魄】 月的别称。亦指月光。李端《和李舍人直中书对月见寄》：“素魄近成班女扇，清光远似庾公楼。”卢仝《月蚀诗》：“却吐天汉中，良久素魄微。”权德舆《旅馆雪晴又睹新月众兴所感因成杂言》：“梦觉青楼最可怜，婵娟素魄满寒天。”莫宣卿《赋得水怀珠》：“素魄生蘋末，圆规照水隅。”

【素盤】 白色的盘子。李白《宿五松山下荀媪家》：“跪进雕胡饭，月光明素盘。”

【素質】 白色质地。杜甫《白丝行》：“已悲素质随时染，裂下鸣机色相射。”白居易《文柏床》：“玄斑状狸首，素质如截肪。”许浑《玩残雪寄江南尹刘大夫》：“素质添瑶水，清光散玉峰。”吕岩《七言》之三三：“半夜紫云披素质，几回赤气掩桃腮。”

【素篆】 书卷上的文字。骆宾王《咏雪》：“含辉明素篆，隐迹表祥轮。”

【素履】 以喻朴实无华、清白自守的处世态度。出《易・履》。权德舆《郊居岁暮因书所怀》：“素履期不渝，永怀丘中志。”又《伏蒙十六叔寄示喜庆感怀三十韵因献之》：“叔父贞素履，含章穷典坟。”柳宗元《游南亭夜还叙志七十韵》：“观象嘉素履，陈诗谢干旄。”吴筠《高士咏・韩康》：“安能受玄纁，秉愿终素履。”

【素翬】 白色野鸡。丁仙芝《越裳贡白雉》：“覃恩丹徼远，入贡素翚来。”

【素練】 白绢。杜甫《春日戏题恼郝使君兄》：“愿携王赵两红颜，再骋肌肤如素练。”

【素機】 平素的心愿。罗炯《行县至浮查寺》：“春风一宿琉璃地，自有泉声惬素机。”

【素餐】 指谓无功受禄，不劳而食。见《诗・魏风・代檀》。韦应物《冬至夜寄京师诸弟兼怀崔都水》：“理郡无异政，所忧在素餐。”白居易《初罢中书舍人》：“自惭拙宦叨清贵，还有痴心怕素餐。”姚合《省直书事》：“素餐终日足，宁免众人轻。”韩偓《腾腾》：“乌帽素餐兼施药，前生多恐是医僧。”

【素錢】 指榆荚。俗称榆钱。形似钱串而色白，故称。李山甫《雨后过华岳庙》：“墙外素钱飘似雪，殿钱阴柏吼如雷。”

【素錦】 白色锦缎。杜甫《渡江》：“渚花兼素锦，汀草乱青袍。”

【素鮪】 白色鲔鱼。王维《醉诸公见过》：“静观素鲔，俯映白沙。”

【素霓】 白虹。李白《侠客行》：“眼花耳热后，意气素霓生。”

【素壁】 白色的墙壁、山壁、石壁。卢纶《达奚中丞东斋壁画山水各赋一物送长安赵元阳少府》：“素壁画飞泉，从云落树颠。”白居易《宅西偶题五绝句》之三：“日滟水光摇素壁，风飘树影拂朱栏。”许浑《早发中岩寺别契直上人》：“素壁寒灯暗，红炉夜火深。”刘公兴《望凌烟阁》：“丹楹崇壮丽，素壁绘勋贤。”

【素縑】 白绢。元稹《和李校书新题乐府十二首・阴山道》：“越縠缭绫织一端，十匹素缣功未到。”

【素願】 平素的愿望。刘长卿《早春赠别赵居士还江左时长卿下第归嵩阳旧居》：“素愿徒自勤，清机本难逮。”

【素臆】 谓白皙的胸脯。元稹《闺晚》：“素臆光如研，明瞳艳凝溢。”

【素顔】 白皙的面颜。李白《古风》之三十：“绿酒哂丹液，青娥凋素颜。”亦指不施脂粉的面颜。王嵒《贫女》：“难把菱花照素颜，试临春水插花看。”

【素襟】 ❶本心，平素的襟怀。李白《经乱离后忆旧游书怀赠江夏韦太守良宰》：“逸兴横素襟，无时不招寻。”钱起《和范郎中玩清池赠南省同僚两垣遗补》：“席宠虽高位，流谦乃素襟。”卢纶《题金吾郭将军石伏茅堂》：“萧洒延清赏，风流会素襟。”吴筠《题龚山人草堂》：“兹道我所适，感君齐素襟。”❷素袍之襟。戎昱《抚州处士湖泛舟送北回两指此南昌县查溪兰若别》：“悽然诵新诗，落泪沾素襟。”武元衡《秋日台中寄怀简诸僚》：“忧悔耿遐抱，尘埃缁素襟。”许浑《和李相国》：“霜合凝丹颊，风披敛素襟。”

【素緘】 白色的书函。白居易《酬吴七见寄》：“素缄署丹字，中有琼瑶篇。”

【素懷】 ❶平素的怀抱。张九龄《巡按自漓水南行》：“即事聊独欢，素怀岂兼适。”王维《瓜园诗》：“素怀在青山，若值白云屯。”杨衡《旅次江亭》：“幽兴惜瑶草，素怀寄鸣琴。”于頔《郡斋卧疾赠昼上人》：“高洁古人操，素怀夙所仰。”❷一向怀有。韦应物《龙门游眺》：“素怀出尘意，适有携手客。”

【素蟾】 月的别称。古代传说月中有蟾蜍，故称。黄滔《卷帘》："绿鬟侍女手纤纤，新捧嫦娥出素蟾。"

【素蟻】　白色的酒面浮沫。岑参《送张献心充副使归河西杂句》："玉瓶素蚁腊酒香，金鞭白马紫游缰。"

【素辭】　质朴的言辞。张祜《送刘韬秀才江陵归宁》："出告游方是素辞，喜君回棹不逾时。"

【素瀨】　白色的湍急流水。皇甫湜《题浯溪石》："石屏立衙衙，溪口扬素濑。"

【素蘤】　白花。"蘤"，同花。陆龟蒙《和袭美木兰后池三咏·白莲》："素蘤多蒙别艳欺，此花真合在瑶池。"

【素躅】　平素的足迹。刘怀一《赠右台监察邓茂迁左台殿中》："隔墙钦素躅，对问限清埃。"

【素騾】　白毛骡子。徐铉《游方山宿李道士房》："二十三家同愿识，素骡何日暂还城。"

【素驂】　驾车的白马。一般用于丧事。白居易《挽歌词》："丹旐何飞扬，素骖亦悲鸣。"

【素饌】　无鱼肉的瓜菜之类的食物。王维有《慕容承携素馔见过》。

【素靈】　❶白蛇的精灵。传汉高祖斩白蛇，有老妪夜哭。见《史记·高祖本纪》。张良璞《览史》："素灵感刘季，白马从子婴。"胡曾《咏史诗·大泽》："不是咸阳将瓦解，素灵那哭月明中。"唐彦谦《新丰》："半夜素灵先哭楚，一星遗火下烧秦。"❷秋神，魏征《五郊乐章·白帝商音·肃和》："金行在节，素灵居正。"刘兼《木芙蓉》："素灵失律诈风流，强把芳菲半载偷。"

【素鱗】　白色的鱼。亦泛称鱼。杜甫《杂曲歌词·丽人行》："紫驼之峰出翠釜，水晶之盘行素鳞。"

【素鬢】　白发。杨师道《侍宴赋得起坐弹鸣琴二首》之一："长叹未终极，秋风飘素鬓。"

【素豔】　白花。白居易《戏题木兰花》："紫房日照胭脂拆，素艳风吹腻粉开。"许浑《闻薛先辈陪大夫看早梅因寄》："素艳雪凝树，清香风满枝。"郑谷《梅》："素艳照尊桃莫比，孤香黏袖李须饶。"徐铉《秋日泛舟赋蘋花》："素艳拥行舟，清香覆碧流。"

索　〔suǒ《广韵》蘇各切，入鐸，心。又山戟切，入陌，生。又山責切，入麥，生。〕❶粗绳。泛指绳索。韦应物《难言》："持索捕风几时得，将刀斫水几时断。"韩愈《元和圣德诗》："解脱挛索，夹以砧斧。"李商隐《令狐舍人说昨夜西掖玩月因戏赠》："露索秦宫井，风弦汉殿筝。"李郢《晓井》："越女携瓶下金索，晓天初放辘轳声。"❷结合使紧。参见"索綯。"❸发辫，头发。参见"索虜"。❹索取，讨取。梁锽《长门怨》："翻悲因买赋，索镜照空辉。"杜甫《百忧集行》："痴儿未知父子礼，叫怒索饭啼门东。"王建《新嫁娘词三首》之一："郎来傍门户，满口索钱财。"白居易《冬至夜》："今宵始觉房栊冷，坐索寒衣托孟光。"❺探求。见"索隱"。❻摆脱；脱离。白居易《病免后喜除宾客》："从今且莫嫌身病，不病何由索得身。"司空图《狂题十八首》之十七："十年三署让官频，认得无才又索身。"❼聘娶。元稹《筝》："死恨相如新索妇，枉将心力为他狂。"和凝《杨柳枝》之三："不是昔年攀桂树，岂能月里索姮娥。"《谣·李后主童谣》："索得娘来忘却家，后园桃李不生花。"❽离散；孤独。张说《巡边在河北作》："故交索将尽，后进稀相识。"高适《邯郸少年行》："君不见今人交态薄，黄金用尽还疏索。"韩愈《喜侯喜至赠张籍张彻》："孟生去虽索，侯氏来还歉。"❾须，应。杜甫《舍弟观赴蓝田取妻子到江陵喜寄三首》之二："巡檐索共梅花笑，冷蕊疏枝半不禁。"徐铉《柳枝辞十二首》之九："共君同过朱桥去，索映垂杨听洞箫。"❿尽；空。韦应物《九日沣上作寄崔主簿倬二李端系》："林叶索已空，晨禽迎飙起。"元稹《酬乐天叹损伤见寄》："函关气索迷真侣，峡水波翻碍故乡。"⓫量词。计算钱币的单位。古以绳索穿铜钱，每千文为一线，或称一贯。亦用于称其他成串的东西。白居易《夜宴醉后留献裴侍中》："翩翻舞袖双飞蝶，宛转歌声一索珠。"贯休《题弘顗三藏院》："水精一索香一炉，红莲花舌生醍醐。"⓬通"缩"。收缩。长孙无忌、欧阳询《互嘲》："索头连背暖，漫裆畏肚寒。"白居易《自江州司马授忠州刺史抑荷圣泽聊书鄙诚》："炎瘴抛身远，泥涂索脚难。"⓭姓。晋有书法家索靖，唐有将军索暹。王建有《赠索暹将军》。范尧佐《书》："银钩屈曲索靖，题桥司马相如。"

【索句】　指作诗时构思佳句。唐彦谦《逢韩喜》："借书消茗困，索句写梅真。"

【索合】　寻求知己者。刘禹锡《送裴处士应制举诗》序："凡抵有位以索合，行天下几遍。"

【索兵】　搬兵，求取军事援助。崔国辅《从军行》："塞北胡霜下，营州索兵救。"《谣·乾符六年童谣》："汉家天子西巡狩，犹向江东更索兵。"

【索米】　求取米粮。见《汉书·东方朔传》。后以"索米"称谋生。李贺《勉爱行二首送小季之庐山》之二："辞家三载今如此，索米王门一事无。"胡宿《天街晓望》："嗟余索米无人问，行避霜台御史骢。"

【索取】　讨取。秦韬玉《仙掌》："为余势负天工背，索取风云际会身。"花蕊夫人徐氏《宫词》之七八："回头索取黄金弹，绕树藏身打雀儿。"

【索郎】　酒名。桑落酒的别称。见北魏郦道元《水经注·河水四》。亦泛称酒。皮日休《闻鲁望游颜家林园病中有寄》："分明不得同君赏，尽日倾心羡索郎。"周繇《看牡丹赠段成式》："逡巡又是一年别，寄语集仙呼索郎。”

【索居】 孤独地散处一方。刘祎之《酬郑沁州》：“雅赠响擸金，索居睽倚玉。”权德舆《奉和许阁老酬淮南崔十七端公见寄》：“索居因仕宦，著论拟潜夫。”白居易《和微之诗二十三首·和除夜作》：“况此促促世，与君多索居。”张蠙《寄友人》：“恋道欲何如，东西远索居。”

【索莫】 见“索寞”。

【索索】 ❶象声词。形容细碎之声。高适《东平路作三首》之一：“索索凉风动，行行秋水深。”顾况《李供奉弹箜篌歌》：“声清泠泠鸣索索，垂珠碎玉空中落。”王建《田家行》：“五月虽热麦风清，檐头索索缫车鸣。”白居易《新乐府·五弦弹》：“第一第二弦索索，秋风拂松疏韵落。”❷寡言失意貌。贯休《送姜道士归南岳》：“松品落落，雪格索索。”又《送衲僧之江西》：“索索复索索，无凭却有凭。”❸空虚，空乏状。寒山《诗三百三首》之一六八：“房房虚索索，东壁打西壁。”

【索索蕭蕭】 象声词。状风声。白居易《南浦岁暮对酒送王十五归京》：“风飘细雪落如米，索索萧萧芦苇间。”

【索落】 萧条冷落。白居易《宿东林寺》：“索落庐山夜，风雪宿东林。”

【索筆】 谓握笔写字。马云奇《怀素师草书歌》：“兴来索笔纵横扫，满坐词人皆道好。”

【索然】 ❶零落貌。张说《节义太子杨妃挽歌二首》之二：“今春戾园树，索然无岁华。”❷乏味貌。李群玉《春寒》：“处世心悠尔，干时思索然。”杜荀鹤《长安春感》：“出京无计住京难，深入东风转索然。”

【索强】 （一qiáng）恃强。王梵志《诗》之五三：“索强欺得客，可是丈夫儿。”

【索漠】 见“索寞”。

【索寞】 亦作“索莫”“索漠”。❶荒凉萧条。刘禹锡《九华山歌》：“君不见敬亭之山黄索漠，兀如断岸无棱角。”元稹《醉行》：“秋风方索漠，霜貌足暌携。”陆龟蒙《奉和袭美初夏游楞伽精舍次韵》：“伊余采樵者，蓬藋方索寞。”杜荀鹤《途中有作》：“川原晚结阴沉气，草树秋生索漠风。”❷心情寂寞无聊。李白《赠范金卿二首》之一：“只应自索漠，留舌示山妻。”白居易《和武相公感韦令公旧池孔雀》：“索莫少颜色，池边无主禽。”姚合《感时》：“忆昔未出身，索寞无精神。”吴融《上巳日》：“无端遇著伤心事，赢得凄凉索漠归。”❸冷落淡漠貌。刘禹锡《百舌吟》：“南方朱鸟一朝见，索漠无言蒿下飞。”李端《杂歌》：“十三女儿事他家，颜色如花终索寞。”薛媛《写真寄夫》：“已经颜索寞，渐觉鬓凋残。”

【索虜】 南北朝时南朝对北朝的蔑称。索指发辫，古代北方民族多有发辫，故称。亦泛称其他少数民族。陆龟蒙《袭美先辈以龟蒙所献五百言既蒙见和再抒鄙怀用伸酬谢》：“梁元尽索虏，后主终亡隋。”

【索賄】 索取贿赂。无名氏有《讽刘炎索贿诗》。

【索綆】 绳索，特指井绳。元稹《酬乐天东南行诗一百韵》：“索绠飘蚊蚋，蓬麻甃舳舻。”

【索綯】 制绳索。见《诗·豳风·七月》。亦指绳索。刘禹锡《庙庭偃松诗》序：“公以遂物性为意，乃加怜焉，命畚土以壮其趾，使无欹；索绹以牵其干，使不仆。”

【索價】 要价，讨价。王建《寄杜侍御》：“买宅但幽从索价，栽松取活不争钱。”韩愈《寄卢仝》：“少室山人索价高，两以谏官征不起。”

【索戰】 讨战；挑战。杜甫《即事》：“群凶犹索战，回首意多违。”李郢《立春一日江村偶兴》：“南州近有秦中使，闻道胡兵索战来。”李山甫《上元怀古二首》之二：“今朝城上难回首，不见楼船索战时。”

【索錢】 索取钱财。杜甫《昼梦》：“安得务农息战斗，普天无吏横索钱。”韩愈《嗟哉董生行》：“门外惟有吏，日来征租更索钱。”张籍《赠任道人》：“长安多病无生计，药铺医人乱索钱。”

【索隱】 探求奥妙。萧祜《游石堂观》：“沈生为政哀茕嫠，又能索隐探灵奇。”

絤

〔miǎn《广韵》彌兗切，上獮，明。〕通“緬”。悠远，久远。高适《赠别王十七管记》：“我行将悠绤，及此还羁滞。”

紕

〔pī《广韵》匹夷切，平脂，滂。〕❶丝织物稀疏。白居易《和酬郑侍御东阳春闷放怀追越游见寄》：“余霞断时绮幅裂，斜云展处罗文纰。”❷错误。见“紕繆”。

【紕軟】 稀疏柔软。元稹《梦游春七十韵》：“纰软钿头裙，玲珑合欢袴。”

【紕縵】 指经纬稀疏的帛。元稹《离思五首》之三：“第一莫嫌材地弱，些些纰缦最宜人。”

【紕繆】 错误。白居易《不二门》：“亦曾登玉陛，举措多纰缪。”

【紕纇】 谓布帛等织物稀疏而有疵病。白居易《即事寄微之》：“衣缝纰纇黄丝绢，饭下腥咸白小鱼。”

紘

〔hóng《广韵》户萌切，平耕，匣。〕❶古代冠冕上的带子。韩愈、孟郊《城南联句》：“战服脱明介，朝冠飘彩纮。”❷犹维。指天地的周界。韦应物《善福阁对雨寄李儋幼遐》：“太阴布其地，密雨垂八纮。”❸纲。提网的总绳。引申为网。苏源明《小洞庭洄源亭宴四郡太守诗》序：“爪割铦刃，巾之以疏纮。”

紗

〔shā《广韵》所加切，平麻，生。〕轻细的丝绢。刘禹锡《和乐天柘枝》："松鬟改梳鸾凤髻，新衫别织斗鸡纱。"李贺《过华清宫》："玉碗盛残露，银灯点旧纱。"白居易《寄生衣与微之》："浅色縠衫轻似雾，纺花纱袴薄于云。"罗虬《比红儿诗》之十："红儿若向当时见，系臂先封第一纱。"

【紗巾】 纱做的头巾。寒山《诗三百三首》之一〇六："岚拂纱巾湿，露沾蓑草衣。"刘长卿《赠秦系》："向风长啸戴纱巾，野鹤由来不可亲。"孟郊《憩淮上观公法堂》："孤烛让清昼，纱巾敛辉光。"薛能《许州题德星亭》："频来不似军从事，只戴纱巾曳杖藜。"

【紗帩】 纱制头巾。皮日休《夏初访鲁望偶题小斋》："踟蹰未放闲人去，半岸纱帩待月华。"

【紗帶】 纱制带子。张籍《寒食后》："纱带生难结，铜钗重欲垂。"

【紗帳】 纱制帐幕。设置于殿堂，以隔内外。储光羲《秋庭贻马九》："绛衣朝圣主，纱帐延才子。"钱起《避暑纳凉》："无事始然知静胜，深垂纱帐咏沧浪。"白居易《酬梦得秋夕不寐见寄》："碧簟绛纱帐，夜凉风景清。"雍陶《和河南白尹西池北新葺水斋招赏十二韵》："藤架如纱帐，苔墙似锦屏。"

【紗窗】 蒙纱的窗户，张谔《延平门高斋亭子应岐王教》："花源药屿凤城西，翠幕纱窗莺乱啼。"刘方平《春怨》："纱窗日落渐黄昏，金屋无人见泪痕。"白居易《西还寿安路西歇马》："已念纱窗下，应生宝瑟尘。"来鹄《晓鸡》："不嫌惊破纱窗梦，却怕为妖半夜啼。"

【紗窗恨】 词牌名。双调。有四十一字和四十二字两体。原为唐教坊曲名。毛文锡《纱窗恨》词有"月照纱窗，恨依依"之句，故名。词见《全唐诗》卷八九三。

【紗帽】 ❶纱制官帽。南北朝至隋时，为皇帝及显贵者所服，到唐代则变为一种便帽。见五代马缟《中华古今注》卷中。王维《故人张諲顷以诗见赠聊获酬之》："不逐城东游侠儿，隐囊纱帽坐弹棋。"岑参《与独孤渐道别长句兼呈严八侍御》："高斋清昼卷帷幕，纱帽接䍦慵不著。"杜甫《西阁二首》之一："朱绂犹纱帽，新诗近玉琴。"方干《赠钱塘湖上唐处士》："常共酒杯为伴侣，复闻纱帽见公卿。"❷纱制夏帽。白居易《夏日作》："葛衣疏且单，纱帽轻复宽。"又《池上逐凉二首》之一："轻屐单衫薄纱帽，浅池平岸庳藤床。"

【紗幌】 纱做的窗帘。元稹《浮尘子》之一："宁论隔纱幌，并解透绵衣。"白居易《和元九悼往》："唯有襶纱幌，尘埃日夜侵。"

【紗廚】 纱帐，室内施张用以隔层或避蚊蝇。司空图《王官二首》之二："尽日无人只高卧，一双白鸟隔纱厨。"顾甄远《惆怅诗九首》之二："禁漏声稀蟾魄冷，纱厨�簟波光净。"

【紗幔】 纱帐。花蕊夫人徐氏《宫词》之四一："纱幔薄垂金麦穗，帘钩纤挂玉葱条。"

【紗燈】 用纱笼罩住的灯。贺朝《宿香山阁》："朱网防栖鸽，纱灯护夕虫。"畅当《宿报恩寺精舍》："拥褐依西壁，纱灯霭中央。"李绅《忆登栖霞寺峰》："纱灯耿晨焰，释子安禅居。"郑谷《宜春再访芳公幽斋因赋长言》："入门长恐先师在，香印纱灯似昔年。"

【紗籠】 ❶纱制灯笼。古以纱灯编竹为骨，上粘红色纱布，名曰纱笼。王建《题石瓮寺》："檐灯经夏纱笼黑，溪叶先秋腊树红。"刘禹锡《更衣曲》："庭前雪压松桂丛，廊下点点悬纱笼。"白居易《晨兴》："铜炉添早香，纱笼灭残烛。"齐己《灯》："红烬自凝清夜朵，赤心长谢碧纱笼。"❷以纱笼之。唐王播少孤，尝客扬州惠照寺木兰院，随僧斋餐。僧众厌之，乃斋罢而后击钟。二十年后，播出镇此邦，因访旧游，见以前之题诗，皆以碧纱笼罩之。王播《题木兰院》之二："三十年来尘扑面，如今始得碧纱笼。"

納

〔nà《广韵》奴答切，入合，泥。〕❶入；使入。韦应物《沣上西斋寄诸友》："俯砌视归翼，开襟纳远飙。"刘禹锡《将赴汝州途出浚下留辞李相公》："联翩旧相来镇压，四海吐纳皆通流。"白居易《赠朱道士》："醮坛北向宵占斗，寝室东开早纳阳。"❷收藏；接纳。崔融《哭蒋詹事俨》："雅量沧海纳，完才庙廊施。"玄宗《春中兴庆宫酺宴》序："夫抱器怀才，含仁蓄德，可以坐而论道者，我于是乎辟重门以纳之。"白居易《李都尉古剑》："白光纳日月，紫气排斗牛。"裴潾《前相国赞皇公早葺平泉山居辄抒怀赋四言诗十四首奉寄》之二："出纳帝命，弘兹在宥。"❸引进；接受。杜甫《夏夜叹》："仲夏苦夜短，开轩纳微凉。"刘禹锡《浙西李大夫述梦四十韵并浙东元相公酬和斐然继声》："讽谏欣然纳，奇觚率尔操。"周昙《咏史诗·前汉门·刘圣公》："不纳良谋刘缜言，胡为衔璧向崇宣。"韦庄《夏夜》："傍水迁书榻，开襟纳夜凉。"❹贡献；缴纳。韩愈《感春四首》之四："独宿荒陂射凫雁，卖纳租赋官不嗔。"白居易《纳粟》："有吏夜叩门，高声催纳粟。"施肩吾《钱塘渡口》："钱塘渡口无钱纳，已失西兴两信潮。"李宏皋《铜柱辞》："溪人畏威思纳质，弃污归明求立誓。"❺娶。见"纳后""纳妃"。❻放置。王昌龄《宴南亭》："寒江映村林，亭上纳鲜洁。"❼通"衲"。张谓《送僧》："一身求清净，百衲纳袈裟。"

【納娉】 见"纳聘"。

【納后】 娶后。徐铉有《纳后夕侍宴》。

【納妃】 娶妃。高宗有《太子纳妃太平公主出降》。刘祎之有《奉和太子纳妃太平公主出降》。

【納采】 古婚礼六礼之一。男方向女方送求婚礼。张籍《别离曲》："忆昔君初纳采时，不言身属辽阳戍。"

【納言】　古官名。掌出纳王命。见《书·舜典》。秦汉不置，王莽依古制，有纳言将军。北周改侍中为纳言。隋避文帝杨忠讳，改侍中为纳言，后又改为侍内。唐初为纳言，至武德四年(621)，仍复称侍中。白居易《新乐府·太行路》："君不见左纳言，右纳史，朝承恩，暮赐死。"

【納卷】　交卷。韦承贻《策试夜潜纪长句于都堂西南隅》："褒衣博带满尘埃，独自都堂纳卷回。"

【納降】　(一xiáng)❶接受投降。裴廷裕《蜀中登第答李搏六韵》："何劳问我成都事，亦报君知便纳降。"❷投降。刘兼《蜀都道中》："李特后来多二世，纳降归拟尽公卿。"

【納租】　交租。贯休《湖头别墅三首》之三："邻叟教修废，牛童与纳租。"

【納納】　❶沾湿貌。见《楚辞·刘向〈九叹、逢纷〉》。刘禹锡《踏潮歌》："翌日风回沴气消，归涛纳纳景昭昭。"❷包容貌。杜甫《野望》："纳纳乾坤大，行行郡国遥。"❸高垂貌。薛涛《江月楼》："垂虹纳纳卧谯门，雉堞眈眈俯渔艇。"

【納規】　向君主规谏。吴筠《高士咏·东方曼倩》："玄览寄数术，纳规在谈笑。"

【納涼】　乘凉。孟浩然《张七及辛大见寻南亭醉作》："纳凉风飒至，逃暑日将倾。"楼颖《东郊纳凉忆左威卫李录事收昆季太原崔参军三首》之二："纳凉每选地，近是青门东。"岑参《陪封大夫宴潮海亭纳凉》："军中乘兴出，海上纳凉时。"钱起《避暑纳凉》："十旬河朔应虚醉，八柱天台好纳凉。"

【納聘】　亦作"納娉"。即纳币。古婚礼六礼之一。长孙佐辅《对镜吟》："忆昔逢君新纳娉，青铜铸出千年镜。"韦庄《秦妇吟》："南邻有女不记姓，昨日良媒新纳聘。"

【納粟】　向官府交纳粮食。白居易《纳粟》："有吏夜叩门，高声催纳粟。"

【納税】　缴纳赋税。杜荀鹤《山中寡妇》："桑柘废来犹纳税，田园荒后尚征苗。"

【納隍】　指出民于水火的急切心情。见汉张衡《东京赋》。韦庄《和郑拾遗秋日感事一百韵》："已报新回驾，仍闻近纳隍。"贯休《寿春节进》："纳隍为永任，从谏契无为。"又《大蜀皇帝寿春节进尧铭舜颂二首·舜颂》："圣谋隆隆，纳隍孜孜。"

【納善】　接纳善言。太宗《帝京篇十首》之十："纳善察忠谏，明科慎刑赏。"

【納履】　穿鞋。见《乐府诗集·相和歌辞七·君子行》。谓避嫌。后以"纳履"喻无故获罪。沈佺期《答魑魅代书寄家人》："身犹纳履误，情为覆盆伤。"

【納錢】　交纳钱款。姚合《原上新居》："借牛耕地晚，卖树纳钱迟。"

【納謗】　向君主进谏。崔湜《景龙二年赴襄阳途中言志》："嗷嗷路傍子，纳谤纷无已。"

【納賮】　进贡。贯休《大蜀皇帝寿春节进尧铭舜颂二首·舜颂》："四夷纳赆，九围有截。"

紝

〔rèn《广韵》如林切，平侵，日。《集韵》如鸩切，去沁，日。〕亦作"紅"。❶织布的丝缕。韩愈、孟郊《同宿联句》："欲知心同乐，双茧抽作纴。"❷纺织。元稹《桐花》："剑士还农野，丝人归织纴。"

【紝婆子】　树名。见唐玄应《一切经音义》卷二。寒山《诗三百三首》之六五："乘兹朽木船，采彼纴婆子。"原注："纴音壬。佛经西国苦树名。其子根叶俱苦，喻众生之恶。"

紛

〔fēn《广韵》撫文切，平文，敷。〕❶丝带。见《周礼·春官·司几筵》。元稹《和乐天初授户曹喜而言志》："今人重轩冕，所重华与纷。"❷盛多貌；众多貌。宋昱《晓次荆江》："渔翁闲自乐，樵客纷多虑。"白居易《除夜》："岁暮纷多思，天涯渺未归。"杜牧《题安州浮云寺楼寄湖州张郎中》："楚岸柳何穷，别愁纷若絮。"陈陶《宿岛径夷山舍》："对月抚长剑，愁襟纷莫开。"❸乱；杂。王勃《杂曲》："歌齐曲韵，舞乱行纷。"孙逖《和崔司马登称心山寺》："生灭纷无象，窥临已得鱼。"王昌龄《缑氏尉沈兴宗置酒南溪留赠》："吾子踌躇心，岂其纷埃事。"无名氏《明月湖醉后蔷薇花歌》："我曾此处同诸生，飞盂落盏纷纵横。"❹烦忙；忙碌。王维《送高适弟耽归临淮作》："山东诸侯国，迎送纷交驰。"孙逖《长洲苑》："旌门隔屿开，合离纷若电。"刘禹锡《秋晚题湖城驿池上亭》："尘衣纷未解，幽思浩已盈。"❺纷争；纷扰。李白《送张秀才谒高中丞》："酒酣舞长剑，仓卒解汉纷。"韦应物《善福精舍答韩司录清都观会宴见忆》："弱志厌众纷，抱素寄精庐。"

【紛垢】　谓众多的杂念。王湾《晚夏马嵬卿叔池亭即事寄京都一二知己》："入来殊景物，行复洗纷垢。"

【紛世】　纷扰的尘世。卢鸿一《嵩山十志十首·枕烟庭》序："枕烟庭者，盖特峰秀起，意若枕烟。秘庭凝虚，窅若仙会，即扬雄所谓爰静神游之庭是也。可以超绝纷世，永洁精神矣。"

【紛爭】　❶与世事相冲突。皮日休《初夏即事寄鲁望》："自然寡俦侣，莫说更纷争。"❷谓战乱。吴融《彭门用兵经汴路三首》之三："一自纷争惊宇宙，可怜萧索绝烟光。"

【紛鬱】　多盛貌。赵居贞《云门山投龙诗》序："有瑞云从洞门而出，五色纷郁迴翔。"陆畅《山出云》："灵山蓄云彩，纷郁出清晨。"李绅《庆云见》序："俄顷，诸崖谷间尽祥云，纷郁绵布，自午至未不散。”

【紛披】 ❶盛多貌。杜甫《九日寄岑参》：“是节东篱菊，纷披为谁秀。”又《九成宫》：“纷披长松倒，揭巇怪石走。”陆龟蒙《记事》：“凤尾与鲸牙，纷披落杂唱。”徐铉《和张少监舟中望蒋山》：“纷披红叶树，间断白云峰。”❷散乱。韩愈《寄崔二十六立之》：“下驴入省门，左右惊纷披。”又《东都遇春》：“岸树共纷披，渚牙相纬经。”

【紛泊】 ❶纷纷落下，飞扬。见《文选·左思〈蜀都赋〉》。于良史《江上送友人》：“纷泊雁群起，逶迤沙溆连。”韩愈《送郑十校理得洛字》：“鸟呀正交加，杨花共纷泊。”元稹《有鸟二十章》之十二：“可怜鸦鹊慕腥膻，犹向巢边竞纷泊。”❷奔波；奔走。杜牧《句溪夏日送卢霈秀才归王屋山将欲赴举》：“野店正纷泊，茧蚕初引丝。”❸风靡。元稹《和李校书新题乐府十二首·法曲》：“胡音胡骑与胡妆，五十年来竞纷泊。”

【紛糾】 ❶交错；杂乱。李义府《招谕有怀同行人》：“蜀山自纷纠，岷水恒奔注。”❷乖误。白居易《青冢》：“丹青一诖误，白黑相纷纠。”❸祸乱。皎然《答裴集阳伯明二贤各垂赠二十韵今以一章用酬两作》：“一从汉道平，世事无纷纠。”

【紛衍】 茂盛貌。韦应物《自蒲塘驿回驾经历山水》：“浔阳山水多，草木俱纷衍。”

【紛拏】 ❶混乱貌；烦乱貌。王绩《薛记室收过庄见寻率题古意以赠》：“旧游倪多暇，同此释纷拏。”李白《古风》之二九：“王风何怨怒，世道终纷拏。”韩愈《赠崔立之评事》：“走章驰檄在得贤，燕雀纷拏要鹰隼。”白居易《和微之诗二十三首·和新楼北园偶集》：“履舄起交杂，杯盘散纷拏。”❷繁盛貌。韩愈《李花二首》之二：“当春天地争奢华，洛阳园苑尤纷拏。”

【紛紛】 ❶散乱；纷乱。寒山《诗三百三首》之二一三：“蚁巡环未息，六道乱纷纷。”刘长卿《送路少府使东京便应制举》：“故人西奉使，胡骑正纷纷。”又《碧涧别墅喜皇甫侍御相访》：“荒村带返照，落叶乱纷纷。”孟郊《寄洺州李大夫》：“自从蓟师反，中国事纷纷。”❷繁多貌；众多貌。寒山《诗三百三首》之三一：“碛碛风吹面，纷纷雪积身。”李白《夜泊牛渚怀古》：“明朝挂帆席，枫叶落纷纷。”白居易《赠樊著作》：“刘辟肆乱心，杀人正纷纷。”❸烦乱。则天皇后《如意娘》：“看朱成碧思纷纷，憔悴支离为忆君。”刘商《赋得月下闻蛩送别》：“感时兼惜别，羁思自纷纷。”欧阳玭《新岭临眺寄连总进士》：“此时还极目，离思更纷纷。”李洞《中秋月》：“遥遥望丹桂，心绪更纷纷。”❹烦忙；忙乱。杜甫《醉歌行》：“总角草书又神速，世上儿子徒纷纷。”皎然《寒栖子歌》：“生死尘埃污不得，眼前荣利徒纷纷。”白居易《饮散夜归赠诸客》：“鞍马夜纷纷，香街起暗尘。”李郢《茶山贡焙歌》：“九重城里虽玉食，天涯吏役长纷纷。”

【紛華】 盛多；复杂。卢延让《雪》：“瑞雪落纷华，随风一向斜。”

【紛紜】 ❶混乱；烦乱。杨炯《出塞》：“塞外欲纷纭，雌雄犹未分。”柳宗元《咏史》：“风波欻潜构，遗恨意纷纭。”罗隐《送梅处士归宁国》：“十五年前即别君，别时天下未纷纭。”❷多，众多。韩愈《汴泗交流赠张仆射》：“超遥散漫两闲暇，挥霍纷纭争变化。”方干《叙雪献员外》：“纷纭宛转更堪看，压竹摧巢井径漫。”韩偓《欲去》：“粉纭隔窗语，重约蹋青期。”齐己《杨花》：“纷纭知近夏，销歇恐成秋。”❸忙碌；忙乱。韩愈《元和圣德诗》：“挥刀纷纭，争刌脍脯。”

【紛梗】 纷乱梗阻。刘长卿《送史判官奏事之灵武兼寄巴西亲故》：“中州日纷梗，天地何时泰？”

【紛糅】 众多而杂乱。董思恭《咏雪》：“鲜洁凌纨素，纷糅下枝条。”皮日休有《重玄寺元达年逾八十好种名药丛翠纷糅》。

【紛惑】 纷乱困惑。宋之问《早发大庾岭》：“皇明颇照洗，廷议日纷惑。”

【紛喧】 纷扰喧闹。张九龄《岁初巡属县登高安南楼言怀》：“拂衣释簿领，伏槛遗纷喧。”又《南山下旧居闲放》：“清旷前山远，纷喧此地疏。”李白《题元丹丘山居》：“羡君无纷喧，高枕碧霞里。”

【紛氳】 交错纷呈貌。乔备《秋夜巫山》：“江山空窈窕，朝暮自纷氲。”

【紛然】 ❶盛多貌。孙逖《丹阳行》：“英雄倾夺何纷然，一盛一衰如逝川。”皮日休《初夏即事寄鲁望》：“粤从三让来，俊造纷然生。”又《奉和鲁望读阴符经见寄》：“玄机一以发，五贼纷然起。”❷纷扰。元结《贼退示官吏》：“今来典斯郡，山夷又纷然。”

【紛亂】 烦乱。韩愈《雪后寄崔二十六丞公》：“归来殒涕掩关卧，心之纷乱谁能删。”陆龟蒙《自遣诗三十首》序：“每至夜分不睡，则百端兴怀搅人思，益纷乱无绪。”

【紛滿】 众多貌。陈元光《示珦》：“百粤雾纷满，诸戎泽普通。”

【紛綸】 ❶众多貌；杂乱貌。张文琮《同潘屯田冬日早朝》：“纷纶文物纪，焕烂声明发。”刘允济《经庐岳回望江州想洛川有作》：“肸蠁精气通，纷纶潜怪作。”李泌《奉和圣制中和节曲江宴百僚》：“金石何铿锵，簪缨亦纷纶。”刘禹锡《秋萤引》：“纷纶晖映互明灭，金炉星喷镫花发。”❷连续不断。权德舆《伏蒙十六叔寄示喜庆感怀三十韵因献之》：“圭田接土宇，侯籍相纷纶。”吴筠《建业怀古》：“绵历已六代，兴亡互纷纶。”❸忙乱，忙碌。杜甫《丽人行》：“犀箸厌饫久未下，鸾刀缕切空纷纶。”皮日休《酒中十咏·酒楼》：“金罍潋滟后，玉斝纷纶起。”❹纠缠。权德舆《严陵钓台下作》：“交情同市道，利欲相纷纶。”❺华美。太宗《正日临朝》：“赫奕俨冠盖，纷纶盛服章。”叶季良《赋得琢玉成器》：“片玉寄幽石，纷纶当代名。”徐铉《文献太子挽歌词五首》之二：“音容一飘忽，功业自纷纶。”

【紛敷】　犹纷披。盛多貌。柳宗元《种白蘘荷》：“纷敷碧树阴，眄睐心所亲。”孟郊《旅次湘沅有怀灵均》：“君臣逸雍熙，德化盈纷敷。”

【紛劇】　纷乱繁杂。张九龄《巡属县道中作》：“至邑无纷剧，来人但欢迎。”陶翰《晚出伊阙寄河南裴中丞》：“交朋忽先进，天道何纷剧。”

【紛錯】　纷繁杂乱。卢纶《奉陪侍中游石笋溪十二韵》：“朝日照灵山，山溪浩纷错。”韦处厚《盛山十二诗·胡卢沼》：“倒花纷错秀，鉴月静涵冰。”

【紛濁】　紊乱混浊。亦指这种状态。柳宗元《自衡阳移桂十余本植零陵所住精舍》：“晨登蒹葭岸，霜景霁纷浊。”

【紛擾】　纷乱，搅扰。柳宗元《与崔策登西山》：“谪居安所习，稍厌从纷扰。”又《独觉》：“良游怨迟暮，末事惊纷扰。”姚合《闲居遣怀十首》之七：“万事徒纷扰，难关枕上身。”吴筠《览古十四首》之一四：“古来若兹类，纷扰难尽列。”

【紛擾擾】　纷乱貌。拾得《诗》之二一：“君不见，三界之中纷扰扰，只为无明不了绝。”

【紛雜】　纷繁杂乱。李绅《拜宣武军节度使》：“伊洛镜清回首处，是非纷杂任尘埃。”

【紛羅】　❶杂然罗列。元稹《有酒十章》之三：“念万古之纷罗，我独慨然而浩歌。”❷密布。姚合《买太湖石》：“置之书房前，晓雾常纷罗。”

【紛競】　争相奔走。方干《感时三首》之三：“堪笑愚夫足纷竞，不知流水去无穷。”

【紛囂】　纷扰喧嚣。柳宗元《茅檐下始栽竹》：“岂伊纷嚣间，重以心虑怡。”

【紛靄】　谓山中密布的云气。张说《赠赵公》：“林壑为予请，纷霭发华滋。”

【紛矚】　纷呈的众多事物。胡浩《感春》：“纡寂融密思，韶和洗纷瞩。”

紙　〔zhǐ《广韵》諸氏切，上紙，章。〕❶写字、绘画、印刷、包装等所用之物，用丝絮或植物纤维为主要原料制成。韦应物《温泉行》：“出身天宝今年几，顽钝如锤命如纸。”郭受《寄杜员外》：“春兴不知凡几首，衡阳纸价顿能高。”白居易《忆洛中所居》：“宦情薄似纸，乡思争于弦。”韦庄《乞彩笺歌》：“留得溪头瑟瑟波，泼成纸上猩猩色。”❷量词。张，件。刘禹锡《竹枝词九首》之四：“凭寄狂夫书一纸，家住成都万里桥。”孟郊《连州吟》：“连州果有信，一纸万里心。”元稹《六年春遣怀八首》之二：“检得旧书三四纸，高低阔狭粗成行。”皮日休《宏词下第感恩献兵部侍郎》：“空惭季布千金诺，但负刘弘一纸书。”

【紙本】　以纸为底的字画。有别于绢本。韩愈《石鼓歌》：“公从何处得纸本，毫发尽备无差讹。”

【紙札】　纸张。陆龟蒙《奉酬袭美先辈吴中苦雨一百韵》：“方当卖罾罩，尽以易纸札。”

【紙尾】　文字的结尾处。刘禹锡《途次大梁雪中奉天平令狐相公书问兼示新什因思曩岁从此拜辞形于短篇以申仰谢》：“纸尾得新什，眉头还暂开。”又《寄朗州温右史曹长》：“史笔枉将书纸尾，朝缨不称濯沧浪。”杜牧《送沈处士赴苏州李中丞招以诗赠行》：“因书问故人，能忘批纸尾。”

【紙卷】　成卷的纸张。白居易《除夜言怀兼赠张常侍》：“唯恨诗成君去后，红笺纸卷为谁开。”

【紙屏】　纸制屏风。李建勋《寄魏郎中》：“高斋纸屏古，尘暗北山文。”

【紙素】　供书写或绘画用的纸张或绢帛。李节《赠释疏言还道林寺诗》序：“会昌季年，武宗大翦释氏……容貌于土木者沈诸水，言词于纸素者烈诸火。”

【紙被】　古时用藤纤维纸制成的被纸，徐寅有《纸被》。

【紙帳】　以藤皮茧纸缝制的帐子。齐己《夏日草堂作》：“沙泉带草堂，纸帐卷空床。”徐寅有《纸帐》。

【紙窗】　糊纸的窗户。白居易《晓寝》：“纸窗明觉晓，布被暖知春。”齐己《荆渚偶作》：“竹瓦雨声漂永日，纸窗灯焰照残更。”

【紙貴】　晋左思精思十年，写成《三都赋》，士人竞相抄写，洛阳为之纸贵。见《晋书·左思传》。后以“紙貴”形容作品风行一时。宋之问《范阳王挽词二首》之一：“洛阳今纸贵，犹写太冲词。”刘禹锡《奉和中书崔舍人玩月二十韵》：“从今纸贵后，不复咏陈篇。”又《和留守令狐相公答白宾客》：“君来不用飞书报，万户先从纸贵知。”姚合《和郑相演杨尚书蜀中唱和诗》：“四方虽纸贵，谁怕费钱刀。”

【紙閣】　用纸糊贴窗、门或墙壁的房屋。贫者所居之处。白居易《香炉峰下新卜山居草堂初成偶题东壁》：“来春更葺东厢屋，纸阁芦帘著孟光。”

【紙鳶】　风筝。用细竹为骨，扎成鸟形，蒙以纸或薄绢，斜缀以线，可引线乘风嶂上。亦有作蝴蝶、蜈蚣、美人、星、月等状者。古代曾用于军事通讯，传为汉韩信始创。五代李邺于宫中作纸鸢，引线乘风为戏，于鸢首以竹为笛，使风入作声如筝鸣，故亦称风筝。元稹《有鸟二十章》之七：“有鸟有鸟群纸鸢，因风假势童子牵。”刘得仁《访曲江胡处士》：“落日明沙岸，微风上纸鸢。”罗隐《寒食日早出城东》：“不得高飞便，回头望纸鸢。”路德延《小儿诗》：“折竹装泥燕，添丝放纸鸢。”

【紙墨】　纸和墨。白居易《裴侍中晋公以集贤林亭即事诗三十六韵见赠广为五百言以伸酬献》:"乞公残纸墨,一扫狂歌词。"姚合《答韩湘》:"难为间其辞,益贵我纸墨。"

【紙錢】　迷信者在祭礼时焚化给死人或鬼神的纸片,据说可作钱用。亦可望空抛撒或悬挂墓地。形状有圆形方孔如铜钱者,亦有制成纸币形的。汉以来丧葬者埋钱于墓圹中,魏晋以后演变为用纸钱。张籍《北邙行》:"寒食家家送纸钱,乌鸢作窠衔上树。"白居易《寒食野望吟》:"风吹旷野纸钱飞,古墓累累春草绿。"王睿《祠渔山神女歌二首》之二:"树叶无声神去后,纸钱灰出木绵花。"李建勋《迎神》:"阴风窣窣吹纸钱,妖巫瞑目传神言。"

紊　〔wěn《广韵》亡運切,去問,微。〕乱。李商隐《送千牛李将军赴阙五十韵》:"在昔王纲紊,因谁国步清?"刘得仁《送王书记归邠州》:"阴云翳城郭,细雨紊山川。"刘斌《和许给事伤牛尚书》:"韶濩倾复理,典礼紊还修。"

紋　❶丝织品织绣的花纹。亦指绣有花纹的丝织品。张说《代书寄薛四》:"孤雁东飞来,寄我纹与素。"白居易《新乐府·缭绫》:"广裁衫袖长制裙,金斗熨波刀翦纹。"罗虬《比红儿诗》之二八:"薄罗轻剪越溪纹,鸦翅低垂两鬓分。"❷指某些物品上皱痕或纹络。李白《对雨》:"水纹愁不起,风线重难牵。"姚合《陕下厉玄侍御宅五题·泛觞泉》:"酹滴苔纹断,泉连石岸秋。"李洞《中秋月》:"众木排疏影,寒流叠细纹。"杜牧《长安杂题长句六首》之三:"少年羁络青纹玉,游女花簪紫蒂桃。"

【紋綵】　艳丽而错综的色彩。伊梦昌《凤》:"毫光洒风雨,纹彩动云霓。"

【紋楸】　围棋棋盘。杜牧《送国棋王逢》:"玉子纹楸一路饶,最宜檐雨竹萧萧。"

【紋樣】　花纹的式样。张籍《酬浙东元尚书见寄绫素》:"越地缯纱纹样新,远封来寄学曹人。"

【紋繡】　刺绣华丽的丝织品。刘禹锡《昏镜词》:"饰带以纹绣,装匣以琼瑛。"

紡　〔fǎng《广韵》妃兩切,上養,敷。〕把麻、丝、棉等纤维制成纱或线。元稹《和李校书新题乐府十二首·驯犀》:"脱衣推食衣食之,不若男耕女令纺。"

【紡績】　把丝麻等纺成纱或线。纺谓纺丝,绩谓缉麻。高适《宋中遇林虑杨十七山人因而有别》:"耕耘有山田,纺绩有山妻。"韩愈《谢自然诗》:"寒衣及饥食,在纺绩耕耘。"孟郊《峡哀》:"性命如纺绩,道路随索缘。"

【紡織】　纺纱、织布。钱起《效古秋夜长》:"含情纺织孤灯尽,拭泪相思寒漏长。"

紞　〔dǎn《广韵》都敢切,上敢,端。〕人名。王紞。王维弟。王维有《林园即事寄舍弟紞》。

紐　〔niǔ《广韵》女久切,上有,娘。〕❶器物上用以提携悬系的部分。拾得《诗》之二六:"银星钉称衡,绿丝作称纽。"韩愈《石鼓歌》:"金绳铁索锁纽壮,古鼎跃水龙腾梭。"元稹《说剑》:"杀杀霜在锋,团团月临纽。"❷连接;联系。魏征《享太庙乐章·大明舞》:"上纽天维,下安地轴。"孟郊《上河阳李大夫》:"武牢锁天关,河桥纽地机。"❸纠结。牛僧孺《享太庙乐章》:"不纽不舒,贯成九围。"

紖　〔zhèn《广韵》直引切,上軫,澄。〕牛鼻绳。《谣·黄犊子谣》:"黄狞犊子挽纼断,两脚蹋地鞋𪗋断。"

紓　〔shū《广韵》傷魚切,平魚,書。又神與切,上語,船。〕❶解除。卢纶《和李中丞酬万年房署少府过汾州景云观因以寄上房与李早年同居此观》:"沈思瞩仙侣,纾组正军书。"❷通"抒"。抒发。韦安石《侍宴旋师喜捷应制》:"厚眷纾天藻,深慈解御衣。"

五　画

紺　〔gàn《广韵》古暗切,去勘,見。〕天青色,深青透红之色。褚亮《雩祀乐章·雍和》:"绀筵分彩,宝图吐绚。"韦应物《春月观省属城始憩东西林精舍》:"殿宇余丹绀,磴阁峭欹悬。"白居易《六年秋重题白莲》:"素房含露玉冠鲜,绀叶摇风钿扇圆。"

【紺牙】　深红色的嫩芽。皮日休《重玄寺二章》之一:"雨涤烟锄伛偻贲,绀牙红甲两三畦。"

【紺甲】　深红色的硬壳。皮日休《病中有人惠海蟹转寄鲁望》:"绀甲青筐染菭衣,岛夷初寄北人时。"

【紺宇】　即绀园。佛寺之别称。宋之问《幸少林寺应制》:"绀宇横天室,回銮指帝休。"刘长卿《禅智寺上方怀演和尚寺即和尚所创》:"绀宇焚香净,沧洲摆雾空。"

【紺波】　青色的水波。顾况《大茅岭东新居忆亡子从真》:"赪景宣叠丽,绀波响飘淋。"

【紺宮】　即绀园。刘言史《山寺看海榴花》:"琉璃地上绀宫前,发翠凝红已十年。"

【紺趾】　深青透红的脚趾。杜牧《鸡鹊》:"芝茎抽绀趾,清唳掷金梭。"

【紺滑】　深青而光滑。卢仝《月蚀诗》:"天色绀滑凝不流,冰光交贯寒曈胧。"

【紺園】　佛寺的别称。刘宪《奉和幸三会寺应制》:"岧峣仓史台,敞朗绀园开。"沈佺期《游少林寺》:

“紺园澄夕霁，碧殿下秋阴。”

【紺殿】 指佛寺。崔日用《奉和九月九日登慈恩寺浮图应制》：“紫宸欢每洽，绀殿法初隆。”李白《流夜郎至江夏陪长史叔及薛明府宴兴德寺南阁》：“绀殿横江上，青山落镜中。”沈彬《麻姑山》：“绀殿松萝太古山，仙人曾此话桑田。”齐己《寄怀东林寺匡白监寺》：“修心若似伊耶舍，传记须添十九贤。”

【紺髮】 原指佛教如来绀琉璃色头发，后亦指道教得道者之发，或泛指一般绀青色头发。綦毋潜《登天竺寺》：“佛身瞻绀发，宝地践黄金。”令狐楚《赠毛仙翁》：“绀发垂缨光�，细髯缘颌绿茸茸。”白居易《送毛仙翁》：“绀发丝并致，龆容花共妍。”李群玉《玉真观》：“高情帝女慕乘鸾，绀发初簪玉叶冠。”

【紺輪】 指张绀幰的车驾。刘禹锡《伤秦姝行》：“此时意重千金轻，鸟传消息绀轮迎。”

【紺幰】 天青色车幔。亦指张绀幰的车驾。刘禹锡《和州送钱侍御自宣州幕拜官便于华州觐省》：“杨家绀幰迎，谢守瑶华赠。”又《泰娘歌》：“斗量明珠鸟传意，绀幰迎入专城居。”又《和汴州令狐相公到镇改月偶书所怀》：“度桥鸣绀幰，入肆飏云帆。”

繲

〔xiè《广韵》私列切，入薛，心。〕❶牵牲畜的绳子。韩偓《送人弃官入道》：“断绁三清路，扬鞭五达衢。”❷束缚。皎然《妙喜寺达公禅斋四十二韵》：“真气独翛然，轩裳讵能绁。”

紱

〔fú《广韵》分勿切，入物，非。〕系官印的丝带。亦代指官印。杜甫《客堂》：“居然绾章绂，受性本幽独。”沈东美《奉和苑舍人宿直晓玩新池寄南省友》：“玉珂光赫奕，朱绂气蝉联。”白居易《曲江感秋二首》之一：“晚遇何足言，白发映朱绂。”杜荀鹤《再经胡城县》：“今来县宰加朱绂，便是生灵血染成。”

【紱冕】 ❶古时系官印的丝带及大夫以上的礼冠。李峤《奉和幸韦嗣立山庄侍宴应制》：“幽情遗绂冕，宸眷属樵渔。”李颀《不调归东川别业》：“绂冕谢知己，林园多后时。”❷借指高官。杜甫《赠王二十四侍御契四十韵》：“不关轻绂冕，俱是避风尘。”蒋挺《祭汾阴乐章》：“圣君绂冕，肃事坛场。”

紳

〔shēn《广韵》失人切，平真，書。〕古代士大夫束在衣外的大带。亦泛称衣带。杜审言《晦日宴游》：“解绅宜就水，张幕会连沙。”杜甫《赠太子太师汝阳郡王琎》：“温温昔风味，少壮已书绅。”窦辟《题剑》：“丈夫得宝剑，束发曾书绅。”李商隐《送从翁东川弘农尚书幕》：“魂销季羔窦，衣化子张绅。”

【紳帶】 古代士大夫束腰之大带。贯休《上孙使君》：“奸回改精魄，礼教书绅带。”

累1

〔lěi《广韵》力委切，上紙，來。〕❶堆集；积聚。赵彦昭《奉和幸大荐福寺》：“千花开国界，万善累皇基。”薛能《长安道》：“关繻古若在，山岳累应成。”吴融《和睦州卢中丞题茅堂十韵》：“石累千层险，泉分一带微。”苏拯《金谷园》：“积金累作山，山高小于址。”❷（或读 léi）重叠，接连成串。韩愈《汴州乱二首》之一：“连屋累栋烧成灰，诸侯咫尺不能救。”参见“累足”“累卵”“累榭”。❸（或读 léi）屡次；连续。李颀《答高三十五留别便呈于十一》：“累荐贤良皆不就，家近陈留访耆旧。”刘长卿《赠元容州》：“累征期旦暮，未起恋烟霞。”杜甫《赠卫八处士》：“主称会面难，一举累十觞。”

累2

〔lèi《广韵》良僞切，去寘，來。〕❶（今读 lěi）连累；使受害。韦应物《答故人见谕》：“常负交亲责，且为一官累。”白居易《感时》：“所以达人心，外物不能累。”李绅《苏州不住望武丘报恩两寺》：“官备散寮身却累，往来惭谢二莲宫。”张玭《下第述怀》：“如何直道为身累，坐月眠霜思枉干。”❷（今读 lěi）牵连；妨碍。王维《早秋山中作》：“无才不敢累明时，思向东溪守故篱。”薛能《留题汾上旧居》：“难脱（原诗作“说”，误）累牵还却去，可怜榆柳尚依依。”赵嘏《昔昔盐二十首·蘼芜叶复齐》：“一被春光累，容颜与昔殊。”❸（今读 léi）。物累，尘世间令人感到麻烦的事物。陈子昂《感遇诗三十八首》之一九：“夸愚适增累，矜智道逾昏。”韦应物《经少林精舍寄都邑亲友》：“独往虽暂适，多累终见牵。”白居易《早春西湖偶成十八韵寄微之》：“野情遗世累，醉态任天真。”皮日休《史处士》：“山期须早赴，世累莫迟留。”❹烦劳。玄宗《经河上公庙》：“讵以天地累，宁为宠辱惊。”❺操劳；劳累。李白《玉壶吟》：“西施宜笑复宜颦，丑女效之徒累身。”刘长卿《初到碧涧招明契上人》：“渐老知身累，初寒曝背眠。”李嘉祐《酬皇甫十六侍御曾见寄》：“自顾衰容累玉除，忽承优诏赴铜鱼。”❻忧愁。权德舆《早发杭州泛富春江寄陆三十一公佐》：“缨尘日已厚，心累何时空。”❼谓家眷。韦应物《答重阳》：“一身朝北阙，家累守田农。”

【累夕】 整晚。刘长卿《题冤句宋少府厅留别》：“一言重然诺，累夕陪宴慰。”

【累日】 连日；多日。许敬宗《冬日宴于庶子宅各赋一字得归》：“累日方投分，兹夕谅无归。”韦应物《寄卢陟》：“累日此流连，别来成寂寞。”高适《饯宋八充彭中丞判官之岭南》：“一朝知己达，累日诏书征。”贾岛《喜姚郎中自杭州回》：“路多枫树林，累日泊清阴。”

【累月】 一连几月。杜审言《秋夜宴临津郑明府宅》：“酒中堪累月，身外即浮云。”李白《忆旧游寄谯郡元参军》：“黄金白璧买歌笑，一醉累月轻王侯。”韩翃《送客之上谷》：“赏心知不浅，累月故人杯。”王贞白《书陶潜醉石》："争如累月醉，不笑独醒人。"

【累功】　积累功德。白居易《新乐府·八骏图》："周从后稷至文武，积德累功世勤苦。"

【累代】　历代。杜牧《寄唐州李玭尚书》："累代功勋照世光，奚胡闻道死心降。"崔萱《豪家子》："年少家藏累代金，红楼尽日醉沉沉。"

【累句】　积累诗句。谓作诗。陆龟蒙《寒夜文宴得惊字》："三秋每为仙题想，一日多因累句倾。"

【累年】　历年，接连几年。卢殷《遇边使》："累年无的信，每夜梦边城。"陆龟蒙《丁隐君歌》序："周旋累年，未尝有罢倦之色。"

【累₂安邑】　为地方官关注民瘼之典。见晋皇甫谧《高士传·闵贡》。王维《赠房卢氏琯》："或可累安邑，茅茨君试营。"

【累劫】　接连数劫。谓时间极长。孟浩然《登总持寺浮图》："累劫从初地，为童忆聚沙。"

【累困】　屡处困境。李绅《溯西江》："一身累困怀千载，百口无虞贵万金。"

【累足】　犹重足。形容小心戒惧。杜甫《入衡州》："销魂避飞镝，累足穿豺狼。"

【累₂身】　带累自身。白居易《金銮子晬日》："从此累身外，徒云慰目前。"朱庆余《酬李处士见赠》："干上非无援，才多却累身。"亦指使自己身体受累。李白《玉壶吟》："西施宜笑复宜颦，丑女效之徒累身。"

【累卵】　堆叠的蛋。喻极其危险。胡曾《咏史诗·八公山》："苻坚举国出西秦，东晋危如累卵晨。"

【累夜】　连夜；数夜。杜甫《奉赠卢五丈参谋》："说诗能累夜，醉酒或连朝。"

【累官】　谓积功升官。王维《赠从弟司库员外绿》："即事岂徒言，累官非不试。"

【累重】　(一zhòng)沉重。卢仝《萧宅二三子赠答诗二十首·石答竹》："我欲随客去，累重不解飞。"

【累₂重】　(一zhòng)家属资产。引申为家庭困难。吴仁璧《投谢钱武肃》："累重虽然容食椹，力微无计报焚林。"

【累相】　(一xiàng)谓任几朝宰相。徐坚《奉和圣制送张说巡边》："累相承安世，深筹协子房。"

【累息】　屏气。吕温《奉敕祭南岳十四韵》："酌献皆累息，赞道仪匪繁。"

【累宵】　数夜。韦应物《因省风俗与从侄成绪游山水中道先归寄示》："累宵同燕酌，十舍携征骑。"

【累趼】　即累茧，因久行，足上所磨出的层层硬皮。杜甫《赠王二十四侍御契四十韵》："区区甘累趼，稍稍息劳筋。"

【累累】　❶屡屡，多次。于濆《富农诗》："秋风一夜来，累累闻砧杵。"❷重叠。张祜《游天台山》："群峰日来朝，累累孙侍祖。"❸连续不断貌。柳宗元《唐铙歌鼓吹曲十二篇·东蛮》："系虏君臣人，累累来自东。"孟郊《哭刘言史》："相悲与相笑，累累其奈何。"

【累葉】　累世，历代。刘晏《享太庙乐章》："重熙累叶，景命是膺。"杨巨源《薛司空自青州归朝》："一门累叶凌烟阁，次第仪形汉上公。"

【累聖】　谓历代君王。太宗《幸武功庆善宫》："粤予承累圣，悬弧亦在兹。"贾曾《孝和皇帝挽歌》："新命千龄启，鸿图累圣余。"杜牧《感怀诗一首》："累圣但日吁，阃外将谁寄。"《郊庙歌辞·享太庙乐章·延和》："巍巍累圣，穆穆重光。"

【累歲】　历年；连年。李白《书怀赠南陵常赞府》："咸阳天下枢，累岁人不足。"岑参《送王著作赴淮西幕府》："早年抱将略，累岁依幕中。"元稹《思归乐》："交州又累岁，移镇广与荆。"

【累歇】　多次休息。于鹄《过凌霄洞天谒张先生祠》："累歇日已没，始到茅堂边。"

【累路】　接连不断的路途，一路。韩翃《鲁中送从事归荥阳》："累路尽逢知己在，曾无对酒不高歌。"卢仝《萧宅二三子赠答诗二十首·竹请客》："唯将翛翛风，累路报恩德。"

【累榭】　迭出的台榭。李德裕《初夏有怀山居》："翠岑当累榭，皓月入轻舟。"又李德裕《首夏清景想望山居》："累榭空留月，虚舟若待人。"杨凌《奉酬韦滁州寄示》："散怀累榭风，清暑澄潭月。"

【累歎】　屡屡叹息。王维《酬诸公见过》："还复幽独，重欷累叹。"

【累職】　犹累官。卢纶《送乐平苗明府》："累职比柴桑，清秋入楚乡。"

【累騎】　谓二人同乘一坐骑。见《世说新语·任诞》。后用作典故，指载妇女同归。段成式《和周繇见嘲》："傥恕相如瘦，应容累骑还。"

【累積】　积累；积聚。元结《乱风诗五篇·至伤》序："乱亡之由，固在累积。"

組

〔zǔ《广韵》则古切，上姥，精。〕❶丝带。王建《荆南赠别李肇著作转韵诗》："且欢身体适，幸免缨组束。"刘禹锡《马嵬行》："履綦无复有，履组光未灭。"柳宗元《溪居》："久为簪组累，幸此南夷谪。"❷古代官员佩印用的绶带。陈子昂《感遇诗三十八首》之一六："鲁连让齐爵，遗组去邯郸。"包佶《奉和常阁老晚秋集贤院即事赠徐薛二侍郎》："职美纶将綍，荣深组及珪。"白居易《游蓝田山卜居》："脱置腰下组，摆落心中尘。"韦庄《和郑拾遗秋日感事一百韵》："但闻争曳组，讵见学垂缨。"

【組甲】　甲衣。用丝绳带联缀皮革或金属的甲片。韩休《奉和圣制送张说巡边》："曙光摇组甲，疏吹绕云旌。”参见“組練”。

【組佩】 组带及玉佩。古代官员的服饰。白居易《东都冬日会诸同年宴郑家林亭》：“宾阶纷组佩，妓席俨花钿。”

【組紃】 丝带绳。薄而阔者为组，似绳子者为紃。杨巨源《古意赠王常侍》：“组紃常在佳人手，刀尺空摇寒女心。”

【組珪】 组带及玉制符信。古代高官的服饰器物。独孤及《江宁酬郑县刘少府兄赠别作》：“抵掌夸潭壑，忘情向组珪。”

【組帳】 精致华美的帷帐。韩愈《岳阳楼别窦司直》：“蛟螭露笋簴，缟练吹组帐。”

【組冕】 组绶和冠冕。代称官位。杜甫《秋日荆南述怀三十韵》：“差池分组冕，合沓起蒿莱。”

【組綬】 ❶古人佩玉，用来系玉的丝带。卢纶《送菊潭王明府》：“组绶掩衰颜，辉光里第间。”白居易《百日假满少傅官停自喜言怀》：“疏傅不朝悬组绶，尚平无累毕婚姻。”李绅《灵蛇见少林寺》序：“二大松上有青蛇，不知所自。下马之际，忽坠于地，盘结异状，若紫组绶。”徐铉《奉和子龙大监与舍弟赠答之什》：“怀恩未遂林泉约，窃位空惭组绶悬。”❷借指官爵。韩偓《赠易卜崔江处士》：“门传组绶身能退，家学渔樵迹更奇。”徐夤《招隐》：“陶景岂全轻组绶，留侯非独爱烟霞。”

【組綸】 (—lún)系官印的丝带子。耿湋《奉和第五相公登鄱阳郡城西楼》：“属和瑶华曲，堪将系组纶。”

【組縷】 丝带。刘禹锡《和郴州杨侍郎玩郡斋紫薇花十四韵》：“紫茸垂组缕，金缕攒锋颖。”

【組練】 借指精锐的部队或军士的武装军容。见《左传·襄公三年》。太宗《正日临朝》：“组练辉霞色，霜戟耀朝光。”李德裕《寒食日三殿侍宴奉进诗一首》：“雪凝陈组练，林植耸干旌。”杜牧《东兵长句十韵》：“羽林东下雷霆怒，楚甲南来组练明。”韦庄《谒蒋帝庙》：“残雪岭头明组练，晚霞檐外簇旌旗。”

【組織】 ❶经纬相交，织作布帛。亦引申指诗文的造句构辞。孟郊《出东门》：“一生自组织，千首大雅言。”张南容《静女歌》：“妙年工诗书，弱岁勤组织。”❷罗织，构陷。李白《叙旧赠江阳宰陆调》：“邀遮相组织，呵嚇来煎熬。”

【組繡】 华丽的丝绣服饰。杨衡《九日陪樊尚书龙山宴集》：“云杂组绣色，乐和山水音。”皮日休《奉和鲁望渔具十五咏·叉鱼》：“中目碎琼碧，毁鳞殷组绣。”张贲《贲中间有吴门旅泊之什蒙鲁望垂和更作一章以伸酬谢》：“偶发陶匏响，皆蒙组绣文。”吴融《酬僧》：“双林不见金兰久，丹楚空翻组绣来。”

細 〔xì《广韵》蘇計切，去霽，心。〕❶微小。太宗《咏小山》：“径细无全磴，松小未含烟。”常建《湖中晚霁》：“试歌沧浪清，遂觉乾坤细。”柳中庸《幽院早春》：“隔廉春雨细，高枕晓莺长。”陆龟蒙《战秋辞》：“可谓弃其本而趋其末，舍其大而从其细也。”❷琐碎；不重要。杜甫《北征》：“山果多琐细，罗生杂橡栗。”参见“細故”。❸柔嫩。白居易《想东游五十韵》：“鲙缕鲜仍细，莼丝滑且柔。”李中《悼亡》：“巷深芳草细，门静绿杨低。”参见“細柳❶”。❹精致；细密。郑愔《人日重宴大明宫恩赐彩缕人胜应制》：“佳气裴回笼细网，残霙淅沥染轻尘。”参见“細薄”。❺仔细；详细。杜甫《春日忆李白》：“何时一尊酒，重与细论文。”戎昱《酬梁二十》：“细与知音说，攻文恐误人。”戴叔伦《怀素上人草书歌》：“人人细问此中妙，怀素自言初不知。”罗隐《寄酬邺王罗令公五首》之三：“敢将衰弱附强宗，细算还缘血脉同。”❻形容声音轻柔。张继《城西虎跑寺》：“出涧泉声细，斜阳塔影寒。”孟郊《井上枸杞架》：“影疏千点月，声细万条风。”白居易《秦中吟十首·五弦》：“小声细欲绝，切切鬼神语。”李中《庭苇》：“韵细堪清耳，根牢好系舟。”❼指烟味、香气轻细、幽微。祖咏《过郑曲》：“细烟生水上，圆月在舟中。”姚合《游昊天玄都观》：“风定药香细，树声泉气清。”❽地位卑贱。韩愈《元和圣德诗》：“天锡皇帝，为天下主，并包畜养，无异细巨。”❾幼小。陆龟蒙《渔具诗·药鱼》：“盈川是毒流，细大同时死。”

【細人】 ❶小人。鲍溶《行路难》：“细人何言入君耳，尘生金樽酒如水。”❷地位卑微者。杜甫《赠郑十八贲》：“细人尚姑息，吾子色愈谨。”

【細木】 小树。陆龟蒙《袭美先辈以龟蒙所献五百言既蒙见和复示荣唱再抒鄙怀用伸酬谢》：“孤筇倚烟蔓，细木横风漪。”

【細水】 小溪流。白居易《小桥柳》：“细水涓涓似泪流，日西惆怅小桥头。”

【細功】 小事。孟郊《吊元鲁山》之四：“细功不敢言，远韵方始谐。”

【細仗】 仪仗名。皇帝出巡或朝会时所用。和凝《宫词百首》之四：“瑞气祥烟笼细仗，阁门宣赦四方知。”

【細田】 小田。薛曜《登绵州富乐山别李道士策》：“云雾含丹景，桑麻覆细田。”

【細光】 微光。喻凫《春雨如膏》：“细光添柳重，幽点溅花匀。”温庭筠《太液池歌》：“腥鲜龙气连清防，花风漾漾吹细光。”又《雪二首》之一：“细光穿暗隙，轻白驻寒条。”

【細字】 小字。韩愈《短灯檠歌》：“夜书细字缀语言，两目眵昏头雪白。”陆龟蒙《丁隐君歌》序：“时时书细字，作文纪事，皆有楷法意义。”

【細步】　小步。方干《献王大夫二首》之二："金章照耀浮光动，玉面生狞细步匀。"

【細岑】　小山。宋之问《游陆浑南山歇马岭以诗代书答李舍人适》："细岑互攒倚，浮巘竞奔蹙。"杜甫《西枝村寻置草堂地夜宿赞公土室二首》之一："出郭眄细岑，披榛得微路。"

【細吟】　低声讽吟。白居易《和同州杨侍郎夸柘枝见寄》："细吟冯翊使君诗，忆作余杭太守时。"又《偶作寄朗之》："斗醆干酿酒，夸妙细吟诗。"又白居易《得潮州杨相公继之书并诗以此寄之》："初睹银钩还启齿，细吟琼什欲沾巾。"

【細沙】　细小沙粒。杜牧《商山麻涧》："征车自念尘土计，惆怅溪边书细沙。"

【細雨】　小雨。刘长卿《别严士元》："细雨湿衣看不见，闲花落地听无声。"韦应物《西涧即事示卢陟》："空林细雨至，圆文遍水生。"李德裕《春暮思平泉杂咏二十首·望伊川》："远村寒食后，细雨度川来。"李频《春日南游寄浙东许同年》："南国平芜远，东风细雨斜。"

【細雨和風】　细润的雨，和煦的风。韦庄《登咸阳县楼望雨》："乱云如兽出山前，细雨和风满渭川。"

【細波】　细小的水纹。刘沧《八月十五日夜玩月》："桂枝斜汉流灵魄，蘋叶微风动细波。"徐铉《北苑侍宴杂咏诗·水》："碧草垂低岸，东风起细波。"

【細君】　古称诸侯之妻。后为妻的通称。韩愈《岳阳楼别窦司直》："细君知蚕织，稚子已能饷。"权德舆《发硖石路上却寄内》："细君几日路经此，应见悲翁相望心。"卢储《官舍迎内子有庭花开》："东风与拘束，留待细君来。"权德舆《朝回阅乐寄绝句》："曲罢卿卿理驺驭，细君相望意如何？"

【細草】　小草。杜甫《旅夜书怀》："细草微风岸，危樯独夜舟。"姚合《题宣义池亭》："细草乱如发，幽禽鸣似弦。"储嗣宗《吴宫》："细草迷宫巷，闲花误绮罗。"翁绶《咏酒》："几为芳菲眠细草，曾因雨雪上高楼。"王周《过武宁县》："细草浓蓝泼，轻烟匹练拖。"

【細故】　细小之事。张九龄《荆州作二首》之一："微诚夙所尚，细故不足云。"杜甫《赤霄行》："丈夫垂名动万年，记忆细故非高贤。"白居易《闲夕》："何法使之然，心中无细故。"

【細柳】　❶初生的嫩柳条。杜甫《哀江头》："江头宫殿锁千门，细柳新蒲为谁绿。"孟匡明《钱王将军赴云中》："日转前茅影，春生细柳风。"白居易、王起《秋霖即事联句三十韵》："盖洒高松上，丝繁细柳边。"马戴《酬李景章先辈》："莺啼细柳临关路，燕接飞花绕汉宫。"❷地名。在今陕西咸阳市西南渭河北岸。汉周亚夫屯军处。崔融《从军行》："天子旌旗过细柳，匈奴运数尽枯杨。"李白《司马将军歌》："细柳开营揖天子，始知灞上为婴孩。"吴筠《彭门用兵后经汴路三首》之一："细柳旧营犹锁月，祈连新冢已封苔。"徐铉《宣威苗将军贬官后重经故宅》："天子未尝过细柳，将军寻已戍燉煌。"

【細柳屯】　即细柳营。魏征《赋西汉》："驱传渭桥上，观兵细柳屯。"

【細柳營】　指纪律严明的军营。见《史记·留侯世家》。贺朝《从军行》："已见氛清细柳营，莫更春歌落梅曲。"卢纶《皇帝感词》之三："校猎长杨苑，屯军细柳营。"王涯《塞下曲二首》之一："辛勤几出黄花戍，迢递初随细柳营。"徐铉《从兄龙武将军没于边戍过旧营宅作》："笙歌却返乌衣巷，部曲皆还细柳营。"

【細看】　仔细察看。张旭《柳》："请君细看风流意，未减灵和殿里时。"岑参《醉戏窦子美人》："细看只似阳台女，醉著莫许归巫山。"杜甫《瘦马行》："细看六印带官字，众道三军遗路旁。"张蠙《贻曹郎中》："细看明主意，终用出人才。"

【細泉】　细小的泉水。白居易《和答诗十首·和分水岭》："高岭峻棱棱，细泉流亹亹。"羊士谔《息舟荆溪入阳羡南山游善权寺呈李功曹巨》："献岁冰雪尽，细泉生路傍。"

【細風】　微风。耿湋《奉送蒋尚书兼御史大夫东都留守》："高旆翻秋日，清铙引细风。"皮日休《庭中初植松桂鲁望偶题奉和次韵》："毵毵绿发垂轻露，猎猎丹华动细风。"曹唐《题子侄书院双松》："枝压细风过枕上，影笼残月到窗前。"邵士彦《秋闺》："细风吹帐冷，微月度窗明。"

【細音】　细小的声响。张祜《华清宫和杜舍人》："细音摇翠佩，轻步宛霓裳。"

【細眉】　细长的眉毛。施肩吾《过桐庐场郑判官》："胡商大鼻左右趁，赵妾细眉前后直。"

【細馬】　❶骏马。杜甫《春日戏题恼郝使君兄》："细马时鸣金騕褭，佳人屡出董娇饶。"韩翃《送丹阳刘太真》："春衣晚入青杨巷，细马初过皂荚桥。"白居易《二月二日》："轻衫细马春年少，十字津头一字行。"❷小马。李白《对酒》："蒲萄酒，金叵罗，吴姬十五细马驮。"

【細莎】　小草。李贺《马诗二十三首》之十七："白铁剉青禾，砧间落细莎。"张祜《题惠山寺》："小洞生斜竹，重阶夹细莎。"

【細條】　细小的枝条。方干《叙雪献员外》："风柳细条黏不得，春溪绿色蔽应难。"

【細径】　小路。李昌符《远归别墅》："细径穿禾黍，颓垣压薜萝。"

【細流】　小水流。张祜《江南杂题三十首》之一："碧草分遥岸，清池入细流。"

【細浪】　微小的波纹。杜甫《城西陂泛舟》："鱼吹細浪摇歌扇，燕蹴飞花落舞筵。”白居易《秋日醉中狂歌凡二百三十八字》：“嵩峰余霞锦绮卷，伊水细浪鳞甲生。”吕岩《大云寺茶诗》：“兔毛瓯浅香云白，虾眼汤翻细浪俱。”

【細紋】细小的水纹。李洞《中秋月》：“众木排疏影，寒流叠细纹。”

【細雀】谓小雀形的发簪。欧阳炯《西江月》之二：“细雀稳簪云髻，含羞时想佳期。”

【細細】❶细小；轻微。谢偃《乐府新歌应教》：“细细轻裙全漏影，离离薄扇讵障尘。”杜甫《严郑公宅同咏竹》：“雨洗娟娟净，风吹细细香。”又《宣政殿退朝晚出左掖》：“宫草微微承委佩，炉烟细细驻游丝。”韩偓《倚醉》：“抱柱立时风细细，绕廊行处思腾腾。”❷缓缓。杜甫《江畔独步寻花七绝句》之七：“繁枝容易纷纷落，嫩叶商量细细开。”皇甫冉《浪淘沙二首》之一：“浪起鸡鹊眠不得，寒沙细细入江流。”李商隐《无题二首》之二：“重帏深下莫愁堂，卧后清宵细细长。”又李商隐《池边》：“玉管葭灰细细吹，流莺上下燕参差。”❸仔细。徐夤《银结条冠子》：“蝉翼轻轻结，花纹细细挑。”

【細葉】小叶。李商隐《题小松》：“怜君孤秀植庭中，细叶轻阴满座风。”宋雍《春日》：“轻花细叶满林端，昨夜春风晓色寒。”徐铉《奉和御制茱萸》：“柔条细叶妆治好，紫蒂红芳点缀匀。”

【細漣】细小的波文。徐铉《临石步港》：“埼岸随萦带，微风起细涟。”

【細碎】细小。元稹《芳树》：“天生细碎物，不爱好光华。”刘叉《姚秀才爱予小剑因赠》：“临行泻赠君，勿薄细碎仇。”白居易《新乐府·牡丹芳》：“石竹金钱何细碎，芙蓉芍药苦寻常。”皮日休《太湖诗·缥缈峰》：“移时却擿下，细碎衡与嵩。”

【細路】小路。杜甫《秋风二首》之二：“天清小城捣练急，石古细路行人稀。”李商隐《野菊》：“细路独来当此夕，清尊相伴省他年。”

【細腰】❶纤细的腰身。见《墨子·兼爱中》。又见《后汉书·马廖传》。武元衡《独不见》：“春风细腰舞，明月高堂宴。”杨敬之《客思吟》：“细腰沈赵女，高髻唱蛮姬。”李商隐《梦泽》：“未知歌舞能多少，虚减宫厨为细腰。”曹唐《小游仙诗九十八首》之六一：“细腰侍女瑶花外，争向红房报玉妃。”❷借指美女。温庭筠《杨柳八首》之三：“黄莺不语东风起，深闭朱门伴细腰。”❸土蜂之别名。韩愈《孟东野失子》：“细腰不自乳，举族常孤鳏。”

【細腰宮】楚离宫名。雍陶《夷陵城》：“唯有邮亭阶下柳，春来犹似细腰宫。”杜牧《题桃花夫人庙》：“细腰宫里露桃新，脉脉无言度几春。”吴融《赴阙次留献荆南成相公三十韵》：“卓旗云梦泽，扑火细腰宫。”唐求《巫山下作》：“细腰宫尽旧城摧，神女归山更不来。”参见“细腰❶”。

【細話】细说，详说。白居易《送姚杭州赴任因思旧游二首》之一：“与君细话杭州事，为我留心莫等闲。”项斯《暮上瞿唐峡》：“何年面骨肉，细话苦辛行。”方干《送乡中故人》：“少小与君情不疏，听君细话胜家书。”

【細溜】（一liù）细小的水流。白元鉴《新池》：“心闲闻细溜，波静卧乔松。”

【細瑣】琐碎细微的事物。杜甫《叹庭前甘菊花》：“篱边野外多众芳，采撷细琐升中堂。”

【細微】❶细小，隐微。杜甫《雨不绝》：“鸣雨既过渐细微，映空摇飏如丝飞。”白居易《禽虫十二章》之十二：“细微幽隐何穷事，知者唯应是圣人。”沈徽《古兴二首》之一：“蔓草自细微，女萝始夭夭。”贯休《观怀素草书歌》：“或细微，仙衣半拆金线垂。”❷低贱。崔颢《卢姬篇》：“人生今日得娇贵，谁道卢姬身细微。”

【細管】细而长的乐器管，如笛箫之类。亦用指管乐器或管乐声。岑参《陪封大夫宴瀚海亭纳凉》：“细管杂青丝，千杯倒接䍦。”杨凝《上巳》：“帝京元巳足繁华，细管清弦七贵家。”李贺《恼公》：“细管吟朝幌，芳醪落夜枫。”李商隐《七月二十八日夜与王郑二秀才听雨后梦作》：“少顷远闻吹细管，闻声不见隔飞烟。”

【細語】低声说话。常非月《咏谈容娘》：“歌要齐声和，情教细语传。”李端《拜新月》：“细语人不闻，北风吹裙带。”

【細塵】微尘；细小尘埃。孟浩然《赠道士参寥》：“蜀琴久不弄，玉匣细尘生。”张祜《平阴夏日作》：“西来渐觉细尘红，扰扰舟车路向东。”

【細軟】细致柔软。杜甫《大云寺赞公房四首》之二：“细软青丝履，光明白氎巾。”

【細蹀】轻轻踏步。杨师道《咏马》：“鸣珂屡度章台侧，细蹀经向濯龙傍。”

【細膩】❶红润光滑。杜甫《丽人行》：“态浓意远淑且真，肌理细腻骨肉匀。”❷细密；精细。元稹《内状诗寄杨白二员外》：“彤管内人书细腻，金奁御印篆分明。”又《见人咏韩舍人新律诗因有戏赠》：“高疏明月下，细腻早春前。”又《寄旧诗与薛涛因成长句》：“诗篇调态人皆有，细腻风光我独知。”❸纤细柔美。皮日休《扬州看辛夷花》：“腊前千朵亚芳丛，细腻偏胜素柰功。”又《太湖诗·崦里》：“青苗细腻卧，白羽悠溶静。”

【細論】详论。杨巨源《送章孝标校书归杭州因寄白舍人》：“不妨公事资高卧，无限诗情要细论。”

【細履】小鞋。徐夤《蒲》：“编为细履随君步，织作轻帆送客愁。”

【細薄】细密轻薄。白居易《寿安歇马重吟》：“春衫细薄马蹄轻，一日迟迟进一程。”

【細頸】 指鸟。李贺《昌谷诗》:“乱条迸石岭,细颈喧岛毖。”

【細聲】 细小的声响。吴融《赠李长史歌》:“铿訇揭调初惊人,幽咽细声还感神。”徐铉《和致仕张尚书新创道院》:“药圃分轻绿,松窗起细声。”

【細縷】 细线。谭用之《途次宿友人别墅》:“感君岩下闲招隐,细缕金盘鲙错刀。”

【細麗】 精致明丽。元稹《和乐天重题别东楼》:“日映文章霞细丽,风驱鳞甲浪参差。”皮日休《重题蔷薇》:“可怜细丽难胜日,照得深红作浅红。”

【細叢】 细小的草丛。万俟造《龙池春草》:“细丛依远渚,疏影落轻沦。”

【細蟲】 小虫。白居易《东墟晚歇》:“绕冢秋花少颜色,细虫小蝶飞翻翻。”

【細韻】 细小的声响。李群玉《书院二小松》:“从此静窗闻细韵,琴声长伴读书人。”张乔《吊造微上人》:“钟残含细韵,烟灭有余香。”韦庄《听赵秀才弹琴》:“蜂簇野花吟细韵,蝉移高柳迸残声。”孙岘《送钟员外》:“细韵风初发,浓烟日正曛。”

【細纈】 轻细的丝织品。李适《奉和春日幸望春宫应制》:“轻丝半拂朱门柳,细缬全披画阁梅。”

【細聽】 仔细听。杜甫《别李秘书始兴寺所居》:“妻儿待我且归去,他日杖藜来细听。”雍陶《忆山寄僧》:“天晴远见月中树,风便细听烟际钟。”张蠙《宿开照寺光泽上人院》:“静室谭玄旨,清宵独细听。”

【細讀】 仔细阅读。白居易《将发洛中枉令狐相公手札以长句答之》:“玉韵乍听堪醒酒,银钩细读当披颜。”

絀 〔chù《广韵》竹律切,入術,知。〕通“黜”。贬退。王维《晦日游大理韦卿城南别业四声依次用各六韵》之二:“归欤绌微官,惆怅心自咎。”

絁 〔shī《广韵》式支切,平支,書。〕粗绸。白居易《村居苦寒》:“褐裘覆绝被,坐卧有余温。”贯休《送张拾遗赴施州司户》:“畏天之命复行行,芙蓉为衣胜绝绢。”

絇 〔qú《广韵》其俱切,平虞。羣,又九遇切,去遇,見。〕❶用布麻丝缕搓成的绳索。元稹《梦游春七十韵》:“惊绪竟何如,棼丝不成絇。”❷量词。陆龟蒙《溪思雨中》:“雨映前山万絇丝,橹声冲破似鸣机。”

終 〔zhōng《广韵》職戎切,平東,章。〕❶停止;结束。宋璟《奉和圣制同二相已以群官乐游园宴》:“侍饮终酺会,承恩续胜游。”白居易《夏日作》:“庶几无夭阏,得以终天年。”许浑《江上燕别》:“不待管弦终,摇鞭背花去。”李叔卿《江南曲》:“歌舞未终涕双陨,旧宫坡陁才嶙隐。”❷终端;尽头。白居易《凶宅》:“骄者物之盈,老者数之终。”又《贺雨》:“敢贺有其始,亦愿有其终。”❸人死。高适《李云南征蛮诗》:“料死不料敌,顾恩宁顾终。”李益《哭柏岩禅师》:“遍与傍人别,临终尽不愁。”白居易《和答诗十首·和大觜乌》:“胡然大觜乌,竟得天年终。”❹竟;尽。李颀《无尽上人东林禅居》:“所对但群木,终朝无一言。”白居易《燕诗示刘叟》:“却入空巢里,啁啾终夜悲。”邵谒《寒女行》:“终日著罗绮,何曾识机杼。”❺竟然。李白《少年行》:“呼卢百万终不惜,报仇千里如咫尺。”刘长卿《同姜濬题裴式微余干东斋》:“世事终成梦,生涯欲半过。”白居易《效陶潜体诗十六首》之一六:“谓神祸淫人,暴秦终霸王。”❻一贯;始终。韦应物《月夜》:“清景终若斯,伤多人自老。”张籍《赠殷山人》:“志气终犹在,逍遥任自然。”赵嘏《昔昔盐二十首·暗牖悬珠网》:“万里终无信,一条徒自悬。”王毂《逢道者神和子》:“童颜终不改,绿发尚依然。”❼到底;终究。杜甫《新安吏》:“眼枯即见骨,天地终无情。”白居易《邓州路中作》:“去乡徒自苦,济世终无益。”李绅《逾岭峤止荒陬抵高要》:“汉日傅臣终委弃,如今衰叟重辉光。”陆龟蒙《袭美先辈以龟蒙所献五百言既蒙见和复示荣唱再抒鄙怀用伸酬谢》:“梁元尽索虏,后主终亡隋。”❽纵然;即使。见“終然❸”。

【終夕】 通宵;彻夜。杜甫《八哀诗·故著作郎贬台州司户荥阳郑公虔》:“操纸终夕酣,时物集遐想。”杨衡《游陆先生故岩居》:“结念候云兴,烧香坐终夕。”晁采《子夜歌十八首》之二:“夜夜不成寐,拥被啼终夕。”

【終久】 终究;到底。姚合《武功县中作三十首》之一七:“谋身须上计,终久是归田。”张祜《送琼贞发述怀》:“但能存岁节,终久得同欢。”慕幽《酬和友人见寄》:“劳歌好自看,终久偶齐桓。”方干《山中》:“松月水烟千古在,未知终久属谁家。”

【終天】 终身。多用于死丧永别之时。元稹《大觜乌》:“受日余光庇,终天无死期。”白居易《病中哭金銮子》:“莫言三里地,此别是终天。”薛逢《邻相反行》:“纵令得官身须老,衔恤终天向谁道。”王氏女《与李章武赠答诗》之三:“愿郎更回抱,终天从此诀。”

【終日】 整日。皎然《哀教》:“如何工言子,终日论虚无。”朱庆余《题毗陵上人院》:“院深终日静,落叶覆秋虫。”赵嘏《江边》:“终日劳车马,江边款行扉。”唐求《山居偶作》:“趋名逐利身,终日走风尘。”

【終古】 ❶往古;自古以来。李白《经乱离后天恩流夜郎忆旧游书怀赠江夏韦太守良宰》:“惟君固房陵,诚节冠终古。”高适《宋中十首》之六:“出门望终古,独立悲且歌。”张俨《贞元八年十二月谒先主庙绝句三首》之三:“终古更何闻,悲风入松柏。”鲍溶《代楚老酬主人》:“终古北邙山,樵人卖松柏。”❷久远。陈子昂《与东方左史虬修竹篇》:“始愿与金石,终古保坚贞。”洪子舆

《严陵祠》:“高风激终古,语理忘荣贱。”皎然《哭吴县房耸明府》:“芳躅将遗爱,可为终古传。”

【終北】 神话中的国名。见《列子·汤问》。元稹《赠毛仙翁》序:“华胥终北之化,熙熙然也。”

【終吉】 善终。王绩《古意六首》之二:“不如山上草,离离保终吉。”

【終老】 ❶终身;到老。元结《招陶别驾家阳华作》:“谁能家此地,终老可自全。”薛能《送李倍巡官归永乐旧居》:“曾约道门终老住,步虚声里寄闲眠。”李频《友人话别》:“半生都返性,终老拟安贫。”吴融《即事》:“抵鹊山前云掩扉,更甘终老脱朝衣。”❷度过晚年;养老。元结《漶阳亭作》:“独有漶阳亭,令人可终老。”白居易《重修香山寺毕题二十二韵以纪之》:“可怜终老地,此是我菟裘。”姚合《别杭州》:“他年婚嫁了,终老此江头。”许棠《写怀》:“半生为下客,终老托何人。”

【終曲】 (一qǔ)奏完一曲。刘戬《夏弹琴》:“感叹未终曲,泪下不可收。”

【終年】 整年,一年到头。储光羲《樵父词》:“终年登险阻,不复忧安危。”秦系《晚秋拾遗朱放访山居》:“不逐时人后,终年独闭关。”白居易《同崔十八寄元浙东王陕州》:“随月有钱胜卖药,终年无事抵归山。”许棠《旅怀》:“终年唯旅舍,只似已无家。”

【終身】 一生;终竟此身。刘长卿《栖霞寺东峰寻南齐明征君故居》:“长啸辞明主,终身卧此峰。”杜甫《无家别》:“生我不得力,终身两酸嘶。”白居易《不出门》:“一日亦自足,况得以终身。”皮日休《二游诗·任诗》:“一宅闲林泉,终身远嚣杂。”

【終於】 到底。《李勣引谚别张文瓘》:“千里相送,终于一别。”

【終局】 弈棋时一局终结。秦系《期王炼师不至》:“昨日围棋未终局,多乘白鹤下山来。”崔涂《樵者》:“莫看棋终局,溪风晚待归。”

【終夜】 整夜;通宵。元稹《遣悲怀三首》之三:“唯将终夜长开眼,报答平生未展眉。”白居易《竹窗》:“无客尽日静,有风终夜凉。”贾岛《古意》:“志士终夜心,良马白日足。”钱珝《江行无题一百首》之三四:“人居芦苇岸,终夜动秋声。”

【終始】 ❶事物发展演变的全过程。引申为始终,有始有终。王无竞《北使长城》:“仁义寝邦国,狙暴行终始。”杜甫《奉赠萧二十使君》:“终始任安义,荒芜孟母邻。”刘言史《初下东周赠孟郊》:“正信非外沿,终始全本情。”李咸用《论交》:“易得笑言友,难逢终始人。”❷指客观事物发展的道理。储光羲《渔父词》:“静言念终始,安坐看沉浮。”高适《题李别驾壁》:“一生称意能几人,今日从君问终始。”

【終南】 山名。秦岭主峰之一。在今陕西西安市南。李中《君子有所思行》:“紫阁连终南,青冥天倪色。”姚合《赠终南山傅山人》:“七十未成事,终南苍鬓翁。”李频《寄曹郕》:“终南山是枕前云,楚鼓无因晓夜闻。”贯休《送卢舍人三首》之二:“我愿终南太华变为金,吾后见之不为宝。”

【終秋】 秋季的末尾。牟融《寄范使君》:“未秋为别已终秋,咫尺娄江路阻修。”

【終風】 《诗·邶风·终风》:“终风且暴,顾我则笑。”毛传:“终日风为终风。”《韩诗》以终风为西风。后多统称大风。窦牟《洛下闲居夜晴观雪寄四远诸兄弟》:“雪月相辉云四开,终风助冻不扬埃。”

【終卷】 将书本读完。王建《秋夜对雨寄石瓮寺二秀才》:“对坐读书终卷后,自披衣被扫僧房。”

【終畢】 止境;到底。窦群《晨游昌师院》:“若无高世心,安能此终毕。”白居易《浩歌行》:“天长地久无终毕,昨夜今朝又明日。”

【終焉】 ❶终于。韩愈《落齿》:“终焉舍我落,意与崩山比。”白居易《泛春池》:“天与爱水人,终焉落吾手。”❷终老于此之意。杜甫《回棹》:“灌园曾取适,游寺可终焉。”齐己《寄江西幕中孙鲂员外》:“此门曾共说,知未遂终焉。”

【終宵】 整夜。韩愈《江汉答孟郊》:“终宵处幽室,华烛光烂烂。”

【終焉意】 在此安身终老的想法。见《晋书·王羲之传》。司空图《杂题九首》之三:“亦有终焉意,陂南看稻苗。”

【終極】 穷尽;最后。王琚《奉答燕公》:“目尽不复见,怀哉无终极。”杜甫《哀江头》:“人生有情泪沾臆,江水江花岂终极。”卢仝《自君之出矣》:“此水有尽时,此情无终极。”白居易《谕怀》:“人生未死间,变化何终极。”

【終竟】 终究;毕竟。杜甫《遣兴五首》之二:“岂无济时策,终竟畏罗罟。”皮日休《夏景无事因怀章来二上人二首》之一:“啸馆大都偏见月,醉乡终竟不闻雷。”又《病中美景颇阻追游因寄鲁望》:“南国不须收薏苡,百年终竟是芭蕉。”

【終喪】 (一sāng)谓服满父母去世后三年之丧。王湾《哭补阙亡友綦毋学士》:“反哭魂犹寄,终丧子尚孩。”

【終朝】 (一zhāo)整天。韦应物《始至郡》:“到郡方逾月,终朝理乱丝。”杜甫《冬日有怀李白》:“寂寞书斋里,终朝独尔思。”韩愈《将归赠孟东野房蜀客》:“倏忽十六年,终朝苦寒饥。”徐锴《送程德琳郎中学士》:“终朝空望极,今日送君行。”

【終然】 ❶始终。张九龄《酬宋使君见诒》:“但愿白心在,终然涅不淄。”李白《避地司空原言怀》:“所愿得此道，终然保清真。”高适《鲁郡途中遇徐十八录事》：“终然不得意，去去任行藏。”独孤及《三月三日自京到华阴寄裴六薛八》：“讵肯使空名，终然羁此身。”❷终于；竟然。李白《五月东鲁行答汶上君》：“终然不受赏，羞与时人同。”杜甫《行官张望补稻畦水归》：“终然添旅食，作苦期壮观。”又《孟冬》：“终然减滩濑，暂喜息蛟螭。”皮日休《太湖诗・晓次神景宫》：“终然合委顿，刚亦慕寥廓。”

【終歲】 整年。岑参《送郑堪归东京氾水别业》：“因悲宦游子，终岁无时闲。”白居易《丘中有一士二首》之一：“终岁守穷饿，而无嗟叹声。”鲍溶《寄福州从事殷尧藩》：“几回入市鲛绡女，终岁啼花山鹧鸪。”曹邺《寄监察从兄》：“恨如辙中土，终岁填不平。”

【終當】 终于会；最终会。李白《酬张卿夜宿南陵见赠》：“傅说未梦时，终当起岩野。”韦应物《月晦忆去年与亲友曲水游宴》：“谁言恋虎符，终当还旧丘。”权德舆《卧病喜惠上人李炼师茅处士见访因以赠》：“终当逐师辈，岩桂香氲芬。”李绅《趋翰苑遭诬构四十六韵》：“终当赋归去，那更学杨朱。”

【終篇】 全篇。薛能《新雪八韵》：“终篇本无字，谁别胜阳春。”

【終養】 奉养父母，使终其天年。王建《宋氏五女》：“五女誓终养，贞孝内自持。”

【終頭】 结束。白居易《岁暮寄微之三首》之一：“甲子百年过半后，光阴一岁欲终头。”

【終隱】 终身隐居。杜荀鹤《送项山人归天台》：“此中是处堪终隐，何要世人知姓名。”

【終歸】 终究；到底。李忱《瀑布联句》：“溪涧岂能留得住，终归大海作波涛。”无名氏《五言白话诗》之十二：“纵得公王侯，终归不免死。”

絃 〔xián《广韵》胡田切，平先，匣。〕❶琴、瑟、筝等弦乐器上用以发音的生丝线。太宗《帝京篇十首》之四：“急管韵朱弦，清歌凝白雪。”韦应物《拟古诗十二首》之十一：“弦以明直道，漆以固交深。”贾至《长门怨》：“深情托瑶瑟，弦断不成章。”柳宗元《初秋夜坐赠吴武陵》：“朱弦緪枯桐，清商激西颢。”❷弦乐器。太宗《三层阁上置音声》：“声流三处管，响乱一重弦。”岑参《赵少尹南亭送郑侍御归东台》：“钟催离兴急，弦逐醉歌长。”高适《答侯少府》：“开馆纳征骑，弹弦娱远宾。”李嘉祐《冬夜饶州使堂饯相公五叔赴歙州》：“丞相过邦牧，清弦送羽觞。”❸弹奏弦乐。高适《行路难二首》之二：“子孙成行满眼前，妻能管弦妾能舞。”柳宗元《零陵赠李卿元侍御简吴武陵》：“惜无协律者，窈眇弦吾诗。”李商隐《令狐舍人说昨夜西掖玩月因戏赠》：“露索秦宫井，风弦汉殿筝。”❹指弦乐声。李德裕《房公旧竹亭闻琴因重题此作》：“独悲形解后，谁听广陵弦。”

【絃柱】 指筝柱。用于绾弦和调弦。顾况《李湖州孺人弹筝歌》：“武帝昇天留法曲，凄情掩抑弦柱促。”李商隐《昨日》：“二八月轮蟾影破，十三弦柱雁行斜。”

【絃匏】 弦和匏。均乐器名。亦泛称乐器。柳宗元《游朝阳岩遂登西亭二十韵》：“适道有高言，取乐非弦匏。”

【絃歌】 出《论语・阳货》。唐诗中用此典多称誉县官的政绩或咏叹与县官有关的事情。徐坚《送武进郑明府》：“弦歌试宰日，城阙赏心违。”王昌龄《龙标野宴》：“莫道弦歌愁远谪，青山明月不曾空。”李白《赠从孙义兴宰铭》：“弦歌欣再理，和乐醉人心。”李德裕《张公超谷中石》：“有时连岳客，尚办弦歌处。”

【絃管】 弦乐器和管乐器。亦指弹奏这些乐器和这些乐器所发出的乐声。鲍君徽《东亭茶宴》：“远眺城池山色里，俯聆弦管水声中。”岑参《九日使君席奉饯卫中丞赴长水》：“为报使君多泛菊，更将弦管醉东篱。”魏扶《赋愁》：“烟波早晚长羁旅，弦管终年乐五侯。”毛文锡《西溪子》词：“金尊满，听弦管。”

絆 〔bàn《广韵》博慢切，去换，幫。〕❶拴缚马足的绳索。亦指拴缚。杜甫《瘦马行》：“绊之欲动转欹侧，此岂有意仍腾骧。”任华《怀素上人草书歌》：“终恐绊骐骥之足，不得展千里之步。”张祜《苏小小歌三首》之一：“车轮不可遮，马足不可绊。”殷文圭《送道者朝见后归山》：“天马难将朱索绊，海鳌宁觉碧涛宽。”❷缠束。柳宗元《酬娄秀才将之淮南见赠之什》：“开颜时不再，绊足去何因。”黄崇嘏《下狱贡诗》：“何事政清如水镜，绊他野鹤在深笼。”秦韬玉《寄怀》：“会致名津搜俊彦，是张愁网绊英雄。”❸牵制；使受阻。皎然《寒栖子歌》：“能令鬼哭神效灵，身如飘风不可绊。”朱庆余《闲居即事》：“超然尘事外，不似绊浮名。”罗隐《柳》：“自家飞絮犹无定，争解垂丝绊路人。”李中《云》：“冷容横钓浦，轻缕绊蟾轮。”

【絆舟】 系舟。白居易《宿池上》：“竹密无空岸，松长可绊舟。”

【絆惹】 牵缠。白居易《柳絮》：“凭莺为向杨花道，绊惹春风莫放归。”又《花楼望雪命宴赋诗》：“绊惹舞人春艳曳，句留醉客夜裴回。”

【絆騏驥】 同“絆驥”。李群玉《登宜春醉宿景星寺寄郑判官兼简空上人》：“俱笑一尺绳，三年绊骐骥。”

【絆驥】 喻人受到束缚不能施展其所长。见《淮南子・俶真训》。杜甫《李盐铁二首》之一：“盐官虽绊骥，名是汉庭来。”元稹《纪怀赠李六户曹崔二十功曹五十韵》：“韬弓思彻札，绊骥闷牵缰。”

紵 〔zhù《广韵》直吕切，上語，澄。〕苎麻。亦指用苎麻织成的粗布。李白《湖边采莲妇》："小姑织白纻，未解将人语。"李益《春行》："落日青丝骑，春风白纻歌。"元稹《酬乐天得稹所寄纻丝布白以诗报之》："湓城万里隔巴庸，纻薄绨轻共一封。"

【紵衣】 苎麻所织之衣。韦应物《题从侄成绪西林精舍书斋》："纻衣岂寒御，蔬食非饥疗。"皮日休《吴中苦雨一百韵寄鲁望》："著处纻衣裂，戴次纱帽醭。"翁承赞《擢探花使三首》之三："每到黄昏醉归去，纻衣惹得牡丹香。"

【紵衫】 苎麻所织之衣。白居易《拜表回闲游》："玉珮金章紫花绶，纻衫藤带白纶巾。"

絥 〔fú《广韵》分勿切，入物，非。〕大绳。特指下葬时引柩入穴的绳索。后泛称牵引棺材的大绳。杜甫《送卢十四弟侍御护韦尚书灵榇归上都二十韵》："长路更执绋，此心犹倒衣。"张籍《庄陵挽歌词三首》之三："行帷六宫出，执绋万方来。"杜牧《哭韩绰》："平明送葬上都门，绋翣交横逐去魂。"周朴《哭李端》："不及此时亲执绋，石门遥想泪沾襟。"

紹 〔shào《广韵》市沼切，上小，禪。〕继承。韩愈《燕河南府秀才得生字》："吾皇绍祖烈，天下再太平。"杜牧《杜秋娘诗》："光武绍高祖，本系生唐儿。"崔居俭《后唐宗庙乐舞辞》："汉绍世祖，夏资少康。"丘丹《奉使过石门瀑布》序："小子大历中奉使，窃有继作，虽不足克绍祖德，追踪昔贤，盖造奇怀感之志也。"

【紹隆寺】 在唐时驩州（治所在今越南义安省荣市）。沈佺期有《绍隆寺》。

紿 〔dài《广韵》徒亥切，上海，定。〕欺诳。元结《演兴四首·讼木魅》："上误惑于灵心，经绐于言兮不听。"韩愈、孟郊《斗鸡联句》："对起何急惊，随旋诚巧绐。"皮日休《消虚器》："持以遗北虏，绐云生有神。"

六　画

絜[1] 〔xié《广韵》胡結切，入屑，匣。〕用绳度量筒形物体的粗细。引申为比重、比较。韦应物《棕榈蝇拂歌》："文如轻罗散如发，马尾牦牛不能絜。"

絜[2] 〔jié《广韵》古屑切，入屑。見。〕通"潔"。清洁。魏征《五郊乐章·青帝角音·雍和》："乃眷丰絜，恩覃恺悌。"张说《唐封泰山乐章·雍和》："俎豆有馥，粢盛絜丰。"贺知章《唐禅社首乐章·雍和》："粢盛以絜，房俎斯荐。"于邵《释奠武成王乐章·迎俎酌献》："五齐絜，九宰硕。"

【絜₂誠】 谓洁身诚意。则天皇后《唐明堂乐章·登歌》："絜诚斯著，奠谒方申。"

絓 〔guà《集韵》古賣切，去卦，見。〕通"掛""挂"。绊住；挂碍。任希古《和东观群贤七夕临泛昆明池》："惊鸿絓蒲弋，游鲤入庄筌。"

結[1] 〔jié《广韵》古屑切，入屑。見。〕❶用线、绳、草等条状物打结或编织。李白《秋浦歌十七首》之十六："妻子张白鹇，结罝映深竹。"马戴《校猎曲》："浮云张作罗，万草结成罝。"温庭筠《三洲词》："李娘十六青丝发，画带双花为君结。"❷结成的东西。杜甫《投简成华两县诸子》："饥卧动即向一旬，敝裘何啻联百结。"元稹《会真诗三十韵》："赠环明运合，留结表心同。"章孝标《饥鹰词》："纵令啄解丝绦结，未得人呼不敢飞。"李珣《河传》之一："愁肠岂异丁香结，因离别，故国音书绝。"❸喻疑难困惑的关键。杜甫《喜雨》："何由见宁岁，解我忧思结。"孟郊《古意》："回还胜双手，解尽心中结。"徐夤《长安即事三首》之二："无酒穷愁结自舒，饮河求满不求余。"❹系；扎束。王绩《游仙四首》之三："结衣寻野路，负杖入山门。"储光羲《登商丘》："维梢历宋国，结缆登商丘。"白居易《题孤山寺山石榴花示诸僧众》："山榴花似结红巾，容艳新妍占断春。"许浑《灞上逢元九处士东归》："何人更结王生袜，此客虚弹贡氏冠。"❺结交；联合；结合。高适《行路难二首》之二："一朝金多结豪贵，万事胜人健如虎。"韦元甫《木兰歌》："本结弟兄交，死战誓不渝。"韦庄《赠薛秀才》："欲结岩栖伴，何山好薜萝。"黄滔《浙幕李端公泛建溪》："越城吴国结良姻，交发芙蓉幕内宾。"❻聚合；凝聚。辛常伯《军中行路难》："君不见封狐雄虺自成群，凭深负固结妖氛。"徐敞《白露为霜》："早寒青女至，零露结为霜。"白居易《春雪》："上林草尽没，曲江水复结。"韦庄《对雪献薛常侍》："松装粉穗临窗亚，水结冰锥簇溜悬。"❼心中忧愁、气愤积郁难以发泄。张旭《柳》："濯濯烟条拂地垂，城边楼畔结春思。"钱起《海上卧病寄王临》："离客穷海阴，萧辰归思结。"白居易《夜雨》："我有所感事，结在深深肠。"罗隐《钱》："解释愁肠结，能分睡眼开。"❽停止。韦应物《发广陵留上家兄兼寄上长沙》："拜言不得留，声结泪满裳。"❾连接。郑畋《初秋寓直三首》之一："晓星独挂结麟楼，三殿风高药树秋。"❿建造；构建。张九龄《岁初巡属县登高安南楼言怀》："山城本孤峻，凭高结层轩。"高适《使青夷军入居庸三首》之二："东山足松桂，归去结茅茨。"孟郊《初于洛中选》："终然恋皇邑，誓以结吾庐。"韦庄《西塞山下作》："他年却棹扁舟去，终傍芦花结一庵。"⓫（今读jiē）植物长出果实或种子。杜甫《少年行二首》之二："巢燕养雏浑去尽，江花结子已无多。"独孤及《杂诗》："百花结成子，春物舍我去。"⓬交错；盘曲。王绩《石竹咏》："萋萋结绿枝，晔晔垂朱英。"李白《代赠远》："织锦作短书，肠随回文结。"杜甫《自京赴奉先县咏怀五百字》："霜严衣带断，指直不得结。"孟郊《宇文秀才斋中海柳咏》："玉缕青葳蕤，结为芳树姿。"

結[2]〔jì《集韵》吉诣切，去霁，見。〕通"髻"。发髻。见《汉书·陆贾传》。韩愈《石鼎联句》序："白须黑面，长颈而高结，喉中又作楚语。"

【結子】（一zǐ）植物结实。杜甫《甘园》："结子随边使，开筒近至尊。"白居易《种荔枝》："十年结子知谁在，自向庭中种荔枝。"王周《赠怤师》："雪花安结子，雪叶宁附枝。"花蕊夫人徐氏《宫词》之一一九："种得海柑才结子，乞求自送与君王。"

【結心】❶积聚于心。李白《望黄鹤楼》："结心寄青松，永悟客情毕。"❷谓中心结实。李绅《新昌宅书堂前有药树一株》："丹彩结心才辨质，碧枝抽叶乍成条。"

【結宇】构造屋宇。张九龄《故刑部李尚书荆谷山集会》："结宇倚青壁，疏泉喷碧潭。"房琯《题汉州西湖》："结宇依回渚，水中信可居。"岑参《南溪别业》："结宇依青嶂，开轩对翠畴。"孙鲂《句》："结宇孤峰上，安禅巨浪间。"

【結舌】❶不敢讲话。杜甫《秋日荆南述怀三十韵》："结舌防谗柄，探肠有祸胎。"刘商《姑苏怀古送秀才下第归江南》："伍员结舌长嘘戯，忠谏无因到君耳。"李商隐《咏怀寄秘阁旧僚二十六韵》："途穷方结舌，静胜但支颐。"齐己《酬庐山张处士》："新事向人堪结舌，旧诗开卷但伤心。"❷鸟不鸣叫。李绅《早梅桥》："紫萼迎风玉珠裂，杨柳未黄莺结舌。"亦指不鸣之鸟。灵澈《听莺歌》："愿当结舌含白云，五月六月一声不可闻。"

【結交】与人交往，建立情谊。孟浩然《洗然弟竹亭》："吾与二三子，平生结交深。"贺兰进明《行路难五首》之五："人生结交在终始，莫为升沉中路分。"刘禹锡《谒柱山会禅师》："结交当世贤，驰声溢四塞。"贾岛《不欺》："掘井须到流，结交须到头。"

【結冰】水凝结成冰。孟郊《旅行》："楚水结冰薄，楚云为雨微。"白居易《夜招晦叔》："庭草留霜池结冰，黄昏钟绝冻云凝。"周贺《赠朱庆余校书》："风泉尽结冰，寒梦彻西陵。"杜荀鹤《春日山中对雪有作》："岭梅谢后重妆蕊，岩水铺来却结冰。"

【結花】开花。王贞白《仙岩二首》之二："风呼山鬼服役，月照衡薇结花。"

【結束】杜荀鹤《早发》："东窗未明尘梦苏，呼童结束登征途。"❸约束；拘束。李白《古风》之二三："人生鸟过目，胡乃自结束。"❹处理；安排。孟郊《赠农人》："青春如不耕，何以自结束。"❺完结。许浑《送前东阳于明府由鄂渚归故林》："结束征东换黑貂，灞西风雨正潇潇。"

【結伴】结成同伴。长孙无忌《新曲二首》之一："结伴来游淇水上，旧长情。"白居易《江南喜逢萧九彻因话长安旧游戏赠五十韵》："结伴归深院，分头入洞房。"贾岛《怀紫阁隐者》："寄书应不到，结伴拟同寻。"黄滔《题东林寺元祐上人院》："泉远携茶看，峰高结伴登。"

【結言】以言词订约。乔知之《定情篇》："结言本同心，悲欢何未齐。"

【結衣】卷起衣衫。王绩《游仙四首》之三："结衣寻野路，负杖入山门。"

【結社】组织团体。司空曙《题凌云寺》："不与方袍同结社，下归尘世竟如何。"刘禹锡《赠别约师》："庐山曾结社，桂水远扬舲。"张籍《祭退之》："自期此可老，结社于其乡。"张祜《题苏州思益寺》："会当来结社，长日为僧吟。"

【結茅】编茅为屋。指建构简陋的房舍。李白《泾溪南蓝山下有落星潭可以卜筑余泊舟石上寄何判官昌浩》："所期俱卜筑，结茅炼金液。"戎昱《汉上题韦氏庄》："结茅同楚客，卜筑汉江边。"张碧《山居雨霁即事》："结茅苍岭下，自与喧卑隔。"韦庄《将卜兰芷村居留别郡中在仕》："避世漂零人境外，结茅依约画屏中。"

【結欣】与人交好。徐彦伯《和李适答宋十一入崖口五渡见赠》："结欣薄枉渚，撰念萦旧林。"

【結侶】结伴。高适《秋胡行》："三月垂柳蚕未眠，携笼结侣南陌边。"刘禹锡《城内花园颇曾游玩答令狐相公见谑》："楼下芳园最占春，年年结侣采花频。"

【結果】结出果实。《谶记·唐受命谶》(卷八七四)："杨柳飞绵何处去，李花结果自然成。"

【結念】念念不忘。乔知之《倡女行》："文君正新寡，结念在歌倡。"刘禹锡《发华州留别张侍御》："同人惜分袂，结念醉芳樽。"元稹《和乐天赠吴丹》："冥搜方朔桃，结念安期枣。"孟简《咏欧阳行周事》："定情非一词，结念誓青山。"

【結糾】交错盘曲貌。韩愈《元和圣德诗》："赤麟黄龙，逶陀结纠。"

【結契】结交。耿湋《赠兴平郑明府》："心惟静者亲，深情先结契。"

【結草】❶为受厚恩而虽死犹报之典。见《左传·宣公十五年》。李瀚《蒙求》："灵辄扶轮，魏颗结草。"❷构建简陋的房舍。见《太平广记》卷十引《神仙传》。杜甫《寄张十二山人彪三十韵》："耕岩非谷口，结草即河滨。"

【結風】古歌曲名。见《汉书·司马相如传上》。张说《东都酺宴四首》序："原夫乐生于心，非因结风之奏。"李白《白纻辞三首》之三："倾城独立世所稀，激楚结风醉忘归。"

【結怨】结下怨仇。周昙《咏史诗·春秋战国门·中山居》："结怨岂思围不解，愚谋多以杀为雄。"

【結室】 构建屋舍。温庭筠《宿秦生山斋》："衡巫路不同，结室在东峰。"

【結客】 结交宾客。常指结交豪侠之士。孔绍安《结客少年场行》："结客佩吴钩，横行度陇头。"李白《结客少年场行》："平明相驰逐，结客洛门东。"韩翃《赠张建》："结客平陵下，当年倚侠游。"白居易《和答诗十首·和雉媒》："劝君今日后，结客结任安。"

【結客少年場行】 （行 xíng）乐府杂曲歌辞。多言轻生重义慷慨以立功名。《全唐诗》卷二四《杂曲歌辞》录有虞世南、卢照邻、李白、沈彬等人此作。

【結屋】 构建房屋。顾况《闲居自述》："有山堪结屋，天地可容尘。"

【結根】 植根，扎根。杜甫《叹庭前甘菊花》："念兹空长大枝叶，结根失所缠风霜。"白居易《有木诗八首》之一："有木名弱柳，结根近清池。"又《庐山桂》："偃蹇月中桂，结根依青天。"李绅《桔园》："怜尔结根能自保，不随寒暑换贞心。"

【結凍】 结冰。吴融《赋雪》："结冻防鱼跃，黏沙费马跑。"

【結夏】 佛教僧尼自农历四月十五日起静居寺院九十日，不出门行动，谓之"结夏"。韦蟾《岳麓道林寺》："他方居士来施斋，彼岸上人投结夏。"曹松《送僧入蜀过夏》："师言结夏入巴峰，云水回头几万重。"

【結託】 结交依托。李白《少年行二首》之一："经过燕太子，结托并州儿。"卢仝《感古四首》之三："今人异古人，结托唯亲宾。"元稹《赠别杨员外巨源》："揄扬陶令缘求酒，结托萧娘只在诗。"白居易《寓意诗五首》之三："莫将山上松，结托水上萍。"

【結陣】 结成阵势；列成队形。窦威《出塞曲》："看云方结阵，却月始连营。"李峤《雁》："望月惊弦影，排云结阵行。"武元衡《出塞作》："奏笳山月白，结阵瘴云昏。"

【結情】 结下情感。青童《与赵旭叩柱歌》："仙郎独邀青童君，结情罗帐连心花。"

【結婚】 男女结成合法夫妻。白居易《赠内》："我亦贞苦士，与君新结婚。"

【結習】 佛教谓人世嗜欲诸烦恼。见《维摩诘所说经观众生品》。柳宗元《巽公院五咏·净土堂》："结习自无始，沦溺穷苦源。"

【結陰】 结成阴影。裴迪《辋川集二十首·柳浪》："结阴既得地，何谢陶家时。"白居易《村居卧病二首》之一："夏木才结阴，秋兰已含露。"

【結援】 结交攀援。乔知之《定情篇》："复有游宦子，结援从梁陈。"白居易《皇甫郎中亲家翁赴任绛州宴送出城赠别》："慕贤入室交先定，结援通家好复成。"

【結跏】 佛教徒坐禅法，即交迭左右足背于左右股上而坐。王维《燕子龛禅师》："山木日阴阴，结跏归旧林。"张渭《送僧》："钟岭更飞锡，炉峰期结跏。"白居易《清调吟》："若不结跏禅，即须开口笑。"

【結絡】 ❶联结交错。顾况《上古之什补亡训传十三章·十月之郊一章》："高阁高阁，珠缀结络。"❷编织成的网络。吕温《上官昭容书楼歌》："香囊盛烟绣结络，翠羽拂案青琉璃。"

【結搆】 见"結構"。

【結義】 结交以义。杜甫《晚晴》："未怪及时少年子，扬眉结义黄金台。"

【結愛】 相爱。杜甫《赠王二十四侍御契四十韵》："送终惟粪土，结爱独荆榛。"孟郊《结爱》："心心复心心，结爱务在深。"李商隐《摇落》："结爱曾伤晚，端忧复至今。"

【結實】 （今读 jiē）结出果实或种子。郭震《米囊花》："开花空道胜于草，结实何曾济得民。"杜甫《述古三首》之一："竹花不结实，念子忍朝饥。"朱庆余《震为苍筤竹》："结实皆留凤，垂阴似庇人。"王贞白《洗竹》："不图结实来双凤，且要长竿钓巨鱼。"

【結誓】 发誓。张籍《学仙》："金刀截身发，结誓焚灵香。"姚月华《怨诗效徐淑体》："指天兮结誓，愿为兮一身。"

【結構】 亦作"結搆"。❶连接构架，建造房屋等。杜甫《同李太守登历下古城员外新亭亭对鹊湖》："新亭结构罢，隐见清湖阴。"刘禹锡《白侍郎大尹自河南寄示四十韵兼命同作》："结构疏林下，夤缘曲岸隈。"白居易《池畔二首》之一："结构池西廊，疏理池东树。"罗隐《尚父偶建小楼三首》之一："结构叨冯柱石才，敢期幢盖此裴回。"❷建筑物构造的式样。杜甫《陪李七司马皂江上造竹桥聊题短作简李公二首》之一："伐竹为桥结构同，褰裳不涉往来通。"韩愈《合江亭》："梁栋宏可爱，结构丽匪过。"姚合《题凤翔西郭新亭》："结构方殊绝，高低更合宜。"无可《李常侍书堂》："结构因坟籍，檐前竹未生。"

【結綺】 见"結綺閣"。

【結綺閣】 楼阁名。南朝陈后主三阁之一。见《陈书·皇后传·张贵妃》。欧阳询《道失》："不下结绮阁，空迷江令语。"亦省作"结绮"。刘禹锡《金陵五题·台城》："台城六代竞豪华，结绮临春事最奢。"

【結綺樓】 即结绮阁。亦泛称高大华美的宫殿。虞世南《凌晨早朝》："日晖青琐殿，霞生结绮楼。"温庭筠《题西平王旧赐屏风》："披香殿下樱桃熟，结绮楼前芍药开。"

【結網】 织网。见《汉书·扬雄传》。于邺《野外行》："魏人宅蓬池，结网伫鳣鲂。"顾况《送从兄使新罗》：

"临川思结网，见弹欲求鸮。"张正元《临川羡鱼》："结网非无力，忘筌自有心。"王季则《鱼上冰》："结网时空久，临川意有余。"亦指蜘蛛吐丝结成蛛网。来鹄《新安官舍闲坐》："不知独坐闲多少，看得蜘蛛结网成。"

【結綬】　系结印绶。谓出仕为官。见《汉书·萧育传》。后以"結綬"指为官或官场相引荐。陈子昂《江上暂别萧四刘三旋欣接遇》："结绶还逢育，衔杯且对刘。"独孤及《江宁酬郑县刘少府兄赠别作》："结绶腰章并，趋阶手板齐。"皇甫冉《杂言无锡惠山寺流泉歌》："我来结绶未经秋，已厌微官忆旧游。"郑谷《作尉鄠郊送进士潘为下第南归》："结绶位卑甘晚达，登龙心在且高吟。"

【結緑】　美玉名。见《战国策·秦策三》。徐彦伯《题东山子李适碑阴二首》之二："夜台沦清镜，穷尘埋结绿。"李白《赠范金卿二首》之一："我有结绿珍，久藏浊水泥。"独孤及《送陈兼应辟兼寄高适贾至》："结绿处燕石，卞和不必知。"徐夤《尚书会仙亭咏蔷薇因成一篇》："结绿根株翡翠茎，句芒中夜刺猩猩。"

【結髮】　❶束发。古代男子自成童开始束发，因以束发、结发指初成年。陈子昂《感遇诗三十八首》之三四："自言幽燕客，结发事远游。"高适《蓟门行五首》之四："幽州多骑射，结发重横行。"李益《再赴谓北使府留别》："结发逐鸣鼙，连兵追谷蠡。"韩愈《寄卢仝》："先生结发憎俗徒，闭门不出动一纪。"❷成婚。古礼于成婚之夕男左女右共髻束发，故称。李白《去妇词》："自从结发日未几，离君缅山川。"杜甫《新婚别》："结发为妻子，席不暖君床。"李益《杂曲》："妇人贵结发，宁有再嫁资。"白居易《新乐府·太行路》："与君结发未五载，岂期牛女为参商。"

【結駟】　一车并驾四马。见《楚辞·招魂》。后多用以指乘驷马高车的显贵，或形容他们的威势。骆宾王《同辛簿简仰酬思玄上人林泉四首》之三："客有迁莺处，人无结驷来。"皎然《送李丞使宣州》："结驷何翩翩，落叶暗寒渚。"权德舆《早夏青龙寺致斋凭眺感物因书十四韵》："通庄走声利，结驷乃旁午。"李建勋《惜花寄孙员外》："侵晨结驷携酒徒，寻芳踏尽长安衢。"

【結撮】　了结。一钵和尚《一钵歌》："闲事到头须结撮，火落身上当头拨。"

【結樓】　构建楼房。李白《感兴六首》之五："西国有美女，结楼青云端。"

【結縭】　古代嫁女的一种仪式。后亦借指男女结婚。乔知之《定情篇》："由来共结褵，几人同匪石。"元万顷《奉和太子纳妃太平公主出降》："象辂初乘雁，璇宫早结褵。"白居易《对酒示行简》："复有双幼妹，笄年未结褵。"

【結緝】　结集。李白《淮南卧病书怀寄蜀中赵征君蕤》："旅情初结缉，秋气方寂历。"

【結緣】　与人结交的机缘。白居易《得湖州崔十八使君书喜与杭越邻郡因成长句代贺兼寄微之》："三郡何因此结缘，贞元科第忝同年。"又《醉后重赠晦叔》："岂是今投分，多疑宿结缘。"

【結騎】　车马成队。韦应物《东林精舍追旧书情涕泗横集因寄呈阎澧州冯少府》："结骑京华年，挥文篋笥积。"

【結轍】　车迹交错，车辆往来不绝。宋璟《奉和圣制送张说巡边》："聚观方结辙，出祖遂倾城。"

【結願】　结立誓愿。李商隐《题僧壁》："舍生求道有前踪，乞脑剜身结愿重。"

【結廬】　构建房屋。含有隐居意。杜甫《杜鹃》之二："我昔游锦城，结庐锦水边。"高适《自淇涉黄河途中作十三首》之十三："结庐黄河曲，垂钓长河里。"白居易《岁暮寄微之三首》之二："唯欠结庐嵩洛下，一时归去作闲人。"陆龟蒙《和袭美寒日书斋即事三首》之三："清朝还要廷臣在，两地宁容便结庐。"

【結懷】　郁结于心。权德舆《奉酬从兄南仲见示十九韵》："谬进空内讼，结怀远忡忡。"又《伏蒙十六叔寄示喜庆感怀三十韵因献之》："侍坐驰梦寐，结怀积昏昕。"

【結襪】　亦作"結韈""結韤"。见《史记·张释之冯唐列传》。后多用以酬赠宰辅或处士之典。顾况《酬唐起居前后见寄二首》之一："莫话弹冠事，谁知结袜心。"许浑《元处士自洛归宛陵山居见示詹事相公饯行之什因赠》："紫霄峰下绝韦编，旧隐相如结韤前。"李瀚《蒙求》："子房取履，释之结韤。"

【結襪子】　乐府旧题。多言感恩重而以命相许。李白有《结袜子》。

【結繩】　上古无文字，于绳上作结以记事。见《易·繫辞下》。杜甫《写怀二首》之二："胡为有结绳，陷此胶与漆。"顾况《石上藤》："委曲结绳文，离披草书字。"李咸用《苍颉台》："自有书契来，争及结绳理。"

【結歡】　与人交好。李峤《夏晚九成宫呈同僚》："结欢良有裕，联寀愧无庸。"杜甫《送高三十五书记》："常恨结欢浅，各在天一涯。"

【結韈】　见"結襪"。

【結韤】　见"結襪"。

【結攬】　见"結纜"。

【結纜】　亦作"結攬"。系舟。储光羲《登商丘》："维梢历宋国，结缆登商丘。"梁知微《入朝别张燕公》："凫舟才结缆，驺驾已相迎。"孟浩然《登鹿门山》："纷吾感耆旧，结揽事攀践。"

【結影】　结成阴影。贺知章《望人家桃李花》："桃李从来露井傍，成蹊结影矜艳阳。"

絚[1] 〔gēng《广韵》古恒切,平登,見。〕本作“緪”。亦作“縆”“緪”。❶粗绳索。李贺《仁和里杂叙皇甫湜》:“枉辱称知犯君眼,排引才升强絚断。”杜牧《襄阳雪夜感怀》:“的的三年梦,迢迢一线絚。”皮日休《偶书》:“女娲掉绳索,絚泥成下人。”韩偓《玩水禽》:“劝君细认渔翁意,莫遣絚罗误稳栖。”❷紧;急。见《淮南子·缪称训》。刘禹锡《送韦秀才道冲赴制举》:“阅书南轩霁,絚瑟清夜阑。”皎然《春夜与诸公同宴呈陆郎中》:“宝瑟絚余怨,琼枝不让春。”柳宗元《初秋夜坐赠吴武陵》:“若人抱奇音,朱弦絚枯桐。”

絚[2] 〔gèn《集韵》居鄧切,去隥,見。〕亦作“緪”。通“亘”。接连;通贯。见《楚辞·招魂》。岑参《秋夕听罗山人弹三峡流泉》:“谁裁青桐枝,絚以朱丝弦。”郭密之《永嘉经谢公石门山作》:“千丈瀑流蹇,半溪风雨緪。”

緪 同“絚”。

紫 〔zǐ《广韵》將此切,上紙,精。〕❶蓝和红合成的颜色。李白《拟古十二首》之二:“愿逢同心者,飞作紫鸳鸯。”韩翃《送夏侯侍郎》:“听讼不闻乌布帐,迎宾暂著紫绨裘。”徐凝《忆紫溪》:“岩空水满溪自紫,水态更笼南烛花。”孙元晏《咏史诗·梁·蔡撙》:“紫茄白苋以为珍,守任清真转更贫。”❷指紫色衣服或紫色绶带。白居易《岁暮寄微之三首》之三:“若并如今是全活,纡朱拖紫且开眉。”吴融《寄尚颜师》:“到阙不求紫,归山只爱诗。”

【紫玉】 ❶紫色宝石。杜甫《桃竹杖引赠章留后》:“斩根削皮如紫玉,江妃水仙惜不得。”❷紫竹的别称。李白《经乱后将避地剡中留赠崔宣城》:“胡床紫玉笛,却坐青云叫。”❸借指箫笛。陈陶《题僧院紫竹》:“霞杯传缥叶,羽管吹紫玉。”

【紫牙】 涂饰成紫色的牙状物,作为器物的牙子。赵挂《废长行》:“紫牙镂合方如斗,二十四星衔月口。”

【紫文】 ❶见“紫紋”。❷指道家文书。刘禹锡《谢柳子厚寄叠石砚》:“好与陶贞白,松窗写紫文。”

【紫术】 术之一种。盖指赤术。贯休《了仙谣》:“紫术黄精心上苗,大还小还行中宝。”

【紫石】 紫色石。施肩吾《赠族叔处士》:“紫石岩边吟绣段,青苔纸上落银钩。”

【紫石砚】 用紫色石做的砚台。李贺有《杨生青花紫石砚歌》。刘禹锡有《唐秀才赠紫石砚歌》。

【紫芋】 芋之一种。俗称芋艿或芋头。叶片盾形,柄长而肥,地下有肉质球茎,可食。张籍《送闽僧》:“豁寺黄橙熟,沙田紫芋肥。”白居易《东南行一百韵》:“喘牛犁紫芋,羸马放青菰。”皮日休《新秋言怀寄鲁望三十韵》:“偾田含紫芋,低蔓隐青匏。”贯休《怀邻叟》:“桔槔打水声嘎嘎,紫芋白薤肥濛濛。”

【紫若】 杜若。香草之一种。李峤《二月奉教作》:“和风泛紫若,柔露濯青薇。”

【紫芝】 ❶真菌的一种。也称木芝。似灵芝,生于山地枯树根上,可入药。古人以为瑞草。道家以为仙草。张籍《赠同溪客》:“自教青鹤舞,分采紫芝苗。”李商隐《四皓庙》:“庙前便接山门路,不长青松长紫芝。”陆龟蒙《新沙》:“蓬莱有路教人到,应亦年年税紫芝。”李洞《赠徐山人》:“徐生何代降坤维,曾伴园公采紫芝。”❷指《紫芝曲》。刘禹锡、白居易《乐天是月长斋遂为联句所期解闷焉敢惊禅》联句:“紫芝虽继唱,白雪少知音。”李德裕《思山居一十首·题寄商山石》:“紫芝呈几曲,红藓阅千春。”黄滔《寓题》:“损生莫若攀丹桂,免俗无过咏紫芝。”

【紫芝心】 指隐逸之心。钱起《题玉山村叟壁》:“却思黄绶事,辜负紫芝心。”

【紫芝曲】 (一qǔ)见北宋郭长倩《乐府诗集·琴曲歌辞二》。唐人称《紫芝曲》,亦称《紫芝歌》《紫芝调》《紫芝谣》。亦泛指隐逸避世之歌。张九龄《商洛山行怀古》:“长怀赤松意,复忆紫芝歌。”杜甫《题李尊师松树障子歌》:“怅望聊歌紫芝曲,时危惨澹来悲风。”又《洗兵马》:“隐士休歌紫芝曲,词人解撰河清颂。”李德裕《余所居平泉村舍改嘉名因寄诗以谢》:“闲谣紫芝曲,归梦赤松村。”寒山《诗三百三首》之一九:“可来白云里,教尔紫芝歌。”令狐楚《将赴洛下言怀八韵》:“许随黄绮辈,闲唱紫芝歌。”卢照邻《七日登乐游故墓》:“蚁泛青田酌,莺歌紫芝调。”白居易《和令公问刘宾客归来称意无之作》:“闲尝黄菊酒,醉唱紫芝谣。”

【紫芝伴】 见“紫芝侣”。

【紫芝侣】 亦作“紫芝伴”。谓隐逸之伴侣。刘禹锡《自左冯归洛下酬乐天兼呈裴令公》:“自有园公紫芝侣,仍追少傅赤松游。”广宣《寺中赏花应制》:“却笑霞楼紫芝侣,桃源深洞访仙才。”白居易《醉送李二十常侍赴镇浙东》:“好去商山紫芝伴,珊瑚鞭动马头高。”

【紫芝房】 指道观。司空图《赠步寄李员外》:“病辞青琐秘,心在紫芝房。”

【紫芝叟】 见“紫芝客”。

【紫芝客】 指秦末商山四皓。亦指隐士、道士等。钱起《省中春暮酬嵩阳焦道士见招》:“如何紫芝客,相忆白云深。”刘禹锡《秋日书怀寄白宾客》:“商山紫芝客,应不向秋悲。”蒋防《题杜宾客新丰里幽居》:“应嗤紫芝客,远就白云居。”亦作“紫芝叟”“紫芝翁”。白居易《授太子宾客归洛》:“怀哉紫芝叟,千载心相依。”于武陵《斜谷道》:“独忆紫芝叟,临风歌旧歌。”李商隐《四皓庙》:“本为留侯慕赤松,汉庭方识紫芝翁。”许浑《寻周炼师不遇留赠》："闭门池馆静，云访紫芝翁。"温庭筠《四皓》："但得戚姬甘定分，不应真有紫芝翁。"

【紫芝翁】 见"紫芝客"。

【紫芝書】 指道书。孟郊《同李益崔放送王炼师还楼观兼为群公先营山居》："十年白云士，一卷紫芝书。"

【紫芝歌】 见"紫芝曲"。

【紫芝調】 (調 diào)见"紫芝曲"。

【紫芝謠】 见"紫芝曲"。

【紫芝觀】 (觀 guàn)道观名。在今河南信阳县钟山上。耿湋有《游钟山紫芝观》。

【紫光】 紫色光彩。白行简《金在熔》："紫光看渐发，赤气望逾深。"韩偓《同年前虞部李郎中自长沙赴行在余以紫石砚赠之赋诗代书》："紫光称近丹青笔，声韵宜裁锦绣诗。"李日新《题仙娥驿》："更有台中牛肉炙，尚盘数脔紫光球。"杜元颖《赋得玉水记方流》："斗回虹气见，磬折紫光浮。"

【紫竹】 竹之一种，或称黑竹。刘言史《葛巾歌》："十年紫竹溪南住，迹同玄豹依深雾。"张萧远《句》："身居晓嶂红霞外，书读秋窗紫竹间。"

【紫府】 道教称仙人居处。亦借指重宫、道观等。刘孝孙《游清都观寻沈道士得仙字》："寻真谒紫府，披雾觌青天。"羊士谔《上元日紫极宫门观州民然灯张乐》："山郭通衢隘，瑶坛紫府深。"厉玄《缑山月夜闻王子晋吹笙》："紫府参差曲，清宵次第闻。"贯休《寄天台道友》："紫府程非远，清溪径不迂。"

【紫衣】 ❶紫色衣服。李华《杂诗六首》之二："齐侯好紫衣，魏帝妇人饰。"白居易《宿紫阁山北村》："紫衣挟刀斧，草草十余人。"❷古代公服。见《新唐书·东服志》。亦借指贵官。杜甫《相逢歌赠严二别驾》："乌帽拂尘青螺粟，紫衣将炙绯衣走。"王建《霓裳词十首》之三："一时跪拜霓裳彻，立地阶前赐紫衣。"韩翃《送王光辅归青州兼寄储侍郎》："身著紫衣趋阙下，口衔丹诏出关东。"张祜《送王昌涉侍御》："诸侯青服旧，御史紫衣荣。"❸紫色袈裟。许棠《送元遂上人归吴中》："落发在王畿，承恩著紫衣。"郑谷《赠圆昉公》："天阶让紫衣，冷格鹤犹卑。"杜荀鹤《送紫阳僧归庐岳旧寺》："紫衣明主赠，归寺感先师。"贯休《送新罗僧归本国》："想得还乡后，多应著紫衣。"

【紫汞】 指丹砂。见晋葛洪《抱朴子·金丹》。皮日休《茶中杂咏·茶笋》："寒恐结红铅，暖疑销紫汞。"陆龟蒙《奉和袭美太湖诗二十首·晓次神景宫》："玄津荡琼垄，紫汞啼金鼎。"又陆龟蒙《奉和袭美题达上人药圃二首》之二："教疏兔镂金弦乱，自拥龙刍紫汞肥。"

【紫芽】 紫色的嫩芽。白居易《招韬光禅师》："青芥除黄叶，红姜带紫芽。"韦庄《上春词》："幽兰报暖紫芽折，夭花愁艳蝶飞回。"

【紫花】 亦作"紫華"。❶紫色花。皮日休《太湖诗·上真观》："衣巾紫华冷，食次白芝寒。"温宪《郊居》："青麦路初断，紫花田未耕。"❷紫花形图饰。徐夤《曲江宴日呈诸同年》："金榜连名升碧落，紫花封敕出琼宫。"

【紫芹】 即芹菜，色微带紫，故名。王建《题裴处士碧虚溪居》："春圃紫芹长卓卓，暖泉青草一丛丛。"许浑《沧浪峡》："红虾青鲫紫芹脆，归去不辞来路长。"

【紫芳】 即紫芝。李白《答长安崔少府叔封》："涉雪搴紫芳，濯缨想清波。"

【紫芳意】 指隐逸或修道之心。李白《江西送友人之罗浮》："畴昔紫芳意，已过黄发期。"

【紫車】 即紫河车。道家称修炼而成的仙液。白居易《同微之赠别郭虚舟炼师五十韵》："黄芽与紫车，谓其坐致之。"

【紫貝】 海中软体动物名，亦称文贝、砑螺。耿湋《元日早朝》："紫贝为高阙，黄龙建大牙。"皮日休《诃陵樽》："买须能紫贝，用合对红螺。"陆龟蒙《奉和袭美送李明府之任南海》："賨税尽应输紫贝，蛮童多学佩金钩。"

【紫氛】 紫色云气。权德舆《仲秋朝拜昭陵》："仙驭凌紫氛，神游弃黄屋。"李白《赠郭季鹰》："一击九千仞，相期凌紫氛。"郑余庆《和黄门相公诏还题石门洞》："紫氛随马处，黄阁驻车情。"李商隐《海客》："海客乘槎上紫氛，星娥罢织一相闻。"李群玉《穆天子》："或言帝轩辕，乘龙凌紫氛。"

【紫角】 菱角。张籍《城南》："卧蒋黑米吐，翻芰紫角稠。"

【紫英】 紫色花。韦处厚《盛山十二诗·茶岭》："千丛因此始，含露紫英肥。"萧颖士《菊荣》之一："紫英黄萼，照灼丹墀。"郑谷《文昌寓直》："落花乱上花砖上，不忍和苔蹋紫英。"

【紫苔】 即苍苔。杜牧《过勤政楼》："唯有紫苔偏得意，年年因雨上金铺。"赵嘏《华清宫和杜舍人》："虫丝罥画梁，紫苔侵壁润。"皮日休《醉中寄鲁望一壶并一绝》："门巷寥寥空紫苔，先生应渴解酲杯。"章碣《城南偶题》："南山气耸分红树，北阙风高隔紫苔。"

【紫柰】 水果名，柰树所结，带青紫色，故名。吴筠《游仙二十四首》之二十："千年紫柰熟，四劫灵瓜丰。"吕岩《雨中花》词："碧桃紫柰长新，愿逢一粒，九霞光里，相继朝真。"

【紫金】 一种珍贵矿物。即赤金。杨师道《咏马》："宝马权奇出未央，雕鞍照曜紫金装。"李贺《荣华乐》："能教刻石平紫金，解送刻毛寄新兔。"罗虬《比红儿诗》之五四："画帘垂地紫金床，暗引羊车驻七香。"吴融《李周弹筝歌》:“天颜开,圣心悦,紫金白珠沾赐物。”

【紫金丹】　古代方士所谓服之可以长生的丹药。杜甫《将赴成都草堂途中有作先寄严郑公五首》之四:“生理只凭黄阁老,衰颜欲付紫金丹。”

【紫兔毫】　紫色兔毛,用以做笔。安鸿渐《题杨少卿书后》:“端溪石砚宣城管,王屋松烟紫兔毫。”

【紫河車】　道家称所谓修炼而成的仙液。李白《古风》之四:“吾营紫河车,千载落风尘。”顾况《送李道士》:“莫愁客鬓改,自有紫河车。”白居易《对酒》:“唯将绿醅酒,且替紫河车。”吕岩《忆江南》词之一:“象移寅卯紫河车,子午结朝霞。”

【紫泥】　❶紫色泥土。李商隐《郑州献从叔舍人褎》:“绛简尚参黄纸案,丹炉犹用紫泥封。”白居易《戊申岁暮咏怀三首》之二:“紫泥丹笔皆经手,赤绂金章尽到身。”陆龟蒙《谨和谏议罢郡叙怀六韵》:“紫泥封夜诏,金殿赐春衣。”韩偓《中秋禁直》:“星斗疏明禁漏残,紫泥封后独凭阑。”❷古人用泥封书信,泥上加印,皇帝诏书则专用紫泥,故用以代称诏书。苏颋《扈从温泉同紫微黄门群公泛谓川得齐字》:“侍跸浮清渭,扬舲降紫泥。”包佶《奉和常阁老晚秋集贤院即事寄赠徐薛二侍郎》:“对案临青玉,窥书捧紫泥。”李商隐《九成宫》:“荔枝卢橘沾恩幸,鸾鹊天书湿紫泥。”李山甫《贺邢州卢员外》:“紫泥飞诏下金銮,列象分明世仰观。”

【紫泥封】　即紫泥书。令狐楚《南宫夜直宿见李给事封题其所下制敕知奏直在东省因以诗寄》:“尚垂玄露点,犹湿紫泥封。”武元衡《送崔舍人起居》:“赤墀同拜紫泥封,驷牡连征侍九重。”徐夤《尚书荣拜恩命夤疾中辄课恶诗二首》之二:“东郊迎入紫泥封,此日天仙下九重。”

【紫泥海】　神话传说中海名。见旧题汉郭宪《洞冥记》。李白《古风》之四一:“朝弄紫沂海,夕披丹霞裳。”

【紫泥書】　皇帝诏书。李白《送别得书字》:“圣朝思贾谊,应降紫泥书。”皇甫曾《送商州杜中丞赴任》:“夕拜忽辞青琐闼,晨装独捧紫泥书。”独孤及《官渡柳歌送李员外承恩往扬州觐省》:“郎把紫泥书,东征觐庭闱。”白居易《初除尚书郎脱刺史绯》:“头白喜抛黄草峡,眼明惊拆紫泥书。”

【紫泥詔】　即紫泥书。李白《答高山人兼呈权顾二侯》:“谬挥紫泥诏,献纳青云际。”又李白《玉壶吟》:“凤凰初下紫泥诏,谒帝称觞登御筵。”亦省称“紫詔”。李中《送阎侍御归阙》:“羡君乘紫诏,归路指通津。”章碣《浙西送杜晦侍御入关》:“紫诏征贤发帝聪,绣衣行处扑香风。”

【紫泥綍】　皇帝诏书。张说《右丞相苏公挽歌二首》之二:“西垣紫泥綍,东岳白云篇。”

【紫房】　❶皇太后所居之宫室。王翰《飞燕篇》:“君心见赏不见忘,姊妹双飞入紫房。”❷紫色的花房或果实。屈同仙《乌江女》:“锦袖盛朱橘,银钩摘紫房。”韦应物《慈恩精舍南池作》:“缘崖摘紫房,扣槛集灵龟。”白居易《戏题木兰花》:“紫房日照胭脂拆,素艳风吹腻粉开。”又《南园试小乐》:“红萼紫房皆手植,苍头碧玉尽家生。”

【紫姑】　神话中厕神名。李商隐《圣女祠》:“消息期青雀,逢迎异紫姑。”又《正月十五夜闻京有灯恨不得观》:“身闲不睹中兴盛,羞逐乡人赛紫姑。”皮日休《太湖诗·圣姑庙》:“月下留紫姑,霜中召青女。”

【紫姑神】　即紫姑。熊孺登《正月十五日》:“深夜行歌声绝后,紫姑神下月苍苍。”李商隐《昨日》:“昨日紫姑神去也,今朝青鸟使来赊。”

【紫垣】　❶星座名。即紫微垣,三垣之一。借指皇宫。令狐楚《发潭州寄李宁常侍》:“君今侍紫垣,我已堕青天。”刘禹锡《武陵书怀五十韵》:“独立当瑶阙,传呵步紫垣。”李绅《忆夜直金銮殿承旨》:“门压紫垣高绮树,阁连青琐近丹梯。”徐铉《御筵送邓王》:“暂移黄阁只三载,却望紫垣都数程。”❷唐开元元年(713)取天文紫微垣之义,改中书省为紫微省,中书令为紫微令,故称中书省为紫垣。权德舆《奉和张舍人阁老阁中直夜思闻雅琴因以书事通简僚友》:“紫垣宿清夜,蔼蔼复沉沉。”元稹《酬东川李相公十六韵》:“昔附赤霄羽,葳蕤游紫垣。”白居易《岁暮寄微之三首》之二:“紫垣南北厅曾对,沧海东西郡又邻。”郑谷《右省补阙张茂枢同在谏垣因抒酬寄》:“紫垣名士推扬切,为话心孤倍感知。”

【紫茸】　❶紫色细茸花。李白《送杨山人归嵩山》:“尔去掇仙草,菖蒲花紫茸。”李贺《恼公》:“杜若含清露,河蒲聚紫茸。”❷细软的绒毛。王建《织锦曲》:“红缕葳蕤紫茸软,蝶飞参差花宛转。”杜牧《扬州三首》之一:“喧阗醉年少,半脱紫茸裘。”

【紫荆】　树名。落叶乔木或灌木。叶圆心形,花紫红,供观赏,皮、根、木材均入药。见南朝梁吴筠《续齐谐记·紫荆树》。后用为有关兄弟的典故。李白《上留田行》:“田氏仓卒骨肉分,青天白日摧紫荆。”杜甫《得舍弟消息》:“风吹紫荆树,色与春庭暮。”窦蒙《题弟臮述书赋后》:“庭前紫荆树,何日再芬芳。”李绅《建元寺》:“紫荆繁艳空门昼,红药深开古殿春。”

【紫荃】　香草名,即昌蒲。牟融《山寺律僧画兰竹图》:“绿径日长袁户在,紫荃秋晚谢庭空。”

【紫茶】　紫色的茶叶。钱起《与赵莒茶宴》:“竹下忘言对紫茶,全胜羽客醉流霞。”又《过张成侍御宅》:“杯里紫茶香代酒,琴中绿水静留宾。”

【紫香囊】　用紫罗缝制的香囊。韩翃《送崔秀才赴上元兼省叔父》:“行乐远夸红布旆,风流近赌紫香囊。”李叔卿《江南曲》：“郗家子弟谢家郎，乌巾白袷紫香囊。”

【紫皇】 道教传说中的最高的神仙。亦借指皇帝。李白《飞龙引二首》之二：“载玉女，过紫皇，紫皇乃赐白兔所捣之药方。”李贺《李凭箜篌引》：“十二门前融冷光，二十三丝动紫皇。”李九龄《上清辞五首》之五：“新拜天官上玉都，紫皇亲授五灵符。”廖融《梦仙谣》：“琪木扶疏系辟邪，麻姑夜宴紫皇家。”

【紫泉】 ❶紫色之泉。王勃《怀仙》：“紫泉漱珠液，玄岩列丹葩。”陆龟蒙《奉和袭美太湖诗二十首·入林屋洞》：“又坐紫泉光，甘如酌天酒。”❷即紫渊。水名。李峤《奉和幸三会寺应制》：“故台苍颉里，新邑紫泉居。”李商隐《隋宫》：“紫泉宫殿锁烟霞，欲取芜城作帝家。”

【紫庭】 ❶帝王宫庭。太宗《春日玄武门宴群臣》：“紫庭文珮满，丹墀衮绂连。”宗楚客《奉和幸上阳宫侍宴应制》：“紫庭金凤阙，丹禁玉鸡川。”白居易《新乐府·骠国乐》：“德宗立仗御紫庭，黈纩不塞为尔听。”温庭筠《谢公墅歌》：“鸠眠高柳日方融，绮榭飘飖紫庭客。”❷仙人所居之宫阙。李康成《玉华仙子歌》：“溶溶紫庭步，渺渺瀛台路。”吴筠《高士咏·严君平》：“闭关动元象，何必游紫庭。”

【紫洞】 仙洞。白居易《想东游五十韵》：“紫洞藏仙窟，玄泉贮怪湫。”杜牧《赠李处士长句四韵》：“玉函怪牒锁灵篆，紫洞香风吹碧桃。”马麐《早春陪敕使麻先生祭岳》：“忽下袁州使，来游紫洞前。”

【紫宫】 星官名。指紫微垣。借指帝王宫禁。杜审言《大酺》：“紫宫初启座，苍璧正临春。”李白《送程刘二侍郎兼独孤判官赴安西幕府》：“朝辞明主出紫宫，银鞍送别金城空。”罗虬《比红儿诗》之七六：“红儿若是同时见，未必伊先入紫宫。”胡幽贞《题西施浣纱石》：“一朝入紫宫，万古遗芳尘。”

【紫陌】 指京师或京师郊野的道路。岑参《奉和中书贾至舍人早朝大明宫》：“鸡鸣紫陌曙光寒，莺啭皇州春色阑。”卢纶《书情上大尹十兄》：“紫陌绝纤埃，油幢千骑来。”滕迈《春色满皇州》：“色媚青门外，光摇紫陌头。”杜荀鹤《和友人见题山居水阁八韵》：“未称执鞭奔紫陌，惟宜策杖步苍苔。”

【紫華】 (一huā)见“紫花❶”。

【紫荷】 指紫河车。许浑《卢山人有巴蜀由湘潭归茅山因赠》：“太乙灵方炼紫荷，紫荷飞尽发皤皤。”

【紫荷巾】 用荷叶制成的头巾。隐逸者所服。韩翃《又题张逸人园林》：“兴罢归来还对酌，茅檐挂著紫荷巾。”

【紫桂】 桂树的一种。即肉桂。李商隐《灯》：“冷暗黄茅驿，暄明紫桂楼。”又《酬令狐郎中见寄》：“补羸贪紫桂，负气托青萍。”杜牧《朱坡》：“侵窗紫桂茂，拂面翠禽栖。”温庭筠《宿云际寺》：“自从紫桂岩前别，不见南能直至今。”

【紫桐】 桐树之一种。开紫花，故称。白居易《寒食江畔》：“忽见紫桐花怅望，下邽明日是清明。”又《初与元九后忽梦见之因以此寄》：“月下何所有，一树紫桐花。”

【紫栗】 木名，可作手杖。贾岛《寄乔侍郎》：“晓出爬船寺，手擎紫栗条。”齐己有《谢人惠紫栗拄杖》。

【紫氣】 ❶紫色云气。古代以为祥瑞之气，为帝王、圣贤出现的预兆。见《史记·老子韩非列传》。张九龄《奉和圣制谒玄元皇帝庙斋》：“紫气尚蓊郁，玄元如在焉。”李白《凤吹笙曲》：“绿云紫气向函关，访道应寻缑氏山。”杜甫《承闻河北诸道节度入朝欢喜口号绝句十二首》之九：“紫气关临天地阔，黄金台贮俊贤多。”韦庄《尹喜宅》：“紫气已随仙仗去，白云空向帝乡消。”❷指宝剑的光气。见《晋书·张华传》。窦庠《酬谢韦卿二十五兄俯赠辄敢书情》：“埋没剑中生紫气，尘埃瑟上动清商。”吕温《古兴》：“空岩起白虹，古狱生紫气。”白居易《李都尉古剑》：“白光纳日月，紫气排斗牛。”杜牧《道一大尹存之庭美二学士皆与舍弟昔年还往牧支离穷悴窃于一麾书美歌诗兼自言志因成长句四韵呈上三君子》：“斗间紫气龙埋狱，天上洪炉帝铸颜。”

【紫酒】 美酒；仙酒。谭用之《河桥楼赋得群公夜宴》：“杯黏紫酒金螺重，谈转凋珰玉尘空。”又《春日期巢湖旧事》：“富贵万场归紫酒，是非千载逐芳泥。”又谭用之《江边秋夕》：“千钟紫酒荐菖蒲，松岛兰舟潋滟居。”

【紫宸】 ❶宫殿名。天子所居。为天子接见群臣及外国使者朝见庆贺的内朝正殿。亦泛指宫殿。崔颢《江畔老人愁》：“南山赐田接御苑，北宫甲第连紫宸。”权德舆《奉和李相公早朝于中书候传点偶书所怀奉呈门下相公中书相公》：“紫宸残月下，黄道晓光来。”殷尧藩《早朝》：“曙钟催入紫宸朝，列炬流虹映绛绡。”裴说《见王贞白》：“共贺登科后，明宣入紫宸。”❷借指帝王、帝位。储光羲《敬酬陈掾亲家翁秋夜有赠》：“曳裾朝赤墀，酌醴侍紫宸。”李白《赠张相镐二首》之一“神器难窃弄，天狼窥紫宸。”刘得仁《春日雨后作》：“枉是吾君戚，何门谒紫宸。”李频《五月一日感怀献送相公》：“五月倾朝谒紫宸，一朝无分在清尘。”

【紫冥】 高空。李白《古风》之一九：“恍恍与之去，驾鸿凌紫冥。”又《与诸公送陈郎将归衡阳》：“衡山苍苍入紫冥，下看南极老人星。”

【紫紋】 亦作“紫文”。紫色纹彩。元稹《酬乐天待漏入阁见赠》：“笔无鸿业润，袍愧紫文殷。”李商隐《戊辰会静中出贻同志二十韵》：“飘飖被青霓，婀娜佩紫纹。”皮日休《华山李炼师所居》：“瑞气染衣金液启，香烟映面紫文开。”

【紫袍】 紫色朝服。高官所服。元稹《自责》:“犀带金鱼束紫袍,不能将命报分毫。”白居易《自宾客迁太子少傅分司》:“勿谓身未贵,金章照紫袍。”韦庄《观浙西府相畋游》:“紫袍日照金鹅斗,红旆风吹画虎狞。”

【紫袍金帶】 紫色朝服,金饰印绶。古代高官的朝服。归处讷《代村妇咏边将》:“紫袍金带不须夸,动便经年镇海涯。”

【紫書】 ❶道经。卢照邻《羁卧山中》:“紫书常日阅,丹药几年成。”李白《赠嵩山焦炼师》:“紫书倘可传,铭骨誓相学。”顾况《梁广画花歌》:“紫书分付与青鸟,却向人间求好花。”卢士衡《游灵溪观》:“樵翁接引寻红术,道士留连说紫书。”❷帝王的诏书。钱起《和万年成少府寓直》:“明朝紫书下,应问长卿才。”又《送丁著作佐台郡》:“佐郡紫书下,过门朱绶新。”又《送符别驾还郡》:“骥足骎骎吴越关,屏星复与紫书还。”

【紫菱】 菱角。白居易《池上篇》:“灵鹤怪石,紫菱白莲,皆吾所好,尽在吾前。”温庭筠《兰塘词》:“露凝荷卷珠净圆,紫菱刺短浮根缠。”钱珝《江行无题一百韵》之七七:“落花惟待月,一钓紫菱湾。”

【紫菂】 紫色的莲子。李绅《忆东湖》:“鱼惊翠羽金鳞跃,莲脱红衣紫菂摧。”又《重台莲》:“绿荷舒卷凉风晓,红萼开萦紫菂重。”

【紫菊】 紫色菊花。罗隐《经耒阳杜工部墓》:“紫菊馨香覆楚醪,奠君江畔雨萧骚。”韦庄《闽中秋思》:“雨匀紫菊丛丛色,风弄红蕉叶叶声。”又《和郑拾遗秋日感事一百韵》:“帆外青枫老,尊前紫菊芳。”南唐后主李煜《谢新恩》词之六:“茱萸花堕,紫菊气,飘庭户,烟笼细细。”

【紫梅】 紫色梅花。王维《早春行》:“紫梅发初遍,黄鸟歌犹涩。”

【紫掖】 即中书省。张籍《春日李舍人宅见两省诸公唱和因书情即事》:“紫掖发章句,青闱更咏歌。”

【紫虛】 天空。因云霞映日而天空呈紫色,故名。宋之问《奉和幸韦嗣立山庄侍宴应制》:“云罕明丹壑,霜笳彻紫虚。”李峤《奉和幸韦嗣立山庄侍宴应制》:“石磴平黄陆,烟楼半紫虚。”

【紫崖】 紫色山崖。杜甫《雨四首》之一:“紫崖奔处黑,白鸟去边明。”

【紫梨】 指梨子。亦指梨树。李颀《送裴腾》:“香露团百草,紫梨分万株。”卢纶《晚次新丰北野老家书事呈赠韩质明府》:“数派清泉黄菊盛,一林寒露紫梨繁。”喻凫《绝句》:“银地无尘金菊开,紫梨红枣堕莓苔。”曹唐《小游仙诗九十八首》之八:“紫梨烂尽无人吃,何事韩君去不归。”

【紫笛】 截取紫竹制成的笛子。郑嵎《津阳门诗》:“三郎紫笛弄烟月,怨如别鹤呼羁雌。”

【紫毫】 紫色的兔毛。亦借指用以制成的笔。白居易《新乐府·紫毫笔》:“紫毫笔,尖如锥兮利如刀。”刘沧《及第后宴曲江》:“紫毫粉壁题仙籍,柳色箫声拂御楼。”陆龟蒙《秋日遣怀十六韵寄道侣》:“冠敧玄发少,书健紫毫尖。”吴融《赠䛒光上人草书歌》:“江南有僧名䛒光,紫毫一管能颠狂。”

【紫清】 天上。谓神仙居处。李白《春日行》:“深宫高楼入紫清,金作蛟龙盘绣楹。”又《侍从宜春苑奉诏赋龙池柳色初青听新莺百啭歌》:“是时君王在镐京,五云垂晖耀紫清。”张祜《笛》:“紫清人一管,吹在月堂中。”吴筠《步虚词十首》之二:“逸辔登紫清,乘光迈奔电。”

【紫紱】 贵官系印用的紫色细绳。岑参《玉门关盖将军歌》:“紫绂金章左右趋,问著只是苍头奴。”皇甫冉《送袁郎中破贼北归》:“优诏亲贤时独稀,中途紫绂换征衣。”清昼、潘述《讲德联句》:“紫绂载绥,金章陆离。”

【紫参】 (一shēn)中药名。参之一种。见汉史游《急就篇》。钱起《紫参歌》序:“紫参,幽芳也,五葩连萼,状飞禽羽举,俗名之五鸟花。”

【紫琳】 紫色美玉。皮日休《太湖诗·入林屋洞》:“刻之以紫琳,秘之以丹琼。”

【紫萼】 紫色花萼。令狐楚《赴东都别牡丹》:“十年不见小庭花,紫萼临开又别家。”李绅《早梅桥》:“早梅花,满枝发,东风报春春未彻,紫萼迎风玉珠裂。”

【紫葛】 即葛藤。王昌龄《斋心》:“紫葛蔓黄花,娟娟寒露中。”

【紫蒂】 紫色花蒂或果蒂。杜牧《长安杂题长句六首》之三:“少年羁络青纹玉,游女花簪紫蒂桃。”徐铉《奉和御制茱萸》:“柔条细叶妆冶好,紫蒂红芳点缀匀。”

【紫極】 ❶星名。借指帝王的宫殿。见《文选·潘岳〈西征赋〉》。王翰《飞燕篇》:“已见白虹横紫极,复闻飞燕啄皇孙。”杜甫《惜别行送向卿进奉端午御衣之上都》:“麒麟图画鸿雁行,紫极出入黄金印。”李华《杂诗六首》之六:“相旋如疾风,并命趋紫极。”❷道教指天上仙人所居。吴筠《游仙二十四首》之十六:“高升紫极上,宴此玄都岑。”李沇《醮词》:“方与清华宫,重正紫极位。”亦泛指天空。则天皇后《唐享昊天乐》之二:“瞻紫极,望玄穹。”❸舞乐名。太清宫乐章。《郊庙歌辞·太清宫乐章》有《紫极舞》。韩愈《奉和杜相公太清宫纪事陈诚上李相公十六韵》:“紫极观忘倦,青词奏不哗。”

【紫極宮】 唐代重道教,尊奉老子为玄元皇帝,玄宗时两京(长安和洛阳)及诸州建玄元皇帝庙。在京师者号玄元宫,在诸州者称紫极宫。李白有《寻阳紫极宫感秋作》。羊士谔有《上元日紫极宫门观州民然灯张乐》。李群玉有《紫极宫斋后》。吕岩有《题诗紫极宫》。

【紫雲】 ❶紫色云。古人视为祥瑞之兆。李峤《奉和拜洛应制》："周旗黄鸟集，汉幄紫云回。"李白《古风》之三六："东海沉碧水，西关乘紫云。"陆龟蒙《润卿遗青䭀饭兼之一绝聊用答谢》："自笑镜中无骨录，可能飞上紫云端。"杜荀鹤《依韵次同年张曙先辈见寄之什》："笑蹑紫云金作阙，梦抛尘世铁为船。"❷借指紫石砚。李贺《杨生青花紫石砚歌》："端州石工巧如神，踏天磨刀割紫云。"

【紫雲山】 山名。在今四川江油市。李白《题嵩山逸人元丹丘山居》："家本紫云山，道风未沦落。"

【紫雲英】 牡丹花名。元稹《西明寺牡丹》："花向琉璃地上生，光风炫转紫云英。"

【紫雲樓】 亭馆名。在长安（今陕西西安市）曲江池畔。杜牧《长安杂题长句六首》之六："白鹿原头回猎骑，紫云楼下醉江花。"。杨玢《登慈恩寺塔》："紫云楼下曲江平，鸦噪残阳麦陇青。"

【紫雲閣】 观阁名。借指朝廷。李商隐《送从翁从东川弘农尚书幕》："心悬紫云阁，梦断赤城标。"

【紫雲觀】 （觀 guàn）道观名。在今浙江义乌市。骆宾王有《于紫云观赠道士》。

【紫筍】 名茶名。张文规《湖州贡焙新茶》："牡丹花笑金钿动，传奏吴兴紫笋来。"白居易《题周皓大夫新亭子二十二韵》："茶香飘紫笋，脍缕落红鳞。"薛能《西县途中二十韵》："焰樵烹紫笋，腰簟憩乌纱。"郑谷《寄献湖州从叔员外》："茶香紫笋露，洲迥白蘋风。"

【紫筆】 即紫毫，紫色兔毛做的笔。李绅《赠毛仙翁》："紫笔亲教书姓名，玉皇诏刻青金简。"

【紫貂裘】 用紫貂毛皮制成的裘袍。郑锡《邯郸少年行》："霞鞍金口骝，豹袖紫貂裘。"

【紫詔】 见"紫泥詔"。

【紫遊韁】 用紫丝做的缰绳。岑参《送张献心充副使归河西杂句》："玉瓶素蚁腊酒香，金鞭白马紫游缰。"杜甫《送重表侄王砅评事使南海》："左牵紫游缰，飞走使我高。"刘禹锡《秘书崔少监见示坠马长句因而和之》："尘污腰间青襞绶，风飘掌下紫游缰。"

【紫陽】 ❶指道观或神仙洞府。李益《长社窦明府宅夜送王屋道士常究子》："暮与双凫宿，云车下紫阳。"皇甫冉《又送陆潜夫茅山寻友》："谁作招寻侣，清斋宿紫阳。"许浑《亡题》："商岭采芝寻四老，紫阳收术访三茅。"❷道家神仙喜以紫阳为称号，故用以泛称道士。李白《题随州紫阳先生壁》："复闻紫阳客，早署丹台名。"李康成《玉华仙子歌》："紫阳仙子名玉华，珠盘承露饵丹砂。"戎昱《开元观陪杜大夫中元日观乐》："舞态疑回紫阳女，歌声似遏彩云仙。"吴筠《游仙二十四首》之十五："招携紫阳友，合宴玉清台。"

【紫陽花】 花名。白居易《紫阳花》："虽在人间人不识，与君名作紫阳花。"

【紫陽君】 古代传说中的神仙常以紫阳为称号，故以"紫阳君"泛指仙人。熊孺登《赠侯山人》："一见清容惬素闻，有人传是紫阳君。"马戴《中秋夜坐有怀》："心悬赤城峤，志向紫阳君。"张贲《酬袭美先见寄倒来韵》："酒后只得沧海客，香前唯见紫阳君。"李中《游北山洞神宫》："闷见尘中光景促，仙乡来礼紫阳君。"

【紫陽洞】 神仙洞府。白居易《履道新居二十韵》："疑连紫阳洞，似到白蘋洲。"卢士衡有《再游紫阳洞重题小松》。

【紫陽宫】 仙宫。张继《上清词》："紫阳宫女捧丹砂，王母令过汉帝家。"贾岛《题戴胜》："星点花冠道士衣，紫阳宫女化身飞。"纥干著《古仙词》："不向人间恋春色，桃花自满紫阳宫。"

【紫陽真人】 泛称神仙。李白《忆旧游寄谯郡元参军》："紫阳之真人，邀我吹玉笙。"符载《题李八百洞》："后世何人来飞昇，紫阳真人李八百。"

【紫陽觀】 （觀 guàn）道观名。在今江苏句容市茅山。刘长卿有《自紫阳观至华阳洞侯尊师草堂简同游李延年》。许铉有《题紫阳观》。

【紫絲竹】 指马鞭。李贺《送沈亚之歌》："紫丝竹断骢马小，家住钱塘东复东。"

【紫蓋】 ❶紫色车盖，天子仪仗之一。借指天子车驾。韦庄《秦妇吟》："适逢紫盖去蒙尘，已见白旗来匝地。"亦指仙人仪仗。无名氏《汤周山》："锦云张紫盖，琴溜泻鸣泉。"❷山名。即紫盖峰。杜甫《哭韦大夫之晋》："台阁黄图里，簪裾紫盖边。"又《望岳》："紫盖独不朝，争长嶫相望。"韩愈《谒衡岳庙遂宿岳寺题门楼》："紫盖连延接天柱，石廪腾掷堆祝融。"吕温《奉敕祭南岳十四韵》："致斋紫盖下，宿设祝融侧。"

【紫蓋山】 在今湖北当阳市境。孟浩然有《陪张丞相祠紫盖山途经玉泉寺》。

【紫蓋峯】 在今湖南衡山县西北。衡山七十峰之一。骆宾王《军中行路难》之一："途危紫盖峰，路涩青泥坂。"

【紫蒲】 紫色的新蒲。李贺《昌谷诗》："大带委黄葛，紫蒲交狭涘。"许浑《夜归丁卯桥村舍》："紫蒲低水槛，红叶半江船。"黄滔《贻宋评事》："时说三吴欲归处，绿波洲渚紫蒲丛。"

【紫禁】 古常以紫微垣喻皇帝居处，因以"紫禁"称宫禁。宋之问《苑中遇雪应制》："紫禁仙舆诘旦来，青旂遥倚望春台。"戴叔伦《宫词》："紫禁迢迢宫漏鸣，夜深无语独含情。"刘言史《乐府杂词三首》之一："紫禁梨花飞雪毛，春风丝管翠楼高。"温庭筠《送李亿东归》："黄山远隔秦树，紫禁斜通渭城。"

【紫電】 ❶紫色的闪电。贯休《夏雨登干霄亭上宋使君》之一:"归庙片云衔紫电,立查双鹤唳仙风。"❷紫色光芒。李白《登广武古战场怀古》:"项王气盖世,紫电明双瞳。"❸祥瑞之光。贯休《寿春节进大蜀皇帝五首》之二:"异香滴露降纷纷,紫电环枢照禁门。"

【紫微】 ❶即紫微垣。星官名。见《晋书·天文志上》。李峤《宝剑篇》:"东皇提升紫微座,西皇佩下赤城田。"李白《古风》之二:"蟾蜍入紫微,大明夷朝辉。"杜甫《题衡山县文宣王庙新学堂呈陆宰》:"旄头彗紫微,无复俎豆事。"白居易《醉送李协律赴湖南辟命因寄沈八中丞》:"紫微星北承恩去,青草湖南称意无。"❷指帝王宫殿。李白《宫中行乐词八首》之一:"小小生金屋,盈盈在紫微。"耿湋《早朝》:"钟鼓余声里,千官向紫微。"刘商《送杨闲侍御拜命赴上都》:"贺客移星使,丝纶出紫微。"李频《赠泾州王侍御》:"一旦天书下紫微,三年旌旆陇云飞。"❸亦作"紫薇"。唐开元中改中书省为紫微省,中书舍人为紫微舍人。李嘉祐《和张舍人中书宿直》:"汉主留才子,春城直紫微。"刘禹锡《和白侍郎送令狐相公镇太原》:"边庭自此无烽火,拥节还来坐紫微。"白居易《紫薇花》:"紫薇花对紫微翁,名目虽同貌不同。"杜牧《赠别宣州崔群相公》:"衰散相逢洛水边,却思同在紫薇天。"❹天帝居处。天有四极,北方曰北极,为道家所称四极之一,有北极紫微大帝主之,综御万星,道家称北极紫微大帝为万星帝主。亦泛称神仙洞府。王维《双黄鹄歌送别》:"不得已,忽分飞,家在玉京朝紫微,主人临水送将归。"韦渠牟《步虚词十九首》之五:"一朝骑白虎,直上紫微天。"吕岩《七言》之二十:"何时再控青鸾,又掉金鞭入紫微。"孙光宪《女冠子》词之一:"品流巫峡外,名籍紫微中。"

【紫微山】 在今浙江定海县境。章孝标有《题紫微山上方》。

【紫微侍郎】 即中书侍郎。丁仙芝《赠朱中书》:"紫微侍郎白虎殿,出入通籍回天眷。"

【紫微垣】 星官名。见《晋书·天文志上》。元稹《楚歌十首》之五:"何如晋夷甫,坐占紫微垣。"和凝《宫词百首》之三二:"宫庭皆应紫微垣,壮丽宸居显至尊。"

【紫微宫】 即紫微垣。借指皇帝常居之宫殿。王建《宫词一百首》之十三:"秘殿清斋刻漏长,紫微宫女夜焚香。"徐铉《亚元舍人不替深知猥贻佳作三篇清绝不敢轻酬一笑耳》:"怀铅昼坐紫微宫,焚香夜直明光殿。"

【紫微郎】 亦作"紫薇郎"。唐代中书舍人的别称。褚朝阳《奉上徐中书》:"中禁仙池越凤凰,池边词客紫薇郎。"张籍《新除水曹郎答白舍人见贺》:"最幸紫薇郎见爱,独称官与古人同。"白居易《紫薇花》:"独坐黄昏谁是伴,紫薇花对紫微郎。"黄滔《喜侯喜舍人蜀中新命三首》之二:"锦里幸为丹凤阙,幕宾征出紫微郎。"

【紫鳳】 传说中的神鸟。亦指衣服上的凤鸟花纹。王昌龄《萧驸马宅花烛》:"青鸾飞入合欢宫,紫凤衔花出禁中。"杜甫《北征》:"天吴及紫凤,颠倒在裋褐。"司空曙《送王尊师归湖州》:"烟芜满洞青山绕,幢节飘空紫凤飞。"吴融《赠李长史歌》:"紫凤将雏叫山月,玄兔丧子啼江春。"

【紫鳳車】 仙车。张籍《同严给事闻唐昌观玉蕊近有仙过因成绝句二首》之二:"九色云中紫凤车,寻仙来到洞仙家。"

【紫鳳垣】 指中书省。韦元旦《早朝》:"北倚苍龙阙,西临紫凤垣。"

【紫煙】 紫色云气。李峤《奉和天枢成宴夷夏群僚应制》:"灼灼临黄道,迢迢入紫烟。"李白《奉饯高尊师如贵道士传道箓毕归北海》:"别杖留青竹,行歌蹑紫烟。"刘言史《赠成炼师四首》之一:"花冠蕊帔色婵娟,一曲清箫凌紫烟。"徐铉《步虚词五首》之四:"蔽景乘朱凤,排虚驾紫烟。"亦指紫色的火苗。李白《秋浦歌十七首》之十四:"炉火照天地,红星乱紫烟。"

【紫塞】 北方边塞。见晋崔豹《古今注·都邑》。卢照邻《战城南》:"将军出紫塞,冒顿在乌贪。"杜甫《官池春雁二首》之二:"青春欲尽急还乡,紫塞宁论尚有霜。"许浑《吴门送振武李从事》:"胡马近秋侵紫塞,吴帆乘月下清江。"于渍《塞下曲》:"紫塞晓屯兵,黄沙披甲卧。"

【紫殿】 帝王宫殿。李峤《帘》:"清风时入燕,紫殿几含秋。"岑参《佐郡思旧游》:"幸得趋紫殿,却忆侍丹墀。"姚合《和高谏议蒙兼宾客时入翰苑》:"紫殿讲筵邻御座,青宫宾榻入龙楼。"徐夤《宋二首》之二:"岂知紫殿新天子,只是丹徒旧啬夫。"

【紫臺】 犹紫宫。指帝王所居。王维《过始皇墓》:"古墓成苍岭,幽宫象紫台。"杜甫《咏怀古迹五首》之三:"一去紫台连朔漠,独留青冢向黄昏。"钱起《送张中丞赴桂州》:"紫台初下诏,皂盖始专城。"李商隐《泪》:"人去紫台秋入塞,兵残楚帐夜闻歌。"

【紫蓴】 即莼菜。花暗红色,嫩叶可作汤菜。韦庄《雨霁池上作呈侯学士》:"正是如今江上好,白鳞红稻紫莼羹。"廖融《题伍彬屋壁》:"圆塘绿水平,鱼跃紫莼生。"

【紫蝶】 紫蝴蝶。李商隐《闺情》:"红露花房白蜜脾,黄蜂紫蝶两参差。"又《二月二日》:"花须柳眼各无赖,紫蝶黄蜂俱有情。"

【紫蝦】 红色的虾。唐彦谦《夏日访友》:"春盘擘紫虾,冰鲤斫银脍。"又《索虾》:"姑孰多紫虾,独有湖阳优。"

【紫魴】 鳊鱼。韦庄《山墅闲题》:"主人馔饷炊红黍,邻父携竿钓紫鲂。"

【紫漢】 紫霄，天空。武平一《侍宴安乐公主新宅应制》："紫汉秦楼敞，黄山鲁馆开。"

【紫綬】 ❶紫色丝带。古代贵官作印组，或作服饰。王昌龄《青楼曲二首》之二："金章紫绶千余骑，夫婿朝回初拜侯。"白居易《题新涧亭兼酬寄朝中亲故见赠》："金章紫绶辞腰去，白石清泉就眼来。"薛逢《送西川杜司空赴镇》："黑眉玄发尚依然，紫绶金章五十年。"李洞《和刘驾博士赠庄严律禅师》："人言紫绶有光辉，不二心观似草衣。"❷即紫薇。刘禹锡《和令狐相公郡斋对紫薇花》："明丽碧天霞，丰茸紫绶花。"

【紫綺】 紫色的有花纹的丝织品。李白《东山吟》："酣来自作青海舞，秋风吹落紫绮冠。"又《金陵江上遇蓬池隐青》："解我紫绮裘，且换金陵酒。"韦庄《李氏小池亭十二韵》："古柳红绡织，新篁紫绮缄。"

【紫閣】 ❶金碧辉煌的殿阁。多指帝居。杨贲《时兴》："平明登紫阁，日晏下彤闱。"李岑《玄元皇帝应见贺圣祚无疆》："祥光浮紫阁，喜气绕皇轩。"王涯《汉苑行》："蓬莱殿后花如锦，紫阁阶前雪未销。"刘义度《感怀诗》："紫阁无心恋，青山有意潜。"❷指仙人或隐士所居。张籍《寄紫阁隐者》："紫阁气沉沉，先生住处深。"于武陵《宿友生林居因怀贾区》："绕屋树森森，多栖紫阁禽。"陆龟蒙《寄怀华阳道士》："醮后几时归紫阁，别来终日诵黄庭。"尚颜《紫阁隐者》："天高紫阁侵，隐者信沉沉。"❸唐代曾改中书省为紫微省，中书令为紫微令，因称宰相府第为紫阁。元稹《酬卢秘书》："梦云期紫阁，厌雨别黄梅。"❹山峰名。即紫阁峰。王维《燕子龛禅师》："上人无生缘，生长居紫阁。"刘禹锡《送宗密上人归南山草堂寺因谒河南尹白侍郎》："东泛沧江寻古迹，西归紫阁出尘喧。"李商隐《五月六日夜忆往岁秋与彻师同宿》："紫阁相逢处，丹岩议宿时。"赵嘏《洛中逢卢郢石归觐》："别后期君处，灵源紫阁秋。"

【紫閣山】 即紫阁峰。白居易有《宿紫阁山北村》。姚合《送贾岛及钟浑》："春风驿路归何处，紫阁山边是草堂。"

【紫閣峯】 终南山山峰名。在今陕西户县东南。杜甫《秋兴八首》之八："昆吾御宿自逶迤，紫阁峰阴入渼陂。"元稹《与吴侍御春游》："苍龙阙下陪骢马，紫阁峰头见白云。"白居易《宿紫阁山北村》："晨游紫阁峰，暮宿山下村。"韩偓《归紫阁下》："一笈携归紫阁峰，马蹄闲慢水溶溶。"

【紫誥】 指诏书。诏书盛之以锦囊，封之以紫泥，故称。苏颋《春晚紫微省直寄内》："内史通宵承紫诰，中人落晚爱红妆。"杜甫《奉和阳城郡王太夫人恩命加邓国太夫人》："紫诰鸾回纸，清朝燕贺人。"钱起《送王使君移镇淮南》："紫诰征黄昏，苍生借寇频。"皮日休《奉和鲁望徐方平后闻赦次韵》："金鸡烟外上临轩，紫诰新垂作解恩。"

【紫翠】 苍翠的色彩。杜牧《早春阁下寓直萧九舍人亦直内署因寄书怀四韵》："千峰横紫翠，双阙凭阑干。"又《题新定八松院小石》："雨滴珠玑碎，苔生紫翠重。"

【紫翠房】 指炼丹房。王绩《游仙四首》之二："上月芝兰径，中岩紫翠房。"

【紫綿】 紫色丝锦。指胭脂扑。李贺《谢秀才有妾缟练改从于人座人制诗嘲谢复继四首》之二："铜镜立青鸾，燕脂拂紫绵。"

【紫髯】 紫色胡须。丁仙芝《戏赠姚侍御》："重门启锁紫髯胡，新披骢马陇西驹。"岑参《卫节度赤骠马歌》："紫髯胡雏金剪刀，平明剪出三鬉高。"刘禹锡《唐侍御寄诗并沈中丞姚员外所和见征继作》："紫髯翼从红袖舞，竹风松雪香温馨。"翁绶《白马》："一夜羽书催转战，紫髯骑出佩骍弓。"

【紫髯將】 （將 jiàng）出《三国志·吴志·吴主传》。后以"紫髯將"指武将。李白《送张遥之寿阳幕府》："投躯紫髯将，千里望风颜。"韩翃《送李中丞赴商州》："当年紫髯将，他日黑头公。"

【紫駝】 赤栗色骆驼。杜甫《丽人行》："紫驼之峰出翠釜，水精之盘行素鳞。"

【紫墀】 殿庭台阶，涂饰以红色，故称。徐晶《赠温驸马汝阳王》："都尉朝青阁，淮王侍紫墀。"李元纮《奉和圣制送张说上集贤学士赐宴》："馔玉趋丹禁，笺花降紫墀。"

【紫蕊】 紫花。特指紫牡丹。李益《牡丹》："紫蕊丛开未到家，却教游客赏繁华。"

【紫蕨】 野菜。李贺《出城别张又新酬李汉》："乡书何所报，紫蕨生石云。"白居易《早夏游平原回》："紫蕨行看采，青梅旋摘尝。"李郢《春日题山家》："依冈寻紫蕨，挽树得青梅。"韦庄《西塞山下作》："爨动晓烟烹紫蕨，露和香蒂摘黄柑。"

【紫霄】 ❶高空。陆敬《巫山高》："巫岫郁岧峣，高高入紫霄。"李绅《海榴亭》："高近紫霄疑菡萏，迥依江月半婵娟。"❷指帝王所居。李白《东武吟》："清切紫霄迥，优游丹禁通。"李逢吉《奉送李相公重镇襄阳》："望留丹阙下，恩在紫霄间。"亦指仙人所居。李绅《南梁行》："行尽杳冥青嶂外，九重钟漏紫霄间。"鲍溶《萧史图歌》："此天每在西北上，紫霄洞客晓烟望。"❸山峰名。即庐山紫霄峰。杨衡《登紫霄峰赠黄仙师》："紫霄不可涉，灵峰信穹崇。"齐己《再游匡山》："紫霄兼二老，相对倚空寒。"

【紫霄峯】 庐山山峰名。白居易《朱藤谣》："吾本两足，得尔为三，紫霄峰头，黄石岩下，松门石磴，不通舆马，吾与尔披云拨水，环山绕野。"许浑《元处士自洛归宛陵山居见示詹事相公饯行之什因赠》:“紫霄峰下绝韦编,旧隐相如结袜前。”李咸用《和人游东林》:“始欲共君重怅望,紫霄峰外日沉沉。”

【紫霄嶺】 泛称高山。鲍溶《得僧书》:“身归紫霄岭,书下白云来。”

【紫锦囊】 用紫色锦制成的袋子。用以藏诗稿或机密文件。见《汉武内传》。杨嗣复《赠毛仙翁》:“王母亲缝紫锦囊,令向怀中藏秘诀。”

【紫褥】 紫罴文褥。见晋王嘉《拾遗记》。李峤《熊》:“莫言舒紫褥,犹异饮清泉。”

【紫關】 指函谷关。郑愔《折杨柳》:“青柳映红颜,黄云蔽紫关。”钱起《奉和圣制登朝元阁》:“山通玉苑迥,河抱紫关明。”

【紫薇】 ❶花木名。白居易《紫薇花》:“紫薇花对紫微翁,名目虽同貌不同。”郑畋《中秋月直禁苑》:“幽襟聊自适,闲弄紫薇花。”韩偓《甲子岁夏五月赋诗四韵聊寄知心》:“职在内庭宫阙下,厅前皆种紫薇花。”❷见“紫微❸”。

【紫薇郎】 见“紫微郎”。

【紫機】 朝廷机要部门。苏颋《奉和崔尚书赠大理陆卿鸿胪刘卿见示之作》:“吏部端清鉴,丞郎肃紫机。”

【紫燕】 ❶古代骏马名。见《西京杂记》。后泛称骏马。卢照邻《长安古意》:“专权意气本豪雄,青虬紫燕坐春风。”李峤《马》:“苍龙遥逐日,紫燕迥追风。”李白《天马歌》:“回头笑紫燕,但觉尔辈愚。”杜甫《暮秋枉裴道州手札率尔遣兴寄近呈苏涣侍御》:“军符侯印取岂迟,紫燕騄耳行甚速。”❷燕名。亦称越燕,体小多声,颔下紫色。顾况《悲歌》之二:“紫燕西飞欲寄书,白云何处逢来客。”陆龟蒙《寄茅山何道士》:“紫燕长巢硐,青龟忽上莲。”韩偓《御制春游长句》:“黄莺历历啼红树,紫燕关关语画梁。”刘元叔《妾薄命》:“阳春白日照空暖,紫燕衔花向庭满。”❸指赵飞燕。李贺《贵主征行乐》:“中军留醉河阳城,娇嘶紫燕踏花行。”

【紫燕釵】 紫燕状钗子。李郢《张郎中宅戏赠二首》之一:“薄雪燕蓊紫燕钗,钗垂簏簌抱香怀。”

【紫翰】 用紫色羽毛做的笔。李观《试中和节诏赐公卿尺诗》:“紫翰宣殊造,丹诚厉匪躬。”

【紫錢】 指苔藓。李贺《过华清宫》:“云生朱络暗,石断紫钱斜。”

【紫徼】 犹紫塞。指长城。李峤《道》:“紫徼三千里,青楼十二重。”

【紫膩】 肴馔名。或谓酒名。李贺《送秦光禄北征》:“清苏和碎蚁,紫腻卷浮杯。”

【紫談】 见“紫焰”。

【紫鴛鴦】 ❶即鸳鸯,其色多紫,故名。徐延寿《南州行》:“河头浣衣处,无数紫鸳鸯。”李白《古风》之一八:“七十紫鸳鸯,双双戏庭幽。”❷疑为曲名。李白《代别情人》:“风吹绿琴去,曲度紫鸳鸯。”

【紫焰】 亦作“紫談”。谓紫色光芒。杜甫《天育骠骑歌》:“毛为绿缥两耳黄,眼有紫談双瞳方。”谭用之《古剑》:“铸时天匠待英豪,紫焰寒星匣倍牢。”

【紫閣】 天门。沈佺期《送金城公主适西蕃应制》:“金榜扶丹掖,银河属紫阁。”

【紫騂】 良马名。见三国魏曹植《献文帝马表》。李德裕《寒食日三殿侍宴奉进诗一首》:“鸣笳朱鹭起,叠鼓紫骍豪。”

【紫檉】 柽柳。马戴《题庐山寺》:“鼠惊樵客缘苍壁,猿戏山头撼紫柽。”

【紫檢】 紫色的种皮。骆宾王《代女道士王灵妃赠道士李荣》:“灵芝紫检参差长,仙桂丹花重叠开。”

【紫檀】 木名。为名贵木材,可作家具、乐器和美术品。孟浩然《凉州词》:“浑成紫檀金屑文,作得琵琶声入云。”张籍《宫词》:“黄金捍拨紫檀槽,弦索初张调更高。”王仁裕《荆南席上咏胡琴妓二首》之一:“红妆齐抱紫檀槽,一抹朱弦四十条。”曹松《青龙寺赠云颢法师》:“紫檀衣且香,春殿日尤长。”

【紫霞】 紫色云霞。道家谓神仙乘紫霞而行。李白《古风》之二九:“至人洞玄象,高举凌紫霞。”韦应物《萼绿华歌》:“有一人兮升紫霞,书名玉牒兮萼绿华。”张仲方《赠毛仙翁》:“紫霞妖女琼华飞,秘法虔心传付与。”李群玉《升仙操》:“丛簧发天弄,轻举紫霞中。”

【紫藟】 紫藤。贾至《君山》:“湘中老人读黄老,手援紫藟坐碧草。”裴说《游洞庭湖》:“露寒紫藟结新愁,城角泣断关河秋。”

【紫藤】 木名。蔓生木本,茎缠绕他物,花紫色蝶形,可供观赏。杜审言《都尉山亭》:“紫藤萦葛藟,绿刺罥蔷薇。”杨巨源《和杜中丞西禅院看花》:“幽含晚态怜丹桂,盛续春光识紫藤。”白居易《秦中吟十首·伤宅》:“绕廊紫藤架,夹砌红药栏。”李德裕《忆平泉杂咏·忆新藤》:“遥闻碧潭上,春晚紫藤开。”

【紫闕】 帝宫。李白《灞陵行送别》:“古道连绵走西京,紫阙落日浮云生。”

【紫簫】 即紫玉箫。杜牧《杜秋娘诗》:“金阶露新重,闲捻紫箫吹。”皮日休《病孔雀》:“强听紫箫如欲舞,困眠红树似依屏。”罗隐《金陵思古》:“高洞紫箫吹梦想,小窗残雨湿精魂。”薛照蕴《小重山》词之一:“春到长门春草青,玉阶华露滴、月胧明,东风吹断紫箫声。”

【紫羅】 紫色绮罗。钱起《早夏》:“鹂黄好鸟摇深树,细白佳人著紫罗。”薛能《吴姬十首》之九:“冠剪黄绡帔紫罗,薄施铅粉画青娥。”罗邺《鸡冠花》:“晓景乍看何处似,谢家新染紫罗裳。”花蕊夫人徐氏《宫词》之一四八："御前新赐紫罗襦，步步金阶上软舆。"

【紫羅筆】 盛以紫罗囊之笔。顾况《剡纸歌》："手把山中紫罗笔，思量点画龙蛇出。"

【紫羅囊】 用紫罗缝制的香囊。见《晋书·谢玄传》。杜甫《又示宗武》："试吟青玉案，莫羡紫罗囊。"刘禹锡《酬郑州权舍人见寄十二韵》："学堂青玉案，彩服紫罗囊。"吴融《薛舍人见征恩赐并二十八字同寄》："往岁知君侍武皇，今来何用紫罗囊。"

【紫蟹】 即螃蟹。杜牧《新转南曹未叙朝散书此篇以自见志》："越浦黄柑嫩，吴溪紫蟹肥。"罗隐《东归》："盈盘紫蟹千卮酒，添得临歧泪满巾。"

【紫騮】 古骏马名。亦泛称骏马。郑愔《送金城公主适西蕃应制》："贵主悲黄鹤，征人怨紫骝。"耿湋《入塞曲》："暮烽玄兔急，秋草紫骝肥。"白居易《想东游五十韵》："驿舫妆青雀，官槽秣紫骝。"马戴《关山曲二首》之一："金甲耀兜鍪，黄金拂紫骝。"

【紫蘭】 兰花。高峤《晦日重宴》："紫兰方出径，黄莺未啭枝。"钱起《闲居寄包何》："佳期碧天末，惆怅紫兰芳。"李商隐《药转》："露气暗连青桂苑，风声偏猎紫兰丛。"

【紫闥】 宫廷。李白《古风》之三七："浮云蔽紫闼，白日难回光。"韦庄《和郑拾遗秋日感事一百韵》："紫闼重开序，青衿再设庠。"

【紫躑躅】 紫红色的杜鹃花。元稹《紫踯躅》："紫踯躅，灭紫拢裙倚山腹。"

【紫囊】 紫罗香囊。卢纶《酬赵少尹戏示诸侄元阳等因以见赠》："归时每爱怀朱橘，戏处常闻佩紫囊。"参见"紫羅囊"。

【紫巖】 紫色山崖。多指隐者所居。王绩《古意六首》之一："幽人在何所，紫岩有仙躅。"卢鸿一《嵩山十志十首·樾馆》："紫岩隈兮青溪侧，云松烟茑兮千古色。"席豫《江行纪事二首》之二："猿攀紫岩饮，鸟拂清潭飞。"唐彦谦有《舟中望紫岩》。

【紫邏】 山名。在今河南汝阳县东。相传山口乃大禹所凿，导汝水自东出。杜甫《送贾阁老出汝州》："宫殿青门隔，云山紫逻深。"司马扎有《送进士苗纵归紫逻山居》。李群玉有《送于少监自广州还紫逻》。

【紫籜】 紫色笋壳。白居易《食笋》："紫箨坼故锦，素肌擘新玉。"崔行检《句》："紫箨粉成应渐密，白云岑起未全高。"

【紫蠟】 红烛。亦指红烛状物。白居易《玩半开花赠皇甫郎中》："紫蜡粘为蒂，红苏点作蕤。"韩偓《无题》："紫蜡融花蒂，红绵拭镜尘。"

【紫鱗】 鱼。许敬宗《奉和宴中山应制》："塞门朱雁入，郊薮紫鳞游。"岑参《陪群公龙冈寺泛舟》："紫鳞掣芳饵，红烛然金盘。"白居易《李卢二中丞各创山居偶题十五韵戏二君》："绕砌紫鳞游，拂帘白鸟起。"方干《题陶详校书阳羡隐居》："竿底紫鳞输钓伴，花边白犬吠流莺。"

【紫纓】 紫色帽带。用以系冠，亦用以套马。张说《蜀路二首》之二："秦京开朱第，魏阙垂紫缨。"阎德隐《薛王花烛行》："王子仙车下凤台，紫缨金勒驭龙媒。"

【紫蠚】 即石劫。亦作"石蛣"，一种介壳类动物。见南朝梁江淹《石劫赋》序。皮日休《吴中书事寄汉南裴尚书》："万家无事锁兰桡，乡味腥多厌紫蠚。"

【紫鸞】 传说中的神鸟，凤凰之属。李商隐《海上谣》："紫鸾不肯舞，满翅蓬山雪。"刘损《愤惋诗三首》之一："得意紫鸾休舞镜，断踪青鸟罢衔笺。"曹唐《汉武帝将候西王母下降》："歌听紫鸾犹缥缈，语来青鸟许从容。"

絏 〔xiè《集韵》私列切，入薛，心。〕同"绁"。❶补缀。王勃《倬彼我系》之六："于嗟代网，卒余来绁。"❷束缚。顾况《露青竹杖歌》："江海贱臣不拘绁，垂窗挂影西窗缺。"元稹《谕宝二首》之二："大鹏无长空，举翮受羁绁。"

絪 〔yīn《广韵》於真切，平真，影。〕❶见"絪縕。"❷通"茵"。褥垫。孟郊《游枋口》之二："澄幽出所怪，闪异坐微絪。"

【絪縕】 ❶古代指天地阴阳二气交互作用的状态。见《易·繫辞下》。孟郊《秋怀》之五："袅袅一线命，徒言系絪缊。"❷云烟弥漫、气氛浓盛貌。钱起《画鹤篇》："文昌宫近芙蓉阙，兰室絪缊香且结。"温庭筠《觱篥歌》："情远气调兰蕙薰，天香瑞彩含絪缊。"司空图《诗品二十四则·飘逸》："高人画中，令色絪缊。"❸众多貌。李纾《让皇帝庙乐章·送神》："风摇雨散，灵卫絪缊。"孟郊《秋怀》之十五："所以詈更生，至今横絪缊。"❹流布，杨巨源《春日奉献圣寿无疆词十首》之三："化入絪缊大，恩垂涣汗余。"

絍 同"纴"。

絛 〔tāo《广韵》土刀切，平豪，透。〕丝绳；丝带。亦指用于衣服饰物等的绳带。杜甫《荆南兵马使太常卿赵公大食刀歌》："苍水使者扪赤绦，龙伯国人罢钓鳌。"李德裕《述梦四十韵》："扇回交彩翟，雕起飏银绦。"崔铉《咏架上鹰》："万里碧霄终一去，不知谁是解绦人。"李洞《送曹郎中南归时南中用军》："系绦轻象笏，买布接蛮船。"

【絛索】 丝绳。顾况《李供奉弹箜篌歌》："国府乐手弹箜篌，赤黄条索金镨头。"

【絛鏇】 系鸟的绳和环。杜甫《画鹰》："绦镟光堪擿，轩楹势可呼。"

【絛繩】 丝带。徐凝《回施先辈见寄新诗二首》之一:“九幽仙子西山卷,读了绦绳系又开。”

綖 〔xiàn《集韵》私箭切,去綫,心。〕同“缐”。独孤及《初晴抱琴登马退山对酒望远醉后作》:“沧江大如綖,隐映人远天。”皮日休《鲁望昨以五百言见贻因成一千言上述吾唐文物之盛次叙相得之欢亦迭和之微旨也》:“其中有拟者,不绝当如綖。”

給 〔jǐ《广韵》居立切,入緝,見。〕❶丰足;充裕。玄宗《端午三殿宴群臣探得神字》序:“勤贪日给,忧忘心劳,闻蝉声而悟物变,见槿花而惊候改。”引申为满足。李贺《感讽五首》之一:“足知造化力,不给使君须。”❷供应;供养。高适《东平路中遇大水》:“仓廪终尔给,田租应罢收。”白居易《赠诸少年》:“官给俸钱天与寿,些些贫病奈吾何。”郑嵎《津阳门诗》:“大开内府恣供给,玉缶金筐银簸箕。”杜荀鹤《赠庐岳隐者》:“结茅遮雨雪,采药给晨昏。”

【給事】 ❶处理事务。韩愈《奉酬卢给事云夫四兄曲江荷花行见寄并呈上钱七兄阁老张十八助教》:“大明宫中给事归,走马来看立不正。”❷供职。沈佺期《答魑魅代书寄家人》:“三春给事省,五载尚书郎。”王维《送韦大夫东京留守》:“给事黄门省,秋光正沉沉。”❸官名。给事中的省称。孙逖有《送李给事归徐州觐省》。杜甫《崔氏东山草堂》:“何为西庄王给事,柴门空闭锁松筠。”韩愈有《奉和虢州刘给事使君三堂新题二十一咏》。广宣有《九月十五日夜宿郑尚书缃东亭望月寄杜给事》。参见“給事中”。

【給事中】 (中 zhōng)官名。秦代设置,为将军、列侯、九卿,以及黄门郎、谒者的加官。唐曾一度改为东台舍人,旋复旧。阎朝隐《侍从途中口号应制》:“一顾侍御史,再顾给事中。”沈佺期《酬杨给事兼赠台中》:“始自尚书省,旋闻给事中。”

【給舍】 给事中和中书舍人的合称。白居易有《初下汉江舟中作寄两省给舍》。

【給孤園】 给孤独园之省称。杜甫《望兜率寺》:“时应清盥罢,随喜给孤园。”参见“給園”。

【給授】 给予。元稹《古社》:“绕坛旧田地,给授有等伦。”

【給喪】 (一 sāng)办理丧事。见《史记·周勃世家》。杜牧《杜秋娘诗》:“给丧蹶张辈,廊庙冠峨危。”

【給復】 免除赋税徭役。韩愈、李正封《晚秋郾城夜会联句》:“诘诛敬王怒,给复哀人瘼。”

【給園】 给孤独园之省称。佛教圣地名。亦泛称佛寺。孟浩然《晚春题远上人南亭》:“给园支遁隐,虚寂养身和。”耿湋《寻觉公因寄李二端司空十四曙》:“云回庐瀑雨,树落给园秋。”

【給諫】 给事中及谏义大夫的合称。韩愈《崔十六少府摄伊阳以诗及书见投因酬三十韵》:“才名三十年,久合居给谏。”

【給苑】 义同“給園”。孟浩然《来阇黎新亭作》:“八解禅林秀,三明给苑才。”

絢 〔xuàn《广韵》許縣切,去霰,曉。〕❶文彩貌,多彩貌。《论语·八佾》:“巧笑倩兮,美目盼兮,素以为绚兮。”许敬宗《奉和登陕州城楼应制》:“锦鳞文碧浪,绣羽绚青空。”储光羲《苏十三瞻登玉泉寺峰入寺中见赠作》:“恨无荆文璧,以答丹青绚。”李德裕《春暮思平泉杂咏二十首·红桂树》:“后素合余绚,如丹见本心。”皮日休《太湖诗·雨中游包山精舍》:“松门亘五里,彩碧高下绚。”❷照耀。沈传师《次潭州酬唐侍御姚员外游道林岳麓寺题示》:“华镳躞蹀绚砂步,大旆彩错辉松门。”

【絢彩】 绚丽的光彩。卢仝《月诗》:“金波绚彩丽初筵,玉晃流辉满大圆。”

【絢練】 迅疾貌。见《文选·颜延之〈赭白马赋〉》。杜甫《送李校书二十六韵》:“时哉高飞燕,绚练新羽翮。”

【絢簡】 谓美丽的诗文。许敬宗《奉和执契静三边应诏》:“充庭延饮至,绚简敷春藻。”

【絢爛】 光彩炫目。无名氏《纪游东观山》:“搏噬千怪聚,绚烂五色光。”

絳 〔jiàng《广韵》古巷切,去絳,見。〕❶深红色。杨巨源《寄赠田仓曹湾》:“身为陋巷客,门有绛辕车。”白居易《新乐府·牡丹芳》:“千片赤英霞烂烂,百枝绛点灯煌煌。”❷古地名,(1)春秋晋国国都。在今山西翼城县东南。岑参《故仆射裴公挽歌三首》之二:“礼容还故绛,宠赠冠新田。”李端《送郭参军赴绛州》:“登车君莫望,故绛柳条春。”丘光庭《补新宫》序:“士芳城绛以深其宫、梁伯沟其公宫,居处之宫也。”(2)指绛州。治所在正平(今山西新绛县)。岑参有《虢州后亭送李判官使赴晋绛》。

【絳人】 绛县老人。刘长卿《奉寄婺州李使君舍人》:“天清婺女出,土厚绛人多。”参见“絳老”。

【絳山】 在今山西新绛县西北。崔湜《秦州薛都督挽词》:“十里绛山幽,千年汾水流。”

【絳市】 谓绛州城,即今山西新绛县。李端《送张少府赴夏县》:“鸡声连绛市,马色傍黄河。”

【絳老】 ❶绛县老人。见《左传·襄公三十年》。后因称长寿者为“绛县老人。”简称“绛老”“绛人”。刘长卿《岁日见新历因寄都官裴郎中》:“绛老更能经几岁,贾生何事又三年。”李端《赠道士》:“懒说岁年齐绛老,甘为乡曲号涪翁。”杨巨源《送绛州卢使君》:“绛老问年须算字,庾公逢月要题诗。”白居易《恻恻吟》:“泥涂绛老头班白，炎瘴灵均面黎黑。”❷指绛地父老。岑参《故仆射裴公挽歌三首》之一：“罢市秦人送，还乡绛老迎。”

【绛州】 治所在正平县(今山西省新绛县)。李白有《洞庭醉后送绛州吕使君果流澧州》。黄滔有《绛州郑尚书》。

【绛英】 红花。韩愈《题张十一旅舍三咏·榴花》：“可怜此地无车马，颠倒青苔落绛英。”李商隐《五言述德抒情诗献上杜七兄仆射相公》：“移席帝细蔓，回桡扑绛英。”

【绛雨】 喻红花。牟融《送羽衣之京》：“香浮宝辇仙风润，花落瑶坛绛雨消。”

【绛服】 赤色之服。古代官服常用绛色。王建《早春病中》：“师教绛服禳衰月，妻许青衣侍病夫。”又《和蒋学士新授章服》：“五色箱中绛服春，笏花成就白鱼新。”

【绛府】 神话中仙人所居之处。吴筠《步虚词十首》之五：“真气溢绛府，自然思无邪。”又《游仙二十四首》之九：“导我升绛府，长驱出天杪。”

【绛河】 即银河。杜审言《七夕》：“白露含明月，青霞断绛河。”钱起《长信怨》：“鸡鹊观前明月度，芙蓉阙下绛河流。”元稹《月三十韵》：“绛河冰鉴朗，黄道玉轮巍。”唐彦谦《七夕》：“绛河浪浅休相隔，沧海波深尚作尘。”

【绛房】 指红花。李商隐《和张秀才落花》：“晴暖感余芳，红苞杂绛房。”

【绛宫】 传说中神仙所居之宫殿。裴漼《奉和御制平胡》：“庙略占黄气，神兵出绛宫。”吴筠《步虚词十首》之四：“帝一集绛宫，流光出丹玄。”

【绛郡】 隋大业初以绛州改置，治所在正平县(今山西新绛县)。唐武德元年(618)复改为绛州。无可《客中闻从兄岛游蒲绛因寄》：“吟待黄河雪，眠听绛郡砧。”贾岛《颂德上贾常侍》：“高节羽书期独传，分符绛郡滞长材。”

【绛雰】 红色云气。阎朝隐《奉和圣制夏日游石淙山》：“金台隐隐陵黄道，玉辇亭亭下绛雰。”

【绛氣】 赤色霞光。刘允济《经庐岳回望江州想洛川有作》：“黄云覆鼎飞，绛气横川跃。”阎朝隐《奉和登骊山应制》：“龙行踏绛气，天半语相闻。”杜甫《谒文公上方》：“石门日色异，绛气横扶疏。”李德裕《临海太守惠予赤城石报以是诗》：“仙岩接绛气，溪路杂桃花。”

【绛旆】 红旗。韦庄《癸丑年下第献新先辈》：“五更残月省墙边，绛旆蜺旌卓晓烟。”又《赠峨嵋山弹琴李处士》：“霓旌绛旆忽相寻，为我尊前横绿绮。”

【绛紗】 ❶红纱。韦应物《萼绿华歌》：“仙容矫矫兮杂瑶佩，轻衣重重兮蒙绛纱。”李贺《恼公》：“符因青鸟送，囊用绛纱缝。”温庭筠《春日雨》：“细雨濛濛入绛纱，湖亭寒食孟珠家。”皮日休《蚊子》：“贫士无绛纱，忍苦卧茅屋。”❷义同“绛帳”。用为对师门讲席之敬称。韩翃《家兄自山南罢归献诗叙事》：“绛纱儒客帐，丹诀羽人篇。”钱起《登刘宾客高斋》：“日陪鲤也趋文苑，谁道门生隔绛纱。”刘禹锡《南海马大夫远示著述辄著微诚再有长句时蔡戎未弭故见于篇末》：“身在绛纱传六艺，腰悬青绶亚三台。”皮日休《吴中言怀寄南海二同年》：“三年谩被鲈鱼累，不得横经侍绛纱。”

【绛紗弟子】 指门生。李商隐《李卫公》：“绛纱弟子音尘绝，鸾镜佳人旧会稀。”参见“绛帳”。

【绛脣】 朱唇;红唇。刘希夷《嵩岳闻笙》：“绛唇吸灵气，玉指调真声。”杜甫《赠王二十四侍御契四十韵》：“石镜通幽魄，琴台隐绛唇。”杜牧《张好好诗》：“绛唇渐轻巧，云步转虚徐。”唐彦谦《绯桃》：“敢问俗态期青眼，似有微词动绛唇。”

【绛雪】 ❶炼丹家丹药名。见《汉武帝内传》。李贺《瑶华乐》：“玄霜绛雪何足云，薰梅染柳将赠君。”孟郊《送萧炼师入四明山》：“绛雪为我饭，白云为我田。”李商隐《清河》：“绛雪除烦后，霜梅取味新。”陆龟蒙《和袭美江南道中怀茅山广文南阳博士三首次韵》之三：“桂父旧歌飞绛雪，桐孙新韵倚玄云。”❷喻红色花朵。赵存约《鸟散余花落》：“彩云飘玉砌，绛雪下仙家。”

【绛帳】 红色帷幕。出《后汉书·马融传》。后以“绛帐”作为师门、讲席之敬称。李端《问张山人疾》：“不见领徒过绛帐，唯闻与婢削丹书。”元稹《奉和荥阳公离筵作》：“南郡生徒辞绛帐，东山妓乐拥油旌。”赵嘏《十无诗寄桂府杨中丞》之四：“马融已贵诸生老，犹自容窥绛帐无。”路德延《感旧诗》：“五字便容趋绛帐，一枝寻许折丹霄。”

【绛帷】 红色帷幕。舒元舆《赠李翱》：“湘江舞罢忽成悲，便脱蛮靴出绛帷。”杜牧《怀钟陵旧游四首》之一：“玉帐军筹罗俊彦，绛帷环佩立神仙。”又《将赴池州道中作》：“投辖暂停留酒客，绛帷斜系满松阴。”

【绛符】 红色符箓。道教以为用此可召神驱鬼。杨衡《赠罗浮易炼师》：“默书绛符遍，晦步斗文成。”

【绛旌】 红色旌旗。旌旗，即铭旌，引导灵柩的魂幡。鲍溶《悲哉行》：“朗朗哭前歌，绛旌引幽魂。”

【绛葉】 红叶。张谔《九日》：“绛叶从朝飞著夜，黄花开日未成旬。”高适《同崔员外綦毋拾遗九日宴京兆府李士曹》：“绛叶拥虚砌，黄花随浊醪。”武元衡《秋日书怀》：“杯中壮志红颜歇，林下秋声绛叶翻。”

【绛跗】 红色的花萼。温庭筠《病中书怀呈友人》：“钓石封苍藓，芳蹊艳绛跗。”

【絳幃】 犹绛帐。殷文圭《赠池州张太守》:"绛帏夜坐穷三史,红旆春行到九华。"

【絳旐】 红色旌旐。陈羽《观朱舍人归葬吴中》:"翩翩绛旐寒流上,行引东归万里魂。"

【絳焰】 亦作"絳餤"。红色火焰。喻红花。白居易《山枇杷》:"火树风来翻绛餤,琼枝日出晒红纱。"又《山石榴花十二韵》:"绛焰灯千炷,红裙妓一行。"

【絳裙】 红裙。王涯《宫词三十首》之二六:"春深欲取黄金粉,绕树宫娥著绛裙。"杨衡《仙女词》:"玉京初侍紫皇君,金缕鸳鸯满绛裙。"

【絳節】 ❶红色的符节。辛常伯《军中行路难》:"绛节红旗分日羽,丹心白刃酬明主。"钱起《送萧常侍北使》:"绛节引雕戈,鸣驺动玉珂。"韩偓《六言三首》之三:"桃源洞口来否,绛节霓旌久留。"❷传说中天帝或仙君的一种仪仗。皇甫冉《少室山韦炼师昇仙歌》:"红霞紫气昼氲氲,绛节青幢迎少君。"杨嗣复《赠毛仙翁》:"羽衣茸茸轻似雪,云上双童持绛节。"李绅《华顶》:"天外鹤声随绛节,洞中云气隐琅玕。"顾云《华清词》:"绛节影来,朱幡响丁东。"

【絳旒】 旌旗上下垂的红色饰物。杨衡《游峡山寺》:"宝殿敞丹扉,灵幡垂绛旒。"

【絳煙】 赤色云气。亦指布有赤色云气之处。韦应物《温泉行》:"玉林瑶雪满寒山,上升玄阁游绛烟。"曹唐《小游仙诗九十八首》之五:"金殿无人锁绛烟,玉郎并不赏丹田。"

【絳綃】 红色绡绢。李绅《庆云见》序:"夏六月准诏祭中狱,宿少林寺。祭毕归寺,有庆云见于峰,初如绛绡蒙覆上下,岩树透彻,虚明照日。"

【絳臺】 春秋晋平公在国都绛所筑之高台。见《后汉书·冯衍传》。一说晋灵公所造。杜审言《和李大夫嗣真奉使存抚河东》:"稍观汾水曲,俄指绛台前。"权德舆有《酬冯绛州早秋绛台感怀见寄》。李商隐《戏题赠稷山驿吏王全》:"绛台驿吏老风尘,耽酒成仙几十春。"

【絳幘】 红色头巾。王维《和贾舍人早朝大明宫之作》:"绛帻鸡人送晓筹,尚衣方进翠云裘。"

【絳霄】 指天空极高处。天之色本为苍青,而古人观天象以北极为基准,仰首所见者皆在北极之南,故以南方之色称之为"丹霄""绛霄"。皮日休《以纱巾寄鲁望因而有作》:"更有一般君未识,虎文巾在绛霄房。"罗隐《投宣武郑尚书二十韵》:"绛霄无系滞,浙水忽西东。"又《寄酬邺王罗令公五首》之二:"正忧末派沦沧海,忽见高枝拂绛霄。"王仁裕《题斗山观》:"霞衣欲举醉陶陶,不觉全家住绛霄。"

【絳實】 红色果实。韩愈《答张彻》:"潜苞绛实坼,幽乳翠毛零。"李群玉《九日越台》:"黄花罗粔籹,绛实簇茱萸。"

【絳樹】 ❶神话传说中的仙树。见《淮南子·墬形训》。曹唐《小游仙诗九十八首》之八二:"绛树彤云户半开,守花童子怪人来。"❷指珊瑚。韦应物《咏珊瑚》:"绛树无花叶,非石亦非琼。"

【絳縣】 西魏恭帝以南降县改名。治所在今山西绛县南。唐武德元年(618)移治今绛县。张籍《答刘明府》:"可怜绛县刘明府,犹解频频寄远书。"

【絳餤】 见"绛焰"。

【絳錦】 红色锦缎。刘禹锡《唐秀才赠端州紫石砚以诗答之》:"玉蜍吐水霞光静,彩翰摇风绛锦鲜。"

【絳霞】 红霞。亦借指天宫。张籍《求仙行》:"丹田有气凝素华,君能保之升绛霞。"郑畋《中秋月直禁苑》:"恍惚归丹地,深严宿绛霞。"

【絳簡】 赤章。道教祀天奏章用"玉书绛简赤丹文"。因其以丹朱书写,故称。李商隐《郑州献从叔舍人褎》:"绛简尚参黄纸案,丹炉犹用紫泥封。"罗隐《送程尊师东游有寄》:"绛简便应朝右弼,紫旄兼合见东卿。"

【絳縷】 红色丝线。杜牧《出宫人二首》之一:"十年一梦归人世,绛缕犹封系臂纱。"

【絳闕】 宫殿寺观前的朱色门阙。亦借指朝廷、寺庙、仙宫等。刘长卿《奉和赵给事使君留赠李婺州舍人兼谢舍人别驾之什》:"绛阙辞明主,沧州识近臣。"皇甫冉《华清宫》:"绛阙犹栖凤,雕梁尚带虹。"韩愈《和席八十二韵》:"绛阙银河曙,东风右掖春。"曹唐《小游仙诗九十八首》之九八:"绛阙夫人下北方,细环清珮响丁当。"

【絳羅】 红色纱罗。罗隐《牡丹花》:"似共东风别有因,绛罗高卷不胜春。"韩王从善《蔷薇诗一首十八韵呈东海侍郎徐铉》:"绛罗房灿烂,碧玉叶参差。"

【絳騶】 穿红色戎装的导从骑士。皎然《杼山上峰赋得印字仍期明日登开元寺楼之会》:"香路延绛驺,华泉写金印。"又《南湖春泛因叙相思之志以寄焉》:"铿锵佩苍玉,躞蹀驱绛驺。"

【絳灌】 西汉绛侯周勃与灌婴的连称,后因以指勋臣宿将或武夫。张说《城南亭作》:"汉家绛灌余兵气,晋代浮虚安足贵。"李绅《逾岭峤止荒陬抵高要》:"物忌忠良表是非,朝驱绛灌为仇敌。"罗隐《送臧濆下第谒窦鄜州》:"也知绛灌轻才子,好谒尤常醉少年。"

【絳灌共讒諂】 西汉中散大夫贾谊以才遭忌,绛侯周勃与灌婴等进谗言,予以毁谤。后遂以"绛灌共讒諂"为权臣忌贤之典。韩愈《陪杜侍御游湘西两寺独宿有题一首因献杨常侍》:"椒兰争妒忌,绛灌共谗谄。"

【絳囊】 ❶红色口袋。张籍《寄菖蒲》:"逢人寄君一绛囊，书中不得传此方。”杨衡《送郑丞之罗浮中习业》：“夙秘绛囊诀，屡投金简名。”❷喻草木之红色花果。皮日休《病中庭际海石榴花盛发感而有寄》：“一夜春光绽绛囊，碧油枝上昼煌煌。”

絡〔luò《广韵》盧各切，入鐸，來。〕❶缠丝。张祜《读曲歌五首》之二：“碓上米不舂，窗中丝罢络。”无名氏《题张昌仪门语》：“一两丝能得几时络。”❷缠绕。杜甫《即事》：“百宝装腰带，真珠络臂鞲。”韩愈《读东方朔杂事》：“方朔闻不喜，褫身络蛟蛇。”唐彦谦《游南明山》：“长藤络虚岩，疏花映寒水。”张蠙《次韵和友人冬月书斋》：“象版签书帙，蛮藤络酒瓢。”❸笼罩。郑嵎《津阳门诗》：“羽林六军各出射，笼山络野张罝维。”❹网；网状物。杨师道《咏饮马应诏》：“苔流染丝络，水洁写雕簪。”骆宾王《久戍边城有怀京邑》：“战士青丝络，将军黄石符。”高适《同吕员外酬田著作幕门军西宿盘山秋夜作》：“星河连塞络，刁斗兼山静。”唐彦谦《咏葡萄》：“满架高撑紫络索，一枝斜䩞金琅珰。”❺马络头。虞世南《结客少年场行》：“金络浮云瞥，吹箫入吴市。”李白《忆旧游寄谯郡元参军》：“银鞍金络倒平地，汉东太守来相迎。”韩翃《送李司直赴江西使幕》：“主人苍玉佩，后骑黄金络。”孙光宪《风流子》词之三：“金络玉衔嘶马，系向绿柳阴下。”❻用网状物兜住马头、牛头。李白《古风》之一八：“鞍马如飞龙，黄金络马头。”钱起《送田仓曹归觐》：“青丝络骢马，去府望梁城。”李贺《莫愁曲》：“青丝系五马，黄金络双牛。”徐夤《依御史温飞卿华清宫二十二韵》：“碧海供骊岭，黄金络马头。”

【絡絡】　终结不绝貌。卢延让《樊川寒食二首》之一：“谁家络络游春盛，担入花间轧轧声。”

【絡絲】　即络纬。白居易《旧房》：“远壁秋声虫络丝，入檐新影月低眉。”

【絡絲蟲】　即络纬。白居易《秋寄微之十二韵》：“饥啼春谷鸟，寒怨络丝虫。”又《同诸客题于家公主旧宅》：“布谷鸟啼桃李院，络丝虫怨凤皇楼。”

【絡賂】　谓钱财。无名氏《高黎贡山谣》：“春时欲归来，囊中络赂绝。”

【絡腦】　指马络头。司空曙《送王使君赴太原拜节度副使》：“络脑青丝骑，盘囊锦带钩。”李贺《马诗二十三首》之五：“何当金络脑，快走踏清秋。”曹唐《病马五首呈郑校书章三吴十五先辈》之二：“力惫未思金络脑，影寒空望锦障泥。”

【絡緯】　虫名。即莎鸡，俗称络丝娘、纺织娘。李白《长相思》：“长相思，在长安，络纬秋啼金井阑。”李贺《秋来》：“桐风惊心壮士苦，衰灯络纬啼寒素。”鲍溶《闻蝉》：“木叶渐惊年，锦字因络纬。”陆龟蒙《子夜四时歌·秋》：“愁听络纬唱，似与羁魂语。”

【絡頭】　马笼头。杜甫《高都护骢马行》：“青丝络头为君老，何由却出横门道。”白居易《有小白马乘驭多时不能忘情二十韵》：“银收钩臆带，金卸络头羁。”温庭筠《故城曲》：“白马金络头，东风故城曲。”

【絡鞮】　皮制长筒靴。欧阳炯《题景焕画应天寺壁天王歌》：“腕头狮子咬金甲，脚底夜义击络鞮。”

【絡繹】　连续不断，往来不绝。李白《答杜秀才五松见赠》：“飞笺络绎奏明主，天书降问回恩荣。”独孤及《客舍月下对酒醉后寄毕四燿》：“清机暂无累。献酢更络绎。”刘禹锡《游桃源一百韵》：“观者皆失次，惊追纷络绎。”李咸用《和人咏雪》：“横空络绎云遗屑，扑浪翩联蝶寄槎。”

絶〔jué《广韵》情雪切，入薛，從。〕❶断，分成两段或几段。顾况《上古之什补亡训传十三章·团一章》：“团生闽方，闽吏得之。乃绝其阳，为臧为获。”韩愈《赴江陵途中寄三学士》：“上陈人疾苦，无令绝其喉。”孟郊《闻砧》：“月下谁家砧，一声肠一绝。”白居易《新乐府·井底引银瓶》：“井底引银瓶，银瓶欲上丝绳绝。”❷断绝；净尽。蔡希寂《洛阳客舍逢祖咏留宴》：“绵绵钟漏洛阳城，客舍贫居绝送迎。”窦巩《洛中即事》：“寂寂天桥车马绝，寒鸦飞入上阳宫。”韩愈《送惠师》：“兹地绝翔走，自然严且神。”陆龟蒙《自和次前韵》：“著书粮易绝，多病药难供。”❸隔绝。王绩《北山》：“旧知山里绝氛埃，登高日暮心悠哉。”王湾《奉使登终南山》：“境绝人不行，潭深鸟空立。”刘长卿《寻龙井杨老》：“柴门草舍绝风尘，空谷耕田学子真。”顾况《上古之什补亡训传十三章·团一章》：“隔地绝天，及至黄泉，不得在郎罢前。”❹停止。高适《睢阳酬别畅大判官》：“边庭绝刁斗，战地成渔樵。”刘禹锡《和河南裴尹侍郎祈雨二十韵》：“玉箫何时绝，碧树空凉飔。”曹邺《续幽愤》：“千年瘴江水，恨声流不绝。”晁采《秋日再寄》：“窗外江村钟响绝，枕边梧叶雨声疏。”❺竭；尽。李贤《黄台瓜辞》：“三摘犹自可，摘绝抱蔓归。”李白《赠华州王司士》：“淮水不绝涛澜高，盛德未泯生英髦。”王建《别鹤曲》：“主人一去池水绝，池鹤散飞不相别。”裴次元《律中应钟》：“望鸿南去绝，迎气北来浓。”❻杜绝；屏弃。李峤《倡妇行》：“胡兵屡攻战，汉使绝和亲。”元结《贼退示官吏》：“谁能绝人命，以作时世贤。”严维《书情上李苏州》：“礼数自怜今日绝，风流空计往年欢。”韩愈《崔十六少府摄伊阳以诗及书见投因酬三十韵》：“白头趋走里，闭口绝谤讪。”❼清除；消失；死亡。王维《哭祖六自虚》：“为善吾无矣，知音子绝焉。”储光羲《群鸦咏》：“高举摩太清，永绝矰缴惧。”❽卓绝；与众不同。亦指卓绝越群的事物。裴迪《青龙寺昙壁上人院集》：“灵境信为绝，法堂出尘氛。”张籍《和令狐尚书平泉东庄近居李仆射有寄十韵》:“探幽皆一绝,选胜又双全。”徐凝《金谷览古》:“绿珠歌舞天下绝,唯与石家生祸胎。”吴融《赠李长史歌》:“长史长吏听我语,从来芝绝多失所。”❾辽远;遥远。见“絶國”“絶域”“絶塞”。❿横度;越过。虞世南《出塞》:“誓将绝沙漠,悠然去玉门。”李益《汉宫少年行》:“平明走马绝驰道,呼鹰挟弹通缭垣。”皇甫湜《出世篇》:“骑龙披青云,泛览游八区,经太山,绝大海。”⓫副词。极,最。杜甫《新安吏》:“中男绝短小,何以守王城。”又《绝句漫兴九首》之三:“熟知茅斋绝低小,江上燕子故来频。”牟融《寄张源》:“相思不相见,愁绝赋停云。”韦庄《江上村居》:“花缘艳绝栽难老,山为看多咏不成。”⓬旧诗体裁之一。参见“绝句”。

【绝人】 断绝行人。刘长卿《长沙馆中与郭夏对雨》:“长沙积雨晦,深巷绝人幽。”王建《田侍郎归镇》之八:“家家尽踏还乡曲,明月街中不绝人。”

【绝天】 言歌声高亢,响彻云天。李贺《拂舞歌辞》:“吴娥声绝天,空云闲裴回。”

【绝尤】 最优异之物。卢仝《观放鱼歌》:“时白喷雪鲫鲤銙,此辈肥脆为绝尤。”

【绝今】 冠绝当代。同和《薛先辈见寄初秋寓怀即事之作二十韵旧韵》:“美价方稀古,清名已绝今。”

【绝世】 冠绝当世,举世无双。李白《答杜秀才五松见赠》:“夫子工文绝世奇,五松新作天下推。”杜甫《戏作花卿歌》:“李侯重有此节度,人道我卿绝世无。”李涉《寄荆娘写真》:“召得丹青绝世工,写真与身真相同。”孙光宪《后庭花》词之二:“七尺青丝芳草绿,绝世难得。”

【绝目】 犹言极目。尽目力之所及。张九龄《湘中作》:“湘流绕南岳,绝目转青青。”

【绝代】 冠绝当代,举世无匹。崔国辅《丽人曲》:“红颜称绝代,欲并真无侣。”韦应物《寇季膺古刀歌》:“知君宝此夸绝代,求之不得心常爱。”杜甫《李鄠县丈人胡马行》:“自矜胡骝奇绝代,乘出千人万人爱。”徐铉《赋石奉送钟德林少尹员外》:“我爱他山石,中含绝代珍。”

【绝代佳人】 冠绝当代的美女。韩偓《意绪》:“绝代佳人何寂寞,梨花未发梅花落。”韦庄《荷叶杯》之一:“绝代佳人难得,倾国,花下见无期。”

【绝句】 ❶诗体名。每首四句。句或五字,或七字,前者称五绝,后者称七绝。亦有每句六言者。可用平韵,亦可用仄韵。又有近体绝句和古体绝句之别,后者始于唐,截取律诗即近体诗一半而成,故亦称“截句”。古代绝句实为最简短之古诗,产生于律诗之前。唐以后诗人所作古体绝句一般即称为古绝。李白有《铜官山醉后绝句》。德宗有《九日绝句》。刘禹锡《乐天见示伤微之敦诗晦叔三君子皆有深分因成是诗以寄》:“吟君叹逝双绝句,使我伤怀奏短歌。”杜牧有《重送国棋王逢绝句》。❷犹言绝笔。李峤《笔》:“鹦鹉摛文至,麒麟绝句来。”

【绝色】 指绝顶美貌的女子。罗隐《马嵬坡》:“从来绝色知难得,不破中原未是人。”韩偓《惆怅》:“朗月清风难惬意,词人绝色多伤离。”

【绝交】 断绝交情。齐己有《拟嵇康绝交寄湘中贯微》。

【绝交書】 断绝交谊的书信。见嵇康《与山巨源绝交书》。顾况《闲居怀旧》:“骚客空传成相赋,晋人已负绝交书。”吴筠《舟中遇柳伯存归潜山因有此赠》之一:“况观绝交书,兼睹箴隐文。”白居易《答马侍御见赠》:“浅薄求贤思自代,嵇康莫寄绝交书。”

【绝坂】 极陡的山坡。高适《使青夷军入居庸三首》之三:“绝坂水连下,群峰云共高。”

【绝足】 喻指骏马。杜甫《沙苑行》:“逸群绝足信殊杰,倜傥权奇难具论。”又《行次昭陵》:“风云随绝足,日月继高衢。”刘禹锡《裴令公见示诮乐天寄奴买马绝句斐言仰和且戏乐天》:“常奴安得似方回,争望追风绝足来。”

【绝妙】 极其美妙。杜甫《积草岭》:“来书语绝妙,远客惊深眷。”严维《酬刘员外见寄》:“药补清羸疾,窗吟绝妙词。”姚合《赠张籍太祝》:“绝妙江南曲,凄凉怨女诗。”无名氏《语·时人为刘毕语》:“刘郎中松树孤标,毕庶子松根绝妙。”

【绝岸】 陡峭的堤岸。杜甫《桔柏渡》:“急流鸨鹢散,绝岸黿鼍骄。”韦应物《义演法师西斋》:“结茅临绝岸,隔水闻清磬。”张祜《处士隐居》:“绝岸派沿洑,修廊趾崇隆。”朱庆余《河亭》:“孤亭临绝岸,猿鸟识幽蹊。”

【绝乳】 断肠。韩愈《此日足可惜赠张籍》:“骄儿未绝乳,念之不能忘。”

【绝底】 谓清澈见底。司空图《诗品二十四则·精神》:“明漪绝底,奇花初胎。”

【绝怪】 指极其怪异的景致。李白《登峨眉山》:“周流试登览,绝怪安可息。”

【绝弦】 断绝琴弦。见《吕氏春秋·本味》。后以“绝弦”喻指失去知音。乔知之《拟古赠陈子昂》:“送君竟此曲,从兹长绝弦。”权德舆《从事淮南府过亡友杨校书旧厅感念愀然》:“绝弦罢流水,闻笛同山阳。”李瀚《蒙求》:“向秀闻笛,伯牙绝弦。”

【绝品】 极品,谓最优异之品物。吕岩《大云寺茶诗》:“玉蕊一枪称绝品,僧家造法极功夫。”

【绝俗】 超脱世俗;弃绝尘俗。卢照邻《咏史四首》之二:“在晦不绝俗,处乱不为亲。”陆龟蒙《奉和袭美太湖诗二十首·雨中游包山精舍》："乃知烟霞地，绝俗无不得。"黄滔《乌石村》："卖剑钱销知绝俗，闻蝉诗苦即思家。"

【絶卻】　断绝。徐夤《溪隐》："绝却腥羶胜服药，断除杯酒合延年。"

【絶島】　孤岛。杜甫《送长孙九侍御赴武威判官》："若人才思阔，溟涨浸绝岛。"韦应物《鼋头山神女歌》："孤峰绝岛俨相向，鬼啸猿啼垂女萝。"马戴《送顾非熊下第归江南》："残云挂绝岛，迥树入通津。"崔涂《题绝岛山寺》："绝岛跨危栏，登临到此难。"

【絶洞】　景致幽美的洞穴。陆龟蒙《奉和袭美新秋言怀三十韵次韵》："目曾窥绝洞，耳不犯征铙。"

【絶國】　绝远之国家或地方。李白《千里思》："一去隔绝国，思归但长嗟。"钱起《七盘岭阻寇闻李端公先到南楚》："秦楚眼看成绝国，相思一寄白头吟。"刘眘虚《海上诗送薛文学归海东》："旷望绝国所，微茫天际愁。"杜牧《牧陪昭应卢郎中叙旧成二十二韵用以投寄》："分途之绝国，洒泪拜车舟。"

【絶陘】　陡峭的山岭。苏源明《小洞庭洄源亭宴四郡太守诗》："牵方舟兮小洞庭，云微微兮连绝陉。"韩愈《答张彻》："洛邑得休告，华山穷绝陉。"

【絶倒】　（一dǎo）❶佩服之至，为之倾倒。戎昱《听杜山人弹胡笳》："杜陵先生证此道，沈家祝家皆绝倒。"鲁收《怀素上人草书歌》："行路谈君口不容，满堂观者空绝倒。"崔宗之《赠李十二白》："清论既抵掌，玄谈又绝倒。"元稹《酬乐东南行诗一百韵》："此篇应绝倒，休漫捋髭须。"❷犹言极端，用为副词。杜甫《苏端薛复筵简薛华醉歌》："何刘沈谢力未工，才兼鲍昭愁绝倒。"又《别苏徯》："十年犹塌翼，绝倒为惊吁。"

【絶倫】　无与伦比。杜甫《发潭州》："贾傅才未有，褚公书绝伦。"刘禹锡《酬国子崔博士立之见寄》："健笔高科早绝伦，后来无不揖芳尘。"元稹《酬孝甫见赠十首》之二："杜甫天材颇绝伦，每寻诗卷似情亲。"欧阳衮《听郢客歌阳春白雪》："寂听郢中人，高歌已绝伦。"

【絶徑】　唯一的山间小道。崔湜《九龙潭作》："结侣寻绝径，周流观奇迹。"钱起《过山人所居因寄诸遗补》："绝径人稀到，芳荪我独寻。"

【絶脈】　脉息停止。贺知章《送人之军》："常经绝脉塞，复见断肠流。"

【絶席】　与他人不同席。独坐一席，以示尊显。见《后汉书·王常传》。吕温《奉和武中丞秋日台中寄怀简诸僚友》："旧游多绝席，感物遂成篇。"白居易《送严大夫赴桂州》："大夫应绝席，诗酒与谁同。"

【絶流】　横流而渡。见《尔雅·释水》。储光羲《述韦昭应画犀牛》："食棘无秋冬，绝流无浅深。"

【絶書】　屏弃私人请托书信。见《艺文类聚》卷五八引《鲁国先贤志》。李瀚《蒙求》："孔翊绝书，申嘉私谒。"

【絶陣】　孤立的战阵。虞世南《从军行二首》之二："孤城塞云起，绝阵虏尘飞。"

【絶域】　极僻远之地。李白《君子有所思行》："厩马散连山，军容威绝域。"高适《燕歌行》："边庭飘飖那可度，绝域苍茫更何有。"杨巨源《送许侍御充云南哀册使判官》："他时功自许，绝域转哀荣。"赵嘏《昔昔盐二十首·一去无还意》："良人征绝域，一去不言还。"

【絶頂】　山之最高峰。杜甫《望岳》："会当凌绝顶，一览众山小。"权德舆《严陵钓台下作》："绝顶耸苍翠，清湍石磷磷。"牟融《山寺律僧画兰竹图》："偶来绝顶兴无穷，独有山僧笔最工。"皮日休《太湖诗·缥缈峰》："须臾到绝顶，似鸟穿樊笼。"

【絶唱】　冠绝一世的歌唱。见《列子·汤问》。崔涂《声》："韩娥绝唱唐衢哭，尽是人间第一声。"后多用以指诗文创作上的最高造诣。钱起《美杨侍御清文见示》："谁知绝唱后，更有难和曲。"徐铉《和陈表用员外求酒》："珍重一壶酬绝唱，向风遥想醉吟声。"齐己《寄谢高先辈见寄二首》之一："永言无绝唱，忽此惠希音。"

【絶粒】　❶辟谷。道家以摒除火食、不进五谷以求延年益寿的养身术。李泌《长歌行》："不然绝粒升天衢，不然鸣珂游帝都。"杜甫《寄常征君》："万事纠纷犹绝粒，一官羁绊实藏身。"白居易《仲夏斋戒月》："始知绝粒人，四体更轻便。"韩偓《赠湖南李思齐处士》："知余绝粒窥仙事，许到名山看药炉。"❷绝食。戴叔伦《曾游》："绝粒感楚囚，丹衷犹照耀。"

【絶葷】　不食鸡、鸭、鱼、肉等荤辛食物。杜甫《随章留后新亭会送诸君》："绝荤终不改，劝酒欲无词。"

【絶景】　❶（一yǐng）良马名。李白《东武吟》："宝马丽绝景，锦衣入新丰。"❷（一jǐng）无比美妙的景色。李白《赠僧崖公》："昔往今来归，绝景无不经。"刘禹锡《八月十五日夜桃源玩月》："绝景良时难再并，他年此日应惆怅。"刘言史《玉京词》："绝景寥寥日更迟，人间甲子不同时。"

【絶筆】　❶停笔。出《春秋·哀公十四年》。杜甫《戏为双松图歌》："绝笔长风起纤末，满堂动色嗟神妙。"白居易《画竹歌》："自言便是绝笔时，从今此竹尤难得。"❷死前最后留下的文字、作品。白居易《令狐相公与梦得交情素深眷予分亦不浅一闻薨逝相顾泫然》："最感一行绝笔字，尚言千万乐天君。"郑颢《续梦中十韵》："小臣哀绝笔，湖上泣青萍。"

【绝智棄仁】　屏弃智慧和仁义。元稹《赠毛仙翁》序："余尝见圆冠方领之士，读道书，疑其绝智弃仁，又谓其书不足以经世理国。"

【绝飲】　卖羊时使羊饮水以增重量，诈骗市人。见《孔子家语·相鲁》。李峤《羊》："绝饮惩浇俗，行驱梦逸材。"

【绝勝】　远远超过。岑参《玉门关盖将军歌》："可怜绝胜秦罗敷，使君五马谩踟蹰。"韩愈《早春呈水部张十八员外》："最是一年春好处，绝胜烟柳满皇都。"

【绝絙】　断绳。刘禹锡《牛相公见示新什谨依本韵次用以抒下情》："羸骥方辞绊，虚舟已绝絙。"

【绝幕】　见"绝漠"。

【绝跡】　亦作"绝蹟"。❶不见踪迹。舒元舆《坊州按狱》："龟鱼既绝迹，鹿兔无遗毛。"❷无人迹处。张九龄《登南岳事毕谒司马道士》："绝迹寻一径，异香闻数里。"王维《座上走笔赠薛璩慕容损》："希世无高节，绝迹有卑栖。"窦叔向《青阳馆望九子山》："云祠绝迹终难访，唯有猿声到客边。"❸形迹与外界隔绝。王建《送人》："与君俱绝蹟，两念无因由。"吴融《荆州寓居书怀》："绝迹思浮海，修书懒寄秦。"齐己《将游嵩华行次荆渚》："闲身应绝迹，在世幸无他。"

【绝愛】　抛弃而不可惜。司空图《诗品二十四则·洗炼》："超心炼冶，绝爱缁磷。"

【绝漠】　亦作"绝幕"。❶横渡沙漠。王贞白《拟塞外征行》："青泥方绝漠，怀剑始辞燕。"❷极远的沙漠地区。李白《出自蓟北门行》："兵威冲绝幕，杀气凌穹苍。"岑参《与独孤渐道别长句兼呈严八侍御》："穷荒绝漠鸟不飞，万碛千山梦犹懒。"皇甫冉《雨雪》："绝漠无人境，将军苦战时。"钟蒨《别诸同志》："残秋辞绝漠，无定似惊蓬。"

【绝意】　❶断绝某种意念。韩愈《杂诗四首》之三："停车卧轮下，绝意于神仙。"❷犹言决意、执意。苏涣《赠零陵僧》："亚相书翰凌献之，见君绝意必深知。"

【绝塞】　(一sài)极远的边塞地区。李华《奉使朔方赠郭都护》："绝塞临光禄，孤营佐贰师。"杜甫《立秋雨院中有作》："山云行绝塞，大火复西流。"刘禹锡《学阮公体三首》之二："灭没驰绝塞，振迅拂华林。"马戴《赠友人游边回》："游子新从绝塞回，自言曾上李陵台。"

【绝辟】　即绝壁。陡峭的山壁。辟，通"壁"。杜甫《七月一日题终明府水楼二首》之一："绝辟过云开锦绣，疏松夹水奏笙簧。"

【绝塵】　❶脚不沾尘土。形容奔驰神速。见《庄子·田子方》。王棨《省题诗二十一首·天骥呈才》："绝尘惭逸步，曳练议能名。"❷不起尘土。姚合《同裴起居厉侍御放朝游曲江》："暑月放朝频，青槐路绝尘。"无可《寒夜过睿川师院》："绝尘苔积地，栖竹鸟惊灯。"❸超脱尘俗；与世隔绝。卢鸿一《嵩山十志十首·倒景台》序："可以邀驭风之客，会绝尘之子。"牟融《题道院壁》："山中旧宅四无邻，草净云和迥绝尘。"陆龟蒙《和袭美寄怀南阳润卿》："高抱相逢各绝尘，水经山疏不离身。"❹绝迹，不见踪迹。徐铉《京使回自临川得从兄书寄诗依韵和》："趣向今成道，声华旧绝尘。"

【绝境】　❶与世隔绝之地。孙昌胤《遇旅鹤》："灵鹤产绝境，昂昂无与俦。"陆龟蒙《奉和袭美太湖诗二十首·桃花坞》："行行问绝境，贵与名相亲。"❷胜境，风景绝佳之处。李白《鲁郡尧祠送窦明府薄华还西京》："笑夸故人指绝境，山光水色青于蓝。"杜甫《发同谷县》："忡忡去绝境，杳杳更远适。"权德舆《侍从游后湖宴坐》："绝境殊不远，湖塘直吾庐。"徐铉《题碧岩亭赠孙尊师》："绝境何人识，高亭万象含。"❸极为高超的境界。方干《重阳日送洛阳李丞之任》："为文通绝境，从宦及良辰。"

【绝穀】　即辟谷。道家以为养身长生之术。李白《赠嵩山焦炼师》序："常胎息绝谷，居少室庐。"

【绝壑】　深谷。严维《奉和独孤中丞游云门寺》："绝壑开花界，耶溪极上源。"白居易《宿池上》："泉来从绝壑，亭敞在中流。"姚鹄《题终南山隐者居》："开门绝壑旁，蹑藓过花梁。"蔡文恭《奉和夏日游山应制》："连岩耸百仞，绝壑临千丈。"

【绝慮】　屏弃欲虑。王梵志《兀然无事》之八："吾有一言，绝虑忘缘。"

【绝踪】　见"绝蹤"。

【绝巘】　指高山。元结《演兴四首·闵岭中》："大渊蕴蕴兮绝巘岌岌，非梯梁以通险，当无路兮可入。"

【绝澗】　高山陡壁下的溪涧。杜审言《度石门山》："道束悬崖半，桥欹绝涧中。"张继《游灵岩》："风满回廊飘坠叶，水流绝涧泛秋花。"皇甫冉《送郑二之茅山》："水流绝涧终日，草长深山暮春。"权德舆《送映师归本寺》："引泉通绝涧，放鹤入孤云。"

【绝缘】　断继因缘。王维《哭祖六自虚》："乍失疑犹见，沉思悟绝缘。"戴叔伦《二灵寺守岁》："守岁山房迥绝缘，灯光香灺共萧然。"

【绝编】　出《史记·孔子世家》。后以"绝编"指刻苦读书。权德舆《送殷卿罢举归淮南旧居》："志业尝探绝编义，风尘虚作弃繻生。"欧阳詹《除夜长安客舍》："虚牖传寒柝，孤灯照绝编。"刘禹锡《送前进士蔡京赴学究科》："已是世间能赋客，更改窗下绝编书。"

陆希声《阳羡杂咏十九首・讲易台》:"年逾知命志尤坚,独向青山更绝编。"

【絶機叟】 指汉阴丈人。见《庄子・天地》。崔湜《奉和幸韦嗣立山庄侍宴应制》:"还嗟绝机叟,白首汉川阴。"

【絶興】 (一xìng)极高的兴致。玄宗《首夏花萼楼观群臣宴宁王山亭回楼下又申之以赏乐赋诗》序:"佳辰易失,绝兴难追。"

【絶壁】 陡峭的山壁。辛常伯《军中行路难》:"绝壁千里险,连山四望高。"刘长卿《望龙山怀道士许法棱》:"悬崖绝壁几千丈,绿萝袅袅不可攀。"李赤《姑熟杂咏・牛渚矶》:"绝壁临巨川,连峰势相向。"章碣《桃源》:"绝壁相敧是洞门,昔人从此入仙源。"

【絶嶺】 陡峭的山岭。骆宾王《出石门》:"层岩远接天,绝岭上栖烟。"张祜《越州还古》:"行寻王谢迹,望望登绝岭。"

【絶蹟】 见"絶跡"。

【絶藝】 卓绝的技艺。李颀《弹棋歌》:"坐中齐声称绝艺,仙人六博何能继。"韦应物《弹棋歌》:"园天方地局。二十四气子,刘生绝芸难对曹。"任华《怀素上人草书歌》:"狂僧有绝艺,非数仞高墙不足以逞其笔势。"罗隐《送晉光大师》:"圣主赐衣怜绝艺,侍臣摛藻许高踪。"

【絶蹤】 亦作"絶踪"。断绝踪迹。杜甫《凤凰台》:"山峻路绝踪,石林气高浮。"李商隐《无题四首》之一:"来是空言去绝踪,月斜楼上五更钟。"无名氏《骊龙》:"荀氏传高誉,庄生冀绝踪。"

【絶糧】 断绝粮食。见《论语・卫灵公》。王珪《咏淮阴侯》:"北讨燕承命,车驱楚绝粮。"苏拯《颂鲁》:"伤哉绝粮议,千载误云云。"

【絶顛】 见"絶巔"。

【絶徼】 极远的边塞之地。权德舆《送安南裴都护》:"绝徼褰帷识,名香夹毂焚。"韩愈《湘中酬张十一功曹》:"休垂绝徼千行泪,共泛清湘一叶舟。"李商隐《因书》:"绝徼南通栈,孤城北枕江。"

【絶壤】 犹绝域。则天皇后《唐大享拜洛乐章・德和》:"绝壤飞冠盖,遐区丽山水。"

【絶巔】 亦作"絶顛"。山之最高峰。无名氏《游海门峡》:"逐上几千仞,犹未穷绝颠。"吴筠《秋日彭蠡湖中观庐山》:"绝巅凌大漠,悬流泻昭回。"

【絶巘】 极高的山峰。李峤《王屋山第之侧杂构小亭暇日与群公同游》:"桂亭依绝巘,兰榭俯回溪。"李白《游泰山六首》之一:"飞流洒绝巘,水急松声哀。"钱起《酬王维春夜竹亭赠别》:"惆怅曙莺啼,孤云还绝巘。"

【絶纓】 扯断系冠的带子。见《韩诗外传》卷七。后用以为宽厚持人之典。李颀《绝缨歌》:"罗衣半醉春夜寒,绝缨解带一为欢。"李瀚《蒙求》:"赵胜谢躄,楚庄绝缨。"

【絶豔】 艳丽无比。亦指艳丽无比的花朵或美女。白居易《西施》:"勾践征绝艳,扬蛾入吴关。"李绅《南梁行》:"杜鹃啼咽花亦殷,声悲绝艳连空山。"陆龟蒙《重忆白菊》:"月朵暮开无绝艳,风茎时动有奇香。"

絞[1] 〔jiǎo《广韵》古巧切,上巧,見。〕❶用两股以上条状物拧成一根绳索。引申为挤压。元稹《当来日大难行》:"两轴相绞,两轮相撑。"❷搅。李贺《春归昌谷》:"思焦面如病,尝胆肠似绞。"

絞[2] 〔xiáo《集韵》何交切,平爻,匣。〕苍黄色。见《礼记・玉藻》。后借指苍黄色单衣。皮日休《襄州春游》:"岑牟单绞何曾著,莫道猖狂似祢衡。"皮日休、陆龟蒙《北禅院避暑联句》:"逍遥脱单绞,放旷抛轻策。"

統 〔tǒng《广韵》他综切,去宋,透。〕❶丝的头绪。引申为事物之间一脉相承的连续关系,系统。杜审言《和李大夫嗣真奉使存抚河东》:"子月开阶统,房星受命年。"张鼎《邺城引》:"君不见汉家失统三灵变,魏武争雄六龙战。"❷统一;率领。储光羲《同诸公送李云南伐蛮》:"冢宰统元戎,太守齿军行。"白居易《和微之诗二十三首・和除夜作》:"我统十郎官,君领百吏胥。"姚鹄《赠边将》:"兵统万人为上将,威加千里慑西戎。"孙元晏《咏史诗・晋・谢玄》:"百万兵来逼合肥,谢玄为将统雄师。"

【統天】 指统治天下。见《易・乾》。金真德《太平诗》:"统天崇雨施,理物体含章。"

【統戎】 统帅。吴融《赴阙次留献荆南成相公三十韵》:"往昔逢多难,来兹故统戎。"

【統兵】 领兵。李白《宣城送刘副使入秦》:"统兵捍吴越,豺虎不敢窥。"

【統率】 (一shuài)统辖率领。柳宗元《贞符》序:"立有德有功有能者,参而维之,运臂率指,屈伸把握,莫不统率。"

【統領】 统率。勾龙逢《献贺捷诗》:"元戎统领三军战,巨孽奔冲一阵亡。"

【統漢峯】 当作"統漢烽"。烽火台名。李益《统汉峰下》:"统汉峰西降户营,黄河战骨拥长城。"

【統衛】 统率。白居易《和微之诗二十三首・和送刘道士游天台》:"握持尊皇节,统卫吏兵军。"

絣 〔bēng《广韵》北萌切。平耕,幫。〕❶编穿铠甲的绳子。亦泛称绳子。韦庄《汧阳间》:"汧水悠悠去似绯,远山如画翠眉横。"❷通"繃"。束缚;捆绑。韩愈、孟郊《城南联句》:"赛馔木盘簇，靸妖藤索绀。”

絮[1]　〔xù《广韵》息據切，去御，心。〕❶粗丝绵。包佶《岭下卧疾寄刘长卿员外》：“胫弱秋添絮，头风晓废梳。”白居易《赠内》：“缯絮足御寒，何必锦绣文。”姚合《游春十二首》之六：“嫩云轻似絮，新草细如毛。”韦庄《西塞山下作》：“西塞山前水似蓝，乱云如絮满澄潭。”❷指白色而轻柔的絮状物。张仲素《春游曲三首》之一：“烟柳飞轻絮，风榆落小钱。”元稹《春六十韵》：“谢砌萦残絮，班窗网曙虫。”白居易《和微之诗二十三首·和三月三十日四十韵》：“镜动波飐菱，雪回风旋絮。”吴融《汴上晚泊》：“柳寒难吐絮，浪浊不成花。”❸填絮于衣、被中。李白《子夜吴歌·冬歌》：“明朝驿使发，一夜絮征袍。”白居易《自咏》：“老遣宽裁袜，寒教厚絮衣。”杜荀鹤《句》：“旧衣灰絮絮，新酒竹篘篘。”张蠙《叙怀》：“十年九陌寒风夜，梦扫芦花絮客衣。”

絮[2]　〔chù《广韵》抽擄切，去御，徹。〕调拌；调制。白居易《和微之诗二十三首·和三月三十日四十韵》：“鱼鲙芥酱调，水葵盐豉絮。”

【絮巾】　犹今之棉帽。皮日休《寄毗陵魏处士朴》：“文籍先生不肯官，絮巾冲雪把鱼竿。”

【絮花】　谓柳絮。刘禹锡《杨柳枝词九首》之九：“春尽絮花留不得，随风好去落谁家。”刘赞《吟窗杂录》：“絮花飞起雪漫漫，长得宫娥带笑看。”

絲　〔sī《广韵》息兹切，平之，心。〕❶蚕丝。韦应物《送李二归楚州》：“忽此嗟岐路，还令泣素丝。”白居易《赠友五首》之三：“贱粜粟与麦，贱贸丝与绵。”又《新乐府·红线毯》：“红线毯，择茧缫丝清水煮，拣丝拣线红蓝染。”李商隐《无题》：“春蚕到死丝方尽，蜡炬成灰泪始干。”❷线；绳。杜甫《重过何氏五首》之三：“翡翠鸣衣桁，蜻蜓立钓丝。”元稹《梦游春七十韵》：“长丝羁野马，密网罗阴兔。”李郢《南池》：“小男供饵妇搓丝，溢榼香醪倒接䍦。”❸缫丝；纺丝。杜甫《蚕谷行》：“不劳烈士泪滂沱，男谷女丝行复歌。”见“絲人”。❹丝织品。亦指穿丝织品。邵谒《寒女行》：“养蚕多苦心，茧熟他人丝。”❺喻白发。刘长卿《谪官后卧病官舍简贺兰侍郎》：“青春衣绣共称宜，白首垂丝恨不遗。”陈羽《古意》：“妾年四十丝满头，郎年五十封公侯。”白居易《除苏州刺史别洛城东花》：“乱雪千花落，新丝两鬓生。”韦庄《寓言》：“惆怅沧江上，星星鬓有丝。”❻指丝状物和细小物。顾况《洛阳陌二首》之一：“莺声满御堤，堤柳拂丝齐。”孟郊《去妇》：“妾心藕中丝，虽断犹牵连。”韦庄《同旧韵》：“触丝蛛堕网，避隼鸟投林。”徐夤《义通里寓居即事》：“牡丹窠小春余雨，杨柳丝疏夏足风。”❼量词。表示极少或极小的量。无名氏《凤凰台怪和歌四首》之四：“卧病匡床香屡添，夜深犹有一丝烟。”❽八音之一，指琴、瑟、琵琶等弦乐器。见《周礼·春官·大师》。李白《鸣皋歌送岑征君》：“交鼓吹兮弹丝，觞清泠之池阁。”白居易《和答诗十首·和阳城驿》：“诗成寄与我，锵若金和丝。”杨衡《长门怨》：“丝声繁兮管声急，珠帘不卷风吹入。”吴融《李周弹筝歌》：“古人云，丝不如竹，竹不如肉。”

【絲人】　治丝织绸的人。元稹《桐花》：“剑士还农野，丝人归织纴。”

【絲布】　丝绸与布。古代布为麻织品。元稹《和李校书新题乐府十二首·阴山道》：“从骑爱奴丝布衫，臂鹰小儿云锦韬。”

【絲竹】　弦乐器与竹管乐器之总称。亦泛指音乐。太宗《元日》：“霜戟列丹陛，丝竹韵长廊。”韦应物《金谷园歌》：“洛阳陌上人回首，丝竹飘飖入青天。”白居易《短歌曲》：“耳目聋暗后，堂上调丝竹。”胡曾《咏史诗·七里滩》：“钓鱼台上无丝竹，不是高人谁解登。”

【絲車】　缫丝的车。李贺《感讽五首》之一：“会待春日晏，丝车方掷掉。”

【絲言】　出《礼记·缁衣》。后称帝王之言为“丝言”，并用作诏书的代称。李峤《奉和送金城公主适西蕃应制》：“汉帝抚戎臣，丝言命锦轮。”徐彦伯《赠刘舍人古意》：“郁穆丝言重，荧煌台座深。”权德舆《太原郑尚书远寄新诗走笔酬赠因代书贺》：“晓开阊阖出丝言，共喜全才镇北门。”

【絲雨】　如丝的微雨。周彦晖《晦日宴高氏林亭》：“云低上天晚，丝雨带风斜。”皎然《同薛员外谊久旱感怀寄兼呈上杨使君》：“丝雨久愆期，绮霞徒相惑。”又《九月八日送萧少府归洪州》：“明日重阳今日归，布帆丝雨望霏霏。”毛文锡《中兴乐》：“丝雨，隔荔枝阴。”

【絲帶】　丝制钓绳。皮日休《鲁望以轮钩相示因作三篇》之三：“三寻丝带桐江烂，一寸钩含笠泽腥。”

【絲桐】　指琴。古人以桐木为琴，练丝为弦，故称，亦指琴声。李颀《与诸公游济渎泛舟》：“晴山傍舟楫，白鹭惊丝桐。”顾况《长安窦明府后亭》：“客至南云乡，丝桐展歌咏。”白居易《好听琴》：“本性好丝桐，尘机闻即空。”许浑《发灵溪馆》：“杂英垂锦绣，众籁合丝桐。”

【絲毫】　细微之至。亦指细微之事物。孟郊《秋怀》之八：“君子山岳定，小人丝毫争。”雍裕之《细言》：“欲效丝毫力，谁知蝼蚁诚。”张祜《读韩文公集十韵》：“片段随冰释，丝毫入镜清。”

【絲淚】　微细如丝之泪。见《文选·鲍照〈代君子有所思〉诗》。韦应物《拟古诗十二首》之十二：“年华逐丝泪，一落俱不收。”权德舆《八音诗》：“丝泪可销骨，冶容竟何补。”

【絲組】 丝织组绶。李端《送周长史》：“别有空园落桃杏，知将丝组系兰桡。”

【絲棼】 喻烦乱。见《左传·隐公四年》。姚月华《怨诗效徐淑体》：“丝棼兮可理，妾心兮焉分。”

【絲禽】 鹭鸶的别名。陆龟蒙《奉酬袭美苦雨四声重寄三十二句平·上声》：“丝禽藏荷香，锦鲤绕岛影。”

【絲絮】 即丝绵。白居易《秦中吟十首·重赋》：“缯帛如山积，丝絮似云屯。”

【絲絲】 形容纤细之物。司空图《灯花三首》之一：“蜀柳丝丝幂画楼，窗尘满镜不梳头。”王周《赠怤师》：“晨炉烟袅袅，病发霜丝丝。”

【絲管】 弦乐器与管乐器。泛称乐器。亦借指音乐。徐彦伯《拟古三首》之二：“皎洁绮罗艳，便娟丝管清。”李白《叙旧赠江阳宰陆调》：“时从府中归，丝管俨成行。”杜甫《赠花卿》：“锦城丝管日纷纷，半入江风半入云。”杜牧《怀钟陵旧游四首》之一：“歌谣千里春长暖，丝管高台月正圆。”

【絲發】 如丝之发，白发。杜牧《途中一绝》：“镜中丝发悲来惯，衣上尘痕拂渐难。”又《冬至日寄小侄阿宜诗》：“官罢得丝发，好买百树桑。”郑澣《赠毛仙翁》：“红肌丝发，外彰华精。”

【絲網】 丝织的网。亦指网状物。姚合《酬任畴协律夏中苦雨见寄》：“丝网张空际，蛛绳续瓦沟。”皮日休《太湖诗·明月湾》：“柳弱下丝网，藤深垂花鬘。”

【絲緜】 用下脚茧和剥取蚕茧表面的乱丝精炼而成的棉花状物，可用来絮衣服、被子等。白居易《题裴晋公女几山刻石诗后》：“生子已嫁娶，种桑亦丝绵。”

【絲篁】 弦管乐器。亦借指音乐。韩愈《听颖师弹琴》：“嗟余有两耳，未省听丝篁。”卢仝《将归山招冰僧》：“月轮下射空洞响，丝篁成韵风萧萧。”

【絲履】 丝鞋。顾况《宜城放琴客歌》：“不知谁家更张设，丝履墙偏钗股折。”

【絲綸】 ❶称帝王之言或诏书。见《礼记·缁衣》。储光羲《敬酬陈掾亲家翁秋夜有赠》：“沉吟白华颂，帝阍降丝纶。”韩愈《酒中留上襄阳李相公》：“浊水污泥清路尘，还曾同制掌丝纶。”白居易《登龙尾道南望忆庐山旧隐》：“自笑形骸纡组绶，将何言语掌丝纶。”郑谷《故少师从翁隐岩别墅追纪》：“周旋居显重，内外掌丝纶。”❷钓丝。吕从庆《献题金鳌山》：“我今自号钓鱼郎，丝纶倍比任公长。”罗隐《送蕲州裴员外》：“蕲水苍生莫相羡，早看归去掌丝纶。”

【絲綸閣】 撰拟朝廷诏令之处。白居易《紫薇花》：“丝纶阁下文书静，钟鼓楼中刻漏长。”

【絲線】 以丝纺成的线。李休烈《咏铜柱》：“计合一条丝线挽，何劳两县索人夫。”王建《织锦曲》：“回花侧叶与人别，唯恐秋天丝线干。”元稹《雉媒》：“剪刀摧六翮，丝线缝双目。”

【絲縧】 丝编的带子或绳子。贺知章《咏柳》：“碧玉妆成一树高，万条垂下绿丝绦。”章孝标《饥鹰词》：“纵令啄解丝绦结，未得人呼不敢飞。”又《鹰》：“可惜忍饥寒日暮，向人鸽断碧丝绦。”花蕊夫人徐氏《宫词》之二七：“称与画船牵锦缆，暖风搓出彩丝绦。”

【絲縷】 蚕丝、线缕之类的统称。韦应物《叹白发》：“丝缕乍难分，杨花复相绕。”羊士谔《在郡三年今秋见白发》：“丝缕寒衣上，霜华旧简中。”皮日休《太湖诗·游毛公坛》：“敢道万石君，轻于一丝缕。”

【絲簧】 弦管乐器。见《文选·马融〈长笛赋〉》。亦代称音乐。韦元甫《木兰歌》：“木兰能承父母，却卸巾鞲理丝簧。”崔珏《美人尝茶行》：“明眸渐开横秋水，手拨丝簧醉心起。”李中《思朐阳春游感旧寄柴司徒五首》之四：“春郊饮散暮烟收，却引丝簧上翠楼。”崔道融《羯鼓》：“华清宫里打撩声，供奉丝簧束手听。”

【絲羅】 谓丝网。伏牛上人《三伤颂》之三：“蹭蹬遇丝罗，飘零喂蝼蚁。”

【絲繩】 丝编的绳子。岑参《青门歌送东台张判官》：“胡姬酒垆日未午，丝绳玉缸酒如乳。”白居易《新乐府·井底引银瓶》：“井底引银瓶，银瓶欲上丝绳绝。”

【絲纊】 丝和丝锦。徐凝《送寒岩归士》：“不挂丝纩衣，归向寒岩栖。”

【絲蘿】 菟丝与女萝。见《诗·小雅·頍弁》。亦泛称藤萝类的植物。陈翊《郊行示友人》：“醉向丝萝惊自醒，与君清耳听松湍。”温筵筠《古意》：“莫莫复莫莫，丝萝缘涧壑。”

【絲囊】 丝织的囊袋。杜牧《过勤政楼》：“千秋令节名空在，承露丝囊世已无。”

七 画

綆 〔gěng《广韵》古杏切，上梗。見。〕绳索；汲井之绳。李颀《长寿寺粲公院新甃井》：“空瓶宛转下，长绠辘轳盘。”韩翃《汉宫曲二首》之一：“绮窗夜闭玉堂静，素绠朝穿金井寒。”韩愈《合江亭》：“长绠汲沧浪，幽蹊下坎坷。”韦庄《天井关》：“短绠讵能垂玉甃，缭垣何用学金汤。”

綀 〔shū《广韵》所葅切，平魚，生。〕粗麻织物。见《陈书·姚察传》。孙元晏《咏史诗·陈·姚察》：“却归掌选清何甚，一匹花綀不肯收。”

經 〔jīng《广韵》古靈切，平青，見。又古定切，去徑。見〕❶织物的纵线。与“纬”相对。寒山《诗三百三首》之七三：“妇女慵经织，男夫懒耨田。”虞世南《中妇织流黄》：“综新交缕涩，经脆断丝多。”于濆《山村叟》：“驱牛耕白石，课女经黄茧。”❷对儒家经典和佛教典籍的尊称。崔曙《奉酬中书相公叙怀见寄之作》：“进经逢乙夜，展礼值明时。”杜甫《同元使君舂陵行》：“贾谊昔流恸，匡衡常引经。”卢纶《送恒操上人归江外觐省》：“持咒过龙庙，翻经化海人。”李商隐《五言述德抒情诗一首献上杜七兄仆射相公》：“经出宣尼壁，书留晏子楹。”❸常道。指常行的义理、准则、法制。韩愈《谁氏子》：“罚一劝百政之经，不从而诛未晚耳。”温庭筠《过孔北海墓二十韵》：“蕴策期干世，持权欲反经。”❹筹划。南唐后主李煜《句》：“冷笑秦皇经远略，静怜姬满苦时巡。”❺治理；管理。元稹《赠毛仙翁》序：“又谓其书不足以经世理国。”参见“經文❷”“經世”。❻受到；得到。骆宾王《艳情代郭氏答卢照邻》：“绿珠犹得石崇怜，飞燕曾经汉皇宠。”❼经历；经过。魏征《赋西汉》：“夜宴经柏谷，朝游出杜原。”韩愈《此日足可惜赠张籍》：“别离未为久，辛苦多所经。”白居易《思往喜今》：“忆除司马向江州，及此凡经十五秋。”张蠙《送人归南中》：“有家谁不别，经乱独难寻。”❽曾；已。太宗《春日望海》：“洪涛经变野，翠岛屡成桑。”王绩《在京思故园见乡人问》：“经移何处竹，别种几株梅。”李峤《奉和幸韦嗣立山庄应制》：“崖深经炼药，穴古旧藏书。”

【經天】 绕行天宇。李白《经乱后将避地剡中留赠崔宣城》：“太白昼经天，颓阳掩余照。”李益《校书郎杨凝往年以古镜贶别今追赠以诗》：“愿以三五期，经天无玷缺。”

【經天緯地】 语出《国语·周语下》。本指以天地为法度。后指经营天下，治理国家。贯休《诗》：“经天纬地物，动必计仙才。”张绍《冲佑观》：“拓土开疆，经天纬地。”

【經手】 经过亲自处理、操办。开元宫人《袍中诗》：“战袍经手作，知落阿谁边。”白居易《戊申岁暮咏怀三首》之二：“紫泥丹笔皆经手，赤绂金章尽到身。”

【經月】 整月。张九龄《和崔尚书喜雨》：“积阳虽有晦，经月未为灾。”

【經文】 ❶指佛教经典。孟郊《赠文应上人》：“经文开贝叶，衣制垂秋莲。”姚合《送无可上人游越》：“懒读经文求作佛，愿攻诗句觅升仙。”杜荀鹤《题江寺禅和》：“懒求施主修真像，翻说经文是妄言。”❷以文教治理国家。元稹《代曲江老人百韵》：“拨乱干戈后，经文礼乐辰。”《郊庙歌辞·祭太社乐章·舒和》：“纬武经文隆景化，登祥荐祉启丰年。”

【經心】 ❶萦系心头。王贞白《歌》：“一声长在耳，万恨重经心。”❷专心；留意。杜甫《春日江村五首》之三：“经心石镜月，到面雪山风。”元稹《赠乐天》：“不是眼前无外物，不关心事不经心。”方干《酬将作于少监》：“冰丝织络经心久，瑞玉雕磨措手难。”吴融《秋日感事》：“一叶飘然夕照沈，世间何事不经心。”

【經世】 治理国家。陈子昂《感遇诗三十八首》之一一：“囊括经世道，遗身在白云。”韦应物《同元锡题琅琊寺》：“经世岂非道，无为厌车辙。”柳宗元《独觉》：“为问经世心，古人难尽了。”陆希声《阳羡杂咏十九首·伏龟堂》：“不独卷怀经世志，白云流水是心期。”

【經目】 过目。周繇《送宇文虞》：“潜知经目事，大半是愁吟。”

【經史】 经书和史书。寒山《诗三百三首》之一二九：“雍容美少年，博览诸经史。”刘长卿《赠别于群投笔赴安西》：“风流一才子，经史仍满腹。”白居易《与梦得沽酒闲饮且约后期》：“闲征雅令穷经史，醉听清吟胜管弦。”杜荀鹤《寄温州崔博士》：“眼昏经史天何在，心尽英雄国未宁。”

【經史子集】 我国古代图书分类的四大部类。经部包括儒家的经典和小学方面的著作。史部包括各种史书和某些地理著作。子部包括诸子百家的著作。集部包括诗、文、词、赋等总集和专集。见《隋书·经籍志》。陆龟蒙《奉和袭美二游诗·徐诗》：“尝闻四书曰，经史子集焉。”

【經生】 儒生。张说《奉和御制与宋璟源乾曜同日上官命宴东堂赐诗应制》：“大块熔群品，经生偶圣时。”

【經年】 长年，整年。刘商《春日卧病》：“楚客经年病，孤舟人事稀。”李涉《寄荆娘写真》：“经年不得一封书，翠幕云屏绕空壁。”贾岛《咏怀》：“经年抱疾谁来问，野鸟相过啄木频。”

【經亘】 绵亘。徐彦伯《和李适答宋十一入崖口五渡见赠》：“经亘去崖合，冥绵归壑深。”杜甫《青阳峡》：“冈峦相经亘，云水气参错。”

【經行】 （一xíng）❶行程中经过。杜审言有《经行岚州》。❷佛教语。僧尼为驱睡消食，养身疗疾，常于一定年所反复来往行走，谓之经行。史俊《题巴州光福寺楠木》：“经行绿叶望成盖，宴坐黄花长满襟。”顾况《酬扬州白塔寺永上人》：“浮草经行遍，空花义趣圆。”李绅《题法华寺五言二十韵》：“药草经行遍，香灯次第燃。”齐己《临行题友生壁》：“山衲宜何处，经行避暑深。”

【經旬】 经过十天；十来天。王建《赠溪翁》：“伴僧斋过夏，中酒卧经旬。”白居易《履道池上作》：“家池动作经旬别，松竹琴鱼好在无。”贾岛《张郎中过原东居》：“年长惟添懒，经旬止掩关。”齐己《夏雨》：“应祷尤难得，经旬甚不妨。”

【經邦】 治理国家。杨于陵《和权载之离合诗》：“放情寄文律，方茂经邦术。”张碧《山居雨霁即事》：“常隳腐儒操，谬习经邦画。”皮日休《忆洞庭观步十韵》：“何文堪纬地，底策可经邦。”贯休《赠杨公杜之舅》：“谈谐尽是经邦术，头角由来出世姿。”

【經事】 经历世事。刘商《胡笳十八拍·第一拍》：“纱窗对镜未经事，将谓珠帘能蔽身。”

【經雨】 经受雨淋。刘长卿《碧涧别墅喜皇甫侍御相访》：“野桥经雨断，涧水向田分。”元稹《景申秋八首》之六：“经雨篱落坏，入秋田地荒。”刘沧《江城晚望》：“青山经雨菊花尽，白鸟下滩芦叶疏。”黄滔《送友人边游》：“砂城经雨坏，虏骑入秋狂。”

【經帙】 经书书套。王建《题元郎中新宅》：“近移松树初栽药，经帙书签一切新。”亦指经书。李商隐《骄儿诗》：“当为万户侯，勿守一经帙。”

【經房】 收藏佛经之室。贾岛《哭柏岩和尚》：“塔院关松雪，经房锁隙尘。”

【經始】 开创事业。王绩《过汉故城》：“经始谋帝坐，兹焉壮未央。”韦应物《春月观省属城始憩东西林精舍》：“昙远昔经始，于兹闷幽玄。”

【經牀】 放置佛经的几案。无名氏《题灵鹫》(外编下)：“鹤傍经床听梵语，鸟窥斋钵候钟声。”

【經春】 经过春季；整个春季。虞世南《拟饮马长城窟》：“有月关犹暗，经春陇尚寒。”张谓《早梅》：“不知近水花先发，疑是经春雪未销。”白居易《闺怨词三首》之一：“不惯经春别，谁知到晓啼。”裴略《为温仆射嘲竹》：“竹，风吹青肃肃。凌冬夜不凋，经春子不熟。”

【經秋】 经年；过了一年。王绩《晚年叙志示翟处士》：“无谓退耕近，伏念已经秋。”岑参《送人赴安西》：“早须清黠虏，无事莫经秋。”杜牧《寄浙东韩八评事》：“一笑五云溪上舟，跳丸日月十经秋。”韦庄《和郑拾遗秋日感事一百韵》：“卒岁贫无褐，经秋病泛漳。”

【經律】 指佛教经典和戒律。卢仝《寄赠含曦上人》：“此外杂经律，泛读一万纸。”

【經訓】 对经籍义理的训释。韩愈《符读书城南》：“文章岂不贵，经训乃菑畲。”

【經記】 经典杂记。玄宗《端午三殿宴群臣探得神字》序：“何止柏枕桃门，验方术于经记。彩花命缕，观问遗于风俗，感婆娑于孝女，悯枯槁之忠臣而已哉。”

【經室】 指藏佛经之室。窦群《晨游昌师院》：“林馥乱沈烟，石润侵经室。”李绅《过梅里七首·上家山》：“岩光翻落日，僧火开经室。”郑巢《寄贞法师》：“远瀑穿经室，寒萤发定衣。”

【經架】 置放佛经的几案。项斯《寄坐夏僧》：“苔色侵经架，松阴到簟床。”

【經紀】 ❶犹言经营筹划。寒山《诗三百三首》之一三二：“丈夫莫守困，无钱须经纪。”❷管理。韩愈《南山诗》：“大哉立天地，经纪肖营膝。”

【經時】 ❶经过一段时间；经久。岑参《青山峡泊舟怀狄侍御》：“离别倏经时，音尘殊寂寥。”权德舆《薄命篇》：“沙塞经时不寄书，深闺愁独意何如。”姚合《游春十二首》之十一：“身被春光引，经时更不归。”李群玉《小弟艎南游近书来》：“经时停尺素，望尽云边翼。”❷治理时事。陆龟蒙《袭美见题郊居十首因次韵酬之以伸荣谢》：“只有经时策，全无养拙资。”韦庄《对雨独酌》：“能诗岂是经时策，爱酒原非命世才。”

【經眼】 过目，过眼。杜甫《曲江二首》之一：“且看欲尽花经眼，莫厌伤多酒入唇。”元稹《赠吕三校书》：“七年浮世皆经眼，八月闲宵忽并床。”罗隐《旧游》：“远水犹经眼，高楼似断魂。”

【經記】 犹纪纪。指纪营买卖。王梵志《诗》之八二：“经记须平直，心中莫侧斜。”

【經脈】 中医指人体内气血运行的通路。王建《早发》：“时节忽复迁，秋风彻经脉。”

【經席】 讲授儒家的讲席。唐彦谦《闻应德茂先离棠溪》：“端知弃城市，经席许频温。”

【經宵】 整夜。卢纶《送绛州郭参军》：“送客今何幸，经宵醉玉堂。”吴越失姓名人《重和大庆堂赐宴元珰有诗呈吴越王》：“篸花尽日疑头重，病酒经宵觉口干。”

【經案】 放佛经的几案。朱庆余《过苏州晓上人院》：“经案离时少，绳床著处平。”章孝标《西山广福院》：“竹影临经案，松花点衲衣。”齐己《不睡》：“天明拂经案，一炷白檀灰。”

【經書】 指儒家经典。卢象《赠广川马先生》：“经书满腹中，吾识广川翁。”杜甫《吾宗》：“语及君臣际，经书满腹中。”严维《送薛居士和州读书》：“孤云独鹤共悠悠，万卷经书一叶舟。”姚合《和李绅助教不赴看花》：“太学官资清品秩，高人公事说经书。”

【經堂】 佛教称藏经之堂和诵经、做佛事之堂。李白有《白微时募县小吏入令卧内尝驱牛经堂下令妻怒将加诘责》。

【經略】 ❶谋划；策略。席豫《奉和圣制送张说巡边》：“经略图方远，怀柔道更全。”孙元晏《咏史诗·晋·蒲葵扇》：“抛舍东山岁月遥，几施经略挫雄豪。”❷官名。唐贞观三年(628)在边远州设置经略使，为边防军事长官，后多由节度使兼任。亦简称经略，陈陶有《贺容府韦中丞大府贤兄新除黔南经略》。

【經國】　治理国家。韦应物《经函谷关》："炎灵讵西驾，娄子非经国。"钱起《奉送户部李郎中充晋国副节度出塞》："始愿文经国，俄看武定边。"白居易《东南行一百韵》："蕴藏经国术，轻弃度关繻。"徐铉《酬郭先辈》："论兵属少年，经国须儒术。"

【經過】　❶行程所过；通过。寒山《诗三百三首》之十五："谁当来叹赏，樵客屡经过。"韩翃《赠别上元主簿张著》："日日澄江带山翠，绿芳都在经过地。"元稹《卢头陀诗》："还来旧日经过处，似隔前身梦寐游。"徐夤《蝴蝶三首》之一："不并难飞茧里蛾，有花芳处定经过。"❷交往。李白《少年行》："少年游侠好经过，浑身装束皆绮罗。"杜甫《甘林》："经过倦俗态，在野无所违。"白居易《七年元日对酒五首》之一："庆吊经过懒，逢迎跪拜迟。"李洞《上司空员外》："禅心高卧似疏慵，诗客经过不厌重。"

【經術】　经学。韦抗《奉和圣制送张说上集贤学士赐宴》："壶觞接云上，经术引关西。"杜甫《奉送苏州李二十五长史丈之任》："公侯终必复，经术昔相传。"张祜《投常州从兄中丞》："史材谁是伍，经术世无双。"李群玉《自澧浦东游江表途出巴丘投员外从公虞》："经术震浮荡，国风扫齐梁。"

【經笥】　出《后汉书·文苑传上·边韶》。后以"經笥"借指博通经书的人。褚亮《奉和咏日午》："昼寝惭经笥，暂解入朝衣。"李瀚《蒙求》："樗里智囊，边韶经笥。"

【經訣】　指道经的奥旨。罗隐《寄第五尊师》："欲访先生问经诀，世间难得不由身。"

【經宿】　整夜。王建《寄杜侍御》："退朝寺里寻荒塔，经宿城南看野泉。"许棠《送王侍御赴宣城》："经宿留闲客，看云作主人。"

【經費】　国家日常费用。韩愈《赴江陵途中寄三学士》："有司恤经费，未免烦征求。"亦指家庭经济费用。白居易《不能忘情吟》序："乐天既老，又病风，乃录家事，会经费，去长物。"

【經遊】　亦作"經游"。经历游览。齐己《潇湘二十韵》："经游闻舜禹，表里见乾坤。"冯延巳《采桑子》词之七："起来检点经游地，处处新愁。"

【經游】　见"經遊"。

【經絡】　经脉和络脉。借指情绪。李贺《勉爱行二首送小季之庐山》："南云北云空脉断，灵台经络悬春线。"

【經肆】　出售经书的坊肆。元稹《酬乐天东南行诗一百韵》："文房长遣闭，经肆未曾铺。"

【經歲】　经过一年；长年。鲍溶《悼豆卢策先辈》："经岁哭不得，眼前双双流。"于武陵《秋夜达萧关》："辞国几经岁，望乡空见山。"韦庄《春云》："官辞凤阙频经岁，家住峨嵋第几峰。"刘采春《啰唝曲六首》之一："载儿夫婿去，经岁又经年。"

【經業】　研治儒家经书的学业。白居易《和春深二十首》之十："何处春深好，春深经业家。"

【經傳】　（－zhuàn）儒家典籍经与传的统称。传是训释经文的著作。徐彦伯《赠刘舍人古意》："浩歌在西省，经传恣潜心。"

【經意】　经心；注意。韩愈《石鼎联句》序："初不似经意，诗旨有似讥喜。"张祜《题赠仲仪上人院》："黄叶不经意，青山无事身。"

【經塗】　沿途。王勃《林泉独饮》："丘壑经涂赏，花柳遇时春。"苏颋《利州北佛龛前重于去岁题处作》："蜀守经涂处，巴人作礼朝。"

【經臺】　用于讽诵佛经的平台。祖咏有《题远公经台》。韩翃《留题宁川香盖寺壁》："爱远登高尘眼开，为怜萧寺上经台。"

【經閣】　经堂。朱庆余《夏日访贞上人院》："流水离经阁，闲云入梵宫。"

【經誥】　经书和典诰。诰，《书》六体之一。用于告戒或劝勉。皮日休《追和虎丘寺清远道士诗》序："大则为经诰，小则为歌咏。"

【經樓】　收藏佛经或道经的楼阁。贾岛《杨秘书新居》："城角新居邻静寺，时从新阁上经楼。"李商隐《郑州献从叔舍人袖》："不知他日华阳洞，许上经楼第几重。"

【經履】　经历。权德舆《古离别》："经履同游处，犹言常相随。"

【經綸】　❶整理丝缕，理出丝绪和编丝成绳，统称经纶。引申为筹划治理国家大事。李白《避地司空原言怀》："南风昔不竞，豪圣思经纶。"杜甫《述古三首》之三："经纶中兴业，何代无长才。"李商隐《行次西郊作一百韵》："降及开元中，奸邪挠经纶。"贯休《赠抱麻刘舍人》："生徒希匠化，寰海仰经纶。"❷指治国的抱负和才能。杜甫《奉送严公入朝十韵》："与时安反侧，自昔有经纶。"又《送重表侄王砅评事使南海》："向窃窥数公，经纶亦俱有。"皎然《送穆寂赴举》："立身素耿介，处难思经纶。"

【經論】　指佛教三藏中的经藏与论藏。王维《辋川别业》："优娄比丘经论学，伛偻丈人乡里贤。"徐浩《宝林寺作》："洗心听经论，礼足蠲凶灾。"陆龟蒙《和袭美重送圆载上人归日本国》："见翻经论多盈箧，亲植杉松大几围。"贯休《哭灵一上人》："经论传缁侣，文章遍墨卿。"

【經緯】　织物的纵线和横线。一经一纬，织成布匹。引申之，凡属有条理地处理问题者，均称经纬。张嘉贞《奉和圣制送张说巡边》："经纬称人杰，文章作代英。"杜甫《北征》："君诚中兴主，经纬固密勿。"陆龟蒙《袭美先辈以龟蒙所献五百言既蒙见和复示荣唱再抒鄙怀用伸酬谢》："先开否臧源，次筑经纬基。"

【經歷】 ❶历时久远。元稹《梦游春七十韵》："浮生转经历，道性尤坚固。"❷经过。王昌龄《万岁楼》："江上巍巍万岁楼，不知经历几千秋。"杨巨源《早春即事呈刘员外》："马蹄经历须应遍，莺语叮咛已怪迟。"韩愈《石鼓歌》："大厦深檐与盖覆，经历久远期无佗。"

【經學】 研究儒家经典的学问。司空曙《送王使君小子孝廉登科归省》："年少通经学，登科尚佩觿。"

【經營】 ❶筹划营造。韩愈《合江亭》："维昔经营初，邦君实王佐。"又《送僧澄观》："借问经营本何人，道人澄观名籍籍。"白居易《开龙门八节石滩诗二首》序："会昌四年，有悲智僧道遇，适同发心，经营开凿，贫者出力，仁者施财。"齐己《假山》："经营惭培塿，赏玩愧童儿。"❷规划营治；操持管理。寒山《诗三百三首》之八五："心贪觅荣华，经营图富贵。"白居易《途中作》："身不经营物，心不思量事。"胡曾《咏史诗·滹沱河》："光武经营业未兴，王郎兵革正凭陵。"李洞《述怀二十韵献覃怀相公》："二年犹困辱，百口望经营。"❸艺术构思。杜甫《丹青引赠曹将军霸》："诏谓将军拂绢素，意匠惨澹经营中。"韩愈《调张籍》："顾语地上友，经营无太忙。"

【經聲】 讽诵佛经的声音。韦应物《神静师院》："经声在深竹，高斋独掩扉。"卢纶《过仙游寺》："数峰行尽犹未归，寂寞经声竹阴暮。"刘昚虚《寄阎防》："松色空照水，经声时有人。"

【經覯】 亲身经历和目睹。韩愈《南山诗》："欲休谅不能，粗叙所经覯。"

【經藏院】 (藏 zàng)寺院中存放佛经的房舍。皇甫冉有《同张侍御咏兴宁寺经藏院海石榴花》。

【經霜】 经过秋霜。杜甫《怀锦水居止二首》之二："层轩皆面水，老树饱经霜。"刘长卿《宿北山禅寺兰若》："旧识窗前桂，经霜更待攀。"张仲素《秋思赠远》："为问青青河畔草，几回经雨复经霜?"项斯《宿山寺》："山果经霜多自落，水萤穿竹不停飞。"

【經濟】 ❶经世济民。王维《送高适弟耽归临淮作》："备知经济道，高卧陶唐时。"高适《效古赠崔二》："我惭经济策，久欲甘弃置。"温庭筠《郊居秋日有怀一二知己》："自笑谩怀经济策，不将心事许烟霞。"贯休《寄杜使君》："亦知休明代，谅无经济术。"❷指治国济民的才干。杜甫《徒步归行》："明公壮年值时危，经济实藉英雄姿。"贾至《自蜀奉册往朔方途中呈韦左相文部房尚书门下崔侍郎》："顾惟乏经济，扦牧陪从臣。"姚合《闲居遣兴》："文字非经济，空虚用破心。"徐夤《寄华山司空侍郎二首》之二："前古负材多为国，满怀经济欲何从。"

【經濟才】 ❶治国安民的人才。刘长卿《归沛县道中晚泊留侯城》："伊昔楚汉时，颇闻经济才。"❷治国安民的才干。杜甫《上水遣怀》："古来经济才，何事独罕有。"

【經藏】 (一zàng)佛教经典的一大类。与律藏、论藏合称三藏。亦指寺院存放佛经处。元稹《度门寺》："道场居士置，经藏大师封。"

【經籍】 儒家典籍。崔湜《塞垣行》："昔我事讨论，未尝怠经籍。"王建《送韦处士老舅》："忆昨痴小年，不知有经籍。"韩愈《南内朝贺归呈同官》："况于经籍深，岂究端与倪。"吴筠《览古十四首》之一："乃验经籍道，与世同屯夷。"

綃

〔xiāo《广韵》相邀切，平宵，心。〕薄的生丝织品。刘禹锡《伤秦姝行》："冯夷蹁跹舞渌波，鲛人出听停绡梭。"白居易《早热二首》之二："数匙粱饭冷，一领绡衫香。"鲍溶《萧史图歌》："霜绡数幅八月天，彩龙引凤堂堂然。"徐夤《和尚书咏泉山瀑布十二韵》："天外倚来秋水刃，海心飞上白龙绡。"

【綃巾】 薄丝头巾。白居易《山石榴寄元九》："泪痕裛损燕支脸，剪刀裁破红绡巾。"又《香山寺石楼潭夜浴》："绡巾薄露顶，草履轻乘足。"

【綃幌】 轻纱帷幔。唐代闺阁悬挂于卧室，或置于纱窗、珠帘之上，用以防尘、遮光。毛熙震《浣溪沙》词之七："慵整落钗金翡翠，象梳欹鬓月生云，锦屏绡幌麝烟薰。"又《更漏子》词之一："绡幌碧，锦衾红，博山香炷融。"

【綃幕】 薄纱帘帐。沈佺期《凤箫曲》："八月凉风动高阁，千金丽人卷绡幕。"杜甫《夜宿西阁晓呈元二十一曹长》："稍通绡幕霁，远带玉绳稀。"钱起《夜雨寄寇校书》："烛影出绡幕，虫声连素琴。"杜牧《和宣州沈大夫登北楼书怀》："香连日彩浮绡幕，溪逐歌声绕画楼。"

【綃綺】 有花纹的轻薄丝织品。杜甫《奉送魏六丈佑少府之交广》："待婢艳倾城，绡绮轻雾霏。"

【綃練】 洁白的薄纱。丘丹《奉使过石门观瀑》："照日类虹霓，从风似绡练。"

【綃縠】 轻纱之类的丝织品。刘禹锡《春日退朝》："瑞气转绡縠，游光泛波澜。"

絸

〔jiǎn《广韵》古典切，上铣，見。〕同"蠒"。蚕茧。李敬方《题黄山汤院》："气燠胜重茧，风和敌一尊。"

絹 〔juàn《广韵》吉椽切，去線，見〕平纹的生丝织物，似缣而较疏，挺括滑爽。杜甫《戏为双松图歌》："我有一匹好东绢，重之不减锦绣段。"王建《田家行》："麦收上场绢在轴，的知输得官家足。"卢仝《走笔谢孟谏议寄新茶》："口云谏议送书信，白绢斜封三道印。"白居易《秦中吟十首·重赋》："织绢未成匹，缫丝未盈斤。"司马都《送羊振文先辈往桂阳归觐》："君家祖德惟清苦，却笑当时问绢心。"

【絹素】 未染色的绢。王颤《怀素上人草书歌》："或粉壁，或彩笺，蒲葵绢素何相鲜。"杜甫《丹青引赠曹将军霸》："诏谓将军拂绢素，意匠惨澹经营中。"任华《怀素上人草书歌》："或逢花笺與绢素，凝神执笔守恒度。"

絺 〔chī《广韵》丑飢切，平脂，徹。〕细葛巾。韦应物《赠李判官》："始耕已见获，衫絺今授衣。"杜甫《雨》："轻箑烦相向，纤絺恐自疑。"李绅《闻里谣效古歌》："冬有褴襦夏有絺，兄锄弟耨妻在机。"王言史《广州王园寺伏日即事寄北中亲友》："裛汗絺如濯，亲床枕并烧。"

【絺衣】 细布葛衣。杜甫《陪郑广文游何将军山林十首》之九："絺衣挂萝薜，凉月白纷纷。"

【絺綌】 葛布的统称。葛之细者为絺，粗者为綌。泛称葛服。王维《苦热》："莞簟不可近，絺綌再三濯。"李白《黄葛篇》："闺人费素手，采缉作絺綌。"杜甫《遣兴五首》之一："焉知南邻客，九月犹絺綌。"萧祜《游石堂观》："嚼瓜啜茗身清凉，汗消絺綌如迎霜。"

【絺纊】 葛布与丝绵。借指夏衣与冬衣。张说《登九里台是樊姬墓》："诗书将变俗，絺纩忽弥年。"

綌 〔xì《广韵》绮戟切，入陌，溪。〕粗葛布。李峤《瓜》："终朝奉絺綌，谒帝伫非赊。"杜甫《遣兴五首》之一："焉知南邻客，九月犹絺綌。"又《前苦寒行二首》之一："秦城老翁荆扬客，惯习炎蒸岁絺綌。"韦蟾《和柯古穷居苦日喜雨》："衣桁袭中单，浴床抛下綌。"

綏[1] 〔suí，又读 suī《广韵》息遺切，平脂，心。〕❶挽以登车的绳索。《仪礼·士昏礼》。李益《秋晚溪中寄怀大理齐司直》："明质鹜高景，飘摇服缨绥。"❷安；安抚。张说《奉和圣制过晋阳宫应制》："愿君及春事，回舆绥万邦。"玄宗《赐诸州刺史以题座右》："恤茕且存老，抚弱复绥强。"张嘉贞《奉和圣制送张说巡边》："有谋当系丑，无战且绥氓。"张蠙《赠信安太守》："三衢正对福星时，喜得君侯妙抚绥。"❸退军。杜牧《闻庆州赵纵使君与党项战中箭身死辄书长句》："死绥却是古来有，骁将自惊今日无。"

綏[2] 〔tuǒ《集韵》吐火切，上果，透。〕通"妥"。下垂。见"綏$_2$妥。"

綏[3] 〔ruí《集韵》儒隹切，平脂，日。〕通"緌"。参见"綏$_3$章"。

【綏山】 山名。在今四川峨眉山市西南。故后以"绥山"喻指仙境。陈子昂《感遇诗三十八首》之三六："梦登绥山穴，南采巫山芝。"

【綏州】 西魏置，治所在上县(今陕西绥德县)。许棠《雕阴道中作》："五月绥州北，途程少郁蒸。"

【綏$_2$妥】 物下垂貌。李贺《申胡子觱篥歌》："花娘篸绥妥，休睡芙蓉屏。"

【綏$_3$章】 绥，通"緌"。古代旗竿顶端所饰的染色的鸟羽或旄牛尾，用以区别贵贱。一说"绥章"为引以登车的彩索。柳宗元《奉平淮夷雅表·方城》："长戟酋矛，粲其绥章。"

【綏德】 县名。西魏大统十二年(546)置，治所在今陕西绥德县西北清涧河南岸，唐武德二年(619)移治此河北岸。贾岛有《送陈判官赴绥德》。

【綏輯】 安抚。赵嘏《淮信贺腾迈台州》："凋瘵民思太古风，上贤绥辑副宸衷。"

【綏嶺】 即绥山。李义府《招谕有怀赠同行人》："不求绥岭桃，宁美邛乡蒟。"参见"綏山"。

【綏邊】 安定边区。袁朗《赋饮马长城窟》："画野功初立，绥边事云集。"《郊庙歌辞·享太庙乐章·宁和》："七德已绥边，九夷咸底定。"

綈 〔tí《广韵》杜奚切，平齊，定。〕厚实平滑而有光泽的丝织物。韩愈《元和圣德诗》："皇帝俭勤，盥濯陶瓦。斥遣浮华，好此绨纻。"元稹《酬乐天得稹所寄纻丝布白轻庸制成衣服以诗报之》："湓城万里隔巴庸，纻薄绨轻共一封。"刘叉《雪车》："腊令凝绨三十日，缤纷密雪一复一。"

【綈袍】 厚缯制成的袍。见《史记·范睢蔡泽列传》。后多以"绨袍"作为眷念故旧之典。李白《送鲁郡刘长史迁弘农长史》："他日见张禄，绨袍怀旧恩。"岑参《尚书念旧垂赐袍衣率题绝句以申感谢》："绨袍更有赠，犹荷故人怜。"戎昱《冬夜宴梁十三厅》："夜寒销腊酒，霜冷重绨袍。"白居易《醉后狂言酬赠萧殷二协律》："宾客不见绨袍惠，黎庶未沾襦袴恩。"

【綈緗】 书的外套。古代常用浅黄色的丝质物作书卷函卷，故称。亦指书卷。任希古《和左仆射燕公春日端居述怀》："绨缃歌美誉，丝竹咏芳尘。"

八 画

綦 〔qí《广韵》渠之切，平之，羣。〕❶指苍白色或白黑色。郑俞《赋得玉水记方流》："积水綦文动，因知玉产幽。"❷鞋带。见《礼记·内则》。元稹《酬翰林白学士代书一百韵》："坐捧迷前席，行吟忘结綦。"❸履迹；脚印。参见"綦跡"。

【綦下】 一种用鞋带从鞋底左右绕系使不脱落的麻鞋。綦，鞋带。刘禹锡《和游房公旧竹亭闻琴绝句》："尚有竹间路，永无綦下尘。"

【綦毋】 复姓。唐诗人有綦毋潜、綦毋诚等。

【綦跡】 足迹。韩愈、孟郊《城南联句》："袪熏霏霏在，綦迹微微呈。"

緒 〔xù《广韵》徐吕切，上語，邪。〕❶丝头。韦应物《杂体五首》之三："心精烟雾色，指历千万绪。"元稹《大云寺二十韵》："谕鹿车虽设，如蚕绪下棼。"❷开头；头绪。杜甫《送员外侍御入朝》："别思乱无绪，妖氛犹未清。"卢纶《洛阳早春忆吉中孚校书司空曙主簿因寄清江上人》："年来百事皆无绪，唯与汤师结净因。"张祜《秋晚途中作》："水云遥断绪，山日半衔棱。"李商隐《离亭赋得折杨柳二首》之二："含烟惹雾每依依，万绪千条拂落晖。"❸世系。贺知章《唐禅社首乐章·太和》："曾孙继绪，享神配极。"参见"緒業"。❹连绵不断的情思、意绪。张九龄《湘中作》："永路日多绪，孤舟天复冥。"韩愈《送侯参谋赴河中幕》："生期理行役，欢绪绝难承。"元稹《西州院》："感怆正多绪，鸦鸦相唤惊。"关盼盼《燕子楼三首》之三："瑶瑟玉箫无意绪，任从蛛网任从灰。"❺残余。见"緒風"。

【緒引】 抽引。罗隐《蟋蟀诗》："如诉如言，绪引虚宽。"

【緒言】 已发而未尽的言论。刘宪《饯唐永昌》："绪言已勖期年政，绮字当生满路光。"独孤及《酬梁二十宋中所赠兼留别梁少府》："绪言未及竟，离念已复至。"

【緒風】 余风。见《楚辞·九章·涉江》。孟浩然《他乡七夕》："绪风初减热，新月始临秋。"陆贽《晓过南宫闻太常清乐》："节随新律改，声带绪风轻。"温庭筠《元日》："绪风调玉吹，端日应铜浑。"

【緒業】 世绪家业。杜甫《别张十三建封》："相逢长沙亭，乍问绪业余。"

綾 〔líng《广韵》力膺切，平蒸，來。〕一种薄而细的丝织品。纹如冰凌，光如镜面。韩愈《和席八十二韵》："绮陌朝游间，绫衾夜直频。"白居易《新制绫袄成感而有咏》："水波文袄造新成，绫软绵匀温复轻。"章孝标《织绫词》："去年蚕恶绫帛贵，官急无丝织红泪。"杜荀鹤《送人宰吴县》："草履随船卖，绫梭隔水鸣。"

【綾步障】 绫制的用以遮蔽风尘或视线的一种屏幕。见《晋书·石崇传》。刘禹锡《三月三日十二韵》："人夸绫步障，马惜锦障泥。"

【綾扇】 以绫为扇面的团扇。李商隐《燕台四首·夏》："绫扇唤风阊阖天，轻帷翠幕波洲旋。"

【綾袍】 以绫为面子的袍子。白居易《闻行简恩赐章服喜成长句寄之》："荣传锦帐花联萼，彩动绫袍雁趁行。"

綺 〔qǐ《广韵》墟彼切，上紙，溪。〕❶有花纹的丝织品。崔日用《奉和立春游苑迎春应制》："剪绮裁红妙春色，宫梅殿柳识天情。"卢纶《割飞二刀子歌》："裁罗裁绮无钝时，用来三年一股折。"白居易《和酬郑侍御东阳春闷放怀追越游见寄》："余霞断时绮幅裂，斜云展处罗文纰。"陈陶《赠别》："海国一尺绮，冰壶万缕丝。"❷华丽；精美。杨濬《送刘散员赋得陈思王诗明月照高楼》："高楼一何绮，素月复流明。"苏颋《奉和圣制至长春宫登楼望稼穑之作》："凭轩一何绮，积溜写晴空。"刘禹锡《韩十八侍御见示岳阳楼诗因令属和重以自述故足成六十二韵》："笔锋不能休，藻思一何绮。"

【綺文】 美妙的文辞。陆龟蒙《次幽独君韵》之一："灵气独不死，尚能成绮文。"

【綺户】 彩绘雕花的门户。元稹《生春二十首》之一七："何处生春早，春生绮户中。"温庭筠《吴苑行》："绮户雕楹长若此，韶光岁岁如归来。"

【綺衣】 纹缯所制之衣。亦泛称华丽的衣服。上官仪《八咏应制二首》之一："罗荐已擘鸳鸯被，绮衣复有蒲萄带。"张文恭《七夕》："映月回雕扇，凌霞曳绮衣。"

【綺里】 复姓。此指西汉"商山四皓"之一的绮里季。李白《赠韦秘书子春二首》之二："留侯将绮里，出处未云殊。"皎然《苕溪草堂四十三韵》："绮里犹近名，于陵未泯迹。"

【綺里祠】 祭祀绮里季的祠庙。贾岛《赠李金州》："绮里祠前后，山程践白云。"

【綺服】 纹缯所制之衣。泛指华丽的衣服。海顺《三不为篇》之三："身达名超，箱盈绮服。"

【綺思】 美妙的文思。唐扶《和兵部郑侍郎省中四松诗》："恨发风期阻，诗从绮思裁。"罗隐《广陵李仆射借示近诗因投献》："闲寻绮思千花丽，静想高吟六义清。"

【綺食】 精美的食物。李白《扶风豪士歌》："雕盘绮食会众客，吴歌赵舞香风吹。"又《忆旧游寄谯郡元参军》："琼杯绮食青玉案，使我醉饱无归心。"又《寄远十一首》之一一："朝共琅玕之绮食，夜同鸳鸯之锦衾。"

【绮季】 即绮里季。王绩《赠李征君大寿》："副君迎绮季，天子送严光。"孟浩然《上巳日涧南园期王山人陈七诸公不至》："在山怀绮季，临汉忆荀陈。"张光朝《荻塘西庄赠房元垂》："忆昔炎汉时，乃知绮季贤。"李商隐《送丰都李尉》："固难寻绮季，可得信张仪。"

【绮季祠】 即绮里祠。白居易《代书诗一百韵寄微之》："水过清源寺，山经绮季祠。"

【绮美】 华美，华丽。白居易《一字至七字诗》："诗，绮美，瑰奇，明月夜，落花时。"尚颜《寄华阴司空侍郎》："诗犹少绮美，画肯爱丹青。"

【绮宫】 华丽的宫殿。董思恭《守岁二首》之一："暮景斜芳殿，年华丽绮宫。"

【绮陌】 繁华的街道；风景幽美的郊野道路。武元衡《奉和圣制重阳日即事》："绮陌拥行骑，香尘凝晓空。"元稹《羡醉》："绮陌高楼竞醉眠，共期憔悴不相怜。"刘沧《及第后宴曲江》："归时不省花间醉，绮陌香车似水流。"吴融《雪后过昭应》："绮陌已堪骑宝马，绿芜行即弹金丸。"

【绮纨】 ❶华丽的丝织品。亦指绮纨所制之衣。李峤《罗》："若珍三代服，同擅绮纨名。"薛据《古兴》："仆妾尽绮纨，歌舞夜达晨。"张浑《七老会诗》："风吹野柳垂罗带，日照庭花落绮纨。"周昙《咏史诗·后汉门·鲍宣妻》："但能和乐同琴瑟，未必恩情在绮纨。"❷犹纨袴。指富贵之家或其子弟，含贬意。刘禹锡《送李友路秀才赴举》："生长绮纨内，辛勤笔砚间。"

【绮席】 ❶盛美的筵席。柳中庸《丁评事宅秋夜宴集》："绮席人将醉，繁弦夜未央。"刘言史《上巳日陪襄阳李尚书宴光风亭》："碧池萍嫩柳垂波，绮席丝镛舞翠娥。"许浑《过故友旧居》："珠盘凝宝瑟，绮席递华觞。"韦庄《对梨花赠皇甫秀才》："且恋残阳留绮席，莫推红袖诉金卮。"❷华丽的席具。古人称坐卧铺垫用具为席。王维《扶南曲歌词五首》之二："堂上青弦动，堂前绮席陈。"郎士元《春宴王补阙城东别业》："山下古松当绮席，檐前片雨滴春苔。"权德舆《七夕见与诸孙题乞巧文》："隐映花奁对，参差绮席分。"皇甫松《天仙子》词之一："登绮席，泪珠滴，十二晚峰青历历。"

【绮宴】 华美丰盛的筵席。孙元晏《咏史诗·梁·勍敌》："传闻天子重儒才，特为皇华绮宴开。"又《咏史诗·陈·三阁》："三阁相通绮宴开，数千朱翠绕周回。"

【绮唱】 动听的歌声。李绅《过吴门二十四韵》："里吟传绮唱，乡语认歈讴。"

【绮帐】 华丽的帷帐。骆宾王《帝京篇》："小堂绮帐三千户，大道青楼十二重。"郭震《十月乐游诗》："罗衣羞自解，绮帐待君开。"

【绮窗】 雕刻或绘饰得极为精致的窗户。孟浩然《寒夜》："闺夕绮窗闭，佳人罢缝衣。"耿湋《古意》："叶下绮窗银烛冷，含啼自草锦中书。"白居易《闻乐感邻》："绿绮窗空分妓女，绛纱帐掩罢笙歌。"李商隐《巴江柳》："好向金銮殿，移阴入绮窗。"

【绮琴】 指绿绮琴。古琴名。见《西京杂记》。后即用以指琴。骆宾王《过故宋》："绮琴朝化治，祥石夜论空。"包何《同阎伯均宿道士观有述》："绮琴白雪无心弄，罗幌清风到晓开。"李珣《定风波》词之五："斗转更阑心杳杳，将晓，银釭斜照绮琴横。"

【绮栋】 雕刻或绘饰得很华丽的梁栋。李峤《王屋山第之侧杂构小亭暇日与群公同游》："绮栋鱼鳞出，雕甍凤羽栖。"

【绮帏】 华丽精美的帷帐。李暇《拟古东飞伯劳歌》："青绮帏中坐相忆，红鸾镜里见愁色。"

【绮皓】 即绮里季。商山四皓之一，故称。李白《山人劝酒》："苍苍云松，落落绮皓。"权德舆《送商州杜中丞赴任》："绮皓清风千古在，因君一为谢岩居。"李德裕《题寄商山石》："绮皓岩中石，尝经伴隐沦。"李群玉《自澧浦东游江表途出巴丘投员外从公虞》："高风动商洛，绮皓无馨香。"

【绮筵】 华丽丰盛的筵席。孟浩然《同张明府碧溪赠答》："绮筵铺锦绣，妆牖闭藤萝。"刘禹锡《夜燕福建卢侍郎宅因送之镇》："暂驻旌旗洛水堤，绮筵红烛醉兰闺。"温庭皓《观山灯献徐尚书》之二："望极高楼上，摇光满绮筵。"

【绮疏】 指雕刻成空心花纹的窗户。太宗《帝京篇十首》之一："云日隐层阙，风烟出绮疏。"杜甫《中宵》："西阁百寻余，中宵步绮疏。"皇甫冉《同裴少府安居寺对雨》："溽暑销珍簟，浮凉入绮疏。"温庭筠《题友人居》："尽日松堂看画图，绮疏岑寂似清都。"

【绮園】 美丽的花园。黄滔《遇罗员外衮》："绮园难贮林栖意，班马须持笔削权。"

【绮幕】 华丽精致的帷幕。张谓《赠吏部孙员外济》："名带含香发，文随绮幕开。"元稹《月三十韵》："绮幕残灯敛，妆楼破镜飞。"

【绮殿】 华丽的宫殿。太宗《帝京篇十首》之一："绮殿千寻起，离宫百雉余。"李绅《忆春日太液池亭候对》："桥转彩虹当绮殿，舰浮花鹢近蓬莱。"

【绮榭】 装饰华丽的台榭。杨巨源《上刘侍中》："舞腰凝绮榭，歌响拂雕梁。"温庭筠《谢公墅歌》："鸠眠高柳日方融，绮榭飘飖紫庭客。"

【绮楹】 雕刻或绘饰得很华丽的柱子。李峤

《茅》:“麛包青野外,鸥啸绮楹前。”

【綺幔】 华美精致的帷幕。王维《从岐山王夜宴卫家山池应教》:“座客香貂满,宫娃绮幔张。”崔颢《邯郸宫人怨》:“我家青楼临道傍,纱窗绮幔暗闻香。”

【綺閣】 华丽精致的楼阁。太宗《初秋夜坐》:“斜廊连绮阁,初月照宵帏。”韦应物《长安道》:“丽人绮阁情飘飖,头上鸳钗双翠翘。”张祜《爱妾换马》之二:“绮阁香销华厩空,忍将行雨换追风。”温庭筠《晓仙谣》:“绮阁空传唱漏声,网轩未辨凌云字。”

【綺綴】 华丽精致的缀饰。韦元旦《奉和幸安乐公主山庄应制》:“琼箫暂下钧天乐,绮缀长悬明月珠。”刘宪《夜宴安乐公主新宅》:“绮缀玲珑河色晓,珠帘隐映月华窥。”陈去疾《踏歌行》之二:“繁弦促管升平调,绮缀丹莲借月光。”

【綺寮】 雕刻或绘饰得很精美的窗户。见《文选·左思〈魏都赋〉》。李商隐《碧瓦》:“碧瓦衔珠树,红轮结绮寮。”韦庄《抚盈歌》:“凤縠兮鸳绡,霞疏兮绮寮。”徐铉《山路花》:“不共垂杨映绮寮,倚山临路自娇饶。”

【綺樹】 佳美的树木。王维《辋川集·柳浪》:“分行接绮树,倒影入清漪。”元稹《夜合》:“绮树满朝阳,融融有露光。”李绅《忆夜直金銮殿承旨》:“门压紫垣高绮树,阁连青琐近丹梯。”

【綺樓】 华美的楼阁。张说《赠崔二安平公乐世词》:“十五红妆侍绮楼,朝承握槊夜藏钩。”崔颢《卢姬篇》:“魏王绮楼十二重,水晶帘箔绣芙蓉。”李白《古风》之二七:“燕赵有秀色,绮楼青云端。”韦应物《拟古十二首》之四:“绮楼何氛氲,朝日正杲杲。”

【綺罽】 精美的毛织物。欧阳詹《题华十二判官汝州宅内亭》序:“媚以花草,清以竹木,绮罽庵澹,琅玕森然。”

【綺錯】 谓如绮纹之交错。宋之问《龙门应制》:“东城宫阙拟昭回,南阳沟塍殊绮错。”白居易《想东游五十韵》:“鳞差渔户舍,绮错稻田沟。”

【綺錢】 钱形图案之窗户雕饰。亦指刻镂有钱形图案的窗户。许敬宗《奉和秋日即目应制》:“玉露交珠网,金风度绮钱。”

【綺霞】 美丽的彩霞。武元衡《夏夜饯裴行军赴朝命》:“三年同看锦城花,银烛连宵照绮霞。”元稹《感石二十韵》:“宿露低莲脸,朝光借绮霞。”雍裕之《江上山》:“绮霞明赤岸,锦缆绕丹枝。”李绅《入淮至盱眙》:“天外绮霞迷海鹤,日边红树艳仙桃。”

【綺霞閣】 美如彩霞的楼阁。徐铉《御筵送邓王》:“绮霞阁上诗题在,从此还应有颂声。”

【綺檻】 雕刻或绘饰得很精美的栏杆。王维《同卢拾遗过韦给事东山别业二十韵》:“岩端回绮槛,谷口开朱门。”

【綺麗】 ❶秀丽。杜甫《通泉驿南去通泉县十五里山水作》:“一川何绮丽,尽目穷壮观。”❷形容辞藻华丽。李白《古风》之一:“自从建安来,绮丽不足珍。”杜甫《偶题》:“前辈飞腾入,余波绮丽为。”清昼、潘述《讲古文联句》:“暨于江表,其文郁兴。绮丽争发,繁芜则惩。”

【綺羅】 ❶泛指华贵的丝织品或丝绸衣。寒山《诗三百三首》之一三一:“复有绮罗人,舍中翠毛羽。”李白《少年行》:“浑身装束皆绮罗,兰蕙相随喧妓女。”杨凝《春情》:“水添杨柳色,花绊绮罗香。”秦韬玉《贫女》:“蓬门未识绮罗香,拟托良媒益自伤。”❷着绮罗之人。戎昱《苦哉行五首》之一:“膻腥逼绮罗,砖瓦杂珠玉。”白居易《和东川杨慕巢尚书府中独坐感戚在怀见寄十四韵》:“外府饶杯酒,中堂有绮罗。”韦庄《江亭酒醒却寄维扬饯客》:“满坐绮罗皆不见,觉来红树背银屏。”卢注《西施》:“惆怅兴亡系绮罗,世人犹自选青娥。”

【綺羅筵】 即绮筵。意谓与宴者均着绮罗。聂夷中《咏田家》:“不照绮罗筵,只照逃亡屋。”牟融《赠浙西李相公》:“尊酒与君称寿毕,春风入醉绮罗筵。”李群玉《哭郴州王使君》:“曾是绮罗筵上客,一来长恸向春风。”

【綺靡】 ❶美好;美妙。张祜《戊午感事书怀二百韵》:“鹧鸪词绮靡,鸜鹆舞蹁跹。”❷浮艳柔弱。卢仝《寄赠含曦上人》:“忽忽造古格,削尽俗绮靡。”杜牧《感怀诗一首》:“至于贞元末,风流恣绮靡。”尚颜《寄荆门郑准》:“传衣传钵理难论,绮靡销磨二雅尊。”

【綺繡】 ❶彩色丝纺品。李峤《山》:“古壁丹青色,新花绮绣纹。”李白《送杨少府赴选》:“衣工剪绮绣,一误伤千金。”亦指绮绣状物。陈陶《和西江李助副使早登开元寺阁》:“鳌荒初落日,剑野呈绮绣。”亦指身着绮绣者。李绅《到宣武三十韵》:“式宴歌钟合,陈筵绮绣并。”❷喻指美妙诗文。李白《赠从孙义兴宰铭》:“落笔生绮绣,操刀振风雷。”又《酬宇文少府见赠桃竹书筒》:“桃竹书筒绮绣文,良工巧妙称绝群。”杜甫《桥陵诗三十韵因呈县内诸官》:“绮绣相展转,琳琅愈青荧。”

【綺襦】 见“绮襦纨袴”。

【綺襦紈袴】 绫绸衣裤。为显贵者所服。用以指富贵子弟。刘禹锡《答东阳于令寒碧图诗》引:“东阳令于兴宗,丞相燕国公之犹子,生绮襦纨袴间。”亦省作“绮襦”。韦应物《酬郑户曹骊山感怀》:“我念绮襦岁,扈从当太平。”

【綺櫳】 绮疏。雕绘美丽的窗户。见《文选·张协〈七命〉》。皇甫冉《华清宫》:“肃穆瞻云辇,沉深闭綺栊。"李贺《恼公》:"蜡泪垂兰烬,秋芜扫绮栊。"李商隐《蝶三首》之一:"回首双飞燕,乘时入绮栊。"又《深宫》:"金殿销香闭绮栊,玉壶传点咽铜龙。"

【綺饌】 精美的肴馔。杜甫《陪柏中丞观宴将士二首》之一:"无私齐绮馔,久坐密金章。"

緊 〔jǐn《广韵》居忍切,上軫,見。〕❶缠丝紧。引申为物体受拉力或压力后呈现的紧张状态。与"鬆"相对。吕岩《又记》:"紧把赤龙头,猛将骊珠吸。"❷猛烈;激急。崔颢《川上女》:"暮来浪起风转紧,自言此去横塘近。"李白《出自蓟北门行》:"孟冬风沙紧,旌旗飒凋伤。"白居易《秋夜听高调凉州》:"楼上金风声渐紧,月中银字韵初调。"孙定《寄孙储》:"秋跨蹇驴风尚紧,静投孤店日初沈。"❸快速。白居易《河南王尹初到以诗代书先问之》:"官从分紧慢,情莫问荣枯。"❹身体结实。杜牧《冬至日寄小侄阿宜诗》:"头圆筋骨紧,两眼明且光。"

【緊快】 急促。顾况《李供奉弹箜篌歌》:"大弦长,小弦短,小弦紧快大弦缓。"顾云《池阳醉歌赠匡庐处士姚岩杰》:"弦索紧快管声脆,急曲碎拍声相连。"

綫 见"線"。

緋 〔fēi《广韵》甫微切,平微,非。〕红色。亦指红色官服。唐制,文武官员三品以上服紫,金玉带;四品服深绯,五品服浅绯,并金带。见《旧唐书·舆服制》。韩愈《送区弘南归》:"佩服上色紫与绯,独子之节可嗟唏。"白居易《闻李六授唐邓行军司马以诗贺之》:"四十著绯军司马,男儿官职未蹉跎。"雍陶《送友人弃官归山居》:"不爱人间紫与绯,却思松下著山衣。"贯休《春末兰溪道中作》:"山花零落红与绯,汀烟濛茸江水肥。"

【緋衣】 红色品服。杜甫《相逢歌赠严二别驾》:"乌帽拂尘青螺粟,紫衣将炙绯衣走。"罗隐《淮南送工部卢员外赴阙》:"贵分赤笔升兰署,荣著绯衣从板舆。"

【緋衫】 红色品服。白居易《又答贺客》:"似挂绯衫衣架上,朽株枯竹有何荣。"又《故衫》:"闇淡绯衫称老身,半披半曳出朱门。"

【緋紅】 鲜花。韩愈《寄崔二十六立之》:"又寄百尺彩,绯红相盛衰。"

【緋紫】 红色和紫色官服。元稹《台中鞫狱四十韵》:"奇哉乳臭儿,绯紫绷被间。"

【緋桃】 红色桃花。唐彦谦《绯桃》:"短墙荒圃四无邻,烈火绯桃照地春。"李咸用有《绯桃花歌》。

【緋袍】 红色官服。卢仝《观放鱼歌》:"忽脱身上殷绯袍,尽买罟擭尽有无。"白居易《别草堂三绝句》之二:"久眠褐被为居士,忽挂绯袍作使君。"又《行次夏口先寄李大夫》:"假著绯袍君莫笑,恩深始得向忠州。"

綽 〔chuò《广韵》昌约切,入藥,昌。〕宽;缓。元稹《春余遣兴》:"单衣颇新绰,虚室复清敞。"白居易《题西亭》:"何人造兹亭,华敞绰有余。"

【綽立】 端立。元稹《和李校书新题乐府十二首·阴山道》:"绰立花砖鹓凤行,雨露恩波几时报。"又《酬孝甫见赠十首》之四:"曾经绰立侍丹墀,绽蕊宫花拂面枝。"白居易《行简初授拾遗同早朝入阁因示十二韵》:"斗班花接萼,绰立雁分行。"

【綽約】 ❶柔弱貌。刘禹锡《寄赠小樊》:"花面丫头十三四,春来绰约向人时。"❷柔婉美好貌。韦应物《宝观主白鸲鹆歌》:"三山处子下人间,绰约不妆冰雪颜。"权德舆《杂诗五首》之一:"彩鸾驾非烟,绰约两仙子。"白居易《长恨歌》:"楼阁玲珑五云起,其中绰约多仙子。"鲍溶《古鉴》:"曾向春窗分绰约,误回秋水照蹉跎。"❸借指美女。郑畋《题缑山王子晋庙》:"西城要绰约,南岳命娇娆。"

【綽綽】 (一chuò)❶超群貌。元希声《赠皇甫侍御赴都八首》之五:"绰绰夫君,是膺柱下。"❷舒缓貌。白居易《不能忘情吟》序:"妓有樊素者,年二十余,绰绰有歌舞态。"李贺《洛姝真珠》:"真珠小娘下清廓,洛苑香风飞绰绰。"张祜《筝》:"绰绰下云烟,微收皓腕鲜。"

綱 〔gāng《广韵》古郎切,平唐,見。〕❶提网的总绳。杜甫《又观打鱼》:"苍江鱼子清晨集,设网提纲万鱼急。"亦指一般的绳子。贯休《题大安寺通禅师院》:"应行诸岳遍,象屣半无纲。"❷事物的总要。杜甫《秋行官张望督促东渚耗稻向毕清晨遣女奴阿稽竖子阿段往问》:"督领不无人,提携颇在纲。"❸纲纪;法度。杜甫《石犀行》:"安得壮士提天纲,再平水土犀奔茫。"张籍《祭退之》:"公有旷达识,生死为一纲。"李商隐《赠送前刘五经映三十四韵》:"从来以儒戏,安得振朝纳。"韦庄《和郑拾遗秋日感事一百韵》:"志求扶坠典,力未振颓纲。"引申为符合法度。韦表微《池州夫子庙麟台》:"周虽不纲,孔实嗣圣。"

【綱目】 大纲和细目。陆龟蒙《渔具诗·网》:"大罟纲目繁,空江波浪黑。"

【綱紀】 ❶大纲要领。引申为法度、纲常。皇甫冉《寄江东李判官》:"澄清佐八使,纲纪案诸侯。"皎然《妙喜寺四十二韵》:"都曹风韵整,纲纪信明决。"又《答裴济从事》:"三乘纲纪局,累登清白资。"李咸用《苍颉台》:"先贤忧民诈,观迹成纲纪。"❷治理。韦应物《送宣城路录事》:“纲纪多闲日,观游得赋诗。”

網 〔wǎng《广韵》文兩切,上養,微。〕❶捕鱼或捕捉鸟兽的工具,用绳或线编织而成。韩愈《感春四首》之四:“我恨不如江头人,长网横江遮紫鳞。”白居易《放旅雁》:“江童持网捕将去,手携入市生卖之。”李频《鄂州头陀寺上方》:“沙渚渔归多湿网,桑林蚕后尽空条。”齐己《归雁》:“潇湘一夜空,江人休举网。”❷指网状物。孟浩然《来阇黎新亭作》:“碧网交红树,清泉尽绿苔。”李德裕《忆村中老人春酒》:“巢燕衔泥疾,檐虫挂网高。”沈亚之《汴州船行赋岸傍所见》:“露珠虫网细,金缕兔丝长。”韦庄《同旧韵》:“触丝蛛堕网,避隼鸟投林。”❸布网;以网捕物。太宗《初夏》:“哢莺犹响殿,横丝正网天。”杨凝《送客归淮南》:“行丝直网蝶,去燕旋遗泥。”张籍《朱鹭》:“谁知豪家网尔躯,不如饮啄江海隅。”皮日休《太湖诗·太湖石》:“白丁一云取,难甚网珊瑚。”❹比喻笼罩。王昌龄《灞上闲居》:“空林网夕阳,寒鸟赴荒园。”高球《晦日宴高氏林亭》:“轻苔网危石,春水架平沙。”李峤《甘露殿侍宴应制》:“月宇临丹地,云窗网碧纱。”❺比喻法网。刘长卿《狱中闻收东京有赦》:“持法不须张密网,恩波自解惜枯鳞。”杜甫《秋日荆南送石首薛明府辞满告别奉寄薛尚书颂德叙怀斐然之作三十韵》:“恭惟汉网疏,风尘相澒洞。”窦巩《唐州东途作》:“天子欲开三面网,莫将弓箭射官军。”常衮《奉和圣制麟德殿燕百僚应制》:“网已祛三面,歌因守四方。”❻谓某种较为严密的体系或系统。张九龄《送使广州》:“心逐书邮去,形随世网婴。”杜甫《梦李白二首》之二:“孰云网恢恢,将老身反累。”周昙《咏史诗·春秋战国门·再吟毛遂》:“定获英奇不在多,然须设网遍山河。”

【網户】 ❶雕刻有网状花纹的门窗。刘宪《奉和幸三会寺应制》:“网户飞花缀,幡竿度鸟回。”王维《晚春归思》:“春虫飞网户,暮雀隐花枝。”李白《秋夜宿龙门香山寺奉寄王方城十七丈奉国莹上人从弟幼成令问》:“玉斗横网户,银河耿花宫。”张仲素《宫中乐五首》之一:“网户交如绮,纱窗薄似烟。”❷布满窗户。许浑《疾后与郡中群公谦李秀才》:“书院欲开虫网户,讼庭犹掩雀罗门。”

【網目】 指法网。李白《流夜郎半道承恩放还兼欣克复之美书怀示息秀才》:“得罪岂怨天,以愚陷网目。”

【網車】 纺车。李贺《南园十三首》之三:“竹里缫丝挑网车,青蝉独噪日光斜。”

【網珠】 缨络,即用小珠缀成网形。武三思《秋日于天中寺寻复礼上人》:“网珠遥映日,檐铎近吟风。”李绅《题法华寺五言二十韵》:“坐严狮子迅,幢饰网珠悬。”

【網眼】 渔网之细目。温庭筠《罩鱼歌》:“水连网眼白如影,淅沥篷声寒点微。”

【網罝】 捕鱼和捕捉鸟兽的用具。李白《送韩准裴政孔巢父还山》:“猎客张兔罝,不能挂龙虎。”

【網罟】 捕鱼及捕捉鸟兽的工具。王绩《古意六首》之三:“渔人递往还,网罟相萦藟。”杜甫《五盘》:“地僻无网罟,水清反多鱼。”元结《补乐歌十首·网罟》:“网罟设兮,水不深。”李郢《晚泊松江驿》:“云阴故国山川暮,潮落空江网罟收。”亦用以指世俗尘网。白居易《读史五首》之二:“何不从之游,超然离网罟?”

【網軒】 网户,装饰有网状物雕刻的门窗。韦应物《雨夜宿清都观》:“洞户含凉气,网轩构层阴。”杨凝《和直禁省》:“漏稀银箭滴,月度网轩光。”王涯《秋思二首》之一:“网轩凉吹动轻衣,夜听更长玉漏稀。”温庭筠《晓仙谣》:“绮阁空传唱漏声,网轩未辨凌云字。”

【網絲】 蜘蛛网。李白《怨情》:“请看陈后黄金屋,寂寂珠帘生网丝。”

【網塵】 蜘蛛网和尘埃。李白《中山孺子妾歌》:“芙蓉老秋霜,团扇羞网尘。”又《赠段七娘》:“罗袜凌波生网尘,那能得计访情亲。”张修之《长门怨》:“玉阶草露积,金屋网尘生。”

【網羅】 ❶捕鱼或捕捉鸟兽的工具。李白《野田黄雀行》:“吴宫火起焚尔窠,炎洲逐翠遭网罗。”蒋冽《山行见鹊巢》:“非直避网罗,兼能免倾覆。”许浑《赠茅山高拾遗》:“云中黄鹄日千里,自宿自飞无网罗。”苏拯《雉兔者》:“如何纵网罗,空成肥骨肉。”❷喻网状物。如蜘蛛网。亦指较为抽象的使人受缚于其中的某种物事。徐彦伯《班婕妤》:“窗暗网罗白,阶秋苔藓黄。”李元纮《绿墀怨》:“宝屋粘花絮,银筝覆网罗。”白居易《劝酒寄元九》:“深心藏陷阱,巧言织网罗。”李山甫《又代孔明哭先主》:“尽驱神鬼随鞭策,全罩英雄入网罗。”❸以网捕物。储光羲《登秦岭作时陷贼归国》:“网罗蠛蠓时,顾齿熊罴锋。”元稹《虫豸诗·蜘蛛》序:“巴蜘蛛大而毒,其甚者,身边数寸,而踦长数倍其身,网罗竹柏尽死。”鲍溶《鸣雁行》:“江南羽族本不少,宁得网罗此客鸟。”❹喻法网。王维《既蒙宥罪旋复拜官伏感圣恩窃书鄙意兼奉简新除使君等诸公》:“忽蒙汉诏还冠冕,始觉殷王解网罗。”杜牧《感怀诗一首》:“流品极蒙龙,网罗渐离弛。”司空图《酬张芬赦后见寄》:“紫凤朝衔五色书,阳春忽布网罗除。”

緺 〔guā《广韵》古華切,平麻,見。又古蛙切,平佳,見。又古禾切,平戈,見。〕❶青紫色的绶。柳宗元《同刘二十八院长述旧言怀五十二韵之作因其韵增至八十通赠二君子》:“共思捐佩处,千骑拥青緺。”❷量词。用于盘结的发髻。南唐后主李煜《长相思》词之二："云一緺，玉一梭，澹澹衫儿薄薄罗。"

【緺綬】 紫绶。元稹《奉和浙西大夫李德裕四十韵次本韵》："佩宠虽緺绶，安贫尚葛袍。"

緌 〔ruí《广韵》儒隹切，平脂，日。〕❶古代帽带的下垂部分。见《礼记·内则》。元稹《送崔侍御之岭南二十韵》："肇缨骢赳赳，緌珮绣縿縿。"郑嵎《津阳门诗》："破簪碎细不足食，金沟残留和缨緌。"❷长在口、腹下的针喙。见《礼记·檀弓下》。虞世南《蝉》："垂緌饮清露，流响出疏桐。"徐夤《蝉》："寒鸣宁与众虫同，翼鬓緌冠岂道穷。"沈鹏《寒蝉树》："不知微薄影，早晚挂緌缨。"

【緌緌】 物下垂貌。杜牧《杜秋娘诗》："燕禖得皇子，壮发绿緌緌。"

維 〔wéi《广韵》以追切，平脂，以。〕❶系物之大绳。韦应物《寄大梁诸友》："燕谑始云洽，方舟已解维。"❷系；挂缚。韩愈《洞庭湖阻风赠张十一署》："苍茫洞庭岸，与子维双舟。"杨衡《游峡山寺》："路石荫松盖，槛藤维鹤舟。"顾非熊《天河阁到啼猿阁即事》："每逢维艇处，坞里有人居。"钱珝《江行无题一百首》之二二："带舟维古岸，还似阻西陵。"❸隅；角落。马异《答卢仝结交诗》："有鸟自南翔，口衔一书札，达我山之维。"许棠《送友人归江南》："皇州五更鼓，月落西南维。"《郊庙歌辞·蜡百神乐章·迎神》："上极天维，下穷坤纪。"❹纲纪；法度。李白《雪谗诗赠友人》："天维荡覆，职此之由。"❺维护；保卫。萧颖士《菊荣一篇五章》之一："王国是维，大君是毗。"韩愈《陪杜侍御游湘西两寺独宿有题一首因献杨常侍》："珥貂藩维重，政化类分陕。"吴筠《览古十四首》之一："兴言振颓纲，将以有所维。"❻乃；是。高适《送张瑶贬五溪尉》："他日维桢干，明时悬镆铘。"❼由于。李颀《送司农崔丞》："维监太仓粟，常对府小史。"❽通"唯"。独。徐彦伯《比干墓》："大位天下宝，维贤国之镇。"刘长卿《别陈留诸官》："不愧宝刀赠，维怀琼树枝。"权德舆《送许著作分司东都》："异日始离抱，维思烹鲤鱼。"刘禹锡《泽宫诗》："高墉伊何，维器与时。"❾助词。用于句首或句中。杜甫《北征》："维时遭艰虞，朝野少暇日。"韩愈《元和圣德诗》："维是元年，有盗在夏。"又《合江亭》："维昔经营初，邦君实王佐。"

【維百】 即惟百。指百官，维，通"惟"。助词。见《书·周书》。顾况《上古之什补亡训传十三章·苏方一章》："朱紫烂兮，传瑞晔兮，相唐虞之维百兮！"

【維舟】 ❶古代诸侯所乘之船。连接四船。令其稳固不动摇，故名。见《尔雅·释水》。后亦泛称帝王贵族所乘之舟。赵彦昭《奉和幸安乐公主山庄应制》："六龙齐轸御朝曦，双鹢维舟下绿池。"❷系船停泊。宋之问《送杜审言》："别路追孙楚，维舟吊屈平。"杜甫《公安县怀古》："维舟倚前浦，长啸一含情。"韩愈《送灵师》："维舟事干谒，披读头风痊。"李中《寒江暮泊寄左偃》："维舟芦荻岸，离恨若为宽。"

【維私】 出《诗·卫风·硕人》。后因以"维私"指姐夫或妹夫。刘言史《送人随姊夫任云安令》："闲逐维私向武城，北风青雀片时行。"

【維城】 ❶连城以卫国。见《诗·大雅·板》。李峤《石》："宗子维城固，将军饮羽威。"钱起《送李九归河北》："南州初卧鼓，东土复维城。"❷借指皇子或皇室宗族。钱起《送李大夫赴广州》："南越寄维城，雄雄拥甲兵。"无可《送李长吉之任东井》："家世维城后，官资宰邑初。"

【維持】 ❶维系；保持。陆龟蒙《袭美先辈以龟蒙所献五百言既蒙见和复示荣唱再抒鄙怀用伸酬谢》："犹怀遍巡狩，不暇亲维持。"胡权《济川用舟楫》："泛滥虽无定，维持且自专。"❷扶持；维护。元稹《寄吴士矩端公五十韵》："强起相维持，翻成两匍匐。"鲍溶《宿悟空寺赠僧》："维持薝卜花，却与前心行。"

【維時】 是时，当时。杜甫《北征》："维时遭艰虞，朝野少暇日。"韩愈《此日足可惜赠张籍》："维时月魄死，冬日朝在房。"

【維梢】 系船停泊。梢，通"艄"。船舵之尾，借指船。储光羲《登商丘》："维梢历宋国，结缆登商丘。"章八元《新安江行》："江源南去永，野渡暂维梢。"

【維桑】 见《诗·小雅·小弁》。后以"维桑"指代故乡。骆宾王《秋夜送阎五还润州》序："阎五官言返维桑，修途指金陵之地。"沈佺期《答魑魅代书寄家人》："大招思复楚，于役限维桑。"孟浩然《送王大校书》："维桑君有意，解缆我开筵。"徐铉《赠维扬故人》："东京少长认维桑，书剑谁教入帝乡。"

【維揚】 扬州的别称。见《尚书·禹贡》。后因截取二字以为名。李峤《象》："郁林开郡毕，维扬作贡初。"杜甫《奉寄章十侍御》："淮海维扬一俊人，金章紫绶照青春。"杜荀鹤《送蜀客游维扬》："见说西川景物繁，维扬景物胜西川。"徐铉《赠维扬故人》："莫怪临风惆怅久，十年春色忆维扬。"

【維嵩】 出《诗·大雅·崧高》。唐诗中借以指中岳嵩山。李颀《与诸公游济渎泛舟》："我本家颍北，开门见维嵩。"韦安石《梁王宅侍宴应制同用风字》："小臣陪宴镐，献寿奉维嵩。"王邕《嵩山望幸》："降灵逢圣主，望幸表维嵩。"郑馥《东都父老望幸》："昔因封泰岳，今伫蹑维嵩。"

【維新】 谓乃始更新。见《诗·大雅·文王》。后因称改变旧法推行新政为维新。苏颋《奉和圣制春台望应制》："即旧在皇家，维新具物华。"陈子昂《奉和皇帝上礼抚事述怀应制》:“微臣敢拜手,歌舞颂维新。”《郊庙歌辞·玄宗祀圜丘乐章·寿和》:“受釐合祉,宝祚维新。”

【維網】 用以系物和提网的绳。引申为法度、纲纪。韩愈《苦寒》:“太昊弛维纲,畏避但守谦。”

【維摩】 ❶维摩诘的省称。维摩诘,佛经中人名。为佛典中现身说法、辩才无碍的代表人物。诗中常以泛称修大乘佛法的居士。白居易《自咏》:“今日维摩兼饮酒,当时绮季不请钱。”李商隐《酬崔八早梅有赠兼示之作》:“维摩一室虽多病,亦要天花作道场。”司空图《雨中》:“维摩居士陶居士,尽说高情未足夸。”郑谷《赠泗口苗居士》:“岁晏乐园林,维摩契道心。”❷即《维摩诘经》。通行后秦鸠罗什译本。计十四品。孟郊《听蓝溪僧为元居士说维摩经》:“手持维摩偈,心向居士归。”贾岛《访鉴玄师侄》:“维摩青石讲初休。缘访亲宗到普州。”

【維摩经】 即《维摩诘经》。全称《维摩诘所说经》。后秦鸠摩罗什译。三卷。孟郊有《听蓝溪僧为元居士说维摩经》。

【維縶】 出《诗·小雅·白驹》。后因经“維縶”为系缚;羁绊。杜甫《早发射洪县南途中作》:“仆夫行不进,驽马若维絷。”陈去疾《赋得骐骥长鸣》:“牛皂休维絷,天衢恣陆梁。”姚合《寄贾岛浪仙》:“悄悄掩门扉,穷窘自维絷。”吴筠《翰林院望终南山》之二:“何当解维絷,永托逍遥墟。”

【維鵜】 出《诗·曹风·候人》。后以“维鹈”比喻小人在朝或在位者才德不称。元稹《哭子十首》之一:“维鹈受刺因吾过,得马生灾念尔冤。”

綿 〔mián《广韵》武延切,平仙,明。〕❶亦作“緜”。丝绵。杜甫《送路六侍御入朝》:“不分桃花红胜锦,生憎柳絮白于绵。”王建《林居》:“旧绵衣不暖,新草屋多风。”白居易《赠友五首》之三:“贱粜粟与麦,贱贸丝与绵。”路德延《小儿诗》:“臂膊肥如瓠,肌肤软胜绵。”❷延续;连续。皇甫冉《和郑少尹祭中岳寺北访萧居士越上方》:“一峰绵岁月,万性任盈虚。”于邵《释奠武成王乐章·奠币登歌》:“绵亿载,邈难挹。”杨凌《奉酬韦滁州寄示》:“陪燕辞三楚,戒途绵百越。”韩愈《答张彻》:“道途绵万里,日月垂十龄。”❸缠绕。柳宗元《法华寺石门精舍三十韵》:“萝葛绵层甍,莓苔侵标榜。”殷尧藩《访许浑》:“浅绿垣墙绵薜荔,淡红池沼映芙蕖。”❹笼罩;弥漫。杜甫《乐游园歌》:“乐游古园崒森爽,烟绵碧草萋萋长。”李端《送夏侯审游蜀》:“西望烟绵树,愁君上蜀时。”❺柔软;软弱。参见“綿手”“綿微”。❻悠远;高远。李白《赠嵩山焦炼师》:“道在喧莫染,迹高想已绵。”元稹《忆云之》:“感此幽念绵,遂为长悄悄。”

【綿山】 山名。在今山西介休市东南,山下有地名绵上,故名。相传春秋时晋介之推隐此山中。胡曾《咏史诗》中有《绵山》。

【綿川】 即绵阳河。源出四川绵竹市西南。卢照邻《大剑送别刘右史》:“地咽绵川冷,云凝剑阁寒。”

【綿手】 柔软的手。崔珏《有赠》:“莫道妆成断客肠,粉胸绵手白莲香。”

【綿布】 绵延四布。李绅《庆云见》序:“俄顷,诸崖谷间尽祥云,纷郁绵布,自午至未不散。”

【綿代】 世世代代。太宗《咏司马彪续汉志》:“绵代更膺期,芳图无辍记。”

【綿永】 长久。元稹《梦井》:“岂无同穴期,生期谅绵永。”

【綿竹】 亦作“緜竹”。❶竹之一种。杜甫《从韦二明府续处觅绵竹》:“华轩蔼蔼他年到,绵竹亭亭出县高。”❷县名,隋大业二年(606)以孝水县改名,治所在今四川绵竹市。贾岛《送李余及第归蜀》:“云当绵竹叠,鸟离锦江飞。”❸山名。在今四川绵竹市境。吴融《绵竹山四十韵》:“绵竹东西隅,千峰势相属。”

【綿竹頌】 篇名。汉扬雄撰。李商隐《令狐舍人说昨夜西掖玩月因戏赠》:“几时緜竹颂,拟荐子虚名。”

【綿延】 延续不断。韦应物《登西南冈卜居遇雨云物可赏》:“纡曲水分野,绵延稼盈畴。”庄南杰《阳春曲》:“芳草绵延锁平地,垄蝶双双舞幽翠。”

【綿衣】 内装丝绵的衣服。元稹《浮尘子》之一:“宁论隔纱幌,并解透绵衣。”又元稹《送岭南崔侍御》:“火布垢尘须火浣,木绵温软当绵衣。”白居易《闲出》:“春寒游正好,稳马薄绵衣。”

【綿羽】 借指黄鸟。杜牧《春思》:“绵羽啼来久,锦鳞书未传。”

【綿州】 隋开皇五年(585)置,治所在巴西县(今四川绵阳市东)。大业初改为金山郡。唐武德元年(618)复改为绵州,天宝元年(742)改为巴西郡,乾元元年(758)仍改为绵州。卢照邻有《绵州官池赠别同赋湾字》。杜甫《越王楼歌》:“绵州州府何磊磊,显庆年中越王作。”薛能《送崔学士赴东川》:“导骑已多行剑阁,亲军全到近绵州。”高璩《和薛逢赠别》:“剑外绵州第一州,尊前偏喜接君留。”

【綿思】 悠长的思绪。韦应物《感梦》:“绵思靄流月,惊魂飒回飙。”

【綿連】 见“綿聯”。

【綿被】 亦作“緜被”。丝绵被褥。白居易《晓眠后寄杨户部》:“软绫腰褥薄绵被,凉冷秋天稳暖身。”

【綿袍】 亦作“緜袍”。丝绵袍。白居易《闲居》:“绵袍拥两膝,竹几支双臂。”

【綿紙】 亦作“緜纸”。一种用树木韧性皮制成的纸,色白韧柔,纤维细软如绵,故名。李商隐《河阳诗》:“楚丝微觉竹枝高,半曲新辞写绵纸。”

【綿望】 缠绵久远的想望。崔国辅《王昭君》:“紫台绵望绝,秋草不堪论。”

【綿密】 稠密。殷尧藩《久雨》:“两旬绵密雨,二月似深冬。”

【綿微】 微弱。李白《草创大还赠柳官迪》:“罗络四季间,绵微无一隙。”

【綿劇】 病势严重。李白《淮南卧病书怀寄蜀中赵征君蕤》:“良图俄弃捐,衰疾乃绵剧。”

【綿綿】 亦作“緜緜”。❶连续不断貌。元结《橘井》:“风冷露坛人悄悄,地闲荒径草绵绵。”于鹄《古挽歌》:“双辙出郭门,绵绵东西道。”白居易《游悟真寺诗》:“却上谒仙祠,蔓草生绵绵。”李中《思朐阳春游感旧寄柴司徒五首》之二:“烟铺芳草正绵绵,藉草传杯似列仙。”❷漫长;悠久。刘禹锡《游桃源一百韵》:“绵绵五百载,市朝几迁革。”白居易《闻虫》:“暗虫唧唧夜绵绵,况是秋阴欲雨天。”又《新秋》:“其奈江南夜,绵绵自此长。”❸情思郁结。陈子昂《秋园卧病呈晖上人》:“绵绵多滞念,忽忽每如失。”卢仝《秋梦行》:“声断续,思绵绵,中含幽意两不宣。”陆龟蒙《村夜二篇》之一:“绵绵起归念,咽咽兴微咏。”王周《泊巴东》:“偶泊巴东古县前,宦情乡思两绵绵。”

【綿褐】 内装丝绵的粗布衣。白居易《能无愧》:“十两新绵褐,披行暖似春。”

【綿褥】 丝绵被褥。白居易《酬梦得见喜疾瘳》:“暖卧摩绵褥,晨倾药酒螺。”

【綿歎】 长叹。孟郊《姑蔑城》:“兴亡意何在,绵叹空踌躇。”

【綿冪】 谓稠密地覆盖着。卢鸿一《嵩山十志十首·幂翠庭》:“草树绵幂兮翠蒙茏,当其无兮庭在中。”李白《黄葛篇》:“黄葛生洛溪,黄花自绵幂。”又《南轩松》:“南轩有孤松,柯叶自绵幂。”

【綿歷】 延续时间长久。吴筠《建业怀古》:“绵历已六代,兴亡互纷纶。”元稹《思归乐》:“此去尽绵历,岂无心赏并。”

【綿聯】 亦作“緜聯”“綿連”。犹连绵。连续不断。胡皓《大漠行》:“山嶂绵连那可极,路远辛勤梦颜色。”刘昚虚《浔阳陶氏别业》:“物象自清旷,野情何绵联。”李绅《回望馆娃故宫》:“江云断续草绵连,云隔秋波树覆烟。”皮日休《三羞诗三首》之二:“绵联三四年,流为中夏辱。”

【綿邈】 亦作“緜邈”。❶路程遥远。李白《留别曹南群官之江南》:“怀君路绵邈,览古情凄凉。”贾岛《送萧颖士赴东府得路字》:“绵邈千里途,裴回四郊暮。”❷时间悠久。李华《咏史十一首》之三:“绵邈数千祀,丘中谁隐沦。”

【綿蠻】 亦作“緜蠻”。出《诗·小雅·绵蛮》。❶指小鸟。卢照邻《绵州官池赠别同赋湾字》:“欲叙他乡别,幽谷有绵蛮。”❷鸟鸣声。李华《杂诗六首》之一:“嘈嘈鸱枭动,好鸟徒绵蛮。”阎防《夕次鹿门山作》:“我行自春仲,夏鸟忽绵蛮。”雍陶《卢岳闲居十韵》:“鹤飞高缥缈,莺语巧绵蛮。”黄滔《寄献梓橦山侯侍御》:“梦余蟾隐映,吟次鸟绵蛮。”

綸[1]

〔lún《广韵》力迍切,平諄,來。〕❶青丝绞合而成的带子。古代低级官员用以系印。耿湋《奉和第五相公登鄱阳郡城西楼》:“属和瑶华曲,堪将系组纶。”❷粗丝线。多指钓丝。王昌龄《送任五之桂林》:“羁谴同缯纶,僻幽闻虎豹。”岑参《南池夜宿思王屋青萝旧斋》:“安得还旧山,东溪垂钓纶。”李贺《钓鱼诗》:“斜竹垂清沼,长纶贯碧虚。”白居易《江州赴忠州示舍弟五十韵》:“系缆怜沙静,垂纶爱岸平。”亦专指蚕丝。孟郊《寿安西渡奉别郑相公》:“岁去弦吐箭,忧来蚕抽纶。”❸指帝王的诏令。韦应物《寄中书刘舍人》:“忽睹九天诏,秉纶归国工。”包佶《奉和常阁老晚秋集贤院即事寄赠徐薛二侍郎》:“职美纶将綍,荣深组及珪。”白居易《酬皇甫庶子见寄》:“掌纶不称吾应笑,典郡无能我自知。”又《重到江州感旧游题郡楼十一韵》:“掌纶知是忝,剖竹信为荣。”

綸[2]

〔guān《广韵》古顽切,平山,見。〕见“綸₂巾”。

【綸₂巾】 冠名,古代用青色丝带做的头巾。一说配有青色丝带的头巾。相传三国蜀诸葛亮在军中服用,故亦称诸葛巾。李颀《郑樱桃歌》:“织成花映红纶巾,红旗掣曳卤簿新。”皎然《兵后西日溪行》:“数片昔贤磐石在,几回并坐戴纶巾。”白居易《题玉泉寺》:“手把青筇杖,头戴白纶巾。”皮日休《西塞山泊渔家》:“白纶巾下发如丝,静倚枫根坐钓矶。”

【綸₂巾羽扇】 头戴纶巾,手持羽扇。多用以形容飘逸儒雅的风度。吕岩《雨中花》词:“岳阳楼上,纶巾羽扇,谁识天人?”

【綸言】 指皇帝的诏令。储光羲《祭风伯坛应张太祝作》:“圣主御青春,纶言命使臣。”钱起《送蒋尚书居守东都》:“纶言动北斗,职事守东京。”白居易《行简初授拾遗同早朝入阁因示十二韵》:“纶言难下笔,谏纸易盈箱。”李群玉《送唐侍御福建省兄》:“世掌纶言传大笔,官分鸿序压霜台。”

【綸掖】 犹纶阁。中书省的代称。徐铉《奉和宫傅相公怀旧见寄四十韵》:“晨趋纶掖吟春永,夕会精庐待月圆。”

【綸$_2$帽】　即冠巾。皮日休《初夏游楞伽精舍》："梅风脱纶帽，乳水透芒屩。"

【綸詔】　即诏书。韦庄《和郑拾遗秋日感事一百韵》："伫归蓬岛后，纶诏润青缃。"

【綸絲】　钓丝。罗隐《赠渔翁》："叶艇悠扬鹤发垂，生涯空托一纶丝。"

【綸綍】　指诏令。赵冬曦《酬燕公出湖见寄》："纶綍有成命，旌麾不可攀。"皇甫曾《奉寄中书王舍人》："西掖几年纶綍贵，东山遥夜薜萝情。"韩愈《和席八十二韵》："纶綍谋猷盛，丹青步武亲。"李商隐《行次昭应县道上送户部李郎中充昭义攻讨》："早勒勋庸燕石上，伫光纶綍汉廷中。"

【綸誥】　皇帝的诏令文告。骆宾王《畴昔篇》："果乘骢马发嚣书，复道郎官禀纶诰。"韦青《句》："三代掌纶诰，一身能唱歌。"

【綸閣】　亦作"綸閤"。为代皇帝撰拟制诰之处。沈佺期《和中书侍郎杨再思春夜宿直》："五夜晓钟稀，星斗横纶阁。"钱起《中书遇雨》："纶阁飞丝度，龙渠激霤回。"白居易《洛中偶作》："二年直纶阁，三年刺史堂。"罗隐《送朗州张员外》："圣朝纶阁最延才，须牧生民始入来。"

【綸閤】　见"綸閣"。

【綸闈】　即纶阁。中书省的代称。白居易《曲江感秋二首》之一："近辞巴郡印，又秉纶闱笔。"姚合《和李十二舍人裴四二舍人两阁老酬白少傅见寄》："纶闱并命诚宜贺，不念衰年寄上频。"罗隐《投宣武郑尚书二十韵》："翰苑论思外，纶闱啸傲中。"韦庄《冬日长安感志寄献虢州崔郎中二十韵》："已闻铃阁悬新诏，即向纶闱副具瞻。"

綵　〔cǎi《广韵》倉宰切，上海，清。〕❶彩色丝织品。韩愈《寄崔二十六立之》："又寄百尺綵，绯红相盛衰。"孟郊《古意》："手持未染綵，绣为白芙蓉。"❷光泽；花纹。沈佺期《立春日内出彩花应制》："合殿春应早，开箱綵预知。"李白《焦山望寥山》："安得五綵虹，驾天作长桥。"权德舆《送穆侍御归东都》："知君儒服贵，綵绣两相辉。"徐夤《露》："散綵几当蝉饮际，凝光宜对蚌胎前。"

【綵人】　即彩缕人胜。李峤《奉和人日清晖阁宴群臣遇雪应制》："行庆传芳蚁，升高缀綵人。"

【綵巾】　彩色丝巾。李贺《黄家洞》："綵巾缠踍幅半斜，溪头簇队映葛花。"

【綵女】　汉代宫女之一种。后泛称宫女。王泠然《汴堤柳》："当时綵女侍君王，绣帐旌门对柳行。"李白《飞龙引二首》之一："宫中綵女颜如花，飘然挥手凌紫霞。"王翰《古蛾眉怨》："宫中綵女夜无事，学凤吹箫弄清越。"崔液《踏歌词二首》之一："綵女迎金屋，仙姬出画堂。"

【綵毛】　彩色羽毛。刘兼《晨鸡》："朱冠金距綵毛身，昧爽高声已报晨。"

【綵石】　彩色石头。沈佺期《陪幸太平公主南庄诗》："往往花间逢綵石，时时竹里见红泉。"

【綵仗】　彩饰的仪仗。指古代帝王、官员外出时仪卫人员所持之旗帜、伞、扇和武器等。宋之问《龙门应制》："綵仗蜺旌绕香阁，下辇登高望河洛。"李白《宫中行乐词八首》之七："晚来移綵仗，行乐泥光辉。"姚合《春日早朝寄刘起居》："綵仗迎春日，香烟接瑞雪。"王仁裕《从蜀后主幸秦川上梓潼山》："綵仗拂寒烟，鸣驺在半天。"

【綵舟】　装饰华丽的船。杜甫《陪王侍御同登东山最高顶宴姚通泉晚携酒泛江》："清江白日落欲尽，复携美人登綵舟。"李群玉《三月五日陪大夫泛长沙东湖》："綵舟浮滉荡，绣毂下娉婷。"闽后陈氏《乐游曲》词之二："西湖南湖斗綵舟，青蒲紫蓼满中洲。"

【綵衣】　❶五彩衣服。富贵者所服。元稹《酬哥舒大少府寄同年科第》："九陌争驰好鞍马，八人同著綵衣裳。"姚合《酬卢汀谏议》："遥贺来年二三月，綵衣先辈过春关。"王起《和李校书雨中自秘省见访不遇诗》："已惭陋巷回玉趾，仍闻细雨沾綵衣。"谭用之《送友人归青社》："雕鹗途程在碧天，綵衣东去复何言。"❷孝养父母。见《艺文类聚》卷十二引《列女传》。后以"綵衣"为孝养之典。孙逖《送李给事归徐州觐省》："列位登青琐，还乡复綵衣。"孟浩然《送张参明经举兼向泾川觐省》："十五綵衣年，承欢慈母前。"杜甫《宗武生日》："熟精文选理，休觅綵衣轻。"李商隐《赠孙绮新及第》："长乐遥听上苑钟，綵衣称庆桂香浓。"

【綵虬】　彩线绣的龙。传说中的一种无角龙。韩偓《重和》："冷宴殷勤展小园，舞鞲柔软綵虬盘。"

【綵花】　彩绢制作的花。沈佺期有《立春日内出綵花应制》。

【綵杵】　施彩的捣衣棒。杨泰师《夜听捣衣诗》："不知綵杵重将轻，不悉青砧平不平。"

【綵服】　❶彩色服装。亦借指穿彩服的官员。杜甫《和江陵宋大少府暮春雨后同诸公及舍弟宴书斋》："棣华晴雨好，綵服暮春宜。"罗隐《贺淮南节度卢员外赐绯》："御题綵服垂天眷，袍展花心透縠纹。"❷即彩衣。着之以娱亲。孟浩然《送洗然弟进士举》："献策金门去，承欢綵服违。"杜甫《送孟十二仓曹赴东京选》："朝夕高堂念，应宜綵服新。"李商隐《奉和太原公送前杨秀才戴兼招杨正字戎》："仙舟尚惜乖双美，綵服何由得尽同。"李洞《送皇甫校书自蜀下峡归觐襄阳》："宿寺青山尽，归林綵服翻。"

【綵弦】　彩色的琴弦。孔德绍《赋得华亭鹤》：

"心危白露下，声断綵弦中。"吴象之《阳春歌》："欲起把箜篌，如凝綵弦涩。"

【綵虹】 即虹。大气中一种光的现象，天空中的小水珠经日光照射发生折射和反射作用而形成的弧形彩带，由外圈至内圈呈红、橙、黄、绿、蓝、靛、紫七色。出现在与太阳相对的方向。李白《送温处士归黄山白鹅峰旧居》："他日还相访，乘桥蹑綵虹。"钱起《天门谷题孙逸人石壁》："云栋綵虹宿，药圃蝴蝶飞。"吴融《赴阙次留献荆南成相公三十韵》："画舸横青雀，危樯列綵虹。"

【綵斿】 见"綵旒"。

【綵索】 彩色绳索。指秋千索。韩愈《寒食直归遇雨》："不见红球上，那论綵索飞。"温庭筠《寒食日作》："綵索平时墙婉娩，轻球落处晚寥梢。"吴融《寒食洛阳道》："綵索飏轻吹，黄鹂啼落花。"裴说《清明》："画球轻蹴壶中地，綵索高飞掌上身。"

【綵舫】 即彩舟。李珣《南乡子》词之四："乘綵舫，过莲塘，棹歌惊起睡鸳鸯。"

【綵旆】 彩旗。李绅《过吴门二十四韵》："水风摇綵旆，堤柳引鸣驺。"

【綵旂】 彩旗。旂，古代画有两龙并在竿头上悬铃的旗。李商隐《行次西郊作一百韵》："綵旂转初旭，玉座当祥烟。"

【綵旃】 彩旗。旃，赤色、无饰，曲柄的旗。李峤《奉和幸大荐福寺应制》："雁沼开香域，鹦林降綵旃。"

【綵旄】 彩旗。旄，古代用毛牛尾做竿饰的旗子。张说《舞马词六首》之三："綵旄八佾成行，时龙五色因方。"耿湋《朝下寄韩舍人》："侍臣鸣珮出西曹，鸾殿分阶翊綵旄。"

【綵航】 即彩舟。张说《奉和圣制春日出苑应制》："鹤飞不去随青管，鱼跃翻来入綵航。"

【綵纸】 彩色笺纸。白居易《初到洛下闲游》："诗携綵纸新装卷，酒典绯花旧赐袍。"

【綵毬】 古代蹴球之戏用的彩色球。李白《宫中行乐词八首》之八："素女鸣珠珮，天人弄綵毬。"王建《长安早春》："暖催衣上缝罗胜，晴报窗中点綵毬。"白居易《和春深二十首》之一六："玲珑镂鸡子，宛转綵毬花。"徐铉《抛球乐》词之二："不知红烛下，照见綵毬飞。"

【綵笥】 彩色筐篚。李适《奉和圣制九日侍宴应制得高字》："萸房颁綵笥，菊蕊荐香醪。"

【綵鳥】 彩色鸟。李白《宣城青溪》："綵鸟昔未名，白猿初相识。"

【綵毫】 犹彩笔。钱起《中书王舍人辋川旧居》："景深青眼下，兴绝綵毫端。"王良士《奉陪武相公西亭夜宴陆郎中》："仙来红烛下，花发綵毫端。"李远《赠写御容李长史》："玉座尘消砚水清，龙髯不动綵毫轻。"黄滔《喜侯舍人蜀中新命三首》之一："五色綵毫裁凤诏，九重天子豁龙颜。"

【綵章】 彩色花纹、图饰。李白《送崔度还吴》："我乃重此鸟，綵章五色分。"刘禹锡《和令狐相公九日对黄白二菊花见怀》："琮璧交辉映，衣裳杂綵章。"

【綵雲】 绚丽的云彩。李白《古风》之五八："天空綵云灭，地远清风来。"戴叔伦《暮春感怀》之一："歌扇多情明月在，舞衣无意綵云收。"刘禹锡《游桃源一百韵》："旭日闻撞钟，綵云迎蹑屐。"吕岩《七言》之四二："碧洞远观明月上，青山高隐綵云流。"

【綵筆】 出《南史·江淹传》。后遂以"綵筆"称五色笔，并借指美妙诗文。崔日用《奉和人日重宴大明宫恩赐彩缕人胜应制》："金屋瑶筐开宝胜，花笺綵笔颂春椒。"杜甫《秋兴八首》之八："綵笔昔游干气象，白头吟望苦低垂。"殷尧藩《登凤凰台二首》之一："綵笔十年留翰墨，银河一夜卧阑干。"罗隐《秋晓寄友人》："手中綵笔夸题凤，天上泥封奖狎鸥。"

【綵艇】 即彩舟。刘言史《偶题》："迟日新妆游冶娘，盈盈綵艇白莲塘。"

【綵牋】 彩色的笺纸。供写诗文或作信笺。郑絪《奉酬宣上人东亭望月见赠因怀紫阁旧游》："一览綵笺佳句满，何人更咏惠休文。"贾岛《原居即事言怀赠孙员外》："避路来华省，抄诗上綵笺。"李建勋《蔷薇二首》之一："綵笺蛮榼旬休日，欲召亲宾看一场。"牛峤《应天长》词之二："莫信綵笺书里，赚人肠断字。"

【綵勝】 古代的一种饰物。立春日用五色线或绢剪制成小旌旗、燕、蝶、金线等形状，簪于髻上，以示迎春。阎朝隐《奉和圣制春日幸望春宫应制》："綵胜年年逢七日，酴醿岁岁满千钟。"陆龟蒙《人日代客子》："遥知双綵胜，并在一金钗。"

【綵童】 穿着华丽的儿童。黄滔《催妆》："烟树迥垂连蒂杏，綵童交捧合欢杯。"

【綵絮】 彩色丝絮。李贺《送秦光禄北征》："桃花连马发，綵絮扑鞍来。"

【綵絲】 彩色丝线。严维《忆长安·五月》："进膳甘瓜朱李，续命芳兰綵丝。"白居易《新乐府·红线毯》："綵丝茸茸香拂拂，线软花虚不胜物。"李商隐《楚宫》："但使故乡三户在，綵丝谁惜惧长蛟。"

【綵旒】 亦作"綵斿"。旗帜上的彩色飘带。亦借指彩旗。宋之问《幸少林寺应制》："空乐繁行漏，香烟薄綵斿。"徐彦伯《奉和兴庆池戏竞渡应制》："青潭晓霭笼仙跸，红屿晴花隔綵旒。"李迥秀《奉和九月九日登慈恩寺浮图应制》："御酒调甘露，天花拂綵旒。"温庭筠《春日寄岳州从事李员外二首》之二："红粉座中客，綵斿江上城。"

【綵煙】 彩色瑞云。唐彦谦《骊山道中》："月殿真妃下綵烟，渔阳追虏及汤泉。”

【綵殿】　饰彩的宫殿。蔡希周《奉和扈从温泉宫承恩赐浴》：“綵殿氤氲拥香溜，纱窗宛转闭和风。”

【綵僮】　穿着华丽的奴仆。鲍溶《行路难》：“华灯清凝久照夜，綵僮窈窕虚垂萝。”

【綵鳳】　凤凰的美称。李德裕《忆平泉杂咏·忆新藤》：“水似晨霞照，林疑綵凤来。”李商隐《无题二首》之一：“身无綵凤双飞翼，心有灵犀一点通。”刘沧《望未央宫》：“香风吹落天人语，綵凤五云朝汉皇。”罗隐《投宣武郑尚书二十韵》：“健豪惊綵凤，高步出冥鸿。”

【綵翠】　❶指彩色禽鸟。司空图《鹂》：“不是流莺独占春，林间綵翠四时新。”❷彩色玉石。韦应物《汉武帝杂歌三首》之二：“世间綵翠亦作囊，八月一日仙人方。”❸绚丽的色彩。孙棨《赠妓人王福娘》：“綵翠仙衣红玉肤，轻盈年在破瓜初。”

【綵綬】　彩带。陆龟蒙《水鸟》：“为人罗绊取材力，韦鞲綵绶悬金铃。”

【綵樓】　❶装饰华丽的楼房。张继《金谷园》：“綵楼歌馆正融融，一骑星飞锦帐空。”李贺《马诗二十三首》之二一：“暂系腾黄马，仙人上綵楼。”❷特指七夕乞巧楼。李中《七夕》：“星河耿耿正新秋，丝竹千家列綵楼。”

【綵幡】　即彩胜。韦庄《立春》：“雪圃乍开红菜甲，綵幡新剪绿杨丝。”

【綵幟】　彩色酒望子。韦应物《酒肆行》：“碧疏玲珑含春风，银题綵帜邀上客。”

【綵旗】　彩色的旗帜。杜牧《江上偶见绝句》：“楚江寒食橘花时，野渡临风驻綵旗。”

【綵線】　彩色丝线。李贺《染丝上春机》：“綵线结茸背复叠，白袷玉郎寄桃叶。”

【綵燕】　❶燕子的美称。乔知之《弃妾篇》：“悠悠淇水曲，綵燕入桑枝。”❷古代立春日的一种燕状应节饰物。曹松《客中立春》：“土牛呈岁稔，綵燕表年春。”李远《立春日》：“钗斜穿綵燕，罗薄剪春虫。”徐铉有《赋得綵燕》。

【綵翰】　犹彩笔。武元衡《春晚奉陪相公西亭宴集》：“感物惜芳景，放怀因綵翰。”刘禹锡《和浙西李大夫偶题临江亭并浙东元相会所和依本韵》：“叶动惊綵翰，波澄见赪首。”

【綵樹】　❶结有彩灯的树。李商隐《富平少侯》：“綵树转灯珠错落，绣檀回枕玉雕锼。”❷用珍宝制作的树。陈子昂《綵树歌》：“嘉锦筵之珍树兮，错众綵之氛氲。”

【綵霞】　彩云，彩色的云霞。李白《禅房怀友人岑伦》：“沉吟綵霞没，梦寐群芳歇。”钱起《药堂秋暮》：“有时丹灶上，数点綵霞重。”汪遵《破陈》：“猎猎朱旗映綵霞，纷纷白刃入陈家。”

【綵鴛】　彩色的鸳鸯。李德裕《春暮思平泉杂咏二十首·东溪》：“綵鸳留不去，芳草日应多。”又《忆平泉杂咏·忆春雨》：“梳风白鹭起，拂水綵鸳翔。”

【綵錯】　色彩错综。沈传师《次潭州酬唐侍御姚员外游道林岳麓寺题示》：“华镳躞蹀绚砂步，大旆綵错辉松门。”

【綵縟】　绚丽的色彩。戎昱《闰春宴花溪严侍御庄》：“綵缛承颜面，朝朝赋白华。”亦指诗文中表现出来的文采。徐铉《酬郭先辈》：“綵缛粲英华，理深刮肌骨。”

【綵縷】　彩色丝线。权德舆《端午日礼部宿斋有衣服彩结之贶以诗还答》：“綵缕同心丽，轻裾映体鲜。”张友正《锦带佩吴钩》：“綵缕回文出，雄芒练影浮。”花蕊夫人徐氏《宫词》之二九：“美人捧入南薰殿，玉腕斜封綵缕长。”

【綵縷人勝】　经彩色丝线缝制的人形饰物。旧俗于正月初七人日用之。崔日用有《奉和人日重宴大明宫恩赐綵缕人胜应制》。李适有《人日宴大明宫恩赐綵缕人胜应制》。

【綵騎】　饰彩的马。孟浩然《送桓子之郢成礼》：“闻君驰綵骑，躞蹀指南荆。”

【綵繢】　彩色的绘画。借指藻饰。元稹《奉和浙西大夫李德裕述梦四十韵次本韵》：“綵缋鸾凰颈，权奇骥騄髦。”

【綵繪】　彩色的绘画。徐夤《司直巡官无诸移到玫瑰花》：“秾艳尽怜胜綵绘，嘉名谁赠作玫瑰。”

【綵繩】　彩色绳索。用于绳伎、秋千等。韦应物《寒食》：“綵绳拂花去，轻球度阁来。”刘言史《观绳伎》：“泰陵遗乐何最珍，綵绳冉冉天仙人。”贾岛《赠圆上人》：“一双童子浇红药，百八真珠贯綵绳。”

【綵鷁】　即彩舟。鷁，水鸟名，古代常画鷁于船首，故名。李峤《汾阴行》：“棹歌微吟綵鷁浮，箫鼓哀鸣白云秋。”李白《泾川送族弟錞》：“中流漾綵鷁，列岸丛金羁。”杜甫《舍弟观赴蓝田取妻子到江陵喜寄三首》之一：“朱绂即当随綵鷁，青春不假报黄牛。”

【綵囊】　彩色的囊袋。李商隐《李夫人三首》之二：“独自有波光，綵囊盛不得。”

【綵籠】　饰彩的笼子。韩愈《楸树》：“青幢紫盖立童童，细雨浮烟作綵笼。”濮阳瓘《出笼鹘》：“玉镞分花袖，金铃出綵笼。”

【綵鸞】　即鸾鸟。传说中的神鸟。杨凝《唐昌观玉蕊花》：“时控綵鸾过旧邸，摘花持献玉皇前。”权德舆《杂诗五首》之一：“綵鸾驾非烟，绰约两仙子。”李郢《张郎中宅戏赠二首》之二：“闻道綵鸾三十六，一双双对碧池莲。"

綬 〔shòu《广韵》殖酉切，上有，禪。〕丝带。古代用以系佩玉、官印、帷幕等。绶带的颜色常用以标志不同的身份与等级。韦应物《答冯鲁秀才》："顾我腰间绶，端为华发侵。"严维《送舍弟》："早称眉最白，何事绶仍黄。"白居易《醉歌》："腰间红绶系未稳，镜里朱颜看已失。"王贞白《送马明府归山》："免遭黑绶束，不与白云疏。"亦指衣带。毛熙震《浣溪沙》词之五："云薄罗裙绶带长，满身新裛瑞龙香。"

【綬花】 花名。蔓生如绶。故称。陈子良《春晚看群公朝还人为八韵》："迎风采旆转，照日绶花开。"虞世南《门有车马客》："夏莲开剑水，春桃发绶花。"

【綬帶】 ❶系印纽的丝带。玄宗《千秋节赐群臣镜》："更衔长绶带，留意感人深。"韩翃《赠别上元主簿张著》："朝垂绶带迎远客，暮锁印囊飞上吏。"白居易《访陈二》："晓垂朱绶带，晚著白纶巾。"韦庄《捣练篇》："白袷丝光织鱼目，菱花绶带鸳鸯簇。"❷指衣带。薛昭蕴《小重山》词之二："忆昔在昭阳，舞衣红绶带，绣鸳鸯。"

綳 〔bēng《集韵》悲萌切，平耕，幫。〕亦作"繃"。❶束缚；缠绕。皮日休《太湖诗·包山祠》："簪笠突古砌，薜荔绷颓墙。"陆龟蒙《奉和鲁望闲居杂题五首·砌思步》："襬襬古薜绷危石，切切阴螿应晚田。"❷包裹婴儿的布。亦指用布裹束婴儿。严维《咏孩子》："绣被花堪摘，罗绷色欲妍。"韩愈、孟郊《城南联句》："爵勋逮僮隶，簪笏自怀绷。"

【綳子】 束缚小儿的宽布带。张谔《三日岐王宅》："金盆浴未了，绷子绣初成。"

綢 〔chóu《广韵》直由切，平尤，澄。〕见"绸缪。"

【綢繆】 （—móu）❶情意殷切。岑参《东归留题太常徐卿草堂》："与我情绸缪，相知久芬芳。"韩愈《刘生诗》："千金邀顾不可酬，乃独遇之尽绸缪。"白居易《哭刘尚书梦得二首》之一："四海齐名白与刘，百年交分两绸缪。"亦形容男女间缠绵不解的恋爱。郭震《子夜四时歌六首·秋歌》："与子结绸缪，丹心此何有。"吕岩《渔父词一十八首·灿烂》："四象分明八卦周，乾坤男女论绸缪。"❷喻事前做好准备工作。徐彦伯《送特进李峤入都祔庙》："绸缪金鼎席，宴饯玉潢川。"韩愈《赴江陵途中寄赠翰林三学士》："天子恻然感，司空叹绸缪。"

綹 〔liǔ《广韵》力久切，上有，來。〕❶丝缕合成的线。沈佺期《七夕曝衣篇》："上有仙人长命绺，中看玉女迎欢绣。"❷量词。用于丝麻须发等成束的物体。王涣《惆怅诗十二首》之八："青丝一绺堕云鬟，金剪刀鸣不忍看。"

綷[1] 〔cuì《广韵》子對切，去隊，精。《集韵》取内取，去隊。精。〕五彩杂合。韩偓《漫作二首》之一："瞬龙惊汗漫，翥凤綷云霞。"陆龟蒙《句曲山朝真词二首·送真》："火铃跳跃龙毛盖，脑发青青裾綷綷。"

綷[2] 〔cuì《集韵》，七醉切，去至，清。〕见"綷₂縩"。

【綷₂縩】 衣服摩擦。李贺《神弦曲》："画弦素管声浅繁，花裙綷縩步秋尘。"

綣 〔quǎn《广韵》去阮切，上阮，溪。又去願切，去願，溪。〕缱绻。谓相结牢固，不离散。引申作眷恋。吴融《古离别》："赋情更有深缱绻，碧甃千寻尚为浅。"

綜[1] 〔zōng《广韵》子宋切，去宋，精。〕总集。钱起《奉和中书常舍人晚秋集贤院即事寄徐薛二侍御》："文星垂太虚，辞伯综群书。"

綜[2] 〔zèng，又读 zòng，《广韵》子宋切，去宋，精。〕织机上使经线上下交错经使梭子通过的装置。虞世南《中妇织流黄》："综新交缕涩，经脆断丝多。"

綻 〔zhàn《广韵》丈莧切，去襇，澄。〕❶衣缝开裂。白居易《秋霁》："冬衣殊未制，夏服行将绽。"云台峰五女仙《会真诗》其三："云衣无绽日，鹤驾没遥程。"❷皮壳绽裂。皎然《劳劳山居寄呈吴处士》："寒园扫绽栗，秋浪拾干薪。"周贺《送康绍归建业》："月圆台独上，栗绽寺频过。"亦指皮肉破裂。元稹《望云骓马歌》："肉绽筋挛四蹄脱，七马死尽无马骑。"❸花蕾开花。杜甫《陪郑广文游何将军山林十首》之五："绿垂风折笋，红绽雨肥梅。"武元衡《长安春望》："宿雨净烟霞，春风绽百花。"白居易《新乐府·牡丹芳》："牡丹芳，牡丹芳，黄金蕊绽红玉房。"韦庄《鄠杜旧居二首》之二："紫菊乱开连井合，红榴初绽拂檐低。"❹缝补；补纳。王维《同崔兴宗送衡岳瑗公南归》："绽衣秋日里，洗钵古松间。"刘长卿《送灵澈上人还越中》："身随敝屦经残雪，手绽寒衣入旧山。"秦系《山中崔大夫有书相问》："带月乘渔艇，迎寒绽鹿裘。"韩愈《崔十六少府摄伊阳以诗及书见投因酬三十韵》："蔬飧要同吃，破袄请来绽。"

【綻蕊】 开放的花。元稹《酬孝甫见赠十首》之四："曾经绰立侍丹墀，绽蕊宫花拂面枝。"

縮 〔wǎn《广韵》烏板工，上潸，影。又烏患切，去諫，影。〕❶系结。李颀《行路难》："父子兄弟绾银黄，跃马鸣珂朝建章。"元稹《说剑》："燕丹卷地图，陈平绾花绶。"马戴《赠前蔚州崔使君》："战回脱剑绾铜鱼，塞雁迎风避隼旟。"❷盘结，盘绕成结。顾况《险竿歌》："翻身挂影恣腾蹋，反绾头髻盘旋风。"刘禹锡《杨柳枝词九首》之七："如今绾作同心结，将赠行人知不知。"李贺《大堤曲》："青云教绾头上髻，明月与作耳边珰。"吴融《个人三十韵》："髻学盘桓绾，床依宛转成。"❸控制，掌握。引申为获取。韩愈《赠张籍》："我身蹈丘轲，爵位不早绾。"❹牵，拉。张乔《寄维扬故人》："离别河边绾柳条，千山万水玉人遥。"徐夤《楚国史》："六国商於恨最多，良弓休绾剑休磨。"亦指用瓢勺等取物。薛令之《自悼》："饭涩匙难绾，羹稀箸易宽。"❺人名。李白族弟李绾。李白有《送族弟绾从军安西》。

【綰結】 编结。李贺《河南府试十二月乐词·正月》："官街柳带不堪折，早晚菖蒲胜绾结。"

【綰綬】 系结银绶。韦应物《赠别河南李功曹》："谈笑取高第，绾绶即言归。"

【綰髻】 盘绕发髻。李商隐《柳枝五首》序："〔柳枝〕生十七年，涂妆绾髻。"

綟 〔lì《广韵》郎計切，去霽，來。〕用芦草染成的一种黑黄而近绿的颜色。亦指芦草。见汉史游《急就篇》卷二。元稹《台中鞫狱忆开元观旧事韵》："坐卧摩绵褥，捧拥綟丝鬟。"又《春分投简阳明洞天作》："绿綟高悬柳，青钱密辫榆。"

緑[1] 〔lǜ《广韵》力玉切，入燭，來。〕❶（或读 lù）青黄色。刘长卿《江中晚钓寄荆南一二相识》："漾舟水云里，日暮春江绿。"刘禹锡《吐绶鸟词》："花红草绿人间事，未若灵禽自然贵。"白居易《浔阳三题·湓浦竹》："玄冥气力薄，草木冬犹绿。"李绅《过梅里七首·上家山》："草色绿萋萋，寒蛩遍草啼。"❷使变绿；变为绿色。丘为《题农父庐舍》："东风何时至，已绿湖上山。"杜甫《哀江头》："江头宫殿锁千门，细柳新蒲为谁绿？"窦巩《南游感兴》："日暮东风春草绿，鹧鸪飞上越王台。"白居易《送王处士》："好去采薇人，终南山正绿。"❸乌黑发亮的颜色。一般用于形容鬓发。元稹《会真诗三十韵》："汗光珠点点，发乱绿松松。"李商隐《戏题枢言草阁三十二韵》："年颜各少壮，发绿齿尚齐。"杜牧《杜秋娘诗》："燕禖得皇子，壮发绿緌緌。"❹指绿色物。张元一《叙可笑事》："朱前疑著绿，逯仁杰著朱。"李白《对雪醉后赠王历阳》："子猷闻风动窗竹，相邀共醉杯中绿。"杜甫《对雪》："瓢弃尊无绿，炉存火似红。"韩愈《晚春》："谁收春色将归去，慢绿妖红半不存。"

緑[2] 〔lù《广韵》力玉切，入燭，來。〕见"绿$_2$耳"。

【緑弓弦】 疑即绿沉弓之类。岑参《送张都尉东归》："白羽绿弓弦，年年只在边。"

【緑水】 ❶碧绿的水。辛常伯《军中行路难》："沧江绿水东流驶，炎州丹徼南中地。"周元范《和白太守拣贡橘》："影下寒林沉绿水，光摇高树照晴空。"徐铉《又和太常萧少卿近郊马上偶吟》："村桥野店景无限，绿水晴天思欲迷。"❷古舞曲名。一名"渌水"。见《淮南子·俶真训》。顾况《宜城放琴客歌》："新妍笼裙云母光，朱弦绿水喧洞房。"

【緑毛】 ❶绿色羽毛。王建《伤邻家鹦鹉词》："十日不饮一滴浆，泪渍绿毛头似鼠。"霍总《雉朝飞》："绿毛春斗尽，强敌愿君知。"❷指仙人身上的绿色毛发。张籍《不食姑》："几年山里住，已作绿毛身。"皮日休《所居首夏水木尤清适然有作》："桂静似逢青眼客，松闲如见绿毛翁。"❸指黑色头发。薛能《舞者》："绿毛钗动小相思，一唱南轩日午时。"

【緑毛仙】 宋范成大《吴郡志·古迹·毛公坛》记载，汉刘根在洞庭山中得道成仙，遍体绿毛，人称毛公。后人亦称为绿毛仙。皮日休《太湖诗·以毛公泉一瓶献上谏议因寄》："毿毿被其体，号为绿毛仙。"

【緑毛翁】 即绿毛仙。皮日休《所居首夏水木尤清适然有作》："桂静似逢青眼客，松闲如见绿毛翁。"

【緑玉】 ❶绿色的玉。李白《拟古十二首》之十："遗我绿玉杯，兼之紫琼琴。"曹唐《小游仙诗九十八首》之二四："花底休倾绿玉卮，云中含笑向安期。"亦指绿玉状物。喻凫《浴马》："空蹄沉绿玉，阔臆没连钱。"王周《金盘草诗》："摇摇绿玉活，袅袅香荷寒。"❷竹的美称。白居易《履道新居二十韵》："篱菊黄金合，窗筠绿玉稠。"

【緑玉杖】 传说中仙人所用之手杖。李白《庐山谣寄卢侍御虚舟》："手持绿玉杖，朝别黄鹤楼。"

【緑玉君】 竹的美称。陈陶《竹十一首》之一："不厌东溪绿玉君，天坛双凤有时闻。"

【緑玉樹】 神话中天帝住所的仙树。李白《拟古十二首》之四："清都绿玉树，灼烁瑶台春。"

【緑瓜】 绿色的瓜。李郢《赠罗道士》："气呵云液变白发，爪入水精尝绿瓜。"

【緑衣】 ❶一种品服。唐制六品、七品用绿，饰以银。李贺《洛阳城外别皇甫湜》："凭轩一双泪，奉坠绿衣前。"刘禹锡《酬严给事贺加五品兼简同制水部李郎中》："九天雨露传青诏，八舍郎官换绿衣。"姚合《武功县中作三十首》之十二："自下青山路，三年著绿衣。"❷指鹦鹉的绿色羽毛。白居易《双鹦鹉》："绿衣整顿双栖起，红觜分明对语时。"亦借指鹦鹉。吴融

《古锦裙六韵》之一："绿衣犹偪画，丹顶尚迷真。"

【绿衣監使】 指管理宫闱事务的太监。白居易《新乐府·上阳白发人》："绿衣监使守宫门，一闭上阳多少春。"

【绿汀】 绿色的洲渚。崔日用《奉和圣制幸望春宫应制》："东郊风物正熏馨，素浐凫鹭戏绿汀。"

【绿₂耳】 亦作"绿駬"。古良马名。传为周穆王八骏之一。见《穆天子传》卷四。韩愈《寄卢仝》："近来自说得坦途，犹上虚空跨绿駬。"贺兰暹《句》："绿耳半蔓湘浦竹，骊文乱点武陵花。"杜荀鹤《八骏图》："只今恃骏凭毛色，绿耳骅骝赚杀人。"

【绿芋】 绿色芋艿。王维《田家》："夕雨红榴拆，新秋绿芋肥。"

【绿竹】 即竹。白居易《池上即事》："绿竹挂衣凉处歇，清风展簟困时眠。"

【绿江】 碧绿的江水，张子容《春江花月夜二首》之二："沉沉绿江晚，惆怅碧云姿。"苏颋《晓发兴州入陈平路》："暮来青嶂宿，朝去绿江春。"

【绿池】 绿色的池塘。李峤《荷》："鱼戏排缃叶，龟浮见绿池。"李白《新林浦阻风寄友人》："海月破圆形，菰蒋生绿池。"李商隐《清夜怨》："绿池荷叶嫩，红砌杏花娇。"唐尧客《大梁行》："苍梧彩云没，湘浦绿池平。"

【绿字】 ❶古代石碑上刻的文字，填以色泽，故称绿字。张说《奉和圣制途经华岳应制》："旧庙青林古，新碑绿字生。"❷河图上的绿色文字。李峤《洛》："神龟方锡瑞，绿字重来臻。"

【绿芷】 绿色的香草。李颀《龙门西峰晓望刘十八不至》："不见携手人，下山采绿芷。"陈子昂《送客》："白蘋已堪把，绿芷复含荣。"

【绿花】 绿色的花。指绿色茶沫。郑愚《茶诗》："惟忧碧粉散，尝见绿花生。"

【绿芳】 绿花。刘长卿《奉饯郑中丞罢浙西节度使还京》："绿绮为谁弹，绿芳堪自撷。"刘言史《潇湘游》："昔人幽恨此地遗，绿芳红艳含怨姿。"

【绿杉】 绿色杉树。司空图《诗品二十四则·沉著》："绿杉野屋，落日气清。"

【绿車】 汉皇孙所乘车，又名皇孙车。见汉蔡邕《独断》。褚亮《奉和禁苑饯别应令》："暂以绿车重，言承朱传荣。"李敬玄《奉和别鲁王》："绿车旋服楚，丹跸伫秦川。"

【绿李】 绿色李子。杜甫《诣徐卿觅果栽》："草堂少花今欲栽，不问绿李与黄梅。"

【绿沈】 浓绿色。虞世南《结客少年场行》："绿沉明月弦，金络浮云辔。"杜甫《重过何氏五首》之四："雨抛金锁甲，苔卧绿沉枪。"杨巨源《上刘侍中》："吟诗白羽扇，校猎绿沉枪。"贯休《送郑使君》："绿沉枪卓妖星落，白玉壶澄苦雾开。"

【绿沈沈】 浓绿貌。白居易《宿灵岩寺上院》："最爱晓亭东望好，太湖烟水绿沉沉。"

【绿坻】 绿色的水中小洲。李义府《在嶲州遥叙封禅》："佳气浮丹谷，荣光泛绿坻。"

【绿苗】 绿色禾苗。许浑《汉水伤稼》："高下绿苗千顷尽，新陈红粟万箱空。"

【绿芽】 ❶绿色嫩叶。王周《和杜运使巴峡地暖节物与中土异有感诗三首》之一："随柳参差破绿芽，此中依约欲飞花。"❷绿茶名。白居易《谢李六郎中寄新蜀茶》："红纸一封书后信，绿芽十片火前春。"

【绿苔】 青苔。赵冬曦《陪燕公游滍湖上寺》："岩坐攀红药，溪行爱绿苔。"钱起《谒许由庙》："绿苔唯见遮三径，青史空传谢九州。"朱庆余《废宅花》："数树荒庭上，芬芳映绿苔。"韦庄《早秋夜作》："傍砌绿苔鸣蟋蟀，绕檐红树织蟏蛸。"

【绿林】 〔绿 lù〕指新莽末年的绿林军。西汉末年，王匡、王凤等组织荆州饥民起义，以绿林山（在今湖北当阳市东北，或谓在今湖北大洪山），故史称绿林军。后用以指啸集山林反抗官府或抢劫财物的武装集团。杜甫《夔府书怀四十韵》："绿林宁小患，云梦欲难追。"窦巩《唐州东途作》："绿林兵起结愁云，白羽飞书未解纷。"陈羽《旅次沔阳闻克复而用师者穷兵黩武因书简之》："江上烟消汉水清，王师大破绿林军。"周昙《咏史诗·后汉门·赵孝》："绿林清旦正朝饥，岂计行人瘦与肥。"

【绿林豪客】 （绿 lù）指绿林本领出众者。李涉《井栏砂宿遇夜客》："暮雨萧萧江上村，绿林豪客夜知闻。"

【绿杯】 绿色的酒杯。郑审《酒席赋得匏瓢》："挂影怜红壁，倾心向绿杯。"

【绿刺】 绿色刺芒。杜审言《都尉山亭》："紫藤萦葛藟，绿刺罥蔷薇。"特指菱角。李贺《月漉漉篇》："挽菱隔歌袖，绿刺罥银泥。"

【绿昌明】 绿色的昌明茶。昌明，唐眉州昌明县（今四川江油市南），其地产茶，以地名名之。白居易《春尽日》："醉对数丛红芍药，渴尝一碗绿昌明。"

【绿氛】 绿色烟雾。孙逖《下京口埭夜行》："孤帆度绿氛，寒浦落红曛。"

【绿乳】 绿茶泡出的液汁。贯休《书倪氏屋壁三首》之一："茶烹绿乳花映帘，撑沙苦笋银纤纤。"徐铉《和门下殷侍郎新茶二十韵》："须依古法煎，轻瓯浮绿乳。"

【绿油】 ❶碧绿的油。沈佺期《从驩州解宅移住山间水亭赠苏使君》："山柏张青盖，江蕉卷绿油。"白居易《与皇甫庶子同游城东》:“绿油剪叶蒲新长,红蜡黏枝杏欲开。”❷用油涂饰为绿色。皎然《因游支硎寺寄邢端公》:“诗题白羽扇,酒挈绿油囊。”❸指将帅所乘坐的绿油辇车。权德舆《奉和鄜州刘大夫麦秋出师遮虏有怀中朝亲故》:“绿油登上将,青绶亚中台。”刘禹锡《和汴州令狐相公到镇改月偶书所怀》:“绿油貔虎拥,青纸凤凰衔。”❹喻绿水。白居易《答客问杭州》:“山名天竺堆青黛,湖号钱唐泻绿油。”

【绿波】 碧浪,碧波。刘希夷《公子行》:“绿波荡漾玉为砂,青云离披锦作霞。”牟融《楼城叙别》:“此际那堪重分手,绿波芳早暂停舟。”李绅《新楼诗二十首·东武亭》:“绿波春水湖光满,丹槛连楹碧嶂遥。”韦庄《冬日长安感志寄献虢州崔郎中二十韵》:“宅后绿波栖画鹢,马前红袖簇丹襜。”亦形容稻浪。韦庄《稻田》:“绿波春浪满前陂,极目连云罢亚肥。”

【绿房】 ❶含苞的花蕊。李贺《牡丹种曲》:“水灌香泥却月盆,一夜绿房迎白晓。”❷特指莲房。李商隐《韩翃舍人即事》:“萱草含丹粉,荷花抱绿房。”

【绿衫】 即绿衣。低级官员的品服。元稹《寄刘颇二首》之二:“无限公卿因战得,与君依旧绿衫行。”白居易《忆微之》:“分手各抛沧海畔,折腰俱老绿衫中。”

【绿弦】 指弓弦。李白《赠宣城宇文太守兼呈崔侍御》:“弯弓绿弦开,满月不惮坚。”亦指绿沉弓。戎昱《观卫尚书九日对中使射破的》:“腕回金镞满,的破绿弦低。”参见“绿沈”。

【绿珉】 绿色宝石。孟郊《喜符郎诗有天纵》:“白玉抽一毫,绿珉已难排。”

【绿茸】 ❶纤细茂密的绿草。白居易《寄题盩至厅前双松》:“清韵度秋在,绿茸随日新。”❷绿草纤细茂密貌。元稹《酬乐天得稹所寄纻丝布白轻庸制成衣服以诗报之》:“春草绿茸云色白,想君骑马好仪容。”

【绿荑】 绿色的草木芽叶。苏颋《扈从温泉同紫微黄门群公泛渭川得齐字》:“虹旗映绿荑,春仗汉丰西。”张九龄《登乐游原春望书怀》:“已惊玄发换,空度绿荑柔。”皎然《奉和陆使君长源水堂纳凉效曹刘体》:“烦襟荡朱弦,高步援绿荑。”欧阳玭《榆溪道上》:“涧底凄泉气,岩前遍绿荑。”

【绿草】 青草。张又新《华盖山》:“一岫坡陀凝绿草,千重虚翠透红霞。”杜牧《代人寄远六言二首》之二:“剩肯新年归否,江南绿草迢迢。”王贞白《折杨柳三首》之二:“如今万乘多巡狩,辇路无阴绿草长。”权德舆《杂言和常州李员外副使春日戏题》之九:“雨歇风轻一院香,红芳绿草接东墙。”

【绿茗】 ❶绿茶。钱起《山斋独坐喜玄人夕至》:“心莹红莲水,言忘绿茗杯。”又《过长孙宅与朗上人茶会》:“玄谈兼藻思,绿茗代榴花。”朱庆余《秋宵宴别卢侍御》:“绿茗香醒酒,寒灯静照人。”❷指绿色的茶树。李嘉祐《送陆士伦宰义兴》:“浅流通野寺,绿茗盖春山。”

【绿柳】 绿色杨柳。裴度《春池泛舟联句》:“飞凫拂轻浪,绿柳暗回塘。”刘兼《春游》之二:“羞听黄莺求善友,强随绿柳展愁眉。”

【绿竿】 指竹。戎昱《玉台体题湖上亭》:“绿竿初长笋,红颗未开莲。”

【绿庭】 绿色庭院。符子珪《芳树》:“香交珠箔气,阴占绿庭烟。”

【绿洲】 水中草木繁茂的陆地。孙逖《夜到润州》:“城郭传金柝,闾阎闭绿洲。”玄宗《春台望》:“初莺一一鸣红树,归雁双双去绿洲。”

【绿屏】 绿色屏风。韩琮《牡丹》:“如梦如仙忽零落,暮霞何处绿屏空。”

【绿珠臺】 即绿珠楼。徐凝《金谷览古》:“金谷园中数尺土,问人知是绿珠台。”

【绿珠樓】 楼名。在今河南洛阳市。相传洛阳昭仪寺有绿珠楼,为晋石崇宠妾绿珠所居。绿珠即坠于此楼。李白《鲁郡尧祠送窦明府薄华还西京》:“绿珠楼下花满园,今日曾无一枝在。”蒋冽《经埋轮地》:“汉家张御史,晋国绿珠楼。”

【绿珠潭】 潭名。在今河南洛阳市。相传洛阳昭仪寺的池名狄泉,原为晋石崇家池,池南有楼为绿珠所居,即所谓绿珠楼,其池亦因之名绿珠潭。李白《鲁郡尧祠送窦明府薄华还西京》:“君不见绿珠潭水流东海,绿珠红粉沉光彩。”

【绿荷】 绿莲。李商隐《赠荷花》:“惟有绿荷红菡萏,卷舒开合任天真。”韦庄《摇落》:“黄昏倚柱不归去,肠断绿荷风雨声。”

【绿莎】 绿色的莎草。亦泛称绿草地。元稹《和乐天题王家亭子》:“风吹笋箨飘红砌,雨打桐花尽绿莎。”许浑《赠茅山高拾遗》:“山斋留客扫红叶,野艇送僧披绿莎。”韦庄《睹军回戈》:“御苑绿莎嘶战马,禁城寒月捣征衣。”王周《岳州众湖阻风二首》之二:“偶系扁舟枕绿莎,旋移深处避惊波。”

【绿桂】 绿色桂树。白居易《东亭闲望》:“绿桂为佳客,红蕉当美人。”

【绿桐】 绿色梧桐树。桐木佳者可以制琴,因以借指琴。李白《前有一尊酒行》之二:“琴奏龙门之绿桐,玉壶美酒清若空。”

【绿酎】 绿色醇酒。李商隐《乐游原》:“拂砚轻冰散,开尊绿酎浓。”

【绿條】 绿色的枝条。王濯《清明日赐百僚新火》:“焰迎红蕊发,烟染绿条春。”戈牢《风不鸣条》:

“旭日悬清景，微风在绿条。”

【绿鳥】 指鹦鹉。李贺《荣华乐》：“乱袖交竿管儿舞，吴音绿鸟学言语。”

【绿旆】 绿旗。武元衡《德宗皇帝挽歌词三首》之二：“风断清笳调，云愁绿旆扬。”陆龟蒙《春思二首》之二：“江南酒熟清明天，高高绿旆当风悬。”

【绿粉】 绿色的竹粉。借指竹。李贺《梁台古意》：“台前斗玉作蛟龙，绿粉扫天愁露湿。”

【绿浦】 绿色的水滨。李益《长干行》：“鸳鸯绿浦上，翡翠锦屏中。”

【绿酒】 美酒。绿酒，本指绿颜色的酒。古代土法酿酒，酒色黄绿，诗人称绿酒。渌酒才是美酒。见盛弘之《荆州记》。唐宋人绿、渌分别不严，均用以指美酒。李白《古风》之三十：“绿酒哂丹液，青娥凋素颜。”刘禹锡《酬令狐相公使宅别斋初栽桂树见怀之作》：“影近画梁迎晓日，香随绿酒入金杯。”牟融《送罗约》：“独鹤孤琴随远旆，红亭绿酒惜分岐。”唐彦谦《金陵九日》：“绿酒莫辞今日醉，黄金难买少年狂。”

【绿浪】 碧波。韩愈《卢郎中云夫寄示送盘谷子诗两章歌以和之》：“平沙绿浪榜方口，雁鸭飞起穿垂杨。”白居易《正月三日闲行》：“绿浪东西南北水，红栏三百九十桥。”

【绿扇】 喻阔大的绿叶。上官仪《和太尉戏赠高阳公》：“石榴绞带轻花转，桃枝绿扇微风发。”

【绿袍】 古代低级官员的袍服。白居易《曲江亭晚望》：“尘路行多绿袍故，风亭立久白须寒。”

【绿書】 谓道家之书。皮日休《太湖诗·晓次神景宫》：“绿书不可注，云笈应无轮。”

【绿陰亭】 亭名。在今江西新余市南。卢肇有《绿阴亭》。

【绿琴】 绿绮琴之省称。亦泛称琴。储光羲《霁后贻马十二巽》：“况我夜初静，当轩鸣绿琴。”李白《代别情人》：“风吹绿琴去，曲度紫鸳鸯。”韦应物《拟古诗十二首》之九：“碧草生旧迹，绿琴歇芳声。”戎昱《听杜山人弹胡笳》：“绿琴胡笳谁妙弹，山人杜陵名庭兰。”

【绿葉成陰】 喻女子青春已逝。杜牧《叹花》：“如今风摆花狼籍，绿叶成阴子满枝。”

【绿萍】 亦作“绿蘋”。绿色的浮萍。王维《辋川集·萍池》：“靡靡绿萍合，垂杨扫复开。”羊士谔《城隍庙赛雨二首》之一：“零雨慰斯人，斋心荐绿蘋。”白居易《池上清晨候皇甫郎中》：“池幽绿蘋合，霜洁白莲香。”薛能《西县作》：“树石向闻清汉浪，水风初见绿萍阴。”

【绿豆】 豆科植物名。一年生草本，花小，绿黄色，叶由三片小叶构成，种子绿色，可供食用。王梵志《诗》之九三：“青松四五树，绿豆两三窠。”

【绿崖】 绿色的山崖。贯休《山居诗二十四首》之二十：“闲担茶器缘青障，静纳禅袍坐绿崖。”

【绿野】 ❶绿色的原野。杜审言《春日怀归》：“花杂芳园鸟，风和绿野烟。”白居易《续古诗十首》之二：“茫茫绿野中，春尽孤客情。”刘沧《春晚旅次有怀》：“晚出关河绿野平，依依云树动乡情。”罗邺《春晚渡河有怀》：“烟收绿野远连空，戍垒依稀入望中。”❷指唐裴度的别墅绿野堂。故址在今河南洛阳市南。裴为宪宗宰相，平定藩镇叛乱功勋卓越，晚年因宦官专权，辞官退居洛阳。于午桥建别墅，广植花木，筑燠馆凉台，名曰绿野堂。白居易《寄献北都留守裴令公》：“紫微留北阙，绿野寄东皋。”

【绿章】 青词。旧时道士祭天时所写的奏章表文，因用硃笔写在青藤纸上，故名。李贺《绿章封事》：“绿章封事谘元父，六街马蹄浩无主。”

【绿窗】 ❶绿色纱窗。唐宋妇女喜欢在春夏之季贴绿色窗纱，蔚为风气，诗人简称绿窗。亦借指女子居室。徐凝《览镜词》：“宝镜磨来寒水清，青衣把就绿窗明。”李绅《莺莺歌》：“绿窗娇女字莺莺，金雀娅鬟年十七。”李郢《为妻作生日寄意》：“应恨客程归未得，绿窗红泪冷涓涓。”聂夷中《乌夜啼》：“还应知妾恨，故向绿窗啼。”❷指贫女的居室。与红楼相对。白居易《秦中吟十首·议婚》：“绿窗贫家女，寂寞二十余。”

【绿陰】 绿色的树荫。韦应物《答端》：“郊园夏雨歇，闲院绿阴生。”白居易《和答诗十首·答桐花》：“为君布绿阴，当暑荫轩楹。”张祜《扬州法云寺双桧》：“纵使百年为上寿，绿阴终借暂时行。”皮日休《芳草渡》：“日晚无来客，闲船系绿阴。”

【绿葛】 绿色葛巾。张祜《途次扬州赠崔荆二十韵》：“覆身唯绿葛，医病只青蒿。”

【绿蒂】 绿色的蒂。蒂，花或瓜果与枝茎相连的部分。刘长卿《家园瓜熟诗》：“事去人亡迹自留，黄花绿蒂不胜愁。”

【绿蓑】 绿色蓑衣。韦应物《桐庐县作》：“白羽鸟飞严子濑，绿蓑人钓季鹰鱼。”

【绿蒲】 绿色菖蒲。王维《寒食城东即事》：“清溪一道穿桃李，演漾绿蒲涵白芷。”白居易《续古诗十首》之九：“澹澹春水暖，东风生绿蒲。”罗隐《忆九华》：“黄菊倚风村酒熟，绿蒲低雨钓鱼归。”

【绿葵】 蔬菜名。杜甫《佐还山后寄三首》之二：“味岂同金菊，香宜配绿葵。”

【绿雲】 ❶绿色的云彩。李白《登锦城散花楼》：“飞梯绿云中，极目散我忧。”李端《妾薄命》：“忆妾初嫁君，花鬟如绿云。”杜荀鹤《献新安于尚书》：“四野绿云笼稼穑，千山明月静干戈。”郑巢《送李式》：“绿云天外鹤，红树雨中蝉。”❷喻女子乌黑光亮的秀发。杨巨源《观妓人入道二首》之二："春来削发芙蓉寺，蝉鬓临风堕绿云。"白居易《和春深二十首》之七："宋家宫样髻，一片绿云斜。"杜牧《见刘秀才与池州妓别》："金钗横处绿云堕，玉著凝时红粉和。"韦庄《酒泉子》词："月落星沉，楼上美人春睡。绿云攲，金枕腻。"❸喻指绿叶。白居易《云居寺孤桐》："一株青玉立，千叶绿云委。"崔珏《美人尝茶行》："朱唇啜破绿云时，咽入香喉爽红玉。"李咸用《谢僧寄茶》："绿云轻绾湘娥鬟，尝来纵使重支枕。"刘兼《万葛树》："叶如羽盖岂堪论，百步清阴锁绿云。"❹唐杨攀处士自号绿云翁，亦称绿云。许浑《重伤杨攀处士二首》之一："绿云多学术，黄发竟无成。"

【绿雲亭】　亭名。在今江苏宜兴市境。陆希声初隐义兴，构建此亭。陆希声有《阳羡杂咏十九首·绿云亭》。

【绿雲鬟】　即绿鬟。杨巨源《大堤曲》："岁岁逢迎沙岸间，北人多识绿云鬟。"元稹《刘阮妻二首》之二："芙蓉脂肉绿云鬟，罨画楼台青黛山。"韩琮《题商山店》："红锦机头抛皓腕，绿云鬟下送横波。"

【绿景】　绿色景致。薛曜《奉和圣制夏日游石淙山》："玉洞幽寻更是天，朱霞绿景镇韶年。"

【绿尊】　亦作"绿罇"。酒杯。王勃《郊兴》："山人不惜醉，唯畏绿尊虚。"李白《江夏赠韦南陵冰》："昨日绣衣倾绿尊，病如桃李竟何言。"杨巨源《题贾巡官林亭》："白鸟闲栖亭树枝，绿罇仍对菊花篱。"薛逢《镊白曲》："山妻稚女悉迎到，时列绿罇酣酒歌。"

【绿滋】　绿而鲜润。宋之问《有所思》："园桃绽红艳，郊叶柔绿滋。"亦借指绿叶。刘长卿《夏中崔中丞宅见海红摇落一花独开》："绿滋经雨发，红艳隔林看。"

【绿絲】　❶绿色丝缕。独孤及《官渡柳歌》："千条万条色，一一胜绿丝。"白居易《元九以绿丝布白轻褣见寄制成衣服以诗报知》："绿丝文布素轻褣，珍重京华手自封。"❷喻指柳丝。徐彦伯《饯唐州高使君赴任》："香蕚媚红滋，垂条萦绿丝。"白居易《寄献北都留守裴令公》："绿丝萦岸柳，红粉映楼桃。"李绅《忆春日曲江宴后许至芙蓉园》："绿丝垂柳遮风暗，红药低丛拂砌繁。"韦庄《丙辰年鄜州遇寒食城外醉吟五首》之一："满街杨柳绿丝烟，画出清明二月天。"

【绿塘】　绿色的池塘。白居易《春池闲泛》："绿塘新水平，红槛小舟轻。"

【绿蓋】　绿色的车盖。李贺《神弦别曲》："绿盖独穿香径归，白马花竿前孑孑。"

【绿英】　绿色花苞。白居易《烹葵》："红粒香复软，绿英滑且肥。"薛涛《鸳鸯草》："绿英满香砌，两两鸯鸳小。"

【绿蒙】　绿罗制的网。李贺《恼公》："醉缬抛红网，单罗桂绿蒙。"唐彦谦《玫瑰》："麝炷腾清燎，鲛纱覆绿蒙。"

【绿楊】　绿色的杨柳。白居易《听歌六绝句·离别难》："绿杨陌上送行人，马去车回一望尘。"李商隐《安定城楼》："迢递高城百尺楼，绿杨枝外尽汀洲。"项斯《落第后归觐喜逢僧再阳》："宴乖红杏寺，愁在绿杨津。"成彦雄《柳枝辞九首》之五："绿杨移傍小亭栽，便拥秾烟拨不开。"

【绿暗紅稀】　形容暮春时绿荫幽暗、红花凋谢的景象。韩琮《暮春浐水送别》："绿暗红稀出凤城，暮云楼阁古今情。"

【绿蛾】　女子的眉毛。古代妇女以黛画眉，呈青黑色，故称。亦借指美女。许浑《送客自两河归江南》："遥羡落帆逢旧友，绿蛾青鬓醉横塘。"

【绿筠】　绿竹。白居易《题周皓大夫新亭子二十二韵》："广砌罗红药，疏窗荫绿筠。"李商隐《自喜》："绿筠遗粉箨，红药绽香苞。"

【绿腰】　亦名"六幺""录要""乐世"。唐代乐曲名。贞元时乐工进曲，德宗令录出要者，故名"录要"，后转呼为"绿腰"，或作"六幺"。白居易《琵琶引》："轻拢慢撚抹复挑，初为霓裳后六幺。"六幺，一作"绿腰"。又《听歌六绝句·乐世》："管急弦繁拍渐稠，绿腰宛转曲终头。"李群玉《长沙九日登东楼观舞》之一："南国有佳人，轻盈绿腰舞。"

【绿塍】　绿色的田埂。苏颋《奉和恩赐乐游园宴应制》："绿塍际山尽，缇幕倚云重。"

【绿煙】　❶绿色的烟尘。薛曜《舞马篇》："光敌白日下，气拥绿烟垂。"韦应物《庄严精舍游集》："绿烟凝层城，丰草满通衢。"钱起《汉武出猎》："薄暮方归长乐观，垂杨几处绿烟浓。"又《春夜宴任六昆季宅》："际晚绿烟起，入门芳树深。"❷指月光遮蔽的云彩。李白《把酒问月》："皎如飞镜临丹阙，绿烟灭尽清辉发。"

【绿窠】　指山石上生长绿藓之处。岑参《送李卿赋得孤岛石》："绿窠攒剥藓，尖硕坐鸬鹚。"

【绿幘】　绿色头巾。见《汉书·东方朔传》。亦用以指浮薄少年的官服。李白《古风》之八："绿帻谁家子，卖珠轻薄儿。"

【绿塵】　绿色尘沫。李贺《河南府试十二月乐词·二月》："薇帐逗烟生绿尘，金翘峨髻愁暮云。"张祜《杨下采桑》："飞丝惹绿尘，软叶对孤轮。"温庭筠《西陵道士茶歌》："乳窦溅溅通石脉，绿尘愁草春江色。"

【绿翠】　青翠色。李白《古风》之二十："兹山何峻秀，绿翠如芙蓉。"亦借指绿叶。

【绿綺】　❶古琴名。诗词中借为琴的代称。刘长卿《奉饯郑中丞罢浙西节度还京》："绿绮为谁弹，绿芳堪自撷。"戎昱《花下宴送郑炼师》："为君调绿绮，先奏凤归林。"权德舆《送句容王少府簿领赴上都》："离亭绿绮奏，乡树白云连。"罗邺《冬日旅怀》："闲思江市白醪满，静忆僧窗绿绮横。"❷绿色的丝绸。杜甫《大历三年春四十韵》："落霞沈绿绮，残月坏金枢。"白居易《菩提寺上方晚眺》："嵩烟半卷青绡幕，伊浪平铺绿绮衾。"公乘亿《赋得秋菊有佳色》："带香飘绿绮，和酒上乌纱。"

【绿綺琴】 古琴名。传说汉司马相如作《玉如意赋》，梁王悦之，赐以绿绮琴。后即用以指琴。张纮《行路难》："君不见相如绿绮琴，一抚一拍凤凰音。"李嘉祐《裴侍御见赠斑竹杖》："他日归愚谷，偏宜绿绮琴。"卢仝《有所思》："美人不见愁人心，含愁更奏绿绮琴。"徐铉《赋得有所思》："忘情好醉青田酒，寄恨宜调绿绮琴。"

【绿網】 黑色的鱼网。李贺《出城别张又新酬李汉》："绿网缒金铃，霞卷清池瀞。"

【绿綬】 绿綟绶。一种近黄而近绿色的丝带。古代三公以上加绿綟绶。刘沧《送友人罢举赴蓟门从事》："绿绶便当身是贵，青霄休怨志相违。"韦庄《和薛先辈见寄初秋寓怀即事之作二十韵》："惭闻纡绿绶，即候挂朝簪。"皇甫大夫《判道士黄山隐》："绿绶藏云帔，乌巾换鹿胎。"

【绿蕪】 丛生的绿草。崔颢《维扬送友还苏州》："长安南下几程途，得到邗沟吊绿芜。"白居易《司马宅》："雨径绿芜合，霜园红叶多。"刘沧《留别复本修古二上人》："绿芜风晚水边寺，清磬月高林下禅。"李中《书王秀才壁》："茅舍何寥落，门庭长绿芜。"

【绿醅】 绿色美酒。朱湾《宴杨驸马山池》："鲙下玉盘红缕细，酒开金瓮绿醅浓。"白居易《自题小草亭》："绿醅量酰饮，红稻约升炊。"又《早饮醉中除河南尹敕到》："绿醅新酎尝初醉，黄纸除书到不知。"

【绿髮】 乌黑发亮的头发。李白《古风》之五："中有绿发翁，披云卧松雪。"许浑《送人之任邛州》："绿发监州丹府归，还家乐事我先知。"陆龟蒙《送董少卿游茅山》："应知四扇灵方在，待取归时绿发生。"王毂《逢道者神和子》："童颜终不改，绿发尚依然。"

【绿蕙】 绿色的蕙兰。李群玉《秋怨》："金风死绿蕙，玉露生寒松。"

【绿嶠】 (qiáo)绿色的山。李郢《山中》："海边兄弟无音息，斜日愁看绿峤曛。"

【绿篁】 绿竹。韦庄《题许仙师院》："院开金锁涩，门映绿篁深。"

【绿潭】 绿色的池潭。邢巨《游春》："绿潭渔子钓，红树美人攀。"马令《早春陪敕使麻先生祭岳》："山横翠微外，室在绿潭边。"万齐融《三日绿潭篇》："拾翠总来芳树下，踏青争绕绿潭边。"

【绿鬚】 黑色胡须。杨嗣复《赠毛仙翁》："童姿玉貌谁方比，玄发绿髯光弥弥。"

【绿駬】 见"绿$_2$耳"。

【绿樹】 绿色树木。杜牧《过华清宫绝句三首》之二："新丰绿树起黄埃，数骑渔阳探使回。"徐铉《依韵和令公大王蔷薇诗》："绿树成阴后，群芳稍歇时。"

【绿醑】 绿色美酒。太宗《春日玄武门宴群臣》："清尊浮绿醑，雅曲韵朱弦。"张夫人《柳絮》："过尊浮绿醑，拂幌缀红绡。"鱼玄机《光威裒姊妹三人少孤而始妍乃是作因次其韵》："红芳满院参差折，绿醑盈杯次第衔。"

【绿醖】 绿色美酒。白居易《酬皇甫十早春对雪见赠》："绿酝香堪忆，红炉暖可亲。"

【绿鴨】 即绿头鸭。一种雄性野鸭，因其头和颈部为绿色，故称。李商隐《射鱼曲》："纤纤粉簳馨香饵，绿鸭回塘养龙水。"温庭筠《常林欢歌》："宜城酒熟花覆桥，沙晴绿鸭鸣咬咬。"

【绿螘】 见"绿蚁"。

【绿頭江鴨】 雄性野鸭。头和颈部为绿色，人称绿头鸭。温庭筠《昆明池水战词》："渺莽残阳钓艇归，绿头江鸭眠沙草。"参见"绿鸭"。

【绿罽】 绿色毛毡。陆龟蒙有《袭美将以绿罽为赠因成四韵》。

【绿嶼】 绿色的小山。孙逖《扬子江楼》："驿道青枫外，人烟绿屿间。"

【绿錢】 ❶青苔。杨炯《有所思》："不掩嚬红楼，无论数绿钱。"岑参《长门怨》："绿钱侵履迹，约粉湿啼痕。"见晋崔豹《古今注》卷下。包何《和程员外春日东郊即事》："藤垂宛地萦珠履，泉迸侵阶浸绿钱。"鲍溶《古意》："翠袖皓珠粉，碧阶封绿钱。"❷榆荚。榆荚形似钱串，故称。韦庄《和元秀才别业书事》："绿钱榆贯重，红障杏篱深。"

【绿筱】 绿色小竹。宋之问《宿云门寺》："夤缘绿筱岸，遂得青莲宫。"裴迪《辋川集二十首·斤竹岭》："明流纡且直，绿筱密复疏。"李频《夏日过友人檀溪别业》："鹭栖依绿筱，鱼跃出清苹。"

【绿縟】 喻繁茂的草木。宋之问《雨从箕山来》："晴明西峰日，绿缛南溪树。"韦应物《游琅琊山寺》："青冥台砌寒，绿缛草木香。"裴度、白居易《宴兴化池亭送白二十二东归联句》："坐弄琉璃水，行登绿缛堆。"

【绿線】 ❶绿色的线。张文成《游仙窟诗·咏崔五嫂》："傍人一一丹罗袜，侍婢三三绿线鞋。"❷喻柳丝。沈亚之《汴州船行赋岸傍所见》："蓬烟拈绿线，棘实缀红囊。”

【绿薇】 绿色的薇茱。刘禹锡《裴祭酒尚书见示寄王左丞高侍郎之什命同作》：“石头解金章，林下步绿薇。”贯休《登鄱阳寺阁》：“终敩于陵子，吴山有绿薇。”

【绿檀槍】 绿沉枪。染成浓绿色的枪，杜牧《郡斋独酌》：“白羽八扎弓，髀压绿檀枪。”

【绿缥】 青绿色。杜甫《天育骠图歌》：“毛为绿缥两耳黄，眼有紫焰双瞳方。”

【绿雾】 青茫茫的云雾。李贺《江南弄》：“江中绿雾起惊波，天上叠巘红嵯峨。”

【绿醪】 绿色美酒。李德裕《寒食日三殿侍宴奉进诗一首》：“分席罗玄冕，行觞举绿醪。”白居易《自宾客迁太子少傅分司》：“何言家尚贫，银榼提绿醪。”徐夤《骄侈》：“古今人事惟堪醉，好脱霜裘换绿醪。”

【绿叢】 绿色的草丛、木丛。李端《早春会王逵主人得蓬字》：“绿丛犹覆雪，红萼已凋风。”周元范《和白太守拣贡橘》：“离离朱实绿丛中，似火烧山处处红。”

【绿蟬】 乌黑的鬓发。李贺《夜来乐》：“新客下马故客去，绿蝉秀黛重拂梳。”

【绿罇】 见“绿尊”。

【绿簡】 绿章。旧时道士祈天时用青藤纸所写的表文。韦应物《清都观答幼遐》：“粲然顾我笑，绿简发新章。”

【绿龜】 绿毛龟。背甲附生绿藻的金龟或水龟。可供观赏。古以为瑞物。郭震《古剑篇》：“精光黯黯青蛇色，文章片片绿龟鳞。”

【绿觴】 指美酒。白居易《早春同刘郎中寄宣武令狐相公》：“梁园不到一年强，遥想清吟对绿觞。”

【绿鬉】 绿色的马鬣。李白《结客少年场行》：“紫燕黄金瞳，啾啾摇绿鬉。”

【绿蘋】 见“绿萍”。

【绿藻】 藻类植物的一门，产于淡水、海水蓝天湿地、树干上，呈绿色或黄绿色。白居易《池上闲咏》：“青莎台上起书楼，绿藻潭中系钓舟。”

【绿疇】 绿色的田畴。李峤《田假限疾不获还庄用写长怀赠杜幽素》：“绿畴良已秽，清濠旷不追。”

【绿蟻】 亦作“绿螘”。酒面上浮起的绿色泡沫。亦借指美酒。骆宾王《在兖州饯宋五之问》：“别路青骊远，离尊绿蚁空。”高适《同河南李少尹毕员外宅夜饮时洛阳告捷遂作春酒歌》：“郎官无事时饮酒，杯中绿蚁吹转来。”白居易《问刘十九》：“绿蚁新醅酒，红泥小火垆。”翁绶《咏酒》：“逃暑迎春复送秋，无非绿蚁满杯浮。”

【绿羅】 ❶绿色的绮罗。刘禹锡《竹枝词二首》之二：“今朝北客思归去，回入纥那披绿罗。”❷喻绿水微波。张祜《题于越亭》：“山衔落照攲红盖，水蹙斜文卷绿罗。”

【绿繡】 绿色丝织品。李商隐《河阳诗》：“绿绣笙囊不见人，一口红霞夜深嚼。”

【绿壤】 犹绿野。张说《赠赵侍御》：“绿壤发欣颜，华年助虫篆。”

【绿蘚】 青苔。李白《玉真公主别馆苦雨赠卫尉张卿二首》之二：“厨灶无青烟，刀机生绿藓。”参见“绿錢❶”。

【绿蠟】 绿色的蜡烛状物。钱珝《未展芭蕉》：“冷烛无烟绿蜡干，芳心犹卷怯春寒。”此处形容芭蕉叶未展时直卷的状态。

【绿蘿】 绿色藤萝。沈如筠《寄张征古》：“绿萝无冬春，彩云竟朝夕。”钱起《赋得青城山歌送杨杜二郎中赴蜀军》：“绿萝春月营门近，知君对酒遥相思。”韦庄《对雨独酌》：“门外绿萝连洞口，马嘶应是步兵来。”徐仲雅《赠江处士》：“薄雾笼寒径，残风恋绿萝。”

【绿囊】 绿色囊袋。温庭筠《洞户二十二韵》：“绿囊逢赵后，青锁见王沈。”

【绿鬟】 乌黑发亮的发髻。亦泛称妇女的秀发。白居易《闺妇》：“斜凭绣床愁不动，红绡带缓绿鬟低。”殷尧藩《宫人入道》：“绿鬟女伴含愁别，释尽当年妒宠私。”李愿《望仙门》：“绿鬟云漠漠，翠黛月涓涓。”韦庄《归国遥》词之三：“睡觉绿鬟风乱，画屏云雨散。”亦借指美女。张祜《少年乐》：“绿鬟深小院，青管下高楼。”

【绿巘】 绿色的山顶。贯休《山居诗二十四首》之二一：“石垆金鼎红蕖嫩，香阁茶棚绿巘齐。”

【绿鬢】 乌黑发亮的鬓发。形容男女年轻美貌。崔颢《卢姬篇》：“卢姬少小魏王家，绿鬓红唇桃李花。”孟郊《望远曲》：“空怜绿鬓风吹白，何当归见远行客。”李绅《过梅里七首·忆东郭居》：“骑服欢妻嫂，绿鬓绝新知。”徐夤《绿鬓》：“绿鬓先生自出林，孟光同乐野云深。”亦借指美女。王涯《宫词三十首》之一九：“向晚移镫上银簟，丛丛绿鬓坐弹棋。”

【绿醽】 亦作“绿醽”。酒名。亦泛称美酒。窦庠《奉酬侍御家兄东洛闲居夜晴观雪之什》：“辉光渐觉玉绳低，绿醽乍熟堪聊酌。”刘禹锡《送李策兼简衡州吕八郎中》：“庾楼见清月，孔坐多绿醽。”元稹《饮致用神曲酒三十韵》：“七月调神曲，三春酿绿醽。”韦庄《来阳县浮山神庙》：“山曾尧代浮洪水，地有唐臣奠绿醽。”参见“绿酒”。

【绿靄】 青茫茫的雾气。丘为《辛四卧病舟中群公招登慈和寺》：“山僧午后清禅洽，群木晴初绿霭深。”

【绿$_2$驥】 绿耳。骏马名。传说周穆王八骏之一。李白《赠崔咨议》:“绿骥本天马,素非伏枥驹。”参见“绿耳”。

【緑醽】　见“绿醽”。

綴　〔zhuì《广韵》陟衛切,去祭,知。〕❶缝合;连缀。顾况《上古之什补亡训传十三章·十月之郊一章》:“高阁高阁,珠缀结络。”白居易《见萧侍御忆旧山草堂诗因以继和》:“琢玉以为架,缀珠以为笼。”鲍溶《霓裳羽衣舞》:“遂令武帝厌云韶,金针天丝缀飘飘。”❷系结;连接。李峤《八月奉教作》:“月镜如开匣,云缨似缀冠。”孟郊《赠黔府王中丞楚》:“嘉实缀绿蔓,凉湍泻清声。”白居易《初除官蒙裴常侍赠绯袍鱼袋因谢惠贶兼抒离情》:“鱼缀白金随步跃,鹘衔红绶绕身飞。”陆龟蒙《渔具诗·药鱼》:“香饵缀金钩,日中悬者几。”❸连缀词句以成篇章。谓创作诗文。亦指编撰。玄宗《春晚宴两相及礼官丽正殿学士探得风字》序:“乃命学者缮落简,缉遗编,篡鲁壁之文章,缀秦坑之煨烬,所以修文教也。”孟郊《憩淮上观公法堂》:“且将琉璃意,净缀芙蓉章。”元稹《贬江陵途中寄乐天杓直》:“想到江陵无一事,酒杯书卷缀新文。”李涉《却归巴陵途中走笔寄唐知言》:“巧缀五言才刮骨,却怕柱天身硉矹。”❹装饰;点缀。窦常《花发上林》:“上苑晓沉沉,花枝乱缀阴。”韩愈《送无本师归范阳》:“始见洛阳春,桃枝缀红糁。”李绅《新楼诗二十首·北楼樱桃花》:“开花占得春光早,雪缀云装万萼轻。”唐求《题杨山人隐居》:“绿缀沿岩草,红飘落水花。”引申为充数、备位。司空图《少仪》:“昨日登班缀柏台,更惭起草属微才。”

【綴文】　连缀词语以成文章,撰写文章。杜甫《醉歌行》:“陆机二十作文赋,汝更小年能缀文。”王贞白《雨后从陶郎中登庾楼》:“此景堪谁画,文翁请缀文。”

【綴文聯珠】　撰写美好诗文。宣宗《吊白居易》:“缀玉联珠六十年,谁教冥路作诗仙。”

【綴兆】　古代乐舞中舞者的行列位置。见《礼记·乐礼》。《郊庙歌辞·周宗庙乐舞辞·忠顺》:“缀兆疾舒皆应节,明明我祖乐无穷。”

【綴組】　系结官印。谓作官。韩愈《元和圣德诗》:“优赏将吏,扶珪缀组。”

【綴葺】　修补。顾况《上古之什补亡训传十三章·燕于巢一章》:“燕燕于巢,缀葺维戊。”

【綴集】　连缀汇集。多谓编辑诗文。张说《酬崔光禄冬日述怀赠答》序:“是用缀集,勒成一卷,永存几阁之玩。”

【綴詩】　作诗。骆宾王《在狱咏蝉》序:“见螳螂之抱影,怯危机之未安,感而缀诗。”

【綴旒】　喻国势垂危。出《文选·潘勗〈册魏公九锡文〉》。白居易《新乐府·隋堤柳·悯亡国也》:“上荒下困势不久,宗社之危如缀旒。”临淄县主《与独孤穆冥会诗》:“皇天昔降祸,隋室若缀旒。”

【綴綴】　相连缀貌。韩愈《寄崔二十六立之》:“子宁独迷误,缀缀意益弥。”

【綴緝】　编辑。韩愈《招杨之罘》:“先王遗文章,缀缉实在余。”

【綴篇】　撰写篇什。贾岛《送令狐绹相公》:“缀篇嗟调逸,不和揣才贫。”

【綴韻】　写诗。杨嗣复《赠毛仙翁》:“搜奇缀韵和阳春,文章不是人间语。”

緇　〔zī《广韵》側持切,平之,莊。〕❶黑色。吴筠《览古十四首》之一:“孔席不暖,黑突何尝缁。”李益《答许五端公马上口号》:“晚逐旌旗俱白首,少游京洛共缁尘。”孟郊《劝友》:“至白涅不缁,至交淡不疑。”引申为染黑,改变等义。杜甫《别崔潩因寄薛据孟云卿》:“如何久磨砺,但取不磷缁。”武元衡《秋日台中寄怀简诸僚》:“忧悔耿遐抱,尘埃缁素襟。”❷僧衣。亦指僧人。岑参《虢州送郑兴宗弟归扶风别庐》:“因怀东溪老,最忆南峰缁。”柳宗元《法华寺石门精舍三十韵》:“愿言怀名缁,东峰旦夕仰。”郑嵎《津阳门诗》:“会昌御宇斥内典,去留二教分黄缁。”徐夤《山寺寓居》:“披缁学佛应无分,鹤氅谈空亦不妨。”

【緇衣】　❶古代用黑色帛做的朝服。见《诗·郑风·缁衣》。权德舆《太原郑尚书远寄新诗走笔酬赠因代书贺》:“缁衣诸侯谅称美,白衣尚书何可比。”亦泛称黑色衣服。崔峒《赠窦十九》:“江海几时传锦字,风尘不觉化缁衣。”❷《诗·郑风》篇名。一说为赞美武公“好贤”之诗。李峤《诗》:“缁衣久擅美,祖德信悠哉。”宋之问《送武进郑明府》:“甿谣岂云远,从此庆缁衣。”吕温《奉和张舍人闻雅琴因书事通简僚友》:“方袭缁衣庆,永奉南薰吟。”❸僧尼的服装。韦应物《秋景诣琅琊精舍》:“悟言缁衣子,萧洒中林行。”刘商《赠头陀师》:“少壮从戎马上飞,雪山童子未缁衣。”亦借指僧人。刘商《题禅居废寺》:“凋残精舍在,连步访缁衣。”刘禹锡《乐天少傅五月长斋广延缁徒因以戏之》:“宾阁缁衣占,书堂信鼓鸣。”

【緇侶】　僧侣。严维《哭灵一上人》:“经论传缁侣,文章遍墨卿。”

【緇叟】　老僧。刘昚虚《登庐山峰顶寺》:“山门二缁叟,振锡闻幽声。”

【緇冠】　(一guān)缁布冠。古代士与庶人常用的一种冠。古人始行冠礼,初加缁布冠,次加皮弁,次加爵弁。李峤《布》:“御绩创羲黄,缁冠表素王。”

【緇素】　指僧俗。僧徒衣缁,俗众服素,故称。贯休《送郑使君》:“东阳缁素如何好,空向生祠祝上台。”

【緇徒】 僧侣。孟浩然《陪张丞相祠紫盖山途经玉泉寺》：“皂盖依松憩，缁徒拥锡迎。”

【緇流】 僧徒。僧人多着黑衣，故称。卢纶《秋夜同畅当宿藏公院》：“将祈竟何得，灭迹在缁流。”

【緇帷】 喻林木繁茂之处。见《庄子·渔父》。后因以为高人讲学之典。吴筠《高士咏·通玄真人》：“已陈缁帷说，复表沧浪谣。”

【緇塵】 黑色灰尘。喻尘世污垢。李益《答许五端公马上口号》：“晚逐旌旗俱白首，少游京洛共缁尘。”权德舆《严陵钓台下作》：“心灵栖颢气，缨冕犹缁尘。”又《送别同用阔字》：“缁尘素衣敝，风露秋江阔。”

【緇錫】 缁衣锡杖。僧人所用。亦用以指僧人。刘昚虚《寄阎防》：“青冥南山口，君与缁锡邻。”刘禹锡《海阳湖别浩初师》：“逢君驻缁锡，观貌称林峦。”

【緇磷】 出《论语·阳货》。故后亦“緇磷”喻指操守不坚贞。韦应物《寄令狐侍郎》：“宠辱良未定，君子岂缁磷。”权德舆《伏蒙十六叔寄示喜庆感怀三十韵因献之》：“黄钟蕴声调，白玉那缁磷。”刘禹锡《送华阴尉张苕赴邕府使幕》：“风霜苦摇落，坚白无缁磷。”白居易《酬张十八访宿见赠》：“平生虽寡合，合即无缁磷。”

【緇屬】 缁流。王维《同崔兴宗送衡岳瑗公南归》序：“燕居吐论，缁属高之。”

九　画

緤 〔xiè《广韵》私列切，入薛，心。〕同“绁”。牵牲畜的绳子。引申为拴、系。钱起《登玉山诸峰偶至悟真寺》：“紫芝每相引，黄绶不能绁。”白居易《题谢公东山障子》：“鹰饥受绁从难退，鹤老乘轩亦不还。”

緗 〔xiāng《广韵》息良切，平陽，心。〕❶浅黄色。李商隐《五言述德抒情诗一首四十韵献上杜七兄仆射相公》：“移席牵缃蔓，回桡扑绛英。”温庭筠《海榴》：“蜡珠攒作蒂，缃彩剪成丛。”❷浅黄色的绢。古人多用以书写，亦作书的封套。韦庄《和郑拾遗秋日感事一百韵》：“伫归蓬岛后，纶诏润青缃。”参见“緗縹”。

【緗花】 浅黄色的花。皎然《饮茶歌送郑容》：“霜天半夜芳草折，烂熳缃花啜又生。”

【緗帙】 浅黄色书套。亦借指书籍、书卷。李贺《示弟》：“醁醽今夕酒，缃帙去时书。”皮日休《二游诗·徐诗》：“缥囊轻似雾，缃帙殷于血。”

【緗荷】 浅红色的荷花。苏瓌《兴庆池侍宴应制》：“帷齐绿树当筵密，盖转缃荷接岸浮。皎然《苕溪草堂四十三韵》：“缃荷采堪服，柔草持可席。”

【緗葉】 浅黄色的叶子。李峤《荷》：“鱼戏排缃叶，龟浮见绿池。”

【緗幃】 浅黄色帏幔。李商隐《僧院牡丹》：“粉壁正荡水，缃帏初卷灯。”

【緗裙】 浅黄色裙子。李商隐《燕台四首·夏》：“安得薄雾起缃裙，手接云軿呼太君。”

【緗綺】 浅黄色的丝绸。刘希夷《采桑》：“青丝娇落日，缃绮弄春风。”皎然《读张曲江集》：“春杼弄缃绮，阳林敷玉英。”施肩吾《效古兴》：“金雀无旧钗，缃绮无旧裾。”常理《古别离》：“君御狐白裘，妾居缃绮帱。”

【緗縑】 即缣缃。浅黄色细绢。古用以书写。故用以借指书籍。包佶《翻经台》：“彩线风飘断，缃缣火烬余。”

【緗縹】 浅黄色或浅青色。古人习用此二色布帛作书衣。因以指书卷。李贺《自昌谷到洛后门》：“缃缥两行字，蛰虫蠹秋芸。”

練 〔liàn《广韵》郎甸切，去霰，來。〕❶煮熟生丝或生丝织品，使之柔软洁白。引申为白，素色。王昌龄《河岳英灵集》：“天仗森森练雪凝，身骑铁骢自臂鹰。”参见“練帨”。❷练过的布帛。一般指白绢。李白《江夏寄汉阳辅录事》：“谁道此水广，狭如一匹练。”杜甫《暮归》：“客子入门月皎皎，谁家捣练风凄凄。”白居易《宿湖中》：“浸月冷波千顷练，苞霜新橘万株金。”唐彦谦《春雪初霁杏花正芳月上夜吟》：“霁景明如练，繁英杏正芳。”❸练习；训练。亦指修炼。玄宗《观拔河俗戏》：“欲练英雄志，须明胜负多。”杜甫《送高司直寻封阆州》：“为我问故人，劳心练征戍。”李翱《赠药山高僧惟俨二首》之一：“练得身形似鹤形，千株松下两函经。”陆龟蒙《奉和袭美太湖诗二十首·练渎》：“吴将派天泽，以练舟师徒。”❹烧炼。王绩《游仙四首》之二：“金壶新练乳，玉釜始煎香。”❺通“楝”。见“練花”。

【練士】 训练士兵。李昂《从军行》：“羽林练士拭金甲，将军校战出玉堂。”

【練水】 指练湖。张祜《丹阳新居四十韵》：“茅峰遥自对，练水曲相沿。”

【練文】 喻如白织飘动的波纹。皎然《赋得石梁泉送崔逵》：“天晴虹影渡，风细练文斜。”

【練光】 指画绢。杜甫《奉观严郑公厅事岷山沱江画图十韵》：“岭雁随毫末，川蜺饮练光。”

【練衣】 白色布衣。魏朴《和皮日休悼鹤》之一：“雪骨夜封苍藓冷，练衣寒在碧塘轻。”

【練花】 即楝花。李峤《江》：“霞津锦浪动，月浦练花开。”

【練兵】 训练兵士。高适《东平留赠狄司马》："练兵日精锐，杀敌无遗残。"

【練若】 佛教语。即阿兰若。梵语音译。意为寂静处。原指僧侣修行处，后指佛寺。齐己《诸宫莫问诗十五首》之八："旧峰呵练若，松径接匡庐。"

【練卒】 练兵，操练兵卒。杜甫《新安吏》："就粮近故垒，练卒依旧京。"又《北征》："至尊尚蒙尘，几日休练卒?"

【練思】 精研深思。李颀《送山阴姚丞携妓之任兼寄苏少府》："知君练思本清新，季子如今得为邻。"杨巨源《送陈判官罢举赴江外》："练思多时冰雪清，拂衣无语别书生。"

【練帨】 白色佩巾。韩愈《李花二首》之二："长姬香御四罗列，缟裙练帨无等差。"

【練帶】 白色熟绢制的带子。李贺《春坊正字剑子歌》："隙月斜明刮露寒，练带平铺吹不起。"

【練湖】 在今江苏丹阳市西北。又名练塘。东晋时陈敏曾主持修治，溉田数百顷。韩翃《送崔秀才赴上元兼省叔父》："练湖东望接云阳，女市西游入建康。"权德舆《省中春晚忽忆江南旧居戏书所怀因寄两浙亲故杂言》："结庐常占练湖春，犹寄藜床与幅巾。"许浑有《重怀练湖怀旧》。

【練裙】 ❶白绢下裳。亦指妇女所着白绢裙。颜萱《过张祜处士丹阳故居》序："葛帔练裙，兼非所有;琴书图籍，尽属他人。"❷用作乘兴挥毫之典。出《宋书·羊欣传》。陆龟蒙《怀杨台文杨鼎文二秀才》："重思醉墨纵横甚，书破羊欣白练裙。"

【練塘】 即练湖。权德舆《嘉兴九日寄丹阳亲故》："更羡登攀处，烟花满练塘。"许浑《送王总下第归丹阳》："汴水月明东下疾，练塘花发北来迟。"

【練練】 洁白貌。杜甫《泛溪》："练练峰上雪，纤纤云表霓。"

【練影】 白色光影。上官仪《从驾闾山咏马》："桂香尘处减，练影月前空。"严维《奉和刘祭酒伤白马》："练影依云没，银鞍向月空。"李群玉《中秋越台看月》："水光笼草树，练影挂楼台。"张友正《锦带佩吴钩》："彩缕回文出，雄芒练影浮。"

【練瀆】 沟渠名。在今江苏苏州市西南。传为吴王阖闾所开，用以练兵，故名。皮日休《太湖诗·练渎》："空阔嫌太湖，崎岖开练渎。"陆龟蒙有《奉和袭美太湖诗二十首·练渎》。

緘 〔jiān《广韵》古咸切，平咸，見。〕❶扎束器物的绳子。参见"緘縢"。❷束缚;捆扎。韦庄《李氏小池亭十二韵》："古柳红绡织，新篁紫绮缄。"❸闭藏;封闭。孙逖《春初送吕补阙往西岳勒碑得云字》："箧中缄圣札，岩下揖神君。"杜甫《客从》："缄之箧笥久，以俟公家须。"韩愈《酬司门卢四兄云夫院长望秋作》："曲江荷花盖十里，江湖生目思莫缄。"元稹《酬乐天书怀见寄》："诗书费一夕，万恨缄其中。"❹收，敛。李白《秋浦感主人归燕寄内》："寄书道中叹，泪下不能缄。"鲍溶《春日言怀》："胡为缄笑语，深念不思身。"❺书信封口。李端《杂歌》："世间反覆不易陈，缄此贻君泪如雨。"权德舆《太原郑尚书远寄新诗走笔酬赠因代书贺》："新握兵符应感激，远缄诗句更风流。"❻书函。李白《寄远十一首》之十："天末如见之，开缄泪相续。"杜甫《入衡州》："诸舅剖符近，开缄书札光。"卢仝《走笔谢孟谏议寄新茶》："开缄宛见谏议面，手阅月团三百片。"韩偓《玉合》："开缄不见新书迹，带粉犹残旧泪痕。"❼量词。用于信件等装封套之物。犹封，件。武元衡《酬李十一尚书西亭暇日书怀见寄十二韵之作》："一缄琼玖赠，万里别离愁。"白居易《和酬郑侍御东阳春闷放怀追越游见寄》："一缄疏入掩谷永，三都赋成排左思。"皮日休《伤史拱山人》："一缄幽信自襄阳，上报先生去岁亡。"

【緘口】 谓闭口不言。寒山《诗三百三首》之一七四："捺头遣小心，鞭背令缄口。"权德舆《诫言》："方寸虽浩然，因之三缄口。"杜荀鹤《闻子规》："啼得血流无用处，不如缄口过残春。"徐夤《献内翰杨侍郎》："欲言温署三缄口，闲赋宫词八斗才。"

【緘札】 书信。李商隐《春雨》："玉珰缄札何由达，万里云罗一雁飞。"

【緘言】 闭口不语。崔橹《莲花》："影敧晴浪势敧烟，恨态缄言日抵年。"

【緘哀】 心怀哀思。李端《慈恩寺怀旧》："存信松犹小，缄哀草尚新。"

【緘封】 ❶封闭;封口。韩愈《归彭城》："缄封在骨髓，耿耿空自奇。"刘禹锡《西山兰若试茶歌》："不辞缄封寄郡斋，砖井铜炉损标格。"王贞白《寄郑谷》："五百首新诗，缄封寄去时。"❷指书信。刘禹锡《酬元九侍御赠璧竹鞭长句》："初开郢客缄封后，想见巴山冰雪深。"李绅《逾岭峤止荒陬抵高要》："鱼肠雁足望缄封，地远三江岭万重。"

【緘恨】 心怀怨恨。骆宾王《王昭君》："敛容辞豹尾，缄恨度龙鳞。"韩愈、孟郊《远游联句》："楚些待谁吊，贾辞缄恨投。"杜牧《送王十至褒中因寄尚书》："君家荷藕好，缄恨寄遥程。"

【緘素】 古人用缣绵作书，故后因称书信为"缄素"。窦群《冬日晓思寄杨二十七炼师》："愿言缄素封，昨夜梦琼枝。"

【緘書】 书信封口。亦指书信。韦应物《答李博士》："缄书当夏时，开缄时已度。"钱起《裴侍郎湘川回以青竹筒相遗因而赠这》："缄书取直节，君子知虚心。"杜甫《奉汉中王手札》:"前后缄书报,分明馔玉恩。"陆龟蒙《记事》:"缄书寄城内,搪突无以况。"

【縅情】 含情。韦应物《夏景端居即事》:"逾怀故园春,默默以缄情。"元稹《小胡笳引》:"吞恨缄情乍轻激,故国关山心历历。"白居易《病中辱崔宣城长句见寄因以四韵总而酬之》:"信题霞绮缄情重,酒试银觥表分深。"温庭筠《郭处士击瓯歌》:"我亦为君长叹息,缄情远寄愁无色。"

【縅寄】 书信封口寄出。白居易《伤唐衢二首》之二:"因和三十韵,手题远缄寄。"

【縅愁】 含着怨愁。李白《寄远十一首》之八:"两不见,但相思,空留锦字表心素,至今缄愁不忍窥。"皎然《古别离》:"谁识缄怨者,持此伤怀抱。"杨衡《宿陆氏斋赋得残灯诗》:"谁比秦楼晓,缄愁别幌前。"

【縅憶】 默忆,忆而不言。张九龄《感遇十二首》之九:"冥冥愁不见,耿耿徒缄忆。"

【縅題】 信函的封题。亦指书信。权德舆《郴州换印缄遣之际率成三韵因寄李二兄员外使君》:"缄题桂阳印,持寄朗陵兄。"白居易《令狐相公与梦得交情素深眷予分亦不浅一闻薨逝相顾泫然》:"缄题重叠语殷勤,存没交亲自此分。"李德裕《故人寄茶》:"剑外九华英,缄题下玉京。"

【縅縢】 绳索。出《庄子·胠箧》。唐彦谦《咸通中二十韵》:"穆卜缄縢秘,金根辙迹遥。"

緬 〔miǎn《广韵》彌兖切,上獮,明。〕❶遥远。陈子昂《感遇诗三十八首》之三:"苍苍丁零塞,今古缅荒途。"孟浩然《宿天台桐柏观》:"缅寻沧洲趣,近爱赤城好。"韦应物《龙门游眺》:"缘云路犹缅,憩涧钟已寂。"李白《去妇词》:"自从结发日未几,离君缅山川。"❷怀念;思念。杜甫《八哀诗·故秘书少监武功苏公源明》:"反为后辈亵,予实苦怀缅。"权德舆《伏蒙十六叔寄示喜庆感怀三十韵因献之》:"受氏自有殷,树功缅前秦。"白居易《春游二林寺》:"缅彼十八人,古今同此适。"李群玉《别尹炼师》:"徒以菌蟪姿,缅攀修真诀。"

【緬思】 遥想。李白《日夕山中忽然有怀》:"缅思洪崖术,欲往沧海隔。"杜甫《北征》:"缅思桃源内,益叹身世拙。"白居易《春寝》:"缅思少健日,甘寝常自恣。"陆龟蒙《读襄阳耆旧传作诗五百言寄皮袭美》:"缅思齐梁降,寂寞寡清胄。"

【緬惟】 亦作"緬維"。遥想。张九龄《奉和圣制幸晋阳宫》:"缅惟翦商后,岂独微禹叹。"豆卢回《登乐游源怀古》:"缅惟汉宣帝,初谓皇曾孙。"《郊庙歌辞·享隐太子庙乐章·雍和》:"缅维主鬯,庶歆芳醴。"

【緬然】 ❶遥远貌;悠久貌。张九龄《夏日奉使南海在道中作》:"缅然万里路,赫曦三伏时。"王维《座上走笔赠薛璩慕容损》:"缅然万物始,及与群物齐。"李益《合源溪期张计不至》:"霜露肃时序,缅然方独寻。"元稹《和乐天赠樊著作》:"缅然千载后,后圣曰孔宣。"❷思念貌。李白《古风》之二二:"感物动我心,缅然含归情。"

【緬想】 遥想。刘长卿《夜宴洛阳程九主簿宅送杨三山人往天台寻智者禅师隐居》:"流尘既寂寞,缅想增婵娟。"钱起《谒许由庙》:"缅想古人增叹惜,飒然云树满岩秋。"白居易《吾雏》:"缅想古人心,慈爱亦不轻。"贯休《陈宫词》:"缅想当时宫阙盛,荒宴椒房懱尧圣。"

【緬慕】 思念向往。杨巨源《秋夜闲居即事寄庐山郑员外蜀郡符处士》:"怅怀石门咏,缅慕碧鸡游。"柳宗元《游南亭夜还叙志七十韵》:"缅慕鼓枻翁,啸咏哺其糟。"

【緬維】 见"缅惟"。

【緬懷】 遥想;追念。虞世南《出塞》:"缅怀古人节,思酬明主恩。"岑参《终南山双峰草堂作》:"缅怀郑生谷,颇忆严子濑。"崔元翰《奉和圣制中元日题奉敬寺》:"缅怀崆峒事,须继箫管声。"皎然《送张彝归长沙》:"常服远游诫,缅怀经世谋。"

【緬邁】 远行。张九龄《将发还乡示诸弟》:"云胡当此时,缅迈复为客。"

【緬邈】 久远;遥远。杜甫《破船》:"苍皇避乱兵,缅邈怀旧丘。"韦应物《四禅精舍登览悲旧寄朝宗巨川兄弟》:"徂岁方缅邈,陈事尚纵横。"高适《苦雨寄房四昆季》:"君门嗟缅邈,身计念居诸。"韦庄《杂体联锦》:"解携忽已久,缅邈空回首。"

緛 〔ruǎn《广韵》而兖切,上獮,日。〕缩短。皮日休《鲁望昨以五百言见贻》:"后至陈隋世,得之枸且緛。"

緹 〔tí《广韵》杜奚切,平齊。定。又他禮切,上薺,透。〕橘红色。韩愈《陆浑山火和皇甫湜用其韵》:"缇颜靺股豹两鞬,霞车虹靷日毂�。"

【緹幕】 橘红色的帷幕。刘允济《经庐岳回望江州想洛川有作》:"夜琴清玉柱,秋灰变缇幕。"李白《至鸭栏驿上白马矶赠裴侍御》:"临驿卷缇幕,升堂接绣衣。"马令《早春陪敕使麻先生祭岳》:"缇幕灰初庡,焚林火欲然。"

【緹縈】 人名。汉代孝女。见《史记·孝文本纪》。后因作称颂孝女的典故。李白《东海有勇妇》:"淳于免诏狱,汉主为缇萦。"白居易《吾雏》:"蔡邕念文姬,于公叹缇萦。"

【緹騎】 原本为汉代皇家警卫骑兵,由执金吾统辖。因穿橘红色制服而得名。亦用作皇帝的禁卫军或治安官吏的统称。于志宁《冬日宴群公于宅各赋一字得杯》:“陋巷朱轩拥,衡门缇骑来。”刘宪《奉和幸韦嗣立山庄侍宴应制》:“缇骑分初日,霓旌度晓寒。”沈佺期《奉和晦日驾幸昆明池应制》:“山花缇骑绕,堤柳幔城开。”刘禹锡《和令狐相公晚泛汉江书怀寄洋州崔侍郎阆州高舍人二曹长》:“郊树映缇骑,水禽避红旌。”

【緹繡】 赤缯与文绣。指高贵的丝织品。刘禹锡《游桃源一百韵》:“共安缇绣荣,不悟泥途适。”

【緹籥】 古代一种管乐器。赤黄色,似笛而短小。亦可用作舞具。魏征《五郊乐章·舒和》:“璿仪气爽惊缇籥,玉吕灰飞含素商。”《郊庙歌辞·蜡百神乐章·雍和》:“缇籥劲序,玄英晚候。”

緝1 〔jī《广韵》七入切,入緝,清。〕❶析麻捻接成线。刘言史《潇湘游》:“夷女采山蕉,缉纱浸江水。”亦泛指搓捻。司空图《杨柳枝寿杯词十八首》之一六:“莫言万绪牵愁思,缉取长绳系落晖。”

緝2 〔jí《集韵》即入切,入緝,精。〕通“輯”。❶收集,编辑。玄宗《春晚宴两相及礼官丽正殿学士探得风字》序:“乃命学者,缮落简,缉遗编,纂鲁壁之文章,缀秦坑之煨烬,所以修文教也。”李白《幽涧泉》:“客有哀时失职而听者,泪淋浪以沾襟,乃缉商缀羽,潺湲成音。”张籍《赠殷山人》:“深藏报恩剑,久缉养生篇。”姚合《闲居遣怀十首》之五:“闲时随思缉,小酒恣情斟。”❷编织;纺织;裁制。刘希夷《捣衣篇》:“攒眉缉缕思纷纷,对影穿针魂悄悄。”钱起《酬陶六辞秩归旧居见柬》:“吾当挂朝服,同尔缉荷衣。”张贲《奉和袭美先辈悼鹤》:“丹台旧氅难重缉,紫府新书岂更通。”

【緝₂柳】 汉人孙敬,字文宝,贫而好学,曾编杨柳简抄写书经。见《文选·任昉〈为萧扬州荐士表〉》。后以“缉柳”形容勤学苦读。李瀚《蒙求》:“文宝缉柳,温舒截蒲。”

【緝₂綏】 整治绥靖。柳宗元《唐铙歌鼓吹曲十二篇·苞枿》:“曰我旧梁氏,缉绥艰难。”

【緝熙】 光明、光辉。张说《唐封泰山乐章·〈豫和六首〉》之六:“缉熙懿德,敷扬成命。”韩休《祭汾阴乐章》:“于穆濬哲,维清缉熙。”苏源明《小洞庭洄源亭宴四郡太守诗》序:“抑抑焉,堂堂焉,奚一人之富有,而群后之缉熙也。”郑絪《享太庙乐章》:“猗欤缉熙,千亿流庆。”

【緝綴】 编辑缀合。元稹《苦乐相倚曲》:“转将深意谕旁人,缉缀瑕疵遣潜说。”张祜《读老庄》:“等闲缉缀闲言语,夸向时人唤作诗。”韩偓《思录旧诗于卷上凄然有感因成一章》:“缉缀小诗钞卷里,寻思闲事到心头。”

緼1 〔yùn《广韵》於問切,去問,影。又於粉切,上吻,影。又於云切,平文,影。〕新旧相混的绵絮、乱絮。见《礼记·玉藻》。见“緼袍”。

緼2 〔yūn《广韵》於云切,平文,影。〕通“氳”。见“絪緼”。

【緼袍】 以乱麻为絮的袍子。古为贫者所服。见《论语·子罕》。杜甫《遣遇》:“自喜遂生理,花时甘缊袍。”章孝标《赠庐山钱卿》:“箧有新征诏,囊余旧缊袍。”许浑《送李溟秀才西行》:“万里不辞劳,寒装叠缊袍。”徐夤《剪刀》:“欲制缊袍先把看,质非纨绮愧铦铓。”

緦 〔sī《广韵》息兹切,平之,心。〕细麻布。多用作丧服。见“緦麻”。

【緦麻】 古代丧服名。五服中最轻者。孝服用细麻布制成,服期三月。杜甫《遣兴五首》之五:“共指亲戚大,缌麻百夫行。”

緶 〔pián《广韵》房連切,平仙,並。〕用针缝。王建《宫词一百首》之四七:“缏得红罗手帕子,中心细画一双蝉。”韩偓《余作探使以缭绫手帛子寄贺因而有诗》:“缏处直应心共紧,砑时兼恐汗先融。”

線 〔xiàn《广韵》私箭切,去線,心。〕❶用棉、毛、丝、麻、金属等材料制成的细缕。祖咏《七夕》:“向月穿针易,临风整线难。”孟郊《寄卢虔使君》:“岁新月改色,客久线断衣。”温庭筠《懊恼曲》:“藕丝作线难胜针,蕊粉染黄那得深。”杜荀鹤《题会上人院》:“破衲新添线,空门夜不关。”❷细长如丝之物。白居易《五凤楼晚望》:“龙门翠黛眉相对,伊水黄金线一条。”温庭筠《题城南杜邠公林亭》:“卓氏炉前金线柳,隋家堤畔锦帆风。”又《杨柳八首》之三:“苏小门前柳万条,毵毵金线拂平桥。”

【線蔓】 线缕和藤蔓。张籍《弱柏院僧影堂》:“弱柏倒垂如线蔓,檐头不见有枝柯。”

【線縷】 即线。杜甫《龙门阁》:“危途中萦盘,仰望垂线缕。”白居易《绣妇叹》:“针头不解愁眉结,线缕难穿泪脸珠。”

緱 〔gōu《广韵》古侯切,平侯,見。〕山名。见“緱山”“緱嶺”。

【緱山】 即缑氏山。亦借指修道成仙之处。武三思《仙鹤篇》:“缑山杳杳翔寥廓,辽水累累叹城郭。”权德舆《赠文敬太子挽歌词二首》之二:“还似缑山驾,飘飘向碧虚。”许浑《送萧处士归缑岭别业》：“缑山住近吹笙庙，湘水行逢鼓瑟祠。”殷文圭《览陆龟蒙旧集》：“峭如谢桧虬蟠活，清似缑山凤路孤。”徐凝《和川守侍郎缑山题仙庙》：“王子缑山石殿明，白家诗句咏吹笙。”

【緱山廟】 仙人王子乔庙。在缑氏山。宋之问、崔曙、吴筠、许浑等均有《缑山庙》。

【緱山鶴】 相传王子乔于缑山乘鹤成仙。后用作歌咏仙家之典。裴度《享惠昭太子庙乐章》：“礼成神既醉，仿佛缑山鹤。”元稹《别李三》：“苍苍秦树云，去去缑山鹤。”亦作“緱氏鶴”。崔融《和梁王众传张光禄是王子晋后身》：“朝朝缑氏鹤，长向洛城飞。”

【緱氏】 ❶县名。秦置，治所在今河南偃师市东南。王昌龄有《缑氏尉沈兴宗置酒南溪留赠》。许浑有《送前缑氏韦明府南游》。❷山名。即缑氏山。在今河南偃师市。王绩《游仙四首》之二首：“缑氏还程促，瀛洲会日长。”窦牟有《缑氏拜陵回道中呈李舍人少尹》。

【緱氏山】 山名。在今河南偃师市。见汉刘向《列仙传·王子乔》。后用以为修道成仙之典。孟浩然《题李十四庄兼赠綦毋校书》：“左右瀍涧水，门庭缑氏山。”李白《凤吹笙曲》：“绿云紫气向函关，访道应寻缑氏山。”

【緱氏嶺】 即缑氏山。徐仁友《古意赠孙翃》：“南望缑氏岭，山居共涧阴。”

【緱氏鶴】 见“緱山鶴”。

【緱峯】 即缑氏山。王昌龄《缑氏尉沈兴宗置酒南溪留赠》：“缑峰信所克，济北余乃遂。”《郊庙歌辞·享懿德太子庙乐章·迎神》：“伊浦凤翔，缑峰鹤至。”

【緱嶺】 即缑氏山。崔湜《寄天台司马先生》：“何年缑岭上，一谢洛阳城。”钱起《画鹤篇》：“炉气朝成缑岭云，银灯夜作华亭月。”李德裕《忆平泉杂咏·忆晚眺》：“缑岭晴虹断，龙门宿鸟还。”许浑《故洛城》：“可怜缑岭登仙子，犹自吹笙醉碧桃。”

縋 〔zhuì《广韵》馳僞切，去寘，澄。〕以绳拴人或物而下或上。亦指下垂。刘禹锡《酬乐天晚夏闲居欲相访先以诗见贻》：“林密添新竹，枝低缒晚桃。”李贺《出城别张又新酬李汉》：“绿网缒金铃，霞卷清池湑。”白居易《酬南洛阳早春见赠》：“寒缒柳腰收未得，暖熏花口噤初开。”李商隐《送从翁东川弘农尚书幕》：“早朝披草莽，夜缒达丝纶。”

缓 〔huǎn《广韵》胡管切，上缓，匣。〕❶宽松；宽绰。张说《行从方秀川与刘评事文同宿》：“愿君乐盛时，无嗟带纕缓。”戴叔伦《相思曲》：“井深辘轳嗟绠短，衣带相思日应缓。”陆龟蒙《赠远》：“本是细腰人，别来罗带缓。”吴融《个人三十韵》：“可怜衣带缓，休赋重行行。”❷慢；缓慢。李白《寄韦南陵冰余江上乘兴访之遇寻颜尚书笑有此赠》：“南船正东风，北船来自缓。”韩愈《岳阳楼别窦司直》：“于嗟苦驽缓，但惧失宜当。”白居易《杨柳枝二十韵》：“绣履娇行缓，花筵笑上迟。”李叔卿《江南曲》：“渡口水流缓，妾归宵剩迟。”❸推迟；延缓。刘长卿《哭张员外继》：“世难愁归路，家贫缓葬期。”钱起《送弹琴李长史往洪州》：“佳期来客梦，幽思缓王程。”又《送李评事赴潭州使幕》：“谩说简书催物役，遥知心赏缓王程。”❹宽解；缓解；排遣。刘希夷《故园置酒》：“愿逢千日醉，得缓百年忧。”韦应物《过昭国里故第》：“唯思今古同，时缓伤与戚。”耿沣《华州客舍奉和崔端公春城晓望》：“赖逢骢马客，郢曲缓羁情。”无可《夏日送崔秀才游南》：“纵是逢佳景，那能缓旅愁。”❺软弱，柔软。白居易《自觉二首》之二：“悲来四支缓，泣尽双眸昏。”胡宿《次韵和朱况雨中之什》：“石床润极琴丝缓，水阁寒多酒力微。”❻谓刑政宽弘。元稹《何满子歌》：“梨园弟子奏玄宗，一唱承恩羁网缓。”

【缓刑】 放宽刑罚。温庭筠《过孔北海墓二十韵》：“故国将辞宠，危邦竟缓刑。”

【缓行】 慢步。杜甫《江头四咏·花鸭》：“花鸭无泥滓，阶前每缓行。”

【缓步】 慢步。王维《送陆员外》：“拜手辞上官，缓步出南宫。”张谓《西亭子言怀》：“官属不令拘礼数，时时缓步一相寻。”崔峒《宿江西窦主簿厅》：“广庭方缓步，星汉话中移。”裴说《咏鹦鹉》：“缓步寻珠网，高飞上画梁。”

【缓急】 ❶宽舒和急迫；快和慢。顾况《李供奉弹箜篌歌》：“草亦不知风到来，风亦不知声缓急。”❷指危急之事或意外情况。韩愈《南溪始泛三首》之二：“但恐烦里闾，时有缓急投。”崔道融《楚怀王》：“宫花一朵掌中开，缓急翻为敌国媒。”

【缓歌】 ❶缓慢地歌唱。戴叔伦《暮春游长沙东湖赠辛兖州巢父二首》之二：“缓歌寻极浦，一醉送残春。”❷指柔和的歌声。参见“缓歌慢舞”。

【缓歌行】 古乐府《杂曲歌辞》名。本出于《缓声歌》。缓声，谓歌声柔软。李颀有《缓歌行》。

【缓歌慢舞】 柔和的歌声和舒缓的舞姿。白居易《长恨歌》：“缓歌慢舞凝丝竹，尽日君王看不足。”

【缓慢】 迟缓，不迅速。白居易《江上对酒二首》之一：“酒助疏顽性，琴资缓慢情。”

【缓調】 （—diào）缓慢的曲调。刘禹锡《伤秦姝行》：“敛蛾收袂凝清光，抽弦缓调怨且长。”

【缓箭】 去势微弱之箭。欧阳询《嘲萧瑀射》：“急风吹缓箭，弱手驭强弓。”

【缓缓】 缓慢貌。拾得《诗》之九：“缓缓细披寻，不得生容易。”

【緩頰】　用以称婉言劝解或代人讲情。出《史记·魏豹彭越列传》。皮日休《临顿十首奉题屋壁》之十：“缓颊称无利，低眉号不能。”

【緩轡】　放松马之缰，使马缓行。刘禹锡《裴相公见示诗并群众属和因命追作》：“寻花缓辔威迟去，带酒垂鞭躞蹀回。”蜀后主李衍《题剑门》：“缓辔逾双剑，行行蹑石棱。”

締　〔dì《广韵》特計切，去霽，定。又杜奚切，平齊，定。〕❶结合；交结。玄宗《首夏花萼楼观群臣宴宁王山亭回楼下又申之以赏乐赋诗》序：“足以缔夏首之新赏，补春余之坠欢。”骆宾王《夏日游德州赠高四》序：“遂得载披玉叶，款洽金兰，倾意气于一言，缔风期于千祀。”❷建造。陆龟蒙《祝牛宫辞》：“上缔蓬茅，下远官府。”

【締交】　结交。上官仪《安德山池宴集》：“缔交开狎赏，丽席展芳辰。”骆宾王《夏日游德州赠高四》：“缔交君赠缟，投分我忘筌。”又《伤祝阿王明府》序：“诸君或缔交三益，列宰一司。”

【締構】　❶缔造。谓经营开创。徐夤《宋二首》之一：“缔构不应饶汉祖，奸雄何足数王敦。”❷建造。李百药《谒汉高庙》：“缔构三灵改，经轮五纬同。”张九龄《奉和圣制谒玄元皇帝庙斋》：“云雷初缔构，日月今悠然。”卢鸿一《嵩山十志十首·草堂》序：“草堂者，盖因自然之溪阜，前当墉洫，资人力之缔构。”

【締賞】　结友游赏。骆宾王《初秋登王司马楼宴得同字》：“缔赏三清满，承欢六义通。”卢僎《奉和李令扈从温泉宫赐游骊山韦侍郎别业》：“承恩来翠岭，缔赏出丹除。”崔尚《奉和圣制同二相已下群臣乐游园宴》：“乐游宜缔赏，舞咏惜将阑。”

【締歡】　结好，结交。卢照邻《哭明堂裴主簿》：“缔欢三十载，通家数百年。”

緪1　〔gēng《广韵》古恒切，平登，見。〕❶粗绳索。元稹《纪怀赠李六户曹崔二十功曹五十韵》：“弢弓思彻札，绊骥闷牵緪。”❷绷紧；急促。柳宗元《初秋夜坐赠吴武陵》：“若人抱奇音，朱弦緪枯桐。”

緪2　〔gèng《广韵》古鄧切，去嶝，見。〕竟，穷竟。杜牧《为人题赠二首》之二：“半月緪双脸，凝腰素一围。”

【緪昇】　日益兴盛之意。杜牧《雪中书怀》：“如日月緪昇，若鸾凤葳蕤。”

編　〔biān《广韵》卑連切，平仙，幫。又布玄切，平先，幫。又方典切，上銑，幫。〕❶穿连竹简的皮条或绳子。权德舆《酬李二十二兄主簿马迹山见寄》：“联袂共支策，抠衣尝绝编。”❷书籍；诗文。杜甫《陈拾遗故宅》：“终古立忠义，感遇有遗编。”张继《河间献王墓》：“汉家宗室独称贤，遗事闲中见旧编。”元稹《开元观闲居酬吴士矩侍御三十韵》：“神编启黄简，秘箓捧朱签。”陆龟蒙《小鸡山樵人歌》：“饱而安兮惟编是伍，时不用兮吾无汝抚”❸书的计数单。指一部书或书的一部分。韦应物《寄刘黄二尊师》：“高斋遥致敬，愿示一编书。”权德舆《送张仆射朝见毕归镇》：“今日汉庭求上略，留侯自有一编书。”杜牧《冬至日寄小侄阿宜诗》：“家集二百编，上下驰皇王。”皮日休《二游诗·徐诗》：“一卧寂无喧，数编看尽彻。”亦用作丝状物的量词。李贺《美人梳头歌》：“一编香丝云撒地，玉钗落处无声腻。”❹顺次排列。许敬宗《奉和春日望海》：“连云飞巨舰，编石架浮梁。”参见“编年”。❺收列；列入。参见“编入”。❻编辑；创作。杜甫《千秋节有感二首》之一：“凤纪编生日，龙池堑劫灰。”韩愈《石鼓歌》：“陋儒编诗不收入，二雅褊迫无委蛇。”白居易《赠樊著作》：“编为一家言，以备史阙文。”张蠙《送薛郎中赴江州》：“好编高隐传，多貌上升真。”❼编织。卢仝《寄男抱孙》：“远篱编榆棘，近眼栽桃柳。”白居易《初到江州》：“菰蒋喂马行无力，芦荻编房卧有风。”吴融《败帘六韵》：“有客编来久，弥年断不收。”韦庄《赠渔翁》：“草衣荷笠鬓如霜，自说家编楚水阳。”

【編入】　列入。孟郊《清东曲》：“南阳公首词，编入新乐录。”元稹《和李校书新题乐府十一首·骠国乐》：“史馆书为朝贡传，太常编入鞮靺科。”

【編牙】　谓排列如门牙，整齐有序。元稹《酬乐天寄蕲州簟》：“碾玉连心润，编牙小片珍。”

【編户】　编入户籍的普通人家。刘禹锡《武夫词》：“昔为编户人，秉耒甘哺糠。”

【編年】　按年代顺序编排史料。刘禹锡《送工部张侍郎入蕃吊祭》：“归来赐金石，荣耀自编年。”权德舆《奉送孔十兄宾客承恩致政归东都旧居》：“南史编年著盛名，东朝侍讲常虚伫。”亦指编年史。

【編貝】　编排起来的贝壳。常喻洁白整齐的牙齿。见《韩诗外传》卷九。元稹《春六十韵》：“启齿呈编贝，弹丝动削葱。”李贺《荣华乐》：“鸢肩公子二十余，齿编贝，唇激朱。”张仲方《赠毛仙翁》：“方口秀眉编贝齿，瞭然炅炅双瞳子。”

【編茅】　编结茅草为屋。吴公《绝句》：“去国投兹土，编茅隐旧踪。”亦指茅屋。陆龟蒙《战秋辞》：“揭编茅而逞力，断纬萧而作势。”

【編帙】　书籍卷册。吕温《上官昭容书楼歌》：“水精编帙绿钿轴，云母捣纸黄金书。”

【編氓】　编入户籍的平民。泛称平民。武元衡《行路难》：“休说编氓朴无耻，至竟终须合天理。”

【編室】 编茅以为室。皎然《送裴秀才往会稽山读书》:"一身赍万卷,编室寄烟萝。"陆龟蒙《丹阳道中寄友生》:"海俗芦编室,村娃练束衣。"

【編珠】 编列着的一串明珠。李咸用《富贵曲》:"编珠影里醉春庭,团红片下攒歌黛。"

【編剗】 编辑删削。韩愈《赠张籍》:"固宜长有人,文章绍编刬。"

【編集】 编成的诗文集。齐己《览延栖上人卷》:"荆门见编集,愧我老无成。"罗隐《大梁从事居汜水》:"知有箧中编集在,只应从此是经纶。"

【編蓬】 编结蓬草。古代简陋房舍编蓬以为门户。故亦指结草为庐。杜甫《写怀二首》之一:"编蓬石城东,采药山北谷。"白居易《咏拙》:"葺茅为我庐,编蓬为我门。"亦指茅屋。李白《在水军宴赠幕府诸侍御》:"卷身编蓬下,冥机四十年。"

【編蒲】 编联蒲叶以供书写。见《汉书·路温舒传》。后以为贫而笃学之典。刘禹锡《南海马大夫见惠著述贶诗以谢之》:"编蒲曾苦思,垂竹愧无名。"

【編録】 编集著录。清昼、崔子向《泛长城东溪暝宿崇光寺寄处士陆羽联句》:"荆吴备登历,风土随编录。"苏拯《邹律》:"邹律暖燕谷,青史徒编录。"

【編聯】 连续不断。齐己《丙寅岁寄潘归仁》:"康泰终来在,编联莫破除。"又《谢高辇先辈寄新唱和集》:"编联来鹿野。酬唱在龙楼。"又《寄南徐刘员外二首》之二:"风雅谁收我,编联独有君。"

【編簡】 书籍;史册。杜甫《故武卫将军挽歌三首》之一:"封侯意疏阔,编简为谁青。"卢纶《送李校书赴东川幕》:"编简尘封阁,戈铤雪照营。"陆龟蒙《奉酬袭美先辈吴中苦雨一百韵》:"犹残赐书在,编简苦断绝。"罗隐《湖上岁暮感怀有寄友人》:"音书久绝应埋玉,编简难言竟委尘。"

【編欄】 设置障碍,加以拦阻。齐己《禅庭芦竹十二韵呈郑谷郎中》:"密谢编栏固,齐由灌溉平。"

緯 〔wěi《广韵》于貴切,去未,云。《集韵》羽鬼切,上尾,云。〕❶织物的横线。与"经"相对。沈叔安《七夕赋咏成篇》:"停梭且复留残纬,拂镜及早更新妆。"李贺《公莫舞歌》:"横楣粗锦生红纬,日炙锦嫣王未醉。"章孝标《织绫词》:"残经脆纬不通梭,鹊凤阑珊失头尾。"❷行星的总称。魏征《享太庙乐章·大明舞》:"望云彰德,察纬告征。"李白《登广武古战场怀古》:"两龙不并跃,五纬与天同。"吴融《八月十五夜禁直寄同僚》:"明涵太液鱼龙定,静锁圆灵象纬沉。"❸编织。见"緯蕭"。❹治理。皮日休《忆洞庭观步十韵》:"何文堪纬地,底策可经邦。"参见"緯武經文"。

【緯武經文】 运用文韬武略治理国家。《郊庙歌辞·祭太社乐章·舒和》:"纬武经文隆景化,登祥荐祉启丰年。"《郊庙歌辞·释奠文宣王乐章·舒和》:"尊儒敬业宏图阐,纬武经文盛德施。"

【緯車】 纺车。陆龟蒙《袭美见题郊居十首因次韵酬之以伸荣谢》之六:"水影沉鱼器,邻声动纬车。"

【緯蕭】 编织蒿草。萧,蒿类,可织帘箔,见《庄子·列御寇》。后用作安贫乐道之典。王维《送高适弟耽归临淮作》:"纬萧或卖药,出处安能期。"亦指编织成的蒿草帘箔。陆龟蒙《战秋辞》:"揭编茅而逞力,断纬萧而作势。"

【緯繣】 乖戾,相异不合。见《楚辞·离骚》。韩愈《咏雪赠张籍》:"纬繣观朝萼,冥茫矚晚埃。"

緍 〔mín《广韵》武巾切,平真,明。《集韵》眉貧切,平真,明。〕❶钓丝。见《诗·召南·何彼秾矣》。薛据《登秦望山》:"振缗迎早潮,弭棹候长风。"韩愈《赠刘师服》:"巨缗东钓倘可期,与子共饱鲸鱼脍。"又《独钓四首》之一:"羽沉知食驶,缗细觉牵难。"❷钓鱼。韩愈《河之水二首寄子侄老成》之二:"采蕨于山,缗鱼于渊。"❸穿钱的绳子。借指成串的铜钱。亦泛称钱。高适《单父逢邓司仓覆仓库因而有赠》:"校缗阅帑藏,发廪欣斯箱。"杜甫《奉和严中丞西城晚眺十韵》:"帝念深分阃,军须远算缗。"元稹《代曲江老人百韵》:"竞蓄朱公产,争藏邴氏缗。"薛逢《镊白曲》:"前年依亚成都府,月请俸缗六十五。"❹特指税金。元稹《旱灾自咎贻七县宰》:"恻恻诏书下,半减麦与缗。"舒元舆《坊州按狱》:"氓苦税外缗,吏忧笑中刀。"参见"緍錢"。

【緍絲】 钓鱼用的丝线。陆龟蒙《顷自桐江得一钓车复抒酬答》之三:"病来悬著脆缗丝,独喜高情为我持。"

【緍錢】 指以千文结扎起来的成串的铜钱。汉代作为计算税金的单位。后泛指税金。丁仙芝《赠朱中书》:"频年井税常不足,今年缗钱谁为输。"

緣[1] 〔yuán《广韵》與專切,平仙,以。〕❶物体之边缘。陆龟蒙《奉和袭美新秋言怀三十韵次韵》:"竹冈从古凸,池缘本来蝈。"❷绕,围绕。法振《别卢使君归故栅村》:"塞口竹缘空成没,潮头沙拥慢冈成。"❸沿着;顺着。刘宪《兴庆池侍宴应制》:"缘堤夏筱萦不散,冒水新荷卷复披。"刘禹锡《淮阴行五首》之一:"簇簇淮阴市,竹楼缘岸上。"曹邺《翠孤至渚宫寄座主相公》:"白菌缘屋生,黄蒿拥篱倒。"杜荀鹤《江岸秋思》:"秋稼缘长道,寒云约古城。"❹攀援;爬。李白《春归终南山松龛旧隐》:"蔷薇缘东窗,女萝绕北壁。"姚合《谢韬光上人赠百龄藤杖》:"闲来杖此向何处,过水缘山只访僧。"韦庄《不寐》:"蚊吟频到耳,鼠斗竞缘台。"柳曾《险竿行》:"百尺高竿百度缘，一足参差一家哭。”❺因为；由于。皎然《秋日遥和卢使君论涅槃经义》：“诗情缘境发，法性寄筌空。”李端《送皎然上人归山》：“适来世上岂缘名，适去人间岂为情。”李逢吉《奉酬忠武李相公见寄》：“剑门失险曾缚虎，淮水安流缘斩鲸。”皮日休《鲁望春日多寻野景因有是寄》：“野侣相逢不待期，半缘幽事半缘诗。”❻机缘；缘分。韦应物《郡斋移杉》：“虽为赏心遇，岂有岩中缘。”权德舆《酬穆七侍郎早登使院西楼感怀》：“与君期晚岁，方结林栖缘。”白居易《自喜》：“自喜天教我少缘，家徒行计两翩翩。”❼原故，理由。引申为办法、途径。刘禹锡《有獭吟》：“长居青云路，弹射无由缘。”❽佛教语。指尘缘。谓心所缘色、声、香、味、触、法等六尘之境。卢纶《题云际寺上方》：“回步忽山尽，万缘从此生。”白居易《夜雨有念》：“炼成不二性，消尽千万缘。”韩愈《华山女》：“仙梯难攀俗缘重，浪凭青鸟通丁宁。”吴融《和僧咏牡丹》：“万缘销尽本无心，何事看花恨却深。”

缘[2] 〔yuàn《广韵》以絹切，去線，以。〕衣服边上的镶绲；衣服的边。引申为回环、镶嵌。杜甫《秦州杂诗二十首》之四：“鼓角缘边郡，川原欲夜时。”李商隐《恼公》：“象床缘素柏，瑶席卷香葱。”

【缘天】 谓向高处攀登。元稹《织妇词》：“羡他虫豸解缘天，能向虚空织罗网。”

【缘木】 见“缘木求魚”。

【缘木求魚】 喻所有和欲为相反，劳而无功。语出《孟子·梁惠王上》。贯休《行路难》之二：“负心为炉复为火，缘木求鱼应且止。”亦简称“缘木”。独孤及《喜辱韩十四郎中书兼封近诗示代书题赠》：“宦情缘木知非愿，王事敦人敢告劳。”温庭筠《病中书怀呈友人》：“定为鱼缘木，曾因兔守株。”罗隐《答宗人衮》：“敢恨守株曾失意，始知缘木更难求。”

【缘分】 （一fèn）谓因昔日因缘导致眼前之机遇。吕岩《西江月》词之二：“全在低心下人，事该缘分偶然。”

【缘由】 原因，根由。引申为措施、办法。杜甫《送韦十六评事充同谷郡防御判官》：“中原正格斗，后会何缘由。”武元衡《学仙难》：“黄金化尽方士死，青天欲上无缘由。”

【缘底】 缘何，为什么。王维《愚公谷三首》之二：“缘底名愚谷，都由愚所成。”

【缘因】 佛教语。相对“正因”而言，为“二因”之一。缘者缘助，指能开发正因之性。贯休《送崔使君》：“况绛之牧，文行炳洁，释谓缘因，久昵清尘。”

【缘合】 佛教语。后指因缘投合。王维《山中示弟》：“缘合妄相有，性空无所亲。”白居易《念金銮子二首》之二：“思爱元是妄，缘合暂为亲。”

【缘事】 ❶公事，公务。韩愈《赠张籍》：“昨因有缘事，上马插手版。”❷由于忙于事务。徐夤《北山秋晚》：“心闲缘事少，身老爱山多。”❸佛教语。谓世俗之事。曹松《送德光禅师》：“天涯缘事了，又造石霜微。”

【缘岡】 攀援山冈。王建《送同学故人》：“山林多道路，缘冈复绕陂。”张籍《羁旅行》：“缘冈入涧投田家，主人舂米为夜食。”

【缘起】 佛教语。谓一切有为法，皆待缘而起。引申为事物的起因、本源。严维《送桃岩成上人归本寺》：“长老归缘起，桃花忆旧岩。”

【缘海】 沿海，近海。席豫《奉和圣制送张说巡边》：“亭障东缘海，沙场北际天。”

【缘崖】 ❶沿着山崖。曹松《贻住山僧》：“云朵缘崖发，峰阴截水清。”❷攀登山崖。孙逖《山行遇雨》：“涉涧猜行潦，缘崖畏宿氛。”皮日休《太湖诗·上真观》：“摘菌杖头紫，缘崖屐齿刓。”薛光谦《任阆中下乡检田登艾萧山北望》：“拥涧开新耨，缘崖指火田。”

【缘情】 ❶抒发感情。亦借指作诗。杜甫《偶题》：“缘情慰漂荡，抱疾屡迁移。”权德舆《奉和刘侍郎司徒奉诏伐叛书情呈宰相》：“缘情词律外，宣力庙谋中。”徐铉《太傅相公以庭梅二篇许舍弟同赋谨依韵奉和庶申感谢》：“缘情聊借喻，争敢道言诗。”王周《题厅壁》：“数息闲凭几，缘情默寄琴。”❷因为情感或为了抒发情感。孟浩然《韩大使东斋会岳上人诸学士》：“翰墨缘情制，高深以意裁。”韦应物《答崔主簿问兼简温上人》：“缘情生众累，晚悟依道流。”

【缘隙】 乘着空隙。杨衡《咏春色》：“萦丝光乍失，缘隙影才通。”

【缘會】 相会的缘分。亦借指相会。元稹《遣悲怀三首》之三：“同穴窅冥何所望，他生缘会更难期。”又《卢头陀诗》：“为向八龙兄弟说，他生缘会此生休。”白居易《同微之赠别郭虚舟炼师五十韵》：“始知缘会间，阴骘不可移。”又《送后集往庐山东林寺兼寄云皋上人》：“来生缘会应非远，彼此年过七十余。”

【缘業】 佛教语。亦称业缘。谓善业招乐果、恶业招苦果的因缘，一切众生皆由业缘而生。陈子昂《感遇诗三十八首》之八：“空色皆寂灭，缘业定何成。”又《同宋参军之问梦赵六赠卢陈二子之作》：“畴昔疑缘业，儒道两相妨。”后多指男女间的因缘。李白《去妇词》：“不叹君弃妾，自叹妾缘业。”

【缘源】 ❶边缘；源头。韦应物《游溪》：“缘源不可极，远树但青葱。”窦群《假日寻花》：“武陵缘源不可到，河阳带县讵堪夸。”❷沿着边缘。张说《游洞庭湖》：“缘源斑筱密，冒径绿萝纷。”韦应物《月溪与幼遐君觋同游》："半雨夕阳霏，缘源杂花发。"耿沣《仙山行》："深溪人不到，杖策独缘源。"张九龄《耒阳溪夜行》："乘夕棹归舟，缘源路转幽。"

【缘賞】 为了博取封赏。李益《夜发军中》："今日边庭战，缘赏不缘名。"

【缘邊】 边境。张九龄《酬赵二侍御使西军赠两省旧僚之作》："应敌兵初起，缘边虏欲空。"元稹《酬孝甫见赠十首》之七："终须杀尽缘边敌，四面通同掩大荒。"白居易《西凉伎・刺封疆之臣也》："缘边空屯十万卒，饱食温衣闲过日。"

十 画

縠 〔hú《广韵》胡谷切，入屋，匣。〕❶绉纱。虞世南《奉和月夜观星应令》："薄雾销轻縠，鲜云卷夕鳞。"李白《白纻辞三首》之二："垂罗舞縠扬哀音，郢中白雪且莫吟。"杜牧《江上偶见绝句》："草色连云人去住，水纹如縠燕差池。"魏承班《渔歌子》词："柳如眉，云似发，鲛绡雾縠笼香雪。"❷人名。郤縠。春秋晋国人。姚合《送杨尚书赴东川》："郤縠诗书将，衔恩赴梓州。"

【縠紋】 绉纱似的皱纹。常用以比喻水的波纹。刘禹锡《竹枝词九首》之三："江上朱楼新雨晴，瀼西春水縠纹生。"罗隐《贺淮南节度卢员外赐绯》："御题彩服垂天眷，袍展花心透縠纹。"

【縠衫】 绉纱薄衫。白居易《寄生衣与微之因题封上》："浅色縠衫轻似雾，纺花纱裤薄于云。"

【縠屐】 犹丝履。皮日休《七爱诗・李翰林》："刺谒戴接䍦，赴宴著縠屐。"

【縠煙】 像纱縠般的薄烟。李贺《春归昌谷》："花蔓阂行辀，縠烟暝深徼。"

【縠纑】 绉纱和麻缕。谓低劣的衣衫。皮日休《二游诗・徐诗》："吾衣任縠纑，吾食甘糠核。"

縝 〔zhěn《广韵》章忍切，上轸，章。又丑人切，平真，徹。又昌真切，平真，昌。〕细致；细密。见"缜密""縝絺"。

【缜密】 细致；周密。司空图《诗品二十四则》有《缜密》一品。武翊黄《瑕瑜不相掩》："缜密诚为智，包藏岂谓忠。"陈中师《瑕瑜不相掩》："光华开缜密，清润仰磨砻。"

【縝絺】 细密的葛布。亦指细葛布制成的夏装。张祜《苦雨二十韵》："暑当初缜绨，寒亦重然灰。"

缚 〔fù《广韵》符钁切，入藥，奉。又符卧切，去過，奉。〕❶束；捆绑。万齐融《仗剑行》："愿骑单马仗天威，挼取长绳缚虏归。"柳宗元《寄韦珩》："到官数宿贼满野，缚壮杀老啼且号。"白居易《新乐府・缚戎人・达穷民之情也》："将军遂缚作蕃生，配向东南卑湿地。"杜牧《云梦泽》："日旗龙旆想飘扬，一索功高缚楚王。"❷拘束；束缚。杜牧《夜听许十损诵诗爱而有作》："余亦师粲可，身犹缚禅寂。"元稹《春分投简阳明洞天作》："簪组缚微躯，遂别真徒侣。"白居易《游平原赠晦叔》："且喜身无缚，终惭鬓有丝。"司空图《杂题九首》之一："病来胜未病，名缚便忘名。"❸捆绑的绳索。陆龟蒙《奉和袭美初夏游楞伽精舍次韵》："管氏包霸图，须人解其缚。"司空图《冯燕歌》："缧囚解缚犹自疑，疑是梦中方脱免。"

【缚虎】 捆住猛虎。喻降伏强敌。元稹《纪怀五十韵》："缚虎声空壮，连鳌力未胜。"李逢吉《奉酬忠武李相公见寄》："剑门失险曾缚虎，淮水安流缘斩鲸。"李商隐《异俗》："点对连鳌饵，搜求缚虎符。"

縟 〔rù《广韵》而蜀切，入燭，日。〕❶繁密，布满。陈子昂《三月三日宴王明府山亭》："连帷竞野，袨服缛津。"赵冬曦《奉和张燕公早霁南楼》："川霁湘山孤，林芳楚郊缛。"李益《和丘员外题湛长史旧居》："伊人抚遗叹，恻恻芳又缛。"❷周备。《郊庙歌辞・蜡百神乐章・送神》："虔虔容肃，礼缛仪丰。"

【縟禮】 繁复的礼仪。陈子昂《洛城观酺应制》："玉帛群臣醉，徽章缛礼该。"

縓 〔quàn，又读 quán《广韵》七絹切，去線，清。又此缘切，平仙，清。〕浅红色。韩愈《陆浑山火和皇甫湜用其韵》："丹蕤縓盖绯幡帑，红帷赤幕罗脤膰。"

緻 〔zhì《广韵》直利切，去至，澄。〕密，不稀。白居易《送毛仙翁》："绀发丝并致，龆容花共妍。"

【緻緻】 细润光滑貌。韩偓《屐子》："方寸肤圆光致致，白罗绣屟红托里。"

縉 〔jìn《广韵》即刃切，去震，精。〕❶浅赤色。见"缙雲司"。❷插。参见"缙紳"。

【缙紳】 插笏于绅带间。旧时官宦的装束。亦借指士大夫。李华《咏史十一首》之三："蒲帛扬侧陋，薜萝为缙绅。"吴筠《建业怀古》："此时成大业，实赖贤缙绅。"皇甫冉《独孤中丞筵陪饯韦君赴升州》："地控吴襟带，才高汉缙绅。"曹松《武德殿朝退望九衢春色》："佳气浮轩盖，和风袭缙绅。"

【缙雲】 ❶山名。在今浙江缙云县境。亦名仙都山。传为黄帝时缙云氏封地。李白《送王屋山人魏万还王屋》："缙云川谷难，石门最可观。"高适《宋中送族侄式颜》："峥嵘缙云外，苍莽几千里。"朱庆余有《送僧游缙云》。陈陶《谪仙吟赠赵道士》："汗漫东游黄鹤雏，缙云仙子住清都。"❷县名。唐万岁登封元年

(696)分括苍及婺州永康县置。治所即今浙江缙云县。张蠙有《送缙云尉》。❸郡名。唐天宝元年(742)以括州改名,治所在括苍县(今浙江丽水市东南)。乾元元年(758)复名括州。王维有《送缙云苗太守》。杜牧《池州李使君没后十一日处州新命始到后见归妓感而成诗》:"缙云新命诏初行,才是孤魂寿器成。"贯休《上缙云段使君》:"清畏人知人尽知,缙云三载得宣尼。"

【縉雲司】 兵部的别称。见《汉书·百官公卿表上》。张说《酬崔光禄冬日述怀赠答》:"昔我含香日,联尔缙云司。"

【縉雲嶺】 即缙云山。吴筠有《题缙云岭永望馆》。

【縉雲驛】 驿站名。在今浙江丽水市境。孙逖《送杨法曹按括州》:"东海天台山,南方缙云驿。"

縣1 〔xuán《广韵》胡涓切,平先,匣。〕❶挂。刘禹锡《酬窦员外使君寄示四韵》:"朱轮尚忆群飞雉,青绶初县左顾龟。"元稹《和王侍御酬广宣上人观放榜后相贺》:"竞走墙前希得俊,高县日下表无私。"引伸为高挂于空中。李洞《述怀二十韵献覃怀相公》:"青云县器业,白日贯忠贞。"❷悬挂的乐器。如钟磬等。《郊庙歌辞·释奠文宣王乐章·雍和》:"堂献瑶篚,庭敷璆县。"❸悬钟磬之竹。贺知章《唐禅社首乐章·雍和》:"五齐既陈,八音在县。"崔邠《享文恭太子庙乐章》:"醴齐泛樽彝,轩县动干戚。"

縣2 〔xiàn《广韵》黄練切,去霰,匣。〕❶地方行政区域名。周时已有县邑。春秋时秦、晋、楚等国,将其兼并之土地置县。后各国将县制内移,边远地置郡。秦统一全国后,实行郡县制,以郡统县,历代因之。隋唐以后,县隶属于府或州。杜甫《新安吏》:"借问新安吏,县小更无丁。"耿沣《留别解县韩明府》:"闲人州县厌,贱士友朋讥。"白居易《酬后走笔酬刘五主簿长句之赠兼简张大贾二十四先辈昆季》:"得意忘年心迹亲,寓居同县日知闻。"韦庄《颍阳县》:"雪多庭有鹿,县僻寺无钟。"❷县城。温庭筠《过华清宫二十二韵》:"至今汤殿水,呜咽县前流。"❸县官,充任县令。刘长卿《自紫阳观至华阳洞简同游李延年》:"明发归琴堂,知君懒为县。"无可《送宜春裴宰是将军旻之孙》:"垂白方为县,徒知大父雄。"

【縣2尹】 一县的长官。韩愈《燕河南秀才得生字》:"鄙夫忝县尹,愧粟难为情。"

【縣2令】 一县之行政长官。周有县正,掌县之政令。秦汉以后,人口在万户以上的县的长官称令,万户以下的县的长官称长。北周时通称县令。唐时县置令,县有赤、畿、望、紧、上、中、下士等,不分令长。元稹《春分投简阳明洞天作》:"庭狎仙翁鹿,池游县令凫。"卢仝《苦雪寄退之》:"唯有河南韩县令,时时醉饱过贫家。"曹松《乱后入洪州西山》:"东峰道士如相问,县令而今不姓梅。"蒋贻恭《咏安仁宰捣蒜》:"安仁县令好诛求,百姓脂膏满面流。"

【縣2市】 县中街市。温庭筠《送客偶作》:"鸡犬夕阳喧县市,凫鹥秋水曝城壕。"

【縣2民】 县内百姓。杜荀鹤《再经胡城县》:"去岁曾经此县城,县民无口不冤声。"

【縣2吏】 县中役吏。杜甫《无家别》:"县吏知我至,召令习鼓鞞。"无可《冬中与诸公会宿怀永乐殷侍御》:"故人为县吏,五老远峰前。"姚合《送河中杨少府宴崔驸马宅》:"县吏若非三载满,自知无计更寻君。"又《游春十二首》之七:"悠悠小县吏,憔悴入新年。"

【縣2宅】 官方为县吏提供的住宅。姚合《武功县中作三十首》之二一:"移山入县宅,种竹上城墙。"

【縣2丞】 战国时始置。秦汉沿置,主管文书及仓狱,为县令的辅佐之官。历代所置略同。卢纶有《送从舅成都县丞广归蜀》。王建《谢田赞善见寄》:"五侯三任未相称,头白如丝作县丞。"

【縣2花】 《白氏六帖事类集》卷二一:"潘岳为河阳令,树桃李花,人号河阳一县花。"故以"縣花"指任县令。岑参《送宇文舍人出宰元城》:"县花迎墨绶,关柳拂铜章。"又《送李郎尉武康》:"潘郎腰绶新,霅上县花春。"罗隐《箧中得故王郎中书》:"苹鹿未能移海曲,县花寻已落河阳。"

【縣2伯】 爵名。晋代侯、伯、子、男皆封以县,历代因之。权德舆有《元和元年蒙思封成纪县伯时室中封安喜县君感庆兼怀耿申贺赠》。

【縣2君】 古代妇人封号。晋已有此称。唐制,封五品官之母、妻为县君。岑参有《韩员外夫人清河县君崔氏挽歌词》。权德舆有《县君赴兴庆宫朝贺再之奉行册礼因书即事》。李翱《戏赠诗》:"县君好砖渠,绕水恣行游。"

【縣2官】 ❶县的长官或县的官吏。杜甫《兵车行》:"县官急索租,租税从何出。"元稹《使东川清明日》:"今日清明汉江上,一身骑马县官迎。"❷官府。郑嵎《津阳门诗》:"县官无人具军顿,行宫彻屋屠云螭。"

【縣2門】 县衙。王建《田家行》:"田家衣食无厚薄,不见县门身即乐。"崔峒《送陆明府之盱眙》:"澹浪摇山郭,平芜到县门。"刘禹锡《龙阳县歌》:"县门白日无尘土,百姓县前挽鱼罟。"元稹《生春二十首》之七:"鞭牛县门外,争土盖蚕丛。"

【縣2城】 县治所在的城镇。刘长卿《过湖南羊处士别业》:"鸟归村落尽,水向县城斜。"无可《送姚明府赴招义县》:"濠梁古县城,结束赴王程。"韩偓《野寺》:“野寺看红叶,县城闻捣衣。”杜荀鹤《再经胡城县》:“去岁曾经此县城,县民无口不冤声。”

【縣₂胥】 县衙小吏。钱起《初黄绶赴蓝田县作》:“眼中县胥色,耳里苍生言。”元稹《估客乐》:“市卒酒肉臭,县胥家舍成。”

【縣₂宰】 县令。南卓《赠副戎》:“从事不须轻县宰,满身犹带御炉烟。”杜荀鹤《再经胡城县》:“今来县宰加朱绂,便是生灵血染成。”又《寄温州崔博士》:“县宰不仁工部饿,酒家无识翰林醒。”

【縣₂家】 县官。张籍《山头鹿》:“县家唯忧少军食,谁能令尔无死伤?”

【縣₂郭】 县外郊外。徐铉《送高起居之泾县》:“县郭有佳境,千峰溪水西。”

【縣₂尉】 官名。始设于秦,两汉相沿。大县一员,小县一员,掌管一县的军事和治安。唐代县尉为通进士出身的初任之官,京畿尉职任颇重。杜牧《冬至日寄小侄阿宜诗》:“参军与县尉,尘土惊劻勷。”郑谷《寄赠蓝田韦少府先辈》:“王畿第一县,县尉是词人。”石抱忠《始平谐诗》:“一群县尉驴骡骤,数个参军鹅鸭行。”

【縣₂道】 通行全县或县与县之间的道路。刘禹锡《送赵中丞自司金郎转官参山南令狐仆射幕府》:“驿门临白草,县道入黄花。”白居易《早春雪后赠洛阳李长官长水郑明府二同年》:“府庭共贺三川雪,县道分行百里春。”徐铉《送史馆高员外使岭南》:“双旌驰县道,百越从轺车。”

【縣₂鼓】 县邑所置鼓,用以击鼓报警,或按时敲鼓报告时辰。王维《送方城韦明府》:“使车听雉乳,县鼓应鸡鸣。”刘禹锡《龙阳县歌》:“沙平草绿见吏稀,寂历斜阳照县鼓。”

【縣溜】 (—liù)飞泉,瀑布。王勃《郊园即事》:“断山疑画障,县溜泻鸣琴。”

【縣图】 悬图。地名。传说在昆仑山顶。有金台、玉楼,为仙人居处。故亦泛称仙境。綦毋潜《经陆补阙隐居》:“谠言昨叹离天听,新象今闻入县图。”李频《送台州唐兴陈明府》:“瀑布当公署,天台是县图。”

【縣₂圖】 一县之图经。王建《题裴处士碧虚溪居》:“细问来时从近远,溪名载入县图中。”

【縣₂僚】 县吏。程长文《狱中书情上使君》:“县僚曾未知情绪,即便教人絷囹圄。”

【縣₂譜】 一县之图籍。罗隐《送丁明府赴紫溪任》:“县谱莫辞留旧本,异时量度更何如。”

【縣₂樓】 县城城门上的瞭望楼。杨巨源有《同薛侍御登黎阳县楼眺黄河》。

【縣₂齋】 县衙。韦应物有《县斋》。姚合《万年县中雨夜会宿寄皇甫甸》:“县斋还寂寞,夕雨洗苍苔。”

【縣₂籍】 一县的户籍。张籍《贾客乐》:“年年逐利西复东,姓名不在县籍中。”方干《登新城县楼赠蔡明府》:“不知县籍添新户,但见川原桑柘稠。”

緜 丝绳;丝带。贺知章《咏柳》:“碧玉妆成一树高,万条垂下绿丝绦。”李德裕《句》:“银花悬院榜,神撼引铃绦。”温庭筠《鸿胪寺偶成四十韵》:“紫绦鸣羯鼓,玉管吹霓裳。”

縚 〔tāo《广韵》土刀切,平豪,透。〕同“絛”。丝绳;丝带。李贺《恼公》:“褥缝篸双线,钩縚辫五总。”又《追赋画江潭苑四首》之三:“剪翅小鹰斜,縚根玉镟花。”杜牧《鹦鹉》:“华堂日渐高,雕槛系红縚。”李珣《渔父歌三首》词之三:“棹警鸥飞水溅袍,影侵潭面柳垂縚。”

縢 〔téng《广韵》徒登切,平登,定。〕缄封。许浑《闻韶州李相公移拜郴州因寄》:“恩回玉扆人先喜,道在金縢世不忧。”温庭筠《中书令裴公挽歌词二首》之二:“玉玺终无虑,金縢意不开。”曹唐《三年冬大礼五首》之四:“千官不起金縢议,万国空瞻玉藻声。”唐彦谦《咸通中二十韵》:“穆卜缄縢秘,金根辙迹遥。”

縫¹ 〔féng《广韵》符容切,平鐘,奉。〕用针线连缀。王维《送綦毋潜落第还乡》:“江淮度寒食,京洛缝春衣。”权德舆《三妇诗》:“大妇刺绣文,中妇缝罗裙。”殷尧藩《送景玄上人还山》:“蒲履谩从归后织,衲衣犹记别时缝。”刘元叔《妾薄命》:“夜深闻雁肠欲绝,独坐缝衣灯又灭。”

縫² 〔fèng《广韵》扶用切,去用,奉。〕❶缝合的地方。李贺《恼公》:“褥缝篸双线,钩绦辫五总。”又李贺《贾公闾贵壻曲》:“朝衣不须长,分花对袍缝。”❷空隙,裂缝。周贺《赠王道士》:“石缝瓢探水,云根斧斫薪。”贾岛《访李甘原居》:“石缝衔枯草,查根上净苔。”

【縫掖】 大袖单衣,古儒者所服。亦借指儒者。孟浩然《韩大使东斋会岳上人诸学士》:“抗礼尊缝掖,临流揖渡杯。”高适《真定即事奉赠韦使君二十八韵》:“从来贵缝掖,应是念穷途。”独孤及《季冬自嵩山赴洛道中作》:“腐儒著缝掖,何处议邹鲁。”鲍溶《寄宋申锡评事时从李少师移军回归》:“欲求岱岳燔柴礼,已锡鲁人缝掖衣。”

【縫₂隙】 裂开的狭长的空处。元稹《虫豸诗·蜘蛛》之一:“缝隙容长蹄,虚空织横罗。”

【縫缀】 缝制缀合。元稹《董逃行》:“胜负相环相枕倚,缝缀难成裁破易。”

【縫囊】 缝制囊袋。出《三国志·吴志·步骘传》。杜牧《西江怀古》:“魏帝缝囊真戏剧,苻坚投箠更荒唐。”

縗　〔cuī《广韵》倉回切，平灰，清。〕古时丧服。用麻布条披于胸前。服三年之丧（臣为君、子为父、妻为夫）者用之。令狐楚《立秋日悲怀》：“更伤春月过，私服示无縗。”

縞　〔gǎo《广韵》古老切，上皓，見。又古到切，去号，見。〕❶细白的生绢。骆宾王《夏日游德州赠高四》：“缔交君赠缟，投分我忘筌。”李白《寄远十一首》之十：“鲁缟如玉霜，笔题月氏书。”元稹《和乐天赠吴丹》：“独有冰雪容，纤华夺鲜缟。”白居易《仙娥峰下作》：“青崖屏削碧，白石床铺缟。”❷白色。玄宗《校猎义成喜逢大雪率题九韵以示群官》：“触地银獐出，连山缟鹿见。”

【縞衣】　❶缟纻。王维《送秘书晁监还日本国》序：“鲁借车马，孔丘遂适于宗周；郑献缟衣，季札始通于上国。”❷白衣裳。丧服。李玖《白衣叟述甘棠馆西楹诗》：“白昼叫阍无近戚，缟衣饮气只门生。”

【縞服】　白衣裳。丧服。张九龄《故荥阳君苏氏挽歌词三首》之三：“缟服纷相送，玄扃翳不开。”

【縞素】　❶白色丧服。羊士谔《梁国惠康公主挽歌词二首》之二：“山河启梁国，缟素及于门。”姚合《庄恪太子挽词二首》之一：“晓漏启严城，宫臣缟素行。”❷白绢。亦专指供书画用的白绢。杜甫《韦讽录事宅观曹将军画马图》：“此皆骑战一敌万，缟素漠漠开风沙。”白居易《西楼喜雪命宴》：“四郊铺缟素，万室甃琼瑶。”

【縞帶】　❶白色生绢带。亦指白色带状物。韩愈《咏雪赠张籍》：“随车翻缟带，逐马散银杯。”刘禹锡《客有为余话登天坛遇雨之状因以赋之》：“反照入松门，瀑流飞缟带。”❷犹缟纻。韩愈《县斋读书》：“投章类缟带，伫答逾兼金。”韦庄《同旧韵》：“既闻留缟带，讵肯掷蓍簪。”

【縞紵】　喻深厚的友谊。亦指朋友间的相互馈赠。《送王昌龄之岭南》：“土毛无缟纻，乡味有槎头。”

【縞皓】　洁白貌。李白《鸣皋歌送岑征君》：“霜崖缟皓以合沓兮，若长风扇海涌沧溟之波涛。”

【縞裙】　白色裙子。韩愈《李花二首》之二：“长姬香御四罗列，缟裙练帨无等差。”

【縞裳】　白衣，丧服。汪遵《招屈亭》：“三间溺处杀怀王，感得荆人尽缟裳。”

【縞駟】　白马素车。古代凶丧舆服。朱子奢《文德皇后挽歌》：“神京背紫陌，缟驷结行軿。”

【縞練】　❶白绢。韩愈《岳阳楼别窦司直》：“蛟螭露笋簴，缟练吹组帐。”❷人名。李贺有《谢秀才有妾缟练改从于人座人制诗嘲诮贺复继四首》。

縭　〔lí《广韵》吕支切，平支，來。〕古代女子所用之佩巾。《诗·豳风·东山》：“亲结其缡，九十其仪。”毛传：“缡，妇人之袆也。”。元稹《代九九》：“强持文玉佩，求结麝香缡。”

縊　〔yì《广韵》於計切，去霽，影。又於賜切，去寘，影。〕勒颈而死；上吊。张祜《孟才人叹》序：“武宗皇帝疾笃，迁便殿。孟才人以歌笙获宠者。密侍其右。上目之曰：‘吾当不讳，尔何为哉？’指笙囊泣曰：‘请以此就缢。’”韩偓《隰州新驿》：“果闻荒谷缢，旋睹藁街烹。”

縑　〔jiān《广韵》古甜切，平添，見。〕双线织的浅黄色细绢。徐延寿《南州行》：“织缣春卷幔，采蕨暝提筐。”韦应物《种药》：“持缣购山客，移莳罗众英。”白居易《南宾郡斋即事寄杨万州》：“仓粟喂家人，黄缣裹妻子。”长孙佐辅《古宫怨》：“莫道新缣长绝比，犹逢故剑会相追。”

【縑素】　白色细绢。可供书画。故亦指书画作品。窦牟《洛下闲居夜晴观雪寄四远诸兄弟》：“强题缣素无颜色，鸿雁南飞早晚回。”吴融《题画柏》：“他年上缣素，今日悬屋壁。”

【縑書】　谓书信。刘方平《寄陇右严判官》：“缣书若有寄，为访许由邻。”

【縑緗】　供书写用的浅黄色细绢。亦借指书册。元稹《和李校书新题乐府十二首·阴山道》：“屯军郡国百余镇，缣缃岁奉春冬劳。”郑薰《赠巩畴》：“榻静几砚洁，帙散缣缃明。”李缜《奉和郎中游仙岩四瀑布十四韵》：“缣缃炳珠宝，中外贻同官。”

縈　〔yíng《广韵》於營切，平清，影。〕❶回旋缠绕。太宗《于北平作》：“遥山丽如绮，长流萦似带。”杜审言《都尉山亭》：“紫藤萦葛藟，绿刺罥蔷薇。”杨发《与诸公池上待月》：“树密云萦岸，池遥水际空。”韦庄《春暮》：“流水绿萦砌，落花红堕枝。”亦指思绪纠结。陆龟蒙《江南秋怀寄华阳山人》：“贤彦风流远，江湖思绪萦。”❷牵缠；挂念。韦应物《寄刘尊师》：“世间荏苒萦此身，长望碧山到无因。”王建《早发金堤驿》：“从军岂云乐，忧患常萦积。”元稹《遣病》：“舍彼复就此，去留何所萦。”白居易《和答诗十首·和思归乐》：“中怀苟有主，外物安能萦。”

【縈心】　牵挂心间。段成式《闲中好》：“闲中好，尘务不萦心。”杨衡《赋得夜雨滴空阶送魏秀才》：“百虑自萦心，况有人如玉。”

【縈回】　见“縈迴”。

【縈折】　回旋曲折。岑参《酬成少尹骆谷行见呈》：“千崖信萦折，一径何盘纡。”

【縈抱】　萦绕，缠绕。李白《白头吟》：“谁使女萝枝，而来强萦抱。”

【縈空】（— kōng）萦绕天空。太宗《望雪》："萦空惭夕照，破彩谢晨霞。"皇甫冉《刘方平西斋对雪》："委树寒枝弱，萦空去雁迟。"司空曙《风筝》："飒树迟难度，萦空细渐销。"许康佐《日暮碧云合》："出岫且从龙，萦空宁触石。"

【縈紆】　盘旋环绕。苏颋《奉和圣制登蒲州逍遥楼应制》："楼观纷迤逦，河山几萦纡。"权德舆《与沈十九拾遗同游栖霞寺上方于亮上人院会宿二首》之一："萦纡松路深，缭绕云岩曲。"白居易《紫藤》："下如蛇屈盘，上若绳萦纡。"陈陶《旅次铜山途中寄温州韩使君》："敞豁天地归，萦纡村落好。"

【縈映】　回环映带。崔智贤《三月三日宴王明府山亭》："林渚萦映，烟霞卷舒。"

【縈迴】　亦作"縈回"。盘旋往复。李白《东鲁门泛舟二首》之一："日落沙明天倒开，波摇石动水萦回。"权德舆《晚秋陪崔阁老张秘监阁老苗考功同游昊天观》："萦回留胜赏，萧洒出尘机。"许浑《南亭偶题》："城下水萦回，潮冲野艇来。"高骈《蜀路感怀》："唯有萦回深涧水，潺湲不改旧时流。"

【縈帶】　❶弯曲的带子。李德裕《暮春思平泉杂咏二十首·流杯亭》："回环疑古篆，诘曲如萦带。"白居易《泛溢水》："可怜似萦带，中有随风舟。"❷环绕。杜甫《游修觉寺》："径石相萦带，川云自去留。"元结《游石溪示学者》："长山势回合，井邑相萦带。"陆龟蒙《袭美病中闻余游颜家园见寄次韵酬之》："烟丝乌拂来萦带，蕊榼人收去约簧。"

【縈留】　盘旋滞留。皮日休《初夏游楞伽精舍》："云态共萦留，鸟言相许诺。"

【縈流】　❶萦绕溪流。皎然《南池杂咏五首·溪云》："舒卷意何穷，萦流复带空。"❷环绕流动。应物《题化城寺》："平高选处创莲宫，一水萦流处处通。"

【縈盈】　❶回旋轻捷貌。温庭筠《鸿胪寺偶成四十韵》："萦盈舞回雪，宛转歌绕梁。"张乔《杨花落》："此时可怜杨柳花，萦盈艳曳满人家。"❷萦绕貌。杜牧《早春寄岳州李使君》："萦盈几多思，掩抑若为裁。"

【縈絆】　牵缠。高骈《平流园席上》："却缘龙节为萦绊，好是狂时不得狂。"

【縈結】　回旋盘结。陆龟蒙《奉酬袭美先辈吴中苦雨一百韵》："万瓦垂玉绳，如堪取萦结。"

【縈絲】　纠结的丝缕。杨衡《咏春色》："萦丝光乍失，缘隙影才通。"张祜《折杨柳》："舞带萦丝断，娇娥向叶嚬。"亦指用丝线萦绕。褚朝阳《五丝》："越人传楚俗，截竹竞萦丝。"

【縈睫】　犹呈现眼前。卢纶《秋中野望寄舍弟绶兼令呈上西川尚书舅》："旧恨尚填膺，新悲复萦睫。"

【縈盤】　萦回。李白《下陵阳沿高溪三门六剌滩》："石惊虎伏起，水状龙萦盘。"杜甫《龙阁阁》："危途中萦盘，仰望垂线缕。"

【縈縈】　缠绕貌。于鹄《早上凌霄第十六峰入紫溪礼白鹤观祠》："沈沈五云影，香风散萦萦。"

【縈縷】　纠结的丝缕。韦应物《棕榈蝇拂歌》："柄出湘江之竹碧玉寒，上有纤罗萦缕寻未绝。"

【縈藟】　缠绕。王绩《古意六首》之三："渔人递往还，网罟相萦藟。"

【縈轉】　（— zhuǎn）回环旋绕。丁位《小苑春望宫池柳色》："低昂含晓景，萦转带新晴。"温庭筠《雪二首》之一："稍急方萦转，才深未寂寥。"

【縈繞】　萦回。崔颢《游天竺寺》："压泉争喷薄，江岫相萦绕。"

【縈鬱】　萦回郁结。李白《酬殷明佐见赠五云裘歌》："群仙长叹惊此物，千崖万岭相萦郁。"

十一画

縵〔màn《广韵》莫半切，去换，明。又謨晏切，去諫，明。〕❶无文饰的缯帛。见"缦胡"。❷通"幔"。帷幔，亦引申为环绕。刘禹锡《畬田行》："何处好畬田，团团缦山腹。"白居易《江南喜逢萧九彻因话长安旧游戏赠五十韵》："怕听钟声坐，羞明映缦藏。"又《斋居偶作》："卷缦看天色，移斋近日阳。"❸通"漫"。随便；不经意。王昌龄《青楼曲二首》之二："驰道杨花满御沟，红妆缦绾上青楼。"刘长卿《上巳日越中与鲍侍郎泛舟耶溪》："兰桡缦转傍汀沙，应接云峰到若耶。"

【縵胡】　粗而无纹理的帽带。武士冠缨。缦，亦作"曼"。见《庄子·说剑》。虞世南《相和歌辞·从军行二首》之二："侠客吸龙剑，恶少缦胡衣。"

【縵胡纓】　武士冠缨。亦指武服。李白《侠客行》："赵客缦胡缨，吴钩霜雪明。"韩愈、李正封《晚秋郾城夜会联句》："逢掖服翻惭，缦胡缨可愕。"参见"缦胡"。

【縵縵】　纡缓回旋貌。寒山《诗三百三首》之一四七："山腰云缦缦，谷口风飕飕。"

【縵纓】　缦胡。陈去疾《送韩将军之雁门》："画角吹开边月静，缦缨不信虏尘窥。"

績〔jī《广韵》则歷切，入錫，精。〕❶缉麻。把麻折成细缕捻接起来。王绩《赠李征君大寿》："编蓬还作室，绩草更为裳。"李峤《布》："御绩创羲黄，缁冠表素王。"张籍《离妇》："昼夜常纺绩，不得事蛾眉。"李瀚《蒙求》："宋女愈谨，敬姜犹绩。"❷功绩；事业。张九龄《酬周判官见贻之作兼呈耿广州》："当推奉使绩，且结拜亲契。"元稹《和李校书新题乐府十二首·蚕子朝》："自居剧镇无他绩，幸得蚕来固恩宠。"孟郊《吊元鲁山》之六："因书鲁山绩，庶合箫韶音。"张祜《读始兴公传》："明时封禅绩，山下见丘门。"

【績紡】　纺织。袁皓《重归宜春偶成十六韵寄朝中知己》："有村皆绩纺，无地不耕犁。"

【績溪】　县名。唐大历二年(767)置。治所在安徽绩溪县。张乔有《寄绩溪陈明府》。张蠙有《途次绩溪先寄陈明府》。

縶　〔zhí《广韵》陟立切，入缉，知。〕❶拴住马足。引申为拴缚。杜甫《早发射洪县南途中作》："仆夫行不进，驽马若维縶。"韩愈《寒食日出游》："断鹤两翅鸣何哀，縶骥四足气空横。"皮日休《九夏歌九篇·纳夏之歌》："麟之仪仪，不縶不维。"《郊庙歌辞·晋昭德成功舞歌·昭德舞歌二首》之二："白驹皆就縶，丹凤复来仪。"❷拘囚，拘捕。李白《上崔相百忧章》："微诚不感，犹縶夏台。"刘禹锡《游桃源一百韵》："楚奏縶钟仪，商歌劳甯戚。"元稹《三月三十日程氏馆饯杜十四归京》："我正南冠縶，君寻北路回。"程长文《狱中书情上使君》："县僚曾未知情绪，即便教人縶囹圄。"❸束缚。温庭筠《秋日》："复此遂闲旷，翛然脱羁縶。"

【縶拘】　拘束。韩愈《与张十八同效阮步兵一日复一夕》："富贵自縶拘，贫贱亦煎焦。"

【縶維】　❶指羁留。白居易《和微之诗二十三首·和我年三首》之二："野萍始宾荐，场苗初縶维。"又《有小白马溘然而毙足可惊伤不能忘情题二十韵》："昨夜犹刍秣，今朝尚縶维。"❷拴马的绳索。引申为束缚、绑缚。韦应物《洛都游寓》："轩冕诚可慕，所忧在縶维。"权德舆《寄侍御从舅》："感恩从慰荐，循性难縶维。"元稹《江陵三梦》之一："纵我生羽翼，网罗生縶维。"白居易《放鹰》："乘饥纵搏击，未饱须縶维。"

縹[1]　〔piǎo《广韵》敷沼切，上小，滂。〕❶淡青色；青白色。杜甫《天育骠骑歌》："毛为绿缥两耳黄，眼有紫焰双瞳方。"❷指酒。韩愈《和崔舍人咏月二十韵》："属思摛霞锦，追欢罄缥瓶。"

縹[2]　〔piāo〕见"缥缈"。

【縹瓦】　玻璃瓦。皮日休《奉和鲁望早春雪中作吴体见寄》："全吴缥瓦十万户，惟君与我如袁安。"

【縹竹】　淡青色的竹子。皎然《赋得竹如意送详师赴讲》："缥竹湘南美，吾师尚毁形。"

【縹色】　淡青色。因常以指酒的颜色，故亦代称酒。南唐后主李煜《子夜歌》："缥色玉柔擎，醅浮盏面清。"

【縹紅】　红绿色彩。李峤《纸》："云飞锦绮落，花发缥红披。"

【縹帙】　淡青色书衣。亦借指书籍。太宗《帝京篇十首》之二："韦编断仍续，缥帙舒还卷。"郑絪《奉和武相公省中宿斋酬李相公见寄》："洪钧齐万物，缥帙整群书。"杨衡《宿陟岵寺云律师院》："玉炉扬翠烟，金经开缥帙。"赵嘏《书斋雪后》："微风入桃径，爽气归缥帙。"

【縹帶】　淡青色带子。钱起《奉和中书常舍人晚秋集贤院即事寄徐薛二侍御》："窗明宜缥带，地肃近丹除。"李贺《昌谷诗》："柳缀长缥带，篁掉短笛吹。"

【縹氣】　青气。韩愈《城南联句》："颠林戢远睫，缥气夷空情。"

【縹粉】　谓青白色。李贺《残丝曲》："绿鬓年少金钗客，缥粉壶中沉琥珀。"

【縹袟】　淡青色的书衣。亦指书卷。陆敬《游清都观寻沈道士得都字》："缥袟桐君录，朱书王母符。"

【縹牋】　淡青色的纸笺。郑賨《句》："万蕴千牌次碧牙，缥笺金字间明霞。"

【縹$_2$緲】　❶高远隐约貌。杜甫《白帝城之最高楼》："城尖径昃旌旆愁，独立缥缈之飞楼。"皇甫冉《题蒋道士房》："轩窗缥缈起烟霞，诵诀存思白日斜。"亦指高远隐约处。刘禹锡《吐绶鸟词》："栖月啼烟凌缥缈，高林先见金霞晓。"法振《送褚先生海上寻封炼师》："悬知居缥缈，因为识浮丘。"❷随风飘扬。随风漂流。王翰《古蛾眉怨》："蓬莱可求不可上，孤舟缥缈知何往。"牟融《送羽衣之京》："羽衣缥缈拂尘嚣，怅别河梁赠柳条。"李远《闻明上人逝寄友人》："游人缥缈红衣乱，座客从容白日长。"曹松《七夕》："彤云缥缈回金辂，明月婵娟挂玉钩。"❸形容声音清越悠扬。郑损《玉声亭》："汉佩琮琤寒溜雨，秦箫缥缈夜敲风。"杜牧《寄题甘露寺北轩》："孤高堪弄桓伊笛，缥缈宜闻子晋笙。"❹虚浮；渺茫。白居易《长恨歌》："忽闻海上有仙山，山在虚无缥缈间。"又《新乐府·李夫人·鉴嬖惑也》："既来何苦不须臾，缥缈悠扬还灭去。"贯休《拟齐梁酬所知见赠二首》之二："缥缈不可寻，但觉神洋洋。"王周《巫庙》："隐约可一梦，缥缈余千龄。"❺峰名。包山最高峰。在江苏苏州市西南太湖中。山下有洞穴，即道家所称十大洞天之第九林屋洞天。皮日休《太湖诗·缥缈峰》："清晨陪道侣，来上缥缈峰。"

【縹節】　青竹节。韩愈《新竹》："缥节已储霜，黄苞犹掩翠。"

【縹醪】　酒名。皮日休《酒中十咏·酒垆》："火作缥醪香，灰为冬醴气。"

【縹囊】　用淡青色的丝绸制成的书囊。亦借指书卷。王维《赠吴官》："空摇白团其谛苦，欲向缥囊还归旅。”独孤及《奉和中书常舍人晚秋集贤院即事寄赠徐薛二侍御》：“远兴生斑鬓，高情寄缥囊。”常衮《晚秋集贤院即事寄赠徐薛二侍御》：“缥囊披锦绣，翠轴卷琼琚。”皮日休《二游诗·徐诗》：“缥囊轻似雾，缃帙殷于血。”

緊 〔yī《广韵》烏奚切，平齊，影。〕❶是。郑愕《送萧颖士赴东府得往字》：“緊君曲得引，使我缨俗网。”❷语气助词。李白《万愤词投魏郎中》：“自古豪烈，胡为此緊。”卢肇《汉堤诗》：“緊公之功，赫焉如昼。”李节《赠释疏言还道林寺诗》：“緊释氏兮易暴使仁，释何在兮释在斯文。”❸惟。陈陶《海昌望月》：“谁无破镜期，緊我信虚舟。谁无桂枝念，緊我方摧辀。”❹至，等到。皮日休《鲁望读襄阳耆旧传见赠五百言次韵》：“緊王揭然出，上下拓宇宙。”

縷 〔lǚ《广韵》力主切，上麌，來。〕❶线。陈子昂《感遇诗三十八首》之二四：“高堂委金玉，微缕悬千钧。”杜甫《龙门阁》：“危途中萦盘，仰望垂线缕。”韦应物《易言》：“疾影随形不觉至，千钧引缕不知绝。”元稹《谕宝二首》之二：“珠穿殷红缕，始见明洞彻。”❷指细而长的线状物。孟郊《宇文秀才斋中海柳咏》：“玉缕青葳蕤，结为芳树姿。”白居易《东墙夜合树去秋为风雨所摧今年花时怅然有感》：“碧荑红缕今何在，风雨飘将去不回。”刘禹锡《杨柳枝词九首》之七：“御陌青门拂地垂，千条金缕万条丝。”温庭筠《原隰荑绿柳》：“碧玉牙犹短，黄金缕未齐。”❸拴系。顾况《公子行》：“紫陌春风缠马足，双镫悬金缕鹘飞。”❹连续不断。元稹《有酒十章》之八：“济涓涓而缕贯，将奈何兮万里之浑黄。”❺量词。常用于细长物。韦应物《长安遇冯著》：“昨别今已春，鬓丝生几缕。”白居易《风雨晚泊》：“此生飘荡何时定，一缕鸿毛天地中。”牟融《题竹》：“数点渭川雨，一缕湘江烟。”韦庄《镊白》：“始因丝一缕，渐至雪千茎。”

【縷切】 (— qiē)细切。杜甫《丽人行》：“犀箸厌饫久未下，鸾刀缕切空纷纶。”

【縷金】 ❶金丝。顾敻《酒泉子》词之二：“罗带缕金，兰麝烟凝魂断。”❷以金线为饰。太原妓《寄欧阳詹》：“欲识旧来云髻样，为奴开取缕金箱。”韦庄《与小女》：“一夜娇啼缘底事，为嫌衣少缕金华。”

【縷金衣】 即金缕衣。顾敻《荷叶杯》之五：“夜久歌声怨咽，残月。菊冷露微微，看看湿透缕金衣。”

【縷絡】 缠绕。牛僧孺《李苏州遗太湖石因题二十韵奉呈梦得乐天》：“搀叉锋刃簇，缕络钓丝萦。”

【縷綵】 用不同色的线缕成其文彩。徐铉《赋得彩燕》：“缕彩成飞燕，迎和启蛰时。”

【縷縷】 犹言一丝丝。形容纤细。陆龟蒙《小鸡山樵人歌》：“田予登兮穀予庾，突晨烟兮蓬缕缕。”韩偓《曲江秋日》：“斜烟缕缕鹭鸶栖，藕叶枯香折野泥。”

縲 〔léi《集韵》倫追切，平脂，來。〕捆绑囚犯的黑色绳索。引申为捆绑，拘禁。柳宗元《唐饶歌鼓吹曲十二篇·苞枿》：“系缧降王，定厥功。”孟郊《峡哀》：“古醉有复乡，今缧多为能。”

【縲囚】 犹累囚。被拘禁的囚犯。柳宗元《界围岩水帘》：“今我始北旋，新诏释缧囚。”白居易《和梦游春诗一百韵》：“簿书常自领，缧囚每亲鞫。”李敬方《近无西耗》：“烽候惊春塞，缧囚困越吟。”汪遵《北海》：“汉臣曾此作缧囚，茹血衣毛十九秋。”

【縲紲】 亦作“縲絏”。❶捆绑犯人的绳索。见《论语·公冶长》。柳宗元《奉酬杨侍郎丈因送八叔拾遗戏赠诏追南来诸宾二首》之二：“冶长虽解缧绁，无由得见东周。”刘商《胡笳十八柏·第三柏》：“如羁囚兮在缧绁，忧虑万端无处说。”❷囚系；拘禁。毛明素《与琳法师》：“冶长倦缧绁，韩安叹死灰。”骆宾王《畴昔篇》：“冶长非罪曾缧绁，长孺然灰也经溺。”储光羲《狱中贻姚张薛李郑柳诸公》：“中夜囹圄深，初秋缧绁久。”柳宗元《弘农公以硕德伟才屈于诬枉献诗五十韵以毕微志》：“不言缧绁枉，徒恨缰徽长。”

【縲絏】 见“縲紲”。

繃 同“绷”。

繁[1] 〔fán《广韵》附袁切，平元，奉。〕❶多。王维《瓜园诗》：“蔼蔼帝王州，宫观一何繁。”杜甫《赤谷》：“天寒霜雪繁，游子有所之。”白居易《过永宁》：“村杏野桃繁似雪，行人不醉为谁开？”陆龟蒙《渔具诗·网》：“大罟纲目繁，空江波浪黑。”亦指浓重。耿湋《奉和第五相公登鄱阳郡城西楼》：“溢浦潮声尽，钟陵暮色繁。”于武陵《南游》：“露繁山草湿，洲暖水花开。”❷茂盛；兴盛。韦应物《始夏南园思旧里》：“夏首云物变，雨余草木繁。”皎然《武源行赠丘卿岑》：“扫平氛祲望吴门，人间岁美桑柘繁。”刘言史《林中独醒》：“未得浑无事，瓜田草正繁。”元希声《宴卢十四南园得园韵》：“写望峰云出，开襟夏木繁。”❸盛大；旺盛。王维《宋进马哀词》：“何胤嗣之不繁，就单鲜而又死。”元稹《赛神》：“主人邪心起，气焰日夜繁。”❹杂乱；芜杂。杨巨源《秋夜闲居即事寄庐山郑员外蜀郡符处士》：“忧思繁未整，良辰会无由。”白居易《和答诗十首》序：“每下笔时，辄相顾，共患其意太切而理太周，故理太周则辞繁，意太切则言激。”❺繁密；急促。白居易《听歌六绝句·乐世》：“管急弦繁拍渐稠，绿腰宛转曲终头。”杨衡《长门怨》：“丝声繁兮管声急，珠帘不卷风吹人。”温庭筠《夜宴谣》：“裂管萦弦共繁曲，芳樽细浪倾春醁。”❻通“蘩”。白蒿。多年生草本，可食用。李贺《三月过行宫》："渠水红繁拥御墙，风娇小叶学娥妆。"

繁2 〔pán《广韵》薄官切，平桓，並。〕马腹带。见"繁₂缨"。

繁3 〔pó《广韵》薄波切，平戈，并。〕姓。殷氏七族有繁氏。见《左传·定公四年》。唐诗人有繁知一。

【繁冗】　繁琐多余的部分。詹敦仁《柳堤诗》序："既当收敛暇余，乃且呼童削其繁冗，伐其朽蠹。"

【繁多】　多。杨衡《白纻辞》："为君起唱白纻歌，清声袅云思繁多。"

【繁花】　亦作"繁華"。❶盛开的花；繁密的花。李益《牡丹》："紫蕊丛开未到家，却教游客赏繁华。"陆畅《山出云》："望树繁花白，看峰小雪新。"李绅《朱槿花》："瘴烟长暖无霜雪，槿艳繁花满树红。"李商隐《和马郎中移白菊见示》："素色不同篱下发，繁花疑自月中生。"❷百花，众花。方干《同萧山陈长官县楼登望》："一县繁花香送雨，五株垂柳绿牵风。"司空图《杨柳枝寿杯词十八首》之九："狂风更与回烟帚，扫尽繁花独占春。"方干《思越中旧游寄友》："镜中叠浪摇星斗，城上繁花咽鼓鼙。"

【繁吹】　(— chuì)繁促的管乐声。韩愈《幽怀》："凝妆耀洲渚，繁吹荡人心。"元稹《元和五年五十韵》："含词待残拍，促舞递繁吹。"德宗《丰年多庆九日示怀》："芳尊满衢室，繁吹凝烟空。"

【繁苛】　繁重而苛刻。虞世南《赋得慎罚》："每削繁苛性，常深恻隐诚。"

【繁茂】　繁密茂盛。萧倣《享太庙乐章》："金枝繁茂，玉叶延长。"詹敦仁《柳堤诗》序："虽盛夏溽暑，白扇可置，风口是快，则是柳之繁茂，不谓无庇物之效也。"

【繁英】　繁盛的花。李德裕《春暮思平泉杂咏二十首·潭上紫藤》："遥忆紫藤垂，繁英照潭黛。"顾云《池阳醉歌赠匡庐处士姚岩杰》："四面繁英拂槛开，帖雪团霞坠枝亚。"李九龄《山舍南溪小桃花》："一树繁英夺眼红，开时先合占东风。"和凝《宫词百首》之七二："谁道落花堪靧面，竞来枝上采繁英。"

【繁枝】　繁茂的树枝。李商隐《高花》："花将人共笑，篱外露繁枝。"陆龟蒙《丁香》："殷勤解却丁香结，纵放繁枝散诞春。"李咸用《落花》："满地余香在，繁枝一夜空。"亦指盛开的花。杜甫《江畔独步寻花七绝句》之七："繁枝容易纷纷落，嫩叶商量细细开。"萧涤非注："繁枝，指盛开的花。"

【繁杵】　繁密的砧杵声。刘禹锡《捣衣曲》："爽砧应秋律，繁杵含凄风。"

【繁果】　累累的果实。卢纶《同王员外雨后登开元寺南楼因寄西岩警上人》："数穗远烟凝垄上，一枝繁果忆山中。"

【繁知一】　唐诗人。秭归(今属湖北)县令。白居易任忠州刺史时，与其有交往。《全唐诗》卷六四三录其《书巫山神女祠》诗一首。

【繁音】　❶繁密的音调。刘长卿《听笛歌》："又吹杨柳激繁音，千里春色伤人心。"刘轲《玉声如乐》："繁音忽已阕，雅韵诎然清。"❷繁杂的声音。许棠《闻蝉十二韵》："繁音人已厌，朽壳蚁犹争。"

【繁音急節】　繁密的音调，急促的节奏。白居易《霓裳羽衣歌》："繁音急节十二遍，跳珠撼玉何铿铮。"

【繁祉】　多福。徐坚《仪坤庙乐章》："合福受釐，介以繁祉。"于邵《释奠武成王乐章·迎俎酌献》："虔告终，繁祉锡。"储光羲《敬酬陈掾亲家翁秋夜有赠》："繁祉既骈集，裔孙生贤臣。"冯伉《享文恭太子庙乐章二首》之一："永锡繁祉，思深享尝。"

【繁弦】　繁杂的弦乐声。虞世南《咏舞》："繁弦奏渌水，长袖转回鸾。"杨巨源《听李凭弹箜篌二首》之一："听奏繁弦玉殿清，风传曲度禁林明。"刘言史《处州月夜穆中丞席和主人》："羌竹繁弦银烛红，月光初出柳城东。"李郢《醉送》："江梅冷艳酒清光，急拍繁弦醉画堂。"

【繁弦促管】　见"繁弦急管"。

【繁弦急管】　亦作"繁絲急管""繁弦促管"。谓管弦之音繁密而急促。韦应物《酒肆行》："繁丝急管一时合，他垆邻肆何寂然。"钱起《玛瑙杯歌》："繁弦急管催献酬，倏若飞空生羽翼。"陈去疾《踏歌行》之二："繁弦促管升平调，绮缀丹莲借月光。"吴烛《铜雀妓》："秋色西陵满绿芜，繁弦急管强欢娱。"

【繁奏】　众多的事物汇聚在一处。无名氏《笙磬同音》："兽因繁奏舞，人感至和通。"

【繁星】　繁密的众星。李益、广宣《重阳夜集兰陵居与宣上人联句》："新月和秋露，繁星混夜霜。"杜牧《和裴杰秀才新樱桃》："远火微微辨，繁星历历看。"罗隐《晚泊宿松》："归云送春和，繁星丽云汉。"

【繁香】　浓郁的香气。孙逖《和常州崔使君咏后庭梅二首》之一："弱干红妆倚，繁香翠羽寻。"权德舆《侍从游后湖宴坐》："繁香好风结，净质清露濡。"李商隐《曲池》："日下繁香不自持，月中流艳与谁期？"

【繁姿】　多姿。李群玉《长沙九日登东楼观舞》之二："慢态不能穷，繁姿曲向终。"

【繁紅】　繁花。齐己《蝴蝶》："何处背繁红，迷芳到槛重。"

【繁華】　(1)(—huá)❶容貌美丽。严武《班婕妤》："繁华非此日，指辇竟何辞。"❷繁荣美盛。韦应物《拟古诗十二首》之三："京城繁华地，轩盖凌晨出。"刘禹锡《曲江春望》："一代繁华地，何事独伤怀。"雍陶《洛中感事》："洛城今古足繁华，最恨乔家似石家。"王贞白《金陵》："六代江山在，繁华古帝都。"❸荣华。亦指富贵人家。王维《洛阳女儿行》："城中相识尽繁华，日夜经过赵李家。"韩愈《谢自然诗》："繁华荣慕绝，父母慈爱捐。"❹奢华。刘长卿《题虎丘寺》："久迷空寂理，多为繁华故。"李清《咏石季伦》："金谷繁华石季伦，只能谋富不谋身。"白居易《游平泉宴浥涧宿香山石楼赠座客》："金谷太繁华，兰亭阙丝竹。"吴融《题延寿坊东南角古池》："繁华自古皆相似，金谷荒园土一堆。"(2)(—huā)见"繁花"。

【繁華子】　容饰华丽的少年。王维《郑霍二山人》："翩翩繁华子，多出金张门。"孟浩然《同储十二洛阳道中作》："珠弹繁华子，金羁游侠人。"李白《古风》之十七："不知繁华子，扰扰何所迫。"

【繁弱】　古良弓名。辛常伯《军中行路难》："向月弯繁弱，连星转太阿。"权德舆《建除诗》："满月张繁弱，含霜耀鹿卢。"

【繁陰】　浓密的树阴。李华《杂诗六首》之四："葛藟附柔木，繁阴蔽曾原。"柳中庸《江行》："繁阴乍隐洲，落叶初飞浦。"权德舆《送韩孝廉侍从赴举》："晓月经淮路，繁阴过楚天。"赵嘏《咏端正春树》："一树繁阴先著名，异花奇叶俨天成。"

【繁盛】　繁荣兴盛。江为《隋堤柳》："锦缆龙舟万里来，醉乡繁盛忽尘埃。"李中《姑苏怀古》："阖闾兴霸日，繁盛复风流。"孙元晏《咏史诗·陈·淮水》："文物衣冠尽入秦，六朝繁盛忽埃尘。"

【繁笳】　急促的胡笳声。李益《和丘员外题湛长史旧居》："灵波结繁笳，爽籁赴鸣玉。"

【繁宿】　(—xiù)繁星。张正一《和武相公中秋锦楼玩月得苍字》："旅人方积思，繁宿稍沉光。"

【繁葩】　繁盛的花。刘禹锡《葡萄歌》："繁葩组绶结，悬实珠玑蹙。"

【繁葉】　繁密的树叶。包佶《奉和常阁老晚秋集贤院即事寄赠徐薛二侍郎》："疏钟文马驻，繁叶彩禽栖。"姚合《闲居晚夏》："片霞侵落日，繁叶咽鸣蝉。"李洞《古柏》："可佳繁叶尽，声不碍秋钟。"

【繁殖】　指生物的滋生增殖。皇甫冉《杂言湖山送许鸣谦》序："春田雪余，具物繁殖。"

【繁雲】　层云，浓云。玄宗《野次喜雪》："繁云低远岫，飞雪舞长空。"储光羲《同房宪部应旋》："长风散繁云，万里静天宇。"刘长卿《对雨赠济阴马少府考城蒋少府兼献成武五兄南华二兄》："繁云兼家思，弥望连济北。"

【繁雄】　繁华。白居易《初到郡斋寄钱湖州李苏州》："霅溪殊冷僻，茂苑太繁雄。"

【繁暑】　盛暑。韦应物《棕榈蝇拂歌》："左挥右洒繁暑清，孤松一枝风有声。"元季川《泉上雨后作》："风雨荡繁暑，雷息佳霁初。"姚合《题金州西园九首·蔓径》："方当繁暑日，草屐微微冷。"贯休《明进士北斋避暑》："卷帘繁暑退，湿树一蝉新。"

【繁會】　交响。谓繁多的音调互相参错。张九龄《和韦尚书答梓州兄南亭宴集》："暇日尝繁会，清风咏阻修。"

【繁滋】　增多。李纾《唐德明兴圣庙乐章·送神》："元精回复，灵贶繁滋。"

【繁絲】　繁杂的弦乐声。刘允济《咏琴》："巴人缓疏节，楚客弄繁丝。"张籍《祭退之》："临风听繁丝，忽遽闻再更。"白居易《松江亭携乐观渔宴宿》："繁丝与促管，不解和渔歌。"

【繁絲急管】　见"繁弦急管"。

【繁碎】　繁杂琐碎。贯休《上孙使君》："龚遂爱廉平，次公太繁碎。"

【繁節】　急促的节奏。元稹《曹十九舞绿钿》："凝眄娇不移，往往度繁节。"

【繁亂】　多而无序。杜牧《九日》："金英繁乱拂阑香，明府辞官酒满缸。"

【繁煙】　浓烟。杨衡《征人》："繁烟幕幕昏，暗骑萧萧出。"

【繁榮】　荣华。张说《对酒行巴陵作》："繁荣安足恃，霜露递相寻。"

【繁緑】　茂密而碧绿。亦指繁密的绿叶。韦应物《夏景园庐》："搴叶爱繁绿，缘涧弄惊波。"白居易《和钱员外早冬玩禁中新菊》："新黄间繁绿，烂若金照碧。"

【繁綵】　谓繁花。霍总《木芙蓉》："谁能政摇落，繁綵照阶除。"

【繁憂】　重重忧虑。杜甫《雨四首》之四："繁忧不自整，终日洒如丝。"陈陶《海昌望月》："中途丧资斧，两地生繁忧。"

【繁蕊】　繁花。李绅《新楼诗二十首·海榴亭》："海榴亭早开繁蕊，光照晴霞破碧烟。"王质《金谷园花发怀古》："繁蕊风惊散，轻红鸟乍翻。"

【繁慮】　很多的忧虑。权德舆《卧病喜惠上人李炼师茅处士见访因以赠》："沈疴结繁虑，卧见书窗曙。"

【繁影】　繁密的阴影。段义宗《题大慈寺芍药》："繁影夜铺方丈月，异香朝散讲筵风。"

【繁實】　繁密的果实。刘禹锡《咏庭梅寄人》："早花常犯寒，繁实常苦酸。"薛能《题于公花园》："含桃庄主后园深，繁实初成静扫阴。"

【繁縟】 ❶采饰富丽。吴融《绵竹山四十韵》："紫霞或旁映，绮段铺繁褥。"❷繁密茂盛。刘禹锡《葡萄歌》："分岐浩繁缛，修蔓蟠诘曲。"

【繁蕪】 繁多芜杂。骆宾王《夏日游德州赠高四》序："章句繁芜，心神愧恧。"清昼、潘述《讲古文联句》："绮丽争发，繁芜则惩。"

【繁霜】 ❶浓霜。徐彦伯《胡无人行》："十月繁霜下，征人远凿空。"常衮《代员将军罢战后归故里》："枕戈眠古戍，吹角立繁霜。"武元衡《秋怀奉寄朱补阙》："上苑繁霜降，骚人起恨初。"曹邺《续幽愤》："繁霜作阴起，朱火乘夕发。"❷喻白色或白色物。杜甫《登高》："艰难苦恨繁霜鬓，潦倒新停浊酒杯。"戴叔伦《赠康老人洽》："繁霜入鬓何足论，旧国连天不知处。"

【繁禮】 繁琐的礼节。王维《别綦毋潜》："适意偶轻人，虚心削繁礼。"

【繁聲】 ❶繁杂的声音。白居易《和韩侍郎苦雨》："润气凝柱础，繁声注瓦沟。"姚合《酬任畴协律夏中苦雨见寄》："远色重林暮，繁声四壁秋。"张蠙《雨》："细滴高槐底，繁声叠漏间。"❷繁密的音调。陈季《湘灵鼓瑟》："妙指微幽契，繁声入杳冥。"杨巨源《和令狐舍人酬峰上人题山栏孤行》："能让繁声任真籁，解将孤影对芳兰。"

【繁蟲】 各种虫。耿湋《之江淮留别京中亲故》："繁虫满夜草，连雨暗秋城。"

【繁韻】 犹繁响。刘禹锡《和浙西李大夫霜夜对月听小童吹觱篥歌依本韵》："才惊指下繁韵息，已见树杪明星光。"

【繁響】 繁密的响声。孟郊《秋怀》之七："商虫哭衰运，繁响不可寻。"许棠《秋日陪陆校书游玉泉》："散光垂草细，繁响出风高。"

【繁驕】 众多的骏马。张说《舞马词六首》之四："腾倚骧洋应节，繁骄接迹不移。"

【繁露】 ❶浓厚的露水。韦应物《善福精舍秋夜迟诸君》："繁露降秋节，苍林郁芊芊。"柳宗元《中夜起望西园值月上》："觉闻繁露坠，开户临西园。"❷书名。指《春秋繁露》。汉董仲舒撰，十七卷。刘禹锡《闻董评事疾因以书赠》："繁露传家学，青莲译梵书。"

【繁$_2$纓】 古代天子诸侯所用辂马的带饰。繁，马腹带；缨，马颈革。杜牧《扬州三首》之三："纤腰间长袖，玉珮杂繁缨。"

【繁豔】 繁盛艳丽。李绅《新楼诗二十首·城中蔷薇》："蔷薇繁艳满城阴，烂熳开红次第深。"姚合《杏溪十首·莲塘》："方塘菡萏高，繁艳相照耀。"许浑《陪宣城大夫崔公泛后池兼北楼宴二首》之一："陪泛芳池醉北楼，水花繁艳照膺舟。"尹鹗《拨棹子》词之一："风切切，深秋月，十朵芙蓉繁艳歇。"

總[1] 〔zǒng《广韵》作孔切，上董，精。〕❶聚合；汇集。许敬宗《奉和过旧宅应制》："桂山犹总翠，蘅薄尚流芳。"玄宗《端午三殿宴群臣探得神字》序："朕宵衣旰食，辑声教于万方，卜战行师，总兵钤于四海。"钱起《送王相公赴范阳》："幕开丞相阁，旗总贰师营。"韩翃《奉送王相公缙赴幽州巡边》："位高汤左相，权总汉诸侯。"❷持。参见"總干"。❸统领；统率。李峤《奉使筑朔方六州城率尔而作》："奉诏受边服，总徒筑朔方。"薛奇童《塞下曲》："一身许明主，万里总元戎。"皇甫曾《送商州杜中丞赴任》："安康地理接商于，帝命专城总赋舆。"岑参《入剑门作寄杜杨二郎中时二公并为杜元帅判官》："相公总师旅，远近罢金革。"❹总揽；总括。高适《留上李右相》："钧衡持国柄，柱石总朝经。"卢纶《雪谤后书事上皇甫大夫》："盛德总群英，高标仰国桢。"杨巨源《上裴中丞》："六年西掖弘汤诰，三捷东堂总汉科。"❺人名。江总，南朝梁人。字总持。李商隐《赠司勋杜十三员外》："前身应是梁江总，名总还曾字总持。"❻皆，都。李白《子夜吴歌·秋歌》："秋风吹不尽，总是玉关情。"李嘉祐《与从弟正字从兄兵曹宴集林园》："辅嗣外生还解易，惠连群从总能诗。"朱庆余《归故园》："尊中美酒长须满，身外浮名总是闲。"徐夤《赠表弟黄校书辂》："闲来共话无生理，今古悠悠事总虚。"❼老是，总是。李嘉祐《闻逝者自惊》："黄卷清琴总为累，落花流水共添悲。"岑参《怀叶县关操姚旷韩涉李叔齐》："经年总不见，书札徒满箧。"徐铉《柳枝辞十二首》之五："老大逢春总恨春，绿杨阴里最愁人。"❽通"縱"。纵然，即使。杜甫《酬郭十五受判官》："药里关心诗总废，花枝照眼句还成。"李益《度破讷沙二首》之一："莫言塞北无春到，总有春来何处知。"刘禹锡《伤愚溪三首》之三："纵有邻人解吹笛，山阳旧侣更谁过。"李商隐《代赠二首》之二："总把春山扫眉黛，不知供得几多愁。"

總[2] 〔zōng《集韵》祖叢切，平東，精。〕丝数名。古以丝八十根为"總"。李贺《恼公》："褥缝篸双线，钩绦辫五总。"

總[3] 〔cōng《集韵》麤叢切，平東，清。〕通"怱"。参见"總$_3$至"。

【總干】 （—gān）谓持盾。元稹《代曲江老人百韵》："总干形屹崒，戛敔背嶙峋。"

【總戎】 ❶统率军队；主管军事。李白《赠张相镐二首》之一："虎将如雷霆，总戎向东巡。"高适《塞上》："总戎扫大漠，一战擒单于。"又高适《信安王幕府诗》序："开元二十年，国家有事林胡，诏礼部尚书信安王总戎大举。"杜甫《奉寄高常侍》："总戎楚蜀应全未，方驾曹刘不啻过。"❷统帅。亦用作某种武职的别称，如唐人称节度使为总戎。杜甫《将赴成都草堂途中有作先寄严郑公五首》之五："共说总戎云鸟阵，不妨游子芰荷衣。"又《夔府书怀四十韵》："总戎存大体，降将饰卑词。"岑参《奉送李太保兼御史大夫充渭北节度使》："诏出未央宫，登坛近总戎。"

【總₃至】 骤然而至。總，通"怱"。息夫牧《冬夜宴萧十丈因饯殷郭二子西上》序："飞霜霭林，寒气总至。"

【總有】 纵有，即使有。總，通"縱"。李益《度破讷沙二首》之一："莫言塞北无春到，总有春来何处知。"

【總角】 古时儿童束发为两结，向上分开，形状如角，故称。借指童年。储光羲《献华阴罗丞别》："昔余在天目，总角奉游从。"杜甫《醉歌行》："总角草书又神速，世上儿子徒纷纷。"李商隐《安平公诗》："丈人博陵王名家，怜我总角称才华。"李群玉《赠元绂》："相逢在总角，与子即同心。"

【總持寺】 寺名。隋大业元年(605)炀帝为父文帝立，初名禅定寺。唐武德元年(618)改为总持寺。总持，梵语陀罗尼的义译，谓持善不失，持无不生，无有漏忌。寺在唐都长安(今陕西西安市)。李峤、刘宪、李乂均有《闰九月九日幸总持寺登浮图应制》。孟浩然有《登总持寺浮图》。

【總是】 ❶全是。王昌龄《从军行七首》之二："琵琶起舞换新声，总是关山旧别情。"戎昱《送僧法和》："达士心无滞，他乡总是家。"刘言史《读故友于君集》："大底从头总是悲，就中偏怆筑城词。"杜牧《别怀》："相别徒成泣，经过总是空。"❷纵然是。總，通"縱"。李山甫《上元怀古二首》之一："总是战争收拾得，却因歌舞破除休。"

【總章】 古代天子明堂之西向室，取西方总成万物而章明之义。见《吕氏春秋·孟秋》。则天皇后《唐明堂乐章·外办将出》："总章陈昔典，衢室礼惟神。"

【總道】 都说。王建《镊白》："总道老来无用处，何须白发在前生。"

【總称】 (—chēng)总的称谓。丘光庭《补新宫》序："宫者，居处燕游宗庙之总称也。"

【總徵】 遍征，广泛征集。王昌龄《塞下曲四首》之三："奉诏甘泉宫，总征天下兵。"

【總管】 官名。地方高级军政长官。魏黄初始置都督诸州军事。北周武成元年(559)改都督诸州军事为总管。隋及唐初亦在各州设总管。边镇或大州设大总管。镇守一方者，谓之某州总管；出任征讨者，则称某道行军总管。李峤有《奉和幸望春宫送朔方总管张仁亶》。

【總領】 带领。李颀《王母歌》："头上复戴九星冠，总领玉童坐南面。"

【總髫】 总角。指幼年。李暇《怨诗三首》之一："罗敷初总髫，蕙芳正娇小。"

【總總】 (一zǒng)众多貌。张说《唐享太庙乐章·凯安三首》之三："总总干戚，填填鼓钟。"柳宗元《贞符》序："惟人之初，总总而生，林林而群。"

【總轡】 控制缰绳。太宗《临洛水》："春搜驰骏骨，总辔俯长河。"储光羲《巩城东庄道中作》："总辔出丛薄，歇鞍登峻隅。"皇甫冉《曾东游以诗寄之》："总辔越成皋，浮舟背梁苑。"韦应物《答河南李士巽题香山寺》："投杯起芳席，总辔振华缨。"

縱[1]

〔zòng《广韵》子用切，去用，精。〕❶发；放。韩愈《秋怀诗十一首》之七："有如乘风船，一纵不可缆。"❷放纵；听任。杜甫《喜闻盗贼藩寇总退口号五首》之一："北极转愁龙虎气，西戎休纵犬羊群。"张籍《祭退之》："移船入南溪，东西纵篙撑。"李华《咏史十一首》之一："乱代乃潜伏，纵人为祸愆。"李绅《过梅里七首·上家山》："笑歌怜稚孺，弦竹纵吹弹。"❸纵令；即使。寒山《诗三百三首》之一七一："纵有千斤金，不如林下贫。"李白《远别离》："我纵言之将何补，皇穹窃恐不照余之忠诚。"白居易《废琴》："不辞为君弹，纵弹人不听。"李中《所思》："纵有一庭萱草，何曾与我忘忧。"

縱[2]

〔zōng《广韵》即容切，平鍾，精。〕❶直。与"横"相对。高适《送别》："揽衣出户一相送，唯见归云纵复横。"王颤《怀素上人草书歌》："一纵又一横，一攲又一倾。"❷"合縱"的节缩语。见"縱₂横❺"

縱[3]

〔zǒng《集韵》足勇切，上腫，精。〕见"縱₃臾"。

【縱火】 放火。亦指所放之火。温庭筠《鸿胪寺偶成四十韵》："纵火三月赤，战尘千里黄。"胡曾《咏史诗·夷陵》："夷陵城阙倚朝云，战败秦师纵火焚。"贯休《东阳罹乱后怀王慥使君五首》之三："不堪西望西风起，纵火昆仑谁为论？"

【縱心】 恣意。许敬宗《游清都观寻沈道士得清字》："纵心驰贝阙，怡神想玉京。"孟云卿《行行且游猎篇》："何以纵心赏，马啼春草头。"

【縱目】 放眼远望。杜甫《登兖州城楼》："东郡趋庭日，南楼纵目初。"刘禹锡《游桃源一百韵》："遂登最高顶，纵目还楚泽。"刘得仁《京兆府试目极千里》："此心常郁矣，纵目忽超然。"郑谷《驻跸华下同年司封员外从翁许共游西溪久违前契戏成赠寄》："纵目怀青岛，澄心想碧流。"

【縱令】 即使。包何《同阎伯均宿道士观有述》："纵令奔月成仙去，且作行云入梦来。"高适《同鲜于洛阳于毕员外宅观画马歌》："纵令剪拂无所用，犹胜驽骀在眼前。"王建《求友》："纵令误所见，亦贵本相规。"刘禹锡《春有情篇》："纵令无月夜，芳兴暗中深。"

【縱步】 漫步。欧阳炯《大游仙诗》："白石桥高曾纵步，朱阳馆静每存神。"王瓒《冬日与群公泛舟焦山》之二："纵步不知远，夕阳犹未回。"

【縱吟】 ❶畅怀吟诗。许棠《题沂湖二首》之二："陇首时无事，湖边日纵吟。"❷昂首吟诗。白居易《和令狐相公寄刘郎中兼见示长句》："别后纵吟终少兴，病来虽饮不多欢。"

【縱$_3$臾】 （一yǒng）怂恿。柳宗元《贞符》序："增以驺虞神鼎，胁驱纵臾，俾东之泰山、石闾作大号，谓之封禅。皆《尚书》所无有。"

【縱使】 即使。高适《九日酬颜少府》："纵使登高只断肠，不如独坐空搔首。"韩翃《寄柳氏》："纵使长条似旧垂，也应攀折他人手。"李涉《哭田布》："纵使将军能伏剑，何人岛上哭田横。"李商隐《春日寄怀》："纵使有花兼有月，可堪无酒又无人。"

【縱談】 纵情谈论。刘禹锡《偶作二首》之一："终日偶众人，纵言不纵谈。"权德舆《酬别蔡十二见赠》："中饮见逸气，纵谈穷化元。"

【縱恣】 肆意放纵。李昂《赋戚夫人楚舞歌》："君王纵恣翻成误，吕后由来有深妒。"杜甫《送顾八分文学适洪吉州》："子干东诸侯，劝勉防纵恣。"吕温《江陵酒中留别坐客》："寻常纵恣倚青春，不契心期便不亲。"李沇《秋霖歌》："纵恣群阴驾老虬，勺水蹄涔尽奔注。"

【縱酒】 开怀畅饮。李白《洞庭醉后送绛州吕使君果流澧州》："洞庭破秋月，纵酒开愁容。"严维《赠万经》："纵酒真彭泽，论诗得建安。"麹信陵《移居洞庭》："荷锄分地利，纵酒乐天真。"刘得仁《赠江夏卢使君》："登山犹自健，纵酒可多愁。"

【縱眸】 放眼远望。牟融《沈存尚林亭夜宴》："草堂寂寂景偏幽，到此令人一纵眸。"

【縱情】 ❶放纵情欲。太宗《赋尚书》："纵情昏主多，克己明君鲜。"❷尽情。贾岛《登江亭晚望》："纵情犹未已，回马欲黄昏。"

【縱傲】 恣肆狂傲。陆龟蒙《南泾渔父》："田家相去远，岑寂且纵傲。"

【縱飲】 开怀畅饮。王昌龄《留别岑参兄弟》："便以风雪暮，还为纵饮留。"韩翃《送康洗马归滑州》："腊雪夜看宜纵饮，寒芜昼猎不妨行。"又《宴吴王宅》："听歌吴季札，纵饮汉中山。"

【縱逸】 豪放俊逸。郑谷《温处士能画鹭鹚以四韵换之》："闻说小毫能纵逸，敢凭轻素写幽奇。"

【縱博】 恣意赌博。岑参《赵将军歌》："将军纵博场场胜，赌得单于貂鼠袍。"高适《邯郸少年行》："千场纵博家仍富，几度报仇身不死。"

【縱然】 即使。司空曙《江村即事》："纵然一夜风吹去，只在芦花浅水边。"孟郊《品松》："纵然孔与颜，亦莫及此松。"姚合《答胡遇》："纵然眉得展，不似见君时。"方干《旅次洋州寓居郝氏林亭》："举目纵然非我有，思量似在故山时。"

【縱遊】 恣意游览。李频《江上送从兄群玉校书东游》："坟籍因穷览，江湖却纵游。"许棠《送刘校书游东鲁》："内阁劳雠校，东邦忽纵游。"郑谷《献大京兆薛常侍能》："纵游藉草花垂酒，闲卧临窗燕拂书。"

【縱誕】 恣肆放诞。张说《行从方秀川与刘评事文同宿》："寰中病羁挂，方外嫌纵诞。"王丘《咏史》："卷舒混名迹，纵诞无忧患。"殷少野《送萧颖士赴东府得散字》："官闲幕府下，聊以任纵诞。"高适《酬别薛三蔡大留简韩十四主簿》："纵诞非尔情，飘沦任疵贱。"

【縱横】 ❶恣意横行，无所顾忌。寒山《诗三百三首》之二四六："三界任纵横，四生不可泊。"韦应物《酬郑户曹骊山感怀》："白云已萧条，麋鹿但纵横。"王建《赠田将军》："大小独当三百阵，纵横只用五千兵。"徐夤《闭门》："漳滨伏枕文园渴，盗跖纵横似虎狼。"❷雄健奔放。杜甫《戏为六绝句》之一："庾信文章老更成，凌云健笔意纵横。"韦应物《朝请后还邑寄诸友生》："樽酒且欢乐，文翰亦纵横。"李张《和裴相国答张秘书赠马诗》："纵横逸气宁称力，驰骋长途定出群。"姚合《寄陕府内兄郭冏端公》："新诗忽见示，气逸言纵横。"

【縱$_2$横】 ❶纵向和横向。南北曰纵，东西曰横；经曰纵，纬曰横。鲁收《怀素上人草书歌》："有时兴酣发神机，抽毫点墨纵横挥。"韩愈《新竹》："并出疑争地，纵横乍依行。"张祜《献太原裴相公三十韵》："纵横追穴兔，直下灌城狐。"李郢《冬至后西湖泛舟看断冰偶成长句》："崖崩苇岸纵横散，篙蹙兰舟片段随。"❷多貌。李白《赠韦秘书子春二首》之一："谈天信浩荡，说剑纷纵横。"杜甫《羌村》："歌罢仰天叹，四座泪纵横。"皎然《支公诗》："山阴诗友喧四座，佳句纵横不废禅。"司马扎《古边卒思归》："徒令执耒者，刀下死纵横。"❸交错貌 。袁瓘《鸿门行》："白刃纵横逼，黄尘飞不息。"卢伦《秋晚霁后野望忆夏侯审》："川原唯寂寞，岐路自纵横。"白居易《劝酒》："不逾十稔居台衡，门前车马纷纵横。"汪遵《题李太尉平泉庄》："水泉花木好高眠，嵩少纵横满目前。"❹杂乱貌。拾得《诗》之三五："何曾解救苦，恣意乱纵横。"杨衡《经端溪峡中》："飞猱相攀牵，白云乱纵横。"李治《句》："经时未架却，心绪乱纵横。"孟郊《吊国殇》："徒言人最灵，白骨乱纵横。"❺合纵连横的节缩语。本指以辩才陈述利害、游说君主的方法。后亦用以泛指治国良策。陈子昂《卧病家园》:"纵横策已弃,寂寞道为家。"岑参《题虢州西楼》:"纵横皆失计,妻子也堪羞。"高适《东平留赠狄司马》:"谁谓纵横策,翻为权势干。"又《塞上》:"常怀感激心,愿效纵横谟。"

【縱壑魚】 纵游于川壑中的鱼。后遂以"縱壑魚"喻身处顺境,所至遂意。李峤《奉和幸韦嗣立山庄侍宴应制》:"树宿抟风鸟,池潜纵壑鱼。"杜甫《将适吴楚留别章使君留后兼幕府诸公得柳字》:"昔如纵壑鱼,今如丧家狗。"

【縱暴】 肆意行暴。杜甫《三绝句》之三:"殿前兵马虽骁雄,纵暴略与羌浑同。"

【縱調】 (一diào)放开声调。陆龟蒙《樵人十咏·樵歌》:"纵调为野吟,徐徐下云磴。"

【縱鞚】 驰马。杜甫《壮游》:"射飞曾纵鞚,引臂落鹙鸧。"

【縱獵】 恣意围猎。郎士元《送李骑曹之灵武宁侍》:"纵猎旗风卷,听笳帐月生。"韩愈《送李尚书赴襄阳八韵得长字》:"纵猎雷霆迅,观棋玉石忙。"

【縱懷】 畅开襟怀。吴筠《高士咏·荷蓧晨门》:"混迹是非域,纵怀天地间。"

【縱饒】 纵令,即使。杜荀鹤《下第投所知》:"纵饶生白发,岂敢怨明时。"齐己《七十作》:"纵饶生得到,终免死无因。"

【縱歡】 纵情欢乐。韩愈《喜雪献裴尚书》:"纵欢罗艳黠,列贺拥熊螭。"

【縱辯】 恣肆论辩。杜光庭《怀古今》:"不能劳神效苏子张生兮于时而纵辩,不能劳神效杨朱墨翟兮挥涕以沾襟。"

【縱體】 肢体轻举貌。李白《飞龙引二首》之一:"飘然挥手凌紫霞,从风纵体登鸾车。"

【縱觀】 恣意观看。张九龄《奉和圣制南郊礼毕酺宴》:"流恩均庶品,纵观聚康庄。"杜牧《过骊山作》:"始皇东游出周鼎,刘项纵观皆引颈。"

繇1 〔yóu《广韵》以周切,平尤,以。〕❶通"猷"。道。顾况《上古之什补亡训传十三章·燕于巢一章》:"我筮我龟,莫我告繇。"❷通"由"。(1)顺从。顾况《上古之什补亡训传十三章·十月之郊一章》:"乃熾蒺藜,乃夷荆棘,乃繇彼曲直。"(2)自;从。《郊庙歌辞·昭德皇后庙乐章·雍和》:"称歌进御,尽敬繇衷。"

繇2 〔zhòu《广韵》直祐切,去宥,澄。〕通"籀"。古时占卜的文辞。韩愈《南山诗》:"或如龟拆兆,或若卦分繇。"

【繇文】 占卜的文辞。繇,通"籀"。刘禹锡《武陵书怀五十韵》:"繇文光夏启,神教畏轩辕。"

【繇來】 从来。窦牟《天津晓望因寄呈分司一二省郎》:"要自词难拟,繇来画不如。"《郊庙歌辞·享章怀太子庙乐章·送文舞近武舞》:"用舍繇来其有致,壮志宣威乐太平。"

【繇是】 从此。繇,通"由"。刘禹锡《秋日过鸿举法师寺院便送归江陵》引:"〔鸿举〕今年至武陵,二千石始奇之,有起予之叹,以方袍亲绛纱者十有余旬,繇是名稍闻而艺愈变。"无名氏《国学新修五经壁歌》记:"考古今之文取其正,繇是诸生之师心曲学,偏听臆说,咸束之而归于大同。"

縻 〔mí《广韵》靡爲切,平支,明。〕本义为牛缰绳。引申为束缚、拴缚、牵制等义。韩愈《寄崔二十六立之》:"汝头有缰系,汝脚有索縻。"柳宗元《奉平淮夷雅表·方城》:"狡虏既縻,输于国都。"白居易《对酒示行简》:"忧念两消释,如刀断羁縻。"李咸用《君子行》:"尼甫至圣贤,犹为匡所縻。"

【縻綆】 绳索。贾岛《戏赠友人》:"笔砚为辘轳,吟咏作縻绠。"

緈 〔lǜ《广韵》吕卹切,入術,來。〕粗绳索。用于系舟或挽舟。韩翃《送齐明府赴东阳》:"绿丝帆緈桂为樯,过尽淮山楚水长。"孟郊《离思》:"高张系緈帆,远过梅根渚。"

縮 〔suō《广韵》所六切,入屋,生。〕❶与"赢""盈"相反。(1)退。特指水位下降。杜甫《三川观水涨二十韵》:"普天无川梁,欲济愿水缩。"白居易《湖亭晚望残水》:"登亭望湖水,水缩湖底出。"清昼、韩章《送昼公联句》:"轻霜凋古木,寒水缩荒陂。"(2)收缩;缩短。刘长卿《赠别于群投笔赴安西》:"地阔鸟飞迟,风寒马毛缩。"白居易《和梦游春诗一百韵》:"鹤病翅羽垂,兽穷爪牙缩。"方干《赠五牙山人洗修白》:"若取寿长延至易,如嫌地远缩何难。"贯休《别仙客》:"巨鳌头缩翻仙翠,蟠桃烂落珊瑚地。"(3)减少,减缩。白居易《晚寒》:"缩水浓和酒,加绵厚絮袍。"❷滤酒去渣。王涯《享惠昭太子庙乐章》:"苞茅酒缩,肯萧香彻。"《郊庙歌辞·仪坤庙乐章·坤贞》:"缩茅以献,絜秬惟馨。"

【縮手】 袖手,停手。韩偓《送人弃官入道》:"侧身期破的,缩手待呼卢。"

【縮爪】 (一zhuǎ)缩手。韩愈《答孟郊》:"弱拒喜张臂,猛拏闲缩爪。"

【縮地】 传说中化远为近的神仙之术。见晋葛洪《神仙传·壶公》。后因谓两地距离遥远不能迅速会晤为缩地无术。王维《赠焦道士》:"缩地朝珠阙,行天使玉童。"岑参《阻戎泸间群盗》:"何当遇长房,缩地到京关。"元稹《和乐天早春见寄》:"同受新年不同赏,无由缩地欲如何。"李瀚《蒙求》:"女娲补天,长房缩地。"

【縮地術】 指缩地的方术。白居易《效陶潜体诗十六首》之七："我无缩地术，君非驭风仙。"

【縮地經】 指缩地的方术。王建《闻故人自征戍回》："安得缩地经，忽使在我傍。"

【縮首】 缩头。刘叉《冰柱》："反令井蛙壁虫变容易，背人缩首竞呀呀。"范质《诫儿侄八百字》："闭门敛踪迹，缩首避名势。"

【縮項鯿】 亦作"縮頸鯿"。鱼名。味肥美。孟浩然《冬至后过吴张二子檀溪别业》："鸟泊随阳雁，鱼藏缩项鳊。"杜甫《解闷十二首》之六："即今耆旧无新语，漫钓槎头缩颈鳊。"李群玉《石门韦明府为致东阳潭石鲫鲙》："太湖浪说朱衣鲋，汉浦休夸缩项鳊。"唐彦谦《寄友三首》之一："新酒秦淮缩项鳊，凌霄花下共流连。"

【縮頸鯿】 见"縮項鯿"。

繆 〔miù《广韵》靡幼切，去幼，明。〕❶错误；乖误。李白《纪南陵题五松山》："时命或大缪，仲尼将奈何。"刘禹锡《游桃源一百韵》："公卿偶慰荐，乡曲缪推择。"❷姓。唐诗人有缪岛云。

【繆島雲】 武宗时人，少从浮图，后返俗。《全唐诗》卷七九五录其断句三联。《全唐诗外编》录其《白龙潭》等十首。

縿 〔shān《广韵》所衔切，平衔，生。〕见"縿縿"。

【縿縿】 下垂貌。元稹《送崔侍御之岭南二十韵》："鞶缨骢赳赳，绥珮绣縿縿。"

繅 〔sāo《广韵》蘇遭切，平豪，心。〕抽茧出丝。鲍溶《秋怀五首》之二："心如缫丝纶，展转多头绪。"

【繅絲】 煮茧抽丝。李白《白田马上闻莺》："蚕老客未归，白田已缫丝。"元稹《织妇词》："缫丝织帛犹努力，变缉撩机苦难织。"蒋贻恭《咏蚕》："辛勤得茧不盈筐，灯下缫丝恨更长。"

十二画

繞¹ 〔rào《广韵》人要切，去笑，日。〕❶缠绕；缭绕。太宗《咏饮马》："细纹连喷聚，乱荇绕蹄萦。"韩愈《庭楸》："各有藤绕之，上各相钩联。"崔江《宜春郡城闻猿》："怨抱霜枝向月啼，数声清绕郡城低。"❷围绕；环绕。李峤《鹊》："危巢畏风急，绕树觉星稀。"李白《赠柳圆》："还同月下鹊，三绕未安枝。"白居易《白牡丹》："唯有钱学士，尽日绕丛行。"李绅《忆春日曲江宴后许至芙蓉园》："归绕曲江烟景晚，未央明月锁千门。"引申为军事包围。皮日休《寄滑州李副使员外》："兵绕临淮数十重，铁衣才子正从公。"

繞² 〔rǎo《广韵》而沼切，上小，日。〕姓。春秋秦有饶朝。参见"繞₂朝策"。

【繞身】 缠住身子，不得自由。刘禹锡《到郡未浃日登西楼见乐天题诗因即事以寄》："云水正一望，簿书来绕身。"白居易《自感》："宴游寝食渐无味，杯酒管弦徒绕身。"

【繞指】 见"繞指柔"。

【繞指柔】 喻原本坚强者经挫折而变得随和软弱。李白《留别贾舍人至二首》之一："谁念刘越石，化为绕指柔。"韦应物《寇季膺古刀歌》："厌见今时绕指柔，片锋折刃犹堪佩。"白居易《李都尉古剑》："可使寸寸折，不能绕指柔。"徐夤《钓丝竹》："雨润摇阶长，风吹绕指柔。"亦省作"繞指"。窦群《题剑》："焉能为绕指，拂拭试时人。"温庭筠《懊恼曲》："莫言自古皆如此，健剑刜钟铅绕指。"

【繞梁】 形容歌声高亢回旋，经久不息。虞世南《奉和咏风应魏王教》："逐舞飘轻袖，传歌共绕梁。"施肩吾《抛缠头词》："翠娥初罢绕梁词，又见双鬟对舞时。"汪遵《郢中》："不是楚词询宋玉，巴歌犹掩绕梁声。"

【繞₂朝策】 绕朝，春秋秦大夫名。春秋时，自晋出奔至秦国的士会假借为秦办事之机，密谋回晋。临行，秦大大赠以马鞭，暗示自己已发士会的意图。见《左传·文公十三年》。后以为送别和喻指有先见谋略的典故。李白《赠宣城宇文太守兼呈崔侍御》："敢献绕朝策，思同郭泰船。"高适《送浑将军出塞》："远别无轻绕朝策，平戎早寄仲宣诗。"亦作"繞朝鞭"。李白《送羽林陶将军》："莫道词人无胆气，临行将赠绕朝鞭。"

【繞₂朝鞭】 见"繞₂朝策"。

【繞縈】 缠绕。韩愈、孟郊《城南联句》："脱实自开坼，牵柔谁绕萦。"

【繞霤】 古地名。在今陕西省。见《汉书·王莽传中》。故亦用以指险固之地。权德舆《送浑邓州》："轻轩出绕霤，利刃发干将。"

【繞繞】 回环旋转貌。罗邺《夏日题远公北阁》："人烟纷绕绕，诸树共苍苍。"

【繞繚】 缭绕，曲折貌。方干《送陈秀才将游雪上便议北归》："婆娑恋酒山花尽，绕缭还家水路通。"

繖 〔sǎn《广韵》蘇旱切，上旱，心。〕"傘"的古文。❶遮阳挡雨的工具。陆龟蒙、皮日休《报恩寺南池联句》："缴攲从野醉，巾侧任田歌。"❷古代仪仗之一种。和凝《宫词百首》之三一："万姓焚香惟顶礼，瑞云随繖入宫闱。”

【繖蓋】　即伞盖。古代一种长柄圆顶、伞面外缘垂有流苏的仪仗物。白居易《香炉峰下新置草堂即事咏不题于石上》：“松张翠繖盖，竹倚青琅玕。”又《石榴树》：“繖盖低垂金翡翠，熏笼乱搭绣衣裳。”

繭〔jiǎn《广韵》古典切，上銑，見。〕❶一些昆虫的幼虫在变成蛹之前吐丝做成的壳，多为白色或黄色，如家蚕和柞蚕的茧。李白《荆州歌》：“荆州麦熟茧成蛾，缲丝忆君头绪多。”白居易《三年冬偶吟所怀》：“由来蚕老后，方是茧成时。”温庭筠《春野行》：“花压李娘愁，饥蚕欲成茧。”邵谒《寒女行》：“养蚕多苦心，茧熟他人丝。”❷形状如茧的。参见“繭栗”。❸同“趼”。手掌或脚掌等处因摩擦而生成的厚皮。杜甫《观公孙大娘弟子舞剑器行》：“老夫不知其所往，足茧荒山转愁疾。”

【繭字】　写在茧纸上的字。杜牧《鸡鹊》：“山阴岂无尔，茧字换群鹅。”

【繭栗】　形容牛角初生之状。言其形小如茧似栗。见《汉书·礼乐志》。后用以指细小物。韩偓《寄禅师》：“劫灰聚散铢锱黑，日御奔驰茧栗红。”

【繭絲】　蚕丝。陈长官《下狱有作》：“要使茧丝殚地方，愿将骨肉伴枷头。”

【繭緜】　蚕丝。李商隐《烧香曲》：“八蚕茧緜小分炷，兽焰微红隔云母。”

【繭綸】　蚕丝做的钓丝。刘禹锡《历阳书事七十韵》：“茧纶牵拨刺，犀焰照澄泓。”

【繭紙】　用蚕茧制造的纸。朱逵《怀素上人草书歌》：“转腕摧锋增崛崎，秋毫茧纸常相随。”

【繭縷】　丝线。指钓丝。南唐后主李煜《渔父》之二：“一棹春风一叶舟，一纶茧缕一轻钩。”

【繭蠶】　吐丝做茧之蚕。杜牧《句溪夏日送卢霈秀才归王屋山将欲赴举》：“野店正纷泊，茧蚕初引丝。”

繐〔suì《广韵》相鋭切，去祭，心。又胡桂切，去霽，匣。〕细而稀疏的麻布。见“繐帳”。

【繐帳】　用细而疏的麻布织成的灵帐。刘禹锡《哭庞京兆》：“今朝繐帐哭君处，前日见铺歌舞筵。”顾非熊《铜雀妓》：“鸦散陵树晓，筵开繐帐空。”韦庄《哭麻处士》：“繐帐扃秋月，诗楼锁夜虫。”

【繐帷】　繐帐。设于灵柩前的帷幕。杜甫《过故斛斯校书庄二首》之一：“空余繐帷在，淅淅野风秋。”顾况《义川公主挽词》：“杂珮分泉户，余香出繐帷。”欧阳詹《铜雀妓》：“惆怅繐帷空，歌声苦于哭。”李中《哭舍弟二首》之二：“遗稚呜呜处，黄昏绕繐帷。”

【繐幕】　繐帐。裴说《哭处默上人》：“凄凉繐幕下，香吐一灯分。”

繚〔liáo《广韵》落蕭切，平蕭，來。又盧鳥切，上篠，來。又力小切，上小，來。〕❶缠绕；围绕。杜甫《沙苑行》：“君不见左辅白沙如白水，缭以周墙百余里。”韩愈《南山诗》：“或错若绘画，或缭若篆籀。”沈传师《次潭州酬唐侍御姚员外游道林岳麓寺题示》：“碧波回屿三山转，丹槛缭郭千艘屯。”❷通“撩”。纷乱。见“繚亂”。

【繚戾】　回旋曲折。戾，曲折。陈陶《剑池》：“霸图缭戾金龙蛰，坤道扶摇紫气生。”

【繚垣】　围墙。钱起《裴仆射东亭》：‘朱戟缭垣下，高斋芳树间。”皇甫冉《玄元观送李源李风还奉先华阴》：“远水东流浮落景，缭垣西转失行镳。”权德舆《奉和郑宾客相公摄官丰陵扈从之作》：“五辂导灵辒，千夫象缭垣。”韦庄《天井关》：“短绠讵能垂玉甃，缭垣何用学金汤。”

【繚亂】　缭乱；纷乱。缭，通“撩”。杨凭《春情》：“三湘二月春光早，莫逐狂风缭乱飞。”杨凝《咏雨》：“可怜缭乱点，湿尽满宫花。”贯休《读唐史》：“大簸怕清风，糠粃缭乱飞。”

【繚绫】　一种精致的丝织品。质地细软，文彩华丽，产于越溪。为唐代之贡品。白居易《新乐府·缭绫》：“缭绫缭绫何所似，不似罗绡与纨绮。”韩偓《余作探使以缭绫手帛子寄贺因而有诗》：“解寄缭绫小字封，探花筵上映春丛。”又《半睡》：“四体著人娇欲泣，自家揉损研缭绫。”

【繚牆】　围墙。杜牧《华清宫三十韵》：“绣岭明珠殿，层峦下缭墙。”

【繚繞】　❶回环盘旋貌。李白《黄葛篇》：“青烟蔓长条，缭绕几百尺。”权德舆《奉和李相公偶书所怀奉呈门下相公中书相公》：“祥烟初缭绕，威凤正裴回。”孟郊《古离别》：“松山云缭绕，萍路水分离。”杜牧《自宣州赴官入京路逢裴坦判官归宣州因题赠》：“梅花落径香缭绕，雪白玉珰花下行。”❷曲折；曲折环绕。贺知章《奉和御制春台望》：“缭绕八川浮，岧峣双阙映。”权德舆《张工部至薄寒山下有书无由驰报�车之至倍切悲怀》：“书来远自薄寒山，缭绕洮河出古关。”朱庆余《过耶溪》：“春溪缭绕出无穷，两岸桃花正好风。”李频《汉上逢同年崔八》：“世上路岐何缭绕，空中光景自逡巡。”❸纠缠；缠绕。李白《古风》之四四：“绿萝纷葳蕤，缭绕松柏枝。”韦应物《襄武馆游眺》：“澹泊风景宴，缭绕云树幽。”任华《怀素上人草书歌》：“回环缭绕相拘连，千变万化在眼前。”寇埴《题莹上人院》：“缭绕藤轩密，透迤竹径深。”亦指心头纠结不舒。皎然《述梦》：“觉来还在剡东峰，乡心缭绕愁夜钟。”

繢　〔huì《广韵》胡對切，去隊，匣。〕绘画。独孤及《和李尚书画射虎图歌》："精微入神在毫末，作缋造物可同功。"元稹《奉和浙西大夫李德裕述梦四十韵》："彩缋鸾凰颈，权奇騕袅髦。"

繙　〔fán《广韵》附袁切，平元，奉。〕见"繙帑"。

【繙帑】　风吹动貌。韩愈《陆浑山火和皇甫湜用其韵》："丹蕤縓盖绯繙帑，红帷赤幕罗脤膰。"

織　〔zhī《广韵》之翼切，平職，章。〕❶制作布帛之总称。崔融《拟古》：'所思在何处，宛在机中织。"李白《湖边采莲妇》："小姑织白纻，未解将人语。"窦巩《从军别家》："如今便是征人妇，好织回文寄窦滔。"张乔《江楼作》："南人废耕织，早晚罢王师。"❷编织。白居易《重题小舫赠周从事兼戏微之》："细篷青篾织鱼鳞，小眼红窗衬麴尘。"姚合《题金州西园九首·草阁》："编草覆柏椽，轩扉皆竹织。"杜牧《春日言怀寄虢州李常侍十韵》："织蓬眠舴艋，惊梦起鸳鸯。"韦庄《姬人养蚕》："仍道不愁罗与绮，女郎初解织桑篮。"亦指蜘蛛结网。户仝《自君之出矣》："自君之出矣，壁上蜘蛛织。"张祜《读曲歌五首》之一："愁见蜘蛛织，寻思直到明。"❸喻事物头绪多端，纷繁复杂。李白《菩萨蛮》词："平林漠漠烟如织，寒山一带伤心碧。"卢纶《山中一绝》："阳坡软草厚如织，因与鹿麛相伴眠。"孟郊《秋怀》之一："去壮暂如剪，来衰纷似织。"杜牧《池州送孟迟先辈》："九衢林马撾，千门织车辙。"❹喻思想情绪纷乱纠结。皎然《浮云三章》之二："嗟我怀人，忧心如织。"

【織女】　❶即织女星。后衍化为神话中人物。见《月令广义·七月令》引南朝梁殷芸《小说》。后常以之咏叹夫妻睽隔，或借以表达夫妻相思、相爱之情。杜甫《牵牛织女》："牵牛出河西，织女处其东。"卢殷《七夕》："河耿月凉时，牵牛织女期。"林傑《乞巧》："七夕今宵看碧霄，牵牛织女渡河桥。"陆畅《云安公主出降杂咏催妆二首》之一："天上琼花不避秋，今宵织女嫁牵牛。"亦泛称仙子。杜甫《送孔巢父谢病归游江东兼呈李白》："蓬莱织女回云车，指点虚无是征路。"❷织纴的妇女。杜荀鹤《自江西归九华》："无衣织女桑犹小，阙食农夫麦未黄。"

【織女星】　星官名。又称"天孙"。有三星，呈等边三角形，位于天河之西，与河东牵牛星相对。元稹《古决绝词》："乍可为天上牵牛织女星，不愿为庭前红槿枝。"杜牧《秋夕》："天阶夜色凉如水，坐看牵牛织女星。"方干《题仙岩瀑布呈陈明府》："谢公岩上冲云去，织女星边落地迟。"徐夤《赠月君》："鸣梭轧轧纤纤手，窗户流光织女星。"

【織女橋】　即鹊桥。民间传说天上的织女七夕渡银河与牛郎相会。喜鹊为之搭成桥，谓之鹊桥。李邕《奉和初春幸太平公主南庄应制》："织女桥边乌鹊起，仙人楼上凤凰飞。"

【織女機】　神话传说中织女织布之机。李白《游泰山六首》之六："举手弄清浅，误攀织女机。"崔橹《闻笛》："银河漾漾月晖晖，楼碍星边织女机。"徐夤《蕉叶》："绿绮新裁织女机，摆风摇日影离披。"

【織皮】　用兽毛织成的呢毡之属。见《尚书·禹贡》。李峤《奉和送金城公主适西蕃应制》："还将弄机女，远嫁织皮人。"

【織成】　❶古代名贵的丝织物。用彩丝和金缕交织出花纹图案，甚名珍贵。杜甫《太子张舍人遗织成褥段》："客从西北来，遗我翠织成。"元稹《估客乐》："炎洲布火浣，蜀地锦织成。"❷织好。刘沧《寄远》："锦字织成添别恨，关河万里路悠悠。"

【織作】　❶纺织操作。李白《五月东鲁行答汶上君》："鲁人重织作，机杼鸣帘栊。"杜甫《牵牛织女》："虽无姑舅事，敢昧织作功。"王建《簇蚕辞》："已闻乡里催织作，去与谁人身上著。"李贺《感讽五首》之一："越妇未织作，吴蚕始蠕蠕。"❷织成。李白《鲁东门观刈蒲》："织作玉床席，欣承清夜娱。"徐夤《蒲》："编为细履随君步，织作轻帆送客愁。"

【織妾】　犹织妇。严维《送薛居士和州读书》："蒿莱织妾晨炊黍，隅落耕童夕放牛。"

【織星橋】　即鹊桥。薛涛《试新服裁制初成三首》之一："霜兔毳寒冰茧净，嫦娥笑指织星桥。"

【織室】　❶指织女织作处。卢照邻《七夕泛舟二首》之一："水疑通织室，舟似泛仙潢。"❷汉代宫中掌管织造的机构。杜牧《杜秋娘诗》："织室魏豹俘，作汉太平基。"

【織素】　把丝织成绢帛。素，白色生织。张籍《寄衣曲》："织素缝衣独苦辛，远因回使寄征人。"邵谒《寒女行》："织素徒苦力，素成他人衣。"

【織烏】　指太阳。乌，古神话谓太阳中有三足乌，故借指太阳。太阳每日东升西落，如穿梭之往来，故称。襄阳旅殡举人《诗》："流水涓涓芹努芽，织乌西飞客还家。"

【織婦】　从事纺织劳动的妇女。刘禹锡《和令狐相公书怀寄洋州崔侍郎阆州高舍人二曹长》："田夫捐畚锸，织妇窥柴荆。"李绅《城上蔷薇》："窦闺织妇惭诗句，南国佳人怨锦衾。"

【織絡】　亦作"織路"。❶谓奔走往来，犹如穿梭织布。权德舆《奉和张仆射朝天行》："日日披诚奉昌运，王人织路传清问。"❷绩织。引申为匠心经营。方干《酬将作于少监》："冰丝织络经心久，瑞玉雕磨措手难。"徐铉《和歙州陈使君见寄》："织络文章丽，矜严道义尊。"

【纖薄】 编织薄曲。薄曲，养蚕的器具。多用竹篾或苇篾编制。见《史记·绛侯周勃世家》。李瀚《蒙求》："周勃织薄，灌婴贩缯。"

【纖錦户】 以织锦为业的人家。王建《织锦曲》："大女身为织锦户，名在县家供进簿。"

【纖錦】 ❶织作锦缎。李白《乌夜啼》："机中织锦秦川女，碧纱如烟隔窗语。"章孝标《骆谷行》："山花织锦时聊看，涧水弹琴不暇听。"方干《赠进士章碣》："织锦虽云用旧机，抽梭起样更新奇。"❷用五色丝织成回文诗图。后用以为典，咏叹妻室对爱情的真挚。崔国辅《怨词二首》之二："织锦犹未成，蛩声入罗幕。"李白《闺情》："绿杨谁更攀，织锦心草草。"窦巩《赠萧都官》："闲寻织锦字，醉上看花船。"无名氏《孙长史女与焦封赠答诗》："但保同心结，无劳织锦诗。"

【纖蟲】 即纺织娘。虫名。身体绿色或黄褐色，头小，触角细长。雄虫前翅部有发声器官，鸣声"轧织，轧织"，似纺车纺纱之声，故称。骆宾王《夏日夜忆张二》："织虫垂夜砌，惊鸟栖暝林。"

【纖羅】 ❶组成网罗。徐夤《蝴蝶三首》之一："天风相送轻飘去，却笑蜘蛛漫织罗。"❷罗织。虚构罪名，陷害无辜。李白《雪谗诗赠友人》："人生实难，逢此织罗。"

【纖路】 见"纖婦"。

【纖籠】 用竹片编织盛物的器具或饲养鸟、虫、家禽的笼子。杜甫《催宗文树鸡栅》："织笼曹其内，令人不得掷。"方干《袁明府以家酝寄余余以山梅答赠》："封匏寄酒提携远，织笼盛梅答赠迟。"

繕 〔shàn《广韵》時戰切，去線禪。〕❶修葺。皎然《奉和颜使君真卿与陆处士羽登妙喜寺三癸亭》："缮亭历三癸，疏趾邻什寺。"❷抄录。玄宗《春晚宴两相及礼官丽正殿学士探得风字》序："乃命学者缮落简，缉遗编，纂鲁壁之文章，缀秦坑之煨尽，所以修文教也。"

【繕性】 涵养本性。权德舆《奉酬从兄南仲见示十九韵》："逢时有舒卷，缮性无穷通。"柳宗元《晨诣超师院读禅经》："遗言冀可冥，缮性何由熟。"

【繕寫】 抄录；誊写。无名氏《国学新修五经壁歌》记："申命国子能通法书者，分章揆日，逊其业而缮写焉。"徐夤《忆山中友人》："近日药方多缮写，旧来诗草半焚烧。"

繒 〔zēng《广韵》疾陵切，平蒸，從。〕❶古代丝织品的总称。韩愈《送侯参谋赴河中幕》："寄书惟在频，无吝简与缯。"张碧《题祖山人池上怪石》："铺却双缯直道难，掉首空归不成画。"李商隐《僧院牡丹》："倾城惟待笑，要裂几多缯。"罗虬《比红儿诗》之二四："自从命向红儿去，不欲留心在裂缯。"❷同"罾"。鱼网。姚合《寄九华费冠卿》："逍遥缯缴外，高鸟与潜鱼。"钱起《江行无题一百韵》之八六："细竹渔家路，晴阳看结缯。"❸通"矰"。见"繒繳"。

【繒弋】 射取飞鸟。吴筠《晚到湖口见庐山作呈诸故人》："鸿飞入青冥，虞氏罢缯弋。"

【繒帛】 丝绸之统称。岑参《送颜平原》序："十二年春，有诏补尚书十数公为郡守，上亲赋诗觞群公，宴于蓬莱前殿，仍赠以缯帛，宠饯加等。"白居易《秦中吟十首·重赋》："缯帛如山积，丝絮如云屯。"卢延让《观新岁朝贺》："表章堆玉案，缯帛满牙床。"

【繒絮】 缯帛与丝绵。亦指缯帛丝绵制成的衣服。白居易《赠内》："缯絮足御寒，何必锦绣文？"

【繒綸】 射鸟的箭和钓丝。喻危机或羁绊。缯，通"矰"。王昌龄《送任五之桂林》："羁谴同缯纶，僻幽闻虎豹。"

【繒錢】 钱帛。韩愈《送灵师》："得客辄忘食，开囊乞缯钱。"

【繒繳】 （一 zhuó）即矰缴。猎取飞鸟的射具。缴，系在短箭上的丝绳。王绩《古意六首》之六："但使雏卵全，无令缯缴放。"李贺《春归昌谷》："韩鸟处缯缴，湘鯈在笼罩。"

【繒纊】 缯帛与丝绵的并称。亦用以指以缯帛丝绵制作的寒衣。陆龟蒙《记事》："瘦骨倍加寒，徒为厚缯纩。"

繣 〔huà《广韵》胡卦切，去卦，匣。又呼麥切，入麥，曉。〕见"緯繣"。

十三画

繫 〔xì《广韵》胡計切，去霽，匣。又古詣切，去霽，見。〕❶拴缚。李白《答高山人兼呈权顾二侯》："高士何处来，虚舟渺安系。"张籍《江村行》："田头刈莎结为屋，归来系牛还独宿。"白居易《新乐府·隋堤柳·悯亡国也》："南幸江都姿佚游，应将此柳系龙舟。"韩溉《柳》："如凭细叶留春色，须把长条系落晖。"❷关心；牵念。卢象《送綦毋潜》"出处暂为耳，沉浮安系哉。"韩翃《家兄自山南罢归献诗叙事》："魏阙心犹系，周才道岂捐。"白居易《夏日》："中心本无系，亦与出门同。"黄滔《别友人》："梦魂空系潇湘岸，烟水茫茫芦苇花。"❸悬挂；系结。孟浩然《将适天台留别临安李主薄》："枳棘君尚栖，匏瓜吾岂系。"韩愈《孟东野失子》："吾悬日与月，吾系星与辰。"白居易《酬郑侍御三十韵》："尚书心若此，不枉系金章。"许棠《送金吾侍御奉使日东》："膝下知难住，金章已系身。"❹被束缚，身不由己。刘长卿《松江独宿》："久被浮名系，能无愧海鸥。"刘禹锡《寄杨虢州与之旧姻》："各系一官难命驾，每怀前好易沾巾。"❺拘囚，拘禁。刘长卿《罪所上御史惟则》："误因微禄滞南昌，幽系圜扉昼夜长。"元稹《何满子歌》："婴刑系在囹圄间，水调哀音歌愤懑。"❻涉及，关涉；决定于。窦牟《晚过敷水驿却寄华州使院张郑二侍御》："几许岁华销道路，无穷王事系戎师。"白居易《叹鲁二首》之一："由来富与权，不系才与贤。"李商隐《酬别令狐补阙》："人生有通塞，公等系安危。"薛能《重游德星亭感事》："事系兴亡人少到，地当今古我迟回。"

【繫日】　用绳子拴住太阳，使停止运行。意谓时间过得太快，应设法使它过得慢些。语出晋傅玄《九曲歌》："岁暮景迈群光绝，安得长绳系白日。"李白《拟古十二首》之三："长绳难系日，自古共悲辛。"李商隐《谒山》："从来系日乏长绳，水去云回恨不胜。"

【繫爪】　弹拨弦乐器所用的一种工具。形似指甲，戴于手端，故名。司空曙《同张参军喜李尚书寄新琴》："白玉连徽净，朱丝系爪长。"

【繫心】　牢记于心，关心。白居易《郡中即事》："外有适意物，中无系心事。"李群玉《金塘路中》："十口系心抛不得，每回回首即长颦。"罗邺《冬夕江上言事五首》之一："多少系心身未达，寻思举目泪堪零。"孙元晏《咏史诗·齐·何氏小山》："显达何曾肯系心，筑居郊外好园林。"

【繫囚】　囚禁的犯人。杜牧《洛中送冀处士东游》："我作八品吏，洛中如系囚。"

【繫年】　按年代编写历史。权德舆《太原郑尚书远寄新诗走笔酬赠因代书贺》："曲台分季奉斋祠，直笔系年陪侍从。"

【繫舟】　泊舟。刘长卿《赠湘南渔父》："独与不系舟，往来楚云里。"杜甫《洞房》："系舟今夜远，清漏往时同。"李中《庭苇》："韵细堪清耳，根牢好系舟。"

【繫扶桑】　古代神话有六龙系于东海扶桑神木之说。见《楚辞·九叹·远游》。后以"繫扶桑"谓人君蒙难。杜甫《遣兴五首》之一："天用莫如龙，有时系扶桑。"

【繫念】　挂念。崔橹《过南城县麻姑山》之三："声利系身家系念，今生辜负六铢衣。"

【繫風】　缚住风，使之不吹拂。亦喻不可能实现之事。杜淹《召拜御史大夫赠袁天纲》："系风终不得，脱屣欲安如。"施肩吾《惜花》："落尽万株红，无人解系风。"

【繫馬】　拴马。孙逖《奉和崔司马游云门寺》："系马清溪树，禅门春气浓。"岑参《虢州卧疾喜刘判官相过水亭》："低柳共系马，小池堪钓鱼。"韩翃《赠别上元主簿张著》："回船对酒三生渚，系马焚香五愿祠。"白居易《再授宾客分司》："乘篮城外去，系马花前歇。"

【繫留】　拘留。徐夤《恨》："乌江项籍忍归去，雁塞李陵长系留。"

【繫書】　谓将书信缠束在箭上射出。战国时，齐人鲁仲连帮助齐国从燕人占领地夺回聊城，曾以箭谢书欢谕守聊城的燕将，果然使燕将弃齐城。见《战国策·齐策六》。杜甫《渔阳》："系书请问燕耆旧，今日何须十万兵。"

【繫匏】　指家居不仕之典。孙逖《和左卫武仓曹卫中对雨创韵赠右卫李骑曹》："道合宜连茹，时清岂系匏。"元稹《江边四十韵》："相顾忧为鳖，谁能复系匏。"欧阳詹《初发太原途中寄太原所思》："流萍与系匏，早晚期相亲。"韩偓《有感》："坚辞羽葆与吹铙，翻向天涯困系匏。"

【繫累】　(—lèi)牵挂，拖累。崔郾《赠毛仙翁》："终待此身无系累，武陵山下等黄公。"

【繫船】　泊舟。司空曙《江村即事》："钓罢归来不系船，江村月落正堪眠。"韩愈《从潮州量移袁州张韶州》："暂欲系船韶石下，上宾虞舜整冠裾。"

【繫情】　关涉感情；寄情。张祜《中秋月》："人间系情事，何处不相思。"司空图《上方》："荣枯了得无多事，只是闲人漫系情。"

【繫組】　帝王系组于颈，表示降服。亦泛指降服、屈服。皎然《酬薛员外谊见戏一首》："频有移书让，多惭系组迟。"

【繫絆】　约束羁绊。白居易《题报恩寺》："好是清凉地，都无系绊身。"又《酬别微之》："犹被分司官系绊，送君不得过甘泉。"欧阳炯《渔父歌二首》词之一："无系绊，没愁煎，须信船中有散仙。"

【繫越】　《汉书·终军传》："南越与汉和亲，乃遣军使南越，说其王，欲令入朝，比内诸侯。军自请：'愿受长缨，必羁南越王而致之阙下。'"颜师古注："言如马羁也。"。唐代诗人以"繫越"咏其本事，亦指降伏敌酋。李白《登邯郸洪波台置酒观发兵》："请缨不系越，且向燕然山。"独孤及《贾员外处见中书贾舍人巴陵诗集览之怀旧代书寄赠》："系越有长缨，封关只一丸。"

【繫虜】　绑缚敌虏。元稹《哭吕衡州六首》之三："请缨期系虏，枕草誓捐躯。"

【繫滞】　❶羁留。李商隐《今月二日不自量度辄以诗一首四十韵干渎尊严辄复五言四十韵诗献上亦诗人咏叹不足之义也》："系滞喧人望，便蕃属圣衷。"薛蒙《和绵州于中丞登越王楼作》："遭回犹剌郡，系滞似维舟。"❷长久系念。吴融《松江晚泊》："客是凄凉本，情为系滞枝。”❸悬挂弃置。温庭筠《病中书怀呈友人》：“寝甘诚系滞，浆馈贵睢盱。”

【繫影】 缚住影子。喻不可能实现的事情。贯休《贻世》：“捕风兼系影，信矣不须争。”

【繫醜】 绑缚丑虏。张嘉贞《奉和圣制送张说巡边》：“有谋当系丑，无战且绥氓。”

【繫頸】 贾谊曾上书汉文帝，谓“请必系单于之颈”。见《汉书·贾谊传》。后用“繫頸”指制服敌酋。李昂《从军行》：“欲令塞上无干戚，会待单于系颈时。”李白《送族弟绾从军安西》：“匈奴系颈数应尽，明年应入蒲萄宫。”王贞白《塞上曲》：“匈奴不系颈，汉将但封侯。”

【繫錦】 犹束带、披衣。李贺《春怀引》：“阿侯系锦觅周郎，凭杖东风好相送。”

【繫縛】 束缚。杜牧《郡斋独酌》：“促束自系缚，儒衣宽且长。”皎然《白云歌寄陆中丞使君长源》：“万物有形皆有著，白云有形无系缚。”

【繫臂】 见“繫臂紗”。

【繫臂紗】 《晋书·后妃传上·胡贵嫔》：“泰始九年，帝多简良家子女以充内职，自择其美者以绛纱系臂。”后遂以“繫臂紗”为貌美选入内宫之典。杜牧《出宫人二首》之一：“十年一梦归人世，绛缕犹封系臂纱。”亦省称“繫臂”。罗虬《比红儿诗》之十：“红儿若向当时见，系臂先封第一纱。”

【繫懷】 牵念，挂念。白居易《咏闲》：“但有闲销日，都无事系怀。”

【繫縲】 捆绑。储光羲《同诸公送李云南伐蛮》：“斩伐若草木，系缧同犬羊。”

繩[1] 〔shéng《广韵》食陵切，平蒸，船。〕❶绳子。李白《拟古十二首》之三：“长绳难系日，自古共悲辛。”顾况《同裴观察东湖望山歌》：“水淹徐孺宅恒干，绳坠洪崖井无底。”白居易《登香炉峰顶》：“江水细如绳，湓城小于掌。”李商隐《韩碑》：“长绳百尺拽碑倒，粗砂大石相磨治。”亦指绳状物。姚合《酬任畴协律夏中苦雨见寄》：“丝网张空际，蛛绳续瓦沟。”❷木工用以测定直线的工具。亦用为动词，使直。高适《咏马鞭》：“绳不直，规不圆。”贯休《经古战场》：“今人何不绳其塍，植其食，而使空旷年年，常贮愁烟。”❸准则；法度。王湾《秋夜寓直即事怀赠萧令公裴侍郎兼通简南省诸友人》：“畿甸举长策，风霜秉直绳。”见“繩墨”。

繩[2] 〔mǐn《集韵》弭盡切，上準，明。〕戒慎貌。张说《唐享太庙乐章·太和》：“绳绳云步，穆穆天容。”

【繩牀】 轻便坐具，可以折叠。以板为之，并用绳穿织而成。李白《草书歌行》：“吾师醉后倚绳床，须臾扫尽数千张。”刘迥《烂柯山四首·石室二禅师》之四：“绳床宴坐久，石窟绝行迹。”白居易《赠僧五首·自远禅师》：“自出家来长自在，缘身一衲一绳床。”马戴《秋日送僧志幽归山寺》：“禅室绳床在翠微，松间荷笠一僧归。”

【繩索】 ❶绳子。皮日休《偶书》：“女娲掉绳索，絙泥成下人。”❷喻牵挂；束缚。寒山《诗三百三首》之二四六：“欲知真出家，心净无绳索。”

【繩樞】 以绳子系门枢。形容贫家房屋之简陋。温庭筠《病中书怀呈友人》：“五车堆缥帙，三径阖绳枢。”

【繩墨】 ❶木工画直线的工具。韦瓘《留题桂州碧浔亭》：“轮奂未成绳墨在，规模已壮闶闳高。”❷喻规矩、准则或法度、法律。骆宾王《叙寄员半千》：“嗟为刀笔吏，耻从绳墨牵。”韦应物《善福阁对雨寄李儋幼遐》：“国士秉绳墨，何以表坚贞。”白居易《迂叟》：“应须绳墨机关外，安置疏愚钝滞身。”杜光庭《纪道德》：“岂不闻乎天地于道德也无以清宁，岂不闻乎道德于天地也有逾绳墨。”

【繩橋】 用绳索连接两岸，铺以竹木而搭成的桥。岑参《送狄员外巡按西山军》：“泉浇阁道滑，水冻绳桥脆。”韩愈《和虞部卢四酬翰林钱七赤藤杖歌》：“绳桥拄过免倾堕，性命造次蒙扶持。”元稹《和李校书新题乐府十二首·蛮子朝》：“鸟道绳桥来款附，非因慕化因危悚。”白居易《新乐府·蛮子朝·刺将骄而相备位也》：“蛮子朝，泛皮船兮渡绳桥。”

【繩檢】 ❶约束。杜牧《念昔游三首》之一：“十载飘然绳检外，樽前自献自为酬。”❷规矩；法度。陆龟蒙《京口与友生话别》：“绳检真难束，疏慵却易耽。”司空图《退栖》：“自此致身绳检外，肯教世路日兢兢。”

繾 〔qiǎn《广韵》去演切，上獮，溪。又去戰切，去線，溪。〕见“繾綣”。

【繾綣】 ❶缠绵。形容感情深厚。亦代称深厚的感情。杜甫《入衡州》：“无论再缱绻，已是安苍黄。”白居易《寄元九》：“岂是贪衣食，感君心缱绻。”韩愈《赠别元十八协律六首》之二：“临当背面时，裁诗示缱绻。”吴融《古离别》：“赋情更有深缱绻，碧甃千寻尚为浅。”❷特指男女恋情。元稹《会真诗三十韵》：“留连时有限，缱绻意难终。”

繰 〔sāo《广韵》蘇遭切，平豪，心。〕同“繅”。抽丝。白居易《新乐府·缭绫》：“丝细缲多女手疼，扎扎千声不盈尺。”章孝标《织绫词》：“今年蚕好缲白丝，鸟鲜花活人不知。”陆龟蒙《偶作》：“酒信巧为缲病绪，花音长作嫁愁媒。”

【繰車】　抽茧出丝的工具。王建《田家行》："五月虽热麦风清，檐头索索缲车鸣。"陆龟蒙《奉和夏初袭美见访题小斋次韵》："尽趁晴明修网架，每和烟雨掉缲车。"

【繰絲】　煮茧抽丝。李白《赠清漳明府侄聿》："缲丝鸣机杼，百里声相闻。"李益《莲塘驿》："江村远鸡应，竹里闻缲丝。"白居易《新乐府·红线毯》："红线毯，择茧缲丝清水煮。"项斯《山行》："蒸茗气从茅舍出，缲丝声隔竹篱闻。"

繹　〔yì《广韵》羊益切，入昔，以。〕见"繹思"。

【繹思】　推究思考。李白《当涂赵炎少府粉图山水歌》："名公绎思挥彩笔，驱山走海置眼前。"皎然《读张曲江集》："立程正颓靡，绎思何纵横。"

繳1　〔zhuó《广韵》之若切，入藥，章。〕系于箭上的生丝绳，用于射鸟。亦指系着丝绳的箭。杨师道《奉和圣制春日望海》："将举青丘缴，安访白霓裳。"杜甫《暇日小园散病兼书触目》："一步再流血，尚经矰缴勤。"陆龟蒙《归雁》："月岛聚栖防暗缴，风滩斜起避惊涛。"李建勋《孤雁》："闻风亦惊过，避缴恨飞低。"

繳2　〔jiǎo《广韵》古了切，上篠，見。〕缠绕。韦遵《题施璘画竹图》："枯箨危根缴石头，千竿交映近清流。"

【繳繞】　❶纠缠不清。元稹《酬翰林白学士代书一百韵》："讹音烦缴绕，轻俗丑威仪。"白居易《早梳头》："年事渐蹉跎，世缘方缴绕。"❷围绕。元稹《江边四十韵》："总无篱缴绕，尤怕虎咆哮。"❸弯曲；曲折迂回。元稹《野节鞭》："金坚无缴绕，玉滑无尘腻。"又《韦氏馆与周隐客杜归和泛舟》："轻舟闲缴绕，不远池上楼。"

繪　〔huì《广韵》黄外切，去泰，匣。〕❶彩绣。史凤《神鸡枕》："枕绘鸳鸯久与栖，新裁雾縠斗神鸡。"❷作画。刘公兴《望凌烟阁》："丹楹崇壮丽，素壁绘勋贤。"

【繪事】　❶绘画；绘画之事。杜甫《奉观严郑公厅事岷山沱江画图十韵》："绘事功殊绝，幽襟兴激昂。"顾况《上古之什补亡训传十三章·十月之交一章》："绘事告毕，宾筵秩秩。"❷图画。权德舆《桃源篇》："小年尝读桃源记，忽睹良工施绘事。"郑澥《赠毛仙翁》："爰观绘事，似挹真形。"

【繪素】　在白底子上绘画。亦指绘画。郑谷《予尝有雪景一绝为人所讽吟以诗谢之》："留心于绘素，得事在烟波。"

【繪畫】　图画。韩愈《南山诗》："或错若绘画，或缭若篆籀。"

繡　〔xiù《广韵》息救切，去宥，心。〕❶绘画和刺绣设色，五彩具备谓之"绣"。后多指绣花衣服或经刺绣的丝织品。李白《赠宣城赵太守悦》："公为柱下史，脱绣归田园。"刘长卿《谪官后卧病官舍简贺兰侍郎》："青春衣绣共称宜，白首垂丝恨不遗。"韩翃《少年行》："千点斓斒玉勒骢，青丝结尾绣缠鬃。"姚合《题李频新居》："盖地花如绣，当门竹胜帘。"❷用彩色线在布帛上刺成花鸟、图案等。李白《赠裴司马》："翡翠黄金缕，绣成歌舞衣。"白居易《秦中吟十首·议婚》："红楼富家女，金缕绣罗襦。"司空图《洛中三首》之一："绣凤不教金缕暗，青楼何处有寒砧。"鱼玄机《光威裒姊妹三人少孤而始妍乃有是作因次其韵》："妆阁相看鹦鹉赋，碧窗应绣凤凰衫。"❸华丽；精美。见"繡羽""繡句""繡窗"。

【繡户】　雕饰华丽的门户。多指妇女居室。张九龄《咏燕》："绣户时双入，华轩日几回。"毕耀《古意》："璇闺绣户斜光入，千金女儿倚门立。"李益《汉宫词》："汉室长陵小市东，珠帘绣户对春风。"韦庄《木兰花》词："消息断，不逢人，却敛细眉归绣户。"

【繡句】　精美的诗文，韩愈《题杜工部坟》："过客留诗千百人，佳词绣句虚相美。"

【繡衣】　❶彩绣的丝绸衣服。为富贵者所服。亦指著绣衣者。李白《送程刘二侍郎兼独孤判官赴安西幕府》："绣衣貂裘明积雪，飞书走檄如飘风。"皎然《和邢端公登台春望句句有春字之什》："春日绣衣轻，春台别有情。"殷尧藩《潭州席上赠舞柘枝妓》："坐满绣衣皆不识，可怜红脸泪双垂。"杜牧《寄内兄和州崔员外十二韵》："西方像教毁，南海绣衣行。"❷即"繡衣直指"之省。绣衣直指，官名。汉武帝天汉年间民众频频起事，地方官员督捕不力，因派直指使者衣绣衣，持斧仗节，兴兵镇压，刺史郡守以下督捕不力者亦伏诛，后因称此等特派官员为"繡衣直指"。绣衣，表示地位尊贵；直指，谓处事无私。孙逖《送赵评事摄御史监军岭南》："箫竹迎金鼓，楼船引绣衣。"高适《酬秘书兼寄幕下诸公》："末路望绣衣，他时常发蒙。"法振《送韩侍御自使幕巡海北》："微雨空山夜洗兵，绣衣朝拂海云清。"罗隐《淮南送卢端公归台》："朱绂两参王俭府，绣衣三领杜林官。"亦称"繡衣臣""繡衣吏""繡衣郎""繡衣客"。王维《送丘为往唐州》："朝端肯相送，天子绣衣臣。"岑参《赵少尹南亭送郑侍御归东台》："红亭酒瓮香，白面绣衣郎。"鲍溶《秋暮山中怀李端公益》："前年绣衣客，此节过此堂。"杜牧《许七侍御弃官颇闻自适题诗寄赠十韵》："天子绣衣吏，东吴美退居。"

【繡衣吏】　见"繡衣❷"。

【繡衣臣】 见“繡衣❷”。

【繡衣客】 见“繡衣❷”。

【繡衣郎】 见“繡衣❷”。

【繡州】 唐武德六年(623)以林州改名，治所在常林县(今广西桂平市南)。天宝元年(742)又改为常林郡，乾元元年(758)复名绣州。宋开宝年间废。贯休有《绣州张相公见访》。

【繡羽】 ❶美丽的羽毛。贺朝《赋得春莺送友人二首》之二：“流莺拂绣羽，二月上林期。”韦庄《下第题青龙寺僧房》：“马嘶春陌金羁闹，鸟睡花林绣羽香。”徐铉《赋得彩燕》：“翠翘生玉指，绣羽拂文楣。”张何《织鸟》：“映日华冠动，迎风绣羽开。”❷指色彩斑斓的鸟。许敬宗《奉和登陕州城楼应制》：“锦鳞文碧浪，绣羽绚青空。”杜甫《清明二首》之一：“绣羽衔花他自得，红颜骑竹我无缘。”李端《宿兴善寺后堂池》：“锦鳞沉不食，绣羽乱相鸣。”李商隐《柳枝五首》之四：“锦鳞与绣羽，水陆有伤残。”

【繡佛】 用彩色丝线绣成的佛像。杜甫《饮中八仙歌》：“苏晋长斋绣佛前，醉中往往爱逃禅。”

【繡林】 美丽的园林。刘兼《春怨》：“绣林红岸落花钿，故去新来咸自然。”贯休《轻薄篇二首》之一：“绣林锦野，春态相压。”

【繡沓】 帐幔上的带子。李贺《恼公》：“绣沓褰长幔，罗裙结短封。”

【繡服】 指侍御史。李白《在水军宴赠幕府诸侍御》：“绣服开宴语，天人借楼船。”刘长卿《送史九赴任宁陵兼呈单父史八时监察五兄初入台》：“绣服棠花映，青袍草色迎。”钱起《送裴頔侍御使蜀》：“朝天绣服乘恩贵，出使星轺满路光。”鲍溶《酬王侍御》：“讵能辉绣服，安得似芸香。”参见“繡衣❷”。

【繡牀】 ❶装饰华丽的床。多指女子睡床。白居易《邻女》：“何处闲教鹦鹉语，碧纱窗下绣床前。”杜牧《偶作》：“惊杀东邻绣床女，错将黄晕压檀花。”司空图《杨柳枝寿杯词十八首》之七：“池边影动散鸳鸯，更引微风乱绣床。”❷刺绣时绷紧织物用的架子。薛逢《贫女吟》：“惟有深闺憔悴质，年年长凭绣床看。”

【繡妝】 女子美丽的妆扮。吴融《和韩致光侍郎无题三首十四韵》之二：“万峰酥点薄，五色绣妆匀。”

【繡茵】 彩绣垫缛。阎选《浣溪沙》词：“寂寞流苏冷绣茵，倚屏山枕惹香尘。”

【繡柱】 雕绘的楹柱。太宗《冬宵各为四韵》：“珠帘烛焰动，绣柱月光浮。”骆宾王《帝京篇》：“宝盖雕鞍金络马，兰窗绣柱玉盘龙。”

【繡面】 ❶化妆的脸面。白居易《东南行一百韵》：“绣面谁家婢，鸦头几岁奴。”胡直钧《太常观阅骠国新乐》：“转规回绣面，曲折度文身。”❷“繡面衣”的略称。见《后汉书·刘玄传》。李贺《荣华乐》：“口吟舌话称女郎，锦袪绣面汉帝旁。”

【繡段】 指精美的诗文。施肩吾《酬张明府》：“潘令新诗忽寄来，分明绣段对花开。”鲍溶《送罗侍御归西台》：“诗情分绣段，剑彩拂霜毫。”罗隐《寄酬邺王罗令公五首》之三：“珍重珠玑兼绣段，草玄堂下寄扬雄。”

【繡屏】 (一píng)彩绣屏风。韦庄《菩萨蛮》词之一：“绣屏金屈曲，醉入花丛宿。”薛逢《送同年郑祥先辈归汉南》：“人倚绣屏闲赏夜，马嘶花径醉归时。”温庭筠《生禖屏风歌》：“绣屏银鸭香蓊濛，天上梦归花绕丛。”

【繡帶】 彩绣带子。姚合《咏镜》：“绣带共寻龙口出，菱花争向匣中开。”许浑《寓怀》：“盘金明绣带，动珮响罗襦。”又《途经敷水》：“重寻绣带朱藤合，更认罗裙碧草长。”

【繡針】 刺绣用的针。路德延《小儿诗》：“频邀筹箸挣，时乞绣针穿。”和凝《宫词百首》之九八：“风和难捉花中蝶，却向窗间弄绣针。”

【繡被】 彩绣被面。寒山《诗三百三首》之二三：“儿家寝宿处，绣被满银床。”许景先《阳春怨》：“雕笼薰绣被，珠履踏金堤。”李商隐《牡丹》：“绣被犹堆越鄂君，垂手乱翻雕玉佩。”陆龟蒙《自遣诗三十首》之二六：“越人但爱风流客，绣被何须属鄂君。”

【繡衾】 即绣被。许浑《和毕员外雪中见寄》：“烛晃垂罗幕，香寒重绣衾。”

【繡袍】 彩绣长袍。韦庄《东阳赠别》：“绣袍公子出旌旗，送我摇鞭入翠微。”又《杂体联绵》：“树绿酒旗高，泪痕沾绣袍。”

【繡毬】 用五色丝绸扎成的球状物。元稹《六年春遣怀八首》之七：“童稚痴狂撩乱走，绣球花仗满堂前。”李谨言《水殿抛球曲二首》之一：“朝来自觉承恩最，笑倩傍人认绣球。”

【繡帳】 彩绣帷帐。王泠然《汴堤柳》：“当时彩女侍君王，绣帐旌门对柳行。”李益《金吾子》：“绣帐博山炉，银鞍冯子都。”罗虬《比红儿诗》之四二：“绣帐鸳鸯对刺纹，博山微暖麝微曛。”

【繡帷】 刺绣帷幕。徐铉《依韵和令公大王蔷薇诗》：“架迥笼云幄，庭虚展绣帷。”

【繡窗】 装饰华丽的窗户。庄南杰《晓歌》：“魏宫钟动绣窗明，梦娥惊对残灯立。”

【繡袿】 刺绣的上等女式长袍。李商隐《和孙朴韦蟾孔雀咏》：“都护矜罗幕，佳人炫绣袿。”

【繡裀】 刺绣的缛垫。姚合《杨给事师皋哭亡爱姬英英因而继和》：“朱丝自断虚银烛，红粉潜销冷绣裀。”

【繡幕】　刺绣帷幕。卢纶《宴席赋得姚美人拍筝歌》："绣幕纱窗俨秋月，有时轻弄和郎歌。"罗虬《比红儿诗》之七八："凤舞香飘绣幕风，暖穿驰道百花中。"

【繡帽】　绣花帽。白居易《柘枝词》："绣帽珠稠缀，香衫袖窄裁。"章孝标《柘枝》："移步锦靴空绰约，迎风绣帽动飘飖。"许浑《赠萧炼师》："红珠络绣帽，翠钿束罗襟。"

【繡筵】　华筵。杜甫《江畔独步寻花七绝句》之四："谁能载酒开金盏，唤取佳人舞绣筵。"许浑《同韦少尹伤故卫尉李少卿》："未卷绣筵朱阁上，已开尘席画屏中。"

【繡幄】　刺绣帷帐。张泌《浣溪沙》词之五："翡翠屏开绣幄红，谢娥无力晓妆慵。"

【繡幃】　刺绣帷幕。罗虬《比红儿诗》之二一："醉和香态浓春睡，一树繁花偃绣帏。"元凛《中秋夜不见月》："蟾轮何事色全微，赚得佳人出绣帏。"鱼玄机《寄题炼师》："霞彩剪为衣，添香出绣帏。"

【繡窠】　刺绣花纹。岑参《玉门关盖将军歌》："野草绣窠紫罗襦，红牙缕马对樗蒲。"

【繡裙】　绣花裙。殷尧藩《汉宫词三首》之二："霍家有女字成君，年少教人著绣裙。"

【繡畫】　用彩色丝线绣成的图画。见晋王嘉《拾遗记・吴》。李山甫《寒食二首》之一："万井楼台疑绣画，九原珠翠似烟霞。"亦指刺绣、绘画。杜牧《长安杂题长句六首》之五："祥云辉映汉宫紫，春光绣画秦川明。"

【繡靴】　绣花靴。沈传师《次潭州酬唐侍御姚员外游道林岳麓寺题示》："危弦细管逐歌飘，画鼓绣靴随节翻。"

【繡楣】　雕绘的门楣。韦庄《立春》："殷勤为作宜春曲，题向花笺帖绣楣。"

【繡幌】　刺绣帷帐。徐铉《月真歌》："绿窗绣幌天将晓，残烛依依香袅袅。"又《梦游三首》之二："绣幌银屏杳霭间，若非魂梦到应难。"

【繡像】　指绣佛。贯休《感怀寄卢给事二首》之二："常忆团圆绣像前，东归经乱独生全。"

【繡領】　❶美丽的颈项。杜牧《代人寄远六言二首》之二："绣领任垂蓬髻，丁香闲结春梢。"❷绣衣领子。李商隐《效徐陵体赠更衣》："结带悬栀子，绣领刺鸳鸯。"

【繡旗】　彩旗。温庭筠《感旧陈情五十韵献淮南李仆射》："绣旗随影合，金阵似波旋。"章碣《赠边将》："宛转龙蟠金剑雪，连钱豹躩绣旗风。"韦庄《和郑拾遗秋日感事一百韵》："绣旗张画兽，宝马跃红鸯。"

【繡闥】　绣阁，绣房。女子居室装饰华丽如绣，故称。张祜《爱妾换马》："乍牵玉勒辞金栈，催整花钿出绣闺。"皮日休《醉中先起李縠戏赠走笔奉酬》："麝烟苒苒生银兔，蜡泪涟涟滴绣闺。"

【繡障】　即绣屏风。裴夷直《亚夫碎玉斗》："霜洒绣障前，星流锦筵内。"胡令能有《咏绣障》。

【繡鞋】　绣花鞋。李郢《张郎中宅戏赠二首》之一："一声歌罢刘郎醉，脱取明金压绣鞋。"韩偓《五更》："怀里不知金钿落，暗中唯觉绣鞋香。"李建勋《春词》："日高闲步下堂阶，细草春莎没绣鞋。"

【繡鞍】　刺绣的马鞍。牟融《禁烟作》："柳拖金缕拂朱栏，花扑香尘满绣鞍。"

【繡履】　绣花鞋。白居易《杨柳枝二十韵》："绣履娇行缓，花筵笑上迟。"

【繡頰】　女子美丽红润的脸颊。李白《夜下征虏亭》："山花如绣颊，江火似流萤。"

【繡轂】　装饰华丽的车子。王勃《临高台》："银鞍绣毂盛繁华，可怜今夜宿娼家。"崔护《三月五日陪裴大夫泛长沙东湖》："彩舟浮泛荡，绣毂下娉婷。"罗隐《贵游》："馆陶园外雨初晴，绣毂香车入凤城。"孙光宪《生查子》词之二："谁家绣毂动香尘，隐映神仙客。"

【繡檀】　雕刻的檀香木枕。李商隐《富平少侯》："彩树转灯珠错落，绣檀回枕玉雕锼。"

【繡嶺】　山名。在今陕西西安市临潼区骊山上。有东绣岭、西绣岭。山势高峻，如云霞绣错，故名。杜牧《华清宫三十韵》："绣岭明珠殿，层峦下缭墙。"谭用之《再游韦曲山寺》："千年胜概咸原上，几代荒凉绣岭西。"

【繡嶺宫】　唐宫名。旧址在今河南省三门峡市陕州区。唐高宗显庆三年(658)建。李玖《噴玉泉冥会诗八首・白衣叟途中吟二首》之一："绣岭宫前鹤发人，犹唱开元太平曲。"崔涂有《过绣岭宫》。

【繡臆】　丽如锦绣的胸部。韦应物《射雉》："羽分绣臆碎，头弛锦鞘悬。"

【繡䙱】　妇女所穿彩色半臂上衣。䙱，亦作"䙱""裾"。见《后汉书・光武帝纪上》。韦庄《和郑拾遗秋日感事一百韵》："僭侈彤襜乱，喧呼绣䙱攘。"

【繡檻】　雕绘的栏杆。温庭筠《遐方怨》词之一："凭绣槛，解罗帏。未得君书，断肠潇湘春雁飞。"

【繡頸】　颈毛如绣。出《文选・潘岳〈射雉赋〉》。李白《琴曲歌辞・雉朝飞操》："啄食饮泉勇气满，争雄斗死绣颈断。"

【繡額】　犹云雕题。指雕刻额部，涂以色彩，即今所谓刺花。李商隐《射鱼曲》："思牢弩箭磨青石，绣额蛮渠三虎力。"

【繡幰】　施有彩色帘幔的车子。皮日休《洛中寒食二首》之一："千门万户掩斜晖，绣幰金衔晚未归。"

【繡櫳】　装饰华丽的窗户。栊，窗上棂木。元稹

《会真诗三十韵》："珠莹光文履，花明隐绣栊。"

【繡羅金縷】 指华贵的裙子。韦庄《清平乐》词之三："云解有情花解语，窣地绣罗金缕。"

【繡簾】 刺绣的窗帘。张祜《公子行》："锦堂昼永绣帘垂，立却花骢待出时。"李商隐《药转》："忆事怀人兼得句，翠衾归卧绣帘中。"刘兼《春燕》："多时窗外语呢喃，只要佳人卷绣帘。"

【繡闥雕甍】 装饰华丽的房舍。武元衡《行路难》："风飘雨散今奈何，绣闼雕甍绿苔多。"和凝《宫词百首》之七五："绣闼雕甍列锦闱，珍奇惟待凤凰栖。"贯休《东阳罹乱后怀王慥使君五首》之四："黄金白玉家家尽，绣闼雕甍处处烧。"

【繡襦】 绣花短袄。亦指以此种丝织品制的衣服或着此种服装者。白居易《阿崔》："腻剃新胎发，香绷小绣襦。"李商隐《南朝》："玄武湖中玉漏催，鸡鸣埭口绣襦回。"吴彩鸾《歌》："自有绣襦并甲帐，瑶台不怕雪霜寒。"

【繡囊】 绣花的袋子。司空曙《长林令卫象饧丝结歌》："雪发羞垂倭堕鬟，绣囊畏并茱萸结。"韩琮《牡丹》："嫩蕊包金粉，重葩结绣囊。"陆龟蒙《邺宫词二首》之一："可知遗令非前事，却有余薰在绣囊。"

十四画

繺 〔cài《集韵》倉代切，去代，清。〕见"綷$_2$繺"。

繿 〔lán《集韵》盧甘切，平談，來。〕见"繿縷"。

【繿縷】 衣衫的破烂貌。白居易《渭村退居寄礼部崔侍郎翰林钱舍人诗一百韵》："传衣念繿缕，举案笑糟糠。"

【繿縿】 残尽；散落。袁不约《病宫人》："佳人卧病动经秋，帘幕繿缕不挂钩。"

繻 〔xū，又读 rú《广韵》相俞切，平虞，心。又人朱切，平虞，日。〕彩色的缯帛。或曰细密的罗。古代用以作通行证。上写字，分成两半，过关时验合，以为凭信。见《汉书·终军传》。唐人屡咏其事。杜甫《七月一日题终明府水楼二首》之二："宓子弹琴邑宰日，终军弃繻英妙时。"耿湋《题李孝廉书房》："莫道归繻在，来时弃故关。"陆龟蒙《彼农二章》之一："有繻一缇，不襟不袪。"胡宿《函谷关》："望气竟能知老子，弃繻何不识终童。"

纁 〔xūn《广韵》許云切，平文，曉。〕浅绛色。李纾《让皇帝庙乐章·奠币》："白璧加荐，玄纁告虔。"张贲《酬袭美先见寄倒来韵》："为有此身犹苦患，不知何者是玄纁。"陈陶《经徐稚墓》："凤皇屡降玄纁礼，琼石终藏烈火诗。"

【纁組】 绛色组绶。王维《送高适弟耽归临淮作》："公吏奉纁组，安车去茅茨。"

纂 〔zuǎn《广韵》作管切，上緩，精。〕❶赤色绶带。见"纂組"。❷编缉；编撰。灵一《远公》："禅经初纂定，佛语新名目。"元稹《何满子歌》："便将何满为曲名，御谱亲题乐府纂。"玄宗《春晚宴两相及礼官丽正殿学士探得风字》序："乃命学者，缮落简，缉遗编，纂鲁壁之文章，缀秦坑之煨烬，所以修文教也。"❸继承。李百药《谒汉高庙》："纂尧灵命启，灭楚余闰终。"徐彦伯《比干墓》："殷道微而在，受辛纂颓胤。"萧华《扈从回銮应制》："纂圣德重光，建元功载刊。"牛僧孺《享太庙乐章》："纂尧付启，亿万熙熙。"

【纂戎】 继承先人武功。《郊庙歌辞·享懿德太子庙乐章·武舞作》："纂戎将禁暴，崇儒更敷政。"

【纂組】 赤色绶带。出《楚辞·招魂》。杜牧《题池州弄水亭》："塍泉落环珮，畦苗差纂组。"

【纂業】 继承大业。权德舆《德宗神武孝文皇帝挽歌词三首》之一："纂业光文祖，贻谋属孝孙。"

【纂纂】 集聚貌。出《文选·潘岳〈笙赋〉》。亦引申为厚重。王建《送衣曲》："絮时厚厚绵纂纂，贵欲征人身上暖。"韩愈《游青龙寺赠崔大补阙》："桃源迷路竟茫茫，枣下悲歌徒纂纂。"张籍《泗水行》："泗水流急石纂纂，鲤鱼上下红尾短。"

纊 〔kuàng《广韵》苦謗切，去宕，溪。〕古时指新丝新絮。后亦泛称绵絮。张说《登九里台是樊姬墓》："诗书将变俗，绨纩忽弥年。"顾况《上古之什补亡训传十三章·采蜡一章》序："采蜡，怨奢也。荒岩之间，有以纩蒙其身，腰藤造险，及有群蜂肆毒，哀呼不应，则上舍藤而下沉壑。"韩愈《苦寒》："探汤无所益，何况纩与缣。"白居易《醉后狂言酬赠萧殷二协律》："此裘非缯亦非纩，裁以法度絮以仁。"

【纊息】 弥留之际的呼吸。古于人临死时置纩于其口鼻之上，以验气息之有无。柳宗元《掩役夫张进骸》："一朝纩息定，枯朽无妍媸。"

辮 〔biàn《广韵》薄泫切，上銑，並。〕❶交织；编织。李白《对雪醉后赠王历阳》："有身莫犯飞龙鳞，有手莫辫猛虎须。"元稹《春分投简阳明洞天作》："绿缫高悬柳，青钱密辫榆。"姚合《赠少室山麻襦僧》："只辫麻为衲，此中经几春。"❷辫子，发辫。崔铉《进宣宗收复河湟诗》："右地名王争解辫，远方戎垒尽投戈。”

繽　〔bīn《广韵》匹賓切，平真，滂。〕盛貌；多貌。见“繽紛”。

【繽紛】　❶纷乱貌。储光羲《群鸦咏》：“缤纷集寒枝，矫翼时相顾。”李山甫《惜花》：“一年今烂熳，几日便缤纷。”❷众多貌。韩愈《喜侯喜至赠张籍张彻》：“缤纷指瑕疵，拒捍阻城堑。”又《送陆畅归江南》：“鸾鸣桂树间，观者何缤纷。”❸飘动貌；飞动貌。李白《猛虎行》：“旌旗缤纷两河道，战鼓惊山欲颠倒。”刘叉《雪车》：“腊令凝绨三十日，缤纷密雪一复一。”贾岛《秋暮》：“北门杨柳叶，不觉已缤纷。”

【繽翻】　飞动；翻动。许稷《赋得风动万年枝》：“婀娜摇仙禁，缤翻映玉池。”韩愈《斗鸡联句》：“腷膊战声喧，缤翻落羽皠。”

繼　〔jì《广韵》古詣切，去霽，見。〕❶延续；使之不绝。见“繼絶世”。❷前后相接；连续不断。太宗《帝京篇十首》之十：“六五诚难继，四三非易仰。”岑参《送狄员外巡按西山军》：“战士常苦饥，糗粮不相继。”韩愈《燕河南府秀才得生字》：“此都自周公，文章继名声。”白居易《凶宅》：“连延四五主，殃祸继相锺。”❸跟着；随后。苑咸《送大理正摄御史判凉州别驾》：“伫闻河陇外，还继海沂康。”钱起《送傅管记赴蜀军》：“终童之死谁继出，燕颔儒生今俊逸。”郭周藩《谭子池》：“金出继灵泉，湛若清琉璃。”❹继承；承接。李白《酬殷明佐见赠五云裘歌》：“谢朓已没青山空，后来继之有殷公。”杜甫《贻阮隐居》：“塞上得阮生，迥继先父祖。”韩翃《送夏侯侍郎》：“翰墨已齐钟大理，风流好继谢宣城。”许棠《青山晚望》：“欲继前贤迹，谁能似隐招。”

【繼天】　秉承天意。玄宗《千秋节宴》：“风传率土庆，日表继天祥。”白居易《贺雨》：“帝曰予一人，继天承祖宗。”

【繼文】　继承先王文治。太宗《元日》：“继文遵后轨，循古鉴前王。”

【繼世】　继承先世。李端《送王副使还并州》：“继世新恩厚，从军旧国赊。”朱庆余《上宣州沈大夫》：“科名继世古来稀，高步何年下紫微。”

【繼母】　父亲的继配。薛准《临终诗》：“旧国深恩不易酬，又离继母出他州。”

【繼作】　❶后继创作。亦指后继之作品。李白《金陵送张十一再游东吴》：“谁人今继作，夫子世称贤。”皮日休《追和虎丘寺清远道士诗》序：“颜太师鲁公爱之不暇，遂刻于岩际，并有继作。”❷相继出现。清昼等《讲古文联句》：“屈宋接武，班马继作。”

【繼武】　足迹相接。喻继承前人的事业。武，足迹。骆宾王《伤祝阿王明府》：“含章光后烈，继武嗣前雄。”

【繼和】　（一hè）酬作和诗。姚合《和座主相公雨中作》：“诗成难继和，造化笔通神。”

【繼明】　❶持续不断的光明。刘禹锡《武陵书怀五十韵》：“继明悬日月，出震统乾坤。”❷谓新君继位。韩愈《县斋有怀》：“嗣皇新继明，率土日流化。”

【繼後】　继而后起。方干《赠江南僧》：“继后传衣者，还须立雪中。”

【繼組】　❶谓酬作和诗。钱起《紫参歌》序：“校书刘公咏歌之，俾予继组。”又《谢张法曹万顷小山暇景见忆》：“郢歌叨继组，知己复知音。”又《酬刘起居卧病见寄》：“更枉兼金赠，难为继组词。”权德舆《酬张秘监阁老喜太常中书二阁老与德舆同日迁相代之作》：“继组心知忝，腰章事颇齐。”❷继续系组绶。谓继续作官。戴叔伦《送东阳顾明府罢归》：“坐蓝高士去，继组鄙夫留。”

【繼美】　继承前人之美德。岑参《苗侍中挽歌二首》之二：“平生门下客，继美庙堂中。”

【繼絶世】　恢复已灭绝的宗祀。语出《论语·尧曰》。白居易《新乐府·二王后》：“不独兴灭国，不独继绝世。欲令嗣位守文君，亡国子孙取为戒。”

【繼紹】　继承。吕岩《三字诀》：“滓质物，自继绍。”

【繼業】　继承先人之事业。韦应物《赠萧河南》：“鄭侯方继业，潘令且闲居。”

【繼嗣】　延续。王迥《同孟浩然宴赋》：“屈宋英声今止已，江山继嗣多才子。”

【繼踵】　接踵，前后相接。则天皇后《曳鼎歌》：“唐虞继踵，汤禹乘时。”杜甫《后出塞五首》之四：“献凯日继踵，两蕃静无虞。”吴筠《览古十四首》之三：“继踵迷反正，汉家崇建章。”范质《诫儿侄八百字》：“吾宗凡九人，继踵升官次。”

【繼聲】　谓作和诗。刘禹锡《吐绶鸟词》序：“滑州牧尚书李公以吐绶鸟词见示，兼命继声。”

【繼燭】　一支接着一支地点燃蜡烛。意谓阻客遽别。戴叔伦《留别宋处士》：“留欢方继烛，此会岂他人。”姚合《宴光禄田卿宅》：“殷勤还继烛，永夕梦相妨。”

【繼蹤】　跟着别人的足迹。无名氏《河鲤登龙门》：“击浪因成势，纤鳞莫继踪。”

【繼躅】　犹继武。谓足迹相接。皮日休《吴中苦雨因书一百韵寄鲁望》：“论业敢并驱，量分合继躅。”

【繼續】　连续。张籍《哭胡十八遇》：“文场继续成三代，家族辉华在一身。”

【繼體】　❶谓子继承先人之事业。包何《相里使君第七男生日》:“谁道众贤能继体,须知个个出于蓝。”❷继承王位。刘禹锡《文宗元圣昭献孝皇帝挽歌三首》之一:“继体三才理,承颜九族亲。”

十五画

纈 〔xié《广韵》胡結切,入屑,匣。〕❶染有花纹的丝织品。李贺《恼公》:“醉缬抛红网,单罗挂绿蒙。”白居易《裴常侍以题蔷薇架十八韵见示因广为三十韵以和之》:“合罗排勘缬,醉晕浅深妆。”王毂《红蔷薇歌》:“红霞烂泼猩猩血,阿母瑶池晒仙缬。”贯休《还举人歌行卷》:“厚于铁围山上铁,薄似双成仙体缬。”❷两颊红晕。亦泛称一般红晕。元稹《月临花》:“镜匀娇面粉,灯泛高笼缬。”❸染红;使红。太宗《秋日二首》之一:“云凝愁半岭,霞碎缬高天。”姚合《和李补阙曲江看莲花》:“秾彩烧晴雾,殷姿缬碧泉。”

【纈衣簾】 结彩之帘。杜牧《倡楼戏赠》:“细柳桥边深半春,缬衣帘里动香尘。”

【纈紗幬】 结彩之丝帐。元稹《张旧蚊帱》:“独有缬纱帱,凭人远携得。”

續 〔xù《广韵》似足切,入燭,邪。〕❶连属;连接。太宗《初春登楼即目观作述怀》:“拂浪堤垂柳,娇花鸟续吟。”王建《题柱国寺》:“行香天使长相续,早起离城日午还。”顾非熊《雁》:“声急奔前侣,行低续后群。”李中《秋日登润州城楼》:“鸣蝉历历空相续,归鸟翩翩自著行。”❷断而复连。太宗《帝京篇十首》之二:“韦编断仍续,缥帙舒还卷。”徐彦伯《孤烛叹》:“暖手缝轻素,嚬蛾续断弦。”钱起《美杨侍御清文见示》:“伯牙道丧来,弦绝无人续。”白居易《和答诗十首·和大觜乌》:“弦续会稽竹,丸铸荆山铜。”❸继续;接着。王湾《晚春诣苏州敬赠武员外》:“烟和疏树满,雨续小溪长。”王建《饮马长城窟》:“蹄踪未干人去近,续后马来泥污尽。”白居易《浔阳春三首·春生》:“先遣和风报消息,续教啼鸟说来由。”许浑《喜李诩秀才见访因赠》:“不须辞小酌,更请续新诗。”❹继承。韩愈《元和圣德诗》:“续功臣嗣,拔贤任耇。”窦巩《经窦车骑故城》:“今日诸孙拜坟树,愧无文字续燕然。”元稹《送东川马逢侍御使回十韵》:“旋吟新乐府,便续古离骚。”❺留传;传下来。司空曙《送曹同椅》:“中散诗传画,将军扇续书。”柳宗元《奉和杨尚书之作依本诗韵次用》:“风去徽音续,芝焚芳意深。”

【續命】 延长寿命。严维《忆长安·五月》:“进膳甘瓜朱李,续命芳兰彩丝。”吕岩《五言》之六:“凤舞长生曲,鸾歌续命杯。”

【續命芝】 即灵芝。古以为瑞草,服之可以延年。施肩吾《修仙词》:“丹田自种留年药,玄谷长生续命芝。”

【續命湯】 指能益寿的汤药。王梵志《道士头侧方》:“粮食逢医药,垂死续命汤。”

【續弦】 连接弓弩断弦。杜甫《病后遇王倚饮赠歌》:“麟角凤觜世莫识,煎胶续弦奇自见。”刘损《愤惋诗三首》之一:“金杯倒覆难收水,玉轸倾欹懒续弦。”

【續弦膠】 古代传说西海中有凤麟洲,仙家以凤喙和麟角合煎作胶,名之为续弦胶。杜牧《读韩杜集》:“天外凤凰谁得髓,无人解合续弦胶。”冯集梧注引《十洲记》:“凤麟洲在西海之中,洲四面弱水绕之,鸿毛不浮,不可越也。洲上有凤麟数万,各各为群,亦多仙家,煮凤喙和麟角合作胶,名之为续弦胶,此胶能续弓弩已断之弦。”

【續罪】 历数罪状。李白《雪谗诗赠友人》:“擢发续罪,罪乃孔多。”

【續壽】 益寿,延长寿命。李咸用《吴处士寄香兼劝入道》:“空挂黄衣宁续寿,曾闻玄教在知常。”

【續膠】 即续弦胶。白居易《和微之诗二十三首·和晨兴因报问龟儿》:“弦绝有续胶,树斩可接枝。”

【續續】 连续不断。白居易《琵琶引》:“低眉信手续续弹,说尽心中无限事。”贯休《长持经僧》:“杉森森,不见长,人声续续如流水。”

纍[1] 〔léi《集韵》倫追切,平脂,來。〕❶拘禁,囚系。见“纍囚”。❷行列分明,排列有序。吕从庆《丰溪秋社》:“稻熟瓜累岁有仁,烹鸡割豕祀田神。”

纍[2] 〔lěi《广韵》力委切,上紙,來。〕堆积;积聚。引申为众多貌。张九龄《登荆州城楼》:“累累见陈迹,寂寂想雄图。”韩愈《元和圣德诗》:“妇女累累,啼苦拜叩。”卢仝《寄赠含曦上人》:“高殿排名僧,执卷坐累累。”

【纍囚】 被拘囚者。白居易《舒员外游香山寺题长句以赠之》:“庭前阶上何所有,累囚成贯案成堆。”

【纍纍】 联贯成珠貌。李白《上清宝鼎诗》之二:“赠我累累珠,靡靡明月光。”白居易《杨柳枝二十韵》:“玉敲音历历,珠贯字累累。”吴融《闻歌》:“贯珠一夜奏累累,尽是荀家旧教词。”

【纍$_2$纍】 (—lěi)重积貌;众多貌。杜甫《又上后园山脚》:“不及祖父茔,累累冢相当。”刘禹锡《和董庶中古散调词赠尹果毅》:“终岁肌骨苦,他人印累累。”杜牧《赠李处士长句四韵》:“霭霭祥云随步武,累累秋冢叹蓬蒿。”杜荀鹤《登城有作》:“遍看原上累累冢,曾是城中汲汲人。”

纆 〔mò《广韵》莫北切，入德，明。〕绳索。三股曰徽，两股曰纆。见“纆索”“纆徽”。

【纆索】 绳索。柳宗元《韦道安》：“麾令递束缚，纆索相拄撑。”

【纆徽】 徽墨，绳索。韩愈《送区弘南归》：“我念前人譬葑菲，落以斧引以纆徽。”柳宗元《弘农公以硕德伟材屈于诬枉谨献诗五十韵以毕微志》：“不言缧绁枉，徒恨纆徽长。”

纏 〔chán《广韵》直連切，平仙，澄。又特碾切，去線，澄。〕❶缠绕；盘旋；扎束。寒山《诗三百三首》之二二〇：“貌不起人目，身唯布裘缠。”杜甫《送从弟亚赴安西判官》：“孤峰石戴驿，快马金缠辔。”白居易《紫藤》：“岂知缠树木，千夫力不如。”无名氏《言志》：“腰缠十万贯，骑鹤上扬州。”❷困扰；缠绕；搅扰。杜甫《丹青引赠曹将军霸》：“但看古来盛名下，终日坎壈缠其身。”张籍《病中寄白学士拾遗》：“君为天子识，我方沉病缠。”薛能《牡丹四首》之二：“未落须迷醉，因兹任病缠。”韦庄《和郑拾遗秋日感事一百韵》：“盗据三秦地，兵缠八水乡。”❸连绵不断。王维《哭祖六自虚》：“为此情难尽，弥令忆更缠。”❹通“躔”。践历。韩愈《苦寒》：“荧惑丧缠次，六龙冰脱髯。”

【纏身】 缠绕身体。杜荀鹤《赠友人罢举赴交趾辟命》：“舶载海奴镮硾耳，象驼蛮女彩缠身。”

【纏弦】 即琴弦。岑参《秦筝歌送外甥萧正归京》：“汝不闻秦筝声最苦，五色缠弦十三柱。”元稹《琵琶歌》：“泒声少得似雷吼，缠弦不敢弹羊皮。”或谓缠弦即琴弦的一种。琴中宫、商、角皆用缠弦，至徵则改用平弦。

【纏踍】 用彩巾斜缠足胫。李贺《黄家洞》：“彩巾缠踍幅半斜，溪头簇队映葛花。”

【纏縛】 束缚。皮日休《初夏游楞伽精舍》：“遂令不羁性，恋此如缠缚。”

【纏掣】 缠绕纠结。孟郊《石淙》之四：“蜿蜒相缠掣，荦确亦回旋。”

【纏牽】 束缚牵制。韦应物《春月观省属城始憩东西林精舍》：“心当同所尚，迹岂辞缠牵。”武元衡《旬假南亭寄熊郎中》：“如何无碍智，犹苦病缠牵。”

【纏緜】 亦作“纏綿”。❶情意深厚。王建《代故人新姬侍疾》：“奉君缠绵意，幸愿莫相忘。”张籍《节妇吟寄东平李司空师道》：“感君缠绵意，系在红罗襦。”姚合《寄陕府内兄郭冏端公》：“缠绵意千里，骚雅文发明。”李中《赋得江边草》：“岸春芳草合，几处思缠绵。”❷纠缠。欧阳詹《新都行》：“何计脱缠绵，天长春日暮。”❸久病不愈。孟简《咏欧阳行周事》：“宿约始乖阻，彼忧已缠绵。”齐己《荆州新秋病起杂题一十五首·病起见庭莲》：“开时闻馥郁，枕上正缠绵。”

【纏綿】 见“纏緜”。

【纏頭】 用锦帛之类的财物送给歌舞艺人。岑参《胡歌》：“黑姓蕃王貂鼠裘，葡萄宫锦醉缠头。”李益《夜宴观石将军舞》：“微月东南上戍楼，琵琶起舞锦缠头。”白居易《琵琶引》：“五陵年少争缠头，一曲红绡不知数。”

【纏縈】 缠绕。白居易《江州赴忠州至江陵已来舟中示舍弟五十韵》：“烛蛾谁救活，蚕茧自缠萦。”元稹《兔丝》：“缠萦竟何者，荆棘与飞茎。”

【纏繞】 ❶萦绕；回旋地束缚。韩愈《游城南十六首·楸树二首》之一：“几岁生成为大树，一朝缠绕困长藤。”刘禹锡《葡萄歌》：“野田生葡萄，缠绕一枝高。”❷纠缠；搅扰。姚合《病中书事寄友人》：“终日自缠绕，此身无适缘。”翁承赞《柳》之五：“缠绕春情卒未休，秦娥萧史两相求。”

纇 〔lèi《广韵》盧對切，去隊，來。〕❶丝的结节。《说文·糸部》：“纇，丝节也。”段玉裁注：“丝之约节不解者曰纇。”。白居易《和微之春日投简阳明洞天五十韵》：“柳眼黄丝纇，花房绛蜡珠。”❷疵病；缺点。陆龟蒙《袭美以春橘见惠因次韵酬谢》：“良玉有浆须让味，明珠无纇亦羞圆。”殷文圭《赠池州张太守》：“神珠无纇玉无瑕，七叶簪貂汉相家。”亦指遮蔽。皮日休《太湖诗·初入太湖》：“连空淡无纇，照野平绝隙。”❸花苞。杜牧《偶游石盎僧舍》：“梅纇暖眠酣，风绪和无力。”陆龟蒙《早春》：“数枝花纇小，愁杀扈芳人。”

十七画

纓 〔yīng《广韵》於盈切，平清，影。〕❶系冠的带子。以二组系于冠，结在颔下。韦应物《京师叛乱寄诸弟》：“归去在何时，流泪忽沾缨。”王建《幽州送申稷评事归平卢》：“升堂展客礼，临水濯缨襟。”薛能《春日使府寓怀二首》之一：“一想流年百事惊，已抛渔父戴尘缨。”齐己《秋江》：“浩然心自合，何必濯吾缨。”❷套在马颈上的革带。岑参《卫节度赤骠马歌》：“红缨紫鞚珊瑚鞭，玉鞍锦鞯黄金勒。”杜甫《述古三首》之一：“赤骥顿长缨，非无万里姿。”王建《宫词一百首》之三五：“云駮花骢各试行，一般毛色一般缨。”张祜《戏颜郎中猎》：“忽闻射猎出军城，人着戎衣马带缨。”❸彩带。古时女子许嫁时所佩。毕耀《情人玉清歌》：“珠为裙，玉为缨。临春风，吹玉笙。”刘禹锡《贾客词》：“妻约雕金钏，女垂贯珠缨。”亦特指香囊。李贺《天上谣》：“玉宫桂树花未落，仙妾采香垂佩缨。”又《石城晓》：“上客留断缨，残蛾斗双绿。”❹用丝或毛等制成的穗状饰物。李白《侠客行》:“赵客缦胡缨,吴钩霜雪明。”鲍溶《塞下》:“汉卒马上老,繁缨空丝绳。”❺通“婴”。缠绕。郑愕《送萧颖士赴东府得往字》:“繄君曲得引,使我缨俗网。”

【缨弁】 仕宦的代称。徐浩《宝林寺作》:“揆余久缨弁,末路遭邅回。”皇甫冉《题高云客舍》:“时人趋缨弁,高鸟违罗网。”杨巨源《寄赠田仓曹湾》:“缨弁虽云阻,音尘岂复疏。”

【缨佩】 见“缨珮”。

【缨珮】 亦作“缨佩”。官服的饰物。王维《谒璿上人》:“不复婴世网,浮名寄缨珮。”钱起《送张五员外东归楚州》:“缨珮不为美,人群宁免辞。”元结《引东泉作》:“吾欲解缨佩,便为泉上翁。”权德舆《送别沅汎》:“苟令志气坚,伫见缨珮随。”

【缨帶】 冠带。许浑《沧浪峡》:“缨带流尘发半霜,独寻残月下沧浪。”

【缨紱】 ❶冠带与印绶。亦借指官位。《郊庙歌辞·祭方丘乐章·顺和》:“缨绂载辞,皇灵具举。”王勃《怀仙》序:“客有自幽山来者,起予以林壑之事,而烟霞在焉。思解缨绂,永咏山水。”孟浩然《宿天台桐柏观》:“愿言解缨绂,从此去烦恼。”皎然《妙喜寺四十二韵》:“却寻丘壑趣,始与缨绂别。”❷用丝或毛等制成的穗状饰物。韩愈《汴泗交流赠张仆射》:“球惊杖奋合且离,红牛缨绂黄金羁。”

【缨組】 结冠的丝带。亦借指官宦。皇甫曾《遇风雨作》:“转知人代事,缨组乃徽束。”王建《荆南赠别李肇著作转韵诗》:“且欢身体适,幸免缨组束。”白居易《官俸初罢亲故见忧以诗谕之》:“今春始病免,缨组初摆落。”陆龟蒙《奉和袭美太湖诗二十首·孤园寺》:“庭蕉裂旗旆,野蔓差缨组。”

【缨絡】 ❶用珠玉串成戴在颈项上的饰物。皮日休《初夏游楞伽精舍》:“紫藤垂罽珥,红荔悬缨络。”❷缠绕。喻世俗的束缚。权德舆《拜昭陵过咸阳墅》:“终当解缨络,田里谐因缘。”白居易《嗟发落》:“脱置垢巾帻,解去尘缨络。”

【缨綏】 见“缨緌”。

【缨緌】 亦作“缨綏”。冠带与官饰。亦借指官位或有声望的士大夫。李益《秋晚溪中寄怀大理齐司直》:“明质鹜高景,飘飖服缨緌。”白居易《草词毕偶成十六韵》:“彤云剩根蒂,绛帻欠缨緌。”元晦《越亭二十韵》:“遐想蜕缨緌,徒惭恤襦袴。”韩偓《送人弃官入道》:“尘土留难住,缨緌弃若无。”

【缨蕤】 冠上饰物。亦借指文人士大夫。胡皓《奉和圣制送张尚书巡边》:“衮旒垂翰墨,缨蕤送赋诗。”

【缨塵】 帽带上的灰尘。喻世俗束缚。戴叔伦《送秦系》:“不肯低头受羁束,远师溪上拂缨尘。”权德舆《早发杭州泛富春江寄陆三十一公佐》:“缨尘日已厚,心累何时空。”李咸用《自愧》:“缨尘徒自满,欲濯待清波。”

【缨簪】 ❶缨和簪。妇女佩饰。李白《赠从孙义兴宰铭》:“农人弃蓑笠,蚕女堕缨簪。”❷古代显贵的冠饰。借指显贵。李白《送杨少府赴选》:“时泰多美士,京国会缨簪。”

纖[1]

〔xiān《广韵》息廉切,平鹽,見。〕细小;微小。李白《雪谗诗赠友人》:“洪焰烁山,发自纤烟。”韩愈《苦寒》:“啾啾窗间雀,不知已微纤。”李绅《别双温树》:“轻剪绿丝秋叶暗,密扶纤干夏阴繁。”齐己《咏影》:“曲直宁相隐,洪纤必自呈。”

纖[2]

〔jiān《集韵》將廉切,平鹽切,精。〕同“殲”。刺。见“纖₂刀”。

【纖₂刀】 尖刀。纖,通“殲”。孟郊《杏殇》之六:“冽冽霜杀春,枝枝疑纤刀。”

【纖手】 多指女子柔细的手。宋之问《剪彩》:“绮罗纤手制,桃李向春开。”李白《月夜听卢子顺弹琴》:“白雪乱纤手,绿水清虚心。”白居易《池上逐凉二首》之二:“棹遣秃头奴子拨,茶教纤手侍儿煎。”李群玉《醉后赠冯姬》:“二寸横波回慢水,一双纤手语香弦。”

【纖介】 亦作“纖芥”。细微。见《战国策·齐策四》。韩愈、孟郊《雨中寄刑部几道联句》:“欲知相从尽,灵珀拾纤芥。”

【纖月】 未弦之月;月牙。杜甫《夜宴左氏庄》:“风林纤月落,衣露净琴张。”

【纖玉】 喻美女如玉之纤手。南唐后主李煜《菩萨蛮》词之二:“铜簧韵脆锵寒竹,新声慢奏移纤玉。”和凝《江城子》词之四:“娅姹含情娇不语,纤玉手,抚郎衣。”贯休《行路难》之三:“几度美人照影来,素绠银瓶濯纤玉。”

【纖末】 末梢。杜甫《戏为双松图歌》:“绝笔长风起纤末,满堂动色嗟神妙。”

【纖巧】 ❶细巧。薛能《吴姬十首》之九:“因将素手夸纤巧,从此椒房宠更多。”❷工于心计。韩偓《再思》:“但保行藏天是证,莫矜纤巧鬼难欺。”

【纖白】 纤细白皙。亦指纤细白皙之物。罗隐《粉》:“每持纤白助君时,霜自无憀雪自疑。”

【纖芥】 见“纖介”。

【纖利】 纤细锋利。欧阳炯《题景焕画应天寺壁天王歌》:“臂横鹰爪尖纤利,腰缠虎皮斑剥红。”齐己《寄黄晖处士》:“锋铓妙夺金鸡距,纤利精分玉兔毫。”

【纖枝】 纤细的枝条。林宽《苦雨》:“骤洒纤枝折，奔倾坏堵平。”徐铉《题殷舍人宅木芙蓉》：“怜君庭下木芙蓉，袅袅纤枝淡淡红。”可止《山居》：“果长纤枝曲，岩崩直道移。”

【纖兒】　犹小儿。含鄙视意。陆龟蒙《袭美先辈以龟蒙所献五百言既蒙见和复示荣唱再抒鄙怀用伸酬谢》：“惊奔失壮士，好恶随纤儿。”

【纖茸】　纤细柔密。孟郊《品松》：“名华非典实，翦弃徒纤茸。”

【纖草】　细草，小草。孟浩然《春情》：“坐时衣带萦纤草，行即裙裾扫落梅。”白居易《新乐府·阴山道·疾贪虏也》：“每至戎人送马时，道旁千里无纤草。”张蠙《投翰林萧侍郎》：“纤草不销春气力，微尘还助岳形仪。”徐铉《和王庶子寄题兄长建州廉使新亭》：“水槛片云长不去，讼庭纤草转应生。”

【纖枯】　纤细的枯枝。权德舆《奉和许阁老酬淮南崔十七端公见寄》：“夕阳寻古径，凉吹动纤枯。”

【纖指】　纤细的手指。多用于女子。张九龄《听筝》：“纤指传新意，繁弦起怨情。”李白《凤吹笙曲》：“欲叹离声发绛唇，更嗟别调流纤指。”刘言史《买花谣》：“院多花少栽未得，零落绿娥纤指中。”温庭筠《堂堂曲》：“风飘客意如吹烟，纤指殷勤伤雁弦。”

【纖洪】　洪细。谓大小声音。陆龟蒙《村夜二篇》之二：“纤洪动丝竹，水陆供鲙炙。”

【纖柔】　纤细柔软。齐己《谢人惠竹蝇拂》：“妙刮筠篁制，纤柔玉柄同。”

【纖紅】　纤细红润。张祜《觱篥》：“一管妙清商，纤红玉指长。”

【纖素】　小白丝绢。王贞白《白牡丹》：“谷雨洗纤素，裁为白牡丹。”

【纖華】　细巧华丽。元稹《和乐天赠吴丹》：“独有冰雪容，纤华夺鲜缟。”皮日休《酬鲁望见迎绿罽次韵》：“酬赠既无青玉案，纤华犹欠赤霜袍。”

【纖莖】　纤弱的草木之茎。于结《赋得生刍一束》：“向风倾弱叶，裛露示纤茎。”权德舆《书绅诗》：“千里起步武，彗云自纤茎。”

【纖埃】　微尘。储光羲《杂诗二首》之二：“雨师既先后，道路无纤埃。”权德舆《奉和鄜州刘大夫麦秋出师遮虏有怀中朝亲故》：“千寻推直干，百炼去纤埃。”白居易《山中五绝句·石上苔》：“漠漠斑斑石上苔，幽芳静绿绝纤埃。”李山甫《山中依韵答刘书记见赠》：“宝月当秋空，高洁无纤埃。”

【纖條】　纤细的枝条。李山甫《柳十首》之一：“灞岸江头腊雪消，东风偷软入纤条。”牛峤《杨柳枝五首》之二：“吴王宫里色偏深，一簇纤条万缕金。”王言史《广州王园寺伏日即事寄北中亲友》：“望霖窥润础，思吹候纤条。”

【纖悉】　❶细微详尽。孟郊《晚雪吟》：“镜海见纤悉，冰天步飘飖。”❷琐细。李商隐《骄儿诗》：“便为帝王师，不假更纤悉。”

【纖毫】　纤细的毫毛。谓极其微小。亦指极其微小之事物。杜甫《夏夜叹》：“虚明见纤毫，羽虫亦飞扬。”耿湋《咏宣州笔》：“寒竹惭虚受，纤毫任几重。”白居易《初领郡政衙退登东楼作》：“水心如镜面，千里无纤毫。”孟简《拟古》：“但营纤毫义，肯计千万金。”

【纖細】　❶细小。元稹《酬乐天寄生衣》：“羸骨不胜纤细物，欲将文服却还君。”❷细长柔美。多用于形容女子身材。杜牧《遣怀》：“落拓江湖载酒行，楚腰纤细掌中轻。”

【纖粟】　细小的粟米。谓朱砂粒。缪岛云《朱砂石》：“傥得神仙惠纤粟，便能轻举向瑶台。”

【纖雲】　薄云。皎然《南楼望月》：“纤云溪上断，疏柳影中秋。”韩愈《八月十五夜赠张功曹》：“纤云四卷天无河，清风吹空月舒波。”施肩吾《兰渚泊》：“天昼无纤云，独坐空江碧。”吴融《海上秋怀》：“碛连荒戍频频火，天绝纤云往往雷。”

【纖鉤】　小鱼钩。李咸用《夏日别余秀才》：“敢待傅岩成好梦，任从磻石挂纤钩。”

【纖瑕】　微疵。孟郊《吊元鲁山》之九：“供养耻佗力，言词岂纤瑕。”

【纖絺】　细葛布或细葛布衣。杜甫《大雨》：“执热乃沸鼎，纤絺成缊袍。”又《夔府书怀四十韵》：“地蒸余破扇，冬暖更纤絺。”又《雨》：“轻箑烦相向，纤絺恐自疑。”和凝《宫词百首》八二：“缕金团扇对纤絺，正是深宫捧日时。”

【纖腰】　细腰。亦指细腰美女。刘长卿《王昭君歌》：“纤腰不复汉宫宠，双蛾长向胡天愁。”王建《寻橦歌》：“纤腰女儿不动容，戴行直舞一曲终。”孟简《咏欧阳行周事》序：“及兹筮仕，未知洞房纤腰之为蛊惑。”杜牧《屏风绝句》：“屏风周昉画纤腰，岁久丹青色半销。”

【纖歌】　清细的歌声。陈元光《漳州新城秋宴》：“缥缈纤歌遏，婆娑妙舞神。”

【纖微】　细微。亦指细微之事物。张籍《城南》：“气壮虽可览，纤微谅难搜。”韦镒《经望湖驿》：“莫慎纤微端，其何社稷守。”

【纖魄】　纤月。魄，月光。李绅《新楼诗二十首·满桂楼》：“惟待素规澄满镜，莫看纤魄挂如钩。”贾岛《延寿里精舍寓居》：“侧庐废扃枢，纤魄时卧逢。”

【纖塵】　微尘。张若虚《春江花月夜》：“江天一色无纤尘，皎皎空中孤月轮。”韦应物《咏琉璃》：“有色同寒冰，无物隔纤尘。”戎昱《赠别张驸马》：“数里衣香遥扑人，长衢雨歇无纤尘。”曹松《碧角簟》：“八尺碧天无点翳，一方青玉绝纤尘。”

【纖質】 弱质。韩愈《池上絮》：“为将纤质凌清镜，湿却无穷不得归。”李蔚《句》：“虚心纤质雁衔余，凤吹龙吟定不如。”

【纖穠】 指富丽优美的文艺风格。司空图《诗品二十四则》有“纖秾”之品。

【纖翳】 微小的障蔽物。指灰尘。李鹏《五言同韦子游神泉诗》：“镜澈无纤翳，天清涤烦滓。”

【纖瓊】 纤玉，纤纤玉手。毛熙震《何满子》词之二：“相望只教添怅恨，整鬟时见纤琼。”

【纖羅】 细薄透气的丝织品。王勃《秋夜长》：“纤罗对凤皇，丹绮双鸳鸯。”王翰《春女行》：“紫台穹跨连绿波，红轩铪匝垂纤罗。”

【纖纊】 细丝绵。韩愈《岳阳楼别窦司直》：“飞廉戢其威，清晏息纤纩。”

【纖鱗】 鱼。刘长卿《赠湘南渔父》：“日落江清桂楫迟，纤鳞百尺深可窥。”卢纶《题天华观》：“峰嶂徘徊霞景新，一潭寒水绝纤鳞。”孟郊《寒溪》：“霜洗水色尽，寒溪见纤鳞。”李德裕《惠泉》：“兹泉由太洁，终不畜纤鳞。”

【纖纖】 ❶形容女子手柔细貌。太宗《咏乌代陈师道》：“只待纤纤手，曲里作宵啼。”权德舆《杂兴五首》之三：“琥珀尊开月映帘，调弦理曲指纤纤。”白居易《霓裳羽衣歌》：“清弦脆管纤纤手，教得霓裳一曲成。”黄滔《卷帘》：“绿鬟侍女手纤纤，新捧嫦娥出素蟾。”❷细微；微小。杜甫《绝句漫兴九首》之八：“舍西柔桑叶可拈，江畔细麦复纤纤。”鲍溶《上阳宫月》：“水北宫城夜柝严，宫西新月影纤纤。”罗虬《比红儿诗》之九一：“初月纤纤映碧池，池波不动独看时。”李中《柳二首》之二：“纤纤无力胜春色，撼起啼莺恨晚风。”❸细长，柔细。张九龄《杂诗五首》之五：“纤纤良田草，靡靡唯从风。”杜甫《绝句六首》之五：“地晴丝冉冉，江白草纤纤。”项斯《龙州与韩将军夜会》：“庭绿草纤纤，边州白露沾。”❹尖细。王建《两头纤纤》：“两头纤纤青玉玦，半白半黑头上发。”韩愈《答张十一功曹》：“筼筜竞长纤纤笋，踯躅闲开艳艳花。”雍裕之《两头纤纤》：“两头纤纤八字眉，半白半黑灯影帷。”章孝标《答友人惠牙簪》：“好是纱巾下，纤纤锥出囊。”

【纖靄】 微云；轻云。吴融《中秋陪熙用学士禁中玩月》：“此夕无纤霭，同君宿禁林。”

【纖驪】 小马。薛存诚《御箭连中双兔》：“绞兔初迷窟，纤骊讵著鞭。”

纔 〔cái《广韵》昨哉切，平咍，從。又昨代切，去代，從。〕❶方始，刚刚。杜甫《严郑公宅同咏竹》：“绿竹半含箨，新梢才出墙。”钱起《送裴頔侍御使蜀》：“柱史才年四十强，须髯玄发美清扬。”白居易《浔阳三题·东林寺白莲》：“夏萼敷未歇，秋房结才成。”韦庄《冬日长安感志寄献虢州崔郎中二十韵》：“才惊素节移铜律，又见玄冥变玉签。”❷仅，仅仅。刘长卿《寻张逸人山居》：“危石才通鸟道，空山更有人家。”韩愈《谒衡岳庙遂宿岳寺题门楼》：“窜逐蛮荒幸不死，衣食才足甘长终。”陆龟蒙《奉酬袭美先辈吴中苦雨一百韵》：“顾余为山者，所得才篑撮。”韦蟾《嘲李玚题名》：“只因学得虞姬婿，书字才能记姓名。”❸用在动词之前表示先做某个动作，下文说明动作结果。祖咏《泊扬子津》：“才入维扬郡，乡关此路遥。”韩愈《寄卢仝》：“劝参留守谒大尹，言语才及辄掩耳。”韦庄《悔恨》：“才闻及第心先喜，试说求婚泪便流。”徐夤《咏帘》：“无情几恨黄昏月，才到如钩便堕云。”

十八画

纙 〔niè《六书故》尼輒切。〕相传古代计丝的单位。元稹《和李校书新题乐府十二首·阴山道》：“挑纹变缀力倍费，弃旧从新人所好。”

十九画

纛 〔dào，又读 dú《广韵》徒到切，去号，定。又徒沃切，入沃，定。〕军中大旗。戎昱《泾州观元戎出师》：“吹笳覆楼雪，祝纛满旗风。”韩愈《荐士》：“悠悠我之思，扰扰风中纛。”白居易《送令狐相公赴太原》：“六纛双旌万铁衣，并汾旧路满光辉。”马戴《送和北虏使》：“刀镮向月动，旌纛冒霜悬。”

【纛簌】 毛密而蓬松貌。韩偓《出官经硖石县》：“暝鸟影连翩，惊狐尾纛簌。”

纚1 〔xǐ《广韵》所綺切，上紙，生。〕长而下垂貌。李颀《爱敬寺古藤歌》：“横空直上相陵突，丰茸离缅若无骨。”

纚2 〔lí《集韵》鄰知切，平支，來。〕通“縭”。绥，系舟之索。引申为系。皎然《答豆卢居士春夜游东园见怀》：“安得缅芳屣，看君幽径萱。”

纚3 〔lǐ《集韵》輦尒切，上紙，來。〕连续。吴融《祝风三十二韵》：“环涂为之区，积葑相连缅。”

纘 〔zuǎn《广韵》作管切，上緩，精。〕继承。陈元光《示珦》：“载笔沿儒习，持弓缵祖风。”贾至《自蜀奉册命往朔方途中呈韦左相文部房尚书门下崔侍郎》：“夏康缵禹绩，代祖复汉勋。”武元衡《顺宗至德大圣皇帝挽歌词三首》之三：“缵夏功传启，兴周业继昌。”

【纘承】　继承。韦应物《骊山行》："缵承鸿业圣明君，威震六合驱妖氛。"来鹄《圣政纪颂》序："朕缵承圣绪，恭惟恪思，将念厥政，未尝不离安废酣，驰荒骛远。"

【纘祖】　继承祖先功业。李商隐《送从翁东川弘农尚书幕》："缵祖功宜急，贻孙计甚勤。"

二十一画

纜〔lǎn《广韵》盧瞰切，去闞，來。〕❶系船的粗绳或铁索。储光羲《登商丘》："维梢历宋国，结缆登商丘。"杜甫《别董颋》："老夫缆亦解，脱粟朝未餐。"雍裕之《江上山》："绮霞明赤岸，锦缆绕丹枝。"李中《送姚端先辈归宁》："解缆汀洲晓，张帆烟水春。"❷以索系船。韦迢《潭州留别杜员外院长》："江畔长沙驿，相逢缆客船。"韩愈《岳阳楼别窦司直》："夜缆巴陵洲，丛芮才可傍。"喻凫《游暖泉精舍》："缆舸蒲花水，萦幡柳絮风。"方干《茅山赠洪拾遗》："溪头讲树缆渔艇，篋里朝衣输酒家。"

缶　部

缶〔fǒu《广韵》方久切，上有，非。〕❶盛酒浆的瓦器。大腹小口，有盖。亦有铜制者。《说文・缶部》："缶，瓦器，所以盛酒浆。"李商隐《行次西郊作一百韵》："浊酒盈瓦缶，烂谷堆荆囷。"❷瓦质打击乐器。见《旧唐书・音乐志二》。元稹《说剑》："高唱荆卿歌，乱击相如缶。"

缶同"缶"。《龙龛手鉴・缶部》："缶，缶的俗字。"詹敦仁《复留候从效问南汉刘岩改名龑字音义》："缶圀及曌㐲，作史难详备。"

三　画

缸〔gāng《广韵》下江切，平江，匣。〕❶陶制长颈容器。腹大口小，容十升。见《说文・缶部》。古代多用作酒器。岑参《韦员外家花树歌》："朝回花底恒会客，花扑玉缸春酒香。"柳中庸《春思赠人》："落雁惊金弹，抛杯泻玉缸。"李质《宿日观东房诗》："自吟空向寂，谁共倒秋缸。"李商隐《水斋》："更阅前题已披卷，仍斟昨夜未开缸。"❷同"釭"。灯；灯盏。李白《夜坐吟》："冰合井泉月入闺，金缸青凝照悲啼。"白居易《不睡》："焰短寒缸尽，声长晓漏迟。"崔橹《和友人题僧院蔷薇花三首》之三："兰缸尚惜连明在，锦帐先愁入夏空。"崔道融《拟乐府子夜四时歌四首》之四："银缸照残梦，零泪沾粉臆。"

【缸面酒】　新酿之酒。唐何延之《兰亭始末记》："江东云缸面，犹河北称甕头，谓初熟酒也。"辨才有《设缸面酒款萧翼探得来字》。

四　画

缺〔quē《广韵》苦穴切，入屑，溪。又倾雪切，入薛，溪。〕❶破损；残缺。《说文・缶部》："缺，器破也。"太宗《秋日翠微宫》："荷疏一盖缺，树冷半帷空。"岑参《送刘郎将归河东》："杀人宝刀缺，走马貂裘穿。"独孤及《代书寄上裴六冀刘二颖》："长啸林木动，高歌唾壶缺。"林宽《和周繇校书先辈省中寓直》："字随飞蠹缺，阶与落星齐。"引申为缺漏不完整。齐己《读岘山碑》："兵火烧文缺，江云触藓滋。"❷亏缺。李白《君子有所思行》："圆光过满缺，太阳移中昃。"韦应物《拟古诗十二首》之十："华月屡圆缺，君还浩无期。"权德舆《奉送韦起居假满归嵩阳旧居》："岩花落又开，山月缺复圆。"李绅《新楼诗二十首・望海亭》："乌盈兔缺天涯迥，鹤背松梢拂槛低。"❸空隙；缺口。顾况《望初月简于吏部》："全移河上影，暂透林间缺。"杜牧《过田家宅》："奉诚园里地，墙缺见蓬蒿。"曹松《塞上》："河凌坚通马，胡云缺见雕。"贯休《还举人歌行卷》："古松直笔雷不折，雪衣女啄蟠桃缺。"❹不足；短少。寒山《诗三百三首》之四五："用之若失所，一缺复一亏。"王昌龄《杂兴》："义士频报仇，杀人不曾缺。"杜甫《自京赴奉先县咏怀五百字》："当今廊庙具，构厦岂云缺？"曹松《石头怀古》："虽宽百姓土，渐缺六朝坟。"❺废弃；衰落。杜甫《北征》："园陵固有神，扫洒数不缺。"吴筠《览古十四首》之一四："田常弑其主，祚国久罔缺。"徐仲雅《赠齐己》："闷见有唐风雅缺，敲破冰天飞白雪。"引申为止息。孟简《享惠昭太子庙乐章》："喧喧金石容既缺，肃肃羽驾就行列。"黄滔《经安州感故郑郎中二首》之二："锦帐先生作牧州，干戈缺后见荒丘。"❻官职的空缺。李嘉祐《故燕国相公挽歌二首》之二："蜀侯供庙略，汉主缺台司。"温庭筠《和友人题壁》："三台位缺严陵卧，百战功高范蠡归。"

【缺月】　❶不圆的月亮。指上弦或下弦月。杜甫《湘江宴饯裴二端公赴道州》："热云集曛黑，缺月未生天。"韩愈《秋怀诗十一首》之七："寒鸡空在栖，缺月烦屡瞰。"杜光庭《题龙鹄山》："道人扫径收松子，缺月初圆天柱峰。"❷残月，将落的月亮。陆龟蒙《独夜有怀因作吴体寄袭美》："人吟侧景抱冻竹，鹤梦缺月沉枯梧。"又《齐梁怨别》："寥寥缺月看将落，檐外霜华染罗幕。"

【缺岸】　指参差不齐的河岸。杜审言《和韦承庆过义阳公主山池五首》之二："迳转危峰逼，桥回缺岸妨。"

【缺折】　缺损断折。白居易《除忠州寄谢崔相公》："剑锋缺折难冲斗，桐尾烧焦岂望琴。"

【缺訛】　残缺讹误。杜甫《石犀行》："嗟尔三犀不经济，缺讹只与长川逝。"韦应物《石鼓歌》："石如鼓形数止十，风雨缺讹苔藓涩。"

【缺落】　❶残缺脱落。杜甫《铜瓶》："蛟龙半缺落，犹得折黄金。"白居易《思旧》："齿牙未缺落，肢体尚轻便。”❷断缺陷落。白居易《折剑头》:“缺落泥土中,委弃无人收。”卢肇《汉堤诗》:“乃泳故堤,陷于沙泥。缺落坳圮,由东讫西。”

【缺裂】 破缺开裂。杜甫《晚晴》:“崖沉谷没白皑皑,江石缺裂青枫摧。”窦庠《金山行》:“外如削成中缺裂,阳气发生阴气结。”

【缺畫】 指文字笔画缺损。韩愈《石鼓歌》:“年深岂免有缺画,快剑斫断生蛟鼍。”

【缺漏】 短缺遗漏。李节《赠释疏言还道林寺诗》序:“因四求散逸不成蕴帙者,至释祠而不见焚而副剩者,又命讲丐以补缮缺漏者。”

【缺籬】 缺损的篱笆。杜甫《秋日夔府咏怀奉寄郑监李宾客一百韵》:“缺篱将棘拒,倒石赖藤缠。”

六　画

缾 〔píng《广韵》薄經发,平青,並。〕同“瓶”。盛器。❶用于盛水。李贺《安乐宫》:“未盥邵陵瓜,瓶中弄长翠。”韩愈《盆池五首》之五:“池光天影共青青,拍岸才添水数瓶。”温庭筠《宿松门寺》:“西山旧是经行地,愿漱寒瓶逐领军。”❷用于盛酒。刘禹锡《白侍郎寄示池北新葺水斋即事招宾十四韵兼命同作》:“酒瓶常不罄,书案任成堆。”白居易《咏家酝十韵》:“瓮揭开时香酷烈,瓶封贮后味甘辛。”杜牧《同赵二十二访张明府郊居联句》:“陶潜官罢酒瓶空,门掩杨花一夜风。”❸用于盛物。寒山《诗三百三首》之一八八:“一瓶铸金成,一瓶埏泥出;二瓶任君看,那个瓶牢实。”白居易《游悟真寺诗》:“双瓶白琉璃,色若秋水寒,隔瓶见舍利,圆转如金丹。”

【缾几】 瓶盂及坐几。用以指僧侣日用器具。王镕《哭赵州和尚二首》之一:“纵是了然云外客,每瞻瓶几泪还流。”

【缾子】 盛器。口小,颈细,腹大,多用于盛水。欧阳炯《题景焕画应天寺壁天王歌》:“地神对出宝瓶子,天女倒披金缕衣。”杨莱儿《答小子弟诗》:“孝廉持水添瓶子,莫向街头乱碗鸣。”

【缾沈簪折】 (沈 chén,今作“沉”)谓瓶沉水底难寻,簪折断难续。用以喻男女分离,爱情断绝。白居易《新乐府·井底引银瓶·止淫奔也》:“瓶沉簪折知奈何,似妾今朝与君别。”

【缾枕】 陶器。中间可以贮水的枕头。李洞《送行脚僧》:“瓶枕绕腰垂,出门何所之?”

【缾盂】 盛水的瓶和盛饭食的钵盂。僧侣外出时常随身携带。蒋吉《题商山修路僧院》:“此地修行山几枯,草堂生计只瓶盂。亦用以借指僧侣。”许棠《送省玄上人归江东》:“瓶盂自此去,应不更还秦。”

【缾鉢】 犹瓶盂。薛能《赠源寂禅师》:“瓶钵镇随腰,怡然处寂寥。”杜荀鹤《赠质上人》:“枿坐云游出世尘,兼无瓶钵可随身。”

【缾罌】 亦作“缾甖”。泛指小口大腹的瓶。古代盛水或酒的瓦器。韩愈《泷吏》:“瓴大瓶罂小,所任自有宜。”韩愈、轩辕弥明等《石鼎联句》:“何当出灰灺,无地计离瓶罂。”

【缾甖】 见“缾罌”。

十　画

甇 〔yīng《广韵》烏莖切,平耕,影。〕古代一种长颈瓶,与罂相类。此处用作人名。柳宗元《游南亭夜还叙志七十韵》:“知罃怀褚中,范叔恋绨袍。”按:知罃,晋大臣。亦称知伯,知武子,荀罃。见《左传·成公三年》。

十一画

罄 〔qìng《广韵》苦定切,去徑,溪。〕❶器中空。见《说文·缶部》。杜甫《对雪》:“金错囊从罄,银壶酒易赊。”元稹《酬乐天东南行诗一百韵》:“瓶罄罍偏耻,松摧柏自枯。”刘禹锡《白侍郎寄示新葺水斋即事招宾十四韵兼命同作》:“酒瓶常不罄,书案任成堆。”陆龟蒙《村夜二篇》之一:“耕稼一以微,囷仓自然罄。”亦用以喻空乏,贫困。姚鹄《书情献知己》:“赁居将罄比,乞食与僧同。”❷尽,用尽。孟浩然《秦中苦雨思归赠袁左丞贺侍郎》:“二毛催白发,百镒罄黄金。”戎昱《冬夜宴梁十三厅》:“家为朋徒罄,心缘翰墨劳。”韩愈《东都遇春》:“为生鄙计算,盐米告屡罄。”❸全,全部。太宗《登三台言志》:“岂如家四海,日宇罄朝伦。”元稹《遣病十首》之二:“身贱杀何益,恩深报难罄。”则天皇后《从驾幸少林寺》:“慈缘兴福绪,于此罄归依。”❹全部使出;全部用出。萧嵩《奉和御制左丞相说右丞相璟太子少傅同日上官命宴都堂赐诗》:“愿罄公忠节,同心奉我皇。”韦应物《军中冬燕》:“旋罄周旋礼,愧无海陆珍。”皎然《答郑方回》:“此道谁共诠,因君情欲罄。”孔德绍《登白马山护明寺》:“摄心罄前礼,访道挹中虚。”引申指尽情。杜甫《严公仲夏枉驾草堂兼携酒馔》:“看弄渔舟移白日,老农何有罄交欢。”陆龟蒙《杂讽九首》之五:“搜扬好古士,一以罄云水。”❺同“磬”。寺院中诵经用的钵形打击乐器。见“罄韻”。

【罄周宣】 周宣,三国魏人。仕为中郎,以善于解梦著闻。因以“罄周宣”喻问卜以寻求解除旱灾之术。张祜《苦旱》:“灵山罢齐景,美玉罄周宣。”

【罄室】 犹倾家。韦庄《秦妇吟》:“入门下马若旋风,罄室倾囊如卷土。”

【罄瓶】 空瓶。出《诗·小雅·蓼莪》。意谓罍尚盈而瓶已竭,喻不能分多予寡,为在位者之职。后多用“罄瓶”指需要帮助增益的人。韩愈《答张彻》:“苹甘谢鸣鹿,罍满惭罄瓶。”

【罄達】 完全具备。许孟容《享文恭太子庙乐章》:“罄达乐成,降歆丰洁。”

【罄竭】 尽心竭力。《郊庙歌辞·太清宫乐章·煌煌》:“罄竭诚至,希夷降灵。”

【罄韻】 击罄的声音。“罄”同“磬”。张毅夫《东林寺》:“猿声云壑断,罄韻竹房深。”

罅 〔xià《广韵》呼訝切,去禡,曉。〕❶裂,裂开。包佶《秋日过徐氏园林》:“鸟窥新罅栗,龟上半欹莲。”韩翃《送客之上谷》:“风翦荷花碎,霜迎栗罅开。”杜牧《华清宫三十韵》:“迸水倾瑶砌,疏风罅玉房。”李咸用《庐山》:“倒松微发罅,飞瀑远成痕。”❷裂缝,缝隙。白居易《双石》:“孔黑烟痕深,罅青苔色厚。”姚合《寄杨茂卿校书》:“黄河冻欲合,船入冰罅行。”贯休《夜对雪作寄友生》:“气射灯花落,光侵壁罅浓。”❸孔隙;空隙。贾岛《夏夜》:“磬通多叶罅,月离片云棱。”方干《送钱特卿赴职天台》:“路入仙溪气象清,垂鞭树石罅中行。”

【罅坼】 开裂;裂缝。岑参《酬成少尹骆谷行见呈》:“泉浇石罅坼,火入松心枯。”卢仝《哭玉碑子》:“勘斗平地上,罅坼多啮缺。”白居易《奉和思黯相公以李苏州所寄太湖石奇状绝伦因题二十韵见示》:“峰骈仙掌出,罅坼剑门开。”

【罅處】 指缝隙所在之处。皮日休《太湖诗·上真观》:“罅处似天裂,朽中如井眢。”

【罅隙】 裂缝。姚合《拾得古砚》:“波澜所激触,背面生罅隙。”

【罅漏】 裂缝,漏洞。陆龟蒙《读襄阳耆旧传因作诗五百言寄皮袭美》:“次补荀孟垣,所贵亡罅漏。”又《杂讽九首》之四:“当其利口衔,罅漏不复数。”

【罅嘴】 裂开嘴。杜牧《鹦鹉》:“避笼交翠尾,罅嘴静新毛。”

十二画

罇 〔zūn《广韵》祖昆切,平魂,精。〕❶盛酒器。见《正字通·缶部》。杜甫《奉汉中王手札》:“从容草奏罢,宿昔奉清樽。”韦庄《江南送李明府入关》:“雨花烟柳傍江邨,流落天涯酒一樽。”❷代指酒。皇甫冉《鲁山送别》:“凄凄游子若飘蓬,明月清樽只暂同。”姚合《送徐州韦仪行军》:“逡巡何足贵,所贵尽残樽。”张为《秋醉歌》:“翠微泛樽绿,苔藓分烟红。”

【罇俎】 古代盛酒和食物的器皿。借指宴席。杨巨源《酬卢员外》:“谢傅旌旗控上游,卢郎樽俎借前筹。”罗隐《升平公主旧第》:“带砺山河今尽在,风流樽俎见无期。”

【罇酌】 指饮酒之器。韦应物《送郑长源》:“须臾在今夕,樽酌且循环。”又《答畅校书当》:“虽云无一资,樽酌会不空。”

【罇酒】 樽中酒。韦应物《上东门会送李幼举南游徐方》:“离弦既罢弹,樽酒亦已阑。”杜牧《商山麻涧》:“秀眉老父对樽酒,蒨袖女儿簪野花。”钱珝《江行无题一百首》之四二:“曹园旧樽酒,戏马忆高台。”

【罇彝】 祭祀用的盛酒器。《郊庙歌辞·蜡百神乐章·迎神》:“鼎俎流芬,樽彝荐美。”

【罇罍】 泛指酒器。褚亮《明堂乐章·肃和》:“樽罍盈列,树羽交映。”方干《袁明府以家酝寄余余以山梅答赠》:“樽罍泛蚁堪尝日,童稚驱禽欲熟时。”张蠙《钱塘夜宴留别郡守》:“四方骚动一州安,夜列樽罍伴客欢。”亦借指宴席。李绅《和晋公三首》之一:“愿假樽罍末,膺门自此依。”

十三画

罋 〔wèng《广韵》於容切,平鍾,影。又烏貢切,去送,影。〕陶制容器,腹部较大。陈陶《竹十一首》之三:“啸入新篁一里行,万竿如瓮锁龙泓。”

十四画

罌 〔yīng《广韵》烏莖切,平耕,影。〕❶古代盛酒或水的瓦器。小口大腹,亦有木制者。见《说文·缶部》。元稹《答姨兄胡灵之见寄五十韵》:“原燎逢冰井,鸿流值木罂。”贾岛《送雍陶及第归成都宁亲》:“制衣新濯锦,开酝旧烧罂。”杜牧《池州送孟迟先辈》:“周鼎列瓶罂,荆璧横抛掇。”❷指口小腹大的瓶。杜甫《腊日》:“口脂面药随恩泽,翠管银罂下九霄。”杨巨源《石水词二首》之一:“银罂深锁贮清光,无限来人不得尝。”李贺《染丝上春机》:“玉罂泣水桐花井,蒨丝沉水如云影。”皮日休《太湖诗·以毛公泉一瓶献上谏议因寄》:“素绠丝不短,越罂腹甚便。”

【罌缸】 泛指盛酒器。韩愈《病中赠张十八》:“倾尊与斟酌,四壁堆罂缸。”

【罌缾】 泛指盛酒器。元结《窊尊诗》:“酒堂贮酿器,户牖皆罂瓶。”

【罌粟】　草本植物名。二年生，花红色、紫色或白色，果实球形，可制鸦片。无名氏《石榴》："流霞色染紫罌粟，黄蜡纸苞红瓠犀。"李贞白有《咏罌粟子》。

十五画

罍　〔léi《广韵》鲁回切，平灰，來。〕古代盛酒器。小口，广肩，深腹，圈足，有盖，多用青铜或陶制成。见《诗·周南·卷耳》。褚亮《明堂乐章·肃和》："樽罍盈列，树羽交映。"王昌龄《留别伊阙张少府郭大都尉》："迁客就一醉，主人空金罍。"王建《送张籍归江东》："黄金未为罍，无以挹酒浆。"

【罍耻】　亦作"罍偏耻"。见《诗·小雅·蓼莪》。谓不能分多予寡，为在位者之耻。后多用以指未能尽力而自愧。元稹《酬乐天东南行诗一百韵》："瓶罄罍偏耻，松摧柏自枯。"皮日休《酒中十咏·酒篘》："自此好成功，无贻我罍耻。"

【罍偏耻】　见"罍耻"。

【罍斝】　泛指酒器。于邵《释奠武成王乐章·迎俎酌献》："五齐絜，九牢硕。梡橛循，罍斝涤。"柳宗元《奉平淮夷雅表·皇武》之四："天子饯之，罍斝是崇。"

【罍满惭罄瓶】　用《诗·小雅·蓼莪》语意，以"罍满"自喻，谓不能予人增益而表示惭愧。韩愈《答张彻》："苹甘谢鸣鹿，罍满惭罄瓶。"参见"罍耻"。

【罍觞】　泛指酒器。王昌龄《何九于客舍集》："罍觞且终宴，功业会未了。"

十六画

罏　〔lú《广韵》落胡切，平模，來。〕同"爐"。❶火炉。杨巨源《夏日苦热同长孙主簿过仁寿寺纳凉》："火入天地罏，南方正何剧。"李洞《避地冬夜与二三禅侣吟集茅斋》："松挂敲冰杖，罏温注月瓶。"❷指香炉。见"罏煙"。

【罏冶】　❶犹冶炼。陆龟蒙《杂讽九首》之七："魁其罏冶姿，形质惟所召。"❷指冶炼的炉子。陆龟蒙《江南秋怀寄华阳山人》："但从罏冶锻，莫受罻罗婴。"

【罏煙】　指庐山香炉峰的云气。吴筠《晚到湖口见庐山作呈诸故人》："石镜启晨晖，罏烟凝寒色。"

【罏錘】　亦作"罏鎚"。犹锤炼。薛逢《上吏部崔相公》："今日罏锤任真宰，暂回风水不应难。"齐己《中春感兴》："应是正人持造化，尽驱幽细入罏锤。"

【罏鎚】　见"罏錘"。

网　部

三　画

罕〔hǎn《广韵》呼旱切，上旱，曉。〕❶少；稀少。张九龄《骊山下逍遥公旧居游集》："岑寂罕人至，幽深获我思。"孟浩然《还山贻湛法师》："心迹罕兼遂，崎岖多在尘。"元稹《何满子歌》："何满能歌能宛转，天宝年中世称罕。"鲍溶《秋思》："吾师罕言命，感激潜伤思。"❷旌旗。李义府《在巂州遥叙封禅》："肃驾彩星苑，扬罕驭风司。"张说《扈从南出雀鼠谷》："霍镇迎云罕，汾河送羽旂。"赵彦昭《奉和幸韦嗣立山庄侍燕应制》："六龙驻旌罕，四牡耀旗常。"

【罕玉】　稀有的美玉。贯休《送卢舍人朝觐》："罕玉藏无映，嵇松画不成。"

【罕有】　少有。杨师道《侍宴赋得起坐弹鸣琴二首》之二："罕有知音者，空劳流水声。"陈子昂《蓟丘览古赠卢居士藏用七首·邹衍》："大运沦三代，天人罕有窥。"杜甫《上水遣怀》："古来经济才，何事独罕有。"

【罕存】　很少保留。独孤及《丙戌岁正月出洛阳书怀》："穷鳞遂蹭蹬，夙昔事罕存。"

【罕至】　很少到达。李建勋《醉中咏梅花》："交亲罕至长安远，一醉如泥岂自欢。"

【罕倫】　很少可与相比。韦应物《送云阳邹儒立少府侍奉还京师》："邹生乃后来，英俊亦罕伦。"

【罕遇】　难得见到。杜甫《雨》："庞公竟独往，尚子终罕遇。"

【罕開】　很少开启。刘得仁《夏日樊川别业即事》："无事称无才，柴门亦罕开。"

【罕齊】　很少相同。曹松《送陈樵校书归泉州》："巨塔列名题，诗心亦罕齐。"

【罕罼】　古代帝王仪仗之旗。李峤《扈从还洛呈侍从群官》："后队咽笳箫，前驱严罕罼。"

【罕儔】　很少可与相比。杜甫《晦日寻崔戢李封》："晚定崔李交，会心真罕俦。"

【罕窥】　很少察看。李白《姑孰十咏·桓公井》："路远人罕窥，谁能见清彻。"

罔〔wǎng《广韵》文兩切，上養，微。〕❶无，没有。张说《过汉南城叹古坟》："松柏剪无余，碑记灭罔传。"薛据《怀哉行》："我闻雷雨施，天泽罔不该。"柳宗元《咏荆轲》："炯然耀电光，掌握罔正夫。"元稹《桐花》："征以节百事，奉事罔不钦。"❷诬，无中生有。李绅《却到浙西》序："及播伏诛，蒙圣恩加察奸邪所罔。"❸蒙蔽；欺骗。白居易《读史五首》之四："人事虽可罔，天道终难欺。"参见"罔上"。❹不。柳宗元《贞符》序："厥符不贞，邦用不靖，亦罔克久，驳乎无以议为也。"欧阳詹《答韩十八驽骥吟》："罔念梁栋功，野长丘墟边。"李绅《泛五湖》："易狎当悔游，临深罔知难。"❺莫，不要。解彦融《雁塔》："实际罔他寻，波罗必可致。"❻通"惘"。忧愁，怅惘。顾况《闲居怀旧》："今日思来总皆罔，汗青功业又何如！"

【罔上】　欺骗君上。李绅《却到浙西》序："（王播）遂与王涯合计诬构，罔上奏陈，米非官米，足私求利。"

【罔兩】　古代传说中的精怪。见《左传·宣公三年》。孟郊《寒溪》之六："悦如罔两说，似诉割切由。"

【罔匪】　无不。"匪"通"非"。柳宗元《贞符》序："厥初罔匪极乱，而后稍可为也。"

【罔罟】　泛指渔猎的工具。李白《古风》之四五："龙凤脱罔罟，飘摇将安托。"

【罔缺】　无缺。吴筠《览古十四首》之十四："田常弑其主，祚国久罔缺。"

【罔浪】　空阔无边。李郃《贺州思九疑作》："上与汗漫期，倒景彻罔浪。"

【罔極】　指父母恩德无穷。见《诗·小雅·蓼莪》。刘禹锡《送僧元暠东游》："传灯已悟无为理，濡露犹怀罔极情。"

【罔象】　❶古代传说中的水怪。见《国语·鲁语下》。元稹《遭风二十韵》："罔象睢盱频逞怪，石尤翻动忽成灾。"刘禹锡《韩十八侍御见示岳阳楼别窦司直诗因令属和》："鹍鹏疑变化，罔象何恢诡？"吴融《海上秋怀》："几度黄昏逢罔象，有时红旭见蓬莱。"❷水盛貌。齐己《荆渚寄怀西蜀无染大师兄》："清秋不动骊龙海，红日无私罔象川。"❸虚无；恍惚无形迹。储光羲《题辛道士房》："逍遥三花发，罔象五云浮。"李白《感时留别从兄徐王延年从弟延陵》："金膏犹罔象，玉液尚磷缁。"皮日休《酒中十咏·酒乡》:"如寻罔象归,似与希夷会。"徐铉《步虚词五首》之一:"凝神归罔象,飞步入青冥。"❹同"象罔"。《庄子·天地》寓言中人物。张籍《罔象得玄珠》:"离娄徒肆目,罔象乃通玄。"参见"象罔"。

【罔测】 不可测量。贯休《寿春节进》:"法天深罔测,体圣妙难知。"

【罔愆】 没有违失。张说《唐享太庙乐章·文舞》:"帝其承祀,率礼罔愆。"赵光逢《梁郊祀乐章·庆和》之六:"交感斯在,昭事罔愆。"

【罔寘】 犹不止。寘,止也,废也。则天皇后《唐大飨拜洛乐章·九和》:"惭惕罔寘,兴居匪宁。"

【罔墜】 不衰败;不丧失。柳宗元《贞符》:"祝唐之纪,后天罔坠。"贯休《大蜀皇帝寿春节进尧铭舜颂二首·尧铭》:"朽索六马,罔坠厥命。"

四 画

罘 〔fú《广韵》縛謀切,平尤,奉。〕❶捕兔网。泛指狩猎用的网。《礼记·月令》:"〔季春之月〕田猎,置、罘、罗、网、毕、翳、喂兽之药,毋出九门。"郑玄注:"兽罟曰罝、罘。"白居易《想东游五十韵》:"蛾须远灯烛,兔勿近罝罘。"❷见"罘罳"。❸见"之罘"。

【罘罳】 ❶古代宫门外的屏墙。《郊庙歌辞·汉宗庙乐舞辞·章庆舞》:"罘罳晓唱鸡人,三牲八簋斯陈。"皇甫冉《同韩给事观毕给事画松石》:"掖垣深观昼无事,终日亭亭在人侧。古槐衰柳宁足论,还对罘罳列行植。"李贺《宫娃歌》:"寒入罘罳殿影昏,彩鸾帘额着霜痕。"贯休《赠杨公杜之舅》:"天地事须归橐籥,文章谁得到罘罳。"❷古代宫城四角用以守望的阁楼。《周礼·考工记·匠人》:"宫隅之制七雉,城隅之制九雉。"郑玄注:"宫隅、城隅谓角浮思也。"唐陆德明释文:"浮思并如字,本或作罘罳。"孙诒让正义:"角浮思者,城之四角为屏以障城,高于城二丈,盖城角隐僻,恐奸究逾越,故加高耳。"皮日休《馆娃宫怀古五绝》之二:"郑妲无言下玉墀,夜来飞箭满罘罳。"❸设在屋檐或窗上以防鸟雀的网。段成式《酉阳杂俎续集·贬误》:"士林间多呼殿榱桷护雀网为罘罳。"《资治通鉴·唐文宗太和九年》:"迎上失升舆,决殿后罘罳,疾趋北出。"胡省三注:"唐宫殿中罘罳,以丝为之,状如网,以捍燕雀,非如汉宫阙之罘罳也。"杜甫《大云寺赞公房四首》之一:"黄鹂度结构,紫鸽下罘罳。"温庭筠《咏寒宵》:"曲琼垂翡翠,斜月到罘罳。"陆龟蒙《奉和袭美开元寺客省早景即事次韵》:"日上罘罳迭影红,一声清楚万缘空。"❹泛指屏障,也指门屏或屏风。李嘉祐《赠王八衢》:"渚田分邑里,山桂树罘罳。"皎然《题报恩寺惟照上人房》:"水文披菡萏,山翠动罘罳。"刘禹锡《秋萤引》:"高丽罘罳照蛛网,斜历璇题舞罗幌。"郑嵎《津阳门诗》:"禄山此时侍御侧,金鸡画障当罘罳。"

五 画

罡 〔gāng《正字通》居康切。〕星名。即天罡星,北斗七星的斗柄。皮日休《寒日书斋即事三首》之一:"空庭好待中宵月,独礼星辰学步罡。"陆龟蒙《奉和袭美太湖诗二十首·毛公坛》:"远怀步罡夕,列宿森然明。"按,道教坛醮时礼拜星斗,召请神灵,其步行转折,谓之"步罡踏斗"。

罟 〔gǔ《广韵》公户切,上姥,見。〕❶网的总称。《说文·网部》:"罟,网也。"陈子昂《感遇诗三十八首》之十二:"呦呦南山鹿,罹罟以媒和。"杜甫《五盘》:"地僻无网罟,水清反多鱼。"殷尧藩《访许浑》:"为言肯共留连饮,涧有青芹罟有鱼。"马戴《校猎曲》:"楚子畋田野,布罟笼天涯。"❷指法网。杜甫《八哀诗·故秘书少监武功苏公源明》:"荥阳复冥莫,罪罟已横罥。"又《遣兴五首》之二:"岂无济时策,终竟畏罗罟。"❸用网捕捉。见"罟擭"。

【罟弋】 捕捉鱼、鸟的工具。杜甫《泛溪》:"童戏左右岸,罟弋毕提携。"仇兆鳌注:"罟以取鱼,弋以取鸟。"

【罟師】 渔夫。王维《送沈子归江东》:"杨柳渡头行客稀,罟师荡桨向临圻。"卢纶《小鱼咏寄泾州杨侍郎》:"莲花影里暂相离,才出浮萍值罟师。"顾况《青弋江》:"村边草市桥,月下罟师网。"

【罟網】 指渔网。司空曙《送乔广下第归淮南》:"戍旌标白浪,罟网入青葭。"钱弘俶《渔者》:"罟网是生涯,柴扉隔水遮。"

【罟擭】 (—wò)用网捕取。借指捕捞之物。卢仝《观放鱼歌》:"忽脱身上殷绯袍,尽买罟擭尽有无。"

罝 〔jū《广韵》子邪切,平麻,精。《集韵》子余切,平魚,精。〕❶捕兔网。《说文·网部》:"罝,兔网也。"王维《戏赠张五弟諲三首》之三:"设罝守毚兔,垂钓伺游鳞。"李白《送韩准裴政孔巢父还山》:"猎客张兔罝,不能挂龙虎。"杜甫《有怀台州郑十八司户》:"昔如水上鸥,今如罝中兔。"❷泛指捕鸟兽的网。王绩《策杖寻隐士》:"新垂滋水钓,旧结茂陵罝。"李白《秋浦歌十七首》之十六:"妻子张白鹇,结罝映深竹。"钱起《春暮过石龟谷题温处士林园》:"设罝连草色,晒药背松阴。"马戴《校猎曲》:"浮云张作罗,万草结成罝。"❸喻法网。柳宗元《同刘二十八院长述旧言怀盛时书事奉寄澧州张员外使君之作》:“屡叹网恢恢,频摇肃肃罝。”❹张网捕捉。见“罝罦”。

【罝罘】 指捕兽网。白居易《想东游五十韵》:“蛾须远灯烛,兔勿近罝罘。”亦用以喻牢笼。韩愈《赴江陵途中寄赠翰林三学士》:“悬知失事势,恐自罹罝罘。”

【罝梁】 捕鸟兽的网具。储光羲《同诸公送李云南伐蛮》:“广车设罝梁,太白收光芒。”

【罝紘】 泛指捕鸟兽的网。纮,提网的绳。韩愈《城南联句》:“笼原匝罝纮。羽空颠雉鹖。”

【罝罼】 泛指捕鸟兽的网。柳宗元《放鹧鸪词》:“徇媒得食不复虑,机械潜发罹罝罼。”

【罝罦】 张网捕捉。孟郊《石淙》之七:“戆兽鲜猜惧,罗人巧罝罦。”

【罝維】 捕兽的网。郑嵎《津阳门诗》:“羽林六军各出射,笼山络野张罝维。”

【罝羅】 泛指捕捉鸟兽的网。孟郊《暮秋感思》:“振羽戛浮云,罝罗任徒尔。”

【罝羅一面】 语本《史记·殷本纪》:“汤出,见野张网四面,祝曰:‘自天下四方皆入吾网。’汤曰:‘嘻,尽之矣!’乃去其三面。”后因以“罝罗一面”喻法令宽大,恩泽遍施。太宗《冬狩》:“旌旗四望合,罝罗一面求。”

罛 〔gū《广韵》古胡切,平模,見。〕大渔网。《淮南子·说山训》:“好鱼者先具罟与罛。”高诱注:“罛,大网。”陆龟蒙《渔具诗·罧》:“左手揭圆罛,轻桡弄舟子。”又《江湖散人歌》:“罛疏沪腐鲂鳏脱,止失检驭无谗疵。”

【罛師】 渔夫。张说《同赵侍御乾湖作》:“鳞宗壳族嬉为府,弋叟罛师利焉聚。”皇甫冉《杂言月洲歌送赵冽还襄阳》:“苦竹林,香枫树,樵子罛师几家住。”李端《送夏侯审游蜀》:“同林息商客,隔栈见罛师。”

罠 〔niǎn 又读 nǎn《广韵》女減切,上豏,娘。〕同“罱”。夹鱼的网。陆龟蒙《渔具诗》序:“网罟之流曰罛,曰罾,曰罺;圆而纵舍曰罩;挟而升降曰罠。”皮日休《奉和鲁望鱼具十五咏·罠》:“烟雨晚来好,东塘下罠去。”

【罠郎】 打渔的人。陆龟蒙《袭美以纱巾见惠继以雅音因次韵酬谢》:“薄如蝉翅背斜阳,不称春前赠罠郎。”

六 画

罣 〔guà《广韵》古惠切,去霽,見。又古賣切,去卦,見。又胡卦切,去卦,匣。〕❶悬挂。韦应物《沣上寄幼遐》:“罥罣丛榛密,披玩孤花明。”又《春月观省属城始憩东西林精舍》:“榛荒屡罥罣,佪侧殆覆颠。”杜牧《奉送中丞姊夫俦自大理卿出镇江西二十一韵》:“红旓罣石壁,黑矟断云根。”❷见“罣礙”。

【罣礙】 佛教语。谓凡心因迷成障,未能悟脱。庞蕴《杂诗》:“神识苟能无罣碍,廓周法界等空虚。”

七 画

罥 〔juàn《广韵》古縣切,去霰,見。又姑泫切,上銑,見。〕❶挂,挂住。《广韵·铣韵》:“罥,挂也。”王绩《过汉故城》:“宫阙谁家域,蓁芜罥我裳。”裴迪《辋川集二十首·椒园》:“凡刺罥人衣,芳香留过客。”皎然《顾渚行寄裴方舟》:“吴婉携笼上翠微,蒙蒙香刺罥春衣。”吴融《古离别》:“蟾蜍正向清夜流,蛱蝶须教堕丝罥。”引申为牵挂。郑愔《奉和春日幸望春宫》:“百草香心初罥蝶,千林嫩叶始藏莺。”❷挂住。顾况《江上》:“江清白鸟斜,荡桨罥蘋花。”白居易《禽虫十二章》之八:“蟏蛸网上罥蜉蝣,反覆相持死始休。”李商隐《燕台四首·春》:“愁将铁网罥珊瑚,海阔天翻迷处所。”❸悬挂。许景先《折柳篇》:“萦花始遍合欢枝,游丝半罥相思树。”岑参《六月三十日水亭送华阴王少府还县》:“荷叶藏鱼艇,藤花罥客簪。”张祜《华清宫和杜舍》:“雀卵遗雕拱,虫丝罥画梁。”李绅《柳二首》之一:“陶令门前罥接篱,亚夫营里拂朱旗。”❹缠绕。《文选·鲍照〈西京赋〉》:“泽葵依井,荒葛罥涂。”吕延济注:“罥,绕。”李峤《清明日龙门游泛》:“罗袂罥杨丝,香桡犯苔发。”杜甫《茅屋为秋风所破歌》:“高者挂罥长林梢,下者飘转沉塘坳。”杨巨源《乌啼曲赠张主事》:“浮萍流荡门前水,任罥芙蓉莫坠沙。”陆龟蒙《袭美将以绿罽为赠因成四韵》:“三径风霜利若刀,襜褕吹断罥蓬蒿。”

【罥挂】 缠绕悬挂。吕温《衡州登楼望南馆临水花》:“罥挂青柳丝,零落绿钱地。”元稹《松树》:“既无贞直干,复有罥挂虫。”又《雉媒》:“飞驰势奔蹙,罥挂在群前。”

【罥罣】 缠绕悬挂。韦应物《沣上寄幼遐》:“罥罣丛榛密,披玩孤花明。”又《春月观省属城始憩东西林精舍》:“榛荒屡罥罣,佪侧殆覆颠。”

【罥雲】 悬挂如云。形容繁盛。李贺《昌谷诗》:“愁月薇帐红,罥云香蔓刺。”

【罥樹】 挂在树上。李商隐《和人题真娘墓》:“罥树断丝悲舞席,出云清梵想歌筵。”

【罥斷】 挂断。高蟾《吴门春雨》:“王孙不耐如丝寸,罥断春风一寸心。”崔橹《南阳见柳》:“夜来风入最高枝,罥断愁肠几尺丝!”

【罥羅】 悬挂的网罗。杜牧《鸡鹊》“日翅闲张锦,风池去罥罗。”

罦　〔fú《广韵》芳無切，平虞，敷。又縛謀切，平尤，並。〕装有机关的捕鸟兽的网。见“罝罦”。

罤　〔tí《广韵》杜奚切，平齊，定。〕捕兔的网。亦泛指兽网。见“罝罤”。

八　画

罫　〔guǎi《集韵》古買切，上蟹，見。〕棋盘上的方格。《文选·韦昭〈博弈论〉》：“所务不过方罫之间。”张铣注：“罫，线之间方目也。”韩愈《奉和虢州刘给事使君三堂新题二十一咏·稻畦》：“罫布畦堪数，枝分水莫寻。”原注：“罫，棋局上方目。”温庭筠《谢公野歌》：“文楸方罫花参差，星陈未成星满地。”

署　〔shǔ《广韵》常恕切，去御，禪。〕❶官署；办公的处所。《国语·鲁语上》：“夫署，所以朝夕虔君命也。”孙逖《和左司张员外自洛使入京赠韦侍御等诸公》：“秋宪府中高唱入，春卿署里和歌来。”高适《同郭十题杨主簿新厅》：“向风扃戟户，当署近棠阴。”张籍《题韦郎中新亭》：“成名同日官连署，此处经过有几人？”李商隐《赠送前刘五经映三十韵》：“微茫金马署，狼籍斗鸡场。”❷布署；布置。《说文·网部》：“署，部署，有所网属。”元稹《后湖》：“公乃署其地，为民先矢谟。”见“署置”。❸署理。指代理，暂任或试充官职。李颀《送刘四》：“从今署右职，莫笑在农桑。”岑参《佐郡思旧游》序：“己亥春三月，参自补阙转起居舍人。夏四月，署虢州刺史。”韩愈《寒食日出游》：“念君又署南荒吏，路指鬼门幽且夐。”❹题写；书写。《广韵·御韵》：“署，书也。”崔融《户部尚书崔公挽歌》：“空余济南剑，天子署高名。”李白《题随州紫阳先生壁》：“复闻紫阳客，早署丹台名。”白居易《和答诗十首·和阳城驿》：“改为避贤驿，大署于门楣。”曹唐《汉武帝于宫中宴西王母》：“长生碧字期亲署，延寿丹泉许细看。”❺署名；签名。韦应物《送丘员外还山》：“终当署里门，一表高阳族。”张籍《祭退之》：“令我署其末，以为后事程。”白居易《渭村退居一百韵》：“差肩承诏旨，连署进封章。”

【署分】　署理职分。武无衡《送许著作分司东都》：“署分刊竹简，书蠹护芸香。”

【署吏】　任命为官。白居易《留别吴七正字》：“成名共记甲科上，署吏同登芸阁间。”

【署字】　在文书上签名。秦系《赠乌程杨苹明府》：“漉酒迎宾急，看花署字迟。”刘禹锡《送王司马之陕州》：“案牍来时唯署字，风烟入兴便成章。”

【署勑】　书写敕文。勑，同“敕”，帝王的诏书。张籍《送裴相公赴镇太原》：“衔恩暂遣分龙节，署勑还同在凤池。”

【署祝】　书写祭祀文辞。尉迟汾《府尹王侍郎准制拜岳因状嵩高灵胜寄呈三十韵》：“署祝纡御札，诏贤导宸衷。”

【署紙】　签写文书。杜牧《感怀诗一首》：“署纸日替名，分财赏称赐。”

【署置】　部署设置。多用以指选用官吏。韩愈《永贞行》：“狐鸣枭噪争署置，睗睒跳踉相妩媚。”

【署職】　暂摄官职。贾岛《送裴校书》：“拜官从秘省，署职在藩维。”

置　〔zhì《广韵》陟吏切，去志，知。〕❶废弃；舍弃。《篇海类编·器用类·网部》：“置，弃也。”骆宾王《从军中共中央行路难二首》之一：“弃置勿重陈，征行多苦辛。”李贺《送沈亚之歌》：“春卿拾材白日下，掷置黄金解龙马。”柳宗元《酬韶州曹长使君寄道州吕八大使因以见示二十韵》序：“凡为韶州所用者，置不取，其声律言数如之。”白居易《读吏五首》之一：“汉文疑贾生，谪置湘之阴。”❷安放。《玉篇·网部》：“置，安置。”李白《送杨少府赴选》：“大国置衡镜，准平天地心。”戴叔伦《少女生日感怀》：“五逢晬日今方见，置尔怀中自惘然。”元稹《雉媒》：“置在芳草中，翻令诱同族。”皮日休《夏景无事因怀章来二上人二首》之二：“从今有计消闲日，更为支公置一床。”❸设置；设立。《广雅·释诂四》：“置，立也。”杜甫《九成宫》：“虽无新增修，尚置官居守。”窦常《奉贺太保岐公承恩致政》：“五色诏中宣九德，百僚班外置三师。”刘禹锡《历阳书事七十韵》：“汉置东南尉，梁分肘腋兵。”陆龟蒙《江湖散人歌》：“禁军近自肃宗置，抑遏国辅争雄雌。”❹安置。《玉篇·网部》：“置，安置。”杜甫《草堂》：“飘飖风尘际，何地置老夫。”韩愈《此日足可惜赠张籍》：“留之不遣去，馆置城西傍。”白居易《哭孔戡》：“人言明明代，合置在朝端。”❺建造；建立。李颀《送刘四赴夏县》：“闻道桐乡有遗老，邑中还欲置生祠。”杨发《南溪书院》：“茅屋住来久，山深不置门。”李建勋《小园》：“更欲从人劝，凭高置草亭。”慕容韦《度揭鸿岭》：“闽越曾为塞，将军旧置营。”❻陈设；摆设。太宗《咏司马彪续汉志》：“车服随名表，文物因时置。”李白《题金陵王处士水亭》：“扫拭青玉簟，为余置金尊。”王建《原上新居十三首》之七：“拟作读经人，空房置净巾。”白居易《戏赠梦得兼呈思黯》：“月终斋满谁开素？须拟奇章置一筵。”❼购置；置办。韩愈《南溪始泛三首》之二：“幸有用余俸，置居在西畴。”元稹《大嘴乌》：“占募能言鸟，置者许高赀。”李涉《醉中赠崔膺》：“白马黄金为身置，谁能独羡他人醉。”❽驿站。《广雅·

释诂四》："置，驿也。"见"置書郵"。❾通"植"。树立；竖立。李颀《题少府监李丞山池》："能向府亭内，置兹山与林。"白居易《杨六尚书留太湖借置庭中》："借君片石意如何？置向庭中慰索居。"姚合《题山寺》："未暇寻僧院，先看置寺碑。"❿通"值"。当，恰当。杨炯《和刘长史答十九兄》："居然混玉石，直置保松筠。"韩愈《寒食日出游》："各言生死两追随，直置心亲无貌敬。"

【置心】 寄托精神。戴叔伦《与虞沔州谒藏真上人》："共问置心何处好，主人挥手指虚空。"白居易《松斋偶兴》："置心思虑外，灭迹是非间。"

【置水】 设置流水。崔国辅《七夕》："扇风生玉漏，置水写银河。"

【置名】 设置功名。孟郊《自叹》："古若不置名，道路无欹倾。"

【置兵】 建立军队。孟郊《自叹》："古若不置兵，天下无战争。"

【置身】 犹存身。谓处于某一境地。白居易《咏怀寄皇甫郎之》："与君别有相知分，同置身于木雁间。"

【置毒】 投放毒物。韩愈《赴江陵途中寄赠翰林三学士》："猜嫌动置毒，对案辄怀愁。"钱仲联集释引《隋书地理志》："畜蛊行以杀人，因食入人腹内，食其五脏。"

【置軍】 设军戍守。军，唐代设兵戍守之地的军事机构。《新唐书·兵志》："唐初，兵之戍边者，大曰军，小曰守捉，曰城，曰镇，而总之者曰道。若卢龙军一，东军等守捉十一，曰平卢道。"李嘉祐《送元侍御还荆南幕府》："八座由持节，三湘亦置军。"

【置亭】 建造亭馆。孟郊《生生亭》："滩闹不妨语，跨溪仍置亭。"

【置莊】 建造别墅。刘禹锡《和牛相公南溪醉歌》："人皆置庄身不到，高贵难与逍遥兼。"

【置酒】 陈设酒宴。宋之问《麟趾殿侍宴应制》："乘舆历万户，置酒望三川。"杜甫《湖城东遇孟云卿复归刘颢宅宿宴饮散因为醉歌》："刘侯叹我携客来，置酒张灯促华馔。"刘禹锡《八月十五日夜半云开然后玩赏因书一时之景寄呈乐天》："开城邀好客，置酒赏清秋。"

【置酒行】 （行 xíng）曲调名。乐府《相和歌辞·平调曲》。李益有《置酒行》。陆龟蒙有《置酒行》。

【置家】 安家。贾岛《逢博陵故人彭兵曹》："偶逢日者教求禄，终傍泉声拟置家。"陆龟蒙《再酬袭美先辈见和襄阳耆旧传之作》："今来置家地，正枕吴江湄。"

【置書】 放下书本。韩愈《秋怀诗十一首》之八："顾谓汝童子，置书且安眠。"

【置書郵】 谓传递文书、信件的驿使。语本南朝宋刘义庆《世说新语·任诞》："殷洪乔作豫章郡。临去，郡下人因附百许函书。既至石头，悉掷水中，因祝曰：'沉者自沉，浮者自浮，殷洪乔不能作致书邮。'"杜甫《晚秋长沙蔡五侍御饮筵送殷六参军归澧州觐省》："甘从投辖饮，肯作置书邮。"陆龟蒙《送友人之湖上》："欲寄一函聊问讯，洪乔宁作置书邮。"

【置陳】 犹陈设。张九龄《题画山水障》："置陈北堂上，仿像南山前。"

【置琴】 安放瑶琴。白居易《琴》："置琴曲几上，慵坐但含情。"

【置詞】 措词。皇甫冉《酬张二仓曹扬子所居见寄兼呈韩郎中》："渔父置词相借问，郎官能赋许依投。"

【置鉛】 荆轲刺秦王事败后，其友高渐离以善击筑而闻名。秦始皇乃使其目失明，命之击筑。高渐离置铅于筑中，伺机举筑击始皇，不中被诛。见《史记·刺客列传》。后以"置铅"为报仇的典实。李白《结袜子》："燕南壮士吴门豪，筑中置铅鱼隐刀。"

【置榻】 东汉时，太守陈蕃特为名士徐稚设置专用的榻，在他走后就悬挂起来。见《后汉书·陈蕃传》。后以"置榻"喻礼待贤士或受人礼遇。崔融《哭蒋詹事俨》："置榻恩逾重，迎门礼自卑。"韦应物《送陆侍御还越》："置榻宿清夜，加笾宴良辰。"司空曙《送张弋》："酒倦临流醉，人逢置榻迎。"

【置錐】 插立锥子。形容极其狭小，用以指安身立足之地。韦应物《答故人见谕》："况本濩落人，归无置锥地。"李商隐《咏怀寄秘阁旧僚二十六韵》："粝食空弹剑，亨衢讵置锥。"

【置醴】 《汉书·楚元王刘交传》："穆生不嗜酒，元王每置酒，常为穆生设醴。"醴：甜酒。后以"置醴"作为敬礼宾客的典实。宋之问《梁宣王挽词三首》之一："今日衣冠送，空伤置醴人。"杜甫《八哀诗·赠太子太师汝阳郡王琎》："晚年务置醴，门引申白宾。"又《壮游》："曳裾置醴地，奏赋入明光。"李瀚《蒙求》："楚元置醴，陈蕃下榻。"

【置驛】 汉代郑当时，以任侠自喜，常在长安郊外置驿马，接待宾客。见《汉书·郑当时传》。后遂以"置驿"喻称热诚待客。骆宾王《和孙长史秋日卧病》："调弦三妇至，置驿五侯来。"杜甫《秋日夔府咏怀奉寄郑监李宾客一百韵》："置驿常如此，登龙盖有焉。"李商隐《五言述德抒情诗》："登门惭后至，置驿恐虚迎。"亦作"置驛騎"。崔翘《郑郎中山亭》："无劳置驿骑，文酒可相求。"

【置驛騎】 见"置驛"。

罨 〔yǎn《广韵》衣俭切，上琰，影。又於業切，入業，影。〕掩盖；覆盖。《说文·网部》："罨，罕也。从网，奄声。"段玉裁注："奄，覆也。此举形声包会意。"白居易《宿杜曲花下》："斑竹盛茶柜，红泥罨饭炉。"皮日休《太湖诗·初入太湖》："西风乍猎猎，惊波罨涵碧。"张泌《春江雨》："子规叫断独未眠，罨岸春涛打船尾。"

【罨畫】 ❶彩色的绘画。明杨慎《丹铅总录·订讹·罨画》："画家有罨画，杂彩色画也。"白居易《草词毕遇芍药初开偶成十六韵》："疑香薰罨画，似泪著胭脂。"亦用以喻景物之秀丽。元稹《刘阮妻二首》之二："芙蓉脂肉绿云鬟，罨画楼台青黛山。"秦韬玉《送友人罢举授南陵令》："花明驿路燕脂暖，山入江亭罨画开。"谭用之《再游韦曲山寺》："鹊岸烟断玉巢攲，罨画春塘太白低。"花蕊夫人徐氏《宫词》之二五："新秋女伴各相逢，罨画船飞别归浦申。"❷指罨画溪。郑谷《寄献湖州从叔员外》："顾渚山边郡，溪将罨画通。"李中《送姚端秀才游昆陵》："若耶罨画应相似，越岫吴峰尽接连。"见"罨畫溪"。

【罨畫溪】 溪名。在湖州长兴县西，一名西溪。上有罨画亭。见宋王象之《舆地纪胜》卷四。许浑《送上元王明府赴任》："荒城村暗沉书浦，旧宅花连罨画溪。"又《紫藤》："醉中掩瑟无人会，家近江南罨画溪。"亦省作"罨溪"。姚合有《寄杨工部闻昆陵舍弟自罨溪入茶山》诗。

【罨溪】 见"罨畫溪"。

【罨颯被】 罨飒公主之珍珠被。郑嵎《津阳门诗》："象床尘凝罨飒被，画檐虫网颇梨碑。"自注："上止华清，罨飒公主尝为上晨召，听按《新水调》。主爱起晚，遽冒珍珠被而出。乃冠至，仓惶随驾出宫，后不知省。及上归南内，一旦再入此宫，而罨飒之被，宛然而尘积矣。"

【罨樓船】 指有彩绘楼阁装饰的游船。花蕊夫人徐氏《宫词》之二三："翔鸾阁外夕阳天，树影花光远接连。望见内家来往处，水门斜过罨楼船。"

罪 〔zuì《广韵》租賄切，上賄，從〕❶犯法的行为。《玉篇·网部》："罪，犯法也。"骆宾王《畴昔篇》："冶长非罪曾缧绁，长孺然灰也经溺。"元结《治风诗五篇·至正》："功不滥赏，罪不滥刑。"白居易《读史五首》之四："巧言构人罪，至死人不疑。"亦指罪人。张衮《梁郊祀乐章·庆休》："七旬罪已服，六月师方克。"❷过失；错误。杜甫《喜雨》："沧江夜来雨，真宰罪一雪。"韩愈《琴操十首·履霜操》："儿罪当笞，逐儿何为？"刘言史《苦妇词》："何处摈逐深，一罪三见颠。"❸惩罚；治罪。李颀《绝缨歌》："君王赦过不之罪，暗中珠翠鸣珊珊。"杜甫《敬寄族弟唐十八使君》："得罪永泰末，放之五溪滨。"苏源明《秋夜小洞庭离宴诗》序："狂夫之言，不足罪也。"齐己《经贾岛旧居》："地宁销志气，天忍罪清才。"❹归罪。杜甫《剑门》："吾将罪真宰，意欲铲叠嶂。"李益《过马嵬》："汉将如云不直言，冠来翻罪绮罗恩。"

【罪人】 ❶有罪的人。白居易《诏下》："昨日诏下去罪人，今日诏下得贤臣。"❷归罪于人。孟郊《酒德》："罪人免罪酒，如此可为箴。"

【罪己】 引咎自责。杜甫《往在》："一朝自罪己，万里车书通。"又《咏怀二首》之一："先王实罪己，愁痛正为兹。"钱起《秋霖曲》："且如歌笑日挥金，应笑禹汤能罪己。"

【罪己詔】 帝王引咎自责的诏书。白居易《贺雨》："遂下罪己诏，殷勤告万邦。"

【罪名】 罪过，过失。白居易《和答诗十首·答箭镞》："反责镞太利，矢人获罪名。"李玖《白衣叟述甘常馆西楹诗》："浮云凄惨日微明，沉痛将军负罪名。"

【罪戾】 罪过，罪行。杜甫《秋日荆南述怀三十韵》："罪戾宽犹活，干戈塞未末。"元结《舂陵行》序："若不应命，又即获罪戾，必不免也。"范质《诫儿侄八百字》："尔曹当悯物，勿使增罪戾。"亦指过失。鲍溶《子规》："蜀帝胡为鸟？惊急如罪戾。"

【罪根】 佛教语。指罪恶深重，不可自拔。无名氏《五言诗》之四（外编下）："悉能造罪根，不懈生惭愧。"无名氏《五言白话诗》之十五（外编下）："有意造罪根，无心念诸佛。"

【罪罟】 《诗·小雅·小明》："岂不怀归，畏此罪罟。"马瑞辰通释引《说文》："罪，捕鱼竹网。罟，网也。"郑玄笺："我诚思归，畏此刑罪罗网我，故不敢归尔。"后因以"罪罟"为法网。杜甫《八哀诗·故秘书少监武功苏公源明》："荥阳复冥莫，罪罟已横罥。"

【罪累】 （—lěi）犹罪过，罪行。寒山《诗三百三首》之一八五："君身招罪累，妻子成快活。"

【罪過】 ❶过失；罪行。元稹《哭女樊四十韵》："说人偷罪过，要我抱纵横。"卢仝《月蚀诗》："月明无罪过，不纠蚀月虫。"树龙褒《岭南归后献诗》："敕知无罪过，追来与将军。"❷幸亏。王建《山中惜花》："忽看花渐稀，罪过酒醒时。"

【罪過漢】 指罪犯。无名氏《五言诗》之六（外编下）："路人见心酸，傍看罪过汉。"

【罪辜】 罪行。韩愈《孟东野失子》："此独何罪辜，生死旬日间？"

【罪楂】 （—chá）佛教语。犹罪根。楂，根楂。寒山《诗三百三首》之一九七："世界何事最堪嗟，尽是三途造罪楂。"见"罪根"。

【罪歲】 归罪于年成。语出《孟子·梁惠王上》：

“王无罪岁，斯天下之民至焉。”陆龟蒙《彼农二章》之二：“孟子有言，王无罪岁。”

【罪業】 佛教语。谓身、口、意三业所造之罪。亦泛指应受恶报的罪孽。寒山《诗三百三首》之二三二：“罪业如毘富，岂得免灾毒。”

【罪諐】 罪过；过失。顾况《归阳萧寺归命稽首作诗》：“尽力答明主，犹自招罪諐。”韩愈《示爽》：“强颜班行内，何实非罪諐。”

【罪福】 佛教语。佛家谓五逆十恶等为罪，五戒十善等为福。罪有苦报，福有乐果。韩愈《华山女》：“广张罪福资诱胁，听众狎恰排浮萍。”

罩 〔zhào《广韵》教教切，去效，知。〕❶捕鱼竹笼。《说文·网部》：“罩，捕鱼器也。”李贺《感讽六首》之六：“水宴截香腴，菱科映青罩。”温庭筠《罩鱼歌》：“持罩入深水，金鳞大如手。”皮日休《奉和鲁望渔具十五咏·罩》：“芒鞋下葑中，步步沉轻罩。”❷用罩捕鱼。温庭筠《罩鱼歌》：“朝罩罩城南，暮罩罩城西。”皮日休《奉和鲁望夏日四声四首·平去声》：“书疲行终朝，罩困卧至暮。”见“罩汕”。❸覆盖；遮盖。张说《同赵侍御乾湖作》：“气色纷沦横罩海，波涛鼓怒上漫天。”柳宗元《法华寺石门精舍三十韵》：“结构罩群崖，回环驱万象。”李群玉《别尹炼师》：“尘笼罩浮世，遐思空飞越。”曹倚古《池上》：“荷叶罩芙蓉，圆青映嫩红。”❹扣上，套上。寒山《诗三百三首》之二七九：“猕猴罩帽子，学人避风尘。”引申指罗致。李山甫《又代哭孔明先主》：“尽驱鬼神随鞭策，全罩英雄入网罗。”王仁裕《示诸门生》：“何幸不才逢盛世，偶将疏网罩群英。”

【罩汕】 指用渔具捕鱼。韩愈《崔十六少府摄伊阳以诗及书见投因酬三十韵》：“况住洛之涯，鲂鳟可罩汕。”原注：“罺谓之汕，篧谓之罩，捕鱼笼也。”

【罩魚】 用捕鱼笼捕鱼。温庭筠有《罩鱼歌》。

【罩雲】 笼罩的云。太宗《咏雨》：“罩云飘远岫，喷雨泛长河。”又《月晦》：“罩云朝盖上，穿露晓珠呈。”

【罩罩】 鱼游貌。《诗·小雅·南有嘉鱼》：“南有嘉鱼，烝然罩罩。”高亨注：“《说文》作𩸞𩸞，当是鱼儿摆尾的状态。”徐夤《南》：“罩罩嘉鱼忆此方，送君前浦恨难量。”

【罩蓬】 指有篷盖的船。蓬，通“篷”。钱起《夜泊鹦鹉州》：“月照溪边一罩蓬，夜闻清唱有微风。”见“篷舟”。

罭 〔lù〕见“罭𦍧”。

【罭𦍧】 下垂貌。温庭筠《归国遥》词：“香玉，翠凤宝钗垂罭𦍧。”又《菩萨蛮》词之十三：“绣帘垂罭𦍧，眉袋远山绿。”

九 画

罳 〔sī《广韵》息兹切，平之，心。〕见“罘罳”。

罰 〔fá《广韵》房越切，入月，奉。〕处罚。杜甫《乐游园歌》：“数茎白发那抛得，百罚深杯亦不醉。”白居易《答刘和州禹锡》：“不教才展休明代，为罚诗争造化功。”熊孺登《曲池陪宴即事上窦中丞》：“欲知举目无情罚，一片花流酒一杯。”

【罰一勸百】 处分一人而劝诫众人。韩愈《谁氏子》：“罚一劝百政之经，不从而诛未晚耳。”

【罰杯】 罚饮的酒杯。姚合《喜胡遇至》：“相对题新什，迟成举罚杯。”

【罰金】 犹罚款。古制纳金赎罪，因称“罚金”。《史记·张释之冯唐列传》：“廷尉奏当，一人犯跸，当罚金。”裴骃集解引如淳曰：“乙令，‘跸先至而犯者，罚金四两’。”张谓《寄崔泮州》：“罚金殊往日，鸣玉幸同时。”

【罰酒】 输者受罚饮酒。杜牧《过大梁闻河亭方宴赠孙子端》：“板落岂缘无罚酒，不教客右更添人。”

【罰俸】 停发官吏薪俸的处分。元稹《元和五年予官不了罚俸西归因投五十韵》：“罚俸得西归，心知受朝庇。”

【罰啀】 受罚饮酒。啀，吸饮。元稹《痁卧闻幕中诸公征乐会饮因有戏呈三十韵》：“筹箸随宜放，投盘止罚啀。”

【罰鍰】 纳金赎罪。语出《书·吕刑》：“墨辟疑赦，其罚百锾，阅实其罪。”孔传：“疑则赦，从罚。六两曰锾。锾，黄铁也。”锾，计量单位，后引申为罚金。柳宗元《酬韶州裴曹长使君寄道理州吕八大使因以见示二十一韵》：“圣理高悬象，爰书降罚锾。”

【罰籌】 罚酒用以计数的筹牌。刘禹锡《浙西李大夫述梦四十韵斐然继声》：“罚筹长竖纛，觥盏样如舠。”

罯 〔ǎn《广韵》乌感切，上感，影。又乌合切，入合，影。〕覆盖。《说文·网部》：“罯，覆也。”元稹《春六十韵》：“郁金垂嫩柳，罯画委高笼。”白居易《池上小宴问程秀才》：“净淘红粒罯香饭，薄切紫鳞烹水葵。”见“罯罯”。

【罯罯】 覆盖貌。元稹《大云寺二十韵》：“果枝低罯罯，花雨泽霁霁。”

罬

〔yuē〕见“罬署”。

【罬署】 渔网。陆龟蒙《和胥口即事》：“断岸沉渔罬署，邻村送客舭舠。”原注：“约略二音，鱼网也。”

十 画

罼

〔bì《广韵》卑吉切，入質，幫。〕古代帝王出行时的仪仗。《晋书·礼志下》：“今迎皇后……旄头罼罕并出即用。”李峤《扈从还洛呈侍从群官》：“后队咽笳箫，前驱严罕罼。”

罷[1]

〔bà《广韵》薄蟹切，上蟹，並。〕❶停止。《广韵·蟹韵》：“罢，止也。”孟浩然《宴包二融宅》：“开襟成欢趣，对酒不能罢。”杜甫《观公孙大娘弟子舞剑器行》：“来如雷霆收震怒，罢如江海凝青光。”刘禹锡《七夕二首》之一：“机罢犹安石，桥成不碍槎。”李商隐《齐宫词》：“梁台歌管三更罢，犹自风摇九子铃。”❷完了；完毕。杜审言《赋得妾薄命》：“自怜春色罢，团扇复迎秋。”杜甫《同李太守登历下古城员外新亭亭对鹊湖》：“新亭结构罢，隐见清湖阴。”卢纶《偶宿山中忆畅当》：“读易罢三卷，弹琴当五更。”翁承赞《题影祥院》：“农罢树阴黄犊卧，斋时山下白衣来。”❸过了；过后。卢照邻《结客少年场行》：“追奔瀚海咽，战罢阴山空。”李颀《送山阴姚丞携妓之任寄苏少府》：“山阴政简甚从容，到罢惟求物外踪。”韩翃《送李明府赴滑州》：“渭城寒食罢，送客归远道。”李商隐《行次西郊作一百韵》：“我听此言罢，冤愤如相焚。”❹归，返回。《广雅·释诂二》：“罢，归也。”王勃《临高台》：“为君安宝髻，蛾眉罢花丛。”杜甫《重赠郑炼》：“郑子将行罢使臣，囊无一物献尊亲。”仇兆鳌注引师氏曰：“郑炼出为使臣，其罢归也。”皇甫冉《闲居作》：“多病辞官罢，闲居作赋成。”皮日休《七爱诗·白太傅》：“高吟辞两掖，清啸罢三川。”❺放遣。《说文·网部》：“罢，遣有罪也。”王筠句读：“遣者，纵也，纵舍之也。”李白《留别曹南群官之江南》：“十年罢西笑，览镜如秋霜。”韩愈《泷吏》：“吏曰聊戏官，侬尝使往罢。”❻免去；解除。骆宾王《咏怀古意上裴侍郎》：“三十二余罢，鬓是潘安仁。”陈熙晋笺注：“三十二余罢，谓罢学士职也。”岑参《送任郎中出守郎州》：“罢起郎官草，初封刺史符。”刘禹锡《朗州窦员外见示赠答长句二篇因以继和》：“应怜一罢金闺籍，枉渚逢春十度伤。”王贞白《赠刘凝评事》：“棘寺官初罢，梁园静掩扉。”❼省去；取消；废除。卢照邻《首春贻京邑文士》：“寂寂罢将迎，门无车马声。”王维《上张令公》：“从兹罢角觝，且复幸储胥。”李益《五城道中》：“未知朔方道，何年罢兵赋？”白居易《新乐府·昆明春》：“吴兴山中罢榷茗，鄱阳坑里休封银。”

罷[2]

〔pí《广韵》符羈切，平支，並。〕见“罷₂倦”“罷₂病”。

【罷₂人】 疲困之民。指为征敛所苦之百姓。《周礼·秋官·大司寇》：“以圜土聚教罢民。”郑玄注：“圜土，狱城也，聚罢民其中，困苦以教之为善也。民不愍作劳，有似于罢。”唐代避讳改“罢民”为“罢人”。高适《酬裴员外以诗代书》：“罢人纷争讼，赋税如山崖。”杜甫《宿花石戍》：“罢人不在村，野圃泉自注。”

【罷屯】 免除戍守。丁儒《归闲诗二十韵》：“漳北遥开郡，泉南久罢屯。”

【罷手】 停止。王梵志《诗》之八〇：“一日无常去，王前罢手行。”

【罷引】 免去前导。引，导引。指官吏出行时前列的仪仗。李绅《新楼诗二十首·新楼》：“戎容罢引旌旗卷，朱户褰开雉堞高。”

【罷去】 免去。指免职。张说《九日进茱萸山诗五首》之四：“时来谒轩后，罢去坐蓬瀛。”

【罷市】 市上停止买卖。岑参《故仆射裴公挽歌三首》之一：“罢市秦人送，还乡绛老迎。”雍陶《哭饶州吴谏议使君》：“忽闻身射满朝惊，俄感鄱阳罢市情。”

【罷吏】 免职官职。姚合《新居秋夕寄李廓》：“罢吏童仆去，洒扫或自专。”李颀《奉送漪叔游颍川兼谒淮阳太守》：“罢吏今何适，辞家方独行。”

【罷曲】 （一qǔ）停止演奏。李绅《州中小饮便别牛相》：“笙歌罢曲辞宾侣，庭竹移阴就小斋。”房元阳《送薛大入洛》：“哀思一罢曲，幽桂徒芳菲。”

【罷任】 卸任，免除官职。吉皎《七老会诗》：“休官罢任已闲居，林苑园亭兴有余。”

【罷守】 解除郡守职务。韦应物《寓居永定精舍》：“政拙忻罢守，闲居初理生。”又《野居》：“今得罢守归，幸无世欲患。”

【罷吟】 停止吟诗。李商隐《县中恼饮席》：“晚醉题诗赠物华，罢吟还醉忘归家。”鲍君徽《惜花吟》：“妆成罢吟恣游后，独把芳枝归洞房。”

【罷兵】 停止用兵。王建《宿长安县后斋》：“新向金阶奏罢兵，长安县里绕池行。”马戴《征妇叹》：“但见请防胡，不闻言罢兵。”汪遵《昭君》：“汉家天子镇寰瀛，塞北羌胡未罢兵。”

【罷亞】 稻名。杜牧《郡斋独酌》：“罢亚百顷稻，西风吃半黄。”自注：“稻名。”冯集梧注引《词林海错》：“罢亚，稻多貌。”

【罷直】 停止值勤。直，当值。司空署《送吉校书东归》：“少年芸阁吏，罢直暂归休。”

【罷使】　去职。岑参有《临洮泛舟赵仙舟自北庭罢使还京》。

【罷官】　❶辞去官职。宋之问《伤王七秘书监寄呈杨州陆长史》:“罢官七门里,归老一丘中。”李白《赠汉阳辅录事二首》:“南浦登楼不见君,君今罢官在何处。”韦应物《洛都游寓》:“罢官守园庐,岂不怀渴饥。”周贺《送韩评事》:“罢官余俸租田种,送客回舟载石归。”❷免除官职。李颀《送陈章甫》:“闻道故林相识多,罢官昨日今如何?”张籍《寄孙冲主簿》:“马从同事借,妻怕罢官贫。”白居易《游坊口悬泉偶题石上》:“早晚重来游,心期罢官后。”

【罷郎】　解除郎官职务。李频《送侯郎中任新定二首》之二:“罢郎东出守,半路得浮舟。”李洞《送曹郎中南归时南中用军》:“罢郎吟乱里,帝远岂知贤。”

【罷政】　谓免除宰相职务。李群玉有《池州封员外郡斋双鹤丹顶霜翎仙态浮旷罢政之日因呈此章》。

【罷相】　(—xiàng)免除宰相职务。李适之《罢相作》:“避贤初罢相,乐圣且衔杯。”赵嘏《送令狐郎中赴郢州》:“大冯罢相吟诗地,莫惜频登白雪楼。”

【罷軍】　停止军事行动。刘长卿《夏口送长宁杨明府归荆南因寄幕府诸公》:“百越今无事,南征欲罢军。”

【罷郡】　解除郡守职务。白居易《想归田园》:“归乡年亦非全老,罢郡家仍未苦贫。”郑巢《送姚郎中罢郡游越》:“逍遥方罢郡,高兴接车瓯。”李绅有《寿阳罢郡日有诗十首》。

【罷秩】　解除官职。秩,俸禄。韦应物《答崔都水》:“久嫌官府劳,初喜罢秩闲。”周贺《寄韩司兵》:“已知罢秩辞泷水,相劝移家近岳云。”李益有《罢秩后入华山采茯苓逢道者》。

【罷₂倦】　疲倦。陆龟蒙《丁隐君歌》序:“与人相接,礼简而情至,周旋累年,未尝有罢倦之色。”

【罷耕】　停止耕种。贾岛《送令狐绹相公》:“罢耕田料废,省钓岸应榛。”

【罷₂病】　贫病交加而精疲力尽。杜甫《愁》:“渭水秦山得见否?人经罢病虎纵横。”

【罷酒】　饮完酒。萧颖士《早春过七岭寄题硖石裴丞壁厅》:“弥叹春罢酒,牵卑从此分。”许浑《江上喜洛中亲友继至》:“罢酒松筠晚,赋诗杨柳春。”

【罷雪】　停止下雪。孟浩然《行至汝坟寄卢征君》:“洛川方罢雪,嵩嶂有残云。”

【罷唱】　停唱。白居易《秦中吟十首·五弦》:“清歌且罢唱,红袂亦停舞。”李绅《寿阳罢郡日十首·忆东湖》:“菱歌罢唱鹢舟回,雪鹭银鸥左右来。”亦指唱完、唱过。李贺《河南府试十二月乐词·九月》:“鸡人罢唱晓珑璁,鸦啼金井下疏桐。”

【罷钓】　垂钓完。雍陶《送前鄠县李少府》:“罢钓临秋水,开尊对月华。”郑巢《送人赴举》:“归国与僧别,秋江罢钓行。”

【罷琴】　弃绝弹琴。喻指失去知音。沈佺期《哭苏眉州崔司业二公》:“罢琴明月夜,留剑白云天。”杜甫《送孔巢父游江东兼呈李白》:“罢琴惆怅月照席,几岁寄我空中书?”李端《长安书事寄卢纶》:“向秀初闻笛,钟期久罢琴。”许浑《送从兄别驾归蜀》:“风凄闻笛处,月惨罢琴时。”

【罷朝】　(—cháo)指臣子到朝廷觐见君王后回归。杜甫《奉答岑参补阙见赠》:“窈窕清禁闼,罢朝归不同。”薛据《古兴》:“鸣珮初罢朝,自言皆近臣。”李商隐《晓坐》:“后阁罢朝眠,前墀思黯然。”

【罷雲和】　弦乐弹奏完毕。云和,琴瑟琵琶等弦乐器的总称。王涯《宫词三十首》之二四:“迎风殿里罢云和,起听新蝉步浅莎。”

【罷賀】　朝贺完毕。韩愈《南内朝贺归呈同官》:“罢贺南内衙,归凉晓凄凄。”

【罷夢】　犹梦醒。独孤申叔《终南精舍月中闻磬》:“羁人方罢梦,独雁忽迷群。”严巨川《太清宫闻滴漏》:“青楼人罢梦,紫陌骑将行。”

【罷愁】　消除忧愁。张九龄《初入湘中有喜》:“望鸟唯贪疾,闻猿亦罢愁。”

【罷閱】　读完,读过。李绅《寿阳罢郡日十首·发寿阳分司敕到又遇新正感怀书事》:“罢阅旧林三载籍,又开新历四年春。”薛涛《听僧吹芦管》:“罢阅梵书聊一弄,散随金磬泥清秋。”

【罷戰】　停战。刘长卿《毗陵送邹结先赴河南充判官》:“罢战逢时泰,轻徭伫俗和。”又《送卢侍御赴河北》:“千里按图收故地,三军罢战及春耕。”

【罷興】　(—xìng)犹兴尽。张九龄《临泛东湖》:“罢兴还江城,闭关聊自遣。”

【罷舉】　科举考试完毕。杨巨源有《送陈判官罢举赴江外》。喻凫有《送友人罢举归蜀》。刘沧有《送友人罢举赴蓟门从事》。

【罷戲】　(—huī)谓停止调兵遣将。戏,同“麾”。指挥。刘禹锡《和董遮中古散调词赠尹果毅》:“谒者既清宫,诸侯各罢戏。”

【罷獵】　废除游猎。元稹《桐花》:“君若不罢猎,请听荒于禽。”又《楚歌十首》之四:“惧盈因邓曼,罢猎为樊姬。”

【罷講】　讲完经;讲经之后。皇甫冉《送廷陵陈法师赴上元》:“延陵初罢讲,建业去随缘。”周贺《赠神遘上人》:“行斋罢经仍香气,布褐离床带雨痕。”

【罷職】　解除职务。韦应物《陪元侍御春游》:“不因俱罢职,岂得此时同。”李频《黔中罢职将泛江东》:"黔中初罢职,薄俸亦无残。"陆龟蒙《和过张祜处士丹阳故居》序:"性嗜水石,悉力致之,从知南海间罢职,载罗浮石笋还。"

【罷歸】 免职归里;辞职归里。张九龄《酬宋使君见赠之作》:"罢归犹右职,待罪尚南荆。"刘长卿《送李中丞之襄州》:"罢归无旧业,老去恋明时。"韦应物《闲居赠友》:"补吏多下遣,罢归聊自度。"李峤有《安辑岭表事平罢归》。

【罷觀】 停止游览。韦应物《还阙首途寄精舍亲友》:"休沐日云满,冲然将罢观。"

十一画

罭〔sù〕见"罜罭""䍡罭"。

䍡〔lù《广韵》盧谷切,入屋,來。〕见"䍡罭"。

【䍡罭】 下垂貌。李贺《春坊正字剑子歌》:"挼丝团金悬䍡罭,神光欲截蓝田玉。"

罹〔lí《广韵》吕知切,平支,來。〕❶遭受;遭遇。《集韵·戈韵》:"罹,遭也。"张九龄《奉和圣制幸晋阳宫》:"隋季失天策,万方罹凶残。"高适《同群公出猎海上》:"豺狼窜榛莽,麋鹿罹艰虞。"王建《山中寄及第故人》:"始终名利途,慎勿罹咎殃。"李中《献中书潘舍人》:"茫茫罹险阻,往往耗精神。"❷忧患。《诗·王风·兔爰》:"我生之初,逢此百罹。"毛传:"罹,忧也。"刘长卿《送王员外归朝》:"海内罹多事,天涯见近臣。"韩愈《寄崔二十六立之》:"鲸以兴君身,失所逢百罹。"

【罹兵】 遭受战乱。刘禹锡《口兵戒》:"人或罹兵,道涂奔救。"

【罹苦】 遭受苦难。孟云卿《伤怀赠故人》:"人生早罹苦,寿命悲不常。"

【罹殃】 遭受祸害。杜甫《壮游》:"朱门任倾夺,赤族迭罹殃。"韩愈《此日足可惜赠张籍》:"俄有东来说,我家免罹殃。"胡曾《咏史诗·云梦》:"汉祖听谗不可防,伪游韩信果罹殃。"

【罹罟】 落网。陈子昂《感遇诗三十八首》之十二:"呦呦南山鹿,罹罟以媒和。"

【罹患】 遭受祸患。吴融《风雨吟》:"李膺勾党即罹患,窦武忠谋又未行。"

【罹禍】 遭受祸害。杜甫《述怀一首》:"比闻同罹祸,杀戮到鸡狗。"

【罹亂】 遭遇战乱。罗隐《初秋寄友人》:"九华曾屏迹,罹乱与心违。"又《遣兴》:"何堪罹乱后,更入是非中。"

【罹謗】 遭受诽谤。崔湜《至桃林塞作》:"抱冤非忤物,罹谤岂由人。"

罻〔wèi《广韵》於胃切,去未,影。〕捕鸟网也。《说文·网部》:"罻,捕鸟网也。"见"罻羅"。

【罻羅】 捕鸟的网。《楚辞·九章·惜诵》:"矰弋机而在上兮,罻罗张而在下。"王逸注:"罻罗,鸟网也。"徐铉《和尉迟赞善病中见寄》:"仙郎移病暑天过,却似冥鸿避罻罗。"亦用以喻法网。刘禹锡《答柳子厚》:"会待休车骑,相随出罻罗。"陆龟蒙《江南秋怀寄华阳山人》:"但从垆冶锻,莫受罻罗婴。"

罺〔cháo《广韵》初教切,去效,初。又侧交切,平肴,莊。〕捕鱼具。《广韵·肴韵》:"罺,抄网。"陆龟蒙《渔具诗》序:"网罟之流,曰罛,曰罾,曰罺。"

十二画

罽〔jì《广韵》居例切,去祭,見。〕毛织物;毛毯。《汉书·东方朔传》:"木土衣绮绣,狗马被缋罽。"颜师古注:"罽,织毛也,即氍毹之属。"胡元范《奉和太子纳妃太平公主出降三首》之一:"排空列锦罽,腾欢溢皇州。"杜甫《八哀诗·赠秘书监江夏李公邕》:"丰屋珊瑚钩,骐驎织成罽。"柳宗元《同刘二十八院长述旧言怀感时书事》:"御寒衾用罽,挹水勺仍椰。"陆龟蒙《和袭美木壮后池三咏·浮萍》:"晚来风约半池明,重叠侵沙绿罽成。"

【罽衣】 毛织物制的衣服。借指穿着罽衣的人。刘禹锡《踏潮歌》:"海人狂顾迭相招,罽衣髽首声哓哓。"

【罽衫】 毛毡制的衣衫。许浑《维舟秦淮过温州李给事宅》:"蜡屐青筇杖,篮舆白罽衫。"

【罽茵】 毛毯。张说《安乐郡主花烛行》:"罽茵饰地承琱履,花烛分阶移锦帐。"

【罽珥】 用丝毛编织的耳饰。皮日休《初夏游楞伽精舍》:"紫藤垂罽珥,红荔悬缨络。"

【罽袍公子】 犹言纨绔子弟。韦庄《立春》:"罽袍公子樽前觉,锦帐佳人梦里知。"

【罽裘】 即罽宾裘。汉代西域有罽宾,即今之克什米尔。其地以毛织品制成的衣裘,称"罽裘"。参见《汉书·西域传上·罽宾国》。杜牧《洛中送冀处士东游》:"赠以蜀马箠,副之胡罽裘。"又《偶见》:"朔风高紧掠河楼,白鼻䯄郎白罽裘。"陆龟蒙《奉和袭美送李明府之任海南》:"知君不恋南枝久,抛却经冬白罽裘。”

【罽輪】 指罽车。有毛毡帷幕的坐车。《新唐书·石雄传》:“旦登振武城望之,见罽车十余乘,从者朱碧衣,谍者曰:‘公主帐也。’”苏颋《奉和送金城公主适西蕃应制》:“帝女出天津,和戎转罽轮。”

罿 〔chōng《广韵》尺容切,平鐘,昌。又徒紅切,平東,定。〕捕鸟网。《诗·王风·兔爰》:“雉离于罿。”高亨注:“罿,捕鸟网。”见“罬罿”。

罾 〔zēng《广韵》作滕切,平登,精。〕❶用竹竿或木棍做支架的方形渔网。《说文·网部》:“罾为方制,以曲竹交四角而中系长绳,沉于水以取鱼。”张祜《忆江东旧游四十韵寄宣武李尚书》:“夜泊闻操楫,朝行看下罾。”杜荀鹤《溪岸秋思》:“桑柘穷头三四家,挂罾垂钓是生涯。”李中《江村晚秋作》:“临罾鱼易得,就店酒难赊。”❷用罾捕捞。韩愈《秋怀诗十一首》之四:“其下澄湫水,有蛟寒可罾。”

【罾船】 装有罾网的渔船。皇甫松《浪淘沙二首》之二:“滩头细草接疏林,恶浪罾船半欲沉。”

【罾罩】 泛指捕鱼用具。陆龟蒙《奉酬袭美先辈吴中苦雨一百韵》:“方当卖罾罩,尽以易纸杞。”

【罾網】 泛指渔网。白居易《松江亭携乐观渔宴宿》:“水面排罾网,船头簇绮罗。”司空图《武陵路》:“橘岸舟间罾网挂,茶坡日暖鹧鸪啼。”徐铉《赋得秋江晚照》:“罾网鱼梁静,篝簦稻穗收。”

【罾頭】 指网边。吴融《秋兴》:“鱼买罾头活,酒沽船上香。”

【罾繳】 (—zhuó)同“矰缴”。猎取飞鸟的射具。白居易《马上作》:“高有罾缴忧,下有陷穽虞。”又《山雉》:“适性遂其生,时哉山梁雉。梁上无罾缴,梁下无鹰鹯。”姚合《寄九华费冠卿》:“逍遥罾缴外,高鸟与潜鱼。”

十三画

羃 〔mì《广韵》莫狄切,入錫,明。〕同“幂”。覆盖;笼罩。韩愈、孟郊《城南联名》:“窑烟羃疏岛,沙篆印回平。”王涯《望禁门松雪》:“瑞雪凝清禁,祥烟羃小松。”吴融《寄殿院高侍御》:“黄梅雨细羃长洲,柳密花疏水慢流。”

【羃翠凝紅】 谓笼罩着草木和鲜花。吴融《春雨》:“霏霏漠漠暗和春,羃翠凝红色更新。”

【羃歷】 见“羃䍥”。

【羃羃】 ❶覆盖貌。蒋防《秋稼如云》:“紫芒分幂幂,青颖澹油油。”吴融《新雁》:“紫阁高翻云羃羃,灞川低渡雨微微。”徐光溥《题黄居寀秋山图》:“暮烟羃羃锁村坞,一叶扁舟横野渡。”❷密布貌。喻凫《春雨如膏》:“羃羃敛轻尘,濛濛湿野春。”李咸印《塘上行》:“横塘日澹秋云隔,浪织轻飓罗羃羃。”❸浓深貌。韩愈《叉鱼招张功曹》:“盖江烟羃羃,拂棹影寥寥。”白居易、王起《秋霖即事联句三十韵》:“上楼愁羃羃,绕舍厌溅溅。”郭密之《永嘉经谢公石门山作》:“阴潭下羃羃,秀岭上层层。”

【羃䍥】 亦作“羃歷”。分布、覆盖貌。裴达《小苑春望宫池柳色》:“羃房残烟敛,摇扬落照明。”豆卢回《登乐游原怀古》:“羃房野野起起,苍茫岚气昏。”

十四画

羆 〔pí《广韵》彼爲切,平支,幫。〕熊的一种,俗称人熊或马熊。《尔雅·释兽》:“罴,如熊,黄白文。”郭璞注:“似熊而长头高脚,猛憨多力,能拔树木。”杜甫《石龛》:“熊罴哮我东,虎豹号我西。”又《上水遣怀》:“黄罴在树颠,正为群虎守。”李商隐《韩碑》:“淮西有贼五十载,封狼生貙貙生罴。”

羅 〔luó《广韵》鲁何切,平歌,來。〕❶捕鸟的网。《尔雅·释器》:“鸟罟谓之罗。”王绩《古意六首》之六:“彩凤欲将归,提罗出郊访。罗张大泽已,凤入重云飚。”孟郊《空城雀》:“鱼网不在天,鸟罗不张水。”武元衡《冬日汉江南行途次江陵界寄裴尚书》:“蛤珠冯月吐,芦雁角罗惊。”皮日休《正乐府十篇·惜义鸟》:“他巢若遭捕,投之同一罗。”亦用以指渔网或其他网状物。钱珝《江行无题一百首》之二八:“不顾鱼多处,应防一目罗。”徐夤《蝴蝶三首》之一:“无风相送轻飘去,却笑蜘蛛谩织罗。”❷张网捕捉(鸟、兽)。李白《流夜郎半道承恩放还书怀示息秀才》:“黄口为人罗,白龙乃鱼服。”元稹《梦游春七十韵》:“长丝羁野马,密网罗阴兔。”除夤《涧屋》:“百禽罗得皆黄口,四皓山居始白头。”❸喻法网。萧颖士《江有枫一篇十章》之十:“此惧惟何,惧寘于罗。彼骄者子,谗言孔多。”杜甫《前出塞九首》之一:“公家有程期,亡命婴祸罗。”李群玉《留别马使君》:“俱来海上叹烟波,君佩银鱼我触罗。”❹招请;罗致。李白《当涂赵炎少府粉图山水歌》:“讼庭无事罗众宾,杳然如在丹青里。”杜牧《怀钟陵旧游四首》之一:“玉帐军筹罗俊彦,绛帷环珮立神仙。”贯休《送王毂及第后归江西》:“太宗罗俊彦,桂玉比光辉。”亦指搜寻。柳宗元《行路难三首》之二:“虞衡斤斧罗千山,工命采斫杙与椽。”❺包罗;囊括。李贺《高轩过》:“二十八宿罗心胸,元精耿耿贯当中。”见“羅穿”。❻陈设;陈列。杜甫《赠卫八处士》:“问答乃未已,儿女罗酒浆。”卢纶《上巳日陪齐相公花楼宴》:“长霞耀中轩,满席罗金琼。”元稹《和乐天初授户曹喜而言志》:“归来高堂上,兄弟罗酒尊。”韦庄《和郑拾遗秋日感事一百韵》：“八珍罗膳府，五采斗筐床。”❼分布；排列。李白《登单父陶少府半月台》：“秋山如远海，桑柘罗平芜。”钱起《归义寺题震上人壁》：“向背森碧峰，浅深罗古树。”韩愈《送灵师》：“强留费日月，密席罗婵娟。”李群玉《洞庭驿楼雪夜宴集奉赠前湘州张员外》：“银壶傲海雪，青管罗名讴。”引申指围绕。许敬宗《奉和圣制登三台言志应制》：“缀星罗百拱，缘汉转三休。”❽遮挡；遮蔽。《墨子·备高临》：“城上以答罗矢。”岑仲勉注：“系用草编之物，可遮障敌矢。”徐彦伯《拟古三首》之一：“红泪掩促柱，锦衾罗薰笼。”李白《古风》之二六：“秋花冒渌水，密叶罗青烟。”孟郊《石淙》：“迢递径难尽，参差势相罗。”吴融《绵竹山四十韵》：“峻嶒压东巴，连延罗古蜀。”引申指笼罩；覆盖。韩翃《送夏侯侍郎》：“公庭日夕罗山翠，功遂心闲无一事。”刘沧《过北邙山》：“漠漠兔丝罗古庙，翩翩丹旐过孤村。”❾遭遇。《方言》卷七：“罗谓之离，离谓之罗。”顾甄远《惆怅诗九首》之七：“若为多罗少年死，始甘人道有风情。”❿质地轻软组织稀疏的丝织品。《释名·释采帛》：“罗，文罗疏也。”王梵志《诗》之七〇：“得他一束绢，还他一束罗。”杜甫《喜闻盗贼蕃寇总退口号五首》之四：“旧随汉使千堆宝，少答明王万匹罗。”卢纶《割飞二刀子歌》：“裁罗裁绮无钝时，用来三年一股折。”唐怡《咏破扇》：“轮如明月尽，罗似薄云穿。”⓫指罗衣。孟浩然《宴崔明府宅夜观妓》：“汗湿偏宜粉，罗轻讵著身。”白居易《杨柳枝二十韵》：“身轻委回雪，罗薄透凝脂。”李商隐《独居有怀》：“麝重愁风逼，罗疏畏月侵。”⓬用细孔筛子筛东西。元稹《江边四十韵》：“罗灰修药灶，筑垛阅弓弰。”白居易《即事》：“室香罗药气，笼暖焙茶烟。”亦指筛出。孙顾《清露被皋兰》：“向空罗细影，临水泫微明。”⓭山名。指苎罗山。在今浙江诸暨市南，相传为西施的出生地。见《吴越春秋·勾践阴谋外传》。李商隐《李肱所遗画松诗书两纸得四十韵》：“亦若暨罗女，平旦妆颜容。”⓭姓。见“羅隱”“羅鄴”。

【羅人】　犹猎人。孟郊《石淙》之七：“戆兽鲜猜惧，罗人巧置罘。”

【羅弋】　捕鸟工具。白居易《丘中有一士二首》之一：“勿矜罗弋巧，鸾鹤在冥冥。”引申指网罗。白居易《禽虫十二章》之五：“兽中刀枪多怒吼，鸟遭罗弋尽哀鸣。”又《咏怀》：“鸿虽脱罗弋，鹤尚居禄位。”

【羅巾】　丝制手巾。王维《别弟妹三首》之一：“已能持宝瑟，自解掩罗巾。”韩翃《送襄垣王君归南阳别墅》：“少妇比来多远望，应知蟢子上罗巾。”孟郊《征妇怨》：“君泪濡罗巾，妾泪满路尘。”罗隐《漂母冢》：“原上荻花飘素发，道傍菰叶碎罗巾。”

【羅千】　道教谓齿神。《黄庭内经·至道》：“舌神通命字正纶，齿神崿峰字罗千。”梁丘子注：“牙齿坚利如剑崿刀锋，摧罗万物而食之也。”张祜《丹阳新居四十韵》：“观心知不二，叩齿问罗千。”

【羅山】　县名。今属河南省。唐武德四年置南罗州，领罗山一县。八年州废，以县属申州。参见《旧唐书·地理志三》。韩翃《别李明府》：“罗山道士请人送，林邑使臣调象骑。”

【羅子】　即罗儿，白居易女。白居易《罗子》：“有女名罗子，生来才两春。”

【羅少府】　（少 shào）疑为罗邵京，字子峻，罗让子，进士擢第，又登科，见《旧唐书·罗让传》。朱庆余有《送长安罗少府》。贾岛有《送罗少府归牛渚》。

【羅中丞】　罗让。曾官福建观察使、御史中丞。见《新唐书·罗珦传》。陈陶有《投赠福建路罗中丞》。

【羅文】　回旋状花纹或水纹。太宗《赋得含峰云》：“横天接阵影，逐吹起罗文。”刘禹锡《裴溪》：“倒影罗文动，微波笑颜起。”白居易《和微之诗二十三首·和酬郑侍御东阳春飞放怀追越游见寄》：“余霞断时绮幅裂，斜云展处罗文纰。”李群玉《送客》：“沅水罗文海燕回，柳条牵恨到荆台。”

【羅平】　朝代名。唐昭宗乾宁二年(895)，越州董昌称帝，国号罗平。后为钱镠所灭。参见《新五代史·吴越世家》。钱弘倧《登蓬莱阁怀武肃王》：“黄鹤摧残漫有名，建时方始殄罗平。”

【羅生】　罗列生长。陈子昂《感遇诗三十首》之八：“精魄相交会，天壤以罗生。”杜甫《北征》：“山果多琐细，罗生杂橡栗。”崔元翰《杂言奉和至制至承光院见自生藤应制》：“罗生密叶交绿蔓，欲布清阴垂紫蕤。”白居易《夏旱》：“但见棘与茨，罗生遍场圃。”

【羅令公】　罗绍威。光化元年(898)袭父职为魏博节度使，累封邺王。入梁累官至太师兼中书令。见《旧唐书·罗威传》。罗隐有《魏博罗令公附卷有回》和《寄酬邺王罗令公五首》。

【羅立】　环绕耸立。杜甫《望岳》：“西岳峻嶒竦处尊，诸峰罗立如儿孙。”

【羅立言】　唐诗人。宣州（今属安徽）人。贞元二十一年(805)进士及第，任武阳令。宝历初为盐铁河阴院官，大和中由庐州刺史入为司农少卿，迁京兆少尹，知府事。死于甘露之变。两《唐书》有传。《全唐诗》卷四六六录其省试诗《赋得沽美玉》一首。

【羅列】　❶分布；排列。寒山《诗三百三首》之一九九：“众星罗列夜明深，岩点孤灯月未沉。”李白《侍从游宿温泉宫作》：“羽林十二将，罗列应星文。”柳宗元《龟背戏》：“乍惊散漫无处所，须臾罗列已如故。”来鹄《卖花谣》：“紫艳红苞价不同，匝街罗列起香风。”❷陈列。杜甫《杨旗》：“初筵阅军装，罗列照广庭。”权德舆《拜昭陵过咸阳墅》:“村盘既罗列,鸡黍皆珍鲜。”郑嵎《津阳门诗》:“酒家顾客催解装,案前罗列樽与卮。”❸列举。韩愈《刘生诗》:“我为罗列陈前修,芟蒿斩蓬利锄耰。”

【羅衣】 轻软的丝织衣服。萧德高《咏舞》:“低身锵玉珮,举袖拂罗衣。”杜甫《黄草》:“万里秋风吹锦水,谁家别泪湿罗衣?”李端《送窦兵曹》:“梨花开上苑,游女着罗衣。”刘沧《题巫山庙》:“触石晴云凝翠鬓,度江寒雨湿罗衣。”

【羅江】 县名。治所即今四川德阳县东北罗江镇。唐属绵州,天宝元年以万安县改名。参见《旧唐书·地理志四》。杜甫《奉赠萧二十使君》:“重忆罗江外,同游锦水滨。”戎昱有《罗江客舍》。唐彦廉有《罗江驿》。

【羅含】 晋代人罗含终任廷尉、长沙相。年第致仕,家中阶庭忽兰菊丛生,时人以为是其德行所感。《晋书》卷九十二有传。后因用以咏菊并借以暗寓花主之情操品格。李商隐《菊》:“陶令篱边色,罗含宅里香。”又《寄太原卢司空三十韵》:“罗含黄菊宅,柳恽白蘋汀。”徐夤《草木》:“菊英空折罗含宅,榆荚不生原宪家。”

【羅虬】 诗人。台州(治所在今浙江临海县)人。咸通中,屡举不第。后为鄜州从事。乾符六年(879)为台州刺史,约于中和元年(881)被杀害,辞藻富丽,与同宗人罗隐、罗邺齐名,世号“三罗”。事见《唐摭言》卷十、《北梦琐言》卷十三、《唐语林》卷三等。《全唐诗》卷六六六录其《比红儿诗》绝句一百首。

【羅宏信】 诗人。两《唐书》均作弘信。字德孚,魏州贵乡(今河北大名县)人。僖宗时加金紫光禄大夫、检校尚书右仆射,充魏搏节度观察处置。昭宗光化元年(898)卒。《全唐诗外编》据《分门纂类唐歌诗残本》收录《白菊》和《柳》二诗。此二诗《全唐诗》卷七三四收为罗绍威诗,绍威为宏信子。

【羅者】 指猎人。耿沣《进秋隼》:“岂悟因罗者,迎霜献紫微。”

【羅英】 罗致英才。唐尧客《大梁行》:“雄哉魏公子,畴日好罗英。”

【羅帕】 丝织方巾。杜甫《骢马行》:“赤汗微生白雪毛,银鞍却覆时罗帕。”花蕊夫人徐氏《宫词》之二九:“端午生衣进御床,赭黄罗帕覆金箱。”

【羅侍御】 罗让。李鄘为淮南节度使,就其所居请为从事。除监察御史,转为殿中。见《旧唐书》本传。鲍溶有《送罗侍御归西台》。

【羅兒】 白居易女。白居易《弄龟罗》:“有女生三年,其名曰罗儿。”

【羅刹】 (—chà)❶佛教恶鬼名。又称罗刹娑。唐慧琳《一切经音义》卷二五:“罗刹,此云恶鬼也,食人血肉,或飞空或地行,捷疾可畏也。”寒山《诗三百三首》之一一八:“吁嗟浊滥处,罗刹共贤人。”顾况《归阳萧寺有丁行者能修无生忍》:“野叉罗刹鬼,亦赦尘垢缠。”无名僧《禅诗》(外编上):“三独罗刹得成佛,不要流心再座禅。”❷江中险石名。(1)在今安徽贵池附近长江中。宋乐史《太平寰宇记·江南西道·池州》:“(贵池县)又有大孤石生于江中,俗谓罗刹洲。”孟浩然《夜泊宣城界》:“石逢罗刹碍,山泊敬亭幽。”(2)在钱塘江中。宋王象之《舆地纪胜·临安府》:“在秦望山近东南有大石崔嵬,横接江涛,商船海舶经此,多为风浪所倾,因呼为罗刹。五代时为沙所没。”白居易《微之重夸州居其落句有西州罗刹之谑因嘲兹石聊以寄怀》:“嵌空石面标罗刹,压捺潮头敌子胥。”李绅《杭州天竺灵隐二寺二首》之二:“波动只观罗刹相,静居难识梵王心。”吴越王钱镠《筑塘》:“吴都地窄兵师广,罗刹名高海众狞。”❸罗刹江的省称。元稹《重夸州宅旦幕景色兼酬前篇末句》:“为问西州罗刹岸,涛头冲突近何如?”姚合《送李秀才赴举》:“罗刹楼头醉,送群西入京。”见“羅刹江”。❹指罗刹国。传说中的海上魔鬼之国。贯休《送人之渤海》:“山藏罗刹宅,水杂巨鳌涎。”

【羅刹石】 (刹 chà)指钱塘江中险石。刘商《姑苏怀古送秀才下第归江南》:“海潮秋打罗刹石,月魄夜当彭蠡湖。”元稹《寄乐天二首》之二:“休学州前罗刹石,一生身敌海波澜。”齐己《观李琼处士画海涛》:“令人错认钱塘城,罗刹石底奔雷霆。”见“羅刹❷”。

【羅刹江】 (刹 chà)钱塘江别名。因江中有罗刹石而得名。参阅明陶宗仪《辍耕录·浙江潮候》。罗隐《钱塘江潮》:“怒声汹汹势悠悠,罗刹江边比欲浮。”

【羅刹窟】 传说中食人恶鬼之住处。寒山《诗三首三首》之八九:“汝为埋头痴兀兀,爱向无明罗刹窟。”

【羅注】 排列倾注。柳宗元《界围岩水帘》:“悬岩粲成帘,罗注无时休。”

【羅衫】 丝织衣衫。韦应物《白沙亭逢吴叟歌》:“龙池宫里上皇时,罗衫宝带香风吹。”王建《荆门行》:“主人念远心不怪,罗衫卧对章台夕。”张祜《李家柘枝》:“红铅拂脸细腰人,金绣罗衫软着身。”

【羅牀】 设有丝罗帷帐的床。李贺《莫愁曲》:“罗床倚瑶瑟,残月倾帘钩。”

【羅茵】 绫罗制的褥垫。顾夐《甘州子》词:“云迷水隔意中人,寂寞绣罗茵。”

【羅星】 排列如群星,形容众多。李白《经乱离后天恩流夜朗忆旧游书怀赠江夏韦太守良宰》:“十月到幽州,戈铤若罗星。”

【羅炯】 见“羅珦”。

【羅洞】 指窗罗之细孔。李贺《洛姝真珠》：“八聰(窗)笼晃脸差移，日丝繁散曛罗洞。”

【羅穿】 包罗贯串。韩愈《送灵师》：“纵横杂谣俗，琐胥咸罗穿。”

【羅袂】 丝织的衣袖。李贺《少年乐》：“陆郎倚醉牵罗袂，夺得宝钗金翡翠。”白居易《杂兴三首》之一：“锦鞲臂花隼，罗袂控金羁。”刘兼《春夜》：“醉垂罗袂倚朱栏，小数玉仙歌未阙。”

【羅袂紅巾】 借指美女。王勃《落花落》：“绮阁青台静且闲，罗袂红巾复往还。”

【羅屏】 丝罗屏帐。李贺《将进酒》：“烹龙炮凤玉脂泣，罗屏绣幕围香风。”李商隐《河阳诗》：“晓帘串断蜻蜓翼，罗屏但有空青色。”温庭筠《郭处士击瓯歌》：“晴碧烟滋重叠山，罗屏半掩桃花月。”

【羅紈】 指精美的丝织品。杜甫《园官送菜》：“点染不易虞，丝麻杂罗纨。”张文规《吴兴三绝》：“蘋洲须觉池沼谷，苎布直胜罗纨轻。”白居易《夏日作》：“止于便吾体，何必被罗纨。”黄滔《明月照高楼》：“深鉴罗纨薄，寒搜户牖清。”

【羅泰】 诗人。大和五年(831)曾官补阙，见《旧唐书·宋申锡传》。《全唐诗》卷七八〇录其省试诗《暗投明珠》一首。

【羅珦】 (736—809)诗人。越州会稽(今浙江绍兴市人)。宝应元年(762)上书，授太常寺太祝。后为奉天令，刺庐、寿二州，入为司农卿、京兆尹，改太子宾客。事见《全唐文》卷五〇六权德舆《故唐大中大夫守太子宾客上柱国襄阳县开国男赐紫金鱼袋罗公墓志铭》《嘉奉会稽志》卷一四。《全唐诗》卷三一三录其《行县至浮查山寺》一首。按《全唐诗》卷七七〇录有罗炯《行县至浮查寺》，诗题下注：“一作罗晌诗。”又卷三一三罗珦下注“一作炯”，所收诗为《行县至浮查山寺》，显系一人。岑仲勉《读全唐诗札记》云：“按《全文》五〇六权德舆《罗珦志》，其先会稽人，卒太子宾客，归祔会稽之兆域，作炯误。”岑说是，罗珦又见《旧唐书》卷一八八、《新唐书》卷一七九及《嘉泰会稽志》卷十四，作罗炯或罗晌皆误。

【羅帶】 丝织的衣带。李白《拟古十二首》之一：“别后罗带长，愁宽去时衣。”张浑《七老会诗》：“风吹野柳垂罗带，日照庭花落绮纨。”张祜《寿州裴中丞出柘枝》：“罗带却翻柔紫袖，锦靴前踏没红茵。”

【羅晌】 见“羅珦”。

【羅罟】 罗网。喻法网。杜甫《遣兴五首》之二：“岂无济时策，终竟罗网罟。”

【羅衮】 唐末诗人。字子制，临邛(今四川邛崃市)人。昭宗时任左拾遗。天复三年(903)，昭宗诛宦官韩全晦等，衮上疏为刘赟申冤，天祐二年(905)为右补阙，迁起居郎。入后梁，官至礼部员外郎。《新唐书·艺文志》著录《罗衮集》二卷，已佚。事见《唐摭言》卷十、《北梦琐言》卷五、《新唐书·刘赟传》《旧唐书·哀帝纪》。《全唐诗》卷七三四录其诗三首。

【羅浮】 山名。即今广东增城县罗浮山。宋之问《自衡阳至韶州谒能禅师》：“坐禅罗浮中，寻异穷海裔。”李白《当涂赵炎少府粉图山水歌》：“峨眉高出西极天，罗浮直与南溟连。”张籍《赠道士》：“自说年年上天去，罗浮最近海边峰。”曹唐《送羽人王锡归罗浮》：“风前整顿紫荷巾，常向罗浮保养神。”见“羅浮山”。

【羅浮山】 在广东省东江北岸，唐时循州博罗县境。传说罗山之西有浮山，盖蓬莱之一阜，浮海而至，与罗山并体，故曰“罗浮”。见《元和郡县志循州》。晋葛洪曾在此山修道，道教称为“第七洞天”。旋肩吾《赠别王炼师往罗浮》：“道俗骈阗留不住，罗浮山上有心期。”李德裕有《罗浮山》。黄滔有《寄罗浮山道者二首》。

【羅浮夢】 传说隋开皇中，赵师雄于罗浮山遇一女郎，淡妆常服，芳香袭人。赵与饮及醉而寝，醒后起视，乃在大梅树下。事见唐柳宗元《龙城录》。后因用以咏梅。殷尧藩《送刘禹锡侍御出连州》：“梅花清入罗浮梦，荔子红分广海程。”又《友人山中梅花》：“好风吹醒罗浮梦，莫听空林翠羽声。”

【羅袖】 ❶丝罗的衣袖。崔液《踏歌词二首》之二：“金台催夜尽，罗袖拂寒轻。”权德舆《放歌行》：“乍看皓腕映罗袖，微听清歌发杏梁。”王建《织锦曲》：“一梭声尽重一梭，玉腕不停罗袖卷。”吴烛《铜雀妓》：“长舒罗袖不成舞，却向风前承泪珠。”❷借指美女。王无竞《君子有所思行》：“安知绿苔满，罗袖坐沾霜。”李益《过马嵬二首》之二：“金甲银旌尽已回，苍茫罗袖隔风埃。”王建《过绮岫宫》：“武帝去来罗袖尽，野花黄蝶领春风。”纪唐夫《骢马曲》：“今日虏平将换妾，不如罗袖舞春风。”

【羅扇】 轻薄的丝制团扇。顾非熊《子夜夏秋二曲》之一：“相持薄罗扇，绿树听鸣蜩。”

【羅陳】 分布，陈列。韩愈《送惠师》：“光芒相照烛，南北争罗陈。”

【羅書記】 罗隐。光化元年(898)吴越王表奏隐为钱塘令，迁著作郎，辟掌书记。天祐元年(904)充判官。见《旧五代史》本传《考异》引《润泉日记》。杜荀鹤有《献钱塘县罗著作判官》。

【羅紋】 回旋状的花纹。罗隐《雪》：“细玉罗纹下碧霄，杜门颜巷落偏饶。”曹松《南海陪郑司空游荔园》：“乱结罗纹照襟袖，别含琼露爽咽喉。”徐夤《荔枝二首》之二：“何人刺出腥腥血，深染罗纹遍壳鲜。”亦指水纹。杨氏《硖石山》：“丹水流衍曲如带，风皱罗纹听管弦。”

【羅雀】　张网捕雀。张祜《戊午年感事书怀二百韵》：“大网宁罗雀，深源亦聚鳣。”多用以形容门庭寂静或冷落。白居易《寄皇甫宾客》：“卧掩罗雀门，无人惊我睡。”徐夤《鬓发》：“鬓添华发数茎新，罗雀门前绝故人。”

【羅帷】　绫罗帷帐。王勃《临高台》：“锦衾夜不襞，罗帷昼未空。”李白《春怨》：“白马金羁辽海东，罗帷绣被卧春风。”岑参《梁园歌送河南王说判官》：“娇娥曼脸成草蔓，罗帷珠帘空竹根。”李贺《七夕》：“别浦今朝暗，罗帷午夜愁。”

【羅著作】　罗隐。杜荀鹤有《献钱塘县罗著作判官》。详见“羅書記”。

【羅窗】　丝罗的窗子。亦借指罗窗中人。李商隐《题二首后重有戏赠任秀才》：“一丈红蔷拥翠筠，罗窗不识绕街尘。”冯浩注：“往来寻觅，须绕其居，其如罗窗中人竟不识何！”

【羅絆】　罗捕羁绊。陆龟蒙《五歌·水鸟》：“为人罗绊取材力，韦鞲彩绶悬金铃。”

【羅紹威】　(667—910)诗人。字端己，魏州贵乡(今河北大名县)人。光化元年(898)，袭父弘信职为魏博节度使，累封邺王。入梁，官至太师兼中书令。酷爱罗隐诗，尊隐为叔父。隐自号江东生，绍威名自己所作诗为《偷江东集》，凡五卷，已佚。事见两《唐书》、两《五代史》本传。《全唐传》卷七三四录其《柳》等二首。

【羅葉】　周围的树叶。许敬宗《奉和执契静三边应诏》：“清台映罗叶，玄沚控瑶池。”

【羅萬象】　诗人。事迹不详。《全唐诗外编下》录其《白云亭》一首。

【羅落】　亦作“羅絡”。连绵，绵延。李白《草创大还赠柳官迪》：“罗络四季间，绵微无一隙。”杜甫《火》：“罗落沸有泓，根源皆万古。”

【羅悲翟公意】　见“羅傷翟廷尉”。

【羅幃】　❶丝罗床帐。卢照邻《长安古意》：“双燕双飞绕画梁，罗帏翠被郁金香。”李白《春思》：“春风不相识，何事入罗帏。”权德舆《古乐府》：“莺啼日出不知曙，寂寂罗帏春梦长。”刘驾《寄远》：“悄悄空闺中，蛩声绕罗帏。”❷丝罗帏幔。王维《洛阳女儿行》：“罗帏送上七香车，宝扇迎归九华帐。”

【羅禽】　旧传晋人罗含少时梦吞一彩鸟，从此文思日新，见《晋书·文苑·罗含传》。因用以喻文才不凡。元稹《奉和浙西大夫李德裕述梦四十韵》：“庄蝶玄言秘，罗禽藻思高。”

【羅勝】　用丝罗剪制的饰物。以金、玉制成的称“金胜”，剪成人形的称“人胜”。王建《长安早春》：“暖催衣上缝罗胜，晴报窗中点彩毬。”和凝《春光好》词：“玉指剪裁罗胜，金盘点缀酥山。”见“人勝”。

【羅道成】　五代诗人。郴州(治所在今湖南郴州市)人。相传得道仙去。《全唐诗外编下》录其《游岳》等诗二首。此诗题下注：“宋初有闲人游岳，谒主簿郭及甫，视其刺，罗道成也。自方郴州人。闻郴州人言，有道人得道乘白骡行石壁上，迹至今存。”

【羅裙】　丝织的花笼裙。多泛指妇女衣裙。王勃《采莲曲》：“桂棹兰桡下长浦，罗裙玉腕轻摇橹。”刘长卿《春草宫怀古》：“犹带罗裙色，青青向楚人。”白居易《琵琶引》：“钿头云篦击节碎，血色罗裙翻酒污。”和凝《杨柳枝》：“瑟瑟罗裙金缕腰，黛眉隈破未重描。”

【羅絡】　见“羅落”。

【羅幕】　❶丝罗床帐。崔国辅《怨词二首》之二：“织锦犹未成，蛩声入罗幕。”岑参《白雪歌送武判官归京》：“散入珠帘湿罗幕，狐裘不暖锦衾薄。”李贺《夜坐吟》：“西风罗幕生翠波，铅华笑妾颦青蛾。”陆龟蒙《齐梁怨别》：“寥寥缺月香将落，檐外霜华染罗幕。”❷罗绮帷幔。蔡希寂《杨子江夜宴》：“罗幕香风倦，纱巾舞袖轻。”王建《田侍中宴席》：“香熏罗幕暖成烟，火照中庭烛满筵。”刘禹锡《乐天寄忆旧游因作报白君以答》：“郡斋北轩卷四幕，碧池逶迤绕画阁。”李商隐《和孙朴韦蟾孔雀咏》：“都护矜罗幕，佳人炫绣袿。”

【羅幙】　同“羅幕❶”。许浑《和毕员外雪中见寄》：“烛晃垂罗幙，香寒重绣衾。”

【羅幌】　❶丝罗床帐。权德舆《玉、台体十二首》之八：“空闺灭烛后，罗幌独眠时。”唐彦谦《春雨》：“入户侵罗幌，梢檐润绣题。”沈祖仙《秋闺》：“玉庭霜落夜，罗幌月明时。”❷罗绮帷幔。沈佺期《长门怨》：“玉阶闻坠叶，罗幌见飞萤。”刘禹锡《秋萤引》：“高丽罘罳照珠网，斜历璇题舞罗幌。”林滋《人日》：“林香半落沾罗幌，蕙色微含近酒杯。”无名氏《长信宫》(卷七八五)：“珠帘欲卷抬秋水，罗幌微开动冷烟。”

【羅傷翟廷尉】　《史记·汲郑列传》：“下邽翟公有言，始翟公为廷尉，宾客阗门；及废，门外可设雀罗。翟公复为廷尉，宾客欲往，翟公乃大署其门曰：‘一死一生，乃知交情。一贫一富，乃知交态。一贵一贱，交情乃见。’”后因用此典喻失意受冷落。骆宾王《帝京篇》：“灰死韩安国，罗伤翟廷尉。”亦作“羅悲翟公意”。骆宾王《夏日游德州赠高四》：“罗悲翟公意，剑负韩王气。”

【羅綃】　轻细的生丝织品。白居易《新乐府·缭绫》：“缭绫缭绫何所似？不似罗绡与纨绮。”亦借指以罗绡制成的衣裳。元稹《会真诗三十韵》：“罗绡垂薄雾，环佩响轻风。”徐凝《卷女出参丈人词》：“掣曳罗绡跑拜时，柳枝无力花枝软。”

【羅给事】　(給 jǐ)罗隐。五代后梁开平二年

(908)授给事中。齐己有《寄钱塘罗给事》。王溥《谢进士张翼投诗两轴》:“格调宛同罗给事,功夫深似贾司仓。”

【羅裳】 犹罗裙。孟浩然《鹦鹉洲送王九之江左》:“舟人牵锦缆,浣女结罗裳。”司空曙《拟百劳歌》:“谁家稚女着罗裳,红粉青眉娇暮妆。”

【羅睺】 佛教人名。即罗睺罗。梵语之音译。释加之子。释加成道归乡,乃跟随出家做沙弥,后成为“十大弟子”之一。“不毁禁戒,诵读不懈”,被称为“密行第一”。参阅《佛本行集经·罗睺罗因缘品》《翻译名义集》卷一。元稹《卢头陀诗》:“马哭青山别车匿,鹊飞螺髻见罗睺。”

【羅帳】 ❶丝罗床帐。刘沧《代友人悼姬》:“罗帐香微冷锦裀,歌声永绝想梁尘。”韩偓《闻雨》:“罗帐四垂红烛背,玉钗敲着枕函声。”刘元叔《妾薄命》:“暗啼罗帐空自怜,梦度阳关向谁说。”❷罗绮帷帐。杜牧《除官归京睦州雨霁》:“远树疑罗帐,孤云认粉囊。”桓颙《秋夜》:“谁能罗帐里,独坐抱琴弹。”

【羅幔】 轻薄丝罗制的帷帐。魏奉古《长门怨》:“星移北斗露凄凄,罗幔襜襜风入闺。”王适《古别离》:“珠帘昼不卷,罗幔晓长垂。”元稹《生春二十首》之十七:“玉栊穿细日,罗幔张轻风。”

【羅鳳曲】 (曲 qū)即“阁罗缝”曲。唐教坊曲名。因南诏王阁罗凤之名而有。薛能《闻官军破吉浪因记为二章》之二:“空余罗凤曲,哀思满边云。”

【羅旗】 绫罗旗帜。李贺《贵主征行乐》:“奚骑黄铜连锁甲,罗旗香干金画叶。”

【羅漢】 佛教语。梵文的音译。亦译作“阿罗汉”。小乘之最高界位,称为“无学界”。谓已断烦恼,超出三界轮回,应受人无供养的尊者。我国寺庙中常供奉有十八尊罗汉,亦有多至五百尊者。寒山《诗三百三首》之一五九:“罗汉门前乞,趁却闲和尚。”苑咸《酬王维》:“应同罗汉无名欲,故作冯唐老岁年。”李商隐《题白石莲花寄楚公》:“漫夸鹙子真罗汉,不会牛车是上乘。”周朴《福州开元寺塔》:“心若无私罗汉在,参差免向日虹西。”

【羅漢草】 即石衣。苔藓类植物。因其形似罗汉塑像之发,故名。太宗《题龟峰山》:“岸畔芊芊罗汉草,岭头郁郁大夫松。”

【羅綺】 ❶罗和绮。借指丝绸衣裳。戎昱《苦哉行五首》之二:“吞声不许哭,还遣衣罗绮。”白居易《江楼宴别》:“缥缈楚风罗绮薄,铮鏦越调管弦高。”邵谒《寒女行》:“终日著罗绮,何曾识机杼。”❷指衣着华丽的女子。李白《清平乐》词之二:“女伴莫话孤眠,六宫罗绮三千。”张仲素《春游曲三首》之一:“濛濛百花里,罗绮竞秋千。”张萧远《观灯》:“歌钟喧夜更漏暗,罗绮满街尘土香。”杜荀鹤《春日》:“满城罗绮拖春色,几处笙歌揭画楼。”❸喻繁花。太宗《帝京篇十首》之九:“罗绮昭阳殿,芬芳玳瑁筵。”孟浩然《登安阳城楼》:“楼台晚映青山郭,罗绮晴骄绿水洲。”武元衡《送崔判官使太原》:“笙歌几处胡天月,罗绮长留蜀国春。”刘威《晓春陪王员外东塘游宴》:“初移柳岸笙歌合,欲过蘋洲罗绮香。”

【羅維】 《全唐诗》卷七七〇录罗维《水精环》一首,《增订注释全唐诗》谓“罗维,当为严维之误”。严维有《奉试水精环》,题下注:“一本无‘奉试’二字,与卷七七〇所录文字全同。”诗见《全唐诗》卷二六三。

【羅綳】 丝罗襁褓。綳,背负婴儿的宽带。严维《咏孩子》:“绣被花堪摘,罗绷色欲妍。”

【羅網】 ❶捕捉鸟兽的器具。李白《赋得鹤送史司马赴崔相公幕》:“珍禽在罗网,微命若游丝。”皇甫冉《题高云客舍》:“时人趋缨弁,高鸟违罗网。”李德裕《鸳鸯篇》:“尔愿欢爱不相忘,须去人间罗网远。”李郢《施鹧鸪》:“山畔家家有罗网,莫教伤损好毛衣。”❷喻法网。张嘉贞《奉和早登太行山中言志》:“罗网开三面,闾阎问百年。”杜甫《梦李白二首》之一:“君今在罗网,何以有羽翼。”❸喻世俗束缚。王维《菩提寺禁口号又示裴迪》:“安得舍罗网,拂衣辞世喧。”❹犹搜罗、罗致。杜甫《惜别行送刘仆射判官》:“罗网群马籍马多,气在驱驰出金帛。”❺网状物。杨苎萝《咏垂丝蜘蛛嘲云辨僧》:“空中设罗网,只待杀众生。”

【羅鞋】 以绫罗做的鞋。张祜《少年乐》:“锦袋归调箭,罗鞋起拨毬。”

【羅敷】 ❶古代美女名。晋崔豹《古今注·音乐》:“秦氏,邯郸人。有女名罗敷,为邑人千乘王仁妻。王仁后为赵王家令,罗敷出采桑于陌上,赵王登台见而悦之,因饮酒欲夺焉。罗敷乃弹筝,作《陌上桑》之歌以自明,赵王乃止。”李白《陌上桑》:“妾本秦罗敷,玉颜艳名都。”岑参《敷水歌送窦渐公入京》:“罗敷昔时秦氏女,千载无人空处所。”旋肩吾《感遇词》:“罗敷有底好,最得使君怜。”❷借指美女。杜审言《戏赠赵使君美人》:“罗敷独向东方去,谩学他家作使君。”段成式《戏高侍御七首》之七:“可羡罗敷自有夫,愁中漫捋白髭须。”胡宿《城南》:“罗敷正苦桑蚕事,惆怅南来五马蹄。”女子亦用以自喻。薛涛《送郑眉州》:“双旌千骑骈东陌,独有罗敷望上头。”

【羅敷水】 即敷水。在今陕西华阴县西。白居易《过敷水》:“垂鞭欲渡罗敷水,处分鸣驺且缓驱。”又《罗敷水》:“野店东头花落处,一条流水号罗敷。”罗隐有《罗敷水》。

【羅鄴】 唐末诗人。余杭(今浙江杭州市余杭区)人。累举进士不第。咸通末流落相浦。江西观察使崔安潜素赏其诗，聘入幕府。乾符三年(876)，崔安潜迁许州刺史、忠武军节度使，邺随其入许州幕府。晚年从军塞北，任职单于都护府，郁郁而终。光化年间(898—900)，经韦庄奏请，追赐进士及第赠官补阙。《新唐书·艺文志》著录《罗邺诗集》一卷，已散佚，今存明人辑《罗邺诗集》一卷。事见《唐摭言》卷三、卷一〇和《唐诗纪事》卷八六、《唐才子传》卷八。《全唐诗》卷六五四录其诗一卷，一百四十首。《全唐诗外编下》录其诗三首，残句两联。

【羅鄴王】 罗绍威。任魏博节度使，累封邺王。罗隐《秋日有酬》校："一题作《盛德叙怀寄上罗邺王三首》。"

【羅縠】 一种疏细的丝织品。陈标《秦王卷衣》："霏微罗縠随芳袖，宛转鲛绡逐宝筵。"

【羅薦】 以绫罗制的垫席。王绩《辛司法宅观妓》："南国佳人至，北堂罗荐开。"顾况《瑶草春》："翠帐绿窗寒寂寂，锦茵罗荐夜凄凄。"刘禹锡《泰娘歌》："长鬟如云衣似雾，锦茵罗荐承轻步。"吴融《浐水席上献座主侍郎》："草能缘岸侵罗荐，花不容枝蘸玉杯。"

【羅穎】 南唐诗人。南昌(今江西南昌市)人。南唐曾登进士第，入宋，应举不第。《全唐诗》卷八七一录其《题汉祖庙》一联，诗题下注："颖，南昌人，应举下第。道经汉祖庙，题此。少顷，辄自免冠，鞠伏庙庭，口陈自咎之言，掖而去。数日卒。"

【羅隱】 唐末诗人。字昭谏，自号江东生，新城(今浙江富阳县西南)人。本名横，因十举进士不第，乃更名隐。咸通十一年(870)，投湖南观察使于瑰，授衡阳主簿，寻即辞归。广明(880—881)中，避黄巢乱，寓居池州。光启三年(887)，东归投钱镠，任钱塘县令，拜秘书省著作郎、镇海军节度使掌书记。天祐三年(906)，转司勋郎中、镇海节度判官。开平二年(908)，授给事中，世称罗给事。三年，迁盐铁发运使。是年冬病卒。著述甚丰，《崇文总目》著录《罗隐集》三卷、《吴越掌记集》三卷、《江东后集》十卷、《甲工集》十卷、《罗隐赋》一卷、《罗隐启事一卷》《谗书》五卷、《谗本》三卷、《湘南应用集》三卷、《淮海寓言》七卷、《吴越应用集》三卷、《两同书》二卷。多已散佚，今仅存《甲工集》十卷、《谗书》五卷，清人辑有《罗昭谏集》八卷。事见沈崧《罗给事墓志》《旧五代史》卷二四、《五代史补》卷一、《吴越备史》卷一、《十国春秋》卷八四、《唐才子传》卷九。《全唐诗》录其诗十一卷，见卷六五五至卷六六五。《全唐诗外编》(上)录其诗四首，《全唐诗外编》(下)录其诗十二首。

【羅隱之】 诗人。与郑遨为同时人。郑遨有《与罗隐之联句》。见《全唐诗》卷七九四。

【羅羃】 同"羅幂"。张孜《雪诗》："到处爇红炉，周回下罗幂"。见"羅幂❷"。

【羅縷】 列举陈述。《文选·谢灵运〈拟魏太子邺中集诗〉》："罗缕岂阙辞，窈窕究天人。"吕向注："罗列缕述也。"韩愈《记梦》："神官与我言，罗缕道妙角与根。"

【羅織】 谓虚构罪名刻意陷害。唐彦谦《咸通中始闻褚河南归葬阳翟因成二十韵》："罗织黄门讼，笙簧白骨销。"

【羅酆】 传说中的山名。道教谓为酆都大帝统领之鬼所，后指冥府。南朝梁陶弘景《真诰·阐幽微》："罗酆山在北方癸地……山上有六洞，洞中有六宫，辄周围千里，是为六天鬼神之宫也。"李白《访道安陵遇盖寰为余造真箓临别留赠》："下笑世上士，沉魂北罗酆。"

【羅襦】 丝绸短袄。卢照邻《长安古意》："罗襦宝带为君解，燕歌赵舞为君开。"杜甫《新婚别》："自嗟贫家女，久致罗襦裳。罗襦不复施，对君洗红妆。"张籍《白头吟》："罗襦玉珥色未暗，今朝已道不相宜。"薛能《吴姬十首》之六："取次衣裳尽带珠，别添龙脑裛罗襦。"

【羅襪】 亦作"羅韈""羅韤"。❶以绫罗制的袜子。孟浩然《大堤行寄万七》："王孙挟珠弹，游女矜罗袜。"白居易《新乐府·红线毯》："美人踏上歌舞来，罗袜绣鞋随步没。"韩偓《懒起》："暖嫌罗袜窄，瘦觉锦衣宽。"❷代指洛神。三国魏曹植《洛神赋》序："黄初三年，余朝京师，还济洛川。古人有言，斯水之神名曰宓妃。感宋玉对楚王说神女之事，遂作斯赋。"《洛神赋》中有"其形也，翩若惊鸿，婉若游龙……体迅飞凫，飘忽若神。凌波微步，罗袜生尘"。后因以罗袜代指洛神。范元凯《章仇公席咏真珠姬》："应知子建怜罗袜，顾步裴回拾翠钗。"韩偓《密意》："经过洛水几多人，唯有陈王见罗袜。"❸喻指女仙、情人、美女等。骆宾王《咏尘》："凌波起罗袜，含风染素衣。"岑参《夜过盘石隔河望水乐寄闺中效齐梁体》："波上思罗袜，鱼边忆素书。"陈标《公无渡河》："黛娥芳脸垂珠泪，罗袜香裾赴碧流。"李群玉《赠回雪》："安得金莲花，步步承罗袜。"

【羅襪生塵】 亦作"羅襪起塵"。语出三国魏曹植《洛神赋》："凌波微步，罗袜生尘。"后用以形容仕女步履轻盈，婀娜多姿。王维《凉州郊外游望》："女巫纷屡舞，罗袜自生尘。"李商隐《寄成都高苗二从事》："家近红蕖曲水滨，全家罗袜起秋尘。"按，冯浩考订此诗为《病中早访招国李十将军遇挈家游曲江》之又一首。亦作"羅襪塵"。赵嘏《叙事献同州侍御三首》之一："青云席中罗袜尘，白首江上吟诗人。"见"羅襪❷"。

【羅襪起塵】 见"羅襪生塵"。

【羅襪凌波】 亦作"羅韤凌波"。喻指体态轻盈之美女。语本三国魏曹植《洛神赋》："凌波微步，罗袜生尘。”孟浩然《同张明府碧溪赠答》：“仙凫能作伴，罗袜共凌波。”李白《赠段七娘》：“罗袜凌波生网尘，那能得计访亲情？”刘禹锡《竞渡曲》：“彩旂夹岸照蛟室，罗袜凌波呈水嬉。”见“羅襪❷”。

【羅襪塵】 见“羅襪生塵”。

【羅囊】 丝质香袋。韩偓《玉合》：“罗囊绣两凤凰，玉合雕双鸂鶒。”

【羅韤】 见“羅襪”。

【羅韤凌波】 见“羅襪凌波”。

【羅韈】 见“羅襪”。

【羅纓】 丝制冠带。《宋史·輿服志四》：“进贤冠以漆布为之……以罗为缨结之。”元稹《月暗》：“月暗灯残面墙泣，罗缨斗重知啼湿。”

【羅讓】 (767—837)诗人。字景宜，越州会稽(今浙江绍兴)人。罗珦子。贞元十七年(801)中进士第，元和元年(806)登才识兼茂明于体用科，拜咸阳尉。历官尚书郎、给事中、福建观察使、左散骑常侍。开成元年(636)除江西观察使，次年卒，赠礼部尚书。著《罗让集》三十卷，佚。见两《唐书》本传和《旧唐书·文宗纪》等。《全唐诗》卷三一三录其《梢云》等诗二首。

十六画

羼 〔lì《广韵》郎擊切，入錫，來。〕见“羃羼”。

十七画

羇 见“羈”。

十八画

羉 〔lí《广韵》吕支切，平支，來。〕见“接羉”。

十九画

羈 〔jī《广韵》居宜切，平支，見。〕亦作“羇”。❶马络头。杜甫《千秋节有感二首》：“罗袜红蕖艳，金羈白雪毛。”王建《寒食日看花》：“颠狂绕树猿离锁，跳踯缘冈马断羈。”韩愈《汴泗交流赠张仆射》：“毬惊杖奋合且离，红牛缨绂黄金羈。”郑嵎《津阳门诗》：“幽州晓进供奉马，玉珂宝勒黄金羈。”亦借指马。王维《雪中忆李楫》：“长安千门复万户，何处蹀躞黄金羈？”杨巨源《酬于驸马二首》：“晴花暖送金羈影，凉叶寒生玉簟风。”❷套上笼头。韩愈《招杨之罘》：“柏移就平地，马羈入厩中。”❸拘系；系住；拴住。许敬宗《奉和执契静三边应诏》：“锦韬凌右地，华缨羇大夏。”杜甫《冬狩行》：“有鸟名鸜鹆，力不能高飞逐走蓬，肉味不足登鼎俎，何为见羈虞罗中？”元稹《梦游春七十韵》：“长丝羈野马，密网罗阴兔。”吕从庆《忆弟从善》：“大被身分寝，长绳足共羈。”❹拘束；约束。卢纶《酬畅博士当感怀前踪五十韵以申悲旧兼寄夏侯审侯钊》：“童心幸不羈，此去负平生。”韩愈《送惠师》：“惠师浮屠者，乃是不羇人。”白居易《偶作二首》之一：“元事日月长，不羈天地阔。”引申为拘守。杨衡《宿陟岵寺云律师院》：“心证红莲喻，迹羈青眼律。”❺牵制。白居易《首夏病间》：“内无忧患迫，外无职役羈。”又《初致仕后戏酬留守牛相公并呈分司诸寮友》：“南北东西无所羈，挂冠自在胜分司。”亦指受制于。权德舆《宿严陵》：“身羈从事驱征传，江入新安泛暮涛。”❻单，孤单。韩愈《寄崔二十六立之》：“昨来汉水头，始得完孤羈。”李商隐《圣女祠》：“寡鹄迷苍壑，羇凰怨翠梧。”见“羈鳥”。❼寄居；旅寓。权德舆《唐开州文编远寄新赋聊书还答》：“君为太史氏，弱质羈楚乡。”畅甫《偶宴西蜀摩诃池》：“胡为独羈者，雪涕向涟漪。”见“羈客”。

【羈人】 亦作“羇人”。旅居的人。姚崇《秋夜望月》：“明月有余鉴，羈人殊未安。”王昌龄《过华阴》：“羈人感幽栖，窅映转奇绝。”戴叔伦《送董颋》：“霜雁群飞下楚田，羈人掩泪望秦天。”唐彦谦《萤》：“羇人此夕方愁绪，心似寒灰首似蓬。”

【羈心】 亦作“羇心”。犹旅思。王绩《在京思故园见乡人问》：“羇心只欲问，为报不须猜。”李白《古风》之二二：“急节谢流水，羈心摇悬旌。”皇甫冉《送郑二员外》：“羇心春旅雁，晚泊依秋草。”李群玉《将离澧浦置酒野屿奉怀沈正字昆弟三人联登高第》：“年光东流水，浩叹伤羈心。”

【羈玉】 玉饰的马络头。柳宗元《送叔平学士知青州》：“暮霰凌羈玉，朝暾艳戟油。”

【羈世】 拘束于世俗。韦应物《答库部韩郎中》：“高士不羈世，颇将荣辱齐。”

【羈臣】 谪居异乡的官吏。李贺《昌谷诗》：“鸿珑数铃响，羈臣发凉思。”白居易《酬郑侍御多雨春空过诗三十韵》：“寂寞羈臣馆，深沉思妇房。”大易《湘夫人祠》：“妙鼓彤云瑟，羈臣不可闻。”

【羈帆】 亦作“羇帆”。羈旅行舟。韩愈《游青龙寺赠崔大补阙》：“去岁羇帆湘水明，霜枫千里随归伴。”

【羈危】 客居而不安。孟浩然《岁除夜有怀》：“适递三巴路，羁危万里身。”

【羈羽】 犹羁鸟。韩愈《北极赠李观》：“北极有羁羽，南溟有沉鳞。”见“羈鳥”。

【羈泊】 羁旅漂泊。李商隐《风雨》：“凄凉宝剑篇，羁泊欲穷年。”

【羈束】 亦作“羇束”。❶犹拘束。多指受名利俗事的牵累。张九龄《晨坐斋中偶而成咏》：“结念凭幽远，抚躬曷羁束。”岑参《题华严寺瓌公禅房》：“生事在云山，谁能复羁束。”卢纶《冬日登城楼有怀赠程腾》：“生涯何事多羁束，赖此登临畅心目。”罗邺《春日偶题城南韦曲》：“谁知豪贵多羁束，落尽春红不见来。”❷因入仕便身受拘束，不得自由。故用比喻居官任职。刘长卿《奉使新安宿七里滩下寄使诸公》：“犹怜负羁束，未暇依清旷。”白居易《孟夏思渭村旧居寄舍弟》：“一朝忽分散，万里仍羁束。”姚鹄《送贺知章入道》：“羁束惭无仙药分，随车空有梦魂飞。”❸旅途困顿。杜甫《客堂》：“客堂序节改，具物对羁束。”戴叔伦《暮春游长沙东湖赠辛兖州巢父二首》：“且复忘羁束，悠悠落照中。”元稹《诮卢戡沉酬而不行》：“乘兴无羁束，闲行信马蹄。”陈陶《冬日暮旅泊庐陵》：“弃置侯鲭任羇束，不劳龟瓦问穷通。”

【羈事】 客居外乡的情况。伊璠《及第后寄梁烛处士》：“绣毂寻芳许史家，独将羁事达江沙。”

【羈使】 羁留在外的使臣。杜甫《覆舟二首》之一：“羁使空斜影，龙居閟积流。”

【羈金络月】 谓以黄金及圆月状饰物络马头。李白《天马歌》：“曾陪时龙蹑天衢，羁金络月照皇都。”

【羈限】 约束限制。陆龟蒙《江湖散人歌》传：“散人者，散诞之人也。心散、意散、形散、神散，既无羁限，为时之怪民。”

【羈孤】 亦作“羇孤”。羁旅孤独的人。张说《再使蜀道》：“岁月镇羁孤，山川俄反覆。”杜甫《杜鹃行》：“虽同君臣有旧礼，骨肉满眼身羇孤。”孟郊《旅次湘沅有怀灵均》：“如今圣明朝，养育无羁孤。”罗邺《冬夕江上言事五首》之二：“久别羇孤成潦倒，回看书剑更苍黄。”

【羈思】 亦作“羇思”。羁旅之思。独孤及《夏中酬于逖毕燿问病见赠》：“闭关涉两旬，羇思浩无穷。”张继《宿白马寺》：“萧萧茅屋秋风起，一夜雨声羁思浓。”柳宗元《柳州二月榕叶落尽偶题》：“宦情羁思共凄凄，春半如秋意转迷。”司空图《洛中三首》之二：“风霜一夜添羇思，罗绮谁家待早寒。”

【羈恨】 旅居的愁苦。李贺《崇义里滞雨》：“壮年抱羁恨，梦泣生白头。”

【羈客】 亦作“羇客”。旅客；旅人。韩愈《晚秋郾城夜会联句》：“羁客方寂历，惊鸟时落泊。”刘言史《越井台望》：“独立阳台望广州，更添羁客异乡愁。”卢汝弼《秋夕寓居精舍书事》：“醉卧欲抛羁客思，梦归偏动故乡情。”包佶《近获风痹之疾题寄所怀》：“衾枕同羇客，图书委外孙。”戎昱《别公安贾明府》：“叶县门前江水深，浅于羇客报恩心。”

【羈宦】 亦作“羇宦”。在异乡做官。萧颖士《江有归舟三章》序：“余羇宦此都，色斯云举。”韩愈《秋字》：“况与故人别，那堪羇宦秋。”李商隐《属疾》：“许靖犹羁宦，安仁复悼亡。”

【羈致】 笼络招致。张九龄《奉和圣制早发三乡山行》：“遗贤一一皆羁致，犹欲高深访隐沦。”

【羈留】 羁旅淹留。李商隐《摇落》：“摇落伤年日，羁留念远心。”

【羈病】 亦作“羇病”。客居患病。骆宾王《夏日夜忆张二》：“欢娱百年促，羁病一生侵。”皇甫冉《送陆鸿渐赴越》序：“君自数百里访予羁病，牵边迎门，握手心喜。”白居易《长安正月十五日》：“喧喧车骑帝王州，羇病无心逐胜游。”

【羈旅】 亦作“羇旅”。寄居异乡。刘孝孙《送刘散员同赋陈思王诗游人久不归》：“羁旅久淫滞，物色屡芳菲。”杜甫《严氏溪放歌行》：“况我飘转无定所，终日戚戚忍羇旅。”孟郊《长安羇旅》：“几回羇旅情，梦觉残烛光。”魏扶《赋愁》：“烟波早晚长羁旅，弦管终年乐五侯。”

【羈浮】 羁旅漂泊。许棠《陪郢州张员外宴白雪楼》：“岂料羁浮者，樽前得解颜。”

【羈掛】 束缚牵挂。张说《行从方秀川与刘评事文同宿》：“寰中病羁挂，方外嫌纵诞。”

【羈貧】 亦作“羇貧”。客居贫困。司空曙《送卢堪》：“羁贫不易去，此日始西来。”卢仝《感古四首》之三：“骨肉且不顾，何况长羁贫。”白居易《醉后狂言酬赠萧殷二协律》：“余杭邑客多羇贫，其间甚者萧与殷。”

【羈鳥】 亦作“羇鳥”。犹笼鸟。语本晋陶潜《归园田居五首》之一：“羁鸟恋旧林，池鱼思故渊。”后多用以喻居官远游。孟郊《张徐州席送岑秀才》：“羇鸟无定栖，惊蓬在他乡。”刘沧《留别山中友人》：“欲辞松月恋知音，去住多同羁鸟心。”

【羈望】 羁旅乡思。韦承庆《凌朝浮江旅思》：“羁望伤千里，长歌遣四愁。”

【羈牽】 束缚牵制。语出《后汉书·申屠蟠传》：“今颍川荀爽载病在道，北海郑玄北面受署，彼岂乐羁牵哉，知时不可逸豫也。”后因以“羁牵”喻任职为官。萧颖士《仰答韦同业垂访五首》之一：“罗网幸免伤，蒙君复羁牵。”权德舆《奉送韦起居老舅百日假满归嵩阳旧居》：“以此耸风俗，岂必郊羁牵。”

【羈情】　亦作“羇情”。旅居的情怀。耿沣《华州客舍奉和崔端公春城晓望》：“赖逢骢马客，郢曲缓羇情。”杨凌《题池州弄水亭》：“幽抱吟九歌，羇情思湘浦。”

【羈紲】　亦作“羇紲”。❶马络头和马缰绳。泛指驭马的用具。独孤及《奉和李大夫同李评事太行苦热行兼寄院中诸公》：“谁念剖竹人，无因执羁绁。”❷系缚；束缚。李白《赠新平少年》：“摧残槛中虎，羁绁耩上鹰。”元稹《谕宝二首》之二：“大鹏无长空，举翮受羁绁。”❸拘禁。皮日休《二游诗·徐诗》：“保兹万卷书，守填如羁绁。”王仁裕《遇放猿再作》：“月宿纵劳羁绁梦，松餐非复稻粱身。”李郃《贺州思九疑作》：“何当解羇绁，量移慰悽怆。”❹客居滞留。蒋吉《寄进士贾希》：“空囊与瘦马，羁绁意应深。”

【羈貫】　古代成童之发式。《穀梁传·昭公十九年》：“羁贯成童，不就师傅，父之罪也。”范宁注：“羁贯，谓交午剪发以为饰。成童，八岁以上。”后遂用以代指童年。柳宗元《游朝阳岩遂登西亭二十韵》：“羁贯去江介，世仕尚函崤。”

【羈靮】　❶马络头和缰绳。泛指驭马之物。《礼记·檀弓下》：“如皆守社稷，则孰执羁靮而从？”陈澔集解：“羁，所以络马；靮，所以控马。”卢照邻《奉使益州至长安发钟阳驿》：“联翩事羁靮，辛苦劳疲恙。”❷喻束缚。刘禹锡《游桃源一百韵》：“重岩是藩屏，驯鹿受羁靮。”陆龟蒙《奉酬袭美先辈初夏见寄次韵》：“闲心放羁靮，醉脚从欹倾。”

【羈棲】　亦作“羇棲”。久居异乡。杜甫《第五弟独在江左寄此二首》：“乱后嗟吾在，羇栖见汝难。”清江《宿严维宅简章八元》：“莫话羁栖事，平原是主人。”李群玉《长沙紫极宫雨夜愁坐》：“羁栖摧剪平生态，抱膝时为梁甫吟。”任翻《送李衡》：“羇栖亲故少，远别惜清才。”

【羈程】　羁留行程。杨衡《经端溪峡中》：“有客溯轻楫，阅胜匪羁程。”

【羈傖】　亦作“羇傖”。谓谪居的外乡佬。唐慧琳《一切经音义》卷六五引《晋阳秋》曰：“吴人谓中国人为伧人，又总谓江淮间杂楚为伧。”韩愈、孟郊《城南联句》：“奚必事远觌，无端逐羇伧。”

【羈禽】　犹羁鸟。孟郊《鸦路溪行呈陆中丞》：“疲马亦旧秣，羁禽思故栖。”柳宗元《南涧中题》：“羁禽响幽谷，寒藻舞沦漪。”见“羈鳥”。

【羈遊】　亦作“羇遊”。❶在外漫游，离家远游。杜甫《哭台州郑司户苏少监》：“羇游万里阔，凶问一年俱。”杨凌《梅里旅夕》：“沧洲东望路，旅棹怆羁游。”黄滔《旅怀》：“羇游数地值兵乱，宿在孤城闻雨秋。”齐己《送白处士游峨嵋》：“闲身谁道是羁游，西指峨嵋碧顶头。”王勃有《羁游饯别》。❷作客他乡；久居外地。耿沣《下邽客舍喜叔孙主簿郑少府见过》：“良宵复杪秋，把酒说羇游。”白居易《醉后走笔酬刘五主簿兼简张六贾二十四先辈昆季》：“岐阳旅宦少欢娱，江左羇游费时日。”温庭筠《感旧陈情五十韵献淮南李仆射》：“旅食逢春尽，羁游为事牵。”

【羈寓】　亦作“羇寓”。寄居；旅居。韦应物《城中卧疾知阎薛二子屡从邑令饭因以赠之》：“人生羁寓时，去就当如此。”又《答王郎中》：“守郡犹羁寓，无以慰嘉宾。”方干《冬日》：“已嗟周一岁，羇寓尚何依。”

【羈絏】　见“羈紲”。

【羈絡】　马络头。杜牧《长安杂题长句六首》之三：“少年羁络青纹玉，游女花簪紫蒂桃。”

【羈魂】　亦作“羇魂”。❶客死者的魂魄。李贺《伤心行》：“古壁生凝尘，羇魂梦中语。”陆龟蒙《子夜四时歌·秋》：“秋听络纬唱，假与羁魂语。”李山甫《谒翰林刘学士不遇》：“六尺羇魂迷定止，两行愁血谢知音。”❷指旅人的心情思绪。张泌《秋晚过洞庭》：“莫把羁魂吊湘魂，九疑愁绝锁烟岚。”无名氏《秋》(卷七八五)：“越客羁魂挂长道，西风欲揭南山倒。”

【羈跡】　亦作“羇跡”。羁旅的行迹。喻坦之《晚泊盱眙》：“徒悬乡国思，羇迹尚东游。”

【羈愁】　亦作“羇愁”。旅人的愁思。陈子良《入蜀秋夜宿江渚》：“故乡千里外，何以慰羁愁？”孟浩然《他乡七夕》：“他乡逢七夕，旅馆益羇愁。”韩愈《洞庭湖阻风赠张十一署》：“非怀北归兴，何用胜羁愁。”司空图《江行二首》之一：“行纪添新梦，羇愁甚往年。”

【羈策】　亦作“羇策”。犹驾驭。李贺《马诗二十三首》之八：“吾闻果下马，羇策任蛮儿。”

【羈腸】　犹羁旅之心。指思乡之情。孟郊《出东门》：“道路如抽蚕，宛转羁肠繁。”

【羈猿】　犹孤猿。戴叔伦《和崔法曹建溪闻猿》：“曾向巫山峡里行，羁猿一叫一回惊。”

【羈鞅】　❶羁，马络头；鞅，套在马颈上的皮带。泛指驭马的用具。元稹《春余遣兴》：“野马笼赤霄，无由负羁鞅。”❷喻束缚。王维《谒璿上人》：“浮名寄缨珮，空性无羁鞅。”元稹《和李校书新题乐府十二首·驯犀》：“兽返深山鸟构巢，鹰雕鹞鹘无羁鞅。”白居易《读史五首》之二：“山林少羁鞅，世路多艰阻。”徐铉《题碧岩亭赠孙尊师》：“终须脱羁鞅，来此会空谈。”

【羈雌】　亦作“羇雌”。失偶的雌鸟。语本汉枚乘《七发》：“朝则鹂黄鳱鴠鸣焉，暮则羁雌迷鸟宿焉。”韦承庆《直中书省》：“唯应集鸾鹭，何为宿羁雌？”王维《黄雀痴》：“薄暮空巢上，羇雌独自归。”韦应物《经武功旧宅》："门临川流驶，树有羇雌宿。"李商隐《银河吹笙》："重衾幽梦他年断，别树羁雌昨夜惊。"

【羈魄】 亦作"羇魄"。指旅人之心。卢仝《冬行三首》之三："海月护羇魄，到晓点孤光。"

【羈滯】 客居淹留。高适《赠别王十七管记》："我行将悠缅，及此还羁滞。"卢纶《太白西峰偶宿晨登前巘凭眺书怀即事》："如何羁滞中，得步青冥里。"姚合《新居秋夕寄李廓》："羁滞多共趣，屡屡同室眠。"皮日休《奉和鲁望同游北禅院》："云林满眼空羁滞，欲对弥天却自伤。"

【羈緒】 亦作"羇緒"。羁人愁绪。李商隐《宿亚昌亭闻惊禽》："羇绪鳏鳏夜景侵，高窗不掩见惊禽。"

【羈緤】 缚系禽兽的绳索。緤，同"绁"。白居易《和皇甫郎中秋晓同登天宫阁言怀六韵》："病木斧斤遗，冥鸿羁緤断。"

【羈網】 囚禁的法网。元稹《何满子歌》："梨园弟子奏玄宗，一唱承恩羁网缓。"

【羈維】 笼络驾驭。杜牧《雪中书怀》："明庭开广敞，才俊受羁维。"陆龟蒙《杂讽九首》之二："羁维豪杰辈，四骇方少絷。"

【羈窮】 漂泊穷困。姚合《别李馀》："何计羁穷尽，同居不出城。"

【羈薄】 客居困顿。薄，指命运的不幸。林宽《酬陈樵见寄》："失意闲眠起又迟，又将羁薄谢深知。"

【羈獨】 客居独处。元季川《古远行》："悠悠远行者，羁独当时思。"

【羈縶】 亦作"羇縶"。马络头和马缰绳。后用以喻束缚；拘禁。杨于陵《郡斋有紫薇双本予嘉其美而能久因诗纪述》："粤予负羁絷，留赏益踟蹰。"韩愈《赴江陵途中寄赠三学士》："果然又羁絷，不得归锄耰。"温庭筠《秋日》："复此遂用旷，翛然脱羇絷。"

【羈縻】 亦作"羇縻"。❶羁，马络头；縻，牛缰绳。因借以指笼络。高适《睢阳酬别畅大判官》："戎狄本无厌，羇縻非一朝。"杜甫《留花门》："修德使其来，羁縻固不绝。"李商隐《行次西郊作一百韵》："礼数异君父，羁縻如羌零。"❷喻束缚。白居易《对酒示行简》："忧念两消释，如刀断羁縻。"又《咏所乐》："官优有禄料，职散无羁縻。"

【羈鴻】 亦作"羇鴻"。犹征鸿。迁徙的雁。王昌龄《出郴山口至叠石湾寄张十一》："寒月波荡漾，羇鸿去悠悠。"柳宗元《湘口馆潇湘二水所合》："杳杳渔父吟，叫叫羁鸿哀。"

【羈絆】 亦作"羇絆"。束缚牵制。储光羲《贻刘高士别》："自言永遁栖，无复从羁绊。"杜甫《寄常征君》："万事纠纷犹绝粒，一官羇绊实藏身。"柳宗元《雨中赠仙人山贾山人》："遥知玄豹在深处，下笑羁绊泥涂间。"罗邺《莺》："却笑金笼是羁绊，岂知瑶草正芬芳。"

【羈鎖】 羁绊；束缚。柳宗元《构法华寺西亭》："神舒屏羁锁，志适忘幽孱。"白居易《犬鸢》："上无罗弋忧，下无羁锁牵。"

【羈離】 亦作"羇離"。漂泊流离。杜甫《重赠郑炼》："江山路远羇离日，裘马谁为感激人。"钱起《陇右送韦三还京》："举目情难尽，羁离失志间。"李端《奉和秘书元丞杪秋忆终南旧居》："愿从烟霞赏，羁离计不从。"崔涂《途中晚秋送友人归江南》："又指烟波算路岐，此生多是厌羇离。"

【羈羅】 约束的网罗。皇甫湜《出世篇》："生当为(大)丈夫，断羁罗，出泥涂。"

【羈羸】 客居衰病。权德舆《浩歌》："出处两未定，羁羸空自伤。"

【羈懷】 亦作"羇懷"。羁旅的情怀。孟浩然《人日登南阳驿门亭子怀汉川诸友》："异县殊风物，羁怀多所思。"司空曙《残莺百啭歌游慈恩各赋一物》："谢朓羁怀方一听，何郎闲吟本多情。"顾非熊《陈情上郑主司》："羁怀吟独苦，愁眼愧花妍。"

【羈讁】 亦作"羇讁"。贬谪流放。王昌龄《送任五之桂林》："羇谴同缯纶，僻幽闻虎豹。"

纞 〔luán《广韵》落官切，平桓，來。〕捕猎的网。《尔雅·释器》："彘罟谓之纞。"见"纞罿"。

【纞罿】 罗网。李商隐《李肱所遗画松诗书两纸得四十韵》："一旦反暾室，稠叠张纞罿。"

羊　部

羊〔yáng《广韵》與章切，平陽，以。〕❶哺乳动物。反刍类。有绵羊、山羊、羚羊等种。耿沣《秋晚卧疾寄司空拾遗曙卢少府纶》："惭非蒋生径，不敢望求羊。"韩愈《寄卢仝》："买羊沽酒谢不敏，偶逢明月曜桃李。"欧阳衮《田家》："黯黯日将夕，牛羊村外来。"刘驾《唐乐府十首·田西边》："高秋禾黍多，无地放羊马。"❷姓。寒山《诗三百三首》之一一〇："恰似羊公鹤，可怜生氍毹。"唐诗人有羊士谔、羊滔等。

【羊二十七】　羊士谔。曾官资州刺史。窦群有《雨后月下寄怀羊二十七资州》。

【羊士谔】　唐诗人。字谏卿，洛阳(今河南洛阳市)人。贞元元年(785)进士，释褐义兴尉。历任监察御史、资州刺史、户部郎中等职。《全唐诗》卷三一〇录其诗一卷九十余首。

【羊皮】　羊之皮。可以制鼓。虞国大夫百里奚为晋献公俘虏，被当作秦穆公夫人的陪嫁品，途中逃至楚地。秦穆公想出重金赎回，恐楚人疑而不与，便用五张公羊皮将其赎回，并委以国事，人称"五羖大夫"。见《史记·秦本纪》。李白《鞠歌行》："秦穆五羊皮，买死百里奚。"刘禹锡《同乐天和微之深春二十首》之二十："笑击羊皮鼓，行牵犊颔车。"李群玉《薛侍御处乞靴》："百里奚身悲甚似，五羊皮价敢全轻。"

【羊車】　❶宫中用羊牵引的小车。李白《连理枝》之二："望水晶帘外竹枝寒，守羊车未至。"花蕊夫人徐氏《宫词》之一三："诸院各分娘子位，羊车到处不教知。"❷小车。晋卫玠，字叔宝，美姿容，乘羊车入市，见者以为玉人，观之者倾都。见《晋书》本传。孙元晏《咏史诗·晋·卫玠》："叔宝羊车海内稀，山家女婿好风姿。"李瀚《蒙求》："卫玠羊车，王恭鹤氅。"吕岩《七言》之一七："从教犊驾轰轰转，尽使羊车轧轧鸣。"

【羊角风】　旋风，龙卷风。见《庄子·逍遥游》。刘禹锡《吐绶鸟词》："如何一借羊角风，来听箫韶九成曲。"又《送李策秀才还湖南因寄幕中亲故兼简衡州吕八郎中》："恨无羊角风，使尔化北溟。"白居易《送友人上峡赴东川辟命》："羊角风头急，桃花水色浑。"亦省称"羊角"。元稹《和李校书新题乐府十二首胡旋女》："蓬断霜根羊角疾，竿戴朱盘火轮炫。"

【羊虎】　石羊和石虎。封建贵族、大臣墓前两种石兽。唐彦谦《过清凉寺王导墓下》："多年羊虎犹眠石，败壁貂蝉只贮尘。"

【羊城】　即五羊城。广州的别名。高适《送柴司户充刘卿判官之岭外》："海对羊城阔，山连象郡高。"

【羊昭业】　唐诗人。字振文，吴(今江苏苏州市)人。咸通九年(868)登进士第，昭宗大顺中，与顾云、陆希声、司空徒等十人分修宣、懿、僖三朝实录。《全唐诗》卷六三一录其《皮袭美见留小谯次韵》一首。

【羊很狼貪】　古人认为羊性狠，狼性贪。因以"羊很狼贪"喻官吏狠毒和贪婪。很，通"狠"。见《史记·项羽本纪》。韩愈《郓州谿堂诗》："羊很狼贪，以口覆城。"

【羊馬城】　为防敌而城外构筑的类似城圈的防御工事。窦庠《灵台镇赠丘岑中丞》："近来胡骑休南牧，羊马城边春草生。"

【羊振文】　羊昭业，字振文，咸通九年(868)进士，见《登科记考》卷二三。皮日休有《偶留羊振文先辈及一二文友小饮因成四韵》。

【羊脂】　羊油。刘商《胡笳十八拍·第五拍》："羊脂沐发长不梳，羔子皮裘领仍左。"

【羊腔】　羊的肋肉。韩愈《病中赠张十八》："雌声吐款要，酒壶缀羊腔。"

【羊裘】　羊皮做的衣服。汉严光，字子陵，与汉光武帝刘秀少友善，刘秀即位，光变名隐身，披羊裘钓泽中。见《后汉书·逸民传·严光》。李华《杂诗六首》之二："何忍严子陵，羊裘死荆棘。"詹琲《追和秦隐君辞荐之韵上陈侯乞归凤山》："蝇利薄于青纸扇，羊裘暖甚紫罗衣。"

【羊酪】　用羊乳制成的食品。常用以指家乡土产的美味。见南朝宋刘义庆《世说新语·言语》。储光羲《田家即事》："杏色满林羊酪熟，麦凉浮垄雉媒低。"韩翃《送客之江宁》："从来此地夸羊酪，自有莼羹定却人。"刘禹锡《送周鲁儒赴举诗》："若逢广坐问羊酪，从此知名在一言。"陆龟蒙《江南秋怀寄华阳山人》："鹖冠难适越，羊酪未饶伧。"

【羊腸】　❶狭如羊的肠子的小路。刘长卿《按覆后归睦州赠苗侍御》："羊肠留覆辙，虎口脱余生。"李端《送夏侯审游蜀》："石滑羊肠险，山空杜宇悲。"刘禹锡《裴祭酒尚书之什命同作》："危径盘羊肠，连甍耸翚飞。"郑还古《吉州道中》:"薏苡殊非谤,羊肠未是艰。"❷指羊肠坂。李白《忆旧游寄谯郡元参军》:"五月相呼度太行,摧轮不道羊肠苦。"白居易《初入太行路》:"马蹄冻且滑,羊肠不可上。"杜牧《洛下送张曼容赴上党召》:"未趋雉尾随元老,且蓦羊肠过少年。"司空图《诗品二十四则·委曲》:"登彼太行,翠绕羊肠。"

【羊腸阪】 古坂道名。在今山西壶关县东南。萦曲如羊肠,故称。刘长卿《奉和李大夫太行苦热行兼寄院中诸公仍呈王员外》:"朝辞羊肠阪,夕望贝丘郭。"

【羊滔】 唐诗人。泰山(今山东泰安市东南)人。大历宏词及第。《全唐诗》卷三一二录其《游烂柯山》诗四首。

【羊質】 谓虚弱的本质。出汉扬雄《法言·吾子》。皮日休《奉酬崔璐进士见寄次韵》:"谁能变羊质,竟不获骊珠。"

【羊鞟】 羊皮。李峤《豹》:"委质超羊鞟,飞名列虎侯。"

【羊頭山】 在今山西长治县南。无名氏《羊头山谣》:"羊头山北作有堂。"。

【羊頭削】 三棱形的箭镞。王维《送封太守》:"忽解羊头削,聊驰熊首轓。"

【羊羹】 羊肉汤。战国中山君享士大夫,司马子期在坐。羊羹不遍,子期怒而走于楚。见《战国策·中山策》。陆龟蒙《奉酬袭美先辈初夏见寄次韵》:"何须乞鹅炙,岂在斟羊羹。"

一 画

羌 〔qiāng《广韵》去羊切,平陽,溪。〕我国古代民族名。主要分布地相当于今甘肃、青海、四川一带。秦汉时,部落众多,总称西羌。以游牧为主。亦泛称西北少数民族。杜甫《三绝句》之三:"殿前兵马虽骁雄,纵暴略与羌浑同。"陈羽《冬晚送友人使西蕃》:"驿使向天西,巡羌复入氐。"李商隐《少年》:"外戚平羌第一功,生年二十有重封。"韦庄《和郑拾遗秋日感事一百韵》:"巢树禽思越,嘶风马恋羌。"

【羌戎】 泛指我国古代西北部的少数民族。王昌龄《箜篌引》:"卢溪郡南夜泊舟,夜闻两岸羌戎讴。"卢纶《和张仆射塞下曲》之四:"野幕敞琼筵,羌戎贺劳旋。"李商隐《骄儿诗》:"况今西与北,羌戎正狂悖。"张乔《再书边事》:"羌戎不识干戈老,须贺当时圣主明。"

【羌竹】 即羌笛。刘言史《处州月夜穆中丞席和主人》:"羌竹繁弦银烛红,月光初出柳城东。"

【羌村】 村名。在今陕西富县南。肃宗至德年间杜甫家居于此,杜甫有《羌村三首》。

【羌兒】 羌人。韦应物《听莺曲》:"欲啭不啭意自娇,羌儿弄笛曲未调。"李贺《送秦光禄北征》:"内子攀琪树,羌儿奏落梅。"温庭筠《敕勒歌塞北》:"羌儿吹玉管,胡姬踏锦花。"

【羌胡】 指我国古代的羌族和匈奴族,亦泛称我国古代西北部的少数民族。李白《奔亡道中五首》之四:"俗变羌胡语,人多沙塞颜。"李端《边头作》:"羊马水草足,羌胡帐幕稠。"张籍《西州》:"羌胡据西州,近甸无边城。"汪遵《昭君》:"汉家天子镇寰瀛,塞北羌胡未罢兵。"

【羌笛】 古代西域民族的一种吹奏乐器,汉时传入中国,长二尺四寸,三孔或四孔。因出于羌中。故名。太宗《饮马长城窟行》:"胡尘清玉塞,羌笛韵金钲。"王之涣《凉州词二首》之一:"羌笛何须怨杨柳,春光不度玉门关。"鲍溶《暮春戏赠樊宗宪》:"羌笛胡琴春调长,美人何处乐年芳。"韦庄《汧阳间》:"牧童何处吹羌笛,一曲梅花出塞声。"

【羌笳】 即胡笳。古代北方民族的管乐器。王建《塞上逢故人》:"羌笳三两曲,人醉海西营。"

【羌渾】 羌族和吐谷浑族。亦泛称西北少数民族。杜甫《三绝句》之三:"殿前兵马虽骁勇,纵暴略与羌浑同。"亦特指安禄山。安禄山为营州杂胡(父胡人,母突厥人),故称。李商隐《行次西郊作一百韵》:"皇子弃不乳,椒房抱羌浑。"

【羌零】 (一lián)先零,古西羌族的一支。李商隐《行次西郊作一百韵》:"礼数异君父,羁縻如羌零。"

【羌虜】 指吐蕃等西北少数民族。岑参《过梁州奉赠张尚书大夫公》:"羌虏昔未平,华阳积僵尸。"李昌符《书边事》:"汾阳无继者,羌虏肯先和。"

【羌管】 即羌笛。李峤《军师凯旋自邕州须流舟中》:"芳树吟羌管,幽篁入楚词。"白居易《寄献北都留守裴令公》:"羌管吹杨柳,燕姬酌蒲萄。"李商隐《和郑愚赠汝阳王孙家筝妓二十韵》:"羌管促蛮柱,从醉吴宫耳。"温庭筠《达摩支曲》:"一旦臣僚共囚虏,欲吹羌管先汍澜。"

【羌蛮】 犹羌虏。赵氏《杂言寄杜羔》:"羌蛮万余落,矛戟自高低。"

三 画

美 〔měi《广韵》無鄙切,上旨,明。《集韵》母鄙切,上旨,明。〕❶美丽,美观。李白《长相思》:"卷帷望月空长叹,美人如花隔云端。"李德裕《重忆山居六首·漏潭石》:"美石劳相赠,琼瑰自不如。"李商隐《奉和太原公送前杨秀才戴兼招杨正字戎》："谁惮士龙多笑疾，美髭终类晋司空。"贾岛《送南康姚明府》："铜章美少年，小邑在南天。"❷滋味甘美可口。张子容《九日陪润州邵使君登北固山》："新丰酒旧美，况是菊花朝。"杜甫《太平寺泉眼》："取供十方僧，香美胜牛乳。"白居易《新乐府·盐商妇》："终朝美饭食，终岁好衣裳。"温庭筠《寄崔先生》："菰黍正肥鱼正美，五侯门下负平生。"❸美好；美善。宋鼎《赠张丞相》："郡挹文章美，人怀燮理余。"钱起《送鲍中丞赴太原军营》："年壮才仍美，时来道易行。"朱庆余《贺张水部员外拜命》："省中官最美，无似水曹郎。"孙郃《古意二首》之二："贤哲信为美，兵甲岂云多。"❹指美好的人或事物。太宗《帝京篇十首》之三："阅赏诚多美，于兹乃忘倦。"李峤《田假限疾率成短韵用写长怀赠杜幽素》："彼美符商政，优游绝汉机。"郭震《子夜四时歌·秋歌二首》之一："邀欢空伫立，望美频回顾。"崔曙《登水门楼因以感兴》："吾友东南美，昔闻登此楼。"❺称赞；赞美。李白《赠宣城宇文太守兼呈崔侍御》："霜眉邑中叟，皆美太守贤。"耿沣《甘泉诗》序："甘泉，美良牧也。"章孝标《风不鸣条》："丰年知有待，歌咏美唐尧。"杜牧《奉和白相公圣德和平呈上三相公长句四韵》："吉甫裁诗歌盛业，一篇江汉美宣王。"

【美人】 ❶容貌美丽者。多指女子。李颀《绝缨歌》："楚王宴客章华台，章华美人善歌舞。"白居易《和柳公权登齐云楼》："楼外春晴百鸟鸣，楼中春酒美人倾。"李商隐《南山赵行军新诗盛称游宴之洽因寄一绝》："梁王司马非孙武，且免宫中斩美人。"韦庄《少年行》："醉下酒家楼，美人双翠幰。"❷品德美好的人。赞誉之词。王昌龄《同从弟销南斋玩月忆山阴崔少府》："美人清江畔，是夜越吟苦。"李益《校书郎杨凝往年以古镜贶别今追赠以诗》："美人昔自爱，鞶带手中结。"李群玉《醒起独酌怀友》："美人此夕不入梦，独宿高楼明月凉。"曹邺《寄刘驾》："怅望美人不携手，墙东又发数枝花。"❸指美人虹。见《尔雅·释天》。后以"美人"作为咏虹之典。苏味道《咏虹》："空因壮士见，还共美人沉。"

【美人赋】 篇名。❶汉司马相如作。见《古文苑》。李颀《送康洽入京进乐府歌》："朝吟左氏娇女篇，夜颂相如美人赋。"徐铉《亚元舍人不替深知猥贻佳作三篇因为长歌聊以为报》："长卿曾作美人赋，玄成今有责躬诗。"❷唐吕向作。白居易《新乐府·上阳白发人·愍怨旷也》："君不见昔日吕向美人赋，又不见今日上阳白发歌！"

【美士】 美德或美才之士。李白《送杨少府赴选》："时泰多美士，京国会缨簪。"

【美土】 美好的地方。陈元光《落成会咏一首》："盘庚迁美土，陶侃效兼庸。"

【美才】 优异的人才。郎士元《赠万生下第还吴》："直道多不偶，美才应息机。"

【美丈夫】 美貌或美德之男子汉。白居易《和微之春日投简阳明洞天五十韵》："闻望贤丞相，仪形美丈夫。"

【美女】 美丽的女子。沈如筠《句》："渔阳燕旧都，美女花不如。"王琚《美女篇》："东邻美女实名倡，绝代容华无比方。"白居易《和答诗十首·和古社》："妖狐变美女，社树成楼台。"曹邺《捕渔谣》："天子好美女，夫妇不成双。"

【美玉】 质地优美的玉石。钱起《片玉篇》："世人所贵惟燕石，美玉对之成瓦砾。"杜元颖《赋得玉水记方流》："重泉生美玉，积水异常流。"赵嘏《赠李秘书》："美玉韫来休问价，芳枝攀去正无尘。"聂夷中《客有追叹后时者作诗勉之》："荆山产美玉，石石皆坚贞。"

【美化】 美好的教化。杜甫《秋日荆南三十韵》："荆门留美化，姜被就离居。"权德舆《酬冯绛州早秋绛台感怀见寄》："武符颁美化，亥字访疑年。"杜荀鹤《献长沙王侍郎》："美化事多难讽诵，未如耕钓口分明。"

【美名】 美好的名声。李颀《送刘方平》："二十二词赋，惟君著美名。"韩翃《送夏侯校书归上都》："后辈传佳句，高流爱美名。"李商隐《读任彦升碑》："任昉当年有美名，可怜才调最纵横。"韩偓《余卧疾因成此篇》："莫负美名书信史，清风扫地更无遗。"

【美竹】 美好的小竹。后以"美竹"喻优异之人才。杜甫《桥陵诗三十韵因呈县内诸官》："王刘美竹润，裴李春兰馨。"

【美色】 娇美的姿色。钱起《蓝田溪杂咏二十二首·石莲花》："幽石生芙蓉，百花惭美色。"

【美好】 (一hǎo)好。李白《山人劝酒》："秀眉霜雪颜桃花，骨青髓绿长美好。"刘禹锡《吏隐亭述》："天下山水，无非美好。"

【美芹】 农夫以水芹为美味，欲献于他人。见《列子·杨朱》。后用以为典，谓献人以微物。杜甫《赤甲》："炙背可以献天子，美芹由来知野人。"

【美利】 大利，丰厚的利益。杜甫《南池》："皇天不无意，美利戒止足。"

【美秀】 美丽清秀。李商隐《骄儿诗》："衮师我骄儿，美秀乃无匹。"

【美言】 美饰之言。卢仝《掩关铭》："美言不可听，深于千丈坑。"

【美事】 好事。白居易《赠楚州郭使君》："当家美事堆身上，何啻林宗与细侯。"

【美味】 好吃的食物。杜甫《拨闷》："已办青钱防雇直，当令美味入吾唇。"唐彦谦《索虾》："厌饮多美味，独此心相投。”无名氏《五方诗》之三：“粗饭众厨餐，美味当房佉。”

【美服】　美丽的服饰。张九龄《感遇十二首》之四：“美服患人指，高明逼神恶。”

【美珍】　美丽而珍贵。叔孙玄观《洛出书》：“美珍翔阁凤，庆迈跃舟鱼。”

【美政】　好的政治措施；德政。杜甫《陪王侍御登东山宴姚通泉》：“姚公美政谁与俦，不减昔时陈太丘。”钱起《李四劝为尉氏尉李七勉为开封尉》：“美政惟兄弟，时人数俊贤。”

【美草】　好草。刘希夷《死马赋》：“愿君回来乡山道，道傍青青饶美草。”

【美香】　美丽的花。亦喻美好的事物。李益《和丘员外题湛长史旧居》：“云谁学美香，分毫寄明牧。”司空图《乱后三首》之三：“美香闻夜合，清景见寅朝。”

【美風】　好风，和风。皎然《苦热行》：“捧玩烦袂涤，啸歌美风生。”

【美食】　❶味美的食物。白居易《新乐府·盐商妇》：“好衣美食来何处，亦须惭愧桑弘羊。”❷吃美味的食物。白居易《偶吟》：“便得一年生计足，与君美食复甘眠。”

【美度】　美好的风范。苏颋《闲园即事寄韦侍郎》：“宪臣饶美度，联事惜徂颜。”

【美除】　除授美官。詹敦仁《入局吟》：“明命初颁得美除，惭惶下拜敢宁居。”

【美氣】　美丽的云气。虞世南《赋得吴都》：“玉牒宏图表，黄旗美气浮。”

【美酒】　美味的酒；好酒。孙逖《和左卫武仓曹卫中对雨创韵赠右卫李骑曹》：“美酒怀公宴，玄谈俟客嘲。”韩翃《赠别崔司直赴江东兼简常州独孤使君》：“春衣淮上宿，美酒江边醉。”朱庆余《归故园》：“尊中美酒长须满，身外浮名总是闲。”聂夷中《劝酒二首》之一：“堂上陈美酒，堂下列笙歌。”

【美姬】　美女。皎然《观李中丞洪二美人唱歌轧筝歌》：“君家双美姬，善歌工筝人莫知。”

【美第】　好的科举等第。陆长源《酬孟十二新居见寄》：“去岁登美第，策名在公车。”

【美偲】　美好多才。出《诗·齐风·卢令》。苏颋《蜀城哭台州乐安少府》：“其道惟正直，其人信美偲。”

【美惡】　（一è）美丑；好坏。亦指好事与坏事。皎然《昭君怨》：“自倚婵娟望主恩，谁知美恶忽相翻。”武翊黄《瑕瑜不相掩》：“停看分美恶，今得值良工。”柴宿《瑜不掩瑕》：“坚贞宁可杂，美恶自能殊。”

【美景】　美好的景物。张九龄《和吏部李侍郎见示因命仆继作》：“美景向空尽，欢言随事销。”贾至《对酒曲二首》之二：“放歌乘美景，醉舞向东风。”独孤及《同徐侍郎五云溪新庭重阳宴集作》：“山公惜美景，肯为芳樽留。”白居易《早春忆游思黯南庄因寄长句》：“美景难忘竹廊下，好风争奈柳桥头。”

【美景良辰】　美好的景物和时光。白居易《三月三日祓禊洛滨》序：“美景良辰，赏心乐事，尽得于今日矣。”

【美禄】　❶高官厚禄。韦应物《始除尚书郎别善福精舍》：“中朝悬美禄，除书忽到门。”❷指酒。见《汉书·食货志下》。权德舆《醉后》：“美禄与贤人，相逢自可亲。”皮日休《病中美景颇阻追游因寄鲁望》：“药前美禄应难断，枕上芳辰岂易销。”陆龟蒙《奉和袭美酒中十咏·酒泉》：“此地得封侯，终身持美禄。”

【美睡】　酣睡。韩偓《伤春》：“中酒向阳成美睡，惜花冲雨觉伤寒。”

【美號】　褒扬赞美的称号。李昉《仙客》：“因加美号为仙客，称向闲庭伴野夫。”郑谷《锦二首》之二：“文君手里曙霞生，美号仍闻借蜀城。”

【美新作】　指汉扬雄所撰《剧秦美新》。此作歌颂王莽新朝。引为扬雄一生中的污点。李群玉《感兴四首》之一：“一睹美新作，斯瑕安可除。”

【美貌】　美丽的容貌。李嘉祐《送崔十一弟归北京》：“潘郎美貌谢公诗，银印花骢年少时。”李远《赠咸阳李少府》：“美貌雄才已少齐，宝书仙简两看题。”无名氏《五言诗》之十（外编下）：“白发随年生，美貌别今夕。”

【美語】　动听的言辞。元稹《阳城驿》：“上知不可遏，命以美语酬。”

【美滿】　美好圆满。杜牧《池州送孟迟先辈》：“千帆美满风，晓日殷鲜血。”

【美寢】　酣睡。徐夤《自咏十韵》：“寒益轻裯饶美寝，出乘车马免徒行。”

【美箭】　美竹。孙逖《登越州城》：“山风吹美箭，田雨润香粳。”杜甫《石龛》：“为官采美箭，五岁供梁齐。”

【美價】　❶善价，训价。李白《古风》之五六：“清辉照海月，美价倾皇都。”❷美好的名声、声价。杜甫《赠李十五丈别》：“玄成美价存，子山旧业传。”权德舆《酬陆四十楚源春夜宿虎丘山对月寄梁四敬之兼见贻之作》：“故人石渠署，美价满中朝。”韦庄《同和薛先辈见寄初秋高怀即之事之作韵》：“美价方稀古，清名已绝今。”

【美論】　宏论。张祜《又陪楚州韦舍人阊门游宴次韵北阊门》：“宦情周上智，美论逸诸曹。”

【美實】　丰美的果实。韦式《竹》：“仙杖正惊龙化，美实当随凤熟。”

【美彈】 （一tán）谓美妙的弹奏声。贾岛《辞二知己》："离人闻美弹，亦与哀弹同。"

【美醞】 美酒。白居易《宿张云举院》："美酝香醪嫩，时新异果鲜。"

【美顔】 美丽的容颜。白居易《青冢》："祸福安可知，美颜不如丑。"

【美聲】 良好的声名。岑参《冀州客舍酒酣贻王绮寄题南楼》："逸足何騕褭，美声实风流。"

【美踪】 好的名声。朱延《再登河阳城怀古》："元凯标奇迹，安仁擅美踪。"

【美襟】 美好的胸怀。司空图《诗品二十四则·绮丽》："取之自足，良殚美襟。"

【美麗】 美好艳丽。陈子昂《春台引》："何云木之美丽，而池馆之崇幽。"白居易《九日宴集醉题郡楼兼呈周殷二判官》："胡琴铮鏦指拨刺，吴娃美丽眉眼长。"

【美誉】 美好的声誉，林滋《和主司王起》："美誉早闻喧北阙，颓波今见走东瀛。"李群玉《赠魏三十七》："名珪字玉净无瑕，美誉芳声有数车。"胡曾《咏史诗·关西》："四知美誉留人世，应与乾坤共久长。"

四 画

羖 〔gǔ《广韵》公户切，上姥，見。〕黑色的公羊。亦泛称公羊。春秋时虞国大夫百里奚为晋献公所俘，作为秦穆公夫人的陪嫁品，途中逃至楚地，穆公想出重金赎回，但恐楚人颖而不与，便用五张公羊皮把他赎回，并委以国事，人号"五羖大夫"。见《史记·秦本纪》。李白《南都行》："陶朱与五羖，名播天壤间。"李商隐《自桂林奉使江陵途中感怀寄献尚书》："长怀五羖赎，终著九州箴。"皮日休《江南书情》："时讹轻五羖，俗浅重三缄。"

【羖䍽】 亦作"羖羺"。黑色的公羊。毛长而厚。王毂《后魏行》："一朝羖䍽飞天上，子孙尽作河鱼饵。"吴融《赠广利大师歌》："莫轻河边羖䍽，飞作天上麒麟。"

羔 〔gāo《广韵》古劳切，平豪，見。〕小羊。韦应物《长安道》："山珍海错弃藩篱，烹犊炰羔如折葵。"韩愈、李正封《晚秋郾城夜会联句》："斩马祭旄纛，炰羔礼芒屩。"李贺《感讽六首》之四："去去走犬归，来来坐烹羔。"

【羔子】 初生小羊。刘商《胡笳十八拍·第五拍》："羊脂沫发长不梳，羔子皮裘领仍左。"

【羔羊】 ❶小羊。杜甫《杜鹃》："鸿雁及羔羊，有礼太古前。"白居易《禽虫十二章》之六："羔羊口在缘何事，暗死屠门无一声。"❷《诗·召南》篇名。诗云："羔羊之皮，素丝五纶；退食自公，委蛇委蛇。"褚朝阳《五丝》："锦绣侔新段，羔羊寝旧诗。"

【羔裘】 用紫羔制的皮衣，古时为诸侯、卿、大夫的朝服。李绅《逾岭峤止荒陬抵高要》："天将南北分寒燠，北被羔裘南卉服。"陈陶《闲居杂兴五首》之五："莫道羔裘无壮节，古来成事尽书生。"

【羔雁】 羊羔和大雁。古代用为卿、大夫的贽礼亦用作征召、婚聘、晋谒的礼物。储光羲《奉酬张五丈垂赠》："星辰动异色，羔雁成新行。"王维《哭祖六自虚》："才雄望羔雁，寿促背貂蝉。"孟浩然《送桓子之郢成礼》："摽梅诗有赠，羔雁礼将行。"鲍溶《古意》："肃肃羔雁礼，泠泠琴瑟篇。"

羞 〔xiū《广韵》息流切，平尤，心。〕❶进献食物。亦泛指进献。杜甫《送重表侄王砅评事使南海》："俄顷羞颇珍，寂寥人散后。"严维《陪皇甫大夫谒禹庙》："竹使羞殷荐，松龛拜夏祠。"窦叔向《贞懿皇后挽歌三首》之二："命妇羞蘋叶，都人插柰花。"❷美味的食品。李白《古风》之一八："入门上高堂，列鼎错珍羞。"元稹《竞舟》："君侯馔良吉，会客陈膳羞。"白居易《蜀路石妇》："药饵自调节，膳羞必甘馨。"唐彦谦《索虾》："所以供盘餐，罗列同珍羞。"❸耻辱；感到耻辱；以为耻辱。刘宪《奉和幸长安故城未央宫应制》："幸听熏风曲，方知霸道羞。"卢纶《送鲍中丞赴太原》："今朝送旌旆，一减鲁儒羞。"白居易《李都尉古剑》："劝君慎所用，无作神兵羞。"李群玉《献王中丞》："张仪会展平生舌，韩信那惭跨下羞。"❹难为情，不好意思。屈同仙《乌江女》："见人羞不语，回艇入溪藏。"岑参《醉戏窦子美人》："朱唇一点桃花殷，宿妆娇羞偏髻鬟。"李频《春闺怨》："红妆女儿灯下羞，画眉夫婿陇西头。"崔橹《有酒失于虔州陆郎中肱以诗谢之》："醉时颠蹶醒时羞，麹蘖摧人不自由。"❺怕。岑参《长门怨》："羞被夭桃笑，看春独不言。"卢纶《虢州逢侯钊同寻南观因赠别》："衰贫羞客过，卑束会君难。"刘禹锡《赠眼医婆罗门僧》："看朱渐成碧，羞日不禁风。"赵嘏《恒敛千金笑》："玉颜恒自敛，羞出镜台前。"

【羞人】 害羞；难为情。刘言史《山中喜崔补阙见寻》："白屋藜床还共入，山妻老大不羞人。"姚合《下第》："归路羞人问，春城赁舍居。"章孝标《柘枝》："亚身踏节鸾形转，背面羞人凤影娇。"刘驾《秦娥》："羞人夜采桑，惊起戴胜鸟。"

【羞山雞】 楚人误认山鸡为凤凰，重金购之献楚王。楚王感其诚，厚赐之。见《尹文子·大道上》。后用为表示真诚的典故。李白《赠范金卿二首》之一："辽东惭白豕，楚客羞山鸡。"

【羞日】 怕见太阳。刘禹锡《赠眼医婆罗门僧》："看朱渐成碧，羞日不禁风。"鱼玄机《赠邻女》："羞日遮罗袖，愁春懒起妆。”

【羞作渡江人】　项羽垓下兵败，至乌江渡，有人劝渡乌江至江东，项羽谓“纵江东父兄怜而王我，我何面目见之。”自刎而死。见《史记·项羽本纪》。诗人咏其事。于季子《咏项羽》：“空歌拔山力，羞作渡江人。”

【羞改畫】　用班婕妤辞辇典。汉成帝游于后庭，尝欲与婕妤同辇载。婕妤辞曰：“观古画图，贤圣之君皆有名臣在侧。三代末主乃有嬖女，今欲同辇，得无近似之乎？”见《汉书·外戚传》。虞世南《怨歌行》：“掖庭羞改画，长门不惜金。”

【羞耻】　羞愧耻辱。杜牧《感怀诗一首》：“如何七十年，汗赩含羞耻。”

【羞殺】　害羞，使人害羞。杀，副词。用在谓语后面，表示程度之深。徐凝《题开元寺牡丹》：“虚生芍药徒劳妒，羞杀玫瑰不敢开。”杜牧《赠张祜》：“数篇留别我，羞杀李将军。”裴谐《观修处士画桃花图歌》：“勾芒若见应羞杀，晕绿匀红渐分别。”徐夤《依韵和尚书再赠牡丹花》：“烂银基地薄红妆，羞杀千花百卉芳。”

【羞容】　羞愧的面容。汪遵《乌江》：“英雄去尽羞容在，看却江东不得归。”归仁《题楚庙》：“羞容难更返江东，谁问从来百战功。”

【羞蛾】　谓女子美丽的眉毛。蛾，谓蛾眉。李愿《观翟玉妓》：“艳粉宜斜烛，羞蛾惨向人。”

【羞態】　娇羞的姿态。杜牧《出宫人二首》之二：“几向缀珠深殿里，妒抛羞态卧黄昏。”毛文锡《赞成功》：“似含羞态，邀勒春风。”

【羞澀】　难为情，情态拘束不自然。骆宾王《代女道士王灵妃赠道士李荣》：“只将羞涩当风流，持此相怜保终始。”杜甫《空囊》：“囊空恐羞涩，留得一钱看。”韩偓《无题》：“羞涩佯牵伴，娇饶欲泥人。”

【羞顏】　羞涩的面容。李白《长干行两首》之一：“十四为君妇，羞颜未尝开。”

【羞獻】　进献食品。范传质《荐冰》：“乘春方启闭，羞献有常程。”

【羞鱉】　为母教子之典。见《国语·鲁语下》。李瀚《蒙求》：“文伯羞鳖，孟宗寄鲊。”

五　画

羝　见“羖”。

羝　〔dī《广韵》都奚切，平齊，端。〕公羊。孟浩然《寄赵正字》：“高鸟能择木，羝羊漫触藩。”

【羝觸藩】　公羊角钩在篱笆上。《易·大壮》：“羝羊触藩，羸其角。”喻处境难堪，进退两难。李白《留别于十一兄逖裴十三游塞垣》：“天张云卷有时节，吾徒莫叹羝触藩。”

羜　〔zhù《广韵》直吕切，上語，澄。〕出生五个月的小羊。亦泛称未长成的小羊。见《诗·小雅·伐木》。元稹《酬乐天东南行诗一百韵》：“炰鳖那胜羜，烹鲜只似鲈。”皮日休《酒中十咏·酒床》：“糟床带松节，酒腻肥如羜。”

七　画

義　〔yì《广韵》宜寄切，去寘，疑。〕❶谓符合正义感或道德规范。钱起《送李大夫赴广州》：“忠臣感圣君，徇义不邀勋。”孟郊《伤时》：“古人结交而重义，今人结交而重利。”白居易《丘中有一士二首》之二：“所逢苟非义，粪土千黄金。”温庭筠《病中书怀呈友人》：“市义虚焚券，斗讥漫弃繻。”❷按照正义或道德规范的要求。骆宾王《夏日游德州赠高四》序：“而太夫人在堂，义须捧檄，因仰长安而就日，赴帝乡以望云。”储光羲《采菱词》：“义不游浊水，志士多苦言。”孟郊《蓝溪元居士草堂》：“市井不容义，义归山谷中。”皮日休《七爱诗·卢征君》：“吾谓巢与许，不若征君义。”❸义蕴，意义。韩愈《石鼓歌》：“辞严义密读难晓，字体不类隶与科。”白居易《酒筵上答张居士》：“何人知此义，唯有净名翁。”周贺《寄宁海李明府》：“把疏寻书义，澄心得狱情。”贾岛《送僧》：“晓了莲经义，堪任宝盖迎。”❹恩义；情义。宋鼎《赠张丞相》：“义申蓬阁际，情切庙堂初。”杜甫《送率府程录事还乡》：“意钟老柏青，义动修蛇蛰。”白居易《和微之听妻弹别鹤操因为解释其义依韵加四句》：“义重莫若妻，生离不如死。”杨衡《夷陵郡内叙别》：“恩爱缘义深，同声若鼓瑟。”❺姓。汉有义纵。

【義士】　恪守大义、笃行不苟的人。王昌龄《杂兴》：“义士频报仇，杀人不曾缺。”杜甫《草堂》：“义士皆痛愤，纪纲乱相逾。”司空图《冯燕歌》：“魏中义士有冯燕，游侠幽并最少年。”孙元晏《咏史诗·梁·马仙琕》：“义士要教天下见，且留君住待袁昂。”

【義井】　供公众汲用之井。高适有《同朱五题卢使君义井》。

【義夫】　恪守大义之人。东汉时，循吏李固、杜乔为奸臣所害，陈留人杨匡冒死为二人收尸，时人称义。李绅《到宣武三十韵》：“义夫留感激，公子播英名。”

【義犬】　三国吴时，襄阳纪南人李信纯醉卧城外草丛中，时逢猎者纵火，火须风且至，危及李之性命。

李有爱犬曰“黑龙”，于溪中湿身，周回洒李卧处，遂免李大难，而犬却劳累至毙。李醒乃悟，为之恸哭。太守棺椁衣衾葬犬，并为之造冢。见晋干宝《搜神记》卷二。贯休《行路难》之五：“古人尺布犹可缝，浔阳义犬令人忆。”

【義方】 行事应该遵守的礼仪规范。杜甫《奉贺阳城郡王太夫人恩命加邓国太夫人》：“义方兼有训，词翰两如神。”权德舆《送别沅泛》：“温温禀义方，慥慥习书诗。”冯道《赠窦十》：“燕山窦十郎，教子有义方。”

【義心】 ❶节义或道义之心。白居易《新乐府·青石·激忠烈也》：“义心如石屹不转，死节如石确不移。”韦庄《和薛先辈见寄初秋寓怀即事之作二十韵》：“义心孤剑直，学海怒涛深。”❷佛教指因迷于事理而产生的疑惑不决之心。王维《夏日过青龙寺谒操禅师》：“欲问义心义，遥知空病空。”

【義合】 以道义或情义相合。崔膺《感兴》：“富贵难义合，困穷易感恩。”白居易《妇人苦》：“人言夫妇亲，义合如一身。”于濆《辽阳行》：“义合齐死生，本不夸机杼。”

【義兵】 为正义而战的军队。白居易《新乐府·七德舞·美拨乱陈王业也》：“太宗十八举义兵，白旄黄钺定两京。”陈陶《闲居杂兴五首》之五：“云堆西望贼连营，分阃何当举义兵。”

【義府】 义理之府藏。太宗《咏司马彪续汉志》：“讨论穷义府，看核披经笥。”

【義卒】 正义之师。张祜《游蔚过昭陵十六韵》：“顺时兴义卒，拨乱起戎旃。”

【義泉】 本郡名。诗中虚用其字，犹谓道义之泉。韩愈、孟郊《同宿联句》：“义泉虽至近，盗索不敢沁。”

【義净】 (635－713)唐诗僧。俗姓张，名文明。齐州(今山东济南)人，一说范阳(今北京)人。咸亨二年(671)由广州取道海路赴印度，历览佛教圣迹。证圣元年(695)携梵本经四百部归国，以其手译出六十一部。事见《宋高僧传》卷一、《开元释教录》卷九。《全唐诗》卷八〇八录其诗六首。

【義烏】 县名。唐武德七年(624)以乌伤县改名，治所即今浙江义乌市。独孤及有《送义乌韦明府》。

【義風】 正义的气概和风范。李德裕《东郡怀古二首·阳给事》：“义风激河汴，壮气沦山丘。”司空图《冯燕歌》：“拜章请赎冯燕罪，千古三河激义风。”

【義軍】 正义之师。杜甫《悲陈陶》：“野旷天清无战声，四万义军同日死。”李涉《濉阳行》：“病仆呻吟呼不起，泗水三千招义军。”

【義勇】 富有正义而勇敢。钱起《送郑书记》：“义勇千夫敌，风沙万里行。”郎士元《关羽祠送高员外还荆州》：“将军禀天姿，义勇冠今昔。”亦指义勇之师。储光羲《哥舒大夫颂德》：“河湟训兵甲，义勇方横行。”

【義烈】 忠义节烈。元稹《和乐天赠樊著作》：“璨然光扬者，皆以义烈闻。”

【義氣】 指由于某种私人情感而甘于承担风险或牺牲自己利益的气概。无名氏《五方白许诗》之一五：“奴人赐酒食，恩言出义气。”

【義師】 正义之师。许浑《汴河亭》：“四海义师归有道，迷楼还似景阳楼。”

【義鳥】 重义之鸟。皮日休《正乐府十篇·惜义鸟》：“商颜多义鸟，义鸟实可嗟。”

【義路】 正道，大道。刘叉《野哭》：“棘针生狞义路闲，野泉相吊声潺潺。”

【義旗】 为正义而战或起义的军队的旗帜。张九龄《奉和圣制幸晋阳宫》：“皇祖称义旗，三灵皆获安。”白居易《新乐府·隋堤柳·悯亡国也》：“龙舟未过彭城阁，义旗已入长安宫。”许浑《题卫将军庙》序：“将军名逖，阳羡人，少习诗书，学弓剑，有武略，二十七游并汾间，遇神尧皇帝始建义旗。”韩偓《北齐二首》之二：“并部义旗遮日暗，邺城飞焰照天红。”

【義寧】 隋恭帝杨侑年号。617－618年。太宗《经破薛举战地》诗题下注：“义宁元年，击举于扶风，败之。”

【義趣】 佛教语。指佛法义理之所归。顾况《酬扬州白塔寺永上人》：“浮草经行遍，空花义趣圆。”

【義髻】 旧时妇女作修饰用的假发髻。《谣·天宝初语》(卷八七八)：“义髻抛河里，黄裙逐水流。”

【義興】 县名。隋开皇九年(589)以阳羡县改名，治所即今江苏宜兴市。李白有《赠从孙义兴宰铭》。顾况《赠僧二首》之一：“家住义兴东舍溪，溪边莎草雨无泥。”权德舆有《送从弟谒员外叔父回归义兴》。罗隐有《夜泊义兴戏呈邑宰》。

【義廩】 义仓。为荒年而设置的粮仓。张说《送任御史江南发粮以赈河北百姓》：“河朔人无岁，荆南义廪开。”柳宗元《贞符》序：“乡为义廪，敛发谨饬，岁丁大侵，人以有年。”

【義聲】 德义的名声。杜甫《奉赠鲜于京兆二十韵》：“义声纷感激，败绩自逡巡。”

【義關】 通向义理的门户。皎然《寄报德寺从上人》：“七叶翻章句，时时启义关。”

羡

〔xiàn《广韵》似面切，去線，斜。〕❶因喜爱而希望得到；羡慕。张九龄《感遇十二首》之五：“化蝶犹不识，川鱼安可羡。”韩翃《寄雍丘窦明府》：“西游太府东乘传，泗上诸侯谁不羡。”杨巨源《赠张将军》：“年少功高人最羡，汉家坛树月苍苍。"韦庄《赠野童》："羡尔无知野性真，乱搔蓬发笑看人。"❷有余；剩余。见"羡财""羡餘"。❸姓。《史记·秦始皇本纪》有羡门。传说中的仙人，字子乔。独孤及《观海》："徐福竟何成，羡门徒空言。"李益《登天坛夜见海》："始知武皇求不死，去逐瀛洲羡门子。"白居易《梦仙》："安期羡门辈，列侍如公卿。"

【羡色】　羡慕的脸色。白居易《禽虫十二章》之十一："一鼠得仙生羽翼，众鼠相看有羡色。"

【羡财】　多余的钱财。白居易《题新居呈王尹兼简府中三掾》："弊宅须重葺，贫家乏羡财。"

【羡魚】　喻空存想望。李颀《送人归沔南》："可即明时老，临川莫羡鱼。"孟浩然《西山寻辛谔》："落日清川里，谁言独羡鱼。"高适《奉酬北海李太守丈人夏日平阴亭》："一生徒羡鱼，四十犹聚萤。"刘商《归山留别子侄二首》之二："不逐浮云不羡鱼，杏花茅屋向阳居。"

【羡餘】　多余。白居易《秦中吟十首·重赋》："号为羡余物，随月献至尊。"

羣　〔qún《广韵》渠云切，平文，羣〕今作"群"。❶特指羊相聚而成的集体。引申其他同类动物相聚而成的群。杜甫《晓望》："荆扉对麋鹿，应共尔为群。"李翱《广庆寺》："鱼龙晴自戏，猿狖晚成群。"许棠《题郑拾遗南斋》："满院皆柽竹，期栖鸾鹤群。"韦庄《赠戍兵》："汉皇无事暂游汾，底事狐狸啸作群。"❷人群。杜审言《秋夜宴临津郑明府宅》："坐携余兴往，还似未离群。"李白《拟古十二首》之一二："人生难称意，岂得长为群。"孟郊《立德新居》之二："兹焉有殊隔，永矣难及群。"❸众人；群众。杜甫《李司马桥了承高使君自成都回》："向来江上手纷纷，三日成功事出群。"皇甫曾《送元侍御充使湖南》："离群复多病，岁晚忆沧洲。"❹合群；会合。李白《送王屋山人魏万还王屋》："虽为江宁宰，好与山公群。"韩愈《南山有高树行赠李宗闵》："中与黄鹄群，不自隐其私。"刘叉《雪车》："未闻墟孽苦苍生，相群相党上下为蝥贼。"白居易《感鹤》："鹤有不群者，飞飞在野田。"❺种类。杜甫《白小》："白小群分命，天然二寸鱼。"刘长卿《山鸜鹆歌》："朝去秋田啄残粟，暮入寒林啸群族。"❻多，许多。白居易《春日闲居三首》之二："广池春水平，群鱼恣游泳。"刘沧《秋月望上阳宫》："苔色轻尘锁洞房，乱鸦群鸽集残阳。"刘兼《去年今日》："圣主若容辞重禄，便归烟水狎群鸥。"❼量词。用于称成群的人或物。李荣《咏兴善寺佛殿灾》："如来烧赤尽，惟有一群僧。"耿湋《贺李观察祷河神降雨》："质明斋祭北风微，骆驭千群拥庙扉。"

【羣才】　亦作"羣材"。各种人才。李白《古风》之三："明断自天启，大略驾群才。"岑参《登北庭北楼呈幕中诸公》："幸得趋幕中，托身厕群才。"裴度、刘禹锡《度自到洛中梦得亦分司至止欢惬可知因为联句》："洪炉思哲匠，大厦要群材。"杜牧《送沈处士赴苏州李中丞招以诗赠行》："常思抡群材，一为国家治。"

【羣小】　一群小人。杜甫《草堂》："大将赴朝廷，群小起异图。"

【羣山】　成群的山。高适《自武威赴临洮谒大夫不及因事即事案河西陇右幕下诸公》："云屯寒色苦，雪合群山高。"权彻《题沈黎城》："雪厚群山冻，蓬飞荒塞秋。"

【羣小】　犹诸位。颜真卿《谢陆处士杼山折青桂花见寄之什》："群子游杼山，山寒桂花白。"

【羣公】　泛称诸有名位者。亦用作一般的尊称。袁朗《和洗掾登城南坂望京邑》："万国朝前殿，群公议宣室。"王维《哭祖六自虚》："群公咸属目，微物敢齐肩。"韦应物《贾常侍林亭燕集》："群公尽词客，方驾永日游。"姚合《冬夜书事寄两省阁老》："阁下群公尽高思，谁能携酒访贫居。"

【羣方】　万方。权德舆《奉送韦起居老舅百日假满归嵩阳旧居》："大君遂群方，左史蹈前贤。"

【羣心】　民心。《唐武氏享先庙乐章》："既迫王公屡请，方乃俯遂群心。"

【羣玉】　❶指皇家珍藏图籍书画之所。独孤及《奉和中书常舍人晚秋集贤院即事寄赠徐薛二侍御》："图籍凌群玉，歌诗冠柏梁。"❷喻成串的花朵。杨凌《阁前双槿》："群玉开双槿，丹荣对绛纱。"

【羣玉山】　传说为西王母所居处。亦借指仙家居住之地。李白《清平调词三首》之一："若非群玉山头见，会向瑶台月下逢。"刘禹锡《酬令狐相公见寄》："群玉山头住四年，每闻笙鹤看诸仙。"吕温《上官昭容书楼歌》："青苔秘空关，曾比群玉山。"李群玉《始忝四座言怀纪事呈同馆诸公二十四韵》："峨峨群玉山，肃肃紫殿东。"

【羣生】　❶百姓。佛家亦指一切生物。王维《华岳》："大君包覆载，至德被群生。"皇甫冉《太常魏博士远出贼庭江外相逢因叙其事》："群生被惨毒，杂虏耀轻肥。"李德裕《赠奉律上人》："知君学地厌多闻，广渡群生出世氛。"贯休《闻无相道人顺世五首》之一："又闻行脚也，何处化群生。"❷众书生。裴翻《和主司王起》："常将公道选群生，犹被春闱屈重名。"

【羣仙】　一群仙人。王维《和仆射晋公扈从温汤》："奠玉群仙座，焚香太乙宫。"白居易《梦仙》："须臾群仙来，相引朝玉京。"文宗《上元日二首》之一："上元高会集群仙，心斋何事欲祈年。"

【羣有】　佛有。佛教谓众生或万物。丁仙芝《和荐福寺英公新构禅堂》："寂照出群有，了心清众缘。"

李白《赠僧崖公》:“一风鼓群有,万籁各自鸣。”高适《同诸公登慈恩寺浮图》:“香界泯群有,浮图岂诸相。”李商隐《井泥四十韵》:“大钧运群有,难以一理推。”

【羣臣】 各位臣子。孙元晏《咏史诗·宋·黄罗襦》:“戚属群臣尽见猜,预忧身后又堪哀。”丘光庭《补新宫》之二:“我既考落,以燕群臣。”

【羣后】 四方诸侯及九州牧伯。后世亦指公卿。王绩《过汉故城》:“群后崇长乐,中朝增建章。”苏源明《小洞庭洄源亭宴四郡太守诗》序:“抑抑鄘,堂堂焉,奚一人之富有,而群后之缉熙也。”德宗《麟德殿宴百僚》:“恭己临群后,垂衣御八荒。”薛能《华岳》:“太古朝群后,中央擘巨灵。”

【羣兇】 一群凶顽。胡曾《咏史诗·咸阳》:“一朝阎乐统群凶,二世朝廷扫地空。”

【羣羽】 群鸟。钱起《陪考功王员外城东池亭宴》:“鹤静疏群羽,蓬开失众芳。”

【羣芳】 各种花草。李白《秋思》:“坐愁群芳歇,白露凋华滋。”崔铉《进宣宗收复河湟诗》:“边陲万里注恩波,宇宙群芳洽凯歌。”陆龟蒙《和袭美扬州看辛夷花次韵》:“不待群芳应有意,等闲桃杏即争红。”殷文圭《赵侍郎看红白牡丹因寄杨状头赞图》:“迟开都为让群芳,贵地栽成对玉堂。”

【羣材】 见“羣才”。

【羣品】 ❶万事万物。李商隐《井泥四十韵》:“茫茫此群品,不定轮与蹄。”温庭筠《感旧陈情五十韵献淮南李仆射》:“万灵思鼓铸,群品待陶甄。”❷佛家谓众生。严武《题龙日寺西龛石壁》:“携手逸群品,浩歌邈悠悠。”

【羣英】 谓众贤能之士。令狐德棻《冬日宴于庶子宅各赋一字得趣》:“高门聊命赏,群英于此遇。”韦应物《西郊养疾闻畅校书有新什见赠久伫不至先寄此诗》:“仰子游群英,吐词如兰馥。”卢纶《雪谤后书事上皇甫大夫》:“盛德总群英,高标仰国桢。”温庭筠《病中书怀呈友人》:“适与群英集,将期善价沽。”

【羣甿】 见“羣氓”。

【羣牧】 古称九州治民的首长,后用以指地方长官。白居易《赠友五首》之四:“九州雍为首,群牧之所遵。”

【羣物】 人和各种生物。孟云卿《伤时二首》之一:“大方载群物,生死有常伦。”陈希烈《奉和圣制三月三日》:“皇情被群物,中外洽恩光。”薛能《早春书事》:“何年道胜苏群物,尽室天涯是旅人。”苏拯《西施》:“岂徒伐一人,所希救群物。”

【羣侶】 众侣。韩愈《鸣雁》:“裴回反顾群侣违,哀鸣欲下洲渚非。”

【羣兒】 一群小儿。亦为轻蔑之词。韩愈《调张籍》:“不知群儿愚,那用故谤伤。”王贞白《送马明府归山》:“送吏各献酒,群儿自担书。”

【羣氓】 亦作“羣甿”。众民。储光羲《述华清宫五首》之一:“大圣不私己,精禋为群氓。”欧阳詹《答韩十八驽骥吟》:“宝将庇群甿,庶此规崇轩。”

【羣官】 各位官员。玄宗有《同二相已下群官乐游园宴》。

【羣居】 众人共处。陆龟蒙《独夜》:“古称独坐与独立,若比群居终校奇。”

【羣胡】 众胡人。杨德辉《嘲僧门祝辟支佛牙》:“比来降诞为官家,堪笑群胡赞佛牙。”

【羣彦】 众英才。李白《在水军宴赠幕府诸侍御》:“霜台降群彦,水国奉戎旃。”韦应物《送郗詹事》:“圣朝列群彦,穆穆佐休明。”许棠《陈情献江西李常侍五首》之一:“徒陪群彦后,自苦此生前。”贯休《和韦相公见示闲卧》:“德高群彦表,善植几生前。”

【羣迷】 佛教语。谓迷失本性的众生。李群玉《湘中别成威阇黎》:“群迷行大夜,浩浩一昏黑。”

【羣姦】 一群奸佞。陆龟蒙《奉酬袭美苦雨四声重寄三十二句·平去声》:“回车诛群奸,自散万籁怒。”

【羣馬南渡】 谓晋元帝司马睿登基事。见《晋书·元帝纪》。韩愈《桃源图》:“大蛇中断丧前王,群马南渡开新主。”

【羣真】 群仙。钱起《雨中望海上怀郁林观中道侣》:“群真俨盈想,一苇不可渡。”何仙姑《有道士自罗浮之增城口占三绝寄家》之三:“已趁群真入紫微,故乡回首尚迟迟。”

【羣烈】 众有功者。韦应物《寄职方刘郎中》:“端服光朝次,群烈慕英声。”

【羣峯】 众山峰。李德裕《题罗浮石》:“名山何必去,此地有群峰。”谭用之《感怀呈所知》:“早晚休歌白石烂,放教归去卧群峰。”朱景玄《溪东岑望天都山》:“群峰争入冥,巉巉生太阴。”

【羣倫】 群辈。褚载《贺赵观文重试及第》:“已把色丝要上第,又将彩笔冠群伦。”

【羣書】 各种书籍。刘得仁《赠雍陶博士》:“腹是群书笥,官为六义师。”方干《德政上睦州胡中丞》:“群书已熟无人似,五字研成举世传。”郑谷《寄赠杨夔处士》:“三江胜景遨游遍,百氏群书讲贯来。”周昙《咏史诗·后汉门·马后》:“粗衣闲寂阅群书,荐达嫔妃广帝居。”

【羣陰】 各种阴象。郑损《玉声亭》:“一方清气群阴伏,半局闲棋万虑空。”

【羣萃】 同类,侪辈。储光羲《舟中别武金坛》:“忽乃异群萃,高歌信陵门。”

【羣動】 ❶各种动物。王维《春夜竹亭赠钱少府归蓝田》:"夜静群动息,时闻隔林犬。"武元衡《秋日书怀》:"参决万机空有愧,静观群动亦无言。"白居易《松下琴赠客》:"偶因群动息,试拨一声看。"温庭筠《雪夜与友生同宿晓寄近邻》:"闭门群动息,积雪透疏林。"❷各种活动。白居易《晏坐闲吟》:"意气销磨群动里,形骸变化百年中。"又《登天宫阁》:"委形群动里,任性一生间。"

【羣從】 堂兄弟及诸子侄。李嘉祐《与从弟正字从兄兵曹宴集林园》:"辅嗣外生还解易,惠连群从总能诗。"李端《送赵给事侄尉丹阳》:"太傅怜群从,门人亦贱回。"白居易《喜敏中及第偶示所怀》:"自知群从为儒少,岂料词场中第频。"李商隐《送千牛李将军赴阙五十韵》:"顾我由群从,逢君叹老成。"

【羣族】 同类,同一群类。刘长卿《山鹳鸽歌》:"朝去秋田啄残粟,暮入寒林啸群族。"

【羣鹿】 喻群雄或众诸侯。杜仁杰《至真观》:"群鹿逐,杂蓬藋。"

【羣惡】 众恶人。陆龟蒙《奉和袭美初夏游楞伽精舍次韵》:"万善峻为城,巉巉扞群恶。"

【羣雄】 众豪强。许天正《和陈元光平潮寇诗》:"气昂无丑虏,策妙诎群雄。"杜甫《夔州歌十绝句》之三:"群雄竞起问前朝,王者无外见今朝。"钟谟《献周世宗》:"三年耀武群雄服,一日回銮万国春。"

【羣象】 万象。元结《补乐歌十首·大韶》:"森森群象兮,日见生成。"

【羣盜】 众强盗。杜甫《凤凰台》:"深衷正为此,群盗何淹留。"李商隐《行次西郊作一百韵》:"昔闻举一会,群盗为之奔。"颜胄《适思》:"运否前政缺,群盗多蚊虻。"

【羣蒙】 指蒙昧的人们。崔颢《赠怀一上人》:"自此照群蒙,卓然为道雄。"

【羣羣】 群聚貌。李嘉祐《送夏侯审参军游江东》:"荻花寒漫漫,鸥鸟暮群群。"霍总《雉朝飞》:"群群飞自乐,步步饮相随。"韦庄《丙辰年鄜州遇寒食城外醉吟五首》之二:"肠断入城芳草路,淡红香白一群群。"

【羣辟】 (—bì)谓王侯、公卿、大夫、士。张九龄《奉和圣制赐诸州刺史以题座右》:"兴化俟群辟,择贤守列藩。"崔琮《长至日上公献寿》:"率舞皆群辟,称觞即上公。"

【羣慝】 群奸,群小。郭子仪《享太庙乐章·保大舞》:"于穆文考,圣神昭彰。箫勺群慝,含光远方。"

【羣雌粥粥】 群鸟相呼啄食声。韩愈《琴操十首·雉朝飞操》:"随飞随啄,群雌粥粥。"

【羣僚】 百官。李峤有《奉和天枢成宴夷夏群僚应制》。玄宗《送贺知章归四明》:"独有青门饯,群僚怅别深。"耿沣《会凤翔张少尹南亭》:"更料重关外,群僚候启扉。"

【羣賢】 众贤士。牟融《题李昭训山水》:"卜筑藏修地自偏,尊前诗酒集群贤。"

【羣機】 犹万物。齐己《答知己自阙下寄书》:"群机喧白昼,陆海涨黄埃。"

【羣儒】 众儒生。赵嘏《句》:"徒知六国随斤斧,莫有群儒定是非。"

【羣龍】 喻贤臣。见《后汉书·郎颂传》。王维《送友人归山歌二首》之一:"群龙兮满朝,君何为兮空谷。"

【羣類】 各种有害的事物。元结《演兴四首·闵岭中》:"尽群类兮使无,令善仁兮不害。"

【羣籍】 各种书籍。崔湜《景龙二年言志》:"群籍备所见,孤贞每自伤。"

【羣魔】 众魔鬼。李商隐《戊辰会静中出贻同志二十韵》:"金铃摄群魔,绛节何兟兟。"

【羣屬】 僚属。韦应物《秋集罢还途中作谨献寿春公黎公》:"群属所载瞻,而忘倦与饥。"又《答侗奴重阳二甥》:"群属相欢悦,不觉过朝昏。"

【羣聽】 众人的听闻和感觉。韩愈、张籍《会合联句》:"升朝高辔逸,振物群听悚。"

【羣靈】 众神。陆龟蒙《奉和袭美太湖诗二十首·毛公坛》:"势可倒五岳,不唯鞭群灵。"叔孙玄观《洛出书》:"物著群灵首,文成列卦初。"

八　画

羓 〔nái《广韵》妳佳切,平佳,娘。〕见"羓羺"。

【羓羺】 胡羊。寒山《诗三百三首》之一一二:"世浊作羓羺,时清为騄駬。"

九　画

羗 同"腥"。腥臭。贯休《古塞上曲七首》之四:"战马龁羗草,乌鸢识阵云。征人心力尽,枯骨更遭焚。"

羯 〔jié《广韵》居竭切,入月,見。〕我国古代民族名。曾附属匈奴。魏晋时,散居上党郡(今山西潞城市附近各县),东晋时,羯人石勒在黄河流域建立后赵,为十六国之一。亦泛称北方少数民族。杜甫《白水县崔少府十九翁高斋三十韵》:"玉觞淡无味,胡羯岂强敌。"又《村夜》:"胡羯何多难,渔樵寄此生。”

【羯末】　晋谢玄小字羯与谢川小字末之合称。陆龟蒙《袭美病中闻余游颜家园见寄次韵酬之》：“日华风蕙正交光，羯末相携藉草塘。”

【羯胡】　匈奴之别部。散居上党武乡羯室，故名。见《魏书·石勒传》。亦用以泛称北方的少数民族。杜甫《咏怀古迹五首》之一：“羯胡事主终无赖，词客哀时且未还。”又《往在》：“前者厌羯胡，后来遭犬戎。”

【羯鼓】　古代打击乐器之一种。源于印度，传自西域，形制如漆桶，两头俱击，唐开元、天宝间盛行。张继《华清宫》：“朝元阁峻临秦岭，羯鼓楼高俯渭河。”白居易《改业》：“柘枝紫袖教丸药，羯鼓苍头遣种蔬。”李商隐《龙池》：“龙池赐酒敞云屏，羯鼓声高众乐停。”杜牧《华清宫三十韵》：“尘埃羯鼓索，片段荔枝筐。”

十二画

羵　〔fén《广韵》符分切，平文，奉。〕见“羵羊”。

【羵羊】　古代传说谓土中所生的精怪。见《国语·鲁语下》。苏味道《咏井》：“流声集孔雀，带影出羵羊。”

十三画

羸　〔léi《广韵》力爲切，平支，來。〕❶瘦弱；衰病。窦常《晚次方山精舍却寄张荐员外》：“马羸三径外，人病四愁中。”权德舆《暮春闲居示同志》：“体羸谙药性，事简见心源。”白居易《谪居》：“逢时弃置从不才，未老衰羸为何事。”杜牧《分司东都上四十韵》：“胫细摧新履，腰羸减旧鞓。”❷指体弱多病之人或牛马。郭周藩《谭子池》：“发掘散生聚，可以救贫羸。”张祜《寓怀寄苏州刘郎中》：“一闻周召佐明时，西望都门强策羸。”许彬《北游夜怀》：“住久谁相问，驰羸又独行。”陈陶《清源途中旅思》：“古木闽州道，驱羸落照间。”亦指人的瘦弱身体。窦巩《代邻叟》：“年来七十罢耕桑，就暖支羸强下床。”

【羸牛】　瘦牛。白居易《不如来饮酒七首》之二：“迎春犁瘦地，趁晚喂羸牛。”李绅《奉酬乐天立秋夕有怀见寄》：“羸牛未脱辕，老马强腾骧。”隐峦《牧童》：“三个五个骑羸牛，前村后村来放牧。”

【羸老】　年老体弱。崔颢《江畔老人愁》：“人生贵贱各有时，莫见羸老相轻欺。”杜甫《次晚洲》：“羁离暂愉悦，羸老反惆怅。”皇甫冉《送王相公之幽州》：“徒思一攀送，羸老荜门中。”李建勋《病中书怀寄王二十六》：“焉宜更羸老，扶杖作公侯。”

【羸劣】　低劣。白居易《和微之诗二十三首·和祝苍华》：“禀质本羸劣，养生仍莽卤。”

【羸形】　瘦弱的体形。韩愈《南溪始泛三首》之三：“羸形可舆致，佳观安事掷。”司空图《力疾山下吴村看杏花十九首》之二：“羸形不画凌烟阁，只为微才激壮图。”张为《谢别毛仙翁》：“羸形感神药，削骨生丰肌。”

【羸車】　谓瘦马所拉之车。卢纶《喜从弟激初至》：“儒服策羸车，惠然过我庐。”权德舆《送密秀才吏部驳放后归蜀应崔大理序》：“迢迢三千里，返驾一羸车。”又《送从弟广东归绝句》：“夏云如火铄晨辉，款段羸车整素衣。”

【羸兵】　疲弱的士兵。韦庄《辛丑年》：“但有羸兵填渭水，更无奇士出商山。”

【羸俘】　疲惫的战俘。杜甫《喜闻官军已临贼境二十韵》：“此辈感恩至，羸俘何足操。”

【羸身】　瘦弱的身体。卢纶《题天华观》：“眼见仙丹求不得，汉家簪绂在羸身。”司空图《南至日》：“吉卦偶成开病眼，暖檐还葺寄羸身。”

【羸角】　疲软的头角。杨收《嘲吴人观者》：“尔幸无羸角，何用触吾藩。”

【羸卒】　疲弱的士卒。长孙佐辅《陇西行》：“早晚边候空，归来养羸卒。”王昌龄《宿灞上寄侍御玙弟》：“羸卒不可兴，碛地无足爱。”

【羸軍】　软弱的军队。周昙《咏史诗·晋门·晋武帝》：“汉贪金帛鬻公卿，财赡羸军冀国宁。”

【羸馬】　瘦马。窦牟《早入朝书事》：“叹息驱羸马，分明识故人。”白居易《朱陈村》：“孤舟三适楚，羸马四经秦。”罗隐《寄韦赡》：“羸马二年蓬转后，故人何处月明时。”

【羸病】　瘦弱多病。耿湋《寄钱起》：“草长花落树，羸病强寻春。”司空曙《闲园书事招畅当》：“羸病懒寻戴，田园方咏陶。”白居易《村居卧病三首》之一：“戚戚抱羸病，悠悠度朝暮。”马戴《旅次寄贾岛兼简无可上人》：“壮年看即改，羸病计多同。”

【羸疾】　衰弱多病。王维《哭祖六自虚》：“悯凶才稚齿，羸疾主中年。”严维《酬刘员外见寄》：“药补清羸疾，窗吟绝妙词。”皎然《答孟秀才》：“羸疾依小院，空闲趣自深。”权德舆《寓兴》：“风烟隔嵩丘，羸疾滞漳滨。”

【羸牸】　瘦弱的母牛。王维《田家》：“柴车驾羸牸，草履牧豪豨。”

【羸師】　疲惫的军队。李逢吉《奉酬忠武李相公见寄》：“惠连忽赠池塘句，又遣羸师破胆惊。”元稹《酬卢秘书》：“剧敌徒相轧，羸师亦自媒。”

【羸容】　瘦弱的容颜。欧阳詹《送少微上人归德峰》："灰心闻密行，菜色见羸容。"李群玉《北风》："瘦骨呻吟后，羸容几杖初。"

【羸弱】 瘦弱。元结《系乐府十二首·去乡悲》："日行见孤老，羸弱相提将。"白居易《西行》："衣裘不单薄，车马不羸弱。"

【羸惙】 疲困忧伤。白居易《偶作二首》之一："筋骸虽早衰，尚未苦羸惙。"

【羸殘】 体弱有残疾者。白居易《咏身》："周南留滞称遗老，汉上羸残号半人。"

【羸耋】 年老多病者。陆龟蒙《奉酬袭美先辈吴中苦雨一百韵》："霜戈驱少壮，败屋弃羸耋。"

【羸策】 瘦马。张祜《旅次岳州呈徐员外》："襄汉止薄游，登舟舍羸策。"

【羸童】 瘦小的童仆。韦庄《癸丑年下第献新先辈》："皆乘骏马先归去，独被羸童笑晚眠。"王毂《暑日题道边树》："羸童走马喘不进，忽逢碧树含清风。"裴说《送人宰邑》："瘦马稀餐粟，羸童不识钱。"蒋吉《出塞》："瘦马羸童行背秦，暮鸦撩乱入残云。"

【羸孱】 指瘦弱的人。元稹《台中鞠狱忆开元观旧事呈损之兼赠周兄四十韵》："因言辛庾辈，亦愿放羸孱。"

【羸業】 疲弱者所任之工作。李绅《趋翰苑遭诬构四十六韵》："俯首安羸业，齐眉慰病夫。"

【羸弊】 困乏而破烂。刘长卿《北游酬孟云卿见寄》："衣马日羸弊，谁辨行与才。"

【羸賤】 贫穷衰弱。卢纶《和考功王员外杪秋忆终南旧居》："欢荣来自间，羸贱赏曾同。"

【羸僮】 瘦小的童仆。杜荀鹤《长安道中有作》："回头不忍看羸僮，一路行人我最穷。"

【羸餓】 瘦弱而饥饿。白居易《羸骏》："骅骝失其主，羸饿无人牧。"

【羸駟】 瘦马。夏宝松《宿江城》："晓来羸驷依前去，目断遥山数点青。"

【羸骸】 瘦弱的身躯。杜甫《上水遣怀》："羸骸将何适，履险颜益厚。"

【羸瘠】 瘦弱。杜甫《咏怀二首》之二："自爱各驰骛，羸瘠且如何。"

【羸駕】 瘦马。包佶《奉和柳相公中书言怀》："羸驾归贫宅，欹冠出禁林。"

【羸蹄】 瘦马。许棠《讲德陈情上淮南李仆射八首》之七："愁策羸蹄更归去，乱山流水满翻潮。"徐寅《依韵赠南安方处士五首》之二："休把羸蹄蹋霜雪，书成何处献君王。"

【羸僕】 瘦小的童仆。卢延让《雪》："渡水蹇驴双耳直，避风羸仆一肩高。"

【羸憊】 疲困。卢伦《卧病寓龙兴观》："卑栖居就禄，羸惫我逢秋。"

【羸瘵】 体弱多病。亦指体弱多病者。杜甫《同元使君春陵行》："叹时药力薄，为客羸瘵成。"

【羸駿】 谓骏马而瘦。乔知之有《羸骏篇》。白居易有《羸骏》。

【羸獸】 瘦弱的野兽。周昙《咏史诗·春秋战国门·韩惠王》："何殊般肉供羸兽，兽壮安知不害身。"

【羸驂】 瘦马。杨巨源《奉酬窦郎中早入省苦寒见寄》："羸骖苦迟迟，单仆怨切切。"刘禹锡《送李策秀才还湖南因寄幕中亲故兼简衡州吕八郎中》："忽被戒羸骖，薄言事南征。"张祜《贵池道中作》："羸骖驱野岸，山远路盘盘。"陆龟蒙《京口与友生话别》："系帆留宿客，吟句任羸骖。"

羹 〔gēng《广韵》古行切，平庚，見。〕❶带浓汁的食物。王维《春过贺遂员外药园》："蔗浆菰米饭，蒟酱露葵羹。"李白《登广武古战场怀古》："分我一杯羹，太皇乃汝翁。"杜甫《自京赴奉先县咏怀五百字》："劝客驼蹄羹，霜橙压香橘。"韦庄《雨霁池上作呈侯学士》："正是如今江上好，白鳞红稻紫莼羹。"❷煮羹。吴融《南迁途中作七首·溪翁》："饭稻羹菰晓复昏，碧滩声里长诸孙。"

【羹梅】 调制羹汤的佐料，用以比喻宰辅。见《尚书·说命下》："若作和羹，尔唯盐梅。"孟浩然《和张丞相春朝对雪》："撒盐如可拟，愿糁和羹梅。"又《韩大使东斋会岳上人诸学士》："徒攀朱仲李，谁荐和羹梅。"

【羹飯】 羹汤和饭。韩愈《山石》："铺床拂席置羹饭，疏粝亦足饱我饥。"

【羹湯】 用肉菜等做成的汤。王建《新嫁娘词三首》之三："三日入厨下，洗手作羹汤。"

羶 〔shān《广韵》式連切，平仙，書。〕❶指羊的气味。亦泛称其他动物的气味。杜甫《送从弟亚赴安西判官》："黄羊饫不羶，芦酒多还醉。"顾况《归阳萧寺有丁行者能修无生忍担水施僧况归命稽首作诗》："宛彼宫阙丽，如何犬羊羶。"戎昱《苦哉行五首》之四："弯弓猎生人，百步牛羊羶。"许棠《隗嚣宫晚望》："秋风动衰草，只觉犬羊羶。"❷指牛羊肉等有腥羶的肉类食物。杜甫《白凫行》："鳞介腥羶素不食，终日忍饥西复东。"白居易《访陶公旧宅》："垢尘不污玉，灵凤不啄羶。"皮日休《喜鹊》："弃羶在庭际，双鹊来摇尾。"❸春天草木所生的气味。见《礼记·月令》。许棠《雕阴道中作》："马依羶草聚，人抱浊河澄。"❹通"馨"。参见"羶薌"。

【羶行】 令人羡慕的德行。见《庄子·徐无鬼》。贯休《送卢舍人朝觐》："羶行无为日，垂衣帝道亨。"

【羶食】 指肉类食物。白居易《赠韦处士六年夏大热旱》："汗巾束头鬓，羶食熏襟抱。"

【羶根】　谓羊或牛肉。无名氏《蒸豚》："若把羶根来比并，羶根只合吃藤条。"

【羶葷】　指牛羊肉等肉类。韩愈《醉赠张秘书》："长安众富儿，盘馔罗羶荤。"

【羶腥】　❶某些动物及其肉类的气味。王维《赠李颀》："悲哉世上人，甘此羶腥食。"陆龟蒙《奉和袭美太湖诗二十首·毛公坛》："如今君安死，魂魄犹羶腥。"❷泛称鱼肉类食物。杜甫《赠李白》："野人对羶腥，蔬食常不饱。"刘禹锡《壮士行》："彪炳为我席，羶腥充我庖。"白居易《过李生》："白瓯青竹箸，俭洁无羶腥。"陆龟蒙《五歌·水鸟》："则有嘴铍爪戟劲立直视者，击搏挽裂图羶腥。"❸借指北方少数民族及他们对汉民族的入侵所造成的影响。杜甫《秦州见敕目薛三璩授司议郎凡三十韵》："华夷相混合，宇宙一羶腥。"❹喻利禄或市俗的生活。陆希声《山居即事二首》之二："不是幽栖矫性灵，从来无意在羶腥。"

【羶薌】　五谷的香气。因以指祭祀所用的黍稷等谷物。羶，通"馨"；薌，通"香"。韩愈《元和圣德诗》："饫沃羶芗，产祥降嘏。"《郊庙歌辞·释奠武成王乐章·奠币登歌》："管磬升，羶芗集。"

【羶腻】　指羶腥油腻的食物。白居易《题石山人》："羶腻筵中唯饮酒，歌钟会处独思山。"又《病中早春》："羶腻断来无气力，风痰恼得少心情。"

【羶臊】　某些动物及其肉类的气味。高适《自武威赴临洮谒大夫不及因事即事案河西陇右幕下诸公》："毡裘何蒙茸，血食本羶臊。"

十四画

羺　〔nóu《广韵》奴鉤切，平侯，泥。〕见"羖羺"。

十六画

羼　〔lì《广韵》郎擊切，入錫，來。〕见"羖羼"。

羽　部

羽〔yǔ《广韵》王矩切，上麌，云。又王遇切，去遇，云。〕❶鸟毛。钱起《病鹤篇》："独鹤声哀羽摧折，沙头一点留残雪。"韦应物《乌引雏》："雏和鸣，羽犹短，巢在深林春正寒。"张籍《别鹤》："空巢在松顶，折羽落红泥。"❷指翅膀。白居易《酬张太祝晚秋卧病见寄》："高才淹礼寺，短羽翔禁林。"李绅《闻里谣效古歌》："鸣鸠拂羽知年好，齐和杨花踏春草。"李体仁《飞鸿响远音》："弱羽虽能振，丹霄竟未通。"❸借指鸟。萧颖士《重阳日陪元鲁山德秀登北城瞩对新霁因以赠别》："渐闻惊栖羽，坐叹清夜月。"窦常《花发上林》："宁知幽谷羽，一举欲依林。"❹箭杆上的羽毛，亦指箭。储光羲《同诸公秋日游昆明池思古》："羽发鸿雁落，桧动芙蓉披。"白居易《和答诗十首·答箭镞》："插以青竹簳，羽之赤雁翎。"❺指旌旗。杜甫《复阴》："万里飞蓬映天过，孤城树羽扬风直。"韩翃《送郢州郎使君》："千人插羽迎，知是范宣城。"❻文舞者所持的舞具，用雉羽制成。魏征《五郊乐章·舒和》："执籥持羽初终曲，朱干玉鏚始分行。"❼指书信。太宗《执契静三边》："书绝龙庭羽，烽休凤穴戍。"参见"羽書"。❽指钓竿上的浮子。韩愈《独钓四首》之一："羽沈知食驶，缗细觉牵难。"❾五音之一。李颀《听董大弹胡茄声兼寄语弄房给事》："先拂商弦后角羽，四郊秋叶惊摵摵。"李白《幽涧泉》："乃缉商缀羽，潺湲成音。"吴融《赠李长史歌》："双攘轻袖当高轩，含商吐羽凌非烟。"❿山名。韩愈《永贞行》："膺图受禅登明堂，共流幽州鲧死羽。"参见"羽山"。

【羽人】❶神话中的飞仙。宋之问《嵩山天门歌》："吾亦不知其灵怪如此，愿游杳冥兮见羽人。"元结《引极三首·望仙府》："诣仙府兮从羽人，饵五灵兮保清真。"萧颖士《蒙山作》："仙鸟时可闻，羽人邈难视。"❷道士。道士迷信，求飞升成仙，故称。李白《游泰山六首》之二："山际逢羽人，方瞳好容颜。"钱起《卧疾答刘道士》："宝字比仙药，羽人寄柴荆。"广宣《安国寺随驾幸兴唐观应制》："东林何殿是西邻，禅客垣墙接羽人。"

【羽山】山名。在今江苏东海县西北，接赣榆县及山东郯城县境，唐属海洲。传说舜殛鲧处。崔国辅《石头滩作》："羽山数点青，海岸杂光碎。"萧颖士作《羽山》诗，谓"夏祖何屯圮，迁殛此山隈。"

【羽毛】❶鸟毛。玄宗《续薛令之题壁》："啄木觜距长，凤凰羽毛短。"韩愈《南山有高树行赠李宗闵》："不知何山鸟，羽毛有光辉。"贯休《洛阳尘》："飞鸟好羽毛，疑是绿珠身。"❷指鸟。李绅《新楼诗二十首·新楼》："坐疑许宅驱鸡犬，笑类樊妻化羽毛。"孟球《和主司王起》："谁料羽毛方出谷，许教齐和九皋鸣。"

【羽化】谓飞升成仙。陆敬《游清都观寻沈道士得都字》："方追羽化侣，从此得玄珠。"白居易《新乐府·海漫漫·戒求仙也》："山上多生不死药，服之羽化为天仙。"崔橹《过南城县麻姑山》之一："惊讶昔人曾羽化，此中争不接瑶台。"

【羽仗】指羽林军仪仗。狄仁杰《奉和圣制夏日游石淙山》："羽仗遥临鸾鹤驾，帷宫直坐凤麟洲。"

【羽卮】羽觞。岑文本《安德山池宴集》："甲第多清赏，芳辰命羽卮。"玄宗《游兴庆宫作》："鼓吹迎飞盖，弦歌送羽卮。"徐夤《断酒》："因论沈湎觉前非，便碎金罍与羽卮。"

【羽衣】❶以羽毛编织的衣服。常称神仙、道士所着的衣服。白居易《梦仙》："羽衣忽飘飘，玉鸾俄铮铮。"李华《咏史十一首》之六："日照昆仑上，羽人披羽衣。"崔仲容《戏赠》："如今身佩上清箓，莫遣落花沾羽衣。"❷指《霓裳羽衣曲》。刘言史《乐府杂词三首》之二："蝉鬓红冠粉黛轻，云和新教羽衣成。"郑嵎《津阳门诗》："马知舞彻下床榻，人惜曲终更羽衣。"吴融《华清宫四首》："一曲羽衣听不尽，至今遗恨水潺潺。"❸指羽毛。寒山《诗三百三首》之一二："赐以金笼贮，扃哉损羽衣。"

【羽車】传说神仙所乘之车。严休复《唐昌观玉蕊花折有仙人游怅然成二绝》之二："羽车潜下玉龟山，尘世何由睹蕣颜。"

【羽巵】同"羽卮"。李德裕《忆辛夷》："只待挥金日，殷勤泛羽巵。"

【羽君】对道士之尊称。卢照邻《赠李荣道士》："锦节衔天使，琼仙驾羽君。"

【羽林】羽林军，皇帝护卫军名。李白《侍从游宿温泉宫作》："羽林十二将，罗列应星文。"王建《羽林行》："出来依旧属羽林，立在殿前射飞禽。"郭汭《同崔员外温泉宫即事》："天回紫微座，日转羽林旗。"

【羽林兒】 羽林军士卒。李白《宣城送刘副使入秦》:"结交楼烦将,侍从羽林儿。"杜牧《少年行》:"官为骏马监,职帅羽林儿。"韩偓《从猎三首》之一:"马前双兔起,宜尔羽林儿。"

【羽林郎】 羽林军官名。李端《送王羽林往秦州》:"秦州贵公子,汉日羽林郎。"张籍《少年行》:"少年从出猎长杨,禁中新拜羽林郎。"韦庄《春陌二首》之二:"马上王孙莫回首,好风遍逐羽林郎。"

【羽林將】 羽林军将军。张说《羽林恩召观御书王太尉碑》:"谁家羽林将,又逐凤书飞。"崔颢《赠王威古》:"三十羽林将,出身常事边。"王贞白《入塞》:"新除羽林将,曾破月支兵。"

【羽帔】 用鸟羽制作的披肩。神仙或道士所用。许浑《闻释子栖玄欲奉道因寄》:"欲求真诀恋禅扃,羽帔方袍尽有情。"又《赠萧炼师》:"云车辞凤辇,羽帔别鸳衾。"

【羽使】 指神仙。苏颋《幸白鹿观应制》:"受符邀羽使,传诀注香童。"

【羽服】 神仙或道士所著的衣服。《郊庙歌辞·享懿德太子庙乐章·迎俎酌献》:"飘飘羽服,掣曳云旗。"戴叔伦《汉宫人入道》:"萧萧白发出宫门,羽服星冠道意存。"吴筠《游仙二十四首》之一八:"羽服参烟霄,童颜皎冰雪。"

【羽客】 ❶神仙或道士之称。文宗《上元日二首》之二:"蓂生三五叶初齐,上元羽客出桃蹊。"柳宗元《摘樱桃赠元居士时在望仙亭南楼与朱道士同处》:"蓬莱羽客如相访,不是偷桃一小儿。"吴筠《游仙二十四首》之七:"金台罗中天,羽客恣游息。"❷指鸟、虫。李商隐《燕台四首·春》:"蜜房羽客类芳心,冶叶倡条遍相识。"

【羽珮】 以翠羽为饰的佩带。薛能《华清宫和杜舍人》:"细音摇羽珮,轻步宛霓裳。"

【羽翅】 翅膀。杜甫《大麦行》:"安得如鸟有羽翅,托身白云还故乡。"

【羽帳】 以翠羽为饰的帐。李颀《谒张果先生》:"笙歌迎拜首,羽帐崇严卫。"刘方平《代宛转歌二首》之一:"黄鹤瑶琴将别去,芙蓉羽帐惜空垂。"李商隐《赴职梓潼留别畏之员外同年》:"佳兆联翩遇凤凰,雕文羽帐紫金床。"

【羽旆】 羽饰的旌旗。张九龄《奉和圣制温泉歌》:"今兹十月自东归,羽旆逶迤上翠微。"王翰《古蛾眉怨》:"王母嫣然感君意,云车羽旆欲相迎。"法轮《观大驾出叙事寄怀》:"云旗乱陌紫,羽旆杂尘红。"

【羽旄】 指旌旗。以鸟羽和旄中尾为饰,故名。褚亮《祭方丘乐章·舒和》:"玉幣牲牷分荐享,羽旄干鏚递成容。"太宗《正日临朝》:"羽旄飞驰道,钟鼓震岩廊。"《郊庙歌辞·隐太子庙乐章·送神》:"钟鼓铿锵,羽旄昭晰。"

【羽扇】 用鸟羽制作的扇子。褚亮《和御史韦大夫喜霁之作》:"无因轻羽扇,徒自仰仁风。"钱起《奉和宣城张太守南亭秋夕怀友》:"羽扇扬风暇,瑶琴怅别情。"温庭筠《题友人池亭》:"山翁醉后如相忆,羽扇清樽我自知。"

【羽袍】 指粗陋的衣服。陆龟蒙《袭美将以绿罽为赠因成四韵》:"病中只自悲龙具,世上何人识羽袍。"

【羽陵】 古地名。见《穆天子传》卷五。后以为贮藏古代秘籍之处。李白《玉真公主别馆苦雨赠卫尉张卿二首》之二:"饥从漂母食,闲缀羽陵简。"

【羽書】 羽檄。玄宗《平胡》:"羽书朝继入,烽火夜相望。"杜牧《洛下送张曼容赴上党召》:"羽书正急征兵地,须遣头风处处痊。"无名氏《秦家行》:"祸起萧墙不知戢,羽书催筑长城急。"参见"羽檄"。

【羽翎】 鸟的翅膀。曹邺《奉和齐州推事毕寄本府尚书》:"日暮天欲雨,那兼羽翎伤。"邵谒《送徐群宰望江》:"好去立高节,重来振羽翎。"

【羽旌】 饰以翠羽的旌旗。则天皇后《唐大飨拜洛乐章·齐和》:"既荐羽旌文化启,还呈干戚武威扬。"

【羽族】 指鸟类。李白《古风》:"羽族禀万化,小大各有依。"贾岛《慈恩寺上座院》:"羽族栖烟竹,寒流带月钟。"白居易《禽虫十二章》之一:"燕违戊巳鹊避岁,兹事因何羽族知。"

【羽葆】 以鸟羽为饰的车盖。李端《代宗挽歌》:"寒霜凝羽葆,野吹咽笳箫。"皮日休《太湖诗·练渎》:"流苏惹烟浪,羽葆飘岩谷。"毛文锡《柳含烟》词之一:"因梦江南春景好,一路流苏羽葆。"

【羽蓋】 ❶以鸟羽装饰的车盖。高宗《七夕宴悬圃二首》之一:"羽盖飞天汉,凤驾越层峦。"鲍溶《姑苏宫行》:"羽盖晴翻橘柚香,玉笙夜送芙蓉醉。"吴筠《游仙二十四首》之一:"翔风吹羽盖,庆霄拂霓旌。"❷指车驾。韦应物《王母歌》:"众仙翼神母,羽盖随云起。"张仲素《夜闻洛滨吹笙》:"暗空思羽盖,余气自氛氲。"陆希声《阳羡杂咏十九首·石兕台》:"遥想楚王云梦泽,蜺旌羽盖定空还。"

【羽節】 用羽毛装饰的节。多指神仙仪仗。李峤《太平公主山亭侍宴应制》:"龙舟下瞰鲛人室,羽节高临凤女台。"武元衡《早春送欧阳炼师归山》:"羽节临风驻,霓裳逐雨斜。"陆龟蒙《寄怀华阳道士》:"霓轩入洞齐初月,羽节升坛拜七星。"

【羽觥】 羽杯。徐夤《劝酒》:"休向尊前诉羽觥,百壶清酌与君倾。"又《长安即事三首》之三:"绮席促时皆国器，羽觞飞处尽王孙。”参见“羽觴”。

【羽舞】 古代的一种文舞，舞者执羽而舞，用于祭祀。《郊庙歌辞·周宗庙乐舞辞·肃顺》：“朱弦疏越，羽舞回旋。”权德舆《德宗神武孝文皇帝挽歌词三首》之一：“赓歌凝庶绩，羽舞被深恩。”

【羽管】 犹羽籥。陆龟蒙《四明山诗·潺溪洞》：“似吹双羽管，如奏落霞琴。”陈陶《题僧院紫竹》：“霞杯传缥叶，羽管吹紫玉。”

【羽旗】 雉羽装饰的旌旗。杜甫《八哀诗·赠太子太师汝阳郡王琎》：“羽旗动若一，万马肃骁骁。”韦应物《骊山行》：“羽旗旄节憩瑶台，清丝妙管从空来。”李谅《苏州元日郡斋感怀寄杭州白舍人》：“丝纶暂厌分符竹，舟楫初登拥羽旗。”

【羽翣】 ❶羽制的棺饰物。作扇形，柩车行，人持行两旁以障柩车。权德舆《大行皇太后挽歌词三首》之二：“晓漏铜壶涩，秋风羽翣轻。”❷扇子。杨凝《与耿沣水亭咏风联句》：“桃竹今已展，羽翣且从收。”

【羽窟】 羽渊之窟。羽渊，池潭名。传说鲧死后化为黄熊处。韩愈《忆昨行和张十一》：“近者三奸悉破碎，羽窟无底幽黄能。”

【羽駕】 传说以鸾鹤为驭的坐车。张九龄《送杨道士往天台》：“此地烟波远，何时羽驾旋。”王起《赠毛仙翁》：“冰霜肌骨称童年，羽驾何由到俗间。”孙光宪《河渎神》词之一：“四壁阴森排古画，依旧琼轮羽驾。”亦借反映神仙。韦渠牟《步虚词十九首》之二：“羽驾正翩翩，云鸿最自然。”

【羽幢】 以鸟羽装饰的旌旗之类。吴筠《步虚词十首》之六：“羽幢泛明霞，升降何缥缈。”陈陶《飞龙引》：“羽幢襹褷银汉秋，六宫望断芙蓉愁。”

【羽儀】 ❶楷模。见《易·渐》。玄宗《游兴庆宫作》：“务本方崇训，相辉保羽仪。”❷指羽翅。李白《赠柳圆》：“夫子即琼树，倾柯拂羽仪。”权德舆《送别沅汎》：“青冥在目前，努力调羽仪。”曹松《送人庭鹤》：“度岁休笼闭，身轻好羽仪。”❸指仪形。王昌龄《送刘昚虚归取宏词解》：“声随羽仪远，势与归云便。”皮日休《公斋四咏·鹤屏》：“貌既合羽仪，骨亦符法相。”❹仪仗队中以羽毛装饰的旌旗之类。沈佺期《夏日梁王席送张岐州》：“奏计何时入，台阶望羽仪。”元稹《顺宗至德大圣大安孝皇帝挽歌词三首》之三：“羽仪经巷内，辒辌转城闉。”徐铉《纳后夕侍宴》：“彩雾笼花烛，升龙肃羽仪。”❺指帝王卫队。和凝《宫词百首》之六：“鸡人一唱乾坤晓，百辟分班俨羽仪。”

【羽箭】 尾部缀以鸟羽的箭。杜甫《丹青引赠曹将军霸》：“良相头上进贤冠，猛将腰间大羽箭。”无名氏《题房鲁题名后》：“见说正调穿羽箭，莫教射破寺家墙。”

【羽衛】 ❶帝王的卫队和仪仗。张九龄《奉和圣制早发三乡山行》：“羽卫森森西向秦，山川历历在清晨。”司空曙《送刘侍御》：“早朝新羽卫，晚下步徒胥。”无可《寄羽林卢大夫将军》：“羽卫九天静，英豪四塞知。”❷犹羽驾。元稹《赠毛仙翁》：“此日临风飘羽卫，他年嘉约指盐梅。”陆龟蒙《奉和袭美太湖诗二十首·明月湾》：“空中卓羽卫，波上停龙螭。”

【羽調】 五音之一。钟尚羽。裴次元《律中应钟》：“商声辞玉笛，羽调入金钟。”

【羽翮】 指翅膀。褚亮《秋雁》：“日暮霜风急，羽翮转难任。”杜甫《送李校书二十六韵》：“时哉高飞燕，绚练新羽翮。”钱可复《莺出谷》：“玉律阳和变，时禽羽翮新。”

【羽翰】 ❶翅膀。独孤及《贾员外处见中书贾舍人巴陵诗集代书寄赠》：“冏然翔寥廓，仰望惭羽翰。”孟郊《出门行》：“参辰出没不相待，我欲横天无羽翰。”贯休《拟齐梁酬所知见赠二首》之一：“不独耀肌魄，将行为羽翰。”❷飞翔。罗隐《淮南送卢端公归台》：“凤鸾势逸九霄宽，北去南来任羽翰。”贯休《古意九首》之三：“何妨学羽翰，远逐朱鸟翔。”

【羽騎】 羽林军的骑兵。太宗《出猎》：“雕戈夏服箭，羽骑绿沉弓。”刘禹锡《敬宗睿武昭愍孝皇帝挽歌三首》之二：“长杨收羽骑，太液泊龙舟。”李商隐《赠别前蔚州契苾使君》：“夜卷牙旗千帐雪，朝飞羽骑一河冰。”

【羽檄】 插有羽毛以示紧急的军事文书。杨师道《陇头水》：“天山传羽檄，汉地急征兵。”皇甫曾《送徐大夫赴南海》：“大军传羽檄，老将拜旌旗。”皎然《送乾封李成》：“羽檄飞未息，离情远近同。”

【羽翼】 ❶翅膀。储光羲《登秦岭作时陷贼归国》：“鹏鹗励羽翼，俯视荆棘丛。”刘禹锡《养鸷词》：“饮啄既已盈，安能劳羽翼。”李建勋《归燕词》：“羽翼势虽微，云霄亦可期。”❷辅佐。《郊庙歌辞·祀九宫贵神乐章·豫和》：“羽翼五佐，周流八荒。”李白《狱中上崔相涣》：“羽翼三元圣，发辉两太阳。”陈陶《闲居寄太学卢景博士》：“久滞鼎书求羽翼，未忘龙阙致波涛。”❸指辅佐的人。杜甫《收京三首》之二：“羽翼怀商老，文思忆帝尧。”卢仝《感古四首》之一：“忠良伏草莽，无因施羽翼。”王起《喜晴联句》：“山阁蓬莱客，储宫羽翼师。”❹指党羽。李华《咏史十一首》之五：“东宫成羽翼，楚舞伤怀抱。”杜甫《梦李白二首》之一：“君今在罗网，何以有羽翼。”

【羽聲】 五声（宫、商、角、徵、羽）之一。刘长卿《听笛歌留别郑协律》：“商声寥亮羽声苦，江天寂历江枫秋。”

【羽蟲】 有翅能飞的小虫。杜甫《夏夜叹》：“虚明见纤毫，羽虫亦飞扬。”

【羽鏚】　指羽籥和干戚。鏚，通“戚”。古时祭祀、宴飨时舞者所持的舞具和乐器。文舞执羽籥，武舞执干戚。《郊庙歌辞·享隐太子庙乐章·舒和》：“三县已判歌钟列，六佾将开羽鏚分。”

【羽觞】　酒杯。形如鸟雀，两旁有耳似翼。李百药《安德山池宴集》：“细草开金埒，流霞泛羽觞。”柳宗元《善谑驿和刘梦得酹淳于先生》：“荒垄遽千古，羽觞难再倾。”行式《西池送白二十二东归兼寄令狐相公联句》：“东道瞻轩盖，西园醉羽觞。”

【羽猎】　士卒负羽箭随从帝王射猎。孙逖《长洲苑》：“吴王初鼎峙，羽猎骋雄才。”钱起《汉武出猎》：“汉家无事乐时雍，羽猎年年出九重。”徐夤《寄天台陈希畋》：“坐为羽猎车中相，飞作君王掌上身。”

【羽镞】　指箭。张碧《鸿沟》：“星旗羽镞强者尊，黑风白雨东西屯。”

【羽翿】　羽葆幢。聚鸟羽于幢头，下垂如盖。古时舞者所执，也于送葬时用以导引灵柩。权德舆《惠昭皇太子挽歌词二首》之二：“东朝闻楚挽，羽翿依稀转。”

【羽籥】　古代文舞所用的舞具和乐器。羽，雉羽；籥，一种编组多管乐器。冯伉《享文恭太子庙乐章二首》之二：“干旄羽籥相亏蔽，一进一退殊行缀。”贯休《寿春节进》：“赓歌随羽籥，奕叶敩伊祁。”《郊庙歌辞·祀九宫贵神乐章·舒和》：“羽籥既阕干戚陈，八音克谐六变新。”

三　画

𦐍　〔gòng《广韵》古送切，去送，見。〕❶至，到达。韩愈、孟郊《纳凉联句》：“凄如𦐍寒门，皓若攒玉璞。”令狐楚《夏至日衡阳郡斋书怀》：“何时𦐍闾阖，上诉高高天。”❷腾冲。元结《引极三首·思元极》：“思假翼兮鸾凤，乘长风兮上𦐍。”

羿　〔yì《广韵》五計切，去霽，疑〕后羿，古代神话传说中善射的人。李白《古朗月行》：“羿昔落九乌，天人清且安。”杜甫《观公孙大娘弟子舞剑器行》：“㸌如羿射九日落，矫如群帝骖龙翔。”罗虬《比红儿诗》之四九：“还缘交甫非良偶，不肯终身作羿妻。”

【羿矢】　指后羿射出的箭。陆龟蒙《杂讽九首》之一：“人争捩其臂，羿矢亦不中。”

【羿后】　即羿。张说《玄武门侍射》：“羿后神幽赞，灵王法暗传。”

【羿妻】　后羿的妻子嫦娥。传说后羿从西王母处得不死之药，嫦娥偷食后遂奔月宫。徐夤《上阳宫词》：“银蟾借与金波路，得入重轮伴羿妻。”

四　画

翅　〔chì《广韵》施智切，去寘，書。〕昆虫、鸟类等动物的飞行器官。通称“翅膀”。白居易《酬郑侍御多雨春空过诗三十韵》：“沾黄莺翅重，滋绿草心长。”李群玉《登宜春醉宿景星寺寄郑判官兼简空上人》：“碧霄有鸠序，未展联行翅。”

【翅羽】　翅膀。王维《青雀歌》：“青雀翅羽短，未能远食玉山禾。”白居易《读史五首》之二：“当彼戮辱时，奋飞无翅羽。”

【翅翎】　翅膀。韩愈《南山有高树行赠李宗闵》：“路远翅翎短，不得持汝归。”白居易《放旅雁》：“健儿饥饿射汝吃，拔汝翅翎为箭羽。”又《病中对病鹤》：“同病病夫怜病鹤，精神不损翅翎伤。”

翀　〔chōng《广韵》直弓切，平東，澄。〕冲，向上直飞。王维《恭懿太子挽歌五首》之一：“翀天王子去，对日圣君怜。”

翁　〔wēng《广韵》烏紅切，平東，影。〕❶男性老人。杜甫《石壕吏》：“老翁逾墙走，老妇出门看。”白居易《贺雨》：“奔腾道路人，伛偻田野翁。”韦庄《河内别村业闲题》：“邻翁莫问伤时事，一曲高歌夕照沈。”亦指成为男性老人。顾况《春怀》：“不是春相背，当由己自翁。”❷对男性年长者的尊称。李华《咏史十一首》之五：“帝言翁甚善，见顾何不早。”杜甫《自京赴奉先县咏怀五百字》：“取笑同学翁，浩歌弥激烈。”❸父亲。李白《登广武古战场怀古》：“分我一杯羹，太皇乃汝翁。”张籍《董公诗》：“汝息为我子，汝亲我为翁。”❹鸟颈毛，因借指鸟。杨衡《登紫霄峰赠黄仙师》：“下有琼树枝，上有翠发翁。”❺姓。无名氏《中和初童谣》（卷八七八）：“黄巢走，泰山东，死在翁家翁。”

【翁母】　犹婆母。王建《当窗织》：“贫家女为富家织，翁母隔墙不得力。”

【翁仲】　传说为秦时巨人。秦始皇命他出征匈奴，死后铸铜像立于咸阳宫司马门外。见《淮南子·氾论训》高诱注。后称铜像或石像为“翁仲”。沈佺期《度安海入龙编》：“尉佗曾驭国，翁仲久游泉。”柳宗元《衡阳与梦得分路赠别》：“伏波故道风烟在，翁仲遗墟草树平。”

【翁先辈】　翁承赞。闽人，乾宁三年（896）进士，擢宏词科，任京兆府参军。郑谷有《送京参翁先辈归闽中》。

【翁宏】　宋诗人。字大举，桂州（今广西桂林）人。宋初寓居昭、贺间，与王元、廖融等相友善，互唱和。见《诗话总龟》卷一一、《十国春秋》本传。《全唐诗》卷七六二录其诗三首，断句三联。廖融有《谢翁宏以诗百篇见示》。

【翁承贊】 唐末诗人。字文尧，自号狎鸥翁，福州福唐(今福州福清)人。历任户部员外郎、御史大夫等职。《全唐诗》录其诗一卷，近三十首。

【翁拾遺】 翁承赞。见《十国春秋》本传。黄滔有《送翁拾遗》。

【翁洮】 唐诗人。字子平。睦州(今浙江建德市)人。光启三年(887)进士。曾官主客员外郎中。后归隐，征召不起。《全唐诗》卷六七七录其诗十三首。

【翁員外】 翁承赞。见《十国春秋》本传。齐己有《湘中送翁员外归闽》和《和翁员外题马太傅宅贾相公井》。

【翁媪】 老翁、老妇的并称。多指年老父母。李绅《闻里谣效古歌》："乡里儿，醉还饱，浊醪初熟劝翁媪。"

【翁嫗】 老翁、老妇。多指老年夫妇。韩愈《谴疟鬼》："乘秋作寒热，翁妪所骂讥。"

【翁綬】 唐诗人。咸通六年(865)登进士第。其诗多用乐府旧题。《全唐诗》卷六〇〇录其《婕妤怨》等诗八首。

五 画

習 〔xí《广韵》似入切，入緝，邪。〕❶练习。李白《江夏寄汉阳辅录事》："鼓角徒悲鸣，楼船习征战。"元稹《竞舟》："此时集丁壮，习竞南亩头。"李曜《赠吴圆》："经年理郡少欢娱，为习干戈间饮徒。"❷学习。则天皇后《德和》："崇儒习旧规，偃伯循先旨。"李白《送薛九被谗去鲁》："孟尝习狡兔，三窟赖冯谖。"窦昉《嘲许子儒》："不能专习礼，虚心强觅阶。"❸熟习；通晓。孟浩然《送莫甥兼诸昆弟从韩司马入西军》："念尔习诗礼，未曾违户庭。"张籍《送李评事游越》："未习风尘事，初为吴越游。"姚鹄《送僧归新罗》："汉风深习得，休恨本心违。"❹习惯；习惯于。李白《古风》："情性有所习，土风固其然。"韩愈《此日足可惜赠张籍》之六："长老守所闻，后生习为常。"白居易《秦中吟十首·买花》："家家习为俗，人人迷不悟。"

【習池】 即"習家池"。杜审言《登襄阳城》："习池风景异，归路满尘埃。"白居易《有小白马乘驭题二十韵》："慢鞚游萧寺，闲驱醉习池。"薛能《折杨柳十首》之二："闲想习池公宴罢，水蒲风絮夕阳天。"

【習坎】 ❶《易·坎》："《象》曰：习坎，重险也。"习，重；坎，险。后因称险阻为"習坎"。骆宾王《早发淮口望盱眙》："养蒙分四渎，习坎奠三荆。"❷旧以八卦配四时，坎为正冬四十五日之季节，故以指农历十一月。韩愈《送无本师归范阳》："遂来长安里，时卦转习坎。"

【習武】 练习武艺。张嘉贞《恩敕尚书省僚宴昆明池应制》："昔人徒习武，明代此闻韶。"

【習性】 ❶长期在某种自然或社会环境下养成的特性。杜甫《送李校书二十六韵》："小来习性懒，晚节慵转剧。"白居易《味道》："自嫌习性犹残处，爱咏闲诗好听琴。"❷修养性情。卢仝《寄男抱孙》："小时无大伤，习性防已后。"

【習定】 养静修性，止息杂念。皎然《宿道士观》："幽期寄仙侣，习定至中宵。"

【習俗】 习惯和风俗。玄宗《过晋阳宫》："习俗问黎人，亲巡慰里闾。"杜甫《清明二首》之二："十年蹴踘将雏远，万里秋千习俗同。"

【習家】 即"習家池"。李峤《池》："彩棹浮太液，清觞醉习家。"贾岛《行次汉上》："习家池沼草萋萋，岚树光中信马蹄。"崔涂《初过汉江》："为报习家多置酒，夜来风雪过江寒。"

【習家池】 古迹名，见《晋书·山简传》。在今湖北襄阳岘山南。后多借指园池名胜。孟浩然《高阳池送朱二》："当昔襄阳雄盛时，山公常醉习家池。"李颀《送郝判官》："应问襄阳旧风俗，为余骑马习家池。"李白《襄阳曲四首》之四："且醉习家池，莫看堕泪碑。"亦作"習家塘""習家流"。又省作"習池""習家"。

【習家流】 即"習家池"。李益《送襄阳李尚书》："时追山简兴，本自习家流。"

【習家塘】 即"習家池"。李颀《送皇甫曾游襄阳山水兼谒韦太守》："逢君立五马，应醉习家塘。"

【習習】 ❶微风和舒貌。《郊庙歌辞·五郊乐章·青郊迎神》："淑景迟迟，和风习习。"令狐楚《立春后言怀招汴州李匡衙推》："初惊宵漏丁丁促，已觉春风习习和。"吴筠《游仙二十四首》之十六："灵风生太漠，习习吹人襟。"❷象声词。白居易《和微之诗二十三首·和三月三十日四十韵》："雨师习习洒，云将飘飘翥。"

【習業】 研习学业。李商隐《安平公诗》："明朝骑马出城外，送我习业南山阿。"

【習蓼蟲】 指蓼虫生在蓼草中，它习惯于蓼草的苦辛而不愿搬到其他甘美的食物上去。见《文选·鲍照〈放歌行〉》。后遂比喻习惯于苦辛者。卢拱《中元日观法事》："久慕餐霞客，常悲习蓼虫。"

【習静】 修养宁静的心性。王维《积雨辋川庄作》："山中习静观朝槿，松下清斋折露葵。"高适《宴韦司户山亭院》："习静务为适，所居还复尔。"白居易《酬裴相公见寄二绝》之一："习静心方泰，劳生事渐稀。"

【習學】 犹学习。李咸用《题陈正字山居》："怪来忘禄位，习学近潇湘。"

【習禪】 （－chán）指佛教静坐默念、修养清静寂定的心境。孟浩然《题大禹寺义公禅房》："义公习禅处，结构依空林。"薛戎《游烂柯山》："仙山习禅处，了知通李释。"

【習戰】 练习作战。岑参《虢州送天平何丞入京市马》："习战边尘黑，防秋塞草黄。"张籍《庄陵挽歌词三首》之二："观风欲巡洛，习战亦开池。"

【習隱】 习练隐遁。戴叔伦《寄刘禹锡》："谢相园西石径斜，知君习隐暂为家。"吕温《初发道州答崔三连州题海阳亭见寄绝句》："吏中习隐好跻攀，不扰疲人便自闲。"皮日休《襄阳闲居与友生夜会》："习隐悠悠世不知，林园幽事递相期。"

【習讀】 学习、诵读。郑谷《赠刘神童》："习读在前生，僧谈足可明。"

【習鑿齒】 晋人。字彦武，襄阳（今湖北襄阳市）人。曾任荆州别驾、荥阳太守，博学洽闻，以文笔著称。诗文中常借指才俊之士。张子容《乐城岁日赠孟浩然》："更逢习凿齿，言在汉川湄。"

翎 〔líng《广韵》郎丁切，平青，來。〕❶鸟翅；鸟羽。韩愈《荐士》："鹤翎不天生，变化在啄菢。"皮日休《病孔雀》："烟花虽媚思沈冥，犹自抬头护翠翎。"齐己《鹭鸶二首》之二："影照翘滩浪，翎濡宿岛云。"❷昆虫的翅翼。陆龟蒙《蝉》："一腹清何甚，双翎薄更无。"

【翎羽】 鸟的羽毛。贾岛《崔卿池上鹤》："翎羽如今从放长，犹能飞起向孤云。"刘得仁《忆鹤》："白丝翎羽丹砂顶，晓度秋烟出翠微。"

【翎鬣】 上冲的羽毛。卢仝《月蚀诗》："红鳞焰鸟烧口快，翎鬣倒侧声盏邹。"韩愈《月蚀诗》："赤龙黑鸟烧口热，翎鬣倒侧相搪撑。"

翊 〔yì《广韵》與職切，入職，以。〕通"翼"。❶辅佐。玄宗《赠道士邓紫阳》："自知三醮后，翊我灭残胡。"杜甫《诸将五首》之四："炎风朔雪天王地，只在忠臣翊圣朝。"吴融《和皮博士兼见寄》："白云乡路看看到，好驻流年翊圣文。"❷护卫。许敬宗《侍宴莎册宫应制得情字》："三星希曙景，万骑翊天行。"皇甫冉《祭张公洞二首》之二："三鸟随王母，双童翊子先。"耿沣《朝下寄韩舍人》："侍臣鸣珮出西曹，鸾殿分阶翊彩旄。"

【翊聖】 辅佐天子。岑参《左仆射相国冀公东斋幽居》："成功云雷际，翊圣天地安。"钱起《送王相公赴范阳》："翊圣衔恩重，频年按节行。"刘禹锡《送华阴尉张苕赴邕府使幕》："翊圣崇国本，像贤正朝伦。"

【翊衛】 ❶侍卫官。南诏骠信《星回节游避风台与清平官赋》："自我居震旦，翊卫类夔契。"❷护卫。李商隐《谢往桂林至彤庭窃咏》："辰象森罗正，句陈翊卫宽。"

【翊戴】 拥戴。王维《故太子太师徐公挽歌四首》之二："谋猷为相国，翊戴奉宸舆。"杜甫《诸葛庙》："翊戴归先主，并吞更出师。"殷文圭《观贺皇太子册命》："自有汉元争翊戴，不劳商皓定攲倾。"

【翊贊】 辅佐。杜甫《秋峡》："常怪商山老，兼存翊赞功。"苏拯《断火谣》："鄙哉前朝翊赞臣，讦谟之规何琐琐。"

六　画

翛 〔xiāo《广韵》蘇彫切，平蕭，心。〕❶见"翛然❶"。❷见"翛然❷"。❸见"翛翛❶"。❹见"翛翛❷"。

【翛翛】 ❶象声词。李白《寻阳紫极宫感秋作》："何处闻秋声，翛翛北窗竹。"李群玉《湖中古愁三首》之一："翛翛木叶下，白浪连天起。"贯休《桐江闲居作十二首》之一："木落雨翛翛，桐江古岸头。"❷高貌。项斯《和李用夫栽小松》："即耸凌空干，翛翛岂易攀。"齐己《秋空》："耿耿高河截，翛翛一雁经。"

【翛然】 ❶无拘无束貌。李白《安州般若寺水阁纳凉喜遇薛员外乂》："翛然金园赏，远近含晴光。"白居易《首夏》："兀尔水边坐，翛然桥上行。"皎然《戏题松树》："翛然此外更何事，笑向闲云似我闲。"❷超脱貌。李白《下途归石门旧居》："翛然远与世事间，装鸾驾鹤又复远。"权德舆《酬南园新亭宴会璩新第慰庆之作时任宾客》："偃放斯自足，翛然去营欲。"陈寡言《临化示弟子》："轮回债负今还毕，搔首翛然归上清。"

翔 〔xiáng《广韵》似羊切，平陽，邪。〕❶盘旋而飞；高飞。储光羲《同诸公送李云南伐蛮》："群山高崭岩，凌越如鸟翔。"韩愈《调张籍》："剪翎送笼中，使看百鸟翔。"朱庆余《台州郑员外郡斋双鹤》："仙郎为尔开笼早，莫虑回翔损羽毛。"❷行；游。杜甫《壮游》："群凶逆未定，侧伫英俊翔。"韦应物《宴别幼遐与君贶兄弟》："乖阙意方弭，安知忽来翔。"郑馥《东都父老望幸》："翠华翔渭北，玉检候关东。"❸栖止。太宗《赋得临池竹》："拂牖分龙影，临池待凤翔。"李峤《凤》："鸣岐今日见，阿阁伫来翔。"韦处厚《盛山十二首·竹岩》："先植诚非凤，来翔定是鸾。"❹通"祥"。祥瑞。见"翔風"。

【翔泳】 ❶指飞鸟游鱼。苏颋《奉和晦日幸昆明池应制》："微臣比翔泳，恩广自无涯。"李绛《省试恩赐耆老布帛》："厚泽沾翔泳，微生保子孙。"❷升沉。韦应物《登重玄寺阁》:“禽鱼各翔泳，草木遍芬芳。”刘禹锡《酬令狐相公首夏闲居书怀见寄》:“翔泳各殊势，篇章空寄情。”

【翔風】　祥风。吴筠《游仙二十四首》之一:“翔风吹羽盖，庆霄拂霓旌。”

【翔隼】　飞隼。隼，鹰类最小者，飞翔疾速。无名氏《霜隼下晴皋》:“九皋霜气劲，翔隼下初晴。”

【翔貴】　腾贵，飞涨。李绅《却到浙西》序:“百姓饥殍，道路相望，米价翔贵。”

【翔集】　群鸟飞聚于一处。潘孟阳《和权载之离合诗》:“翔集本相随，羽仪良在斯。”杨嗣复《仪风》:“郊薮今翔集，河图意等伦。”刘庄物《莺出谷》:“翔集知无阻，联绵贵有因。”

【翔陽】　❶太阳。张籍《夏日可畏》:“势矫翔阳翰，功分造化炉。”❷指时光。鲍溶《长安言怀》:“千虑恐一失，翔阳已蹉跎。”

【翔雲】　飞云。皎然《奉酬袁使君高春游鹡鸰峰兰若见怀》:“恨无翔云步，远赴关山期。”

【翔禽】　指飞鸟。白居易《首夏》:“翔禽爱密叶，游鳞悦新藻。”杨衡《游峡山寺》:“翔禽拂危刹，落日避层楼。”

【翔鳳】　宫殿名。王维《奉和圣制十五夜然灯继以酺宴应制》:“鱼钥通翔凤，龙舆出建章。”

【翔翥】　飞翔。李群玉《始忝四座呈同馆诸公二十四韵》:“幽鸟事翔翥，敛翼依蒿蓬。”

【翔儀】　飞翔的姿态。唐玄宗《佛教梵文唵字唐玄宗书并读》:“龙盘梵质层峰峭，凤展翔仪乙卷收。”

【翔螭】　飞龙。螭，古代传说中无角的龙。陆龟蒙《奉和袭美太湖诗二十首·毛公坛》:“飘飖驾翔螭，白日朝太清。”

【翔鴻】　高飞的鸿雁。常喻当朝之士。贾岛《辞二知己》:“一双千岁鹤，立别孤翔鸿。”施肩吾《赠族叔处士》:“我家名士已无求，若见翔鸿便举头。”

【翔鵾】　展翅飞翔的鹍鸟。鹍，鹍鸡，指一种像鹤的鸟。郑嵎《津阳门诗》:“八姨新起合欢堂，翔鹍贺燕无由窥。”

【翔麟馬】　亦名“翔麟紫”。良马名。唐贞观二十一年骨利干向唐太宗所献。杜甫《复愁十二首》之八:“今日翔麟马，先宜驾鼓车。”

翕　〔xī《广韵》許及切，入緝，曉。〕❶协调；一致。杜甫《过郭代公故宅》:“定策神龙后，宫中翕清廓。”

❷聚合。宋务光《海上作》:“崩腾翕众流，泱漭环中国。”

【翕協】　和谐。张说《唐封泰山乐章·舒和》:“六钟翕协六变成，八佾徜徉八风生。”

【翕忽】　疾速貌。陈子昂《夏日晖上人房别李参军崇嗣》:“翕忽玄黄里，驱驰风雨情。”李白《古风》之四六:“当涂何翕忽，失路长弃捐。”

【翕習】　❶聚合。沈佺期《扈从出长安应制》:“翕习黄山下，纡徐清渭东。”綦毋潜《题栖霞寺》:“龙蛇争翕心，神鬼皆密护。”❷疾速貌。席豫《奉和圣制送张说巡边》:“翕习戎装动，张皇庙略宣。”柳宗元《韦道安》:“咄嗟徇权子，翕习犹趋荣。”薛能《秋雨》:“吹交来翕习，雷慢歇踌躇。”❸威盛。刘希夷《将军行》:“献凯归京师，军容何翕习。”白居易《醉后走笔酬刘五主簿长句之赠兼简张大贾二十四先辈昆季》:“刘兄文高行孤立，十五年前名翕习。”❹亲近熟悉。元稹《阳城驿》:“声香渐翕习，冠盖若云浮。”

【翕張】　收缩与舒展。唐彦谦《感物二首》之一:“物理有翕张，达人同废兴。”

【翕然】　忽然。白居易《小童薛阳陶吹觱栗歌》:“翕然声作疑管裂，诎然声尽疑刀截。”陆龟蒙《奉酬袭美先辈吴中苦雨一百韵》:“念此令人悲，翕然生内热。”皇甫湜《出世篇》:“翕然复抟，抟久而苏。”

【翕艴】　❶光色鲜盛貌。陈子昂《度峡口山赠乔补阙知之王二无竞》:“丛石何纷纠，赤山复翕艴。”李白《君子有所思行》:“朝野盛文物，衣冠何翕艴。”❷茂盛。李白《咏槿》:“岂若琼树枝，终岁长翕艴。”

【翕赫】　❶盛大。《郊庙歌辞·后唐宗庙乐舞辞·文明舞》:“帝业光扬，皇图翕赫。”❷旺盛。孙思邈《四言诗》:“洪炉烈火，烘焰翕赫。”

【翕爾】　忽然。王勃《忽梦游仙》:“翕尔登霞首，依然蹑云背。”

【翕闢】　开合。宋昱《樟亭观涛》:“翕辟乾坤异，盈虚日月同。”刘禹锡《游桃源一百韵》:“大方播群类，秀气肖翕辟。”

八　画

翥　〔zhù《广韵》章恕切，去御，章。〕鸟向上飞。张说《同赵侍御望归舟》:“形影相追高翥鸟，心肠并断北风船。”白居易《渭村退居一百韵》:“笼禽放高翥，雾豹得深藏。”罗隐《上江州陈员外》:“旧班久望鹓晴翥，余力犹闻虎夜浮。”

翡　〔fěi《广韵》扶沸切，去未，奉。〕见“翡翠”。

【翡翠】　❶鸟名。嘴长而直，生活在水边，吃鱼虾等。羽毛有蓝、绿、赤等色，可做装饰品。杜甫《绝句六首》之一:“竹高鸣翡翠，沙僻舞鹍鸡。”李绅《翡翠坞》:“虞人掠水轻浮弋，翡翠惊飞飞不息。”李洞《宿成都松溪院》:“翡翠鸟飞人不见，琉璃瓶贮水疑无。”❷指翡翠鸟的羽毛。王昌龄《九日登高》:"茱萸插鬓花宜寿，翡翠横钗舞作愁。"罗隐《帘二首》之二:"翡翠佳名世共稀，玉堂高下巧相宜。"阎德隐《薛王花烛行》:"金炉半夜起氛氲，翡翠被重苏合熏。"❸硬玉。崔国辅《白纻辞二首》之二:"璧带金釭皆翡翠，一朝零落变成空。"李白《别内赴征三首》之三:"翡翠为楼金作梯，谁人独宿倚门啼。"令狐楚《远别离二首》之二:"玳织鸳鸯履，金装翡翠簪。"

【翡翠帐】 饰以翡翠羽毛的帷帐。李云纮《相思怨》:"春生翡翠帐，花点石榴裙。"

【翡翠裙】 饰以翡翠羽毛的裙子。戎昱《送零陵妓》:"宝钿香娥翡翠裙，装成掩泣欲行云。"

【翡翠衾】 饰以翡翠羽毛的被子。白居易《长恨歌》:"鸳鸯瓦冷霜华重，翡翠衾寒谁与共。"

【翡翠簾】 绣有翡翠鸟的帘子。权德舆《薄命篇》:"秋月空悬翡翠帘，春帏懒卧鸳鸯被。"

【翡翠簪】 翡翠玉簪。李商隐《独居有怀》:"数急芙蓉带，频抽翡翠簪。"

翟[1] 〔dí《广韵》徒歷切，入錫，定。〕❶长尾野鸡。沈佺期《度安海入龙编》:"越人遥捧翟，汉将下看鸢。"❷雉羽。李德裕《述梦诗四十韵》:"扇回交彩翟，雕起飏银绦。"❸同"狄"。我国古代少数民族之一。郑玉《苇谷》:"旧时白翟今荒壤，苇谷凄凄风雨多。"

翟[2] 〔zhái《广韵》場伯切，入陌，澄。〕姓。

【翟₂公門】 见"翟₂門。"

【翟衣】 古代贵妇人用翟羽为饰或织以翟羽纹样的衣服。权德舆《河南崔尹即安喜从兄宜于室家四十余岁一昨寓书病传永写告身既枉善祝因成绝句》:"尊崇善祝今如此，共待曾玄捧翟衣。"蒋涣《故太常卿赠礼部尚书李公及夫人挽歌二首》之二:"薤挽疑笳曲，松风思翟衣。"

【翟羽】 指用野鸡羽毛做的扇子。李峤《扇》:"翟羽旧传名，蒲葵价不轻。"

【翟茀】 古代贵族妇女所乘的一种车子。车帘两边或车箱两边饰以雉羽。王维《故南阳夫人樊氏挽歌》:"锦衣余翟茀，绣毂罢鱼轩。"

【翟₂門】 门庭盛衰的典实。钱起《穷秋对雨》:"翟门悲暝雀，墨灶上寒苔。"亦称"翟₂公門"。刘长卿《饯王相公出牧括州》:"萧索庭槐空闭阁，旧人谁到翟公门。"李群玉《吾道》:"方忻耳目净，谁到翟公门。"

【翟處士】 指翟正师。王绩有《晚年叙志示翟处士》，题后注"正师"。

翠 〔cuì《广韵》七醉切，去至，清。〕❶翠鸟。李绅《忆登栖霞寺峰》:"鸟噪啄秋果，翠惊衔素鱼。"❷指翠鸟的羽毛。杜甫《渼陂行》:"湘妃汉女出歌舞，金支翠旗光有无。"独孤及《送陈兼应辟兼寄高适贾至》:"旧友满皇州，高冠飞翠蕤。"❸翡翠，青绿色的玉。杜甫《丽人行》:"头上何所有，翠为㔩叶垂鬓唇。"❹青绿色。元结《系乐府十二首·下客谣》:"珠玉成彩翠，绮罗如婵娟。"杜牧《怀钟陵旧游四首》之三:"白鹭烟分光的的，微涟风定翠湉湉。"任氏《书桐叶》:"拭翠敛蛾眉，郁郁心中事。"❺青绿。太宗《春日登陕州城楼俯眺原野聊以命篇》:"烟峰高下翠，日浪浅深明。"白居易《太湖石》:"烟翠三秋色，波涛万古痕。"寒山《诗三百三首》之二二一:"涧底松常翠，溪边石自斑。"❻变成青绿。皮日休《奉和鲁望渔具十五咏·种鱼》:"一月便翠鳞，终年必赪尾。"

【翠毛】 翠鸟的羽毛。李华《咏史十一首》之一一:"泥沾珠缀履，雨湿翠毛簪。"元稹《代曲江老人百韵》:"翠毛开越嶲，龙眼弊瓯闽。"

【翠牙】 绿芽。杜甫《过南岳入洞庭湖》:"翠牙穿裛桨，碧节上寒蒲。"皮日休《鲁望以躬掇野蔬兼示雅什用以酬谢》:"紫甲采从泉脉畔，翠牙搜自石根傍。"

【翠石】 青绿色的石头。皮日休《太湖诗·石板》:"翠石数百步，如板漂不流。"

【翠仗】 羽仗。徐彦伯《奉和幸新丰温泉宫应制》:"翠仗萦船岸，明旆应茝阳。"

【翠羽屏】 以翠羽装饰的屏风。陆龟蒙《子夜四时歌·春》:"山连翠羽屏，草接烟华席。"

【翠羽簪】 指翡翠或碧玉制作的簪子。孟浩然《庭橘》:"骨刺红罗被，香黏翠羽簪。"

【翠尖】 谓绿色的山峰。周朴《海录碎事》:"平潮晚影沈清底，远岳危栏等翠尖。"

【翠光】 青绿的光亮。李绅《灵蛇见少林寺》:"鳞蹙翠光抽璀璨，腹连金彩动弯环。"陆龟蒙《以竹夹膝寄赠袭美》:"截得筼筜冷似龙，翠光横在暑天中。"张祜《题击瓯楼》:"水转巴文清溜急，山连蒙岫翠光涵。"

【翠虬】 见"翠蚪"。

【翠竹】 青绿色的竹子。黄滔《寓题》:"霜雪不飞无翠竹，鲸鲵犹在有青萍。"刘兼《昼寝》:"起来已被诗魔引，窗外寒敲翠竹风。"

【翠色】 青绿色。林藻《青云干吕》:"结盖祥光迥，为楼翠色分。"李涉《寄河阳从事杨潜》:"金乌欲上海如血，翠色一点蓬莱光。"韩溉《松》:"翠色本宜霜后见，寒声偏向月中闻。"

【翠羽】 ❶翠鸟的羽毛；翠色的鸟羽。杜甫《覆舟二首》之一:"丹砂同陨石，翠羽共沉舟。"杨嗣复《仪凤》:"向日朱光动，迎风翠羽新。"韦庄《幽居春思》:"闭门尽日无人到，翠羽春禽满树喧。"❷指翠鸟。顾况《芙蓉榭》:"文鱼翻乱叶，翠羽上危栏。"殷尧藩《友人山中梅花》："好风吹醒罗浮梦，莫听空林翠羽声。"吴融《题延寿坊东南角古池》："更无蔟蔟红妆点，犹有双双翠羽来。"❸喻美人的眉毛。韩翃《赠张建》："翠羽双鬟妾，珠帘百尺楼。"白居易《东南行一百韵寄窦七校书》："歌鬟低翠羽，舞汗堕红珠。"徐夤《汉宫新宠》："公主镜中争翠羽，君王袖底夺金钩。"❹指美人。孙逖《和常州崔使君咏后庭梅二首》之一："弱干红妆倚，繁香翠羽寻。"李昂《赋戚夫人楚舞歌》："黄泉白骨不可报，雀钗翠羽从此辞。"❺喻青翠的树叶。杨炯《折杨柳》："秋容凋翠羽，别泪损红颜。"杜甫《行官张望补稻畦水归》："芊芊炯翠羽，剡剡生银汉。"李贺《春归昌谷》："龙皮相排戛，翠羽更荡掉。"❻借指珍宝。李颀《龙门送裴侍御监五岭选》："明珠尉佗国，翠羽夜郎洲。"高适《饯宋八充彭中丞判官之岭南》："翠羽干平法，黄金挠直绳。"

【翠羽帐】　饰以翠羽的帷帐。虞世南《怨歌行》："香销翠羽帐，弦断凤皇琴。"白居易《杂兴三首》之三："身卧翠羽帐，手持红玉杯。"杜牧《送容州唐中丞赴镇》："烧香翠羽帐，看舞郁金裙。"

【翠花】　❶犹翠华。饰以翠羽的旗，为帝王仪仗。杨巨源《同太常尉迟博士阙下待漏》："爽气晓来青玉甃，薰风宿在翠花旗。"❷以翡翠镶嵌成的花形首饰。温庭筠《郭处士击瓯歌》："宫中近臣抱扇立，侍女低鬟落翠花。"

【翠虯】　亦作"翠虬"。❶青龙。陈子昂《与东方左史虬修竹篇》："驱驰翠虯驾，伊郁紫鸾笙。"❷指龙舟。徐彦伯《奉和兴庆池戏竞渡应制》："夹道传呼翊翠虬，天回日转御芳洲。"

【翠岑】　青山。胡宿《忆荐福寺牡丹》："十日春风隔翠岑，只应繁朵自成阴。"

【翠苔】　绿色苔藓。吕岩《吕剑留泉》："昔年踪迹今何在，尚有余霞点翠苔。"

【翠氛】　青色的烟雾。李峤《柳》："杨柳郁氤氲，金堤总翠氛。"

【翠岳】　青山。钱镠《隐岳洞》："百尺金容连翠岳，三层宝阁倚青霄。"

【翠佩】　亦作"翠珮"。翠玉的佩饰。张祜《筝》："翠佩轻犹触，莺枝涩未迁。"又《华清宫和杜舍人》："细音摇翠佩，轻步宛霓裳。"杨衡《白纻歌二首》之一："玉缨翠佩杂轻罗，香汗微渍朱颜酡。"

【翠波】　碧绿色的水波。皮日休《五贶诗·诃陵樽》："一片鲎鱼壳，其中生翠波。"

【翠空】　碧蓝的天空。太宗《出猎》："怖兽潜幽壑，惊禽散翠空。"皇甫冉《华清宫》："骊岫接新丰，岧峣驾翠空。"赵嘏《今年新先辈以遏密之际每有宴集必资清谈书此奉贺》："居然自是前贤事，何必青楼倚翠空。"

【翠房】　妇女华美的居处。孙逖《寻龙湍》："渔父歌金洞，江妃舞翠房。"

【翠茸】　❶翠绿色茸毛。元结《演兴四首·闵岭中》："殊闳绝之极颠，上闻产乎翠茸。"元稹《西凉伎》："大宛来献赤汗马，赞普亦奉翠茸裘。"❷指细密的嫩草。姚合《和门下李相饯西蜀相公》："嫩叶抽赪蕊，新苔长翠茸。"

【翠柏】　青绿的柏树。先汪《题安乐山》："翠柏不凋龙骨瘦，石泉犹在镜光寒。"无名氏《骊山感怀》（卷七八五）："深宫带日年年色，翠柏凝烟夜夜愁。"

【翠泉】　碧青的泉水。姚崇《奉和圣制龙池篇》："既协翠泉光宝命，还符白水出真人。"

【翠岛】　绿色的岛屿。吕温《回风有怀》："银宫翠岛烟霏霏，珠树玲珑朝日晖。"

【翠帟】　翠色的帷幕。沈佺期《夏日梁王席送张岐州》："翠帟当郊敞，彤幨向野披。"武平一《奉和登骊山高顶寓目应制》："銮舆上碧天，翠帟拖晴烟。"刘禹锡《游桃源一百韵》："楼居弥清霄，萝茑成翠帟。"

【翠洲】　绿洲。陆龟蒙《奉和袭美送李明府之任南海》："居人爱近沈珠浦，候吏多来拾翠洲。"

【翠屏】　❶绿色的屏风。白居易《人定》："翠屏遮烛影，红袖下帘声。"温庭筠《送洛南李主簿》："子敬怀愚谷，归心在翠屏。"❷喻峰峦排列的绿色山岩。玄宗《幸蜀西至剑门》："翠屏千仞合，丹嶂五丁开。"李绅《新楼诗二十首·龟山》："一峰凝黛当明镜，十仞乔松倚翠屏。"王周《西塞山二首》之一："西塞名山立翠屏，浓岚横入半江青。"

【翠眉】　❶女子用青绿色颜料画的眉。李颀《郑樱桃歌》："后庭卷衣三万人，翠眉清镜不得亲。"韩愈《谁氏子》："翠眉新妇年二十，载送还家哭穿市。"张夫人《拾得韦氏花钿以诗寄赠》："曾经纤手里，拈向翠眉边。"❷代指美女。杜甫《数陪李梓州泛江戏为艳曲二首赠李》之二："翠眉萦度曲，云鬓俨分行。"

【翠珥】　翡翠耳环。陆龟蒙《叠韵吴宫词二首》之二："红栊通东风，翠珥醉易坠。"

【翠珮】　见"翠佩"。

【翠華】　❶以翠羽为饰的旗帜，为皇帝的仪仗。杜甫《韦讽录事宅观曹将军画马图》："忆昔巡幸新丰宫，翠华拂天来向东。"刘禹锡《华清词》："翠华入五云，紫气归上玄。"郑馥《东都父老望幸》："翠华翔渭北，玉检候关东。"❷指以翠羽为饰的皇帝御车。王维《奉和圣制幸玉真公主山庄因题石壁十韵之作应制》："此地回銮驾，缘溪转翠华。"白居易《长恨歌》："翠华摇摇行复止，西出都门百余里。"花蕊夫人徐氏《宫词》之八五："沉香亭子傍池斜，夏日巡游歇翠华。"❸借指帝王。白居易《新乐府·骊宫高·美天子重惜人之财力也》:“翠华不来岁月久,墙有衣兮瓦有松。”韦庄《闻回戈军》:“上将麾兵又欲旋,翠华巡幸已三年。”宋迪《龙池春草》:“翠华如见幸,正好及兹辰。”

【翠桐】 绿色的梧桐。桐为琴瑟之材。项斯《落第后归觐喜逢僧再阳》:“翠桐犹入爨,青镜未辞尘。”

【翠條】 青绿色的枝条。李绅《别双温树》:“翠条盈尺怜孤秀,植向西窗待月轩。”姚合《咏莺》:“春来深谷雪方消,莺别寒林傍翠条。”徐铉《柳枝词十首》之六:“风暖云开晚照明,翠条深映凤皇城。”

【翠峯】 绿色山峰。殷文圭《楼上看九华》之三:“四顾峦峰峭莫群,翠峰长与晓光分。”

【翠釜】 翠色精美的炊器。杜甫《丽人行》:“紫驼之峰出翠釜,水精之盘行素鳞。”

【翠衾】 饰有翡翠纹的被子。李商隐《药转》:“忆事怀人兼得句,翠衾归卧绣帘中。”

【翠鳥】 鸟名。羽毛以翠绿色为主。生活在水边。在我国分布甚广。皮日休《二游诗·任诗》:“白莲倚阑楯,翠鸟缘帘押。”马戴《送从叔赴南海幕》:“炎州罗翠鸟,瘴岭控蛮军。”

【翠袖】 绿色的衣袖。亦泛指女人的装束。杜甫《佳人》:“天寒翠袖薄,日暮倚修竹。”鲍溶《古意》:“翠袖皓珠粉,碧阶封绿钱。”

【翠被】 (一bèi)用翠羽织成的被。韦应物《长安道》:“下有锦铺翠被之粲烂,博山吐香五云散。”李商隐《夜冷》:“西亭翠被余香薄,一夜将愁向败荷。”胡宿《雪》:“色欺曹国麻衣浅,寒入荆王翠被深。”

【翠浪】 碧绿的波浪。孟郊《春集越州皇甫秀才山亭》:“晴湖泻峰嶂,翠浪多萍藓。”陆龟蒙《奉和袭美初夏游楞枷精舍次韵》:“峰围震泽岸,翠浪舞绡幕。”皮日休《鸳鸯二首》之一:“翠浪万回同过影,玉沙千处共栖痕。”

【翠陰】 绿色的树荫。牟融《题徐俞山居》:“岚锁岩扉清昼暝,云归松壑翠阴寒。”马戴《春思》:“初日照杨柳,玉楼含翠阴。”王周《和程刑部三首·碧鲜亭》:“飕飕笼清籁,萧萧锁翠阴。”

【翠娥】 亦作“翠蛾”。❶美女之眉。以黛点色,修长如娥,故称。李白《忆旧游寄谯郡元参军》:“红妆欲醉宜斜日,百尺清潭写翠娥。”武元衡《酬严司空荆南见寄》:“白雪调高歌不得,美人南国翠蛾愁。”温庭筠《河传》词:“烟浦花桥路遥,谢娘翠蛾愁不销。”❷指美女。戎昱《湘南曲》:“虞帝南游不复还,翠娥幽怨水云间。”白居易《夜游西武丘寺八韵》:“摇曳双红旆,娉婷十翠娥。”徐夤《闲》:“江上翠娥遗佩去,岸边红袖采莲归。”

【翠蛾】 见“翠娥”。

【翠纱】 绿纱。李群玉《龙安寺佳人阿最歌八首》之七:“素腕撩金索,轻红约翠纱。”

【翠琅玕】 青绿色佩玉。杜甫《与鄠县源大少府宴渼陂》:“主人情烂熳,持答翠琅玕。”

【翠菅】 水葱。王维《送友人归山歌二首》之二:“云冥冥兮雨霏霏,水惊波兮翠菅靡。”

【翠虚】 碧空。杜甫《寄刘峡州伯华使君四十韵》:“翠虚捎魍魉,丹极上鹍鹏。”武元衡《题故蔡国公主九华观上池院》:“瑶瑟含风韵,纱窗积翠虚。”

【翠帳】 饰以翠羽的帷帐。皇甫冉《秋夜戏题刘方平壁》:“翠帐兰房曲且深,宁知户外清霜下。”顾况《瑶草春》:“翠帐绿窗寒寂寂,锦茵罗荐夜凄凄。”王建《七夕曲》:“流苏翠帐星渚间,环珮无声灯寂寂。”

【翠帷】 以翠羽为饰的帷帐。杜甫《湘夫人祠》:“虫书玉佩藓,燕舞翠帷尘。”李商隐《屏风》:“六曲连环接翠帷,高楼半夜酒醒时。”郑嵎《津阳门诗》:“空闻玉碗入金市,但见铜壶飘翠帷。”

【翠崖】 绿色的山崖。李绅《却望无锡芙蓉湖》:“翠崖幽谷分明处,倦鸟归云在眼前。”

【翠釵】 翡翠钗。亦指美女。白居易《与牛家妓乐雨后合宴》:“玉管清弦声旖旎,翠钗红袖坐参差。”李商隐《蝶三首》之二:“为问翠钗钗上凤,不知香颈为谁回。”

【翠翎】 ❶孔雀的尾毛。皮日休《病孔雀》:“烟花虽媚思沈冥,犹自抬头护翠翎。”❷泛指鸟毛。杨衡《送孔周之南海谒王尚书》:“潮尽收珠母,沙闲拾翠翎。”

【翠痕】 绿色的苔痕。吕从庆《春日往栅山成之》:“风生原野翠痕充,涧曲峦隈小径通。”

【翠旌】 用翠羽制作的旌旗。郑愔《奉和春日幸望春宫》:“晨跸凌高转翠旌,春楼望远背朱城。”诸载《句》:“有兴欲沽红曲酒,无人同上翠旌楼。”

【翠粒】 青绿色松针。刘禹锡《和兵部郑侍郎省中四松诗十韵》:“翠粒晴悬露,苍鳞雨起苔。”李商隐《残雪》:“岭霁岚光坼,松暄翠粒新。”

【翠梁】 漆成绿色的屋梁。曹松《夜饮》:“满屏珠树开春景,一曲歌声绕翠梁。”

【翠葉】 绿叶。李涉《寄荆娘写真》:“缘池并戏双鸳鸯,田田翠叶红莲香。”胡宿《残花》:“数枝翠叶空相对,万片香魂不可招。”

【翠萼】 绿色的花萼。白居易《玩迎春花赠杨郎中》:“金英翠萼带春寒,黄色花中有几般。”刘兼《中春宴游》:“二月风光似洞天,红英翠萼簇芳筵。”

【翠雲】 碧云,青云。令狐峘《释奠日国学观礼闻雅颂》:“万舞当华烛,箫韶入翠云。”霍总《郡楼望九华歌》:“楼上坐见九子峰,翠云赤日光溶溶。”缪岛云

《马跡石》:"临回山色暮,拂拂翠云平。"

【翠雲釵】 有翠云纹饰的头钗。王涯《宫词三十首》之二:"春来新插翠云钗,尚著云头踏殿鞋。"

【翠雲裘】 以翠羽编织的云彩的纹饰的裘衣。王维《和贾舍人早朝大明宫之作》:"绛帻鸡人送晓筹,尚衣方进翠云裘。"李白《江夏送友人》:"雪点翠云裘,送君黄鹤楼。"杜甫《更题》:"群公苍玉佩,天子翠云裘。"

【翠雲鬟】 妇女浓密如云的美发。杜牧《山石榴》:"一朵佳人玉钗上,只疑烧却翠云鬟。"

【翠雰】 青色的雾气。无名氏《华山庆云见》(卷七八七):"气色含珠日,光明吐翠雰。"

【翠晶】 谓明净的晴空。德宗《七月十五日题章敬寺》:"金风扇微凉,远烟凝翠晶。"刘禹锡《送李策秀才还湖南兼简衡州吕八郎中》:"湘江含碧虚,衡岭浮翠晶。"又《历阳书事七十韵》:"敛黛凝愁色,施钿耀翠晶。"

【翠斝】 翠玉酒杯。李怀远《凝碧池侍宴看竞渡应制》:"列筵飞翠斝,分曹戏鹢舟。"张说《岳州宴姚绍之》:"翠斝吹黄菊,雕盘鲙紫鳞。"钱起《玛瑙杯歌》:"含华炳丽金尊侧,翠斝琼觞忽无色。"

【翠帽】 ❶以翠羽为饰的车盖。杜牧《洛阳》:"已建玄戈收相土,应回翠帽过离宫。"❷以翠羽为饰的帽子。卢注《酒胡子》:"雕镌匠意苦多端,翠帽朱衫巧妆饰。"

【翠嵐】 山林中苍郁的雾气。李德裕《比闻龙门敬善寺有红桂树独秀伊川因赋是诗兼赠陈侍御》:"来自天姥岑,长疑翠岚色。"皮日休《虎丘寺西小溪闲泛三绝》之一:"鼓子花明白石岸,桃枝竹覆翠岚溪。"牟融《春游》:"楼前弱柳摇金缕,林外遥山隔翠岚。"

【翠幄】 翠色的帷帐。窦牟《元日喜闻大礼寄上翰林四学士二十韵》:"国香煴翠幄,庭燎艳红衾。"白居易《曲江》:"翠幄晴相接,芳洲夜暂空。"齐己《题南平后园牡丹》:"暖披烟艳照西园,翠幄朱栏护列仙。"

【翠幃】 青绿色的帷帐。温庭筠《牡丹二首》之一:"轻阴隔翠帏,宿雨泣晴晖。"翁宏《春残》:"又是春残也,如何出翠帏。"

【翠葆】 ❶帝王的一种仪仗,以翠羽缀于竿头,形若盖。吴融《奉和御制六韵》:"天晓密云开,亭亭翠葆来。"❷指青翠茂盛的草木。杜牧《华清宫三十韵》:"嫩岚滋翠葆,清渭照红妆。"

【翠鳳】 ❶凤凰。钱起《秋夜寄张韦二主簿》:"不知双翠凤,栖棘复何如。"❷以翠羽制作的凤形旗饰。王维《辋川集·金屑泉》:"翠凤翊文螭,羽节朝玉帝。"❸以翠玉制作的凤形头饰。温庭筠《归国遥》:"香玉,翠凤宝钗垂麗㲨。"

【翠輦】 饰有翠玉的帝王车驾。李贺《追赋画江潭苑四首》之一:"行云沾翠辇,今日似襄王。"雍陶《天津桥望春》:"翠辇不来金殿闭,宫莺衔出上阳花。"刘沧《经炀帝行宫》:"此地曾经翠辇过,浮云流水竟如何。"

【翠塘】 绿色的池塘。韦庄《三用韵》:"蜗游苔径滑,鹤步翠塘深。"

【翠蓋】 ❶以翠羽装饰的车盖。亦泛指华美的车辆。李白《东武吟》:"乘舆拥翠盖,扈从金城东。"李宣古《句》:"翠盖不西来,池上天池歇。"马逢《新乐府》:"翠盖浮佳气,朱楼依太清。"❷指茂密如翠盖的植物枝叶。卢纶《孤松吟酬浑赞善》:"回首望君家,翠盖满琼花。"白居易《题遗爱寺前溪松》:"翠盖烟笼密,花幢雪压低。"崔橹《题山驿新桐花》:"堪怜翠盖奇于画,更惜芳庭冷似秋。"

【翠蓮】 荷叶。李群玉《湘中别成威阇黎》:"愿与十八贤,同栖翠莲国。"曹邺《将赴天平职书怀寄翰林从兄》:"香晚翠莲动,吟余红烛移。"

【翠幕】 ❶华丽的帐幕。李峤《燕》:"相贺雕阑侧,双飞翠幕中。"杜甫《乐游园歌》:"阊阖晴开昳荡荡,曲江翠幕排银榜。"柳中庸《丁评事宅秋夜宴集》:"翠幕卷回廊,银灯开后堂。"❷喻苍翠浓郁的林木。孟浩然《上巳洛中寄王九迥》:"垂柳金堤合,平沙翠幕连。"李群玉《广州陪凉公从叔越台宴集》:"日衔赤浪金车没,天拂沧波翠幕低。"刘兼《春晚闲望》:"雁行断续晴天远,燕翼参差翠幕斜。"

【翠幙】 翠幕。青绿色的帷幕,幙同"幕"。钱俶《宫中作》:"廊庑周遭翠幙遮,禁林深处绝喧哗。"

【翠幌】 绿色的帷幔。骆宾王《帝京篇》:"翠幌珠帘不独映,清歌宝瑟自相依。"崔颢《虞姬篇》:"翠幌珠帘斗丝管,一弹一奏云欲断。"

【翠鈿】 ❶用绿玉制作的妇女首饰。李康成《采莲曲》:"翠钿红袖水中央,青荷莲子杂衣香。"杜牧《代吴兴妓春初寄薛军事》:"雾冷侵红粉,春阴扑翠钿。"路德延《小儿诗》:"宝箧拏红豆,妆奁拾翠钿。"❷古代贵族妇女的面饰。用绿色"花子"粘在眉心,或制成小圆形贴在嘴边酒窝处。皮日休《浮萍》:"明朝拟附南风信,寄与湘妃作翠钿。"花蕊夫人徐氏《宫词》之四五:"翠钿贴靥轻如笑,玉凤雕钗袅欲飞。"

【翠筠】 青竹。白居易《寄蕲州簟与元九因题六韵》:"笛竹出蕲春,霜刀劈翠筠。"李商隐《题二首后重有戏赠任秀才》:"一丈红蔷拥翠筠,罗窗不识绕街尘。"徐夤《鹰》:"惟擒燕雀啖腥血,却笑鸾皇啄翠筠。"

【翠節】 ❶饰有翠羽的符节。杜甫《陪柏中丞观宴将士二首》之一:"几时来翠节,特地引红妆。"❷青绿的枝茎。皮日休《公斋四咏·小桂》:"棱层立翠节,偃蹇樛青螭。”

【翠微】 ❶指青翠掩映的山腰幽深处。李白《崔秋浦柳少府》:“摇笔望白云,开帘当翠微。”赵嘏《宛陵寓居上沈大夫二首》之一:“满耳歌谣满眼山,宛陵城郭翠微间。”葛鸦儿《会仙诗》:“彩凤摇摇下翠微,烟光漠漠遍芳枝。”❷指青山。张九龄《奉和圣制温泉歌》:“今兹十月自东归,羽旆逶迤上翠微。”高适《赴彭州山行之作》:“峭壁连崆峒,攒峰叠翠微。”杜牧《九日齐安登高》:“江涵秋影雁初飞,与客携壶上翠微。”❸山光水色青翠貌。韩愈《送区弘南归》:“汹汹洞庭莽翠微,九疑镵天荒是非。”施肩吾《春日题罗处士山舍》:“乱叠千峰掩翠微,高人爱此自忘机。”项斯《宿山寺》:“栗叶重重复翠微,黄昏溪上语人稀。”❹青翠的山气。钱起《忆山中寄旧友》:“更忆东岩趣,残阳破翠微。”唐廪《杨岐山》:“翠微不闭楼台出,清吹频回水石喧。”

【翠微寺】 佛寺名。即终南山翠微宫,后改寺。孟浩然有《题终南翠微寺空上人房》。

【翠微宫】 唐宫名。高祖武德八年,于终南山造太和宫,太宗贞观七年废。二十一年重新修建,改名翠微宫。王维《敕借岐王九成宫避暑应教》:“帝子远辞丹凤阙,天书遥借翠微宫。”沈亚之《秦梦诗三首·挽公主》之一:“梨花寒食夜,深闭翠微宫。”骊山游人《题故翠微宫》:“翠微寺本翠微宫,楼阁亭台几十重。”

【翠禽】 翠鸟。亦泛指鸟。杜牧《朱坡》:“侵窗紫桂茂,拂面翠禽栖。”韦庄《宫怨》:“钗上翠禽应不返,镜中红艳岂重芳。”无可《送姚宰任吉州安福县》:“吏散翠禽下,庭闲斑竹长。”

【翠煙】 ❶指云雾。魏征《奉和正日临朝应诏》:“淑景辉雕辇,高旌扬翠烟。”权德舆《奉送韦起居老舅百日假满归嵩阳旧居》:“轻策逗萝径,幅巾凌翠烟。”欧阳炯《渔父歌二首》之二:“荷露坠,翠烟轻,拨剌游鱼几处惊。”❷燃烧生成的青烟。杨衡《宿陟岵寺云律师院》:“玉炉扬翠烟,金经开缥帙。”

【翠漣】 碧绿有波纹。徐铉《柳枝词十首》之九:“凝碧池头蘸翠涟,凤凰楼畔簇晴烟。”

【翠裾】 绿色衣襟。于武陵《长信宫二首》之一:“坐听南宫乐,凉风摇翠裾。”

【翠閨】 华美的闺房。许景先《阳春怨》:“红树晓莺啼,春风暖翠闺。”

【翠閣】 华丽的楼阁。常衮《赴京旅次感怀》:“秋风翠阁看初动,玉露金茎望欲流。”李愿《登瀛州阁》:“翠阁傍瀛洲,洲中胜事幽。”

【翠殿】 华丽的宫殿。司空曙《和耿拾遗元日观早朝》:“冕旒当翠殿,幢戟满彤庭。”

【翠髮】 黑亮的头发。李贺《官街鼓》:“从君翠发芦花色,独共南山守中国。”杨衡《登紫霄峰赠黄仙师》:“下有琼树枝,上有翠发翁。”

【翠碧】 ❶苍翠碧绿色。刘得仁《寻陈处士山堂》:“穷谷风光冷,深山翠碧浓。”❷翠玉。韦应物《答秦十四校书》:“知掩山扉三十秋,鱼须翠碧弃床头。”

【翠蔓】 青绿细长的植物枝茎。皮日休《奉和鲁望蔷薇次韵》:“红芳掩敛将迷蝶,翠蔓飘飖欲挂人。”

【翠旗】 翠羽装饰的旗帜。许敬宗《奉和入潼关》:“曦驭循黄道,星陈引翠旗。”杜甫《奉同郭给事汤东灵湫作》:“翠旗澹偃蹇,云车纷少留。”

【翠蕖】 绿荷。李群玉《龟》:“灵腹唯玄露,芳巢必翠蕖。”

【翠蕤】 ❶缀有翠羽的饰物。独孤及《送陈兼应辟兼寄高适贾至》:“旧友满皇州,高冠飞翠蕤。”鲍溶《萧史图歌》:“胡髯毵珊云髻光,翠蕤皎洁琼华凉。”❷饰有翠羽的旗帜。杜甫《魏将军歌》:“欃枪荧惑不敢动,翠蕤云旓相荡摩。”

【翠箔】 绿色的帘幕。温庭筠《酒泉子四首》之一:“近来音信两疏索,洞房空寂寞。掩银屏,垂翠箔,度春宵。”

【翠管】 ❶碧玉制成的管状盛器。杜甫《腊日》:“口脂面药随恩泽,翠管银罂下九霄。”❷指毛笔。李远《观廉女真葬》:“玉窗抛翠管,轻袖掩银鸾。”

【翠緌】 翠羽制作的緌。緌,冠缨下垂的部分。白居易《秦中吟十首·不致仕》:“挂冠顾翠緌,悬车惜朱轮。”

【翠輦】 饰有翠羽的华贵车驾。多指帝王车驾。苏颋《春日芙蓉园侍宴应制》:“御道红旗出,芳园翠辇游。”杜牧《洛中二首》之一:“一从翠辇无巡幸,老却娥眉几许人。”无名氏《长安早春》:“风送飞珂响,尘蒙翠辇光。”

【翠翹】 ❶翠鸟尾上的长毛。刘禹锡《武陵书怀五十韵》:“披沙金粟见,拾羽翠翘翻。”温庭筠《菩萨蛮》词之四:“翠翘金缕双鸂鶒,水文细起春池碧。”吴融《鸳鸯》:“翠翘红颈覆金衣,滩上双双去又归。”❷妇女头饰。韦应物《长安道》:“丽人绮阁情飘飖,头上鸳钗双翠翘。”白居易《长恨歌》:“花钿委地无人收,翠翘金雀玉搔头。”温庭筠《经旧游》:“坏墙经雨苍苔遍,拾得当时旧翠翘。”

【翠翰】 碧绿色的翅羽。陆龟蒙《翠碧》:“红襟翠翰两参差,径拂烟华上细枝。”

【翠樓】 ❶华丽的楼阁。李德裕《奉和太原张尚书山亭书怀》:“岩石在朱户,风泉当翠楼。”韦庄《过旧宅》:“朱槛翠楼为卜肆,玉栏仙杏作春樵。”于武陵《赠卖松人》:“劚将寒涧树,卖与翠楼人。”❷特指妇女居处。徐坚《棹歌行》:“棹女饰银钩,新妆下翠楼。”王昌龄《闺怨》:“闺中少妇不曾愁,春日凝妆上翠楼。”曹松

《七夕》:"更残便是分襟处,晓箭东来射翠楼。"❸酒楼。皎然《长安少年行》:"翠楼春酒虾蟆陵,长安少年皆共矜。"

【翠影】 青绿色的树影。多指竹影。李白《庐山谣寄卢侍御虚舟》:"翠影红霞映朝日,鸟飞不到吴天长。"杜牧《许七侍御弃官东归题诗寄赠十韵》:"兰畹晴香嫩,筠溪翠影疏。"成彦雄《柳枝辞九首》之一:"轻笼小径近谁家,玉马追风翠影斜。"

【翠幢】 饰以翠羽的旗帜。马戴《寄云台观田秀才》:"晚来漱齿敲冰渚,闲读仙书倚翠幢。"

【翠髻】 青黑的发髻。王建《宫词一百首》之六二:"玉蝉金雀三层插,翠髻高丛绿鬓虚。"

【翠霓】 神仙的衣裳。相传神仙以云为裳。鲍溶《温泉宫》:"彩羽鸟仙歌不死,翠霓童妾舞长生。"

【翠嶺】 绿色的山岭。王维《林园即事寄舍弟紞》:"青草肃澄陂,白云移翠岭。"

【翠帶】 绿带。李商隐《房中曲》:"蔷薇泣幽素,翠带花钱小。"

【翠錦】 色彩斑斓的织锦。李贺《河南府试十二月乐辞·九月》:"露花飞飞风草草,翠锦斓斑满层道。"白居易《裴常侍以题蔷薇架十八韵见示因广为三十韵以和之》:"翠锦挑成字,丹砂印著行。"

【翠篠】 绿竹。杜甫《狂夫》:"风含翠筱娟娟静,雨裛红蕖冉冉香。"

【翠龍】 传说中的马名。杜甫《雨》:"冥冥翠龙驾,多自巫山台。"

【翠壁】 青绿色的山壁。李白《春陪商州裴使君游石娥溪》:"横天耸翠壁,喷壑鸣红泉。"钱起《山中酬杨补阙见过》:"日暖风恬种药时,红泉翠壁薜萝垂。"鲍溶《途中旅思二首》之一:"峨峨西天岳,锦绣明翠壁。"

【翠璫】 翠玉制的耳饰。张祜《华清宫和杜舍人》:"守吏齐鸳瓦,耕民得翠珰。"

【翠霞】 青色的烟霞。武元衡《奉酬中书李相公早朝于中书候传点偶书所怀》:"翠霞仙杖合,清漏掖垣深。"皮日休《奉和鲁望怀杨台文杨鼎文二秀才》:"为说风标曾入梦,上仙初著翠霞裙。"赵嘏《赠王先生》:"太一真人隐翠霞,早年曾降蔡经家。"

【翠黛】 ❶眉的别称。古代女子用一种青黑色矿物颜料画眉,故称。亦指女子。卢纶《曲江春望》:"翠黛红妆画鹢中,共惊云色带微风。"白居易《恨词》:"翠黛眉低敛,红珠泪暗销。"❷黑绿色。刘禹锡《楚州开元寺北院枸杞临井繁茂可观群贤赋诗因以继和》:"翠黛叶生笼石甃,殷红子熟照铜瓶。"徐凝《长洲览古》:"吴王上国长洲奢,翠黛寒江一道斜。"李绅《入淮至盱眙》:"山凝翠黛孤峰迥,淮起银花五两高。"

【翠鮮】 青翠而明丽。独孤及《早发若岘驿望庐山》:"雨罢山翠鲜,泠泠东风好。"

【翠燭】 绿荧荧的磷火。李贺《苏小小墓》:"冷翠烛,劳光彩,西陵下,风吹雨。"

【翠顏】 青绿色。郎士元《登丹阳北楼》:"浮客时相见,霜凋动翠颜。"

【翠濤】 酒名。太宗《赐魏征诗》:"醽醁胜兰生,翠涛过玉薤。"

【翠縷】 植物青绿的枝条。杜甫《太平寺泉眼》:"北风起寒文,弱藻舒翠缕。"郑谷《次韵酬张补阙因寒食见寄之什》:"柳近清明翠缕长,多情右衮不相忘。"

【翠環】 圆圈形的碧玉。唐彦谦《兰二首》之一:"清风摇翠环,凉露滴苍玉。"

【翠蟬】 指蝉鬓。古代妇女的一种发式,两鬓薄如蝉翼。罗邺《冬日寄献庾员外》:"争欢酒蚁浮金爵,从听歌尘扑翠蝉。"

【翠簟】 竹席。韦庄《早秋夜作》:"翠簟初清暑半销,撇帘松韵送轻飙。"马戴《酬田卿送西游》:"华堂开翠簟,惜别玉壶深。"

【翠幰】 以翠羽装饰的车帷,也指车。卢照邻《长安古意》:"隐隐朱城临玉道,遥遥翠幰没金堤。"则天皇后《游仙篇》:"周旋宇宙殊非远,寫望莲壶停翠幰。"

【翠簾】 绿色的帘幕。温庭筠《定西番》词之三:"罗幕翠帘初卷,镜中花一枝。"

【翠襦】 绿袄。李商隐《景阳宫井双桐》:"翠襦不禁绽,留泪啼天眼。"

【翠嚻】 青绿色的山凹。吕岩《汉宫春》:"早翠嚻含隐,瑶草新芽。"

【翠蘿】 青色的女萝。《楚辞·九歌·山鬼》有:"若有人兮山之阿,被薜荔兮带女萝"句,说山鬼以薜荔为衣,以女萝为带。后以"薜蘿""女蘿"为隐士的服装,有时也借指隐者的住处。黄滔《送陈明府归衡阳》:"翠萝曾隐处,定恐却求仙。"

【翠鬟】 黑亮的鬓发。刘沧《题巫山庙》:"触石晴云凝翠鬟,度江寒雨湿罗衣。"

【翠巖】 青绿的山峰。李绅《杭州天竺灵隐二寺顷岁亦布衣一游追思为诗二首》之一:"翠岩幽谷高低寺,十里松风碧嶂连。"赵宗儒《和黄门武相公诏还题石门洞》:"更题风雅韵,永绝翠岩间。"

【翠籠】 竹笼。韩愈《和水部张员外宣政衙赐百官樱桃诗》:"香随翠笼擎初到,色映银盘写未停。"

【翠巒】 连绵的青山。张彦修《游四顶山》:"翠峦齐耸压平湖,晚绿朝红画不如。"

【翠鬟】 妇女环形发式的美称。高蟾《华清宫》:"何事金舆不再游,翠鬟丹脸岂胜愁。"南唐后主李煜

《阮郎归》词："春睡觉，晚妆残，无人整翠鬟。"

【翠巘】 青翠的山峰。杜牧《送沈处士赴苏州李中丞招以诗赠行》："东吴饶风光，翠巘多名寺。"徐铉《题碧岩亭赠孙尊师》："丹霞披翠巘，白鸟带晴岚。"张又新《孤屿》："碧水逶迤浮翠巘，绿萝蒙密媚晴江。"

【翠霭】 苍郁的云烟。许浑《懿安皇太后挽歌词》："自此随龙驭，桥山翠霭中。"皮日休《奉和鲁望樵人十咏·樵担》："清泉洗得洁，翠霭侵来绿。"徐铉《送彭秀才南游》："山上断云分翠霭，林间晴雪入澄溪。"

翣 〔shà《广韵》所甲切，入狎，生。〕古代出殡时的棺饰，形似掌扇。韩愈《大行皇太后挽歌词三首》之三："画翣登秋殿，容衣入夜台。"杜牧《哭韩绰》："平明送葬上都门，绋翣交横逐去魂。"

九　画

翫 〔wán，又读 wàn《广韵》五换切，去换，疑。〕❶观赏。崔湜《九龙潭作》："翫极不云厌，徘徊忽恶夕。"❷违背。韩愈《送进士刘师服东归》："时节不可翫，亲交可攀援。"

翦 〔jiǎn《广韵》即浅切，上獮，精。〕❶用剪刀铰断。上官昭容《奉和圣制立春日侍宴内殿出翦彩花应制》："密叶因裁吐，新花逐翦舒。"白居易《有木诗八首》之八："花团夜雪明，叶翦春云绿。"鱼玄机《寄题炼师》："霞彩翦为衣，添香出绣帏。"❷斩伐。顾况《持斧一章》："持斧持斧，无翦我松柏兮。"戴叔伦《同兖州张秀才过王侍御宅赋十韵》："翦竹开广庭，瞻山敞虚牖。"寒山《诗三百三首》之十："天生百尺树，翦作长条木。"❸消灭；消除。太宗《执契静三边》："翦暴兴先废，除凶存昔亡。"李嘉祐《和袁郎中破贼后经剡县山水上太尉》："翦寇人皆贺，回军马自嘶。"鲍溶《长安言怀》："临觞翦众忧，静寄丝桐歌。"❹剪刀。参见"翦刀"。

【翦刀】 铰断布、纸、绳等东西的器具，铁制，两刃交错，可以开合。鲍溶《古意》："重锦化为泥，翦刀误人事。"沈亚之《春词酬元微之》："美人手暖裁衣易，片片轻花落翦刀。"徐夤《草》："色嫩似将蓝汁染，叶齐如把翦刀裁。"

【翦伐】 砍伐。杜甫《营屋》："甚疑鬼物凭，不顾翦伐残。"柳宗元《植灵寿木》："安能事翦伐，持用资徒行。"陆龟蒙《樵人十咏·樵溪》："一朝蒙翦伐，万古辞林麓。"

【翦刻】 剪裁雕刻。韩愈《李花二首》之二："谁将平地万堆雪，翦刻作此连天花。"

【翦拂】 谓为马修剪鬃毛，洗拭尘垢。亦比喻对人的提携。李白《天马歌》："伯乐翦拂中道遗，少尽其力老弃之。"杜甫《七月三日戏呈元二十一曹长》："杖藜风尘际，老丑难翦拂。"周朴《哭李端》："三年翦拂感知音，哭向青山永夜心。"

【翦春韭】 早春韭菜味美，以之为召饮的代称。杜甫《赠卫八处士》："夜雨翦春韭，新炊间黄粱。"

【翦除】 消灭。孟郊《赠转运陆中丞》："投彼霜雪令，翦除荆棘丛。"陆龟蒙《奉和袭美一百四十言》："天必授贤哲，为时攻翦除。"罗隐《尚父偶建小楼特摛丽藻绝句不敢称扬三首》之二："只待淮妖翦除后，别倾卮酒贺行台。"

【翦纸】 旧俗，剪纸为幡，以招死者之魂，亦有为病人招魂者。杜甫《彭衙行》："暖汤濯我足，翦纸招我魂。"

【翦项】 指消灭项羽。罗隐《韩信庙》："翦项移秦势自雄，布衣还是负深功。"

【翦商】 消灭商纣。借指消灭无道，建立王业。张九龄《奉和圣制幸晋阳宫》："缅惟翦商后，岂独微禹叹。"又《奉和圣制次成皋先圣擒建德之所》："翦商自文祖，夷项在兹山。"《郊庙歌辞·享太庙乐章·崇德舞》："绩逾黜夏，勋高翦商。"

【翦裁】 本指裁制衣服，比喻为大自然对景物的安排。殷文圭《赵侍郎看红白牡丹因寄杨状头赞图》："翦裁偏得东风意，淡薄似矜西子妆。"和凝《春光好》词："玉指翦裁罗胜，金盘点缀酥山。"

【翦棘】 斩除荆棘。李白《叙旧赠江阳宰陆调》："间宰江阳邑，翦棘树兰芳。"

【翦弃】 剪除、抛弃。孟郊《寒溪》之三："窗羽皆翦弃，血声沉沙泥。"又《杏殇》之五："此诚天不知，翦弃我子孙。"

【翦灭】 消灭。李白《流夜郎半道承恩放还示息秀才》："鲸鲵未翦灭，豺狼屡翻履。"卢仝《感古四首》之一："猜忌相翦灭，尔来迷恩亲。"

【翦截】 削减。陆龟蒙《奉酬袭美先辈吴中苦雨一百韵》："诸侯急兵食，冗剩方翦截。"

【翦綵】 正月七日，以金银箔或彩帛剪成人形或花鸟图形，插于发髻或贴于鬓角，也有贴于窗户、门屏或挂在树上作为装饰的，谓之"翦綵"。李商隐《人日即事》："镂金作胜传荆俗，翦彩为人起晋风。"李远《翦彩》："翦彩赠相亲，银钗缀凤真。"

【翦翦】 ❶犹簇簇。丛集貌。杜牧《感怀诗一首》："苍然太行路，翦翦还榛莽。"❷形容风轻而带寒意。韩偓《夜深》："恻恻轻寒翦翦风，小梅飘雪杏花红。"

【翦覆】 犹覆灭。金真德《太平诗》："外夷违命者，翦覆被大殃。"

【翦燭】 同"剪蠟"。韩偓《倒押前韵》："翦烛非良策，当关是要津。”

【翦鲸】 剪除凶逆。玄宗《行次成皋途经先圣擒建德之所缅思功业感而赋诗》：“幸过翦鲸地，感慕神且英。”

【翦蠟】 剪蜡芯。指夜谈。李商隐《拟意》：“急弦肠对断，翦蜡泪争流。”

翬 〔huī《广韵》许歸切，平微，曉。〕❶五彩山雉。羊士谔《和武相早朝中书候传点书怀奉呈》：“彩笺蹲鸷兽，画扇列名翚。”霍总《雉朝飞》：“五色有名翚，清晨挟两雌。”亦指白雉。孙昌胤《越裳献白翟》：“覃恩丹徼远，入贡素翚来。”❷山雉的羽毛。亦泛指羽毛。韩愈《送区弘南归》：“蜃沉海底气升霏，采雉野伏朝扇翚。”

【翬衣】 皇后的一种衣服，素质、五色，以翚雉为领褾。权德舆《昭德皇后挽歌词》：“鸾镜金波涩，翚衣玉彩凝。”皮日休《补周礼九夏系文·九夏歌九篇》之六：“玲玲衡笄，翚衣褕翟。”

【翬飛】 形容宫室亭台的高峻壮丽。刘禹锡《裴祭酒尚书见示命同作》：“危径盘羊肠，连甍耸翚飞。”杜牧《题池州弄水亭》：“螭蟠得形势，翚飞如轩户。”詹敦仁《余迁泉山城留侯招游郡圃作此》：“当年巧匠制茅亭，台馆翚飞匝郡城。”

【翬翼】 鸟的翅膀。吕温《奉敕祭南岳十四韵》：“危坛象岳趾，秘殿翘翚翼。”

翩 〔piān《广韵》芳連切，平仙，滂。《集韵》紕延切，平僊，滂。〕❶疾飞貌。韩愈《南山诗》：“或翩若船游，或决若马骤。”孟郊《寄陕府邓给事》：“一顾生鸿羽，再言将鹤翩。”❷轻捷貌。李群玉《长沙九日登东楼观舞》之一：“翩如兰苕翠，婉如游龙举。”❸连翩，连续不断。杜甫《八哀诗·赠左仆射郑国公严公武》：“感激动四极，联翩收二京。”

【翩然】 轻捷貌。韩愈《杂诗》：“翩然下大荒，被发骑骐驎。”卢仝《蜻蜓歌》：“随风戏中流，翩然有余力。”

【翩翩】 ❶鸟轻快飞行貌。李白《赠宣城宇文太守兼呈崔侍御》：“鸣凤托高梧，凌风何翩翩。”白居易《寓意诗五首》之四：“翩翩两玄鸟，本是同巢燕。”子兰《河梁晚望二首》之一：“连山翠霭笼沙溆，白鸟翩翩下夕阳。”❷动作轻疾貌。李白《高句骊》：“翩翩舞广袖，似鸟海东来。”白居易《仲夏斋戒月》：“自觉心骨爽，行起身翩翩。”陈陶《送江西周尚书赴滑台》：“多病无因酬一顾，鄢陵千骑去翩翩。”❸飘动貌。陈羽《观朱舍人归葬吴中》：“翩翩绛旐寒流上，行引东归万里魂。”刘沧《过北邙山》：“漠漠兔丝罗古庙，翩翩丹旐过孤村。”花蕊夫人徐氏《宫词》之三七：“晓吹翩翩动翠旗，炉烟千叠瑞云飞。”❹形容举止洒脱。李白《同吴王送杜秀芝赴举入京》：“秀才何翩翩，王许回也贤。”韩翃《赠别王侍御赴上都》：“翩翩马上郎，执简佩银章。”徐铉《又题白鹭洲江鸥送陈君》：“愿君不忘分飞处，长保翩翩洁白姿。”❺形容文采优美。杜审言《赠苏绾书记》：“知君书记本翩翩，为许从戎赴朔边。”权德舆《酬穆七侍郎早登使院西楼感怀》：“夫君才气雄，振藻何翩翩。”薛涛《和李书记席上见赠》：“翩翩射策东堂秀，岂复相逢豁寸心。”❻连绵不断貌。刘希夷《巫山怀古》：“颓想卧瑶席，梦魂何翩翩。”韩愈《送灵师》：“邻州竞招请，书札何翩翩。”

【翩聯】 共飞貌。李贺《李夫人歌》：“翩联桂花坠秋月，孤鸾惊啼商丝发。”李咸用《升天行》：“空中龙驾时回旋，左云右鹤翔翩联。”

【翩翾】 ❶轻飞貌。杜审言《和李大夫嗣真奉使存抚河东》：“伟材何磊落，陋质几翩翾。”李商隐《蝶》：“孤蝶小徘徊，翩翾粉翅开。”沈鹏《寒蝉树》：“忝有翩翾分，应怜嘒唳声。”❷闪烁貌。沈佺期《和元舍人万顷临池玩月戏为新体》：“熠爚光如沸，翩翾景若摧。”谭用之《寄左先辈》：“翩翾蛮榼薰晴浦，毂辘鱼车响夜船。”

【翩翻】 ❶上下飞动，储光羲《舟中别武金坛》：“秋荷尚幽郁，暮鸟复翩翻。”白居易《泛太湖书事寄微之》：“避旗飞鹭翩翻白，惊鼓跳鱼拨剌红。”皎然《送大宝上人归楚山》：“独鹤翩翻飞不定，归云萧散会无因。”❷飘扬摇曳貌。元稹《送王十一南行》：“解袂方瞬息，征帆已翩翻。”白居易《夜宴醉后留献裴侍中》：“翩翻舞袖双飞蝶，宛转歌声一索珠。”

【翩躚】 轻快飞舞貌。杜甫《西阁曝日》：“流离木杪猿，翩跹山颠鹤。”

十 画

翰 〔hàn《广韵》侯旰切，去翰，匣。又胡安切，平寒，匣。〕❶赤羽的山鸡。亦泛指禽鸟。窦牟《元日喜闻大礼寄上翰林四学士中书六舍人二十韵》：“翰飞鸳别侣，丛植桂为林。”韩愈《送侯参谋赴河中幕》：“收绩开史牒，翰飞逐溟鹏。”❷鸟羽。骆宾王《秋夜送阎五还润州》：“无力励短翰，轻举送长离。”王昌龄《代扶风主人答》：“天子初封禅，贤良刷羽翰。”钱可复《莺出谷》：“抟风翻翰疾，向日弄吭频。”❸毛笔。古代以羽毛为笔，故以翰代称。储光羲《秦中初霁献给事二首》之二：“妙年弄柔翰，弱冠偶良晨。”刘长卿《罢摄官后将还旧居留辞李侍御》：“引军横吹动，援翰捷书挥。”白居易《重到江州感旧游题郡楼十一韵》：“凤诏休挥翰，渔歌欲濯缨。”❹指文辞。玄宗《登蒲州逍遥楼》：“一览遗芳翰，千载肃如神。”杜甫《秋日寄题郑监湖上亭三首》之一:"磨灭余篇翰,平生一钓舟。"

【翰苑】 文翰荟萃之处,文苑。骆宾王《畴昔篇》:"潘陆词锋骆驿飞,张曹翰苑纵横起。"白居易《酬卢秘书二十韵》:"谬历文场选,惭非翰苑才。"黄滔《喜侯舍人蜀中新命三首》之三:"赋家达者无过此,翰苑今朝是独游。"

【翰林】 ❶文翰荟萃之所在,犹文苑词坛。李峤《奉和杜员外扈从教阅》:"幸陪仙驾末,欣采翰林芳。"杜甫《宴胡侍御书堂》:"翰林名有素,墨客兴无违。"杜牧《将赴池州道中作》:"青阳云水去年寻,黄绢歌诗出翰林。"❷鸟栖之林。柳宗元《奉酬杨侍郎二首》之一:"翰林寂寞谁为主,鸣凤应须早上天。"魏氏《赠外》:"翰林无双鸟,剑水不分龙。"❸官名。指翰林学士。窦牟《奉酬杨侍郎十兄见赠之作》:"翠羽雕虫日日新,翰林工部欲何神。"杜荀鹤《哭陈陶》:"耒阳山下伤工部,采石江边吊翰林。"❹指翰林院。储光羲《效古二首》之二:"翰林有客卿,独负苍生忧。"白居易《洛中偶作》:"五年职翰林,四年莅浔阳。"徐铉《月真歌》:"殷郎去冬入翰林,九霄官署转深沉。"

【翰林学士】 官名。唐玄宗开元初以张九龄、张说、陆坚掌四方批答、应和文章,与集贤院学士分司起草诏书及应承皇帝的各种文字。德宗后,翰林学士成为皇帝的亲近顾问兼秘书官,常值宿内庭,有"内相"之称。唐代后期,往往即以翰林学士升任宰相。白居易《香山居士写真诗》序:"元和五年,予为左拾遗、翰林学士,奉诏写真于集贤殿御书院。"

【翰音】 鸡的代称。崔护《山鸡舞石镜》:"应笑翰音者,终朝饮败醯。"

【翰海】 瀚海。指戈壁滩。任华《怀素上人草书歌》:"又如翰海日暮愁阴浓,忽然跃出千黑龙。"

【翰飛】 高飞。息夫牧《冬夜宴萧十丈因饯殷郭二子西上》:"二子翰飞,言戾京师。"

【翰場】 翰苑。王湾《晚春诣苏州敬赠武员外》:"陋学叨铅简,弱龄许翰场。"

【翰墨】 笔墨。杜甫《戏为六绝句》之三:"纵使卢王操翰墨,劣于汉魏近风骚。"借指诗文书画。王琚《奉答燕公》:"烟景惜欢赏,云山起翰墨。"元稹《张旧蚊幬》:"破尽裁缝衣,忘收遗翰墨。"黄滔《闺怨》:"别久情易料,岂在窥翰墨。"

【翰墨人】 擅长诗文书画的人。戎昱《岁暮客怀》:"无事乾坤内,虚为翰墨人。"

【翰墨子】 词人墨客。皮日休《七爱诗·李太尉》:"吾虽翰墨子,气概敢不群。"

【翰墨林】 比喻文章汇集的地方,犹文坛。张说《恩制赐食于丽正殿书院宴赋得林字》:"东壁图书府,西园翰墨林。"李白《赠崔侍郎》:"君乃輶轩佐,予叨翰墨林。"许浑《寄殷尧藩先辈》:"十载功名翰墨林,为从知己信浮沈。"

【翰墨徒】 犹翰墨人。于頔《郡斋卧疾赠昼上人》:"夙陪翰墨徒,深论穷文格。"

【翰墨場】 文场,文坛。杜甫《壮游》:"往昔十四五,出游翰墨场。"权德舆《浩歌》:"心为世教牵,迹寄翰墨场。"廖有方《题旅榇》:"嗟君没世委空囊,几度劳心翰墨场。"

【翰墨筵】 谓诗文书画的聚会,犹文席。高适《信安王幕府诗》:"并秉韬钤术,兼该翰墨筵。"李群玉《伤友》:"芜没池塘屿,凄凉翰墨筵。"

【翰简】 书籍、文牍。包融《和陈校书省中玩雪》:"色向怀铅白,光因翰简融。"

【翰藻】 文辞,辞藻。陈嘉言《晦日重宴》:"绮席珍羞满,文场翰藻摛。"

翮 〔hé《广韵》下革切,入麥,匣。〕❶鸟羽的茎。亦泛指羽毛。许敬宗《冬日宴于庶子宅各赋一字得归》:"倦游嗟落拓,短翮慕追飞。"白居易《寄庾侍郎》:"巉巉苍玉峰,矫矫青云翮。"贾岛《岐下送友人归襄阳》:"举翮笼中鸟,知心海上鸥。"❷指鸟。杜甫《发同谷县》:"去住与愿违,仰惭林间翮。"白居易《北亭》:"口咏独酌谣,目送归飞翮。"

翱 〔áo《广韵》五勞切,平豪,疑。〕亦作"翶"。见"翱翔"。

【翱翔】 亦作"翶翔"。❶回旋飞翔。李峤《鹤》:"翱翔一万里,来去几千年。"崔涤《拟古神女宛转歌二首》之一:"愿为双鸿鹄,比翼共翱翔。"吕岩《七言》二八:"神龟出入庚辛位,丹凤翱翔甲乙方。"❷谓遨游。储光羲《同诸公秋日游昆明池思古》:"江伯方翱翔,天吴亟往来。"韩愈《送陆歙州傪》:"陆君之去兮,谁与翱翔。"皎然《酬邢端公并寄辛阳王三侍御》:"放旷临海门,翱翔望云津。"

十一画

翳 〔yì《广韵》於計切,去霽,景。又烏奚切,平霽,影。〕❶遮蔽。张九龄《南阳道中作》:"驱马历阛阓,荆榛翳阡陌。"李白《自广平乘醉走马览古书怀》:"深宫翳绿草,万事伤人情。"林宽《苦雨》:"霪霖翳日月,穷巷变沟坑。"❷指云、尘等遮蔽之物。张说《咏镜》:"积翳掩菱花,虚心蔽尘状。"曹松《碧角簟》:"八尺碧天无点翳,一方青玉绝纤尘。"❸用草木做成用来隐蔽射者的伪装。储光羲《射雉词》:"曝暄理新翳,迎春射鸣雉。"李商隐《戏题枢言草阁三十二韵》："扫掠走马路，整顿射雉翳。"❹灭。杜荀鹤《山中寄友人》："破窗风翳烛，穿屋月侵床。"❺用同"蠮"。见"翳螉塞"。

【翳如】 茂密貌。韦应物《种瓜》："众草同雨露，新苗独翳如。"

【翳桑】 古地名。《左传·宣公二年》载：春秋晋灵辄饿于翳桑，赵盾见而赐以饮食。后以翳桑为饿馁绝粮的典故。羊士谔《郡斋读经》："翳桑俄有绩，宿麦复盈租。"李绅《却到浙西》："野悲扬目称嗟食，林极翳桑顾所求。"周昙《咏史诗·春秋战国门·灵辄》："失水枯鳞得再生，翳桑无地谢深情。"

【翳然】 ❶隐没。萧颖士《仰答韦司业垂访五首》之五："被褐来上京，翳然声未振。"❷荒芜。卢象《乡试后自巩还田家因谢邻友见过之作》："落日见桑柘，翳然丘中寒。"

【翳蔽】 隐蔽不露。元结《演兴四首·闵岭中》："思未得兮马如龙，独翳蔽于山颠。"

【翳荟】 ❶草木茂密貌。刘长卿《题虎丘寺》："扪萝披翳荟，路转夕阳遽。"孟翔《奉和郎中兼寄李吏部包秘监判官》："悠悠几千岁，翳荟群木繁。"❷指茂密的杂草。刘禹锡《答东阳于令寒碧图诗》序："偶得奇境，埋没于翳荟中。"陆龟蒙《读襄阳耆旧传因作诗五百言寄皮袭美》："或耨钼翳荟，或整理错谬。"

【翳螉塞】 （塞 sài）居庸关的别名。在今北京市昌平区西北。关上筑土室以候望，如蠮螉之掇土为房，故名。李颀《崔五六图屏风各赋一物得乌孙佩刀》："握中枕宿穹庐室，马上割飞翳螉塞。"

【翳翳】 ❶晦暗不明貌。李白《玉真公主别馆苦雨赠卫尉张卿二首》之一："翳翳昏垫苦，沉沉忧恨催。"杜甫《不寐》："翳翳月沉雾，辉辉星近楼。"姚合《寄贾岛浪仙》："凛凛寝席单，翳翳灶烟湿。"❷草木茂密成阴貌。孟郊《新卜清罗幽居奉献陆大夫》："翳翳桑柘墟，纷纷田里欢。"白居易《东坡种花二首》之二："漠漠花落尽，翳翳叶生初。"许浑《题四皓庙》："紫芝翳翳多青草，白石苍苍半绿苔。"

翼 〔yì《广韵》與職切，入職，以。〕❶鸟或昆虫的翅膀。杜甫《别赞上人》："马嘶思故枥，归鸟尽敛翼。"权德舆《古兴》："月中有桂树，无翼难上天。"徐夤《蝴蝶三首》之二："莫欺翼短飞长近，试就花间扑已难。"❷指鸟类。杜甫《破船》："仰看西飞翼，下愧东逝流。"钱起《游襄阳泉石晚归》："木末看归翼，莲西失夕阳。"鲍溶《长安言怀》："暮天还巢翼，明日陨叶柯。"❸战阵的两侧或左右两军。卢照邻《战城南》："笳喧雁门北，阵翼龙城南。"骆宾王《夏日游德州赠高四》："未展从东骏，空戢图南翼。"杜牧《史将军二首》之一："取蝥弧登垒，以骈邻翼军。"亦泛指两侧。李峤《过洞庭》："半洪侵楚翼，一汉属吴头。"❹遮护。太宗《咏司马彪续汉志》："凤戟翼康衢，銮舆总柔辔。"虞世南《奉和幸江都应诏》："安流进玉轴，戒道翼金吾。"韦应物《王母歌》："众仙翼神母，羽盖随云起。"❺辅佐。刘长卿《秋日夏口涉汉阳献李相公》："间气生灵秀，先朝翼戴勋。"李益《述怀寄衡州令狐相公》："调元方翼圣，轩盖忽言东。"马戴《怀黄颇》："期君翼明代，未可恋山中。"❻迅疾貌。刘禹锡《奉送家兄归王屋山隐居二首》之二："登台吸瑞景，飞步翼神飙。"❼星宿名。二十八宿之一。陆龟蒙《读襄阳耆旧传因作诗五百言寄皮袭美》："高当轸翼分，化作英髦囿。"❽通"翌"。参见"翼日"。

【翼日】 次日。徐夤有《邑宰相访翼日有寄》。

【翼亮】 辅佐。张九龄《荆州作二首》之二："明圣不世出，翼亮非苟安。"杜甫《重经昭陵》："翼亮贞文德，丕承戢武威。"裴度《奉酬中书相公叙怀见寄之作》："翼亮登三命，谟猷本一心。"

【翼從】 指辅佐随从的人。刘禹锡《唐侍御寄游见征继作》："紫髯翼从红袖舞，竹风松雪香温馨。"

【翼軫】 二十八宿中的翼宿与轸宿。刘禹锡《韩十八侍御见示足成六十二韵》："翼轸粲垂精，衡巫屹环峙。"王元《登祝融峰》："势疑撞翼轸，翠欲滴潇湘。"

【翼戴】 辅佐拥戴。来鹄《圣政纪颂》："同力翼戴，祈福去邪。"

【翼翼】 ❶恭敬貌。则天皇后《唐大飨拜洛乐章·拜洛》："乾乾遵后命，翼翼奉先规。"❷繁盛貌。卢照邻《中和乐九章·歌公卿第八》："青蒲翼翼，丹地翘翘。"韦丹《思归寄东林澈上人》序："夫二林翼翼，松径幽邃。"❸整齐貌。宋之问《龙门应制》："鸟旗翼翼留芳草，龙骑骎骎映晚花。"薛曜《舞马篇》："銮锵锵，车翼翼。"

十二画

翘 〔qiáo《广韵》渠遥切，平宵，羣。〕❶鸟尾的长羽毛。刘禹锡《吐绶鸟词》："三山仙路寄遥情，刷羽扬翘欲上征。"李绅《重别西湖》："雪欺春早摧芳萼，隼励秋深拂翠翘。"泛指禽尾。杜淹《咏寒食斗鸡应秦王教》："长翘频扫阵，利爪屡通中。"刘禹锡《踏潮歌》："介鲸得性方逍遥，仰鼻嘘吸扬朱翘。"❷举起。白居易《问鹤》："尽日蹋冰翘一足，不鸣不动意如何。"杜牧《题吴兴消暑楼十二韵》："楚鸿行尽直，沙鹭立偏翘。"李洞《对棋》："倚杖湘僧算，翘松野鹤窥。"❸启，发。则天皇后《唐大飨拜洛乐章·归和》："腾绛霄兮垂景祐，翘丹恳兮荷休征。"❹妇女的一种首饰。李商隐《碧瓦》："吴市蠀蛦甲，巴賨翡翠翹。"李九龄《春行遇雨》："采香陌上谁家女，湿损钗头翡翠翹。"裴虔余《柳枝词咏篙水溅妓衣》："满额蛾黄金缕衣，翠翹浮动玉钗垂。"

【翹立】　耸身而立。刘象《鹭鸶》："窥鱼翹立荷香里，慕侣低翻柳影中。"

【翹車】　《左传·庄公二十二年》："诗云，翹翹车乘，招我以弓。"后谓礼聘贤士的车子为"翹車"。权德舆《伏蒙十六叔寄示喜庆感怀三十韵因献之》："四方有翹车，上国有蒲轮。"韦庄《寄从兄遵》："江上秋风正钓鲈，九重天子梦翹车。"

【翹肖】　即肖翹。能飞的小生物。柳宗元《跂乌词》："翹肖独足下丛薄，口衔低枝始能跃。"

【翹足】　❶举足，卢仝《白鹭鸶》："翹足沙头不得时，傍人不知谓闲立。"白居易《玩止水》："净分鹤翹足，澄见鱼掉尾。"杜荀鹤《题江山寺》："沙鸟多翹足，岩僧半露肩。"❷形容极短、极快。白居易《江州赴忠州至江陵已来舟中示舍弟五十韵》："掉头称俊造，翹足取公卿。"❸形容殷切盼望。刘得仁《陈情上李景让大夫》："从兹更无限，翹足俟为霖。"

【翹英】　指茶叶。刘禹锡《西山兰若试茶歌》："僧言灵味宜幽寂，采采翹英为嘉客。"

【翹思】　犹悬想。韦应物《善福精舍秋夜迟诸君》："属予翹思时，方子中夜眠。"

【翹首】　❶抬起头来望。牟融《翁母些》："停车遥望孤云影，翹首惊看吊鹤悲。"殷尧藩《送沈亚之尉南康》："对江翹首望，愁泪叠如波。"皎然《答道素上人别》："黄鹤有逸翮，翹首白云倾。"❷形容殷切盼望。杜审言《和李大夫嗣真奉使存抚河东》："拥传咸翹首，称觞竞比肩。"唐彦谦《寄友三首》之一："别来客邸空翹首，细雨春风忆往年。"

【翹健】　犹矫健。元稹《缚戎人》："蕃马膘成正翹健，蕃兵肉饱争唐突。"

【翹袖】　举袖。指一种舞姿。刘禹锡《观柘枝舞二首》之一："翹袖中繁鼓，倾眸溯华榱。"

【翹揭】　高耸貌。李贺《贝宫夫人》："丁丁海女弄金环，雀钗翹揭双翅关。"

【翹楚】　本指高出杂树丛的荆树。见《诗·周南·汉广》。后常比喻杰出的人才。颜真卿《赠僧皎然》："诛榛养翹楚，鞭草理芳穗。"钱起《海畔秋思》："魏阙贲翹楚，此身长弃捐。"李群玉《将离沣浦置酒野屿奉怀沈正字昆弟三人联登高第》："上国刘翹楚，才微甘陆沉。"

【翹誠】　犹虔诚。则天皇后《唐明堂乐章·商音》："爰申礼奠，庶展翹诚。"又《唐大飨拜洛乐章·昭和》："升歌荐序，垂币翹诚。"

【翹翹】　❶超群貌。卢照邻《中和乐九章·歌公卿第八》："青蒲翼翼，丹地翹翹。"储光羲《贻丁主簿仙芝别》："赫赫明天子，翹翹群秀才。"❷上举貌。元稹《酬刘猛见送》："百足虽捷捷，商羊亦翹翹。"李商隐《念远》："皎皎非鸾扇，翹翹失凤簪。"

【翹襟】　崇高的胸怀。则天皇后《唐享昊天乐·第五》："仰惟灵鉴，俯察翹襟。"又《唐大飨皋洛乐章·咸和》："肃礼恭禋载展，翹襟邈志逾殷。"

【翹鷺】　指翹立的鹭鸶。韦庄《虢州涧东村居作》："清涧涨时翹鹭喜，绿桑疏处哺牛鸣。"喻坦之《春游曲江》："曲岸藏翹鹭，垂杨拂跃鳞。"

翺　见"翱翔"。

【翺翔】　见"翱翔"。

翻　〔fān《广韵》孚袁切，平元，敷。〕❶飞舞。王维《辋川闲居》："青菰临水拔，白鸟向山翻。"杜甫《玄都坛歌寄元逸人》："子规夜啼山竹裂，王母昼下云旗翻。"李洞《冬忆友人》："吟上山前数竹枝，叶翻似雪落霏霏。"❷飘荡；翻腾。许敬宗《侍宴莎册宫应制得情字》："葆羽翻风队，腾吹掩山楹。"白居易《大水》："风卷白波翻，日煎红浪沸。"蔡瑰《夏日闺怨》："枝上鸟惊朱槿落，池中鱼戏绿蘋翻。"❸上下或内外变换位置；反转。太宗《临洛水》："水花翻照树，堤兰倒插波。"白居易《寄李十一建》："连步笑出门，衣翻冠或倾。"徐夤《咏钱》："能于祸处翻为福，解向仇家买得恩。"❹倾倒。白居易《醉送李二十常侍赴镇浙东》："今日洛桥还醉别，金杯翻污麒麟袍。"齐己《寓言》："造化安能保，山川凿欲翻。"崔日用《乞金鱼词》："倚翻灯脂污张五，还来啮带报韩三。"❺推翻；改变。高适《蓟中作》："一到征战处，每愁胡虏翻。"戎昱《赠别张驸马》："泰去否来何足论，宫中晏驾人事翻。"❻翻越。杜甫《观李固请司马弟山水图三首》之三："高浪垂翻屋，崩崖欲压床。"李绅《早渡扬子江》："日冲海浪翻银屋，江转秋波走雪山。"❼返，回。王维《同比部杨员外十五夜游有怀静者季》："夜出曙翻归，倾城满南陌。"李端《长安书事寄卢纶》："翻同老夫见，殊寡少年心。"欧阳詹《答韩十八驽骥吟》："调雅声寡同，途遐势难翻。"❽翻译。刘长卿《送方外上人之常州依萧使君》："归共临川史，同翻贝叶文。"权德舆《酬灵彻上人以诗代书见寄》："已取贝多翻半字，还将阳焰谕三身。"皎然《送如献上人游长安》："关中四子教犹存，见说新经待尔翻。"❾谱写，改编；移植。王建《霓裳词十首》之四："旋翻新谱声初足，除却梨园未教人。"白居易《杨柳枝词八首》之一："古歌旧曲君休听，听取新翻杨柳枝。"皎然《偶然五首》之四："虏语嫌不学，胡音从不翻。"❿演唱；弹奏。孟浩然《美人分香》："舞学平阳态，歌翻子夜声。"王涯《宫词三十首》之六："筝翻禁曲觉声难，王柱皆非旧处安。"⓫反面。王建《镜听词》："卷帷上床喜不定，与郎裁衣失翻正。"⓬反而。张九龄《初入湘中有喜》："欲记从来意，翻疑梦里游。"姚合《新昌里》："僮仆惯苦饮，食美翻憎嫌。"齐己《览清尚卷》："从容味高作，翻为古人疑。"

【翻正】　反正，反面和正面。王建《镜听词》："卷帷上床喜不定，与郎裁衣失翻正。"

【翻曲】　谱写或改编曲调。王建《奉同曾郎中题石瓮寺得嵌韵》："遥指上皇翻曲处，百官题字满西嵌。"

【翻江倒海】　（倒 dǎo）形容水势浩大，常比喻力量或声势非常壮大。顾况《龙宫操》："鲛人织绡采藕丝，翻江倒海倾吴蜀。"

【翻作】　谓依曲调写歌词。白居易《琵琶行》："莫辞更坐弹一曲，为君翻作琵琶行。"

【翻身】　❶反转身体。杜甫《哀江头》："翻身向天仰射云，一箭正坠双飞翼。"张祜《观徐州李司空猎》："背手抽金镞，翻身控角弓。"❷比喻从困境中解脱出来。胡曾《咏史诗·轵道》："谁怜君有翻身术，解向秦宫杀赵高。"

【翻波】　上下滚动的波浪。宋昱《樟亭观涛》："跳沫喷岩翠，翻波带景红。"

【翻空】　空中滚动。李绅《山出云》："林静翻空少，山明度岭频。"鲍溶《鸣雁行》："七月朔方雁心苦，联影翻空落南土。"朱庆余《与庞复言携酒望洞庭》："青蒲映水疏还密，白鸟翻空去复回。"

【翻思】　回想。杜甫《北征》："翻思在贼愁，甘受杂乱聒。"张祜《题润州金山寺》："翻思在朝市，终日醉醺醺。"长孙佐辅《代别后梦别》："翻思梦里苦，却恨觉来迟。"

【翻盆】　倾盆。形容雨势极大。杜甫《白帝》："白帝城中云出门，白帝城下雨翻盆。"

【翻倒】　（—dǎo）反转，形容在狂喜或惊惧中不能自持。杜甫《喜达行在所三首》之二："喜心翻倒极，呜咽泪沾巾。"

【翻浪】　兴起水波。姚合《酬任畴协律夏中苦雨见寄》："广陌应翻浪，贫居恐作湫。"夏侯楚《秋霁望庐山瀑布》："湿云应误鹤，翻浪定惊鸥。"

【翻飛】　❶上下飞腾。卢照邻《九陇津集》："复有翻飞禽，裴回疑曳舄。"韩愈《陪杜侍御游湘西两寺献杨常侍》："翻飞乏羽翼，指摘困瑕玷。"皎然《答黎士曹黎生前适越后之楚》："岂乏晨风翼，翻飞到日边。"❷飘扬。孔绍安《落叶》："翻飞未肯下，犹言惜故林。"徐铉《和集贤钟郎中》："从此翻飞应更远，偏寻三十六天春。"

【翻雪】　❶《宋书·符瑞志下》载：右卫将军谢庄下殿，花雪集衣，还白，上以为瑞，于是公卿并作花雪诗。后因用为典实。李商隐《酬崔八早梅有赠兼示之作》："谢郎衣袖初翻雪，荀令熏炉更换香。"❷形容翻滚的白浪。元稹《送致用》："遥看逆浪愁翻雪，渐失征帆错认云。"白居易《魏堤有怀》："荡风波眼急，翻雪浪心寒。"

【翻崩】　倒塌。韩愈《送侯参谋赴河中幕》："岁老阴沴作，云颓雪翻崩。"

【翻然】　❶迅速改变貌。李颀《缓歌行》："一沉一浮会有时，弃我翻然如脱屣。"刘禹锡《和董庶中古散调词赠尹果毅》："翻然悟世途，抚己昧所宜。"❷高飞貌。杜甫《秋日荆南述怀三十韵》："赤雀翻然至，黄龙讵假媒。"❸反而。杜甫《诸将五首》之二："岂谓尽烦回纥马，翻然远救朔方兵。"裴夷直《春色满皇州》："今日灵台下，翻然却是愁。"郑谷《峡中寓止二首》之一："子美犹如此，翻然不敢悲。"

【翻電】　闪电。孔温业《鸟散余花落》："来往惊翻电，经过想散霞。"

【翻經】　翻译佛经。权德舆《送文畅上人东游》："护法麻衣净，翻经贝叶开。"薛逢《定山寺》："遥闻上界翻经处，片片香云出院来。"司空图《次韵和秀上人游南五台》："振锡传深谷，翻经想旧台。"

【翻經臺】　台名。在今江西临川市。南朝宋谢灵运为临川内史，于府治南宝应寺翻《涅槃经》，因凿池为台，植白莲于池中，名其台曰翻经台。唐白居易、包舍均有《翻经台》诗一首。

【翻語】　流言。韩偓《妒媒》："多为过防成后悔，偶因翻语得深猜。"

【翻影】　腾跃的影子。李绅《新楼诗二十首·东武亭》："兰鹢对飞渔棹急，彩虹翻影海旗摇。"贾谟《赋得芙蓉出水》："翻影初迎日，流香暗袭人。"

【翻營】　指军营。刘长卿《罢摄官后将还旧居留辞李侍御》："草映翻营绿，花临檄羽飞。"戎昱《出军》："龙绕旌竿兽满旗，翻营乍似雪中移。"刘禹锡《边风行》："将军占气候，出号夜翻营。"

【翻環】　往复循环。元稹《有酒十章》之七："声若雷砰目流电，醉舞翻环身眩转。"又《相和歌辞·董逃行》："董逃董逃人莫喜，胜负翻环相枕倚。"一本作"相环"。

【翻霜】　犹飞霜。刘宪《奉和幸三会寺应制》："戒旦壶人集，翻霜羽骑来。"

【翻覆】　❶变化不定。李白《猛虎行》："颇似楚汉时，翻覆无定止。"张又新《帆游山》："君看深谷为陵后，翻覆人间未肯休。"徐铉《和江西萧少卿见寄二首》之二："世路风波自翻覆，虚舟无计得沉沦。"❷重复。

李频《冬夜酬范秘书》："翻覆吟佳句，何酬国士恩。"齐己《行路难》："是非真险恶，翻覆作峰峦。"❸翻滚。张九龄《荆州作二首》之二："浩荡出江湖，翻覆如波澜。"白居易《山中五绝句·涧中鱼》："海水桑田欲变时，风涛翻覆沸天池。"李涉《濉阳行》："愁心翻覆梦难成，病仆呻吟呼不起。"

【翻翻】　❶飞翔貌。韦应物《晚出府舍与独孤兵曹令狐士曹南寻朱雀街归里第》："翻翻鸟未没，杳杳钟犹度。"李贺《仙人》："弹琴石壁上，翻翻一仙人。"白居易《东墟晚歇》："绕冢秋花少颜色，细虫小蝶飞翻翻。"❷飘荡，翻滚。韦应物《酬郑户曹骊山感怀》："翻翻日月旗，殷殷鼙鼓声。"温庭筠《南湖》："湖上微风入槛凉，翻翻菱荇满回塘。"贯休《钓罾潭》："自怜亦在仙舟上，玉流翻翻溅草衣。"

【翻騰】　上下滚动。姚合《恶神行雨》："龙喷黑气翻腾滚，鬼掣红光劈划铿。"李山甫《又代孔明哭先主》："鲸鬣翻腾四海波，始将天意用干戈。"

【翻译】　把一种语言文字的意义用另一种语言文字表达出来。皇甫冉《送延陵陈法师赴上元》："翻译推多学，坛场最少年。"姚合《过稠上人院》："应诏常翻译，修心出是非。"皎然《秋日遥和卢使君论涅槃经义》："翻译推南本，何人继谢公。"

十三画

翽　〔huì《广韵》呼會切，去泰，曉。〕鸟飞。裴潾《前相国赞皇公早葺平泉山居抒怀赋四言诗十四首奉寄》之五："有凤自南，亦翙其羽。"韩愈、孟郊《城南联句》："荫庾森岭桧，啄场翙祥鹏。"

【翽翽】　鸟飞声。韦庄《三用韵》："鸳鸯方翙翙，骅骥整骎骎。"

翾　〔xuān《广韵》許缘切，平仙，曉。〕❶飞貌。陈陶《独摇手》："愁鸿连翾蚕曳丝，飒遝明珠掌中移。"❷急速。柳宗元《唐饶歌鼓吹曲十二篇·薛举据泾以死子仁杲尤勇以暴师平之为泾水黄第四》："怒飞饥啸，翾不可当。"

【翾風】　犹流风。陈陶《将进酒》："灵芝九折楚莲醉，翾风一叹梁庭秋。"

【翾飛】　飞翔。贺知章《奉和圣制赋得谟字》："枯朽沾皇泽，翾飞舞帝梧。"权德舆《奉和圣制丰年多庆九日示怀》："琐细何以报，翾飞淳化中。"徐铉《奉和宫傅相公怀旧见寄四十韵》："翾飞附骥方经远，巨楫垂风遂济川。"

【翾翾】　飞貌。李贺《谣俗》："脉脉花满树，翾翾燕绕云。"韩愈《题炭谷湫祠堂》："翾翾栖托禽，飞飞一何闲。"白居易《游悟真寺诗》："林幽不逢人，寒蝶飞翾翾。"

十四画

翿　〔dào《广韵》徒到切，去号，定。又徒刀切，平豪，定。〕即纛。顶上以羽毛为饰的旗。古代乐舞者执之以舞。滕潜《凤归云二首》之二："曾将弄玉归云去，金翿斜开十二楼。"

老　部

老〔lǎo《广韵》盧晧切，上晧，來。〕❶老年；年老。古代人五十至七十岁为老。见《说文·老部》。郭震《塞上》："久戍人将老，长征马不肥。"杜甫《渼陂行》："少壮几时奈老何，向来哀乐何其多。"白居易《高仆射》："我年虽未老，岁月亦云迈。"李频《临岐留别相知》："行行将近老，处处不离愁。"李建勋《早春寄怀》："老觉光阴速，闲悲世路多。"❷老年人。玄宗《赐诸州刺史以题座右》："恤惸且存老，抚弱复绥强。"杜甫《寄赞上人》："与子成二老，来往亦风流。"岑参《虢州送郑兴宗弟归扶风别庐》："因怀东溪老，最忆南峰缁。"薛存诚《闻击壤》："尧年听野老，击壤复何云。"❸衰老。岑参《过燕支寄杜位》："长安遥在日光边，忆君不见令人老。"常衮《逢南中使寄岭外故人》："信回人自老，梦到月应沉。"刘禹锡《始闻蝉有怀白宾客去岁白有闻蝉见寄》："君言催我老，已是去年诗。"白居易《续古诗十首》之八："念此令人老，抱膝坐长吁。"李贺《金铜仙人辞汉歌》："衰兰送客咸阳道，天若有情天亦老。"❹养老。张九龄《始兴南山下有林泉尝卜居焉荆州卧病有怀此地》："归此老吾老，还当日千金。"白居易《香山下卜居》："老须为老计，老计在抽簪。"李绅《寿阳罢郡日有诗十首与追怀不殊今编于后》之一："西奏血诚遥稽首，乞容归病老江干。"❺终老。王维《济上四贤咏·郑霍二山人》："郑公老泉石，霍子安丘樊。"戴叔伦《送萧二》："拟向田间老此身，寒郊怨别甚于春。"周贺《送朱庆余》："药资如有分，相约老吴中。"崔橹《春晚岳阳言怀二首》之二："何似不羁詹父伴，睡烟歌月老潺潺。"❻古老；年代久。权德舆《酬南园新亭宴会璩新第慰庆之作时任宾客》："树老欲连云，竹深疑入洞。"李绅《新楼诗二十首·琪树》："徒使茯苓成琥珀，不为松老化龙鳞。"皮日休《新秋言怀寄鲁望三十韵》："老柏浑如疥，阴苔忽似胶。"许坚《题幽栖观》："玉洞绝无人，老桧犹栖鹤。"❼指动物年齿大。杜甫《桥陵诗三十韵因呈县内诸官》："主人念老马，廨署容秋萤。"韩愈《入关咏马》："岁老岂能充上驷，力微当自慎前程。"柳公绰《赠毛仙翁》："松高枝叶茂，鹤老羽毛新。"吴融《和严谏议萧山庙十韵》："老狖寻危栋，秋蛇束画楹。"无名氏《白雪歌》(卷七八五)："流泉不下孤汀咽，断臂老猿声欲绝。"❽枯萎；凋谢。刘昚虚《茂葵花歌》："今日花正好，昨日花已老。"钱起《紫参歌》："应知仙卉老云霞，莫赏夭桃满蹊径。"白居易《寄情》："持来玩未足，花向手中老。"牛僧孺《乐天梦得有岁夜诗聊以奉和》："莫愁花笑老，花自几多时，"刘沧《题四皓庙》："叶堕阴岩疏薜荔，池经秋雨老芙蓉。"❾暮；将尽。骆宾王《送吴七游蜀》："夏老兰犹茂，秋深柳尚繁。"岑参《喜韩樽相过》："三月灞陵春已老，故人相逢耐醉倒。"钱起《奉陪郭常侍宴浐川山池》："莺啼春未老，酒冷日犹长。"韩愈《送侯参谋赴河中幕》："岁老阴沴作，云颓雪翻崩。"雍陶《韦处士郊居》："门外晚晴秋色老，万条寒玉一溪烟。"皮日休《石榴歌》："蝉噪秋枝槐叶黄，石榴香老愁寒霜。"❿对人的敬词。玄宗《左丞相说右丞相璟太子少傅乾曜同日上官命宴东堂赐诗》："复辍台衡老，将为调护人。"岑参《秋夕听罗山人弹三峡流泉》："皤皤岷山老，抱琴鬓苍然。"杜甫《醉时歌》："日籴太仓五升米，时赴郑老同襟期。"张祜《偶题》："唯恨人间无贺老，谪仙长在没人知。"贾岛《携新文诣张籍韩愈途中成》："袖有新成诗，欲见张韩老。"⓫死的婉辞。杜牧《宫人冢》："少年入内教歌舞，不识君王到老时。"⓬形容诗文风格苍老高古。杜甫《苏端薛复筵简薛华醉歌》："坐中薛华善醉歌，歌辞自作风格老。"杨巨源《和郑少师相公题慈恩寺禅院》："谢公诗更老，萧傅道方尊。"贾岛《投张太祝》："风骨高更老，向春初阳葩。"⓭老手；老练；娴熟。杜甫《奉汉中王手札》："枚乘文章老，河间礼乐存。"韩愈《石鼓歌》："中朝大官老于事，讵肯感激徒媕婀。"⓮总是，经常。杜甫《述怀一首》："汉运初中兴，生平老耽酒。"又《复愁十二首》之四："年深荒草径，老恐失柴扉。"韩滉《晦日呈诸判官》："年年老向江城寺，不觉春风换柳条。"⓯与"嫩"相对。王维《白鼋涡》："薛老且厚，春草为之不生。"戴叔伦《吊畅当》："朔雪恐迷新冢草，秋风愁老故山薇。"皮日休《太湖诗·明月湾》："钓坛两三处，苔老腥斒斑。"⓰形容颜色深，与"浅"相对。白居易《答韦八》："春尽绿醅老，雨多红萼稀。"秦韬玉《采茶歌》："老翠香尘下才熟，搅时绕箸天云绿。"参见"老碧"。⓱军队驻扎时间久。见《左传·僖公三十三年》。杜甫《秦州见敕日薛三璩授司议郎毕四曜除监察与二子有故远喜迁官兼述索居凡三十韵》："师老资残寇，戎生及近坰。"又《别张十三建封》："主忧急盗贼，师老荒京都。"韩愈《送石洪处士赴河阳幕》："钜鹿师欲老，常山险犹恃。”⑱疲惫。高适《酬裴员外以诗代书》：“背河列长围，师老将亦乖。”戎昱《泾州观元戎出师》：“卫青师自老，魏绛赏何功。”卢纶《从军行》：“塞闲思远猎，师老厌分营。”⑲前缀词。(1)加在姓或名之前，用作称人或自称。元稹《与太白同之东洛至栎阳太白染疾驻行予九月二十五日至华岳寺雪后望山》：“共作洛阳千里伴，老刘因疾驻行轩。”白居易《编集拙诗成一十五卷因题卷末戏赠元九李二十》：“每被老元偷格律，苦教短李伏歌行。”刘叉《答孟东野》：“酸寒孟夫子，苦爱老叉诗。”(2)加在官名之前，表示谦称或谑称。参见“老官”“老牧”“老尹”“老監”。(3)加在动物名之前。参见“老虎”“老鼠”“老烏”等。⑳后缀词。加在姓或地名之后，用作称人或自称。王维《哭孟浩然》：“借问襄阳老，江山空蔡州。”元稹《连昌宫词》：“夜半月高弦索鸣，贺老琵琶定场屋。”白居易《题香山新经堂招僧》：“谁能来此寻真谛，白老新开一藏经。”㉑老子及其哲学的省称。李商隐《赠送前刘五经映三十四韵》：“别派驱杨墨，他镳并老庄。”徐铉《回至南康题紫极宫里道士房》：“何以宽吾怀，老庄有微词。”张祜有《读老庄》。

【老人】 ❶老年人。耿湋《路旁老人》：“老人独坐倚官树，欲语潸然泪便垂。”刘禹锡《平蔡州三首》之二：“路傍老人忆旧事，相与感激皆涕零。”冯著《燕衔泥》：“双燕碌碌飞入屋，屋中老人喜燕归。”贯休《古意九首》之九：“东峰有老人，眼碧头骨奇。”❷对年老者的尊称。戴叔伦《族兄各年八十余见招游洞》：“拟将儿女归来住，且是茅山见老人。”刘禹锡《戏赠崔千牛》：“学道深山许老人，留名万代不关身。”司空图《漫书五首》之五：“一种老人能算度，磻溪心迹愧商颜。”徐夤《赠东方道士》：“雪色老人鬓，桃花童子颜。”❸年老者自称。杜甫《季秋苏五弟缨江楼夜宴崔十三评事韦少府侄三首》之一：“老人因酒病，坚坐看君倾。”李绅《过梅里七首·忆题惠山寺书堂》：“松下壮心年少去，池边衰影老人过。”贾岛《咏怀》：“可能在世无成事，不觉离家作老人。”司空图《乙丑人日》：“今朝人日逢人喜，不料偷生作老人。”

【老人星】 星名，又名南极老人星，寿星，常于秋分时出现于南部空中。古代认为，它的出现象征天下治平，人寿年丰。见《史记·天官书》。杜甫《泊松滋江亭》：“今宵南极外，甘作老人星。”窦庠《酬韩愈侍郎登岳阳楼见赠》：“稍分巴子国，欲近老人星。”张籍《送郑尚书赴广州》：“此处莫言多瘴疠，天边看取老人星。”李洞《终南二十韵》：“明时献君寿，不假老人星。”

【老大】 ❶年岁老。贺知章《回乡偶书二首》之一：“少小离乡老大回，乡音难改鬓毛衰。”王缙《与卢员外象过崔处士兴宗林亭》：“身名不问十年余，老大谁能更读书。”刘长卿《七里滩重送》：“手折衰杨悲老大，故人零落已无多。”韦庄《途次逢李氏兄弟感旧》：“今日相逢俱老大，忧家忧国尽公卿。”❷年纪大。白居易《琵琶引》：“门前冷落鞍马稀，老大嫁作商人妇。”薛涛《寄旧诗与元微之》：“老大不能收拾得，与君开似教男儿。”花蕊夫人徐氏《宫词》之一三〇：“老大初教学道人，鹿皮冠子澹黄裙。”罗隐《咏月》：“嫦娥老大应惆怅，倚泣苍苍桂一轮。”

【老大徒傷悲】 一作“老大徒悲傷”。年老而一事无成，徒然悲伤。见《乐府诗集·相和歌辞五·长歌行》。杜甫《曲江对酒》：“吏情更觉沧洲远，老大悲伤未拂衣。”李商隐《戏题枢言草阁三十二韵》：“古诗何人作，老大徒伤悲。”

【老小】 老人和小孩。无名氏《五言白话诗》(补编下)之二一：“老小终须去，信前业道力。”

【老女】 未出嫁的年长女子。李商隐《无题四首》之四：“东家老女嫁不售，白日当天三月半。”

【老子】 ❶年老者的自称。令狐楚《郡斋左偏栽竹百余竿炎凉已周青翠不改颇有翛然之趣》：“老子忆山心暂缓，退公闲坐对婵娟。”李绅《新楼诗二十首·杜鹃楼》：“早梅昔待佳人折，好月谁将老子同。”❷老人，老头。白居易《晚起闲行》：“皤然一老子，拥裘仍隐几。”

【老木】 古老的树木。韦庄《金陵图》：“君看六幅南朝事，老木寒云满故城。”

【老夫】 ❶老年男子自称。见《礼记·曲礼上》。杜甫《题李尊师松树障子歌》：“老夫清晨梳白头，玄都道士来相访。”张籍《答刘竞》：“昨日街西相近住，每来存问老夫身。”崔安潜《报何泽》：“四十九年前及第，同年唯有老夫存。”司空图《力疾山下吴村看杏花十九首》之九：“近来桃李半烧枯，归卧乡园只老夫。”❷老年男子。戴叔伦《抚州被推昭雪答陆太祝三首》之三：“春风旅馆长庭芜，俯首低眉一老夫。”羊士谔《守郡累年俄及知命聊以言志》：“南国疑逋客，东山作老夫。”白居易《病中诗十五首·岁暮呈思黯相公皇甫朗之及梦得尚书》：“岁暮皤然一老夫，十分流辈九分无。”李贺《老夫采玉歌》：“夜雨冈头食蓁子，杜鹃口血老夫泪。”

【老瓦盆】 年久而可用以盛酒的陶制瓦盆。杜甫《少年行二首》之一：“莫笑田家老瓦盆。自从盛酒长儿孙。”

【老少】 老年人和少年人。杜甫《徒步归行》：“人生交契无老少，论交何必先同调。”白居易《赠东邻王十三》：“居处东西接，年颜老少同。”李商隐《行次西郊作一百韵》：“乡里骇供亿，老少相扳牵。”杜荀鹤《题田翁家》：“盘飧同老少，家计共田园。”

【老牛舐犊】　喻爱子之情。权德舆《璩受京兆府参军戏书以示兼呈独孤郎》:“老牛还舐犊,凡鸟亦将雏。”

【老父】　❶年老的父亲。韦元甫《木兰歌》:“老父旧羸病,何以强自扶。”❷对老人的尊称。杜牧《商山麻涧》:“秀眉老父对樽酒,蒨袖女儿簪野花。”

【老氏】　即老聃,春秋时思想家。高适《同群公出猎海上》:“犹怀老氏训,感叹此欢娱。”

【老尹】　河南尹的谑称。令狐楚《奉和仆射相公酬忠武李相公见寄之作》:“白头老尹三川上。双和阳春喜复惊。”

【老去】　老来,年岁老大。杜甫《因许八奉寄江宁旻上人》:“旧来好事今能否?老去新诗谁与传?”刘禹锡《酬乐天咏老见示》:“人谁不愿老,老去有谁怜。”白居易《老去》:“老去愧妻儿,冬来有劝词。”杜牧《史将军二首》之一:“今遇太平日,老去谁怜君。”

【老兄】　犹兄长。杜甫《寄刘峡州伯华使君四十韵》:“老兄真不坠,小子独无承。”李嘉祐《送舍弟》:“老兄鄙思难俦匹,今弟清词堪比量。”白居易《题旧写真图》:“形影默相顾,如弟对老兄。”

【老生】　❶老儒;老书生。刘禹锡《寓兴二首》之一:“寄语何平叔,无为轻老生。”李德裕《句》:“老生夸隐拙,时辈毁尖新。”❷指隋武牙郎将宋老生。见《旧唐书·本纪》第一。李商隐《登霍山驿楼》:“壶关有狂孽,速继老生功。”

【老皮】　老人或老树皮。薛逢《老去也》:“朝巾暮栉不自省,老皮皴皱文纵横。”秦韬玉《桧树》:“深盖屈盘青麈尾,老皮张展黑龙鳞。”

【老母】　年老的母亲。杜甫《寄张十二山人彪三十韵》:“艰难随老母,惨澹向时人。”韩愈《谁氏子》:“白头老母遮门啼,挽断衫袖留不止。”

【老幼】　老人和小孩。张籍《董逃行》:“宫城南面有深山,尽将老幼藏其间。”白居易《秋游原上》:“村中相识久,老幼皆有情。”朱景玄《远闻本郡行春到旧山二首》之一:“已领烟霞光野径,深惭老幼候柴关。”林宽《和友人贼后》:“城露桑榆尽,时平老幼稀。”

【老臣】　❶德高望重的大臣。苏颋《奉和圣制幸望春宫送朔方大总管张仁亶》:“老臣帷幄算,元宰庙堂机。”杜甫《蜀相》:“三顾频烦天下计,两朝开济老臣心。”刘禹锡《浙东元相公书叹梅雨郁蒸之候因寄七言》:“百辟商量旧相人,九天只候老臣归。”温庭筠《过五丈原》:“象床锦帐无言语,从此谯周是老臣。”❷年老之臣的自称。狄仁杰《奉和圣制夏日游石淙山》:“老臣预陪悬圃宴,余年方共赤松游。”司空图《寓居有感三首》之一:“只待东封沾庆赐,碑阴别刻老臣名。”刘兼《新回车院筵上作》:“借寇已承英主诏,乞骸须上老臣书。”

【老死】　谓从老到死。白居易《新乐府·涧底松》:“涧深山险人路绝,老死不逢工度之。”又《偶作二首》之一:“犹胜不悟者,老死红尘间。”

【老成】　❶德高望重,练达世事。李商隐《送千牛李将军赴阙五十韵》:“顾我由群从,逢君叹老成。”亦指德高望重练达世事的老臣。李商隐《有感二首》之二:“古有清君侧,今非乏老成。”陈陶《哭王赞府》:“大厦亡孤直,群儒忆老成。”❷沉稳持重。杜甫《八哀诗·赠左仆射郑国公严公武》:“昔在童子日,已闻老成名。”❸成年。元稹《和乐天示杨琼》:“我今贺尔亦自多,尔得老成余白首。”❹谓笔力老练、功力深厚。杜甫《敬赠郑谏议十韵》:“毫发无遗恨,波澜独老成。”❺韩愈侄。韩愈兄介之子。见《新唐书·宰相世系三上》韩氏。韩愈有《河之水二首寄子侄老成》。

【老年】　年岁老迈或指老年人。王维《酬慕容十一》:“老年如塞北,强起离墙东。”刘长卿《青溪口送人归岳州》:“岐路相逢无可赠,老年空有泪沾衣。”钱起《蓝上茅茨期王维补阙》:“老年疏世事,幽性乐天和。”杜牧《寄湘中友人》:“莫恋醉乡迷酒杯,流年长怕老年催。”

【老色】　衰老之色。唐彦谦《越城待旦》:“为底朱颜成老色,看人青史上新名。”刘兼《春霁》:“老色渐来欺鬓发,闲情将欲傲簪裾。”

【老丞】　县丞的谑称。王建《别杨校书》:“故作老丞身不避,县名昭应管山泉。”刘兼《从弟舍人惠茶》:“老丞倦闷偏宜矣,旧客过从别有之。”

【老我】　老年人自称,犹老夫。牟融《题徐俞山居》:“老我不堪诗思杳,几回吟倚曲栏干。”

【老伴】　友伴。刘禹锡《酬杨八庶子喜韩吴兴与余同迁见赠》:“烟霞为老伴,蒲柳任先凋。”白居易《代诸妓赠送周判官》:“好与使君为老伴,归来休染白髭须。”又《对琴待月》:“共琴为老伴,与月有秋期。”韩偓《赠渔者》:“我亦好闲求老伴,莫嫌迁客且论交。”

【老佛】　道教与佛教。老,指老子李耳。韩愈《山南郑相公樊员外酬答为诗其末咸有见及语樊封以示愈依赋十四韵以献》:“樊子坐宾署,演孔刮老佛。”陆龟蒙《奉酬袭美先辈吴中苦雨一百韵》:“不独扆义轩,便当城老佛。”

【老身】　老人自称。王维《郑果州相过》:“五马惊穷巷,双童逐老身。”皎然《送大宝上人归楚山》:“欲将夜舸陪嘉月,肯住空林伴老身。”张籍《闲游》:“老身不计人间事,野寺秋晴每独过。”张祜《招徐宗偃画松石》:“凭君画取江南胜,留向东斋伴老身。”

【老枕】　多年之枕。刘禹锡《秋夕不寐寄乐天》:“老枕知将雨,高窗报欲明。”

【老雨】　久下之雨。郑損《星精石》："苍苔点染云生靥，老雨淋漓铁渍痕。"

【老來】　老年；年老。来，助词。王维《偶然作六首》之六："老来懒赋诗，惟有老相随。"杜甫《哭韦大夫之晋》："老来多涕泪，情在强诗篇。"刘禹锡《冬夜宴河中李相公中堂命筝歌送酒》："酌我莫忧狂，老来无逸气。"

【老妻】　年老之妻。杜甫《江村》："老妻画纸为棋局，稚子敲针作钓钩。"薛逢《老去也》："回看幼累与老妻，俱是途中远行客。"

【老虎】　兽名。虎的通称。张祜《贫居遣愤》："老虎终开眼，微虫会叩头。"

【老牧】　州郡长官的谦称。李谅《苏州元日郡斋感怀寄越州元相公杭州白舍人》："旧交邂逅封疆近，老牧萧条宴赏稀。"

【老物】　指自然界各种枯老的草木花卉。韩愈《感春四首》之二："岂如秋霜虽惨冽，摧落老物谁惜之。"

【老兒】　老人；老翁。杜荀鹤《白发吟》："家山苍翠万余尺，藜杖楮冠输老儿。"

【老命】　生命；性命。白居易《思旧》："唯予不服食，老命反迟延。"

【老兔】　神话传说中的月中白兔。亦借指月。李贺《梦天》："老兔寒蟾泣天色，云楼半开壁斜白。"陈陶《飞龙引》："彤庭侍宴瑶池席，老兔春高桂宫白。"

【老官】　官吏自称的谦词。白居易《酬周协律》："五十钱唐守，应为送老官。"

【老郎】　指冯唐。见《史记·张释之冯唐列传》。后遂用为感叹年老沉滞下僚的典故。窦牟《早入朝书事》："一生三不遇，今作老郎身。"韩愈《合江亭》："老郎来何暮，高唱久乃和。"刘禹锡《寄湖州韩中丞》："老郎日日忧苍鬓，远守年年厌白蘋。"卢肇《将归宜春留题新安馆》："芸台四部添新学，秘殿三年学老郎。"郑谷《重访黄神谷策禅者》："初尘芸阁辞禅阁，却访支郎是老郎。"

【老春】　❶美酒。李白《哭宣城善酿纪叟》："纪叟黄泉里，还应酿老春。"韩翃《田仓曹东亭夏夜饮得春字》："玉佩迎初夜，金壶醉老春。"❷指暮春。崔橹《题山驿新桐花》："长日老春看落尽，野禽闲啄碧悠悠。"

【老叟】　老人。王维《偶然作六首》之四："白衣携壶觞，果来遗老叟。"白居易《江南遇天宝乐叟》："白头老叟泣且言，禄山未乱入梨园。"方干《送道人归旧岩》："目睹婴孩成老叟，手栽松柏有枯枝。"

【老卻】　谓使之衰老。岑参《送费子归武昌》："男儿何必恋妻子，莫向江村老却人。"刘禹锡《墙阴歌》："莫言墙阴数尺间，老却主人如等闲。"周贺《送省己上人归太原》："何年更来此，老却倚阶松。"杜牧《洛中二首》之一："一从翠辇无巡幸，老却蛾眉几许人。"

【老烏】　即乌鸦。杜甫《杜鹃行》："君不见昔日蜀天子，化作杜鹃似老乌。"元稹《有鸟二十章》之一二："有鸟有鸟名老乌，贪痴突悖天下无。"

【老衲】　年老的僧人。戴叔伦《题横山寺》："老衲供茶碗，斜阳送客舟。"后亦用为老僧的自称。

【老紅】　将要萎谢的红花。李贺《昌谷诗》："层围烂洞曲，芳径老红醉。"

【老馬】　❶年老的马。杜甫《客堂》："老马终望云，南雁意在北。"白居易《答崔十八见寄》："倚疮老马收蹄立，避箭高鸿尽翅飞。"❷比喻经验丰富的老年人的先导作用。杜甫《观安西兵过赴送中待命二首》之一："老马夜知道，苍鹰饥著人。"又《江汉》："古来存老马，不必取长途。"❸义同"老骥"。王昌龄《代扶风主人答》："老马思伏枥，长鸣力已殚。"戴叔伦《从军行》："老马思故枥，穷鳞忆深流。"

【老馬爲駒】　（为 wéi）御老马如驹。喻轻慢老年人，视老年如幼童。见《诗·小雅·角弓》。也比喻年虽老而犹有壮心，不虑后之不胜任之患。杜甫《病后遇王倚饮赠歌》："老马为驹信不虚，当时得意况深眷。"

【老格】　指诗文书画等的苍老风格。僧鸾《赠李粲秀才》："前辈歌诗惟翰林，神仙老格何等深。"

【老圃】　❶老年菜农。孟浩然《南山下与老圃期种瓜》："先人留素业，老圃作邻家。"羊士谔《小园春至偶呈吏部窦郎中》："偃息非老圃，沉吟阁玄关。"方干《寄谢麟》："后来若要知优劣，学圃无过老圃知。"齐己《西墅新居》："残阳竹阴里，老圃打门声。"❷菜园。戴叔伦《暮春感怀》之一："东皇去后韶华尽，老圃寒香别有秋。"

【老蚌生珠】　称颂人老而得子。或喻人有贤子。白居易《见李苏州示男阿武诗自感成咏》："自怜沧海伴，老蚌不生珠。"

【老骨頭】　老人对自己的谑称。郫城令《示女诗》："深宫富贵事风流，莫忘生身老骨头。"

【老耄】　八九十岁的老人，亦指衰老。吕岩《三字诀》："若不行，空老耄。"

【老氣】　老练；坚定气概。杜甫《送韦十六评事充同谷郡防御判官》："子虽躯干小，老气横九州。"

【老倒】　（－ dǎo）潦倒，落拓。白居易《晏坐闲吟》："昔为京洛声华客，今作江湖老倒翁。"

【老健】　年老而身健。白居易《座中戏呈诸少年》："纵有风情应淡薄，假如老健莫夸张。"

【老師】　❶对德高道深年老者的尊称。耿沣《得替后书怀上第五相公》："山县唯荒垒，云屯尽老师。"薛能《题盐铁李尚书浐州别业》："邻惊麦野闻雏雉，别创茅亭住老师。"又《春日书怀》："耽书未必酬良相，断酒唯堪作老师。"❷对僧人的尊称。姚合《赠卢沙弥小师》："年小未受戒，会解如老师。"司马扎《晓过伊水寄龙门僧》："山下禅庵老师在，愿将形役问空王。"李山甫《禅林寺作寄刘书记》："天竺老师留一句，曹溪行者答全篇。"齐己《病中勉送小师往清凉山礼大圣》："忽遇文殊开慧眼，他年应记老师心。"❸对道士的尊称。王建《寻李山人不遇》："从头石上留名去，独向南峰问老师。"又《送山人二首》之一："辛苦老师看守外，为悬秋药闭空房。"

【老翁】 ❶老人，老年男子。高适《寄宿田家》："田家老翁住东陂，说道平生隐在兹。"寒山《诗三百三首》之二三五："岁月如流水，须臾作老翁。"施肩吾《喜友再相逢》："谁知日月相催促，此度见君成老翁。"贯休《田家作》："田家老翁无可作，昼甑蒸梨香漠漠。"❷对老年男子的尊称。王维《河南严尹弟见宿弊庐访别人赋十韵》："为学轻先辈，何能访老翁。"裴度《白二十二待郎有双鹤留在洛下予西园可以栖息遂以诗请之》："未放归仙去，何如乞老翁。"陆畅《题商山庙》："商洛秦时四老翁，人传羽化此山空。"元德昭《句》："满堂罗绮兼朱紫，四代儿孙奉老翁。"

【老衰】 年老体弱。白居易《酬梦得比萱草见赠》："老衰胜少夭，闲乐笑忙愁。"

【老拳】 鹰鹘之爪掌。杜甫《义鹘》："修鳞脱远枝，巨颡坼老拳。"

【老病】 年老多病。杜甫《有客》："幽栖地僻经过少，老病人扶再拜难。"耿沣《登总持寺阁》："龙钟兼老病，更有重来期。"刘言史《放萤怨》："那将寂寞老病身，更就微虫借光影。"贾岛《落第东归逢僧伯阳》："老病难为乐，开眉赖故人。"

【老家人】 老仆人。孟郊有《吊江南老家人春梅》。

【老容】 衰老的面容。刘长卿《戏题赠二小男》："欲并老容羞白发，每看儿戏忆青春。"

【老弱】 老人和小孩。弱，弱小。杜甫《遣兴三首》之二："老弱哭道路，愿闻甲兵休。"韩愈《龊龊》："河堤决东郡，老弱随惊湍。"姚合《从军行》："顾我同老弱，不得随戎行。"

【老莱衣】 用为孝亲、省亲的典故。杜甫《送韩十四江东觐省》："兵戈不见老莱衣，叹息人间万事非。"岑参《送薛彦伟擢第东归》："名登郄诜第，身著老莱衣。"姚合《送王龟处士》："唯修曾子行，不著老莱衣。"许浑《送曾主簿归楚州省觐予亦明日归姑孰》："帆转清淮极鸟飞，落帆应换老莱衣。"曹邺《送曾德迈归宁宜春》："几府争驰毛义檄，一乡看侍老莱衣。"

【老莱服】 即老莱衣。蔡希寂《同家兄题渭南王公别业》："朝庆老莱服，夕闲安道琴。"

【老菊】 衰谢之菊。白居易《杪秋独夜》："前头更有萧条物，老菊衰兰三两丛。"

【老婆】 年老的妇女。寒山《诗三百三首》之三六："东家一老婆，富来三五年。"

【老泪】 多指老人之泪。白居易《感旧诗卷》："夜深吟罢一长吁，老泪灯前湿白须。"

【老泪交流】 老人双泪纵横貌。白居易《寄刘苏州》："何堪老泪交流日，多是秋风摇落时。"又《醉中见微之旧卷有感》："老泪交流风病眼，春笺摇动酒杯心。"

【老寇】 对盗寇的蔑称。韩昭《和题剑门》："闭关防老寇，孰敢振威棱。"

【老宿】 德行高深的僧人或道士。杜甫《大云寺赞公房四首》之二："深藏供老宿，取用及吾身。"王建《寄旧山僧》："因依老宿发心初，半学修心半读书。"刘禹锡《同乐天和微之深春二十首》之一八："何处深春好，春深老宿家。"

【老將】 (一jiàng)久经沙场年老将领。王维《陇头吟》："关西老将不胜愁，驻马听之双泪流。"高适《部落曲》："老将垂金甲，阏支着锦裘。"赵嘏《献淮南李相公》："军中老将传兵术，江上诸侯受政经。"张乔《北山书事》："圣日雄藩静，秋风老将闲。"

【老妇】 年老妇女。杜甫《石壕吏》："老翁逾墙走，老妇出门看。"韩愈《寄崔二十六立之》："老妇愿嫁女，约不论财赀。"周昙《咏史诗·后汉门·吕母》："吕母衔冤穷老妇，亦能为帅复私仇。"

【老期】 终老之时。李频《送胡休处士归湘江》："旧业多归兴，空山尽老期。"杜荀鹤《闲居即事》："一枝仙桂如攀得，只此山前是老期。"

【老景】 暮春入夏时的景色。李贺《河南府试十二月乐词·四月》："老景沉重无惊飞，堕红残萼暗参差。"

【老鈍】 年老迟钝。卢纶《首冬寄河东昭德里书事贻郑损仓曹》："清冬和暖天，老钝昼多眠。"

【老彭】 指传说中长寿的彭祖。李商隐《五言述德抒情诗一首四十韵献上杜七兄仆射相公》："自是依刘表，安能比老彭。"李咸用《临川逢陈百年》："自言混沌凿不死，大笑老彭非久视。"

【老媪】 老年妇人。张碧《鸿沟》："蛇枯老媪啼泪痕，星曹定秤秤王孙。"温庭筠《题贺知章故居叠韵作》："老媪饱藁草，愚儒输逋租。"

【老蒼】 头发灰白的老人。阅历丰富的老人。杜甫《壮游》："脱略小时辈，结交皆老苍。"亦指头发灰白，容颜苍老。韩愈《嘲鲁连子》："田巴兀老苍，怜汝矜爪觜。"

【老農】 老年农民。王维《送綦毋秘书弃官还江东》："余亦从此去，归耕为老农。"刘长卿《偶然作》："老农开古地，夕鸟入寒山。"雍裕之《农家望晴》："白发老农如鹤立，麦场高处望云开。"唐彦谦《六月十三日上陈微博士》之一："老农终岁心，望施在须臾。"

【老鳳】 誉才华出众的长者。李商隐《韩冬郎即席为诗相送一座尽惊他日余方追吟因成二绝寄酬兼呈畏之员外》之一："桐花万里丹山路，雏凤清于老凤声。"

【老鼠】 鼠的通称。多指家鼠。寒山《诗三百三首》之二六八："老鼠入饭瓮，虽饱难出头。"马异《答卢仝结交诗》："将吾剑兮切淤泥，使良骥兮捕老鼠。"裴谞《又判争猫儿状》："猫儿不识主，傍家搦老鼠。"

【老碧】 深碧色。李咸用《庭竹》："嫩绿与老碧，森然庭砌中。"

【老壽】 高寿。李商隐《江村题壁》："数家同老寿，一径自阴深。"

【老監】 秘书监的谑称。白居易《酬裴相公题兴化小池见招长句》："为爱小塘招散客，不嫌老监与新诗。"

【老鴉】 乌鸦的通称。顾况《乌啼曲二首》之一："此是天上老鸦鸣，人间老鸦无此声。"卢仝《与马异结交诗》："补了三日不肯归婿家，走向日中放老鸦。"张碧《惜花三首》之二："老鸦拍翼盘空疾，准拟溪生如瞬息。"

【老僕】 年老的仆人。卢延让《哭李郢端公》："渐穷老仆慵看马，著惨佳人暗理筝。"

【老僧】 年老的和尚。王维《蓝田山石门精舍》："老僧四五人，逍遥荫松柏。"李德裕《思岷一十首·忆葛胜木禅床》："何人及身在，归对老僧禅。"赵嘏《重游楚国寺》："老僧心地闲于水，犹被流年日日催。"郑谷《春阴》："舞蝶歌莺莫相试，老郎心是老僧心。"

【老腐儒】 用为年老文人的自谦之词。见《史记·黥布列传》。刘长卿《送李七之远竿水谒张相公》："东阁邀才子，南昌老腐儒。"

【老瘦】 衰老瘦弱。杜甫《喜达行在所三首》之一："所亲惊老瘦，辛苦贼中来。"白居易《早热二首》之二："此时方自悟，老瘦亦何妨。"又《雨后秋凉》："此境谁偏觉，贫闲老瘦人。"

【老漢濱】 喻指隐居。李端《送友入关》："近更婴衰疾，空思老汉滨。"

【老慵】 年老懒散。白居易《洛桥寒食日作十韵》："老慵虽省事，春诱尚多情。"又《老慵》："岂是交亲向我疏，老慵自爱闭门居。"

【老嫗】 年老妇女。亦为老妇自称。杜甫《石壕吏》："老妪力虽衰，请从吏夜归。"

【老態】 衰老的形态。李绛《杏园联句》："老态忽忘丝管里，衰颜宜解酒杯中。"

【老熱】 久热。白居易有《老热》。

【老樗】 出《庄子·逍遥游》。后因以"大樗"借喻无用之材。白居易《山中五绝句·林下樗》："知我无材老樗否，一枝不损尽天年。"

【老醉】 经常饮醉。刘禹锡《杏园花下酬乐天见赠》："游人莫笑白头醉，老醉花间有几人。"又《酬郑州权舍人见寄二十韵》："病吟犹有思，老醉已无狂。"

【老貌】 衰老的面容。刘禹锡《和乐天烧药不成命酒独醉》："婴啼鼎上去，老貌镜前悲。"

【老頭】 ❶犹白头。窦常《酬舍弟牟秋日洛阳官舍寄怀十韵》："老头亲帝里，归处失吾庐。"元稹《酬乐天重寄别》："却报君侯听苦辞，老头抛我欲何之。"白居易《病中诗十五首·枕上作》："风疾侵凌临老头，血凝筋滞不调柔。"❷老年；老来。无名氏《五言诗》之三："少年生平又，老头自受苦。"

【老儒】 年老的儒生。杜甫《舟出江陵南浦奉寄郑少尹》："社稷缠妖气，干戈送老儒。"卢仝《寄男抱孙》："殷十七老儒，是汝父师友。"牟融《寄周韶州》："十年学道困穷庐，空有长才重老儒。"

【老龍】 指老子。见《史记·老子韩非列传》。王维《黎拾遗昕裴秀才秋夜对雨之作》："白法调狂象，玄言问老龙。"

【老龍吉】 《庄子·知北游》寓言中的人名，神农与婀荷甘的老师。后遂以借指体现大道的高士。王维《哭褚司马》："谁言老龙吉，未免伯牛灾。"

【老親】 ❶年迈的父母。王维《观别者》："爱子游燕赵，高堂有老亲。"岑参《送许员外江外置常平仓》："仍怀陆氏橘，归献老亲尝。"伍乔《送江少府授延陵后寄》："束书西上谒明主，捧檄南归慰老亲。"❷母亲；慈母。李白《上云乐》："大道是文康之严父，元气乃文康之老亲。"

【老禪】 老年僧人。贾岛《题安业县》："宜是老禅遥指处，只堪图画不堪行。"

【老醜】 衰老丑陋。杜甫《述怀一首》："朝廷愍生还，亲故伤老丑。"又《上水遣怀》："后生血气豪，举动见老丑。"白居易《追欢偶作》："十听春啼变莺舌，三嫌老丑换蛾眉。"

【老鶴】 鹤的通称。韩愈《同窦韦寻刘尊师不遇》："院闭青霞入，松高老鹤寻。"白居易《赠张处士山人》："浮云心事谁能会，老鹤风标不可亲。"

【老饕】 虎的别称。韦庄《南阳小将张彦硖口镇税人场射虎歌》："老饕已毙众雏恐，童稚揶揄皆自勇。"

【老驥】 语出曹操《步出夏门行·龟虽寿》："老

骥伏枥，志在千里。”后遂用为典故，比喻年虽老迈，犹有远大抱负。杜甫《赠韦左丞丈》：“老骥思千里，饥鹰待一呼。”又《赠别贺兰铦》：“老骥倦骧首，苍鹰愁易驯。”权德舆《奉和崔评事寄外甥刘同州并见寄之作》：“老骥念千里，饥鹰舒六翮。”刘禹锡《学阮公体三首》之二：“朔风悲老骥，秋霜动鸷禽。”

二　画

考〔kǎo《广韵》苦浩切，上晧，溪。〕❶古代称死去的父亲为考。王勃《倬彼我系》之五：“曰天曰人，是祖是考。”亦称死去的皇帝。韩愈《郓州溪堂诗》：“及我宪考，一收正之。”按：考，指去世的唐宪宗。❷省察，考察。韩愈《晚秋郾城夜会联句》：“终朝考蓍龟，何日亲烝礿。”吕岩《赠刘方处士》：“何如识个玄玄道，道在杳冥须细考。”❸考核。玄宗《春晚宴两相及礼官丽正殿学士探得风字》序：“及命礼官，考制度，稽典则。”刘禹锡《历阳书事七十韵》引：“至则考图经，参见事，为之诗，俟采风云之夜讽者。”无名氏《国学新修五经壁歌》记：“辩齐、鲁之音取其宜，考古今之文取其正。”❹考试。易重《寄宜阳兄弟》：“内庭再考称文异，圣主宣名奖艺奇。”❺考课。刘商《题刘偃庄》：“门前种稻三回熟，县里官人四考归。”韩愈《示爽》：“名科掩众俊，州考居吏前。”白居易《醉后狂言酬赠萧殷二协律》：“若令在郡得五考，与君展覆杭州人。”李洞《赠昭应沈少府》：“东送西迎终几考，新诗觅得两三联。”参见“考課”。❻探索，研究。杜甫《八哀诗·故秘书少监武功苏公源明》：“读书东岳中，十载考坟典。”杜牧《池州送孟迟先辈》：“且复考诗书，无因见簪笏。”❼成，落成。亦指宫寝落成之礼。丘光庭《补新宫》序：“盖文王作丰之时，新建宫室，宫室初成而祭之，因之以燕宾客，谓之为考。考，成也。”参见“考室”。❽合，符合。皮日休《奉酬崔璐进士见寄次韵》：“句句考事实，篇篇穷玄虚。”❾敲，击。李白《白鸠辞》：“铿鸣钟，考朗鼓。”窦庠《于阗钟歌送灵彻上人归越》：“大鸣小鸣须在君，不击不考终不闻。”白居易《新乐府·华原磬》序：“故老云：泗滨磬下，调之不能和，得华原石考之乃和，由是不改。”陆龟蒙《村夜二篇》之二：“堂上考华钟，门前伫高驾。”

【考日】　考察日月的运行。罗让《闰月定四时》：“余分将考日，积算自成时。”

【考功】　官名。吏部属官。有郎中、员外郎各一人，掌内外文武官吏之考课。张敬忠《咏王主敬》：“有意嫌兵部，专心望考功。”白居易《履信池樱桃岛上醉后走笔送别舒员外兼寄宗正李卿考功崔郎中》：“忽忆与宗卿闲饮日，又忆与考功狂醉时。”郑谷《右省补阙张茂枢同在谏垣邻居光德迭和篇什未尝间时忽见贻因抒酬寄》：“考功岂敢闻题品，水部犹须系挈维。”李端《慈恩寺怀旧》序：“余去夏五月，与耿湋、司空文明、吉中孚，同陪故考功王员外，来游此寺。”温庭筠有《赠考功卢郎中》。

【考功第】　指进士科第。唐代在开元二十三年(735)以前，进士考试由吏部考功员外郎主持，故称“考功第”。开元二十四年以后，始改由礼部侍郎主持。杜甫《壮游》：“忤下考功第，独辞京尹堂。”

【考功郎中】　官名。吏部属官。掌内外文武官员之考课。一般由郎中判京官考，员外郎判外官考。高适《信安王幕府诗》序：“时考功郎中王公、司勋郎中刘公、主客郎中魏公、侍御史李公、监察御史崔公咸在幕府。”卢纶有《赴池州拜觐舅氏留上考功郎中舅》。参见“考功”。

【考古】　考核研究古代典章制度等各种事物。韩愈《晚秋郾城夜会联句》：“告成上云亭，考古垂矩矱。”杜牧《洛中送冀处士东游》：“论今星璨璨，考古寒飕飕。”李中《清溪逢张惟贞秀才》：“考古书千卷，忘忧酒一樽。”

【考考】　击鼓声。韩愈《郓州溪堂诗》：“既歌以舞，其鼓考考。”

【考成室】　宫寝落成之礼。见《诗·小雅·斯干序》。丘光庭《补新宫》序：“考，成也。若宣王斯干考成室之类是也。”参见“考室”。

【考官】　主持考试的官吏。韩愈《寄崔二十六立之》：“佳句喧众口，考官敢瑕疵。”

【考城】　县名。治所在今河南民权县东北。刘长卿有《对雨赠济阴马少府考城蒋少府兼献成武五兄南华二兄》。

【考室】　❶宫寝落成之礼。后泛指宫殿。见《汉书·翼奉传》。《郊庙歌辞·享太庙乐章·承光舞》：“中兴考室，永陈彝祖。”❷建筑住宅。宋之问《蓝田山庄》：“考室先依地，为农且用天。”钱起《送沈仲》：“考室晋山下，归田秦岁初。”

【考捶】　拷打。司空图《冯燕歌》：“诬执张婴不自明，贵免生前遭考捶。”

【考落】　谓宫室建成、落成。丘光庭《补新宫》之二：“我既考落，以燕群臣。”

【考評】　考察评判。韩愈《示儿》：“来过亦无事，考评道精粗。”

【考鼓】　击鼓。李白《春日行》：“三千双蛾献歌笑，挝钟考鼓宫殿倾，万姓聚舞歌太平。”

【考試】　考查测验其学识才能。元稹《自述》：“天子下帘亲考试，宫人手里过茶汤。”

【考槃】　❶用作咏隐居或闲居的典故。杜甫《别董颋》:"汉阳颇宁静,岘首试考槃。"岑参《太一石鳖崖口潭旧庐招王学士》:"此地可遗老,劝君来考槃。"刘长卿《瓜洲驿奉饯张侍御公拜膳部郎中却复宪台充贺兰大夫留后》:"江国伤移律,家山忆考槃。"白居易《题卢秘书夏日新栽竹二十韵》:"湘竹初封植,卢生此考槃。"李群玉《自澧浦东游江表途出巴丘投员外从公虞》:"谁昔探花源,考槃西岳阳。"❷指隐居或在野的贤士。高适《同群公十月朝宴李太守宅》:"良牧征高赏,褰帷问考槃。"钱起《中书王舍人辋川旧居》:"谁谓桃源里,天书问考槃。"

【考槃詩】 指《诗·卫风·考槃》。吴筠《题龚山人草堂》:"但歌考槃诗,不学梁父吟。"

【考察】 观察研究。陈子昂《夏日晖上人房别李参军崇嗣》序:"考察天人,旁罗变动。"

【考實】 考核实情。李华《杂诗六首》之五:"求名不考实,文弊反成蠹。"卢纶《纶与吉侍郎中孚司空郎中曙苗员外发崔补阙峒耿拾遗沣李校书端风尘追游向三十载畅博士当感怀前踪有五十韵见寄辄有所酬以申悲旧》:"考实绩无取,责能才固轻。"

【考課】 唐代考核官吏的一种办法。按一定的标准考核其政绩,分别第级,决定升降赏罚。一般每年进行一次小考,评定当年为政优劣;三至四年进行一次大考,对其任期内的政绩作出鉴定。考核标准分为"四善""十二最",考核等级分为九等。见《唐会要》卷八一、《新唐书·百官志》《容斋四笔》卷七。权德舆《户部王曹长杨考功崔刑部二院长并同钟陵使府之旧因以寄赠又陪郎署喜甚常僚因书所怀且叙所知》:"闲成考课奏,别贡贤良书。"白居易《杜陵叟》:"长吏明知不申破,急敛暴征求考课。"

【考曆】 考核历法。张濯《迎春东郊》:"考历明三统,迎祥受万人。"

【考績】 吏部根据国家规定和标准,考核官吏的成绩。中宗《景龙四年正月五日移仗蓬莱宫御大明殿会吐蕃骑马之戏因重为柏梁体联句》:"文江学海思济航,万邦考绩臣所详。"刘商《送庐州贾使君拜命》:"考绩朝称贵,时清武用文。"

【考鐘】 敲钟。古代官宦之家宴饮时多击钟奏乐。韩愈《城南联句》:"考钟馈殽核,戛鼓侑牢牲。"

四　画

者 〔zhě《广韵》章也切,上馬,章。〕❶指示代词。与"这"同。蜀主王衍《醉妆词》词:"者边走,那边走,只是寻花柳。那边走,者边走,莫厌金杯酒。"❷助词。(1)附在动词、形容词或介词词组、动宾词组等之后,组成"者"字结构来代人、地、事、物。玄宗《春中兴庆宫酺宴》序:"所宝者粟,所贵者贤,故以宵旰为怀,黎元在念。"高适《苦雪四首》之四:"乃知古时人,亦有如我者。"岑参《送崔全被放归都觐省》:"夫子不自炫,世人知者稀。"韩愈《调张籍》:"流落人间者,太山一毫芒。"元稹《解秋十首》之九:"来者承玉体,去者流芳尘。"皮日休《鲁望读襄阳耆旧传见赠五百言予次而赞之因而寄答亦诗人无言不酬之义也次韵》:"知者竞欲戴,嫉者或将诟。"(2)附在数词之后,组成"者"字结构来代人、物或事。杜甫《雷》:"二者存一端,愆阳不犹愈。"白居易《中隐》:"穷通与丰约,正在四者间。"(3)附在"今""昔""古""昨"等时间名词之后,组成"者"字结构,来代时间。岑参《西蜀旅舍春叹寄朝中故人呈狄评事》:"昨者初识君,相看俱是客。"杜甫《偪仄行赠毕曜》:"我贫无乘非无足,昔者相过今不得。"韩愈《感春四首》之四:"今者无端读书史,智慧只足劳精神。"杜牧《冬至日寄小侄阿宜诗》:"近者四君子,与古争强梁。"李商隐《韩碑》:"古者世称大手笔,此事不系于职司。"(4)用在名词或主语之后,表示提顿,引出陈述或判断。骆宾王《伤祝阿王明府》序:"然而始终者万物之大归,生死者百年之常分。"宋璟《奉和御制璟与张说源乾曜同日上官命宴都堂赐诗应制》:"不知周勃者,荣幸定何如?"韩愈《送惠师》:"惠师浮屠者,乃是不羁人。"白居易《寄唐生》:"唐生者何人,五十寒且饥。"刘禹锡《送僧方及南谒柳员外》序:"影不出山者十年,尝登最高峰,四望天海,冲然有远游之志。"陆龟蒙《读襄阳耆旧传因作诗五百言寄皮袭美》:"孔明卧龙者,潜伏躬耕耨。"❸语气词。用在句尾,表示疑问语气。孟浩然《仲夏归汉南园寄京邑耆旧》:"予复何为者?栖栖徒问津。"高适《饯宋八充彭中丞判官之岭南》:"离别胡为者?云霄迟尔升。"皇甫冉《卖药人处得南阳朱山人书》:"卖药何为者?逃名市井居。"刘禹锡《贾客词》:"农夫何为者?辛苦事寒耕。"白居易《读张籍古乐府》:"张君何为者?业文三十春。"

耆1 〔qí《广韵》渠脂切,平脂,羣。〕古称六十岁曰耆。《礼记·曲礼上》:"六十曰耆。"后泛指老、老人。崔枢《赐耆老布帛》:"殊私及耆老,圣德赈黎元。"雍陶《送客归襄阳旧居》:"襄阳耆旧别来稀,此去何人共掩扉。"吕岩《忆江南》词之六:"丹田流注气交通,耆老反婴童。"

耆2 〔zhǐ《集韵》軫視切,上旨,章。〕致,致使。柳宗元《奉平淮夷雅表·皇武》之一:"皇耆其武,于溵于淮。"

【耆人】 老者,老年人。李白《白鸠辞》:"天子刻玉杖,镂形赐耆人。"

【耆山】 耆阇崛山的简称。在中印度摩揭陀国王舍城东北，世尊说法之地。义净《在西国怀王舍城》："已毕耆山本愿城难遇，终望持经振锡往神州。"参见"耆闍"。

【耆艾】 长老；老年人。六十曰耆，五十曰艾。玄宗《早登太行山中言志》："宣风问耆艾，敦俗劝耕桑。"元稹《代曲江老人百韵》："尚齿惇耆艾，搜材拔积薪。"

【耆老】 老年人。王翰《饮马长城窟行》："问之耆老何代人，云是秦王筑城卒。"卢纶《送张郎中还蜀歌》："迎车拜舞多耆老，旧卒新营遍青草。"张籍《送杨少尹赴满城》："自废田园今作主，每逢耆老不呼名。"白居易《别州民》："耆老遮归路，壶浆满别筵。"

【耆年】 ❶老年人。亦指德高望重之人。刘宪《奉和圣制幸望春宫送朔方大总管张仁亶》："命将择耆年，图功胜必全。"❷谓到达老年。聂夷中《短歌》："耆年无一善，何殊食乳儿。"

【耆叟】 老叟，老人。玄宗《经河上公庙》："昔闻有耆叟，河上独遗荣。"

【耆宿】 德高望重的老者。陈元光《语州县诸公敏续》："定策参耆宿，输忠奉简书。"

【耆耋】 老年人。亦指年高有德的长者。储光羲《巩城东庄道中作》："幸逢耆耋话，余待亲邻别。"元友让《复游浯溪》："悲凉问耆耋，疆界指垂杨。"沈亚之《文祝延二阕》序："或谓军副者能变风从律，善阐物志，因耆耋为请，于是与文以通其意。"

【耆闍】 （一shé）❶耆阇崛山的简称。意译为"灵鹫山"。因山顶似鹫，山中多鹫，故名。在古印度摩揭陀国王舍城东北部。相传释迦牟尼曾在此居住和说法多年。宋之问《游法华寺》："高岫拟耆阇，真乘引妙车。"❷指佛教、佛寺。毕乾泰《奉和九月九日登慈恩寺浮图应制》："耆阇妙法阐，王舍睿文流。"

【耆闍寺】 佛寺名。故址在今湖北松滋市。孟浩然有《与张折冲游耆阇寺》。

【耆舊】 ❶德高望重的老人。沈佺期《少游荆湘因有是题》："岁时宜楚俗，耆旧在襄川。"李颀《答高三十五留别便呈于十一》："累荐贤良皆不就，家近陈留访耆旧。"张籍《霅溪西亭晚望》："吴兴耆旧尽，空见白蘋洲。"袁皓《重归宜春偶成十六韵寄朝中知己》："乡曲多耆旧，逢迎尽杖藜。"❷泛指老年人。孟浩然《送韩使君除洪州都曹》："衣冠列祖道，耆旧拥前旌。"杜甫《忆昔二首》之二："伤心不忍问耆旧，复恐初从乱离说。"岑参《燉煌太守后庭歌》："燉煌耆旧鬓皓然，愿留太守更五年。"李商隐《漫成五章》之五："两都耆旧偏垂泪，临老中原见朔风。"

耄 〔mào《广韵》莫報切，去号，明。〕❶年老。《礼记·曲礼上》："八十、九十曰耄。"韩愈《荐士》："酸寒溧阳尉，五十几何耄。"白居易《高仆射》："预恐耄及时，贪荣不能退。"鲍溶《途中旅思二首》之一："生期三万日，童耄半虚掷。"陆龟蒙《南泾渔父》："我初簪鱼鳖，童丱至于耄。"吕岩《三字诀》："若不行，空老耄。"❷昏惑；昏乱。白居易《耳顺吟寄敦诗梦得》："已过爱贪声利后，犹在病羸昏耄前。"又《谈氏小外孙玉童》："自念老夫今耄矣，因思稚子更茫然。"

【耄年】 老年；老年人。吕岩《五言》之十："耄年服一粒，立地变冲童。"

【耄倪】 指老小。见《孟子·梁惠王下》。皮日休《太湖诗·太湖石》："求之烦耄倪，载之劳舳舻。"

五 画

耇 〔gǒu《广韵》古厚切，上厚，見。〕亦作"耈""耉"。年老，高寿。亦指年高有德之人。韩愈《元和圣德诗》："续功臣嗣，拔贤任耉。"

六 画

耋 〔dié《广韵》徒結切，入屑，定。〕泛指老年。王绩《古意六首》之四："寄言悠悠者，无为嗟大耋。"元有让《复游浯溪》："悲凉问耆耋，疆界指垂杨。"孟郊《晚雪吟》："小儿击玉指，大耋歌圣朝。"刘禹锡《和牛相公题姑苏所寄太湖石兼寄李苏州》："采取询乡耋，搜求按旧经。"陆龟蒙《彼农二章》之一："大耋既鲐，童子未髫。"

【耋老】 ❶年老。韩愈《寄崔二十六立之》："我虽未耋老，发秃骨力羸。"❷老年人。陆龟蒙《战秋辞》："斧抵耋老，干穿乳儿。"

而部

而〔ér《广韵》如之切,平之,日。〕❶代词。(1)你;你的。元结《忝官引》:“而可爱轩裳,其心又干进。”又《喻常吾直》:“来者罢而官,岂得不为辱。”(2)此,这个。皎然《奉应颜尚书真卿观玄真子画洞庭三山歌》:“如何万象自心出,而心澹然无所营。”❷副词。(1)表示时间,相当于“乃”。玄宗《端午三殿宴群臣》序:“闻蝉声而悟物变,见槿花而惊候改。”李华《咏史十一首》之七:“何意李司隶,而当昏乱时。”杜甫《过津口》:“回首过津口,而多枫树林。”(2)表示范围,相当于“唯”“只有”。刘长卿《客舍赠别韦九建造赴任就便觐省》:“而我倦栖屑,别君良郁陶。”戴叔伦《奉天酬别郑谏议云逵卢拾遗景亮见别之作》:“而我方老大,颇为风眩迫。”司空图《自诫》:“众人皆察察,而我独昏昏。”(3)表示继续,相当于“犹”“还”。李白《送岑征君归鸣皋山》:“奈何天地间,而作隐沦客。”薛据《登秦望山》:“而多渔商客,不悟岁月穷。”❸连词。(1)表示并列,相当于“与”“又”。杜易简《湘川新曲二首》之一:“昭潭深无底,橘洲浅而浮。”李白《公无渡河》:“被发之叟狂而痴,清晨临流欲奚为。”何敬《题吉州龙溪》:“龙溪之山秀而峙,龙溪之水清无底。”(2)表示承接动作因循相继,相当于“就”。杜审言《和李大夫嗣真奉使存抚河东》:“莫以崇班阂,而云胜托捐。”德宗《送徐州张建封还镇》:“勿以千里遥,而云无己知。”王周《齿落词》:“吾齿右排上,一齿脱而去。”(3)表示递进,相当于“并且”。杜审言《送和西蕃使》:“疆埸及无事,雅歌而餐饭。”李白《入彭蠡经松门观石镜题诗书游览之志》:“况属临泛美,而无洲渚喧。”皎然《周长史昉画毗沙门天王歌》:“雅而逸,高且真,形生虚无忽可亲。”吴融《祝风三十二韵》:“粤余病眠久,而复家无峙。”(4)表示转折,相当于“却”“然而”。孟浩然《下赣石》:“榜人苦奔峭,而我忘险艰。”李颀《题少府监李丞山池》:“他人骕骦马,而我薜萝心。”元结《舂陵行》:“悉使索其家,而又无生资。”陆龟蒙《奉酬袭美先辈吴中苦雨一百韵》:“而我正萎痿,安能致诃咄。”(5)表示因果,相当于“因而”“所以”。孟浩然《赠萧少府》:“闻君秉高节,而得奉清颜。”储光羲《贻袁三拾遗谪作》:“天子俭为德,而能清约身。”杜甫《赠蜀僧闾丘师兄》:“景晏步修廊,而无车马喧。”刘长卿《送薛据宰涉县》:“夫君多述作,而我常讽味。”(6)连接状语于动词。李白《梦游天姥吟留别》:“霓为衣兮风为马,云之君兮纷纷而来下。”陆龟蒙《奉和袭美酒中十咏·酒城》:“必若据而争,先登仪狄氏。”❹介词。以,用以。高适《辟阳城》:“传道汉天子,而封审食其。”❺助词。(1)用于句末,表感叹语气。萧颖士《江有归舟三章》之三:“予其怀而,勉尔无忘。”褚朝阳《五丝》:“把酒时伸奠,汨罗空远而。”宋华《蝉鸣一篇五章》之三:“蝉鸣蝉鸣,幽畅乎而!”(2)用作形容词、副词的后缀。犹然。王湾《奉使登终南山》:“闲襟超已胜,回路倏而及。”杜甫《雨》:“行云递崇高,飞雨霭而至。”(3)用在“今”“后”等表示时间、方位词前,相当于“以”。参见“而今”“而後”。(4)用于句中,表示语气的舒缓。玄宗《春中兴庆宫酺宴》序:“水泛泛而龙池满,日迟迟而凤楼曙。”李白《幽涧泉》:“中见愁猿吊影而危处兮,叫秋木而长吟。”(5)表示偏正关系,相当于“之”“的”。《郊庙歌辞·梁太庙乐舞辞·象功舞》:“雄名不朽,奕叶而光。”亦相当于“地”“着”。贺知章《唐禅社首乐章·寿和》:“乐盈而反,礼顺其禋。”王维《燕子龛禅师》:“瀑泉吼而喷,怪石看欲落。”

【而乃】 连词。表示承接。犹然后。李华《杂诗六首》之五:“儒风冠天下,而乃败王度。”

【而已】 助词。表示仅止于此。犹罢了。李颀《送刘四赴夏县》:“脱略势利犹埃尘,啸傲时人而已矣。”元结《演兴四首·闵岭中》:“将与身而皆亡,岂言之而已乎。”韩愈《寄卢仝》:“玉川先生洛城里,破屋数间而已矣。”白居易《晚起闲行》:“午斋何俭洁,饼与蔬而已。”

【而今】 如今,现在。杜甫《客堂》:“忆昨离少城,而今异楚蜀。”张叔卿《流桂州》:“莫问苍梧远,而今世路难。”韦庄《得故人书》:“殷勤问我归来事,双阙而今画不如。”

【而今而後】 从今以后。白居易《自诲》:“而今而后,汝宜饥而食,渴而饮,昼而兴,夜而寝。”

【而况】 连词。何况。白居易《赠内》:“他人尚相勉,而况我与君。”陆龟蒙《鹤媒歌》:“而况世间有名利,外头笑语中猜忌。”

【而後】 ❶以后。贯休《杜侯行》:“四海无波八表臣,如今而后君看取。”参见“而今而後”。❷连词。然后。沈千运《山中作》:“寂寞了闲事,而后知天真。”

三　画

耐 〔nài《广韵》奴代切，去代，泥。〕❶禁得起；受得住。《广韵·代韵》："耐，忍也。"李白《古风》之二八："华鬓不耐秋，飒然成衰蓬。"皇甫曾《寄刘员外长卿》："疏发应成素，青松独耐霜。"白居易《桐花》："况吾北人性，不耐南方热。"吴融《红树》："自是孤根非暖地，莫惊他木耐秋风。"❷适宜；适合。杜甫《洗兵马》："青春复随冠冕入，紫禁正耐烟花绕。"岑参《晦日陪侍御泛北池》："春池满复宽，晦节耐邀欢。"冯著《短歌行》："贞芳日有分，生长耐相容。"齐己《白发》："白虽无耐药，黑也不禁秋。"❸愿意；宁愿。李白《送殷淑三首》之一："惜别耐取醉，鸣榔且长谣。"李嘉祐《送王牧往吉州谒王使君叔》："细草绿汀洲，王孙耐薄游。"吴融《即席十韵》："妒蝶长成伴，伤鸾耐得孤。"张文成《游仙窟诗·又赠十孃》："口上珊瑚耐拾取，颊里芙蓉堪摘得。"❹犹"奈"。无奈；奈何。杜甫《七月三日因论壮年乐事戏呈元二十一曹长》："亭午减汗流，北邻耐人聒。"高蟾《吴门春雨》："王孙不耐如丝雨，买断春风一寸心。"张琰《春词二首》之一："春情不可耐，愁杀闺中妇。"

【耐可】 ❶宁可，愿得。李白《秋浦歌十七首》之十二："耐可乘明月，看花上酒船。"刘长卿《赴宣州使院夜宴留辞韦使君》："耐可机心息，其如羽檄何。"吴祕《风光草际浮》："耐可披襟对，谁应满掬收。"❷哪可，安得。李白《陪族叔晔及贾舍人至游洞庭五首》之二："南湖秋水夜无烟，耐可乘流直上天。"

【耐冷】 经得起寒冷。李商隐《霜月》："青女素娥俱耐冷，月中霜里斗婵娟。"

【耐凉】 经得起寒凉。鲍溶《见袁德师侍御说江南有仙檀花因以戏赠》："闻说天坛花耐凉，笑风含露对秋光。"

【耐寒】 能经受寒冷。寒山《诗三百三首》之一四："未必长如此，芙蓉不耐寒。"杜甫《人日两篇》之二："尊前柏叶休随酒，胜里金花巧耐寒。"王贞白《折杨柳三首》之四："嫩叶初齐不耐寒，风和时拂玉栏干。"

【耐煩】 谓能忍受烦闷，常与"不"字连用。刘希夷《秋日题汝阳潭壁》："幽人不耐烦，振衣步闲寂。"皎然《题山壁示道维上人》："物外从知少，禅徒不耐烦。"

【耐戰】 能坚持作战。杜甫《兵车行》："况复秦兵耐苦战，被驱不异犬与鸡。"

【耐辱】 能忍受屈辱。司空图《题休休亭》："若曰尔何能，答言耐辱莫。"

耎 〔ruǎn《广韵》而兖切，上獮，日。〕同"軟"。❶柔软。李贺《南园十三首》之九："泉沙耎卧鸳鸯暖，曲岸回篙舴艋迟。"❷弱，懦弱。周繇《嘲段成式》："报仇惭选耎，存想恨逶迟。"

耒 部

耒 〔lěi《广韵》盧對切，去隊，來。又力軌切，上旨，來。〕古代一种可以脚踏的木制翻土农具。皮日休《鲁望昨以五百言见贻因成一千言上述吾唐文物之盛次叙相得之欢亦迭和之微旨也》："乃将耒与耜，并换椠与铅。"唐彦谦《和陶渊明贫士诗七首》之五："德成禄自至，释耒列王官。"詹敦仁《柳堤诗》："息耒柳阴下，读书稻田隅。"

【耒水】 湘江支流。发源自湖南东南桂东县北，流经资兴、永兴、耒阳等地。北流至衡阳市入湘江。元稹《哭吕衡州六首》之六："耒水波文细，湘江竹叶轻。"

【耒江】 即耒水。孟宾于《耒阳杜工部墓》："一夜耒江雨，百年工部文。"

【耒耜】 ❶古代耕地翻土的农具。耒是耒耜的柄，耜是耒耜下端的起土部分。常衮《和考功员外杪秋忆终南旧宅之作》："晓霜凝耒耜，初日照梧桐。"柳宗元《首春逢耕者》："眷然抚耒耜，回首烟云横。"白居易《归田三首》之二："迎春治耒耜，候雨辟菑畬。"❷借指耕种。丘为《题农父庐舍》："沟塍流水处，耒耜平芜间。"钱起《南溪春耕》："沟塍落花尽，耒耜度云回。"韩愈《寄卢仝》："国家丁口连四海，岂无农夫亲耒耜。"又《奉和杜相公太清宫纪事陈诚上李相公十六韵》："耒耜兴姬国，輴欙建夏家。"

【耒陽】 县名。秦置，治所即今湖南耒阳市。南朝梁、陈间移治今耒阳市东北。隋改为涞阴县。唐武德四年(621)复为耒阳县，并还旧治。杜甫《聂耒阳以仆阻水书致酒肉疗饥荒江诗得代怀兴尽本韵至县呈聂令》："耒阳驰尺素，见访荒江眇。"皮日休《鲁望昨以五百言见贻因成一千言上述吾唐文物之盛次叙相得之欢亦迭和之微旨也》："谁知耒阳土，埋却真神仙。"贯休《读杜工部集二首》之二："不知耒阳令，何以葬先生？"

【耒陽山】 在今湖南汝城县南。耒水出于此。杜荀鹤《哭陈陶》："耒阳山下伤工部，采石江边吊翰林。"

【耒陽江】 即耒水。郑谷《送田光》："耒阳江口春山绿，恸哭应寻杜甫坟。"

【耒陽杜工部祠堂】 即"耒陽杜工部墓"。徐介、孟宾于皆有《耒阳杜工部祠堂》。

【耒陽杜工部墓】 《旧唐书·杜甫传》谓杜甫"啖牛肉白酒，一夕而卒于耒阳。"因葬于耒阳。罗隐有《经耒阳杜工部墓》。

【耒陽谿】 即耒水。戎昱有《耒阳谿夜行》。

四 画

耕 〔gēng《广韵》古莖切，平耕，見。〕❶翻土犁田。元结《漫歌八曲·将牛何处去二首》之一："将牛何处去，耕彼故城东。"权德舆《送从弟谒员外叔父回归义兴》："来酌林中酒，去耕湖上田。"姚合《罢武功县将入城》之一："欲泥山僧分屋住，羞从野老借牛耕。"皮日休《南阳》："废路塌平残瓦砾，破坟耕出烂图书。"❷种田；播种。泛称农事活动。刘长卿《送齐郎中典括州》："劝耕沧海畔，听讼白云中。"郎士元《送王司马赴润州》："暂屈文为吏，聊将禄代耕。"鲍溶《冬夜答客》："学耕不逢年，稂莠败黍禾。"徐夤《绿鬓》："躬耕为食古人操，非织不衣贤者心。"

【耕十畝田】 谓弃仕归田。韩愈《岳阳楼别窦司直》："誓耕十亩田，不取万乘相。"

【耕人】 农民。姚合《酬薛奉礼见赠之作》："栖栖沧海一耕人，诏遣江边作使君。"郑谷《经贾岛墓》："水绕荒坟县路斜，耕人讶我久咨嗟。"李频《五月一日蒙替本官不得随例入阙感怀献送相公》："折狱也曾为俗吏，劝农元本是耕人。"司空图《即事九首》之一："陂痕侵牧马，云影带耕人。"

【耕山】 开垦荒山。泛指耕种。陈沆《闲居》："扫地云黏帚，耕山鸟怕牛。"刘乙《句》："扫石云随帚，耕山鸟傍人。"

【耕夫】 农夫。张继《阊门即事》："耕夫召募逐楼船，春草青青万顷田。"徐仲雅《耕夫谣》："出门逢耕夫，颜色必不乐。"薛逢《灵台家兄古镜歌》："耕夫不解珍灵异，翻惧赫连神作祟。"黄滔《书事》："望岁心空切，耕夫尽把弓。"

【耕牛】 耕田用的牛。于濆《沙场夜》："耕牛朝挽甲，战马夜衔铁。"陆龟蒙《刈穫》："欲卖耕牛弃水田，移家且傍三茅宅。"殷尧藩《关中伤乱后》："关西归战马，海内卖耕牛。"薛逢《邻相反行》："夜开沟水绕稻田，晓叱耕牛垦塉土。"

【耕父】（—fǔ）古代传说中的神名。或以为旱鬼。陆龟蒙《奉酬袭美先辈吴中苦雨一百韵》："耕父蠹齐民，农夫思旱魃。"

【耕田】用犁翻松田土。杜甫《遣兴三首》之三："耕田秋雨足，禾黍已映道。"贯休《怀匡山山长二首》之二："觅句曾冲虎，耕田半为僧。"

【耕民】农夫，农民。张祜《华清宫和杜舍人》："守吏齐鸳瓦，耕民得翠珰。"

【耕地】翻松田土。姚合《原上新居》："借牛耕地晚，卖树纳钱迟。"杜荀鹤《题历山舜祠》："昔舜曾耕地，遗风日寂寥。"

【耕衣】耕种者所穿之衣。徐夤《宋二首》之一："赌将金带惊寰海，留得耕衣诫子孙。"

【耕作】从事农耕。李白《战城南》："匈奴以杀戮为耕作，古来唯见白骨黄沙田。"韦应物《园林晏起寄昭应朝明府卢主簿》："田家已耕作，井屋起晨烟。"姚合《过张邯郸庄》："时清士人闲，耕作唯文词。"

【耕垡】耕田翻土。韩愈《送文畅师北游》："余期报恩后，谢病老耕垡。"皮日休《太湖诗・桃花坞》："当岭残耕垡，将洞任回环。"

【耕耘】翻土除草。亦泛指农耕。高适《酬庞十兵曹》："雨泽感天时，耕耘忘帝力。"丁泽《良田无晚岁》："不任耕耘早，偏宜黍稷良。"孟郊《叹命》："归去不自息，耕耘成楚农。"张直《宿顾城二首》之二："吾村耕耘叟，多获于锄耕。"

【耕烟】亦作"耕煙"。农家炊烟。多谓隐居生活。曹松《拜访陆处士》："将知谷口耕烟者，低视齐梁楚赵君。"张观《过衡山赠廖处士》："到头终为苍生起，休恋耕煙楚水溃。"

【耕桑】种田与养蚕。杜甫《别蔡十四著作》："尚思未朽骨，复睹耕桑民。"韩愈《送灵师》："耕桑日失隶，朝署时遗贤。"李绅《闻里谣效古歌》："劝年少，乐耕桑。"卢群玉《投卢尚书》："从来若把耕桑定，免恃雕虫误此生。"

【耕耒】即耒。古代的一种翻土农具。刘长卿《早春赠别赵居士还江左时长卿下第归嵩阳旧居》："予亦返柴荆，山田事耕耒。"贯休《上孙使君》："鼓角穿冻云，恩波动耕耒。"

【耕犁】耕田犁地。泛指耕作。李白《万愤词投魏郎中》："舜昔授禹，伯成耕犁。"韦应物《答库部韩郎中》："愚者世所遗，沮溺共耕犁。"孟郊《寒溪》之三："幽幽棘针村，冻死难耕犁。"袁皓《重归宜春偶成十六韵寄朝中知己》："有村皆绩纺，无地不耕犁。"

【耕钓】喻隐居不仕。相传商伊尹未仕时耕于莘野，周吕尚未仕时钓于渭水，后常以"耕钓"喻隐居不仕。元结《酬裴云客》："耕钓以为事，来家樊水阴。"又《樊上漫作》："且欲学耕钓，于斯求老焉。"袁皓《及第后作》："蓬瀛乍接神仙侣，江海回思耕钓人。"孙元晏《咏史诗・宋・王方平》："拂衣耕钓已多时，江上山前乐可知。"

【耕塲】即耕地。张籍《江村行》："耕场磷磷在水底，短衣半染芦中泥。"

【耕莘夫】指农夫。相传伊尹未遇汤时耕于莘野，隐居乐道。见《孟子・万章上》。詹敦仁《柳堤诗》："以乐尧舜道，同是耕莘夫。"

【耕農】指务农。杜荀鹤《伤硖石县病叟》："无子无孙一病翁，将何筋力事耕农。"

【耕鉏】耕锄。包佶《尚书宗兄使过诗以奉献》："上官唯揖让，半禄代耕钼。"白居易《即事寄微之》："畲田涩米不耕钼，旱地荒园少菜蔬。"

【耕煙】见"耕烟"。

【耕蓑】农夫的蓑衣。崔道融《溪上遇雨二首》："耕蓑钓笠取未暇，秋田有望从淋漓。"

【耕種】（—zhòng）耕耘种植。韦应物《观田家》："田家几日闲，耕种从此起。"钱起《岁初归旧山》："石田耕种少，野客性情闲。"皇甫冉《太常魏博士远出贼庭江外相逢因叙其事》："只应穷野外，耕种且相依。"张籍《野老歌》："老农家贫在山住，耕种山田三四亩。"

【耕績】耕种的实绩。指农业收入。吴筠《高士咏・楚狂接舆夫妻》："傲然辞征聘，耕绩代禄秩。"

【耕稼】指种庄稼。蔡希寂《同家兄题渭南王公别业》："曾为诗书癖，宁惟耕稼任。"李颀《无尽上人东林禅居》："顾余守耕稼，十载隐田园。"韦应物《冬夜宿司空曙野居因寄酬赠》："遂性在耕稼，所交唯贱贫。"汪遵《南阳》："陆困泥蟠未适从，岂妨耕稼隐高踪。"

【耕鋤】耕田除草。亦泛指农耕。姚合《武功县中作三十首》之二六："须为长久事，归去自耕锄。"胡曾《咏史诗・谷口》："子真独有烟霞趣，谷口耕锄到白头。"又《咏史诗・南阳》："世乱英雄百战余，孔明方此乐耕锄。"杜荀鹤《书斋即事》："乡里老农多见笑，不知稽古胜耕锄。"

【耕樵】耕田与砍柴。借指隐逸生活。项斯《杭州江亭留题登眺》："因谁报隐者，向此得耕樵。"李洞《寄太白隐者》："栈阁交冰柱，耕樵隔日轮。"

【耕耨】耕田除草。泛指耕种。储光羲《田家杂兴八首》之六："忘此耕耨劳，愧彼风雨好。"刘禹锡《畲田行》："巴人拱手吟，耕耨不关心。"陆龟蒙《读襄阳耆旧传因作诗五百言寄皮袭美》："孔明卧龙者，潜伏躬耕耨。"陈陶《和江西李助副使早登开元寺阁》："南朝空苍莽，楚泽稀耕耨。"

【耕墾】耕田垦荒。张祜《悲纳铁》："谁谓今来正耕垦，却销农器作戈矛。"

【耕斸】　泛指耕种。韩愈《送侯参谋赴河中幕》："惟当待责免，耕斸归沟塍。"张碧《农父》："运锄耕斸侵星起，陇亩丰盈满家喜。"

【耕蓺】　泛指耕植。吴筠《高士咏·荷蓧晨门》："荷蓧隐耕艺，晨门潜抱关。"

【耕穫】　耕种与收获。韩愈、李正封《晚秋郾城夜会联句》："且待献俘囚，终当返耕获。"

【耕織】　耕种纺织。张乔《江楼作》："南人废耕织，早晚罢王师。"

【耕犢】　幼小的耕牛。薛逢《题独孤处士村居》："江上园庐荆作扉，男驱耕犊妇鸣机。"

【耕巖】　汉名士郑子真隐居不仕，躬耕于岩石之下，名动京师。见扬雄《法言·问神》。后以"耕巖"指隐居。杜甫《寄张十二山人》："耕岩非谷口，结草即河滨。"又《夔府书怀四十韵》："钓濑疏坟籍，耕岩进弈棋。"

【耕蠶】　犹耕桑。张祜《江南杂题三十首》之十六："僻居成懒病，春至强耕蚕。"

【耕鑿】　❶耕田凿井。见汉王充《论衡·艺增》所引《击壤歌》。后用以形容人民辛勤劳动，生活安定。杜甫《吾宗》："耕凿安时论，衣冠与世同。"薛存诚《闻击壤》："耕凿方随日，恩威比望云。"❷泛指农耕，务农。骆宾王《畴昔篇》："挂冠裂冕已辞荣，南亩东皋事耕凿。"刘长卿《题王少府尧山隐处简陆鄱阳》："买田楚山下，妻子自耕凿。"钱起《东溪杜野人致酒》："早冬耕凿暇，弋雁复烹鱼。"姚合《原上新居》："借牛耕地晚，卖树纳钱迟。"

耘　〔yún《广韵》王分切，平文，云。〕❶除草。韦应物《晚出沣上赠崔都水》："首起趣东作，已看耘夏田。"韦应物《任洛阳丞请告一首》："著书复何为，当去东皋耘。"白居易《赠友五首》之二："畲田既墉斫，稻田亦懒耘。"李商隐《子初郊墅》："亦拟村南买烟舍，子孙相约事耕耘。"❷喻辛勤攻读。韩愈《送刘师服》："勉哉耘其业，以待岁晚收。"

【耘耔】　谓除草培土。出《诗·小雅·甫田》。后以"耘耔"泛指从事田间劳动。亦用以指从事田间劳动的人。韩愈《寄卢仝》："去年生儿名添丁，意令与国充耘耔。"

【耘田】　耕田。顾况《山居即事》："抱孙堪种树，倚杖问耘田。"贯休《富贵曲二首》之二："宁知耘田车水翁，日日日炙背欲裂。"

【耘草】　锄草。温庭筠《病中书怀呈友人》："转蓬随款段，耘草辟墁垆。"

【耘植】　耕耘栽种。泛指农事。宋之问《过中书元舍人山斋》："清言尽场圃，嘉话数耘植。"

【耘鋤】　❶去除。亦泛指农事。元稹《田野狐兔行》："种豆耘锄，种禾沟甽。"薛逢《邻相反行》："我今躬耕奉所天，耘锄刈获当少年。"❷引申为整治。杜甫《谒文公上方》："甫也南北人，芜蔓少耘锄。"

【耘耨】　铲除杂草。舒元舆《坊州按狱》："去恶犹农夫，稂莠须耘耨。"

耗[1]　〔hào《广韵》呼到切，去号，曉。〕❶消耗；亏损。元稹《分水岭》："终年汲引绝，不耗复不盈。"姚合《武功县中作三十首》之三："簿书销眼力，杯酒耗心神。"皮日休《暇日独处寄鲁望》："幽慵不觉耗年光，犀柄金徽乱一床。"陆龟蒙《南泾渔父》："终朝获鱼利，鱼亦未常耗。"❷损害。白居易《东南行一百韵》："沉冥消意气，穷饿耗肌肤。"❸音讯。李商隐《即日》："赤岭久无耗，鸿门犹合围。"司空图《寄考功王员外》："喜闻三字耗，闲客是陪游。"郑谷《多虞》："多虞难住人稀处，近耗浑无战罢棋。"❹方言称老鼠为"耗子"。简称为"耗"。罗隐《圣真观刘真师院十韵》："野耗鸢肩寄，仙书鸟爪封。"

耗[2]　〔máo《集韵》謨袍切，平豪，明。〕罄尽。苏拯《雉兔者》："所猎一何酷，终年耗林麓。"

【耗衰】　消耗衰减。李华《杂诗六首》之三："正销神耗衰，邪胜体充盈。"

【耗盡】　消耗殆尽。吕岩《赠刘方处士》："悠悠忧家复忧国，耗尽三田元宅火。"

【耗磨】　指耗磨日。张说《耗磨日饮二首》之一："耗磨传兹日，纵横道未宜。"

【耗磨日】　指农历正月十六日。张说有《耗磨日饮二首》。

【耗磨辰】　即耗磨日。张说《耗磨日饮二首》之二："上月今朝减，流传耗磨辰。"

【耗顇】　疲劳憔悴。元稹《和李校书新题乐府十二首·蛮子朝》："戎王养马渐多年，南人耗悴西人恐。"

七　画

耡　〔chú《广韵》士魚切，平魚，崇。又牀據切，去御，崇。〕同"鋤"。见"耡耰"。

【耡耰】　耕种。韩愈《赴江陵途中寄三学士》："果然又羁縶，不得归耡耰。"

九　画

耦　〔ǒu《广韵》五口切，上厚，疑。〕二人并肩而耕。见《论语·微子》。韦应物《秋郊作》："方愿沮溺耦，淡泊守田庐。"韩愈《元和圣德诗》："来请来觐，十百其耦。"亦泛指耕作。钱起《赠柏岩老人》:"独歌还独酌,不耕亦不耦。"

【耦耕】 二人并耕。后亦泛指农事或务农。窦常《途中立春寄杨郇伯》:"风前独去马,泽畔耦耕人。"刘禹锡《重答柳柳州》:"耦耕若便遗身老,黄发相看万事休。"贾岛《别徐明甫》:"百战余荒野,千夫渐耦耕。"司空曙《送王先生归南山》:"爱子方传业,无官自耦耕。"

十 画

耨 〔nòu《广韵》奴豆切,去候,泥。〕锄。耨与锄一物而异名。亦指用耨除草,泛指农活。韦应物《答冯鲁秀才》:"薄田失锄耨,生苗安可任。"白居易《和三月三十日四十韵》:"水苗泥易耨,畬粟灰难锄。"李绅《闻里谣效古歌》:"冬有褴襦夏有絺,兄锄弟耨妻在机。"舒元舆《坊州按狱》:"去恶犹农夫,稂莠须耘耨。"皮日休《二游诗·徐诗》:"东皋耨烟雨,南岭提薇蕨。"

【耨田】 耕田。寒山《诗三百三首》之七三:"妇女慵经织,男夫懒耨田。"

【耨月耕煙】 耕种于烟月之中。徐夤《鸿门》:"耨月耕烟水国春,薄徒应笑作农人。"

【耨水耕山】 耕种于山水间。徐夤《新葺茆堂》之二:"耨水耕山息故林,壮图嘉话负前心。"

【耨鉏】 耕锄。陆龟蒙《读襄阳耆旧传因作诗五百言寄皮袭美》:"或耨鉏翳荟,或整理错谬。"

十五画

耰 〔yōu《广韵》於求切,平尤,影。〕农具名。状如榔,用以击碎土块,平整土地和覆种。亦泛指耕种。顾况《上古之什补亡训传十三章·上古一章》:"禾秀盛苗衰,耕之耰之。"

耳　部

耳〔ěr《广韵》而止切，上止，日。〕❶耳朵。人与哺乳动物的听觉和平衡器官。白居易《邓鲂张彻落第》："众耳喜郑卫，琴亦不改声。"姚合《杨州春词三首》之三："春风荡城郭，满耳是笙歌。"吴融《赠方干处士歌》："句满天下口，名聒天下耳。"韦庄《陪金陵府相中堂夜宴》："满耳笙歌满眼花，满楼珠翠胜吴娃。"❷听，用耳听。韩愈、孟郊《纳凉联句》："目林恐焚烧，耳井忆瀺灂。"钱仲联集释引孙汝听曰："耳井，听井也。"❸谷物经雨后所生的芽。李建勋《闲出书怀》："溪田雨涨禾生耳，原野莺啼黍熟时。"《占四时甲子雨》："秋雨甲子，禾头生耳。"❹语气词。(1)表示限制语气，犹"而已""罢了"。卢象《送綦毋潜》："出处暂为耳，沉浮安系哉。"杜甫《荆南兵马使太常卿赵公大食刀歌》："魑魅魍魉徒为耳，妖腰乱领敢欣喜。"李商隐《井泥四十韵》："不独帝王耳，臣下亦如斯。"(2)表示肯定的语气或语句的停顿与结束。韩愈《谁氏子》："罚一劝百政之经，不从而诛未晚耳。"白居易《病中诗十五首》序："冬十月甲寅旦，始得风痹之疾，体瘝目眩，左足不支，盖老病相乘时而至耳。"

【耳井】 听井。韩愈、孟郊《纳凉联句》："目林恐焚烧，耳井忆瀺灂。"

【耳目】 ❶耳朵和眼睛。皎然《奉和颜使君真卿与陆处士羽登妙喜寺三癸亭》："境新耳目换，物远风烟异。"白居易《短歌曲》："耳目聋暗后，堂上调丝竹。"蒋防《题杜宾客新丰里幽居》："风泉输耳目，松竹助玄虚。"皮日休《太湖诗·游毛公坛》："一窥耳目眩，再听云发坚。"亦指似耳目者。陆龟蒙《奉和袭美古杉三十韵》："节穿开耳目，根瘿坐熊罴。"❷能起耳目作用的事物。许浑《中秋夕寄大梁刘尚书》："刁斗严更军耳目，戈铤长控国咽喉。"❸喻指亲信。刘叉《雪车》："天子端然少旁求，股肱耳目皆奸慝。"亦指辅佐。白居易《叙德书情四十韵上宣歙翟中丞》："股肱分外守，耳目付中司。"

【耳朵】 听觉和平衡器官。人和哺乳动物的耳朵分为外耳、中耳和内耳三部分。内耳除管听觉外，还管身体的平衡。徐仲雅《闲居》："屋面尽生人耳朵，篱头多是老翁须。"

【耳衣】 戴在耳朵上御寒的工具。李廓《送振武将军》："金装腰带重，铁缝耳衣寒。"

【耳冷】 听觉不灵敏。白居易《城盐州》："东西亘绝数千里，耳冷不闻胡马声。"

【耳界】 佛家指听觉所及之范围。白居易《重题香炉峰下新卜山居草堂东壁》："从兹耳界应清净，免见啾啾毁誉声。"

【耳重】 （一zhòng）听觉迟钝。张籍《咏怀》："眼昏书字大，耳重觉声高。"韦蟾《赠商山僧》："师言耳重知师意，人是人非不欲闻。"

【耳根】 ❶耳朵的根部。亦借指耳朵。白居易《琴酒》："耳根得听琴初畅，心地忘机酒半酣。"皮日休《奉和鲁望闲居杂题五首·醒闻桧》："耳根莫厌听佳木，会尽山中寂静源。"❷佛教谓六根之一。指对声境而生耳识者。雍陶《安国寺赠广宣上人》："今来合掌听师语，一似敲冰清耳根。"

【耳聆】 耳闻。翁承赞《御命归乡蒙赐锦衣》："德音耳聆君恩重，金印腰悬已力微。"

【耳毫】 耳中毫毛。张祜《游仙》："赤足一仙翁，耳毫垂两颈。"

【耳喧】 耳间喧闹。陆龟蒙《村夜二篇》之一："目冷松桂寒，耳喧儿女竞。"

【耳顺】 指六十岁。白居易《耳顺吟寄敦诗梦得》："敦诗梦得且相劝，不用嫌他耳顺年。"刘禹锡《和乐天耳顺吟兼寄敦诗》："吟君新什慰蹉跎，屈指同登耳顺科。"徐夤《新屋》："耳顺何为土木勤，叔孙墙屋有前闻。"

【耳閙】 耳边喧闹。白居易《赠皇甫宾客》："耳閙久憎闻俗事，眼明初喜见闲人。"

【耳烦】 耳边烦扰。白居易《松斋偶兴》："耳烦闻晓角，眼醒见秋山。"

【耳鸣】 谓耳中作嗡鸣之声。多由中耳、内耳或神经系统的疾病所引起。严维、谢良辅《酒语联句各分一字》："耳鸣目眩驷马驰，口称童羖腹鸱夷。"卢纶《行药前轩呈董山人》："腠暖苦肌痒，藏虚唯耳鸣。"

【耳熱】 耳朵发热。李白《杂曲歌辞·侠客行》："眼花耳热后，意气素霓生。"独孤及《客舍月下对酒醉后寄毕四燿》："既醉万事遗，耳热心亦适。"韩愈《酒中留上襄阳李相公》："眼穿长讶双鱼断，耳热何辞数爵频。"刘禹锡《和乐天烧药不成命酒独醉》："醺然耳热后，暂似少年时。"

【耳輪】 耳廓的边缘。亦借指耳朵。王建《晚秋病中》:“万事风吹过耳轮，贫儿活计亦曾闻。”

【耳聰】 听觉灵敏。白居易《新乐府·秦吉了》:“耳聪心慧舌端巧，鸟语人言无不通。”修雅《闻诵法华经歌》:“世人之耳非不聪，耳聪特向经中聋。”

【耳邊】 耳旁。白居易《归履道宅》:“眼下有衣食，耳边无是非。”

【耳邊風】 耳边吹过之风。喻过耳即忘的话。语本汉赵晔《吴越春秋·吴王寿梦传》:“富贵之于我，如秋风之过耳。”杜荀鹤《赠题兜率寺闲上人院》:“百岁有涯头上雪，万般无染耳边风。”

【耳纊】 指耳衣。韩愈《苦寒》:“褰旒去耳纩，调和进梅盐。”

【耳聞眼見】 亲耳听见，亲眼看见。元稹《连昌宫词》:“翁言野父何分别，耳闻眼见为君说。”

【耳墜】 妇女耳饰。欧阳炯《南乡子》词之五:“耳坠金环穿瑟瑟，霞衣窄。”

【耳屬垣】 谓隔墙窃听。见《诗·小雅·小井》。李商隐《哭遂州萧侍郎二十四韵》:“徒欲心存阙，终遭耳属垣。”

一　画

耴 〔yì《广韵》魚乙切，入質，疑。〕见“聱耴”。

二　画

耵 〔dīng《广韵》都挺切，上迥，端。《集韵》汤丁切，平青，端。〕见“耵聹”。

【耵聹】 耳垢。韩愈《山南郑相公樊员外酬答为诗愈依赋十四韵以献》:“如新去耵聍，雷霆逼飓飓。”

耶 〔yé《广韵》以遮切，平麻，以。〕❶助词。用于句末或句中。(1)表示疑问。包融《武陵桃源送人》:“先时见者为谁耶，源水今流桃复花。”白居易《问江南物》:“归来未及问生涯，先问江南物在耶。”(2)表示选择。白居易《新乐府·李夫人》:“去何速兮来何迟，是耶非耶两不知。”又《问诸亲友》:“不知亲故口，道我是耶非。”柳曾《险竿行》:“我不知尔是人耶复猱耶？使我为尔长叹嗟。”独孤遐叔妻白氏《梦中歌》:“今夕何夕，存耶非耶?”❷通“爺”。杜甫《北征》:“见耶背面啼，垢腻脚不袜。”参见“耶孃”。

【耶溪】 即若耶溪。在今浙江绍兴市。据传为西施浣纱处。孟浩然《题云门山寄越府包户曹徐起居》:“台岭践磴石，耶溪溯林端。”秦系《耶溪书怀寄刘长卿员外》:“拟共钓竿长往复，严陵滩上胜耶溪。”白居易《酬微之夸镜湖》:“军门郡阁曾闲否，禹穴耶溪得到无?”方干《思越中旧游寄友》:“断臂青猿啼玉笥，成行白鸟下耶溪。”

【耶孃】 爹娘，父母。耶，通“爺”。王梵志《立身行孝道》:“行使长无过，耶孃高枕眠。”又《耶孃行不正》:“耶孃行不正，不事任依从。”杜甫《兵车行》:“耶孃妻子走相送，尘埃不见咸阳桥。”

四　画

耻 〔chǐ《广韵》敕里切，上止，徹。〕❶耻辱，耻辱之事。李商隐《韩碑》:“誓将上雪列圣耻，坐法宫中朝四夷。”崔湜《责躬诗》:“扃固非所耻，幽冤谁为辞。”❷羞愧。元稹《代曲江老人百韵》:“名卿唯讲德，命士耻忧贫。”

耿 〔gěng《广韵》古幸切，上耿，見。〕❶照耀；光明。太宗《帝京篇十首》之七:“斜汉耿层阁，清风摇玉树。”李峤《云》:“官名光邃古，盖影耿轻埃。”李白《秋夜宿龙门香山寺奉寄王方城十七丈奉国莹上人从弟幼成令问》:“玉斗横网户，银河耿花宫。”白居易《北亭独宿》:“悄悄壁下床，纱笼耿残烛。”❷悲伤；心情不安。韦应物《除日》:“思怀耿如昨，季月已云暮。”杜甫《遣闷》:“百年从万事，故国耿难忘。”裴夷直《扬州寄诸子》:“遥思耿不眠，淮南夜风雨。”❸耿直。韩愈《南山诗》:“参差相叠重，刚耿陵宇宙。”❹姓。参见“耿家”。

【耿十三】 耿沣。排行十三。戴叔伦有《送耿十三沣复往辽海》。

【耿介】 ❶正直不阿，廉洁自持。韩愈《送湖南李正字归》:“孤游怀耿介，旅宿梦婉娩。”皎然《送穆寂赴举》:“立身素耿介，处难思经纶。”温庭筠《感旧陈情五十韵献淮南李仆射》:“耿介非持禄，优游是养贤。”❷绝卓不群。李峤《雉》:“冀君看饮啄，耿介独含情。”李白《赠黄山胡公求白鹇》序:“然此鸟耿介，尤难畜之。”元稹《有鸟二十章》之五:“有鸟有鸟名野鸡，天姿耿介行步齐。”白居易《感鹤》:“贞姿自耿介，杂鸟何翩翾。”❸原指明亮的甲胄。引申为雄武。刘希夷《将军行》:“将军辟辕门，耿介当风立。”❹高耸突兀貌。虞世南《出塞》:“耿介倚长剑，日落风尘昏。”

【耿玉真】 事迹无考。《全唐诗》卷八九九收录其《菩萨蛮》词一首。

【耿光】 光明，光辉。肃宗《延英殿玉灵芝诗三章章八句》之一:“宗庙之福，垂其耿光。”温庭筠《鸿胪寺有开元中锡宴堂楼台池沼雅为胜绝荒凉遗址仅有存者偶成四十韵》:“玄宗昔御极,神圣垂耿光。”徐夤《客厅》:“燕台汉阁王侯事,青史千年播耿光。”

【耿拾遺】　耿沣。曾官右拾遗。卢纶有《送耿拾遗沣充括图书使往江淮》。李端有《送耿拾遗沣使江南括图书》。刘长卿有《送耿拾遗归上都》。司空曙有《残莺百啭歌同王员外耿拾遗吉中孚李端游慈恩寺各赋一物》。

【耿耿】　❶不安。韦应物《雨夜感怀》:“耿耿心未平,沉沉夜方半。”权德舆《酬穆七侍郎早登使院西楼感怀》:“耿耿宵欲半,振衣庭户前。”李郢《秦处士移家富春发樟亭怀寄》:“离别几宵魂耿耿,相思一座发星星。”❷忠诚貌。韦应物《答宾》:“持情须耿耿,故作单床寝。”❸明亮貌。沈叔安《七夕赋咏成篇》:“皎皎宵月丽秋光,耿耿天津横复长。”顾况《游子吟》:“夜晴星河出,耿耿辰与参。”韩愈《利剑》:“利剑光耿耿,佩之使我无邪心。”❹显著。戴叔伦《哭朱放》:“人世空传名耿耿,泉台香隔路茫茫。”❺超凡貌。姚合《心怀霜》:“神清方耿耿,气肃觉沉沉。”❻高远貌。贾至《巴陵早秋寄荆州崔司马吏部阎功曹舍人》:“耿耿云阳台,迢迢王粲楼。”丘丹《奉使过石门观瀑》:“溪上望悬泉,耿耿云中见。”和凝《宫词百首》之一六:“真珠帘外静无尘,耿耿凉天景象新。”

【耿恭】　后汉人,曾任校尉。驻守西域,困守疏勒城,士卒乏水饮用,恭拜井而得水泉。见《后汉书·耿恭传》。顾云《天威行》:“耿恭拜出井底水,广利刺开山上泉。”

【耿家】　指东汉初耿弇家。李端《送路司谏侍从叔赴洪州》:“勋业耿家盛,风流荀氏均。”

【耿然】　❶光明磊落。高适《秦中送李九赴越》:“适越虽有以,出关终耿然。”❷不安。马戴《秋郊夕望》:“耿然摇落思,独酌不成歌。”贾岛《酬厉玄》:“未报见君作,耿然中夜兴。”蒋吉《寄进士贾希》:“恨苦泪不落,耿然东北心。”

【耿湋】　唐诗人。河东(今山西永济市)人。为大历十才子之一。《全唐诗》收录其诗一百七十余首,编为二卷。

【耿賈】　东汉名臣耿弇和贾复的连称。李白《献从叔当涂宰阳冰》:“萧曹安屺屼,耿贾摧欃枪。”杜甫《秋日夔府咏怀奉寄郑监李宾客一百韵》:“耿贾扶王室,萧曹拱御筵。”又《述古三首》之三:“耿贾亦宗臣,羽翼共裴回。”李商隐《五言述德抒情诗一首四十韵献上杜七兄仆射相公》:“耿贾官勋大,荀杨地望清。”

【耿鄧】　东汉名臣耿弇和邓禹的连称。杜甫《谒先主庙》:“孰与关张并,功临耿邓亲。”

【耿廣州】　耿仁忠。曾任广州都督。张九龄有《酬周判官巡至始兴会改秘书少监见贻之作兼呈耿广州》。

【耿潔】　耿介高洁。顾况《严公钓台作》:“严生何耿洁,托志肩夷巢。”

【耿懷】　直率的情怀。郑谷《赠宗人前公安宰君》:“孤散恨无推唱路,耿怀吟得赠君诗。”

耽　〔dān《广韵》丁含切,平覃,端。又都感切,上感,端。〕❶玩乐,沉缅。李华《咏史十一首》之八:“文侯耽郑卫,一听一忘餐。”见“耽欲”“耽樂”。❷爱好,喜爱;专心于。崔曙《登水门楼见亡友张贞期题望黄河诗因以感兴》:“严子好真隐,谢公耽远游。”杜甫《江上值水如海势聊短述》:“为人性癖耽佳句,语不惊人死不休。”戎昱《送王明府入道》:“为耽泉石趣,不惮薜萝寒。”陆龟蒙《彼农二章》之一:“我慕圣道,我耽古书。”❸留居,耽延。李洞《题慈恩友人房》:“贾生耽此寺,胜事入诗多。”❹用同“眈”。参见“耽耽❶”。

【耽玩】　倾心赏玩。韦应物《慈恩精舍南池作》:“积喧忻物旷,耽玩觉景驰。”刘禹锡《游桃源一百韵》:“夤缘且忘疲,耽玩近成癖。”李群玉《送魏珪觐省》:“多君林泉趣,耽玩日成癖。”贾岛《早起》:“耽玩余恬爽,顾盼轻痾力。”

【耽耽】　❶眈眈。威视貌。杜牧《史将军二首》之二:“壮气盖燕赵,耽耽魁杰人。”❷深邃貌。储光羲《同王十三维偶然作十首》之八:“耽耽铜鞮宫,遥望长数里。”

【耽財】　贪图钱财。寒山《诗三百三首》之二四三:“处处无奈何,耽财好淫杀。”

【耽眠】　嗜睡。元稹《酬乐天东南行诗一百韵》:“耽眠稀醒素,凭醉少嗟吁。”

【耽酒】　极好饮酒。王维《偶然作六首》之四:“陶潜任天真,其性颇耽酒。”杜甫《述怀一首》:“汉运初中兴,生平老耽酒。”白居易《恨去年》:“老去唯耽酒,春来不著家。”李商隐《戏题赠稷山驿吏王全》:“绛台驿吏老风尘,耽酒成仙几十春。”苏文广《夜归华川因寄幕府》:“嵇康懒慢仍耽酒,范蠡逋逃又拂衣。”

【耽酒尉】　指西汉霸陵尉。卫尉将军李广削职为民后,尝夜从一骑出,从人田间饮,还至霸陵亭。霸陵尉醉,奚落并呵止李广夜行。见《史记·李将军列传》。后用以为典,借指嗜酒的县尉。贾岛《送李登少府》:“伊阳耽酒尉,朗咏醉醒新。”

【耽書】　嗜好读书。皇甫冉《送韦逸人归钟山》:“服药颜虽驻,耽书癖已成。”白居易《叙德书情四十韵上宣歙翟中丞》:“擢第名方立,耽书力未疲。”施肩吾《笑卿卿词》:“笑向卿卿道,耽书夜夜多。”李商隐《自桂林奉使江陵途中感怀寄献尚书》:“仸佛将成传,耽书或类淫。”

【耽欲】 沉溺于嗜欲。元结《系乐府十二首·寿翁兴》："不见充所求，空闻肆耽欲。"

【耽惑】 迷惑。岑参《骊姬墓下作》："献公恣耽惑，视子如仇雠。"

【耽愛】 深爱；溺爱。元结《招陶别驾家华阳作》："始知天下心，耽爱各有偏。"

【耽話】 喜爱说话，健谈。李中《江次维舟登古寺》："童子纵慵眠坏榻，老僧耽话指诸峰。"

【耽寢】 喜爱睡眠。元稹《晨起送使病不行因过五十一馆居二首》之二："野人爱静仍耽寝，自问黄昏肯去无。"

【耽樂】 （一lè）沉湎于享乐。德宗《中和节赐群臣宴赋七韵》："耽乐岂予尚，懿兹时景良。"卢仝《自咏三首》之三："生涯身是梦，耽乐酒为乡。"

五 画

聃 〔dān《广韵》他酣切，平谈，透。〕相传为老子的字。张九龄《故刑部李尚书荆谷山集会》："尝闻继老聃，身退道弥耽。"

聆 〔líng《广韵》郎丁切，平青，來。〕听，闻。张九龄《九月九日登龙山》："且泛篱下菊，还聆郢中唱。"皎然《白云上人精舍寻抒山禅师兼示崔子向何山道上人》："识妙聆细泉，悟深涤清茗。"元稹《春晚寄杨十二兼呈赵八》："空际扬高蝶，风中聆素琴。"陈抟《石刻诗》："因聆玄论冥冥理，转觉尘寰一梦中。"

【聆音】 闻声。刘禹锡《奉和淮南李相公早秋即事寄成都武相公》："聆音还窃抃，不觉抚么弦。"

聊 〔liáo《广韵》落萧切，平萧，來。〕❶依靠，倚赖。权德舆《早夏青龙寺致斋凭眺感物因书十四韵》："尘劳期抖擞，陟降聊俯偻。"参见"聊赖"。❷暂时，姑且，暂且。太宗《帝京篇十首》之二："岩廊罢机务，崇文聊驻辇。"杜甫《自京赴奉先县咏怀五百字》："沈饮聊自适，放歌颇愁绝。"白居易《官舍小亭闲望》："持此聊自足，心力少营为。"殷尧藩《酬雍秀才二首》之二："兴来聊赋咏，清婉逼阴何。"❸苟且。白居易《叹鲁二首》之二："颜子何如人，屡空聊过日。"❹地名。古聊城。参见"聊城""聊攝"。

【聊以】 姑且，姑且用来。太宗《重幸武功》："于焉欢击筑，聊以咏南风。"李白《游谢氏山亭》："借君西池游，聊以散我情。"欧阳詹《有所恨二章》序："又与生别，掺执都门，生脱紫罗半臂，曰：'即日相去秦吴，聊以为忆。'"刘斌《和谒孔子庙》："遗风暖如此，聊以慰蒸求。"

【聊且】 姑且。韩愈《和虞部卢四酬翰林钱七赤藤杖歌》："妍辞丽句不可继，见寄聊且慰分司。"柳宗元《植灵寿木》："敢期齿杖赐，聊且移孤茎。"李商隐《细雨成咏献尚书河东公》："府公能八咏，聊且续新题。"王周《齿落词》："不须考前古，聊且为近喻。"

【聊用】 姑且，姑且用来。韦应物《寄职方刘郎中》："一夕南宫遇，聊用写中情。"元稹《竞舟》："习俗难尽去，聊用去其尤。"刘言史《葛中歌》："篱边折枯蒿，聊用簪华发。"李商隐《海客》："只应不惮牵牛妒，聊用支机石赠君。"

【聊賴】 寄托、依赖。指生活上的凭借或精神上的寄托。宋之问《王昭君》："辛苦无聊赖，何堪上马辞。"赵嘏《昔昔盐二十首·暗牖悬珠网》："妾意何聊赖，看看剧断弦。"

【聊因】 表示由于某种原因，姑且如此。韦应物《简恒璨》："聊因遇澄静，一与道人期。"又《喜园中茶生》："聊因理郡余，率尔植荒园。"郎士元《送韦湛判官》："聊因送归客，更此望乡山。"

【聊城】 县名。秦置，治所在今山东聊城市西北。北魏太和二十三年(499)移治今聊城市东北。唐天祐三年(906)改为聊邑县。战国时，燕攻齐，掠城七十余。齐将田单欲收复聊城，攻之年余未下。齐人鲁仲连修书系于箭，射入城中，劝燕将撤军。燕将得书，悦服，罢兵而去，遂解齐国之围。见《战国策·齐策六》。刘长卿《送卢侍御赴河北》："莫学仲连逃海上，田单空愧取聊城。"吴筠《高士咏·鲁仲连》："一言却秦围，片札降聊城。"皎然《酬乌程杨明府华将赴渭北对月见怀》："大敌折齐俎，一书下聊城。"张祜《寄献萧相公》："暂向聊城飞一箭，长为沧海系扁舟。"

【聊城功】 春秋时齐田单攻聊城岁余不下，鲁仲连乃为书射城中遗燕将。燕将见书泣三日，乃自杀。田单遂屠聊城。见《史记·鲁仲连邹阳列传》，后遂以"聊城功"为鲁仲连取聊城之典。李白《五月东鲁行答汶上君》："我以一箭书，能取聊城功。"

【聊待】 姑待。杜甫《四松》："足以送老姿，聊待偃盖张。"

【聊欲】 姑欲。贾至《闲居秋怀寄阳翟陆赞府封丘高少府》："枕席相远游，聊欲浮沧浪。"

【聊將】 （一jiāng）姑且用来。李峤《田假限疾不获还庄载想田园兼思亲友率成短韵用写长怀赠杜幽素》："及此承休告，聊将狎遁肥。"太宗《饯中书侍郎来济》："聊将分袂沾巾泪，还用持添离席觞。"李端《长安感事呈卢纶》："聊将呈匠伯，今已学愚公。"

【聊復】 姑且。韦应物《晚出沣上赠崔都水》："行忻携手归，聊复饮酒眠。"张祜《酬郑模司直见寄》："故人沧海曲，聊复话平生。"吴融《雪十韵》："自怜曾未至，聊复赋玄功。"

【聊話】 闲话。李中《江南重会友人感旧二首》之一："江南重会面，聊话十年心。"

【聊爲】 （一wéi）姑且这样做。杜甫《登楼》："可怜后主还祠庙，日暮聊为梁甫吟。"

【聊當】 姑当。张祜《忆云阳宅》："聊当因寤寐，归思浩无涯。"又《早春钱塘晚眺》："聊当问真界，昨夜西峦钟。"又《题苏州灵岩寺》："聊当值僧语，尽日把松枝。"

【聊攝】 两个古地名。春秋时为齐国的西部边境。古聊城在今山东聊城市西北，古摄城在今茌平县西。亦借指唐宋州地区。储光羲《晚次东亭献郑州宋使君文》："分符指聊摄，为政本农桑。"

六 画

聒 〔guō《广韵》古活切，入末，見。〕❶频繁地称说，说个不停。杜甫《七月三日有诗因论壮年乐事戏呈元二十一曹长》："亭午减汗流，北邻耐人聒。"卢仝《寄赠含曦上人》："不见养天和，无人聒人耳。"吴融《赠方干处士歌》："句满天下口，名聒天下耳。"齐己《酬尚颜上人》："不妨好鸟喧高卧，切忌闲人聒正吟。"❷声音喧闹、嘈杂。杜甫《夏日李公见访》："苦道此物聒，孰谓吾庐幽。"韩愈《双鸟诗》："有耳聒皆聋，有口反自羞。"陆龟蒙《引泉诗》："寒声入烂醉，聒破西窗眠。"刘兼《对雨》："幽庭凝碧亦涟漪，檐霤声繁聒梦归。"❸烦扰。杜甫《北征》："翻思在贼愁，甘受杂乱聒。"

【聒地】 声音振动地面。皎然《从军行五首》之一："汉鞞秋聒地，羌火昼烧云。"

【聒耳】 指声音刺耳难听。岑参《田使君美人舞如莲花北铤歌》："始知诸曲不可比，采莲落梅徒聒耳。"罗隐《城西作》："野禽鸣聒耳，庭草绿侵阶。"

【聒破】 震醒。陆龟蒙《引泉诗》："寒声入烂醉，聒破西窗眠。"

【聒聒】 ❶嘈杂。引申为热闹。王梵志《运命满悠悠》："运命满悠悠，人生浪聒聒。"一钵和尚《我钵歌》："阿剌剌，闹聒聒，总是悠悠造末挞。"❷象声词。皇甫冉《杂言月洲歌送赵冽还襄阳》："流聒聒兮湍与濑，草青青兮春更秋。"

【聒夢】 谓嘈声惊梦。刘兼《对雨》："幽庭凝碧亦涟漪，檐霤声繁聒梦归。"

【聒亂】 指声音震耳。韩愈《双鸟诗》："自从两鸟鸣，聒乱雷声收。"

七 画

聖 〔shèng《广韵》式正切，去勁，書。〕❶事无不通，超越凡人者。《郊庙歌辞·享太庙乐章·景云舞》："惟睿作圣，惟圣登皇。"❷聪明睿智。刘希夷《谒汉世祖庙》："君容穆而圣，臣像俨犹贤。"白居易《贺雨》："君以明为圣，臣以直为忠。"韦表微《池州夫子庙麟台》："孔不自圣，麟不自祥。"修雅《闻诵法华经歌》："能使迷者醒，狂者定，垢者净，邪者正，凡者圣。"❸圣人。指儒家所称道德智慧极高超的理想人物。亦专指孔子。寒山《诗三百三首》之二一六："自古多少圣，叮咛教自信。"杜甫《发同谷县》："贤有不黔突，圣有不暖席。"韦表微《池州夫子庙麟台》："圣与时合，代行位尊。"李绅《渡西十六韵》："望祷依前圣，垂休冀厚生。"❹古之王天下者。亦为帝王的美称。李峤《游苑遇雪应制》："散漫祥云逐圣回，飘飘瑞雪绕天来。"杜甫《往在》："不知二圣处，私泣百岁翁。"元稹《宪宗章武孝皇帝挽歌词三首》之一："国付重离后，身随十圣仙。"李商隐《韩碑》："誓将上雪列圣耻，坐法宫中朝四夷。"❺犹言神圣的。封建时代称颂帝王或与帝王有关的事物之词。杜甫《述古三首》之三："岂惟高祖圣，功自萧曹来。"参见"聖代""聖旨"。❻对于精通某种技艺或擅长某事造诣极深的人的尊称。杜甫《饮中八仙歌》："张旭三杯草圣传，脱帽露顶王公前。"又《殿中杨监见示张旭草书图》："斯人已云亡，草圣秘难得。"李白《月下独酌四首》之四："所以知酒圣，酒酣心自开。"❼神异，神奇；灵异。高适《醉后赠张九旭》："兴来书自圣，醉后语尤颠。"元结《引极三首·怀潜君》："彼潜君兮圣且神，思一见兮藐无因。"王建《赠洪誓师》："识病方书圣，谙山草木灵。"杨嗣复《丁巳岁八月祭武侯祠堂因题临淮公旧碑》："谋猷期作圣，风俗奉为神。"杨牢《赠舍弟》："早驱风雨知龙圣，饿食鱼虾觉虎羞。"❽指佛。贯休《送五天僧入五台五首》之四："结印魔应哭，游心圣不知。"❾清酒的代称。亦泛称酒。任希古《和东观群贤七夕临泛昆明池》："不挹兰樽圣，空仰桂舟仙。"李白《月下独酌四首》之二："已闻清比圣，复道浊如贤。贤圣既已饮，何必求神仙。"韩愈《感春四首》之二："惜哉此子巧言语，不到圣处宁非痴。"

【聖人】 ❶指品质最高尚、智慧最高超的人。王维《送秘书晁监还日本国》序："海东国，日本为大，服圣人之训，有君子之风。"李华《杂诗六首》之二："圣人端其源，上下皆有则。"王建《宋氏五女》"自得圣人心，不因儒者知。"周昙《咏史诗·吟叙》："历代兴亡亿万心，圣人观古贵知今。"❷指孔子。白居易《春雪》："我观圣人意，鲁史有其说。”姚合《拾得古砚》：“或恐先圣人，尝用修六籍。”皮日休《鲁望昨以五百言见贻因成一千言上述吾唐文物之盛次叙相得之欢亦迭和之微旨也》：“圣人病殁世，不患穷而蹎。”❸君主。封建时代对帝王的尊称。杜甫《自京赴奉先县咏怀五百字》：“圣人筐篚恩，实欲邦国活。”高适《李云南征蛮诗》：“圣人赫斯怒，诏伐西南戎。”顾况《八月五日歌》：“八月五日佳气新，昭成太后生圣人。”白居易《长庆二年七月自中书舍人出守杭州路次蓝溪作》：“圣人存大体，优贷容不死。”❹清酒的别称。亦指酒之清者。寒山《诗三百三首》之一〇七：“满卷才子诗，溢壶圣人酒。”陆龟蒙《对酒》：“后代称欢伯，前贤号圣人。”

【聖人言】　指孔子的言论。李郢《试日上主司侍郎》：“闭户偶多乡老誉，读书精得圣人言。”

【聖人之訓】　指孔子的教诲。王维《送秘书晁监还日本国》序：“服圣人之训，有君子之风。”

【聖人酒】　清酒的别称。寒山《诗三百三首》之一〇七：“满卷才子诗，溢壶圣人酒。”

【聖上】　封建时代对皇帝的敬称。赵居贞《云门山投龙诗》序：“余撰良日，爰及中元、下元，并躬行为圣上祈寿。”滕珦《释奠日国学观礼闻雅颂》：“圣上尊儒学，春秋奠茂勋。”齐己《送节大德归阙》：“圣上方虚席，僧中正乏贤。”

【聖女】　圣洁的女子。后多指女神。许浑《圣女祠》：“停车祀圣女，凉叶下阴风。”

【聖女祠】　祠在今陕西宝鸡市境。见《水经注·漾水》。李商隐有《圣女祠》和《重过圣女祠》。许浑和储嗣宗亦有《圣女祠》。

【聖王】　❶古指才德超群达到至境的帝王。白居易《赠友五首》之二：“所以先圣王，弃藏不为珍。”皮日休《正乐府十篇·贪官怨》：“吾闻古圣王，天下无遗士。”❷指天王。欧阳炯《题景焕画应天寺壁天王歌》：“圣王怒色览东西，剑刃一挥皆整齐。”

【聖天子】　对君王的美称。李益《登长城》：“当今圣天子，不战四夷平。”杜牧《感怀诗一首》：“元和圣天子，英明汤武上。”皮日休《七爱诗·李太尉》：“所谓圣天子，难得忠贞臣。”

【聖日】　❶圣时，圣明之时。王甚夷《风不鸣条》：“圣日祥风起，韶晖助发生。”张乔《北山书事》：“圣日雄藩静，秋风老将闲。”王贞白《宫池产瑞莲》：“圣日临双丽，恩波照并妍。”❷对日的美称。杨系《小苑春望宫池柳色》：“皇风吹欲断，圣日映愈明。”吕岩《五言》之十五：“寒云连地转，圣日满天明。”❸指帝王降诞日。广宣《早秋降诞日献寿二首应制》：“万方瞻圣日，九土仰清光。”

【聖水】　宗教信徒及迷信者用以降福、驱邪、治病的水。李商隐《镜槛》：“玉集胡沙割，犀留圣水磨。”

【聖文】　圣明文治。白居易《七德舞》：“岂徒辉神武，岂徒夸圣文。”吴融《和皮博士赴上京观中修灵斋赠威仪尊师兼见寄》：“白云乡路看看到，好驻流年翊圣文。”

【聖文神武皇帝】　指玄宗。杜甫《观公孙大娘弟子舞剑器行》序：“自高头宜春梨园二伎坊内人洎外供奉，晓是舞者，圣文神武皇帝初，公孙一人而已！”

【聖心】　帝心，帝王之心。宋之问《上阳宫侍宴应制得林字》：“广乐张前殿，重裘感圣心。”李益《送韩将军还边》：“圣心戎寄重，未许让恩私。”苗仲方《仲秋太常寺观公辂车拜陵》：“圣心何所寄，惟德在无忘。”

【聖功】　❶帝王的功业。马植《奉和白敏中圣道和平致兹休运岁终功就合咏盛明呈上》：“指挥貔武皆神算，恢拓乾坤是圣功。”徐元鼎《太常寺观舞圣寿乐》：“冲融和气洽，悠远圣功长。”❷神灵的功夫。❸神灵的功力。玄宗《幸凤泉汤》：“阴谷含神爨，汤泉养圣功。”

【聖世】　犹圣代。方干《寄台州孙从事百篇》：“圣世科名酬志业，仙州秀色助神机。”

【聖札】　帝王的诏令。张说《羽林恩召观御书王太尉碑》：“陇首名公石，来承圣札归。”孙逖《春初送吕补阙往西岳勒碑得云字》：“箧中缄圣札，岩下揖神君。”

【聖布】　帝王的布政。彭伉《青云干吕》：“圣布中区化，祥符异域云。”

【聖丘】　指孔子。韩愈、孟郊《远游联句》：“怀糈馈贤屈，乘桴追圣丘。”

【聖代】　合乎圣道的朝代。多谀称当代。李白《献从叔当涂宰阳冰》：“吾家有季父，杰出圣代英。”李益《送同落第者东归》：“圣代谁知者，沧洲今独还。”姚合《和元八郎中秋居》：“圣代无为化，郎中似散仙。”徐铉《送和州张员外为江都令》：“由来圣代怜才子，始觉清风激懦夫。”

【聖主】　对当代帝王的尊称。李白《峨眉山月歌送蜀僧晏入中京》：“我似浮云殢吴越，君逢圣主游丹阙。”马戴《下第寄友人》：“圣主尊黄屋，何人荐白衣。”刘兼《去年今日》：“圣主若容辞重禄，便归烟水狎群鸥。”徐铉《病题二首》之一：“圣主优容恩未答，丹经疏阔病相陵。”

【聖母】　❶对皇太后的尊称。陈子昂《庆云章》：“非我圣母，庆云谁光？”❷谓神女。古代各地多有圣母庙、圣女祠。鲍溶《送王炼师》：“圣母祠堂药树香，邑君承命荐椒浆。”钱弘倧有《再游圣母阁》。

【聖母閣】　阁名。在浙江省。圣母，女神。旧时各地有圣母祠、圣母阁等。钱弘倧有《再游圣母阁》。

【聖年】 犹圣时。郭求《日暖万年枝》："阳德符君惠，嘉名表圣年。"

【聖后】 圣君。张说《唐享太庙乐章・太和》："时文圣后，清庙肃邕。"赵彦昭《奉和送金城公主适西蕃应制》："圣后经纶远，谋臣计画多。"杜审言《大酺》："圣后乘乾日，皇明御历辰。"齐己《谢丁秀才见示赋卷》："圣后求贤久，明公得隽稀。"

【聖旨】 帝王的命令和意旨。沈佺期《移禁司刑》："圣旨垂明德，冤囚岂滥诛。"杜甫《入奏行赠西山检察使窦侍御》："此行入奏计未小，密奉圣旨恩宜殊。"许棠《送徐侍御充南诏判官》："彤庭传圣旨，异域化戎情。"花蕊夫人徐氏《宫词》之一一一："日晚阁门传圣旨，明朝尽放紫宸朝。"

【聖材】 指明君。孙元晏《咏史诗・吴・孙坚后》："委存张公翊圣材，几将贤德赞文台。"

【聖男】 传说中有道之士。吕岩《酹江月》词："仙花朵秀，圣男灵女扳折。"

【聖私】 皇上的恩私。皇甫曾《送徐大夫赴南海》："旧国当分阃，天涯答圣私。"

【聖作】 ❶语本《易・乾》："圣人作而万物睹。"旧时多为称颂帝王有所作为之词。许敬宗《奉和圣制登三台言志应制》："圣作规玄造，轩阿复聿修。"❷御作，帝王的作品。王翰《奉和圣制送张尚书巡边》："宠行流圣作，寅饯照台华。"

【聖佛寺】 寺名。在今山东鄄城县(唐濮阳郡治所)。高适有《同群公登濮阳圣佛寺阁》。

【聖系】 帝王的世系。萧倣《享太庙乐章》："圣系无极，景命永昌。"

【聖言】 帝王之言。指御制。权德舆《奉和圣制丰年多庆九日示怀》："圣言在推诚，臣职惟匪躬。"

【聖君】 犹圣主。对帝王的尊称。姚合《春日早朝寄刘起居》："莫笑冯唐老，还来谒圣君。"曹松《石头怀古》："禾黍是亡国，山河归圣君。"周昙《咏史诗・春秋战国门・再吟》："能知窟穴依形势，不听谗邪是圣君。"徐夤《献内翰内杨侍郎》："丹凤诏成中使取，白龙香近圣君来。"

【聖者】 道德智慧杰出的人。王棨《上德不德》："圣者如非圣，贤者不自贤。"

【聖明】 ❶英明圣哲，无所不知。多称颂当朝皇帝或当代。寒山《诗三百三首》之七："一为书剑客，二遇圣明君。"舒元舆《八月五日中部官舍读唐历天宝已来追怆故事》："仰思圣明帝，贻祸在肘腋。"莫宣卿《百官乘月早朝听残漏》："忻逢圣明代，长愿接鹓鸾。"方干《镜湖西岛言事寄陶校书》："未必圣明代，长将云水亲。"❷皇帝的代称。白居易《放鹰》："圣明驭英雄，其术亦如斯。"徐凝《送李补阙归朝》："还从清切禁，再沐圣明恩。"❸明世，治世。孟浩然《临洞庭》："欲济舟无楫，端居耻圣明。"薛能《升平词十首》之八："君看圣明验，只此是神龟。"徐仁嗣《天骥呈材》："至德符天道，龙媒应圣明。"齐己《喜乾昼上人远相访》："圣明殊未至，离乱更应多。"

【聖明樂】 (樂 yuè)乐府，近代曲辞，商调曲。参见《乐府诗集》卷八十。《全唐诗》卷二七《杂曲歌辞》载张仲素《圣明乐》二首，令狐楚《圣明乐》一首。

【聖念】 皇上的意念。白居易《太平词二首》之一："圣念长如此，何忧不太平。"

【聖法】 谓佛法。李山甫《代张孜幻梦李白歌》："神机圣法说略尽，造化与我新精灵。"

【聖姑廟】 庙名。传说中称女子死后有灵者为圣姑。皮日休有《太湖诗・圣姑庙》。陆龟蒙亦有《奉和袭美太湖诗二十首・圣姑庙》。

【聖政紀】 书名。穆宗临朝，与群臣言奏政事之实录。来鹄《圣政纪颂》序："臣请史官执笔，当群臣奏事，随日撰录，号为圣政纪。……由是诏史职，执史笔，立于廷之下，录君臣胪句之必行，载刚毅进退之敢议，题其篇目曰《圣政纪》也。"

【聖草】 指皇帝的诗作。李峤《奉和幸三会寺应制》："天文光圣草，宝思合真如。"

【聖相】 (一xiàng)贤能的宰相。李商隐《韩碑》："帝得圣相相曰度，贼斫不死神扶持。"

【聖皇】 对皇帝的尊称。陈元光《落成会咏一首》："无孤南国仰，庶补圣皇功。"梁升卿《奉和圣制答张说扈从南出雀鼠谷》："何意重关道，千年过圣皇。"上官昭容《驾幸三会寺应制》："故台遗老识，残简圣皇求。"李商隐《韩碑》："呜呼圣皇及圣相，相与烜赫流淳熙。"

【聖泉】 泉名。在今四川中江县东南。王勃《玄武山圣泉宴》序："玄武山有圣泉焉，浸淫数百千年，垂岩泌涌，接磴分流，下瞰长江。"

【聖胎】 道教金丹的别名。吕岩《七言》之六："药返便为真道士，丹还本是圣胎仙。"又《七言》之六二："天生一物变三才，交感阴阳结圣胎。"

【聖迹】 亦作"聖跡"。有关某种宗教或其他传说的遗迹。王勃《观佛迹寺》："莲座神容俨，松崖圣跡余。"则天皇后《游仙篇》："仙储本性谅难求，圣迹奇术秘元猷。"王建《酬柏侍御闻与韦处士同游灵台寺见寄》："有泉皆圣跡，有石皆佛头。"段成式、张希复《游长安诸寺联句・靖恭坊大兴善寺・圣柱联句》："无心唯助善，圣迹此开阳。"

【聖祖】 ❶帝王的先祖。多特指开国的高祖。《郊庙歌辞・周宗庙乐舞辞・明德舞》："于铄圣祖，上帝是皇。"❷对老子的尊称。道教本称老子为太上老君。李唐王朝尊奉老子,高宗时追尊为太上玄元皇帝,至玄宗时又加号为大圣祖玄元皇帝,故称。白居易《新乐府·海漫漫》:"何况玄元圣祖五千言,不言药,不言仙,不言白日升青天。"❸指禅宗南宗创始人唐人慧能。许坚《戢兵山》:"能来斯地鼓斯鼓,尽达曹溪圣祖心。"

【聖神】　封建时代称颂帝王之词。亦借指皇帝。郭子仪《享太庙乐章·保大舞》:"于穆文考,圣神昭彰。"白居易《新乐府·蛮子朝》:"开元皇帝虽圣神,唯蛮倔强不来宾。"杜牧《题武关》:"今日圣神家四海,戍旗长卷夕阳中。"张衮《梁郊祀乐章·庆融》:"道和气兮袭氤氲,宣皇规兮彰圣神。"

【聖神宫】　指舜庙。李郃《咏舜庙古杉》:"枝头连理翠,拥护圣神宫。"

【聖祚】　❶圣年,圣寿。殷寅《玄元皇帝应见驾圣柞无疆》:"昔赞神功启,今符圣祚延。"赵蕃《老人星》:"既能符圣祚,从此表遐龄。"❷圣福,帝王福运。刘禹锡《游桃源一百韵》:"皇家感至道,圣祚自天锡。"《郊庙歌辞·后唐宗庙乐舞辞·应天舞》:"载诞英明,永光圣祚。"❸圣位,皇统。曹唐《升平词五首》之一:"远冈连圣祚,平地载神州。"

【聖祚無疆】　圣年存。祝愿皇帝长寿讼词。赵铎和殷寅皆有《玄元皇帝应见贺圣祚无疆》。

【聖真】　即睿宗李旦,玄宗李隆基父,初谥大圣真皇帝。苏颋《祭汾阴乐章》:"谁其作主,皇考圣真。"

【聖哲】　超人的道德才智。亦指具有这种道德才智的人。丁仙芝《越裳贡白雉》:"圣哲承休运,伊夔列上台。"杜甫《承闻河北诸道节度入朝欢喜口号绝句十二首》之六:"英雄见事若通神,圣哲为心小一身。"灵一《安公》:"弥天称圣哲,象法初繄赖。"白居易《东南行一百韵》:"穷通应已定,圣哲不能逾。"

【聖時】　圣明之时。张说《奉和圣制》:"大块镕群品,经生偶圣时。"许棠《讲德陈情上淮南李仆射八首》之一:"天降贤人佐圣时,自然声教满华夷。"

【聖恩】　帝王的恩宠。王昌龄《贺幸河东》:"开唐天业盛,入沛圣恩浓。"王卓《观北番谒庙》:"圣恩覃布濩,异域献精诚。"

【聖躬】　代指帝王。杜甫《收京三首》之三:"万方频送喜,无乃圣躬劳。"又《往在》:"前春礼郊庙,祀事亲圣躬。"费冠卿《答萧建》:"边鄙筹贤相,黔黎讬圣躬。"

【聖衷】　皇帝的心意。张九龄《奉和圣制过王浚墓》:"孤绩沦千载,流名感圣衷。"李商隐《今月二日不自量度辄以诗一首四十韵干渎尊严》:"系滞喧人望,便蕃属圣衷。"

【聖唐】　唐人称颂本朝。薛存诚《太学创置石经》:"圣唐复古制,德义功无替。"王毂《玉树曲》:"圣唐御宇三百祀,濮上桑间宜禁止。"

【聖酒】　皇上所赐之酒。李峤《上清晖阁遇雪》:"千钟圣酒御筵披,六出祥英乱绕枝。"宋璟《奉和御制同日上官命宴都堂赐诗应制》:"圣酒山河润,仙文象纬舒。"裴光庭《奉和圣制同日上官命宴都堂赐诗》:"天文悬瑞色,圣酒泛华茵。"

【聖容】　君王的容颜。钱镠《造寺保民》:"广崇至道尊三教,盖为生灵奉圣容。"钱元瓘《题得铜香炉》:"三天瑞气标金相,五色龙光俨圣容。"

【聖書】　圣人之书,指儒家经书。韩愈、孟郊《雨中寄孟刑部几道联句》:"圣书空勘读,盗食敢求暖。"

【聖理】　帝王的治理。李子昂《西戎即叙》:"圣理符轩化,仁恩契禹功。"

【聖域】　圣人的境界。唐彦谦《送樊琯司业归朝》:"圣域探姬孔,皇风乐禹汤。"

【聖教】　(一jiào)❶指尧、舜、文、武、周公、孔子的教导。殷文圭《省试夜投献座主》:"圣教中兴周礼在,不劳干羽舞明庭。"❷宗教信徒对所奉信的宗教的尊称。卢士衡《寄天台道友》:"且住人间行圣教,莫思天路便登龙。"

【聖基】　神圣的基业。则天皇后《唐享昊天乐·第四》:"巍巍睿业广,赫赫圣基隆。"

【聖乾】　聪明刚健。戈牢《和主司王起》:"圣乾文德最称贤,自古儒生少比肩。"

【聖得知】　神通得知。圣,犹今北方谓"神了"。韩愈《盆池五首》之四:"泥盆浅小讵成池,夜半青蛙圣得知。"

【聖情】　帝王的情绪或情意。钱起《观法驾自凤翔回》:"天旋日月来,圣情苏品物。"赵蕃《荐冰》:"仲月开凌室,斋心感圣情。"吴融《奉和御制》:"皆知圣情悦,丽藻洒芳兰。"孔德绍《观太常奏新乐》:"和云留睿赏,熏风悦圣情。"

【聖達】　圣明贤达。亦指圣明贤达者。张九龄《忝官二十年因赋诗焉》:"圣达有由然,孰是无心者。"李白《纪南陵题五松山》:"圣达有去就,潜光愚其德。"白居易《不能忘情吟》序:"予非圣达,不能忘情。"

【聖期】　圣人出世之期。裴夷直《献岁书情》:"圣期知有感,云海漫相连。"

【聖朝】　(一cháo)尊称本朝。岑参《寄左省杜拾遗》:"圣朝无阙事,自觉谏书稀。"韩愈《左迁至蓝关示侄孙湘》:"欲为圣朝除弊事,肯将衰朽惜残年。"牟融《春日山亭》:"正是圣朝全盛日,讵知林下有闲人。"李频《宣州献从叔大夫》:"闻说圣朝同汉代,已愁征入拜公卿。"

【聖惠】　帝王聪慧。惠通"慧"。周昙《咏史诗·

三代门·成王》："成王有过伯禽笞，圣惠能新日自奇。"

【聖敬文思】　指唐宣宗。大中二年(848)正月，文武百官给宣宗上徽号称"圣敬文思和武光孝皇帝"。杜牧《咏歌圣德远怀天宝因题关亭长句四韵》："圣敬文思业太平，海寰天下唱歌行。"

【聖道】　❶圣人之道。亦特指孔子之道。杜审言《和李大夫嗣真奉使存抚河东》："一闻歌圣道，助曲荷陶甄。"韦表微《池州夫子庙麟台》："圣道埋郁，人心不开。"陆龟蒙《彼农二章》之一："我慕圣道，我耽古书。"杜兼《题书卷后语》："倩俸写来手自校，汝曹读之知圣道。"❷指皇帝有道之行。李峤《皇帝上礼抚事述怀》："圣道昭永锡，邕言让在躬。"

【聖智】　聪明睿智，无不通达。亦指聪明睿智、道德高尚者。李白《赠张相镐二首》之一："圣智不失时，建功及良辰。"皮日休《奉和鲁望读阴符经见寄》："姬公树其纲，贼之为圣智。"

【聖詒】　犹圣旨。帝王传递的音讯。胡皓《奉和圣制送张尚书巡边》："利用经戎莽，英图叶圣诒。"

【聖道】　❶圣人之道。杜审言《和李大夫嗣真奉使存抚河东》："一闻歌圣道，助曲荷陶甄。"陆龟蒙《记事》："圣道庶经营，世途多踉跄。"❷孔子之道。韦表微《池州夫子庙麟台》："圣道埋郁，人心不开。"陆龟蒙《彼农二章》之一："我慕圣道，我耽古书。"杜兼《题书卷后语》："清俸写来手自校，汝曹读之知圣道。"

【聖渥】　帝王的恩泽。韦应物《和吴舍人早春归沐西亭言志》："即事同岩隐，圣渥良难违。"

【聖跡】　见"聖迹"。

【聖節】　皇帝生日。唐开元十七年(729)八月五日玄宗生日，左丞相源乾曜、右丞相张说等上表请以此日为千秋节，制许之。后历代皇帝生日或定节名，或不定节名，皆称为圣节。李洞《喜鸾公自蜀归》："归来逢圣节，吟步上尧阶。"

【聖意】　❶皇帝的旨意。韩愈《题杜工部坟》："洎乎圣意再搜求，奸臣以此欺天子。"❷谓神灵之意。王孝廉《春日对雨得情字》："疑是雨师知圣意，甘滋芳润洒羁情。"

【聖猷】　帝王的谋略。钱起《禁闱玩雪寄薛左丞》："为报诗人道，丰年颂圣猷。"欧阳詹《和严长官秋日登太原龙兴寺阁远望》："烟火遗尧庶，山河启圣猷。"吕温《顺宗至德大圣大安孝皇帝挽歌词三首》之一："遐视轻神宝，传归属圣猷。"

【聖慈】　圣明慈祥。对皇帝的尊称。杨巨源《春日奉献圣寿无疆词十首》之六："造化膺神契，阳和沃圣慈。"广宣《禁中法会应制》："空愧陪仙列，何阶答圣慈。"白居易《赠悼怀太子挽歌辞二首》之一："寿夭由天命，哀荣出圣慈。"薛逢《宣政殿前陪位观册顺宗宪宗皇帝尊号》："盛礼永尊徽号毕，圣慈南面不胜哀。"

【聖境】　宗教徒所向往的超凡入圣的境界。王昌龄《同王维集青龙寺昙壁上人兄院五韵》："圆通无有象，圣境不能侵。"

【聖壽】　皇帝的年寿和生日。李白《上云乐》："拜龙颜，献圣寿。"张祜《退宫人二首》之二："犹说入时欢圣寿，内人初著五方衣。"冯延巳《早朝》："侍臣踏舞重拜，圣寿南山永同。"无名氏《册上公太常奏雅乐》(卷七八七)："圣寿三称内，天欢九奏中。"

【聖壽南山】　皇帝的年寿与南山长在。祝皇帝长寿的颂词。冯延巳《早朝》："侍臣踏舞重拜，圣寿南山永同。"

【聖壽無疆】　永久生存。祝皇帝长寿的颂词。杨巨源有《春日奉献圣寿无疆词十首》。

【聖壽樂】　(樂 yuè)唐宫廷宴享乐曲名。高宗、武后时作，至玄宗又有新制。见《旧唐书·音乐志二》。徐元鼎有《太常寺观舞圣寿乐》。

【聖圖】　皇帝的宏图。萧昕《洛出书》："龟灵启圣图，龙马负书出。"

【聖製】　御制，皇帝作品。上官昭容有《奉和圣制立春日侍宴内殿出翦彩花应制》。李峤有《奉和圣制幸韦嗣立山庄应制》。权德舆有《奉和圣制九日言怀赐中书门下及百寮》。武元衡有《奉和圣制丰年多庆九日示怀》。

【聖誥】　皇帝的诰命。徐夤《依御史温飞卿华清宫二十二韵》："圣诰多屯否，生灵少怨尤。"

【聖緒】　皇帝的统绪。德宗《麟德殿宴百僚》："忧勤承圣绪，开泰喜时康。"来鹄《圣政纪颂》序："回天遮上，使圣绪神绩，嘉扬善讽罔得闻于千万年。"

【聖賢】　❶圣人和贤人的合称。亦泛称才智杰出者。李白《与诸公送陈郎将归衡阳》序："仲尼旅人，文王明夷，苟非其时，圣贤低眉。"许孟容《答权载之离合诗》："圣贤三代意，工艺千金字。"白居易《二月一日作赠韦七庶子》："尝闻圣贤语，所慎斋与疾。"陆龟蒙《次幽独君韵》："圣贤亦如此，恸绝真悠哉。"❷圣神贤明。李咸用《君子行》："尼甫至圣贤，犹为匡所縻。"❸清酒与浊酒的并称。白居易《和梦游春一百韵》："九酝备圣贤，八珍穷水陆。"参见"聖人❹"。

【聖賢低眉】　圣贤抑郁不伸貌。李白《与诸公送陈郎将归衡阳》序："仲尼旅人，文王明夷；苟非其时，圣贤低眉，况仆之不肖者。"

【聖憂】　皇上的忧虑。王纬《喜陆侍御破石埭草寇东峰亭赋诗》："蜂虿聚吴州，推贤奉圣忧。"

【聖慮】　君主的思虑或忧念。皎然《同诸公奉侍祭岳渎使大理卢幼平自会稽回经平望将赴于朝廷期过故林不至》："圣虑多虔肃，斋心合至灵。"郑畋《麦穗两岐》："圣虑忧千亩，嘉苗荐两岐。"

【聖德】 至高无上的道德。多用以指帝德。李绅《逾岭峤止荒陬抵高要》："玄宗圣德异文皇，不使无辜困鬼方。"罗邺《新安城》："圣德便应同险固，人心自不向忠贞。"杨齐哲《过函谷关》："圣德今无外，何处是关中。"

【聖曆】 ❶谓皇帝的历数，国运。任希古《和左仆射燕公春日端居述怀》："圣历开环象，昌年降甫申。"徐敞《虹藏不见》："舒卷应时令，因知圣历长。"方干《闰春》："自兹延圣历，谁不驻年光。"❷指帝王。武元衡《德宗皇帝挽歌词三首》之二："圣历囗勤政，瑶图庆运长。"❸谓当朝历书。王棨《元日端门肆赦》："史官开圣历，天子御层楼。"方干《岁晚苦寒》："伫看开圣历，喧煦立为期。"

【聖燈】 山谷间因光线通过云雾经衍射而产生的光环。古人以为神异，谓之圣灯。蜀太妃徐氏《三学山夜看圣灯》："圣灯千万炬，旋向碧空生。"

【聖澤】 谓皇帝的恩泽。阎朝隐《三日曲水侍宴应制》："圣泽如东海，天文似北辰。"孟简《嘉禾合颖》："八方沾圣泽，异亩发嘉禾。"薛能《下第后春日长安寓居三首》之三："全家期圣泽，半路敢农桑。"杜荀鹤《御沟柳》："日近韶光早，天低圣泽句。"

【聖聰】 称颂皇帝明察之词。亦借指帝王。王昌龄《夏月花萼楼酺宴应制》："玉陛分朝列，文章发圣聪。"方干《送睦州侯郎中赴阙》："青云旧路归仙掖，白凤新词入圣聪。"罗隐《送内使周大夫自杭州朝贡》："八都上将近平戎，便附辎轩奏圣聪。"

【聖謨】 本指圣人治理天下的宏图大略。见《书·伊训》。后亦用以美称皇帝的谋略。张说《唐享太庙乐章·文舞》："圣谟九德，真言五千。"贺知章《奉和圣制送张说上集贤学士赐宴赋得谟字》："西学垂玄览，东堂发圣谟。"白居易《新乐府·城盐州》序："美圣谟而诮边将也。"孙元宴《晋·七宝鞭》："圣谟庙略还应别，浑不消他七宝鞭。"

【聖蹤】 仙圣的踪迹。戴叔伦《听霜钟》："静听非闲扣，潜应蕴圣踪。"

【聖顏】 圣容，天子容颜。杜甫《秋兴八首》之五："云移雉尾开宫扇，日绕龙鳞识圣颜。"薛能《升平词十首》之四："圣颜初对日，龙尾竞缘云。"花蕊夫人徐氏《宫词》之六八："承奉圣颜忧误失，就中长怕内夫人。"

【聖藻】 皇帝的文辞。崔日用《奉和人日重宴大明宫恩赐彩缕人胜应制》："宸极此时飞圣藻，微臣窃抃预闻韶。"李适《奉和立春游苑迎春》："天杯庆寿齐南岳，圣藻光辉动北辰。"权德舆《奉和圣制中春麟德殿会百寮观新乐》："韶光雪初霁，圣藻风自薰。"徐铉《奉和御制茱萸》："今朝圣藻偏流咏，黄菊无由更敢邻。"

【聖牘】 皇家文牍。来鹄《圣政纪颂》："圣牍既多，尧风不浅。"

【聖籍】 圣人的述作。韩愈、孟郊《纳凉联句》："儒庠恣游息，圣籍饱商榷。"

【聖鑒】 指皇帝的鉴察。黄滔《酬俞钩》："虽忝立名经圣鉴，敢期兴咏叠嘉言。"

【聖靈】 圣人之灵。韩愈、孟郊《征蜀联句》："圣灵闵顽嚣，焘养均草蔡。"

聘 〔pìn《广韵》匹正切，去劲，滂。〕❶问，探询。韩愈《东都遇春》："既去焉能追，有来犹莫骋。"❷聘请。吴筠《高士咏·颜阖》："逃聘鄙束帛，凿坏欣茅茨。"刘禹锡《和李六侍御文宣王庙释奠作》："历聘不能用，领徒空尔为。"元稹《楚歌十首》之六："殷勤聘名士，莫但倚方城。"曹松《上广州支使王拾遗》："聘入关中去，人从帝侧来。"❸聘娶正妻。亦泛指聘娶。见《礼记·内则》。李白《白头吟》："一朝将聘茂陵女，文君因赠白头吟。"白居易《井底引银瓶》："君家大人频有言，聘则为妻奔是妾。"杜牧《张好好诗》："聘之碧瑶佩，载以紫云车。"邵谒《寒女行》："家贫人不聘，一身无所归。"❹女子出嫁。李适《奉和送金城公主适西蕃应制》："绛河从远聘，青海赴和亲。"董思恭《昭君怨二首》之一："新年犹尚小，那堪远聘秦。"

【聘用】 以礼召用。卢纶《送李校书赴东川幕》："男儿须聘用，莫信笔堪耕。"

【聘財】 订婚行聘的财礼。卢肇《戏宜春李令求厅前杜鹃》："为问河阳妖艳主，聘财却要几多钱？"

【聘賀使】 聘问朝贺之使臣。包佶有《送日本国聘贺使晁巨卿东归》。

【聘幣】 古时聘请贤人所备的币帛。姚合《赠张籍太祝》："甘贫辞聘币，依选受官资。"

【聘禮】 古代聘贤所用之礼品。姚合《和李绅助教不赴看花》："笑辞聘礼深坊住，门馆长闲似退居。"李频《送姚郜先辈赴汝州辟》："行李事寒天，东来聘礼全。"

八　画

聚 〔jù《广韵》慈庾切，上麌，從。又才句切，去遇，從。〕❶村落。见"聚落"。❷会合；聚集。孟浩然《岘山饯房琯崔宗之》："方期九日聚，还待二星回。"杜甫《遣兴五首》之二："林茂鸟有归，水深鱼知聚。"崔峒《题桐庐李明府官舍》："讼堂寂寂对烟霞，五柳门前聚晓鸦。”李洞《冬日送凉州刺史》：“兵聚边风急，城宽夜月澄。”❸积蓄，储集。李白《下途归石门旧居》：“何必长从七贵游，劳生徒聚万金产。”参见“聚財”。❹量词。堆，股。寒山《诗三百三首》之四六：“始忆八尺汉，俄成一聚尘。”贾至《出塞曲》：“万里平沙一聚尘，南飞羽檄北来人。”李山甫《山中病后作》：“云门不闭全无事，心外沉然一聚灰。”胡曾《咏史诗·钜桥》：“武王兵起无人敌，遂作商郊一聚尘。”

【聚玉】　谓执玉谒见者云集。见《左传·哀公七年》。张继《会稽郡楼雪霁》：“夏禹坛前仍聚玉，西绝浦上更飞沙。”

【聚米】　东汉初，马援曾“聚米为山谷，指画形势”，为光武帝刘秀陈述攻打隗嚣的方略。见《后汉书·马援传》。后遂用为研讨战略的典故。韦应物《酬豆卢仑曹题库壁见示》：“运筹知决胜，聚米似论边。”

【聚坐】　集中坐在一起。权龙褒《初到沧州呈州官》：“中央一群汉，聚坐打杯觥。”

【聚沙】　原喻积小善为大行。见《法华经·方便品》。后亦指幼年慕道，学佛论道。孟浩然《登总持寺浮图》：“累劫从初地，为童忆聚沙。”修雅《闻涌法华经歌》：“今日亲闻诵此经，始觉聚沙非小事。”齐己《寄怀江西僧达禅翁》：“长忆旧山日，与君同聚沙。”

【聚星】　指同道贤者。孟浩然《送洗然弟进士举》：“以吾一日长，念尔聚星稀。”参见“聚星人”。

【聚星人】　指贤人。见南朝宋刘敬叔《异苑》卷四。韦庄《新正日商南道中作寄李明府》：“踏雪偶因寻戴客，论文还比聚星人。”

【聚首】　会面。常衮《送薛县丞还家》：“聚首情犹浅，垂鞭意更深。”

【聚財】　积累财富。寒山《诗三百三首》之八六：“贪人好聚财，恰如枭爱子。”

【聚蚊】　喻众口诋毁。薛能《闻官军破吉浪戎小而固虑史氏遗忽因记为二章》之二：“越嶲通游国，苴咩闭聚蚊。”

【聚徒】　聚集门徒。慈觉《书妙圆塔院张道者屋壁》：“张道者，不聚徒，甚脱洒，不结远公白莲社。”

【聚族】　合族，全家。李涉《杪春再游庐山》：“当时手结茅，聚族长在兹。”

【聚盗】　匪盗聚集。李商隐《淮阳路》：“昔年尝聚盗，此日颇分兵。”齐己《乱中闻郑谷吴延保下世》：“国由多聚盗，天似不容贤。”

【聚散】　（一sàn）❶会聚与分散。杜甫《别赞上人》：“古来聚散地，宿昔长荆棘。”白居易《江南喜逢萧九彻戏赠五十韵》：“聚散知无定，忧欢事不常。”李群玉《重经巴丘追感》：“浮生聚散云相似，往事微茫梦一般。”鱼玄机《寄子安》：“聚散已悲云不定，恩情须学水长流。”❷偏指分散、分离。贺兰进明《行路难五首》之四：“亲故平生或聚散，欢娱未尽尊酒空。”牟融《送徐浩》：“弟兄聚散云边雁，踪迹浮沉水上鸥。”

【聚落】　村落。白居易《和梦游春诗一百韵》：“贪为苦聚落，爱是悲林麓。”薛能《凌云寺》：“万烟生聚落，一崦露招提。”

【聚棲】　群栖，集中栖息。陆龟蒙《归雁》：“月岛聚栖防暗缴，风滩斜起避惊涛。”

【聚集】　会合，集中；凑在一起。拾得《诗》之四：“聚集会亲情，总来看盘饤。”杜甫《得舍弟观书赋诗即事情见乎词》：“乱难生有别，聚集病应瘳。”白居易《江楼夜吟元九律诗成三十韵》：“星回疑聚集，月落为留连。”

【聚會】　聚集，会合。朱庆余《题崔驸马林亭》：“选居幽近御街东，易得诗人聚会同。”贾岛《忆江上吴处士》：“此地聚会夕，当时雷雨寒。”薛能《华清宫和杜舍人》：“因缘百司署，聚会一人汤。”李中《春晚招鲁从事》：“衮衮名利役，常嗟聚会稀。”

【聚德】　❶积德。骆宾王《在江南赠宋五之问》：“占星非聚德，梦月讵悬名。”❷见“聚德星”。

【聚德星】　谓德星出现。古以景星、岁星为德星，认为国有道有福或有贤人出现，则德呈现。见南朝宋刘敬叔《异苑》卷四。故后遂以“聚德星”喻指贤士聚集。杜甫《行次盐亭县聊题四韵奉简严遂州》：“全蜀多名士，严家聚德星。”亦略称“聚德”。骆宾王《在江南赠宋五之问》：“占星非聚德，梦月讵悬名。”

【聚錢】　攒钱。归处讷《咏奸汉》：“更有一般奸太煞，聚钱唯趁买金银。”

【聚賭】　聚众赌博。韩滉有《判僧云晏五人聚赌诤语》。

【聚賢人】　为咏星的典故。见南朝宋刘敬叔《异苑》卷四。李峤《星》：“今宵颍川曲，谁识聚贤人。”参见“聚德星”。

【聚頭】　聚首，会面。寒山《诗三百三首》之五六：“烹羊煮众命，聚头作婬杀。”

【聚螢】　晋车胤收聚萤光以照明攻读。见《晋书·车胤传》。后遂以为发奋攻读之典。王维《清如玉壶冰》：“晓凌飞鹊镜，宵映聚萤书。”杜甫《秦州见敕目三十韵》：“官忝趋栖凤，朝回叹聚萤。”高适《留上李右相》：“江海呼穷鸟，诗书问聚萤。”李瀚《蒙求》：“孙康映雪，车胤聚萤。”

【聚謀】　聚在一起密谋。韩愈《元和圣德诗》：“辟党聚谋，鹿头是守。”

【聚黛】　凝眉。韦应物《长安道》：“低鬟曳袖回春雪，聚黛一声愁碧霄。”

【聚斂】　搜刮。杜甫《自京赴奉先县咏怀五百字》："鞭挞其夫家，聚敛贡城阙。"

【聚糧】 积聚粮食。严维《送舍弟》："时暑嗟于迈，家贫念聚粮。"

【聚蠱】 聚集蛊虫。旧时传说，蛊是一种可置于食物里害人的毒虫。元稹《送崔侍御之岭南二十韵》序："其甚者，夷民喜聚蛊，秘方云：以含银变黑为验，攻之重雄黄。"

【聚觀】 群聚观看。宋璟《奉和圣制送张说巡边》："聚观方结辙，出祖遂倾城。"韩愈《和虞部卢四酬翰林钱七赤藤杖歌》："途经百国人莫识，君臣聚观逐旌麾。"

聞[1] 〔wén《广韵》無分切，平文，微。〕❶听见。贾至《西亭春望》："岳阳城上闻吹笛，能使春心满洞庭。"武元衡《送七兄赴歙州》："车马去憧憧，都门闻晓钟。"于濆《富农诗》："秋风一夜来，累累闻砧杵。"韦庄《梁氏水斋》："看蚁移苔穴，闻蛙落石层。"❷听说，知晓。玄宗《南出雀鼠谷答张说》："闻有鹓鸾客，清词雅调新。"崔峒《咏门下画小松上元王杜三相公》："昔闻生涧底，今见起毫端。"李商隐《偶成转韵七十二句赠四同舍》："此时闻有燕昭台，挺身东望心眼开。"齐己《寄镜湖方干处士》："闻君与琴鹤，终日在渔船。"亦指使闻，使知晓。戴叔伦《赠康老人洽》："一篇飞入九重门，乐府喧喧闻至尊。"❸嗅。储光羲《题慎言法师故房》："日夕虚空里，时时闻异香。"独孤及《题思禅寺上方》："下视三界狭，但闻五浊腥。"陈羽《游洞灵观》："风吹青桂寒花落，香绕仙坛处处闻。"姚合《会将作崔监东园》："山光衣上见，药气酒中闻。"❹传布，传扬。韦应物《送李侍御益赴幽州幕》："辟书五府至，名为四海闻。"张谓《饯田尚书还兖州》："忠义三朝许，威名四海闻。"卢纶《送信州姚使君》："几日政声闻户外，九江行旅得相欢。"白居易《又和令公新开龙泉晋水二池》："笙歌闻四面，楼阁在中央。"❺接受。张籍《同韩侍御南溪夜赏》："忽闻新命须归去，一夜船中语到明。"❻使君主听见，向皇上报告。韩愈《元和圣德诗》："事始上闻，在列咸怒。"❼知识，见闻。参见"聞見"。❽有名，著称。李白《赠孟浩然》："吾爱孟夫子，风流天下闻。"刘长卿《淮上送梁二恩命追赴上都》："贾生年最少，儒行汉庭闻。"❾趁。表示及时。韦应物《早春对雪寄前殿中元侍郎》："闻闲且共赏，莫待绣衣新。"王建《秋日后》："住处近山常足雨，闻晴晒曝旧芳茵。"白居易《二月五日花下作》："闻有酒时须笑乐，不关身事莫思量。"又《以诗代书寄户部杨侍郎》："林园亦要闻闲置，筋力应须及健回。"

聞[2] 〔wèn《广韵》亡運切，去問，微。〕名声。权德舆《伏蒙十六叔寄示喜庆感怀三十韵因献之》："经术弘义训，息男茂嘉闻。"

【聞天】 ❶声闻于上天。宋之问《药》："丹成如可待，鸡犬自闻天。"李峤《鹤》："莫言空警露，犹冀一闻天。"❷谓声闻于天子。胡皓《同蔡孚起居咏鹦鹉》："能言既有地，何惜为闻天。"

【聞名】 ❶听到名字或名声。曹松《寄李处士》："闻名来已久，未得一相逢。"王毂《逢道者神和子》："珍重神和子，闻名五十年。"张蠙《边将二首》之一："闻名外国惧，轻命故人稀。"又《赠闻一上人》："见面虽年少，闻名似白头。"❷有名，有名气。薛能《荔枝诗》："岁杪盐州曾见树，时新入座久闻名。"

【聞見】 所闻所见；知识。白居易《题赠定光上人》："误落闻见中，忧喜伤形神。"李涉《六叹》序："因追感闻见，成文六篇。"姚合《题金州西园九首·芭蕉屏》："稍稍闻见稀，耳目得安静。"李群玉《始忝四座呈同馆诸公二十四韵》："声名仰闻见，烟汉陪高踪。"

【聞命】 ❶接受命令。李商隐《五言述德抒情诗献上杜七兄仆射相公》："南诏应闻命，西山莫敢惊。"❷犹言接到通知。王维有《同卢拾遗过韦给事东山别业二十韵给事首春休沐维已陪游及乎是行亦预闻命会无车马不果斯诺》。

【聞物】 知道标识。高适《同郭十题杨主簿新厅》："用材兼柱石，闻物象高深。"

【聞弦虛墜】 战国更羸引弓虚发而使受箭伤失群的鸟闻弦声而惊坠。见《战国策·楚策四》。后遂以"聞弦虛墜"喻受挫折者的紧张心情。李白《鸣雁行》："闻弦虚坠良可吁，君更弹射何为乎。"亦作"聞弦墜虛"。李白《单父东楼秋夜送族弟沈之秦》："折翮翻飞随转蓬，闻弦坠虚下霜空。"

【聞弦墜虛】 见"聞弦虛墜"。

【聞香】 ❶闻到香气。柳中庸《夜渡江》："听笛遥寻岸，闻香暗识莲。"元稹《杂忆五首》之一："忆得双文通内里，玉栊深处暗闻香。"睿宗《戏题画》："缩却鼻，何畏不闻香。"❷闻其芳名。李贺《许公子郑姬歌》："桂开客花名郑袖，入洛闻香鼎门口。"

【聞風】 ❶听到风吹的声音。张九龄《感遇十二首》之一："谁知林栖者，闻风坐相悦。"❷听到消息。张九龄《奉和圣制送尚书燕国公赴朔方》："闻风六郡伏，计日五戎平。"韦应物《答裴处士》："礼贤方化俗，闻风自款关。"刘禹锡《平蔡州三首》之三："四夷闻风失匕箸，天子受贺登高楼。"

【聞砧】 指听到捣衣声。吕温有《闻砧有感》。

【聞健】 趁身体健康之时。白居易《十二月二十三日作》："闻健偷闲且欢饮，一杯之外莫思量。"又《晚起》："放慵长饱睡，闻健且闲行。"又《寻春题诸家园林》："闻健朝朝出，乘春处处寻。"又《岁假内命酒赠周判官萧协律》："闻健此时相劝醉，偷闲何处共寻春。"

王建《醉后忆山中故人》:"遇晴须看月,闻健且登楼。"

【聞通寺】　寺名。故址在今江西上饶市境。曹松有《信州闻通寺题僧砌下泉》。

【聞赦】　听到赦免。皮日休有《奉和鲁望徐方平后闻赦次韵》。

【聞笛】　晋人向秀,与友人嵇康、吕安同居山阴,过从甚密。嵇、吕死后,向秀经山阳旧居,听到"邻人有吹笛者,发声寥亮,追想曩者游宴之好",作《思旧赋》。见《晋书·向秀传》。后以"聞笛"作为追悼故人之典。司空曙《冬夜耿拾遗王秀才就宿因伤故人》:"旧时闻笛泪,今夜重沾衣。"卢纶《长安书事寄卢纶》:"向秀初闻笛,钟期久罢琴。"权德舆《从事淮南府过亡友杨校书旧厅感念愀然》:"绝弦罢流水,闻笛同山阳。"亦泛指听到笛声。戎昱有《闻笛》。

【聞笛賦】　指晋人向秀为悼念亡友嵇康、吕安而撰写的《思旧赋》。刘禹锡《酬乐天扬州初逢席上见赠》:"怀旧空吟闻笛赋,到乡翻似烂柯人。"参见"聞笛"。

【聞琴】　馆名。许棠《题闻琴馆》:"城非宓贱邑,馆亦号闻琴。"

【聞雁】　听到雁鸣声。林宽有《闻雁》。

【聞詔】　接受诏令。徐铉《赋得霍将军辞第》:"郢匠虽闻诏,衡门竟不移。"

【聞道】　❶听说。辛常伯《军中行路难》:"昔时闻道从军乐,今日方知行路难。"刘长卿《登润州万岁楼》:"闻道王师犹转战,更能谈笑解重围。"戎昱《送吉州阎使君入道二首》之一:"闻道桃源去,尘心忽自悲。"李搏《复谑廷裕》:"闻道蜀江风景好,不知何似杏园春。"❷了解事理。戴叔伦《寄孟郊》:"用世空悲闻道浅,入山偏喜识僧多。"

【聞鼓鼙】　鼓,大鼓;鼙,小鼓。古代军中司号令的乐器。闻鼓鼙,指有战争。岑参《早发焉耆终南别业》:"终日见征战,连年闻鼓鼙。"

【聞會吟】　会吟,指南朝宋谢灵运诗作《会咏行》。诗写会稽郡的人物名胜。后遂以"聞會吟"作咏会稽的典故。李群玉《送处士自番禺东游便归苏台别业》:"莼菜动归兴,忽然闻会吟。"

【聞傳】　传闻,流传的事情。李频《送狄明府赴九江》:"字人修祖德,清白定闻传。"

【聞詩】　传授诗学。王维《故太子太师徐公挽歌四首》之三:"闻诗鸾渚客,献赋凤楼人。"

【聞歌】　听到歌声。汉人虞公善歌,其歌声震落梁上灰尘。见《文选·陆机〈拟东城一何高〉》。骆宾王《咏尘》:"别有知音调,闻歌应自飞。"

【聞説】　听说。孟浩然《洛中访袁拾遗不遇》:"闻说梅花早,何如北地春。"张籍《赠王司马》:"未曾相识多闻说,遥望长如白玉枝。"许浑《骊山》:"闻说先皇醉碧桃,日华浮动郁金袍。"李郢《长安夜访澈上人》:"闻说天台旧禅处,石房独有一龛灯。"

【聞韶】　《韶》,相传为虞舜之乐。孔子闻《韶》,三月不知肉味。见《论语·述而》。后遂以"聞韶"为称颂音乐或诗文的典故。宋之问《奉和荐福寺应制》:"闻韶三月幸,观象七星危。"崔日用《奉和人日重宴大明宫恩赐彩缕人胜应制》:"宸极此时飞圣藻,微臣窃抃预闻韶。"李咸用《览文僧卷》:"虽无先圣耳,异代得闻韵。"胡曾《咏史诗·朝歌》:"若解闻韶知肉味,朝歌欲到肯回头。"

【聞蟆】　听到虾蟆声。晋惠帝在华林园,闻虾蟆声,问左右曰:"鸣者为官乎,为私乎?"贾胤曰:"在官地为官,在私地为私。"天下荒乱,百姓饿死,帝乃曰:"何不食肉糜。"其蒙蔽皆此类也。见《晋书》本纪。李瀚《蒙求》:"刘玄刮席,晋惠闻蟆。"

【聞聲】　听到声音。韩愈《琴操十首·拘幽操》:"目窈窈兮,其凝其盲,耳肃肃兮,听不闻声。"李商隐《七月二十八日夜与王郑二秀才听雨后梦作》:"少顷远闻吹细管,闻声不见隔飞烟。"毛文锡《喜迁莺》词:"碧纱窗晓怕闻声,惊破鸳鸯暖。"

【聞蟬】　听到蝉鸣。刘禹锡《酬令狐相公新蝉见寄》:"相去三千里,闻蝉同此时。"许棠有《闻蝉十二韵》。刘昭禹有《闻蝉》。

【聞雞】　❶听到鸡鸣。指天亮。牟融《送罗约》:"月明野店闻鸡早,花暗关城匹马迟。"崔道融《关下》:"应从漏却田文后,每度闻鸡不免疑。"❷晋祖逖、刘琨有志恢复中原,闻鸡起而舞剑,以激励志气,锻炼体质。见《晋书·祖逖传》。后用为志士发奋之典。元稹《纪怀赠李六户曹崔二十功曹五十韵》:"运甓调辛苦,闻鸡屡寝兴。"

【聞離】　犹言听说要分离。孔子在卫闻有人哭声甚悲,问颜回此中何故。颜回说恒山有鸟生四子,羽翼丰满后要分飞四海,其母悲鸣而分送之。此人哭之甚哀,乃因"父死家贫,卖子以葬,与之长决"。见《孔子家语·颜回》。王梵志《孔怀须敬重》:"不见恒山鸟,孔子恶闻离。"

【聞鶯】　《诗·小雅·伐木》言鸟鸣嘤嘤似求友之声,"嘤嘤"声类黄莺,后遂以"聞鶯"为怀友之典。陈子昂《酬田逸人游岩见寻不遇题隐居里壁》:"闻莺忽相访,题凤久裴回。"崔道融《寒食客中有怀》:"江上闻莺禁火时,百花开尽柳依依。"

【聞鐘】　听到钟声。钱起《酬苗发员外宿龙池寺见寄》:"香烟轻上月,林岭静闻钟。"严武《题龙日寺西龛石壁》:"往往行春到,闻钟散客愁。"

十 画

聱 〔yóu《广韵》語虯切，平幽，疑。〕众声杂作貌。见"聱耳"。

【聱耳】 众声杂作。陆龟蒙《奉和袭美太湖诗二十首·初入太湖》："山川互蔽亏，鱼鸟空聱耳。"

十一画

聲 〔shēng《广韵》書盈切，平清，書。〕❶声音，声响。杜甫《彭衙行》："怀中掩其口，反侧声愈嗔。"戴叔伦《孤鸿篇》："顾影明月下，哀鸣声正悲。"白居易《新乐府·白牡丹》："闭在深寺中，车马无来声。"齐己《夏日草堂作》："谁住原西寺，钟声送夕阳。"❷声誉，名声。孟浩然《闻裴侍御朏自襄州司户除豫州司户因以投寄》："移职自樊衍，芳声闻帝畿。"岑参《梁园歌送河南王说判官》："輶轩若过梁园道，应傍琴台闻政声。"杜甫《送李校书二十六韵》："十九授校书，二十声辉赫。"张籍《祭退之》："公文为时师，我亦有微声。"亦指虚名。白居易《新乐府·骠国乐》："感人在近不在远，太平由实非由声。"❸发声，出声。鲍溶《湘妃列女操》："曲一尽兮忆再奏，众弦不声且如何。"刘沧《题吴宫苑》："残春碧树自留影，半夜子规何处声。"❹指音乐，诗歌等。刘禹锡《伤秦姝行》："南宫仙郎下朝晚，曲头驻马闻新声。"孟郊《赠万年陆郎中》："旧事笑堆案，新声唯雅章。"白居易《小童薛阳陶吹觱栗歌》："指点之下师授声，含嚼之间天与气。"❺指声气，意气。孟浩然《和张明府登鹿门作》："谬承巴里和，非敢应同声。"岑参《题新乡王釜厅壁》："不是旧相识，声同心自亲。"颜真卿《刻清远道士诗因而继作》："迹异心宁间，声同质岂均。"❻指语言。岑参《奉陪封大夫宴得征字》："座参殊俗语，乐杂异方声。"❼宣扬，宣传。刘禹锡《送鸿举游江西》序："自然之响，无有假合，有足佳者，故为赋二章以声之。"❽指汉字六书中形声字之声符。参见"聲形"。❾量词。表示声音发出的次数。玄宗《春中兴庆宫酺宴》序："歌一声而酒一杯，舞一曲而人一醉。"杨巨源《听李凭弹箜篌二首》之一："君王听乐梨园暖，翻到《云门》第几声。"赵嘏《长安晚秋》："残星几点雁横塞，长笛一声人倚楼。"徐夤《偶题二首》之二："归来延寿溪头坐，终日无人问一声。"

【聲光】 ❶声音光彩。杜牧《少年行》："连环羁玉声光碎，绿锦蔽泥虬卷高。"❷声誉荣耀。皮日休《七爱诗·元鲁山》："一室冰檗苦，四远声光飞。"

【聲曲】 （一qǔ）音声曲调。权德舆《奉和圣制中和节赐百官宴集因示所怀》："衢酒和乐被，薰弦声曲新。"

【聲同舊】 同声气的旧交。李益《春日晋祠同声会集得疏字韵》："翰苑声何旧，宾筵醉止初。"

【聲名】 ❶名声。李颀《送刘四赴夏县》："声名播扬二十年，足下长途几千里。"王建《寄分司张郎中》："声名已压众人上，愁思未平双鬓知。"白居易《诗解》："新篇日日成，不是爱声名。"贾岛《哭孟郊》："身死声名在，多应万古传。"❷特指皇朝的声威。杜审言《扈从出长安应制》：文物驱三统，声名走百神。"萧华《扈从回銮应制》："声名朝万国，玉帛礼三坛。"

【聲名人】 有名望的人。杜甫《客堂》："前辈声名人，埋没何所得。"

【聲名烜赫】 名声显赫。韩偓《与吴子华侍郎同年玉堂同直怀恩叙恳因成长的四韵兼呈诸同年》："声名烜赫文章士，金紫雍容富贵身。"

【聲色】 ❶淫声与女色。孟简《咏欧阳行周事》序："心专勤俭，不识声色。"❷指美好的声音与颜色。周昙《咏史诗·六朝门·梁武帝》："梁武年高厌六龙，繁华声色尽归空。"

【聲色狗馬】 指歌舞、女色、玩狗、骑马。泛指淫乐方式。白居易《悲哉行》："声色狗马外，其余一无知。"

【聲形】 形声等汉字六书。韩愈《题张十八所居》："端来问奇字，为我讲声形。"

【聲利】 名利。虞世南《结客少年场行》："韩魏多奇节，倜傥遗声利。"贾岛《感秋》："喧喧徇声利，扰扰同辙迹。"陆龟蒙《杂讽九首》之七："潜机取声利，自许臻乎妙。"章碣《送谢进士还闽》："名场声利喧喧在，莫向林泉改鬓毛。"

【聲味】 声音与滋味。泛指各人的习性嗜好。刘禹锡《酬郓州令狐相公官舍言怀见呈乐天》："词人各在一涯居，声味虽同迹自疏。"

【聲明】 原指声音与光彩，后以喻声教文明。张文琮《同潘屯田冬日早朝》："纷纶文物纪，焕烂声明发。"李颀《送李回》："不睹声明与文物，自伤流滞去关东。"权德舆《送韦丞奉使新罗》："淳化洽声明，殊方均养惠。"徐铉《送冯侍郎》："今日声明光旧物，共看旌旆拥书生。"

【聲和】 （一hè）谓随管声应和。崔珏《和人听歌》："声和细管珠才转，曲度沉烟雪更香。"

【聲侈】 放纵声色。王无竞《君子有所思行》："声侈遽衰歇，盛爱且离伤。"

【聲兒】 唐时称教坊中太常乐人。白居易《江南喜逢萧九彻因话长安旧游戏赠五十韵》："师子寻前曲,声儿出内坊。"

【聲律】 声韵格律。柳宗元《酬韶州裴曹长使君寄道州吕八大使因以见示二十韵一首》序:"余因拾其余韵酬焉,凡为韶州所用者,置不取;其声律言数如之。"刘禹锡《秋日过鸿举法师寺院便送归江陵》序:"词妙而深者,必依于声律。"王周《自喻》:"七岁辨声律,勤苦会诗赋。"

【聲度】 犹声调。厉玄《缑山月夜闻王子晋吹笙》:"韵流多入洞,声度半和云。"

【聲音】 ❶由物体振动而发出的声波通过听觉所产生的印象。韩愈《县斋有怀》:"气象杳难测,声音吁可怕。"白居易《有木诗八首》之四:"狐媚言语巧,鸟妖声音恶。"皮日休《忆洞庭观步十韵》:"爱买紫泉缸,仙犬声音古。"郑谷《山鸟》:"惊飞失势粉墙高,好个声音好羽毛。"❷说话的声气和口音。姚揆《秋日江东晚行》:"路岐滋味犹如旧,乡曲声音渐不同。"❸指诗歌。欧阳詹《闻邻舍唱凉州有所思》:"声音虽类闻,形影终以遐。"

【聲迹】 亦作"聲跡"。声望与事迹。李昭象《寄献山中顾公员外》:"抽欲朝簪著钓簑,近来声迹转巍峨。"李微《无题》:"今日爪牙谁敢敌,当时声迹共相高。"

【聲華】 声誉荣耀。韦应物《送刘评事》:"声华满京洛,藻翰发阳春。"韦渠牟《赠窦五判官》:"故旧相逢三两家,爱君兄弟有声华。"牟融《送范启东》:"画史名当代,声华重两京。"徐铉《京使回自临川得从兄书寄诗依韵和》:"趣向今成道,声华旧绝尘。"

【聲氣】 ❶指朋友间共同的志趣和爱好。见《易·乾》。权德舆《哭刘四尚书》:"才华推独步,声气幸相亲。"❷神情、气概、声势等。韩愈《嘲鼾睡》之二:"澹师昼睡时,声气一何猥。"元稹《何满子歌》:"鱼家入内本领绝,叶氏有年声气短。"白居易《寄明州于驸马使君三绝句》之三:"海味腥咸损声气,听看犹得断肠无。"

【聲病】 指诗文声律上的毛病。做诗讲究韵律,探讨声病,始于南朝梁沈约诸人,至唐乃有此称。唐代以诗赋取士,常以此为准,以定取舍。皮日休《鲁望昨以五百言见贻因成一千言上述吾唐文物之盛次叙相得之欢亦迭和之微旨也》:"其中有声病,于我如豗虺。"

【聲朔】 声教正朔。指帝王之治。陆敬《游隋故都》:"宗祊旷无象,声朔缅谁传。"李峤《安辑岭表事平罢归》:"声朔臣天子,坛场拜老夫。"

【聲容】 声音容貌。陈子昂《题李三书斋》:"声容何足恃,荣吝坐相矜。"钱起《过温逸人旧居》:"声容在心耳,宁觉阻言笑。"孟郊《哭秘书包大监》:"文字未改素,声容忽归玄。"赵嘏《别李谱》:"今日别君如别鹤,声容长在楚弦中。"

【聲教】 (一jiào)声威教化,教化。魏征《奉和正日临朝应诏》:"声教溢四海,朝宗引百川。"李百药《谒汉高庙》:"干戈革宇内,声教尽寰中。"顾况《悲歌》序:"理乱之所经,王化之之所兴,信无逃于声教。"许棠《讲德陈情上淮南李仆射八首》之一:"天降贤人佐圣时,自然声教满华夷。"

【聲符】 声韵符合。萧彧《送钟员外》:"光彻离襟冷,声符别管清。"

【聲望】 众所仰望的声誉。朱庆余《上江州李使君》:"起家声望重,自古更谁过。"

【聲問】 见"聲聞❷"。

【聲勢】 ❶声威气势。韩愈《谢训狐》:"乘时阴黑止我屋,声势慷慨非常粗。"杜牧《大雨行》:"奔觥槌鼓助声势,眼底不顾纤腰娘。"唐彦谦《宿田家》:"公文捧花柙,鹰隼驾声势。"❷权势。顾况《拟古三首》之二:"任彼声势徒,得志方夸毗。"章碣《寄江东道友》:"可惜人间好声势,片帆赢马不相亲。"❸声音气势。陆龟蒙《大子夜歌二首》之二:"不知歌谣妙,声势出口心。"

【聲詩】 乐诗。李峤《莺》:"声诗辨搏黍,此兴思无穷。"皮日休《奉和鲁望读阳符经见寄》:"声诗川竞大,礼乐山争峙。"徐铉《纳后夕侍宴》:"华封倾祝意,觞酒与声诗。"

【聲跡】 见"聲迹"。

【聲節】 声音节奏。杜甫《舟中苦热遣怀呈阳中丞通简省台诸公》:"声节哀有余,夫何激衰懦。"

【聲塵】 诗文声韵,诗文。储光羲《酬李处士山中见赠》:"声尘邈超越,比兴起孤绝。"孟宾于《寄李昉》:"昔日声尘喧洛下,近年诗句满江南。"

【聲榮】 犹声誉。权德舆《酬陆四十楚源春夜宿虎丘山对月寄梁四敬之兼见贻之作》:"声荣徒外奖,恬淡方自适。"

【聲聞】 (一wèn)❶佛教三乘(声闻、缘觉、菩萨)之一。指只能遵照佛的说法修行,以修学四谛为内容,以达到自身的解脱为目的的出家者。王维《胡居士卧病遗米因赠》:"既饱香积饭,不醉声闻酒。"❷亦作"聲問"。音讯。韦应物《寄令狐侍郎》:"群公共然诺,声问迈时伦。"

【聲貌】 声音与容貌。白居易《和微之诗二十三首·和顺之琴者》:"中有弄琴者,声貌俱如玉。"司空图《偶诗五首》之四:"声貌由来固绝伦,今朝共许占残春。"

【聲價】 名誉身份。李白《赠别从甥高五》:"贤甥即明月,声价动天门。"杜甫《高都护骢马行》:"安西都护胡青骢，声价歘然来向东。”张籍《赠梅处士》：“早闻声价满京城，头白江湖放旷情。”罗邺《山阳贻友人》：“结茅更莫期深隐，声价如今满日边。”

【聲德】 名声德行。储光羲《秋庭贻马九》：“夫君美声德，直道期终始。”

【聲調】 （—diào）❶音乐的曲调或诗文的节奏。权德舆《伏蒙十六叔寄示喜庆感怀三十韵因献之》：“黄钟蕴声调，白玉那缁磷。”李贺《出城别张又新酬李汉》：“吾将噪礼乐，声调摩清新。”❷动物鸣叫时的声音节奏。罗隐《蝉》：“天地工夫一不遗，与君声调借君绥。”

【聲實】 名声与实际。沈东美《奉和苑舍人宿直晓玩新池寄南省友人》：“弹冠声实贵，覆被渥恩偏。”孟郊《送黄构擢第后归江南》：“能令幽静人，声实喧九垓。”

【聲樂】 （—yuè）音乐。白居易《自咏五首》之三：“老耳倦声乐，病口厌杯盘。”白居易、王起、刘禹锡《喜晴联句》：“气收云物变，声乐鸟乌知。”

【聲聲】 ❶一声连一声。皮日休《惠山听松庵》：“殿前日暮高风起，松子声声打石床。”和凝《宫词百首》之五一：“层台云集梨园乐，献寿声声祝万康。”栖白《边思》：“西北黄云暮，声声画角愁。”❷每个声韵。白居易《听歌六绝句・乐世》：“诚知乐世声声乐，老病人听未免愁。”于邺《匣中琴》：“应是南风曲，声声不合今。”寒山《诗三百三首》之三十：“声声不可听，今我愁思多。”❸一声比一声。贯休《别卢使君》：“杜宇声声急，行行楚水渍。”❹反复的叫声。黄滔《旅怀寄友人》：“鸣蝉似会悠扬意，陌上声声怨柳衰。”❺声音与声音。黄滔《省试一一吹竽》：“欲使声声别，须令个个吹。”

【聲徽】 美名。吕温《顺宗至德大圣大安孝皇帝挽歌词三首》之二：“监抚垂三纪，声徽洽万方。”

【聲繁】 指急雨打树声。李益《宿冯翊夜雨赠主人》：“气耿残灯暗，声繁高树秋。”

【聲績】 声誉业绩。玄宗《赐诸州刺史以题座右》：“猗欤此推择，声绩著周行。”

【聲韻】 ❶乐调。杜牧《今皇帝陛下一诏征兵不日功集臣获睹圣功辄献歌咏》：“听取满城歌舞曲，凉州声韵喜参差。”❷指诗文的韵律。白居易《自吟拙诗因有所怀》：“上怪落声韵，下嫌拙言词。”❸说话或呼喊的声调。孟郊《吊卢殷》之八：“老年哭酒时，声韵随生沉。”❹指各种悦耳动听的声音。孟郊《宿空侄院寄澹公》：“磬声多风飙，声韵闻江楚。”韩偓《同年前虞部李郎中自长沙赴行在余以紫砂砚赠之赋诗代书》：“紫光称近丹青笔，声韵宜裁锦绣诗。”

【聲譽】 声望名誉。李白《寄上吴王三首》之二：“英明庐江守，声誉广平籍。”韩愈《送文畅师北游》：“荐绅秉笔徒，声誉耀前阀。”欧阳炯《贯休应梦罗汉画歌》：“休公休公逸艺无人加，声誉喧喧遍海涯。”

聰 〔cōng《集韵》麤叢切，平東，清。〕❶听觉。亦指听觉器官耳。许敬宗《奉和御制送来济应制》：“良哉既深留帝念，沃化方有赞天聪。”王维《三月三日勤政楼侍宴应制》：“仍临九衢宴，更达四门聪。”宋若宪《奉和圣制麟德殿宴百官》：“四聪闻受谏，五服远朝王。”孟郊《送陆畅归湖州因凭题故人皎然塔陆羽坟》：“饶彼草木声，仿佛闻余聪。”❷听觉灵敏。韩愈《元和圣德诗》：“听聪视明，一似尧禹。”孟郊《劝善吟》：“见书眼始开，闻乐耳不聪。”孟郊《忆江南弟》：“生离不可诉，上天何曾聪。”修雅《闻诵法华经歌》：“世人之耳非不聪，耳聪特向经中聋。”❸聪明，有才智。见“聰明”。

【聰明】 ❶谓视听灵敏。杨巨源《春日奉献圣寿无疆词十首》之十：“渥泽方柔远，聪明本听卑。”白居易《梦仙》：“齿发日衰白，耳目减聪明。”❷智商和天分很高。寒山《诗三百三首》之二二三：“聪明好短命，痴骙却长年。”卢纶《宴席赋得姚美人拍筝歌》：“昭阳伴里最聪明，出到人间才长成。”元稹《哭女樊四十韵》：“未容夸伎俩，唯恨枉聪明。”白居易《吾雏》：“抚养虽骄骙，性识颇聪明。”❸明察事理。杜甫《奉酬薛十二丈判官见赠》：“吾闻聪明主，治国用轻刑。”卢仝《感古四首》之一：“可怜万乘君，聪明受沉惑。”权德舆《读穀梁传二首》之一：“荀寅士吉射，诚乃蔽聪明。”❹智慧、才智。白居易《和答诗十首》序：“然窃思之，岂仆所奉者二十章，遽能开足下聪明，使之然耶?”吕岩《西江月》词之二：“任是聪明志士，常迷东灶黄庭。”❺神。见《左传・庄公三十二年》。魏征《五郊乐章・白帝商音》：“馨香是荐，受祚聪明。”张说《唐封泰山乐章・豫和六首》：“玉帛非盛，聪明会真。”

【聰慧】 聪明智慧。杜甫《忆幼子》：“别离惊节换，聪慧与谁论。”缪氏子《赋新月》注：“缪氏有子七岁，聪慧能文，以神童召试，赋新月诗。”

【聰辯】 聪慧明辩。孟郊《吊房十五次卿少府》：“蜀客骨目高，聪辩剑戟新”

聳 〔sǒng《广韵》息拱切，上腫，心。〕❶矗立，高耸。岑参《与高适薛据登慈恩寺浮图》：“塔势如涌出，孤高耸天宫。”皎然《奉和崔中丞使君论李侍御萼登烂柯山宿石桥寺效小谢体》：“蕙楼耸空界，莲宇开中峰。”蔡文恭《奉和夏日游山应制》：“连岩耸百仞，绝壑临千丈。”❷向上跳，向上动。陆龟蒙《奉和袭美太湖诗二十首・初入太湖》：“乍如开雕笯，耸翅忽飞出。”参见“聳身”“聳肩”。❸突起。孟郊《出东门》：“饿马骨亦耸，独驱出东门。”白居易《新乐府·八骏图》:"背如龙兮颈如象,骨耸筋高脂肉壮。"张祜《寄王尊师》:"天台南洞一灵仙,骨耸冰棱貌莹然。"吴融《赴阙次留献荆南成相公三十韵》:"骨格凌秋耸,心源见底空。"❹起,升起。褚亮《临高台》:"高台暂俯临,飞翼耸轻音。"孟郊《秋怀》之八:"商声耸中夜,蹇支废前行。"贯休《再游东林寺作五首》之一:"台殿参差耸瑞烟,桂花飘雪水潺潺。"❺持物上下振动或移动。亦指推动。徐夤《晓》:"羲和晴耸扶桑辔,借与寰瀛看早晖。"石季武《梦中诗》:"耸辔排金阙,乘轩上汉槎。"❻表露,振作。任华《寄李白》:"古来文章有能奔逸气,耸高格,清人心神,惊人魂魄,我闻当今有李白。"孟郊《送卢汀侍御归天德幕》:"清溪徒耸诮,白璧自招贤。"崔涂《读段太尉碑》:"国已酬徽烈,家犹耸义声。"❼扭动。章孝标《柘枝》:"柘枝初出鼓声招,花钿罗衫耸细腰。"❽通"悚"。恐惧,惊动。权德舆《奉送韦起居老舅百日假满归嵩阳旧居》:"以此耸风俗,岂必郊羁牵。"刘禹锡《观柘枝舞二首》之二:"体轻似无骨,观者皆耸神。"孟郊《石淙》之五:"空谷耸视听,幽湍泽心灵。"皮日休《鲁望读襄阳耆旧传见赠五百言因而寄答亦诗人无言不酬之义也次韵》:"巨德耸神鬼,宏才轹前后。"

【聳日】 高耸指日。殷尧藩《和赵相公登鹳雀楼》:"晴峰耸日当周道,秋谷垂花满舜田。"

【聳立】 高高地矗立。杜甫《赠特进汝阳王二十韵》:"笔飞鸾耸立,章罢凤骞腾。"鲍溶《玉山谣奉送王隐者》:"凤凰城南玉山高,石脚耸立争雄豪。"

【聳地】 高耸地上。张祜《题小松》:"耸地心才直,凌云操未全。"

【聳身】 纵身飞上。陆龟蒙《五歌·水鸟》:"如此等色恣豪横,耸身往往凌青冥。"

【聳拔】 高耸挺拔。王叡《松》:"寒松耸拔倚苍岑,绿叶扶疏自结阴。"

【聳肩】 抬起肩膀。表示轻蔑、惊讶等情感。韩愈《石鼎联句》序:"道士哑然笑曰,子诗如是而已乎,即袖手耸肩,倚北墙坐。"

【聳峙】 高耸矗立。钱弘俶《读圣寿诗》:"寿山耸峙将何愿,泰华千霄万仞青。"

【聳首】 抬头。杜牧《大雨行》:"东楼耸首看不足,恨无羽翼高飞翔。"

【聳高戟】 高耸棨戟。唐制,驸马二品,门前可列棨戟十四,以示威仪。戎昱《赠别张驸马》:"一身扈跸承殊泽,甲第朱门耸高戟。"

【聳峻】 高峻。林宽《终南山》:"标奇耸峻壮长安,影入千门万户寒。"方干《酬将作于少监》:"仰望孤峰知耸峻,前临积水见波澜。"

【聳異】 枝条耸立而秀异。孟郊《和宣州钱判官使院厅前石楠树》:"耸异敷庭际,倾妍来坐隅。"

【聳深】 山高耸而深远。朱景玄《溪东岑望天都山》:"昔贤此升仙,结构穷耸深。"

【聳然】 恐惧貌。耸,通"悚"。刘禹锡《游桃源一百韵》:"因话近世仙,耸然心神惕。"

【聳發】 生长。贯休《寿春节进》:"振摇三蜀地,耸发万年枝。"

【聳幹】 高耸的树干。史俊《题巴州光神寺楠木》:"结根幽壑不知岁,耸干摩天凡几寻。"柳宗元《种柳戏题》:"垂阴当覆地,耸干会参天。"一作"聳榦"。无名氏《幽人折芳桂》(卷七八七):"厚地生芳桂,遥林耸榦长。"

【聳節】 生长的竹节。王叡《竹》:"此君引凤为龙日,耸节稍云直上看。"

【聳榦】 见"聳幹"。

【聳膊】 耸起肩臂。长孙无忌《与欧阳询互嘲》:"耸膊成山字,埋肩不出头。"

【聳誚】 表露忧愁。诮,通"悄"。孟郊《送卢汀侍御归天德幕》:"清溪徒耸诮,白璧自招贤。"

【聳漢】 耸入云霄。刘言史《题茅山仙台药院》:"楼台争耸汉,鸡犬亦嫌秦。"

【聳翠】 高耸苍翠。李建勋《谢赐待诏御苑》:"叠颖弄芳秋气落,丛柯耸翠露华清。"

【聳翠峯】 山峰名。在今江西宜春市。卢肇《耸翠峰题石》:"耸翠峰高千百尺,四时常似莓蓝色。"

【聳聳】 挺立貌。孟郊《寿安西渡奉别郑相公》:"悠悠孤飞景,耸耸衔霜条。"

聯 〔lián《广韵》力延切,平仙,來。〕❶连接,相连。林藻《梨岭》:"弟兄各折一枝桂,还向岭头联影飞。"许孟容《答权载之离合诗》:"亦有擅风骚,六联文墨曹。"刘禹锡《赠别约师》引:"会柳仪曹谪零陵,宅于佛寺,幸联栋而居者有年。"元稹《酬段丞与诸棋流会宿弊居见曾二十四韵》:"蛇势萦山合,鸿联度岭迟。"❷联合,联系。白居易《花楼望雪命宴赋诗》:"素壁联题分韵句,红炉巡饮暖寒杯。"杜牧《郡斋独酌》:"联兵数十万,附海正诛沧。"齐己《勉诗僧》:"还同莲社客,联唱绕香灯。"❸特指官府协同处理事务。参见"聯事❶"。亦指同等的官职。王湾《哭补阙亡友綦毋学士》:"位联情易感,交密痛难裁。"❹勾通连接。韩愈《庭楸》:"各有藤绕之,上下各钩联。"❺指文字的组合。段成式、张希复等有《老松青桐联二十字绝句》《奇松联二十字绝句》。参见"聯辭"。❻诗文每两句为一联。多为对偶句式。白居易《江楼夜吟元九律诗成三十韵》:"寸截金为句,双雕玉作联。"陆龟蒙《奉和袭美太湖诗二十首·明月湾》:"或彻三弄笛,或成数联诗。"杜荀鹤《经贾岛墓》:"山根三尺墓，人口数联诗。”李洞《赠昭应沈少府》：“东送西迎终几考，新诗觅得两三联。”齐己《还族弟卷》：“风骚何句出，瀑布一联新。”❼古代户口编制及地位行政区域的名称。权德舆《和李大夫西山祈雨因感张曲江故事十韵》：“亚相冠貂蝉，分忧统十联。”

【聯句】　一种作诗方式。由两人或多人各成一句或几句，合成一首诗。传说始于汉武帝和群臣合作的《柏梁诗》。见南朝梁刘勰《文心雕龙·明诗》。司空曙《送史申之峡州》：“檀郎好联句，共滞谢家门。”张籍《祭退之》：“共爱池上佳，联句舒遐情。”李商隐《送王十三校书分司》：“定知何逊缘联句，每到城东忆范云。”贾岛《再投李益常侍》：“联句逢秋尽，尝茶见月生。”

【聯延】　连绵，连续。刘禹锡《武陵观火诗》：“联延掩四远，赫奕成洪炉。”又《别夔州官吏》：“青帐联延喧驿步，白头俯伛到江滨。”

【聯行】　同行。储光羲《贻丁主簿仙芝别》：“联行击水飞，独影凌虚上。”元稹《哭吕衡州六首》之五：“联行四人去，同葬一人来。”又《酬孝甫见赠十首》之七：“无事抛棋侵虎口，几时开眼复联行。”

【聯事】　❶联合处理事务。见《周礼·天官·小宰》。《郊庙歌辞·享隐太子庙乐章·雍和》：“春伯联事，秋官相礼。”❷同事，同僚。苏颋《闲园即事寄韦侍郎》：“宪臣饶美度，联事惜徂颜。”孟浩然《同卢明府早秋宴张郎中海亭》：“华省曾联事，仙舟复与俱。”

【聯步】　脚步相接。谓同行，相随而行。岑参《寄左省杜拾遗》：“联步趋丹陛，分曹限紫微。”武元衡《奉酬中书李相公早朝于中书候传点偶书所怀》：“霄汉惭联步，貂蝉愧并簪。”皮日休《七爱诗·房杜二相国》：“吾爱房与杜，贫贱共联步。”

【聯牀】　两床相连。李端《慈恩寺怀旧》：“东阁许联床，西郊亦携手。”武元衡《秋夜雨中怀友》：“几年不与联床吟，君方客吴我犹楚。”

【聯袂】　衣袖相连。谓携手偕行。杜甫《暮秋枉裴道州手札率尔遣兴寄近呈苏涣侍御》：“市北肩舆每联袂，郭南抱瓮亦隐几。”权德舆《酬李二十二兄主簿马迹山见寄》：“联袂共支策，抠衣赏绝编。”白居易《新岁赠梦得》：“紫绶行联袂，篮舆出比肩。”

【聯姻】　结成婚姻。皎然《薛卿教长行歌》：“家本联姻汉戚里，身是长安贵公子。”

【聯飛】　❶连续飞翔。张籍《奉和陕州十四翁中丞寄雷州二十二翁司户之作》：“联飞独不前，回落海南天。”❷比翼而飞。李群玉《伤柘枝妓》：“曾见双鸾舞镜中，联飞接影对春风。”

【聯珠】　❶连串的珍珠。亦喻指连串珍珠般的事物。丘丹《奉使过石门瀑布》：“千仞泻联珠，一潭喷飞霰。”❷美称诗文创作，喻诗词联缀之美。宣宗《吊白居易》：“缀玉联珠六十年，谁教冥路作诗仙。”

【聯軒】　成行飞行。轩，巨貌。柳宗元《法华寺石门精舍三十韵》：“映日雁联轩，翻云波泱漭。”

【聯拳】　屈曲貌。杜甫《漫成一绝》：“沙头宿鹭联拳静，船尾跳鱼拨剌鸣。”

【聯娟】　微曲貌。韩偓《六言三首》之二：“红袖不干谁会，揉损联娟澹眉。”

【聯唱】　合唱。齐己《勉诗僧》：“还同莲社客，联唱绕香灯。”

【聯章】　犹联句。吴融《个人三十韵》：“柳絮联章敏，椒花属思清。”

【聯寀】　谓与众官同列。寀，同僚，同事。李峤《夏晚九成宫呈同僚》：“结欢良有裕，联寀愧无庸。”

【聯組】　官印结联成串。组，佩官印的丝带，亦指官印。吕温《送段九秀才归澧州》：“寸义薄联组，片诚敌兼金。”

【聯芳】　连接芳邻。常衮《晚秋集贤院即事徐二侍郎》：“旧德双游处，联芳十载余。”

【聯萼】　花萼相连。喻兄弟友爱。白居易《闻行简恩赐章服喜成长句寄之》：“荣传锦帐花联萼，彩动绫袍雁趁行。”

【聯棟】　相连的栋宇，邻屋。刘禹锡《赠别约师》引：“宅于佛寺，幸联栋而居者有年。”

【聯絡】　彼此衔接。薛能《题后集》：“纵到缑山也无益，四方联络尽蛙声。”秦韬玉《贵公子行》：“主人公业传国初，六亲联络驰朝车。”

【聯詩】　联句吟诗。陆龟蒙《奉和袭美太湖诗二十首·明月湾》：“或彻三弄笛，或成数联诗。”唐彦谦《汉代》：“联诗征弱絮，思友咏甘蕉。”杜荀鹤《经贾岛墓》：“山根三尺墓，人口数联诗。”

【聯裾】　犹联袂。杜牧《杜秋娘诗》：“联裾见天子，盼眄独依依。”

【聯綿】　亦作“聯緜”。连绵，接连不断。李白《远别离》：“或云尧幽囚，舜野死，九疑联绵皆相似，重瞳孤坟竟何是。”杜甫《哭韦大夫之晋》：“南过骇仓卒，北思悄联绵。”皎然《杂寓兴》：“昨日千金子，联绵成古丘。”白居易《病假中庞少尹携鱼酒相过》：“宦情牢落年将暮，病假联绵日渐深。”

【聯綣】　连续不断地奔走。卢照邻《绵州官池赠别同赋湾字》：“尊酒方无地，联绻喜暂攀。”

【聯綴】　连续、组合在一起。元稹《去杭州》：“每出新诗共联缀，闲因醉舞相牵援。”

【聯緜】　见“聯綿”。

【聯影】　连同影子。林藻《梨岭》：“弟兄各折一枝桂，还向岭头联影飞。”

【聯編】 撰写篇什。陆龟蒙《寄怀华阳道士》："凝神密室多生白，叙事联编尽杀青。"

【聯錦】 即顶真，一种修辞手法。用上句结尾的词语作为下句的起头，两相顶连。韦庄《杂体联锦》："江上柳能长，行人恋尊酒。尊酒意何深，为郎歌玉簪。"

【聯檣】 谓船只相连结。陈羽《宿淮阴作》："秋灯点点淮阴市，楚客联樯宿淮水。"白居易《和微之春投简阳明洞天五十韵》："华表双栖鹤，联樯几点乌。"

【聯聯】 连接不断貌。张说《扈从温泉宫献诗》："骑仗联联环北极，鸣笳步步引南薰。"顾况《李供奉弹箜篌歌》："大弦似秋雁，联联度陇关。"鲍溶《霓裳羽衣歌》："香风间旋众彩随，联联珍珠贯长丝。"韦庄《登咸阳县楼望雨》："尽日空濛无所见，雁行斜去字联联。"

【聯聯翩翩】 犹联翩。张鹭《咏双燕子》："双燕子，联联翩翩几万回。"参见"聯翩❶"。

【聯翩】 ❶鸟飞貌。张九龄《同綦毋学士月夜闻雁》："联翩俱不定，怜尔越乡心。"耿沣《赴许州留别洛中亲故》："谁念联翩翼，烟中独失群。"陈标《江南行》："晓惊白鹭联翩雪，浪蹙青茭潋滟烟。"孙光宪《河渎神》词之二："一方卵色楚南天，数行斜雁联翩。"❷连续不断貌。储光羲《赠丁主簿仙芝别》："摇曳君初起，联翩予复来。"杜甫《八哀诗·赠左仆射郑国公严公武》："感激动四极，联翩收二京。"韩愈《感春五首》之三："蔡州纳节旧将死，起居谏议联翩来。"贯休《边上作三首》之一："胡儿走马疾飞鸟，联翩射落云中声。"

【聯翼】 鸟飞貌，李商隐《井泥四十韵》："凤凰不五色，联翼上鸡栖。"

【聯騎】 并马而行。韦应物《赠令狐士曹》："秋檐滴滴对床寝，山路迢迢联骑行。"又《寒食日寄诸弟》："联骑定何时，予今颜已老。"白居易《赠苏少府》："朝从携手出，暮思联骑还。"

【聯璧】 并列的美玉。喻二者可以媲美。杜甫《刘九法曹郑瑕丘石门宴集》："能吏逢联璧，华筵直一金。"

【聯辭】 联缀词语。谓创作诗文。李商隐《喜雪》："联辞虽许谢，和曲本惭巴。"

【聯續】 连续。安守范、李仁肇《天台禅院联句》："片时松影下，联续百千灯。"

【聯轡】 联骑，并马而行。刘禹锡《同乐天和微之深春二十首》之一："国乐呼联辔，行厨载满车。"

【聯鑣】 联鞭。谓并骑而行。刘长卿《少年行》："射飞夸侍猎，行乐爱联镳。"权德舆《酬崔千牛四郎见寄》："联镳长安道，接武承明宫。"刘得仁《夏日通济里居酬诸先辈见访》："君子远相寻，联镳到敝林。"徐铉《奉和宫傅相公怀旧见寄四十韵》："立马有时同草诏，联镳几处共成篇。"

十二画

聶 〔niè《广韵》尼輒切，入葉，娘。〕姓。唐诗人有聂夷中、聂通志等。

【聶耒陽】 耒阳县令聂某。耒阳，唐衡州属县，今属湖南。大历五年(770)，杜甫去衡州投靠舅父崔伟，途经耒阳方田驿，为水所困，泊舟五日而不得食，耒阳县令聂某，派人送信并馈以酒肉，杜甫作诗以致谢。诗题为《聂耒阳以仆阻水书致酒肉疗饥荒江诗得代怀兴尽本韵至县呈聂令陆路去方田驿四十里舟行一日时属江涨泊于方田》。

【聶夷中】 唐诗人。字坦之，河南(今河南洛阳市)人，一说河东(今山西永济市)人。咸通十二年(871)登进士第。久滞京城，后授华阴县尉。出身贫贱，对农民疾苦有深切了解，所作《伤田家》诗深刻反映了农民的痛苦和愿望，与李绅《悯农》并为千古传颂之名作。其诗多为五言，尤工乐府，质朴无华而至为感人。《全唐诗》录其存诗三十七首，编为一卷。

【聶先生】 聂师道。歙州(今安徽歙县)人。少好道。见《十国春秋》本传。王贞白有《礼聂先生新安重围先生能通两军之好及城开民皆复也》。

【聶政】 (? 一前397)战国时刺客。韩国轵(今河南济源市东南)人。韩烈侯时，严遂与相国侠累(即韩累)争权结怨，求聂政代为报仇，政入相府刺死侠累，然后毁容自杀。韩国以其尸暴于市，悬千金购问其姓名。聂政之姊闻之，诣韩国，哭曰："今死而无名……此为我故也！夫爱身不扬弟之名，吾不忍也！"乃抱尸而哭之曰："此吾弟轵深井里聂政也。"然后自杀于尸下。见《战国策·韩策二》。李白《秦女休行》："何惭聂政姊，万古共惊嗟。"

【聶威儀】 唐道士。名师道，歙州(今安徽歙县)人。威仪，道士职名，擅长法仪者。聂师道结庐于郡南山，刺史于涛常咨以郡政，因名其山为问政山。见《新安志》卷八、《十国春秋》卷十四。栖蟾有《寄问政山聂威仪》。

【聶侯】 即聂耒阳。韩愈《题杜工部坟》："子美当日称才贤，聂侯见待诚非喜。"参见"聶耒陽"。

【聶通志】 唐诗人。《全唐诗外编下》录其《经故宫女坟有感》二首。

【聶尊師】 聂师道。少好道。唐末，于涛为州刺史，其兄方外为道士，结庐郡南山中，师道往事之。涛常诣方外，且时时咨以郡政，因名其山为问政山。师道居是山久，国人号曰问政先生。杜荀鹤有《赠聂尊师》。栖蟾有《寄问政山聂威仪》。

職〔zhí《广韵》之翼切，入職，章。〕❶职务；职位。杜甫《客堂》："主忧岂济时，身远弥旷职。"皇甫冉《送薛判官之越》："时难自多务，职小亦求贤。"权德舆《和九华观见怀贡院八韵》："滞兹文墨职，坐与琴觞违。"罗隐《茅斋》："职为尸禄本，官是受恩名。"❷任职。段成式《游长安诸寺联句》序："后三年，予职于京洛。"张籍《赠姚怤》："君今职下位，志气安得扬。"李频《将赴黔州先寄本府中丞》："幕中职罢犹趋府，阙下官成未谢恩。"❸主管，掌握。韩愈《元和圣德诗》："博士臣愈，职是训诂。"元稹《元和五年思怆曩游因投五十韵》："分司在东洛，所职尤不易。"又《乐府古题・人道短》："天既职性命，道德人自强。"❹贡品，贡物。见"職貢"。❺犹惟，只。表示主要由于某种原因。李白《雪谗诗赠友人》："天维荡覆，职此之由。"元稹《和乐天赠樊著作》："信哉作遗训，职在圣与贤。"贯休《苦寒行》："北风北风，职何严毒。"❻助词。犹尚，当。德宗《重阳日赐宴曲江亭赋六韵诗用清字》序："咨尔群僚，顺朕不暇，乐而能节，职思其忧，咸若其则，庶乎理矣。"韦应物《酬郑户曹骊山感怀》："小臣职前驱，驰道出灞亭。"

【職分】　职务上应尽的本分。韩愈《县斋有怀》："投荒诚职分，领邑幸宽赦。"姚合《从军行》："丈夫生世间，职分贵所当。"

【職方】　古官名。古代掌管地图和四方职贡之官。《周礼・夏官》所属有职方氏，掌天下地图和四方职贡。孙逖《送赵大夫护边》："外域分都护，中台命职方。"韦应物有《寄职方刘郎中》。权德舆有《和职方殷郎中留滞江汉初至南宫呈诸公并见寄》。郑谷有《寄职方李员外》。

【職方郎】　犹职方郎中。《全唐诗》卷一九八岑参小传："杜鸿渐镇西方，表为从事，以职方郎兼侍御史领幕职。"

【職方郎中】　官名。兵部职方司首长。掌天下地图及城隍、堡寨、烽堠之事。岑参《范公丛竹歌》序："职方郎中兼侍御史范公乃于陕西使院内种竹，新制丛竹诗以见示，美范公之清致雅操，遂为歌以和之。"韦应物有《寄职方刘郎中》。李山甫有《送职方王郎中吏部刘员外自太原郑相公幕继奉征书归省署》。

【職田】　古代按官品等级授予的禄米田。官吏受田佃给农民，以收取地租。卢肇《谪连州书春牛榜字》："不得职田饥欲死，儿侬何事打春牛。"

【職生】　正常生长。顾况《上古之什补亡训传十三章・陵霜之华一章》："职生有伦，今华发非其辰。"

【職司】　主管某职的官员。杜甫《临邑舍弟书至苦雨黄河泛溢用宽其意》："职司忧悄悄，郡国诉嗷嗷。"李商隐《韩碑》："古者世称大手笔，此事不系于职司。"皮日休《正乐府十篇・农父谣》："均输利其事，职司安敢评。"

【職吏】　官吏。袁高《茶山诗》："后王失其本，职吏不敢陈。"

【職役】　职事。白居易《首夏病间》："内无忧患迫，外无职役羁。"又《移家入新宅》："幸有俸禄在，而无职役羁。"又《书绅》："仕有职役劳，农有畎亩勤。"

【職事】　职务，职业。韦应物《寄冯著》："退身保玄虚，幸无职事牵。"钱起《送蒋尚书守东都》："纶言动北斗，职事守东京。"元结《漫酬贾沔州》："去年辞职事，所惧贻忧患。"伍乔《寄张学士洎》："职事久参侯伯幕，梦魂常绕帝王州。"

【職貢】　古代和属国或外国对于朝廷按时的贡纳。杜牧《奉和白相公呈上三相公长句四韵》："黠戛可汗修职贡，文思天子复河湟。"亦指贡品。杜甫《剑门》："后王尚柔远，职贡道已丧。"

【職掌】　掌管，负责。中宗、刘宪《十月诞辰内殿宴群臣效柏梁体联句》："运筹帷幄荷时来，职掌图籍滥蓬莱。"

【職禄】　职务和俸禄。薛逢《镊白曲》："专城俸入一倍多，况兼职禄霜峨峨。"

【職業】　职分应作之事。徐铉《亚元舍人不替深知猥贻佳作三篇因为长歌》："光阴暗度杯盂里，职业未妨谈笑间。"又《奉和宫傅相公怀旧见寄四十韵》："文辞职业分工拙，流辈班资让后先。"

【職當】　（一dāng）正当，实当。杜甫《醉为马坠诸公携酒相看》："职当忧戚伏衾枕，况乃迟暮加烦促。"

聽[1]〔tīng《广韵》他丁切，平青，透。又他定切，去徑，透。〕❶用耳朵接受声音。李白《姑熟十咏・慈姥竹》："龙吟曾未听，凤曲吹应好。"戴叔伦《边城曲》："胡笳听彻双泪流，羁魂惨惨生边愁。"白居易《邓鲂张彻落第》："古琴无俗韵，奏罢无人听。"赵防《秋日寄弟》："已经杨柳谢，犹听蟪蛄吟。"❷耳朵。徐坚《饯许州宋司马赴任》："辞燕依空绕，宾鸿入听哀。"刘禹锡《海阳十咏・云英潭》："潜去不见迹，清音常满听。"元稹《赛神》："逾年计不定，县听良亦烦。"❸声音。韦应物《咏声》："万物自生听，太空恒寂寥。"孟郊《赠苏州韦郎中使君》："谢客吟一声，霜落群听清。"❹听从，接受。元稹《大觜乌》："专听乌喜怒，信受若神龟。"张籍《城南》："未听主人赏，徒爱清华秋。"张蠙《送成州牧》："只作三年别，谁能听邑留。"❺同"廳"。厅堂。张祜《赠窦家小儿》："深绿衣裳小小人，每来听里解相亲。"

聽[2] 〔tīng《广韵》他定切，去徑，透。〕听凭。拾得《诗》之一四："故知君子志，任运听浮沉。"

【聽冰】 传说狐性好疑，故渡冰则听，冰下无水则过。见《水经注·河水一》引晋郭缘生《述征记》。后遂以"聽冰"作为多虑或处事谨慎的典故。温庭筠《病中书怀呈友人》："激杨衔箭虎，疑惧听冰狐。"韦庄《雨斋晚眺》："卧草跧如兔，听冰怯似狐。"

【聽角】 听见号角声。高骈有《边城听角》。皮日休《旅舍除夜》："挑灯犹故岁，听角已新年。"

【聽取】 听到。杜牧《今皇帝陛下一诏征兵不日功集河湟诸郡次第归降臣获睹圣功辄献歌咏》："听取满城歌舞曲，凉州声韵喜参差。"

【聽卑】 谓帝王能洞察下情，辨别忠奸。杨巨源《春日奉献圣寿无疆词十首》之十："渥泽方柔远，聪明本听卑。"

【聽法】 听讲佛法。李嘉祐《送王正字山寺读书》："山阶闲听法，竹径独看书。"杜甫《酬高使君相赠》："双树容听法，三车肯载书。"白居易《游悟真寺诗》："想见听法时，欢喜礼印坛。"

【聽治】 断狱治事。韩愈《路傍堠》："吾君勤听治，照与日月敌。"

【聽政】 处理政务。玄宗《为赵法师别造精院过院赋诗》序："秋九月，听政观风，存乎游息。"李绅《趋翰苑遭诬构四十六韵》："砺吻矜先搏，张罗骋疾驱。"自注："余遭逢吉构成遂，敬宗听政之前一日，宣命于月华门外窜逐。"

【聽幽蘭】 听取幽兰古琴曲。白居易有《听幽兰》。

【聽風聽水】 喻曲调的美妙音响如风声水声。相传龟兹国王与乐人与大山间倾听风声和水声，感兴而作《霓裳舞衣曲》。王建《霓裳词十首》之一："弟子部中留一色，听风听水作霓裳。"

【聽訟】 听理诉讼，审理案件。骆宾王《在狱咏蝉》序："虽生意可知，同殷仲文之古树，而听讼斯在，即周召伯之甘棠。"李颀《送刘四》："听讼破秋毫，应物利干将。"刘长卿《奉陪使君西亭送淮西魏判官》："破竹从军乐，看花听讼闲。"韩翃《送夏侯侍郎》："听讼不闻乌布帐，迎宾暂著紫绨裘。"

【聽瑩】 惶惑。韩愈《送文畅师北游》："僧时不听莹，若饮水救喝。"

【聽窗】 隔窗而听。韩愈《喜雪献裴尚书》："气严当酒换，洒急听窗知。"

【聽琴】 听弹琴。卢照邻《相如琴台》："云疑作赋客，月似听琴人。"陆龟蒙《江南秋怀寄华阳山人》："谱为听琴阅，图缘看海嶝。"

【聽琴人】 指汉卓文君。见《史记·司马相如列传》。卢照邻《相如琴台》："云疑作赋客，月似听琴人。"

【聽清】 听见清吟。孟郊《赠苏州韦郎中使君》："谢客吟一声，霜落群听清。"

【聽朝】 （—cháo）处理朝政。玄宗《春中兴庆宫酺宴》："还将听朝暇，回作豫游晨。"

【聽鼓】 古代官府卯刻击鼓，入值；午刻再鼓，下值。故以"聽鼓"借指官吏赴衙值班。李商隐《镜槛》："岂能抛断梦，听鼓事朝珂。"又《子初郊墅》："看山对酒君思我，听鼓离城我访君。"又《无题》："嗟余听鼓应官去，走马兰台类断蓬。"

【聽話】 听别人讲话。贾岛《喜无可上人游山回》："听话龙潭雪，休传鸟道书。"陆龟蒙《寄茅山何道士》："问颜知更少，听话想逾玄。"

【聽説】 听人所说。韩愈《送灵师》："听说两京事，分明皆眼前。"

【聽漏】 听到漏壶滴漏声。牟融《送客之杭》："风清听漏惊乡梦，灯下闻歌乱别愁。"徐铉《早春旬假独直寄江舍人》："咏诗前砌立，听漏向申归。"

【聽₂憐】 任凭怜惜。齐己《对雪》："听怜终夜落，吟惜一年过。"

【聽徹】 听完。戴叔伦《边城曲》："胡笳听彻双泪流，羁魂惨惨生边愁。"

【聽履】 指帝王亲近的重臣。见《汉书·郑崇传》。苏颋《奉和圣制幸礼部尚书窦希玠宅应制》："豫游今听履，侍从昔鸣笳。"沈佺期《奉和圣制幸礼部尚书窦希玠宅》："北阙垂旒暇，南宫听履回。"杜甫《上韦左相二十韵》："持衡留藻鉴，听履上星辰。"

【聽樂】 （—yuè）听音乐。胡浩《奉和圣制送张尚书巡边》："尝醪企行迈，听乐罢涟洏。"无名氏《观南郊回仗》："阅兵貔武振，听乐凤凰来。"

【聽聰視明】 犹言耳聪目明。韩愈《元和圣德诗》："听聪视明，一似尧禹。"

【聽講】 听人讲授或演讲。李贺《春日昌谷》："听讲依大树，观书临四沼。"许浑《白马寺不出院僧》："闭关人不知，寺喧听讲绝。"唐彦谦《过浩然先生墓》："山花不语如听讲，溪水无情自荐哀。"

【聽雞】 听到鸡叫。韦应物《咏徐正字画青蝇》："顾白曾无变，听鸡不复疑。"

【聽鵲】 听到喜鹊的叫声。古以此为吉兆。李珣《定风波》其三："等闲经岁两相违，听鹊凭龟无定处。"

【聽覽】 ❶听事览文。谓处理政务。玄宗《为赵法师别造精院过院赋诗》："坐朝繁听览，寻胜在清幽。"❷听。郑嵎《津阳门诗》："宸聪听览未终曲，却到人间迷是非。”

【聽讒】 听信谗言。陆龟蒙《和袭美江南书情二十韵》：“水石应容病，松篁未听谗。”《全唐诗外编》收有无名氏《听谗诗》。

十六画

聾〔lóng《广韵》盧紅切，平東，來。〕❶听力失灵或闭塞。杜甫《复阴》：“君不见夔子之国杜陵翁，牙齿半落左耳聋。”王建《寄同州田长史》：“除听好语耳常聋，不见诗人眼底空。”白居易《秋寄微之十二韵》：“览镜头虽白，听歌耳未聋。”姚合《闻蝉寄贾岛》：“禅客心应乱，愁人耳愿聋。”❷愚昧。亦指愚昧者。李群玉《始忝四座言怀纪事呈同馆诸公十四韵》：“庶期白雪调，一奏惊凡聋。”参见“聾俗”。

【聾盲】 耳聋目盲。刘禹锡《历阳书事七十韵》：“时闻关利钝，智亦有聋盲。”姚合《寄杨茂卿校书》：“耳目甚短狭，背面若聋盲。”

【聾昧】 愚昧。元稹《和李校书新题乐府十二首·立部伎》：“工师尽取聋昧人，岂是先王作之过。”

【聾俗】 愚昧无知的世俗。孟浩然《赠道士参寥》：“知音徒自惜，聋俗本相轻。”柳宗元《初秋夜坐吴武陵》：“希声闷大朴，聋俗何由聪。”

【聾瞶】 耳聋眼瞎。喻愚昧无知。韩愈《朝归》：“坐食取其肥，无堪等聋瞶。”

【聾闇】 耳聋目暗。白居易《短歌曲》：“耳目聋暗后，堂上调丝竹。”

聿 部

聿 〔yù《广韵》餘律切,入術,以。〕助词。用于句首或句中。贺知章《唐禅社首乐章·太和》:“五音克备,八变聿施。”岑参《上嘉州青衣山中峰题惠净上人幽居寄兵部杨郎中》:“尚以名宦拘,聿来夷獠乡。”韩愈《苦寒歌》:“岂不有阳春,节岁聿其周。”李逢吉《享惠昭太子庙乐章》:“既洁酒醴,聿陈熟腥。”

【聿脩】 继承发扬先人的德业。崔玄童《祭汾阴乐章》:“聿脩严配,展事禋宗。”

【聿懷】 笃念。冯伉《和权载之离合诗》:“车马退朝后,聿怀在文友。”

七 画

肆 〔sì《广韵》息利切,去至,心。〕❶显明;显示。白居易《新乐府》序:“其体顺而肆,可以播于乐章歌曲也。”❷放纵,不受拘束。韦应物《答僩奴重阳二甥》:“饮酒任真性,挥笔肆狂言。”韩愈《送无本师归范阳》:“狂词肆滂葩,低昂见舒惨。”白居易《赠樊著作》:“刘辟肆乱心,杀人正纷纷。”❸商市,店铺。崔颢《结定襄郡狱郊陶体》:“牵引肆中翁,追呼田家子。”杜甫《白小》:“入肆银花乱,倾箱雪片虚。”于鹄《山中寄樊仆射》:“僧房闲共宿,酒肆醉相扶。”吕温《上官昭容书楼歌》:“君不见洛阳南市卖书肆,有人买得研神记。”❹陈设;铺开。魏征《五郊乐章·雍和》:“金悬夕肆,玉俎朝陈。”萧祜《游石堂观》:“胡为空山百草花,倏尔笾豆肆我旁。”柳宗元《种白蘘荷》:“蔬果自远至,杯酒盈肆陈。”❺赦宥;延缓。见“肆宥”“赦眚”。❻巩固。见“肆靖”。❼极;尽。王昌龄《过华阴》:“人生屡如此,何以肆愉悦。”

【肆凶】 逞凶。白居易《杂感》:“阳货肆凶暴,仲尼畏于匡。”

【肆目】 尽其目力。张籍《罔象得玄珠》:“离娄徒肆目。罔象乃通玄。”蒋防《秋稼如云》:“肆目如云处,三田大有秋。”

【肆芳】 谓散发芳香。无名僧《禅诗》其四:“清莲台上见天唐,众生真心礼肆芳。”韦应物《题从侄成绪西林精舍书斋》:“屡跻幽人境,每肆芳辰眺。”

【肆邸】 作坊,店铺。张祜《题重玄寺阁八韵》:“万檐攒肆邸,千叶溢津航。”

【肆宥】 缓刑,赦免。唐柳宗元《游南亭夜还叙志七十韵》:“三辟咸肆宥,众生均覆焘。”

【肆夏】 古乐章名。虞世南《奉和献岁宴宫臣》:“肆夏喧金奏,重润响朱弦。”张说《唐享太庙乐章·太和》:“玉节肆夏,金锵五钟。”

【肆眚】 宽赦罪人。沈佺期《喜赦》:“去岁投荒客,今春肆眚归。”

【肆勤】 尽力勤劳。德宗《中和节日宴百僚赐诗》:“岁华今载阳,东作方肆勤。”

【肆靖】 稳固安定。见《诗·周颂·昊天有成命》。贺知章《唐禅社首乐章·太和》:“缉熙肆靖,厥心匪离。”

【肆意】 纵情任意,不受拘束。周昙《咏史诗·六朝门·二废帝》:“肆意荒狂杀不辜,方嗟废帝又苍梧。”

【肆暴】 滥施暴力,行凶。白居易《和答诗十首·答四皓庙》:“秦皇肆暴虐,二世遘乱离。”

【肆覲】 原谓以礼见东方诸国之君,后常用为语典,以称见天子或诸侯之礼。见《尚书·舜典》。李义府《在嶲州遥叙封禅》:“东后方肆觐,西都导六师。”虞世南《奉和幸江都应诏》:“肆觐遵时豫,顺动悦来苏。”吴筠《览古十四首》:“爰从太微上,肆觐虚皇尊。”

【肆類】 祭天之礼。类,祭名。则天皇后《唐享昊天乐·第十一》:“礼终肆类,乐阕九成。”《郊庙歌辞·朝日乐章·肃和》:“帝郊肆类,王宫戒吉。”

【肆鱗】 指放纵的蛟龙。孟郊《寄陕府邓给事》:“肆鳞今倒悬,尘鲤见枯浪。”

肄 〔yì《广韵》羊至切,去至,以。〕学习。参见“肄業”。

【肄業】 修习课业。权德舆《送李城门罢官归嵩阳》:“罢官多暇日,肄业有儒风。”李骘有《慧山寺肄业送怀坦上人》。唐求有《送友人江行之庐山肄业》。

八 画

肇 〔zhào《集韵》直紹切，上小，澄。〕开始，创始。李峤《豹》："车法肇宗周，鼷文阐大猷。"德宗《中和节日宴百僚赐诗》："肇兹中和节，式庆天地春。"元稹《有酒十章》之三："天耶，地耶，肇万物耶。"

【肇初】 开始，创始。韩愈、孟郊《城南联句》："益大联汉魏，肇初迈周嬴。"

【肇建】 创建，始创。张子容《乐城岁日赠孟浩然》："土地穷瓯越，风光肇建寅。"

【肇迹】 开始，发端。吕温《道州观野火》："禹稼斯肇迹，遍生合颖禾。"

【肇素】 始初。原陵老翁《原陵老翁吟》狐书一："肇素未来，晦明兴灭。"

【肇開】 发端，开始。徐浩《谒禹庙》："肇开宅土业，永庇昏垫忧。"

【肇興】 初起，始兴。《郊庙歌辞·梁太庙乐舞辞·大合舞》："肇兴九庙，乐合来仪。"

九 画

肅 〔sù《广韵》息逐切，入屋，心。〕❶恭敬貌。崔禹锡《奉和圣制送张说巡边》："炎景宁云惮，神谋肃所将。"刘晃《祭汾阴乐章》："斋戒既肃，馨香毕陈。"殷尧恭《府试中元观道流步虚》："扫坛天地肃，投简鬼神惊。"赵光逢《梁郊祀乐章·庆顺》："进退必肃，陟降是祇。"❷严肃，庄重。李峤《奉和杜员外扈从教阅》："礼振军容肃，威宣武节扬。"戎昱《上李常侍》："千里政声人共喜，三军令肃马前嘶。"鲍溶《荐冰》："礼余神转肃，曙后月残明。"李景让《寄华州周侍郎立秋日奉诏祭岳诗》："朱幡入庙威仪肃，王佩升坛步武回。"❸静穆；肃静；幽静。玄宗《端午三殿宴群臣探得神字》序："广殿肃而清气生，列树深而长风至。"韦应物《寇季膺古刀歌》："月肃风凄古堂净，精芒切切如有声。"皎然《奉和陆使君长源夏月游太湖》："知公爱澄清，波静气亦肃。"李益《秋晚溪中寄怀大理齐司直》："荒宁桁杨肃，芳辉兰玉滋。"❹整齐貌。卢纶《秋幕中夜独坐因书即事兼呈同院诸公》："簪裘肃已整，车骑俨将前。"❺肃杀；萎缩。崔国辅《杭州北郭戴氏荷池送侯愉》："秋近万物肃，况当临水时。"皎然《湛处士枸杞架歌》："肯羡孤松不凋色，皇天正气肃不得。"李益《合源溪期张计不至》："霜露肃时序，缅然方独寻。"刘得仁《夏日即事》："天地先秋肃，轩窗映月深。"❻清除；平静。贺朝《从军行》："烽沉灶减静边亭，海晏山空肃已宁。"玄宗《春中兴庆宫酺宴》序："不言而海外知归，不教而寰中自肃。"孟郊《蓝溪元居士草堂》："人朴情虑肃，境闲视听空。"杨巨源《送裴中丞出使》："龙韬何必陈三略，虎旅由来肃万方。"

【肅公】 扬州僧，参见《宋高僧传·法诜传》。刘长卿有《秋夜肃公房喜普门上人自阳羡山至》。

【肅祀】 恭敬地祭祀。张九龄《南郊太尉酌献舞作凯安之乐》："肃祀崇圣灵，陈信表黄道。"

【肅事】 恭敬其事。则天皇后《唐明堂乐章·迎送王公》："千官肃事，万国朝宗。"蒋挺《祭汾阳乐章》："圣君绂冕，肃事坛场。"宋之问《景龙四年春祠海》："肃事祠春溟，宵斋洗蒙虑。"张九龄《夏日奉使南海在道中作》："肃事诚在公，拜庆遂及私。"

【肅命】 严正的使命。张九龄《初发道中赠王司马兼寄诸公》："肃命趋仙阙，侨装抚传车。"杜审言《和李大夫嗣真奉使存抚河东》："隐隐帝乡远，瞻瞻肃命虔。"

【肅物】 谓待人接物严肃端正。刘长卿《落第赠杨侍御兼拜员外仍充安大夫判官赴范阳》："使车遥肃物，边策远和戎。"

【肅和】 乐章名。多用于祭祀天地和太庙时登歌奠玉帛的仪式中。贺知章有《唐禅社首乐章·肃和》，张说有《唐享太庙乐章·肃和》。

【肅恭】 庄严恭敬。魏征《五郊乐章·赤帝徵音》："庶尽肃恭，非馨稷黍。"清昼《讲德联句》："肃恭神明，齐沐不亏。"孔德绍《送舍利宿定普岩》："仁祠表虚旷，祇园展肃恭。"

【肅徒】 恭敬地服役。陈子昂《入峭峡安居溪伐木溪源幽邃林岭相映有奇致焉》："肃徒歌伐木，骛楫漾轻舟。"薛据《初去郡斋书怀》："肃徒辞汝颍，怀古独凄然。"尉池汾《府尹王侍郎准制拜岳因状嵩高灵胜寄呈三十韵》："肃徒奉兰沐，竟夕玉华东。"

【肅殺】 严酷萧瑟貌。多用以形容深秋或冬季的天气和景色。王丘《奉和圣制送张尚书巡边》："肃杀从此始，方知胡运穷。"杜甫《北征》："昊天积霜露，正气有肃杀。"吕温《孟冬蒲津关河亭作》："严冬不肃杀，何以见阳春。"齐己《灵松歌》："八月天威行肃杀，万木凋零向霜雪。"

【肅容】 使仪容严肃庄重。张九龄《登南岳事毕谒司马道士》："肃容两童子，入室希把袖。"

【肅邕】 见"肅雍"。

【肅爽】 言秋景天高气爽。张宣明《山行见孤松成咏》："孤松郁山椒，肃爽凌清霄。"

【肅唱】 严肃恭敬地歌唱。见《汉书·礼乐志》。张说《唐封泰山乐章·雍和》："鼓钟管磬，肃唱和鸣。"

【肅清】 犹清平。杜甫《咏怀古迹五首》之五：

"诸葛大名垂宇庙，宗臣遗像肃清高。"

【肅將】（一jiāng）犹敬奉或敬献。李逢吉《享惠昭太子庙乐章》："肃将震念，昭格储灵。"

【肅順】五代后周宗庙舞乐名。用于祭宗庙降神仪式。《郊庙歌辞》有《周宗庙乐舞辞・肃顺》。

【肅然】❶恭敬，庄严肃穆。苏颋《奉和圣制登太行山中言志应制》："愿以封书奏，回銮禅肃然。"刘得仁《和厉玄侍御题户部相公庐山草堂》："柱史题诗后，松前更肃然。"❷谓社会秩序良好。钱起《奉送户部李郎中充晋国副节度出塞》："汗马将行矣，卢龙已肃然。"

【肅睦】安宁和睦。韩偓《梦中作》："礼容肃睦缨绥外，和气熏蒸剑履间。"

【肅雍】亦作"肅邕"。❶庄严雍容，整齐和谐。多用于形容祭祀时的气氛和乐声。张说《唐享太子庙乐章・太和》："时文圣后，清庙肃邕。"贺知章《唐禅社首乐章・福和》："上帝临我，云胡肃邕。"王涯《享惠昭太子庙乐章》："宫臣展事，肃雍在列。"张籍《董公诗》："海内既无虞，君臣方肃雍。"❷本指行车之貌。见《诗・召南・何彼襛矣》。而《毛诗序》则谓："《何彼襛矣》，美王姬也。虽则王姬，亦下嫁于诸侯，车服不系其夫，下王后一等，犹执妇道以成肃雝之德也。"后遂以之为称颂妇德之词。苏颋《故高安大长公主挽词》："柔轨题贞顺，闲规赋肃雍。"徐坚《仪坤庙乐章》："于穆清庙，肃雍严祀。"《郊庙歌辞・仪坤庙乐章・坤贞》："肃雍攸在，辅佐斯成。"

【肅雍舞】五代后周宗庙舞乐名。用于祭祀时献信祖室。《郊庙歌辞》有《周宗庙乐舞辞・肃雍舞》。

【肅慎】古民族名。古时居我国东北地区。陈子昂《送著作佐郎崔融等从梁王东征》序："方且猎九都，穷踏顿，存肃慎，吊姑余，彷徨赤山，巡御日域，以昭我王师，恭天讨也。"杨师道《奉和圣制春日望海》："回瞰卢龙塞，斜瞻肃慎乡。"

【肅駕】车驾庄严。吴筠《步虚词十首》之一："众仙仰灵范，肃驾朝神宗。"

【肅穆】严肃恭敬。储光羲《献高使君大酺作》："肃穆郊禋毕，工歌赏事并。"李白《经乱离后天恩流放夜郎忆旧游书怀赠江夏韦太守良宰》："逢君听弦歌，肃穆坐华堂。"高适《同房侍御山园新亭与刑判官同游》："肃穆逢使轩，夤缘事登临。"刘禹锡《送韦秀才道冲赴制举》："肃穆升内殿，从容领儒冠。"亦形容寂静。王勃《山亭夜宴》："森沉野径寒，肃穆岩扉静。"李白《叙旧赠江阳宰陆调》："城门何肃穆，五月飞秋霜。"刘禹锡《和河南裴尹侍郎宿斋天平寺诣九龙祠祈雨二十韵》："重城肃穆闭，涧水潺湲时。"

【肅肅】❶恭敬貌。魏征《享太庙乐章・永和》："肃肃清祀，烝烝孝思。"高适《东平旅游奉赠薛太守二十四韵》："肃肃趋朝列，雍雍引帝求。"杜甫《八哀诗・赠司空王公思礼》："胸襟日沈静，肃肃自有适。"吴筠《游仙二十四首》之十二："肃肃承上帝，锵锵会群仙。"❷肃穆幽静貌。沈佺期《奉和圣制同皇太子游慈恩寺应制》："肃肃莲花界，荧荧贝叶宫。"令狐峘《释奠日国学观礼闻雅颂》："肃肃先师庙，依依胄子群。"段文昌《享太子庙乐章》："肃肃清庙，登显至德。"李群玉《始忝四座奏状闻荐蒙恩授官呈同馆诸公二十四韵》："峨峨群玉山，肃肃紫殿东。"❸疾速貌。杜甫《喜晴》："出郭眺西郊，肃肃春增华。"钱起《美杨侍御清文见示》："再见吟白雪，便觉云肃肃。"顾况《从军行二首》之一："笳奏遝以哀，肃肃趣严程。"❹象声词。(1)鸟羽、虫翅的振动声。见《诗・小雅・鸿雁》。畅当《自平阳馆赴郡》："溶溶山雾披，肃肃沙鹭起。"独孤及《送陈兼应辟兼寄高适贾至》："肃肃举鸿毛，冷然顺风吹。"韩愈《郑群赠簟》："青蝇侧翅蚤虱避，肃肃疑有清飙吹。"(2)风声。卢纶《冬日登城楼有怀因赠程腾》："风声肃肃雁飞绝，云色茫茫欲成雪。"刘商《送庐州贾使君拜命》："悬旌风肃肃，卧辙泪纷纷。"皮日休《太湖诗・销夏湾》："一坐盘石上，肃肃寒生肌。"裴略《为温仆射嘲竹》："竹，风吹青肃肃。"(3)泛指其他声音。储光羲《苏十三瞻登玉泉寺峰入寺中见赠作》："肃肃列樽俎，锵锵引缨弁。"杜甫《春远》："肃肃花絮晚，菲菲红素轻。"

肉(月) 部

肉 〔ròu《广韵》如六切，入屋，日。〕❶指人体的肌肉。刘言史《观绳伎》："闪然欲落却收得，万人肉上寒毛生。"白居易《杜陵叟》："虐人害物即豺狼，何必钩爪锯牙食人肉。"贯休《读离骚经》："曾食灵均之肉兮，个个为忠臣。"❷指动物肉。张说《安乐郡主花烛行》："百壶渌酒千斤肉，大道连延障锦轴。"杜甫《送高三十五书记》："饥鹰未饱肉，侧翅随人飞。"白居易《送王处士》："王门岂无酒，侯门岂无肉。"❸吞噬，欺凌。杜甫《王兵马使二角鹰》："白羽曾肉三狻猊，敢决岂不与之齐。"贯休《胡无人》："肉胡之肉，烬胡帐幄。"《黄巢军中谣》："逢儒则肉师必覆。"❹指从口中发出的歌声，对乐器之声而言。吴融《李周弹筝歌》："古人云，丝不如竹，竹不如肉。"参见"肉管"。❺有孔的圆形边称"肉"。参见"肉好"。

【肉牛】 肥壮的牛。王建《寄贺田侍中东平功成》："战马散驱还逐草，肉牛齐散却耕田。"

【肉好】 古代圆形玉器和钱币等的边和孔。边称"肉"，孔称"好"。杜牧《寄澧州张舍人笛》："发匀肉好生春岭，截玉钻星寄使君。"

【肉芝】 道家称之为千年蟾蜍、蝙蝠、灵龟、燕之属，谓食者可长寿。亦指形类人参的灵芝果。皮日休《奉和鲁望四月十五日道室书事》："竹叶饮为甘露色，莲花鲊作肉芝香。"殷文圭《和友人送衡南尚书赴池阳副车》："金海珠韬乘月读，肉芝牙茗拨云收。"

【肉枅】 挂肉的横木。犹今言肉架子。陆龟蒙《独夜有怀因作吴体寄袭美》："不然快作燕市饮，笑抚肉枅眠酒垆。"

【肉林】 谓悬肉为林，形容穷奢极欲。见《史记·殷本纪》。太宗《赋尚书》："寒心睹肉林，飞魄看沉湎。"

【肉味】 肉的滋味。白居易《江楼夜吟元九律诗成三十韵》："肉味经时忘，头风当日痊。"又《酬梦得以予五月长斋延僧徒绝宾友见戏十韵》："不唯忘肉味，兼拟灭风情。"胡曾《咏史诗·朝歌》："若解闻韶知肉味，朝歌欲肯到回头。"

【肉食】 ❶指高位厚禄。亦泛指做官的人。陈子昂《感遇诗三八首》之二九："肉食谋何失，藜藿缅纵横。"杜甫《赠苏四徯》："肉食哂菜色，少壮欺老翁。"周昙《咏史诗·春秋战国门·庄公》："鱼丽三鼓微曹刿，肉食安能暇远谟。"❷以肉类为食物。韩愈《重云李观疾赠之》："藜羹尚如此，肉食安可尝。"

【肉馬】 平凡的马。李贺《马诗二三首》之二三："厩中皆肉马，不解上青天。"曹邺《题濮庙》："人间直有仙桃种，海上应无肉马踪。"

【肉骨】 使白骨生肉，比喻受人深恩。见《左传·襄公二二年》。李端《下第上薛侍郎》："铭肌非厚答，肉骨是前期。"

【肉袒】 脱去上衣，裸露肢体。皮日休《正乐府十篇·贪官怨》："伤哉尧舜民，肉袒受鞭箠。"

【肉眼】 俗眼，谓短浅的眼光。王建《田侍中宴席》："虽是沂公门下客，争将肉眼看云天。"卢仝《赠金鹅山人沈师鲁》："肉眼不识天上书，小儒安敢窥奥秘。"

【肉视】 犹鄙视。温庭筠《题李卫公诗二首》之一："肉视具寮忘匕箸，气吞同列削寒温。"

【肉管】 泛指音乐。肉。声乐；管，管乐。杜牧《奉和门下相公送西川相公兼领相印出镇全蜀诗十八韵》："肉管伶伦曲，箫韶清庙章。"

【肉糜】 肉粥。周昙《咏史诗·晋门·惠帝》："蛙鸣堪笑问官私，更劝饥人食肉糜。"

【肉騣】 马颈内端所生鬃毛，倒披一旁，叫作"肉騣"。是骏马的一种特征。杜甫《骢马行》："隅目青荧夹镜悬，肉鬃碨礧连钱动。"

二 画

肌 〔jī《广韵》居夷切，平脂，见。〕❶肌肉。元稹《会真诗三十韵》："气清兰蕊馥，肤润玉肌丰。"❷皮肤。李白《登巴陵开元寺西阁赠衡岳僧方外》："洒以甘露言，清凉润肌发。"柳宗元《茅檐下始栽竹》："瘴茅葺为宇，溽暑常侵肌。"白居易《和微之诗二十三首·和李势女》："不朱面若花，不粉肌如霜。"

【肌肉】 皮肉的统称。白居易《虾蟆》："形秽肌肉腥，出没于泥沙。"罗隐《蟋蟀诗》："蚊蚋有毒，食人肌肉。"贯休《江边道士》："药垆生紫气，肌肉似红银。"

【肌骨】 肌肉与骨骼。欧阳詹《玩月》："清冷到肌骨，洁白盈衣裳。"方干《题新竹》："怪得入门肌骨冷，缀风黏月满庭前。”徐铉《酬郭先辈》：“彩褥粲英华，理深刮肌骨。”

【肌理】 皮肤的纹理。杜甫《丽人行》：“态浓意远淑且真，肌理细腻骨肉匀。”

【肌雪】 指女子好像雪那样白润的肌肤。南唐李煜《木兰花》词：“晓妆初了明肌雪，春殿嫔娥鱼贯列。”

【肌髮】 肌肉与头发。李宾《登巴陵开元寺西阁赠衡岳僧方外》：“洒以甘露言，清凉润肌发。”

【肌膚】 肌肉与皮肤。乔知之《羸骏篇》：“肌肤销远道，膂力尽长城。”杜甫《哀王孙》：“已经百日窜荆棘，身上无有完肌肤。”贯休《书陈处士屋壁二首》之一：“有叟傲尧日，发白肌肤红。”

肋 〔lèi《广韵》盧則切，入德，來。〕肋骨。元稹《望云骓马歌》：“君王试遣回胸臆，撮骨锯牙骈两肋。”孟迟《寄浙右旧幕僚》：“巨拳岂为鸡挥肋，强弩那因鼠发机。”

三　画

肝 〔gān《广韵》古寒切，平寒，見。〕❶人的肝脏。白居易《游悟真寺诗》：“浅深皆洞彻，可照脑与肝。”又《眼病二首》之一：“僧说客尘来眼界，医言风眩在肝家。”李绅《趋翰苑遭诬构四十六韵》：“胆为隳肝竭，心因沥血枯。”❷动物的肝脏。李商隐《大卤平后移家到永乐县居书怀十韵》：“脱身离虎口，移疾就猪肝。”❸比喻内心。杜甫《义鹘》之六：“聊为义鹘行，用激壮士肝。”

【肝肺】 比喻内心。杜甫《铁堂峡》：“飘蓬逾三年，回首肝肺热。”李群玉《自澧浦东游江表途出巴丘投员外从公虞》：“咋笔话肝肺，咏兹枯鱼章。”

【肝鬲】 亦作“肝膈”。比喻内心。刘禹锡《送李策秀才还湖南因寄幕中亲故》：“饰容遇朗鉴，肝鬲可以呈。”又《游桃源一百韵》：“暂然不屑意，元气贮肝膈。”皮日休《吴中苦雨因书一百韵寄鲁望》：“须眉渍将断，肝膈蒸欲熟。”

【肝腎】 犹心思。韩愈《赠崔立之评事》：“劝君韬养待征招，不用雕琢愁肝肾。”

【肝脾】 比喻内心。韩愈《寄崔二十六立之》：“巧能喻其诚，深浅抽肝脾。”李商隐《韩碑》：“公之斯文若元气，先时已入人肝脾。”

【肝腸】 比喻内心。无名氏《非所夜闻笛》：“涕泪落如雨，肝肠痛似刀。”

【肝腸断】 形容极度悲哀。无名氏《得信酬回》：“欲识肝肠断，更深听叫声。”

【肝腦】 借指身体或生命。贯休《上顾大夫》：“今朝投至鉴，得不倾肝脑。”

【肝膈】 见“肝鬲”。

【肝膽】 ❶泛指人的身体或其内部器官。李益《府试古镜》：“肝胆诚难隐，妍媸信易穷。”元稹《说剑》：“酒酣肝胆露，恨不眼前剖。”李群玉《古镜》：“冰辉凛毛发，使我肝胆冷。”❷喻关系密切。綦毋潜《送崔员外黔中监选》：“蛮貊虽殊俗，知君肝胆微。”❸喻真心诚意。李华《杂诗六首》之六：“仁义岂有常，肝胆反为贼。”顾况《行路难三首》之一：“一生肝胆向人尽，相识不如不相识。”李群玉《献王中丞》：“他日图勋画麟阁，定呈肝胆始应休。”❹喻豪情壮志。卢群《淮西席上醉歌》：“但得百寮师长肝胆，不用三军罗绮金银。”韩愈《赠别元十八协律六首》之四：“穷途致感激，肝胆还轮囷。”

肚[1] 〔dù《广韵》徒古切，上姥，定。又當古切，上姥，端。〕❶腹部。长孙无忌、欧阳询《与欧阳询互嘲》：“索头连背暖，漫裆畏肚寒。”杨苧萝《咏垂丝蜘蛛嘲云辨僧》：“吃得肚婴撑，寻思绕寺行。”无名氏《嘲伛偻人》：“著衣床上坐，肚缓脊皮急。”❷指物体中间鼓出的部分。伊用昌《忆江南》：“江南鼓，梭肚两头栾。”

肚[2] 〔dǔ《广韵》當古切，上姥，端。〕用作食物的动物的胃。蒋贻恭《咏安仁宰捣蒜》：“半破磁缸成醋酒，死牛肠肚作馒头。”

【肚皮開】 谓衣破露出肚皮。无名氏《富饶田舍儿》：“襆头巾子露，衫破肚皮开。”

【肚露地】 俗语。谓衣破露出肚皮。王梵志《夫妇拟百年》：“衣破无人缝，小者肚露地。”

肘 〔zhǒu《广韵》陟柳切，上有，知。〕❶上下臂相接处弯曲的部位。李华《仙游寺》：“安得羡门方，青囊系吾肘。”杜甫《狂歌行赠四兄》：“日斜枕肘寝已熟，啾啾唧唧为何人。”张祜《游天台山》：“才登招手石，肘底笑天姥。”❷用肘触人示意。杜甫《遭田父泥饮美严中丞》：“高声索果栗，欲起时被肘。”

【肘上柳枝生】 喻生死疾病等意外变化。见《庄子·至乐》。元稹《放言五首》之五：“乞我怀中松叶满，遮渠肘上柳枝生。”

【肘印】 谓随身携带的官印。独孤及《和张大夫秋日有怀呈院中诸公》：“肘印拘王事，篱花思长年。”

【肘後】 谓随身携带的。指书籍或药方。李頎《送王道士还山》：“双峰树下曾受业，应传肘后长生法。”李贺《赠陈商》：“楞伽堆案前，楚辞系肘后。”贯休《寄天台叶道士》：“终须肘后相传好，莫便乘鸾去不回。”

【肘後方】 医书名。《隋书·经籍志》有扁鹊《肘后方》、葛洪《肘后方》。后借以泛指随身携带的药方。秦系《送王道士》:“恐入壶中住,须传肘后方。”白居易《六年春赠分司东都诸公》:“始悟肘后方,不如杯中物。”尚颜《宿寿安甘棠馆》:“愿值壶中容,亲传肘后方。”

【肘書】“肘後書”的略称。指随身携带的医书。曹邺《故人寄茶》:“月余不敢费,留伴肘书行。”

【肘腋】❶胳膊肘与胳肘窝。白居易《和微之诗二十三首·和寄乐天》:“在车如轮辕,在身如肘腋。”李商隐《行次西郊作一百韵》:“筋体半痿痺,肘腋生臊膻。”❷喻切近之地。贾至《自蜀奉册命往朔方途中呈左相文部房尚书门下崔侍郎》:“元凶诱黠虏,肘腋生妖氛。”皎然《从军行五首》之三:“须防肘腋下,飞祸出无端。”李涉《六叹》:“秦王烧书杀儒客,肘腋之中千里隔。”杨乘《甲子岁书事》:“乐祸但鲸鲵,同恶为肘腋。”

【肘腋祸】近在身边的祸患。杜甫《草堂》:“焉知肘腋祸,自及枭獍徒。”

【肘痹宜生柳】同“肘上柳枝生”。白居易《病中诗十五首·初病风》:“肘痹宜生柳,头旋剧转蓬。”

肖1 〔xiào《广韵》私妙切,去笑,心。〕似,相似。韩愈《荐士》:“荣华肖天秀,捷疾逾响报。”刘禹锡《酬湖州崔郎中见寄》:“风筝吟秋空,不肖指爪声。”无名氏《玄卿镜铭》(外编下):“纤尘不生,肖兹万形。”

肖2 〔xiāo《集韵》思邀切,平宵,心。〕细小。参见“肖₂翹。”

【肖₂翹】细小能飞的生物。陆龟蒙《萤诗》:“肖翘虽振羽,戚促尺疑冰。”

肓 〔huāng《广韵》呼光切,平唐,晓。〕古代中医指心脏与膈膜之间。韦庄《和郑拾遗秋日感事一百韵》:“殷牛常在耳,晋竖欲潜肓。”

四 画

肢 〔zhī《广韵》章移切,平支。章。〕手、足、胳膊、腿的统称。❶皇甫湜《出世篇》:“四肢为琅玕,五脏为璠玙。”孟郊《乱离》:“为君每一恸,如剑在四肢。”❷亦称人体的腰部。参见“腰肢。”

【肢體】犹躯体。张籍《寄韩愈》:“临溪一盥濯,清出肢体烦。”白居易《春眠》:“新浴肢体畅,独寝神魂安。”陈陶《悲哉行》:“服之一千日,肢体生异香。”

肺 〔fèi《广韵》芳廢切,去廢,敷。〕人的呼吸器官。杜甫《别唐十五诫因寄礼部贾侍郎》:“为吾谢贾公,病肺卧江沱。”吕温《衡州早春二首》之二:“病肺不饮酒,伤心不看花。”李建勋《中酒寄别刘行军》:“肺伤徒问药,发落不盈梳。”

【肺肝】❶肺与肝。贾岛《延寿里精舍寓居》:“耳目乃鄘井,肺肝即岩峰。”❷喻内心。杜甫《垂老别》:“弃绝蓬室居,塌然摧肺肝。”

【肺石】古时设赤石于朝廷门外,民有不平,得击石鸣冤,石形似肺,故名。见《周礼·秋官·大司寇》。白居易《赠樊著作》:“其心如肺石,动必达穷民。”

【肺氣】即肺气肿。杜甫《寄薛三郎中》:“春复加肺气,此病盖有因。”杨巨源《和元员外题升平里新斋》:“心源邀得闲诗证,肺气宜将慢酒扶。”

【肺神】内心。白居易《和杨同州寒食乾坑会后闻杨工部欲到知予工部有宿酲》:“宿酲无兴味,先是肺神知。”

【肺病】肺部的疾病。今多指肺结核。白居易《闲居》:“肺病不饮酒,眼昏不读书。”姚合《从军乐二首》之一:“眼疼长不校,肺病且还无。”

【肺腑】❶肺部。泛指人体的心脏。犹言心头、胸口。杜甫《岳麓山道林二寺行》:“一重一掩吾肺腑,山鸟山花吾友于。”徐铉《赠陶使君求梨》:“冷侵肺腑醒偏早,香惹衣襟歇倍迟。”❷喻帝王宗室近亲。萧至忠《陪幸五王宅》:“北斗枢机在,西京肺腑亲。”❸喻极亲近的人。刘得仁《哭翰林丁侍郎》:“相知出肺腑,非旧亦非亲。”❹喻内心。元稹《梦游春七十韵》:“近作梦仙诗,亦知劳肺腑。”杜荀鹤《自叙》:“平生肺腑无言处,白发吾唐一逸人。”李频《将赴黔州先寄本府中丞》:“感知肺腑终难说,从此辞归便扫门。”

【肺腸】喻心思、内心。卢仝《自咏三首》之三:“日月黏髭须,云山锁肺肠。”贾岛《投孟郊》:“愿倾肺肠事,尽入焦梧桐。”吴融《和严谏议萧山庙十韵》:“肺肠无处说,一为启聪明。”

肬 〔yóu《广韵》羽求切,平尤,云。〕同“疣”。肉赘,见“肬腫”。

【肬腫】肉瘤类脓疮。韩愈、孟郊《会合联句》:“嘉言写清越,愈病失肬肿。”

肱 〔gōng《广韵》古弘切,平登,見。〕手臂。权德舆《多病戏书因示长孺》:“唯思曲肱枕,搔首掷华缨。”白居易《渭村退居寄礼部崔侍郎翰林钱舍人诗一百韵》:“眼为看书损,肱因远甓伤。”雍陶《同贾岛宿无可上人院》:“静境唯闻铎,寒床但枕肱。”亦用以比喻帝王的卿佐。韩愈《送侯参谋赴河中幕》:“洸洸司徒公,天子爪与肱。”

【肱被】汉姜肱与弟同被而眠之典。后因以“肱被”比喻兄弟友爱。见《后汉书·姜肱传》。史凤《鲛红被》:“肱被当年仅御寒,青楼惯染血猩纨。”

肯

〔kěn《广韵》苦等切，上等，溪。〕❶附着在骨头上的肉。李商隐《寄太原卢司空三十韵》："只忧非綮肯，未觉有膻腥。"❷表示应允，同意。岑参《戏问花门酒家翁》："道傍榆荚仍似钱，摘来沽酒君肯否。"王之涣《凉州词二首》之二："汉家天子今神武，不肯和亲归去来。"白居易《赠内》："梁鸿不肯仕，孟光甘布裙。"❸表示乐意，愿意。崔国辅《杂诗》："何肯相救援，徒闻宝剑篇。"刘长卿《哭魏兼遂》："樽酒空如在，弦琴肯重闻。"白居易《华原磬》："果然胡寇从燕起，武臣少肯封疆死。"❹副词。(1)表示反问。犹岂。王维《老将行》："射杀山中白额虎，肯数邺下黄须儿。"刘禹锡《奉和裴令公夜宴》："从来海上仙桃树，肯逐人间风露秋。"权德舆《广陵诗》："肯学诸儒辈，书窗误一生。"孙光宪《生查子》词之五："似这一般情，肯信春光老。"(2)犹能，得。杜甫《草堂》："唱和作威福，孰肯辨无辜。"独孤及《酬梁二十宋中所赠兼留别梁少府》："少读黄帝书，肯不笑机事。"徐夤《寄华山司空侍郎》："莫言疏野全无事，明月清风肯放君。"(3)犹会；犹言至于。太宗《咏乌代陈师道》："向日终难托，迎风讵肯迷。"王维《赠刘蓝田》："讵肯无公事，烦君问是非。"李商隐《柳》："如何肯到清秋日，已带斜阳又带蝉。"

肹

〔xī《广韵》羲乙切，入質，晚。又許訖切，入迄，晚。〕谓声响振起或传播。参见"肹蠁❶"。

【肹蠁】 ❶散布；弥漫。多指光体、气体、声响的传播。玄宗《玄宗祀圜丘乐章・豫和》："神光肹蠁，龙驾言旋。"刘允济《经庐岳回望江州想洛川有作》："肹蠁精气通，纷纶潜怪作。"贾竦《谒华岳庙》："肹蠁似有闻，依稀疑所觌。"❷喻神灵感应或灵感通微。包佶《祀风师乐章・奠币登歌》："仰瞻肹蠁，群祥来凑。"柳宗元《韦使君黄溪祈雨见召从行至祠下口号》："肹蠁巫言报，精诚礼物余。"赵光逢《梁郊祀乐章・庆和》之三："开九门，怀百神，通肹蠁，接氤氲。"

肴

〔yáo《广韵》胡茅切，平肴，匣。〕熟肉。韩愈《燕河南府秀才得生字》："柿红蒲萄紫，肴果相扶檠。"

【肴羞】 美味的菜肴。钱镠《功臣堂》："两邦父老趋旌府，百品肴羞宴桂堂。"

【肴葅】 肉食。葅，同"菹"，肉酱。姚合《酬光禄田卿末伏见寄》："朝朝廊下食，相庇在肴菹。"

【肴盤】 盛菜肴的盘子。沈亚之《文祝延二阕》之二："肴盘列兮答神，神摆渔篁兮降拂窣窣。"

胏

〔fèi〕同"肺"。杜甫《北风》："且知宽疾胏，不敢恨危途。"

【胏腑】 ❶泛指人体的内脏。犹言胸口，心头。元稹《酬独孤二十六送归通州》："金石有销烁，胏腑无寒温。"皮日休《太湖诗・游毛公坛》："黄露醒齿牙，碧黏甘胏腑。"❷喻亲近之人。元稹《纪怀赠李六户曹崔二十功曹五十韵》："暂将探胏腑，耻更辨淄渑。"❸喻内心。元稹《答姨兄胡灵之见寄五十韵》："愧捧芝兰赠，还披胏腑呈。"

炙

〔zhì《广韵》之石切，入昔，章。又之夜切，去禡，章。〕❶烹饪法的一种。烧煮。亦指烧烤。韩愈《刘生诗》："问胡不归良有由，美酒倾水炙肥牛。"❷烧烤的肉。亦泛指肴馔。韩愈《县斋有怀》："弓箭围狐兔，丝竹罗酒炙。"

股

〔gǔ《广韵》公户切，上姥，見。〕❶大腿。李白《忆旧游寄谯郡元参军》："手持锦袍覆我身，我醉横眠枕其股。"元稹《答姨兄胡灵之见寄五十韵》："囊疏萤易透，锥钝股多坑。"杜牧《李甘诗》："夜登青泥坂，坠车伤左股。"❷钗脚。顾况《宜城放琴客歌》："不知谁家更张设，丝履墙偏钗股折。"张籍《古钗叹》："兰膏已尽股半折，雕文刻样无年月。"李贺《湖中曲》："燕钗玉股照青渠，越王娇郎小字书。"❸量词。用于条状的东西。卢纶《割飞二刀子歌》："裁罗裁绮无钝时，用来三年一股折。"李商隐《李夫人三首》之一："一带不结心，两股方安髻。"

【股肱】 ❶大腿或胳膊。偏指大腿。白居易《三谣・朱藤谣》："自我得尔以为杖，大有裨于股肱。"❷喻左右辅佐之臣。太宗《执契静三边》："元首伫盐梅，股肱惟辅弼。"邵谒《论政》："内政由股肱，外政由诸侯。"

【股肱郡】 指起拱卫京师作用的要地。张九龄《奉和圣制早渡蒲津关》："还闻股肱郡，元首咏康哉。"储光羲《奉和韦判官献侍郎叔除河东采访使》："聿徕股肱郡，河岳即襟带。"

【股胜】 大腿。贾岛《玩月》："久立双足冻，时向股胜淹。"

【股掌】 大腿与手掌。陆龟蒙《读襄阳耆旧传因作诗五百言寄皮袭美》："却视五霸图，股掌弄孩幼。"

【股慄】 大腿发抖。顾云《天威行》："海神怕急上岸走，山燕股栗入石藏。"

肪

〔fáng《广韵》府良切，平陽，非。又符方切，平陽，奉。〕脂肪。杜牧《怀钟陵旧游四首》之一："一谒征南最少年，虞卿双璧截肪鲜。"

育

〔yù《广韵》余六切，入屋，以。〕❶抚养。柳宗元《弘农公以硕德伟材屈於诬枉左官三岁复为大僚……宗元窜伏湘浦拜贺末由谨献诗五十韵》:“人归父母育,郡得股肱良。”周昙《咏史诗·后汉门·马后》:“再实伤根嫌贵宠,惠慈劳悴育皇储。”❷培养;教育。源乾曜《奉和御制乾曜与张说宋璟同日上官命宴都堂赐诗》:“睿作超千古,湛恩育万人。”可止《雪二十韵》:“丰年兼泰国,天道育黔黎。”❸生长。玄宗《首夏花萼楼观群臣宴宁王山亭回楼下又申之以赏乐赋诗并序》:“本将导达阳和,助成长育。”❹饲养,生息。杜牧《鸳鸯》:“好育顾栖息,堪怜泛浅清。”❺古代的一种茶具。张又新《谢庐山僧寄谷帘水》:“育花浮晚菊,沸沫响秋蝉。”

【育王】 佛家传说中的人物。贯休《蜀王登福感寺塔三首》之一:“此世喜登金骨塔,前生应是育王身。”原书注:“佛记育王造四万八千塔。”

【育王寺】 即阿育王寺。在今浙江宁波市鄞州区育王山。于季友有《范处士在育王寺书碑因以寄赠》。

肩 〔jiān《广韵》古贤切,平先,見。〕❶肩膀。宣宗《百丈山》:“日月每从肩上过,山河长在掌中看。”殷尧藩《同州端午》:“鹤发垂肩尺许长,离家三十五端阳。”杜荀鹤《题江山寺》:“沙鸟多翘足,岩僧半露肩。”❷背;背在肩上。孟郊《尧歌》:“村肩篮舆子,野坐白发官。”❸犹言相提并论或等齐。顾况《严公钓台作》:“严生何耿洁,讬志肩夷巢。”柳宗元《游朝阳岩遂登西亭二十韵》:“所怀缓伊郁,讵欲肩夷巢。”

【肩舁】 见“肩舆”。

【肩差】 肩相差次,指并立。韩愈《奉和杜相公太清宫纪事陈诚上李相公十六韵》:“四真皆齿列,二圣亦肩差。”

【肩随】 古时年幼者事年长者之礼。并行时斜出其左右而稍后。见《礼记·曲礼上》。后遂用忝在同列,得以追随于后之意。徐彦伯《同韦舍人元旦早朝》:“予亦趋三殿,肩随谒九重。”李白《感时留别从兄徐王延年从弟延陵》:“小子谢麟阁,雁行忝肩随。”李商隐《咏怀寄秘阁旧僚二六韵》:“柏台成口号,芸阁暂肩随。”

【肩頭】 肩膀上;肩膀。薛逢《邻相反行》:“面上笑添今日喜,肩头薪续厨中烟。”

【肩輿】 亦作“肩舁”。❶轿子。杜甫《汉州王大录事宅作》:“南溪老病客,相见下肩舆。”白居易《途中作》:“早起上肩舁,一杯平旦醉。”“晚憩下肩舁,一觉残春睡。”❷谓乘坐轿子。杜甫《送重表侄王砅评事使南海》:“夫人常肩舆,上殿称万寿。”白居易《题平泉薛家雪堆庄》:“所嗟地去都门远,不得肩舁每日来。”李绅《入扬州郭》:“非为掩身羞白头,自缘多病喜肩舆。”

肥 〔féi《广韵》符非切,平微,奉。〕❶肥胖,丰满。孟郊《送淡公》:“倚诗为活计,从古多无肥。”白居易《盐商妇》:“绿鬟富去金钗多,皓腕肥来银钏窄。”姚合《秋日闲居二首》之二:“睡少身还健,愁多食不肥。”❷茁壮,粗大。岑参《过梁州奉赠张尚书大夫公》:“芃芃麦苗长,蔼蔼桑叶肥。”吕温《送僧归漳州》:“溪寺黄橙熟,沙田紫芋肥。”陆龟蒙《丹阳道中寄友生》:“旧栽奴橘老,新刈女桑肥。”❸谓禽兽之肉含脂肪多。郭震《塞上》:“久戍人将老,长征马不肥。”岑参《热海行送崔侍御还京》:“海上众鸟不敢飞,中有鲤鱼长且肥。”白居易《燕诗示刘叟》:“辛勤三十日,母瘦雏渐肥。”❹肥沃。储光羲《野田黄雀行》:“斜路岂不捷,渚田岂不肥。”韦应物《赠李判官》:“下有千亩田,泱漭吴土肥。”高适《同群公题张处士菜园》:“耕地桑柘间,地肥菜常熟。”❺富裕,富庶。张光朝《荻塘西庄赠房元垂》:“家肥待亲懿,人乐思管弦。”黄损《读史》:“家肥生孝子,国霸有余臣。”❻指不正当收益。犹贿赂。裴说《南中县令》:“苦节长如病,为官岂肯肥。”❼浓厚,浓醇。杜甫《送卢侍御二十韵》:“万姓疮痍合,群凶嗜欲肥。”皮日休《初夏即事寄鲁望》:“茗脆不禁炙,酒肥或难倾。”

【肥肉】 含脂肪多的肉类。亦指肥美的肉。杜甫《严氏溪放歌行》:“费心姑息是一役,肥肉大酒徒相要。”

【肥没忽】 身体肥胖貌。王梵志《道人头兀雷》:“生平未必识,独养肥没忽。”

【肥壯】 肥大而壮实。白居易《履道西门二首》之一:“豪华肥壮虽无分,饱暖安闲即有余。”

【肥河】 水名。今称淝河,在今安徽省。源出合肥市西北将军岭,为今东淝河和南淝河的总称。李绅《肥河维舟阻冻祗待敕命》:“罢分符竹作闲官,舟冻肥河拟棹难。”

【肥美】 肥腴鲜美。杜甫《观打鱼歌》:“鲂鱼肥美知第一,既饱欢娱亦萧瑟。”

【肥特肚】 指体形肥胖臃肿。王梵志《道人头兀雷》:“道人头兀雷,例头肥特肚。”

【肥馬輕裘】 谓骑着肥壮的骏马,穿着轻暖的皮袍。见《论语·雍也》。后以形容生活豪华。白居易《闲适》:“肥马轻裘还且有,粗歌薄酒亦相随。”

【肥脆】 肥嫩酥脆。卢仝《观放鱼歌》:“时白喷雪鲫鲤鲔,此辈肥脆为绝尤。”

【肥脂】 富有脂肪的肌肉。韩愈《嘲鼾睡》:“顽飙吹肥脂,坑谷相嵬磊。”

【肥瓠】 喻壮而胖。白居易《寄卢少尹》:“谁畏具圣体,不如肥瓠躯。”

【肥健】 肥硕健壮。杜甫《留花门》:“高秋马肥健，挟矢射汉月。”

【肥華】 肥甘华腴。孟郊《赠韩郎中愈》：“众人尚肥华，志士多饥羸。”

【肥博】 肥大。郑嵎《津阳门诗》：“临轩赐带盈十围。”注：“禄山肥博过人，腹垂而缓，带十五围方周体。”

【肥統統】 肥胖臃肿貌。王梵志《童子得出家》：“满街肥统统，恰似鳖无脚。”

【肥遁】 同“肥遯”。牟融《登环翠楼》：“我亦人间肥遁客，也将踪迹寄林丘。”

【肥輕】 “肥馬輕裘”的缩略。指服装华贵，生活豪华。杜甫《太子张舍人遗织成褥段》：“掌握有权柄，衣马自肥轻。”

【肥膚】 肥胖的肌肤。徐仲雅《耕夫谣》：“肥肤如玉洁，力拗丝不折。”

【肥遯】 语出《易·遯》：“上九，肥遯，无不利。”。后因称退隐为“肥遯”。李山甫《早秋山中作》：“荣枯无路入千峰，肥遁谁谐此志同。”陆希声《阳羡杂咏十九首·讲易台》：“天下有山山有水，养蒙肥遁正翛然。”

【肥濃】 见“肥醲”。

【肥磽】 谓土地肥沃或瘠薄。元稹《江边四十韵》：“本图闲种植，那要择肥硗。”此偏指瘠薄。柳宗元《游朝阳岩遂登西亭二十韵》：“故墅即沣川，数亩均肥硗。”

【肥膩】 ❶指油脂多。孟郊《吊卢殷》之七：“高嗜绿蔬羹，意轻肥腻羊。”❷喻尘俗；浑浊。卢仝《赠金鹅山人沈师鲁》：“示我插血不死方，赏我风格不肥腻。”白居易《和钱华州题少华清光绝句》：“自笑亦曾为刺史，苏州肥腻不如君。”

【肥鮮】 肥腴鲜美。李白《秋猎孟诸夜归置酒单父东楼观妓》：“鹰豪鲁草白，狐兔多肥鲜。”

【肥醲】 亦作“肥濃”。厚味，美味。张籍《董公诗》：“公衣无文采，公食少肥浓。”白居易《寄卢少尹》：“肥醲不到口，年不登三十。”

五　画

胡 〔hú《广韵》户吴切，平模，匣。〕❶下垂。见“胡缨”。❷胡须。李商隐《骄儿诗》：“或谑张飞胡，或笑邓艾吃。”❸大。见“胡凖”。❹代词。(1)为什么。李白《春日醉起言志》：“处世若大梦，胡为劳其生。”白居易《赠友五首》之三：“胡为秋夏税，岁岁输铜钱。”(2)怎么；怎样。张说《奉和圣制送宇文融安辑户口应制》：“嗟不逢明盛，胡能照隐微。”韩愈《会合联句》：“君胡眠安然，朝鼓声汹汹。”鲍溶《塞上行》：“可怜黄河九曲尽，毡馆牢落胡无影。”❺古代称北方和西方的少数民族为胡。玄宗《赐道士邓紫阳》：“自知三醮后，翊我灭残胡。”白居易《感白莲花》：“埋殁汉父祖，孳生胡子孙。”苏拯《长城》：“嬴氏设防胡，烝沙筑冤垒。”❻指胡人。丁仙芝《戏赠姚侍御》：“重门启锁紫髯胡，新披骢马陇西驹。”王维《过崔驸马山池》：“画楼吹笛妓，金碗酒家胡。”❼古代称来自北方或西方之物。参见“胡笳”等。❽姓。罗隐《效玉台体》：“试问年多少，邻姬亦姓胡。”

【胡二十】 即胡证。宝历元年(825)七月，胡证以左散骑常侍为户部尚书、判度支，见《旧唐书·敬宗纪》。杨巨源有《胡二十拜户部兼判度支》。

【胡十八遇】 少府监胡珦子，元和十年进士，见《全唐文》卷五六二。韩愈《唐故中散大夫少府监胡良公(王向)墓神道碑》和《全唐文》卷七三八沈亚之《祭胡同年文》，张籍有《哭胡十八遇》。贾岛、朱庆余均有《哭胡遇》。

【胡天師】 即胡惠超。则天皇后有《赠胡天师》。

【胡人】 我国古代对北方和西方各族人民的称呼。刘长卿《鄂渚听杜别驾弹胡琴》：“不解胡人语，空留楚客心。”雍陶《晴诗》：“胡人羊马休南牧，汉将旌旗在北门。”皎然《塞下曲二首》之一：“寒塞无因见落梅，胡人吹入笛声来。”

【胡乃】 何乃。陈子昂《感遇诗三十八首》之三三：“飞飞骑羊子，胡乃在峨眉。”李白《古风》之二三：“人生鸟过目，胡乃自结束。”

【胡三】 胡灵之，元稹姨兄。元稹有《答姨兄胡灵之见寄五十韵》《清都春霁寄胡三吴十一》和《酬胡三凭人问牡丹》。

【胡山】 泛指北方胡地之山。马戴《陇上独望》：“阴云藏汉垒，飞火照胡山。”许棠《雁门关野望》：“紫塞唯多雪，胡山不尽春。”

【胡弓】 指胡人所用之弓。元稹《和李校书新题乐府十二首·五弦弹》：“千鞍鸣镝发胡弓，万片清球击虞庙。”

【胡子】 多须的人。姚合《佛舍见胡子有嘲》：“明明复夜夜，胡子即成翁。”韦铿《嘲邵景萧嵩》：“一双胡子著绯袍，一个须多一鼻高。”

【胡天】 指胡人地域的天空。亦泛指胡人居住的地方。刘长卿《赋得》：“家住层城临汉苑，心随明月到胡天。”李群玉《王内人琵琶引》：“万里胡天海寒秋，分明弹出风沙愁。”方干《朔管》：“寥寥落何处，一夜过胡天。”

【胡元範】 唐诗人。申州义阳(今河南信阳市)人。介廉有才。高宗朝，历任司勋员外郎、司封郎中、吏部员外郎。武后时，为凤阁侍郎。光宅元年(684)

因救裴炎，流配巂州。《全唐诗》卷录其《奉和太子纳妃太平公主出降诗三首》。

【胡元龜】　南唐诗人。庐陵(今江西吉安)人。少有俊才，善题咏。数年后因写《怨词》被后主鸩杀。《全唐诗》卷七九五录其断句一联。

【胡不】　何不。李颀《答高三五留别便呈于十一》："寄书寂寂于陵子，蓬蒿没身胡不仕。"白居易《和微之诗二十三首·和酬郑侍御东阳春闷放怀追越游见寄》："胡不花下伴春醉，满酌绿酒听黄鹂。"皎然《吊灵均词》："既冰心兮皎洁，上问天兮胡不闻。"

【胡令能】　唐诗人。圃田(今河南中牟县)人。贞元、元和间在世。少为唐镜铰钉之业，远近号为"胡钉铰"。据传尝梦人剖其腹，以一卷书纳之，遂能吟咏。其居近列子之墓，常以甘果美酒祭之，以求聪慧。《全唐诗》卷七二七录其《喜韩少府见访》等四首。

【胡奴】　为奴的胡人。杜甫《示獠奴阿段》："曾惊陶侃胡奴异，怪尔常穿虎豹群。"

【胡吉鄭劉盧張】　胡杲、吉皎、郑据、刘真、卢真、张浑。白居易《胡吉郑刘卢张等六贤皆多年寿》诗注："前怀州司马安定胡杲，年八十九。卫尉卿致仕冯翊吉皎，年八十六。前右龙武军长史荥阳郑据，年八十四。前磁州刺史广平刘真，年八十二。前侍御史内供奉官范阳卢真，年七十二。前永州刺史清河张浑，年七十四。"白居易《九老图诗》序："会昌五年三月，胡、吉、刘、郑、卢、张等六贤，于东都敝居履道坊合尚齿之会。"

【胡地】　古代泛称胡人居住的地方。宋之问《王昭君》："嫁来胡地日，不并汉宫时。"孟浩然《凉州词》："胡地迢迢三万里，那堪马上送明君。"陈陶《胡无人行》："杀添胡地骨，降足汉营旗。"

【胡戎】　犹胡军。李白《至陵阳登天柱石酬韩侍御见招隐黄山》："拥兵五陵下，长策遏胡戎。"

【胡曲】　(—qǔ)胡人的乐曲。戎昱《苦哉行五首》之一："何意天乐中，至今奏胡曲。"

【胡衣】　犹胡服。虞世南《从军行二首》之二："侠客吸龙剑，恶少缦胡衣。"

【胡車】　胡人所用之车。杨乘《榜句》："数拍胡笳弹未熟，故人新命画胡车。"

【胡兵】　古代指北方和西方各族的士兵。白居易《寄献北都留守裴令公》："胡兵惊赤帜，边雁避乌号。"李郢《故洛阳城》："胡兵一动朔方尘，不使銮舆此重巡。"张蠙《塞下曲》："胡兵来作寇，汉将也封侯。"

【胡伯崇】　唐诗人。贞元末人。号毗陵子。《全唐诗选》卷中录其《赠释空海歌》一首。

【胡角】　(jiǎo)胡人的吹乐器。李贺《塞下曲》："胡角引北风，蓟门白于水。"

【胡汾】　《全唐诗》原作胡玢。"玢"字下注："一作汾"。作"汾"是。唐末诗人，处士，隐居庐山，苦心于五言诗。与贯休、曹松有往还唱和。《全唐诗》卷七六八录其诗三首，断句一联。

【胡羌】　胡人和羌人。亦泛指北方和西方部族。杜牧《郡斋独酌》："答云此山外，有事同胡羌。"

【胡沙】　❶西方和北方的沙漠或风沙。刘庭琦《从军》："朔风吹寒塞，胡沙千万里。"王维《送刘司直赴安西》："绝域阳关道，胡沙与塞尘。"鲍君徽《关山月》："朔风悲边草，胡沙暗虏营。"❷喻入侵中原的胡兵气焰。李白《永王东巡歌十一首》之二："但用东山谢安石，为君谈笑静胡沙。"

【胡青驄】　西域的骏马。马青白曰骢。杜甫《高都护骢马行》："安西都护胡青骢，声价欻然来向东。"

【胡直鈞】　唐诗人。贞元十九年(803)进士。《全唐诗》卷四六四录其《太常观阅骠国新乐》诗一首。

【胡來】　指回纥与吐蕃入寇。杜甫《诸将五首》之二："胡来不觉潼关隘，龙起犹闻晋水清。"

【胡尚書】　胡证。宝历初，拜工部尚书，二年检校兵部尚书、广州刺史、充岭南节度使，见《旧唐书》本传。白居易有《广府胡尚书频寄诗因答绝句》。

【胡杲】　(757—845以后)唐诗人。郡望安定(今甘肃泾川县)人。曾官怀州司马。后归隐江湖，人称胡隐士。晚年定居洛阳。会昌五年(845)三月，与白居易、吉皎等结成"七老会"，夏又结"九老会"人慕之，为绘《九老图》。事见白居易《七老会诗》序、《新唐书·白居易传》。《全唐诗》卷四六三录其《七老会诗》一首。

【胡兒】　❶指胡人。多用为蔑称。李颀《古从军行》："胡雁哀鸣夜夜飞，胡儿眼泪双双落。"武元衡《单于晓角》："胡儿吹角汉城头，月皎霜寒大漠秋。"张籍《关山月》："海边茫茫天气白，胡儿夜度黄龙碛。"❷指胡人的儿童。高适《营州歌》："虏酒千钟不醉人，胡儿十岁能骑马。"刘商《胡笳十八拍·第十拍》："生得胡儿欲弃捐，及生母子情宛然。"李益《登夏州城观送行人赋得六州胡儿歌》："六州胡儿六蕃语，十岁骑羊逐沙鼠。"

【胡兒飲馬泉】　即鸊鹈泉。唐时在丰州西受降城北(今内蒙古河套西北部)。李益《盐州过胡儿饮马泉》："绿杨著水草如烟，旧是胡儿饮马泉。"

【胡服】　指古代北方和西方各族的服装。刘禹锡《观柘枝舞二首》之一："胡服何葳蕤，仙仙登绮墀。"

【胡卒】　即胡兵。吴资《八公山》："幼度提晋师，胡卒惊鹤唳。"

【胡泟將軍】　(將 jiāng)王建有《赠胡泟将军》诗。胡泟，当作胡证。胡证，元和十三年(818)征为金吾大将军。见《旧唐书》本传。

【胡牀】 一种可以折叠的轻便坐具。李颀《赠张旭》:“露顶据胡床,长叫三五声。”李白《寄上吴王三首》之二:“去时无一物,东壁挂胡床。”白居易《咏兴五首·池上有小舟》:“池上有小舟,舟中有胡床。”

【胡苑】 胡人牧养禽兽的苑囿。指胡人地域。苏晋《奉和圣制送张说巡边》:“严问盟胡苑,军容济洛川。”郑锡《千里思》:“渭水通胡苑,轮台望汉关。”

【胡威】 三国魏寿春(今安徽寿县)人,字伯虎,仕晋为青州刺史。其父胡质事魏为荆州刺史。父子二俱以为官清白廉洁著名。后借以称廉吏。许浑《贺少师相公致政》:“不拟优游同陆贾,已回清白遗胡威。”权德舆《送卢评事婺州省觐》:“双溪泊船处,候吏拜胡威。”

【胡威推缣】 三国魏胡威,其父胡质为荆州刺史,威往觐省,临辞,父赠绢一匹,威问清此绢来路清白后方才接受。见《三国志·魏志·胡质传》。李瀚《蒙求》:“胡威推缣,陆绩怀橘。”

【胡威絹】 为父子清廉的典故。李商隐《送郑大台文南觐》:“君怀一匹胡威绢,争拭酬恩泪得干。”

【胡星】 指昴星。古代以天象附会人事,认为昴星象征胡人。后常以“胡星”喻指胡兵及其势焰。刘长卿《时平后送范伦归安州》:“沧海初看汉月明,紫微已见胡星落。”李白《出自蓟北门行》:“虏阵横北荒,胡星耀精芒。”杜甫《别唐十五诚因寄礼部贾待郎》:“胡星坠燕地,汉将仍横戈。”

【胡昭投簪】 投簪,谓辞官归隐。东汉后期,高士胡昭拒绝曹操礼聘,躬耕乐道,以经籍自娱。见《三国志·魏志·管宁传》附《胡昭传》。李瀚《蒙求》:“逢萌挂冠,胡昭投簪。”

【胡香】 胡地所产制之香。温庭筠《马嵬佛寺》:“两重秦苑成千里,一炷胡香抵万金。”

【胡俗】 胡地风俗。岑参《使交河郡郡在火山脚其地苦热无雨雪献封大夫》:“奉使按胡俗,平明发轮台。”吕敞《龟兹闻莺》:“娇非胡俗变,啼是汉音移。”

【胡風】 ❶北风。顾况《琴歌》:“琴调秋些,胡风绕雪。”张祜《赋昭君冢》:“夜切胡风起,天高汉月临。”胡令能《王昭君》:“胡风似剑锼人骨,汉月如钩钓胃肠。”❷喻胡兵入侵中原气焰。戎昱《塞上曲》:“胡风略地烧连山,碎叶孤城未下关。”

【胡音】 即胡语。皎然《偶然五首》之四:“虏语嫌不学,胡音从不翻。”元稹《和李校书新题乐府十二首·法曲》:“女为胡妇学胡妆,伎进胡音务胡乐。”

【胡爲】 (wèi)何为,为什么。王维《偶然作六首》之一:“复笑采薇人,胡为乃长往。”权德舆《浩歌》:“胡为苦此生,矻矻徒自强。”

【胡幽貞】 唐诗人。四明(今浙江宁波市)人。自号无生居士。唐末张为取其诗入《诗人主客图》,列为高古奥逸主之入室。《全唐诗》卷七六八录其诗二首。

【胡馬】 ❶泛指产在西北民族地区的马。戴叔伦《赠史开府》:“南天胡马独悲嘶,白首相逢话鼓鼙。”李商隐《宿晋昌亭闻惊禽》:“胡马嘶和榆塞笛,楚猿吟杂橘村砧。”李山甫《兵后寻边三首》之三:“风怒边沙迸铁衣,胡儿胡马正骄肥。”❷指胡人的军队。刘长卿《旅次丹阳郡遇康侍御宣慰召募兼别岑单父》:“胡马暂为害,汉臣多负恩。”王昌龄《出塞》:“但使龙城飞将在,不教胡马度阴山。”杜甫《建都十二韵》:“苍生未苏息,胡马半乾坤。”

【胡秦】 胡与秦。犹中外。喻相距很远。卢照邻《西使兼送孟学士南游》:“骨肉胡秦外,风尘关塞中。”于逖《忆舍弟》:“安知汝与我,乖隔同胡秦。”

【胡真師】 胡惠超。字拔俗。唐高宗上元间来自庐山。栖于豫章西山之洪井。馆于禁中。天师辞归,固留不许,天师一朝遁去,高宗闻之。叹恨久之遣使赍赠甚厚,兼赠诗一首。至开元中,天师复出,为玄宗所重,以诗送还山。见《历世真仙休道通鉴》卷二七。玄宗有《送胡真师还西山》。

【胡桃】 即核桃。贯休《送卢瞻罢庐陵幕归阕乡》:“芳草色似动,胡桃花又新。”

【胡臭】 (—chòu)即狐臭。尹鹗《嘲李珣》:“假饶折得东堂桂,胡臭薰来也不香。”

【胡旅】 胡人的军队。徐九皋《战城南》:“塞北狂胡旅,城南敌汉围。”

【胡瓶】 胡地产制的瓶。王昌龄《从军行七首》之六:“胡瓶落膊紫薄汗,碎叶城西秋月团。”卢纶《送张郎中还蜀歌》:“垂杨不动雨纷纷,锦帐胡瓶争送君。”

【胡粉】 铅粉。多用于敷面。徐延寿《南州行》:“金钏越溪女,罗衣胡粉香。”陈裕《咏浑家乐》之二:“囊中钱物衣装少,袋里燕脂胡粉多。”

【胡部】 唐代掌管胡乐的机构。亦指胡乐。胡乐从西凉一带传入,含有西凉乐等成分。当时亦称“胡部新聲”。王昌龄《殿前曲二首》:“胡部笙歌西殿头,梨园子弟和凉州。”白居易《新乐府·法曲》:“法曲法曲合夷歌,夷声邪乱华声和。”原书注:“天宝十三载,始诏诸道调法曲与‘胡部新声’合作。”

【胡部新聲】 见“胡部”。

【胡宿】 (995—1067)字武平,常州晋陵(今江苏常州市)人。宋天圣二年(1024)进士及第,历任杨子尉、宣州通判、集贤校理、宣州通判、湖州知州、两浙转运使等职,官至枢密副使。治平三年(1066)罢为观文殿学士，知杭州。卒赠太子太傅，谥曰文恭。《唐诗鼓吹》卷八误以胡宿为唐人，选寻其诗二十三首，《全唐诗》卷七三一失考，从《唐诗鼓吹》所录二十三首中选取十九首，实乃以讹传讹。

【胡家】 ❶指三国魏胡质家，质与其子威均以为官清白著称。皇甫冉《送李万州赴饶州觐省》："荀氏风流远，胡家清白齐。"❷唐张籍妻娘家胡氏。参见"胡家兄弟"。

【胡家兄弟】 谓湖遇兄弟，为张籍妻兄或妻弟。有逞、迺、巡、遇、述、迁、造等。韩愈有《唐政中散大夫少府监胡长公(王向)墓神道碑》。张籍有《登楼寄胡家兄弟》。参见"胡汾"。

【胡處士】 (處 chǔ)胡汾。汾或作"玢"。玢与李骘旧交，骘廉问江西，廉问江西，方旌不至。见《唐摭言》卷一〇。曹松有《赠胡处士》《哭胡处士》。贯休有《送处士》和《寄西山胡汾》。

【胡將軍】 (將 jiāng)胡证。王建有《和胡将军寓直》。

【胡姬】 指胡人酒店中的卖酒女。后泛指胡店卖酒的女子。李白《少年行二首》之二："落花踏尽游何处，笑入胡姬酒肆中。"岑参《青门歌送东台张判官》："胡姬酒垆日未午，丝绳玉缸酒如乳。"章孝标《少年行》："落日胡姬楼上饮，风吹箫管满楼闻。"

【胡孫】 猴的别名。罗隐《感弄猴人赐朱绂》："何如买取胡孙弄，一笑君王便著绯。"

【胡孫藤】 手杖名。李白《僧伽歌》："瓶里千年铁柱骨，手中万岁胡孙藤。"

【胡桑】 产于胡地的桑树。司空曙《塞下曲》："寒柳接胡桑，军门向大荒。"

【胡雪】 西域之霜。刘言史《送婆罗门归本国》："龟兹碛西胡雪黑，大师冻死来不得。"

【胡國】 指胡人建立的王国。刘商《胡笳十八拍·第二拍》："行尽天山足霜霰，风土萧条近胡国。"

【胡笳】 我国古代北方民族的管弦乐器。李颀《听董大弹胡笳声兼寄语弄房给事》："蔡女昔造胡笳声，一弹一十有八拍。"元稹《黄草峡听柔之琴二首》之一："胡笳夜奏塞声寒，是我乡音听渐难。"李敬方《太和公主还宫》："胡笳悲蔡琰，汉使泣明妃。"

【胡笳十八拍】 古乐府琴曲歌辞名。相传汉末蔡邕女蔡琰(文姬)作，共十八章，一章为一拍。《琴曲歌辞》有《胡笳十八拍》。注：大胡笳十八拍，小胡笳十九拍，并蔡琰作。

【胡笳曲】 即胡笳歌。王昌龄有《胡笳曲》。

【胡笳歌】 指翻自笳调之琴曲。戎昱有《听杜山人弹胡笳歌》。

【胡麻】 ❶即芝麻。相传汉张骞得于西域，故名。刘长卿《寻龙井杨老》："唯有胡麻当鸡黍，白云来往未嫌贫。"王建《隐者居》："何物中长食，胡麻慢火熬。"葛鸦儿《怀良人》："胡麻好种无人种，正是归时不见归。"❷即胡麻饭。王绩《食后》："胡麻山麨样，楚豆野麋方。"

【胡麻飯】 胡麻炊成的饭。见南朝宋刘义庆《幽明录》及《太平广记》卷六一引《神仙记》载。后因以"胡麻饭"表示仙人的食物。白居易《宿张云举院》："不食胡麻饭，杯中自得仙。"皮日休《太湖诗·雨中游包山精舍》："渴兴石榴羹，饥惬胡麻饭。"

【胡麻餅】 犹今之烧饼。用面做成的饼，以胡麻著上，在炉中烘烤而成。白居易《寄胡饼与扬万州》："胡麻饼样学京都，面脆油香新出炉。"

【胡旋】 古代西北部族的舞蹈。出自中亚的康国。唐天宝中时传入。以各种旋动作为主。元稹《和李校书新题乐府十二首·胡旋女》："天宝欲末胡欲乱，胡人献女能胡旋。"白居易《新乐府·胡旋女》："胡旋女，出康居。"又"禄山胡旋迷君眼，兵过黄河疑未反。"

【胡商】 经商的胡人。后亦泛指外国商人。杜甫《滟滪》："舟人渔子歌回首，估客胡商泪满襟。"

【胡賈】 (一gǔ)即胡商。韩愈《送僧澄观》："越商胡贾脱身罪，珪璧满船宁计资。"

【胡虜】 秦汉时称匈奴为胡虏。后世用为与中原为敌的北方部族之通称。李白《子夜吴歌·秋歌》："何日平胡虏，良人罢远征。"卢仝《听萧君姬人弹琴》："蔡琰薄命没胡虏，乌枭啾唧啼胡天。"朱庆余《长城》："秦帝防胡虏，关心倍可嗟。"

【胡蜂】 通称马蜂。昆虫，蜇人，以花蜜和虫类为食。徐凝《题开元寺牡丹》："海燕解怜频睥睨，胡蜂未识更徘徊。"方干《杜鹃花》："郢客教谁探，胡蜂是自知。"又《咏花》："此日不能偷折去，胡蜂直恐趁人来。"

【胡傳美】 唐诗人，处士。尝流离武康(今浙江德清县)。《全唐诗》卷八八七录其《武康碧落观》一首。

【胡僧】 胡地的僧人。玄宗《唵字赞》："儒门弟子无人识，穿耳胡僧笑点头。"无名氏《天竺国胡僧水晶念珠》："天竺胡僧踏云立，红精素贯鲛人泣。"

【胡準】 大鼻子。牛僧儒《李苏州遗太湖石奇状绝伦因题二十韵奉呈梦得乐天》："丑凸隆胡准，深凹刻兕觥。"

【胡塞】 (一sài)塞外的胡地。亦泛指北方和西方边地。李白《送程刘二侍御兼独孤判官赴安西幕府》："胡塞清尘几日归，汉家草绿遥相待。"赵嘏《昔昔盐二十首·前年过代北》："燕山云自合，胡塞草应青。"

【胡塞曲】 (塞 sài;曲 qǔ)塞外胡地的歌曲。徐延寿《折杨柳》:“莫吹胡塞曲,愁杀陇头人。”

【胡運】 泛指北方和西方各族的气数、国运。王丘《奉和圣制送张尚书巡边》:“肃杀从此始,方知胡运穷。”

【胡歌】 泛指北方和西方各族的歌曲。岑参有《胡歌》。

【胡蝶】 昆虫名。李白《长干行二首》之一:“八月胡蝶来,双飞西园草。”施肩吾《秋涧宿》:“何事触人睡,不教胡蝶飞。”刘沧《经古行宫》:“胡蝶翅翻残露滴,子规声尽野烟深。”

【胡蝶兒】 词牌名。张泌有《胡蝶儿》词。

【胡蝶夢】 出《庄子·齐物论》。后因称梦为“胡蝶夢”。骆宾王《远使海曲春夜多怀》:“未安胡蝶梦,遽切鲁禽情。”崔涂《春夕》:“胡蝶梦中家万里,子规枝上月三更。”

【胡餅】 ❶即胡麻饼。白居易有《寄胡饼与杨万州》。❷一种蒸饼。皮日休《初夏即事寄鲁望》:“胡饼蒸甚熟,貊盘举尤轻。”

【胡塵】 ❶胡地的尘沙。董初《昭君怨》:“裾衫沾马汗,眉黛染胡尘。”无名氏《王昭君》:“朝辞汉阙去,夕见胡尘飞。”❷胡人兵马扬起的尘沙。喻胡兵的势焰。玄宗《旋师喜捷》:“边服胡尘起,长安汉将飞。”刘长卿《负谪后登干越亭作》:“生涯投越徼,世业陷胡尘。”韩翃《送刘将军》:“阙下来时亲伏奏,胡尘未尽不为家。”

【胡語】 泛称北方和西方各族的语言。杜甫《咏怀古迹五首》之三:“千载琵琶作胡语,分明怨恨曲中论。”张籍《陇头行》:“去年中国养子孙,今著毡裘学胡语。”白居易《春听琵琶兼简长孙司户》:“指底商风悲飒飒,舌头胡语苦醒醒。”

【胡廣】 东汉人。居三公之位,死后受宠赠,丧礼之隆重为入汉以来人臣之首。苏颋《赠司徒豆卢府君挽词》:“宠赠追胡广,亲临比贺循。”李华《杂诗六首》之五:“孔光尊董贤,胡广惭李固。”

【胡廣補闕】 东汉胡广,历事六帝,久居三公之位,史称其“虽无謇直之风,屡有补阙之益。”见《后汉书》本传。李瀚《蒙求》:“胡广补阙,袁安倚赖。”

【胡寧】 何乃,为何。贺知章《唐禅杜首乐章·肃和》:“念兹降康,胡宁克暇。”王昌龄《观江淮名胜图》:“感对怀拂衣,胡宁事渔钓。”

【胡駒】 胡地少壮之马。白居易《听芦管》:“仰秣胡驹听,惊栖越鸟知。”

【胡髯】 颊旁及下巴上的胡须。元稹《开元观闲居酬吴士矩侍御三十韵》:“登坛拥旄节,趋殿礼胡髯。”鲍溶《萧史图歌》:“胡髯毵珊云髻光,翠蕤皎洁琼华凉。”无名氏《挽歌五首》之三(外编下):“胡髯攀断处,□抢高弓号。”亦指动物胡须。李颀《杂兴》:“波惊海若潜幽石,龙抱胡髯卧黑泉。”

【胡鞍】 胡马之鞍。无名氏《昭君怨》(外编下):“衔悲出汉关,落泪洒胡鞍。”

【胡嶠】 五代诗人。宿学雄才,未达,为辽耶律德光所虏。北去后,间道复归。《全唐诗外编》(下)录其《飞龙涧饮茶》断句一联。

【胡質】 三国魏寿春(今安徽寿县)人。曾任荆州刺史,为官清俭,谨慎,因为太过,不合常情,也受到一些人指责。见《三国志·魏志》本传。柳宗元《同刘二十八院长述旧言怀感时书事寄澧州张员外使君五十二韵之作因其韵增至八十通赠二君子》:“肯随胡质矫,方恶马融奢。”

【胡羯】 胡人和羯。泛指北方和西方各族。高适《登百丈峰二首》之二:“豺狼塞瀍洛,胡羯争乾坤。”杜甫《彭衙行》:“别来岁月周,胡羯仍构患。”韩愈《送文畅师北游》:“仆射领北门,威德压胡羯。”

【胡澳】 《唐摭言》卷二“等第罢举”列胡澳名,在开成二年(837),四年之间。薛能有《送胡澳下第归蒲津》。

【胡盧】 同“胡蘆”。杜甫《惜别行送刘仆射判官》:“强梳白发提胡卢,手把菊花路旁摘。”

【胡盧河】 甘肃固原市的蔚如水,北注于黄河。皇甫松《怨回纥》之一:“收兵颉利国,饮马胡卢河。”

【胡燕】 燕的一种。李贺《河南府试十二月乐词·二月》:“劳劳胡燕怨酣春,薇帐逗烟生绿尘。”

【胡擢】 五代诗人。善画草木花鸟,博学能诗,气韵超迈,飘飘然有凌方外之致。《全唐诗外编》录其断句一联。

【胡霜】 胡地之霜。刘长卿《代边将有怀》:“暮笳吹塞月,晓甲带胡霜。”司空曙《关山月》:“野幕冷胡霜,关楼宿边客。”谭用之《塞上》:“貂皮寒色和衣冷,剑佩胡霜隔匣寒。”

【胡嬪爭摴】 晋武帝胡贵妃名芳,最蒙受幸,有专房之宠,曾与武帝司马炎作摴蒲之戏,争矢,伤帝手指。李瀚《蒙求》:“胡嫔争摴,晋武伤指。”

【胡翽】 唐末人。佐荆湖蕃有文学,遭诬构被坑杀。王仁裕《过平戎谷吊胡翙》诗,注:“翙有文学,佐荆湖蕃幕,善草军书,蔑视副军,构之主帅,尽室坑平戎谷。仁裕过而吊之。”

【胡顏】 犹言有何面目。意谓愧极。杜甫《种莴苣》:“苋也无所施,胡颜入筐篚。”窦叔向《酬李袁州嘉祐》:“公才屈指登黄阁,匪服胡颜上赤墀。”周昙《咏史诗·春秋战国门·夫差》:“会稽既雪夫差死,泉下胡颜见子胥。”

【胡罽裘】 古代西域毛织品制成的衣裘。杜牧《洛中送冀处士东游》:"赠以蜀马棰,副之胡罽裘。"

【胡關】 指御胡的边关。李白《古风》之十四:"胡关饶风沙,萧索竟终古。"

【胡騎】 胡人的骑兵。亦指胡人的军队。刘长卿《送路少府使东京便应制举》:"故人西奉使,胡骑正纷纷。"元稹《和李新书新题乐府十二首·法曲》:"自从胡骑起烟尘,毛毳腥羶满咸洛。"韦庄《洛阳吟》:"胡骑北来空进主,汉皇西去竟升仙。"

【胡雛】 ❶胡人僮仆。胡人小儿。李白《猛虎行》:"胡雏绿眼吹玉笛,吴歌白纻飞梁尘。"苏郁《咏和亲》:"君王莫信和亲策,生得胡雏虏更多。"牛殳《琵琶行》:"潏潏汩汩声不定,胡雏学汉语未正。"❷对胡人的蔑称。亦特用为安禄山等蔑称。岑参《行军诗二首》之一:"胡雏尚未灭,诸将恳征讨。"刘禹锡《读张曲江集作并引》:"识胡雏有反相,羞凡器与同列。"皎然《早春书怀寄李少府仲宣》:"忽值胡雏起,芟荑若乱麻。"

【胡孽】 对北方部族军队的蔑称。陈子昂《登蓟城西北楼送崔著作融入都并序》:"愤胡孽之侵边,从王师之出塞。"

【胡蘆】 同"胡盧"。一种生草本植物。因果实状如两个球连在一起,可做器皿,常用以盛酒。杜甫《草堂》:"邻舍喜我归,酤酒携胡芦。"

【胡騰】 古代西北部族的舞蹈。出自中亚的古石国,唐时传入。男子独舞,以跳跃腾踏动作为主。刘言史有《王中丞宅夜观舞胡腾》。

【胡騰衫】 跳胡腾舞所穿之衣衫。白居易《奉和汴州令狐令公二十二韵》:"雷捶柘枝鼓,雪摆胡腾衫。"

【胡權】 唐诗人。文宗开成(836－840)时人。《全唐诗》卷七八〇录其《济川用舟楫》一首。

【胡纓】 结冠下垂的带子。杨师道《陇头水》:"于兹觉无渡,方共濯胡缨。"李白《闻李太尉大举秦兵百万出征东南懦夫请缨冀申一割之用半道病还留别金陵崔侍御十九韵》:"拂剑照严霜,雕戈鬘胡缨。"韩愈、李正封《晚秋郾城夜会联句》:"逢掖服翻惭,缦胡缨可愕。"

【胡靈之】 元稹姨兄。元稹《答姨兄胡灵之见寄五十韵》序:"九岁解赋诗,饮酒至斗余乃醉。时方依依舅族,舅怜,不以礼数检。故得与姨兄胡灵之之辈十数人,为昼夜游。日月跳掷,于今余二十年矣。"

背[1] 〔bèi《广韵》補妹切,去隊,幫。又蒲昧切,去隊,並。〕❶脊背。任华《寄李白》:"云垂大鹏飞,山压巨鳌背。"吕温《冬日病中即事》:"背喜朝阳满,心怜暮鸟还。"齐己《怀轩辕先生》:"月华离鹤背,日影上鳌头。"❷后面或反面。柳宗元《殷贤戏批书后寄刘连州并示孟仑二童》:"书成欲寄庾安西,纸背应劳手自题。"自注:"家有右军书,每纸背庾翼题云。"❸北面。李颀《篱笋》:"色因林向背,行逐地高卑。"岑参《潼关镇国军句覆使院早春寄王同州》:"离忧不可忘,襟背思树萱。"杜甫《课小竖锄斫舍北果林校蔓荒秽净讫移床三首》之一:"背堂资僻远,在野兴清深。"❹背部对着或后面靠着。刘长卿《冬夜宿扬州开元寺烈公房送李侍御之江东》:"暮帆背楚郭,江色浮金陵。"钱起《东溪杜野人致酒》:"野院罗泉石,荆扉背里闾。"左偃《送君去》:"佳人无一言,独背残灯泣。"❺朝着相反方向。王建《赠离曲》:"合欢叶堕梧桐秋,鸳鸯背飞水分流。"韩愈《南山诗》:"或背若相恶,或向若相佑。"白居易《和答诗十首·和分水岭》:"又似势利交,波澜相背起。"❻转。李贺《染丝上春机》:"彩线结茸背复叠,白袷玉郎寄桃叶。"张祜《观徐州李司空猎》:"背手抽金镞,翻身控角弓。"❼违背;违反。孟云卿《途中寄友人》:"事将公道背,尘绕马蹄生。"贯休《续姚梁公坐右铭》:"毋担虚誉,无背至理。"❽离开,弃去。孟浩然《与崔二十一游镜湖寄包贺二公》:"将探夏禹穴,稍背越王城。"白居易《燕诗示刘叟》:"思尔为雏日,高飞背母时。"❾谓灯尽或烛尽。李廷璧《愁诗》:"更有相思不相见。酒醒灯背月如钩。"王涣《惆怅诗》:"梦里分明入汉宫,觉来灯背锦屏空。"鹿虔扆《思越人》词:"翠屏欹,银烛背,漏残清夜迢迢。"❿经过。王维《宋进马哀词》:"背春涉夏兮,众木蔼以繁阴。"⓫背诵。周贺《赠胡僧》:"背经来汉地,袒膊过冬天。"薛能《赠普恭禅师》:"南檐十月绳床暖,背卷真经向日看。"贯休《秋居寄王相公三首》:"阁雀衔红粟,邻僧背古碑。"⓬倒霉,背晦。王建《宫词一百首》之九五:"弹棋玉指两参差,背局临虚斗著危。"

背[2] 〔bēi〕用脊背驮。韩翃《送齐明府赴东阳》:"万里移家背春谷,一官行府向东阳。"刘沧《边思》:"汉将边方背辘轳,受降城北是单于。"

【背人】 避开人,避开别人。刘长卿《余干旅舍》:"孤城向水闭,独鸟背人飞。"李贺《美人梳头歌》:"背人不语向何处,下阶自折樱桃花。"温庭筠《渭上题三首》之一:"桥上一通名利迹,至今江鸟背人飞。"

【背水】 ❶背靠着水或背对着水。钱起《送郑巨及第后归觐》:"离人背水去,喜鹊近家迎。"曹邺《浐水寄进士刘驾》:"我家不背水,君身不向越。"❷背靠着水作战,谓后无退路。太宗《还陕述怀》:"登山麾武节,背水纵神兵。"

【背世】 背弃世俗。南唐后主李煜《九月十日偶书》:"背世返能厌俗态,偶缘犹未忘多情。"又《秋莺》:

"栖迟背世同悲鲁,浏亮如笙碎在缑。"

【背行】 背身却行。王建《送阿史那将军安西迎旧使灵榇》:"阴地背行山下火,风天错到碛西城。"

【背汗】 脊背出汗。韦蟾《和柯古穷居苦日喜雨》:"头焦讵是焚,背汗宁关炙。"

【背拉】 犹拖拉。顾况《公子行》:"红肌拂拂酒光狞,当街背拉金吾行。"

【背河】 背靠河水,谓决一死战。王季友《古塞曲》:"日落沙尘昏,背河更一战。"

【背城】 背靠城墙。多指作最后决战。李商隐《有感二首》之二:"御仗收前殿,兵徒剧背城。"唐彦谦《北齐》:"背城肯战知虚实,争奈人前忍笑难。"

【背面】 ❶以背对人,身体的背部。杜甫《北征》:"见耶背面啼,垢腻脚不袜。"李商隐《无题》之一:"十五泣春风,背面秋千下。"韩偓有《偶见背面是夕兼梦》。❷在背后,当事人不在时。杜甫《莫相疑行》:"晚将末契托年少,当面输心背面笑。"❸离别,分手。韩愈《赠别元十八协律六首》之一:"临当背面时,裁诗示缱绻。"❹物体的反面。姚合《买太湖石》:"背面淙注痕,孔隙若琢磨。"

【背俗】 背弃庸俗。喻坦之《留别友人书斋》:"背俗修琴谱,思家话药畦。"

【背₂负】 用脊背驮。白居易《奉和裴令公三月上巳日游太原龙泉忆去岁禊洛见示之作》:"鹏背负天龟曳尾,云泥不可得同游。"李洞《送僧清演归山》:"毛褐斜肩背负经,晓思吟入窦山青。"

【背胛】 脊背与肩胛。韩偓《偶见背面是夕兼梦》:"酥凝背胛玉搓肩,轻薄红绡覆白莲。"

【背風】 避风。王绩《薛记室见寻率题古意以赠》:"尔为背风鸟,我为涸辙鱼。"陆龟蒙《和袭美江南书情二十韵寄秘阁韦校书贻之商洛宋先辈垂文二同年次韵》:"背风开蠹简,冲浪试新帆。"韦庄《宿山家》:"背风开药灶,向月展渔罾。"

【背後】 背地里,当人不在时。杜甫《草堂》:"眼前列杻械,背后吹笙竽。"寒山《诗三百三首》之七四:"背后噇鱼肉,人前念佛陀。"

【背叛】 背离叛变。陆龟蒙《江湖散人歌》:"太宗基业甚牢固,小丑背叛当歼夷。"

【背客】 久未见面的朋友。骆宾王《游衮部逢孔君自卫来欣然相遇若旧》:"游人自卫返,背客隔淮来。"

【背堂】 北面堂屋。杜甫《课小竖鉏斫舍北果林枝蔓荒秽净讫移床三首》之一:"背堂资僻远,在野兴清深。"

【背時】 违背时势,不合时宜。刘禹锡《酬乐天见寄》:"背时犹自居三品,得老终须卜一丘。"灵一《送明素上人归楚觐省》:"能将疏懒背时人,不厌孤萍任此身。"

【背恩亡德】 背弃恩义,忘却德惠。亡,通"忘"。周昙《咏史诗·春秋战国门·子贡再吟》"仁义不思垂教化,背恩亡德岂儒为。"

【背疽】 脊背上生长的块状毒疮。周昙《咏史诗·秦门·范增》:"平生心力为谁尽,一事无成空背疽。"

【背郭】 背部靠城郭。杜甫《堂成》:"背郭堂成荫白茅,缘江路熟俯青郊。"

【背惠】 背弃恩惠。卢仝《门箴》:"背惠,恃己,狎不肖,妒贤能,命之四孽。"

【背瞻】 谓从脊背向上看。柳宗元《游朝阳岩遂登西亭》:"背瞻星辰兴,下见云雨交。"

【背腰】 背部转腰部。张祜《观杭州柘枝》:"红罨画衫缠腕出,碧排方胯背腰来。"

【背蓬】 见"背篷"。

【背德違盟】 背弃恩德,违背盟约,贯休《读〈吴越春秋〉》:"犹来吴越尽须惭,背德违盟又信谗。"

【背篷】 亦作"背蓬"。捕渔人用来遮雨的斗篷。皮日休《添鱼具诗》序:"江汉间时候率多雨,唯以箬笠自庇。每伺鱼必多俯,箬笠不能庇其上。由是织篷以障之,上抱而下仰,字之曰背篷。"其《背篷》曰:"依家背篷样,似个大龟甲。"韩偓《江岸闲步》:"立谈禅客传心印,坐睡渔师著背蓬。"

【背關】 关口的后面。方干《送汶上王明府之任》:"背关余草木,出塞足风霜。"

【背櫪】 马槽后面。李峤《送光禄刘主簿之洛》:"背枥嘶班马,分洲叫断鸿。"

胚 〔pēi《集韵》鋪枚切,平灰,滂。〕生物初期发育的幼体。刘禹锡《答乐天所寄咏怀且释其枯树之叹》:"骊龙颔被探珠去,老蚌胚还应月生。"引申指事物的定型。白居易《奉和思黯相公以李苏所寄太湖石奇状绝伦因题二十韵见示兼呈梦得》:"隐起磷磷状,凝成瑟瑟胚。"

【胚渾】 混沌。传说中指宇宙形成以前的景象。薛据《西陵口观海》:"在昔胚浑凝,融为百川泱。"郑澣《赠毛仙翁》:"胚浑造化,含吐阴阳。"白居易《双石》:"结从胚浑始,得自洞庭口。"

【胚腪】 同"胚浑"。陆龟蒙《读阴符经寄鹿门子》:"方寸了十字,万化皆胚腪。"

胃 〔wèi《广韵》于貴切,去未,云。〕人和动物容纳和消化食物的器官。杜甫《雷》:"气暍肠胃融,汗滋衣裳污。"

【胃腸】 胃与肠。胡令能《王昭君》:"胡风似剑锼人骨,汉月如钩钓胃肠。"

胄[1] 〔zhòu《广韵》直祐切，去宥，澄。〕❶古代帝王或贵族的后裔。赵良器《郑国夫人挽歌词》："淑德延公胄，宜家接帝姻。"元希声《赠皇甫侍御赴都》之二："公侯之胄，必复其始。"亦指子孙后代。苏颋《送常侍舒公归觐》："训胄尊庠序，荣亲耀里闾。"李商隐《戊辰会静中出贻同志二十韵》："我本玄元胄，禀华由上津。"❷指胄序。古代贵族子弟的学校。苏源明《秋夜小洞庭离谯诗并序》："君公行当挥翰右垣，岂止典胄米廪邪。"❸通"逐"。贺之章《奉和圣制送张说巡边》："胄出天弧上，谋成帝幄中。"

胄[2] 〔zhòu《广韵》直祐切，去宥，澄。〕古代战士所带的头盔。韩愈、孟郊《斗鸡联句》："既取冠为胄，复以距为镦。"薛能《华清宫和杜舍人》："举戎轻甲胄，余地复河湟。"

【胄子】 国子学生员。荆冬倩《奉试咏春》："未映君王史，先标胄子襟。"杜甫《折槛行》："青衿胄子困泥涂，白马将军若雷电。"令狐峘《释奠日国学观礼闻雅颂》："肃肃先师庙，依依胄子群。"

【胄裔】 后代。丘丹《经湛长史草堂》序："遽访湛氏胄裔，山下犹有一二十族，得十三代孙。"

【胄筵】 胄子的席位。指国子学生员。《郊庙歌辞·享孔子庙乐章·送神》："里校覃福，胄筵承祐。"

胙 〔zuò《广韵》昨误切，去暮，從。〕❶祭礼用的酒肉。陈叔达《州城西园入斋祠社》："折俎分归胙，充庭降受釐。"李纾《唐德明兴圣庙乐章·亚献终献》："庆彰曼寿，胙撤嘉荐。"又《让皇帝庙乐章·迎俎》："受釐归胙，既戒而平。"❷赐与分封。柳宗元《奉平淮夷雅表·皇武命丞相董师集大功也》之十二："爵之成国，胙以夏区。"

胣 〔chǐ《集韵》丑豸切，上紙，徹。〕裂，剖裂。成式张希复《光天帧赞联句》："胣脑淫厉，众魔膜拜。"

胝 〔zhī《广韵》丁尼切，平脂，知。〕皮厚成茧。杜甫《病后遇王倚饮赠歌》："头白眼暗坐有胝，肉黄皮皱命如线。"卢仝《感古四首》之四："读书书史未润身，负薪辛苦胝生肘。"顾况《归阳萧寺有丁行者能修无生忍担水施僧况归命稽首作诗》："开士行何苦，双瓶胝两肩。"亦指手脚掌上的茧巴。白居易《悲哉行》："读书眼欲暗，秉笔手生胝。"李商隐《韩碑》："愿书万本诵万过，口角流沫右手胝。"秦韬玉《织锦妇》："祗恐轻梭难作匹，岂辞纤手遍生胝。"

【胝趼】 茧子。杜甫《入衡州》："隐忍枳棘刺，迁延胝趼疮。"

朐 〔qú《广韵》其俱切，平虞，羣。〕山名。参见"朐山"。

【朐山】 ❶山名，在今江苏省连云港市境。刘长卿《登东海龙兴寺高顶望海简演公》："朐山压海口，永望开禅宫。"❷县名。故城在连云港市境。李中有《海城秋日书怀寄朐山孙明府》。

胞 〔pāo《广韵》匹交切，平肴，滂。〕同"脬"。膀胱。参见"轉胞"。

胤 〔yìn《广韵》羊晋切，去震，以。〕❶后代。孟浩然《夜登孔伯昭南楼时沈太清朱升在座》："沈生隐侯胤，朱子买臣孙。"刘禹锡《和李六侍御文宣王庙释奠作》："土田封后胤，冕服饰虚仪。"陆龟蒙《补沈恭子诗》："我亦小国胤，易名惭见优。"❷世系。许棠《留别从弟郴》："同承太岳胤，俱值太平时。"亦指胤育。张祜《题丹阳永泰寺练湖亭》："浅派胤沙草，余波漂岸船。"❸国名，顾况《上古之什补亡训传十三章·燕于巢一章》："胤乃征之，彝伦九畴。"❹人名。车胤。李商隐《秋日晚思》："枕寒庄蝶去，窗冷胤萤销。"

【胤胄】 后裔。韩愈《送灵师》："灵师皇甫姓，胤胄本蝉联。"

【胤嗣】 后嗣，后代。王维《宋进马哀词》："家唯一身，身止一子，何胤嗣之不繁。"

胘 〔xián《广韵》胡田切，平先，匣。又胡涓切，平先，匣。〕牛胃。亦泛指胃。李贺《恼公》："肠攒非束竹，胘急是张弓。"

胖 〔pàn《集韵》:普半切，去换，滂。〕古代祭祀用的半边牲肉。张说《唐享太庙乐章·雍和二首》之一："太公胖俎，傅说和羹。"

胥[1] 〔xū《广韵》相居切，平魚，心。〕❶须，必须。清昼。皎然《讲德联句》："人胥怀惠，吏不能欺。"路应《仙岩四瀑布即事》："胥念沧波远，徒怀魏阙欺。"❷喜乐。德宗《重阳日中外同欢以诗言志》："至化自敦睦，佳辰宜宴胥。"❸相。萧颖士《江有枫一篇十章》并序："有槭树焉，与江南枫形胥类。"❹顷刻。韩愈《咏雪赠张籍》："娥嬉华荡漾，胥怒浪崔嵬。"❺语气助词。萧颖士《凉雨一章》："君子乐胥，于其宾僚。"

胥[2] 〔xū《广韵》私吕切，上語，心。〕古代官府中之小吏。杜甫《赠李八秘书别三十韵》："乞米烦佳客，钞诗听小胥。"元稹《旱灾自咎贻七县宰》："村胥与里吏，无乃求取繁。"白居易《赠皇甫庶子》："更愧小胥咨拜表，单衫冲雪夜深来。"

【胥口】 在江苏苏州市城南太湖口。吴王杀子胥投之于江，吴人立祠于此，盖因以名。皮日休有《胥口即事六言二首》。陆龟蒙有《和胥口即事》。

【胥吏】 官府中的小吏。白居易《自到郡斋仅经旬日方专公务未及宴游偷闲走笔题二十四韵》:“唯知对胥吏,未暇接亲宾。”李绅《拜宣武军节度使序》:“少尹严元容鞭胥吏市人。”

【胥門】 城门名。今江苏省苏州市城西门。周元范《和白舍人泛湖早发洞庭诗》:“路出胥门深浅浪,月残吴苑两三星。”皎然《寒栖子歌》:“昨夜胥门宿蔡家,天然不饮亦不食。”又《买药歌送杨山人》:“江南药少淮南有,暂别胥门上京口。”

【胥徒】 本为民服徭役者。后泛指官府衙役。郑世翼《登北邙还望京洛》:“胥徒各异流,文物纷殊状。”皮日休《正乐府十篇·贪官怨》:“胥徒赏以财,俊造悉为吏。”无可《书事寄万年厉员外》:“胥徒迎晓集,赋税共秋终。”

【胥塘】 即胥门运渎。皮日休《太湖诗·初入太湖》:“一舍行胥塘,尽日到震泽。”

【胥靡】 古代服劳役的刑徒或奴隶。柳宗元《与崔策登西山》:“生同胥靡遗,寿比彭铿夭。”李咸用《和友人喜相遇十首》:“和羹使用非胥靡,忆鲙言词小季鹰。”

【胥臺】 即姑苏台。庾抱《赋得胥台露》:“胥台既落构,荆棘稍侵扉。”皮日休《吴中言情寄鲁望》:“古来伧父爱吴乡,一上胥台不可忘。”

胎 〔tāi《广韵》土來切,平咍,透。〕❶人和哺乳动物于母休内的幼体。张说《唐享太庙乐章·大成舞》:“后歌有蟜,胎炎孕黄。”李贺《春坊正字剑子歌》:“蛟胎皮老蒺藜刺,鸊鹈淬花白鹇尾。”齐己《寄文浩百法》:“铁牛无用成真角,石女能生是圣胎。”亦喻指如孕于母体者。卢仝《月蚀诗》:“火龙珠,飞出脑,却入蚌蛤胎。”李商隐《题僧壁》:“蚌胎未满思新桂,琥珀初成忆旧松。”吴融《汴上观》:“非时已认蝉飘翼,到海须忧蚌失胎。”❷孕育;肇始。元稹《虫豸诗·浮尘子三首》之三:“暗啮堪销骨,潜飞有祸胎。”白居易《闲卧有所思》:“权门要路是身灾,散地闲居少祸胎。”司空图《二十四诗品·精神》:“明漪绝底,奇花初胎。”❸犹先天;生来。刘叉《修养》:“损神终日谈虚空,不必归命于胎中。”鲍溶《玉山谣奉送王隐者》:“攒峰胎玉气色润,百泉透云流不尽。”

【胎元氣】 道教谓人的精神。孟郊《登华岩寺楼望终南山赠林校书兄弟》:“前山胎元气,灵异生不穷。”

【胎生】 在母体中怀孕而生。人和大多数哺乳动物都是胎生。参见释名引八公《相鹤经》。顾况《谢王郎中见赠琴鹤》:“此琴等焦尾,此鹤方胎生。”古人以为鹤乃胎生。

【胎月】 谓怀胎一月。无名氏《讥裴体》:“却教术士难推算,胎月分张与阿谁。”

【胎化】 犹天生,造化。自然界生成万物。无名氏《鹤鸣九皋》:“胎化呈仙质,长鸣在九皋。”

【胎仙】 道教神名。元稹《冬夜怀李侍御王太祝段丞》:“悟觉誓不惑,永抱胎仙居。”吕岩《七言》之六:“药返便为真道士,丹还本是圣胎仙。”

【胎孕】 孕育。刘言史《苦妇词》:“必当负严法,岂有胎孕篇。”

【胎息】 道家一种修炼方法。谓闭气而吞,如坐胞胎中。李白《赠嵩山焦链师》序:“其年貌可称五六十,常胎息绝谷。”郑畋《初秋寓直三首》之三:“幽阁焚香万虑凝,下帘胎息过禅僧。”贾岛《赠温观主》:“胎息存思当黑处,井华悬绠取朝间。”

【胎禍】 孕育的祸患。黄滔《马嵬》:“天意从来知幸蜀,不关胎祸自蛾眉。”

【胎禽】 鹤的别名。魏朴《和皮日休悼鹤》:“经秋宋玉已悲伤,况报胎禽昨夜亡。”吕岩《汉宫春》词:“胎禽怨夜,来乘风,玄露丹霞。”

【胎髮】 初生婴儿未剃过的头发。白居易《阿崔》:“腻剃新胎发,香绷小绣襦。”

【胎髮筆】 用胎发所制成的笔心。齐己《送胎发笔寄仁公》:“内唯胎发外秋毫,绿玉新裁管束牢。”

六　画

胯 〔kuà《广韵》苦化切,去禡,溪。又苦瓜切,平麻,溪。又苦故切,去暮,溪。〕❶两股之间。元稹《望云骓马歌》:“蹄悬四蹋脑颗方,胯耸三山尾株直。”❷革带上的饰物。白居易《和春深二十首》之四:“通犀排带胯,瑞鹘勘袍花。”张祜《观杭州柘枝》:“红罨画衫缠腕出,碧排方胯背腰来。”秦韬玉《紫骝马》:“膘大宜悬银压胯,力浑欺著玉衔头。”

【胯下】 指汉韩信受辱胯下之事。见《史记·淮阴侯列传》。后用以为典。韩偓《息兵》:“暂时胯下何须耻,自有苍苍鉴赤诚。”

胔 〔zì《广韵》疾智切,去寘從。〕见“胔骼”。

【胔骼】 骸骨。卢肇《汉堤诗》序:“今天下灾于有汉,庭垣尽潴,胔骼在淖。”

胭 〔yān《广韵》烏前切,平先,影。〕亦作“臙”。❶咽喉。柳宗元《古东门行》:“绝胭断骨那下补,万金宠赠不如土。”❷胭脂。韩偓《咏手》:“背人细捻垂胭鬓,向镜轻匀衬脸霞。”

【胭脂】 亦作“臙脂”。一种红色颜料。多用于女子化妆。白居易《后宫词》:“三千宫女胭脂面,几个春来无泪痕?”沈亚之《梦游秦宫》:“春景似伤秦丧主,落花如雨泪臙脂。”韩偓《鬆髻》：“坐久暗生惆怅事，背人匀却泪臙脂。”亦泛指鲜艳的红色。元稹《春六十韵》：“腻粉梨园白，臙脂桃径红。”何希尧《海棠》：“著雨胭脂点点消，半开时节最妖娆。”方干《牡丹》：“花分浅浅臙脂脸，叶堕殷殷腻粉腮。”

【胭花】 谓浓妆艳抹的女子，旧时特指妓女。吕岩《敲爻歌》：“也饮酒，也食肉，守定胭花断淫欲。”

【胭粉】 胭脂粉与香粉。吕岩《敲爻歌》：“行歌唱咏胭粉词，持戒酒肉常充腹。”

【胭脂山】 即燕支山。古代在匈奴境内，以产燕支(胭脂)草而得名。无名氏《姜宣弹小胡笳引歌》(卷七八六)：“何时窄袖短貂裘，胭脂山下弯明月。”

脩 〔xiū《广韵》息流切，平尤，心。〕❶干肉。包佶《祀风师乐章·迎神》：“鼎俎修羞，时惟礼崇。”❷打扫。窦巩《忝职武昌初至夏口书事献府主相公》：“时奉登楼宴，闲修上水船。”❸兴修。参见“脩文”。❹修养。岑参《入剑门作寄杜杨二郎中时二公并为杜元帅判官》：“始知德不修，恃此险何益。”参见“脩身”。亦指修行。贾岛《青门里作》：“欲问南宗理，将归北岳修。”参见“脩道”“脩持”“脩真”。❺编撰。参见“脩史”。❻长，(1)指空间距离大。岑参《初过陇山途中呈宇文判官》：“与子且携手，不愁前路修。”韩愈《孟生诗》：“秦吴修且阻，两地无数金。”(2)指时间久。亦指人的寿命。参见“脩短”。

【脩文】 兴修文德。窦庠《东都嘉量亭献留守韩仆射》：“接武空惭蹇，修文敢并雄。”

【脩史】 编撰史书。郑遨《哭张道古》：“谁是后来修史者，言君力死正颓纲。”

【脩因】 修行之因果。灵一《送范律师往果州》：“离障非今日，脩因是几生。”

【脩行】 高高的竹子。刘得仁《慈恩寺塔下避暑》：“古松凌巨塔，脩竹映空廊。”卢元辅《游天竺寺》：“苔壁娲皇炼来处，泐中修竹扫云霞。”

【脩竹園】 即汉梁孝王兔园。又名梁园。在今河南开封市东南。俗称梁孝王修竹园。岑参《梁园歌送河南王说判官》：“君不见梁孝王修竹园，颓墙隐嶙势仍存。”

【脩身】 陶冶身心，涵养德性。李峤《屏》：“修身兼竭节，谁识作铭才。”

【脩岫】 长长的山谷，颜真卿《题杼山癸亭得暮字》：“巍峨倚修岫，旷望临古渡。”

【脩門】 楚都郢城门。柳宗元《龟背戏》：“修门象棋不复贵，魏宫妆奁世所弃。”

【脩持】 修行守道。李频《题栖云寺立上人院》：“是法从生有，修持历劫尘。”

【脩祠】 祭祀。殷寅《玄元皇帝应见贺圣祚无疆》：“应历生周日，修祠表汉年。”

【脩真】 道教谓学道修行为脩真。杜光庭《题平盖沼》：“势压长江空八阵，吴都仙客此修真。”

【脩脩】 ❶端正整齐貌。卢纶《太白西峰偶宿》：“岩壑树修修，白云如水流。”❷象声词。多形容风雨之声。姚合《杏溪十首·渚上行》：“微风屡此来，决决复修修。”韩偓《晚岸》：“揭起青篷上岸头，野花和雨冷修修。”贯休《送薛侍郎贬峡州司马》：“花落扁舟香冉冉，草侵公署雨修修。”

【脩航】 大船。陈陶《蒲门戍观海作》：“灵津水清浅，余亦慕修航。”

【脩條】 长长的树枝。王棨《山明松雪》：“密叶缘多亚，修条被压倾。”

【脩短】 长短。指人的寿命。刘长卿《哭魏兼遂》：“古今俱此去，修短竟谁分。”

【脩睦】 调整相互间关系，使之亲密和睦。息夫牧《冬夜宴萧十丈因饯殷郭二子西上》序：“始崇诗以阅礼，终讲信而修睦。”

【脩道】 犹行道，谓实践某种原则或思想。庞蕴《杂诗》之二：“寄语修道人，空生慎勿生。”

【脩篁】 犹修竹。李频《宛陵东峰亭与友人话别》：“修篁齐迥槛，列岫限平芜。”

【脩纖】 细长。杜甫《铁堂峡》：“修纤无垠竹，嵌空太始雪。”

脈¹ 〔mài《集韵》莫獲切，入麥，明。〕❶脉搏，脉息。白居易《和微之诗二十三首·和晨兴因报问龟儿》：“咽绝五脏脉，瘦消百骸脂。”❷指地下水。刘长卿《奉陪萧使君入鲍达洞寻灵山寺》：“入云开岭道，永日寻泉脉。”元稹《春六十韵》：“度岭梅甘坼，潜泉脉暗洪。”王睿《公无渡河》：“愿持精卫衔石心，穷取河源塞泉脉。”❸指事物如血管连贯有条理者。王建《隐者居》：“雪缕青山脉，云生白鹤毛。”李贺《勉爱行二首送小季之庐山》：“南云北云空脉断，灵台经络悬春线。”唐彦谦《登庐山》：“泰华根同峙，嵩衡脉共联。”❹血统。黄蟾《和从兄御史延福里居》：“纵觉尘世三公贵，何似吾家一脉通。”

脈² 〔mò《集韵》莫獲切，入麥，明。〕见“脈₂脈”。

【脈₂脈】 ❶凝视貌。李昂《赋戚夫人楚舞歌》：“君楚歌兮妾楚舞，脉脉相看两心苦。”❷形容藏在内心的思想感情。戎昱《中秋夜登楼望月寄人》：“西楼见月似江城，脉脉悠悠倚槛情。”刘禹锡《秋晚新晴夜月如练有怀乐天》：“相望一步地，脉脉万重情。”步非烟《答赵子》：“郎心应似琴心怨，脉脉春情更泥谁。”❸犹默默。孟浩然《耶溪泛舟》：“相看似相识，脉脉不得语。”杜牧《题桃花夫人庙》：“细腰宫里露桃新，脉脉无言度几春。”寒山《诗三百三首》之一三一:“相逢欲相唤,脉脉不能语。”❹连续不断貌。上官仪《入朝洛堤步月》:“脉脉广川流,驱马历长洲。”张籍《新城甲仗楼》:“芊芊粳稻色,脉脉苑溪流。”陆龟蒙《帘》:“枕映疏容晚向敧,秋烟脉脉雨微微。”

【脈動】 指地下水流动。韦应物《春游南亭》:“南亭草心绿,春塘泉脉动。”皇甫冉《杂言无锡惠山寺流泉歌》:“土膏脉动知春早,隈隩阴深长苔草。”

朓 〔tiǎo《广韵》土了切,上篠,透。又土彫切。平萧,透。〕见“朓朒”。

【朓朒】 旧历月初月见于东方和月末见于西方。皮日休《吴中苦雨因书一百韵寄鲁望》:“相逢似丹漆,相望如朓朒。”

脆 〔cuì《广韵》此芮去,去祭,清。〕❶脆弱;单薄;容易折断破碎。太宗《赋得李》:“莺啼密叶外,蝶戏脆花心。”徐彦伯《采莲曲》:“折藕丝能脆,开花叶正圆。”岑参《送狄员外巡按西山军》:“泉浇阁道滑,水冻绳桥脆。”孟郊《暮秋感思》:“西风吹垂杨,条条脆如藕。”❷指声音清脆。顾云《池阳醉歌赠匡庐处士姚岩杰》:“弦索紧快管声脆,急曲碎拍声相连。”南唐后主李煜《菩萨蛮》词之三:“铜簧韵脆锵寒竹,新声慢奏移纤玉。”

【脆促】 谓生命脆弱而短暂。徐彦伯《题东山子李適碑阴》:“回也实夭折,贾生亦脆促。”

【脆弱】 泛指不坚强。陆龟蒙《奉和袭美二游诗·徐诗》:“尔后国脆弱,人多尚虚玄。”陆龟蒙《袭美以紫石砚见赠以诗迎之》:“澄沙脆弱闻应伏,青铁沈埋见亦羞。”

【脆管】 笛的别称。白居易《霓裳羽衣歌和微之》:“清弦脆管纤纤手。教得霓裳一曲成。”

【脆薄】 不坚牢。元稹《和李校书新题乐府十二首·缚戎人》:“阴森神庙未敢依,脆薄河冰安可越。”

【脆斷】 脆而折断。王建《当窗织》:“水寒手涩丝脆断,续来续去心肠烂。”赵抟《琴歌》:“七弦脆断虫丝朽,辨别不曾逢好手。”

脂 〔zhī《广韵》旨夷切,平脂,章。〕❶油脂;脂肪。亦泛指动植所含的油质。岑参《尹相公京兆府中棠树降甘露诗》:“团团甜如蜜,皛皛凝若脂。”杜甫《忆昔二首》之二:“稻米流脂粟米白,公私仓廪俱丰实。”白居易《和微之诗二十三首·和晨兴因报问龟儿》:“咽绝五脏脉,瘦消百骸脂。”❷以油膏涂物。骆宾王《畴昔篇》:“脂车秣马辞乡国,萦辔西南使邛僰。”韩愈《天星送杨凝郎中贺正》:“天星牢落鸡喔咿,仆夫起餐车载脂。”白居易《和我年三首》之二:“黄纸诏频草,朱轮车载脂。”❸指面脂、唇脂等化妆品。蜀太妃徐氏《题金华宫》:“风巧解吹松上曲,蝶娇频采脸边脂。”

【脂肉】 指含脂肪的肌肉。元稹《估客乐》:“越婢脂肉滑,奚僮眉眼明。”又《刘阮妻二首》之二:“芙蓉脂肉绿云鬟,罨画楼台青黛山。”王揆《长沙六快诗》:“今贤官是邦,刳啖人脂肉。”

【脂車】 油涂车轴,以利运转。借指驾车出行。权德舆《贞元七年蒙恩除太常博士自江东来朝时与郡君同行西岳庙停车祝谒元和八年拜东都留守途次祠下追计前事已二三年于兹矣时郡君以疾恙续发因代书却寄》:“尽室赴礼官,脂车杂辎軿。”

【脂韋】 喻阿谀或圆滑,韩愈《送区弘南归》:“出送抚背我涕挥,行行正直慎脂韦。”

【脂粉】 ❶胭脂和香粉。徐彦伯《春闺》:“宝鸭藏脂粉,金屏缀绮罗。”戎昱《古意》:“有泪沾脂粉,无情理管弦。”李端《襄阳曲》:“雀钗翠羽动明珰,欲出不出脂粉香。”❷旧时借指妇女。白居易《戏题木兰花》:“怪得独饶脂粉态,木兰曾作女郎来。”

【脂粉氣】 胭脂和香粉的气味。宋之问《伤曹娘二首》之一:“独怜脂粉气,犹著舞衣中。”杜审言《代张侍御伤美人》:“应怜脂粉气,留著舞衣中。”

【脂膏】 ❶油脂,骆宾王《挑灯杖》:“终知不自润,何处用脂膏。”元稹《大觜乌》:“渗沥脂膏尽,凤皇那得知。”❷肥美。杜甫《黄鱼》:“脂膏兼饲犬,长大不容身。”❸喻人民用血汗换来的财富。李敬方《汴河直进船》:“东南四十三州地,取尽脂膏是此河。”蒋贻恭《咏安仁宰捣蒜》:“安仁县令好诛求,百姓脂膏满面流。”水神《霅溪夜宴诗·松江神歌》:“君不见夜来渡口拥千艘,中载万姓之脂膏。”❹比喻富裕或富庶。杜甫《鹿头山》:“纡余脂膏地,惨澹豪侠窟。”钱起《咏白油帽送客》:“已沐脂膏惠,宁辞雨露频。”

【脂駕】 脂车。谓准备驾车出行,魏氏《赠外》:“束装赴南郢,脂驾出西秦。”

【脂膚】 细白润泽的皮肤。白居易《真娘墓》:“真娘死时犹少年,脂肤荑手不牢固。”

【脂膩】 油腻。罗隐《鹰》:“近来脂腻足,驱遣不妨难。”

【脂轄】 脂车。多谓准备驾车远行。白居易《李卢二中丞偶题十五韵聊戏二君》:“脂辖复裹粮,心力颇劳止。”韩偓有《余寓汀州沙县病中闻前郑左丞璘随外镇举荐赴洛兼云继有急徵旋见脂辖因作七言四韵戏以赠之或冀其感悟也》。

【脂髓】 犹精髓。杜甫《寄高使君岑长史》:“隔日搜脂髓,增寒抱雪霜。”

胮 〔pāng《广韵》匹江切,平江,滂。又薄江切,平江,並。〕见“胮肛”。

【胮肛】 臃肿;肥大。韩愈《病中赠张

十八》:“连日挟所有,形躯顿胮肛。”皮日休《太湖诗·太湖石》:“胮肛筼筜笋,格磔琅玕株。”

胸 〔xiōng〕亦作“匈”❶躯干的一部分,在颈和腹之间。白居易《贺雨》:“欢呼相告报,感泣涕沾胸。”又《玩止水》:“迎眸洗眼尘,隔胸荡心滓。”❷心中;胸怀。韩愈《送文畅师北游》:“下开迷惑胸,窘豁劚株橛。”白居易《白云期》:“三十气太壮,胸中多是非。”孟郊《投赠张端公》:“君子量不极,胸吞百川流。”

【胸中】 心中,多指人的思想境界或精神状态。白居易《答崔十八》:“我有商山君未见,清泉白石在胸中。”

【胸次】 胸怀。李郃《贺州思九疑作》:“璇玑盘胸次,灿烂皆文章。”

【胸穿】 穿胸。极言痛苦。沈佺期《从驩州廨宅移住山间水亭赠苏使君》:“岁贷胸穿老,朝飞鼻饮头。”

【胸衿】 见“胸襟”。

【胸雪】 雪胸,雪白的胸脯。和凝《麦秀两岐》词:“脸莲红,眉柳绿,胸雪宜新浴。”

【胸臆】 内心;心怀。李白《驾去温泉后赠杨山人》:“一朝君王垂拂拭,剖心输丹雪胸臆。”杜甫《别赞上人》:“异县逢旧友,初忻写胸臆。”舒元舆《坊州按狱苏氏庄记室二贤自鄜州走马相访留连数日发后独座寂寞因成诗记之》:“形容在胸臆,书礼通相思。”

【胸襟】 亦作“胸衿”。❶犹胸境。指心情、志趣、抱负等。李白《赠崔侍御》:“洛阳因剧孟,托宿话胸襟。”顾况《酬房杭州》:“故人牧余杭,留我披胸衿。”白居易《登城东古台》:“凭高视听旷,向远胸襟开。”❷犹胸怀。指心里头。孟郊《旅次湘沅有怀灵均》:“胸襟积忧愁,容鬓复凋枯。”

【胸懷】 ❶胸衿;指抱负。李白《赠裴十四》:“黄河落天走东海,万里写入胸怀间。”❷犹心中。乔琳《绵州越王楼即事》:“顿觉胸怀无俗事,回看掌握是人寰。”

脃 同“脆”。脆弱。泛指不坚固。卢仝《月蚀诗》:“恒州阵斩郦定进,项骨脃甚春蔓菁。”又《哭玉碑子》:“怪哉坚贞姿,忽脃不坚固。”

胼 〔pián《广韵》部田切,平先,並。〕手掌或脚底所生的老茧。顾况《上古之什补亡训传十三章·上古一章》:“袯襫锄犁,手胼足胝。”皮日休《吴中苦雨因书一百韵寄鲁望》:“手指既已胼,肌肤亦将瘯。”又《二游诗·徐诗》:“札吏指欲胼,万通排未阙。”参见“胼胝”。

【胼胝】 手掌或脚底因长期劳动摩擦而生的茧子。陆龟蒙《樵人十咏·樵叟》:“自小即胼胝,至今凋鬓发。”胡曾《咏史诗·嶓冢》:“当时苦诉胼胝苦,更使何人别九州。”贯休《寿春节进》:“多于汤土地,还有禹胼胝。”

脊 〔jǐ《广韵》資昔切,入昔,精。〕❶人或动物背部中间的骨肉;脊骨。杜甫《送李校书二十六韵》:“渥洼骐驥儿,龙异是龙脊。”韩愈《答柳柳州食虾蟆》:“虽然两股长,其奈脊皴疱。”无名氏《五言诗》之六:“衙日唱稽逋,佐吏打脊烂。”❷指物体中间高起的部分。章八元《新安江行》:“雪晴山脊见,沙浅浪痕交。”白居易《和元八侍御升平新居四绝句·高亭》:“亭脊太高君莫拆,东家留取当西山。”温宪《春鸠》:“散睡桑条暖,闲鸣屋脊春。”❸比喻关键或要害之处。杜牧《东兵长句十韵》:“上党争为天下脊,邯郸四十万秦坑。”

【脊令】 (—líng)即鹡鸰。水鸟名。见《诗·小雅·常棣》。后因以喻兄弟友爱,急难相顾。李峤《原》:“方知急难响,长在脊令篇。”

【脊皮】 脊背上的皮肤。无名氏《嘲伛偻人》:“著衣床上坐,肚缓脊皮急。”

脅 〔xié《广韵》虚業切,入業,曉。又許欠切,去釅,曉。《集韵》迄及切,入緝,曉。〕❶身躯两侧自腋下至腰上的部分。亦指肋骨。阎朝隐《鹦鹉猫儿篇》:“爰有兽也,安其忍,嘴其胁,距其胸。”❷旁边。杜甫《八哀诗·故司徒李公光弼》:“人安若泰山,蓟北断右胁。”❸逼迫;威吓。罗隐《寄韦瞻》:“风催晓雁看看别,雨胁秋蝇渐渐痴。”

【脅肩】 耸起肩膀,故示敬畏。温庭筠《病中书怀呈友人》:“胁肩难黾勉,搔首易嗟吁。”

【脅息】 屏息。表示恐惧。李白《蜀道难》:“扪参历井仰胁息,以手抚膺坐长叹。”

【脅從】 被迫而随从者。许天正《和陈元光平潮寇》:“落剑惟戎首,游绳系胁从。”

【脅逼】 犹胁迫。李贺《汉唐姬饮酒歌》:“伏剑明秋水,凶威屡胁逼。”

脇 同“脅”。

【脇敺】 一种驾马用的器具。敺,同“驱”。柳宗元《贞符》序:“胁敺纵臾,俾东之泰山、石闾,作大号,谓之封禅。”

能[1] 〔néng《广韵》奴登切,平登,泥。〕❶传说中的一种兽。韩愈《忆昨行和张十一》:“近者三奸悉破碎,羽窟无底幽黄能。”❷才能;能力。韩愈《驽驥》:“有能必见用,有德必见收。”白居易《听琵琶妓弹略略》:“法向师边得,能从意上生。”李商隐《漫成五章》之一:“当时自谓宗师妙,今日惟观对属能。”❸有本领;有才能。韩愈《送侯参谋赴河中幕》:“尔时心气壮,百事谓己能。”白居易《和答诗十首·答四皓庙》:“子房尔则能,此非吾所宜。”寒山《诗三百三首》之五四:“春秋未三十,才艺百般能。”❹效能。陈子昂《观荆玉篇》序:“惟有仙人杖,往往丛生,幽朔地寒,中国稍异……因为乔公昌言其能。”❺胜任,能做到。孟郊《羽林行》:“胡中射雕者,此日犹不能。”周贺《送耿山人归湖南》:“去此应无事,却来知不能。”❻能够。韦应物《赠卢嵩》:“泥滓不能浊,澄波非益清。”令狐楚《九日言怀》:“不能高处望,恐断老人肠。”韦庄《离筵诉酒》:“不是不能判酩酊,却忧前路酒醒时。”参见“能否”。❼善;善于。李白《上云乐》:“能胡歌,献汉酒,跪双膝,并两肘,散花指天举素手。”周郭藩《谭子池》:“十五能行走,快马不能追。”参见“能兵”“能文”。❽会。见“能言”“能鸣雁”。❾及,到。王维《不遇咏》:“百人会中身不预,五侯门前心不能。”杜甫《百忧集行》:“庭前八月梨枣熟,一日上树能千回。”❿只,徒。杜甫《公安送韦二少府匡赞》:“念我能书数字至,将诗不必万人传。”又《萤火》:“未足临书卷,时能点客衣。”白居易《生别离》:“食檗不易食梅难,檗能苦兮梅能酸。”⓫犹得,表示必要。李白《上李邕》:“宣父犹能畏后生,丈夫未可轻年少。”姚合《武功县中作三十首》之二四:“久贫还易老,多病懒能医。”陆龟蒙《自遣诗》:“便使笔精如逸少,懒能书字换群鹅。”⓬如许;这样。张九龄《庭梅咏》:“芳意何能早,孤荣亦自危。”杜甫《茅屋为秋风所破歌》:“南村群童欺我老无力,忍能对面为盗贼。”张继《冯翊西楼》:“北风吹雁声能苦,远客辞家月再圆。”⓭甚。杜甫《赠裴南部》:“独醒时所嫉,群小谤能深。”韩愈《杏花》:“居邻北郭古寺空,杏花两株能白红。”⓮宁;可。杜甫《前出塞九首》之九:“从军十年余,能无分寸功。”又《秦州杂诗二十首》之二十:“晒药能无妇,应门幸有儿。”白居易《玩止水》:“清能律贪夫,淡可交君子。”⓮估计,数量词。表示疑问。袁昂《赋戚夫人楚舞歌》:“不奈君王容鬓衰,相存相顾能几时。”戴叔伦《感怀二首》之二:“人生百年中,会合能几时。”孟郊《李少府厅吊李元宾遗字》:“一生能几时,百虑来相煎。”

能² 〔nǎi《广韵》奴來切,平咍,泥。〕三足鳖。柳宗元《同刘二十八院长述旧言怀感时书事奉寄澧州张员外使君五十二韵之作因其韵增至八十通赠二君子》:“已看能类鳖,犹讶雉为鸺。”

能³ 〔nài《广韵》奴代切,去代,泥。〕通“耐”。忍。崔国辅《古意二首》之一:“不能春风里,吹却兰麝香。”王缙《古离别》:“谁能待明月,回首见床空。”

【能子】 能干之子。周昙《咏史诗·春秋战国门·章子》:“在家能子必能臣,齐将功成以孝闻。”

【能不】 岂能不。不能不。孟浩然《送王大校书》:“尺书能不吝,时望鲤鱼传。”白居易《忆江南》词之一:“日出江花红胜火,春来江水绿如蓝,能不忆江南。”

【能仁】 梵语意译。即释迦牟尼。僧凤《书遗文后》:“我奉能仁教,归依弥勒前。”

【能文】 善于属文。韩翃《寄令狐尚书》:“妙略多推霍骠骑,能文独见沈尚书。”韩愈《醉赠张秘书》:“为此座上客,及余各能文。”李商隐《夜出西溪》:“军书虽倚马,犹未当能文。”

【能吏】 能干的官吏。杜甫《刘九法曹郑瑕丘石门宴集》:“能吏逢联璧,华筵直一金。”

【能臣】 高才干练之臣。周昙《咏史诗·春秋战国门·章子》:“有家能子必能臣,齐将功成以孝闻。”

【能有】 反问语。王缙《九日作》:“今日登高樽酒里,不知能有菊花无。”

【能名】 能干的名声。杜甫《送梓州李使君之任》:“籍甚黄丞相,能名自颍川。”

【能否】 能够不能够。许浑《陪宣城大夫崔公泛后池兼北楼宴二首》之一:“昔时恩遇今能否,一尉沧州已白头。”

【能兵】 善于用兵。钱起《送郑书记》:“出身唯殉死,报国且能兵。”

【能言】 会说话。徐夤《古往今来》:“雀儿无角长穿屋,鹦鹉能言却入笼。”

【能言鳥】 会说话的鸟。张说《广州萧都督入朝过岳州宴饯得冬字》:“窃羡能言鸟,衔恩向九重。”白居易《秦吉了》:“秦吉了,人云尔是能言鸟,岂不见鸡燕之冤苦。”

【能言鸚】 会说话的鹦鹉。白居易《和答诗十首·和大觜乌》:“亦有能言鹦,翅碧觜距红。”

【能者】 有才能或有本领的人。孟浩然《送贾升主簿之荆府》:“奉使推能者,勤王不暂闲。”杜甫《又观打鱼》:“能者操舟疾若风,撑突波涛挺叉入。”温庭筠《病中书怀呈友人》:“角胜非能者,推贤见射乎。”

【能事】 ❶所能之事。张九龄《奉和圣制登封礼毕洛城酺宴》:“大君毕能事,端扆乐成功。”姚合《武功县中作三十首》之三十:“作吏无能事,为文旧致功。”卢象《马跑神泉》:“悦使成能事,抡材出俸钱。”❷所擅长之事。窦冀《怀素上人草书歌》:“偏看能事转新奇,郡守王公同赋诗。”杜甫《奉寄章十侍御》:“指麾能事回天地,训练强兵动鬼神。”又《戏题画山水图歌》:“能事不受相促迫,王宰始肯留真迹。”

【能政】 善于政务。王丘《奉和圣制送张尚书巡边》:“出入敷能政,谋猷体至公。”

【能官】 善于为官,能干的官。岑参《凤翔府行军送程使君赴成州》:“拜命时人羡,能官圣主闻。”

【能書】　擅长书法。温庭筠《赠李将军》:"曾以能书称内史,又因明易号将军。"

【能唱】　善于唱歌。白居易《续古诗十首》之五:"邯郸进倡女,能唱黄花曲。"

【能琴】　善于弹琴。邢象玉《古意》:"嗜酒陶彭泽,能琴阮步兵。"

【能無】　反问语。能不;岂无。刘长卿《松江独宿》:"久被浮名系,能无愧海鸥。"杜甫《秦州杂诗二十首》之二十:"晒药能无妇,应门幸有儿。"皮日休《谏议以罢郡将归以六韵赐示因伫酬献》:"佐理能无取,酬知力甚微。"

【能爲】　❶能有所为;有所作为。韩愈《郑群赠簟》:"法曹贫贱众所易,腰腹空大何能为。"❷能够作为;能够做到。卢象《叹白发》:"俯仰天地间,能为几时客。"李商隐《韩碑》:"愈拜稽首蹈且舞,金石刻画臣能为。"

【能飲】　能够饮。白居易《问刘十九》:"晚来天欲雪,能饮一杯无。"

【能詩】　善于做诗。严武《巴岭答杜二见忆》:"可但步兵偏爱酒,也知光禄最能诗。"刘禹锡《白舍人曹长寄新诗有游宴之盛因以戏酬》:"苏州刺史例能诗,西掖今来替左司。"白居易《晚池泛舟遇景成咏赠吕处士》:"别境客稀知不易,能诗人少咏应难。"

【能歌】　善于歌唱。顾况《王郎中妓席五咏·歌》:"柳拂青楼花满衣,能歌宛转世应稀。"杜牧《悲吴王城》:"解舞细腰何处往,能歌姹女逐谁回。"

【能爾】　犹如此,这样。王季友《观于舍人壁画山水》:"于公大笑向予说,小弟丹青能尔为。"

【能鳴雁】　会叫的大雁。杜甫《白帝城楼》:"急急能鸣雁,轻轻不下鸥。"

【能箇】　犹如此,这样,皮日休《夏首病愈因招鲁望》:"贫养山禽能个瘦,病关芳草就中肥。"

【能語狼】　喻指心肠狠毒的人。李咸用《公无渡河》:"见溺不援能语狼,忍听丽玉传悲伤。"

【能賦】　善于写赋。王维《和使君五郎西楼望远思归》:"能赋属上才,思归同下秩。"

【能聲】　能干的名声。苏颋《饯郢州李使君》:"佳政在离人,能声寄侯伯。"白居易《和梦得》:"纶阁沈沈无宠命,苏台籍籍有能声。"

七　画

脤

〔shèn《广韵》時忍切,上軫,禪。〕古代祭祀用的生肉。一说泛指祭社用的肉。见《左传·闵公二年》。后指奉命帅师出征。骆宾王《从军中行路难二首》之二:"天子按剑征余勇,将军受脤事横行。"储光羲《哥舒大夫颂德》:"画阃入受脤,凿门出扞城。"

【脤膰】　古代祭社稷和宗庙用的肉。生曰脤,熟曰膰。韩愈《陆浑山火和皇甫湜用其韵》、:"丹蕤縓盖绯繙帑,红帷赤幕罗脤膰。"

脣

〔chún《广韵》食倫切,平諄,船。〕后多作唇。❶嘴唇。杜甫《拨问》:"已办青钱防雇直,当令美味入吾唇。"卢仝《月蚀诗》:"不当食,张唇哆嘴食不休。"修雅《闻诵法华经歌》:"醍醐之味珍且美,不在唇,不在齿,只在劳生方寸里。"❷借称物的边或边缘。王维《燕子龛禅师》:"岩腹乍旁穿,涧唇时外拓。"杜甫《丽人行》:"头上何所有,翠微㔩叶垂鬓唇。"

【脣舌】　❶犹口舌,指言辞。齐己《荆渚病中因思匡庐遂成三百字寄梁先辈》:"唇舌既已闲,心脾亦散摅。"亦指毁谤、挑拨的言辞。李咸用《依韵修睦上人山居十首》:"不是不同明主意,懒将唇舌与齐烹。"齐己《行路难》之一:"未似是非唇舌危,暗中潜毁平人骨。"❷比喻议论。元稹《酬乐天见寄》:"前日诗中高盖字,至今唇舌遍长安。"

【脣皮】　犹嘴皮。指不实,狡辩的言词。寒山《诗三百三首》之一〇九:"冷暖我自量,不信奴唇皮。"

【脣吻】　❶嘴唇;口,嘴。卢仝《感古》之二:"唇吻恣谈铄,黄金同灰尘。"❷借指鸣叫。韩偓《喜凉》:"豪强顿息蛙唇吻,爽利重新鹘眼睛。"

【脣齒】　喻相互依存,关系密切。高适《酬河南节度使贺兰大夫见赠之作》:"股肱瞻列岳,唇齿赖长城。"耿㳓《代宋州将淮上乞师》:"唇齿幸相依,危亡故远归。"

【脣齒國】　喻关系密切,有共同利害的国家。杜甫《赠李八秘书别三十韵》:"战连唇齿国,军急羽毛书。"

脚

〔jiǎo《广韵》居勺切,入藥,見。〕❶人与动物腿的下端,接触地面,支持身体和行走的部分。李白《梦游天姥吟留别》:"脚著谢公屐,身登青云梯。"王建《雉将雏》:"学飞未得一尺高,还逐母行旋母脚。"白居易《池上竹下作》:"食饱窗间新睡后,脚轻林下独行时。"❷器具的支撑;东西的下端。白居易《临池闲卧》:"谁家卧床脚,解系钓鱼船。"又《宿湖中》:"十只画船何处宿,洞庭山脚太湖心。"李群玉《宿鸟远峡化台遇风雨》:"龙湫在石脚,引袂时一取。"❸指物象的底部或尾部。杜甫《茅屋为秋风所破歌》:"床头屋漏无干处,雨脚如麻未断绝。"又《羌村》之一:"峥嵘赤云西,日脚下平地。"❹犹体。刘禹锡《酬柳子厚家鸡之赠》:"柳家新样元和脚,且尽姜芽敛手徒。"

【脚下】 ❶脚底下。杜甫《李鄠县丈人胡马行》："头上锐耳批秋竹，脚下高蹄削寒玉。"秦韬玉《问古》："无门雪向头中出，得路云从脚下生。"❷物体近地面部分。白居易《草茫茫》："苍苍茫茫在何处，骊山脚下秦皇墓。"贯休《渔家》："前山脚下得鱼多，恶浪堆中尽头睡。"

【脚手】 脚与手。顾况《露青竹杖歌》："蛟龙稽颡河伯虔，拓羯胡雏脚手鲜。"

【脚底】 犹脚下。吴融《登鹳雀楼》："鸟在林梢脚底看，夕阳无际戍烟残。"又《出潼关》："华岳眼前尽，黄河脚底来。"欧阳炯《题景焕画应天寺壁天王歌》："腕头狮子咬金甲，脚底夜义击络鞮。"

【脚瘡】 脚上生的脓疮。白居易《病疮》："脚疮春断酒，那得有心情。"

【脚頭】 谓在脚那边。杨德辉《徵青州长老嘲僧门》："行者趁教门里卧，尼师留在脚头眠。"

脯[1] 〔fǔ《广韵》方矩切，上麌，非。〕干肉。王绩《食后》："始暴松皮脯，新添杜若浆。"唐彦谦《叙别》："翠盘擘脯胭脂香，碧碗敲冰分蔗浆。"

脯[2] 〔pú《集韵》蓬逋切，平模，並。〕胸脯。亦指胸部之肉。李商隐《利州江潭作》："他时燕脯无人寄，雨满空城蕙叶雕。"

【脯酒】 酒肉。韩愈《谒衡岳庙遂宿岳寺题门楼》："升阶伛偻荐脯酒，欲以菲薄明其衷。"

【脯醢】 佐酒的菜肴。《郊庙歌辞·五郊乐章·赤郊迎神》："虡列钟磬，筵陈脯醢。"白居易《二年三月五日斋毕开素当食偶吟赠妻弘农郡君》："佐以脯醢味，间之椒薤芳。"

【脯醬】 肉酱。韩愈《岳阳楼别窦司直》："中盘进橙栗，投掷倾脯酱。"

脰 〔dòu《广韵》田候切，去候，定。〕颈项。韩愈《元和圣德诗》："取之江中，枷脰械手。"陆龟蒙《吴愈儿舞歌·矛俞》："缠肩绕脰，槎合眩旋。"徐夤《鹰》："狡兔穴多非尔识，鸣鸠脰短罚君身。"

豚 〔tún《广韵》徒渾切，平魂，定。〕小猪。亦泛指猪。韩愈《寄崔二十六立之》："孤豚眠粪壤，不慕太庙牺。"白居易《黑潭龙》："家家养豚漉清酒，朝祈暮赛依巫口。"李绅《过荆门》："阴森鬼庙当邮亭，鸡豚日宰闻膻腥。"

【豚犬】 猪和狗。刘兼《重阳感怀》："蜀国江山存不得，刘家豚犬取何难。"

【豚魚】 豚和鱼。元稹《竞渡》："草木沾我润，豚鱼望我蕃。"《郊庙歌辞·后唐宗庙乐舞辞·文明舞》："信及豚鱼，恩沾动植。"

【豚栅】 猪圈。王驾《社日》："鹅湖山下稻粱肥，豚栅鸡栖半掩扉。"

脾 〔bì《字汇》部比切。〕大腿。杜牧《郡斋独酌》："白羽八札弓，脾压绿檀枪。"贾岛《玩月》："久立双足冻，时向股脾淹。"

【脾肉】 大腿上的肉。许浑《岁首怀甘露寺自省上人》："久闲生脾肉，多寿长眉毫。"

【脾臀】 牲畜的臀部。韩愈《陆浑山火和皇甫湜用其韵》："鞣其肉皮通脾臀，颓胸垤腹车掀辕。"

脛 〔jìng《广韵》胡定切，去徑，匣。又胡頂切，上迥，匣。〕❶人的小腿。包佶《岭下卧疾寄刘长卿员外》："胫弱秋添絮，头风晓废梳。"杜甫《乾元中寓居同谷县作歌七首》之二："黄精无苗山雪盛，短衣数挽不掩胫。"卢仝《苦雪寄退之》："柴门没胫昼不扫，黄昏绕树栖寒鸦。"❷泛指禽兽的腿。白居易《叹病鹤》："右翅低垂左胫伤，可怜风貌甚昂藏。"陆龟蒙《乐府杂咏六首·东飞凫》："胫短翅亦短，雌雄恋菰蒲。"

脗 〔wěn〕同"吻"。见"脗然"。

【脗然】 浑然一体貌。白居易《无可奈何歌》："是以达人静则吻然与阴合迹，动则浩然与阳同波。"

脱[1] 〔tuō《广韵》，徒活切，入末，定。又他括切，入末，透。〕❶离开；摆脱。杜甫《太岁日》："散地逾高枕，生涯脱要津。"白居易《初授拾遗》："何言初命卑，且脱风尘吏。"唐彦谦《楚世家》："偏信由来惑是非，一言邪佞脱危机。"❷远离；逃脱。刘长卿《游四窗》："对此脱尘鞅，顿忘荣与辱。"又《按覆后归睦州赠苗侍御》："羊肠留覆辙，虎口脱余生。"❸赦免；解除，开脱。李白《万愤词投魏郎中》："如其听卑，脱我牢狴。"杜甫《前出塞九首》之二："走马脱辔头，手中挑青丝。"牟融《题道院壁》："若使凡缘终可脱，也应从此度闲身。"❹脱落；脱去。韩翃《题张逸人园林》："尘尾手中毛已脱，蟹螯尊上味初香。"韩愈《苦寒》："荧惑丧缠次，六龙冰脱髯。"齐己《游道林寺四绝亭观宋杜诗版》："古石生寒仞，春松脱老鳞。"❺解下，脱掉。孟浩然《送朱大入秦》："分手脱相赠，平生一片心。"李白《扶风豪士歌》："脱吾帽，向君笑。饮君酒，为君吟。"羊士谔《酬卢司门晚夏过永宁里弊居林亭见寄》："风蝉一清暑，应喜脱朝簪。"❻拔掉。韩愈《元和圣德诗》："或拔其角，或脱其距。"李商隐《骄儿诗》："凝走弄香奁，拔脱金屈戌。"❼出。韩愈《寄崔二十六立之》："不脱吏部选，可见偶与奇。"吴融《赠𧦬光上人草书歌》："又如朱亥锤晋鄙，袖中抬起腕欲脱。"❽脱免。顾况《行路难三首》之三："秦皇汉武遭不脱，汝独何人学神仙。"❾脱略。见"脱迹"。❿通"拓"。用纸墨从石刻上捶印出其文字或图画。韦应物《石鼓歌》:"今人濡纸脱其文,既击既扫白黑分。"⑪副词。倘或,即使。司空图《诗品二十四则·冲淡》:"脱有形似,握手已违。"⑫连词,既然。白居易《赠韦处士六年夏大热旱》:"脱无白栴檀,何以除热恼。"

脱[2] 〔tuì《集韵》吐外切,去泰,透。〕通"蜕"。皮日休《七爱诗·白太傅》:"处世似孤鹤,遗荣同脱蝉。"李山甫《酬刘书记见赠》:"石涧新蝉脱,茅檐旧燕窠。"寒山《诗三百三首》之二二九:"脱体似蟫虫,咬破他书帙。"

【脱刀】 解下刀剑。张说《送郭大夫元振再使吐蕃》:"脱刀赠分手,书带加餐食。"

【脱巾】 脱下头巾。李白《夏日山中》:"脱巾挂石壁,露顶洒松风。"钱起《忆山中寄旧友》:"脱巾花下醉,洗药月前归。"皮日休《吴中苦雨因书一百韵寄鲁望》:"解带似归来,脱巾若沐浴。"

【脱毛】 脱落毛发。孟郊《吊卢殷》之九:"嗟嗟无子翁,死弃如脱毛。"

【脱去】 摆脱。韩愈《忽忽》:"忽忽乎余未知生之为乐也,愿脱去而无因。"

【脱衣】 脱掉衣服。元稹《和李校书新题乐府十二首·驯犀》:"脱衣推食衣食之,不若男耕女令纺。"白居易《府酒五绝·自劝》:"忆昔羁贫应举年,脱衣典酒曲江边。"

【脱卻】 脱掉。王建《从军后答山中友人》:"爱仙无药住溪贫,脱却山衣事汉臣。"赵嘏《送李给事》:"脱却朝衣独归去,青云不及白云高。"

【脱身】 抽身摆脱。王珪《咏淮阴侯》:"项羽不能用,脱身归汉王。"王昌龄《出郴山口至叠石湾野人室中寄张十一》:"同疚来相依,脱身当有筹。"岑参《登千福寺楚金禅师法华院多宝塔》:"庶割区中缘,脱身恒在兹。"白居易《缚戎人》:"蕃候严兵鸟不飞,脱身冒死奔逃归。"

【脱免】 脱身免祸或免罪。杜甫《入衡州》:"久客幸脱免,暮年惭激昂。"杜甫《后出塞五首》其五:"恶名幸脱免,穷老无儿孙。"司空图《冯燕歌》:"缧囚解缚犹自疑,疑是梦中方脱免。"

【脱兔】 脱逃之兔。喻行动迅疾。陆龟蒙《杂讽九首》之二:"攻如饿鸱叫,势若脱兔急。"

【脱放】 释放。白居易《移家入新宅》:"谁能脱放去,四散任所之。"

【脱空】 掉弄玄虚,没有着落。孟郊《送淡公》之十二:"诗人苦为诗,不如脱空飞。"

【脱枯】 脱离树干的枯枝。孟郊《送淡公》之十二:"脱枯挂寒枝,弃如一唾微。"

【脱枷】 解脱枷锁。贾岛《上乐使君救康成公》:"曾梦诸侯笑,康囚议脱枷。"

【脱俗】 脱离庸俗。殷文圭《贺同年刘咸辟命》:"脱俗文章笑鹦鹉,凌云头角压麒麟。"

【脱泉】 离开泉水。姚康《赋得巨鱼纵大壑》:"从来暴泥久,今日脱泉初。"白居易《放鱼》:"脱泉虽已久,得水犹可苏。"

【脱急】 为解除人之急难。李瀚《蒙求》:"郭解借交,朱家脱急。"

【脱冠】 (一guàn)❶脱帽。王维《同卢拾遗过韦给事东山别业二十韵》:"素是独往客,脱冠情弥敦。"韩愈《送惠师》:"脱冠剪头发,飞步遗踪尘。"唐彦谦《游南明山》:"脱冠挂长松,白石藉凭倚。"❷脱去冠冕。喻官吏去职。羊士谔《息舟荆溪入阳羡南山游善权寺呈李功曹巨》:"勉君脱冠意,共匿无何乡。"

【脱飛】 飞去。白居易《和微之诗二十三首·和知非》:"便似罩中鱼,脱飞生两翅。"

【脱胎】 道教语。谓脱去凡胎。吕岩《寄白龙洞刘道人》:"十月脱胎吞入口,忽觉凡身已有灵。"又《满庭芳》词:"十月脱胎丹就,除此外,皆是傍门。"

【脱略】 ❶轻慢不拘。李颀《送刘四赴夏县》:"我心独爱伊川水,脱略势利犹埃尘。"王昌龄《郑县宿陶太公馆中赠冯六元二》:"儒有轻王侯,脱略当世务。"高适《酬裴员外以诗代书》:"脱略身外事,交游天下才。"❷脱去。杜甫《过郭代公故宅》:"豪俊初未遇,其迹或脱略。"又《通泉县署屋壁后薛少保画鹤》:"冥冥任所往,脱略谁能驯。"

【脱葉】 落叶。韩愈《南山诗》:"林柯有脱叶,欲堕鸟惊救。"

【脱粟】 糙米。只去皮壳,不加精制之米。刘长卿《送裴郎中贬吉州》:"知己鄺侯在,应怜脱粟人。"杜甫《别董颋》:"老夫缆亦解,脱粟朝未餐。"

【脱帽】 ❶脱下帽子。司空图《诗品二十四则·疏野》:"筑屋松下,脱帽看诗。"❷形容豪放,无所检束。杜甫《饮中八仙歌》:"张旭三杯草圣传,脱帽露顶王公前。"

【脱舄】 后用为高隐逃世之典。见《后汉书·方术传上·王乔》。独孤及《代书寄上裴六冀刘二颖》:"脱舄挂岭云,冏然若鸟逝。"

【脱貎】 形容放任不羁。见《晋书·阮孚传》。王维《过崔驸马山池》:"脱貂贯桂酌,射雁与山厨。"

【脱然】 ❶超越寻常貌。元稹《说剑》:"晋末武库烧,脱然排户牖。"❷超脱无累。司空图《诗品二十四·高古》:"虚伫神素,脱然畦封。"

【脱落】 ❶脱掉;落下。卢仝《月蚀诗》:"腹肚忽脱落,依旧挂穹碧。"寒山《诗三百三首》之五五:"皮肤脱落尽,唯有贞实在。"❷散落。李白《赠清漳明府侄聿》:"弦歌咏唐尧,脱落隐簪组。"❸遗漏。皎然《答苏州韦应物郎中》:"脱落文字累,免为外物撄。"

【脱跡】 脱略形迹。元稹《寄吴士矩端公五十韵》:"脱迹壮士场,甘心竖儒域。"

【脱腥】 脱去腥臭。孟郊《读经》:"得善如焚香,去恶如脱腥。"

【脱置】 脱弃,抛弃。白居易《游蓝田山卜居》:"脱置腰下组,摆落心中尘。"

【脱棄】 犹抛弃。白居易《题崔常侍济上别墅》:"求荣争宠任纷纷,脱弃金貂只有君。"

【脱漏】 漏掉。杜甫《又观打鱼》之一:"小鱼脱漏不可记,半死半生犹戢戢。"

【脱屣】 脱掉鞋子,喻看得很轻,无所顾恋。李颀《送刘四》:"辞满如脱屣,立言无否臧。"李白《对雪奉饯任城六父秩满归京》:"一官即梦寐,脱屣归西秦。"独孤及《早发若岘驿望庐山》:"忘缘祛天机,脱屣恨不早。"

【脱劍】 ❶解下佩剑。比喻弃武修文。贾至《闲居秋怀寄阳翟陆赞府封丘高少府》:"解巾佐幕府,脱剑升明堂。"❷用为悼念亡友之典。李白《自溧水道哭王炎三首》之二:"悲来欲脱剑,挂向何枝好。"

【脱履】 ❶脱掉鞋子。玄宗《又作妃子所遗罗袜铭》:"又如脱履露纤圆。恰似同衾见时节。"❷喻看得很轻,无所顾恋。李峤《皇帝上礼抚事述怀》:"负图济多难,脱履归成功。"张白《哭陆先生》:"脱履定归天上去,空坟留入武陵图。"

【脱穎】 比喻人的才能全部显示出来。见《史记·平原君虞卿列传》。韩愈《石鼎联句》序:"弥明应之如响,皆脱颖含讥讽。"贯休《和韦相公见示闲卧》:"脱颖三千士,馨香四十年。"

【脱遺】 舍弃。亦谓超然物外。元稹《江陵三梦》:"君复不憘事,奉身犹脱遗。"

【脱險】 脱离危险。韩愈《南山诗》:"专心忆平道,脱险逾避臭。"

【脱韝】 本谓鹰脱离臂衣。后多喻不受枸束。韩愈《送侯参谋赴河中幕》:"今君得所附,势若脱韝鹰。"

【脱驂】 用为以财物助人之急的典实。见《礼记·檀弓上》。杜甫《八哀诗·赠秘书监江夏李公邕》:"分宅脱驂间,感激怀未济。"白居易《出使在途所骑马死改乘肩舆将归长安偶咏旅怀寄太原李相公》:"丧乘独归殊不易,脱驂相赠岂为难。"

【脱鞾】 脱掉靴子。张祜《梦李白》:"中人高力士,脱靴羞欲乐。"

【脱韁】 脱掉缰绳。吴融《赠广利大师歌》:"又如千里马,脱缰飞灭没。"

【脱灑】 超脱;无所拘束。寒山《诗三百三首》之二七五:"只为爱钱财,心中不脱洒。"齐己《忆旧山》:"应须脱洒孤峰去,始是分明个剃头。"

【脱羈】 脱离羁绊。元稹《酬翰林白学士代书一百韵》:"逸骥初翻步,鞲鹰暂脱羁。"

八　画

脹 〔zhàng《广韵》知亮切,去漾,知。〕❶身体内壁受到压迫而产生的不适之感。见"脹腹"。❷膨胀,体积变大。薛逢《灵台家兄古镜歌》:"盘龙鳞胀玉匣溢,牙爪触风时有声。"

【脹腹】 腹部鼓胀而不适。元稹《痁卧闻幕中诸公徵乐会饮因有戏呈三十韵》:"胀腹看成鼓,羸形渐比柴。"

腊 〔xī《广韵》思積切,入昔,心。〕❶干肉。权德舆《大言》:"搏鹏作腊巨鳌鲙,伸舒轶出元气外。"贯休《鼓腹曲》:"饼红虾兮析麋腊,有酒如浊醽兮呼我吃。"❷极。见"腊毒"。

【腊毒】 极毒。柳宗元《种白蘘荷》:"衔猜每腊毒,谋富不为仁。"

腎 〔shèn《广韵》時忍切,上軫,禪。〕人和高等动物体内的造尿器官,俗称腰子。左右各一,位于腹腔后壁脊柱两侧。旧以为五脏之一。柳宗元《哭连州凌员外司马》:"泣尽目无见,肾伤足不持。"

腆 〔tiǎn《广韵》他典切,上銑,透。〕腼腆。指惭愧或害羞的神色。杜甫《醉为马坠诸公携酒相看》:"朋知来问腆我颜,杖藜强起依僮仆。"

脾 〔pí《广韵》符支切,平支,並。〕人或高等动物的内脏之一。在胃的左侧,其功能在制造血和破坏血球,调节血量,产生淋巴球与抗体等。旧以为五脏之一。白居易《和微之诗二十三首·和晨兴因报问龟儿》:"我苦不在远,缠绵肝与脾。"李商隐《韩碑》:"公之斯文若元气,先时已入人肝脾。"贯休《古意九首》之四:"乾坤有清气,散入诗人脾。"

【脾臄】 牲体的内脏和口舌。借指美味的菜肴。韩愈、李正封《晚秋郾城夜会联句》:"洗沐恣兰芷,割烹厌脾臄。"

腴 〔yú《广韵》羊朱切,平虞,以。〕❶谓滋味美厚。王绩《古意六首》之三:"丰骨输庙堂,鲜腴籍笾簋。"柳宗元《放鹧鸪词》:"楚越有鸟甘且腴,嘲嘲自名为鹧鸪。"❷丰厚,富裕。孟浩然《赠萧少府》:"处腴能不润,居剧体常闲。"❸指学术、诗文、言谈等的美好内容。韩愈、孟郊《雨中寄孟刑部几道联句》:“美君知道腴,逸步谢天械。”

腋 〔yè《广韵》羊益切,入昔,以。〕人的胳肢窝。或禽兽翅、腿连接处。卢仝《走笔谢孟谏议寄新茶》:“七碗吃不得也,唯觉两腋习习清风生。”白居易《寄远》:“两腋不生翅,二毛空满头。”牟融《谢惠剑》:“浩气中心发,雄风两腋生。”

腑 〔fǔ《广韵》方矩切,上麌,非。〕❶中医以胆、胃、大肠、小肠、膀胱、三焦为六腑,亦泛指内脏器官。修雅《闻诵法华经歌》:“日用不知一何苦,酒之肠,饭之腑。”❷喻内心,心怀。源乾曜《奉和圣制送张尚书巡边》:“安人在勤恤,保大殚襟腑。”

腐 〔fǔ《广韵》扶雨切,上麌,奉。〕腐烂,腐臭。杜甫《有感五首》之三:“日闻红粟腐,寒待翠华春。”元稹《有鸟二十章》之二十:“司晨守夜悲鸡犬,啄腐吞腥笑雕鹗。”

【腐肉】 腐烂之肉。常楚老《祖龙行》:“腐肉偷生三千里,伪书先赐扶苏死。”

【腐草】 腐败的草。岑参《秋思》:“我不如腐草,翻飞作萤火。”元稹《谕宝二首》之二:“舜禹无陶尧,名随腐草灭。”李商隐《酬令狐郎中见寄》:“不见衔芦雁,空流腐草萤。”亦喻卑微。欧阳詹《元日陪早朝》:“江皋腐草今何幸,亦与恒星拱北辰。”

【腐骨】 死尸。皮日休《奉和鲁望徐方平后闻赦次韵》:“空林叶尽蝗来郡,腐骨花生战后村。”聂夷中《过比干墓》:“腐骨不为土,应作石木根。”亦指贱躯。元稹《有酒十章》之六:“秦皇尧舜俱腐骨,我可奈何兮又进一杯歌复歌。”

【腐脅疾】 因过度饮酒而引起脓胸穿孔症。皮日休《七爱诗·李翰林》:“竟遭腐胁疾,醉魄归八极。”

【腐敗】 混乱黑暗。李商隐《楚宫》:“空归腐败犹难复,更困腥臊岂易招。”

【腐鼠】 腐烂的死鼠。刘禹锡《飞鸢操》:“忽闻饥乌一噪聚,瞥下云中争腐鼠。”白居易《感鹤》:“饥不啄腐鼠,渴不饮盗泉。”李商隐《安定城楼》:“不知腐鼠成滋味,猜意鸳雏竟未休。”陆龟蒙《孤雁》:“回头语晴鸢,汝食腐鼠惯。”

【腐腸】 腐蚀肠胃。古人每用以指美酒嘉肴。白居易《寄卢少尹》:“嘉肴与旨酒,信是腐肠膏。”

【腐腸物】 腐蚀肠胃之物。韦应物《汉武帝杂歌三首》之二:“乃知甘酞皆是腐肠物,独有淡泊之水能益人。”

【腐腸賊】 指酒。元稹《寄吴士矩端公五十韵》:“平生中圣人,翻然腐肠贼。”

【腐儒】 ❶迂腐之儒者。杨巨源《述旧纪勋寄太原李光颜侍中二首》之二:“曾闻转战平坚寇,共说题诗压腐儒。”唐彦谦《长陵》:“千载腐儒骑瘦马,渭城斜月重回头。”❷谦词。儒者自称。杜甫《草堂》:“天下尚未宁,健儿胜腐儒。”又《江汉》:“江汉思归客,乾坤一腐儒。”欧阳詹《述德上兴元严仆射》:“何幸腐儒无一艺,得为门下食鱼人。”

【腐餘】 腐朽废弃之物。储光羲《群鸦咏》:“所思在腐余,不复忧霜露。”

腓 〔féi《广韵》符非切,平微,奉。又扶沸切,去未,奉。〕❶小腿后面的肌健。伸张变化,灵活有力。司空图《诗品二十四则·雄浑》:“大用外腓,真体内充。”❷病害;枯萎。崔湜《边愁》:“九月蓬根断,三边草叶腓。”孙逖《葛山潭》:“凉哉草木腓,白露沾人衣。”屈同仙《燕歌行》:“君不见渔阳八月塞草腓,征人相对并思归。”

腔 〔qiāng《广韵》苦江切,平江,溪。〕❶体内的空处。皮日休《忆洞庭观步十韵》:“岩根瘦似壳,杉破腹如腔。”❷量词。多用于猪和羊。《选人歌》:“案后一腔冻猪肉,所以名为姜侍郎。”

腕 〔wàn《广韵》烏貫切,去换,影。〕臂下端与手掌相连可以活动的部分。徐贤妃《赋得北方有佳人》:“腕摇金钏响,步转玉环鸣。”鲁收《怀素上人草书歌》:“自言转腕无所拘,大笑羲之用阵图。”王建《织锦曲》:“一梭声尽重一梭,玉腕不停罗袖卷。”赵光远《咏手二首》之一:“妆成皓腕洗凝脂,背接红巾掬水时。”

【腕促蹄高】 形容马之良者。见北魏贾思勰《齐民要术·养牛马驴骡》。杜甫《高都护骢马行》:“腕促蹄高如踣铁,交河几蹴曾冰裂。”

【腕迴】 谓回腕扣弦。戎昱《观卫尚书九日对中使射破的》:“腕回金镞满,的破绿弦低。”

【腕頭】 犹言手上。顾况《李供奉弹箜篌歌》:“腕头花落舞製裂,手下鸟惊飞拨剌。”

腒 〔jū《广韵》九魚切,平魚,見。又强魚切,平魚,群。〕干鸟肉。后亦泛指干腌的肉类。陆龟蒙《彼衣二首》之一:“首乱如葆,形枯若腒。”

九　画

腠 〔còu《广韵》倉奏切,去候,清。〕指皮下肌肉之间的空隙。卢纶《行药前轩呈董山人》:“腠暖苦肌痒,藏虚唯耳鸣。”元稹《虫豸诗·蜘蛛(三首)》之三:“毒腠攻犹易,焚心疗恐迟。”

【腠理】 中医指皮下肌肉之间的空隙和皮肤、肌肉的纹理。陆龟蒙《奉酬袭美先辈吴中苦雨一百韵》:“筋骸将束缚,腠理如箠挞。”

腷

〔bì《广韵》符逼切，入職，並。〕见“腷膊”。

【腷腷膊膊】 象声词。雍裕之《两头纤纤》：“腷腷膊膊晓禽飞，磊磊落落秋果垂。”

【腷膊】 象声词。韩愈、孟郊《斗鸡联句》：“腷膊战声喧，缤翻落羽皠。”

腰

〔yāo《广韵》於霄切，平宵，影。〕❶身体胯上胁下的部分。徐贤妃《赋得北方有佳人》：“纤腰宜宝袜，红衫艳织成。”杜甫《兵车行》：“车辚辚，马萧萧，行人弓箭各在腰。”白居易《秦中吟十首·不致仕》：“金章腰不胜，伛偻入君门。”❷裤子、裙子等的围腰部分。白居易《杭州春望》：“谁开湖寺西南路，草绿裙腰一道斜。”和凝《杨柳枝》词：“瑟瑟罗裙金缕腰，黛眉隈破未重描。”

【腰下組】 古代佩印用组，系于腰间。引申以为官印或做官的代称。权德舆《早夏青龙寺致斋凭眺感物因书十四韵》：“静永环中枢，益愧腰下组。”

【腰上金】 即腰金。陆龟蒙《渔具诗·笭箵》：“不及腰上金，何劳问蓍蔡。”

【腰支】 见“腰肢”。

【腰折】 折腰。谓屈身事奉人。元稹《送友封二首》之二：“若见中丞忽相问，为言腰折气冲天。”

【腰身】 身段；体态。韩愈《辞唱歌》：“幸有伶者妇，腰身如柳枝。”元稹《和乐天示杨瓊》：“腰身瘦小歌圆紧，依约年应十六七。”王衍《甘州曲》词：“画罗裙，能解束，称腰身，柳眉桃脸不胜春。”

【腰青組】 汉制，丞相、太尉腰间皆佩金印紫绶，御史大夫腰间佩银印青绶。后以“腰青组”为高官显贵。韩翃《别李明府》：“宠光五世腰青组，出入珠宫引箫鼓。”

【腰肢】 亦作“腰支”。腰身；身段；体态。元稹《所思二首》之一：“庾亮楼中初见时，武昌春柳似腰肢。”鲍溶《霓裳羽衣歌》：“此衣春日赐何人，秦女腰肢轻若燕。”吴融《倒次元韵》：“似束腰支细，如描发彩匀。”韦庄《天仙子》词：“露桃花里小腰肢。眉眼细，鬓云垂，惟有多情宋玉知。”

【腰佩】 古代系在腰间以别官阶的一种佩件。李商隐《句》：“头上金雀钗，腰佩翠琅玕。”

【腰金】 古带朝官的腰带，按品级镶以不同的金饰，品级高者以纯金制成。后因以泛指身居显要。金，亦指金印或金鱼袋。李嘉祐《赠王八衢》：“腰金才子贵，剖竹老人迟。”杜甫《季夏送乡弟韶陪黄门从叔朝谒》：“舍舟策马论兵地，拖玉腰金报主身。”白居易《初授秘监拜赐金紫闲吟小酌偶写所怀》：“鬓雪人间寿，腰金世上荣。”

【腰金拖紫】 喻身居高官。金，金印。紫，紫绶。白居易《哭从弟》：“一片绿衫消不得，腰金拖紫是何人？”

【腰斧】 腰带斧头。亦指腰间所佩的斧头。刘禹锡《蛮子歌》：“腰斧上高山，意行无旧路。”孟郊《山老吟》：“腰斧斫旅松，手瓢汲家泉。”温庭筠《寒食节日寄楚望二首》之一：“郑谷有樵苏，归来要腰斧。”

【腰底】 腰下。白居易《赠楚州郭使君》：“黄金印绶悬腰底，白雪歌诗落笔头。”

【腰衱】 裙带。杜甫《丽人行》：“背后何所见，珠压腰衱稳称身。”

【腰帶】 ❶古代官员束在腰间的皮带，反插或下垂头，视官阶高下，分别以金、玉犀、银、铜、铁为饰。元稹《台中鞫狱忆开元观旧事呈损之兼赠周兄四十韵》：“闹装辔头觼，静拭腰带斑。”李廓《送振武将军》：“金装腰带重，铁缝耳衣寒。”❷衣带。元稹《酬乐天得稹所寄纻丝布白轻庸制成衣服以诗报之》：“腰带定知今瘦小，衣衫难作远裁缝。”寒山《诗三百三首》之一八四：“巾子未曾高，腰带长时急。”

【腰裊】 宛转摇动貌。李贺《恼公》：“陂陀梳碧凤，腰袅带金虫。”

【腰章】 古代官印。常系腰间，故名。刘长卿《闻虞沔州有替将归上都登汉东城寄赠》：“腰章建隼皇恩赐，露冕临人白发垂。”钱起《送任先生任唐山丞》：“腰章佐墨绶，耀锦到茅茨。”权德舆《酬张秘监阁老喜太常中书二阁老与德舆同日迁官相代之作》：“继组心知忝，腰章事颇齐。”亦指系印于腰，借喻服官赴任。崔湜《襄阳作》：“庙堂初解印，郡邸忽腰章。”

【腰組】 即腰下组。姚合《游杏溪兰若》：“未肯离腰组，来此复何颜。”

【腰細】 细腰。李商隐《无题》：“腰细不胜舞，眉长惟是愁。”

【腰圍】 束腰的带子。李贺《贵公子夜阑曲》：“曲沼芙蓉波，腰围白玉冷。”

【腰腹】 腰部和腹部。韩愈《郑群赠簟》：“法曹贫贱众所易，腰腹空大何能为。”

【腰脚】 腰与脚。常表示人的体力。杜甫《寄赞上人》：“年侵腰脚衰，未便阴崖秋。刘叉《塞上逢卢仝》：”上楼腰脚健，怀土眼睛穿。“

【腰輕】 腰部轻飘。腰细。白居易《重题小舫赠周从事兼戏微之》：“舞筵须拣腰轻女，仙棹难胜骨重人。”李商隐《谑柳》：“眉细从他敛，腰轻莫自斜。”

【腰膂】 犹腰背。韩愈《元和圣德诗》：“牵头曳足，先断腰膂。”

【腰龜】 腰佩龟章，常用以显示官品。李贺《出城别张又新酬李汉》：“光明霭不发，腰龟徒甃银。”

【腰裹】 古骏马名。杜甫《槐叶冷淘》:"愿随金腰裹,走置锦屠苏。"于濆《烧金曲》:"南陌试腰裹,西楼歌婵娟。"

【腰領】 腰部与颈部。两者为人体的重要部分,断之即死,故常喻致命之处。李绅《忆过润州》序:"余以不从书奏飞檄之诈,遭庶人李锜暴怒,腰领不殊者再三。"

【腰綬】 腰间丝带。李贺《染丝上春机》:"为君挑鸾作腰绶,愿君处处宜春酒。"

【腰横】 腰带。李贺《夜饮朝眠曲》:"觞酣出座东方高,腰横半解星劳劳。"

【腰褥】 暖腰的垫具。元稹《友封体》:"雨送浮凉夏簟清,小楼腰褥怕单轻。"

【腰鞓】 腰部皮带。李贺《酬答二首》之一:"金鱼公子夹衫长,密装腰鞓割玉方。"

【腰鞭】 腰佩宝鞭。刘禹锡《送裴处士应制举诗》:"中贵腰鞭立倾酒,宰臣委佩观摇笔。"

【腰鞬】 腰间弓袋。李贺《感讽六首》之三:"不惭金印重,踉跄腰鞬力。"

【腰鎌】 同镰,腰带镰刀。王绩《采药》:"腰镰戊己月,负锸庚辛日。"王昌龄《题灞池二首》之一:"腰镰欲何之,东园刈秋韭。"杜甫《大麦行》:"东至集壁西梁洋,问谁腰镰胡与羌。"

【腰襻】 指腰间系衣裙的带子。韩愈《崔十六少府摄伊阳以诗及书见投因酬三十韵》:"男寒涩诗书,妻瘦剩腰襻。"

腸

〔cháng《广韵》直良切,平陽,澄。〕❶消化器官的一部分。状如管子,上端连胃,下通肛门,分小肠和大肠两部分。李白《代赠远》:"织锦作短书,肠随回文结。"韦庄《愁》:"不经公子梦,偏入旅人肠。"皎然《陇头水二首》之二:"如何幽咽水,并欲断君肠。"❷指心。王建《山中寄及第故人》:"谁谓有双目,识貌不识肠。"刘禹锡《梦扬州乐妓和诗》:"夜深曲曲湾湾月,万里随君一寸肠。"李商隐《肠》:"有怀非惜恨,不奈寸肠何。"

【腸回】 中心辗转,喻离愁不解。李商隐《圣女祠》:"肠回楚国梦,心断汉宫巫。"

【腸肚】 ❶肠与肚。蒋贻恭《咏安仁宰捣蒜》:"半破磁缸成醋酒,死牛肠肚作馒头。"❷犹肠胃。韩愈《崔十六少府摄伊阳以诗及书见投因酬三十韵》:"三年国子师,肠肚习藜苋。"

【腸胃】 肠与胃。杜甫《雷》之三:"气暍肠胃融,汗湿衣裳污。"孟郊《吊元鲁山》之五:"贤人洁肠胃,寒日空澄凝。"曹松《赠道人》:"日边肠胃餐霞火,月里肌肤饮露英。"

【腸風】 病名。张祜《庚子岁寓游扬州赠崔荆四十韵》:"肠风终作疹,肺病不为微。"

【腸斷】 形容悲痛之极。李白《长相思》:"不信妾肠断,归来看取明镜前。"杜甫《归雁》:"肠断江城雁,高高正北飞。"戴叔伦《早春曲》:"朱颜未衰消息稀,肠断天涯草空碧。"温庭筠《杨柳枝》:"正是玉人肠断处,一渠春风赤阑桥。"

【腸懷】 犹情怀。蒋贻恭《谢郎中惠茶》:"想料肠怀无答处,披毛戴角谢郎中。"

膃

〔wà《广韵》烏没切,入没,影。〕见"膃肭"。

【膃肭】 (一nà)肥软貌。皮日休《二游诗·任诗》:"猿眠但膃肭,凫食时唼喋。"

腥

〔xīng《广韵》桑經切,平青,心。又蘇佞切,去徑,心。〕❶生肉。李逢吉《享惠昭太子庙乐章》:"既洁酒醴,聿陈熟腥。"❷腥气。杜甫《垂老别》:"积尸草木腥,流血川原丹。"卢纶《送颜推官游银夏谒韩大夫》:"猎声云外响,战血雨中腥。"蒋贻恭《题张道隐太山祠画龙》:"静闭绿堂深夜后,晓来帘幕似闻腥。"❸荤腥。张说《蜀路二首》之二:"鹰饥常啄腥,凤饥亦待琼。"

【腥血】 ❶泛指荤腥。王建《赠王屋道士赴诏》:"能断世间腥血味,长生只要一丸丹。"白居易《仲夏斋居偶题八韵寄微之及崔湖州》:"腥血与荤蔬,停来一月余。"❷腥气的血。王毂《玉树曲》:"歌舞未终乐未阕,晋王剑上粘腥血。"

【腥味】 生肉等祭品。韩愈《城南联句》:"腥味空奠屈,天年徒羡彭。"

【腥食】 鱼肉之类的食品。王建《从军后寄山中友人》:"村童近去嫌腥食,野鹤高飞避俗人。"

【腥風】 腥臭之风。韩愈《叉鱼招张功曹》:"血浪凝犹沸,腥风远更飘。"皮日休《太湖诗·投龙潭》:"涎水瀑龙巢,腥风卷蛟室。"

【腥草】 腥气的草。孟郊《峡哀》之七:"峡青不可游,腥草生微微。"

【腥氣】 鱼、虾等的气味。陈陶《宿岛径夷山舍》:"山深石床冷,海近腥气来。"

【腥鬼】 腥气的尸体。李沇《醮词》:"乌轮不再中,黄沙瘗腥鬼。"

【腥涎】 腥气的口液。水神《霅溪夜宴诗》:"誓将柔荑抉锯牙之喙,空水府而藏其腥涎。"

【腥臊】 ❶腥臭,腥臭的气味。施肩吾《岛夷行》:"腥臊海边多鬼市,岛夷居处无乡里。"李商隐《楚宫》:"空归腐败犹难复,更困腥臊岂易招。"❷指肉食。亦泛指水产动物。章孝标《鹰》:"会使老拳供口腹,莫辞亲手啖腥臊。"徐夤《骄侈》:"蝙蝠亦能知日月,鸾凤那肯啄腥臊。”水神《霅溪夜宴诗·松江神歌》：“是知溺名溺利者，不免为水府之腥臊。”❸借喻丑恶事物。杜甫《避地》：“神尧旧天下，会见出腥臊。”舒元舆《坊州按狱》：“门墙见狼狈，案牍闻腥臊。”❹借指寇盗、叛军等。杜甫《喜闻官军已临贼寇二十韵》：“谁云遗毒螫，已是沃腥臊。”白居易《寄献北都留守裴令公》：“德星销彗孛，霖雨灭腥臊。”

【腥語】　污秽的语言。孟郊《峡哀》之八：“腥语信者谁，拗歌欢非真。”

【腥腐】　腥臭腐败。杜甫《寄韩谏议》：“国家成败吾岂敢，色难腥腐餐风香。”

【腥膩】　腥气油腻。韩愈、张籍《会合联句》：“瘴衣常腥腻，蛮器多疏冗。”

【腥膻】　❶难闻的腥味。皇甫冉《怨回纥》之一：“毳布腥膻久，穹庐岁月多。”姚合《见卢沙弥小师》：“嫌我身腥膻，似我见戎夷。”齐己《放鹭鸶》：“洁白虽堪爱，腥膻不那何。”❷指肉食。白居易《思旧》：“杜子得丹诀，终日断腥膻。”姚合《武功县中作三十首》之十九：“腥膻都不食，稍稍觉神清。”徐夤《溪隐》：“绝却腥膻胜服药，断除杯酒合延年。”❸旧指入侵的外敌。魏扶《和白敏中圣德和平致兹休运岁终功就合咏盛明呈上》：“戎虏乞降归惠化，皇威渐被慑腥膻。”杜牧《郡斋独酌》：“腥膻一扫洒，凶狠皆披攘。”

【腥鮮】　又腥又鲜。温庭筠《太液池歌》：“腥鲜龙气连清防，花风漾漾吹细光。”

【腥穢】　指盗贼等残酷屠杀的罪行。吴融《赠李长史歌》序：“洎巢贼腥秽宫阙，逃难于东。”

【腥鹹】　又腥又咸。白居易《寄明州于驸马使君三绝句》之三：“海味腥咸损声气，听看犹得断肠无。”

【腥鱗】　鱼虾等的气味。刘言史《与孟郊洛北野泉上煎茶》：“敲石取鲜火，撇泉避腥鳞。”

腲

〔wěi《广韵》烏賄切，上賄，影。〕见“腲腇”。

【腲腇】　肥貌。含有猥琐而缺乏神采之意。寒山《诗三百三首》之五九：“鸱鸦饱腲腇，鸾凤饥彷徨。”

腮

〔sāi《广韵》蘇來切，平咍，心。〕❶两颊的下半部。刘叉《自古无长生劝姚合酒》：“但愿腮上红，莫管颏下白。”方干《牡丹》：“花分浅浅胭脂脸，叶堕殷殷腻粉腮。”张保嗣《戏弄诸妓》：“绿罗裙上标三棒，红粉腮边泪两行。”❷指水生动物的呼吸器官。骆宾王《幽絷书情通简知己》：“入阱先摇尾，迷津正曝腮。”皮日休《奉和鲁望谢惠巨鱼之半》：“腹内旧钩苔染涩，腮中新饵藻和香。”周朴《客州赁居寄萧郎中》：“眼看白笔为霖雨，肯使红鳞便曝腮。”

【腮花】　腮上的泪花。李贺《谢秀才有妾缟练改从于人秀才引留之不得后生感忆座人制诗嘲谢贺复继四首》之二：“腮花弄暗粉，眼尾泪侵寒。”

腫

〔zhǒng《广韵》之隴切，上腫，章。〕肌肉浮胀。元稹《生春二十首》之一八：“土膏蒸足肿，天暖痒头风。”

腹

〔fù《广韵》方六切，入屋，非。〕❶肚子。王秀友《滑中赠崔高士瑾》：“实腹以芝术，贱形乃刍狗。”白居易《和微之诗二十三首·和尝新酒》：“空腹尝新酒，偶成卯时醉。”贯休《田家作》：“四五年来腹多实，我闻此语心自悲。”❷包罗。孟郊《大隐坊·赵记室俶在职无事》：“大道母群物，达人腹众才。”❸喻物体内部或表面的中部。太宗《咏雨》：“低飞昏岭腹，斜足洒岩阿。”王维《燕子龛禅师》：“岩腹乍旁穿，涧唇时外拓。”阎防《百丈谿新理茅茨读书》：“荒庭何所有，老树半空腹。”❹喻内心。储光羲《苏十三瞻登玉泉寺峰入寺中见赠作》：“以兹小人腹，不胜君子馔。”

【腹心】　肚腹与心脏，皆人体的重要器官。亦喻贤知谋策之臣。王珪《咏汉高祖》：“爪牙驱信越，腹心谋张陈。”亦指亲信。元稹《忆远曲》：“一家尽是郎腹心，妾似生来无两耳。”洞庭龙君《宴柳毅诗》之二：“腹心辛苦兮泾水之隅，风霜满鬓兮雨雪罗襦。”

【腹肚】　喻内心。张文成《游仙窟诗·又赠十娘》：“闻名腹肚已猖狂，见面精神更迷惑。”

【腹背毛】　比喻无足轻重。李咸用《赠友弟》：“他时讵有盐梅味，今日犹疑腹背毛。”

【腹疾】　腹泻等肠胃病。李商隐《王十二兄与畏之员外相访见招小饮不去因寄》：“秋霖腹疾俱难遣，万里西风夜正长。”

【腹腴】　鱼肚下的肥肉。杜甫《阌乡姜七少府设脍戏赠长歌》：“偏劝腹腴愧年少，软炊香饭缘老翁。”

【腹腸】　肚肠。元稹《人道短》：“巨蟒寿千岁，天遣食牛吞象充腹肠。”

【腹歉】　吃不饱。李商隐《行次西郊作一百韵》：“健儿立霜雪，腹歉衣裳单。”

【腹漫皤】　犹言大腹便便。见《左传·宣公二年》。周昙《咏史诗·春秋战国门·华元》：“未知军法忌偏颇，徒解于思腹漫皤。”

膇

〔zhuì《广韵》馳僞切，去寘，澄。〕肿。无名氏《五言白话诗》之七：“儿行母亦征，项膇连脑急。”亦指脚肿。柳宗元《茅檐下始栽竹》：“适有重膇疾，蒸郁宁所宜。”

腿

〔tuǐ《广韵》吐猥切，上賄，透。〕胫和股的总称。无名氏《嘲崔垂休》(卷八七二)：“何事博陵崔四十，金陵腿上逞欧书。”

腦〔nǎo《广韵》奴晧切，上晧，泥。〕❶高等动物主管全身运动和感觉的器官，是神经系统的主要部分，人脑还主管思维、记忆等活动。玄宗《旋师喜捷》："诈虏脑涂地，征夫血染衣。"孟云卿《放歌行》："目见难噬脐，心通可亲脑。"白居易《游悟真寺诗》："浅深皆洞彻，可照脑与肝。"❷指头颅。杜甫《画鹘行》："侧脑看青霄，宁为众禽没。"李贺《贾公闾贵婿曲》："嘤嘤白马来，满脑黄金重。"齐己《荆州寄贯微上人》："相思莫救烧心火，留滞难移压脑山。"❸指白色如脑状或脑髓之物。卢仝《月蚀诗》："火龙珠，飞出脑，却入蚌蛤胎。"吴融《个人三十韵》："炷香龙荐脑，辟魇虎输精。"

【腦後插筆】 古代俗谚。谓打好官司。无名氏《江右四郡谚》(卷八七七)："筠袁赣吉，脑后插笔。"

【腦神】 犹精神。罗隐《寄第五尊师》："朱黄拣日囚尸鬼，青白临时注脑神。"

【腦脂】 中医病名，指白内障。韩愈《雪后寄崔二十六丞公》："脑脂遮眼卧壮士，大弨挂壁无由弯。"

【腦骨香】 松杉树干中所含的油脂结晶，味香，故名。徐仲雅《东华观偃松》："月滴蟾心水，龙遗脑骨香。"

【腦華】 道教称头发为"脑华"。陆龟蒙《文宴招润卿博士辞以道侣将至一绝寄之》："仙客何时下鹤翎，方瞳如水脑华清。"

【腦熱】 头脑发热。顾云《池阳醉歌赠匡庐处士姚岩杰》："肺枯似著炉鞲煽，脑热如遭锤凿钉。"

十　画

膊[1]〔bó《集韵》伯各切，入鐸，幫〕肩膀；胳臂。长孙无忌《与欧阳询互嘲》："耸膊成山字，埋肩不出头。"无名氏《五言白话诗》之四："例着一草衫，两膊成山字。"周贺《赠胡僧》："背经来汉地，袒膊过冬天。"

膊[2]〔pò《广韵》匹各切，入鐸，滂。〕谓分裂肢体而曝露之。韩愈《郓州谿堂诗》："箴之石之，膊而磔之。"

膏[1]〔gāo《广韵》古劳切，平豪，見。〕❶脂肪。杜甫《述古三首》之二："置膏烈火上，哀哀自煎熬。"李涉《赠廖道士》："膏已明煎信矣哉，二年人世不归来。"皮日休《追和虎丘寺清远道士诗》："松膏腻幽径，蘋沫著孤岸。"❷肥，肥沃。柳宗元《首春逢耕者》："土膏释原野，百蛰竞所营。"刘得仁《书事寄万年厉员外》："土膏寒麦覆，人海昼尘蒙。"薛能《春日江居寓怀》："斫春槎枿树，消雪土膏田。"❸特指烛。吴融《和皮博士赴上京观中修灵斋赠威仪尊师兼见寄》："鹤驭已从烟际下，凤膏还向月中焚。"❹浓稠的糊状物。元稹《予病瘴乐天寄通中散碧腴垂云膏仍题四韵以慰远怀开拆之间因有酬答》："唯有思君治不得，膏销雪尽意还生。"唐彦谦《蟹》："充盘煮熟堆琳琅，橙膏酱渫调堪尝。"朱昼《赋得花藤药合寄颖阴故人》："愿盛黄金膏，寄与青眼郎。"❺丰润。韩愈《苦寒》："雪霜顿销释，土脉膏且黏。"❻古代医学称心尖脂为"膏"。见"膏肓"。

膏[2]〔gào《广韵》古到切，去号，見。〕❶膏雨。耿湋《贺李观察祷河神降雨》："路边五稼添膏长，河上双旌带湿归。"焦郁《春雪》之一："千吕知时泰，如膏候岁成。"齐己《春雨》："欲布如膏势，先闻动地雷。"参见"膏₂雨"。❷润泽，滋润。白居易《奉和汴州令狐公二十二韵》："仁风扇道路，阴雨膏闾阎。"陆龟蒙《自遣诗三十首》之三十："春雨能膏草木肥，就中林野碧含滋。"贯休《大蜀高祖潜龙日献陈情偈颂》："无雨不膏，有露皆滴。"

【膏火】 ❶照明用的油火。白居易《和微之诗二十三首·和知非》："思苦膏火煎，忧深扃锁秘。"❷特指夜间读书用的灯火。杜甫《奉酬薛十二丈判官见赠》："不是无膏火，劝郎勤六经。"

【膏血】 ❶脂血。孟郊《蚊》："但将膏血求，岂觉性命轻。"贯休《偶作五首》之一："一春膏血尽，岂止应王赋。"临淄县主《与独孤穆冥会诗》："膏血浸宫殿，刀枪倚檐楹。"❷犹言民脂民膏。李涉《寄河阳从事杨潜》："中原膏血焦欲尽，四郊贪将犹凭陵。"陆龟蒙《村夜二篇》之二："万户膏血穷，一筵歌舞价。"

【膏肓】 ❶古代医学以心尖脂肪为膏，心脏与隔膜之间为肓。见《左传·成公十年》。陆龟蒙《奉和袭美吴中言情见寄次韵》："徒爱右军遗点画，闲披左氏得膏肓。"后以"膏肓"称病之难治者。陆龟蒙《袭美先辈以龟蒙所献五百言既蒙见和复示荣唱至于千字提奖之重蔑有称实再抒鄙怀用伸酬谢》："枯腐尚求律，膏肓犹谒医。"罗隐《投所思》："雕琢只应劳郢匠，膏肓终恐误秦医。"周昙《咏史诗·春秋战国门·景公》："晋侯徒有秦医缓，疾在膏肓救已迟。"❷喻难以救药的失误或缺点。杜甫《壮游》："大军载草草，凋瘵满膏肓。"皮日休《吴中言情寄鲁望》："爱酒有情如手足，除诗无计似膏肓。"❸喻事物的要害或关键。张祜《感河上兵》："首尾诚须畏，膏肓慎勿轻。"

【膏沐】 润发的油脂。白居易《和微之诗二十三首·和祝苍华》："岂是乏膏沐，非关栉风雨。"

【膏₂沐】 洗沐；润泽。羊士谔《燕居》："秋斋膏沐暇，旭日照轩墀。"柳宗元《晨诣超师院读禅经》："日出雾露余，青松如膏沐。"白居易《喜雨》："似面洗垢尘，如头得膏沐。"

【膏₂雨】 滋润作物的霖雨。虞世南《发营逢雨应诏》:"油云阴御道,膏雨润公田。"玄宗《同刘晃喜雨》:"繁云先合寸,膏雨自依旬。"钱起《送马使君赴郑州》:"膏雨带荥水,归人耕圃田。"

【膏明】 ❶比喻人因有所为而招祸。孟郊《吊元鲁山》之五:"血誓竟讹缪,膏明易煎蒸。"白居易《岁暮》:"膏明自爇缘多事,雁默先烹为不才。"温庭筠《感旧陈情五十韵献淮南李仆射》:"木直终难怨,膏明只自煎。"❷膏火照明。白居易《和梦游春诗一百韵》:"膏明诱暗蛾,阳焱奔痴鹿。"

【膏油】 比喻滋润作物的雨水。韩愈《双鸟诗》:"雷公告天公,百物须膏油。"

【膏胤】 圆润演奏。张祜《笙》:"气侵银项湿,膏胤漆瓢香。"

【膏理】 纹理白如膏脂的植物。韩愈、孟郊《城南联句》:"嘉植鲜危朽,膏理易滋荣。"

【膏液】 指植物果实内的脂汁。刘宪《奉和幸白鹿观应制》:"芝童荐膏液,松鹤舞骖騑。"

【膏傅】 傅膏,分布恩泽。卢肇《汉堤诗》:"斯为淫痍,孰往膏傅。"

【膏腴】 ❶谓(土地)肥沃。杜甫《岳麓山道林二寺行》:"桃源人家易制度,橘州田土仍膏腴。"张彪《杂诗》:"商者多巧智,农者争膏腴。"牟融《陈使君山庄》:"数椽潇洒临溪屋,十亩膏腴附郭田。"❷谓食物肥美。亦指肥美的食物。韩愈《和侯协律咏笋》:"滞雨膏腴湿,骄阳气候温。"皮日休《蚊子》:"何事觅膏腴,腹无太仓粟。"吴融《平望蚊子二十六韵》:"振蓬亦不惧,至死贪膏腴。"❸比喻文辞华美或美辞。萧颖士《江有归舟三章》序:"所务乎宪章典法,膏腴德义而已。"❹指富贵或富贵人家。储光羲《田家杂兴八首》之二:"众人耻贫贱,相与尚膏腴。"韦应物《登高望洛城作》:"膏腴满榛芜,比屋空毁垣。"

【膏粱】 肥美的食物。刘禹锡《武夫词》:"今来从军乐,跃马饫膏粱。"白居易《偶作二首》之二:"日高始就食,食亦非膏粱。"又《赠内》:"蔬食足充饥,何必膏粱珍。"

【膏粱客】 指豪贵。杜甫《驱竖子摘苍耳》:"饱食复何心,荒哉膏粱客。"

【膏劍】 锋利的宝剑。涂抹油脂使其滑润的宝剑。贺朝《从军行》:"衔珠浴铁向桑干,衅旗膏剑指乌丸。"

【膏澤】 ❶滋润作物的雨水。韦应物《观田家》:"饥劬不自苦,膏泽且为喜。"李绅《拜三川守》序:"大降膏泽,连霔浃日,时苗顿茂。"吕岩《鄂渚悟道歌》:"阴云一布遍长空,膏泽连绵滋万物。"❷比喻恩惠,恩泽。许天正《和陈元光平潮寇诗》:"龙湖膏泽下,早晚遍枯穷。"张九龄《酬通事舍人寓直见示篇中兼起居陆舍人景献》:"兴因膏泽洒,情与惠风吹。"

【膏濡】 膏脂油水。元结《系乐府十二首·古遗叹》:"心非膏濡类,安得无不遗。"

【膏壤】 肥沃的土地。元结《讼木魅》:"且欲畚三河之膏壤,裨济水之清涟。"

【膏蘭】 润泽的香草。李贺《屏风曲》:"团回六曲抱膏兰,将鬟镜上掷金蝉。"

【膏露】 犹甘露。元结《竞渡》:"随时布膏露,称物施厚恩。"德宗《中和节日宴百僚赐诗》:"云开洒膏露,草疏芳河津。"

【膏麝】 润泽的麝香。韩王从善《蔷薇诗一首十八韵呈东海侍郎徐铉》:"膏麝谁将比,庭萱自合嗤。"

膂

〔lǚ《广韵》力舉切,上語,來。〕脊背。韩愈《元和圣德诗》:"牵头曳足,先断腰膂。"

【膂力】 体力。李颀《塞下曲》:"膂力今应尽,将军犹未知。"杜甫《戏赠友二首》:"自夸足膂力,能骑生马驹。"又《锦树行》:"生男堕地要膂力,一生富贵倾邦国。"

膋

〔liáo《广韵》落蕭切,平蕭,來。〕脂肪。《郊庙歌辞·昭德皇后庙乐章·肃和》:"升箫膋,郁氛氲。"又《郊庙歌辞·周宗庙乐舞辞·明德舞》:"取彼血膋,以往蒸尝。"

【膋薌】 油脂与香草。古代祀神时焚之以散发馨香。贾曾《祭汾阴乐章》:"蠲我渐饎,洁我膋芗。"张说《唐享太庙乐章·肃和》:"射裸郁鬯,乃焚膋芗。"包佶《祀风师乐章·亚献终献》:"膋芗备,玉帛陈。"

【膋蕭】 油脂与艾蒿。古代祀神时焚之以散发馨香。王涯《享惠昭太子庙乐章》:"苞茅酒缩,膋萧香彻。"

膜1

〔mó《广韵》慕各切,入鐸,明。〕人或动植物体内的薄皮形组织,具有保护作用。高力士《句》:"烟熏眼落膜,瘴染面朱虞。"李商隐《石榴》:"榴枝婀娜榴实繁,榴膜轻明榴子鲜。"

膜2

〔mó《广韵》,莫胡切,平模,明。〕见"膜₂拜"。

【膜₂拜】 合掌加额,长跪而拜。亦专指礼拜神佛。徐彦伯《胡无人行》:"方随膜拜人,歌舞玉门中。"唐扶《使南海道长沙题道林岳麓寺》:"逢迎侯伯转觉贵,膜拜佛像心加尊。"段成式、张希复《光天帧赞联句》:"脃脑淫厉,众魔膜拜。"

十一画

膝 〔xī《广韵》息七切，入質，心。〕大腿和小腿相连关节的前部。通称膝盖。刘长卿《秋夜有怀高三十五适兼呈空上人》："不见支公与玄度，相思拥膝坐长吟。"杜甫《北征》："床前两小女，补绽才过膝。"白居易《寒食夜》："抱膝思量何事在，痴男骙女唤秋千。"

【膝下】 ❶对父母的敬称。骆宾王《畴昔篇》："既托寰中赏，方承膝下欢。"武平一《送金城公主适西蕃》："还将膝下爱，特副域中欢。"岑参《送江陵黎少府》："悔系腰间绶，翻为膝下愁。"❷指父母的身边。中宗《石淙》："永愿乾坤符睿算，长居膝下属欢情。"姚合《和裴令公游南庄忆白二十韦七二宾客》："樽前多野客，膝下尽郎官。"许棠《送金吾侍御奉使日东》："膝下知难住，金章已系身。"

【膝行】 跪着行走。多表示敬畏。王翰《饮马长城窟行》："当昔秦王按剑起，诸侯膝行不敢视。"

【膝席】 跪在席上，直起身子。古亦名"长跪"。吕温《奉送范司空赴朔方》："筑坛登上将，膝席委前筹。"

膚 〔fū《广韵》甫無切，平虞，非。〕❶人或动物体表的一层组织，即皮肤，有时也包括肌肉。戴叔伦《边城曲》："黄沙碛下八月时，霜风裂肤百草衰。"吴融《平望蚊子二六韵》："天下有蚊子，候夜噆人肤。"❷树木的表皮。孟郊《和宣州钱判官使院厅前石楠树》："笼笼抱灵秀。簇簇抽芳肤。"❸指某些像皮层那样的东西。如草皮。韩愈、孟郊《城南联句》："绿发抽珉甃，青肤耸瑶桢。"❹外表。玄宗《喜雪》："既睹肤先合，还欣尺有盈。"❺美丽。陆龟蒙《叠韵吴宫词二首》之一："肤愉吴都姝，眷恋便殿宴。"

【膚寸】 ❶借指下雨前逐渐集合的云气。刘禹锡《望衡山》："还闻肤寸阴，能致弥天泽。"❷比喻极小之长度。王昌龄《悲哉行》："长云数千里，倏忽还肤寸。"

【膚血】 皮肤流血。白居易《五弦弹》："杀声入耳肤血憯，寒气中人肌骨酸。"

【膚肌】 肌肉。郑嵎《津阳门诗》："两逢尧年岂易偶，愿翁颐养丰肤肌。"

【膚音】 肤浅的语言。罗隐《绝境》："凡客从题凤，肤音未胜蛙。"

【膚腠】 指肌肤。韦应物《凌雾行》："霏微误嘘吸，肤腠生寒栗。"

【膚撓】 谓肌肤被刺而挠屈。犹言示人以弱。皮日休《初夏游楞伽精舍》："曾无肤挠事，肯把心源度。"

【膚潤】 皮肤细腻光滑。元稹《会真诗三十韵》："气清兰蕊馥，肤润玉肌丰。"

臃 〔gōng《广韵》丑凶切，平鍾，徹。〕匀直。孟郊《品松》："擘裂风雨狞，抓拏指爪臃。"

膑 〔yín《广韵》翼真切，平真，以。〕脊骨两旁的肉。元稹《代曲江老人百韵》："韬袖夸狐腋，弓弦尚鹿膑。"

膠 〔jiāo《广韵》古肴切，平肴。见。又古孝切，去效，見。〕❶黏性物质。用动物的皮、角等或树脂制成。杜甫《相逢歌赠严二别驾》："黄昏始扣主人门，谁谓俄顷胶在漆。"马异《答卢仝结交诗》："以胶投漆苦不早，就中相去万里道。"❷黏住；使不能移动。贾岛《题刘华书斋》："荒榭苔胶砌，幽丛果堕榛。"皮日休《新秋言怀寄鲁望三十韵》："老柏浑如疥，阴苔忽似胶。"亦指舟船搁浅。王维《酬虞部苏员外过蓝田别业不见留之作》："渔舟胶冻浦，猎火烧寒原。"白居易《岁暮寄微之三首》之一："池冰晓合胶船底，楼雪晴销露瓦沟。"吴融《赋雪十韵》："河静胶行棹，岩空响折枝。"❸古代大学之称。见"膠庠"。❹即胶川。苏颋《晓济胶川南入密界》："饮马胶川上，傍胶南趣密。"

【膠山】 如胶之山。章孝标《破山水屏风》："雨滴胶山断，风吹绢海秋。"

【膠川】 即胶水。在山东胶川西，源出铁橛山，东北流接高密县境。苏颋《晓济胶川南入密界》："饮马胶川上，傍胶南趣密。"

【膠牙餳】 用麦芽制成的糖，食之粘口，故名。旧时常用作送灶时的供口。白居易《七年元日对酒五首》之三："三杯蓝尾酒，一楪胶牙饧。"又《岁日家宴戏示弟侄等》："岁盏后推蓝尾酒，春盘先劝胶牙饧。"

【膠西】 郡国名。汉文帝十六年(前164)置。景帝时参加叛乱的七国之一。赵嘏《平戎》："武帝未能忘塞北，董生才足使胶西。"

【膠西相】 胶西，国名。汉景帝子端胶西王，性残暴。董仲舒治春秋，以公孙弘为从谀，弘疾之，乃讦汉武帝，独董生可使相胶西，实欲假手胶西王害之。刘禹锡《览董评事思归之什因以诗赠》："文儒自袭胶西相，倚伏能齐塞上翁。"

【膠東】 汉郡国名。楚汉之际，项羽分齐为临淄、济北、胶东三国。后为田荣所灭，国并入齐。汉文帝十六年(前164)复分齐为胶东国。景帝时为参加叛乱的七国之一。唐时，胶东包括登州、莱州之地。高适《送蔡少府赴登州推事》："胶东连即墨，莱水入沧溟。"

【膠折】 (—zhé)指秋高气爽,宜于行军之时。见《汉忆·晁错传》。虞世南《从军行》之一:"全兵值月满,精骑乘胶折。"骆宾王《宿温城望军营》:"虏地寒胶折,边城夜柝闻。"贾至《燕歌行》:"季秋胶折边草腓,治兵羽猎因出师。"

【膠柱】 胶住瑟上的弦柱,以致不能调节音的高低。比喻固执拘泥,不知变通。李绅《拜山川守》:"改张琴瑟移胶柱,止息笙簧辨鲁鱼。"

【膠庠】 周时胶为大学,庠为小学。后通称"胶庠"为学校。张说《崔司业挽歌二首》之一:"海岱英灵气,胶庠礼乐资。"刘禹锡《和李六侍御文宣王庙释奠作》:"钟鼓胶庠荐,牲牢郡邑祠。"元稹《酬杨司业十二见早秋述情见寄》:"秋草古胶庠,寒沙废宫苑。"

【膠船】 比喻无济于事或无所作为之典。胡曾《咏史诗·汉江》:"借问胶船何处没,欲停兰棹祀昭王。"

【膠清】 一种流动性较大而无杂质的胶。一钵和尚《一钵歌》:"凡即圣,圣即凡,色里胶清水里咸。"

【膠葛】 ❶交错纷乱貌。宋之问《嵩山天门歌》:"纷窈窕兮岩倚披以鹏翅,洞胶葛兮峰棱层以龙鳞。"❷深远广大貌。杜甫《自京赴奉先县咏怀五百字》:"君臣留欢娱,乐动殷胶葛。"

【膠漆】 ❶胶与漆。亦指粘结之物。杜甫《夔府书怀四十韵》:"田父嗟胶漆,行人避蒺藜。"骆宾王《伤祝阿王明府》序:"诸君或缔交三益,列宰一司。或协契筌蹄,投心胶漆。"❷喻事物的牢固结合。白居易刘禹锡《会昌春连宴即事》:"松筠寒不变,胶漆冷弥坚。"魏氏《赠外》:"谐和类琴瑟,坚固同胶漆。"❸喻情谊极深,亲密无间。杜甫《忆昔二首》之二:"宫中圣人奏云门,天下朋友皆胶漆。"独孤及《将赴京答李纾赠别》:"胶漆常投分,荆蛮各倦游。"李瀚《蒙求》:"陈雷胶漆,范张鸡黍。"

【膠漆交】 比喻深厚的交情。元稹《说剑》:"我实胶漆交,中堂共杯酒。"

【膠漆契】 犹言胶漆交。白居易《秦中吟十首·伤友》:"曩者胶漆契,迩来云雨睽。"

【膠膠】 ❶鸡鸣声。李益《闻鸡赠主人》:"胶胶司晨鸣,报尔东方旭。"元稹《感梦》:"闪闪灯背壁,胶胶鸡去埘。李咸用《鸡鸣曲》:"海树相扶乌影翘,戴红拍翠声胶胶。"❷泛指禽类的鸣声。温庭筠《相和歌辞·张静婉采莲曲》:"鸂鶒胶胶塘水满,绿萍如粟莲茎短。"

【膠膠角角】 (—jiǎo)鸡鸣声,李廓《杂歌谣辞·鸡鸣曲》:"星稀月没上五更,胶胶角角鸡初鸣。"

【膠黏】 像胶那样粘着。常形容心情、行为、境况、感觉等。张祜《观宋州田大夫打球》:"叉手胶黏去,分鬃线道绯。"

【膠膩】 如胶之细腻。吴融《个人三十韵》:"赵女怜胶腻,丁娘爱烛明。"

十二画

膨 〔péng《广韵》薄庚切,平庚,並。〕见"膨脝"。

【膨脝】 腹部膨大貌。寒山《诗三百三首》之一八九:"饱食腹膨脝,个是痴顽物。"

膴 〔wǔ《广韵》文甫切,上麌,微。〕见"膴膴"。

【膴膴】 膏腴,肥沃。丁泽《良田无晚岁》:"膴膴盈千亩,青青保万箱。"李峤《原》:"膴膴横周甸,莓苔阙晋田。"

膳 〔shàn《广韵》時戰切,去線,禪。〕❶饭食。丁仙芝《赠朱中书》:"晨趋彩笔柏梁篇,昼出雕盘大官膳。"韩翃《赠兖州孟都督》:"不见双亲办丰膳,能留五马尽佳期。"白居易《思归》:"养无晨昏膳,隐无伏腊资。"❷食;吃。储光羲《吃茗粥作》:"淹留膳茶粥,共我饭蕨薇。"❸烹调。沈佺期《白莲花亭侍宴应制》:"苑吏收寒果,饔人膳野禽。"

【膳夫】 古官名。掌宫廷的饮食。席元明《三月三日宴王明府山亭》:"书僮橐笔,膳夫行炰。"杜甫《牵牛织女》:"膳夫翊堂殿,鸣玉凄房栊。"柳宗元《放鹧鸪词》:"鼎前芍药调五味,膳夫攘腕左右视。"

【膳府】 宫廷中贮藏食物的府库。韦庄《和郑拾遗秋日感事》:"八珍罗膳府,五采斗筐床。"

【膳服】 饮食和服用。亦泛指衣食所需。韩愈《示儿》:"主妇治北堂,膳服适戚疏。"

【膳部】 古代官署名。掌祭祀、牲豆、酒膳及藏冰之事。姚合有《和膳部李郎中秋夕》。郑谷有《寄膳部李郎中昌符》。亦指膳部官员。杜甫《承沈八丈东美除膳部员外阻雨未遂驰贺奉寄此诗》:"司存何所比,膳部默凄伤。"

【膳部員外】 膳部官名。唐设膳部员外,属礼部。杜甫有《承沈八丈东美除膳部员外阻雨未遂驰贺奉寄此诗》。参见"膳部"。

【膳部郎中】 膳部官员,唐设膳部郎中,属礼部。刘长卿有《瓜洲驿奉饯张侍御公拜膳部郎中却复宪台充贺兰大夫留后使之岭南时侍御先在淮南幕府》。参见"膳部"。

【膳羞】 美味的食品。元稹《竞舟》:"君侯馔良吉,会客陈膳羞。"白居易《蜀路石妇》:"药饵自调节,膳羞必甘馨。"

【膳曹】 膳部官署。李洞有《吊膳曹从叔郎中》。

【膳飲】 犹饮食。韩愈《和侯协律咏笋》:"对吟忘膳饮,偶坐变朝昏。"

膩　〔nì《广韵》女利切。去至，娘。〕❶油腻；肥美。白居易《东南行一百韵》："鼎腻愁烹鳖，盘腥厌脍鲈。"皮日休《酒中十咏·酒床》："糟床带松节，酒腻肥如羜。"韦庄《赠渔翁》："芦刀夜鲙红鳞腻，水甑朝蒸紫芋香。"❷细腻；滑泽。郭震《莲花》："脸腻香薰似有情，世间何物比轻盈。"杜甫《寄岳州贾司马六丈巴州严八使君两阁老五十韵》："翠干危栈竹，红腻小湖莲。"姚合《寄李群玉》："骨换肌肤腻，心灵气色真。"❸污垢。杜甫《北征》："见耶背面啼，垢腻脚不袜。"又《回棹》："火云滋垢腻，冻雨裛沉绵。"❹粘腻。皮日休《奉酬鲁望见答鱼笺之什》："轻如隐起腻如饴，除却鲛工解制稀。"❺见"腻白"。

【腻白】　形容雾气弥漫，白茫茫一片。罗隐《金陵思古》："柔姿曼态葬何处，天红腻白愁荒原。"

【腻光】　光泽。李沇《秋霖歌》："叶破苔黄未休滴，腻光透长狂莎色。"

【腻衣】　脏衣。王建《原上新居十三首》之十二："腻衣穿不洗，白发短慵梳。"

【腻色】　润泽的颜色。方干《题新竹》："节环腻色端匀粉，根拔秋光暗长鞭。"

【腻香】　浓香。李贺《昌谷北园新笋》之二："斫取青光写楚辞，腻香春粉黑离离。"

【腻粉】　脂粉。白居易《戏题木兰花》："紫房日照胭脂拆，素艳风吹腻粉开。"方干《牡丹》："花分浅浅胭脂脸，叶堕殷殷腻粉腮。"张泌《柳枝》词："腻粉琼妆透碧纱，雪休夸。"

【腻葉】　浓叶。李贺《河南府试十二月乐词·四月》："依微香雨青氛氲，腻叶蟠花照曲门。"

【腻裘】　厚裘。吴融《春雨》："寒入腻裘浓晓睡，细随油壁静香尘。"

【腻髮】　润泽的头发。牛峤《女冠子》词："额黄侵腻发，臂钏透红纱。"

【腻霞】　浓霞。李沇《梦仙谣》："裁纱剪罗贴丹凤，腻霞远闭瑶山梦。"

【腻脸】　粉脸。李咸用《远公牡丹亭》："双成腻脸偎云屏，百般姿态因风生。"阎选《何传》词："西风稍急喧窗竹，停又续，腻脸悬双玉。"

【腻鬟】　润泽的发髻。罗虬《比红儿诗》："照耀金钗簇腻鬟，见时直向画屏间。"

十三画

膿　〔nóng《广韵》奴冬切，平冬，泥。〕疮口溃烂所化的粘液。无名氏《五言白话诗》之二十(外编下)："身如破皮袋，盛脓兼裹骨。"

【膿血】　脓和血混合物。无名氏《五言白话诗》之一六(外编下)："你从何处来，脓血相和出。"

【膿血袋】　佛家对人的俗称。无名氏《五言白话诗》之二："今身不修福，痴愚脓血袋。"

臊　〔sāo《广韵》蘇遭切，平豪，心。〕腥臭的气味。李贺《感讽六首》之四："千金不了馔，狢肉称盘臊。"元稹《和李校书新题乐府十二首·缚戎人》："华茵重席卧腥臊，病犬愁鸪声咽嗢。"舒元舆《坊州按狱》："门墙见狼狈，案牍闻腥臊。"

【臊腥】　❶臭恶的气味。元稹《古社》："狐惑意颠倒，臊腥不复闻。"❷借指尘世的丑恶。刘复《经禁城》："金石非汝寿，浮生等臊腥。"

【臊膻】　指腥膻之气。李商隐《行次西郊作一百韵》："筋体半痿痹，肘腋生臊膻。"

膸　〔áo《广韵》烏到切，去号，影。又烏晧切，上晧，影。又於六切，入屋，影。〕藏肉。苏源明《小洞庭洄源亭宴四郡太守诗》序："其盘何有，臑鹿膸羊。"

膾　〔kuài《广韵》古外切，去泰，見。〕❶细切的鱼肉。韩愈《叉鱼招张功曹》："脍成思我友，观乐忆吾僚。"白居易《新乐府·盐商妇》："何况江头鱼米贱，红脍黄橙香稻饭。"亦指鱼肉。杜甫《观打鱼歌》："饔子左右挥双刀，脍飞金盘白雪高。"陆龟蒙《蔬食》："孔融不要留残脍，庾悦无端吝子鹅。"❷细切为脍。亦泛指切割。丘为《湖中寄王侍御》："小僮能脍鲤，少妾事莲舟。"孟郊《猛将吟》："拟脍楼兰肉，蓄怒时未扬。"韩愈、孟郊《秋雨联句》："战场暂一干，贼肉行可脍。"

【膾切】　细切。白居易《秦中吟十首·轻肥》："果擘洞庭橘，脍切天池鳞。"

【膾脯】　肉脯。韩愈《元和圣德诗》："挥刀纷纭，争刌脍脯。"

【膾縷】　缕脍，细切的鱼肉。元稹《寄吴士矩端公五十韵》："脍缕轻似丝，香醅腻如织。"

臉　〔liǎn《广韵》力减切，上豏，來。又七廉切，平鹽，清。〕❶面颊，面部。卢纶《宴席赋得姚美人拍筝歌》："已愁红脸能佯醉，又恐朱门难再过。"元稹《痁卧闻幕中诸公征乐会饮因有戏呈三十韵》："纤身霞出海，艳脸月临淮。"韩偓《和吴子华侍郎令狐昭化舍人叹白菊衰谢之绝次用本韵》："还似妖姬长年后，酒酣双脸却微红。"❷指某物体的前部。童翰卿《昆明池织女石》："有脸莲同笑，无心鸟不惊。"❸肉羹。寒山《诗三百三首》之二〇六："去骨鲜鱼脍，兼皮熟肉脸。"❹用同"瞼"。眼睑。白居易《吴宫辞》："淡红花帔浅檀蛾，睡脸初开似剪波。"李贺《河南府试十二月乐词·正月》："锦床晓卧玉肌冷，露脸未开对朝暝。"阎选《虞美人》词："粉融红腻莲房绽，脸动双波慢。”

【臉上】　面颊之上。温庭筠《南歌子》词：“脸上金霞细，眉间翠钿深。”

【臉色】　面颊的颜色。李建勋《送喻炼师归茅山》：“休粮知几载，脸色似桃红。”

【臉花】　指笑容。张云容《与薛昭合婚诗》之一：“脸花不绽几含幽，今夕阳春独换秋。”

【臉波】　❶眼波。形容女子目光清澈，流转如波。白居易《天津桥》：“眉月晚生神女浦，脸波春傍窈娘堤。”和凝《临江仙》词：“肌骨细匀红玉软，脸波微送春心。”欧阳炯《菩萨蛮》词：“晓来中酒和春睡，四支无力云鬟坠，斜卧脸波春。”❷借指泪光。韦庄《汉州》：“十日醉眠金雁驿，临岐无限脸波横。”

【臉紅】　面颊发红。罗虬《比红儿诗》之一二：“金缕浓薰百和香，脸红眉黛入时妆。”

【臉霞】　指泛在脸上的红色。张祜《赠柘枝》：“当筵舞汗销胸雪，入破凝姿动脸霞。”

膽　〔dǎn《广韵》都敢切，上敢，端。〕❶胆囊。李绅《趋翰苑遭诬构四十六韵》：“胆为隳肝竭，心因沥血枯。”施肩吾《壮士行》：“一斗之胆撑脏腑，如碟之筋碍臂骨。”❷胆量；胆气。张说《将赴朔方军应制》：“胆由忠作伴，心固道为邻。”韩愈《送张道士》：“臣有胆与气，不忍死茅茨。”姚合《送任畹评事赴沂海》：“任生非常才，临事胆不摇。”亦指胆量大。韩愈《送无本师归范阳》：“无本于为文，身大不及胆。”刘师服、侯喜《石鼎联句》：“大似烈士胆，圆如战马缨。”❸犹心曲；肝胆。张说《蜀路二首》之二：“玉琴知调苦，宝镜对胆清。”刘湾《出塞曲》：“倚是并州儿，少年心胆雄。”卢仝《月蚀诗》：“百炼镜，照见胆，平地埋寒灰。”

【膽力】　胆量和魄力。杜甫《湖中送敬十使适广陵》：“形容吾校老，胆力尔谁过。”戎昱《从军行》：“感激然诺重，平生胆力齐。“

【膽斗】　《三国志·蜀志·姜维传》载，姜维胆如斗大。后因称胆量极大为“膽斗”。李瀚《蒙求》：“姜维胆斗，卢植音钟。”

【膽壯】　壮胆。❶胆子大，有勇气。元稹《饮致用神麹酒三十韵》：“胆壮还增气，机忘反自冥。”❷无畏的气概，指英勇的人。贾岛《老将》：“胆壮乱须白，金疮蠹百骸。”

【膽勇】　胆量和勇气。韩愈《送侯参谋赴河中幕》：“感激生胆勇，从军岂尝曾。”

【膽苦】　苦胆。胆囊。胆汁苦故名。喻愁苦的胸怀。徐仲雅《赠齐己》：“混沌凿开鸡子黄，散作纯风如胆苦。”

【膽氣】　胆量和勇气。张说《破陈乐词二首》之二：“少年胆气凌云，共许骁雄出群。”李白《送羽林陶将军》：“莫道词人无胆气，临行将赠绕朝鞭。”邵谒《少年行》：“丈夫十八九，胆气欺韩彭。”

【膽娘】　泛指歌妓。元稹《追昔游》：“谢傅堂前音乐和，狗儿吹笛胆娘歌。”

【膽略】　胆识和才略。张籍《赠赵将军》：“当年胆略已纵横，每见妖星气不平。”

【膽寒】　惶恐。吕岩《七言》之四六：“八仙炼后钟神异，四海磨成照胆寒。”

【膽碎】　胆为之破碎。形容恐惧之甚。岑参《赴犍为经龙阁道》：“汗流出鸟道，胆碎窥龙涡。”

【膽戰】　形容非常恐惧和心惊。张碧《鸿沟》：“鱼虾舞浪狂鳅鲲，龙蛇胆战登鸿门。”顾敻《荷叶杯》词：“胆战，鬓乱四肢柔。”

【膽薄】　胆怯心虚。杜牧《李甘诗》：“拜章岂艰难，胆薄多忧惧。”

【膽懾】　恐惧丧气。岑参《走马川行奉送出师西征》：“幕中草檄砚水凝，虏骑闻之应胆慑。”

羶　〔shān《集韵》，尸连切，平仙，书。〕同“羶”。像羊肉的气味。亦泛指臊气。顾非熊《出塞即事二首》之一：“河上月沉鸿雁起，碛中风度犬羊羶。”黄滔《壶公山》：“乌兔中时近，龙蛇蛰处羶。”齐己《送人游塞》：“雁聚河流浊，羊群碛草羶。”

【羶腥】　亦作“羶腥”。❶荤腥。亦指鱼肉类食物。高适《送郭处士往莱芜兼寄苟山人》：“身上未曾染名利，口中犹未知羶腥。”李绅《过荆门》：“阴森鬼庙当邮亭，鸡豚日宰闻羶腥。”陈陶《海昌望月》：“天花辟羶腥，野云无边陬。”❷旧时对少数民族风俗或其所建立政权的蔑称。戎昱《苦哉行五首》之一：“羶腥逼绮罗，砖瓦杂珠玉。”

【羶腥欲】　谓好杀生。嗜荤腥鱼肉的欲望。崔颢《赠怀一上人》：“帝曰我上人，为除羶腥欲。”

膺　〔yīng《广韵》於陵切，平蒸，影。〕❶胸。徐彦伯《比干墓》：“抚膺誓陨越，知死故不吝。”高适《饯宋八充彭中丞判官之岭南》：“睹君济时略，使我气填膺。”李商隐《闻著明凶问哭寄飞卿》：“昔叹谗销骨，今伤泪满膺。”❷心中；胸臆。杜甫《棕拂子》：“咂肤倦扑灭，赖尔甘服膺。”孟郊《寄张籍》：“黯然秋思来，走入志士膺。”元稹《秋堂夕》：“泛览昏夜目，咏谣畅烦膺。”❸受；当。袁朗《和洗掾登城南坂望京邑》：“我后膺灵命，爰求宅兹土。”杜甫《送魏司直》：“才美膺推荐，君行佐纪纲。”赵光逢《梁郊祀乐章·庆和》：“膺天命，拥神休。”

【膺舟】　指有声望者之舟。见《后汉书·郭太传》。杜牧《分司东都寓居履道叨承川尹刘侍郎大夫恩知上四十韵》：“稚榻蓬莱掩，膺舟巩洛停。”许浑《宴饯李员外》:"膺舟出镇虚陈榻,郑履还京下隗台。"又《寄献三川守刘公》:"花深稚榻迎何客,月在膺舟醉几人。"

【膺門】 名高望重者的门下。见《后汉书·党锢传·李膺》。元稹《陪诸公游通德湖》:"唯有满园桃李下,膺门偏拜阮元瑜。"李绅《和晋公三首》之一:"愿假樽罍末,膺门自此依。"许棠《讲德陈情上淮南李仆射八首》之二:"楚玉已曾分卞玉,膺门依旧是龙门。"

【膺期】 承受期运。指受天命为帝王。太宗《咏司马彪续汉志》:"绵代更膺期,芳图无辍记。"苏颋《奉和圣制经河上公庙应制》:"喜属膺期圣,邦家业又玄。"

【膺圖】 承受瑞应之图。指帝王得国或嗣位。韩愈《永贞行》:"膺图受禅登明堂,共流幽州鲧死羽。"

臆 〔yì《广韵》於力切,入職,影。〕❶胸。宋之问《早发大庾岭》:"适蛮悲疾首,怀巩泪沾臆。"张说《时乐鸟篇》序:"丹首红臆,朱冠绿翼,莺领文背,糅以五色。"杜甫《哀江头》:"人生有情泪沾臆,江水江花岂终极。"❷心间。元稹《寄吴士矩端公五十韵》:"相值或须臾,安能洞胸臆。"

【臆碎】 胸碎。刘禹锡《飞鸢操》:"游童挟弹一麾肘,臆碎羽分人不悲。"

【臆説】 主观、无根据地言论。无名氏《国学新修五经壁歌》记:"繇是诸生之师心曲学,偏听臆说,咸束之而归于大同。"

臂 〔bì《广韵》卑義切,去寘,幫。〕❶胳膊。韩愈《汴泗交流赠张仆射》:"侧身转臂著马腹,霹雳应手神珠驰。"白居易《和微之诗二十三首·和尝新酒》:"举臂一欠伸,引琴弹秋思。"杨乘《甲子岁书事》:"贼臂既已断,贼喉既已扼。"❷动物的前肢。杜审言《南海乱石山作》:"万寻挂鹤巢,千丈垂猿臂。"段成式、张希复等《游长安诸寺联句·宣阳坊静域寺·三阶院联句》:"龙臂胜猿臂,星芒超箭芒。"❸谓把鹰类架于臂上。见"臂鹰""臂蒼鶻"。

【臂血】 胳膊之血。王维《谒璿上人》:"誓从断臂血,不复婴世网。"

【臂花隼】 同"臂蒼鶻"。隼,即鹘。白居易《杂兴三首》之一:"锦鞲臂花隼,罗袂控金羁。"

【臂胛】 肩膀。郑澣《句》:"但虑彩色污,无虞臂胛肥。"

【臂釧】 手镯。元稹《估客乐》:"输石打臂钏,糯米吹项璎。"牛峤《女冠子》词:"额黄侵腻发,臂钏透红纱。"

【臂蒼鶻】 谓把鱼鹰架于臂上。元稹《杨子华画三首》之二:"皓腕卷红袖,锦鞲臂苍鹘。"

【臂槍】 持枪。杜甫《去秋行》:"去秋涪江木落时,臂枪走马谁家儿。"

【臂膊】 胳膊。路德延《小儿诗》:"臂膊肥如瓠,肌肤软胜绵。"

【臂環】 臂钏。罗虬《比红儿诗》之九四:"金粟妆成扼臂环,舞腰轻薄瑞云间。"

【臂鞲】 臂衣。杜甫《即事》:"百宝装腰带,真珠络臂鞲。"窦巩《新罗进白鹰》:"汉皇无事须游猎,雪乱争飞锦臂鞲。"

【臂鷹】 架鹰于臂。刘禹锡《同乐天和微之深春二十首》之十二:"已臂鹰随马,连催妓上车。"元稹《和李校书新题乐府十二首·阴山道》:"从骑爱奴丝布衫,臂鹰小儿云锦韬。"张祜《公子行》:"红粉美人擎酒劝,青衣年少臂鹰随。"

【臂鷹手】 专门驾鹰者。司空图《修史亭三首》之三:"谁料平生臂鹰手,挑灯自送佛前钱。"

臀 〔tún《广韵》徒渾切,平魂,定。〕人体后面股上和腰相连的部位。亦指哺乳动物后肢和腰相连的部位。韩愈《陆浑山火和皇甫湜用其韵》:"鬃其肉皮通髀臀,颓胸垤腹车掀辕。"

十四画

臑 〔ér《集韵》人之切,平之,日。〕煮;煮烂。苏源明《小洞庭洄源亭宴四郡太守诗》序:"其盘何有,臑鹿胰羊。其俎何有,燔兔脍鲂。"

臍 〔qí《广韵》徂奚切,平齊,從。〕肚脐。刘禹锡《城西行》:"守吏能然董卓脐,饥乌来觇桓玄目。"

臏 〔bìn《广韵》毗忍切,上軫,並。〕膝盖骨。李贺《公莫舞歌》:"汉王今日颁秦印,绝膑刳肠臣不论。"

十五画

臕 〔biāo《广韵》甫嬌切,平宵,幫。〕肥壮。元稹《和李校书新题乐府十二首·缚戎人》:"蕃马膘成正翘健,蕃兵肉饱争唐突。"薛逢《观猎》:"马缩寒毛鹰落膘,角弓初暖箭新调。"秦韬玉《紫骝马》:"膘大宜悬银压胯,力浑欺著玉衔头。"

臘 〔là《广韵》盧盍切,入盍,來。〕❶祭名。腊祭祖先,蜡祭百神。秦汉以后统称为腊。韦应物《始除尚书郎别善福精舍》:"社腊会高年,山川恣游瞩。"❷岁末。孙逖《宴越府陈法曹西亭》:"雪梅初度腊,烟竹稍迎曛。"周贺《寄金陵僧》:"觅句当秋山落叶,临书近腊砚生冰。"钱珝《客舍寓怀》:"无伴偶吟溪上路,有花偷笑腊前枝。"❸指僧侣受戒后每过一年为一腊。元稹《志坚师》:"嵩山老僧披破衲,七十八年三十腊。"贾岛《赠僧》:"初过石桥年尚少,久辞天柱腊应高。"贯休《天台老僧》:"僧中九十腊,云外一生心。"

【臘天】 指冬天。白居易《对火玩雪》:"火是腊天春,雪为阴夜月。"

【臘日】 古时腊祭之日。农历十二月初八。李颀《欲之新乡答崔颢綦毋潜》:"明朝东路把君手,腊日辞君期岁首。"杜甫《腊日》:"腊日常年暖尚遥,今年腊日冻全消。"花蕊夫人徐氏《宫词》之一〇七:"明朝腊日官家出,随驾先须点内人。"

【臘月】 农历十二月。韦元旦《奉和立春游苑迎春应制》:"灞涘长安恒近日,殷正腊月早迎新。"杜甫《舍弟占归草堂检校聊示此诗》:"东林竹影薄,腊月更须栽。"李商隐《偶成转韵七十二句赠四同舍》:"路逢邹枚不暇揖,腊月大雪过大梁。"

【臘月八日】 农历十二月八日。相传为释迦牟尼成道日,寺院于是日诵经,举行法会。民间亦视为盛节。孟浩然有《腊月八日于剡县石城寺礼拜》。

【臘令】 冬季。刘叉《雪车》:"腊令凝绨三十日,缤纷密雪一复一。"

【臘市】 冬日集市。卢纶《送崔琦赴宣州幕》:"天际晓山三峡路,津头腊市九江人。"

【臘冽】 腊月的严寒。贾岛《寄沧州李尚书》:"威棱高腊冽,煦育极春温。"

【臘夜】 腊日之夜。即夏历十二月初八日之夜。戎昱有《桂州腊夜》。

【臘春】 谓腊去春来。李贺《出城别张又新酬李汉》:"腊春戏草苑,玉挽鸣稳辚。"

【臘酎】 腊月酿制的醇酒。韩偓《雪中过重湖信笔偶题》:"旗亭腊酎逾年熟,水国春寒向晚多。"

【臘破】 谓腊尽春回。杜甫《白帝楼》:"腊破思端绮,春归待一金。"杜牧《奉和白相公长句四韵》:"行看腊破好年光,万寿南山对未央。"

【臘候】 犹言寒冬季节。皇甫冉《送令狐明府》:"行当腊候晚,共惜岁阴残。"白居易《十二年冬江西温暖喜元八寄金石棱到因题此诗》:"今冬腊候不严凝,暖雾温风气上腾。"韦庄《颍阳县》:"树老风声壮,山高腊候浓。"

【臘師】 猎师,善于打猎的人。薛能《失鹤二首》之二:"不然直道高空外,白水青山属腊师。"

【臘酒】 腊月所酿之酒。李颀《送刘四》:"行人饮腊酒,立马带晨霜。"岑参《送魏四落第还乡》:"腊酒饮未尽,春衫缝已成。"杜牧《惜春》:"即此醉残花,便同尝腊酒。"

【臘梅】 冬梅。落叶灌木。冬季开花,浓香,供观赏。杜牧《正初奉酬歙州刺史邢群》:"越嶂远分丁字水,腊梅迟见二年花。"崔道融《江上逢故人》:"故里琴樽侣,相逢近腊梅。"

【臘雪】 冬至后立春前下的雪。刘禹锡《连州腊日观莫徭猎西山》:"瘴云四面起,腊雪半空消。"杜牧《雪中书怀》:"腊雪一尺厚,云冻寒顽痴。"黄滔《别友人》:"鸟带夕阳投远树,人冲腊雪往边沙。"

【臘寒】 冬寒。岑参《送杨千牛趁岁赴汝南郡觐省便成婚》:"珠箔障炉暖,狐裘耐腊寒。"陆龟蒙《自遣诗三十首》之十二:"雪侵春事太无端,舞急微还近腊寒。"

【臘景】 严冬的景象。马戴《雪中送青州薛评事》:"腊景不可犯,从戎难自由。"

【臘煙】 冬日的炊烟。郑谷《迁客》:"秋树吹黄叶,腊烟垂绿芜。"

【臘鼓】 古人于腊日或腊前一日击鼓驱疫,故名。后泛指岁末或春来的信息。韩翃《送崔秀才赴上元兼省叔父》:"寒塘敛暮雪,腊鼓迎春早。"

【臘筍】 冬笋。戴叔伦《张评事涉秦居士系见访郡斋即同赋中字》:"古墙抽腊笋,乔木飏春鸿。"

【臘節】 严冬季节。徐夤《风》:"飞雪萧条残腊节,落花狼藉古行宫。"

【臘盡】 岁末。皇甫曾《晚至华阴》:"腊尽促归心,行人及华阴。"高蟾《途中除夜》:"残灯和腊尽,晓角带春来。"

【臘醞】 腊月酿制的酒。吴融《和座主尚书春日郊居》:"春蔬已为高僧掇,腊酝还因熟客开。"杜荀鹤《题衡阳隐士山居》:"松醪腊酝安神酒,布水宵煎觅句茶。"

【臘甕】 冬日酿酒的盛酒器。代指冬日所酿之酒。罗邺《冬夕江上言事五首》之二:"数星昨夜寒炉火,一阵谁家腊瓮香。"

【臘釀】 指冬日所制之酒。令狐楚《南宫夜直宿见李给事封题其所下制敕知奏直在东省因以诗寄》:"玉树春枝动,金樽腊酿酴。"

十六画

臛 〔huò《广韵》火酷切,入沃,晓。〕肉羹。李贺《相劝酒》:"臛蠵臛熊何足云,会须钟饮北海,箕踞南山。"皮日休《吴中苦雨因书一百韵寄鲁望》:"吴中铜臭户,七万沸如臛。"亦指做成肉羹。卢仝《月蚀诗》:"寒龟夏鳖一种味,且当以其肉充臛。"

臚

〔lú《广韵》力居切，平魚，來。〕见“臚傳”。

【臚傳】 (一chuán)对下传告。李郃《贺州思九疑作》：“胪传动天阍，颜厚何可当。”

十七画

臟

〔zàng《集韵》才浪切，去宕，從。〕见“臟腑”。

【臟腑】 中医总称人体内部的器官。心、肝、脾、肺、肾为五脏，胃、胆、三焦、膀胱、大肠、小肠为六腑。施肩吾《壮士行》：“一斗之胆撑脏腑，如磲之筋碍臂骨。”吕岩《又记》：“吞归脏腑中，夺得神仙力。”

十九画

臠

〔luán《广韵》落官切，平桓，來。又力兖切，上獮，來。〕❶碎割。张巡《铁笔歌》：“捣贼室兮焚寨，脔贼肉兮充饥。”❷量词。多用于块状的鱼肉。卢仝《月蚀诗》：“大蟆一脔，固当软美。”李日新《题仙娥驿》：“更有台中牛肉炙，尚盘数脔紫光球。”

【臠炙】 烤肉片。韩愈《元和圣德诗》：“万牛脔炙，万瓮行酒。”

臣　部

臣 〔chén《广韵》植鄰切,平真,禪。〕❶奴隶;奴仆。见"臣妾❶"。❷君主制时代的官吏。王珪《咏淮阴侯》:"道契君臣合,时来名位彰。"钱起《奉送刘相公江淮催转运》:"国用资戎事,臣劳为主忧。"刘禹锡《途次华州陪钱大夫登城北楼春望因睹李崔令狐三相国唱和之什遂题此诗》:"百二山河雄上国,一双旌旆委名臣。"李频《过四皓庙》:"龙楼曾作客,鹤氅不为臣。"韦庄《赠野童》:"闲冲暮雨骑牛去,肯问中兴社稷臣。"❸臣对君的自称。贾曾《奉和春日出苑瞩目应令》:"臣在东周独留滞,忻逢睿藻日边来。"杜甫《饮中八仙歌》:"天子呼来不上船,自称臣是酒中仙。"白居易《贺雨》:"小臣诚愚陋,职忝金銮宫。"李商隐《韩碑》:"愈拜稽首蹈且舞,金石刻画臣能为。"❹以之为臣;臣服。李华《咏史十一首》之三:"巢许在嵩颍,陶唐不得臣。"刘方平《寄陇右严判官》:"赤狄争归化,青羌已请臣。"❺泛指物的配属。元稹《桐花》:"商弦廉以臣,臣作旱天霖。"

【臣下】 君主制时代的百官群吏。李商隐《井泥四十韵》:"不独帝王耳,臣下亦如斯。"

【臣子】 ❶君主时代群臣百官的泛称。杜甫《客居》:"儒生老无成,臣子忧四番。"韦元甫《木兰歌》:"世有臣子心,能如木兰节。"姚合《敬宗皇帝挽词三首》之二:"臣子终身感,山园七月期。"❷奴仆。白居易《风雪中作》:"心为身君父,身为心臣子。"

【臣伏】 屈服称臣。陆龟蒙《奉和袭美太湖诗二十首·毛公坛》:"先生盛驱役,臣伏甲与丁。"

【臣妾】 ❶古代对家内奴隶的称谓,男曰臣,女曰妾。后借指宫廷内的宦官。李贺《赠陈商》:"臣妾气态间,唯欲承箕帚。"❷泛指君主统治的臣民百姓和藩属。刘长卿《闻奉迎皇太后使沈判官至因有此作》:"万方臣妾同瞻望,疑在曾城阿母家。"薛逢《八月初一驾幸延喜楼看冠带降戎》:"九陌尘埃千骑合,万方臣妾一声欢。"赵嘏《送从翁中丞奉使黠戛斯六首》之三:"九姓如今尽臣妾,归期那肯待秋风。"❸统治;臣属。白居易《开成大行皇帝挽歌词四首奉敕撰进》之一:"华夷臣妾内,尧舜弟兄中。"

【臣庶】 臣民百姓。皮日休《补周礼九夏系文·九夏歌九篇》之一:"繄彼臣庶,钦王之式。"

【臣道】 为人臣的道德准则。李华《杂诗六首》之四:"臣道不敢专,由此见亏盈。"

【臣虜】 臣仆,俘虏。南唐后主李煜《破阵子》词:"一旦归为臣虏,沈腰潘鬓销磨。"

【臣節】 人臣的品节操守。张九龄《奉和圣制赐诸州刺史以题座右》:"载闻励臣节,持答明主恩。"皎然《因游支硎寺寄邢端公》:"排难知臣节,攻疑定国章。"李德裕《怀山居邀松阳子同作》:"惟应讵身恤,岂敢忘臣节。"李昌符《别谪者》:"不须祠楚相,臣节转堪疑。"

【臣僚】 群臣百官。温庭筠《达摩支曲》:"一旦臣僚共囚虏,欲吹羌管先汍澜。"

【臣頡】 指仓颉。相传为黄帝时吏官,汉字的创造者。见汉许慎《说文解字自叙》。郑愔《奉和幸三会寺应制》:"造书臣颉往,观迹帝羲来。"

【臣箴】 臣下所写的用以警戒的箴文。来鹄《圣政纪颂》:"君诰臣箴,觚编毫络。"

二　画

卧 〔wò《广韵》吾貨切,去過,疑。〕❶躺;睡。孟浩然《寒夜张明府宅宴》:"醉来方欲卧,不觉晓鸡鸣。"孟郊《秋夕贫居述怀》:"卧冷无远梦,听秋酸别情。"姚合《武功县中作三十首》之六:"性疏常爱卧,亲故笑悠悠。"李商隐《偶成转韵七十二句赠四同舍》:"我时憔悴在书阁,卧枕芸香春夜阑。"❷隐居。孟浩然《寻天台山》:"吾友太乙子,餐霞卧赤城。"李白《赠孟浩然》:"红颜弃轩冕,白首卧松云。"刘长卿《和袁郎中破贼后军行过剡中山水谨上太尉》:"已闻开阁待,谁许卧东溪。"白居易《送王处士》:"宁归白云外,饮水卧空谷。"❸闲居。牟融《处厚游杭作诗寄之》:"念我故人劳碌久,不如投老卧沧洲。"韦庄《题裴端公郊居》:"暂随红旆佐藩方,高迹终期卧故乡。"郑遨《山居》之三:"不求朝野知,卧见岁华移。"❹任职,居官。岑参《临河客舍呈狄明府兄留题县南楼》:"故人高卧黎阳县,一别三年不相见。"韦应物《郊园闻蝉寄诸弟》:"今岁卧南谯,蝉鸣归路永。"白居易《梦亡友刘太白同游彰敬寺》:"三千里外卧江州,十五年前哭老刘。"❺倒伏。陈元光《太母魏氏半径题石》:"剑埋龙守壤,石卧虎司碑。"李贺《艾如张》:"陇东卧穟满风雨，莫信笼媒陇西去。”王琦注：“卧穟，五谷之穗，经风雨而偃仆者，以见俟有啄食之处。”杨衡《经赵处士居》：“废梁悲逝水，卧木思荒庭。”韦庄《上元县》：“止竟霸图何物在，石麟无主卧秋风。”刘兼《新竹》：“近窗卧砌两三丛，佐静添幽别有功。”❻平放；横放。贾至《燕歌行》：“南风不竞多死声，鼓卧旗折黄云横。”杜甫《重过何氏五首》之四：“雨抛金锁甲，苔卧绿沉枪。”张籍《赠姚合少府》：“诗成添旧卷，酒尽卧空瓶。”白居易《放鱼》：“青青芹蕨下，叠卧双白鱼。”❼指动物的趴、伏。刘湾《云南曲》：“岱马卧阳山，燕兵哭泸水。”李端《瘦马行》：“城傍牧马驱未过，一马徘徊起还卧。”薛琼《赋荆门》：“黄鸟翻红树，青牛卧绿苔。”温庭筠《病中书怀呈友人》：“顽童逃广柳，羸马卧平芜。”孟宾于《蟠溪怀古》：“松根盘藓石，花影卧沙鸥。”

【卧内】 卧室，室内。李颀《裴尹东溪别业》：“庭竹垂卧内，村烟隔南阜。”岑参《宿岐州北郭严给事别业》：“疏钟入卧内，片月到床头。”

【卧白雲】 同“卧雲”。刘长卿《送方外上人之常州依萧使君》：“远客回飞锡，空山卧白云。”

【卧衣】 睡衣。贾岛《送邹明府游灵武》：“边雪藏行径，林风透卧衣。”又《早春题友人湖上新居二首》之二：“开箧收诗卷，扫床移卧衣。”

【卧江湖】 漂泊江湖。刘长卿《送李七之笮水谒张相公》：“梁园旧相识，谁忆卧江湖。”

【卧吹】 横吹。李涉《牧童词》：“荷蓑出林春雨细，芦管卧吹莎草绿。”李郢《赠羽林将军》：“唯有桓伊江上笛，卧吹三弄送残阳。”

【卧青山】 谓隐居山林。孟浩然《与王昌龄宴王道士房》：“归来卧青山，常梦游清都。”参见“卧東山”。

【卧東山】 喻指隐居不仕。见南朝宋义庆《世说新语·排调》。高适《人日寄杜二拾遗》：“一卧东山三十春，岂知书剑老风尘。”储嗣宗《春怀寄秣陵知友》：“借问景阳台下客，谢家谁更卧东山。”

【卧具】 枕席、被褥等的统称。皮日休《鲁望示广文先生吴门二章情格高散可醒俗态因追想山中风度次韵属和存于诗编鲁望之命也》之二：“行厨煮白石，卧具拂青云。”

【卧房】 卧室。安寝的房间。白居易《忆洛中所居》：“雪销行径里，水上卧房前。”又《家园三绝》之一：“何似家池通小院，卧房阶下插鱼竿。”

【卧牀】 床铺。白居易《燕子楼三首》之一：“满窗明月满帘霜，被冷灯残拂卧床。”姚合《武功县中作三十首》之七：“客至皆相笑，诗书满卧床。”

【卧屏】 卧室内的屏风。温庭筠《春愁曲》：“远翠愁山入卧屏，两重云母空烘影。”

【卧袁安】 义同“卧雪”。吴仁璧《春雪》：“雪霁凝光入坐寒，天明犹自卧袁安。”

【卧骨】 谓战死沙场。沈彬《入塞二首》之一：“谤书未及明君爇，卧骨将军已殁功。”

【卧病】 ❶生病卧床。孟浩然《晚春卧病寄张八》：“南陌春将晚，北窗犹卧病。”李白《赠张相镐二首》之一：“卧病宿松山，苍茫空四邻。”岑参《送樊侍御使丹阳便覲》：“卧病穷巷晚，忽惊骢马来。”❷泛指生病。宋之问《有所思》：“一朝卧病无相识，三春行乐在谁边。”王维《酬郭给事》：“强欲从君无那老，将因卧病解朝衣。”姚合《武功县中作三十首》之十九：“守官常卧病，学道别称名。”杜牧《洛中监察病假满送韦楚老拾遗归朝》：“行开教化期君是，卧病神祇祷我知。”

【卧疴】 卧病。疴，病。杜甫《寄题江外草堂》：“遭乱到蜀江，卧疴遣所便。”慧净《冬日普光寺卧疾值雪简诸旧游》：“卧疴苦留滞，辟户望遥天。”

【卧疾】 卧病。高适《途中酬李少府赠别之作》：“故人今卧疾，欲别还留连。”岑参《梁州对雨怀麹二秀才便呈麹大判官时疾赠余新诗》：“卧疾不见人，午时门始开。”杜甫《赠王二十四侍御契四十韵》：“恐惧行装数，伶俜卧疾频。”韦庄《贼中与萧韦二秀才同卧重疾二君寻愈余独加焉恍惚之中因有题》：“与君同卧疾，独我渐弥留。”

【卧海】 泛指隐居或隐居海边。李白《留别广陵诸公》：“卧海不关人，租税辽东田。”

【卧龍山】 即卧龙岗。在今河南南阳市西，相传为汉末诸葛亮隐居之处。钱弘傺有《登卧龙山偶成》。

【卧理】 即卧治。因避唐高宗李治讳改治为“理”。见《汉书·汲黯传》。后因用作歌咏州郡长官的典故。李颀《奉送漪叔游颍川兼谒淮阳太守》：“闻道淮阳守，东南卧理清。”皇甫曾《韦使君宅海榴咏》：“淮阳卧理有清风，腊月榴花带雪红。”贾岛《送汲鹏》：“淮南卧理后，复逢君姓汲。”

【卧雪】 为咏贫居生活的典故。见《后汉书·袁安传》。皇甫曾《酬郑侍御秋夜见寄》：“袁公方卧雪，尺素及柴荆。”

【卧帷】 帐帐，床帐。令狐楚《郡斋左偏栽竹百余竿炎凉已周青翠不改假日命去斋居之东墙由是俯临轩阶低映帷户日夕相对颇有翛然之趣》：“青蔼近当行药处，绿阴深到卧帷前。”

【卧淮陽】 义同“卧治”。皇甫冉《和樊润州秋日登城楼》：“时同借河内，人是卧淮阳。”

【卧雲】 喻指隐居山林。白居易《昔与微之在朝日同蓄休退之心迨今十年沦落老大追寻前约且结后期》：“不作卧云计，携手欲何之。”贾岛《青门里作》：“若无攀桂分，只是卧云休。”杜牧《送故人归山》：“三清洞里无端别，又拂尘衣欲卧云。”王贞白《商山》：“四皓卧云处，千秋叠藓生。”杨夔《送邹尊师归洞庭》：“近闻飞檄急，转忆卧云深。”

【卧雲人】　喻指隐居山林之士。白居易《寄隐者》：“归去卧云人，谋身计非误。”

【卧雲心】　喻指隐居山林之志。张蠙《赠段逸人》：“从听世人权似火，不能烧得卧云心。”

【卧雲翁】　喻指隐居山林之士。杜荀鹤《途中有作》：“百岁此身如且健，大家闲作卧云翁。”黄滔《别友人》：“越山烟翠在，终愧卧云翁。”

【卧痾】　卧病。痾，病。独孤及《夏中酬于逖毕耀问病见赠》：“薄宦耻降志，卧痾非养蒙。”李揆《句》：“免相践蓬阁，卧痾淮海滨。”

【卧鼓】　息鼓。谓战事息止。崔禹锡《奉和圣制送张说巡边》：“练兵宜雨洗，卧鼓候风凉。”钱起《送李九归河北》：“南州初卧鼓，东土复维城。”吕温《奉和李相公早朝于中书候传点偶书所怀奉呈门下武相公中书郑相公》：“卧鼓流沙静，飞航涨海安。”李商隐《偶成转韵七十二句赠四同舍》：“收旗卧鼓相天子，相门出相光青史。”

【卧蓬蒿】　谓贫居陋巷。翁洮《赠进士王雄》：“何事明廷有徐庶，总教三径卧蓬蒿。”

【卧漳濱】　用为卧病他乡的典故。见《文选·刘桢〈赠五官中郎将四首〉》。白居易《病免后喜除宾客》：“卧在漳滨满十旬，起为商皓伴三人。”贾岛《题刘华书斋》：“机清公干族，也莫卧漳滨。”韦庄《婺州屏居蒙右省王拾遗车枉降访病中延候不得因成寄谢》：“三年流落卧漳滨，王粲思家拭泪频。”

【卧箜篌】　乐器名。空篌的一种。李商隐《拟意》：“真防舞如意，佯盖卧箜篌。”参见“箜篌”。

【卧劉楨】　同“卧漳濱”。白居易《江州赴忠州至江陵已来舟中示舍弟五十韵》：“长沙抛贾谊，漳浦卧刘桢。”

【卧褥】　褥子。寒山《诗三百三首》之一六三：“细草作卧褥，青天为被盖。”

【卧龍】　❶指三国蜀诸葛亮。见《三国志·蜀书·诸葛亮传》。陈子昂《岘山怀古》：“犹悲堕泪碣，尚想卧龙图。”杜甫《阁夜》：“卧龙跃马终黄土，人事依依漫寂寥。”温庭筠《过五丈原》：“下国卧龙空误主，中原逐鹿不因人。”陆龟蒙《读襄阳耆旧传因作诗五百言寄皮袭美》：“孔明卧龙者，潜伏躬耕耨。”❷喻指怀才不遇或隐居未出的杰出人才。戎昱《上湖南崔中丞》：“举世尽嫌良马瘦，唯君不弃卧龙贫。”窦庠《醉中赠符载》：“时人莫小池中水，浅处无妨有卧龙。”李德裕《忆金门旧游奉寄江西沈大夫》：“已悲泉下双琪树，又惜天边一卧龙。”吴融《和寄座主尚书》：“不用裁诗苦惆怅，风雷看起卧龙身。”

【卧龍才】　同“卧龍❷”。骆宾王《幽絷书情通简知己》：“汉阳穷鸟客，梁甫卧龙才。”刘禹锡《和杨侍郎初至郴州纪事书情题郡斋八韵》：“一吟梁甫曲，知是卧龙才。”

【卧龍吟】　指乐府楚调曲《梁父吟》。见《三国志·蜀书·诸葛亮传》。后因以《卧龙吟》指《梁父吟》，借指怀才不遇的诗作。温庭筠《洞户二十二韵》：“若为南遁客，犹作卧龙吟。”

【卧龍居】　诸葛亮曾隐居隆中，后以“卧龍居”喻指隐居之处或山林别业。钱起《晚出青门望终南别业》：“更怜归鸟去，宛到卧龙居。”参见“卧龍❶”。

【卧龍客】　同“卧龍”。李白《南都行》：“谁识卧龙客，长吟愁鬓斑。”

【卧壑】　亦作“卧舊壑”。谓隐居深山。卢照邻《羁卧山中》：“卧壑迷时代，行歌任死生。”李白《江上秋怀》：“餐霞卧旧壑，散发谢远游。”

【卧舊壑】　见“卧壑”。

【卧甕】　为咏饮酒的典故。咏毕卓饮酒事。白居易《和微之诗二十三首·和新楼北园偶集从孙公度周巡官韩秀才卢秀才范处士小饮郑侍御判官周刘二从事皆先归》：“卧瓮鄙毕卓，落帽嗤孟嘉。”韦庄《和陆谏议避地寄东阳进退未决见寄》：“开炉夜看黄芽鼎，卧瓮闲欹白玉簪。”

【卧簟】　簟子，竹席。李颀《夏宴张兵曹东堂》：“北窗卧簟连心花，竹里蝉鸣西日斜。”齐己《夏雨》：“幽斋飘卧簟，极浦洒归樯。”

【卧轍】　为歌咏地方长官离任的典故。杜甫《奉送王信州崟北归》：“解龟逾卧辙，遣骑觅扁舟。”刘商《送庐州贾使君拜命》：“悬旌风肃肃，卧辙泪纷纷。”薛逢《越王楼送高梓州入朝》：“让当游艺依仁日，便到攀辕卧辙秋。”刘得仁《送钱给事赴虢州》：“用作盐梅日，争回卧辙人。”萧缜《前望江曲令颂德》：“谁论重德光青史，过里犹歌卧辙风。”

【卧蠶子】　蚕吐出的丝。储光羲《田家即事》：“高机犹织卧蚕子，下坂饥逢饷馌妻。”

八　画

臧　〔zāng《广韵》则郎切，平唐，精。〕❶美；善；好。贾曾《祭汾阴乐章》：“有豆孔硕，为羞既臧。”杜甫《秋行官张望督促东渚耗稻向毕清晨遣女奴阿稽竖子阿段往问》：“尚恐主守疏，用心未甚臧。”权德舆《浩歌》：“履道身未泰，主家谋不臧。”张籍《祭退之》：“再使平山东，不言所谋臧。”韦庄《和郑拾遗秋日感事一百韵》：“守道惭无补，趋时愧不臧。”❷成功。杜甫《入衡州》：“问罪富形势，凯歌悬否臧。”❸

古代对奴隶的贱称。顾况《上古之什补亡训传十三章·囝一章》:“为臧为获,致金满屋。”

【臧否】 褒贬,品评。吴融《过邓城县作》:“未知尧桀谁臧否,可便彭殇有短长。”

【臧倉】 借指奸佞之臣。见《孟子·梁惠王下》。皮日休《奉和鲁望读阴符经见寄》:“叔孙与臧仓,贤圣多如此。”又《江南书情二十韵寄秘阁韦校书贻之商洛宋先辈垂文二同年》:“季氏唯谋逐,臧仓只拟谗。”

【臧獲】 古代对奴婢的贱称。柳宗元《哭连州凌员外司马》:“溘死委炎荒,臧获守灵帷。”刘禹锡《调瑟词》引:“里有富豪翁,厚自奉养,而严督臧获,力屈形削,犹役之无艺极。”

十一画

臨[1] 〔lín《广韵》力寻切,平侵,來。〕❶居高面下;居高临下。韦述《广陵送别宋员外佐越郑舍人还京》:“朱绂临秦望,皇华赴洛桥。”高适《宋中十首》之五:“登高临旧国,怀古对穷秋。”杜甫《赠李十五丈别》:“下临不测江,中有万里船。”蔡文恭《奉和夏日游山应制》:“连岩耸百仞,绝壑临千丈。”❷监临;监视。贺知章《唐禅社首乐章·福和》:“上帝临我,云胡肃邕。”韩愈《琴操十首·越裳操》:“厥临孔威,敢戏以侮。”引申为视、瞰。孟浩然《越中逢天台太乙子》:“上逼青天高,俯临沧海大。”韩愈《送惠师》:“回临浙江涛,屹起高峨岷。”薛涛《筹边楼》:“平临云鸟八窗秋,壮压西川四十州。”❸登临。孟浩然《题终南翠微寺空上人房》:“缅怀赤城标,更忆临海峤。”白居易《登灵应台北望》:“临高始见人寰小,对远方知色界空。”崔珏《道林寺》:“北临高处日正午,举手欲摸黄金乌。”❹降临;莅临。敬词。魏征《赋西汉》:“受降临轵道,争长趣鸿门。”李适《奉和幸望春宫送朔方军大总管张仁亶》:“地限骄南牧,天临饯北征。”孟浩然《与白明府游江》:“故人来自远,邑宰复初临。”高适《送柴司户充刘卿判官之岭外》:“月卿临幕府,星使出词曹。”❺居;在。卢照邻《送郑司仓入蜀》:“陇云朝结阵,江月夜临空。”玄宗《送忠州太守康昭远等》:“端拱临中枢,缅怀共予理。”李白《洗脚亭》:“白道向姑熟,洪亭临道傍。”元结《招陶别驾家阳华作》:“半崖盘石径,高亭临极巅。”❻统治。太宗《执契静三边》:“执契静三边,持衡临万姓。”又《元日》:“恭己临四极,垂衣驭八荒。”王维《奉和圣制登降圣观与宰臣等同望应制》:“维岳降二臣,戴天临万姓。”李颀《王母歌》:“手指交梨遣帝食,可以长生临宇县。”❼治理。岑参《初至西虢官舍南池呈左右省及南宫诸故人》:“黜官自西掖,待罪临下阳。”白居易《广府胡尚书频寄诗因答绝句》:“尚书清白临南海,虽饮贪泉心不回。”温庭筠《感旧陈情五十韵献淮南李仆射》:“冰清临百粤,风靡化三川。”❽面对;迎。杜甫《天边行》:“天边老人归未得,日暮东临大江哭。”韩愈《南山诗》:“或如临食案,肴核纷饤饾。”杨衡《登紫霄峰赠黄仙师》:“浩渺临广津,永用挹无穷。”于武陵《斜谷道》:“独忆紫芝叟,临风歌旧歌。”❾临近;靠近。孙逖《奉和李右相中书壁画山水》:“九江临户牖,三峡绕檐楹。”刘长卿《赋得》:“家住层城临汉苑,心随明月到胡天。”李绅《守滁阳深秋忆登郡城望琅琊》:“山城小阁临青嶂,红树莲宫接薜萝。”于濆《青楼曲》:“青楼临大道,一上一回老。”❿如,似。温庭筠《感旧陈情五十韵献淮南李仆射》:“书迹临汤鼎,吟声接舜弦。”⓫到;来到。崔融《拟古》:“饮马临浊河,浊河深不测。”高适《同薛司直诸公秋霁曲江俯见南山作》:“若临瑶池前,想望昆仑丘。”权德舆《李十韶州寄途中绝句使者取报修书之际口号酬赠》:“诏下忽临山水郡,不妨从事恣攀登。”鲍溶《周先生画洞庭歌》:“闲分楚水入丹青,不下此堂临洞庭。”⓬往;赴。王昌龄《山行入泾州》:“西临有边邑,北走尽亭戍。”岑参《酬成少尹骆谷行见呈》:“闻君行路难,惆怅临长衢。”李绅《寿阳罢郡日·发寿阳分司敕到又遇新正感怀书事》:“休为建隼临淝守,转作垂丝入洛人。”⓭攻伐。杜甫《寄岳州贾司马六丈巴州严八使君两阁老五十韵》:“乱麻尸积卫,破竹势临燕。”亦谓侵犯。杜甫《释闷》:“四海十年不解兵,犬戎也复临咸京。”李商隐《行次西郊作一百韵》:“重赐竭中国,强兵临北边。”⓮守卫。见“臨邊”。⓯照耀;照射。李颀《少室雪晴送王宁》:“过景斜临不可道,白云欲尽难为容。”元稹《与杨十二巨源卢十九经济同游大安亭各赋二物各为五韵探得松石》:“月临栖鹤影,云抱老人峰。”罗泰《暗投明珠》:“月临幽室朗,星没晓河倾。”徐夤《忆潼关》:“天开白日临军国,山夹黄河护帝居。”⓰照,照镜。杜甫《赠裴南部闻袁判官自来欲有按问》:“梁狱书因上,秦台镜欲临。”刘眘虚《积雪为小山》:“孤影临冰镜,寒光对玉颜。”张窈窕《赠所思》:“夕望层城眼欲穿,晓临明镜肠堪绝。”杜牧《代吴兴妓春初寄薛军事》:“自悲临晓镜,谁与惜流年。”⓱临摹书画。刘禹锡《奉和中书崔舍人八月十五日夜玩月二十韵》:“静对挥宸翰,闲临襞彩笺。”⓲正当;将要。王维《奉寄韦太守陟》:“临此岁方晏,顾景咏悲翁。”白居易《听歌六绝句·何满子》:“世传满子是人名,临就刑时曲始成。”李商隐《天平公座中呈令狐令公时蔡京在坐京曾为僧徒故有第五句》:“更深欲诉蛾眉敛,衣薄临醒玉艳寒。”⓳随,随着。岑参《和祠部王员外雪后早朝即事》:“西山落月临天仗,北阙晴云捧禁闱。”窦常《哭张仓曹南史》:“官临环卫小,身逐转蓬多。”任翻

《春晴》:“野色临空阔,江流接海平。”⑳与;及。杜甫《谒先主庙》:“孰与关张并,功临耿邓亲。”㉑通“凌”。骆宾王《浮槎》:“昔负千寻质,高临九仞峰。”卢照邻《含风蝉》:“高情临爽月,急响送秋风。”高适《酬裴员外以诗代书》:“朗咏临清秋,凉风下庭槐。”司空曙《哭苗员外呈张参军》:“试艺临诸友,能文即我师。”李商隐《灵仙阁晚眺寄郓州韦评事》:“爽气临周道,岚光入汉关。”

臨[2] 〔lìn《广韵》良鸩切,去沁,來。〕哭,哭吊死者。王维《恭懿太子挽歌五首》之二:“人向青山哭,天临渭水愁。”白居易《慈乌夜啼》:“昔有吴起者,母殁丧不临。”朱庆余《哭胡遇》:“每向宣阳里中过,遥闻哭临泪先垂。”

【臨人】 ❶即治民。因避唐太宗李世民讳改。权德舆《送从翁赴任长子县令》:“启事才方惬,临人政自殊。”李绅《渡西陵十六韵》:“临人与安俗,非止奉师贞。”❷监临众人。高适《同马太守听九思法师讲金刚经》:“露冕众香中,临人觉苑内。”❸对人,当人。刘长卿《闻虞沔州有替将归上都登汉东城寄赠》:“腰章建隼皇恩赐,露冕临人白发垂。”

【臨下】 犹治民。刘长卿《送严维尉诸暨》:“退公兼色养,临下带乡情。”

【臨川】 ❶面对川流;眺望川流;川流边。杜甫《水槛》:“临川视万里,何必阑槛为。”❷县名。隋开皇九年(589)以临汝县改名,治所在今江西抚州市临川区西。唐宝应元年(762)徙治今临川区。戴叔伦有《临川从事还别崔法曹》。崔橹有《临川见新柳》。❸地名。即临川郡。南朝宋诗人谢灵运曾任临川内史。张继《送窦十九判官使江南》:“南郡迎徐子,临川谒谢公。”

【臨川作】 对诗作的美称。皎然《奉和袁使君高郡中新亭会张炼师昼会二上人》:“更闻临川作,下节安能酬。”参见“臨川内史”。

【臨川思】 为咏叹光阴流逝的典故。见《论语·子罕》。元稹《江陵三梦》之一:“感君下泉魄,动我临川思。”

【臨川郡】 郡名。三国吴太平二年(257)分豫章郡置。治所在临汝县(今江西抚州市临川区西)。唐武德五年(622)改为抚州,天宝元年(742)复为临川郡,乾元元年(758)又改抚州。王维《送康太守》:“何异临川郡,还劳康乐侯。”

【臨川史】 见“臨川内史”。

【臨川内史】 亦作“臨川史”。见《宋书·谢灵运传》。后遂用为咏刺史的典故。刘长卿《送方外上人之常州依萧使君》:“归共临川史,同翻贝叶文。”皎然《送演上人之抚州覲使君叔》:“临川内史怜诸谢,尔在生缘比惠宗。”贯休《咏红芙蓉上宋使》:“临川内史诗相似,摇仰清吟满阁风。”

【臨川羨魚】 喻指求仕。李颀《送人归沔南》:“可即明时老,临川莫羡鱼。”许浑《卜居招书侣》:“忆昨未知道,临川每羡鱼。”薛少殷、张元正均有《临川羡鱼》。

【臨川驛】 驿名。故址在今湖北汉阳之北。柳宗元有《北还登汉阳北原题临川驿》。

【臨天】 接近苍天。形容高峻。周贺《秋晚归庐山留别道友》:“不嫌旧隐相随去,庐岳临天好息机。”

【臨日】 ❶接近太阳。形容极其高峻。卢照邻《登玉清》:“绝顶横临日,孤峰半倚天。”❷到了那一天。白居易《秦中吟十首·议婚》:“几回人欲聘,临日又踟蹰。”

【臨水】 ❶面临湖水或河水。钱起《送武进韦明府》:“送君催白首,临水独思乡。”张继《郢城西楼吟》:“连山尽塞水萦回,山上戍门临水开。”刘禹锡《送曹璩归越中旧隐诗》:“数间茅屋闲临水,一盏秋灯夜读书。”❷水边。王维《辋川闲居》:“青菰临水拔,白鸟向山翻。”周贺《春日山居寄友人》:“带岩松色老,临水杏花繁。”赵嘏《题横水驿双峰院松》:“更忆葛洪丹井畔,数株临水欲成龙。”储嗣宗《春游望仙谷》:“登山采樵路,临水浣纱人。”❸同“臨水登山❶”。王维《不遇咏》:“且此登山复临水,莫问春风动杨柳。”刘禹锡《和裴相公傍水闲行》:“看花临水心无事,功业成来二十年。”白居易《龙门下作》:“筋力不将诸处用,登山临水咏诗行。”储嗣宗《和顾非熊先生题茅山处士闲居》:“鸟啼碧树闲临水,花满青山静掩门。”方泽《武昌阻风》:“与君尽日闲临水,贪看飞花忘却愁。”

【臨水登山】 ❶谓游览山水胜景。白居易《春来频与李二宾客郭外同游因赠长句》:“可惜济时心力在,放教临水复登山。”❷谓跋山涉水。刘禹锡《酬马大夫登涯口戍见寄》:“新辞将印拂朝缨,临水登山四体轻。”

【臨水楼】 水边楼阁。刘沧《春日旅游》:“花开忽忆故山树,月上自登临水楼。”

【臨分】 犹临别。分,分手。韩愈《示爽》:“临分不汝诳,有路即归田。”

【臨文】 谓撰写文章。薛昭纬《华州榜寄诸门生》:“机云笔舌临文健,沈宋章篇发咏清。”

【臨户】 当户;面对门户。韦承庆《直中书省》:“暗花临户发,残月下帘欹。”

【臨去】 将要离去。元稹《梦昔时》:“夜半初得处,天明临去时。”

【臨邛】 ❶县名。秦置。治所即今四川邛崃市。又郡名。唐天宝初年改邛州为临邛郡,治所在临邛县。乾元初复改为邛州。宋之问《送杨六望赴金水》："台阶有高位，宁复久临邛。"李峤《道》："铜驼分巩洛，剑阁低临邛。"白居易《长恨歌》："临邛道士鸿都客，能以精诚致魂魄。"李频《送友人入蜀》："临邛行乐处，莫到白头回。"❷为咏司马相如的典故。见《史记·司马相如列传》。后借以喻指文士。张谓《送皇甫龄宰交河》："今日相如轻武骑，多应朝暮客临邛。"刘禹锡《送李策秀才还湖南因寄幕中亲故兼简衡州吕八郎中》："昔日马相如，临邛坐尽倾。"房千里《寄妾赵氏》："相如若返临邛市，画舸朱轩万里游。"李频《送吴秘书归杭州》："马卿夸贵达，还说返临邛。"❸同"臨邛沽酒客"。李商隐《寄蜀客》："君到临邛问酒垆，近来还有长卿无。"薛能《赠歌者》："汉浦蔑闻虚解佩，临邛焉用枉当垆。"方干《送姚舒下第游蜀》："临邛一壶酒，能遣长卿愁。"谭用之《感怀呈所知》："竹屋乱烟思梓泽，酒家疏雨梦临邛。"❹同"臨邛渴"。刘言史《嘉兴社日》："消渴天涯寄病身，临邛知我是何人。"唐彦谦《汉代》："玄晏难瘳痹，临邛但发痟。"❺同"臨邛賣賦郎"。温庭筠《春暮宴罢寄宋寿先辈》："苏小风姿迷下蔡，马卿才调似临邛。"吴融《关东献兵部刘员外》："临邛有词赋，一为奏天颜。"

【臨邛令】　同"臨邛❶"。韦应物《将发楚州经宝应县访李二忽于州馆相遇月夜书事因简李宝应》："一问临邛令，如何待上宾。"

【臨邛沽酒客】　为咏文人落泊失意或咏酒的典故。见《史记·司马相如列传》。汪遵《升仙桥》："应讶临邛沽酒客，逢时还作汉公卿。"

【臨邛客】　指汉辞赋作家司马相如。张循之《长门怨》："寄语临邛客，何时作赋成。"李德裕《奉送相公十八丈镇扬州》："今来却笑临邛客，入蜀空驰使者车。"张乔《送友人游蜀》："必恐临邛客，疑君学赋非。"参见"臨邛賣賦郎"。

【臨邛酒】　泛指酒。罗隐《听琴》："不知一盏临邛酒，救得相如渴病无。"唐彦谦《奏捷西蜀题沱江驿》："锦江不识临邛酒，且免相如渴病归。"韦庄《河传》之二："翠蛾争劝临邛酒，纤纤手，拂面垂丝柳。"参见"臨邛沽酒客"。

【臨邛宰】　指临邛令王吉。亦借指县令。王贞白《宛陵早秋卧病代书寄周明府》："为谢临邛宰，时多阙附书。"

【臨邛渴】　为诗人咏疾病的典故。见《史记·司马相如列传》。李商隐《令狐八拾遗见招送裴十四归华州》："嗟予久抱临邛渴，便欲因君问钓矶。"薛能《西县途中二十韵》："杞国忧寻悟，临邛渴自加。"

【臨邛賣賦郎】　为咏文人才赋的典故。见《文选·司马相如〈长门赋〉序》。崔珏《有赠》之一："虽然不似王孙女，解爱临邛卖赋郎。"

【臨平】　❶地名。即今浙江余杭区治临平街道。韦应物有《重送丘二十二还临平山居》。皇甫冉有《临平道赠同舟人》。❷即临平湖。李绅《却到浙西》："临平水竭蒹葭死，里社萧条旅馆秋。"

【臨平湖】　在今浙江杭州市余杭区临平镇南，周围十余里，湖面广阔。今多淤废。权德舆有《临平湖夜泛》。

【臨民】　治理人民。太宗《帝京篇十首》之十："奉天竭诚敬，临民思惠养。"

【臨老】　近老年。白居易《赠晦叔忆梦得》："自别崔公四五秋，因何临老转风流。"李德裕《雨后净望河西连山怆然成咏》："只恨无功书史籍，岂悲临老事戎轩。"许棠《冬杪归陵阳别业五首》之三："已贫甘事晚，临老爱闲多。"曹邺《过白起墓》："将军临老病，赐剑咸阳西。"

【臨刑】　即将行刑之时。白居易《听歌六绝句·何满子》序："开元中，沧州有歌者何满子，临刑，进此曲以赎死，上竟不免。"刘禹锡《城西行》："临刑与酒杯未覆，雠家白官先请肉。"韦庄《题李斯传》："临刑莫恨仓中鼠，上蔡东门去自迟。"

【臨戎】　❶出任军事长官。亦指帅师出征，征战。李峤《饯薛大夫护边》："荒隅时未通，副相下临戎。"岑参《奉和相公发益昌》："相国临戎别帝京，拥麾持节远横行。"蒋涣《故太常卿赠礼部尚书李公及夫人挽歌二首》之一："典秩崇三礼，临戎振五兵。"韩翃《寄上田仆射》："仆射临戎谢安石，大夫持宪杜延年。"张籍《董公诗》："东方有艰难，公乃出临戎。"❷身临战阵；面临征战。高适《酬河南节度使贺兰大夫见赠之作》："秉钺知恩重，临戎觉命轻。"李商隐《漫成五章》之四："不妨常日饶轻薄，且喜临戎用草莱。"周昙《咏史诗·春秋战国门·章子》："改葬义无欺死父，临戎安肯背生君。"胡曾《咏史诗·泜水》："韩信经营按镆铘，临戎叱咤有谁加。"❸从军。戴叔伦《奉酬卢端公饮后赠诸公见示之作》："佐幕临戎旌旆间，五营无事万家闲。"张蠙《边情》："惆怅临戎皆效国。岂无人似霍嫖姚。"

【臨危】　面临危急；面临困难。李白《万愤词投魏郎中》："好我者恤我，不好我者何忍临危而相挤。"杜甫《奉送严公入朝十韵》："公若登台辅，临危莫爱身。"李商隐《有感二首》之二："临危对卢植，始悔用庞萌。"司空图《即事二首》之二："从来留振滞，只待济临危。"

【臨危不顧】　面临危险而不顾自己的安危。司空图《冯燕歌》："未死劝君莫浪言，临危不顾始知难。"

【臨江】　❶江边。杜甫《山寺》："树羽静千里，临江久裴回。”刘言史《苦妇词》:“临江卧黄砂,二子死在边。”许浑《暝投灵智寺渡溪不得却取沿江路往》:“却下临江路,潮深无渡船。”❷地名。汉高祖封共敖为临江王,都江陵,后遂以临江代指江陵。见北周庾信《哀江南赋》。李商隐《过郑广文旧居》:“可怜留著临江宅,异代应教庾信居。”又《高花》:“宋玉临江宅,墙低不碍窥。”

【臨江亭】 亭阁名。故址在今江苏镇江市北固山上。储光羲有《临江亭五咏》。

【臨江節士】 喻指勇士。杜甫《魏将军歌》:“万岁千秋奉明主,临江节士安足数。”参见“臨江王節士歌”。

【臨江王節士歌】 乐府杂歌谣辞名。《汉书·艺文志》:“《临江王及愁思节士诗歌》四篇。”今佚。《乐府诗集·杂歌谣辞二》收有南朝齐陆厥与唐李白《临江王节士歌》各一篇。均以歌颂勇士为其内容。李白诗又见《全唐诗》卷一六三。

【臨池】 ❶为咏书法与学习书法的典故。李峤《书》:“削简龙文见,临池鸟迹舒。”王维《戏题示萧氏甥》:“怜尔解临池,渠爷未学诗。”杜甫《殿中杨监见示张旭草书图》:“有练实先书,临池真尽墨。”杨凝式《题怀素酒狂帖后》:“十年挥素学临池,始识王公学卫非。”徐夤《尚书命题瓦砚》:“守黑还全器,临池早著名。”❷犹凌波。孙鲂《主人司空后亭牡丹》:“入梦殊巫峡,临池胜洛滨。”

【臨池興】 ❶学习书法的兴趣。刘禹锡《答后篇》:“近来渐有临池兴,为报元常欲抗行。”❷借指书法。齐己《寄黄晖处士》:“何妨寄我临池兴,忍使江淹役梦劳。”参见“临池❶”。

【臨池聖】 指草圣张芝。或借指草书家怀素。朱逵《怀素上人草书歌》:“几年出家通宿命,一朝却忆临池圣。”

【臨汎】 同“臨泛”。李义府《招谕有怀赠同行人》:“临泛多苦怀,登攀寡欢趣。”李颀《与诸公游济渎泛舟》:“晚景临汎美,亭皋轻霭红。”李白《入彭蠡经松门观石镜缅怀谢康乐题诗书游览之志》:“况属临汎美,而无洲渚喧。”

【臨安】 县名。唐垂拱四年(688)置,治所即今浙江临安市西北。孟浩然有《将适天台留别临安李主簿》。

【臨江驛】 驿名。故址在今湖北黄梅县境。宋之问有《途中寒食题黄梅临江驿寄崔融》。杜荀鹤有《秋宿临江驿》。

【臨汝】 郡名。天宝初年改汝州置,治所在梁县(今河南汝州市东)。又县名,治所在今河南汝州市西临汝镇。贞元八年(792年)移至石壕驿(今河南陕州区东南)。韩愈《感春五首》之四:“孔丞别我适临汝,风骨峭峻遗尘埃。”刘言史《葛巾歌》:“临汝袁郎得相见,闲云引到东阳县。”

【臨圻】 近水曲岸。圻与“碕”通。王维《送沈子归江东》:“杨柳渡头行客稀,罟师荡桨向临圻。”

【臨别】 即将分别。韩愈《赠别元十八协律六首》之二:“临别且何言,有泪不可拭。”元稹《酬独孤二十六送归通州》:“我有平生志,临别将具论。”李频《送新安少府》:“后期谁可定,临别语空长。”

【臨岐】 亦作“臨歧”。岐,通“歧”。❶到达岔路口,临别分手之处。李白《南阳送客》:“挥手再三别,临岐空断肠。”刘长卿《送刘萱之道州谒崔大夫》:“沅水悠悠湘水春,临歧南望一沾巾。”李嘉祐《秋晓招隐寺东峰茶宴送内弟阎伯均归江州》:“莫怪临歧独垂泪,魏舒偏念外家恩。”刘禹锡《别苏州二首》之一:“三载为吴郡,临岐祖帐开。”❷面对歧路。谓无所适从。李白《古风》之二九:“圣贤共沦没,临岐胡咄嗟。”皇甫冉《秋日东郊作》:“浅薄将何称献纳,临岐终日自迟回。”❸犹归路,将要上路。刘长卿《寄别朱拾遗》:“天书远召沧浪客,几度临岐病未能。”又引申指归途。李频《送太学吴康仁及第南归》:“纵马行青草,临岐脱白衣。”

【臨岐别】 即离别。柳宗元《三赠刘员外》:“今日临岐别,何年待汝归。”

【臨岐杯】 临别送行之酒。欧阳詹《江夏留别华二》:“将何慰两端,互勉临岐杯。”

【臨岐路】 同“临岐❶”。司空曙《送王使君小子孝廉登科归省》:“鞍马临岐路,龙钟对别离。”

【臨歧】 见“临岐”。

【臨邑】 县名。西汉置。治所即今山东东阿县。杜甫有《暂如临邑至鹊山湖亭奉怀李员外率尔成兴》和《临邑舍弟书至苦雨黄河泛滥堤防之患簿领所忧因寄此诗用宽其意》。

【臨沙驛】 驿名。故址在今湖北江陵县境。司空曙有《题江陵临沙驿楼》。

【臨泛】 临流泛舟。高适《陪窦侍御灵云南亭宴诗得雷字》序:“况水具舟楫,山兼亭台,始临泛而写烦,俄登陟以寄傲。”戴叔伦《江行》:“临泛何容与,爱此江水清。”司空曙《晦日益州北池陪宴》:“临泛从公日,仙舟翠幕张。”张登《上巳泛舟得迟字》:“初筵临泛地,旧俗祓禳时。”

【臨牢】 走近猪栏。见《庄子·达生》。柳宗元《游南亭夜还叙志七十韵》:“问牛悲衅钟,说彘惊临牢。”

【臨局】 谓下棋。局,棋局。刘禹锡《观棋歌送儇师西游》:“因君临局看斗智,不觉迟景沉西墙。”

【臨妝】 对镜梳妆。梁锽《狷氏子》:“忆事临妆笑,春娇满镜台。”李绅《若耶溪》:“凌波莫惜临妆面,莹锷当期出匣心。”

【臨玩】 谓玩赏。李白《书情寄从弟邠州长史昭》:“临玩忽云夕,杜鹃夜鸣悲。”

【臨幸】 帝王亲临称“臨幸”。崔日用《奉和九月九日登慈恩寺浮图应制》:“临幸浮天瑞,重阳日再中。”

【臨武】 县名。西汉置。治所在今湖南临武县东。韩愈《忆昨行和张十一》:“阳山鸟路出临武,驿马拒地驱频隤。”

【臨事】 遇事;处理事情。高适《李云南征蛮诗》:“临事耻苟免,履危能饬躬。”杜甫《投简成华两县诸子》:“自然弃掷与时异,况乃疏顽临事拙。”刘长卿《送裴四判官赴河西军试》:“逢时将騗骥,临事无全牛。”吴融《赴阙次留献荆南成相公三十韵》:“临事成奇策,全身仗至忠。”

【臨事斷】 为称美人遇事能断的典实。见《礼记·乐记》。杜甫《过郭代公故宅》:“壮公临事断,顾步涕横落。”

【臨到】 将到,将要。刘禹锡《和令狐相公别牡丹》:“平章宅里一栏花,临到开时不在家。”

【臨門】 ❶到达家门。秦系《山中枉皇甫温大夫见招书》:“三辟草堂仍被褐,数行书札忽临门。”韩愈《赴江陵途中寄赠王二十补阙李十一拾遗李二十六员外翰林三学士》:“中使临门遣,顷刻不得留。”李商隐《行次西郊作一百韵》:“临门送节制,以锡通天班。”❷靠近门;门前。杜甫《愁坐》:“高斋常见野,愁坐更临门。”

【臨春】 ❶即临春阁。刘禹锡《金陵五题·台城》:“台城六代竞豪华,结绮临春事最奢。”李商隐《陈后宫》:“夜来江令醉,别诏宿临春。”韩偓《侍宴》:“蜂黄蝶粉两依依,狎宴临春日正迟。”❷临近春天。杜审言《大酺乐》:“紫宫初启坐,苍璧正临春。”白居易《除夜》:“病眼少眠非守岁,老心多感又临春。”

【臨春閣】 南朝陈后主所建的楼阁名。见《陈书·皇后传·张贵妃》。陈宫妃嫔《与颜濬冥会诗》:“惭非后主题笺客,得见临春阁上花。”

【臨砌】 临近阶砌。宋鼎《赠张丞相》:“已尝临砌橘,更睹跃池鱼。”韩王李从善《蔷薇诗一首十八韵呈东海侍郎徐铉》:“何处繁临砌,谁家密映篱。”元稹《连昌宫词》:“上皇偏爱临砌花,依然御榻临阶斜。”

【臨泉】 泉水之边。韩愈《此日足可惜赠张籍》:“甲午憩时门,临泉窥斗龙。”李渤《喜弟淑再至为长歌》:“非论疾恶志如霜,更觉临泉心似铁。”查密仲木《题崇胜温泉》:“浴罢临泉一整冠,令人搔首忆长安。”

【臨風】 迎风。卢照邻《山庄休沐》:“玉轸临风奏,琼浆映月携。”杜甫《剑门》:“恐此复偶然,临风默惆怅。”郎士元《赋得长洲苑送李惠》:“客有游吴者,临风思眇然。”牟融《寄范使君》:“西望家山成浩叹,临风搔首不胜愁。”

【臨洺】 县名。隋开皇十年(590)置,以北滨洺水为名。治所即今河北永年县(临洺关)。李白有《赠临洺县令皓弟》。

【臨洮】 县名。秦置。治所即今甘肃岷县。又郡名,天宝元年(742)改洮州置。治所在美相县(今甘肃临潭西南)。为唐代边防重镇。王宏《从军行》:“秦王筑城三千里,西自临洮东辽水。”李白《子夜四时歌四首·冬歌》:“裁缝寄远道,几日到临洮。”朱庆余《自萧关望临洮》:“玉关西路出临洮,风卷边沙入马毛。”汪遵《长城》:“秦筑长城比铁牢,蕃戎不敢过临洮。”

【臨津】 ❶水边;池边。高适《陪窦侍御泛灵云池》:“舞换临津树,歌饶向迥风。”又指银河之边。王勃《河阳桥代窦郎中佳人答杨中舍》:“披风听鸟长河路,临津织女遥相妒。”❷县名。西晋永兴初置。治所在今江苏宜兴市西北五十里。杨炯有《送临津王少府》。卢照邻有《同临津纪明府孤雁》。杜审言有《秋夜宴临津郑明府宅》。

【臨陣】 身临战阵,面临战阵。杜甫《高都护骢马行》:“此马临阵久无敌,与人一心成大功。”李涉《哭田布》:“魏师临阵却抽营,谁管豺狼作信兵。”

【臨降】 降临。《郊庙歌辞·汉宗庙乐舞辞·显仁舞》:“云轩临降久,星俎荐陈丰。霭霭沉檀雾,锵锵环佩风。”

【臨都驛】 驿名。在今河南洛阳市西。白居易《临都驿答梦得六言二首》之一:“扬子津头月下,临都驿里灯前。”又有《临都驿送崔十八》。刘禹锡有《答乐天临都驿见赠》。

【臨軒】 ❶皇帝临朝不坐正殿而在前殿堂陛轩槛之处接见群臣,称“臨軒”。见《后汉书·崔寔传》。后多指皇帝临朝。杜甫《赠蜀僧闾丘师兄》:“惟昔武皇后,临轩御乾坤。”刘长卿《送建州陆使君》:“汉庭初拜建安侯,天子临轩寄所忧。”元稹《和李校书新题乐府十二首·蛮子朝》:“天子临轩四方贺,朝廷无事唯端拱。”李商隐《行次西效作一百韵》:“大朝会万方,天子正临轩。”❷临窗。杜甫《七月三日亭午已后较热退晚加小凉稳睡有诗因论壮年乐事戏呈元二十一曹长》:“临轩望山阁,缥缈安可越。”裴说《棋》:“临轩才一局,寒日又西垂。”梁藻《南山池》:“时沽村酒临轩酌,拟摘新茶靠石煎。”

【臨財】 面对财物。李白《陈情赠友人》:“临财不苟取,推分固辞让。”

【臨時】 ❶暂时；一时。苏颋《饯潞州陆长史再守汾州》："不荣三入地，还美再临时。"刘长卿《罢摄官后将还旧居留辞李侍御》："忆昨趋金节，临时废玉徽。俗流应不厌，静者或相讥。"罗隐《寄第五尊师》："朱黄拣日囚尸鬼，青白临时注脑神。"❷当其时。罗隐《裴庶子除太仆卿因贺》："秩随科第临时贵，官逐簪裾到处清。"孙元晏《咏史诗·宋·刘伯龙》："固知生计还须有，穷鬼临时也笑人。"

【臨哭】 哭吊死者。王湾《哭补阙亡友綦毋学士》："登山一临哭，挥泪满蒿莱。"

【臨酒】 对酒。李商隐《又效江南曲》："乖期方积思，临酒欲拌娇。"

【臨衰】 垂老；将近衰年。杜甫《秦州杂诗二十首》之一一："不意书生耳，临衰厌鼓鼙。"

【臨高臺】 乐府鼓吹曲辞篇名。见宋郭茂倩《乐府诗集》卷一六。王维《临高台送黎拾遗》："相送临高台，川原杳何极。"

【臨益夢】 指出任益州太守之典。见《晋书·王濬传》。贾彦璋《王龙骧墓》："刀悬临益梦，龙启渡江谣。"

【臨涇】 县名。隋大业十年(614)改湫谷县置。治所即今甘肃镇原县。喻凫有《晚次临泾》。

【臨海】 ❶郡名。三国吴太平二年(257)置。治所在临海县(今浙江临海市)。唐天宝元年(742)又改台州为临海郡，仍治临海县(今浙江临海市)。乾元元年(758)复改为台州。骆宾王有《久客临海有怀》。权德舆有《寄临海郡崔稚璋》。杜荀鹤有《寄临海姚中丞》。❷谓登临翰海，指霍去病出征塞外的战绩。见《史记·卫将军骠骑列传》。崔融《从军行》："临海旧来闻骠骑，寻河本自有中郎。"

【臨流】 面对流水；流水之边。韦应物《留别洛京亲友》："临流一相望，零泪忽沾衣。"钱起《送万兵曹赴广陵》："秋日思还客，临流语别离。"郎士元《送韦湛判官》："临流兴不尽，惆怅水云间。"刘禹锡《重寄表臣二首》之一："对酒临流奈别何，君今已醉我蹉跎。"

【臨流洗耳】 为咏高人隐士的典故。孟浩然《白云先生王迥见访》："闻道鹤书征，临流还洗耳。"

【臨書】 ❶临摹书帖。周贺《寄金陵僧》："觅句当秋山落叶，临书近腊砚生冰。"裴夷直《晚凉》："山客野僧归去后，晚凉移案独临书。"李商隐《骄儿诗》："有时看临书，挺立不动膝。"❷面对书本。司马扎《感萤》："爱尔持照书，临书叹吾道。"

【臨書案】 指写字桌。张籍《夏日闲居》："闲对临书案，看移晒药床。"

【臨書葉】 可供书写的草木之叶。元稹《献荥阳公诗五十韵》："蒲有临书叶，韦充读易编。"

【臨堂】 上堂。王维《送权二》："帐别千余里，临堂鸣素琴。"又《待储光羲不至》："了自不相顾，临堂空复情。"刘禹锡《葡萄歌》："有客汾阴至，临堂瞪双目。"

【臨眺】 登高远望。张说《奉和圣制登骊山瞩眺应制》："寒山上半空，临眺尽寰中。"李白《经乱后将避地剡中留赠崔宣城》："杨花满州城，置酒同临眺。"高适《宓公琴台诗三首》之一："临眺忽凄怆，人琴安在哉。"杜甫《登兖州城楼》："从来多古意，临眺独踌躇。"

【臨晚】 傍晚。杜牧《边上晚秋》："风送孤城临晚角，一声声入客心愁。"

【臨淮】 郡名。天宝元年(742)以泗州改名。治所在临淮县(今江苏盱眙县西北淮水西岸)。韩愈《送僧澄观》："临淮太守初到郡，远遣州民送音问。"元稹《喜五兄自泗州至》："惭愧临淮李常侍，远教形影暂相随。"

【臨淮公】 武元衡。元衡为剑南西川节度使，由萧县伯封临淮郡公，见《新唐书》本传。杨嗣复有《丁巳岁八月祭武侯祠堂因题临淮公旧碑》。杨汝士有《和宗人尚书嗣复祠祭武侯毕题临淮公旧碑》。

【臨深誡】 《诗·小雅·小旻》："战战兢兢，如临深渊，如履薄冰。"后遂用为恐惧警戒的典实。高适《赠别王十七管记》："曾非济代谋，且有临深诫。"

【臨深】 临近深渊。韦安石《奉和九日幸临渭亭登高应制得枝字》："临深应在即，居高岂忘危。"杜甫《陪王侍御同登东山最高顶宴姚通泉晚携酒泛江》："请公临深莫相违，回船罢酒上马归。"灵澈《奉和郎中题仙岩瀑布十四韵》："扪险路坱圠，临深闻潺湲。"

【臨深懼】 同"臨深誡"。耿沣《发南康夜泊灨石中》："岂唯垂堂戒，兼以临深惧。"

【臨淄】 县名。治所在今山东淄博市东北临淄北。又郡名。天宝元年(742)改齐州置。治所在历城(今山东济南市)。苏颋《奉和圣制途次旧居应制》："潞国临淄邸，天王别驾舆。"王维《送高适弟耽归临淮作》："遨游向燕赵，结客过临淄。"

【臨淄土偶】 《战国策·齐策三》："孟尝君将入秦，止者千数而弗听。苏秦欲止之……谓孟尝君曰：'今者臣来，过于淄上，有土偶人与桃梗相与语。桃梗谓土偶人曰：'子，西岸之土也，挺子以为人，至岁八月，降雨下，淄水至，则汝残矣。'土偶曰：'不然。吾西岸之土也，吾残，则复西岸耳。今子，东国之桃梗也，刻削子以为人，降雨下，淄水至，流子而去，则子漂漂者将何如耳。'今秦四塞之国，譬若虎口，而君入之，则臣不知君所出矣。"孟尝君乃止。"后遂用为典实。周昙《咏史诗·春秋战国门·田文》："秦关若待鸡鸣出，笑杀临淄土偶人。"

【臨終】 临近死亡。寒山《诗三百三首》之三七：

"若至临终日，吊客有苍蝇。"张籍《祭退之》："及当临终晨，意色亦不荒。"项斯《哭南流人》："临终时有雪，旅葬处无云。"

【臨朝】　古代帝王每于早晨登御朝廷处理政务，称"臨朝"。崔融《则天皇后挽歌二首》之二："前殿临朝罢，长陵合葬归。"储光羲《终南幽居献苏侍郎三首时拜太祝未上》之一："圣君常临朝，达士复悬衡。"杜甫《寄刘峡州伯华使君四十韵》："太后临朝肃，多才接迹升。"张籍《庄陵挽歌词三首》之一："迎师亲出道，从谏早临朝。"

【臨雲】　凌云。李沇《醮词》："请帝命真官，临云启金匮。"

【臨虛】　凌空。杜甫《石柜阁》："石柜曾波上，临虚荡高壁。"

【臨候】　等候降临。《郊庙歌辞·五郊乐章·黑郊迎神》："玄莫戒序，黑郊临候。掌礼陈彝，司筵执豆。"

【臨御】　谓君临天下。卢照邻《中和乐九章·歌明堂第二》："天子临御，万玉锵锵。"

【臨街】　面对街道；街道之旁。姚合《题田将军宅》："近砌别穿浇药井，临街新起看山楼。"

【臨尊】　即临酒。元凛《中秋夜不见月》："吟诗得句翻停笔，玩处临尊却掩扉。"

【臨湘樓】　楼阁名。在今湖南长沙市。元稹有《湘南登临湘楼》。

【臨渴掘井】　比喻事到临头才设法解决。见《黄帝内经·素问·四气调神大论》。寒山《诗三百三首》之九七："蒸砂拟作饭，临渴始掘井。"

【臨渭】　县名。三国魏置。治所在今甘肃南安县东南。张说《奉和圣制初入秦川路寒食应制》："上阳柳色唤春归，临渭桃花拂水飞。"

【臨渭亭】　亭阁名。在长安之北渭水边。李峤有《游禁苑陪幸临渭亭遇雪应制》。苏颋有《奉和九日幸临渭亭登高应制得时字》。阎朝隐有《奉和九日幸临渭亭登高应制得筵字》。

【臨涣】　县名。北齐改涣北县置。治所在今安徽宿州市西南。唐贞观十七年(643)移治今淮北市西北临涣镇。孟浩然有《临涣裴明府席遇张十一房六》。

【臨窗】　靠近窗。戎昱《旅次寄湖南张郎中》："寒江近户漫流声，竹影临窗乱月明。"文宗《题程修己竹障》："临窗忽睹繁阴合，再盼真假殊未分。"韦庄《对雪献薛常侍》："松装粉穗临窗亚，水结冰锥簇溜悬。"徐铉《和歙州陈使君见寄》："临窗山色秀，绕郭水声喧。"

【臨賀】　县保。西汉置。治所即今广西贺州市(八步)东南贺街。又郡名，治所即贺州市贺街镇。刘禹锡《海洋湖别浩初师》引："往年之临贺，唁侍郎杨公。"

【臨蒸】　地名。即今湖南衡阳市。柳宗元《得卢衡州书因以诗寄》："临蒸且莫叹炎方，为报秋来雁几行。"

【臨頓】　里名。在今江苏苏州市城区东南隅旧齐门内。皮日休有《临顿为吴中偏胜之地陆鲁望居之不出余每相访欵然惜去因成五言十首奉题屋壁》和《临顿宅将有归于之日鲁望以诗见贶因抒怀酬之》。

【臨當】　正当；到。王维《晦日游大理韦卿城南别业四声依次用各六韵》之二："临当游南陂，约略执杯酒。"韩愈《赠别元十八协律六首》之一："临当背面时，裁诗示缱绻。"

【臨睨】　眺望；顾视。见《楚辞·离骚》。王勃《早春野望》："他乡临睨极，花柳映边亭。"刘宪《闰九月九日幸总持寺登浮图应制》："临睨光辉满，飞文动睿神。"

【臨照】　❶谓对镜自照。刘希夷《览镜》："青楼挂明镜，临照不胜悲。"❷谓阳光照射。钱起《归义寺题震上人壁》："太阳忽临照，物象俄光煦。"

【臨路】　即将上路；临行。张九龄《晨坐斋中偶而成咏》："仰霄谢逸翰，临路嗟疲足。"刘禹锡《百花行》："临路不胜愁，轻烟去何托。"姚合《罢武功县将入城》："无奈同官珍重意，几回临路却休行。"陈去疾《送人谪幽州》："临路深怀放废惭，梦中犹自忆江南。"

【臨路岐】　同"臨岐❶"。李绅《闻里谣效古歌》："我无工巧唯无私，举手一挥临路岐。"

【臨滄觀】　一名劳劳亭。在今江苏南京市西南古新亭之南。三国吴筑，为古代送别之所。李白《闻李太尉大举秦兵百万出征东南懦夫请缨冀申一割之用半道病还留别金陵崔侍御十九韵》："初发临沧观，醉栖征虏亭。"

【臨溪】　❶溪水边。在溪水边。韦庄《渔塘十六韵》："崄树临溪亚，残莎带岸崩。"翁承赞《松》："倚涧临溪自屈蟠，雪花销尽藓花干。"❷县名。唐景云二年(711)以武源县改名。治所在今浙江德清县北。顾况《临海所居三首》之二："此去临溪不是遥，楼中望见赤城标。"常建有《送李十一尉临溪》。

【臨蕃】　城名。在今青海湟源县东南。唐属鄯州，后地入吐蕃。无名氏有《晚秋至临蕃被禁之作》。

【臨敵】　谓临阵杀敌。张祜《投魏博田司空二十韵》："报主亲临敌，屯师首犯强。"

【臨曉】　拂晓，凌晨。元稹《新秋》："夏衣临晓薄，秒影入檐长。"刘禹锡《和乐天题真娘墓》："幡盖向风疑舞袖，镜灯临晓似妆台。"

【臨憩】　停留休息。崔国辅《题豫章馆》："游宦常往来，津亭暂临憩。”

【臨臨】 高貌。柳宗元《奉平淮夷雅表·方城》：“方城临临，王卒峙之。”卢仝《感古四首》之四：“不分杀人羽翮成，临临冲天妇嫌丑。”

【臨濠】 见《庄子·秋水》。后遂用为咏逍遥自适的典故。李白《书情题蔡舍人雄》：“投汨笑古人，临濠得天和。”

【臨邊】 守卫边防。高适《酬裴员外以诗代书》：“临边无策略，览古空裴回。”杜甫《诸将五首》之三：“稍喜临边王相国，肯销金甲事春农。”刘禹锡《奉和淮南李相公早秋即事寄成都武相公》：“远夷争慕化，真相故临边。”王贞白《拟塞外征行》：“寇骑满鸡田，都护欲临边。”

【臨歸】 将归。韦夏卿《别张贾》：“临归无限意，相视却忘言。”

【臨觴】 ❶面对酒杯。王维《春中田园作》：“临觞忽不御，惆怅远行客。”李白《赠任城卢主簿》：“临觞不能饮，矫翼思凌空。”韦应物《赠别河南李功曹》：“临觞自不饮，况与故人违。”张籍《寒食书事二首》之二：“闲坐将谁语，临觞只自谣。”❷谓饮酒。刘长卿《送李员外使还苏州兼呈前袁州李使君》：“朱弦徐向烛，白发强临觞。”戎昱《同辛兖州巢父虚副端岳相思献酬之作因纾归怀兼呈辛魏二院长杨长宁》：“临觞不及醉，分散秋风里。”刘禹锡《和令狐相公晚泛汉江书怀寄洋州崔待郎阆州高舍人二曹长》：“临觞念佳期，泛瑟动离声。”

【臨難】 面临危难。贾至《自蜀奉册命往朔方途中呈韦左相文部房尚书门下崔侍郎》：“豳公秉大节，临难不顾身。”

【臨鏡】 对镜；照镜。王维《扶南曲歌词五首》之五：“朝日照绮窗，佳人坐临镜。”包融《赋得岸花临水发》：“照灼如临镜，丰茸胜浣纱。”元稹《三兄以白角巾寄遗发不胜冠因有感叹》：“暗梳蓬发羞临镜，私戴莲花耻见人。”杜荀鹤《春宫怨》：“早被婵娟误，欲妆临镜慵。”

【臨關】 ❶守卫关门。杜甫《剑门》：“一夫怒临关，百万未可傍。”❷谓月光照射关门。王维《陇头吟》：“陇头明月迥临关，陇上行人夜吹笛。”杜甫《秦州杂诗二十首》之七：“无风云出塞，不夜月临关。”

【臨歡】 犹言欢乐。司马扎《猎客》：“清歌杂妙舞，临欢度曲长。”

【臨變】 面临意外变故。高适《宋中十首》之三：“景公德何广，临变莫能欺。”

自　部

自〔zì《广韵》疾二切，去至，從。〕❶自己，亲自。戴叔伦《奉天酬别郑谏议云逵卢拾遗景亮见别之作》："宽饶狂自比，汲黯直为邻。"韩愈《元和圣德诗》："辟穷见窘，无地自处。"白居易《往年稠桑曾丧白马题诗厅壁今来尚存更题绝句》："马死七年犹怅望，自知无乃太多情。"李商隐《东还》："自有仙才自不知，十年长梦采华芝。"❷自然；当然。高适《醉后赠张九旭》："兴来书自圣，醉后语尤颠。"杜甫《前出塞九首》之七："杀人亦有限，列国自有疆。"戴叔伦《晖上人独坐亭》："性空长入定，心悟自通玄。"张碧《山居雨霁即事》："结茅苍岭下，自与喧卑隔。"❸独自，枉自。杜甫《蜀相》："映阶碧草自春色，隔叶黄鹂空好音。"武元衡《和杨弘微春日曲江南望》："寒谷律潜应，中林兰自幽。"白居易《白牡丹》："怜此皓然质，无人自芳馨。"窦参《登潜山观》："灵草空自绿，余霞谁共餐。"❹本来。杜甫《古柏行》："扶持自是神明力，正直原因造化工。"韩愈《奉和虢州刘给事使君三堂新题二十一咏·梯桥》："自无飞仙骨，欲度何由敢?"李贺《奉和二兄罢使遣马归延州》："自是桃李树，何畏不成蹊。"❺介词。(1)由，从。王维《杂诗三首》之二："君自故乡来，应知故乡事。"李白《西施》："西施越溪女，出自苎萝山。"阎防《夕次鹿门山作》："我行自春仲，夏鸟忽绵蛮。"韩愈《琴操十首·越裳操》："自周之先，其艰其勤。"(2)在；于。贺知章《奉和御制春台望》："自昔秦奢汉穷武，后庭万余宫百数。"杜甫《同李太守登历下古城员外新亭亭对鹊湖》："圆荷想自昔，遗堞感至今。"皇甫冉《送王相公之幽州》："自昔萧曹任，难兼卫霍功。"司空曙《送僧无言归山》："自昔闻多学，逍遥注一篇。"❻连词。(1)假如。杜甫《寄薛三郎中》："自非得神仙，谁免危其身。"又《贻华阳柳少府》："自非晓相访，触热生病根。"裴玄智《书化度藏院壁》："自非阿罗汉，焉能免得偷。"(2)虽然；即使。杜甫《日暮》："风月自清夜，江山非故园。"又《投赠哥舒开府二十韵》："君王自神武，驾驭必英雄。"

【自力】　自食其力。韩愈《示爽》："才短难自力，惧终莫洗湔。"张籍《沈千运旧居》："一生不自力，家与逆旅同。"

【自了】　(—liǎo)自然地了结。齐己《渚宫莫问诗一十五首》之三："了应须自了，心不是他心。"

【自己】　人称代词。自身，本身。裴说《句》："自己情虽切，他人未肯忙。"吕岩《渔父词二十八首·方契理》："举世人生何所依，不求自己更求谁。"蒋贻恭《咏虾蟆》："欲知自己形骸小，试就蹄涔照影看。"

【自化】　自然化育。李白《赠范金卿二首》之二："为邦默自化，日觉冰壶清。"吴融《赠广利大师歌》："化人之心固甚难，自化之心更不易。"

【自公】　本谓办完公事自公府而出。见《诗·召南·羔羊》。后以"自公"表示尽心奉公之意。岑参《冬宵家会饯李郎司兵赴同州》："多暇或自公，读书复弹棋。"杜甫《遣闷奉呈严公二十韵》："黄卷真如律，青袍也自公。"又《江陵节度阳城郡王新楼成王请严侍御判官赋七字句同作》："自公多暇延参佐，江汉风流万古情。"

【自古】　自古代以来。刘长卿《月下呈章秀才》："自古悲摇落，谁人奈此何。"白居易《和梦得》："所嗟非独君如此，自古才难共命争。"李商隐《韩碑》："当仁自古有不让，言讫屡颔天子颐。"陆龟蒙《伤越》："越溪自古好风烟，盗束兵缠已半年。"

【自由】　自己作主，不受羁束。杜甫《晦日寻崔戢李封》："出门无所待，徒步觉自由。"白居易《题四皓庙》："卧逃秦乱起安刘，舒卷如云得自由。"赵嘏《寄淮南幕中刘员外》："桂生岩石本潇洒，鹤到烟空更自由。"徐夤《嘉运》："家无寸帛浑闲事，身似浮云且自由。"

【自由身】　谓不受羁束，行动自由。白居易《苦热》："始惭当此日，得作自由身。"又《和裴令公杂言见赠》："公有功德在生民，何因得作自由身。"薛能《除夜作》："何当平贼后，归作自由身。"司空图《南至四首》之四："一任喧阗绕四邻，闲忙皆是自由身。"

【自生自灭】　自己产生，自己消亡。白居易《山中五绝句·岭上云》："自生自灭成何事，能逐东风作雨无。"

【自失】　自行消失。张祜《忆江东旧游四十韵寄宣武李尚书》："雄图翻自失，高躅鲜相承。"

【自外】　❶置身于事外。韩愈《感春四首》之二："为此径须沽酒饮，自外天地弃不疑。"❷此外。元稹《何满子歌》："自外徒烦记得词，点拍才成已夸诞。"

【自出】　外甥的代称。李之芳《夏夜李尚书筵送宇文石首赴县联句》:“客居逢自出,为别几凄然。”

【自老】 自然衰老。拾得《诗》之二十:“山水不移人自老,见却多少后生人。”

【自在】 ❶自由安闲。杜甫《江畔独步寻花七绝句》之六:“留连戏蝶时时舞,自在娇莺恰恰啼。”白居易《杨六尚书频寄新诗因书鄙意报而谕之》:“若论尘事何由了,但问云心自在无。”姚合《寄送卢拱秘书游魏州》:“官闲身自在,诗逸语纵横。”吕岩《五言》之四:“功成归物外,自在乐烟霞。”❷佛教语。指心离烦恼,通达无碍。寒山《诗三百三首》之一六三:“任运遁林泉,栖迟观自在。”元稹《悟禅三首寄胡果》之二:“自笑无名字,因名自在天。”白居易《菩提寺上方晚眺》:“谁知不离簪缨内,长得逍遥自在心。”白居易《赠僧五首·自远禅师》:“自出家来长自在,缘身一衲一绳床。”

【自在身】 佛教语。指心离烦恼、舒适自在的身躯。张籍《和左司元郎中秋居十首》之三:“更恐登清要,难成自在身。”白居易《池上闲吟二首》之一:“高卧闲行自在身,池边六见柳条新。”殷尧藩《赠惟俨师》:“焕然文采照青春,一策江湖自在身。”

【自此】 自此。杜甫《送韦讽上阆州录事参军》:“当令豪夺吏,自此无颜色。”周贺《旅怀》:“何年自此去,旧国复为邻。”赵嘏《陪崔璞侍御和崔玥春日有怀》:“自此容依托,清才两故人。”韦庄《秦妇吟》:“旧里从兹不得归,六亲自此无寻处。”

【自休】 ❶自己,自止。白居易《想东游五十韵》序:“吟且成篇,不能自休,盈五百字。”司马扎《道中早发》:“行役难自休,家山忆秋洞。”❷谓自得其闲逸。元结《喻瀼溪乡旧游》:“贫穷老乡里,自休还力耕。”

【自任】 自禁,自己承受。高适《别王彻》:“离别未足悲,辛勤当自任。”韩愈《孟生诗》:“迁延乍却走,惊怪靡自任。”郑谷《李夷遇侍御久滞水乡因抒寄怀》:“高闲徒自任,华省待为郎。”

【自全】 保全自己。唐彦谦《六月十三日上陈微博士》之二:“小大各有适,自全良独难。”

【自危】 危害自己。王梵志《诗》之五四:“有势不烦意,欺他必自危。但看木里火,出则自烧伊。”

【自守】 ❶自保;自我防卫。杜甫《蒹葭》:“摧折不自守,秋风吹若何。”又《苦竹》:“青冥亦自守,软弱强扶持。”❷自坚其操守。见汉扬雄《解嘲》。杜甫《送杨六判官使西蕃》:“子云清自守,今日起为官。”韩愈《闲游二首》之二:“子云只自守,奚事九衢尘。”

【自安】 自觉心安。白居易《偶作二首》之二:“如此常自苦,反此或自安。”白居易《长恨歌》前列陈鸿《长恨歌传》:“因言太上皇亦不久人间,幸唯自安,无自苦耳。”

【自如】 ❶自若,不受拘束。杜甫《瀼西寒望》:“猿挂时相学,鸥行炯自如。”杜牧《齐安郡晚秋》:“云容水态还堪赏,啸志歌怀亦自如。”皮日休《奉酬崔璐进士见寄次韵》:“纵性作古文,所为皆自如。”吕岩《沁园春》词:“醉后高眠,谈笑自如。”❷自得,得意。张彪《杂诗》:“儒生未遇时,衣食不自如。”张籍《早春病中》:“羸病及年初,心情不自如。”方干《送饶州王司法之任兼寄朱处士》:“遥想清溪畔,幽人得自如。”

【自足】 ❶自觉满足,不侈求。玄宗《端午三殿宴群臣探得神字》序:“超然玄览,自足为乐。”朱庆余《行路难》:“人心不自足,公道为谁平。”徐铉《自题山亭三首》之二:“退公聊自足,争敢望长闲。”曹松《赠南陵李主簿》:“看云情自足,爱酒逸应无。”❷充足。司空图《诗品二十四则·绮丽》:“取之自足,良殚美襟。”

【自我】 我,自己。陈子昂《奉和皇帝上礼抚事述怀应制》:“大君忘自我,应运居紫宸。”

【自私】 图谋个人私利。王维《不遇咏》:“今人昨人多自私,我心不说君应知。”司空图《效陈拾遗子昂》:“量已苟自私,招损乃谁咎。”杜甫《回棹》:“宿昔世安命,自私犹畏天。”

【自免】 自求免职。李瀚《蒙求》:“曼容自免,子平毕娶。”

【自言】 自称,自己说。高适《酬庞十兵曹》:“忆昔游京华,自言生羽翼。”司马扎《猎客》:“自言家咸京,世族如金张。”

【自沉】 使自己沉沦。张九龄《郡舍南有园畦杂树聊以永日》:“我愿从归翼,无然坐自沉。”

【自君之出矣】 乐府古题。属杂曲歌辞。见唐吴兢《乐府古题要解》卷下。辛弘智、李康成、卢仝、雍裕之和张祜均有《自君之出矣》。

【自妍】 自以为美。薛据《初去郡斋书怀》:“志士不伤物,小人皆自妍。”

【自奉】 自我奉养。白居易《题座隅》:“自奉虽不厚,亦不至饥劬。”

【自取】 自己招致。白居易《感兴二首》之二:“我有一言君记取,世间自取苦人多。”李商隐《有感二首》之一:“如何本初辈,自取屈牦诛。”皮日休《奉和鲁望渔具十五咏·簃》:“一旦悬鼎镬,祸机真自取。”

【自昔】 以往,从前。杜甫《奉送严公入朝十韵》:“与时安反侧,自昔有经纶。”

【自拘】 自我束缚。许浑《宣城崔大夫召联句偶疾不获赴因献》:“心慕知音命自拘,画堂闻欲试吹竽。”

【自招】 自己招致。唐求《涂次偶作》:“岁月客中销,崎岖力自招。”

【自苦】 自寻苦恼。白居易《偶作二首》之二:

"如此常自苦，反此或自安。"白居易《长恨歌》前引陈鸿《长恨歌传》："因言太上皇亦不久人间，幸唯自安，无自苦耳。"韩愈《秋怀诗十一首》之一："胡为浪自苦，得酒且欢喜。"

【自若】 ❶自由，不受拘束。杜甫《过郭代公故宅》："代公尉通泉，放意何自若。"玄宗《鹡鸰颂》序："逼之不惧，翔集自若。"❷自得，得意。白居易《秦中吟十首·轻肥》："食饱心自若，酒酣气益振。"

【自直】 自然伸直。刘禹锡《学阮公体三首》之一："只言绳自直，安知室可欺。"

【自来】 ❶历来，由来。张九龄《骊山下逍遥公旧居游集》："明德有自来，奕世皆秉彝。"王建《赠王侍御》："自来掌军书，无不尽臣诚。"又《赠华州郑大夫》："自来不说双旌贵，恐替长教百姓愁。"❷自己来到。刘禹锡《伤愚溪三首》之一："溪水悠悠春自来，草堂无主燕飞回。"崔橹《华清宫三首》之一："明月自来还自去，更无人倚玉栏干。"刘沧《长洲怀古》："千年事往人何在，半夜月明潮自来。"

【自非】 倘若不是。杜甫《寄薛三郎中》："自非得神仙，谁免危其身。"又《同诸公登慈恩寺塔》："自非旷士怀，登兹翻百忧。"刘长卿《出丰县界寄韩明府》："自非传尺素，谁为论中肠。"韦应物《杂体五首》之一："自非磨莹工，日日空叹息。"

【自明】 ❶自我表白。司空图《冯燕歌》："诬执张婴不自明，贵免生前遭考捶。"❷谓花朵明艳。李商隐《李花》："自明无月夜，强笑欲风天。"

【自呼】 自呼己名。宋之问《谒禹庙》："猿啸有时答，禽言常自呼。"韩愈《射训狐》："有鸟夜飞名训狐，矜凶挟狡夸自呼。"

【自知】 ❶自己知晓。白居易《弹秋思》："近来渐喜无人听，琴格高低心自知。"曹邺《去不返》："寒女不自知，嫁为公子妻。"黄滔《旅怀寄友人》："重叠愁肠只自知，苦于吞蘖乱于丝。"徐夤《郊村独游》："市头相者休相戏，蹙膝先生半自知。"❷自然知晓。许棠《寄建州姚员外》："诬谮遭遐谪，明君即自知。"

【自和】 （一hè）唱和自己的诗作。陆龟蒙有《自和次前韵(江墅言怀)》。王周有《自和西山晚景》。

【自委】 自行凋蔽。委，通"萎"。李益《春晚赋得余花落》："自委不胜愁，庭风那更起。"

【自供】 自行供给。杜甫《诸将五首》之三："朝廷衮职虽多预，天下军储不自供。"

【自卑】 ❶谦卑。范质《诫儿侄八百字》："自卑而尊人，先彼而后己。"❷小视自己。杜甫《雨》："穷荒益自卑，飘泊欲谁诉。"

【自念】 想念。白居易《寄刘苏州》："泣罢几回深自念，情来一倍苦相思。"

【自肥】 谓恬淡守道，心安而体胖。见《韩非子·喻老》。韩愈《送区弘南归》："离其母妻绝因依，嗟我道不能自肥。"

【自咎】 自我责备；归罪于自己。储光羲《上长史王公责躬》："自咎失明义，宁由贝锦诗。"

【自刻】 亲手雕镂。李商隐《宫中曲》："水精不觉冷，自刻鸳鸯翅。"

【自劾】 检举自己的过失。韩愈《崔十六少府摄伊阳以诗及书见投因酬三十韵》："行当自劾去，渔钓老葭葳。"李瀚《蒙求》："龚胜不屈，孙宝自劾。"

【自怡】 自娱，自乐。张九龄《夏日奉使南海在道中作》："行李岂无苦，而我方自怡。"权德舆《丙寅岁苦贫戏题》："颜渊谅贤人，陋巷能自怡。"刘禹锡《和董庶中古散调词赠尹果毅》："饮尔一杯酒，陶然足自怡。"陆龟蒙《奉和袭美公斋四咏次韵·小桂》："洛浦虽有荫，骚人聊自怡。"

【自述】 自叙。自己陈述。杜荀鹤有《自述》。

【自泯】 自行消失。张九龄《题画山水障》："言象会自泯，意色聊自宣。"

【自宣】 自我张扬。张九龄《题画山水障》："言象会自泯，意色聊自宣。"

【自珍】 ❶自我珍惜。吴融《古锦裾六韵》："掣曳无由睹，流传久自珍。"❷特指珍惜自己的身体。杜甫《敬寄族弟唐十八使君》之三："一失不足伤，念子孰自珍。"

【自持】 ❶自我克制。骆宾王《代女道士王灵妃赠道士李荣》："梅花如雪柳如丝，年去年来不自持。"李白《江夏行》："忆昔娇小姿，春心亦自持。"白居易《杨柳枝二十韵》："曲罢那能别，情多不自持。"步非烟《答赵子》："绿惨双蛾不自持，只缘幽恨在新诗。"❷自己坚持；自我维持。崔湜《景龙二年言志》："毫发顾无累，冰壶邈自持。"白居易《有木诗八首》之一："截枝扶为杖，软弱不自持。"薛涛《酬人雨后玩竹》："众类亦云茂，虚心能自持。"曹邺《寄贾驰先辈》："闻君欲自持，勿使吾道低。"

【自省】 （一xǐng）自我反省。宋之问《嵩山夜还》："自省游泉石，何曾不夜归。"张祜《灞上送客》："自省论心意不疑，五年风水因追随。"贯休《桐江闲居作十二首》之一："从来多自省，不学拟何为。"

【自是】 ❶只是。李商隐《五言述德抒情诗一首四十韵献上杜七兄仆射相公》："自是依刘表，安能比老彭。"杜牧《春思》："自是求佳梦，何须讶昼眠。"薛逢《狼烟》："传声却报边无事，自是官军人抄回。"许棠《写怀》："青云知有路，自是致无因。"❷自然是；原来是。薛奇童《塞下曲》："自是幽并客，非论爱立功。"韦应物《赋得浮云起离色送郑述诚》："偏能见行色，自是独伤离。”独孤及《同岑郎中屯田韦员外花树歌》：“君家自是成蹊处，况有庭花作主人。”皇甫冉《送唐别驾赴郢州》：“翩翩骏马去，自是少年行。”

【自哂】 自我讥笑。李白《经乱离后天恩流夜郎忆旧游书怀赠江夏韦太守良宰》：“学剑翻自哂，为文竟何成。”李商隐《咏怀寄秘阁旧僚二十六韵》：“自哂成书簏，终当咒酒卮。”白居易《江南谪居十韵》：“自哂沉冥客，曾为献纳臣。”

【自重】 （一zhòng）重视自己的人格修养。姚合《感时》：“逢人话天命，自重如千钧。”翁承赞《奉使封闽王归京洛》：“指日还家堪自重，恩荣书锦贺封王。”

【自便】 （一biān）行动自由，不受羁束。姚合《秋中寄崔道士》：“四肢得自便，虽劳不为役。”

【自保】 自我保护。张九龄《始兴南山下有林泉尝卜居焉有怀此地》：“一跌不自保，万全焉可寻。”杨炯《骢马》：“风霜但自保，穷达任皇天。”赵嘏《昔昔盐二十首·惊魂同夜鹊》：“妾心甘自保，岂复暂忘恩。”

【自信】 相信自己。韩愈《谢自然诗》：“奈何不自信，反欲从物迁。”郑谷《谷比岁受同年丈人故川守李侍郎教谕衰晏龙钟益用感叹遂以章句自贻》：“皎日还应知守道，平生自信解甘贫。”

【自勉】 自我勉励。韦承庆《直中书省》：“九思空自勉，五字本无施。”杜牧《题池州弄水亭》：“不能自勉去，但愧来何暮。”曹邺《偶怀》：“最贱不自勉，中涂与谁争。”徐铉《宿茅山寄舍弟》：“当年各自勉，云洞镇长春。”

【自哀】 自觉哀伤。刘沧《江行书事》：“寒潮欲上泛萍藻，寄荐三闾情自哀。”

【自度】 济渡自己。意谓超渡苦难，引自己至彼岸。王梵志《兀然无事》之三；“若欲度众生，无过且自度。”

【自美】 美化自己。齐己《君子行》：“亦何必用虚伪之文章，取荣名而自美。”

【自迷】 自己迷醉或自己迷惘。李商隐《饮席戏赠同舍》：“洞中屐响省分携，不是花迷客自迷。”又《寄令狐学士》：“钧天虽许人间听，阊阖门多梦自迷。”刘沧《浙江晚渡怀古》：“潮声归海鸟初下，草色连江人自迷。”

【自兹】 自此。李颀《晚归东园》：“澹泊真吾事，清风别自兹。”杜甫《赤谷》：“晨发赤谷亭，险艰方自兹。”

【自矜】 自夸，自我炫耀。寒山《诗三百三首》之四七：“自矜美少年，不信有衰老。”李白《题嵩山逸人元丹丘山居》：“自矜林湍好，不羡朝市乐。”张祜《庚子岁寓游扬州赠崔荆四十韵》：“僻性从他谕，幽情且自矜。”周昙《咏史诗·春秋战国门·再吟田文》：“门下三千各自矜，频弹剑客独无能。”

【自酌】 斟酒自饮。韩愈《幽怀》：“岂无一尊酒，自酌还自吟。”

【自致】 ❶由自己招致。白居易《闲卧有所思二首》之二：“大抵吉凶多自致，李斯一去二疏回。”❷凭自己主观努力而获得。杜甫《送顾八分文学适洪吉州》：“烈士恶苟得，俊杰思自致。”李益《来从窦车骑行》：“丈夫交四海，徒论身自致。”韦庄《和薛先辈见寄初秋寓怀即事之作二十韵三用韵》：“烟霄难自致，岁月易相侵。”张蠙《边游别友人》：“良时未自致，归去欲如何？”❸亲自料理。李频《友人话别》：“愿入白云社，高眠自致身。”

【自嗤】 自我讥笑。李商隐《咏怀寄秘阁旧僚二十六韵》：“年鬓日堪悲，衡茅益自嗤。”韦庄《和友人》：“却想从来意，谯周亦自嗤。”

【自倒】 （一dǎo）自己倒下。见南朝宋刘义庆《世说新语·容止》。李白《襄阳歌》：“清风朗月不用一钱买，玉山自倒非人推。”

【自笑】 自我嘲笑。杜甫《陪郑广文游何将军山林十首》之十：“自笑灯前舞，谁怜醉后歌。”又《狂夫》：“欲填沟壑唯疏放，自笑狂夫老更狂。”李贺《咏怀二首》之二：“镜中聊自笑，讵是南山期。”

【自殺】 自尽，自己杀死自己。胡曾《咏史诗·废丘山》：“莫言只解东流去，曾使章邯自杀来。”

【自剖】 自我表白，以明心迹。孟郊《吊元鲁山》之一：“鲁山不自剖，全璞竟没躬。”又《吊元鲁山》之二：“自剖多是非，流滥将何归。”

【自料】 自己估量。韦应物《寄李儋元锡》：“世事茫茫难自料，春愁黯黯独成眠。”

【自恣】 放纵自娱。韩愈《秋怀诗十一首》之二：“寒蝉暂寂寞，蟋蟀鸣自恣。”

【自消】 自己消失。杜荀鹤《夏日题悟空上人院》：“安禅不必须山水，灭得心中火自凉。”

【自流】 自然地流动。王勃《滕王阁》：“阁中帝子今何在，槛外长江空自流。”刘沧《秋日登醴泉县楼》：“渭水自流汀岛色，汉陵空长石苔纹。”韦庄《过当涂县》：“采石花空发，乌江水自流。”

【自家】 自己。寒山《诗三百三首》之一五九：“买肉自家噇，抹嘴道我畅。”韩偓《半睡》：“四体著人娇欲泣，自家揉损研缭绫。”钟辐《卜算子慢》词：“一点相思，万般自家甘受。”花蕊夫人徐氏《宫词》之九一：“画得自家梳洗样，相凭女伴把来呈。”

【自負】 ❶深自期许；自信。骆宾王《叙寄员半千》：“薄宦三河道，自负十余年。”岑参《虢中酬陕西甄判官见赠》：“白发徒自负，青云难可期。”白居易《同微之赠别郭虚舟炼师五十韵》：“自负因自叹，人生号男儿。"徐夤《长安述怀》："词赋有名堪自负，春风落第不曾羞。"❷枉自辜负。李渤《喜弟淑再至为长歌》："自负心机四十年，羞闻社客山中篇。"

【自通】 ❶自己通晓。王梵志《兀然无事》之七："取即不得，不取自通。"❷自己联系。陈裕《有一秀才忽赎酒家青衣为妇因嘲之》："秀才何事太匆匆，琴瑟无媒便自通。"

【自娱】 自寻乐趣，自我娱乐。裴度《厅事之西因依墉壑为数仞有悬水焉即事寄言而赋斯什》："多惭而成者，得此聊自娱。"白居易《宅西有流水偶题五绝句》之五："独醉还须得歌舞，自娱何必要亲宾。"温庭筠《病中书怀呈友人》："黄卷嗟谁问，朱弦偶自娱。"周繇《甘露寺东轩》："每日怜晴眺，闲吟只自娱。"

【自責】 自己责备自己。韩愈《石鼎联句》序："二子惊惋自责，若有失者。"韩偓《守愚》："今来自责趋时懒，翻恨松轩书满床。"

【自聊】 自行排遣。李商隐《无题二首》之二："此地如携手，兼君不自聊。"

【自崇】 抬高自己。王建《赠王侍御》："迟疑匪自崇，将显求贤名。"

【自動】 ❶自己抖动。许棠《泗上早发》："平芜疑自动，落月似相随。"❷激动。方干《途中言事寄居远上人》："举目时时似故园，乡心自动向谁言？"

【自進】 谓不经荐举，自求官职。韩愈《龊龊》："致君岂无术，自进诚独难。"

【自偏】 自然偏僻。见晋陶渊明《饮酒》诗之五。意谓隐者之心远离尘世，便觉所在之地不偏而自偏。后用"自偏"谓隐居者居所偏僻。牟融《题李昭训山水》："卜筑藏修地自偏，尊前诗酒集群贤。"又《陈使君山庄》："新卜幽居地自偏，士林争羡使君贤。"

【自得】 ❶自觉得意或感到舒服。李白《寻鲁城北范居士失道落苍耳中见范置酒摘苍耳作》："客心不自得，浩漫将何之。"韩愈《夜歌》："念身幸无恨，志气方自得。"白居易《秋池独泛》："悠然意自得，意外何人知。"许浑《下第送宋秀才游岐下杨秀才还江东》："年来不自得，一望几伤心。"❷自己得到。崔峒《扬州选蒙相公赏判雪后呈上》："自得山公许，休耕海上田。"王建《宋氏五女》："自得圣人心，不因儒者知。"权德舆《与故人夜坐道旧》："胜理方自得，浮名不在求。"段宗义《题大慈寺芍药》："寻真自得心源静，观色非贪眼界空。"

【自從】 介词。表示时间的起点(指过去)。李白《古风》之一："自从建安来，绮丽不足珍。"岑参《西蜀旅舍春叹寄朝中故人呈狄评事》："自从兵戈动，遂觉天地窄。"白居易《凶宅》："自从十年来，不利主人翁。"韦庄《秦妇吟》："自从洛下屯师旅，日夜巡兵入村坞。"

【自衒】 自我炫耀。刘禹锡《秋萤引》："天生有光非自衒，远近低昂暗中见。"

【自許】 自矜，自夸。李商隐《赋得桃李无言》："赤白徒自许，幽芳谁与论？"又《偶成转韵七十二句赠四同舍》："斩蛟断璧不无意，平生自许非匆匆。"皮日休《七爱诗》序："皮子之志，常以真纯自许。"陆龟蒙《杂讽九首》之七："潜机取声利，自许臻乎妙。"

【自惜】 自己珍惜；珍惜自己。杜甫《赠王二十四侍御契四十韵》："消中只自惜，晚起索谁亲。"刘沧《对残春》："唯有年光堪自惜，不胜烟草日萋萋。"贯休《夜寒寄卢给事二首》之一："迩来唯自惜，知合是谁知。"

【自問】 自己问自己。白居易《早出晚归》："若抛风景长闲坐，自问东京作底来。"又《自问》："年来私自问，何故不归京？"又《书绅》："岁晚头又白，自问何欣欣。"

【自堪】 自己能忍受。高适《同熊少府题卢主簿茅斋》："自堪成独往，何必武陵源。"刘沧《经曲阜城》："行经阙里自堪伤，曾叹东流逝水长。"黄滔《旅怀》："萧飒闻风叶，惊时不自堪。"

【自喜】 ❶自幸。杜甫《遣遇》："自喜遂生理，花时甘缊袍。"❷自乐。李商隐《自喜》："自喜蜗牛舍，兼容燕子巢。"

【自期】 自己期望。韩愈《南山有高树行赠李宗闵》："上承凤凰恩，自期永不衰。"

【自欺】 自己欺骗自己。杜牧《杜秋娘诗》："一尺桐偶人，江充知自欺。"孟氏《答少年》："谁家少年儿，心中暗自欺。"

【自達】 表达自己的思想。元稹《虫豸诗》序："予所舍，又荆州树木洲渚处，昼夜常有翅羽百族闹，心不得闲静，因为有鸟二十章以自达。"

【自焚】 自己焚毁。薛能《闻官军破吉浪戎小而固虑史氏遗忽因记为二章》之二："泸水断嚣氛，妖巢已自焚。"

【自雄】 自豪，自以为了不起。杜甫《赠苏四徯》："二州豪侠场，人马皆自雄。"

【自貺】 送给自己。李商隐有《自贶》。

【自量】 ❶自知。寒山《诗三百三首》之九八："冷暖我自量，不信奴唇皮。"❷估计自己的才能或力量。韩愈《调张籍》："蚍蜉撼大树，可笑不自量。"

【自貴】 自我贵重。汪遵《昭君》："猛将谋臣徒自贵，蛾眉一笑塞尘清。"

【自貽】 ❶送给自己。杜牧有《自贻》。❷自己招致。徐铉《亚元舍人不替深知猥贻佳作因为长歌聊以为报》："吞舟可漏岂无恩，负乘自贻非不幸。"

【自嗟】 自我嗟叹。杜甫《新婚别》："自嗟贫家女，久致罗襦裳。"天宝宫人《又题洛苑梧叶上》："自嗟不及波中叶，荡漾乘春取次行。"

【自顺】 自我放任。皮日休《三羞诗三首》之二序："吾之道不足以济时，不可以备位，又手不提桴鼓，身不被兵械，恬然自顺，恬然自乐，吾亦为许师之罪人耳。"

【自爲】 ❶(一wéi)(1)自己做；自己治理。韦应物《九日沣上作寄崔主簿倬二李端系》："时菊乃盈泛，浊醪自为美。"胡曾《赠渔者》："自为钓竿能遣闷，不因萱草解销忧。"(2)自然形成。李白《过崔八丈水亭》："闲随白鸥去，沙上自为群。"韦应物《答史馆张学士段柳庶子学士集贤院看花见寄兼呈柳学士》："班杨秉文史，对院自为邻。"(3)自己做主，自己决定。王建《公无渡河》："公无渡河，公须自为。"❷(一wèi)(4)只是因为。李端《送吉中孚拜官归楚州》："自为才哲爱，日与侯王会。"(5)只是为了。杜甫《寄李十四员外布十二韵》："闷能过小径，自为摘嘉蔬。"(6)自己以为。刘沧《题书斋》："西斋瑶瑟自为侣，门掩半春苔藓生。"(7)自然会被。刘长卿《送沈少府之任淮南》："勿为州县卑，时来自为用。"

【自勝】 自己禁受。白居易《紫藤》："柔蔓不自胜，袅袅挂空虚。"京兆韦氏子《悼妓诗》序："招之，果映帏而出，幽芳怨态，若不自胜。"

【自逸】 自娱，自乐。张九龄《在郡秋怀二首》之二："鱼鸟好自逸，池笼安所钦。"孟浩然《登江中孤屿赠白云先生王迥》："鲛人潜不见，渔父歌自逸。"

【自然】 ❶天然，非人为的。见《老子》。韦应物《赠李儋》："丝桐本异质，音响合自然。"贾躭《赋虞书歌》："众书之中虞书巧，体法自然归大道。"皎然《支公诗》："道家诸子论自然，此公唯许逍遥篇。"李程《玉壶冰》："温润资天质，清贞禀自然。"❷必然；当然。杜甫《盐井》："我何良叹嗟，物理固自然。"孟郊《擢第后东归书怀献座主吕侍御》："大君思此化，良佐自然集。"于濆《苦辛吟》："一笑不值钱，自然家国肥。"孙元晏《咏史诗·宋·放宫人》："纳谏廷臣免犯颜，自然恩可霸江山。"❸不勉强，不受拘束。白居易《雪中酒熟欲携访吴监先寄此诗》："自然须访戴，不必待延枚。"孟郊《空城雀》："饮啄要自然，可以空城里。"陆龟蒙《奉和袭美茶具十咏·茶人》："天赋识灵草，自然钟野姿。"又《秋日遣怀十六韵寄道侣》："自然成啸傲，不是学沉潜。"❹指自然界。张九龄《登南岳事毕谒司马道士》："吸精反自然，炼药求不死。"李峤《桂》："枝生无限月，花满自然秋。"卢鸿一《嵩山十志十首·洞元室》："返自然兮道可冥，泽妙思兮草玄经，结幽门兮在黄庭。"亦借指尘世。杜甫《寄题江外草堂》："我生性放诞，雅欲逃自然。"❺不经人工干预而自由发展。姚合《和李补阙曲江看莲花》："淡晕还殊众，繁英得自然。"

【自棄】 ❶自甘落后，自我抛弃。元结《忝官引》："将家瀛海滨，自弃同刍粪。"杜甫《送李卿晔》："晋山虽自弃，魏阙尚含情。"司空图《丁巳重阳》："自贺逢时能自弃，归鞭唯拍马鞯吟。"❷自遭遗弃。李绅《却过淮阴吊韩信庙》："功高自弃汉元臣，遗庙阴森楚水滨。"❸自己放弃。司空图《戊午三月晦二首》之一："笔砚近来多自弃，不关妖气暗文星。"❹辜负自己。白居易《长恨歌》："天生丽质难自弃，一朝选在君王侧。"

【自愜】 自觉惬意。白居易《亭西墙下伊渠水中置石激流潺湲成韵颇有幽趣以诗记之》："此情苟自惬，亦不要人听。"司马扎《自渭南晚次华州》："却思林丘卧，自惬平生素。"

【自遂】 实现自己的心愿。元结《与党评事》："爱君得自遂，令我空渊禅。"权德舆《奉送孔十兄宾客承恩致政归东都旧居》："角巾华发忽自遂，命服金龟君更与。"亦指称自己心意。白居易《咏怀》："由兹两相忘，因得长自遂。"

【自富】 充实自己。司空图《诗品二十四则·疏野》："拾物自富，与率为期。"

【自寇】 自我危害。张九龄《杂诗五首》之四："木直几自寇，石坚亦他攻。"

【自閑】 悠闲自得。李白《山中问答》："问余何意栖碧山，笑而不答心自闲。"阎防《夕次鹿门山作》："浮舟暝始至，抱杖聊自闲。"于武陵《秋夜达萧关》："扰扰浮梁路，人忙月自闲。"曹松《山中》："野色耕不尽，溪容钓自闲。"

【自强】 亦作"自彊"。自己努力图强。李颀《缓歌行》："男儿立身须自强，十年闭户颍水阳。"贾至《闲居秋怀寄阳翟陆赞府封丘高少府》："我生属圣明，感激窃自彊。"韩愈《送李尚书赴襄阳八韵得长字》："富贵由身致，谁教不自强。"李咸用《送人》："眼前多少难甘事，自古男儿当自强。"

【自疏】 ❶自求与之疏远。许棠《长安寓居》："贫寄帝城居，交朋日自疏。"❷自己马虎苟且。韦应物《种瓜》："率性方卤莽，理生尤自疏。"

【自媒】 女子自择配偶。引申为自荐。周昙《咏史诗·前汉门·平津侯》："儒素逢时得自媒，忽从徒步列公台。"李频《勉力》："自媒徒欲速，孤立却宜迟。"

【自媚】 自我爱惜。孟浩然《晚春卧病寄张八》："世途皆自媚，流俗寡相知。"

【自發】 不受外力影响而自然产生。杜甫《崔氏东山草堂》："有时自发钟磬响，落日更见渔樵人。"又

《忆弟二首》之二："故园花自发，春日鸟还飞。"

【自給】（一jǐ）依靠自己劳动，满足自己生活需要。吴筠《高士咏·台佟管宁》："采药聊自给，观书任所悦。"皇甫冉《送田济之扬州赴选》："家贫不自给，求禄为荒年。"韩愈《感春四首》之四："归来欢笑对妻子，衣食自给宁羞贫。"白居易《寄卢少尹》："颜回何为者，箪瓢才自给。"

【自禁】自制。自己克制自己。张鷟《游仙窟》："忽然闻道别，愁来不自禁。"

【自遣】抒发排遣自己的情感。张九龄《临泛东湖》："罢兴还江城，闭关聊自遣。"姚合《山居寄友人》："诗情聊自遣，不是趁声名。"韦庄《曲池作》："若无诗自遣，谁奈寂寥春。"钱珝《江行无题一百首》之七五："放歌虽自遣，一岁又峥嵘。"

【自鄙】自我轻视。薛能《送赵道士归天目旧山》："有缘终自鄙，何计逐师行。"马戴《摅情留别并州从事》："浅学长自鄙，谬承贤达知。"

【自號】（一hào）自起别号。吕从庆《戏题金鳌山》："我今自号钓鱼郎，丝纶倍比任公长。"陆龟蒙《奉和袭美太湖诗二十首·缥缈峰》："身为大块客，自号天随子。"

【自傷】自我伤感。顾况《酬唐起居前后见寄二首》之二："自伤庚子日，鹏鸟上承尘。"白居易《花前有感兼呈崔相公刘郎中》："落花如雪鬓如霜，醉把花看益自伤。"邵谒《金谷园怀古》："为女莫骋容，骋容多自伤。"秦韬玉《贫女》："蓬门未识绮罗香，拟托良媒益自伤。"

【自愛】自己喜爱。刘长卿《听弹琴》："古调虽自爱，今人多不弹。"武元衡《南徐别业早春有怀》："生涯扰扰竟何成，自爱深居隐姓名。"元稹《幽栖》："野人自爱幽栖所，近对长松远是山。"陆龟蒙《奉酬袭美苦雨见寄》："自爱垂名野史中，宁论抱困荒城侧。"

【自解】自言。杜易简《湘川新曲二首》之二二"自解看花笑，憎闻染竹啼。"

【自誇】自我夸耀。杜甫《戏赠友二首》之一："自夸足膂力，能骑生马驹。"又《秦州杂诗二十首》之三："年少临洮子，西来亦自夸。"

【自新】❶自己改正错误，重新做人。周昙《咏史诗·晋门·再吟晋武帝》："君人为理在安民，论道求贤德自新。"❷自觉新异。翁洮《春日题航头桥》："故园桥上绝埃尘，此日凭栏兴自新。"❸谓树木自行更换新枝。方干《途中逢孙辂因得李频消息》："灞上寒仍在，柔条亦自新。"

【自意】自料。白居易《初授拾遗》："况余蹇薄者，宠至不自意。"李商隐《井泥四十韵》："升腾不自意，畴昔忽已乖。"

【自寬】自我宽慰。杜甫《九日蓝田崔氏庄》："老去悲秋强自宽，兴来今日尽君欢。"许棠《春暮途次华山下》："此去知谁顾，闲吟只自宽。"黄滔《寓题》："吴中烟水越中山，莫把渔樵谩自宽。"

【自閟】自行掩闭。李益《罢秩后入华山采茯苓逢道者》："神物亦自閟，风雷护此扃。"

【自輕】轻看自己。白居易《重戏赠》："集贤池馆从他盛，履道林亭勿自轻。"徐铉《酬郭先辈》："夫子无自轻，苍生正愁疾。"

【自爾】❶从此。杜甫《送樊二十三侍御判官赴汉中判官》："威弧不能弦，自尔无宁岁。"❷自然。张九龄《感遇十二首》之一："欣欣此生意，自尔为佳节。"

【自疑】自己怀疑。曹邺《四怨三愁五情诗十二首·其一怨》："岂无青铜镜，终日自疑丑。"许棠《东归留辞沈侍郎》："一第久乖期，深心已自疑。"司空图《冯燕歌》："缧囚解缚犹自疑，疑是梦中方脱免。"

【自適】悠闲自适。太宗《经破薛举战地》："长想眺前踪，抚躬聊自适。"皇甫冉《寄刘方平》："达生遗自适，良愿固无负。"元稹《遣昼》："旬休聊自适，今辰日高起。"郑畋《中秋月直禁苑》："幽襟聊自适，闲弄紫薇花。"

【自説】自己说，自称。李贺《嘲少年》："自说生来未为客，一身美妾过三百。"项斯《送华阴隐者》："自说能医死，相期更学仙。"

【自慚】自感惭愧。韦应物《郡斋雨中与诸文士燕集》："自惭居处崇，未睹斯民康。"白居易《初罢中书舍人》："自惭拙宦叨清贵，还有痴心怕素餐。"

【自養】自我奉养。张蠙《和崔监丞春游郑仆射东园》："春兴随花尽，东园自养闲。"

【自盡】自杀。杜甫《太子张舍人遗织成褥段》："来瑱赐自尽，气豪直阻兵。"窦弘余《广谪仙怨》序："天宝十五载正月，安禄山反，陷没洛阳，王师败绩，关门不守。车驾幸蜀，途次马嵬驿，六军不发，赐贵妃自尽。"

【自嘲】自我解嘲；自我嘲笑。白居易有《喜老自嘲》。又有《予与微之老而无子发于言叹著在诗篇今年冬各有一子戏作二什一以相贺一以自嘲》。冯涓有《自嘲绝句》。

【自鄶】指微不足道。王维《奉和圣制送不蒙都护兼鸿胪卿归安西应制》："杂虏尽朝周，诸胡皆自郐。"

【自褒】自我褒奖。张祜《途次杨州赠崔荆二十韵》："事过宜他哂，诗成苟自褒。"

【自憐】自我怜惜；自我伤感。温庭筠《感旧陈情五十韵献淮南李仆射》："有客将谁托，无媒窃自怜。"储嗣宗《和顾非熊先生题茅山处士闲居》："浊酒自怜终日醉，古风时得野人言。"钱珝《江行无题一百首》之九一:"未敢相邀约,劳生只自怜。"

【自潤】 自己得到好处。骆宾王《挑灯杖》:"终知不自润,何处用脂膏。"

【自慰】 自我宽慰。白居易《首夏》:"所以私自慰,虽老有心情。"又《感秋咏意》:"旧语相传聊自慰,世间七十老人稀。"又《寄同病者》:"以此反自慰,常得心平和。"李山甫《别杨秀才》:"开襟魂自慰,拭泪眼空明。"

【自嬌】 自我娇媚。韦应物《听莺曲》:"欲啭不啭意自娇,羌儿弄笛曲未调。"

【自戮】 自己被杀戮。曹邺《读李斯传》:"欺暗尚不然,欺明当自戮。"

【自樂】 (一lè)自得其乐。秦系《晚秋拾遗朱放访山居》:"家中贫自乐,石上卧常闲。"白居易《又戏答绝句》:"纵酒放歌聊自乐,接舆争解教人狂。"刘沧《赠天台隐者》:"看书饮酒余无事,自乐樵渔狎钓翁。"

【自學】 自己学习。方干《书桃花坞周处士壁》:"自学古贤修静节,唯应野鹤识高情。"曹松《书翠岩寺壁》:"入郭非无路,归林自学空。"徐仲雅《赠齐己》:"爰见梦中逢五丁,毁形自学无生理。"

【自謂】 自以为。李商隐《漫成五章》之一:"当时自谓宗师妙,今日惟观对属能。"

【自彊】 见"自强"。

【自隱】 自己思量。张鷟《游仙窟》:"五嫂自隐心偏,儿复何曾眼引。"

【自識】 自己认识。戴叔伦《岁除日口号》:"回车不自识,君定送何人。"

【自勸】 自我劝酒。白居易《冬日早起闲咏》:"此外更无事,开尊时自劝。"

【自覺】 自己感觉到;自己意识到。杜甫《复愁十二首》之一一:"如今九日至,自觉酒须赊。"张籍《怀友》:"立身难自觉,常恐忧与辱。"白居易《曲江感秋》:"暗老不自觉,直到鬓成丝。"曹邺《寄监察从兄》:"自觉心貌古,兼合古人情。"

【自顧】 自视;自念。李白《赠别从甥高五》:"自顾寡筹略,功名安所存。"戴叔伦《江行》:"自顾疏野性,屡忘鸥鸟情。"刘得仁《赠敬晊助教二首》之二:"自顾无成年渐长,报恩惟愿杀微身。"

【自驚】 自觉惊奇。杜甫《双枫浦》:"自惊衰谢力,不道栋梁材。"李商隐《赠田叟》:"抚躬道地诚感激,在野无贤心自惊。"

四 画

臬 〔niè《广韵》五結切,入屑,疑。〕见"臬兀"。

【臬兀】 鯢卼。动摇不安貌。杜甫《大历三年春白帝城放船四十韵》:"生涯临臬兀,死地脱斯须。"

臭[1] 〔chòu《广韵》尺救切,去宥,昌。〕❶秽恶之气。与"香"相对。杜甫《自京赴奉先县咏怀五百字》:"朱门酒肉臭,路有冻死骨。"又《驱竖子摘苍耳》:"富家厨肉臭,战地骸骨白。"韩愈《南山诗》:"专心忆平道,脱险逾避臭。"白居易《有木诗八首》之三:"实成乃是枳,臭苦不堪食。"❷香;香气。骆宾王《咏怀》:"一言芬若桂,四海臭如兰。"窦群《奉酬西川武相公晨兴赠友见示之作》:"情同如兰臭,惠比返魂香。"韩愈《山南郑相公樊员外酬答为诗依赋十四韵以献》:"金舂撼玉应,厥臭剧蕙郁。"

臭[2] 〔xiù《集韵》許救切,去宥,曉。〕❶气味。魏征《五郊乐章·雍和》:"既高既远,无声无臭。"张说《唐享太庙乐章·肃和》:"臭以达旨,声以求阳。"引申为志趣。皮日休《鲁望读襄阳耆旧传见赠五百言因而寄答亦诗人无言不酬之义也次韵》:"兼济与独善,俱敢怀其臭。"

【臭味】 气味。喻志趣。元稹《元和五年与吴十一兄端公崔二十二院长思怆旧游因投五十韵》:"吾兄谙性灵,崔子同臭味。"

【臭帑】 破旧的脏布。元稹《冬夜怀李侍御王太祝段丞》:"今闻馨香道,一以悟臭帑。"

【臭敗】 腐烂发臭。白居易《秦中吟十首·伤宅》:"厨有臭败肉,库有贯朽钱。"

【臭腐】 发臭腐败。亦指发臭腐败之物。元稹《后湖》:"臭腐鱼鳖死,不植菰与蒲。"常楚老《江上蚊子》:"请问贪婪一点心,臭腐填腹几多足。"

【臭穢】 腐烂发臭。韩愈《谴疟鬼》:"求食欧泄间,不知臭秽非。"卢仝《萧宅二三子赠答诗二十首·客请蛤蟆》:"扬州虾蚬忽得便,腥臊臭秽逐我行。"

十 画

鯢 〔niè《广韵》五結切,入屑,從。〕晃动,摇动。韩愈《赠刘师服》:"我今呀豁落者多,所存十余皆兀鯢。"

【鯢卼】 晃动貌。卢注《酒胡子》:"盘中鯢卼不自定,四座清宾注意看。"

至　部

至〔zhì《广韵》脂利切，去至，章。〕❶到；到达；来到。杜甫《羌村》之一："柴门鸟雀噪，归客千里至。"韦应物《悲纨扇》："非关秋节至，讵是恩情改。"李频《郊居寄友人》："故疾随秋至，离怀觉夜分。"陆龟蒙《奉酬袭美先辈吴中苦雨一百韵》："轮蹄相压至，问遗无虚月。"❷古代以冬至、夏至为二至，亦统称"至"。参见"至日"。❸到极点。见《论语·雍也》。孟云卿《古挽歌》："临穴频抚棺，至哀反无泪。"韦应物《杂体五首》之四："岂非至贱物，一奏升天阶。"严维《奉试水精环》："无瑕胜玉美，至洁过冰清。"韦表微《池州夫子庙麟台》："运极数残，德至时否。"❹副词。最，极。韩愈《荐士》："鲁侯国至小，庙鼎犹纳部。"卢仝《赠徐希仁石砚别》："今日赠君离别心，此中至浅造化深。"李冶《八至》："至近至远东西，至深至浅清溪。"

【至人】　❶道家指超凡脱俗，达到无我境界的人。见《庄子·齐物论》。又《外物》。李白《沐浴子》："处世忌太洁，至人贵藏晖。"郑澣《赠毛仙翁》："至道无名，至人长生。"李咸用《送李尊师归临川》："蟠桃一别几千春，谪下人间作至人。"杜荀鹤《赠休粮僧》："徒有至人传道术，更无斋客到禅房。"❷古时指思想道德等某一方面达到最高境界的人。见《史记·屈原贾生列传》。王昌龄《素上人影塔》："至人非别有，方外不应殊。"储光羲《送王上人还襄阳》："朝看法云散，知有至人还。"李白《纪南陵题五松山》："旷哉至人心，万古可为则。"刘得仁《寄楼子山云栖上人》："永无尘事到，时有至人来。"

【至友】　交情深厚的朋友。李咸用《访友人不遇》："出门无至友，动即到君家。"

【至日】　指冬至、夏至。冬至日，白昼最短，夏至日，白昼最长，故名。杜甫《冬至》："年年至日长为客，忽忽穷愁泥杀人。"戎昱《谪官辰州冬至日有怀》："此岁长安逢至日，下阶遥想雪霜寒。"刘商有《合肥至日愁中寄郑明府》。于尹躬《南至日太史登台书云物》："至日行时令，登台约礼文。"

【至化】　极其美好的教化。韦应物《骊山行》："君不见开元至化垂衣裳，厌坐明堂朝万方。"德宗《中和节赐百官燕集因示所怀》："至化恒在宥，保和兹息人。"李绅《忆寿春废虎坑》："每推至化宣余力，岂用潜机害尔生。"金厚载《风不鸣条》："吾君垂至化，万类共澄清。"

【至今】　直到现在。寒山《诗三百三首》之二四三："至今静恬恬，众人皆赞说。"郎士元《湘夫人二首》之一："至今楚竹上，犹有泪痕斑。"白居易《对镜》："若使至今黄绮在，闻吾此语亦分司。"陆龟蒙《和过张祜处士丹阳故居》："闻道平生多爱石，至今犹泣洞庭人。"

【至公】　❶极为公正合理。杜甫《牵牛织女》："小大有佳期，戒之在至公。"方干《上郑员外》："为郡至公兼至察，古今能有几多人？"张蠙《赠南昌宰》："假邑邀真邑命分，明庭元有至公存。"贯休《阳春曲》："为口莫学阮嗣宗，不言是非非至公。"❷科举时代对主考官的敬称。谓其大公无私。刘虚白《献主文》："不知岁月能多少，犹著麻衣侍至公。"许棠《下第东归留别郑侍郎》："无才副至公，岂是命难通。"崔涂《喜友人及第》："孤吟望至公，已老半生中。"杜荀鹤《途中春》："年光身事旋成空，毕竟何门遇至公。"

【至文】　最好的文章。卢仝《哭玉碑子》："至文反无文，上帝应有以。"

【至平】　极其公平。吴融《和严谏议萧山庙十韵》："默默虽难测，昭昭本至平。"

【至死】　直到死亡。元稹《和乐天梦亡友刘太白同游二首》之二："纵使刘君魂魄在，也应至死不同游。"林宽《哭栖白供奉》："琢诗方到骨，至死不离贫。"杜荀鹤《哭山友》："在生未识公卿面，至死不离麋鹿群。"

【至行】　卓绝的品行。耿沣《题孝子陵》："何必曾参传，千年至行稀。"

【至交】　交情深厚。亦指交清深厚的朋友。孟郊《劝友》："至白涅不缁，至交淡不疑。"姚合《寄狄拾遗时为魏州从事》："至交不可合，一合难离圻。"李咸用《轻薄怨》："凤雏麟子皆至交，春风相逐垂杨桥。"

【至兵】　最好的军队。孟郊《上河阳李大夫》："上将秉神略，至兵无猛威。"

【至言】　高妙的言论。苏颋《奉和圣制漕桥东送新除岳牧》："至言题睿札，殊渥洒仙翰。"温庭筠《病中书怀呈友人》："至言今信矣，微尚亦悲夫。"贾岛《送僧》："不惜挥谈柄，谁能听至言。"李频《冬夜酬范秘书》："累日无余事，通宵得至言。"

【至妙】　极为奥妙的义理。李白《翰林读书言怀呈集贤诸学士》："观书散遗帙，探古穷至妙。"

【至和】　极其和谐、安顺。不坚不柔谓之和。借指天地间祥和之气。宋璟《奉和圣制送张说巡边》："至和常得体，不战即亡精。"元结《引极三首·思元极》："揖元气兮本深实，餐至和兮永终日。"无名氏《笙磬同音》："兽因繁奏舞，人感至和通。"

【至於】　❶达到；到。杜牧《感怀诗一首》："至于贞元末，风流恣绮靡。"❷连词。表示另提一事。任华《寄李白》："至于他作多不拘常律，振摆超腾，既俊且逸。"

【至性】　多指天赋的极好品性。刘湾《虹县严孝子墓》："至性教不及，因心天所资。"杜甫《晦日寻崔戢李封》："未知天下士，至性有此不。"

【至音】　最美妙的音乐。亦借指美妙的诗文。许浑《寄阳陵处士》："野人宁忆沧洲畔，会待吹嘘定至音。"刘威《欧阳示新诗因贻四韵》："冲戛瑶琼得至音，数篇清越应南金。"皮日休《补周礼九夏系文》："夫大乐既去，至音不嗣。"

【至美】　极为美好。苏颋《奉和圣制过晋阳宫应制》："孝思敦至美，亿载奉开元。"

【至柔】　极其柔顺、柔弱。张九龄《杂诗五首》之五："道家贵至柔，儒生何固穷。"韦应物《酬韩质舟行阻冻》："至柔反成坚，造化安可恒。"杜元颖《赋得玉水记方流》："中矩皆明德，同方叶至柔。"姚合《买太湖石》："水称至柔物，湖乃生壮波。"

【至真】　❶真正的本源。储光羲《同王十三维偶然作十首》之五："静念恻群物，何由知至真。"❷指真神。《谶记·孙咸题庐山神庙诗》："独入玄宫礼至真，焚香不为贱贫身。"

【至真觀】　(一guàn)道观名。在今四川境。杜仁杰有《至真观》。

【至冤】　极大的冤屈。韦庄《刘得仁墓》："至公遗至艺，终抱至冤沉。"高骈《海翻》："徒起如山浪，何曾洗至冤。"

【至理】　❶真理。引申为最高的原则。杜甫《寄裴施州》："尧有四岳明至理，汉二千石真分忧。"又《自京赴奉先县咏怀五百字》："圣人筐篚恩，实欲邦国活。臣如忽至理，君岂弃此物。"❷精微玄妙的道理。李颀《送暨道士还玉清观》："中州俄已到，至理得而闻。"刘禹锡《寓兴二首》之一："常谈即至理，安事非常情。"李群玉《湘中别成威阇黎》："持杯挹溟涨，至理安可测。"方干《哭江西处士陈陶》："南华至理须齐物，生死即应无异同。"❸犹至治。指安定昌盛、教化大行的政治局面。太宗《正日临朝》："晨宵怀至理，终愧抚遐荒。"

【至教】　(一jàng)最好的教导。贯休《送新罗僧归本国》："忘身求至教，求得却东归。"来鹄《圣政纪颂》："至德何比，至教焉如。"

【至戚】　最亲近的亲属。孟郊《哀孟云卿嵩阳荒居》："定交昔何在，至戚今或疏。"

【至堅】　极为坚定。王贞白《太湖石》："一片至坚操，那忧岁月侵。"

【至竟】　副词。到底，究竟。武元衡《行路难》："休说编氓朴无耻，至竟终须合天理。"杜牧《题横江馆》："至竟江山谁是主，苔矶空属钓鱼郎。"罗邺《冬夕江上言事五首》之二："逢人举止皆言命，至竟谋闲可胜忙。"罗隐《关亭春望》："未知至竟将何用，渭水泾川一向流。"

【至清】　非常清澈。杜审言《春日江津游望》："忽叹人皆浊，堤防水至清。"

【至陽】　极盛的阳气。陈子昂《感遇诗三十八首》之六："吾观龙变化，乃知至阳精。"顾况《朝上清歌》："至阳无谖，其乐多些。"

【至道】　❶最好的学说。道德或政治制度。杜审言《和李大夫嗣真奉使存抚河东》："已属群生泰，犹言至道偏。"高适《奉酬睢阳李太守》："俗见中兴理，人逢至道休。"独孤绶《投珠于泉》："至道归淳朴，明珠被弃捐。"彭伉《青云干吕》之一："远示无为化，将明至道君。"❷精深微妙的道理或道术。杨炯《奉和上元酺宴应诏》："公卿论至道，天子拜昌言。"李颀《无尽上人东林禅居》："泄云岂知限，至道莫探元。"李群玉《别尹炼师》："吾家五千言，至道悬日月。"吕岩《西江月》词之二："至道不烦不远，至人只在目前。"

【至尊】　国君，皇帝。崔颢《邯郸宫人怨》："一朝太子升至尊，宫中人事如掌翻。"王涯《宫词三十首》之四："各将金锁锁宫门，院院青娥侍至尊。"张祜《集灵台二首》之二："却嫌脂粉涴颜色，澹扫蛾眉朝至尊。"温庭筠《题李卫公诗二首》之一："两行密疏倾天下，一夜阴谋达至尊。"

【至聖】　❶极为神明。贯休《送张拾遗赴施州司户》："恭闻吾皇至圣深无比，推席却几听至理。"❷指道德智能最高的人。贯休《送僧入石霜》："论心齐至圣，对镜破凡夫。"

【至業】　极好的事业。方干《送于丹》："至业是至宝，莫过心自知。"

【至誠】　❶极真诚，极具诚意。魏征《五郊乐章·青帝角音·雍和》："大乐稀音，至诚简礼。"贾曾《祭汾阴乐章》："至诚无昧，精意惟芳。"皮日休《太湖诗·入林屋洞》："自非心至诚，必被神物烹。"❷极其真诚的心意。卢鸿一《嵩山十志十首·枕烟庭》："闻夫至诚必感兮祈此巅，契颢气，养丹田，终仿像兮觏灵仙。”权德舆《伏蒙十六叔寄示三十韵因献之》：“独立挺忠孝，至诚感神人。”郑谷《丞相孟夏袛荐南郊纪献十韵》：“至诚闻上帝，明德祀圆丘。”

【至愛】　最亲爱者。张九龄《将发还乡示诸弟》：“至爱孰能舍，名义来相迫。”

【至精】　❶极其精微神妙的事物或道理。张九龄《感遇十二首》之一一：“至精无感遇，悲惋填心胸。”李白《秋夕书怀》：“灭见息群动，猎微穷至精。”❷精妙绝伦之人。元结《演兴四首·闵岭中》：“彼至精兮必应，宁古有而今无。”❸谓明月。精，指日月星辰之属。孟云卿《伤时二首》之二：“光耀侵白日，贤愚迷至精。”

【至德】　❶盛德；最高道德。魏征《享太庙乐章·肃和》：“大哉至德，允兹明圣。”王翰《奉和圣制同二相已下群官乐游园宴》：“空惭尧舜日，至德杳难名。”韦应物《经函谷关》：“徒欲扼诸侯，不知恢至德。”来鹄《圣政纪颂》：“至德何比，至教焉如。”❷唐肃宗李亨年号。456—758年。刘长卿有《至德三年春正月寄上浙西节度李侍郎中丞行营五十韵》。

【至論】　指正确、精辟的理论、道理。皎然《杂兴六首》之一：“请从象外推，至论尤明明。”熊皎《怀三茅道友》：“丹桂有心凭至论，五峰无信问深交。”杜荀鹤《送人宰吴县》：“字人无异术，至论不如清。”

【至樂】　❶（— yuè）最美妙的音乐。见《庄子·天运》。宋之问《谒禹庙》：“灵歆异蒸糈，至乐匪笙竽。”德宗《贞元六年春三月庚子百寮宴于曲江亭上赋诗以赐之》：“至乐在同和，丝竹奚所陈。”❷（—lè）最大的快乐。阎宽《春宵览月》：“乘兴得至乐，寓言因永吟。”吴筠《游仙二十四首》之二二：“寥寥唯玄虚，至乐在神王。”

【至親】　最亲密。亦指最亲近的人。卢纶《送李方东归》：“举目是陈事，满城无至亲。”曹邺《相思极》：“料君相轻意，知妾无至亲。”李冶《八至》：“至高至明日月，至亲至疏夫妻。”

【至聲】　最美妙的音乐。孟郊《上张徐州》：“至乐无宫徵，至声遗讴歌。”

【至藝】　卓越技艺或学问。罗隐《薛阳陶觱篥歌》：“人间至艺难得主，怀抱差池恨星律。”韦庄《刘得仁暮》：“至公遗至艺，终抱至冤沉。”善生《赠卢逸人》：“高眠岩野间，至艺敌应难。”黄滔《省试一一吹竽》：“凡音皆窜迹，至艺始呈奇。”

【至藥】　妙药。多指方士所炼的丹药。顾在镕《题玉芝双奉院》：“至药应将熟，年年火气微。”杜荀鹤《依韵次同年张曙先辈见寄之什》：“大仙录后头无雪，至药成来灶绝烟。”刘驾《白髭》：“到处逢人求至药，几回染了又成丝。”

【至歡】　指相处最欢乐的朋友。权德舆《奉和圣制重阳日即事六韵》：“嘉节在阳数，至欢朝野同。”

【至靈】　极灵验。皎然《同诸公奉侍祭岳渎使大理卢幼平期过故林不至》：“圣虑多虔肃，斋心合至灵。”

【至讓】　极为谦让。吴筠《高士咏·太伯延陵》：“太伯全至让，远投蛮夷间。”

四　画

致　〔zhì《广韵》陟利切，去至，知。〕❶送达，使达到。王维《送高适弟耽归临淮作》：“或问理人术，但致还山词。”杜甫《奉赠韦左丞丈二十二韵》：“致君尧舜上，再使风俗淳。”韩愈《寄卢仝》：“先生有意许降临，更遣长须致双鲤。”蜀太后徐氏《丈人观》：“惟惭未致华胥理，徒卜升平万万年。”❷奉献；献纳。储光羲《田家杂兴八首》之三：“鲜禽徒自致，终岁竟不食。”李颀《欲之新乡答崔颢綦毋潜》：“自知寂寞无去思，敢望县人致牛酒。”杜甫《洗兵马》：“不知何国致白环，复道诸山得银瓮。”白居易《洛下诸客就宅相送偶题西亭》：“交亲致杯酒，僮仆解笙歌。”❸给予。杨巨源《见薛侍御戴不损裹帽子因赠》：“有意怜衰丑，烦君致一枚。”❹表达。韩愈《赠别元十八协律六首》之四：“穷途致感激，肝胆还轮囷。”白居易《梦仙》：“仰谒玉皇帝，稽首前致诚。”又《新乐府·秦吉了》：“尔竟不为凤凰之前致一言，安用噪噪闲言语。”❺归还，交还。参见“致政”。❻招引；招致。耿湋《春日即事二首》之一：“诗书成志业，懒慢致蹉跎。”皮日休《三羞诗三首》之二：“南荒不择吏，致我交阯覆。”戴偃《句》：“须把咽喉吞世界，盖因奢侈致危亡。”❼求取；获得。杜甫《重简王明府》：“君听鸿雁响，恐致稻粱难。”元结《引极三首·思元极》：“彼元极兮灵且异，思一见兮藐难致。”白居易《新乐府·紫毫笔》：“起居郎，侍御史，尔知紫毫不易致。”项斯《长安书怀呈知己》：“为问清平日，无门致出身。”孟郊、韩愈《赠剑客李园联句》：“行当献天子，然后致殊勋。”❽造成；形成；导致。杜甫《火》：“旧俗烧蛟龙，惊惶致雷雨。”白居易《新乐府·新丰折臂翁》：“问翁臂折来几年，兼向致折何因缘。”又《虾蟆》：“应龙能致雨，润我百谷芽。”斐谞《储潭庙》：“老农老圃望天语，储潭之神可致雨。”❾置办。杜甫《新婚别》：“自嗟贫家女，久致罗襦裳。”又《病后遇王倚饮赠歌》：“惟生哀我未平复，为我力致美肴膳。”刘禹锡《和牛相公南溪醉歌见寄》：“清池曲榭人所致，野趣幽芳天与添。”❿安置；放置。白居易《伤唐衢二首》之二：“致吾陈杜间，赏爱非常意。”卿云《长安言怀寄沈彬侍郎》：“堪羡神仙客，青云早致家。”灵澈《奉和郎中题仙岩瀑布十四韵》：“致闲在一郡，民安已三年。”⓫意态；情趣；风度。韦应物《赠琮公》：“出处似殊致，喧静两皆禅。”卢仝《赠金鹅山人沈师鲁》：“浩浩流珠走百关，绵绵若存有深致。”陆龟蒙《白鸥诗》序：“且羽族丽于水者多矣，独鸥为闲暇，其致不高耶？”⓬事理；心志。权德舆《严陵钓台下作》：“弛张有深致，耕钓陶天真。”元稹《赠毛仙翁》序：“殊不知至仁无兼爱，大智无非灾，大乐同天地之和，大礼同天地之节，其可臻乎上德，冥乎大道之致。”⓭连词。以至，以至于。杜甫《自京赴奉先县咏怀五百字》：“所愧为人父，无食致夭折。”柳宗元《咏史》：“致令委金石，谁顾蠢蠕群。”⓮通“至”。到达，到来。陈子昂《酬李参军崇嗣旅馆见赠》：“青云傥可致，北海忆孙宾。”裴迪《青雀歌》：“幸忝鹓鸾早相识，何时提携致青云。”白居易《感时》：“富贵非不爱，时来当自致。”韦庄《三用韵》：“烟霄难自致，岁月易相侵。”

【致力】　尽力。张彪《敕移橘栽》：“暂劳致力重，永感贡献烦。”

【致功】　把精力和功夫专注于某一方面。白居易《送李滁州》：“君于觉路深留意，我亦禅门薄致功。”姚合《武功县中作三十首》之三十：“作吏无能事，为文旧致功。”陆龟蒙《和袭美扬州看辛夷花次韵》：“柳疏梅堕少春丛，天遣花神别致功。”方干《叙龙瑞观胜异寄于尊师》：“混元融结致功难，山下平湖湖上山。”

【致仕】　辞去官职。武元衡有《韦常侍以宾客致仕同诸公题壁》。白居易《秦中吟十首・不致仕》：“七十而致仕，礼法有明文。”又《高仆射》：“所以致仕年，著在礼经内。”徐铉有《和陈赞善致仕还京口》。

【致主】　犹致君。谓辅佐国君，使其成为圣明之主。李频《长安书情投知己》：“致主当齐圣，为郎本是仙。”殷文圭《观贺皇太子册命》：“春宫保傅皆周召，致主何忧不太平。”李中《致史虚白》：“致主嘉谋尚未伸，慨然深志与谁论。”

【致身】　❶献身。后多指出仕为官。杜甫《乾元中寓居同谷县作歌七首》之七：“长安卿相多少年，富贵应须致身早。”独孤及《送义乌韦明府》：“妙年能致身，陈力复安亲。”杨巨源《寄申州卢拱使君》：“领郡仍闻总虎貔，致身还是见男儿。”李商隐《李卫公》：“今日致身歌舞地，木棉花暖鹧鸪飞。”❷犹置身。王维《留别山中温古上人兄并示舍弟缙》：“宿昔同游止，致身云霞末。”杜甫《玄都坛歌寄元逸人》：“铁锁高垂不可攀，致身福地何萧爽。”高弁《省试春台晴望》：“此处云霄近，凭高愿致身。”员南溟《禁中春松》：“全节长依地，凌云欲致身。”❸犹谋身。卢纶《送饯从叔辞丰州幕归嵩阳旧居》：“吾翁致身殊得计，地仙亦是三千岁。”白居易《中隐》：“唯此中隐士，致身吉且安。”又《偶作》：“木雁一篇须记取，致身才与不才间。”李山甫《赠弹琴李处士》：“致身不似笙竽巧，悦耳宁如郑卫淫。”

【致位】　谓达到某种职位。武元衡《窦三中丞去岁有台中五言四韵因追囊篇持以赠之》：“报恩如皎日，致位等青云。”

【致君】　辅佐君王，使其成圣明之君。綦毋潜《经陆补阙隐居》：“不敢要君征亦起，致君全得似唐虞。”韩愈《龊龊》：“致君岂无术，自进诚独难。”杜牧《冬至日寄小侄阿宜诗》：“仕宦至公相，致君作尧汤。”方干《献浙东王大夫二首》之一：“出镇当时移越俗，致君何日不尧年。”

【致和】　谓人事极其和顺。严维《奉和皇甫大夫祈雨应时雨降》：“致和知必感，岁旱未书灾。”

【致使】　由于某种原因而使得。骆宾王《夏日游德州赠高四》序：“致使君门隔于九重，中堂远于千里。”杜甫《忆昔二首》之一：“为留猛士守未央，致使岐雍防西羌。”元结《二风诗・治风诗五篇・至理》：“意彼刑法，设以化人；致使无之，而化益纯。”罗虬《比红儿诗》之七九：“都缘没个红儿貌，致使轻教后阁开。”

【致政】　致仕。意谓为官者将其执政的权柄归还于君。权德舆有《奉送孔十兄宾客承恩致政归东都旧居》。许浑《题勤尊师历阳山居》序：“相国致政，尊师亦自边将入道。”皮日休有《奉献致政裴秘监》。

【致酒】　献酒。严维《晦日宴游》：“晦日湔裾俗，春楼致酒时。”

【致理】　致治。使国家安定清平。韩愈《赴江陵途中寄赠三学士》：“协心辅齐圣，致理同毛輶。”路贯《和元常侍除浙东留题》：“谢安致理逾三载，黄霸清声彻九重。”

【致書】　向人投信。包融《酬忠公林亭》：“安得山中信，致书移尚禽。”岑参《函谷关歌送刘评事使关西》：“请君时忆关外客，行到关西多致书。”

【致敬】　❶表达敬意。韦应物《寄黄刘二尊师》：“高斋遥致敬，愿示一编书。”❷致祭。祭必诚敬，故称。玄宗《春中兴庆宫酺宴》序：“致敬鬼神，不知饮食之斯薄。”

【致誠】　表达诚挚的情意。白居易《梦仙》：“仰谒玉皇帝，稽首前致诚。”

【致遠】　行至远方。李峤《象》：“六牙行致远，千叶奉高居。”杜甫《解忧》：“得失瞬息间，致远宜恐泥。”钱起《送河南陆少府》：“自料抱材将致远，宁嗟趋府暂牵卑。”

【致意】　犹问候。韩偓《无题》之一：“致意通绵竹，精诚托锦鳞。”

【致福】　求福。李颀《谒张果先生》：“祈年宝祚广，致福苍生惠。”

【致齋】　古代在祭祀时洁身清心的仪式。武元衡有《休暇日中书相公致斋禁省因以寄赠》。裴度《奉酬中书相公叙怀见寄之作》："致斋移秘府，祇事见冲襟。"吕温《奉敕祭南岳十四韵》："致斋紫盖下，宿设祝融侧。"

八　画

臺〔tái《广韵》徒哀切，平咍，定。〕❶高而上平的方形建筑物。供观察眺望用。戴叔伦《酬赠张众甫》："迢遥千里道，依倚九层台。"刘禹锡《荆门道怀古》："南国山川旧帝畿，宋台梁馆尚依稀。"白居易《重修府西水亭院》："因下疏为沼，随高筑作台。"皮日休《怀鹿门县名离合二首》之一："台前过雁盈千百，泉石无情不寄书。"❷凡高于地面而上平的物体均可称为台。郑虔《闺情》："银钥开香阁，金台照夜灯。"❸盘子的俗称。《酒令·龙朔中酒令》："子母相去离，连台拗倒。"❹古代中央政府的官署。常指御史台。王湾《秋夜寓直即事怀赠萧令公裴侍郎兼通简南省诸友人》："旗隼当朝立，台骢发郡乘。"岑参《使院中新栽柏树子呈李十五栖筠》："不曾台上种，留向碛中栽。"包何《和苗员外寓直中书》："贞为台里柏，芳作省中兰。"张继《送张中丞归使幕》："满台簪白笔，捧手恋清辉。"❺古代一种地位低贱的奴隶。见《左传·昭公七年》。杜甫《后出塞五首》之四："越罗与楚练，照耀舆台躯。"❻莎草，一名夫须。可制簑笠。参见"臺笠"。❼姓。后汉有隐士台佟。见"臺佟"。

【臺中】　(—zhōng)朝廷，禁中。孙逖《送杜侍御赴上都》："避马台中贵，登车岭外遥。"岑参《春日醴泉杜明府承恩五品宴席上赋诗》："邑里雷仍震，台中星欲悬。"杜甫《两当县吴十侍御江上宅》："台中领举劾，君必慎剖析。"钱起《送马员外拜官觐省》："笔精已许台中妙，剑术还令世上闻。"

【臺中妙】　(中 zhōng)西晋尚书令卫瓘与尚书郎索靖皆工草书，时人号为"一台二妙"。见《晋书·卫瓘传》。后以"臺中妙"作为称颂书法之典。钱起《送马员外拜官觐省》："笔精已许台中妙，剑术还令世上闻。"

【臺沼】　亭台池沼。李白《对酒忆贺监二首》之二："敕赐镜湖水，为君台沼荣。"

【臺佟】　人名。东汉隐士，字孝威，与向长齐名。见《后汉书·逸民传》。吴筠有《高士咏·台佟管宁》。

【臺妙】　同"臺中妙"。孙逖《和左司张员外赠韦侍御等诸公》："台妙时相许，皇华德弥称。"

【臺城】　六朝时的禁城。晋之台城在今南京市鸡鸣山南乾河沿北，其地本三国吴后苑城，东晋成帝时改建作新宫，遂为宫城。历宋、齐、梁、陈，皆为台省(中央政府)和宫殿所在地，因专名台城。刘禹锡《台城》："台城六代竞豪华，结绮临春事最奢。"殷尧藩《登凤凰台二首》之二："梁武台城芳草合，吴王宫殿野花开。"罗隐《台城》："水国春常在，台城夜未寒。"曹松《石头怀古》："日月出又没，台城空白云。"

【臺省】　汉代尚书台，三国魏中书省，均为代表皇帝发布政令的中枢机关。后因以"臺省"指政府的中央机构。唐代有时亦将三省和御史台合称为"臺省"。岑参有《和刑部成员外秋夜寓直寄台省知己》。杜甫《醉时歌》："诸公衮衮登台省，广文先生官独冷。"沈传师《次潭州酬唐侍御姚员外游道林岳麓寺题示》："含香珥笔皆眷旧，谦抑自忘台省尊。"

【臺星】　三台星。喻三公之位。韦庄《秦妇吟》："紫气潜随帝座移，妖光暗射台星拆。"

【臺亭】　台和亭。亦泛指楼台亭阁等建筑物。白居易《雪后过集贤裴令公旧宅有感》："台亭留尽在，宾客散何之。"聂夷中《早发郧北经古城》："不知马蹄下，谁家旧台亭。"

【臺郎】　❶指尚书郎。李颀《送康洽入京进乐府歌》："白夹春衫仙吏赠，乌皮隐几台郎与。"杜甫《客堂》："台郎选才俊，自顾亦已极。"张谓《寄崔澧州》："共襆台郎被，俱褰郡守帷。"韩愈《和虞部卢四酬翰林钱七赤藤杖歌》："赤藤为杖世未窥，台郎始携自滇池。"❷指御史。苏味道有《使岭南闻崔马二御史并拜台郎》。

【臺秩】　台省的官位、品秩。罗隐《送汝州李中丞十二韵》："官品尊台秩，山河拥福星。"

【臺卿】　李台卿，永王李璘之谋士。见《旧唐书·永王璘传》。李白有《赠别舍人弟台卿之江南》。

【臺院】　御史台三院之一。见《新唐书·百官志三》。刘禹锡有《早秋送台院杨侍御归朝》。郑谷有《偶怀寄台院孙瑞公桀》。

【臺基】　台的基础。王贞白《金陵怀古》："御路叠民冢，台基聚牧童。"

【臺笠】　指蓑衣和笠帽。麹信陵《句》："台笠冒山雨，渚田耕荇花。"

【臺烏】　为御史台或御史的象征，后以为典。见《后汉书·朱博传》。张谓《道林寺送莫侍御》："霜引台乌集，风惊塔雁飞。"刘商《送杨闲侍御拜命赴上都》："骢马朝天疾，台乌向日飞。"

【臺殿】　台和殿。亦泛指楼台宫殿等建筑物。武元衡《夏日陪冯许二侍郎与严秘书游昊天观览旧题寄同里杨华州中丞》："台殿云浮栋，缕缨鹤在轩。"杜牧《寄题宣州开元寺》："松寺曾同一鹤栖，夜深台殿月高低。"方干《题宝林寺禅者壁》："台殿渐多山更重，却令飞去即应难。”章碣《对月》：“别有洞天三十六，水晶台殿冷层层。”

【臺榭】　台和榭。亦泛指楼台等建筑物。李白《江上吟》：“屈平词赋悬日月，楚王台榭空山丘。”卢纶《秋夜宴集陈翃郎中圃亭美校书郎张正元归乡》：“保庆台榭古，感时琴瑟秋。”白居易《初领郡政衙退登东楼作》：“赖是余杭郡，台榭绕官曹。”韦庄《杂感》：“莫爱广陵台榭好，也曾芜没作荒城。”

【臺閣】　❶台与阁的并称。亦泛指亭台楼阁等建筑物。卢纶《东潭宴饯河南赵少府》：“岸转台阁丽，潭清弦管繁。”罗邺《旧侯家》：“台阁层层倚半空，绕轩澄碧御沟通。”❷汉时指尚书台。后亦泛称中央政府机构。苏味道《使岭南闻崔马二御使并拜台郎》：“喜得廊庙举，嗟为台阁分。”岑参《酬成少尹骆谷行见呈》：“高价振台阁，清词出应徐。”刘禹锡《酬乐天醉后狂吟十韵》：“制诰留台阁，歌词入管弦。”徐铉《送黄梅江明府》：“封疆多难正经纶，台阁如何不用君。”

【臺駘】　汾水水神。相传上古金天氏少皞的后代昧，生允格、台骀。台骀继承祖业，为水官之长，疏通汾、洮二水，帝颛顼嘉其功，封之于汾川。后世遂以为汾水之神。见《左传・昭公元年》。白居易《寄献北都留守裴令公》：“神在台骀助，魂亡猃狁逃。”

【臺盤】　台面，桌面。冯衮《掷卢作》：“八尺台盘照面新，千金一掷斗精神。”

【臺館】　楼台馆阁。王无竞《巫山》：“朝云无处所，台馆晓苍苍。”柳宗元《游朝阳岩遂登西亭二十韵》：“台馆葺荒丘，池塘疏沉坳。”张祜《题海盐南馆》：“故人营此地，台馆尚依依。”詹敦仁《余迁泉山城留侯招游郡圃作此》：“当年巧匠制茅亭，台馆翚飞匝郡城。”

【臺隸】　地位最低下的奴仆。见《后汉书・济南安王康传》。卢照邻《咏史四首》之一：“髡钳为台隶，灌园变姓名。”

【臺觀】　（一guàn）❶泛指楼台馆阁等高大建筑物。杜甫《同李太守登历下古城员外新亭亭对鹊湖》：“迹籍台观旧，气溟海岳深。”元稹《茅舍》：“台观亦已多，工徒稍冤咤。”❷特指道观。张祜《游仙》：“空岩响深彻，台观凝碧冷。”

十　画

臻

〔zhēn《广韵》侧詵切，平臻，莊。〕❶到；来到。李白《对雪奉饯任城六父秩满归京》：“窦公敞华筵，墨客尽来臻。”韦应物《春月观省属城始憩东西林精舍》：“方臻释氏庐，时物屡华妍。”欧阳詹《太原旅怀呈薛十八侍御齐十二奉礼》：“眼见寒序臻，坐送秋光除。”周昙《咏史诗・春秋战国门・少孺》：“宝贵亲仁与善邻，邻兵何要互相臻。”❷达到某种水平。李回《享太庙乐章》：“氛消夷夏，俗臻往古。”张祜《戊午年二百韵寄献太原裴令公淮南李相公汉南李仆射宣武李尚书》：“文业臻曹植，军书到谢玄。”❸聚集。刘禹锡《韩十八侍御见示诗因令属和重以自述故足成六十二韵》：“晔若观五色，欢然臻四美。”白居易《和答诗十首》序：“岂仆所奉者二十章，遽能开足下聪明，使之然耶？抑又不知足下是行也，天将屈足下之道，激足下之心，使感时发愤而臻于此耶？”❹盛，浓。韦应物《秋夕西斋与僧神静游》：“物幽夜更殊，境静兴弥臻。”❺极。韩愈、孟郊《城南联句》：“类招臻倜诡，翼萃伏衿缨。”

【臻奏】　汇集。韦应物《送冯著受李广州署为录事》：“百国共臻奏，珍奇献京师。”

【臻極】　达到极点。韩愈《桃源图》：“文工画妙各臻极，异境恍惚移于斯。”

【臻湊】　奔趋；汇集。骆宾王《在江南赠宋五之问》：“炎凉几迁贸，川陆疲臻凑。”

臼　部

臼　〔jiù《广韵》其九切，上有，羣。〕舂米器。杜甫《九成宫》："苍山入百里，崖断如杵臼。"韩愈《元和圣德诗》："遂自颠倒，若杵投臼。"亦泛称捣物的臼状容器。岑参《题观楼》："羽盖霓旌何处在，空留药臼向人间。"卢仝《月蚀诗》："药成满臼不中度，委任白兔夫何为。"李敬方《遣兴》："日月仙壶外，筋骸药臼中。"郑愚《茶诗》："夜臼和烟捣，寒炉对雪烹。"

【臼口】　镇名。在今湖北钟祥市南六十里汉水东岸。昔时臼水于此入汉水，故名。白居易《臼口阻风十日》："老大光阴能几日，等闲臼口坐经旬。"

【臼科】　臼形的坑。韩愈《石鼓歌》："故人从军在右辅，为我度量掘臼科。"

三　画

舁　〔yú《广韵》以诸切，平魚，以。〕❶抬；扛。王建《霓裳词十首》之七："应是贵妃楼上看，内人舁下彩罗箱。"于鹄《古挽歌》："可惜罗衣色，看舁入水泉。"白居易《就暖偶酌戏诸诗酒旧侣》："低屏软褥卧藤床，舁向前轩就日阳。"赵嘏《哭李进士》："唯有山僧与樵客，共舁孤榇入幽坟。"❷装载。韩愈《忆昨行和张十一》："车载牲牢瓮舁酒，并召宾客延邹枚。"施肩吾《玩花词》："竟日眼前犹不足，数株舁入寸心中。"❸通"舆"。白居易《奉使途中戏赠张常侍》："共笑篮舁亦称使，日驰一驿向东都。"又《偶作》："篮舁出即忘归舍，柴户昏犹未掩关。"

【舁褓】　指背上裹在包被的孩子，表示归顺朝廷。杜牧《感怀诗一首》："继于长庆初，燕赵终舁褓。"

四　画

䑞　〔fèn《广韵》芳靡切，去廢，敷。又房越切，入月，奉。〕舂米使其精白。陆龟蒙《江南秋怀寄华阳山人》："水喧揔紫芡，村响䑞香粳。"

五　画

舂　〔chōng《广韵》書容切，平鍾，書。〕❶用杵臼捣去谷物的皮壳。李峤《布》："伫因舂斗粟，来晓棣华芳。"李华《寄赵七侍御》："渚烟见晨钓，山月闻夜舂。"温庭筠《醉歌》："洛阳卢仝称文房，妻子脚秃舂黄粮。"贯休《秋夜吟》："饥童舂赤黍，繁露洒乌椑。"亦泛称捣，捣碎。白居易《新昌新居书事四十韵因寄元郎中张博士》："柏杵舂灵药，铜瓶漱暖泉。"❷冲；冲击。张抃《题衡阳泗州寺》："几层峡浪寒舂月，尽日江天雨打篷。"韩愈《潭州泊船呈诸公》："暗浪舂楼堞，惊风破竹篙。"李贺《猛虎行》："长戈莫舂，长弩莫抨。"❸石臼。碓。杜甫《村夜》："村舂雨外急，邻火夜深明。"卢纶《晚次新丰北野老家书事呈赠韩质明府》："机鸣舂响日暾暾，鸡犬相和汉古村。"孟郊《石淙》之六："谷硙有余力，溪舂亦多机。"李商隐《归墅》："渠浊村舂急，旗高社酒香。"❹传说中的山名。薛能《游嘉州后溪》："山屐经过满径踪，隔溪遥见夕阳舂。"

【舂市】　古代舂人所役女妃劳作之所。舂人，古代官名，掌供应米物以祭祀、宴飨。陈子昂《感遇诗三十八首》之十五："昔称夭桃子，今为舂市徒。"李白《中山孺子妾歌》："戚姬髡发入舂市，万古共悲辛。"

【舂汲】　舂米汲水。李颀《无尽上人东林禅居》："萝筱慰舂汲，岩潭恣讨论。"

【舂刺】　撞刺，刺击。元结《演兴四首·闵岭中》："且舂刺乎恶毒，又引射夫妖怪。"

【舂容】　❶声音悠扬洪亮。张说《山夜闻钟》："前声既舂容，后声复晃荡。"戴叔伦《听霜钟》："出云疑断续，入户乍舂容。"郑絪《寒夜闻霜钟》："舂容时未歇，摇曳夜方深。"❷指水流冲击声。杜甫《巴西驿亭观江涨呈窦使君》："孤亭凌喷薄，万井逼舂容。"阎防《夕次鹿门山作》："喷薄湍上水，舂容漂里山。"❸惶遽貌。杜甫《入衡州》："参错走洲渚，舂容转林篁。"

【舂陵】　❶西汉县名，隋大业初置郡。县、郡治所均在今湖北枣阳市。李白《赠从兄襄阳少府皓》："小节岂足言，退耕舂陵东。"又《寄远十一首》之七："妾在舂陵东，君居汉江岛。"❷借指道州。刘希夷《谒汉世祖庙》:"舂陵气初发,渐台首未传。"元结《舂陵行》序:"此州是舂陵故地,故作舂陵行以达下情。"柳宗元《赠江华长老》:"去岁别舂陵,沿流此投迹。"

【舂喉】 刺入喉头。李峤《戈》:"富父舂喉日,殷辛漂杵年。"卢仝《月蚀诗》:"手操舂喉戈,去此睛上物。"

【舂撞】 撞击。韩愈《泷吏》:"险恶不可状,船石相舂撞。"

六 画

舄 〔xì《龙龛手鉴》音昔。〕古代一种以木为复底的鞋。后亦为鞋的通称。据说后汉王乔为叶县令,有神术,频繁来往于叶县洛阳间,而不见车骑。原来是双舄变成双凫,王乘双凫往来。见《后汉书·王乔传》。张说《寄刘道士舄》:"远寄双飞舄,飞飞不碍空。"李白《淮阴书怀寄王宗成》:"眷言王乔舄,婉娈故人情。"钱起《诏许昌崔明府拜补阙》:"脱身凫舄里,载笔虎闱前。"独孤及《酬常郿县见赠》:"谓乘凫舄朝天子,却愧猪肝累主人。"

【舄卤】 盐碱地。高适《自淇涉黄河途中作十三首》之九:"耕耘日勤劳,租税兼舄卤。"

【舄履】 复底厚履。亦作鞋的通称。刘禹锡《和汴州令狐相公到镇改月偶书所怀》:"旌旗遥一簇,舄履近相搀。"

與[1] 〔yǔ《广韵》余吕切,上语,以。〕❶给予。杜甫《戏简郑广文虔兼呈苏司业源明》:"赖有苏司业,时时与酒钱。"秦系《赠乌程杨萍明府》:"杨梅今熟未? 与我两三枝。"姚合《赠卢沙弥小师》:"麻履踏雪路,与马不肯骑。"杜牧《赤壁》:"东风不与周郎便,铜雀春深锁二乔。"❷使,让。寒山《诗三百三首》之二八四:"世间一等流,诚堪与人笑。"欧阳詹《题延平剑潭》:"空余昔日凌霜色,长与澄潭生昼寒。"白居易《会昌二年春题池西小楼》:"虽贫眼下无妨乐,纵病心中不与愁。"❸增;助。陈子昂《感遇诗三十八首》之十七:"岂无当世雄,天道与胡兵。"杜甫《殿中杨监见示张旭草书图》:"连山蟠其间,溟涨与笔力。"皮日休《襄州春游》:"信马腾腾触处行,春风相引与诗情。"❹须,必须。杜甫《寄李十二白二十韵》:"莫怪恩波隔,乘槎与问津。"白居易《病中诗十五首·送嵩客》:"君到嵩阳吟此句,与教二十六峰知。"❺谓,叫作。李白《南阳送客》:"斗酒勿与薄,寸心遗不忘。"❻对付。杜甫《江上值水如海势聊短述》:"老去诗篇浑漫与,春来花鸟莫深愁。"❼遭逢。董思恭《咏雪》:"惜哉不我与,萧索从风飘。"宋华《蝉鸣一篇五章》之四:"蝉鸣伊何,时运未与。"孟郊《初于洛中选》:"青云不我与,白首方选书。"❽如同,好像。太宗《经破薛举战地》:"心随朗日高,志与秋霜洁。"皎然《答苏州韦应物郎中》:"格将寒松高,气与秋江清。"法振《病愈寄友》:"微踪与麋鹿,远谢求羊知。"李频《黔中罢职将泛江东》:"野梅将雪竞,江月与沙寒。"❾共同;在一起。李白《送裴十八图南归嵩山二首》之二:"谢公终一起,相与济苍生。"杜甫《赠虞十五司马》:"书籍终相与,青山隔故园。"张籍《赠李杭州》:"惠化州人尽清净,高情野鹤与逍遥。"李商隐《十字水期韦潘侍御同年不至时韦寓居水次故郭汾宁宅》:"西园碧树今谁主,与近高窗卧听秋。"❿随着;按照。苏颋《奉和圣制过晋阳宫应制》:"隋运与天绝,生灵厌氛昏。"杜甫《登舟将适汉阳》:"塞雁与时集,樯乌终岁飞。"又《瞿唐怀古》:"地与山根裂,江从月窟来。"⓫等待。颜胄《适思》:"芳岁不我与,飒然凉风生。"⓬发表;抒发。李白《访道安陵遇盖还为余造真箓临别留赠》:"悬河与微言,谈论安可穷。"杜甫《哭李尚书》:"漳滨与蒿里,逝水竟同年。"⓭产生。杜甫《江雨有怀郑典设》:"宠光蕙叶与多碧,点注桃花舒小红。"⓮又,复。岑参《虢州郡斋南池幽兴因与阎二侍御道别》:"仰望浮与沉,忽如云与泥。"李嘉祐《送友人入湘》:"穷海人还去,孤城雁与过。"⓯介词。(1)同,跟。王维《寓言二首》之一:"奈何轩冕贵,不与布衣言。"钱起《忆山中寄旧友》:"风景今还好,如何与世违?"李绅《新楼诗二十首·禹庙》:"清庙万年长血食,始知明德与天齐。"黄滔《送人明经及第东归》:"知君已塞平生愿,日与交亲醉几场。"(2)替;给。杜甫《兵车行》:"去时里正与裹头,归来头白还戍边。"司空曙《病中嫁女妓》:"黄金用尽教歌舞,留与他人乐少年。"白居易《天坛峰下赠杜录事》:"他日药成分一粒,与君先去扫天坛。"高骈《句》:"满身珠翠将何用,唯与豪家拂象床。"(3)把,将。白居易《新制绫袄成感而有咏》:"争得大裘长万丈,与君都盖洛阳城。"(4)在,于。元结《酬孟武昌苦雪》:"古之贤达者,与世竟何异。"杜牧《怀钟陵旧游四首》之四:"昔年行乐秾桃畔,醉与龙沙拣蜀罗。"(5)向,对。李颀《双笋歌送李回兼呈刘四》:"再三抱此怅为别。嵩洛故人与之说。"白居易《听水部吴员外新诗因赠绝句》:"明朝说与诗人道,水部如今不姓何。"杜牧《送李群玉赴举》:"玉白花红三百首,五陵谁唱与春风。"京兆女子《题兴元明珠亭》:"回首池塘更无语,手弹珠泪与春风。"⓰连词。(1)和,及。郭震《米囊花》:"却笑野田禾与黍,不闻弦管过青春。"白居易《贺雨》:"皇天与后土,所感无不通。"李商隐《韩碑》:"元和天子神武姿,彼何人哉轩与羲。"王周《金盘草诗》:"莫并蒿与莱,岂羡芝及兰。"(2)对于。陈子昂《感遇诗三十八首》之二一:"蜻蛉游天地,与世本无患。"⓱通"举"。(1)推举;选举。

见"與能""與善"。(2)飞举。李商隐《重有感》:"岂有蛟龙愁失水,更无鹰隼与高秋。"

與² 〔yù《广韵》羊洳切,去御,以。〕参与。白居易《和微之诗二十三首·和三月三十日四十韵》:"旧游几客存,新宴谁人与。"

【與夷】 春秋宋殇公字。白居易《赠悼怀太子挽歌辞二首》之一:"恭闻褒赠诏,轸念在与夷。"

【與其】 连词。比较两件事或两种情况的利害得失而决定取舍时,用于放弃的一方。元稹《华之巫》:"与其媚于奥,不若媚于灶。"

【與能】 推荐有才能之人。罗隐《送汝州李中丞十二韵》:"与能才物论,慎选忽天庭。"

【與善】 推荐良善之人。孔绍安《伤顾学士》:"与善成空说,歼良信在兹。"

【與奪】 赐予和剥夺。韩愈《孟东野失子》:"女实主下人,与夺一何偏。"

七 画

舅 〔jiù《广韵》其九切,上有,羣。〕❶舅父。即母之兄或弟。王维《送严秀才还蜀》:"宁亲为令子,似舅即贤甥。"岑参《送严诜擢第归蜀》:"工文能似舅,擢第去荣亲。"❷夫之父。杜甫《牵牛织女》:"虽无姑舅事,敢昧织作功。"参见"舅姑"。❸妻之父。参见"舅甥"。❹古时天子称异姓大邦诸侯为伯舅,异姓小邦诸侯为叔舅。后亦以"舅"作对异姓长者的尊称。李商隐《寄太原卢司空三十韵》:"将军功不伐,叔舅德惟馨。"

【舅氏】 即舅父。见《诗·秦风·渭阳》。杜甫《白水县崔少府十九翁高三十韵》:"白水见舅氏,诸翁乃仙伯。"又《阆州东楼筵奉送十一舅往青城县得昏字》:"今我送舅氏,万感集清尊。"又《赠崔十三评事公辅》:"舅氏多人物,无惭困翮垂。"又《奉送十七舅下邵桂》:"感深辞舅氏,别后见何人。"

【舅姑】 公婆。王建《赛神曲》:"新妇上酒勿辞勤,使尔舅姑无所苦。"白居易《初到江州寄翰林张李杜三学士》:"伤禽侧翅惊弓箭,老妇低颜事舅姑。"朱庆余《近试上张籍水部》:"洞房昨夜停红烛,待晓堂前拜舅姑。"曹邺《怨歌行》:"官田赠倡妇,留妾侍舅姑。"

【舅甥】 ❶指舅父和外甥。晋人魏舒幼时寄养外家宁氏,相宅者谓宁生当出贵甥,后果官至司徒。见《晋收·魏舒传》。元稹《赠吴渠州从姨兄士则》:"宁氏舅甥俱寂寞,荀家兄弟半沦亡。"❷指翁婿。柳宗元《韦道安》:"顿首愿归货,纳女称舅甥。"杜甫《近闻》:"似闻赞普更求亲,舅甥和好应难弃。"

【舅甥國】 ❶为贵族通婚之典。见《诗·陈风·东门之地》。张说《安乐郡主花烛行》:"姬姜本来舅甥国,小篮俱道凤皇飞。"。❷唐代屡取和亲政策,公主常远适外邦,与外邦结成舅甥(翁婿)关系。故以"舅甥國"指友好国家。吕温《吐蕃别馆和周十一郎中杨七录事望白水山作》:"况今舅甥国,谁道隔流沙。"参见"舅甥❷"。

九 画

興¹ 〔xīng《广韵》虚陵切,平蒸,曉。〕❶起身。孟郊《寄张籍》:"志士惜时逝,一宵三四兴。"白居易《叹老三首》之一:"晨兴照青镜,形影两寂寞。"徐夤《开窗》:"闭户开窗寝又兴,三更时节也如冰。"裴说《春早寄华下同人》:"正是花时节,思君寝复兴。"❷产生,出现。王维《与胡居士皆病寄此诗兼示学人二首》之一:"一兴微尘念,横有朝露身。"李益《长干行二首》之二:"五月南风兴,思君下巴陵。"白居易《感鹤》:"一兴嗜欲念,遂为矰缴牵。"杨衡《游陆先生故岩居》:"结念候云兴,烧香坐终夕。"❸兴起。李华《咏史十一首》之五:"秦灭汉帝兴,南山有遗老。"亦指使兴起。白居易《新乐府·二王后》:"不独兴灭国,不独继绝世。"❹作,特指创作。崔湜《责躬诗》:"自怜暗成事,感叹兴此词。"欧阳詹《有所恨二章》序:"有所恨,由故人马绅死而兴也。"张蠙《乱中寄友人》:"人情将厌武,王泽即兴诗。"❺兴旺;兴盛。亦指使兴旺,使兴盛。太宗《执契静三边》:"翦暴兴先废,除凶存昔亡。"韩愈《奉和杜相公上李相公十六韵》:"耒耜兴姬国,輴欙建夏家。"白居易《凶宅》:"一兴八百年,一死望夷宫。"武元衡《顺宗至德大圣皇帝挽歌词三首》之三:"缵夏功传启,兴周业继昌。"❻创立;建立。高骈《写怀二首》之一:"却恨韩彭兴汉室,功成不向五湖游。"《郊庙歌辞·梁太庙乐舞辞·大合舞》:"肇兴九庙,乐合来仪。"李频《赋得长城斑竹杖》:"秦兴版筑时,剪伐不知谁。"❼升。韩愈、孟郊《城南联句》:"隐伏饶气象,兴潜示堆坑。"❽兴师,进行军事行动。白居易《赠友五首》之三:"兵兴一变法,兵息遂不还。"孟简《咏欧阳行周事》序:"会东方军兴,府县未暇慰荐。"❾设,设置。李从善《蔷薇诗呈东海侍郎徐铉》:"管弦朝夕兴,组绣百千枝。"❿实行。王维《送秘书晁监还日本国》序:"动干戚之舞,兴斧钺之诛。"⓫开始。韦应物《县斋》:"闲斋始延瞩,东作兴庶氓。"

興² 〔xìng《广韵》許應切,去證,曉。〕❶譬喻。见《论语·阳货》。后亦成为《诗》之六义之一,为先言他物以引起所咏之词的一种写作手法。白居易《读张籍古乐府》:"风雅比兴外,未尝著空文。"刘禹锡《题淳于髡墓》:"寓言本多兴,放意能合权。”❷兴致；兴趣。杜甫《寄彭州高三十五使君适虢州岑二十七长史参三十韵》：“老去才难尽，秋来兴甚长。”李端《白鹭咏》：“犹有幽人兴，相逢到碧霄。”白居易《春尽日天津桥醉吟偶呈李尹侍郎》：“兴发诗随口，狂来酒寄身”。韦庄《三堂东湖别》：“何处最添诗客兴，黄昏烟雨乱蛙声。”

【興亡】　兴盛和衰亡。杜牧《冬至日寄小侄阿宜诗》：“经书括根本，史书阅兴亡。”许浑《洛阳道中》：“兴亡不可问，自古水东流。”崔涂《东晋》之二：“兴亡竟不关人事，虚倚长淮五百年。”周昙《咏史诗·春秋战国门·王孙满》：“兴亡在德不在鼎，楚子何劳问重轻。”亦偏指衰亡、灭亡。杜甫《壮游》：“举隅见烦费，引古惜兴亡。”罗邺《登凌歊台》：“高台今日竟长闲，因想兴亡自惨颜。”

【興王】　（—wáng）❶励精图治的国君。李商隐《井泥四十韵》：“伊尹佐兴王，不藉汉父资。”❷使王业兴旺。宋昱《题石窟》：“邀福功虽在，兴亡代久非。”

【興元】　❶唐德宗年号（780—784）。白居易《新乐府·捕蝗》：“兴元兵后伤阴阳，和气蛊蠹化为蝗。”❷唐州府名。兴元元年（784）年改梁州置，治所在南郑县（今陕西汉中市东）。欧阳詹有《述德上兴元严仆射》。姚合有《送郑尚书赴兴元》。李商隐有《行至金牛驿寄兴元渤海尚书》。唐彦谦有《登兴元城观烽火》。

【興比】　兴和比。均为诗之六义之一。兴者托物兴辞，比者借物言志。白居易《和答诗十首》序：“仆职役不得去，命季弟送行，且奉新诗一轴，致于执事，凡二十章，率有兴比。”

【興化】　振兴教化。张九龄《奉和圣制赐诸州刺史以题座右》：“兴化俟群辟，择贤宁列藩。”夏鸿《和赠和龙妙空禅师》：“出为信门兴化日，坐当吾国太平年。”

【興化池亭】　唐裴度在西京长安的园林。长安有兴化坊，裴度居此。白居易《侍中晋公欲到东洛先蒙书问辄献长句》：“昔蒙兴化池头送，今许龙门潭上期。”裴度、白居易等有《宴兴化池亭送白二十二东归联句》。

【興平】　唐县名。隋始平县。唐天授二年（691）来稷州。大足元年（701）还雍州。景龙四年（710）中宗送金城公主入蕃，别于此，因改名金城县。至德二年（753）改兴平县。属京兆府。耿湋有《赠兴平郑明府》。韩琮有《兴平县野中得落星石移置县斋》。

【興戎】　发动战争。于邵《释奠武成王乐章·亚献终献》：“时维降祐，永绝兴戎。”

【興旨】　旨趣。薛能《荔枝诗》序：“杜工部老居两蜀，不赋是诗，岂有意而不及欤。白尚书曾有是作，兴旨卑泥，与无诗同。”

【興邦】　使国家兴盛。李商隐《赠送前刘五经映三十四韵》：“建国宜师古，兴邦属上庠。”孟翱《言行相顾》：“正遇兴邦际，因怀入署年。”

【興州】　唐州名。西魏废帝三年（554）以东益州改名，治所在汉曲县（今陕西略阳县）。隋大业三年（607）改为顺政郡。唐武德年（618）复改兴州，天宝元年（742），改为顺政郡。乾元元年（758）仍改名兴州。属江南西道。苏颋有《晓发兴州入陈平路》和《兴州出行》。郑谷有《兴州东池》和《兴州江馆》。

【興兵】　起兵。李商隐《五言述德抒情诗一首四十韵献上杜七兄仆射相公》：“率身期济世，叩额虑兴兵。”周昙《咏史诗·秦门·赵高》：“赵高胡亥速天诛，率土兴兵怨毒痡。”

【興言】　心有所感而发之于言。许敬宗《奉和圣制送来济应制》：“兴言共伤千里道，俯迹聊示五情同。”孟郊《江邑春霖奉赠陈侍御》：“兴言念风俗，得意唯波鳞。”鲍溶《沛中怀古》：“兴言万代事，四坐沾衣裳。”

【興没】　❶兴盛和衰亡。李白《古风》之二五：“大运有兴没，群动争飞奔。”❷出现和消失。钱起《夕发箭场岩下作》：“山谷无明晦，溪霞自兴没。”

【興妖】　产生妖异。杜荀鹤《题历山舜祠》：“世人那肯祭，大圣不兴妖。”

【興味】　意味；趣味。白居易《和杨同州寒食乾坑会后闻杨工部欲到知予与工部有宿酲》：“宿酲无兴味，先是肺神知。”又《春日闲居三首》之三：“问我逸如何，闲居多兴味。”李中《思九江旧居三首》之二：“门前烟水似潇湘，放旷优游兴味长。”又《海上和柴军使清明书事》：“清明时节好烟光，英杰高吟兴味长。”

【興念】　产生意念。郑谷《结绶鄠郊縻摄府署偶有自咏》：“酒醒往事多兴念，吟苦邻居必厌闻。”

【興哀】　产生哀愁。牟融《客中作》：“几度无聊倍惆怅，临风搔首独兴哀。”

【興國】　振兴国家。李益《北至太原》：“圣明所兴国，灵岳固不殚。”

【興師】　兴兵，起兵。李峤《熊》：“列射三侯满，兴师七步旋。”陆龟蒙《江湖散人歌》：“兴师十万一日费，不啻千金何以支。”韦庄《耒阳县浮山神庙》：“为霖自可成农岁，何用兴师远伐邢。”

【興衰】　兴盛和衰亡。白居易《新乐府·法曲》：“一从胡曲相参错，不辨兴衰与哀乐。”殷尧藩《陆丞相故宅》：“山色依然好，兴衰未可量。”刘沧《经过建业》：“六代兴衰曾此地，西风露泣白蘋花。”吴融《李周弹筝歌》：“供奉供奉且听语，自昔兴衰看乐府。”

【興唐】　见“興唐寺”。

【興唐寺】　寺院名。在今安徽歙县练江西。至德二年(757)建。宋太平兴国中敕改太平兴国寺。李白有《兴唐寺》。张乔有《游歙州兴唐寺》。亦省称“興唐”。李白《兴唐寺》:“我来兴唐游,于中更无别。”

【興唐觀】　(觀 guàn)道观名。在唐西京长安。广宣有《安国寺随驾幸兴唐观应制》。

【興₂寄】　寄寓在作品中的思想情感。陈子昂《与东方左史虬修竹篇》序:“仆尝暇时观齐梁间诗,彩丽竞繁,而兴寄都绝,每以永叹。”

【興₂情】　兴致,情趣。皇甫冉《西陵寄灵一上人》:“汀州寒事早,鱼鸟兴情新。”刘禹锡《秋日书怀寄白宾客》:“兴情逢酒在,筋力上楼知。”

【興替】　兴盛和衰微。皮日休《鲁望读襄阳耆旧传见赠五百言次韵》:“兴替忽矣新,山川悄然旧。”李山甫《读汉史》:“四百年间反覆寻,汉家兴替好沾襟。”

【興₂酣】　喝酒喝得正高兴。刘禹锡《韩十八侍御见示诗因令属和重以自述故足成六十二韵》:“兴酣更抵掌,乐极同启齿。”又《同乐天和微之深春二十首》之十三:“兴酣樽易罄,连泻酒瓶斜。”白居易《北窗三友》:“兴酣不叠纸,走笔操狂词。”

【興雲出雨】　云涌雨降。吴融《太湖石歌》:“想得沈潜水府时,兴云出雨蟠蛟螭。”

【興善寺】　在唐西京长安靖善坊。卢纶有《题兴善寺后池》。张乔有《题兴善寺僧道深院》。郑谷有《题兴善寺》和《兴善寺寂上人院》。

【興詠】　歌咏。皇甫冉《和朝郎中扬子玩雪寄山阴严维》:“谢家兴咏日,汉将出师年。”黄滔《酬俞钧》:“虽忝立名经圣鉴,敢期兴咏叠嘉言。”张义方《奉和圣制元日大雪登楼》:“岂但小臣添兴咏,狂歌醉舞一家家。”韩溉《竹》:“谁许风流添兴咏,自怜潇洒出尘埃。”

【興嗟】　引起嗟叹。远公《伤悼前蜀废国》:“乐极悲来数有涯,歌声才歇便兴嗟。”

【興運】　谓国运昌盛。张九龄《奉和圣制谒玄元皇帝庙斋》:“兴运昔有感,建祠北山巅。”徐铉《奉和宫傅相公怀旧见寄四十韵》:“西掖新官同贾马,南朝兴运似开天。”

【興隆】　兴盛;隆盛。胡曾《咏史诗·沛宫》:“汉高辛苦事干戈,帝业兴隆俊杰多。”钱弘倧《登蓬莱阁怀武肃王》:“十载兴隆吴与越,二邦安肃弟兼兄。”

【興勢觀】　(觀 guàn)道观名。在今陕山洋县北兴势山上。和凝《兴势观》:“山名兴势镇梁洋,俨有真风福此方。”

【興歇】　兴盛与衰亡。李白《日出行》:“谁挥鞭策驱四运,万物兴歇皆自然。”

【興滅】　兴盛与灭亡。冯待征《虞姬怨》:“天时人事有兴灭,智穷计屈心摧折。”李绅《新楼诗二十首·龙宫寺》:“真相有无因色界,化城兴灭在莲基。”

【興慶】　❶指兴庆宫。见“興慶宫”。❷指兴庆池。见“興慶池”。

【興慶池】　兴庆宫内池名。亦称龙池。苏瓌有《兴龙池侍宴应制》。韦元旦亦有《兴庆池侍宴应制》。李适有《帝幸兴庆池戏竞渡应制》。张祜《春莺啭》:“兴庆池南柳未开,太真先把一枝梅。”亦省称“興慶”。韦庄《闻再幸梁洋》:“兴庆玉龙寒自跃,昭陵石马夜空嘶。”

【興慶宫】　宫名。故址在今陕西西安市内。为唐玄宗李隆基在藩时宅邸。开元二年(715)始置为宫。玄宗《游兴庆宫作》序:“暇日,与兄弟同游兴庆宫,登勤政务本及华萼相辉之楼。”戎昱有《秋望兴庆宫作》。权德舆有《县君赴兴庆宫朝贺载之奉行册礼因书即事》。亦省称“興慶”。权德舆《冬至宿斋时郡君南内朝谒因寄》:“清斋独向丘园拜,盛服想君兴庆朝。”元稹《初除浙东妻有阻色因以四韵晓之》:“兴庆首行千命妇,会稽旁带六诸侯。”白居易《渭村退居寄礼部崔侍郎翰林钱舍人诗一百韵》:“晓从朝兴庆,春陪宴柏梁。”

【興寢】　起床和睡觉。武元衡《西亭题壁寄中书李相公》:“昏旦倦兴寝,端忧力尚微。”

【興₂緒】　兴致;情绪。王勃《上巳浮江宴韵得遥字》:“上巳年光促,中川兴绪遥。”杜甫《奉和严中丞西城晚眺十韵》:“征南多兴绪,事业闇相亲。”元稹《春分投简阳明洞天作》:“老惜光阴甚,慵牵兴绪孤。”吴融《宪丞裴公上洛退居有寄二首》之二:“瘦如仙鹤爽风篁,外却尘嚣兴绪长。”

【興歎】　发生感叹。韩愈《驽骥》:“喟余独兴叹,才命不同谋。”白居易《赠内子》:“白发长兴叹,青娥亦伴愁。”鱼玄机《卖残牡丹》:“临风兴叹落花频,芳意潜消又一春。”张祜《又陪楚州韦舍人阊门游宴次韵北阊门》:“贾谊犹兴叹,扬雄重返骚。”

【興德驛】　驿站名。故址在今陕西大荔县境。李商隐有《寄和水部马郎中题兴德驿时昭义已平》。

【興誚】　引起责向。王绩《赠梁公》:“成王已兴诮,宣帝如负芒。”

【興廢】　兴亡;盛衰。刘禹锡《金陵怀古》:“兴废由人事,山川空地形。”殷尧藩《登凤凰台二首》之二:“莫问人间兴废事,百年相遇且衔杯。”张乔《寄绩溪陈明府》:“六朝兴废地,行子一销魂。”李九龄《读三国志》:“有国由来在得贤,莫言兴废是循环。”

【興₂盡】　兴致消失。见南朝宋刘义庆《世说新语·任诞》。后以为典,多咏访友。丘为《寻西山隐者不遇》:“兴尽方下山,何必待夫子。”孟浩然《陪张丞相登荆城楼》:“兴尽回舟去,方知行路难。”李白《望月有怀》:“无因见安道,兴尽愁人心。”杜甫《风疾舟中伏枕书怀三十六韵呈湖南亲友》:“兴尽才无闷,愁来遽不禁。”

【興學】 兴办学校。西汉文翁为蜀太守,重视教育,兴办学校,以后推广到全国。见《汉书·文翁传》。李瀚《蒙求》:“龚遂劝农,文翁兴学。”

【興諭】 指诗歌创作中的兴与比的手法。白居易《新乐府·采诗官》:“若求兴谕规刺言,万句千章无一字。”又《读谢灵运诗》:“往往即事中,未能忘兴谕。”

【興₂闌】 兴尽。王维《从岐王过杨氏别业应教》:“兴阑啼鸟换,坐久落花多。”玄宗《同二相已下群官乐游园宴》:“兴阑归骑转,还奏弼违书。”元稹《春游》:“欲终心懒慢,转恐兴阑散。”

【興懷】 引起感触。亦指引起的各种感触。陆龟蒙《自遣诗三十首》序:“每至夜分不睡,则百端兴怀搅人思,益纷乱无绪。”黄滔《广州试越台怀古》:“南越千年事,兴怀一旦来。”杜光庭《怀古今》:“夸父兴怀于落照,田文起怨于鸣琴。”

舉 〔jǔ《广韵》居許切,上語,見。〕❶双手托物使其上升。李白《酬崔五郎中》:“举身憩蓬壶,濯足弄沧海。”韦应物《答刘西曹》:“长啸举清觞,志气谁与俦!”白居易《赠樊著作》:“其手如屈铁,举必指佞臣。”刘兼《咸阳怀古》:“立马举鞭遥望处,阿房遗址夕阳东。”❷拿起,提起。权德舆《放歌行》:“迎杯乍举石榴裙,匀粉时交合欢扇。”孟郊《过分水岭》:“十步九举辔,回环失西东。”白居易《偶作》:“坐闷低眉久,行慵举足迟。”又《秦中吟十首·五弦》:“行客闻此声,驻足不能举。”❸飞,飞起。崔融《吴中好风景》:“无因生羽翼,轻举托还飙。”李白《古风》之十五:“方知黄鹤举,千里独裴回。”韩愈《谢自然诗》:“须臾自轻举,飘若风中烟。”李绅《过梅里七首·忆放鹤》:“好风顺举应摩日,逸翮将成莫恋群。”❹仰起;抬起。韦应物《答长安丞裴说》:“举头见秋山,万事都若遗。”韩愈《调张籍》:“伊我生其后,举颈遥相望。”参见“舉眼”“舉頭”。❺飘,飘动。李白《忆旧游寄谯郡元参军》:“袖长管催欲轻举,汉中太守醉起舞。”杜甫《行次昭陵》:“玉衣晨自举,铁马汗常趋。”白居易《长恨歌》:“风吹仙袂飘飖举,犹似霓裳羽衣舞。”❻行为,举动。李邕《铜雀妓》:“君举良未易,永为后代嗤。”杜甫《北征》:“此举开青徐,旋瞻略恒碣。”白居易《贺雨》:“元年诛刘阚,一举靖巴邛。”李商隐《有感二首》之二:“素心虽未易,此举太无名。”❼举办;置办。张九龄《饯王司马入计同用洲字》:“元僚行上计,举饯出林丘。”魏征《五郊乐章·赤帝徵音》:“博硕斯荐,笙镛备举。”张说《唐封泰山乐章·太和》:“礼乐具举,济济洋洋。”白居易《贺雨》:“庶政靡不举,皆出自宸衷。”❽发动;兴起。权德舆《读穀梁传二首》之一:“奈何赵志父,专举晋阳兵。”白居易《新乐府·七德舞》:“太宗十八举义兵,白旄黄钺定两京。”亦指兴兵。高适《自淇涉黄河途中作十三首》之十二:“传檄举敖仓,拥兵屯洛口。”❾攻打,被攻打。李白《赠张相镐二首》之一:“庶同昆阳举,再睹汉仪新。”吴筠《高士咏·段干木》:“秦兵遂不举,高卧为国藩。”❿点燃。李峤《送骆奉礼从军》:“玉塞边烽举。金坛庙略申。”杜甫《火》:“楚山经月火,大旱则斯举。”韦应物《乘月过西郊渡》:“已举候亭火,犹爱村原树。”⓫复兴;恢复。孟郊《上包祭酒》:“时吟五君咏,再举七子风。”⓬推荐;起用。王绩《古意六首》之六:“皇臣力牧举,帝乐箫韶畅。”杜甫《述古三首》之二:“舜举十六相,身尊道何高。”姚合《下第》:“枉为乡里举,射鹄艺浑疏。”李商隐《行次西郊作一百韵》:“昔闻举一会,群盗为之奔。”⓭演奏。李舒《让皇帝庙乐章·酌献》:“八音具举,三寿即盥”。李绅《悲善才》:“天颜静听朱丝弹,众乐寂然无敢举。”⓮抚养。顾况《上古之什补亡训传十三章·囝一章》:“及汝既生,人劝不举。”⓯竖立。李白《上留田行》:“昔之弟死兄不葬,他人于此举铭旌。”⓰放,发。参见“舉聲”。⓱列举。见“舉隅”。⓲实行,执行。林藻《吴宫教战》:“鼓停行未整,刑举令方崇。”卢仝《月蚀诗》:“一主刑,二主德,政乃举。”亦指主持。张祜《投魏博田司空之十韵》:“率先供帝命,特地举朝纲。”⓳指科举考试。黄滔《别友人》:“大朝多事还停举,故国经荒未有家。”⓴指科举中选。萧颖士《江有归舟三章》序:“而太真元昆,前已甲科,未始间岁,翩其连举。”㉑副词。会,皆。李白《赠从孙义兴宰铭》:“惊川无活鳞,举邑罕遗老。”钱起《送蒋尚书居守东都》:“前席命才彦,举朝推令名。”李纾《唐德明兴圣庙乐章·亚献终献》:“举备九成,俯终三献。”李商隐《昭肃皇帝挽歌辞三首》之三:“万方同象鸟,举恸满秋尘。”

【舉人】 隋、唐、宋三代,指被地方推举至京都应科举考试之人。权德舆《危语》:“举人看榜闻晓鼓,孱夫孽子遇妒母。”白居易《早送举人入试》:“夙驾送举人,东方犹未明。”又《把酒思闲事二首》之一:“乞钱羁客面,落第举人心。”

【舉子】 科举考试的应试者。郑谷《槐花》:“毵毵金蕊扑晴空,举子魂惊落照中。”章碣《癸卯岁毗陵登高会中贻同志》:“尘土十分归举子,乾坤大半属偷儿。”李中《夕阳》:“魂销举子不回首,闲照槐花驿路中。”《语·举子语》(卷八七六):“槐花黄,举子忙。”

【舉天】 普天下。杜甫《寄彭州高三十五使君适虢州岑二十七长史参三十韵》:“举天悲富骆,近代惜卢王。”赵嘏《送从翁中丞奉使黠戛斯六首》之一:“扬雄词赋举天闻,万里油幢照塞云。”

【舉止】　行动；举动。孟郊《酒德》："醉见异举止，醉闻异声音。"元稹《赠刘采春》："言辞雅措风流足，举止低回秀媚多。"赵嘏《重阳日即事》："由来举止非闲雅，不是龙山落帽人。"

【舉手】　抬手，将手举起。李绅《闻里谣效古歌》："我无工巧唯无私，举手一挥临路岐。"李群玉《钓鱼》："几回举手抛芳饵，惊起沙滩水鸭儿。"崔珏《道林寺》："北临高处日正午，举手欲摸黄金乌。"

【舉公】　对应试举人的尊称。郑谷有《赠下第举公》。郑谷又有《光化戊午年举公见示省试春草碧色诗偶赋是题》。

【舉火】　❶生火做饭。王绩《晚年叙志示翟处士》："三晨宁举火，五月镇披裘。"❷升起烽火。胡曾《咏史诗·褒城》："恃宠娇多得自由，骊山举火戏诸侯。"

【舉之】　王起，字举之。武宗时，任尚书左仆射。白居易有《赠举之仆射》。

【舉世】　普天下，全世界。李白《古风》之二一："徒劳歌此曲，举世谁为传。"杨巨源《送李舍人归兰陵里》："清词举世皆藏箧，美酒当山为满樽。"姚合《同卫尉崔少卿九月六日饮》："与君先一醉，举世待重阳。"徐铉《宿茅山寄舍弟》："仙山空有庙，举世更无人。"

【舉目】　抬眼望。张九龄《临泛东湖》："乘流坐清旷，举目眺悠缅。"畅当《九日陪皇甫使君泛江宴赤岸亭》："举目关山异，伤心乡国遥。"蔡京《假节邕交道由吴溪》："停桡横水中，举目孤烟外。"方干《途中言事寄居远上人》："举目时时似故园，乡心自动向谁言？"

【舉代】　举世，普天下。高适《酬李少府》："伊人虽薄宦，举代推高节。"

【舉白】　举杯告尽。犹干杯。后泛称饮酒。权德舆《送黔中裴中丞阁老赴任》："怀黄宜命服，举白叹离杯。"又《奉和崔评事见寄之作》："往岁疲草玄，忘年齐举白。"韩偓《秋深闲兴》："把钓覆棋兼举白，不离名教可颠狂。"

【舉步】　迈步。韦庄《汴堤行》："欲上隋堤举步迟，隔云烽燧叫非时。"

【舉足】　提脚；迈步。李白《别山僧》："腾身转觉三天近，举足回看万岭低。"白居易《每见吕南二郎中新文辄窃有所叹惜因成长句以咏所怀》："白日回头看又晚，青云举足蹑何迟。"李群玉《送魏珪觐省》："曰余吞声地，举足伤瓦砾。"曹邺《读李斯传》："不知驾驭难，举足成颠覆。"

【舉杯】　端起酒杯。谓饮酒。玄宗《春晚宴两相及礼官丽正殿学士探得风字》序："乃置旨酒，命英贤，有文苑之高才，有掖垣之良佐，举杯称庆，何乐如之。"李白《宣州谢朓楼饯别校书叔云》："抽刀断水水更流，举杯销愁愁更愁。"白居易《宿紫阁山北村》："举杯未及饮，暴卒来入门。"

【舉事】　世事。马云奇《白云歌》："从来举事皆尔为，何不含情自怡悦。"

【舉直】　举荐正直之人。见《论语·为政》。李绅《趋翰苑遭诬构四十六韵》："辨疑分黑白，举直抵朋徒。"

【舉劾】　检举弹劾。杜甫《两当县吴十侍御江上宅》："台中领举劾，君必慎剖析。"

【舉哀】　放声大哭以哀悼。孙元晏《咏史诗·陈·宣帝伤将卒》："当时将卒应知感，况得君王为举哀。"

【舉首】　抬头。李白《感遇四首》之一："举首白日间，分明谢时人。"刘禹锡《伤我马词》："青菰寒菽非适口，病闻北风犹举首。"陆龟蒙《奉和袭美太湖诗二十首·三宿神景宫》："举首谢灵峰，徜徉事归榜。"又《奉和袭美太湖诗二十首·缥缈峰》："举首阒青冥，回眸聊下视。"

【舉室】　全家。韩愈《送无本师归范阳》："欲以金帛酬，举室常顑颔。"

【舉趾】　举足。谓开始上路。曹邺《续幽愤》："过门似他乡，举趾如遗辙。"

【舉筆】　提笔。陈长官《下狱有作》："按则增科不自由，未曾举笔泪先流。"

【舉家】　全家。杜甫《遣兴五首》之二："举家依鹿门，刘表焉得取。"韩翃《寄令狐尚书》："他日感恩惭未报，举家犹似涸池鱼。"施肩吾《效古词》："姊妹无多兄弟少，举家钟爱年最小。"张蠙《投翰林萧侍郎》："举家贫拾海边樵，来认仙宗在碧霄。"

【舉案】　举起托盘以奉进食品。鲍溶《山行经樵翁》："举案馈宾客，糟浆盈陶尊。"又，后汉梁鸿埋名于吴市，与人舂米为生。妻孟光为具食，不敢于鸿前仰视，举案齐眉。见《后汉书·梁鸿传》。后以"举案"为夫妻情深之典。白居易《二年三月五日偶吟赠妻弘农郡君》："山妻未举案，馋叟已先尝。"

【舉扇】　仪仗中的障扇。又称掌扇。高适《东平旅游奉赠薛太守二十四韵》："歌谣随举扇，旌旆逐鸣驺。"

【舉措】　行为，举动。白居易《不二门》："亦曾登玉陛，举措多纰缪。"权德舆《祗役江西路上以诗代书寄内》："如何久人寰，俯仰学举措。"

【舉國】　全国。李白《感遇四首》之四："举国莫能和，巴人皆卷舌。"柳宗元《敌戒》："厉之不图，举国造怨。"李商隐《隋宫》："春风举国裁宫锦，半作障泥半作帆。"皮日休《送令狐补阙归朝》："文如日月气如虹，举国重生正始风。"

【舉眼】　举目，抬眼望。张籍《谢裴司空寄马》："乍离华厩移蹄涩，初到贫家举眼惊。"陆龟蒙《奉和袭美病孔雀》："鸳鸯水畔回头羡，荳蔻图前举眼惊。"董思恭《昭君怨》："举眼无相识，路逢皆异人。"

【舉動】　举止；行动。杜甫《上水遣怀》："后生血气豪，举动见老丑。"张籍《别段生》："幼年独为客，举动难得宜。"白居易《适意二首》之二："况余方且介，举动多忤累。"姚合《感时》："信涉名利道，举动皆丧真。"

【舉族】　举家，全家。元结《与瀼溪邻里》："昔年苦逆乱，举族来南奔。"韩愈《崔十六少府摄伊阳以诗及书见投因酬三十韵》："不知孤遗多，举族仰薄宦。"亦指动物家族。韩愈《孟东野失子》："细腰不自乳，举族常孤鳏。"

【舉場】　科举考场。张籍《送李余及第后归蜀》："十年人咏好诗章，今日成名出举场。"朱庆余《上翰林李舍人》："免令汩没惭时辈，与作声名彻举场。"《语·举场语》(卷八七六)："欲入举场，先问苏张。"

【舉棹】　举桨，划桨。白居易《池畔闲坐兼呈侍中》："移床解衣带，坐任清风吹。"韦庄《秦妇吟》："愿君举棹东复东，咏此长歌献相公。"

【舉最】　对地方官吏进行考察，政绩突出者予以升迁。杜甫《送梓州李使君之任》："不作临岐恨，惟听举最先。"

【舉意】　涉想；动念头。杜甫《凤凰台》："坐看彩翮长，举意八极周。"韦应物《古剑行》："豪士得之敌国宝，仇家举意半夜鸣。"谢勮《游烂柯山》："孰云遗迹久，举意如旦暮。"

【舉隅】　举一端为一例，使人由此一端而推之其他。见《论语·述而》。杜甫《壮游》："举隅见烦费，引古惜兴亡。"

【舉選】　指科举考试。韩愈《赠侯喜》："半世遑遑就举选，一名始得红颜衰。"张孜《句》："著牙卖朱紫，断钱赊举选。"

【舉義】　起来，起义。张说《唐享太庙乐章·大明舞》："黄旗举义，三灵会同。"孙元晏《咏史诗·晋·刘毅》："二十七人同举义，几人全得旧功名。"

【舉賢】　举荐贤人。严维《送丘为下第》："明主岂能好，今人谁举贤？"

【舉樂】　(yuè)奏乐。窦庠《酬韩愈侍郎登岳阳楼见赠》："轩黄曾举乐，范蠡几扬舲。"

【舉頭】　抬头。李白《静夜思》："举头望山月，低头思故乡。"孟郊《感怀》之七："举头是星辰，念我何时还。"赵嘏《宿何书记先辈延福新居》："因君抚掌问时俗，紫阁堆檐不举头。"韦庄《秦妇吟》："前年又出杨震关，举头云际见荆山。"

【舉舉】　举止端丽。韩愈《送陆畅归江南》："举举江南子，名以能诗闻。"

【舉燭】　点起烛灯。段弘古《奉陪吕使君楼上夜看花》："为报林中高举烛，感人情思欲题诗。"韦蟾《上元三首》之二："举烛光才起，挥毫势竞分。"

【舉燧】　点起烽火。温庭皓《观山灯献徐尚书》之一："焚书翻见字，举燧不招兵。"参见"舉火❷"。

【舉聲】　放声。李白《冬夜醉宿龙门觉起言志》："去去泪满襟，举声梁甫吟。"刘湾《虹县严孝子墓》："举声哭苍天，万木皆悲风。"王季友《代贺若令誉赠沈千运》："举声酸鼻问同年，十人六七归下泉。"

【舉翮】　展翅飞翔。杜甫《奉寄薛十二丈判官见赠》："既蒙主人顾，举翮唳孤亭。"又《醉歌行》："骅骝作驹已汗血，鸷鸟举翮连青云。"

【舉職】　犹言尽职。崔涂《寄舅》："致君期折槛，举职在埋轮。"

【舉鞭】　挥鞭。杜甫《玉腕骝》："举鞭如有问，欲伴习池游。"刘兼《咸阳怀古》："立马举鞭遥望处，阿房遗址夕阳东。"

【舉觴】　举杯饮酒。杜甫《饮中八仙歌》："宗之潇洒美少年，举觞白眼望青天，皎如玉树临风前。"

【舉颿】　谓驾船。颿，船帆，借指帆船。韩愈《远游联句》："昌言拜舜禹，举颿凌斗牛。"

【舉讐】　荐举仇人。春秋晋大夫祈奚荐举贤才，外举不避仇，内举不避亲。见《左传·襄公三年》。萧颖士《仰答韦司业垂访五首》之四："举仇且不弃，何必论亲疏。"

十一画

舊　〔jiù《广韵》巨救切，去宥，羣。〕❶古老的；陈旧的。与"新"相对而言。李颀《送郝判官》："应问襄阳旧风俗，为余骑马习家池。"元稹《莺莺诗》："殷红浅碧旧衣裳，取次梳头暗淡妆。"李商隐《鸾凤》："旧镜鸾何处，衰桐凤不栖。"刘兼《重阳感怀》之二："张仪旧壁苍苔厚，葛亮荒祠古木寒。"❷长久。岑参《与独孤渐道别长句兼呈严八侍御》："奉使三年独未归，边头词客旧来稀。"韦应物《赠秋浦柳少府》："秋浦旧萧索，公庭人吏稀。"韦应物《酬刘侍郎使君》："方以岁月旧，每蒙君子亲。"令狐楚《南宫夜直宿见李给事封题因以诗寄》："在朝君最旧，休浣许过从。"❸从前，以往。张谔《百子池》："旧闻百子汉家池，汉家渌水今逶迤。"杜甫《燕子来舟中作》："旧入故园常识主，如今社日远看人。"刘沧《经龙门废寺》："山色不移楼殿尽，石台依旧水云空。"刘长卿《送荀八过山阴旧县兼寄剡中诸官》："访旧山阴县，扁舟到海涯。"朱庆余《送罗先辈书记归后却还闽中留别》："湖边访旧知谁在，幕下留欢但觉荣。”亦指结成故交。李颀《送刘主簿归金坛》：“与子十年旧，其如离别何。”裴大章《恩赐魏文贞公诸孙旧第以导直臣》：“邢茅虽旧锡，邸第是初荣。”❹原来，原先；素来。杜甫《题桃树》：“小径升堂旧不斜，五株桃树亦从遮。”权德舆《自桐庐如兰溪有寄》：“东南江路旧知名，惆怅春深又独行。”李商隐《过故崔兖海宅与崔明秀才话旧因寄旧僚杜赵李三掾》：“诸生空会葬，旧掾已华簪。”贾至《送王员外赴长沙》：“长沙旧卑湿，今古不应殊。”❺故旧，故交。孟浩然《送崔遏》：“因声两京旧，谁念卧漳滨。”杜甫《秦州杂诗二十首》之二十：“为报鸳行旧，鷦鹩在一枝。”❻昔日的典章制度。贾曾《孝和皇帝挽歌》：“礼若传尧旧，功疑复夏初。”❼德高望重的老臣。李白《酬坊州王司马与阎正字对雪见赠》：“阎公汉庭旧，沉郁富才力。”杜甫《西枝村寻置草堂地夜宿赞公土室二首》之二：“大师京国旧，德业天机秉。”

【舊人】 ❶老人。徐铉《送高起居之泾县》：“乱中吾道薄，卿族旧人稀。”❷原有的人员。高骈《宴犒蕃军有感》：“满眼由来是旧人，那堪更奏梁州曲。”袁瓘《鸿门行》：“新人不如旧，旧人不相救。”❸故人，故交。刘长卿《饯王相公出牧括州》：“萧索庭槐空闭阁，旧人谁到翟公门。”刘禹锡《与歌者何戡》：“旧人唯有何戡在，更与殷勤唱《渭城》。”

【舊山】 故乡，故居。高适《封丘作》：“梦想旧山安在哉，为衔君命且迟回。”周贺《秋思》：“旧山余业在，杳隔洞庭波。”于武陵《孤云》：“洛浦少高树，长安无旧山。”秦韬玉《寄李处士》：“要路强干情本薄，旧山归去意偏长。”

【舊亡】 早先亡逸。丘光庭《补茅鸱》序：“凡诗，先儒所不见者，皆谓之逸，不分其旧亡与删去也。”

【舊井】 ❶古老的水井。刘长卿《杂咏八首上礼部李侍郎·旧井》：“旧井依旧城，寒水深洞彻。”许棠《题青山馆》：“遗文齐日月，旧井照烟霞。”❷指代故乡。无可《送李少府之任临邛》：“旧井王孙宅，还寻独有期。”

【舊友】 故旧，老友。李德裕《遥伤茅山县孙尊师三首》之一：“同人悲剑解，旧友觉衣轻。”许浑《江上喜洛中亲友继至》：“全家南渡远，旧友北来频。”许棠《投徐端公》：“无谋寻旧友，强喜亦如愁。”张蠙《贻曹郎中》：“南山有旧友，时向白云来。”

【舊日】 昔日，从前。王维《老将行》：“莫嫌旧日云中守，犹堪一战取功勋。”刘长卿《清明后登城眺望》：“百花如旧日，万井出新烟。”牟融《重赠张籍》：“旧日仪容只宛然，笑谈不觉度流年。”李商隐《大卤平后移家到永乐县居书怀十韵》：“鬓入新年白，颜无旧日丹。”

【舊化】 旧的教化。皮日休《谏议以罢郡将归以六韵赐示因仁酬献》：“旧化堪治疾，余恩可疗饥。”

【舊分】 （—fèn）旧的情分。杜荀鹤《旅中卧病》：“我自与人无旧分，非干人与我无情。”

【舊文】 前代典籍。皮日休《奉和鲁望寄南阳广文次韵》：“八会旧文多搭写，七真遗语剩思量。”

【舊火】 相对新火而言。古人从寒食起禁火三天，只吃冷食，到清明节重新起火，谓之新火。相对于新火，则寒食前之火谓之旧火。韦承庆《寒食应制》：“旧火收槐燧，余寒入桂宫。”

【舊心】 旧情。喻凫《冬日寄友人》：“风雪坐闲夜，乡园来旧心。”徐铉《月真歌》：“人间想望不可见，唯向月真存旧心。”齐己《早莺》：“晓来枝上千般语，应共桃花说旧心。”

【舊尹】 原京兆尹。杜甫《遣兴五首》之三：“府中罗旧尹，沙道尚依然。”

【舊引】 旧曲。李贺《恼公》：“吹笙翻旧引，沽酒待新丰。”

【舊史】 以前的史书。李适《汾阴后土祠作》：“昔予读旧史，偏睹汉世君。”苏颋《晓发兴州入陈平路》：“旧史饶迁谪，恒情厌苦辛。”储光羲《同王十三维偶然作十首》之八：“朴儒亦何为，辛苦读旧史。”杜甫《冬日洛城北谒玄元皇帝庙》：“世家遗旧史，道德付今王。”

【舊丘】 故园，老家。杜甫《破船》：“苍皇避乱兵，缅邈怀旧丘。”刘长卿《时平后送范伦归安州》：“事往时平还旧丘，青青春草近家愁。”韦应物《月晦忆去年与亲友曲水游宴》：“谁言恋虎符，终当还旧丘。”钱起《新丰主人》：“暮鸟栖幽树，孤云出旧丘。”

【舊句】 以前写的诗文。薛能《赠禅师》：“旧句师曾见，清斋我亦同。”

【舊主】 原来的主人。李商隐《饮席代官妓赠两从事》：“新人桥上著春衫，旧主江边侧帽檐。”崔涂《巫山庙》：“江山非旧主，云雨是前身。”

【舊司】 原来的职守。徐至《闰月定四时》：“积数归成闰，羲和职旧司。”

【舊地】 曾经居住过或到过的地方。刘长卿《齐一和尚影堂》：“旧地愁看双树在，空堂只是一灯悬。”白居易《和答诗十首·和古社》：“旧地葺村落，新田辟荒莱。”

【舊臣】 前代所留下的老臣。温庭筠《达摩支》：“旧臣头鬓霜华早，可惜雄心醉中老。”

【舊曲】 （—qū）古曲，老曲子。白居易《杨柳枝词八首》之一：“古歌旧曲君休听，听取新翻杨柳枝。”李频《古意》：“凤箫抛旧曲，鸾镜懒新妆。”管雄甫《戛玉有余声》：“乐中和旧曲，天际转余声。”

【舊年】 ❶往年，以前。王周《再经秭归二首》之一："夜来孤馆重来宿，枕底滩声似旧年。"崔橹《南阳见柳》："还把旧年惆怅意，武安城下一吟诗。"❷去年。张说《苏摩遮》："惟愿圣君无限寿，长取新年续旧年。"❸本年，原有的一年。王湾《次北固山下》："海日生残夜，江春入旧年。"

【舊旬】 前一个旬日。孙逖《奉和四月三日上阳水窗赐宴应制得春字》："今日逢初夏，欢游续旧旬。"

【舊交】 老朋友。綦毋潜《送宋秀才》："旧交丞相子，继世五侯孙。"元稹《酬刘猛见送》："持此慰远道，此之为旧交。"许浑《灞上逢元九处士东归》："旧交已变新知少，却伴渔郎把钓竿。"罗隐《送梅处士归宁国》："良会谩劳悲曩迹，旧交谁去吊荒坟。"

【舊衣】 穿了很长时间的衣服。杜荀鹤《句》："旧衣灰絮絮，新酒竹笃笃。"孟贯《寄故园兄弟》："久与乡关阻，风尘损旧衣。"

【舊池】 曾经到过的池塘。白居易《感旧石上字》："闲拨船行寻旧池，幽情往事复谁知?"

【舊好】 旧交，故人，老相好。张祜《又陪楚州韦舍人阊门游宴次韵北阊门》："旧好千金诺，新题一笔操。"李商隐《风雨》："新知遭薄俗，旧好隔良缘。"又《送从翁东川弘农尚书幕》："旧好盟还在，中枢策屡遵。"宇文正《水名》："江湖思旧好，河洛遗风。"

【舊址】 旧的基址。韩琮《颍亭》："颍上新亭瞰一川，几重旧址敞幽关。"

【舊里】 故乡，故里。王绩《游仙四首》之三："逆愁归旧里，萧条访子孙。"张籍《送人任济阴》："将书报旧里，留褐与诸生。"姚合《秋日有怀》："旧里无因到，西风又一年。"韦庄《秦妇吟》："旧里从兹不得归，六亲自此无寻处。"

【舊邑】 曾经住过的城邑。储光羲《新丰作贻殷四校书》："汉皇思旧邑，秦地作新丰。"刘长卿《得遇入京》："空庭客至逢摇落，旧邑人稀经乱离。"

【舊住】 原来的住处。薛能《恭禧皇太后挽歌词三首》之二："旧住留丹药，新陵在碧山。"

【舊伴】 原来的伴侣。刘损《愤惋诗三首》之二："鸾辞旧伴知何止，凤得新梧想称心。"

【舊身】 从前的身分。李绅《望鹤林寺》："每思载酒悲前事，欲问题诗想旧身。"

【舊君】 昔日曾侍奉过的君主。高适《三君咏·魏郑公》："道光先帝业，义激旧君恩。"

【舊林】 本指禽鸟往借栖息之森林。亦喻指故里，故乡。徐彦伯《和李适答宋十一入崖口五渡见赠》："结欣薄枉渚，撰念萦旧林。"王维《酬张少府》："自顾无长策，空知返旧林。"李白《留别王司马嵩》："愿一佐明主，功成还旧林。"李绅《寿阳罢郡日有诗十首·发寿阳分司敕到又遇新正感怀书事》："罢阅旧林三载籍，又开新历四年春。"

【舊枝】 原来的树枝。借指原有事物。裴夷直《送王缋》："翩翩一路岚阴晚，却入青葱宿旧枝。"刘沧《龙门留别道友》："裴徊偏起旧枝恋，半夜独吟孤烛残。"

【舊事】 ❶往事，以前的事情。白居易《得湖州崔十八使君书兼寄微之》："故情欢喜开书后，旧事思量在眼前。"又《酬和元九东川路诗十二首·南秦雪》："我思旧事犹惆怅，君作初行定苦辛。"李绛、白居易《杏园联句》："曲江日暮残红在，翰苑年深旧事空。"❷旧例。詹敦仁《复留侯从效问南汉刘岩改名龑字音义》："梁复踵已非，时亦迹旧事。"

【舊來】 从前；向来；从来。孟浩然《长乐宫》："秦城旧来称窈窕，汉家更衣应不少。"岑参《虢州西山亭子送范端公》："骢马劝君皆卸却，使君家酝旧来浓。"姚合《武功县中作三十首》之七："自嫌多检束，不似旧来狂。"陆龟蒙《寄怀华阳道士》："旧来扪虱知王猛，欲去为龙叹管宁。"

【舊典】 旧的制度、法则。贺敳《奉和九月九日应制》："泽宫申旧典，相圃叶前模。"李洞《冬日送凉州刺史》："新年行已到，旧典听难胜。"

【舊帙】 旧书，古书。帙，书衣。李端《送吉中孚拜官归业》："吟诗开旧帙，带绶上荒坛。"

【舊制】 旧的制度。韩愈《丰陵行》："臣闻神道尚清净，三代旧制存诸书。"

【舊知】 故旧，故交。王绩《北山》："旧知山里绝氛埃，登高日暮心悠哉。"韩愈《会合联句》："诗书夸旧知，酒食接新奉。"张乔《送友人游湖南》："所投非旧知，亦似有前期。"杜荀鹤《辞杨侍郎》："半年宾馆成前事，一旦侯门失旧知。"

【舊物】 ❶久存之物；原来所有之物。李白《去妇词》："以比憔悴颜，空持旧物还。"白居易《青毡帐二十韵》："王家夸旧物，未及此青毡。"原注："王子敬语偷儿云：青毡我家旧物。"张祜《戊午年感事书怀二百韵》："新秋唯白发，旧物只青毡。"李绅《柳二首》之一："人事推移无旧物，年年春至绿垂丝。"❷昔日的典章制度。柳宗元《贞符》序："其后有贤帝曰光武，克绥天下，复承旧物。"徐铉《送冯侍郎》："今日声明光旧物，共看旌旆拥书生。"

【舊侣】 故友，老友。李峤《送光禄刘主簿之洛》："朋席余欢尽，文房旧侣空。"于武陵《与僧话旧》："他山逢旧侣，尽日话长安。"徐铉《奉和宫傅相公怀旧见寄四十韵》："青云旧侣嗟谁在，白首亲情倍见怜。"曹松《陪湖南李中丞宴隐溪》："酒边旧侣真何逊，云里新声是莫愁。"亦指禽鸟的伴侣。许浑《鸂鶒》："故巢迷碧水，旧侣越丹霄。”

【舊京】　古都，旧都。杜甫《新安吏》：“就粮近故垒，练卒依旧京。”

【舊法】　旧的方法。谓老的酿酒方法。白居易《咏家酝十韵》：“旧法依稀传自杜，新方要妙得于陈。”

【舊官】　原来的官，曾任的官职。白居易《韦七自太子宾客再除秘书监以长句贺而饯之》：“离筵莫怆且同欢，共贺新恩拜旧官。”

【舊房】　老房子。张祜《送法镜上人归上元》：“故老尽成双鬓雪，旧房深锁一林烟。”

【舊居】　故宅，故居。玄宗《过晋阳宫》：“林塘犹沛泽，台榭宛旧居。”李德裕《奉送相公十八丈镇扬州》：“共悬龟印衔新绶，同忆鳣庭访旧居。”李涉《寄赵淮乞湘川山居》：“闲说班超有旧居，山横水曲占商於。”刘沧《浙江晚渡怀古》：“此来一见垂纶者，却忆旧居明月溪。”

【舊姓】　世族大姓。胡峤《飞龙涧饮茶》：“沾牙旧姓余甘氏，破睡当封不夜侯。”

【舊政】　原来的政治、教化。戴叔伦《送前上饶严明府摄玉山》：“更将旧政化邻邑，遥见逋人相逐还。”

【舊草】　旧奏章。刘长卿《送齐郎中赴海州》：“直庐收旧草，行县及新苗。”

【舊思】　对往事的思念。李绅《忆登栖霞寺峰》：“劳歌起旧思，戚叹竟难摅。”李商隐《和孙朴韦蟾孔雀咏》：“旧思牵云叶，新愁待雪泥。”钱元瓘《送别十七哥》：“大伯东阳轸旧思，士民襦夸喜回时。”

【舊矩】　旧的规章。则天皇后《唐享昊天乐·第九》：“有截资先化，无为遵旧矩。”

【舊便】　素来的习惯。高适《秦中送李九赴越》：“镜水君所忆，莼羹余旧便。”

【舊俗】　旧的风俗。杜甫《十月一日》：“兹辰南国重，旧俗自相欢。”刘长卿《酬郭夏人日长沙感怀见赠》：“旧俗欢犹在，怜君恨独深。”李咸用《庐山》：“轻扬闻旧俗，端用镇元元。”黄滔《广州试越台怀古》：“歌钟非旧俗，烟月有层台。”

【舊風】　旧的风俗。李绅《到宣武三十韵》：“旧风除物蠹，新律奉师贞。”又《过吴门二十四韵》：“旧风犹越鼓，余俗尚吴钩。”

【舊迹】　亦作“舊跡”“舊蹟”。古迹，陈迹。杜甫《越王楼歌》：“君王旧迹今人赏，转见千秋万古情。”许浑《洛阳道中》：“洛阳多旧迹，一日几堪愁。”李商隐《寄在朝郑曹独孤李四同年》：“昔岁陪游旧迹多，风光今日两蹉跎。”刘沧《送元叙上人归上党》：“此去寂寥寻旧迹，苍苔满径竹斋秋。”

【舊恨】　旧的怨恨。杜牧《江上雨寄崔碣》：“此时怀旧恨，相望意如何？”

【舊美】　❶一向美好。张子容《九日陪润州邵使君登北固山》：“新丰酒旧美，况是菊花朝。”❷昔日的美事。姚鹄《及第后上主司王起》：“登龙旧美无邪径，折桂新荣尽直枝。”

【舊客】　故旧。刘长卿《岁夜喜魏万成郭夏雪中相寻》：“新年欲变柳，旧客共沾衣。”刘兼《从弟舍人惠茶》：“老丞倦闷偏宜矣，旧客过从别有之。”

【舊宫】　旧的宫殿。刘长卿《春草宫怀古》：“君王不可见，芳草旧宫春。”李叔卿《江南曲》：“歌舞未终涕双陨，旧宫坡阤才嶙隐。”

【舊约】　昔日的约会或盟约。吴融《寄贯休上人》：“见拟沃州寻旧约，且教丹顶许为邻。”冯延巳《采桑子》词之八：“如今别馆添萧索，满面啼痕，旧约犹存，忍把金环别与人。”

【舊都】　旧的京城。沈如筠《句》：“渔阳燕旧都，美女花不如。”孙逖《丹阳行》：“传是东南旧都处，金陵中断碧江深。”

【舊逋】　旧欠。韦应物《始至郡》：“旱岁属荒歉，旧逋积如坻。”

【舊時】　昔时，过去。丁仙芝《江南曲五首》之二：“知郎旧时意，且请拢船头。”李群玉《李远获贵妃袜》：“故物犹存事渺茫，把来忍见旧时香。”赵嘏《昔昔盐二十首·今岁往辽西》：“只谙新别苦，忘却旧时娇。”徐铉《离歌辞五首》之三：“莫惊容鬓改，只是旧时心。”

【舊恩】　昔人的恩情。刘长卿《秦系顷以家事获谤诗以赠之》：“回首江南岸，青山与旧恩。”白居易《失婢》：“旧恩惭自薄，前事悔难追。”赵嘏《献淮南李仆射》：“新诺似山无力负，旧恩如水满身流。”钱珝《春恨三首》之三：“永巷频闻小苑游，旧恩如泪亦难收。”

【舊師】　昔日所师者。许浑《送僧归金山寺》：“老归江上寺，不忘旧师恩。”李商隐《东还》：“秋风动地黄云暮，归去嵩阳寻旧师。”

【舊徑】　旧的路径，严维《经兰亭故池联句》：“茂林无旧径，修竹起新烟。”白居易《奉和裴令公新成午桥庄绿野堂即事》：“旧径开桃李，新池凿凤皇。”

【舊酒徒】　谓素来嗜酒者。唐彦谦《南梁戏题高祖庙》：“汉皇若问何为者，免道高阳旧酒徒。”

【舊容】　昔日的容貌。李益《喜见外弟又言别》：“问姓惊初见，称名忆旧容。”于武陵《夜与故人别》：“白日去难驻，故人非旧容。”刘兼《新蝉》：“齐女屏帏失旧容，侍中冠冕有芳踪。”

【舊書】　❶古书。詹敦仁《清隐堂》：“静把旧书重点勘，旋沽美酒养疏慵。”❷谓旧作。皇甫冉《送魏六侍御葬》：“旧书曾谏猎，遗草议登封。”

【舊规】 旧的规章典制。则天皇后《唐大飨拜洛乐章·德和》:"崇儒习旧规,偃伯循先旨。"颜真卿、颜浑《登岘山观李左相石尊联句》:"旧规倾逸赏,新兴丽初瞰。"许棠《讲德陈情上淮南李仆射八首》之一:"梁城东下虽经战,风俗犹传守旧规。"

【舊基】 旧的屋基。钱起《和慕容法曹寻渔者寄城中故人》:"孤烟一点绿溪湄,渔父幽居即旧基。"

【舊雪】 积雪。戴叔伦《奉天酬别郑谏议云逵卢拾遗景亮见别之作》:"重阴蔽芳月,叠岭明旧雪。"

【舊國】 ❶故乡。李颀《送人归沔南》:"旧国云山在,新年风景余。"高适《闺情》:"憔悴不缘思旧国,行啼只是为冤家。"杜甫《九日五首》之一:"殊方日落玄猿哭,旧国霜前白雁来。"许棠《将归江南留别友人》:"旧国乱离后,新年惆怅归。"❷故都。苏颋《送贾起居奉使入洛取图书因便拜觐》:"旧国才因地,当朝史命官。"顾况《奉酬茅山赠赐》:"鹤庙新家近,龙门旧国遥。"李益《隋宫燕》:"燕语如伤旧国春,宫花一落已成尘。"

【舊第】 旧住宅。裴大章有《恩赐魏文贞公诸孙旧第以导直臣》。

【舊勝】 原有的名胜。张祜《奉和湖州苏员外题游杯池》:"旧胜因金刹,新迁就水堂。"

【舊章】 旧的典章。徐元鼎《太常寺观舞圣寿乐》:"舞字传新庆,人文迈旧章。"严巨川《仲秋太常寺观公卿辂车拜陵》:"士庶观祠礼,公卿习旧章。"《郊庙歌辞·周宗庙乐舞辞·善庆舞》:"修明祀,从旧章。"

【舊痕】 旧的痕迹。颜真卿、裴循《登岘山观李左相石尊联句》:"榛芜掩前迹,苔藓余旧痕。"陆龟蒙《迎潮送潮辞·迎潮》:"密幽人兮款柴门,寂寞流连兮依稀旧痕。"

【舊族】 同"舊姓"。李商隐《寄太原卢司空三十韵》:"旧族开东岳,雄图奋北溟。"罗隐《送王使君赴苏台》:"疲甿赋重全家尽,旧族兵侵太半无。"徐铉《送刘山阳》:"旧族知名士,朱衣宰楚城。"

【舊情】 昔日情感、情谊。张说《奉和圣制过晋阳宫应制》:"枌榆恩赏洽,桑梓旧情深。"李郢《骊山怀古》之二:"唯有春风旧情在,不将花艳出宫墙。"徐铉《正初答钟郎中见招》:"流年倏忽成陈事,春物依稀有旧情。"又《又绝句寄题毗陵驿》:"曾持使节驻毗陵,长与州人有旧情。"

【舊眷】 昔日关怀顾念之情。白居易《奉酬淮南牛相公思黯见寄二十四韵》:"旧眷交欢在,新文气调全。"徐铉《太傅相公以庭梅二篇许舍弟同赋谨依韵奉和庶申感谢》:"旧眷终无替,流光自足悲。"

【舊鄉】 故乡,故里。孙逖《和韦兄春日南亭宴兄弟》:"台阁升高位,园林隔旧乡。"李颀《送陈章甫》:"青山朝别暮还见,嘶马出门思旧乡。"姚合《塞下曲》:"旧乡归不得,都尉负功名。"徐铉《送礼部潘尚书致仕还建安》:"名遂功成累复轻,鲈鱼因起旧乡情。"

【舊巢】 旧的或原有的鸟巢。张祜《江南杂题三十首》之十六:"旧巢飞巧妇,新叶长宜男。"于渍《对花》:"惟有旧巢燕,主人贫亦归。"陆龟蒙《白鸥诗》:"晚树清凉还鸂鶒,旧巢零落寄蒹葭。"皮日休《奉和鲁望白鸥诗》:"雪羽褵褷半惹泥,海云深处旧巢迷。"

【舊惠】 旧的恩惠。姚崇《奉和圣制龙池篇》:"独有前池一小雁,叨承旧惠入天津。"

【舊悲】 昔日的悲伤。汤悦《鼎臣学士侍郎楚金舍人学士以再伤庭梅诗同垂宠和因成四十字陈谢》:"人物同迁谢,重成念旧悲。"

【舊景】 久存的景色。李频《和太学赵鸿博士归蔡中》:"扫壁前题出,开窗旧景清。"

【舊遊】 亦作"舊游"。❶昔日游览过;昔日的游览。刘禹锡《将赴汝州途出浚下留辞李相公》:"长安旧游四十载,鄂渚一别十四年。"牟融《送范启东还京》:"重到京华旧游处,春风佳丽好盘桓。"张祜《江南逢故人》:"河洛多尘事,江山半旧游。"包颖《和徐鼎臣见寄》:"旧游半似前生事,要路多逢后进人。"❷昔日交游者,故旧。孟浩然《宿桐庐江寄广陵旧游》:"建德非吾土,维扬忆旧游。"高适《邯郸少年行》:"以兹感叹辞旧游,更于时事无所求。"裴度《喜遇刘二十八》:"病来佳兴少,老去旧游稀。"孟贯《夏日寄史处士》:"还忆旧游否。何年别杜陵。"

【舊游】 见"舊遊"。

【舊渥】 旧恩,昔日的恩惠。宋之问《上阳宫侍宴应制得林字》:"旧渥骖宸御,慈恩忝翰林。"

【舊夢】 昔日的梦。喻夙愿。李频《送许棠及第归宣州》:"秋归方觉好,旧梦始知真。"

【舊歌】 老的歌曲。于武陵《斜谷道》:"独忆紫芝叟,临风歌旧歌。"

【舊歲】 去年;过去的一年。元稹《生春二十首》之十一:"鹊巢移旧岁,鸢羽旋高飞。"李商隐《五言述德抒情诗一首四十韵献上杜七兄仆射相公》:"归期过旧岁,旅梦绕残更。"谭用之《寄友人》:"琴樽风月闲生计,金玉松筠旧岁寒。"

【舊業】 ❶祖先遗留下的产业。岑参《初授官题高冠草堂》:"自怜无旧业,不敢耻微官。"❷原有的家业、产业。韦应物《发广陵留上家兄兼寄上长沙》:"家贫无旧业,薄宦各飘飏。"戴叔伦《送秦系》:"五都来往无旧业,一代公卿尽故人。"司马扎《送友人下第东游》:"阙下新交少,天涯旧业贫。"杜荀鹤《辞九江李郎中入关》:"卷许新诗出,家怜旧业贫。"❸原来的职业或昔日所从事的学业、学术等。牟融《山中有怀李十二》:"白发流年淹旧业,碧山茅屋卧斜阳。"周贺《湘汉旅怀翁杰》:"不拟为身谋旧业,终期断谷隐高丘。"朱庆余《送璧州刘使君》:"旧业孤城梦,生祠几处身。"❹故园,故宅。耿湋《赠张将军》:"关西旧业在,夜夜梦中还。"姚合《客游旅怀》:"旧业嵩阳下,三年未得还。"李频《陕下投姚谏议》:"旧业在东鄙,西游从楚荆。"崔涂《与友人同怀江南别业》:"旧业临秋水,何人在钓矶。"

【舊號】 旧的名称。李白《改九子山为九华山联句》序:"予乃削其旧号,加以九华之目。"

【舊盟】 昔日的盟约。冯铢《灵岩秋月》:"青松岩上紫云生,崖下仙人约旧盟。"

【舊路】 老路,熟道。白居易《送令狐相公赴太原》:"六纛双旌万铁衣,并汾旧路满光辉。"厉霆《客中逢故人》:"旧路经年别,故乡何处归。"李逸《洛阳河亭奉酬留守郡公追送》:"戎装千里至,旧路十年归。"

【舊跡】 见"舊迹"。

【舊愁】 昔日的怨愁。徐铉《和方泰州见寄》:"逐客凄凄重入京,旧愁新恨两难胜。"

【舊爱】 昔日所爱之人。白居易《燕子楼》序:"盼盼念旧爱而不嫁,居是楼十余年。"

【舊顿】 昔日皇帝出行时之住宿处。李商隐有《旧顿》。

【舊話】 旧有的话题。吕岩《卜算子》词:"供养及修行,旧话成重省。"

【舊塋】 古老的坟茔。王维《哭祖六自虚》:"本家清渭曲,归葬旧茔边。"

【舊經】 旧的经典。李适《汾阴后土祠作》:"号令垂懋典,旧经备阙文。"

【舊墟】 故居,旧故。韦应物《经武功旧宅》:"风雨经旧墟,毁垣迷往躅。"

【舊製】 往日的制作。杜甫《赠蜀僧闾丘师兄》:"青荧雪岭东,碑碣旧制存。"

【舊種】 (一zhòng)早先栽种。陆龟蒙《奉和袭美题达上人药圃二首》之一:"三桠旧种根应异,九节初移叶尚低。"

【舊僚】 亦作"舊寮"。昔日的同僚。岑参《和刑部成员外秋夜寓直寄台省知己》:"粉署荣新命,霜台忆旧僚。"裴度、白居易《度自到洛中与乐天为文酒之会因为联句》:"室随亲客人,席许旧寮陪。"白居易《和酬郑侍御东阳春闷放怀追越游见寄》:"白首旧寮知我者,凭君一咏向周师。"李洞《送韦太尉自坤维除广陵》:"谢朝明主喜,登省旧寮愁。"

【舊貌】 昔日的容貌。李商隐《题道静院院在中条山故王颜中丞所置虢州刺史舍此官居此今写真存焉》:"独坐遗芳成故事,褰帷旧貌似元君。"

【舊説】 ❶旧的说法。李商隐《即日》:"桂林闻旧说,曾不异炎方。"杨夔《题宣州延庆寺益公院》:"讲经旧说倾朝听,登殿曾闻降辇迎。"❷昔日传闻。李颀《杂兴》:"沉沉牛渚矶,旧说多灵怪。"孟郊《赠黔府王中丞楚》:"旧说天下山,半在黔中青。"

【舊聞】 ❶早先传闻。刘禹锡《送僧仲剬东游兼寄呈灵澈上人》:"旧闻南方多长老,次第来入荆门道。"❷昔日的传闻。孙鲂《题梅岭泉》:"梅岭旧闻传,林亭势岿然。"

【舊態】 故态,原来的样子。张祜《投宛陵裴尚书二十韵》:"新知多隽彦,旧态只狂奴。"陆龟蒙《奉和袭美病孔雀》:"懒移金翠傍檐楹,斜倚芳丛旧态生。"

【舊樣】 旧的样式。徐凝《宫中曲二首》之二:"一日新妆抛旧样,六宫争画黑烟眉。"李商隐《烧香曲》:"漳宫旧样博山炉,楚娇捧笑开芙蕖。"

【舊醅】 陈酒。杜甫《客至》:"盘餐市远无兼味,樽酒家贫只旧醅。"刘言史《立秋日》:"旧醅难重漉,新菜未胜鉏。"

【舊儀】 旧的礼仪。张九龄《奉和圣制幸晋阳宫》:"霸迹在沛庭,旧仪睹汉官。"白居易、刘禹锡《仆射来示有三春向晚四者难并之说联句》:"旧仪尊右揆,新命宠春卿。"

【舊德】 ❶旧的道德规范。裴度《西池送白二十二东归兼寄令狐相公联句》:"旧德推三友,新篇代八行。"❷先人或昔日的恩德或德泽。郭受《寄杜员外》:"新诗海内流传久,旧德朝中属望劳。"韩愈《题楚昭王庙》:"犹有国人怀旧德,一间茅屋祭昭王。"徐铉《赠泰州掾令狐克己》:"旧德在人终远大,扁舟为吏莫推辞。"❸指德高望重的老臣。刘禹锡《酬浙东李侍郎越州春晚即事长句》:"明日汉庭征旧德,老人争出若耶溪。"

【舊寮】 见"舊僚"。

【舊燕】 昔日栖息的燕子。张起《春情》:"画阁余寒在,新年旧燕归。"

【舊機】 旧有的织机。刘言史《七夕歌》:"寂寞低容入旧机,歇著金梭思往夕。"

【舊曆】 旧历本。姚合《游春十二首》之五:"旧历藏深箧,新衣薄絮绵。"

【舊儒】 宿儒,饱学的儒者。杜甫《赠韦左丞丈》:"左辖频虚位,今年得旧儒。"

【舊學】 昔时所学。丘上卿《和主司王起》:"簪裾尽过前贤贵,门馆仍叨旧学荣。"

【舊館】 旧的馆舍。孟浩然《东京留别诸公》:"主人开旧馆,留客醉新丰。"白居易《过裴令公宅二绝句》之二:"梁王旧馆雪濛濛,愁杀邹枚二老翁。"刘兼《梦归故园》之二:"旧馆秋寒夜梦长,水帘疏影入回塘。”又《秋夕书事》：“征闺捣月离愁远，旧馆眠云旅梦通。”

【舊諳】　早就熟悉或了解。杜甫《佐还山后寄三首》之一：“旧谙疏懒叔，须汝故相携。”戎昱《送张秀才之长沙》：“君向长沙去，长沙仆旧谙。”张祜《宋城道中逢王直方八韵》：“失意怜初话，多端耻旧谙。”

【舊瘴】　原有的瘴气。杜甫《晚情》：“高唐暮冬雪壮哉，旧瘴无复似尘埃。”

【舊親知】　老朋友。白居易《残春咏怀赠杨慕巢侍郎》：“犹怜好风景，转重旧亲知。”

【舊壑】　旧山，谓嵩山少室。岑参《宿华阴东郭客舍忆阎防》：“旧壑兰杜晚，归轩今已迟。”

【舊蹊】　旧路。杜甫《无家别》：“贱子因阵败，归来寻旧蹊。”

【舊隱】　昔日之隐居者。亦指昔日之隐居地。崔涂《读方干诗因怀别业》：“华发新知少，沧洲旧隐深。”杜荀鹤《送友人宰浔阳》：“陶潜旧隐依稀在，好继高踪结草堂。”张蠙《途次绩溪先寄陈明府》：“新居多是客，旧隐半成仙。”齐己《送益公归旧居》：“旧隐终牵梦，春残结束归。”

【舊蹟】　见“舊迹”。

【舊蹤】　昔日踪迹。贾岛《阮籍啸台》：“如闻长啸春风里，荆棘丛边访旧踪。”李商隐《井络》：“将来为报奸雄辈，莫向金牛访旧踪。”吴公《绝句》：“去国投兹土，编茅隐旧踪。”

【舊壘】　旧的堡垒、营垒。刘长卿《秋日登吴公台上寺远眺》：“夕阳依旧垒，寒磬满空林。”清江《早发陕州途中赠严秘书》：“人家依旧垒，关路闭层城。”

【舊識】　旧知，老相识。宋之问《过中书元舍人山斋》：“梦想恒载驰，松篁若旧识。”李白《赠从弟南平太守之遥二首》之二：“秦人如旧识，出户笑相迎。”白居易《伤唐衢二首》之一：“同宿李翱家，一言如旧识。”周贺《相次寻举客寄住人》：“停桡因旧识，白发向波涛。”

【舊顔】　昔日的容颜。许棠《贞女祠》：“何穴藏贞骨，荒祠见旧颜。”弘忍《五祖自咏》：“垂垂白发下青山，七岁归来改旧颜。”

【舊轍】　旧的车迹。羊士谔《书楼怀古》：“泉云无旧辙，骚雅有遗音。”

【舊譜】　旧的曲谱。白居易《代琵琶弟子谢女师曹供奉寄新调弄谱》：“一纸展看非旧谱，四弦翻出是新声。”

【舊廬】　旧的茅舍。张子容《送孟八浩然归襄阳二首》之二：“以此为长策，劝君归旧庐。”

【舊疆】　旧有的疆土。指被吐蕃侵占的领土。李益《从军有苦乐行》：“北逐驱獯虏，西临复旧疆。”

【舊櫪】　昔日的马房。白居易《咏兴五首·解印出公府》：“马嘶返旧枥，鹤舞还故池。”

【舊籍】　原来的籍贯。张蠙《费征君旧居》：“遗篇补乐府，旧籍隶仙家。”

【舊寵】　昔日的宠爱。白居易《妾换马》：“同年辞旧宠，异地爱新恩。”

【舊歡】　昔日的欢乐。钱起《中书王舍人辋川旧居》：“今夕复何夕，归休寻旧欢。”白居易《病入新正》：“枕上惊新岁，花前念旧欢。”李商隐《魏侯第东北楼堂郢叔言别聊用书所见成篇》：“旧欢尘自积，新岁电犹奔。”胡宿《津亭》：“平乐旧欢收不得，更凭飞梦到瀛洲。”

【舊觀】　原有的印象、感觉。孟郊《送韩愈从军》：“亲宾改旧观，僮仆生新敬。”

十七画

鸓

〔fèi《集韵》父沸切，去未，奉，〕见“鸓鸓”。

【鸓鸓】　即狒狒。见《尔雅·释兽》。李贺《追赋画江潭苑四首》之三：“鸓鸓啼深竹，鸡鹊老湿沙。”。

舌　部

舌〔shé《广韵》食列切，入薛，船。〕❶舌头。杜甫《暮秋枉裴道州手札率尔遣兴寄近呈苏涣侍御》：“齿落未是无心人，舌存耻作穷途哭。”孟郊《投所知》：“谁谓黄钟管，化为君子舌。”白居易《游悟真寺诗》：“身坏口不坏，舌根如红莲。”贾岛《寄友人》：“但存舌在口，当冀身遂心。”❷代指言辞。杜甫《送从弟亚赴安西判官》：“诏书引上殿，奋舌动天意。”韩愈《陆浑山火和皇甫湜用其韵》：“要余和增怪又烦，虽欲悔舌不可扪。”李群玉《献王中丞》：“张仪会展平生舌，韩信那惭跨下羞。”杜牧《感怀诗一首》：“韬舌辱壮心，叫阍无助声。”李商隐《咏怀寄秘阁旧僚二十六韵》：“途穷方结舌，静胜但搘颐。”❸借指鸟的鸣声。元稹《过襄阳楼呈上府主严司空楼在江陵节度使宅北隅》：“拂水柳花千万点，隔林莺舌两三声。”白居易《双鹦鹉》：“始觉琵琶弦莽卤，方知吉了舌参差。”赵嘏《春日书怀》：“暖莺春日舌难穷，枕上愁生晓听中。”❹泛指舌状物。刘禹锡《病中一二禅客见问因以谢之》：“添炉烹雀舌，洒水净龙须。”李商隐《行次昭应县道上送户部李郎中充昭义攻讨》：“暂逐虎牙临故绛，远含鸡舌过新丰。”

【舌腭】　舌根；舌头。韩愈《陆浑山火和皇甫湜用其韵》：“齿牙嚼啮舌腭反，电光䃶磹赪目暖。”

【舌端】　舌尖，舌头。借指言辞、语言。元稹《和乐天赠樊著作》：“是时游夏辈，不敢措舌端。”白居易《新乐府·秦吉了》：“耳聪心慧舌端巧，鸟语人言无不通。”

【舌樞】　指舌头。白居易《和答诗十首·答四皓庙》：“八难掉舌枢，三略役心机。”

【舌頭】　人与动物口中辨味、助咀嚼、助发音的器官。白居易《春听琵琶兼简长孙司户》：“指底商风悲飒飒，舌头胡语苦醒醒。”张碧《鸿沟》：“舌头一寸生阳春，神农女娲愁不言。”杜荀鹤《赠张员外儿》：“唤物舌头犹未稳，诵诗心孔迥然开。”赵光远《咏手二首》之二：“炉面试香添麝炷，舌头轻点贴金钿。”

四　画

舲〔jìn《广韵》巨禁切，去沁，羣。〕通“噤”。闭口不说话。韩愈、孟郊《同宿联句》：“直辞一以荐，巧舌千皆舲。”

舐〔shì《广韵》神帋切，上紙，船。〕❶以舌舔物。寒山《诗三百三首》之一六八：“狗咬枯骨头，虚自舐唇齿。”于鹄《过凌霄洞天谒张先生祠》：“白犬舐客衣，惊走闻腥膻。”李商隐《行次西郊作一百韵》：“健儿庇旁妇，衰翁舐童孙。”吴融《个人三十韵》：“熨来身热定，舐得面痕平。”❷指毛笔尖在砚上舔墨汁。参见“舐筆”。

【舐痔】　指卑劣低贱的行为。见《庄子·列御寇》。陆龟蒙《奉酬袭美苦雨见寄》：“唾壶虎子尽能执，舐痔折枝无所辞。”

【舐掌】　谓以舌舐掌，唯备啮人。见《埤雅》。李贺《公无出门》：“嗾犬狺狺相索索，舐掌偏宜佩兰客。”

【舐鼎】　义同“舐藥”。韦庄《李氏小池亭十二韵》：“语窗鸡逞辨，舐鼎犬偏馋。”

【舐筆】　将笔尖在砚上舔，准备书写。卢纶《早春游樊川野居却寄李端校书》：“舐笔求书扇，张屏看画蝇。”杜牧《长安杂题长句六首》之一：“舐笔和铅欺贾马，赞功论道鄙萧曹。”

【舐藥】　出晋葛洪《神仙传》卷六“淮南王”。后遂用为咏鸡或犬的典故。李商隐《井泥四十韵》：“淮南鸡舐药，翻向云中飞。”

【舐犢】　老牛以舌舔小牛。后遂以比喻爱子之情。权德舆《璩授京兆府参军戏书以示兼呈独孤郎》：“老牛还舐犊，凡鸟亦将趋。”罗隐《感别元帅尚父》：“疲牛舐犊心犹切，阴鹤鸣雏力已衰。”

六　画

舚〔tiān《广韵》他前切，平先，透。〕见“舚䑛”。

【舚䑛】　语音声律不正貌。皮日休《鲁望昨以五百言见贻过有褒美内揣庸陋弥增愧悚因成一千言》：“其中有声病，于我如舚䑛。”

八 画

舔 〔tiǎn《字汇》他點切。〕以舌舔物。参见"舔錟"。

【舔錟】 吐舌貌。李白《鸣皋歌送岑征君》:"玄猿绿罴,舔錟崟岌。"

錟 〔tàn《广韵》吐濫切,去闞,透。〕见"舔錟"。

十二画

譂 〔tān《广韵》他干切,平寒,透。又徒年切、平先,定。〕见"舚譂"。

十三画

舚 〔tiān《广韻》他念切,去㮇,透。又他兼切,平添,透。〕吐舌貌。韩愈《喜侯喜至赠张籍张彻》:"杂作承间骋,交惊舌互舚。"

舛　部

六　画

舜　〔shùn《广韵》舒閏切，去稕，書。〕❶植物名。即木槿。见“舜華❶”。❷人名。五帝之一。传为我国父系氏族社会后期部落联盟的英明首领。姚姓，有虞氏，名重华，史称虞舜或舜。相传受尧禅让，后禅位于禹，死于苍梧之野。李白《万愤词投魏郎中》：“舜昔授禹，伯成耕犁。”杜甫《述古三首》之二：“舜举十六相，身尊道何高。”张祜《和岳州徐员外云梦新亭二十韵》：“舜巡初此去，禹凿向南休。”李商隐《井泥四十韵》：“喜得舜可禅，不以瞽瞍疑。”

【舜山】　舜耕山。又名历山。即今山东济南市东南千佛山。见《史记·五帝本纪》。皮日休有《题舜山后牛迹石》。

【舜日】　喻升平盛世。《郊庙歌辞·中宗祀昊天乐章·凯安》：“舜日启祥晖，尧云卷征旆。”段义宗《又题三学院经楼》：“佛日明时齐舜日，皇风清处接慈风。”姚合《和门下李相公饯西蜀相公》：“圣朝同舜日，作相有夔龙。”李咸用《依韵修睦上人山居十首》之四：“好学尧民偎舜日，短裁孤竹理云韶。”

【舜田】　指舜都蒲坂一带，在河中府(今山西永济市)。殷尧藩《和赵相公登鹳雀楼》：“晴峰耸日当周道，秋谷垂花满舜田。”

【舜曲】　唐蒲州治所(今山西永济市西)，张良璞《览史》：“舜曲烟火起，汾河珠翠明。”

【舜年】　喻升平盛世。宇文融《奉和圣制左丞相说右丞相璟太子少傅乾曜同日上官命宴都堂赐诗》：“申甫生周日，宣慈举舜年。”

【舜州】　指古冀州，古九州之一。见《史记·五帝本纪》。许敬宗《奉和宴中山应制》：“张乐临尧野，扬麾历舜州。”

【舜妃】　舜之二妃。娥皇与女英，传为尧女。舜至老年，巡视南方，死于苍梧之野，二妃在奔丧途中，痛不欲生，挥泪竹林，竹则斑斑泪痕，故名斑竹。到达湘水时，不幸遇风翻船，落水而死，化为湘水之神。薛涛《酬人雨后玩竹》：“多留晋贤醉，早伴舜妃悲。”周昙有《咏史诗·唐虞门·舜妃》。

【舜英】　木槿花。刘禹锡《马嵬行》：“贵人饮金屑，倏忽舜英暮。”

【舜典】　《尚书》篇名。张九龄《奉和圣制幸晋阳宫》：“唐风思何深，舜典敷更宽。”李商隐《韩碑》：“点窜尧典舜典字，涂改清庙生民诗。”

【舜弦】　亦作“舜絃”。即五弦琴。宗楚客《奉和幸上阳宫侍宴应制》：“湛露飞尧酒，熏风入舜弦。”李敬玄《奉和别鲁王》：“断云移鲁盖，离歌动舜弦。”潘存实《赋得玉声如乐》：“韵含湘瑟切，音带舜弦清。”温庭筠《感旧陈情五十韵献淮南李仆射》：“书迹临汤鼎，吟声接舜弦。”参见“舜琴”。

【舜城】　指唐河中府城，今山西永济市西。据传虞舜所都蒲坂，即此。杨巨源《酬卢员外》：“舜城风土临清庙，魏国山川在白楼。”

【舜禹】　虞舜和夏禹的并称。太宗《正日临朝》：“虽无舜禹迹，幸欣天地康。”齐己《潇湘二十韵》：“经游闻舜禹，表里见乾坤。”徐夤《依御史温飞卿华清宫二十二韵》：“伊皋争负鼎，舜禹让垂旒。”

【舜祠】　❶在今山东历城区南历山上。见《史记·五帝本纪》。杜荀鹤《题历山舜祠》。❷故址在今广西桂林市东北舜山下。宋之问有《桂州黄潭舜祠》。❸在唐道州(治所在今湖南道县西)西南。唐道州刺史元结建。参见元结《舜祠表》。元结《游石溪示学者》：“石林绕舜祠，西南正相对。”❹在九疑山。见“舜祠山”。❺在今山西永济市满州镇。顾非熊《经河中》：“我来寻古迹，唯见舜祠风。”参见“舜廟”。

【舜祠山】　指九疑山。在唐道州延唐县(治所即今湖南宁远县)。吕温《初发道州答崔三连州题海阳亭见寄绝句》：“闻说殷勤海阳事，令人转忆舜祠山。”

【舜華】　❶(—huā)木槿花。见《诗·郑风·有女同车》。羊士谔《玩槿花》：“何乃诗人兴，妍词属舜华。”❷(—huá)指虞舜。见《史记·五帝本纪》。又见《楚辞·九歌·湘夫人》。吴兢《永泰公主挽歌二首》之二：“舜华徂北渚，宸思结南阳。”

【舜酒】　犹言御酒，对帝王赐饮之酒的美称。褚琇《奉和圣制送张说上集贤学士赐宴》：“蓮降尧厨翠，榴开舜酒红。”

【舜海】　❶指龙池。唐京城兴庆宫内池沼。《郊庙歌辞·享龙池乐章》题注：“《唐书·乐志》曰：‘玄宗龙潜时，宅隆庆坊。宅南坊人所居，忽变为池，望气者异焉,故中宗季年,泛舟池中。玄宗正位,以坊为宫,池水逾大,弥漫数里,因为龙池乐以歌其祥。'"姚崇《奉和圣制龙池篇》:"此时舜海潜龙跃,此地尧河带马巡。"姜皎《龙池篇》:"尧坛宝匣余烟雾,舜海渔舟尚往还。"卢怀慎《奉和圣制龙池篇》:"雁沼回流成舜海,龟书荐祉应尧年。"❷喻有道帝王学识渊博。刘祎之《九成宫秋初应诏》:"舜海词波发,空惊游圣难。"

【舜琴】 五弦琴。相传为舜所创,故名。见《礼记·乐记》。刘宪《奉和幸韦嗣立山庄侍宴应制》:"桂华尧酒泛,松响舜琴弹。"韦庄《悼亡姬》:"湘江水阔苍梧远,何处相思弄舜琴。"曹唐《三年冬大礼五道》之二:"不闻北斗倾尧酒,空觉南风入舜琴。"贯休《杜侯行》:"宣宗懿宗调舜琴,大杜小杜为殷霖。"

【舜詠】 指舜所唱之《南风》歌。相传舜作五弦琴,唱《南风》歌。见《孔子家语·辨乐解》。袁朗《赋饮马长城窟》:"汤征随北怨,舜咏起南风。"

【舜渥】 舜帝的恩泽。借指有道之君的恩泽。武平一《奉和幸白鹿观应制》:"谬因沾舜渥,长愿奉尧封。"

【舜絃】 见"舜弦"。

【舜琯】 传为西王母献给舜的玉管,似笛。见汉应劭《风俗通·声音》。孟郊《连州吟》之三:"南风嘶舜琯,苦竹动猿音。"

【舜壶】 对帝王赐宴用的酒器的美称。贺知章《奉和圣制送张说上集贤学士赐宴赋得谟字》:"三叹承汤鼎,千欢接舜壶。"

【舜歌】 指舜所唱之《南风》歌。歌云:"南风之薰兮,可以解吾民之愠兮;南风之时兮,可以阜吾民之财兮。"白居易《太平乐词二首》之二:"湛露浮尧酒,薰风起舜歌。"

【舜廟】 故址在今山西永济市西蒲州镇。见《元和郡县图志》卷十二。张濯有《题舜庙》。薛能《送胡澳下第归蒲津》:"山光临舜庙,河气隔王畿。"

【舜韶】 即《韶》乐。据传为舜所作。见汉应劭《风俗通·声音序》。李商隐《送从翁从东川弘农尚书幕》:"岂意闻周铎,翻然慕舜韶。"

【舜賓】 舜帝的宾客。见《书·舜典》。骆宾王《夏日游德州赠高四》:"辟门通舜宾,比屋封尧德。"

【舜墳】 在苍梧山(又称九疑山),今湖南宁远县东南。相传舜南巡,崩,葬于此。项斯《苍梧云气》:"湿连湘竹暮,浓盖舜坟秋。"

【舜德】 舜帝的恩德。亦借指有道之君的恩德。司空曙《御制雨后出城观览敕朝臣已下属和》:"薰弦歌舜德,和鼎致尧名。"

【舜樂】 (—yuè)帝舜的音乐。指《韶》乐。传说此乐为舜所作。见汉应劭《风俗通·声音序》。杜审言《望春亭侍游应诏》:"尧樽随步辇,舜乐绕行麾。"姚崇《春日洛阳城侍宴》:"尧樽临上席,舜乐下前溪。"王棨《上巳日曲江锡宴群臣》:"妙音回舜乐,浓味降尧樽。"

八　画

舞 〔wǔ《广韵》文甫切,上麌,微。〕❶舞蹈。颜真卿《赠裴将军》:"剑舞若游电,随风萦且回。"白居易《霓裳羽衣舞歌》:"千歌百舞不可数,就中最爱霓裳舞。"沈亚之《梦别秦穆公》:"金凤衔红旧绣衣,几度宫中同看舞。"❷跳舞,表演舞蹈。李白《月下独酌四首》之一:"我歌月徘徊,我舞影零乱。"贾至《对酒曲二首》之二:"放歌乘美景,醉舞向东风。"姚合《剑器词三首》之一:"今日当场舞,应知是战人。"牛殳《琵琶行》:"伤心忆得陈后主,春殿半酣细腰舞。"❸飞动,舞动。韦应物《饯雍聿之潞州谒李中丞》:"酒酣拔剑舞,慷慨送子行。"韩翃《送孙泼赴云中》:"黄骢少年舞双戟,目视旁人皆辟易。"吕从庆《薄暮步村径》:"飞虫抟涧舞,鸣鹊抱巢修。"黄滔《壶公山》:"落枫丹叶舞,新蕨紫芽拳。"

【舞人】 舞妓。张子容《九日陪润州邵使君登北固山》:"凌云词客语,回雪舞人娇。"白居易《和薛秀才寻梅花同饮见赠》:"白马走迎诗客去,红筵铺待舞人来。"张祜《感王将军柘枝妓殁》:"寂寞春风旧柘枝,舞人休唱曲休吹。"薛莹《锦》:"惟忧机上锦,不称舞人衣。"

【舞干】 (—gān)谓文德教化。见《书·大禹谟》。杨巨源《和吕舍人喜张员外自北番回至境上先寄二十韵》:"尚德曾辞剑,柔凶本舞干。"徐铉《寄抚州钟郎中》:"都护空遗镞,明君欲舞干。"

【舞巾】 歌舞中手中所持之巾帕。刘宪《折杨柳》:"露叶怜啼脸,风花思舞巾。"

【舞女】 舞妓。薛逢《醉春风》:"歌儿舞女亦随后,暂醉始知天地长。"韦庄《洛阳吟》:"宫官试马游三市,舞女乘舟上九天。"

【舞石】 零陵山有石似燕,相传遇风雨则大石小石相随飞舞,风雨停,仍还原为石。见北魏郦道元《水经注·湘水》。"舞石"即指此能飞舞的石头。诗文中借以咏雨。杜甫《雨不绝》:"舞石旋应将乳子,行云莫自湿仙衣。"

【舞勺】 谓古代儿童学习文武。刘允济《经庐岳回望江州想洛川有作》:"礼乐富垂髫,诗书成舞勺。"参见"舞象"。

【舞曲】 (—qǔ)以舞蹈节奏为基础而写成的器乐曲或声乐曲。李怀远《凝碧池侍宴看竞渡应制》:

"舞曲依鸾殿，箫声下凤楼。"

【舞行】（—háng）舞蹈的行列。刘宪《奉和人日清晖阁宴群臣遇雪应制》："风寻歌曲飏，雪向舞行萦。"

【舞伎】见"舞妓"。

【舞衣】歌舞者演出时所穿的衣服。宋之问《伤曹娘二首》之一："独怜脂粉气，犹著舞衣中。"杜审言《代张侍御伤美人》："应怜脂粉气，留著舞衣中。"温庭筠《张静婉采莲歌》："掌中无力舞衣轻，剪断鲛绡破春碧。"韦庄《陪金陵府相中堂夜宴》："绣户夜攒红烛市，舞衣晴曳碧天霞。"

【舞羽】古代一种乐舞。手执翟雉的尾羽而舞蹈。严维《陪皇甫大夫谒禹庙》："为鱼歌德后，舞羽降神时。"

【舞兒】舞妓。李贺《感春》："榆穿莱子眼，柳断舞儿腰。"

【舞妓】亦作"舞伎"。舞女，以歌舞娱人的女子。白居易《西楼喜雪命宴》："光迎舞妓动，寒近醉人销。"郑谷《贫女吟》："东邻舞妓多金翠，笑剪灯花学画眉。"韦庄《秦妇吟》："舞伎歌姬尽暗捐，婴儿稚女皆生弃。"毛熙震《后庭花》词之二："轻盈舞伎含芳艳，竞妆新脸。"

【舞拍】舞蹈的节拍。白居易《六年春赠分司东都诸公》："黛惨歌思深，腰凝舞拍密。"

【舞衫】舞衣。歌舞者演出时所穿的衣服。许浑《观章中丞夜按歌舞》："舞衫未换红铅湿，歌扇初移翠黛颦。"杜牧《吴姬十首》之一："偏怜不怕傍人笑，自把春罗等舞衫。"温庭筠《禁火日》："舞衫萱草绿，春鬓杏花红。"毛文锡《西溪子》词："锁春光，金尊满，听弦管。娇妓舞衫香暖。"

【舞茵】即舞裀。供舞蹈用的地毯。权德舆《奉和圣制中春麟德殿会百寮观新乐》："玉俎映朝服，金钿明舞茵。"

【舞馬】唐代乐舞节目。骏马经过精心训练后，在音乐伴奏下起舞，骧首奋鬣，跪拜蹲踏，皆中音节。见《录府杂录·舞工》。亦指马之能舞者。薛曜有《舞马篇》。杜甫《斗鸡》："斗鸡初赐锦，舞马既登床。"郑嵎《津阳门诗》："马知舞彻下床榻，人惜曲终更羽衣"。自注："其舞马，禄山亦将数匹以归，而私习之。"

【舞馬詞】乐府杂曲歌辞。《全唐诗》卷二八录张说《舞马词》六首，题下注："其和声。前二曲云圣代升平乐，后四曲云四海和平乐。"

【舞席】歌舞时用以铺地的席子。王勃《铜雀妓二首》之一："舞席纷何就，歌梁俨未倾。"张祜《投魏博李相国三十二韵》："舞席宫鬟出，宾盘海馔盈。"李商隐《和人题真娘墓》："罥树断丝悲舞席，出云清梵想歌筵。"刘沧《望未央宫》："舞席歌尘空岁月，宫花春草满池塘。"

【舞袖】歌舞者的衣袖。王维《三月三日勤政楼侍宴应制》："酒筵嫌落絮，舞袖怯春风。"李白《邯郸南亭观妓》："粉色艳日彩，舞袖拂花枝。"白居易《会昌春连宴即事联句》："舞袖翻红矩，歌鬟插宝蝉。"齐己《贺雪》："堪想画堂帘卷次，轻随舞袖正纷纷。"

【舞姬】舞妓。李商隐《柳》："灞岸已攀行客手，楚宫先骋舞姬腰。"

【舞雩】❶古代求雨时举行的伴有乐舞的祭祀。杜甫《雷》："封内必舞雩，峡中喧击鼓。"❷按舞雩台。见《论语·颜渊》。杜甫《热三首》之一："何似儿童岁，风凉出舞雩。"杨巨源《送司徒童子》："卫多君子鲁多儒，七岁闻天笑舞雩。"温庭筠《病中书怀呈友人》："白雪调歌响，清风乐舞雩。"❸出《论语·先进》。后遂指乐道遂志，不求仕进。卢象《赠广川马先生》："人归洙泗学，歌盛舞雩风。"

【舞商】商羊起舞。传说商羊为一足之鸟，性知雨，天将雨则舒翅而跳，故谣谚曰："天将大雨，商鼓舞。"见《孔子家语·辨政》。许敬宗《奉和咏雨应诏》："舞商初赴节，湘燕远迎秋。"

【舞筵】舞踏时铺地用的席子或地毯。杜甫《城西陂泛舟》："鱼吹细浪摇歌扇，燕蹴飞花落舞筵。"白居易《青毡帐二十韵》："侧置低歌座，平铺小舞筵。"李商隐《柳》："曾逐东风拂舞筵，乐游春苑断肠天。"韦庄《叹落花》："不随残雪埋芳草，尽逐香风上舞筵。"

【舞象】学习象舞。见《礼记·内则》。象舞即武舞。凌敬《游隋故都》："舞象文思泽，偃伯武功宣。"

【舞詠】舞蹈歌咏。杜审言《和李大夫嗣真奉使存抚河东》："拜迎弥道路，舞咏溢郊鄽。"崔尚《奉和圣制同二相已下群臣乐游园宴》："乐游宜缔赏，舞咏惜将阑。"

【舞裙】歌舞者所著的裙子。郑璧《奉和陆鲁望白菊》："琼妃若会宽裁剪，堪作蟾宫夜舞裙。"

【舞靴】舞蹈者所穿之靴。杜牧《留赠》："舞靴应任闲人看，笑脸还须待我开。"

【舞腰】歌舞者柔软的腰肢。袁晖《铜雀妓》："君爱本相饶，从来似舞腰。"独孤实《奉陪武相公西亭夜宴陆郎中》："静看歌扇举，不觉舞腰回。"白居易《夜凉》："舞腰歌袖抛何处，唯对无弦琴一张。"王揆《长沙六快诗》："歌喉若珠累，舞腰如素束。"

【舞陽】指秦舞阳。荆轲刺秦王时之副手，见秦王"色变振恐"。李白《结客少年场行》："舞阳死灰人，安可与成功。"

【舞臺風】汉成帝刘骜与赵飞燕游太液池，赵飞燕身轻，遇轻风几乎被吹入水中，成帝即用翠缨系住她的裙子。后遂用为典，咏男女情爱。杜牧《寄远》："向春罗袖薄，谁念舞台风。"

【舞榭】 供歌舞用的台榭。许尧佐《石季伦金谷园》："舞榭苍苔掩，歌台落叶繁。"张籍《伤歌行》："高堂舞榭锁管弦，美人遥望西南天。"白居易《和梦游春诗一百韵》："舞榭缀蟏蛸，歌梁聚蝙蝠。"

【舞蜨】 即舞蝶。蜨，同"蝶"。齐己《桃花》："流莺应见落，舞蝶未知空。"

【舞凤】 旧传国泰民安，君王贤明，则凤凰来仪。遂以"舞凤"为文教昌明之典。薛存诚《御题国子监门》："为著盘龙迹，能彰舞凤蹲。"

【舞態】 歌舞的姿态。钱起《奉陪郭常侍宴浐川山池》："歌声掩金谷，舞态出平阳。"李商隐《送千牛李将军赴阙五十韵》："黄山遮舞态，黑水断歌声。"顾云《咏柳二首》之一："斜傍画筵偷舞态，低临妆阁学愁眉。"陆弘休《和訾家洲宴游》："莺声暗逐歌声艳，花态还随舞态羞。"

【舞樓】 供歌舞用的楼台。卢象《早秋宴张郎中海园即事》："郁岛藏深竹，前溪对舞楼。"许浑《金谷桃花》："花在舞楼空，年年依旧红。"皮日休《襄州汉阳王故宅》："戟户野蒿生翠瓦，舞楼栖鸽污雕梁。"

【舞鞇】 供舞蹈用的地毯。韩偓《重和》："冷宴殷勤展小园，舞鞇柔软彩虬盘。"

【舞蝶】 飞舞的蝴蝶。贾至《长门怨》："舞蝶萦愁绪，繁花对靓妆。"李商隐《当句有对》："但觉游蜂饶舞蝶，岂知孤凤忆离鸾。"郑谷《春阴》："舞蝶歌莺莫相试，老郎心是老僧心。"刘兼《春燕》："花间舞蝶和香趁，江畔春泥带雨衔。"

【舞劍】 挥舞宝剑。崔日用《奉和圣制送张说巡边》："壮心看舞剑，别绪应悬旌。"戎昱《桂城早秋》："卜命知身贱，伤寒舞剑频。"

【舞館】 供歌舞用的楼馆。虞世南《侍宴归雁堂》："歌堂西渌水，舞馆接金塘。"

【舞館歌臺】 供演出用的楼馆亭台。李涉《醉中赠崔膺》："隋家文物今虽改，舞馆歌台基尚在。"

【舞頭】 领舞的人。与"舞末"相对。王建《宫词一百首》之二八："整顿衣裳皆著却，舞头当拍第三声。"花蕊夫人徐氏《宫词》之九二："舞头皆著画罗衣，唱得新翻御制词。"

【舞霞】 飞舞的红霞。李贺《瑶华乐》："舞霞垂尾长盘跚，江澄海净神母颜。"

【舞蹈】 臣下朝见君王时的拜舞礼节。王建《朝天词十首寄上魏博田侍中》之二："相感君臣总泪流，恩深舞蹈不知休。"张籍《送郑尚书赴广州》："海北蛮夷来舞蹈，岭南封管送图经。"冯延巳《寿山曲》："侍臣舞蹈重拜，圣寿南山永同。"

【舞躍】 拜舞欢跃。陆龟蒙《鹤媒歌》："媒欢舞跃势离披，似谄功能邀弩儿。"

【舞雞】 ❶斗鸡之戏。杜牧《杜秋娘诗》："渐抛竹马剧，稍出舞鸡奇。"❷指闻鸡起舞。用晋祖逖、刘琨事。吴融《萧县道中》："楚客早闻歌凤德，刘琨休更舞鸡声。"

【舞鶴】 ❶善舞之鹤。孟浩然《夏日与崔二十一同集卫明府宅》："舞鹤乘轩至，游鱼拥钓来。"又《游精思题观主山房》："舞鹤过闲砌，飞猿啸密林。"❷喻指高雅的音乐。见《韩非子·十过》。孟郊《答姚怤见寄》："如将舞鹤管，误向惊凫吹。"

舟　部

舟〔zhōu《广韵》職流切，平尤，章〕❶船。骆宾王《畴昔篇》："舟移疑入镜，棹举若乘波。"王昌龄《太湖秋夕》："月明移舟去，夜静魂梦归。"钱起《送郭秀才制举下第南游》："山尽溪初广，人闲舟自行。"白居易《泛太湖书事寄微之》："烟渚云帆处处通，飘然舟似入虚空。"❷以船渡水；行船。刘长卿《赴楚州次自田途中阻浅问张南史》："水浅舟且迟，淮潮至何处。"参见"舟船"。

【舟人】　船夫。李颀《送刘主簿归金坛》："县郭舟人饮，津亭渔者歌。"杜甫《戏题画山水图歌》："舟人渔子入浦溆，山木尽亚洪涛风。"卢纶《晚次鄂州》："估客昼眠知浪静，舟人夜语觉潮生。"韩偓《使风》："攲枕卷帘江万里，舟人不语满帆风。"

【舟子】　船夫。宋之问《下桂江县黎壁》："舟子怯桂水，最言斯路难。"杜甫《渼陂行》："主人锦帆相为开，舟子喜甚无氛埃。"白居易《霖雨苦多江湖暴涨块然独望因题北亭》："篱根舟子语，巷口钓人歌。"曹唐《南游》："尺兴南游卒未回，水工舟子不须催。"

【舟中琴】　晋人贺循入洛赴任，经吴阊门，在舟中弹琴。琴声吸引了张翰，因相共语，二人乃同舟而行，见《世说新语·任诞》。后因以"舟中琴"喻泛舟之乐。骆宾王《称心寺》："为乐凡几许，听取舟中琴。"

【舟火】　船上灯火。杜甫《苏大侍御访江浦赋八韵记异》："昨夜舟火灭，湘娥帘外悲。"

【舟行】　乘船旅行。储光羲《秦中送人觐省》："骑别章台晚，舟行洛水春。"张轸《舟行旦发》："自客水乡里，舟行知几回。"

【舟次】　船停泊之所。即码头。刘长卿《入白沙渚夤缘二十五里至石窟山下怀天台陆山人》："偶因回舟次，宁与前山期。"

【舟車】　❶船和车。杜甫《三川观水涨二十韵》："何时通舟车，阴气不黪黩。"又《遣怀》："舟车半天下，主客多欢娱。"❷谓乘船、乘车旅行。杜甫《有感五首》之三："洛下舟车入，天中贡赋均。"张祜《平阴夏日作》："西来渐觉细尘红，扰扰舟车路向东。"韦庄《秦妇吟》："仍闻汴路舟车绝，又道彭门自相杀。"

【舟師】　水军。见《左传·襄公二十四年》。杜甫《湘江宴饯裴二端公赴道州》："白日照舟师，朱旗散广川。"韩翃《送皇甫大夫赴浙东》："舟师分水国，汉将领秦官。"陆龟蒙《奉和袭美太湖诗二十首·练渎》："吴将派天泽，以练舟师徒。"

【舟航】　❶船只。杜甫《咏怀二首》之二："井灶任尘埃，舟航烦数具。"王建《寄李益少监兼送张实游幽州》："迷者得道路，溺者遇舟航。"白居易《登阊门闲望》："处处楼前飘管吹，家家门外泊舟航。"罗邺《冬夕江上言事五首》之二："喔喔晨鸡满树霜，喧喧晓渡簇舟航。"❷犹津梁。杜甫《留别公安太易沙门》："数问舟航留制作，长开箧笥拟心神。"❸比喻济世的良才。太宗《元日》："巨川思欲济，终以寄舟航。"

【舟船】　❶泛指船只。杨炯《和旻上人伤果禅师》："法门摧栋宇，觉海破舟船。"❷谓乘船旅行。王昌龄《重别李评事》："莫道秋江离别难，舟船明日是长安。"

【舟梁】　用船架设的浮桥。见《国语·周语中》。储光羲《同诸公送李云南伐蛮》："回溪深天渊，揭厉逾舟梁。"张良器《河出荣光》："龙门如可涉，忠信是舟梁。"

【舟楫】　❶泛指船只。见《诗·卫风·竹竿》。寒山《诗三百三首》之五十："此时居舟楫，浩荡情无已。"杜甫《梦李白二首》之二："江湖多风波，舟楫恐失坠。"钱起《早渡伊川见旧邻作》："渔人昔邻舍，相见具舟楫。"李频《浙东献郑大夫》："楼台独坐江山月，舟楫先行泽国春。"亦指行船。戴叔伦《寄万德躬故居》："日暮山风吹女萝，故人舟楫定如何。"朱庆余《过洞庭》："波涛如未息，舟楫亦堪疑。"❷喻指辅弼大臣。见《书·说命上》。太宗《春日登陕州城楼即目川岫聊以命篇》："巨川何以济，舟楫伫时英。"鲍溶《读淮南李相行营至楚州诗》："已分舟楫归元老，更使熊罴属丈人。"❸喻荐引者。孟浩然《望洞庭湖赠张丞相》："欲济无舟楫，端居耻圣明。"

【舟檝】　同"舟楫"。❶泛指船只。李白《感时留别从兄徐王延年从弟延陵》："百川尽凋枯，舟楫阁中逵。"卢纶《秋中野望寄舍弟绶兼令呈上西川尚书舅》："蜀道蔼松筠，巴江盛舟楫。"刘禹锡《和西川李尚书汉州微月游房太尉西湖》："旌旗环水次，舟楫泛中流。"王揆《长沙六快诗》："舟楫通大江，车轮会平陆。"❷谓行船。孟浩然《登鹿门山》："岩潭多屈曲，舟楫屡回转。"卢邺《和李尚书命妓饯崔侍御》："莫道江南不同醉，即陪舟楫上京游。”无名氏《沧州百姓歌》：“新河得通舟楫利，直达沧海鱼盐至。”❸喻指辅弼大臣。陈子良《赞德上越国公杨素》：“济世同舟楫，匡政本阿衡。”裴漼《奉和圣制送张说上集贤学士赐宴》：“谋谟言可范，舟楫事斯凭。”韩愈《秋雨联句》：“忧鱼思舟楫，感禹勤畎浍。”陈陶《涂山怀古》：“帝乃命舟楫，掇芳儒素中。”亦指辅弼的职位。李谅《苏州元日郡斋感怀寄越州元相公杭州白舍人》：“丝纶暂厌分符竹，舟楫初登拥羽旗。”❹喻荐引者。韩偓《余寓汀州沙县病中闻前郑左丞璘随外镇举荐赴洛》：“桑田变后新舟楫，华表归来旧路岐。”黄滔《省试奉诏涨曲江池》：“愿当舟楫便，一附济川人。”

【舟檝器】 辅弼的才能。郑澣《中书相公任兵部侍郎日后阁植四松因献拙什》：“人知舟楫器，天假栋梁材。”

【舟壑】 喻事物在不知不觉中变迁。见《庄子·大宗师》。李商隐《戊辰会静中出贻同志二十韵》：“荆芜既以薙，舟壑永无湮。”

【舟鷁】 即鷁舟。船头画有鷁鸟图像的船。杜甫《奉送二十三舅录事之摄郴州》：“舟鷁排风影，林乌反哺声。”

二 画

舠 〔dāo《广韵》都牢切，平豪，端。〕❶小船。见《玉篇·舟部》。李白《鸣皋歌送岑征君》：“洪河凌竞不可以径度，冰龙鳞兮难容舠。”柳宗元《游南亭夜还叙志七十韵》：“再怀曩岁期，容与驰轻舠。”张祜《送卢弘本浙东觐省》：“东望故山高，秋归值小舠。”亦泛指船。杜甫《送重表侄王砅评事使南海》：“北驱汉阳传，南泛上泷舠。”张乔《甘露寺僧房》：“悲秋不成寐，明月上千舠。”❷一种大的酒杯。李德裕《述梦诗四十韵》：“无聊燃蜜炬，谁复劝金舠。”原注：“酒器中大者呼为舠，宾僚顾形迹，未曾以此相劝。”

三 画

舡 〔xiāng，又读 chuán《广韵》許江切，平江，曉。《集韵》食川切，平僊，船。〕船。见《玉篇·舟部》。张祜《送法镜上人归上元》：“风回建业秋归寺，月满秦淮夜到舡。”又《钟陵旅泊》：“城街西面驿堤连，十里长江夜看舡。”

四 画

般[1] 〔pán《广韵》薄官切，平桓，並。〕❶旋转。参见“般跚”。❷快乐。《郊庙歌辞·祀九宫贵神乐章·舒和》：“愉贵神兮般以乐，保皇祚兮万斯春。”

般[2] 〔bān《广韵》北潘切，平桓，幫。〕❶搬运。元稹《和李校书新题乐府十二首·缚戎人》：“供进腋腋御叱般，岂料穹庐拣肥腯。”参见“般$_2$載”。❷量词。样；种类。张说《先天应令》：“梅花百般障行路，垂柳千条暗回津。”李邕《咏云》：“散作五般色，凝为一段愁。”刘商《秋蝉声》：“借问蝉声何所为，人家古寺两般声。”杜牧《见穆三十宅中庭海榴花谢》：“巧穷南国千般艳，趁得春风二月开。”

般[3] 〔bō《龙龛手鉴》音撥。〕梵语音译字。见“般$_3$若”。

【般$_3$若】 （—rě）❶佛教语。指如实理解一切事物的智慧。见《大智度论》四三。唐求《赠楚公》：“般若恒添持戒力，落叉谁算念经功。”陈陶《题居上人法华新院》：“浮名深般若，方寺设莲华。”慈觉《书妙园塔院张道者屋壁》：“尽奔名利漫驰驱，个个何曾有般若。”❷指般若汤。僧徒对酒的隐语。拾得《诗》之四四：“般若酒泠泠，饮多人易醒。”❸僧名。刘长卿《长沙赠衡岳祝融峰般若禅师》：“般若公，般若公，负钵何时下祝融。”❹寺名。李白有《安州般若寺水阁纳凉喜遇薛员外乂》。裴说《般若寺》：“南岳古般若，自来天下知。”齐己有《题南岳般若寺》。

【般$_2$般】 （—bān）犹样样；种种。方干《海石榴》：“亭际夭妍日日看，每朝颜色一般般。”罗隐《下第作》：“年年模样一般般，何似东归把钓竿。”王周《道中未开木杏花》：“粉英香萼一般般，无限行人立马看。”

【般跚】 同“盘跚”。盘旋曲折的样子。陆龟蒙、皮日休、嵩起《报恩寺南池联句》：“跁踒松形矮，般跚桧樾矬。”

【般$_2$載】 搬运；运载。白居易《新乐府·官牛》：“官牛官牛驾官车，浐水岸边般载沙。”罗隐《寄杨秘书》：“会待与君开秫瓮，满船般载镜中行。”吕岩《谷神歌》：“修炼还须夜半子，河车般载上昆仑。”

【般$_2$數】 搬弄数说。王建《宫词一百首》之八五：“总待别人般数尽，袖中拈出郁金芽。”

【般$_2$樣】 犹种类。翁承赞《书斋漫兴二首》之一：“池塘四五尺深水，篱落两三般样花。”

航 〔háng《广韵》胡郎切，平唐，匣。〕❶船。许敬宗《奉和春日望海》：“乃神弘庙略，横海剪吞航。”李頎《送人尉闽中》：“海戍通闽邑，江航过楚城。"杜甫《壮游》:"东下姑苏台,已具浮海航。"李德裕《重忆山居六首·平泉源》:"从兹东向海,可泛济川航。"❷连船而成的浮桥。温庭筠《谢公墅歌》:"朱雀航南绕香陌,谢郎东墅连春碧。"❸渡;航行。萧颖士《舟中遇陆棣晚次沙垫西岸作》:"冀愿崇朝雾,吾其一苇航。"权德舆《送安南裴都护》:"戈船航涨海,旌旆卷炎云。"韦庄《和郑拾遗秋日感事一百韵》:"忸恨山思板,怀归海欲航。"引申指历程。韩愈《调张籍》:"徒观斧凿痕,不瞩治水航。"

【航舸】 行驶的船只。杜甫《送覃二判官》:"魂断航舸失,天寒沙水清。"

【航船】 江南水乡载客运货的船只。白居易《答客问杭州》:"大屋檐多装雁齿,小航船亦画龙头。"

【航葦】 指小船。出《诗·卫风·河广》。独孤及《将还越留别豫章诸公》:"他时相忆双航苇,莫问吴江深不深。"

【航頭橋】 指渡桥。翁洮有《春日题航头桥》。

舫 〔fǎng《广韵》甫妄切,去漾,非。又補曠切,去宕,幫。〕指有舱室的船。杜甫《送李八秘书赴杜相公幕》:"青帘白舫益州来,巫峡秋涛天地回。"韦应物《夕次盱眙县》:"落帆逗淮镇,停舫临孤驿。"孟郊《汝州南潭陪陆中丞公宴》:"既登飞云舫,愿奏清风琴。"齐己《潇湘二十韵》:"急摇吟客舫,狂溅野人樽。"

【舫子】 轻便的小船。卢仝《观放鱼歌》:"命舟人,驾舫子,漾漾菰蒲。"郑谷《乖慵》:"自得无端趣,琴棋舫子中。"

【舫艇】 小船。白居易《秋池独泛》:"一只短舫艇,一张斑鹿皮。"

五　画

舼 〔qióng《广韵》渠容切,平鍾,羣。〕一种小船。顾况《寄上兵部韩侍郎奉呈李户部卢刑部杜三侍郎》:"公登略彴桥,况榜龙舼船。"参见"艞舼"。

舸 〔gě《广韵》古我切,上哿,見。〕❶大船。见《方言》卷九。李峤《军师凯旋自邕州顺流舟中》:"鸣鞞入嶂口,泛舸历川湄。"李白《经乱离后天恩流夜郎忆旧游书怀赠江夏韦太守良宰》:"万舸此中来,连帆过扬州。"杜甫《最能行》:"富豪有钱驾大舸,贫穷取给行艓子。"周贺《送郭秀才归金陵》:"鸟下独山秋寺磬,人随大舸晚江波。"❷小船,亦泛指船。见《广雅·释水》。杜易简《湘川新曲二首》之二:"弱腕随桡起,纤腰向舸低。"李白《越女词五首》之四:"东阳素足女,会稽素舸郎。"杜甫《忆昔行》:"忆昔北寻小有洞,洪河怒涛过轻舸。"皮日休《送董少卿游茅山》:"名卿风度足杓斜,一舸闲寻二许家。"

【舸船】 大船。杜甫《船下夔州郭宿别王十二判官》:"依沙宿舸船,石濑月娟娟。"

舺 〔mù《集韵》莫六切,入屋,明。〕见"舺艣"。

【舺艣】 小船。皮日休《添鱼具诗·钓矶》:"洼处著筣笓,窍中维舺艣。"

舳 〔zhú《广韵》直六切,入屋,澄。〕❶船尾。见《说文·舟部》。参见"舳艫"。❷指船。李峤《安辑岭表事平罢归》:"去舳舣清江,归轩趋紫陌。"

【舳艫】 船头和船尾的合称。见《汉书·武帝纪》。因用以指前后首尾相接的船。李适《汾阴后土祠作》:"西巡历九嶷,舳舻被江滨。"孟浩然《舟中晓望》:"舳舻争利涉,来往接风潮。"李端《荆州泊》:"桂水舳舻回,荆州津济闹。"杜牧《张好好诗》:"旌旆忽东下,笙歌随舳舻。"

舴 〔zé《广韵》陟格切,入陌,知。又側伯切,入陌,莊。〕见"舴艋"。

【舴艋】 小船。见《广雅·释水》。李贺《南园十三首》之九:"泉沙软卧鸳鸯暖,曲岸回篙舴艋迟。"皮日休《登初阳楼寄怀北平郎中》:"避酒几浮轻蚱蜢,下棋曾觉睡鸳鸯。"郑谷《石城》:"江人依旧棹舴艋,江岸还飞双鸳鸯。"

【舴艋舟】 同"舴艋"。李德裕《思平泉树石杂咏十一首·舴艋舟》:"无轻舴艋舟,始自鸱夷子。"方干《赠钱塘湖上唐处士》:"蟾蜍影里清吟苦,舴艋舟中白发生。"杜荀鹤《戏赠渔家》:"葫芦杓酌春浓酒,舴艋舟流夜涨滩。"

舶 〔bó《广韵》傍陌切,入陌,並。〕大船。亦指海船。见《玉篇·舟部》。李白《淮阴书怀寄王宗成》:"大舶夹双橹,中流鹅鹳鸣。"杜甫《送重表侄王砅评事使南海》:"洞主降接武,海胡舶千艘。"白居易《送客春游岭南二十韵》:"牙樯迎海舶,铜鼓赛江神。"

【舶主】 指外洋来船船的主人。元稹《和乐天送客游岭南二十韵》:"舶主腰藏宝,黄家砦起尘。"许浑《送友人罢举归东海》:"舶主辞番远,棋僧入汉多。"

【舶舟】 海船。顾况《上古之什补亡训传十三章·苏方一章》序:"苏方,讽商胡舶舟运苏方,岁发扶南林邑,至齐国立尽。"

【舶帆】 海船之帆。指代海船。贯休《南海晚望》:"海上聊一望,舶帆天际飞。"

【舶來】 海船运来。元稹《送岭南崔侍御》:"蛟老变为妖妇女，舶来多卖假珠玑。"刘禹锡《南海马大夫远示著述再有长句》："连天浪静长鲸息，映日帆多宝舶来。"

【舶船】 海船。张祜《送徐彦夫南迁》："月上行虚市，风回望舶船。"

舲 〔líng《广韵》郎丁切，平青，來。〕有窗户的小船。亦泛指船。杜甫《别蔡十四著作》："扬舲洪涛间，仗子济物身。"韩愈《答张彻》："从赋始分手，朝京忽同舲。"刘禹锡《赠别约师》："庐山曾结社，桂水远扬舲。"陆龟蒙《溪行》："晚天寒雨上滩时，他已扬舲我尚迟。"

船 〔chuán《广韵》食川切，平仙，船。〕❶水上主要交通工具的泛称。太宗《采芙蓉》："船移分细浪，风散动浮香。"李白《估客行》："海客乘天风，将船远行役。"窦巩《南阳道中作》："新晴日照山头雪，薄暮人争渡口船。"唐温如《题龙阳县青草湖》："醉后不知天在水，满船清梦压星河。"❷指容积较大的酒器。李贺《河阳歌》："觥船饫口红，蜜炬千枝烂。"刘禹锡《抛球乐》："上客如先起，应须赠一船。"李商隐《夜饮》："烛分歌扇泪，雨送酒船香。"郑损《泛香亭》："声交鸣玉歌沉板，色幌寒金酒满船。"

【船人】 船夫。杜甫《秦州杂诗二十首》之十三："船人近相报，但恐失桃花。"卢仝《冬行三首》之三："船人虽奴兵，亦有意智长。"

【船子】 小船的俗称。花蕊夫人徐氏《宫词》之八二："平头船子小龙床，多少神仙立御旁。"

【船文】 指船行时激起的波纹。王勃《泥谿》："溜急船文乱，岩斜骑影移。"

【船火】 船上的灯火。孟浩然《夜泊牛渚趁薛八船不及》："榜歌空里失，船火望中疑。"朱庆余《送韦繇校书赴浙东幕》："水驿迎船火，山城候骑尘。"

【船户】 以行船为业的人家。贾岛《送去华法师》："囊中无宝货，船户夜扃稀。"

【船尾】 船的尾部。杜甫《漫成一绝》："沙头宿鹭联拳静，船尾跳鱼拨剌鸣。"白居易《三月三日祓禊洛滨》："转岸回船尾，临流簇马蹄。"

【船舫】 船的泛称。白居易《登西楼忆行简》："早晚东归来下峡，稳乘船舫过瞿唐。"又《湖亭望水》："岸没闾阎少，滩平船舫多。"

【船家】 指以行船为业的人。花蕊夫人徐氏《宫词》之一一二："近侍婕妤先过水，遥闻隔岸唤船家。"

【船脚】 指船身入水部分。通常以入水部分的深浅衡量船的载重量。白居易《和微之诗二十三首·和三月三十日四十韵》："坐并船脚敧，行多马蹄跙。"

【船舷】 船边；船的侧面。杜甫《渼陂行》："船舷暝戛云际寺，水面月出蓝田关。"丘为《伤河龛老人》："钓鱼几年如一日，船舷数寸青苔痕。"皮日休《松江早春》："稳凭船舷无一事，分明数得鲙残鱼。"

【船窗】 船的窗户。徐铉《和方泰州见寄》："更残月落知孤坐，遥望船窗一点星。"王周《泊巴东》："不堪蜡炬烧残泪，雨打船窗半夜天。"

【船旗】 船上旗帜。李商隐《河内诗二首》之二："后溪暗起鲤鱼风，船旗闪断芙蓉干。"

【船頭】 船的前部。杜甫《陪诸贵公子丈八沟携妓纳凉晚际遇雨二首》之二："雨来沾席上，风急打船头。"白居易《和微之春日投简阳明洞天》："船头龙夭矫，桥脚兽睢盱。"孙光宪《采莲》词："晚来弄水船头湿，更脱红裙裹鸭儿。"

【船檣】 船桅杆。杜甫《燕子来舟中作》："暂语船檣还起去，穿花落水益沾巾。"亦借指船帆。王周《藕池阻风寄同行抚牧裘驾》："船檣相望荆江中，岸芦汀树烟濛濛。"

【船艑】 有窗户的大船。元结《闵荒诗一首》："船舲状龙鹢，若负宫阙浮。"

【船驥】 船和良马。喻指治国能臣。周昙《咏史诗·春秋战国门·百里奚》："船驥由来是股肱，在虞虞灭在秦兴。"

舷 〔xián《广韵》胡田切，平先，匣。〕船两侧的边沿。杜甫《秋日夔府咏怀寄奉郑监李宾客一百韵》："东郡时题壁，南湖日扣舷。"韩愈《湘中》："蘋藻满盘无处奠，空闻渔父扣舷歌。"张籍《祭退之》："划波激船舷，前后飞鸥鸧。"韦庄《和侯秀才同友生泛舟溪中相招之作》："嵇阮相将棹酒船，晚风侵浪水侵舷。"

舵 〔duò《广韵》徒可切，上哿，定。〕船上用以控制方向的器物。李白《送蔡山人》："一乘无倪舟，八极纵远舵。"

六 画

艂 〔qióng《广韵》渠容切，平鍾，羣。〕小船。皮日休《初夏游楞伽精舍》："越艂轻似萍，漾漾出烟郭。"陈陶《闽川梦归》："龙艂欲上巴兽滩，越王金鸡报天曙。"

艇 〔tǐng《广韵》徒鼎切，上迴，定。〕小船。张说《巴丘春作》："岛户巢为馆，渔人艇作家。"杜甫《进艇》："昼引老妻乘小艇，晴看稚子浴清江。"刘长卿《岳阳楼》："终期一艇载樵去，来往片帆愁白波。"章孝标《梦乡》："寻常梦在秋江上，钓艇游扬藕叶中。"

【艇子】 轻便的小船。元稹《闲二首》之一："艇子收鱼市，鸦儿噪荻丛。"温庭筠《晚归曲》："莲塘艇子归不归，柳暗桑秾闻布谷。”皮日休《太湖诗·孤园寺》：“艇子小且兀，缘湖荡白芷。”

七 画

艄 〔shāo《集韵》师交切，平爻，生。〕船名。李商隐《江村题壁》：“沙岸竹森森，维艄听越禽。”

艅 〔yú《广韵》以諸切，平魚，以。〕见“艅艎”。

【艅艎】 大船名。宋昱《樟亭观涛》：“艅艎从陆起，洲浦隔阡通。”储光羲《奉别长史庾公太守徐公应召》：“车骑北艰苦，艅艎西溯沿。”元稹《谕宝二首》之二：“艅艎无巨海，浮浮矜瀁瀁。”陆龟蒙《自遣诗三十首》之四：“长鲸好鲙无因得，乞取艅艎作钓舟。”

八 画

艑 〔lún《广韵》力迍切，平諄，來。〕船。元稹《代曲江老人百韵》：“尽室杂深洞，轻桡荡小舲。”白居易《泛小舲二首》之一：“水一塘，舲一只。”

艋 〔měng《广韵》莫杏切，上梗，明。〕见“舴艋”。

九 画

艓 〔dié《集韵》達協切，入帖，定。〕小船。见“艛艓”“艓子”。

【艓子】 小船。杜甫《最能行》：“富豪有钱驾大舸，贫穷取给行艓子。”

艘 〔sōu《广韵》蘇彫切，平蕭，心。《字汇》疏鸠切。〕❶船的总称。见《广韵·萧韵》。杜甫《荆南兵马使太常卿赵公大食刀歌》：“牧出令奔飞百艘，猛蛟突兽纷腾逃。”钱起《早发东阳》：“数雁起前渚，千艘争便潮。”柳宗元《游南亭夜还叙志七十韵》：“徘徊遂昏黑，远火明连艘。”陈陶《渡浙江》：“适越一轻艘，凌兢截鹭涛。”❷量词。用于船只。元稹《奉和浙西大夫李德裕述梦四十韵次本韵》：“渔艇宜孤棹，楼船称万艘。”白居易《小舫》：“小舫一艘新造了，轻装梁柱庳安篷。”皮日休《汴河怀古二首》之一：“万艘龙舸绿丝间，载到扬州尽不还。”

艎 〔huáng《广韵》胡光切，平唐。匣。〕船名，常用作渡船。储光羲《贻丁主簿仙芝别》：“飞艎既眇然，洲渚徒亏蔽。”

艖 〔chā《广韵》初牙切，平麻，初。又昨何切，平歌，從。〕小船。皮日休《太湖诗·销夏湾》：“小艖或可泛，短策或可支。”张蠙《长安春望》：“故国别来桑柘尽，十年兵践海西艖。”

艑 〔biàn《广韵》薄泫切，上銑，並。〕大船。刘禹锡《贾客词》：“大艑浮通川，高楼次旗亭。”又《堤上行三首》之三：“日晚上楼招估客，轲峨大艑落帆来。”白居易《重题小舫赠周从事兼戏微之》：“不似镜湖廉使出，高檣大艑閙惊春。”

【艑上郎】 船夫。孟郊《清东曲》：“采采清东曲，明眸艳珪玉。青巾艑上郎，上下看不足。”刘禹锡《酬令狐相公春日言怀见寄》：“东望清河水，心随艑上郎。”

十 画

艗 〔yì《广韵》五歷切，入錫，疑。〕古时常于船头画鹢形，因以称船。皮日休《太湖诗·初入太湖》：“悠然啸傲去，天上摇画艗。”

十一画

艚 〔cáo《广韵》昨勞切，平豪，從。〕小船。刘方平《乌栖曲二首》之二：“画舸双艚锦为缆，芙蓉花发莲叶暗。”柳宗元《游南亭夜还叙志七十韵》：“旷望援深竿，哀歌叩鸣艚。”

艛 〔lóu《广韵》落侯切，平侯，來。〕有楼的船。见“艛艓”“艛艫”。

【艛艓】 有舱室的船。白居易《入峡次巴东》：“两片红旌数声鼓，使君艛艓上巴东。”又《送严大夫赴桂州》：“山水衙门外，旌旗艛艓中。”韩偓《阻风》：“肥鳜香粳小艛艓，断肠滋味阻风时。”

【艛艫】 犹楼船。孙元晏《咏史诗·晋·新亭》：“容易乘虚逼帝畿，满江艛艣与旌旗。”

艏 〔sù《广韵》息逐切，入屋，心。〕见“舳艏”。

十二画

艟〔chōng《广韵》尺容切，平鍾，昌。又直絳切，去絳，澄。〕见“艨艟”。

十三画

艨〔méng《广韵》莫紅切，平東，明。又莫弄切，去送，明。〕古战船名。李绅《渡西陵十六韵》：“兽逐衔波涌，龟艨喷棹轻。”参见“艨艟”。

【艨衝】　见“艨艟”。

【艨艟】　亦作“艨衝”。古代战船。卢纶《送宋校书赴宣州幕》：“艨艟高映浦，睥睨曲随山。”许浑《冬日宣城开元寺赠元孚上人》：“山高横睥睨，滩浅聚艨艟。”皮日休《太湖诗·练渎》：“艅艎六宫闹，艨冲后军肃。”钱珝《江行无题一百首》之五十：“钓歌无远近，应喜罢艨艟。”

艣〔lǔ《广韵》郎古切，上姥，來。〕一种比桨大的划船工具。李白《淮阴书怀寄王宗城》：“大舶夹双艣，中流鹅鹳鸣。”郑巢《送韦弇》：“艣声过远寺，江色润秋芜。”温庭筠《河渎神》词：“离别艣声空萧索，玉容惆怅妆薄。”亦指代橹声。顾非熊《经杭州》：“晚涛临槛看，夜艣隔城闻。”陆龟蒙《奉和袭美太湖诗二十首·孤园寺》：“轻鸽乱驯鸥，鸣钟和朝艣。”

艂〔péng《集韵》蒲蒙切，平東，並。〕船篷。《集韵·东韵》：“艂，编竹编箬以覆船。”亦作“篷”。韩偓《晚岸》：“揭起青艂上岸头，野花和雨冷修修。”

艤〔yǐ《广韵》魚倚切，上紙，疑。〕使船靠岸。骆宾王《送郭少府探得忧字》：“开筵枕德水，辍棹艤仙舟。”吴融《过丹阳》：“遗事满怀兼满目，不堪孤棹艤荒城。”徐铉《移饶州别周使君》：“皖伯台前收别宴，乔公亭下艤行舟。”

【艤舟】　将船靠岸。裴迪《辋川集二十首·欹湖》：“艤舟一长啸，四面来清风。”贾至《闲居秋怀寄阳翟陆赞府封丘高少府》：“艤舟临清川，迢递愁思长。”张祜《晚次荆溪馆呈崔明府》：“艤舟阳羡馆，飞步缭疏楹。”

【艤櫂】　划船靠岸。权德舆《江城夜泊寄所思》：“客程殊未极，艤棹泊回塘。”李中《舟次吉水逢蔡文庆秀才》：“艤棹夕阳在，听鸿秋色深。”

十四画

艦〔jiàn《广韵》胡黤切，上檻，匣。〕❶大型战船。许敬宗《奉和春日望海》：“连云飞巨舰，编石架浮梁。”李白《永王东巡歌十一首》之七：“战舰森森罗虎士，征帆一一引龙驹。”吕温《晋王龙骧墓》：“虎旗龙舰顺长风，坐引全吴入掌中。”李商隐《潭州》：“陶公战舰空滩雨，贾傅承尘破庙风。”❷泛指船。郑愔《采莲曲》：“锦楫沙棠舰，罗带石榴裙。”元稹《和乐天送客游岭南二十韵》：“电白雷山接，旗红贼舰新。”李绅《忆春日太液池亭候对》：“桥转彩虹当绮殿，舰浮花鹢近蓬莱。”

十六画

艫〔lu《广韵》落胡切，平模，來。〕船头。多用以指船。骆宾王《畴昔篇》：“眺听烟霞正流眄，即从王事归舻转。”李白《月夜江行寄崔员外宗之》：“登舻美清夜，挂席移轻舟。”独孤及《早发龙沮馆舟中寄东海徐司仓郑司户》：“停舻目送北归翼，惜无瑶华持寄君。”沈亚之《湘中怨》解：“生愁吟曰。情无垠兮荡洋洋，怀佳期兮属三湘。’声未终，有画舻浮漾而来。”

【艫枻】　指船只。孟浩然《将适天台留别临安李主簿》：“泛泛随波澜，行行任舻枻。”

【艫舳】　犹舳舻。指船只。吴筠《登二妃庙》：“故以轻薄好，千里命舻舳。”参见“舳艫”。

【艫艦】　泛指船只。张九龄《登郡城南楼》：“邑人半舻舰，津树多枫橘。”

艭〔lóng《广韵》力鍾切，平鍾，來。〕船名。见《玉篇·舟部》。见“艭舠”。

【艭舠】　泛指小船。陆龟蒙《江南秋怀寄华阳山人》：“舼舠寻远近，握槊斗输赢。”又《和胥口即事》：“断岸沉渔罢罾，邻村送客舼舠。”

十七画

艡〔líng《集韵》郎丁切，平青，來。〕同“舲”。有窗户的船。见《集韵·青韵》。元结《闵荒诗一首》：“船舲状龙鹢，若负宫阙浮。”

艮 部

艮 〔gèn《广韵》古恨切，去恨。見。〕❶《易》卦名。八卦之一。亦为六十四卦之一。象征山。见《易·说卦》。则天皇后《唐明堂乐章·宫音》："履艮包群望，居中冠百灵。"褚亮《祈穀乐章·肃和》："履艮斯绳，居中体正。"❷方位名。指东北方。见《易·说卦》。韦应物《酬李儋》："都城二十里，居在艮与坤。"

【艮岑】 位于东北方的高山。杜甫《昔游》："暮升艮岑顶，巾几犹未却。"又《忆昔行》："辛勤不见华盖君，艮岑青辉惨么麽。"

一 画

良 〔liáng《广韵》吕張切，平陽，來。〕❶善良；贤良。羊士谔《和武相早朝中书候传点书怀奉呈》："良哉致君日，维岳有光辉。"陆坚《奉和圣制送张说上集贤学士赐宴》："复有夔龙相，良哉简帝心。"孟宾于《蟠溪怀古》："良哉吕尚父，深隐始归周。"❷善良的人；贤良的人。杜甫《送长孙九侍御赴武威判官》："夺我同官良，飘摇按城堡。"玄宗《赐诸州刺史以题座右》："眷言思共理，鉴梦想维良。"韦应物《送终》："奄忽逾时节，日月获其良。"孟郊《求友》："求友须在良，得良终相善。"柳宗元有《咏三良》。❸美好；良好。蒋挺《祭汾阴乐章》："维岁之吉，维辰之良。"韩愈、孟郊《雨中寄孟刑部几道联句》："耿耿蓄良思，遥遥仰嘉话。"张籍《野居》："秋田多良苗，野水多游鱼。"白居易《寄唐生》："药良气味苦，琴澹音声稀。"❹精良。刘禹锡《泽宫诗》："我矢既直，我弓既良，依于高墉，因我不臧。"❺长，久。储光羲《敬酬陈掾亲家翁秋夜有赠》："盛德百代祀，斯言良不泯。"高宗《过温汤》："眺听良无已，烟霞断续生。"杜甫《盐井》："我何良叹嗟，物理固自然。"权德舆《古意》："此愿良未果，永怀空如酲。"❻善于。见"善御"。❼副词。(1)甚，很。李白《北风行》："倚门望行人，念君长城苦寒良可哀。"韦应物《路逢崔元二侍御避马见招以诗见赠》："见招翻跼蹐，相问良殷勤。"李益《来从窦车骑行》："读书良有感，学剑惭非智。"姚合《答韩湘》："所得良自慰，不求他人识。"(2)诚，确实。太宗《帝京篇十首》之八："欢乐难再逢，芳辰良可惜。"李白《鸣雁行》："闻弦虚坠良可吁，君更弹射何为乎。"元稹《箭镞》："箭镞本求利，淬砺良甚难。"白居易《续古诗十首》之八："不舒良有以，同心久离居。"

【良人】 ❶古代妻子对丈夫的称呼。骆宾王《艳情代郭氏答卢照邻》："良人何处醉纵横，直如循默守空名。"李白《子夜吴歌·秋歌》："何日平胡虏，良人罢远征。"元稹《听庾及之弹乌夜啼引》："良人在狱妻在闺，官家欲赦乌报妻。"赵嘏《昔昔盐二十首·一去无还意》："良人征绝域，一去不言还。"❷百姓，良民。白居易《新乐府·道州民》："父兄子弟始相保，从此得作良人身。"

【良工】 技艺高超者。张九龄《题画山水障》："良工适我原，妙墨挥岩泉。"卢纶《割飞二刀子歌》："若非良工变尔形，只向裁缝委箱箧。"吕温《道州南楼换柱》："良工操斤斧，沉吟方在斯。"姚合《题凤翔西郭新亭》："良工惭巧尽，上客恨逢迟。"

【良才】 见"良材"。

【良久】 长久，很久。任华《寄李白》："每常把酒，向东望良久。"韩愈《赠侯喜》："是日侯生与韩子，良久叹息相看悲。"白居易《和答诗十首·和阳城驿》："忽见此驿名，良久涕欲垂。"周昙《咏史诗·六朝门·李集》："每沉良久方能语，及语还呼桀纣君。"

【良弓】 好弓，强劲之弓。刘禹锡《韩信庙》："将略兵机命世雄，苍黄钟室叹良弓。"徐夤《楚国史》："六国商於恨最多，良弓休绾剑休磨。"

【良友】 情谊深挚的朋友。王昌龄《洛阳尉刘晏与府掾诸公茶集天宫寺岸道上人房》："良友呼我宿，月明悬天宫。"郑絪《句》："情人共惆怅，良友不同游。"白居易《闲吟赠皇甫郎中亲家翁》："早为良友非交势，晚接嘉姻不失亲。"亦指品行端正的朋友。温庭筠《病中书怀呈友人》："时辈推良友，家声继令图。"

【良匹】 佳偶。于濆《古别离》之一："自倚对良匹，笑妾空罗帏。"

【良方】 良好的方法。独孤及《寒夜溪行舟中作》："忧来无良方，归候春酒熟。"

【良玉】 美玉。白居易《答友问》："当其斩马时，良玉不如铁。"温庭筠《秘书刘尚书挽歌词二首》之二："麈尾近良玉，鹤裘吹素丝。"陆龟蒙《袭美以春橘见惠兼之雅篇因次韵酬谢》："良玉有浆须让味，明珠无类亦羞圆。”张乔《自诮》：“只应抱璞非良玉，岂得年年不至公。”

【良平】　汉张良、陈平的并称。刘允济《经庐岳回望江州想洛川有作》：“稷契序揆图，良平公辅略。”唐彦谦《四老庙》：“西汉储宫定不倾，可能园绮胜良平。”

【良臣】　贤良的臣下。李绅《宿越州天王寺》：“休按簿书惩黠吏，未齐风俗昧良臣。”徐光溥《题黄居寀秋山图》：“仿佛垂纶渭水滨，吾皇睹之思良臣。”

【良田】　肥沃的田地。张九龄《杂诗五首》之五：“纤纤良田草，靡靡唯从风。”杜甫《发秦州》：“栗亭名更佳，下有良田畴。”袁郊《露》：“菅茅丰草皆沾润，不道良田有旱苗。”韦庄《秦妇吟》：“岁种良田二百壥，年输户税三千万。”

【良由】　实在是由于。寒山《诗三百三首》之五八：“良由为骨少，狗多分不平。”

【良史】　优秀的史官。杨师道《中书寓直咏雨简褚起居上官学士》：“玉阶良史笔，金马掞天才。”钱起《海上卧病寄王临》：“之子良史才，华簪偶时哲。”白居易《赠樊著作》：“虽有良史才，直笔无所申。”罗隐《定远楼》：“唯恐乱来良史少，不知谁解叙功勋。”

【良民】　守法的百姓。唐彦谦《宿田家》：“良民惧官府，听之肝胆碎。”

【良吏】　贤能的官吏。李华《咏史十一首》之四：“如何得良吏，一为制方圆。”白居易《赠友五首》之四：“慎择循良吏，令其长子孙。”周昙《咏史诗・后汉门・吕母》：“狱无良吏雪无由，处处戈铤自执仇。”贯休《赠抱麻刘舍人》：“郡政今良吏，门风古缙绅。”

【良匠】　手艺高超的匠人。叶季良《赋得琢玉成器》：“荆人献始遇，良匠琢初成。”罗立言《赋得沽美玉》：“采斫资良匠，无令瑕掩瑜。”邵谒《赠殷郑处士》：“善琴不得听，嘉玉不得名。”亦泛称在某一方面所特殊造诣的人。贾岛《寄无得头陀》：“貌堪良匠抽毫写，行称高僧续传书。”

【良因】　可以依靠的依托。刘长卿《题灵祐上人法华院木兰花》：“高柯傥为楫，渡海有良因。”

【良交】　好友。刘兼《寄长安郑员外》：“屈指良交十四人，隙驹风烛渐为尘。”

【良材】　亦作“良才”。优秀的木材。喻指杰出的人才。萧颖士《羽山》：“九山方荡潏，三考伫良材。”韩愈、孟郊《城南联句》：“祥色被文彦，良才插杉柽。”殷文圭《题胡州太学丘光庭博士幽居》：“舜轨尧文混九垓，明堂宏构集良材。”

【良辰】　美好的时光。李白《金门答苏秀才》：“良辰不同赏，永日应闲居。”皇甫冉《重阳日酬李观》：“愁看日晚良辰过，步步行寻陶令家。”白居易《想东游五十韵》：“良辰宜酩酊，卒岁好优游。”方干《重阳日送洛阳李丞之任》：“为文通绝境，从宦及良辰。”

【良辰美景】　美好的时光和景色。陈子昂《晦日宴高氏林亭》序：“夫天下良辰美景，园林池观，古来游宴欢娱众矣。”徐铉《月真歌》：“良辰美景数追随，莫教长说相思苦。”

【良冶】　精于冶炼铸造的工匠。白居易《和杨尚书罢相后夏日游永安水亭兼招本曹杨侍郎同行》：“良冶动时为哲匠，巨川济了作虚舟。”李绅《若耶溪》：“倾国美人妖艳远，凿山良冶铸炉深。”

【良牧】　指能干的州郡长官。李白《经乱离后天恩流夜郎忆旧游书怀赠江夏韦太守良宰》：“良牧称神明，深仁恤交道。”高适《同群公十月朝宴李太守宅》：“良牧征高赏，褰帷向考槃。”崔峒《登润州芙蓉楼》：“郡楼多逸兴，良牧谢玄晖。”杜荀鹤《献新安于尚书》：“九土雄师竟若何，未如良牧与天和。”

【良知】　好友。韦应物《答长安丞裴说》：“久雨积幽抱，清樽宴良知。”钱起《闲居酬张起居见赠》：“良知不遐弃，新咏独相闻。”韩愈、孟郊《远游联句》：“良知忽然远，壮志郁无抽。”罗隐《秋日寄狄补阙》：“不为良知在，驱车已出关。”

【良金】　❶指优质的金属。韦庄《和郑拾遗秋日感事一百韵》：“良金炉自跃，美玉椟难藏。”徐夤《绿鬓》：“眼众岂能分瑞璧，舌多须信烁良金。”又《龙蛰二首》之一：“神剑触星当变化，良金成器在陶钧。”亦特指优质金属币。司马扎《卖花者》：“良金不惜费，竞取园中最。”❷精良的兵器。元稹《梦游春七十韵》：“美玉琢文珪，良金填武库。”

【良朋】　好友。寒山《诗三百三首》之五四：“金羁逐侠客，玉馔集良朋。”韦应物《假中对雨呈县中僚友》：“自然忧旷职，缄此谢良朋。”温庭筠《秋日》：“佳节足丰穰，良朋阻游集。”曹松《山中寒夜呈进士许棠》：“山寒草堂暖，寂夜有良朋。”

【良朋益友】　对自己各方面有帮助的朋友。清昼、严伯均《乐意联句一首》：“良朋益友自远来，万里乡书对酒开。”

【良夜】　❶美好的夜晚。李益《写情》：“从此无心爱良夜，任他明月下西楼。”权德舆《酬穆七侍郎早登使院西楼感怀》：“良夜虽可玩，沉忧逾浩然。”陆翱《赵氏北楼》：“殷勤赵公子，良夜竟相留。”齐己《月下作》：“良夜如清昼，幽人在小庭。”❷犹言长夜。杜甫《腊日》：“纵酒欲谋良夜醉，还家初散紫宸朝。”陆龟蒙《渔具诗・叉鱼》：“春溪正含绿，良夜才参半。”

【良相】　（—xiàng）贤相。薛能《春日书怀》：“耽书未必酬良相，断酒唯堪作老师。”

【良便】　方便。皮日休《太湖诗・初入太湖》：

"愿风与良便，吹入神仙宅。"

【良音】 美好的音信。刘昭禹《怀华山隐者》："先生入太华，杳杳绝良音。"

【良姻】 美好的姻缘。刘长卿《见秦系离婚后出山居作》："岂知偕老重，垂老绝良姻。"黄滔《浙幕李端公泛建溪》："越城吴国结良姻，交发芙蓉幕内宾。"

【良馬】 骏马，好马。刘希夷《死马赋》："连山四望何高高，良马本代君子劳。"王棨《咏白》："曳练闻良马，衔钩见瑞狼。"贾岛《古意》："志士终夜心，良马白日足。"崔珏《哭李商隐》之二："良马足因无主踠，旧交心为绝弦哀。"

【良時】 美好的时光。杜甫《随章留后新亭会送诸君》："新亭有高会，行子得良时。"白居易《三月三日怀微之》："良时光景长虚掷，壮岁风情已暗销。"李频《长安夜怀》："良时不我与，白发向秦生。"贯休《秋夜作因怀天台道者》："万事何须问，良时即此时。"

【良造】 王良、造父的连称，均古之善御者。见《淮南子·览冥训》。元稹《和李校书新题乐府十二首·阴山道》："四十八监选龙媒，时贡天庭付良造。"

【良訊】 美好的问候。李商隐《自桂林奉使江陵途中感怀寄献尚书》："良讯封鸳绮，余光借玳簪。"

【良宵】 ❶景色美好的夜晚。李白《友人会宿》："良宵宜清谈，皓月未能寝。"皇甫冉《秋夜宿严维宅》："世故多离别，良宵讵可逢。"曹松《夜饮》："良宵公子宴兰堂，浓麝薰人兽吐香。"李群玉《我思何所在》："良宵相望时，空此明月色。"❷长夜；深夜。李峤《饯骆四二首》之二："甲第驱车入，良宵秉烛游。"王棨《未明求衣》："良宵犹未曙，深殿早求衣。"徐夤《和尚书咏泉山瀑布十二韵》："数夜积霖声更远，郡楼欹枕听良宵。"顾敻《木兰花》词之四："镇长独立到黄昏，却怕良宵频梦见。"

【良宰】 贤能的官员。王坚《句》："良宰多忧悯，虔诚谒庶神。"罗隐《往年进士赵能卿尝话金庭胜事见示叙》："正恨故人无上寿，喜闻良宰有高情。"

【良家】 见"良家子"。

【良家子】 出身于清白人家的子女。汉代把医、商贾、百工以外的平民称为良家，后世指清白人家为良家。杜甫《悲陈陶》："孟冬十郡良家子，血作陈陶泽中水。"又《佳人》："自云良家子，零落依草木。"又《后出塞五首》之五："我本良家子，出师亦多门。"张籍《少年行》："不为六郡良家子，百战始取边城功。"亦省称"良家"。皇甫冉《秋怨》："那堪闭永巷，闻道选良家。"

【良規】 有益的规谏。韩愈《病鸱》："勿讳泥坑辱，泥坑乃良规。"

【良常】 山名。在今江苏句容市句曲山小茅峰之北，接金坛界，秦始皇三十一年登句曲山北陲，会群官，谓："巡守之乐，莫过于山海。自今已往，良为常也。"乃改句曲北陲为良常山。道书以为第三十二洞。见南朝梁陶弘景《真诰》卷十一。皮日休《怀华阳润卿博士三首》之一："闻道征贤须有诏，不知何日到良常。"陆龟蒙《和袭美江南道中怀茅山广文南阳博士三首次韵》之三："良常应不动移文，金醴从酸亦自醺。"

【良偶】 佳偶。罗虬《比红儿诗》之四九："还缘交甫非良偶，不肯终身作羿妻。"

【良術】 好的方法。罗隐《秋晚》："宰邑惭良术，为文愧壮图。"

【良御】 优秀的驾马者。皮日休《鲁望昨以五百言见贻因成一千言上述吾唐文物之盛次叙相得之欢亦迭和之微旨也》："良御非异马，由弓非他弦。"

【良書】 好书，好的书籍。张九龄《酬周判官见贻之作兼呈耿广州》："瘠土资劳力，良书启蒙蔽。"

【良將】 (—jiàng)善战的将领。王勃《陇西行》之六："麟阁图良将，六郡各居上。"

【良期】 吉期，喜期。贾岛《送李校书赴吉期》："筮算重重吉，良期讵可迁。"

【良遇】 好的机遇。杜牧《题池州弄水亭》："四时皆异状，终日为良遇。"李咸用《赠来进士鹏》："若使无良遇，虚言有至公。"

【良策】 好的对策；妙计。岑羲《黄金台》："郭生马喻真良策，亟拜乐卿为上客。"赵嘏《平戎》："自古平戎有良策，将军不用倚云梯。"郑谷《蜀江有吊》："孟子有良策，惜哉今已而。"周昙《咏史诗·前汉门·薛公》："上中良策知非用，南取长沙是死乡。"

【良畫】 良策。温庭筠《病中书怀呈友人》："经济怀良画，行藏识远图。"

【良遊】 畅游。亦指畅游者。王维《韦侍郎山居》："良游盛簪绂，继迹多夔龙。"韦应物《朝请后还邑寄诸友生》："良游昔所希，累宴夜复明。"欧阳詹《和严长官秋日登太原龙兴寺阁野望》："自怜蓬逐吹，不得与良游。"黄滔《题东林寺元祐上人院》："庐阜东林寺，良游耻未曾。"

【良弼】 良佐，贤能的辅佐。李洞《述怀二十韵献覃怀相公》："帝梦求良弼，生申属圣明。"

【良媒】 好媒人。喻指引荐之人。骆宾王《帝京篇》："马卿辞蜀多文藻，扬雄仕汉乏良媒。"高适《宋中遇陈二》："如何守苦节，独此无良媒?"刘驾《弃妇》："良媒去不远，此恨今告谁?"韦庄《秦妇吟》："南邻有女不记姓，昨日良媒新纳聘。"

【良賈】 (—gǔ)有能耐的商人。于溃《富农诗》："长闻乡人语，此家胜良贾。"

【良會】 美好的聚会或相会。贾至《寓方二首》之一："叹息良会晚，如何桃李时。"吴筠《酬刘侍御过草堂》："他日思良会，含情时永吟。"罗隐《送梅处士归宁国》："良会谩劳悲曩迹，旧交谁去吊荒坟。"唐彦谦《道中逢故人》："良会若同鸡黍约，暂时不放酒杯空。"

【良輔】 贤能的辅佐。元稹《酬孝甫见赠十首》之三："野诗良辅偏怜假，长借金鞍迓酒胡。"

【良圖】 ❶妥善的谋划。岑参《行军诗二首》之二："抚剑伤世路，哀歌泣良图。"陆龟蒙《和袭美新秋即事次韵三首》之二："松岛伴谭多道气，竹窗孤梦岂良图。"罗隐《秋日富春江行》："严陵亦高见，归卧是良图。"韩偓《送人弃官入道》："忸怩非壮志，摆脱是良图。"❷远大的谋略。李白《酬崔五郎中》："奈何怀良图，郁悒独愁坐。"李泌《长歌行》："一丈夫兮一丈夫，千生气志是良图。"李群玉《将离澧浦置酒野屿奉怀沈正字昆弟三人联登高第》："良图一超忽，万恨空相寻。"陆龟蒙《南征》："丞相南征定有无，幕中谁是骋良图。"

【良鄰】 好邻居。徐铉《又和萧少卿见庆新居》："更喜良邻有嘉树，绿阴分得近南枝。"

【良賤】 高贵者和卑贱者。苏拯《贾客》："得丧一惊飘，生死无良贱。"

【良選】 最合适的人选。戴叔伦《奉天酬别郑谏议云逵卢拾遗景亮见别之作》："名亚典属国，良选谏大夫。"

【良樂】 (—lè)王良、伯乐的连称。均古之善相马者。喻善于发现人才的人。贾岛《寄令狐绹相公》："良乐知骐骥，张雷验镆铘。"

【良璞】 未经剖取的美玉。璞，未雕琢的玉。白居易《玉水记方流》："良璞含章久，寒泉彻底幽。"

【良器】 优良的器具。喻杰出的人才。宋璟《奉和圣制送张说巡边》："宰国推良器，为军挹壮声。"钱起《送任先生任唐山丞》："琢玉成良器，出门偏怆离。"

【良謀】 好的谋略。李涉《咏古》："顺天行杀机，所向协良谋。"张义方《献冯李二相公》："两处沙堤同日筑，其如启沃藉良谋。"周昙《咏史诗·前汉门·刘圣公》："不纳良谋刘缜言，胡为衔璧向崇宣。"

【良緣】 ❶良好的缘分。李商隐《风雨》："新知遭薄俗，旧好隔良缘。"皮日休《江南道中怀茅山广文南阳博士三首》之二："住在华阳第八天，望君唯欲结良缘。"❷犹良机。韦应物《酬张协律》："遭时无早晚，蕴器俟良缘。"❸美好的佛学因缘。段义宗《题三学院经楼二首》之二："一乘妙理应难测，万劫良缘岂易穷。"

【良藥】 疗效好的药物。王季友《滑中赠崔高士瑾》："自勉将勉余，良药在苦口。"樊铸《及第后读书院咏物十首上礼部李侍郎·药臼》："口因良药苦，心为中规圆。"

【良醫】 ❶医术高明的医生。姚合《过张邯郸庄》："到君读书堂，忽若逢良医。"陆龟蒙《奉酬袭美先辈吴中苦雨一百韵》："良医只备位，药肆或虚设。"方干《上杭州姚郎中》："能除疾瘼似良医，一郡乡风当日移。"❷上医。见汉王符《潜夫论·思贤》。故以上医喻贤能的政治家。罗隐《送溪州使君》："兵寇伤残国力衰，就中南土藉良医。"韩偓《桃林场客舍之前有池半亩因作五言八韵》："世间多弊事，事事要良医。"贯休《送吏部刘相公除东川》："帟幕还名俭，良医始姓秦。"

【良願】 宿愿。钱起《送任先生任唐山丞》："再命果良愿，几年勤说诗。"李德裕《怀伊川郊居》："此生看白首，良愿已应违。"温庭筠《寄渚宫遗民弘里生》："未肯睽良愿，空期嗣好音。"又《正见寺晓别生公》："香火有良愿，宦名非素心。"

【良疇】 良田。贾至《巴陵早秋寄荆州崔司马吏部阎功曹舍人》："宛叶遍蓬蒿，樊邓无良畴。"邵谒《岁丰》："贫土无良畴，安能得稼穑。"

【良籌】 良策。刘长卿《送裴四判官赴河西军试》："宪台贵公举，幕府资良筹。"皎然《赠和评事判官》："学究天人知远识，权分盐铁许良筹。"郑谷《送人游边》："将军方破虏，莫惜献良筹。"徐夤《偶书》："巧者多为拙者资，良筹第一在乘时。"

【良寶】 珍宝。陈政《赠窦蔡二记室入蜀》："昆山积良宝，大厦构众材。"

【良覿】 良晤，欢聚。储光羲《秦中初霁献给事二首》之一："夙心幸清鉴，晚志欣良觌。"杜甫《昔游》："良觌违夙愿，含凄向寥廓。"韦应物《酬阎员外陟》："寒夜阻良觌，丛竹想幽居。"孟郊《答友人》："如何非意中，良觌忽在兹。"

【良鑒】 喻善于发现和选用人才者。战国时，汗明受到春申君的赏识，以良马服盐遇到伯乐相比。见《战国策·楚策四》。汪遵《吴坂》："跪跼盐车万里蹄，忽逢良鉴始能嘶。"

【良讌】 美好的宴集。温庭筠《咏寒宵》："寒宵何耿耿，良宴有余姿。"

【良驥】 骏马。杜甫《骢马行》："吾闻良骥老始成，此马数年人更惊。"

十一画

艱 〔jiān《广韵》古闲切，平山，見。〕艰险，困难。裴耀卿《酬张九龄使风见示》："兹地五湖邻，艰哉万里人。"顾况《游子吟》："艰哉远游子，所以悲滞淫。"韩愈《江汉答孟郊》："江汉虽云广，乘舟渡无艰。"郑还古《吉州道中》："薏苡殊非谤，羊肠未是艰。”

【艱屯】 (—zhūn)艰难。权德舆《伏蒙十六叔寄示喜庆感怀三十韵因献之》:“先公秉明义,大节逢艰屯。”

【艱厄】 艰危;危难。顾况《从军行二首》之二:“仗剑出门去,三边正艰厄。”

【艱危】 艰难危急。杜甫《咏怀二首》之一:“嗟余竟轗轲,将老逢艰危。”刘长卿《奉送从兄罢官之淮南》:“离别谁堪道,艰危更可嗟。”韩偓《息兵》:“正当困辱殊轻死,已过艰危却恋生。”张蠙《乱中寄友人》:“别来难觅信,何处避艰危。”

【艱阻】 艰难险阻。李义府《招谕有怀赠同行人》:“远游冒艰阻,深入劳存谕。”皎然《送颜处士还长沙觐省》:“归人忘艰阻,别恨独何任。”白居易《读史五首》之二:“山林少羁鞅,世路多艰阻。”马戴《岐阳逢曲阳故人话旧》:“道路频艰阻,亲朋久别离。”

【艱辛】 艰苦。祖咏《酬汴州李别驾赠》:“秋风多客思,行旅厌艰辛。”戴叔伦《屯田词》:“艰辛历尽谁得知,望断天南泪如雨。”姚合《寄旧山隐者》:“奈何道未尽,出山最艰辛。”吕岩《窑头坯歌》:“主持正念大艰辛,一失人身为异类。”

【艱貞】 谓遭逢艰危而能守正不移。见《易·明夷》。皎然《酬元主簿子球别赠》:“辞秩贫且病,何人见艰贞。”刘禹锡《送李策秀才还湖南因寄幕中亲故兼简衡州吕八郎中》:“昨日讯灵龟,繇言利艰贞。”李商隐《五言述德抒情诗一首四十韵献上杜七兄仆射相公》:“乘时乖巧宦,占象合艰贞。”

【艱梗】 艰难险阻。郑谷《试笔偶书》:“世路多艰梗,家风免坠遗。”

【艱苦】 艰难困苦。储光羲《奉别长史庾公太守徐公应召》:“车骑北艰苦,艅艎西溯沿。”

【艱虞】 艰难忧患。骆宾王《在狱咏蝉》序:“仆失路艰虞,遭时徽纆,不哀伤而自怨,未摇落而先衰。”杜甫《北征》:“维时遭艰虞,朝野少暇日。”李商隐《安平公诗》:“古人常叹知己少,况我沦贱艰虞多。”司空图《乱后三首》之一:“丧乱家难保,艰虞病懒医。”

【艱險】 困难和危险。杜审言《经行岚州》:“自惊牵远役,艰险促征鞍。”孟云卿《行路难》:“行路难,艰险莫踟蹰。”杜甫《龙门阁》:“终身历艰险,恐惧从此数。”王周《自喻》:“孤舟一水中,艰险实可畏。”

【艱難】 艰苦,困难。杜甫《送樊二十三侍御赴汉中判官》:“正当艰难时,实藉长久计。”孟郊《新卜清罗幽居奉献陆大夫》:“兵戈忽消散,耦耕非艰难。”白居易《新乐府·七德舞》:“太宗意在陈王业,王业艰难示子孙。”许棠《寄华阴刘拾遗》:“坚心持谏诤,自古亦艰难。”

色　部

色〔sè《广韵》所力切，入職，生。〕❶面部表情；神态。王维《扶南曲歌词五首》之一："羞从面色起，娇逐语声来。"杜甫《赠郑十八贲》："细人尚姑息，吾子色愈谨。"孟郊《择友》："面无吝色容，心无诈忧惕。"刘禹锡《历阳书事七十韵》："敛黛凝愁色，施钿耀翠晶。"杜牧《洛中二首》之二："多把芳菲泛春酒，直教愁色对愁肠。"❷指气概。苏味道《赠封御史入台》："凛凛当朝色，行行满路威。"刘禹锡《元和癸巳岁仲秋诏发江陵偏师问罪蛮徼后命宣慰释兵归降凯旋之辰率尔成咏》："江远烟波静，军回气色雄。"❸姿色；美色。李白《妾薄命》："以色事他人，能得几时好。"岑参《敦煌太守后庭歌》："美人红妆色正鲜，侧垂高髻插金钿。"刘长卿《王昭君歌》："自矜娇艳色，不顾丹青人。"孟郊《静女吟》："艳女皆妒色，静女独检踪。"鲍溶《辞辇行》："青娥三千奉一人，班女不以色事君。"❹女色；美女。李颀《绝缨歌》："宁爱贤，不爱色，青娥买死谁能识，果却一军全社稷。"卢仝《月蚀诗》："吾恐天似人，好色即丧明。"白居易《新乐府·李夫人》："人非木石皆有情，不如不遇倾城色。"崔涂《过昭君故宅》："以色静胡尘，名还异众嫔。"❺颜色。骆宾王《艳情代郭氏答卢照邻》："铜驼路上柳千条，金谷园中花几色。"岑参《范公丛竹歌》："君莫爱南山松树枝，竹色四时也不移。"蒋冽《南溪别业》："树交花两色，溪合水同流。"杜牧《洛阳长句二首》之一："草色人心相与闲，是非名利有无间。"❻景色；景象。岑参《登古邺城》："武帝宫中人去尽，年年春色为谁来。"权德舆《秋闺月》："此时愁望知何极，万里秋天同一色。"孟郊《连州吟》之三："万里愁一色，潇湘雨淫淫。"杜牧《旅怀作》："促促因吟昼短诗，朝惊秾色暮空枝。"刘沧《秋日夜怀》："砧杵寥寥秋色长，绕枝寒鹊客情伤。"❼天色。骆宾王《望月有所思》："晚色依关近，边声杂吹哀。"韩愈《喜雪献裴尚书》："已分年华晚，犹怜曙色随。"刘禹锡《始至云安寄兵部韩侍郎中书白舍人二公近曾远守故有属焉》："暮色四山起，愁猿数处声。"杜牧《秋夕》："天阶夜色凉如水，坐看牵牛织女星。"李商隐《四年冬以退居蒲之永乐渴然有农夫望岁之志遂作忆雪又作残雪诗各一百言·残雪》："旭日开晴色，寒空失素尘。"❽光，光芒。骆宾王《夏日游山家同夏少府》："谷静风声彻，山空月色深。"王维《过香积寺》："泉声咽危石，日色冷青松。"岑参《与独孤渐道别长句兼呈严八侍御》："中酒朝眠日色高，弹棋夜半灯花落。"颜粲《白露为霜》："满庭添月色，拂水敛荷香。"杜牧《南楼夜》："歌声袅袅彻清夜，月色娟娟当翠楼。"❾佛教词。相当于物质的概念。指精神领域以外的"五根"（即眼、耳、鼻、舌、身）、"五境"（即色、声、香、味、触）等。足以引起质碍、变坏的各种事物称为"色"。贯休《道情偈三首》之二："非色非空非不空，空中真色不玲珑。"张嫔《观江南牡丹》："举世只将华胜实，真禅元喻色为空。"

【色天】 同"色界"。皎然《奉和崔中丞使君论李侍御萼登烂柯山宿石桥寺效小谢体》："云窥香树沓，月见色天重。"又《苕溪草堂自大历三年夏新营泊秋及春弥觉境胜因纪其事简潘丞述汤评事衡》："色天夜清迥，花漏时滴沥。"

【色可餐】 即秀色可餐。形容女子姿色十分美丽。见晋陆机《日出东南隅行》。李白《寄远十一首》之十一："爱君芙蓉婵娟之艳色，色可餐兮难再得。"

【色色】 种种；各式各样。元稹《连昌宫词》："逡巡大遍凉州彻，色色龟兹轰录续。"

【色身】 佛教词。即肉身。见《金刚经·离色离相分》。刘禹锡《谒柱山会禅师》："色身岂吾宝，慧性非形碍。"

【色空】 佛教词。指现实世界的一切存在皆虚幻不实。见《般若波罗密多心经》。意谓物质现象和精神现象其本质都是"空"。陈子昂《夏日游晖上人房》："色空今已寂，乘月弄澄泉。"元稹《杨子华画三首》之二："子亦观病身，色空俱寂寞。"白居易《僧院花》："欲悟色空为佛事，故栽芳树在僧家。"张瀛《赠琴棋僧歌》："不垢不净是色空，无法无空亦无灭。"顾况《道该上人院石竹花歌》："上人心中如镜中，永日垂帘观色空。"

【色荒】 谓沉迷于女色。见《书·五子之歌》。张九龄《登古阳云台》："色荒神女至，魂荡宫观启。"李咸用《巫山高》："雨态云容多似是，色荒见物皆成媚。"

【色相】 （—xiàng）佛教词。世间万物的形貌。见《涅槃经·德王品四》。李颀《题璿公山池》："片石孤峰窥色相，清池皓月照禅心。"崔曙《宿大通和尚塔敬赠如上人兼呈常孙二山人》："身心能自观，色相了无取。”卢纶《同路郎中韩侍御春日题野寺》：“何事最堪悲色相，折花将与老僧看。”李绅《宿越州天王寺》：“清夜佛宫观色相，却归前老更前身。”喻凫《题弘济寺不出院僧》：“色相栽花视，身心坐石修。”

【色界】　佛教词。三界之一，在欲界之上，无色界之下。为已经离开食欲、淫俗的众生所居，但仍有形状、身体、宫殿、国土等，即有“色”，故称色界。钱起《夜宿灵台寺寄郎士元》：“朝瞻双顶青冥上，夜宿诸天色界中。”顾况《鄱阳大云寺一公房》：“色界聊传法，空门不用情。”刘禹锡《酬乐天醉后狂吟十韵》：“欲向醉乡去，犹为色界牵。”白居易《登灵应台北望》：“临高始见人寰小，对远方知色界空。”李绅《鉴玄影堂》：“香灯寂寞网尘中，烦恼身须色界空。”

【色界天】　即色界。皎然《溪上月》：“秋水月娟娟，初生色界天。”

【色洞】　水色深沉貌。高适《同朱五题卢使君义井》：“体清能鉴物，色洞每含虚。”

【色衰】　容颜衰老。多指女子。白居易《新乐府·太行路》：“古称色衰相弃背，当时美人犹怨悔。”

【色授】　以神色传情。见《文选·司马相如〈上林赋〉》。张柬之《大堤曲》：“魂处自目成，色授开心许。”苏源明《小洞庭洄源亭宴四郡太守诗》序：“婥态目成以留客，娉容色授以劝酒。”周繇《嘲段成式》：“色授应难夺，神交愿莫辞。”

【色斯】　指远去或远遁避世。出《论语·乡党》。萧颖士《菊荣一篇五章》之三：“企彼高人，色斯遐举。”又《江有归舟三章》序：“余羁宦此都，色斯云举。”

【色絲】　用为称颂人书法诗文杰出的典故。见南朝宋刘义庆《世说新语·捷语》。高适《观李九少府翥树宓子贱神祠碑》：“龙盘色丝外，鹊顾偃波中。”杨巨源《上刘侍中》：“功垂贞石远，名映色丝香。”权德舆《贞元七年蒙恩除太常博士自江东来朝时与郡君同行西岳庙元和八年拜东都留守途次祠下时郡君以疾恙续发因代书却寄》：“开缄讽色丝，撰日驰平肩。”褚载《贺赵观文重试及第》：“已把色丝要上第，又将彩笔冠群伦。”

【色絲文】　指绝妙好辞。赵嘏《题曹娥庙》：“文字在碑碑已堕，波涛辜负色丝文。”参见“色絲”。

【色塵】　佛教词。“六尘”之一。指视觉（“眼根”）所触及的尘世。李绅《题法华寺五言二十韵》：“色尘知有数，劫烬岂无年。”

【色養】　指承顺父母颜色、孝养侍奉父母。见《论语·为政》。岑参《送严黄门拜御史大夫再镇蜀川兼觐省》：“许国分忧日，荣亲色养时。”刘长卿《送严维尉诸暨》：“退公兼色养，临下带乡情。”钱起《送修武元少府》：“寸禄荣色养，此行宁叹惜。”权德舆《伏蒙十六叔寄示喜庆感怀三十韵因献之》：“筮仕就色养，宴居忘食贫。”

【色澤】　颜色光泽。薛涛《朱槿花》：“造化大都排比巧，衣裳色泽总薰薰。”

【色聲】　佛教词。指色声等六境，即眼、耳、鼻、舌、身、意等六识所感觉认识的六种境界：色、声、香、味、触、法。王维《胡居士卧病遗米因赠》：“色声何谓客，阴界复谁守。”又《与胡居士皆病寄此诗兼示学人二首》之一：“色声非彼妄，浮幻即吾真。”

【色難】　面有为难的表情。杜甫《寄韩谏议》：“国家成败吾岂敢，色难腥腐餐风香。”陈陶《涂山怀古》：“凡夫色难事，神圣安能恭。”参见“色養”。

【色類】　种类，类别。白居易《感白莲花》：“不与红者杂，色类自区分。”

【色辭】　神态和言辞。韩愈《除官赴阙至江州寄鄂岳李大夫》：“我昔实愚蠢，不能降色辞。”

【色豔】　鲜丽的颜色。裴延《咏蔷花》：“花寒未聚蝶，色艳已惊人。”

十五画

艷　见“豔”。

艸　部

二画

艾¹ 〔ài《广韵》五蓋切，去泰，疑。〕❶草木植物名。即艾蒿。味辛，可入药。中医常以制艾绒用于灸疗。旧习于端午节悬之门头以祛邪。孟浩然《上巳日涧南园期王山人陈七诸公不至》："浴蚕逢姹女，采艾值幽人。"韩愈《苦寒》："岂徒兰蕙荣，施及艾与蒹。"白居易《问友》："种兰不种艾，兰生艾亦生。"喻凫《晚次临泾》："沙田积蒿艾，竟夕见烧焚。"❷代指绿地。参见"艾綬"。❸代指苍白色。参见"艾髮"。❹年五十曰艾。亦泛指年老。刘禹锡《送鸿举游江西》序："日而言，有今昨明之称；身而言，有幼壮艾之期。"参见"艾豭"。❺止，尽。张登《冬至夜郡斋宴别前华阴卢主簿》序："会别于郡斋，骊酒卜夜，夜艾酒酣而不能自已，故咸请诗之。"刘禹锡《送惟良上人》引："语至夜艾，遂为诗以志焉。"

艾² 〔yì《广韵》魚肺切，去廢，疑。〕宁息；止息。独孤及《酬皇甫侍御望天潜山见示之作》："讲武威已耀，学仙功未艾。"

【艾芝】　艾蒿与芝草。代指珍奇与凡俗之植物。韩偓《春闷偶成十二韵》："阡陌悬云壤，阑畦隔艾芝。"

【艾炷】　用艾制成之颗粒状草药。中医用以灸疗疾病。韩愈《谴疟鬼》："灸师施艾炷，酷若猎火围。"黄滔《喜翁文尧员外病起》："越僧夸艾炷，秦女隔花枝。"

【艾葉】　艾蒿之叶，猎人尝剪刻如花叶状缀之网上捕禽鸟。李贺《艾如张》："艾叶绿花谁剪刻，中藏祸机不可测。"白居易《禽虫十二章》之十："豆苗鹿嚼解乌毒，艾叶雀衔夺燕巢。"

【艾符】　艾蒿与符箓。旧俗端午日于门上悬艾贴符用以祛邪。殷尧藩《端午日》："不效艾符趋习俗，但祈蒲酒话升平。"

【艾帳】　以艾叶围成之帐，围猎时用以捕鸟兽者。李商隐《公子》："春场铺艾帐，下马雉媒娇。"

【艾煙】　疗病时燃艾炷或艾绒所生之烟。项斯《日东病僧》："深壁藏灯影，空窗出艾烟。"

【艾綬】　绿色之系印丝带，因色绿似艾，故称。亦代指仕宦。皎然《答裴集阳伯明二贤各垂赠二十韵今以一章用酬两作》："坐石代琼茵，制荷捐艾绶。"羊士谔《寄黔府窦中丞》："朝衣蟠艾绶，戎幕偃雕戈。"亦以喻指青绿之草木。皎然《冬日遥和卢使君幼平綦毋居士游法华寺高顶临湖亭》："寒芳艾绶满，空翠白纶浓。"

【艾髮】　犹白发。艾老叶色苍白，故云。元稹《酬复言郡斋感怀见寄》："椒花丽句闲重检，艾发衰容惜寸辉。"

【艾蕭山】　山名。在阆中郡(今四川阆中市)。薛光谦有《任阆中下乡检田登艾萧山北望》。

【艾豭】　老公猪。艾，老。柳宗元《同刘二十八院长述旧言怀之作因其韵增至八十通赠二君子》："曳捶牵羸马，垂蓑牧艾豭。"

三画

芋 〔yù《广韵》王遇切，去遇，云。〕植物名。即芋艿，今称芋头。多生水中，叶似荷而盾形。地下块茎呈卵形，可食。岑参《晚发五渡》："芋叶藏山径，芦花杂渚田。"元季川《泉上雨后作》："养葛为我衣，种芋为我蔬。"韩愈《示儿》："松果连南亭，外有瓜芋区。"薛逢《题独孤处士村居》："林峦当户茑萝暗，桑柘绕村姜芋肥。"

【芋田】　种芋艿之田。王维《送梓州李使君》："汉女输橦布，巴人讼芋田。"

【芋衣】　芋艿之皮。李建勋《宿友人山居寄司徒相公》："隔纸烘茶蕊，移铛剥芋衣。"

【芋草】　犹芋叶。张籍《送李余及第后归蜀》："山桥晓上芭蕉暗，水店晴看芋草黄。"

【芋栗】　即橡栗，橡树之实。因形似芋艿，故称。杜甫《南邻》："锦里先生乌角巾，园收芋栗不全贫。"

【芋羹】　水煮之芋艿其糊。元稹《酬翰林白学士代书一百韵》："芋羹真底可，鲈鲙漫劳思。"

芊 〔qiān《广韵》蒼先切，平先，清。〕❶草木葱茏繁茂貌。参见"芊芊"。❷犹苍翠。参见"芊蒼"。❸绵延不绝貌。参见"芊綿❷"。

【芊芊】　草木葱翠茂盛貌。太宗《题龟峰山》："岩畔芊芊罗汉草，岭头郁郁大夫松。"王维《青龙寺昙壁上人兄院集》："眇眇孤烟起，芊芊远树齐。"武元衡

《唐昌观玉蕊花》："琪树芊芊玉蕊新，洞宫长闭彩霞春。"温庭筠《汉皇迎春词》："春草芊芊晴扫烟，宫城大锦红殷鲜。"

【芊眠】 同"芊綿"。❶草木繁生貌。陆龟蒙《和袭美江南道中怀茅山广文南阳博士三首次韵》之二："想得雷平春色动，五芝烟甲又芊眠。"❷绵延不断貌。权德舆《酬陆四十楚源春夜宿虎丘山对月见贻之作》："芊眠瑶草秀，断续云窦滴。"

【芊蒼】 苍翠之草木。韩琮《兴平县野中得落星石移置县斋》："的的堕芊苍，茫茫不记年。"

【芊路】 "芋路"之讹。大路。骆宾王《艳情代郭氏答卢照邻》："迢迢芊路望芝田，眇眇函关恨蜀川。"

【芊蔚】 草木繁茂丛生貌。陈子昂《感遇诗三十八首》之二："兰若生春夏，芊蔚何青青。"

【芊綿】 ❶草木葱茏繁盛貌。陆敬《游隋故都》："枌榆何冷落，禾黍郁芊绵。"李白《当涂赵炎少府粉图山水歌》："东崖合沓蔽轻雾，深林杂树空芊绵。"杜牧《往年随故府吴兴公夜泊芜湖口再宿感旧伤怀》："苍生未经济，坟草已芊绵。"张泌《春日旅泊桂州》："暖风芳草竟芊绵，多病多愁负少年。"亦指繁茂之草木。刘禹锡《省试风光草际浮》："乍疑芊绵里，稍动丰茸际。"❷绵延不绝貌。李百药《郢城怀古》："林泽窅芊绵，山川郁重复。"温庭筠《鸡鸣埭曲》："芊绵平绿台城基，暖色春容荒古陂。"《郊庙歌辞·享太庙乐章·景云舞》："龙湖超忽，象野芊绵。"

芃 〔péng《广韵》薄紅切，平東，並。又房戎切，平東，奉。〕草木茂盛貌。见"芃芃""芃然"。

【芃芃】 草木禾苗茂盛貌。沈佺期《夏日梁王席送张岐州》："芃芃秋麦盛，苒苒夏条垂。"孟云卿《田园观雨兼晴后作》："早苗既芃芃，晚田尚离离。"元稹《春六十韵》："倡楼妆熠熠，农野绿芃芃。"贯休《甘雨应祈》："麦苗芃芃兮鸧鹒飞，日出而作兮日入归。"

【芃然】 草木繁茂貌。温庭筠有《余昔自西滨得兰数本移艺于庭既逾岁而芃然蕃殖》。

芄 〔wán《广韵》胡官切，平桓，匣。〕见"芄蘭"。

【芄蘭】 植物名。草本，蔓生。叶有长柄。花白色，夏日开。荚实两两对生如古人所佩角锥状。薛能《洛下寓怀》："唯有报恩心未剖，退居犹欲佩芄兰。"

芍 〔sháo《广韵》市若切，入藥，禪。又张略切。入藥，知。〕见"芍藥"。

【芍藥】 ❶植物名。多年生草本。花五月开，色有红色紫色多种，可供观赏，其根可入药，旧谓"主和五脏，又避毒气，故合之于兰桂五味以助诸食"。见《汉书·司马相如传》唐颜师古注。王维《奉和圣制重阳节宰臣及群官上寿应制》："芍药和金鼎，茱萸插玳筵。"钱起《故王维右丞堂前芍药花开悽然感怀》："芍药花开出旧栏，春衫掩泪再来看。"柳宗元《放鹧鸪词》："鼎前芍药调五味，膳夫攘腕左右视。"温庭筠《三月十八日雪中作》："芍药蔷薇语早梅，不知谁是艳阳才。"❷出《诗·郑风·溱洧》。后因以"芍药"代指所赠之诗，或以指言情之诗文。杜牧《旧游》："闲吟芍药诗，惆望久颦眉。"司空图《偶诗五首》之二："芙蓉骚客空留怨，芍药诗家只寄情。"黄滔《酬杨学士》："诗里几曾吟芍药，花中方得见菖蒲。"谭用之《秋日圃田送人随计》："吟抛芍药裁诗圃，醉下茱萸饮酒楼。"

芒 〔máng《广韵》莫郎切，平唐，明。又武方切，平陽，微。〕❶植物名。多年生草本。禾本科。杆壮直，叶绒状披针形。花秋季开，白色，顶有芒针。其茎捽可编草鞋。伊用昌《题茶陵县门》："夜后不闻更漏鼓，只听锤芒织草鞋。"参见"芒鞋""芒履"。❷稻麦等禾木科植物穗上之芒针。柳宗元《闻黄鹂》："目极千里无山河，麦芒际天摇清波。"李贺《章和二年中》："云萧萦，田风拂拂，麦芒如篲黍和粟。"蒋防《秋稼如云》："紫芒分幂幂，青颖澹油油。"温庭筠《旅次盱眙县》："离离麦擢芒，楚客意偏伤。"亦喻指细微之物。刘禹锡《聚蚊谣》："我躯七尺尔如芒，我孤尔众能我伤。"白居易《渭村退居寄礼部崔侍郎翰林钱舍人诗一百韵》："灭私容点窜，穷理析毫芒。"❸星之光芒。亦泛指光芒。徐彦伯《奉和幸新丰温泉宫应制》："风摇花眊彩，雪艳宝戈芒。"韩愈《此日足可惜赠张籍》："惊波暗合沓，星宿争翻芒。"温庭筠《投翰林萧舍人》："紫微芒动词初出，红烛香残诰未封。"韦庄《和郑拾遗秋日感事一百韵》："雅道何销德，妖星忽耀芒。"

【芒花】 芒草之花。色形均似芦花。齐己《宜阳道中作》："枫叶红遮店，芒花白满坡。"

【芒角】 犹光芒。亦指放光芒。刘禹锡《捣衣曲》："天狼正芒角，虎落定相攻。"李商隐《谢往桂林至彤庭窃咏》："金星压芒角，银汉转波澜。"

【芒杪】 芒刺与木梢。喻极微细之物。刘禹锡《昏镜词》序："彼皎者不能隐芒杪之瑕，非美容不合是用。"

【芒刺】 植物茎叶等所生之尖刺。常以喻指尖利伤人而难容忍之事物。杜甫《除草》："芒刺在我眼，焉能待高秋。"又《毒热寄简崔评事十六弟》："束带负芒刺，接居成阻修。"陆龟蒙《蔷薇》："外布芳菲虽笑日，中含芒刺欲伤人。"

【芒麥】 即麦。因其穗有芒针，故称。李贺《昌谷诗》："芒麦平百井，闲乘列千肆。"

【芒彩】 星之光芒，光彩。张仲素《玉绳低建章》："迢迢玉绳下，芒彩正阑干。"皮日休《寄琼州杨舍人》："德星芒彩瘴天涯，酒树堪消谪宦嗟。"

【芒粒】 稻穗上之芒针与稻粒。陆龟蒙《五歌·刈获》："芒粒稀疏熟更轻，地与禾头不相拄。"

【芒碭】 ❶同"茫荡"。广大貌。李白《丁督护歌》："君看石芒砀，掩泪悲千古。"韩愈《苦寒》："芒砀大包内，生类恐尽歼。"❷芒山与砀山之连称。在今安徽砀山县东南，与河南永城市接界处。亦泛指二山周围一带，即古沛国与梁国接界之地域。《汉书》谓高祖居于芒砀山，所居上常有云气，即指此处。高适《宋中十首》之二："朝临孟诸上，忽见芒砀间。"杜甫《遣怀》："芒砀云一去，雁鹜空相呼。"李贺《公莫舞歌》："芒砀云瑞抱天回，咸阳王气清如水。"常楚老《祖龙行》："墓接骊山土未干，瑞光已向芒砀起。"

【芒種】 (一zhòng)二十四节气之一。在小满之后，约当阳历六月六日前后。寒山《诗三百三首》之六七："草生芒种后，叶落立秋前。"窦常《北固晚眺》："水国芒种后，梅天风雨凉。"

【芒鞋】 用芒草编织之鞋。亦泛指草鞋。张祜《题灵隐寺师一上人十韵》："朗吟挥竹拂，高楫曳芒鞋。"皮日休《奉和鲁望樵人十咏·樵径》："花穿臬衣落，云拂芒鞋起。"贯休《寒月送玄士入天台》："芒鞋竹杖寒冻时，玉霄忽去非有期。"

【芒履】 同"芒鞋"。孟浩然《白云先生王迥见访》："手持白羽扇，脚步青芒履。"杜荀鹤《题江寺禅和》："江寺禅僧似悟禅，坏衣芒履住茅轩。"

【芒屩】 同"芒鞋"。皎然《九日阻雨简高侍御》："且应携下价，芒屩就诸邻。"

【芒屩】 同"芒鞋"。元稹《酬乐天东南行诗一百韵》："芒屩泅牛妇，丫头荡桨夫。"韩愈、李正封《晚秋郾城夜会联句》："斩马祭旄纛，炰羔礼芒屩。"皮日休《初夏游楞伽精舍》："梅风脱纶帽，乳水透芒屩。"

芝 〔zhī《广韵》止而切，平之，章。〕❶芝草。又名灵芝，菌类植物。可入药。旧以为瑞草仙药，服之可长生成仙。崔融《嵩山石淙侍宴应制》："树作帷屏阳景翳，芝如宫阙夏凉生。"孟浩然《疾愈过龙泉寺精舍呈易业二公》："寻林采芝去，转谷松翠密。"刘言史《赠成炼师四首》之二："采芝却到蓬莱上，花里犹残碧玉钟。"赵嘏《早出洞仙观》："春生药圃芝犹短，夜醮斋坛鹤未回。"❷喻形似芝菌的圆盖形物。参见"芝盖"。❸通"芷"。参见"芝蘭"。

【芝术】 ❶两种药草名。芝，芝草；术，山蓟。旧皆视为可延年不死之仙药。寒山《诗三百三首》之六八："辛勤采芝术，搜斥讵成仙。"孟浩然《登鹿门山》："金涧饵芝术，石床卧苔藓。"马异《答卢仝结交诗》："抱锄劚地芸芝术，偃盖参天旧有松。"伍乔《宿灊山》："芝术露浓溪坞白，薜萝风起殿廊寒。"❷代指隐居之事，卢照邻《赤谷安禅师塔》："且当事芝术，从吾所好云。"赵嘏《书斋雪后》："欲静又不能，东山负芝术。"齐己《送谢尊师自南岳出入京》："芝术未甘销勇气，风骚无那激刚肠。"

【芝术友】 犹道友，学仙之友。李华《仙游寺》："早窥神仙箓，愿结芝术友。"

【芝田】 种芝草之田。见《海内十洲记》。后因用以代指仙境。上官仪《和太尉戏赠高阳公》："薰炉御史出神仙，云鞍羽盖下芝田。"骆宾王《畴昔篇》："芝田花月屡裴回，金谷佳期重游衍。"皇甫冉《送张道士归茅山谒李尊师》："无穷杏树行时种，几许芝田向月耕。"许浑《卢山人自巴蜀由湘潭归茅山因赠》："华阳旧隐莫归去，水没芝田生绿莎。"

【芝苗】 芝草之幼苗。李商隐《送从翁从东川弘农尚书幕》："一川虚月魄，万崦自芝苗。"

【芝英】 灵芝。亦喻指出类拔萃之人才。韩愈《送无本师归范阳》："芝英擢荒榛，孤翮起连菼。"

【芝泥】 盖印密封书函或物品之封泥。亦代指密封之书札公文。韦承庆《直中书省》："木偶翻为用，芝泥忽滥窥。"刘禹锡《寄和东川杨尚书慕巢早忝游旧因成是诗》："杨叶百穿荣会府，芝泥五色耀天庭。"薛涛《赠苏十三中丞》："今日芝泥检征诏，别须台外振霜威。"吴融《和睦州卢中丞题茅堂十韵》："芝泥看只捧，蕙带且休围。"

【芝房】 ❶多茎聚生成房之灵芝。许敬宗《游清都观寻沈道士得清字》："蕙帐晨飙动，芝房夕露清。"钱镠《西园产芝》："休言汉代芝房异，今日吾邦事更奇。"❷汉乐府曲、歌名。见《汉书·武帝纪》。王绩《过故汉城》："钩陈被兰锜，乐府奏芝房。"

【芝草】 菌类植物名。生枯木上，可食。旧以为瑞草，谓服之可延年不死，故又名之为灵芝。王湾《奉使登终南山》："玉英时共饭，芝草为余拾。"杜甫《玄都坛歌寄元逸人》："知君此计成长往，芝草琅玕日应长。"刘言史《题茅山仙台药院》："芝草迎飞燕，桃花笑俗人。"曹邺《寄监察从兄》："芝草不为瑞，还共木叶零。"

【芝茎】 喻指池鹭之胫。因其色均赤，故喻。杜牧《鵁鶄》："芝茎抽绀趾，清唳掷金梭。"

【芝菌】 即芝草。因其为菌类，故名。韩愈《咏雪赠张籍》："压野荣芝菌，倾都委货财。"皮日休《寄润卿博士》："将收芝菌唯防雪，欲晒图书不奈云。"又《太湖诗·晓次神景宫》："坛灵有芝菌，殿圣无鸟雀。"

【芝桂】 芝草与肉桂。均为珍稀植物。玄宗《王屋山送道士司马承祯还天台》："林泉先得性，芝桂欲调神。"钱起《柏崖老人自以云泉独乐命予赋诗》："问尔餐霞处，春山芝桂旁。"权德舆《郊居岁暮因书所怀》："地偏芝桂长，境胜烟霞异。"

【芝根】 即芝草。借指香菌。吴融《山居即事四首》之二："庖厨却得长兼味，三秀芝根五术苗。"

【芝焚】 喻儿子夭折。王勃《伤裴录事丧子》："芝焚空叹息，流恨满籯金。"

【芝童】 犹仙童。谓为仙人采芝之童。刘宪《奉和幸白鹿观应制》："芝童荐膏液，松鹤舞骖騑。"卢纶《题天华观》："芝童解说壶中事，玉管能留天上春。"法振《送褚先生海上寻封炼师》："华盖芝童引，神丹桂女收。"方干《题天柱观鱼尊师旧院》："早识吾师频到此，芝童药犬亦相迎。"

【芝椿】 灵芝与椿树。均长寿之草木。张仲方《赠毛仙翁》："芝椿禀气本坚强，龟鹤计年应不死。"

【芝畹】 犹芝田。三十亩为一畹。陆龟蒙《奉和袭美夏景冲澹偶作次韵二首》之一："芝畹烟霞全覆穗，橘洲风浪半浮花。"

【芝蓋】 马车上之顶盖。亦代指车马。其形状与灵芝同为伞状，故称。亦代指车马。沈佺期《幸白鹿观应制》："天流芝盖下，山转桂旗斜。"郑愔《奉和幸大荐福寺》："兰图奉叶偈，芝盖拂花楼。"杜牧《洛阳长句二首》之一："芝盖不来云杳杳，仙舟何处水潺潺。"徐铉《早春旬假独直寄江舍人》："春光已堪探，芝盖共谁飞。"

【芝蕨】 菌与蕨。皆为可食之野生植物。白居易《履道西门二首》之一："夷齐黄绮夸芝蕨，比我盘飧恐不如。"皮日休《三羞诗三首》之一："赫赫负君归，南山采芝蕨。"

【芝廛】 犹仙居，喻指道观。王勃《寻道观》："芝廛光分野，蓬阙盛规模。"

【芝蘭】 ❶芷与兰。二者均为芳草，芝，通"芷"。卢鸿一《嵩山十志十首·草堂》："山为宅兮草为堂，芝兰兮药房。"钱起《锄药咏》："但使芝兰出萧艾，不辞手足皆胼胝。"杨衡《登紫霄峰赠黄仙师》："云飞琼瑶圃，龟息芝兰丛。"罗隐《经耒阳杜工部墓》："騄骥丧来空蹇蹶，芝兰衰后长蓬蒿。"❷喻指优秀子弟。见《晋书·谢安传》。陈彦博《恩赐魏文贞公诸孙旧第》："雨露新恩日，芝兰旧里春。"颜萱《送羊振文归觐桂阳》："悬鱼庭内芝兰秀，驭鹤门前薜荔封。"陈陶《哭王赞府》："金玉埋皋壤，芝兰哭弟兄。"❸喻指贤德才俊之士。元稹《答姨兄胡灵之见寄五十韵》："愧捧芝兰赠，还披肺腑呈。"杜牧《昔事文皇帝三十二韵》："馥馥芝兰圃，森森枳棘藩。"邵谒《送从弟长安下第南归觐亲》："芝兰未入用，馨香志独存。"

【芝蘭室】 出《孔子家语·六本》。后因以芝兰室喻君子居处之所，或君子之德化。高适《同房侍御山园新亭与邢判官同游》："忝游芝兰室，还对桃李阴。"权德舆《户部王曹长杨考功崔刑部并同钟陵使府之旧因以寄赠》："宿昔芝兰室，今兹鸳鹭行。"崔邠《礼部权侍郎阁老史馆张祕监有离合酬赠之什聊继此章》："坐更芝兰室，千载各芬芳。"刘禹锡《重和西川李尚书汉州微月游房太尉西湖》："水榭芝兰室，仙舟鱼鸟情。"

【芝蘭契】 喻君子之交。见《易·系辞上》。杨炯《和酬虢州李司法》："昔我芝兰契，悠然云雨疏。"

四画

芊

〔fēng《广韵》敷容切，平鍾，敷。〕草木繁盛貌。见"芊茸""芊蒙"。

【芊茸】 ❶草木繁茂貌。崔日用《奉和圣制龙池篇》："岸上芊茸五花树，波中的皪千金珠。"乔知之《长信宫中树》："婀娜当轩树，芊茸倚兰殿。"温庭筠《会昌丙寅丰岁歌》："西野翁，生儿童，门前好树青芊茸。"❷繁花绚烂貌。赵彦伯《从宴桃花园咏桃花应制》："红萼竞燃春苑曙，芊茸新吐御筵开。"包融《赋得岸花临水发》："照灼如临镜，芊茸胜浣纱。"

【芊蒙】 繁密绚烂貌。李贺《感讽六首》之六："芊蒙梨花满，春昏弄长啸。"

芙

〔fú《广韵》防無切，平虞，奉。〕见"芙蕖""芙蓉"。

【芙蓉】 ❶即荷花。其未开为菡萏，已开为芙蓉。则天皇后《游九龙潭》："酒中浮竹叶，杯上写芙蓉。"王昌龄《采莲曲二首》之二："荷叶罗裙一色裁，芙蓉向脸两边开。"柳宗元《登柳州城楼寄漳汀封连四州》："惊风乱飐芙蓉水，密雨斜侵薜荔墙。"李商隐《无题四首》之二："飒飒东风细雨来，芙蓉塘外有轻雷。"❷指木芙蓉。亦称木莲。为落叶灌木，掌状叶，秋季开花，色有红白黄多种。裴迪《辋川集二十首·辛夷坞》："况有辛夷花，色与芙蓉乱。"岑参《优钵罗花歌》序："因赏而叹曰。尔不生于中土，僻在遐裔，使牡丹价重，芙蓉誉高，惜哉。"钱珝《江行无题一百首》之五六："涉江虽已晚，高树搴芙蓉。"刘兼《宣赐锦袍设上赠诸郡客》："十月芙蓉花满枝，天庭驿骑赐寒衣。"❸指石莲花。景天科植物。叶卵形。茎高长，花小而密，色外黄内红。钱起《蓝田溪杂咏二十二首·石莲花》："幽石生芙蓉，百花惭美色。"❹喻女子姣美之面容。亦喻指红颜少女。寒山《诗三百三首》之十四：

"未必长如此，芙蓉不耐寒。"曹邺《题濮庙》："赤木梦沈迷象罔，翠华恩断泣芙蓉。"皮日休《奉和鲁望齐梁怨别次韵》："芙蓉泣恨红铅落，一朵别时烟似幕。"王贞白《有所思》："芙蓉出水时，偶尔便分离。"❺喻清新脱俗的诗文作品。李白《经乱离后流夜郎忆旧游书怀赠江夏韦太守良宰》："清水出芙蓉，天然去雕饰。"温庭筠《秘书刘尚书挽歌词二首》之一："王笔活鸾凤，谢诗生芙蓉。"❻喻莲花状之山峰。李白《望九华赠青阳韦仲堪》："天河挂绿水，秀出九芙蓉。"霍总《九华楼》："天边九芙蓉，出没不可求。"杜牧《九华山》："却忆谪仙诗才俊，解吟秀出九芙蓉。"以上皆喻指九华山，在今安徽青阳。❼为幕府或幕府主人之美称。见《南史·庾杲之传》。李德裕《汉州月夕游房太尉西湖》："桃柳溪空在，芙蓉客暂依。"李商隐《五言述德诗献上杜七兄仆射相公》："芙蓉王俭府，杨柳亚夫营。"黄滔《浙幕李端公泛建溪》："越城吴国结良姻，交发芙蓉幕内宾。"

【芙蓉江】 水名，在江西南康县。传唐时两岸多植芙蓉，故称。齐己《还人卷》："闻君收在芙蓉江，日斗鲛人织秋浦。"

【芙蓉池】 泛指养荷花之水池。崔融《哭蒋詹事俨》："朝游云汉省，夕宴芙蓉池。"白居易《劝酒》："玳瑁筵前翡翠栖，芙蓉池上鸳鸯斗。"卢频《失题》："莫滴芙蓉池，愁伤连蒂荷。"

【芙蓉苑】 即芙蓉园。杜牧《长安杂题长句六首》之五："六飞南幸芙蓉苑，十里飘香入夹城。"赵嘏《经汉武泉》："芙蓉苑里起清秋，汉武泉声落御沟。"林宽《寄何绍余》："芙蓉苑北曲江岸，期看终南新雪晴。"

【芙蓉府】 同"芙蓉幕"。指幕府。刘禹锡《送陆侍御归淮南使府五韵》："归路芙蓉府，离堂玳瑁筵。"

【芙蓉杯】 杯之美称。因其形似芙蓉，故称。王维《辋川集·茱萸沜》："山中傥留客，置此芙蓉杯。"

【芙蓉城】 唐剑南道成都府(今四川成都)之别名。因后蜀孟昶于其宫城上遍植木芙蓉，故名。南唐后主李煜《感怀》："空有当年旧烟月，芙蓉城上哭蛾眉。"

【芙蓉峯】 山峰名。❶在浙江雁荡山。贯休《桐江闲居作十二首》之十："芙蓉峰里居，关闭复何如。"❷即莲花峰，在安徽黄山。程杰《芙蓉峰》："谁把芙蓉云外栽？亭亭秀丽四时开。"

【芙蓉帶】 绣有芙蓉之衣带。亦泛指系衣物之带。王建《老妇叹镜》："忆昔咸阳初买来，灯前自绣芙蓉带。"李商隐《独居有怀》："数急芙蓉带，频抽翡翠簪。"刘阓《登楼望月二首》之二："帐卷芙蓉带，帘褰玳瑁钩。"毛文锡《赞浦子》："懒结芙蓉带，慵拖翡翠裙。"

【芙蓉國】 指唐代潭州(今湖南省)一带。因其地盛产芙蓉，故称。谭用之《秋宿湘江遇雨》："秋风万里芙蓉国，暮雨千家薜荔村。"

【芙蓉帳】 以芙蓉花染缯织成之床帐。亦泛指精美华贵之床帐。李白《对酒》："玳瑁筵中怀里醉，芙蓉帐底奈君何。"刘长卿《昭阳曲》："芙蓉帐小云屏暗，杨柳风多水殿凉。"殷尧藩《宫词》："芙蓉帐冷愁长夜，翡翠帘垂隔小春。"薛蕴《赠郑女郎》："解佩时时歇歌管，芙蓉帐里兰麝满。"

【芙蓉塔】 指石镜寺塔。在四川成都武担山。卢照邻《石镜寺》："古墓芙蓉塔，神铭松柏烟。"

【芙蓉湖】 湖名。一名上湖，射贵湖。在唐江南道常州。旧址在江苏武进、无锡、江阴三地之间，南北九十里，宋以后渐成圩田。李绅《却望无锡芙蓉湖》："清昼不风凫雁少，却疑初梦镜湖秋。"

【芙蓉幕】 犹莲幕。幕府之美称。王建《维扬冬末寄幕中二从事》："故人多在芙蓉幕，应笑孜孜道未光。"赵嘏《十无诗寄桂府杨中丞》："一从开署芙蓉幕，曾向风前记得无。"吴仁璧《投谢钱武肃》："弊貂不称芙蓉幕，衰朽仍惭玳瑁簪。"

【芙蓉園】 园名。在唐长安城东南，与曲江池相连。为唐都著名游览胜地。杜甫《乐游园歌》："青春波浪芙蓉园，白日雷霆夹城仗。"李绅有《忆春日曲江宴后许至芙蓉园》。李峤有《春日侍宴幸芙蓉园应制》。

【芙蕖】 即水芙蓉。荷花之别名。刘宪《侍宴长宁公主东庄》："晴新看蛱蝶，夏早摘芙蕖。"王涯《秋思赠远二首》之二："厌攀杨柳临清阁，闲采芙蕖傍碧潭。"殷尧藩《访许浑》："浅绿垣墙绵薜荔，淡红池沼映芙渠。"亦喻指如花的面容。张安石《苦别》："两行粉泪红阑干，一朵芙蕖带残露。"

【芙蓉劍】 剑名。亦泛指宝剑、利剑。见汉袁康《越绝书·外传记宝剑》。卢照邻《长安古意》："俱邀侠客芙蓉剑，共宿娼家桃李蹊。"杜甫《八哀诗·故秘书少监武功苏公源明》："青荧芙蓉剑，犀兕岂独劓。"

【芙蓉樓】 楼名。在唐江南道润州(今江苏镇江)西北角。见《元和郡县图志》卷二五。丁仙芝《江南曲五首》之五："始下芙蓉楼，言发琅琊岸。"王昌龄有《芙蓉楼送辛渐二首》。鲍溶《寄薛膺昆季》："何况芙蓉楼上客，海门江月亦相思。"陈陶《临风叹》："芙蓉楼中饮君酒，骊驹结言春杨柳。"

【芙蓉闕】 泛指朝庭宫阙。因其形似芙蓉，故称。王维《敕赐百官樱桃》："芙蓉阙下会千官，紫禁朱樱出上阑。"刘庭琦《奉和圣制瑞雪篇》："姑射山中符圣寿，芙蓉阙下降神车。"钱起《画鹤篇》："文昌宫近芙蓉阙，兰室细缊香且结。"刘禹锡《敬宗睿武昭愍孝皇帝挽歌三首》之一："晚出芙蓉阙，春归棠棣华。"

芫 〔xuán《广韵》愚袁切，平元，疑。〕芫华之省称。参见"芫花"。

【芫花】 芫华之花。芫华，一种鱼毒，瑞香科，落叶灌木。叶小而圆，花先叶开，簇生，紫色小朵。可供观赏，亦可入药。无名鬼《句》："芫花半落，松风晚清。"

芸[1] 〔yún《广韵》五分切，平文，云。〕❶植物名，即芸香，古代常置书中以驱杀蠹虫。李贺《秋凉诗寄正字十二兄》："披书古芸馥，恨唱华容歇。"元稹《和乐天过秘阁书省旧厅》："经排蠹简怜初校，芸长陈根识旧栽。"许浑《送人之任邛州》："黄卷新书芸委积，青山旧路菊离披。"喻坦之《和范秘书宿省中作》："鹤避灯前尽，芸高幄外深。"❷通"耘"。除草。王绩《秋夜喜遇王处士》："北场芸藿罢，东皋刈黍归。"马异《答卢仝结交诗》："抱锄劚地芸芝术，偃盖参天旧有松。"

芸[2] 〔yùn《广韵》王问切，去焮，云。〕❶草黄枯貌。陈子昂《秋日遇荆州府崔兵曹使宴》序："芸其黄矣，悲白露于苍葭；木叶落兮，惨红霜于绿野。"独孤及《送相里郎中赴江西》："昨日携手西，于今芸再黄。"❷花草盛貌。见"芸₂黄❶"。

【芸吏】 即芸香吏。林宽《陪郑诚郎中假日省中寓直》："井寻芸吏汲，茶拆岳僧封。"

【芸花】 芸香之花。曹唐《小游仙诗九十八首》之三三："芝蕙芸花烂漫春，瑞香烟露湿衣巾。"

【芸省】 同"芸香阁"。唐秘书省之别名。许浑《寄袁校书》："劳歌极西望，芸省有知音。"

【芸香】 ❶植物名。多年生草本。茎高数尺。叶羽状互生。花黄色，夏日开。其茎叶与花均有强烈芳辛气味。古人常用以驱虫辟蠹。武元衡《送许著作分司东都》："署分刊竹简，书蠹护芸香。"杨巨源《酬令狐员外直夜书怀见寄》："芸香能护字，铅椠善呈书。"皮日休《二游诗·徐诗》："帙解带芸香，卷开和桂屑。"路应《仙岩四瀑布即事寄上秘书包监侍郎七兄等》："芸香蔼芳气，冰镜彻圆规。"❷旧时以芸香置书中驱杀蠹虫，故以代指书香或书籍。韦应物《送黎六郎赴阳翟少府》："腰垂新绶色，衣满旧芸香。"李商隐《奉和太原公送前杨秀才戴兼招杨正字戎》："桂树一枝当白日，芸香三代继清风。"又《偶成转韵七十二句赠四同舍》："我时憔悴在书阁，卧枕芸香春夜阑。"❸指秘书省校书郎一职。高适《宴郭校书因之有别》："芸香名早著，蓬转事仍多。"刘长卿《瓜洲驿奉饯张侍御使之岭南》："杨叶频推中，芸香早拜官。"薛涛《赠韦校书》："芸香误比荆山玉，那似登科甲乙年。"徐铉《亚元舍人不替深知猥贻佳作因为长歌未竟复得子乔校书示问》："珍重芸香陈子乔，亦解贻书远相问。"

【芸香吏】 指秘书省之校书郎。郤载《送萧颖士赴东府得君字》："一辞芸香吏，几岁沧江濆。"白居易《西明寺牡丹花时忆元九》："一作芸香吏，三见牡丹开。"

【芸香侣】 指同时为校书郎者。元稹《酬乐天》："昔作芸香侣，三载不暂离。"

【芸草】 即芸香。姚合《偶题》："迟日逍遥芸草长，圣朝清净谏臣闲。"

【芸香省】 即芸香阁。指秘书省。施肩吾《长安春夜吟》："蟾蜍东去鹊南飞，芸香省中郎不归。"

【芸香客】 同"芸香吏"。陆龟蒙《和袭美寄同年韦校书》："可中寄与芸香客，便是江南地里书。"

【芸香俸】 校书郎之俸禄。白居易《自城东至以诗代书戏招李六拾遗崔二十六先辈》："尚残半月芸香俸，不作归粮作酒赀。"

【芸書】 指书籍。古人书籍中常置芸香，故称。刘讳之《酬郑沁州》："芸书暂辍载，竹使方临俗。"孟郊《感别送从叔校书简再登科东归》："菱唱忽生听，芸书回望深。"

【芸香署】 同"芸香阁"。方干《题陶详校书阳羡隐居》："芸香署里从容步，阳羡山中啸傲情。"

【芸香閣】 秘书省之别称。因掌图书经籍之事，故以护书之芸香名之。卢照邻《赠许左丞从驾万年宫》："寂寂芸香阁，离思独幽哉。"孟浩然《寄赵正字》："正字芸香阁，幽人竹素园。"王建《戏酬卢秘书》："芸香阁里人，采摘御园春。"周朴《赠李裕先辈》："马疑金马门前马，香认芸香阁上香。"

【芸₂黄】 ❶花草茂盛貌。见《诗·小雅·裳裳者华》。太宗《幸武功庆善宫》："芸黄遍原隰，禾颖积京畿。共乐还乡宴，欢比大风诗。"❷草黄萎貌。语本《诗·小雅·苕之华》："苕之华，芸其黄矣。"毛传："将落则黄。"上官仪《奉和颍川公秋夜》："泬寥空色远，芸黄凄序变。"潘述、清昼《秋日潘述自长城至霅上与昼公汤评事游集联句》："芸黄众芳晚，摇荡居人思。"

【芸窗】 犹书斋。萧项《赠翁承赞漆林书堂诗》："却对芸窗勤苦处，举头全是锦为衣。"

【芸署】 即芸香阁。指秘书省。元稹《天坛上境》："野人性僻穷深僻，芸署官闲不似官。"

【芸臺】 指古代掌管图书之官署，如汉魏之秘书监、唐之秘书省等，因唐秘书省一度改称兰台、麟台，故称。包佶《顾著作宅赋诗》："各在芸台阁里，烦君日日登车。"卢肇《将归宜春留题新安馆》："芸台四部添新学，秘殿三年学老郎。"

【芸閣】 即芸香阁。指秘书省。张说《再使蜀道》："芸阁有儒生，轺车倦驰逐。"孟浩然《初出关旅亭夜坐怀王大校书》:“永怀芸阁友,寂寞滞扬云。”张籍《酬秘书王丞见寄》:“芸阁水曹虽最冷,与君长喜得身闲。”郑谷《重访黄神谷策禅者》:“初尘芸阁辞禅阁,却访支郎是老郎。”

【芸閣吏】 指秘书省之校书或正字等官员。司空曙《送吉校书东归》:“少年芸阁吏,罢直暂归休。”姚合《送王建秘书往渭南庄》:“白须芸阁吏,羸马月中行。”刘得仁《夜携酒访崔正字》:“只应芸阁吏,知我僻兼愚。”李冶《寄校书七兄》:“不知芸阁吏,寂寞竟何如。”

【芸閣郎】 同“芸阁吏”。卢纶《送吉中孚校书归楚州旧山》:“青袍芸阁郎,谈笑挹侯王。”耿湋《送姚校书因归河中》:“明日过闾里,光辉芸阁郎。”

芾 〔fèi《广韵》方味切,去未,非。又博蓋切,去泰,幫〕草木盛貌。吴融《偶书》:“芳树绿阴连蔽芾,长河飞浪接昆仑。”参见“蔽芾”。

芰 〔jì《广韵》奇寄切,去寘,羣。〕即菱。杜审言《夏日过郑七山斋》:“薜萝山径入,荷芰水亭开。”张籍《城南》:“卧蒋黑米吐,翻芰紫角稠。”杨发《与诸公池上待月》:“芰开方吐镜,蘋动欲含风。”刘威《宿渔家》:“水园分芰叶,邻界认芦花。”亦指菱角。刘禹锡《采菱行》:“携觞荐芰夜经过,醉踏大堤相应歌。”

【芰荷】 菱与荷。亦指菱叶与荷叶。张九龄《东湖临泛饯王司马》:“聊乘风日好,来泛芰荷香。”贺知章《采莲曲》:“莫言春度芳菲尽,别有中流采芰荷。”韦皋《天池晚棹》:“舟浮十里芰荷香,歌发一声山水绿。”沈彬《秋日》:“薜荔惹烟笼蟋蟀,芰荷翻雨泼鸳鸯。”

【芰荷衣】 以菱叶、荷叶制成之衣。代指隐者之服。见《楚辞·离骚》。杜甫《将赴成都草堂途中有作先寄严郑公五首》之五:“共说总戎云鸟阵,不妨游子芰荷衣。”

【芰菱】 菱实。菱角。旧谓两角为菱,四角称芰。刘禹锡《采菱行》序:“武陵俗嗜芰菱。岁秋矣,有女郎盛游于马湖,薄言采之,归以御客。”

【芰實】 即菱角。柳宗元《游南亭夜还叙志七十韵》:“朵颐进芰实,擢手持蟹螯。”

芣 〔fú《广韵》縛謀切,平尤,奉。〕见“芣苢”。

【芣苢】 亦作“芣苡”。❶草名。即车前草。李白《阳春曲》:“芣苡生前径,含桃落小园。”❷《诗·周南》篇名。系妇女采芣苡时唱之歌。旧谓车前食之宜孕。后因以“芣苢”为咏生子,或曰咏“后妃之美”的典故。白居易《谈氏外孙生三日喜是男偶吟成篇》:“芣苡春来盈女手,梧桐老去长孙枝。”《郊庙歌辞·中宗祀昊天乐章·中宫助祭升坛》:“芣苡芳声远,螽斯美化隆。”

【芣苡】 见“芣苢”。

苣 〔jù《广韵》其吕切,上語,羣。〕❶火炬。亦指灯花。段成式《嘲飞卿七首》之五:“愁机懒织同心苣,闷绣先描连理枝。”牛峤《菩萨蛮》词之六:“窗寒天欲曙,犹结同心苣。”❷即莴苣。一名莴笋。杜甫《种莴苣》:“苣兮蔬之常,随事艺其子。”亦指褊苣。一种野生之苣。杜甫《园官送菜》:“苦苣刺如针,马齿叶亦繁。”

芽 〔yá《广韵》五加切,平麻,疑。〕❶植物之茎枝或花叶的初萌生体。皎然《对陆迅饮天目山茶因寄元居士晟》:“日成东井叶,露采北山芽。”白居易《日渐长赠周殷二判官》:“墙头半露红萼枝,池岸新铺绿芽草。”皇甫曙《立春日呈宫傅侍郎》:“出问池冰犹塞岸,归寻园柳未生芽。”章孝标《思越州山水寄朱庆余》:“藕折莲芽脆,茶挑茗眼鲜。”❷喻指事物发展生长之因素,胚基。韩愈《题杜工部坟》:“荣华一旦世俗眼,忠孝万古贤人芽。”刘禹锡《游桃源一百韵》:“道芽期日就,尘虑乃冰释。”

【芽蘖】 植物萌生之旁枝新芽。常喻指旁出之恶事物。皮日休《三羞诗三首》之一:“如何以谋计,中道生芽蘖?”陆龟蒙《江南秋怀寄华阳山人》:“芽蘖群妖灭,松筠百度贞。”

芚 〔tún《广韵》徒渾切,平魂,定。〕菜名。似苋菜。见“芚蕨”。

【芚蕨】 芚菜与蕨菜。贯休《避寇入银山》:“烧地生芚蕨,人家煮伪蚕。”

芷 〔zhǐ《广韵》諸市切,上止,章。〕香草名,即白芷。李商隐《和郑愚赠汝阳王孙家筝妓二十韵》:“孤猿耿幽寂,西风吹白芷。”李群玉《黄陵庙》:“风回日暮吹芳芷,月落山深哭杜鹃。”崔珏《和友人鸳鸯之什》:“兰深芷密无人见,相逐相呼何处归?”

【芷牙】 犹白牙。芷白,故称。罗隐《建康》:“山寒老树啼风曲,泉暖枯骸动芷牙。”

【芷若】 白芷与杜若。皆香草。杜牧《春日言怀寄虢州李常侍十韵》:“雨派潨潨急,风畦芷若香。”

芮 〔ruì《广韵》而鋭切,去祭,日。〕古国名。周文王时立,姬姓。在今陕西大荔县朝邑城南,与古虞国相接。马戴《集宿姚侍御宅怀永乐宰殷侍御》:“石田虞芮接,种树白云阴。”

【芮公】 卫伯玉。伯玉曾封芮国公,见代宗《封卫伯玉城阳郡王制》。杜甫《荆南兵马使太常卿赵公大食刀歌》:“芮公回首颜色劳,分阃救世用贤豪。”

芼〔mào《广韵》莫報切，去號，明。又莫袍切，平豪，明。〕❶指可食之野菜与水草。柳宗元《游南亭夜还叙志七十韵》："野蔬盈倾筐，颇杂池沼芼。"❷择取。韩愈《荐士》："彼微水中荇，尚烦左右芼。"❸谓用以菜配肉为羹。韩愈《初南食贻元十八协律》："调以咸与酸，芼以椒与橙。"

【芼臛】　芼羹。以菜杂肉做成之羹。亦指菜羹。陆龟蒙《四月十五日道室书事寄袭美》："乌饭新炊芼臛香，道家斋日以为常。"

花〔huā《广韵》呼瓜切，平麻，曉。〕❶花朵。种子植物之繁殖器官。由花托、花萼、花冠和花蕊等组成。其形状与颜色多姿多彩，大多可供观赏。李颀《送皇甫曾游襄阳山水》："芦花独戍晚，柑实万家香。"杜甫《叹庭前甘菊花》："明日萧条醉尽醒，残花烂熳开何益。"戴叔伦《柳花歌送客往桂阳》："移家深入桂水源，种柳新成花更繁。"武瓘《感事》："花开蝶满枝，花谢蝶还稀。"❷开花。李颀《送刘昱》："八月寒苇花，秋江浪头白。"羊士谔《题枇杷树》："珍树寒始花，氛氲九秋月。"韩愈《独钓四首》之二："一径向池斜，池塘野草花。"刘禹锡《金陵五题・乌衣巷》："朱雀桥边野草花，乌衣巷口夕阳斜。"❸泛指花草、花木。钱起《送虞说擢第东游》："月中严子濑，花际楚王城。"元稹《酬刘猛见送》："种花有颜色，异色即为妖。"韩偓《伤乱》："岸上花根总倒垂，水中花影几千枝。"❹有花纹图案或彩色的。皇甫镛《和武相公闻莺》："不知台座宵吟久，犹向花窗惊梦声。"白居易《新乐府・缭绫》："中有文章又奇绝，地铺白烟花簇雪。"成彦雄《游紫阳宫》："碧桃满地眠花鹿，深院松窗捣药声。"濮阳瓘《出笼鹘》："玉镞分花袖，金铃出彩笼。"❺如花般美丽的。祖咏《古意二首》之一："年深玉颜老，时薄花妆新。"参见"花貌""花臉"。❻喻指女子的美丽面容。曹邺《古词》："经年不归去，爱妾面上花。"亦喻指美女。戴叔伦《女耕田行》："东邻西舍花发尽，共惜余芳泪满衣。"白居易《霓裳羽衣歌》："娇花巧笑久寂寥，娃馆苎萝空处所。"嵩岳诸仙《嫁女诗》："休匀红粉饰花态，早驾双鸾朝玉京。"❼女子之面饰。见"花鈿""花靨"。❽指与女伎或妓女有关之事物。见"花街柳巷"。❾指与佛教有关的。见"花雨""花界""花寺"。❿指形状似花的事物。刘庭琦《奉和圣制瑞雪篇》："罗衣点著浑是花，玉手抟来半成水。"此指雪花。刘禹锡《西山兰若试茶歌》："骤雨松声入鼎来，白云满碗花徘徊。"此指沏茶时水面上之水花。李贺《马诗二十三首》之六："饥卧骨查牙，粗毛刺破花。"此指在马毛上修剪出的花形。高蟾《旅夕》："不堪吟断无人见，时复寒灯落一花。"此指灯花。⓫视力模糊，看不分明。杜甫《饮中八仙歌》："知章骑马似乘船，眼花落井水底眠。"韩愈《次邓州界》："心讶愁来惟贮火，眼知别后自添花。"白居易《别行简》："漠漠病眼花，星星愁鬓雪。"⓬犹漫漶。色彩图文等被浸湿后模糊斑驳貌。刘禹锡《和乐天柘枝》："鼓催残拍腰身软，汗透罗衣雨点花。"

【花口】　指新绽开口子的花蕾。白居易《草词毕遇芍药初开偶成十六韵》："词头封送后，花口拆开时。"又《酬南洛阳早春见赠》："寒缒柳腰收未得，暖薰花口噤初开。"

【花子】　女子贴于面颊之装饰物。如草油花子、花胜花子之类。和凝《杨柳枝》："醉来咬损新花子，拽住仙郎尽放娇。"

【花木】　花草树木。张子容《赠司勋萧郎中》："江山清谢朓，花木媚丘迟。"牟融《水西草堂》："吟对琴尊江上月，笑看花木镜中春。"司空图《南北史感遇十首》之十："乱后人间尽不平，秦川花木最伤情。"何昌龄《题杨克俭池馆》："再向白莲亭上望，不知花木为谁开？"

【花木障】　绘有花木之屏风。杜荀鹤《题花木障》："不假东风次第吹，笔匀春色一枝枝。由来画看胜栽看，免见朝开暮落时。"

【花月】　花与月。代指美景。王勃《山扉夜坐》："林塘花月下，别似一家春。"贾至《送王道士还京》："借问清都旧花月，岂知迁客泣潇湘。"张祜《襄阳乐》："大堤花月夜，长江春水流。"李縠《浙东罢府西归酬别张广文皮先辈陆秀才》："照曜文星吴分野，留连花月晋名贤。"

【花文】　即花纹。张九龄《和姚令公从幸温汤喜雪》："瑞色铺驰道，花文拂彩旒。"此指雪花形成之花纹。

【花心】　花之中心；花蕊。张祜《江南杂题三十首》之二一："白烟生草末，黄粉露花心。"李商隐《蝶》："相兼惟柳絮，所得是花心。"郑谷《次韵酬张补阙因寒食见寄之什》："时态懒随人上下，花心甘被蝶分张。"韦庄《含香》："微红几处花心吐，嫩绿谁家柳眼开。"

【花卉】　花草。亦指花。韩愈《荐士》："搜春摘花卉，沿袭伤剽盗。"崔櫓《有酒失于虔州陆郎中肱以诗谢之》："叵耐一双穷相眼，不堪花卉在前头。"邵谒《贞女墓》："至今坟上春，草木无花卉。"张碧《林书记蔷薇》："东风折尽诸花卉，是个亭台冷如水。"

【花石戍】　地名，在唐江南道潭州长沙（今湖南长沙市）南。杜甫《宿花石戍》："午辞空灵岑，夕得花石戍。"

【花石潭】　潭名，在今湖南长沙境。刘长卿有《湘中纪行十首・花石潭》。参见"花石戍"。

【花甲子】　或称花甲。指六十年。古代以干支纪年，以十天干与（以“甲”为首）与十二地支（以“子”为首），依次相配，至六十为一轮，故称。赵牧《对酒》：“手挼六十花甲子，循环落落如弄珠。”

【花水】 桃花水之省称。春季桃花开时盛涨之河水。严维《酬王侍御西陵渡见寄》：“柳塘薰昼日，花水溢春渠。”

【花片】 零落之花瓣。元稹《古艳诗二首》之二：“等闲弄水浮花片，流出门前赚阮郎。”徐铉《和陈洗马山庄新泉》：“常被松声迷细韵，忽流花片落高岑。”孟贯《酬东溪史处士》：“泉声迷夜雨，花片落空枝。”毛熙震《后庭花》词之三：“春残日暖莺娇懒，满庭花片。”

【花英】 即花朵。常达《山居八咏》之七：“禅心清石室，蝶翅覆花英。”

【花仗】 击毬游戏所用之杖。因杖上有彩饰，故称。元稹《六年春遣怀八首》之七：“童稚痴狂撩乱走，绣毬花仗满堂前。”

【花主】 赏花之主人。白居易《花前叹》：“南州桃李北州梅，且喜年年作花主。”

【花市】 卖花之集市。韦庄《奉和左司郎中春物暗度感而成章》：“锦江风散霏霏雨，花市香飘漠漠尘。”

【花寺】 寺庙之别称。李绅《过吴门二十四韵》：“花寺听莺入，春湖看雁留。”参见“花雨”“花門”。

【花机】 雕饰花纹之几案。李贺《追和何谢铜雀妓》：“长裾压高台，泪眼看花机。”

【花曲】 花丛僻凹处。喻指妓院。尹鹗《菩萨蛮词》之三：“少年狂荡惯，花曲长牵绊。”

【花光】 花之光艳色彩。王勃《郊兴》：“雨去花光湿，风归叶影疏。”李白《上皇西巡南京歌十首》之三：“柳色未饶秦地绿，花光不减上阳红。”李德裕《述梦诗四十韵》：“花春晨艳艳，松韵晚骚骚。”李咸用《题陈正字山居》：“花光笼晚雨，树影浸寒塘。”

【花朵】 一朵一朵的花。刘禹锡《和乐天春词》：“行到中庭数花朵，蜻蜓飞上玉搔头。”陆畅《蔷薇花》：“锦窠花朵灯丛醉，翠叶眉稠裛露垂。”李郢《七夕寄张氏兄弟》：“好与檀郎寄花朵，莫教清晓羡蛛丝。”

【花色】 花之色彩、色泽。唐求《赠楚公》：“长说满庭花色好，一枝红是一枝空。”

【花宇】 指佛寺。李绅《新楼诗二十首·龙宫寺》：“银地溪边遇衲师，笑将花宇指潜知。”又《开元寺》：“十层花宇真毫相，数仞峰峦阙月扉。”参见“花界”。

【花奴】 玄宗时汝南王李琎之小名，琎善击羯鼓。见唐南卓《羯鼓录》。后因以代指善羯鼓之人。宋齐丘《陪华林园试小妓羯鼓》：“因逢淑景开佳宴，为出花奴奏雅音。”

【花押】 在文书契约上签字或印鉴，表示认可。唐彦谦《宿田家》：“公文捧花押，鹰隼驾声势。”

【花杵】 雕饰有花纹之捣杵。司空曙《和王卿立秋即事》：“宫响传花杵，天清出露盘。”

【花枝】 开着花的枝条。李贺《南园十三首》之一：“花枝草蔓眼中开，小白长红越女腮。”姚合《游春十二首》之六：“寺里花枝净，山中水色高。”司空图《故乡杏花》：“寄花寄酒喜新开，左把花枝右把杯。”亦喻指美女。韦庄《菩萨蛮》词：“此度见花枝，白头誓不归。”

【花林】 绽放花朵之树林。孟浩然《游景空寺兰若》：“宴息花林下，高谈竹屿间。”钱起《题秘书王迪城北池亭》：“伏泉通粉壁，迸笋出花林。”韦庄《下第题青龙寺僧房》：“马嘶春陌金羁闹，鸟睡花林绣羽香。”

【花雨】 ❶花季之雨。苏颋《题寿安王主簿池馆》：“馆将花雨映，潭与竹声清。”齐己《溪斋二首》之二：“幽人眠日晏，花雨落春残。”冯延巳《喜迁莺》词：“石城花雨倚江楼，波上木兰舟。”❷佛家语。见《法华经》。谓诸天叹佛说法之功德而为之散花若雨，后遂用为咏佛法之典，亦用为咏佛寺之典。王维《投道一师兰若宿》：“梵流诸壑遍，花雨一峰偏。”顾况《题山顶寺》：“日暮香风时，诸天散花雨。”杨巨源《题清凉寺》：“一声寒磬空心晓，花雨知从第几天。”殷尧藩《生公讲台》：“一尘无处著，花雨遍苍苔。”

【花匠】 花工，花丁。专业种花之人。陆龟蒙《正月十王惜春寄袭美》：“花匠凝寒应束手，酒龙多病尚垂头。”

【花明柳暗】 花艳柳浓。形容花木荣茂之景色。李商隐《夕阳楼》：“花明柳暗绕天愁，上尽重城更上楼。”

【花乳】 ❶花蕾。孟郊《香殇》：“零落小花乳，斓斑昔婴衣。”❷煎茶时之小水花。刘禹锡《西山兰若试茶歌》：“欲知花乳清冷味，须是眠云跂石人。”

【花府】 亦作“花爲府”。即“莲幕”。指幕府。张登《冬至夜郡斋宴别前华阴卢主簿》：“王俭花为府，卢谌幄内璆。”韦渠牟《览外生卢纶诗因以示此》：“谋略久参花府盛，才名常带粉闱香”。

【花爲府】 见“花府”。

【花房】 即花冠。指花之花瓣部分，因其合围似房，故称。韩愈《感春五首》之五：“辛夷花房忽全开，将衰正盛须频来。”温庭筠《和道溪君别业》：“花房透露红珠落，蛱蝶双飞护粉尘。”段成式、张希复《游长安诸寺联句·崇仁坊资圣寺·诸画联句》：“活禽生卉推边鸾，花房嫩彩犹未干。”张泌《春夕言怀》：“烟垂柳带纤腰软，露滴花房怨脸明。”

【花門】 地名。在居延海（今内蒙古额济纳旗北境）北三百里，隶属唐凉州。唐初于其地设戍堡，名花门山堡。天宝时为回纥所据。后因以代指回纥或西域之少数民族。杜甫《留花门》："北门天骄子，饱肉气勇决。"又《哀王孙》："花门剺面请雪耻，慎勿出口他人狙。"岑参《凉州馆中与诸判官夜集》："花门楼前见秋草，岂能贫贱相看老。"杨巨源《送太和公主和蕃》："芦井寻沙到，花门度碛看。"

【花草】　花与草。李白《登金陵凤凰台》："吴宫花草埋幽径，晋代衣冠成古丘。"杨衡《送公孙器自桂林归蜀》："旧户闲花草，驯鸽傍檐隙。"朱庆余《采莲》："隔烟花草远濛濛，恨个来时路不同。"司空图《诗品二十四则·形容》："风云变态，花草精神。"

【花茵】　编有花纹的精美坐垫。张祜《投魏博田司空二十韵》："列座花茵展，鸣鼍锦臂攘。"

【花柳】　❶百花与杨柳。代指春日之自然景色。苏味道《初春行宫侍宴应制》："簪裾承睿赏，花柳发韶年。"姚合《扬州春词三首》之一："暖日凝花柳，春风散管弦。"李宣古《赋寒食日亥时》："此时寒食无烟火，花柳苍苍月欲来。"杜荀鹤《送蜀客游维扬》："青春花柳树临水，白日绮罗人上船。"❷指宴乐游赏之繁华处所。李白《流夜郎赠辛判官》："昔在长安醉花柳，五侯七贵同杯酒。"王有初《赠在贺先辈》："频醉管弦三月暮，远寻花柳五湖来。"

【花柳年】　指青春茂年。贺兰进明《行路难五首》之一："寒夜邀欢须秉烛，岂得常思花柳年。"

【花面】　如花的美丽面容。亦代指美人。吕岩《赠刘方处士》："韶年淑质曾非固，花面玉颜还作土。"徐昌图《木兰花》词："汉宫花面学梅妆，谢女雪诗栽柳絮。"

【花界】　指佛寺。韦应物《游琅琊山寺》："填壑跻花界，叠石构云房。"白居易《旅次景空寺宿幽上人院》："幸投花界宿，暂得静心颜。"罗邺《钟陵崔大夫罢镇攀随再经匡庐寺宿》："侯门聚散真如梦，花界登临转悟空。"胡宿《忆荐福寺牡丹》："花界三千春渺渺，铜槃十二夜沉沉。"参见"花雨"。

【花品】　花之品位。王周《和杜运使巴峡地暖节物与中土异黯然有感诗三首》之三："花品姚黄冠洛阳，巴中春早羡孤芳。"

【花信風】　应花期而生之风。自小寒至谷雨，共八个节气，每节气有三番不同之花与相应之信风，计二十四番花信风，一说每月有两番，一年计有二十四番。陆龟蒙《句》："几点社翁雨，一番花信风。"

【花庭】　植花之庭院。李峤《同赋山居七夕》："花庭开粉席，云岫敞针楼。"李郢《赠李商隐赠佳人》："花庭避客鸣环珮，凤阁持杯泥管弦。"亦指种花之花圃。温庭筠《春江花月夜词》："玉树歌阑海云黑，花庭忽作青芜国。"

【花前月下】　指宜于观花赏月之美好境地。白居易《和刘汝州酬侍中见寄长句因书集贤坊胜事戏而问之》："闻道郡斋还有酒，花前月下对何人。"徐铉《月真歌》："花前月下或游从，一见月真如旧识。"

【花洞】　❶犹洞天，仙洞。多指道观或学仙者之所居。李端《云阳观寄袁稠》："花洞晚阴阴，仙坛隔杏林。"柳公绰《赠毛仙翁》："桃源千里远，花洞四时春。"杨衡《送郑丞之罗浮中习业》："云卧石林密，月窥花洞明。全形在气和，心默凭境清。"贯休《送轩辕先生归罗浮山》："玉房花洞接三清，谩指罗浮是去程。"❷指桃花源。吴融《倒次元韵》："雨台谁属楚？花洞不知秦。"

【花津】　繁花夹岸的津渡。权德舆《杂言和常州李员外副使春日戏题十首》之四："彩舫入花津，香车依柳陌。"

【花宫】　指佛寺。李颀《宿莹公禅房闻梵》："花宫仙梵远微微，月隐高城钟漏稀。"李白《秋夜宿龙门香山寺奉寄王方城十七丈》："玉斗横网户，银河耿花宫。"刘长卿《禅智寺上方怀演和尚》："远山低月殿，寒木露花宫。"吉逾《题云居上寺》："到此花宫里，观身火宅中。"参见"花雨"。

【花冠】　（一guān）❶用以束发的箍状冠子。（1）道士之冠。杨凭《赠马炼师》："心嫌碧落更何从，月帔花冠冰雪容。"刘言史《赠成炼师四首》之一："花冠蕊帔色婵娟，一曲清箫凌紫烟。"尹鹗《女冠子》词："有佳期，霞帔金丝薄，花冠玉叶危。"（2）妇女之冠。多用金玉制成。白居易《长恨歌》："云鬓半偏新睡觉，花冠不整下堂来。"孙光宪《临江仙》词之一："霜拍井梧干叶堕，翠帏雕槛初寒，薄铅残黛称花冠。"（3）宦官之冠。包佶《元日观百僚朝会》："花冠萧相府，绣服霍嫖姚。"❷鸡冠。温庭筠《赠知音》："翠羽花冠碧树鸡，未明先向短墙啼。"褚载《陈仓驿》："锦翼花冠安在哉，雄飞雌伏尽尘埃。"亦指戴胜鸟之冠。贾岛《题戴胜》："星点花冠道士衣，紫阳宫女化身飞。"

【花神】　传说中司花之神。陆龟蒙《和袭美扬州看辛夷花次韵》："柳疏梅堕少春业，天遣花神别致功。"

【花陣】　纵横成行的花木。司空图《力疾山下吴村看杏花十九首》之六："浮世荣枯总不知，且忧花阵被风欺。"

【花屏】　即花障。绘饰有图画花纹之屏风。陆龟蒙《奉和袭美公斋四咏次韵·鹤屏》："时人重花屏，独即胎化状。"韦庄《上春词》："金楼美人花屏开，晨妆未罢车声催。"

【花酎】　犹花酒。酎，经多次酿制之醇酒。亦泛指美酒。徐彦伯《夜宴安乐公主新宅应制》:“凤楼开阖引明光,花酎连添醉益香。”

【花時】　花开之时令。多指暮春百花盛开之时。王维《哭祖六自虚》:“花时金谷饮,月夜竹林眠。”陈羽《梓州与温商夜别》:“凤凰城里花时别,玄武江边月下逢。”许浑《村舍二首》之一:“花时未免人来往,欲买严光旧钓矶。”司空图《携仙箓九首》之八:“剪取红云剩写诗,年年高会趁花时。”

【花圃】　培植花草之园圃。耿湋《会凤翔张少尹南亭》:“草檐宜日过,花圃任烟归。”陆龟蒙《奉和袭美题达上人药圃二首》之一:“药味多从远客赍,旋添花圃旋成畦。”

【花氣】　花之芳香气味。贾至《对酒曲二首》之一:“曲水浮花气,流风散舞衣。”陈去疾《偶题》:“池台花气深,到处生春草。”方干《山中寄吴磻十韵》:“掬水皆花气,听松似雨声。”罗虬《比红儿诗》之九十:“宿雨初晴春日长,入帘花气静难忘。”

【花隼】　隼之一种,一名鹘。似鹰而小。驯养后可用于捕猎。白居易《杂兴三首》之一:“锦鞲臂花隼,罗袂控金羁。”

【花徑】　花木夹道之小路。王维《故人张諲顷以诗见赠聊获酬之》:“药阑花径衡门里,时复据梧聊隐几。”李商隐《戏题友人壁》:“花径逶迤柳巷深,小阑亭午啭春禽。”赵嘏《送同年郑祥先辈归汉南》:“人倚绣屏闲赏夜,马嘶花径醉归时。”

【花舫】　犹画舫。雕饰有花纹图案的游船。白居易《晚起》:“闲上篮舆乘兴出,醉回花舫信风行。”朱庆余《泛溪》:“曲渚回花舫,生衣卧向风。”

【花卿】　花惊定。杜甫《戏作花卿歌》:“成都猛将有花卿,学语小儿知姓名。”参见“花驚定”。

【花座】　即莲花宝座。佛像下之莲花形台座。皇甫湜《石佛谷》:“花座五云扶,玉毫六虚射。”

【花酒】　❶酒与歌伎。白居易《花酒》:“香醅浅酌浮如蚁,雪鬓新梳薄似蝉。为报洛阳花酒道,莫辞送老二三年。”❷指押妓饮宴。吕岩《敲爻歌》:“只因花酒误长生,饮酒带花神鬼哭。”❸指为赏花而开酒宴。白居易《早夏游宴》:“昨日山水游,今朝花酒宴。”

【花容】　❶花之姿容。陈元光《半径寻真》:“坐石花容笑,穿林鸟语愁。”杜荀鹤《别四明钟尚书》:“风前柳态闲时少,雨后花容淡处多。”❷喻指美貌如花之面容。罗隐《姥山》:“临塘古庙一神仙,绣幌花容色俨然。”曹松《七夕》:“燕羽几曾添别恨,花容终不更含羞。”

【花袍】　指官袍。唐制官员三品以上服紫,四品以下依次服绯及深浅、绿、青,故称。白居易《初著刺史绯答友人见赠》:“徒使花袍红似火,其如蓬鬓白成丝。”

【花娘】　指歌伎。李贺《申胡子觱篥歌》序:“朔客大喜,擎觞起立,命花娘出幕,裴回拜客。”

【花紗】　于本色丝纱上提花而成之丝织品。其质地轻薄半透明。元稹《离思五首》之三:“红罗著压逐时新,吉了花纱嫩麹尘。”

【花紋】　图形条纹。陆畅《阶》:“甃玉编金次第平,花纹隐起踏无声。”

【花黄】　妇女面饰名。以金箔、翡翠或黄纸等剪成饰贴于额上。或于额上涂黄色花纹。崔液《踏歌词二首》之一:“鸳鸯裁锦袖,翡翠贴花黄。”刘方平《望夫石》:“佳人成古石,藓驳覆花黄。”

【花索】　指开满花朵的藤蔓。以其似由花构成之绳索,故称。卢纶《奉陪侍中游石笋溪十二韵》:“彩蛤攒锦囊,芳萝袅花索。”

【花雪】　花与雪。代指不同季节之景物。并写惜别之情。语本南朝梁何逊、范云《范广州宅联句》。李商隐《送王十三校书分司》:“多少分曹掌秘文,洛阳花雪梦随君。”

【花眼】　❶昏花看不分明之眼。白居易《玩迎春花赠杨郎中》:“凭君与向游人道,莫作蔓菁花眼看。”❷犹花蕊,花心。施肩吾《句》:“花眼绽红斟酒看,药心抽绿带烟锄。”

【花堂】　犹华堂、堂屋之美称。白居易《紫薇花》:“何似苏州安置处,花堂栏下月明中。”马云奇《怀素师草书歌》:“一昨江南投亚相,尽日花堂书草障。”

【花鳥使】　奉派为皇帝挑选嫔妃宫女的使者。见《新唐书·吕向传》。元稹《和李校书新题乐府十二首·上阳白发人》:“天宝年中花鸟使,撩花狎鸟含春思。”

【花牓】　题写楼宅名称的匾额。白居易《严十八郎中在郡日改制东南楼未立标榜征归郎署聊成十韵》:“未及署花榜,遽征还粉闱。”

【花舸】　雕饰精美的大船。贯休《送杜使君朝觐》:“花舸冲烟湿,朱衣照浪红。”

【花脯】　焙干之花。可用以泡茶。陆龟蒙《奉和袭美茶具十咏·茶焙》:“见说焙前人,时时炙花脯。”

【花鳥】　❶花与鸟。代表赏心悦目之大自然美景。太宗《帝京篇十首》之五:“烟霞交隐映,花鸟自参差。”裴士淹《游石门洞》:“溪竹乱花鸟,是月春将暮。”杜荀鹤《送友人游南海》:“花鸟名皆别,寒暄气不均。”❷指国画中之花鸟画。白居易《素屏谣》:“当世岂无李阳冰之篆字,张旭之笔迹,边鸾之花鸟,张璪之松石。”徐光溥《题黄居采秋山图》:“张璪松石徒称奇,边鸾花鸟何足窥。”

【花梁】　雕花之屋梁。太宗《登三台言志》:“舞接花梁燕，歌迎鸟路尘。”

【花陰】 花丛避光之荫处。赵嘏《赠陈正字》：“吟怜受露花阴足，行觉嘶风马力余。”鲍溶《莺雏》：“避日花阴语，愁风竹里啼。”亦指花影，花之阴影。刘昭禹《句》：“藓色围波井，花阴上竹楼。”

【花菱】 指菱花镜。骆宾王《咏镜》：“写月无芳桂，照日有花菱。”

【花葉】 ❶花与叶。李商隐《赠荷花》：“世间花叶不相伦，花入金盆叶作尘。唯有绿荷红菡萏，卷舒开合任天真。”❷花片，飘落之花瓣。李商隐《牡丹》：“我是梦中传彩笔，欲书花叶寄朝云。”韦庄《虚席》：“有时还影响，花叶曳香缯。”

【花落】 ❶花凋零坠落。刘沧《题王母庙》：“鹤归辽海春光晚，花落闲阶夕雨晴。”❷花闭合低重。戴叔伦《叹葵花》：“今日见花落，明日见花开。”❸乐府横吹曲《梅花落》之省称。李商隐《宫辞》：“莫向尊前奏花落，凉风只在殿西头。”

【花期】 花时，草木开花的时期。吕从庆《章氏幽居》：“白屋烟霞内，花期了不愆。”

【花塔】 花界之塔。指寺塔。陆海《题奉国寺》：“一磬竹林外，千灯花塔西。”毕乾泰《奉和九月九日登慈恩寺浮图应制》：“鹫林花塔启，凤辇顺时游。”参见“花雨”“花界”。

【花萼】 ❶花冠及其花瓣下之萼。亦泛指花。钱起《早夏》：“花萼败春多寂寞，叶阴迎夏已清和。”❷《诗·小雅·常棣》。意谓兄弟关系之亲密如花之与萼。后因以“花萼”喻指兄弟。王勃《自乡还虢》：“愿及百年内，花萼常相将。”李白《赠从弟冽》：“逢君发花萼，若与青云齐。”杜甫《远怀舍弟颖观等》：“云天犹错莫，花萼尚萧疏。”戎昱《送陆秀才归觐省》：“花萼连枝近，桃源去路深。”❸指花萼楼。徐安贞《奉和喜雪应制》：“蓬莱北上旌门暗，花萼南归马迹深。”杜甫《秋兴八首》之六：“花萼夹城通御气，芙蓉小苑入边愁。”又《骊山》：“骊山绝望幸，花萼罢登临。”杜牧《华清宫三十韵》：“望贤余故老，花萼旧池塘。”

【花萼楼】 “花萼相辉楼”之简称。在唐长安兴庆宫西南。唐玄宗时建。王昌龄有《夏月花萼楼酺宴应制》。顾况《八月五日歌》：“丹青庙里贮姚宋，花萼楼中宴岐薛。”张祜《千秋乐》：“八月平时花萼楼，万方同乐奏千秋。”郑嵎《津阳门诗》：“花萼楼南大合乐，八音九奏鸾来仪。”

【花朝】 （一zhāo）开花之时日。多指春季百花开放之时。白居易《琵琶引》：“春江花朝秋月夜，往往取酒还独倾。”李商隐《梓州罢吟寄同舍》：“不拣花朝与雪朝，五年从事霍嫖姚。”司空图《早春》：“伤怀同客处，病眼却花朝。”

【花晴】 谓花逢天晴而益娇艳。皮日休《偶留羊振文先辈及一二交友小饮因成四韵》：“谢庄初起恰花晴，强侍红筵不避觥。”

【花牋】 同“花笺”。牋，“笺”之异体字。欧阳询《道失》：“花戋一何荣，七字谁曾许。”白居易《霓裳羽衣歌》：“四幅花戋碧间红，霓裳实录在其中。”皮日休《病后春思》：“应笑病来惭满愿，花戋好作断肠文。”韦庄《立春》：“殷勤为作宜春曲，题向花戋帖绣楣。”亦代指信笺。罗虬《比红儿诗》之八七：“共嗟含恨向衡阳，方寸花戋寄沈郎。”

【花絛】 彩色之丝带。喻吐绶鸟之绚丽羽毛。刘禹锡《吐绶鸟词》：“湖烟始开山日高，迎风吐绶盘花绦。”

【花街柳巷】 指妓院集中之街巷。吕岩《敲爻歌》：“花街柳巷觅真人，真人只在花街玩。”

【花詔】 指朝廷授官或赐爵之诏书。因用彩笺书写并封以锦袋，故称。司空曙《晦日益州北池陪宴》：“常侍传花诏，偏裨问羽觞。”

【花絮】 指雪花。以其轻白似絮，故称。苏颋《游禁苑幸临渭亭遇雪应制》：“年惊花絮早，春夜管弦初。”

【花瑞】 瑞雪。许敬宗《奉和喜雪应制》：“伏槛观花瑞，称觞庆冬积。”

【花塢】 种有花木之低凹地。严维《酬刘员外见寄》：“柳塘春水慢，花坞夕阳迟。”杜牧《池州送孟迟先辈》：“竹冈森羽林，花坞团宫缬。”温庭筠《寒食节日寄楚望二首》之二：“金犊近兰汀，铜龙接花坞。”韩偓《南浦》：“应是石城艇子来，两桨咿哑过花坞。”

【花幕】 即莲幕。指幕府。齐己《闻王员外新恩有寄》：“青袍早许淹花幕，霜简方闻谢柏台。”参见“芙蓉幕”“花府”。

【花當】 （一dàng）花根。一说，当，乃“便当”之义。杜甫《次晚洲》：“摆浪散帙妨，危沙折花当。”

【花園】 植花木以供游赏之园林、园圃。李适《奉和春日幸望春宫应制》：“玉辇金舆天上来，花园四望锦屏开。”钱起《蓝田溪杂咏二十二首·竹间路》：“暗归草堂静，半入花园去。”白居易《和敏中洛下即事》：“花园到处莺呼入，骢马游时容避行。”雍陶《劝行乐》：“白头纵作花园主，醉折花枝是别人。”

【花幌】 织有花纹之帘幔。鲍溶《上阳宫月》：“受环花幌小开镜，移烛瑶房皆卷帘。”

【花鈿】 ❶以金玉珠宝等制成之妇女头饰。常非月《咏谈容娘》：“举手整花钿，翻身舞锦筵。”卢纶《古艳诗》之一：“推醉唯知弄花钿，潘郎不敢使人催。”白居易《长恨歌》：“花钿委地无人收，翠翘金雀玉搔头。”符子珪《芳树》：“遂令秾李儿，折取簪花钿。”❷即花子。妇女贴于额上之面饰。张夫人《拾得韦氏花钿以诗寄赠》："曾经纤手里，拈向翠眉边。"白居易《宴周皓大夫光福宅》："绿蕙不香饶桂酒，红樱无色让花钿。"徐铉《赠浙西妓亚仙》："粉汗沾巡盏，花钿逐舞茵。"杜光庭《咏西施》："素面已云妖，更著花钿饰。"亦比喻指飘落之花片。刘兼《春怨》："绣林红岸落花钿，故去新来感自然。"❸指花胜。剪彩绸为花鸟形悬于花树间，用以迎春者。成彦雄《柳枝辞九首》之二："鹅黄剪出小花钿，缀上芳枝色转鲜。"❹喻指女子。白居易《酒筵上答张居士》："弦管声非实，花钿色是空。"鱼玄机《折杨柳》："朝朝送别泣花钿，折尽春风杨柳烟。"杜牧《早春赠军事薛判官》："弦管开双调，花钿坐两行。"亦代指女子之面孔。花蕊夫人徐氏《宫词》："汗湿红妆行渐困，岸头相唤洗花钿。"

【花鈿鏡】　镂嵌有图案花纹之铜镜。司空图《南北史感遇十首》之九："景阳楼下花钿镜，玄武湖边锦绣旗。"

【花鈎】　饰有图纹的精美帘钩。颜纾《凤栖怨》："佳人名莫愁，珠箔上花钩。"

【花源】　❶桃花源之省称。徐安贞《送王判官》："明月开三峡，花源出五溪。"李白《同族弟金城尉叔卿烛照山水壁画歌》："回溪碧流寂无喧，又如秦人月下窥花源。"韩翃《寄武陵李少府》："桂水遥相忆，花源暗有期。"李群玉《自澧浦东游江表途出巴丘投员外从公虞》："谁昔探花源，考槃西岳阳。"❷喻指似桃花源般景胜之处。张谔《延平门高斋亭子应岐王教》："花源药屿凤城西，翠幕纱窗莺乱啼。"孟浩然《上巳日涧南园期王山人陈七诸公不至》："摇艇候明发，花源弄晚春。"郎士元《春宴王补阙城东别业》："柳陌乍随州势转，花源忽傍竹阴开。"法振《送韩侍御自使幕巡海北》："离亭不惜花源醉，古道犹看蔓草生。"❸代指唐山南西道。因桃花源所在之武陵县隶属山南西道，故称。崔轩《和主司王起》："同升翰苑三年美，继入花源九族荣。"

【花溪】　水名，在今浙江湖州市吴兴区东南。戎昱有《闰春宴花溪严侍御庄》。

【花筵】　编织有图纹之精美席子。司空曙《病中嫁女妓》："万事伤心在目前，一身垂泪对花筵。"刘言史《苦妇词》："兰裙间珠履，食玉处花筵。"白居易《杨柳枝二十韵》："绣履娇行缓，花筵笑上迟。"李群玉《伤柘枝妓》："今来独在花筵散，月满秋天一半空。"

【花障】　雕绘有图饰之屏风。白居易《春老》："歌舞屏风花障上，几时曾画白头人。"

【花殿】　寺庙之殿宇。刘长卿《赴宣州使院夜宴寂上人房》："春归花殿暗，秋傍竹房多。"参见"花界""花雨"。

【花緤】　织有花纹之粗麻布。孙元晏《咏史诗·陈·姚察》："却归掌选清何甚，一匹花緤不肯收。"

【花瑣】　雕花之窗格。王维《洛阳女儿行》："春窗曙灭九微火，九微片片飞花琐。"

【花臺】　围砌而成用于种花之高土台。宋之问《奉和九日登慈恩寺浮图应制》："萸房陈宝席，菊蕊散花台。"苏味道《和武三思于天中寺寻复礼上人之作》："忽闻从桂苑，移步践花台。"储光羲《题应圣观》："合砖起花台，折草成玉节。"李暇《怨诗三首》之二："何处期郎游，小苑花台间。"

【花塼】　亦作"花甎"。❶有花纹之砖。多用以铺地面。元稹《樱桃花》："樱桃花，一枝两枝千万朵。花砖曾立摘花人，窣破罗裙红似火。"❷唐代内阁心厅前阶有花砖道。后因以"花砖"为咏大臣朝参之典。元稹《和李校书新题乐府十二首·阴山道》："绰立花砖鹓凤行，雨露恩波几时报。"白居易《待漏入阁书事奉赠元九学士阁老》："彩笔停书命，花砖趁立班。"张祜《戊午年感事书怀二百韵》："气肠思藻镜，血首待花砖。"

【花蔓】　开着花的藤蔓。陆龟蒙《同袭美游北禅院》："连延花蔓映风廊，岸帻披襟到竹房。"

【花蕊】　❶花冠中心之须状部分。有雌雄之分。其雄性花蕊上有花粉。吕岩《敲爻歌》："长生药，采花心，花蕊层层艳丽春。"❷代指花朵。孟浩然《夏日辨玉法师茅斋》："物华皆可玩，花蕊四时芳。"杜甫《上巳日徐司录林园宴集》："鬓毛垂领白，花蕊亚枝红。"胡令能《观郑州崔郎中诸妓绣样》："日暮堂前花蕊娇，争拈小笔上床描。"李煜《浣溪沙》词之一："酒恶时拈花蕊嗅，别殿遥闻箫鼓奏。"

【花榭】　满布花木之台榭。温庭筠《瓜洲留别李诩》："柳堤惜别春潮落，花榭留欢夜漏分。"顾云《池阳醉歌赠匡庐处士姚岩杰》："九华太守行春罢，高绛红筵压花榭。"毛熙震《浣溪沙》词："花榭香红烟景迷，满庭芳草绿萋萋。"

【花箋】　亦作"花牋"。有花纹或彩色之精美笺纸。崔日用《奉和人日重宴大明宫恩赐彩缕人胜应制》："金屋瑶筐开宝胜，花笺彩笔颂春椒。"任华《怀素上人草书歌》："或逢花笺与绢素，凝神执笔守恒度。"白居易《妻初授邑号告身》："花笺印了排窠湿，锦褾装来耀手红。"晁采《寄文茂》："花笺制叶寄郎边，的的寻鱼为妾传。"

【花塵】　积叠之落花，代指花丛。秦韬玉《曲江》："金榜真仙开乐席，银鞍公子醉花尘。"

【花漏】　莲花形之计时滴漏。皎然《苕溪草堂自大历三年夏新营因纪其事》："色天夜清迥，花漏时滴沥。"自注："高僧远公刻莲花漏。"

【花蜜】 即蜂蜜。李商隐《骄儿诗》:“仰鞭罥蛛网,俯首饮花蜜。”

【花閣】 华美之楼阁。刘长卿《龙门八咏·石楼》:“隐隐见花阁,隔河映青林。”

【花綬】 腰间系官印之彩色丝带。孙逖《和咏廨署有樱桃》:“香从花绶转,色绕佩珠明。”岑参《送秘省虞校书赴虞乡丞》:“花绶傍腰新,关东县欲春。”元稹《说剑》:“燕丹卷地图,陈平绾花绶。”亦代指官爵。钱起《送宋征君让官还山》:“魏阙辞花绶,春山有杏田。”

【花蕊】 亦作“花蘂”。❶花的雄蕊和雌蕊的统称。孟浩然《夏日辨玉法师茅斋》:“物华皆可玩,花蕊四时芳。”❷花蕾,含苞未放的花。杜甫《上巳日徐司录林园宴集》:“鬓毛垂领白,花蕊亚枝红。”

【花蕊夫人】 五代前蜀人。姓徐,与妹俱以色事王建,为淑妃。交结宦官,干预朝政,宫中呼为小徐妃,亦号花蕊夫人。王衍继位,尊为翊圣皇太妃,后随王衍降后唐,翌年被杀。《全唐诗》卷七九八录其《宫词》一卷,一百三十余首,但误其为后蜀孟昶妃花蕊夫人徐氏。

【花樓】 泛指华美之楼阁。郑愔《奉和幸大荐福寺》:“兰图奉叶偈,芝盖拂花楼。”李贺《秦王饮酒》:“花楼玉凤声娇狞,海绡红文香浅清。”陆龟蒙《闺怨》:“白袷行人又远游,日斜空上映花楼。”

【花様】 ❶花之形状、样子。李绅《红蕉花》:“红蕉花样炎方识,瘴水溪边色最深。”皮日休《奉和鲁望白菊》:“蕊香亦似浮金靥,花样还如镂玉钱。”❷纺织品之花纹图样。韩常侍《寄织锦篇与薛郎中》:“并他时世新花样,虚费工夫不直钱。”织绵人《吟》序:“以今花样,与前不同。”亦指其他事物如发型之样子、形状。白居易《简简吟》:“玲珑云髻生花样,飘飖风袖蔷薇香。”❸绣花之底样。白居易《绣妇叹》:“连枝花样绣罗襦,本拟新年饷小姑。”

【花甎】 见“花塼”。

【花膚】 如花般润泽光艳之皮肤。郑嵎《津阳门诗》:“花肤雪艳不复见,空有香囊和泪滋。”

【花幢】 雕刻有花纹之经幢。喻指松树之枝干。白居易《题遗爱寺前溪松》:“翠盖烟笼密,花幢雪压低。”

【花箭】 杆上饰有花纹的箭。李贺《吕将军歌》:“恒山铁骑请金枪,遥闻箙中花箭香。”

【花貌】 如花般美艳的容貌。白居易《长恨歌》:“中有一人字太真,雪肤花貌参差是。”鲍溶《古意》:“愁心忽移爱,花貌无归妍。”罗虬《比红儿诗》之七六:“从道长陵小市东,巧将花貌占春风。”亦代指年轻美貌的女子。汪遵《西河》:“花貌年年溺水滨,俗传河伯娶生人。”

【花髻】 女子所用之一种假髻。其制以缯帛裹金属丝为圆箍,上饰金玉珠花等。温庭筠《握柘词》:“绣衫金騕褭,花髻玉珑璁。”

【花墻】 成排密栽之花木构成之篱墙。陆龟蒙《袭美以纱巾见惠因次韵酬谢》:“堪窥水槛澄波影,好拂花墙亚蕊香。”

【花壇】 花台。植花之土台。李建勋《和判官喜雨》:“高槛气浓藏柳郭,小庭流拥没花坛。”

【花蕾】 未展开之花苞。薛沆《题藏舟浦花》:“也知别有风光主,花蕾枝枝似去年。”

【花樹】 其花可供观赏之树。岑参有《韦员外家花树歌》。聂夷中《公子行二首》之二:“花树出墙头,花里谁家楼。”韦庄《丙辰年鄜州遇寒食城外醉吟五首》之一:“好是隔帘花树动,女郎撩乱送秋千。”

【花奩】 饰有花纹或镶嵌金玉之精致小盒。权德舆《七夕见与诸孙题乞巧文》:“隐映花奁对,参差绮席分。”

【花縣】 晋潘岳任河阳(在今河南洛阳西北)县令时遍种桃李花,人号曰“河阳一县花”。后遂以“花县”为喻县境多花或称美县治、县令之典。王维《送严秀才还蜀》:“别路经花县,还乡入锦城。”刘长卿《陪王明府泛舟》:“花县弹琴暇,樵风载酒时。”白居易《正月十五夜东林寺学禅因呈智禅师》:“花县当君行乐夜,松房是我坐禅时。”雍陶《永乐殷尧藩明府县池嘉莲咏》:“不独丰祥先有应,更宜花县对潘郎。”

【花嶼】 长满花草之岛屿。杜甫《寄彭州高三十五使君适等三十韵》:“竹斋烧药灶,花屿读书床。”刘长卿《送卢判官南湖》:“水禽前后起,花屿往来看。”钱起《送严士良侍奉詹事南游》:“渔烟月下浅,花屿水中春。”

【花錢】 喻指小花朵。李商隐《房中曲》:“蔷薇泣幽素,翠带花钱小。”

【花燒】 谓花开红艳似火。李贺《河阳歌》:“花烧中潬城,颜郎身已老。”

【花檉】 指绣出云花树。柽,河柳,一名观音柳,夏季开小红花。李贺《昌谷诗》:“碧锦帖花柽,香衾事残贵。”

【花蹊】 花径。花木间之小路。太宗《咏桃》:“禁苑春晖丽,花蹊绮树妆。”

【花罽】 织花之毛毯。卢纶《冬日宴郭监林亭》:“据梧花罽接,沃盥石泉分。”

【花臉】 如花之美丽面孔。多指女子之面。元稹《恨妆成》:“凝翠晕蛾眉,轻红拂花脸。”白居易《听崔七妓人筝》:“花脸云鬟坐玉楼,十三弦里一时愁。”詹敦仁《余迁泉山城留侯招游郡圃作此》:“柳腰舞罢香风度,花脸妆匀酒晕生。”

【花燭】　❶饰有龙凤等图案之腊烛。节庆时用之。元稹《除夜》："忆昔岁除夜，见君花烛前。"司空图《酬张芬有赦后见赠》："建水风烟收客泪，杜陵花烛梦郊居。"❷因旧习娶亲时洞房内点龙凤花烛，故以代指结婚喜事。杨师道《初宵看婚》："洛城花烛动，戚里画新蛾。"王昌龄有《萧驸马宅花烛》诗云："青鸾飞入合欢宫，紫凤衔花出禁中。"徐铉《纳后夕侍宴又三绝》之三："汉主承乾帝道光，天家花烛宴昭阳。"

【花翹】　妇女首饰之一种。以金玉或鸟尾羽毛制成，连缀于钗或簪上。因其一端如鸟尾上翘，故名。韦庄《诉衷情》："越罗香暗销，坠花翘。"

【花藥】　指芍药花。孟浩然《还山贻湛法师》："禅房闭虚静，花药连冬春。"又《同张明府碧溪赠答》："曲岛寻花药，回潭折芰荷。"

【花霧】　花与雾。綦毋潜《题招隐寺绚公房》："开士度人久，空岩花雾深。"

【花醥】　谓酒清冽。醥，清酒，亦指酒清冽貌。王维《河南严尹弟见宿弊庐访别人赋十韵》："花醥和松屑，茶香透竹叶。"

【花叢】　密集成丛之花木。元稹《杂忆五首》之三："寒轻夜浅绕回廊，不辨花丛暗辨香。"庄南杰《黄雀行》："林间公子挟弹弓，一丸致毙花丛里。"李绛、刘禹锡《杏园联句》："二十四年流落者，故人相引到花丛。"韦庄《菩萨蛮》之三："翠屏金屈曲，醉入花丛宿。"

【花臉】　肤色如花的面颊。白居易《简简吟》："苏家小女名简简，芙蓉花腮柳叶眼。"

【花蟲】　即蠹鱼，书蠹虫。李贺《秋来》："谁看青简一编书，不遣花虫粉空蠹。"

【花簟】　编有花纹的竹席。韩翃《送苏州姚长史》："葛衣行柳翠，花簟宿荷香。"李贺《河南府十二月乐词・七月》："仅厌舞衫薄，稍知花簟寒。"陆龟蒙《再招》："虽是寒轻云重日，也留花簟待徐摘。"

【花蘂】　见"花蕊"。

【花簪】　妇女首饰名。镂制成各色花样之簪子。杜牧《长安杂题长句六首》之三："少年羁络青纹玉，游女花簪紫蒂桃。"

【花顔】　美丽如花之容颜。多指女子青春面容。李白《怨歌行》："十五入汉宫，花颜笑春红。"白居易《新乐府・古冢狐》："或歌或舞或悲啼，翠眉不举花颜低。"袁不约《病宫人》："花颜有幸君王问，药饵无征待诏愁。"汪遵《东海》："漾舟雪浪映花颜，徐福携将竟不还。"亦代指青年女子。白居易《感镜》："自从花颜去，秋水无芙蓉。"

【花羅】　织有花纹的丝罗。罗，经纬不密的丝织品。杜甫《奉和严中丞西城晚眺十韵》："花罗封蛱蝶，瑞锦送麒麟。"

【花燼】　即灯花。灯蕊燃烧时有时顶端凝结出球状炭块，晶莹红亮，称为灯花，旧谓乃喜事之吉兆。杜甫《日暮》："头白灯明里，何须花烬繁。"

【花驄】　将骏毛修剪出花饰之骏马。剪为三瓣者为三花马，五瓣者称五花马。李嘉祐《送崔十一弟归北京》："潘郎美貌谢公诗，银印花骢年少时。"杜甫《骢马行》："邓公马癖人共知，初得花骢大宛种。"杨巨源《赠崔驸马》："平阳不惜黄金埒，细雨花骢踏作泥。"李咸用《轻薄怨》："花骢躞蝶游龙骄，连连宝节挥长鞘。"

【花嚴寺】　寺名。即华严寺。花，同"华"。在唐长安(今陕西西安市)景行坊。睿宗景云三年(712)立。严维有《奉和皇甫大夫夏日游花严寺》。孟郊有《题林校书花严寺书窗》。

【花露】　❶花上之露。张祜《和岳州徐员外云梦新亭二十韵》："草烟凝夜思，花露滴春愁。"许浑《和河南杨少尹奉陪薛司空石笋诗》："闻道诗成归已夕，柳风花露月初圆。"无名氏《秋风生桂枝》(卷七八七)："哀猿惊助袅，花露滴争垂。"❷花与露。赵嘏《寄梁佾兄弟》："荀家兄弟来还去，独倚栏干花露中。"

【花鬘】　❶串接花叶等制成之环形缨络状物。古印度及西域人常冠于头或搓于身上以为饰。佛寺亦用之。崔元翰《奉和圣制中元日题奉敬寺》："花鬘列后殿，云车驻前庭。"白居易《新乐府・骠国乐》："珠缨炫转星宿摇，花鬘斗薮龙蛇动。"❷开着花的藤萝。皮日休《太湖诗・明月湾》："柳弱下丝网，藤深垂花鬘。"

【花纇】　花蕾。陆龟蒙《早春》："数枝花纇小，愁杀扈芳人。"

【花鷁】　鸟名。游船船首常雕绘有鹢鸟图形，称鹢首船。李绅《忆春日太液池亭候对》："桥转彩虹当绮殿，舰浮花鹢近蓬莱。"

【花驚定】　西川节度使、成都尹崔光远的部将。杜甫《戏作花卿歌》序："上元二年，梓州刺史段子璋反，袭东川节度使李奂于绵州，自称梁王，改元。成都尹崔光远率将花惊定攻拔之，斩子璋，奂得复位。"

【花鬚】　花蕊。亦代指花。杜甫《陪李金吾花下饮》："见轻吹鸟毳，随意数花须。"李商隐《二月二日》："花须柳眼各无赖，紫蝶黄蜂俱有情。"

【花囊】　即香袋。用以存花储香的袋子，女子常以随身佩系。张祜《太真香囊子》："蹙金妃子小花囊，销耗胸前结旧香。"

【花龕】　即神龛、佛龛。凿崖壁成小石室似供佛像者。崔颢《游天竺寺》："花龛瀑布侧，青壁石林杪。"李颀《无尽上人东林禅居》："禅户积朝雪，花龛来暮猿。"严武《题巴州光福寺楠木》："香殿萧条转密阴，花龛滴沥垂清露。”

【花鬟月鬓】 造型似花月之美丽鬟鬓、发式。张泌《临江仙》：“花鬟月鬓绿云重，古祠深殿，香冷雨和风。”

【花鬉】 同“花骢”。杨巨源《观打毬有作》：“玉勒回时沾赤汗，花鬃分处拂红樱。”

【花靥】 指画或贴于女子两颊酒窝处之面饰。亦泛指面饰。欧阳炯《女冠子》词之一：“薄妆桃脸，满面纵横花靥。”温庭筠《归国遥》词之二：“粉心黄蕊花靥，黛眉山两点。”

【花氎】 一种织花之细棉布。见《新唐书·南蛮传下》。王维《与苏卢二员外期游方丈寺而苏不至因有是作》：“手巾花氎净，香帔稻畦成。”

【花艳】 美艳，艳丽。韩愈《送李尚书赴襄阳八韵得长字》：“风流岘首客，花艳大堤倡。”

艿 〔rèng《广韵》而證切，去證，日。〕芟刈后再生之草。方干《赠玛瑙山禅者》：“艿草不停兽，因师山更灵。”

芹 〔qín《广韵》巨斤切，平欣，羣。〕蔬菜之一种。即水芹。杜甫《大云寺赞公房四首》之二：“雨泻暮檐竹，风吹青井芹。”于鹄《寄周恽》：“家在荒陂长似秋，蓼花芹叶水虫幽。”许浑《沧浪峡》：“红虾青鲫紫芹脆，归去不辞来路长。”陆龟蒙《和袭美寄怀南阳润卿》：“谁怜故国无生计，唯种南塘二亩芹。”

【芹泥】 燕子衔以筑巢之泥。芹生水沼，其根上泥湿而带草叶，宜于筑巢，故燕常衔之。杜甫《徐步》：“芹泥随燕嘴，花蕊上蜂须。”温庭筠《寒食日作》：“窗中草色妒鸡卵，盘上芹泥憎燕巢。”

【芹芽】 水芹之嫩芽。可食。李贺《过华清宫》：“蜀王无近信，泉上有芹芽。”温庭筠《经西坞偶题》：“微红柰蒂惹蜂粉，洁白芹芽穿燕泥。”

【芹英】 芹菜之花。白居易《过李生》：“须臾进野饭，饭稻茹芹英。”

【芹根】 水芹之根。许浑《游江令旧宅》：“芹根生叶石池浅，桐树落花金井香。”

【芹菹】 即芹菹，芹菜与腌菜。贾岛《寄李辀侍郎》：“松栽侵古影，荦断尚芹菹。”

【芹蕨】 芹与蕨。两种蔬菜名。白居易《放鱼》：“青青芹蕨下，叠卧双白鱼。”

【芹齑】 腌渍之芹菜。王建《饭僧》：“蒲鲊除青叶，芹齑带紫芽。”

芥 〔jiè《广韵》古拜切，去怪，見。〕❶菜名。即芥菜。参见“芥子”。❷小草名，常以喻微小之物。参见“芥舟”。❸指石芥。一名石蕊。药草名，生石上，开白花。钱起《蓝上采石芥寄前李明府》：“渊明遗爱处，山芥绿芳初。”

【芥子】 芥菜之籽实。常以喻指极微小或极众多之事物。施肩吾《西山即事奉寄故园徐处士》：“唯余独慕神仙道，芥子虽穷寿不穷。”李群玉《规公业在净名得甚深义走笔此篇以屈瞻礼》：“但用须弥藏芥子，安知牛迹笑东溟。”缪岛云《句》：“抛芥子降颠狒狒，折杨枝洒醉猩猩。”

【芥舟】 出《庄子·逍遥游》。后因称小船为芥舟。贾彦璋《苏著作山池》：“芥浮舟是叶，莲发岫为花。”

【芥羽】 出《史记·鲁周公世家》。后遂以“芥羽”指斗鸡之事。杜淹《咏寒食斗鸡应秦王教》：“花冠初照日，芥羽正生风。”

芩 〔qín《广韵》巨金切，平侵，羣。〕❶药草名。茎如钗股，叶如竹。蔓生草泽中。一说通“芹”。元稹《桐花》：“君若傲贤隽，鹿鸣有食芩。”❷“岑”字之讹。李贺《自昌谷到洛后门》：“九月大野白，苍芩竦秋门。”

芬 〔fēn《广韵》撫文切，平文，敷。〕芬香；香气。魏征《五郊乐章·雍和》：“飨荐黄道，芬流紫辰。”韩愈《醉赠张秘书》：“东野动惊俗，天葩吐奇芬。”孟郊《寄陕府邓给事》：“候谒随芳语，铿词芬蜀笺。”郑薰《桐柏观》：“月寒岩障晓，风远蕙兰芬。”

【芬芬】 芬芳，芳香。魏征《五郊乐章·雍和》：“苾苾兰羞，芬芬桂醑。”权德舆《酬陆四十楚源春夜宿虎丘山对月见贻之作》：“落落杉松直，芬芬兰杜飘。”

【芬芳】 ❶芳香。亦指香气。太宗《帝京篇十首》之九：“罗绮昭阳殿，芬芳玳瑁筵。”权德舆《太原郑尚书远寄新诗走笔酬赠因代书贺》：“芬芳鸡舌向南宫，伏奏丹墀迹又同。”李德裕《比闻龙门敬善寺有红桂树因赋是诗兼赠陈侍御》：“芬芳世所绝，偃蹇枝渐直。”刘兼《海棠花》：“良宵更有多情处，月下芬芳伴醉吟。”❷喻指德行或名声之美好。杜甫《奉贺阳城郡王太夫人恩命加邓国太夫人》：“奕叶班姑史，芬芳孟母邻。”孟郊、韩愈《遣兴联句》：“殷鉴谅不远，佩兰永芬芳。”崔邠《礼部权侍郎阁老史馆张秘监有离合酬赠之聊继此章》：“坐更芝兰室，千载各芬芳。”

【芬郁】 ❶谓香气芬芳浓郁。方干《胡中丞早梅》：“芬郁合将兰并茂，凝明应与雪相宜。”❷形容德业声名显赫、远扬。吴融《绵竹山四十韵》：“勒铭燕然山，万代垂芬郁。”

【芬苾】 犹馨香。韩愈《南山诗》：“尝闻于祠官，芬苾降歆嗅。”

【芬怪】 芬香奇异。陆龟蒙《二遗诗》序：“枝峰蔓壑，秀气磅礴者数百里，不啻神仙登临。草木芬怪，永康之地，亦蝉联其间。”

【芬香】　芳香。王维《鱼山神女祠歌》序："智琼能隐其形，不能藏其声。且芬香达于室宇，颇为人知。"刘谷《和三乡诗》："兰蕙芬香见玉姿，路傍花笑景迟迟。"

【芬華】　芳香之花。白居易《种桃歌》："忆昨五六岁，灼灼盛芬华。"亦指开放香花。王绩《春桂问答二首》之一："问春桂，桃李正芬华。"

【芬菲】　芳菲。花草繁盛馨香貌。亦代指花草。沈佺期《洛州萧司兵谒兄还赴洛成礼》："灞亭春有酒，岐路惜芬菲。"

【芬萛】　同"芬氳"。萛，同"氳"。薛瑶《谣》："瑶草芳兮思芬萛，将奈何兮青春。"

【芬絢】　芬芳绚丽。喻词采华美。韦应物《同德精舍养疾寄河南兵曹东厅掾》："缄书问所如，酬藻当芬绚。"

【芬絲】　芬香之树木枝条。羊士谔《故萧尚书瘿柏斋前玉蕊树与王起居同赏》："天清凝积素，风暖动芬丝。"

【芬氳】　香气泌逸貌。郑愔《采莲曲》："鱼鸟争唼喋，花叶相芬氳。"

【芬榮】　谓草木滋长繁荣。宋之问《过中书元舍人山斋》："具物芬荣时，登攀各可极。"张九龄《林亭寓言》："蘅茝不时与，芬荣奈汝何。"李白《游谢氏山亭》："病闲久寂寞，岁物徒芬荣。"又《咏槿》："芬荣何夭促，零落在瞬息。"

【芬敷】　花木芳香荣盛貌。张九龄《临泛东湖》："晚秀复芬敷，秋光更遥衍。"权德舆《侍从游后湖宴坐》："中流有荷花，花实相芬敷。"庄南杰《春草歌》："含芳吊影争芬敷，绕云恨起山蘼芜。"

【芬輪】　棼轮。亦写作"焚轮"。联绵词。自上而下的风暴。刘禹锡《武陵观火诗》："怒如列缺光，迅与芬轮俱。"

【芬馥】　谓芳香浓郁。魏征《五郊乐章·肃和》："芬馥百品，铿锵三变。"权德舆《伏蒙十六叔寄示喜庆感怀三十韵因献之》："飞沉禽鱼乐，芬馥兰桂薰。"崔涂《幽兰》："不如当路草，芬馥欲何为。"刘兼《再看光福寺牡丹》："当筵芬馥歌唇动，倚槛娇羞醉眼斜。"

【芬馨】　芳香。亦指香气。郭遵《南至日隔仗望含元殿香炉》："芬馨流远近，散漫入貂蝉。"白居易《和答诗十首·答桐花》："受君封植力，不独吐芬馨。"

芡

〔qiàn《广韵》巨險切，上琰，羣。〕水生草本植物名。俗称"鸡头"。睡莲科。茎叶均有刺。叶圆形。花夏季开，紫色。浆果像鸡头，内包之种子称"鸡头米"，可食。杜甫《渼陂西南台》："况资菱芡足，庶结茅茨迥。"白居易《同韩侍郎游郑家池吟诗小饮》："白鸥惊不起，绿芡行堪采。"皮日休《北禅院避暑联句》："鱼跳上紫芡，蝶化缘青壁。"陆龟蒙《江南秋怀寄华阳山人》："水喧揔紫芡，村响春香秔。"

【芡盤】　芡之叶。圆形，平溪水面似盘，故称。韩愈《独酌四首》之一："曲树行藤角，平池散芡盘。"

【芡觜】　芡之实称"鸡头"，成熟时有口张开，其开口处称"芡觜"。韩愈《独钓四首》之四："风能拆芡嘴，露亦染梨腮。"

芟

〔shān《广韵》所銜切，平銜，生。〕❶清除杂草。寒山《诗三百三首》之十六："家住绿岩下，庭芜更不芟。"韩愈《刘生诗》："我为罗列陈前修，芟蒿斩蓬利锄耰。"皮日休《江南书情二十韵寄韦校书宋先辈二同年》："枕户槐从亚，侵阶草懒芟。"亦指斩伐竹木等。许浑《维舟秦淮过温州李给事宅》："珠玉砂同弃，松筠草共芟。"韩偓《朝退书怀》："山禽养久知人唤，窗竹芟多漏月光。"❷斩，杀。柳宗元《咏荆轲》："夷城芟七族，台观皆焚污。"元稹《献荥阳公诗五十韵》："劲芟鳌足断，精贯虱心穿。"曹唐《奉送严大夫再领容府二首》之一："剑澄黑水曾芟虎，箭劈黄云惯射雕。"❸删削；减除。陆龟蒙《和袭美江南书情二十韵寄韦校书宋先辈次韵》："砚缺犹慵琢，文繁却要芟。"李咸用《和吴处士题村叟壁》："糲麯芟汀蓼，甘茶挈石泉。"

【芟夷】　❶斩除杂草恶木。杜甫《除草》："芟夷不可阙，疾恶信如仇。"李绅《寿阳罢郡日有诗十首·别连理枝》："芟夷不及知无患，雨露曾霑自不枯。"❷削除，平定。柳宗元《唐铙歌鼓吹曲十二篇·战武牢》："铺施芟夷，二主缚。"陈陶《圣帝击壤歌四十声》："芟夷逾旧迹，神圣掩前王。"❸犹杀戮。皎然《早春书怀寄李少府仲宣》："忽值胡雏起，芟夷若乱麻。"

【芟芟】　犹言光秃秃。张籍《山头鹿》："山头鹿，角芟芟，尾促促。"

【芟斫】　砍伐；斩除。元稹《古社》："主人议芟斫，怪见不敢前。"白居易《有木诗八首》之四："为长社坛下，无人敢芟斫。"

【芟庭】　清除庭院杂草。刘禹锡《同乐天和微之深春二十首》之十："芟庭留野菜，撼树去狂花。"

【芟除】　锄刈秽杂草木。韦应物《新理西斋》："草木无行次，闲暇一芟除。"

【芟繁摭華】　剔除繁杂，摘取精华。李瀚《蒙求》："芟繁摭华，尔曹勉旃。"

芳

〔fāng《广韵》敷方切，平陽，敷。〕❶本指草香。后泛指芳香或香气。贾曾《和宋之问下山歌》："王孙不留兮岁当将晏，嵩岩仙草兮为谁芳。"王维《蓝田山石门精舍》："涧芳袭人衣，山月映石壁。"陈去疾《踏歌行》："仙跸初传紫禁香，瑞云开处夜花芳。"李商隐《春风》："若教春有意，惟遣一枝芳。"

亦指开花逸香。丁泽《良田无晚岁》："无年皆有获，后种亦先芳。"白居易《和答诗十首·和松树》："粪土种瑶草，瑶草终不芳。"❷花；花草；花木。苏颋《和杜主簿春日有所思》："美人不共此，芳好空所惜。"李白《留别贾舍人至二首》之二："秋风吹胡霜，凋此檐下芳。折芳怨岁晚，离别凄以伤。"戴叔伦《送人游岭南》："红芳绿笋是行路，纵有啼猿听却幽。"李建勋《醉中惜花更书与诸从事》："公退寻芳已是迟，莫因他事更来稀。"亦指草。孟郊《送淡公》之十："镜芳步步绿，镜水日日深。"❸指春天。刘宪《人日玩雪应制》："胜日登临云叶起，芳风摇荡雪花飞。"参见"芳時""芳郊""芳訊"。❹形容美好的、精妙的事物。李峤《奉和杜员外扈从教阅》："幸陪仙驾末，欣采翰林芳。"董思恭《守岁二首》之一："暮景斜芳殿，年华丽绮宫。"张祜《奉和湖州苏员外题游杯池》："酒醆开若酝，诗妙掇蘋芳。"❺喻指青春韶华。参见"芳年""芳華"。❻犹美名、令德。指美好的名誉、德业。玄宗《端午》："忠贞如不替，贻厥后昆芳。"周昙《咏史诗·三代门·周公》："文武传芳百代基，几多贤哲守成规。"❼用于敬称或美称。见"芳札""芳翰""芳樽""芳躅"。

【芳夕】　春夕。春日之夜晚。项斯《春夜樊川竹亭陪诸同年宴》："幸此同芳夕，宁辞倒醉身。"刘兼《春夕寓兴》："闲泥金徽度芳夕，幽泉石上自潺湲。"亦借指春日。张祜《题常州水西馆》："聊当俟芳夕，一泛芰荷间。"

【芳月】　春季之月日。张九龄《武司功初有幽庭春暄见贻夏首获见以诗报焉》："芳月尽离居，幽怀重起予。"韦元旦《早朝》："震维芳月季，宸极众星尊。"

【芳水】　养花池中之水。晁采《子夜歌十八首》之十三："花池多芳水，玉杯挹赠郎。"

【芳心】　❶花之心；花蕊。李商隐《野菊》："已悲节物同寒雁，忍委芳心与暮蝉。"李群玉《新荷》："增在春波底，芳心卷未舒。"徐铉《题殷舍人宅木芙蓉》："晓吐芳心零宿露，晚摇娇影媚清风。"亦指包卷未展之叶。钱珝《未展芭蕉》："冷烛无烟绿蜡干，芳心犹卷怯春寒。"❷喻女子多情之心。李白《古风》之四九："皓齿终不发，芳心空自持。"杨衡《仙女词》："仙宫一闭无消息，遥结芳心向碧云。"罗虬《比红儿诗》之五十三："红儿若是三千数，多少芳心似死灰。"李煜《蝶恋花》："一片芳心千万绪，人间没个安排处。"

【芳札】　对他人书札信函之美称。韦应物《寄子西》："伤离枉芳札，忻遂见心曲。"

【芳年】　❶新春；新年。太宗《春日玄武门宴群臣》："韶光开令序，淑气动芳年。"高球《三月三日宴王明府山亭》："洛城春禊，元巳芳年。"孙逖《晦日与卢舍人同诣补阙城南林园》："芳年正月晦，假日早朝回。"❷茂年；青少年。卢照邻《长安古意》："借问吹箫向紫烟，曾经学舞度芳年。"韦应物《拟古诗十二首》之三："旨酒亲与朋，芳年乐京国。"李频《贺同年翰林从叔舍人知制诰》："芳年贵盛谁为比，郁郁青青岳顶松。"唐彦谦《秋日感怀》："无情最恨东流水，暗逐芳年去不还。"

【芳名】　❶犹美名。美好的名声、名气。白居易、王起《仆射来示有三春向晚四者难并之说重为联句》："青林思小隐，白雪仰芳名。"独孤及《送陈兼应辟兼寄高适贾至》："芳名动北步，逸韵凌南皮。"薛存诚《御制段太尉碑》："青史应同久，芳名万古闻。"孙元晏《咏史诗·宋·谢朏》："谢家诸子尽兰香，各震芳名满帝乡。"❷美好的名称、名字。李峤《纸》："妙迹蔡侯施，芳名左伯驰。"严公贶《题汉州西湖》："犹蕴济川志，芳名终不渝。"徐凝《相思林》："游客远游新过岭，每逢芳树问芳名。"翁承赞《题莒潭安闽院》："景福滋闽壤，芳名亘古今。"❸对他人名字之美称。姚合《酬薛奉礼见赠之作》："珍重来章相借分，芳名未识已曾闻。"

【芳池】　池塘之美称。李峤《柳》："列宿分龙影，芳池写凤文。"许浑《陪宣城大夫崔公泛后池二首》之一："陪泛芳池醉北楼，水花繁艳照膺舟。"

【芳杜】　指杜若。亦泛指香草。许敬宗《安德山池宴集》："山庭带芳杜，歌吹叶阳春。"孟浩然《夜渡湘水》："露气闻芳杜，歌声识采莲。"李德裕《张公超谷中石》："自予去幽谷，谁人袭芳杜。"马戴《怀黄颇》："炎州结遥思，芳杜采应空。"

【芳芷】　香草名。皎然《观王右丞维沧洲图歌》："便有春渚情，褰裳掇芳芷。"李群玉《黄陵庙》："风回日暮吹芳芷，月落山深哭杜鹃。"

【芳芬】　芬芳。谓香气散逸。陈去疾《元夕京城和欧阳衮》："兰焰芳芬彻晓开，珠光新霱映人来。"

【芳辰】　犹良辰。美好的时光。源乾曜《奉和御制乾曜与张说宋璟同日上官命宴都堂赐诗》："道合徽音畅，芳辰景命新。"杜甫《郪城西原送李判官兄武判官弟赴城都府》："凭高送所亲，久坐惜芳辰。"贾棱《御沟新柳》："王孙如可赏，攀折在芳辰。"皮日休《病中美景颇阻追游因寄鲁望》："药前美禄应难断，枕上芳辰岂易销。"

【芳步】　女子行步之美称。李咸用《江南曲》："江南四月薰风低，江南女儿芳步齐。"

【芳秀】　泛指荣茂之花草树木。严维《游灞陵山》："芳秀惬春目，高闲宜远心。"

【芳甸】　花草荣茂之平野。张若虚《春江花月夜》："江流宛转绕芳甸，月照花林皆似霰。"储光羲《苏十三瞻登玉泉寺峰见赠作》："别业在春山，怀归出芳甸。”豆卢荣《赋得春风扇微和》：“迟迟入绮阁，习习流芳甸。”李章《春游吟》：“初春遍芳甸，十里蔼盈瞩。”

【芳言】 有文采之词句。李白《赠宣城赵太守悦》：“焚香入兰台，起草多芳言。”

【芳序】 美好的时令。多指百花盛开之春时。徐彦伯《拟古三首》之一：“莲若茂芳序，君子从远戎。”

【芳林】 开花之树林。白居易《题郡中荔枝诗十八韵》：“奇果标南土，芳林对北堂。”贾岛《雨夜寄马戴》：“芳林杏花树，花落子西东。”刘兼《春游》：“隔云故国山千叠，傍水芳林锦万枝。”亦泛指林木。刘禹锡《乐天见示伤微之敦诗晦叔三君子因成是诗以寄》：“芳林新叶催陈叶，流水前波让后波。”吴融《阌乡寓居十首·木塔偶题》：“西南古刹近芳林，偶得高秋试一吟。”

【芳枝】 ❶嘉树之枝条。成彦雄《柳枝辞九首》之二：“鹅黄剪出小花钿，缀上芳枝色转鲜。”郭求《日暖万年枝》：“旭日升溟海，芳枝散曙烟。”❷芳桂枝之略语。喻指科举及第。孟守《和主司王起》：“别有倍深知感士，曾经两度得芳枝。”参见“芳桂”。

【芳苾】 芳香。陆龟蒙《奉酬袭美先辈吴中苦雨一百韵》：“椒兰任芳苾，精珊从罗列。”

【芳直】 谓木材芳香且挺直。白居易《有木诗八首》之八：“匠人爱芳直，裁截为厦屋。”

【芳事】 花事。草木开花之事。唐彦谦《紫薇花》：“素秋寒露重，芳事固应稀。”

【芳物】 泛指花木、花草。韦应物《与友生野饮效陶体》：“始自玩芳物，行当念徂春。”李商隐《蝶》：“年年芳物尽，来别败兰荪。”

【芳念】 关情女子之思念。温庭筠《和友人伤歌姬》：“更能何事销芳念，亦有浓华委逝川。”

【芳泥】 落花腐积之泥。谭用之《春日期巢湖旧事》：“富贵万场归紫酒，是非千载逐芳泥。”

【芳夜】 犹言良宵。杨衡《白纻辞》：“金壶半倾芳夜促，梁尘霏霏暗红烛。”

【芳春】 ❶春天。杜牧《江楼》：“独酌芳春酒，登楼已半醺。”骆宾王《艳情代郭氏答卢照邻》：“柳叶园花处处新，洛阳桃李应芳春。”可止《精舍遇雨》：“卧向白云情未尽，任他黄鸟醉芳春。”郑谷《蜀中赏海棠》：“浓淡芳春满蜀乡，半随风雨断莺肠。”❷犹青春、年华。李群玉《登宜春醉宿景星寺寄郑判官兼简空上人》：“皎皎荥阳子，芳春富才义。”亦喻指花之青春。指花盛开之时日。戴叔伦《花》：“花发炎景中，芳春独能久。”

【芳榮】 指草木滋长荣茂。白居易《和答诗十首·答桐花》：“受君雨露恩，不独含芳荣。”李商隐《和马郎中移白菊见示》：“偏称含香五字客，从兹得地始芳荣。”

【芳柯】 芳枝。荣茂之树木枝条。韦纾《赋得风动万年枝》：“嫩叶含烟霭，芳柯振惠风。”

【芳草】 芳美繁茂之青草。崔湜《责躬诗》：“流灵自芜蔓，芳草独葳蕤。”杜甫《苏端薛复筵简薛华醉歌》：“爱客满堂尽豪翰，开筵上日思芳草。”牟融《陈使君山庄》：“流水断桥芳草路，淡烟疏雨落花天。”李九龄《过相思谷》：“悠悠信马春山曲，芳草和烟铺嫩绿。”

【芳草王孫】 为咏怀人或思归之典。出《楚辞·招隐士》。吴融《秋日经别墅》：“幸有白云眠楚客，不劳芳草思王孙。”韦庄《春日》：“红尘遮断长安陌，芳草王孙暮不归。”谭用之《江上闻笛》：“临流不欲殷勤听，芳草王孙旧有情。”

【芳茵】 ❶褥席、坐垫之美称。杜甫《八哀诗·赠太子师汝阳郡王琎》：“道大容无能，永怀侍芳茵。”王建《秋日后》：“住处近山常足雨，闻晴晒曝旧芳茵。”❷芳草鲜美之平地。崔日知《奉酬韦祭酒偶游龙门北溪》：“岩前窥石镜，河畔踏芳茵。”储嗣宗《晚眺徐州延福寺》：“杉风振旅尘，晚景藉芳茵。”

【芳茗】 香茶。陆希声《阳羡杂咏十九首·茗坡》：“二月山家谷雨天，半坡芳茗露华鲜。”刘兼《从弟舍人惠茶》：“曾求芳茗贡芜词，果沐颁需味甚奇。”

【芳軌】 好的模式。轨，器物的规定制式。李峤《筝》：“蒙恬芳轨设，游楚妙弹开。”

【芳原】 花草繁盛之原野。韦应物《东郊》：“微雨霭芳原，春鸠鸣何处。”

【芳思】 由春光引发之思绪。李绅《新楼诗二十首·北楼樱桃花》：“多事东风入闺闼，尽飘芳思委江城。”姚合《游春十二首》之一：“悠悠芳思起，多是晚风前。”

【芳香】 ❶馨香。亦指香气。裴迪《辋川集二十首·椒园》：“丹刺罥人衣，芳香留过客。”韦应物《拟古诗十二首》之七：“兰蕙虽可怀，芳香与时息。”白居易《寄情》：“芳香销掌握，怅望生怀抱。”纥干著《赏残花》：“零落多依草，芳香散著人。”❷喻才德声名之美好。刘长卿《瓜洲驿奉饯张侍御使之岭南》：“劲直随台柏，芳香动省兰。”亦喻指诗文美好感人。颜真卿《谢陆处士杼山折青桂花见寄之什》：“忽枉岩中诗，芳香润金石。”

【芳信】 ❶恋人或夫妻间之书信。刘允济《怨情》：“玉关芳信断，兰闺锦字新。”王涣《惆怅诗十二首》之六：“薄幸檀郎断芳信，惊嗟犹梦合欢鞋。”王贞白《有所思》：“残春不入梦，芳信欲传谁。”李珣《定风波》之五：“惟恨玉人芳信阻，云雨，屏帷寂寞梦难成。”❷对他人书信之美称。储光羲《酬李处士山中见赠》：“引领迟芳信，果枉瑶华篇。”钱起《再得毕侍御书闻巴中卧病》："芳信来相续，同心远更亲。"白居易《祗役骆口驿喜萧侍御书至因寄八韵》："忽惊芳信至，复与新诗并。"

【芳音】 ❶犹佳音。魏奉古《长门怨》："自从捐弃在深宫，君处芳音更不通。"贺朝《孤兴》："黄鹄千里翅，芳音迟所因。"南唐后主李煜《采桑子》词之二："绿窗冷静芳音断，香印成灰。"❷对他人信函之美称。李群玉《登宜春醉宿景星寺寄郑判官兼简空上人》："越鸟日南飞，芳音愿相次。"❸美妙的声音。张祜《箫》："还将九成意，高阁伫芳音。"温庭筠《杨柳枝》之六："两两黄鹂色似金，袅枝啼露动芳音。"

【芳郊】 花草繁茂之郊野。王勃《登城春望》："芳郊花柳遍，何处不宜春。"杜牧《夏州崔常侍自少常亚列出领麾幢十韵》："野水差新燕，芳郊哢夏莺。"

【芳恨】 女子由情爱而生之憾怨。李群玉《和人赠别》："嚬黛低红别怨多，深亭芳恨满横波。"

【芳姿】 美丽的姿容、姿态。元稹《感石榴二十韵》："俗态能嫌旧，芳姿尚可嘉。"杨衡《白纻歌二十韵二首》之二："芳姿艳态妖且妍，回眸转袖暗催弦。"李璟《保大五年元日大雪同太弟景遂登楼赋》："素姿好把芳姿掩，落势还同舞势斜。"徐铉《柳枝词十首》之八："新春花柳竞芳姿，偏爱垂杨拂地枝。"

【芳洲】 花草繁茂之水洲。崔国辅《奉和圣制上巳祓禊应制》："鸣銮通禁苑，别馆绕芳洲。"李白《鹦鹉洲》："鹦鹉西飞陇山去，芳洲之树何青青。"白居易《曲江》："翠幄晴相接，芳洲夜暂空。"刘沧《及第后宴曲江》："霁景露光明远岸，晚空山翠坠芳洲。"

【芳津】 甘美之液汁。❶草木花叶中的水份。李商隐《行次西郊作一百韵》："又若夏苦热，燋卷无芳津。"❷唾液。韩偓《无题》："柳虚禳沴气，梅实引芳津。"

【芳屏】 绘有图画之屏风。王勃《林塘怀友》："芳屏画春草，仙杼织朝霞。"

【芳華】 ❶芳香之花。韩愈《春雪》："新年都未有芳华，二月初惊见草芽。"白居易《续古诗十首》之七："凉风飘嘉树，日夜减芳华。"又《杨柳枝二十韵》："春惜芳华好，秋怜颜色衰。"徐铉《又赋早春书事》："苑里芳华早，皇家胜事多。"❷喻指美好的时光。王继鹏《批叶翘谏书纸尾》："人情自厌芳华歇，一叶随风落御沟。"

【芳埃】 芳尘。积满落花之地。孟郊《济源寒食》之三："一日踏春一百回，朝朝没脚走芳埃。"

【芳菲節】 草长花开之春浓时节。多指农历春三月。王泠然《寒食篇》："良辰更重宜三月，能成昼夜芳菲节。"柳中庸《寒食戏赠》："酒是芳菲节，人当桃李年。"白居易、王起《仆射来示有三春向晚四春难并之说重为联句》："欲过芳菲节，难忘宴慰情。"于濆《戍卒伤春》："连年戍边塞，过却芳菲节。"

【芳桂】 ❶桂树之美称。李白《送温处士归黄山白鹅峰旧居》："去去陵阳东，行行芳桂丛。"李群玉《岳阳春晚》："所嗟芳桂晚，寂寞对汀洲。"❷喻指科举及第。钱起《送李四擢第归觐省》："直矜鹦鹉赋，不贵芳桂枝。"顾况《送韦秀才赴举》："芳桂君应折，沈灰我不然。"李远《陪新及第赴同年会》："曾攀芳桂英，处处共君行。"李商隐《及第东归次灞上却寄同年》："芳桂当年各一枝，行期未分压春期。"

【芳荼】 香茶。茶字古作"荼"。韩愈《燕河南府秀才得生字》："芳荼出蜀门，好酒浓且清。"

【芳烈】 嘉美之功业。烈，功业。顾况《赠别崔十三长官》："崔侠两兄弟，垂范继芳烈。"

【芳時】 百花盛开之春时。多指清明前后。刘长卿《送王员外归朝》："芳时万里客，乡路独归人。"韦应物《送李儋》："芳时坐离散，世事谁可同。"独孤良弼《上巳接清明游宴》："闰年侵旧历，令节并芳时。"周渍《重门曲》："此身却羡宫中树，不失芳时雨露恩。"

【芳氣】 芳香之气味；花香。骆宾王《帝京篇》："桂枝芳气已销亡，柏梁高宴今何在。"颜真卿、陆士修《五言月夜啜茶联句》："素瓷传静夜，芳气清闲轩。"白居易《睡后茶兴忆杨同州》："盛来有佳色，嚥罢余芳气。"陈璀《风光草际浮》："晓光缘圃丽，芳气满街流。"

【芳徑】 花木夹道之小路。李峤《李》："蝶游芳径馥，莺啭弱枝新。"崔公信《和太原张相公山亭怀古》："潇洒主人静，夤缘芳径幽。"施肩吾《惜花》："今朝芳径里，惆怅锦机空。"陆龟蒙《奉酬袭美病中见寄》："早晚却还岩下电，共寻芳径结烟条。"

【芳訊】 对他人信函音问之美称。权德舆《奉和许阁老酬淮南崔十七端公见寄》："芳讯风情在，佳期岁序徂。"又《酬陆四十楚源春夜宿虎丘山对月》："芳讯发幽缄，新诗比良觌。"刘禹锡《酬令狐相公岁暮远怀见寄》："芳讯远弥重，知音老更稀。"王起《和李校书雨中见访不遇诗》："忽枉情人吐芳讯，临风不羡潘锦舒。"

【芳羞】 美味之食物。羞，同馐。魏征《五郊乐章·舒和》："鸣鞞奏管芳羞荐，会舞安歌葆眊扬。"

【芳宴】 盛美之宴会。杜甫《同李太守登历下古城员外新亭》："芳宴此时具，哀丝千古心。"萧祜《奉陪武相公西亭夜宴陆郎中》："弘阁陈芳宴，佳宾此会难。"

【芳菁】 馨香的韭菜花。韩愈、孟郊《城南联句》："如瓜煮大卵，比线茹芳菁。"

【芳條】 花枝。代指女子。李商隐《代贵公主》："芳条得意红，飘落忽西东。"

【芳情】 ❶犹春意。元稹《春六十韵》:“撩摘芳情遍,搜求好处终。”❷花之情意、情韵。白居易《题灵隐寺红辛夷花戏酬光上人》:“芳情乡思知多少,恼得山僧悔出家。”

【芳陰】 花木之荫;树荫。孙逖《和常州崔使君咏后庭梅二首》之一:“庭中自公日,歌舞向芳阴。”卢鸿一《嵩山十志十首·金碧潭》序:“金碧潭者,盖水洁石鲜,光涵金碧,岩葩林莺,有助芳阴。”权德舆《早夏青龙寺致斋凭眺感物因书十四韵》:“首夏谅清和,芳阴接场圃。”皮日休《夏初访鲁望偶题小斋》:“半里芳阴到陆家,藜床相劝饭胡麻。”

【芳朝】 犹芳晨,良辰。李百药《少年行》:“少年不欢乐,何以尽芳朝。”

【芳盛】 犹荣盛、繁茂。酒肆布衣《醉吟》:“阳春时节天气和,万物芳盛人如何。”

【芳菲】 ❶花木茂美馨香貌。宋之问《芳树》:“何地早芳菲,宛在长门殿。”李颀《魏仓曹宅各赋一物得当轩石竹》:“芳菲看不厌,采摘愿来兹。”权德舆《和邵端公醉后寄于谏议之作》:“阳和次第发,桃李更芳菲。”韦庄《春日》:“忽觉东风景渐迟,野梅山杏暗芳菲。”亦喻指女子之美艳如花。窦巩《悼妓东东》:“芳菲美艳不禁风,未到春残已坠红。”罗虬《比红儿诗》之一:“姓字看侵尺五天,芳菲占断百花鲜。”❷犹荣耀、光采。王传《和襄阳徐相公商贺徐副使加章绶》:“朱紫联辉照日新,芳菲全属断金人。”亦指浓盛貌。太宗《秋日即目》:“芳菲夕雾起,暮色满房栊。”❸芳美之花卉、草木。杜甫《落日》:“芳菲缘岸圃,樵爨倚滩舟。”李端《韦员外东斋看花》:“一到芳菲下,空招两鬓秋。”姚合《暮春书事》:“穷巷少芳菲,苍苔一径微。”陆龟蒙《阖闾城北有卖花翁因招袭美》:“十亩芳菲为旧业,一家烟雨是元功。”亦代指花事。草木按时令开花之事。白居易《大林寺桃花》:“人间四月芳菲尽,山寺桃花始盛开。”刘兼《木芙蓉》:“素灵失律诈风流,强把芳菲半载偷。”❹指春光,春色。高适《同陈留崔司户早春宴蓬池》:“隔岸春云邀翰墨,傍檐垂柳报芳菲。”贾至《对酒曲二首》之一:“当歌怜景色,对酒惜芳菲。”独孤及《同岑郎中屯田韦员外花树歌》:“芳菲可爱不可留,武陵归客心欲绝。”皎然《春夜集陆处士居玩月》:“欲赏芳菲肯待辰,忘情人访有情人。”

【芳晨】 犹良辰。晨,通“辰”。太宗《谒并州大兴国寺诗》:“回銮游福地,极目玩芳晨。”李景俭、吕恭《道州春日感兴》:“深诚长郁结,芳晨自妍媚。”孟浩然《上巳日涧南园期王山人陈七诸公不至》:“群公望不至,虚掷此芳晨。”李陟《自惠山至吴下寄酬南徐从事》:“不接芳晨游,独此长洲苑。”

【芳景】 春景。百花盛开之美景。太宗《赋得樱桃》:“华林满芳景,洛阳遍阳春。”韦应物《与幼遐君贶兄弟同游白家竹潭》:“已将芳景遇,复款平生忆。”陈翥《曲江亭望慈恩寺杏园花发》:“芳景堪游处,其如惜物华。”刘驾《效古》:“融融芳景和,杳杳春日斜。”

【芳斝】 指酒杯,饮酒具。斝,商周时之青铜贮酒器。李峤《送光禄刘主簿之洛》:“仙舟窅将隔,芳斝暂云同。”

【芳詞】 对女子之文辞或言辞之美称。元稹《会真诗三十韵》:“慢脸含愁态,芳词誓素衷。”

【芳遊】 春游。郭震《二月乐游诗》:“二月芳游始,开轩望晓池。”薛能《春色满皇州》:“阳和如启蛰,从此事芳游。”

【芳尊】 酒杯之美称。杜甫《赠虞十五司马》:“过逢联客位,日夜倒芳尊。”钱起《苏端林亭对酒喜雨》:“芳尊深几许,此兴可酣歌。”许浑《陵阳春日寄汝洛旧游》:“纵倒芳尊心不醉,故人多在洛城东。”唐彦谦《高平九日》:“偶逢佳节牵诗兴,漫把芳尊遣客愁。”

【芳滋】 芳香滋润。白居易《游平泉宴浥涧宿香山石楼赠座客》:“采摘助盘筵,芳滋盈口腹。”

【芳巢】 巢穴之美称。李群玉《龟》:“灵腹唯玄露,芳巢必翠蕖。”

【芳魂】 称女子死后之魂魄。白居易《罗敷水》:“芳魂艳骨知何处,春草茫茫墓亦无。”

【芳歲】 ❶岁首;新春。胡皓《春悲行》:“忽闻芳岁到,今日故园春。”包融《送国子张主簿》:“坐悲芳岁晚,花落青轩树。”崔颢《辽西作》:“燕郊芳岁晚,残雪冻边城。”崔国辅《题豫章馆》:“独有萋萋心,谁知怨芳岁。”❷美好的年华。多指当年。岑参《送李翥游江外》:“惆怅秋草死,萧条芳岁阑。”白居易《题西亭》:“始觉芳岁晚,复嗟尘务拘。”于武陵《咏蝉》:“江头一声起,芳岁已难留。”颜胄《适思》:“芳岁不我与,飒然凉风生。”

【芳蓬】 秘书省之美称。旧以“蓬山”称秘书省,故云。王初《送陈校勘入宿》:“日落风回卷碧霓,芳蓬一夜拆龙泥。”

【芳蓀】 ❶香草名。水生。似菖蒲而无脊。元希声《宴卢十四南园得园韵》:“野人怜狎鸟,游子爱芳荪。”王维《同卢拾遗过韦给事东山别业》:“顾已负宿诺,延颈惭芳荪。”钱起《山中寄时校书》:“唯予知尔阳春曲,别来几日芳荪绿。”李德裕《夏晚有怀平泉林居》:“菌桂秀层岭,芳荪媚幽渚。”❷喻指贤人、君子。钱起《经李蒙颖阳旧居》:“青溪引白鸟,流涕吊芳荪。”

【芳暉】 明媚的阳光。司空图《诗品二十四则·超诣》:“乱山高木,碧苔芳晖。”

【芳園】 花叶繁茂之园林、苑囿。杜审言《春日怀归》:“花杂芳园鸟,风和绿野烟。”辛常伯《军中行路难》："且悦清笳梅柳曲，讵忆芳园桃李人。"崔致远《句》："芳园醉散花盈袖，幽径吟归月在帷。"蔡瑰《夏日闺怨》："桃径李蹊绝芳园，炎氛炽日满愁轩。"

【芳筵】 佳宴；美好之宴会。李白《赠宣城宇文太守兼呈崔侍御》："登龙有直道，倚玉阻芳筵。"钱起《玛瑙杯歌》："良工雕饰明且鲜，得成珍器人芳筵。"武元衡《重送白将军》："红烛芳筵惜夜分，歌楼管咽思难闻。"刘兼《中春宴游》："二月风光似洞天，红英翠萼簇芳筵。"

【芳節】 ❶芳春。花草繁盛之盛春时节。李白《春陪商州裴使君游石娥溪》："我来属芳节，解榻时相悦。"元友直《小苑春望宫池柳色》："怡然变芳节，愿及一枝荣。"白居易《清调吟》："芳节变穷阴，朝光成夕照。"毛文锡《更漏子》词："偏怨别，是芳节，庭下丁香千结。"❷泛指美好的时节；盛时。太宗《帝京篇十首》之四："鸣笳临乐馆，眺听欢芳节。"高适《蓟门不遇王之涣郭密之因以留赠》："才华仰清兴，功业嗟芳节。"

【芳新】 芳香鲜嫩。姚合《寄杨工部闻毗陵舍弟自罨溪入茶山》："芳新生石际，幽嫩在山阴。"

【芳意】 ❶春意。宋之问《早春泛镜湖》："野外寒事少，湖间芳意多。"鱼玄机《卖残牡丹》："临风兴叹落花频，芳意潜消又一春。"徐彦伯《同韦舍人元旦早朝》："相问韶光歇，弥怜芳意浓。"❷花卉草木之盎然生意。刘禹锡《秋日书怀寄白宾客》："蝉噪芳意尽，雁来愁望时。"张祜《和杜牧之齐山登高》："流落正怜芳意在，砧声徒促授寒衣。"李群玉《晚莲》："露冷芳意尽，稀疏空碧荷。"❸花草之情意；花开所表现之情意。刘长卿《夏中崔中丞宅见海红摇落一花独开》："共怜芳意晚，秋露未须团。"宋迪《龙池春草》："幽姿偏占暮，芳意欲留春。"王贞白《独芙蓉》："芳意羡何物，双双鸂鶒游。"❹指女子之情意。袁晖《七月闺情》："容华芳意改，枕席怨情饶。"黄滔《催妆》："北府迎尘南郡来，莫将芳意更迟回。"

【芳裔】 优秀家族之后代。亦借指植物之优良品种。陆龟蒙《奉和袭美病中庭际海石榴花盛发见寄次韵》："谁与佳名从海曲，只应芳裔出河阳。"

【芳猷】 美好的德业。玄宗《送忠州太守康昭远等》："时雨侔昔贤，芳猷贯前史。"

【芳嘉】 犹芳春，美好的春时。褚亮《奉和禁苑饯别应令》："禁籞芳嘉节，神襟饯送情。"

【芳價】 美好的声价、声名。李群玉《将离澧浦置酒野屿奉怀沈正字昆弟三人联登高第》："卿云被文彩，芳价摇词林。"

【芳餌】 ❶芳香的鱼饵。岑参《陪群公龙岗寺泛舟》："紫鳞掣芳饵，红烛然金盘。"李群玉《钓鱼》："几回举手抛芳饵，惊起沙滩水鸭儿。"亦指诱饵、引诱。皇甫冉《太常魏博士远出贼庭江外相逢因叙其事》："多士从芳饵，唯君识祸机。"❷喻指达到某种目的的手段。杜荀鹤《经严陵钓台》："唯将道业为芳饵，钓得高名直至今。"

【芳塵】 ❶落花。语出南朝宋谢庄《月赋》。司空曙《送高胜重谒曹王》："想君登旧榭，重喜扫芳尘。"张祜《长安感怀》："楚梦觉来愁翠被，越吟声尽怨芳尘。"王毂《春草碧色》："金塘明夕照，辇路惹芳尘。"亦指花粉，代指花。李商隐《蝶三首》之一："远恐芳尘断，轻忧艳雪融。"❷称贤人或美人之步迹，遗迹。岑参《陪使君早春东郊游眺》："郡中叨佐理，何幸接芳尘。"杨嗣复《丁巳岁八月祭武侯祠堂因题临淮公旧碑》："非才膺宠任，异代揖芳尘。"李群玉《薛侍御处乞靴》："日于文苑陪高步，赢得芳尘接武名。"胡幽贞《题西施浣纱石》："一朝入紫宫，万古遗芳尘。"❸犹美誉、令名。韦应物《送云阳邹儒立少府侍奉还京师》："甲科推令名，延阁播芳尘。"陈彦博《恩赐魏文贞公诸孙旧第》："生前由直道，殁后振芳尘。"贯休《送眺洎拾遗自江陵幕赴京》："玉阶凝正色，兰苑涨芳尘。"

【芳禊】 指祓禊。古代祭祀名。后沿为民间习俗语，于三月上巳或三月三日集于水滨洗濯嬉戏，以去除不祥。崔知贤《三月三日宴王明府山亭》："京洛皇居，芳禊春余。"

【芳蕙】 即蕙草。香草名。近兰而香逊之。张九龄《杂诗五首》之三："庭前揽芳蕙，江上托微波。"孟郊《伤哉行》："春色舍芳蕙，秋风绕枯茎。"刘言史《江陵客舍留别樊尚书》："委栏芳蕙晚，凭几雪髫垂。"

【芳蕤】 芬芳荣盛之花。张九龄《感遇十二首》之十二："啸叹此寒木，畴昔乃芳蕤。"钱起《山居新种花药与道士同游赋诗》："杖策携烟客，满袖掇芳蕤。"陆龟蒙《袭美先辈以龟蒙所献五百言见和复示荣唱再抒鄙怀用伸酬谢》："又嗟昭明后，败叶埋芳蕤。"

【芳蕊】 花蕊。代指花。许敬宗《同拟江令于长安归扬州九日赋》："偏想临潭菊，芳蕊对谁开。"

【芳润】 芬芳滋润。王孝廉《春日对雨得情字》："疑是雨师知圣意，甘滋芳润洒羁情。"

【芳緘】 对他人信函之美称。刘禹锡《和令狐相公谢太原李侍中寄蒲桃》："上相芳缄至，行台绮席张。"

【芳翰】 毛笔之美称。王维《济州过赵叟家宴》："上客摇芳翰，中厨馈野蔬。"

【芳樹】 花树。亦泛指嘉木。李峤《军师凯旋自邕州顺流舟中》："芳树吟羌管，幽篁入楚词。"万齐融《三日绿潭篇》："拾翠总来芳树下，踏青争绕绿潭边。"张籍《江南春》："晴沙鸣乳燕，芳树醉游人。"李郢《春夜》："街鼓初残百八声，小园芳树宿孤莺。"

【芳樽】　同"芳尊""芳罇"。精美之盛酒器，多代指酒。李颀《夏宴张兵曹东堂》："云峰峨峨自冰雪，坐对芳樽不知热。"李白《答从弟幼成过西园见赠》："山童荐珍果，野老开芳樽。"独孤及《同徐侍郎五云溪新庭重阳宴集作》："山公惜美景，肯为芳樽留。"卢肇《别宜春赴举》："筵上芳樽今日酒，箧中黄卷古人书。"

【芳醖】　美酒。唐初诸监有芳酝监。张嘉贞《恩敕尚书省僚宴昆明池应制》："芳酝醒千日，华笺落九霄。"

【芳醑】　佳酿，美酒。孟郊《汝州陆中丞席喜张从事至同赋十韵》："芳醑静无喧，金尊光有涤。"唐彦谦《宿田家》："东邻借种鸡，西舍觅芳醑。"胡宿《古别》："九帐青油徒自负，百壶芳醑岂消忧。"

【芳縟】　精美之缛垫。张谔《三日岐王宅》："翡翠雕芳缛，真珠帖小缨。"

【芳聲】　❶美妙动听的声音。韦应物《拟古诗十二首》之九："碧草生旧迹，绿琴歇芳声。"崔绩《小苑春望宫池柳色》："悠扬生别意，断续引芳声。"❷美好的声誉。孟浩然《闻裴侍御朏自襄州司户除豫州司户因以投寄》："移职自樊衍，芳声闻帝畿。"皎然《早春送颜主簿游越东兼谒元中丞》："别意似吴醑，芳声动越人。"张道符《和主司王起》："三开文镜继芳声，暗暗云霄接去程。"李群玉《寄张祜》："昔岁芳声到童稚，老来佳句遍公卿。"

【芳蹊】　花径。花木繁盛之小路。姚崇《春日洛阳城侍宴》："南山开宝历，北渚对芳蹊。"李贺《春怀引》："芳蹊密影成花洞，柳结浓烟花带重。"温庭筠《清凉寺》："黄花红树谢芳蹊，宫殿参差黛巘西。"吴融《途中阻风》："莫道芳蹊尽成实，野花犹有未开丛。"

【芳鲜】　指食物鲜美芳香。亦指鲜美芳香之食物。皇甫冉《杂言迎神诗·迎神》："启庭户，列芳鲜，目眇眇，心绵绵。"王建《荆南赠别李肇著作转韵诗》："临甃理芳鲜，升堂引宾客。"李群玉《石门韦明府为致东阳潭石鲫鲙》："隽味品流知第一，更劳霜桔助芳鲜。"方干《题悬溜岩隐者居》："惯缘崄峭收松粉，常趁芳鲜掇茗芽。"

【芳藻】　优美的文辞。亦指优美的诗文或书札。韦应物《答王郎中》："卧阁枉芳藻，览旨怅秋晨。"李群玉《送萧绾之桂林》："尔为兰林秀，芳藻惊常伦。"

【芳药】　花圃之围栏。韩愈、孟郊《纳凉联句》："未能饮渊泉，立滞叫芳药。"

【芳醪】　美酒。李商隐《有感》："劝君莫强安蛇足，一盏芳醪不得尝。"

【芳叢】　花丛。刘宪《奉和春日幸望春宫应制》："莺藏嫩叶歌相唤，蝶碍芳丛舞不前。"韦应物《寄中书刘舍人》："佳咏邀清月，幽赏滞芳丛。"刘言史《买花谣》："蝶惜芳丛送下山，寻断孤香始回去。"翁承赞《擢探花使三首》之一："洪崖差遣探花来，检点芳丛饮数杯。"

【芳蹤】　称美好的人或事物之踪迹。刘兼《新蝉》："齐女屏帏失旧容，侍中冠冕有芳踪。"

【芳顔】　女子之容颜。亦代指美好。无名氏《题房鲁题名后》(卷八七二)："姚家新婿是房郎，未解芳颜意欲狂。"

【芳罇】　同"芳尊""芳樽"。精美之盛酒器。多代指美酒。韦应物《襄武馆游眺》："嘉宾幸云集，芳樽始淹留。"张说《送敬丞》："嘉会良难永，芳樽此夜闲。"赵嘏《江上逢许逸人》："芳樽稍驻落日唱，醉袖更拂长云开。"

【芳馥】　芬芳，馨香。武元衡《安邑里中秋怀寄高员外》："庭梧变葱蒨，篱菊扬芳馥。"史凤《传香枕》："韩寿香从何处传，枕边芳馥恋婵娟。"和凝《麦秀两岐》词："淡黄衫子裁春縠，异香芬馥。"

【芳繁】　芳香繁茂。赵嘏《松江》："松江菰叶正芳繁，张翰逢秋忆故园。"

【芳夔】　皎然有《寄崔万芳夔》诗，"芳"当"房"之误，房夔，曾至湖州，预修颜真卿主持的《韵海镜源》。见《全唐文》卷三三九颜真卿《湖州乌程县梓山妙喜寺碑铭》。

【芳蟻】　美酒。旧称酒面泡沫为浮蚁，故云。李峤《奉和人日清晖阁宴群臣遇雪应制》："行庆传芳蚁，升高缀彩人。"

【芳馨】　❶芳香。钱起《酬长孙绎蓝溪寄杏》："芳馨来满袖，琼玖愿酬篇。"皎然《同诸公奉侍祭岳渎使大理卢幼平自会稽回》："紫泥颁会计，玄酒荐芳馨。"卢殷《月夜》："移时宿兰影，思共习芳馨。"段义宗《题大慈寺芍药》："好是芳馨堪供养，天教生在释门中。"❷喻指美好的德业、声誉。高适《留上李右相》："吹嘘成羽翼，提握动芳馨。"张荐《享文恭太子庙乐章》："芳馨常在，瞻望悠然。"杨衡《送孔周之南海谒王尚书》："自趋龙戟下，再为诵芳馨。"邵谒《送徐群辛望江》："吾道不遗贤，霄汉期芳馨。"

【芳蘭】　兰草花。以其清香素雅，淡居幽谷，故常以喻君子。卢纶《送尹枢令狐楚及第后归觐》："佳人比香草，君子即芳兰。"杨衡《寄赠田仓曹湾》："芳兰媚庭除，灼灼红英舒。"李德裕《山信至说平泉别墅草木滋长怅然思归》："幽径芳兰密，闲庭秀木深。"温庭筠《寒食节日寄楚望二首》之一："芳兰无意绿，弱柳何穷缕。"

【芳躅】　贤人之遗迹。皎然《哭吴县房耸明府》："芳躅将遗爱，可为终古传。"

【芳靄】　雾霭之美称。李白《望夫石》："寂然芳霭内，犹若待夫归。”温庭筠《宿沣曲僧舍》：“东郊和气新，芳霭远如尘。”

【芳豔】 芳香美艳。亦指馨香艳丽之花。白居易《邓鲂张彻落第》：“众目悦芳艳，松独守其贞。”陆龟蒙《奉和谏议酬先辈霜菊》：“紫茎芳艳照西风，只怕霜华掠断丛。”罗隐《庭花》：“昨日芳艳浓，开尊几同醉。”

芭 〔bā《广韵》伯加切，平麻，幫。〕芭蕉。张希复、段成式《赠诸上人联句》：“乘兴书芭叶，闲来入豆房。”参见“芭蕉”。

【芭蕉】 多年生草本植物。叶阔大而长，穗状花序。果实似香蕉而小，不堪食。生长于秦岭及淮河以南地区。与今之食用芭蕉非同种。岑参《东归留题太常徐卿草堂》：“题诗芭蕉滑，对酒棕花香。”戴叔伦《赠鹤林上人》：“归来挂衲高林下，自剪芭蕉写佛经。”何扶《送阆州妓人归老》：“芭蕉半卷西池雨，日暮门前双白鸥。”韦庄《过旧宅》：“莫问此中销歇寺，娟娟红泪滴芭蕉。”

苡 〔yǐ《广韵》羊已切，上止，以。〕薏苡。禾木科一年生植物。其籽实称薏米、薏仁，可作粥饭或磨粉。韦庄《和郑拾遗秋日感事一百韵》：“米惭无薏苡，面喜有桃榔。”参见“薏苡”。

五画

茉 〔mò《正字通》彌葛切。〕见“茉莉”。

【茉莉】 植物名，常绿攀援灌木。木屈科。叶卵形，对生。花夏秋季开，色白，极香。自印度传入。丁儒《归闲诗二十韵》：“茉莉香篱落，榕荫浃里闉。”李群玉《法性寺六祖戒坛》：“天香开茉莉，梵树落菩提。”

苷 〔gān《广韵》古三切，平談，見。〕甘草，“甘”之俗字。见“苷蔗”。

【苷蔗】 即甘蔗。寒山《诗三百三首》之十三：“更过三十年，还成苷蔗滓。”

苦[1] 〔kǔ《广韵》康杜切，上姥，溪。又苦故切，去暮，溪。〕❶苦味。与“甘”相对。白居易《寄唐生》：“药良气味苦，琴澹音声稀。”亦指果味苦之草木。杜甫《北征》：“雨露之所濡，甘苦荠结实。”参见“苦甜”。❷痛苦；艰苦；辛苦。杜审言《赠苏味道》：“北地寒应苦，南庭戍未归。”韦应物《杂体五首》之三：“舞罢复裁新，岂思劳者苦。”白居易《村居苦寒》：“幸免饥冻苦，又无垄亩勤。”高骈《塞上曲二首》之二：“不知万里沙场苦，空举平安火入云。”佛教语亦用为指尘世诸多苦难。储光羲《同房宪部应旋》：“衡山法王子，慧见息诸苦。”❸忧愁；苦恼。岑参《秦筝歌送外甥萧正归京》：“汝不闻秦筝声最苦，五色缠弦十三柱。”戴叔伦《女耕田行》：“姊妹相携心正苦，不见路人唯见土。”李绅《忆西湖双鸂鶒》：“徒嗟孔雀衔毛羽，一去东南别离苦。”方干《书桃花坞周处士壁》：“醉吟雪月思深苦，思苦神劳华发生。”亦指感到愁苦。白居易《续古诗十首》之三：“枥马非不肥，所苦常絷维。”❹使困苦；困扰。李峤《倡妇行》：“夜夜风霜苦，年年征戍频。”张子容《永嘉作》：“未应悲晚发，炎瘴苦华年。”权德舆《浩歌》：“胡为苦此生，矻矻徒自强。”郑锬《邯郸侠少年》：“昨缘秦苦赵，来往大梁频。”❺苦于；为所困苦。张九龄《秋晚登楼望南江入始兴郡路》：“枥马苦踡跼，笼禽念遐征。”杜甫《多病执热奉怀李尚书》：“衰年正苦病侵凌，首夏何须气郁蒸。”元结《与瀼溪邻里》：“昔年苦逆乱，举族来南奔。”赵嘏《书斋雪后》：“频时苦风雪，就景理巾栉。”❻恨，惜。由意动用法引申而来。李白《行路难三首》之三：“陆机雄才岂自保，李斯税驾苦不早。”杜甫《送高司直寻封阆州》：“良会苦短促，溪行水奔注。”姚合《从军行》：“滥得进士名，才用苦不长。”李商隐《安平公诗》：“呜呼大贤苦不寿，时世方士无灵砂。”亦指厌，嫌。戴叔伦《敬报孙常州二首》之一：“衰病苦奔走，未尝追旧游。”❼竭力，尽力。卢伦《伦开府席上赋得咏美人名解愁》：“不敢苦相留，明知不自由。”王福娘《题孙棨诗后》：“苦把文章邀劝人，吟看好个语言新。”参见“苦苦”。❽犹急迫。灵一《送范律师往果州》：“远客归心苦，难为此别情。”❾浓，重。高适《自武威赴临洮谒大夫不及因书即事寄河西陇右幕下诸公》：“云屯寒色苦，雪合群山高。”皎然《送李少宾赴举》：“苦云摇阵色，乱木搅秋声。”亦指严，酷。李商隐《戏题枢言草阁三十二韵》：“我有苦寒调，君抱阳春才。”参见“苦熱”“苦寒”。❿谓有深曲之苦衷，或有深远之用意。杜甫《贻阮隐居》：“清诗近道要，识子用心苦。”又《题李尊师松树障子歌》：“已知仙客意相亲，更觉良工心独苦。”⓫副词。(1)甚，深，极。表程度深。睿宗《戏题画》：“唤出眼，何用苦深藏。”张谓《邵陵作》：“尝闻虞帝苦忧人，只为苍生不为身。”杜甫《戏赠阌乡秦少公短歌》：“今日时清两京道，相逢苦觉人情好。”刘叉《答孟东野》：“酸寒孟夫子，苦爱老叉诗。”(2)频，屡；反复不断地。元结《雪中怀孟武昌》：“不能苦相邀，兴尽还就枕。”李昌符《登临洮望萧关》：“暂来戎马地，不敢苦吟诗。”刘溉《赠窦丞》：“冥路杳杳人不知，不用苦说使人悲。”亦指久，常。孟浩然《湖中旅泊寄阎九司户防》：“长沙饶瘴疠，胡为苦留滞。”杜甫《盐井》：“君子慎止足，小人苦喧阗。”

苦[2] 〔gǔ《集韵》果五切，上姥，見。〕通“盬”。器物质地粗劣。见“苦$_2$窳”。

苦[3]

〔hù〕地名。见“苦₃縣”。

【苦力】　犹费力。谓使心力烦苦。邵谒《寒女行》：“织素徒苦力，素成他人衣。”

【苦口】　❶谓入口味苦难咽。宋之问《药》：“忻当苦口喻，不畏入肠偏。”王季友《滑中赠崔高士瑾》：“自勉将勉余，良药在苦口。”无名僧《禅诗》之三：“苦口则中凉药，依口定出黄莲。”❷谓反复地诉说、吟唱。罗隐《官池秋夕》：“芙蓉抵死怨珠露，蟋蟀苦口嫌金波。”

【苦水】　苦于水患。吴融《祝风三十二韵》：“松江流其旁，春夏多苦水。”

【苦心】　❶谓极尽心力地从事。孙逖《送新罗法师还国》：“苦心归寂灭，宴坐得精微。”卢嗣业《致孙状元诉醵罚钱》：“苦心事笔砚，得志助花钿。”杜荀鹤《访蔡融因题》：“每见苦心修好事，未尝开口怨平交。”孙元晏《咏史诗·梁·庾信》：“苦心词赋向谁谈，沦落周朝志岂甘。”❷犹言良苦用心。李绅《寿阳罢郡日有诗十首》之一：“食蘖苦心甘处困，饮冰持操敢辞寒。”郑谷《转正郎后寄献集贤相公》：“平昔苦心何所恨，受恩多是旧诗篇。”崔涂《苦吟》：“举世轻孤立，何人念苦心。”齐己《崔秀才宿话》：“事转闻多事，心休话苦心。”❸谓使心神受苦。韩愈《从仕》：“两事皆害性，一生恒苦心。”邵谒《寒女行》：“养蚕多苦心，茧熟他人丝。”❹谓树心味苦，双关指人之用心良苦。杜甫《古柏行》：“苦心岂免容蝼蚁，香叶终经宿鸾凤。”

【苦老】　道家炼丹术语。指炼丹火候甚老。李白《草创大还赠柳官迪》：“相煎成苦老，消铄凝津液。”

【苦竹】　亦称伞柄竹。禾本科植物，茎叶与常竹无异。花初夏开，有绿色与淡紫二种。以其笋味苦，故名。孟浩然《寻白鹤岩张子容隐居》：“岁月青松老，风霜苦竹疏。”李白《劳劳亭歌》：“苦竹寒声动秋月，独宿空帘归梦长。”孟郊《连州吟》之三：“南风嘶舜琯，苦竹动猿音。”李商隐《野菊》：“苦竹园南椒坞边，微香冉冉泪涓涓。”

【苦竹嶺】　山名。《江南通志》载，苦竹岭在池州（今属安徽省）原三保。又，湖南平江县亦有之。李白《山鹧鸪词》：“苦竹岭头秋月辉，苦竹南枝鹧鸪飞。”后多用为咏鹧鸪之词。白居易《山鹧鸪》：“黄茅冈头秋日晚，苦竹岭下寒月低。”许浑《听歌鹧鸪词》：“甘棠城上客先醉，苦竹岭头人未归。”郑谷《侯家鹧鸪》：“苦竹岭无归去日，海棠花落旧栖枝。”

【苦行】　（一 xíng）佛教指自我克制物质欲望，并以自苦的方式进行修炼的行为。耿沣《题惟干上人房》：“苦行无童子，忘机避宰官。”皎然《山居示灵澈上人》：“身闲始觉隳名是，心了方知苦行非。”张籍《律僧》：“苦行长不出，清羸最少年。”陆龟蒙《头陀僧》：“万峰围绕一峰深，向此长修苦行心。”

【苦色】　悲苦的神色、面色。司空曙《故郭婉仪挽歌》：“苦色凝朝露，悲声切暝风。”

【苦志】　犹苦心。谓竭尽心力地。吕岩《又记鄂渚悟道歌》：“苦志慕黄庭，殷勤求道迹。”

【苦李】　李树之一种，因其实味苦不堪食，故名。孙逖《立秋日题安昌寺北山亭》：“果林余苦李，萍水覆甘蕉。”杜甫《彭衙行》：“小儿强解事，故索苦李餐。”许浑《和淮南王相公与宾僚同游瓜洲别业》：“道傍苦李犹垂实，城外甘棠已布阴。”释元康《与讲师互谑》：“甘桃不结实，苦李压低枝。”

【苦吟】　反复不断地吟诵诗句。多指作诗刻苦推敲。韩愈《孟生诗》：“清宵静相对，发白聆苦吟。”贾岛《秋暮》：“默默空朝夕，苦吟谁喜闻。”张蠙《伤贾岛》：“生为明代苦吟身，死作长江一逐臣。”亦喻指虫鸣。郭震《蛩》：“苦吟莫向朱门里，满耳笙歌不听君。”

【苦言】　凄苦之言。储光羲《采菱词》：“义不游浊水，志士多苦言。”

【苦辛】　辛苦，艰辛劳苦。王珪《咏汉高祖》：“虮虱生介胄，将卒多苦辛。”孙逖《夜宿浙江》：“烟水茫茫多苦辛，更闻江上越人吟。”孟郊《送孟寂赴举》：“烈士不忧身，为君吟苦辛。”周昙《咏史诗·三代门·太康》：“师保何人为琢磨，安知父祖苦辛多。”

【苦辛行】　乐府歌辞名。为相和歌辞清调曲。源出魏武帝《塘上行》及梁刘孝威《塘上辛苦篇》。戎昱有《苦辛行》一首。

【苦苦】　❶谓忍受着痛苦仍久久不断地坚持某事。唐彦谦《宿田家》：“明朝怯见官，苦苦灯前跪。”❷佛教语。指凡俗人生之诸苦。佛教“四谛”说认为世俗世界本性皆“苦”，有所谓生老病死等“八苦”，故称。齐己《酬元员外见寄八韵》：“众人忘苦苦，独自愧兢兢。”

【苦苣】　野菜名，菊科，一二年生草本，叶黄绿色，有苦味。嫩叶可食。杜甫《园官送菜》：“苦苣刺如针，马齿叶亦繁。”

【苦雨】　久下不止之雨。李白《玉真公主别馆苦雨赠卫尉张卿二首》之二：“苦雨思白日，浮云何由卷。”钱起《秋霖曲》：“君不见圣主旰食忧元元，秋风苦雨暗九门。”白居易《久雨闲闷对酒偶吟》：“凄凄苦雨暗铜驼，袅袅凉风起漕河。”皮日休《苦雨杂言寄鲁望》：“乃知苦雨不复侵，枉费毕星无限力。”

【苦河】　佛教语，喻指凡俗尘世之苦难。颜真卿、李崿《七言乐语联句》：“苦河既济真僧喜，新知满座笑相视。”

【苦空】 佛家教义之一。谓人生无常，人生是“苦”，人身亦是“空”，只有涅槃永生，才能从俗人的“苦空”中获得解脱。李远《赠潼关不下山僧》：“与君同在苦空间，君得空门我爱闲。”亦代指佛法。张籍《书怀》：“别从仙客求方法，时到僧家问苦空。”

【苦哉行】 乐府歌辞名，为相和歌辞平调曲。语本晋陆机有《从军行》。内容系慨叹天下之征战。《苦哉行》即出于此。储光羲《升天行贻卢六健》：“恻恻苦哉行，呱呱游子吟。”戎昱有《苦哉行五首》。

【苦思】 苦苦思索，冥想。杜甫《暮登四安寺钟楼寄裴十》：“知君苦思缘诗瘦，大向交游万事慵。”鱼玄机《冬夜寄温飞卿》：“苦思搜诗灯下吟，不眠长夜怕寒衾。”刘威《欧阳示新诗因贻四韵》：“都由苦思无休日，已证前贤不到心。”

【苦恨】 甚恨；深以为憾。玄宗《幸蜀回居南内梦中见妃子于蓬山作诗遗之》：“当时苦恨银屏影，遮隔仙姬只听声。”杜甫《登高》：“艰难苦恨繁霜鬓，潦倒新停浊酒杯。”秦韬玉《贫女》：“苦恨年年压金线，为他人作嫁衣裳。”

【苦甜】 甘苦。苦味与甜味。代指不同滋味。韩愈《苦寒》：“草木不复抽，百味失苦甜。”

【苦飢】 亦作“苦饑”。为饥饿所苦；严重的饥饿。孟云卿《悲哉行》：“朝亦常苦饥，暮亦常苦饥。”李白《天马歌》：“虽有玉山禾，不能疗苦饥。”岑参《送狄员外巡按西山军》：“战士常苦饥，糗粮不相继。”司空曙《杜鹃行》：“穿皮啄朽嘴欲秃，苦饥始得食一虫。”

【苦海】 佛教语。指凡俗人世之诸苦。亦借指无穷尽之苦难。卢纶《宿石瓮寺》：“回瞻相好因垂泪，苦海波涛何日平。”白居易《内道场永讙上人就郡见访因以此赠》：“苦海出来应有路，灵山别后可无期。”李商隐《送臻师二首》之二：“苦海迷途去未因，东方过此几微尘。”鱼玄机《愁思》：“放情休恨无心友，养性空抛苦海波。”

【苦贫】 为贫穷所困苦。元结《系乐府十二首·贫妇词》：“谁知苦贫夫，家有愁怨妻。”白居易《赠皇甫六张十五李二十三宾客》：“家未苦贫常酝酒，身虽衰病尚吟诗。”又《从同州刺史改授太子少傅分司》：“留侯爵秩诚虚贵，疏受生涯未苦贫。”李商隐《行次西郊作一百韵》：“右辅田畴薄，斯民常苦贫。”

【苦慵人】 极懒之人。白居易《去岁罢杭州今春领吴郡聊写鄙怀兼寄三相公》：“那将最剧郡，付与苦慵人。”

【苦惜】 深深珍惜。顾非熊《万年厉员外宅残菊》：“近霜须苦惜，带蝶更宜看。”

【苦筍】 苦竹之笋。其未出土时之冬笋味甘可食，俗称甜苦笋。柳宗元《同刘二十八院长述旧言怀之作》：“俚儿供苦笋，伧父馈酸楂。”韩偓《江楼二首》之二：“鳀鱼苦笋香味新，杨柳酒旗三月春。”又《湖南绝少含桃偶有人见惠因成四韵》：“苦笋恐难同象匕，酪浆无复莹蠙珠。”

【苦嗟】 深深慨叹。李中《杪秋夕吟怀寄宋维先辈》：“苦嗟不见登龙客，此夜悠悠一梦飞。”

【苦痛】 痛苦。寒山《诗三百三首》之七三：“今谁念于汝，苦痛哭苍天。”王梵志《五言八首》其一：“苦痛教他死，将来作已须。”

【苦惱】 使痛苦、烦恼。卢仝《寄男抱孙》：“顽发苦恼人，汝母必不受。”

【苦道】 反复地说。杜甫《梦李白二首》之二：“告归常局促，苦道来不易。”又《夏日李公见访》：“苦道此物聒，孰谓吾庐幽。”

【苦勞】 劳苦。辛苦劳碌。李建勋《春阴》：“浮生何苦劳，触事妨行乐。”李洞《秋宿经上人房》：“卧听晓耕者，与师知苦劳。”

【苦寒】 ❶犹酷寒、严寒。杜甫《投简成华两县诸子》：“长安苦寒谁独悲，杜陵野老骨欲折。”韦应物《往富平伤怀》：“衔恨已酸骨，何况苦寒时。”白居易《青毡帐二十韵》：“影孤明月夜，价重苦寒年。”李德裕《鸳鸯篇》：“洞庭无苦寒，沅江多碧流。”❷苦于严寒。韦应物《送令狐岫宰恩阳》：“居家犹苦寒，子有千里行。”参见“苦寒士”。❸指古乐府清商曲《苦寒行》。李白《献从叔当涂宰阳冰》：“弹剑歌苦寒，严风起前楹。”孟郊《出门行》之一：“一闻陌上苦寒奏，使我伫立惊且悲。”

【苦寒士】 为严寒所困之士。指贫寒无衣之人。卢象《杂诗二首》之二：“须识苦寒士，莫矜狐白温。”

【苦寒行】 ❶乐府古辞名。为相和歌辞清调曲。因取魏武帝诗为辞，故亦称“北上行”。内容多写酷寒之状。乔知之、刘驾、贯休、齐己等均有《苦寒行》。杜甫有《前苦寒行二首》与《后苦寒行二首》。❷谓于风雪苦寒中奔波。刘长卿《酬张夏雪夜赴州访别途中苦寒作》：“扁舟乘兴客，不惮苦寒行。”

【苦楝】 即楝树。以其实苦，故称。温庭筠有《苦楝花》。

【苦節】 ❶谓为节过苦，过于节束。语本《易·节》。储光羲《使过弹筝峡作》：“始信古人言，苦节不可贞。”❷苦守节操、气节。张说《送郭大夫元振再使吐蕃》：“远图待才智，苦节输筋力。”陆龟蒙《杂讽九首》之六：“千林尽枯槁，苦节独不死。”亦指不畏艰苦，矢志不渝。严维《送薛居士和州读书》：“年少不应辞苦节，诸生若遇亦封侯。”李渤《喜弟淑再至为长歌》：“次兄一生能苦节，夏聚流萤冬映雪。”孟简《咏欧阳行周事》：“防身本苦节，一去何由还。”❸苦守不渝之清操、名节。贺朝《从军行》:“直为甘心从苦节,陇头流水呜呜咽。”白居易《送河南尹冯学士赴任》:“清洛饮冰添苦节,碧嵩看雪助高情。”方干《送王侍郎浙东入朝》:“自将苦节酬清秩,肯要庞眉一个钱。”郑谷《右省张补阙同在谏垣新春赋咏聊以寄怀》:“十五年前谙苦节,知心不独为同官。”

【苦飲】 频繁地饮酒。李廓《长安少年行》之七:“戟门连日闭,苦饮惜残春。”

【苦語】 凄苦之言辞。韩愈《忆昨行和张十一》:“危辞苦语感我耳,泪落不掩何漼漼。”

【苦厭】 深恶。杜甫《奉酬薛十二丈判官见赠》:“谁矜坐锦帐,苦厌食鱼腥。”

【苦熱】 ❶为炎热所苦。杜甫《舟中苦热遣怀》:“人舟虽苦热,垢腻可溉灌。”❷犹酷热、炎热。韦应物《夏至避暑北池》:“高居念田里,苦热安可当。”白居易《苦热》:“不堪逢苦热,犹赖是闲人。”贾岛《送刘侍御重使江西》:“时当苦热远行人,石壁飞泉溅马身。”齐己《城中晚夏思山》:“苦热恨无行脚处,微凉喜到立秋时。”

【苦熱行】 乐府杂曲歌辞名。《乐府解题》云:“《苦热行》,备言流金砾石、火山尖海之艰难也。”本词魏曹植作。王维、王毂、皎然、齐己均有《苦热行》。刘长卿、独孤及有《奉和李大夫同吕评事太行苦热行》。

【苦篁】 即苦竹。李贺《溪晚凉》:“层岫回岑复叠龙,苦篁对客吟歌筒。”参见“苦竹”。

【苦樂】 痛苦与快乐。白居易《履道居三首》之三:“世事平分众所知,何尝苦乐不相随。”又《送陈许高仆射赴镇》:“常与师徒同苦乐,不教亲故隔荣枯。”

【苦$_3$縣】 春秋楚地名。传为老子故里,汉始置县。故城在今河南鹿邑县东。皎然《兵后早春登故鄣南楼示清道人并沈道士》:“正□入空门,仙君依苦县。”李善夷《责汉水辞》序:“楚苦县濑乡,在汉水东北六百余里。”

【苦儉】 犹言极俭,过俭。韩愈《陪杜侍御游湘西两寺独宿因献杨常侍》:“礼贤道何优,奉己事苦俭。”

【苦調】 凄苦悲凉之曲调。徐仁友《古意赠孙翃》:“琴中多苦调,凄切谁复寻。”杜甫《送严侍郎到绵州同登杜使君江楼》:“穷途衰谢意,苦调短长吟。”顾况《王郎中妓席五咏·箜篌》:“玉作搔头金步摇,高张苦调响连宵。”王贞白《秋日旅怀寄右省郑拾遗》:“知音在谏省,苦调有谁听。”

【苦$_2$窳】 谓器物质地低劣,工艺粗糙。萧颖士《过河滨和文学张志尹》:“至化无苦窳,宇宙将陶甄。”皮日休《奉和添酒中六咏·酒瓮》:“坚净不苦窳,陶于醉封疆。”

【苦器】 佛教指人之躯体。见《法苑珠林》卷二三引《涅槃经》。黄滔《喜翁文尧员外病起》:“自能论苦器,不假求良医。”

【苦戰】 艰苦战斗。李白《古风》之六:“苦战功不赏,忠诚难可宣。”岑参《胡歌》:“关西老将能苦战,七十行兵仍未休。”杜甫《兵车行》:“况复秦兵耐苦战,被驱不异犬与鸡。”陆龟蒙《奉和袭美太湖诗二十首·太湖石》:“或将破仇敌,百炮资苦战。”

【苦學】 刻苦学习。孟浩然《秦中苦雨思归赠袁左丞贺侍郎》:“苦学三十载,闭门江汉阴。”李商隐《咏怀寄秘阁旧僚二十六韵》:“悬头曾苦学,折臂反成医。”张乔《延福里秋怀》:“苦学犹难至,甘贫岂有成。”

【苦諫】 苦苦规劝。孙元晏《咏史诗·陈·虞居士》:“苦谏将军总不知,几随烟焰作尘飞。”

【苦聲】 悲苦凄恻之声。李白《行路难三首》之二:“弹剑作歌奏苦声,曳裾王门不称情。”

【苦澀詩】 指内容语句晦涩难读的诗。郑谷《访姨兄王斌渭口别墅》:“苦涩诗盈箧,荒唐酒满尊。”杜荀鹤《下第出关投郑拾遗》:“况是孤寒士,兼行苦涩诗。”

【苦蹇】 苦于不顺畅。陆龟蒙《樵人十咏·樵风》:“采山一何迟,服道常苦蹇。”

【苦霧】 阴雾;寒雾。崔融《韦长史挽词》:“冥冥多苦雾,切切有悲风。”骆宾王《从军中行路难二首》之二:“阴山苦雾埋高垒,交河孤月照连营。”白居易《青冢》:“郁郁如苦雾,不随骨销朽。”李商隐《哭遂州萧侍郎二十四韵》:“苦雾三辰没,穷阴四塞昏。”

【苦顔】 愁苦之容颜,面色。李白《驾去温泉后赠杨山人》:“少年落魄楚汉间,风尘萧瑟多苦颜。”又《关山月》:“戍客望边色,思归多苦颜。”韦应物《送郑长源》:“丈夫虽耿介,远别多苦颜。”

【苦辭】 ❶怨苦之言辞。白居易《和微之诗二十三首·和祝苍华》:“苍华何用祝,苦辞亦休吐。”❷逆耳之言辞,犹忠言。元稹《酬乐天重寄别》:“却报君侯听苦辞,老头抛我欲何之。”❸谓再三申说。杜甫《羌村》之三:“苦辞酒味薄,黍地无人耕。”

【苦懷】 凄苦之情怀。李义府《招谕有怀赠同行人》:“临泛多苦怀,登攀寡欢趣。”

【苦蘗】 即黄蘗木,其皮可染黄色。因其味苦,故称苦蘗。李贺《咏怀二首》之二:“头上无幅巾,苦蘗已染衣。”

【苦饑】 见“苦飢”。

苯

〔běn《广韵》布忖切,上混,幫。〕见“苯蓴”。

【苯蓴】 草木丛生貌。韩愈《嘲鼾睡》:“幽幽寸喉中，草木森苯蕁”。

茉

〔zhú《广韵》直律切，入術，澄。〕同“朮”。多年生草本植物，即山蓟。有白术、苍术数种。可入药。方干《题碧溪山禅老》：“萝迷收茉路，雪隔出溪时。”

苛

〔kē《广韵》胡歌切，平歌，匣。《正字通》音珂。〕苛刻；严厉。亦指苛政。刘禹锡《武陵观火诗》：“无苛自可乐，弭患非所图。”

【苛政】 重赋严法苛刻地压迫百姓的政治。李绅《却到浙西》：“苛政尚存犹惕息，老人偷拜拥前舟。”李频《寄辛明府》：“何处无苛政，东南有子男。”罗隐《送前南昌崔令替任映摄新城县》：“五年苛政甚虫螟，深喜夫君已戴星。”

【苛威】 行苛政之威慑力。骆宾王《尘灰》：“洛川流雅韵，秦道擅苛威。”

【苛惨】 严刑峻法。崔湜《责躬诗》：“狱听除苛惨，刑章息滞疑。”

若

〔ruò《广韵》而灼切，入藥，日。〕❶似，像。杜淹《寄赠齐公》：“结交澹若水，履道直如弦。”杜甫《四松》：“清风为我起，洒面若微霜。”崔峒《刘展下判官相招以诗答之》：“背恩惭皎日，不义若浮云。”李商隐《韩碑》：“公之斯文若元气，先时已入人肝脾。”❷仿佛，似乎。用为副词。刘长卿《新安奉送穆谕德归朝赋得行字》：“离别寒江上，潺湲若有情。”李嘉祐《送兖州杜别驾之任》：“若见楚山暮，因愁浙水赊。”贾至《赠裴九侍御昌江草堂弹琴》：“怅望黄绮心，白云若在眼。”戴叔伦《昭君词》：“汉宫若远近，路在寒沙上。”❸及，比得上。刘允济《经庐岳回望江州想洛川有作》：“未若兹山功，连延并巫霍。”杜甫《五盘》：“成都万事好，岂若归吾庐。”刘禹锡《吐绶鸟词》：“花红草绿人间事，未若灵禽自然贵。”王叡《牡丹》：“曷若东园桃与李，果成无语自成阴。”❹你，你们。元稹《华之巫》：“我能进若神之前，神不自言寄予口。”杨凭《送客往荆州》：“若爱春秋繁露学，正逢元凯镇南荆。”韩愈《奉和虢州刘给事使君三堂新题二十一咏·月池》：“若不妒清妍，却成相映烛。”赵嘏《歙州道中仆逃》：“去跳风雨几奔波，曾共辛勤奈若何。”❺此，此等；这，这些。白居易《赠樊著作》：“每惜若人辈，身死名亦沦。”❻假若，如果。寒山《诗三百三首》之九三：“渠若向西行，我便东边走。”宋璟《送苏尚书赴益州》：“园亭若有送，杨柳最依依。”武元衡《赠道者》：“若到越溪逢越女，红莲池里白莲开。”李昇《咏灯》：“主人若也勤挑拨，敢向尊前不尽心。”❼怎样。见“若爲”。❽形容词词尾。顾况《上古之什补亡训传十三章十月之郊一章》：“金铺烂若，不集于鸟雀。”温庭筠《罩鱼歌》：“悠溶杳若去无穷，五色澄潭鸭头绿。”刘兼《送文英大师》：“山郡披风方穆若，花时分袂更凄然。”《郊庙歌辞·周宗庙乐舞辞·禋顺》：“皇尸俨若，保飨是明。”❾香草杜若之省称。李峤《二月奉教作》：“和风泛紫若，柔露濯青薇。”李白《题嵩山逸人元丹丘山居》：“尔能折芳桂，吾亦采兰若。”梁德裕《感寓二首》之二：“幽涧生蕙若，幽渚老江蓠。”❿海神名。李商隐《戊辰会静中出贻同志二十韵》：“吟弄东海若，笑倚扶桑春。”

【若人】 斯人，这个人。徐彦伯《题东山子李适碑阴二首》之二：“今复哀若人，危光迅风烛。”杜甫《送率府程录事还乡》：“若人可数见，慰我垂白泣。”又《送长孙九侍御赴武威判官》：“若人才思阔，溟涨浸绝岛。”柳宗元《初秋夜坐赠吴武陵》：“若人抱奇音，朱弦緪枯桐。”

【若士】 彼人。见《淮南子·道应训》。后遂以“若士”代指仙人。储光羲《升天行贻卢六健》：“庐山逢若士，思欲化黄金。”唐彦谦《乱后经表兄琼华观旧居》：“长忆映碑逢若士，未曾携杖逐壶公。”

【若之何】 古汉语凝固句式。犹言为何、怎么。萧颖士《江有归舟三章》序：“盖有来学，微往教，蒙匪余求，若之何其拒哉。”

【若夫】 至于。表示由甲事转说到乙事，多用于另一段或一句之开首。苏源明《小洞庭洄源亭宴四郡太守诗》序：“已事修宴，姑以为别。若夫阶抱孤峤，轩飞废潭，阻残暑于重林，递高秋于绝壑。”张说《酬崔光禄冬日述怀赠答》序：“诸公嘉德叙事，咸有报章，若夫盛时、荣位、华景、胜会，此四者古难一遇，而我辈比实兼之。”亦用为开端发语之辞，表提示议论语气。陈子昂《秋日遇荆州府崔兵曹使宴》序：“若夫尊卑位隔，荣贱途分，使卿士大夫，倚轩裳而傲物，山栖木食，负林壑而骄人。”

【若木】 神话传说中的树名。一说即扶桑，见清段玉裁《说文·木部》“榑”字注。卢照邻《中和乐九章·总歌第九》：“登若木兮坐明堂，池濛汜兮家扶桑。”李峤《日》：“旦出扶桑路，遥升若木枝。”李白《上云乐》：“西海栽若木，东溟植扶桑。”孟郊《汝州陆中丞席喜张从事至同赋十韵》：“愿折若木枝，却彼曜灵夕。”

【若邪】 见“若耶”。

【若邪溪】 见“若耶溪”。

【若似】 好像，似是。赵抟《琴歌》：“琴声若似琵琶声，卖与时人应已久。”牛殳《琵琶行》：“若似长安月蚀时，满城敲鼓声嗾嗾。”

【若冰】 无锡慧山寺僧。见明邵宝《慧山记》卷二。《全唐诗》卷八八五收若水《题慧山泉》，若水即若冰之误。

【若何】 ❶怎么样。护国《山中寄王员外》：“为问幽兰桂，空山复若何。”窦常《哭张仓曹南史》：“万事竟蹉跎，重泉恨若何。”周贺《送郭秀才归金陵》：“酒前欲别语难尽，云际相思心若何。”刘沧《汶阳客舍》：“年光自感益蹉跎，岐路东西竟若何。”❷为何，为什么。薛能《失鹤二首》之二：“但见空笼抛夕月，若何无树宿荒陂。”

【若若】 光灿貌。刘禹锡《吐绶鸟词》：“越山有鸟翔寥廓，嗉中天绶光若若。”一说绶带长貌。见《汉书·石显传》。

【若使】 假如，如果。李咸用《赠来进士鹏》：“若使无良遇，虚言有至公。”曹邺《始皇陵下作》：“若使山可移，应将秦国去。”

【若非】 如果不是。用为假设句关联词语。钱起《送蒋尚书居守东都》：“若非君敏德，谁镇洛阳城。”郑俞《赋得玉水记方流》：“若非悬坐测，谁复寄冥搜。”黄滔《赠宿松杨明府》：“若非似水清无底，争得如冰凛拂人。”贯休《古镜词上刘侍郎》：“若非八彩眉，不可辄照临。”

【若耶】 若耶溪之省称。丘为《泛若耶溪》：“结庐若耶里，左右若耶水。”王翰《春日归思》：“不知湖上菱歌女，几个春舟在若耶。”刘商《送元使君自楚移越》：“露冕行春向若耶，野人怀惠欲移家。”李中《送姚端秀才游毗陵》：“若耶罨画应相似，越岫吴峰尽接连。”亦作“若邪”。宋之问《宿云门寺》：“云门若邪里，泛鹢路才通。”又卷五三有其《游禹穴回出若邪》。

【若耶溪】 溪名。在唐越州(今浙江绍兴市)城南二十里若耶山下，北流入镜湖。李白《采莲曲》：“若耶溪傍采莲女，笑隔荷花共人语。”元稹《送王协律游杭越十韵》：“松门天竺寺，花洞若耶溪。”翁洮《赠方干先生》：“独向若耶溪上住，谁知不是钓鳌人。”亦作“若邪溪”。宋之问《泛镜湖南溪》：“犹闻可怜处，更在若邪溪。”贾岛《送韦琼校书》：“若邪溪畔寺，秋色共谁寻。”

【若耶溪女子】 越州(今浙江绍兴市)若耶溪人。唐武宗时人。《全唐诗》卷八〇一录其《题三乡诗》一首。

【若華】 传说之神树，若木之华。華，同“花”。吴筠《游仙二十四首》之十：“若华拂流影，不使白日匿。”亦代指若木。王维《送秘书晁监还日本国》序：“若华为东道之标，戴胜为西门之候。”参见“若木”。

【若教】 若使。假如能使。顾况《子规》：“若教恨魄皆能化，何树何山著子规。”王建《和门下武相公春晓闻莺》：“若教更解诸余语，应向宫花不惜情。”

【若虚】 南唐诗僧。住庐山。持经不出石室，累如不就。乾祐中卒。《全唐诗》卷八二五录其《怀庐山旧隐》等三首。

【若爲】 表疑问之复词。(1)犹怎堪；怎忍。王泠然《夜光篇》：“两京贫病若为居，四壁皆成凿照余。”刘长卿《送子婿崔真父归长城》：“桃叶宜人诚可咏，柳花如雪若为看。”王建《雨中寄东溪韦处士》：“一个月来山水隔，不知茅屋若为居。”白居易《池上》：“若为寥落境，仍值酒初醒。”(2)怎么；怎生。王维《送秘书晁监还日本国》：“别离方异域，音信若为通。”刘长卿《重送道标上人》：“春草青青新覆地，深山无路若为归。”张籍《闲游》：“终日不离尘土间，若为能见此身闲。”许鼎《登岭望》：“雁飞犹不度，人去若为还。”亦指怎么办。王缙《青雀歌》：“莫言不解衔环报，但问君恩今若为。”(3)犹怎得；怎可。李端《和张尹忆东篱菊》：“若为篱边菊？山中有此花。”王建《上张弘靖相公》：“卑散自知霄汉隔，若为门下赐从容。”李商隐《哭虔州杨侍郎》：“流亡诚不吊，神理若为诬。”(4)犹何为，为何。杨巨源《赠从弟茂卿》：“若为向北驱疲马？山似寒空塞似云。”又《和郑少师相公题慈恩寺禅院》：“若为将此望？心地向空门。”温庭筠《洞户二十二韵》：“若为南遁客，犹作卧龙吟。”(5)犹怎样；什么样。多用作谓语或定语。李白《寄远十一首》之三：“桃李今若为，当窗发光彩。”刘长卿《夏口送屈突司直使湖南》：“莺啼何处梦，猿啸若为声。”萧意《长门失宠》：“不知金屋里，更贮若为人。”亦指怎样做。张氲《醉吟三首》之二：“不知时俗意，教我若为人。”(6)若使，倘若 。雍裕之《江边柳》：“若为丝不断，留取系郎船。”

【若爲情】 何堪其情。犹言不堪情。谓情境使人难受。耿沣《新蝉》：“今朝蝉忽鸣，迁客若为情。”崔峒《送韦员外还京》：“十年离乱后，此去若为情。”刘禹锡《遥和韩睦州元相公二君子》：“其奈无成空老去，每临明镜若为情。”杜荀鹤《和友人送弟》：“君说无家只弟兄，此中言别若为情。”

【若溪】 若耶溪之省称。李白《与谢良辅游泾川陵岩寺》：“乘君素舸泛泾西，宛似云门对若溪。”

【若箇】 ❶哪个。(1)指人。卢照邻《行路难》：“若个游人不竞攀？若个娼家不来折？”岑参《敦煌太守后庭歌》：“醉坐藏钩红烛前，不知钩在若个边？”李贺《南园十三首》之五：“请君暂上凌烟阁，若个书生万户侯？”李涉《题水月台》：“平流白日无人爱，桥上闲行若个知？”(2)指物。杨炯《和石侍御山庄》：“莲房若个实，竹节几重虚。”王维《听百舌鸟》：“亦有相随过御苑，不知若个向金堤？”东方虬《春雪》：“不知园里树，若个是真梅？”刘商《酬道芬寄画松》：“一株将比囊中树，若个年多有茯苓。”❷何处。李嘉祐《袁江口怀王司勋王吏部二郎中起居十七弟》：“若个最为相忆处？青枫黄竹入袁江。”杜甫《哭李尚书》：“秋色凋春草，王孙若个边。”贾岛《盐池院观鹿》：“条峰五老势相连，此鹿来从若个边。”

【若薺】 形容远望中的群树。王维《送秘书晁监还日本国》序：“扶桑若荠，郁岛如萍。”

【若蘭族】 优秀子弟辈出之家族。旧以兰芷、兰桂喻优秀子弟，故称。欧阳詹《福州送郑楚材赴京》：“门承若兰族，身蕴如琼文。”

茂 〔mào《广韵》莫候切，去候，明。〕❶草木繁荣茂盛。宋之问《自洪府舟行直书其事》：“敝庐嵩山下，空谷茂兰芷。”杜甫《秋野五首》之二：“水深鱼极乐，林茂鸟知归。”姚合《秋日闲居二首》之一：“荒庭唯菊茂，幽径与山通。”刘廓《杨岐山》：“松杉寒更茂，岚霭昼还开。”❷隆盛；宏大。亦指使兴盛，宏大。刘允济《经庐岳回望江州想洛川有作》：“佐历符贤运，人期茂天爵。”李白《赠宣城赵太守悦》：“大贤茂远业，虎竹光南藩。”李益《五城道中》：“来远赏不行，锋交勋乃茂。”顾非熊《送信州卢员外兼寄薛员外》：“德茂荣方渐，仁深瑞必呈。”亦指荣显。殷尧藩《赠龙阳尉马戴》：“向来名姓茂，空被外情牵。”陆龟蒙《读襄阳耆旧传因作诗五百言寄皮袭美》：“三胡节皆峻，二习名亦茂。”皮日休《鲁望读襄阳耆旧传见赠五百言因而寄答》：“万乘不可谒，千钟固非茂。”❸美好；和顺。太宗《元日》：“穆矣熏风茂，康哉帝道昌。”包佶《祀雨师乐章·迎俎酌献》：“时康气茂，惟神之贶。”❹犹优秀，杰出。韦应物《答贡士黎逢》：“茂等方上达，诸生安可希。”参见“茂才”“茂異”。

【茂才】 即秀才。汉代举用人材的科目之一。凡有茂材异等可为将相及使绝国者，由州郡察举之。后因避汉光武帝刘秀之讳，改秀为茂。唐代科举之常科中，亦有秀才、略经、进士、明法等科。崔元翰《清明节郭侍御偶与孔校书王秀才游开化寺不得同游赋得十韵》：“茂才当时选，公子生人秀。”

【茂功】 犹丰功伟绩。指大的功业。元结《二风诗·治风诗五篇·至劳》：“至哉茂功，不升不圮。”又《补乐歌十首·大夏》：“上有茂功兮，下戴仁天。”《郊庙歌辞·汉宗庙乐舞辞·显仁舞》：“诘旦备明祀，登歌答茂功。”

【茂先知味】 晋张华诗有“樱桃含红蕊”句。又见其所著《博物志》。后因以“茂先知味”为咏樱桃之典。茂先，张华之字。权德舆《酬裴杰秀才新樱桃》：“茂先知味易，曼倩恨偷难。”

【茂色】 指植物的青翠颜色。李益《竹溪》：“清光溢空曲，茂色临幽澈。”

【茂秀】 ❶繁茂秀美之树木。寒山《诗三百三首》之二一五：“嗟见此茂秀，今为一聚灰。”❷喻指德业隆盛。张祜《投宛陵裴尚书二十韵》：“德门深茂秀，义士辟膏腴。”

【茂苑】 ❶苑名。即长洲苑。故地在今江苏苏州市西南。孙逖《长洲苑》：“辇道阊门出，军容茂苑来。”杜牧《杜秋娘诗》：“归来四邻改，茂苑草菲菲。”许浑《自楞伽寺晨起泛舟道中有怀》：“碧树苍苍茂苑东，佳期迢递路何穷。”亦代指苏州。韦应物《寄皎然上人》：“茂苑文华地，流水古僧居。”张籍《寄苏州白二十二使君》：“阊门柳色烟中远，茂苑莺声雨后新。”白居易《初到郡斋寄钱湖州李苏州》：“霅溪殊冷僻，茂苑太繁雄。”❷泛指茂美之苑囿、宫花。李商隐《陈后宫》：“茂苑城如画，阊门瓦欲流。”吴融《倒次元韵》：“茂苑廊千步，昭阳扇九轮。”

【茂林】 茂密之树林。亦代指故园、林野。陈陶《赠别》：“高鸟思茂林，穷鱼乐涔池。”温庭筠《车驾西游因而有作》：“谁将词赋陪雕辇，寂寞相如卧茂林。”

【茂典】 好的典章制度。则天皇后《唐明堂乐章·皇嗣出入升降》：“洪规载启，茂典方陈。”《郊庙歌辞·蜡百神乐章·肃和》：“爰稽茂典，聿崇清祀。”

【茂草】 犹芳草。崔湜《九龙潭作》：“清濑飞丝篁，茂草代茵席。”李绅《新楼诗二十首·晏安寺》：“丘垄渐平边茂草，九原何处不心伤。”

【茂彦】 唐李毅之字。颜淹通有智识，后常用以代指才俊之士。李白《酬张卿夜宿南陵见赠》：“尔来得茂彦，七叶仕汉余。”

【茂祉】 犹洪福。张谔《满月》：“社金流茂祉，庭玉表奇才。”贯休《寿春节进大蜀皇帝五首》之三：“茂祉遐宣胜事并，薰风微入舜弦清。”

【茂卿】 杨茂卿，杨巨源从弟，字士蕤，元和六年(811)登进士科，曾官监察御史。见《千唐志斋藏志》卷一一一五《唐故文林郎国子助教杨君(宇)墓志铭》。杨巨源有《赠从弟茂卿》。

【茂宰】 德业盛美之县令。亦用为县令之美称。李白《赠从孙义兴宰铭》：“天子思茂宰，天枝得英才。”李嘉祐《仲夏江阴官舍寄裴明府》：“题诗招茂宰，思尔欲辞官。”朱湾《同达奚宰游窦子明仙坛》：“今朝茂宰寻真处，暂驻双凫且莫归。”徐铉《送龚明府九江归宁》：“茂宰隳官去，扁舟著彩衣。”

【茂曹】 荣显之官府部门。亦为宫员之美称。苏颋《送吏部李侍郎东归得归字》：“茂曹今去矣，人物喜东归。”

【茂異】 犹出色，出众。独孤及《酬梁二十宋中所赠兼留别梁少府》：“爱君如金锡，昆弟皆茂异。”

【茂盛】 谓植物生长繁荣茂密。卢纶《和太常王卿立秋日即事》：“松篁终茂盛，蓬艾自衰荣。”萧项《赠翁承赞漆林书堂诗》：“手植松筠同茂盛，身荣金紫倍光辉。”

【茂陵】 ❶汉武帝之陵墓名。在今陕西兴平市东北，汉于此置茂陵县，属右扶风郡。李适《汾阴后土祠作》："竭来茂陵下，英声不复闻。"白居易《新乐府·海漫漫》："君看骊山顶上茂陵头，毕竟悲风吹蔓草。"李商隐《茂陵》："谁料苏卿老归国，茂陵松柏雨萧萧。"亦指茂陵所在之地，即汉茂陵县境域。王绩《策杖寻隐士》："新垂滋水钓，旧结茂陵罝。"王维《不遇咏》："身投河朔饮君酒，家在茂陵平安否。"❷汉司马相如晚岁病免后居家茂陵。后因以代指司马相如。杜甫《琴台》："茂陵多病后，尚爱卓文君。"李贺《昌谷园新笋四首》之四："古竹老梢惹碧云，茂陵归卧叹清贫。"温庭筠《宿一公精舍》："还笑长门赋，高秋卧茂陵。"亦暗喻似司马相如之人。李端《茂陵山行陪韦金部》："茂陵虽有病，犹得伴君行。"刘禹锡《闻董评事疾因以书赠》："武皇思视草，谁许茂陵居。"赵嘏《李先辈擢第东归有赠送》："茂陵自笑犹多病，空有书斋在翠微。"

【茂陵田】 指汉武帝坟陵之墓土。李白《嵩山采菖蒲者》："喻帝竟莫悟，终归茂陵田。"亦泛指茂陵一带之土地。卢照邻《哭明堂裴主簿》："风云洛阳道，花月茂陵田。"

【茂陵求】 指汉武帝遣使求索司马相如所著书事。杜甫《过故斛斯校书庄二首》之一："竟无宣室召，徒有茂陵求。"参见"茂陵書"。

【茂陵草】 指汉司马相如《上林赋》之类描写苑囿美景的作品。羊士谔《故萧尚书瘿柏斋前玉蕊树》："因吟茂陵草，幽赏待妍词。"参见"茂陵"。

【茂陵眉】 指望似远山之黛眉。亦以反喻似秀眉之远山。晋葛洪《西京杂记》卷二云："文君皎好，眉色如望远山。"而文君晚岁随夫司马相如居于茂陵，故称。杜牧《题桐叶》："江畔秋光蟾阁镜，槛前山翠茂陵眉。"

【茂陵書】 指向朝廷献策之书或朝廷重视之书。见《史记·司马相如列传》。崔宗之《赠李十二白》："袖有匕首剑，怀中茂陵书。"李端《重送郑宥归蜀因寄何兆》："为报长卿休涤器，汉家思见茂陵书。"唐彦谦《题宗人故帖》："惟有孝标情最厚，一编遗在茂陵书。"

【茂陵劉郎】 指汉武帝刘彻。因武帝死葬茂陵，故称。李贺《金铜仙人辞汉歌》："茂陵刘郎秋风客，夜闻马嘶晓无迹。"

【茂遂】 繁荣滋茂。郭子仪《享太庙乐章·保大舞》："万物茂遂，九夷宾王。"

【茂勳】 丰功伟业。郭澹《喜陆侍御破石埭草寇东峰亭赋诗》："茂勋推世上，余兴寄杯中。"滕珦《释奠日国学观礼闻雅颂》："圣上尊儒学，春秋奠茂勋。"

【茂德】 盛德。包融《和崔会稽咏王兵曹厅前涌泉势城中字》："茂德来征应，流泉入咏歌。"耿湋《奉和第五相公登鄱阳郡城西楼》："茂德为邦久，丰貂旧相尊。"

【茂绿】 浓盛之绿色，代指繁茂之庄稼。汪极《奉试麦垄多秀色》："塍畦交茂绿，苗实际清和。"

【茂學】 犹博学。褚亮《伤始平李少府正己》："高文缀翡翠，茂学掩麒麟。"

【茂績】 伟业，伟绩。陈陶《圣帝击壤歌四十声》："封山昭茂绩，祠执答嘉祥。"贾彦璋《王龙骧墓》："茂绩当年举，英魂此地销。"

【茂禮】 隆盛之礼仪。苏颋《饯荆州崔司马》："茂礼雕龙昔，香名展骥初。"

茇

〔bá《广韵》蒲拨切，入末，并。又北末切，入末，幫。〕草木之根。亦指止宿于草野。参见"茇舍"。

【茇舍】 ❶草宿，谓止宿于草野。多指军队野地住宿。苏晋《奉和圣制送张说巡边》："算车申夏政，茇舍启戎田。"❷指征途跋涉。储光羲《同诸公送李云南伐蛮》："蒐兵自交趾，茇舍出泸阳。"

苹[1]

〔píng《广韵》符兵切，平庚，並。〕草名。一名赖萧、赖蒿。叶青白色，可食。韩愈《答张彻》："苹甘谢鸣鹿，罍满惭罄瓶。"

苹[2]

〔péng《集韵》披耕切，平耕，滂。〕见"苹$_2$苹"。

【苹$_2$苹】 草绵绵貌。语本宋玉《高唐赋》。韩愈、孟郊《城南联句》："扫净豁旷旷，骋遥略苹苹。"

苫[1]

〔shān《广韵》失廉切，平盐，书。〕茅草。亦指以茅草编制之席状覆盖物。元稹《茅舍》："茅苫竹梁栋，茅疏竹仍罅。"韦庄《冬日长安感志寄献虢州崔郎中二十韵》："虽有远心长拥篲，耻将新剑学编苫。"

苫[2]

〔shàn《广韵》舒赡切，去艶，蓋。〕以苫草覆盖。亦泛指覆盖、遮蔽。韩愈《苦寒》："伊我称最灵，不能女覆苫。"元稹《酬乐天东南行诗一百韵》："短檐苫稻草，微俸封渔租。"皮日休《奉和鲁望秋日遣怀次韵》："破衲虽云补，闲斋未办苫。"陆龟蒙《秋日遣怀十六韵寄道侣》："药鼎高低铸，云庵早晚苫。"

【苫茆】 以茅草覆盖屋顶。元稹《酬翰林白学士代书一百韵》："仰竹藤缠屋，苫茆获补篱。"

【苫草】 白茅草。常用以编草席或盖草屋之顶。亦用以喻指粗滥之物。李咸用《和友人喜相遇十首》之一："肯信披沙难见宝，只怜苫草易成编。"

【苫城】 以茅草编束覆盖于围墙上。白居易《酬郑侍御多雨春空过诗三十韵》："赈廪赒饥户，苫城备坏墙。"

【苫蓋】 ❶以茅草覆盖于屋顶。刘禹锡《武陵观火诗》："闬垣适未立，苫盖自相娱。"❷茅草编成之草席，草苫。多用以覆盖屋顶或器物。元稹《江边四十韵》："栋梁存伐木，苫盖愧分茅。"陆龟蒙《添酒中六咏·酒瓮》："候暖麹蘖调，覆深苫盖净。"亦指草屋顶。储光羲《同王十三维哭殷遥》："茅茨俯苫盖，双殡两楹间。"

【苫廬】 居丧所住之茅舍。耿沣《题孝子陵》："松柏自成拱，苫庐长不归。"

苜 〔mù《广韵》莫六切，入屋，明。〕苜蓿之省称。韩愈、孟郊《城南联句》："萄苜从大漠，枫楮至南荆。"参见"苜蓿"。

【苜蓿】 植物名。多年生草本。叶椭圆形，花紫色，亦有黄色。可食，多作饲料。原产西域，张骞使西域时自大宛传入。王维《送刘司直赴安西》："苜蓿随天马，葡萄逐汉臣。"薛令之《自悼》："盘中何所有，苜蓿长阑干。"张仲素《天马辞二首》之一："不知玉塞沙中路，苜蓿残花几处开。"贯休《塞上曲二首》之一："蒲萄酒白雕腊红，苜蓿根甜沙鼠出。"

【苜蓿峯】 山名，在唐安西境胡芦河边，即今新疆乌什县境。岑参《题苜蓿峰寄家人》："苜蓿峰边逢立春，胡芦河上泪沾巾。"

苴1 〔jū《广韵》子魚切，平魚，精。又七餘切，平魚，清。又子與切，上語，精。〕包裹。卢照邻《中和乐九章·歌诸王第七》："苴以茅社，锡以牺尊。"参见"苴茅"。

苴2 〔xié《集韵》，徐嗟切，平麻，邪。〕见"苴₂咩"。

【苴₂咩】 古城名。一名"羊苴咩城"。唐南诏国之国都。故址在今云南大理。薛能《闻官军破吉浪戎小而固虑史氏遗忽因记为二章》之二："越巂通游国，苴咩闭聚蚊。"又《西县途中二十韵》："梯航经杜宇，烽候彻苴咩。"

【苴茅】 指受帝王分封。亦泛指受皇帝任命。古代分封诸侯时，建大社于国中，于东西南北中五方，分置青赤白骊黄五色土。行封仪时，凿所封方色土，覆以黄土，包以白茅，授该方之被封诸侯，以示受土于天子。故称苴茅。苴，包。卢肇《汉堤诗》："我公用谐，苴茅杖节。"

苗 〔miáo《广韵》武瀌切，平宵，明。〕❶禾木植物未开化时之称。李华《咏史十一首》之十："咸阳古城下，万顷稻苗新。"刘长卿《送朱山人放越州贼退后归山阴别业》："空城垂故柳，旧业废春苗。"张籍《野老歌》："苗疏税多不得食，输入官仓化为土。"❷泛指一般植物初生之茎株。李峤《和杜学士旅次淮口阻风》："水雁衔芦叶，沙鸥隐荻苗。"顾况《送从兄使新罗》："鬓发成新髻，人参长旧苗。"姚合《寄题蔡州蒋亭兼简田使君》："无人知旧径，有药长新苗。"吴融《山居即事四首》之二："庖厨却得长兼味，三秀芝根五术苗。"❸喻指事物之端绪、表征。白居易《读张籍古乐府》："言者志之苗，行者文之根。"❹子孙后代。参见"苗裔"。❺部族名。指上古之三苗（或称有苗）及其后之苗族。严维《书情上李苏州》："东土苗人尚有残，皇皇亚相出朝端。"杨巨源《春日奉献圣寿无疆词十首》之三："戈偃征苗后，诗传宴镐初。"元稹《和李校书新题乐府十二首·法曲》："舜持干羽苗革心，尧用咸池凤巢阁。"郑谷《寄边上从事》："浅山寒放马，乱火夜防苗。"

【苗人】 苗族人。传为古三苗部族之后裔。主要分布于今我国西南部。白居易《自蜀江至洞庭湖口有感而作》："疑此苗人顽，恃险不终役。"

【苗太守】 ❶苗奉倩。曾官缙云太守。见《仙都志》卷上。王维有《送缙云苗太守》。❷苗晋卿。晋卿天宝初曾官安康郡和魏郡太守。见《旧唐书》本传。高适有《送虞城刘明府谒魏郡苗太守》。

【苗公】 苗晋卿。曾官左相、侍中，封韩国公。见《旧唐书》本传。钱起有《故相国苗公挽歌》。

【苗考功】 疑为苗粲。《郎官石柱题名新著录》左司郎中第八行、司勋员外第九行、仓部郎中第八行均为苗粲名，均在贞元后期。粲或曾历考功员外或郎中之职。武元衡有《和杨三舍人晚秋与崔二舍人张秘监苗考功同游昊天观》。权德舆有《奉和崔阁老清明日候许阁老交直之际辱裴阁老书招云与考功苗曹长先城南游览独行口号因以简赠》。

【苗仲方】 唐诗人。里贯不详。《全唐诗》卷七七〇录其《仲秋太常寺观公辂车拜陵》一首。

【苗明府】 苗发。曾官乐平令。见《唐才子传》卷四。卢纶和司空曙均有《送乐平苗明府》。李端有《送乐平苗明府得家字》。

【苗侍中】 苗晋卿。晋卿肃宗朝以功封韩国公，食实封五百户，改为侍中。见《旧唐书》本传。岑参有《苗侍中挽歌二首》。

【苗侍御】 苗丕。见《唐会要》卷五九。刘长卿有《按覆后归睦州赠苗侍御》。

【苗晋卿】 唐诗人。字元辅。潞州壶关（今属山西）人。擢进士第，初授修武尉，累迁吏部郎中、中书舍人。开元二十九年（741）迁吏部侍郎。天宝二年（743）贬建康郡太守。后徙魏郡、河东，后人为工部尚书、东都留守，召为宪部尚书。肃宗即位，拜左相，封韩国公，改侍中。代宗诏摄冢宰，辞免，拜太保。卒赠太师，谥文贞。《全唐诗》卷二五八录其《奉和圣制早登太行山中言志》一首。

【苗員外】 苗发。发终官都官员外郎。见《新唐书·卢纶传》。李嘉祐有《和都官苗员外秋夜省直对雨简诸知己》。包何有《和苗员外寓直中书》。卢纶有《酬苗员外仲夏归郊居遇雨见寄》。耿沣有《赠苗员外》。卢纶有《题苗员外竹间亭》。

【苗扈】 古代部族名。苗指有苗氏，亦称三苗，曾叛舜被讨伐；扈指有扈氏，曾叛夏被讨。后因以“苗扈”喻指叛逆者。张衮《梁郊祀乐章·庆融》：“服遐裔兮敷质文，格苗扈兮息烟尘。”

【苗張进士】 苗台符和张读。无名氏《注苗张二进士题名》注：“苗台符，六岁能属文，十六及第，张读亦幼擅词赋，十八及第，同年进士，又同佐郑薰宣州幕……台符十七不禄，读位至礼部侍郎。”

【苗將軍】 苗延禄。南唐烈祖时曾官宣威军禅将。见《全唐文》卷八八六徐铉《南唐故检校司徒行右千牛卫将军苗公(延禄)墓志铭》。徐铉有《宣威苗将军贬官后重经故宅》。

【苗愔】 苗稷从曾孙，苗蕃孙，苗著子，弟恪、恽，使持节江州诸军事、守江州刺史、上柱国，见《唐代墓志汇编》会昌〇〇三《唐故太原府参军赠尚书工部员外郎苗府君夫人河内县太君玄堂志铭并序》。白居易《三月三日祓禊洛滨》序：“令公明日，召太子少傅白居易……虞部员外郎苗愔……等一十五人，合宴于舟中。”

【苗税】 即青苗税。刘长卿有《送河南元判官赴河南勾当苗税充百官俸钱》。

【苗發】 唐诗人。潞州壶关(今属山西)人。苗晋卿之长子。大历中，为秘书丞、都管员外郎，贬乐平令，后历任驾部、兵部员外郎。为大历十才子之一。《全唐诗》卷二九五录其《送司空曙之苏州》等二首。

【苗裔】 后裔，子孙后代。苏源明《小洞庭洄源亭宴四郡太守诗》序：“太皞苗裔，可记任宿；伯禹山川，空流济汶。”韩愈《寄卢仝》：“苗裔当蒙十世宥，岂谓贻厥无基阯。”

【苗紳】 会昌初登进士第。明年，得宏词上等，授秘书省校书郎。温庭筠有《春日将欲东归寄新及第苗绅先辈》。又《病中书怀呈友人》序：“开成五年秋……兼呈袁郊、苗绅、李逸三友人一百韵。”

【苗端公】 疑为苗绅。曾官侍御史。薛能有《赠苗端公二首》。

【苗稼】 庄稼。张光朝《荻塘西庄赠房元垂》：“苗稼尽淹没，兹乡独丰年。”贾岛《送乌行中石淙别业》：“劳思当此夕，苗稼在西原。”徐仲雅《句》：“剪开净涧分苗稼，划破涟漪下钓筒。”

【苗實】 稻麦等庄稼之禾苗与所结之穗实。汪极《奉试麦垄多秀色》：“塍畦交茂绿，苗实际清和。”

【苗賛】 潞州壶关(今属山西)人。唐宰相苗晋卿之子，苗发之弟。耿沣有《送苗赞赴阳翟丞》。

苒

〔rǎn《广韵》而琰切，上琰，日。〕见“苒苒”。

【苒苒】 ❶草盛貌。唐彦谦《移莎》：“苒苒齐芳草，飘飘笑断蓬。”万俟造《龙池春草》：“苒苒分阶砌，离离杂荇蘋。”殷文圭《春草碧色》：“萋萋如恨别，苒苒共伤春。”❷枝条柔弱貌。沈佺期《夏日梁王席送张岐州》：“芃芃秋麦盛，苒苒夏条垂。”❸深幽貌。杜甫《惠义寺送王少尹赴成都》：“苒苒谷中寺，娟娟林表峰。”❹犹袅袅。烟霭或香气隐约浮动貌。皮日休《醉中先起李縠戏赠走笔奉酬》：“麝烟苒苒生银兔，蜡泪涟涟滴绣闺。”司空图《诗品二十四则·冲淡》：“犹之惠风，苒苒在衣。”王周《富池口》：“短莎烟苒苒，惊浪雪漫漫。”❺飘飘，翩翩。轻盈翻飞貌。陆龟蒙《自遣诗三十首》之十一：“昔闻庄叟迢迢梦，又道韩生苒苒飞。”徐夤《蝴蝶三首》之二：“苒苒双双拂画栏，佳人偷眼再三看。”亦指泉水轻快流动貌。刘太真《宣州东峰亭各赋一物得古壁苔》：“苒苒温寒泉，绵绵古危壁。”❻荏苒，蹉跎。岁月流逝貌。张九龄《南还以诗代书赠京师旧僚》：“苒苒穷年籥，行行尽路岐。”王昌龄《同从弟销南斋玩月忆山阴崔少府》：“苒苒几盈虚，澄澄变今古。”沈东美《奉和苑舍人宿直晓玩新池寄南省友》：“苒苒胡为此，甘心老岁年。”刘禹锡《谢窦员外旬休早凉见示诗》：“四时苒苒催容鬓，三爵油油忘是非。”亦指时间久长，犹悠悠。韦应物《喜于广陵拜觐家兄奉送发还池州》：“青青连枝树，苒苒久别离。”❼渐渐。杜牧《句溪夏日送卢霈秀才归王屋山将欲赴举》：“苒苒迹始去，悠悠心所期。”陈陶《草木言》：“婆娑不材生，苒苒向秋荒。”

【苒弱】 柔弱；轻柔。张说《东都酺宴四首》序：“是日六乐振作，万舞苒弱。”刘禹锡《和郴州杨侍郎玩郡斋紫薇花十四韵》：“苒弱多意思，从容占光景。”陈至《赋得芙蓉出水》：“下覆参差荇，高辞苒弱蘋。”温庭筠《春日寄岳州从事李员外二首》之一：“苒弱楼前柳，轻空花外窗。”

【苒蒻】 同“苒弱”。柔弱，轻软。欧阳詹《新都行》：“悠扬丝意去，苒蒻花枝住。”白居易《初入峡有感》：“苒蒻竹篾篸，欹危楫师趾。”

【苒嫋】 轻柔袅娜。温庭筠《嘲春风》：“苒袅转鸾旗，萎蕤吹雉葆。”

英

〔yīng《广韵》於驚切，平庚，影。〕❶植物之花。李华《春游吟》：“美人摘新英，步步玩春绿。”顾况《独游青龙寺》：“积翠暖遥原，杂英纷似霰。"李绅《新楼诗二十首·海棠》："浅深芳萼通宵换，委积红英报晓开。"薛能《桃花》："醉席眠英好，题诗恋景慵。"❷精华，精萃。李百药《过杨玄感墓》："剑有万人敌，文为一代英。"孙逖《故右丞相赠太师燕文贞公挽词二首》之一："海内文章伯，朝端礼乐英。"刘禹锡《秋江早发》："昏昏恋衾枕，安见元气英。"❸英明，杰出。李白《送张遥之寿阳幕府》："张子勇且英，少轻卫霍孱。"又《送长沙陈太守二首》之一："英主赐五马，本是天池龙。"参见"英掾""英謨"。❹杰出之人物。杜审言《和韦承庆过义阳公主山池五首》之一："野兴城中发，朝英物外求。"皎然《酬乌程杨明府华将赴渭北对月见怀》："开府集秀士，先招士林英。"韩愈《燕河南府秀才得生字》："诏下诸郡国，岁贡乡曲英。"李群玉《将离澧浦奉怀沈正字昆弟三人联登高第》："夫子芸阁英，养鳞湘水浔。"❺古乐《六英》之省称。传云黄帝乐曰《咸池》，帝喾乐曰《六英》。李商隐《有感二首》之二："近闻开寿宴，不废用《咸》《英》。"❻"女英"之省称。传尧帝有二女，长曰娥皇，次曰女英。李白《远别离》："远别离，古有皇英之二女，乃在洞庭之南，潇湘之浦。"

【英才】 ❶出色的才干。李白《行路难三首》之二："剧辛乐毅感恩分，输肝剖胆效英才。"任华《寄杜拾遗》："英才特达承天眷，公卿无不相钦羡。"❷杰出的人才。李白《赠从孙义兴宰铭》："天子思茂宰，天枝得英才。"韦应物《答令狐侍郎》："明时重英才，当复列彤闱。"司空图《狂题二首》之一："草堂旧隐犹招我，烟阁英才不见君。"和凝《宫词百首》之六四："圣日垂科委所司，英才咸喜遇明时。"

【英公】 僧人梦英。许仲宣有《清洛喜英公大师相访》。王著、郭从义均有《赠梦英大师》。何承裕有《寄宣义英公》。

【英心】 犹雄心。韩愈、孟郊《斗鸡联句》："英心甘斗死，义肉耻庖宰。"

【英主】 英明之君主。韩愈《永贞行》："嗣皇卓荦信英主，文如太宗武高祖。"马植《奉和白敏中圣道和平合咏盛明呈上》："天留此事还英主，不在他年在大中。"刘兼《新回车院筵上作》："借寇已承英主诏，乞骸须上老臣书。"齐己《寄文秀大师》："世岂无英主，天何惜大师。"

【英台】 杰出之台阁大臣。苏颋《送光禄姚卿还都》："汉室有英台，荀家宠俊才。"

【英名】 美名；显扬的名声。卢纶《题贾山人园林》："长沙流谪君非远，莫遣英名负洛阳。"李绅《到宣武三十韵》："义夫留感激，公子播英名。"司空图《携仙箓九首》之七："英名何用苦搜奇，不朽才销一句诗。"罗隐《滕王阁》："焕然丽藻传千古，赫尔英名动两京。"

【英武】 英俊威武；英明雄武。贾至《自蜀奉册命往朔方呈韦左相房尚书门下崔侍郎》："明主信英武，威声赫四邻。"周昙《咏史诗·六朝门·二废帝》："自言威震为英武，肯虑湘东与玉夫。"贯休《寿春节进》："丕图非力致，英武悉天资。"

【英材】 同"英才"。指杰出的的才干或人才。颜真卿《赠裴将军》："将军临八荒，烜赫耀英材。"陆龟蒙《徐方平后闻赦因寄袭美》："英材尽作龙蛇蛰，战地多成虎豹村。"

【英妙】 犹英年，妙年。美好之少壮时期。杜甫《七月一日题终明府水楼二首》之二："宓子弹琴邑宰日，终军弃繻英妙时。"

【英英】 ❶白云轻盈光亮貌。语出《诗·小雅·白华》。李峤《云》："英英大梁国，郁郁秘书台。"皎然《答道素上人别》："碧水何渺渺，白云亦英英。"张嗣初《赋得白云起封中》："英英白云起，呈瑞出封中。"❷犹灿灿。光彩灿烂貌。皎然《答裴集阳伯明二贤各垂赠二十韵》："何似双琼章，英英曜吾手。"徐铉《亚元舍人猥贻佳作因为长歌聊以为报》："白银阙下何英英，雕鞍绣毂趋承明。"❸才德出众貌。储光羲《陆著作挽歌》之三："英英有君子，才德满中州。"李益《自朔方还与郑式瞻等会法云寺》："英英二三彦，襟旷去烦扰。"孟郊《上包祭酒》："岳岳冠盖彦，英英文字雄。"灵澈《奉和郎中题仙岩瀑布》："穆穆早朝人，英英丹陛贤。"❹指花乳凋落之花蕾。孟郊《杏殇》之四："如何此英英，亦为吊苍苍。"

【英奇】 犹精英。指才德优异出众之人。李白《自梁园至敬亭山见会公因有此赠》："水国饶英奇，潜光卧幽草。"钱起《同程九早入中书》："汉家贤相重英奇，蟠木何材也见知。"孟郊《吊房十五次卿少府》："英奇一谢世，视听一为尘。"亦指才德优异杰出。周昙《咏史诗·三国门·鲁肃》："轻财重义见英奇，圣主贤臣是所依。"

【英明】 杰出而明智。李白《寄上吴王三首》之三："英明庐江守，声誉广平籍。"杜牧《感怀诗一首》："元和圣天子，英明汤武上。"薛能《国学试风化下》："英明高比日，声教下如风。"许棠《讲德陈情上淮南李仆射八首》之一："英明不独中朝仰，清重兼闻外国知。"亦指杰出而明智之人。《郊庙歌辞·后唐宗庙乐舞辞·应天舞》："载诞英明，永光圣祚。"

【英威】 英勇威武。亦指特出的威名。沈佺期《送卢管记仙客北伐》："饯途予悯默，赴敌子英威。"李白《博平郑太守自庐山千里见访立马赠别》："救赵复存魏，英威天下闻。"李德裕《寒食日三殿侍宴奉进诗一首》："英威扬绝漠，神算尽临洮。"韦庄《题淮阴侯庙》："满把椒浆奠楚祠，碧幢黄钺旧英威。"亦指英勇威武之人。李颀《杂兴》："武昌妖梦果为灾，百代英威埋鬼府。"

【英眄】 指有神彩之目光。李白《赠从弟南平太守之遥二首》之一："翰林秉笔回英眄，麟阁峥嵘谁可见。"

【英胄】 杰出的后裔。陈子昂《夏日晖上人房别李参崇嗣》序："李参军白云英胄，紫气仙人。"

【英骨】 ❶不凡的内在气质。李白《赠僧行融》："行融亦俊发，吾知有英骨。"❷英材之遗骨。唐彦谦《重经冯家旧里》："应系星辰天上去，不留英骨葬人间。"

【英俠】 豪侠之气。骆宾王《畴昔篇》："少年重英侠，弱岁贱衣冠。"

【英俊】 ❶犹俊杰。杰出之人才。岑羲《黄金台》："屈身延士礼优异，四方英俊如云翔。"韦应物《酬张协律》："由来牧守重，英俊得荐延。"白居易《续古诗十首》之六："长安多王侯，英俊竞攀援。"孙棨《题刘泰娘舍》："汉高新破咸阳后，英俊奔波遂吃虚。"❷才德出众而风采俊逸。杜甫《陈拾遗故宅》："同游英俊人，多秉辅佐权。"韦应物《送云阳邹儒立少府侍奉还京师》："邹生乃后来，英俊亦罕伦。"

【英風】 奇伟出众的气概或操尚。李白《书情题蔡舍人雄》："梦钓子陵湍，英风缅犹存。"庄南杰《伤歌行》："英风一去更无言，白骨沉埋暮山碧。"张蠙《送徐州薛尚书》："龙颜有遗庙，犹得奠英风。"徐夤《山阴故事》："坦腹夫君不可逢，千年犹在播英风。"

【英音】 美好的声音。(1)指美妙的音乐。李白《金陵听韩侍御吹笛》："韩公吹玉笛，倜傥流英音。"(2)指美妙的言辞。李白《经乱离后流夜郎书怀赠江夏韦太守良宰》："登台坐水阁，吐论多英音。"

【英彦】 ❶俊彦，俊杰。指杰出之人士。储光羲《苏十三瞻登玉泉寺峰入寺中见赠作》："庆门叠华组，盛列钟英彦。"韦应物《东林精舍见郑侍御题诗因寄呈阎沣州等》："朝庭重英彦，时辈分圭璧。"殷寅《铨试后徵山别业寄源侍御》："圣君性则哲，济济多英彦。"❷谓多才能文。李白《送韩准裴政孔巢父还山》："韩生信英彦，裴子含清真。"

【英姿】 俊逸超俗的身姿、仪态。李白《宣城送刘副使入秦》："秉钺有季公，凛然负英姿。"欧阳詹《酬裴十二秀才孩子咏》："算日未成年，英姿已亵然。"白居易、王起《喜晴联句》："每优陪丽句，何暇觌英姿。"张祜《叙诗》："延年得殊致，灵运拔英姿。"

【英姿飒爽】 形容身姿矫健、神采飞扬。杜甫《丹青引赠曹将军霸》："褒公鄂公毛发动，英姿飒爽来酣战。"

【英華】 ❶本指植物之花。引申指事物之精华。元结《补乐歌十首·六英》序："六英，高辛氏之乐歌也，其义盖称帝喾能总六合之英华。"亦喻指堪称精英之人。元稹《阳城驿》："炎瘴不得老，英华忽已秋。"❷出众的才华。陈政《赠窦蔡二记室入蜀》："英华虽外发，磨琢终内朗。"亦指才华出众之人。萧嵩《奉和圣制送张说上集贤学士赐宴》："芸阁英华人，宾门鹓鹭登。"❸灿烂的光华、光彩。韩愈《和崔舍人咏月二十韵》："浩荡英华溢，萧疏物象冷。"徐铉《酬郭先辈》："彩褥粲英华，理深刮肌骨。"亦喻指文采。张祜《叙诗》："英华自沈宋，律唱互相维。"

【英哲】 才思识见出众之人。贯休《别杜将军》："偶出重围遇英哲，留我江楼经岁月。"

【英烈】 犹丰功伟业。烈，功业。李白《赠张相镐二首》之二："英烈遗厥孙，百代神犹王。"李宏皋《铜柱辞》："招灵铸柱垂英烈，手执干戈征百越。"

【英氣】 ❶灵秀之气；精英汇聚之气。殷潜之《题筹笔驿》："山秀扶英气，川流入妙思。"温庭筠《过孔北海墓》："珪玉埋英气，山河孕炳灵。"郑损《星精石》："突险呀空龙虎蹲，由来英气蓄寒根。"❷锐气。昂扬向上而无畏的气概。司空图《争名》："穷辱未甘英气阻，乖疏还有正人知。"❸秀美脱俗。孙鲂《主人司空后亭牡丹》："体物真英气，余花似庶人。"

【英特】 犹英杰。才德卓异超群之人。杜甫《奉赠李八丈判官曛》："我丈时英特，宗枝神尧后。"

【英旄】 主将营帐之美称。旄，节旄，代指受节之主将。一说同"英髦"，指才俊之士。高适《自武威赴临洮谒大夫不及因书即事寄河西陇右幕下诸公》："一朝感推荐，万里从英旄。"

【英宰】 贤明之辅宰大臣。韦抗《奉和圣制送张说上集贤学士赐宴》："英宰文儒叶，明君日月齐。"崔翘《奉和圣制答张说南出雀鼠谷》："嘉颂推英宰，春游扈圣君。"

【英規】 善美之规章法令。宋之问《送合宫苏明府颋》："铉府诞英规，公才天下知。"

【英曹】 对尚书六部下各官曹之美称。韦应物《移疾会诗客元生与释子法朗因贻诸祠曹》："英曹幸休暇，悢悢心所攀。"

【英達】 明智通达。刘长卿《灞东晚晴简同行薛弃朱训》："高贤幸兹偶，英达穷王霸。"耿湋《奉和第五相公登鄱阳郡城西楼》："一顾承英达，多荣及子孙。"章碣《变体诗》："今古若论英达算，鸱夷高兴固无边。"亦指明智通达之人。钱起《初黄绶赴蓝田县作》："忽忝英达顾，宁窥造化恩？"

【英雄】 ❶豪迈雄杰。形容英雄之气概。郭震《古剑篇》："非直结交游侠子，亦曾亲近英雄人。"冯待征《虞姬怨》："逢君游侠英雄日，值妾年华桃李春。"齐己《老将》："儿孙已成立，胆气亦英雄。"罗颖《题汉祖庙》："项羽英雄犹不惧，可怜容得辟阳侯。"❷勇武善战之人。孙逖《丹阳行》："英雄倾夺何纷然，一盛一衰如逝川。"顾况《行路难三首》之三："睢水英雄多血刃，建章宫阙成煨烬。"郑损《艺堂》："揖让未能忘典礼，英雄孰不惯戎衣？"沈彬《金陵杂题二首》之一："千征万战英雄尽，落日牛羊食野田。"❸胆识才具出众之豪杰。杜甫《今夕行》："英雄有时亦如此，邂逅岂即非良图。"白居易《哭刘尚书梦得二首》之一："杯酒英雄君与操，文章微婉我知丘。"林宽《歌风台》："莫言马上得天下，自古英雄尽解诗。"赵嘏《句》："太宗皇帝真长策，赚得英雄尽白头。"

【英傑】 英雄豪杰。张祜《即席为诗献徐州节度王智兴》："古来英杰动寰区，武德文经未有余。"胡曾《咏史诗·河梁》："汉家英杰出皇都，携手河梁话入胡。"又《彭泽》："英杰那堪屈下僚，便栽门柳事萧条。"李中《海上和柴军使清明书事》："清明时节好烟光，英杰高吟兴味长。"崔璐《览皮先辈盛制因作十韵》："在人为英杰，与国作祯符。"

【英儁】 同"英俊"。❶才智出众。徐彦伯《比干墓》："嫫黩皆佞谀，虔刘尽英隽。"❷才智出众之人。欧阳詹《太原旅怀呈薛十八侍御齐十二奉礼》："前来称英隽，有食主人鱼。"

【英詞】 美妙的文辞。李德裕《述梦诗四十韵》："重价连悬璧，英词淬宝刀。"

【英遠】 远方之英杰。宋之问《郡宅中斋》："兹都信盘郁，英远常栖眄。"

【英魂】 英灵。俊杰之士的魂灵。用为对死者之敬称。贾彦璋《王龙骧墓》："茂绩当年举，英魂此地销。"

【英掾】 优秀的掾吏。多用为对吏员的美称。岑参《送柳录事赴梁州》："英掾柳家郎，离亭酒瓮香。"

【英節】 高尚坚贞的气节、节操。皇甫澈《赋四相诗·中书令钟绍京》："谋猷叶圣朝，披鳞奋英节。"

【英猷】 宏远或奇伟谋略。苏晋《奉和圣制送张说巡边》："祈父万邦式，英猷三略传。"李德裕《东郡怀古二首·阳给事》："阳君守滑台，终古垂英猷。"

【英資】 出众的资质。刘长卿《送裴四判官赴河西军试》："英资挺孤秀，清论含古流。"

【英髦】 才智俊杰之士。玄宗《巡省途次上党旧宫赋》："英髦既包括，豪杰自牢笼。"李白《赠华州王司士》："淮水不绝涛澜高，盛德未泯生英髦。"姚合《裴大夫见过》："湖南谯国尽英髦，心事相期节义高。"李涉《六叹》之三："堂上英髦沉白刃，门前舆隶乘朱轮。"

【英睿】 明达睿智。亦指明智之人。吴筠《览古十四首》之十四："鲧瞍诞英睿，唐虞育昏孽。"郑谷《忝官谏垣明日转对》："吾君英睿相君贤，其那寰区未晏然。"

【英圖】 宏图。宏伟的谋划。褚亮《赋得蜀都》："英图多霸迹，历选有名臣。"胡皓《奉和圣制送张尚书巡边》："利用经戎莽，英图叶圣诒。"李白《登广武古战场怀古》："楚灭无英图，汉兴有成功。"又《自溧水道哭王炎三首》之一："逸气竟莫展，英图俄夭伤。"

【英僚】 贤德的幕僚、同僚。王昌龄《送郑判官》："英僚携出新丰酒，半道遥看骢马归。"孟浩然《与杭州薛司户登樟亭楼作》："帟幕英僚敞，芳筵下客叨。"韦应物《西郊游宴寄赠邑僚李巽》："高宴阙英僚，众宾寡欢怿。"任华《寄杜拾遗》："如今避地锦城隅，幕下英僚每日相随提玉壶。"

【英豪】 ❶勇武豪迈。韦应物《送崔押衙相州》："礼乐儒家子，英豪燕赵风。"刘禹锡《故相国燕国公于司空挽歌二首》之一："一代英豪气，晓散白杨风。"无可《寄羽林卢大夫将军》："羽卫九天静，英豪四塞知。"❷英雄豪杰之人。李白《酬崔五郎中》："杖策寻英豪，立谈乃知我。"欧阳詹《咏德上韦检察》："英豪愿回席，蛮貊皆屈膝。"司空图《力疾山下吴村看杏花十九首》之十二："不如分减闲心力，更助英豪济活人。"谭用之《古剑》："铸时天匠待英豪，紫焰寒星匣倍牢。"

【英塵】 贤人之踪迹。亦指前贤之遗踪。司空图《商山二首》之一："国史数行犹有志，只将谈笑继英尘。"

【英賓】 才智出众之幕客，幕僚。李峤《送骆奉礼从军》："羽书资锐笔，戎幕引英宾。"

【英蕤】 花朵。沈徽《古兴二首》之一："茎叶落岩迹，英蕤从风飙。"

【英邁】 形容人资质卓越，襟怀阔远。李白《早秋赠裴十七仲堪》："裴生信英迈，屈起多才华。"高适《三君咏·郭代公》："代公实英迈，津涯浩难识。"

【英賢】 才德出众之人。玄宗《春晚宴两相及礼官丽正殿学士探得风字》序："乃置旨酒，命英贤。"杜甫《喜晴》："英贤遇轗轲，远引蟠泥沙。"韦应物《酬刘侍郎使君》："英贤虽出守，本自玉阶人。"胡权《济川用舟楫》："还如圣明代，理国用英贤。"

【英鋭】 喻指敏锐锋利的文词或谈吐。李郃《贺州思九疑作》："锋铓避英锐，铅椠费挥张。"

【英衛】 唐代英国公李勣与卫国公李靖之并称。杜牧《感怀诗一首》："韩彭不再生，英卫皆为鬼。"

【英寮】 同"英僚"。贤德的同寮，同事。刘禹锡《和仆射牛相公以离阙庭七年再睹龙颜因成四韵》："三省英寮非旧侣，万年芳树长新枝。"

【英選】 杰出之人选。李白《送梁公昌从信安北征》："入幕推英选，捐书事远戎。"

【英儒】　犹鸿儒。学识渊博的大儒。张祜《投宛陵裴尚书二十韵》："征贤披显诏，射策冠英儒。"

【英謀】　高明的谋略。李白《送张秀才谒高中丞》："英谋信奇绝，夫子扬清芬。"卢纶《腊日观咸宁王部曲娑勒擒豹歌》："既苏复吼拗仍怒，果协英谋生致之。"

【英聲】　美好的名声，声誉。李适《汾阴后土祠作》："揭来茂陵下，英声不复闻。"李白《赠宣城赵太守悦》："六国扬清风，英声何喧喧。"王迥《同孟浩然宴赋》："屈宋英声今止已，江山继嗣多才子。"段成式、郑符《游长安诸寺联句·宣阳坊静域寺·三阶院联句》："绝艺却南牧，英声来鬼方。"

【英翹】　植物荣盛貌。柳宗元《种仙灵毗》："蔚蔚遂充庭，英翘忽已繁。"

【英藩】　❶盛美之地域或处所。李峤《夏晚九成宫呈同僚》："英藩信炜烨，胜地本从容。"刘允济《经庐岳回望江州想洛川有作》："重地资出守，英藩谅求瘼。"❷对王室受封为亲王者之敬称。宋之问《宴安乐公主宅得空字》："英藩筑外馆，爱主出王宫。"

【英謨】　明智的谋划、策略。太宗《咏司马彪续汉志》："炎汉承君道，英谟纂神器。"周昙《咏史诗·春秋战国门·再吟侯嬴朱亥》："走敌存亡义有余，全由雄勇与英谟。"

【英識】　卓越的见识。徐夤《魏》："奸雄事过分明见，英识空怀许子将。"

【英斷】　英明果决。张绍《冲佑观》："睿哲英断，雄略神智。"

【英辯】　出色的雄辩高论。陆龟蒙《再酬袭美先辈见和谈襄阳耆旧传之作》："刘生吐英辩，上下穷高卑。"

【英鑒】　明鉴，洞察。周昙《咏史诗·春秋战国门·杨回》："杨回不是逢英鉴，白首无成一旅人。"

【英靈】　❶灵秀；神明；有灵气。寒山《诗三百三首》之三八："余曾昔睹聪明士，博达英灵无比伦。"高适《同吕判官从哥舒大夫破洪济城回登积石军多福七级浮图》："大将何英灵，官军动天地。"雍陶《蜀中战后感事》："蜀道英灵地，山重水又回。"钟离权《赠吕洞宾》："知君幸有英灵骨，所以教君心恍惚。"❷灵气。灵秀之气。李峤《江》："英灵已杰出，谁识卿云才？"孙逖《登越州城》："代阅英灵尽，人闲吏隐并。"李端《赠何兆》："江汉君犹在，英灵信未衰。"❸出类拔萃之人士。骆宾王《夕次旧吴》："文物俄迁谢，英灵有盛衰。"王维《送綦毋潜落第还乡》："圣代无隐者，英灵尽来归。"❹神灵。胡宿《冲虚观》："驰烟未勒山亭字，可是英灵许再来。"❺英魂；亡魂。岑参《先主武侯庙》："遗庙空萧然，英灵贯千岁。"清昼《项王古祠联句》："英灵今寂寞，容卫尚森沈。"窦庠《夜行古战场》："不知秦与汉，徒欲吊英灵。"罗隐《代文宣王答》："若教颜闵英灵在，终不羞他李老君。"

【英靈集】《河岳英灵集》之省称。唐诗总集名。唐殷璠编。选录唐开元二年(714)至天宝十二载(753)间常建、阎防等二十四家诗。郑谷《读前集二首》之一："殷璠裁鉴英灵集，颇觉同才得旨深。"

【英豔】　光采艳丽。李德裕《春暮思平泉杂咏二十首·花药栏》："四时发英艳，三径满芳丛。"

苻　〔pú《集韵》蓬逋切，平模，並。〕❶萑苻。古泽名。郑国多盗，于此泽中劫人，故以"萑苻"指盗贼。李商隐《有感二首》之一："何成奏云物，直是灭萑苻。"❷(今读 fú)。本作"蒲"，至苻坚更改为"苻"。见《晋书·苻洪载记》。参见"苻堅"。

【苻堅】　(338—385)十国时前秦皇帝。字永固，一名文玉。略阳临渭(今甘肃秦安东南)。公元 357—385 年在位。先后攻灭前燕、前凉和代国。占有北方大部分地区。其率军南犯东晋时有"投鞭断流"之语。杜甫《寄岳州贾司马六丈巴州严八使君两阁老五十韵》："小儒轻董卓，有识笑苻坚。"陆龟蒙《奉和袭美古杉三十韵》："挺若苻坚棰，浮于祖纳椎。"

莶　〔xiān《广韵》相然切，平仙，心。〕草名，似莞草。可编席苫。见"莶席"。

【莶席】　莶草编织之席。皮日休《苦雨杂言寄鲁望》："两床莶席一素几，仰卧高声吟太玄。"皮日休、陆龟蒙《北禅院避暑联句》："逐幽随竹书，选胜铺莶席。"

苽[1]　〔gū《广韵》古胡切，平模，見。〕同"菰"。水生植物。即今茭白。韩愈《郓州溪堂诗》："溪有蘋苽，有龟有鱼。"

苽[2]　同"瓜"。李德裕有《思山居一十首·忆种苽时》。

【苽園】　同"瓜園"。种瓜之田园。李德裕《思山居一十首·忆种苽时》："虽有苽园在，无因及种时。"

苓　〔líng《广韵》郎丁切，平青，來。〕药草名。菌类植物。生松树下者称茯苓；生枫树下者称猪苓。年久者块茎可成龟蛇鸟兽或人形。旧谓服之可延年长寿。王绩《采药》："龟蛇采二苓，赤白寻双术。"钱起《送杨錥归隐》："遥想白云里，采苓春日迟。"陆龟蒙《寄怀华阳道士》："常思近圃看栽杏，拟借邻峰伴采苓。"

苟　〔gǒu《广韵》古厚切，上厚，見。〕❶苟且。随便，马虎。吴筠《览古十四首》之十四："圣人垂大训，奥义不苟设。"杜甫《同元使君春陵行》："乃知正人意，不苟飞长缨。"刘禹锡《和浙西李大夫晚下北固山怀古偶题临江亭》："颁条风有自，立事言无苟。"姚合《寄狄拾遗》："应知我中肠，不苟念衣食。"❷且，暂且。张说《赠赵侍御》："苟忘风波累，俱会云壑践。"王维《偶然作六首》之二："得意苟为乐，野田安足鄙。"元稹《酬翰林白学士代书一百韵》："苟务形骸达，浑将性命推。"❸如果；假使。孟云卿《汴河阻风》："丈夫苟未达，所向须存诚。"张谓《读后汉逸人传二首》之一："名位苟无心，对君犹可眠。"李端《鲜于少府宅看花》："花时苟未赏，老至谁能止。"聂夷中《杂兴》："苟或有所愿，毛发亦不容。"

【苟邪】 谓苟且奔趋于邪恶之途。元结《系乐府十二首·贱士吟》："谄竞实多路，苟邪皆共求。"

【苟且】 马虎随便；不循正道。孟郊《择友》："恶人巧谄多，非义苟且得。"刘驾《青门路》："吾道谅如斯，立身无苟且。"慈觉《书妙圆塔院张道者屋壁》："只将淡薄作家风，未省承迎相苟且。"

【苟合】 苟且聚合；无原则的结交。孟郊《答姚怤见寄》："贤哲不苟合，出处亦待时。"元稹《张旧蚊帱》："多离因苟合，恶影当务息。"刘威《旅怀》："自是一身嫌苟合，谁怜今日欲佯狂。"贾岛《送沈秀才下第东归》："君子忌苟合，择交如求师。"

【苟免】 谓牺牲原则或侥幸而免于灾难。见《礼记·曲礼上》。高适《李云南征蛮诗》："临事耻苟免，履危能饬躬。"白居易《读史五首》之四："苟免勿私喜，鬼得而诛之。"周昙《咏史诗·春秋战国门·赵宣子》："临难若教无苟免，乱朝争那以獒为。"

【苟取】 违背道义原则地收取财物。李白《陈情赠友人》："临财不苟取，推分固辞让。"

【苟活】 苟且无谓地活着；勉强地活着。杜甫《送重表侄王砅评事使南海》："苟活到今日，寸心铭佩牢。"白居易《放鱼》："一时幸苟活，久远将何如。"

【苟得】 非义而取。张九龄《巡属县道中作》："苟得不可遂，吾其谢世婴。"杜甫《前出塞九首》之九："众人贵苟得，欲语羞雷同。"又《送顾八分文学适洪吉州》："列士恶苟得，俊杰思自致。"

【苟媚】 犹谄媚。周昙《咏史诗·三代门·又吟》："匡政必能除苟媚，去邪当断勿狐疑。"

【苟媮】 苟且偷安。媮，同"偷"。元稹《阳城驿》："栖迟居夏邑，邑人无苟偷。"

【苟榮】 不义而取得荣华富贵。元稹《思归乐》："此意久已定，谁能求苟荣。"

【苟营】 苟且营私。张籍《西州》："良马不念秣，烈士不苟营。"

【苟簡】 马虎而不恰当的简略。元稹《代曲江老人百韵》："措刑非苟简，稽古蹈因循。"

茆

同"茅"。即茅草。章孝标《题朱秀城南亭子》："朱家亭子象悬匏，阶莹青莎栋剪茆。"徐夤《新葺茆堂》："剪竹诛茆就水滨，静中还得保天真。"

【茆山】 即茅山。原名句曲山。在今江苏句容市东南。贯休有《送人游茆山》。

【茆君】 即"茅君"。传说中在茅山修炼成仙的汉茅氏兄弟。贯休《送人游茆山》："君到前头好看好，老僧或恐是茆君。"

【茆亭】 茅草作盖顶之亭。徐夤有《茆亭》。

【茆屋】 同茅屋。茅草覆顶之屋。王建《水夫谣》："一间茆屋何所直，父母之乡去不得。"张籍《山中秋夜》："冷露湿茆屋，暗泉冲竹篱。"姚合《将归山》："闻道旧溪茆屋畔，春风新上数枝藤。"贯休《山居中诗二十四首》之二："三间茆屋无人到，十里松阴独自游。"

【茆原】 生长茅草之平地、原野。蒋钧《寄柳宣》句："因借梦书过竹寺，学耕秋粟绕茆原。"

【茆堂】 同茅堂。指草屋。李嘉祐有《题王十九茆堂》。权德舆《题崔山人草堂》："竹径茆屋接洞天，闲时麈尾濑春泉。"

【茆庵】 同茅庵。指草盖之屋舍。姚合《送僧贞实归杭州天竺》："石桥寺里最清凉，闻说茆庵寄上方。"

【茆嶺】 即茅山。贾岛《寄顾非熊》："穴通茆岭下，潮满石头西。"

【茆齋】 同茅斋。茅草盖顶之屋舍。姚合《春日江次》："野步出茆斋，闲行坐石台。"

【茆簷】 茅舍之屋檐。亦代指茅屋。司空图《诗品二十四则·旷达》："花覆茆檐，疏雨相过。"吴融《阌乡寓居十首·茆堂》："结得茆檐瞰碧溪，闲云之外不同栖。"韦庄《颍阳县》："何处留诗客，茆檐倚后峰。"

【茆廬】 同茅庐。指茅草屋。张籍《送韩侍御归山》："新结茆庐招隐逸，独骑骢马入深山。"

苑

〔yuàn《广韵》於阮切，上阮，影。〕帝王之植花木、养禽兽的园林。韦述《晚渡伊水》："回瞻洛阳苑，遽有长山隔。"李白《金陵三首》之三："苑方秦地少，山似洛阳多。"王建《御猎》："新教内人唯射鸭，长随天子苑东游。"和凝《宫词百首》之十八："香云双飐玉蝉轻，侍从君王苑里行。"亦泛指园林。张籍《节妇吟寄东平李司空师道》："妾家高楼连苑起，良人执戟明光里。"张祜《胡渭州》："杨柳千寻色，桃花一苑芳。"

【苑田】 禁苑之地。皇甫冉《登玄元庙》："御路分疏柳，离宫出苑田。"

【苑吏】 管理禁苑之官吏。卢纶《和太常王卿立秋日即事》:"田雨农官问,林风苑吏惊。"

【苑花】 宫廷苑囿中之花。钱起《见上林春雁翔青云寄杨起居李员外》:"夜陪池鹭宿,朝出苑花飞。"白居易《答马侍御见赠》:"苑花似雪同随辇,宫月如眉伴直庐。"

【苑舍人】 即苑咸。天宝年间曾官中书舍人兼郎中。见《新唐书·艺文志四》。王维有《苑舍人能书梵字兼达梵音皆曲尽其妙戏为之赠》。苑咸有《酬王维》。沈东美有《奉和苑舍人宿直晓玩新池寄南省友》。

【苑郎中】 苑咸。咸或罢舍人为郎中。王维有《重酬苑郎中》。钱起有《和范郎中宿直中书晓玩清池赠南省同僚两垣遗补》。"范"乃"苑"之讹。

【苑咸】 唐诗人。开元中进士。京兆府(治所在今陕西西安)人。曾参预纂修《唐六典》。开元末拜司经校书。天宝初,任中书舍人兼郎中。后贬汉东郡司户参军。天宝末,夏起为中书舍人。安禄山陷长安,随玄宗入蜀;肃宗即位,复入朝为中书舍人。官终永阳太守。《全唐诗》卷一二九录其《酬王维》等二首。

【苑囿】 皇帝之园林。多供其游乐或狩猎用。许景先《奉和御制春台望》:"鼓钟西接咸阳观,苑囿南通鄠杜田。"无名氏《国学新修五经壁歌》序:"今天子尚文章,尊典籍,于苑囿不加尺椽。"皮日休《奉和添酒中六咏·酒龙》:"初疑潜苑囿,忽似拏寥廓。"花蕊夫人徐氏《宫词》之六八:"后宫阿监裹罗巾,出入经过苑囿频。"

【苑紬】 一作"范紬"。唐诗人。德宗时进士。郡望马邑(今山西朔州市朔城区),家住荆衡(今湖南、湖北一带)。《全唐诗》卷七八〇录其《暗投明珠》诗一首。

【苑路】 皇室苑囿或陵园之路。姚合《庄恪太子挽词二首》之一:"凄凉望苑路,春草即应生。"李商隐《雨中长乐水馆送赵十五滂不及》:"碧云东去雨云西,苑路高高驿路低。"孟迟《宫人斜》:"云惨烟愁苑路斜,路傍丘冢尽宫娃。"吴融《上阳宫辞》:"苑路青青半是苔,翠华西去未知回。"

【苑墙】 皇家苑囿之围墙。张继《洛阳作》:"草色侵官道,花枝出苑墙。"

【苑樹】 禁苑之树木。张祜《吴中怀古十六韵》:"苑树深行鹿,阊门迥噪乌。"许浑《广陵道中》:"绿桑非苑树,青草是宫莎。"徐铉《奉和宫傅相公怀旧见寄四十韵》:"曾移苑树开红药,新凿家池种白莲。"

【苑囿兵】 指皇帝之禁兵。杜甫《复愁十二首》之九:"任转江淮粟,休添苑囿兵。"

苞〔bāo《广韵》布交切,平肴,幫。〕❶花未开时外层之叶片。亦指花苞整体。欧阳詹《与洪孺卿自梁州回途中见野果》:"青苞朱实忽离离,摘得盈筐泪更垂。"元稹《山枇杷》:"压枝凝艳已全开,映叶香苞才半裂。"张祜《题天竺寺》句:"夏雨莲苞破,秋风桂子凋。"罗隐《菊》:"雪裁纤蕊密,金拆小苞香。"❷指竹笋之外皮。杜甫《大历三年春白帝城放船出瞿塘峡》:"泥笋苞初荻,沙茸出小蒲。"韦应物《对新篁》:"新绿苞初解,嫩气笋犹香。"韩愈《新竹》:"缥节已储霜,黄苞犹掩翠。"元稹《古决绝词》之二:"水得风兮小而已波,笋在苞兮高不见节。"❸指桔抽等包有外皮之果实。元稹《贬江陵途中寄乐天杓直》:"紫芽嫩茗和枝采,朱橘香苞数瓣分。"长孙佐辅《山行书事》:"浊醪夸泼蚁,时果仍新苞。"❹丛生;密结。张潮《句》:"寒林苞晚橘,风絮露垂杨。"❺同"包"。(1)裹。韩愈、刘师服《石鼎联句》:"外苞干藓文,中有暗浪惊。"张祜《戏赠村妇》:"赤黑画眉临水笑,草鞋苞脚逐风行。"亦指包蕴,覆盖。薛曜《舞马篇》:"我皇盛德苞六宇,俗泰时和虞石拊。"(2)内含,含有。杜牧《送沈处士赴苏州李中丞招以诗赠行》:"念君苞材能,百工在城垒。"(3)用纸、布帛等包裹之物。杜甫《北征》:"粉黛亦解苞,衾裯稍罗列。"皮日休《江南书情二十韵寄韦校书宋先辈二同年》:"药苞陈雨匼,诗草蠹云函。"❻量词。用以计花苞之数。徐凝《题开元寺牡丹》:"惟有数苞红萼在,含芳只待舍人来。"

【苞含】 同"包含"。韩偓《十月七日早起作时气疾初愈》:"阳精欲出阴精落,天地包含紫气中。"贯休《谢卢少卿惠千文》:"苞含物象列,搜照鱼龙吼。"

【苞卷】 同"包卷"。李白《赠僧朝美》:"苞卷金缕褐,萧然若空无。"

【苞枿】 《鼓吹铙歌》之篇名。谓收容后梁。苞,通"包"。枿,断木复生之枝,喻指后裔余脉。后梁为梁之余脉,故云。柳宗元《乐府杂曲·鼓吹铙歌·苞枿》:"苞枿�矣,惟根之蟠。"

【苞茅】 捆成束的菁茅。古代祭祀时用以滤酒。见《左传·僖公九年》。后因以"苞茅重入"指四海统一。杜甫《承闻河北诸道节度入朝欢喜口号绝句十二首》之八:"苞茅重入归关内,王祭还供尽海头。"王涯《亨惠昭太子庙乐章·送神》:"苞茅酒缩,昔萧香彻。"李善夷《责汉水辞》序:"齐桓公合诸侯之师盟于召陵,责楚之苞茅不入。"韩偓《有感》:"故老未曾忘炙背,何人终拟问苞茅。"

【苞匭】 指荆州出产之贡品。见《书·禹贡》。苞,通"包"。柳宗元《同刘二十八院长述旧言怀之作》:"禹贡输苞匭,周官赋秉秅。"

【苞藏】 同"包藏"。韩愈《和侯协律咏笋》:"外恨苞藏密，中仍节目繁。”刘禹锡《和东川王相公新涨驿池八韵》：“苞藏成别岛，沿浊致清涟。”

【苞蘆】 芦笋之别名。杜甫《槐叶冷淘》：“碧鲜俱照箸，香饭兼苞芦。”

苙 〔lì《广韵》力入切，入緝，來。又其立切，入緝，羣。〕药草名。即白芷。元稹《西斋小松二首》之二：“柔苙渐依条，短莎还半委。”

范 〔fàn《广韵》防鋄切，上范，奉。〕❶昆虫名，即蜂。罗隐《蟋蟀诗》：“范睡蝉老，冠峨緌好。”❷姓。亦代指范姓之人。(1)指春秋楚范蠡。李德裕《怀山居邀松阳子同作》：“范恣沧波舟，张怀赤松列。”(2)指东汉范冉。参见“范甑”。(3)指南朝梁范云。见《南史·范云传》。李商隐《漫成三首》之一：“不妨何范尽诗家，未解当年重物华。”

【范大夫】 指春秋越国大夫范蠡。鲍溶《淮南卧病闻李相夷简移军山阳以靖东寇感激之下因抒长句》：“教闻清静萧丞相，计立安危范大夫。”

【范子】 指春秋越国大夫范蠡。他助越王勾践灭吴称霸后，易名遁迹。陶翰《早过临淮》：“范子名屡移，蘧公志常保。”

【范元凱】 唐诗人。内江（今属四川）人。有才名。其兄崇凯为开元四年(716)状元。《全唐诗》三一一录其《章仇公席上咏真珠姬》一首。《全唐诗补编》录其《赠兄崇凯》一首。

【范中丞】 范传正，曾官宣歙观察使。见《旧唐书》本传。费冠卿有《酬范中丞见》诗，“见”下或脱“召”字。冠卿，池州人，隐九华山，故宣歙观察使范传正召之。

【范公】 范季明，职方郎中。见《元和姓纂》卷七孰煌范氏。岑参有《范公丛竹歌》。

【范氏子】 即晚唐吴人范摅之子，家居若耶溪畔（今浙江绍兴市南），幼慧，七岁能诗，曾为诗人方干赞许。《全唐诗》卷七九五录其《赠隐者》和《夏日》断句各一联。

【范功曹】 指东汉范滂。少年孝廉，汝南太守宗资任为功曹，以清廉疾恶著称，人喻为“利刃”。见《后汉书·党锢列传·范滂》。唐诗中用以咏廉吏。严维《送崔峒使往睦州兼寄薛司户》：“使者应须访廉吏，府中惟有范功曹。”

【范生】 指春秋越国大夫范蠡。陶翰《赠房侍御》：“乃悟范生智，足明渔父贤。”

【范匄】 即范宣子。春秋晋臣。其年少时，为对付楚军进攻晋国进行献策，其父斥之曰：“国之存亡，天也，童子何知焉？”见《左传·成公十六年》。李端《送单少府赴扶风》：“范匄非童子，杨修岂小儿。”

【范司空】 范希明。元和二年(807)四月，以左金吾大将军范希明为检校司空、灵州长史、朔方灵盐节度使。见《旧唐书·宪宗纪》。权德舆有《送灵武范司空》。吕温有《奉送范司空赴朔方》。

【范汪】 东晋人。字玄平。名医。曾任东阳太守，世称范东阳。有器识。任庾亮平西府与征西府参军，为庾亮佐吏十余年。后征拜中书侍郎。见《晋书》本传。罗隐《送光禄崔卿赴阙》：“上国已留虞寄命，中朝应听范汪言。”

【范祁連】 指东汉军吏范羌。范曾在祁连山一带建立功勋，故称。杨凝《从军行》：“还将张博望，直救范祁连。”

【范羌】 东汉人，军吏，耿恭被匈奴困于疏勒，范羌率二千人冒大雪争以营救，从疏勒突围而归。见《后汉书·耿弇传》附《耿恭传》。李端《雨雪曲》：“丁零苏武别，疏勒范羌归。”

【范叔】 范雎字。杜甫《上韦左相二十韵》：“韦贤初相汉，范叔已归秦。”参见“范雎”。

【范侍御】 范传真，范传正之伯兄，元和五年官侍御。鲍溶有《人日自陪宣州范中丞传正与范侍御宴》。

【范的】 唐诗人。剡越间隐士，与于季友同时。业文功书，未遇于时，常萍泊云水间。《全唐诗补编》有《时在育王寺书石字奉酬□丞使君寄赠四韵依次用本韵》一首。

【范金卿】 李白有《赠范金卿二首》。按，卿，当为鄉。唐河南道有金乡县，范金乡，即范姓金乡县令者也，故诗“范宰不买名”。

【范夜】 唐诗人。天宝年间人，有口才，生平坎坷。曾欲投靠李邕、张守珪，但因二人先后离世而未能如愿。叔父范继常予接济。《全唐诗》卷七七五录其《失题》一首。

【范郎中】 钱起有《和范郎中宿直中书晓玩清池赠南省同僚两垣遗补》。按，“范”应为“苑”之讹，沈东美同和诗题作《奉和苑舍人宿直晓玩新池寄南省友》。范郎中、苑咸，曾官中书舍人，后罢舍人为郎中。王维有《苑舍人能书梵字兼达梵音皆曲尽其妙戏为之赠》和《重酬苑郎中》。

【范禹偁】 五代诗人。后唐开成(926－930)中登第，孟知祥以为蒙阳令，入侍太子。后蜀后主孟昶嗣位后，累兼翰林学士，曾兼简州刺史。蜀亡，从后主归宋，授鸿胪卿。《全唐诗补编》录其《简州》断句二联。

【范彦龍】 即范云。范云字彦龙。杨巨源《寄中书同年舍人》：“晴明紫阁最高峰，仙掖开帘范彦龙。”见“范雲”。

【范宣城】 范传正。元和七年(812)八月，以苏州刺史范传正为宣歙观察使。见《旧唐书·德宗纪下》。张祜有《陪范宣城北楼夜宴》。韩翃《送郢州郎使君》:"千人插羽迎,知是范宣城。"参见"范曄"。

【范秘書】 范鄘,范传正之子。大和八年(834)进士及第,见《登科记考》卷二一。李频有《和范秘书襄阳旧游》。李频又有《冬夜和范秘书宿秘省中作》。喻坦之有《和范秘书宿省中作》。

【范倫】 当作"范惀"。见《元和姓纂》卷七钱塘范氏。《郎官石柱题名新著录》户部员外第十行有范惀。刘长卿有《时平后送范伦归安州》。

【范浦】 地名,在唐杭州(今浙江杭州)东南二里钱塘江北岸。崔国辅《宿范浦》:"路转定山绕,塘连范浦横。"

【范書記】 范鄘。参见《全唐文补遗》第五辑《有唐顺阳范氏幼女墓志铭》。李频有《秋夜对月寄凤翔范书记》和《送凤翔范书记》。

【范真傳】 鲍溶有《范真传侍御累有寄因奉酬十首》。"真传"乃"传真"之倒文。范传真,传正伯兄,元和五年(810)为监察御史。又曾为宣州宁国令。沈颜有《题县令范传真化洽亭》。

【范處士】 (處 chǔ)范的。剡越间隐士,与于季友同时,于季友有《范处士在育王寺书碑因以寄赠》。

【范淹】 唐诗人。与严维、吴筠等为同时人。《全唐诗》全七八九录其与严维、吴筠等《中元日鲍端公宅遇吴天师联句》一联。

【范張】 指东汉范式和张劭。他们为生死之交。据传张劭死后,范式梦见张劭来告之,因而前往奔丧。见《后汉书·范式传》。唐诗中借以歌友谊。或哀悼友人下世。褚亮《伤始平李少府正己》:"风期嵇吕好,存殁范张亲。"

【范陽】 唐藩镇名。指范阳节度使及其辖区。治幽州,辖地在今北京、河北一带。储光羲有《观范阳递俘》。杨巨源有《题范阳金台驿》。周朴《谢友人惠笺纸并笔》:"范阳从事独相怜,见惠霜毫与彩笺。"

【范陽公】 卢钧。开成中自岭南节度使人为户部侍郎。见《新唐书》本传。范阳即今北京市,为卢氏郡望。卢肇《汉堤诗》序:"咸以地官范阳公旧理南粤,岛夷率化,甘于民心。"李节《赠释疏言还道林寺诗》序:"我闻其帅司空范阳公,天下仁人,我第往求释氏遗文,以惠湘川之人,宜其听我而助成之矣。"

【范堯佐】 唐诗人。长庆、大和间道士。《全唐诗》卷八五二录其《一字至七字诗·书》一首。

【范朝】 唐诗人。开元中进士。《全唐诗》卷一四五录其《宁王山池》《题石瓮寺》二首。

【范雲】 南朝梁人。字彦龙。南乡舞阴(治所在今河南泌阳县西北)人。起家郢州西曹书佐,仕齐历官零陵内史。广州刺史。入梁官至尚书仆射。善诗文,尤擅尺牍。为人重义尚节,急人之难,曾为亡友王畡迎丧营殡。见《梁书》本传。唐诗中常借指贤士。杜甫《别张十三建封》:"范云堪晚友,嵇绍自不孤。"李端《送雍郢州》:"望月逢殷浩,缘江送范云。"刘禹锡《寄杨八拾遗》:"为谢同僚老博士,范云来岁即公卿。"许浑《经李给事旧居》:"汉庭使气摧张禹,楚国怀忧送范云。"

【范雎】 战国秦大臣。魏国人。字叔。家贫,事魏大夫须贾,从贾至齐,齐襄王听说他有辩才,赏以金钱和酒肉,让他将魏国的机密告诉齐国,他拒不说,被打折腰骨和牙齿,他佯死逃出。入秦,更名张禄。多次游说秦昭王,以功拜相,封应侯。见《史记·范雎蔡泽列传》。唐诗中借以咏宰相。杜甫《秋日荆南送石首薛明府辞满告别奉寄薛尚书颂德叙怀斐然之作三十韵》:"势惬宗萧相,材非一范雎。"

【范傳正】 唐诗人。字西老,邓州(今河南邓州市)人。贞元十年(794)进士。历任集贤殿校书郎、监察御史、殿中侍御史、比部员外郎。后出为歙、湖、苏三州刺史,有政绩,擢为宣歙观察史。终官光禄卿,卒赠左散骑常侍。《全唐诗》卷三四七录其《谢真人还旧山》等三首。《全唐诗补编》录其《题皎然影堂》一首。

【范傳質】 唐诗人。邓州(今河南邓州市)人。传正弟。元和四年(809)进士。《全唐诗》卷四八八录其《荐冰》一首。

【范曄】 南朝宋史学家。字蔚宗,顺阳(今河南淅川县)人。博涉经史,通晓音律。曾任尚书吏部郎。元嘉初,降为宣城太守。曾撰《后汉书》。后迁左卫将军、太子詹事。后以谋反罪被处死。见《宋书》本传。杜甫《八哀诗·故秘书少监武功苏公源明》:"范晔顾其儿,李斯忆黄犬。"

【范端公】 范季明。曾官职方郎中兼侍御史。见岑参《范公丛竹歌》序和《元和姓纂》卷七敦煌范氏。唐称侍御史为端公,见《唐语林》卷八。岑参有《虢州西山亭子送范端公》。

【范質】 五代诗人。字文素,大名宗城(治所今河北威县东)人。后唐长兴四年(933)进士,晋天福中为翰林学士,汉初加中书舍人、户部侍郎。周广顺初拜中书侍郎同中书门下平章事。宋初,为兼侍中。乾德初,封鲁国公,后罢为太子太傅。《全唐诗补编》录其《诫儿侄八百字》一首。

【范甑】 为咏清贫有节者之典。见《后汉书·范冉传》。甑,炊饭之器。张说《咏尘》:"独怜范甑下,思绕画梁飞。"罗隐《寄大理徐郎中》:"官序诜枝老,幽尘范甑空。"

【范燈】 唐诗人。贞元时人。燈,疑为憕之讹。

《全唐诗》卷三〇七录其《忆长安·九月》等二首。

【范縉】　唐诗人。与颜真卿、吴筠等为同时人。《全唐诗》卷七八八录其与颜真卿、吴筠等《登岘山观李左相石樽联句》一联。

【范蠡】　春秋末越国大夫，字少伯。楚国宛（今河南南阳）人。苦身戮力，事越王勾践二十余年。越为吴所败时，曾赴吴为质二年。回越后助越王勾践卧薪尝胆，奋发图强。灭亡吴国，拜上将军。功成身退，隐迹江湖。见《史记·越王勾践世家》附《范蠡传》。王绩《赠梁公》："范蠡何智哉，单舟戒轻装。"李白《留别曹南群官之江南》："范蠡说句践，屈平去怀王。"杜甫《观李固请司马弟山水图三首》之二："范蠡舟偏小，王乔鹤不群。"厉玄《从军行》："几时逢范蠡，处处是通津。"

苧　〔zhù《广韵》直吕切，上語，澄。〕植物名。即苎蔴。秦系《题镜湖野老所居》："沤苎成鱼网，枯根是酒卮。"参见"苧麻"。

【苧布】　苎麻织成之布。多用以做夏衣或蚊帐。张文规《吴兴三绝》之一："蘋洲须觉池沼俗，苎布直胜罗纨轻。"

【苧布衣】　苎麻布制成之衣。韩翃《送客还江东》："一壶先醉桃枝簟，百和初熏苎布衣。"

【苧麻】　植物名，多年生草本。荨麻科，皮可织布。郑渥《洛阳道》："杨柳惹鞭公子醉，苎麻掩泪鲁人迷。"亦指苎麻布制成之衣。杜荀鹤《蚕妇》："年年道我蚕辛苦，底事浑身着苎麻。"贯休《题曹溪祖师堂》："信衣非苎麻，白云无知音。"

【苧羅】　山名。在今浙江诸暨市南五里，下临浣江，江有浣纱石，传即西施浣纱处。李颀《采莲》："薄暮归去来，苎罗生碧烟。"白居易《霓裳羽衣歌》："娇花巧笑久寂寥，娃馆苎罗空处所。"鱼玄机《浣纱庙》："只今诸暨长江畔，空有青山号苎罗。"王毂《红蔷薇歌》："苎罗西子见应妒，风光占断年年新。"

【苧羅山】　同"苧羅"。李白《西施》："西施越溪女，出自苎罗山。"施肩吾《送僧游越》："此去若逢花柳月，栖禅莫向苎罗山。"崔道融《西施》："苎罗山下如花女，占得姑苏台上春。"刘谷《和三乡诗》："苎罗山下无穷意，并在三乡惜别时。"

【苧羅妖】　指春秋越国之西施。苎罗，同"苎萝"；妖，艳丽之妇子。李绅《过吴门二十四韵》："苎罗妖覆灭，荆棘鬼包羞。"

苾　〔bì《广韵》毗必切，入質，並。〕芳香。韩愈《南山诗》："尝闻于祠官，芬苾降歆嗅。"参见"苾苾"。

【苾苾】　形容香气浓郁。魏征《五郊乐章·白帝商音·雍和》："苾苾兰羞，芬芬桂醑。"

【苾蒭】　"比丘"之异写。西域之香草名。佛教用以喻指出家僧人。李章武《赠成都僧》："好去苾蒭云水畔，何山松柏不青青。"皮日休、陆龟蒙《北禅院避暑联句》："日下洲岛清，烟生苾蒭碧。"

茁　〔zhuó《广韵》側劣切，入薛，莊。又鄒滑切，入黠，莊。〕草初生出地貌。亦泛指生长茁壮貌。刘叉《冰柱》："王春判序，百卉茁甲含葩。"杜牧《张好好诗》："翠茁凤生尾，丹叶莲含跗。"卷八六七《原陵老翁吟》："梅薪伐药，莽榤万茁。"

【茁茁】　草木初生生长迅速貌。崔珏《门前柳》："忆昔当年栽柳时，新芽茁茁嫌生迟。"

苕　〔tiáo《广韵》徒聊切，平蕭，定。〕❶陵苕，一名紫薇，俗称凌霄花。蔓生，花紫红色。李贺《天上谣》："粉霞红绶藕丝裙，青洲步拾兰苕春。"刘禹锡《别友人后得书因以诗赠》："春还迟君至，共结芬兰苕。"一说兰苕即兰花。见李贺《天上谣》诗清王琦注。❷指芦苇花。字原作芀。孟浩然《游明禅师西山兰若》："结庐就嵌窟，剪苕通往行。"❸水名。即苕溪。皎然《题周谏别业》："隐身苕上欲如何，不著青袍爱绿萝。"参见"苕水"。

【苕川】　即苕水。鲍溶《宿吴兴道中苕树》："夕计今日程，息车在苕川。"罗隐《第五将军于余杭天柱宫入道因题寄》："交梨火枣味何如，闻说苕川已下车。"

【苕水】　水名。即苕溪。皎然《同诸公奉侍大理卢幼平自会稽回经平望》："苕水思曾泛，矶山忆重经。"钱起《同李五夕次香山精舍访宪上人》："彼岸闻山钟，仙舟过苕水。"

【苕華】　出《竹书纪年》卷上。后因以"苕华"喻指青春女子。陈陶《旅次铜山途中先寄温州韩使君》："束马过铜梁，苕华坐堪老。"

【苕浦】　犹苕岸。指苕溪之畔。于頔《郡斋卧疾赠昼上人》："常吟柳恽诗，苕浦久相思。"

【苕溪】　水名。一名苕水。源出浙江天目山南北二侧，分称东苕西苕。合流后注入太湖。周贺《寄新头陀》："相逢竹坞晦暝夜，一别苕溪多少年。"薛逢《送庆上人归湖州因寄道儒座主》："上人今去白蘋洲，霅水苕溪我旧游。"罗隐《寄第五尊师》："苕溪烟月久因循，野鹤衣裘独茧纶。"

【苕颖】　苕饶之新芽。苕饶，一种豆类植物，蔓生，可生食。一说即紫芸英。刘禹锡《畬田行》："苍苍一雨后，苕颖如云发。"

苔　〔tái《广韵》徒哀切，平咍，定。〕❶青苔。亦泛指苔藓。太宗《过旧宅二首》之一："园荒一径断，苔古半阶斜。"李白《望夫石》："露如今日泪，苔似昔年衣。"刘禹锡《再游玄都观》："百亩庭中半是苔，桃花净尽菜花开。”易思《寻易尊师不遇》：“烂熳红霞光照衣，苔封白石路微微。”❷水苔。一种水藻类植物。参见“苔絮”“苔髮”。

【苔文】 见“苔纹”。

【苔石】 上生青苔之石。颜真卿《题杼山癸亭得暮字》：“左右苔石攒，低昂桂枝蠹。”

【苔田】 生有青苔之水田。吴融《偶书》：“苔田绿后蛙争聚，麦垄黄时雀更喧。”

【苔色】 苔藓之色。崔日用《奉和人日重宴大明宫恩赐彩缕人胜应制》：“曲池苔色冰前液，上苑梅香雪里娇。”护国《怆故人旧居》：“破阶苔色厚，残壁雨痕深。”刘言史《过春秋峡》：“峭壁苍苍苔色新，无风晴景自胜春。”储嗣宗《圣女祠》：“石屏苔色凉，流水绕祠堂。”

【苔衣】 即苔藓。因其贴地或墙密生，如覆衣于上，故称。钱起《避暑纳凉》：“初晴草蔓缘新笋，频雨苔衣染旧墙。”顾况《幽居弄》：“苔衣生，花露滴，月入西林荡东壁。”刘沧《与僧话旧》：“莎径晚烟凝竹坞，石池春色染苔衣。”王鼎《鸂鶒》：“遗羽参差沾水沫，余踪稠叠印苔衣。”

【苔茵】 成片如席之苔藓。顾况《送友失意南归》：“邻荒收酒幔，屋古布苔茵。”

【苔牀】 上生苔藓之几案状石头。吴融《题兖州泗河中石床》：“一片苔床水漱痕，何人清赏动乾坤。”

【苔茸】 生长厚密的苔藓。李中《江次维舟登古寺》：“辍棹因过古梵宫，荒凉门径锁苔茸。”

【苔逕】 同“苔徑”。王昌龄《送东林廉上人归庐山》：“石溪流已乱，苔径人渐微。”高适《宴韦司户山亭院》：“苔径试窥践，石屏可攀倚。”轩辕伟《题云居上寺》：“石梁分鸟道，苔径过云霓。”

【苔徑】 亦作“苔逕”。生满青苔的小路。刘长卿《将赴岭外留题萧寺远公院》：“竹房遥闭上方幽，苔径苍苍访昔游。”崔峒《宿禅智寺上方演大师院》：“竹窗回翠壁，苔径入寒松。”刘沧《游上方石窟寺》：“苔径萦回景渐分，翛然空界静埃氛。”

【苔席】 生长苔藓之地面。因可坐如席，故称。李益、韦执中《天津桥南山中各题一句》：“野坐分苔席，山行绕菊丛。”

【苔纹】 亦作“苔文”。指苔藓，因其聚生如图案花纹，故称。白居易《寄李十一建》：“埽阶苔纹绿，拂榻藤阴清。”又《太湖石》：“风气通岩穴，苔文护洞门。”姚合《题宜义池亭》：“苔文翻古篆，石色学秋天。”亦指似苔藓状花纹。舒元舆《八月五日中部官舍读唐历天宝已来追怆故事》：“神仙不可求，剑玺苔文积。”

【苔斑】 谓苔藓斑驳。刘禹锡《乐天是月长斋鄙夫此时愁卧遂为联句》：“苔斑钱剥落，石怪玉嵚岑。”

【苔趾】 生出苔藓之屋舍旧址。孟郊《奉报翰林张舍人见遗之诗》：“苔趾识宏制，沙潨游崩津。”

【苔痕】 苔藓生长之痕迹。秦系《山中枉皇甫温大夫见招书》：“十年木屐步苔痕，石上松间水自喧。”长孙佐辅《拟古咏河边枯树》：“应是无机承雨露，却将春色寄苔痕。”刘沧《过北邙山》：“散漫黄埃满北原，折碑横路碾苔痕。”陆龟蒙《寄怀华阳道士》：“分张火力烧金灶，拂拭苔痕洗酒瓶。”

【苔陰】 背阳处之苔藓地。李吉甫《九日小园独谣赠门下武相公》：“树杪悬丹枣，苔阴落紫梨。”

【苔階】 长青苔之石阶。李绅《过梅里七首·上家山》：“苔阶泉溜铁，石甃青莎密。”

【苔絮】 水苔。水藻之类。李贺《南园十三首》之十一：“自履藤鞋收石蜜，手牵苔絮长莼花。”又《昌谷诗》：“苔絮萦涧砾，山实垂赪紫。”

【苔甃】 长有青苔的井壁。权德舆《送映师归本寺》：“苔甃桐花落，山窗桂树薰。”张祜《晚夏归别业》：“宿涧侵苔甃，斜阳照竹扉。”

【苔幘】 青苔色之头巾。司空曙《寄卫明府》：“侧寄绳床嫌凭几，斜安苔帻懒穿簪。”

【苔髮】 水苔。水藻类植物。状如发丝。李峤《清明日游泛》：“罗袂罥杨丝，香桡犯苔发。”皮日休《太湖诗·入林屋洞》：“洞气黑昳眏，苔发红鬇鬡。”罗隐《绝境》：“水梳苔发直，风引蕙心斜。”

【苔蕪】 苔藓与杂草。杜牧《沈下贤》：“斯人清唱何人和，草径苔芜不可寻。”李郢《洞灵观流泉》：“石上苔芜水上烟，潺湲声在观门前。”

【苔澗】 有青苔之溪涧。孟浩然《宿立公房》：“苔涧春泉满，萝轩夜月闲。”

【苔錢】 零星之青苔。因其聚生如铜钱状，故称。李贺《巫山高》：“楚魂寻梦风飔然，晓风飞雨生苔钱。”张祜《丹阳新居四十韵》：“何当把牙笋，只是蹑苔钱。”吴仁璧《闲居》句：“为惜苔钱妨换砌，因怜山色旋开尊。”徐夤《上阳宫词》：“点点苔钱上玉墀，日斜空望六龙西。”

【苔篆】 生长苔藓之石碑篆刻。权德舆《徐孺亭马上口号》序：“亭址圮坏，苔篆磷跌。”

【苔壁】 上布苔藓之石壁。綦毋潜《茅山洞口》：“窈窕穿苔壁，差池对石坛。”卢元辅《游天竺寺》：“苔壁娲皇炼来处，泐中修竹扫云霞。”

【苔磯】 长有青苔之水畔石矶。赵嘏《长安月夜与友人话故山》：“宅边秋水浸苔矶，日日持竿去不归。”杜牧《题横江馆》：“至竟江山谁是主，苔矶空属钓鱼郎。”陆龟蒙《奉和袭美赠魏处士五贶诗·诃陵尊》：“水绕苔矶曲，山当草阁门。”

【苔點】 星星点点的苔藓。韩翃《题龙兴寺澹师房》:“卷帘苔点净,下箸药苗新。”孙光宪《女冠子》词:“苔点分圆碧,桃花践破红。”

【苔藓】　苔与藓之合称。同属隐花植物,多生于阴湿之地面或岩壁石墙。色多青绿,亦有紫色,共有千余种。苏颋《和杜主簿春日有所思》:“揽镜尘网滋,当窗苔藓碧。”颜真卿、裴循《登岘山观李左相石尊联句》:“榛芜掩前迹,苔藓余旧痕。”裴度、张籍《首夏犹清和联句》:“绕树风光少,侵阶苔藓滋。”蜀太后徐氏《玄都观》:“步黏苔藓龙桥滑,日闭烟罗鸟径迷。”

【苔藓疾】　犹湿疾。孟郊《石淙》之三:“已抱苔藓疾,尚凌潺湲隈。”

茅〔máo《广韵》莫交切,平肴,明。〕❶亦作“茆”。草名,即茅草。禾木科多年生草本植物,有地下长根状茎,可食,其地上茎可用于编织或盖屋顶。玄宗《早登太行山中言志》:“野老茅为屋,樵人薜作裳。”耿湋《晚秋东游寄猗氏第五明府解县韩明府》:“乱坟松柏少,野径草茅深。”柳宗元《茅檐下始栽竹》:“瘴茅葺为宇,溽暑常侵肌。”章孝标《诸葛武侯庙》:“七纵七擒何处在,茅花枥叶盖神坛。”❷指茅屋。戴叔伦《旅次寄湖南张郎中》:“闭门茅底偶为邻,北阮那怜南阮贫。”霍总《楼望》:“愿结一间茅,归来就丹鼎。”❸通“旄”。饰有旄牛尾之军旗。王丘《奉和圣制答张说扈从南出鼠雀谷之作》:“花缛前茅仗,霜严后殿戈。”

【茅土】　古代天子封王侯时,聚青赤白黑黄五色土,分别代表东南西北中五方以筑坛。将封诸侯,则取所受方土,包以白茅而授之。后因以“茅土”指封爵。李颀《行路难》:“汉家名臣杨德祖,四代五公享茅土。”杜甫《投赠哥舒开府二十韵》:“茅土加名数,山河誓始终。”王建《赠李愬仆射》:“次第各分茅土贵,殊勋并在一门中。”曹唐《小游仙诗九十八首》之一七:“玉诏新除沈侍郎,便分茅土镇东方。”

【茅山】　山名。在今江苏句容市东南,原名句曲山。因传说汉有茅氏兄弟三人在此修道成仙。故更名。张九龄《与生公游石窟山》:“岂如武安凿,自若茅山通。”李白《自溧水道哭王炎三首》之一:“故人万化尽,闭骨茅山冈。”李端《赠道士》:“已传花洞将秦接,更指茅山与蜀通。”李郢《骊山怀古》之五:“虽名金殿长生字,误说茅山不死方。”

【茅山道士】　指传说中在茅山修道成仙的汉茅盈、茅固、茅衷弟兄三人。参见宋曾慥《集仙传·大茅君》与明廖用贤《尚友寻》。“茅山道士”之说即源于此。张籍《送杨州判官》:“应得烟霞出俗心,茅山道士共追寻。”亦泛指修道之士。皇甫冉《秋日东郊作》:“庐岳高僧留偈别,茅山道士寄书来。”

【茅仙】　指传说在句容山修道成仙之茅氏三兄弟。亦泛指仙人。顾况《山居即事》:“下泊降茅仙,萧闲隐洞天。”

【茅衣】　茅草编织之蓑衣。于鹄《秦越人洞中咏》:“时时白蝙蝠,飞入茅衣中。”

【茅宇】　茅草盖顶的屋舍。王勃《赠李十四四首》之一:“野客思茅宇,山人爱竹林。”李白《之广陵宿常二南郭幽居》:“故人宿茅宇,夕鸟栖杨园。”皇甫冉《赋得越山三韵》:“只应结茅宇,出入石林间。”

【茅社】　指分封诸侯。古代天子封诸侯时,取所封方色土,包以白茅授之,使归国建社,故称。罗隐《钱塘府亭》:“九牧土田周制在,两藩茅社汉仪同。”

【茅舍】　茅草苫盖之屋舍。元季川《古远行》:“道与日月长,人无茅舍期。”刘禹锡《喜康将军见访》:“谪居愁寂似幽栖,百草当门茅舍低。”项斯《山行》:“蒸茗气从茅舍出,缲丝声隔竹篱闻。”李洞《曲江渔父》:“卧稳篷舟龟作枕,病来茅舍网为帘。”

【茅店】　茅草盖顶之旅舍。温庭筠《商山早行》:“鸡声茅店月,人迹板桥霜。”唐彦谦《宿田家》:“停车息茅店,安寝正鼾睡。”

【茅居】　茅草屋。无名氏《题故人新居》(外编上):“茅居枕河浒,耕凿傍山丘。”

【茅草】　枯干之茅株。韦縠《题壁》:“一团茅草乱蓬蓬,蓦地烧天蓦地空。”

【茅茨】　茅草屋。亦泛指寒陋之居。丘为《寻西山隐者不遇》:“绝顶一茅茨,直上三十里。”杜甫《岁晏行》:“高马达官厌酒肉,此辈杼轴茅茨空。”司空曙《过卢秦卿旧居》:“五柳茅茨楚国贤,桔槔蔬圃水涓涓。”张乔《归旧山》:“昔年山下结茅茨,村落重来野径移。”

【茅扉】　茅草作成之门。常代指寒陋人家。一说指茅屋之门。刘长卿《正朝览镜作》:“憔悴逢新岁,茅扉见旧春。”

【茅茹】　指相牵连之茅草根。刘长卿《瓜洲驿奉饯张侍御使之岭南》:“茅茹能相引,泥沙肯再蟠。”

【茅亭】　茅草盖成之亭子。戎昱《罗江客舍》:“山县秋云暗,茅亭暮雨寒。”马戴《题章野人山居》:“带郭茅亭诗兴饶,回看一曲倚危桥。”薛能《戏舸》:“远舸冲开一路萍,岸傍偷上小茅亭。”詹敦仁《余迁泉山城留侯招游郡圃作此》:“当年巧匠制茅亭,台馆翚飞匝郡城。”

【茅洞】　指传说三茅真君修炼得道之茅山。亦泛指道教仙真所居之地。因道家称真人管领之名山为“洞天”,故谓。陆龟蒙《和袭美寒日书斋即事三首》之三:“茅洞烟霞侵寤寐,檀溪风月挂樵渔。”又《闲居杂题五首·饮岩泉》:“已甘茅洞三君食,欠买桐江一朵山。”李建勋《送喻炼师归茅山》:“水声茅洞晓,云影石房空。”高蟾《秋日寄华阳山人》:“茅洞白龙和雨看,荆溪黄鹄带霜听。”

【茅屋】　茅草所盖之屋舍。王维《送张五归山》：“东山有茅屋，幸为扫荆扉。”戴叔伦《题友人山居》：“数家茅屋清溪上，千树蝉声落日中。”张直《宿顾城二首》之一：“茅屋八九家，农器六七具。”

【茅莎】　茅草与莎草。泛指野草。李华《咏史十一首》之七：“况不禁樵采，茅莎无孑遗。”

【茅軒】　有窗之茅屋。杜甫《水槛》：“茅轩驾巨浪，焉得不低垂。”杜荀鹤《题江寺禅和》：“江寺禅僧似悟禅，坏衣芒履住茅轩。”

【茅峯】　即茅山。张祜《江南杂题三十首》之三：“茅峰三点翠，练水一条辉。”又《丹阳新居四十韵》：“茅峰遥自对，练水曲相沿。”

【茅菅】　白茅与菅茅。夏花者为茅，秋花者为菅。亦泛指茅草、荒草。韩愈《题炭谷湫祠堂》：“弃去可奈何，吾其死茅菅。”

【茅堂】　茅舍，茅屋。许浑《村舍》：“客来还有酒，随事宿茅堂。”周匡物《三桥隐居歌》：“谁家作桥溪水头，茅堂四月如清秋。”曹松《哭陈陶处士》：“空余八封树，尚对一茅堂。”刘兼《中春登楼》之一：“归去莲花归未得，白云深处有茅堂。”

【茅庵】　茅舍，草庵。白居易《村居寄张殷衡》：“闻君欲发江东去，能到茅庵访别无。”李涉《赠龙泉洞尘上人》：“自言共得龙神语，拟作茅庵住洞门。”魏璞《陪皮袭美陆鲁望重过鸟窠迹》：“重探灵迹到空山，山下茅庵几叩关。”陆希声《阳羡杂咏十九首·观妙庵》：“茅庵不异人间世，河上真人自可寻。”

【茅盈】　传为嵩岳诸仙之一。其人相传为汉哀帝时人，后仙去，润州茅山即因此而得名。《全唐诗补编》录其《赋上清神女催妆》诗一首。

【茅棟】　犹茅舍。杜甫《王十五司马弟出郭相访兼遗营茅屋赀》：“忧我营茅栋，携钱过野桥。”韦应物《题郑拾遗草堂》：“借地结茅栋，横竹挂朝衣。”白居易《寓意诗五首》之四：“彼矜杏梁贵，此嗟茅栋贱。”皮日休《二游诗·任诗》：“请题在茅栋，留坐于石榻。”

【茅棘】　茅草与荆棘。温庭筠《春尽与友人入裴氏林探渔竿》：“一径互纡直，茅棘亦已繁。”

【茅殿】　茅草盖顶之祠庙。罗隐《谒文宣王庙》：“九仞萧墙堆瓦砾，三间茅殿走狐狸。”

【茅葦】　指以茅草与芦苇盖成之草屋。杜甫《大雨》：“敢辞茅苇漏，已喜黍豆高。”

【茅厨】　茅草盖成之厨房。陆翱《闲居即事》：“茅厨烟不动，书牖日空斜。”

【茅閣】　茅草盖顶之阁楼。元结《题孟中丞茅阁》：“及观茅阁成，始觉形胜殊。”

【茅鴟】　即猫头鹰。亦为古逸诗篇名。见《左传·襄公二十八年》。丘光庭《补茅鸱》：“茅鸱茅鸱，无集我冈。”范质《诫儿侄八百字》：“相鼠与茅鸱，宜鉴诗人刺。”

【茅廠】　犹茅舍。厂，无壁之屋。韩偓《南安寓止》：“此地三年偶寄家，枳篱茅厂共桑麻。”

【茅龍】　见汉刘向《列仙传·呼子先》。后因以“茅龙”指仙人之坐骑。李白《西岳云台歌送丹丘子》：“玉浆倘惠故人饮，骑二茅龙上天飞。”

【茅檐】　同“茅簷”。王叡《燕》：“茅檐不必嫌卑陋，犹胜吴宫爇尔窠。”

【茅藉】　祭祀时陈放祭品之草垫。贺知章《唐禅社首乐章·肃和》：“礼以琮玉，荐厥茅藉。”

【茅嶺】　指江苏句容之茅山。李绅《忆登栖霞寺峰》：“茅岭感仙客，萧园成古墟。”张祜《江南杂题三十首》之六：“不知茅岭下，深处又如何。”李中《送致仕沈彬郎中游茅山》：“忽因风月思茅岭，便挈琴樽上叶舟。”详见“茅山”。

【茅齋】　犹茅屋。多指草盖之书房。王绩《在京思故园见乡人问》：“柳行疏密布，茅斋宽窄裁。”孟浩然《西山寻辛谔》：“竹屿见垂钓，茅斋闻读书。”钱起《和慕容法曹寻渔者寄城中故人》：“茅斋对雪开尊好，稚子焚枯饭客迟。”翁承赞《书斋谩兴二首》之二：“官事归来衣雪埋，儿童灯火小茅斋。”

【茅缩】　用菁茅束滤糟后之酒。古代祭祀时敬神用。于邵《释奠武成王乐章·亚献终献》：“茅缩可致，神歆载融。”

【茅壠】　长有茅草之田垅。李郢《放鹧鸪》：“岗田戏下晴风暖，茅垄惊啼返照微。”

【茅簷】　茅草之屋檐，亦代指茅屋。寒山《诗三百三首》之一〇七：“霜露入茅檐，月华明瓮牖。”刘长卿《题大理黄主簿湖上高斋》：“多雨茅檐夜，空洲草径春。”莫宣卿《答问读书居》：“茅檐无外物，只见青云护。”皮日休《奉和鲁望秋日遣怀次韵》：“酒甑香竹院，鱼笼挂茅檐。”

【茅廬】　茅舍，草屋。张籍《送友人归山》：“出山成北首，重去结茅庐。”汪遵《南阳》：“若非先主垂三顾，谁识茅庐一卧龙。”刘沧《题桃源处士山居留寄》：“白云深处葺茅庐，退隐衡门与俗疏。”李九龄《山中寄友人》：“乱云堆里结茅庐，已共红尘迹渐疏。”

六　画

荆　〔jing《广韵》舉卿切，平庚，見。〕❶木名。落叶灌木。有紫荆、牡荆等多种。太宗《春日登陕州城楼俯眺原野》：“斑红妆蕊树，圆青压溜荆。”亦指荆棘。元稹《答姨兄胡灵之见寄》：“巫峡连天水，章台塞路荆。”又代指荆扉、柴门。齐己《喜暠公自武陵至》：“暂憩临寒水，时来扣静荆。”❷地名。(1)指唐代之荆州。治所即今湖北江陵。钱起《适楚次徐城》：“去家随旅雁，几日到南荆。”参见“荆州”。(2)指荆南陈度使辖区。孙逖《送魏骑曹充宇文侍御判官分按山南》：“劝农开梦土，恤隐惠荆人。”元稹《思归乐》：“交州又累岁，移镇广与荆。”(3)泛指春秋楚国之旧域。即长江中上游一带。杜甫《扬旗》：“吾徒且加餐，休适蛮与荆。”顾况《竹枝曲》：“帝子苍梧不复归，洞庭叶下荆云飞。”柳宗元《唐铙歌鼓吹曲·苞枿》：“弥巴蔽荆，负南极以安。”❸山名。指和氏璧产地之荆山，在今河南临漳县西。丁居晦《琢玉》：“卞玉何时献，初疑尚在荆。”❹台名。指荆台。贺知章《奉和御制春台望》：“荆临章观赵丛台，何如尧阶将禹室。”参见“荆臺”。❺古国名。春秋楚国之旧称。参见“荆王”“荆國”。❻指唐荆州刺史韩朝宗。借指有名望之人。因李白《与韩荆州书》有“生不愿封万户侯，但愿一识韩荆州”句。后遂以“识荆”指结识向往之人。牟融《赠韩翃》：“京国久知名，江河近识荆。”

【荆人】 ❶楚人。刘禹锡《和浙西李大夫听小童吹觱篥歌依本韵》：“一奏荆人白雪歌，如闻雒客扶风邬。”汪遵《招屈亭》：“三闾溺处杀怀王，感得荆人尽缟裳。”亦特指楚人卞和。皎然《桃花石枕歌赠康从事》：“卞山幽石产奇璞，荆人至死采不著。”叶季良《赋得琢玉成器》：“荆人献始遇，良匠琢初成。”❷谓荆州土人。《全唐诗》卷八七〇录其《嘲憎唯恭》一首。

【荆口】 即荆江口。长江水与洞庭湖水交汇处。李屿《过洞庭》：“势翻荆口迮，声拥岳阳浮。”

【荆山】 山名。❶在今湖北南漳县西境。传为和氏璧产地。以产美玉闻名。李白《将游衡岳过汉阳双松亭留别族弟浮屠谈皓》：“本是楚家玉，还来荆山中。”钱起《片玉篇》：“至宝未为代所奇，韫灵示璞荆山陲。”雍陶《再下第将归荆楚上白舍人》：“长倚玉人心自醉，不辞归去哭荆山。”齐己《松化为石》：“肯似荆山凿余者，藓封顽滞卧岚烟。”❷亦名覆釜山。在今河南灵宝市阌乡南。传黄帝铸鼎于此。李白《飞龙引二首》之一：“黄帝铸鼎于荆山，炼丹砂，丹砂成黄金。”白居易《和答诗十首·和大觜乌》：“弦续会稽竹，丸铸荆山铜。”舒元舆《桥山怀古》：“崆峒求道失遗迹，荆山铸鼎余荒丘。”李商隐《荆山》：“杨仆移关三百里，可能全是为荆山。”

【荆山玉】 见“荆山璞”。

【荆山璞】 亦作“荆山璧”“荆山玉”。❶指和氏璧。韦应物《杂体五首》之五：“碌碌荆山璞，卞和献君门。”李德裕《重忆山居·罗浮山》：“知君分如此，赠逾荆山璧。”❷喻指杰出的才能。窦庠《酬谢韦卿二十五兄俯赠辄敢书情》：“荆山璞在终应识，楚国人知不是狂。”李涉《送颜觉赴举》：“居然一片荆山玉，可怕无人是卞和。”❸喻指明月。庚抱《卧痾喜霁开扉望月简宫内知友》：“忽对荆山璧，委照越吟人。”亦代指楚地。刘长卿《赠别于群投笔赴安西》：“顷游灵台下，频弃荆山玉。”

【荆山璧】 见“荆山璞”。

【荆王】 楚王。(1)楚襄王。传说曾与巫山神女相会。王元竞《巫山》：“神女向高唐，巫山下夕阳。”陈希烈《赋得云生栋梁间》：“无心伴行雨，何必梦荆王。”孟郊《巫山曲》：“荆王猎时逢暮雨，夜卧高丘梦神女。”胡宿《雪》：“色欺曹国麻衣浅，寒入荆王翠被深。”(2)楚灵王。皮日休《重题后池》：“适来会得荆王意，只为莲茎重细腰。”陆龟蒙《自遣诗三十首》之二七：“佳丽几时腰不细，荆王辛苦致宫名。”(3)楚顷襄王。周昙《咏史诗·春秋战国门·顷襄王》：“秦陷荆王死不还，只缘偏听子兰言。”

【荆王夢】 指楚怀王及襄王与高唐神女相遇之梦。事本宋玉《高唐赋》《神女赋》。阎立本《巫山高》：“欲暮高唐行雨送，今宵定入荆王梦。”张祜《江南杂题三十首》之二八：“无复荆王梦，子规空夜闻。”又《送人归蜀》：“萧萧暮雨荆王梦，漠漠春烟蜀帝魂。”

【荆夫】 楚人。楚地之男子。李绅《涉沅潇》：“潮满江津猿鸟啼，荆夫楚语飞蛮桨。”

【荆水】 即荆溪。在今江苏宜兴市南。入于太湖。许浑《送元昼上人归苏州兼寄张厚二首》之一：“自卜闲居荆水头，感时相别思悠悠。”

【荆玉】 ❶指和氏璧。因得之于荆山，故称。亦泛指美玉。刘长卿《夏口送长宁杨明府归荆南》：“举世贪荆玉，全家恋楚云。”杜甫《寄彭州高三十五使君适虢州岑二十七使参三十韵》：“荆玉簪头冷，巴笺染翰光。”皎然《咏史》：“卞子去不归，何人辩荆玉。”❷喻指美好的才德。苏颋《饯荆州崔司马》：“明年征拜入，荆玉不藏诸。”郑愔《贬降至汝州广城驿》：“荆玉终无玷，随珠忽已弹。”亦特指科举考试招揽之人才。权德舆《过张监阁老宅对酒奉酬见赠其年停傍贡举》：“荆玉收难尽，齐竽喜暂闲。”徐铉《和印先辈及第后献座主朱舍人郊居之作》：“嘉鱼始赋人争诵，荆玉频收国自肥。”❸对他人诗作之美称。刘兼《酬勾评事》：“对景却惭无藻思，南金荆玉卒难酬。”❹代指荆山。李商隐《灵仙阁晚眺寄郓州韦评事》：“华莲开菡萏，荆玉刻孱颜。”

【荆冬倩】 唐诗人。天宝三载(744)前曾任校书郎。《全唐诗》卷二〇三录其《奉试咏青》诗一首。

【荆并】 唐藩镇荆南节度使与并州节度使之合称。韩愈《元和圣德诗》：“荆并洎梁，在国门户。”

【荆州】 地名。汉置，隋改南郡，唐初复为荆州。领江陵、枝江、松滋等七县。治在江陵（今湖北江陵县）。一度设都督府。上元元年（760）改为江陵府。拾得《诗》之三十："少年学书剑，叱驭到荆州。"孟浩然《卢明府九日岘山宴袁使君等》："地理荆州分，天涯楚塞宽。"刘言史《送人随姊夫任云安令》："孤帆瞥过荆州岸，认得瞿塘急浪声。"赵嘏《九日陪越州元相燕龟山寺》："共贺万家逢此节，可怜风物似荆州。"

【荆州瘿】 一种颈瘤病。荆州山民多患此病。传晋杜预都督荆州诸军事时亦患此瘿，故称。王维《林园即事寄舍弟纨》："地多齐后痍，人带荆州瘿。"

【荆江】 水名。长江入荆州至岳阳一段之别称。宋昱有《晓次荆江》。李绅《过荆门》："荆江水阔烟波转，荆门路绕山葱蒨。"李商隐《哭刘司户二首》之二："溢浦应分派，荆江有会源。"王周《藕池阻风寄同行抚牧裘驾》："船樯相望荆江中，岸芦汀树烟濛濛。"

【荆花】 ❶紫荆花。白居易《晚春重到集贤院》："满砌荆花铺紫毯，隔墙榆荚撒青钱。"❷喻兄弟同荣。贯休《杜侯行》："雁影参差入瑞烟，荆花灿烂开仙圃。"参见"荆枝"。

【荆巫】 ❶荆楚之巫祝。柳宗元《同刘二十八院长之作》："祀变荆巫祷，风移鲁妇髽。"刘禹锡《阳山庙观赛神》："荆巫脉脉传神语，野老娑娑起醉颜。"❷荆山与巫山之并称。刘长卿《送从弟贬袁州》："水与荆巫接，山通鄢郢长。"郎士元《关羽祠送高员外还荆州》："流落荆巫间，裴回故乡隔。"许浑《酬绵州于中丞使君见寄》："荆巫夜隔巴西月，鄢郢春连汉上花。"

【荆吴】 春秋时之楚国与吴国。后泛指长江中下游地区。储光羲《赴冯翊作》："迢递别荆吴，飘飖涉沂泗。"皇甫曾《赠沛禅师》："净教传荆吴，道缘止渔猎。"清昼《泛长城东溪联句》："荆吴备登历，风土随编录。"李群玉《洞庭驿楼雪夜宴集奉赠前湘州张员外》："目穷衡巫表，兴尽荆吴秋。"

【荆杞】 荆棘与枸杞。野生灌木，多生于荒野之处。包融《阮公啸台》："荒台森荆杞，蒙笼无上路。"杜甫《塞芦子》："边兵尽东征，城内空荆杞。"白居易《读史五首》之三："秋风忽萧条，堂上生荆杞。"皮日休《追和虎丘寺清远道士诗》："荆杞虽云梗，烟霞尚容窜。"

【荆岑】 ❶泛指荆楚（古楚国）地境之高山。张说《岳州九日宴道观西阁》："凉云霾楚望，濛雨蔽荆岑。"王维《送李太守赴上洛》："丹泉通虢略，白羽抵荆岑。"❷指唐荆南节度使所辖区（包括今湖南、湖北及四川夔州等地区）之高山。杜甫《荆南兵马使赵公大食刀歌》："蜀江如线针如水，荆岑弹丸心未已。"❸指产玉之荆山。李益《华阴东泉同张处士诣藏律师》："大国本多士，荆岑无遗璧。"

【荆枝】 出南朝梁吴均《续齐谐记·紫荆树》。后遂以"荆枝"喻兄弟和睦而同荣。黄滔《送人往苏州觐其兄》："到日荆枝应便茂，别时珠泪不须流。"亦喻指兄弟。徐铉《表弟包颖见寄》："兰佩却归纶阁下，荆枝犹寄楚江滨。"

【荆茅】 犹茅土。上古分封诸侯时以所封方色土包白茅以授之。后因以代指受封之爵邑。顾况《鄘公合祔挽歌》："草露前朝事，荆茅圣主封。"

【荆叔】 唐诗人。曾登进士第。《全唐诗》卷七七四录其《题慈恩塔》诗一首。

【荆阜】 荆楚一带之山丘。韦庄《又闻湖南荆渚相次陷没》："尸填汉水连荆阜，血染湘云接楚波。"

【荆河口】 即荆江口。长江水与洞庭水会合处。在今湖南岳阳。崔颢《赠怀一上人》："更出淮楚间，复来荆河口。"参见"荆口"。

【荆府】 荆州都督府之省称。宋之问有《初发荆府赠长史》。孟浩然有《送贾升主簿之荆府》。又《闻裴侍御朏自襄州司户除豫州司户因以投寄》："故人荆府掾，尚有柏台威。"参见"荆州"。

【荆門】 ❶山名。在硖州宜都（今湖北省宜都市）西北之长江南岸，与虎牙山隔江对屿。为自蜀入楚之要塞。张九龄《九月九日登龙山》："东弥夏首阔，西拒荆门壮。"李白《渡荆门送别》："流远荆门外，来从楚国游。"李绅《过荆门》："荆江水阔烟波转，荆门路绕山葱蒨。"罗邺《巴南旅泊》："巴山惨别魂，巴水彻荆门。"❷代指荆州地域。因宜都隋代隶属荆州，故以代指。王维《寄荆州张丞相》："所思竟何在，怅望深荆门。"戎昱《云梦故城秋望》："梦渚鸿声晚，荆门树色秋。"柳宗元《别舍弟宗一》："欲知此后相思梦，长在荆门郢树烟。"

【荆南】 ❶指唐代荆州（今湖北江陵县）一带。宋之问《送沙门泓景道俊玄奘还荆州应制》："荆南旋杖钵，渭北限津梁。"宋鼎《赠张丞相》："汉上登飞幰，荆南历旧居。"戎昱《长安秋夕》："昨宵西窗梦，梦入荆南道。"❷指唐荆南节度使辖区。包括江陵以上之长江上游一带。齐己《送王处士游蜀》："来年的有荆南信，回札应缄十色笺。"❸山名。在今江苏省宜兴市南。岑参《奉送贾侍御使江外》："荆南渭北难相见，莫惜衫襟著酒痕。"

【荆南幕府】 荆南节度使府。唐至德二年（757）置。治江陵。领江陵及澧、朗、峡、夔、忠、万、施、归等八州。李嘉祐有《送元侍御还荆南幕府》。

【荆郢】 唐代荆州与郢州之并称。其州治旧址，即今湖北之江陵、钟祥。刘禹锡《秋日过鸿举法师寺院便送归江陵》序："初鸿举学诗于荆郢间。"薛逢《题剑门先寄上西蜀杜司徒》："西蹙犬戎威北狄，南吞荆郢制东吴。”

【荆虹】 犹荆玉。指和氏璧。孟郊《古兴》:“楚血未干衣,荆虹尚埋辉。”

【荆囷】 荆条编成之谷囤。李商隐《行次西郊作一百韵》:“浊酒盈瓦缶,烂谷堆荆囷。”

【荆宫】 楚宫。战国楚之王宫。李沇《巫山高》:“君王妒妾梦荆宫,虚把金泥印仙掌。”

【荆姝】 犹楚娃。楚国之美女。徐玄之《采莲》:“越艳荆姝惯采莲,兰桡画楫满长川。”

【荆卿】 见“荆軻”。

【荆卿歌】 荆轲与友人高渐离常聚饮于燕市,高渐离击筑,荆轲唱歌,或乐或泣,旁若无人。后遂以为友人聚饮之典。元稹《说剑》:“高唱荆卿歌,乱击相如缶。”

【荆海】 泛指荆楚地带。卢肇《汉堤诗》序:“上大忧曰。襄惟东南,实脰荆海。若气不息,吾躬曷瘳。”

【荆浩】 五代诗人。字浩然,自号洪谷子。后梁河内沁水(今山西沁水县)人。避难隐居于太行山洪谷中。工画,尤工于山水。《全唐诗》卷七二七录其《画山水图答大愚》诗一首。

【荆軻】 战国末刺客。卫国人。齐国贵族庆氏后代。卫人称为庆卿。秦灭卫后,逃亡至燕,燕人称为荆卿。燕太子丹聘以重金,尊为上卿,要他去刺秦王。秦王政二十年(前227),他带着秦叛将樊於期之首级和卷入匕首的督亢地图,进献秦王。献图时,图穷而匕首现,刺杀未遂,被杀。见《史记·刺客列传》。李峤《史》:“方朔初闻汉,荆轲昔向秦。”李贺《春坊正字剑子歌》:“直是荆轲一片心,莫教照见春坊字。”李山甫《游侠儿》:“荆轲只为闲言语,不与燕丹了得人。”亦作“荆卿”。高适《酬裴员外以诗代书》:“荆卿吾所悲,适秦不复回。”

【荆國】 即春秋战国时之楚国。亦指其旧域。陈子昂《观荆玉篇》:“勿信玉工言,徒悲荆国人。”又《感遇诗三十八首》之二七:“朝云无处所,荆国亦沦亡。”王无竞《君子有所思行》:“荆国征艳色,邯郸选名倡。”孟浩然《荆门上张丞相》:“共理分荆国,招贤愧不材。”

【荆釵】 用荆条削制之发钗。指贫女之钗。杨志坚《送妻》:“荆钗任意撩新鬓,明镜从他别画眉。”秦系《耶溪书怀寄刘长卿员外》:“偶逢野果将呼子,屡折荆钗亦为妻。”白居易《青冢》:“无辞插荆钗,嫁作贫家妇。”徐月英《叙怀》:“虽然日逐笙歌乐,长羡荆钗与布裙。”

【荆渚】 荆楚之洲渚。亦代指唐代荆州(今湖北江陵)一带地域。李白《陈情赠友人》:“所思采芳兰,欲赠隔荆渚。”许浑《将赴京师蒜山津送客还荆渚》。郑谷有《荆渚八月十五夜值雨寄同年李屿》。

【荆揚】 荆州与扬州。亦泛指长江中下游地域。杜甫《毒热寄简崔评事十六弟》:“大暑运金气,荆扬不知秋。”又《秋行官张望督促东渚耗稻向毕》:“荆扬风土暖,肃肃候微霜。”

【荆棘】 ❶丛生之蔓条棘刺等杂乱草木。常以指荒芜之地。玄宗《过王濬墓》:“不观松柏茂,空余荆棘场。”崔国辅《对酒吟》:“蒙笼荆棘一鸟飞,屡唱提壶酤酒吃。”韩愈《赠侯喜》:“平明鞭马出都门,尽日行行荆棘里。”姚合《赠张质山人》:“先生居处僻,荆棘与墙齐。”❷喻指纷乱、祸难。储光羲《登秦岭作时陷贼归国》:“鹏鹗励羽翼,俯视荆棘丛。”高适《酬庞十兵曹》:“怀贤想邹枚,登高思荆棘。”刘长卿《和袁郎中破贼后谨上太尉》:“剗路除荆棘,王师罢鼓鼙。”李绅《闻里谣效古歌》:“使君为我剪荆棘,使君为我驱豺狼。”❸喻猜恨或险忍之心。孟郊《择友》:“面结口头交,肚里生荆棘。”元稹《乐府古题·苦乐相倚曲》:“君心半夜猜恨生,荆棘满怀天未明。”亦喻指小人。白居易《读汉书》:“桃李与荆棘,霜降同夜萎。”❹喻劣境或卑微之地位。白居易《醉后走笔酬刘五主簿长句之赠》:“君同鸾凤栖荆棘,犹著青袍作选人。”徐夤《塔院小屋四壁皆是卿相题名因成四韵》:“鸾凤岂巢荆棘树,虬龙多蛰帝王都。”

【荆棺】 荆条编成之棺材。无名氏《荆棺峡谚》:“九子不葬父,一女打荆棺。”题注云:“峡壁有棺,以荆为之。相传人有九子,不能葬,女编荆为棺,庋之此。土人谚云。”

【荆湘】 荆江与湘水。泛指洞庭湖一带。李频《送厉图南往荆州觐伯》:“云水入荆湘,古来鱼鸟乡。”韦遵《题施璘画竹图》:“堪珍仲宝穷幽笔,留得荆湘一片秋。”

【荆窗】 荆木条制成之窗。寒陋之窗。李端《长安感事呈卢纶》:“草舍才遮雨,荆窗不碍风。”

【荆扉】 荆柴作成之门。亦代指寒陋之居。王维《送张五归山》:“东山有茅屋,幸为扫荆扉。”岑参《西掖省即事》:“官拙自悲头白尽,不如岩下偃荆扉。”李端《江上逢柳中庸》:“旧住衡山曾夜归,见君江客忆荆扉。”杨夔《寻九华王山人》:“下马扣荆扉,相寻春半时。”

【荆蓁】 同“荆榛”。刘湾《虹县严孝子墓》:“前有松柏林,荆蓁结朦胧。”

【荆夢】 荆江与云梦泽。代指长江江陵以下至岳阳一段与洞庭湖。李百药《王师渡汉水经襄阳》:“延波接荆梦,通望迩沮漳。”

【荆楚】 即春秋楚国。亦指楚国之旧城,即长江中上游一带。杜甫《江上》:“江上日多雨,萧萧荆楚秋。”窦牟《洛下闲居夜晴观雪寄四远诸兄弟》:“荆楚岁时知染翰,湘吴醇酎忆衔杯。”司空曙《送刘侍御》:“黄叶辞荆楚,青山背汉初。”徐夤《张仪》:“荆楚南来又北归,分明舌在不应违。”

【荆蒿】　荆棘与蒿草。郑谷《菊》:“王孙莫把比荆蒿,九日枝枝近鬓毛。”

【荆溪】　水名。在今江苏宜义市南,合溧水入太湖。严维《荆溪馆呈丘义兴》:“失路荆溪上,依人忽暝投。”羊士谔有《息舟荆溪入阳羡南山呈李功曹巨》。喻凫《夏日因怀阳羡旧游寄裴书记》:“还应坐筹暇,时一梦荆溪。”罗隐《宿荆州江陵驿》:“西游象阙愧知音,东下荆溪称越吟。”

【荆臺】　台名。战国楚之登览胜地。故址在今湖北省监利县北。后多以泛指荆州地域。韩翃《送中兄典邵州》:“一路诸侯争馆谷,洪池高会荆台曲。”杨衡《将之荆州南与张伯刚马惣钟陵夜别》:“荆台别路长,密绪分离状。”李商隐《宋玉》:“何事荆台百万家,惟教宋玉擅才华。”梁震《荆台道院》:“黄犊依然花竹外,清风万古凛荆台。”

【荆榛】　荆棘蓁莽。杂乱丛生之灌木杂草。多用以形容荒凉景象。李白《古风》之一:“王风委蔓草,战国多荆榛。”孙逖《丹阳行》:“荆榛古木闭荒阡,共道繁华不复全。”刘禹锡《汉寿城春望》:“汉寿城边野草春,荒祠古墓对荆榛。”韦庄《洪州送西明寺省上人游福建》:“荆榛已失当时路,槐柳全无旧日烟。”

【荆歌】　楚歌。刘方平《采莲曲》:“落日晴江里,荆歌艳楚腰。”亦特指楚狂接舆之歌。见《论语·微子》。沈佺期《入卫作》:“采蘩忆幽吹,理棹想荆歌。”

【荆璆】　犹荆玉。璆,美玉。李渤《南溪诗》序:“余获之,若获荆璆与蛇珠焉。”

【荆蕪】　丛生之荆棘荒草。李商隐《戊辰会静中出贻同志》:“荆芜既以薙,舟壑永无湮。”

【荆璞】　❶即和氏璧。玉未琢称璞,因和氏得之于荆山,故称。韦应物《杂体五首》之五:“荆璞非有求,和氏非有恩。”张惟俭《赋得西戎献白玉环》:“自将荆璞比,不与郑环同。”❷喻指未被发现的贤才。牟融《寄周韶州》:“山中荆璞谁知玉,海底骊龙不见珠。”李咸用《览友生古风》:“荆璞且深藏,珉石方如雪。”翁承赞《喜弟承检登科》:“荆璞献多还得售,桂堂恩在敢轻回。”

【荆樹】　❶紫荆、牡荆等灌木。元稹《红荆》:“庭中栽得红荆树,十月花开不待春。”❷用为咏兄弟同荣之典。许浑《题崔处士山居》:“荆树有花兄弟乐,橘林无实子孙忙。”黄滔《贺清源仆射新命》:“虚说古贤龙虎盛,谁攀荆树上金台。”参见“荆枝”。

【荆薪】　犹柴薪。韦应物《寄全椒山中道士》:“涧底束荆薪,归来煮白石。”

【荆衡】　荆州与衡阳。《书·禹贡》有“荆及衡阳惟荆州”之语,故后世常以“荆衡”连用而指荆楚地域。卢照邻《酬张少府柬之》:“毫翰风期阻,荆衡云路深。”孟浩然《送韩使君除洪州都曹》:“述职抚荆衡,分符袭宠荣。”李端《荆门歌送兄赴夔州》:“云间怅望荆衡路,万里青山一时暮。”白居易《江州赴忠州舟中示舍弟》:“溯流从汉浦,循路转荆衡。”

【荆谿】　一本作“荆溪”。水名。即荆谷水,源出陕西蓝田县西北,汇入灞水。一说本名长水。王维《阙题二首》之一:“荆溪白石出,天寒红叶稀。”

【荆蓝】　荆山与蓝田之并称。皆产美玉之地。故亦代指美玉。

【荆叢】　荆棘之丛。张蠙《经荒驿》:“废巷荆丛合,荒庭虎迹新。”

【荆璧】　荆山之玉。指和氏璧。喻珍贵之人才。杜牧《池州送孟迟先辈》:“周鼎列瓶罂,荆璧横抛掷。”

【荆雞卵】　喻指珍珠。见《文选·张衡〈南都赋〉》。荆鸡,楚地所产体型甚小之鸡。鲍溶《采珠行》:“饮风衣日亦饱暖,老翁掷却荆鸡卵。”

【荆蠻】　古代对楚越等南方地域之称。杜甫《远游》:“尘沙连越嶲,风雨暗荆蛮。”韩愈《八月十五夜赠张功曹》:“州家申名使家抑,坎轲只得移荆蛮。”李绅《逾岭峤止荒陬抵高要》:“周王止化惟荆蛮,汉武凿远通孱颜。”崔珏《岳阳楼晚望》:“何事黄昏尚凝睇,数行烟树接荆蛮。”

【荆懷】　指春秋楚怀王。陆龟蒙《奉和袭美馆娃宫怀古次韵》:“赖在伍员骚思少,吴王才免似荆怀。”

【荆寶】　荆玉。指和氏璧。亦喻指贤才。钱起《送安都秀才北还》:“不嗟荆宝退,能喜彩衣还。”

【荆關】　指荆门山。亦喻指险要难越之地。王维《崔濮阳兄季重前山兴》:“嵯峨对秦国,合沓藏荆关。”李白《送张遥之寿阳幕府》:“寿阳信天险,天险横荆关。”

【荆艷】　指荆楚之歌舞。亦指美丽之女伎、女子。语出晋左思《吴都赋》。上官仪《酬薛舍人万年宫晚景寓直怀友》:“燕姝对明月,荆艳促芳尊。”刘绮庄《共佳人守岁》:“桂华穷北陆,荆艳作东邻。”

茙

〔róng《广韵》如融切,平東,日。〕见“茙葵”。

【茙葵】　即荆葵。一名蜀葵。形似木槿。多年生草本植物,茎高六七尺,叶心形。花有黄红青紫白多种。刘昚虚《茙葵花歌》:“请君有钱向酒家,君不见,茙葵花。”

茬 〔chā《字汇补》川加切。〕同“差”。劣次，不佳。姚合《春日闲居》：“身闲眠自久，眼茬视还遥。”

茸 〔róng《广韵》而容切，平鍾，日。〕❶新生叶芽细柔貌。李白《送杨山人归嵩山》：“尔去掇仙草，菖蒲花紫茸。”唐彦谦《垂柳》：“垂柳碧髯茸，楼昏带雨容。”亦指植物新生之叶芽。刘遵古《御沟新柳》：“吐节茸犹嫩，通条泽稍均。”姚合《和门下李相饯西蜀相公》：“嫩叶抽赪蕊，新苔长翠茸。”段成式《柔卿解籍戏呈飞卿三首》之三：“郁金种得花茸细，添入春衫领里香。”❷兽皮上细柔之毛。杜牧《扬州三首》之一：“喧阗醉年少，半脱紫茸裘。”李商隐《李肱所遗画松诗书两纸得四十韵》：“孙枝擢细叶，旖旎狐裘茸。”❸刺绣用之丝线。南唐后主李煜《一斛珠》词：“烂嚼红茸，笑向檀郎唾。”

【茸茸】 ❶草藤等细软柔密貌。韩翃《宴杨驸马山池》：“垂杨拂岸草茸茸，绣户帘前花影重。”鲍溶《采葛行》：“葛丝茸茸春雪体，深涧择泉清处洗。”吕从庆《棚山》：“郁郁长林障远乡，茸茸细草绿于秧。”徐知证《东林寺天祚二年联句》：“蝶恋半岩花灼灼，鹿眠深谷草茸茸。”❷丝绒等织品或毛羽轻柔貌。白居易《新乐府·红线毯》：“彩丝茸茸香拂拂，线软花虚不胜物。”又《和答诗十首·和大觜乌》：“物老颜色变，头毛白茸茸。”杨嗣复《赠毛仙翁》：“羽衣茸茸轻似雪，云上双童持绛节。”❸光色溶合柔和貌。卢仝《喜逢郑三游山》：“相逢之处花茸茸，石壁攒峰千万重。”张籍《赋花》：“宛宛清风起，茸茸丽日斜。”白居易《秋蝶》：“秋花紫蒙蒙，秋蝶黄茸茸。”❹犹蒙胧。韩偓《厌花落》：“忽然事到心中来，四肢娇入茸茸眼。”

【茸丝】 纤细柔软之丝絮状物。李咸用《咏柳》：“天应绣出繁华景，处处茸丝惹路衢。”

【茸毹】 犹绒毡。表面留有短绒毛之毛毡。白居易《风雪中作》：“两重褐绮衾，一领花茸毡。”亦以形容覆有绒毛似茸毡般物。姚合有《谢汾州田大夫寄茸毡葡萄》。

茜 〔qiàn《广韵》倉甸切，去霰，清。〕❶草名。多年生草本。茎方形有刺。叶心形。花秋季开，黄色。果球形，根红橙色，可作红色染料。李商隐《宫中曲》：“蚕缕茜香浓，正朝缠左臂。”❷茜草根制成之红色染料。姚合《和王郎中召看牡丹》：“裁绡样岂似，染茜色宁同。”于濆《早发》：“绿野含曙光，东北云如茜。”❸红色的。参见“茜衣”“茜袖”。

【茜衣】 绛红衣。李洞《送沈光赴福幕》：“幕下逢迁拜，何官着茜衣。”

【茜服】 绯红色官服。唐五品官员始可服之。齐己《寄湘幕王重书记》：“官好近闻加茜服，药灵曾说换霜髭。”

【茜衫】 红色之衫。白居易《城东闲行因题尉迟司业水阁》：“病乘篮舆出，老著茜衫行。”

【茜旆】 红旗。顾非熊《送信州卢员外兼寄薛员外》：“粉闱移席近，茜旆越疆行。”薛能《除夜作》：“茜旆犹双节，雕盘又五辛。”

【茜袖】 红袖。代指女子之服装。李商隐《和郑愚赠汝阳王孙家筝妓》：“茜袖捧琼姿，皎日丹霞起。”韩偓《无题》：“茜袖啼痕数，香笺墨色新。”

【茜袍】 绯红色之官袍。唐制四品服深绯，五品服浅绯色官袍。徐夤《赠垂光同年》：“丹桂攀来十七春，如今始见茜袍新。”

【茜裙】 红裙。代指少女。李中《溪边吟》：“茜裙二八采莲去，笑冲微雨上兰舟。”

【茜绶】 红色系印绶带。白居易《待漏入阁书事奉赠元九学士阁老》：“笑我青袍故，饶君茜绶殷。”

【茜罗】 绛红色的薄丝织品。毛熙震《南歌子》：“腻香红玉茜罗轻，庭院晚堂人静，理银筝。”

荑 〔tí《广韵》杜奚切，平齊，定。〕❶白茅草之嫩芽。亦泛指植物新生之芽。沈佺期《赦到不得归题江上石》：“闭藏元不蛰，摇落反生荑。”颜真卿《谢陆处士杼山折青桂花见寄之什》：“绿荑含素萼，采折自逋客。”陆贽《赋得御园芳草》：“雨余荑更密，风暖蕙初香。”白居易《东墙夜合树去秋为风雨所摧今年花时怅然有感》：“碧荑红缕今何在，风雨飘将去不回。”❷萌生新芽。温庭筠有《原隰荑绿柳》。❸喻指女子白嫩柔润之手。鲍溶《水殿采菱歌》：“美人荷裙芙蓉妆，柔荑萦雾棹龙航。”李咸用《塘上行》：“红绡撇水荡舟人，画桡掺掺柔荑白。”

【荑手】 柔如嫩芽之手。语出《诗·卫风·硕人》。白居易《真娘墓》：“脂肤荑手不牢固，世间尤物难留连。”

【荑英】 ❶植物新生之叶芽，因其柔嫩如花，故称。武元衡《津梁寺采新茶因题四韵兼呈陆郎中》：“灵州碧岩下，荑英初散芳。”按此指茶树之新叶。❷植物之新芽与花。羊士谔《息舟荆溪入阳羡南山呈李功曹巨》：“潭嶂积佳气，荑英多早芳。”

【荑萼】 植物之叶芽与花萼。王维《赠裴十迪》：“桃李虽未开，荑萼满芳枝。”

茈 〔cí《广韵》疾移切，平支，從。〕见“茈姑”。

【茈姑】 同“慈姑”。一种水生植物名，叶形似箭镞而大，有块状茎于地下，可食。张祜《江南杂题三十首》之五：“茈姑交宛叶，喜子抱游丝。”

草〔cǎo《广韵》采老切，上晧，清。〕❶草木植物之通称。王涯《陇上行》："云黄知塞近，草白见边秋。"荆冬倩《奉试咏青》："草浓河畔色，槐结路边阴。"戴叔伦《早春曲》："朱颜未衰消息稀，肠断天涯草空碧。"翁承赞《寄舍弟承裕员外》："江花岸草晚萋萋，公子王孙思合迷。"❷草野。借指民间。李白《梁甫吟》："君不见高阳酒徒起草中，长揖山东隆准公。"又《邺中赠王大》："壮士伏草间，沉忧乱纵横。"杜甫《送从弟亚赴安西判官》："令弟草中来，苍然请论事。"❸草拟；写作。袁朗《赋饮马长城窟》："惟当事笔砚，归去草封禅。"徐坚《奉和圣制送张说赴集贤院学士赐宴赋得虚字》："忝同文史地，愿草登封书。"耿湋《古意》："叶下绮窗银烛冷，含啼自草锦中书。"皮日休《七爱诗·李翰林》："醉中草乐府，十幅笔一息。"❹草创；创建。参见"草創"。❺草稿；底本。厍狄履温《夏晚初霁南省寓直》："寐来冠不解，奏罢草仍书。"杜甫《晚出左掖》："避人焚谏草，骑马欲鸡栖。"元稹《酬乐天待漏入阁见赠》："密视枢机草，偷瞻咫尺颜。"温庭筠《感旧陈情五十韵献淮南李仆射》："视草丝纶出，持纲雨露悬。"❻草率。参见"草草"。❼汉字字体之一种，即草书。包括隶草与楷草。参见"草隸"。

【草上飛】　形容于草地上奔走迅速。韦庄《观猎》："鹘翻锦翅云中落，犬带金铃草上飞。"黄巢《自题像》："记得当年草上飞，铁衣著尽著僧衣。"

【草木】　❶草本植物与木本植物。白居易《叹鲁二首》之二："有如草木分，天各与其一。"亦泛指所有植物。杜甫《春望》："国破山河在，城春草木深。"刘言史《买花谣》："每至南山草木春，即向侯家取金碧。"杜牧《寄扬州韩绰判官》："青山隐隐水迢迢，秋尽江南草木凋。"❷喻指无知卑微之物。顾况《上古之什补亡训传·囝》："为髡为钳，如视草木。"亦用以谦称自身。周匡物《及第后谢座主》："悲欢暗负风云力，感激潜生草木身。"

【草本】　草拟之文稿，底本。王建《宫词百首》之五："红蜡烛前呈草本，平明舁出阁门宣。"

【草市】　乡村之临时集市。李嘉祐《登楚州城望驿路十余里》："草市多樵客，渔家足水禽。"顾况《青弋江》："村边草市桥，月下罟师网。"王建《汴路即事》："草市迎江货，津桥税海商。"徐凝《语儿见新月》："几处天边见新月，经过草市忆西施。"

【草玄】　指汉扬雄写作《太玄经》。见《汉书·扬雄传下》。后因以"草玄"指淡泊名利、一心著述。张九龄《与袁补阙寻蔡拾遗》："偶来乘兴者，不值草玄人。"李白《古风》之八："赋达身已老，草玄鬓若丝。"刘禹锡《裴相公大学士见示答张秘书谢马诗》："草玄门户少尘埃，丞相并州寄马来。"许浑《送薛秀才南游》："从此草玄应有处，白云青嶂一相招。"

【草玄臺】　台名。一名草玄堂。汉扬雄居家写作《太玄》之处。旧址在成都小城西南角扬雄宅内。岑参有《扬雄草玄台》。

【草色】　成片青草之色。刘长卿《清明后登城眺望》："草色无空地，江流合远天。"贾至《春思》二首之一："草色青青柳色黄，桃花历乱李花香。"李绅《过梅里七首·上家山》："草色绿萋萋，寒蛩遍草啼。"李群玉《和吴中丞悼笙妓》："多情草色怨还绿，无主杏花春自红。"

【草衣】　蓑衣。张籍《夜到渔家》："遥见寻沙岸，春风动草衣。"喻凫《寺居秋日对雨有怀》："即事潇湘渚，渔翁披草衣。"韦庄《赠渔翁》："草衣荷笠鬓如霜，自说家编楚水阳。"亦指僧道或隐者之衣。李洞《和刘驾博士赠庄严律禅师》："人言紫绶有光辉，不二心观似草衣。"贯休《终南僧》："声利掀天竟不闻，草衣木食度朝昏。"吕岩《赠罗浮道士》："罗浮道士谁同流，草衣木食轻王侯。"

【草舍】　茅舍。刘长卿《寻龙井杨老》："柴门草舍绝风尘，空谷耕田学子真。"无名氏《五言白话诗》之四："草舍元天床，无毡复无被。"李瑞《长安感事呈卢纶》："草舍才遮雨，荆窗不碍风。"

【草狂】　书写狂草之字。皎然《张伯英草书歌》："先贤草律我草狂，风云阵发愁钟王。"

【草序】　写赠序之文。韩愈《送文畅师北游》："谓僧当少安，草序颇排讦。"

【草苫】　草编之垫。亦指草屋顶上层叠覆盖之草。贾岛《题韦云叟草堂》："白茅草苫重重密，爱此秋天夜雨淙。"

【草服】　草编之衣。刘湾《虹县严孝子墓》："草服蔽枯骨，垢容戴飞蓬。"

【草奏】　草拟奏章。亦指拟好之奏章。李嘉祐《奉酬路五郎中除工部员外见简》："词锋偏却敌，草奏直论兵。"杜甫《承闻河北诸道节度入朝欢喜口号绝句十二首》之七："衣冠是日朝天子，草奏何时入帝乡。"卢纶《题金吾郭将军石伏茅堂》："草奏风生笔，筵开雪满琴。"皮日休《寄滑州李副使员外》："军前草奏旄头下，城上封书箭簳中。"

【草草】　❶纷乱不安貌。孟云卿《古挽歌》："草草门巷喧，涂车俨成位。"元稹《侠客行》："白日堂堂杀袁盎，九衢草草人面青。"鲍溶《途中旅思二首》之一："草草名利区，居人少于客。"唐彦谦《上巳》："微微泼火雨，草草踏青人。"❷犹匆匆。仓促匆忙貌。李白《南奔书怀》："草草出近关，行行昧前算。"皇甫曾《遇风雨作》："草草理夜装，涉江又登陆。"白居易《初贬官过望秦岭》："草草辞家忧后事，迟迟去国问前途。"韩溉《鹊》:“人间树好纷纷占,天上桥成草草回。”❸犹草率,马虎。杜甫《壮游》:“大军载草草,凋瘵满膏肓。”李贺《仁和里杂叙皇甫湜》:“那知坚都相草草,客枕幽单看春老。”韩愈《送刘师服》:“草草具盘馔,不待酒献酬。”陈陶《巫山高》:“归时白帝掩青琐,琼枝草草遗湘烟。”❹心烦乱貌。崔颢《赠轻车》:“忆昨戎马地,别时心草草。”高适《登百丈峰二首》之一:“匈奴终不灭,寒山徒草草。”窦参《迁谪江表久未归》:“离心与羁思,终日常草草。”司空图《秋思》:“势利长草草,何人访幽独。”❺劳苦貌。杜甫《潼关吏》:“士卒何草草,筑城潼关道。”

【草茅】 ❶茅草;杂草。耿沣《晚秋东游寄猗氏第五明府》:“乱坟松柏少,野径草茅深。”韩愈《题杜工部坟》:“入门古屋三四间,草茅缘砌生无数。”薛能《春雨》:“谁知草茅径,沾此尚虚闲。”❷犹草莽臣。指平民百姓。高适《苦雨寄房四昆季》:“沉吟顾草茅,郁快任盈虚。”❸用以谦称自身。犹言贫贱卑微之人。窦叔向《寒食日恩赐火》:“幸因榆柳暖,一照草茅贫。”陈陶《将归钟陵留赠南海李尚书》:“贱子感一言,草茅发光辉。”

【草茅臣】 犹草莽臣。指草野之民。皮日休《陪江西裴公游襄州延庆寺》:“更向碧山深处问,不妨犹有草茅臣。”

【草昧】 ❶本指天地初开时之混沌状态。后亦泛指混乱纷争之世。杜甫《重经昭陵》:“草昧英雄起,讴歌历数归。”李中《读蜀志》:“草昧争雄者,君臣似此稀。”❷犹草创,创始。杜甫《别张十三建封》:“尝读唐实录,国家草昧初。”唐尧臣《金陵怀古》:“草昧席罗图,荜路戴黄屋。”

【草律】 本指草拟法律。见《文心雕龙·练字》。后遂以“草律”指制定写字规范的法令。皎然《张伯英草书歌》:“先贤草律我草狂,风云阵发愁钟王。”

【草風】 草上之风。白居易《建昌江》:“忽似往年归蔡渡,草风沙雨渭河边。”

【草莽】 ❶丛生之杂草。亦指杂草丛生之荒野。李白《战城南》:“士卒涂草莽,将军空尔为。”皎然《吊灵均词》:“天不闻,神莫睹,若云冥冥兮雷霆怒,萧条杳眇兮余草莽。”戴叔伦《和河南罗主簿送校书兄归江南》:“草莽人烟少,风波水驿长。”李绅《灵蛇见少林寺》:“已应蜕骨风雷后,岂效衔珠草莽间。”❷草野。指民间。与“朝”(在朝为官)相对。李颀《送陈章甫》:“腹中贮书一万卷,不肯低头在草莽。”高适《酬裴员外以诗代书》:“衣冠投草莽,予欲驰江淮。”顾况《思归》:“不能经纶大经,甘作草莽闲臣。”

【草席】 草编之席。欧阳詹《永安寺照上人房》:“草席蒲团不扫尘,松闲石上似无人。”

【草座】 坐具名。草编之席垫或蒲团。戴叔伦《送张南史》:“草座留山月,荷衣远洛尘。”灵澈《东林寺酬韦丹刺史》:“年老心闲无外事,麻衣草座亦容身。”

【草書】 汉字字体之一种。包括章草、今草与狂草。唐人多以指后二种。亦指作草书。王维《故人张湮顷以诗见赠聊获酬之》:“屏风误点惑孙郎,团扇草书轻内史。”王颙《怀素上人草书歌》:“我牧此州喜相识,又见草书多慧力。”顾况《萧郸草书歌》:“萧子草书人不及,洞庭叶落秋风急。”吴融《赠广利大师歌》:“三十年前识师初,正见把笔学草书。”

【草書星】 对善草书者之誉称。裴说《怀素台歌》:“杜甫李白与怀素,文星酒星草书星。”

【草屐】 犹草鞋。屐,木屐。亦泛指鞋。杜荀鹤《赠袒肩和尚》:“山衣草屐染莓苔,双眼犹慵向俗开。”

【草萊】 ❶犹草莽。丛生之杂草。刘禹锡《泰娘歌》:“洛阳旧宅生草莱,杜陵萧萧松柏哀。”亦借指荒草丛中之坟墓。唐彦谦《过浩然先生墓》:“人间万卷庞眉老,眼见堂堂入草莱。”❷喻指民间。袁朗《和洗掾登城南坂望京邑》:“狐白登廊庙,牛衣出草莱。”孟浩然《荆门上张丞相》:“觐止欣眉睫,沉沦拔草莱。”薛据《怀哉行》:“俗流实骄矜,得志轻草莱。”亦喻指平庸微贱之物。元稹《酬卢秘书》:“金宝潜砂砾,芝兰似草莱。”

【草堂】 茅草盖成之屋舍。杨浚《题武陵草堂》:“草堂列仙楼,上在青山顶。”崔曙《早发交崖山还太室作》:“吾亦自兹去,北山归草堂。”唐求《送僧讲罢归山》:“依旧曹溪念经处,野泉声在草堂东。”亦特指杜甫在成都浣花溪畔之住所。高适《人日寄杜二拾遗》:“人日题诗寄草堂,遥怜故人思故乡。”

【草野】 犹山野、田野。指平民或隐者居身之处。与“庙堂”“朝廷”相对。白居易《兰若寓居》:“名宦老慵求,退身安草野。”

【草戚】 见“草蹙”。

【草麻】 草拟诏书。唐代诏书分用黄麻纸或白麻纸书写,故称。李中《献中书张舍人》:“帘开春酒醒,月上草麻成。”印粲《赠徐鼎臣常侍》:“谏书未上先焚稿,御笔曾传立草麻。”

【草庵】 草屋,茅舍。白居易《庐山夜雨独宿》:“兰省花时锦帐下,庐山雨夜草庵中。”姚合《送僧栖真归杭州天竺寺》:“草庵盘石上,归此是因缘。”

【草庵客】 指隐者或学仙求道者。王维《游悟真寺》:“谁知草庵客,曾和柏梁篇。”

【草鞁】 草编之拖鞋。杜荀鹤《山寺老僧》:“草鞁无尘心地闲,静随猿鸟过寒暄。”

【草創】 开始创建。张说《邺都引》:“君不见魏武草创争天禄，群雄睚眦相驰逐。”杜牧《和野人殷潜之题筹笔驿十四韵》：“艰难同草创，得失计毫厘。”陆龟蒙《记事》：“都缘新卜筑，是事皆草创。”《郊庙歌辞·武后享清庙乐章·第六送文舞》：“帝图草创，皇业初开。”

【草詔】 草拟诏书。韦应物《和张舍人夜直中书寄吏部刘员外》：“西垣草诏罢，南宫忆上才。”刘禹锡《途次华州陪钱大夫登城北楼春望》：“壁中今日题诗处，天上同时草诏人。”薛逢《送李蕴赴郑州因献卢郎中俶》：“几日赋诗秋水寺，经年草诏白云司。”韦庄《寄右省李起居》：“才闻阙下征书急，已觉回朝草诏忙。”

【草疏】 草拟奏疏。黄滔《长安书事》：“伏蒲无一言，草疏贺德音。”

【草聖】 对草书艺术造诣最高者之尊称。一般指汉张芝、唐张旭等人。王维《戏赠张五弟諲三首》之二：“染翰过草圣，赋诗轻子虚。”杜甫《饮中八仙歌》之七：“张旭三杯草圣传，脱帽露顶王公前，挥毫落纸如云烟。”苏涣《赠零陵僧》：“张颠没在二十年，谓言草圣无人传。”司空图《巩光大师草书歌》：“落笔纵横不离禅，方知草圣本非颠。”

【草煙】 朦胧之草色。成片草地，其色远观朦胧如烟，故称。温庭筠《送人南游》：“沙净有波迹，岸平多草烟。”冯延巳《抛球乐》词之二：“逐胜归来雨未晴，楼前风重草烟轻。”

【草蔓】 藤蔓。岑参《函谷关歌送刘评事使关西》：“树根草蔓遮古道，空谷千年长不改。”白居易《和答诗十首·和分水岭》：“悠悠草蔓底，溅溅石罅里。”李群玉《石门戍》：“到此空思吴隐之，潮痕草蔓上幽碑。”亦指藤蔓之花。李贺《南园十三首》之一：“花枝草蔓眼中开，小白长红越女腮。”

【草閣】 草盖之无墙阁楼。李商隐有《戏题枢言草阁三十二韵》。陆龟蒙《奉和袭美赠魏处士五贶诗·诃陵尊》：“水绕苔矶曲，山当草阁门。”

【草鞋】 用芒草等编成之鞋。旅途跋涉时用。张祜《戏赠村妇》：“赤黑画眉临水笑，草鞋包脚逐风行。”伊用昌《题茶陵县门》：“夜白不闻更漏鼓，只听锤芒织草鞋。”

【草蹙】 亦作“草戚”。仓促，匆促。韦应物《送李侍御益赴幽州幕》：“契阔晚相遇，草蹙遽离群。”顾况《上古之什补亡训传十三章·左车二章》：“敏尔之生，胡为草戚。”元稹《桐孙诗》序：“山月晓时，见桐花满地，因有八韵寄白翰林诗。当时草蹙，未暇纪题。”

【草履】 草鞋。周贺《赠神遘上人》：“草履蒲团山意存，坐看庭木长桐孙。”陆龟蒙《山僧二首》之一：“山藓几重生草履，涧泉长自满铜瓶。”杜荀鹤《送人宰吴县》：“草履随船卖，绫梭隔水鸣。”

【草樹】 犹草木。泛指草本及木本植物。白居易《梦微之》：“漳浦老身三度病，咸阳草树八回秋。”徐锴《送程德琳郎中学士》：“瓜步妖氛灭，昆冈草树青。”马令《早春陪敕使麻先生祭岳》：“年光著草树，春色换山泉。”亦代指景物。李绅《姑苏台杂句》：“吴乡越国旧淹留，草树烟霞昔遍游。”

【草頭】 ❶草上；草地上。王建《别李赞侍御》：“草头送酒驱村乐，贼里看花著探兵。”刘禹锡《忆春草》：“府门闭后满街月，几处游人草头歇。”白居易《八月三日夜作》：“草头珠颗冷，楼角玉钩生。”❷发乱发草之头。归处讷《咏虺汉》：“草头灰面恶形仪，尽是军容表里儿。”

【草頭露】 草叶上之露水。喻不久长之物。杜甫《送孔巢父谢病归游江东兼呈李白》：“惜君只欲苦死留，富贵何如草头露。”

【草館】 茅草盖成之馆舍。元稹《酬友封话旧叙怀十二韵》：“草馆同床宿，沙头待月归。”

【草螢】 草中之萤火虫。白居易《放言五首》之一：“草萤有耀终非火，荷露虽团岂是珠。”

【草澤】 草莽水泽。代指贤士隐居之处或民间。寒山《诗三百三首》之二九：“有才遗草泽，无艺闭蓬门。”高适《封丘作》：“乍可狂歌草泽中，宁堪作吏风尘下。”沈千运《濮中言怀》：“圣朝优贤良，草泽无遗匿。”左偃《寄韩侍郎》：“今日况闻搜草泽，独悲憔悴卧升平。”

【草隸】 即隶草。亦称章草，隶书之草体。李颀《赠张旭》：“皓首穷草隶，时称太湖精。”程长久《狱中书情上使君》：“当年二八盛容仪，红笺草隶恰如飞。”

【草檄】 草拟檄文。岑参《走马川行奉送出师西征》：“马毛带雪汗气蒸，五花连钱旋作冰，幕中草檄砚水凝。”羊士谔《西川独孤侍御见寄七言逮此酬答》：“草檄清油推健笔，曳裾黄阁耸危冠。”司空图《与都统参谋书有感》：“带病深山犹草檄，昭陵应识老臣心。”吴融《绵竹山四十韵》：“往往草檄余，吟哦思幽独。”

【草縷】 草之茎叶。白居易《天津桥》：“柳丝袅袅风缫出，草缕茸茸雨剪齐。”

【草屨】 草鞋。白居易《行香归》：“床前双草屦，檐下一纱灯。”又《池上幽境》：“石上一素琴，树下双草屦。”

【草藥】 中草药。中医所用以草木之茎叶或根等制成之药物。吕岩《寄白龙洞刘道人》：“竞向山中寻草药，伏铅制汞点丹阳。”

【草蟲】 本指草螽。即俗云“纺织娘”。后多泛指草木间之昆虫。祖咏《过郑曲》：“岸势迷行客，秋声乱草虫。”孟浩然《游精思观回王白云在后》：“樵子暗相失，草虫寒不闻。”刘禹锡《早秋雨后寄乐天》：“梧叶先风落，草虫迎湿吟。”李玖《喷玉泉冥会诗八首·四丈夫同赋》之一：“文章高韵传流水，丝管遗音托草虫。”

【草簡】 草拟弹劾之奏章。简，指御史等谏官上朝所持之手板。李贺《秋凉诗寄正字十二兄》：“青袍度白马，草简奏东阙。”

【草屩】 草鞋。王维《赠吴官》：“不如侬家任挑达，草屩捞虾富春渚。”李端《荆门歌送兄赴夔州》：“沙尾长樯发渐稀，竹竿草屩涉流归。”皮日休《太湖诗·晓次神景宫》：“浓露湿莎裳，浅泉渐草屩。”

【草顛】 唐张旭善狂草，时称张颠。后遂以草颠指草书颠狂。李咸用《谢友生遗端溪砚瓦》：“草颠终近旭，懒癖必无嵇。”

【草擾】 混乱，困扰。郑嵎《津阳门诗》：“县官无人具军顿，行宫彻屋屠云螭。”

【草殯】 草率地临时置尸柩中以待正式迁葬。韩愈《去岁自刑部侍郎以罪贬潮州刺史小女道死殡之层峰旁山下》：“数条藤束木皮棺，草殡荒山白骨寒。”

【草廬】 茅庐；草舍。牟融《题朱庆余闲居四首》之三：“闲客幽栖处，潇然一草庐。”李山甫《代孔明哭先主》：“忆昔南阳顾草庐，便乘雷电捧乘舆。”胡曾《咏史诗·南阳》：“蜀王不自垂三顾，争得先生出草庐？”

【草議】 草拟之奏议。张九龄《故徐州刺史赠吏部侍郎苏公挽歌词三首》之二：“清规留草议，故事在封章。”

【草竊】 草野窃盗。杜甫《提封》：“时征俊乂入，草窃犬羊侵。”

【草露】 ❶草上之露。宋之问《王子乔》：“空望山头草，草露湿人衣。”王维《酬诸公见过》：“晨往东皋，草露未晞。”张修之《长门怨》：“玉阶草露积，金屋网尘生。”❷喻短暂易消失之事物。李绅《过钟陵》：“惆怅旧游同草露，却思恩顾一沾膺。”亦喻指恩泽。李绅《滁阳春日怀果园闲宴》：“闻道数年深草露，几株犹得近池台。”

茵

〔yīn《广韵》於真切，平真，影。〕❶车上之坐垫。羊士谔《腊夜对酒》：“传觞称厚德，不问吐车茵。”元稹《送复梦赴韦令幕》：“西曹旧事多持法，慎莫吐他丞相茵。”❷褥席。李愿《观翟玉妓》：“女郎闺阁春，抱瑟坐花茵。”李贺《苏小小墓》：“草如茵，松如盖。风为裳，水为珮。”殷尧藩《宫词》：“天远难通青鸟信，风寒欲动锦花茵。”项斯《春夜樊川竹亭陪诸同年宴》：“灯光遥映烛，萼粉暗飘茵。”❸指成片之绿草。温庭筠《阳春曲》：“曲阑伏槛金麒麟，沙苑芳郊连翠茵。”段成式《和徐商贺卢员外赐绯》：“莫辞倒载吟归去，看欲东山又吐茵。”

【茵席】 褥席。褥垫或席子。崔湜《九龙潭作》：“清濑飞丝篁，茂草代茵席。”白居易《新秋晓兴》：“枕低茵席软，卧稳身入床。”徐铉《忆新淦觞池寄孟宾于员外》：“润滋苔藓欺茵席，声入杉松当管弦。”

【茵蔯】 药草名，多年生草本。蒿类，羽状叶，圆锥花序。有香气。可用以治感冒。杜甫《陪郑广文游何将军山林十首》之七：“棘树寒云色，茵蔯春藕香。”

【茵褥】 祷垫。白居易《和微之诗二十三首·和望晓》：“草铺地茵褥，云卷天帏幔。”

茱

〔zhū《广韵》市朱切，平虞，禅。〕茱萸之省称。阎朝隐《奉和九日幸临渭亭登高应制》：“愿因茱菊酒，相守百千年。”郑絪《九日登高怀邵二》：“簪茱泛菊俯平阡，饮过三杯却惘然。”参见“茱萸”。

【茱萸】 植物名。落叶乔木。干高数丈，叶似椿而阔，花三月开，夏秋间结实如椒子，色赤红，有浓烈香气。可入药。旧俗于重阳节人皆佩之，谓可避邪。张谔《九日》：“城远登高并九日，茱萸凡作几年新。”杜甫《九日蓝田崔氏庄》：“明年此会知谁健，醉把茱萸子细看。”司空曙《九日送人》：“送人冠獬豸，值节佩茱萸。”刘兼《重阳感怀》：“归计未成年渐老，茱萸羞戴雪霜头。”

【茱萸女】 重阳节采摘或佩带茱萸之女子。张谔《九日宴》：“归来得问茱萸女，今日登高醉几人。”万楚有《茱萸女》。

【茱萸沜】 地名。王维所居辋川谷胜景之一。在今陕西蓝田县。沜，犹泮。水边。王维有《辋川集·茱萸沜》。

【茱萸杯】 饰有茱萸图纹之酒杯。王维《辋川集·茱萸沜》：“山中傥留客，置此茱萸杯。”亦指农历九月九日重阳节饮酒之杯。白居易《九日登巴台》：“闲听《竹枝曲》，浅酌茱萸杯。”

【茱萸帶】 用茱萸锦做成之丝带。宋之问《江南曲》：“懒结茱萸带，愁安玳瑁簪。”李颀《行路难》：“火浣单衣绣方领，茱萸锦带玉盘囊。”

【茱萸房】 即茱萸花。房，花房。白居易《九日宴集醉题郡楼兼呈周殷二判官》：“觥醆艳翻菡萏叶，舞鬟摆落茱萸房。”

【茱萸酒】 用茱萸浸泡之酒。传饮之可延年益寿。寒山《诗三百三首》之七七：“暖腹茱萸酒，空心枸杞羹。”

【茱萸節】 即重阳节。因旧俗是日皆佩茱萸，故名。张说《湘州九日城北亭子》：“西楚茱萸节，南淮戏马台。”

【茱萸湾】 地名，在今江苏扬州市。刘长卿有《茱萸湾北答崔载华问》。又《送子婿崔真甫李穆往扬州四首》之二：“落花逐流水，共到茱萸湾。”张谓《湖上对酒行》："茱萸湾头归路赊，愿君且宿黄公家。"

【茱萸锦】 古锦之一种，有大茱萸、小茱萸多种，皆由锦上茱萸花纹而得名。李颀《行路难》："火浣单衣绣方领，茱萸锦带玉盘囊。"

【茱萸囊】 内装茱萸之囊袋。旧谓重阳佩之可避邪。郭震《子夜四时歌六首·秋歌》："辟恶茱萸囊，延年菊花酒。"

莛 〔tíng《广韵》特定切，平青，定。又徒鼎切，上迥，定。〕草茎。见"莛楹"。

【莛楹】 草径与楹柱。喻大小相反或悬殊之事物。语本《庄子·齐物论》。刘禹锡《送鸿举游江西》序："然而视予之文，昔与今有莛楹之别；视予之书，昔与今有钧石之悬。"

茯 〔fú《广韵》房六切，入屋，奉。〕见"茯苓"。

【茯苓】 一种菌类植物。寄生于松树根上。球状似薯，深褐色，内瓤白或粉红色。可入药。杜甫《严氏溪放歌行》："知子松根长茯苓，迟暮有意来同煮。"戴叔伦《赠鹤林上人》："日日涧边寻茯苓，岩扉常掩凤山青。"李绅《新楼诗二十首·琪树》："徒使茯苓成琥珀，不为松老化龙鳞。"贯休《山居诗二十四首》之十二："拨霞扫雪和云母，掘石移松得茯苓。"

【茯苓神】 亦作"茯神""茯苓精"。旧为茯苓之内抱松根者为茯苓之神，故云。曹松《题僧松禅》："传是昔朝僧种著，下头应有茯苓神。"贯休《送轩辕先生归罗浮山》："龙马便携筇竹杖，山童常使茯苓精。"

【茯苓精】 见"茯苓神"。

【茯神】 "茯苓神"之省称。韦应物《咏琥珀》："曾为老茯神，本是寒松液。"贾岛《赠丘先生》："常言吃药全胜饭，华岳松边采茯神。"李颀《题阳山顾炼师草堂》："前峰自去种松子，坐见年来取茯神。"

【茯菟】 茯苓之别名。吴融《病中宜茯苓寄李谏议》："千年茯菟带龙鳞，太华峰头得最珍。"

荏 〔rěn《广韵》如甚切，上寝，日。〕❶植物名。即白苏，一名桂荏。一年生草本植物。气芳香。方茎，叶下紫色。可入药。杜甫《园官送菜》："又如马齿盛，气拥葵荏昏。"❷柔弱貌。见"荏弱"。❸见"荏苒"。

【荏苒】 ❶谓时光推移；岁月流逝。杜甫《秋行官张望督促东渚耗稻》："荏苒百工休，郁纡迟暮伤。"耿沣、辛晃《寄司空曙李端联句》："年华空荏苒，名宦转蹉跎。"许棠《成纪书事二首》之二："蹉跎远入犬羊中，荏苒将成白首翁。"亦指浸渐。谓不知不觉随时光而渐致。韦应物《寄职方刘郎中》："别离寒暑过，荏苒春草生。"权德舆《送别沅泛》："宠荣忽逾量，荏苒不自知。"刘言史《初下东周赠孟郊》："偶随下山云，荏苒失故程。"❷牵延，蹉跎。韦应物《寄刘尊师》："世间荏苒萦此身，长望碧山到无因。"许棠《江上行》："东原归未得，荏苒滞江关。"张乔《秦原春望》："荏苒文明代，难归钓艇身。"❸犹辗转。杜甫《宿府》："风尘荏苒音书绝，关塞萧条行路难。"亦指思绪绵延不绝。皎然《春夜期裴都曹济集心上人院不至》："逍遥方外侣，荏苒府中情。"❹柔弱貌。刘沧《题吴宫苑》："经过此地千年恨，荏苒东风露色清。"温庭筠《寒食前有怀》："残芳荏苒双飞蝶，晓睡朦胧百啭莺。"

【荏弱】 犹柔弱。王甚夷《风不鸣条》："荏弱看渐动，怡和吹不鸣。"温庭筠《春日寄岳州从事李员外二首》之一："荏弱楼前柳，轻空花外窗。"

荇 〔xìng《广韵》何梗切，上梗，匣。〕水草名。俗称荇菜或金丝荷叶。多年生草本。叶圆形对生，浮于水面。花黄色，夏季开。茎在水下。其茎叶可食。李适《帝幸兴庆池戏竞渡应制》："急桨争标排荇度，轻帆截浦触荷来。"杜甫《曲江对雨》："林花著雨燕脂落，水荇牵风翠带长。"雍陶《寒食夜池上对月怀友》："跳鱼翻荇叶，惊鹊出花枝。"许浑《朱坡故少保杜公池亭》："楸梧叶暗潇潇雨，菱荇花香淡淡风。"

【荇草】 即荇菜。水草名。花蕊夫人徐氏《宫词》之九十："锦鳞跃水出浮萍，荇草牵风翠带横。"

【荇絲】 指荇菜之茎。因其细长如丝，故称。景云《豁叟》："露香菰米熟，烟暖荇丝肥。"

【荇藻】 荇草与水藻。均水生植物。罗隐《姑苏城南湖陪曹使君游》："倚风荇藻先开路，迎旆凫鹥尽著行。"

【荇蘋】 荇草与浮萍。均水生植物。万俟造《龙池春草》："苒苒分阶砌，离离杂荇蘋。"

荃 〔quán《广韵》此缘切，平仙，清。〕香草名，即菖蒲。元稹《高荷》："不学著水荃，一生长怗怗。"诗文中常以喻君主或贤人。徐贤妃《拟小山篇》："将千龄兮此遇，荃何为兮独往。"卢照邻《中和乐九章·总歌第九》："餐白玉兮饮琼芳，心思荃兮路阻长。"亦以喻美妙之诗文。韩愈《送灵师》："逐客三四公，盈怀赠兰荃。"

【荃蕙】 亦作"荃蘭"。菖蒲与兰蕙。常以喻指贤人。钱起《过曹钧隐居》："荃蕙有奇性，馨香道为人。"又《送任先生任唐山丞》："鸿鹄志应在，荃兰香未衰。"

【荃蘼】 菖蒲与蘼芜。蘼，同"蘼"。徐铉《九日雨中》："荃蘼路远愁霜早，兄弟乡遥羡雁飞。"

【荃蘭】 见"荃蕙"。

茶〔chá《广韵》宅加切，平麻，澄。〕❶茶树。山茶科灌木。秋季开白花。叶椭圆状披针形，边缘有锯齿。可焙制成饮料。多生于我国南部。岑参《郡斋平望江山》："庭树纯栽橘，园畦半种茶。"张文规《吴兴三绝》："清风楼下草初出，明月峡中茶始生。"张籍《山中赠日南僧》："甃石新开井，穿林自种茶。"❷饮料名。茶叶。用茶树之叶加工而成。姚合《寻僧不遇》："花落煎茶水，松生醒酒风。"李洞《宿长安苏雍主簿厅》："井锁煎茶水，厅关捣药尘。"卞震《即事》："茶香解睡磨铛煮，山色牵怀著屐登。"❸用茶叶煎沏出茶水。张谓《道林寺送莫侍御》："饮茶胜饮酒，聊以送将归。"刘禹锡《酬乐天闲卧见寄》："诗情茶助爽，药力酒能宣。"白居易《自题新昌居止因招杨郎中小饮》："春风小榼三升酒，寒食深炉一碗茶。"

【茶人】　采茶之人。皮日休有《茶中杂咏·茶人》。陆龟蒙有《奉和袭美茶具十咏·茶人》。

【茶山】　❶山名。即顾渚山。在今浙江长兴县西北。白居易《夜泛阳坞入明月湾即事寄崔湖州》："为报茶山崔太守，与君各是一家游。"自注："尝羡吴兴每春茶山之游，洎入太湖，羡意减矣。"杜牧有《题茶山》。李郢有《自水口入茶山》。❷泛指生长茶树之山。郑谷《峡中寓止二首》之二："夜船归草市，春步上茶山。"

【茶子】　茶树结出之籽实。皎然《顾渚行寄裴方舟》："鶗鴂鸣时芳草死，山家渐欲收茶子。"

【茶井】　茶仙陆羽所居西塔寺之井名。在唐郢州(治在今湖北钟祥市)。传裴迪作《西塔寺陆羽茶泉》："草堂荒产蛤，茶井冷生鱼。"

【茶火】　焙茶之火。李郢《题惠山》："黄昏飞尽白蝙蝠，茶火数星山寂然。"

【茶仙】　对精于茶道之美称。多以指《茶经》作者陆羽。耿沣《连句多暇赠陆三山人》："一生为墨客，几世作茶仙。"杜牧《春日茶山病不饮酒因呈宾客》："谁知病太守，犹得作茶仙。"

【茶臼】　制茶工具。用以捣茶成末以作茶饼。王维《酬黎居士淅川作》："松龛藏药裹，石唇安茶臼。"柳宗元《夏昼偶作》："日午独觉无余声，山童隔竹敲茶臼。"

【茶花】　山茶花。色有红白等多种，可供观赏。卢肇有《新植红茶花偶出被人移去以诗索之》。

【茶英】　茶树之新生叶芽。李德裕《忆平泉杂咏·忆茗芽》："谷中春日暖，渐忆掇茶英。"

【茶事】　指采茶、制茶、煎茶诸事。皎然《顾渚行寄裴方舟》："我有云泉邻渚山，山中茶事颇相关。"袁高《茶山诗》："我来顾渚源，得与茶事亲。"皮日休《茶中杂咏·茶灶》："南山茶事动，灶起岩根傍。"

【茶具】　泛指制茶与饮茶之用具。皮日休《褚家林亭》："萧疏桂影移茶具，狼藉蘋花上钓筒。"陆龟蒙《奉和袭美茶具十咏》。吕从庆《山中作》："左安药炉右茶具，失记朝来与朝去。"

【茶果】　茶水与时果。蔡希寂《登福先寺上方然公禅室》："晚来恣偃俯，茶果仍留欢。"韦应物《简寂观西涧瀑布下作》："茶果邀真侣，觞酌洽同心。"白居易《麹生访宿》："村家何所有，茶果迎来客。"

【茶牀】　犹茶几。饮茶时之坐具。张籍《和陆司业习静寄所知》："山开登竹阁，僧到出茶床。"朱庆余《题任处士幽居》："湖云侵卧位，杉露滴茶床。"

【茶品】　品评茶叶优劣等第之作品。陆龟蒙《和袭美冬晓章上人院》："闲临静案修茶品，独傍深溪记药科。"

【茶茗】　旧谓早采者为茶，晚采者为茗。指茶叶或茶水。杜甫《寄赞上人》："柴荆具茶茗，径路通林丘。"

【茶荈】　茶茗。荈，晚采之老茶叶。皮日休《茶中杂咏·茶人》："语气为茶荈，衣香是烟雾。"陆龟蒙《袭美留振文宴猥示倡和因次韵酬谢》："绮席风开照露晴，只将茶荈代云觥。"

【茶陵】　唐县名。属江南道衡州。即今湖南茶陵县。伊用昌《题茶陵县门》："茶陵一道好长街，两畔栽柳不栽槐。"

【茶葉】　茶树之叶。焙制后，供沏水饮用。李贺《始为奉礼忆昌谷山居》："土甑封茶叶，山杯锁竹根。"

【茶椀】　盛茶之碗或杯。椀，同"碗"。王维《酬严少尹徐舍人见过不遇》："君但倾茶椀，无妨骑马归。"白居易《病假中庞少尹携鱼酒相过》："闲停茶椀从容语，醉把花枝取次吟。"灵一《妙乐观》："忽见一人檠茶椀，蓼花昨夜风吹满。"

【茶筍】　指新茶之嫩芽尖。皮日休有《茶中杂咏·茶笋》。陆龟蒙有《奉和袭美茶具十咏·茶笋》。

【茶集】　指朋友间饮茶小聚。王昌龄有《洛阳尉刘晏与府掾诸公茶集天宫寺岸道上人房》。

【茶道】　饮茶之道，指善于品茶而从中领会出神妙功效。皎然《饮茶歌诮崔石使君》："孰知茶道全尔真，唯有丹丘得如此。"

【茶焙】　茶具名。用以焙干茶叶以拍制茶饼。皮日休有《茶中杂咏·茶焙》。陆龟蒙有有《奉和袭美茶具十咏·茶焙》。

【茶粥】　用茶叶提烧煮而成之浓茶。储光羲《吃茗粥作》："淹留膳茶粥，共我饭蕨薇。"

【茶會】　同"茶集"。刘长卿有《惠福寺与陈留诸官茶会》。

【茶煙】　焙茶或煮茶时所冒之烟。郑巢《送琇上人》："茶烟开瓦雪，鹤迹上潭冰。"杜牧《题禅院》："今日鬓丝禅榻畔，茶烟轻飏落花风。"皮日休《过云居院玄福上人旧居》："龛上已生新石耳，壁间空带旧茶烟。"林嵩《赠天台王处士》："茶烟岩外云初起，新月潭心钓未收。"

【茶經】 书名。唐陆羽作。共三卷。内容系记述茶之采制煎饮诸法。皎然《饮茶歌送郑容》："云山童子调金铛，楚人茶经虚得名。"李中《赠谦明上人》："新试茶经煎有兴，旧婴诗病舍终难。"

【茶塢】 犹茶园。植有茶林之低地。皮日休有《茶中杂咏·茶坞》。

【茶槍】 新茶之芽尖。芽尖仅两片嫩叶者，称为"一旗一枪"，其中未展开之叶称"旗"，已展开之叶称"枪"。陆龟蒙《奉酬袭美先辈吴中苦雨一百韵》："酒帜风外颊，茶枪露中撷。"

【茶蕊】 指新茶之尖芽。因其细嫩似花蕊，故称。李建勋《宿友人山居寄司徒相公》："隔纸烘茶蕊，移铛剥芋衣。"

【茶甌】 茶杯；茶碗。李华《云母泉诗》："泽药滋畦茂，气染茶瓯馨。"王建《酬柏侍御闻与韦处士同游灵台寺见寄》："各自具所须，竹笼盛茶瓯。"崔涯《竹》："谁怜翠色兼寒影，静落茶瓯与酒杯。"李建勋《病中书怀寄王二十六》："窗阴连竹枕，药气染茶瓯。"

【茶旗】 指茶叶芽尖上已舒展之嫩叶。皮日休《奉和鲁望秋日遣怀次韵》："茶旗经雨展，石笋带云尖。"参见"茶槍"。

【茶樽】 饮茶器。茶杯之类。皎然《湖南草堂读书招李少府》："药院常无客，茶樽独对余。"

【茶鼎】 煎茶之铁鼎。张祜《苦雨二十韵》："浅浅斟茶鼎，环环荡酒罍。"皮日休有《茶中杂咏·茶鼎》。杜荀鹤《春日山中对雪有作》："牢系鹿儿防猎客，满添茶鼎候吟僧。"

【茶器】 饮茶之器，如茶壶、茶杯等。白居易《睡后茶兴忆杨同州》："此处置绳床，傍边洗茶器。"朱庆余《凤翔西池与贾岛纳凉》："拂石安茶器，移床选树阴。"陆龟蒙《和访寂上人不遇》："蒲团为拂浮埃散，茶器空怀碧饽香。"

【茶興】 品茶、饮茶之兴致。韩翃《同中书刘舍人题青龙上房》："更怜茶兴在，好出下方迟。"薛能《留题》："茶兴复诗心，一瓯还一吟。"又《新雪八韵》："茶兴留诗客，瓜情想戍人。"

【茶竈】 焙茶之炉灶。韩翃《送南少府归寿春》："淮风生竹簟，楚雨移茶灶。"张籍《赠姚合少府》："为客烧茶灶，教儿扫竹亭。"白居易《新亭病后独坐招李侍郎公垂》："趁暖泥茶灶，防寒夹竹篱。"许浑《送张尊师归洞庭》："杉松近晚移茶灶，岩谷初寒盖药畦。"

【茶鐺】 茶器名。供温茶用。似锅而下有三足。姚合《送狄兼謩下第归故山》："爱花高酒户，煮药污茶铛。"吴融《和睦州卢中丞题茅堂十韵》："烟冷茶铛静，波香兰舸飞。"李洞《赠曹郎中崇贤所居》："药杵声中捣残梦，茶铛影里煮孤灯。"

【茶譜】 介绍茶树门类、性质之书。李中《献中书潘舍人》："茶谱传溪叟，棋经受羽人。"

【茶籯】 茶篓。以竹篾编成，采茶时随身携之以盛采下之茶叶，陆龟蒙有《奉和袭美茶具十咏·茶籯》。

荀 〔xún《广韵》相倫切，平諄，心。〕香草名，亦用为姓。李白《南陵五松山别荀七》："六即颍水荀，何惭许郡宾。"参见"荀氏八龍""荀令香"。

【荀氏】 指东汉时荀彧家。皇甫冉《送李万州赴饶州觐省》："荀氏风流远，胡家清白齐。"李端《送路司谏侍从叔赴洪州》："勋业耿家盛，风流荀氏均。"

【荀氏八龍】 东汉荀淑有子八人。均才俊之士，其中荀彧官至尚书令，荀爽为司空。时人号曰"八龙"。后因以代指才干、成就杰出的兄弟。包何《相里使君第七男生日》："荀氏八龙唯欠一，桓山四凤已过三。"

【荀令香】 东汉尚书令荀彧衣有香气，传其"至人家，坐处三日香"。后因以为咏衣香或咏宰相之典。白居易《奉和裴令公新成牛桥庄绿野堂即事》："花妒谢家妓，兰偷荀令香。"

【荀奉倩】 三国魏人荀粲，字奉倩。与其妻感情至深，妻死后年余亦死。见《三国志·魏志·荀彧传》裴松之注引《晋阳秋》。后遂用为伉俪情深或沉湎女色之典。李贺《后园凿井歌》："情若何，荀奉倩。"罗虬《比红儿诗》之十五："因事爱思荀奉倩，一生闲坐枉伤神。"

【荀星】 东汉陈寔和荀淑两家父子均为当时有名的贤士，传说一次两家父子相会，太史令观天象，发现"德星聚会"，报告了皇上。于是陈、荀二家父子被称为"荀陈德星。"见《世说新语·德行》刘孝标注引南朝宋檀道鸾《续晋阳秋》。后遂以"荀星"称贤德之士。方干《题故人废宅二首》之二："旧径已知无孟竹，前溪应不浸荀星。"

【荀香】 同"荀令香"。孙逖《奉和李右相中书壁画山水》："气染荀香馥，光含乐镜清。"武元衡、卢放《中秋夜听歌联句》："暗染荀香久，长随楚梦偏。"

【荀秘監】 指西晋荀勖。勖曾领秘书监，故称。罗隐《寄渭北徐从事》："官秩旧参荀秘监，樽罍今伴霍嫖姚。"

【荀家】 ❶指晋荀勖家。勖，精通音律，掌乐事。

吴融《闻歌》:“贯珠一夜奏累累,尽是荀家旧教词。”❷指后汉荀淑家。赵嘏《寄梁佾兄弟》:“荀家兄弟来还去,独倚栏干花露中。”罗隐《广陵秋日酬进士臧溃见寄》:“空愧荀家好兄弟,雁来鱼去是因缘。”黄滔《投翰长赵侍郎》:“贾氏许频趋季虎,荀家因敢谒头龙。”参见“荀陳”。

【荀爽】 东汉人。荀淑之子,潜心经籍,在兄弟八人中最具才名。故借以称美才士。张九龄《故徐州刺史赠吏部侍郎苏公挽歌词三首》之一:“韦玄方继相,荀爽复齐名。”

【荀勖】 西晋人。字公曾,颍阴(治所在今河南许昌市)人。武帝时领秘书监,曾撰次汲郡冢中竹书。见《晋书》本传。卢纶《和常舍人晚秋集贤院即事十二韵寄赠江南徐薛二侍郎》:“汲书荀勖定,汉史蔡邕专。”

【荀御】 为对他人车乘之美称,意谓其人如李膺之有清望而受仰慕。见《后汉书·党锢传·李膺》。骆宾王《春晚从李长史游开道林故山》:“兴阑荀御动,归路起浮埃。”

【荀陳】 东汉人荀淑、陈寔皆有高名。荀淑有八子皆出色,陈寔六子中三人最贤。见《后汉书·荀淑传》。后遂以指有德望的家族或品识俱佳的兄弟。宋之问《送许州宋司马赴任》:“颍郡水东流,荀陈兄弟游。”李商隐《五言述德抒情诗一首献上杜七兄仆射相公》:“耿贾官勋大,荀陈地望清。”

【荀羡】 东晋人。青年居将位,屡建战功,辞不受封。见《晋书·荀崧传》附《荀羡传》。后借称美武将。温庭筠《赠李将军》:“谁言荀羡爱功勋,年少登坛众所闻。”

【荀粲】 三国魏人。妻有美色,妻死痛悼不已,岁余亦亡。李瀚《蒙求》:“王述忿狷,荀粲惑溺。”参见“荀奉倩”。

【荀龍】 借指有出息的子弟。李商隐《病中闻河东公乐营置酒口占寄上》:“嵇鹤元无对,荀龙不在夸。”参见“荀陳”。

荈 〔chuǎn《广韵》昌兖切,上獮,昌。〕茗。晚采之茶。亦泛指茶。皮日休《茶中杂咏·茶坞》:“种荈已成园,栽葭宁记亩。”又《茶中杂咏·茶人》:“语气为茶荈,衣香是烟雾。”陆龟蒙《袭美留振文宴猥示倡和因次韵酬谢》:“绮席风开照露晴,只将茶荈代云觥。”

茗 〔míng《广韵》莫迥切,上迥,明。〕❶茶树或茶树上之叶。李白《答族侄僧中孚赠玉泉仙人掌茶》:“茗生此中石,玉泉流不歇。”皇甫曾《送陆鸿渐山人采茶回》:“千峰待逋客,香茗复丛生。”元稹《贬江陵途中寄乐天杓直》:“紫芽嫩茗和枝采,朱橘香苞数瓣分。”吕从庆《溪西村》:“红边花落瓣,绿际茗舒芽。”亦指加工出之茶叶。姚合《寄张徯》:“山僧封茗寄,野客乞诗归。”❷茶水。用茶叶煎煮或沏泡出之饮料。杜甫《重过何氏五首》之三:“落日平台上,春风啜茗时。”严维《奉和独孤中丞游云门寺》:“异迹焚香对,新诗酌茗论。”裴度《凉风亭睡觉》:“饱食缓行新睡觉,一瓯新茗侍儿煎。”方干《山中言事》:“日与村家事渐同,烧松啜茗学邻翁。”

【茗芽】 茶树之新芽嫩叶。白居易《春游二林寺》:“阳丛抽茗芽,阴窦泄泉脉。”马戴《送宗密上人》:“腊高松叶换,雪尽茗芽新。”方干《题悬溜岩隐者居》:“惯缘险峭收松粉,常趁芳鲜掇茗芽。”郑良士《寄富洋院禅者》:“雪上茗芽因客煮,海南沈屑为斋烧。”

【茗花】 煎煮之茶水表层上的水花与浮沫。亦代指茶水。权德舆《奉和许阁老霁后慈恩寺杏园看花口号》:“独限金闺籍,支颐啜茗花。”又《与沈十九拾遗同游栖霞寺会宿二首》之一:“清论松枝低,闲吟茗花熟。”李洞《和曹监春晴见寄》:“兰台架列排书目,顾渚香浮瀹茗花。”

【茗草】 指矮小之茶树。李白《答族侄僧中孚赠玉泉仙人掌茶》序:“其水边处处有茗草罗生,枝叶如碧玉。唯玉泉真公常采而饮之。”

【茗酌】 犹言斟茶。李白《陪族叔当涂宰游化城寺升公清风亭》:“茗酌待幽客,珍盘荐凋梅。”

【茗盌】 见“茗碗”。

【茗宴】 聚会饮茶。鲍君徽《东亭茶宴》:“闲朝向晓出帘栊,茗宴东亭四望通。”

【茗圃】 茶园。孟郊《越中山水》:“菱湖有余翠,茗圃无荒畴。”

【茗眼】 煮茶时嫩叶在水面形成之漩涡。亦以代指茶之嫩叶、茶芽。章孝标《思越州山水寄朱庆余》:“藕折莲芽脆,茶挑茗眼鲜。”

【茗椀】 见“茗碗”。

【茗饮】 茶水。包佶《抱疾谢李吏部赠诃黎勒叶》:“茗饮暂调气,梧丸喜伐邪。”杜甫《进艇》:“茗饮蔗浆携所有,瓷罂无谢玉为缸。”

【茗焙】 即茶焙。焙干茶叶之具。陆龟蒙《奉和袭美夏景冲澹偶作次韵二首》之二:“闲开茗焙尝须遍,醉拨书帷卧始休。”

【茗粥】 即茶粥。以茶叶煮成之浓茶。储光羲有《吃茗粥作》。

【茗碗】 亦作“茗椀”“茗盌”。即茶碗。孟郊《宿空侄院寄澹公》:“雪檐晴滴滴,茗椀华举举。”韩愈、孟郊《会合联句》:“雪弦寂寂听,茗盌纤纤捧。”令狐楚《奉和严司空重阳日同诸公登龙山落帽台》:“荚房暗绽红珠朵,茗碗寒供白露芽。”

【茗園】 茶园。成片栽种茶树之园。刘禹锡《寄杨八寿州》:“桂岭雨余多鹤迹,茗园晴望似龙鳞。”胡宿《冲虚观》:“桐井晓寒千乳敛,茗园春嫩一旗开。”清昼、崔子向《与崔子向泛舟宿天居寺忆李侍御联一十六韵以寄之》:“茗园可交袂,藤涧好停锡。”

【茗甌】 茶盅之类饮茶具,其状圆而轻薄。姚合《杏溪十首·杏水》:“我来持茗瓯,日屡此来尝。”

【茗樹】 茶树。章孝标《送张使君赴饶州》:“日暖提筐依茗树,天阴把酒入银坑。”

【茗糜】 即茶粥。王维《赠吴官》:“长安客舍热如煮,无个茗糜难御暑。”参见“茗粥”。

【茗爐】 茶灶,茶炉。唐代加工茶叶常先煮再焙。茶灶无烟突,即供煮茶叶用者。皮日休《夏景冲澹偶然作二首》之一:“茗炉尽日烧松子,书案经时剥瓦花。”

茭 〔jiāo《广韵》古肴切,平肴,見。〕水生植物名。即茭白,亦称茭草、菰笋,茎肥白可食。卢仝《观放鱼歌》:“讼庭雀噪坐不得,湖上拔茭植芙蕖。”温庭筠《罩鱼歌》:“风飕飕,雨离离,菱尖茭刺鸂鶒飞。”皮日休《习池晨起》:“茭叶深深埋钓艇,鱼儿漾漾逐流杯。”

【茭葑】 即菰葑。茭草之根。元稹《酬乐天早春闲游西湖》:“柳条黄大带,茭葑绿文茵。”

【茭葦】 茭草与芦苇。温庭筠《酬友人》:“坐久茭荷发,钓阑茭苇深。”

茨 〔cí《广韵》疾資切,平脂,從。〕❶用茅草或芦苇等盖屋。柳宗元《同刘二十八院长述旧言怀之作赠二君子》:“渔舍茨荒草,村桥卧古槎。”陆龟蒙《彼农二章》之一:“彼农家流,犹存厥初。藁焉而席,茨焉而居。”❷蒺藜。亦指杂草。白居易《夏旱》:“但见棘与茨,罗生遍场圃。”

【茨山】 具茨山之省称。在今河南禹州市北。卢照邻《释疾文三歌》之三:“茨山有薇兮颍水有漪,夷为柏兮秋有实。”

【茨室】 犹茅屋。赵彦昭《奉和幸长安故城未央宫应制》:“茨室留皇鉴,熏歌盛有虞。”

【茨菰】 即慈姑。一种多年生水生植物名。其块茎可食。张潮《江南行》:“茨菰叶烂别西湾,莲子花开犹未还。”

荒[1] 〔huāng《广韵》呼光切,平唐,曉。又呼浪切,去宕,曉。〕❶荒芜。形容田地宅径等无人修整而杂草丛生。张九龄《奉和圣制过王濬墓》:“万乘度荒陇,一顾凛生风。”王维《晚春严少尹与诸公见过》:“松菊荒三径,图书共五车。”周贺《酬吴之问见赠》:“荡桨期南去,荒园久废锄。”刘沧《怀汶阳兄弟》:“书信经年乡国远,弟兄无力海田荒。”❷荒地。聂夷中《田家二首》之一:“父耕原上田,子斸山下荒。”❸荒服。边远之境。亦泛指僻远之地。崔融《西征军行遇风》:“兵气腾北荒,军声振西极。”岑参《与独孤渐道别长句兼呈严八侍御》:“穷荒绝漠鸟不飞,万碛千山梦犹懒。”杨巨源《送许侍御充云南哀册使判官》:“荒外开亭候,云南降旆旌。”韩愈《郓州谿堂诗》:“帝奠九廛,有叶有年。有荒不条,河岱之间。”❹荒凉。刘长卿《湘中纪行十首·湘妃庙》:“荒祠古木暗,寂寂此江渍。”顾况《上古之什补亡训传十三章·采蜡》:“荒岩之人,自取其毒兮。”许浑《经李给事旧居》:“枫叶暗时迷旧宅,芳花落处认荒坟。”贯休《行路难》之三:“云飞雨散今如此,绣闼雕甍作荒谷。”❺荒废;废弛。白居易《杂兴三首》之二:“越国政初荒,越天旱不已。”陆龟蒙《顾道士亡弟子奉束帛乞铭于袭美因赋戏赠》:“唯我有文无卖处,笔锋销尽墨池荒。”周昙《咏史诗·春秋战国门·公叔》:“吴起南奔魏国荒,必听公叔失贤良。”亦指使荒废。陆龟蒙《庆封宅古井行》:“庆封嗜酒荒齐政,齐人剪族封奔迸。”❻放纵无度,耽于嗜欲。太宗《冬狩》:“禽荒非所乐,抚辔更招忧。”白居易《杂兴三首》之一:“色禽合为荒,刑政两已衰。”元稹《桐花》:“君若不罢猎,请听荒于禽。”《郊庙歌辞·梁太庙乐舞辞·撤豆》:“笾豆斯撤,礼容有章。克勤克俭,无怠无荒。”❼年成不好、庄稼歉收。刘长卿《送邵州判官往南》:“海沂军未息,河兖岁仍荒。”周昙《咏史诗·春秋战国门·韩昭侯》:“去年秦伐我宜阳,今岁天灾旱且荒。”詹琲《诏福建置惠民仓呈陈守御使》:“酌取古人救荒政,颁为今日惠民仓。”❽空;虚;妄。李益《秋晚溪中寄怀大理齐司直》:“荒宁桁杨肃,芳辉兰玉滋。”韩愈《送区弘南归》:“汹汹洞庭莽翠微,九疑镵天荒是非。”无名氏《五言白话诗》之四(外编下):“逢人若共语,荒说天下事。”❾衰颓;消歇。卢纶《郊居对雨寄赵涓给事包佶郎中》:“浊水淙深辙,荒兰拥败渠。”张籍《祭退之》:“及当临终晨,意色亦不荒。”徐铉《陶使君挽歌二首》之二:“铃阁朝犹闲,风亭日已荒。”亦指荒疏。李商隐《赠送前刘五经映三十四韵》:“夫子时之彦,先生迹未荒。”❿有,据有。李白《鞠歌行》:“一举钓六合,遂荒营丘东。”⓫荒谬,荒唐。参见“荒唐”。

荒[2] 〔huǎng《集韵》虎晃切,上蕩,曉。〕黯淡,不分明貌。参见“荒$_2$荒”。

【荒王】 指夏启之子夏康王。因其沉溺游畋,不恤民事,故称。元结《二风诗·乱风诗五篇·至荒》序:“古有荒王,忘戒慎道,以逸豫失国。”

【荒田】 荒废失耕之土地。姚合《古碑》:“荒田一片石,文字满青苔。”贾岛《寄贺兰朋吉》:“斜日扉多掩，荒田径细分。”李洞《毙驴》：“蹇驴秋毙瘗荒田，忍把敲吟旧竹鞭。”

【荒外】 八荒之外。指极边远之地。李颀《古从军行》：“年年战骨埋荒外，空见蒲桃入汉家。”玄宗《春晚宴两相及礼官丽正殿学士》：“介胄清荒外，衣冠佐域中。”独孤及《酬皇甫侍御望天灊山见示之作》：“法驾到谷口，礼容振荒外。”陆龟蒙《闻圆载上人归日本国》：“从此遗编东去后，却应荒外有诸生。”

【荒戍】 ❶边戍。❷荒废之戍边营垒。耿沣《酬张少尹秋日凤翔西郊见寄》：“废关人不到，荒戍日空曛。”李端《荆门歌送兄赴夔州》：“琵琶寺里响空廊，熨火陂前湿荒戍。”许浑《泊松江渡》：“鸡鸣荒戍晓，雁过古城秋。”

【荒夷】 对边远地区民族之旧称。韩愈《和虞部卢四酬翰林钱七赤藤杖歌》：“几重包裹自题署，不以珍怪夸荒夷。”

【荒年】 因灾荒而歉收之年。杜甫《送重表侄王砅评事使南海》：“长者来在门，荒年自糊口。”皇甫冉《送田济之扬州赴选》：“家贫不自给，求禄为荒年。”杜荀鹤《寄同人》：“四方无静处，百口度荒年。”

【荒色】 荒野之景色。钱珝《江行无题一百首》之三一：“岸草连荒色，村声乐稔年。”

【荒忙】 慌忙。荒，通“慌”。元稹《梦井》：“念此瓶欲沉，荒忙为求请。”无名氏《五言诗》之六：“狂棒百姓死，荒忙怕麦散。”

【荒阡】 犹荒田。荒废之田间阡陌。孙逖《丹阳行》：“荆榛古木闭荒阡，共道繁华不复全。”皎然《往丹阳寻陆处士不遇》：“寒花寂寂遍荒阡，柳色萧萧愁暮蝉。”司空曙《哭王注》：“古道松声暮，荒阡草色寒。”

【荒村】 荒凉僻远之村落。祖咏《田家即事》：“旧居东皋上，左右俯荒村。”刘长卿《碧涧别墅喜皇甫侍御相访》：“荒村带返照，落叶乱纷纷。”白居易《新乐府·古冢狐》：“徐徐行傍荒村路，日欲暮时人静处。”储嗣宗《经故人旧居》：“宿草风悲夜，荒村月吊人。”

【荒狂】 犹狂纵。元稹《酬孝甫见赠十首》之三：“十岁荒狂任博徒，挼莎五木掷枭卢。”白居易《衰病》：“老辞游冶寻花伴，病别荒狂旧酒徒。”周昙《咏史诗·六朝门·二废帝》：“肆意荒狂杀不辜，方嗟废帝又苍梧。”

【荒迥】 荒凉偏僻之地。李商隐《行次西郊作一百韵》：“常恐值荒迥，此辈还射人。”

【荒服】 五服之一。古代以京畿为中心，向外每五百里为一服，依次分侯、甸、绥、要、荒五服。荒服最外，故亦泛指边远地区。张九龄《酬周判官改秘书少监见贻之作》：“揽辔但荒服，循陔便私第。”包何《送泉州李使君之任》：“傍海皆荒服，分符重汉臣。”独孤及《初晴抱琴登马退山醉后作》：“荒服何所有，山花雪中然。”徐铉《闻查建州陷贼寄钟郎中》：“旌旗零落沉荒服，簪履萧条返故居。”

【荒郊】 荒凉之郊野。刘长卿《步登夏口古城作》：“但见荒郊外，寒鸦暮暮飞。”李绅《新楼诗二十首·晏安寺》：“寺深松桂无尘事，地接荒郊带夕阳。”徐仲雅《赠齐己》：“清塞清江却有灵，遗魂泣对荒郊月。”

【荒陋】 荒凉陋僻之处。白居易《不二门》：“化作憔悴翁，抛身在荒陋。”

【荒陌】 犹荒野、荒地。陌，阡陌。李绅《过荆门》：“月低山晓问行客，已酹椒浆拜荒陌。”

【荒居】 荒凉偏僻之居所。贺兰朋吉《客舍喜友人相访》：“荒居无四邻，谁肯访来频。”马戴《赠鄠县尉李先辈二首》之一：“野坐苔生石，荒居菊入篱。”韦庄《仆者杨金》：“半年辛苦葺荒居，不独单寒腹亦虚。”

【荒埏】 荒极。大地之边际。张祜《戊午年感事书怀寄献淮南李相公等》：“不时经废宅，无地见荒埏。”

【荒荒】 寥廓浩瀚貌。司空图《诗品二十四则·雄浑》：“荒荒油云，寥寥长风。”又《流动》：“荒荒坤轴，悠悠天枢。”

【荒$_2$荒】 日色惨淡昏暗貌。杜甫《漫成》之一：“野日荒荒白，春流泯泯清。”薛涛《贼平后上高相公》：“惊看天地白荒荒，瞥见青山旧夕阳。”

【荒骨】 荒野之尸骨。杜荀鹤《登城有作》：“尽谓黄金堪润屋，谁思荒骨旋成尘。”张蠙《古战场》：“荒骨潜销垒已平，汉家曾说此交兵。”

【荒庭】 荒芜之庭院。杜甫《禹庙》：“荒庭垂橘柚，古屋画龙蛇。”李赤《姑熟杂咏·谢公宅》：“荒庭衰草遍，废井苍苔积。”

【荒祠】 荒僻之祠庙。刘长卿《送张司直赴岭南谒张尚书》：“盛府依横海，荒祠拜伏波。”

【荒乘】 （—chéng）谓恣情乘马游览。韩愈《东都遇春》：“荒乘不知疲，醉死岂辞病。”

【荒唐】 ❶犹巨大。唐扶《使南海道长沙题道林岳麓寺》：“荒唐大树悉楠桂，细碎枯草多兰荪。”❷荒诞。韩愈《桃源图》：“神仙有无何渺茫，桃源之说诚荒唐。”杜牧《西江怀古》：“魏帝缝囊真戏剧，苻坚投箠更荒唐。”❸放纵不拘。陆龟蒙《添酒中六咏·酒船》：“荒唐意难遂，沉湎名不朽。”胡曾《咏史诗·射熊馆》：“汉帝荒唐不解忧，大夸田猎废农收。”郑谷《访姨兄王斌渭口别墅》：“苦涩诗盈箧，荒唐酒满尊。”亦指狂荡。尹鹗《菩萨蛮》词之一：“荒唐难共语，明日还应去。”

【荒恣】 犹荒纵。放纵恣肆。元结《二风诗·乱风诗五篇·至惑》：“如何不思，荒恣是为。”

【荒凉】 见“荒凉”。

【荒浪】 荒纵放浪。元结《寄源休》:"昔常以荒浪,不敢学为吏。"又《与党评事》:"加以久荒浪,惛愚性颇全。"

【荒宴】 荒滥无度之宴饮。贯休《陈宫词》:"缅想当时宫阙盛,荒宴椒房懱尧圣。"

【荒娱】 谓耽于游冶娱乐。元结《闵荒诗》:"荒娱未央极,始到沧海头。"

【荒莱】 荒草;荒草地。白居易《和答诗十首·和古社》:"旧地葺村落,新田辟荒莱。"

【荒惑】 陷于惑乱。元结《二风诗·乱风诗五篇·至虐》:"忍行荒惑,虐暴于人。"

【荒野】 荒芜之郊野;荒凉之原野。杜甫《白沙渡》:"天寒荒野外,日暮中流半。"贾岛《别徐明府》:"百战余荒野,千夫渐耦耕。"许棠《宿青山馆》:"烈烧飞荒野,栖凫宿广陂。"

【荒凉】 亦作"荒凉"。❶荒芜。张说《过汉南城叹古坟》:"旧国多陵墓,荒凉无岁年。"孟浩然《高阳池送朱二》:"一朝物变人亦非,四面荒凉人径稀。"孟郊《吊李元宾坟》:"晓上荒凉原,吊彼寂寥魂。"李中《江次维舟登古寺》:"辍棹因过古梵宫,荒凉门径锁苔茸。"❷犹苍凉,凄清。崔融《哭蒋詹事俨》:"芜漫藏书壁,荒凉悬剑枝。"韩愈《调张籍》:"惟此两夫子,家居率荒凉。"李贺《金铜仙人辞汉歌》:"携盘独出月荒凉,渭城已远波声小。"

【荒陵】 荒芜之陵墓。张俨《贞元八年十二月谒先主庙》:"雄名垂竹帛,荒陵压阡陌。"贾岛《雨后宿刘司马池上》:"岸头秦古道,亭面汉荒陵。"刘兼《咸阳怀古》:"高秋咸镐起霜风,秦汉荒陵树叶红。"

【荒陬】 荒凉僻远之隅角。寒山《诗三百三首》之一三三:"荒陬不可居,毒川难可饮。"张宣明《使至三姓咽面》:"一朝抚长剑,万里入荒陬。"李绅有《逾岭峤止荒陬抵高要》。元稹《和李校书新题乐府十二首·蛮子朝》:"西南六诏有遗种,僻在荒陬路寻壅。"

【荒隅】 荒凉之边隅。李峤《饯薛大夫护边》:"荒隅时未通,副相下临戎。"

【荒淫】 ❶谓沉迷于酒色佚乐。陈子昂《感遇诗三十八首》之二八:"昔日章华宴,荆王乐荒淫。"王翰《飞燕篇》:"古来贤圣叹狐裘,一国荒淫万国羞。"白居易《读史五首》之一:"楚怀放灵均,国政亦荒淫。"袁郊《云》:"荒淫却入阳台梦,惑乱怀襄父子心。"❷混沌浩瀚貌。李白《日出行》:"羲和羲和,汝奚汩没于荒淫之波。"亦指杳渺不明貌。李白《白马篇》:"羞入原宪室,荒淫隐蓬蒿。"

【荒殘】 荒芜凋残。耿湋《送蜀客还》:"卓家人寂寞,扬子业荒残。"

【荒策】 纵情远游之坐骑。策,马鞭,代指马。孟郊《石淙》之三:"荒策每恣远,戆步难自回。"

【荒遐】 荒凉僻远之地。韦应物《寄柳州韩司户郎中》:"唯当望雨露,沾子荒遐境。"

【荒歲】 荒年。庄稼歉收之年。杜甫《桥陵诗三十韵因呈县内诸官》:"荒岁儿女瘦,暮途涕泗零。"卢纶《早春归盩厔旧居却寄耿拾遗沣李校书端》:"可怜荒岁青山下,惟有松枝好寄君。"李穆《三月三日寒食登迁仁楼眺望》:"楚国逢荒岁,随人若有年。"

【荒飲】 犹滥饮。无节制地饮酒。元稹《送林复梦赴韦令辟》:"野性便荒饮,时风忌酒徒。"

【荒亂】 指灾荒与战乱。贯休《寄澜公二首》之二:"荒乱抛深隐,飘零远寓居。"

【荒裔】 荒凉之边地。太宗《饮马长城窟行》:"荒裔一戎衣,灵台凯歌入。"

【荒塞】 荒远之边塞。权徇《题沈黎城》:"雪厚群山冻,蓬飞荒塞秋。"

【荒榛】 丛生之荆棘草木。包融《阮公啸台》:"静然荒榛门,久之若有悟。"韦应物《答王郎中》:"风物殊京国,邑里但荒榛。"袁高《茶山诗》:"扪葛上欹壁,蓬头入荒榛。"

【荒墟】 废墟。张南史《早春书事奉寄中书李舍人》:"思贤乘朗月,览古到荒墟。"柳宗元《铜鱼使赴都寄亲友》:"行尽关山万里余,到时闾井是荒墟。"李伦《顾城》:"世久荒墟在,白云几代耕。"

【荒慢】 犹荒怠。元结《漫酬贾沔州》:"自家樊水上,性情尤荒慢。"

【荒歉】 灾荒歉收之年。韦应物《始至郡》:"旱岁属荒歉,旧逋积如坻。"

【荒蕪】 ❶谓田园、宅径等无人修整而荒草杂生。孟浩然《寻陈逸人故居》:"人事一朝尽,荒芜三径休。"皇甫曾《张芬见访郊居作》:"三径荒芜羞对客,十年衰老愧称兄。"白居易《宴后题府中水堂赠卢尹中丞》:"水斋岁久渐荒芜,自愧甘棠无一株。"齐己《春居寄友生》:"莎径荒芜甚,君应共此情。"亦指荒秽杂草。元稹《酬乐天得微之诗知通州事因成四首》之四:"荒芜满院不能锄,甑有尘埃圃乏蔬。"薛涛《罚赴边上武相公二首》之一:"萤在荒芜月在天,萤飞岂到月轮边。"❷犹荒疏、疏漏。指文字作品多讹误或浅薄之见。孟郊《忽不贫喜卢仝书船归洛》:"经书荒芜多,为君勉勉锄。"白居易《偶以拙诗数首寄呈裴少尹侍郎蒙以盛制四篇一时酬和》:"投君之文甚荒芜,数篇价值一束刍。"❸犹衰颓,消减。杜甫《江亭送眉州辛别驾升之》:"别离伤老大,意绪日荒芜。"

【荒僻】 荒凉僻远。杜甫《泛溪》:"远郊信荒僻,秋色有余凄。"朱庆余《镜湖西岛言事》:"慵拙幸便荒僻地,纵闻猿鸟亦何愁。"杜牧《雨中作》:"得州荒僻中，更值连江雨。"

【荒廢】　荒芜废坏。齐己《苦热中江上怀炉峰旧居》："久别应荒废，终归隔渺茫。"

【荒憬】　犹荒远。憬，僻远之地。贺知章《奉和圣制送张说巡边》："荒憬尽怀忠，梯航已自通。"

【荒樂】　（—lè）逸乐无度。白居易《新乐府·八骏图》："白云黄竹歌声动，一人荒乐万人愁。"

【荒餐】　指蛮芜之地的饮食。韩愈《答张彻》："荒餐茹獠蛊，幽梦感湘灵。"

【荒徼】　荒远之边地。薛奇童《塞下曲》："胡天早飞雪，荒徼多转蓬。"戎昱《辰州建中四年多怀》："荒徼辰阳远，穷秋瘴雨深。"李绅《逾岭峰止荒陬抵高要》："南标铜柱限荒徼，五岭从兹穷险艰。"张祜《和岳州徐员外云梦新亭二十韵》："泽国连荒徼，津亭揭上游。"

【荒澀】　形容小路草木丛生、阻塞难行。李贺《高平县东私路》："石溪远荒涩，棠实悬辛苦。"

【荒壘】　荒废之营垒。无可《送人罢举东游》："鸿嘶荒垒闭，兵烧广川寒。"刘沧《晚秋野望》："荒垒几年经战后，故山终日望书回。"罗邺《新安城》："谩兴他役悲荒垒，何似从今实取兵。"

【荒穢】　荒芜。杜甫《投简成华两县诸子》："南山豆苗早荒秽，青门瓜地新冻裂。"齐己《春草》："欲寻兰蕙径，荒秽满汀畦。"

【荒轍】　荒野之车辙印。张籍《古苑杏花》："晚色连荒辙，低阴覆折碑。"

【荒辭】　荒疏浅陋之辞。李浩《大丹诗四首》之三："百首荒辞义亦深，因传同道决疑心。"

【荒雞】　三更前啼叫的鸡。令狐楚《从军词五首》之一："荒鸡隔水啼，汗马逐风嘶。"

【荒讌】　放纵无度的宴饮。讌，同"宴"。吴筠《游仙诗》之二十："斯乐异荒宴，陶陶殊未终。"

【荒衢】　荒野之大道。韦应物《酬韩质舟行阻冻》："何必涉广川，荒衢且升腾。"

荄　〔gāi《广韵》古哀切，平咍，見。又古諧切，平皆，見。〕草根。权德舆《成南阳墓》："枯荄没古基，驳藓蔽丰碑。"李愬《梅花吟》："耐岁耐寒存苦节，故于冷境发枯荄。"刘叉《雪车》："孰云润泽在枯荄，阛阓饿民冻欲死。"白居易《问友》："根荄相交长，茎叶相附荣。"

茫　〔máng《广韵》莫郎切，平唐，明。〕❶浩广貌。参见"茫然❶"。❷远貌。参见"茫茫❷"。❸迷濛杳渺、不分明貌。参见"茫漫"。亦指茫无所知或不可探知貌。见"茫如""茫昧"。❹纷杂众多貌。参见"茫茫❻"。❺怅惘貌。参见"茫然❸"。❻通"恍"。参见"茫惚"。

【茫如】　犹"茫然"。茫无所知貌。韩愈《南山诗》："茫如试矫首，堛塞生怐愗。"

【茫昧】　朦胧暗昧、难以看清貌。李白《商山四皓》："窅冥合元化，茫昧信难测。"杜甫《李潮八分小篆歌》："苍颉鸟迹既茫昧，字体变化如浮云。"韩愈《南山诗》："山经及地志，茫昧非受授。"白居易《梦微之》："阿卫韩郎相次去，夜台茫昧得知不。"

【茫茫】　❶浩大广阔貌。李白《短歌行》："苍穹浩茫茫，万劫太极长。"吕岩《绝句》："茫茫宇宙人无数，几个男儿是丈夫。"李玖《噴玉泉冥会诗八首·白衣叟迷甘棠馆西楹诗》："六合茫茫皆汉土，此身无处哭田横。"亦指思绪浩茫。孟浩然《登万岁楼》："万岁楼头望故乡，独令乡思更茫茫。"刘沧《怀汶阳兄弟》："回看云岭思茫茫，几处关河隔汶阳。"❷辽远。耿沣《岐阳客舍呈张明府》："逸妻稚子应沟壑，归路茫茫东去遥。"戴叔伦《哭朱放》："人世空传名耿耿，泉台杳隔路茫茫。"李郢《骊山怀古》之五："独向逝波无问处，古槐花落路茫茫。"❸渺茫，杳渺；模糊不清貌。李白《江上秋怀》："飒飒风卷沙，茫茫雾萦洲。"独孤及《山中春思》："归路云水外，天涯杳茫茫。"徐铉《回至瓜州山献侍中》："笙歌隐隐违离后，烟水茫茫怅望中。"❹幽微深奥，不可测知貌。权德舆《从事淮南府过亡友杨校书旧厅》："黄墟既杳杳，玄化亦茫茫。"白居易《九年十一月二十一日感事而作》："祸福茫茫不可期，大都早退似先知。"园观《竹枝词》之二："身前身后事茫茫，欲话因缘恐断肠。"❺茫然，惛昧无知貌。寒山《诗三百三首》之二百三十四："三界人蠢蠢，六道人茫茫。"又《诗》之七五："世有一等愚，茫茫恰似驴。"齐己《寄谷山长老》："肯将的的吾师意，拟付茫茫弟子心。"❻纷杂众多貌。李白《古风》之十九："俯视洛阳川，茫茫走胡兵。"韦应物《王母歌》："玉颜眇眇何处寻，世上茫茫人自死。"白居易《风雨晚泊》："忽忽百年行欲半，茫茫万事坐成空。"❼犹怅惘。怅然若失貌。李白《古风》之三："尚采不死药，茫然使心哀。"又《有所思》："长鲸喷涌不可涉，抚心茫茫泪如珠。"杜甫《凭孟仓曹将书觅土娄旧庄》："十载江湖客，茫茫迟暮心。"

【茫惚】　同"恍惚"。茫，通"恍"。韩愈《驽骥》："因言天外事，茫惚使人愁。"

【茫然】　❶旷远空阔貌。李白《公无渡河》："其害乃去，茫然风沙。"雍陶《送宜春裴明府之任》："南行春已满，路半水茫然。"贾岛《重酬姚少府》："茫然九州内，譬如一锥立。"张蠙《蓟北书事》："度碛如经海，茫然但见空。"❷暗昧、看不分明貌。杜甫《早发射洪县南途中作》："茫然阮籍途，更洒扬朱泣。"皮日休《吴中苦雨因书一百韵寄鲁望》："自尔凡十日，茫然晦林麓。"李咸用《古意论交》："茫然同夜行，中路自不保。"

亦指渺茫、无可知貌。李白《蜀道难》："蚕丛及鱼凫，开国何茫然。"杜甫《送路六侍御入朝》："童稚情亲四十年，中间消息两茫然。"或指木然无知貌。温庭筠《苏武庙》："苏武魂销汉使前，古祠高树两茫然。"❸心中怅惘、若有所失貌。寒山《诗三百三首》之一三六："子细推寻著，茫然一场愁。"李白《行路难三首》之一："停杯投箸不能食，拔剑四顾心茫然。"白居易《谈氏小外孙玉童》："自念老夫今耄矣，因思稚子更茫然。"李咸用《答刘书记见赠》："茫然心苦千篇拙，暝坐神凝万象空。"

【茫蒼】 迷濛旷远貌。白居易《春雪》："寒销春茫苍，气变风凛冽。"

【茫漫】 迷漫充斥。韩愈《山南郑相公樊员外酬答为诗依赋十四韵以献》："茫漫华黑间，指画变恍欻。"

荍 〔qiáo《广韵》渠遥切，平宵，羣。〕植物名。即锦葵，又名荆葵。无名氏《街中又唱》："莫将庞大作荍团，庞大皮中的不干。"

【荍藬】 锦葵和蒲叶。皎然《寄崔万芳夔》："风摇苍琅根，霜剪荍藬心。"

茹 〔rú《广韵》人諸切，平魚，日。又人渚切，上語，日。又人恕切，去御，日。〕❶泛指蔬菜、野菜。白居易《江州赴忠州舟中示舍弟》："水餐红粒稻，野茹紫花菁。"❷茅草之根。因茅根相互牵连，拔其茎俱连带而出。后因以"连茹"喻指由一人之进用而俱进。刘长卿《落第赠杨侍御》："念旧追连茹，谋生任转蓬。"吴融《得京中亲友书讶久无音耗以诗代谢》："无才敢更期连茹，有意兼思学采薇。"❸吞食，吃。张九龄《叙怀二首》之二："去去勿重陈，归来茹芝术。"杜甫《信行远修水筒》："汝性不茹荤，清静仆夫内。"韩愈《送文畅师北游》："从兹富裘马，宁复茹藜蕨。"皮日休《闻开元寺开笋园寄章上人》："折烟束露如相遗，何胤明朝不茹荤。"亦指食物。韦应物《晓坐西斋》："寝斋有单祢，灵药为朝茹。"

【茹血衣毛】 谓吃生肉、穿兽皮。形容生活艰苦，如原始人。汪遵《北海》："汉臣曾此作缧囚，茹血衣毛十九秋。"

【茹荼】 喻吃苦，受苦难。骆宾王《畴昔篇》："茹荼空有叹，怀橘独伤心。"

【茹芝】 食灵芝。旧传食灵芝可以成仙。杜甫《北风》："吾慕汉初老，时清犹茹芝。"元结《宿无为观》："如今道士三四人，茹芝炼玉学轻身。"

【茹鲠】 谓吞食鱼而被鱼骨鲠喉。杜牧《感怀诗》："茹鲠喉尚隘，负重力未壮。"

【茹嚼】 吞食咀嚼。白居易《和微之诗二十三首·和送刘道士游天台》："饮咽日月精，茹嚼沆瀣芬。"

荔 〔lì《广韵》郎計切，去霽，來。又力智切，去寘，來。〕❶果名。参见"荔枝"。❷薜荔。参见"荔蘿"。

【荔子】 即荔枝果。殷尧藩《送刘禹锡侍御出刺连州》："梅花清入罗浮梦，荔子红分广海程。"

【荔支】 荔枝之别写。杜甫《病橘》："忆昔南海使，奔腾献荔支。"张祜《华清宫和杜舍人》："几添鹦鹉劝，频赐荔支尝。"贯休《送郑使君》："荔支花下驱千骑，薝卜林中礼万回。"

【荔枝】 果树名，亦指其果实。无患子科常绿乔木。树形似桂，果实圆形，其皮赤褐色，有颗粒状突起。产于岭南与闽蜀等地。李颀《送刘四赴夏县》："扶南甘蔗甜如蜜，杂以荔枝龙州橘。"韩翃《别李明府》："胡儿夹鼓越婢随，行捧玉盘尝荔枝。"戴叔伦《荔枝》："十年结子知谁在，自向中庭种荔枝。"杜牧《过华清宫绝句三首》之一："一骑红尘妃子笑，无人知是荔枝来。"

【荔浦】 唐代县名。汉置，因荔水为名。唐改置荔州，寻废为县，属桂州(今广西桂林)。即今广西荔浦县。苏味道《始背洛城秋郊瞩目奉怀台中诸侍御》："荔浦方南纪，蘅皋暂北临。"陈去疾《送林刺史简言之漳州》："征骖辞荔浦，别袂暗松云。"陈陶《南海送韦七使君赴象州任》："岛夷通荔浦，龙节过苍梧。"

【荔蘿】 薜荔与女萝。两种蔓生植物。亦泛指藤蔓荆棘。杜荀鹤《哭贝韬》："交朋来哭我来歌，喜傍山家葬荔萝。"张毅夫《东林寺》："炉峰霄汉近，烟树荔萝阴。"

兹 〔zī《广韵》子之切，平之，精。〕❶滋养。储光羲《苏十三瞻登玉泉寺峰入寺中见赠作》："以兹小人腹，不胜君子馔。"❷年。见《吕氏春秋·任地》。萧颖士《江有归舟三章》序："今兹春连茹甲乙，淑问休闻，为时之冠。"韦应物《答河南李士巽题香山寺》："今兹守吴郡，绵思方未平。"钱起《和蜀县段明府秋城望归期》："一兹风靡草，再视露盈条。"引申为时候、时机。苑讷《暗投明珠》："至宝欣怀日，良兹岂可俦。"❸代词。此，这。戎昱《江城秋霁》："不知何处销兹恨，转觉愁随夜夜长。"刘长卿《灞东晚晴简同行薛弃朱训》："同结丘中缘，尘埃自兹谢。"白居易《饮后戏示弟子》："孝敬不在他，在兹而已矣。"吕岩《题壁二绝》之二："昔时曾卧龙湫水，今日止兹续旧游。"❹今，现在。刘宪《奉和七夕宴两仪殿应制》："天文兹夜里，光映紫微庭。"韦应物《休沐东还胄贵里示端》："休沐遂兹日，一来还故墟。"戴叔伦《奉天酬别郑谏议云逵卢拾遗景亮见别之作》："羁旅忽相遇，别离又兹夕。"杜甫《园人送瓜》："柏公镇夔国，滞务兹一扫。”❺使。孟简《咏欧阳行周事》序：“及兹筮仕，未知洞房纤腰之为蛊惑。”❻介词。于，在。王绩《过汉故城》：“经始谋帝坐，兹焉壮未央。”李白《观鱼潭》：“何必沧浪去，兹焉可濯缨。”高铢《和太原张相公山亭怀古》：“兹焉得高趣，高步谢东山。”❼语气词。哉，呀。苏颋《奉和姚令公温汤旧馆永怀故人卢公之作》：“佛兹廊庙桢，调彼盐梅实。”

【兹白】 兽名。形如马，锯牙，食虎豹。见《逸周书·王会》。张说《舞马千秋万岁乐府词三首》之三：“不因兹白人间有，定是飞黄天上来。”

【兹焉】 此处，此地。焉，用为代词。太宗《于北平作》：“兹焉可游赏，何必襄城外。”杜甫《白水县崔少府高斋三十韵》：“吏隐道性情，兹焉其窟宅。”高铢《和太原张相公山亭怀古》：“兹焉得高趣，高步谢东山。”

七 画

華[1] 〔huā《广韵》呼瓜切，平麻，晓〕❶植物之花。李贺《牡丹种曲》：“美人醉语园中烟，晚华已散蝶又阑。”颜真卿、杨凝《与耿沣水亭咏风联句》：“回入飘华幕，轻来叠晚流。”白居易《新乐府·牡丹芳》：“重华直至牡丹芳，其来有渐非今日。”韦庄《忆昔》：“银烛树前长似昼，露桃华里不知秋。”❷喻指似花之物。苏味道《咏霜》：“孕冷随钟彻，飘华逐剑飞。”张说《岳州观竞渡》：“低装山色变，急棹水华浮。”

華[2] 〔huá《广韵》户花切，平麻，匣。〕❶开花。杜甫《春归》：“别来频甲子，倏忽又春华。”广宣《圣恩顾问独游月磴阁应制》：“禅居河畔无多地，来往寻春物正华。”韦应物《郡斋赠王卿》：“秋斋雨成滞，山药寒始华。”李绅《逾岭峤止荒陬抵高要》：“云蒸地热无霜霰，桃李冬华匪时变。”❷精华。孟郊《列仙文·金母飞空歌》：“上采白日精，下饮黄月华。”贯休《上卢使君》：“诗搜日月华，道咽神仙味。”❸光；光华。骆宾王《夏日游德州赠高四》：“林虚星华映，水澈霞光净。”耿沣《夏日寄东溪隐者》：“日华浮野水，草色合遥空。”李冶《相思怨》：“携琴上高楼，楼虚月华满。”❹华美，华丽。韩愈《示儿》：“此屋岂为华，于我自有余。”❺光耀；荣显。寒山《诗三百三首》之五三：“玉带暂时华，金钗非久饰。”韩愈《奉和杜相公太清宫纪事》：“在功诚可尚，于道讵为华。”❻指头发花白。杜甫《负薪行》：“夔州处女发半华，四十五十无夫家。”高适《重阳》：“节物惊心两鬓华，东篱空绕未开花。”卢纶《送元昱尉义兴》：“去矣谢亲爱，知予发已华。”陆龟蒙《自遣诗三十首》之七：“长叹人间发易华，暗将心事许烟霞。”❼称美之词。玄宗《端午三殿宴群臣探得神字》：“方殿临华节，圆宫宴雅臣。”张籍《病中寄白学士拾遗》：“尘欢久消委，华念独迎延。”❽年华；光阴。卢纶《寒食》：“孤客飘飘岁载华，况逢寒食倍思家。”牟融《楼城叙别》：“屈指年华嗟远别，对床风雨话离愁。”刘方平《秋夜泛舟》：“岁华空复晚，乡思不堪愁。”❾华夏。古时多指居中原一带之汉族。骆宾王《晚憩田家》：“龙章徒表越，闽俗本殊华。”刘禹锡《秋日过鸿举法师寺院》序：“梵言沙门，犹华言去欲也。”

華[3] 〔huà《广韵》胡化切，去禡，匣。〕❶山名。玄宗《行次成皋缅思功业感而赋诗》：“饮马河洛竭，作气嵩华惊。”李商隐《灵仙阁晚眺寄郓州韦评事》：“华莲开菡萏，荆玉刻孱颜。”翁承赞《华下霁后晓眺》：“千嶂华山云外秀，万重乡思望中深。”❷姓。孙元晏《咏史诗·齐·王伦之》：“豫章太守重词林，图画陈蕃与华歆。”

【華₃下】 华山之下。指唐华州华阴县（今陕西省华阴市）一带。马戴有《华下逢杨侍御》。司空图《淅上》：“华下支离已隔河，又来此地避干戈。”裴说有《春早寄华下同人》。齐己有《送人归华下》。

【華₃山】 山名。又名太华山。为五岳中之西岳。在唐华州华阴县（今陕西省华阴市）南。李白《至陵阳山登天柱石酬韩侍御见招》：“韩众骑白鹿，西往华山中。”刘长卿《客舍赠别韦九建赴任河南》：“华山微雨霁，祠上残云高。”韩愈《次潼关先寄张十二阁老使君》：“荆山已去华山来，日出潼关四扇开。”张孜《句》：“华山秀作英雄骨，黄河泻出纵横才。”

【華₃山老人】 姓名不详。《全唐诗》卷七八四录其《月夜》诗一首。

【華不注】 山名。在今山东济南东北。李白《古风》之二十：“昔我游齐都，登华不注峰。”

【華₂月】 明月。王湾《奉和贺监林月清酌》：“华月当秋满，朝英假兴同。”杜甫《夏夜叹》：“昊天出华月，茂林延疏光。”韦应物《同德精舍养疾寄河南兵曹东厅掾》：“广庭流华月，高阁凝余霰。”杜光庭《读书台》：“华月冰壶依旧在，青莲居士几时来。”

【華₂夷】 汉族与少数民族。李义府《在嶲州遥叙封禅》：“张乐分韶濩，观礼纵华夷。”杜甫《秦州见敕目薛三璩授司议郎》：“华夷相混合，宇宙一膻腥。”李益《送归中丞使新罗册立吊祭》：“片帆通雨露，积水隔华夷。”刘兼《初至郡界》：“郡印已分炎瘴地，朝衣犹惹御炉烟。”

【華₂戎】 犹华夷。华人与少数民族人。耿沣《奉送崔侍御和蕃》：“万里华戎隔，风沙道路秋。”张祜《投陈许崔尚书二十韵》：“重镇压华戎，恩威达圣聪。”

【華₂光】 光华；光泽。吴筠《步虚词十首》之八：“高情无侈靡，遇物生华光。”李益《杂曲》：“少妇归少年，华光自相得。”崔邠《礼部权侍郎史馆张秘监有离合酬赠之什聊继此章》：“林雪消艳阳，简册漏华光。”鲍溶《寄张十七校书李仁行秀才》：“久行月影愁迷梦，误入华光笑认春。”

【華₂年】　风华正茂之年。指青年时。张说《赠赵侍御》：“绿壤发欣颜，华年助虫篆。”张子容《永嘉作》：“未应悲晚发，炎瘴苦华年。”李商隐《锦瑟》：“锦瑟无端五十弦，一弦一柱思华年。”

【華州】　唐代州名。本隋华山郡，唐初改太州，后复为华州。属关内道，下辖郑、华阴、下邽三县。旧址在今陕西华县一带。李白有《赠华州王司士》。李洞《华山》：“碧山长冻地长秋，日夕泉源聒华州。”吕岩《赠滕宗谅》：“华州回道人，来到岳阳城。”

【華₂池】　❶传说中位于昆仑山上的仙池名。陆龟蒙《奉和袭美太湖诗·三宿神景宫》：“尺宅按来平，华池漱余净。”吕岩《七言》之五：“谁信华池路最深，非遐非迩奥难寻。”李浩《大丹诗四首》之三：“华池本是真神水，神水元来是白金。”❷美好的水池。李白《秋夜与刘砀山泛宴喜亭池》：“明宰试舟楫，张灯宴华池。”韦应物《赠琮公》：“暮春华池宴，清夜高斋眠。”孟郊《溧阳秋霁》：“上客处华池，下寮宅枯崖。”许浑《秋夕有怀》：“念远坐西阁，华池涵月凉。”

【華₂宇】　华美的屋舍。李吉甫《夏夜北园即事寄门下武相公》：“结构非华宇，登临似古原。”司空图《即事九首》之八：“华宇知难保，烧来又却修。”徐夤《塔院小屋四壁皆是卿相题名因成四韵》：“雁塔搀空映九衢，每看华宇每踟蹰。”

【華芝】　❶华盖。车上之伞盖。亦代指华贵之车。张说《奉和圣制度蒲关应制》：“蒲坂横临晋，华芝晓望秦。”王维《赠李颀》：“王母翳华芝，望尔昆仑侧。”温庭筠《春江花月夜词》：“杨家二世安九重，不御华芝嫌六龙。”❷灵芝之美称。李商隐《东还》：“自有仙才自不知，十年长梦采华芝。”

【華₂甸】　繁华美好之地域。甸，都城百里外之地，亦泛指都城之外郊。胡证《汝州北楼晚望少宝诗》：“翠积当华甸，腾标占太空。”

【華₂表】　❶即表木。以横木交柱头，设于路边，用以表识道路。传源于尧时所设之诽谤木，故亦兼有表纳谏之意。张继《秋日道中》：“道边白鹤来华表，陌上苍麟卧古丘。”朱湾《同达奚宰游窦子明仙坛》：“华表问栽何岁木，片云留著去时衣。”❷设于宫殿、城门、陵墓或桥梁津渡前之装饰性石柱。陈元光《太母魏氏半径题石》：“华表瑶池冥，清漳玉树枝。”杜甫《入衡州》：“华表云鸟埤，名园花草香。”张祜《题宛陵新桥兼献裴尚书》：“霜明华表尘初静，月正栏干斗乍回。”李商隐《灞岸》：“灞水桥边倚华表，平时二月有东巡。”❸用为咏鹤、咏学仙、仙故、长寿或离去之典。见晋陶潜《搜神后记》卷一。钱起《画鹤篇》：“借问飞鸣华表上，何如粉缋彩屏中。”戴叔伦《哭朱放》：“碧窗月落琴声断，华表云深鹤梦长。”司空曙《送曲山人之衡州》：“千年城郭如相问，华表巍巍有夜霜。”白居易《九老图诗》：“雪作须眉云作衣，辽东华表鹤双归。”

【華₂林】　❶荣茂之嘉林。刘禹锡《学阮公体三首》之二：“灭没驰绝塞，振迅拂华林。”韦纾《赋得风动万年枝》：“幸列华林里，知殊众木中。”元稹《代曲江老人百韵》：“华林荒茂草，寒竹碎贞筠。”徐铉《奉和宫傅相公怀旧见寄四十韵》：“云开阊阖分台殿，风过华林度管弦。”❷指华林园。本东汉之芳林苑。魏正始初因避齐王芳之讳改名。在洛阳。太宗《赋得樱桃》：“华林满芳景，洛阳遍阳春。”

【華₂味】　犹美味。卢纶《冬日宴郭监林亭》：“华味惭初识，新声喜尽闻。”

【華₂昌】　荣华昌盛。张籍《祭退之》：“如彼岁有春，物宜得华昌。”

【華₃岳】　即华山。亦名太华山。以其为五岳之一，故称。骆宾王《畴昔篇》：“峰开华岳耸疑莲，水激龙门急如箭。”杜甫《白水县崔少府高斋三十韵》：“前轩颓返照，巉绝华岳赤。”褚朝阳《登圣善寺阁》：“华岳三峰小，黄河一带长。”李洞《赠曹郎中崇贤所居》：“刑曹树荫千年井，华岳楼开万仞冰。”

【華₂侈】　豪华奢侈。李商隐《行次西郊作一百韵》：“华侈矜递衒，豪俊相并吞。”范质《诫儿侄八百字》：“举世贱清素，奉身好华侈。”

【華₂宗】　华贵之宗族。用为宗族之美称。朱仲晦《答王无功问故园》：“华宗盛文史，连墙富池亭。”

【華₂居】　华贵之居宅。多用为对他人住宅之美称。元稹《陪韦尚书丈归履信宅》：“紫垣驺骑入华居，公子文衣护锦舆。”

【華₃封】　华地之封人。《庄子·天地》载：尧巡游至华（在今陕西）境，其封人欲祝尧寿、富、多男子，尧皆辞。后因以“华封”为咏颂祝之典。张说《皇帝降诞日集贤殿赐宴》：“不独华封老，千年喜祝尧。”权德舆《哭李晦群崔季文二处士》：“华封西祝尧，贵寿多男子。”《郊庙歌辞·周朝飨乐章·福顺》：“声齐嵩岳，祝比华封。”亦作“华封人”。权德舆《奉和圣制中春麟德殿会百寮观新乐》：“赓歌仰昭回，窃比华封人。”

【華₃封人】　见“華₃封”。

【華₃茵】　华美的褥垫。亦代指坐椅。裴光庭《奉和御制左丞相说右丞相璟同日上官命宴都堂》：“天文悬瑞色，圣酒泛华茵。”李白《赠崔司户文昆季》：“侧见绿水亭，开门列华茵。”元稹《解秋十首》之九：“西风冷衾簟，展转布华茵。”刘禹锡《酬国子崔博士立之见寄》:"胄子执经瞻讲坐,郎官共食接华茵。"

【華₂省】 ❶尚书省之美称。后汉始设尚书台、六朝改称尚书省。唐尚书省下统吏、户、礼、兵、刑、工六部。卢象《追凉历下古城西北隅》:"谢朓出华省,王祥贻佩刀。"孟浩然《同卢明府早秋宴张郎中海亭》:"华省曾联事,仙舟复与俱。"李正封《贡院楼北新栽小松》:"青苍初得地,华省植来新。"❷指秘书省。温庭筠《秘书省有贺监知草章题诗拂尘寻玩因有此作》:"几年凉月拘华省,一宿秋风忆故乡。"

【華₂省郎】 指尚书省六部诸曹之郎官。王湾《晚春诣苏州敬赠武员外》:"持此功曹掾,初离华省郎。"岑参《初至西虢官舍南池呈左右省及南宫诸友人》:"敢恨青琐客,无情华省郎。"岑参《入剑门作寄杜杨二郎中》:"二友华省郎,俱为幕中客。"孟郊《赠万年陆郎中》:"天子忧剧县,寄深华省郎。"

【華₂星】 灿烂的星辰。李白《献从叔当涂宰阳冰》:"吐辞又炳焕,五色罗华星。"元稹《谕子蒙》:"大壑谁非水,华星各自光。"李商隐《无题四首》之三:"归去横塘晓,华星送宝鞍。"

【華₂風】 ❶中原汉人之风俗、风气。韩愈《自袁州还京行次安陆先寄随州周员外》:"面犹含瘴色,眼已见华风。"白居易《新乐府・蛮子朝》:"谁知今日慕华风,不劳一人蛮自通。"皮日休《正乐府十篇・颂夷臣》:"吁嗟华风衰,何尝不由是。"❷犹和风、光风。孟郊《西上经灵宝观》:"放步霁霞起,振衣华风生。"李贺《高轩过》:"庞眉书客感秋蓬,谁知死草生华风。"

【華₂亭】 ❶地名。在今上海市松江区西。其地有清泉茂林,陆机仕晋前曾在此逸居十年。刘方平《送别》:"华亭霁色满今朝,云里樯竿去转遥。"亦用为咏陆姓故居之典。储光羲《陆著作挽歌》之二:"华亭有明日,长向陇头悬。"❷陆机在吴亡后仕晋前曾在华亭闲居十年,后因以"华亭"为咏闲适之典。贾至《答严大夫》:"思君独步华亭月,旧馆秋阴生绿苔。"亦用为咏由闲居而入仕之典。钱起《送陆贽擢第还苏州》:"华亭养仙羽,计日再飞鸣。"❸因陆机被刑前有"欲闻华亭鹤唳可复得乎"语,后遂用为咏鹤之典。窦群《观画鹤》:"华亭不相识,卫国复谁知。"刘禹锡《飞鸢操》:"青鸟自爱玉山禾,仙禽徒贵华亭露。"罗隐《病中题主人庭鹤》:"辽水华亭旧所闻,病中毛羽最怜君。"参见"華₂亭鶴"。

【華₂亭鶴】 华亭为陆机故里,陆二十至三十岁十年间曾赋闲于此。后入洛仕晋,展转于权贵间,曾官至中书郎、平原内史,终被害。后遂以"华亭鹤"为感叹仕途不测之典。李白《行路难三首》之三:"华亭鹤唳讵可闻,上蔡苍鹰何足道。"李商隐《曲江》:"死忆华亭闻唳鹤,老忧王室泣铜驼。"亦用为咏田赋闲而入仕之典。或用为咏鹤之典。刘禹锡《和裴相公寄白侍郎求双鹤》:"皎皎华亭鹤,来随太守船。"白居易《苏州故吏》:"不独使君头似雪,华亭鹤死白莲枯。"

【華₂音】 中华之音乐。指中原汉人之音乐。杜甫《军中醉饮寄沈八刘叟》:"野膳随行帐,华音发从伶。"

【華₂冠】 ❶以桦木皮所制之冠。一说即建华冠,以铁为柱卷者。原宪曾戴之。高宗《太子纳妃太平公主出降》:"华冠列绮筵,兰醑申芳宴。"李绅《过梅里七首・上家山》:"叹息整华冠,持怀强自欢。"❷指禽鸟的美丽冠子。张何《织鸟》:"映日华冠动,迎风绣羽开。"

【華₂胥】 传说中之理想国名。王维《奉和圣制天长节赐宰臣歌应制》:"唐尧后兮稷契臣,匝宇宙兮华胥人。"杨巨源《春日奉献圣寿无疆词十首》之三:"悠然万方静,风俗揖华胥。"李群玉《昼寐》:"人间无乐事,直拟到华胥。"蜀太后徐氏《丈人观》:"惟惭未致华胥理,徒卜升平万万年。"参见"華₂胥國"。

【華₂胥國】 传说中之理想国名。见《列子・黄帝》。后因以"华胥国"指理想的和平安乐之社会。白居易《卯时酒》:"似游华胥国,疑反混元代。"陈陶《圣帝击壤歌四十声》:"寤寐华胥国,嬉游太素乡。"

【華₂胥夢】 传黄帝梦入华胥国,终致天下太平,后因以"华胥梦"指实现社会安定、百姓安乐的政治理想。张说《奉和圣制赐诸州刺史应制以题座右》:"共蹑华胥梦,龚黄安足寻。"李商隐《思贤顿》:"不见华胥梦,空闻下蔡迷。"王棨《未明求衣》:"长乐钟才动,华胥梦已归。"参见"華胥國"。

【華₂軒】 ❶华美之栏槛。亦代指华美之殿堂、建筑。王维《同卢拾遗过韦给事东山别业》:"托身侍云陛,昧旦趋华轩。"杜甫《奉汉中王手札》:"天云浮绝壁,风竹在华轩。"卢纶《新移北厅因贻同院诸公兼呈畅博士》:"华轩迩台座,顾影忝时伦。"韦庄《过旧宅》:"华轩不见马萧萧,廷尉门人久寂寥。"❷华美之车。太宗《经破薛举战地》:"于兹俯旧原,属目驻华轩。"皎然《酬李司直纵诸公冬日游妙喜寺》:"华轩何辚辚,为我到幽绝。"李商隐《鄠杜马上念汉书》:"英灵殊未已,丁傅渐华轩。"

【華₃原】 唐县名。属关内道京兆府。旧城在今陕西耀州区境。杜甫《三川观水涨二十韵》:"我经华原来,不复见平陆。"元稹《和李校书新题乐府十二首・华原磬》:"华原软石易追琢,高下随人无雅郑。"

【華₂席】 华美之座席。颜真卿、张荐《五言月夜啜茶联句》:"醒酒宜华席,留僧想独园。"白居易《和春深二十首》之十九:"宾拜登华席,亲迎障幰车。"李建勋《赠赵学士》:"醉同华席少,吟访野僧频。"

【華₂衮】 华贵之衮衣。衮，帝王或上公所服绘有龙图之衣。帝王绘升龙，上公绘降龙。亦用以赠新亡之王公，以表荣宠。张说《右丞相苏公挽歌二首》之一："缁衣传旧职，华衮赠新哀。"

【華₂夏】 本指中原汉人聚居地区。后扩大指中国、中华。岑参《入剑门作寄杜杨二郎中时二公并为杜元帅判官》："陡觉烟景殊，杳将华夏隔。"耿湋《送归中丞使新罗》："城邑分华夏，衣裳拟缙绅。"武元衡《出塞作》："虽云风景异华夏，亦喜地理通楼烦。"许棠《赠栖白上人》："诗传华夏外，偈布市朝间。"

【華₂容】 ❶同"花容"。指花的艳容。李贺《开愁歌》："秋风吹地百草干，华容碧影生晚寒。"❷地名。本以孱陵县，唐为华容县，属岳州。旧治在今湖北潜江市西南。张说《见诸人送杜承诗因以成作》："吴楚分江镇，华容改旧城。"梁知微《入朝别张燕公》："华容佳山水，之子厌承明。"齐己有《暮冬送璘上人归华容》。

【華₂扆】 帝王御座后之彩饰屏风。常衮《晚秋集贤院即事寄徐薛二侍郎》："侍讲亲花扆，征吟步绮疏。"

【華₂頂】 山峰名。天台山之最高峰。在今浙江天台县。孟浩然《寄天台道士》："焚香宿华顶，裛露采灵芝。"郑巢《泊灵溪馆》："溜从华顶落，树与赤城连。"喻凫《赠张渍处士》："许鹤归华顶，期僧过石桥。"灵澈《天姥岑望天台山》："天台众峰外，华顶当寒空。"

【華₂虛】 浮华虚荣。张祜《偶信》："浮生扰扰务华虚，未胜东归重结庐。"

【華₂堂】 华丽之厅堂。李欣《缓歌行》："业就功成见明主，击钟鼎食坐华堂。"刘长卿《观李凑所画美人障子》："华堂翠幕春风来，内阁金屏曙色开。"陆畅《阶》："几重便上华堂里，得见天人吹凤笙。"李群玉《将为南行陪尚书崔公宴海榴亭》："朝宴华堂暮未休，几人偏得谢公留。"

【華₂冕】 华美之官帽。冕，帝王与卿士大夫之冠。张九龄《送苏主簿赴偃师》："激节轻华冕，移官殉彩衣。"韦应物《答库部韩郎中》："适委华冕去，欲还幽林栖。"

【華₂國】 德盛之国。温庭筠《鸿胪寺有开元中锡宴堂偶成四十韵》："猗欤华国臣，鬓发俱苍苍。"钱惟治《春登大悲阁迴文》："胜因良以咏，华国一斯逢。"

【華₂第】 华贵的府第。韦庄《和郑拾遗秋日感事一百韵》："宴集喧华第，歌钟簇画梁。"

【華₂族】 世家贵族。韩愈、孟郊《城南联句》："恩熙完刖黥，宅土尽华族。"李商隐《五言述德抒情诗一首献上杜七兄仆射相公》："弱植叨华族，衰门倚外兄。"

【華₂章】 华美的文章。对他人诗文之美称。韦应物《答崔都水》："常缄素札去，适枉华章还。"马云奇《怀素师草书歌》："醒前犹自记华章，醉后无论绢与墙。"

【華₂清】 指华清宫。韦应物《温泉行》："身骑厩马引天仗，直入华清列御前。"张继《华清宫》："天宝承平奈乐何，华清宫殿郁嵯峨。"张祜《华清宫四首》之一："风树离离月稍明，九天龙气在华清。"

【華₂清宮】 唐离宫名。唐贞观年间始建，本名汤泉宫，咸亨间更名温泉宫。天宝六载(747)，扩建为华清宫。为唐玄宗与杨贵妃游乐之所。故址在今陕西西安市临潼区骊山西北麓。储光羲《献王威仪》："但有华清宫，不用神明台。"崔道融《羯鼓》："华清宫里打撩声，供奉丝篁束手听。"无名氏《石瓮寺灯魅诗》(卷八六七)："朝来试入华清宫，分明忆得开元中。"

【華₂梁】 犹画梁、雕绘彩饰之房梁。李峤《刀》："入梦华梁上，含锋彩笔前。"

【華₂陰】 唐县名。以位在华山之北得名。属华州。即今陕西省华阴市。董思恭《咏雾》："待访公超市，将予赴华阴。"王维《华岳》："白日为之寒，森沉华阴城。"皎然《买药歌送杨山人》："华阴少年何所希，欲饵丹砂化骨飞。"刘禹锡《送卢处士归嵩山别业》："晚日华阴雾，秋风函谷尘。"

【華₂組】 华丽的系印丝带。多以代指为官。储光羲《晚次东亭献郑州宋使君文》："丝纶逢圣主，出入飘华组。"又《苏十三瞻登玉泉寺峰见赠作》："庆门叠华组，盛列钟英彦。"杨巨源《和卢谏议朝回书情即事寄两省阁老》："华组澹无累，单床欢有余。"

【華₂敞】 华美豁敞。白居易《题西亭》："何人造兹亭，华敞绰有余。"

【華₂彩】 ❶指皎洁的月光。权德舆《初秋月夜中书宿直因呈杨阁老》："相思玩华彩，因感庾公楼。"❷美丽的纹彩。白居易《文柏床》："华彩诚可爱，生理苦已伤。"

【華₂滋】 ❶形容树木枝叶荣茂。王勃《采莲曲》："故情无处所，新物从华滋。"马吉甫《秋夜怀友》："白云劳瘖寐，芳树歇华滋。"白居易《首夏同诸校正游开元观因宿玩月》："清和四月初，树木正华滋。"陆龟蒙《奉和袭美古杉三十韵》："若能嘘嶰竹，犹足动华滋。"亦指繁茂的枝叶。张说《赠赵公》："林壑为予请，纷霭发华滋。"贺知章《奉和御制春台望》："华滋的皪丹青树，颢气氤氲金玉堂。"❷犹荣华。指仕途得意。张子容《赠司勋萧郎中》："凤池真水镜，兰省得华滋。"

【華₂陽】 ❶地名。指古华阳国境，即巴蜀、汉中等地域。骆宾王《畴昔篇》："华阳旧地标神制，石镜蛾眉真秀丽。"李白《上皇西巡南京歌十首》之三："华阳春树号新丰，行入新都若旧宫。”杜甫《八哀诗·赠左仆射郑国公严公武》：“四登会府地，三掌华阳兵。”戴叔伦《送人游岭南》：“少别华阳万里游，近南风景不曾秋。”❷指茅山华阳洞，亦即道教所称之第八洞天。綦毋潜《华阳洞口》：“华阳仙洞口，半岭拂云看。”李德裕《寄茅山孙炼师》：“何地最翛然，华阳第八天。”许浑《卢山人自巴蜀由湘潭归茅山因赠》：“华阳旧隐莫归去，水没芝田生绿莎。”曹唐《仙都即景》：“蟠桃花老华阳东，轩后登真谢六宫。”❸指唐长安永崇里之华阳观。白居易《赠韦八》：“曾同曲水花亭醉，亦共华阳竹院居。”李商隐有《赠华阳宋真人兼寄清都刘先生》。❹指唐道州江华县，因位于阳华岩之江南，故名。即今湖南江华瑶族自治县。元结《招陶别驾家阳华作》：“岩高暖华阳，飞溜何潺潺。”❺指华山之阳地域。无可《寄华州马戴》：“水寒仙掌露，山远华阳人。”李商隐《送阿龟归华》：“因汝华阳求药物，碧松根下茯苓多。”

【華₂陽巾】 亦作“華₃陽帽”“華₃陽幘”。道士或隐士所戴的一种头巾，多以纱罗制成。牟融《春日山亭》：“醉来重整华阳巾，搔首惊看白发新。”皮日休《太湖诗·缥缈峰》：“头戴华阳帽，手拄大夏筇。”又《北禅院避暑联句》：“摆落函谷尘，高敧华阳帻。”罗邺有《谢友人遗华阳巾》。

【華₂陽洞】 ❶山洞名。在今江苏句容市南大茅山下。因道教尊为十大洞天之一，名“金坛华阳之洞天”，故亦用为咏仙道之典。储光羲《游茅山五首》之二：“家近华阳洞，早年深此情。”韩翃《送太常元博士归润州》：“几日华阳洞，寒花引独寻。”李商隐《郑州献从叔舍人褎》：“不知他日华阳洞，许上经楼第几重？”张蠙《华阳道者》：“华阳洞里持真经，心嫌来客风尘腥。”❷旧题柳宗元《龙城录》载：茅山道士吴绰于华阳洞口见一小儿持三珠戏，逐之，儿入洞，化为龙，以三珠填左耳中。绰劀其左耳而失三珠。后遂用为割木耳之典。韩愈《答道士寄树鸡》：“烦君自入华阳洞，直割乖龙左耳来。”

【華₂陽客】 茅山华阳洞为道教第八洞天，因用以指道士。李端《闻吉道士还俗因而有赠》：“闻有华阳客，儒裳谒紫微。”

【華₃陽帽】 见“華₂陽巾”。

【華₃陽幘】 见“華₂陽巾”。

【華₃陽館】 南朝梁陶弘景之居所名。在今江苏省金坛区西之茅山。因陶自号华阳隐居，故名。皮日休《怀华阳润卿博士三首》之三：“凤骨轻来称瘦容，华阳馆主未成翁。”

【華₃陽觀】 道观名。在唐长安永崇坊。本名宗道观，后为华阳公主宅。大历十二年立为华阳观。见《唐两京城坊考》卷三。白居易有《春题华阳观》诗，自注云：“观即华阳公主故宅。”又《酬寄牛相公同宿话旧劝酒见赠》：“每来政事堂中宿，共忆华阳观里时。”

【華₂幄】 华贵之帷帐。刘禹锡《同乐天和微之深春二十首》之十三：“饮馔开华幄，笙歌出钿车。”

【華₂榱】 雕画之屋椽。刘禹锡《观柘枝舞二首》之一：“翘袖中繁鼓，倾眸溯华榱。”郑嵎《津阳门诗》：“此时初创观风楼，檐高百尺堆华榱。”

【華₂軾】 华丽之车轼。代指华丽之车。轼，车厢前用作扶手之横木。张籍《车遥遥》：“愿为玉銮系华轼，终日有声在君侧。”

【華₂輈】 雕绘有图纹之车辕。代指华贵之车。辀，车辕。刘禹锡《和苏郎中寻丰安里旧居寄主客张郎中》：“同学同年又同舍，许君云路并华辀。”皮日休《奉和鲁望渔具十咏·钓车》：“得乐湖海志，不厌华舟小。”

【華園】 花园。華，同“花”。张旭《春游值雨》：“须倩东风吹散雨，明朝却待入华园。”韩愈《陆浑山火和皇甫湜用其韵》：“错陈齐玫辟华园，芙蓉披猖塞鲜繁。”

【華₂筵】 盛美之酒宴。崔日用《奉和圣制送张说巡边》：“绝漠蓬将断，华筵槿正荣。”杜甫《乐游园歌》：“公子华筵势最高，秦川对酒平如掌。”顾非熊《酬陈摽评事喜及第与段何共贻》：“若拟华筵贺，当期醉百杯。”赵嘏《登安陆西楼》：“楼上华筵日日开，眼前人事只堪哀。”

【華₂牋】 ❶华美之笺纸。韦庄《立春》：“殷勤为作宜春曲，题向华笺帖绣楣。”❷对他人函件之美称。张嘉贞《恩敕尚书省僚宴昆明池应制》：“芳酝醒千日，华笺落九霄。”张蠙《赠江都郑明府》：“床头怪石神仙画，箧里华笺将相书。”

【華₃嵩】 華山与嵩山之并称。亦代指名山。孟浩然《东京留别诸公》：“拂衣从此去，高步蹑华嵩。”权德舆《大言》：“华嵩为佩河为带，南交北朔跬步内。”刘禹锡《送僧方及南谒柳员外》：“愿言挹风采，邈若窥华嵩。”

【華₂裾】 华美之服装。李贺《高轩过》：“华裾织翠青如葱，金环压辔摇玲珑。”司马扎《猎客》：“下马青楼前，华裾独煌煌。”

【華₂閟】 华美的关闭之门。李贺《昌谷诗》：“日脚扫昏翳，新云启华闭。”按，此指浓云，因其蔽天如天宫闭门，故称。

【華₂駟】 华贵之马车。李郢《元日作》：“铿锵华驷客，门馆贺新正。”

【華₂蓋】 ❶车上之伞盖。传黄帝与蚩尤战于涿鹿之野，常有五色云气止于其上，因而作华盖。见崔豹《古今注·舆服》。后遂以代指有伞盖的华贵之车。

法振《送褚先生海上寻封炼师》:“华盖芝童引，神丹桂女收。”韦庄《和郑拾遗秋日感事一百韵》:“望阙飞华盖，趋朝振玉珰。”亦指似伞状之物。刘长卿《题灵祐上人法华院木兰花》:“映日成华盖，摇风散锦茵。”❷星名。属紫微垣，今属仙后座。见《晋书·天文志一》。杨炯《出塞》:“明堂占气色，华盖辨星文。”杜甫《赠翰林张学士》:“翰林逼华盖，鲸力破沧溟。”殷尧藩《帝京二首》之一:“地人黄图三辅壮，天垂华盖七星高。”❸道教称眉为华盖。李白《上云乐》:“华盖垂下睫，嵩岳临下唇。”亦兼指眉眼。皮日休《偶留羊振文先辈小饮日休以眼病初平不敢饮酒因成四韵》:“久断杯盂华盖喜，忽闻歌吹谷神惊。”

【華₂蓋尖】 指天台山之最高峰华顶山。张祜《游天台山》:“仰看华盖尖，赤日云上午。”

【華₂蓋君】 传周王子乔学道于华盖山，终成仙，故号华盖君。后常以华盖君喻称修道的人。杜甫《昔游》:“昔谒华盖君，深求洞宫脚。”

【華₂蓋峯】 山名。在今浙江永嘉县东。为道教三十六小洞天之一。称第十八华盖洞天。罗隐《送程尊师东游有寄》:“华盖峰前拟卜耕，主人无奈又闲行。”

【華₂構】 华丽之房屋建筑。任希古《和左仆射燕公春日端居述怀》:“高门非舍筑，华构岂垂纶。”黄滔《奉和翁文尧员外文秀光贤昼锦之计》之三:“华构便将垂美号，故山重更发清光。”

【華₂歆】 三国魏大臣。字子鱼。平原高唐(今山东禹城市西南)人。东汉末举孝廉，任尚书郎。献帝时，任豫章太守。孙策占江东，被召人京。荀彧死，他任尚书令。魏文帝时任司徒。他与邴原、管宁交好，三人被称为“一龙”，华歆被称为龙头。魏文帝曹丕即位，拜相国，因其本为汉臣，有不悦的表情，引起曹丕不满迁为司徒而未进爵。见《三国志·魏志》本传。黄滔《寄杨赞图学士》:“华表柱头还有鹤，华歆名下别无龙。”李瀚《蒙求》:“华歆忤旨，陈群蹙容。”

【華₂膏】 华烛。彩饰之蜡烛。孟郊《寒地百姓吟》:“华膏隔仙罗，虚绕千万遭。

【華₂廙】 晋人。华歆之孙，曾为侍中、南中郎将，后免官削爵。见《晋书·华廙传》。温庭筠《寄分司元庶子兼呈元处士》:“刘公春尽芜菁色，华廙愁深苜蓿花。”

【華₂閣】 华美之楼阁。郑审《酒席赋得匏瓢》:“华阁与贤开，仙瓢自远来。”

【華綬】 华美之绶带。褚琇《奉和圣制送张说上集贤学士赐宴》:“洞门清永日，华绶接微风。”

【華₂髮】 花白头发。指年老。徐晶《赠温驸马汝阳王》:“宁知倦游者，华发老京师。”钱起《送李大夫赴广州》:“支离交俊哲，弱冠至华发。”牟融《写意二首》之二:“萧萧华发满头生，深远蓬门倦送迎。”黄滔《寄同年封舍人渭》:“能使丘门终始雪，莫教华发独潸然。”

【華₂燈】 华丽灿烂之灯。韦应物《夜直省中》:“华灯发新焰，轻烟浮夕香。”鲍溶《行路难》:“华灯清凝久照夜，彩幢窈窕虚垂罗。”温庭筠《洞户二十二韵》:“黼帐回瑶席，华灯对锦衾。”张登《秋夜馆中醉后作》:“一叶惊风风已凉，华灯照夜夜何长。”

【華₂緘】 对他人信函之美称。李都《戏答朝士》:“华缄千里到荆门，章草纵横任意论。”

【華₂编】 对他人之写作或编著的美称。钱起《和刘七读书》:“云阴留墨沼，萤影傍华编。”

【華₂樽】 亦作“華₂醇”。精美之酒器。韦应物《陪王卿郎中游南池》:“清言屡往复，华樽始献酬。”李商隐《自桂林奉使江陵途中感怀寄献尚书》:“前席惊虚辱，华樽许细斟。”

【華₂館】 华美之馆舍。李白《酬坊州王司马与阎正字对雪见赠》:“宁期此相遇，华馆陪游息。”高适《同郭十题杨主簿新厅》:“华馆曙沉沉，惟良正在今。”卢纶《酬崔侍御早秋卧病见寄》:“荒园每觉虫鸣早，华馆常闻客散迟。”贾岛《延寿里精舍寓居》:“旅托避华馆，荒楼遂愚慵。”

【華實】 植物的花与果实。元稹《表夏十首》之一:“华实各自好，讵云芳意沉。”亦指开花结果。元稹《玉泉道中作》:“早农半华实，夕水含风凉。”穆寂《清风戒寒》:“华实从兹始，何嗟岁序殚。”

【華₂縟】 华丽繁富。皮日休《鲁望昨以五百言见贻因成一千言》:“亦或尚华缛，亦曾为便嬛。”又《吴中苦雨因书一百韵寄鲁望》:“相违始两日，忡忡想华缛。”

【華₂薦】 华美之席垫。陆龟蒙《奉酬袭美苦雨见寄》:“横眠木榻忘华荐，对食露葵轻八珍。”

【華薄】 花草丛生之地。薄，草木丛生处。储光羲《苏十三瞻登玉泉寺峰入寺中见赠作》:“依然造华薄，豁尔开灵院。”

【華轂】 代指华美的马车。苏颋《送常侍舒公归觐》:“朱丹华毂送，斑白绮筵舒。”高适《画马篇》:“终未如他枥上骢，载华毂，骋飞鸿。”孟郊《送卢虔端公守复州》:“肃肃太守章，明明华毂熊。”韩偓《访同年虞部李郎中》:“未入庆霄君择肉，畏逢华毂我吹齑。”

【華₃嶽】 即华山。以其为五岳之西岳，故称。李峤《奉和骊山高顶寓目应制》:“迥识平陵树，低看华岳莲。”任华《寄杜拾遗》:“沧海无风似鼓荡，华岳平地欲奔驰。”黄滔《旅怀》:“空有新诗高华岳，已无丹恳出秦城。”

【華₃嶽寺】　亦称“華嶽廟”。即华山下之西岳庙。岑参有《出关经华岳寺访法华云公》。元稹有《华岳寺》。贾竦有《谒华岳庙》。李山甫有《雨后过华岳庙》。

【華₃嶽廟】　见“華嶽寺”。

【華₂鮮】　华美鲜艳。韦应物《观早朝》：“煌煌列明烛，朝服照华鲜。”孟郊《夜忧》：“何当再霖雨，洗濯生华鲜。”

【華₂燭】　华美之蜡烛。亦指明亮的烛火。李颀《琴歌》：“铜炉华烛烛增辉，初弹渌水后楚妃。”顾况《上古之什补亡训传·采蜡一章》：“煌煌中堂，烈华烛兮。”韩愈《江汉答孟郊》：“终宵处幽室，华烛光烂烂。”皮日休《登初阳楼寄怀北平郎中》：“投钩列坐围华烛，格簺分朋占靓妆。”

【華₂蟲】　雉鸡之别称。常为冕服之图案。权德舆《奉和韦曲庄言怀贻东曲外族诸弟》：“燕居平外土，野服参华虫。”亦代指衮服。陈陶《涂山怀古》：“亮曰那并生，唐虞禅华虫。”

【華₂藻】　华美之文辞。陆龟蒙《袭美先辈以龟蒙所献五百言见和再舒鄙怀用伸酬谢》：“一篇迈华藻，万古无孑遗。”又《奉和袭美吴中言怀寄南海二同年》：“曾见凌风上赤霄，尽将华藻赴嘉招。”

【華₂罇】　见“華₂樽”。权德舆《古离别》：“尽此一夕欢，华罇会前墀。”

【華₂麗】　华美。光艳美丽。寒山《诗三百三首》之六十：“洛阳多女儿，春日逞华丽。”杜甫《营屋》：“度堂匪华丽，养拙异考槃。”

【華₂簪】　华美的固冠之簪。因多为显贵所用，故亦以代指显要官职。张九龄《郡舍南有园畦杂树聊以永日》：“苟能秉素节，安用叨华簪。”顾况《游子吟》：“浩歌惜芳杜，散发轻华簪。”张祜《题李山人园林》：“唯道石田堪种黍，不将衰发羡华簪。”韦庄《秦妇吟》：“还将短发戴华簪，不脱朝衣缠绣被。”

【華₂顛】　白头。权德舆《早春南亭即事》：“振衣惭艾绶，窥镜叹华颠。”卢肇《被谪连州》：“黄绢外孙翻得罪，华颠故老莫相嗤。”亦代指暮年。权德舆《贞元七年恩除太常博士》：“摄拜奠清酤，相期保华颠。”

【華嚴】　❶指华严寺。严维《奉和皇甫大夫夏日游花严寺》：“初第华严会，王家少长行。”亦指华严寺所在之华严川，即樊川。许浑有《寄题华严韦秀才院》。❷指佛经《华严经》。白居易《僧院花》：“细看便是华严偈，方便风开智慧花。”

【華嚴寺】　佛寺名。唐贞观中建。在唐长安城南华严川(攀川之一段)边少陵原半坡。岑参有《题华严寺瑰公禅房》。冷朝阳有《同张深秀才游华严寺》。贯休《送僧游五台》：“必到华严寺，凭师问辨公。”

【華嚴經】　佛经名。全称《大方广佛华严经》。中国译本有“六十华严”“八十华严”与“四十华严”等三种。为中国佛教华严宗据以立宗的重要经典。张籍《赠华严院僧》：“遍礼华严经里字，不曾行到寺门前。”

【華₂幰】　犹华车。华美之车。幰，车上之帷幔。卢纶《送崔郊拾遗》：“皎洁无瑕清玉壶，晓乘华幰向天衢。”

【華₂耀】　华光闪耀。亦代指华贵的生活环境。杨巨源《秋夜闲居即事寄蜀郡符处士》：“蓬阆绝华耀，况乃处穷愁。”

【華₂鐘】　上有文饰的钟。刘禹锡《韩十八侍御见示岳阳楼别窦司直诗》：“洪韵发华钟，凄音激清徵。”陆龟蒙《村夜二篇》之二：“堂上考华钟，门前伫高驾。”

【華₂饌】　美餐。杜甫《湖城东遇孟云卿因为醉歌》：“刘侯叹我携客来，置酒张灯促华馔。”

【華₂顯】　荣华显贵。黄滔《寄同年卢员外》：“当年甲乙皆华显，应念槐宫今雪头。”

【華₂鑣】　华美之马勒。常代指马。韩愈《和李相公摄事南郊览物兴怀呈一二知旧》：“上宰严祀事，清途振华镳。”

【華₂鬢】　花白之鬓发。韦应物《月晦忆去年与亲友曲水游宴》：“凋氓积逋税，华鬓集新秋。”

莽〔mǎng《广韵》模朗切，上蕩，明。又莫厚切，明。又莫補切，上姥，明。〕❶草，草丛。杜甫《曲江三章章五句》之二：“即事非今亦非古，长歌激越梢林莽。”吕从庆《春日往栅山吟诗于驴子背上为丛莽所缚卒成之》：“觅句未成垂首索，不知身挂莽林中。”李商隐《送从翁东川弘农尚书幕》：“早朝披草莽，夜缒达丝纶。”贯休《蒿里》：“莽秽榛没，牛羊窸窣。”❷茂盛，繁多。见“莽莽”。❸无涯际貌。杜甫《逃难》：“故国莽丘墟，邻里各分散。”又《忆昔行》：“悬圃沧洲莽空阔，金节羽衣飘婀娜。”苏源明《秋夜小洞庭离宴诗》：“浮涨湖兮莽迢遥，川后礼兮扈予桡。”李群玉《寄短书歌》：“孤台冷眼无来人，楚水秦天莽空阔。”❹荒凉。杜甫《送樊二十三侍御赴汉中判官》：“居人莽牢落，游子方迢递。”又《遣兴三首》之二：“穹庐莽牢落，上有行云愁。”

【莽卓】　指王莽和董卓。王莽曾篡汉自立为，建立新朝。后为农民起义军所杀。董卓曾废少帝，立献帝，专擅朝政，后为吕布所杀。元稹《人道短》：“莽卓恭显，皆数十年富贵。”皮日休《泰伯庙》：“当时尽解称高义，谁敢教他莽卓闻。”韩偓《余卧疾深村因成此篇》：“不羞莽卓黄金印，却笑羲皇白接䍦。”李商隐《送千牛李将军赴阙五十韵》：“马前烹莽卓，坛上揖韩彭。”

【莽茫】 茫茫。杜甫《入衡州》：“福善理颠倒，明征天莽茫。”

【莽茫茫】 旷远迷茫貌。孟浩然《南归阻雪》：“旷野莽茫茫，乡山在何处。”岑参《武威送刘单判官赴安西行营便呈高开府》：“白草磨天涯，湖沙莽茫茫。”

【莽莽】 ❶茂盛貌。刘兼《重阳感怀》之一：“黄茅莽莽连边郡，红叶纷纷落钓舟。”❷无涯际貌。杜甫《秦州杂诗二十首》之七：“莽莽万重山，孤城山谷间。”岑参《走马川行奉送出师西征》：“君不见走马川行雪海边，平沙莽莽黄入天。”刘商《胡笳十八拍·第二拍》：“万里重阴鸟水飞，寒沙莽莽无南北。”薛能《圣灯》：“莽莽空中稍稍灯，坐看迷浊变清澄。”❸迷茫，迷濛。韦应物《途中寄杨邈裴绪示褒子》：“萧萧陟连冈，莽莽望空陂。”杜甫《对雨》：“莽莽天涯雨，江边独立时。”高适《送萧十八与房侍御回还》：“寥寥寒烟静，莽莽夕阴吐。”贯休《秋末江上望》：“莽莽古江滨，纷纷坠叶频。”❹盛多貌。贯休《秋末入匡山船行八首》之七：“莽莽蒹葭赤，微微蜃蛤腥。”

【莽卤】 ❶马虎，粗疏。寒山《诗三百三首》之一六二：“男儿大丈夫，作事莫莽卤。”白居易《和微之诗二十三首·和祝苍华》：“禀质本羸劣，养生仍莽卤。”贯休《送张拾遗赴施州司户》：“道之大道古太古，二字为名争莽卤。”❷荒废。指牙齿落尽。韩愈《赠刘师服》：“只今年才四十五，后日悬知渐莽卤。”❸模糊不清。白居易《双鹦鹉》：“始觉琵琶弦莽卤，方知吉了舌参差。”❹指荒芜之地。柳宗元《酬韶州裴曹长使君寄道州吕八大使》：“食贫甘莽卤，被褐谢斓斒。”❺即卤莽，荒地上的野草。喻指被遗弃。权德舆《早夏青龙寺致斋凭眺感物因书十四韵》：“诈力自湮沦，霸仪终莽卤。”

【莽然】 草木茂盛貌。萧颖士《过河滨和文学张志尹》：“沧桑一以变，莽然翳荆榛。”

【莽渺】 遥远。亦指遥远的路程。顾况《送从兄使新罗》：“晨装凌莽渺，夜泊记招摇。”

【莽苍】 ❶形容景色迷茫。高适《淇上别刘少府子英》：“南登黎阳渡，莽苍寒云阴。”李端《慈恩寺怀旧》：“凄其履还路，莽苍云林暮。”白居易《冀城北原作》：“野色何莽苍，秋声亦萧疏。”李绅《和晋公三首》之三：“穷阴初莽苍，离思渐氛氲。”❷空旷无际貌。于鹄《送迁客二首》之一：“莽苍凌江水，黄昏见塞花。”白居易《羸骏》：“向风嘶一声，莽苍黄河曲。”❸指迷茫的郊野或原野。李嘉祐《题灵台县东山村主人》：“门临莽苍经年闭，身逐嫖姚几日归。”清昼、严伯均《远意联句》：“将游莽苍穷大荒，车辙马足逐周王。”贯休《蜀王登福感寺塔三首》之二：“南照微明连莽苍，峨嵋拥秀接崆峒。”

荚 〔jiá《广韵》古协切，入贴，見。〕❶豆类植物的果实。窦常《之任武陵寒食日途次松滋渡先寄刘员外禹锡》：“杏花榆荚晓风前，云际离离上峡船。”韩愈《晚春》：“榆荚只能随柳絮，等闲撩乱走空园。”白居易《靖安北街赠李二十》：“榆荚抛钱柳展眉，两人并马语行迟。”又《晚春重到集贤院》：“满砌荆花铺紫毯，隔墙榆荚撒青钱。”❷指蓂荚。郑愔《中宗降诞日长宁公主满月侍宴应制》：“月满增祥荚，天长发瑞灵。”参见“荚蓂”。

【荚蓂】 即蓂荚。古代传说中的瑞草名。月朔始生一荚，月半生十五荚，十六日以后落一荚，及晦日而尽。月小则一荚焦而不落，名曰蓂荚。杜牧《分司东都寓居履道叨承川尹刘侍郎大夫恩知上四十韵》：“雪劲孤根竹，风凋数荚蓂。”

莖 〔jīng《广韵》户耕切，平耕，匣。〕❶植物体的一部分，由胚芽发展而成，下部和根连接，上部一般生有枝叶花果。茎的功能是输送水分和养料以支持枝叶花果的生长。一般都直立生长于地面。亦有攀援茎、匍匐茎等，此外还有地下茎，如球茎、鳞茎等。李白《感遇四首》之二：“可叹东篱菊，茎疏叶且微。”白居易《问友》：“根荄相交长，茎叶相附荣。”韩愈《题张十一旅舍三咏·蒲萄》：“新茎未遍半犹枯，高架支离倒复扶。”李群玉《早鸿》：“野水莲茎折，寒泥稻穗空。”❷指直立的柱或竿。杜甫《秋兴八首》之五：“蓬莱宫阙对南山，承露金茎霄汉间。”李商隐《陈后宫》：“寿献金茎露，歌翻玉树尘。”又《送千牛李将军赴阙五十韵》：“趋朝排玉座，出位泣金茎。”❸量词。用于头发等细长的事物。陶岘《西塞山下回舟作》：“白发数茎未得，青山一望计还成。”刘禹锡《秋斋独坐寄乐天兼呈吴方之大夫》：“纤草数茎胜静地，幽禽忽至似佳宾。”朱庆余《赠凤翔司录》：“点检生涯与官职，一茎野竹在身边。”齐己《和孙支使惠示院中庭竹之什》：“忆就江僧乞，和烟得一茎。”

莫 〔mò《广韵》慕各切，入鐸，明。〕❶代词。没有谁，没有什么。玄宗《首夏花萼楼观群臣宴宁王山亭回楼下又申之以赏乐赋诗》序：“万物莫不气兆乎上，而形视乎下。”储光羲《同王十三维哭殷遥》：“游道虽未深，举世莫能贤。”白居易《丘中有一士二首》之一：“举动无尤悔，物莫与之争。”杜荀鹤《读诸家诗》：“辞赋文章能者稀，难中难者莫过诗。”❷副词。(1)表示否定。不，不能。储光羲《樵父词》：“荡漾与神游，莫知是与非。”郑繻华《赋得生刍一束》：“芝兰方入室，萧艾莫同途。”韩愈《和虞部卢四酬翰林钱七赤藤杖歌》：“途经百国皆莫识，君臣聚观逐旌麾。”项斯《蛮家》：“不逢寒便老，相问莫知年。”(2)表示劝戒。不要；不可，不能。王缙《九日作》："莫将边地比京都，八月严霜草已枯。"卢纶《送从侄滁州觐省》："上堂多庆乐，不醉莫停杯。"李商隐《览古》："莫恃金汤忽太平，草间霜露古今情。"刘沧《赠颛顼山人》："知君济世有长策，莫问沧浪隐钓矶。"(3)表示揣测。或许；大约；莫非。杜甫《秋日寄题郑监湖上亭三首》之三："赋诗分气象，佳句莫频频。"王諲《闺情》："昨来频梦见，夫婿莫应知。"贾岛《惊雪》："莫是天上宫里唱，歌声飘下玉梁尘。"崔道融《春闺》："辽阳在何处，莫望寄征袍。"❸无；没有。欧阳詹《东风二章》之一："莫雪凝川，莫阴冱郊。"❹姓。唐诗人有莫仲卿等。

【莫公臺】 台名。在今四川蒲江县。杜光庭有《题莫公台》。莫公，事不详。杜光庭文集中屡次提莫庭乂，或为其人。

【莫邪】 (一yé)亦作"莫耶"。传说春秋吴王阖庐使干将铸剑，铁汁不下，其妻莫邪自投炉，铁汁乃出，铸成雌雄二剑。雄剑名干将，雌剑名莫邪。见汉赵晔《吴越春秋·阖闾内传》。后用作剑名。刘叉《冰柱》："人不识，谁为当风杖莫邪。"李白《窜夜郎于乌江留别宗十六璟》："拙妻莫邪剑，及此二龙随。"白居易《和微之诗二十三首·和三月三十日四十韵》："池古莫耶沉，石奇罗刹踞。"

【莫仲節】 即莫中卿，字仲节。柳珪有《送莫仲节状元归省》。

【莫如】 不如。白居易《贺雨》："莫如率其身，慈和与俭恭。"

【莫走】 曲调名。莫走，留客勿行之意。五言四句二十字，二平韵。传辞如五绝，首句以仄起，首二句对。始创者为白居易，有《莫走柳条词送别》。

【莫耶】 见"莫邪"。

【莫若】 不如。白居易《和微之诗二十三首·和知非》："第一莫若禅，第二无如醉。"

【莫侍御】 今人赵钺疑为莫行憕，参见《唐御史台精舍题名考》卷二。张谓有《道林寺送莫侍御》。参见《唐诗人名汇考》。

【莫思歸】 词牌名。即《抛球乐》。《抛球乐》原为五言六句的声诗，唐人抛球催酒时所唱，教坊因以为曲名。后用为词牌。有单调三十字、四十字、四十一字者，亦有双调、单调毕平韵，双调仄韵。单调四十字词为冯延巳所创。《全唐诗》外编下录有冯延巳《莫思归》词，题下注："即抛球乐。"全词四十字，第五句五字，其余各句均七字，平韵。

【莫是】 莫非是，或许是。窦常《奉寄辰州房使君郎中》："何妨密旨先符竹，莫是除书误姓名。"权德舆《玉台体十二首》之一一："铅华不可弃，莫是藁砧归。"马戴《题女道士居》："共知仙女丽，莫是阮郎妻。"周昙《咏史诗·六朝门·再吟梁武帝》："莫是自长嫌胜己，蔽贤犹执匹夫才。"

【莫逆】 用以指彼此交谊深厚，志同道合。语出《庄子·大宗师》。李白《忆旧游寄谯郡元参军》："海内贤豪青云客，就中与君心莫逆。"刘禹锡、白居易《乐天是月长斋联句》："笑言诚莫逆，造次必相箴。"亦指知心朋友。卢仝《萧宅二三子赠答诗二十首·客答石》："主人幸未来，与君为莫逆。"

【莫逆交】 指志同道合的朋友。陆龟蒙《奉和袭美新秋言怀三十韵次韵》："好作忘机士，须为莫逆交。"参见"莫逆"。

【莫宣卿】 唐诗人。字仲节。封州(今广东封开)人。大中五年应制科，以第一名登第。官台州别驾。《全唐诗》卷五六六录其诗四首。

【莫莫】 草木茂盛貌。温庭筠《古意》："莫莫复莫莫，丝萝缘涧壑。"

【莫落】 即落寞，冷落。王梵志《前人敬吾重》："君看我莫落，还同陌路人。"

【莫须】 毋须，也许。杜甫《晚秋陪严郑公摩诃池泛舟得溪字》："莫须惊白鹭，为伴宿青溪。"

【莫道】 不要说。王建《送迁客》："天涯莫道无回日，上岭还逢向北人。"牟融《春日山亭》："莫道愁多因病酒，只缘命薄不辞贫。"张祜《赠处士》："人间莫道无难事，二十年来已是玄。"刘损《愤惋诗三首》之三："莫道诗成无泪下，泪如泉滴亦须干。"

【莫测】 没有办法揣测。杜甫《渼陂行》："沉竿续蔓深莫测，菱叶荷花静如拭。"李峤《过洞庭》："升腾人莫测，安稳路何忧。"

【莫愁】 古乐府中传说的女子。一说为洛阳人，为卢家少妇。见南朝梁武帝《河中之水歌》。别一说为石城(在今湖北钟祥市)人。《旧唐书·音乐志二》。后用以借指美女。徐彦伯《拟古三首》之三："中有绮罗人，可怜名莫愁。"武元衡《赠佳人》："步摇金翠玉搔头，倾国倾城胜莫愁。"李商隐《马嵬二首》之二："如何四纪为天子，不及卢家有莫愁。"韦庄《忆昔》："西园公子名无忌，南国佳人号莫愁。"

【莫愁曲】 (曲 qǔ)乐府旧题，属清商曲辞。李贺和徐凝均有《莫愁曲》。

【莫愁樂】 (樂 yuè)乐府旧题。《乐府诗集·清商曲辞五》："《唐书·乐志》曰：'《莫愁乐》者，出于《石城乐》。石城有女子名莫愁，善歌谣。石城乐和中复有忘愁声，因有此歌。"张祜有《莫愁乐》。

【莫徭】 瑶族的古称。见《隋书·地理志下》。杜甫《岁晏行》："渔父天寒网罟冻，莫徭射雁鸣桑弓。"顾况《酬漳州张九使君》："薜鹿莫徭洞，网鱼卢亭洲。"

【莫錯】 烦乱。李白《驾去温泉后赠杨山人》："自言管葛竟谁许，长吁莫错还闭关。"又《寄远十一首》之十一："恩情婉娈忽为别，使人莫错乱愁心。"

莧 〔xiàn《广韵》侯襇切，去襇，匣。〕指人苋。苋的一种，野生，俗称野苋菜，可食，亦可人药。杜甫《种莴苣》序："既雨已秋，堂下理小畦，隔种一两席许莴苣，向二旬矣，而苣不甲拆，伊人苋青青。"其诗云："苋也无所施，胡颜入筐篚。"

莠 〔yǒu《广韵》與久切，上有，以。〕草名。因其穗形像狗尾，故俗名狗尾巴草。为一种常见田间杂草。生禾粟下，似禾非禾，秀而不实。杜甫《枯棕》："念尔形影干，摧残没藜莠。"卢纶《客舍苦雨即事寄钱起郎士元二员外》："莠盛终无实，槎枯返有蕈。"陆龟蒙《江南秋怀寄华阳山人》："性湍休激浪，言莠罢抽萌。"罗隐《贵池晓望》："稂莠参天剪未平，且乘孤棹且行行。"

【莠苗】 恶草。刘禹锡《春日寄杨八唐州二首》之二："漠漠淮上春，莠苗生故垒。"

【莠蒿】 莠草和蒿草。均田间杂草。杜甫《遣遇》："贵人岂不仁，视汝如莠蒿。"

莓 〔méi《广韵》莫杯切，平灰，明。又莫佩切，去队，明。又亡救切，去宥，微。〕❶苔藓。参见"莓苔"。❷见"莓莓"。

【莓苔】 青苔。储光羲《同诸公秋日游昆明池思古》："豫章尽莓苔，柳杞成枯枝。"孟郊《自商行谒复州卢使君虔》："商岭莓苔滑，石坂上下频。"杜牧《早雁》："莫厌潇湘少人处，水多菰米岸莓苔。"胡令能《小儿垂钓》："蓬头稚子学垂纶，侧坐莓苔草映身。"

【莓莓】 ❶草盛貌。王宏《从军行》："山边叠叠黑云飞，海畔莓莓青草死。"权德舆《奉和鄜州刘大夫麦秋出师遮虏有怀中朝亲故》："兰坊分杳杳，麦垅望莓莓。"❷多，浓。无名氏《膏泽多丰年》："帝德方多泽，莓莓井径同。"

荷1 〔hé《广韵》胡歌切，平歌，匣。〕植物名。即莲。多年生水生宿根草木，夏季开花，色淡红或白，有清香。其肥大根茎为藕，可供食用。藕节、莲子、荷叶均可入药。孟浩然《夏日南亭怀辛大》："荷风送香气，竹露滴清响。"杜甫《曲江三章》之一："曲江萧条秋气高，菱荷枯折随风涛。"又《到林》："蛟龙引子过，荷芰逐花低。"韩愈《奉和钱七兄曹长盆池所植》："翻翻江浦荷，而今生在此。"

荷2 〔hè《广韵》胡可切，上哿，匣。〕❶肩负，扛。杜甫《无家别》："方春独荷锄，日暮还灌畦。"又《夏夜叹》："念彼荷戈士，穷年守边疆。"❷承受；承蒙。杜甫《端午日赐衣》："意内称长短，终身荷圣情。"又《建都十二韵》："牵裾恨不死，漏网荷殊恩。"韩愈《元日酬蔡州马二十尚书》："元日新诗已去年，蔡州遥寄荷相怜。"

【荷衣】 ❶传说中用荷叶制成的衣裳。借指高人、隐士之服。见《文选·孔稚珪〈北山移文〉》。钱起《送邬三落第还乡》："荷衣垂钓且安命，金马招贤会有时。"❷指荷叶。李白《赠闾丘处士》："竹影扫秋月，荷衣落古池。"

【荷花】 莲的花。夏季开放。有红色、白色等。有清香。杜甫《渼陂行》："沉竿续蔓深莫测，菱叶荷花静如拭。"

【荷杯】 即荼叶杯。戴叔伦《南野》："茶烹松火红，酒吸荷杯绿。"

【荷珠】 荷叶上的水珠、露珠。杜甫《宇文晁尚书之甥崔彧司业之孙尚书之子重泛郑监前湖》："尊当霞绮轻初散，棹拂荷珠碎却圆。"温庭筠《薛氏池垂钓》："池塘经雨更苍苍，万点荷珠晓气凉。"

【荷扇】 即荷叶。荷叶形似扇，故称。陆龟蒙《渔具诗·射鱼》："抨弦断荷扇，溅血殷菱蕊。"

【荷笠】 荷叶制成的斗笠。皮日休《太湖诗·雨中游包山精舍》："薜带轻束腰，荷笠低遮面。"韦庄《赠渔翁》："草衣荷笠鬓如霜，自说家编楚水阳。"

【荷絲】 即藕丝。崔国辅《杭州北郭戴氏荷池送侯愉》："折花赠归客，离绪断荷丝。"

【荷葉杯】 ❶本为唐教坊曲名。取隋殷英童《采莲曲》中"荷叶捧成杯"句以为名。后用作词牌。有单调、双调两体。单调又分两体，一体二十三字，以两平韵为主，四仄韵为辅，转换错叶；一体二十六字，以三平韵加一迭韵为主，两仄韵为辅。双调五十字，前后处各三平韵两仄韵。《全唐诗》卷八九二录韦庄双调《荷叶杯》词两首，卷八九四录顾敻单调《荷叶杯》词九首，卷八九一录温庭筠单调《荷叶杯》诗三首。❷荷叶中心凹处下莲茎，可刺穿茎作酒杯饮用。白居易《酒熟忆皇甫十》："疏索柳花碗，寂寥荷叶杯。"

【荷裳】 ❶以荷叶做衣服，示其人之高洁。出《楚辞·离骚》。后遂以指隐者之服。刘长卿《喜朱拾遗承恩拜命赴上都》："诏书征拜脱荷裳，身去东山闭草堂。"亦借指隐士。王昌龄《送欧阳会稽之任》："应须枉车歇，为我访荷裳。"❷指荷叶。韩翃《送客归江州》："风吹山带遥知雨，露湿荷裳已报秋。"

荼 〔tú《广韵》同都切，平模，定。又食遮切，平麻，船。又宅加切，平麻，澄。〕❶苦菜。见《诗·邶风·谷风》。杜甫《狄明府》："时危始识不世才，谁谓荼苦甘如荠。"独孤及《季冬自嵩山赴洛道中作》："甘心赴国难，谁谓荼叶苦。"温庭筠《病中书怀呈友人》："威容尊大树，刑法避秋荼。"❷田间杂草。参见"荼蓼❶"。❸毒害，残害。吴融《平望蚊子二十六韵》:"岂是有主者,此乡宜毒荼。"

【荼堇】 指田间野草。柳宗元《游南亭夜还叙志七十韵》:"螟蛉愿亲燎,荼堇甘自薅。"

【荼蓼】 ❶荼和蓼。泛指田间沼泽中的杂草。李咸用《放歌行》:"蠢蠢荼蓼虫,薨薨避葵荠。"❷荼味苦,蓼味辛,故用以喻艰难困苦。李贺《春归昌谷》:"逸目骈甘华,羁心如荼蓼。"鲍溶《子规》:"荼蓼久已甘,空劳堇葵惠。"

莩 〔fú《广韵》芳無切,平虞,敷。〕❶植物茎杆里的白膜。李商隐《百果嘲樱桃》:"珠实虽先熟,琼莩纵早开。"温庭筠《病中书怀呈友人》:"浪言辉棣萼,何所托葭莩。"❷指蓂荚。李绅《趋翰苑遭诬构四十六韵》:"庭兽方呈角,阶蓂始效莩。"

荻 〔dí《广韵》徒歷切,入錫,定。〕植物名。多年生草本,与芦同类。生于水边或沼泽地。根茎都有节似竹,叶抱茎生,秋节开花,有紫、白、草黄等诸色花穗。茎可编席箔。戴叔伦《和河南罗主簿送校书兄归江南》:"海门潮滟滟,沙岸荻苍苍。"刘得仁《泾川野居晚望》:"风起芦蒹荻,烟生柘与桑。"沈彬《都门送别》:"岸柳萧疏野荻秋,都门行客莫回头。"

【荻花】 荻之花,秋节开放,有紫、白、草黄诸色。李嘉祐《送夏侯审参军游江东》:"荻花寒漫漫,鸥鸟暮群群。"皎然《答裴评事澄荻花间送梁肃拾遗》:"波上荻花非雪花,风吹撩乱满袈裟。"权德舆《玉山岭上作》:"荻花偏似雪,枫叶不禁霜。"曹邺《碧寻宴上有怀知己》:"荻花芦叶满溪流,一簇笙歌在水楼。"

【荻苗】 荻的花穗。李峤《和杜学士旅次淮口阻风》:"水雁衔芦叶,沙鸥隐荻苗。"

【荻筍】 荻的幼苗,似笋,故名。卢象《竹里馆》:"柳林春半合,荻笋乱无丛。"刘禹锡《春日寄杨八唐州二首》之二:"梨花方城路,荻笋萧陂水。"齐己《戊辰岁湘中寄郑谷郎中》:"上国杨花乱,沧洲荻笋深。"乾康《经方干旧居》:"荻笋抽高节,鲈鱼跃老鳞。"

【荻簾】 用荻茎编的帘子。白居易《自题小草亭》:"壁宜藜杖倚,门称荻帘垂。"

莘 〔shēn《广韵》所臻切,平臻,生。〕❶参见"莘莘"。❷古国名,亦称有辛、有莘、有侁。在今山东曹县北。古史云汤娶有莘之女,即其国。参见"莘野"。

【莘莘】 众多貌。李贺《兰香神女庙》:"兰桂吹浓香,菱藕长莘莘。"

【莘野】 《孟章·万章上》:"伊尹耕于有莘之野。"赵岐注:"有莘,国名。伊尹初隐之时,耕于有莘之。"齐己《赠白处士》:"莘野居何定,浮生知是谁。"

莎[1] 〔suō《广韵》蘇禾切,平戈,心。〕❶草名。即莎草。刘希夷《捣衣篇》:"君看月下参差影,为听莎间断续声。"张籍《招周居士》:"闭门秋雨湿墙莎,俗客来稀野思多。"姚合《武功县中作三十首》之九:"到官无别事,种得满庭莎。"齐己《访自牧上人不遇》:"高房度江雨,经月长寒莎。"❷通"蓑"。参见"莎衣""莎裳"。

莎[2] 〔shā《集韵》師加切,平麻,生。〕参见"莎$_2$雞"。

【莎衣】 蓑衣。莎,通"蓑"。司空图《杂题九首》之八:"樵香烧桂子,苔湿挂莎衣。"

【莎車】 汉西域国名。故地在今新疆莎车县。王维《送宇文三赴河西充行军司马》:"蒲类成秦地,莎车属汉家。"

【莎城】 长满莎草的城墙。李端《送何兆下第还蜀》:"高木莎城小,残星栈道长。"皎然《夏日登观农楼和崔使君》:"霏微过麦陇,萧散傍莎城。"张籍《送严大夫之桂州》:"莎城百越北,行路九疑南。"

【莎草】 植物名。多年生草本,多生于潮湿处或河边沙地。茎直立,三棱形。叶细长,色深绿,质硬有光泽。块茎称"香附子",可入药。李白《忆旧游寄谯郡元参军》:"浮舟弄水箫鼓鸣,微波龙鳞莎草绿。"卢纶《泊扬子江岸》:"空怜莎草色,长接故园春。"姚合《题田将军宅》:"焚香书院最风流,莎草缘墙绿藓秋。"李群玉《黄陵庙》:"黄陵庙前莎草春,黄陵女儿茜裙新。"

【莎柵】 地名。在新安县(今属河南)西。韩愈、孟郊有《莎栅联句》。权德舆《发硖石路上却寄内》:"莎栅东行五谷深,千峰万壑雨沉沉。"

【莎庭】 长满莎草的庭院。刘沧《访友人郊居》:"登原过水访相如,竹坞莎庭似故居。"谭用之《闲居寄陈山人》:"破梦晓钟闻竹寺,沁心秋雨浸莎庭。"

【莎徑】 亦作"莎逕"。布满莎草的路径。朱庆余《和刘补阙秋园寓兴之什十首》之六:"碧石当莎径,寒烟冒竹林。"许浑《病中二首》之二:"风急柳溪响,露寒莎径深。"徐铉《和陈洗马山庄新泉》:"便疏浅濑穿莎径,始有清光映竹林。"伍彬《夏日喜雨》:"稚子出看莎径没,渔翁来报竹桥流。"

【莎逕】 见"莎徑"。

【莎臺】 长满莎草之台。白居易《题新居寄宣州崔相公》:"疏通竹径将迎月,扫掠莎台欲待春。"张籍《和左司元郎中秋居十首》之五:"莎台乘晚上,竹院就凉眠。"姚合《题郑驸马林亭》:"莎台高出树,藓壁净题诗。

【莎裳】 蓑衣。莎,通"蓑"。皮日休《吴中言情寄鲁望》:“为说松江堪老处,满船烟月湿莎裳。”又《太湖诗·晓次神景宫》:“浓露湿莎裳,浅泉渐草屦。”

【莎鞋】 草鞋。吕岩《勉牛生夏侯生》:“酬名利兮狂歌醉舞,酬富贵兮麻裰莎鞋。”

【莎齋】 犹言草斋。郑谷《寄怀元秀上人》:“得句如相忆,莎斋且见招。”

【莎$_2$雞】 虫名。又名络纬。俗称纺织娘、络丝娘。李白《酬张卿夜宿南陵见赠》:“鲁女惊莎鸡,鸣机应秋节。”李贺《房中思》:“谁能事贞素,卧听莎鸡泣。”元稹《秋夕远怀》:“丹鸟月中灭,莎鸡床下鸣。”韩琮《秋晚信州推院亲友或责无书即事寄答》:“仙鼠犹惊燕,莎鸡欲变蛩。”

莞[1] 〔guān《广韵》古丸切,平桓,見。又胡官切,平桓,匣。〕植物名。俗名水葱、席子草。韩愈《剥啄行》:“空堂幽幽,有秸有莞。”

莞[2] 〔wǎn《广韵》户板切,上潸,匣。〕微笑貌。韩愈《赠张籍》:“薄暮归见君,迎我笑而莞。”

【莞席】 用莞草织的席子。韩愈《题秀禅师房》:“桥夹水松行百步,竹床莞席到僧家。”

【莞蒻】 莞和蒻是两种编席的浦草。借指用蒲草编的草席。韩愈、李正封《晚秋郾城夜会联句》:“安行庇松篁,高卧枕莞蒻。”

【莞簟】 蒲席与竹席。王维《酬诸公见过》:“愧无莞簟,班荆席藁。”又《苦热》:“莞簟不可近,絺綌再三濯。”

莊 〔zhuāng《广韵》侧羊切,平陽,莊。〕❶严肃,庄重。则天皇后《唐享昊天乐·第六》:“敢希明德,幸罄庄心。”杨巨源《和卢谏议朝回书情即事寄两省阁老兼呈二起居谏院诸院长》:“危言直且庄,旷抱郁以摅。”郑谷《寄察院李侍御文炬》:“参集行多揖,风仪见即庄。”❷村庄。王昌龄《别李浦之京》:“小弟邻庄尚渔猎,一封书寄数行啼。”卢纶《秋晚霁后野望忆夏侯审》:“野店云日丽,孤庄砧杵鸣。”元稹《西归绝句十二首》之九:“若到庄前竹园下,殷勤为绕故山流。”李群玉《送客往涔阳》:“蘋生水绿不归去,孤负东溪七里庄。”❸封建时代皇室、贵族、地主、官僚等占有并经营的大片土地。参见“莊田”“莊園”。❹姓。特指庄周。白居易《哭崔常侍晦叔》:“惠死庄杜口,钟殁师废琴。”薛能《华清宫和杜舍人》:“杜鹃魂厌蜀,蝴蝶梦悲庄。”

【莊子】 ❶指庄园。寒山《诗三百三首》之八:“庄子说送终,天地为棺椁。”皇甫冉《题高云客舍》:“阮公道在醉,庄子生常养。”齐己《湘江渔父》:“曾受蒙庄子,逍遥一卷经。”❷指《庄子》。白居易《赠苏炼师》:“犹嫌庄子多词句,只读逍遥六七篇。”

【莊王】 指春秋楚庄王。周穆王十二年即位,在位二十三年。庄王好猎,夫人樊姬谏而不听,姬乃不食禽兽之肉。于是庄王改过,勤于政事。见汉刘向《列女传》卷二。白居易《杂兴三首》之一:“回眸语君曰,昔闻庄王时。”

【莊布】 唐诗人。与皮日休同时。见《江南余载》卷下。《全唐诗补编》录其《石榴歌》一首。

【莊田】 指封建社会中皇室、贵族、地主、官僚等占有并经营的大片土地。王梵志《诗》之一〇〇:“多置庄田广修宅,四邻买尽犹嫌窄。”又《诗》之一〇一:“造作庄田犹未已,堂上哭声身已死。”

【莊生】 即庄子。刘长卿《同姜濬题裴式微徐干东斋》:“吏体庄生傲,方言楚俗讹。”高适《古乐府飞龙曲留上陈左相》:“天地庄生马,江湖范蠡舟。”皎然《答郑方回》:“庄生诫近名,夫子罕言命。”白居易《隐几赠客》:“忽思庄生言,亦拟鞭其后。”

【莊主】 庄园主人。薛能《题于公花园》:“含桃庄主后园深,繁实初成静扫阴。”

【莊老】 ❶庄周和老聃。无名氏《廉州人歌》(卷八七四):“廉州颜有道,性行同庄老。”❷《庄子》和《老子》。张祜《读老庄》:“昨日偶拈庄老读,万寻山上一毫厘。”

【莊宅】 村庄住宅。孟郊《寄义兴小女子》:“江南庄宅浅,所固唯疏篱。”白居易《吾土》:“不用将金买庄宅,城东无主是春光。”

【莊辛】 战国楚人。见《战国策·楚策四》。刘驾《空城雀》:“不闻庄辛语,今日寒芜绿。”

【莊若訥】 唐诗人。密州莒县(今山东莒县)人。天宝十载进士。《全唐诗》卷二〇四录其《湘灵鼓瑟》一首。

【莊周】 即庄子。战国时哲学家、道家。宋国蒙(今河南商丘市东北)人。曾为漆园吏。家贫,曾借粟于监河侯,但拒绝楚威王厚礼相聘。他继承和发展老子“道法自然”的思想,认为“道”无所不在。强调事物的自生自化,否认有任何主宰。著有《庄子》。韩愈《落齿》:“我言庄周云,水雁各有喜。”张祜《哭京兆庞尹》:“也知世路名堪贵,谁信庄周论物齐。”齐己《渚宫自勉二首》之二:“从他笑轻事,独自忆庄周。”范质《诫儿侄八百字》:“仕宦不喜达,吏隐同庄周。”

【莊周夢】 庄子梦蝶的故事。表现了生活如梦幻的思想。见《庄子·齐物论》。后以“莊周夢”比喻梦境,并成为咏梦、咏蝶的典故。柳宗元《朗州窦常员外寄刘二十八诗见促行骑走笔酬赠》:“疑比庄周梦,情如苏武归。”罗隐《蝶》:“此物那堪作,庄周梦不成。”亦作“莊叟夢”。吴融《红白牡丹》:“看久愿成庄叟梦,惜留须倩鲁阳戈。”

【莊店】 村庄小店。白居易《秋日与张宾客舒著作同游龙门醉中狂歌凡二百三十八字》:"南出鼎门十八里,庄店逦迤桥道平。"

【莊城】 地名。在今江苏常州市金坛区西北。綦毋潜有《送储十二还庄城》。

【莊恪太子】 李永。穆宗太子。开成三年十月薨于少阳院,谥曰庄恪。见《新唐书·文宗纪下》。姚合有《庄恪太子挽词二首》。

【莊叟】 即庄子。见《庄子·山木》。又据《史记·老子列传》附《庄周传》,庄子曾将拥有千金重利和卿相尊位之人喻之为养以待宰杀供享太庙的牲牛。唐诗中多咏此二事。李嘉祐《送韦司直西行》:"能文兼证道,庄叟是前身。"李商隐《寄太原卢司空三十韵》:"庄叟虚悲雁,终童漫识鼮。"薛逢《惊秋》:"长笑李斯称溷鼠,每多庄叟喻牺牛。"罗隐《村桥》:"莫学鲁人疑海鸟,须知庄叟恶牺牛。"

【莊叟夢】 见"莊周夢"。

【莊盆】 庄周妻死,惠施吊之。庄周方箕踞鼓盆而歌。见《庄子·至乐》。后遂以"庄盆"谓丧妻之悲。薛逢《送韩绛归淮南寄韩绰先辈》:"相逢且问昭州事,曾鼓庄盆对逝川。"

【莊姜恨】 指庄姜与戴妫分别时产生的悲恨。见《〈诗·邶风·燕燕〉序》。诗中借"燕燕"起兴。后因借以咏燕。李山甫《燕》:"整羽庄姜恨,回身汉后轻。"

【莊陵】 唐敬宗李湛陵墓。在今陕西三原县东北。张籍有《庄陵挽歌词三首》。

【莊納】 当即庄若讷,与钱起同年进士。钱起、庄若讷均有《省试湘灵鼓瑟》。皇甫冉有《逢庄纳因赠》。

【莊惠】 庄周和惠施。见《庄子·秋水》。白居易《池上寓兴二绝》之一:"濠梁庄惠谩相争,未必人情知物情。"

【莊筌】 指捕鱼器。《庄子·外物》有"得鱼忘筌"之语,故名。任希古《和东观群贤七夕临泛昆明池》:"惊鸿絓蒲弋,游鲤入庄筌。"

【莊舄吟】 庄舄,战国时越人。也称越舄。为官于楚,病中思越而吟越声。见《史记·张仪列传》。后用"莊舄吟"指怀乡之咏与感伤之情。白居易《酬梦得贫居咏怀见赠》:"病添庄舄吟声苦,贫欠韩康药债多。"李德裕《夏晚有怀平泉林居》:"岂待庄舄吟,方知倦羁旅。"

【莊椿】 祝人长寿之词。见《庄子·逍遥游》。故后以"莊椿"为长寿之词。罗隐《钱尚父生日》:"锦衣玉食将何报,更俟庄椿一举头。"贯休《大蜀皇帝潜龙日述圣德诗五首》之四:"尽祝庄椿同寿考,人间岁月岂能催。"又《寿春节进大蜀皇帝五首》之五:"今朝献寿将何比,愿似庄椿一万寻。"

【莊園】 封建社会里皇室、贵族、地主、官僚等占有并经营的大田庄。元稹《连昌宫词》:"庄园烧尽有枯井,行宫门闭树宛然。"

【莊蝶】 同"莊周夢"。元稹《奉和浙西大夫李德裕述梦四十韵次本韵》:"庄蝶玄言秘,罗禽藻思高。"

【莊翱】 唐诗人。文宗、武宗间人,与贾岛同时,并有交往。《全唐诗逸》卷中录其《寻幽居不遇》一首,断句四联。

【莊南傑】 唐诗人。文宗、武宗时人。与贾岛同时。《全唐诗》卷四七〇录其《湘弦曲》等诗五首,《全唐诗》卷八八四录其《红蔷薇》等诗四首,《全唐诗外编》录其《寄郑碏叠石砚歌》一首。

【莊嚴】 ❶佛教语。谓以福德等净化身心。寒山《诗三百三首》之二六一:"十善化四天,庄严多七宝。"段义宗《又题三学院楼》:"当今积善竞修崇,七宝庄严作梵宫。"❷指庄严寺。长安名刹。宋之问有《奉和圣制闰九月九日登庄严总持二寺阁》。李洞有《和刘驾博士赠庄严律禅师》。

【莊嚴寺】 长安名刹。隋初置,始名禅定寺,文帝为献后所建。唐武德元年改名庄严寺。郑谷有《题庄严寺休公院》。

【莊嚴禪院】 即庄严寺。会昌六年曾改名圣寿寺,后复旧名。为长安名刹。李洞有《避暑庄严禅院》。

【莊辯】 庄子的论辩。庄子好辩,故称。陆龟蒙《奉酬袭美先辈吴中苦雨一百韵》:"常参庄辩里,亦造扬玄末。"又《奉和袭美古杉三十韵》:"拥肿烦庄辩,槎牙费庾词。"

八 画

菁 〔jing《广韵》子盈切,平清,精。〕❶华采。参见"菁英""菁華"。❷蔓菁。又名芜菁。菜名。杜甫《暇日小园散病将种秋菜督勒耕牛兼书触目》:"冬菁饭之半,牛力晚来新。"白居易《江州赴忠州至江陵已来舟中示舍弟五十韵》:"水餐红粒稻,野茹紫花菁。"

【菁英】 精华,精英。陆龟蒙《杂讽九首》之五:"流堪洒菁英,风足去稗秕。"齐己《因览支使孙中丞看可准大师诗序有寄》:"一千篇里选。三百首菁英。"

【菁茆】 见"菁茅"。

【菁茅】 亦作"菁茆"。茅之一种,有刺。一说,菁茅为二物。柳宗元《游朝阳岩遂登西亭二十韵》:"惜非吾乡土,得以荫菁茆。"又《巽公院五咏·禅堂》:"发地结菁茅,团团抱虚白。"

【菁華】 精华。杜甫《秋日夔府咏怀奉寄郑监李宾客一百韵》："筋力妻孥问，菁华岁月迁。"皎然《奉陪颜使君修韵海毕东溪泛舟饯诸文士》："菁华兼百氏，缣素备三坟。"权德舆《伏蒙十六叔寄示喜庆感怀三十韵因献之》："道义集天爵，菁华极人文。"薛能《蜀州郑史君寄鸟觜茶因以赠答八韵》："衔芦齐劲实，啄木聚菁华。"

著[1] 〔zhù《广韵》陟慮切，去御，知。〕❶明显，显著。杜甫《旅夜书怀》："名岂文章著，官因老病休。"❷撰述。杜甫《十二月一日三首》之二："新亭举目风景切，茂陵著书消渴长。"又《遣兴五首》之三："观其著诗集，颇亦恨枯槁。"

著[2] 〔zhuó《广韵》張略切，入藥，知。又直略切，入藥，澄。〕❶依附；附着。杜甫《秋雨叹三首》之一："著叶满枝翠羽盖，开花无数黄金钱。"韩愈《秋怀诗十一首》之九："霜风侵梧桐，众叶著树乾。"❷接触，贴近。方干《冬夜泊僧舍》："照墙灯焰细，著瓦雨声繁。"❸穿；戴。杜甫《魏将军歌》："将军昔著从事衫，铁马驰突重两衔。"又《至日遣兴奉寄两院故人二首》之一："无路从容陪语笑，有时颠倒著衣裳。"又《归来》："洗杓开新酝，低头拭小盘。"❹排列。杜甫《郪城西原送李判官兄武判官弟赴成都府》："野花随处发，官柳著行新。"❺生长；增添。韩愈《感春四首》之四："画蛇著足无处用，两鬓雪白尘趋埃。"❻贪恋，迷恋。韩愈《李花赠张十一署》："念昔少年著游燕，对花岂省曾辞杯。"又《赠张籍》："吾老著读书，余事不挂眼。"❼表示使令。王建《和蒋学士新授章服》："看宜赐处惊回眼，著谢恩时便称身。"❽花费。白居易《府酒五绝·自劝》："十千一斗犹赊饮，何况官供不著钱。"❾介词。(1)用，拿。白居易《祭社宵》："欲将闲送老，须著病辞官。"又《还李十一马》："传语李君劳寄马，病来唯著杖扶身。"(2)在。杜甫《寄岳州贾司马六丈巴州严八使君两阁老五十韵》："晚著华堂醉，寒重绣被眠。"

著[3] 〔zhāo〕围棋下子。亦指招数，喻指计策或手段。贯休《棋》诗："著高图暗合，势王气弥骄。"

著[4] 〔zháo〕❶燃烧。杜甫《初冬》："渔舟上急水，猎火著高林。"贯休《送僧归日本》："流黄山火著，碇石索雷鸣。"❷遭受，受到。杜甫《曲江对雨》："林花著雨燕脂落，水荇牵风翠带长。"❸用在动词后，表示已经达到目的或有了结果。杜甫《绝句漫兴九首》之三："衔泥点污琴书内，更接飞虫打著人。"

著[5] 〔zhe〕助词。紧接动词后，表示动作、状态的持续。贯休《观怀素草书歌》："忽如鄂公喝住单雄信，秦王肩上搭著枣木槊。"

【著₂力】 尽力，用力。吴涵虚《上升歌》："玉皇有诏登仙职，龙吐云兮凤著力。"

【著₂手】 动手。韩愈《石鼓歌》："牧童敲火牛砺角，谁复著手为摩挲。"

【著₂令】 下令，责成。李白《酬殷明佐见赠五云裘歌》："故人赠我我不违，著令山水含清晖。"

【著₂衣】 穿衣。项斯《宿山寺》："中宵能得几时睡，又被钟声催著衣。"

【著₂花】 长出花蕾或花朵。王维《杂诗三首》之二："来日绮窗前，寒梅著花未。"

【著作】 指著作郎，官名，三国魏明帝始置，属中书省。主管编修国史，为专职史官。唐代主管著作局，职掌撰拟文字，曾一度改为司文郎中。著作郎下有著作佐郎、校书郎、正字等属官。贾彦璋有《苏著作山池》。

【著₂莫】 ❶撩拨，沾惹。郑谷《梓潼岁暮》："酒美消磨日，梅香著莫人。"❷折磨，捉弄。李九龄《过相思谷》："正被离愁著莫人，那堪更过相思谷。"

【著₂處】 (一chù)处处，到处。杜甫《清明》："著处繁华务是日，长沙千人万人出。"又《远游》："贱子何人记，迷芳著处家。"王涯《游春词二首》之二："经过柳陌与桃蹊，寻逐春光著处迷。"

【著₂鞭】 出《晋书·刘琨传》。犹言着手进行，开始做。后常用以勉励人努力进取。杜甫《秋日夔府咏怀奉寄郑监李宾客一百韵》："富贵空回首，喧争懒著鞭。"韩翃《家兄自山南罢归献诗叙事》："时辈已争先，吾兄未著鞭。"

菱 〔líng《广韵》力膺切，平蒸，來。〕❶一年生水生草本植物。水上叶棱形，叶柄上有浮囊，开白花。果实有硬壳，有红、青、白诸色，一般有角，俗称菱角。杜易简《湘川新曲二首》之二："二八相招携，采菱渡前溪。"孟郊《临池曲》："池中春蒲叶如带，紫菱成角莲子大。"周贺《送耿山人归湖南》："南行随越僧，别业几池菱。"褚载《鹤》："欲洗霜翎下涧边，却嫌菱刺污香泉。"❷指菱花形的花纹。周匡物《古镜歌》："明月中心桂不生，轻冰面上菱初吐。"❸指菱镜。董思恭《咏日》："彝华发晨楹，菱彩翻朝镜。"

【菱舟】 采菱船。钱起《游襄阳泉石晚归》："稍近垂杨路，菱舟拥岸香。"

【菱花】 亦作"蔆花"。❶菱的花。李贺《江楼曲》："新槽酒声苦无力，南湖一顷菱花白。"李商隐《景阳宫井双桐》："秋港菱花干，玉盘明月蚀。"皮日休《胥口即事六言二首》之一："黑蛱蝶粘莲蕊，红蜻蜓袅菱花。”韦庄《三堂东湖作》：“满塘秋水碧泓澄，十亩菱花晚镜清。”❷指菱花形的花纹。韦应物《感镜》：“铸镜广陵市，菱花匣中发。”张佐《秦镜》：“菱花寒不落，冰质夏长清。”姚合《咏镜》：“绣带共寻龙口出，菱花争向匣中开。”韦庄《捣练篇》：“白袷丝光织鱼目，菱花绶带鸳鸯簇。”❸指菱花镜。亦泛称镜子。李白《代美人愁镜二首》之二：“狂风吹却妾心断，玉箸并堕菱花前。”刘禹锡《和苏十郎中谢病闲居时严常侍萧给事过访叹初有二毛之作》：“菱花照后容虽改，蓍草占来命已通。”韩偓《闺怨》：“时光潜去暗凄凉，懒对菱花晕晓妆。”

【菱芡】 菱和芡。芡，芡实，俗称鸡头。杜甫《渼陂西南台》：“况资菱芡足，庶结茅茨迥。”韩愈《陪杜侍御游湘西两寺独宿有题一首因献杨常侍》：“涧蔬煮蒿芹，水果剥菱芡。”白居易《东南行一百韵》：“泥中采菱芡，烧后拾樵苏。”李中《留题胡参卿秀才幽居》：“江近好听菱芡雨，径香偏爱蕙兰风。”

【菱角】 菱的果实。亦指菱。白居易《春末夏初闲游江郭二首》之一：“嫩剥青菱角，浓煎白茗芽。”曹唐《小游仙诗九十八首》之九四：“宫殿寂寥人不见，碧花菱角满潭秋。”

【菱苕】 菱与芦苇。两种水生植物。李益《春日晋祠同声会集得疏字韵》：“菱苕生皎镜，金碧照澄虚。”

【菱陂驛】 驿站名。在今河南信阳市境。刘长卿有《使还至菱陂驿渡浉水作》。

【菱荇】 菱和荇。荇，荇菜，多年生水生草本植物。嫩时可食，亦可入药。王维《青溪》：“漾漾泛菱荇，澄澄映葭苇。”朱庆余《南湖》：“湖上微风小槛凉，翻翻菱荇满回塘。”吴商浩《水楼感事》：“满湖菱荇东归晚，闲倚南轩尽日愁。”许浑《朱坡故少保杜公池亭》：“楸梧叶暗潇潇雨，菱荇花香淡淡风。”

【菱荷】 菱与荷。荷，即莲。杜甫《曲江三章章五句》之一：“曲江萧条秋气高，菱荷枯折随风涛。”

【菱唱】 采菱人所唱之歌。孟郊《感别送从叔校书简再登科东归》：“菱唱忽生听，芸书回望深。”罗隐《早春巴陵道中》：“中流菱唱泊何处，一只画船兰作桡。”

【菱湖】 泛称长菱的湖沼。皎然《杼山禅居寄赠东溪吴处士冯一首》：“路入菱湖深，迹与黄鹤近。”又《送皇甫侍御曾还丹阳别业》：“云阳别夜忆春耕，花发菱湖问去程。”又《九日同卢使君幼平吴兴郊外送李司仓赴选》：“晴空悬蒨旆，秋色起菱湖。”

【菱絲】 即菱茎。菱初生时，根在水底，叶浮水面，其茎甚长，荡漾水中如丝，故称。李贺《南园十三首》之九：“泻酒木兰椒叶盖，病容扶起种菱丝。”又《钓鱼诗》：“菱丝萦独茧，蒲米蛰双鱼。”

【菱鈿】 指形如金属钿片的菱叶。陆龟蒙、皮日休《报恩寺南池联句》：“菱钿真堪帖，莼丝亦好拖。”

【菱蔓】 菱茎。王维《归辋川作》：“菱蔓弱难定，杨花轻易飞。”钱起《蓝田溪杂咏二十二首·戏鸥》：“乍依菱蔓聚，尽向芦花灭。”孟郊《同茅郎中使君送河南裴文学》：“菱蔓缀楚棹，日华正嵩岑。”

【菱歌】 采菱者所唱之歌。李颀《送乔琳》：“菱歌五湖远，桂树八公邻。”王建《江馆》：“水面细风生，菱歌慢慢声。”张籍《酬朱庆余》：“齐纨未是人间贵，一曲菱歌敌万金。”张乔《滕王阁》：“未得营归计，菱歌满旧湖。”

【菱藕】 菱和荷，菱和藕。杜荀鹤《送人游吴》：“夜市卖菱藕，春船载绮罗。”齐己《送人归吴》：“重寻旧邻里，菱藕正开花。”

【菱藻】 菱和水藻。李群玉《野鸭》：“云披菱藻地，任汝作群飞。”

【菱鏡】 即菱花镜。刘兼《秋夕书怀呈戎州郎中》之二：“菱镜也知移艳态，锦书其奈隔年光。”又《春怨》：“锦书雁断应难寄，菱镜鸾孤貌可怜。”又《送二郎君归长安》：“荷衣晓挂惭官吏，菱镜秋窥讶鬓鬖。”齐己《盆池》：“何须照菱镜，即此鉴嫱妍。”

【菱花鏡】 古代铜镜名，镜多为六角形或背面刻有菱花者名菱花镜。杨凌《明妃怨》：“匣中纵有菱花镜，羞对单于照旧颜。”白居易《湖上招客送春泛舟》：“慢牵好向湖心去，恰似菱花镜上行。”

【菱鑑】 菱镜。李中《春闺辞二首》之一：“尘昏菱鉴懒修容，双脸桃花落尽红。”

萁 〔qí《广韵》渠之切，平之，羣。〕豆秆。《汉书·杨恽传》：“种一顷豆，落而为萁。”白居易《效陶潜体诗十六首》之四：“种豆南山下，雨多落为萁。”

菴 〔ān《广韵》烏合切，平覃，影。又央炎切，平鹽，影。〕❶草屋。参见“菴子”。❷寺庙。李洞《赠青龙印禅师》：“雨涩秋刀剃雪时，庵前曾礼草堂师。”

【菴子】 小草屋。无名氏《五言诗》之五：“贫穷田舍汉，庵子樣孤栖。”

【菴羅】 佛经中的果树名。此树花多而结果实。玄应《一切经音义》：“菴罗或言菴婆萝，果名也。案此花多而结子甚少矣，果形似梨。”王梵志《出家多种果》：“庵罗能逸熟，获得未来因。”

【菴摩羅跋國】 天竺国名。义净有《道希法师求法西域终于菴摩罗跋国后因巡礼希公住房伤其不幸聊题一绝》。

萊〔lái《广韵》落哀切，平咍，來。又落代切，去代，來。〕❶草名，即藜，嫩叶可食。王绩《在京思故园见乡人问》："行当驱下泽，去剪故园莱。"卢纶《题杨虢县竹亭》："明朝复何见，莱草古沟塍。"❷指老莱子。孟郊《春日同韦郎中使君送邹儒立少府扶侍赴云阳》："服彩老莱并，侍车江革同。"参见"莱子❶""莱氏""莱妻"。

【萊子】 ❶老莱子。春秋楚隐士，世传有戏彩娱亲的故事。皇甫冉《与张諲宿刘八城东庄》："莱子多嘉庆，陶公得此生。"又《刘侍御朝命许停官归侍》："孟孙唯问孝，莱子复辞官。"司空曙《送鄂州张别驾襄阳觐省》："王祥因就宦，莱子不违亲。"贯休《寄王涤》："唯思莱子来，衣拖五般色。"❷即来子。古钱币名。李贺《感春》："榆穿莱子眼，柳断舞儿腰。"

【萊子衣】 借指彩衣。岑参《奉送李宾客荆南迎亲》："手把黄香扇，身披莱子衣。"参见"莱衣"。

【萊水】 水名。即今山东半岛之胶莱河。高适《送蔡少府赴登州推事》："胶东连即墨，莱水入沧溟。"

【萊氏】 即莱子。皇甫冉《赠郑山人》："庞公采药去，莱氏与妻行。"吴筠《高士咏·老莱夫妻》："莱氏道已远，懿妻德弥清。"

【萊衣】 相传春秋楚老莱子事奉双亲至孝，行年七十，犹著五彩衣，为婴儿戏。后遂以"莱衣"作为孝顺父母的典故。李中《海城秋夕寄怀舍弟》："早晚莱衣同著去，免悲流落在边州。"又《献中书汤舍人》："銮殿对时亲舜日，鲤庭过处著莱衣。"

【萊妻】 春秋楚老莱子之妻。据汉刘向《列女传·贤明》载，老莱子隐耕蒙山之阳，楚王遣使聘其出仕，其妻遂行不顾，至江南而止。老莱子乃随其妻而居之。后遂以"莱妻"指贤妇。白居易《秋晚》："莱妻卧病月明时，不捣寒衣空捣药。"许浑《村舍二首》之一："莱妻早报蒸藜熟，童子遥迎种豆归。"

【萊兒】 杨莱儿，长安平康里名妓。赵光远有《题妓莱儿壁》。杨莱儿有《和赵光远题壁》。

【萊洲】 指蓬莱仙境。见晋葛洪《神仙传》卷七。卢照邻《于时春也慨然有江湖之思寄此赠柳九陇》："莱洲频度浅，桃实几成圆。"

【萊蕪】 唐县名。长安四年(704)置，属鲁郡(兖州)，治所在今山东莱芜市东北。元和十五年(820)废，大和元年复置。高适有《送郭处士往莱芜兼寄苟山人》。李端《送新城戴叔伦明府》："莱芜不可到，一醉送君行。"

【萊蕪釜】 见"莱蕪甑"。

【萊蕪甑】 亦作"莱蕪釜"。后汉范冉，字史云，为莱芜长，后遭党锢，生活清贫，但能穷居自苦，容貌无改。见《后汉书·范冉传》。后遂以"莱蕪甑"或"莱蕪釜"指生活清贫。杜甫《赠裴南部闻袁判官自来欲有按问》："尘满莱芜甑，堂横单父琴。"卢照邻《失群雁》："金龟全写中牟印，玉鹄当变莱芜釜。"

萋〔qī《广韵》七稽切，平齊，清。〕❶草木茂盛貌。韦应物《山行积雨归途始霁》："杂花积如雾，百卉萋已陈。"李商隐《井泥四十韵》："一日下马到，此时芳草萋。"❷文采交错。见"萋斐"。❸通"凄"。见"萋萋❸"。

【萋兮什】 指《诗·小雅·巷伯》。诗人因被谗受害而作以泄愤的怨诗。刘禹锡《萋兮吟》："莫吟萋兮什，徒使君子伤。"

【萋芊】 草木茂密貌。温庭筠《黄昙子歌》："萋芊小成路，马上修蛾懒。"

【萋萋】 ❶草木茂盛貌。王绩《阶前石竹》："萋萋结绿枝，晔晔垂朱英。"刘方平《代春怨》："朝日残莺伴妾啼，开帘只见草萋萋。"于武陵《寻山》："到此绝车轮，萋萋草树春。"王毂《春草碧色》："习习东风扇，萋萋草色新。"❷云雾弥漫貌。鲍溶《范真传侍御累有寄因奉酬十首》之九："萋萋巫峡云，楚客莫留恩。"❸衰飒凄凉貌。崔国辅《题豫章馆》："独有萋萋心，谁知怨芳岁。"赵嘏《赠别》："水边秋草暮萋萋，欲驻残阳恨马蹄。"刘沧《浙江晚渡怀古》："蝉噪秋风满古堤，荻花寒渡思萋萋。"

【萋菲】 见"萋斐"。

【萋斐】 亦作"萋菲"。花纹错杂貌。见《诗·小雅·巷伯》。后因以"萋斐"或"萋菲"比喻谗言。李白《雪谗诗赠友人》："萋斐暗成，贝锦粲然。"罗隐《蟋蟀诗》："勿学萋菲，垣亦有耳。"

菲[1]〔fēi《广韵》芳非切，平微，敷。〕花草香浓、美茂。许敬宗《奉和秋暮言志应制》："秋深桂初发，寒窗菊余菲。"苏味道《赠封御史入台》："夕鸦共鸣舞，屈草接芳菲。"韩愈、孟郊《城南联句》："葩蘖相妒出，菲茸共舒晴。"亦指鲜花香草。韩愈《谴疟鬼》："降集随九歌，饮芳而食菲。"

菲[2]〔fěi《广韵》敷尾切，上尾，敷。〕❶指德才鄙陋。徐坚《奉和圣制送张说赴集贤院学士赐宴赋得虚字》："庸菲参高选，首滥承明庐。"❷微薄。见"菲薄❷"。

【菲形】 指形体小。阎朝隐《鹦鹉猫儿篇》："菲形陋质虽贱微，皇王顾遇长光辉。"

【菲躬】 言自己德薄。自谦之词。则天皇后《唐大飨拜洛乐章·拜洛》："菲躬承睿顾，薄德忝坤仪。"

【菲菲】 ❶草木盛多貌。杜甫《甘林》："相携行豆田，秋花霭菲菲。"陈通方《金谷园怀古》："冉冉摇风弱，菲菲裛露翻。"杜牧《杜秋娘诗》："归来四邻改，茂苑草菲菲。"❷香气浓烈。刘禹锡《尝茶》："今宵更有湘江月，照出菲菲满碗花。”❸花容貌。杜甫《春远》：“肃肃花絮晚，菲菲红素轻。”

【菲德】 薄德。用作谦词。则天皇后《唐享昊天乐·第四》：“菲德承先顾，祯符萃眇躬。”

【菲質】 低劣的姿质。自谦之词。《郊庙歌辞·享太庙乐章·诚敬》：“顾惟菲质，忝位椒宫。”

【菲薄】 ❶指德才等鄙陋。常用为自谦之词。王昌龄《咏史》：“自惭菲薄才，误蒙国士恩。”❷微薄。亦指微薄之物。韩愈《谒衡岳庙遂宿岳寺题门楼》：“升阶伛偻荐脯酒，欲以菲薄明其衷。”

菽 〔shū《广韵》式竹切，入屋，書。〕豆类的总称。柳宗元《同刘二十八院长五十二韵之作因其韵增至八十通赠二君子》：“谁采中原菽，徒巾下泽车。”元稹《竹部》：“归来不买食，父子分半菽。”

菓 〔guǒ《广韵》古火切，上果，見。〕同“果”。果实。常衮《和考功员外杪秋忆终南旧宅之什》：“野菓垂桥上，高泉落水中。”元稹《送崔侍御之岭南二十韵》：“菌须虫已蠹，菓重鸟先鸽。”郑巢《题灵隐寺皖公院》：“岚昏声磬早，菓熟唤猿迟。”

菖 〔chāng《广韵》尺良切，平陽，昌。〕见“菖蒲”。

【菖花】 即菖蒲花。李德裕《寄茅山孙炼师》：“菖花定是无人见，春日惟应羽客逢。”又《鸳鸯篇》：“菖花发艳无人识，江柳逶迤空自春。”

【菖蒲】 多年生水生草本植物，有香气。叶狭长如剑。根茎可入药。民间在端午节常用来和艾叶扎束，挂在门前以避邪。李白《嵩山采菖蒲者》：“我来采菖蒲，服食可延年。”卢纶《曲江春望》之一：“菖蒲翻叶柳交枝，暗上莲舟鸟不知。”曹邺《乐府体》：“莲子房房嫩，菖蒲叶叶齐。”李建勋《题魏坛二首》之二：“薄暮欲归仍伫立，菖蒲风起水泱泱。”

【菖蒲花】 ❶菖蒲的花。初夏开放。淡黄色。唐诗中有时喻指美女。乔知之《定情篇》：“君爱菖蒲花，妾感苦寒竹。”欧阳詹《闻邻舍唱凉州有所思》：“因之增远怀，惆怅菖蒲花。”曹邺《代罗敷诮使君》：“未必菖蒲花，只向石城生。”施肩吾《古相思》：“十访九不见，甚于菖蒲花。”❷谓菖蒲开花。李贺《大堤曲》：“今日菖蒲花，明朝枫树老。”

萌 〔méng《广韵》莫耕切，平耕，明。〕❶植物的芽。元稹《病减逢春期白二十二辛大不至十韵》：“旧雪依深竹，微和动早萌。”白居易《江州赴忠州至江陵已来舟中示舍弟五十韵》：“骈朱桃露萼，点翠柳含萌。”又《和微之春日投简阳明洞天五十韵》：“雨来萌尽达，雷后蛰全苏。”独孤铉《日南长至》：“积雪销微照，初萌动早芒。”❷草木发芽。王绩《阶前石竹》：“昔我未生时，谁者令我萌。”参见“萌芽❷”。❸出现；产生；萌发。刘长卿《至德三年春正月寄上浙西节度李侍郎中丞行营五十韵》：“本谓才非据，谁知祸已萌。”窦常《商山祠堂即事》：“夺嫡心萌事可忧，四贤西笑暂安刘。”孟郊《石淙》之六：“从来一智萌，能使众利归。”齐己《遣怀》：“既兆未萌闲酌度，不如中抱是寻思。”❹兆端，征兆。卢纶《纶与吉侍郎中孚风尘追游向三十载畅博士当感怀前踪有五十韵见寄辄有所酬以申悲旧兼寄夏侯侍御审侯仓曹钊》：“命蹇固安分，祸来非有萌。”白居易《蚊蟆》：“痏成无奈何，所要防其萌。”

【萌牙】 见“萌芽”。

【萌甲】 植物初生之芽。韦应物《至西峰兰若受田妇馈》：“鸟鸣泉谷暖，土起萌甲舒。”

【萌芽】 亦作“萌牙”。❶草木初生之芽。包佶《祀风师乐章·送神》：“气和草木发萌芽，德畅禽鱼遂翔泳。”独孤及《伤春怀归》：“昨夜南山雨，殷雷坼萌芽。”韩愈《苦寒》：“遂令黄泉下，萌牙夭句尖。”白居易《云居寺孤桐》：“直从萌芽拔，高自毫末始。”❷开始发芽。施肩吾《春日美新绿词》：“前日萌芽小于粟，今朝草树色已足。”汤悦《鼎臣学士侍郎以东馆庭梅感旧伤怀发于吟咏惠然好我不能无言辄次来韵攀和》：“忆见萌芽日，还怜合抱时。”❸开始产生。杨乘《甲子岁书事》：“虿毒久萌牙，狼顾非日夕。”❹喻始发或初生的事物。韩愈《和侯协律咏笋》：“萌芽防寖大，覆载莫偏恩。”

【萌草】 初生之草。王昌龄《缑氏尉沈兴宗置酒南溪留赠》：“春泉滴空崖，萌草拆阴地。”白居易《新乐府·鸦九剑》：“为君使无私之光及万物，蛰虫昭苏萌草出。”又《溪中早春》：“东风来几日，蛰动萌草坼。”

【萌動】 草木发芽长叶。白居易《郡厅有树晚荣早凋人不识名因题其上》：“五月始萌动，八月已凋零。”

【萌達】 发生滋长。陈子昂《感遇诗三十八首》之十三：“青春始萌达，朱火已满盈。”

【萌蟄】 草木萌发，蛰虫苏醒。韦应物《寄冯著》：“春雷起萌蛰，土壤日已疏。”

菌 〔jùn《广韵》渠殞切，上軫，羣。又求晚切，上阮，羣。〕蕈，菌子。骆宾王《乐大夫挽词五首》之四：“一旦先朝菌，千秋掩夜台。”李益《杂曲》：“不见朝生菌，易成还易衰。”施肩吾《江南积雨叹》：“人厌为霖水毁溪，床边生菌路成泥。”李咸用《和殷衙推春霖即事》：“树滋堪采菌，矶没懒垂钩。”

【菌閣】 菌状之美阁。见汉王褒《九怀·匡机》。上官昭容《游长宁公主流杯池二十五首》之二五：“凭高瞰险足怡心，菌阁桃源不暇寻。”储光羲《题崔山人别业》:“山鸡鸣菌阁,水雾入衡门。”窦庠《金山行》:“琼楼菌阁纷明媚,曲槛回轩深且邃。”许浑《早秋寄刘尚书》:“柳营书号海山暝,菌阁赋诗江树秋。”

【菌蠢】 谓如菌类短小丛生。韩愈、刘师服等《石鼎联句》序:“〔道士〕因高吟曰,龙头缩菌蠢,豕腹涨彭亨。”温庭筠《洞户二十二韵》:“朱茎殊菌蠢,丹桂欲萧森。”皮日休《茶中杂咏·茶鼎》:“立作菌蠢势,煎为潺溪声。”

萎

〔wěi《广韵》於爲切,平支,影。〕❶植物枯萎、凋谢。袁朗《秋日应诏》:“玉树凉风举,金塘细草萎。”李白《寓言三首》之一:“天风拔大木,禾黍咸伤萎。”元稹《感小株夜合》:“不禁风苦动,偏受露先萎。”白居易《秋池二首》之一:“欲暮槿先萎,未霜荷已败。”亦指使枯萎。权德舆《酬崔千牛四郎早秋见寄》:“碧云灭奇彩,白露萎芳丛。”❷憔悴;干枯。乔知之《和李侍郎古意》:“美人长叹艳容萎,含情收取摧折枝。”杜甫《又上后园山脚》:“肺萎属久战,骨出热中肠。”

【萎红】 枯萎的红花。白居易《惜牡丹花二首》之二:“寂寞萎红低向雨,离披破艳散随风。”

【萎約】 枯萎,不茂盛。吴融《祝风三十二韵》:“虽然遣毕功,萎约都无几。”

【萎黄】 憔悴。张祜《秋日病中》:“无端忧食忌,开镜倍萎黄。”

【萎蕤】 ❶草名。即玉竹。青花蓝果,其叶如竹,两两相值。嫩叶及根,均可食。韩愈、孟郊《城南联句》:“菡萏写江调,萎蕤缀蓝瑛。”❷草木茂盛貌。张说《离会曲》:“可怜河树叶萎蕤,关关河鸟声相思。”韦应物《骊山行》:“玉阶寂历朝无事,碧树萎蕤寒更芳。”❸繁盛。吕温《同舍弟恭岁暮寄晋州李六协律三十韵》:“云雨沛萧艾,烟阁双萎蕤。”❹柔软,微弱。王琚《美女篇》:“屈曲屏风绕象床,萎蕤翠帐缀香囊。”元稹《梦游春七十韵》:“广榭舞萎蕤,长筵宾杂厝。”

【萎瘆】 身体多病,萎靡不振。陆龟蒙《奉酬袭美先辈吴中苦雨一百韵》:“而我正萎瘆,安能致诃咄。”

【萎絶】 ❶枯谢。陈子昂《感遇诗三十八首》之二六:“青苔空萎绝,白发生罗帷。”白居易《江上送客》:“江花已萎绝,江草已消歇。”马戴《秋郊夕望》:“蔓草将萎绝,流年其奈何。”❷消失。陈子昂《春台引》:“怨青春之萎绝,赠瑶台之旖旎。”

萑

〔zhuī《广韵》職追切,平脂,章。〕见“萑苻”。

【萑苻】 泽名。见《左传·昭公二十年》。一说,凡生芦苇之水泽皆可谓萑苻之泽。为盗贼出入之所,后以“萑苻”借指强盗。李商隐《有感二首》之一:“何成奏云物,直是灭萑苻。”

萸

〔yú《广韵》羊朱切,平虞,以。〕茱萸。上官昭容《九月九日上幸慈恩寺登浮图群臣上菊花寿酒》:“却邪萸入佩,献寿菊传杯。”苏瓌《奉和九日幸临渭亭登高应制得晖字》:“菊气先熏酒,萸香更袭衣。”李从远《奉和九月九日登慈恩寺浮图应制》:“摘果珠盘献,攀萸玉辇回。”欧阳詹《九日广陵同陈十五先辈登高怀林十二先辈》:“泛菊聊斟酒,持萸懒插头。”

【萸房】 茱萸的子房。亦借指茱萸。是一种香气浓烈的植物。古人于九月九日登高,佩戴茱萸,以避邪禳灾。宋之问《奉和九日登慈恩寺浮图应制》:“萸房陈宝席,菊蕊散花台。”沈佺期《九日临渭亭侍宴应制得长字》:“魏文颁菊蕊,汉武赐萸房。”萧至忠《奉和九日幸临渭亭登高应制得余字》:“宠极萸房遍,恩深菊酎余。”令狐楚《奉和严司空重阳日同崔常侍崔郎及诸公登龙山落帽台佳宴》:“萸房暗绽红珠朵,茗碗寒供白露芽。”

【萸蒂】 指萸花。王绩《食后》:“葛花消酒毒,萸蒂发羹香。”

【萸囊】 盛茱萸的袋子。古代重九日登高饮酒,多佩带萸囊。张说《九日进茱萸山诗五首》之三:“菊酒携山客,萸囊系牧童。”

菜

〔cài《广韵》倉代切,去代,清。〕蔬菜类植物的总称。岑参《宿东溪王屋李隐者》:“霜畦吐寒菜,沙雁噪河田。”杜甫《喜晴》:“力难及黍稷,得种菜与麻。”羊士谔《寻山家》:“主人闻语未开门,绕篱野菜飞黄蝶。”白居易《和微之诗二十三首·和雨中花》:“草得经年菜连月,唯花不与多时节。”

【菜甲】 菜初生的叶芽。杜甫《有客》:“自锄稀菜甲,小摘为情亲。”白居易《二月二日》:“二月二日新雨晴,草芽菜甲一时生。”姚合《游春十二首》之二:“树枝风掉软,菜甲土浮轻。”韩偓《再止庙居》:“菜甲未齐初出叶,树阴方合掩重门。”

【菜色】 饥民营养不良的脸色。意谓人专食菜,肌肤青黄,故谓菜色。欧阳詹《送少微上人归德峰》:“灰心闻密行,菜色见羸容。”亦指面带菜色的饥民。杜甫《赠苏四徯》:“肉食哂菜色,少壮欺老翁。”

【菜花】 蔬菜或油菜的花。刘禹锡《再游玄都观》:“百亩庭中半是苔,桃花净尽菜花开。”温庭筠《宿沣曲僧舍》:“沃田桑景晚,平野菜花春。”齐己《题梁贤巽公房》:“吹苑野风桃叶碧,压畦春露菜花黄。”

【菜園】 种蔬菜的园子。高适有《同群公题张处士菜园》。

【菜粥】 用蔬菜和粮食在一起煮的粥。贯休《送僧人五泄》:"九年吃莱粥,此事少人知。"无名氏《五言白话诗》之四:"莱粥吃一梾,街头阔立地。"

【莱團】 用莱和粮食做成的圆球状物。陈裕《有一秀才忽赎酒家青衣为妇因嘲之》:"莱团个个皆钳项,粳米头头尽剪鬃。"

【莱蔬】 ❶蔬菜。白居易《即事寄微之》:"畬田涩米不耕锄,旱地荒园少莱蔬。"❷指菜肴。徐铉《送元帅书记高郎中出为婺源建威军使》:"惟有杯盘思上国,酒醪甜淡莱蔬甘。"

【莱羹】 用蔬菜煮的羹。戴叔伦《和汴州李相公勉人日喜春》:"独献莱羹怜应节,遍传金胜喜逢人。"

菟1

〔tù《广韵》湯故切,去暮,透。〕见"菟絲"。

菟2

〔tú《广韵》同都切,平模,定。〕见"菟₂裘"。

【菟絲】 草名。俗称菟丝子。蔓生,茎细长,缠绕在其他植物上。开淡色花。子可入药。黄陵美人《寄紫盖阳居士》:"落叶栖鸦掩庙扉,菟丝金缕旧罗衣。"

【菟₂裘】 地名。在今山东泗水县。见《左传·隐公十一年》。后以"菟裘"指告老退隐的居处。白居易《重修香山寺毕题二十二韵以纪之》:"可怜终老地,此是我菟裘。"又《池上作》:"菟裘不闻有泉沼,西河亦恐无云林。"

萄

〔táo《广韵》徒刀切,平豪,定。〕❶草名。释义见《说文·艸部》。韩愈、孟郊《城南联句》:"萄苜从大漠,枫槠至南荆。"❷见"葡萄"。

萏

〔dàn《广韵》徒感切,上感,定。〕见"菡萏"。

菊

〔jú《广韵》居六切,入屋,見。〕❶菊花。太宗《过旧宅二首》之二:"纽落藤披架,花残菊破丛。"白居易《履道新居二十韵》:"篱菊黄金合,窗筠绿玉稠。"朱庆余《杭州卢录事山亭》:"傍城余菊在,步入一仙瓢。"许棠《题李昌符丰乐幽居》:"兰菊俱含露,杉梧为奏风。"❷指菊花酒。上官昭容《九月九日上幸慈恩寺登浮图群臣上菊花寿酒》:"却邪萸入佩,献寿菊传杯。"

【菊衣】 黄色衣。李贺《追赋画江潭苑四首》之二:"宝袜菊衣单,蕉花密露寒。"

【菊花】 ❶多年生草本植物。叶子有柄,卵形。秋季开花。品种很多。可供观赏,有的品种可入药。孟浩然《过故人庄》:"待到重阳日,还来就菊花。"张继《九日巴丘杨公台上宴集》:"江汉路长身不定,菊花三笑旅怀开。"李绅《忆至巩县河宿待家累追怀》:"今来忆事凉风晚,烟浦空悲黄菊花。"刘沧《晚秋野望》:"秋尽郊原情自哀,菊花寂寞晚仍开。"❷酒名。王绩《赠学仙者》:"春酿煎松叶,秋杯浸菊花。"

【菊花杯】 犹言菊花酒。亦指重阳日酒会。张说《湘州九日城北亭子》:"宁知沅水上,复有菊花杯。"孟浩然《和贾主簿弁九日登岘山》:"共乘休沐暇,同醉菊花杯。"崔曙《九日登望仙台呈刘明府容》:"且欲近寻彭泽宰,陶然共醉菊花杯。"白居易《九日题涂溪》:"蕃草席铺枫叶岸,竹枝歌送菊花杯。"

【菊花酒】 酒名。一种用菊花杂黍米酿制的酒。据传,饮此酒可长寿。郭震《子夜四时歌六首·秋歌》:"辟恶茱萸囊,延年菊花酒。"储光羲《田家杂兴八首》之八:"夏来菰米饭,秋至菊花酒。"徐铉《茱萸诗》:"长和菊花酒,高宴奉西清。"

【菊花節】 即重阳节。王维《奉和圣制重阳节宰臣及群官上寿应制》:"无穷菊花节,长奉柏梁篇。"又《送崔兴宗》:"方同菊花节,相待洛阳扉。"刘昚虚《九日送人》:"从来菊花节,早已醉东篱。"杜牧《夜泊桐庐眠先寄苏台卢郎中》:"苏台菊花节,何处与开樽。"

【菊酎】 菊花酒。萧至忠《奉和九日幸临渭亭登高应制》:"宠极萸房遍,恩深菊酎余。"

【菊酒】 菊花酒。萧颖士《重阳日陪元鲁山德秀登北城瞩对新霁因以赠别》:"赖兹琴堂暇,傲睨倾菊酒。"钱起《九日登玉山》:"龙沙传往事,菊酒对今秋。"权德舆《过张监阁老宅对酒奉酬见赠》:"秋风倾菊酒,霁景下蓬山。"又《嘉兴九日寄丹阳亲故》:"草露荷衣冷,山风菊酒香。"

【菊蕊】 菊花。李适《奉和圣制九日侍宴应制得高字》:"萸房颁彩笥,菊蕊荐香醪。"王周《和杜运使巴峡地暖节物与中土异黯然有感诗三首》之二:"始看菊蕊开篱下,又见梅花寄岭头。"

【菊潭】 ❶水名。即菊水。其水甘芳,据说饮之可以长寿。在今河南内乡县西北。唐属邓州。权德舆《送浑邓州》:"想君行县处,露冕菊潭香。"❷唐县名。唐开元二十四年析新城置,属南道邓州,在今河南内乡县西北。其地多异菊,故以名县。卢纶有《送菊潭王明府》。

【菊樽】 盛满菊花酒的酒杯。王涯《九月九日勤政楼下观百僚献寿》:"菊樽过九日,凤历肇千秋。"

【菊叢】 菊花丛。白居易《题龙门堰西涧》:"东岸菊丛西岸柳,柳阴烟合菊花开。"又《李留守相公见过因成四韵以献之》:"引棹寻池岸,移尊就菊丛。"

【菊醴】 菊花酒。于经野《奉和九日幸临渭亭登高应制得樽字》:"桂筵罗玉俎,菊醴溢芳樽。"

【菊籬】 篱边的菊花。见晋陶潜《饮酒》诗之五:

"采菊东篱下，悠然见南山。"白居易《自题小草亭》："阴合连藤架，丛香近菊篱。"李郢《奉陪裴相公重阳日游安乐池亭》。

萃 〔cuì《广韵》秦醉切，去至，從。〕❶聚集，汇集。则天皇后《唐享昊天乐·第四》："菲德承先顾，祯符萃眇躬。"萧颖士《菊荣一篇五章》之一："贻尔子孙，百禄萃之。"又《江有归舟三章》序："岵兮屺兮，欢既萃矣；兄矣弟矣，荣斯继矣。"柳宗元《法华寺石门精舍三十韵》："殊风纷已萃，乡路悠且广。"❷栖止。杜甫《枯楠》："巨围雷霆坼，万孔虫蚁萃。"❸指帝王的精锐部队或卫队。太宗《出猎》："三驱陈锐卒，七萃列材雄。"

【萃止】 聚集。止，语尾助词。萧颖士《有竹一篇七章》之六："友僚萃止，跗萼载铧。"

菩 〔pú《广韵》薄胡切，平模，並。〕见"菩提""菩薩"。

【菩提】 佛教语。意译则为"觉""智""道"等。佛教用以指豁然彻悟的境界，又指觉悟的智慧和觉悟的途径。寒山《诗三百三首》之二〇八："菩提即烦恼，尽令无有余。"又《诗三百三首》之一六二："劲挺铁石心，直取菩提路。"白居易《因梦有悟》："若转识为智，菩提其庶几。"

【菩提子】 菩提树及无患子的果实，可作佛珠。皮日休、陆龟蒙《寂上人院联句》："暗数菩提子，闲看薜荔花。"曹松《送乞雨禅师临遇南游》："珠穿闽国菩提子，杖把灵峰榔栗枝。"

【菩提寺】 寺名。唐时，在长安(今陕西西安市)平康坊南门的东边。王维有《菩提寺禁口号又示裴迪》。

【菩提樹】 常绿乔木，叶卵圆形，前端细长，花托略作球形，花隐藏在花托内，果实扁圆形。原产印度，大约与佛教同时传入我国。神秀《偈》："身是菩提树，心如明镜台。"皮日休《寄题天台国清寺齐梁体》："十里松门国清路，饭猿台上菩提树。"一钵和尚《一钵歌》："菩提树下度众生，度尽众生不生死。"

【菩薩】 ❶佛教语。梵文菩萨埵之省。原为释迦牟尼修行而未成佛时的称号，后泛用为对大乘思想的实行者的称呼。寒山《诗三百三首》之一三九："不念金刚经，却令菩萨病。"白居易《送宗实上人游江南》："每过渡头应问法，无妨菩萨是船师。"一钵和尚《一钵歌》："火落身上当头拨，莫待临时叫菩萨。"❷喻指心肠慈善者。无名氏《谣·后唐军士谣》："除去菩萨，扶立生铁。"

【菩薩行】 (行 xíng)菩萨的修行。白居易《赠草堂宗密上人》："少有人知菩萨行，世间只是重高僧。"

【菩薩蠻】 唐教坊曲名。后用为词牌名。词为双调四十四字，上下片各两仄韵两平韵，两句一叶，仄平递转。《全唐诗》卷八八九录昭宗《菩萨蛮》词二首，南唐后主李煜《菩萨蛮》词四首。

菼 〔tǎn《广韵》吐敢切，上敢，透。〕初生之荻，似苇而小，茎杆可用来编织席箔等。李嘉祐《蒋山开善寺》："看心兼送目，葭菼自依依。"韩愈《送无本师归范阳》："芝英擢荒榛，孤翮起连菼。"许浑《苦雨》："葭菼连云色，杉松共雨声。"马戴《送吕郎中牧东海郡》："芜城沙菼接，波岛石林疏。"

萍 〔píng《广韵》薄經切，平青，並。〕亦作"蓱"。浮萍。刘知幾《咏史》："泛泛水中萍，离离岸傍草。"白居易《寓意诗五首》之三："莫将山上松，结托水上萍。"郑巢《送省空上人归南岳》："峤云笼曙磬，潭草落秋萍。"李益《赋得垣衣》："犹胜萍逐水，流浪不相依。"

【萍川】 水名，源出江西萍乡市北杨岐山。齐己有《送唐禀正字归萍川》。袁皓有《重归宜春经过萍川题梵林寺》。

【萍汎】 见"萍泛"。

【萍泛】 亦作"萍汎"。如萍逐水漂浮。喻人行止无定。杜甫《秋日夔府咏怀奉寄郑监李宾客一百韵》："瓜时犹旅寓，萍泛苦夤缘。"薛据《登秦望山》："予本萍泛者，乘流任西东。"白居易《晚题东林寺双池》："萍泛同游子，莲开当丽人。"贾岛《洛阳道中寄弟》："生类梗萍泛，悲无金石坚。"

【萍身】 谓身若浮萍，行止不定。刘沧《龙门留别道友》："春谷终期吹羽翼，萍身不定逐波澜。"

【萍居】 如浮萍寄居水面。喻人行迹无定。黄滔《送李山人往湘中》："露坐应通晓，萍居恐隔年。"

【萍查】 (—zhā)浮萍和水中浮木。《莲叶二客诗》(卷八六〇)之二："楫棹无所假，超然信萍查。"

【萍迹】 亦作"萍跡"。喻人行迹无定，四处漂流。牟融《有感二首》之一："十年飘泊如萍迹，一度登临一怅神。"王贞白《又一首》："萍迹风波急，荷衣雾露浓。"

【萍流】 如萍之飘流。杜甫《夔府书怀四十韵》："萍流仍汲引，樗散尚恩慈。"许浑《赠河东虞押衙二首》之二："吴门风水各萍流，月满花开懒独游。"

【萍梗】 浮萍断梗，喻人漂泊无定所。《孙长史女与焦封赠答诗》之一："妾失鸳鸯伴，君方萍梗游。"白居易《东南行一百韵》："身方逐萍梗，年欲近桑榆。"许浑《晨自竹径至龙兴寺崇隐上人院》："客路随萍梗，乡园失薜萝。"

【萍寄】 如浮萍寄迹水面。喻居无定所。张乔《寄弟》："故里行人战后疏，青崖萍寄白云居。"

【萍鄉】　县名。三国吴宝鼎二年分宜春县置，治所在今江西萍乡市东。隋初徙今萍乡市。唐属袁州。齐己有《寄萍乡唐禀正字》。

【萍蓬】　如萍浮蓬飘。喻行迹无定。杜甫《将别巫峡赠南卿兄瀼西果园四十亩》："苔竹素所好，萍蓬无定居。"韩愈《孟生诗》："萍蓬风波急，桑榆日月侵。"李群玉《湖寺清明夜遣怀》："饧餐冷酒明年在，未定萍蓬何处边。"李咸用《游寺》："幽情怜水石，野性任萍蓬。"

【萍漂】　如萍之漂流。喻人行迹无定。罗隐《大梁见乔诩》："六年悲梗断，两地各萍漂。"

【萍實】　指甘美的水果。见汉刘向《说苑·辨物》。石殷士《日华川上动》："萍实空随浪，珠胎不照渊。"李瀚《蒙求》："楚昭萍实，束晰竹简。"

【萍蘋】　两种水草。萍，即浮萍。蘋，亦称四叶菜。孟郊《赠苏州韦郎中使君》："萍蘋一浪草，菰蒲片池荣。"

【萍藻】　即浮萍。刘沧《江行书事》："寒潮欲上泛萍藻，寄荐三闾情自哀。"陈政《赠窦蔡二记室入蜀》："无因逐萍藻，从尔泛清流。"

菭　〔tái《广韵》徒哀切，平咍，定。又直尼切，平脂，澄。〕同"苔"，青苔。皮日休《病中有人惠海蟹转寄鲁望》："绀甲青筐染菭衣，岛夷初寄北人时。"

菅　〔jiān《广韵》古颜切，平删，見。〕植物名。多年生草本，叶子尖细，开绿花，茎可用于编织，茎叶之细者可以覆盖屋顶。王维《送友人归山歌二首》之一："水惊波兮翠菅靡，白鹭忽兮翻飞。"柳宗元《酬韶州裴曹长使君寄道州吕八大使因以见示二十韵一首》："月光摇浅濑，风韵碎枯菅。"又《游南亭夜还叙志七十韵》："安将蒯与菅，谁慕粱与膏。"

【菅茅】　茅草的一种。于鹄《宿西山修下元斋咏》："分行布菅茅，列坐满中庭。"

【菅席】　用菅草编织的席子。李贺《箜篌引》："公乎公乎，床有菅席盘有鱼。"

【菅蒯】　❶茅草之属。可编绳索。韩愈、孟郊《雨中寄孟刑部几道联句》："穿空细丘垤，照日陋菅蒯。"❷喻微贱之人或事物。高适《赠别王十七管记》："何意薄松筠，翻然重菅蒯。"韩愈、孟郊《纳凉联句》："惟忧弃菅蒯，敢望侍帷幄。"❸指草鞋。刘商《赠严四草屦》："轻微菅蒯将何用，容足偷安事颇同。"

菉　〔lù《广韵》力玉切，入燭，來。〕草名。一名王刍。一年生草本植物。高一二尺。叶片卵状披针形，略似竹叶。生于草坡或阴湿地。可作牧草。茎叶药用，汁液可做黄色染。乔知之《定情篇》："叙言情未尽，采菉已盈筐。"李华《咏史十一首》之十一："自言沂水曲，采萍兼采菉。"李贺《七月一日晓入太行山》："一夕绕山秋，香露溘蒙菉。"又《题归梦》："怡怡中堂笑，小弟栽涧菉。"

【菉葹】　菉和葹。两种恶草。葹，一名枲耳，恶草。见《楚辞·离骚》。李白《古风》之五一："夷羊满中野，菉葹盈高门。"

【菉蓐】　即菉草，亦即荩草，可制黄色染料。郑愔《奉和幸上官昭容院献诗四首》之四："庭花采菉蓐，岩石步莓苔。"

菰　〔gū《广韵》古胡切，平模，見。〕多年生草本植物，生于池沼中，地下茎白色，地上茎直立，开紫红色小花，嫩茎的基部经某种菌寄生后，膨大，即平时所食用的茭白。果实圆柱形，名菰米，可以做饭。杜甫《行官张望补稻畦水归》："秋菰成黑米，精凿传白粲。"白居易《东南行一百韵》："喘牛犁紫芋，羸马放青菰。"曹松《曲江暮春雪霁》："菰风生马足，槐雪滴人头。"

【菰米】　菰之实。王维《春过贺遂员外药园》："蔗浆菰米饭，蒟酱露葵羹。"杜甫《秋兴八首》之七："波漂菰米沉云黑，露冷莲房坠粉红。"皮日休《鲁望春日多寻野景日休抱疾杜门因有是寄》："数卷蠹书棋处展，几升菰米钓前炊。"郑谷《倦客》："闲烹芦笋炊菰米，会向源乡作醉翁。"

【菰草】　即菰，茭白。张籍《重平驿作》："茫茫菰草平如地，渺渺长堤曲似城。"

【菰叶】　菰之叶，茭白叶。韩愈《奉和钱七兄曹长盆池所植》："擢擢菰叶长，芳根复谁徙。"白居易《湖上闲望》："藤花浪拂紫茸条，菰叶风翻绿剪刀。"许浑《题故李秀才居》："橘花满地人亡后，菰叶连天雁过时。"陆龟蒙《江行》："酒旗菰叶外，楼影浪花中。"

【菰菜】　即茭白。储光羲《晚霁中园喜赦作》："浓云连晦朔，菰菜生邻里。"温庭筠《秘书省有贺监知章草题因有此作》："鸂鶒苇花随钓艇，蛤蜊菰菜梦横塘。"

【菰葑米】　即菰米。刘禹锡《历阳书事七十韵》："一钟菰葑米，千里水葵羹。"

【菰飯】　用菰米煮成的饭。张志和《渔父》之四："松江蟹舍主人欢，菰饭莼羹亦共餐。"陆龟蒙《江南秋怀寄华阳山人》："野馈夸菰饭，江商贾蔗饧。"

【菰蒲】　❶菰和蒲。裴迪《辋川集二十首·北垞》："每欲采樵去，扁舟出菰蒲。"白居易《想东游五十韵》："菡萏红涂粉，菰蒲绿泼油。"朱庆余《吴兴新堤》："深映菰蒲三十里，晴分功利几千家。"薛能《题褒城驿池》："钓客坐风临岛屿，牧牛当雨食菰蒲。"❷菰、蒲丛生之处，借指湖泽。许棠《洞庭湖》："空江浩荡景萧然，尽日菰蒲泊钓船。"吴融《池上双凫二首》之一："幸是羽毛无取处，一生安稳老菰蒲。”

【菰蔣】 (jiàng)菰，茭白。李白《新林浦阻风寄友人》：“海月破圆影，菰蒋生绿池。”元稹《哀病骢呈致用》：“自经梅雨长垂耳，乍食菰蒋欲折腰。”白居易《江南喜逢萧九彻因话长安旧游戏赠五十韵》：“野风吹蟋蟀，湖水浸菰蒋。”韦庄《赠渔翁》：“满岸秋风吹枳橘，绕陂烟雨种菰蒋。”

菡 〔hàn《广韵》胡感切，上感，匣。〕菡萏。见“菡萏”。

【菡萏】 即荷花。李白《送温处士归黄山白鹅峰旧居》：“丹崖夹石柱，菡萏金芙蓉。”韩愈《送无本师归范阳》：“蜂蝉碎锦缬，绿池披菡萏。”白居易《渭村退居寄礼部崔侍郎翰林钱舍人诗一百韵》：“井阑排菡萏，檐瓦斗鸳鸯。”陈至《赋得芙蓉出水》：“菡萏迎秋吐，夭摇映水滨。”

【菡萏峯】 指华山莲花峰。刘兼《寄滑州文秀大师》：“分飞屈指十三年，菡萏峰前别社莲。”

菑 〔zī《广韵》侧持切，平之。莊。〕❶初耕的田地。亦泛指农田。崔国辅《杭州北郭戴氏荷池送侯愉》：“道存过北郭，情极望东菑。”储光羲《田家即事》：“迎晨起饭牛，双驾耕东菑。”羊士谔《郡斋读经》：“几日遵归辙，东菑殆欲芜。”刘禹锡《和河南裴尹侍郎宿斋天平寺诣九龙祠祈雨二十韵》：“丹霞启南陆，白水含东菑。”

【菑畬】 ❶耕耘。柳宗元《韦使君黄溪祈雨见召从行至祠下口号》：“骄阳愆岁事，良牧念菑畬。”❷耕稼为民生之本。故以喻事物的根本。韩愈《符读书城南》：“文章岂不贵，经训乃菑畬。”

九 画

葑1 〔fēng《广韵》府容切，平鍾，非。〕植物名。即芜菁。吴融《祝风三十二韵》：“环涂为之区，积葑相连缅。”参见“葑菲”。

葑2 〔fèng《广韵》方用切，去用，非。〕菰根，即茭白根。元稹《春分投简阳明洞天作》：“薅余秧渐长，烧后葑犹枯。”李郢《阳羡春歌》：“灵龟可信淹水干，葑草青青促归去。”皮日休《奉和鲁望渔具十五咏·罩》：“芒鞋下葑中，步步沉轻罩。”

【葑$_2$田】 将湖泽中葑泥移于木架上，浮于水面，成为可以移动的农田，称为葑田。亦称架田。秦系《题镜湖野老所居》：“树喧巢鸟出，路细葑田移。”

【葑菲】 比喻鄙陋之人尚有一德可取之谦辞。见《诗·邶风·谷风》。李白《秦女卷衣》：“愿君采葑菲，无以下体妨。”郑繇华《赋得生刍一束》：“葑菲如堪采，山苗自可逾。”韩愈《送区弘南归》：“我念前人譬葑菲，落以斧引以缧徽。”贯休《贺郑使君》：“释子沾恩无以报，只将葑菲贺阶墀。”

葚 〔shèn或读 rèn《广韵》食荏切，上寝，船。〕桑树果实。韩愈《游城南十六首·赛神》：“麦苗含穟桑生葚，共向田头乐社神。”

葉1 〔yè《广韵》與涉切，入葉，似。〕❶植物营养器官之一。斜生于枝茎之上，以司同化、呼吸、蒸发等作用。羊士谔《郡中即事三首》之二：“红衣落尽暗香残，叶上秋光白露寒。”李绅《早发》：“萧索更看江叶下，两乡俱是宦游情。”刘沧《秋日夜怀》：“关山云尽九秋月，门柳叶凋三径霜。”陆龟蒙《奉和袭美太湖诗二十首·孤园寺》：“林虚叶如织，水净沙堪数。”❷指花瓣。韩愈《题百叶桃花》：“百叶双桃晚更红，窥窗映竹见玲珑。”皮日休《惠山听松庵》：“千叶莲花旧有香，半山金刹照方塘。”❸像树叶那样轻薄东西。元稹《冬夜怀李侍御王太祝段丞》：“纤云不成叶，脉脉风丝舒。”❹指小舟。韦庄《酬吴秀才霅川相送》：“一叶南浮去似飞，楚乡云立本无依。”❺书页。裴说《喜友人再面》：“静坐将茶试，闲书把叶翻。”❻世，代。李峤《汾阴行》：“汉家五叶才且雄，宾延万灵朝九戎。”崔颢《江畔老人愁》：“父兄三叶皆尚主，子女四代为妃嫔。”杜甫《别李义》：“丈人嗣三叶，之子白玉温。”白居易《新乐府·二王后》：“唐兴十叶岁二百，介公酅公世为客。”亦指时期。李逢吉《望京楼上寄令狐华州》：“中叶成文教，德威清远边。”❼量词。多用于小舟。韩愈《湘中酬张十一功曹》：“休垂绝徼千行泪，共泛清湘一叶舟。”白居易《重修香山寺毕题二十二韵以纪之》：“千花高下塔，一叶往来舟。”吴融《赠方干处士歌》：“一杯酒，无万事，一叶舟，无千里。”

葉2 〔shè《广韵》書涉切，入葉，書。〕❶古邑名，在今河南叶县南。春秋时属楚领地，汉置县。唐属汝州。高适《赠别王十七管记》：“画龙俱在叶，宠鹤先居卫。”岑参《怀叶县关操姚旷韩涉李叔齐》：“数子皆故人，一时吏宛叶。”❷(今读 yè)姓。唐诗人有叶元良、叶季良等。

【葉上題詩】 指唐东都洛阳宫人题写在树叶上的诗。关于叶上题诗、以求结成良缘的故事，宣宗、僖宗、玄宗、德宗朝均有之。见唐孟棨《本事诗·情感》。顾况《叶上题诗从苑中流出》：“君恩不闭东流水，叶上题诗寄与谁。”

【葉元良】 一作叶元亮。德宗贞元年间与薛存诚同年应试。《全唐诗》卷七八一录其《御制段太尉碑》一首。

【葉公】 (葉，今读 yè)指叶公子高。见汉刘向《新序·杂事》。唐诗中多用此典喻并非真的喜好，并用以咏画、咏龙。郑谷《兵部卢郎中光济借示诗集以四韵谢之》:“叶公好尚浑疏阔,忽见真龙几丧明。”齐己《谢徽上人见惠二龙障子以短歌酬之》:“恐是叶公好假龙,及见真龙却惊怕。”胡曾《咏史诗·叶县》:“叶公丘墓已尘埃,云矗崇墉亦半摧。”

【葉氏】 唐贞元中有名歌者。元稹《何满子歌》:“鱼家入内本领绝,叶氏有年声气短。”

【葉令】 指叶县令叶王乔。李元操《和从叔禄愔元日早朝》:“叶令双凫至,梁王驷马来。”马令《早春陪敕使麻先生祭岳》:“叶令乘凫入,浮丘驾鹤旋。”参见“葉縣鳧”。

【葉舟】 小船。岑参《还东山洛上作》:“愁客叶舟里,夕阳花水时。”武元衡《夏日别卢太卿》:“叶舟烟雨夜,之子别离心。”张乔《渔者》:“首戴圆荷发不梳,叶舟为宅水为居。”罗隐《村桥》:“村桥酒旆月明楼,偶逐渔舟系叶舟。”

【葉季良】 唐诗人。登德宗贞元进士第。《全唐诗》卷四六六录其《赋得月照冰池》等三首。

【葉法善】 唐道士。字道元,括州括苍(今浙江丽水市)人。其家三世为道士,得传阴阳、符箓、摄养之术。高宗显庆间应召入京,不受爵位,留住内道场,往来名山禁宫间,颇受礼遇。玄宗开元元年拜鸿胪卿、封越国公,仍为道士,住长安景龙观,尊崇尤甚。卒后,玄宗亲制碑文。新旧《唐书》有传。《全唐诗》卷八六〇录其临终《留诗》三首。郑嵎《津阳门诗》:“宸聪听览未终曲,却到人间迷是非。”句下原注:“叶法善引上入月宫,时秋已深,上苦凄冷,不能久留,归。”

【葉書】 用树叶写的书信。贾岛《郊居即事》:“叶书传野意,檐溜煮胡茶。”

【葉偈】 佛经。叶指贝叶,偈是佛经中的唱词。郑愔《奉和幸大荐福寺》:“兰图奉叶偈,芝盖拂花楼。”

【葉涵象】 天台上道士叶藏质,字涵象,“涵”或作“含”。皮日休有《寄题玉霄峰叶涵象尊师所居》。陆龟蒙有《和袭美寄题玉霄峰叶涵象尊师所居》。

【葉葉】 ❶片片。李商隐《蝶》:“叶叶复翻翻,斜桥对侧门。”王周《落叶》:“月冷天风吹,叶叶干红飞。”❷犹言世世代代。卢仝《蜻蜓歌》:“不学汝无端小虫子,叶叶水上无一事,忽遭风雨水中死。”

【葉尊師】 叶藏质。天台上道士。方干有《赠天台叶尊师》。王贞白有《寄天台叶尊师》。

【葉道士】 指叶藏质。居天台上玉霄峰。贯休有《寄天台叶道士》。

【葉蒙】 五代后蜀人。贯休友人。屡举不第,后终及第。贯休有《送叶蒙赴举》和《闻叶蒙及第》。

【葉艇】 叶舟,小船。罗隐《赠渔翁》:“叶艇悠扬鹤发垂,生涯空托一纶丝。”

【葉縣】 西汉置,治所在河南叶县西南旧县镇。南朝宋大明元年废。北魏复置。唐属汝州。李白《题雍丘崔明府丹灶》:“叶县已泥丹灶毕,瀛洲当伴赤松归。”岑参有《怀叶县关操姚旷韩涉李叔齐》。戎昱《别公安贾明府》:“叶县门前江水深,浅于羁客报恩心。”胡曾有《咏史诗·叶县》。

【葉縣鳧】 东汉王乔任叶县令,有道术,传说上朝乘履所化之凫,后入玉棺仙去。见《后汉书·方术列传上·王乔传》。唐诗中多借以咏县令或咏道术。陆敬《游清都观寻沈道士得都字》:“矫翰雷门鹤,飞来叶县凫。”岑参《寻少室张山人闻与偃师周明府同入都》:“叶县凫共去,葛陂龙暂还。”高适《真定即事奉赠韦使君二十八韵》:“诏宠金门策,官荣叶县凫。”

【葉翹】 闽王王昶时,以六军判官为宣内使、参政事。翘博学质直,闽惠宗擢为福王友,昶以师傅礼待立,多所禅益,宫中称为国翁。见《资治通鉴》卷二七九。闽王王继鹏有《批叶翘谏书纸尾》。

葫

〔hú《广韵》户吴切,平模,匣。又荒鳥切,平模,曉。〕❶大蒜。李贺《箜篌引》:“陇亩油油黍与葫,瓦甒浊醪蚁浮浮。”❷见“葫蘆”。

【葫蘆】 ❶植物名。一年生草本。茎蔓生,叶互生,心脏形,花白色。果实中间细,如同二球相连,表面光滑,可做器皿,亦可供赏玩。亦指这种植物的果实。杜荀鹤《戏赠鱼家》:“葫芦杓酌春浓酒,舴艋舟流夜涨滩。”徐夤《赠东方道士》:“葫芦窗畔挂,是物在其间。”贯休《送姜道士归南岳》:“药僮貌蛮名鄙彼,葫芦酒满担劣起。”又《施万病丸》:“葫芦盛药行如风,病者与药皆惺憁。”❷河名。在唐原州萧关县(今甘肃平凉市东)。郑谷《江宿闻芦管》:“须知风月千樯下,亦有葫芦河畔人。”

葳

〔wēi《广韵》於非切,平微,影。〕见“葳蕤”。

【葳蕤】 ❶草木茂盛枝叶下垂貌。李峤《露》:“滴沥明花苑,葳蕤泫竹丛。”李白《古风》之四四:“绿萝纷葳蕤,缭绕松柏枝。”阎宽《古意》:“庭树发华滋,瑶草复葳蕤。”刘兼《木芙蓉》:“是叶葳蕤霜照夜,此花烂漫火烧秋。”❷草名。见南朝梁任昉《述异记》卷下。储光羲《蔷薇》:“秦家女儿爱芳菲,画眉相伴采葳蕤。”齐己《忆在匡庐日》:“步碧葳蕤径,吟香菡萏池。”❸华美,艳丽,美丽。宋之问《玩郡斋海榴》:“熠爚御风静,葳蕤含景鲜。”刘禹锡《观柘枝舞二首》之一:“胡服何葳蕤,仙仙登绮墀。”杜牧《雪中书怀》:“如日月缅升,若鸾凤葳蕤。”贯休《古意九首》之九:“忆在山中时,丹桂花葳蕤。”❹羽毛饰物貌。徐彦伯《饯唐州高使君赴任》:“骕骦已跼躅,鸟隼方葳蕤。”王无竞《驾幸长安奉使先往检察》:“缇绮纷沓袭,翠旗曳葳蕤。”❺盛多,丰盛。王建《织锦曲》:“红缕葳蕤紫茸软,蝶飞参差花宛转。”豆卢回《登乐游原怀古》:“赫奕文物备,葳蕤休瑞繁。”❻纤细柔美。白居易《杨柳枝二十韵》:“枝柔腰袅娜,荑嫩手葳蕤。”❼光彩熠耀貌。白居易《早冬游王屋自灵都抵阳台上方望天坛偶吟成章寄温谷周尊师中书李相公》:“今果如其语,光彩双葳蕤。”❽喻文彩。韩愈《归彭城》:“言词多感激,文字少葳蕤。”❾古代一种首饰。鲍溶《李夫人歌》:“葳蕤半露芙蓉色,窈窕将期环珮身。”❿借指锁。李益《江南曲》:“春楼不闭葳蕤锁,绿水回连宛转桥。”

葬 〔zàng《广韵》则浪切,去宕,精。〕掩埋尸体。杜甫《遣兴五首》之五:“朝逢富家葬,前后皆辉光。”窦牟《故秘监丹阳郡公延陵包公挽歌》:“有吴君子墓,返葬故山遥。”白居易《伤唐衢二首》之二:“不知何处葬,欲问先歔欷。”李商隐《景阳井》:“肠断吴王宫外水,浊泥犹得葬西施。”

【葬日】 殡葬之日。张绍《冲佑观》:“葬日风雨,会有神仙。”

【葬田】 殡葬之土地。王湾《哭补阙亡友綦毋学士》:“葬田门吏给,坟木路人栽。”

【葬事】 殡葬事宜。高适《哭裴少府》:“公才群吏感,葬事他人助。”

【葬魚】 谓葬身鱼腹。语出《楚辞·渔父》。吴融《南迁途中作七首·寄友人》:“若待清湘葬鱼了,纵然招得不堪招。”

【葬魚人】 指战国楚屈原。屈原被放逐后,曾对渔父说:“举世混浊而我独清,众人皆醉而我独醒。……宁赴常流而葬乎江鱼腹中耳,又安能以皓皓之白而蒙世之温蠖乎!”后自沉汨罗而死。见《史记·屈原列传》。杜牧《长安送友人游湖南》:“莫哭葬鱼人,酒醒且眠饭。”

【葬輿】 丧车。刘言史《北原情三首》之一:“铭旌下官道,葬舆去辚辚。”

【葬禮】 殡葬的礼仪。方干《哭秘书姚少监》:“晓向平原陈葬礼,悲风吹雨湿铭旌。”杜荀鹤《哭友人》:“葬礼难求备,交情好者贫。”

【葬儀】 葬礼。刘禹锡《故相国燕国公于司空挽歌二首》之一:“池台乐事尽,箫鼓葬仪雄。”薛存诚《御制段太尉碑》:“葬仪从俭礼,刊石荷尧君。”

韮 (jiǔ)同“韭”。韭菜。张祜《江南杂题三十首》之二五:“汲池浇韮垄,占石坐松根。”

葺 〔qì《广韵》七入切,入缉,清。又子入切,入缉,精。〕❶修理,修理房屋。皇甫冉《酬权器》:“闻君静坐转耽书,种树葺茅还旧居。”杨巨源《酬裴舍人见寄》:“再葺吾庐心已足,每来公府路常闲。”白居易《咏拙》:“葺茅为我庐,编蓬为我门。”韦庄《仆者杨金》:“半年辛苦葺荒居,不独单寒腹亦虚。”❷整理;整治。皮日休《临顿为吴中偏胜之地因成五言十首奉题屋壁》之三:“更葺园中景,应为顾辟疆。”

【葺宇】 建造屋宇。柳宗元《构法华寺西亭》:“命童恣披剪,葺宇横断山。”

【葺理】 整治,整理。杨凝式《赠张全义》:“不是我公重葺理,至今犹是一堆灰。”

【葺橋】 修桥,建桥。卢纶《和太常李主簿秋中山下别墅即事》:“葺桥双鹤赴,收果众猿随。”

【葺藝】 修葺和栽种。白居易《春葺新居》:“况兹是我宅,葺艺固其宜。”

萬 〔wàn《广韵》無販切,去願,微。〕❶数词。千的十倍。王无竞《咏汉武帝》:“厩马三十万,国容何壮哉。”李商隐《韩碑》:“行军司马智且勇,十四万众犹虎貔。”❷表示众多,极多。韩愈《元和圣德诗》:“万牛脔炙,万瓮行酒。”李绅《趋翰苑遭诬构四十六韵》:“万戟分梁苑,双旌寄鲁儒。”贾岛《忆吴处士》:“孤舟行一月,万水与千岑。”贯休《古意九首》之四:“千人万人中,一人两人知。”❸舞名。参见“萬舞”。❹指万州。杜甫《杜鹃》:“涪万无杜鹃,云安有杜鹃。”❺姓。唐诗人有万楚、万齐融等。

【萬一】 连词。表示可能性极小的假设。杜甫《览镜呈柏中丞》:“镜中衰谢色,万一故人怜。”白居易《戊申岁暮咏怀三首》之三:“万一差池似前事,又应追悔不抽簪。”元稹《水上寄乐天》:“万一楼头望,还应望我愁。”顾非熊《陈清上郑主司》:“恳情今吐尽,万一冀哀怜。”

【萬人】 极言人多。顾况《宫词五首》之四:“嘈嗷一声钟鼓歇,万人楼下拾金钱。”白居易《新乐府·骊宫高》:“骊宫高兮高入云,君之来兮为一身,君之不来兮为万人。”李绅《宿越州天王寺》:“海隅布政惭期月,江上沾巾愧万人。”张蠙有《吊万人冢》。

【萬人傑】 指英雄人物。《尹文子》:“千人曰俊,万人曰杰。”王昌龄《杂兴》:“诚知匹夫勇,何取万人杰。”

【萬人敵】 谓力可敌万人。见《史记·项羽本纪》。李白《经乱离后天恩流夜郎忆旧游书怀赠江夏韦太守良宰》:“剑非万人敌,文窃四海声。”

【萬八】 万齐融。孙逖有《酬万八贺九云门下归溪中作》。

【萬丈潭】 在今甘肃成县东南七里的飞龙峡内。相传有龙自潭中飞出,故又称龙潭。杜甫有《万丈潭》。

【萬山】　在今湖北襄阳市西北十里。为孟浩然常游之地。孟浩然有《万山潭作》《陪独孤使君同与萧员外证登万山亭》和《和张判官登万山亭因赠洪府都督韩公》。

【萬井】　犹言千家万户。李白《君子有所思行》:“万井惊画出,九衢如弦直。”杨巨源《春日奉献圣寿无疆词十首》之二:“九城多好色,万井半祥烟。”白居易《雪中即事答微之》:“压瘴一州除疾苦,呈丰万井尽欢娱。”刘驾《晓登迎春阁》:“未栉凭栏眺锦城,烟笼万井二江明。”

【萬天】　犹云万里蓝天。吴筠《游仙二十四首》之二三:“不疾而自速,万天俄已周。”

【萬夫】　万人;万民;众人。李白《蜀道难》:“一夫当关,万夫莫开。”皎然《赠李中丞洪一首》:“明公仗忠节,一言感万夫。”李绅《到宣武三十韵》:“虎符三校列,鱼胄万夫迎。”徐夤《蜀》:“虽倚关张敌万夫,岂胜恩信作良图。”

【萬巨】　唐扶风(今属陕西)人,豪士,以才荐官,不就。与李白、韩翃、卢纶等同时,并有交往。李白有《早过漆林渡寄万巨》。韩翃、卢纶均有《送万巨》。

【萬水千山】　形容路途遥远且充满险阻。贾岛《送耿处士》:“万水千山路,孤舟几月程。”贯休《送少年禅师二首》之二:“万水千山一鹤飞,岂愁游子暮何之。”吕岩《七言》之一六:“寻常学道说黄芽,万水千山觅转差。”

【萬化】　❶万事万物;大自然。张说《登九里台是樊姬墓》:“万化茫无在,孤坟独岿然。”李白《郢门秋怀》:“百龄何荡漾,万化相推迁。”卢仝《赠稚禅师》:“万化见中尽,始觉静性尊。”郑薰《赠巩畴》:“万化悉在我,一物安能惊。”❷各种变化。白居易《叹老三首》之一:“万化成于渐,渐衰看不觉。”❸指死亡。李白《自溧水道哭王炎三首》之一:“故人万化尽,闭骨茅山冈。”

【萬公】　即严维友人万经。严维《赠万经》:“万公长慢世,昨日又隳官。”

【萬方】　万邦;各方诸侯。引申指天下各地;全国各地。李峤《奉和天枢成宴夷夏群僚应制》:“何如万方会,颂德九门前。”杜甫《登楼》:“花近高楼伤客心,万方多难此登临。”李涉《送孙尧夫赴举》:“自说轩皇息战威,万方无复事戎衣。”张祜《元日仗》:“文武千官岁仗兵,万方同轨奏升平。”

【萬户】　万家;万室。万,极言其多。李白《子夜吴歌·秋歌》:“长安一片月,万户捣衣声。”林宽《终南山》:“标奇耸峻壮长安,影入千门万户寒。”刘昭禹《晚霁望岳麓》:“翠落重城内,屏开万户前。”

【萬户千門】　❶指众多的人家。李德裕《长安秋夜》:“万户千门皆寂寂,月中清露点朝衣。”李商隐《流莺》:“风朝露夜阴晴里,万户千门开闭时。”❷指宫殿。崔颢《邯郸宫人怨》:“建章宫殿不知数,万户千门深且长。”李白《桂殿秋》:“曲终却从仙官去,万户千门惟月明。”唐彦谦《贺李昌时禁苑新命》:“万户千门迷步武,非烟非雾隔仪形。”韦庄《洛阳吟》:“万户千门夕照边,开元时节旧风烟。”

【萬户侯】　食邑万户侯。后泛指高官显位。孔绍安《结客少年场行》:“若使三边定,当封万户侯。”郎士元《送郑正则徐州行营》:“气劲三河卒,功全万户侯。”李贺《南园十三首》之五:“请君暂上凌烟阁,若个书生万户侯。”聂夷中《公子行二首》之二:“一行书不读,身封万户侯。”

【萬玉】　指百官。张说《奉和圣制爰因巡省途次旧居应制》:“警跸干戈捧,朝宗万玉趋。”

【萬古】　❶万代,万世。李白《中山孺子妾歌》:“戚姬髡发入春市,万古共悲辛。”杜甫《醉时歌》:“德尊一代常轗轲,名垂万古知何用。”翁绶《婕妤怨》:“繁华事逐东流水,团扇悲歌万古愁。”徐夤《西寨寓居》之一:“严陵万古清风在,好棹东溪咏钓台。”❷死亡的婉词。裴羽仙《哭夫二首》之二:“从此不归成万古,空留贱妾怨黄昏。”

【萬古千秋】　形容经历的时间。周朴《望中怀古》:“齐心楼上望浮云,万古千秋空姓名。”贯休《少监三首》之二:“八龙三虎森如也,万古千秋瑞圣唐。”

【萬卉千花】　众多的花卉。李九龄《寒梅词》:“霜梅先拆岭头枝,万卉千花冻不知。”

【萬世】　很多世代。形容时代久远。皎然《山月行》:“不知万世今夜时,孤月将□谁更待。”李商隐《井泥四十韵》:“我恐更万世,此事愈云为。”

【萬石】　见“萬石君”。

【萬石君】　西汉石奋、严延年和东汉冯扬等人,一家中或父子或兄弟有五人以上居高官至二千石以上,被称为“萬石君”。后遂以指高官厚禄之家。皮日休《太湖诗·游毛公坛》:“敢道万石君,轻于一丝缕。”亦省作“萬石”。张说《城南亭作》:“珂马朝归连万石,槊门洞启亲迎客。”

【萬生】　❶众生,人类。韩愈《题炭谷湫祠堂》:“万生都阳明,幽暗鬼神寰。”❷指高适从甥万盈。郎士元有《赠万生下第还吴》。

【萬代】　万世,很多时代。鲍溶《李夫人歌》:“爱之欲其生又死,东流万代无回水。”吴融《绵竹山四十韵》:“勒铭燕然山,万代垂芬郁。”陈长官《下狱有作》:“一时种了黄连种,万代令人苦不休。”

【萬仞】　极言其高。仞,古代长度单位。七尺为一仞,或说八尺为一仞。杜甫《前出塞九首》之二:“捷下万仞冈，俯身试搴旗。”白居易《初入峡有感》：“上有万仞山，下有千丈水。”许棠《汝州郡楼望嵩山》：“几层高鸟外，万仞一楼中。”徐夤《西寨寓居》之二：“崇侯入辅严陵退，堪忆啼猿万仞峰。”

【萬民】 广大百姓。白居易《读张籍古乐府》：“上可裨教化，舒之济万民。”苏拯《明禁忌》：“一年省修营，万民停困踬。”

【萬邦】 所有诸侯封国。引申为天下，全国。武平一、阎朝隐《景龙四年柏梁体联句》：“万邦考绩臣所详，著作不休出中肠。”张说《奉和圣制过晋阳宫应制》：“愿君及春事，回舆绥万邦。”白居易《贺雨》：“遂下罪已诏，殷勤告万邦。”徐夤《宋二首》之一：“天爵休将儋石论，一身恭俭万邦尊。”

【萬有】 犹万物。吴筠《游仙二十四首》之一四：“结虚成万有，高妙咸可玩。”孟郊《戏赠无本》之二：“燕僧摆造化，万有随手奔。”

【萬死】 死一万次。形容罪重或冒生命危险。李白《江夏使君叔席上赠史郎中》：“昔放三湘去，今还万死余。”张祜《元和直言诗》：“兢兢小臣祜，万死甘词繁。”

【萬回】 唐僧人。阌乡（治所在今河南灵宝市西北文乡）人，俗姓张氏。生而愚，父母豚犬畜之。善走，万里路程，朝至而夕返，故名。则天时入宫，语事多验，士庶贤贱，竟来礼拜。王昌龄《香积寺礼拜万回平等二圣僧塔》：“万回主此方，平等性无违。”

【萬年】 ❶极言年代之久远。孙欣《奉试冷井诗》：“永愿调神鼎，尧时泰万年。”元结《补乐歌十首·〈大夏〉之三》：“茫茫下土兮，乃歌万年。”崔珏《水晶枕》：“千年积雪万年冰，掌上初擎力不胜。”丘光庭《补新宫》之三：“斯宫以安，康后万年。”❷县名。西汉高帝分栎阳县置，与栎阳县同城而治，在今陕西临潼区东北。北周时移治长安城（今陕西西安市西北）。隋移治今西安市，改名大兴县。唐武德元年复名万年县。天宝七年更名咸宁，乾元元年复名万年。属京兆府。钱起有《和万年成少府寓直》。孟郊有《赠万年陆郎中》。朱庆余有《与贾岛顾非熊无可上人宿万年姚少府宅》。无可有《书事寄万年厉员外》。

【萬年宫】 即九成宫。永徽二年（651）改名万年宫。乾封二年（667）复名九成宫。故址在今陕西麟游县西。上官仪有《酬薛舍人万年宫晚景寓直怀友》。

【萬年枝】 ❶树名。即冬青。许景先《奉和御制春台望》：“瑞气朝浮五云阁，祥光夜吐万年枝。”李嘉祐《江湖秋思》：“素浪遥疑八溪水，清枫忽似万年枝。”窦庠《陪留守韩仆射巡内至上阳宫感兴二首》之二：“薄暮毁垣春雨里，残花犹发万年枝。”韩翃《汉宫曲二首》之一：“五柞宫中过腊看，万年枝上雪花残。”❷指年代悠久的大树。王涯《宫词三十首》之二四：“为爱九天和露滴，万年枝上最声多。”韩偓《鹊》：“莫怪天涯栖不稳，托身须是万年枝。”杜光庭《题天坛》：“洞天人迹少，鹤宿万年枝。”

【萬年樹】 树名。即冬青。李峤《云》：“烟熅万年树，掩映三秋月。”独孤及《奉和中书常舍人晚秋集贤院即事寄赠徐薛二侍御》：“阴阴万年树，肃肃五经堂。”

【萬全】 万无一失，绝对安全。张九龄《始兴南山下有林泉尝卜居焉荆州卧病有怀此地》：“一跌不自保，万全焉可寻。”张祜《从军行》：“一卷旌收千骑虏，万全身出百重围。”

【萬州】 州名，唐贞观八年以浦州改名，治所在南浦县（今重庆万州区）。天宝初改为南浦郡，乾元初复为万州。刘长卿有《寄万州崔使君》。王周《公居》：“公居门馆静，旅寄万州城。”齐己《送王处士游蜀》：“三峡浪喧明月夜，万州山到夕阳天。”

【萬宇】 天下。则天皇后《唐明堂乐章·外办将出》：“负扆三春旦，充庭万宇宾。”杜甫《偶题》：“两都开幕府，万宇插军麾。”褚亮《祈谷乐章·舒和》：“庶俾亿龄禔景福，长欣万宇洽时邕。”李峤《晚秋喜雨》：“九农欢岁阜，万宇庆时休。”

【萬祀】 万年。贾至《燕歌行》：“我唐区夏余十纪，军容武备赫万祀。”《郊庙歌辞·后唐宗庙乐舞辞·昭德舞》：“庆传万祀，以播耿光。”

【萬劫】 佛教谓世界从生成到毁灭的过程为一劫。故万劫，犹万世、万代。极言时间之长。李白《短歌行》：“苍穹浩茫茫，万劫太极长。”张谓《哭护国上人》：“昔喜三身净，今悲万劫长。”白居易《逍遥咏》：“此身何足恋，万劫烦恼根。”顾非熊《与无可宿辉公院》：“倘许双摩顶，随缘万劫生。”

【萬里】 形容路途遥远或面积广阔。刘长卿《巡去岳阳却归鄂州使院留别郑洵侍御侍御先曾谪居此州》：“惟怜万里外，离别洞庭头。”韦元甫《木兰歌》：“岂足万里行，有子复尚少。”刘沧《寄远》：“锦字织成添别恨，关河万里路悠悠。”殷文圭《八月十五夜》：“万里无云镜九州，最团圆夜是中秋。”

【萬里長征】 （長 cháng）形容非常遥远的征程。王昌龄《出塞二首》之一：“秦时明月汉时关，万里长征人未还。”

【萬里迢迢】 形容路程遥远。李邕《无题》：“忽闻天子访沉沦，万里迢迢远赴秦。”

【萬里相】 （相 xiàng）即万里侯的面相。虞世南《从军行二首》之二：“方知万里相，侯服见光辉。”参见“萬里侯”。

【萬里侯】 古代由立功边远地区受封的侯爵。

《汉书·班超传》载，有相者相班超谓其有万里侯相。后班超投笔从戎，果以功封定远侯。张宣明《使至三姓咽面》："卒使功名建，长封万里侯。"李白《田园言怀》："贾谊三年谪，班超万里侯。"皇甫冉《送郑判官赴徐州》："气劲三河卒，功多万里侯。"

【萬里駒】　称颂有出息的孩子。曹操称曹休为"吾家千里驹"，见《三国志·魏志·曹休传》。李涉《赠友人孩子》："他时若要追风日，须得君家万里驹。"

【萬里橋】　桥名。在今四川成都市南。见唐李吉甫《元和郡县图志·剑南道上·成都县》。杜甫《狂夫》："万里桥西一草堂，百花潭水即沧浪。"又《怀锦水居止二首》之二："万里桥南宅，百花潭北庄。"胡曾《咏史诗·赠薛涛》："万里桥边女校书，枇杷花下闭门居。"薛涛《和郭员外题万里桥》："万里桥头独越吟，知凭文字写愁心。"

【萬里贈】　指折梅赠与远方的朋友。晋陆凯与范晔相善，自江南寄梅花一枝，诣长安与晔，并赠花诗曰："折花逢驿使，寄与陇头人。江南无所有，聊赠一枝春。"柳宗元《早梅》："欲为万里赠，杳杳山水隔。"

【萬里寶刀】　东汉从事郎应奉，奉诏征南，受赐金错刀一把。后遂以"萬里寶刀"为典，咏武将出征。武元衡《送崔判官使太原》："报主由来须尽敌，相期万里宝刀新。"

【萬彤雲】　唐诗人。中唐人，曾为白居易所赏识。《全唐诗》卷四六三录其《献卢尚书》诗一首。

【萬事】　一切事，所有事。寒山《诗三百三首》之一八一："一住寒山万事休，更无杂念挂心头。"白居易《履道新居二十韵》："应须共心语，万事一时休。"李绅《悲善才》："惆怅追怀万事空，雍门感慨徒为尔。"赵嘏《下第寄宣城幕中诸公》："一醉曾将万事齐，暂陪欢去便如泥。"

【萬固寺】　万固寺，或为万回寺。耿沣有《宿万固寺因寄严补阙》诗，全诗校："〔固〕一作回。"卢纶有《和崔侍郎游万固寺》诗，全诗校："〔固〕一作回"。万固寺，在浦州永济县(今属山西)，建于大中八年，与韩翃、卢纶年代不相及，万回，唐高宗至中宗时僧人，虢州阌乡(治所在今河南灵宝市西北文乡)人，有宠，出入朝廷，中宗赐号法元公。

【萬物】　指宇宙间的一切事物。寒山《诗三百三首》之一七："万物有代谢，九天无朽摧。"杜牧《留海曹师等诗》："万物有丑好，各一姿状分。"许棠《春日言怀》："东风万物新，独未到幽人。"王贞白《宫池产瑞莲》："雨露及万物，嘉祥有瑞莲。"

【萬金】　极多的钱财。白居易《闲卧有所思二首》之一："始知洛下分司坐，一日安闲直万金。"李绅《溯西江》："一身累困怀千载，百口无虞贵万金。"李商隐《牡丹》："终销一国破，不啻万金求。"刘兼《秋夕书怀》之一："宦情总逐愁肠断，一箸鲈鱼直万金。"

【萬性】　一切有生命之物。皇甫冉《和郑少尹祭中岳寺北访萧居士越上方》："一峰绵岁月，万性任盈虚。"

【萬卷】　极言书卷之多。杜甫《奉赠韦左丞太二十二韵》："读书破万卷，下笔如有神。"颜真卿、陆羽《竹山连句题潘氏书堂》："万卷皆成帙，千竿不作行。"杜牧《送张判官归兼谒鄂州大夫》："腹中书万卷，身外酒千杯。"

【萬法】　佛教用语。法，指事物及其现象，也指理性、佛法等。故遂用"萬法"指一切事物。王梵志《兀然无事》之十一："万法皆尔，本自无生。"颜真卿《使过瑶台寺有怀圆寂上人》："万法元无著，一心唯趣禅。"刘长卿《惠福寺与陈留诸官茶会》："因知万法幻，尽与浮云齐。"白居易《和微之诗二十三首·和晨霞》："千界一时度，万法无与邻。"

【萬狀】　多种形态；形形色色。林滋《望九华山》："兹山突出何怪奇，上有万状无凡姿。"曹松《南海》："万状千形皆得意，长鲸独自转身难。"马云奇《白云歌》："遥望白云出海湾，变成万状须臾间。"王揆《长沙六快诗》："千态与万状，六人欢不足。"

【萬姓】　万民，万众。李白《春日行》："三千双蛾献歌笑，挝钟考鼓宫殿倾。万姓聚舞歌太平。"杜甫《送李校书二十六韵》："乾元元年春，万姓始安宅。"元稹《连昌宫词》："驱令供顿不敢藏，万姓无声泪潜堕。"同谷子《五子之歌》之五："仇雠万姓遂无依，颜厚何曾解忸怩。"

【萬春】　万年。阎朝隐《三日曲水侍宴应制》："三月重三日，千春续万春。"苏味道《奉和受图温洛应制》："预奉咸英奏，长歌亿万春。"

【萬指】　一万个手指。古代以手指计算奴隶的人数，万指即千人。故"万指"形容奴仆众多。杜牧《题村舍》："潜销暗铄归何处，万指侯家自不知。"

【萬品】　万物，万类。慧净《杂言》："扰扰三界溺邪津，浑浑万品忘真匠。"

【萬重】　(—chóng)极言层次之多。李商隐《饯席重送从叔余之梓州》："莫叹万重山，君还我未还。"赵嘏《山阳韦中丞罢郡因献》："今日尊前无限思，万重云月隔烟波。"张蠙《和崔监丞春游郑仆射东园》："不离三亩地，似入万重山。"翁承赞《华下霁后晓眺》："千嶂华山云外秀，万重乡思望中深。"

【萬恨】　众多的怨恨。陆龟蒙《奉和袭美行次野梅次韵》："不知谢客离肠醒，临水应添万恨来。"无名氏《琵琶》："千悲万恨四五弦，弦中甲马声骈阗。"

【萬盈】　唐人。高适从甥。高适《别从甥万盈》：

"诸生曰万盈，四十乃知名。"

【萬殊】 各不相同。亦指各不相同的事物、现象。王维《与胡居士皆病寄此诗兼示学人二首》之一："四达竟何遣，万殊安可尘。"李白《安州应城玉女汤作》："精览万殊人，潜行七泽连。"独孤及《酬皇甫侍御望天潜山见示之作》："万殊喜阳和，余亦荷时泰。"权德舆《酬穆七侍郎早登使院西楼感怀》："一气鼓万殊，晦明相推迁。"

【萬畢術】 飞仙升天之术。传说汉淮南王刘安言神仙黄白之事，名为《鸿宝万毕》三卷。李颀《送王道士还山》："心穷伏火阳精丹，口诵淮王万毕术。"

【萬造】 万物创造者，造化。施肩吾《观吴偃画松》："君有绝艺终身宝，方寸巧心通万造。"

【萬乘】 （—shèng）❶周制，天子地方千里，有兵车万乘，故以"萬乘"指天子。李峤《奉和幸望春宫送朔方总管张仁亶》："三军张武旆，万乘饯行轮。"李白《南陵别儿童入京》："游说万乘苦不早，著鞭跨马涉远道。"章孝标《蜀中赠广上人》："曾持麈尾引金根，万乘前头草五言。"贾岛《上邠宁邢司徒》："马走千蹄朝万乘，地分三郡拥双旌。"❷借指帝位。崔涂《读侯道华真人传》："汉皇轻万乘，方士说三丹。"陆龟蒙《开元杂题七首·照夜白》："应笑穆王抛万乘，踏风鞭露向瑶池。"无名氏《子陵山洞》："高风轻万乘，敢以足加腹。"

【萬乘相】 （乘 shèng，相 xiàng）周制，天子万乘。万乘相即辅佐天子的宰相。韩愈《岳阳楼别窦司直》："誓耕十亩田，不取万乘相。"

【萬般】 总括之词。指各种各样。元稹《岳阳楼》："怅望残春万般意，满棂湖水入西江。"杜牧《不寝》："多无百年命，长有万般愁。"韩偓《惜春》："一夜雨声三月尽，万般人事五更头。"杜荀鹤《赠题兜率寺闲上人院》："百岁有涯头上雪，万般无染耳边风。"

【萬浪】 层层波浪。曹邺《南征怨》："万浪东不回，昭王南征早。"

【萬家】 千万人家。杜牧《书事》："东风半夜雨，南国万家春。"赵嘏《九日陪越州元相燕龟山寺》："共贺万家逢此节，可怜风物似荆州。"吴融《赴阙次留献荆南成相公三十韵》："本遗三户在，今匝万家通。"冯铢《灵岩秋月》："驻马看碑惊化鹤，暮云回首万家城。"

【萬推】 晋人。据传能预知凶击。见刘敬叔《异苑》。李峤《象》："万推方演梦，惠子正焚书。"

【萬頃】 百万亩。顷，一百亩。杜甫《渼陂行》："天地黯惨忽异色，波涛万顷堆琉璃。"皎然《奉和陆使君长源夏月游太湖》："万顷合天容，洗然无云族。"白居易《草堂前新开一池养鱼种荷日有幽趣》："淙淙三峡水，浩浩万顷陂。"徐铉《春尽日游后湖赠刘起居》："今朝湖上送春归，万顷澄波照白髭。"

【萬累】 万物。意谓万物为人之所累。白居易《效陶潜体诗十六首》之五："更复强一杯，陶然遗万累。"吴筠《游倚帝山二首》之二："不出六合外，超然万累忘。"

【萬國】 万邦，天下。各国。杜甫《云安九日郑十八携酒陪诸公宴》："万国皆戎马，酣歌泪欲垂。"李德裕《奉和圣制南郊礼毕诗》："三臣皆就日，万国望如云。"李群玉《始忝四座奏状闻荐蒙恩授官旋进歌诗延英宣赐言怀纪事呈同馆诸公二十四韵》："九霄降雨露，万国望时雍。"

【萬斛】 极言容量之多。古以十斗为一斛，至南宋末始改五斗为一斛。杜甫《夔州歌十绝句》之七："蜀麻吴盐自古通，万斛之舟行若风。"又《三韵三篇》之二："荡荡万斛船，影若扬白虹。"

【萬舸】 众多的船只。舸，大船。李白《经乱离后天恩流夜郎忆旧游书怀赠江夏韦太守良宰》："万舸此中来，连帆过扬州。"

【萬象】 宇宙间一切事物或景象。宋之问《驾出长安》："天回万象出，驾动六龙飞。"薛据《泊震泽口》："苍茫万象开，合沓闻风水。"权德舆《奉和新卜城南郊居得与卫右丞邻舍因赋诗寄赠》："六符既昭晰，万象随陶钧。"杜荀鹤《读张仆射诗》："秋吟一轴见心胸，万象搜罗咏欲空。"

【萬象森羅】 纷然罗列的各种事物和现象。吕岩《浪淘沙》："万象森罗为斗拱，瓦盖青天。"

【萬庾】 谓谷物丰盛。庾，露天谷仓。宗楚客《奉和圣制喜雪应制》："共荷神功万庾积，终朝圣寿百千年。"

【萬康】 谓长久康乐。祝愿之词。和凝《宫词百首》之五一："层台云集梨园乐，献寿声声祝万康。"

【萬族】 万类，各种人。张九龄《临泛东湖》："万族纷可佳，一游岂能展。"李颀《鲛人歌》："始知万族无不有，百尺深泉架户牖。"白居易《夏旱》："嗷嗷万族中，唯农最辛苦。"

【萬斯箱】 《诗·小雅·甫田》咏农田丰收，需要很多车箱运载粮食，有"萬斯箱"之语。后遂用为描绘丰收在望的田亩。韦庄《和郑拾遗秋日感事一百韵》："路愁千里月，田爱万斯箱。"

【萬葉】 万世，万代。张九龄《南郊文武出入舒和之乐》："祀事孔明，祚流万叶。"

【萬萬】 ❶极言数目巨大。崔颢《行路难》："君不见建章宫中金明枝，万万长条拂地垂。"刘希夷《北邙篇》："南桥昏晓人万万，北邙新故冢千千。"李山甫《曲江二首》之一："争攀柳带千千手，间插花枝万万头。"吴融《绵竹山四十韵》："又如煮吴盐，万万盆初熟。"❷极言时间久远。李贺《相劝酒》："尧舜至今万万岁，数子将为倾盖间。”

【萬衆】 千万人。形容人数众多。李商隐《汉南书事》：“西师万众几时回，哀痛天书近已裁。”

【萬類】 犹万物。于逖《忆舍弟》：“茫茫天地间，万类各有亲。”孟郊《蜘蛛讽》：“万类皆有性，各各禀天和。”刘得仁《早行》：“万类半已动，此心宁自安。”金厚载《风不鸣条》：“吾君垂至化，万类共澄清。”

【萬尋】 形容极高。一寻为八尺。李白《幽涧泉》：“心寂历似千古，松飕飗兮万寻。”

【萬幾】 见“萬機”。

【萬楚】 唐诗人。开元进士。尝任微官，后退隐。与李颀友善。李颀有《东京寄万楚》。《全唐诗》卷一四五录其《小山歌》等诗八首。

【萬感】 各种感想、情绪。杜甫《乾元中寓居同谷县作歌七首》之五：“我生何为在穷谷，中夜起坐万感集。”钱起《长安旅宿》：“九秋旅夜长，万感何时歇。”李德裕《送张中丞入台从事》：“泽国三千里，羁孤万感心。”

【萬歲】 ❶万年，万代。极言长久。杜甫《荆南兵马使太常卿赵公大食刀歌》：“揽环结佩相终始，万岁持之护天子。”马云奇《怀素师草书歌》：“一点三峰巨石悬，长画万岁枯松倒。”李商隐《幽人》：“丹灶三年火，苍崖万岁藤。”❷祝颂之词。意为千秋万代，永远存在。参见清赵翼《陔余丛考·万岁》。李白《赠从弟南平太守之遥二首》之一：“彤庭左右呼万岁，拜贺明主收沉沦。”薛存诚《嵩山望幸》：“万岁声长在，千岩气转雄。”白居易《开成大行皇帝挽歌词四首奉敕撰进》之四：“帝与九龄虽吉梦，山呼万岁是虚声。”刘驾《唐乐府十首·献贺觞》：“天子寿万岁，再拜献此觞。”

【萬歲千秋】 形容时间长久。王维《大同殿柱产玉芝龙池上有庆云神光照殿即事》：“共欢天意同人意，万岁千秋奉圣君。”和凝《宫词百首》之八一：“金钗斜戴宜春胜，万岁千秋绕鬓红。”

【萬歲橋】 扬州桥名。李益《扬州送客》：“南行直入鹧鸪群，万岁桥边一送君。”

【萬歲樓】 楼名，在润州丹徒（今江苏镇江市）。见唐李吉甫《元和郡县志·江南道一·润州》。王昌龄《万岁楼》：“江上巍巍万岁楼，不知经历几千秋。”孟浩然《登万岁楼》：“万岁楼头望故乡，独令乡思更茫茫。”刘长卿有《登润州万岁楼》。李绅有《忆万岁楼望金山》。

【萬雉】 极言城墙周围之广。雉，古代计算城墙面积的单位。长三丈，高一丈为一雉。席元明《三月三日宴王明府山亭》：“烟霏万雉，花明四郊。”韩翃《送李湜下第归卫州便游河北》：“万雉城东春水阔，千人乡北晚花深。”苏拯《长城》：“遂使万雉崩，不尽数行泪。”

【萬彙】 万物，万类。德宗《中和节赐群臣宴赋七韵》：“东风变梅柳，万汇生春光。”王维《青龙寺昙壁上人兄院集》序：“八极氛霁，万汇尘息。”李商隐《送从翁东川弘农尚书幕》：“三灵迷赤气，万汇叫苍旻。”欧阳炯《春光好》之一：“万汇此时皆得意，竞芬芳。”

【萬福】 多福。祝祷之词。刘宪《奉和人日清晖阁宴群臣遇雪应制》：“千官随兴合，万福与时并。”

【萬經】 严维友人。严维有《赠万经》，诗中万经当为会稽（今浙江绍兴）人，为人耿直，嗜酒善诗。

【萬壽】 长寿。祝福之词。杜审言《岁夜安乐公主满月侍宴应制》：“明朝元会日，万寿乐章陈。”杜甫《送重表侄王砅评事使南海》：“夫人常肩舆，上殿称万寿。”白居易《同微之赠别郭虚舟炼师五十韵》：“万寿觊刀圭，千功失毫厘。”李咸用《巫山高》：“忍听凭虚巧佞言，不求万寿翻求死。”

【萬壽寺】 在唐长安西城。原名永泰寺，会昌六年改名。翁承赞有《万寿寺牡丹》。

【萬舞】 古代的舞名。先是武舞，舞者手持兵器；后是文舞，舞者手持鸟羽和乐器。亦泛指舞蹈。张说《封泰山乐章·〈豫和六首〉之三》：“九歌叙，万舞翔。”魏征《五郊乐章·黄帝宫音》：“毕陈万舞，乃荐斯牲。”令狐峘《释奠日国学观礼闻雅颂》：“万舞当华烛，箫韶入翠云。”

【萬端】 形容方法、头绪、形态极多而纷繁。刘商《胡笳十八拍·第三拍》：“如羁囚兮在缧绁，忧虑万端无处说。”张祜《登乐游原》：“几年诗酒滞江干，水积云重思万端。”薛能《行路难》：“何处力堪殚，人心险万端。”罗隐《酬章处士见寄》：“中原甲马未曾安，今日逢君事万端。”

【萬齊融】 唐诗人。行八，越州（今浙江绍兴）人。曾任秘书省正字、泾阳令、昆山令。中宗神龙中，与贺知章、张若虚等吴越之士，俱以文词俊秀，闻名京师。《全唐诗》卷一一七录其《三日绿潭篇》等诗四首。

【萬態】 各种形态。亦指各种形态的事物。陆龟蒙《奉和袭美初夏游楞伽精舍次韵》：“人间亦何事，万态相毒蠚。”吴融《无题》：“万态千端一瞬中，沁园芜没伫秋风。”

【萬態千情】 万千情态，形容情态之丰美。裴夷直《赠美人琴弦》：“应从玉指到金徽，万态千情料可知。”

【萬緒】 各种思绪。司空曙《赠送郑钱二郎中》：“百年飘若水，万绪尽归空。”亦指各种事物。司空图《杨柳枝寿怀词十八首》之十六：“莫言万绪牵愁思，缉取长绳系落晖。”

【萬緒千條】 形容事物繁杂纷乱。李商隐《离亭赋得折杨柳二首》之二:"含烟惹雾每依依,万绪千条拂落晖。"

【萬慮】 万端思虑。白居易《斋月静居》:"万虑消停百神泰,唯应寂寞杀三尸。"郑损《玉声亭》:"一方清气群阴伏,半局闲棋万虑空。"杜荀鹤《赠秋浦张明府》:"君为秋浦三年宰,万虑关心两鬓知。"唐彦谦《六月十三日上陈微博士》之三:"惟当俟其定,静坐万虑一。"

【萬箱】 指粮食之多。见《诗·小雅·甫田》。魏征《五郊乐章·肃和》:"九谷已登,万箱流咏。"

【萬緣】 指一切因缘。严维《同韩员外宿云门寺》:"万缘俱不有,对境自垂萝。"白居易《端居咏怀》:"从此万缘都摆落,欲携妻子买山居。"陆龟蒙《奉和袭美开元寺客省早景即事次韵》:"日上罘罳叠影红,一声清梵万缘空。"吴融《和僧咏牡丹》:"万缘销尽本无心,何事看花恨却深。"

【萬機】 亦作"萬幾"。见《书·皋陶谟》。后遂以"萬幾"指帝王日常处理的纷繁的政务。亦泛指执政者处理政务。德宗《重阳日赐宴曲江亭赋六韵诗用清字》:"时此万机暇,适与佳节并。"武元衡《西亭题壁寄中书李相公》:"授钺虚三顾,持衡旷万机。"殷尧藩《帝京二首》之一:"列郡征才起俊髦,万机独使圣躬劳。"温庭筠《题裴晋公林亭》:"悠然到此忘情处,一日何妨有万几。"

【萬戰千征】 众多的征战。贯休《古塞下曲七首》之七:"万战千征地,苍茫古塞门。"

【萬錢】 形容钱多。晋何曾生活奢侈,日食万钱,犹谓"无下箸处"。韩翃《寄上田仆射》:"金装昼出罗千骑,玉案晨餐直万钱。"元稹《代曲江老人百韵》:"万钱才下箸,五酘未称醇。"

【萬轂千蹄】 谓众多的车马。李九龄《题灵泉寺》:"可怜门外高低路,万毂千蹄日日忙。"

【萬壑】 形容山谷极多。薛存诚《膏泽多丰年》:"厫庾千厢在,幽流万壑通。"张祜《题李山人园林》:"万壑深秋闻伐木,一溪长日看淘金。"

【萬壑千巖】 形容山谷、山峰极多。玄宗《过大哥山池题石壁》:"澄潭皎镜石崔巍,万壑千岩暗绿苔。"

【萬鍾】 谓优厚的俸禄。语出《孟子·告子》。刘蜕《览陈拾遗文集》:"揖君盛年名,万钟何足禄。"皮日休《鲁望昨以五百言见贻因成一千言》:"方知万钟禄,不博五湖船。"

【萬寶篇】 谓各种佛经。李绅《题法华寺五言二十韵》:"贝叶千花藏,檀林万宝篇。"

【萬籟】 各种声响。籁,孔穴中发出的声音。李白《赠僧崖公》:"一风鼓群有,万籁各自鸣。"严维《入唐溪》:"啸终万籁起,吹去当溪云。"殷尧藩《席上听琴》:"高堂流月明,万籁不到耳。"钟辂《缑山月夜闻王子晋吹笙》:"孤鸾惊欲舞,万籁寂无声。"

【萬籟無聲】 形容一点声音也没有。皎然《戛铜碗为龙吟歌》:"遥闻不断在烟杪,万籁无声天境空。"

【萬變】 谓变化多样。李白《古风》之一:"废兴虽万变,宪章亦已沦。"李涉《岳阳别张祜》:"霜桥昔与张生别,万变桑田何处说。"

【萬靈】 ❶众神。赵光逢《梁郊祀乐章·庆和》:"万灵感,百禄遒。"❷万民,众生。李商隐《复京》:"虏骑胡兵一战摧,万灵回首贺轩台。"温庭筠《感旧陈情五十韵献淮南李仆射》:"万灵思鼓铸,群品待陶甄"。

葛 〔gé《广韵》古達切,入曷,見。〕❶植物名。多年生草本。茎蔓生。有块根,含有淀粉,可供食用和药用。茎皮可制葛布。辛常伯《军中行路难》:"漂梗飞蓬不暂安,扪萝引葛陟危峦。"元季川《泉上雨后作》:"养葛为我衣,种芋为我蔬。"李端《卧病寄阎寀》:"紫葛垂山径,黄花绕野渠。"杨衡《病中赴袁州次香馆》:"荒葛漫敧壁,幽禽啄朽株。"❷指以葛为原料制成的布、衣、带等。杜甫《送段功曹归广州》:"交趾丹砂重,韶州白葛轻。"司空曙《苦热》:"漱泉齐饮酎,衣葛剧兼裘。"白居易《醉后狂言赠萧殷二协律》:"天寒身上犹衣葛,日高甑中未拂尘。"

【葛川龍】 见"葛陂龍"。

【葛山】 指杭州西湖北之葛岭。相传为葛洪炼丹处,上有炼丹井。孙逖有《葛山潭》。

【葛巾】 用葛布做成的头巾。杜甫《宾至》:"有客过茅宇,呼儿正葛巾。"司空曙《病中寄郑十六兄》:"手便筇杖冷,头喜葛巾轻。"元稹《遣春十首》之九:"葛巾竹稍挂,书卷琴上阁。"陆龟蒙《药名离合夏日即事三首》之二:"避暑最须从朴野,葛巾筠席更相当。"

【葛天民】 远古三皇时的百姓。杜甫《晦日寻崔戢李封》:"上古葛天民,不贻黄屋忧。"

【葛天歌】 远古帝王有葛天氏,其民曾作古歌,即葛天歌。见《吕氏春秋·古乐》。后以"葛天歌"借指古朴之歌。独孤及《客舍月下对酒醉后寄毕四耀》:"慷慨葛天歌,愔愔广陵陌。"

【葛水】 即葛陂。韦庄《放榜日作》:"葛水雾中龙乍变,缑山烟外鹤初飞。"见"葛陂"。

【葛仙井】 葛洪炼丹汲水之井。多处有之。任翻有《葛仙井》。张祜《题余姚县龙泉观》:"徒漱葛仙井,此生其奈何。"按:此井在浙江绍兴宛委山下。

【葛玄蜂】 葛玄,三国吴人。传说学道成仙,以饭化蜂为其幻术之一。见晋葛洪《神仙传·葛玄》。后以"葛玄蜂"作为咏仙家之典。罗隐《圣真观刘真师院十韵》:"鱼跳介象鲙,饭吐葛玄蜂。"

【葛仙】 指葛洪。王绩《采药》:“行披葛仙经,坐检神农帙。”孙逖《寻龙湍》:“遥怜葛仙宅,真气共微茫。”

【葛仙子】 指葛洪。韦应物《信州录事参军常曾古鼎歌》:“左对苍山右流水,云有古来葛仙子。”

【葛仙翁】 指葛洪。钱起《寻华山云台观道士》:“愿言葛仙翁,终年炼玉液。”元结《说洄溪招退者》:“勿惮山深与地僻,罗浮尚有葛仙翁。”徐铉《欧阳太监雨中视决堤因戏之》:“今朝复相见,疑是葛仙翁。”按:葛洪从祖葛玄亦号葛仙翁。见《晋书·葛洪传》。

【葛衣】 用葛布制的衣服。韩翃《送苏州姚长史》:“葛衣行柳翠,花簟宿荷香。”白居易《夏日作》:“葛衣疏且单,纱帽轻复宽。”韦庄《雨霁池上作呈侯学士》:“鹿巾藜杖葛衣轻,雨歇池边晚吹清。”周昙《咏史诗·后汉门·羊续》:“单席寒厅惭使者,葛衣何以至三公。”

【葛花】 葛之花。紫红色。亦间有黄色。王绩《食后》:“葛花消酒毒,萸蒂发羹香。”韩翃《送王少府归杭州》:“葛花满把能消酒,栀子同心好赠人。”李贺《黄家洞》:“彩巾缠踍幅半斜,溪头簇队映葛花。”鲍溶《采葛行》:“春溪几回葛花黄,黄麝引子山山香。”

【葛長官】 (長 zhǎng)指葛洪。为求丹砂曾为交州勾漏令,后隐于罗浮山炼丹。施肩吾《自述》:“不知谁向交州去,为谢罗浮葛长官。”

【葛苗】 葛的幼苗。刘商《移居深山谢别亲故》:“不食黄精不采薇,葛苗为带草为衣。”罗隐《宿纪南驿》:“不知无忌奸邪骨,又作何山野葛苗。”

【葛帔】 用葛制成的披肩。见《南史·任昉传》。后因以“葛帔”为怜恤友人贫穷之典。颜萱《过张祜处士丹阳故居》序:“葛帔练裙,兼非所有;琴书图籍,尽属他人。”

【葛服】 义同“葛衣”。李端《荆门歌送兄赴夔州》:“船门相对多商估,葛服龙钟篷下语。”

【葛衫】 义同“葛衣”。齐己《苦热怀玉泉寺寄仁上人》:“谩费葛衫葵扇力,争禁泉石润肌肤。”

【葛弦】 指葛天氏之乐。高绍《晦日宴高氏林亭》:“葛弦调绿水,桂醑酌丹霞。”参见“葛天歌”。

【葛陂龍】 葛陂,池塘名。在今河南新蔡县西北。后汉费长房随一仙人入山学道十余年,后辞归,仙人与一竹杖,曰:“骑此任所之,则自至矣。既至,可以杖投葛陂中。”见《后汉书·方术列传下》。又见《水经注》卷二十一。后以“葛陂龍”作为咏仙道之典。岑参《寻少室张山人闻与偃师周明府同入都》:“叶县凫共去,葛陂龙暂还。”褚载《赠道士》:“闻说葛陂风浪恶,许骑青鹿从行无。”亦作“葛川龍”“葛溪龍”。丘为《幽渚云》:“来为巫峡女,去逐葛川龙。”王铎《句》:“华表尚迷丁令鹤,竹坡犹认葛溪龙。”

【葛侯】 指诸葛亮。诸葛亮封武乡侯,世称葛武侯,省称葛侯。苏颋《奉和幸韦嗣立山庄应制》:“帝幄期松子,臣庐访葛侯。”

【葛亮】 指诸葛亮。杜甫《赤霄行》:“老翁慎莫怪少年,葛亮贵和书有篇。”韦庄《和薛先辈见寄初秋寓怀即事之作二十韵》:“名自张华显,词因葛亮吟。”刘兼《重阳感怀》之二:“张仪旧壁苍苔厚,葛亮荒祠古木寒。”贯休《寿春节进》:“魏征须却出,葛亮更何之。”

【葛亮顧廬】 诸葛亮隐居隆中茅庐,刘备为了请他出来帮助自己打天下,曾三次到茅庐里去拜访,最后一次才见到诸葛亮。诸葛亮在《出师表》中云:“先帝不以臣卑鄙,三顾臣于草庐之中。”见《三国志·蜀志》本传。李瀚《蒙求》:“葛亮顾庐,韩信升坛。”

【葛洪】 东晋道士、名医。字稚川,号抱朴子。丹阳句容人(今属江苏)。精通炼丹术,兼通医学。少时好神仙异养之法,师事郑隐受炼丹术。司马睿为丞相,用为掾,后赐爵关内侯。闻交趾出丹砂。携子侄止于罗浮山炼丹,并著书论述方术,妄求长生不死之法。所著《抱朴子·内篇》详载炼丹方法,为现存较早的炼丹术著作。医学著作《肘后备急方》内容丰富,对结核病、盖虫病均有记载。另有《神仙传》《本草注》等著作。李峤《纸》:“莫惊反掌字,当取葛洪规。”卢纶《过楼观李尊师》:“宁知樵子径,得到葛洪家。”崔郾《赠毛仙翁》:“存亡去住一壶中,兄事安期弟葛洪。”李群玉《送陶少府赴选》:“自是葛洪求药价,不关梅福恋簪裾。”

【葛洪丹井】 葛洪炼丹井。关于葛洪炼丹之地传说甚多,如广东罗浮、浙江杭州、吴兴等地均有其炼丹井。赵嘏《题横水驿双峰院松》:“更忆葛洪丹井畔,数株临水欲成龙。”参见“葛仙井”。

【葛許】 指葛洪和许迈。许迈,晋人。不慕仕进,求仙心切。初采药桐庐县之桓山,饵术辟谷。又移山临安西山,登岩茹芝。自后莫测所终,好道者皆谓之羽化矣。萧颖士《游马耳山》:“宿心尚葛许,弥愿栖蓬瀛。”

【葛粉】 用葛根提出的白色粉质。可供食用或药用。白居易《招韬光禅师》:“滤泉澄葛粉,洗手摘藤花。”

【葛袍】 葛布做的袍子。元稹《奉和浙西李大夫德裕述梦四十韵次本韵》:“佩宠虽緺绶,安贫尚葛袍。”

【葛强】 亦作“葛彊”。晋征南将军山简的爱将。见《晋书》卷四三。后以“葛强”作为醉酒之典。孟浩然《九日怀襄阳》:“宜城多美酒,归与葛彊游。”李白《留别广陵诸公》:“临醉谢葛强,山公欲倒鞭。”岑参

《与鲜于庶子泛汉江》:“山公醉不醉,问取葛彊知。”杜甫《清明》:“马援征行在眼前,葛强亲近同心事。”

【葛陽溪】 即弋水。在今江西弋阳县。权德舆《送李处士归弋阳山居》:“暂来城市意何如,却忆葛阳溪上居。”

【葛稚川】 葛洪字。谭用之《赠索处士》:“山中宰相陶弘景,洞里真人葛稚川。”

【葛溪】 水名。❶指葛陂。在今河南新蔡县西北。见“葛陂龍”“葛溪龍”。❷即弋水。在今江西弋阳县。权德舆《清明日次弋阳》:“自叹清明在远乡,桐花覆水葛溪长。”❸今浙江富阳区西葛溪(唐杭州新城县)。方干《新安殷明府家乐方响》:“葛溪铁片梨园调,耳底丁东十六声。”

【葛溪龍】 见“葛陂龍”。

【葛蔓】 葛的藤蔓。马戴《谒仙观二首》之一:“葛蔓没丹井,石函盛道书。”

【葛龍】 指诸葛亮。亮有经国济世之才而隐居未仕,躬耕陇亩于南阳。徐庶知其才,称其为“卧龙”。李咸用《题陈将军别墅》:“高虎壮言知鬼伏,葛龙闲卧待时来。”

【葛彊】 见“葛强”。

【葛屦】 用葛草编制的鞋。李颀《同张员外諲酬答之作》:“鹖冠葛屦无名位,博弈赋试聊遣意。”徐敞《白露为霜》:“葛屦那堪履,徒令君子伤。”

【葛豐】 指诸葛丰。西汉人。元帝时任司隶校尉,刺举无所避,曾不畏权势揭发侍中许章不法行为。见《汉书·诸葛丰传》。李瀚《蒙求》:“葛丰刺举,息躬历诋。”

【葛藟】 ❶植物名。亦名“千岁藟”。叶广卵形,夏季开花,果实黑色,可入药。有块根。杜审言《都尉山亭》:“紫藤萦葛藟,绿刺罥蔷薇。”李华《杂诗六首》之四:“葛藟附柔木,繁阴蔽曾原。”元稹《代曲江老人百韵》:“琳琅铺柱础,葛藟茂河漘。”❷见《诗·周南·樛木》。此为祝贺新郎之诗。故后人以“葛藟”喻人的宗族繁衍。李群玉《哭小女痴儿》:“条蔓纵横输葛藟,子孙蕃育羡螽斯。”

【葛廬】 指诸葛亮所居之草庐。刘备曾三顾诸葛亮于草庐之中。见《三国志·蜀志·诸葛亮传》。詹敦仁《劝王氏入贡宠予以官作辞命篇》:“周粟纵荣宁忍食,葛庐频顾谩劳思。”

【葛麪】 葛粉。王建《饭僧》:“温泉调葛面,净手摘藤花。”

【葛鴉兒】 唐女诗人。《全唐诗》卷八〇一录其《怀良人》等三首。

【葛囊】 葛布制成的囊袋。无名氏《占辞·李廷珪藏墨诀》:“避暑悬葛囊,临风度梅月。”

萼

〔è《广韵》五各切,入鐸,疑。〕花萼,萼片的总称。萼位于花的外轮,绿色,在花芽期有保护花芽的功用。岑参《送薛彦伟擢第东归》:“一枝谁不折,棣萼独相辉。”白居易《日渐长赠周殷二判官》:“墙头半露红萼枝,池岸新铺绿芽草。”姚合《和李补阙曲江看莲花》:“绿茎扶萼正,翠药满房圆。”韦庄《秋日早行》:“半山残月露华冷,一岸野风莲萼香。”

【萼華】 见“萼緑華”。

【萼緑】 见“萼緑華”。

【萼緑華】 (華 huā)传说中的女仙名。据陶弘景《真诰·运象篇第一》载,萼绿华乃九疑山中得道女子罗郁。晋穆帝时,夜降羊权家,一月之中,来往六次。赠权诗一篇,并致火浣布手巾一枚,金玉条脱各一枚。韦应物《萼绿华歌》:“有一人兮升紫霞,书名玉牒兮萼绿华。”李贺《答赠》:“本是张公子,曾名萼绿华。”李商隐《重过神女祠》:“萼绿华来无定所,杜兰香去未移时。”亦省称“萼緑”“萼華”。白居易《霓裳羽衣歌》:“上元点鬟招萼绿,王母挥袂别飞琼。”曹唐《萼绿华将归九疑留别许真人》:“九点秋烟黛色空,绿华归思颇无穷。”

董

〔dǒng《广韵》多動切,上董,端。〕❶姓。唐诗人有董思恭等。❷见“董董”。

【董大】 即董庭兰。琴师,以善琴有名当时。玄宗时宰相房琯门客,深为房琯所宠。后为宪司弹劾,琯亦受谴。见《旧唐书·房琯传》。李颀有《听董大弹笳声兼寄语弄房给事》。高适有《别董大二首》。

【董少卿】 (少 shào)董赓。官大理少卿判官。陆龟蒙有《送董少卿游茅山》。

【董公】 董晋。曾官汴州刺史、宣武军节度副大使知节度事。欧阳詹《东风二章》序:“贞元十二年,相国东都守陇西董公牧于浚。”张籍有《董公诗》。

【董正字】 指董武,常州人。与姚合、贾岛、马戴等相友善。姚合有《送董正字武归常州觐亲》。贾岛有《送董正字常州觐省》。马戴有《送春坊董正字浙右归觐》。

【董生】 ❶指汉董仲舒。见“董生帷”。❷指唐董召南。寿州安丰(今安徽寿县西南)人,一生不得志,屡应举不第,昼耕夜读,为人孝慈,韩愈与之交谊甚深。韩愈《嗟哉董生行》:“亦独何心,嗟哉董生无与俦。”

【董生下帷】 同“董生帷”。李瀚《蒙求》:“王充阅市,董生下帷。”

【董生帷】 董生,指西汉学者董仲舒。见《史记·儒林列传·董仲舒》。后以“董生帷”喻指闭门攻读或治学精严。朱湾《咏玉》:“谁知不鸣者,独下董生帷。"亦省称"董帷"。牟融《题朱庆余闲居四首》之四:"草色凝陈榻,书声出董帷。"李商隐《咏怀寄秘阁旧僚二十六韵》:"奋迹登弘阁,摧心对董帷。"

【董先生】　董奉先。南岳道人。《南岳小录》谓其于大历元年十一月六日得道。《历世真仙体通鉴》卷三三谓其与李思慕等"周游三湘名山,后访南岳云峰",后"混迹衡阳后调,常以咒术治人病苦","亦于调后尸解,如蝉蜕也"。杜甫《昔游》:"休事董先生,于今独萧索。"徐夤有《赠董先生》。

【董永自賣】　董永,西汉人。少偏孤,与父居,肆力田亩,鹿车载以自随。父亡,无力殡葬,乃自卖为奴,以供丧事。天帝派织女下凡,自请为妻,助永还债后飞升而去。见晋干宝《搜神记》卷一。李瀚《蒙求》:"郭巨将坑,董永自卖。"

【董母】　卖珠人董偃之母。见《汉书·东方朔传》。欧阳詹《智达上人水精念珠歌》:"咨董母,访朱公。得之玓瓅群奇中,龙龛鹫岭长随躬。"

【董初】　唐诗人。生平无考。《全唐诗》卷七七〇录其《昭君怨》一首。

【董奉】　字君异。传为仙人,精医术。居庐山为人治病,不取钱,重病愈者令栽杏五株,轻者一株。数年后得十余万株,郁然成林,时交州刺史杜燮遇毒,奉以一散和水泻燮口中,燮须臾便活。见《神仙传》卷六。王维《送张舍人佐江州同薛璩十韵》:"董奉杏成林,陶潜菊盈把。"李瀚《蒙求》:"董奉活燮,扁鹊起虢。"

【董卓】　东汉末权臣。字仲颖。陇西临洮(今甘肃岷县)人。本为凉州豪强。桓帝末,屡有战功。灵帝时拜前将军,任并州牧。昭宁元年,率兵入洛阳,废少帝,立献帝,弑何太后,专断朝政。曹操与袁绍等起兵讨卓,他挟献帝西迁长安,自为太师。西迁时,纵火焚烧洛阳周围数百里,人神共愤。初平三年,为王允、吕布所杀,弃尸于市。见《后汉书·董卓传》。刘禹锡《城西行》:"守吏能然董卓脐,饥乌来觇桓玄目。"

【董使君】　董溪。董晋子,商州刺史,见《新唐书·宰相世系五下》。陆畅有《出蓝田关寄董使君》。

【董狐筆】　指春秋时晋国史官董狐在史策上直书晋卿赵盾弑其国君晋灵公之事。后用以称直笔记事、无所顾忌的笔法为"董狐笔"。事见《左传·宣公二年》。杜甫《写怀二首》之二:"祸首燧人氏,厉阶董狐笔。"

【董京】　字威辇,魏晋间人。值晋代魏,披发佯狂,止宿洛阳白社。有时行乞于市。著作郎孙楚至白社载之归,数年后遁去,终不知所终。吴筠《高士咏·董威辇》:"董京依白社,散发咏玄风。"

【董威輦】　见"董京"。

【董思恭】　唐诗人。苏州吴(今江苏苏州市)人。高宗时任中书舍人。又曾为崇贤馆学士,与许敬宗等撰《瑶山玉彩》五百卷,书上奏,获高宗嘉许。后任右史,主持考功选拔事,因泄漏考试获罪,流放岭表而死。工诗,所撰篇什,甚为时人所重。《全唐诗》卷六三录其《三妇艳》等十九首。

【董逃行】　乐府旧题。见《乐府诗集·董逃行五解》引晋崔豹《古今注》。元稹《董逃行》:"董逃董逃董卓逃,揩铿戈甲声劳嘈。"张籍《董逃行》:"董逃行,汉家几时重太平。"

【董宣彊項】　董宣,后汉人。光武帝时为洛阳令。帝姑湖阳公主苍头杀人,匿主家。及主出,使奴骖乘,宣候之,叩马大言,叱奴下车,因格杀之。主诉帝,帝怒,欲杀之。宣曰:"陛下圣德中兴而纵奴杀良人,何以理天下?"请自杀。以头击楹,流血破面。帝使宣谢主,宣不从;强之,两手据地,不肯俯。因封为强项侯。见《后汉书·酷吏传》。李瀚《蒙求》:"董宣强项,翟璜直言。"

【董卿】　董赓。曾官大理少卿。见《旧唐书·懿宗纪》。张蠙有《送董卿赴台州》。参见"董少卿"。

【董卿嘉榮】　剑南西川西山防秋将军,为川西少数民族首领。杜甫有《寄董卿嘉荣十韵》。参见陶敏《全唐诗人名汇考》卷二二八杜甫此诗考。

【董家本】　指董庭兰之琴谱。元稹《小胡笳引》:"哀笳慢指董家本,姜生得之妙思忖。"

【董庶中】　董侹,字庶中。刘禹锡贬武陵时,侹为守令客。刘禹锡有《和董庶中古散调词赠尹果毅》。

【董董】　丰盛貌。柳宗元《视民诗》:"士实荡荡,农实董董。"

【董遇】　东汉人。有从其学者,遇不肯教授。谓:"读书百遍,其义自见。"学者苦于无暇读书学习,遇谓:"当以三余:冬者岁之余,夜者日之徐,阴雨者时之余也。"见《续后汉书》卷六十五本传。李瀚《蒙求》:"董遇三余,谯周独笑。"

【董評事】　指董侹。健曾任大理评事。刘禹锡有《闻董评事疾因以书赠》和《览董评事思归之什因以诗赠》。

【董頲】　当即董侹,字庶中,脱巾为弘文馆校书郎,再迁至大理评事,又曾任荆州部从事。杜甫有《别董颋》。戴叔伦有《送董颋》。

【董煉師】　董奉先。南岳道人。杜甫《忆昔行》:"更讨衡阳董炼师,南浮早鼓潇湘柁。"参见"董先生"。

【董賢】　西汉人。以貌美为汉哀帝刘欣男宠,位至三公,贵震朝廷。王莽用事时,被迫自杀。见《汉书·佞幸传》本传。李华《杂诗六首》之五:"孔光尊董贤,胡广惭李固。"岑参《醉后戏与赵歌儿》:"向使逢着汉帝怜，董贤气咽不能语。"韩愈《永贞行》："董贤三公谁复惜，侯景九锡行可叹。"

【董賢女弟】 董贤之妹被汉哀帝刘欣召为昭仪，居椒风殿，受到宠爱，赏赐丰厚。崔国辅《白纻辞二首》之二："董贤女弟在椒风，窈窕繁华贵后宫。"

【董嬌饒】 《玉台新咏》卷一载东汉宋子侯《董娇饶》。董娇饶为宋子侯诗中所咏之女子。故后以"董嬌饒"美称青年女子。杜甫《春日戏题恼郝使君兄》："细马时鸣金騕褭，佳人屡出董娇饶。"

【董龍】 东晋董荣之小字。荣曾任尚书右仆射，佞主乱政，司空王堕性刚峻疾恶，斥之为鸡狗。见《晋书·苻生载记》附《王堕传》。李白《答王十二寒夜独酌有怀》："孔圣犹闻伤凤麟，董龙更是何鸡狗。"

【董澤】 泽名。一名董池陂，在绛州闻喜县（故治在山西闻喜县东北）东北十四里。卢纶《送绛州郭参军》："董泽雷声发，汾桥水气凉。"

【董雙成】 传为神话中西王母之侍女。炼丹宅中，丹成得道，自吹玉笙，驾鹤升仙。见旧题汉班固《汉武帝内传》和《古今图书集成·神异典》卷二二六引《浙江通志》。李颀《王母歌》："顾谓侍女董双成，酒阑可奏云和笙。"项斯《送宫人入道》："愿随仙女董双成，王母前头作伴行。"皮日休《奉和鲁望蔷薇次韵》："只应是董双成戏，剪得神霞寸寸新。"曹唐《小游仙诗九十八首》之六九："花下偶然吹一曲，人间因识董双成。"

葆

〔bǎo《广韵》博抱切，上晧，幫。〕❶草丛生。亦指丛生之草。陆龟蒙《彼农二章》之一："首乱如葆，形枯若腊。"❷古代有鸟羽装饰的一种仪仗。温庭筠《长安寺》："云栱承跗遞，羽葆背花重。"吴融《奉和御制六韵》："天晓密云开，亭亭翠葆来。"❸通"保"。(1)保持。参见"葆素"。(2)美好。参见"葆疆"。(3)安亭。魏征《五郊乐章·舒和》："鸣鞞奏管芳羞荐，会舞安歌葆眊扬。"❹通"褓"。婴儿包被。李商隐《骄儿诗》："文葆未周晬，固已知六七。"

【葆羽】 仪仗名。以鸟羽为饰。许敬宗《侍宴莎册宫应制得情字》："葆羽翻风队，腾吹掩山楹。"

【葆吹】 指宫中仪仗和鼓吹。李德裕《早入中书行公主册礼事毕登集贤阁成咏》："金门列葆吹，钟室传清漏。"

【葆素】 保全本性。温庭筠《秋日》："沉机日寂寥，葆素常呼吸。"

【葆疆】 美好的疆域。储光羲《大酺得长字韵时任安宜尉》："太守即悬圃，淮夷成葆疆。"

葠

〔shēn《集韵》疏簪切，平侵，生。〕即人参。周繇有《以人参遗段成式》。

葩

〔pā《广韵》普巴切，平麻，滂。〕❶花。李白《早秋赠裴十七仲堪》："复携两少女，艳色惊荷葩。"刘禹锡《奉酬湖州崔郎中见寄五韵》："山阳昔相遇，灼灼晨葩鲜。"何希尧《一枝花》："几树晴葩映水开，乱红狼藉点苍苔。"孟郊《和蔷薇花歌》："风枝袅袅时一飏，飞散葩馥绕空王。"徐夤《梅花》："琼瑶初绽岭头葩，蕊粉新妆姹女家。"❷如花形的饰物。韩琮《公子行》："控罗青袅辔，镂象碧熏葩。"

【葩華】 鲜艳貌。崔璐《览皮先辈盛制因作十韵用伸款仰》："浑浩江海广，葩华桃李敷。"

蒐

〔sōu《广韵》所鳩切，平尤，生。〕❶春猎。亦泛称打猎，太宗《临洛水》："春蒐驰骏骨，总辔俯长河。"许景先《奉和御制春台望》："昆虫不夭在春蒐，稼穑常艰重农术。"贾至《巴陵早秋寄荆州崔司马史部阎功曹舍人》："故人西掖寮，同扈岐阳蒐。"韩愈《石鼓歌》："蒐于岐阳骋雄俊，万里禽兽皆遮罗。"❷检阅，阅兵。参见"蒐兵"。❸同"搜"。求索。王勃《倬彼我系》之五："爰述帝制，大蒐王道。"

【蒐田】 春日田猎。亦泛称打猎。苏颋《奉和圣制登太行山中言志应制》："晓岩中警柝，春事下蒐田。"

【蒐兵】 阅兵，检阅部队。张说《送李侍郎迥秀薛长史季昶同赋得水字》："藉马黄花塞，蒐兵白狼水。"储交羲《同诸公送李云南伐蛮》："蒐兵自交趾，茇合出泸阳。"

【蒐畋】 狩猎。元稹《代曲江老人百韵》："浴德留汤谷，蒐畋过渭滨。"又《酬乐天早春闲游西湖》："问俗烦江界，蒐畋想渭津。"

【蒐狩】 春猎为蒐，冬猎为狩。泛指狩猎。韩愈《南山诗》："或屹若战阵，或围若蒐狩。"陈陶《圣帝击壤歌四十声》："时巡望虞舜，蒐狩法殷汤。"

葅

〔zū《广韵》側魚切，平魚，莊。〕❶腌菜。杜甫《病后遇王倚饮赠歌》："长安冬葅酸且绿，金城土酥静如练。"❷肉酱。卢仝《观放鱼歌》："可怜百千命，几为中肠葅。"❸把人剁成肉酱。古代一种酷刑。李白《经乱离后天恩流放夜郎忆旧游书怀赠江夏韦太守良宰》："公卿如犬羊，忠谠醢与葅。"

【葅醢】 肉酱。亦指把人剁成肉酱的酷刑。杜甫《北征》："奸臣竟葅醢，同恶随荡析。"韩愈《嘲鼾睡》之一："乍如彭与黥，呼冤受葅醢。"白居易《咏史》："彼为葅醢机上尽，此为鸾皇天外飞。"

蒶

〔fén《广韵》符分切，平文，奉。〕见"蒶蒀"。

【蒶蒀】 烟霭氤氲或香气浓郁。阎朝隐《奉和圣制夏日游石淙山》："花落风吹红的历，藤垂日晃绿葅菹。”

葡　〔pú《篇海》薄胡切。〕见“葡萄”。

【葡萄】　❶植物名。落叶藤本，叶子掌状分裂，开黄绿色小花，果实圆形或椭圆形，成熟时为紫色或黄绿色，味酸甜，多汁，是常见的水果，亦为酿酒的原料。亦指这种植物的果实。王维《送刘司直赴安西》：“苜蓿随天马，葡萄逐汉臣。”姚合《谢汾州田大夫寄茸毡葡萄》：“筐封紫葡萄，筒卷白茸毛。”唐彦谦《咏葡萄》：“西园晚霁浮嫩凉，开尊漫摘葡萄尝。”❷指葡萄锦。绣有葡萄花纹的锦缎。李端《胡腾儿》：“桐布轻衫前后卷，葡萄长带一边垂。”

【葡萄宫】　汉宫名，汉哀帝时单于来朝，住在此宫内。故借指胡人在京师的住处。杜甫《洗兵马》：“京师皆骑汗血马，回纥喂肉葡萄宫。”

【葡萄館】　即葡萄宫。汉宫名。在上林苑西。哀帝时单于来朝居于此宫。崔颢《渭城少年行》：“棠梨宫中燕初至，葡萄馆里花正开。”王维《送秘书晁监还日本国》序：“亦由呼耶来朝，舍于葡萄之馆。”

【葡萄宮錦】　织有葡萄花纹的宫中用锦。岑参《胡歌》：“黑姓蕃王貂鼠裘，葡萄宫锦醉缠头。”

蒷　〔bèi《集韵》薄亥切，上海，並。〕见“蒷陽”。

【蒷陽】　古宫殿名。秦孝文王所建。故址在今陕西户县。徐彦伯《奉和新丰温泉宫应制》：“翠仗萦船岸，明旆应蒷阳。”

葱　〔cōng《广韵》倉紅切，平東，清。〕亦作“蔥”。❶植物名。多年生草本，叶呈中空圆筒形，鳞茎圆柱形，花小而白，种类繁多，有大葱、香葱等。可作蔬菜，亦可作调味品，亦可入药。李贺《高轩过》：“华裾织翠青如葱，金环压辔摇玲珑。”卢仝《寄男抱孙》：“乘凉劝奴婢，园里耨葱韭。”白居易《早春即事》：“葱垄抽羊角，松巢堕鹤翎。”曹唐《病马五首呈郑校书章三吴十五先辈》之二：“陇上沙葱叶正齐，腾黄犹自跼羸蹄。”❷青绿色。武三思《秋日于天中寺寻复礼上人》：“定沼寒光素，禅枝暝色葱。”和凝《宫词百首》之十一：“绕殿钩阑压玉阶，内人轻语凭葱苔。”❸古代喻女子纤细柔美的手指。见《玉台新咏·古诗为焦仲卿妻作》。元稹《春六十韵》：“启齿呈编贝，弹丝动削葱。”白居易《何处难忘酒》之五：“玉柱剥葱手，金章烂椹袍。”赵鸾鸾《纤指》：“纤纤软玉削春葱，长在香罗翠袖中。”

【葱山】　即葱岭。岑参《献封大夫破播仙凯歌六章》之二：“蒲海晓霜凝马尾，葱山夜雪扑旌竿。”

【葱青】　青翠茂盛。杜甫《客居》：“葱青众木梢，邪竖杂石痕。”

【葱河】　即葱岭河，有南北两河，南名叶尔羌河，北名喀什噶尔河，发源于帕米尔高原，为塔里木河支流。李白《战城南》：“去年战桑乾源，今年战葱河道。”章碣《春别》：“柳陌虽然风袅袅，葱河犹自雪漫漫。”

【葱海】　古代传说，葱岭水分流东西，西入大海，东为黄河之源。后遂以“葱海”泛指葱岭一带的湖泊，或引申指遥远之地。李白《送程刘二侍郎兼独孤判官赴安西幕府》诗：“天外飞霜下葱海，火旗云马生光彩。”

【葱葱】　形容草木茂盛气象旺盛。张九龄《奉和圣制温泉歌》：“温谷葱葱佳气色，离宫奕奕叶光辉。”玄宗《初入秦川路逢寒食》：“渭水长桥今欲渡，葱葱渐见新丰树。”李白《侍从游宿温泉宫作》：“日生瞻佳气，葱葱绕圣君。”袁朗《和洗掾登城坂望京邑》：“帝城何郁郁，佳气乃葱葱。”

【葱蒨】　❶草木青翠茂盛。张九龄《南还以诗代书赠京师旧僚》：“树晚犹葱蒨，江寒尚渺瀰。”许景先《奉和圣制春台望》：“文物照光辉，郊畿郁葱蒨。”欧阳詹《酬裴十二秀才孩子咏》：“葱蒨松犹嫩，清明月渐圆。”李咸用《物情》：“野鹤不栖葱蒨树，流莺长喜艳阳天。”亦指青翠茂盛的草木。孟郊《越中山水》：“举俗媚葱蒨，连冬撷芳柔。”❷青绿色。李绅《过荆门》：“荆江水阔烟波转，荆门路绕山葱蒨。”李群玉《三月五日陪裴大夫泛长沙东湖》：“林榭回葱蒨，笙歌转杳冥。”❸华美，艳丽。殷寅《铨试后征山别业寄源侍御》：“朱绂何赫赫，绣衣复葱蒨。”

【葱蒙】　云雾朦胧貌。张说《游洞庭湖湘》：“缅邈洞庭岫，葱蒙水雾色。”李华《寄赵七侍御》：“玄猿啼深茏，白鸟戏葱蒙。”

【葱曚】　天色朦胧。尉迟汾《府尹王侍郎准制拜岳》：“具修谅蠲吉，曙色犹葱曚。”

【葱碧】　青碧色。王睿《竹》：“庭竹森疏玉质寒，色包葱碧尽琅玕。”

【葱翠】　亦作“蔥翠”。青翠，苍翠。虞世南《赋得临池竹应制》：“葱翠梢云质，垂彩映清池。”李绅《新昌宅书堂前有药树一株名之天上树》：“长带九天余雨露，近来葱翠欲成乔。”

【葱緑】　青翠，碧绿。殷文圭《九华贺雨吟》：“万畦香稻蓬葱绿，九朵奇峰扑亚青。”

【葱嶺】　即今帕米尔高原与喀拉昆仑山脉的总称。在新疆西南。历代为中国能往西方的交通要道。汉属西域都护府，唐安西都护府于此设葱岭守捉。太宗《执契静三边》：“花销葱岭雪，縠尽流沙雾。”李贺《嘲雪》：“昨日发葱岭，今朝下兰渚。”温庭筠《重游圭峰宗密禅师精庐》："故山弟子空回首，葱岭唯应见宋云。"韦庄《平陵老将》："前年葱岭北，独战云中胡。"

【葱蘢】 ❶草木青翠茂盛。韦应物《登高望洛城作》："葱茏瑶台榭，窈窕双阙门。"蒋防《秋稼如云》："葱茏初蔽野，散漫正盈畴。"马戴《广陵曲》："葱茏桂树枝，高系黄金羁。"员南溟《禁中春松》："葱茏偏近日，青翠更宜春。"❷密布，繁密。刘禹锡《观云篇》："葱茏含晚景，洁白凝秋晖。"温庭筠《汉皇迎春词》："猎猎东风展焰旗，画神金甲葱茏网。"❸浓烈，盛多。窦庠《东都嘉量亭献留守韩仆射》："曙霞晴错落，夕霭湿葱茏。"张仲方《赋得竹箭有筠》："碧色乍葱茏，清光常蒨练。"封敖《春色满皇州》："帝里春光正，葱茏喜气浮。"无名氏《望禁苑祥光》："佳气生天苑，葱茏几效祥。"❹朦胧。元稹《会真诗三十韵》："遥天初缥缈，低树渐葱茏。"白居易《晓上天津桥闲望偶逢卢郎中张员外携酒同倾》："星河隐映初生日，楼阁葱茏半出烟。"

【葱朧】 青盛貌。杜甫《往在》："镜奁换粉黛，翠羽犹葱胧。"

【葱籠】 ❶青翠茂盛。武元衡《长安秋夜陈京昆季》："玉壶思洞彻，琼树忆葱笼。"❷朦胧。刘禹锡《桃源行》："鸡声犬声遥相闻，晓色葱笼开五云。"❸光润浓密。高蟾《偶作二首》之二："霞衣重叠红蝉暖，云髻葱笼紫凤寒。"

【葱鬱】 ❶青翠繁茂。欧阳詹《咏德上韦检察》："辉影互光澄，阴森两葱郁。"❷旺盛，美好。张说《奉和圣制爰因巡省途次旧居应制》："葱郁兴王郡，殷忧启圣图。"

蒂 〔dì〕同"蔕"。❶花或瓜果与枝茎相连的部分。李峤《萍》："青蘋含吹转，紫蒂带波流。"孟浩然《庭橘》："并生怜共蒂，相示感同心。"孟郊《杂怨》："朝为双蒂花，莫为四散飞。"姚合《咏南池嘉莲》："浓淡共妍香各散，东西分艳蒂相连。"❷依托。杜甫《解忧》："呀坑瞥眼过，飞橹本无蒂。"

葹 〔shī《广韵》式支切，平支，書。〕植物名。即枲耳。见《楚辞·离骚》。李白《古风》之五一："夷羊满中野，菉葹盈高门。"清昼《与潘述集汤衡宅怀李司直纵联句》："旭日舒朱槿，柔风引绿葹。"

葓 〔hóng《广韵》户公切，平東，匣。〕同"荭"。水草名。李贺《湖中曲》："长眉越沙采兰若，桂叶水葓春漠漠。"张祜《经旧游》："斜日照溪云影断，水葓花穗倒空潭。"

落 〔luò《广韵》盧各切，入鐸，來。〕❶脱落。杜甫《遣意二首》之一"一径野花落，孤村春水生。"韩愈《落齿》："去年落一牙，今年落一齿。"杜荀鹤《山寺老僧》："眼昏齿落看经遍，却向僧中总不言。"冯著《燕衔泥》："去年为尔逐黄雀，雨多屋漏泥土落。"❷下降，下坠。贾曾《有所思》："洛阳城东桃李花，飞来飞去落谁家。"杜甫《日暮》："日落风亦起，城头乌尾讹。"张继《枫桥夜泊》："月落乌啼霜满天，江枫渔火对愁眠。"韩愈《咏雪赠张籍》："只见纵横落，宁知远近来。"❸使下坠，使下降。太宗《帝京篇十首》之三："惊雁落虚弦，啼猿悲急箭。"郑絪《奉和武相公省中宿斋酬李相公见寄》："寒露滋新菊，秋风落故蕖。"李贺《嘲少年》："有时半醉百花前，背把金丸落飞鸟。"黄滔《寄怀南北故人》："秋风昨夜落芙蕖，一片离心到外区。"❹止息，停留。骆宾王《艳情代郭氏答卢照邻》："归云已落涪江外，还雁应过洛水瀍。"韩愈、孟郊《城南联句》："白蛾飞舞地，幽蠹落书棚。"韦庄《不寐》："户暗知蟾落，林喧觉雨来。"❺掉进，进入。杜甫《饮中八仙歌》："知章骑马似乘船，眼花落井水底眠。"白居易《晚秋夜》："花开残菊傍疏篱，叶下衰桐落寒井。"❻某一地方，角落。严维《送薛居士和州读书》："蒿莱织妾晨炊黍，隅落耕童夕放牛。"❼村落。岑参《行军诗二首》之一："村落皆无人，萧条空桑枣。"杜甫《兵车行》："君不闻汉家山东二百州，千村万落生荆杞。"李商隐《行次西郊作一百韵》："依依过村落，十室无一存。"高适《和崔二少府登楚丘城作》："事古悲城池，年丰爱墟落。"❽篱笆。耿湋《赠田家翁》："老人迎客处，篱落稻畦间。"柳宗元《田家三首》之二："篱落隔烟火，农谈四邻夕。"❾萧条，冷落。杜甫《溪涨》："兹晨已半落，归路跬步疏。"又《晚秋陪严郑公摩诃池泛舟》："高城秋自落，杂树晚相迷。"❿人聚居处。李峤《安辑岭表事平罢归》："白简承朝宪，朱方抚夷落。"赵氏《杂言寄杜羔》："羌蛮万余落，矛戟自高低。"⓫遗失，丢失。杜甫《雨四首》之四："神女花钿落，鲛人织杼悲。"韦庄《叹落花》："西子去时遗笑靥，谢娥行处落金钿。"⓬古代宫室建成时举行祭礼。丘光庭《补新宫》序："新宫，成室也。宫室毕，乃祭而落之，又与群臣宾客燕饮，谓之成也。"⓭遗留在后面。李白《流夜郎赠辛判官》："气岸遥凌豪士前，风流肯落他人后。"张说《奉和圣制初入秦川路寒食应制》："入关正投寒食前，还京遂落清明后。"⓮归属。杜甫《将适吴楚留别章使君》："不意青草湖，扁舟落吾手。"⓯通"络"。缠绕。王昌龄《从军行七首》之六："胡瓶落膊紫薄汗，碎叶城西秋月团。"

【落下歷數】 落下，复姓。西汉时，巴人落下闳参与造《汉太初历》，他提出的"运算转历"法，受到重视。李瀚《蒙求》："优旃得稽，落下历数。"

【落木】 ❶落叶。杜甫《登高》："无边落木萧萧下，不尽长江衮衮来。"又《客亭》："秋窗犹曙色，落木更天风。"郎士元《题精舍寺》："秋山竟日闻猿啸，落木寒泉听不穷。”周贺《山居秋思》：“落木孤猿在，秋庭积雾深。”❷使树木落叶。白居易《浔阳三题・湓浦竹》：“有霜不杀草，有风不落木。”

【落日】　夕阳。杜甫《后出塞五首》之二：“落日照大旗，马鸣风萧萧。”又《越王楼歌》：“楼下长江百丈清，山头落日半轮明。”又《禹庙》：“禹庙空山里，秋风落日斜。”又《暮春题瀼西新赁草屋五首》之五：“落日悲江汉，中宵泪满床。”张蠙《蓟北书事》：“戍楼承落日，沙塞碍惊蓬。”

【落月】　下坠的月亮。杜甫《梦李白二首》之一：“落月满屋梁，犹疑照颜色。”又《赠蜀僧闾丘师兄》：“夜阑接软语，落月如金盆。”又《将晓二首》之二：“寒沙蒙薄雾，落月去清波。”陆龟蒙《奉酬袭美苦雨四声重寄三十二句・平入声》：“当时虽愁霖，亦若惜落月。”

【落地】　物体落到地面。杜甫《晚晴》：“照我衰颜忽落地，口虽吟咏心中哀。”韩愈《秋怀诗十一首》之八：“卷卷落地叶，随风走前轩。”方干《处州献卢员外》：“落地遗金终日在，经年滞狱当时空。”

【落托】　见“落拓”。

【落帆】　收起船帆。谓停泊。刘禹锡《堤上行三首》之三：“日晚上楼招估客，轲峨大艑落帆来。”许浑《送陆拾遗东归》：“秋寺卧云移棹晚，暮江乘月落帆迟。”

【落羽】　❶借指受箭伤坠地的鸟。孔绍安《别徐永元秀才》：“坠叶还相覆，落羽更为群。”❷铩羽，羽毛摧落。喻失意。陈子昂《落第西还别刘祭酒高明府》：“莫言长落羽，贫贱一交情。”孟浩然《送从弟邕下第后寻会稽》：“落羽更分飞，谁能不惊骨。”卢纶《落第后归终南别业》：“落羽羞言命，逢人强破颜。”陈羽《送友人及第归江东》：“落羽耻为关右客，成名空羡里中儿。”

【落花流水】　形容残春的景象。李群玉《奉和张舍人送秦炼师归岑公山》：“兰浦苍苍春欲暮，落花流水怨离琴。”高骈《访隐者不遇》：“落花流水认天台，半醉闲吟独自来。”赵嘏《寄远》：“无限春愁莫相问，落花流水洞房深。”熊孺登《题逍遥楼伤故韦大夫》：“利及生人无更为，落花流水旧城池。”

【落花時節】　指暮春季节。杜甫《江南逢李龟年》：“正是江南好风景，落花时节又逢君。”

【落花】　坠落下来的花或花瓣。储光羲《江南曲四首》之三：“落花如有意，来去逐船流。”杜甫《题省中院壁》：“落花游丝白日静，鸣鸠乳燕青春深。”翁宏《春残》：“落花人独立，微雨燕双飞。”刘沧《赠天台隐者》：“天开宿雾海生日，水泛落花山有风。”

【落英】　落花。见《楚辞・离骚》。一说为初生之花。李绅《新楼诗二十首・北楼樱桃花》：“凝艳拆时初照日，落英频处乍闻莺。”杜牧《见穆三十宅中庭海榴花谢》：“堪恨王孙浪游去，落英狼藉始归来。”翁洮《赠进士李德新接海棠梨》：“高轩日午争浓艳，小径风移旋落英。”邢象玉《古意》：“举袂袪啼鸟，扬巾扫落英。”

【落拓】　亦作“落托”。❶贫困失意貌。许敬宗《冬日宴于庶子宅各赋一字得归》：“倦游嗟落拓，短翮慕追飞。”卢纶《寄郑七纲》：“小来落托复迍邅，一辱君知二十年。”杜牧《张好好诗》：“朋游今在否，落拓更能无。”陈陶《涂山怀古》：“落拓书剑晚，清秋鹰正笼。”❷放荡不羁。白居易《效陶潜体诗十六首》之十四：“问君何落拓，云仆生草莱。”李渤《喜弟淑再至为长歌》：“长兄年少曾落托，拔剑沙场随卫霍。”吕岩《七言》之九二：“琴剑酒棋龙鹤虎，逍遥落托永无忧。”

【落泊】　（－bó）❶飘泊无依。韩愈、李正封《晚秋郾城夜会联句》：“羁客方寂历，惊乌时落泊。”❷狂放不羁。白居易《将发洛中枉令狐相公手札兼辱二篇宠行以长句答之》：“八行落泊飞云雨，五字枪钏动珮环。”

【落草】　谓居于草泽。张祜《寓言》：“杜门草太玄，落草赋子虚。”

【落星】　❶山名。在今江苏南京市江宁区东北。许浑《余谢病东归王秀才见寄今潘秀才南棹奉酬》：“酷似牢之玉不如，落星山上白云居。”徐铉《九日落星山登高》：“秋暮天高稻穟成，落星山上会诸宾。”❷楼名，在落星山上。韦庄《春日》：“落星楼上吹残角，偃月营中挂夕晖。”❸陨石。刘禹锡《和牛相公题姑苏所寄太湖石兼寄李苏州》：“眇小欺湘燕，团圆笑落星。”林宽《和周繇校书先辈省中寓直》：“字随飞蠹缺，阶与落星齐。”

【落星石】　陨石。李白《泾溪南蓝山下有落星潭可以卜筑余泊舟石上寄何判官昌浩》：“奔鼋横澄潭，势吞落星石。”

【落星潭】　在今安徽泾县西五十里蓝山下。相传晋陈霸兄弟搏鱼于此，见一星落于潭中，故名。李白有《泾溪南蓝山下有落星潭可以卜筑余泊舟石上寄何判官昌浩》。

【落星灣】　❶在今鄱阳湖西北，江西省星子县南五里。孟浩然《下赣石》：“暝帆何处宿，遥指落星湾。”❷当指今江苏江宁区落星山下之水湾。李白《豫章行》：“楼船若鲸飞，波荡落星湾。”

【落後】　落在后面。李峤《游苑遇雪应制》：“不能落后争飞絮，故欲迎前赛早梅。”齐己《自勉》：“知非未落后，读易尚加前。”

【落烏紗】　见“落帽”。

【落紅】　落花。戴叔伦《相思曲》：“落红乱逐东流水，一点芳心为君死。”白元鉴《新池》：“欲问仙源路，无由见落红”。

【落莫】 落魄，潦倒。韩愈、李正封《晚秋郾城夜会联句》：“吾相两优游，他人双落莫。”李贺《崇义里滞雨》：“落莫谁家子，来感长安秋。”

【落紙】 落笔。杜甫《饮中八仙歌》：“张旭三杯草圣传，脱帽露顶王公前，挥毫落纸如云烟。”

【落梅】 即《梅花落》。古笛曲名。李白《襄阳歌》：“千金骏马换小妾，笑坐雕鞍歌落梅。”李贺《送秦光禄北征》：“内子攀琪树，羌儿奏落梅。”杜牧《寄澧州张舍人笛》：“檀的染时痕半月，落梅飘处响穿云。”刘得仁《听歌》：“朱槛满明月，美人歌落梅。”

【落梅花】 即《梅花落》。古笛曲名。骆宾王《代女道士灵妃赠道士李荣》：“鹦鹉杯中浮竹叶，凤凰琴里落梅花。”李白《与史郎中钦听黄鹤楼上吹笛》：“黄鹤楼中吹玉笛，江城五月落梅花。”

【落第】 科举考试未录取。王维有《送綦毋潜落第还乡》。白居易《把酒思闲事二首》之一：“乞钱羁客面，落第举人心。”公乘亿《句》：“十上十年皆落第，一家一半已成尘。”朱庆余《送张景宣下第东归》：“归省值花时，闲吟落第诗。”皮日休《三羞诗三首》之三：“一写落第文，一家欢复嬉。”

【落淚】 流泪。雍陶《送客二首》之二：“好去出门休落泪，不如前路早归来。”许棠《客行》：“欲吟先落泪，多是怨途穷。”无名氏《昭君怨》：“衔悲出汉关，落泪洒胡鞍。”

【落宿】 （—xiù）渐趋隐没的明星。陆龟蒙《风人诗四首》之二：“晓天窥落宿，谁识独醒人。”

【落葉】 凋落的树叶。杜甫《两当县吴十侍御江上宅》：“寒城朝烟澹，山谷落叶赤。”马戴《灞上秋居》：“落叶他乡树，寒灯独夜人。”姚合《秋日闲居二首》之一：“落叶带衣上，闲云来酒中。”刘沧《旅馆书怀》：“落叶虫丝满窗户，秋堂独坐思悠然。”陆龟蒙《京口》：“东风料峭客帆远，落叶夕阳天际明。”

【落落】 ❶犹磊落。多用以形容人的气质、襟怀。杨炯《和刘长史答十九兄》：“风标自落落，文质且彬彬。”杜牧《送刘秀才归江陵》：“落落精神终有立，飘飘才思杳无穷。”❷挺拔，高越不凡。刘希夷《孤松篇》：“青青好颜色，落落任孤直。”杜甫《殿中杨监见示张旭草书图》：“锵锵鸣玉动，落落群松直。”李德裕《春暮思平泉杂咏二十首·金松》：“纤纤疑大菊，落落是松枝。”吴融《和陆拾遗题谏院松》：“落落孤松何处寻，月华西畔结根深。”❸连绵不断。张说《送岳州李十从军桂州》：“阳桥书落落，驿马定先回。”杜甫《雨二首》之二：“落落出岫云，浑浑倚天石。”赵牧《对酒》：“手挼六十花甲子，循环落落如弄珠。”❹稀疏，零落。储光羲《泊舟贻潘少府》：“苍苍水雾起，落落疏星没。”韩愈《东都遇春》：“悠悠度朝昏，落落捐季孟。”孟云卿《放歌行》：“落落大海中，飘浮数洲岛。”❺浓密貌。卢照邻《九陇津集》：“落落树阴紫，澄澄水华碧。”❻旷远开阔。杜甫《次空灵岸》：“沄沄逆素浪，落落展清眺。”❼不苟合。杜甫《同元使君舂陵行》序：“今盗贼未息，知民疾苦，得结辈十数公，落落然参错天下为邦伯，万物吐气，天下少安，可得矣。”❽象声词。王建《听雨》：“半夜思家睡里愁，雨声落落屋檐头。”司空图《乙巳岁重阳独登上方》：“落落鸣蛩鸟，晴霞度雁天。”

【落景】 夕阳。杜甫《泛溪》：“落景下高堂，进舟泛回溪。”又《与李十二白同寻范十隐居》：“落景闻寒杵，屯云对古城。”又《高楠》：“落景阴犹合，微风韵可听。”皇甫冉《玄云观送李源李风还奉先华阴》：“远水东流浮落景，缭垣西转失行镳。”李群玉《小弟艎南游近书来》：“落景无来人，修江入天白。”

【落帽】 晋孟嘉重阳日出席桓温在龙山举办的宴集，兴致很高，风吹帽落而不觉。见《晋书·孟嘉传》。后遂以“落帽”作重九登高之典。孟浩然《卢明府九日岘山宴袁使君张郎中崔员外》：“共美重阳节，俱怀落帽欢。”李白《九日》：“落帽醉山月，空歌怀友生。”严维《九月十日即事》：“宿酲犹落帽，华发强扶冠。”朱放《九日陪刘中丞宴昌乐寺送梁廷评》：“不弃遗簪旧，宁辞落帽还。”亦作“落烏紗”。元稹《奉和严司空重阳日同崔常侍崔郎中及诸公登龙山落帽台佳宴》：“贵重近臣光绮席，笑怜从事落乌纱。”

【落帽臺】 在今湖北江陵县龙山。晋孟嘉为征西大将军桓温参军，重阳日与桓温同游龙山，风吹其帽而不觉，温使孙盛为文以讥之，嘉即席作答，其文甚美，四座惊叹。后人筑台于此以纪念。李群玉《重阳日上渚宫杨尚书》：“落帽台边菊半黄，行人惆怅对重阳。”

【落筆】 下笔。李白《江上吟》：“兴酣落笔摇五岳，诗成笑傲凌沧洲。”杜甫《元日示宗武》：“赋诗犹落笔，献寿更称觞。”又《八哀诗·赠左仆射郑国公严公武》：“阅书百纸尽，落笔四座惊。”温庭筠《秘书省有贺监知章草题诗寻玩因有此作》：“出笼鸾鹤归辽海，落笔龙蛇满坏墙。”

【落筆思成虎】 东汉伏波将军马援教育其侄效法龙伯高，而不要效法杜季良，谓“效伯高不得，犹为谨敕之士，所谓刻鹄不成尚类鹜者也。效季良不得，陷为天下轻薄子，所谓画虎不成反类狗者也”。见《后汉书·马援传》。后遂以“落筆思成虎”表示画虎一定得成虎，在事业上要有成功的信念。李咸用《夜吟》：“落笔思成虎，悬梭待化龙。”

【落絮】 飘落的柳絮。杜甫《白丝行》：“落絮游丝亦有情，随风照日宜轻举。”又《独酌》：“仰蜂黏落絮，行蚁上枯梨。”白居易《酬李二十侍郎》：“残莺著雨慵休啭，落絮无风凝不飞。”曹邺《杏园即席上同年》：“晴阳照花影，落絮浮野翠。”

【落然】 凄凉，冷落。白居易《酬张十八访宿见赠》：“落然颓檐下，一话夜达晨。”又《自咏》：“回面顾妻子，生计方落然。”陆龟蒙《和袭美初冬偶作寄南阳润卿次韵》：“逐日生涯敢计冬，可嗟寒事落然空。”

【落暉】 夕阳，夕照。刘宪《奉和幸白鹿观应制》：“玄游乘落晖，仙宇蔼霏微。”王维《送綦毋潜落第还乡》：“远树带行客，孤村当落晖。”钱起《送张将军征西》：“计日霜戈尽敌归，回首戎城空落晖。”司空图《杨柳枝寿杯词十八首》之一六：“莫言万绪牵愁思，缉取长绳系落晖。”

【落照】 夕阳的余晖。杜甫《醉歌行》：“是日霜风冻七泽，乌蛮落照衔赤壁。”姚合《霁后登楼》：“为有登临兴，独吟落照中。”许棠《日暮江上》：“孤帆收广岸，落照在遥峰。”吴融《酬僧》：“吟处远峰横落照，定中黄叶下青苔。”

【落寞】 冷落，寂寞。辨才《设缸面酒款萧翼探得来字》：“披云同落寞，步月共裴回。”

【落魄】 （—tuò）❶穷困失意。李白《僧伽歌》：“嗟予落魄江淮久，罕遇真僧说空有。”高骈《留别彰德军从事范校书》：“未出尘埃真落魄，不趋权势正因循。”来鹄《鄂渚除夜书怀》：“自嗟落魄无成事，明日春风又一年。”❷放荡不羁。李颀《别梁锽》：“时人见子多落魄，共笑狂歌非远图。”李白《魏郡别苏明府因北游》：“落魄乃如此，何人不相从。”元稹《定僧》：“落魄闲行不著家，遍寻春寺尝年华。”杜牧《遣怀》：“落魄江南载酒行，楚腰肠断掌中轻。”

【落髮】 削发出家。刘长卿《戏赠干越尼子歌》：“厌向春江空浣沙，龙宫落发披袈裟。”许棠《送元遂上人归吴中》：“落发在王畿，承恩著紫衣。”黄滔《题宣一僧正院》：“五级凌虚塔，三生落发师。”

【落潮】 退潮。宋昱《晓次荆江》：“向夕垂钓还，吾从落潮去。”刘长卿《送张判官罢使东归》：“落潮回野艇，积雪卧官庐。”许浑《行次虎头岩酬寄路中丞》：“石梯迎雨滑，沙井落潮醎。”徐铉《送龚明府九江归宁》：“一朝吾道泰，还逐落潮归。”

【落簡】 散落的书简。玄宗《春晚宴两相及礼官丽正殿学士探得风字》序：“乃命学者，缮落简，缉遗编，纂鲁壁之文章，缀秦坑之煨烬，所以修文教也。”崔融《登东阳沈隐侯八咏楼》：“隐侯有遗咏，落简尚余芳。”

【落雕】 射落猛禽。喻狙击坏人。苏味道《赠封御史入台》：“惟当击隼去，复睹落雕归。”参见“落雕都尉”。

【落雕兵】 北齐斛律光，射云表飞雕中颈。遂以“落雕兵”谓善射的士兵。杜牧《夏州崔常侍自少常亚列出领麾幢十韵》：“戈矛虓虎士，弓箭落雕兵。”

【落雕都尉】 北齐斛律光，射云表飞雕中颈，时称落雕都督。见《北齐书·斛律全传》附《斛律光传》。杜牧《东兵长句十韵》：“落雕都尉万人敌，黑槊将军一鸟轻。”

【落霞】 ❶晚霞。杜甫《大历三年春四十韵》：“落霞沉绿绮，残月坏金枢。”姚合《秋晚江次》：“落霞澄返照，孤屿隔微烟。”韦庄《南昌晚眺》：“芳草绿遮仙尉宅，落霞红衬贾人船。”周庠《寄禅月大师》：“有时捻得休公卷，倚柱闲吟见落霞。”❷琴名。见旧题汉郭宪《洞冥记》卷三。皮日休《夜会问答十》之三：“落霞琴，寥寥山水扬清音。”

【落籍】 ❶除名。姚合《寄杨茂卿校书》：“到京就省试，落籍先有名。”❷落名在籍或入籍。指名列仙班。孙思邈《四言诗》：“南宫度名，北斗落籍。”❸脱离娼籍。于濆《织素谣》：“五侯初买笑，建章方落籍。”

荓

〔píng《广韵》薄經，平青，並。〕见“萍”。

萱

〔xuān《广韵》況袁切，平元，曉。〕❶萱草。古人以为萱草可以使人忘忧，故又称忘忧草。岑参《潼关镇国军句覆使院早春寄王同州》：“离忧不可忘，襟背思树萱。”王涯《春闺思》：“雪尽萱抽叶，风轻水变苔。”白居易《镜换杯》：“茶能散闷为功浅，萱纵忘忧得力迟。”杨乘《南徐春日怀古》：“愁梦全无蝶，离忧每愧萱。”❷古称母亲屋室为“萱堂”。后因以“萱”为母亲或母亲居处的代称。牟融《送徐浩》：“知君此去情偏切，堂上椿萱雪满头。”

【萱草】 植物名。俗称金针菜，多年生草本，根肥大。叶丛生，狭长，背面有棱脊。开橘黄色或橘红色花。呈漏斗状，可作蔬菜。亦可供观赏。古人认为种此菜，可以忘忧，故称忘忧草。沈颂《卫中作》：“总使榴花能一醉，终须萱草暂忘忧。”卢纶《玩春因寄冯卫二补阙戏呈李益》：“萱草丛丛尔何物，等闲穿破绿莓苔。”白居易《酬梦得比萱草见赠》：“杜康能散闷，萱草解忘忧。”胡曾《赠渔者》：“自为钓竿能遣闷，不因萱草解销忧。”

葷

〔hūn《广韵》許云切，平文，曉。〕❶指葱、蒜、韭、薤之类有辛味的菜。白居易《仲夏斋居偶题八韵寄微之及崔湖州》：“腥血与荤蔬，停来一月余。”❷指鸡、鸭、鱼、肉等食物。杜甫《信行远修水筒》：“汝性不茹荤，清静仆夫内。”又《随章留后新亭送诸君》：“绝荤终不改，劝酒欲无词。”刘禹锡《赠别约师》序："荆州人文约，市井生而云鹤性，故去荤为浮图。"贾岛《寄李輈侍郎》："松栽侵古影，荤断尚芹菹。"

【葷血】　犹荤腥。刘禹锡《游桃源一百韵》："是非斗方寸，荤血昏精魄。"白居易《宿灵岩寺上院》："荤血屏除唯对酒，歌钟放散只留琴。"又《酬梦得以予五月长斋延僧徒绝宾友见戏十韵》："荤血还休食，杯觞亦罢倾。"又《仲夏斋戒月》："但减荤血味，稍结清净缘。"

【葷辛】　指有辛辣气味的蔬菜。姚合《乞新茶》："嫩绿微黄碧涧春，采时闻道断荤辛。"

【葷腥】　有指辛味的菜和鱼肉等食物。后专指鱼肉等食物。白居易《斋月静居》："荤腥每断斋居月，香火常亲宴坐时。"又《斋居》："香火多相对，荤腥久不尝。"又《斋戒》："每因斋戒断荤腥，渐觉尘劳染爱轻。"又《酬皇甫郎中对新菊花见忆》："居士荤腥今已断，仙郎杯杓为谁排。"

【葷膻】　见"葷羶"。

【葷羶】　亦作"葷膻"。指有辛味的菜和牛羊肉等食物。韦应物《紫阁东林居士叔缄赐松英丸辄献诗代启》："道场斋戒今初服，人事荤羶已觉非。"卢纶《卧病寓居龙兴观因题十四韵寄冯生并赠乔尊师》："荤羶居已绝，鸾鹤见无由。"白居易《招韬光禅师》："白屋炊香饭，荤膻不入家。"又《游悟真寺诗》："以地清净故，献奠无荤膻。"

葭　〔jiā《广韵》古牙切，平麻，見。〕❶初生的芦苇。亦泛称芦苇。皮日休《茶中杂咏·茶坞》："种荈已成园，栽葭宁记亩。"陆龟蒙《迎潮送潮辞·送潮》："汀葭苍兮屿蓼枯，风骚牢兮愁烟孤。"❷指葭莩灰。李义府《和边城秋气早》："金微凝素节，玉律应清葭。"杜甫《小至》："刺绣五纹添弱线，吹葭六琯动浮灰。"

【葭灰】　葭莩之灰。古人烧苇膜成灰，置于律管中，放密室中，以占气候。某一节候到，某律管中葭灰即飞出，示该节候已到。章孝标《次韵和光禄钱卿二首》之二："同期阳月至，灵室祝葭灰。"李商隐《池边》："玉管葭灰细细吹，流莺上下燕参差。"韩偓《冬至夜作》："中宵忽见动葭灰，料得南枝有早梅。"杜周士《闰月定四时》："葭灰初变律，斗柄正当离。"

【葭律】　装有葭莩灰的律管。则天皇后《唐明堂乐章·羽音》："葭律肇启隆冬，蘋藻攸陈飨祭。"黄滔《投翰长赵侍郎》："吹成暖景犹葭律，引上纤萝在岳松。"

【葭莩】　芦苇里的薄膜。比喻亲戚关系疏远淡薄。亦用作亲戚的代称。温庭筠《病中书怀呈友人》："浪言辉棣萼，何所托葭莩。"

【葭萌】　❶汉县名，在今四川昭化区东南。崔涂《己亥岁感事》："正闻青犊起葭萌，又报黄巾犯汉营。"❷唐县名。属利州，故城在今四川广元市南。张说《再使蜀道》："眇眇葭萌道，苍苍褒斜谷。"杜甫《愁坐》："葭萌氐种迥，左担犬戎存。"

【葭菼】　芦与荻。二者均为水生植物。见《诗·卫风·硕人》。王维《送方城韦明府》："遥思葭菼际，寥落楚人行。"李嘉祐《蒋山开善寺》："看心兼送目，葭菼自依依。"姚合《苦雨》："葭菼连云色，松杉共雨声。"许棠《题甘露寺》："鸟去沉葭菼，帆来映沆瀁。"

【葭葦】　芦苇。王维《青溪》："漾漾泛菱荇，澄澄映葭苇。"韩愈《郓州溪堂诗》："浅有蒲莲，深有葭苇。"李密《淮阳感怀》："野平葭苇合，村荒藜藿深。"

【葭亂】　芦与荻。乱，初生之荻。韩愈《崔十六少府摄伊阳以诗及书见投因酬三十韵》："行当自劾去，渔钓老葭乱。"

【葭蘆】　芦苇。储光羲《同诸公秋日游昆明池思古》："猵獭游渚隅，葭芦生漘湄。"温庭筠《病中书怀呈友人》："跃鱼翻藻荇，愁鹭睡葭芦。"

葦　〔wěi《广韵》于鬼切，上尾，云。〕❶芦苇。见《诗·豳风·七月》。顾况《寄淮上柳十三》："苇萧中辟户，相映绿淮流。"姚合《种苇》："欲种数茎苇，出门来往频。"贾岛《送崔约秀才》："更深栅锁淮波疾，苇动风生雨气遥。"齐己《过西塞山》："空江平野流，风岛苇飕飕。"❷用芦苇编制成的小筏子。见《诗·卫风·河广》。引申为小船。杜甫《洗兵马》："河广传闻一苇过，胡危命在破竹中。"白居易《初入峡有感》："苍苍两岸间，阔狭容一苇。"又《奉和思黯相公题二十韵见示兼呈梦得》："渡江一苇载，入洛五丁推。"李沛《海水不扬波》："不挠鱼弥乐，无澜苇可航。"

【葦衣】　芦衣，用芦花代棉絮的冬衣。贫士所服。方干《初归镜中寄陈端公》："故交若问逍遥事，玄冕何曾胜苇衣。"

【葦花】　芦苇花。呈紫色。朱庆余《送饶州张使君》："馆依高岭分樟叶，路出重江见苇花。"喻凫《答刘录事夜月怀湘西友人见寄》："江思苇花折，笛声关月高。"温庭筠《病中书怀呈友人》："苇花纶虎落，松瘿斗栾栌。"杜荀鹤《赠彭蠡钓者》："偏坐渔舟出苇林，苇花零落向秋深。"

【葦谷】　地名。在唐鄜州（今陕西富县）。郑玉有《苇谷》。

【葦苕】　芦苇。苕，苇之秀者。白居易《渭村雨归》："闲傍沙边立，看人刈苇苕。"

【葦帶】　用苇草编成的衣带。汪遵《渔父》："棹月眠流处处通，绿蓑苇带混元风。"罗邺《费拾遗书堂》:"自怜苇带同巢许,不驾蒲轮佐禹汤。"

【葦鄉】 苇洲。郑谷《感怀投时相》:"孤吟马迹抛槐陌,远梦渔竿掷苇乡。"

【葦筍】 芦笋。元稹《酬翰林白学士代书一百韵》:"苇笋针筒束,鲣鱼箭羽鬐。"

【葦叢】 芦苇丛。张抃《题衡阳泗州寺》:"未知今夜依何处,一点渔灯出苇丛。"

葌 〔jiān《广韵》古颜切,平删,見。〕同"菅"。茅草。一说香草。皮日休《登初阳楼寄怀北平郎中》:"危楼新制号初阳,白粉青葌射沼光。"

葵 〔kuí《广韵》渠追切,平脂,羣。〕❶蔬菜名。古代重要蔬菜之。可腌制,称葵菹。葵有紫茎、白茎二种,以白茎为优。大叶而小花,花紫黄色。实大如指顶,皮薄,扁形。王维《晚春严少尹与诸公见过》:"烹葵邀上客,看竹到贫家。"杜甫《秋野五首》之一:"枣熟从人打,葵荒欲自锄。"白居易《续古诗十首》之十:"中园何所有,满地青青葵。"陆龟蒙《江南秋怀寄华阳山人》:"庭橘低攀嗅,园葵旋折烹。"❷蒲葵的简称。参见"葵扇"。❸菊科草本植物,锦葵、蜀葵、秋葵、向日葵之属。白居易《江南谪居十韵》:"葵枯犹向日,蓬断即辞春。"王睿《祠渔山神女歌二首》之一:"蕙草头花椰叶裙,蒲葵树下舞蛮云。"陈标《蜀葵》:"眼前无奈蜀葵何,浅紫深红数百窠。"唐彦谦《留别》:"花染离筵泪,葵倾报国心。"

【葵心】 葵花向日而倾,故以葵心喻向往思慕之心。太宗《赋得白日半西山》:"藿叶随光转,葵心逐照倾。"元稹《有酒十章》之四:"葵心倾兮何向,松影直而孰明。"

【葵丘】 古邑名。春秋齐地,在今山东淄博西。《左传·庄公八年》:"齐侯使连称、管至父戍葵丘。"后以"葵丘"作征罚之典。王纬《喜陆侍御破石埭草寇东峰亭赋诗》:"更怜羁旅客,从此罢葵丘。"

【葵花】 锦葵、蜀葵等的花。薛能《题逃户》:"雨水淹残臼,葵花压倒墙。"郑谷《和知己秋日伤怀》:"梁尘寂寞燕归去,黄蜀葵花一朵开。"

【葵席】 蒲葵叶编制的垫席。欧阳炯《南乡子》之七:"铺葵席,豆蔻花间趖晚日。"

【葵扇】 用蒲葵叶制成的扇子。白居易《游丰乐招提佛光三寺》:"竹鞋葵扇白绡巾,林野为家云是身。"柳宗元《行路难三首》之三:"盛时一去贵反贱,桃笙葵扇安可当。"齐己《苦热怀玉泉寺寄仁上人》:"谩费葛衫葵扇力,争禁泉石润肌肤。"

【葵堇】 古代两种蔬菜名。葵即葵菹,堇为野菜,开紫花。杜甫《赠郑十赍》:"步趾咏唐虞,追随饭葵堇。"白居易《喜雨》:"圃旱忧葵堇,农旱忧禾菽。"

【葵菽】 葵菜和大豆。见《诗·豳风·七月》。皮日休《吴中苦雨因书一百韵寄鲁望》:"恶阴潜过午,未及烹葵菽。"

【葵葉】 ❶蒲葵树叶,可作扇、笠等。殷尧藩《送沈亚之尉南康》:"暮烟葵叶屋,秋月竹枝歌。"孙魴《题梅岭泉》:"云峰从勃起,葵叶岂劳扇。"❷指菊科植物蜀葵、向日葵之类的叶子。见《左传·成公十七年》晋杜预注。李白有《流夜郎题葵叶》。

【葵藿】 ❶葵与藿,两种蔬菜名。储光羲《田家杂兴八首》之二:"满园植葵藿,绕屋树桑榆。"高适《和崔二少府登楚丘城作》:"圣心思贤才,朅来刈葵藿。"刘叉《与孟东野》:"寒衣草木皮,饥饭葵藿根。"刘驾《山中有招》:"君来食葵藿,天爵岂不荣。"❷单指葵。葵性向日。故多用以喻下对上赤心趋向。见《三国志·魏书·陈思王植传》。郑愔《奉和春日幸望春宫》:"幸同葵藿倾阳早,愿比盘根应候荣。"杜甫《自京赴奉先县咏怀五百字》:"葵藿倾太阳,物性固莫夺。"李贺《日出行》:"徒照葵藿心,不照游子悲。"和凝《宫词百首》之一〇〇:"葵藿一心期捧日,强搜狂斐拟宫词。"

【葵藿志】 喻忠君之志。太宗《赋秋日悬清光赐房玄龄》:"还当葵藿志,倾叶自相依。"

十 画

蓁 〔zhēn《广韵》侧詵切,平臻,莊。〕❶参见"蓁蕪"。❷通"榛"。见"榛子"。

【蓁子】 榛子。榛树的子实。如小栗,可食。李贺《老夫采玉歌》:"夜雨冈头食蓁子,杜鹃口血老夫泪。"

【蓁棘】 乱草和荆棘。李贺《汉唐姬饮酒歌》:"御服沾霜露,天衢长蓁棘。"

【蓁蓁】 草木茂盛貌。顾况《上古之什补亡训传十三章·十月之郊一章》:"登斧以时,泽梁蓁蓁。"

【蓁蕪】 杂乱丛生的草木。王绩《过汉故城》:"宫阙谁家域,蓁芜罥我裳。"

蒜 〔suàn《广韵》蘇貫切,去换,心。〕多年生草本植物,百合科,花白色带紫,叶子和花轴嫩时可食。地下鳞茎有刺激性气味,成瓣状,味道辣,可作菜或作料,亦可入药,有杀菌和抑制细菌的作用。亦指这种植物的鳞茎。薛逢《老去也》:"合掌髻子蒜许大,此日方知非是我。"唐彦谦《索虾》:"蒜友日相亲,瓜朋时与俦。"《杨刺史语》:"宁食三斗蒜,不逢杨德干。"

【蒜山】 地名,在今江苏丹徒区。李德裕《述梦诗四十韵》:"花迷瓜步暗,石固蒜山牢。"

【蒜醬】 以蒜为主要原料做成的酱。寒山《诗三百三首》之二〇六:"蒸豚搵蒜酱,炙鸭点椒盐。"

蓍 〔shī《广韵》式脂切,平脂,書。〕草名。多年生草本植物,一本多茎,可入药。古代用以占卜。韩愈、孟郊《秋雨联句》:"筮命或冯蓍,卜晴将问蔡。"白居易《和微之诗二十三首·和雨中花》:"松枝上鹤蓍下龟,千年不死仍无病。"又《喜老自嘲》:"毛龟蓍下老,蝙蝠鼠中仙。"

【蓍草】 即蓍。古代用以占卜。刘长卿《岁日见新历因寄都官裴郎中》:"愁占蓍草终难决,病对椒花倍自怜。"刘禹锡《和苏十郎中谢病闲居之作》:"菱花照后容虽改,蓍草占来命已通。"

【蓍蔡】 犹蓍龟。蔡地出龟,故名龟曰蔡。无名氏《国学新修五经壁歌》:"以疑来质,决若蓍蔡。"陆龟蒙《渔具诗·笭箵》:"不及腰上金,何劳问蓍蔡。"

【蓍簪】 用蓍草做的簪子。见《韩诗外传》卷九。后用以比喻故物或故旧。前蜀韦庄《同旧韵》:"既闻留缟带,讵肯掷蓍簪。"

【蓍龜】 ❶古人用蓍草和龟甲占卜,故因以指占卜。严武《题龙日寺西龛石壁》:"性分固有适,蓍龟何足求。"李端《山中寄苗员外》:"既近浅流安笔砚,还因平石布蓍龟。"卢纶《书情上大尹十兄》:"命厌蓍龟诱,年惊弟侄催。"崔涂《友人问卜见招》:"何必问蓍龟,行藏自可期。"❷楷模,可供借鉴的典范。白居易《叙德书情四十韵上宣歙翟中丞》:"行为时领袖,言作世蓍龟。"

蓋 〔gài《广韵》古太切,去泰,见。又胡臘切,入盍,匣。〕❶遮阳障雨的工具。指车蓬或伞盖。杜甫《梦李白二首》之二:"冠盖满京华,斯人独憔悴。"岑参《登千福寺楚金禅师法华院多宝塔》:"焚香如云屯,幡盖珊珊垂。"白居易《酬郑侍御多雨春空过诗三十韵》:"居士巾皆垫,行人盖尽张。"李建勋《柏梁隔句韵诗》:"愁看离席散,归盖动行尘。"❷泛称盖状物,如树盖等。高宗《九月九日》:"满盖荷凋翠,圆花菊散黄。"韩愈《游城南十六首·楸树》:"青幢紫盖立童童,细雨浮烟作彩笼。"陆龟蒙《奉和袭美太湖诗二十首·上真观》:"松盖荫日车,泉绅垂天罅。"周繇《题东林寺虎掊泉》:"竹蔼疑相近,松阴盖亦交。"❸遮盖,覆盖。杜甫《柴门》:"茅栋盖一床,清池有余花。"王建《主人故池》:"高池高阁上连起,荷叶团团盖秋水。"白居易《新制布裘》:"安得万里裘,盖裹周四垠。"赵嘏《寄山僧》:"云里幽僧不置房,橡花藤叶盖禅床。"❹建造。元结《宴湖上亭作》:"广亭盖小湖,湖亭实清旷。"白居易《浔阳三题·湓浦竹》:"剖劈青琅玕,家家盖墙屋。"❺胜过,超过。李颀《赠别张兵曹》:"汉家萧相国,功盖五诸侯。"杜甫《八阵图》:"功盖三分国,名高八阵图。"杜牧《史将军二首》之二:"壮气盖燕赵,耽耽魁杰人。"❻连词。承接上文,表示原因或理由。杜甫《赠李十五丈别》:"且为辛苦行,盖被生事牵。"又《奉同郭给事汤东灵湫作》:"坡陀金虾蟆,出见盖有由。"皮日休《正乐府十篇·惜义鸟》:"所以不遭捕,盖缘生不多。"吕岩《七言》之二〇:"莫怪爱吟天上诗,盖缘吟得世间稀。"❼副词。大概,大概是,恐怕。杜甫《丹青引赠曹将军霸》:"将军画善盖有神,必逢佳士亦写真。"白居易《九日宴集醉题郡楼兼呈周殷二判官》:"五旬已过不为夭,七十为期盖是常。"周昙《咏史诗·春秋战国门·再吟》:"下泽逢蛇盖是常,还如山上见豺狼。"❽语气词。多用于句首。卢鸿一《嵩山十志十首·草堂》序:"草堂者,盖因自然之溪阜,前当墉洫,资人力之缔构。"刘禹锡《吐绶鸟》词序:"滑州牧尚书李公以吐绶鸟词见示,兼命继声,盖尚书前为御史时所作。"❾姓。唐诗人有盖嘉运。

【蓋代】 犹盖世。杜甫《寄薛三郎中》:"乃知盖代手,才力老益神。"无可《吊从兄岛》:"诗名从盖代,谪宦竟终身。"

【蓋世】 才能、功绩等超出当世,无与伦比。姚鹄《虢州献杨抑卿二首》之一:"盖世英华更有谁,赋成传写遍坤维。"皮日休《七爱诗·李太尉》:"巍巍柱天功,荡荡盖世勋。"崔道融《谢朱常侍寄贶蜀茶剡纸二首》之二:"不应点染闲言语,留记将军盖世功。"徐夤《偶书》:"高皇冷笑重瞳客,盖世拔山何所为。"

【蓋地】 覆盖地面。韩愈《感春四首》之二:"杂花妆林草盖地,白日坐上倾天维。"姚合《题李频新居》:"盖地花如绣,当门竹胜帘。"方干《书原上鲍处士屋壁》:"水阔坐看千万里,青芜盖地接天津。"周朴《福州东禅寺》:"飐槽柳塞马,盖地月支绳。"

【蓋棺】 身故,死亡。杜甫《君不见简苏徯》:"丈夫盖棺事始定,君今幸未成老翁。"韩愈《同冠峡》:"行矣且无然,盖棺事乃了。"皮日休《伤进士严子重诗》:"十哭都门榜上尘,盖棺终是五湖人。"

【蓋嘉运】 唐诗人。《乐府诗集》卷七九《近代词曲一》谓其曾任西凉节度使,《旧唐书》卷一九四谓其曾任安西都护,《新唐书》卷二一五谓其曾任安西节度使。《全唐诗》卷二七收盖嘉运采辑奏进的乐府杂曲歌辞《伊州歌》五首。

【蓋藏】 (一cáng)储藏。皮日休《鲁望以花翁之什见招因次韵酬之》:"婚嫁定期杉叶紫,盖藏应待桂枝红。"

【蓋覆】 ❶覆盖,遮盖。韩愈《石鼓歌》:"大厦深檐与盖覆,经历久远期无佗。"元稹《芳树》:"可怜团团叶,盖覆深深花。"又《乐府古题·冬白纻》:"舞腰懒,王罢饮，盖覆西施凤花锦。”又《酬郑从事四年九月宴望海亭次用旧韵》：“忆年十五学构厦，有意盖覆天下穷。”❷掩盖，不使露出真相。白居易《薛中丞》：“直道渐光明，邪谋难盖覆。”

【蓋羅縫】 乐府杂曲歌辞。《全唐诗》卷二七《杂曲歌辞》收录《盖罗缝》二首。第一首为王昌龄《出塞二首》之一；第二首即王昌龄《春怨》。

【蓋壤】 犹天地。韩愈《山南郑相公樊员外酬答为诗依赋十四韵以献》：“威风挟惠气，盖壤两劘拂。”

蓮1 〔lián《广韵》落賢切，平先，來。〕❶即荷。也称芙蓉、芙蕖、菡萏等。多年生草本植物，生浅水中，地下茎肥大而长，色白，有节。叶呈圆形，花大，淡红色或白色。地下茎即藕，种子即莲子。李峤《田假限疾率成短韵用写长怀赠杜幽素》：“夏沼莲初发，秋田麦稍稀。”顾况《溪上》：“采莲溪上女，舟小怯摇风。”刘禹锡《乐天池馆夏景方妍唯邀缁侣因以戏之》：“白莲方出水，碧树未鸣蝉。”李郢《张郎中宅戏赠二首》之二：“闻道彩鸾三十六，一双双对碧池莲。”❷指华山莲花峰。李峤《奉和骊山高顶寓目应制》：“迥识平陵树，低看华岳莲。”李商隐《和刘评事永乐闲居见寄》：“莲耸碧峰关路近，荷翻翠扇水堂虚。”

蓮2 〔liǎn《广韵》力展切，上獮，來。〕地名用字。参见“蓮₂勺”。

【蓮₂勺】 汉县名。故址在今陕西渭南市东北。汉宣帝刘询，为皇孙时，好游侠，斗鸡走马，曾于莲勺为人困辱。见《汉书·宣帝纪》。杜甫《赤霄行》：“皇孙犹曾莲勺困，卫庄见贬伤其足。”豆卢回《登乐游原怀古》：“驰逐莲勺道，出入诸陵门。”

【蓮女】 采莲的女子。钱起《送任先生任唐山丞》：“衣催莲女织，颂听海人词。”

【蓮子】 莲的种子。梢圆形，外壳绿色，老成黑色，肉为乳白色，当中有绿色的莲心。张籍《采莲曲》：“秋江岸边莲子多，采莲女儿凭船歌。”李贺《梁公子》：“南塘莲子熟，洗马走江沙。”温庭筠《张静婉采莲歌》：“船头折藕丝暗牵，藕根莲子相留连。”吴融《戏》：“丁香从小结，莲子彻枝双。”

【蓮心】 莲实中的胚芽。味微苦，情清凉，可入药。诗中常以“莲心”谐“恋心”，一语而双关。戎昱《采莲曲二首》之一：“虽听采莲曲，讵识采莲心。”白居易《想东游五十韵》：“味苦莲心小，浆甜蔗节稠。”李群玉《寄人》：“莫嫌一点苦，便拟弃莲心。”孙光宪《竹枝词二首》之二：“杨柳在身垂意绪，藕花落尽见莲心。”

【蓮舌】 指歌女优美的歌喉。佛说法使天花乱坠，因声言辞或歌声动听曰舌吐莲花。王毂《玉树曲》：“璧月夜满楼风轻，莲舌泠泠词调新。”

【蓮舟】 采莲的船。张潮《采莲词》：“赖逢邻女曾相识，并著莲舟不畏风。”李白《流夜郎至江夏陪长史叔及薛明府宴兴德寺南阁》：“天乐流香阁，莲舟飏晚风。”钱起《送李栖桐道举擢第还乡省侍》：“莲舟同宿浦，柳岸向家山。”曹邺《四怨三愁五情诗十二首·三怨》：“相共棹莲舟，得花不如他。”

【蓮衣】 ❶指莲的花瓣。王维《皇甫岳云溪杂题五首·莲花坞》：“弄篙莫溅水，畏湿红莲衣。”阎朝隐《采莲女》：“莲衣承玉钏，莲刺罥银钩。”❷即荷衣，隐者所服。清昼、崔子向《康录事宅送僧联句》：“莲衣宜著雨，竹锡好随云。”

【蓮池】 种莲的池沼。梁德裕《感寓二首》之二：“不及绿萍草，生君红莲池。”崔元翰《杂言奉和圣制见自生藤》：“余芳连桂树，积润傍莲池。”许浑有《陪王尚书泛舟莲池》。

【蓮花】 亦作“蓮華”。❶即荷花。孟浩然《题大禹寺义公禅房》：“看取莲花净，应知不染心。”元稹《三兄以白角巾寄遗发不胜冠因有感叹》：“暗梳蓬发羞临镜，私戴莲花耻见人。”徐夤《赠月君》：“出水莲花比性灵，三生尘梦一时醒。”徐铉《驿中七夕》：“江天望河汉，水馆折莲花。”❷指华山莲花峰。杜甫《青阳峡》：“东笑莲华卑，北知崆峒薄。”陈季卿《题禅窟兰若》：“此时辍棹悲且吟，独向莲花一峰立。”徐夤《依御史温飞卿华清宫二十二韵》：“岳拱莲花秀，峰高玉蕊秋。”❸指黄山莲花峰。李敬方《题小华山》：“峰簇莲花小，分明似华山。”题下原注：“目黄山为小华。”❹指九华山。山有九峰，如九朵莲花，故名。王季文《九华山谣》：“九华峥嵘占南陆，莲花擢本山半腹。”❺指莲府。赵嘏《酬段侍御》：“莲花上客思闲闲，数首新诗到筚关。”❻指《妙法莲华经》。岑参《登千福寺楚金禅师法华院多宝塔》：“多宝灭已久，莲华付吾师。”卢延让《松寺》：“通宵听论莲华义，不籍松窗一觉眠。”亦喻佛门妙法。戎昱《送僧法和》：“问经翻贝叶，论法指莲花。”❼指龙。李贺《假龙吟歌》：“莲花去国一千年，雨后闻腥犹带铁。”❽佛经中以莲花喻“妙好”。苑咸《酬王维》：“莲花梵字本从天，华省仙郎早悟禅。”❾指唐玄宗宠妃杨贵妃。杨贵妃名玉环，玉环也是莲花的别称。李益《过马嵬》：“托君休洗莲花血，留记千年妾泪痕。”❿指莲步，旧指美女的脚步。见《南史·齐纪下·废帝东昏侯》。罗虬《比红儿诗》之七：“当时若遇东昏主，金叶莲花是此人。”⓫妓女名。豫章（今江西南昌市）人。莲花妓《献陈陶处士》诗一首：“莲花为号玉为腮，珍重尚书遣妾来。”陈陶有《答莲花妓》。

【蓮花巾】 即“紫华芙蓉巾”。据传为玉女所佩。李白《江上送女道士褚三清游南岳》：“吴江女道士，头戴莲花巾。”

【蓮花山】 即西岳华山莲花峰。李白《古风》之十九："西岳莲花山，迢迢见明星。"

【蓮花手】 指莲花合掌印相。佛教以莲花为理，理之处，必有智，故以二手为理智，合二手则是理智不二的表示。鲍溶《怀惠明禅师》："解空长老莲花手，曾以佛书亲指授。"

【蓮花目】 指佛眼。佛教称佛眼能洞察一切，见知生死。王维《胡居士卧病遗米因赠》："徒言莲花目，岂恶杨枝肘。"

【蓮花寺】 即佛寺。白居易《西湖晚归回望孤山寺赠诸客》："柳湖松岛莲花寺，晚动归桡出道场。"

【蓮花府】 指幕府。韩翃《送万巨》："风帆木兰楫，水国莲花府。"又《赠别王侍御赴上都》："西向洛阳归鄠杜，回头结念莲花府。"卢纶《偶逢姚校书凭附书达河南郄推官因以戏赠》："若问玉人殊易识，莲花府里最清羸。"权德舆《人日送房二十六侍御归越》："驿骑归时骢马蹄，莲花府映若邪溪。"

【蓮花座】 亦称"蓮座"。即佛座。佛座作莲花形，故称。王勃《观佛迹寺》："莲座神容俨，松崖圣趾余。"孟郊《观音岩》："空山寂寞香灯少，莲座春云长薜萝。"李商隐《奉寄安国大师兼简子蒙》："忆奉莲花座，兼闻贝叶经。"李洞《和知己赴任华州》："松根醒客酒，莲座隐僧家。"

【蓮花界】 莲花世界。指佛地。佛教所称西方极乐世界。沈佺期《奉和圣制同皇太子游慈恩寺应制》："肃肃莲花界，荧荧贝叶宫。"亦作"莲界"。严维《奉和皇甫大夫夏日游花严寺》："莲界千峰静，梅天一雨清。"武元衡《资圣寺贲法师晚春茶会》："禅庭一雨后，莲界万花中。"

【蓮花宫】 亦作"蓮宫"。指寺院。皇甫冉《望南山雪怀山寺普上人》："夜夜梦莲宫，无由见远公。"孟郊《酬友人见寄新文》："我无饥冻忧，身托莲花宫。"李咸用《游寺》："无家自身在，时得到莲宫。"卢延让《赠僧》："浮世浮华一断空，偶抛烦恼到莲宫。"

【蓮花國土】 指佛家圣地。护国《访云母山僧》："莲花国土异，贝叶梵书能。"

【蓮花峯】 亦作"蓮華峯"。西岳华山中峰。岑参《潼关使院怀王七季友》："忽觉莲花峰，别来更如长。"齐己《送人归华下》："莲花峰翠湿凝秋，旧业园林在下头。"李商隐《华山题王母祠》："莲华峰下锁雕梁，此去瑶池地共长。"陆龟蒙《华阳巾》："莲花峰下得佳名，云褐相兼上鹤翎。"

【蓮花幕】 亦作"蓮華幕"。幕府。罗隐《冬暮城西晚眺》："谬忝莲华幕，虚沾柏署官。"韩偓《寄湖南从事》："莲花幕下风流客，试与温存谴逐情。"灵一《哭卫尚书》："莲花幕下悲风起，细柳营边晓月临。"参见"蓮幕"。

【蓮花會】 即莲社。钱起《紫参歌》："贝叶经前无住色，莲花会里暂留香。"

【蓮花經】 即《妙法莲华经》。岑参《上嘉州青衣山中峰题惠净上人幽居寄兵部杨郎中》序："有惠净上人，庐于其颠，唯绳床竹杖而已。恒持莲花经，十年不下山。"李颀《送綦毋三谒房给事》："手持莲花经，目送飞鸟余。"

【蓮花臺】 佛座。亦指道教神座。仙家以莲花清香而洁，一尘不染，故天尊多演化莲花作座，以为说法。卢仝《忆金鹅山沈山人二首》之二："太上道君莲花台，九门隔阔安在哉？"

【蓮花漏】 古代一种记时器。见唐李肇《唐国史补》卷中。张乔《寄清越上人》："远公独刻莲花漏，犹向空山礼六时。"慧净《自皋亭至吴门即二大护法》："远公自看莲花漏，无复宗雷过讲台。"皮日休《奉和鲁望同游北禅院》："吟多几转莲花漏，坐久重焚柏子香。"唐彦谦《叙别》："谯楼夜促莲花漏，树阴摇月蛟螭走。"

【蓮花劍】 剑光如莲花的宝剑。李昂《从军行》："杨叶楼中不寄书，莲花剑上空流血。"

【蓮花鮓】 指海蜇。其腹下有脚纷纭，名蜇花，色红，故称。皮日休《奉和鲁望四月十五日道室书事》："竹叶饮为甘露色，莲花鲊作肉芝香。"

【蓮花藏】 (藏 zàng)❶佛藏。莲花清净不染，比喻佛法。白居易《和李澧州题韦开州经藏诗》："既悟莲花藏，须遗贝叶书。"❷指佛家所说的莲花藏世界。李绅《题白乐天文集》："寄玉莲花藏，缄珠贝叶扃。"

【蓮社】 佛教净土宗的最初的结合。晋庐山东林寺高僧慧远，与僧俗十八贤结舍念佛，因寺庙池塘有白莲，故名。戴叔伦《赴抚州对酬崔法曹夜雨滴空阶五首》之二："高会枣树宅，清言莲社僧。"温庭筠《长安寺》："所嗟莲社客，轻荡不相从。"李建勋《钟山寺避暑勉二三子》："清凉会拟归莲社，沉湎终须弃竹林。"齐己《送秘上人》："欲凭莲社信，转入洞庭云。"

【蓮陂】 莲塘。李益、杜羔《红楼下联句》："松韵风初过，莲陂浪欲倾。"

【蓮岳】 见"蓮嶽"。

【蓮府】 幕府。刘长卿《送严维赴河南充严中丞幕府》："莲府开花萼，桃园寄子孙。"权德舆《送韦行军员外赴河阳》："三城晓角启轩门，一县繁花照莲府。"姚合《送无可上人游边》："亦知莲府客，夜坐喜同师。"李频《初离黔中泊江上》："更蒙莲府辟，兼脱布衣归。"参见"蓮幕"。

【蓮沼】 莲池。李郢《奉陪裴相公重阳日游安乐池亭》："莲沼昔为王俭府，菊篱今作孟嘉杯。"

【蓮房】 即莲蓬。莲花开过后的花托，呈倒圆锥形，有许多小孔，各孔分隔如房，故名。房内有莲子。杜甫《秋兴八首》之七："波漂菰米沉云黑，露冷莲房坠粉红。"李商隐《河阳诗》："玉湾不钓三千年，莲房暗被蛟龙惜。"齐己《渚宫自勉二首》之一："东林露坛畔，旧对白莲房。"

【蓮界】 见"蓮花界"。

【蓮風】 带有莲香的风。李贺《大堤曲》："莲风起，江畔春。大堤上，留北人。"

【蓮洲】 长莲的水中陆地。无名氏《鸡头》："丛丛引觜傍莲洲，满川恐作天鸡哭。"

【蓮宫】 指寺庙。皇甫冉《望南山雪怀山寺普上人》："夜夜梦莲宫，无由见远公。"李咸用《游寺》："无家自身在，时得到莲宫。"

【蓮冠】 (一guān)莲花做成的帽子。仙人所戴。顾敻《虞美人》之六："莲冠稳篸钿篦横，飘飘罗袖碧云轻，画难成。"

【蓮華】 (華 huā)见"蓮花"。

【蓮華峯】 (華 huā)见"蓮花峯"。

【蓮華幕】 (華 huā)见"蓮花幕"。

【蓮華臺】 (華 huā)佛寺。杜甫《山寺》："吾知多罗树，却倚莲华台。"

【蓮華嶽】 (華 huā)西岳华山之莲花峰。苏颋《奉和圣制途经华岳应制》："朝望莲华狱，神心就日来。"

【蓮峯】 ❶指华岳莲花峰。权德舆《贞元七年代书却寄》："仙掌眺莲峰，灵祠谒金天。"丁棱《和主司王起》："兰署门生皆入室，莲峰太守别知音。"崔轩《和主司王起》："共仰莲峰听雪唱，欲赓仙曲意怔营。"刘驾《唐乐府十首·望归马》："东人望归马，马归莲峰下。"❷当指庐山的一座山峰。王维《登辨觉寺》："竹径从初地，莲峰出化城。"

【蓮座】 见"蓮花座"。

【蓮浦】 莲塘，莲池。温庭筠有《莲浦谣》。褚载《句》："莲浦浪澄堪倚钓，柳堤风暖好垂鞭。"徐玄之《采莲》："此时莲浦珠翠光，此日荷风罗绮香。"

【蓮基】 莲花座，莲花台，指佛座。李绅《新楼诗二十首·龙宫寺》："真相有无因色界，化城兴灭在莲基。"

【蓮葉】 ❶即荷叶。王维《纳凉》："贪饵凡几许，徒思莲叶东。"李赤《姑熟杂咏·丹阳湖》："龟游莲叶上，鸟宿芦花里。"李商隐《柳枝五首》之四："柳枝井上蟠，莲叶浦中干。"陆龟蒙《江南曲五首》之一："鱼戏莲叶间，参差隐叶扇。"❷莲花形台座。佛徒讲经的座位。慧净《和琳法师初春法集之作》："高座登莲叶，麈尾振霜松。"

【蓮唱】 采莲人的歌声。武元衡《送寇侍御司马之明州》："莲唱蒲萄熟，人烟橘柚香。"

【蓮帳】 莲幕。朱庆余《自述》："岂知莲帐好，自爱草堂开。"

【蓮船】 采莲的船。白居易《看采莲》："小桃闲上小莲船，半采红莲半白莲。"陆龟蒙《晚渡》："各样莲船逗村去，笠檐蓑袂有残声。"

【蓮渚】 莲花池。雍裕之《四色》之三："劳魴莲渚内，汗马火旂间。"温庭筠《中书令裴公挽歌词二首》之一："丹阳布衣客，莲渚白头人。"

【蓮萼】 指莲花。卢纶《奉陪侍中游石笋溪十二韵》："双壁泻天河，一峰吐莲萼。"刘禹锡《白侍郎大尹自河南寄示池北新葺水斋即事招宾十四韵兼命同作》："蒲根抽九节，莲萼捧重台。"

【蓮掌】 华山莲花峰与仙人峰的并称。周墀《酬李常侍立秋日奉诏祭岳见寄》："莲掌月高珪币列，金天雨露鬼神陪。"

【蓮塘】 种莲的池塘。杜牧《秋夜与友人宿》："蒹葭露白莲塘浅，砧杵夜清河汉凉。"许浑《陪王尚书泛舟莲池》："莲塘移画舸，泛泛日华清。"温庭筠《晚归曲》："莲塘艇子归不归，柳暗桑秾闻布谷。"韦庄《杂体联锦》："回首隔天河，恨唱莲塘歌。"

【蓮塘館】 驿馆名。在今江西南昌县。罗隐《莲塘驿》："莲塘馆东初日明，莲塘馆西行人行。"

【蓮塘驛】 驿馆名。有二处。❶一在今江西南昌县。罗隐有《莲塘驿》。❷在今江苏盱眙县。李益有《莲塘驿》诗，作者自注："在盱眙界"。

【蓮幕】 幕府。见《南史·庾杲之传》。顾非熊《行经褒城寄兴元姚从事》："君兼莲幕贵，我得桂枝荣。"李商隐《自桂林奉使江陵寄献尚书》："下客依莲幕，明公念竹林。"李中《送朐山孙明府赴寿阳幕府辟命》："菊丛憔悴陶潜去，莲幕光辉阮瑀来。"徐铉《寄舒州杜员外》："粉闱情在否，莲幕兴何如。"

【蓮經】 《妙法莲华经》的简称。为天台宗和日本日莲宗所依据的主要经典。贾岛《送僧》："晓了莲经义，堪任宝盖迎。"李中《赠念〈法华经〉绶上人》："念彻莲经谁得见，千峰岩外晓苍苍。"齐己《赠持法华经僧》："吾师有口何所为，莲经七轴六万九千字，日日夜夜终复始。"

【蓮境】 指佛寺。杨巨源《和郑相公寻宣上人不遇》："方寻莲境去，又值竹房空。"

【蓮漏】 即莲花漏。郑谷《信美寺岑上人》："我来能永日，莲漏滴阶前。"

【蓮蕊】 莲的花蕊。温庭筠《莲花》："应为洛神波上袜，至今莲蕊有香尘。"皮日休《胥口即事六言二首》之一："黑蛱蝶粘莲蕊，红蜻蜓裊菱花。"

【蓮劍】　剑光如莲花的宝剑。太宗《执契静三边》："霜野韬莲剑，关城罢月弓。"

【蓮鍔】　莲花形的凸纹。亦指锋利的宝剑。齐己《古剑歌》："今人不要强硎磨，莲锷星文未曾没。"无名氏《虞美人》："手中莲锷凛秋霜，九泉归去是仙乡，恨茫茫。"

【蓮嶽】　亦作"蓮岳"。西岳华山。有莲花峰，故称。杜牧《春日言怀寄虢州李常侍十韵》："地分莲岳秀，草接鼎原芳。"赵嘏《叙事献同州待御三首》之三："尊前谁伴谢公游，莲岳晴来翠满楼。"贾岛《马戴居华山因寄》："瀑流莲岳顶，河注华山根。"齐己《竟陵遇昼公》："欲投莲岳夏，初过竟陵春。"

【蓮臉】　美如荷花的面容。李华《咏史十一首》之十："电影开莲脸，雷声飞蕙心。"韩偓《频访卢秀才》："药诀棋经思致论，柳腰莲脸本忘情。"玄宗《好时光》："宝髻偏宜宫样，莲脸嫩，体红香。"欧阳炯《赤枣子》之二："莲脸薄，柳眉长，等闲无事莫思量。"

【蓮闕】　芙蓉阙。宫门前两侧台观。许浑《天街晓望》："明星低未央，莲阙迥苍苍。"

蓐

〔rù《广韵》而蜀切，入燭，日。〕❶能做褥子的草。皮日休《公斋四咏·鹤屏》："颇似近蓐席，还如入方丈。"❷草蓐，蓐子。白居易《和梦游春诗一百韵》："池流渡清泚，草嫩蹋绿蓐。"

【蓐收】　古代传说中的西方神名，司秋。玄宗《鹡鸰颂》："蓐收御节，寒露微结，气清虚兮。"李白《古风》之三二："蓐收肃金气，西陆弦海月。"李贺《相劝酒》："蓐收既断翠柳，青帝又造红兰。"陆龟蒙《战秋辞》："蓐收相臣，太白将星。"

【蓐食】　早晨未起身，在床上进餐。谓早餐时间很早。见《左传·文公七年》。杨巨源《赠邻家老将》："十年依蓐食，万里带金疮。"柳宗元《田家三首》之一："蓐食徇所务，驱牛向东阡。"

【蓐席】　草席。皮日休《公斋四咏·鹤屏》："颇似近蓐席，还如入方丈。"

【蓐髪】　犹厚发。李商隐《李肱所遗画松诗书两纸得四十韵》："邹颠蓐发软，丽姬眉黛浓。"

蒔

〔shì《广韵》時吏切，去志，禪。〕移栽，种植。元结《演兴四首·初祀》："涂木兰兮莳糅蒿，被弱草兮禘礿联。"韦应物《种药》："持缣购山客，移莳罗众英。"柳宗元《酬贾鹏山人郡内新栽松寓兴见赠二首》之一："青松遗涧底，擢莳兹庭中。"吴融《祝风三十二韵》："他稼已如云，我田方欲莳。"

【蒔藥】　种植药材。钱起《锄药咏》："莳药穿林复在巘，浓香秀色深能浅。"柳宗元《从崔中丞过卢少尹郊居》："莳药闲庭延国老，开樽虚室值贤人。"无可《酬姚员外见过林下》："扫苔迎五马，莳药过申钟。"

蓽

〔bì《广韵》卑吉切，入質，幫。〕荆条竹木之属。参见"蓽門"。

【蓽門】　竹荆编织的门。谓居室简陋破旧。王维《山居即事》："鹤巢松树遍，人访荜门稀。"李德裕《思山居一十首·思乡园老人》："常羡荜门翁，所思惟岁稔。"颜萱《过张祐处士丹阳故居》序："荆榛之下，荜门启焉。"方干《新正》："荜门惆怅内，时节暗来频。"

蒨

〔qiàn《广韵》倉甸切，去霰，清。〕❶茜草。根可作绛色染料。亦指绛色。李贺《经沙苑》："野水泛长澜，宫牙开小蒨。"又《染丝上春机》："玉罂泣水桐花井，蒨丝沉水如云影。"李远《黄陵庙词》："黄陵庙前莎草春，黄陵女儿蒨裙新。"韩偓《南亭》："堑蔓坠长茸，岛花垂小蒨。"❷鲜明，鲜艳。韦应物《题从侄成绪西林精舍书斋》："果药杂芬敷，松筠疏蒨峭。"殷寅《铨试后征山别业寄源侍御》："朱绂何赫赫，绣衣复葱蒨。"吴黔《失题》："里荣身上蒨，省罢手中兰。"❸茂盛。张说《岳阳石门墨山二山相连有禅堂观天下绝境》："竹径入阴窅，松萝上空蒨。"元希声《赠皇甫侍御赴都八首》之六："如彼松竹，春荣冬蒨。"

【蒨蒨】　❶鲜明，鲜艳。皎然《观裴秀才松石障歌》："何年蒨蒨苔黏迹，几夜潺潺水击痕。"李郢《自水口入茶山》："蒨蒨红裙好女儿，相偎相倚看人时。"❷茂盛。韩愈《庭楸》："夜月来照之，蒨蒨自生烟。"

【蒨裙】　绛色的裙子。杜牧《村行》："蓑唱牧牛儿，篱窥蒨裙女。"亦指着蒨裙之女子。吴融《个人三十韵》："数钱红带结，斗草蒨裙盛。"李远《黄陵庙词》："黄陵庙前莎草春，黄陵女儿蒨裙新。"

【蒨練】　鲜明貌。于结《赋得生刍一束》："蒨练宜春景，芊绵对雨情。"张仲方《赋得竹箭有筠》："碧色乍葱茏，清光常蒨练。"

【蒨璨】　鲜明貌。李商隐《戊辰会静中出贻同志》："蒨璨玉琳华，翱翔九真君。"

【蒨羅】　鲜丽的绫罗。韩偓《净兴寺杜鹃一枝繁艳无比》："一园红艳醉坡陀，自地连梢簇蒨罗。"又《荔枝三首》之三："应是仙人金掌露，结成冰入蒨罗囊。"

蓧

〔diào《广韵》吐彫切，平蕭，透。〕古代耘田用的竹器。见《论语·微子》。元稹《春六十韵》："蚕役投筐妾，耘催荷蓧翁。"李商隐《赠田叟》："荷蓧衰翁似有情，相逢携手绕村行。"

蓨

〔tiáo《广韵》他歷切，入錫，透。《集韵》田聊切，平蕭，定。〕古县名。见"蓨縣"。

【蓨縣】　古县名。春秋时晋條邑，汉脩县，隋改为蓨县，治所即今河北景县。韩翃有《送蓨县刘主簿楚》。

蓓 〔bèi《广韵》薄亥切，上海，並。〕蓓蕾。见“蓓蕾”。

【蓓蕾】 花蕾。含苞未放的花。徐夤《追和白舍人咏白牡丹》：“蓓蕾抽开素练囊，琼葩薰出白龙香。”

蓏 〔luǒ《广韵》郎果切，上果，來。〕瓜类植物的果实。唐彦谦《九日游中溪》：“群童竞时新，万果间蔬蓏。”

蒼1 〔cāng《广韵》七冈切，平唐，清。〕❶青色（包括蓝色和绿色）。杜甫《成都府》：“曾城填华屋，季冬树木苍。”李益《水亭夜坐赋得晓雾》：“宿禽啭木散，山泽一苍然。”韩愈《条山苍》：“条山苍，河水黄。”程太虚《醮坛峰》：“苍松老桧拥华坛，鹤唳猿啼白昼闲。”❷灰白色。杜甫《台上》：“何须把官烛，似恼鬓毛苍。”岑参《省中即事》：“华省谬为郎，蹉跎鬓已苍。”元友让《复游浯溪》：“昔到才三岁，今来鬓已苍。”卢纶《冬晓呈邻里》：“途中一留滞，双鬓飒然苍。”❸指天。见《诗·秦风·黄鸟》。孟浩然《行出东山望汉川》：“万壑归于汉，千峰划彼苍。”杜甫《后苦寒行二首》之二：“巴东之峡生凌澌，彼苍回轩人得知。”又《遣闷》：“余力浮于海，端忧问彼苍。”

蒼2 〔cǎng《广韵》麄朗切，上蕩，清。〕见“蒼₂莽”。

【蒼山】 青山。卢照邻《入秦川界》：“陇阪长无极，苍山望不穷。”韦处厚《盛山十二诗·绣衣石榻》：“勿为枕苍山，还当础清庙。”曹松《宿溪僧院》：“煎茶留静者，靠月坐苍山。”

【蒼天】 天。寒山《诗三百三首》之七三：“今谁念于汝，苦痛哭苍天。”李白《东海有勇妇》：“白刃耀素雪，苍天感精诚。”杜甫《三川观水涨二十韵》：“举头向苍天，安得骑鸿鹄。”戴叔伦《喜雨》：“苍天暨有念，悠悠终我心。”

【蒼水使】 传说中仙人的使者。苍水，仙人名。见汉赵晔《吴越春秋·越王无余外传》。杜甫《季夏送乡弟韶陪黄门从叔朝谒》：“令弟尚为苍水使，名家莫出杜陵人。”

【蒼氏】 指苍颉。詹敦仁《复留侯从效问南汉刘岩改名龑字音义》：“伏羲初画卦，苍氏乃制字。”

【蒼玉】 ❶水苍玉，杂有斑纹的深青色玉石。古时常用作官员的佩玉。唐用于五品以上官员。孙逖《故程将军妻南阳郡夫人樊氏挽歌》：“宠荣苍玉珮，宴梦郁金堂。”杜甫《更题》：“群公苍玉佩，天子翠云裘。”❷见《礼记·月令》。后遂以“蒼玉”代指皇帝。潘孟阳《元日和布泽》：“青阳初应律，苍玉正临轩。”

【蒼石】 青色石头。太宗《题龟峰山》：“马迹印开苍石上，龟头横插白云中。”崔国辅《题预章馆》：“驿前苍石没，浦外湖沙细。”

【蒼水使者】 神话传说中的巨人。《搜神记》载，秦时有人夜渡河，见一人丈余，手横刀而立，叱之，乃曰：“吾苍水使者也。”杜甫《荆南兵马使太常卿赵公大食刀歌》：“苍水使者扪赤绦，龙伯国人罢钓鳌。”

【蒼生】 老百姓。张九龄《故刑部李尚书挽词三首》之一：“与善今何在，苍生望已空。”杜甫《建都十二韵》：“苍生未苏息，胡马半乾坤。”李商隐《贾生》：“可怜夜半虚前席，不问苍生问鬼神。”陆龟蒙《江湖散人歌》：“官家未议活苍生，拜赐江湖散人号。”

【蒼耳】 即卷耳。一年生草本植物。形似鼠耳，丛生如盘。夏季开花，绿色，果实倒卵形，有刺。荒地野生。茎皮可取纤维，植株可制农药；果实称“苍耳子”，可提取工业用的脂肪油，亦可入药。李白《寻鲁城北范居士失道落苍耳中见范置酒摘苍耳作》：“不惜翠云裘，遂为苍耳欺。”杜甫有《驱竖子摘苍耳》。

【蒼江】 碧绿的江水。崔膺《歌妓》：“不随暮雨苍江去，且向朝云白雪歌。”

【蒼虬】 亦作“蒼虯”。青色的龙。王勃《寻道观》：“苍虬不可得，空望白云衢。”施肩吾《仙翁词》：“坛上夜深风雨静，小仙乘月击苍虬。”

【蒼岑】 青山。陈子昂《南山家园》：“轩窗交紫霭，檐户对苍岑。”

【蒼兕】 传说中的水兽名。骆宾王《边城落日》：“壮志凌苍兕，精诚贯白虹。”杜甫《复阴》：“江涛簸岸黄沙走，云雪埋山苍兕吼。”皮日休《太湖诗·孤园寺》：“寒泉飞碧螭，古木斗苍兕。”

【蒼陂】 （一bēi）青绿的湖沼。指渼陂。在今陕西户县。杜甫《渼陂西南台》：“高台面苍陂，六月风日冷。”

【蒼苔】 青色青苔。王维《书事》：“坐看苍苔色，欲上人衣来。”白居易《令狐尚书许过弊居先赠长句》：“只候高情无别物，苍苔石笋白花莲。”殷尧藩《生公讲台》：“一尘无处著，花雨遍苍苔。”刘兼《重阳感怀》之二：“张仪旧壁苍苔厚，葛亮荒祠古木寒。”

【蒼昊】 苍天。李白《荆州贼平临洞庭言怀作》：“长叫天可闻，吾将问苍昊。”李绅《过梅里七首·忆东郭居》：“忠诚贯白日，直己凭苍昊。”

【蒼虯】 见“蒼虬”。

【蒼狗】 天狗，青狗。古以为不详之物。杜甫《可叹》：“天上浮云如白衣，斯须改变如苍狗。”亦泛称猎狗。花蕊夫人徐氏《宫词》之一二八：“预排白兔兼苍狗，等候君王按鹘来。”

【蒼波】 碧绿的波涛。韩翃《送中兄典邵州》：

“登楼暮结邵阳情，万里苍波烟霭生。”

【蒼空】 苍穹，苍天。僧鸾《苦热行》：“扶桑老叶蔽不得，辉华直欲凌苍空。”

【蒼穹】 苍天。李白《短歌行》：“苍穹浩茫茫，万劫太极长。”岑参《北庭贻宗学士道别》：“时来整六翮，一举凌苍穹。”杜甫《冬狩行》：“禽兽已毙十七八，杀声落日回苍穹。”昭宗《菩萨蛮》之二：“早晚是归期，苍穹知不知。”

【蒼茫】 ❶模糊不清貌。王昌龄《沙苑南渡头》：“篷隔苍茫雨，波连演漾田。”皇甫冉《送陆鸿渐赴越》：“迢递风日间，苍茫洲渚晚。”李绅《新楼诗二十首·望海亭》：“夕岚明灭江帆小，烟树苍茫客思迷。”❷广阔无边貌。张彪《神仙》：“天地何苍茫，人间半哀乐。”张祜《题松汀驿》：“山色远含空，苍茫泽国东。”白居易《东南行一百韵》：“眇默思千古，苍茫想八区。”齐己《江行早发》：“苍茫平野外，渐认远峰名。”❸匆忙貌。陈子昂《万州晓发放舟乘涨还寄蜀中亲朋》：“苍茫林岫转，络绎涨涛飞。”高适《酬别薛三蔡大留简韩十四主簿》：“复值凉风时，苍茫夏云变。”杜甫《北征》：“杜子将北征，苍茫问家室。”❹荒寂，荒凉。李白《赠张相镐二首》之一：“卧病宿松山，苍茫空四邻”。沈颂《旅次灞亭》：“苍茫孤亭上，历乱多秋音。”杜甫《寄张十二山人彪三十韵》：“萧索论兵地，苍茫斗将辰。”贯休《洛阳尘》：“苍茫金谷园，牛羊龁荆榛。”❺飘摇颠沛。杜甫《发秦州》：“磊落星月高，苍茫云雾浮。”又《奉赠萧二十使君》：“磊落衣冠地，苍茫土木身。”又《奉赠射洪李四丈》：“苍茫风尘际，蹭蹬骐驎老。”又《秋日荆南述怀三十韵》：“苍茫步兵哭，展转仲宣哀。”❻惆怅，失意。孟云卿《汴河阻风》：“苍茫迷所适，危安惧暂宁。”李益《过马嵬二首》之二：“金甲银旌尽已回，苍茫罗袖隔风埃。”李端《赠康洽》：“流年恍惚瞻西日，陈事苍茫指南陌。”钱珝《江行无题一百首》之二六：“行到楚江岸，苍茫人正迷。”❼明亮貌。王维《早朝》：“皎洁明星高，苍茫远天曙。”李白《关山月》：“明月出天山，苍茫云海间。”司空曙《关山月》：“苍茫明月上，夜久光如积。”

【蒼烏】 传说中的瑞鸟。张籍《董公诗》：“翩翩者苍乌，来巢于林丛。”

【蒼突】 突兀。李贺《送韦仁实兄弟入关》：“谁解念劳劳，苍突唯南山。”

【蒼馬】 见《乐府诗集》卷十六汉鼓吹铙歌《君马黄》。后遂以“蒼馬”指大臣所乘之马。李德裕《郊坛回舆中书二相公蒙圣慈召至御马前仰感恩遇辄书是诗兼呈二相公》：“相星环日道，苍马近龙媒。”

【蒼華】 ❶形容头发灰白。徐铉《柳枝词十首》之七：“年年为爱新条好，不觉苍华也似丝。”❷发神名。白居易《和微之诗二十三首·和祝苍华》：“苍华何用祝，苦辞亦休吐。”徐铉《和萧郎中小雪日作》：“算得流年无奈处，莫将诗句祝苍华。”❸鲜明的青绿色。窦群《晨游昌师院》：“壁藓凝苍华，竹阴满晴日。”

【蒼₂莽】 ❶广阔无边貌。高适《宋中送族侄式颜》：“峥嵘缙云外，苍莽几千里。”温庭筠《回中作》：“苍莽寒空远色愁，呜呜戍角上高楼。”❷迷茫貌。齐己《送人游衡岳》：“荆楚腊将残，江湖苍莽间。”❸昏黑貌。李频《送边将》：“悠扬落日黄云动，苍莽阴风白草翻。”❹指广阔无垠的大海。徐凝《送日本使还》：“夜泛潮回际，晨征苍莽中。”

【蒼峭】 苍色峭石。韦应物《游西山》：“挥翰题苍峭，下马历嵌丘。”段成式《吴画联句》：“苍峭束高泉，角膝惊欹侧。”

【蒼隼】 苍鹘。见《战国策·齐第四》。李峤《军师凯旋自邕州顺流舟中》：“弓鸣苍隼落，剑动白猿悲。”

【蒼海】 大海。元稹《虫豸诗·巴蛇》之三：“战龙苍海外，平地血浮船。”太宗《春日望游》：“披襟眺苍海，凭轼玩春芳。”吕岩《仙乐侑席》：“才骑白鹿过苍海，复跨青牛入洞天。”

【蒼浪】 谓须发苍白。白居易《冬至夜》：“老去襟怀常濩落，病来须鬓转苍浪。”又《酬严十八郎中见示》：“忽惊鬓后苍浪发，未得心中本分官。”韩偓《秋郊闲望有感》：“心为感恩长惨戚，鬓缘经乱早苍浪。”吕岩《七言》之一〇九：“头角苍浪声似钟，貌如冰雪骨如松。”

【蒼冥】 苍天。杨衡《题玄和师仙药室》：“何年去华表，几度穷苍冥。”许玫《题雁塔》：“宝轮金地压人寰，独坐苍冥启玉关。”无名氏《圣寿寺三首》之二：“风尘吾独愧，鸿鹄下苍冥。”

【蒼琅】 青色。借指青色的竹。皎然《寄崔万芳夔》：“风摇苍琅根，霜剪莪藘心。”

【蒼黄】 ❶青色和黄色。罗隐《东归途中作》：“松橘苍黄覆钓矶，早年生计近年违。”❷黄而发青；暗黄色。元稹《酬李六醉后见寄口号》：“健羡觥飞酒，苍黄日映篱。”白居易《闲忙》：“斑白霜侵鬓，苍黄日下山。”❸苍凉。于逖《野外行》：“穷郊日萧索，生意已苍黄。”贯休《寄高员外》：“冷冽苍黄风似劈，雪骨冰筋满瑶席。”又《古塞下曲七首》之二：“苍黄曾战地，空阔养雕天。”❹阴森。贯休《古战处》：“鬼气苍黄棘叶红，昔时人血此时风。”❺出《墨子·所染》。后遂“蒼黄”喻事物变化不定，反复无常。元稹《纪怀赠李六户曹崔二十功曹五十韵》：“僇辱徒相困，苍黄性不能。”又《赠别杨员外巨源》：“朱紫衣裳浮世重，苍黄岁序长年悲。”❻匆促，仓皇。杜甫《新婚别》：“誓欲随君去，形势反苍黄。"李益《夜发军中》:"出没风云合,苍黄豺虎争。"刘商《胡笳十八拍·第一拍》:"一朝胡骑入中国,苍黄处处逢胡人。"柳宗元《韦道安》:"苍黄见驱逐,谁识死与生。"

【蒼梧】 ❶山名。即九嶷山,在今湖南宁远县南。传说是舜南巡客死之处。李白《远别离》:"苍梧山崩湘水绝,竹上之泪乃可灭。"李涉《题武关》:"皆缘不得空门要,舜葬苍梧直到今。"李商隐《咏史》:"几人曾预南薰曲,终古苍梧哭翠华。"司马扎《弹琴》:"如传我心苦,千里苍梧云。"❷指苍梧郡。韩翃《送端州冯使君》:"白皙风流似有须,一门豪贵领苍梧。"

【蒼梧帝】 指舜帝。据传舜南巡时死于苍梧,故称。李白《郢门秋怀》:"空谒苍梧帝,徒寻溟海仙。"

【蒼梧郡】 郡名。西汉元鼎六年(前 111)置,治所在广信县(今广西梧州市)。隋废。唐天宝元年复改梧州为苍梧郡,后复为梧州。宋之问《下桂江龙目滩》:"暝投苍梧郡,愁枕白云眠。"徐夤《南》:"火山远照苍梧郡,铜柱高标碧海乡。"

【蒼野】 青色的原野。陈子昂《度荆门望楚》:"城分苍野外,树断白云隈。"

【蒼鹿】 见《增述异记》。故遂以"蒼鹿"为仙隐之代喻。顾况《华山西冈游赠隐玄叟》:"我心寄青霞,世事惭苍鹿。"

【蒼涼】 苍茫凄凉。温庭筠《宿松门寺》:"落月苍凉登阁在,晓钟摇荡隔江闻。"皎然《集汤评事衡湖上望微雨》:"苍凉远景中,雨色缘山有。"

【蒼斑】 苍白,斑白。无名氏《有恨久囚》:"空知泣山月,宁觉鬓苍斑。"

【蒼葭】 青色的芦苇。刘禹锡《晚岁登武陵城顾望水陆怅然有作》:"夕曛转赤岸,浮霭起苍葭。"

【蒼極】 苍天。陈子昂《洛城观酺应制》:"苍极神功被,青云秘箓开。"

【蒼雁】 指雁行图案。李商隐《和孙朴韦蟾孔雀咏》:"地锦排苍雁,帘钉镂白犀。"

【蒼黑】 青黑色。王昌龄《出郴山口至叠石湾野人室中寄张十一》:"阴壁下苍黑,烟含清江楼。"刘禹锡《桃源行》:"洞门苍黑烟雾生,暗行数步逢虚明。"

【蒼舒】 三国魏曹冲字。王维《恭懿太子挽歌五首》之四:"苍舒留帝宠,子晋有仙才。"

【蒼舒稱象】 曹冲字苍舒,武帝子。其用船称象之事,见《三国志·魏志》本传。李瀚《蒙求》:"管仲随马,苍舒称象。"

【蒼然】 ❶青翠貌。岑参《故仆射裴公挽歌三首》之二:"先时剑已没,陇树久苍然。"李益《水亭夜坐赋得晓雾》:"宿禽啭木散,山泽一苍然。"白居易《奉和思黯相公以李苏州所寄太湖石奇状绝伦因题二十韵见示兼呈梦得》:"错落复崔嵬,苍然玉一堆。"薛能《关中秋夕》:"篁湿秋庭岳在烟,露光明滑竹苍然。"❷灰白貌。岑参《秋夕听罗山人弹三峡流泉》:"皤皤岷山老,抱琴鬓苍然。"刘长卿《夜宴洛阳程九主簿宅送杨三山人往天台寻智者禅师隐居》:"志图良已久,鬓发空苍然。"无名氏《题故人所居》:"今日覩颜色,苍然双鬓秋。"❸浓貌,多貌。李白《秋登巴陵望洞庭》:"秋色何苍然,际海俱澄鲜。"岑参《与高适薛据登慈恩寺浮图》:"秋色从西来,苍然满关中。"❹迷茫。白居易《寄江南兄弟》:"登楼东南望,鸟灭烟苍然。"吴融《晚泊松江》:"落日停桡古渡边,古今踪迹一苍然。"❺惆怅,失意。杜甫《送韦书记赴安西》:"欲浮江海去,此别意苍然。"司空曙《送王闰》:"相送临寒水,苍然望故关。"又《题江陵临沙驿楼》:"岂复平生意,苍然兰杜洲。"❻辽阔无垠貌。刘禹锡《韩十八侍御见示岳阳楼别窦司直诗因令属和重以自述故足成六十二韵》:"楚望何苍然,曾澜七百里。"❼悠远貌。丘丹《秋夕宿石门馆》:"独卧不成寝,苍然想谢公。"❽悲凉,寂寞。岑参《武威送刘单判官赴安西行营便呈高开府》:"苍然西郊道,握手何慨慷。"皎然《同李洗马入余不溪经辛将军故城》:"苍然古溪上,川逝共凄其。"杜牧《感怀诗一首》:"苍然太行路,翦翦还榛莽。"杜荀鹤《秋夜晚泊》:"一望一苍然,萧骚起暮天。"

【蒼蒼】 ❶深青色。孟浩然《登龙兴寺阁》:"苍苍皆草木,处处尽楼台。"韦应物《送终》:"行出国南门,南望郁苍苍。"韩翃《送齐明府赴东阳》:"别后心期如在眼,猿声烟色树苍苍。"朱昼《赋得花藤药合寄颍阴故人》:"路远莫知意,水深天苍苍。"❷指天。李白《酬殷明佐见赠五云裘歌》:"为君持此凌苍苍,上朝三十六玉皇。"窦巩《哭吕衡州八郎中》:"今朝血泪问苍苍,不分先悲旅馆丧。"白居易《新乐府·涧底松》:"谁喻苍苍造物意,但与之材不与地。"贯休《大驾西幸秋日闻雷》:"莫道苍苍意,苍苍眼甚开。"❸灰白色。武元衡《台中题壁》:"柏台年未老,蓬鬓忽苍苍。"白居易《新乐府·卖炭翁》:"满面尘灰烟火色,两鬓苍苍十指黑。"许浑《韶州驿楼宴罢》:"檐外千帆背夕阳,归心杳杳鬓苍苍。"❹茂盛,众多。陈子昂《同宋参军之问梦赵六赠卢陈二子之作》:"丹丘恨不及,白露已苍苍。"储光羲《泊舟贻潘少府》:"苍苍水雾起,落落疏星没。"郎士元《送曲司直》:"曙雪苍苍兼曙云,朔风烟雁不堪闻。"❺迷茫,昏暗。崔湜《江楼夕望》:"苍苍烟雾里,何处是咸京。"李端《关山月》:"露湿月苍苍,关头榆叶黄。"韦应物《登乐游庙作》:"微钟何处来,暮色忽苍苍。"汪遵《招屈亭》:"招屈亭边两重恨,远天秋色暮苍苍。"❻茫天边际貌。李白《登新平楼》:"苍苍几万里,目极令人愁。"韩愈《桃源图》:"船开棹进一回顾,万里苍苍烟水暮。”刘沧《过铸鼎原》：“唯留古迹寒原在，碧水苍苍空寂寥。”齐己《送人润州寻兄弟》：“闲游登北固，东望海苍苍。”

【蒼鼠】 灰色老鼠。李白《冬日归旧山》：“拂床苍鼠走，倒篋素鱼惊。”杜甫《玉华宫》：“溪回松风长，苍鼠窜古瓦。”

【蒼煙】 苍茫的云雾。陈子昂《岘山怀古》：“野树苍烟断，津楼晚气孤。”刘知己《次河神庙虞参军船先发余阻风不进寒夜旅泊》：“白露湿寒葭，苍烟晦平楚。”李绅《赠毛仙翁》：“我亦玄元千世孙，眼穿望断苍烟根。”吕岩《归鹤峰》：“开遍碧桃春不老，千岩万壑锁苍烟。”

【蒼溪縣】 隋开皇十八年以汉昌县改名，治所在今四川苍溪县，唐属阆州。元稹《苍溪县寄扬州兄弟》：“苍溪县下嘉陵水，入峡穿江到海流。”王毂有《赠苍溪王明府有文在手曰长生》。

【蒼慘】 苍凉惨淡。李白《豳歌行上新平长史兄粲》：“哀鸿酸嘶暮声急，愁云苍惨寒气多。”

【蒼精龍】 驱神鬼之符，东方青帝，苍龙之精。杜甫《玄都坛歌寄云逸人》：“故人昔隐东蒙峰，已佩含景苍精龙。”

【蒼翠】 青绿。王维《辋川闲居赠裴秀才迪》：“寒山转苍翠，秋水日潺湲。”韦应物《住鄠令渼陂游眺》：“氤氲绿树多，苍翠千山出。”权德舆《严陵钓台下作》：“绝顶耸苍翠，清湍石磷磷。”杜荀鹤《白发吟》：“家山苍翠万余尺，藜杖楮冠输老儿。”

【蒼緑】 苍翠青绿。吕从庆《题画》：“其间有孤松，亭亭表苍绿。”

【蒼髯】 灰白的胡须。亦指胡面灰白的老者。卢纶《题天华观》：“朱字灵书千万轴，苍髯道士两三人。”黄滔《故山》：“何事苍髯不归去，燕昭台上一年年。”

【蒼頡】 或作仓颉。传说为文字的创造者。见汉许慎《说文解字》自序。孙逖《正月十五日夜应制》：“舞成苍颉字，灯作法王轮。”杜甫《李潮八分小篆歌》：“苍颉鸟迹既茫昧，字体变化如浮云。”徐夤《伤前翰林杨左丞》：“人间搦管穷苍颉，地上修文待卜商。”李瀚《蒙求》：“杜康造酒，苍颉制字。”

【蒼頡臺】 见“蒼頡造字臺”。

【蒼頡造字臺】 台名。长安县(治所今陕西西安市)西南二十里宫张村有三会寺，寺中有苍颉造字台。岑参有《题三会寺苍颉造字台》。亦简称“蒼頡臺”。汪遵和李咸用均有《苍颉台》。

【蒼蕪】 ❶苍凉荒芜。储光羲《同诸公登慈恩寺塔》：“苍芜宜春苑，片碧昆明池。”❷青色的草野。储光羲《登秦岭作时陷贼归国》：“九逵合苍芜，五陵遥瞳矇。”

【蒼震】 指太子之位。见《易·说卦》。《郊庙歌辞·隐太子庙乐章·迎神》：“苍震有位，黄离蔽明。”

【蒼霄馭】 送神曲。借指神驾返归天庭。《郊庙歌辞·五郊乐章·舒和》：“调露初迎绮春节，承云遽践苍霄驭。”

【蒼髭】 灰白的胡须。薛能《赠隐者》：“莫怪苍髭晚，无机任世情。”

【蒼頭】 奴仆。见《汉书·鲍宣传》。岑参《玉门关盖将军歌》：“紫绂金章左右趋，问著只是苍头奴。”白居易《新乐府·盐商妇》：“前呼苍头后叱婢，问尔因何得如此。”李廓《长安少年行》之九：“苍头来去报，饮伴到倡家。”李咸用《金谷园》：“虽将玉貌同时死，却羡苍头此日生。”贯休《少年行》之二：“却捉苍头奴，玉鞭打一百。”

【蒼螭】 传说中的一种无角的龙。李颀《与诸公游济渎泛舟》：“苍螭送飞雨，赤鲤喷回风。”

【蒼黔】 百姓。张九龄《奉和圣制温泉歌》：“吾君利物心，玄泽浸苍黔。”

【蒼龍】 ❶传说中的青龙。古传青龙为祥瑞之物。李端《江上赛神》：“苍龙随赤凤，帝子上天时。”李商隐《鄠杜马上念汉书》：“世上苍龙种，人间武帝孙。”又《宫中曲》：“欲得识青天，昨夜苍龙是。”❷青色骏马。见《吕氏春秋·孟春》。李峤《马》：“苍龙遥逐日，紫燕迥追风。”皇甫冉《东郊迎春》：“晓见苍龙驾，东郊春已迎。”包佶《祀风师乐章·迎神》：“苍龙青旗，爰候祥风。”李群玉《骢马》：“由来渥洼种，本是苍龙儿。”❸古代二十八宿东方七宿的总称。魏征《五郊乐章·肃和》：“玄鸟司春，苍龙登岁。”褚亮《雩祀乐章·肃和》：“朱鸟开辰，苍龙启映。”卢宗回《登长安慈恩寺塔》：“东方晓日上翔鸾，西转苍龙拂露盘。”❹即奢龙。相传黄帝时六相之一。见《太平御览》卷七九引《管子》。储光羲《哥舒大夫颂德》：“乃知赤帝子，复有苍龙精。”❺汉宫阙名。在未央宫东，北有玄武关。亦借以泛称宫阙。徐坚《送武进郑明府》：“北谢苍龙去，南随黄鹄飞。”李白《别韦少府》：“西出苍龙门，南登白鹿原。”❻喻苍劲的松柏。李山甫《松》：“地耸苍龙势抱云，天教青共众材分。”

【蒼龍闕】 汉代宫阙名。在未央宫东，其北有玄武关。亦借以泛指宫阙、皇宫。韦元旦《早朝》：“北倚苍龙阙，西临紫凤垣。”王翰《古蛾眉怨》：“白日全含朱鸟窗，流云半入苍龙阙。”皇甫冉《句》：“微官同侍苍龙阙，直谏偏推白马生。”曹邺《文宗陵》：“始随苍梧云，不返苍龙阙。”

【蒼霞】 青云。韩愈《读东方朔杂事》：“一旦不辞诀，摄身凌苍霞。”

【蒼嶺】 ❶即括苍山。在今浙江东南。李白《送王屋山人魏万还王屋》:“钓台碧云中,邈与苍岭对。”张文伏有《苍岭》。❷泛指苍翠的山岭。王维《过始皇墓》:“古墓成苍岭,幽宫象紫台。”

【蒼谿館】 驿馆名。在唐阆州苍溪县(今属四川)。刘沧有《宿苍溪馆》。

【蒼濤】 苍绿的波涛。杜甫《客居》:“下堑万寻岸,苍涛郁飞翻。”

【蒼璧】 青色璧玉,祭天地四方六器之一,用以祭天。杜审言《大酺》:“紫宫初启坐,苍璧正临春。”《郊庙歌辞·周郊祀乐章·昭顺乐》:“云门孤竹,苍璧黄琮。”张说《唐封泰山乐章·肃和》:“植我苍璧,布我玄制。”李纾《唐德明兴圣庙乐章·登歌奠币》:“礼先苍璧,奠备黝制。”

【蒼鶻】 指鹰。元稹《杨子华画三首》之二:“皓腕卷红袖,锦韝臂苍鹘。”

【蒼蠅】 ❶昆虫名。通常指家蝇,身体和腿上多毛,头部有一对复眼。体灰黑色。多出现于夏季,常集于腐臭物之上,能传染疾病。杜甫《棕拂子》:“不堪代白羽,有足除苍蝇。”韩愈、轩辕弥明《石鼎联句》:“时于蚯蚓窍,微作苍蝇鸣。”杨鸾《即事》:“白日苍蝇满饭盘,夜间蚊子又成团。”❷喻谗言或进谗言的小人。见《诗·小雅·青蝇》。李白《寓言三首》之一:“管蔡扇苍蝇,公赋鸱鸮诗。”高适《饯宋八充彭中丞判官之岭南》:“若将除害马,慎勿信苍蝇。”裴度《中书即事》:“白日长悬照,苍蝇谩发声。”冯著《行路难》:“白酒杯中聊一歌,苍蝇苍蝇奈尔何。”

【蒼蘚】 青色的苔藓。刘商《画石》:“苍藓千年粉绘传,坚贞一片色犹全。”温庭筠《病中书怀呈友人》:“钓石封苍藓,芳蹊艳绛跗。”王周《和程刑部三首·碧藓亭》:“迥砌滋苍藓,幽窗伴素琴。”卢肇《耸翠峰题石》:“藤蔓交加生薜荔,土毛苍藓相蒙蔽。”

【蒼鶻】 唐宋参军戏脚色名。见明陶宗义《辍耕录·院本名目》。李商隐《骄儿诗》:“忽复学参军,按声唤苍鹘。”路德延《小儿诗》:“头依苍鹘裹,袖学柘枝揎。”

【蒼鬚】 灰白的胡须。李绅《过梅里七首·忆东郭居》:“绿鬓绝新知,苍须稀旧老。”

【蒼麟】 青色的石雕麒麟。古代帝王陵前立此。张继《秋日道中》:“道边白鹤来华表,陌上苍麟卧古丘。”

【蒼鬢】 灰白的鬓发。刘禹锡《寄湖州韩中丞》:“老郎日日忧苍鬓,远守年年厌白蘋。”

【蒼靄】 苍茫的云气。岑参《终南山双峰草堂作》:“崖口上新月,石门破苍霭。”白居易《九日宴集醉题郡楼兼呈周殷二判官》:“姑苏台榭倚苍霭,太湖山水含清光。”

【蒼鷹】 ❶鸟名。即鹰。一岁毛色黄,二岁色变次赤,三岁色变苍,故名。寒山《诗三百三首》之一〇一:“联翩骑白马,喝兔放苍鹰。”李白《观放白鹰二首》之二:“寒冬十二月,苍鹰八九毛。”孟郊《羽林行》:“翩翩羽林儿,锦臂飞苍鹰。”姚合《腊日猎》:“苍鹰落日饥唯急,白马平川走似飞。”❷喻指酷吏。见《史记·酷吏列传》。骆宾王《幽絷书情通简知己》:“骢马刑章峻,苍鹰狱吏猜。”无名氏《李昭德为王弘义语》:“昔闻苍鹰狱吏,今见白兔御史。”

蓊

〔wēng《广韵》烏孔切,上董,影。又烏红切,平東,影。〕❶草木茂盛貌。参见“蓊鬱❶”。❷聚集貌,密集貌。李白《万愤词投魏郎中》:“蓊胡沙而四塞,始滔天于燕齐。”韩愈《南山诗》:“或罗若星离,或蓊若云逗。”清远道士《同沈恭子游虎丘寺有作》:“白云蓊欲归,青松忽消半。”

【蓊匌】 弥漫;充塞。杜甫《三川观水涨》:“蓊匌川气黄,群流会空曲。”

【蓊蔚】 草木茂盛貌。柳宗元《茅檐下始栽竹》:“不见野蔓草,蓊蔚有华姿。”

【蓊濛】 浓郁。温庭筠《生禖屏风歌》:“绣屏银鸭香蓊濛,天上梦归花绕丛。”

【蓊鬱】 ❶茂盛貌。白居易《和答诗十首·答桐花》:“山木多蓊郁,兹桐独亭亭。”又《送客春游岭南二十韵》:“蓊郁三光晦,温暾四气匀。”成彦雄《江上枫》:“江枫自蓊郁,不竞松筠力。”薛涛《十离诗·竹离亭》:“蓊郁新栽四五行,常将劲节负秋霜。”❷浓郁貌。张九龄《奉和圣制谒玄元皇帝庙斋》:“紫气尚蓊郁,玄元如在焉。”柳宗元《游南亭夜还叙志七十韵》:“海雾多蓊郁,越风饶腥臊。”

蒯

〔kuǎi《广韵》苦怪切,去怪,溪。〕❶草名。多年生草本植物。叶线形,开褐色花。多生水边或阴湿处。茎可织席、制绳或造纸。柳宗元《游南亭夜还叙志七十韵》:“安将蒯及菅,谁慕粱与膏。”❷地名。在今河南洛阳市西南。杜牧《骕骦坂》:“荆州一万里,不如蒯易度。”

蓬

〔péng《广韵》薄红切,平東,並。〕❶菊科多年生草本植物,茎高尺余,叶如柳,缘边似锯齿,秋季开花,花外围白色,中心黄色。秋枯根拔,遇风飞旋,故亦名“飞蓬”。李白《鲁城北郭曲腰桑下送张子还嵩阳》:“谁念张仲蔚,还依蒿与蓬。”钱起《行路难》:“君不见凋零委路蓬,长风飘举入云中。”白居易《我身》:“我身何所似,似彼孤生蓬。”鲍溶《夏日华山别韩博士愈》:“迹比断根蓬,忧如长饮酒。”❷蓬莱的省称。参见“蓬島”“蓬閬”“蓬瀛”。❸见“蓬勃”。❹用同“篷”。李珣《渔歌子》之二:“水为乡,蓬作舍。”

【蓬山】 ❶即蓬莱山。传说中的海上仙山之一。刘长卿《送李端公赴东都》:“惆怅蓬山下,琼枝不可忘。”司空曙《题玉真观公主山池院》:“石自蓬山得,泉经太液来。”李商隐《无题》:“蓬山此去无多路,青鸟殷勤为探看。”陆龟蒙《别墅怀归》:“就中家在蓬山下,一日堪凭两寄书。”❷秘书省的代称。王昌龄《郑县宿陶太公馆中赠冯六元二》:“子为黄绶羁,余忝蓬山顾。”权德舆《离舍诗赠张监阁老》:“始知蓬山下,如见古人心。”白居易《将发洛中枉令狐相公手札兼辱二篇宠行以长句答之》:“尺素忽惊来梓泽,双金不惜送蓬山。”又《答苏庶子》:“蓬山闲气味,依约似龙楼。”

【蓬子】 蓬草的种子。喻飘泊者或微贱者。马戴《征妇叹》:“蓬根既无定,蓬子焉用生。”曹邺《代谢玄晖新亭送范零陵》:“蓬子悉有恋,蓬根却无期。”韦庄《秦妇吟》:“朝饥山上寻蓬子,夜宿霜中卧荻花。”

【蓬心】 比喻浮浅,心无主见。见《庄子·逍遥游》。骆宾王《早发诸暨》:“橘性行应化,蓬心去不安。”

【蓬户】 用蓬草编成的门户。亦指穷人所居之陋室。崔善为《答王无功冬夜载酒乡馆》:“明朝蓬户侧,会自谒任棠。”钱起《过裴长官新亭》:“慢水萦蓬户,闲云桂竹篱。”陈存《送刘秀才南归》:“蓬户寄龙沙,送归情讵已。”鲍溶《寄张十七校书李仁行秀才》:“今年此日何由见,蓬户萧条对病身。”

【蓬艾】 蓬蒿与艾草。亦泛指丛生的杂草。卢纶《和太常王卿立秋日即事》:“松篁终茂盛,蓬艾自衰荣。”李端《问张山人疾》:“先生沉病意何如,蓬艾门前客转疏。”

【蓬丘】 ❶即蓬莱山。见《海内十洲记·聚窟洲》。陈子昂《入峭峡安居溪伐木溪源幽邃林岭相映有奇致焉》:“因书谢亲爱,千岁觅蓬丘。”李白《与从侄杭州刺史良游天竺寺》:“挂席凌蓬丘,观涛憩樟楼。”又《越中秋怀》:“何必探禹穴,逝将归蓬丘。”❷指秘书省。白居易《秋日与张宾客舒著作同游龙门醉中狂歌凡二百三十八字》:“商岭老人自追逐,蓬丘逸士相逢迎。”范质《诫儿侄八百字》:“去年初释褐,一命到蓬丘。”

【蓬州】 州名。始置于北周天和四年,治所在安固县(今四川营山县东北)。隋废,唐初复置,开元二十九年移治大寅县(今四川仪陇县南)。杜甫有《行次盐亭县聊题四韵奉简严遂州蓬州两使君咨议诸昆季》。元兢有《蓬州野望》。

【蓬池】 ❶池名。在今河南尉氏县。见晋阮籍《咏怀》诗之十二。李白《梁园吟》:“却忆蓬池阮公咏,因吟渌水扬洪波。”又《金陵江上遇蓬池隐者》:“遇君蓬池隐,就我石上饭。”高适有《同陈留崔司户早春宴蓬池》。于逖《野外行》:“魏人宅蓬池,结网伫鳣鲂。”❷即蓬莱池。在今陕西西安市长安区大明宫蓬莱殿附近。李德裕《述梦诗四十韵》:“荷静蓬池鲙,冰寒郢水醪。”原注:“每学士初上赐食,皆是蓬莱池鱼鲙。”

【蓬茆】 见“蓬茅”。

【蓬茅】 亦作“蓬茆”。蓬和茅,即蓬草和茅草。借指草房。卢纶《酬陈翃郎中冬至携柳郎窦郎归河中旧居见寄》:“班白皆持酒,蓬茅尽有书。”姚合《游终南山》:“自缘名利系,好此结蓬茆。”陆龟蒙《祝牛宫辞》:“上缔蓬茅,下远官府。”杜荀鹤《山中寡妇》:“夫因兵死守蓬茅,麻苎衣衫鬓发焦。”

【蓬門】 编蓬草为居。亦指穷人之居室。寒山《诗三百三首》之二九:“有才遗草泽,无艺闭蓬门。”杜甫《客至》:“花径不曾缘客扫,蓬门今始为君开。”司空曙《田家》:“搔首蓬门下,如将轩冕齐。”鲍溶《答客》:“竹间深路马惊嘶,独入蓬门半似迷。”

【蓬島】 ❶蓬莱仙岛。传说中三仙山之一。李白《古风》之四八:“但求蓬岛药,岂思农鳸春。”刘长卿《登东海龙兴寺高顶望海简演公》:“蓬岛如在眼,羽人那可逢。”曹邺《登岳阳楼有怀寄座主相公》:“赖识丹元君,时来语蓬岛。”韦庄《和郑拾遗秋日感事一百韵》:“伫归蓬岛后,纶诏润青缃。”❷言进士及第如登仙境。殷文圭《行朝早春侍师门宴西溪席上作》:“弦管旋飘蓬岛去,公卿皆是蕊宫来。”

【蓬勃】 盛起貌。元稹《竞渡》:“天地昔将竞,蓬勃昼夜昏。”

【蓬茨】 以蓬草为顶的房屋。指陋室。权德舆《送别沅泛》:“旧游忆江南,环堵留蓬茨。”

【蓬科】 即蓬颗,长有蓬草的土块。见《汉书·贾山传》颜师古注。李白《上留田行》:“古老向余言,言是上留田,蓬科马鬣今已平。”

【蓬首】 谓头发散乱如飞蓬。见《诗·卫风·伯兮》。贺兰进明《行路难五首》之二:“邻家思妇见之叹,蓬首不梳心历乱。”

【蓬室】 茅屋,草屋。杜甫《垂老别》:“弃绝蓬室居,塌然摧肺肝。”

【蓬屋】 茅屋,草屋。杜甫《送李校书二十六韵》:“顾我蓬屋姿,谬通金闺籍。”

【蓬宫】 蓬莱仙山之宫阙。白居易《酬微之开拆新楼初毕相报末联见戏之作》:“南临赡部三千界,东对蓬宫十二层。”

【蓬荻】 蓬草和芦荻。韦庄《秦妇吟》:“苍苍面带苔藓色,隐隐身藏蓬荻中。”

【蓬根】 ❶蓬草之根。胡皓《大漠行》:“南山木叶飞下地,北海蓬根乱上天。”卢纶《送饯从叔辞丰州幕归嵩阳旧居》："三声画角咽不通，万里蓬根一时断。"徐铉《行园树》："松节凌霜久，蓬根逐吹频。"❷喻飘泊者或失意者。马戴《征妇叹》："蓬根既无定，蓬子焉用生。"曹邺《代谢玄晖新亭送范零陵》："蓬子悉有恋，蓬根却无期。"

【蓬徑】 长满蓬草的路径。王维《黎拾遗昕裴秀才迪见过秋夜对雨之作》："何人顾蓬径，空愧求羊踪。"

【蓬海】 ❶指海中蓬莱仙山。李白《对酒行》："松子栖金华，安期入蓬海。"又《望黄鹤楼》："一朝向蓬海，千载空石室。"又《题随州紫阳先生壁》："楼疑出蓬海，鹤似飞玉京。"元稹《赠毛仙翁》："仙驾初从蓬海来，相逢又说向天台。"❷见《太平广记》卷六〇引《神仙传》女仙麻姑对仙人王方平语。遂以"蓬海"喻变化之巨。李乂《奉和幸长安故城未央宫应制》："已观蓬海变，谁厌柏梁灾。"李白《郢门秋怀》："已闻蓬海浅，岂见三桃圆。"

【蓬萊】 ❶蓬莱山。传说中的神山名。亦泛称仙境。李白《古风》之九："乃知蓬莱水，复作清浅流。"李德裕《重忆山居六首·罗浮山》："龙伯钓鳌时，蓬莱一峰拆。"陆龟蒙《新沙》："蓬莱有路教人到，应亦年年税紫芝。"何仙姑《有道士自罗浮之增城口占三绝寄家》之二："蓬莱弱水今清浅，满地花阴护月明。"亦借指名山。鲍溶《望江中金山寺》："一朵蓬莱在世间，梵王宫阙翠云间。"❷指唐蓬莱宫。李嘉祐《访韩司空不遇》："蓬莱对去归常晚，丛竹闲飞满夕阳。"于渍《古宴曲》："雉扇合蓬莱，朝车回紫陌。"卢纶《新茶咏寄上西川相公二十三舅大夫二十舅》："三献蓬莱始一尝，日调金鼎阅芳香。"❸指秘书省。宗楚客、刘宪《十月诞辰内殿宴群臣效柏梁体联句》："运筹帷幄荷时来，职掌图籍滥蓬莱。"李颀《送綦毋三谒房给事》："惜哉湖海上，曾校蓬莱书。"司空曙《送崔校书赴梓幕》："管记催飞檄，蓬莱辍校文。"李群玉《送萧十二校书赴郢州婚姻》："蓬莱才子即萧郎，彩服青书卜凤凰。"

【蓬萊三殿】 指唐大明宫中的蓬莱殿、紫宸殿和含元殿。杜审言有《蓬莱三殿侍宴奉敕咏终南山应制》。

【蓬萊山】 神山名。为传说中三神山之一。见《十洲记》。李白《古风》之三十："但识金马门，谁知蓬莱山。"张祜《梦李白》："尔当三万六千日，访我蓬莱山。"

【蓬萊正殿】 即含元殿。王建《宫词一百首》之一："蓬莱正殿压金鳌，红日初升碧海涛。"

【蓬萊池】 ❶池名，在今陕西西安市长安区大明宫蓬莱殿附近。郑嵎《津阳门诗》："蓬莱池上望秋月，无云万里悬清辉。"见"蓬池❷"。❷指神山蓬莱边的海域。杜甫《幽人》："洪涛隐语笑，鼓枻蓬莱池。"

【蓬萊前殿】 即含元殿。唐大明宫高宗时改名蓬莱宫，宫中有三殿，最前面的即为含元殿。岑参《送颜平原》序："十二年春，有诏补尚书十数公为郡守，上亲赋诗觞群公，宴于蓬莱前殿，仍赠以缯帛，宠饯加等。"

【蓬萊宫】 唐宫名，在今陕西西安市长安区东，原名大明宫，龙朔二年改名蓬莱宫。储光羲《述华清宫五首》之一："上在蓬莱宫，莫若居华清。"杜甫《莫相疑行》："忆献三赋蓬莱宫，自怪一日声辉赫。"白居易《新乐府·百炼镜》："镜成将献蓬莱宫，扬州长史手自封。"亦借指仙人所居之宫。白居易《长恨歌》："昭阳殿里恩爱绝，蓬莱宫中日月长。"亦借指佛寺。白居易《西湖晚归回望孤山寺赠诸客》："到岸请君回首望，蓬莱宫在海中央。"

【蓬萊島】 即蓬莱山。白居易《新乐府·海漫漫》："海漫漫，风浩浩，眼穿不见蓬莱岛。"皎然《夏日同崔使君论登城楼赋得远山》："不是蓬莱岛，如何人去稀。"李群玉《法华微上人盛话金山境胜吟成此篇》："江上青莲宫，人间蓬莱岛。"贯休《了仙谣》："海中紫雾蓬莱岛，安期子乔去何早。"

【蓬萊殿】 ❶即唐蓬莱宫。杜审言《泛舟送郑卿入京》："帝坐蓬莱殿，恩追社稷臣。"戴叔伦《晓闻长乐钟声》："已启蓬莱殿，初朝鸳鹭群。"王建《行宫词》："上阳宫到蓬莱殿，行宫岩岩遥相见。"王涯《汉苑行》："蓬莱殿后花如锦，紫阁阶前雪未销。"❷指蓬莱仙岛的仙人所居之宫殿。曹唐《小游仙诗九十八首》之六八："金鳌头上蓬莱殿，唯有人间炼骨人。"

【蓬萊閣】 本指洛阳东观。东观为后汉宫中著述及藏书之所。因又称东观为蓬观、蓬阁或蓬莱阁。又历代秘书省是掌图书的官署，相当于后汉的东观，因亦称秘书省为蓬阁或蓬莱阁。杜甫《秋日寄题郑监湖上亭三首》之三："暂阻蓬莱阁，终为江海人。"又《哭台州郑司户苏少监》："移官蓬阁后，谷贵没潜夫。"岑参《送魏升卿擢第归东都因怀魏校书陆浑乔潭》："陆浑山下佳可赏，蓬阁闲时日应往。"宋鼎《赠张丞相》："义申蓬阁际，情切庙堂初。"

【蓬萊鎮】 镇名。即今山东蓬莱市治所。骆宾王有《蓬莱镇》。

【蓬萊闕】 即蓬莱宫。韩翃《赠张千牛》："蓬莱阙下是天家，上路新回白鼻䯄。"

【蓬萊驛】 驿站名，在今山东东平县境。独孤及有《东平蓬莱驿夜宴平卢杨判官醉后赠别姚太守置酒留宴》。

【蓬萍】 蓬草与浮萍。蓬草随风飘荡，浮萍逐水飘流。喻生活飘泊不定。司空图《戊午三月晦二首》

之一:“随风逐浪剧蓬萍,圆首何曾解最灵。”

【蓬梗】 飞蓬断梗,飘荡无定。喻人生流离飘泊。姚鹄《随州献李侍御二首》之二:“风尘匹马来千里,蓬梗全家望一身。”李群玉《金塘路中》:“山连楚越复吴秦,蓬梗何年是住身。”司马扎《题清上人》:“客念蓬梗外,禅心烟雾间。”

【蓬麻】 蓬与麻。亦喻低贱之物。杜甫《新婚别》:“兔丝附蓬麻,引蔓故不长。”顾况《从军行二首》之二:“杀人蓬麻轻,走马汗血滴。”耿湋《元日早朝》:“盛明多在位,谁得守蓬麻。”元稹《遣兴十首》之三:“孤竹迸荒园,误与蓬麻列。”

【蓬庵】 茅屋,草屋。韦应物《冬夜宿司空曙野居因寄酬赠》:“南北与山邻,蓬庵庇一身。”

【蓬渚】 指蓬莱神山。许敬宗《奉和春日望海》:“桃门通山抃,蓬渚降霓裳。”

【蓬壶】 ❶即蓬莱。见晋王嘉《拾遗记·高辛》。王绩《古意六首》之六:“朝栖昆阆木,夕饮蓬壶涨。”杜甫《夔州歌十绝句》之十:“阆风玄圃与蓬壶,中有高堂天下无。”李群玉《将游罗浮登广陵楞伽台别羽客》:“送云归蓬壶,望鹤灭秋碧。”❷指秘书省。唐秘书省亦称蓬莱阁,简称蓬阁。白居易《酬卢秘书二十韵》:“闻有蓬壶客,知怀杞梓材。”❸指帝王宫殿。李绅《趋翰苑遭诬构四十六韵》:“脱鳞超沆瀣,翻翼集蓬壶。”❹唐人以登仙喻登科,故亦以“蓬壶”喻登科或主持贡举事。黄滔《成名后呈同年》:“待得至公搜草泽,如从平陆到蓬壶。”郑谷《故少师从翁隐岩别墅乱后榛芜感旧怆怀遂有追纪》:“妙主蓬壶籍,忠为社稷臣。”

【蓬葱】 蓬勃葱茏。殷文圭《九华贺雨吟》:“万畦香稻蓬葱绿,九朵奇峰扑亚青。”

【蓬婆】 山名。在今四川松潘县。杜甫《奉和严大夫军城早秋》:“已收滴博云间戍,更夺蓬婆雪外城。”原注:“雪山外有蓬婆岭。”

【蓬蓬】 ❶茂盛,蓬勃。司空图《诗品二十四则·纤秾》:“采采流水,蓬蓬远春。”❷零乱貌。韦縠《题壁》:“一团茅草乱蓬蓬,蓦地烧天蓦地空。”

【蓬蒿】 ❶蓬草和蒿草。泛指草丛、草莽。杜甫《述古三首》之二:“农人望岁稔,相率除蓬蒿。”白居易《溪中早春》:“蓬蒿隔桑枣,隐映烟火夕。”司马札《锄草怨》:“种田望雨多,雨多长蓬蒿。”陈陶《闲居寄太学卢景博士》:“无路青冥夺锦袍,耻随黄雀住蓬蒿。”❷借指荒野偏僻之处。李白《南陵别儿童入京》:“仰天大笑出门去,我辈岂是蓬蒿人。”卢纶《九日奉陪侍中宴后亭》:“为谢蓬蒿辈,如何霜霰稠。”杨巨源《奉酬窦郎中早入省苦寒见寄》:“悠然蓬蒿士,亦得奉朝谒。”亦指隐居之地。岑参《巩北秋兴寄崔明允》:“君子佐休明,小人事蓬蒿。”

【蓬蒿居】 东汉隐士张仲蔚居于蓬蒿之中,后遂以指隐士之居室或偏远僻静之居室。王维《饭覆釜山僧》:“果从云峰里,顾我蓬蒿居。”吴筠《高士咏·郑子真张仲蔚》:“子真岩石下,仲蔚蓬蒿居。”

【蓬蓽】 蓬门荜户。用草、树枝等做成的门户。形容贫穷者所居之住房。王绩《采药》:“野情贪药饵,郊居倦蓬荜。”钱起《卧病李员外题扉而去》:“沉疴不冠带,安得候蓬荜。”白居易《别李十一后重寄》:“秋日正萧条,驱车出蓬荜。”卢肇《将归宜春留题新安馆》:“犹张皂盖归蓬荜,直谓时无许子将。”

【蓬閣】 参见“蓬莱阁”。

【蓬髮】 蓬乱的头发。刘长卿《至德三年春五十韵》:“榴花无暇醉,蓬发带愁萦。”李吉甫《癸巳岁奉寄相公兼呈集贤院诸学士》:“蓬发颜空老,松心契独全。”韦庄《赠野童》:“羡尔无知野性真,乱搔蓬发笑看人。”

【蓬閬】 蓬莱仙山和阆风山。阆风山,传在昆仑山之颠,为仙人所居。杨巨源《秋夜闲居即事寄庐山郑员外蜀郡符处士》:“蓬阆绝华耀,况乃处穷愁。”

【蓬頭】 头发蓬乱。李颀《赠别高三十五》:“寄迹栖霞山,蓬头睢水湄。”胡令能《小儿垂钓》:“蓬头稚子学垂纶,侧坐莓苔草映身。”

【蓬頭垢面】 头发蓬乱,面有尘垢。言人不事修饰,外表不整洁。韦庄《秦妇吟》:“蓬头垢面狵眉赤,几转横波看不得。”

【蓬藋】 蓬草和藋草。泛指草丛、杂草。陆龟蒙《奉和袭美初夏游楞伽精舍次韵》:“伊余采樵者,蓬藋方索寞。”又《奉酬袭美苦雨见寄》:“哀弦怨柱合为吟,怅我穷栖蓬藋里。”

【蓬藜】 蓬草和藜草,亦借指茅屋。李白《赠从弟冽》:“无由谒明主,杖策还蓬藜。”权德舆《晓发武阳馆即事书情》:“哲士务缨弁,鄙夫恋蓬藜。”

【蓬轉】 (一zhuǎn)❶蓬草随风飘转。喻人流离转徙,四处飘流。许敬宗《同前拟》:“游人倦蓬转,乡思逐雁来。”权德舆《酬蔡十二博士见寄四韵》:“芜城十年别,蓬转居不定。”高骈《留别彰德军从事范校书》:“桂攀明月曾观国,蓬转西风却问津。”罗隐《旅舍书怀寄所知二首》之二:“尘飘马尾甘蓬转,酒忆江边有梦留。”❷蓬草遇风即转动,喻事物发展变化的迅速。吕温《蕃中拘留岁余回至陇石先寄城中亲故》:“蓬转星霜改,兰陔色养违。”

【蓬闕】 仙山蓬莱之宫阙。李白《感兴六首》之四:“欲逐黄鹤飞,相呼向蓬阙。”陈陶《圣帝击壤歌四十声》:“野鹤思蓬阙,山麋忆庙堂。”李沇《梦仙谣》:“银蟾半坠恨流咽,六鳌披月撼蓬阙。”亦借指道观。王勃《寻道观》:“芝廛光分野,蓬阙盛规模。”

【蓬瀛】 ❶蓬莱和瀛洲。均神山名。传为仙人所居之地。亦泛指仙境。太宗《秋日二首》之二："蓬瀛不可望，泉石且娱心。"李白《赠僧崖公》："何日更携手，乘杯向蓬瀛。"孟郊《游韦七洞庭别业》："崆峒非凡乡，蓬瀛在仙籍。"司空图《纶阁有感》："风涛曾阻化鳞来，谁料蓬瀛路却开。"❷借指皇宫等如同仙境之处。王昌龄《宿灞上寄侍御玙弟》："是时燕齐客，献术蓬瀛内。"李白《春日行》："因出天池泛蓬瀛，楼船蹙沓波浪惊。"此指大明宫太液池中的蓬莱山。黄颇《和主司王起》："独陪宣父蓬瀛奏，方接颜生鲁卫游。"徐夤《华清宫》："君王魂断骊山路，且向蓬瀛伴贵妃。"

【蓬瀛侣】 指修道之士、隐者。柳宗元《巽上人以竹闲自采新茶见赠酬之以诗》："咄此蓬瀛侣，无乃贵流霞。"

【蓬鬓】 鬓发蓬乱，散乱的鬓发。岑参《春兴思南山旧庐招柳建正字》："自怜蓬鬓改，羞见梨花开。"卢纶《逢病军人》："蓬鬓哀吟古城下，不堪秋气入金疮。"白居易《初著刺史绯答友人见赠》："徒使花袍红似火，其如蓬鬓白成丝。"赵嘏《经汉武泉》："他日江山映蓬鬓，二年杨柳别渔舟。"

【蓬飘】 飞蓬飘荡，喻人飘泊不定。权德舆《户部王曹长杨考功崔刑部二院长并同钟陵使府之旧因书所怀且叙所知》："雨散与蓬飘，秦吴两寂寥。"许浑《秋霁潼关驿亭》："何言此时节，去去任蓬飘。"钱起《送修武元少府》："黎氓久厌蓬飘苦，迟尔西南惠月传。"

【蓬虆】 植物名。生于丘陵间，藤叶茂衍，蓬蓬累累，故名，可入药。贾岛《逢博陵故人彭兵曹》："别后解餐蓬虆子，向前未识牧丹花。"

蒭 同"芻"。❶割草。见"蒭荛"。❷饲草。亦泛指草。元稹《后湖》："壮者负砾石，老亦捽茅刍。"

【蒭荛】 割草采薪，亦指割草采薪之人。贯休《大蜀皇帝寿春节进尧铭舜颂二首·尧铭》："舞擎干羽，囿入刍荛。"

【蒭薪】 薪刍，柴草。元稹《旱灾自咎贻七县宰同州时》："强豪富酒肉，穷独无刍薪。"

蓑[1] 〔suō《广韵》蘇禾切，平戈，心。〕蓑衣。用草或棕制成的披在身上的防雨用具。钱起《田园雨后赠邻人》："樵客荷蓑归，向来春山雨。"王建《水夫谣》："衣寒衣湿披短蓑，臆穿足裂忍痛何。"孟郊《送淡公》之三："脚踏小船头，独速舞短蓑。"杜牧《江上雨寄崔碣》："声眠篷底客，寒湿钓来蓑。"

蓑[2] 〔suī《广韵》素回切，平灰，心。〕见"蓑₂蓑"。

【蓑衣】 用草或棕制成的用于遮雨的工具。张志和《渔父歌》词之一："青箬笠，绿蓑衣，斜风细雨不须归。"隐峦《牧童》："朝阳未出众山晴，露滴蓑衣犹半湿。"齐己《耕叟》："春风吹蓑衣，暮雨滴箬笠。"亦指耕钓者。罗衮《清明赤水寺居》："蓑衣毳衲诚吾党，自结村园一社贫。"

【蓑笠】 蓑衣和笠帽。李颀《渔父歌》："白首何老人，蓑笠蔽其身。"柳宗元《江雪》："孤舟蓑笠翁，独钓寒江雪。"罗隐《代文宣王答》："吾今尚自披蓑笠，你等何须读典坟。"崔道融《牧竖》："牧竖持蓑笠，逢人气傲然。"亦借指耕钓生活和耕钓者。温庭筠《秋日》："良时有东菑，吾将事蓑笠。"贯休《古意九首》之二："我本是蓑笠，幼知天子尊。"

【蓑翁】 渔翁。杜牧《齐安郡晚秋》："可怜赤壁争雄渡，唯有蓑翁坐钓鱼。"

【蓑₂蓑】 （一suī）下垂貌。白居易《庭松》："春深微雨夕，满叶珠蓑蓑。"

蒿 〔hāo《广韵》呼毛切，平豪，晓。〕蒿草。有青蒿、白蒿等数种。亦泛称杂草、野草。李白《鲁城北郭曲腰桑下送张子还嵩阳》："谁念张仲蔚，还依蒿与蓬。"韩愈《刘生诗》："我为罗列陈前修，芟蒿斩蓬利锄耰。"白居易《效陶潜体诗十六首》之一一："月明愁杀人，黄蒿风飕飕。"韦庄《刘得仁墓》："冥寞知春否，坟蒿日已深。"

【蒿艾】 ❶即艾蒿。一种野生的草。泛指野草。喻凫《晚次临泾》："沙田积蒿艾，竟夕见烧焚。"贯休《秋末江行》："天际霜雪作，水边蒿艾衰。"❷指草野，与庙堂相对。韩愈《南山有高树行赠李宗闵》："汝落蒿艾间，几时复能飞。"

【蒿丘】 指坟墓。崔湜《秦州薛都督挽词》："古来钟鼎盛，共尽一蒿丘。"

【蒿里】 ❶本为山名。相传在泰山之南，为死者葬所。后泛指墓地。骆宾王《乐大夫挽词五首》之二："蒿里谁家地，松门何代丘。"岑参《河西太守杜公挽歌四首》之二："蒿里埋双剑，松门闭万春。"李贺《绿章封事》："愿携汉戟招书鬼，休令恨骨填蒿里。"罗隐《芳树》："人生长短同一轨，若使威可以制，力可以止，则秦皇不肯敛手下沙丘，孟贲不合低头入蒿里。"❷古挽歌名。见晋崔豹《古今注·音乐》。贯休有《蒿里》。

【蒿草】 草名。有青蒿、白蒿等数种。韦应物《答侗奴重阳二甥》："风雨飘茅屋，蒿草没瓜园。"王建《簇蚕辞》："场宽地高风日多，不向中庭瞰蒿草。"白居易《往年稠桑白马题诗厅壁今来尚存又复感怀更题绝句》："路傍埋骨蒿草合，壁上题诗尘藓生。"贾岛《哭卢仝》："无钱买松栽，自生蒿草枝。"

【蒿萊】 ❶野草，杂草。陈子良《春晚看群公朝还人为八韵》："游子惜春暮，策杖出蒿莱。"韦应物《伤逝》："此心良无已，绕屋生蒿莱。"杜甫《夏日叹》："万人尚流冗，举目唯蒿莱。"韦庄《铜仪》："谁念闭关张仲蔚，满庭春雨长蒿莱。"❷指草野。岑参《送杜佐下第归陆浑别业》："还须及秋赋，莫即隐蒿莱。"严维《送薛居士和州读书》："蒿莱织妾晨炊黍，隅落耕童夕放牛。"孟郊《秋怀》之十："孤隔文章友，亲密蒿莱翁。"白居易《新昌新居书事四十韵因寄元郎中张博士》："狐兔同三径，蒿莱共一廛。"❸喻指寄居草野之人。姚鹄《将归蜀留献恩地仆射二首》之一："蒿莱讵报生成德，犬马空怀感恋心。"

【蒿塢】 蓬蒿丛生的洼地。李贺《长平箭头歌》："我寻平原乘两马，驿东石田蒿坞下。"

【蒿棘】 蒿和棘。泛称杂草。李白《答王十二寒夜独酌有怀》："君不见裴尚书，土坟三尺蒿棘居。"白居易《村居苦寒》："唯烧蒿棘火，愁坐夜待晨。"薛逢《君不见》："奉诚园里蒿棘生，长兴街南沙路平。"温庭筠《题李卫公诗二首》之一："蒿棘深春卫国门，九年于此盗乾坤。"

【蒿蓬】 ❶蒿草与蓬草。泛指杂草。殷尧藩《闲居》："茂苑闲居木石同，旋开小径翦蒿蓬。"李群玉《始忝四座奏状闻荐蒙恩授官呈同馆诸公二十四韵》："幽鸟事翔翥，敛翼依蒿蓬。"❷指草野。韦应物《答韩库部》："还当以道推，解组守蒿蓬。"

【蒿銅】 以蒿为箭杆、铜为箭镞的箭。战国时晋智伯联合韩魏以伐赵，赵襄子守晋阳。城中无箭，张孟谈献计，拆宫墙，取荻蒿为箭杆；取宫室之铜柱，熔铸为箭镞，晋阳得以固守。周昙《咏史诗·春秋战国门·张孟谭》："城内蒿铜诚自有，无谋谁解见玄机。"

【蒿磽】 指山上多石的田。李贺《送韦仁实兄弟入关》："我在山上舍，一亩蒿硗田。"

【蒿藜】 蒿和藜。泛指杂草、野草。杜甫《无家别》："寂寞天宝后，园庐但蒿藜。"陈陶《种兰》："蒿藜不生地，恶鸟弓已藏。"

【蒿藿】 蒿与藿。藿，豆叶，嫩时可食。杜牧《见宋拾遗题名处感而成诗》："窜逐穷荒与死期，饿唯蒿藿病无医。"

【蒿簪】 蒿草做的簪子。穷苦妇女的打扮。曹邺《寄贾驰先辈》："尽说蒿簪古，将钱买金钗。"韦庄《三用韵》："固穷怜瓮牖，感旧惜蒿簪。"

【蒿蘭】 蒿草与兰花。两种植物贵贱迥别。李建勋《寄魏郎中》："碌碌但随群，蒿兰任不分。"孟郊《湘弦怨》："昧者理芳草，蒿兰同一锄。"

蓆

〔xí《广韵》祥易切，入昔，邪。〕用芦苇、竹篾、蒲草等编成的平片状物，用作铺垫用具。见"蓆帽"。

【蓆帽】 即席帽。古帽名。以藤席为骨架，形似毡笠，四缘垂下，可蔽日遮颜。卢仝《走笔追王内丘》："忽然夫子不语，带席帽，骑驴去。"

蒺

〔jí《广韵》秦悉切，入質，從。〕见"蒺藜"。

【蒺藜】 植物名。一年生，草本。茎平铺于地，有羽状复叶，小叶长椭圆形，花黄色，果皮有尖刺。种子可入药，有滋补功效。果实亦称"蒺藜"。王维《老将行》："汉兵奋迅如霹雳，虏骑崩腾畏蒺藜。"柳宗元《田家三首》之三："古道饶蒺藜，萦回古城曲。"李贺《春坊正字剑子歌》："蛟胎皮老蒺藜刺，鸊鹈淬花白鹇尾。"姚合《庄居野行》："我仓常空虚，我田生蒺藜。"

蒟

〔jǔ《广韵》俱雨切，上麌，見。又九遇切，去遇，見。〕即蒟酱。见"蒟醬"。

【蒟醬】 植物名。叶似黄瓜而厚大有光泽，味辛香，实如桑椹，皮黑肉白。可用以调食，故谓之酱。王维《春过贺遂员外药园》："蔗浆菰米饭，蒟酱露葵羹。"

蓄

〔xù《广韵》許竹切，入屋，曉。又醜六切，入屋，徹。〕❶积聚，储藏。杜审言《南海乱石山作》："穹崇雾雨蓄，幽隐灵仙闷。"元稹《代曲江老人百韵》："竟蓄朱公产，争藏郄氏缗。"李德裕《春暮思平泉杂咏二十首·东溪》："近蓄东溪水，悠悠起渌波。"贯休《句》："一生不蓄买田钱，华屋何心亦偶然。"❷蕴藏；怀有。玄宗《春中兴庆宫酺宴》序："夫抱器怀才，含仁蓄德，可以坐而论道者，我于是乎辟重门以纳之。"杜甫《白水县崔少府十九翁高斋三十韵》："猛将纷填委，庙谋蓄长策。"卢仝《自君之出矣》："驰情增悴容，蓄思损精力。"周昙《咏史诗·春秋战国门·赵简子》："简子雄心蓄霸机，贤愚聊欲试诸儿。"❸蓄养，培养。李涉《濉阳行》："十年麾下蓄壮气，一朝此地为愁人。"

【蓄志】 蕴涵大志。柳宗元《法华寺石门精舍三十韵》："蓄志徒为劳，追踪将焉仿。"

【蓄怨】 蓄积怨恨。李白《代寄情楚词体》："君不来兮，徒蓄怨积思而孤吟。"

【蓄洩】 蓄积与泄放。李白《历阳壮士勤将军名思齐歌》："蓄泄数千载，风云何霮䨴。"

【蓄怒】 蓄藏愤怒。徐彦伯《比干墓》："季代猖狂主，蓄怒提白刃。"亦指蓄积的愤怒。孟郊《猛将吟》："拟脍楼兰肉，蓄怒时未扬。"

【蓄意】 存心，有意。开元宫人《袍中诗》："蓄意多添线，含情更著绵。”

【蓄積】 积聚，蓄存。李白《赠别从甥高五》：“蓄积万古愤，向谁得开豁。”杜甫《到村》：“蓄积思江汉，疏顽惑町畦。”陆龟蒙《五歌·刈获》：“古者为邦须蓄积，鲁饥尚责如齐籴。”

【蓄縮】 退缩，懈怠。刘禹锡《韩十八侍御见示诗因令属和重以自述故足成六十二韵》：“支川让其威，蓄缩至南委。”元稹《酬乐天江楼夜吟稹诗因成三十韵》：“隼猜鸿蓄缩，虎横犬迍邅。”

蒹 〔jiān《广韵》古甜切，平添，見。〕没有长穗的芦苇。韩愈《苦寒》：“岂徒兰蕙荣，施及艾与蒹。”

【蒹葭】 蒹和葭。两种水草。均为芦苇。蒹没有长穗，葭，芦之初生者。杜甫《渼陂西南台》：“蒹葭离披去，天水相与永。”白居易《寄微之三首》之二：“苍茫蒹葭水，中有浔阳路。”杜牧《池州送孟迟先辈》：“大泽蒹葭风，孤城狐兔窟。”李中《访徐长史留题水阁》：“坐听蒹葭雨，如看岛屿秋。”

蔬 同“茝”(zhǐ)。香草名。即白芷。徐彦伯《拟古三首》之一：“蔬若茂芳序，君子从远戎。”骆宾王《称心寺》：“凝滞蘅蔬岸，沿洄楂柚林。”黄滔《花》：“莫道颜色如渥丹，莫道馨香过蔬兰。”

蒞 同“莅”。❶临视，治理。刘兼《春晚寓怀》：“一承兑泽莅方州，八度春光照郡楼。”❷来，到。薛能《恭禧皇太后挽歌词三首》之二：“衔哀穷地界，亲莅泣天颜。”

【蒞民】 管理百姓。陈子昂《座右铭》：“待士慕谦让，莅民尚宽平。”

【蒞事】 指治理国事。《郊庙歌辞·梁太庙乐舞辞·帝盥》：“庄肃莅事，周旋礼容。”

蒲 〔pú《广韵》薄胡切，平模，並。〕❶植物名(1)香蒲，其茎叶可供编织用。王维《辋川集·白石滩》：“清浅白石滩，绿蒲向堪把。”杜甫《漫成二首》之一：“渚蒲随地有，村径逐门成。”韩愈《青青水中蒲三首》之一：“青青水中蒲，下有一双鱼。”李商隐《促漏》：“南塘渐暖蒲堪结，两两鸳鸯护水纹。”(2)指菖蒲。见“蒲酒”“蒲劍”。❷古邑名。春秋卫地，战国属魏。见“蒲密”。❸州名。畅当有《蒲中道中二首》。贾岛《送殷侍御赴同州》：“冯翊蒲西郡，沙冈拥地形。”李商隐有《四年冬以退居蒲之永乐遂作忆雪又作残雪诗各一百言以寄情于游旧》诗(二首)。罗隐《途中献晋州孟中丞》：“太平天子念蒲东，又委星郎养育功。”❹姓。岑参有《送蒲秀才擢第归蜀》。令狐楚《句》：“偶逢蒲家郎，乃是葛仙客。”唐诗人有蒲禹卿。

【蒲弋】 蒲且的箭。蒲且，相传是古代善于射鸟者，后遂以“蒲弋”泛指神射手的箭。任希古《和东观群贤七夕临泛昆明池》：“惊鸿绁蒲弋，游鲤入庄筌。”

【蒲中】 在今山西永济、河津、临猗、闻喜一带。畅当有《蒲中道中二首》。薛能有《麟中寓居寄蒲中友人》。郑谷有《送进士王驾下第归蒲中》。

【蒲帆】 用蒲草编织的船帆。亦借指航船。李端《送路司谏侍从叔赴洪州》：“梅雨细如丝，蒲帆轻似叶。”李贺《江南弄》：“水风浦云生老竹，渚暝蒲帆如一幅。”刘驾《古意》：“蒲帆出浦去，但见浦边树。”罗隐《东归别常修》：“唯惭鲍叔深知我，他日蒲帆百尺风。”

【蒲州】 ❶州名。北周明帝二年以秦州改名，治所在蒲坂县(隋改河东县，清名永济县，在今山西永济市西南蒲州镇)。隋大业初废。唐武德元年复置，治所在桑泉县(今山西临猗县西南临晋)。三年移治河乐县。开元八年升为河中府，(合复为蒲州。)乾元三年又升为河中府。玄宗有《登蒲州逍遥楼》。苏颋有《奉和圣制登蒲州逍遥楼应制》。薛能《蒲中霁后晚望》：“浊水茫茫有何意，日斜还向古蒲州。”❷地名，在今湖南零陵区东南潇水之涯。柳宗元有《登蒲州石矶望横江口潭岛深迥斜对香零山》。

【蒲池村】 在今陕西户县沣水西。白居易《醉后却寄元九》：“蒲池村里匆匆别，沣水桥边兀兀回。”

【蒲坂】 地名，在今山西永济市西，上有关，即蒲津关。玄宗《早度蒲津关》：“鸣銮下蒲坂，飞旆入秦中。”宋璟《蒲津迎驾》：“回銮下蒲坂，飞旆指秦京。”张说《奉和圣制度蒲关应制》：“蒲坂横临晋，华芝晓望秦。”张濯《题舜庙》：“蒲坂城边长逝水，苍梧野外不归云。”

【蒲車】 用蒲草裹着车轮的车子。用于征聘隐士等。权德舆《送崔谕德致政东归》：“懿此嘉遁士，蒲车赴丘中。”皮日休《奉和鲁望徐方平后闻赦次韵》：“未遣蒲车问幽隐，共君应老抱桐孙。”

【蒲牢】 古代传说中的一种生活在海边的兽。据传此兽吼声洪亮，古人常铸此兽形于钟上。故亦以“蒲牢”指钟。皮日休《奉和鲁望闲居杂题五首·寺钟暝》：“重击蒲牢唅山日，冥冥烟树睹栖禽。”唐彦谦《游南明山》：“忽闻吼蒲牢，落日下云屿。”

【蒲昌】 ❶县名。唐贞观十四年(640)于高昌东镇城置，在今新疆鄯善县西北，一说即今鄯善县县治。岑参《经火山》：“火山今始见，突兀蒲昌东。”❷指蒲昌海。即今新疆罗布泊。岑参《武威送刘单判官赴安西行营便呈高开府》：“扬旗拂昆仑，伐鼓震蒲昌。”

【蒲帛】 蒲轮和束帛，古代征聘贤士时用之。李华《咏史十一首》之三：“蒲帛扬侧陋，薜萝为缙绅。”殷文圭《送道者朝见后归山》：“暂随蒲帛谒金銮，萧洒风仪傲汉官。”

【蒲城】 县名。西魏废帝三年以南白水县改名，治所即今陕西蒲城县西。唐开元四年改名奉先县。储光羲《渭桥北亭作》："乡魂涉江水，客路指蒲城。"杜甫《奉先刘少府新画山水障歌》："反思前夜风雨急，乃是蒲城鬼神入。"许浑有《下第归蒲城墅居》。韦庄《题盘豆驿水馆后轩》："极目晴川展画屏，地从桃塞接蒲城。"

【蒲茸】 幼嫩的蒲草。陆龟蒙《秋荷》："蒲茸承露有佳色，茭叶束烟如效颦。"刘象《早春池亭独游三首》之一："蒲茸才簇岸，柳颊已遮楼。"

【蒲草】 即香蒲。吴仁璧《句》："蒲草薄裁连蒂白，胭脂浓染半葩红。"

【蒲荇】 蒲草和荇草。两种多年生草本植物。张籍《祭退之》："新池四平涨，中有蒲荇香。"

【蒲柳】 即水杨。入冬凋零。诗中常用喻未老先衰，或体质衰弱。李白《姑孰十咏·慈姥竹》："不学蒲柳凋，贞心尝自保。"卢纶《和崔侍郎游万固寺》："风云才子冶游思，蒲柳老人惆怅心。"刘禹锡《酬杨八庶子喜韩吴兴与余同迁见赠》："烟霞为老伴，蒲柳任先凋。"白居易《感旧》："四人先去我在后，一枝蒲柳衰残身。"

【蒲禹卿】 五代诗人。后蜀成都人。自右补阙，出为秦州节度判官。《全唐诗补编》录其《题驿门》诗一首。

【蒲津】 即蒲津关。高适《答侯少府》："明时取秀才，落日过蒲津。"陈至《赋得芙蓉出水》："剑芒开宝匣，峰影写蒲津。"薛能有《送胡澳下第归蒲津》。

【蒲津關】 关名。又名蒲关、临晋关、河关。在今山西永济市西、陕西大荔县东，黄河西岸。玄宗有《早度蒲津关》。张九龄有《奉和圣制早渡蒲津关》。徐贞安有《奉和圣制早度蒲津关》。吕温有《孟冬蒲津关河亭作》。

【蒲荷】 香蒲与荷的合称。顾况《游子吟》："蒲荷影参差，凫鹤雏淋涔。"

【蒲根】 蒲草之根。刘禹锡《白侍郎大尹自河南寄示水斋即事招宾十四韵兼命同作》："蒲根抽九节，莲萼捧重台。"贾岛《南池》："秋声依树色，月影在蒲根。"

【蒲捎】 见"蒲梢❶"。

【蒲桃】 即葡萄。李颀《古从军行》："年年战骨埋荒外，空见蒲桃入汉家。"李德裕《述梦诗四十韵》："倚檐阴药树，落格蔓蒲桃。"曹松《白角簟》："蒲桃锦是潇湘底，曾得王孙价倍酬。"贯休《古塞上曲七首》之五："赤落蒲桃叶，香微甘草花。"

【蒲酒】 菖蒲酒。殷尧藩《端午日》："不效艾符趋习俗，但祈蒲酒话升平。"

【蒲海】 即蒲昌海，今新疆罗布泊。虞世南《从军行二首》之二："萧关远无极，蒲海广难依。"岑参《献封大夫破播仙凯歌六首》之二："蒲海晓霜凝马尾，葱山夜雪扑旌竿。"

【蒲萄】 ❶即葡萄。落叶藤本植物，叶掌状分裂，花序为圆锥形，花小，黄绿色，浆果为圆形或椭圆形，有紫、青等诸色，是常见的水果。亦可酿酒。李白《宫中行乐词八首》之三："卢橘为秦树，蒲萄出汉宫。"岑参《与独孤渐道别长句兼呈严八侍御》："桂林蒲萄新吐蔓，武城刺蜜未可餐。"韩愈《燕河南府秀才得生字》："柿红蒲萄紫，肴果相扶檠。"柳宗元《寄韦珩》："阴森野葛交蔽日，悬蛇结虺如蒲萄。"❷指葡萄酒。王绩《过酒家五首》之三："竹叶连糟翠，蒲萄带曲红。"李颀《塞下曲》："帐下饮蒲萄，平生寸心是。"白居易《寄献北都留守裴令公》："羌管吹杨柳，燕姬酌蒲萄。"

【蒲萄宫】 即"葡萄宫"。汉宫名。汉哀帝时单于来朝，居于此宫。故用以借指胡人在唐京都的住所。李白《送族弟绾从军安西》："匈奴系颈数应尽，明年应入蒲萄宫。"

【蒲萄架】 即葡萄架。为使葡萄苗得以顺利生长结实而搭建的竹木架子。李峤《藤》："色映蒲萄架，花分竹叶杯。"

【蒲萄酒】 即葡萄酒。用新鲜葡萄或葡萄干酿制成的酒。李白《对酒》："蒲萄酒，金叵罗，吴姬十五细马驮。"贯休《塞上曲二首》之一："蒲萄酒白雕腊红，苜蓿根甜沙鼠出。"元稹《和李校书新题乐府十二首·西凉伎》："蒲萄酒熟恣行乐，红艳青旗朱粉楼。"

【蒲梢】 ❶亦作"蒲捎"。古代骏马名。见《史记·乐书》裴骃集解引应劭。元稹《江边四十韵》："高门受车辙，华厩称蒲捎。"李商隐《茂陵》："汉家天马出蒲梢，苜蓿榴花遍近郊。"❷蒲草的端梢。罗隐《题袁溪张逸人所居》："蒲梢猎猎燕参差，数里溪光日落时。"

【蒲密】 蒲邑与密县之合称。春秋时，孔子弟子子路治蒲三年，有政绩，孔子入其境，三称其善。见《孔子家语·辨政》。东汉时，卓茂为密令数年，广施教化，路不拾遗。见《后汉书·卓茂传》。后遂以"蒲密"指教化盛行之地。张说《徐高御挽歌》："蒲密遥千载，鸣琴始一追。"

【蒲葉】 蒲草之叶。崔湜《唐都尉山池》："雁翻蒲叶起，鱼拨荇花游。"白居易《湓浦早冬》："蓼花始零落，蒲叶稍离披。"沈亚之《五月六日发石头城步望前船示舍弟兼寄侯郎》："蒲叶吴刀绿，筠筒楚粽香。"

【蒲葉扇】 即蒲葵扇，用蒲葵叶制成，故称。杜荀鹤《题宗上人旧院》："壁上尘沾蒲叶扇，床前苔烂笋皮鞋。"

【蒲葦】 蒲草与芦苇。韩愈《读皇甫湜公安园池诗书其后二首》之二:“我有一池水,蒲苇生其间。”元稹《苦雨》:“良农尽蒲苇,厚地积潢污。”

【蒲椅】 用蒲草等编成的椅子。陆龟蒙《奉和袭美卧疾感春见寄次韵》:“烟径水涯多好鸟,竹床蒲椅但高僧。”

【蒲葵扇】 用浦葵叶制成的扇子。李嘉祐《寄王舍人竹楼》:“南风不用蒲葵扇,纱帽闲眠对水鸥。”顾况《春游曲二首》之一:“游童苏合带,倡女蒲葵扇。”韩翃《别李明府》:“汉苑芳菲入夏阑,待君障日蒲葵扇。”李商隐《即目》:“何人书破蒲葵扇,记著南塘移树时。”亦省作“蒲葵”。李峤《扇》:“翟羽旧传名,蒲葵价不轻。”张莒《元日望含元殿御扇开合》:“蒲葵那可比,徒用隔炎氛。”刘言史《广州王园寺伏日即事寄北中亲友》:“竹簟移先洒,蒲葵破复摇。”

【蒲绛】 蒲州和绛州。绛州治所在今山西新绛县。无可有《客中闻从兄岛游蒲绛因寄》。

【蒲塘驛】 驿馆名。在今江西德安县,以其地有蒲塘为名。韦应物有《登蒲塘驿追怀不昔年》和《自蒲塘驿回驾经历山水》。

【蒲稗】 蒲草和稗草。张九龄《饯济阴梁明府各探一物得荷叶》:“但恐星霜改,还将蒲稗衰。”杜甫《秋行官张望督促东渚耗稻向毕清晨遣女奴阿稽竖子阿段往问》:“上天无偏颇,蒲稗各自长。”白居易《渭村雨归》:“渭水寒渐落,离离蒲稗苗。”

【蒲團】 用蒲草织成的圆垫。顾况《宿山中僧》:“不爇香炉烟,蒲团坐如铁。”张籍《赠箕山僧》:“蒲团借客坐,石磾甃人行。”周贺《赠神遘上人》:“草履蒲团山意存,坐看庭木长桐孙。”许浑《晨别翛然上人》:“吴僧诵经罢,败衲倚蒲团。”

【蒲萐】 瑞草名。李咸用《题友生丛竹》:“指佞不长生,蒲萐今无种。”

【蒲鞋】 用蒲草编织的鞋。刘章有《咏蒲鞋》。

【蒲輪】 用蒲草裹车轮的车子,转动时震动较小。后常用以征聘贤士,以示敬重。李峤《车》:“天子驭金根,蒲轮辟四门。”戎昱《赠韦况征君》:“回看药灶封题密,强入蒲轮引步迟。”白居易《和春深二十首》之一一:“兰索纫幽佩,蒲轮驻软车。”翁洮《赠方干先生》:“不爱春宫分桂树,欲教天子枉蒲轮。”

【蒲劍】 指菖蒲叶,其形状如剑,故称。李咸用《和殷衙推春霖即事》:“柳眉低带泣,蒲剑锐初抽。”

【蒲澗寺】 在今广东广州市白云山麓。李群玉有《登蒲涧寺后二岩三首》。

【蒲履】 用蒲草编织的鞋。殷尧藩《送景玄上人还山》:“蒲履谩从归后织,衲衣犹记别时缝。”

【蒲盧】 即果蠃。一种细腰蜂。见《礼记·中庸》郑玄注。一说为芦苇。见朱熹《中庸集注》。后因以“蒲盧”喻对百姓的教化。元稹《春分投简阳明洞天作》:“燕狂捎蛱蝶,螟挂集蒲卢。”贯休《上杜使君》:“政术似蒲卢,诗情出冲漠。”韩偓《安贫》:“窗里日光飞野马,案头筠管长蒲卢。”

【蒲鮓】 古代一种腌制的鱼类食品,常在外面裹有竹箬、芦叶等。王建《饭僧》:“蒲鲊除青叶,芹齑带紫芽。”

【蒲澤】 长有蒲草的沼泽。李端《送郭参军赴绛州》:“蒲泽逢胡雁,桃源见晋人。”

【蒲鴿】 瓜名。一种青瓜。杜甫《园人送瓜》:“倾筐蒲鸽青,满眼颜色好。”

【蒲鞭】 用蒲草做的鞭子。用此种鞭子打人并不痛,不过略示惩罚而已。东汉刘宽为郡守,首用此。后常用以表示刑罚宽仁。李白《赠清漳明府侄聿》:“蒲鞭挂檐枝,示耻无扑抶。”吕温《道州将赴衡州酬别江华毛令》:“明朝别后无他嘱,虽是蒲鞭也莫施。”白居易《七年春题府厅》:“推诚废钩距,示耻用蒲鞭。”

【蒲類】 古西域国名。在今新疆巴里坤湖附近。东汉明帝时,奉东都尉窦固出兵天山,曾追击匈奴呼衍王至此。王维《送宇文三赴河西充行军司马》:“蒲类成秦地,莎车属汉家。”李益《再赴渭北使府留别》:“截海取蒲类,跑泉饮鹛鹈。”

【蒲類津】 即蒲类海。即今新疆巴里坤西北的巴里坤湖。骆宾王有《夕次蒲类津》。

【蒲關】 即蒲津关。岑参有《宿蒲关东店忆杜陵别业》和《入蒲关先寄秦中故人》。李山甫《蒲关西道中作》:“国东王气凝蒲关,楼台帖出晴空间。”湘妃庙《与崔渥冥会杂诗》之三:“鸾舆昔日出蒲关,一去苍梧更不还。”

【蒲璧】 刻有蒲纹的玉璧。韦应物《送令狐岫宰恩阳》:“行行安得辞,荷此蒲璧荣。”

【蒲蘇】 即铍,形似剑、矛的兵器。韩愈《南山诗》:“杉篁咤蒲苏,杲耀攒介胄。”

【蒲藻】 蒲草和水藻。白居易《咏兴五首·四月池水满》:“尔无羡沧海,蒲藻可委质。”

蓉

〔róng《广韵》餘封切,平鐘,以。〕见“芙蓉”。

蒙

〔méng《广韵》莫紅切,平東,明。〕❶草名。见《尔雅·释草》及郭璞《尔雅注》。亦即兔丝。李贺《七月一日晓入太行山》:“一夕绕山秋,香露溘蒙菉。”❷覆盖,遮蔽。文宗《上元日二首》之二:“不爱仙家登真诀,愿蒙四海福黔黎。”韦应物《萼绿华歌》:“仙容矫矫兮杂瑶珮,轻衣重重兮蒙绛纱。”崔备《奉酬中书相公叙情见寄之什》:“宿雾蒙琼树,余香覆玉墀。"唐彦谦《移莎》:"野露通宵滴,溪烟尽日蒙。"❸遭受,蒙受。张九龄《酬周判官见贻之作兼呈耿广州》:"朝闻循诚节,夕饮蒙瘴疠。"刘长卿《北游酬孟云卿见寄》:"善道居贫贱,洁服蒙尘埃。"李商隐《行次西郊作一百韵》:"列圣蒙此耻,含怀不能宣。"陆龟蒙《樵人十咏·樵溪》:"一朝蒙翦伐,万古辞林麓。"❹敬词。承蒙,受到。岑参《北庭西郊候封大夫受降回军献上》:"何幸一书生,忽蒙国士知。"韩愈《石鼓歌》:"忆昔初蒙博士征,其年始改称元和。"白居易《赠僧五首·钵塔院如大师》:"每岁八关蒙九授,殷勤一戒重千金。"李山甫《酬刘书记见赠》:"篇章蒙见许,松月好相过。"❺(或读 mēng)欺骗;蒙蔽。杜甫《岁晏行》:"刻泥为之最易得,好恶不合长相蒙。"古之奇《秦人谣》:"上下一相蒙,马鹿遂颠倒。"❻凭借。李益《莲塘驿》:"女萝蒙幽蔓,拟上青桐枝。"韩愈《东都遇春》:"幸蒙东都官,获离机与阱。"方干《书法华寺上方禅壁》:"是非生死多忧恼,此日蒙师为破迷。"❼愚昧。亦指愚昧之人。赵冬曦《和燕公岳州山城》:"为吏恩犹旧,投沙惠此蒙。"韦应物《复理西斋寄丘员外》:"援斧开众郁,如师启群蒙。"白居易《好听琴》:"清畅堪销疾,恬和好养蒙。"❽稚小。元结《演兴四首·闵岭中》:"则必蒙皮篥以为矢,弦毋筱以为弧。"亦指小孩。参见"蒙叟"。❾卦名。《易》六十四封之一,坎下艮上。玄宗《巡省途次上党旧宫赋》:"天地犹惊否,阴阳始遇蒙。"孟郊《叹命》:"题诗还问易,问易蒙复蒙。"❿披戴。杜牧《往年随故府吴兴公夜泊芜湖口因成十六韵》:"驽骀蒙锦绣,尘土浴潺湲。"⓫指蒙山。在今山东蒙阴县南。刘得仁《送雍陶侍御赴兖州裴尚书命》:"洙泗秋微动,龟蒙月正圆。"⓬见"蒙戎"。⓭古地名。战国宋地(今河南商丘市东北)。见"蒙莊""蒙園吏"。⓮通"萌",萌发。元稹《献荥阳公诗五十韵》:"勤勤雕朽木,细细导蒙泉。"⓯通"矇",眼失明。刘禹锡《赠眼医婆罗门僧》:"师有金篦术,如何为发蒙。"⓰姓。秦有蒙恬。见"蒙恬"。

【蒙山】 ❶在今山东蒙阴县南,绵亘一百二十里。萧颖士有《蒙山作》。❷在今四川雅安市名山区。其顶峰产茶,称蒙顶茶,为唐代之名茶。白居易《琴茶》:"琴里知闻唯渌水,茶中故旧是蒙山。"杨嗣复《谢寄新茶》:"石上生芽二月中,蒙山顾渚莫争雄。"

【蒙公】 指秦蒙恬。秦统一六国后,派蒙恬率士卒三十万,北筑长城,起临洮,至辽东。二世立,用赵高计,赐蒙恬死。鲍溶《长城》:"蒙公虏生人,北筑秦氏冤。"

【蒙氏】 指秦蒙恬。于濆《长城》:"秦皇岂无德,蒙氏非不武。"参见"蒙公"。

【蒙犯】 冲撞,冒犯。温庭筠《病中书怀呈友人》:"低徊伤志气,蒙犯变肌肤。"

【蒙戎】 蓬松。羊士谔《斋中有兽皮茵偶成咏》:"山泽生异姿,蒙戎蔚佳色。"

【蒙州】 唐州名。唐贞观八年以南恭州改名,治所在立山县(今广西蒙山县东南,蒙江南岸)。天宝元年改为蒙山郡,乾元元年复名蒙州。齐己《送人南游》:"且听吟赠远,君此去蒙州。"

【蒙汜】 传为日落之处。又作"濛汜"。见《楚辞·屈原〈天问〉》。后亦用以喻人之暮年。鲍溶《忆旧游》:"日入濛汜宿,石烟抱山门。"李群玉《饭僧》:"奔曦入半百,冉冉颓濛汜。"

【蒙求】 书名,唐李瀚著。取经传上的故事编成四言韵语,为儿童发蒙读本。见《全唐诗》卷八八一。杜荀鹤《赠李镡》:"地炉不暖柴枝湿,犹把蒙求授小儿。"

【蒙龙】 杂乱。杜牧《感怀诗一首》:"流品极蒙龙,网罗渐离弛。"

【蒙邑先生】 指庄周。庄周,蒙人,曾作蒙漆园吏,故称。罗隐《水边偶题》:"思量此理何人会,蒙邑先生最有才。"

【蒙昏】 ❶愚昧昏聩。姚合《答窦知言》:"念子珍重我,吐辞发蒙昏。"陆龟蒙《奉和袭美太湖诗二十首·以毛公泉献大谏清河公》:"向来探幽人,酌罢祛蒙昏。"❷昏暗。孟郊《和钱侍郎甘露》:"清风惜不动,薄雾肯蒙昏。"

【蒙茸】 ❶皮毛纷乱貌。崔颢《古游侠呈军中诸将》:"错落金锁甲,蒙茸貂鼠衣。"高适《营州歌》:"营州少年厌原野,狐裘蒙茸猎城下。"罗邺《芳草》:"废苑墙南残雨中,似袍颜色正蒙茸。"周昙《咏史诗·春秋战国门·平公》:"能知翼戴穹苍力,不是蒙茸腹背毛。"❷茂盛,葱茏。王翰《赋得明星玉女坛送廉察尉华阴》:"彩云荡漾不可见,绿萝蒙茸鸟绵蛮。"孟郊《寻言上人》:"竹韵漫萧屑,草花徒蒙茸。"白居易《紫藤》:"藤花紫蒙茸,藤叶青扶疏。"鲍溶《山居》:"窈窕垂涧萝,蒙茸黄葛花。"

【蒙昧】 ❶昏昧,愚昧。沈佺期《九真山净居寺谒无碍上人》:"机疑闻不二,蒙昧即朝三。"周昙《咏史诗·晋门·惠帝》:"蒙昧万机犹妇女,寇戎安得不纷披。"❷迷糊,头脑不清。孟郊《卧病》:"倦寝意蒙昧,强言声幽柔。"

【蒙泉】 泉名,在今湖北荆门市。沈传师有《蒙泉》。

【蒙叟】 儿童与老人。岑参《河西太守杜公挽歌四首》之一:"蒙叟悲藏壑,殷宗惜济川。"

【蒙恬】 秦名将,曾为内史。秦统一六国后,曾率兵三十万击败匈奴,收复河南地(今内蒙古河套一带），并修筑长城，西起临洮，东至辽东，守卫数年，匈奴不敢犯境。后为赵高所构陷，矫诏赐死。据传毛笔和筝均为他所创造。李峤《筝》："蒙恬芳轨设，游楚妙弹开。"李瀚《蒙求》："蒙恬制笔，蔡伦造纸。"

【蒙莊】 指庄周。蒙人，名周，尝为蒙漆园吏，故称。高适《奉酬睢阳李太守》："地是蒙庄宅，城遗阏伯丘"。白居易《渭村退居寄礼部崔侍郎翰林钱舍人诗一百韵》："外身宗老氏，齐物学蒙庄。"陆龟蒙《访僧不遇》："蒙庄弟子相看笑，何事空门亦有关。"李中《思简寂观旧游寄重道者》："偷摘蟠桃思曼倩，化成蝴蝶学蒙庄。"

【蒙莊子】 指庄周。齐己《湘江渔父》："曾受蒙庄子，逍遥一卷经。"

【蒙頂】 蒙山之峰顶。中有五岭，中岭名上青峰，所产茶称蒙顶茶，香气芳烈。徐铉《和门下殷侍郎新茶二十韵》："东山似蒙顶，愿得从诸贤。"

【蒙頂茶】 蒙山在今四川雅安市名山区西南十四十五里，其峰顶产茶，称为蒙顶茶，唐人极重之。郑谷《蜀中三首》之二："蒙顶茶畦千点露，浣花笺纸一溪春。"

【蒙恩】 蒙受恩惠。刘禹锡有《蒙恩转仪曹郎依前充集贤学士举韩潮州自代因寄七言》。薛能有《蒙恩除侍御史行次华州寄蒋相》。崔璞有《蒙恩除替将还京洛偶叙所怀因成六韵呈军事院诸公郡中一二秀才》。徐铉有《蒙恩赐酒旨令醉进诗以谢》。

【蒙被】 承受。韩愈《元和圣德诗》序："臣蒙被恩泽，日与群臣序立紫宸殿陛下。"

【蒙密】 ❶草木茂盛。王维《自大散以往至黄牛岭见黄花川》："曾是厌蒙密，旷然销人忧。"陆长源《酬孟十二新居见寄》："青萝纷蒙密，四序无惨舒。"元稹《兔丝》："荆榛易蒙密，百鸟撩乱鸣。"朱庆余《震为苍筤竹》："青苍才映粉，蒙密正含春。"❷浓厚，浓密。张九龄《奉和圣制瑞雪篇》："初瑞雪兮霏微，俄同云兮蒙密。"

【蒙園吏】 指庄周。庄周曾蒙漆园吏，故称。张文琮《咏水》："独有蒙园吏，栖偃玩濠梁。"

【蒙童】 知识未开的儿童。亦指开始读书识字的儿童。彭晓《参同契明镜图诀诗二首》之一："造化潜施迹莫穷，簇成真诀指蒙童。"

【蒙閉】 遮盖封闭。韩偓《桃林场客舍之前有池半亩因作五言八韵》："虚空无障处，蒙闭有开时。"

【蒙陰】 古地名，在今山东新泰附近，地处蒙山之北，故称。李义府《在巂州遥叙封禅》："汶阳驰月羽，蒙阴警电麾。"

【蒙蒙】 ❶草木茂盛貌。萧颖士《江有枫一篇十章》之一："江有枫，其叶蒙蒙。"刘长卿《奉陪萧使君入鲍达洞寻灵山寺》："萝木静蒙蒙，风烟深寂寂。"刘禹锡《经伏波神祠》："蒙蒙篁竹下，有路上壶头。"白居易《庭槐》："蒙蒙碧烟叶，袅袅黄花枝。"❷多；浓。皎然《顾渚行寄裴方舟》："吴婉携笼上翠微，蒙蒙香刺罥春衣。"❸雨雪迷蒙貌。刘长卿《寄许尊师》："独上云梯入翠微，蒙蒙烟雪映岩扉。"❹轻淡无明貌。王甚夷《风不鸣条》："蒙蒙遥野色，袅袅细条轻。"❺幼稚貌。柳宗元《视民诗》："士实荡荡，农实董董，工实蒙蒙，贾实融融。"

【蒙鄙】 愚昧鄙陋。杨于陵《和权载之离合诗》："昨来恣吟绎，日觉祛蒙鄙。"

【蒙滅】 蒙胧不明。李贺《题赵生壁》："冬暖拾松枝，日烟坐蒙灭。"

【蒙蔽】 ❶愚顽不明。杜甫《石笋行》："惜哉俗态好蒙蔽，亦如小臣媚至尊。"亦指愚顽之人。张九龄《酬周判官见贻之作兼呈耿广州》："瘠土资劳力，良书启蒙蔽。"❷欺骗，隐瞒真相。杜甫《八哀诗·赠秘书监江夏李公邕》："朗吟六公篇，忧来豁蒙蔽。"元稹《书异》："仲冬雷雨苦，愿省蒙蔽刑。"❸遮蔽，遮盖。薛涛《十离诗·镜离台》："为遭无限尘蒙蔽，不得华堂上玉台。"唐彦谦《牡丹》："那堪更被烟蒙蔽，南国西施泣断魂。"路应《仙岩四瀑布即事十四韵》："绝境久蒙蔽，芟萝方迨兹。"

【蒙遮】 蒙盖，遮蔽。宋之问《浣纱篇赠陆上人》："山薮半潜匿，苎萝更蒙遮。"

【蒙塵】 ❶为灰尘蒙覆、遮盖。牟融《春日山亭》："龙鱼失水难为用，龟玉蒙尘未见珍。"❷指帝王在外逃难，蒙受风尘。见《左传·僖公二十四年》。杜甫《北征》："至尊尚蒙尘，几日休练卒。"李商隐《华清宫》："未免被他褒女笑，只教天子暂蒙尘。"罗隐《台城》："亦知霸世才难得，却是蒙尘事最平。"韦庄《立春日作》："九重天子去蒙尘，御柳无情依旧春。"

【蒙輪】 指冲锋陷阵。玄宗《平胡》："蒙轮皆突骑，按剑尽鹰扬。"陈子昂《送著作佐郎崔融等从梁王东征》序："蜺旌羽骑之殷，戈翻落日；突鬓蒙轮之勇，剑决浮云。"虞羽客《结客少年场行》："蒙轮恒顾敌，超乘忽争先。"

【蒙澤】 承受恩泽。韦应物《种药》："汲井既蒙泽，插楥亦扶倾。"元稹《和李校书新题乐府十二首·骠国乐》："借如牛马未蒙泽，岂在抱瓮滋鼋鼍。"

【蒙錦繡】 喻殊宠。见《史记·滑稽列传》。杜牧《往年随故府吴兴公夜泊芜湖口今赴官西去再宿芜湖感旧伤怀因成十六韵》："驽骀蒙锦绣，尘土浴潺湲。"

【蒙冪】 覆盖。杜甫《驱竖子摘苍耳》："放筐亭午际，洗剥相蒙幂。"张籍《新桃行》："常恶牵丝虫，蒙幂成网罗。”

【蒙蘢】 ❶草木茂密貌；覆盖貌。卢鸿一《嵩山十志十首·樾馆》：“芳靃蘼兮荫蒙茏，幽人构馆兮在其中。”司空曙《和李员外与舍人咏玫瑰花寄徐侍郎》：“蒙茏珠树合，焕烂锦屏张。”皮日休《重玄寺二章》之二：“香蔓蒙茏覆昔邪，桂烟杉露湿袈裟。”❷草木覆蔽处。皮日休《奉和鲁望樵人十咏·樵径》：“蒙茏中一径，绕在千峰里。”

【蒙朧】 模糊不清。杜甫《牵牛织女》：“神光竟难候，此事终蒙胧。”

【蒙籠】 ❶草木茂盛。刘长卿《陪王明府泛舟》：“出没凫成浪，蒙笼竹亚枝。”韩愈《海水》：“我将辞邓林，刷羽蒙笼枝。”孟郊《吴安西馆赠从弟楚客》：“蒙笼杨柳馆，中有南风生。”李绅《逾岭峤止荒陬抵高要》：“岭头刺竹蒙笼密，火拆红蕉焰烧日。”❷草木遮蔽处。刘长卿《题萧郎中开元寺新构幽寂亭》：“结茅依翠微，伐木开蒙笼。”又《登思禅寺上方题修竹茂松》：“上方幽且暮，台殿隐蒙笼。”又《湘中纪行十首·斑竹岩》：“欲觅樵人路，蒙笼不可寻。”柳宗元《法华寺石门精舍三十韵》：“堑峭出蒙笼，墟险临滉瀁。”❸视觉模糊不清。白居易《眼病二首》之一：“散乱空中千片雪，蒙笼物上一重纱。”❹烟、气等浓厚貌。李群玉《山榴》：“洞中春气蒙笼暄，尚有红英千树繁。”

蓂

〔míng《广韵》莫經切，平青，明。〕即蓂荚。郑愔《奉和幸上官昭容院献诗四首》之二：“十五蓂知月，三千桃纪年。”韩愈《和崔舍人咏月二十韵》：“独有虞庠客，无由拾落蓂。”白居易《和答诗十首·答桐花》：“上对月中桂，下覆阶前蓂。”徐夤《月》：“郤诜树老尧蓂换，惆怅今年似去年。”

【蓂草】 即蓂荚。刘长卿《晦日陪辛大夫宴南亭》：“蓂草全无叶，梅花遍压枝。”

【蓂莢】 古代传说中的一种瑞草。据说，每月初一至十五，每日结一荚；十六至月终，每日落一荚。所以从荚数多少，可以知道是何日。杜审言《晦日宴游》：“日晦随蓂荚，春情著杏花。”李华《海上生明月》：“此时尧砌下，蓂荚自将荣。”柳宗元《同刘二十八院长述旧言怀感时书事通赠二君子》：“衰荣因蓂荚，盈缺几虾蟆。”卢仝《感古四首》之一：“阶下蓂荚生，琴上南风薰。”

蓀

〔sūn《广韵》思渾切，平魂，心。〕芳草名。李白《与周刚清溪玉镜潭宴别》：“别后经此地，为余谢兰荪。”杜甫《别李义》：“忆昔初见时，小襦绣芳荪。”李德裕《寄茅山孙炼师》之一：“石上溪荪发紫茸，碧山幽蔼水溶溶。”温庭筠《嘲春风》：“扬芳历九门，澹荡入兰荪。”

蔭[1]

〔yīn《集韵》於全切，平侵，影。〕见“蔭鬱”。

蔭[2]

〔yìn《广韵》於禁切，去沁，影。〕（今读 yīn）遮盖，覆盖。太宗《探得李》：“舒华光四海，卷叶荫三川。”杜甫《堂成》：“背郭堂成荫白茅，缘江路熟俯青郊。”

【蔭鬱】 树阴浓密。韩愈《南山诗》：“夏炎百木盛，荫郁增埋覆。”

蒸

〔zhēng《广韵》煑仍切，平蒸，章。〕❶木柴。见“蒸薪”。❷蒸发，气体上升。李义府《招谕有怀赠同行人》：“永夕飞淫雨，崇朝蒸毒雾。”孟浩然《望洞庭湖赠张丞相》：“气蒸云梦泽，波撼岳阳城。”李观《赠冯宿》：“阴空蒸长烟，杀气独不销。”翁洮《和方干题李频庄》：“海气暗蒸莲叶沼，山光晴逗苇花村。”❸用水蒸气的热力使物变热或变熟。寒山《诗三百三首》之二〇六：“蒸豚揾蒜酱，炙鸭点椒盐。”秦系《期王炼师不至》：“黄精蒸罢洗琼杯，林下从留石上苔。”元稹《酬乐天东南行诗一百韵》：“杂莼多剖鳝，和黍半蒸菰。”韦庄《赠渔翁》：“芦刀夜鲙红鳞腻，水甑朝蒸紫芋香。”❹飞腾。阎防《句》：“熊踞庭中树，龙蒸栋里云。”❺热，炎热。杜甫《夔府书怀四十韵》：“地蒸余破扇，冬暖更纤絺。”卢纶《夜中得循州赵司马侍郎书因寄回使》：“地说炎蒸极，人称老病余。”李绅《趋翰苑遭诬构四十六韵》：“瘴岭冲蛇入，蒸池蹑虺趋。”喻凫《送友人南中访旧知》：“地蒸川有毒，天暖树无秋。”❻炙烤。张籍《山头鹿》：“早日熬熬蒸野冈，禾黍不收无狱粮。”白居易《观刈麦》：“足蒸暑土气，背灼炎天光。”齐己《酬元员外见寄八韵》：“旧隐梦牵仍，归心只似蒸。”❼同“烝”。(1)众，多。杜甫《无家别》：“人生无家别，何以为烝黎。”参见“蒸人”“蒸民”“蒸黎”。(2)冬祭名。亦泛指祭祀。见“蒸糈”。

【蒸人】 民众，百姓。储光羲《同诸公秋日游昆明池思古》：“吁哉蒸人苦，始曰征伐非。”顾况《上古之什补亡训传十三章·燕于巢一章》：“惠此蒸人，毋废尔事。”李德裕《奉和圣制南郊礼毕诗》：“烧萧辟阊阖，祈谷为蒸人。”

【蒸民】 百姓，民众。张绍《冲佑观》：“肇有神化，初生蒸民。”贯休《宋使君罢新定移出东馆》之一：“为报蒸民莫惆怅，陶钧及尔更光辉。”

【蒸水】 ❶热水，温水。指骊山华清温泉。徐夤《依御史温飞卿华清宫二十二韵》：“地灵蒸水暖，天气待宸游。”❷水名。源于今湖南邵阳市邪姜山，流经衡阳市北注入湘江。韩愈《合江亭》：“红亭枕湘江，蒸水会其左。”

【蒸青】 即汗青。古代书字于竹简，先用火炙竹竿令汗，干则易写，又不受虫蛀，称汗青。蒸，指竹简水气蒸发。李峤《奉和幸三会寺应制》："竹是蒸青外，池仍点墨余。"

【蒸炊】 蒸煮。韩愈《郑群赠簟》："自从五月困暑湿，如坐深甑遭蒸炊。"

【蒸毒】 谓酷热，毒热。卢仝《客淮南病》："扬州蒸毒似燂汤，客病清枯鬓欲霜。"

【蒸氣】 上升的气体。李贞《奉和圣制过温汤》："寒氛空外拥，蒸气沼中浮。"

【蒸蒸】 ❶众多貌。贯休《循吏曲上王使君》："蒸蒸婺民，钟此多福。"❷孝顺貌。权德舆《昭德皇后挽歌词》："千年子孙庆，孝理在蒸蒸。"

【蒸嵐】 蒸腾的山气。韩愈《南山诗》："蒸岚相澒洞，表里忽通透。"

【蒸溽】 闷热而潮湿。张祜《忧旱吟》："炎熇肆蒸溽，南薰日飘飏。"

【蒸裹】 即裹蒸。一种竹箨裹着糯米、糖等蒸成的食品。杜甫《十月一日》："蒸裹如千室，焦糟幸一柈。"

【蒸黎】 百姓，黎民。蒋防《藩臣恋魏阙》："直以蒸黎念，思陈政化源。"李商隐《送从翁东川弘农尚书幕》："蒸黎今得请，宇宙昨还淳。"

【蒸糈】 祭祀用的精米。宋之问《谒禹庙》："灵歆异蒸糈，至乐匪笙竽。"

【蒸薪】 木柴。顾况《上古之什补亡训传十三章·持斧一章》序："戎士伐松柏为蒸薪，孝子徘徊而作是诗。"皮日休《奉和鲁望樵人十咏·樵溪》："不止产蒸薪，愿当歌棫朴。"

【蒸濕】 闷热而潮湿。王驾《夏雨》："天地如蒸湿，园林似却春。"

【蒸藜】 煮野菜。据传孔子弟子曾参因其妻蒸藜未熟而出之。王维《积雨辋川庄作》："积雨空林烟火迟，蒸藜炊黍饷东菑。"亦指蒸煮的野菜。许浑《村舍二首》之一："莱妻早报蒸藜熟，童子遥迎种豆归。"

【蒸騰】 云气上升。元稹《秋堂夕》："云雷时交构，川泽方蒸腾。"

【蒸鬱】 ❶湿热之气郁勃上升。柳宗元《茅檐下始栽竹》："适有重膇疾，蒸郁宁所宜。"❷闷热。苏颋《小园纳凉即事》："烦暑避蒸郁，居闲习高明。"韩偓《喜凉》："东南亦是中华分，蒸郁相凌太不平。"

【蒸爨】 谓烧饭。白居易《浔阳三题》序："夫物以多为贱，故南方人不贵重之，至有蒸爨其柱，剪弃其竹，白眼于莲花者。"

蓪 〔tōng《广韵》他紅切，平東，透。〕即蓪草。李咸用《红薇》："画出看还欠，蓪为插未轻。"

【蓪草】 蓪草。一种小乔木，叶大，下面有毛。冬季开白色小花。果实小球形。树皮可造纸，茎含大量白色髓，可入药。王睿《祠渔山神女歌二首》之一："蓪草头花椰叶裙，蒲葵树下舞蛮云。"

蒓 〔chún《广韵》常倫切，平諄，禪。〕同"蓴"。见"蒓菜"。

【蒓菜】 一种水生植物，可作羹汤。徐铉《送魏舍人仲甫为蕲州判官》："山资足后抛名路，莼菜秋来忆故乡。"

十一画

蔫 〔niān。又读 yān《广韵》謁言切，平元，影。又於乾切，平仙，影。〕❶花草凋谢枯萎。齐己《夏日林下作》："草媚终难死，花飞卒未蔫。"❷消散。贯休《怀四明亮公》："坐侵天井黑，吟久海霞蔫。"❸精神委靡呆滞。参见"蔫迂"。❹通"嫣"，指鲜艳的红花。元结《演兴四首·初祀》："涂木兰兮莳糅蔫，被弱草兮褅衿联。"

【蔫迂】 呆滞迂腐。白居易《东南行一百韵》："李酣犹短窦，庾醉更蔫迂。"

【蔫花】 枯萎的花。韩偓《春尽日》："树头初日照西檐，树底蔫花夜雨沾。"

【蔫香】 指残花。韩偓《残花》："余霞残雪几多在，蔫香冶态犹无穷。"

【蔫紅】 深红色。借指鲜艳的红花。蔫，通"嫣"。杜牧《春晚题韦家亭子》："蔫红半落平池晚，曲渚飘成锦一张。"

【蔫菸】 凋谢，枯萎。齐己《怀巴陵》："兰蕊蔫烟骚客庙，烟波晴阔钓师船。"又《荆渚病中因思匡庐遂成三百字寄梁先辈》："狂吟树荫映，纵踏花蔫烟。"

蓺 同"藝"。种，播种。杜甫《种莴苣》："苣兮蔬之常，随事蓺其子。"

蓴 〔chún《广韵》常倫切，平諄，禪。〕一种水生植物，可作羹汤。杜甫《赠别贺兰铦》："我恋岷下芋，君思千里莼。"顾况《湖南客中春望》："便抛印绶从归隐，吴渚香莼漫吐春。"唐彦谦《客中感怀》："托兴非耽酒，思家岂为莼。"

【蓴花】 莼菜之花。莼菜夏季开红紫色小花。李贺《南园十三首》之一一："自履藤鞋收石蜜，手牵苔絮长莼花。"

【蓴菜】 即莼菜。多年生草本水生植物，叶片椭圆形，浮水面。茎上和叶的背面有粘液。花暗红色，嫩叶可作汤菜。晋张翰因思吴中菰菜、蓴羹、鲈鱼脍辞官归乡。贺知章《答朝士》："钑镂银盘盛蛤蜊，镜湖莼菜乱如丝。”李群玉《送处士自番禺东游便归苏台别业》:“莼菜动归兴,忽然闻会吟。”皮日休《西塞山泊渔家》:“雨来莼菜流船滑,春后鲈鱼坠钓肥。”

【蒪絲】 莼菜。元稹《送王协律游杭越十韵》:“章甫官人戴,莼丝姹女提。”白居易《想东游五十韵》:“鲙缕鲜仍细,莼丝滑且柔。”皮日休《夏首病愈因招鲁望》:“明朝早起非无事,买得莼丝待陆机。”陆龟蒙《江南秋怀寄华阳山人》:“兰叶骚人佩,莼丝内史羹。”

【蒪羹】 用莼菜烹制的汤羹。见《晋书·陆机传》。孟浩然《岘潭作》:“因谢陆内史,莼羹何足传。”郎士元《赠万生下第还吴》:“莼羹若可忆,惭出掩柴扉。”许浑《九日登樟亭驿楼》:“鲈鲙与莼羹,西风片席轻。”李郢《友人适越路过桐庐寄题江驿》:“麦陇虚凉当水店,鲈鱼鲜美称莼羹。”参见“蒪鱸”。

【蒪鱸】 莼羹和鲈鱼脍。见《晋书·文苑传·张翰》。后常以为思乡辞官的典故。李频《明州江亭夜别段秀才》:“莫为莼鲈美,天涯滞尔才。”殷文圭《玉仙道中》:“莼鲈方美别吴江,笔阵诗魔两未降。”

蔌 〔sù《广韵》桑谷切,入屋,心。〕见“蔌蔌”。

【蔌蔌】 花瓣、雨滴等飘落貌。元稹《通州丁溪馆夜别李景信三首》词之二:“离床别脸睡还开,灯灺暗飘珠蔌蔌。”皮日休《吴中苦雨因书一百韵寄鲁望》:“顷刻势稍止,尚自倾蔌蔌。”和凝《天仙子》之二:“洞口春红飞蔌蔌,仙子含愁眉黛绿。”

蔓1 〔màn《广韵》無販切,去願,微。〕❶(或读wàn)草木蔓生植物的细长不能直立的枝茎。王维《归辋川作》:“菱蔓弱难定,杨花轻易飞。”司空曙《药园》:“春园芳已遍,绿蔓杂红英。”刘禹锡《采菱行》:“归来共到市桥步,野蔓系船萍满衣。”李商隐《柳枝五首》之三:“嘉瓜引蔓长,碧玉冰寒浆。”❷蔓延;滋长。太宗《过旧宅二首》之二:“叶铺荒草蔓,流竭半池空。”杜甫《除草》:“顽根易滋蔓,敢使依旧丘。”李渤《南溪诗》序:“俯而察之,如伞如拳,如栾栌支撑,如莲蔓藻井。”❸指芜蔓之词。欧阳詹《李评事公进示文集因赠之》:“理蔓语无枝,言一意则千。”❹荒芜。王昌龄《悲哉行》:“百年不容息,是处生意蔓。”

蔓2 〔mán《广韵》母官切,平桓,明。〕见“蔓₂菁”。

【蔓延】 ❶如蔓草滋生,连绵不断。杜甫《秋行官张望督促东渚耗稻向毕清晨遣女奴阿稽竖子阿段往问》:“有生固蔓延,静一资堤防。”❷延伸,扩展。杜牧《洛中送冀处士东游》:“治乱掘根本,蔓延相牵钩。”

【蔓₂青】 即芜青。俗称大头菜。元稹《梦游春七十韵》:“蔓青夸亩数,一种薄地生。”

【蔓草】 生有长茎能攀援缠绕的草。亦泛指蔓生的草。张九龄《登古阳云台》:“蔓草今如积,朝云为谁起。”杜甫《遣兴三首》之一:“朽骨穴蝼蚁,又为蔓草缠。”白居易《游悟真寺诗》:“却上谒仙祠,蔓草生绵绵。”马戴《送李侍御福建从事》:“晋安来越国,蔓草故宫迷。”

【蔓衍】 蔓延,如蔓草滋生,连绵不断。费冠卿《挂树藤》:“蔓衍数条远,溟濛千朵垂。”

【蔓涎】 谓蜗牛。韩愈、孟郊《城南联句》:“蔓涎角出缩,树啄头敲铿。”

【蔓₂菁】 即芜菁。卢仝《月蚀诗》:“恒州阵斩郦定进,项骨脆甚春蔓菁。”元稹《村花晚》:“三春已暮桃李伤,棠梨花白蔓菁黄。”白居易《玩迎春花赠杨郎中》:“凭君与向游人道,莫作蔓菁花眼看。”

【蔓壘】 长着蔓草的城堡。杜牧《鸦》:“蔓垒盘风下,霜林接翅眠。”

蔑 〔miè《广韵》莫結切,入屑,明。〕❶轻视,侮慢。储光羲《晚次东亭献郑州宋使君文》:“侍郎跨方朔,中丞蔑周处。”韩愈《县斋有怀》:“事业窥皋稷,文章蔑曹谢。”李咸用《剑喻》:“风胡不出来,摄履人相蔑。”❷无,没有。见“蔑有”。

【蔑有】 没有。李咸用《富贵曲》:“我闻周公贵为天子弟,富有半四海,蔑有骄奢贻后悔。”

蔦 〔niǎo《广韵》都了切,上篠,端。又多嘯切,去嘯,端。〕常绿寄生灌木。茎蔓生,寄生于桑、枫等树上,秋初结实,形如豆,可入药。卢鸿一《嵩山十志十首·金碧潭》:“泉葩映兮烟茑临,红灼灼,翠阴阴。”元稹《忆云之》:“泛若逐水萍,居为附松茑。”皮日休《行次野梅》:“茑拂萝捎一树梅,玉妃无侣独裴回。”吴融《三峰府内矮柏十韵》:“不容萝茑附,只耐雪霜侵。”

【蔦蘿】 茑萝与女萝。两生曼生植物。薛逢《题独孤处士村居》:“林峦当户茑萝暗,桑柘绕村姜芋肥。”

蔔 〔pú又读bo《广韵》蒲北切,入德,並。〕见“蘿蔔”。

蔡 〔cài《广韵》倉大切,去泰,清。〕❶野草。韩愈、孟郊《征蜀联句》:“圣灵闵顽嚚,焘养均草蔡。”❷占卜用的大龟。韩愈、孟郊《秋雨联句》:“筮命或冯蓍,卜晴将问蔡。”❸周时诸侯国名。周武王弟叔度始封于蔡,后因反叛,遭流放而死。周成王复封其子蔡仲于此。建都上蔡(今河南上蔡县西南)。春秋时,因故多次迁都。平侯迁新蔡(今属河南),昭侯迁州来(今安徽凤台县),称为下蔡。公元前

447年为楚所灭。杜牧《感怀诗一首》:“号为精兵处,齐蔡燕赵魏。”❹古州名。唐藩镇割据者吴元济割据于此。李商隐《韩碑》:“入蔡缚贼献太庙,功无与让恩不訾。”鲍溶有《蔡平喜遇河阳马判官宽话别》。❺姓。唐诗有蔡希周、蔡希寂等。

【蔡十二】 指蔡广成。唐人,曾任太子左谕德,著有《周易启元》十卷。权德舆有《酬蔡十二博士见寄四韵》和《酬别蔡十二见赠》。

【蔡女】 ❶蔡国的女子。后亦泛指中原地区的女子。上官仪《咏画障》:“蔡女菱歌移锦缆,燕姬春望上琼钩。”❷指东汉才女蔡琰。李颀《听董大弹胡笳声兼寄语弄房给事》:“蔡女昔造胡笳声,一弹一十有八拍。”杨巨源《冬夜陪丘侍御先辈听崔校书弹琴》:“楚妃波浪天南远,蔡女烟沙漠北深。”元稹《酬乐天余思不尽加为六韵之作》:“蔡女图书虽在口,于公门户岂生尘。”

【蔡中郎墳】 东汉蔡邕墓。墓在毗陵(今江苏武进区)境。

【蔡文恭】 唐诗人。生平事迹未详。或以为即蔡允恭之误。《全唐诗》卷七七七录其《奉和夏日游山应制》一首。

【蔡文慶】 唐处士。与李中相友善。李中有《访蔡文庆处士留题》《吉水春暮访蔡文庆处士留题》和《舟次吉水逢蔡文庆秀才》。

【蔡允恭】 唐诗人。荆州江陵(今属湖北)人。有风采,善诗文。仕隋,历著作佐郎、起居舍人。入唐,太宗引为秦王府参军兼文学馆学士。贞观初,除太子洗马,寻致仕。著述甚丰,俱失。今仅存诗《奉和出颖至淮应令》一首。

【蔡州】 隋大业初改秦州置,治所在汝阳县(今河南汝南县)。后改为汝南郡。唐初改为豫州。天宝元年改名为汝南郡。乾元元年复名豫州,宝庆元年改为蔡州。元至三十年改为汝宁府。唐代,蔡州为淮西节度使的住地。李颀《送郝判官》:“千里送行人,蔡州如眼见。”王建《题渭亭》:“一片蔡州青草色,日西铺在古台边。”韩愈《过襄城》:“已去蔡州三百里,家人不用远来迎。”白居易《侍中晋公欲到东洛先蒙书问期宿龙门思往感今辄献长句》:“闻说风情筋力在,只如初破蔡州时。”

【蔡孚】 唐诗人。开元二年任右(一作左)拾遗。八年,官起居舍人。《全唐诗》及《全唐诗补编》收其《打球篇》等四首。

【蔡希周】 唐诗人。润州曲阿(今江苏丹阳市)人。曾任监察御史、侍御史兼殿中。有诗名,殷璠尝汇次其诗入《丹阳集》。今存其《奉和扈从温泉宫承恩赐浴》一首。

【蔡希寂】 唐诗人。润州曲阿(今江苏丹阳市)人。蔡希周弟。进士及第。历任渭南尉、洛阳尉、司勋员外郎、金部郎中、司勋郎中。有诗名,工草隶,殷璠尝汇次其诗入《丹阳集》。今存《同家兄题渭南王公别业》等六首。

【蔡君】 疑为蔡允恭。孔绍安有《赠蔡君》。参见“蔡允恭”。

【蔡君知】 隋人,蔡凝子,蔡希综五世伯祖,曾官隋蜀王府记室参军,精书法,擅楷隶。孔德绍有《送蔡君知入蜀二首》。

【蔡京】 唐诗人。郓州(今山东东平县)人。早年为僧,令狐楚镇郓州,令其还俗,伴子弟读书。开成元年进士及第,会昌三年登学究科。历畿县尉、监察御史,至殿中侍御史。大中二年贬澧州司马,后迁抚州刺史、饶州刺史。咸通三年任岭南西道节度使,为部属所逐,贬崖州,不肯之官,敕令自尽。今存《责商山四皓》等诗三诗,与刘得仁相友善,刘得仁有《送蔡京东归迎侍》和《送蔡京侍御赴大梁幕》。

【蔡拾遺】 蔡孚。张九龄有《与袁补阙寻蔡拾遗会此公出行后蔡有五韵诗见赠以此篇答焉》。

【蔡昭侯】 春秋时蔡国国君。名申。朝楚时,携美裘两袭,一献楚昭王,一袭自服之。楚相子常欲得此裘而未得,因向楚昭王谗言,将蔡昭侯扣留于楚三年。见《左传·定公三年》。钱珝《江行无题一百首》之九四:“莫教留滞迹,远比蔡昭侯。”

【蔡起居】 蔡孚。张九龄有《贺给事尝诣蔡起居郊馆有诗因命同作》。徐晶有《蔡起居山亭》。张说有《遥同蔡起居偃松篇》。

【蔡倫造紙】 东汉宦者蔡伦,用树皮、麻头及敝布、鱼网之类以为纸,奏上之。和帝善其能,自是从用,故天下咸称“蔡侯紙”。见《后汉书·宦者列传》本传。李瀚《蒙求》:“蒙恬制笔,蔡伦造纸。”

【蔡家親】 东汉蔡邕之母是袁涣的姑母,袁涣与蔡邕是姑表兄弟。故后以“蔡家親”指姑表兄弟。司空曙《喜外弟卢纶见宿》:“平生自有分,况是蔡家亲。”

【蔡姬舟】 蔡姬,春秋齐侯夫人。齐侯曾与其在园林池水中乘船游玩,蔡姬故意晃动游船,“公惧变色,禁之不可”,激怒了齐侯。见《左传·僖公三年》。后用为帝妃荡舟的典故。吴融《御沟十六韵》:“鼓宜尧女瑟,荡必蔡姬舟。”

【蔡邕】 东汉著名文学家和杰出书法家。字伯喈。陈留圉(今河南杞县)人。博学多才,灵帝时为议郎,因上书论朝政阙失,被诬流放,亡命江湖十余年,董卓专政,欲起用为官,称疾不就,卓怒,切敕州郡举荐,不得不至,三月三迁,官至左中郎将。卓被诛后,邕被捕,瘐死狱中。著有《蔡中郎集》。王维《故人张谭工诗善易卜兼能丹青草隶顷以诗见赠聊获酬之》："自想蔡邕今已老，更将书籍与何人。"白居易《吾雏》："蔡邕念文姬，于公叹缇萦。"舞柘枝女《献李观察》："谁是蔡邕琴酒客，魏公怀旧嫁文姬。"

【蔡邕倒屣】　后汉蔡邕，富于才学，贵重朝廷，常车骑填巷，宾客盈座。王粲至谒，蔡为之倒屣迎之，曰："此王公之孙，有异才，吾不如。"见《三国志・魏志・王粲传》。李瀚《蒙求》："周公握发，蔡邕倒屣。"

【蔡國公主】　睿宗女，降王守一。后降裴巽。刘长卿有《九日题蔡国公主楼》。武元衡有《题故蔡国公主九华观上池院》。按，《新唐书・诸帝公主传》无蔡国公主，云降守一及裴巽者乃"薛国公主"，疑误。

【蔡参軍】　疑为蔡君知，与庾抱、刘斌等登临山水，结为文会。见《旧唐书・刘孝孙传》。庾抱有《别蔡参军》。

【蔡琰】　东汉著名女诗人。蔡邕女。博学多才，精通音律。初适河东卫仲道，夫亡，孀居母家，值东汉末大乱，为南匈奴左贤王所掠，与其生活十二年，生二子。曹操念蔡邕无后，以金璧赎归，再嫁董祀。著有《悲愤诗》两首，相传《胡笳十八拍》亦为其所作。李白《在浔阳非所寄内》："多君同蔡琰，流泪请曹公。"卢仝《听萧君姬人弹琴》："蔡琰薄命没胡虏，乌枭啾唧啼胡天。"李敬方《太和公主还宫》："胡笳悲蔡琰，汉使泣明妃。"

【蔡琰辨琴】　《艺文类聚》卷四四引《蔡琰别传》载，蔡琰幼能辨琴。六岁时即能听出其父弹琴所断之弦。李瀚《蒙求》："蔡琰辨琴，王粲覆棋。"

【蔡博士】　蔡广成，著有《周易启源》十卷。见《直斋书录解题》卷一。权德舆有《酬蔡十二博士见寄四韵》。

【蔡廓】　南朝宋人，字子度，济阳考城(今河南民权县)人。以明礼至孝著称，母丧，三年不栉沐。见《宋书・蔡廓传》。司空曙《送王使君小子孝廉登科归省》："张冯本名士，蔡廓是佳儿。"

【蔡湘州】　贾岛有《蒋亭和蔡湘州》。唐无湘州。诗云"蒋宅为亭榭，蔡城东郭门。"知乃蔡州之误。

【蔡渡】　渡口名。在唐白居易故乡下邽(今陕西渭南市)。与白居易故居紫兰村隔渭河相对。渡以汉孝子蔡顺得名。白居易《重到渭上旧居》："旧居清渭曲，开门当蔡渡。"

【蔡陽館】　蔡阳之客馆。在今湖北枣阳市之西南。西汉置蔡阳县，治所在今湖北枣阳市西。南朝宋大明初废。齐复置东蔡阳、西蔡阳两县，梁仍合为蔡阳县。唐初废。今其地称蔡阳铺。孟浩然有《夕次蔡阳馆》。

【蔡順分椹】　东汉蔡顺，字君仲，奉母至孝。食桑椹时，优者供母，劣者己食。见《太平御览》卷九七三引晋周斐《汝南先贤传》。李瀚《蒙求》："王祥守柰，蔡顺分椹。"

【蔡裔殞盜】　蔡裔者，有勇气，声若雷震。尝有二偷入室，裔拊床一呼，而盗俱殒，故浩委以军锋焉。见《晋书・殷浩传》附《蔡裔传》。李瀚《蒙求》："蔡裔殒盗，张辽止啼。"

【蔡韵】　指东汉女诗人蔡琰的诗作。琰有《悲愤诗》二首，《胡笳十八拍》亦传为其所作。张祜《叙诗》："枚情既云妙，蔡韵肯容卑。"

【蔡隱丘】　唐诗人。名希逸，字隐丘，以字行。润州曲阿(今江苏丹阳市)人。曾任缑氏主簿。精于书法。殷璠尝汇次其诗入《丹阳集》。《全唐诗》卷一一四录其《石桥琪树》一首。

【蔡經】　东汉末年人。仙人王远过其家，授以尸解之法，后果蝉蜕而仙去。事见《神仙传》卷二。王绩《游仙四首》之一："蔡经新学道，王烈旧成仙。"陆龟蒙《寄怀华阳道士》："珠宫凤合迎萧史，玉籍谁人访蔡经。"

【蔡撙】　南朝人。字景节。仕梁，为吴兴太守、侍中，迁临海太守。在此任上任其妾受贿，为有司所劾。孙元晏有《咏史诗・梁・蔡撙》。

【蔡澤】　战国时秦国大臣。燕国人。多智善辩，游说诸侯。后入秦，秦昭王视其有才，拜为客卿。后继范雎为相国，献计昭王攻灭西周。几月后，因遭人攻击，惧杀，辞去相位，封成刚君，居留秦国十余年。秦始皇时，曾出使其故国燕国。高适《九日酬颜少府》："苏秦憔悴人多厌，蔡泽栖迟世看丑。"卢纶《冬日登城楼有怀因赠程腾》："长卿未遇杨朱泣，蔡泽无媒原宪贫。"

蔗　〔zhè《广韵》之夜切，去禡，章。〕甘蔗。蔡孚《打球篇》："共道用兵如断蔗，俱能走马入长楸。"韦应物《送唐明府赴溧水》："鱼盐滨海利，姜蔗傍湖田。"韩愈《答张彻》："初味犹啖蔗，遂通斯建瓴。"白居易《想东游五十韵》："味苦莲心小，浆甜蔗节稠。"

【蔗餳】　蔗糖。陆龟蒙《江南秋怀寄华阳山人》："野馈夸菰饭，江商贾蔗饧。"

【蔗漿】　蔗汁。王维《春过贺遂员外药园》："蔗浆菰米饭，蒟酱露葵羹。"杜甫《入奏行赠西山检察使窦侍御》："蔗浆归厨金碗冻，洗涤烦热足以宁君躯。"唐彦谦《叙别》："翠盘擘脯胭脂香，碧碗敲冰分蔗浆。"韩偓《恩赐樱桃分寄朝士》："蔗浆自透银杯冷，朱实相辉玉碗红。"

麄 同"麤"。粗。见"麄差"。

【麄差】 (—chà)粗劣。陈陶《草木言》:"涓毫可麄差,朝菌寿为长。"

蔟 〔cù《广韵》千木切,入屋,清。〕❶蚕箔;蚕蔟。束稻麦秆、油菜秆等为之,供蚕结茧。白居易《和答诗十首·和大觜乌》:"探巢吞燕卵,入蔟啄蚕虫。"亦用为动词。又指将蚕聚于蚕蔟。白居易《效陶潜体诗十六首》之四:"蔟蚕北堂前,雨冷不成丝。"❷丛聚;堆积。张祜《题重玄寺阁八韵》:"青螺蔟山色,白练展湖光。"❸量词。犹群。皮日休《忆洞庭观步十韵》:"崦花时有蔟,溪鸟不成双。"

【蔟蔟】 丛集貌,众多貌。元稹《乐府古题·田家词》:"六十年来兵蔟蔟,月月食粮车辘辘。"白居易《登郢州白雪楼》:"白雪楼中一望乡,青山蔟蔟水茫茫。"郑谷《峡中尝茶》:"蔟蔟新英摘露光,小江园里火煎尝。"吴融《题延寿坊东南角古池》:"更无蔟蔟红妆点,犹有双双翠羽来。"

蔽 〔bì《广韵》必袂切,去祭,幫。〕❶见"蔽芾"。❷覆盖;遮挡。郭震《云》:"不知身是无根物,蔽月遮星作万端。"白居易《新乐府·鸦九剑》:"不如持我决浮云,无令漫漫蔽白日。"李赤《姑孰十吟·灵墟山》:"松萝蔽幽洞,桃杏深隐处。"温庭筠《金虎台》:"碧草连金虎,青苔蔽石麟。"❸掩饰。柳宗元《湘岸移木芙蓉植龙兴精舍》:"有美不自蔽,安能守孤根。"❹隐覆,埋没。王维《哭褚司马》:"汉臣修史记,莫蔽褚生才。"储光羲《荥阳马氏二子》:"材蔽行人右,名居东里先。"❺蒙蔽。白居易《新乐府·采诗官》:"贪吏害民无所忌,奸臣蔽君无所畏。"❻壅蔽,壅塞。李白《答高山人兼呈权顾二侯》:"顾侯达语默,权子识通蔽。"卢纶《宝泉寺送李益端公归邠宁幕》:"眼界尘虽染,心源蔽已通。"权德舆《读穀梁传二首》之一:"荀寅士吉射,诚乃蔽聪明。"亦指壅塞不能之处。韩愈《示儿》:"以能问不能,其蔽岂可祛。"❼阻隔,阻挡。欧阳詹《有所恨二章》序:"惑乎一言,蔽乎一垣,而死生以之。"❽糊涂,不聪明。孟简《咏欧阳行周事》序:"鸣呼!钟爱于男女,素期效死,夫亦不蔽也。"张祜《江南杂题三十首》之二六:"愚非宁武子,蔽是卓文君。"

【蔽日】 遮蔽日光。戎昱《玉台体题湖上亭》:"蔽日高高树,迎人小小船。"裴夷直《晚凉》:"檐前蔽日多高树,竹下添池有小渠。"姚鹄《送僧归新罗》:"惊天巨鳌斗,蔽日大鹏飞。"

【蔽形】 遮掩身体。白居易《丘中有一士二首》之一:"藜藿不充肠,布褐不蔽形。"

【蔽芾】 亦作"蔽茀"。相传西周召公于棠树下决狱,有惠政,人作《甘棠》诗以美之。见《诗·召南·甘棠》。后因以"蔽芾"颂扬有政绩的官吏或其政绩。刘长卿《奉和赵给事使君留赠李婺州舍人兼谢舍人别驾之什》:"庭顾婆娑老,邦传蔽芾新。"皎然《因游支硎寺寄邢端公》:"始驭屏星乘,旋阴蔽茀棠。"羊士谔《郡斋读经》:"息阴惭蔽芾,讲义得醍醐。"吴融《偶书》:"芳树绿阴连蔽芾,长河飞浪接昆仑。"

【蔽身】 ❶遮蔽身体。秦系《山中赠耿拾遗沣兼两省故人》:"数片荷衣不蔽身,青山白鸟岂知贫。"白居易《村居苦寒》:"北风利如剑,布絮不蔽身。"❷隐藏形迹。李白《鲁郡尧祠送张十四游河北》:"猛虎伏尺草,虽藏难蔽身。"王建《雉将雏》:"麦垄浅浅难蔽身,远去恋雏低怕人。"

【蔽茀】 见"蔽芾"。

【蔽泥】 即障泥。垂于马腹两侧,以遮挡尘土。杜牧《少年行》:"连环羁玉声光碎,绿锦蔽泥虬卷高。"

【蔽袂】 掩袂,以衣袖拭泪。皮日休《奉和鲁望叠韵吴宫词二首》之一:"荒王将乡亡,细丽蔽袂逝。"

【蔽能】 埋没贤能的人。韩愈《送区弘南归》:"况今天子铺德威,蔽能者诛荐受机。"

【蔽遮】 遮蔽,阻挡。姚合《买太湖石》:"碧光入四邻,墙壁难蔽遮。"

【蔽賢】 埋没贤能之人。周昙《咏史诗·六朝门·梁武帝再吟》:"莫是自长嫌胜己,蔽贤犹执匹夫才。"

【蔽膝】 围于衣服前面的大巾。用以掩护膝盖。温庭筠《过华清宫二十二韵》:"斗鸡花蔽膝,骑马玉搔头。"韩偓《闻雨》:"香侵蔽膝夜寒轻,闻雨伤春梦不成。"毛文锡《甘州遍》词:"花蔽膝,玉衔头。寻芳逐胜欢宴,丝竹不曾休。"

【蔽翳】 遮蔽;隐蔽。元稹《苦雨》:"已复云蔽翳,不使及泥涂。"又《阳城驿》:"幽阴蔽翳者,永为幽翳囚。"

【蔽虧】 因遮蔽而半隐半现。宋之问《明河篇》:"复道连甍共蔽亏,画堂琼户特相宜。"李颀《无尽上人东林禅居》:"含吐山上日,蔽亏松外村。"孟郊《梦泽中行》:"楚山争蔽亏,日月无全辉。"皎然《奉陪陆使君长源裴端公枢春游东西武丘寺》:"瑶草自的皪,蕙楼争蔽亏。"

【蔽謗】 掩饰诽谤。陆龟蒙《记事》:"嗟今多赤舌,见善惟蔽谤。"

蕖 〔qú《广韵》强魚切,平魚,羣。〕芙蕖。即荷花。李白《金门答苏秀才》:"缘溪见绿筱,隔岫窥红蕖。"羊士谔《登乐游原寄司封孟郎中卢补阙》:"白鸟凌风迴,红蕖濯露多。"韦应物《张彭州前与冯少府各惠寄一篇因追哀叙事兼远简冯生》:"郡中有方塘,凉阁对红蕖。"元稹《哭女樊四十韵》:"翠凤舆真女,红蕖捧化生。"

蔚〔wèi《广韵》於胃切,去未,影。〕❶草木茂盛貌。顾况《上古之什补亡训传十三章·十月之郊一章》:"曈其蔚兮,不可以游息。"萧颖士《有竹一篇七章》之三:"彼蔚者竹,萧其森矣。"❷云气弥漫貌。张九龄《奉和圣制烛龙斋祭》:"蔚兮朝云,沛然时雨。"刘禹锡《送李策秀才还湖南因寄幕中亲故兼简衡州吕八郎中》:"火云蔚千里,旅思浩已盈。"❸学问深,有文采。杜甫《八哀诗·故秘书少监武功苏公源明》:"学蔚醇儒姿,文包旧史善。"❹荟萃;聚集。羊士谔《斋中有兽皮茵偶成咏》:"山泽生异姿,蒙戎蔚佳色。"刘禹锡《朗州窦员外见示与澧州元郎中郡斋赠答长句二篇因以继和》:"鸳鹭差池出建章,彩旗朱户蔚相望。"❺古州名。张祜有《游蔚过昭陵十六韵》。参见"蔚州"。

【蔚州】　古州名。治所屡迁。北魏永安中以怀荒、御夷二镇(分别在今河北张北县与赤城县北)置。后移治今山西平遥县西北。北周移治灵丘县(今属山西)。隋大业初废。唐武德六年复置,寄治阳曲县(今山西太原市阳曲镇),次年移治繁畤县(今山西繁峙县西),八年移治秀容县北恒州城(今山西忻州市忻府区西北),贞观五年还治灵丘县,开元移治安边县(今河北蔚县)。雍陶有《自蔚州南入真谷有似剑门因有归思》。李商隐有《赠别前蔚州契苾使君》。马戴有《赠前蔚州崔使君》。

【蔚跂】　雄浑多姿。杜甫《观公孙大娘弟子舞剑器行》序:"见临颍李十二娘舞剑器,壮其蔚跂。"

【蔚然】　文采华美。陈陶《赠江西周大夫》:"独立正始风,蔚然中兴瑞。"

【蔚章】　人名,钱徽字。唐元和间曾任祠部员外郎、司封郎中等职。白居易《和钱员外答卢员外早春独游曲江见寄长句》:"云夫首倡寒玉音,蔚章继和春搜吟。"又《病中作》:"唯有蔚章于我分,深于同在翰林时。"

【蔚蔚】　❶茂盛貌。柳宗元《种仙灵毗》:"蔚蔚遂充庭,英翘忽已繁。"❷色彩鲜明。张祜《忆江东旧游四十韵寄宣武李尚书》:"豹文须蔚蔚,羊目漫睖睖。"

【蔚蓝】　深蓝色。如晴朗天空的颜色。杜甫《冬到金华山观》:"上有蔚蓝天,垂光抱琼台。"

蔣[1]〔jiāng《广韵》即良切,平陽,精。〕植物名。菰,茭白。杜甫《夔州歌十绝句》之五:"背飞鹤子遗琼蕊,相趁凫雏入蒋牙。"元稹《哀病骢呈致用》:"自经梅雨长垂耳,乍食菰蒋欲折腰。"韦庄《赠渔翁》:"满岸秋风吹枳橘,绕陂烟雨种菰蒋。"

蔣[2]〔jiǎng《广韵》即兩切,上養,精。〕姓。唐诗人有蒋吉、蒋防等。亦特指西汉兖州刺史蒋诩。陆龟蒙《奉和袭美怀华阳润卿博士三首》之一:"金墟福地能容否,愿作冈前蒋负刍。"

【蔣₂九】　李嘉祐有《润州杨别驾宅送蒋九侍御收兵归扬州》。"九"当作"十九"。蒋十九,蒋排行十九。参见"蒋侍御"。

【蔣₂大】　蒋乂。权德舆有《和张秘监阁老过蒋大拾遗因呈两省诸公并见示》。参见"蒋拾遗"。

【蔣₂山】　即钟山。又名紫金山。在今南京市东北。王昌龄《送朱越》:"远别舟中蒋山暮,君行举首燕城路。"李嘉祐有《蒋山开善寺》。戴叔伦《抚州对事后送外生宋垓归饶州觐侍呈上姊夫》:"淮汴初丧乱,蒋山烽火起。"徐铉《宣威苗将军贬官后重经故宅》:"蒋山南望近西坊,亭馆依然锁院墙。"

【蔣₂元卿】　西汉蒋诩字。耿湋《秋夜喜卢司直严少府访宿》:"还如杜陵下,暂拂蒋元卿。"

【蔣₂五】　蒋岑。曾任膳部员外郎、司农少卿。见《古今姓氏书辩证》卷二七蒋氏。张说有《南中别蒋五岑向青州》。

【蔣₂生】　指西汉蒋诩,哀帝时为兖州刺史。王莽专摄,辞官归隐。事见《汉书·蒋诩传》。岑参《自潘陵尖还少室居止秋夕凭眺》:"尚子不可见,蒋生难再逢。"封孟绅《赋得行不由径》:"不复由莱径,无由见蒋生。"

【蔣₂生徑】　亦作"蒋生逕""蒋詡徑"。西汉蒋诩,字元卿,哀帝时为兖州刺史,廉直有名声。王莽居摄,辞官归隐。舍前竹下辟三径,唯故人羊仲、求仲与之游。后以"蒋生徑"称隐者居处。岑参《沣头送蒋侯》:"徒闻蒋生径,尔去谁相携。"杜甫《舍弟观赴蓝田取妻子到江陵喜寄三首》之三:"卜筑应同蒋诩径,为园须似邵平瓜。"耿湋《秋晚卧疾寄司空拾遗曙卢少府纶》:"惭非蒋生径,不敢望求羊。"钱起《秋夜寄袁中丞王员外》:"应怜蒋生迳,秋露满蓬蒿。"亦省作"蒋逕"。谭用之《贻南康陈处士陶》:"白玉堆边蒋迳横,空涵二十四滩声。"

【蔣₂生逕】　见"蒋生徑"。

【蔣₂詡徑】　见"蒋生徑"。

【蔣₂逕】　见"蒋生徑"。

【蔣₂吉】　唐诗人。江南人。曾历游长安、商州、金陵、江夏等地。《全唐诗》卷七七一录其诗十五首。

【蔣₂先輩】　蒋德山。黄滔有《伤蒋校书德山》。《全唐文》卷八二三黄滔《与蒋先辈启》称蒋为"校书先辈"。黄滔有《寄蒋先辈》。

【蔣₂州】　谓润州,治所在延陵县(今江苏镇江市)。隋开皇九年以丹阳郡改置蒋州,治所在石头城(今江苏南京市西清凉山)。开皇十五年,析蒋州之延陵,永年与常州之曲阿,置润州。刘长卿《和樊使君登润州城楼》:"江田漠漠全吴地,野树苍苍故蒋州。"

【蔣₂氏】 五代吴越时女诗人。湖州司法参军陆濛妻。性耽酒,善诗文。《全唐诗》卷七九九录其《答诸姊妹戒饮》一首。

【蔣₂防】 唐诗人。字子微,常州义兴(今江苏宜兴市)人。蒋澄之后。年少聪慧,年十八父友令作《秋河赋》,援笔立就。元和中历官右拾遗、右补阙。元和中,李绅荐其为司封员外、知制诰。长庆元年,进翰林学士。长庆四年,李绅为李逢吉所逐,防遭牵连任汀州刺史,旋改任连州刺史和袁州刺史。入朝为中书舍人。《全唐诗》录其诗十二首。

【蔣₂志】 唐诗人。与颜真卿同时。曾任秘书郎。《全唐诗》卷七八八录其与颜真卿等《三言拟五杂组联句》六句。

【蔣₂伸】 唐人,大中末为相。贯休《送卢舍人三首》之三:"君不见近代韦裴蒋与萧。"原注:"蒋□相国墙堑空门,为大檀越。"按,其脱字,即当为伸字。又贯休《酬张相公见寄》:"但似前朝萧与蒋,老僧风雪亦相寻。"蒋,亦指蒋伸。原注"绅"字,误。

【蔣₂岑】 唐人。行五,义兴阳羡(今江苏宜兴市)人。曾任监察御史、膳部员外郎、司农少卿等职。与张说相友善。张说有《南中别蒋五岑向青州》。

【蔣₂尚書】 指蒋涣。涣于大历七年以检校礼部尚书充东都留守。耿沣有《奉送蒋尚书兼御史大夫东都留守》。

【蔣₂侍御】 蒋晁。曾官扬州从事兼监察御史,行十九。见贾至《送蒋十九丈奏事毕正拜殿中归淮南幕府》(《全唐文》卷三六八)。李嘉祐有《润州杨别驾宅送蒋九侍御收兵归扬州》,诗题"九"当作"十九"。刘长卿有《送蒋侍御入秦》。岑参有《西亭送蒋侍御还京》。

【蔣₂肱】 唐诗人。袁州宜春(今属江西)人。大顺二年擢进士第。唐末曾为荆南节度使成汭幕府宾客。《全唐诗》卷七二七录其诗一首。

【蔣₂冽】 唐诗人。涣之兄。常州义兴(今江苏宜兴市)人。仪凤中宰相高智周之外孙。擢进士。玄宗朝历任大理评事、监察御史、侍御史、考工员外郎、御史中丞、礼部户部侍郎。天宝十四载为吏部侍郎,迁尚书左丞。安史之乱中,曾受伪职。后不知所终。《全唐诗》二五八录其诗七首。

【蔣₂挺】 唐诗人。义兴阳羡(今江苏宜兴市)人。开元初,为监察御史。开元十一年,任主爵郎中。十三年,自国子司业出湖州刺史。《全唐诗》卷六七录其《祭汾阳乐章》一首。

【蔣₂拾遺】 蒋乂。乂贞元九年转右拾遗,充史馆修撰。见《旧唐书》本传。窦牟有《史馆候别蒋拾遗不遇》。权德舆有《和张秘监阁老过蒋大拾遗因呈两省诸公并见示》。

【蔣₂相】 (一 xiàng)蒋伸。大中七年,改兵部侍郎,判户部。后以来官同中书门下事,咸通七年出为华州刺史。见《新唐书》本传。薛能有《蒙恩除侍御史行次华州寄蒋相》。

【蔣₂侯神】 指蒋子文。汉末,为秣陵(治所在今南京市)尉,追匪盗于钟山下,为匪盗所害,据传死而有灵异。三国吴孙权为之立庙钟山,封之为蒋侯,改钟山名蒋山。温庭筠有《蒋侯神歌》。

【蔣₂亭】 亭名。有两处,一处在今南京市蒋山(钟山)。罗邺有《秋日留题蒋亭》。一处在蔡州治所今河南汝南县。贾岛有《蒋亭和蔡湘州》。姚合有《寄题蔡州蒋亭兼简田使君》。薛能有《蔡州蒋亭》。马戴《送田使君牧蔡州》:"悬知蒋亭下,渚鹤伴闲行。"

【蔣₂帝】 指蒋子文。三国吴封其为侯,南齐进号为蒋帝。温庭筠《题竹谷神祠》:"寂寞东湖客,空看蒋帝碑。"

【蔣₂帝祠】 即蒋帝庙。韦庄《谒蒋帝庙》:"建业城边蒋帝祠,素髯清骨旧风姿。"

【蔣₂帝廟】 蒋子文庙。徐铉有《宿蒋帝庙明日游山南诸寺》。韦庄有《谒蒋帝庙》。

【蔣₂員外】 蒋晁。韩翃有《送蒋员外端公归淮南》。

【蔣₂涣】 唐诗人。冽之弟。常州义兴(今江苏宜兴市)人。擢进士。天宝末为给事中。安史之乱中,曾受伪职。永泰末,为鸿胪卿。后历右散骑常侍、工部侍郎、尚书右丞。大历三年出为华州刺史,充镇国军潼关防御史。复为检校刑部尚书兼鸿胪卿,七年以检校礼部尚书充东都留守。卒官礼部尚书,封汝南公。《全唐诗》卷二五八录其诗五首。

【蔣₂家】 指西汉蒋诩家。王莽居摄,蒋诩辞官隐居杜陵,院中辟三径,唯与逃名不仕的羊仲、求仲过从。唐诗中借指隐居之地。李端《送元晟归江东旧居》:"蒋家人暂别,三路草连阶。"

【蔣₂密】 唐诗人。五代零陵(今湖南永州市)人。儒士。《全唐诗》卷七九五录其《咏桑》断句二句。

【蔣₂贻恭】 唐诗人。江淮间人。唐末流落至蜀。后蜀孟知祥时,任大井县令。有逸才,善诗文,每一吟咏,率多讽刺。《全唐诗》卷七六〇录其诗二首,卷八七〇录其谐谑诗八首。

【蔣₂鈞】 唐诗人。字不器,营道(今湖南道县)人。与南唐诗人刘洞、陈甫相友善。《全唐诗》卷七九五录其《寄柳宜》和《代答戎昱》二诗断句。

【蔣₂暉】　唐道士，全州(今属广西)人。与吕岩有交往。吕岩有《题全州道士蒋晖壁》。

【蔣₂詹事】　蒋俨。俨文明中，封义兴县子，历右卫大将军、太子詹事。见《旧唐书》本传。崔融有《哭蒋詹事俨》。

【蔣₂詡】　西汉人。字元卿。哀帝时为兖州刺史，廉直有政声。王莽居摄，辞官归隐。事见《汉书·王贡两龚鲍传》。吴筠《览古诗十四首》之十："二疏返海滨，蒋诩归林园。"李瀚《蒙求》："蒋诩三径，许由一瓢。"

【蔣₂維東】　唐诗人。五代零陵(今湖南永州市)人。聪明好学，善诗文。乾祐中尝隐居衡岳，从而受业五十余人，被生徒推为山长。《全唐诗补编》录其《旅中》《落花》断句各二句。

【蔣₂維翰】　唐诗人。蒋，一作"薛"。开元进士。《全唐诗》卷二九《杂歌谣辞》录古歌二首，作者标为"薛维翰"，卷一四五录其蒋维翰《古歌二首》等五首诗。作者蒋维翰名下谓"蒋，一作'薛'。"

【蔣₂嶠】　即蒋山。亦即今南京市东北之紫金山。徐铉《又和》："凤城回望真堪画，万户千门蒋峤西。"

【蔣₂學士】　蒋防。元和中，防官司封郎中、知制诰，进翰林学士。见《全唐诗》作者小传。王建有《和蒋学士新授章服》。

【蔣₂鍊師】　南唐女道士。身体肥胖，非妇人之状。何瓒有《乘烟观蒋炼师》。

蓼[1]　〔liǎo《广韵》盧鳥切，上篠，來。〕❶水草名。一年生或多年生草本。有辛味，可用作调味。元稹《忆云之》："为鱼实爱泉，食辛宁避蓼。"李商隐《越燕二首》之二："将泥红蓼岸，得草绿杨村。"贾岛《不欺》："食鱼味在鲜，食蓼味在辛。"翁承赞《汉上登舟忆闽》："参差雁阵天初碧，零落渔家蓼欲红。"❷比喻辛苦。李贺《春归昌谷》："逸目骈甘华，羁心如荼蓼。"

蓼[2]　〔lù《广韵》力竹切，入屋，來。〕长大貌。参见"蓼₂莪"。

【蓼花】　蓼草之花。柳宗元《田家三首》之三："蓼花被堤岸，陂水寒更绿。"白居易《湓浦早冬》："蓼花始零落，蒲叶稍离披。"许浑《朝台送客有怀》："岭北归人莫回首，蓼花枫叶万重滩。"李中《舟次彭泽》："无人秋浪晚，一岸蓼花风。"

【蓼花灘】　开满蓼花的沙滩。谭用之《寄友人》："早晚烟村碧江畔，挂罾重对蓼花滩。"亦略称"蓼灘"。刘兼《登楼寓望》："背琴鹤客归松径，横笛牛童卧蓼滩。"

【蓼₂莪】　《诗·小雅》篇名。蓼莪，意为长大的莪蒿。诗以蓼莪起兴，咏叹人生子苦于兵役无暇侍奉父母。后因作悼念亡亲的典故。牟融《邵公母》："伤心独有黄堂客，几度临风咏蓼莪。"又《翁母些》："独有贤人崇孝义，伤心共咏蓼莪诗。"

【蓼₂蕭】　《诗·小雅》篇名。毛序："《蓼萧》，泽及四海也。"后用以指君王的恩泽。贯休《大蜀皇帝寿春节进尧铭舜颂二首·尧铭》："熙熙蓼萧，块润风调。"

【蓼穗】　蓼草之穗。陆龟蒙《江南秋怀寄华阳山人》："砚拨萍根洗，舟冲蓼穗撑。"吴融《秋池》："香啼蓼穗娟娟露，乾动莲茎淅淅风。"韦庄《自孟津舟西上雨中作》："来时楚岸杨花白，去日隋堤蓼穗红。"

【蓼蟲】　寄生于蓼间的虫。以蓼为食。白居易《自咏五首》之二："何异食蓼虫，不知苦是苦。"李咸用《放歌行》："蠢蠢荼蓼虫，薨薨避葵荠。"卢延让《赠僧》："禅师莫问求名苦，滋味过于食蓼虫。"

【蓼灘】　见"蓼花灘"。

薌[1]　〔xiāng《广韵》許良切，平陽，曉。〕谷类的香气。《郊庙歌辞·祀九宫贵神乐章·太和》："金奏九夏，圭陈八芗。"

薌[2]　〔xiǎng《广韵》許兩切，上養，曉。〕通"響"。于邵《释奠武成王乐章·奠币登歌》："管磬升，坛芗集。"

十二画

蔾　〔lí《广韵》力脂切，平脂，來。又郎奚切，平齊，來。〕同"藜"。一年生草本植物。嫩叶可食，老茎可为杖。见"蔾莠"。

【蔾莠】　藜和莠。泛指野草。卢仝《寄男抱孙》："下学偷功夫，新宅锄藜莠。"

蕡　〔fén《广韵》符分切，平文，奉。〕草木果实繁盛硕大貌。贺知章《奉和圣制送张说巡边》："饔人藉蕡实，乐正理丝桐。"

蕙　〔huì《广韵》胡桂切，去霽，匣。〕香草名。有两种，一为熏草，即佩兰。古人佩之或作香焚以避疫。二指蕙兰。叶似草兰而稍瘦长，暮春开花，一茎可发八九朵，气逊于兰，色亦较浅。张九龄《杂诗五首》之二："酷在兰将蕙，甘从葵与藿。"李白《独不见》："春蕙忽秋草，莎鸡鸣西池。"陆贽《赋得御园芳草》："雨余荑更密，风暖蕙初香。"温庭筠《感旧陈情五十韵献淮南李仆射》："蕙径邻幽澹，荆扉兴静便。"

【蕙心】　指女子纯洁的心灵。贺朝《孤兴》："君子在遐险，蕙心谁见珍。”李华《咏史十一首》之一一：“电影开莲脸，雷声飞蕙心。”武元衡《宾妓兴嗟久之因赋此诗用广其意》：“上客彻瑶瑟，美人伤蕙心。”刘沧《寄远》：“蕙心迢递湘云暮，兰思萦回楚水流。”

【蕙色】 艳丽之色。林滋《人日》：“林香半落沾罗幌，蕙色微含近酒杯。”

【蕙芷】 蕙草和白芷。皆香草。常喻贤人。温庭筠《病中书怀呈友人》：“放怀亲蕙芷，收迹异桑榆。”陆龟蒙《孤雁》：“骚人夸蕙芷，易象取陆苋。”

【蕙花】 蕙草之花。韦应物《闲斋对雨》：“巢燕翻泥湿，蕙花依砌消。”钱起《县城秋夕》：“露重蕙花落，月冷莎鸡飞。”又《长安旅宿》：“蕙花渐寒暮，心事犹楚越。”

【蕙若】 蕙草和杜若。两种香草。梁德裕《感寓二首》之二：“幽涧生蕙若，幽渚老江蓠。”钱起《送李九贬南阳》：“霜降幽林沾蕙若，弦惊翰苑失鸳鸾。”李商隐《春深脱衣》：“减衣怜蕙若，展帐动烟波。”

【蕙草】 香草名。亦名重草、零陵香。叶如麻，两两相对。崔国辅《襄阳曲二首》之一：“蕙草娇红萼，时光舞碧鸡。”耿沣《晚夏即事临南居》：“蕙草芳菲歇，青山早晚归。”李德裕《春暮思平泉杂咏二十首·花药栏》：“蕙草春已碧，兰花秋更红。”陈陶《钟陵道中作》：“原隰经霜蕙草黄，塞鸿消息怨流芳。”

【蕙茎】 蕙和茎。两种香草名。常用以喻贤人。张说《登九里台是樊姬墓》：“自我来符守，因君树蕙茎。”

【蕙香】 蕙草的香气。储光羲《至岳寺即大通大照禅塔上温上人》：“山墟响信鼓，蘅薄生蕙香。”白居易《感秋寄远》：“燕影动归翼，蕙香销故丛。”

【蕙風】 指和暖的春风。崔湜《和苏员外寓直》：“开轩竹气静，拂簟蕙风凉。”白居易《寄元九》：“蕙风晚香尽，槐雨余花落。”鲍溶《经隐叟》：“萝景深的的，蕙风闲薰薰。”刘威《闰三月》：“节分炎气近，律应蕙风移。”

【蕙炷】 指香、香炷。陆龟蒙《邺宫词二首》之一：“魏武平生不好香，枫胶蕙炷洁宫房。”花蕊夫人徐氏《宫词》之六二：“蕙炷香销烛影残，御衣熏尽辄更阑。”

【蕙氣】 蕙草的香气。张九龄《尝与大理丞袁公太府丞田公偶诣一所以咏其事》：“韶芳媚洲渚，蕙气袭衣襟。”马戴《谒仙观二首》之二：“山空蕙气香，乳管折云房。”

【蕙帳】 帐的美称。卢鸿一《嵩山十志十首·洞元室》：“披蕙帐兮促萝筵，谈空空兮核元元。”白居易《题赠郑秘书征君石沟溪隐居》：“蕙帐夜琴澹，桂尊春酒浓。”又《青毡帐二十韵》：“蕙帐徒招隐，茅庵浪坐禅。”陆龟蒙《寄怀华阳道士》：“蟾魄几应临蕙帐，渔竿犹尚枕枫汀。”

【蕙帶】 以香草做的佩带。钱起《中书王舍人辋川旧居》：“一从解蕙带，三人偶蝉冠。”李贺《南园》：“方领蕙带折角巾，杜若已老兰苕春。”白居易《别李十一后重寄》：“蕙带与华簪，相逢是何日。”吴融《和睦州卢中丞题茅堂十韵》：“芝泥看只捧，蕙带且休围。”

【蕙樓】 楼房的美称。多指女子居室。高适《秋胡行》：“蕙楼独卧频度春，彩阁辞君几徂暑。”武元衡《甫构西亭偶题因呈监军及幕中诸公》：“暗香兰露滴，空翠蕙楼深。”

【蕙歎】 哀叹友人亡故。骆宾王《伤祝阿王明府》序：“既切芝焚，弥深蕙叹。”

【蕙質】 指女子美好的仪态和秉性。杨衡《征人》：“望云愁玉塞，眠月想蕙质。”张鲁封《谑池亳二州宾佐兼寄宣武军掌书记李昼》：“杜叟学仙轻蕙质，韦公事佛畏青娥。”

【蕙叢】 蕙草丛。白居易《秋寄微之十二韵》：“影满衰桐树，香凋晚蕙丛。”陈祐《风光草际浮》：“稍稍移蘋末，微微转蕙丛。”

【蕙蘭】 ❶植物名。多年生草本。叶丛生，狭长而尖，初夏开花，色黄绿，有香气，庭园栽植，可供观赏。祖咏《寄王长史》：“终日何寂寞，绕篱生蕙兰。”刘商《与于中丞》：“田园失计全芜没，何处春风种蕙兰。”李商隐《荆门西下》：“骨肉书题安绝徼，蕙兰蹊径失佳期。”徐夤《伤前翰林杨左丞》：“真魄肯随金石化，真风留伴蕙兰香。”❷人名。唐女道士。有才思。咸通中为补阙李亿侍婢，爱衰后为咸宜观女道士。《全唐诗补编》录其断句二联。

【蕙蘭心】 谓女子纯洁的心灵。鱼玄机《感怀寄人》：“早知云雨会，未起蕙兰心。”

【蕙蘭詞】 指美好的诗文。陆龟蒙《顷自桐江得一钓车以袭美乐烟波之思因出以为玩俄辱三篇复抒酬答》之三：“数幅尚凝烟雨态，三篇能赋蕙兰词。”

蕨 〔jué《广韵》居月切，入月，見。〕植物名。多年生草本。生于山中，嫩叶可食，俗称蕨菜，根茎含淀粉，俗称蕨粉，可供食用或酿造，亦可入药，可清热利尿。亦泛称蕨类植物。王维《春夜竹亭赠钱少府归蓝田》：“羡君明发去，采蕨轻轩冕。”杜甫《遣遇》：“石间采蕨女，鬻菜输官曹。”白居易《放鱼》：“青青芹蕨下，叠卧双白鱼。”廖凝《句》：“饭僧春岭蕨，醒酒雪潭鱼。”

【蕨薇】 蕨和薇。二者均为山菜。故常联用表示野菜。储光羲《吃茗粥作》：“淹留膳茶粥，共我饭蕨薇。”齐己《野步》：“傍涧蕨薇老，隔村冈陇横。”

蕤〔ruí《广韵》儒隹切，平脂，日。〕❶指花。陈子昂《感遇诗三十八首》之二："幽独空林色，朱蕤冒紫茎。"张说《奉酬韦祭酒嗣立偶游龙门北溪忽怀骊山别业呈诸留守之作》："黄蕤臭岸柳，紫萼折村梅。"崔元翰《杂言奉和圣制至承光院见自生藤感其得地因以成咏应制》："罗生密叶交绿蔓，欲布清阴垂紫蕤。"白居易《玩半开花赠皇甫郎中》："紫蜡黏为蒂，红苏点作蕤。"❷草木花朵下垂貌。皮日休《公斋四咏·小桂》："叶彩碧髓融，花状白毫蕤。"陆龟蒙《奉和袭美公斋四咏次韵·小桂》："烟归助华杪，雪点迎芳蕤。"亦指下垂状物，如云朵等。皮日休《太湖诗·三宿神景宫》："窗棂带乳藓，壁缝含云蕤。"❸通"緌"。指缨绥等下垂的饰件。独孤及《送陈兼应辟兼寄高适贾至》："旧友满皇州，高冠飞翠蕤。"韩愈《陆浑山火和皇甫湜用其韵》："霞车虹靷旧毂魃，丹蕤縓盖绯缁帑。"

【蕤賓】 ❶古乐中十二律之第七律。古人律历相配，十二律与十二月相适应，谓之律应。蕤宾位于午，在五月，故代指农历五月。玄宗《端午三殿宴群臣探得神字》序："律中蕤宾，献酬之象著。"❷特指琵琶曲。见《乐府杂录·琵琶》。白居易《代琵琶弟子谢女师曹供奉寄新调弄谱》："蕤宾掩抑娇多怨，散水玲珑峭更清。"

蕞〔zuì《广韵》才外切，去泰，從。〕细小，琐碎。杜甫《八哀诗·故著作郎贬台州司户荥阳郑公虔》："贯穿无遗恨，荟蕞何技痒。"

蕺〔jí《广韵》阻立切，入缉，莊。〕见"蕺蕺"。

【蕺山】 山名，在今浙江绍兴市卧龙山东北三里。"书圣"王羲之曾居于此，后舍宅为戒珠寺，故山又名戒珠山。吴融《送广利大师东归》："蕺山如重到，应老旧云根。"

【蕺蕺】 丛集貌；簇集貌。贯休《蒿里》："所以蒿里，坟出蕺蕺。"又《春野作五首》之三："万事皆天意，绿草头蕺蕺。"又《山居诗二十四首》之六："紫术黄菁苗蕺蕺，锦囊香麝语啾啾。"

蕪〔wú《广韵》武夫切，平虞，微。〕❶田地荒废，杂草丛生。孟浩然《寻张五回夜园作》："岁寒何用赏，霜落故园芜。"白居易《履道池上作》："不因车马时时到，岂觉林园日日芜。"储嗣宗《早春怀薛公裕》："幽独自成愚，柴门日渐芜。"王贞白《金陵》："乱来城不守，战后地多芜。"❷丛生的杂草。皇甫曾《送郑秀才贡举》："晚色寒芜远，秋声候雁多。"元稹《酬乐天东南行诗一百韵》："望国参云树，归家满地芜。"白居易《春日闲居三首》之一："是时三月半，花落庭芜绿。"吴融《渚宫立春书怀》："春候侵残腊，江芜绿已齐。"❸杂乱。见"蕪詞""蕪漫"。

【蕪没】 （一mò）掩没于荒草之中；湮灭。李华《咏史十一首》之十："社宫久芜没，白雁犹飞翻。"刘禹锡《和董庶中散调词赠尹果毅》："田园已芜没，流浪江海湄。"许浑《访别韦隐居不值》："故乡芜没兵戈后，凭向溪南买一山。"吴融《无题》："万态千端一瞬中，沁园芜没伫秋风。"韦应物《简郡中诸生》："药园日芜没，书帷长自闲。"

【蕪荑】 木名。亦名无姑、姑榆。叶果皮可入药，仁可做酱，味辛。颜真卿、刘全白等《七言滑语联句》："芜荑酱醋吃煮葵，缝靴蜡线油涂锥。"

【蕪城】 古城名。即广陵城。故址在今江苏省扬州市江都区。西汉吴王刘濞建都于此，筑广陵城。南朝宋竟陵王刘诞据广陵反，兵败死于此，城亦荒芜。鲍照作《芜城赋》以讽之，遂得名芜城。韦应物《送槐广落第归扬州》："还期应不远，寒露湿芜城。"朱长文《春眺扬州西上岗寄徐员外》："芜城西眺极苍流，漠漠春烟间曙楼。"顾非熊《送造微上人归淮南觐兄》："雨断芜城路，虹分建邺天。"周繇《甘露寺北轩》："白云连晋阁，碧树尽芜城。"

【蕪城賦】 篇名。南朝宋鲍照作。赋写广陵在经过竟陵王刘诞叛乱后的荒凉景象。作者通过对广陵形胜和昔日繁华景象的竭力渲染和当前衰飒气象的夸张描绘，突出表现了今昔兴亡之感。白居易《奉酬淮南牛相公思黯见寄二十四韵》："金谷诗谁赏，芜城赋众传。"

【蕪菁】 植物名。即蔓菁。俗称大头菜。块根肉质，花黄色。块根可作蔬菜。韩愈《感春三首》之二："黄黄芜菁花，桃李事已退。"刘禹锡《乐天少傅五月长斋因以戏之》："马家供薏苡，刘氏饷芜菁。"温庭筠《寄分司元庶子兼呈元处士》："刘公春尽芜菁色，华廙愁深苜蓿花。"

【蕪梗】 荒芜阻梗。刘长卿《贾侍郎自会稽使回因书数事率成十韵》："上国悲芜梗，中原动鼓鼙。"

【蕪湖】 ❶县名。西汉置，治所在今安徽省芜湖市东。三国吴黄武初移治今芜湖市。东晋义熙中废。五代唐复置。今移治湾沚。李贞白《咏月》："当涂当涂见，芜湖芜湖见。"❷湖名。故址在今安徽芜湖县西南十五里。源出丹阳湖，过黄池，合五丈湖，路西湖诸水至县入江。见《太平寰宇记》卷一〇五。高适《送崔录事赴宣城》："羡尔兼乘兴，芜湖千里开。"刘长卿《鄂渚送池州程使君》："落日芜湖色，空山梅冶烟。"郑谷《送许棠先辈之官泾县》："芜湖春荡漾，梅雨昼溟濛。"

【蕪詞】 芜杂之词。用作对自己诗文的谦称。刘兼《从弟舍人惠茶》："曾求芳茗贡芜词，果沐颁沾味甚奇。”

【蕪絶】 荒芜断绝。杜甫《园人送瓜》:“东陵迹芜绝,楚汉休征讨。”又《八哀诗·故右仆射相国张公九龄》:“波涛良史笔,芜绝大庾岭。”

【蕪臺】 指芜城。武元衡《摩诃池宴》:“芜台事往空留恨,金谷时危悟惜才。”参见“蕪城”。

【蕪蔓】 荒芜,荒凉。杜甫《谒文公上方》:“甫也南北人,芜蔓少耘锄。”韩愈、孟郊《城南联句》:“桑变忽芜蔓,樟裁浪登丁。”

【蕪漫】 ❶荒芜;荒凉。崔融《哭蒋詹事俨》:“芜漫藏书壁,荒凉悬剑枝。”张纮《行路难》:“朱楼银阁正平生,碧草青苔坐芜漫。”陆龟蒙《次追和清远道士诗韵》:“海岳尚推移,都鄙固芜漫。”❷散乱。司空曙《送程秀才》:“楚草渐烟绵,江云亦芜漫。”

【蕪穢】 ❶荒芜,荒凉。韦应物《复理西斋寄丘员外》:“端正良难久,芜秽易为功。”苏拯《凡草诫》:“良由本芜秽,著地成弃物。”❷污浊。李白《颖阳别元丹丘之淮阳》:“精魄渐芜秽,衰老相凭因。”亦指污浊之物。独孤及《垂花坞醉后戏题》序:“道士张太和伐薪为堰,封土以瘗浍。余亦命薙氏治芜秽而划宿莽,遂辟为登赋之位。”

蕎 〔qiáo《广韵》巨嬌切,平宵,羣。〕荞麦。见“蕎麥”。

【蕎麥】 植物名。一年生草本。茎赤色而柔软。叶互生,花白色或淡红。果瘦三角形,有棱。子实磨成粉可制面食。白居易《村夜》:“独出前门望野田,月明荞麦花如雪。”又《渭村退居寄礼部崔侍郎翰林钱舍人诗一百韵》:“荞麦铺花白,棠梨间叶黄。”储嗣宗《村月》:“田翁独归处,荞麦露花深。”温庭筠《题卢处士山居》:“日暮飞鸦集,满山荞麦花。”

蕉 〔jiāo《广韵》即消切,平宵,精。〕❶植物名。芭蕉、香蕉、美人蕉等芭蕉科植物的总称。孟郊《送淡公》之九:“橙橘金盖槛,竹蕉绿凝禅。”白居易《东亭闲望》:“绿桂为佳客,红蕉当美人。”朱庆余《杭州卢录事山亭》:“解衣临曲榭,隔竹见红蕉。”罗隐《中元甲子以辛丑驾幸蜀四首》之三:“可怜一曲还京乐,重对红蕉教蜀儿。”❷蕉麻。多年生草本植物,茎、叶与芭蕉相似,开黄花,叶柄内有纤维,可制缆绳、结鱼网,亦可供纺织和造纸。见“蕉衣”“蕉衫”。

【蕉衣】 麻布制的衣服。白居易《偶咏》:“御热蕉衣健,扶羸竹杖轻。”贾岛《送陈判官赴绥德》:“身暖蕉衣窄,天寒碛日斜。”皮日休《临顿为吴中偏胜之地因成五言十首题屋壁》之五:“僧虽与筒簟,人不典蕉衣。”陆龟蒙《早秋吴体寄袭美》:“短烛初添蕙幌影,微风渐折蕉衣棱。”

【蕉花】 美人蕉花。皎然《送关小师还金陵》:“蕉花铺净地,桂子落空坛。”李贺《追赋画江潭苑四首》之二:“宝袜菊衣单,蕉花密露寒。”曹唐《赠南岳冯处士二首》之二:“笑看潭鱼吹水沫,醉嗔溪鹿吃蕉花。”

【蕉衫】 用麻布制的衣衫。白居易《东城晚归》:“晚入东城谁识我,短靴低帽白蕉衫。”

【蕉扇】 用芭蕉叶制成的扇子。杨巨源《胡姬词》:“香渡传蕉扇,妆成上竹楼。”皮日休、陆龟蒙《独在开元寺避暑颇怀鲁望因飞笔联句》:“烟重回蕉扇,轻风拂桂帷。”

【蕉紗】 蕉布,用蕉麻纤维织成的布。亦指蕉麻纤维。白居易《夏服闲放》:“夏服亦无多,蕉纱三五事。”又《晚夏闲居绝无宾客欲寻梦得先寄此诗》:“鱼笋朝餐饱,蕉纱暑服轻。”

【蕉葉】 芭蕉叶。寒山《诗三百三首》之一一九:“芦莦将代席,蕉叶且充盘。”张籍《山中赠日南僧》:“翻经上蕉叶,挂衲落藤花。”白居易《春至》:“闲拈蕉叶题诗咏,闷取藤枝引酒尝。”方干《题越州袁秀才林亭》:“坐牵蕉叶题诗句,醉触藤花落酒杯。”

【蕉縷】 蕉布。亦指蕉麻的纤维。贾岛《黄子陂上韩吏部》:“疏衣蕉缕细,爽味茗芽新。”

蕃¹ 〔fán《广韵》附袁切,平元,奉。〕❶生息;繁殖。宋之问《温泉庄卧病寄杨七炯》:“夏余鸟兽蕃,秋末禾黍熟。”韩愈《孟东野失子》:“彼于女何有,乃令蕃且延。”元稹《赛神》:“巫言小神变,可验牛马蕃。”白居易《虾蟆》:“地既蕃其生,使之族类多。”❷茂盛。杜甫《示从孙济》:“萱草秋已死,竹枝霜不蕃。”❸繁,多。韩愈《剥啄行》:“子虽云尔,其口益蕃。”刘禹锡《送鸿举游江西》序:“距今年遇于建平,赤髭益蕃。”

蕃² 〔fān《广韵》甫煩切,平元,非。〕❶通“藩”。见“蕃₂臣”。❷通“番”。周代谓九州之外的夷服、镇服、蕃服。后用以泛指域外或外族。杜甫《八哀诗·赠司空王公思礼》:“九曲非外蕃,其王转深壁。”白居易《新乐府·缚戎人》:“自云乡管本凉原,大历年中没落蕃。”张蠙《送友人及第归》:“作贡诸蕃别,登科几国同。”毛文锡《甘州遍》词之二:“铁衣冷,战马血沾蹄,破蕃奚。”

蕃³ 〔bō〕见“蕃₃生”“蕃₃潬”。

【蕃₂人】 我国古代对外族或异国人的泛称。蕃,通“番”。杜甫《喜闻盗贼蕃寇总退口号五首》之三:“逆气数年吹路断,蕃人闻道渐星奔。”王建《凉州行》:“蕃人旧日不耕犁,相学如今种禾黍。”姚合《穷边词二首》之二："箭利弓调四镇兵，蕃人不敢近东行。"

【蕃₂王】　古代对少数民族或异国首领的泛称。蕃，通"番"。岑参《与独孤渐道别》："花门将军善胡歌，叶河蕃王能汉语。"又《胡歌》："黑姓蕃王貂鼠裘，葡萄宫锦醉缠头。"

【蕃₃生】　吐蕃生口，吐蕃俘虏。白居易《新乐府·缚戎人》："游骑不听能汉语，将军遂缚作蕃生。"

【蕃地】　指西北方少数民族地区。张籍《旧宫人》："全家没蕃地，无处问乡程。"

【蕃₂戎】　我国古代对西北边境各少数民族的统称。汪遵《长城》："秦筑长城比铁牢，蕃戎不敢过临洮。"杜荀鹤《塞上》："草白河冰合，蕃戎出掠频。"

【蕃₂州】　我国古代对西北少数民族聚居地的泛称。蕃，通"番"。李益《塞下曲》之一："蕃州部落能结束，朝暮驰猎黄河曲。"张籍《送安西将》："塞乡人易老，莫住近蕃州。"

【蕃₂臣】　藩屏之臣；大臣。蕃，通"藩"。王维《送秘书晁监还日本国》序："咏七子之诗，佩两国之印，恢我王度，谕彼蕃臣。"韦应物《送常侍御却使西蕃》："归奏圣朝行万里，却衔天诏报蕃臣。"

【蕃₂兵】　指少数民族的士兵。雍陶《蜀中战后感事》："蕃兵依濮柳，蛮旆指江梅。"

【蕃₂君】　古代对外族或外国首领的泛称。包佶《送日本国聘贺使晁臣卿东归》："九译蕃君使，千年圣主臣。"

【蕃₂界】　西北少数民族地界。姚合《游河桥晓望》："昆仑在蕃界，作将亦何颜。"贯休《古塞上曲七首》之一："蕃界已深入，将军仍远图。"

【蕃育】　繁衍。李群玉《哭小女痴儿》："条蔓纵横输葛藟，子孙蕃育羡螽斯。"

【蕃₂客】　古代泛称外国客商。白居易《连雨》："仍闻蕃客见，明日欲追朝。"

【蕃軍】　指边境少数民族的军队。高适《部落曲》："蕃军傍塞游，代马喷风秋。"岑参《献封大夫破播仙凯歌六首》之五："蕃军遥见汉家营，满谷连山遍哭声。"高骈有《宴犒蕃军有感》。

【蕃息】　滋生，繁衍。元稹《估客乐》："子本频蕃息，货贩日兼并。"

【蕃舶】　外国入境的船舶。司空图《杂题九首》之五："岸香蕃舶月，洲色海烟春。"

【蕃將】　指少数民族将领。蕃，通"番"。陆龟蒙《江湖散人歌》："或闻蕃将负恩泽，号令铁马如风驰。"秦韬玉《边将》："无定河边蕃将死，受降城外虏尘空。"

【蕃₂落】　外族部。蕃，通"番"。高适《陪窦侍御灵云南亭宴诗得雷字》序："凉州近胡，高下其池亭，盖以耀蕃落也。"张籍《送裴相公赴镇太原》："明年塞北清蕃落，应建生祠请立碑。"刘言史《赋蕃子牧马》："蕃落多晴尘扰扰，天军猎到鹖鹈泉。"薛逢《送灵州田尚书》："九姓羌浑随汉节，六州蕃落从戎鞍。"

【蕃殖】　繁殖。玄宗《送李邕之任滑台》："黎庶既蕃殖，临之劳近臣。"

【蕃滋】　繁殖增益。张祜《叙诗》："生民苟灌溉，九谷长蕃滋。"

【蕃₃渾】　吐蕃乌吐谷浑。泛指西北少数民族。王建《送振武张尚书》："尽收壮勇填兵数，不向蕃浑夺马群。"裴羽仙《哭夫二首》之二："良人平昔逐蕃浑，力战轻行出塞门。"

【蕃₂寇】　指少数民族入侵者。杜甫有《喜闻盗贼蕃寇总退口号五首》。许棠《将过单于》："荒碛连天堡戍稀，日忧蕃寇却忘机。"

【蕃歌】　指西北少数民族歌曲。耿湋《凉州词》："毡裘牧马胡雏小，日暮蕃歌三两声。"项斯《边州客舍》："经年无越信，终日厌蕃歌。"

【蕃₂漢】　少数民族与汉族。杜甫《草堂》："其势不两大，始闻蕃汉殊。"杨巨源《失题》："山河空道路，蕃汉共刀兵。"张籍《没蕃故人》："蕃汉断消息，死生长别离。"

【蕃營】　少数民族军队的营地。刘长卿《平蕃曲三首》之一："吹角报蕃营，回军欲洗兵。"法振《河源破贼后赠袁将军》："出关深汉垒，带月破蕃营。"项斯《长安退将》："常说老身思斗将，最悲无力制蕃营。"

蕣〔shùn《广韵》舒閏切，去稕，書。〕木名。木槿，夏季开花，有红、白、淡紫等颜色。朝荣暮落，仅荣一瞬，故名。肃宗《延英殿玉灵芝诗》之二："紫微间采，白蕣呈色。"元稹《哭女樊四十韵》："莲初开月梵，蕣已落朝荣。"又《人道短》："蕣得十年有气息，蕣才一日芳。"白居易《和万州杨使君四绝句·白槿花》："秋蕣晚英无艳色，何因栽种在人家。"

【蕣花】　亦作"蕣華"。木槿之花。朝开暮谢。董思恭《咏日》："蕣华发晨楹，菱彩翻朝镜。"刘驾《别道者》："如何忽告归，蕣华还笑人。"亦喻指女子如花之美貌。卢汝弼《薄命妾》："长为蕣花光晓日，谁知团扇送秋风。"魏氏《赠外》："蕣华不足恃，松枝有余劲。"

【蕣英】　蕣花。权德舆《赠郑国庄穆公主挽歌二首》之二："霜凝蕣英落，风度薤歌长。"

【蕣華】　（一huā）见"蕣花"。

【蕣顔】　蕣花似的面颜。喻美貌之短暂。严休复《唐昌观玉蕊花折有仙人游》之二："羽车潜下玉龟山，尘世何由睹蕣颜。"

蕕 〔yóu《广韵》以周切，平尤，以。〕一种似细芦的草，蔓生水边，有恶臭。故常用以喻不好的事物与坏人。韩愈《醉赠张秘书》："今我及数子，固无莸与薰。"元稹《酬乐天东南行诗一百韵》："薰莸任盛贮，稊稗莫超逾。"

蕁 〔zǔn《广韵》兹损切，上混，精。〕见"蕁蕁"。

【蕁蕁】 草木茂盛貌。独孤及《和题藤架》："蕁蕁叶成幄，璀璀花落架。"

蕩 〔dàng《广韵》徒朗切，上蕩，定。〕❶摇动，摆动。许敬宗《奉和入潼关》："是节岁穷纪，关树荡凉飔。"高适《酬司空璲少府》："惊飙荡万木，秋气屯高原。"刘禹锡《乐天寄忆旧游因作报白君以答》："丫头小儿荡画桨，长袂女郎簪翠翘。"白居易《早春西湖闲游偶成十八韵寄微之》："西日笼黄柳，东风荡白蘋。"❷清除，涤荡。王昌龄《斋心》："日月荡精魄，寥寥天宇空。"元季川《泉上雨后作》："风雨荡繁暑，雷息佳霁初。"姚合《早春山居寄城中知己》："阳和潜发荡寒阴，便使川原景象深。"李商隐《旧将军》："云台高议正纷纷，谁定当时荡寇勋。"❸震荡；激荡。戴叔伦《下鼻亭泷行八十里聊状艰险寄青苗郑副端朔阳》："倏闪疾风雷，苍皇荡魂魄。"李渤《南溪诗》序："左睨右瞰，似帘似帷，似松偃竹袅，似海荡云惊。"❹迷惑，诱惑。元稹《先醉》："怪来花下长先醉，半是春风荡酒情。"陆龟蒙《奉和袭美酒中十咏·酒旗》："摇摇倚青岸，远荡游人思。"❺恣纵，放纵不羁。皎然《偶然五首》之一："乐禅心似荡，吾道不相妨。"孟郊《同年春燕》："意荡晼晚景，喜凝芳菲时。"白居易《新乐府·八骏图》："由来尤物不在大，能荡君心则为害。"李德裕《春暮思平泉杂咏二十首·自叙》："五岳径虽深，遍游心已荡。"❻游荡。温庭筠《鸡鸣埭曲》："鱼跃莲东荡宫沼，濛濛御柳悬栖鸟。"❼平坦。柳宗元《唐饶歌鼓吹曲十二篇·晋阳武》："后土荡，玄穹弥。"

【蕩子】 指辞家外出久不归来的男子。杜甫《冬晚送长孙渐舍人归州》："参卿休坐幄，荡子不还乡。"武元衡《古意》："荡子未言归，池塘月如练。"赵嘏《昔昔盐二十首·关山别荡子》："那堪闻荡子，迢递涉关山。"陈陶《蜀葵咏》："南邻荡子妇无赖，锦机春夜成文章。"

【蕩心】 荡涤胸怀。杨师道《侍宴赋得起坐弹鸣琴二首》之一："调弦发清徵，荡心祛褊吝。"丘为《寻西山隐者不遇》："及兹契幽绝，自足荡心耳。"

【蕩舟】 划船。李白《渌水曲》："荷花娇欲语，愁杀荡舟人。"刘禹锡《采菱行》："荡舟游女满中央，采菱不顾马上郎。"李咸用《塘上行》："红绡撇水荡舟人，画桡掺掺柔荑白。"

【蕩汩】 （—gǔ）疾速流动。杜甫《三川观水涨二十韵》："浮生有荡汩，吾道正羁束。"

【蕩析】 ❶动荡离散。李白《赠范金卿二首》之二："浮人少荡析，爱客多逢迎。"杜甫《又上后园山脚》："登高欲有往，荡析川无梁。"❷指死亡。杜甫《北征》："奸臣竟菹醢，同恶随荡析。"柳宗元《掩役夫张进骸》："奈何值崩湍，荡析临路垂。"

【蕩除】 全部消除，彻底消失。郑嵎《津阳门诗》："孔雀松残赤琥珀，鸳鸯瓦碎青琉璃。"原注："世传孔雀松下有赤茯苓，入土千年则成琥珀。寺之前峰，古松老柏，泊乎嘉草，今皆樵苏荡除矣。"陆龟蒙《彼农二章》之一："世路浇险，淳风荡除。"齐己《送卢说乱后投知己》："兵寇残江墅，生涯尽荡除。"

【蕩掉】 摆动。李贺《春归昌谷》："龙皮相排戛，翠羽更荡掉。"

【蕩漭】 广阔无边貌。王维《送高适弟耽归临淮作》："杳冥沧洲上，荡漭无人知。"储光羲《巩城东庄道中作》："春源既荡漭，伏战亦睢盱。"

【蕩滌】 扫除。元稹《春蝉》："荡涤反时气，然后好晴明。"殷尧藩《寒夜》："凭谁荡涤穷残候，入眼东风喜在期。"崔道融《秋霁》："雨霁长空荡涤清，远山初出未知名。"

【蕩魂】 震憾心灵。罗隐《灵山寺》："晚景聊摅抱，凭栏几荡魂。"

【蕩搖】 ❶摇荡。温庭筠《太液池歌》："叠澜不定照天井，倒影荡摇晴翠长。"又《惜春词》："愿君留得长妖韶，莫逐东风还荡摇。"韩偓《露》："光湿最宜丛菊亚，荡摇无奈绿荷干。"❷震荡，震动。张碧《鸿沟》："四溟波立鲸相吞，荡摇五岳崩山根。"

【蕩漾】 ❶水波微动。孙逖《葛山潭》："仙翁何时还，绿水空荡漾。"李白《梦游天姥吟留别》："谢公宿处今尚在，渌水荡漾清猿啼。"张籍《水》："荡漾空沙际，虚明入远天。"陆龟蒙《记事》："门外两潮过，波澜光荡漾。"❷物体在水中起伏波动。李白《拟古十二首》之十一："攀荷弄其珠，荡漾不成圆。"刘长卿《送马秀才落第归江南》："殷勤斗酒城阴暮，荡漾孤舟楚水春。"孟郊《送无怀道士游富春山水》："蓬莱浮荡漾，非道相从难。"皎然《送韦向睦州谒独孤使君汜》："才子南看多远情，闲舟荡漾任春行。"❸指思想、情感等起伏波动。储光羲《田家即事答崔二东皋作四首》之二："荡漾敷远情，飘飖吐清韵。"李白《游南阳清泠泉》："西辉逐流水，荡漾游子情。"韦应物《鼋头山神女歌》："红蕖绿蘋芳意多，玉灵荡漾凌清波。"孟简《咏欧阳行周事》："夫君意荡漾，即日相交欢。"❹吹拂，飘拂。王翰《赋得明星玉女坛送廉察尉华阴》："彩云荡漾不可见，绿萝蒙茸鸟绵蛮。"白居易《江南遇天宝乐叟》："冬雪飘飖锦袍暖，春风荡漾霓裳翻。"温庭筠《题友人池亭》："鸂鶒刷毛花荡漾，鹭鸶拳足雪离披。"罗隐《春思》："荡漾春风渌似波，惹情摇恨去傞傞。"❺晃动，闪烁。刘禹锡《采菱行》："长鬟弱袂动参差，钗影钏文浮荡漾。"邓陟《珠还合浦》："素辉明荡漾，圆彩色玢瑞。"❻浮动，显现。郑谷《送许棠先辈之官泾县》："芜湖春荡漾，梅雨昼溟濛。"薛据《登秦望山》："朝阳半荡漾，晃朗天水红。"李群玉《望月怀友》："酒花荡漾金尊里，棹影飘飖玉浪中。"❼飘荡，散发。柳宗元《浑鸿胪宅闻歌效白纻》："天高地迥凝日晶，羽觞荡漾何事倾。"皮日休《夜会问答十》之五："夜来斜展掩深炉，半睡芙蓉香荡漾。"❽游荡。李白《拟古》："出门望帝子，荡漾不可期。"❾飞动。白居易《正月三日闲行》："鸳鸯荡漾双双翅，杨柳交加万万条。"

【蕩蕩】　❶广大貌，博大貌。杜甫《三韵三篇》之二："荡荡万斛船，影若扬白虹。"元稹《有酒十章》之三："天荡荡耶，尧穆穆耶。"皮日休《七爱诗·李太尉》："巍巍柱天功，荡荡盖世勋。"张绍《冲佑观》："皇风荡荡，黔首淳淳。"❷多，浓。李贺《感讽六首》之一："人间春荡荡，帐暖香扬扬。"鲍溶《秋夜闻郑山人弹楚妃怨》："寥寥夜含风，荡荡意如泉。"❸飘荡。骆宾王《四月八日题七级》："悠悠青旷里，荡荡白云前。"❹明洁貌。卢纶《和张仆射塞下曲》之六："亭亭七叶贵，荡荡一隅清。"欧阳詹《赋得秋河曙耿耿送郭秀才应举》："荡荡漫漫皆晶然，实类平芜流大川。"

【蕩潏】　❶水涌貌。陈子昂《感遇诗三十八首》之二二："云海方荡潏，孤鳞安得宁。"杜甫《北征》："邠郊入地底，泾水中荡潏。"❷洪水泛滥。萧颖士《羽山》："九山方荡潏，三考伫良材。"岑参《石犀》："江水初荡潏，蜀人几为鱼。"

【蕩槳】　划桨。元稹《酬乐天东南行诗一百韵》："芒屦泅牛妇，丫头荡桨夫。"韦庄《忆小女银娘》："睦州江上水门西，荡桨扬帆名解携。"胡宿《城南》："荡桨远从芳草渡，垫巾还傍绿杨堤。"

【蕩摩】　飘荡，摩擦。杜甫《魏将军歌》："欃枪荧惑不敢动，翠蕤云旓相荡摩。"

【蕩薄】　激荡。张说《同贺八送兖公赴荆州》："风云一荡薄，日月屡参差。"韩愈《海水》："苟非鳞羽大，荡薄不可能。"

【蕩燠】　荡除热气。则天皇后《游石淙诗》序："密叶舒帷，屏梅氛而荡燠。"

【蕩瀁】　同"荡漾"。水波起伏貌。韩愈《岳阳楼别窦司直》："江豚时出戏，惊波忽荡瀁。"

【蕩覆】　毁坏；倾覆。李白《雪谗诗赠友人》："天维荡覆，职此之由。"又《经乱后将避地剡中留赠崔宣城》："王城皆荡覆，世路成奔峭。"刘长卿《登吴古城歌》："黄池高会事未终，沧海横流人荡覆。"

【蕩颺】　❶飘扬；飘荡。权德舆《自桐庐如兰溪有寄》："风前荡飏双飞蝶，花里间关百啭莺。"赵氏《杂言》："杏花如雪柳垂丝，春风荡飏不同枝。"❷谓心情起伏荡漾。白居易《和微之诗二十三首·和酬郑侍御东阳春闷放怀追越游见寄》："自言拜辞主人后，离心荡飏风前旗。"

蕊〔ruǐ《广韵》如壘切，上旨，日。又如累切，上紙，日。〕亦作"蘂"。❶花蕊。植物的生殖器官。有雌、雄之别。雌蕊受雄蕊之粉，结成果实。杜甫《徐步》："芹泥随燕觜，蕊粉上蜂须。"杨乘《南徐春日怀古》："露滴蜂偷蕊，莺啼日到轩。"姚合《和李补阙曲江看莲花》："粉腻黄丝蕊，心重碧玉钱。"温庭筠《病中书怀呈友人》："蕊多劳蝶翅，香酷坠蜂须。"韩琮《牡丹》："嫩蕊包金粉，重葩结绣囊。"❷未开的花。白居易《东南行一百韵》："蕊坼金英菊，花飘雪片芦。"殷尧藩《冬至酬刘使君》："梅含露蕊知迎腊，柳拂宫袍忆候朝。"王驾《雨晴》："雨前初见花间蕊，雨后兼无叶里花。"陆弘休《和訾家洲宴游》："新春蕊绽訾家洲，信是南方最胜游。"亦用为动词，破蕊开花。太宗《初春登楼即目观作述怀》："绮峰含翠雾，照日蕊红林。"❸花，花朵。吕从庆《冬尽》："雪重庭枝折，风轻径蕊香。"权德舆《杂言和常州李员外副使春日戏题十首》之五："韵光满目，落蕊盈衣。"李绅《新楼诗二十首·海榴亭》："海榴亭早开繁蕊，光照晴霞破碧烟。"黄巢《题菊花》："飒飒西风满院栽，蕊寒香冷蝶难来。"

【蕊宫】　❶即蕊珠宫。指仙宫或道观。皮日休《扬州看辛夷花》："一枝拂地成瑶圃，数树参庭是蕊宫。"王贞白《送芮尊师》："黄鹤待传蓬岛信，丹书应换蕊宫名。"徐夤《尚书会仙亭咏蔷薇夤坐中联四韵晚归补缉所联因成一篇》："阿母蕊宫期索去，昭君榆塞阙赍行。"徐铉《步虚词五首》之三："圣主过幽谷，虚皇在蕊宫。"赵嘏《秦中逢王处士》："蕊宫横浪海边别，鹤翅驻云天上来。"❷指皇宫。郑畋《杪秋夜直》："蕊宫裁诏与宵分，虽在青云忆白云。"殷文圭《行朝早春侍师门宴西溪席上作》："弦管旋飘蓬岛去，公卿皆是蕊宫来。"

【蕊珠】　❶即蕊珠宫。指仙宫或道观。李商隐《赠华阳宋真人兼寄清都刘先生》："沧谪千年别帝宸，至今犹谢蕊珠人。"袁皓《寄岳阳严使君》："得意东归过岳阳，桂枝香惹蕊珠香。"❷指皇宫。羊士谔《巴南郡斋雨中偶看长历是日小雪有怀昔年朝谒因成八韵》："蕊珠凝瑞彩，悬圃净华茵。"

【蕊珠文】　指道教经典《蕊珠经》。白居易《和微之诗二十三首·和送刘道士游天台》："佩服交带箓，讽吟蕊珠文。”

【蕊珠宫】 ❶道教经典中所称的仙宫或道观。见《黄庭内景经·上清章》。李白《访道安陵遇盖还为余造真箓临别留赠》:“学道北海仙,传书蕊珠宫。”李益《寄许炼师》:“扫石焚香礼碧空,露华偏湿蕊珠宫。”王周《游仙都观》:“两汉真仙在何处,巡香行绕蕊珠宫。”牛峤《女冠子》词之三:“星冠霞帔,住在蕊珠宫里。”❷借指皇宫或其他豪华建筑。郑畋《禁直寄崔员外》:“银台楼北蕊珠宫,夐与人间路不同。”吴融《便殿候对》:“宣呼昼入蕊珠宫,玉女窗扉薄雾笼。”

【蕊珠經】 道教经籍名。鲍溶《寄峨嵋山杨炼师》:“道士夜诵蕊珠经,白鹤下绕香烟听。”

【蕊珠閣】 即蕊珠宫。借指皇宫。无名氏《明月湖醉后蔷薇花歌》:“西施醉后情不禁,侍儿扶下蕊珠阁。”

【蕊珠篇】 指道教经典《蕊珠经》。白居易《白发》:“八戒夜持香火印,三光朝念蕊珠篇。”又《雨中招张司业宿》:“斜支花石枕,卧咏蕊珠篇。”

【蕊粉】 指妇女化妆用的额黄粉。温庭筠《懊恼曲》:“藕丝作线难胜针,蕊粉染黄那得深。”徐夤《梅花》:“琼瑶初绽岭头葩,蕊粉新妆姹女家。”

【蕊黄】 即额黄。六朝至唐,女妆常用黄点额,因似花蕊,故名。温庭筠《菩萨蛮》词之三:“蕊黄无限当山额,宿妆隐笑纱窗隔。”

【蕊檢】 谓道书。刘禹锡《游桃源一百韵》:“蕊检香氛氲,醮坛烟幂幂。”

蔬 〔shū《广韵》所菹切,平魚,生。〕蔬菜。李白《寻鲁城北范居士失道落苍耳中见范置酒摘苍耳作》:“酒客爱秋蔬,山盘荐霜梨。”杜甫《园》:“畦蔬绕茅屋,自足媚盘餐。”白居易《东园玩菊》:“秋蔬尽芜没,好树亦凋残。”李洞《鄠郊山舍题赵处士林亭》:“云深猿拾栗,雨霁蚁缘蔬。”

【蔬甲】 蔬菜的萌芽。韩愈、孟郊《城南联句》:“蔬甲喜临社,田毛乐宽征。”刘得仁《寄春坊顾校书》:“数畦蔬甲出,半梦鸟声移。”

【蔬圃】 菜园。温庭筠《感旧陈情五十韵献淮南李仆射》:“草堂苔点点,蔬圃水溅溅。”

【蔬食】 蔬菜饭食。指粗食。寒山《诗三百三首》之一六一:“蔬食养微躯,布裘遮幻质。”王维《戏赠张五弟諲三首》之三:“吾生好清净,蔬食去情尘。”杜甫《赠李白》:“野人对膻腥,蔬食常不饱。”白居易《赠内》:“蔬食足充饥,何必膏粱珍。”姚合《武功县中作三十首》之二六:“道友怜蔬食,吏人嫌草书。”

【蔬圃】 蔬园。司空曙《过卢秦卿旧居》:“五柳茅茨楚国贤,桔槔蔬圃水涓涓。”温庭筠《郊居秋日有怀一二知己》:“门带果林招邑吏,井分蔬圃属邻家。”赵嘏《汉阴庭树》:“掘沟引水浇蔬圃,插竹为篱护药苗。”

【蔬菜】 可做菜吃的草本植物。王建《原上新居十三首》之三:“乍得新蔬菜,朝盘忽觉奢。”

【蔬畦】 菜畦,菜地。姚合《过李处士山居》:“闲居昼掩扉,门柳荫蔬畦。”

【蔬粒】 蔬菜饭食。李群玉《登宜春醉宿景星寺寄郑判官兼简空上人》:“夜中香积饭,蔬粒俱精异。”

【蔬飯】 蔬菜饭食。指粗食。李洞《过野叟居》:“留客羞蔬饭,酒泉开草堂。”

【蔬蓏】 蔬菜瓜果。唐彦谦《九日游中溪》:“群童竞时新,万果间蔬蓏。”

【蔬飧】 蔬菜饭食。指粗食。韩愈《崔十六少府摄伊阳以诗及书见投因酬三十韵》:“蔬飧要同吃,破袄请来绽。”

【蔬園】 菜园。温庭筠《春初对暮雨》:“雀喧争槿树,人静出蔬园。”

【蔬餐】 蔬菜饭食。指粗食。薛能《秋日将离滑台酬所知二首》之一:“松吹竹簟朝眠冷,雨湿蔬餐宿疾生。”

蕟 〔fèi《集韵》放吠切,去廢,非。〕❶花木的根株。白居易《蔷薇花一丛独死不知其故因有是篇》:“柯条未尝损,根蕟不曾移。”❷丛,树丛。白居易《有木诗八首》之五:“有木香苒苒,山头生一蕟。”

蕝 〔jué,又读 zuì《广韵》子悦切,入薛,精。又子芮切,去祭,精。〕浮子,鱼漂。陆龟蒙《奉和袭美吴中书事寄汉南裴尚书》:“三泖凉波鱼蕝动,五茸春草雉媒娇。”

十三画

薇 〔wēi《广韵》无非切,平微,微。又武悲切,平脂,明。〕❶菜名。亦称野豌豆。叶茎皆似豌豆,蔓生,高二三尺,嫩时可食。武王灭纣,伯夷、叔齐耻食周粟,入首阳山采薇,终至饿死。韦应物《送褚校书归旧山歌》:“故山可往薇可采,一自人间星岁改。”白居易《续古诗十首》之三:“朝采山上薇,暮采山上薇。”李频《嵩山夜还》:“家住东皋去,好采旧山薇。”齐己《送唐禀正字归萍州》:“知到中林日,春风长涧薇。”❷见“蔷薇”。

【薇帳】 ❶郊游时所设的帐幔。李贺《河南府试十二月乐词·二月》:“劳劳胡燕怨酣春,薇帐逗烟生绿尘。”❷丛生的蔷薇。李贺《昌谷诗》:“愁月薇帐红,罥云香蔓刺。”

【薇蕨】 薇和蕨。两种野菜。嫩叶可食,贫穷者多采以充饥。杜甫《早发》："薇蕨饿首阳，粟马资历聘。"孟郊《长安羁旅行》："野策藤竹轻，山蔬薇蕨新。"李德裕《春暮思平泉杂咏二十首·西岭望鸣皋山》："晨兴采薇蕨，向暮归蓬荜。"温庭筠《赠隐者》："茅堂对薇蕨，炉暖一裘轻。"

薈 〔huì《广韵》烏外切，去泰，影。〕❶草木茂盛貌。刘禹锡《虎丘寺路宴》："扪萝披翳荟，路转夕阳遽。"王景中《风草不留霜》："不定离披际，难凝翳荟中。"❷汇集貌。韩愈、孟郊《秋雨联句》："氛醨稍疏映，雺乱还拥荟。"

【薈蕞】 汇集细碎的事物。杜甫《八哀诗·故著作郎贬台州司户荥阳郑公虔》："贯穿无遗恨，荟蕞何技痒。"

薝 〔zhān《集韵》之廉切，平鹽，章。〕见"薝葡"。

【薝葡】 梵语音译。又译作瞻葡伽、旃波迦、瞻波等。义译为郁金花。卢纶《送静居法师》："薝卜名花飘不断，醍醐法味洒何浓。"刘禹锡《和乐天真娘墓》："薝卜林中黄土堆，罗襦绣黛已成灰。"鲍溶《宿悟空寺赠僧》："维持薝卜花，却与前心行。"皮日休《木兰后池三咏·白莲》："但恐醍醐难并洁，只应薝卜可齐香。"

薊 〔jì《广韵》古詣切，去霽，見。〕❶古地名。战国时燕都，唐属幽州，今北京市城西南角一带。周武王伐纣，封尧之后于此。杜甫《夏日叹》："浩荡想幽蓟，王师安在哉。"又《八哀诗·赠司空王公思礼》："追随燕蓟儿，颖锐物不隔。"孟郊《寄洺州李大夫》："自从蓟师反，中国事纷纷。"❷姓。汉有蓟子训。

【薊丘】 古地名。在今北京市城西德胜门外西北隅。亦即古蓟门。陈子昂《蓟丘览古赠卢居士藏用七首·轩辕台》："北登蓟丘望，求古轩辕台。"张谓《同孙构免官后登蓟楼》："濩落悲无成，行登蓟丘上。"高适《蓟门不遇王之涣郭密之因以留赠》："适远登蓟丘，兹晨独搔屑。"

【薊子】 见"薊子訓"。

【薊子訓】 后汉术士，据说有仙术，竟活了五百多岁。又善分身法，化作二十三个蓟子训同时赴二十三家作客。见《后汉书·方术列传下·蓟子训》、晋葛洪《神仙传·蓟子训》。高适《赠别褚山人》："光阴蓟子训，才术褚先生。"罗隐《期徐道者不至》："只应蓟子训，醉后懒分身。"亦略称"薊子"和"薊訓"。杜甫《奉寄河南韦尹丈人》："谬惭知蓟子，真怯笑扬雄。"又《章梓州水亭》："近属淮王至，高门蓟子过。"又《寄司马山人十二韵》："家家迎蓟子，处处识壶公。"李瀚《蒙求》："壶公谪天，蓟训历家。"

【薊北】 泛指唐幽州、蓟州一带，即今河北省北部，安史叛军的根据地。杜甫《闻官军收河南河北》："剑外忽传收蓟北，初闻涕泪满衣裳。"白居易《池边即事》："何言此处同风月，蓟北江南万里情。"薛逢《开元后乐》："一自犬戎生蓟北，便从征战老汾阳。"薛能《送人归上党》："霏微对岸漳边雨，堆阜邻疆蓟北沙。"

【薊州】 古州名。秦置无终县，隋改渔阳县。唐开元十八年置州，治所在渔阳县(今天津蓟县)。天宝初改为渔阳郡，乾元初复为蓟州。孟浩然有《陪张丞相登荆州城楼因寄蓟州张使君及浪泊戍主刘家》。

【薊門】 即古蓟丘，在战国时燕国蓟城内，相传今北京市德胜门外上城关即其遗址。孟浩然《同张将蓟门观灯》："蓟门看火树，疑是烛龙燃。"杜甫《后出塞五首》之一："召募赴蓟门，军动不可留。"李贺《塞下曲》："胡角引北风，蓟门白于水。"周朴《边思》："夜色蓟门火，秋声边塞风。"

【薊訓】 见"薊子訓"。

【薊城】 在唐幽州治所蓟县(今北京市大兴区西南)，南北九里，东西七里，开十门。前燕慕容儁都此。祖咏《望蓟门》："沙场烽火连胡月，海畔云山拥蓟城。"张籍《蓟北春怀》："今朝蓟城北，又见塞鸿飞。"

【薊垣】 即蓟丘。杜牧《感怀诗一首》："骨添蓟垣沙，血涨滹沱浪。"

【薊訓曆家】 参见"薊子訓"。李瀚《蒙求》："壶公谪天，蓟训历家。"

【薊亭】 指幽州治所蓟县的驿站。王建《幽州送申稷评事归平卢》："蓟亭虽苦寒，春夕勿重衾。"

【薊庭】 指蓟门。王之涣《九日送别》："蓟庭萧瑟故人稀，何处登高且送归。"

【薊樓】 蓟门城楼。张谓有《同孙构免官后登蓟楼》。

【薊壖】 今天津蓟县一带。崔湜《大漠行》："单于犯蓟壖，骠骑略萧边。"

薦 〔jiàn《广韵》作甸切，去霰，精。〕❶垫席，垫褥。刘宪《奉和幸安乐公主山庄应制》："庭莎作荐舞行出，浦树相将歌棹回。"李贺《黄头郎》："好持扫罗荐，香出鸳鸯热。"陆龟蒙《奉和袭美太湖诗二十首·缥缈峰》："花奇忽如荐，树曲浑成几。"顾夐《木兰花》词之四："春愁凝思结眉心，绿绮懒调红锦荐。"❷进献；送上。张九龄《感遇十二首》之七："可以荐嘉客，奈何阻重深。"韦应物《西郊燕集》："野庖荐嘉鱼，激涧泛羽觞。"刘禹锡《奉送家兄归王屋山隐居二首》之二："愿荐埙篪曲，相将学玉箫。"李群玉《龟》："他时清洛汭，会荐帝尧书。"❸祭祀时献牲。见《左传·隐公三年》。李峤《萍》："屡逐明神荐，常随旅客游。"杜甫《往在》:"千春荐陵寝,永永垂无穷。"司空曙《御制雨后出城观览敕朝臣已下属和》:"时新荐玄祖,岁足富苍生。"陆龟蒙《奉和袭美太湖诗二十首·圣姑庙》:"殷勤拨香池,重荐汀洲蘋。"❹推荐;引荐。李白《陈情赠友人》:"鲍生荐夷吾,一举置齐相。"刘长卿《罢摄官后将还旧居留辞李侍御》:"累辱群公荐,频沾一尉微。"曹邺《捕渔谣》:"天子好年少,无人荐冯唐。"杜荀鹤《入关因别舍弟》:"莫愁寒族无人荐,但愿春官把卷看。"❺通"洊"。不断,连续。参见"薦食"。❻通"搢"。插。参见"薦紳"。

【薦士】 推荐士人做官。王维《上张令公》:"致君光帝典,荐士满公车。"韩翃《寄雍丘窦明府》:"薛公荐士得君初,□领黄金千室余。"方干《送王霖赴举》:"自古主司看荐士,明年应是不参差。"

【薦子虛】 为引荐人材之典。见《史记·司马相如列传》。罗隐《新安投所知》:"少年容易舍樵鱼,曾辱明公荐子虚。"

【薦延】 荐举招致。韦应物《酬张协律》:"由来牧守重,英俊得荐延。"韩愈、李正封《晚秋郾城夜会联句》:"推选阅群材,荐延搜一鹗。"

【薦枕】 进献枕席。借指侍寝。见《文选·宋玉〈高唐赋〉》。王勃《杂曲》:"若向阳台荐枕,何啻得胜朝云。"李白《怨歌行》:"荐枕娇夕月,卷衣恋春风。"蒋冽《巫山之阳香溪之阴明妃神女旧迹存焉》:"捣衣余石在,荐枕旧台空。"李商隐《拟意》:"楚妃交荐枕,汉后共藏阄。"

【薦表】 推荐人的文书或信件。王建《送司空神童》:"独向凤城持荐表,万人丛里有光辉。"

【薦拔】 推荐提拔。孟蜀妃张太华《谢李若冲》:"蒙师荐拔恩非浅,领得生神九过经。"

【薦享】 祭祀;祭献。元结《补乐歌十首》序:"今国家追复纯古,列祠往帝,岁时荐享,则必作乐。"

【薦食】 不断吞食。薦,通"洊"。白居易《新乐府·捕蝗》:"始自两河及三辅,荐食如蚕飞似雨。"

【薦書】 推荐或介绍人的文书或信件。王建《归山庄》:"长安寄食半年余,重向人边乞荐书。"又《别李赞侍御》:"荐书自入无消息,卖尽寒衣却出城。"杨巨源《辞魏博田尚书出境后感恩恋德因登丛台》:"荐书及龙钟,此事镂心骨。"李山甫《贺友人及第》:"敢辞今日须行卷,犹喜他年待荐书。"

【薦推】 推荐。崔湜《景龙二年言志》:"幸逢休明时,朝野两荐推。"

【薦章】 推荐人的文书或信件。王周《自喻》:"前年会知己,荐章实非据。"

【薦紳】 搢绅。古代高级官吏的装束。亦指高官。薦,通"搢"。韩愈《送文畅师北游》:"荐绅秉笔徒,声誉耀前阀。"

【薦達】 推荐引进。周昙《咏史诗·后汉门·马后》:"粗衣闲寂阅群书,荐达嫔妃广帝居。"

【薦雄】 推荐扬雄。见《汉书·扬雄传上》。后遂用为推荐人才的典故。李颀《寄司勋卢员外》:"早晚荐雄文似者,故人今已赋长杨。"杜牧《送刘秀才归江陵》:"谁人世上为金口,借取明时一荐雄。"李商隐《今月二日不自量度辄以诗一首四十韵干渎尊严辄复五言四十韵献上亦诗人咏叹不足之义也》:"故事曾尊隗,前修有荐雄。"赵嘏《十无诗寄桂府杨中丞》:"今日宾阶忘姓字,当时省记荐雄无。"

【薦敭】 荐扬。推荐赞扬。刘禹锡《送从弟郎中赴浙西》序:"从弟三复,十余年间凡三为浙右从事,往年主公入相,荐扬登朝中。复从公镇南,未几而罢。"

【薦福寺】 在唐长安开化坊。原为隋炀帝在藩旧宅,武后时改为寺,名献福寺。后改名荐福寺。耿㵾有《荐福寺送元伟》。李嘉祐有《同皇甫侍御题荐福寺一公房》。李端有《宿荐福寺东池有怀故园因寄元校书》。韩偓有《荐福寺讲筵偶见又别》。张乔有《寄荐福寺栖白大师》。

【薦壽】 献礼祝寿。韦元旦《奉和人日宴大明宫恩赐彩缕人胜应制》:"垂旒一庆宜年酒,朝野俱欢荐寿新。"赵彦昭《奉和圣制登骊山高顶寓目应制》:"愿扈登封驾,常持荐寿杯。"又《奉和幸白鹿观应制》:"玉杯鸾荐寿,宝算鹤知年。"

【薦瘥】 深重的灾难。薦,通"洊"。元稹《和李校书新题乐府十二首·骠国乐》:"共矜异俗同声教,不念齐民方荐瘥。"

【薦寢】 侍寝。许敬宗《奉和七夕宴玄圃应制二首》之二:"荐寝低云鬓,呈态解霓裳。"

【薦賢】 推荐贤者。刘长卿《送薛据宰涉县》:"颂德有舆人,荐贤逢八使。"崔峒《初除拾遗酬丘二十二见寄》:"空余荐贤分,不敢负交亲。"马戴《送吕郎中牧东海郡》:"山乡足遗老,伫听荐贤书。"温庭筠《中书令裴公挽歌词二首》之二:"空嗟荐贤路,芳草满燕台。"

【薦衡】 荐引祢衡。见《后汉书·文苑列传下·祢衡》。后遂以"薦衡"作为荐贤之典。杜牧《酬张祜处士见寄长句四韵》:"荐衡昔日知文举,乞火无人作蒯通。"

【薦檳榔】 《南史·刘穆之传》载,穆之少时家贫,诞节嗜酒食,不修拘检。常往妻兄家乞食,多受辱,而不以为耻。一次庆会,刘食毕求槟榔,妻兄弟戏之曰:"槟榔消食,君乃常饥,何忽须此?"后为丹阳尹,一次召妻兄弟宴饮,令厨人以金盘贮槟榔一斛以进之。李白《玉真公主别馆苦雨赠卫尉张卿二首》之二:

“何时黄金盘，一斛荐槟榔。”

【薦藻】 意谓物不在贵贱，如有诚心，藻类水草亦可献鬼神。见《左传·隐公三年》。杜甫《槐叶冷淘》：“献芹则小小，荐藻明区区。”

蒼 〔cí《广韵》疾資切，平脂，從。〕蒺藜。参见“薋菉”。

【薋菉】 蒺藜。一年生草本植物。种子可入药。见《楚辞·离骚》。皮日休《吴中苦雨因书一百韵寄鲁望》：“当庭死兰芷，四垣盛资菉。”

薪 〔xīn《广韵》息鄰切，平真，心。〕王季友《杂诗》：“岂为鼎下薪，当复堂上琴。”元稹《遣悲怀三首》之一：“野蔬充膳甘长藿，落叶添薪仰古槐。”姚合《题金州西园九首·蔓径》：“爱此不能行，折薪坐煎茗。”贾岛《原居即事言怀赠孙员外》：“采菌依余枿，拾薪逢刈田。”

【薪火】 柴火。柴尽则火灭。故用柴火喻指短促的人生。独孤及《客舍月下对酒醉后寄毕四燿》：“寓形薪火内，甘作天地客。”

【薪米】 柴米。陆龟蒙《读襄阳耆旧传因作诗五百言寄皮袭美》：“朝朝贳薪米，往往逢责诟。”

【薪束】 成捆的柴火。皮日休《奉和鲁望樵人十咏·樵担》：“不敢量樵重，唯知益薪束。”

【薪炭】 木炭，柴火。权德舆《丙庚岁苦贫戏题》：“鹾醢一已整，薪炭固难期。”

【薪棘】 柴草和荆棘。萧颖士《菊荣一篇五章》之五：“人之侮我，混于薪棘。”

【薪蒸】 薪柴。薛能《怀汾上旧居》：“山头鼓笛阴沉庙，陌上薪蒸突兀车。”皮日休《吴中苦雨因书一百韵寄鲁望》：“薪蒸湿不著，白昼须然烛。”

【薪楚】 柴草。刘允济《经庐岳回望江州想洛川有作》：“旋闻刈薪楚，遽睹升葵藿。”

薏 〔yì《广韵》於力切，入職，影。〕见“薏苡”。

【薏苡】 ❶植物名。一年生或多年生草本植物，茎直立，叶线状披针形，颖果卵形，淡褐色。子粒（薏苡仁）含淀粉，供食用，酿酒，亦可入药。茎叶可作造纸原料。王维《送李员外贤郎》：“薏苡扶衰病，归来幸可将。”刘禹锡《乐天少傅五月长斋坐成睽间因以戏之》：“马家供薏苡，刘氏饷芜菁。”皮日休、张贲《药名联句》：“为待防风饼，须添薏苡杯。”韦庄《和郑拾遗秋日感事一百韵》：“米惭无薏苡，面喜有桄榔。”皮日休《病中美景颇阻追游因寄鲁望》：“南国不须收薏苡，百年终竟是芭蕉。”❷指薏苡谤。刘长卿《初贬南巴至鄱阳题李嘉祐江亭》：“猜嫌伤薏苡，愁暮向江篱。”权德舆《送安南裴都护》：“归时无所欲，薏苡或烦君。”元稹《送崔侍御元之岭南二十韵》：“珠玑当尽掷，薏苡讵能谗。”李群玉《湘阴县送迁客北归》：“不须留薏苡，重遣世人疑。”

【薏苡冤】 参见“薏苡谤”。胡曾《咏史诗·铜柱》：“功成自合分茅土，何事翻衔薏苡冤。”

【薏苡謗】 东汉伏波将军马援在交趾，常食薏苡实，因其能轻身省欲，以胜瘴气。回朝时自交趾载回薏苡一车，死后被诬告载回的是明珠、文犀，引起皇帝震怒，援妻孥惶惧，将援草草埋葬。见《后汉书·马援传》。后因以“薏苡谤”喻指受谤蒙冤。陈子昂《题居延古城赠乔十二知之》：“桂枝芳欲晚，薏苡谤谁明。”杜甫《寄李十二白二十韵》：“稻粱求未足，薏苡谤何频。”

【薏苡讒】 参见“薏苡謗”。白居易《得微之到官后书因成四章》之三：“侏儒饱笑东方朔，薏苡谗忧马伏波。”

薄 〔bó《广韵》傍各切，入鐸，並。〕❶（或读 báo）厚度小，单薄。韦应物《寺居独夜寄崔主簿》：“坐使青灯晓，还伤夏衣薄。”韦建《河中晚霁》：“肯念客衣薄，将期永投袂。”白居易《新乐府·缚戎人》：“惊藏青冢寒草疏，偷渡黄河夜冰薄。”韦庄《秋霁晚景》：“玉人襟袖薄，斜凭翠阑干。”❷味淡。韦应物《酒肆行》：“初醲后薄为大偷，饮者知名不知味。”白居易《杂感》：“鲁酒薄如水，邯郸开战场。”又《长安春》：“街东酒薄醉易醒，满眼春愁销不得。”韦庄《下第题青龙寺僧房》：“酒薄恨浓消不得，却将惆怅问支郎。”❸少，微少，微薄。岑参《送李翥游江外》：“家贫禄尚薄，霜降衣仍单。”高适《哭单父梁九少府》：“常时禄且薄，殁后家复贫。”刘长卿《杂咏八首上礼部李侍郎·寒釭》：“恋君秋夜永，无使兰膏薄。”白居易《咏身》：“薄有文章传子弟，断无书札答交亲。”❹小，微小。耿湋《陪宴湖州公堂》：“壶觞邀薄醉，笙磬发高音。”刘长卿《雨中登沛县楼赠表兄郭少府》：“小邑务常闲，吾兄宦何薄。”又《重推后却赴岭外待进止寄元侍郎》：“大造功何薄，长年气尚冤。”曹邺《送进士下第归南海》：“雪过蓝关寒气薄，雁回湘浦怨声长。”❺略为，稍为。白居易《赠同座》：“薄解灯前舞，尤能酒后吟。”❻命运不好。梁锽《长门怨》：“妾命何偏薄，君王去不归。”白居易《宣武令狐相公以诗寄赠聊奉短草用申酬谢》：“辞人命薄多无位，战将功高少有文。”李咸用《妾薄命》：“妾命何太薄，不及宫中水。”许浑《汉水伤稼》：“才微分薄忧何益，却欲回心学钓翁。”❼轻视，鄙薄。宋璟《奉和圣制送张说巡边》：“帝道薄存兵，王师尚有征。”李白《赠友人三首》之三：“慢世薄功业，非无胸中画。”刘长卿《从军六首》之六：“谁为吮疮者，此事今人薄。"唐彦谦《六月十三日上陈微博士》之二："巢由薄天下，俗士荣一官。"❽草木丛生处。骆宾王《夏日游德州赠高四》："鸟声流向薄，蝶影乱芳丛。"耿沣《旅次汉故畤》："广川桑遍绿，丛薄雉连鸣。"韩愈《送区弘南归》："虽有不逮驱骓骓，或采于薄渔于矶。"柳宗元《跂乌词》："翘肖独足下丛薄，口衔低枝始能跃。"❾逼近，靠近。徐彦伯《和李适答宋十一入崖口五渡见赠》："结欣薄枉渚，撰念萦旧林。"李白《古风》之二："蟾蜍薄太清，蚀此瑶台月。"岑参《送许子擢第归江宁拜亲因寄王大昌龄》："喜气薄太阳，祥光彻窅冥。"白居易《游悟真寺诗》："风从石下生，薄人而上抟。"亦指近处。顾况《苦雨》："嘉愿有所从，安得处其薄。"❿情义浅；冷漠。李白《题嵩山逸人元丹丘山居》："偶与真意并，顿觉世情薄。"李益《游子吟》："女羞夫婿薄，客耻主人贱。"白居易《池上逐凉二首》之一："簪缨怪我情何薄，泉石谙君味甚长。"贯休《偶作》："只觉人情薄，空余鹤眼青。"⓫疏远。刘长卿《题王少府尧山隐处简陆鄱阳》："故人沧洲吏，深与世情薄。"⓬土质贫瘠，不肥沃。高适《别从甥万盈》："莫以山田薄，今春又不耕。"刘长卿《送州人孙沅自本州却归句章新营所居》："火种山田薄，星居海岛寒。"白居易《茅城驿》："地薄桑麻瘦，村贫屋舍低。"⓭指人心、世道、纲纪等衰微。清江《早春书情寄河南崔少府》："道薄犹怀土，时难欲厌贫。"徐铉《观人读春秋》："日觉儒风薄，谁将霸道羞。"⓮淡，轻淡，与"浓"相对。高宗《守岁》："薄红梅色冷，浅绿柳轻春。"李嘉祐《春日淇上作》："卫女红妆薄，王孙白马肥。"鱼玄机《暮春有感寄友人》："竹阴初月薄，江静晚烟浓。"钱众仲《贡院楼北新栽小松》："笼月烟犹薄，当轩色转新。"⓯粗劣；低劣。皇甫冉《与张諲宿刘八城东庄》："鸡黍无辞薄，贫交但贵情。"牟融《题朱庆余闲居四首》之四："才薄知无用，安贫不自危。"姚合《街西居三首》之三："穷贱餐茹薄，兴与养性宜。"韦庄《同旧韵》："趋时惭艺薄，托质仰恩深。"⓰减弱，减轻。王维《送元中丞转运江淮》："薄赋归天府，轻徭赖使臣。"岑参《热海行送崔侍御还京》："柏台霜威寒逼人，热海炎气为之薄。"⓱轻，不重，以为轻。王建《酬于汝锡晓雪见寄》："薄落阶前人踏尽，差池树里鸟衔残。"羊士谔《州民有献杏者瑰丽溢目因感花未几聊以成咏》："蛾眉半敛千金薄，鹎鵊初鸣百草阑。"⓲刻薄，不厚道。王建《求友》："世路薄言行，学成弃其师。"权德舆《严陵钓台下作》："潜驱东汉风，日使薄者醇。"参见"薄夫❶"。⓳急迫，迅速。裴潾《前相国赞皇公早葺平泉山居抒怀赋四言诗十四首奉寄》之五："我来思卷，薄言遵渚。"参见"薄言"。⓴助词。王勃《倬彼我系》之九："从役伊何，薄求卑位。"

【薄才】 微薄的才能，不才。常用为谦词。杜甫《奉赠鲜于京兆二十韵》："且随诸彦集，方觊薄才伸。"何元上《所居寺院凉夜书情呈上吕和叔温郎中》："幸以薄才当客次，无因弱羽逐鸾翔。"罗隐《秋夜寄进士顾荣》："多病谩劳窥圣代，薄才终是费知音。"

【薄夫】 ❶刻薄之人。见《孟子·尽心下》。储光羲《巩城东庄道中作》："未获遵平道，徒言信薄夫。"白居易《读张籍古乐府》："读君勤齐诗，可劝薄夫敦。"❷平庸浅薄之人。卢仝《叹昨日三首》之二："天下薄夫苦耽酒，玉川先生也耽酒。薄夫有钱恣张乐，先生无钱养恬漠。"

【薄少】 （－shǎo）微薄。韩愈《寄卢仝》："俸钱供给公私余，时致薄少助祭祀。"

【薄日】 淡淡的日光。于溃《陇头水》："薄日朦胧秋，怨气阴云结。"

【薄世】 鄙薄世情。韦应物《慈恩伽蓝清会》："素友俱薄世，屡招清景赏。"又《幽居》："自当安蹇劣，谁谓薄世荣。"

【薄田】 贫瘠的田。亦用于谦称自己的田。杜甫《重过何氏五首》之五："何路沾微禄，归山买薄田。"耿沣《东郊别业》："东皋占薄田，耕种过余年。"顾况《忆山中》："薄田临谷口，小职向人间。"陆龟蒙《记事》："饿隶亦胜无，薄田家所仰。"

【薄地】 贫瘠田地。王维《酬诸公见过》："屏居蓝田，薄地躬耕。"元稹《梦游春七十韵》："一种薄地生，浅深何足妒。"

【薄劣】 浅薄，拙劣。常用为自谦之词。杜甫《独酌》："薄劣惭真隐，幽偏得自怡。"钱起《海上卧病寄王临》："百年去心虑，孤影守薄劣。"李端《鲜于少府宅看花》："初合虽薄劣，却得陪君子。"又《慈恩寺怀旧》："彼苍何暧昧，薄劣翻居后。"

【薄伎】 薄技，浅薄的技艺。殷寅《铨试后征山别业寄源侍御》："谀才甘自屏，薄伎忝余眷。"

【薄伐】 征伐，讨伐。杜甫《留花门》："自古以为患，诗人厌薄伐。"刘方平《寄陇右严判官》："还同周薄伐，不取汉和亲。"刘长卿《至德三年行营五十韵》："薄伐征貔虎，长驱拥旆旌。"

【薄名】 微名。孟郊《立德新居》之二："厚韵属疏语，薄名谢嚣闻。"

【薄冰】 不厚的冰。见《诗·小雅·小旻》。郑谷《投时相十韵》："薄冰安可履，暗室岂能欺。"张蠙《次韵和友人冬月书斋》："薄冰行处断，残火睡来消。"王周《志峡船具诗·百丈》："孤舟行其中，薄冰犹坦履。"

【薄汗】 即驳骭，蕃中大马。王昌龄《从军行七首》之六："胡瓶落膊紫薄汗，碎叶城西秋月团。"

【薄技】　微小的技能。法轮《观大驾出叙事寄怀》："吾曹陋薄技，余庆洽微躬。"

【薄言】　语助词。用于动词前，无实义。储光羲《田家杂兴八首》之一："春至鸧鹒鸣，薄言向田墅。"萧颖士《江有归舟三章》序："四牡骈骈，薄言旋归。"刘禹锡《送李策秀才还湖南因寄幕中亲故兼简衡州吕八郎中》："忽被戒羸骖，薄言事南征。"司空图《诗品二十四则·自然》："薄言情晤，悠悠天钧。"

【薄妆】　淡妆。王维《扶南曲歌词五首》之四："入春轻衣好，半夜薄妆成。"刘方平《望夫石》："犹有春山杏，枝枝似薄妆。"刘言史《乐府杂词三首》之三："不耐檐前红槿枝，薄妆春寝觉仍迟。"杜牧《偶呈郑先辈》："不语亭亭俨薄妆，画裙双凤郁金香。"

【薄命】　命运不好，福分差。乔知之《下山逢故夫》："妾身本薄命，轻弃城南隅。"杜甫《锦树行》："自古圣贤多薄命，奸雄恶少皆封侯。"白居易《见杨弘贞诗赋因题绝句以自喻》："常嗟薄命形憔悴，若比弘贞是幸人。"刘元叔《妾薄命》："每怜容貌宛如神，如何薄命不如人。"

【薄命女】　词牌名。和凝有《薄命女》词，词为双调，三十九字，六仄韵。

【薄命妾】　即《妾薄命》。乐府旧题，属杂曲歌辞。曹邺有《薄命妾》。

【薄狩】　打猎。李峤《奉和杜员外扈从教阅》："薄狩三农隙，大阅五戎场。"

【薄夜】　傍晚，初夜。元稹《古决绝词》之三："虹桥薄夜成，龙驾侵晨列。"《杂曲歌辞·水鼓子》："雕弓白羽猎初回，薄夜牛羊复下来。"

【薄厚】　❶薄待与厚待。韩愈《孟东野失子》："问天主下人，薄厚胡不均。"❷厚此薄彼。孟郊《晚雪吟》："天念岂薄厚，宸衷多忧焦。"❸指重礼与厚礼。杜甫《将适吴楚留别章使君留后兼幕府诸公得柳字》："相逢半新故，取别随薄厚。"❹损害纯厚。卢鸿一《嵩山十志十首·幂翠庭》序："及喧者游之，则酣谑永日，汩清薄厚。"

【薄俗】　轻薄的风俗，坏风气。孟浩然《示孟郊》："尔其保静节，薄俗徒云云。"杜甫《示从孙济》："小人利口实，薄俗难可论。"张祜《感春申君》："薄俗何心议感恩，谄容卑迹赖君门。"贯休《秋末寄上桐江冯使君》："薄俗尽于言下泰，苦心唯到醉中闲。"

【薄食】　粗劣的食物。白居易《旱热二首》之二："薄食不饥渴，端居省衣裳。"又《闲卧》："薄食当斋戒，散班同隐沦。"

【薄宦】　卑微的官职。或用为谦词。杜审言《赠崔融二十韵》："十年俱薄宦，万里各他方。"韩愈《崔十六少府摄伊阳以诗及书见投因酬三十韵》："不知孤遗多，举族仰薄宦。"白居易《秘书省中忆旧山》："厌从薄宦校青简，悔别故山思白云。"杜荀鹤《夏日留题张山人林亭》："闲与先生话身事，浮名薄宦总悠悠。"

【薄怒】　微怒。见战国宋玉《神女赋》。李商隐《拟意》："几时销薄怒，从此抱离忧。"段成式《句》："羞中含薄怒，颦里带余娇。"

【薄俸】　微薄的俸禄。白居易《思归》："薄俸未及亲，别家已经时。"姚合《武功县中作三十首》之四："簿书多不会，薄俸亦难销。"李频《黔中罢职将泛江东》："黔中初罢职，薄俸亦无残。"陆龟蒙《送延陵张宰》："不嫌请薄俸，为喜带名山。"

【薄倖】　❶薄情，少恩义。杜牧《遣怀》："十年一觉扬州梦，赢得青楼薄倖名。"韦庄《天仙子》之四："梦觉云屏依旧空，杜鹃声咽隔帘栊，玉郎薄倖去无踪。"王涣《惆怅诗十二首》之六："薄倖檀郎断芳信，惊嗟犹梦合欢鞋。"❷指薄情之人。毛熙震《菩萨蛮》词之三："天含残碧融春色，五陵薄倖无消息。"

【薄躬】　自身。谦词。杜甫《天池》："更是无人处，诛茅任薄躬。"又《陪郑公秋晚北池临眺》："何补参卿事，欢娱到薄躬。"

【薄徒】　轻薄之徒。林宽《曲江》："倾国妖姬云鬓重，薄徒公子雪衫轻。"徐夤《鸿门》："耨月耕烟水国春，薄徒应笑作农人。"又《寄两浙罗书记》："博簿集成时辈骂，谗书编就薄徒憎。"

【薄酒】　味淡的酒。白居易《闲适》："肥马轻裘还且有，粗歌薄酒亦相随。"

【薄晚】　傍晚。苏味道《单于川对雨二首》之一："崇朝遘行雨，薄晚屯密云。"芮挺章《江南弄》："薄晚青丝骑，长鞭赴狭斜。"

【薄帷】　单薄的帷帐。李绅《奉酬乐天立秋夕有怀见寄》："薄帷乍飘卷，襟带轻摇飏。"

【薄彩】　薄云，轻薄的云彩。裴澄《春云》："薄彩临溪散，轻阴带雨浓。"

【薄産】　微薄的产业。杜甫《秋日夔府咏怀奉寄郑监李宾客一百韵》："两京犹薄产，四海绝随肩。"

【薄葬】　葬具及丧礼简单、节俭。吴筠《高士咏·玄晏先生》："薄葬信昭俭，可为将来则。"无可《吊从兄岛》："蜀集重编否，巴仪薄葬新。"

【薄雲】　淡云，微薄的云彩。唐怡《咏破扇》："轮如明月尽，罗似薄云穿。"

【薄遊】　❶薄禄而宦游于外。宋之问《游法华寺》："薄游京都日，遥羡稽山名。"苏味道《始背洛城秋郊瞩目奉怀台中诸侍御》："薄游忝霜署，直指戒冰心。"杜甫《夜雨》："通籍恨多病，为郎忝薄游。"李益《北至太原》："咄咄薄游客，斯言殊不刊。"❷漫游、游览。李白《秋浦歌十七首》之二："欲去不得去，薄游成久游。”李嘉祐《送王牧往吉州谒王使君叔》：“细草绿汀洲，王孙耐薄游。”齐己《怀巴陵》：“垂白堪思大乱前，薄游曾驻洞庭边。”

【薄情】　薄乎情义，少有情义。多用于男女爱情。高蟾《长门怨》：“烟翠薄情攀不得，星茫浮艳采无因。”苏拯《寄远》：“若能侵鬓色，先染薄情郎。”崔道融《长门怨》：“错把黄金买词赋，相如自是薄情人。”亦指薄于情义之人。高蟾《偶作二首》之一：“明日薄情何处去，风流春水不知君。”

【薄寒】　❶微寒。杜甫《重简王明府》：“甲子西南异，冬来只薄寒。”钱起《宿毕侍御宅》：“薄寒灯影外，残漏雨声中。”❷即驳骆。蕃中大马。见《唐音癸签》卷二〇。张籍《苏州江岸留别乐天》：“清管曲终鹦鹉语，红旗影动薄寒嘶。”

【薄禄】　微薄的俸禄。杜甫《客堂》：“上公有记者，累奏资薄禄。”刘长卿《寄普门上人》：“辛勤羞薄禄，依止爱闲田。”皇甫冉《酬李司兵直夜见寄》：“徒云资薄禄，未必胜闲居。”权德舆《送密秀才吏部驳放后归蜀应崔大理序》：“薄禄且未及，故山念归欤。”

【薄媚】　❶淡雅娇媚的样子。章孝标《贻美人》：“诸侯帐下惯新妆，皆怯刘家薄媚娘。”陆龟蒙《奉和袭美行次野梅次韵》：“风怜薄媚留香与，月会深情借艳开。”蜀主王衍《甘州曲》：“薄媚足精神，可惜沦落在风尘。”❷詈词。犹言放肆，捣蛋。杜甫《少年行》：“马上谁家薄媚郎，临阶下马坐人床。”❸唐教坊曲调名。刘禹锡《曹刚》：“一听曹刚弹薄媚，人生不合出京城。”

【薄雷】　轻雷，声音不大的雷。沈佺期《岳馆》：“流涧含轻雨，虚岩应薄雷。”

【薄業】　微薄的产业。常用为谦词。罗邺《河山逢友人》：“薄业无归地，他乡便是家。”

【薄蝕】　❶遭受侵侮。王珪《咏汉高祖》：“鸿门既薄蚀，荥阳亦蒙尘。”❷即薄食。指日月相掩食。王翰《飞燕篇》：“明月薄蚀阳精昏，娇妒倾城惑至尊。”

【薄煙】　轻烟，浓度低的烟。杨巨源《早朝》：“双阙薄烟笼菡萏，九成初日照蓬莱。”崔橹《题云梦亭》：“薄烟如梦雨如尘，霜景晴来却胜春。”

【薄溜】　浅而急的水流。卢纶《酬李端长安寓居偶咏见寄》：“薄溜漫青石，横云架碧林。”

【薄暮】　❶傍晚。张旭《清溪泛舟》：“旅人倚征棹，薄暮起劳歌。”窦巩《南阳道中作》：“新晴日照山头雪，薄暮人争渡口船。”白居易《即事》：“鹤啄新晴地，鸡栖薄暮天。”李中《莺》：“薄暮欲栖何处，雨昏杨柳深深。”❷喻人之将老。鲍溶《古意》：“希君旧光景，照妾薄暮年。”

【薄德】　少德。自谦之词。则天皇后《唐大飨拜洛乐章·拜洛》：“菲躬承睿顾，薄德忝坤仪。”李白《陈情赠友人》：“薄德中见捐，忽之如遗尘。”

【薄薄】　单薄，不厚。郑史《赠妓行云诗》：“最爱铅华薄薄妆，更兼衣著又鹅黄。”邵谒《轻薄行》：“薄薄身上衣，轻轻浮云质。”郑谷《黄莺》：“春云薄薄日辉辉，宫树烟深隔水飞。”韩偓《春闺二首》之二：“氤氲帐里香，薄薄睡时妆。”

【薄險】　刻薄险恶。储光羲《同诸公送李云南伐蛮》：“君子恶薄险，王师耻重伤。”

【薄醨】　薄味的酒。李洞《早春友人访别南归》：“一盏薄醨酒，数枝零落梅。”

【薄糜】　稀饭。权德舆《丙寅岁苦贫戏题》：“中忆裴子野，泰然倾薄糜。”

【薄藝】　微薄的技艺。姚合《寄陕府内兄郭冏端公》：“薄艺不退辱，特列为门生。”李商隐《今月二日复五言四十韵诗献上亦诗人咏叹不足之义也》：“远途哀跛鳖，薄艺奖雕虫。”

【薄霧】　淡雾，不浓的雾。元稹《会真诗三十韵》：“罗绡垂薄雾，环佩响轻风。”杨衡《宿陆氏斋赋得残灯诗》：“余晖含薄雾，落烬迸空筵。”李商隐《燕台四首·夏》：“安得薄雾起缃裙，手接云軿呼太君。”徐光溥《题黄居寀秋山图》：“崎岖石磴绝游踪，薄雾冥冥藏半峰。”

【薄軀】　微贱的躯体。谦词。宋之问《谒禹庙》：“人隐冀多祐，曷唯沾薄躯。”

蔷　〔qiáng《广韵》在良切，平陽，從。〕蔷薇。李商隐《题二首后重有戏赠任秀才》：“一丈红蔷拥翠筠，罗窗不识绕街尘。”

【蔷薇】　植物名。落叶灌木，茎细长，茎上有刺，羽状复叶，叶长圆形，夏初开花，有红、白、黄等颜色，有芳香气味，可供观赏。亦指这种植物的花。李白《春归终南山松龛旧隐》：“蔷薇缘东窗，女萝绕北壁。”李端《宿荐福寺东池有怀故园因寄元校书》：“石竹闲开碧，蔷薇暗吐黄。”徐凝《玩花五首》之五：“花到蔷薇明艳绝，燕支颗破麦风秋。”韩偓《寒食日沙县雨中看蔷薇》：“何处遇蔷薇，殊乡冷节时。”

薑　〔jiāng《广韵》居良切，平陽，見。〕多年生草本植物。根茎肥大，呈不规则状。灰白色，或黄色，味辛辣，是常用的调味品，亦可供药用。亦指这种植物的根茎。刘禹锡《崔元受少府自贬所还遗山姜花以诗答之》：“故人博罗尉，遗我山姜花。”

【薑芋】　生姜和芋头。钱珝《江行无题一百首》之三八：“浙安无旷土，姜芋当农收。”薛逢《题独孤处士村居》：“林峦当户茑萝暗，桑柘绕村姜芋肥。”贯休《怀武夷红石子二首》之二：“烧侵姜芋窖，僧与水云袍。”

【薑芽】　生姜根茎上长的嫩芽。喻五指握笔弯曲状。刘禹锡《酬柳柳州家鸡之赠》："柳家新样元和脚，且尽姜芽敛手徒。"柳宗元《重赠二首》之二："世上悠悠不识真，姜芽尽是捧心人。"

【薑茶】　泡有生姜的茶。王建《饭僧》："愿师常伴食，消气有姜茶。"

【薑蔗】　生姜和甘蔗。韦应物《送唐明府赴溧水》："鱼盐滨海利，姜蔗傍湖田。"

【薑蘗】　生姜和黄柏。姜辛蘗苦。喻成事困难，要遭艰辛。晁采《子夜歌十八首》之七："姜蘗畏春蚕，要绵须辛苦。"

薤　〔xiè《广韵》胡介切，去怪，匣。〕❶多年生草本植物。地下有圆椎形鳞茎，叶丛生，细长中空，断面为三角形，伞形花序，花紫色，新鲜鳞茎可食用，干燥鳞茎可入药。杜甫《驱竖子摘苍耳》："加点瓜薤间，依稀橘奴迹。"于鹄《题邻居》："蒸梨常共灶，浇薤亦同渠。"姚合《罢武功县将入城》之二："青衫脱下便狂歌，种薤栽莎劚古坡。"贯休《古意九首》之九："种薤煮白石，旨趣如婴儿。"❷即《薤露》。罗隐《商于驿楼东望有感》："棠遗善政阴犹在，薤送哀声事已空。"蒋涣《故太常卿礼部尚书李公及夫人挽歌二首》之二："薤挽疑笳曲，松风思翟衣。"参见"薤露"。

【薤白】　薤之鳞茎，即藠头。杜甫《佐还山后寄三首》之三："甚闻霜薤白，重惠意如何。"李商隐《访隐》："薤白罗朝馔，松黄暖夜杯。"

【薤白酒】　指浸泡有薤的酒。薤鳞茎可食，亦可入药，称为薤白。白居易《春寒》："酥暖薤白酒，乳和地黄粥。"

【薤曲】　即《薤露》。李峤《武三思挽歌》："短歌伤薤曲，长暮泣松扃。"刘长卿《故女道士婉仪太原郭氏挽歌词》之二："箫声将薤曲，哀断不堪闻。"参见"薤露"。

【薤葉簟】　织有薤叶花纹的竹席。白居易《寄李蕲州》："笛愁春尽梅花里，簟冷秋生薤叶中。"原注："蕲州出好笛，并薤叶簟。"

【薤歌】　即《薤露》。权德舆《张工部至薄寒山下有书无由驰报辆车之至倍切悲怀》："今日难裁秣陵报，薤歌寥落柳车边。"孟郊《吊卢殷》之三："《薤歌》一以去，蒿闭不复开。"陆龟蒙《和袭美伤开元观顾道士》："药奠肯同椒醑味，云谣空替薤歌声。"参见"薤露"。

【薤簟】　即薤叶簟。陆龟蒙《以竹夹膝寄赠袭美》："堪临薤簟闲凭月，好向松窗卧跂风。"

【薤露】　乐府相和曲名，是古代的挽歌。见晋崔豹《古今注》卷中。宋之问《故赵王属赠黄门侍郎上官公挽词二首》之二："柳河悽挽曲，薤露湿灵衣。"孟云卿《古挽歌》："薤露歌若斯，人生尽如寄。"张籍《北邙行》："车前齐唱薤露歌，高坟新起白峨峨。"姚合《庄恪太子挽词二首》之二："薤露歌连哭，泉扉夜作晨。"

薗　同"園"。王梵志《诗》之五八："喻若薗中韭，由如得雨浇。"

薯　〔shǔ《广韵》常恕切，去御，禅。〕见"薯蓣"。

【薯蓣】　即山药。多年生缠绕藤本。地下具圆柱形肉质块茎，含淀粉，可供食用，亦可入药。亦名薯药、山药。王绩《采药》："从容肉作名，薯蓣膏成质。"杜甫《发秦州》："充肠多薯蓣，崖蜜亦易求。"

薨1　〔hōng《广韵》呼肱切，平登，曉。〕死的别称。见《礼记·曲礼下》。唐代用以称三品以上官员之死。杜甫《别蔡十四著作》："主人薨城府，扶榇归咸秦。"韩愈《送侯参谋赴河中幕》："河北兵未进，蔡州帅新薨。"白居易《赠悼怀太子挽歌辞二首》之一："竹马书薨岁，铜龙表葬时。"丘光庭《补新宫》序："四始之中，皆有诗者，以其国为诸侯，身行王道，薨后追尊故也。"

薨2　〔hōng《广韵》呼宏切，平耕，曉。〕见"薨$_2$薨"。

【薨逝】　指王侯等有地位者死亡。白居易有《令狐相公与梦得交情素深眷予分亦不浅一闻薨逝相顾泫然感而继和》。

【薨$_2$薨】　（一hōng)象声词。多用以状众虫齐飞声。张九龄《感遇十二首》之三："嗟尔蜉蝣羽，薨薨亦何为。"白居易《蚊蟆》："咂肤拂不去，绕耳薨薨声。"李咸用《放歌行》："螽螽荼蓼虫，薨薨避葵荠。"

薙　〔tì《广韵》他計切，去霽，透。又徐姊切，上旨，邪。又直几切，上旨，澄。〕除草。杨师道《奉和夏日晚景应诏》："薙草生还绿，残花落尚香。"杜甫《草堂》："不忍竟舍此，复来薙榛芜。"李商隐《戊辰会静中出贻同志二十韵》："荆芜既以薙，舟壑永无湮。"杜甫《营屋》："草茅虽薙葺，衰疾方少宽。"

【薙氏】　除草的人。独孤及《垂花坞醉后戏题》序："余亦命薙氏治芜秽而划宿莽，遂辟为登赋之位。"

【薙草】　除草，锄草。李白《献从叔当涂宰阳冰》："居人若薙草，扫地无纤茎。"孟郊《哀孟云卿嵩阳荒居》："薙草恐伤蕙，摄衣自理锄。"鲍溶《述德上太原严尚书绶》："条桑去附枝，薙草绝本根。"薛能《赠隐者》："薙草因逢药，移花便得莺。"

薛〔xuē《广韵》私列切，入薛，心。〕❶古地名。在今山东省滕州市西南。战国齐威王之子田婴、田婴之子田文，皆封于此。见“薛公❷”。❷姓。唐诗人有薛涛、薛能等。

【薛二十三】　指薛膺。行二十三。大和末为右补阙内供奉，自吏部郎中出为婺州刺史。鲍溶有《寄薛膺昆季》。

【薛三】　薛据。高适有《淇上酬薛三据兼寄郭少府微》和《酬别薛三蔡大留简韩十四主簿》和《同韩四薛三东亭玩月》。杜甫有《寄薛三郎中》诗，诗题下注：“据”。薛据曾官水部郎中，杜甫《解闷十二首》之四：“沈范早知何水部，曹刘不待薛郎中。”原注：“水部郎中薛据。”

【薛大夫】　❶薛季昶。季昶以雍州长史摄右台大夫。见《资治通鉴》卷二〇七。李峤有《饯薛大夫护边》。❷薛景仙。景仙曾官御史大夫，见《旧唐书·吐蕃传下》。杜甫《塞芦子》：“岐有薛大夫，旁制山贼起。”原注：“薛景仙为扶风太守，贼寇至，击却之。”孙颇有《送薛大夫和蕃》。❸薛舒。宝应元年拜黔州刺史、黔中观察使，后加御史大夫。戎昱有《哭黔中薛大夫》。❹薛平。元和七年自左龙武大将军援御史大夫。平曾《留别薛仆射》：“梯山航海几崎岖，来谒金陵薛大夫。”

【薛王】　❶指李业，本名隆业，睿宗第五子。初封赵王，睿宗即位，进封薛王。官至太子太保。卒谥惠宣太子。新旧《唐书》有传。玄宗《句》：“棠棣花重发，鸰原鸟再飞。”原注：“薛王疾瘳，置酒，更为初生之欢。”阎德隐有《薛王花烛行》。❷李琄，睿宗孙，为嗣薛王，历鸿胪卿，见《新唐书·三宗诸子传》。李商隐《龙池》：“夜半宴归宫漏永，薛王沉醉寿王醒。”

【薛元超】　唐诗人。名振，蒲州汾阴（今山西万荣县西南）人，薛收子。九岁袭爵汾阴男。好学，善诗文。太宗朝，累官太子舍人。高宗朝，历给事中、中书舍人、弘文馆学士。上元三年，迁中书侍郎、同中书门下三品。复拜中书令，兼太子左庶子。武后专朝，以疾辞官。元超喜荐才俊，支持王勃等改革文风诗风的主张，对当时文坛的革新运动起过积极作用。《新唐书·艺文志》著录其文集三十卷，均佚。《全唐诗》卷三九录其《奉和同太子监守违恋》一首。

【薛太守】　或即薛自劝。高适有《东平旅游奉赠薛太守二十四韵》。

【薛中丞】　薛存诚。存诚于元和五年、八年两次为御史中丞。白居易《薛中丞》：“中丞薛存诚，守直心甚固。”

【薛少殷】　唐诗人。贞元中进士，授秘书省正字，任和藩判官，改同官主簿。后任万年县尉、雷泽县尉。《全唐诗》卷七八二录其《临川羡鱼》一首。

【薛公】　❶指战国楚故令尹薛公。见《史记·黥布列传》。周昙《咏史诗·前汉门·薛公》：“黥布称兵孰敢当，薛公三计为斟量。”❷指战国齐威王少子田婴。田婴相齐十二年，封于薛，是为薛公。见《史记·孟尝君列传》。韩翃《田仓曹东亭夏夜饮得春字》：“薛公门下人，公子又相亲。”❸指隋薛道衡。参见“薛公逍遥臺”。❹指唐薛廷珪。薛能子。中和中登进士第。大顺初，累迁司勋员外郎、知制诰，正拜中书舍人，迁刑部、吏部二侍郎，权知礼部贡举。郑谷有《谷初忝谏垣今宪长薛公方在西阁知奖隆异以四韵代述荣感》。❺指唐薛嵩。嵩累迁检校右仆射。见《旧唐书》本传。秦系《献薛仆射》序：“大历五年，人或以其文闻于邺留守薛公，无何，奏系右卫率府仓曹参军。”

【薛公逍遥臺】　薛公，指薛道衡，历仕北齐、北周、隋三朝。逍遥台为其任隋番州刺史时所建，故址在今广东省韶关市南。张九龄有《陪王司马登薛公逍遥台》。

【薛六】　薛弁，弁曾官水部员外郎。刘长卿有《江州留别薛六柳八二员外》。

【薛左丞】　指薛邕。邕于大历十四年由宣歙观察使迁尚书左丞。钱起有《禁闱玩雪寄薛左丞》。

【薛令之】　唐诗人。字珍君，福州长溪（今福建福安市溪潭乡廉村）人。神龙二年进士。开元末年官左补阙，兼东宫侍读。累年不迁，心生怨气，题诗自悼，谓其生活艰难，玄宗览之不悦，令之遂谢病辞官。《全唐诗》卷二一五录其《自悼》等二首，《全唐诗补编》录其《草堂吟》《太姥山》二首。

【薛弁】　唐人。河东（郡治所在今山西永济市西蒲州镇）人。大历中曾任江州刺史。岑参有《送薛弁归河东》。

【薛司直】　疑为薛据。高适有《同薛司直诸公秋霁曲江俯见南山作》。储光羲有《同诸公秋霁曲江俯见南山》。按，岑参有《与高适薛据登慈恩寺浮图》，薛司直或为薛据。

【薛司空】　指薛平。字坦之。绛州龙门（今山西河津市西）人。将门之子，父薛嵩、伯祖薛讷、曾祖薛礼（字仁贵），皆名当世。薛平曾任郑滑节度使、平卢节度使。敬宗宝历元年入朝，加检校司空。见《旧唐书》本传。杨巨源有《薛司空自青州归朝》。

【薛戎】　唐诗人。字元夫，河中宝鼎（今山西万荣县西南）人。客居常州阳羡山，年四十余方应辟佐幕，先后为江西观察使李衡和福建观察使柳冕从事。贞元二十年阎济美为福建观察使，表充副使。元和四年入拜刑部员外郎，出为河南令，历衢、湖、常三州刺史，十二年任越州刺史兼浙东观察使。《全唐诗》卷三一二录其《游烂柯山》四首。

【薛存誠】 唐诗人，字资明，河中宝鼎（今山西万荣县西南）。贞元间进士，历任监察御史、尚书郎、驾部郎中、御史中丞等职。《全唐诗》卷四六六录其诗十二首。

【薛廷範】 字国辅，薛存诚子。见《新唐书·宰相世系三下》薛氏西祖房。赵嘏有《薛廷范从事自宣城至因赠》。

【薛先輩】 指薛迈。咸通三年（862）状元。韦庄有《寄薛先辈》和《和薛先辈见寄初秋寓怀即事之作二十韵》。

【薛收】 秦王府主簿，判陕东道大行台金部郎中。东都平，授天策府记室参军，武德六年，以本官兼文学馆学士。善言老庄妙理。见《旧唐书》本传。王绩有《薛记室收过庄见寻率题古意以赠》。

【薛秀才】 ❶指薛景文。白居易有《闲夜咏怀因招周协律刘薛二秀才》和《和薛秀才寻梅花同饮见赠》，白氏又有《与诸客携酒寻去年梅花有感》诗云："樽前百事皆依旧，点检惟无薛秀才。"原注："去年与薛景文同赏，今年长逝。"❷指薛能。无可有《送薛秀才游河中兼投任郎中留后》。

【薛光謙】 应作薛谦光。常州义兴（今江苏宜兴市）人。文明中初官阆中主簿，武后天授中迁左补阙。历官常州刺史、尚书左丞、御史大夫、东都留守、太子宾客。新旧《唐书》有传。《全唐诗》误作"薛光谦"。《全唐诗》卷八八七录其《任阆中下乡检田登艾萧山北望》。

【薛江州】 薛弁。曾任江州刺史。皇甫冉有《庐山歌送至弘法师兼呈薛江州》。

【薛克構】 唐诗人。浦州汾闲（今山西万荣县西南）人。永隆中，历户部员外郎、户部郎中。天授中，官麟台监。被酷吏陷害，流放岭南而死。《全唐诗》卷四四录其《奉和展礼岱宗涂经濮济》一首。

【薛沆】 唐诗人。僖宗时人，曾自郎中任庐州刺史。《全唐诗》卷七九五录其《题藏舟浦花》断句一联。

【薛良史】 杞王傅。见《新唐书·宰相世系三下》薛氏西祖房。崔峒有《送薛良史往越州谒从叔》。

【薛奇童】 唐诗人。字灵孺，薛元超之孙。蒲州汾阴（今山西万荣县西南）人。天宝初官大理司直。终官慈州刺史。《全唐诗》卷二〇二录其诗七首。

【薛尚書】 ❶指薛能。能曾任工部尚书。郑谷有《故许昌薛尚书能尝为都官郎中遂赋自贺》和《借薛尚书集》。张蠙有《送徐州薛尚书》。周繇有《送江州薛尚书》。❷指薛嵩。至德中至大历八年为相州刺史、相卫等州节度使，检校刑部尚书。张南史有《送余赞善使还赴薛尚书幕》。❸指薛兼训。大历五年七月自浙东观察使迁检校工部尚书、太原尹、河东节度使。严维有《送薛尚书入蜀》。❹指薛景山。曾历任陈仓县令、扶风太守、太子宾客、凤翔尹、和蕃使、检校户部尚书兼御史大夫。杜甫有《秋日送石首薛明府辞满告别奉寄薛尚书颂德叙怀裴然之作三十韵》。

【薛明府】 薛景仙之弟，石首（今属湖北）县令。杜甫有《秋日荆南送石首薛明府辞满告别奉寄薛尚书颂德叙怀斐然之作三十韵》。

【薛季昌】 河东（今山西永济市）人。本绵竹县尉，在京舍官入道，志操不群。在南岳遇著名道士司马承祯，授三洞经箓。玄宗闻其名嘉之，帛召入禁掖，延问道德。寻即还山，玄宗厚颁金帛，并赋诗送行。见《南岳小录》和《历世真仙体道通鉴》卷四十。玄宗有《送道士薛季昌还山》。

【薛季㫤】 唐诗人。绛州龙门（今山西河津市）人。武后时释褐拜监察御史。累迁御史中丞、雍州长史、魏陕二州刺史、洛州长史。神龙初，迁户部侍郎。张说有《送李侍郎迥秀薛长史季昶同赋得水字》。

【薛侍郎】 ❶指薛邕。字公和。代宗大历十一年至十四年以吏部侍郎出为宣歙观察史兼宣州刺史。包何有《奉和常阁老晚秋集贤院即事寄赠徐薛二侍郎》。李端有《下第上薛侍郎》。权德舆有《送张周二秀才谒宣州薛侍郎》。刘长卿有《送郑说之歙州谒薛侍郎》。❷薛贻矩。历户部兵部侍郎、学士承旨，后贬峡州司马，见《旧五代史》本传等。贯休有《送薛侍郎贬峡州司马》。

【薛舍人】 ❶指薛贻矩，字熙用，河东闻喜（治所在今山西闻喜县东北）。乾宁初，以起居舍人充翰林学士。后历任兵部侍郎、学士承旨。天复三年夔州司户。阿附朱温，召拜御史大夫，朱温篡位，贻矩为梁相，官至司空。吴融有《薛舍人见征恩赐香并二十八字同寄》。❷指薛播。见《旧唐书·薛播传》。欧阳詹有《薛舍人使君观察韩判官侍御许雨晴到所居既霁先呈即事》。❸指薛元超。元超，高宗朝曾任中书舍人。上官仪有《酬薛舍人万年宫晚景寓直怀友》。

【薛夜来】 魏文帝宫人。罗虬《比红儿诗》之五一："魏帝休夸薛夜来，雾绡云縠称身裁。"

【薛宜僚】 唐诗人。绛州万泉（今陕西万荣县）人。左龙武大将军薛平之子。曾任家令丞。武守会昌元年至二年为左庶子，充新罗册赠使，由青州沧海至新罗。未行册礼，染病而死。《全唐诗》卷五四七收录其《别青州妓段东美》二首。

【薛郎中】 ❶薛据。杜甫《解闷十二首》之四："沈范早知何水部，曹刘不待薛郎中。"原注："水部郎中薛据。"参见"薛三"。❷疑为薛能。见《唐摭言》卷三。张蠙有《送薛郎中赴江州》。

【薛承矩】　薛绘子，曾官大理丞。见《新唐书·宰相世系三下》薛氏西祖。刘长卿有《送薛承矩秩满北游》。

【薛承规】　《新唐书·宰相世系三下》薛氏西祖房有二薛承规，一为薛黄童子，一为薛绘子。刘长卿有《送薛承矩秩满北游》，又有《使还七里濑上逢薛承规赴江西贬官》。命名规矩，承规当为薛绘子，承矩之兄。

【薛昭緯】　唐诗人。字纪化。河中宝鼎（今山西万荣县西南）人。给事中薛保逊之子。曾任祠员员外郎、礼部员外郎、中书舍人、礼部侍郎等职。《全唐诗》卷六八八收录其《华州榜寄诸门生》等二首。

【薛彦偉】　隰城丞薛元瑗之子，开元、天宝间进士，曾官监察御史、沔州别驾，见《旧唐书·薛播传》和《穆宁传》及《新唐书·宰相世系三下》。岑参有《送薛彦伟擢第东归》。

【薛耽】　字敬父，河东（今山西永济市）人。开成五年进士。咸通元年以中书舍人知贡举，后官至东川节度使。赵嘏有《送薛耽先辈归谒汉南》。

【薛都督】　薛纯。曾任秦州都督。见《新唐书·宰相世系三下》薛氏西祖房。崔湜有《秦州薛都督挽词》。

【薛華】　唐人。曾任右金吾仓曹。杜甫有《苏端薛复筵简薛华醉歌》。于良史有《闲居寄薛华》。王勃有《别薛华》和《重别薛华》。

【薛眘惑】　唐诗人。武后时人。善投壶，背后投之，龙跃隼飞，百发百中，时推为绝艺。《全唐诗》卷四五录其《奉和进船洛水应制》一首。

【薛員外】　❶指薛谊。薛字勉子。官职方员外郎。皎然有《奉和薛员外谊赠汤评事衡反招隐之迹兼见寄十二韵》《酬薛员外谊苦热行见寄》和《酬薛员外谊见戏一首》。❷指薛乂。曾任温州刺史。李白有《安州般若寺水阁纳凉喜遇薛员外乂》。❸指薛弁。弁于大历中任水部员外郎。刘长卿《江州留别薛六柳八二员外》和《江州重别薛六柳八二员外》。❹疑为薛保逊。薛为名家子，恃才傲物，宰相夏侯孜恶之，谪受澧州司马。又据《旧唐书·薛廷老传》及《新唐书·宰相世系三下》保逊官到给事中、司农卿。李群玉有《将之京国赠薛员外》。

【薛記室】　指薛收。隋内史侍郎薛道衡之子。因其父为炀帝所害，故守志不仕。后响应李渊父子起兵，入秦王世民幕府任主簿。武德四年（621）世民建天策上将军府，薛收为天策府记室参军。王绩有《薛记室收过庄见寻率题古意以赠》。

【薛能】　唐诗人。字太拙，汾州（今山西汾阳市）人。会昌六年进士，书判八等，补周至尉，历太原、陕虢、河阳三府从事。咸通元年前后，李福镇滑州，表置观察副官，历侍御史、都官员外郎、刑部员外郎。李福任剑南西川节度使，奏能为副使，后摄嘉州刺史。后入朝为主客、度支、刑部郎中。迁同州刺史。咸通十一年，任京兆尹。后历任工部尚书、徐州节度使、忠武军节度使。广明元年，为部将所杀，全家遇害。能爱诗成癖，日赋一章。《全唐诗》录其诗四百余首，编为四卷。多为流连光景和应酬之作。

【薛常侍】　指薛能。韦庄有《对雪献薛常侍》。

【薛將軍】　（將 jiāng）指薛礼，字仁贵。唐大将。绛州龙门（今山西河津市西）。少时家贫，务农为生，善骑射，太宗时，应募从戎，对高丽作战，冲锋陷阵，溃敌二十万，擢升右领军中郎将。高宗时，大破九姓突厥于天山。时九姓突厥拥众十余万，令骁骑来攻，仁贵发天矢，射杀三人，九姓纷纷下马请降，故有“三箭定天山”之誉。总章元年，再战高丽，任右威卫大将军兼安东都护，封平阳郡公。咸亨元年，攻土蕃，败迹。永淳二年任右领军卫将军、代州都督，击败入侵的东突厥余部。《全唐诗》卷八七四载有《薛将军歌》，歌谓：“将军三箭定天山，战士长歌入汉关。”

【薛陽陶】　唐乐童。善吹觱篥（芦管）。咸通中为浙西小校。白居易有《小童薛阳陶吹觱栗歌》。张祜《听薛阳陶吹芦管》：“紫清人下薛阳陶，未曲新笳调更高。”罗隐有《薛阳陶觱篥歌》。

【薛植】　唐人。与张说同时，曾任赞善大夫、淮南道宣劳使。见《册府元龟》卷一六二。张说有《送薛植入京》。

【薛禽】　指薛稷所画鹤。林宽《和周繇校书先辈省中寓直》：“粘尘贺草没，剥粉薛禽迷。”原注：“贺知章草书，薛稷鹤也。”

【薛温州】　薛乂。曾官温州刺史，见《新唐书·宰相世系三下》。薛戎、薛放之兄，与权德舆同时。权德舆有《送薛温州》。

【薛補闕】　薛兼适。兼适曾官左补阙。鲍防有《送薛补阙入朝》。

【薛媛】　唐女诗人。濠梁（今安徽凤阳县）人。南楚材之妻，多才艺，善诗文书画。《全唐诗》卷七九九收其《写真寄夫》一首。

【薛蒙】　唐诗人。字中明。开成中进士。曾任考功郎、司勋郎中。《全唐诗》卷五六四存其《和绵州于中丞登越王楼作》一首。

【薛授】　曾官砀山尉、河阳丞、主簿。权德舆有《送薛十九丈授将作主簿分司东都赋得春草》。

【薛鼎臣】　里贯未详。为方镇从事，兼监察御史。张祜有《赠薛鼎臣侍御》。

【薛昪】　唐诗人。河东（今山西永济市）人。建中、兴元间游历深、赵、晋、绛诸州，曾为康日知幕僚。《全唐诗》卷四七二收其《敕赠康尚书美人》一首。

【薛業】 唐诗人。与独孤及、赵骅、柳芳有交往。《全唐诗》卷一一七录其《洪州客舍寄柳博士芳》等二首。

【薛準】 唐诗人。唐昭宗时人，曾任员外郎。《全唐诗》卷七一五录其《临终诗》一首。

【薛瑶】 小字"仙人子"。新罗（今朝鲜南部）人。父薛丞冲，高宗时入唐，授左武道将军。父死，瑶年十五，出家为尼。二十一岁还俗，为郭元振之妾。《全唐诗》卷七九九录其《谣》一首。

【薛瑶英】 唐元载之妾。贾至《赠薛瑶英》序："元载末年，纳薛瑶英为姬，以体轻不胜重衣，于外国求龙绡衣之。惟至及杨炎与载善，得见其歌舞，各赠诗。"

【薛僕射】 ❶指薛嵩。安史降将，为相州刺史，充相、卫、邢等州节度观察使。大历三年检校右仆射。见《旧唐书》本传。秦系有《献薛仆射》。❷指薛平。薛嵩之子。元和五年任浙西观察使，长庆元年在平卢节度使任上，加右仆射，进封魏国公。宝历元年归朝进加左仆射兼户部尚书。平曾有《留别薛仆射》和《絷白马诗上薛仆射》。

【薛播】 唐人。河东宝鼎县（今山西河津市西南荣河镇）人。薛据之弟。天宝十一载进士，历任校书郎、殿中侍御史、万年县令、尚书左丞、礼部侍郎、泉州刺史等职。岑参有《送薛播擢第归河东》。秦系有《答泉州薛播使君重阳日赠酒》和《会稽山居寄薛播侍郎袁高给事高参舍人》。

【薛縣】 古县名。秦置。原本战国齐孟尝君封地。在今山东枣庄市薛城。战国齐人雍门周善鼓琴，以悲动人。曾访薛公孟尝君，先以言词，继以琴声，极力渲染破国亡邑、"台坏池平"的景象，使孟尝君痛哭流涕。见汉刘向《说苑·善说》。后以此为典，表示悲痛。崔融《户部尚书崔公挽歌》："市若荆州罢，池如薛县平。"

【薛稷】 唐诗人。字嗣通，蒲州汾阴（今山西万荣县西南）人。薛收孙，进士及第。历祠部员外郎、礼部郎中、中书舍人、吏部侍郎、工部、礼部尚书等职，位终太子少保。先天二年（713），太平公主与窦怀贞等谋逆伏诛。稷以知谋不报，赐死。稷才艺出众，善诗文，工书画。《全唐诗》卷九三收录其诗十四首，《全唐诗补编》下收录其《四言诗》一首。

【薛瑩】 唐诗人。文宗时人。有《洞庭诗集》一卷。《全唐诗》卷五四二收录其诗十首，断句二联，卷八八四收其诗一首。

【薛劉】 薛景文、刘方舆。白居易《忆杭州梅花因叙旧游寄萧协律》："薛刘相次埋新垄，沈谢双飞出故乡。"

【薛璩】 当即薛據。王维《瓜园诗》序："时太子司议郎薛璩发此题，遂同诸公云。"又有《座上走笔赠薛璩慕容损》。杜甫有《秦州见敕目薛三璩授司议郎毕四曜除监察与二子有故远喜迁官兼述索居凡三十韵》，校云"璩，一作據"。又有《寄薛三郎中據》和《别崔漠因寄薛據孟云卿》，故璩、據，当为一人。

【薛據】 唐诗人。河中宝鼎（今山西万荣县西南）。约开元十九年登进士第。曾任永乐县主簿、涉县令、大理司直、太子司议郎，终官水部郎中。好隐逸，晚居终南山。与王维、杜甫、孟云卿等相友善。今存诗十二首。诗多写怀才不遇之感，笔力雄健，怨愤幽深。写景诗亦多佳作。岑参有《与高适薛據登慈恩寺浮图》。

【薛舉】 唐人。河东汾阴（今山西万荣县西南）人。隋末，与其子仁杲反于陇西，自称西秦霸王。大业十三年，僭帝号于兰州。唐武德元年，薛举掠岐豳，复拔高墌，图谋取长安。会举疾死，子仁杲立，为秦王太宗击败，仁杲率伪官属降，以仁杲归长安，斩之，陇西平。太宗有《经破薛举战地》。柳宗元《唐铙歌鼓吹曲十二篇·泾水黄第四》序："薛举据泾以死。子仁杲尤勇以暴。师平之。"

【薛學士】 薛贻矩。历官户部兵部侍郎、学士承旨，后贬峡州司马。见《旧五代史》本传等。吴融有《送薛学士赴任峡州二首》。

【薛戴】 疑为薛载之讹。薛载又名薛应，薛邕子，曾官京兆府兵曹参军。其父薛邕，大历末官宣歙观察使。见《新唐书·宰相世系三下》。李端有《赠薛戴》和《长安书事寄薛戴》。

【薛膺昆季】 薛菜子薛膺和薛齐。膺，大和初，为右补阙内供奉，齐佐兴元李绛幕府，绛遇害，齐亦死于难。见《新唐书·薛苹传》。又据《宰相世系三下》薛氏两祖房，苹五子：膺，婺州刺史；褒字鲁志；休字焘，庠字蒙志，齐。鲂溶有《寄薛膺昆季》。

【薛涛】 唐女诗人。字洪度，长安（今陕西西安市）人。幼随父薛郧入蜀，沦为歌妓。工诗文，时称女校书。晚年居成都浣花溪，自制彩笺写诗，人称薛涛笺。所交游酬唱者，均为成都节帅及一时名士。今存诗一卷，七十余首。

【薛曜】 唐诗人。曜，亦作"耀"，字升华。蒲州汾阴（今山西万荣县西南）人。薛元超之子，以文学知名，袭爵汾阴县男。历任朝散大夫、守春官郎中、正谏大夫、左奉宸大夫。终官给事中。《全唐诗》卷八〇录其诗五首，卷八八二录其诗三首。

【薛蘊】 一作薛蕴，唐女诗人。字馥，河中宝鼎

(今山西万荣县西南)人。祖父薛彦辅玄宗时曾官大理司直。《全唐诗》卷七九九收其诗三首,断句一联。

蕭 〔xiāo《广韵》蘇彫切,平蕭,心。〕❶蒿类植物的一种。即艾蒿。杜甫《种莴苣》:"中园陷萧艾,老圃永为耻。"顾况《寄淮上柳十三》:"苇萧中辟户,相映绿淮流。"韩愈《秋怀诗十一首》之二:"白露下百草,萧兰共凋悴。"白居易《渭村退居寄礼部崔侍郎翰林钱舍人诗一百韵》:"鸡鹤初虽杂,萧兰久乃彰。"❷萧条冷落;凄凉。张九龄《郡舍南有园畦杂树聊以永日》:"江城何寂历,秋树亦萧森。"❸见"蕭然❶、❷"。❹通"肅"。参见"蕭屏"。❺姓。唐诗人有萧颖士、萧至忠等。亦指萧姓者。贯休《酬张相公见寄》:"但似前朝萧与蒋,老僧风雪亦相寻。"

【蕭二】 ❶即萧策。策,行二。代宗朝右散骑常侍萧直之子,任检校员外郎。见《新唐书·宰相世系一下》。李益有《中桥北送穆质兄弟应制戏赠萧二策》。❷即萧存。字伯诚,萧颖士之子,建中初,由殿中侍御史四迁比部郎中,韩愈少时曾受知于萧存。韩愈有《游西林寺题萧二兄郎中旧堂》。戴叔伦有《送萧二》。

【蕭二十】 名不详,行二十。严武镇蜀,萧为幕宾。杜甫有《奉赠萧二十使君》。

【蕭二十三】 即萧庆中。卢仝友人,有文名。卢仝有《寄萧二十三庆中》和《萧二十三赴歙州婚期二首》。

【蕭十丈】 即萧颖士。颖士,行十。丈,为对老者的尊称。息夫牧有《冬夜宴萧十丈因饯殷郭二子西上》。

【蕭九】 ❶即萧寘。曾任驾部侍中、知制诰,充翰林学士。杜牧有《早春阁下寓直萧九舍人亦直内署因寄书怀四韵》。❷即萧彻。白居易有《江南喜逢萧九彻因话长安旧游戏赠五十韵》。

【蕭才子】 萧庆中。卢仝《萧宅二三子赠答诗二十首》序:"萧才子修文行名,闻将迁家于洛,卖扬州宅……既而萧有事于歙州。"又有《寄萧二十三庆中》诗,诗云:"萧乎萧乎,忆萧者嵩山之卢。卢扬州,萧歙州,相思过春花。"故萧才子,即萧庆中。

【蕭山】 唐天宝元年以永兴县改名。治所今浙江杭州市萧山区。戴叔伦《题秦隐君丽句亭》:"北人归欲尽,犹自住萧山。"方干有《赠萧山彭少府》,丘丹有《萧山祇园寺》。

【蕭山廟】 在唐萧山县(今浙江杭州市萧山区)。温庭筠有《题萧山庙》。吴融有《和严谏议萧山庙十韵》。

【蕭子】 指中唐草书家萧郸。顾况《萧郸草书歌》:"萧子草书人不及,洞庭落叶秋风急。"

【蕭子真】 孟郊友人。孟郊有《春夜忆萧子真》诗,抒发其与萧阔别之情。

【蕭子雲】 南朝梁人,字景乔。南兰陵(今江苏常州市西北)人。南齐宗室。初为秘书郎,迁太子舍人,官至侍中、国子祭酒,领南徐州大中正。善草书,为时楷法。侯景攻陷都城,子云逃至晋陵(治今江苏常州市武进区),饿死于显灵寺僧舍。欧阳炯《贯休应梦罗汉画歌》:"唐朝历历多名士,萧子云兼吴道子。"

【蕭王】 即东汉刘秀。更始二年封萧王。周昙《咏史诗·后汉门·光武》:"成败非儒孰可量,儒生何指指萧王。"

【蕭元植】 曾官仓部郎中。顾况有《上湖至破山赠文周萧元植》。

【蕭五】 萧祜,曾官考功郎中,生平事迹见《旧唐书·宪宗纪下》。白居易有《京使回累得南省诸公书因以长句诗寄谢萧五刘二元八吴十一……杨十二员外》。

【蕭少卿】 (少 shào)萧彧。字文彧,官少卿。见《全唐诗》小传。徐铉有《和太常萧少卿近郊马上偶吟》《和萧少卿见庆新居》和《送陈先生之洪井寄萧少卿》。

【蕭中丞】 萧祜。元和中佐西川幕府,官彭州刺史。薛涛有《摩诃池赠萧中丞》。

【蕭公】 ❶指梁武帝萧衍。见《南史·任昉传》。李商隐《读任彦升碑》:"梁台初建应惆怅,不得萧公作骑兵。"❷萧俛。相宪、穆二宗。许浑《题勤尊师历阳山居》序:"师即思齐之孙,顷为故相国萧公录用,相国致政,尊师亦自边将入道,因赠是诗。"

【蕭文學山池】 文学,官名。萧文学,萧姓任文学之官者。萧文学山池,即晋顾辟疆的名园辟疆园,故址在今江苏省苏州市。独孤及有《萧文学山池宴集》。

【蕭艾】 艾蒿,一种臭草。常用以此喻坏人。李白《于五松山赠南陵常赞府》:"松兰相因依,萧艾徒丰茸。"杜甫《种莴苣》:"中园陷萧艾,老圃永为耻。"吕温《同舍弟恭岁暮寄晋州李六协律三十韵》:"云雨沛萧艾,烟阁双葳蕤。"韩偓《偶题》:"萧艾转肥兰蕙瘦,可能天亦妒馨香。"

【蕭史】 传说中人物。相传为秦穆公时人,善吹箫,箫声能使孔雀白鹤飞至于庭。穆公乃以其女弄玉妻之。萧史乃教弄玉吹箫,作凤凰鸣,后来凤凰集其屋。穆公筑凤台,使萧氏夫妇居其中,数年后随凤凰飞去。见汉刘向《列仙传》。唐诗中咏其事,或以"萧史"借指情郎。杜甫《崔驸马山亭宴集》:"萧史幽栖地,林间蹋凤毛。"权德舆《杂诗五首》之一:"婉彼嬴氏女,吹箫偶萧史。"李商隐《碧城三首》之二:"不逢萧史休回首，莫见洪崖又拍肩。”李瀚《蒙求》：“萧史凤台，宋宗鸡窗。”

【蕭仙】 指萧史。鲍溶《萧史图歌》：“小载萧仙穆公女，随仙上归玉京去。”参见“蕭史”。

【蕭令】 萧嵩。嵩曾为兵部尚书兼中书令。见《旧唐书·玄宗纪上》。张说有《三月三日定昆池奉和萧令得潭字韵》。

【蕭令公】 萧嵩。嵩曾为兵部尚书兼中书令。见《旧唐书·玄宗纪上》。王湾有《秋夜寓直即事怀赠萧令公裴侍郎兼通简南省诸友人》。

【蕭必先】 犹言萧先辈。必先，唐代进士相互推敬之称谓。见《唐音癸签》卷十八。韦庄有《览萧必先卷》。

【蕭主簿】 萧存，官常熟主簿。皎然有《同颜使君清明日游因送萧主簿》。

【蕭立】 曾官廷尉拜监察御史，转殿中侍御史。独孤及有《海上寄萧立》。

【蕭寺】 咏寺院的典故。杨炯《送杨处士反初卜居曲江》：“萧寺休为客，曹溪便寄家。”韩翃《留题宁川香盖寺壁》：“爱远登高尘眼开，为怜萧寺上经台。”李贺《马诗二十三首》一九：“萧寺驮经马，原从竺国来。”刘沧《秋日山寺怀友人》：“萧寺楼台对夕阴，淡烟疏磬散空林。”亦作“蕭家寺”“蕭帝寺”。陆畅《送深上人归江南》：“江南无限萧家寺，曾与白云何处期。”杜荀鹤《题战岛僧居》：“人云萧帝寺，毕竟欲何如。”韦庄《江上题所居》：“落日乱蝉萧帝寺，碧云归鸟谢家山。”

【蕭至忠】 唐诗人。其先兰陵（今山东枣庄市东南）人。曾祖时迁至长安（今陕西西安市）。曾为伊阙和洛阳尉，迁监察御史。神龙初，为御史中丞，迁吏部侍郎。景龙元年拜相，俄为中书令。睿宗即位，出为晋州刺史，依附太平公主，召为刑部尚书，迁吏部尚书。先天二年，复为中书令，是年，预修《姓族系录》书成，封酇国公。因参与太平公主谋反，被诛。《全唐诗》卷一〇四录其《奉和九日幸临渭亭登高应制得余字》等诗九首。

【蕭朱】 西汉萧育和朱博的连称。二人同朝为官，初为互相荐达之友，及二人官居显赫，友谊破裂。见《汉书·萧望之传》附《萧育传》。后遂以“蕭朱”作咏友谊或官场交往化友为仇的典故。骆宾王《帝京篇》：“赵李经过密，萧朱交结亲。”李白《古风》之五九：“张陈竟火灭，萧朱亦星离。”白居易《东南行一百韵》：“名声逼杨马，交分过萧朱。”李瀚《蒙求》：“萧朱结绶，王贡弹冠。”

【蕭后】 隋炀帝萧皇后。隋炀帝在扬州被杀后，萧后随宇文化及至聊城。后又为窦建德所俘，终为突厥处罗可汗之妻（义成公主）接到突厥。见《隋书·萧皇后传》。杜牧《杜秋娘诗》：“萧后去扬州，突厥为阏氏。”

【蕭次君】 西汉萧育之字。育为人威猛，居官数免，少有升迁。喻指仕途失意的官员。杜牧《自贻》：“杜陵萧次君，迁少去官频。”

【蕭宅】 ❶见“蕭相宅”。❷唐萧庆中之住宅。卢仝有《萧宅二三子赠答诗二十首》。参见“蕭二十三”。

【蕭妃】 唐武陵郡王伯良妃。《全唐诗》卷七录其《夜梦》一首。

【蕭丞相】 （相 xiàng）指西汉丞相萧何。借指当朝宰相。杜甫《洗兵马》：“关中既留萧丞相，幕下复用张子房。”鲍溶有《淮南卧病闻李相夷简移军山阳以靖东寇感激之下因抒长句》：“教闻清净萧丞相，计立安危范大夫。”

【蕭芝】 人名。见《艺文类聚》卷九十引晋萧广济《孝子传》。李瀚《蒙求》：“朱博乌集，萧芝雉随。”

【蕭辰】 谓秋季。权德舆《奉和新卜城南郊居得与卫右丞邻舍因赋诗寄赠》：“轩窗退残暑，风物迎萧辰。”刘禹锡《登司马错古城》：“登临直萧辰，周览壮前躅。”徐铉《奉和御制茱萸》：“台畔西风御果新，芳香精彩丽萧辰。”

【蕭車】 汉萧育，字次君，萧望之之子，为人严猛威严，为耆旧名臣。任南郡太守时，朝廷以三公之车迎载入朝。见《汉书·萧望之传》附《萧育传》。后遂以“蕭車”喻受朝廷赏识的威猛之臣。杜甫《夔府书怀四十韵》：“萧车安不定，蜀使下何之。”

【蕭何】 汉初大臣，政治家。沛县（今属江苏徐州市）人。曾为沛县吏。刘邦为亭长时，他曾佐之。后随刘邦起兵入咸阳，他收取秦相府律令图，熟知全国山川险要、郡县户口。楚汉战争中，荐韩信为大将，自任丞相，留守关中，转送粮饷，对刘邦战胜项羽，立有大功。汉朝建立之后，以功第一，封酇侯，定律令制度，执行“与民休息”的政策，对发展生产、巩固中央集权起过重要作用，为开国名相。后常借以咏宰相。高适《留上李右相》：“傅说明殷道，萧何律汉刑。”鲍溶《和淮南李相公夷简喜平淄青回军之作》：“马毛不汗东方靖，行见萧何第一勋。”

【蕭何律】 汉初，丞相萧何制定汉律九章，对巩固汉朝的统治起过积极作用。后遂作咏律法的典实。杜甫《忆昔二首》之二：“百余年间未灾变，叔孙礼乐萧何律。”

【蕭判官】 萧直，字正仲，曾在淮南李成式幕为判官。刘长卿有《吴中闻潼关失守因奉寄淮南萧判官》。

【蕭君】 ❶指西汉萧何。他曾向刘邦力荐韩信，拜为大将军。周昙《咏史诗·前汉门·酇侯》:"韩生不是萧君荐,猎犬何人为指踪。"❷指萧庆中。卢仝友人。卢仝有《听萧君姬人弹琴》。

【蕭邵】 指唐萧颖士和邵轸。萧为唐诗人。邵,开元二十四年进士及第。李华《寄赵七侍御》:"昔日萧邵游,四人才成童。"原注:"萧颖士、邵轸。"

【蕭協律】 萧悦。白居易《画竹歌》序:"协律郎萧悦善画竹,举时无伦。"白居易又有《忆杭州梅花因叙旧游寄萧协律》和《岁假内命酒赠周判官萧协律》。

【蕭尚書】 ❶即萧昕。宝应二年以礼部侍郎知贡举。贞元初,兼礼部尚书,再知贡举。见《旧唐书》本传。白居易有《与诸同年贺座主侍郎新拜太常同宴萧尚书亭子》。❷疑为萧华。华曾任礼部尚书。见《旧唐书》本传。刘长卿有《过萧尚书故居见李花感而成咏》。

【蕭昕】 唐诗人。字中明,南朝梁鄱阳王萧恢七世孙,世居河南(今河南洛阳市)。开元十九年,举博学宏词科,授阳武县主簿。天宝初,复举博学宏词科,授寿安尉。累迁右拾遗。安史乱起,玄宗幸蜀,昕间道入蜀。旋奉册于灵武。代宗即位,进中书舍人。代宗幸陕,昕出武关诣行在,转国子祭酒。大历初,持节吊回鹘。朱泚之乱起,昕避难山林,寻至奉天,迁太子少傅。至德宗贞元五年以太子太师致仕。《全唐诗》卷一五八录其《洛出书》等诗二首,又卷四六四封孟绅名下《赋得行不由径》,一作萧昕诗。

【蕭侍中】 即萧至忠。至忠曾任中书令。陈子良有《酬萧侍中春园听妓》。

【蕭侍郎】 ❶萧复,复曾任兵部侍郎。见《旧唐书》本传。戴叔伦有《郊园即事寄萧侍郎》。❷萧澣。澣曾任刑部侍郎。见《旧唐书·文宗纪下》。李商隐有《哭遂州萧侍郎二十四韵(萧澣)》,又李商隐《夕阳楼》诗原注:"是所知今遂宁萧侍郎牧荥阳日作矣。萧侍郎,萧澣也。"❸萧遘。乾符初,召充翰林学士,正拜中书舍人,累迁户部侍郎,黄巢犯阙,改兵部侍郎。见《旧唐书》本传。张蠙有《投翰林萧侍郎》。

【蕭侍御】 ❶萧祐。元和初曾官监察御史、殿中侍御史。羊士谔有《台中遇直晨览萧侍御壁画山水》。白居易有《夏日独直寄萧侍御》和《见萧侍御忆旧山草堂诗因以继和》。❷萧公瑜。曾官殿中侍御史。权德舆有《同陆太祝鸿渐崔法曹载华见萧侍御留后说得卫抚州报推事使张侍御却回前刺史戴员外无事喜而有作三首》。❸萧实。元和六年五月,拜中书舍人。杜牧有《早春阁下寓直萧九舍人亦直内署因寄书怀四韵》。

【蕭使君】 ❶萧复。大历中为歙州、池州刺史。朱放有《新安所居答相访人所居萧使君为制》。刘长卿有《送方外上人之常州依萧使君》。❷萧定。曾官袁、信、湖、宋、睦、润等六州刺史。见《新唐书》本传。刘长卿有《奉陪萧使君入鲍达洞寻灵山寺》。❸萧祐。文宗朝曾官彭州刺史。羊士谔有《酬彭州萧使君秋中言怀》和《彭州萧使君出妓夜宴见送》。

【蕭舍人】 萧寘。官驾部郎中、知制诰,充翰林学士。以他官而兼知制诰者,亦可称舍人。杜牧有《早春阁下寓直萧九舍人亦直内署因寄书怀四韵》。

【蕭京】 指西汉萧望之和京房。京房,字君明。治《易》,元帝时立为博士。时宦官石显专权,数谏之。为显所疾,出为魏郡太守,又为石显所陷,弃市。见《汉书·本传》。白居易《读汉书》:"痛矣萧京辈,终令陷祸机。"参见"蕭望"。

【蕭京兆】 萧灵。唐天宝八载官刑部尚书、京兆尹,坐赃左迁汝阴太守。见《资治通鉴》卷二三六。杜甫《遣兴五首》之三:"赫赫萧京兆,今为时所怜。"

【蕭沼】 岑参友人。岑参有《天山雪歌送萧治归京》。全诗校:"〔治〕一作沼"。《唐诗纪事》作"蕭沼"。萧治有《缺题》一首,所写情景与岑诗合,见《全唐诗补编·全唐诗续拾》卷五四。

【蕭治】 参见"蕭沼"。

【蕭郎】 原指梁武帝萧衍。见《梁书·武帝纪上》。唐诗中常用以指萧姓男子,或用作情郎与夫君的代称。李益《中桥北送穆质兄弟应制戏赠萧二策》:"欲陈汉帝登封草,犹待萧郎寄内书。"于鹄《题美人》:"胸前空带宜男草,嫁得萧郎爱远游。"杨巨源《临水看花》:"今朝几许风吹落,闻道萧郎最惜多。"刘沧《代友人悼姬》:"萧郎独宿落花夜,谢女不归明月春。"

【蕭郎中】 ❶萧华。张子容有《赠司勋萧郎中》。❷萧定。曾官侍御史、考功员外郎、左右司二郎中。为元载所挤,出为秘书少监,兼袁州刺史,历信、湖、宋、睦、润五州刺史。见《旧唐书》本传。刘长卿有《题萧郎中开元寺新构幽寂亭》。❸萧俨。曾官水部郎中和祠部郎中。徐铉有《和萧郎中小雪日作》。❹杜甫从表兄弟,行十,官比部郎中。名不详。杜甫有《赠比部萧郎中十兄》,注:"甫从姑子也。"

【蕭建】 唐诗人。南兰陵(今江苏常州市)人。唐初宰相萧瑀玄孙。登进士第。曾官黔中观察使,终礼部侍郎。《全唐诗》卷四九五录其《代书问费征君九华亭》。

【蕭居士】 萧时和,乘如之兄。王维有《过乘如禅师萧居士嵩丘兰若》。

【蕭陂】 (一bēi)池名。当在唐方城县(今属河南)。见《旧唐书·高霞寓传》。刘禹锡《春日寄杨八唐州二首》之二:"梨花方城路,荻笋萧陂水。"

【蕭咸】 西汉人,东海兰陵(今山东枣庄市东南)

人。太傅萧望之之子、丞相张禹之婿。成帝为照顾张禹,将萧咸由张掖太守调任弘农太守。见《汉书·萧望之传》附《萧咸传》。后遂用作为咏太守及翁婿关系的典故。卢纶《送抚州周使君》:"若转弘农守,萧咸事不如。"刘禹锡《和汴州令狐相公到镇改月偶书所怀》:"为兄怜庾翼,选婿得萧咸。"

【蕭相】(一 xiàng)❶指西汉萧何。为汉开国名相。唐诗中亦借以美称当朝宰相。宋之问《奉和幸长安故城未央宫应制》:"汉王未息战,萧相乃营宫。"杜甫《秋日荆南送石首薛明府辞满告别奉寄薛尚书颂德叙怀三十韵》:"势惬宗萧相,材非一范睢。"李益《喜入兰陵望紫阁峰呈宣上人》:"从今安僻陋,萧相是吾师。"元稹《奉诚园》:"萧相深诚奉至尊,旧居求作奉诚园。"参见"萧何"。❷指汉萧望之。望之在宣帝朝为御史大夫、太子太傅,元帝时为前将军,曾自谓备位将相。后为中书令宦者石显陷害自杀。卢照邻《长安古意》:"意气由来排灌夫,专权判不容萧相。"参见"萧望"。❸指唐穆宗时宰相萧俛。白居易《萧相公宅遇自远禅师有感而赠》:"半头白发惭萧相,满面红尘问远师。"

【蕭相公】(相 xiàng)❶指唐萧俛。穆宗即位,拜中书侍郎、同中书门下平章事。见《旧唐书》本传。白居易有《萧相公宅遇自远禅师有感而赠》。张祜有《寄献萧相公》。❷指萧华。与刘长卿有交往,刘长卿有《家园瓜熟是故萧相公所遗瓜种悽然感旧因赋此诗》。

【蕭相宅】(相 xiàng)西汉宰相萧何之居宅。何置宅必居穷处,为家不治垣屋。见《史记·萧相国世家》。后遂作咏宰相宅舍或僻陋家园的典故。李吉甫《夏夜北园即事寄门下武相公》:"僻殊萧相宅,芜胜邵平园。"亦省作"萧宅"。姚合《和裴令公新成绿野堂即事》:"丘墙高莫比,萧宅僻还清。"

【蕭相國】(相 xiàng)指西汉宰相萧何。借指当朝宰相。罗隐《淮南送节度卢端公将命之汴州端公尝为汴州相公从事》:"珠履旧参萧相国,彩衣今佐晋司空。"

【蕭禹卿】五代诗人。成都(今属四川)人,曾为右补阙,出为秦州节度判官。《全唐诗补编》录其《题驿门》一首,诗题后注:"禹卿会后主东游,上表极谏,及后主被诛。禹卿痛哭,题诗于驿门而遁。雍守捕之,禹卿已还蜀矣。"

【蕭俛】唐人,字思谦。贞元七年进士。元和中官翰林学士。穆宗朝,拜中书侍郎、平章事。文宗即位,以左仆射致仕。薛逢有《送萧俛相公归山》。

【蕭衍】即梁武帝,字叔达。南兰陵(今江苏常州市)人。南齐时雍州刺史。永元三年,攻入建康,立齐和帝。次年废之,自立为帝,改国号梁。在位四十八年。周昙《咏史诗·六朝门·齐废帝东昏侯》:"定策谁扶捕鼠儿,不忧萧衍畏潘妃。"

【蕭帝】梁代萧姓皇帝。朱庆余《题开元寺》:"萧帝坏陵深虎迹,广师遗院闭松声。"陆龟蒙《奉和袭美行次野梅次韵》:"梁殿得非萧帝瑞,齐宫应是玉儿媒。"灵一《静林精舍》:"静林溪路远,萧帝有遗踪。"

【蕭帝寺】见"萧寺"。

【蕭悦】兰陵(今山东枣庄市东南)人,善画竹,曾任协律郎。白居易任杭州刺史时,悦为其僚属。白居易《画竹歌》序:"协律郎萧悦善画竹,举时无伦,萧亦甚自秘重,有终岁求其一竿一枝而不得者。"白居易又有《予以长庆二年冬十月到杭州明年秋九月始与……兰陵萧悦清河崔求东莱刘方舆同游恩德寺之泉洞遂留绝句》。

【蕭祜】唐诗人。字祜之,兰陵(今山东枣庄市东南)人。曾为隐士,后征拜任右拾遗,累官至考功郎中。元和末,为兵部郎中,出任虢州刺史。后又入为太常少卿,转谏议大夫,旋即出为桂州刺史、桂管防御观察使。卒赠右散骑常侍。《全唐诗》卷三一八录其《奉陪武相公西亭夜宴陆郎中》等诗二首。

【蕭屏】即萧墙。古代宫室内当门的小墙。萧通"肃"。刘禹锡《和郴州杨侍郎玩郡斋紫薇花十四韵》:"绿阴交广除,明艳透萧屏。"

【蕭都督】萧璿。璿曾任岭南按察使、广州都督兼御史大夫。张说有《广州萧都督入朝过岳州宴饯得冬字》。

【蕭華】唐诗人。南兰陵(今江苏常州市)人。徐国公萧嵩之子。玄宗朝历官给事中、工部和兵部侍郎。安史之乱中为魏州刺史,降试秘书少监,迁尚书右丞,出为河中晋绛节度使。肃宗上元二年拜中书侍郎、同中书门下平章事、集贤殿崇文馆大学士。代宗宝应元年,罢为礼部尚书。又贬为峡州司马,后移江州刺史。《全唐诗》卷二五八录其《扈从回銮应制》诗一首。

【蕭校書】(校 jiào)即萧籍。萧以试秘书省校书郎为义武军幕府掌书记。权德舆有《九华观宴饯崔十七叔判官赴义武幕兼呈书记萧校书》。

【蕭索】❶萧条冷落;凄凉。李颀《放歌行答从弟墨卿》:"别离短景何萧索,佳句相思能间作。"高适《同群公登濮阳圣佛寺阁》:"裴回伤寓目,萧索对寒风。"李绅《宿瓜州》:"柳经寒露看萧索,人改衰容自寂寥。"薛能《新雪八韵》:"龙钟鸡未起,萧索我何贫。"❷寂寞;失意。杜甫《西阁曝日》:"古来遭丧乱,贤圣尽萧索。"又《昔游》:"休事董先生,于今独萧索。"刘言史《立秋日》:"商风动叶初,萧索一贫居。"郑谷《荆渚八月十五夜值雨寄同年李峴》："玉漏添蕭索，金尊阻献酬。"❸稀少；疏散。杜甫《秦州杂诗二十首》之一七："车马何萧索，门前百草长。"王初《自和书秋》："陇首斜飞避弋鸿，颓云萧索见层空。"❹风雨吹打树木的声音。郑愔《铜雀妓》："萧索松风暮，愁烟入井阑。"元稹《酬乐天雪中见寄》："知君夜听风萧索，晓望林亭雪半糊。"

【蕭彧】 南唐诗人。字文彧。曾官太常少卿。《全唐诗》卷七五七录其《送钟员外》等二首。

【蕭員外】 ❶萧存，萧颖士子，字伯诚。曾官金部员外郎和比部员外郎。又《唐国史补》卷下："尚书丞郎郎中相呼为曹长，外郎御史遗补呼为院长。"韦应物有《送仓部萧员外院长存》，或韦与萧同为员外郎，故呼之为院长。❷萧诚。曾任荆府兵曹参军。孟浩然有《岘山送萧员外之荆州》。❸萧祐。元和中佐西川幕，其有《奉陪武相公西亭夜宴陆郎中》，题下注："时为武元衡幕僚。"羊士谔有《郡中言怀寄西川萧员外》。白居易有《萧员外寄新蜀茶》。

【蕭耘】 吕岩诗中人物。或谓为神仙。吕岩《题灵石屋山》："登携孰以为侣，颜寓李甲萧耘。"

【蕭條】 ❶草木凋零。钱起《送马明府赴江陵》："清风高兴得湖山，门柳萧条双翟闲。"韦应物《秋夜二首》之二："萧条凉叶下，寂寞清砧哀。"武元衡《酬谈校书长安秋夜对月寄诸故旧》："故园千里渺遐情，黄叶萧条白露生。"刘沧《经过建业》："烟波浩渺空亡国，杨柳萧条有几家。"❷寂寞；冷静。岑参《山房春事二首》："梁园日暮乱飞鸦，极目萧条三两家。"杜甫《宿府》："风尘荏苒音书绝，关塞萧条行路难。"杨发《宿黄花馆》："孤馆萧条槐叶稀，暮蝉声隔水声微。"刘兼《访饮妓不遇招酒徒不至》："琴樽冷落春将尽，帏幌萧条日又斜。"亦用以形容心境上孤寂、惆怅、失意、落空等。杜甫《奉赠韦左丞丈二十二韵》："此意竟萧条，行歌非隐沦。"又《咏怀古迹五首》之二："怅望千秋一洒泪，萧条异代不同时。"白居易《出关路》："萧条去国意，秋风生故关。"项斯《咸阳别李处士》："秋前未相见，此意转萧条。"❸疏散；稀疏。杜甫《瘦马行》："皮干剥落杂泥滓，毛暗萧条连雪霜。"张泌《边上》："山河惨澹关城闭，人物萧条市井空。"❹弥漫貌。崔曙《山下晚晴》："云尽山色暝，萧条西北风。"韦应物《发广陵留上家兄兼寄上长沙》："萧条风雨过，得此海气凉。"郎士元《咸阳西楼别窦审》："亭皋寂寞伤孤客，云雪萧条满众山。"白居易《雪夜小饮赠梦得》："同为懒慢园林客，共对萧条雨雪天。"❺逍遥。李白《野田黄雀行》："萧条两翅蓬蒿下，纵有鹰鹯奈若何。"❻洒脱。李白《奉陪商州裴使君游石娥溪》："萧条出世表，冥寂闭玄关。"❼疏远。戎昱《成都元十八侍御》："客舍早知浑寂寞，交情岂谓更萧条。"❽破蔽。徐铉《闻查建州陷贼寄钟郎中》："旌旗零落沉荒服，簪履萧条返故居。"❾依稀，仿佛。无名氏《晦日同志昆明池泛舟》（卷七八七）："灵沼疑河汉，萧条见斗牛。"

【蕭倣】 唐诗人。字思道，南兰陵（今山东枣庄市东南）人。大和元年进士。大中时，曾官谏议大夫、给事中，出镇岭南。咸通中迁左散骑常侍。后迁义成军节度使。加刑部尚书，历兵部、吏部尚书，十四年拜相。后累迁左右仆射。改司空，封兰陵郡开国侯。《全唐诗》卷五一六录其《享太庙乐章》二首。《全唐诗补编》录其《冬夜对妓》断句一联。

【蕭衰】 衰老。郑谷《多情》："赋分多情却自嗟，萧衰未必为年华。"

【蕭家】 指南朝梁萧姓帝族。据传萧顺之妻张氏（追赠献皇后）生萧衍（梁武帝）前曾吞菖蒲花。李贺《梁公子》："风彩出萧家，本是菖蒲花。"皮日休《行次野梅》："好临王母瑶池发，合傍萧家粉水开。"

【蕭家寺】 见"萧寺"。

【蕭屑】 ❶象声词，状凄凉而细碎的声音。韦应物《对春雪》："萧屑杉松声，寂寥寒夜虑。"喻凫《惊秋》："莺啭才间关，蝉鸣旋萧屑。"❷凄凉；冷落。韦庄《抚盈歌》："銮舆去兮萧屑，七丝断兮泬寥。"

【蕭陵】 指萧山，在越州萧山县（今浙江杭州市萧山区）。温庭筠《江上别友人》："地势萧陵歇，江声禹庙空。"

【蕭陳】 西汉萧何与陈平的连称，二人皆为刘邦建立汉朝的功臣，均官至宰相。李白《送张秀才谒高中丞》："智勇冠终古，萧陈难与群。"

【蕭娘】 亦作"萧孃"。萧为南朝大姓，南朝乃至唐人常用萧郎、萧娘称代青年男女。见《南史·梁临川靖惠王宏传》。杨巨源《崔娘诗》："风流才子多春思，肠断萧娘一纸书。"徐凝《忆扬州》："萧娘脸下难胜泪，桃叶眉头易得愁。"皮日休《石榴歌》："萧孃初嫁嗜甘酸，嚼破水精千万粒。"李昌邺《和三乡诗》："红粉萧娘手自题，分明幽怨发云闺。"

【蕭曹】 西汉萧何、曹参的连称。二人均为辅佐刘邦称帝的功臣，立国后，相继为相。后遂用作咏功臣或将相的典故。李白《白马篇》："归来使酒气，未肯拜萧曹。"杜甫《述古三首》之三："岂惟高祖圣，功自萧曹来。"白居易《寄献北都留守裴令公》："休明值尧舜，勋业过萧曹。"罗邺《岁仗》："可怜四海车书共，重见萧曹佐汉材。"

【蕭爽】 ❶清净闲逸。杜甫《玄都坛歌寄元逸人》："铁锁高垂不可攀，致身福地何萧爽。"雍陶《和刘补阙秋园寓兴六首》之四："人来多爱此，萧爽似仙家。"❷萧洒自然。韩愈《南山诗》："威容丧萧爽，近新迷远旧。”❸凉爽。寒山《诗三百三首》之二二：“论时实萧爽，在夏亦如秋。”元稹《春余遣兴》：“云叶遥卷舒，风裾动萧爽。”❹犹萧飒，风吹树木的声音。元稹《古寺》：“古寺春余日半斜，竹风萧爽胜人家。”

【蕭梢】 摇动貌。杜甫《天育骠骑歌》：“是何意态雄且杰，骏尾萧梢朔风起。”

【蕭頃】 唐诗人。“顷”，《全唐诗》作“项”，谓其为“萧田人”，皆误。萧顷，字子澄，京兆万年（今陕西西安市）人。昭宗朝进士及第，累迁吏部员外郎。天祐元年，自兵部郎中转吏部郎中。入梁，为礼部侍郎。开平三年，与翁承赞同为册礼使赴闽，封王审知为闽王。贞明四年，自吏部侍郎拜中书门下平章事。后唐同光元年，贬登州司马。后累迁太子宾客、礼部尚书，终官太子少傅。《全唐诗》卷七二六录其《赠翁承赞漆林书堂诗》一首。

【蕭常州】 萧复。复于大历四年自常州刺史为潭州刺史、湖南观察使。见《旧唐书》本传。戴叔伦《郊园即事寄萧侍郎》诗校云：“一作‘呈萧常州复’。”

【蕭常侍】 萧昕。见《新唐书·回鹘传上》。钱起有《送萧常侍北使》。卢纶有《萧常侍瘿柏亭歌》。皎然有《陪颜使君饯宣谕萧常侍》。大历十年杭州水灾，萧昕奉命宣谕赈给，钱起有《送萧常侍北使》。

【蕭晨】 凄清的秋晨。储光羲《敬酬陈掾亲家翁秋夜有赠》：“梧桐生朝阳，鶗鴂鸣萧晨。”孟郊《赠李观》：“何言对芳景，愁望极萧晨。”杨虞卿《过小妓英英墓》：“萧晨骑马出皇都，闻说埋怨在路隅。”岑参《暮秋山行》：“千念集暮节，万籁悲萧辰。”

【蕭遠】 张萧远。张籍弟。和州乌江（今安徽和县）人。元和八年进士。张籍有《送萧远弟》。

【蕭博士】 即萧淑。大和中累迁河南少尹，九年拜谏议大夫。刘禹锡有《送太常萧博士弃官归养赴东都》。

【蕭項】 “萧顷”之讹。见“蕭頃”。

【蕭散】 ❶（一sǎn）犹萧洒。形容举止、神情、风格等自然，不受拘束；闲散舒适。张九龄《晨出郡舍林下》：“晨兴步北林，萧散一开襟。”皇甫冉《卖药人处得南阳朱山人书》：“秋风景溪里，萧散寄樵渔。”皎然《夏日集裴录事北亭避暑》：“萧散都曹吏，还将静者同。”柳宗元《构法华寺西亭》：“步登最高寺，萧散任疏顽。”❷（一sàn）消散。韦应物《雨夜感怀》：“微雨洒高林，尘埃自萧散。”皎然《送大宝上人归楚山》：“独鹤翩翩飞不定，归云萧散会无因。”皇甫冉《和郑少尹祭中岳寺北访萧居士越上方》：“夤缘幽谷远，萧散白云余。”吕温《岳阳怀古》：“风雪一萧散，功业忽如浮。”❸萧条；凄凉。韦应物《独游西斋寄崔主簿》：“秋斋正萧散，烟水易昏夕。”又《四禅精舍登览悲旧寄朝宗巨川兄弟》：“萧散人事忧，迢递古原行。”

【蕭森】 ❶草木茂盛貌。高适《铜雀妓》：“萧森松柏望，委郁绮罗情。”温庭筠《洞户二十二韵》：“朱茎殊菌蠢，丹桂欲萧森。”陆龟蒙《奉和袭美公斋四咏次韵·小桂》：“谅无劖剪忧，即是萧森时。”陈陶《题僧院紫竹》：“金碧谁与邻，萧森自成族。”❷草木凋零衰败貌。李百药《秋晚登古城》：“萧森灌木上，迢递孤烟生。”张九龄《郡舍南有园畦杂树聊以永日》：“江城何寂历，秋树亦萧森。”杜甫《风疾舟中伏枕书怀三十六韵奉呈湖南亲友》：“生涯相汨没，时物自萧森。”吴融《风雨吟》：“门外流水流澶漫，河边古木鸣萧森。”❸阴晦貌。杜甫《秋兴八首》之一：“玉露凋伤枫树林，巫山巫峡气萧森。”殷尧藩《竹》：“窗户尽萧森，空阶凝碧阴。”

【蕭庶子】 萧籍。开成间为太子庶子。白居易《三月三日祓禊洛滨》序：“召太子少傅白居易、太子宾客萧籍、李仍叔、刘禹锡……等一十五人，合宴于舟中。”白居易又有《萧庶子相过》。

【蕭望】 即萧望之，字长倩，汉宣帝为御史大夫、太子太傅。宣帝寝疾，引为前将军光禄勋，受遗诏辅政，领尚书事。元帝即位，以师傅见重。后为宦官弘恭、石显所陷，自杀。见《汉书·本传》。白居易《读史五首》之四：“弘恭陷萧望，赵高谋李斯。”

【蕭梁寺】 即佛寺。南朝梁武帝萧衍佞佛，大建佛寺，故称。鱼玄机《遣怀》：“琴弄萧梁寺，诗吟庾亮楼。”

【蕭寂】 萧条寂寞。杨衡《题玄和师仙药室》：“山边萧寂室，石掩浮云扃。”

【蕭張】 西汉萧何和张良的合称。鲍溶《读史》：“萧张马无汗，盛业垂千世。”

【蕭策】 又称“萧二”“萧二策”。宰相萧直之子，曾官检校员外郎。见《新唐书·宰相世系一下》萧氏齐梁房。李益有《中桥北送穆质兄弟应制戏赠萧二策》。陈翃有《送别萧二》。

【蕭傅】 即西汉萧望之。望之为太子太傅。太子刘奭即位为汉元帝，望之以师傅之尊辅佐朝政。见《汉书》本传。后遂用作咏朝廷重臣的典故。杨巨源《和郑少师相公题慈恩寺禅院》：“谢公诗更老，萧傅道方尊。”参见“蕭望”。

【蕭然】 ❶犹骚然。扰乱骚动的样子。杜牧《感怀诗一首》：“邈矣远太平，萧然尽烦费。”❷萧洒；悠闲。周瑀《潘司马别业》：“萧然有高士，清思满书堂。”李白《同族侄评事黯游昌禅师山池二首》之一：“萧然松石下，何异清凉山。”皮日休《友人许惠酒以诗征之》：“野客萧然访我家，霜威白菊两三花。”徐铉《奉和宫傅相公怀旧见寄四十韵》：“谢傅功成德望全，鸾台初下正萧然。”❸寂寥；萧条。杨炯《和石侍御山庄》：“萧然隔城市，酌醴焚枯鱼。”杜甫《寄柏学士林居》：“叹彼幽栖载典籍，萧然暴露依山阿。”牟融《水西草堂》：“萝径萧然曲业存，闲云流水四无邻。”刘兼《郡斋寓兴》：“依约樊川似旭川，郡斋风物尽萧然。”❹安定，静谧。杜甫《赠李十五丈别》：“封内如太古，时危独萧然。”❺虚空。李白《赠僧朝美》：“苞卷金缕褐，萧然若空无。”

【萧闲】 萧洒闲适。顾况《山居即事》：“下泊降茅仙，萧闲隐洞天。”徐铉《题白鹤庙》：“满洞烟霞互陵乱，何峰台榭是萧闲。”

【萧疏】 ❶稀少，稀疏。杜甫《远怀舍弟颖观等》：“云天犹错莫，花萼尚萧疏。”白居易《西原晚望》：“村邻何萧疏，近者犹百步。”罗隐《寄黔中王从事》：“今日举觞君莫问，生涯牢落鬓萧疏。”翁承赞《对雨述怀示弟承检》：“青苔重叠封颜巷，白发萧疏引越吟。”❷萧条；凋零。羊士谔《登楼》：“槐柳萧疏绕郡城，夜添山雨作江声。”白居易《秋池独泛》：“萧疏秋竹篱，清浅秋风池。”卢肇《别宜春赴举》：“秋天草木正萧疏，西望秦关别旧居。”何崇《宫怨二首》之二：“长门槐柳半萧疏，玉辇沉思恨有余。”❸寂寞；凄凉。杜甫《秋日夔府咏怀奉寄郑监李宾客一百韵》：“局促看秋燕，萧疏听晚蝉。”韦应物《寓居沣上精舍寄于张二舍人》：“道心淡泊对流水，生事萧疏空掩门。”白居易《答梦得秋庭独坐见赠》：“林梢隐映夕阳残，庭际萧疏夜气寒。”杜牧《八六子》词：“辞恩久归长信，凤帐萧疏，椒殿闲扃。”❹洒脱，不拘束。杜甫《送顾八分文学适洪吉州》：“文学与我游，萧疏外声利。”温庭筠《题陈处士幽居》：“松轩尘外客，高枕自萧疏。”❺清丽。吴融《书怀》：“傍岩依树结檐楹，夏物萧疏景更清。”❻形容风雨声。李益《述怀寄衡州令狐相公》：“江上萧疏雨，何人对谢公。”钱珝《江行无题一百首》之三八：“今日秋风至，萧疏过沔南。”

【萧結】 五代诗人。庐陵（今江西吉安市）人。曾任祁阳县令。《全唐诗》卷八七三录其《批州符》诗一首，诗题后注：“结，庐陵人。五代时为祁阳县令，性不畏强御，方暮春时，有州符下取竞渡船，刺史将临观。结怒，批其符云云，守为止。”

【萧給事】 （給 jǐ）即萧澣。曾任河南尹，大和七年自给事中迁郑州刺史。见《旧唐书·文宗纪下》。刘禹锡有《和苏十郎中谢病闲居时严常侍萧给事同过访叹初有二毛之作》。姚合有《奉和前司封苏郎中喜严常侍萧给事见访惊斑鬓之什》。参见“萧侍郎❷”

【萧遘】 唐诗人。南兰陵（今江苏常州市）人。开元封宰相萧嵩之五代孙。咸通五年进士。累迁翰林学士、中书舍人、户部侍郎，后改兵部侍郎。中和元年拜相。后罢为太子太保。光启三年，被宰相孔纬诬陷任李煴伪职，赐死。《全唐诗》卷六〇〇录其《春诗》等三首，断句一联。

【萧瑟】 亦作“萧飋”。❶形容风吹树木的声音。白居易《新乐府·陵园妾》：“松门到晓月裴回，柏城尽日风萧瑟。”又《天竺寺七叶堂避暑》：“檐雨稍霏微，窗风正萧瑟。”❷凋零；冷落，凄凉。李白《观元丹丘坐巫山屏风》：“寒松萧瑟如有声，阳台微茫如有情。”杜甫《悲青坂》：“山雪河冰野萧飋，青是烽烟白人骨。”戎昱《听杜山人弹胡笳》：“座中为我奏此曲，满堂萧飋如穷边。”皮日休《鸳鸯二首》之一：“应念孤飞争别宿，芦花萧瑟雨黄昏。”❸稀疏。唐扶《使南海道长沙题道林岳麓寺》：“从容一衲分若有，萧瑟两鬓吾能髡。”

【萧瑀】 唐初大臣。字时文。后梁明帝之子。任隋，为河池郡守。李渊入长安，以郡归国，官至尚书，左仆射，领御史大夫，参预朝政。太宗有《赐萧瑀》。欧阳询有《嘲萧瑀射》。

【萧楚材】 唐诗人。高宗朝，曾为太常博士。《全唐诗》卷四四收其《奉和展礼岱宗涂经濮济》诗一首。

【萧園】 佛寺中园林。李绅《忆登栖霞寺峰》：“茅岭感仙客，萧园成古墟。”

【萧嵩】 唐诗人。南兰陵（今江苏常州市）人。曾任洛州参军、醴泉尉、监察御史、殿中侍御史等官。开元初，为中书舍人。历宗州刺史、迁尚书左丞。开元十四年，以兵部尚书领朔方节度使，次年徙河西节度使，封兰陵县子。十六年进同中书门下三品，加集贤殿学士、知院事，兼修国史，进封徐国公。二十一年罢为尚书右丞相。二十四拜太子太师。后贬青州刺史，旋复拜太子太师。天宝八年卒，赠开府仪同三司。《全唐诗》卷一〇八录其《奉和圣制送张说上集贤学士赐宴赋得登字》等二首。

【萧雉】 为称美郎官的典故。杜甫《奉赠萧二十使君》：“王凫聊暂出，萧雉只相驯。”参见“萧芝”。

【萧微】 见“萧徹”。

【萧意】 唐诗人。玄宗天宝前人。《全唐诗》卷七七三录其《长门失宠》一首。

【萧静】 唐诗人。《全唐诗》卷七七四录其《三湘有怀》一首，一作贾至诗。

【萧摵】 亦作“萧槭”。❶形容风吹草木的声音。刘禹锡《游桃源一百韵》：“日暮山径穷，松风自萧槭。”❷凋零，零落。张九龄《将发还乡示诸弟》：“岁阳亦颓止，林意日萧摵。”杜甫《法镜寺》：“婵娟碧藓净，萧摵寒箨聚。”

【萧嘹】 谓声音嘹亮而远播。元稹《遣兴十首》之五：“晚荷犹展卷，早蝉遽萧嘹。”

【蕭鄆】　中唐时人，工草书。顾况有《萧郸草书歌》。

【蕭颯】　❶形容风雨吹打树木的声音。李白《与南陵常赞府游五松山》："萧飒鸣洞壑，终年风雨秋。"白居易《百花亭晚望夜归》："日色悠扬映山尽，雨声萧飒渡江来。"陈羽《湘妃怨》："商人酒滴庙前草，萧飒风生斑竹林。"张乔《宴边将》："一曲梁州金石清，边风萧飒动江城。"❷萧条冷落。杜甫《相逢歌赠严二别驾》："成都乱罢气萧飒，浣花草堂亦何有。"权德舆《浩歌》："北风吹荷衣，萧飒景气凉。"朱庆余《和刘补阙秋园寓兴之什十首》之十："风物已萧飒，晚烟生霁容。"贾岛《寄山友长孙栖峤》："此时气萧飒，琴院可应关。"❸稀疏。李白《飞龙引二首》之二："下视瑶池见王母，蛾眉萧飒如秋霜。"白居易《池上闲咏》："一部清商聊送老，白须萧飒管弦秋。"❹萧洒自然。白居易《画竹歌》："婵娟不失筠粉态，萧飒尽得风烟情。"

【蕭寥】　❶寂寞冷落。李九龄《宿张正字别业》："茅屋萧寥烟暗后，松窗寂历月明初。"徐铉《题雷公井》："掩霭雷公谷，萧寥羽客家。"❷形容风雨声。白居易《松声》："萧寥发为声，半夜明月前。"孟郊《溧阳秋霁》："晚雨晓犹在，萧寥激前阶。"皎然《妙喜寺四十二韵》："北风吹蕙带，萧寥闻蜻蛚。"❸寥廓高远。亦指寥廓高远之处。顾况《大茅岭东新居忆亡子从真》："仿佛通寤寐，萧寥邈微音。"又《朝上清歌》："萧寥天清而灭云，目琼琼兮情感。"徐铉《步虚词五首》之五："萧寥不可极，骖驾上云端。"神颖《和王季文题九华山》："玉树郁玲珑，天籁韵萧寥。"

【蕭閣】　指佛寺。封敖《春色满皇州》："红萼开萧阁，黄丝拂御楼。"

【蕭綬】　为萧何的印绶。卢仝《感古四首》之二："萧绶既解拆，陈印亦弃捐。"

【蕭駙馬】　即萧衡。萧嵩之子。尚玄宗第二十九女新昌公主，官太仆卿、驸马都尉。见《旧唐书·萧嵩传》。王昌龄有《萧驸马宅花烛》。

【蕭撩】　象声词。状雁起飞鸣之声。元稹《饮致用神曲酒三十韵》："咽绝鹃啼竹，萧撩雁去汀。"

【蕭槭】　见"萧摵"。

【蕭槮】　(一sēn)高耸貌。慧宣《秋日游东山寺寻殊昙二法师》："木落树萧槮，水清流漻寂。"

【蕭徹】　唐诗人。宝历间为御史，太和间任职方郎中。《全唐诗》作"萧微"，误。《全唐诗》在萧微名下录其《题少陵别墅》一首。

【蕭德言】　唐诗人。字文行，本为南兰陵(今江苏常州市)人。南朝陈亡后，移至关中，遂为雍中长安(今陕西西安市)人，隋仁寿中任校书郎。入唐，贞观时为著作郎，兼弘文馆学士，封为武阳县侯。十七年，进秘书少监，兼太子侍读。二十三年致仕。高宗即位，以师傅恩，加银青光禄大夫。卒赠太常卿，谥曰博。《全唐诗》卷三八录其《咏舞》一首。

【蕭蕭】　❶象声词。多以形容马嘶声、风雨声、流水声、草木摇落声、乐器声。杜甫《兵车行》："车辚辚，马萧萧，行人弓箭各在腰。"刘长卿《王昭君歌》："琵琶弦中苦调多，萧萧羌笛声相和。"李商隐《明日》："凭栏明日意，池阔雨萧萧。"韦庄《尹喜宅》："荒原秋殿柏萧萧，何代风烟占寂寥。"❷萧条；寂静。杜甫《病橘》："萧萧半死叶，未忍别故枝。"皎然《往丹阳寻陆处士不遇》："寒花寂寂遍荒阡，柳色萧萧愁暮蝉。"姚合《秋晚江次》："萧萧晚景寒，独立望江壖。"张祜《枫桥》："长洲苑外草萧萧，却算游程岁月遥。"❸清凄，寒冷。杜甫《朝雨》："凉气晚萧萧，江云乱眼飘。"又《子规》："眇眇春风见，萧萧夜色凄。"韩愈《谢自然诗》："白日变幽晦，萧萧风景寒。"❹凄凉，悲苦。杜甫《哭王彭州抡》："冯唐毛发白，归兴日萧萧。"❺稀疏，稀少。韦应物《山耕叟》："萧萧垂白发，默默讵知情。"戴叔伦《汉宫人入道》："萧萧白发出宫门，羽服星冠道意存。"牟融《游报本寺》："茶烟袅袅笼禅榻，竹影萧萧扫径苔。"❻简陋。牟融《送范启东还京》："萧萧行李上征鞍，满目离情欲去难。"❼萧洒悠闲。刘昚虚《浔阳陶氏别业》："萧萧丘中赏，明宰非徒然。"❽通"肃肃"。庄重，恭敬。顾况《长安窦明府后亭》："吏人何萧萧，终岁无喧竞。"

【蕭蕭颯颯】　形容风雨声。吴融《江行》："来时风，去时雨，萧萧飒飒春江浦。"

【蕭穎士】　唐诗人。字茂挺。兰陵(今山东枣庄市东南)人。开元二十三年进士。天宝初，任秘书正字，被劾免官。后召为集校校理，因李林甫排斥，出为广陵参军事。后召入史馆待制。安史之乱中，曾为山南节度使源有掌书记，官终扬州功曹参军。《全唐诗》卷一五四录其诗三十余首，卷八八二录其《羽山》等诗三首。

【蕭縣】　县名，秦置。治所在今安徽萧县。唐属徐州。吴融有《萧县道中》。

【蕭籍】　唐人。长庆初为义武军行军司马，大和间自太子庶子迁太子宾客。白居易《三月三日祓禊洛滨》："令公明日。召太子少傅白居易、太子宾客萧籍……等一十五人，合宴于舟中。"参见"萧庶子"。

【蕭魏】　指萧存、魏弘简。均曾官郎中。李涉《杪春再游庐山》："萧魏故已尘，符杨亦川驰。"

【蕭壁】　指法华寺寺壁上的梁昭明太子萧统画真。李绅《题法华寺五言二十韵》："萧壁将沉影，梁薪尚缀烟。"原注："寺前昭明太子画真，又梁时薪公影尚在。"

【蕭縝】 唐诗人。宣宗大中时为望江县(今属安徽)令。《全唐诗》卷五六三录其《前望江曲令颂德》一首。

【蕭邊】 指萧关旁边。萧关,在今宁夏固原市原州区东南。崔湜《大漠行》:"单于犯蓟壖,骠骑略萧边。"

【蕭牆】 ❶古代宫室内作为屏障的矮墙。见《论语·季氏》。亦泛指墙垣。常衮《咏冬瑰花》:"旧阴依谢宅,新艳出萧墙。"罗隐《谒文宣王庙》:"九仞萧墙堆瓦砾,三间茅殿走狐狸。"❷借指内部。白居易《新乐府·隋堤柳》:"萧墙祸生人事变,晏驾不得归秦中。"鲍溶《长城》:"祸兴萧墙内,万里防祸根。"胡曾《咏史诗·长城》:"不知祸起萧墙内,虚筑防胡万里城。"周昙《咏史诗·后汉门·桓帝》:"襄楷忠言谁佞惑,忍教奸祸起萧墙。"

【蕭翼】 唐诗人。本名世翼,避太宗讳改。贞观中,曾为监察御史,充使南游时,以术在僧辩才处取王羲之《兰亭序》真迹。辨才有《设缸面酒款萧翼探得来字》。《全唐诗》卷三九录其《答辨才探得招字》一首,《全唐诗补编》录其《留题云门》一首。

【蕭騷】 ❶象声词。形容风雨声或风吹树木的声音。薛能《寄河南郑侍郎》:"寒窗不可寐,风地叶萧骚。"罗隐《经耒阳杜工部墓》:"紫菊馨香覆楚醪,奠君江畔雨萧骚。"孟宾于《题梅仙馆》:"仙界路遥云缥缈,古坛风冷叶萧骚。"齐己《小松》:"后夜萧骚动,空阶蟋蟀听。"❷萧条凄凉。祖咏《晚泊金陵水亭》:"江亭当废国,秋景倍萧骚。"杜荀鹤《秋夜晚泊》:"一望一苍然,萧骚起暮天。"谭用之《途次宿友人别墅》:"千里崤函一梦劳,岂知云馆共萧骚。"❸动荡,摇晃。李贺《江楼曲》:"萧骚浪白云差池,黄粉油衫寄郎主。"

【蕭關】 关名,在今甘肃固原市原州区东南。汉文帝十四年匈奴单于入萧关,烧回中营。汉武帝于元封四年北出萧关,猎新秦中。后多咏皇帝出行。卢纶《送韩都护还边》:"今来部曲尽,白首过萧关。"朱庆余《望萧关》:"渐见风沙暗,萧关欲到时。"赵嘏《送韦处士归省朔方》:"满袖萧关雨,连沙寒雁飞。"卢照邻《上之回》:"回中道路险,萧关烽候多。"杜甫《伤春五首》之四:"萧关迷北上,沧海欲东巡。"

【蕭孃】 见"萧娘"。

【蕭颸】 见"萧瑟"。

【蕭灘鎮】 亦名萧洲。在今江西樟树市。韩偓有《乙丑岁九月在萧滩镇驻泊因书四十字》。

【蕭灑】 亦作"潇洒"。❶脱俗,气象不群。杜甫《饮中八仙歌》:"宗之潇洒美少年,举觞白眼望青天。"韦应物《秋景诣琅琊精舍》:"悟言缁衣子,萧洒中林行。"权德舆《晚秋陪崔阁老张秘监阁老苗考功同游昊天观》:"萦回留胜赏,萧洒出尘机。"姚合《过李处士山居》:"萧洒身无事,名高孰与齐。"❷清爽,明丽。杜甫《玉华宫》:"万籁真笙竽,秋色正萧洒。"韦应物《善福寺阁》:"晴明一登望,潇洒此幽襟。"郑颢《续梦中十韵》序:"梦与十数人纳凉于别馆,馆宇萧洒,相与联句。"❸冷落。穆寂《清风戒寒》:"风清物候残,萧洒报将寒。"❹舒畅。白居易《兰若寓居》:"行止辄自由,甚觉身潇洒。"陆龟蒙《闲居杂题五首·松间斟》:"月上风微萧洒甚,斗醪何惜置盈尊。"吴融《秋兴》:"襟期渐萧洒,精爽欲飞扬。"❺姿态自然,不呆板。元稹《画松》:"纤枝无萧洒,顽干空突兀。"孙岘《送钟员外》:"万物中萧洒,修篁独逸群。"❻细雨飞扬貌。李商隐《细雨》:"萧洒傍回汀,依微过短亭。"

薜

〔bì《广韵》蒲計切,去霽,並。〕见"薜荔"。

【薜衣】 薜荔衣之略称。沈佺期《入少密溪》:"自言避喧不避秦,薜衣耕凿帝尧人。"

【薜服】 即薜荔衣。刘禹锡《韩十八侍御见示岳阳楼别窦司直诗因令属和重以自述因足成六十二韵》:"桃源访仙宫,薜服祠山鬼。"

【薜荔】 植物名。常绿藤木,蔓生,叶椭圆形,花极小,隐于花托内。果实富胶汁,可制凉粉,有解暑作用。宋之问《早发始兴江口至虚氏村作》:"薜荔摇青气,桄榔翳碧苔。"李嘉祐《题游仙阁白公庙》:"仙冠轻举竟何之,薜荔缘阶竹映祠。"白居易《携诸山客同上香炉峰遇雨而还题此解嘲》:"磴危攀薜荔,石滑践莓苔。"殷尧藩《访许浑》:"浅绿垣墙绵薜荔,淡红池沼映芙蕖。"

【薜荔衣】 用薜荔的叶子做成的衣裳。原指神仙鬼怪所披的衣饰,后亦借指隐士的服装。孟郊《送豆卢策归别墅》:"身披薜荔衣,山陟莓苔梯。"白居易《重题》:"谩献长杨赋,虚抛薜荔衣。"

【薜帶】 ❶用薜荔藤制的腰带。多为隐者的装束。皮日休《太湖诗·雨中游包山精舍》:"薜带轻束腰,荷笠低遮面。"吕岩《七言》之二四:"道袍薜带应慵挂,隐帽皮冠尚懒簪。"❷借指屈原。李白《酬王补阙惠翼庄庙宋丞泚赠别》:"薜带何辞楚,桃源堪避秦。"

【薜帷】 义同"薜幄"。钱起《谷口书斋寄杨补阙》:"泉壑带茅茨,云霞生薜帷。"

【薜幄】 谓薜荔攀缘如帷帐。李峤《奉和幸韦嗣立山庄侍宴应制》:"松门驻旌盖,薜幄引簪裾。"又《石淙》:"羽盖龙旗下绝冥,兰除薜幄坐云扃。"

【薜蘿】 ❶薜荔和女萝。均为野生攀缘植物,常攀缘于山野林木或屋壁之上。戴叔伦《寄孟郊》:"乱余城郭怕经过,到处闲门长薜萝。"元稹《酬周从事望海亭见寄》:"年老无流辈,行稀足薜萝。"殷尧藩《送沈亚之尉南康》:"孤鹤唳残梦,惊猿啸薜萝。"徐夤《题南寺》:"壁薛昏题记,窗萤散薜萝。"❷借指隐者或高士的住所。杜淹《召拜御史大夫赠袁天纲》:"且珍纨素美,当与薜萝疏。"白居易《偶题邓公》:"偶因携酒寻村客,聊复回车访薜萝。"李咸用《秋日送严湘侍御归京》:"知君有路升霄汉,独我无由出薜萝。"韩偓《雪中过重湖信笔偶题》:"道方时险拟如何,谪去甘心隐薜萝。"

【薜蘿子】 指隐居山林者。孟郊《山中送从叔简赴举》:"却笑薜萝子,不同鸣跃年。"

【薜蘿衣】 义同"薜荔衣"。孟浩然《送友人之京》:"云山从此别,泪湿薜萝衣。"刘长卿《罢摄官后将还旧居留辞李侍御》:"故山桃李月,初服薜萝衣。"权德舆《答韦秀才寄一首》:"心忆琼枝望不见,几回虚湿薜萝衣。"

薩 〔sà《广韵》桑割切,入曷,心。〕见"菩薩"。

薅 〔hāo《广韵》呼毛切,平豪,曉。〕除去杂草。柳宗元《游南亭夜还叙志七十韵》:"螟蛑愿亲燎,荼堇甘自薅。"元稹《春分投简阳明洞天作》:"薅余秧渐长,烧后葑犹枯。"唐求《题青城山范贤观》:"昼傍绿畦薅嫩玉,夜开红灶撚新丹。"陆龟蒙《彼农二章》之一:"以负以载,悉薅悉锄。"

蕷 〔yù《广韵》羊洳切,去御,以。〕见"薯蕷"。

十四画

藉[1] 〔jiè《广韵》慈夜切,去禡,從。〕❶古代祭祀朝聘时陈列礼品的草垫。《郊庙歌辞·汉宗庙乐舞辞·显仁舞》:"荧煌升藻藉,肸蠁转珠栊。"❷以物衬垫。孟浩然《还山贻湛法师》:"平石藉琴砚,落泉洒衣巾。"羊士谔《斋中有兽皮茵偶成咏》:"青毡持与藉,重锦裁为饰。"❸坐卧在草地上。以草席地而坐曰藉。陈子昂《春台引》:"乃掩白蘋,藉绿芷,酒既醉,乐未已。"姚发《送萧颖士赴东府得草字》:"行轩玩春日,饯席藉芳草。"陈羽《和王中丞使君春日过高评事幽居》:"笑藉紫兰相向醉,野花千树落纷纷。"郑谷《闻所知游樊川有寄》:"醉把渔竿去,殷勤藉岸莎。"❹助,借助。罗隐《送汝州李中丞十二韵》:"理必资宽猛,谋须藉典刑。"孙鲂《看桑》:"藉多虽是叶,栽盛不如花。"参见"藉手"。❺宽厚,厚重。见"蕴藉"。❻堆;铺。方干《赠进士章碣》:"未可便攀低处枝,藉地落花春半后。"齐己《期友人》:"乱蛩鸣白草,残菊藉苍苔。"又《杨花》:"虚窗萦笔雅,深院藉苔幽。"❼同"借"。依靠,凭借。高适《赠别王十七管记》:"勿辞部曲勋,不藉将军势。"杜甫《送从弟亚赴安西判官》:"帝曰大布衣,藉卿佐元帅。"元稹《茅舍》:"有客自洪来,洪民至今藉。"吴融《敷水有丐者云是马侍中诸孙悯而有赠》:"而今不要教人识,正藉将军死斗时。"

藉[2] 〔jí《广韵》秦昔切,入昔,從。〕❶践踏,凌辱。杜甫《催宗文树鸡栅》:"踢藉盘案翻,塞蹊使之隔。"阎朝隐《鹦鹉猫儿篇》:"鹦鹉,慧鸟也;猫,不仁兽也。飞翔其背焉,啮啄其颐焉,攀之缘之,蹈之履之,弄之藉之。"❷贡献,进献。王绩《古意六首》之三:"丰骨输庙堂,鲜腴藉笾簋。"贺知章《奉和圣制送张说巡边》:"饔人藉赉实,乐正理丝桐。"❸盛,多。陈羽《西蜀送许中庸归秦赴举》:"桂条攀偃蹇,兰叶藉参差。"参见"藉₂籍"。❹重叠。李贺《昌谷诗》:"石钱差复藉,厚叶皆蟠腻。"❺顾念,顾惜。杜甫《上后园山脚》:"志士惜白日,久客藉黄金。"元稹《放言五首》之三:"霆轰雷焸数声频,不奈狂夫不藉身。"又《独醉》:"桃花解笑莺能语,自醉自眠那藉人。"李山甫《落花》:"落拓东风不藉春,吹开吹谢两何因。"

【藉手】 犹借助。借他人之手以为己助。白居易《杂兴三首》之三:"奸邪得藉手,从此倖门开。"

【藉草】 坐在草地上。王维《饭覆釜山僧》:"藉草饭松屑,焚香看道书。"权德舆《奉和许阁老霁后慈恩寺杏园看花同用花字口号》:"含毫歌白雪,藉草醉流霞。"元稹《寄吴士矩端公五十韵》:"藉草送远游,列筵酬博塞。"韦庄《渔塘十六韵》:"持竿聊藉草,待月好垂罾。"

【藉莎】 (一suō)坐在莎草上。亦泛指坐在草地上。元稹《遣春十首》:"花阴莎草长,藉莎闲自酌。"白居易《春江闲步赠张山人》:"藉莎怜软暖,憩树爱婆娑。"

【藉₂藉】 (一jí)众多而杂乱貌。苏颋《蜀城哭台州乐安少府》:"边郡饶藉藉,晚庭正回回。"薛曜《奉和圣制夏日游石淙山》:"飞花藉藉迷行路,啭鸟遥遥作管弦。"

藂 〔cóng《广韵》徂紅切,平東,從。〕同"叢"。❶丛集,丛生。无名氏《冬日野望》:"晚吹低藂草,遥山落夕阳。"王棨《省题诗二十一首·咏菊》:"闲叶玉如栗,满藂金出沙。"❷人员集中,聚集。张祜《又陪楚州韦舍人阊门游宴次韵北阊门》:"三千藂秀彦,百万举名豪。"

【藂滋】 丛生滋长。王棨《省题诗二十一首·月前菊》:"藂滋寒露绿,花绽晚风黄。"

藮　〔chāo《唐韻》楚交切，音鈔。藮，取也。〕取。皮日休《新秋言怀寄鲁望三十韵》：“狙公闹后戏，云母病来藮。”

藍　〔lán《广韵》鲁甘切，平談，來。〕❶植物名。有多种。如蓼蓝、松蓝、木蓝等，叶可制染料。另外，如甘蓝、擘蓝、芥蓝等，虽为蔬菜，因叶为蓝绿色，故亦以“藍”称之。吕温《青出蓝诗》：“物有无穷好，蓝青又出青。”李贺《河阳歌》：“染罗衣，秋蓝难著色。”李商隐《望喜驿别嘉陵江水二绝》之二：“千里嘉陵江水色，含烟带月碧于蓝。”许浑《岁暮自广江至新兴往复中题峡山寺四首》之四：“蓝坞寒先烧，禾堂晚并舂。”陆龟蒙《京口与友生话别》：“香还须是桂，青会出于蓝。”❷颜色的一种。像晴天天空的颜色。杜牧《丹水》：“沉定蓝光彻，喧盘粉浪开。”曹唐《萼绿华将归九嶷留别许真人》：“蓝丝重勒金条脱，留与人间许侍中。”陆龟蒙《和袭美怀鹿门县名离合二首》之一：“云容覆枕无非白，水色侵矶直是蓝。”❸指蓝水。韦应物《寄子西》：“蓝上舍已成，田家雨新足。”孟郊《蓝溪元居士草堂》：“蓝岸青漠漠，蓝峰碧崇崇。”

【藍山】　❶山名。在今陕西蓝田县东。李商隐《偶成转韵七十二句赠四同舍》：“蓝山宝肆不可入，玉中仍是青琅玕。”薛涛《酬祝十三秀才》：“浩思蓝山玉彩寒，冰囊敲碎楚金盘。”❷山名。在今安徽泾县南五十里，高千仞。其下有落星潭，相传晋陈霸兄弟捕鱼于此，见一星落此潭中，故名。李白有《泾溪南蓝山下有落星潭可以卜筑余泊舟石上寄何判官昌浩》。

【藍天】　蓝色的天空。顾云《池阳醉歌赠匡庐处士姚岩杰》：“空中焰若烧蓝天，万里滑静无纤烟。”

【藍水】　❶即蓝溪。宋之问《蓝田山庄》：“辋川朝伐木，蓝水暮浇田。”李嘉祐《登秦岭》：“汉阙青门远，高山蓝水流。”白居易《游蓝田山卜居》：“朝蹋玉峰下，暮寻蓝水滨。”温庭筠《寄清源寺僧》：“帘向玉峰藏夜雪，砌因蓝水长秋苔。”❷蓝色的水。朱昼《赠友人古镜》：“摩久见菱蕊，青于蓝水色。”

【藍玉】　蓝田美玉。喻才智、才华。韩偓《卜隐》：“屏迹还应减是非，却忧蓝玉又光辉。”

【藍田】　❶县名。秦置。在陕西渭河平原南缘、秦岭北麓。县东有蓝田山，以产美玉闻名。岑参有《首春渭西郊行呈蓝田张二主簿》。韩愈有《酬蓝田崔丞立之咏雪见寄》。白居易有《蓝田刘明府携酌相过与皇甫郎中卯时同饮醉后赠之》。施肩吾《寄王少府》：“多谢蓝田王少府，人间诗酒最关情。”❷山名。在蓝田县东。以产美玉出名。王维《酬诸公见过》：“屏居蓝田，薄地躬耕。”储光羲《苏十三瞻登玉泉寺峰入寺中见赠作》：“朝沿霸水穷，暮瞩蓝田遍。”李白《鲁郡尧祠窦明府薄华还西京》：“蓝田太白若可期，为余扫洒石上月。”李商隐《锦瑟》：“沧海月明珠有泪，蓝田日暖玉生烟。”❸指蓝田关。韩愈《雪后寄崔二十六丞公》：“蓝田十月雪塞关，我兴南望愁群山。”❹喻海面。陈陶《海昌望月》：“烟岛青历历，蓝田白悠悠。”

【藍田山】　在陕西蓝田县东。亦名玉山、覆车山。产美玉。王维有《别弟缙后登青龙寺望蓝田山》。杜甫《去矣行》：“未试囊中餐玉法，明朝且入蓝田山。”白居易《新乐府·青石》：“青石出自蓝田山，兼车运载来长安。”又有《游蓝田山卜居》。

【藍田玉】　今陕西蓝田县蓝田山所产之美玉。魏万《金陵酬李翰林谪仙子》：“君抱碧海珠，我怀蓝田玉。”李贺《春坊正字剑子歌》：“挼丝团金悬麗敠，神光欲截蓝田玉。”

【藍田美玉】　今陕西蓝田县蓝田山所产之美玉。李颀《弹棋歌》：“蓝田美玉清如砥，白黑相分十二子。”

【藍田溪】　即蓝溪，蓝水。钱起有《蓝田溪杂咏二十二首》。又有《蓝田溪与渔者宿》。

【藍田縣】　战国秦献公六年置，治所在今陕西蓝田县灞河西岸。北周建德二年移治峣柳城，即今址。张籍《寄故人》：“故人只在蓝田县，强半年来未得书。”

【藍山峯】　即蓝田山。孟郊《远愁曲》：“声翻太白云，泪洗蓝田峰。”

【藍田關】　关名，即秦之峣关，在今陕西蓝田县东南。杜甫《渼陂行》：“船舷暝戛云际寺，水面月出蓝田关。”陆畅有《出蓝田关寄董使君》。黄滔《下第东归留辞刑部郑郎中諴》：“明日蓝田关外路，连天风雨一行人。”

【藍谷神】　蓝谷之神。蓝谷，在陕西蓝田县东南二十里。白居易《游悟真寺诗》：“道南蓝谷神，紫伞白纸钱。”

【藍尾酒】　唐代宴饮时，轮流斟饮，至末座，称蓝尾酒。亦谓即屠苏酒。白居易《岁日家宴戏示弟侄等兼呈张侍御二十八丈殷判官二十三兄》：“岁盏后推蓝尾酒，春盘先劝胶牙饧。”又《七年元日对酒五首》之三：“三杯蓝尾酒，一碟胶牙饧。”又《喜入新年自咏》：“老过占他蓝尾酒，病余收得到头身。”

【藍青】　颜色名。王周《巫庙》：“汹涌匹练白，崔崒浓蓝青。”

【藍英】　蓝色花。指茶叶。陆龟蒙《奉和袭美茶具十咏·煮茶》：“时于浪花里，并下蓝英末。”

【藍采和】　俗传八仙之一。《太平广记》卷二二引南唐沈汾《续神仙传》谓其不知何许人，常衣破蓝衫，一脚着靴，一脚跣行，夏则衫内加絮，冬则卧于雪中，气出如蒸。每行歌于市乞索，持三尺大拍板，常醉踏歌，宣传神仙思想。又元无名氏杂剧《汉钟离度脱蓝采和》云其为五代时艺人，名许坚。《全唐诗》卷八六一录其《踏歌》一首。

【藍空】（一kōng）蓝色的天空。皮日休《奉酬鲁望夏日四声四首·平声》："清烟埋阳乌，蓝空含秋毫。"

【藍衫】古代八品、九品小官所着的服装。韦应物《送秦系赴润州》："近作新婚镊白髯，长怀旧卷映蓝衫。"刘得仁《和郑先辈谢秩闲居寓书所怀》："蓝衫悬竹桁，乌帽挂松枝。"周繇《送杨环校书归广南》："初著蓝衫从远峤，乍辞云署泊轻艘。"徐夤《寓题》："酒壶棋局似闲人，竹笏蓝衫老此身。"

【藍峯】即蓝田山。喻凫《游北山寺》："蓝峰露秋院，灞水入春厨。"郑谷《顺动后蓝田偶作》："蓝峰秋更碧，沾洒望銮舆。"

【藍袍】即蓝衫。杜荀鹤《贺顾云侍御府主与子弟奏官》："戏把蓝袍包果子，娇将竹笏恼先生。"齐己《与崔校书静话言怀》："我性已甘披祖衲，君心犹待脱蓝袍。"

【藍淀】深蓝色的有机染料。齐己《寄顾处士》："蓝淀图花鸟，时人不惜钱。"

【藍溪】亦名蓝水。一作牧护关水，源出今陕西蓝田县东蓝田谷，西流经蓝谷、蓝桥，西北流入灞水。王昌龄《郑县宿陶太公馆中赠冯六元二》："本家蓝溪中，非为渔弋故。"钱起《赠东邻郑少府》："小邑蓝溪上，卑栖惬所偶。"白居易《长庆二年七月路次蓝溪作》："策马度蓝溪，胜游从此始。"贾岛《雨后宿刘司马池上》："蓝溪秋漱玉，此地涨清澄。"

【藍裾】蓝衫，小官或儒生的服装。杜荀鹤《题仇处士郊居》："江南景簇此林亭，手板蓝裾自可轻。"

【藍綬】系印纽的蓝色丝带。等级较低的官员所用。齐己《送司空学士赴京》："蓝绶乍称新学士，白衫初脱旧神仙。"

【藍橋】桥名。在陕西蓝田县东南蓝溪之上，相传其地有仙窟，为唐裴航遇仙女云英之处。元稹《西归绝句十二首》之十一："云覆蓝桥雪满溪，须臾便与碧峰齐。"杜牧《奉送中丞姊夫俦自大理卿出镇江西叙事书怀因成十二韵》："灞岸秋犹嫩，蓝桥水始喧。"吕岩《遇仙桥》："不作巫阳云雨梦，却寻仙侣到蓝桥。"《樊夫人答裴航》："蓝桥便是神仙窟，何必崎岖上玉清。"

【藍嶺】即蓝山，蓝田山。在陕西蓝田县东。韦应物有《蓝岭精舍》。贾岛《赠弘泉上人》："洗足下蓝岭，古师精进同。"

【藍輿】竹轿。韦应物《送丘员外归山居》："为君量革履，且愿住蓝舆。"白居易《山居》："蓝舆辞鞍马，缁徒换友朋。"又《和令公问刘宾客归来称意无之作》："皂盖回沙苑，蓝舆上洛桥。"

【藍縷】衣服破旧。杜甫《山寺》："山僧衣蓝缕，告诉栋梁摧。"秦系《闲居览史》："长策胸中不复论，荷衣蓝缕闭柴门。"皎然《答道素上人别》："蓝缕真子褐，葳蕤近臣缨。"孟郊《织妇辞》："如何织纨素，自著蓝缕衣。"

【藍羅】深蓝色的丝织物。白居易《题卢秘书夏日新栽竹二十韵》："叶剪蓝罗碎，茎抽玉琯端。"和凝《河满子》词之一："却爱蓝罗裙子，羡他长束纤腰。"

【藍關】即蓝田关。韩愈《左迁至蓝关示侄孙湘》："云横秦岭家何在，雪拥蓝关马不前。"陆畅《出蓝田关寄董使君》："万里烟萝锦帐间，云迎水送度蓝关。"曹邺《送曾德迈归宁宜春》："筵开灞岸临清浅，路去蓝关入翠微。"杜荀鹤《辞郑员外入关》："帆飞楚国风涛润，马度蓝关雨雪多。"

藏[1]〔cáng《广韵》昨郎切，平唐，從。〕❶隐藏；潜匿。孟云卿《邺城怀古》："古树藏龙蛇，荒茅伏狐兔。"杜甫《大麦行》："大麦干枯小麦黄，妇女行泣夫走藏。"白居易《凶宅》："枭鸣松桂树，狐藏兰菊丛。"韦庄《重围中逢萧校书》："剑高无鸟度，树暗有兵藏。"❷避，回避，不露面见人。杜甫《新婚别》："父母养我时，日夜令我藏。"李商隐《无题二首》之一："十四藏六亲，悬知犹未嫁。"❸收藏，储藏。韦应物《答裴丞说归京所献》："衣服藏内箧，药草曝前阶。"元稹《代曲江老人百韵》："竟蓄朱公产，争藏邴氏缗。"白居易《劝酒十四首·不如来饮酒七首》之三："藏镪百千万，沉舟十二三。"❹掩盖，遮盖。孟郊《寻裴处士》："寒草不藏径，灵峰知有人。"李绅《莺莺歌》："铅华不顾欲藏艳，玉颜转莹如神仙。"许棠《寄睦州陆郎中》："晓郭云藏市，春山鸟护林。"❺隐瞒。见"藏年"。❻怀，藏在心中。见"藏器"。❼隐身隐逸。白居易《朝回游城南》："谁辨心与迹，非行亦非藏。"

藏[2]〔zàng《广韵》徂浪切，去宕，從。〕❶内脏。后作"臟"。卢纶《行药前轩呈董山人》："腠暖苦肌痒，藏虚唯耳鸣。"韩愈《苦寒》："悲哀激愤叹，五藏难安恬。"❷宝藏。白居易《赠友五首》之二："所以先圣王，弃藏不为珍。"❸佛教经典的总称。见"藏經"。

【藏弓】春秋时越国范蠡有"蜚鸟尽，良弓藏"之语，意谓飞鸟捕尽则弓无所用，以提醒越大夫文种，越王勾践已平吴，将杀戮功臣，劝他及时引退。见《史记·越王勾践世家》。后以为典，咏功臣功成遇害或劝其引退避祸。刘长卿《秋日夏口涉汉阳献李相公》："藏弓身已退，焚藁事难闻。"

【藏用】潜藏的功用。见《易·系辞上》孔颖达疏。谓隐藏难知者而更显表其功能。魏征《享太庙乐章·大成舞》："藏用四履，屈道参分。"骆宾王《在狱咏蝉》序："候时而来，顺阴阳之数；应节为变，审藏用之机。”

【藏年】 隐瞒年龄。白居易《照镜》:“岂复更藏年,实年君不信。”徐凝《寄玄阳先生》:“颜貌只如三二十,道年三百亦藏年。”

【藏舟】 喻事物不断变化,不可固守。骆宾王《乐大夫挽词五首》之二:“居然同物化,何处欲藏舟。”孟浩然《寻陈逸人故居》:“今宵泉壑里,何处觅藏舟。”岑参《韩员外夫人清河县君崔氏挽歌二首》之二:“遽闻伤别剑,忽复叹藏舟。”唐暄《还渭南感旧二首》之二:“阳原叹薤露,阴壑悼藏舟。”

【藏名】 藏匿名声。王绩《晚年叙志示翟处士》:“失路青门隐,藏名白社游。”司马扎《美刘太保》:“藏名向宠节,辞疾去公务。”方干《赠许牍秀才》:“傲世寄渔艇,藏名归酒杯。”

【藏冰候】 指农历十二月。古人于此月取冰藏之于窖,以备来年使用。徐彦伯《游禁苑幸临渭亭遇雪应制》:“玉律藏冰候,彤阶飞雪时。”

【藏身】 ❶安身。李白《拟古十二首》之八:“饮酒入玉壶,藏身以为宝。”杜甫《北邻》:“明府岂辞满,藏身方告劳。”李绅《过梅里七首·忆东郭居》:“徒怀利物心,不获藏身宝。”❷藏匿身体。孟郊《隐士》:“虎豹忌当道,麋鹿知藏身。”

【藏拙】 掩藏拙劣,不以示人。常用为自谦之词。韩愈《和席八十二韵》:“倚玉难藏拙,吹竽久混真。”白居易《再授宾客分司》:“既资闲养疾,亦赖慵藏拙。”罗隐《自贻》:“纵无显效亦藏拙,若有所成甘守株。”齐己《夏日寓居寄友人》:“披缁影迹堪藏拙,出世身心合向闲。”

【藏金】 晋人隗炤预知自己死后家贫,埋金五百斤,以备妻子使用。见《晋书·隗炤传》。后以为典,谓积蓄以防穷。骆宾王《畴昔篇》:“穷途行泣玉,愤路未藏金。”

【藏₂府】 中医学名词,人体内脏器官的总称。藏,“臟”的古字。元稹《酬郑从事四年九月宴望海亭次用旧韵》:“欲将滑甘柔藏府,已被郁噎冲喉咙。”

【藏垢】 隐藏泥沙等杂物。樊铸《滤水罗》:“密慎能藏垢,疏通自去盈。”

【藏修】 《礼记·学记》:“君子之于学也,藏焉,脩焉,息焉,游焉。”郑玄注:“藏谓怀抱之;脩,习也。”后以“藏修”指修身积学。牟融《题李昭训山水》:“卜筑藏修地自偏,尊前诗酒集群贤。”又《题孙君山亭》:“长年乐道远尘氛,静筑藏修学隐沦。”又《登环翠楼》:“山中地僻好藏修,寂寂幽居架小楼。”

【藏逃】 藏身;逃跑。韩愈《八月十五夜赠张功曹》:“十生九死到官所,幽居默默如藏逃。”

【藏真】 即怀素。怀素字藏真。戴叔伦有《与虞沔州谒藏真上人》。齐己《送人游南》:“子美遗魂地,藏真旧墨池。”

【藏匿】 隐藏,躲藏。司空图《冯燕歌》:“新人藏匿旧人起,白昼喧呼骇邻里。”

【藏昂】 仪表脱俗不凡,气宇轩昂。韩愈《南溪始泛三首》之一:“阴沉过连树,藏昂抵横坂。”韦庄《和郑拾遗秋日感事一百韵》:“纡金光照耀,执玉意藏昂。”

【藏書】 ❶储藏书籍。韦应物《送褚校书归旧山歌》:“藏书壁中苔半侵,洗药泉中月还在。”方干《哭江西处士陈陶》:“虽云挂剑来坟上,亦恐藏书在壁中。”❷图书馆或私人收藏的图书。李峤《麟》:“画像临仙阁,藏书入帝台。”刘长卿《无锡东郭送友人游越》:“旧都怀作赋,古穴觅藏书。”

【藏掩】 掩盖,掩饰。王梵志《诗》之一四:“见恶须藏掩,知贤唯赞阳。”

【藏蓋】 储藏。韩愈、孟郊《秋雨联句》:“翻浪洗虚空,倾涛败藏盖。”

【藏暉】 掩藏光芒。指掩藏才能。李白《沐浴子》:“处世忌太洁,至人贵藏晖。”

【藏鉤】 古代的一种游戏。相传汉昭帝母钩弋夫人少时手拳,入宫,汉武帝展其手,得一钩,后人乃作藏钩之戏。李白《宫中行乐词八首》之六:“更怜花月夜,宫女笑藏钩。”岑参《敦煌太守后庭歌》:“醉坐藏钩红烛前,不知钩在若个边。”白居易《放言五首》之二:“祸福回环车转毂,荣枯反覆手藏钩。”

【藏經】 佛教经典。佛家之经典称为“藏”。拾得《诗》之一:“诸佛留藏经,只为人难化。”岑参《青龙寺招提归一上人远游吴楚别诗》:“说法开藏经,论边穷阵图。”白居易《题香山新经堂招僧》:“谁能来此寻真谛,白老新开一藏经。”韦庄《赠礼佛名者》:“寻思六祖传心印,可是从来读藏经。”

【藏經堂】 收藏佛教经典的室。白居易《香山居士写真诗》序:“会昌二年,罢太子少傅,为白衣居士,又写真于香山寺藏经堂,时年七十一。”

【藏鴉】 隐藏乌鸦。语本南朝乐府《读曲歌》。杨柳藏乌是春末夏初景象。孟郊《招文士饮》:“梅芳已流管,柳色未藏鸦。”

【藏鴉門】 疑指刘宋都城建康(今南京市)之白门。见南朝乐府《读曲歌》。后用以借指男女欢会之地。罗虬《比红儿诗》之五五:“藏鸦门外诸年少,不识红儿未是狂。”

【藏鋒】 藏掩锋芒。喻才华不外露。李颀《送刘方平》:“有才不偶谁之过,肯即藏锋事高卧。”刘长卿《杂咏八首上礼部李侍郎·古剑》:“何意久藏锋,翻令世人弃。”

【藏機】　藏匿心机。温庭筠《病中书怀呈友人》："受业乡名郑，藏机谷号愚。"

【藏頭】　缩头。言隐身不问世事。韩翃《又题张逸人园林》："藏头不复见时人，爱此云山奉养真。"

【藏器】　❶怀抱才具，等待时机。器，用具，引申为才能。见《易·系辞下》。钱起《长安客舍赠李行父明府》："藏器待时少，知人自古难。"独孤及《送虢州王录事之任》："未遇须藏器，安卑莫告劳。"温庭筠《过孔北海墓二十韵》："碌碌迷藏器，规规守挈瓶。"❷收藏各种兵器。张籍《新城甲仗楼》："图功百尺丽，藏器五兵修。"

【藏避】　躲避。白居易《七年元日对酒五首》之五："应无藏避处，只有且欢娱。"

【藏環】　出《晋书·羊祜传》。后用以为咏幼儿的典故，多用以哀挽幼儿的早逝。王维《恭懿太子挽歌五首》之一："何悟藏环早，才知拜璧年。"

【藏壑】　谓事物不断变化，不可固守。见《庄子·大宗师》。张九龄《故徐州刺史赠吏部侍郎苏公挽歌词三首》之一："藏壑今如此，为山遂不成。"岑参《河西太守杜公挽歌四首》之一："蒙叟悲藏壑，殷宗借济川。"

【藏霧豹】　谓隐遁修身之士。见汉刘向《列女传·陶答子妻》。李贺《春归昌谷》："知非出柙虎，甘作藏雾豹。"

【藏蹲】　藏伏。韩愈《陆浑山火和皇甫湜用其韵》："一朝结仇奈后昆，时行当反慎藏蹲。"

【藏鬮】　古代饮宴时的一种游戏。盖即藏钩之戏。见晋周处《风土记》。李商隐《拟意》："楚妃交荐枕，汉后共藏阄。"

【藏鱗羽】　《后汉书·逸民列传·陈留父老》："父老趋而过之，植其杖，太息言曰：'吁！二大夫何泣之悲也？夫龙不隐鳞，凤不藏羽，网罗高悬，去将安所。'"后以"藏鳞羽"作隐遁之典。杜牧《雨中作》："但为适性情，岂是藏鳞羽。"

薰　〔xūn《广韵》許之切，平文，曉。又許運切，去問，曉。〕❶香草名。即蕙草。喻美好的人或事物。韩愈《醉赠张秘书》："今我及数子，固无莸与薰。"参见"薰蕕"。❷香，发出香气。孙逖《春初送吕补阙往西岳勒碑得云字》："语别梅初艳，为期草欲薰。"钱起《哭常征君》："伤心载酒地，仙菊为谁薰。"孟郊《桐庐山中赠李明府》："欲识楚章句，袖中兰茝薰。"柳珪《送莫仲节状元归省》："想到故乡应腊过，药栏犹有异花薰。"❸熏蒸。王勃《杂曲》："蛾眉始约，罗袖初薰。"严维《酬王侍御西陵渡见寄》："柳塘薰昼日，花水溢春渠。"李郭《长安少年行》之一："划戴扬州帽，重薰异国香。"杜牧《吴姬十首》之二："龙麝薰多骨亦香，因经寒食好风光。"❹温和，和煦。胡皓《感春》："林暖花意红，握薰草情绿。"权德舆《奉和圣制中春麟德殿会百寮观新乐》："韶光雪初霁，圣藻风自薰。"❺指和风。亦称风。张祜《忧旱吟》："炎熇肆蒸溽，南薰日飘飏。"❻指熏炉。张说《杂诗四首》之一："抱薰心常焦，举旆心常摇。"❼陶醉。孟郊《送殷秀才南游》："诗句临离袂，酒花薰别颜。"❽温和貌。见"薰然❶"。❾通"荤"。参见"薰辛"。

【薰辛】　指辛辣腥膻的肉、菜等食物。薰，通"荤"。王建《饭僧》："别屋炊香饭，薰辛不入家。"又《村居即事》："因寻寺里薰辛断，自别城中礼数生。"

【薰和】　指《南风歌》。窦牟《元日喜闻大礼寄上翰林四学士中书六舍人二十韵》："粉泽资鸿举，薰和本素琴。"

【薰弦】　指《南风歌》。见《孔子家语·辩乐》。岑羲《奉和春日幸望春宫应制》："一奉恩荣同镐宴，空知率舞听薰弦。"司空曙《御制雨后出城观览敕朝臣已下属和》："薰弦歌舜德，和鼎致尧名。"权德舆《奉和圣制中和节赐百官宴集因示所怀》："衢酒和乐被，薰弦声曲新。"许浑《登尉佗楼》："越人未必知虞舜，一奏薰弦万古风。"

【薰草】　香草名。即蕙草，俗名佩兰，又名零陵香。叶如麻，两两相对，茎方，七月中旬开花，至香。白居易《郡中春宴因赠诸客》："薰草席铺坐，藤枝酒注樽。"

【薰香】　用香料放在熏炉中以熏衣服。晋贾充有御赐异香，其女贾午与韩寿私通。韩寿身染异香，遂被发觉，后与贾午成婚。王维《洛阳女儿行》："戏罢曾无理曲时，妆成只是薰香坐。"章孝标《玄都观栽桃十韵》："薰香丹凤阙，妆点紫琼宫。"吴融《赠李长史歌》："卖珠曾被武皇问，薰香不怕贾公知。"无名氏《杂诗》之三："空赐罗衣不赐恩，一薰香后一销魂。"

【薰風】　❶和暖的风。指初夏时的东南风。见《吕氏春秋·有始》。王翰《奉和圣制送张说上集贤学士赐宴得筵字》："和乐薰风解，湛恩时雨连。"白居易《首夏南池独酌》："薰风自南至，吹我池上林。"李咸用《江南曲》："江南四月薰风低，江南女儿芳步齐。"徐夤《开窗》："蔷薇花尽薰风起，绿叶空随满架藤。"❷相传舜唱《南风歌》，其辞曰："南风之薰兮，可以解吾民愠兮。"后以"薰风"指《南风歌》。张九龄《奉和圣制登封礼毕洛城酺宴》："汉酺歌圣酒，韵乐舞薰风。"王涯《九月九日勤政楼下观百僚献寿》："乐奏薰风起，杯酣瑞影收。"李咸用《水仙操》："檿丝相纠成凄清，调和引得薰风生。"温庭筠《休澣日西掖谒所知》："毫端蕙露滋仙草，琴上薰风入禁松。"

【薰風曲】　（曲 qǔ）即相传舜所唱《南风歌》。权德舆《德宗神武孝文皇帝挽歌词三首》之二："湛露恩方浃，《薰风曲》正调。"

【薰煮】 蒸煮。司空图《恭州界》："草木龟鱼困薰煮，漫赢尘垢涴僧坊。"

【薰蒸】 烟熏气蒸。见《参同契》卷上。吕岩《窑头坯歌》："不食方为真绝粮，真气薰蒸肢体强。"

【薰然】 ❶温和貌。李逢吉《享惠昭太子庙乐章》："展矣礼典，薰然德馨。"❷如香草一样芳香四溢。罗隐《赠先辈令狐补阙》："中间声迹早薰然，阻避钧衡过十年。"

【薰琴】 为歌颂帝王或帝王行仁政之典。张说《奉和圣制赐诸州刺史应制以题坐右》："圣主赋新诗，穆若听薰琴。"李迥秀《奉和幸安乐公主山庄应制》："手舞足蹈方无已，万年千岁奉薰琴。"李商隐《今月二日不自量度辄以诗一首四十韵干渎尊严辄复五言四十韵诗献上亦诗人咏叹不足之义也》："薰琴调大舜，宝瑟和神农。"

【薰赫】 气势旺盛。张九龄《南阳道中作》："兹邦称贵近，与世尝薰赫。"

【薰歌】 指《南风歌》。张九龄《奉和圣制温泉歌》："渐渍神汤无疾苦，薰歌一曲感人深。"苏颋《奉和圣制人日清晖阁宴群臣遇雪应制》："轻飞传彩胜，天上奉薰歌。"

【薰膏】 薰草和油膏。吴筠《览古二十四首》之一："薰膏自销烁，楚老空余悲。"

【薰蕕】 香草和臭草。喻好坏不同的人或事物。寒山《诗三百三首》之二一八："为染在薰莸，应须择朋侣。"韩愈《赴江陵途中寄赠翰林三学士》："因疾鼻又塞，渐能等薰莸。"陆龟蒙《奉和袭美新秋言怀三十韵次韵》："出处虽冥默，薰莸肯溷殽。"范质《诫儿侄八百字》："出门择交友，防慎畏薰莸。"

【薰燃】 谓花放红似火燃。李商隐《槿花二首》之二："珠馆薰燃久，玉房梳扫余。"

【薰薰】 和煦貌。鲍溶《经隐叟》："萝景深的的，蕙风闲薰薰。"张生《梦舜抚琴歌》："南风薰薰兮草芊芊，妙有之音兮归清弦。"

【薰蘭】 熏草和兰草。皆香草名。《易系辞上》："同心之言，其臭如兰。"故以"薰蘭"喻纯真的友情。王熊《奉别张岳州说二首》之一："薰兰敦久要，披雾转相亲。"

【薰爐】 熏香的炉子。上官仪《和太尉戏赠高阳公》："薰炉御史出神仙，云鞍羽盖下芝田。"温庭筠《牡丹二首》之一："莫惜薰炉夜，因风到舞衣。"温庭筠《春雨》："灯檠昏鱼目，薰炉咽麝脐。"

【薰籠】 有笼覆盖的熏炉。可以熏烤衣服。陈子良《新成安乐宫》："拂尘开扇匣，卷帐却薰笼。"孟浩然《寒夜》："夜久灯花落，薰笼香气微。"白居易《后宫词》："红颜未老恩先断，斜倚薰笼坐到明。"南唐后主李煜《谢新恩》词之二："樱花落尽阶前月，象床愁倚薰笼。"

薶 〔mái《广韵》莫皆切，平皆，明。〕埋葬。"埋"的本字。孙元晏《咏史诗·晋·庾楼》："玉树忽薶千载后，有谁重此继清风。"

藐 〔miǎo《广韵》亡沼切，上小，明。《集韵》弭沼切，上小，明。〕通"邈"。遥远。赵中虚《游清都观寻沈道士得芳字》："青溪阻千仞，姑射藐汾阳。"元结《引极三首·思元极》："彼元极兮灵且异，思一见兮藐难致。"

【藐修】 遥远。刘斌《和许给事伤牛尚书》："归魂藐修路，征棹舣邗沟。"

薺 〔jì《广韵》徂禮切，上薺，從。〕荠菜。见《诗·邶风·谷风》。杜甫《狄明府》："时危始识不世才，谁谓荼苦甘如荠。"孟郊《赠别崔纯亮》："食荠肠亦苦，强歌声无欢。"朱庆余《和刘补阙秋园寓兴之什十首》之九："积润苔纹厚，迎寒荠叶稠。"邵谒《春日有感》："我心如蘖苦，他见如荠甘。"

【薺花】 荠菜之花。春季开放，小而白。白居易《东墙夜合树去秋为风雨所摧今年花时怅然有感》："惆怅去年墙下地，今春唯有荠花开。"又《春风》："荠花榆荚深村里，亦道春风为我来。"司空图《华上二首》之二："关外风昏欲雨天，荠花耕倒枕河壖。"

【薺麥】 荠菜和麦子。韩愈《琴操十首·猗兰操》："荠麦之茂，荠麦之有。"白居易《溪中早春》："归来问夜餐，家人烹荠麦。"

【薺菜】 一年生或二年生草本植物，开白花，茎叶嫩时可食。李端《古离别二首》之二："菊花开欲尽，荠菜泊来生。"高力士有《感巫州荠菜》。

蘋 〔pín《广韵》符真切，平真，並。《集韵》毗賓切，平真，並。〕同"蘋"。水草，亦名赖草，是喂养牲口的良好饲料。韩愈《郓州溪堂诗》："溪有蘋苽，有龟有鱼。"

蓧 〔diào《广韵》徒吊切，去啸，定〕❶草名。亦名灰藋，似藜。陆龟蒙《奉和袭美初夏游楞伽精舍次韵》："伊余采樵者，蓬藋方索寞。"杜仁杰《至真观》："群鹿逐，杂蓬藋。"❷见"藋藋"。

【藋藋】 下垂貌。徐夤《钓丝竹》："藋藋拂清流，堪维舴艋舟。"

藁 〔gǎo《广韵》古老切，上晧，見。〕亦作"稾"。❶稻、麦等秸秆。陆龟蒙《奉酬袭美先辈吴中苦雨一百韵》："践蹋比尘埃，焚烧同稿秸。"亦用作动词，用藁。陆龟蒙《彼农二章》之一："藁焉而席，茨焉而居。"❷诗文的草稿。刘长卿《奉和杜相公新移长兴宅呈元相公》："献替常焚稿，优闲独对萱。"又《秋日夏口涉汉阳献李相公》："藏弓身已退，焚藁事难闻。"贯休《经栖白旧院二首》之二："旧藁谁收得，空堂影似吟。"

【藁草】 ❶草稿。罗隐《寄苏拾遗》："退朝观藁草，能望马相如。"❷草料。温庭筠《题贺知章故居叠韵作》："老媪饱藁草，愚儒输逋租。"

【藁砧】 亦作"藁砧"。古代处死囚，囚犯席藁伏于砧上，用铁斩之。铁、夫谐音。后因以"藁砧"为妇女称丈夫的隐语。徐彦伯《芳树》："藁砧刀头未有期，攀条拭泪坐相思。"许景先《阳春怨》："藁砧当此日，行役向辽西。"李益《杂曲》："藁砧持玉斧，交结五陵儿。"权德舆《薄命篇》："丽质全胜秦氏女，藁砧宁用专城居。"

【藁街】 亦作"藁街"。汉时长安街名。在城南门内，为属国使节馆舍所在地。韩愈、李正封《晚秋郾城夜会联句》："藁街陈铁钺，桃塞兴钱镈。"韩偓《隰州新驿》："果闻荒谷缢，旋睹藁街烹。"李子昂《西戎即叙》："悬首藁街中，天兵破犬戎。"

【藁葶】 卧止的禾杆。刘言史《苦妇词》："藁葶无一枝，冷气两悬悬。"

十五画

藕 〔ǒu《广韵》五口切，上厚，疑。〕莲的根茎，肥大有节，白色，中间有管状小孔，折断后有丝，可食。亦可加工成藕粉。藕节可入药。杜甫《泛溪》："得鱼已割鳞，采藕不洗泥。"白居易《种白莲》："吴中白藕洛中栽，莫恋江南花懒开。"李洞《题学公院池莲》："竹引山泉玉甃池，栽莲莫怪藕生丝。"齐己《送人归吴》："重寻旧邻里，菱藕正开花。"

【藕花】 即荷花。孟郊《送李翱习之》："新秋折藕花，应对吴语娇。"朱庆余《送盛长史》："野亭枫叶暗，秋水藕花明。"喻凫《夏日因怀阳羡旧游寄裴书记》："藕花熏浦溆，菱蔓匿凫鹥。"李群玉《静夜相思》："浪定一浦月，藕花闲自香。"

【藕絲】 ❶藕之丝。藕折断后，藕丝仍相连属，故常喻情意绵绵。藕丝纤细，故又喻织丝。顾况《龙宫操》："鲛人织绡采藕丝，翻江倒海倾吴蜀。"又《行路难三首》之三："藕丝挂在虚空中，欲落不落愁杀人。"白居易《阴山道》："藕丝蛛网三丈余，回纥诉称无用处。"韩偓《春闷偶成十二韵》："别泪开泉脉，春愁罥藕丝。"❷色彩名。纯白色。李贺《天上谣》："粉霞红绶藕丝裙，青洲步拾兰苕春。"元稹《白衣裳二首》之二："藕丝衫子柳花裙，空著沉香慢火熏。"温庭筠《归国遥》："舞衣无力风敛，藕丝秋色染。"

【藕節】 藕的两段相接处，黑色，有须根，可入药。顾况《临平湖》："采藕平湖上，藕泥封藕节。"

藝 〔yì《广韵》魚祭切，疑。〕❶种植。孟郊《哀孟云卿嵩阳荒居》："艺蘖意弥苦，耕山食无余。"参见"藝牧""藝植""藝殖"。❷技艺，才艺，才能。皇甫曾《送裴秀才贡举》："宾贡年犹少，篇章艺已成。"元稹《琵琶歌》："玄宗偏许贺怀智，段师此艺还相匹。"章孝标《山中送进士刘蟾赴举》："艺精心更苦，何患不成功。"司空图《歌者十二首》之三："十斛明珠亦易拼，欲兼人艺古来难。"亦指富于才艺。韩愈《赠别元十八协律六首》之三："吾友柳子厚，其人艺且贤。"❸指礼、乐、御、射、书、数六种教学科目。郑损《艺堂》："堂开冻石千年翠，艺讲秋胶百步威。"❹习，学。张祜《孟才人叹》序："妾尝艺歌，请对上歌一曲以泄其愤。"

【藝文】 辞章，文艺。权德舆《送别沅泛》："经术既修明，艺文亦葳蕤。"刘禹锡《送李策秀才还湖南因寄幕中亲故兼简衡州吕八郎中》："前人秉艺文，高视来上京。"刘斌《和许给事伤牛尚书》："虽贞栋梁任，兼好艺文游。"

【藝牧】 耕种放牧。宋之问《温泉庄卧病寄杨七炯》："秉愿守樊圃，归闲欣艺牧。"

【藝門】 文苑、文艺界。太宗《咏司马彪续汉志》："文囿雕奇彩，艺门蕴深致。"

【藝祖】 有文德之祖。后用指开国之君。张说《唐享太庙乐章·光大舞》："肃肃艺祖，滔滔浚源。"

【藝術】 泛称六艺及术数方技各种技术技能。李群玉《送陶少府赴选》："久向三茅穷艺术，仍传五柳旧琴书。"

【藝能】 技艺才能。陆龟蒙《闲居杂题五首·野态真》："君如有意耽田里，予亦无机向艺能。"

【藝植】 栽种。王维《寄荆州张丞相》："方将与农圃，艺植老丘园。"

【藝殖】 耕种。温庭筠《病中书怀呈友人》："苦辛随艺殖，甘旨仰樵苏。"

【藝業】 技艺，学业。张说《蜀路二首》之二："艺业为君重，名位为君轻。"权德舆《送崔端公郎君入京觐省》："已见风姿美，仍闻艺业勤。"

【藝經】 有关某种技艺的著作。刘禹锡《观棋歌送儇师西游》："长沙男子东林师，闲读艺经工弈棋。"

蕒 〔xián《广韵》户閒切，平山，匣。又侯襉切，去襉，匣。〕铡成碎段的饲草。元结《漫酬贾沔州》："岂欲皂枥中，争食菽与蕒。"

藪 〔sǒu《广韵》蘇后切，上厚，心。〕❶湖泽，大泽。亦指水草丰盛的沼泽。储光羲《采菱词》："潮没具区薮，潦深云梦田。"李贺《昌谷诗》：

“竹薮添堕简，石矶引钩饵。”卢仝《寄男抱孙》：“万箨苞龙儿，攒迸溢林薮。”罗隐《圣真观刘真师院十韵》：“山薮师王烈，簪缨友戴颙。”❷人或事聚集之所。温庭筠《李羽处士寄新酝走笔戏酬》：“高谈有伴还成薮，沉醉无期即是乡。”皮日休《鲁望昨以五百言见贻因成一千言上述吾唐文物之盛次叙相得之欢亦迭和之微旨也》：“或作制诰薮，或为宫体渊。”又《二游诗·徐诗》：“剪除幽僻薮，涤荡玄微窟。”

藟 〔lěi《广韵》力軌切，上旨，來。〕❶通“纍”。缠绕。王绩《古意六首》之三：“渔人递往还，网罟相萦藟。”❷通“蕾”。花蕾。戎昱《和李尹种葛》：“藟含霜后竹，香惹腊前梅。”

藜 〔lí《广韵》郎奚切，平齊，來。〕❶一年生草本植物。高五六尺，新叶嫩苗均可食。茎坚老者可为手杖。亦称灰藋、灰菜。王维《积雨辋川庄作》：“积雨空林烟火迟，蒸藜炊黍饷东菑。”许浑《村舍二首》之一：“莱妻早报蒸藜熟，童子遥迎种豆归。”❷指藜杖。杜甫《昔游》：“扶藜望清秋，有兴入庐霍。”权德舆《郊居岁暮因书所怀》：“策藜出村渡，岸帻寻古寺。”柳宗元《种仙灵毗》：“杖藜下庭际，曳踵不及门。”李中《赠上都先业大师》：“懒向人前着紫衣，虚堂闲倚一条藜。”

【藜羹】 用藜菜作的羹。泛称粗劣的食物。李颀《答高三十五留别便呈于十一》：“藜羹被褐环堵中，岁晚将贻故人耻。”杜甫《太子张舍人遗织成褥段》：“振我粗席尘，愧客茹藜羹。”皇甫冉《闲居作》：“图书唯药箓，饮食止藜羹。”皮日休《初夏即事寄鲁望》：“驻我一栈车，啜君数藜羹。”

【藜杖】 藜茎做的手杖。寒山《诗三百三首》之二〇五：“桦巾木屐沿流步，布裘藜杖绕山回。”刘长卿《送金昌宗归钱塘》：“柴门嘶马少，藜杖拜人稀。”白居易《自题小草亭》：“壁宜藜杖倚，门称荻帘垂。”李郢《终南山》：“会得功成毕婚嫁，幅巾藜杖独归来。”

【藜牀】 藜茎编的床榻。杜甫《寒雨朝行视园树》：“衰颜更觅藜床坐，缓步仍须竹杖扶。”严维《酬耿拾遗题赠》：“水巷惊驯鸟，藜床起病躯。”权德舆《田家即事》：“闲卧藜床对落晖，翛然便觉世情非。”皮日休《夏初访鲁望偶题小斋》：“半里芳阴到陆家，藜床相劝饭胡麻。”

【藜草】 泛称野菜野草。姚鹄《野寺寓居即事二首》之二：“沙洲半藜草，飞鹭白双双。”

【藜茹】 泛称蔬菜。白居易《短歌曲》：“布衾不周体，藜茹才充腹。”

【藜苋】 藜和苋。指贫苦人所食之饭菜。韩愈《崔十六少府摄伊阳以诗及书见投因酬三十韵》：“三年国子师，肠肚习藜苋。”

【藜莠】 藜和莠。泛指野草。杜甫《枯棕》：“念尔形影干，摧残没藜莠。”

【藜蕨】 藜和蕨。泛称粗劣的饭菜。韩愈《送文畅师北游》：“从兹富裘马，宁复茹藜蕨。”

【藜藿】 ❶藜和藿。泛指粗劣的饭菜。见《韩非子·五蠹》。刘长卿《奉寄婺州李使君舍人》：“穷分安藜藿，衰容胜薜萝。”白居易《官俸初罢亲故见忧以诗谕之》：“园中多新蔬，未至食藜藿。”姚合《过张邯郸庄》：“野饭具藜藿，永日亦不饥。”徐夤《偶吟》：“千卷长书万首诗，朝蒸藜藿暮烹葵。”❷食藜藿者。指穷苦百姓。陈子昂《感遇诗三十八首》之二九：“肉食谋何失，藜藿缅纵横。”

【藜糲】 泛指野菜粗米。陆龟蒙《奉酬袭美先辈吴中苦雨一百韵》：“加之被皴瘃，况复久藜粝。”

藤 〔téng《广韵》徒登切，平登，定。〕❶蔓生植物白藤、紫藤的通称。亦指植物的匍匐茎或攀援茎。太宗《过旧宅二首》之二：“纽落藤披架，花残菊破丛。”卢纶《早秋望华清宫树因以成咏》：“野藤高助绿，仙果迥呈红。”姚合《将归山》：“闻道旧溪茆屋畔，春风新上数枝藤。”韦庄《渔塘十六韵》：“饥猿寻落橡，斗鼠堕高藤。”❷指藤杖。李洞《送人之天台》：“行李一枝藤，云边晓扣冰。”

【藤子】 藤蔓的子荚。朱庆余《和刘补阙秋园寓兴之什十首》之九：“虫丝交影细，藤子坠声幽。”

【藤州】 古州名，隋开皇中以石州改名，治所在永平县(今广西藤县西北，北流江东岸)。大业初改为永平郡。唐武德四年复为藤州，天宝元年又改名感义郡，乾元三年又改名藤州，治所在镡津县(今广西藤县东北，北流江东岸)。宋之问有《发藤州》。

【藤花】 蔓生植物白藤、紫藤之类的花。王维《戏题辋川别业》：“藤花欲暗藏猱子，柏叶初齐养麝香。”白居易《紫藤》：“藤花紫蒙茸，藤叶青扶疏。”许浑《送从兄归隐蓝溪二首》之一：“几日蓝溪醉，藤花拂钓矶。”贾岛《莲峰歌》：“锦砾潺湲玉溪水，晓来微雨藤花紫。”

【藤杖】 用藤条做成的手杖。白居易《红藤杖》：“唯有红藤杖，相随万里来。”杜荀鹤《送项山人归天台》：“因话天台归思生，布囊藤杖笑离城。”李洞《上司空员外》：“藤杖几携量碛雪，玉鞭曾把数嵩峰。”欧阳炯《南乡子》词之七：“藤杖枝头芦酒滴，铺葵席，豆蔻花间趖晚日。”

【藤夹膝】 藤制的夹膝。夹膝，暑时置床席间，以憩手足的消暑器。呈笼状，用竹或金属制成，亦有用藤制成者。张祜《病宫人》：“四体强扶藤夹膝，双环慵整玉搔头。”

【藤杯】 用藤实做的酒杯。见《太平广记》卷四〇七引唐王叡《炙轂子》。王勃《赠李十四四首》之四："风筵调桂轸，月径引藤杯。"骆宾王《畴昔篇》："相将菌阁卧青溪，且用藤杯泛黄菊。"林滋《宴韦侍御新亭》："花香凌桂醑，竹影落藤杯。"

【藤角】 结有子荚的藤蔓。韩愈《独钓四首》之一："曲树行藤角，平池散芡盘。"

【藤枝】 指引藤枝。引藤，亦称钩藤。见《大明一统志·重庆府》。白居易《春至》："闲拈蕉叶题诗咏，闷取藤枝引酒尝。"又《郡中春宴因赠诸客》："薰草席铺座，藤枝酒注樽。"

【藤牀】 用藤编制的床。白居易《小台》："六尺白藤床，一茎青竹杖。"又《池上逐凉二首》之一："轻屐单衫薄纱帽，浅池平岸庳藤床。"又《病中诗十五首·就暖偶酌戏诸诗酒旧侣》："低屏软褥卧藤床，舁向前轩就日阳。"杜荀鹤《赠休粮僧》："争似吾师无一事，稳披云衲坐藤床。"

【藤架】 供藤攀援缠绕的架子。李峤《酬和杜五弟晴朝独坐见赠》："影低藤架密，香动药阑开。"白居易《自题小草亭》："阴合连藤架，丛香近菊篱。"雍陶《和河南白尹西池北新葺水斋招赏十二韵》："藤架如纱帐，苔墙似锦屏。"

【藤帶】 藤制的腰带。白居易《拜表回闲游》："玉珮金章紫花绶，纻衫藤带白纶巾。"

【藤屐】 藤做的鞋子。齐己《西墅新居》："闲穿藤屐起，乱踏石阶行。"

【藤陰】 藤蔓遮蔽所造成的阴凉。韩愈《感春三首》之一："藤阴已可庇，落蕊还漫漫。"白居易《寄李十一建》："扫阶苔纹绿，拂榻藤阴清。"

【藤越】 南诏之邻国。在今云南境。南诏骠信《星回节游避风台与清平宫赋》："避风善阐台，极目见藤越。"

【藤帽】 藤制的帽子。白居易《湖亭晚归》："松雨飘藤帽，江风透葛衣。"

【藤篋】 用藤编制的箱箧。王建《原上新居十三首》之七："锁茶藤箧密，曝药竹床新。"皮日休《怀华阳润卿博士三首》之二："石床卧苦浑无蘚，藤箧开稀恐有云。"

【藤蔓】 藤和蔓。卢纶《和考功员外杪秋忆终南旧宅之作》："洞鼠喧藤蔓，山禽窜石丛。"卢肇《耸翠峰题》："藤蔓交加生薜荔，土毛苍藓相蒙蔽。"

【藤輪】 藤制的靠枕。置之座侧，可以凭倚而卧。杜甫《赠王二十四侍御契四十韵》："长歌敲柳瘿，小睡凭藤轮。"一说即蒲团。见《事物异名录·器用·蒲团》引明彭大翼《山堂肆考》。

【藤鞋】 用藤编织的鞋。姚合《病僧》："三年病不出，苔藓满藤鞋。"陆龟蒙《忆袭美洞庭观步奉和次韵》："竹伞遮云径，藤鞋踏藓矼。"

【藤輿】 藤制的轿子。白居易《归履道宅》："驿吏引藤舆，家童开竹扉。"

【藤籠】 ❶藤蔓遮盖。韩愈《闲游二首》之二："萍盖污池净，藤笼老树新。"❷藤制的笼箱。李珣《南乡子》之二："水文开，竟携藤笼采莲来。"

【藤蘿】 紫藤的通称。亦泛指有匍匐茎和攀援茎的植物。崔颢《游天竺寺》："青翠满寒山，藤萝覆冬沼。"李德裕《怀山居邀松阳子同作》："坐思藤萝密，步忆莓苔滑。"欧阳衮《南涧寺》："春寺无人乱鸟鸣，藤萝阴磴野僧迷。"曹松《霍山》："七千七百七十丈，丈丈藤萝势入天。"张说《湘州北亭》："山花迷径路，池水拂藤蔓。"

【藤纏】 藤蔓缠绕。杜甫《秋日夔府咏怀奉寄郑监李宾客一百韵》："缺篱将棘拒，倒石赖藤缠。"

藷 〔zhū《广韵》章魚切，平魚，章。〕见"藷蔗"。

【藷蔗】 甘蔗。丁儒〈归闲诗二十韵〉："醉宜藷蔗沥，睡稳木棉温。"

藩 〔fān《广韵》甫煩切，平元，非。〕❶篱笆。见《易·大壮》。李白《留别于十一兄逖裴十三游塞垣》："天张云卷有时节，吾徒莫叹羝触藩。"吕温《同舍弟恭岁暮寄晋州李十六协律三十韵》："早行多露悔，强进触藩羸。"鲍溶《忆旧游》："自唯腥膻体，难久留其藩。"杨收《嘲吴人观者》："尔幸无羸角，何用触吾藩。"❷喻屏障。战国时，段干木有德，魏文侯每过其闾，轼以致敬。秦以其能礼贤，遂不敢伐魏。见《吕氏春秋·察贤》。吴筠《高士咏·段干木》："秦兵遂不举，高卧为国藩。"皎然《奉陪杨使君瑱送段校书赴南海幕》："处以德为藩，出则道可以。"❸捍卫，保卫。皎然《答裴集阳伯明二贤各垂赠二十韵今以一章用酬两作》："出处藩我君，还来会厓阜。"❹界域，领域。皎然《同杨使君白蘋洲送陆侍御士佳入朝》："久爱吴兴客，来依道德藩。"吴筠《览古十四首》之六："秦皇及汉武，焉得游其藩。"杜牧《昔事文皇帝三十二韵》："馥馥芝兰圃，森森枳棘藩。"❺指刺史。刘禹锡《和浙西李大夫伊川卜居》："洛下思招隐，江干厌作藩。"❻原指封建王朝的侯国或属国、属地。后用以指地方州郡或藩镇。韦应物《答徊奴重阳二甥》："一朝忝兰省，三载居远藩。"杜甫《陪李北海宴历下亭》："东藩驻皂盖，北渚凌青荷。"高适《送虞城刘明府谒魏郡苗太守》："肃肃领旧藩，皇皇降玺书。"姚合《送徐州韦仅行军》："饯幕俨征轩，行军归大藩。"

【藩方】 方镇，总领一方军镇的节度使。王建《田侍郎归镇》之四："功成谁不拥藩方，富贵还须是本乡。”姚合《和东都令狐留守相公》:“除官东守洛阳宫,恩比藩方任更雄。”韦庄《题裴端公郊居》:“暂随红旆佐藩方,高迹终期卧故乡。”

【藩左】 即藩佐。地方长官的佐使。崔融《登东阳沈隐侯八咏楼》:“粤余忝藩左,束发事文场。”

【藩臣】 拱卫王室之臣。姚鹄《襄州献卢尚书》:“藩臣皆竞师兵略,相国今多揖庙谟。”蒋防有《藩臣恋魏阙》。

【藩后】 藩王,藩国之王。李纾《让皇帝庙乐章·亚献终献》:“孝感藩后,相维辟公。”

【藩守】 指担任刺史。韦应物《送云阳邹儒立少府侍奉还京师》:“建中即藩守,天宝为侍臣。”又《答令狐侍郎》:“况昔别离久,俱忻藩守归。”又《酬张协律》:“属余藩守日,方君卧病年。”又《诣西山深师》:“藩守宁为重,拥骑造云关。”

【藩邸】 藩王之宅邸。刘宪《奉和幸大荐福寺应制》:“佳哉藩邸旧,赫矣梵宫新。”

【藩牧】 指州郡等地方长官。皎然《奉送陆中丞长源诏征入朝》:“藩牧今荣饯,诗流此盛文。”

【藩封】 封为藩王。白居易《赠悼怀太子挽歌辞二首》之二:“剪叶藩封早,承华册命尊。”

【藩栅】 篱笆。栅栏。张说《岳州行郡竹篱》:“藩栅聊可固,筠篁近易奉。”

【藩屏】 ❶屏障。刘禹锡《游桃源一百韵》:“重岩是藩屏,驯鹿受羁靮。”❷捍卫。卢照邻《中和乐九章·歌诸王第七》:“藩屏王室,翼亮尧门。”❸藩臣。拱卫王室之臣。韦应物《经函谷关》:“藩屏无俊贤,金汤独何力。”玄宗《鹡鸰颂》序:“朕之兄弟,唯有五人,比为方伯,岁一朝见。虽载崇藩屏,而有睽谈笑。”❹指藩国。玄宗《春晚宴两相及礼官丽正殿学士探得风字》序:“故能使流寓返枌榆之业,戎狄称藩屏之臣。”

【藩都】 屏卫京城。韩愈《南山诗》:“藩都配德运,分宅占丁戊。”

【藩條】 汉制,刺史颁行六条以考察官吏。后因以“藩條”代称刺史。韦应物《答故人见谕》:“徒以岁月资,屡蒙藩条寄。”

【藩符】 藩镇符节。指节度使。权德舆《和职方殷郎中留滞江汉初至南宫呈诸公并见寄》:“十载别文昌,藩符寄武当。”

【藩隅】 藩镇。张祜《投魏博李相国三十二韵》:“鼎鼐传家世,藩隅易弟兄。”

【藩溷】 篱笆和厕所。薛逢《送同年郑祥先辈归汉南》:“声名本自文章得,藩溷曾劳笔砚随。”

【藩闈】 屏蔽的国门。指王府。徐铉《后湖访古各赋一题得西邸》:“南朝藩阃地,八友旧招寻。”

【藩維】 ❶指藩国、藩镇。李白《感时留别从兄徐王延年从弟延陵》:“诸王若鸾虬,肃穆列藩维。”高适《信安王幕府诗》:“盘石藩维固,升坛礼乐先。”德宗《送徐州张建封还镇》:“宣风自淮甸,授钺膺藩维。”朱庆余《送浙东陆中丞》:“坐将文教镇藩维,花满东南圣主知。”❷指边防重镇。张籍《送裴相公赴镇太原》:“盛德雄名远近知,功高先乞守藩维。”

【藩翰】 ❶指国家重臣。李白《南奔书怀》:“天人秉旄钺,虎竹光藩翰。”高适《奉酬睢阳路太守见赠之作》:“帝简登藩翰,人和发咏思。”李纾《让皇帝庙乐章·酌献》:“降祚维城,永为藩翰。”❷指国家重地。韦应物《睢阳感怀》:“重围虽可越,藩翰谅难弃。”

【藩牆】 篱落,垣墙。张绍《冲佑观》:“云生林楚,雷绕藩墙。”

【藩籬】 ❶用竹木编成的篱笆或栅栏。刘长卿《小鸟篇上裴尹》:“藩篱小鸟何甚微,翩翩日夕空此飞。”杜甫《四松》:“所插小藩篱,本亦有堤防。”窦 矣《秋夕闲居对雨赠别卢七侍御坦》:“燕燕辞巢蝉蜕枝,穷居积雨坏藩篱。”韩愈《病鸱》:“昨日有气力,飞跳弄藩篱。”❷喻屏障。贯休《上卢使君二首》之一:“一领彤弓下赤墀,惟将清净作藩篱。”陆龟蒙《袭美先辈以龟蒙所献五百言既蒙见和复示荣唱再抒鄙怀用伸酬谢》:“飘飖四百载,左右为藩篱。”

藥 〔yào《广韵》以灼切,入药,以。〕❶药物,药材。李嘉祐《题王十九茆堂》:“满庭多种药,入里作山家。”姚合《题郑驸马林亭》:“幽洞自生药,新篁迸入池。”李群玉《别尹炼师》:“南穷衡疑秀,采药历幽绝。”韦庄《赠武处士》:“卖药归来醉,吟诗倚钓查。”❷指仙药,仙丹。刘允济《经庐岳回望江州想洛川有作》:“地入天子都,岩有仙人药。”王维《游李山人所居因题屋壁》:“药倩韩康卖,门容尚子过。”李商隐《常娥》:“常娥应悔偷灵药,碧海青天夜夜心。”司空图《南至日》:“求仙自躁非无药,报国当材别有人。”漳郡守《梦康仙示诗》序:“康仙,乾符间卖药衢市,居员山琵琶坂,人为立庙。”❸治疗,医疗。一钵和尚《一钵歌》:“若觅戒,三毒药病何时瘥?”❹用药毒杀。皮日休《奉和鲁望渔具十五咏·药鱼》:“吾无竭泽心,何用药鱼药。”❺芍药。白居易《秦中吟十首·伤宅》:“绕廊紫藤架,夹砌红药栏。”施肩吾《赠友人下第闲居》:“花眼绽红斟酒看,药心抽绿带烟锄。”曹邺《贵宅》:“公子厌花繁,买药栽庭内。”

【藥力】 药物的效力。刘禹锡《酬乐天闲卧见寄》:“诗情茶助爽,药力酒能宣。”姚合《和友人新居园上》:“寻师望药力,依谱上琴声。”苏拯《药草》:“国忠在臣贤,民患凭药力。”无名氏《占辞·和剂方补骨脂丸方诗》:“三年时节向边隅,人信方知药力殊。”

【藥上】 佛教菩萨名。兄为药王,弟为药上。贯休《施万病丸》："药王药上亲兄弟，救人急于己诸体。"

【藥丸】　圆粒形的药物。刘禹锡《和乐天闲园独赏因成小巧以取大咍》："榴花裙色好，桐子药丸成。"许浑《湖州韦长史山居》："琴曲少声重勘谱，药丸多忌更寻方。"

【藥王】　❶佛教菩萨名。梵语为"鞞廙梨"。见西晋法护译《正法华经·药王菩萨品》。钱起《静夜酬通上人问疾》："何事沉痾久，舍毫问药王。"贯休《施万病丸》："药王药上亲兄弟，救人急于己诸体。"❷指青木香。菊科草本药用植物木香的别名。岑参《临洮龙兴寺玄上人院同咏青木香丛》："只为能除疾，倾心向药王。"

【藥石】　❶药剂和砭石。泛指药物。刘禹锡《洛中酬福建陈判官见赠》："静对道流论药石，偶逢词客与琼瑰。"徐夤《草木》："天命岂凭医药石，世途还要辟虫沙。"❷比喻规戒。白居易《代书诗一百韵寄微之》："分定金兰契，言通药石规。"

【藥方】　医生治病所开的方剂。李白《飞龙引二首》之二："紫皇乃赐白兔所捣之药方，后天而老凋三光。"

【藥臼】　捣药的石臼。岑参《题观楼》："羽盖霓旌何处在，空留药臼向人间。"白居易《和微之春日投简阳明洞天五十韵》："石凹仙药臼，峰峭佛香炉。"樊铸有《及第后读书院咏杨十首上礼部李侍郎·药臼》。

【藥杵】　捣药的棒槌。李洞《赠曹郎中崇贤所居》："药杵声中捣残梦，茶铛影里煮孤灯。"

【藥味】　指药。陆龟蒙《奉酬袭美秋晚见题二首》之一："鸟啄琴材响，僧传药味精。"又《奉和袭美题达上人药圃二首》之一："药味多从远客赍，旋添花圃旋成畦。"

【藥物】　能防治疾病、病虫害的物品。李秘《禁中送任山人》："莫抛残药物，窃取驻童颜。"陈乘《游九鲤湖》："却怜饶药物，欲辨不知名。"

【藥店龍】　药店中的龙骨。喻身体消瘦。见《乐府诗集·清商曲辞三·读曲歌三五》。李商隐《垂柳》："旧作琴台凤，今为药店龙。"

【藥房】　炮制药物或贮存药材的房舍。亦指道士炼丹房。卢鸿一《嵩山十志十首·草堂》："山为宅兮草为堂，芝兰兮药房。"张籍《寻徐道士》："寻师远到晖天观，竹院森森闭药房。"

【藥苗】　药材的幼苗。韩翃《题龙兴寺澹师房》："卷帘苔点净，下箸药苗新。"李涉《春山三朅来》之三："采药朅来药苗盛，药生只傍行人径。"赵嘏《汉阴庭树》："掘沟引水浇蔬圃，插竹为篱护药苗。"常达《山居八咏》之五："日明庭砌暖，霜苦药苗衰。"

【藥草】　可以入药的草本植物。李颀《圣善阁送裴迪入京》："药草空阶静，梧桐返照寒。"朱庆余《送石协律归吴兴别业》："资身唯药草，教子但诗书。"陆龟蒙《奉和袭美题达上人药圃二首》之二："净名无语示清羸，药草搜来喻更微。"吕岩《七言》之二二："日论药草皆知味，问著神仙自得名。"

【藥囿】　种植药材的园圃。刘沧《题王校书山斋》："药囿地连山色近，樵家路入树烟微。"

【藥圃】　种植药材的园圃。杜甫《太平寺泉眼》："何当宅下流，余润通药圃。"钱起《天门谷题孙逸人石壁》："云栋彩虹宿，药圃蝴蝶飞。"刘得仁《赠陶山人》："药圃妻同耨，山田子共耕。"徐铉《和致仕张尚书新创道院》："药圃分轻绿，松窗起细声。"

【藥氣】　药的气味。白居易《即事》："室香罗药气，笼暖焙茶烟。"姚合《会将作崔监东园》："山光衣上见，药气酒中闻。"许浑《题勤尊师历阳山居》："春拆酒瓶浮药气，晚携棋局带松阴。"皮日休《早春病中书事寄鲁望》："案静方书古，堂空药气高。"

【藥酒】　用药材浸制的酒。白居易《酬梦得见喜疾瘳》："暖卧摩绵褥，晨倾药酒螺。"又《病后寒食》："故纱绛帐旧青毡，药酒醺醺引醉眠。"姚合《题李频新居》："劝僧尝药酒，教仆辨书签。"方干《鉴湖西岛言事》："偶斟药酒欺梅雨，却著寒衣过麦秋。"

【藥案】　放药的几案。韩翃《寻胡处士不遇》："微风吹药案，晴日照茶巾。"

【藥書】　关于医药的书籍。姚合《酬杨汝士尚书喜入移居》："未得沧江外，衰残读药书。"

【藥院】　栽种有药材的庭院。钱起《仲春宴王补阙城东小池》："药院爱随流水入，山斋喜与白云过。"独孤及《与韩侍御同寻李七舍人不遇题壁留赠》："药院鸡犬静，酒垆苔藓班。"齐己《寄郑谷郎中》："自封修药院，别扫著僧床。"牛峤《女冠子》词之三："醮坛春草昼绿，药院杏花香。"

【藥畦】　种植药材的田块，药圃。岑参《虢州郡斋南池幽兴因与阎二侍御道别》："小吏趋竹径，讼庭侵药畦。"秦系《题女道士居》："不饵住云溪，休丹罢药畦。"陆龟蒙《京口与友生话别》："烟缘莎砌引，水为药畦担。"徐铉《又和太常萧少卿近郊马上偶吟》："抱瓮何人灌药畦，金衔为尔驻平堤。"

【藥術】　医术。韦应物《饵黄精》："斋居感众灵，药术启妙门。"郑谷《前寄左省张起居一百言寻蒙唱酬见誉过实却用旧韵重答》："钓朋蓑叟在，药术衲僧传。"

【藥笥】　药箧。陆敬《游清都观寻沈道士得都字》："十芒生药笥，七焰发丹炉。"

【藥船】　见《晋书·夏统传》。后用"藥船"为称美脱俗之士的典故。王维《哭祖六自虚》："满地传都賦，倾朝看药船。”

【藥湯】　即药。张籍《祭退之》：“公疾浸日加，孺人视药汤。”

【藥肆】　药店。陆龟蒙《奉酬袭美先辈吴中苦雨一百韵》：“良医只备位，药肆或虚设。”

【藥鼎】　煎药用具。亦指道家炼丹药所用的丹鼎。陆龟蒙《秋日遣怀十六韵寄道侣》：“药鼎高低铸，云庵早晚苫。”韦庄《婺州和陆谏议将赴阙怀阳羡山居》：“道开烧药鼎，僧寄卧云衣。”翁承赞《寄示儿孙》：“予家药鼎分明在，好把仙方次第传。”

【藥園】　种植药材的园圃。韦应物《简郡中诸生》：“药园日芜没，书帷长自闲。”许浑《秋日》：“烟起药园晚，杵声松院深。”郑谷《远游》：“早晚酬僧约，中条有药园。”

【藥餌】　药物。王绩《采药》：“野情贪药饵，郊居倦蓬荜。”杜甫《大雨》：“沉疴聚药饵，顿忘所进劳。”李德裕《雨后净望河西连山怆然成咏》：“唯怀药饵蠲衰病，为惜余年报主恩。”齐己《怀体休上人》：“病遇何人分药饵，诗逢谁子论功夫。”

【藥裹】　药包，药囊。王维《酬黎居士淅川作》：“松龛藏药裹，石唇安茶臼。”岑参《送梁判官归女几旧庐》：“草堂开药裹，苔壁取荷衣。”李商隐《玄微先生》：“药裹丹山凤，棋函白石郎。”

【藥鋪】　(一pù)售药的店铺。张籍《赠任道人》：“长安多病无生计，药铺医人乱索钱。”

【藥樹】　指芍药等之类根或茎、叶可入药的树木。白居易《同钱员外禁中夜直》：“此时闲坐寂无语，药树影中唯两人。”鲍溶《送王炼师》：“圣母祠堂药树香，邑君承命荐椒浆。”方干《题龙瑞观兼呈徐尊师》：“世人莫识神方字，仙鸟偏栖药树枝。”

【藥膳】　配有中药做的菜肴或食品。王建《送张籍归江东》：“慎勿多饮酒，药膳愿自强。”

【藥闌】　见“藥欄”。

【藥竈】　煮药的炉灶。韦庄《宿山家》：“背风开药灶，向月展渔罾。”颜仁郁《山居》：“柏树松阴覆竹斋，罢烧药灶纵高怀。”舒道纪《兰溪灵瑞观》：“绛霞封药灶，碧窦溅斋坛。”

【藥爐】　炼丹炉。亦指一般煎药炉灶。刘沧《赠隐者》：“五湖仙岛几年别，九转药炉深夜开。”储嗣宗《送道士》：“药炉经月净，天路入壶深。”赵嘏《十无诗寄桂府杨中丞》之七：“早游门馆一樵夫，只爱吟诗傍药炉。”

【藥欄】　亦作“藥闌”。芍药之栏。泛指花栏。岑参《初授官题高冠草堂》：“涧水吞樵路，山花醉药栏。”白居易《凉夜有怀》：“暗凝无限思，起傍药阑行。”柳珪《送莫仲节状元归省》：“想到故乡应腊过，药栏犹有异花薰。”李郢《寄友人乞菊栽》：“药阑经雨正堪锄，白菊烦君乞数株。”

【藥囊】　装药物的囊袋。常衮《代员将军罢战后归故里》：“雄剑依尘橐，兵符寄药囊。”秦系《题洪道士山院》：“霞外主人门不扃，数株桃树药囊青。”刘威《赠道者》：“时向人间深夜坐，鬼神长在药囊边。”皮日休《奉和鲁望秋日遣怀次韵》：“药囊除紫蠹，丹灶拂红盐。”

【藥籙】　关于医药的著作。皇甫冉《闲居作》：“图书唯药箓，饮食止藜羹。”

藴　〔yùn《广韵》於云切，平文，影。又於粉切，上吻，影。《集韵》紆问切，去焮，影。〕❶积聚；蓄藏。杜甫《壮游》：“剡溪蕴秀异，欲罢不能忘。”于頔《郡斋卧疾赠昼上人》：“含珠复蕴玉，价重双南金。”温庭筠《过孔北海墓二十韵》：“蕴策期干世，持权欲反经。”方干《献王大夫》：“贤臣虽蕴经邦术，明主终无谏猎时。”❷书帙。李节《赠释疏言还道林寺诗》序：“因四求散逸不成蕴帙者，至释祠而不见焚而副剩者，又命讲丐以补善缺漏者。”皮日休《太湖诗·初入太湖》：“甘将一蕴书，永事嵩山伯。”❸深邃。指道理深邃的著作。孟郊《奉报翰林张舍人见遗之诗》：“众蕴有余采，寒泉空哀呻。”

【藴真】　蕴含真趣。萧颖士《蒙山作》：“蕴真道弥旷，怀古情未已。”杜甫《陪李北海宴历下亭》：“蕴真惬所遇，落日将如何。”

【藴結】　郁结。萧颖士《菊荣一篇五章》之三：“慨其莫知，蕴结谁语。”

【藴蓄】　指蕴藏的思想、情感等。杜荀鹤《秋宿山馆》：“蕴蓄天然性，浇讹世恶真。”

【藴棄】　埋藏丢弃。许碏《题南岳招仙观壁上》：“玉为玉兮石是石，蕴弃深泥终不易。”

【藴微】　❶含意精深奥妙。郑薰《赠巩畴》：“蕴微道超忽，剖镫音泠泠。”❷人名。唐处士，与李咸用相友善。李咸用有《酬蕴微》。

【藴器】　怀抱才能。韦应物《酬张协律》：“遭时无早晚，蕴器俟良缘。”

【藴藉】　❶含蓄宽容。杜甫《毒热寄简崔评事十六弟》：“蕴藉异时辈，检身非苟求。”李洞《述怀二十韵献覃怀相公》：“鲁儒规蕴藉，周诰美和平。”❷宽博厚重。杜甫《赠比部萧郎中十兄》：“蕴藉为郎久，魁梧秉哲尊。”❸温文含蓄。刘崇鲁《席上吟》：“任有风流兼蕴藉，天生不似郑都知。”郑谷《寄左省韦起居序》：“风神何蕴藉，张绪正当年。”

【藴藏】　深藏，含藏。白居易《东南行一百韵》：“尝为邹鲁儒，蕴藏经国术。”

【藴藴】　❶水流深广、幽深。元结《演兴四首·

闵岭中》："大渊蕴蕴兮绝檖岌岌，非梯梁以通险，当无路兮可入。"又《引极三首·怀潜君》："海浩淼兮汩洪溶，流蕴蕴兮涛汹汹。"❷深厚，深邃。元结《二风诗·治风诗五篇·至仁》："至惠至仁，德施蕴蕴。"

十六画

蘀〔tuò《广韵》他各切，入鐸，透。〕落地草木的皮叶。耿沣《诣顺公问道》："秋苔经古径，萚叶满疏丛。"

蘙〔ruò《集韵》蕊監切，從。〕草名。即荨麻。叶茎有刺，怫人即成疮。皮之纤维可以制线。白居易《送客南迁》："飓风千里黑，爇草四时青。"

藿〔huò《广韵》虚郭切，入鐸，曉。〕豆叶，嫩时可食。辛替否《奉和九月九日登慈恩寺浮图应制》："别有秋原藿，长倾雨露缘。"李白《游敬亭寄崔侍御》："时来顾我笑，一饭葵与藿。"韦应物《闲居赠友》："闲居养痾瘵，守素甘葵藿。"元稹《遣悲怀三首》之一："野蔬充膳甘长藿，落叶添薪仰古槐。"

蘋〔pín《广韵》符真切，平真，並。《集韵》毗賓切，平真，並。〕多年生草本植物。生浅水中，叶有长柄，柄端四片小叶成田家形。故俗称四叶菜、田字草。全草入药，亦可作猪饲料。李康成《江南行》："杨柳青青莺欲啼，风光摇荡绿蘋齐。"陈至《赋得芙蓉出水》："下覆参差荇，高辞苒弱蘋。"于武陵《南游有感》："东风千岭树，西日一洲蘋。"于邺《天南怀故人》："三月烟波暖，南风生绿蘋。"

【蘋末】　蘋的叶尖。指风所起处。语出战国楚宋玉《风赋》："夫风生于地，起于青蘋之末。"李峤《风》："落日生蘋末，摇扬遍远林。"王涯《秋思二首》之二："一夜清风蘋末起，露珠翻尽满池荷。"薛能《国学试风化下》："蘋末看无状，人间觉有功。"莫宣卿《赋得水怀珠》："素魄生蘋末，园规照水隅。"

【蘋花】　蘋草之花。夏秋开放，白色。顾况《江上》："江清白鸟斜，荡桨罥蘋花。"柳宗元《酬曹侍御过象县见寄》："春风无限潇湘意，欲采蘋花不自由。"刘沧《下第后怀旧居》："蘋花覆水曲溪暮，独坐钓舟歌月明。"皮日休《褚家林亭》："萧疏桂影移茶具，狼藉蘋花上钓筒。"

【蘋風】　掠过蘋草之风；微风。玄宗《同玉真公主过大哥山池》："桂月先秋冷，蘋风向晚清。"刘禹锡《海阳十咏·双溪》："蘋风有时起，满谷箫韶音。"王贞白《庾楼晓望》："竹雾晓笼衔岭月，蘋风暖送过江春。"和凝《渔父歌》："白芷汀寒立鹭鸶，蘋风轻剪浪花时。"

【蘋洲】　即白蘋洲。在今浙江湖州市。梁柳恽《江南曲》有"汀洲采白蘋，日暮江南春"之语，故名白蘋洲，简称蘋州。白居易《郡中闲独寄微之及崔湖州》："蘋洲会面知何日，镜水离心又一春。"于頔《郡斋卧疾赠昼上人》："逮此远为郡，蘋洲芳草衰。"皎然《新秋同卢侍御薛员外白蘋洲月夜》："隔暑蘋洲近，迎凉欲泛舟。"许浑《送林处士自闽中道越由霅抵两川》："乡关背梨岭，客路转蘋洲。"

【蘋蘅】　蘋草与蘅芜。蘅芜，香草名。陆龟蒙《奉酬袭美先辈初夏见寄次韵》："蘋蘅增遥吹，枕席分余清。"

【蘋藻】　蘋与藻。两种水草名。古人常用以祭祀。亦泛指祭品。褚亮《雩祀乐章·雍和》："肃事蘋藻，虔申桂奠。"韩愈《湘中》："蘋藻满盘无处奠，空闻渔父叩舷歌。"刘沧《长洲怀古》："停车日晚荐蘋藻，风静寒塘花正开。"李季华《题季子庙》："宁知千载后，蘋藻冷祠宫。"

【蘋蘩】　❶蘋和蘩。两种可供食用的水草。古代常用于祭祀。故亦泛指祭品。高适《题尉迟将军新庙》："我来荐蘋蘩，感叹兴此词。"白居易《新乐府·井底引银瓶》："聘则为妻奔是妾，不堪主祀奉蘋蘩。"杜牧《闻开江相国宋下世二首》之二："月落清湘棹不喧，玉杯瑶瑟奠蘋蘩。"徐夤《露》："怵惕与霜同降日，蘋蘩思荐独凄然。"❷《诗·召南》有《采蘋》和《采蘩》篇。其《采蘩序》云："《采蘩》，夫人不失职也。夫人可以奉祭祀，则不失职矣。"后遂以"蘋蘩"指能遵祭祀之仪或妇职等。元稹《去杭州》："君今远娉奉明祀，得不齐励亲蘋蘩。"

蘧〔qú《广韵》其俱切，平虞，羣。又强魚切，平魚，羣。〕❶见"蘧蘧"。❷见"蘧蒢"。❸姓。春秋时卫有蘧伯玉。参见"蘧瑗"。

【蘧公】　即春秋卫国大夫蘧瑗。陶翰《早过临淮》："范子名屡移，蘧公志常保。"

【蘧玉】　即蘧瑗，字伯玉。春秋卫国大夫。杨巨源《和令狐郎中》："自禀道情龆龀异，不同蘧玉学知非。"

【蘧生】　指蘧瑗。权德舆《刘绍相访夜话因书即事》："不待蘧生年，从此知昔非。"参见"蘧瑗"。

【蘧伯玉】　蘧瑗字。李咸用《和友人喜相遇十首》之八："年纪少他蘧伯玉，幸因多难早知非。"

【蘧甯】　春秋卫大夫蘧瑗和宁武子的并称。他们都能根据不同的形势旋展或隐藏自己的才能。见《论语·卫灵公》和《论语·公冶长》。韩愈、孟郊《遣兴联句》："蘧宁知卷舒，孔颜识行藏。"

【蘧瑗】　春秋卫大夫，名蘧瑗，字伯玉。见《淮南子·原道训》。刘知幾《咏史》："蘧瑗仕卫国，屈伸随世道。"武元衡《西亭题壁寄中书李相公》："廉颇不觉老，蘧瑗始知非。”薛能《和友人寄怀》：“从来行乐近来希，蘧瑗知言与我违。”徐夤《读史》：“喜愠子文何颖悟，卷藏蘧瑗甚分明。”

【蘧輪】　为称颂贤臣的典故。见汉刘向《列女传·仁智传·卫灵夫人》。钱起《送蒋尚书居守东都》：“郑履下天去，蘧轮满路声。”

【蘧蒢】　用芦苇或竹篾编成的粗席。吴融《平望蚊子二十六韵》：“朝既蒙襞积，夜仍跧蘧蒢。”

【蘧蘧】　悠然自得貌。见《庄子·齐物论》。吕从庆《春日书怀》：“醉罢浊醪邻客散，一番清梦又蘧蘧。”

蘆〔lú《广韵》落胡切，平模，來。〕❶植物名。即芦苇。卢纶《送朝邑张明府》：“野火芦千顷，河田水万畦。”舒元舆《坊州按狱因成诗寄之》：“中庭有疏芦，淅淅闻风吹。”刘得仁《泾川野居晚望》：“风起芦兼荻，烟生柘与桑。”贾岛《宿孤馆》：“自知风水静，舟系岸边芦。”❷专指芦叶。杜甫《远游》：“雁矫衔芦内，猿啼失木间。”❸专指芦花。白居易《东南行一百韵》：“蕊拆金英菊，花飘雪片芦。”李商隐《自桂林奉使江陵途中感怀寄献尚书》：“芦白疑粘鬓，枫丹欲照心。”❹指芦管，芦笛。张祜《听简上人吹芦管三首》之一：“蜀国僧吹芦一枝，陇西游客泪先垂。”❺见“蘆菔”。

【蘆人】　刈芦苇的人。宋之问《早春泛镜湖》：“芦人收晚钓，棹女弄春歌。”

【蘆刀】　割芦苇所用的刀。韦庄《赠渔翁》：“芦刀夜鲙红鳞腻，水甑朝蒸紫芋香。”

【蘆子】　见“蘆子關”。

【蘆子關】　关名。亦名芦关。在唐延州境，在今陕西志丹县与靖边县交界处。杜甫《彭衙行》：“少留周家洼，欲出芦子关。”亦省称“蘆子”。杜甫有《塞芦子》。

【蘆中】　疑为唐诗人崔涂诗集名，非人名。《全唐诗外编》在芦中名下录《江雨望花》诗一首。《全唐诗》卷六七九作崔涂诗。

【蘆洲】　在今湖北黄冈市长江中，南朝梁大宝二年徐文盛讨侯景，进军到此。王维《送康太守》：“郭门隐枫岸，候吏趋芦洲。”戴叔伦《江行》：“芦洲隐遥嶂，露日映孤城。”马戴《楚江怀古三首》之二：“芦洲生早雾，兰隰下微霜。”项斯《彭蠡湖春望》：“芦洲残照尽，云障积烟开。”

【蘆井】　犹芦田。水边沙地，仅能植芦者。杨巨源《送太和公主和蕃》：“芦井寻沙到，花门度碛看。”

【蘆花】　芦絮。芦苇花轴上丛生的白毛。李白《姑孰杂咏·丹阳湖》：“龟游莲叶上，鸟宿芦花里。”司空曙《江村即事》：“纵然一夜风吹去，只在芦花浅水边。”白居易《赠江客》：“愁君独向沙头宿，水绕芦花月满船。”杜牧《赠渔父》：“芦花深泽静垂纶，月夕烟朝几十春。”

【蘆菅】　芦根。寒山《诗三百三首》之一一九：“芦菅将代席，蕉叶且充盘。”

【蘆荻】　芦与荻。多年生草本植物，多生水边。荻与芦同类而短。皇甫冉《曾东游以诗寄之》：“惊风扫芦荻，翻浪连天白。”白居易《浦中夜泊》：“回看深浦停舟处，芦荻花中一点灯。”沈亚之《村居》：“萧萧芦荻丛，叫啸如山鬼。”李中《寒江暮泊寄左偃》：“维舟芦荻岸，离恨若为宽。”

【蘆酒】　以芦管插入酒桶中吸而饮之。这种饮酒方法称为“芦酒”。亦指用这种方法所饮的酒。张说《南中送北使二首》之二：“夷歌翻下泪，芦酒未消愁。”杜甫《送从弟亚赴安西判官》：“黄羊饫不膻，芦酒多还醉。”欧阳炯《南乡子》词之七：“袖敛鲛绡，采香深洞笑相邀，藤杖枝头芦酒滴。”

【蘆雪】　即芦花。芦花色白如雪，故称。陆龟蒙《奉和袭美吴中言情见寄次韵》：“菰烟芦雪是侬乡，钓线随身好坐忘。”

【蘆菔】　即萝卜。皮日休《三羞诗三首》之三：“一金易芦卜，一缣换凫茈。”

【蘆葉】　芦苇之叶。朱庆余《南湖》：“芦叶有声疑露雨，浪花无际似潇湘。”李商隐《出关宿盘豆馆对丛芦有感》：“芦叶梢梢夏景深，邮亭暂欲洒尘襟。”刘沧《题吴宫苑》：“芦叶长侵洲渚暗，蘋花开尽水烟平。”唐彦谦《留别》：“丹湖湖上送行舟，白雁啼残芦叶秋。”

【蘆筍】　芦苇的嫩芽，似竹笋而小，味鲜美，可食。王维《戏题示萧示甥》：“芦笋穿荷叶，菱花罥雁儿。”张籍《江村行》：“南塘水深芦笋齐，下田种稻不作畦。”方干《初归镜中寄陈端公》：“必知芦笋侵沙井，兼被藤花占石矶。”郑谷《倦客》：“闲烹芦笋炊菰米，会向源乡作醉翁。”

【蘆葦】　多年生草本植物。多生于湿地或浅水。叶呈披针形，茎中空，表面光滑，花紫色。茎可造纸、葺屋、织席等。根茎叫芦根，可入药。穗可做扫帚。刘禹锡《晚泊牛渚》：“芦苇晚风起，秋江鳞甲生。”朱庆余《早发庐江涂中遇雪寄李侍御》：“芦苇声多雁满陂，湿云连野见山稀。”贾岛《雨后宿刘司马池上》：“芦苇声兼雨，芰荷香绕灯。”郑谷《江际》：“杳杳渔舟破暝烟，疏疏芦苇旧江天。”

【蘆管】　❶芦苇的茎，可制芦笛。岑参《裴将军宅芦管歌》：“辽东九月芦叶断，辽东小儿采芦管。”❷即芦笛。以芦管制成的管乐器。见宋陈旸《乐书》。李益《夜上受降城闻笛》：“不知何处吹芦管，一夜征人尽望乡。”白居易《追欢偶作》：“石楼月下吹芦管，金谷风前舞柳枝。"李涉《牧童词》:"荷蓑出林春雨细,芦管卧吹莎草绿。"吴融《赠李长史歌》序:"座中有李长史,袖出芦管,自请声以送客。"亦指芦管所发出的乐声。张祜《听简上人吹芦管三首》之三:"月落江城树绕鸦,一声芦管是天涯。"

【蘆簾】 芦苇编的帘子。白居易《新构亭台示诸弟侄》:"芦帘前后卷,竹簟当中施。"

【蘆關】 即芦子关。薛能《赠出塞客》:"寒叶夕阳投宿意,芦关门向远河开。"

蘄 〔qí《广韵》渠之切,平之,羣。〕古州名。蕲州。治所在齐昌(今湖北蕲春县南)。参见"蕲竹""蕲簟"。

【蘄水】 水名。源出湖北蕲春县大浮山,曲折西南流至县西北,又西南流至蕲口入长江。刘禹锡《送蕲州李郎中赴任》:"楚关蕲水路非赊,东望云山日夕佳。"戴叔伦《蕲州行营作》:"蕲水城西向北看,桃花落尽柳花残。"罗隐《送蕲州裴员外》:"蕲水苍生莫相羡,早看归去掌丝纶。"

【蘄竹】 湖北蕲春所产的竹子。质地优良,可作簟、笛、杖。白居易《病中逢秋招客夜酌》:"卧簟蕲竹冷,风襟邛葛疏。"曹唐《奉送严大夫再领容府二首》之二:"蕲竹水翻台榭湿,刺桐花落管弦闲。"

【蘄州】 北周以罗州改置,治所在齐昌县。隋改蕲春县(今湖北蕲春县北),以产竹出名,名蕲竹,可作簟、笛、杖。白居易有《寄蕲州簟与元久因题六韵》。元稹有《酬乐天寄蕲州簟》。韩愈《郑群赠簟》:"蕲州笛竹天下知,郑君所宝尤瑰奇。"罗隐有《送蕲州裴员外》。

【蘄春】 县名。西汉置,隋开皇末复改齐昌县置。治所在今湖北蕲春县北。唐属蕲州郡。苏味道有《九江口南济北接蕲春南与浔阳岸》。崔颢《赠怀一上人》:"是日发西秦,东南至蕲春。"白居易《寄蕲州簟与元九因题六韵》:"笛竹出蕲春,霜刀劈翠筠。"徐铉《送魏舍人仲甫为蕲州判官》:"从事蕲春兴自长,蕲人应识紫薇郎。"

【蘄簟】 用蕲竹编制的篾席。元稹《酬乐天寄蕲州簟》:"蕲簟未经春,君先拭翠筠。"许浑《晨起二首》之一:"蕲簟曙香冷,越瓶秋水澄。"又《夏日戏题郭别驾东堂》:"春篁露粉竿,散香蕲簟滑。"崔珏《水晶枕》:"蕲簟蜀琴相对好,裁诗乞与涤烦襟。"

蘅 〔héng《广韵》户庚切,平庚,匣。〕香草名。即杜蘅。多年生草本植物,高一二尺。叶广披针形,味辛香。夏日开白花。果实蓝黑色。张九龄《林亭寓言》:"蘅茝不时与,芬荣奈汝何。"

【蘅若】 蘅芜与杜若。均为香草。李益《溪中月下寄杨子尉封亮》:"蘅若夺幽色,衔思怳无悰。"

【蘅皋】 长有香草的草泽。苏味道《始背洛城秋郊瞩目奉怀台中诸侍御》:"荔浦方南纪,蘅皋暂北临。"卢从愿《奉和圣制送张说巡边》:"槐路清梅暑,蘅皋起麦凉。"

【蘅薄】 杜蘅丛生处。许敬宗《奉和过旧宅应制》:"桂山犹总翠,蘅薄尚流芳。"储光羲《至岳寺即大通大照禅塔上温上人》:"山墟响信鼓,蘅薄生蕙香。"权德舆《酬陆四十楚源春夜宿虎丘山对月寄梁四敬之兼见贻之作》:"东风变蘅薄,时景日妍和。"

【蘅蘭】 杜蘅与兰草。均香草。李白《江上秋怀》:"蘅兰方萧瑟,长叹令人愁。"李群玉《湖中古愁三首》之一:"蘅兰委皓雪,百草一时死。"又《江楼独酌怀从叔》:"芳意长摇落,蘅兰谢汀洲。"

蘇 〔sū《广韵》素姑切,平模,心。〕❶薪草、柴火。杜甫《哭李尚书》:"樵苏封葬地,喉舌罢朝天。"温庭筠《寒食节日寄楚望二首》之一:"郑谷有樵苏,归来要腰斧。"韦庄《得故人书》:"正向溪头自采苏,青云忽得故人书。"❷取草,割草。亦指取草割草者。李白《春日陪杨江宁及诸官宴北湖感古作》:"古之帝宫苑,今乃人樵苏。"虚中《石城金谷》:"狐兔闲生长,樵苏静往来。"韦庄《婺州屏居蒙右省王拾遗车枉降访》:"自为江上樵苏客,不识天边侍从臣。"❸苏醒,复活,复苏。张说《奉和圣制爰因巡省途次旧居应制》:"阳乐寒初变,春恩蛰更苏。"杜甫《寒雨朝行视园树》:"林香出实垂将尽,叶蒂辞枝不重苏。"李绅《趋翰苑遭诬构四十六韵》:"涸鱼思雨润,僵燕望雷苏。"李商隐《哭虔州杨侍郎》:"汉网疏仍漏,齐民困未苏。"陈陶《赠江西周大夫》:"不独苍生苏,仍兼六驺喜。"❹睡醒。柳宗元《读书》:"倦极便倒卧,熟寐乃一苏。"杜荀鹤《早发》:"东窗未明尘梦苏,呼童结束登征途。"❺苏息,恢复。杜甫《江汉》:"落日心犹壮,秋风病欲苏。"又《湘江宴饯裴二端公赴道州》:"计拙百僚下,气苏君子前。"徐夤《病中春日即事寄主人尚书二首》之一:"层冰照日犹能暖,病骨逢春却未苏。"❻使恢复,使复苏。欧阳詹《东风二章》序:"作《东风》诗二章,首美去凶渠也;其卒章,美苏甿也。"贯休《避地毗陵上王慥使君》:"辛苦苏氓俗,端贞答盛朝。"齐己《赠李明府》:"名家宰名邑,将谓屈锋芒。直是难苏俗,能消不下堂。"❼指苏州。白居易《梦刘二十八因诗问之》:"楼台与风景,汝又何如苏。"❽鸟尾。引申为下垂之物。卢照邻《长安古意》:"龙衔宝盖承朝日,凤吐流苏带晚霞。"❾姓。唐诗人有苏颋等。

【蘇十郎中】 即司封郎中苏景胤。刘禹锡有《和苏十郎中谢病闲居叹初有二毛之作》。

【蘇大】 即苏涣。杜甫有《苏大侍御访江浦赋八韵记异》。

【蘇小】　见“蘇小小”。

【蘇小小】　南朝齐钱塘名妓。《乐府诗集》卷八五载有《苏小小歌》解题引《乐府广题》：“苏小小，钱塘名倡也，盖南齐时人也。”柳中庸《幽院早春》：“欲寻苏小小，何处觅钱塘。”李贺《七夕》：“杭州苏小小，更值一年秋。”白居易《和春深二十首》之二十：“杭州苏小小，人道最夭斜。”罗隐《江南行》：“西陵路边月悄悄，油壁轻车苏小小。”亦省作“蘇小”。韩翃《送王少府归杭州》：“吴郡陆机称地主，钱塘苏小是乡亲。”白居易《杭州春望》：“涛声夜入伍员庙，柳色春藏苏小家。”罗虬《比红儿诗》之五五：“苏小空匀一面妆，便留名字在钱塘。”

【蘇小小墓】　南齐钱塘名妓苏小小之墓。在今杭州西湖西泠桥畔。权德舆、李贺、罗隐等均有《苏小小墓》。亦作“蘇小墓”。刘禹锡《送裴处士应制举诗》：“垂钩钓得王余鱼，踏芳共登苏小墓。”

【蘇小墓】　见“蘇小小墓”。

【蘇子】　❶指西汉苏武。权彻《题沈黎城》：“苏子卧北海，马翁渡南洲。”无名氏《晚秋》之三：“一介耻无苏子节，数回羞寄李陵书。”❷指战国苏秦。杜光庭《怀古今》：“不能劳神效苏子张生兮于时而纵辩，不能劳神效杨朱墨翟兮挥泪以沾襟。”

【蘇子卿】　西汉苏武字。齐己《答武陵幕中何支使二首》之二：“闲杀何从事，伤哉苏子卿。”亦省作“蘇卿”。贾岛《巴兴作》：“苏卿持节终还汉，葛相行师自渡泸。”李商隐《茂陵》：“谁料苏卿老归国，茂陵松柏雨萧萧。”

【蘇少監】　（少 shào）即苏源明。源明官终秘书少监。杜甫有《哭台州郑司户苏少监》。

【蘇公】　指战国苏秦。秦韬玉《寄怀》：“苏公有国皆悬印，楚将无官可赏功。”

【蘇方】　即苏枋。木名，类槐，黑子。常绿小乔木。心材浸液可作红色染料，根可作黄色染料。中医学用为行血祛淤药，主治经闭腹痛、产后血胀、痈肿及跌打损伤等症。顾况《上古之什补亡训传十三章·苏方》：“苏方之赤，在胡之舶，其利乃博。”崔涯《嘲妓》：“虽得苏方术，犹贪玳瑁皮。”

【蘇生】　指战国苏秦。张九龄《咏史》：“穰侯或见迟，苏生得阴揣。”唐求《山居偶作》：“且喜琴书在，苏生未厌贫。”吴筠《览古十四首》之十：“苏生佩六印，奕奕为殃源。”

【蘇令綽】　北周苏绰，字令绰。少好学，博览群书，尤善算术。官大行台左丞，参典机密。刘禹锡《古词二首》之二：“簿领乃俗事，清淡信古风。吾观苏令绰，朱墨一何工。”

【蘇司業】　指苏源明。源明曾为国子司业。杜甫《戏简郑广文兼呈苏司业源明》：“赖有苏司业，时时乞酒钱。”又《怀旧》：“地下苏司业，情辛独有君。”又《九日五首》之二：“旧与苏司业，兼随郑广文。”唐彦谦《送樊琯司业归朝》：“近者苏司业，文雄道最光。”郑谷《送田光》：“著书笑破苏司业，赋咏思齐郑广文。”

【蘇民】　使人民得到休养苏息。刘复《送黄晔明府岳州湘阴赴任》：“遥知布惠苏民后，应向祠堂吊汨罗。”

【蘇合】　见“蘇合香”。

【蘇合香】　木名。金缕梅科乔木。原产小亚西亚。树脂亦称“蘇合香”，可提制苏合香油，用以作为香精中的定香剂；亦可杀虫，治疥癣。中医学上用为通窍、开郁、辟秽、理气药。李白《捣衣篇》：“横垂宝幄同心结，半拂琼筵苏合香。”亦省称“蘇合”。李峤《弹》：“侠客持苏合，佳游满帝乡。”韩翃《寄赠虢州张参军》：“桃花迎骏马，苏合染轻裘。”白居易《裴常侍以题蔷薇架十八韵见示因广为三十韵以和之》：“燕脂含脸笑，苏合裛衣香。”

【蘇州】　州名。隋开皇九年(589)以吴州改名，治所在吴县(今江苏苏州市)。大业初复为吴州，后又改为吴郡。唐武德四年(621)复名苏州，天宝元年(742)改为吴郡，乾元元年(758)复为苏州。属江南东道，领吴县等六县。张籍有《苏州江岸留别乐天》。孟郊有《苏州昆山惠聚寺僧房》。白居易有《苏州故吏》。李频有《苏州寒食日送人归觐》。

【蘇冲】　苏粹弟。衢州刺史。章碣《赠婺州苏员外》：“鸾从阙下虽辞侣，雁到江都却续行”，原注：“员外弟冲时任衢州。”

【蘇芸】　唐诗人。宪宗元和间进士。《全唐诗》卷八七一录其《岭南诗句》一联，诗题下注：“岭表多假吏，里巷目为使君，而贫窭徒行者甚众。元和中进行苏芸南地淹游，尝有诗云云。”

【蘇李】　西汉苏武与李陵的合称。韩愈《荐士》：“五言出汉时，苏李道更号。”

【蘇辛】　西汉苏建、苏武父子与辛武贤、辛庆忌父子的合称。他们均为勇武名臣。杜牧《少年行》：“田窦长留醉，苏辛曲让歧。”

【蘇伯玉】《玉台新咏》卷九苏伯玉妻《盘中诗》：“君有行，妾念之。出有日，还无期。……姓为苏，字伯玉。作人才多智谋足，家居长安身在蜀，何惜马蹄归不数。”后遂以喻指有才华之人。沈佺期《从驩州廨宅移住山间水亭赠苏使君》：“幸逢苏伯玉，回借水亭幽。”韩翃《送山阴姚丞携妓之任兼寄山阴苏少府》：“才子风流苏伯玉，同官晓暮应相逐。”

【蘇君】　❶指西汉苏武。司空曙《夜闻回雁》：“还将今夜意，西海话苏君。”参见“蘇武”。❷指苏耽。

元结《橘井》:“如何蹑得苏君迹,白日霓旌拥上天。”韦渠牟《步虚词十九首》之五:“羽节忽排烟,苏君已得仙。”曹唐《小游仙诗九十八首》之三十:“闲依碧海攀鸾驾,笑就苏君觅橘尝。”参见“蘇耽”。

【蘇武】 西汉名将。字子卿。杜陵(今陕西西安市东南)人。苏建之子。武帝天汉年间,以中郎将持节使匈奴被扣。单于多方诱降,终不能屈,将其幽禁于大窖中。后将他迁至北海(今贝尔加湖)牧羊,掘野鼠和野草为食,威武不屈,坚持十九年。至昭帝与匈奴和亲,始得释回朝。官至典属国。见《汉书·苏武传》。唐诗中借作使臣蒙难不屈的典故,也借以寄托塞外怀旧的思绪。杜甫《题郑十八著作虔》:“贾生对鹏伤王傅,苏武看羊陷贼庭。”李端《千里思》:“燕上苏武上,海岛田横住。”杜牧《杜秋娘诗》:“苏武却生返,邓通终死饥。”胡曾《咏史诗·居延》:“停骖一顾犹魂断,苏武争禁十九年。”

【蘇武持節】 同“蘇武節”。李瀚《蒙求》:“苏武持节,郑众不拜。”

【蘇武節】 西汉苏武持节出使匈奴被扣流放北海牧羊,羁留塞外十九年,方得释回朝。“杖汉节牧羊,卧起操持,节旄尽落。”后遂以“蘇武節”称美人臣坚持气节的典故。杨炯《和刘长史答十九兄》:“钟仪琴未奏,苏武节犹新。”杜甫《喜闻官军已临贼境二十韵》:“前军苏武节,左将吕虔刀。”戎昱《闻颜尚书陷贼中》:“能持苏武节,不受马超功。”贯休《战城南二首》之二:“轻猛李陵心,摧残苏武节。”

【蘇味道】 (648—705)唐诗人。赵州栾城(今属河北)人。弱冠举进士,累调咸阳尉。后历任吏部员外郎、集州刺史、坊州刺史等职。诗文与李峤齐名,时称“苏李”,又与崔融、杜审言、李峤合称“文章四友”。《全唐诗》卷六五录其诗一卷,十五首。

【蘇郁】 唐诗人。文宗、武宗时人。张为《诗人主客图》将其列为雅正主李益之“上入室”。《全唐诗》卷七八一录其《咏和亲》等诗三首,断句一联。

【蘇季子】 战国苏秦字。杜甫《暮秋枉裴道州手札率尔遣兴寄近呈苏涣侍御》:“宴筵曾语苏季子,后来杰出云孙比。”又《远游》:“敝裘苏季子,历国未知还。”又《暮冬送苏四傒兵曹适桂州》:“飘飘苏季子,六印佩何迟。”徐夤《长安即事三首》之二:“富贵敢期苏季子,清贫方见马相如。”

【蘇侍郎】 指苏颋。颋曾为工部侍郎和中书侍郎。张九龄有《苏侍郎紫薇庭各赋一物得芍药》。

【蘇郎中】 ❶指苏绾。绾曾任工部郎中。孙逖有《送苏郎中绾出佐荆州》。❷指司封郎中苏景胤。刘禹锡有《和苏郎中寻丰安里旧居寄主客张郎中》。

【蘇門】 山名。在今河南辉县市西北。晋孙登曾隐居于此。故后亦借指孙登。岑参《虢中酬陕西甄判官见赠》:“昔君隐苏门,浪迹不可羁。”刘长卿《送贾三北游》:“雨色新添漳水绿,夕阳远照苏门高。”庞德公《同鹿门少年马绍隆诗远游》:“唯有岘亭清夜月,与君长啸学苏门。”贾岛《阮籍啸台》:“地接苏门山近远,荒台突兀抵高峰。”

【蘇門子】 指晋孙登。王丘《咏史》:“何必苏门子,冥然闭清关。”

【蘇門嘯】 《晋书·阮籍传》:“籍尝于苏门山遇孙登,与商略终古及栖神导气之术。登皆不应,籍因长啸而退。至半岭,闻有声若鸾凤之音,响乎岩谷,乃登之啸也。”后遂以指啸咏,亦用以咏高士的情趣。孟浩然《题终南翠微寺空上人房》:“风泉有清音,何必苏门啸。”杜甫《上后园山脚》:“敢为苏门啸,应作梁父吟。”钱起《过温逸人旧居》:“鹤传居士舞,猿得苏门啸。”韩翃《送李湜下第归卫州便游河北》:“莫嗟太常屈,便入苏门啸。”亦作“蘇門長嘯”。白居易《秋池独泛》:“严子垂钓日,苏门长啸时。”

【蘇門長嘯】 见“蘇門嘯”。

【蘇拯】 唐末诗人。昭宗光化中在世。《全唐诗》卷七一八录其《颂鲁》等诗二十九首。

【蘇活】 复活,苏醒。贯休《大蜀高祖潜龙日献陈情偈颂》:“四人苏活,万里丰谧。”

【蘇修】 桐庐(今属浙江)人。大历六年(771),与戴孚、徐晃等集于桐庐令郑锋宅,会神巫王法智至,共相酬唱。李嘉祐有《送苏修往上饶》。

【蘇鬼】 战国苏秦因见不到楚王而发牢骚,谓“楚国之食贵于玉,薪贵于桂,谒者难得见如鬼,王难得见如天帝。”见《战国策·楚策三》。后用作干谒受阻之典。骆宾王《在江南赠宋五之问》:“李仙非易托,苏鬼尚难因。”

【蘇侯】 ❶指苏端。侯为敬称。杜甫《雨过苏端》:“苏侯得数过,观喜每倾倒。”❷指苏源明。侯为敬称。杜甫《壮游》:“苏侯据鞍喜,忽如携葛强。”原注:“监门胄曹苏预。”

【蘇秦】 战国时纵横家。字季子。东周洛阳(今河南洛阳市东)人。师从鬼谷子,游说数年,裘敝金尽,憔悴而返。后发愤读书,饱有才学。燕昭王对他十分信任,他游说六国合纵抗秦,使秦不敢向东扩张,并相六国,赵国封为武安君。因六国不能合作,纵约瓦解。后被齐宣王任为客卿,因与齐大夫争宠,被车裂而死。见《史记·苏秦列传》。唐诗中常借以指有政治才干的人。白居易《初除官蒙裴常侍赠鹘衔瑞草绯袍鱼袋因谢惠贶兼书离情》:“惠深范叔绨袍赠,荣过苏秦佩相归。”薛逢《座中走笔送前萧使君》“未学苏秦荣佩印,却思平子赋归田。”王铎《罢都统守镇滑州作》："腰间尽解苏秦印，波上虚迎范蠡船。"王韫秀《夫入相寄姨妹》："笄年解笑鸣机妇，耻见苏秦富贵时。"

【蘇耽】　相传为汉末郴县郡民，性至孝，牧牛养母。忽一日仙去，预言将有灾疫。嘱母"穿一井饮水，可得无恙"。见北魏郦道元《水经注》卷三九《耒水》引《桂阳列仙传》。王昌龄《出郴山口至叠石湾野人室中寄张十一》："昨临苏耽井，复向衡阳求。"又《奉赠张荆州》："王君飞鸟仍未去，苏耽宅中意遥缄。"杜甫《八哀诗·故右仆射相国张公九龄》："敢忘二疏归，痛迫苏耽井。"

【蘇晉】　（767—734）唐诗人。蓝田（今属陕西）人。证圣元年（695）进士，翌年登大礼科。历任中书舍人、泗州刺史、吏部侍郎等职。《全唐诗》卷一一一录其《过贾六》等三首，《全唐诗外编》（上）录其《咏萤》一首。杜甫《饮中八仙歌》："苏晋长斋绣佛前，醉中往往爱逃禅。"

【蘇員外】　指婺州刺史苏粹。章碣有《赠婺州苏员外》。

【蘇息】　❶休养生息。杜甫《建都十二韵》："苍生未苏息，胡马半乾坤。"姚合《离魏州破贼》："生灵苏息到元和，上将功成自执戈。"❷复活，苏醒。杜甫《喜雨》："谷根小苏息，沴气终不灭。"许棠《讲得陈情上淮南李仆射八首》之四："多年疲瘵全苏息，须到讴谣日满秦。"方干《德政上睦州胡中丞》："岂唯里巷皆苏息，犹有恩波及钓船。"

【蘇卿】　见"蘇子卿"。

【蘇涣】　唐诗人。行大，蜀人。少喜剽盗，善用白弩，巴中称之为白跖。后折节从学，广德二年（764）登进士第。大历四年（769）以监察御史佐湖南观察使崔瓘幕。次年，苏瓘破，涣往投岭南。八年，煽动岭南部将哥舒晃反叛，杀节度使吕崇贲。十年兵败被杀。《全唐诗》卷二五五录其《变律》等诗四首。杜甫有《暮秋枉裴道州手札率尔遣兴寄近呈苏涣侍御》。

【蘇張】　❶战国时苏秦、张仪的并称。二人均为纵横家，以能言善辩著称。杜甫《风疾舟中伏枕书怀三十六韵呈湖南亲友》："却假苏张舌，高夸周宋镡。"武元衡《行路难》："非故败他却成北，苏张终作多言鬼。"贯休《行路难》之三："败他成此亦何功，苏张终作多言鬼。"❷唐苏颋与张说的合称。二人均以文章显，时称"燕许大手笔"（燕，指燕国公张说；许，指许国公苏颋）。元稹《代曲江老人百韵》："李杜诗篇敌，苏张笔力匀。"

【蘇許公】　即苏颋。颋袭封许国公。韩翃有《题苏许公林亭》。

【蘇章負笈】　西汉苏章，负笈追师，不远千里。见《太平御览》卷七一一引谢承《后汉书》。李瀚《蒙求》："虞卿担簦，苏章负笈。"

【蘇替】　唐诗人。《全唐诗逸》卷中录其《听琴》一首。

【蘇舒】　复苏舒展。曹松《武德殿朝退望九衢春色》："苏舒同舜泽，煦妪并尧仁。"

【蘇勞】　竹名。皮日休《吴中言怀寄南海二同年》："退公只傍苏劳竹，移宴多随末利花。"

【蘇寓】　唐诗人。代宗永泰元年（765）在宣州与郭澹、刘太真、高穆、袁邕等有唱和。《全唐诗》卷二五二录其《东峰亭各赋一物得寒溪草》一首。

【蘇幕遮】　亦作"蘇摩遮"。我国少数民族乐舞，亦指乐曲。唐代从龟兹传入。亦用作词牌名。词为双调小令，六十二字，上下片各四仄韵。张说有《苏摩遮五首》。《全唐诗》卷九百载吕岩《苏幕遮》词一首。

【蘇徯】　杜甫友人。行四。杜甫有《君不见简苏徯》《赠苏四徯》和《别苏徯》。

【蘇源明】　唐诗人。初名预，字弱夫，京兆武功（今属陕西）人。天宝中进士，复登制科。累官太子谕德、东太平守、中书舍人、秘书少监。《全唐诗》卷二五五录其《小洞庭洄源亭宴四郡太守诗》等二首。

【蘇臺】　即姑苏台。亦称始胥台。位于姑苏山上，相传为吴王阖庐或夫差所筑。故址在今江苏苏州市西南。李白有《苏台览古》。李嘉祐有《自苏台至望亭驿怅然有作因寄从弟纾》。李群玉有《送处士自番禺东游便归苏台别业》。因苏台地处苏州，故亦借指苏州。刘长卿有《却赴南邑留别苏台知己》。白居易《寄李苏州兼示杨琼》："为问苏台酒席中，使君歌笑与谁同。"罗隐有《送王使君赴苏台》。

【蘇厲】　战国时纵横家，苏秦弟，曾任齐湣王大夫。周昙有《咏史诗·春秋战国门·苏厉》。

【蘇端】　蓝田（今属陕西）人。至德三载（758）年进士。曾任度支员外郎、比部郎支。大历十二年（777）宰相杨绾卒，因议谥得罪代宗，贬为广州（一说巴州）司马。杜甫有《雨过苏端》和《苏端薛复筵简薛华醉歌》。钱起有《苏端林亭对酒》。

【蘇韶】　晋人。字孝先，安平（今属河北）人。官到中军令。据传其死后，多次显灵，与其堂兄弟谈论阴间之事。见《太平御览》卷八八三引晋王隐《晋书》。李瀚《蒙求》："苏韶鬼灵，卢充幽婚。"

【蘇廣文】　唐诗人。蓝田（今属陕西）人。其祖父苏珦为玄宗朝户部尚书。广文在开元末明曾为经弘文馆学士。《全唐诗》卷七八三录其《自商山宿隐居》等三首。

【蘇醒】　觉醒，清醒。杜牧《感怀诗一首》："往往念所至，得醉愁苏醒。"

【蘇嶺】　即鹿门山。在今湖北襄阳市东南。皮日休《鲁望昨以五百言见贻因成一千言上述吾唐文物之盛次叙相得之欢亦迭和之微旨也》:“携将入苏岭,不就无出缘。”

【蘇綰】 唐诗人。京兆武功(今属陕西)人。曾从军边朔,为书记,与杜审言、孙逖相友善。杜审言有《赠苏绾书记》。孙逖有《送苏郎中绾出佐荆州》。曾历官左拾遗、工部郎中,出为荆州司马。《全唐诗》卷一一三录其《奉和姚令公驾幸温汤喜雪应制》一首。

【蘇摩遮】 见“蘇幕遮”。

【蘇頲】 (670－727)唐诗人。苏瓌之子,字廷硕,行五,京兆武功(今属陕西)。历任武功尉、监察御史、中书舍人、工部侍郎、礼部尚书等职。卒谥文宪。诗文与燕国公张说齐名,时称“燕许大手笔”。《全唐诗》录其诗二卷,近百首。

【蘇瓌】 (639－710)唐诗人。字昌谷,京兆武功(今属陕西)人。历任宁州参军、水部郎中、郎州刺史、户部尚书等职。卒赠司空、荆州大都督,谥曰文贞。《全唐诗》卷四六录其《奉和九日幸临谓亭登高应制得晖字》等二首。

【蘇合宫】 苏颋。合宫尉。合宫,鹿县名,今河南洛阳市。张说有《送苏合宫颋》。宋之问有《送合宫苏明府颋》。

【蘇尚書】 苏颋。苏于开元八年(720),除礼部尚书。见《旧唐书》本传。郑惟忠、宋璟有《送苏尚书赴益州》。

【蘇明府】 苏颋,苏瓌之子。宋之问有《送合宫苏明府颋》。

【蘇侍郎】 苏颋。颋景云中为工部侍郎。开元四年(716)迁紫微侍郎、同中书门下平章事。张九龄有《苏侍郎紫薇庭各赋一物得芍药》和《和苏侍郎小园夕霁寄诸弟》。

【蘇使君】 疑为苏球,球大中元年(847)为袁州刺史,见《正德袁州府志》卷一三郑王宾《乳洞记》。伍唐珪有《上苏使君》。

【蘇郎中】 苏景胤。《郎官石柱题名新著录》司封郎中第九行有苏景胤。《册府元龟》卷五五四有司封郎中苏景裔,景裔即景胤,避宋讳改。刘禹锡有《和苏十郎中谢病闲居时严常侍萧给事同过访叹初有二毛之作》和《和苏郎中寻丰安里旧居寄主客张郎中》。姚合有《奉和前司封苏郎中喜严常侍萧给事见访惊斑鬓之什》。

【蘇員外】 ❶苏味玄。苏味道弟,曾任膳部员外。崔湜有《和苏员外寓直》。❷苏特。大中二年(848)以尚书员外郎出为湖州刺史。张祜有《奉和湖池苏员外题游杯池》。❸苏粹。曾官司勋员外郎、祠部员外郎、婺州刺史。见《郎官石柱题新著录》《唐语林》卷四。章碣有《赠婺州苏员外》。❹虞部员外郎。名不详。王维有《酬虞部苏员外过蓝田别业不见留之作》。

【蘇許公】 苏颋。颋袭父爵许国公,见《旧唐书》本传。韩颋有《题苏许公林亭》。

【蘇庶子】 苏弘。白居易《会昌二年春题池西小楼》:“苏李冥蒙随烛灭,陈樊漂泊逐萍流。”自注:“苏庶子弘、李中丞道枢及陈、樊二妓十余年皆楼中歌酒中伴。或殁或散,独予在焉。”又有《答苏庶子月夜闻家僮奏乐见赠》《答苏庶子》。

【蘇景修】 当作苏景胤。《旧唐书・李宗闵传》:“宝历初,李续之、张又新、苏景胤等朋比奸险,几倾朝廷,时号‘八关十六子’。”李绅《趋翰苑遭诬构四十六韵》:“辨疑分黑白,举直柢朋徒。”注:“思政面论逢吉、崔桢奸邪,刘栖楚、柏耆凶险,张又新、苏景修朋党也。”

【蘇端】 乾元元年(758)进士,曾官比部郎中、监察御史、高陵县令。杜甫有《苏端薛复筵简薛华醉歌》。

【蘇盧二員外】 苏员外、虞部员外郎,名不详。王维有《酬虞部苏员外过蓝田别业不见留之作》。卢员外,卢象。象曾官司勋员外郎和膳部员外郎。王维有《与苏卢二员外期游方丈寺而苏不至因有是作》。

【蘇十三瞻】 曾官驾部郎中。见《元和姓纂》卷三蓝田苏氏。储光羲有《苏十三瞻登玉泉寺峰入寺中见赠之作》。

【蘇給事】 (給 jǐ)苏诜。苏颋弟。曾官给事中。见《旧唐书・苏颋传》。卢僎有《送苏八给事出牧徐州用芳韵》,原注:“相国请出。”相国乃苏颋。

【蘇五】 苏缨。杜甫有《季秋苏五弟缨江楼夜宴崔十三评事韦少府侄三首》和《戏寄崔评事表侄苏五表弟韦大少府诸侄》。

【蘇少府】 (少 shào)❶疑为苏颋。颋,弱冠举进士,授乌程尉,见《旧唐书》本传。崔湜有《赠苏少府赴任江南余时还京》。按,崔湜与苏颋年辈相苦,进士及第年亦相近。❷苏弘。白居易有《赠苏少府》。

【蘇少監】 (少 shào)苏源明。杜甫有《八哀诗・故秘书少监武公苏公源明》和《哭台州郑司户苏少监》。

【蘇公】 ❶苏诜。诜为徐州刺史,卒赠吏部侍郎。见《新唐书》本传。张九龄有《故徐州刺史赠吏部侍郎苏公挽歌词三首》。❷苏颋。颋卒赠右丞相,见《旧唐书》本传。张说有《右丞相苏公挽歌二首》。钱起有《题苏公林亭》。❸苏震,苏诜子。以劳封岐国公,拜太常卿。见《新唐书・苏诜传》。岑参有《故河南尹岐国公赠工部尚书苏公挽歌二首》。

【蘇主簿】　疑为苏绾。苏绾为苏瓌从弟，苏颋从叔。苏颋有《从叔任偃师主簿以马鞭等奉别赞五首》（见《全唐文》卷二五六），故此偃师主簿当是苏绾。张九龄有《送苏主簿赴偃师》。

【蘇司業】　苏源明。源明曾官国子司业，见《新唐书》本传。杜甫《九日五首》之三："旧与苏司业，兼随郑广文。"杜甫又有《戏简郑广文虔兼呈苏司业源明》。权德舆《伏蒙十六叔寄示喜庆感怀三十韵因献之》："祖德蹈前哲，家风播清芬。"

【蘇屬國】　指苏武。苏武于匈奴回朝后官拜典属国。鲍溶《陇头水》："生归苏属国，死别李将军。"陈羽有《读苏属国传》。

藹　〔ǎi《广韵》於蓋切，去泰，影。〕❶茂盛。王维《宋进马哀词》："背春涉夏兮，众木蔼以繁阴。"卢纶《秋中野望寄舍弟绶兼令呈上西川尚书舅》："蜀道蔼松筠，巴江盛舟楫。"武元衡《题故蔡国公主九华观上池院》："朱门临九衢，云木蔼仙居。"周繇《题东林寺虎掊泉》："竹蔼疑相近，松阴盖亦交。"❷众多貌。张说《奉和圣制经邹鲁祭孔子应制》："孔圣家邹鲁，儒风蔼典坟。"武平一《奉和幸韦嗣立山庄侍宴应制》："素风纷可尚，玄泽蔼无垠。"颜真卿、强蒙《登岘山观李左相石尊联句》："蔼蔼贤哲事，依依离别言。"徐铉《奉酬度支陈员外》："吾友嗣世德，古风蔼有余。"❸笼罩，布满。刘宪《奉和幸白鹿观应制》："玄游乘落晖，仙宇蔼霏微。"张九龄《南阳道中作》："佳气蔼厥初，霸图纷在昔。"许棠《赠处士》："乾坤清气蔼山川，尽入诗人旧简编。"路应《仙岩四瀑布即事十四韵》："芸香蔼芳气，冰镜彻圆规。"❹昏暗，幽暗。李益《宿冯翊夜雨赠主人》："关山蔼已失，脸泪迸难收。"韩愈、孟郊《秋雨联句》："庭翻树离合，牖变景明蔼。"李得《赋得垣衣》："掩蔼青春去，苍茫白露稀。"❺色彩浓烈。韦应物《拟古诗十二首》之七："岂如凌霜叶，岁暮蔼颜色。"裴铏《题文翁石室》："古柏尚留今日翠，高岷犹蔼旧时青。"❻温暖，和暖。参见"藹藹❸"。❼温和，和蔼。参见"藹藹❽"。❽映照。权德舆《奉和韦曲庄言怀贻东曲外族诸弟》："代业扩宇内，光尘蔼墟中。"

【藹彩】　鲜盛貌。陆龟蒙《偶掇野蔬寄袭美有作》："凌风蔼彩初携笼，带露虚疏或贮襟。"

【藹然】　❶茂盛貌。元希声《赠皇甫侍御赴都八首》之六："柯叶蔼然，不渝霜霰。"武元衡《塞上春怀》："愁至独登高处望，蔼然云树重伤魂。"❷盛多貌。张贲《奉和袭美醉中即席见赠次韵》："桂枝新下月中仙，学海词锋誉蔼然。"李山甫《山中览刘书记新诗》："记室新诗相寄我，蔼然清绝更无过。"❸云气迷濛貌。刘长卿《京口怀洛阳旧居兼寄广陵二三知己》："川阔悲无梁，蔼然沧波夕。"

【藹藹】　❶茂盛貌。王维《至滑州隔河望黎阳忆丁三寓》："隔河见桑柘，蔼蔼黎阳川。"岑参《过梁州奉赠张尚书大夫公》："芃芃麦苗长，蔼蔼桑叶肥。"顾况《赠别崔十三长官》："蔼蔼北阜松，峨峨南山雪。"刘禹锡《和河南裴尹侍郎宿斋天平寺诣九龙祠祈雨二十韵》："熙熙飞走适，蔼蔼草树滋。"❷众多貌。席豫《奉和圣制送张说巡边》："归来画麟阁，蔼蔼武功传。"杜甫《从韦二明府续处觅绵竹》："华轩蔼蔼他年到，绵竹亭亭出县高。"《郊庙歌辞·祀九宫贵神乐章·豫和》："蔼蔼群灵，昭昭咸秩。"❸温暖，和暖。白居易《和朝回与王炼师游南山下》："蔼蔼春景余，峨峨夏云初。"又《西行》："衣裘不单薄，车马不羸弱。蔼蔼三月天，闲行亦不恶。"滕迈《春色满皇州》："蔼蔼复悠悠，春归十二楼。"郑谷《咸通十四年府试木向荣》："欣欣春令早，蔼蔼日华轻。"❹昏暗、暗淡貌。徐皓《晦日宴高氏林亭》："蔼蔼林亭晚，余兴促流霞。"权德舆《奉和张舍人阁老阁中直夜思闻雅琴因以书事通简僚友》："紫垣宿清夜，蔼蔼复沉沉。"卢条《句》："共话世情尘蔼蔼，每嗟人事水潺潺。"❺云雾弥漫貌。韩愈《醉赠张秘书》："君诗多态度，蔼蔼春空云。"白居易《春游二林寺》："熙熙风土暖，蔼蔼云岚积。"❻盛大，繁盛。王维《瓜园诗》："蔼蔼帝王州，宫观一何繁。"杜甫《送李校书二十六韵》："蔼蔼咸阳都，冠盖日云积。"司空曙《奉和常舍人晚秋集贤院即事寄徐薛二侍郎》："蔼蔼凤凰宫，兰台玉署通。"刘禹锡《观棋歌送儇师西游》："蔼蔼京城在九天，贵游豪士足华筵。"又《酬浙东李侍郎越州春晚即事长句》："越中蔼蔼繁华地，秦望峰前禹穴西。"❼水满貌。韩愈《奉和虢州刘给事使君三堂新题二十一咏·竹溪》："蔼蔼溪流慢，梢梢岸篆长。"❽温和，和蔼。白居易《答崔侍郎钱舍人书问因继以诗》："吾有二道友，蔼蔼崔与钱。"

蘢　〔lóng《广韵》盧紅切，平東，來。又力鐘切，平鐘，來。〕茂盛，茂密。亦指草木茂盛之处。李华《寄赵七侍御》："玄猿啼深茏，白鸟戏葱蒙。"原注："楚越谓竹木深者为茏。"

【蘢葱】　亦作"蘢蔥"。❶草木青翠茂盛貌。元稹《酬郑从事四年九月宴望海亭次用旧韵》："海亭树木何茏葱，寒光透坼秋玲珑。"杨巨源《长安春游》："茏葱树色分仙阁，缥缈花香泛御沟。"孙鲂《柳》："茏葱二月初，青软自相纡。"❷浓烈貌。徐铉《使浙西先寄献燕王侍中》："喜气茏葱甘露晚，水烟波淡海门秋。"

【蘢蔥】　见"蘢葱"。

藻　〔zǎo《广韵》子晧切，上晧，精。〕❶藻类植物。含叶绿素和其他辅助色素的低等植物。万齐融《三日绿潭篇》："垂菱布藻如妆镜，丽日晴天相照映。”卢纶《春日山中忆崔峒吉中孚》：“泉急鱼依藻，花繁鸟近人。”白居易《郡中西园》：“鱼依藻常乐，鸥见人暂起。”许浑《溪亭二首》之二：“共戏鱼翻藻，争栖鸟坠枝。”❷文藻。借指诗文。李颀《赠别张兵曹》：“荀令焚香日，潘郎振藻秋。”高适《留上李右相》：“隐轸江山藻，氛氲鼎鼐铭。”韦应物《奉和圣制重阳日赐宴》：“捧藻千官处，垂戒百王程。”顾况《乐府》：“文房开圣藻，武卫宿天营。”❸饰，修饰。高宗《太子纳妃太平公主出降》：“玉庭浮瑞色，银榜藻祥徽。”袁朗《赋饮马长城窟》：“山响传风吹，霜华藻琼铰。”❹品藻。参见“藻鏡”“藻鑑”。❺古代官员衣服上绣作标志用的水藻图纹。杨衡《广州石门寺重送李尚赴朝时兼宗卿》：“藻变朝天服，珠怀委地言。”

【藻火】　古代官员衣服上所绣作为等级标志的水藻及火焰形图纹。韩愈、李正封《晚秋郾城夜会联句》：“命衣备藻火，赐药兼附搏。”

【藻井】　古代建筑中天花板上的一种装饰处理。一般做成圆形、方形或多边形的凹面，上有各种花纹、雕刻和彩画。顾况《上古之什补亡训传十三章·十月之郊一章》：“啸砝碱砝，藻井旋题。”杨巨源《月宫词》：“藻井浮花共陵乱，玉阶零露相裴回。”卢宗回《登长安慈恩寺塔》：“渭水寒光摇藻井，玉峰晴色上朱阑。”薛逢《金城宫》：“龙盘藻井喷红艳，兽坐金床吐碧烟。”

【藻匠】　犹言文学巨匠。陆龟蒙《读襄阳耆旧传因作诗五百言寄皮袭美》：“藻匠如见酬，终身致怀袖。”

【藻荇】　藻和荇。荇，多年生水生草本植物。叶呈对生圆形，嫩时可食，亦可入药。温庭筠《病中书怀呈友人》：“跃鱼翻藻荇，愁鹭睡葭芦。”陆龟蒙《渔具诗·鸣榔》：“水浅藻荇涩，钓罩无所及。”李中《题徐五教池亭》：“惊鱼跳藻荇，戏蝶上菰蒲。”毛文锡《诉衷情》词之二：“偎藻荇，映兰汀，和雨浴浮萍。”

【藻思】　创作诗文的才思。钱起《和万年成少府寓直》：“赤县新秋夜，文人藻思催。”权德舆《奉和圣制重阳日中外同欢以诗言志因示百僚》：“宸衷在化成，藻思焕琼琚。”鱼玄机《和人次韵》：“何事玉郎搜藻思，忽将琼韵扣柴关。”刘兼《酬勾评事》：“对景却惭无藻思，南金荆玉卒难酬。”

【藻棁】　梁上有彩画的短柱。白居易《裴常侍以题蔷薇架十八韵见示因广为三十韵以和之》：“照梁迷藻棁，耀壁变雕墙。”徐夤《客厅》：“衡茅只要免风雨，藻棁不须高栋梁。”亦借指华美的房屋。皎然《妙喜寺达公禅斋四十二韵》：“野饭敌膏梁，山楹代藻棁。”

【藻奠】　《左传·隐公三年》：“苟有明信，涧溪沼沚之毛，蘋蘩蕰藻之菜，筐筥锜釜之器，潢污行潦之水，可荐于鬼神，可羞于王公。”后遂指虔诚的祭奠。则天皇后《唐明堂乐章·宫音》：“藻奠申诚敬，恭祀表惟馨。”《郊庙歌辞·中宗祀昊天乐章·亚献》：“虔敷藻奠，敬展郊禋。”

【藻飾】　修饰，装饰。王琚《奉答燕公》：“与君兰时会，群物如藻饰。”

【藻質】　美丽的形质。陈季《鹤警露》：“风间传藻质，月下引清声。”张仲素《缑山鹤》：“几变霜毛洁，方殊藻质斑。”

【藻衛】　衣饰华丽的随从侍卫。李义府《在嶲州遥叙封禅》：“石闾环藻卫，金坛映黼帷。”苏味道《嵩山石淙侍宴应制》：“琱舆藻卫护千官，仙洞灵溪访九丹。”

【藻翰】　美丽的羽毛。喻华丽的辞章，文章。孟浩然《卢明府九日岘山宴袁使君张郎中崔员外》：“烟虹铺藻翰，松竹挂衣冠。”韦应物《送刘评事》：“声华满京洛，藻翰发阳春。”杜甫《奉赠卢五丈参谋》：“藻翰惟牵率，湖山合动摇。”

【藻鏡】　同“藻鑑”。高适《途中酬李少府赠别之作》：“曾是趋藻镜，不应翻弃捐。”杜甫《送孟十二仓曹赴东京选》：“藻镜留连客，江山憔悴人。”元稹《代曲江老人百韵》：“裴王持藻镜，姚宋斡陶钧。”

【藻蘋】　藻与蘋。亦以指祭品。白元鉴《抚掌泉》：“夜镜涵藻蘋，春杯荐藻蘋。”

【藻繪】　❶文辞，文彩。孙逖《奉和李右相中书壁画山水》：“欲写高深趣，还因藻绘成。”杜甫《夔府书怀四十韵》：“衣冠迷适越，藻绘忆游睢。”❷错综华丽的文彩。李程《观庆云图》：“五云从表瑞，藻绘宛成图。”

【藻鑑】　品藻和鉴别(人才)。杜甫《上韦左相二十韵》：“持衡留藻鉴，所履上星辰。”吴融《过丹阳》：“桂枝自折思前代，藻鑑难逢耻后生。”

藺　〔lìn《广韵》良刃切，去震，來。〕姓。战国赵有蔺相如。魏万《金陵酬李翰林谪仙子》：“长卿慕蔺久，子猷意已深。”

十七画

虉　〔yì《广韵》於計切，去霽，影。〕草木繁盛貌。参见“虉薈”。

【虉薈】　草木丛密。王景中《风草不留霜》：“不定离披际，难凝虉荟中。”

蘩　〔fán《广韵》附袁切，平元，奉。〕植物名。即白蒿。多年生草本，可食用。古代常用于祭礼。高适《题尉迟将军新庙》：“我来荐蘋蘩，感叹兴此词。”李贺《安乐宫》：“绿蘩悲水曲，茱萸别秋子。”鲍溶《古意》：“恭承采蘩祀，敢效同车贤。”参见

“蘋蘩”。

虉 同“花”。《广雅·释草》：“虉，華也”。皎然《遥和康录事李侍御萼小寒食夜重集康氏园林》：“庭芜暗积承双履，林虉雷飞洒幅巾。”刘禹锡《秋日过鸿举法师寺院便送归江陵》序：“信禅林之虉萼，而戒河之珠玑耳。”

蘖 〔niè《集韵》魚列切，入薛，疑。〕❶草木砍伐后长出的新芽。詹敦仁《柳堤诗》序：“况是木删之则枝叶倍长，剪之则茅蘖滋多。”❷萌发。无名释《古梅》：“东风未肯随寒暑，又蘖清香与返魂。”

藓 〔xiǎn《广韵》息淺切，上獮，心。〕苔藓。隐花植物。无根，多生在墙垣岩崖上或潮湿之处。钱起《题樊川杜相公别业》：“古树生春藓，新荷卷落花。”张籍《寒食书事二首》之二：“阶前春藓遍，衣上落花飘。”李德裕《思平泉树石杂咏一十首·似鹿石》：“茸长绿藓映，斑细紫苔生。”皮日休《太湖诗·以毛公泉一瓶献上谏议因寄》：“滴苦破窦净，藓深余甃圆。”

【藓文】 亦作“藓紋”。苔藓所形成的花纹；苔藓式的花纹。韩愈、刘师服《石鼎联句》：“外苞干藓文，中有暗浪惊。”姚合《游昊天玄都观》：“藓文连竹色，鹤语应松声。”清昼《与邢端公李台题庭石联句》：“共题诗句遍，争坐藓文稀。”徐铉《送勋道人之建安》：“挂席冲岚翠，携筇破藓纹。”

【藓紋】 见“藓文”。

【藓痕】 苔藓的痕迹。张鼎《僧舍小池》：“引出白云根，潺潺涨藓痕。”幸夤逊《云》：“因登巨石知来处，勃勃元生绿藓痕。”可止《哭贾岛》：“墓雨滴碑字，年年添藓痕。”齐己《寓居岳麓谢进士沈彬再访》：“去岁来寻我，留题在藓痕。”

【藓駮】 藓苔斑驳。苏颋《夜闻故梓州韦使君明当引绋感而成章》：“藓驳题诗馆，杨疏奏伎楼。”

蘘 〔ráng《广韵》汝陽切，平陽，日。〕蘘荷。薛涛《金灯花》：“阑边不见蘘蘘叶，砌下唯翻艳艳丛。”参见“蘘荷”。

【蘘荷】 植物名。一名蘘草。又名覆葅、葍葅。多年生草本植物。叶互生，椭圆状披针形。夏秋开白色或淡黄色花。张说有《侍宴蘘荷亭应制》。

蘭 〔lán《广韵》落干切，平寒，來。〕❶兰草。即泽兰。多年生草本植物。叶呈卵形，秋季开白花。全草有香气，可制芳香油，亦可入药。崔日用《奉和九月九日登慈恩寺浮图应制》：“菊泛延龄酒，兰吹解愠风。”冯著《短歌行》：“寂寞草中兰，亭亭山上松。”王建《励学》：“良田少锄理，兰焦香亦薄。”白居易《问友》：“种兰不种艾，兰生艾亦生。”引申为芳香。常用作美称之词。参见“蘭掖”“蘭堂”“蘭橈”。❷木兰。一种香木。李德裕《泛池舟》：“桂舟兰作枻，芬芳皆绝世。”参见“蘭舟”。❸通“阑”。兵器架。见“蘭錡”。

【蘭山】 即兰干山。当在今甘肃陇县一带。汉将李陵赴兰干山击匈奴，箭尽降敌。骆宾王《夕次蒲类津》：“莫作兰山下，空令汉国羞。”

【蘭玉】 ❶芝兰玉树的略语。常用以赞喻人的美好风姿。李益《秋晚溪中寄怀大理齐司直》：“荒宁桁杨肃，芳辉兰玉滋。”❷指美酒。汉武帝百味旨酒“兰生”与隋炀帝名酒“玉醑”的合称。李益《溪中月下寄杨子尉封亮》：“露凝朱弦绝，觞至兰玉空。”

【蘭艾】 兰草和艾草。兰香艾臭。常用比君子小人或贵贱美恶。张九龄《在郡秋怀二首》之一：“兰艾若不分，安用馨香为。”孟郊《君子勿郁郁士有谤毁者作诗以赠之》：“兰艾不同香，自然难为和。”无名氏《久憾缧绁之作》：“今时有恨同兰艾，即日无辜比冶长。”

【蘭光】 ❶指烛光。杨厚《早起》：“危壁兰光暗，疏帘露气清。”❷兰草的光泽。陈陶《谪仙词》：“玉气兰光久摧折，上清鸡犬音书绝。”

【蘭生】 形容美酒香气四溢。亦指美酒。太宗《赐魏征诗》：“醽醁胜兰生，翠涛过玉薤。”原注：“兰生，汉武帝百味旨酒。”

【蘭卮】 精致的酒杯。亦借指美酒。羊士谔《郡楼晴望二首》之二：“兰卮谁与荐，玉旆自无悰。”又《郡中端居有怀袁州王员外使君》：“兰卮招促膝，松砌引长裾。”

【蘭芝】 兰草与灵芝。孟浩然《示孟郊》：“蔓草蔽极野，兰芝结孤根。”

【蘭成】 北周庾信的小字。张说《过庾信宅》：“兰成追宋玉，旧宅偶词人。”元稹《送友封》：“兰成宅里寻枯树，宋玉亭前别故人。”

【蘭舟】 木兰舟。亦用为小舟的美称。徐凝《侍郎宅泛池》：“莲子花边回竹岸，鸡头叶上荡兰舟。”施肩吾《江南怨》：“愁见桥边荇叶新，兰舟枕水楫生尘。”皮日休《奉和鲁望新夏东郊闲泛》：“水物轻明淡似秋，多情才子倚兰舟。”谭用之《江边秋夕》：“千钟紫酒荐菖蒲，松岛兰舟潋滟居。”

【蘭州】 州名。隋开皇三年(583)置，治所在子城县(今甘肃兰州市)。唐曾袭隋改名金城郡，后又改为兰州。马戴《关山曲二首》之一：“箭疮殊未合，更遣击兰州。”

【蘭兆】 生男孩的预兆。骆宾王《艳情代郭氏答卢照邻》：“离前吉梦成兰兆，别后啼痕上竹生。”

【蘭交】 《易·系辞上》：“二人同心，其利断金；

同心之言，其臭如兰。”故以“蘭交”指知己，知心朋友。李峤《被》：“桂友寻东阁，兰交聚北堂。”李白《江上寄元六林宗》：“兰交空怀思，琼树讵解渴。”孟郊《乙酉岁舍弟扶侍归兴义庄居后止独舍待替人》：“兰交早已谢，榆景徒相追。”

【蘭江】　即兰溪。在今浙江兰溪市西南。贯休有《题兰江言上人院二首》。

【蘭坂】　长满兰草的山坂。李敬玄《奉和别越王》：“飞盖回兰坂，宸襟伫柏梁。”

【蘭坊】　谓植兰之所。权德舆《奉和鄜州刘大夫麦秋出师遮虏有怀中朝亲故》：“兰坊分杳杳，麦垄望莓莓。”

【蘭芰】　兰草和菱。卢纶《秋晚山中别业》：“兰芰通荒井，牛羊出古城。”

【蘭芽】　兰草之芽。李端《杂歌》：“兰生当门燕巢幕，兰芽未吐燕泥落。”王周《自和》：“兰芽纡嫩紫，梨颊抹生红。”

【蘭芷】　兰草与白芷。均香草。孟郊《连州吟》：“兰芷结新佩，潇湘遗旧音。”刘禹锡《送王师鲁协律赴湖南使幕》：“楚水多兰芷，何人事搴芳。”白居易《郡中西园》：“院门闭松竹，庭径穿兰芷。”韦庄《将卜兰芷村居留别郡中在仕》：“兰芷江头寄断蓬，移家空载一帆风。”

【蘭芷村】　当在婺州(治所今浙江金华市)。韦庄有《将卜兰芷村居留别郡中在仕》。

【蘭杜】　兰草和杜若。皆香草。李峤《和同府李祭酒休沐归田》：“胜情狎兰杜，雅韵锵金玉。”岑参《宿华阴东郭客舍忆阎防》：“旧壑兰杜晚，归轩今已迟。”韩琮《牡丹》：“名移兰杜千年后，贵擅笙歌百醉中。”郑谷《别同志》：“天濟沧浪晚，风悲兰杜秋。”

【蘭英】　❶兰的花朵。崔日用《奉和圣制春日幸望春宫应制》：“光风摇动兰英紫，淑气依迟柳色青。”❷汉枚乘《七发》：“兰英之酒，酌以涤口。”谓酒香如兰花。后遂以“蘭英”指美酒。上官昭容《驾幸新丰温泉宫献诗三首》之三：“翠幕珠帏敞月营，金罍玉斝泛兰英。”钱起《玛瑙杯歌》：“瑶瑶兰英照豹斑，满堂词客尽朱颜。”

【蘭花】　兰草之花。贾岛《病起》：“身事岂能逐，兰花又已开。”李德裕《春暮思平泉杂咏二十首·花药栏》：“蕙草春已碧，兰花秋更红。”杜牧《兰溪》：“兰溪春尽碧泱泱，映水兰花雨发香。”贯休《古意九首》之一：“兰花与芙蓉，满院同芳馨。”

【蘭芳】　❶兰草。即泽兰。多年生草本。李白《叙旧赠江阳宰陆调》：“间宰江阳邑，剪棘树兰芳。”皮日休、张贲《药名联句》：“雨过兰芳好，霜多桂末摧。”❷兰花的芳香。常用以比喻贤人。《楚辞·招魂》：“结撰至思，兰芳假些。”王逸注：“兰芳，以喻贤人。”李群玉《自澧浦东游江表途出巴丘投员外从公虞》：“巴歌�白雪，鲍肆埋兰芳。”

【蘭卮】　盛酒器卮的美称。李德裕《怀山居邀松阳子同作》：“春思岩花烂，夏忆寒泉冽，秋忆泛兰卮，冬思玩松雪。”

【蘭言】　情意投合之意。语出《易·系辞上》：“二人同心，其利断金；同心之言，其臭如兰。”乔知之《哭故人》：“玉没终无像，兰言强问虚。”

【蘭阯】　台阶的美称。骆宾王《帝京篇》：“钩陈肃兰阯，璧沼浮槐市。”

【蘭若】　❶兰草与杜若。皆香草。陈子昂《感遇诗三十八首》之二：“兰若生春夏，芊蔚何青青。”李白《题嵩山逸人元丹丘山居》：“尔能折芳桂，吾亦采兰若。”李贺《湖中曲》：“长眉越沙采兰若，桂叶水葓春漠漠。”陆龟蒙《美人》：“犹欲悟君心，朝朝佩兰若。”❷指寺院。梵语“阿兰若”的省称。意为寂净无苦恼烦乱之处。杜甫《大觉高僧兰若》：“巫山不见庐山远，松林兰若秋风晚。”李端《题觉公新兰若》：“头白禅师何处还，独开兰若树林间。”戎昱《题云公山房》：“云公兰若深山里，月明松殿微风起。”白居易《池上闲吟二首》之二：“非庄非宅非兰若，竹树池亭十亩余。”

【蘭苑】　园苑的美称。李贺《许公子郑姬歌》：“两马八蹄踏兰苑，情如合竹谁能见。”

【蘭苕】　兰花。李白《答从弟幼成过西园见赠》：“昨来荷花满，今见兰苕繁。”李贺《南园》：“方领蕙带折角巾，杜若已老兰苕春。”李德裕《思在山居日偶成此咏邀松阳子同作》：“幽谷人未至，兰苕应更鲜。”胡宿《侯家》：“前槛兰苕依玉树，后园桐叶护银床。”

【蘭林】　谓兰丛生处。张九龄《骊山下逍遥公旧居游集》：“松涧聆遗风，兰林览余滋。”

【蘭昌宫】　宫名。在唐河南府河南郡福昌县(治所今河南宜阳县西)县西十七里。孟迟有《兰昌宫》。

【蘭佩】　以兰草为佩饰者，借指高洁之士。语出《楚辞·离骚》：“扈江离与辟芷兮，纫秋兰以为佩。”崔国辅《九日侍宴应制》：“始惊兰佩出，复咏柏梁新。”李商隐《赠从兄阆之》：“城中猘犬憎兰佩，莫损幽芳久不归。”徐铉《避难东归依韵和黄秀才见寄》：“自甘逐客纫兰佩，不料平民著战衣。”

【蘭肴】　佳肴。李纾《让皇帝庙乐章·酌献》：“兰肴重错，椒醑飘散。”

【蘭房】　香闺。长孙无忌《新曲二首》之二：“回雪凌波游洛浦，遇陈王。婉约娉婷工语笑，侍兰房。”白居易《和微之诗二十三首·和顺之琴者》：“阴阴花院月，耿耿兰房烛。”李商隐《夜思》：“永令虚粲枕，长不掩兰房。”周繇《看牡丹赠段成式》：“金蕊霞英叠彩香，初疑少女出兰房。”

【蘭陔】《〈诗·小雅·南陔〉序》：“《南陔》，孝子相戒以养也。……有其义而亡其辞。”晋束皙作《补亡》诗：“循彼南陔，言采其兰；眷恋庭闱，心不遑安。”后遂以“蘭陔”为孝养父母之典。刘禹锡《和州送钱侍御自宣州幕拜官便于华州觐省》：“兰陔行可采，莲府犹回瞪。”又《闻韩宾擢第归觐以诗美之兼贺韩十五曹长》：“兰陔旧地花才结，桂树新枝色更青。”吕温《蕃中拘留岁余回至陇石先寄城中亲故》：“蓬转星霜改，兰陔色养违。”

【蘭莛】屋梁的美称。亦代指宫室。宗楚客《句》：“竹町罗千卫，兰莛降两宫。”

【蘭荃】兰草和荃。荃，即菖蒲。均香草。李绅《过梅里七首·忆东郭居》：“杨柳长庭柯。兰荃覆阶草。”亦喻美德。耿沣、陆羽《连句多暇赠陆三山人》：“诗书闻讲诵，文雅接兰荃。”张祜《戊午年感事书怀二百韵》：“朽心降杞梓，生意慕兰荃。”按，荃，原作“筌”，误，径改。

【蘭砌】栽种有兰草的台阶。卢鸿一《嵩山十志十首·草堂》：“罗蘼芜兮拍薜荔，荃壁兮兰砌。”

【蘭省】尚书省。有时亦指秘书省。孙逖《送苏郎中绾出佐荆州》：“高车出兰省，便道出荆门。”韦应物《送苏评事》：“季弟仕谯郡，元兄坐兰省。”刘禹锡《伤韦宾客》：“桂枝攀最久，兰省出仍初。”郑谷《次韵和礼部卢侍郎江上秋夕寓怀》：“梦归兰省寒星动，吟向莎洲宿鹭惊。”

【蘭思】谓思致之美。刘沧《寄远》：“蕙心迢递湘云暮，兰思萦回楚水流。”李骘《自惠山至吴下寄酬南徐从事》：“瑶音动清韵，兰思芬盈畹。”

【蘭缸】亦作“蘭釭”。燃兰膏的灯。亦借指精致的灯具。卢照邻《十五夜观灯》：“锦里开芳宴，兰缸艳早年。”白居易《闲夕》：“兰釭耿无烟，筠簟清有露。”姚合《同诸公会太府韩卿宅》：“燄燄兰缸明狭室，丁丁玉漏发深宫。”施肩吾《夜宴曲》：“兰缸如昼晓不眠，玉堂夜起沉香烟。”

【蘭釭】见“蘭缸”。

【蘭香】❶泽兰。喻优异子弟。《晋书·谢玄传》：“安尝戒约子侄，因曰：‘子弟亦何豫人事，而正欲使其佳?’诸人莫有言者。玄答曰：‘譬如芝兰玉树，欲使其生于阶庭耳。’安悦。”孙元宴《咏史诗·宋·谢朏》：“谢家诸子尽兰香，各震芳名满帝乡。”❷泽兰的芳香。李山甫《送职方王郎中吏部刘员外自太原郑相公幕继奉征书归省署》：“莲影一时空俭府，兰香同处扑尧衣。”

【蘭香神女廟】庙在唐福昌县(治所在今河南宜阳县北)昌谷乡女几山上。李贺有《兰香神女庙》。

【蘭亭】❶亭名。在今浙江绍兴市西南之兰渚山上。东晋永和九年(353)王羲之与谢安等同游于此，羲之作《兰亭集序》。郎士元《送李遂之越》：“梅市门何处，兰亭水尚流。”白居易《游平泉宴浥涧宿香山石楼赠座客》：“逸少集兰亭，季伦宴金谷。”李商隐《令狐八拾遗见招送裴十四归华州》：“兰亭宴罢方回去，雪夜诗成道韫归。”罗隐《投浙东王大夫二十韵》：“旧迹兰亭在，高风桂树香。”❷指《兰亭集序》。东晋永和九年(353)，王羲之与谢安、孙绰等四十一人，在山阴(今浙江绍兴市)兰亭“修禊”，会上各人作诗，并由羲之作序。李商隐《寄在朝郑曹独狐李四同年》：“不因醉本兰亭在，兼忘当年旧永和。”

【蘭亭會】指晋王羲之、谢安等四十一人在山阴兰亭的盛大集会。权德舆《和九华观见怀贡院八韵》：“地殊兰亭会，人似山阴归。”柳宗元《韩漳州书报彻上人亡因寄二绝》之一：“他时若写兰亭会，莫画高僧支道林。”

【蘭亭圖】以兰亭会为内容的图画。李频有《府试观兰亭图》。

【蘭炷】线香的美称。张为《谢别毛仙翁》：“兰炷飘灵烟，妖怪立诛夷。”

【蘭洞】谓豪华居室。毛熙震《临江仙》词之一：“南齐天子宠婵娟，六宫罗绮三千，潘妃娇艳独芳艳。椒房兰洞，云雨降神仙。”

【蘭洲】遍生兰草的洲渚。郑谷《李夷遇侍御滞水乡因抒寄怀》：“竹寺晴吟远，兰洲晚泊香。”

【蘭室】芳香高雅的屋室。多指妇女的居室。沈佺期《拟古别离》：“皓月掩兰室，光风虚蕙楼。”权德舆《新月与儿女夜坐听琴举酒》：“笑语向兰室，风流传玉音。”裴夷直《和刑郎中病中重阳强游乐游原》：“晓日整冠兰室静，秋原骑马菊花高。”唐彦谦《春雨》：“有恨开兰室，无言对李蹊。”

【蘭宮】即兰殿。李峤《奉和幸大荐福寺应制》：“桂舆朝群辟，兰宫列四禅。”太宗《赋帘》：“参差垂玉阙，舒卷映兰宫。”参见“蘭殿”。

【蘭茝】兰和茝。均香草。李颀《东京寄万楚》：“寄书不待面，兰茝空芳菲。”孟郊《桐庐山中赠李明府》：“欲识楚章句，袖中兰茝熏。”贯休《寄韩团练》：“谁不有心地，兰茝不曾植。”

【蘭桂】兰和桂。二者均有异香，故以喻贤者。李群玉《始忝四座奏状闻荐蒙恩授官言怀纪事呈同馆诸公二十四韵》：“解薜龙凤署，怀铅兰桂丛。”

【蘭逕】见“蘭徑”。

【蘭氣】芳香的气味。蔡希周《奉和扈从温泉宫承恩赐浴》：“来将兰气冲皇泽，去引星文捧碧空。”李德裕《思山居十一首·思乡园老人》：“兰气入幽帘，禽言傍孤枕。”钱起《和范郎中宿直中书晓玩清池赠南省同僚两垣遗补》:“兰气飘红岸,文星动碧浔。”温庭筠《舞衣曲》:“管含兰气娇语悲,胡槽雪腕鸳鸯丝。”

【蘭皋】 长兰草的涯岸。胡皓《大漠行》:“百花芳树红将歇,二月兰皋绿未还。”徐铉《寄蕲州高郎中》:“贾傅栖迟楚泽东,兰皋三度换秋风。”

【蘭徑】 亦作“蘭逕”。布满兰草的路径。褚亮《咏花烛》:“兰逕香风满,梅梁暖日斜。”韦应物《答李博士》:“梦远竹窗幽,行稀兰径合。”齐己《蝴蝶》:“桃蹊牵往复,兰径引相从。”

【蘭羞】 佳肴。魏征《五郊乐章·雍和》:“苾苾兰羞,芬芬桂醑。”则天皇后《唐享昊天乐·第六》:“兰羞委荐,桂醑盈斟。”

【蘭浦】 长满兰草的水浦。许浑《戏代李协律松江有赠》:“兰浦远乡应解珮,柳堤残月未鸣珂。”

【蘭陵】 ❶指南陵郡。东晋置,治所在今江苏常州市西北。李嘉祐《送陆士伦宰义兴》:“阳羡兰陵近,高城带水闲。”蒋涣《途次维扬望京口寄白下诸公》:“云白兰陵渚,烟青建业岑。”陈羽《送辛吉甫常州觐省》:“西去兰陵家不远,到家还及采兰时。”贯休《怀谬独一》:“常忆兰陵子,瑰奇皴溻才。”❷唐县名,治所在山东兰陵县西南兰陵镇。李白《客中行》:“兰陵美酒郁金香,玉碗盛来琥珀光。”❸长安坊名。该坊在长安城万年县所领朱雀门街之东,从北数为第六坊。李益有《喜入兰陵望紫阁峰呈宣上人》。❹指兰陵人萧道成。祖籍东海南陵,迁居南陵。公元479年,灭宋称帝,改国号为齐。徐夤《宋二首》之二:“三年未得分明梦,却为兰陵起霸图。”

【蘭陵鎮】 在今苏州常州市西北。王维《同崔傅答贤弟》:“杨州时有下江兵,兰陵镇前吹笛声。”

【蘭除】 栽着兰花的庭阶。李峤《石淙》:“羽盖龙旗下绝冥,兰除薜幄坐云扃。”

【蘭掖】 掖庭的美称。郭正一《奉和太子纳妃太平公主出降》:“桂宫初服冕,兰掖早升笄。”

【蘭栧】 木兰做的船舷。徐坚《棹歌行》:“霜丝青桂楫,兰栧紫霞舟。”

【蘭菊】 兰草和菊。白居易《凶宅》:“枭鸣松桂树,狐藏兰菊丛。”罗隐《寄酬邺王罗令公五首》之三:“湘浦烟波无旧迹,邺都兰菊有遗风。”吴融《秋日经别墅》:“别墅萧条海上村,偶期兰菊与琴尊。”

【蘭堂】 芳洁的厅堂。厅堂的美称。刘禹锡《聚蚊谣》:“沉沉夏夜兰堂开,飞蚊伺暗声如雷。”许浑《卧病寄诸公》:“飞盖集兰堂,清歌递柏觞。”温庭筠《舞衣曲》:“张家公子夜闻雨,夜向兰堂思楚舞。”方干《水墨松石》:“兰堂坐久心弥惑,不道山川是画图。”

【蘭野】 长满兰草的原野。用为田野的美称。李峤《奉和杜员外扈从教阅》:“菜田初起烧,兰野正开防。”

【蘭釵】 发钗的美称。温庭筠《郭处士击瓯歌》:“兰钗委坠垂云发,小响丁当逐回雪。”

【蘭舸】 木兰舟。亦用作船的美称。吴融《和睦州卢中丞题茅堂十韵》:“烟冷茶铛静,波香兰舸飞。”

【蘭船】 木兰船。亦用为船的美称。王周《岳州众湖阻风二首》之一:“众湖湖口系兰船,睡起中餐又却眠。”

【蘭章】 美称他人之诗文。韦应物《答贡士黎逢》:“兰章忽有赠,持用尉所思。”又《答崔主簿倬》:“兰章不可答,冲襟徒自盈。”

【蘭情】 谓女子情意。韩琮《春愁》:“吴鱼岭雁无消息,水誓兰情别来久。”

【蘭渚】 ❶渚的美称。李白《长干行二首》之二:“好乘浮云骢,佳期兰渚东。”李贺《嘲雪》:“昨日发葱岭,今朝下兰渚。”李群玉《寄韦秀才》:“荆台兰渚客,寥落共含情。”❷在今江西分宜县袁河畔的昌山峡附近。施肩吾《兰渚泊》:“家在洞水西,身作兰渚客。”

【蘭琴】 琴的美称。李峤《夏晚九成宫呈同僚》:“野席兰琴奏,山台桂酒酴。”

【蘭塲】 长满兰草的场地。太宗《芳兰》:“春晖开紫苑,淑景媚兰场。”

【蘭葉】 ❶兰草之叶。陈羽《吴城览古》:“吴王旧国水烟空,香径无人兰叶红。”❷指河图。《艺文类聚》卷十引《河图定佐辅》载,黄帝游于翠妫之川,有大鱼献图。李峤《河》:“若披兰叶检,还沐土皇风。”许景先《奉和御制春台望》:“兰叶负龟初荐祉,桐花集凤更来仪。”

【蘭棹】 木兰浆;兰舟。朱庆余《省试晦日与同志昆明池泛舟》:“戏鸟随兰棹,空波荡石鲸。”李德裕《首夏清景想望山居》:“何时倚兰棹,相与掇汀蘋。”刘淑柔《中秋夜泊武昌》:“悠悠兰棹晚,渺渺荻花秋。”花蕊夫人徐氏《宫词》之二四:“兰棹把来齐拍水,并船相斗湿罗衣。”

【蘭蓀】 即菖蒲。一种香草。寒山《诗三百三首》之一三一:“上为桃李径,下为兰荪渚。”畅当《春日过奉诚园》:“暖催新景气,春认旧兰荪。”李玖《喷玉泉冥会诗八首·四丈夫同赋》之四:“寒骨未沾新雨露,春风不长败兰荪。”李建勋《采菊》:“味甘资曲糵,香好胜兰荪。”

【蘭單】 锒铛。《谣·两京童谣》:“不怕上兰单,惟愁答辨难。”

【蘭筵】 筵席的美称。王勃《别人四首》之三:“桂轺虽不驻,兰筵幸未开。”

【蘭筋】 马目上部的筋名。兰筋坚者能日行千里，遂为骏马的代称。李白《天马歌》："嘶青云，振绿发，兰筋权奇走灭没。"

【蘭尊】 见"蘭樽"。

【蘭焰】 见"蘭燄"。

【蘭湯】 ❶熏香的浴水。白居易《小岁日喜谈氏外孙女孩满月》："桂燎熏花果，兰汤洗玉肌。"又《谈氏外孙生三日喜是男偶吟成篇兼戏呈梦得》："玉芽珠颗小男儿，罗荐兰汤浴罢时。"吴融《南迁途中作七首·访贯休上人》："休公为我设兰汤，方便教人学洗肠。"❷指温泉。玄宗《惟此温泉》："桂殿与山连，兰汤涌自然。"

【蘭裙】 裙的美称。借指女子。刘言史《苦妇词》："兰裙间珠履，食玉处花筵。"

【蘭階】 长满兰草的庭阶。王勃《伤裴录事丧子》："兰阶霜候早，松露穸台深。"钱珝《春恨三首》之二："身轻愿比兰阶蝶，万里还寻塞草飞。"

【蘭塘】 即兰塘浦，在今江苏扬州市。中植莲藕菱芡，唐时为胜游处。温庭筠有《兰塘词》。

【蘭夢】 得子之征兆。见《左传·宣公三年》。元稹《感逝》："头白夫妻分无子，谁令兰梦感衰翁。"

【蘭蕈】 兰草和蕈苏。柳宗元《游南亭夜还叙志七十韵》："曲渚怨鸿鹄，环洲凋兰蕈。"

【蘭路】 长满兰草的道路。白居易《开成大行皇帝挽歌词四首奉敕撰进》之四："月低仪仗辞兰路，风引笳箫入柏城。"

【蘭署】 即兰台。指秘书省。卢照邻《山庄休沐》："兰署乘闲日，蓬扉狎遁栖。"李潜《和主司王起》："兰署崇资金色重，蓬峰高唱玉音清。"丁棱《和主司王起》："兰署门生皆入室，莲峰太守别知音。"罗隐《寄京阙陆郎中昆仲》："柏台兰署四周旋，宾榻何妨雁影连。"

【蘭畹】 种有兰草的园圃。杜牧《许七侍御弃官东归寄赠十韵》："兰畹晴香嫩，筠溪翠影疏。"又《为人题赠二首》之二："雕笼长惨淡，兰畹谩芳菲。"韩琮《兴平县野中得落星石移置县斋》："择地依兰畹，题诗间锦钱。"

【蘭煙】 芳香的烟气。鲍溶《寒夜吟》："罗幕画堂深皎洁，兰烟对酒客几人。"

【蘭溪】 亦作"蘭谿"。❶唐婺州属县。咸亨五年析金华县西界置，今属浙江。县西南有兰溪。武元衡有《送严绅游兰溪》。权德舆有《自桐庐如兰溪有寄》。许浑有《送客归兰溪》。贯休有《春末兰谿道中作》。❷蕲水别名。流经黄州(治所在今湖北黄冈市)城头兰溪镇。杜牧有《兰溪》，诗题后原注："在蕲州西。"

【蘭殿】 汉有猗兰殿。相传汉武帝诞生前，父景帝梦赤彘从云中而下，入崇兰阁，因改阁名为猗兰殿。武帝生于此殿。后遂以"蘭殿"作为宫殿的美称。玄宗《千秋节宴》："兰殿千秋节，称名万寿觞。"张说《奉和圣制送宇文融安辑户口应制》："柏台简行李，兰殿锡朝衣。"韦应物《和张舍人夜直中书寄吏部刘员外》："月临兰殿出，凉自凤池来。"许浑《懿安皇太后挽歌词》："挽移兰殿月，笳引柏城风。"

【蘭臺】 ❶战国楚台名。故址传说在今湖北钟祥市东。见《文选·宋玉〈风赋〉》。张九龄《登古阳云台》："楚国兹故都，兰台有余址。"李贺《自昌谷到洛后门》："闻道兰台上，宋玉无归魂。"又《罗浮山父与葛篇》："依依宜织江雨空，雨中六月兰台风。"❷汉代宫中藏书之处。唐代指秘书省。见《旧唐书·职官志》。王昌龄《风凉原上作》："予忝兰台人，幽寻免贻责。"权德舆《奉和礼部尚书酬杨著作竹亭歌》："兰台有客叙交情，返照中林曳履声。"詹敦仁《又一首》："可恨名存实已除，兰台芸阁复谁居。"李商隐《无题二首》之一："嗟余听鼓应官去，走马兰台类断蓬。"

【蘭臺郎】 即秘书郎。唐高宗龙朔元年至咸亨初曾改秘书省为兰台。高适《奉寄平原颜太守》序："初颜公任兰台郎，与余有周旋之分，而于词赋，特为深知。"

【蘭臺風】 指快意的爽风。见《文选·宋玉〈风赋〉》。李贺《罗浮山父与葛篇》："依依宜织江雨空，雨中六月兰台风。"

【蘭臺宫】 战国楚之别宫名。故址在今湖北钟祥市东。胡曾《咏史诗·兰台宫》："迟迟春日满长空，亡国离宫蔓草中。"

【蘭榭】 亭榭的美称。李峤《王屋山第之侧杂构小亭暇日与群公同游》："桂亭依绝巘，兰榭俯回溪。"贯休《宋使君罢新定移出东馆》之二："听歌几入红兰榭，坐隐频升白玉堂。"

【蘭圖】 佛寺的美称。郑愔《奉和幸大荐福寺》："兰图奉叶偈，芝盖拂花楼。"

【蘭膏】 ❶古代用泽兰子炼制的油脂。可以点灯。李贺《伤心行》："灯青兰膏歇，落照飞蛾舞。"韦蟾《上元三首》之一："生惜兰膏烬，远为隔岁期。"曹邺《续幽愤》："清昼冷无光，兰膏坐销歇。"李商隐《金灯花》："兰膏爇处心犹浅，银烛烧残焰不馨。"❷一种润发香油。张籍《白纻歌》："复恐兰膏污纤指，常遣傍人收堕珥。"温庭筠《张静婉采莲歌》："兰膏坠发红玉春，燕钗拖颈抛盘云。"韩偓《玉合》："中有兰膏渍红豆，每回拈著长相忆。"白居易《任氏行》："兰膏新沐云鬓滑，宝钗斜坠青丝发。"

【蘭閨】 后代后妃宫室。后用以泛称女子居室。刘禹锡《夜燕福建卢侍郎宅因送之镇》："暂驻旌旗洛水堤，绮筵红烛醉兰闺。”许浑《题义女亭》：“身没兰闺道日明，郭南寻得旧池亭。”刘允济《怨情》：“玉关芳信断，兰闺锦字新。”

【蘭閣】 亭阁的美称。太宗《初春登楼即目观作述怀》：“凭轩俯兰阁，眺瞩散灵襟。”

【蘭蕙】 兰和蕙。两种香草。多连用以喻贤者。褚遂良《安德山池宴集》：“良朋比兰蕙，雕藻迈琼琚。”韦应物《拟古诗十二首》之七：“兰蕙虽可怀，芳香与时息。”温庭筠《过孔北海墓二十韵》：“兰蕙荒遗址，榛芜蔽旧垌。”韩偓《偶题》：“萧艾转肥兰蕙瘦，可能天亦妬馨香。”

【蘭質蕙心】 兰与蕙皆香草。喻女子淑美善良的气质。李虞卿《过小妓英英墓》：“兰质蕙心何所在，焉知过者是狂夫。”

【蘭彈】 疲沓；萎软。苏颋《咏死兔》：“兔子死兰弹，持来挂竹竿。”

【蘭槳】 木兰木做的船桨。亦用作船桨的美称。李峤《军师凯旋自邕州顺流舟中》：“萍叶沾兰桨，林花拂桂旗。”

【蘭橈】 （—ráo）小舟的美称。太宗《帝京篇十首》之六：“飞盖去芳园，兰桡游翠渚。”郎士元《送元诜还丹阳别业》：“一别沧州远，兰桡几岁归。”刘禹锡《采菱行》：“争多逐胜纷相向，时转兰桡破轻浪。”贾岛《忆江上吴处士》：“兰桡殊未返，消息海云端。”

【蘭樽】 亦作“蘭尊”。盛酒器或杯盏的美称。亦借指美酒。则天皇后《唐明堂乐章·徵音》：“冀延神鉴俯兰尊，式表虔襟陈桂俎。”任希古《和东观群贤七夕临泛昆明池》：“不挹兰樽圣，空仰桂舟仙。”岑参《南溪别业》：“竹径春来扫，兰樽夜不收。”

【蘭醑】 香酒；美酒。高宗《太子纳妃太平公主出降》：“华冠列绮筵，兰醑申芳宴。”

【蘭錡】 兵器架。蘭，通“阑”。亦借指武士。王绩《过汉故城》：“钩陈被兰锜，乐府奏芝房。”刘禹锡《送华阴尉张苕赴邕府使幕》：“兰锜照通衢，一家十朱轮。”罗隐《寄金吾李荪常侍》：“西班掌禁兵，兰锜最分明。”

【蘭篙】 木兰木做的篙。元稹《梦游春七十韵》：“清泠浅漫流，画舫兰篙渡。”

【蘭燄】 亦作“蘭焰”。指烛花。刘禹锡《浙西李大夫述梦四十韵并浙东元相公酬和斐然继声》：“兰焰凝芳泽，芝泥莹玉膏。”薛昭蕴《浣溪沙》词之六：“故人相送夜开筵，麝烟兰燄簇花钿。”

【蘭燈】 燃兰膏的灯。亦借指精致的灯具。则天皇后《早发夜宴》：“兰灯吐新燄，桂魄朗圆辉。”韦应物《郡斋卧病绝句》：“香炉宿火灭，兰灯宵影微。”杨凝《和直禁省》：“凤诏裁多暇，兰灯梦更长。”郑谷《侯家鹧鸪》：“春宵思极兰灯暗，晓月啼多锦幕垂。”

【蘭澤】 ❶生长兰草的沼泽。白居易《想东游五十韵》：“余芳认兰泽，遗咏思蘋洲。”李德裕《思平泉树石杂咏一十首·重台芙蓉》：“兰泽多众芳，妍姿不相匹。”❷用兰浸制的润发香油。李贺《追赋画江潭苑四首》之二：“水光兰泽叶，带重剪刀钱。”李德裕《述梦诗四十韵》：“麝气随兰泽，霜华入杏膏。”

【蘭藉】 祭礼宴享时以兰草为垫，以陈列祭品食物。周利用《奉和九月九日登慈恩寺浮图应制》：“叨恩奉兰藉，终愧洽薰风。”

【蘭臉】 指兰花。兰花盛开如笑脸，故称。李贺《梁台古愁》：“芙蓉凝红得秋色，兰脸别春啼脉脉。”

【蘭谿】 见“蘭溪”。

【蘭燭】 香烛。姚合《送崔玄亮赴果州冬夜宴韩卿宅》：“兰烛照重茵，飞杯复几分。”李咸用《草虫》：“须付画堂兰烛畔，歌怀醉耳两悠悠。”韩偓《咏浴》：“教移兰烛频羞影，自试香汤更怕深。”欧阳炯《菩萨蛮》之二：“酒倾金盏满，兰烛重开宴。”

【蘭闈】 宫闱的美称。则天皇后《从驾幸少林寺》：“陪銮游禁苑，侍赏出兰闱。”

【蘭隰】 兰草丛生的低湿之地。马戴《楚江怀古三首》之二：“芦洲生早雾，兰隰下微霜。”

【蘭薰】 兰之香馨。喻人德行或言辞之美。苏味道《使岭南闻崔马二御史并拜台郎》：“故林怀柏悦，新幄阻兰薰。”李商隐《送千牛李将军赴阙五十韵》：“别馆兰薰酷，深宫蜡焰明。”皎然《自苏州访医回酬卢士关判官见赠》：“周旋承惠爱，佩服比兰薰。”陆龟蒙《奉和袭美太湖诗二十首·以毛公泉献大谏清河公》：“君对瑶华味，重献兰薰言。”

【蘭櫂】 （—zhào）船桨或小舟的美称。櫂，同“棹”，船桨。亦借指船。温庭筠《赠郑征君家匡山首春与丞相赞皇公游止》：“一抛兰棹逐燕鸿，曾向江湖识谢公。”陆龟蒙《齐梁怨别》：“不知兰棹到何山，应倚相思树边泊。”李中《又送赴关》：“烟波乍晓浮兰棹，魂梦先飞近御香。”

【蘭襟】 良友。卢照邻《哭明堂裴主簿》：“遽痛兰襟断，徒令宝剑悬。”

【蘭燼】 状似兰心的蜡烛余烬。李贺《恼公》：“蜡泪垂兰烬，秋芜扫绮栊。”皇甫松《忆江南》词：“兰烬落，屏上暗红蕉。”

【蘭馨】 兰草的馨香。喻美德。周昙《咏史诗·春秋战国门·卫灵公》：“伯玉既亲知德润，残桃休吃悟兰馨。”

【蘭麝】 兰与麝香。指名贵的香料。钱起《奉陪郭常侍宴浐川山池》：“地满簪裾影，花添兰麝香。”白居易《和春深二十首》之二十：“兰麝熏行被，金铜钉坐车。”曹邺《吴宫宴》：“春风时一来，兰麝闻数里。”郑谷

《蜡烛》:“泪滴杯盘何所恨,烬飘兰麝暗和香。”

【蘭鷁】　船的美称。李绅《新楼诗二十首·东武亭》:“兰鹢对飞渔棹急,彩虹翻影海旗摇。”

【蘭纓】　指剑柄上所悬的缝子。李贺《申胡子觱篥歌》:“朔客骑白马,剑弝悬兰缨。”

蘗　〔bò《类篇》博厄切。〕同“檗”。即黄檗。也称黄柏。落叶乔木。木质坚硬。茎可制黄色染料。树皮厚,可制软木,亦可入药,味苦。韩翃《赠张道者》:“剪荷成旧屋,剉蘗染新衣。”孟郊《哀孟云卿嵩阳荒居》:“艺蘗意弥苦,耕山食无余。”李绅《寿阳罢郡日十首·肥河维舟阻冻只待敕命》:“食蘗苦心甘处困,饮冰持操敢辞寒。”黄滔《旅怀寄友人》:“重叠愁肠只自知,苦于吞蘗乱于丝。”

十八画

蘺　〔zá《广韵》徂合切,入合,從。又在協切,入帖,從。〕草帘。陆龟蒙《奉和袭美新秋言怀三十韵次韵》:“窗静常悬蘺,鞭闲不正鞘。”

蘺　〔lí《广韵》吕支切,平支,來。〕江蓠,又名蘼芜。刘禹锡《重至衡阳伤柳仪曹》:“千里江蓠春,故人今不见。”孟郊《下第东南行》:“江蓠伴我泣,海月投人惊。”白居易《郊下》:“东风吹野水,水畔江蓠生。”李商隐《九日》:“不学汉臣栽苜蓿,空教楚客咏江蓠。”

十九画

蘸　〔zhàn《广韵》莊陷切,去陷,莊。〕❶物体没于水中。储光羲《田家即事》:“桑柘悠悠水蘸堤,晚风晴景不妨犁。”刘禹锡《杨柳枝》:“嵯峨犹有当时色,半蘸波中水鸟栖。”参见“蘸水”。❷物体倒映于水中。白居易《夜泛阳坞入明月湾即事寄崔湖州》:“龙头画舸衔明月,鹊脚红旗蘸碧流。”紫夔《望九华山》:“龙池水蘸中秋月,石路人攀上汉梯。”皮日休《奉和鲁望药名离合夏月即事三首》之三:“桂叶似茸含露紫,葛花如绶蘸溪黄。”李洞《乙酉岁自蜀随计趁试不及》:“客卧涪江蘸月厅,知音唤起进趋生。”花蕊夫人徐氏《宫词》之八二:“旋刺篙竿令过岸,满池春水蘸红妆。”❸浸染。徐夤《牡丹花二首》之一:“看遍花无胜此花,剪云披雪蘸丹砂。”❹弥漫,笼罩。王周《和程刑部三首·清涟阁》:“丝青迷岸柳,茸绿蘸汀莎。”熊皎《湘江晓望》:“笙歌欢罢散离筵,水色朦胧蘸宿烟。”

【蘸水】　浸于水中。韩愈《游城南十六首·题于宾客庄》:“榆荚车前盖地皮,蔷薇蘸水笋穿篱。”王贞白《芦苇》:“惹烟轻弱柳,蘸水漱清蒲。”亦指物体倒映于水中。庸仁杰《赠池阳守陈德城》:“红旆渡江霞蘸水,青蛇出匣雪侵衣。”

【蘸甲】　古人饮宴,酒杯满斟,举杯时指甲能沾到酒,以表示对对方的尊敬。因喻满斟为“蘸甲”。刘禹锡《和乐天以镜换酒》:“嚬眉厌老终难去,蘸甲须欢便到来。”白居易《早饮湖州酒寄崔使君》:“十分蘸甲酌,潋艳满银盂。”韦庄《中酒》:“南邻酒熟爱相招,蘸甲倾来绿满瓢。”徐铉《梦游三首》之二:“蘸甲递觞纤似玉,含词忍笑腻于檀。”

蘿　〔luó《广韵》魯何切,平歌,來。〕指松萝,或云女萝。蔓生植物。青灰色,缘松柏等乔木而生,亦有寄生石上者,枝体下垂如丝状。刘长卿《入白沙渚夤缘二十五里至石窟山下怀天台陆山人》:“辍棹古崖口,扪萝春景迟。”窦参《登潜山观》:“攀萝歇复行,始得凌仙坛。”鲍溶《庐山石镜》:“怪堕幽萝间,非时更澄彻。”杜牧《朱坡》:“树老萝纡组,岩深石启闺。”

【蘿月】　藤萝间的明月。韦应物《云阳馆怀谷古》:“云泉非所濯,萝月不可援。”戴叔伦《晖上人独坐亭》:“萝月明盘石,松风落涧泉。”权德舆《酬李二十二兄主簿马迹山见寄》:“松风共萧飒,萝月想婵娟。”储嗣宗《宿甘棠馆》:“前轩鹤归处,萝月思沉沉。”

【蘿屋】　藤萝掩映的房屋。牟融《题山庄》:“萝屋萧萧事事幽,临风搔首远凝眸。”

【蘿逕】　见“蘿徑”。

【蘿軒】　藤萝掩映的小屋。孟浩然《宿立公房》:“苔涧春泉满,萝轩夜月闲。”

【蘿徑】　亦作“蘿逕”。铺满松萝的路径。孟浩然《宿业师山房期丁大不至》:“之子期宿来,孤琴候萝径。”钱起《谷口书斋寄杨补阙》:“家童扫萝径,昨与故人期。”牟融《水西草堂》:“萝径萧然曲业存,闲云流水四无邻。”郑谷《少华甘露寺》:“石门萝径与天邻,雨桧风篁远近闻。”

【蘿蔦】　女萝和茑。均为蔓生植物,常缘树而生。张九龄《始兴南山下有林泉尝卜居焉荆州卧病有怀此地》:“萝茑自为幄,风泉何必琴。”杜甫《郑典设自施州归》:“渚拂兼葭塞,峤穿萝茑幂。”刘禹锡《游桃源一百韵》:“楼居弥清霄,萝茑成翠帟。”吴融《三峰府内矮柏十韵》:“不容萝茑附,只耐雪霜侵。”

【蘿蔔】　即萝卜。亦名莱菔菜。二年生或一年生草本植物。叶呈羽状分裂,开白色或紫色花。主根肥大,圆柱形或球形,有白、青、红等色,是普通蔬菜之一。种子可供药用,叫莱菔子。亦特指这种植物的主根。病狂人《歌》之二:“惆怅此情言不尽,一丸萝卜火吾宫。”

【蘿幄】　女萝悬垂所形成的帐状物。李商隐《井泥四十韵》:“萝幄既已荐,山樽亦可开。”

【蘿幌】 女萝悬垂所形成的帐状物。王勃《游梵宇三觉寺》:“萝幌栖禅影,松门听梵音。”欧阳衮《寄陈去疾进士》:“玄言萝幌馥,诗思竹炉温。”

【蘿蔓】 松萝的藤蔓。喻攀附。元结《石宫四咏》之二:“远风吹萝蔓,野客熙清阴。”韩愈《游城南十六首·楸树二首》之二:“幸自枝条能树立,可烦萝蔓作交加。”夏方庆《谢真人仙驾还旧山》:“沧桑今已变,萝蔓尚堪攀。”白居易《酬李二十侍郎》:“行掇木芽供野食,坐牵萝蔓挂朝衣。”陶雍《和兵部郑侍郎省中四松诗》:“何由比萝蔓,攀附在条枚。”

【蘿薜】 女萝和薜荔。均蔓生植物。岑文本《安德山池宴集》:“雕楹网萝薜,激濑合埙篪。”刘长卿《题元录事开元所居》:“幽居萝薜情,高卧纪纲行。”司空曙《过终南柳处士》:“云起山苍苍,林居萝薜荒。”白居易《题崔常侍济源庄》:“主人何处去,萝薜换貂蝉。”

【蘿龕】 藤萝掩映的佛龛。无可《送清散游太白山》:“卷经归太白,蹑薜别萝龛。”

蘼 〔mí《广韵》靡爲切,平支,明。又文彼节,上紙,微。〕见“蘼蕪”。

【蘼蕪】 草名。芎䓖的苗,叶有香气,其叶靡弱而繁芜,故名。乔知之《下山逢故夫》:“庭前厌芍药,山上采蘼芜。”李贺《黄头郎》:“沙上蘼芜花,秋风已先发。”刘禹锡《望夫山》:“近来岂少征人妇,笑采蘼芜上北山。”孟迟《闺情》:“蘼芜亦是王孙草,莫送春香入客衣。”

虀 同“齑”。用盐酱等浸渍的蔬果。如腌菜、酱菜、果酱之属。卢仝《苦雪寄退之》:“冷絮刀生削峭骨,冷齑斧破慰老牙。”韩愈《崔十六少府摄伊阳以诗及书见投因酬三十韵》:“冬惟茹寒齑,秋始识瓜瓣。”张祜《所居即事六首》之二:“野食不妨菰作饭,园蔬何必稻为虀。”

【虀杵】 捣姜椒等辛辣食品的杵。陆龟蒙《秋思三首》之三:“未得同齑杵,何时减药囊。”

二十一画

虆 〔lěi《广韵》力追切,平脂,來。〕见“蓬虆”。

虍　部

二　画

虎〔hǔ《广韵》呼古切，上姥，曉。〕❶通称老虎。猛兽名。属猫科哺乳类动物。王维《老将行》："射杀中山白额虎，肯数邺下黄须儿。"刘禹锡《壮士行》："阴风振寒郊，猛虎正咆哮。"李绅《涉沅潇》："蛟龙长怒虎长啸，山木翛翛波浪深。"李商隐《幽人》："樵归说逢虎，棋罢正留僧。"❷以虎命名的其他类动物，如壁虎，蝇虎。见晋崔豹《古今注·鱼虫》。韩愈、孟郊《城南联句》："得隽蝇虎健，相残雀豹趟。"❸比喻威武勇猛。岑参《陪狄员外早秋登府西楼因呈院中诸公》："阶下貔虎士，幕中鹓鹭行。"韩愈《永贞行》："北军百万虎与貔，天子自将非他师。"刘禹锡《和汴州令狐相公到镇改月偶书所怀》："绿油貔虎拥，青纸凤皇衔。"白居易《和渭北刘大夫借便秋遮虏寄朝中亲友》："豹虎关西卒，金汤渭北城。"杜牧《中秋日拜起居表晨渡天津桥即事十六韵献居守相国崔公兼呈工部刘公》："鸳鸿随半仗，貔虎护重关。"❹比喻绅者，如诸侯、军阀。李白《古风》之一："龙虎相啖食，兵戈逮狂秦。"韩愈《过鸿沟》："龙疲虎困割川原，亿万苍生性命存。"韦庄《上元县》："有国有家皆是梦，为龙为虎亦成空。"❺比喻凶残之人。杜甫《伤秋》："何年灭豺虎，似有故园归。"又《久客》："狐狸何足道，豹虎正纵横。"岑参《行军诗二首》之一："干戈碍乡国，豺虎满城堡。"

【虎力】　如虎之力。形容勇力。张祜《投河阳右仆射》："对敌枭心死，冲围虎力生。"李商隐《射鱼曲》："思牢弩箭磨青石，绣额蛮渠三虎力。"

【虎士】　勇猛如虎的战士。李白《永王东巡歌十一首》之七："战舰森森罗虎士，征帆一一引龙驹。"又《送赵判官赴黔府中丞叔幕》："虎士秉金钺，蛾眉开玉樽。"

【虎口】　老虎之口。喻危险的境地。李白《古风》之五一："虎口何婉娈，女媭空婵媛。"刘长卿《按覆后归睦州赠苗待御》："羊肠留覆辙，虎口脱余生。"皎然《武源行赠丘卿岑》："万人死地当虎口，一旦生涯悬彀中。"戎昱《苦哉行五首》之四："脱身落虎口，不及归黄泉。"李商隐《大卤平后移家到永乐县居书怀十韵寄刘韦二前辈》："脱身离虎口，移疾就猪肝。"

【虎山】　即虎丘山。钱弘俶《金陵》："虎山终自伏，带水漫长游。"参见"虎丘山"。

【虎子】　乳虎。齐己《贻王秀才》："自能探虎子，何虑屈男儿。"参见"虎穴得子"。

【虎牙】　❶古代将军的名号。见《汉书·匈奴传》。韩翃《送刘将军》："明光细甲照錏鍜，昨日承恩拜虎牙。"李商隐《行次昭应县道上送户部李郎中充昭义攻讨》："暂逐虎牙临故绛，远含鸡舌过新丰。"亦指虎牙将军。杜牧《道一大尹存之庭美二学士简于圣明自致霄汉皆与舍弟昔年还往牧支离穷悴窃于一麾书美歌诗呈上三君子》："星座通霄狼鬣暗，戍楼吹笛虎牙闲。"❷山名。在今湖北宜昌市东南长江北岸，西南与荆门山隔江相望。杜甫《虎牙行》："洞庭扬波江汉回，虎牙铜柱皆倾侧。"

【虎文】　虎皮毛上的斑纹。李白《天马歌》："天马来出月支窟，背为虎文龙翼骨。"

【虎文巾】　一种以虎纹为饰的头巾。皮日休《以沙巾寄鲁望因而有作》："更有一般君未识，虎文巾在绛霄房。"

【虎丘】　山名。在今江苏苏州市西北。相传春秋吴王阖闾（一作"阖庐"）葬于此。见汉袁康《越绝书·外传记吴地传》。韦应物《赠丘员外二首》之一："虎丘惬登眺，吴门怅踌躇。"韩翃《赠长洲何主簿》："挂席逐归流，依依望虎丘。"刘禹锡《题报恩寺》："云外支硎寺，名声敌虎丘。"白居易《重答汝州李六使君见和忆吴中旧游五首》："为忆娃宫与虎丘，玩君新作不能休。"

【虎丘山】　即虎丘。刘禹锡《虎丘寺见元相公二年前题名怆然有咏》："浐水送君君不还，见君题字虎丘山。"李商隐《和人题真娘墓》："虎丘山下剑池边，长遣游人叹逝川。"黄滔《寄蒋先辈》："千载三吴有高迹，虎丘山翠益崔嵬。"西施《西施诗》："一自越兵齐振地，梦魂不到虎丘山。"

【虎丘寺】　故址在今江苏苏州市虎丘山。始建于东晋。司徒王珣与弟司空王岷在虎丘建别墅，后舍宅为寺，名虎丘山寺。分东西二刹。唐代会昌年间寺毁，后移建山顶，合为一寺。刘长卿《题虎丘寺》："青林虎丘寺，林际翠微路。"韦应物《送秦系赴润州》："更欲携君虎丘寺，不知方伯望征帆。"

【虎丘西寺】 在今江苏苏州市虎丘山上。刘禹锡有《虎丘西寺》。张祜有《题虎丘西寺》。参见"虎丘寺。"

【虎丘东寺】 在今江苏苏州市虎丘上。张祜有《题虎丘东寺》。参见"虎丘寺"。

【虎皮】 ❶老虎皮。饰之以示威武。王绩《游仙四首》之四:"照水然犀角,游山费虎皮。"陆龟蒙《袭美先辈以龟蒙所献五百言既蒙见和复示荣唱再抒鄙怀用伸酬谢》:"吾祖仗才力,革车蒙虎皮。"欧阳炯《题景焕画应天寺壁天王歌》:"臂横鹰爪尖纤利,腰缠虎皮斑剥红。"❷老虎皮。杜牧《即事》:"萧条井邑如鱼尾,早晚干戈识虎皮。"❸即虎皮羊。喻虚有其表,徒有虎名。李商隐《咏怀寄秘阁旧僚二十六韵》:"曲艺垂麟角,浮名状虎皮。"

【虎皮冠】 一种以虎皮制作的冠帽。李白《幽州胡马客歌》:"幽州胡马客,绿眼虎皮冠。"

【虎皮羊】 披着虎皮的羊。喻以伪乱真。李商隐《赠送前刘五经映三十四韵》:"惊疑豹文鼠,贪窃虎皮羊。"

【虎穴】 ❶虎居之洞穴。王维《游化感寺》:"龙宫连栋宇,虎穴傍檐楹。"杜甫《课伐木》:"虎穴连里闾,堤防旧风俗。"贾岛《送僧归太白山》:"夜禅临虎穴,寒漱撇龙泉。"林滋《望九华山》:"龙潭万古喷飞溜,虎穴几人能得窥。"❷喻敌人之巢穴。李白《送羽林陶将军》:"万里横戈探虎穴,三杯拔剑舞龙泉。"杜牧《题永崇西平王宅太尉愬院六韵》:"半夜龙骧去,中原虎穴空。"李商隐《骄儿诗》:"儿当速成大,探雏入虎穴。"❸喻危险之地。李白《留别于十一兄逖裴十三游塞垣》:"且探虎穴向沙漠,鸣鞭走马凌黄河。"❹地名,在今甘肃成县西。杜甫《寄赞上人》:"裴回虎穴上,面势龙泓头。"

【虎穴得子】 比喻深入险境,获得成功。见《后汉书·班超传》。刘禹锡《观棋歌送儇师西游》:"雁行布阵众未晓,虎穴得子人皆惊。"

【虎寺】 即虎丘寺。元稹《戏赠乐天复言》:"孙园虎寺随宜看,不必遥遥羡镜湖。"

【虎臣】 威武如虎之臣。见《诗·鲁颂·泮水》。杜甫《沙苑行》:"王有虎臣司苑门,入门天厩皆云屯。"独孤及《初晴抱琴登马退山对酒望远醉后作》:"王旅方伐叛,虎臣皆被坚。"韩愈《奉酬振武胡十二丈大夫》:"倾朝共羡宠光频,半岁迁腾作虎臣。"杜牧《史将军二首》之二:"何日武台坐,兵符授虎臣。"皮日休《补周礼九夏系文·九夏歌九篇》之五:"王有虎臣,锡之铁钺。"

【虎竹】 ❶铜虎符与竹使符的并称。虎符用以发兵,竹符用以征调。李白《塞下曲六首》之五:"将军分虎竹,战士卧龙沙。"又《出自蓟北门行》:"虎竹救边急,戎车森已行。"韦应物《始建射侯》:"虎竹忝明命,熊侯始张皇。"张祜《雁门太守行》:"鱼金虎竹天上来,雁门山边骨成灰。"❷借指太守、刺史。李白《博平郑太守自庐山千里相寻入江夏北市门见访却之武陵立马赠别》:"都忘虎竹贵,且与荷衣乐。"又《赠宣城赵太守悦》:"大贤茂远业,虎竹光南藩。"韦应物《寻简寂观瀑布》:"犹将虎竹为身累,欲付归人绝世缘。"独孤及《送长孙将军拜歙州之任》:"浪逐楼船破,风从虎竹生。"参见"虎符"。

【虎步】 形容称雄一时。无名氏《青海卧疾之作》之二:"昔时曾虎步,即日似禽笼。"

【虎吟】 虎啸,虎叫。孟简《拟古》:"勇发看鸷击,愤来听虎吟。"

【虎兕】 ❶虎与犀牛。吕温《道州观野火》:"虫蛇尽烁烂,虎兕出奔迫。"❷比喻敌人。杜牧《分司东都寓居履道叨承川尹刘侍郎大夫恩知上四十韵》:"先声威虎兕,余力活蟭螟。"❸喻凶恶之人。皮日休《奉和鲁望读阴符经见寄》:"九伯真犬彘,诸侯实虎兕。"

【虎尾】 喻危险的处境。白居易《江南谪居十韵》:"虎尾难容足,羊肠易覆轮。"又《江州赴忠州至江陵已来舟中示舍弟五十韵》:"虎尾忧危切,鸿毛性命轻。"许浑《泊蒜山津闻东林寺光仪上人物故》:"言下是非齐虎尾,宿来荣辱比鸿毛。"罗隐《郴江迁客》:"事虽危虎尾,名胜泊鹓行。"

【虎争】 喻强敌相争。李白《留别于十一兄逖裴十三游塞垣》:"秦赵虎争血中原,当去抱关救公子。"胡曾《咏史诗·赤壁》:"烈火西焚魏帝旗,周郎开国虎争时。"

【虎兒】 乳虎。张祜《射虎词》:"高山路傍射虎儿,执弓走箭如星驰。"

【虎枕】 "虎頭枕"的简称。一种以虎头骨为饰的枕头,相传可辟恶梦魇。见《本草纲目》卷五一《兽部·虎》引南朝梁陶弘景《名医别录》。张祜有《酬凌秀才惠虎枕》。

【虎争龍戰】 喻激烈的争夺、战斗。胡曾《咏史诗·谷口》:"一旦天真逐水流,虎争龙战为诸侯。"

【虎牀】 见道世《法苑珠林》卷九九。后遂用为咏佛寺僧人的典故。李绅《鉴玄影堂》:"龙钵已倾无法雨,虎床犹在有悲风。"

【虎威】 谓威武的气概。汪遵《乌江》:"兵散弓残挫虎威,单枪匹马突重围。"

【虎威狐假】 即狐假虎威。见《战国策·楚策一》。李商隐《哭遂州萧侍郎二十四韵》:"虎威狐更假,隼击鸟逾喧。"

【虎侯】 以虎皮饰边的箭靶。见《周礼天官·司裘》。李峤《豹》："委质超羊鞟，飞名列虎侯。"

【虎穽】 捕虎的陷井。李商隐《商於新开路》："蜂房春欲暮，虎阱日初曛。"

【虎冠】 犹高冠。李贺《荣华乐》："峨峨虎冠上切云，竦剑晨趋凌紫氛。"

【虎眉】 浓眉。李颀《送陈章甫》："陈侯立身何坦荡，虬须虎眉仍大颡。"

【虎班】 虎皮的斑纹。班，通"斑"。亦指有虎纹的骏马。韩翃《寄雍丘窦明府》："何事翻飞不及群，虎班突骑来纷纷。"

【虎翅】 有翅的虎。比喻才俊杰出之士。李商隐《安平公诗》："府中从事杜与李，麟角虎翅相过摩。"

【虎眠】 义同"虎牀"。孟浩然《陪李侍御访聪上人禅居》："石室无人到，绳床见虎眠。"

【虎狼】 ❶虎与狼。杜甫《三绝句》之一："群盗相随剧虎狼，食人更肯留妻子。"许棠《寄敬亭山清越上人》："高禅星月近，野火虎狼驯。"崔道融《天台陈逸人》："近抛三井更深去，不怕虎狼唯怕人。"郑愚《醉题广州使院》："数年百姓受饥荒，太守贪残似虎狼。"❷喻凶残的敌人、盗贼。杜甫《有感五首》之二："幽蓟余蛇豕，乾坤尚虎狼。"刘长卿《瓜洲驿奉饯张侍御公拜膳部郎中却复宪台充贺兰大夫留后》："国怜朝市易，人怨虎狼残。"李涉《寄河阳从事杨潜》："一从戎马来幽蓟，山谷虎狼无捍制。"

【虎狼心】 喻残虐之心。李咸用《昭君》："不知桃李貌，能转虎狼心。"

【虎狼都】 指隋都关中，即秦旧地。杜甫《行次昭陵》："谶归龙凤质，威定虎狼都。"

【虎狼國】 喻指春秋战国时的秦国。见《史记·苏秦列传》。周昙《咏史诗·春秋战国门·再吟楚怀王》："明知秦是虎狼国，更忍车轮独向西。"司空图《秦关》："虎狼秦国破，狐兔汉陵空。"参见"虎狼都"。

【虎狼窟】 喻凶残敌人的巢穴。李廓《猛士行》："幽并少年不敢轻，虎狼窟里空手行。"

【虎豹】 ❶虎与豹。岑参《东归发犍为至泥溪舟中作》："夜泊防虎豹，朝行逼鱼龙。"杜甫《石龛》："熊罴咥我东，虎豹号我西。"韩愈、李正封《晚秋郾城夜会联句》："虎豹贪犬羊，鹰鹯憎鸟雀。"聂夷中《闻人说海北事有感》："村落日中眠虎豹，田园雨后长蒿莱。"❷喻勇猛的战士。罗隐《春日投钱塘元帅尚父二首》之一："门外旌旗屯虎豹，壁闲章句动风雷。"陆龟蒙《奉酬袭美先辈吴中苦雨一百韵》："初惊蚩尤阵，虎豹争搏啮。"❸喻凶残的盗贼、敌人等残暴之人。杜甫《奉送郭中丞兼太仆卿充陇右节度使三十韵》："废邑狐狸语，空村虎豹争。"韦应物《京师叛乱寄诸弟》："羁离官远郡，虎豹满西京。"张祜《献太原裴相公三十韵》："虎豹皆亲射，豹狼例手诛。"陆龟蒙《徐方平后闻赦因寄袭美》："英材尽作龙蛇蛰，战地多成虎豹村。"❹绘有虎豹图形的旌旗。一般为将帅、太守、刺史等所建。李绅《渡西陵十六韵》："弓日鞬櫜动，旗风虎豹争。"许浑《中秋夕寄大梁刘尚书》："汴人迎拜洛人留，虎豹旌旗拥碧油。"参见"虎旗"。

【虎豹符】 同"虎符❶"。杜甫《别苏徯》："国带风尘色，兵张虎豹符。"

【虎旅】 指勇猛的军队。杨巨源《送裴中丞出使》："龙韬何必陈三略，虎旅由来肃万方。"吕温《岳阳怀古》："吴昌屯虎旅，晋盛骛龙舟。"李商隐《马嵬二首》之二："空闻虎旅传宵柝，无复鸡人报晓筹。"

【虎脊】 谓马毛色如虎脊。见《汉书·礼乐志》。后遂用为咏骏马的典故。杜甫《戏为六绝句》之三："龙文虎脊皆君驭，历块过都见尔曹。"又《送李校书二十六韵》："渥洼骐骥儿，尤异是虎脊。"

【虎掊】 泉水名。在江西庐山东林寺附近。周繇《题东林寺虎掊泉》："胜致通幽感，灵泉有虎掊。"

【虎眼紋】 形容水涡旋转的波纹。亦省作"虎眼"。李白《泾溪东亭寄郑少府谔》："欲往泾溪不辞远，龙门蹙波虎眼转。"刘禹锡《浪淘沙九首》之三："汴水东流虎眼纹，清淮晓色鸭头春。"

【虎眼】 见"虎眼紋"。

【虎符】 ❶古代帝王授予臣下军权和征调军队的凭证。为虎形，初以玉，后以铜为之。背有铭文，剖为两半，右半留朝廷，左半给地方长官或统兵将领。调遣或征兵，两面三刀半相验符合，始可。唐代改为铜鱼符，用为发兵与更易守长的凭信。李白《古风》之三四："羽檄如流星，虎符合专城。"储光羲《送丘健至州敕放作时任下邽县》："河陇征击卒，虎符到我州。"武无衡《送邓州潘使君赴任》："虎符中禁授，熊轼上流居。"姚合《送崔中丞赴郑州》："丹霄凤诏下，太守虎符新。"周繇《送江州薛尚书》："忽佩虎符去，遥疑鸟道通。"❷借指刺史、太守。韦应物《登重玄寺阁》："诚知虎符忝，但恨归路长。"韩翃《送端州冯使君》："怀君乐事不可见，骙马翩翩新虎符。"杨巨源《送杜郎中使君赴虔州》："虎符秋领俗，鹓署早辞群。"罗炯《行县至浮查山寺》："二十年前此布衣，鹿鸣西上虎符归。"❸同"虎符龍節"。李绅《到宣武三十韵》："虎符三校列，鱼胄万夫迎。"

【虎符守】 刺史、太守的别称。李颀《送从弟游江淮兼谒鄱阳刘太守》："应见鄱阳虎符守，思归共指白云乡。"李嘉祐《宋州东登望题武陵驿》："明主频移虎符守，几时行县向黔黎。"参见"虎符"。

【虎符龍節】 指旌节。为皇帝赐以诸州都督、节度使、刺史调度军事之信符。见《新唐书·车服志》。

又见《新唐书·百官志四下》。卢纶《送从叔牧永州》："虎符龙节照岐路，何苦愁为江海人。"罗隐《献尚父大王》："今日朱方平殄后，虎符龙节十三州。"

【虎崖】 地名。在今甘肃成县东南飞龙峡口。杜甫《发同谷县》："停骖龙潭云，回首虎崖石。"

【虎章】 虎形的印章。郑畋《题缑山王子晋庙》："雾垂鸦翅发，冰束虎章腰。"

【虎视】 ❶如虎之雄视。形容伺机攫取。张祜《入潼关》："秦皇曾虎视，汉祖昔龙颜。"陆龟蒙《算山》："五十八年争虎视，三千余骑骋龙媒。"❷形容威武之状。李白《古风》之三："秦皇扫六合，虎视何雄哉。"李约《从军行三首》之三："嫖姚方虎视，不觉说添兵。"欧阳詹《送张骠骑邠宁行营》："宝马雕弓金仆姑，龙骧虎视出皇都。"❸借指秦始皇。杨巨源《上刘侍中》："英姿凌虎视，逸步压龙骧。"❹喻残暴。李贺《白虎行》："火乌日暗崩腾云，秦皇虎视苍生群。"

【虎隊】 喻勇猛的军队。孟郊《猛将吟》："虎队手驱出，豹篇心卷藏。"曹唐《羽林贾中丞》："四十年前百战身，曾驱虎队扫胡尘。"

【虎落】 ❶竹林做的藩篱，古代用以护城，或作军营的屏帐。皎然《从军行五首》之五："誓师张虎落，选将擐犀渠。"白居易《和渭北刘大夫借便秋遮虏寄朝中亲友》："夏苗侵虎落，宵遁失蕃营。"温庭筠《病中书怀呈友人》："苇花纶虎落，松瘿斗栾栌。"❷借指军营。刘禹锡《捣衣曲》："天狼正芒角，虎落定相攻。"又《送工部萧郎中刑部李郎中并以本官兼中丞分命充京西京北覆粮使》："天威巡虎落，星使出鸳行。"

【虎賁】 ❶勇士之称。贲，通"奔"。岑参《送刘郎将归河东》："借问虎贲将，从军凡几年。"❷指晋文学家虎贲中郎将潘岳。武平一《奉和幸新丰温泉宫应制》："侍从推玄草，文章召虎贲。"刘禹锡《武陵书怀五十韵》："三秀悲中散，二毛伤虎贲。"

【虎戟】 古代虎贲之士所执之戟。后泛指侍卫之士。陈子良《赞德上越国公杨素》："高门罗虎戟，绮阁丽雕甍。"王建《将归故山留别杜侍御》："虎戟卫重门，何因达中诚。"

【虎跑寺】 佛寺名。在今浙江杭州市东南大慈山。张继有《城西虎跑寺》。

【虎跑泉】 ❶泉水名。在今浙江杭州市东南大慈山。成彦雄《煎茶》："岳寺春深睡起时，虎跑泉畔思迟迟。"❷泉水名，在今湖北麻城市龟峰山。太宗《题龟峰山》："试剑石边风拂拂，虎跑泉内水溶溶。"

【虎跡】 虎的足印。杜甫《复愁十二首》之一："人烟生处僻，虎迹过新蹄。"施肩吾《日晚归山词》："虎迹新逢雨后泥，无人家处洞边溪。"许浑《暝投云智寺渡溪不得却取沿江路往》："沙虚留虎迹，水滑带龙涎。"孟贯《过秦岭》："苍苔留虎迹，碧树障溪声。"

【虎渡江】 见《后汉书·宋均传》。后遂以"虎渡江"用为称美地方长官德政的典故。张祜《投常州从兄中丞》："旧爱鹏抟海，今闻虎渡江。"

【虎睛】 一种珍珠名。杜牧《杜秋娘诗》："虎睛珠络褓，金盘犀镇帷。"

【虎喙】 虎口。喻险恶之境。柳宗元《行路难三首》之三："蟠龙吐耀虎喙张，熊蹲豹踯争低昂。"

【虎節】 ❶同"虎符龍節"。皎然《奉和颜使君真卿与陆处士羽登妙喜寺三癸亭》："龙池护清澈，虎节到深邃。"薛逢《送封尚书节制兴元》："陌上晚花迎虎节，马前新月学弯弓。"韦庄《和郑拾遗秋日感事一百韵》："功高分虎节，位下耻龙骧。"李景遂《赴润州镇赐饯》："路指丹阳分虎节，心存双阙恋龙颜。"❷同"虎符❶"。窦牟《奉使至邢州赠李八使君》："独占龙冈部，深持虎节居。"陆龟蒙《京口与友生话别》："杖诚为虎节，披信作鲛函。"

【虎節龍旗】 同"虎符龍節"。陆龟蒙《战秋辞》："方州大都，虎节龙旗。"

【虎溪】 水名。在今江西庐山东林寺前。相传晋代高僧慧远居东林寺时，送客不过溪。见佚名《莲社高贤传·百二十三人传》。后遂成为咏高僧的典故。孟浩然《疾愈过龙泉寺精舍呈易业二公》："日暮辞远公，虎溪相送出。"李白《秋夜宿龙门香山寺》："凤驾忆王子，虎溪怀远公。"常衮《题金吾郭将军石洑茅堂》："客从龙阙至，僧自虎溪寻。"李涉《和尚书舅见寄》："欲随流水去幽栖，喜伴归云入虎溪。"李中《送圆上人归庐山》："预想松轩夜禅处，虎溪圆月照空山。"

【虎溪水】 即虎溪。韩翃《题玉山观禅师兰若》："禅床久卧虎溪水，兰若初开凤城里。"李群玉《题龙潭西斋》："远公一去兜率宫，唯有面前虎溪水。"

【虎溪寺】 指东林寺，因寺前有虎溪，故名。齐己《忆在匡庐日》："松声虎溪寺，塔影雁门师。"

【虎溪社】 指白莲社，又称莲社，为晋代高僧慧远与慧永、道生、昙顺及名儒周续之、雷次宗、宗炳等人所结的研究佛经的社团。见佚名《莲社高贤传》。齐己《荆门送昼公归彭泽旧居》："应过虎溪社，伫立想诸贤。"

【虎溪泉】 即虎溪。雍陶《送契玄上人南游》："南中多古迹，应访虎溪泉。"

【虎溪橋】 据《太平寰宇记》载，庐山虎溪之上有桥，高僧慧远送客至此不过桥。后遂成为咏高僧的典故。齐己《寄岘山愿公三首》之三："终期踏松影，携手虎溪桥。"又《寄寻萍公》："虎溪桥上龙潭寺，曾此相寻踏雪回。"

【虎溪頭】 亦作"虎谿頭"。虎溪边。王维《过感化寺县兴上人山院》："暮持筇竹杖，相待虎溪头。"赵嘏《送僧归庐山》："却忆前年别师处，马嘶残月虎溪头。"刘沧《与重幽上人话旧》："自喜他年接巾舄，沧浪地近虎溪头。"参见"虎溪"。

【虎殿】　汉代未央宫白虎殿(白虎观)的简称。东汉章帝建初三年。曾令大夫、博士、议郎、郎官及诸生、诸儒会白虎观讲议《五经》同异，帝亲称制临决，作《白虎议奏》。后借指宫中讲学之所。张说《修书院学士奉敕宴梁王宅赋得树字》："虎殿成鸿业，猿岩题凤赋。"

【虎殿龍樓】　指皇宫中的宫殿楼阁。贯休《古意九首》之八："玄宗致之七宝床，虎殿龙楼无不可。"

【虎僕毛】　兽名。为笔的代称。吴融《绵竹山四十韵》："戎提虎仆毛，专奉狼头纛。"

【虎旗】　古代军旗。上面绘有虎形，故名。见《释名·释兵》。李白《司马将军歌》："扬兵习战张虎旗，江中白浪如银屋。"吕温《晋王龙骧墓》："虎旗龙舰顺长风，坐引全吴入掌中。"李绅《拜宣武军节度使》："油幢并入虎旗开，锦纛从天凤诏来。"鲍溶《寄宋申锡评事时从李少师移军回归》："君逐元侯静虏归，虎旗龙节驻春晖。"

【虎绶】　❶即虎头绶。刘禹锡《酬杨八庶子喜韩吴兴与余同迁见赠》："虎绶悬新印，龙舼理去桡。"参见"虎頭綬"。❷借指官印。刘禹锡《送令狐相公自仆射出镇南梁》："久领鸳行重，无嫌虎绶轻。"

【虎賣杏】　咏隐居山林的典故。王维《送友人归山歌二首》之一："神与枣兮如瓜，虎卖杏兮收谷。"

【虎磎】　水名。在今四川峨眉山市峨眉山。唐求《夜上隐居寺》："寻师拟学空，空住虎磎东。"

【虎踞】　❶虎之蹲踞。喻杰出人物之威武。钱起《归义寺题震上人壁》："秘谶得神谋，因高思虎踞。"❷形容地形或山峰雄壮险要。李白《金陵歌送别范宣》："石头巉岩如虎踞，凌波欲过沧江去。"李绅《忆万岁楼望金山》："山绝地维消虎踞，水浮天险尚龙盘。"本篇序又云："里言金山有龙盘护。吴志云，金陵虎踞。"李德裕《追和太师颜公同清远道士游虎丘寺》："镠腾昔虎踞，剑没尝龙焕。"陆龟蒙《奉和袭美吴中言怀寄南海二同年》："城连虎踞山图丽，路入龙编海舶遥。"

【虎踞龍盤】　形容地势雄伟险峻。雍陶《河阴新城》："高城新筑压长川，虎踞龙盘气色全。"参见"虎踞❷"。

【虎踞龍蹲】　形容山间乱石的各种姿势。李商隐《乱石》："虎踞龙蹲纵复横，星光渐减雨痕生。"

【虎幡】　上面画有虎形的旗幡。温庭筠《走马楼三更曲》："马过平桥通画堂，虎幡龙戟风飘扬。"

【虎箭】　用以射虎的箭。李商隐《异俗二首》之一："虎箭侵肤毒，鱼钩刺骨铦。"

【虎劍】　柄上饰有虎形的剑。岑参《送羽林长孙将军赴歙州》："隼旗新刺史，虎剑旧将军。"

【虎疮】　虎的伤口。司空图《狂题十八首》之一四："闻道虎疮仍带镞，吼来和痛亦横行。"

【虎頭】　❶头形似虎，古代认为是封侯之相。见《东观汉记·班超传》。张祜《投太原李司空》："虎头膺将号，龙额擅侯名。"❷即虎头枕。张祜《酬凌秀才惠枕》："八寸黄杨惠不轻，虎头光照簟文清。"参见"虎枕"。❸晋代画家顾恺之的字。杜甫《送许八拾遗归江宁觐省甫昔时尝客游此县于许生处乞瓦棺寺维摩图样志诸篇末》："虎头金粟影，神妙独难忘。"

【虎頭花】　将系官印的丝绶打结成虎头花状。刘禹锡《同乐天和微之深春二十首》之六："炉添龙脑炷，绶结虎头花。"参见"虎頭綬"。

【虎頭枕】　❶传说中商纣王所用之玉枕。见晋王嘉《拾遗记》卷七"魏"。寒山《诗三百三首》之一八三："经眠虎头枕，昔坐象牙床。"❷一种以虎头骨为饰的枕头。参见"虎枕"。

【虎頭綬】　用以系官印的丝带。因结成虎头花状而得名。韩翃《送巴州杨使君》："前驱锦带鱼皮鞮，侧佩金璋虎头绶。"

【虎头巖】　在今浙江温岭市西北。许浑《行次虎头岩酬寄路中丞》："樟亭去已远，来上虎头岩。"

【虎嘯】　❶虎吼叫。太宗《题龟峰山》："龙吟南岭崎山雨，虎啸东林什子风。"刘禹锡《虎丘寺路宴》："虎啸崖谷寒，猿鸣松杉暮。"又《宿诚禅师山房题赠二首》之一："虎啸夜林动，鼍鸣秋涧寒。"❷喻英雄得志。李白《经下邳圯怀师张子房》："子房未虎啸，破产不为家。"

【虎營】　军营或幕府的美称。马戴《送皇甫协律淮南从事》："谁与同尊俎，鸡鸾集虎营。"

【虎貔】　出《已·牧誓》。后遂以"虎貔"喻指勇猛的战士。王光庭《奉和圣制送张说巡边》："虎貔纷儗儗，河洛振熊熊。"杨巨源《寄申州卢拱使君》："领郡仍闻总虎貔，致身还是见男儿。"李商隐《韩碑》："行军司马智且勇，十四万众犹虎貔。"

【虎膺】　手掌。无名氏《招手令》："亚其虎膺，曲其松根。"原注："虎膺，谓手掌。"

【虎谿】　同"虎溪"。苏味道《和武三思于天中寺寻复礼上人之作》："人寻鹤洲返，月逐虎谿回。"孟浩然《夜泊庐江闻故人在东寺以诗寄之》："江路经庐阜，松门入虎谿。"寒山《诗三百三首》之三〇一："虎丘兼虎谿，不用相呼召。"崔涂《东林愿禅师院》："非因送小朗，不到虎谿边。"

【虎豁頭】 见"虎溪頭"。

【虎翼】 ❶谓老虎添翼。比喻强者又增添了力量。李绅《却过淮阴吊韩信庙》:"英主任贤增虎翼,假王徼福犯龙鳞。"❷有翼的虎。形容勇猛非凡。张祜《从军行》:"少年金紫就光辉,直指边城虎翼飞。"❸古代战阵名。见汉公孙弘《握奇经》。杨巨源《赠邻家老将》:"虎翼分营势,鱼鳞拥阵行。"

【虎歗】 同"虎啸"。吕岩《鄂渚悟道歌》:"火莫燃,水莫冻,修之炼之须珍重,直待虎啸折颠峰。"

【虎騎】 勇猛的骑兵。李绅《莺莺歌》之一:"河桥上将亡官军,虎骑长戟交垒门。"杜牧《奉和门下相公送西川相公兼领相印出镇全蜀诗十八韵》:"虎骑摇风旆,貂冠韵水苍。"

【虎貙】 虎与貙。泛指凶猛之兽。白居易《东南行一百韵》:"亥日饶虾蟹,寅年足虎貙。"皮日休《太湖诗·太湖石》:"或拳若虺蜴,或蹲如虎貙。"又《太湖诗·晓次神景宫》:"在兽乏虎貙,于虫不毒蠚。"吴融《平望蚊子二十六韵》:"南北百余里,畏之如虎貙。"

【虎闈】 即虎门。古代王宫的路寝门。见《周礼·地官·师氏》郑玄注。后代多借指天子或朝廷。崔融《和梁王众传张光禄是王子晋后身》:"祇召趋龙阙,承恩拜虎闱。"钱起《诏许昌崔明府拜补阙》:"脱身凫舄里,载笔虎闱前。"

【虎鞶囊】 盛放绶带的袋子。多用作佩饰。《旧唐书·舆服志》:"诸鞶囊,二品以上金镂,三品金银镂,四品银镂,五品彩镂。"李白《留别曹南群官之江南》:"身佩豁落图,腰垂虎鞶囊。"

【虎鶡】 指武士的虎纹衣与鹖冠。李白《古风》之六:"虮虱生虎鹖,心魂逐旌旃。"。

【虎鬚】 ❶虎的胡须。如被捋,则发怒噬人。喻人的威严。李绅《忆过润州》:"帛书投笔封鱼腹,玄发冲冠捋虎须。"曹唐《暮春戏赠吴端公》:"牡丹花下帘钩外,独凭红肌捋虎须。"❷滩名。在今重庆奉节县东长江中。杜甫《最能行》:"瞿塘漫天虎须怒,归州长年行最能。"

【虎變】 谓虎皮花纹斑斓多彩。后常以喻指杰出之士的发迹扬名。李白《梁甫吟》:"大贤虎变愚不测,当年颇似寻常人。"又《鞠歌行》:"朝歌鼓刀叟,虎变磻溪中。"李群玉《送萧绾之桂林》:"丈夫未虎变,落魄甘风尘。"

三　画

虐 〔nüè《广韵》魚約切,入藥,疑。〕❶残害;侵凌。白居易《新乐府·杜陵叟》:"虐人害物即豺狼,何必钩爪锯牙食人肉。"韩愈《嗟哉董生行》:"时之人,夫妻相虐,兄弟为雠。"❷残暴;凶残。元稹《四皓庙》:"秦政虐天下,黩武穷生民。"又《有酒十章》之三:"辛癸虐耶。汤武革焉。"皮日休《奉和鲁望读阴符经见寄》:"贼子虐甚斯,奸臣痛于箠。"❸纵情;沉溺。司空图《闲夜二首》之一:"道侣难留为虐棋,邻家闻说厌吟诗。"❹通"谑",戏弄。陆龟蒙《奉酬袭美先辈吴中苦雨一百韵》:"且要虐飞龙,又图滋跛鳖。"郑谷《槐花》:"今日老郎犹有恨,昔年相虐十秋风。"

【虐王】 暴虐的国王。元结《二风诗·乱风诗五篇·至虐》序:"古有虐王,昏毒狂忍,无恶不及。"

【虐惑】 残暴昏乱。元结《二风诗·乱风诗五篇·至乱》之二:"嘻乎乱王,王心何思。暴淫虐惑,无思不为。"

【虐焰】 炎热;酷热。张祜《忧旱吟》:"卓午火云炽,虐焰弥穹苍。"

【虐暴】 残暴,暴虐。元结《二风诗·乱风诗五篇·至虐》之二:"忍行荒惑,虐暴于人。"

四　画

虒 〔sī《广韵》息移切,平支,心。〕见"虒祁"。

【虒祁】 春秋晋国宫名。见《左传·昭公八年》。丘光庭《补新宫》序:"楚之章华、晋之虒祁,燕游之宫也。"

虓 〔xiāo《广韵》許交切,平肴,曉。〕❶虎怒吼。陆龟蒙《奉和袭美新秋言怀三十韵次韵》:"由弓猿不捷,梁圈虎忘虓。"❷狮子。喻猛将或暴徒。韩愈、孟郊《征蜀联句》:"下书遏雄虓,解罪吊挛瞎。"

【虓虎】 怒吼的虎。(1)喻勇士。杜牧《夏州崔常侍自少常亚列出领麾幢十韵》:"戈矛虓虎士,弓箭落雕兵。"(2)形容凶暴。杜牧《李甘诗》:"太和八九年,训注极虓虎。"

【虓號】 猛虎怒吼。陆龟蒙《奉酬袭美苦雨见寄》:"顽云猛雨更相欺,声似虓号色如墨。"

虔 〔qián《广韵》渠焉切,平仙,羣。〕❶杀戮;歼灭。玄宗《平胡》序:"戎羯不虔,窃我荒服。"❷惧,畏惧。柳宗元《唐铙歌鼓吹曲十二篇·兽之穷》:"屈赞猛,虔慄慄。縻以尺组,啖以秩。"❸恭敬;诚心。卢照邻《中和乐九章·歌南郊第四》:"虔郊上帝,肃事圆丘。"顾况《归阳萧寺有丁行者能修无生忍担水施僧况归命稽首作诗》:"大圣于其中,领我心之虔。"李纾《让皇帝庙乐章·奠币》:"白璧加荐,玄缅告虔。”

【虔心】 诚心。皇甫曾《遇风雨作》:“虔心若斋祷,濡体如沐浴。”广宣《驾幸圣容院应制》:“深殿虔心随宝辇,广庭徐步引金轮。”张仲方《赠毛仙翁》:“紫霞妖女琼华飞,秘法虔心传付与。”

【虔州】 唐武德五年(622)置。治所在赣县(今江西赣州市)。天宝元年(742)改为南原郡。乾元元年复为虔州。白居易《何处堪避暑》:“如何三伏月,杨尹谪虔州。”耿沣有《晚登虔州即事寄李侍御》。杨巨源有《送杜郎中使君赴虔州》。罗隐有《寄虔州薛大夫》。

【虔告】 敬告。于邵《释奠武成王乐章·迎俎酌献》:“虔告终,繁祉锡。”

【虔奉】 恭敬地供奉。《郊庙歌辞·享太庙乐章·诚敬》:“虔奉蘋藻,肃事神宗。”牛峤《评僧道二门论难》:“玄门清净等空门,虔奉天尊与世尊。”

【虔祈】 诚心祝愿。孙逖《送新罗法师还国》:“此行迷处所,何以慰虔祈。”贯休《寿春节进》:“寿春嗟寿域,万国尽虔祈。”

【虔修】 敬修。《郊庙歌辞·祭方丘乐章·顺和》:“敬因良节,虔修阴祀。”

【虔祗】 恭敬。《郊庙歌辞·享太庙乐章·送神》:“礼周笾豆,诚效虔祗。”

【虔恭】 诚敬。魏征《享太庙乐章·永和》:“荐享昭备,虔恭在兹。”郭子仪《享太庙乐章·广运舞》:“虔恭孝飨,穆穆玄风。”

【虔虔】 恭敬貌。刘禹锡《有獭吟》:“天意不宰割,菲祭徒虔虔。”

【虔情】 诚意。诚心。则天皇后《唐享昊天乐·第三》:“圜坛敢申昭报,方壁冀展虔情。”

【虔啓】 恭敬地禀告。韩愈《题杜工部坟》:“升堂再拜心恻然,心欲虔启不成语。”

【虔誠】 诚敬,恭敬。则天皇后《唐享昊天乐·第八》:“奠璧郊坛昭大礼,锵金拊石表虔诚。”杜荀鹤《将过湖南经马当山庙因书三绝》之二:“贪残官吏虔诚谒,毒害商人沥胆过。”吕岩《敲爻歌》:“专心惟在意虔诚,黑铅过,采清真。”孙元晏《咏史诗·梁·八关斋》:“依凭金地甚虔诚,忍溺空王为圣明。”

【虔肅】 诚敬严肃。皎然《同诸公奉侍祭岳渎使大理卢幼平自会稽回经平望将赴于朝廷期过故林不至》:“圣虑多虔肃,斋心合至灵。”

【虔遵】 恭敬地遵循。《郊庙歌辞·享太庙乐章·钧天舞》:“奉扬先德,虔遵曩狩。”

【虔劉】 杀戮;劫掠。徐彦伯《比干墓》:“嬖黩皆佞谀,虔刘尽英隽。”顾况《从江西至彭蠡入浙西淮南界道中寄齐相公》:“生人罢虔刘,井税均且充。”

【虔懇】 诚恳。马令《早春陪敕使麻先生祭岳》:“虔恳飞龙记,昭彰化鸟篇。”

【虔襟】 诚心。则天皇后《唐明堂乐章·徵音》:“冀延神鉴俯兰尊,式表虔襟陈桂俎。”《郊庙歌辞·武后享清庙乐章十首·第四迎神》:“敬奠蘋藻,式罄虔襟。”

五　画

彪 〔biāo《广韵》甫烋切,平幽,幫。〕❶虎身上的斑纹。多喻文彩。见“彪炳”。❷虎。韩愈《崔十六少府摄伊阳以诗及书见投因酬三十韵》:“下言人吏稀,惟足彪与彪。”

【彪彪】 浓密貌。独孤及《自东都还濠州奉酬王八谏议见赠》:“关西仕时俱稚容,彪彪之鬓始相逢。”

【彪炳】 ❶文彩焕发貌。崔国辅《古意》:“红荷楚水曲,彪炳烁晨霞。”李白《酬殷明佐见赠五云裘歌》:“文章彪炳光陆离,应是素娥玉女之所为。”权德舆《祗命赴京途次淮口因书所怀》:“彪炳睹奇采,凄锵闻雅音。”皎然《答韦山人隐起龙文药瓢歌》:“彪炳文章智使然,生成在我不在天。”❷文彩斑斓貌。刘禹锡《吐绶鸟词》:“赤玉雕成彪炳毛,红绡翦出玲珑翅。”❸指文彩斑斓的虎皮。刘禹锡《壮士行》:“彪炳为我席,膻腥充我庖。”

【彪蔚】 美盛貌。韩愈《会合联句》:“格言多彪蔚,悬解无梏拲。”

虚[1] 〔xū《广韵》朽居切,平魚,曉。又去魚切,平魚,溪。〕❶空;空无所有。杜甫《暮春题瀼西新赁草屋五首》之一:“谷虚云气薄,波乱日华迟。”韦应物《再游西山》:“测测石泉冷,暧暧烟谷虚。”白行简《李都尉重阳日得苏属国书》:“雁尽平沙迥,烟销大漠虚。”李冶《相思怨》:“携琴上高楼,楼虚月华满。”章碣《焚书坑》:“竹帛烟销帝业虚,关河空锁祖龙居。”❷与“盈”配合,指事物的盛衰、兴亡、消长、圆缺等变化。骆宾王《久戍边城有怀京邑》:“盈虚一易舛,心迹两难俱。”高适《苦雨寄房四昆季》:“沉吟顾草茅,郁快任盈虚。”张蠙《寄友人》:“相思不我会,明月几盈虚。”❸空出;空着。孟浩然《韩大使东斋会岳上人诸学士》:“郡守虚陈榻,林间召楚材。”刘禹锡《酬湖州崔郎中见寄》:“冯君虚上舍,待余乘兴行。”❹空隙。见《淮南子·汜论》高诱注。骆宾王《秋日山行简梁大官》:“得性虚游刃,忘言已弃筌。”刘长卿《颍川留别司仓李万》:“且知投刃皆若虚,日挥案牍常有余。”白居易《送陕州王司马建赴任》:“自有铁牛无咏者,料君投刃必应虚。”❺少;缺少。李峤《田假限疾不获还庄载想田园兼思亲友率成短韵用写长怀赠杜幽素》:

"尊虚旧园酒，琴静故人徽。"骆宾王《和李明府》："藻挨潘江澈，尘虚范甑清。"杜甫《王十五前阁会》："病身虚俊味，何幸饫儿童。"吴融《出迟》："酒虚留客尽，灯暗远更残。"❻饥饿。韦庄《仆者杨金》："半年辛苦葺荒居，不独单寒腹亦虚。"❼松软；疏松。杜甫《课小竖钽斫舍北果林枝蔓荒秽净讫移床三首》之三："篱弱门何向，沙虚岸只摧。"刘昚虚《积雪为小山》："虚心应任道，遇赏遂成山。"白居易《新乐府·红线毯》："彩丝茸茸香拂拂，线软花虚不胜物。"杜牧《暝投云智寺渡溪不得却取沿江路往》："沙虚留虎迹，水滑带龙涎。"李咸用《和吴处士题村叟壁》："沙虚遗虎迹，水洑聚蛟涎。"贯休《寄王涤》："地虚草木壮，雨白桃李赤。"❽虚空；空中。太宗《咏兴国寺佛殿前幡》："拂霞疑电落，腾虚状写虹。"李白《送别得书字》："水色南天远，舟行若在虚。"窦庠《金山行》："架险凌虚随指顾，榱桷玲珑皆固护。"刘禹锡《八月十五日夜桃源玩月》："碧虚无云风不起，山上长松山下水。"李洞《锦城秋寄怀弘播上人》："远照雁行细，寒条狖挂虚。"❾空明；清澈。骆宾王《初秋登王司马楼宴得同字》："野晦寒阴积，潭虚夕照空。"杜甫《绝句六首》之六："江动月移石，溪虚云傍花。"刘长卿《杂咏八首上礼部李侍郎·春镜》："宝镜凌曙开，含虚净如水。"戴叔伦《古意》："云闲虚我心，水清澹吾味。"刘禹锡《吴方之见示独酌小醉首篇乐天续有酬答两篇之中并蒙见属辄呈滥吹益美来章》："闲门共寂任张罗，静室同虚养太和。"李商隐《有怀在蒙飞卿》："城绿新阴远，江清返照虚。"❿虚假。杜甫《病后遇王倚饮赠歌》："老马为驹信不虚，当时得意况深眷。"白居易《寄太原李相公》："世间大有虚荣贵，百岁无君一日欢。"元稹《酬郑从事四年九月宴望海亭次用旧韵》："劝君莫学虚富贵，不是贤人难变通。"齐己《寄王振拾遗》："折槛意何如，平安信不虚。"⓫体质虚弱，生理机能衰退。卢纶《行药前轩呈董山人》："膝暖苦肌痒，藏虚唯耳鸣。"韩愈《病中赠张十八》："中虚得暴下，避冷卧北窗。"刘禹锡《秋晚病中乐天以诗见问力疾奉酬》："耳虚多听远，展转晨鸡鸣。"皮日休《早春病中书事寄鲁望》："眼晕见云母，耳虚闻海涛。"⓬弱；薄弱；薄弱部分。王季则《鱼上冰》："为龙将可望，今日愧才虚。"柳宗元《奉平淮夷雅表·皇武》之八："左捣其虚，靡愆厥虑。"自注："李祐言于李愬曰。蔡之精兵，皆在洄曲及四境拒守，守城者皆羸卒，可乘虚直抵。愬从之，遂克蔡州。"⓭谦虚；谦逊。见"虚心❶"。⓮胆怯；怯懦。钱起《避暑纳凉》："十旬河朔应虚醉，八柱天台好纳凉。"⓯道家词。指清静无欲的内心世界。卢象《和徐侍郎丛筱咏》："为重凌霜节，能虚应物心。"高适《同朱五题卢使君义井》："体清能鉴物，色洞每含虚。"刘禹锡《秋日过鸿举法师寺院便送归江陵》序："能离欲，则方寸地虚，虚而万象入。"⓰星名。二十八宿之一。北方玄武七星的第四星，有星四颗。玄宗《过晋阳宫》："俯察伊晋野，仰观乃参虚。"⓱徒然；白白地。李白《九日登山》："我来不得意，虚过重阳时。"戎昱《岁暮客怀》："无事乾坤内，虚为翰墨人。"孟郊《泛黄河》："有恨不可洗，虚此来经过。"白居易《疑梦二首》之一："莫惊宠辱虚忧喜，莫计恩雠浪苦辛。"李商隐《安定城楼》："贾生年少虚垂泪，王粲春来更远游。"⓲通"舒"；舒缓。见"虚徐"。

虚² 〔xū《广韵》去魚切，平魚，溪。〕"墟"的古字。❶乡村；村落。见"虚₂村"。❷野市；集市。柳宗元《柳州峒氓》："青箬裹盐归峒客，绿荷包饭趁虚人。"许浑《岁暮自广江至新兴往复中题峡山寺四首》之四："海虚争翡翠，溪逻斗芙蓉。"原注："南方呼市为虚，呼戍为逻。新州有翡翠虚、芙蓉逻。"

【虚己】 犹虚心。太宗《春日玄武门宴群臣》："庶几保贞固，虚己厉求贤。"

【虚弓】 引弓虚发。见《战国策·楚策四》。后因用为典故，比喻受挫者心有余悸。卢照邻《失群雁》："虞人负缴来相及，齐客虚弓忽见伤。"

【虚中】 （—zhōng）❶虚其心，去其杂念。见《礼记·祭义》郑玄注。权德舆《与道者同守庚申》："应物智不劳，虚中理自冥。"又《奉和于司空二十五丈新卜城南郊居接司徒公别墅即事书情奉献兼呈李裴相公》："宰物归心匠，虚中即化源。"❷僧人名。生卒年不详。袁州宜春（今属江西）人。少出家，住玉笥山二十年，与贯休、齐己、修睦、郑谷等为诗友。《全唐诗》卷八四八收其诗十五首。贯休有《再逢虚中道士三首》。修睦有《怀虚中上人》。齐己有《九日逢虚中虚受》。

【虚月】 ❶水中之月。李白《姑孰十咏·谢公宅》："竹里无人声，池中虚月白。"❷空缺之年月。白居易《再授宾客分司》："俸钱七八万，给受无虚月。"

【虚月魄】 同"虚月❶"。李商隐《送从翁从东川弘农尚书幕》："一川虚月魄，万崦自芝苗。"

【虚心】 ❶谦虚；不自满。王维《别綦毋潜》："适意偶轻人，虚心削繁礼。"卢仝《萧宅二三子赠答诗二十首·石答竹》："知弟虚心亦待客，此客何以共报之。"许昼《江南行》："固节还同我，虚心欲待谁。"❷空其心。指竹、孤桐、玉壶冰、钟等而言。喻谦虚，谦逊。张九龄《和黄门卢侍御咏竹》："高节人相重，虚心世所知。"按：此指竹。王昌龄《段宥厅孤桐》："虚心谁能见，直影非无端。"按：此指孤桐。刘昚虚《积雪为小山》："虚心应任道，遇赏遂成山。"按：此指雪。卢纶《清如玉壶冰》："既有虚心鉴，还如照胆清。"按：此指玉壶冰。戴叔伦《晓闻长乐钟声》:“虚心方应物,大扣欲干云。”按:此指钟。李山甫《古石砚》:“抱真唯守墨,求用每虚心。”按:此指石砚。❸诚心;心神专注。骆宾王《咏怀》:“虚心徒有托,循迹谅无端。”杜甫《秋日夔府咏怀奉寄郑监李宾客一百韵》:“高视收人表,虚心味道玄。”韩溉《竹》:“凌霜尽节无人见,终日虚心待凤来。”❹清虚恬静的心境。李白《月夜听卢子顺弹琴》:“白雪乱纤手,绿水清虚心。”

【虚引怯猿】 咏弓的典故。出《淮南子·说山训》。李峤《弓》:“遥弯落雁影,虚引怯猿声。”

【虚幻】 虚假不真实。张乔《赠头陀僧》:“已知世路皆虚幻,不觉空门是寂寥。”

【虚巧】 虚假乖巧。罗隐《裴庶子除太仆卿因贺》:“应笑马安虚巧宦,四回迁转始为卿。”

【虚左】 古代左为尊,空出左位以待,表示礼贤或尊敬。李峤《车》:“无阶忝虚左,珠乘奉王言。”王维《哭祖六自虚》:“公卿尽虚左,朋识共推先。”张籍《赠殷山人》:“满堂虚左待,众目望乔迁。”徐铉《正初答钟郎中见招》:“新岁相思自过访,不烦虚左远相迎。”

【虚生】 白白地活着。谓无所作为。王建《调笑令》词之三:“愁坐,愁坐,一世虚生虚过。”李密《淮阳感怀》:“寄言世上雄,虚生真可愧。”

【虚生浪死】 谓虚度一生。布燮《听妓洞云歌》:“刘伯伦,虚生浪死过青春。”

【虚白】 ❶喻指清静无欲的心境。高适《酬秘书弟兼寄幕下诸公》:“秘书即吾门,虚白无不通。”杜甫《归》:“虚白高人静,喧卑俗累牵。”韩翃《家兄自山南罢归献诗叙事》:“室好生虚白,书耽守太玄。”权德舆《与道者同守庚申》:“四支动有息,一室虚白生。”白居易《病中诗十五首·初病风》:“恬然不动处,虚白在胸中。”❷空明;洁白。陈子昂《南山家园林木交映盛夏五月幽然清凉独坐思远率成十韵》:“松竹生虚白,阶庭横古今。”窦群《雨后月下寄怀羊二十七资州》:“清光松上月,虚白郡中斋。”元稹《含风夕》:“参差帘牖重,次第笼虚白。”翁洮《秋》:“云闲日月浮虚白,木落山川叠碎红。”

【虚白心】 虚静淡泊的心境。阎宽《春宵览月》:“爱见澄清景,象吾虚白心。”参见“虚白”。

【虚白旨】 指庄子提出的虚静无欲的主张。宋之问《自洪府舟行直书其事》:“揆己道德余,幼闻虚白旨。”参见“虚白”。

【虚白首】 谓空度一生。卢仝《送王储詹事西游献兵书》:“抽赠王将军,勿使虚白首。”熊孺登《戏赠费冠卿》:“但恐红尘虚白首,宁论蹇逸分先后。”邵谒《览张骞传》:“此时虚白首,徒感武皇恩。”

【虚白亭】 即虚白堂。白居易《郡亭》:“况有虚白亭,坐见海门山。”又《座上赠卢判官》:“莫言不是江南会,虚白亭中旧主人。”又《霓裳羽衣歌》:“虚白亭前湖水畔,前后只应三度按。”

【虚白堂】 堂名。在杭州刺史治所内。治所旧在凤凰山之右。白居易《虚白堂》:“虚白堂前衙退后,更无一事到中心。”又《花楼望雪命宴赋诗》:“输将虚白堂前鹤,失却樟亭驿后梅。”元稹《代郡斋神答乐天》:“虚白堂神传好语,二年长伴独吟时。”李郢《宿杭州虚白堂》:“秋月斜明虚白堂,寒蛩唧唧树苍苍。”

【虚白室】 同“虚白心”。室,喻心。杜甫《哭韦大夫之晋》:“兴残虚白室,迹断孝廉船。”

【虚市】 集市。张祜《送徐彦夫南迁》:“月上行虚市,风回望舶船。”

【虚玄】 指道家哲学中虚静玄览的思想。张九龄《奉和圣制谒玄元皇帝庙斋》:“曾是福黎庶,岂唯味虚玄。”陆龟蒙《引泉诗》:“本性乐凝淡,及来更虚玄。”又《袭美先辈以龟蒙所献五百言既蒙见和复示荣唱再抒鄙怀用伸酬谢》:“名法在深刻,虚玄至希夷。”

【虚老】 等闲老去。李珣《中兴乐》词:“暗思量,忍孤前约,教人花貌,虚老风光。”孙光宪《浣溪沙》之一三:“风月岂惟今日恨,烟霄终待此身荣,未甘虚老负平生。”

【虚至實歸】 谓未学而至,学成而归。王维《送秘书晁监还日本国》序:“上敷文教,虚至实归。”

【虚死】 白白地死去;无谓而死。韩愈《题杜工部坟》:“英豪虽没名犹嘉,不肖虚死如蓬麻。”贾岛《易水怀古》:“荆卿重虚死,节烈书前史。”

【虚劣】 犹浅陋。白居易《答故人》:“顾惭虚劣姿,所得亦已多。”

【虚牝】 空谷。见《文选·殷仲文〈南州桓公九井作〉诗》。韩愈《赠崔立之评事》:“可怜无益费精神,有似黄金掷虚牝。”

【虚行】 虚徐舒缓而行。李白《赠薛校书》:“举手谢东海,虚行归故林。”

【虚舟】 ❶无人之船。后以喻胸襟虚静旷达。见《庄子·山木》。李颀《赠别张兵曹》:“一身轻寸禄,万物任虚舟。”丁仙芝《和荐福寺英公新构禅堂》:“一枕西山外,虚舟常浩然。”韩翃《送王侍御赴江西兼寄李袁州》:“雄笔佐名公,虚舟应时辈。”权德舆《酬南园新亭宴会璩新第慰庆之作时任宾客》:“散木固无堪,虚舟常任触。”白居易《秋寒》:“澹然方寸内,唯拟学虚舟。”❷轻舟。李白《赠僧行融》:“大海乘虚舟,随浪任安流。”卢象《送綦毋潜》:“高足未云骋,虚舟空复回。”高适《同薛司直诸公秋霁曲江俯见南山作》:“片云对渔父,独鸟随虚舟。”皇甫冉《落第后东游留别》:“九江连涨海,万里任虚舟。”

【虚名】 ❶浮名。李白《月下独酌四首》之四:“当代不乐饮,虚名安用哉。”杜甫《酬郭十五受判官》:“才微岁老尚虚名,卧病江湖春复生。”韩偓《息兵》:“多难始应彰劲节,至公安肯为虚名。”刘兼《春夕遣怀》:“休把虚名挠怀抱,九原丘陇尽侯王。”❷名不副实。空有其名称。杜甫《石笋行》:“嗟尔石笋擅虚名,后来未识犹骏奔。”白居易《寓意诗五首》之三:“嗟哉虫与鸟,无实有虚名。”❸空有其声誉。多用作谦词。钱起《酬考功杨员外见赠佳句》:“虚名滥接登龙士,野性宁忘种黍田。”韩愈《岳阳楼别窦司直》:“公卿采虚名,擢拜识天仗。”李冶《恩命追入留别广陵故人》:“无才多病分龙钟,不料虚名达九重。”李中《新喻县酬王仲华少府见贻》:“未泰黎元惭旷职,纵行谦直是虚名。”

【虚形】 指形体。佛教认为尘间万物皆虚幻不实,故云。储光羲《同诸公登慈恩寺塔》:“虚形宾太极,携手行翠微。”

【虚$_2$村】 村落;村庄。李郢《早秋书怀》:“虚村暮角催残日,近寺归僧寄野泉。”

【虚吹】 指风声。陆贽《禁中春松》:“高枝分晓日,虚吹杂宵钟。”

【虚作】 ❶白做;空作。岑参《行军诗二首》之二:“未能匡吾君,虚作一丈夫。”❷白写;空写。李白《笑歌行》:“平生不解谋此身,虚作离骚遣人读。”韦庄《题许浑诗卷》:“十斛明珠量不尽,惠休虚作碧云词。”

【虚位】 ❶空位。韩愈《天星送杨凝郎中贺正》:“侍从近臣有虚位,公今此去归何时。”徐铉《光穆皇后挽歌三首》之二:“永乐留虚位,长陵启夕扉。”❷空出职位以待贤能。贾岛《送南卓归京》:“三省同虚位,双旌带去思。”郑谷《为户部李郎中与令季端公寓止渠州江寺偶作寄献》:“仙署金闺虚位久,夜清应梦近天颜。”黄滔《奉和翁文尧员外文秀光贤昼锦之什》:“莫凭栏干剩留驻,内庭虚位待才臣。”贯休《上卢使君》:“恭闻圣天子,廊庙犹虚位。”

【虚伫】 虚心期待。杜甫《北征》:“圣心颇虚伫,时议气欲夺。”权德舆《奉送孔十兄宾客承恩致政归东都旧居》:“南史编年著盛名,东朝侍讲常虚伫。”

【虚谷】 深谷;空谷。钱起《东城初陷与薛员外王补阙暝投南山佛寺》:“清钟扬虚谷,微月深重峦。”

【虚狂】 虚假荒诞。白居易《九日宴集醉题郡楼兼呈周殷二判官》:“请君停杯听我语,此语真实非虚狂。”

【虚迎】 空迎。李商隐《五言述德抒情诗一首四十韵献上杜七兄仆射相公》:“登门惭后至,置驿恐虚迎。”王铎《罢都统守镇滑州作》:“腰间尽解苏秦印,波上虚迎范蠡船。”白居易《去岁罢杭州今春领吴郡惭无善政聊写鄙怀兼寄三相公》:“虚迎复虚送,惭见两州民。”

【虚言】 空话;假话。李白《系寻阳上崔相涣三首》之二:“虚言误公子,投杼惑慈亲。”李商隐《哭遂州萧侍郎二十四韵》:“始知同泰讲,徼福是虚言。”李咸用《猛虎行》:“猛虎不怯敌,烈士无虚言。”张彪《敕移橘栽》:“南橘北为枳,古来岂虚言。”

【虚冲】 虚静淡泊。吴筠《高士咏·河上公》:“邈邈河上叟,无名契虚冲。”

【虚沙】 沙滩。许浑《南海府罢南康阻浅行侣稍稍登陆而迈主人燕饯至频暮宿东溪》:“暗滩水落涨虚沙,滩去秦吴万里赊。”曹松《慈恩寺东楼》:“风梢离众叶,岸角积虚沙。”

【虚妙】 犹美妙。李白《金门答苏秀才》:“得心自虚妙,外物空颓靡。”

【虚林】 空林。木叶凋零的树林。李益《合源溪期张计不至》:“微波澹澄夕,烟景含虚林。”

【虚事】 虚幻之事。李山甫《寓怀》:“长疑好事皆虚事,却恐闲人是贵人。”

【虚卧】 即虚眠。白居易《梦行简》:“池塘草绿无佳句,虚卧春窗梦阿怜。”

【虚明】 ❶空明;明朗。杜甫《夏夜叹》:“虚明见纤毫,羽虫亦飞扬。”刘禹锡《桃源行》:“洞门苍黑烟雾生,暗行数步逢虚明。”方干《叙雪寄喻凫》:“透室虚明非月照,满空回散是风吹。”李山甫《早秋山中作》:“桧松瘦健滴秋露,户牖虚明生晚风。”❷清澈透明。孙逖《同邢判官寻龙湍观归湖中》:“莫愁归路远,水月夜虚明。”白居易《游坊口悬泉偶题石上》:“虚明见深底,净绿无纤垢。”马戴《远水》:“荡漾空沙际,虚明入远天。”❸指心境淡泊虚静。张说《杂诗四首》之四:“初心灭阳艳,复见湛虚明。”刘长卿《送薛据宰涉县》:“心镜常虚明,时人自沦翳。”

【虚受】 ❶空受,白受。白居易《新乐府·杜陵叟》:“十家租税九家毕,虚受吾君蠲免恩。”又《梦仙》:“徒传辟谷法,虚受烧丹经。”姚合《从军行》:“常恐虚受恩,不惯把刀枪。”❷犹言容纳。王季友《玉壶冰》:“坚白能虚受,清寒得自凝。”❸僧人名,嘉禾御儿在(今浙江嘉兴)人。天祐中,曾于越州大善寺讲授《涅槃》《维摩》二经,撰《义评钞》十四卷,有文集数卷,《述义章》三十余卷行于世。齐己有《九日逢虚中虚受》。

【虚空】 ❶空;空虚。太宗《题龟峰山》:“万里黎民皆润泽,一堂贤圣总虚空。”储光羲《同王十三维偶然作十首》之二:“我心若虚空,此道将安施。”顾况《赠僧二首》之二:“更把浮荣喻生灭,世间无事不虚空。”❷天空;空中。储光羲《同王十三维偶然作十首》之四:“浮云在虚空,随风复卷舒。”皎然《春日和卢使君幼平开元寺听妙奘上人讲》："仁圣垂文在，虚空日月悬。"顾况《和翰林吴舍人兄弟西斋》："鸟飞晴云灭，叠嶂盘虚空。"韩偓《雨后月中玉堂闲坐》："唯对松篁听刻漏，更无尘土翳虚空。"❸虚静淡泊。李商隐《赠送前刘五经映三十四韵》："凝邈为时范，虚空作士常。"❹佛教词，即无的别称。佛教认为，虚无形质，空无障碍，故名虚空。皎然《答郑方回》："思君处虚空，一操不可更。"戴叔伦《又酬晓灯离暗室五首》之四："楚僧话寂灭，俗虑比虚空。"白居易《春日题乾元寺上方最高峰亭》："但觉虚空无障碍，不知高下几由旬。"裴说《鹿门寺》："何计生烦恼，虚空是四邻。"❺佛教词。法相宗六无为之一。谓真如离开各种障碍，犹如虚空，故名。见《大乘百法明门论疏》卷上、《法华经》。姚合《寄白石师》："相寻未有计，只是礼虚空。"齐己《送潭三藏入京》："持咒力须资运祚，度人心要似虚空。"❻指尘世。佛教认为尘世万物皆为虚幻，故云。刘长卿《齐一和尚影堂》："身寄虚空如过客，心将生灭是浮云。"

【虚空花】 佛教词。谓如病眼之人见空中浮动如花者，乃非真相，喻事物皆无实体。寒山《诗三百三首》之二三〇："阳焰虚空花，岂得免生老。"

【虚空界】 （空 kōng）佛教词。指人的眼睛所见之太空。元稹《杏园》："门前本是虚空界，何事栽花误世人。"

【虚弦】 同"虚弓"。太宗《帝京篇十首》之三："惊雁落虚弦，啼猿悲急箭。"

【虚砌】 空阶。高适《同崔员外綦毋拾遗九日宴京兆府李士曹》："绛叶拥虚砌，黄花随浊醪。"

【虚省】 道教寺院；道观。陆龟蒙《奉和袭美太湖诗二十首·晓次神景宫》："稽首朝元君，褰衣就虚省。"

【虚昧】 浅薄愚昧。玄宗《鹡鸰颂》序："夫颂者，所以揄扬德业，褒赞成功，顾循虚昧，诚有负矣。"

【虚皇】 ❶道教神名。《道藏》有《虚皇天尊初真十戒文》。吴筠《步虚词十首》之九："爰从太微上，肆觐虚皇尊。"周渭《赠龙兴观主吴崇岳》："百尺松梢几飞步，鹤栖版上礼虚皇。"刘商《谢自然却还旧居》："不知辞罢虚皇日，更向人间住几时。"李昭象《学仙词寄顾云》："记得初传九转方，碧云峰下祝虚皇。"❷借指道教。皮日休《怀华阳润卿博士三首》之一："先生一向事虚皇，天市坛西与世忘。"李咸用《吴处士寄香兼劝入道》："谢寄精专一捻香，劝予朝礼仕虚皇。"

【虚皇殿】 指道教寺观。杜光庭《题天坛》："月挂虚皇殿，云封太乙池。"

【虚负】 辜负。李白《书情题蔡舍人雄》："愧无横草功，虚负雨露恩。"许棠《春日乌延道中》："虚负男儿志，无因立战功。"

【虚亭】 清静的亭阁。韩愈《答张彻》："急时促暗棹，恋月留虚亭。"徐铉《右省仆射后湖亭闲宴铉以宿直先归赋诗留献》："湖上一阳生，虚亭启高宴。"

【虚度】 空度；白白度过。玄宗《初入秦川路逢寒食》："直为经过行处乐，不知虚度两京春。"武元衡《南徐别业早春有怀》："虚度年华不相见，离肠怀土并关情。"元稹《酬乐天三月三日见寄》："独倚破帘闲怅望，可怜虚度好春朝。"赵嘏《叙事献同州侍御三首》之一："登龙不及三千士，虚度膺门二十春。"

【虚音】 天然的音韵。陆龟蒙《奉酬袭美先辈初夏见寄次韵》："洪崖领玉节，坐使虚音生。"

【虚美】 与实际不符的美誉；空有其美。张九龄《洪州西山祈雨是日辄应因赋诗言事》："虚美怅无属，素情缄所依。"刘禹锡《海阳十咏》序："裴侍御为十咏以示余，颇明丽而不虚美。"

【虚室】 ❶空室。王勃《送卢主簿》："穷途非所恨，虚室自相依。"李嘉祐《同皇甫侍御题荐福寺一公房》："虚室独焚香，林空静磬长。"皇甫冉《夜集张諲所居》："虚室寒灯静，空阶落叶飘。"李山甫《山中依韵答刘书记见赠》："隐几虚室静，闲云入坐来。"❷喻心境宁静无欲。王棨《省题诗二十一首·咏白》："虚室能生后，方知守黑长。"亦喻心境。杨衡《登紫霄峰赠黄仙师》："世华徒熠耀，虚室自朦胧。"❸道教词。指修炼心境。杜甫《寄司马山人十二韵》："有时骑猛虎，虚室使仙童。"参见"虚室生白。"

【虚室生白】 意谓人若能做到心境清虚无欲，则道心自生。白居易《奉和李大夫题新诗二首各六韵·忘筌亭》："虚室闲生白，高情澹入玄。"吕温《奉和武中丞秋日台中寄怀简诸僚友》："虚室唯生白，闲情却草玄。"

【虚院】 清静的庭院。高适《同熊少府题卢主簿茅斋》："虚院野情在，茅斋秋兴存。"刘长卿《齐一和尚影堂》："天花寂寂香深殿，苔藓苍苍闷虚院。"

【虚盈】 ❶空与满；缺与圆。韦应物《赠卢嵩》："百川注东海，东海无虚盈。"张祜《大唐圣功诗》："乃命臣萧瑀，府库掌虚盈。"皎然《春夜期裴都曹济集心上人院不至》："东林期隐吏，日月为虚盈。"❷比喻事物盛衰、消长、闪亡等变化反复。刘长卿《至德三年春正月时谬蒙差摄海盐令闻王师收二京因书事五十韵》："人心悬反覆，天道暂虚盈。"李冶《道意寄崔侍郎》："百年齐旦暮，前事尽虚盈。"❸由虚而盈。指血脉旺盛。元稹《病减逢春期白二十二辛大不至十韵》："寒肤渐舒展，阳脉乍虚盈。"

【虚辱】 谦词。谓无其实而辱承荣宠。即空承美德。李商隐《自桂林奉使江陵途中感怀寄献尚书》：

"前席惊虚辱，华樽许细斟。"

【虛軒】 栏杆。顾甄远《惆怅诗九首》之三："别恨离肠空恻恻，风动虚轩池水白。"

【虛徐】 ❶从容舒缓。张说《崔礼部园亭得深字》："窈窕留清馆，虚徐步晚阴。"韩愈《和崔舍人咏月二十韵》："赫奕当躔次，虚徐度杳冥。"杜牧《张好好诗》："绛唇渐轻巧，云步转虚徐。"皮日休《青门闲泛》："青翰虚徐夏思清，愁烟漠漠荇花平。"❷悠扬盘旋。岑参《秋夕听罗山人弹三峡流泉》："演漾怨楚云，虚徐韵秋烟。"陆龟蒙《奉和袭美酬前进士崔潞盛制见寄因赠至一百四十言》："清词忽窈窕，雅韵何虚徐。"亦形容风力轻微悠徐。薛能《除夜作》："和吹度穹旻，虚徐接建寅。"❸从容摇曳貌。杜甫《阻雨不得归瀼西甘林》："虚徐五株态，侧塞烦胸襟。"

【虛眠】 假寐。和衣打盹。杜甫《夔府书怀四十韵》："高枕虚眠昼，哀歌欲和谁。"刘禹锡《发苏州后登武丘寺望海楼》："却忆郡斋中，虚眠此时景。"

【虛設】 白白地安置、设置。寒山《诗三百三首》之二三二："福田一个无，虚设一群秃。"白居易《曲江感秋》："岁月不虚设，此身随日衰。"陆龟蒙《奉酬袭美先辈吴中苦雨一百韵》："良医只备位，药肆或虚设。"

【虛席】 空出席位以待。表示礼贤下士。韦庄《夏初与侯补阙江南有约同泛淮汴西赴行朝庄自九驿路先至甬桥补阙由淮楚续至泗上寝病旬日遽闻捐馆回首悲恸因成长句四韵吊之》："九重圣主方虚席，千里高堂尚倚门。"齐己《送节大德归阙》："圣上方虚席，僧中正乏贤。"

【虛座】 空出座位以待。表示尊敬。褚亮《伤始平李少府正己》："虚座怜王述，遗篇恸景纯。"徐铉《文彧少卿文山郎中交好深至二纪已余睽别数年二子长逝奉使岭表途次南康吊孙氏之孤于其家睹文彧手书于僧室慷慨悲叹留题此诗》："孙家虚座吊诸孤，张叟僧房见手书。"

【虛冥】 渺茫的天际。李端《送归中丞使新罗》："浩淼风来远，虚冥鸟去迟。"

【虛陰】 指暝色。骆宾王《夏日夜忆张二》："广庭含夕气，闲宇澹虚阴。"

【虛菲】 犹菲薄。则天皇后《唐大飨拜洛乐章·显和》："顾德有惭虚菲，明祇屡降祯符。"

【虛帳】 透明的帷帐。骆宾王《伤祝阿王明府》："钱满荒阶绿，尘浮虚帐红。"

【虛偽】 虚假伪饰。齐己《君子行》："亦何必用虚伪之文章，取荣名而自美。"

【虛假】 假的；不真实的。孟浩然《云门寺西六七里闻符公兰若最幽与薛八同往》："四禅合真如，一切是虚假。"

【虛堂】 空敞的厅堂。戎昱《客堂秋夕》："隔窗萤影灭复流，北风微雨虚堂秋。"欧阳詹《闻邻舍唱凉州有所思》："虚堂正相思，所妙发邻家。"陆龟蒙《奉和袭美太湖诗二十首·三宿神景宫》："过此即神宫，虚堂惬云性。"齐己《不睡》："永夜不欲睡，虚堂闭复开。"

【虛舲】 轻舟。王周《巫庙》："纷纷飚寥泬，远近随虚舲。"

【虛廊】 清静的廊庑。张籍《赠阎少保》："竹树晴深寒院静，长悬石磬在虚廊。"周贺《宿隐静寺上人》："一宿五峰杯度寺，虚廊中夜磬声分。"刘兼《秋夕书怀呈戎州郎中》之二："风送秋荷满鼻香，竹声敲玉近虚廊。"

【虛望】 空望。张祜《题池州杜员外弄水新亭》："何劳思岘岭，虚望汉江滨。"

【虛清】 空明澄澈。刘禹锡《晚步扬子游南塘望沙尾》："卑湿久喧浊，搴开偶虚清。"

【虛涼】 清静凉爽。刘禹锡《刘驸马水亭避暑》："千竿竹翠数莲红，水阁虚凉玉簟空。"白居易《湖亭与行简宿》："水槛虚凉风月好，夜深谁共阿怜来。"

【虛寂】 ❶清静。于鹄《山中访道者》："山院不洒扫，四时自虚寂。"❷指清虚寂静的心境。宋之问《游云门寺》："理胜常虚寂，缘空自感灵。"孟浩然《晚春题远上人南亭》："给园支遁隐，虚寂养身和。"皎然《奉和袁使君高郡中新亭会张炼师昼会二上人》："虚寂偶禅子，逍遥亲道流。"孟郊《游韦七洞庭别业》："人皆走烦浊，君能致虚寂。"杨衡《赠罗浮易炼师》："焚香叩虚寂，稽首回太清。"

【虛散】 喻才疏学浅之人。唐思言《和主司王起》："虚散谬当陪杞梓，后先宁异感生成。"

【虛極】 指太空。于邵《释奠武成王乐章·送神》："返归虚极，神心则悦。"吴筠《高士咏·洞灵真人》："亢仓致虚极，潜迹依远岫。"

【虛敞】 宽敞。孟浩然《送崔遏》："别馆当虚敞，离情任吐伸。"

【虛晶】 犹晶莹。张南史《雪》："高岭虚晶，平原广洁。"

【虛帽】 原为舞蹈者所戴的一种胡帽。盛唐时随"柘枝舞"进入中原，以彩锦、毡罽或者羊皮制成。有的外蒙绫绢，并施以彩绣。帽顶部分较为高耸，呈正梯形，帽簷则向上翻卷，左右两侧或装有护耳。有时在帽周围装有金属小铃，动辄叮当有声。张祜《观杨瑗柘枝》："促叠蛮鼍引柘枝，卷帘虚帽带交垂。"

【虛無】 ❶空，无；空无所有。杜甫《咏怀古迹五首》之四："翠华想像空山里，玉殿虚无野寺中。"李端《杂歌呈郑锡司空文明》："觉来知是虚无事，山中雪平云覆地。"苏拯《明禁忌》："神在虚无间，土中非神位。"

❷天空；太虚。窦常《七夕》："露盘花水望三星，仿佛虚无为降灵。"徐敞《月映清淮流》："虚无含气白，凝澹映波清。"柳宗元《省试观庆云图诗》："高标连汗漫，迥望接虚无。"刘得仁《宿普济寺》："幡飏虚无里，星生杳霭中。"❸中国古代道家术语。指无所不在而又无形可见的"道"的本体，它既是"道"的表现形态，又是"道"的归宿。《郊庙歌辞·太清宫乐章·冲和》："虚无结思，钟磬和音。"灵一《林公》："西晋尚虚无，南朝久沦误。"曹松《赠镜湖处士方干二首》之二："磨砻清浊人难会，织络虚无帝亦闻。"方干《宋从事》："冥搜太苦神应乏，心在虚无更那边。"李中《游北山洞神宫》："人居淡寂应难老，道在虚无不可闻。"❹指道家主张的虚静无为，清心寡欲。元稹《春分投简阳明洞天作》："君心除健羡，扣寂入虚无。"白居易《永崇里观居》："身虽世界住，心与虚无游。"❺即虚无身。佛教认为佛身通融自在，而离一切如光、影等，谓之虚无身。岑参《寄青城龙溪奂道人》："身同云虚无，心与溪清澄。"

【虚無縹緲】　空虚渺茫。白居易《长恨歌》："忽闻海上有仙山，山在虚无缥缈间。"

【虚象】　指太空。王维《东溪玩月》："光连虚象白，气与风露寒。"

【虚詞】　同"虚辭"。张九龄《夏日奉使南海在道中作》："吕梁有出入，乃觉非虚词。"

【虚尊】　酒尊。尊，盛酒器。卢照邻《同崔录事哭郑员外》："夜台无晓箭，朝奠有虚尊。"

【虚勞】　空劳；白费。寒山《诗三百三首》之一七八："报汝修道者，进求虚劳神。"吕岩《西江月》之一："千日虚劳心力，人人尽破其家。"

【虚窗】　窗户。姚合《和李舍人秋日卧疾言怀》："虚窗通晓景，珍簟卷秋光。"刘沧《留别复本修古二上人》："台殿虚窗山翠入，梧桐疏叶露光悬。"杨夔《题宣州延庆寺益公院》："幽径北连千嶂碧，虚窗东望一川平。"齐己《夜坐》："彻曙都忘寝，虚窗日照经。"

【虚閑】　清静；悠闲。储光羲《同房宪部应旋》："旷然长虚闲，即理寄行补。"白居易《睡起晏坐》："澹寂归一性，虚闲遗万虑。"周贺《题何氏池亭》："信是虚闲地，亭高亦有苔。"薛能《春雨》："谁知草茅径，沾此尚虚闲。"

【虚孱】　空虚无能。白居易《送毛仙翁》："何当悯湮厄，授道安虚孱。"

【虚費】　白费；浪费。杜甫《渝州候严六侍御不到先下峡》："不知云雨散，虚费短长吟。"庄南杰《伤歌行》："劝君莫谩栽荆棘，秦皇虚费驱山力。"鲍溶《读李相心中乐》："久作妖星虚费日，终□天洞亦何人。"

【虚疏】　疏朗；稀疏；稀少。李端《送吉中孚拜官归楚州》："才子神骨清，虚疏眉眼明。"张祜《秋霁》："滴幂侵檐露，虚疏入槛风。"陆龟蒙《偶掇野蔬寄袭美有作》："凌风蔼彩初携笼，带露虚疏或贮襟。"

【虚嵐】　缥缈的山间雾霭。杜甫《大历二年九月三十日》："草敌虚岚翠，花禁冷叶红。"

【虚構】　凌空构筑。张祜《题重玄寺阁八韵》："朱阁鳞虚构，环瞻极水乡。"

【虚裘】　轻裘。李绅《到宣武三十韵》："虚裘朝独坐，雄剑夜孤鸣。"

【虚暈】　谓月晕。李峤《秋日望月酬李骑曹》："淡云笼影度，虚晕抱轮回。"卢纶《奉和太常王卿酬中书李舍人中书寓直春夜对月见寄》："虚晕入池波自泛，满轮当苑桂多香。"

【虚幌】　帷幔，窗帘。杜甫《月夜》："何时倚虚幌，双照泪痕干。"

【虚傳】　空传。杜甫《姜楚公画角鹰歌》："此鹰写真在左绵，却嗟真骨遂虚传。"白居易《答客说》："吾学空门非学仙，恐君此说是虚传。"杜牧《为人题赠二首》之一："虚传南国貌，争夺五陵心。"李商隐《一片》："一片琼英价动天，连城十二昔虚传。"

【虚誇】　夸大；夸诞。段成式《游长安诸寺联句·宣阳坊静域寺·三阶院联句》："虚夸绝高鸟，垂拱议明堂。"刘景复《梦为吴泰伯作胜儿歌》："汉妃徒得端正名，秦女虚夸有仙骨。"

【虚歆】　谓欣羡。孟郊《连州吟》之二："贤人多安排，俗士多虚歆。"

【虚話】　同"虚語"。薛逢《惊秋》："明霜义分成虚话，阜俗文章惜暗投。"

【虚煙】　谓雾霭。韦应物《简寂观西涧瀑布下作》："淙流绝壁散，虚烟翠涧深。"

【虚殿】　寂静的殿阁。杜甫《上白帝城二首》之二："后人将酒肉，虚殿日尘埃。"郑锡《望月》："高堂新月明，虚殿夕风清。"徐铉《步虚词五首》之五："佩响流虚殿，炉烟在醮坛。"

【虚碧】　❶清澄碧蓝。羊士谔《九月十日郡楼独酌》："棂轩一尊泛，天景洞虚碧。"杨巨源《夏日苦热同长孙主簿过仁寿寺纳凉》："淹驾殊未还，朱栏敞虚碧。"❷指青天。韩愈《送僧澄观》："影沉潭底龙惊遁，当昼无云跨虚碧。"刘禹锡《游桃源一百韵》："回流抱绝𪩘，皎镜含虚碧。"鲍溶《途中旅思二首》之一："心期周太子，下马拜虚碧。"贾岛《咏韩氏二子》："清露堕桂花，白鸟舞虚碧。"

【虚境】　❶清虚宁静之境。王建《题东华观》："寂寥虚境里，何处觅长生。"❷凌虚之境。薛涛《斛石山书事》："今日忽登虚境望，步摇冠翠一千峰。"

【虚静】　❶清虚宁静。孟浩然《还山贻湛法师》：

“禅房闭虚静，花药连冬春。”徐铉《和门下殷侍郎新茶二十韵》：“亭台虚静处，风月艳阳天。”❷恬静寡欲。陆龟蒙《奉和袭美太湖诗二十首・以毛公泉献大谏清河公》：“又闻虚静姿，早挂冰雪痕。”❸人名。即静虚。佛教弹宗僧徒。皇甫冉有《赴无锡别灵一净虚二上人云门所居》。

【虛榮】 虚假的荣名。柳宗元《游石角过小岭至长乌村》：“为农信可乐，居宠真虚荣。”

【虛語】 空话；假话。白居易《偶作二首》之二：“勿信人虚语，君当事上看。”杜牧《题桐叶》：“一丸五色成虚语，石烂松薪更莫疑。”胡曾《咏史诗・武陵溪》：“若道长生是虚语，洞中争得有秦人。”唐彦谦《牡丹》：“为云为雨徒虚语，倾国倾城不在人。”

【虛誕】 荒诞不稽。骆宾王《夏日游德州赠高四》序：“仆少负不羁，长逾虚诞，读书颇存涉猎，学剑不待穷工。”吕温《题石勒城二首》之二：“夷甫自能疑倚啸，忍将虚诞误时人。”罗虬《比红儿诗》之三五：“常笑世人语虚诞，今朝自见火中莲。”

【虛説】 浮夸不实之辞。钱起《山下别杜少府》：“庄叟几虚说，杨朱空自迷。”

【虛實】 或虚或实。即真实的情况。杜牧《和州绝句》：“历阳前事知虚实，高位纷纷见陷人。”唐彦谦《北齐》：“背城肯战知虚实，争奈人前忍笑难。”

【虛寢】 即虚眠。杜甫《诸葛庙》：“竹日斜虚寝，溪风满薄帷。”

【虛閣】 清静的楼阁或亭阁。杜甫《滕王亭子》：“古墙犹竹色，虚阁自松声。”雍陶《题大安池亭》：“幽岛曲池相隐映，小桥虚阁半高低。”温庭筠《月中宿云居寺上方》：“虚阁披衣坐，寒阶踏叶行。”徐铉《奉和宫傅相公怀旧见寄四十韵》：“棋枰寂静陈虚阁，诗笔沉吟劈彩笺。”

【虛翠】 指碧绿色的草木。杜甫《覃山人隐居》：“高车驷马带倾覆，怅望秋天虚翠屏。”皮日休《太湖诗・孤园寺》：“萝岛凝清阴，松门湛虚翠。”

【虛輪】 月亮。褚亮《奉和望月应魏王教》：“落影临秋扇，虚轮入夜弦。”骆宾王《春夜韦明府宅宴得春字》：“宿云低迥盖，残月上虚轮。”

【虛牖】 即虚窗。骆宾王《秋晨同淄川毛司马秋九咏・秋萤》：“散彩萦虚牖，飘花绕洞房。”王维《老将行》：“苍茫古木连穷巷，寥落寒山对虚牖。”刘长卿《岁夜喜魏万成郭夏雪中相寻》：“寒灯映虚牖，暮雪掩闲扉。”顾况《弃妇词》：“空床对虚牖，不觉尘埃厚。”

【虛儀】 指塑像或画像。刘禹锡《和李六侍御文宣王庙释奠作》：“土田封后胤，冕服饰虚仪。”

【虛魄】 魂魄。刘希夷《北邙篇》：“不知虚魄寻归路，但见僵尸委墓田。”

【虛彈】 同“虚弓”。弹，射。张九龄《荆州作二首》之二：“胡为复惕息，伤鸟畏虚弹。”张说《闻雨》：“断猿知屡别，嘶雁觉虚弹。”李白《赠崔侍郎》：“高风摧秀木，虚弹落惊禽。”

【虛薄】 ❶空虚浅薄。则天皇后《唐明堂乐章・外办将出》：“顾己诚虚薄，空惭驭兆人。”李林甫《秋夜望月忆韩席等诸侍郎因以投赠》：“揆予秉孤直，虚薄忝文昌。”韦应物《拟古诗十二首》之七：“虚薄空有名，为君长叹息。”白居易《晚春重到集贤院》：“虚薄至今惭旧职，院名抬举号为贤。”❷空虚浅薄之人。孟浩然《宴张别驾新斋》：“高斋征学问，虚薄滥先登。”裴光庭《奉和御制左丞相说右丞相璟太子少傅乾曜同日上官命宴都堂赐诗》：“掖垣招近待，虚薄厕清尘。”

【虛器】 有其器名而无其实。白居易《新乐府・采诗官》：“诤臣杜口为冗员，谏鼓高悬作虚器。”

【虛館】 ❶空虚静寂的馆舍。阎宽《秋怀》：“下帷长日尽，虚馆早凉生。”陈存《寓居武丁馆》：“虚馆无喧尘，绿槐多昼阴。”柳宗元《游南亭夜还叙志七十韵》：“虚馆背山郭，前轩面江皋。”❷空枕以待候贤能。谓礼贤。杜甫《八哀诗・赠左仆射郑国公严公武》：“四郊失壁垒，虚馆开逢迎。”

【虛壁】 ❶空壁。杨衡《宿云溪观赋得秋灯引送客》：“云房寄宿秋夜客，一灯荧荧照虚壁。”❷壁立的悬崖。杜甫《猿》：“袅袅啼虚壁，萧萧挂冷枝。”

【虛聲】 ❶虚誉；虚名。陈子昂《座右铭》：“幸能修实操，何俟钓虚声。”李白《东海有勇妇》：“妻子亦何辜，焚之买虚声。”❷空话；假话。罗隐《塞外》：“可使御戎无上策，只应忧国是虚声。”❸风吹山谷众物之声。姚崇《故洛阳城侍宴应制》：“川凫连倒影，岩鸟应虚声。”白居易《开成大行皇帝挽歌词四首奉敕撰进》之四：“帝与九龄虽吉梦，山呼万岁是虚声。”亦指风吹竹叶声。李赤《姑熟杂咏・慈姥竹》：“翠色落波深，虚声带寒早。”❹指海涛声。高适《和贺兰判官望北海作》：“远色带孤屿，虚声涵殷雷。”

【虛擲】 白白丢弃；浪费。孟浩然《上巳日涧南园期王山人陈七诸公不至》：“群公望不至，虚掷此芳晨。”岑参《西蜀旅舍春叹寄朝中故人呈狄评事》：“功业悲后时，光阴叹虚掷。”白居易《三月三日怀微之》：“良时光景长虚掷，壮岁风情已暗销。”贾岛《感秋》：“商气飒已来，岁华又虚掷。”

【虛賺】 谎骗。罗虬《比红儿诗》之一：“马嵬好笑当时事，虚赚玄宗幸蜀川。”

【虛應】 敷衍应付。韩愈《归彭城》：“上天不虚应，祸福各有随。”

【虛齋】 清静的书斋。高适《初至封丘作》：“可怜薄暮宦游子，独卧虚斋思无已。”陆龟蒙《奉和袭美病中书情寄上崔谏议次韵》："或偃虚斋或在公，蔼然林下昔贤风。"

【虚豁】　空旷。陆龟蒙皮日休《开元寺楼看雨联句》："斋明乍虚豁，林霁逾葱蒨。"郑谷《宜春再访芳公言公幽斋写怀叙事因赋长言》："涧路萦回斋处远，松堂虚豁讲声圆。"陈陶《和西江李助副使早登开元寺阁》："虚豁登宝阁。三休极层构。"

【虚檻】　凌虚之栏杆。杜牧《冬日五湖馆水亭怀别》："芦荻花多触处飞，独凭虚槛雨微微。"又《山寺》："泉飞溅虚槛，云起涨河轩。"卢肇《题清远峡观音院二首》之二："风入古松添急雨，月临虚槛背残灯。"

【虚曠】　空虚旷远；空旷。苏源明《小洞庭洄源亭宴四郡太守诗》序："倒屼岫于波际，指梁岑于林缺，移摇敞豁，瞑眇虚旷。"孟郊《吊元鲁山》之七："名位苟虚旷，声明自销铄。"孔德绍《送舍利宿定普岩》："仁祠表虚旷，祇园展肃恭。"

【虚燼】　犹灰烬。刘禹锡《元日感怀》："燎火委虚烬，儿童炫彩衣。"

【虚襟】　虚怀；虚心。贺遂亮《赠韩思彦》："欲交天下士，未面已虚襟。"李中《献徐舍人》："自惭为滞物，多幸辱虚襟。"

【虚警】　警戒；戒惧。戴叔伦《听霜钟》："虚警和清籁，雄鸣隔乱峰。"韩愈《秋怀诗十一首》之五："离离挂空悲，戚戚抱虚警。"

【虚願】　不切实际的愿望。寒山《诗三百三首》之一六七："若能明实相，岂用陈虚愿。"

【虚簷】　凌空的屋檐；飞檐。杜甫《谒先主庙》："虚檐交鸟道，枯木半龙鳞。"姚合《过钦上人院》："古壁丹青落，虚檐鸟雀驯。"杜牧《郡斋秋夜即事寄斛斯处士许秀才》："驰心只待城乌晓，几对虚檐望白河。"

【虚辭】　虚假的言辞；浮夸不实之词。白居易《新乐府·青石》："不愿作官家道旁德政碑，不镌实录镌虚辞。"李商隐《咏怀寄秘阁旧僚二十六韵》："事神徒惕虑，佞佛愧虚辞。"

【虚懷】　❶谦逊虚心。杜甫《李盐铁二首》："一见能倾产，虚怀只爱才。"白居易《浔阳岁晚寄元八郎中庚三十二员外》："虚怀事僚友，平步取公卿。"裴度、刘禹锡《喜遇刘二十八偶书两韵联句》："高位当金铉，虚怀似布衣。"李郢《送李商隐侍御奉使入关》："相逢几日虚怀待，宾幕连期醉蝶同。"李商隐《偶成转韵七十二句赠四同舍》："忆昔公为会昌宰，我时入谒虚怀待。"❷指心境宁静淡泊，无所欲求。权德舆《奉和李大夫题郑评事江楼》："往事尽筌蹄，虚怀寄杯杓。"又《星名诗》："虚怀何所欲，岁晏聊懒逸。"张籍《献从兄》："虚怀日迢遥，荣辱常保纯。"❸犹关怀，关心。刘禹锡《早夏郡中书事》："虚怀询病苦，怀律操剽轻。"❹犹胸怀。丘为《渡汉江》："跋涉非吾愿，虚怀浩已盈。"

【虚羸】　虚弱。多指身体。张籍《学仙》："虚羸生疾疹，寿命多夭伤。"

【虚譽】　❶虚假的名声。名誉。玄宗《赐诸州刺史以题座右》："虚誉不可饰，清知不可忘。"贯休《续姚梁公坐右铭》："毋担虚誉，无背至理。"❷不实的称誉。皎然《酬薛员外谊见戏一首》："浅才迂且拙，虚誉喜还疑。"

【虚驚】　犹惊惧。鲍溶《鸣雁行》："羽翼劳痛心虚惊，一声相呼百处鸣。"参见"虚弯"。

【虚籟】　❶风吹众物发出的声响。权德舆《奉和张舍人阁老阁中直夜思闻雅琴因以书事通简僚友》："轩窗韵虚籁，兰雪怀幽音。"郑絪《寒夜闻霜钟》："月下和虚籁，风前间远砧。"元稹《春分投简阳明洞天作》："荣光飘殿阁，虚籁合笙竽。"唐彦谦《咏竹》："月明午夜生虚籁，误听风声是雨声。"❷风声。杜甫《游龙门奉先寺》："阴壑生虚籁，月林散清影。"杨伦镜铨："虚籁，谓风也。"皎然《妙喜寺达公院赋得夜磬送吕评事》："细和虚籁尽，疏绕悬泉发。"李商隐《崇让宅东亭醉后沔然有作》："密竹沉虚籁，孤莲泊晚香。"

【虚彎】　义同"虚弓"。弯，弯弓虚发。骆宾王《途中有怀》："涸鳞惊照辙，坠羽怯虚弯。"

【虚鬟】　捲发为鬟，其中空虚，故名"虚鬟"。李贺《兰香神女庙》："密发虚鬟飞，腻颊凝花匀。"

【虚變】　天气的突然变化。虚，天。萧颖士《□□□赵载同游焦湖夜归作》："浩叹无端涯，孰知蕴虚变。"

處[1]　〔chǔ《广韵》昌與切，上語，昌。〕❶居，居住。储光羲《秦中岁晏马舍人宅宴集》："故人处东第，清夜多新欢。"杜甫《君不见简苏徯》："深山穷谷不可处，霹雳魍魉兼狂风。"韩愈《元和圣德诗》："是日崇文，入处其宇。"李商隐《行次西郊作一百韵》："盲目把大旆，处此京西藩。"❷处于；处在。姚崇《奉和圣制夏日游石淙山》："三室三涂光地险，均霜揆日处天中。"独孤及《送陈兼应辟兼寄高适贾至》："结绿处燕石，卞和不必知。"韩愈《谢自然诗》："人生处万类，知识最为贤。"杨巨源《秋夜闲居即事寄庐山郑员外蜀郡符处士》："蓬阆绝华耀，况乃处穷愁。"刘禹锡《韩十八侍御见示岳阳楼别窦司直诗因令属和重以自述故足成六十二韵》："幸逢万物泰，独处穷途否。"❸置身；安身。玄宗《春晚宴两相及礼官丽正殿学士探得风字》序："居海内之尊，处域中之大。"韦应物《答畅参军》："偶宦心非累，处喧道自幽。"孟郊《长安羁旅行》："始知喧竞场，莫处君子身。"韩愈《元和圣德诗》："辟穷见窘，无地自处。"❹隐居；居家不仕。孟浩然《陪李侍御访聪上人禅居》："出处虽云异，同欢在法筵。"杜甫《泛溪》:"萧条欲何适,出处无可齐。"岑参《刘相公中书江山画障》:"喧幽趣颇异,出处事不同。"聂夷中《行路难》:"出处全在人,路亦无通塞。"❺在。李白《上清宝鼎诗》之一:"我居清空表,君处红埃中。"岑参《过酒泉忆杜陵别业》:"阳关万里梦,知处杜陵田。"丘丹《奉使过石门观瀑》:"灵奇既天造,惜处穷海甸。"❻停留;休息。李峤《夏晚九成宫呈同僚》:"小轩恒共处,长坂属相从。"玄宗《鹡鸰颂》:"爰游爰处,爰笑爰语。"韩愈《琴操十首·履霜操》:"儿在中野,以宿以处。"❼生活;活。白居易《中隐》:"人生处一世,其道难两全。"❽当,承担。窦庠《敕目至家兄蒙淮南仆射杜公奏授秘校兼节度参谋同书寄上》:"鹤书承处重,鹊语喜时频。"❾安排,委任。权德舆《送别沅泛》:"用兹处大官,无乃玷清时。"

處[2] 〔chù《广韵》昌據切,去御,昌。〕❶地方;处所。王维《酬比部杨员外暮宿琴台朝跻书阁率尔见赠之作》:"羡君栖隐处,遥望白云端。"刘长卿《集梁耿开元寺所居院》:"到君幽卧处,为我扫莓苔。"崔峒《润州送友人》:"国士劳相问,家书无处传。"陈羽《山中秋夜喜周士闲见过》:"青山高处上不易,白云深处行亦难。"张蠙《次韵和友人冬月书斋》:"薄冰行处断,残火睡来消。"❷那里;哪里。魏奉古《长门怨》:"自从捐弃在深宫,君处芳音更不通。"刘长卿《送方外上人》:"莫买沃洲山,时人已知处。"张籍《各东西》:"道路悠悠不知处,山高海阔谁辛苦。"韦庄《贼中与萧韦二秀才同卧重疾二君寻愈余独加焉恍惚之中因有题》:"弟妹不知处,兵戈殊未休。"❸方位名词。表示中、间、上、下等。太宗《帝京篇十首》之六:"萍间日彩乱,荷处香风举。"杨师道《初秋夜坐应诏》:"雁声风处断,树影月中寒。"王勃《临高台》:"君看旧日高台处,柏梁铜雀生黄尘。"卢照邻《哭明堂裴主簿》:"黄公酒炉处,青眼竹林前。"任希古《和东观群贤七夕临泛昆明池》:"云光波处动,日影浪中悬。"杜甫《晴二首》之一:"野花干更落,风处急纷纷。"❹部分。韩愈《病鸱》:"中汝要害处,汝能不得施。"❺时间名词。时候;之际。骆宾王《同辛簿简仰酬思玄上人林泉四首》之三:"客有迁莺处,人无结驷来。"杜甫《述怀一首》:"沉思欢会处,恐作穷独叟。"常衮《咏冬瑰花》:"密来惊叶少,动处觉枝长。"韩愈《早春呈水部张十八员外二首》之一:"最是一年春好处,绝胜烟柳满皇都。"杜牧《南陵道中》:"正是客心孤回处,谁家红袖凭江楼。"李商隐《赴职梓潼留别畏之员外同年》:"桂花香处同高第,柿叶翻时独悼亡。"❻语气助词。可不译,或译为"啊""呵"。白居易《杨家南亭》:"此院好弹秋思处,终须一夜抱琴来。"又《梦仙》:"渐失乡国处,才分山水形。"杜牧《洛中监察病假满送韦楚老拾遗归朝》:"十载丈夫堪耻处,朱云犹掉直言旗。"

【處士】 有才德而隐居不仕的人。亦泛指未出仕的士人。宋之问《宿云门寺》:"凤归慨处士,鹿化闻仙公。"杜甫《寄李十二白二十韵》:"处士祢衡俊,诸生原宪贫。"顾况《从江西至彭蠡入浙西淮南界道中寄齐相公》:"处士待徐孺,仙人期葛洪。"杜牧《送张判官归兼谒鄂州大夫》:"处士闻名早,游秦献疏回。"

【處士鄉】 处士隐居之乡。詹敦仁《珒访刘君乙时已殁故将归王令留之不可以书来嘱作此篇示》:"刘郎踪迹久荒凉,卜宅何妨处士乡。"

【處士星】 即少微星。见《史记·天官书》司马贞索隐:"《春秋合诚图》曰'少微,处士位'。又《天官占》云'少微,一名处士星'也。"古代诗文中多以"处士星"喻指处士。杨衡《经赵处士居》:"向夕霏烟敛,徒看处士星。"杜荀鹤《寄窦处士》:"海畔将军柳,天边处士星。"

【處士節】 处士之节操。杜甫《遣兴五首》之二:"襄阳耆旧间,处士节独苦。"

【處己】 对待自己。温庭筠《病中书怀呈友人》:"处己将营窟,论心若合符。"

【處女】 指未出嫁的女子。杜甫《负薪行》:"夔州处女发半华,四十五十无夫家。"

【處子】 ❶处女。阎朝隐《鹦鹉猫儿篇》:"趋趋兮跄跄,若处子回眸兮登玉堂。"韩愈《送区弘南归》:"处子窈窕王所妃,苟有令德隐不腓。"韩偓《六言三首》之一:"春楼处子倾城,金陵狎客多情。"❷指仙女。韦应物《宝观主白鸜鹆歌》:"三山处子下人间,绰约不妆冰雪颜。"

【處屯】 (—zhūn)遭遇困境。刘禹锡《谒柱山会禅师》:"悟理言自忘,处屯道犹泰。"

【處分】 ❶安排;处理。杜甫《雷》:"请先偃甲兵,处分听人主。"白居易《咏怀》:"处分贫家残活计,匹如身后莫相关。"❷吩咐;嘱咐。杜甫《催宗文树鸡栅》:"明明领处分,一一当剖析。"顾况《柳宜城鹊巢歌》:"相君处分留野鹊,一月生得三个儿。"刘禹锡《和令狐相公闻思帝乡有感》:"沧海西头旧丞相,停杯处分不须吹。"白居易《过敷水》:"垂鞭欲渡罗敷水,处分鸣驺且缓驱。"

【處世】 生活在人间。李白《沐浴子》:"处世忌太洁,至人贵藏晖。"元稹《酬卢秘书》:"偶有冲天气,都无处世才。"李群玉《春寒》:"处世心悠尔,干时思索然。"薛莹《羡僧》:"处世曾无著,生前事尽非。"皮日休《七爱诗·白太傅》:"处世似孤鹤,遗荣同脱蝉。"

【處州】 隋开皇九年置,治所在括苍县(今浙江丽水市东南)。十二年改名括州。唐大历十四年复改为处州,治所在丽水县(今浙江丽水市西)。皇甫冉有

《送处州裴使君赴京》。刘禹锡有《松江送处州奚使君》。贾岛有《处州李使君改任遂州因寄赠》。方干有《赠处州段郎中》。

【處困】 处于困境之中。元稹《三月三十日程氏馆饯杜十四归京》："处困方明命，遭时不在才。"杜牧《梁秀才以早春旅次大梁将归郊扉言怀兼别示亦蒙见赠凡二十韵走笔依韵》："处困羞摇尾，怀忠壮犯鳞。"

【處身】 ❶立身处世。卢照邻《咏史四首》之一："处身孤且直，遭时坦而平。"杜甫《柴门》："万物附本性，处身不愿奢。"❷置身。刘禹锡《酬乐天醉后狂吟十韵》："处身于木雁，任世变桑田。"

【處事】 办事。李昌符《与友人会》："病觉离家远，贫知处事难。"

【處所】 ❶犹踪迹。陈子昂《感遇诗三十八首》之二七："朝云无处所，荆国亦沦亡。"王维《辋川集·木兰柴》："彩翠时分明，夕岚无处所。"杨巨源《送定法师归蜀法师即红楼院供奉广宣上人兄弟》："空性碧云无处所，约公曾许剡溪游。"权德舆《赠梁国惠康公主挽歌词二首》之二："音容无处所，应在玉皇前。"王炎《葬西施挽歌》："春风无处所，凄恨不胜怀。"❷居住或停留的地方；地方，地点。岑参《敷水歌送窦渐入京》："罗敷昔时秦氏女，千载无人空处所。"刘禹锡《清湘词二首》之一："君问二妃何处所，零陵香草雨中收。"元稹《代曲江老人百韵》："梦寐平生在，经过处所新。"白居易《偶作二首》之一："安身有处所，适意无时节。"韦庄《尹喜宅》："欲问灵踪无处所，十洲空阔阆山遥。"

【處處₂】 居处。齐己《苦热行》："下土熬熬若煎煮，苍生惶惶无处处。"

【處₂處】 (一chù)各处；每一处。孟浩然《登龙兴寺阁》："苍苍皆草木，处处尽楼台。"刘长卿《南楚怀古》："君看章华宫，处处生蓬蒿。"戴叔伦《赠康老人洽》："南邻北里日经过，处处淹留乐事多。"刘兼《春昼醉眠》："处处落花春寂寂，时时中酒病恹恹。"

【處晦】 隐埋于昏暗之处。吕价《浊水求珠》："深沉当处晦，皎洁庶来求。"

【處逸】 谓身处安逸之中。许敬宗《奉和圣制登三台言志应制》："形言防处逸，粹藻发嘉猷。"

【處暑】 二十四节气之一。在立秋之后，公历八月二十三左右。陆龟蒙《袭美见题郊居十首因次韵酬之以伸荣谢》之八："强起披衣坐，徐行处暑天。"

【處貴】 居贵重之位。杜甫《课伐木》："城中贤府主，处贵如白屋。"

【處順】 顺应自然。储光羲《同王十三维偶然作十首》之四："我心方处顺，动作何忧虞。"参见"處順安時"。

【處順安時】 谓安于生死，顺应自然。见《庄子·大宗师》郭象注。储光羲《同王十三维哭殷遥》："处顺与安时，及此乃空言。"

【處置】 ❶处理。白居易《达哉乐天行》："起来与尔画生计，薄产处置有后先。"❷处置；惩治。韩愈《寄卢仝》："先生又遣长须来，如此处置非所喜。"

【處實】 谓名副其实。温庭筠《寓怀》："衔知有贞爵，处实非厚颜。"

【處亂】 身处乱世。卢照邻《咏史四首》之二："在晦不绝俗，处乱不为亲。"

【處羣】 谓与常人相处。韩愈《孟生诗》："异质忌处群，孤芳难寄林。"

【處劇】 谓治理繁剧的政务。独孤及《送阳翟张主簿之任》："作吏同山隐，知君处剧闲。"李商隐《今月二日不自量度辄以诗一首四十韵干渎尊严伏蒙仁恩俯赐披览辄复五言四十韵诗献上》："处剧张京兆，通经戴侍中。"

【處賤】 居卑贱之地。戴叔伦《古意》："安贫固其然，处贱宁独耻。"

甝 〔hán《广韵》胡甘切，平談，匣。〕白虎。皮日休《虎丘寺殿前有古杉一本形状丑怪图之不尽况百卉竞媚若妬若娼唯此杉死抱奇节巉然闯然遂赋三百言以见志》："坚应敌骏骨，文定写甝皮。"

號1 〔hào《广韵》胡到切，去号，匣。〕❶号令。高适《蓟门行五首》之三："元戎号令严，人马亦轻肥。"刘禹锡《边风行》："将军占气候，出号夜翻营。"唐扶《使南海道长沙题道林岳麓寺》："主人念我尘眼昏，半夜号令期至暾。"贯休《古塞下曲七首》之二："萧条寒日落，号令彻穷边。"❷名；叫。杜甫《寄李十二白二十韵》："昔年有狂客，号尔谪仙人。"卢象《句》："书名会粹才偏逸，酒号屠苏味更醇。"李群玉《雨夜呈长官》："借问陶渊明，何物号忘忧。"韦庄《忆昔》："西园公子名无忌，南国佳人号莫愁。"韩偓《湖南梅花一冬再发偶题于花援》："玉为通体依稀见，香号返魂容易回。"❸称，称为。刘禹锡《送僧方及南谒柳员外》序："古诗人暨今号为能赋，有辄求其词吟呻之，拳拳然，多多益嗜。"姚合《奉和前司封苏郎中喜严常侍萧给事见访惊斑鬓之什》："东观诗成号良史，中台官罢揖高名。"杜牧《感怀诗一首》："号为精兵处，齐蔡燕赵魏。"同谷子《五子之歌》之二："酒色声禽号四荒，那堪峻宇又雕墙。"❹名字；名称。李颀《临别送张諲入蜀》："木有相思号，猿多愁苦音。"姚合《杭州观潮》："楼有章亭号，涛来自古今。"❺别号。杜甫《同豆卢峰知字韵》："倡和将雏曲，田翁号鹿皮。"白居易《新乐府·上阳白发人》："今日宫中年最老，大家遥赐尚书号。"刘禹锡《送张盥赴举诗》："长裾来谒我，自号庐山人。”高骈《遣兴》：“醉乡日月终须觅，去作先生号白云。”陆龟蒙《奉和袭美太湖诗二十首·缥缈峰》：“身为大块客，自号天随子。”❻信号。刘禹锡《元和癸巳岁仲秋诏发江陵偏师问罪蛮徼后命宣慰释兵归降凯旋之辰率尔成咏》：“火号休传警，机桥罢亘空。”❼编列次序或等级。刘禹锡《同乐天和微之深春二十首》之四：“广筵歌舞散，书号夕阳斜。”又《酬太原狄尚书见寄》：“仍把天兵书号笔，远题长句寄山川。”❽封号、国号、年号等。杜甫《奉贺阳城郡王太夫人恩命加邓国太夫人》：“济时瞻上将，锡号戴慈亲。”元稹《楚歌十首》之七：“宣明徒有号，江汉不相朝。”杜牧《题永崇西平王宅太尉愬院六韵》：“家呼小太尉，国号大梁公。”韦庄《赠云阳裴明府》：“已闻陈胜心降汉，谁为田横国号齐。”陈陶《西川座上听金五云唱歌》：“自言本是宫中嫔，武皇改号承恩新。”❾诗体的一种。参见“口號”。

號² 〔háo《广韵》胡刀切，平豪，匣。〕❶呼叫。柳宗元《游南亭夜还叙志七十韵》：“旷朗天景霁，樵苏远相号。”❷哭；大声哭。储光羲《同王十三维哭殷遥》：“时闻孤女号，迥出陌与阡。”韦应物《送终》：“童稚知所失，啼号捉我裳。”孟郊《寒地百姓吟》：“无火炙地眠，半夜皆立号。”刘禹锡《浙西李大夫述梦四十韵并浙东元相公酬和斐然继声》：“仙成脱屣去，臣恋捧弓号。”贯休《杞梁妻》：“一号城崩塞色苦，再号杞梁骨出土。”❸指野兽吼叫。杜甫《九日寄岑参》：“大明韬日月，旷野号禽兽。”李绅《涉沅潇》：“行人愁望待明月，星汉沉浮魃鬼号。”李咸用《鸡鸣曲》：“谷口雾中饥虎号，离人枕上心忉忉。”无名氏《春宵有怀》：“踌躇不觉三更尽，空见豹狼数遍号。”❹鸣叫，啼鸣。多指禽鸟、蝉等。李白《蜀道难》：“但见悲鸟号古木，雄飞雌从绕林间。”贾至《闲居秋怀寄阳翟陆赞府封丘高少府》：“八月白露降，玄蝉号枯桑。”白居易《新乐府·秦吉了》：“鸡号堕地燕惊去，然后拾卵攫其雏。”权德舆《湖南观察使故相国袁公挽歌二首》之二：“丹旐发江皋，人悲雁亦号。”王贞白《晓泊汉阳渡》：“芳洲号鹦鹉，用记祢生才。”❺指大风之呼啸声。杜甫《茅屋为秋风所破歌》：“八月秋高风怒号，卷我屋上三重茅。”吕温《风咏》：“一朝乘严气，万里号清霜。”王睿《公无渡河》：“风号水激兮呼不闻，提壶看入兮中流去。”李商隐《风》：“已寒休惨淡，更远尚呼号。”

【號₂弓】 为哀悼皇帝逝世的典故。见《史记·封禅书》。权德舆《德宗神武孝文皇帝挽歌词三首》之二：“最怆号弓处，龙髯上紫霄。”元稹《顺宗至德大圣大安孝皇帝挽歌词三首》之一：“号弓那独切，曾感昔年招。”李绅《趋翰苑遭诬构四十六韵》：“坠剑悲乔岳，号弓泣鼎湖。”

【號火】 即烽火。杜荀鹤《塞上》：“戍楼三号火，探马一条尘。”

【號₂叫】 呼叫；大声哭叫。杜甫《暇日小园散病将种秋菜督勒耕牛兼书触目》：“三步六号叫，志屈悲哀频。”

【號令】 发布的命令。张九龄《和崔尚书喜雨》：“仁心及草木，号令起风雷。”杜甫《惜别行送刘仆射判官》：“梁公富贵于身疏，号令明白人安居。”刘禹锡《夏日寄宣武令狐相公》：“境入篇章高韵发，风穿号令众心和。”杜牧《华清宫三十韵》：“雷霆驰号令，星斗焕文章。”

【號名】 给以称号。张籍《赠箕山僧》：“似鹤难知性，因山强号名。”

【號衣】 古代士卒或差役所穿的衣服。高骈《闺怨》：“如今又献征南策，早晚催缝带号衣。”

【號₂呼】 ❶呼叫；大声叫喊。韩愈《此日足可惜赠张籍》：“号呼久乃至，夜济十里黄。”韩愈、孟郊《秋雨联句》：“万木声号呼，百川气交会。”陆龟蒙《奉酬袭美先辈吴中苦雨一百韵》：“迩来增号呼，得以恣唐突。”贯休《边上作三首》之三：“时时出沙碛，向东而号呼。”❷哀号哭叫。杜甫《草堂》：“到今用钺地，风雨闻号呼。”又《杜鹃行》：“业工窜伏深树里，四月五月偏号呼。”唐彦谦《和陶渊明贫士诗七首》之五：“后世耻躬耕，号呼脱饥寒。”❸怒吼。柳宗元《咏荆轲》：“按剑赫凭怒，风雷助号呼。”

【號₂呶】 号呼喧嚷。见《诗·小雅·宾之初筵》毛传。卢仝《感古四首》之二：“一国醉号呶，一人行清高。”皇甫湜《出世篇》：“生当为大丈夫，断羁罗，出泥涂，四散号呶，俶扰无隅。”

【號₂悲】 放声痛哭。孟郊《戏赠无本》：“长安秋声干，木叶相号悲。”郭周藩《谭子池》：“凡情留不得，攀望众号悲。”

【號₂咷】 大声哭叫。杜甫《自京赴奉先县咏怀五百字》：“入门闻号咷，幼子饥已卒。”张祜《途次扬州赠崔荆二十韵》：“醉时心烂漫，别夜眼号咷。”韩偓《夏课成感怀》：“居世无媒多困踬，昔贤因此亦号咷。”

【號₂哀】 哀叫。韩愈《咏雪赠张籍》：“龙鱼冷蛰苦，虎豹饿号哀。”

【號₂怒】 ❶怒叫。杜甫《偶题》：“音书恨乌鹊，号怒怪熊罴。”孟郊《小隐吟》：“号怒路傍子，贪败不贪全。”❷指风声怒号。李白《北风行》：“日月照之何不及此，唯有北风号怒天上来。”

【號₂哭】 呼号痛哭。柳宗元《韦道安》：“二十游太行，暮闻号哭声。”

【號₂啼】 啼叫，哀号。司空曙《杜鹃行》：“声音咽哕若有谓，号啼略与婴儿同。”

【號鼓】 即更鼓。古代报时的鼓。见《新唐书·

百官志二·秘书省》。李绅《奉酬乐天立秋夕有怀见寄》："重城宵正分，号鼓互相望。"

【虢₂虢】 （—háo）象声词，表示哀号。李贺《勉爱行二首送小季之庐山》之二："江干幼客真可念，郊原晚吹悲号号。"

【虢簿】 即登记簿。王建《赠郭将军》："向晚临阶看号簿，眼前风景任支分。"

【虢鐘】 古琴名。见《楚辞·刘向〈九叹·愍命〉》。独孤及《夏中酬于逖毕耀问病见赠》："遥指故山笑，相看抚号钟。"又《初晴抱琴登马退山对酒望远醉后作》："微风度竹来，韵我号钟弦。"林宽《送李员外频之建州》："鸟泊牵滩索，花空押号钟。"

七　画

虡 〔jù《广韵》其吕切，上語，羣〕古代悬钟鼓木架的两侧立柱。《郊庙歌辞·五郊乐章·赤郊迎神》："虡列钟磬，筵陈脯醢。乐以迎神，神其如在。"

虞 〔yú《广韵》遇俱切，平虞，疑。〕❶考虑；料到。杜甫《醉为马坠诸公携酒相看》："不虞一蹶终损伤，人生快意多所辱。"岑参《玉门关盖将军歌》："南邻犬戎北接胡，将军到来备不虞。"韩愈《泷吏》："不虞卒见困，汗出愧且骇。"韦蟾《和柯古穷居苦日喜雨》："方欣见润础，那虞悲铄石。"❷忧愁。陈子昂《感遇诗三十八首》之二五："昆仑见玄凤，岂复虞云罗。"白居易《效陶潜体诗十六首》之一五："答云君不知，位重多忧虞。"李绅《移九江》："隙光非白驹，悬磬我无虞"。刘驾《早行》："心孤多所虞，僮仆近我行。"❸忧患；祸患。杜甫《后出塞五首》之四："献凯日继踵，两蕃静无虞。"刘禹锡《武陵观火诗》："楚乡祝融分，炎火常为虞。"张籍《董公诗》："海内既无虞，君臣方肃雍。"鲍溶《赠李黯将军》："圣人唯有河湟恨，寰海无虞在一劳。"吴融《平望蚊子二十六韵》："吾闻蛇能螫，避之则无虞。"❹防备；戒备。杜甫《园官送菜》："点染不易虞，丝麻杂罗纨。"耿湋《甘泉诗》序："顷修垒虞寇，凿井便溉。"❺欺诈。王维《送秘书晁监还日本国》序："我无尔诈，尔无我虞。彼以好来，废关弛禁。"❻古代官名。掌管山林川泽。韦应物《虞获子鹿》："虞获子鹿，畜之城陬。"❼古代祭名。死者下葬后举行的祭祀。见《释名·释丧志》。储光羲《同王十三维哭殷遥》："内艰未及虞，形影随化迁。"徐铉《光穆皇后挽歌三首》之二："返虞严吉仗，复土掩空衣。"❽传说中的远古朝代名。为舜尧禅而有天下之号。杜甫《赠郑十八贲》："步趾咏唐虞，追随饭葵堇。"韩愈《赠唐衢》："胡不上书自荐达，坐令四海如虞唐。"亦指虞舜。刘叉《作诗》："有虞今已殁，来者谁为托。"❾古代国名。姬姓，为周武王克殷时所封。开国君主为古公亶父之子虞仲的后代。故城在今山西平陆县东北。公元前655年，为晋国所袭灭。周昙《咏史诗·春秋战国门·百里奚》："船骥由来是股肱，在虞虞灭在秦兴。"❿古代国名。在今山西平陆县北。参见"虞訟"。

【虞十五司马】 杜甫有《赠虞十五司马》，诗云："远师虞秘监，今喜识玄孙。"虞秘监。虞世南，世南曾官秘书少监，秘书监，见《旧唐书》本传，则虞十五司马为虞世南之远孙，名未详。

【虞人】 ❶古代官名。掌山林川泽苑囿。见《左传·昭公二十年》。孙逖《长洲苑》："胜地虞人守，归舟汉女陪。"❷泛指渔猎者。卢照邻《失群雁》："虞人负缴来相及，齐客虚弓忽见伤。"庄南杰《黄雀行》："虞人设网当要路，白日啾嘲祸万机。"李绅《过梅里七首·翡翠坞》："弹射莫及弋不得，日暮虞人空叹息。"高越《咏鹰》："虞人莫谩张罗网，未肯平原浅草飞。"王周《施南太守以猿儿为寄作诗答之》："虞人初获西江西，长臂难将意马齐。"

【虞人箴】 见《左传·襄公四年》(魏绛曰)。后因用作劝谏的典故。顾况《游子吟》："鹿鸣志丰草，况复虞人箴。"白居易《寄唐生》："功高虞人箴，痛甚骚人辞。"

【虞元長】 （長 cháng）虞世南后人。官河东推衙。许浑《赠河东虞押衙二首》题注："虞元长者，永兴公之后。"

【虞氏】 即虞人。渔猎者。吴筠《晚到湖口见庐山作呈诸故人》："鸿飞入青冥，虞氏罢缯弋。"

【虞石】 虞舜时的石馨。见《书·舜典》孔传。后以"虞石"指朝廷乐器。薛曜《舞马篇》："我皇盛德苞六宇，俗泰时和虞石拊。"

【虞有賢】 《全唐诗》卷八五五录有虞有贤《送卧云道士》，诗题下注："一作鱼又玄，题云题柳公权书度人经后。"注是。虞有贤，当为鱼又玄。

【虞巡】 ❶虞舜南巡。见《史记·五帝本纪》。刘禹锡《韩十八侍御见示岳阳楼别窦司直诗因令属和重以自述故足成六十二韵》："秦狩迹犹在，虞巡路从此。"❷指舜南巡所至的湖南零陵、苍梧一带地区。刘禹锡《送华阴尉张苕赴邕府使幕》："分野穷禹画，人烟过虞巡。"

【虞坂】 又名虞山、吴山、吴坂，属中条山脉，在山西运城市安邑镇东南。传说为千里马负盐车、伯乐见之而痛哭之处。见《战国策·楚策四》。岑参《送秘省虞校书赴虞乡丞》："虞坂临官舍，条山映吏人。"胡曾《咏史诗·虞坂》："悠悠虞坂路欹斜，迟日和风簇野花。"

【虞芮】 ❶为称美地方长官处理狱讼的典故。孙逖《奉酬张洪州九龄江上见赠》:“于焉审虞芮,复尔共舟航。”马戴《集宿姚侍御宅怀永乐宰殷侍御》:“石田虞芮接,种树白云阴。”❷借指谦让息讼。于濆《富农诗》:“安得四海中,尽为虞芮土。”又《南越谣》:“若令交趾货,尽生虞芮田。”

【虞秀才】 虞说。钱起有《送虞说擢第东游》。独孤及有《送虞秀才擢第归长沙》。

【虞沔州】 虞当。会稽人,为郭尚父从事,终沔州刺史。刘长卿有《闻虞沔州有替将归上都登汉东城寄赠》。戴叔伦有《与虞沔州谒藏真上人》。

【虞押衙】 虞元长。许浑有《赠河东虞押衙二首》。又许浑《伤虞将军》诗校云:“一作伤河东虞押衙。”

【虞美人】 唐教坊曲名。后用为词牌。原名取自秦汉之际项羽宠姬虞美人。双调,五十六字,上、下阙各四句,两仄部,两平韵。另有五十八字者,为变体。南唐后主李煜有《虞美人》词二首。

【虞邸】 指天子宫殿。玄宗《首夏花萼楼观群臣宴宁王山亭回楼下又申之以赏乐赋诗》序:“披乐善之虞邸,坐忘忧之观,东郊跬步,南山在目。”

【虞泉】 即虞渊。李百药《和许侍郎游昆明池》:“仪星似河汉,落景类虞泉。”权德舆《顺宗至德大安孝皇挽歌三首》之一:“解泽皇风遍,虞泉白日沉。”元稹《宪宗章武孝皇帝挽歌词三首》之一:“北辰移帝座,西日到虞泉。”李商隐《乐游原》:“羲和自趁虞泉宿,不放斜阳更向东。”参见“虞淵”。

【虞弦】 即虞琴。于季子《奉和圣制夏日游石淙山》:“瑞液含滋登禹膳,飞流荐响入虞弦。”

【虞城】 县名。属河南道。治所在今河南虞城县北旧县城西南。李白有《对雪献从兄虞城宰》。高适有《送虞城刘明府谒魏郡苗太守》。

【虞庠】 周代学校名。韩愈《和崔舍人咏月二十韵》:“独有虞庠客,无由拾落蓂。”

【虞帝城】 指桂州(今广西桂林市)。据《太帝寰宇记》载,桂州虞山下有舜庙。故名。李商隐《偶成转韵七十二句赠四同舍》:“湘妃庙下已春尽,虞帝城前初日曛。”

【虞宫】 虞舜的宫殿。鲍溶《怀仙二首》之一:“虞宫礼成后,回驾仙风顺。”

【虞秘監】 虞世南,世南曾官秘书少监、秘书监。见《旧唐书》本传。杜甫《赠虞十五司马》:“远师虞秘监,今喜识玄孙。”

【虞部郎中】 官名。为尚书省工部第三司虞部司长官。置一员,从五品上。掌京城街巷种植、山泽苑囿及百官时蔬薪炭供给与田猎等政。独孤及有《和虞部韦郎中寻杨驸马不遇》。韩偓有《访同年虞部李郎中》。

【虞部員外郎】 官名。为尚书省工部第二司虞部司次官。置一员,从六品上,常同本司郎中。王维有《酬虞部苏员外过蓝田别业不见留之作》。羊士谔有《郡中玩月寄江南李少尹虞部孟员外三首》。白居易《三月三日祓禊洛滨》序:“驾部员外郎部卢言、虞部员外郎苗愔……等一十五人。合宴于舟中。”

【虞書】 虞世南书法。虞世南,唐代著名书法家。曾得智永传授书艺,继承二王(王羲之,王献之)传统,外柔内刚,笔致圆融冲和而有遒丽之气。与欧阳询、褚遂良、薛稷并称为唐初四大书法家。贾躭《赋虞书歌》:“众书之中虞书巧,体法自然归大道。”

【虞訟】 借指承平时期的狱讼。见《史记·周本纪》。卢照邻《山林休日田家》:“耕田虞讼寝,凿井汉机忘。”

【虞階】 古代传说尧舜虽为天子,住处极其简陋。后借指天子朝堂、朝廷。李绅《登禹庙回降雪五言二十韵》:“尧历占新庆,虞阶想旧陪。”

【虞鄉】 县名。属蒲州。治所即今山西永济市东虞乡镇。唐彦谦《望中条》:“虞乡县西郭,改观揖中条。”岑参有《送秘省虞校书赴虞乡丞》。司空图有《虞乡北原》。

【虞將軍】 (將 jiāng)虞元长。许浑有《伤虞将军》。参见“虞押衙”。

【虞琴】 琴的别名。见《礼记·乐记》。李商隐《自桂林奉使江陵途中感怀寄献尚书》:“泷通伏波柱,帘对有虞琴。”

【虞童】 指虞翻。见《三国志·吴书·虞翻传》。后因用为咏少年聪慧的典故。柳宗元《酬韶州裴曹长使君寄道州吕八大使因以见示二十韵一首》:“贾傅辞宁切,虞童发未鬈。”

【虞淵】 神话传说中的日没处。《淮南子·天文训》:“日至于虞渊,是渭黄昏。”柳宗元《行路难三首》之一:“君不见夸父逐日窥虞渊,跳踉北海超昆仑。”刘禹锡《奉和中书崔舍人八月十五日夜玩月二十韵》:“浮精离碧海,分照接虞渊。”徐夤《夜》:“日坠虞渊烛影开,沉沉烟雾压浮埃。”

【虞賓】 ❶指帝尧之子丹朱。尧禅位于虞舜,虞舜对丹朱以宾礼侍之,故称。见《书·益稷》蔡沈集传。温庭筠《题翠微寺二十二韵》:“邠土初成邑,虞宾竟让王。”❷指祭祀时的宾客。《郊庙歌辞·周宗庙乐舞辞·章德舞》:“俨皇尸,列虞宾。神如在,声不闻。”

【虞虢】 古代二国名。虞,姬姓,周武王伐殷后所封,在今陕西平陆县。公元前655年晋国假道攻虢时,被晋所袭灭。虢,姬姓,开车君主为周文王弟虢仲，在今陕西宝鸡。公元前655年为晋所灭。玄宗《途次陕州》："山川入虞虢，风俗限西东。"周昙《咏史诗·春秋战国门·宫之奇》："虞虢相依自保安，谋臣吞度不为难。"

【虞篇】 指《尚书·虞书》中的《舜典》篇。张濯《题舜庙》："寥寥象设魂应在，寂寂虞篇德已闻。"

【虞衡】 古代官名，职掌山木川泽。见《周礼·天官·太宰》。刘商《金井歌》："虞衡相贺为祯祥，畏人采攫持殳戕。"柳宗元《行路难三首》之二："虞衡斤斧罗千山，工命采斫杙与椽。"

【虞薰】 指虞舜所歌之诗。见《史记·乐书》裴骃集解引王肃。后遂以借指诗歌。卢照邻《至望喜瞩目言怀贻剑外知己》："缄愁赴蜀道，题拙奉虞薰。"

【虞殯】 古代送葬歌曲。见《左传·哀公十一年》。后因作哀挽死者的典故。李百药《文德皇后挽歌》："寒山寂已暮，虞殡有余哀。"

【虞羅】 ❶原指古代掌管山林之官虞人所设的罗网。后泛指渔者猎者的罗网。陈子昂《感遇诗三十八首》之二三："岂不在遐远，虞罗忽见寻。"杜甫《冬狩行》："肉味不足登鼎俎，何为见羁虞罗中。"寒山《诗三百三首》之一一二："鹦鹉宅西国，虞罗捕得归。"权德舆《数名诗》："六翮未骞翔，虞罗乃相触。"❷喻指法网。钱起《叹毕少府以持法无隐见系》："翠凤呈其瑞，虞罗寄铩翼。"

虜 〔lǔ《广韵》郎古切，上姥，來。〕❶俘虏；俘掠。杜甫《前出塞九首》之八："虏其名王归，系颈授辕门。"李绅《莺莺歌》："家家玉帛弃泥土，少女娇妻愁被虏。"褚载《吊秦叟》："儿被杀伤妻被虏，一身随驾到三峰。"❷战俘；囚虏。裴次元《赋得亚夫碎玉斗》："图王业已失，为虏言空悔。"温庭筠《达摩支曲》："一旦臣僚共囚虏，欲吹羌管先汍澜。"南唐后主李煜《破阵子》词："一旦归为臣虏，沈腰潘鬓销磨。"❸奴隶，仆人。吕温《蕃中答退浑词二首》之一："万群铁马从奴虏，强弱由人莫叹时。"白居易《新乐府·缚戎人》："没蕃被囚思汉土，归汉被劫为蕃虏。"杜牧《李甘诗》："平生负奇节，一旦如奴虏。"刘景复《梦为吴泰伯作胜儿歌》："汉土民皆没为虏，饮恨吞声空呜咽。"❹驱役；奴役。鲍溶《长城》："蒙公虏生人，北筑秦氏冤。"❺敌人，叛逆。元稹《奉和权相公行次临阙驿逢郑仆射相公归朝俄顷分途因以奉赠诗十四韵》："公方先二虏，何暇进愚儒。"杜牧《感怀诗一首》："逆子嫁虏孙，西邻聘东里。"❻古代对边地少数民族的蔑称。岑参《奉陪封大夫宴得征字时封公兼鸿胪卿》："西边虏尽平，何处更专征。"刘禹锡《元和癸巳岁仲秋诏发江陵偏师问罪蛮徼后命宣慰释兵归降凯旋之辰率尔成咏寄荆南严司空》："登山不见虏，振旆自生风。"殷尧藩《帝京二首》之一："开藩上相颁龙节，破虏将军展豹韬。"韦庄《江上村居》："闻道汉军新破虏，使来仍说近离京。"

【虜口】 胡人。无名氏《非所寄王都护姨夫》："戎庭事事皆违意，虏口朝朝计苦辛。"

【虜曲】 胡人的乐曲。李益《登夏州城观送行人赋得六州胡儿歌》："蕃音虏曲一难分，似说边情向塞云。"

【虜弦】 胡人的弓弦。杜牧《早雁》："金河秋半虏弦开，云外惊飞四散哀。"

【虜奏】 北方少数民族的乐奏，乐曲。元稹《小胡笳引》："我乡安在长城窟，闻君虏奏心飘忽。"

【虜客】 指边地少数民族。张蠙《蓟北书事》："暑过燕僧出，时平虏客通。"

【虜陣】 边地敌人的战阵。卢照邻《关山月》："塞垣通碣石，虏阵抵祁连。"杨巨源《赠浑钜中允》："曾向天西穿虏阵，惯游花下领儒群。"

【虜馬】 北地所产的马。李商隐《天津西望》："虏马崩腾忽一狂，翠华无日到东方。"

【虜酒】 古代称胡人所酿之酒。高适《营州歌》："虏酒千钟不醉人，胡儿十岁能骑马。"黄滔《送友人游边》："虏酒不能浓，纵倾愁亦重。"

【虜帳】 古代北方少数民族居住的帐幕。卢纶《送马尚书郎君侍从归觐太原》："塞屯丰雨雪，虏帐失山川。"张籍《送和蕃公主》："邑司犹属宗卿寺，册号还同虏帐人。"马戴《塞下曲二首》之一："夜救龙城急，朝焚虏帐空。"

【虜將】 胡人将领。齐己《归雁》："江人休举网，虏将又虚弓。"

【虜場】 敌兵的场地。许敬宗《奉和行经破薛举战地应制》："虏场栖九穗，前歌被六英。"

【虜雲】 边塞胡地的云气、层云。岑参《热海行送崔侍御还京》："蒸沙烁石然虏云，沸浪炎波煎汉月。"刘长卿《送南特进赴归行营》："虏云连白草，汉月到黄沙。"鲍溶《塞下》："寒日惨大野，虏云若飞鹏。"

【虜塞】 犹虏庭。岑参《轮台歌奉送封大夫出师西征》："虏塞兵气连云屯，战场白骨缠草根。"戎昱《塞下曲》："汉将归来虏塞空，旌旗初下玉关东。"梁琼《昭君怨》："衣薄狼山雪，妆成虏塞春。"张乔《回鸾阁写望》："山压秦川重，河来虏塞深。"参见"虜庭"。

【虜障】 即遮虏障。汉武帝使伏波将军路德博所筑。其地在居延城，故址在今内蒙古自治区额济纳旗。高适《送李侍御赴安西》："虏障燕支北，秦城太白东。"

【虜語】 边地少数民族的语言。皎然《偶然五首》之四："虏语嫌不学，胡音从不翻。"

【虜塵】 ❶边境敌人入寇的风尘。虞世南《从军行二首》之二:“孤城塞云起,绝阵虏尘飞。”郭震《塞上》:“塞外虏尘飞,频年出武威。”李嘉祐《自苏台至望亭驿人家尽空春物增思怅然有作因寄从弟纾》:“那堪回首长洲苑,烽火年年报虏尘。”王贞白《入塞》:“从今一战胜,不使虏尘生。”❷指敌人,敌军。刘长卿《狱中闻收东京有赦》:“传闻阙下降丝纶,为报关东灭虏尘。”耿湋《宋中》:“百战无军食,孤城陷虏尘。”刘商《胡笳十八拍·第一拍》:“忽将薄命委锋镝,可惜红颜随虏尘。”刘禹锡《送工部萧郎中刑部李郎中并以本官兼中丞分命充京西京北覆粮使》:“归来虏尘灭,画地奏明光。”张祜《笛》:“虏尘深汉地,羌思切边风。”

【虜騎】 边地敌人的骑兵。胡皓《大漠行》:“单于犯蓟壖,虏骑略萧边。”刘长卿《从军六首》之一:“回看虏骑合,城下汉兵稀。”李商隐《复京》:“虏骑胡兵一战摧,万灵回首贺轩台。”韦庄《送人游并汾》:“如今虏骑方南牧,莫过阴关第一州。”

【虜地】 指塞外胡人居地。骆宾王《宿温城望军营》:“虏地寒胶折,边城夜柝闻。”李益《拂云堆》:“汉将新从虏地来,旌旗半上拂云堆。”

【虜庭】 古代对边疆少数民族地区或政权的贬称。唐远悊《奉和送金城公主适西蕃应制》:“那堪桃李色,移向虏庭春。”白居易《春听琵琶兼简长孙司户》:“如言都尉思京国,似诉明妃厌虏庭。”又《和答诗十首·答箭镞》:“不然学仁贵,三矢平虏庭。”姚鹄《赠边将》:“却恨北荒沾雨露,无因扫尽虏庭空。”

九 画

虢 〔guó《广韵》古伯切,入陌,見。〕❶古国名。周武王伐殷后,封周文王弟虢仲于虢。故城在今陕西宝鸡市东。参见“虢巘”。❷州名;县名。李端《夜宴虢县张明府宅逢宇文评事》:“虢田留古宅,入夜足秋风。”刘得仁《送钱给事赴虢州》:“帝心忧虢俗,暂辍掖垣臣。”参见“虢州”“虢縣”。❸指虢国夫人。杜甫《丽人行》:“就中云幕椒房亲,赐名大国虢与秦。”郑嵎《津阳门诗》:“相君侈拟纵骄横,日从秦虢多游嬉。”参见“虢國夫人”。❹暴;勇猛。元结《二风诗·治风诗五篇·至仁》:“不虢不赩,莫知其极。”

【虢州】 州名。治所在弘农县(今河南灵宝市)。岑参有《虢州郡斋南池幽兴因与阎二侍御道别》。韩翃有《寄赠虢州张参军》。卢纶有《赴虢州留别故人》。

【虢城】 即虢州城。贾岛《题虢州三堂赠吴郎中》:“昨夜北楼堪朗咏,虢城初锁月裴回。”李洞《越公上人洛中归寄南孟家兄弟》:“笠漫河岸雪,衣着虢城钟。”

【虢略】 春秋时虢国的境界,即今河南嵩县西北一带地区。见《后汉书·郡国志》。王维《送李太守赴上洛》:“丹泉通虢略,白羽抵荆岑。”王昌龄《淇上酬薛据兼寄郭微》:“东驰眇贝丘,西顾弥虢略。”杜甫《寄彭州高三十五使君适虢州岑二十七长史参三十韵》:“彭门剑阁外,虢略鼎湖旁。”

【虢國】 即虢国夫人。元稹《连昌宫词》:“禄山宫里养作儿,虢国门前闹如市。”张祜《邠王小管》:“虢国潜行韩国随,宜春深院映花枝。”薛逢《开元后乐》:“邠王玉笛三更咽,虢国金车十里香。”刘兼《海棠花》:“烟轻虢国颦歌黛,露重长门敛泪衿。”

【虢國夫人】 杨贵妃三姐的封号。《旧唐书·杨贵妃传》:“(杨贵妃)有姐三人,皆有才貌,玄宗并封国夫人之号:长曰大姨,封韩国;三姨,封虢国;八姨,封秦国。”张祜《集灵台二首》之二:“虢国夫人承主恩,平明骑马入宫门。”罗虬《比红儿诗》之二一:“虢国夫人照夜玑,若为求得与红儿。”

【虢縣】 县名。治所即今陕西宝鸡市治虢镇。李端有《夜宴虢县张明府宅逢宇文评事》。高骈有《赴西川途经虢县作》。

【虢巘】 地名。即傅岩。因其地在虢虞之界,故名。见《史记·殷本纪》。许浑《陪宣城大夫崔公泛后池兼北楼宴二首》之一:“皆贺虢岩终选傅,自伤燕谷未逢邹。”

十 画

虣 〔bào《广韵》薄報切,去号,並。〕同“暴”。凶暴;暴虐。刘禹锡《武夫词》引:“夫威恣而赏劳,则乐用。威雄而赏虣,则乐横。顾其乐安出耳。”

虥 〔zhàn《广韵》士諫切,去諫,崇。又士限切,上產,崇。又昨閑切,平山,從。〕浅毛虎。韩愈《崔十六少府摄伊阳以诗及书见投因酬三十韵》:“下言人吏稀,惟足彪与虥。”皮日休《太湖诗·明月湾》:“松瘿忽似狖,石文或如虥。”

虤 〔yán《广韵》五閑切,平山,疑。〕虎怒。《说文·虤部》:“虎怒也,从二虎。”参见“虤虤”。

【虤虤】 虎怒貌。亦形容人愤怒。孟郊《懊恼》:“求闲未得闲,众诮瞋虤虤。”

十一画

虧 〔kuī《广韵》去爲切,平支,溪。〕❶欠缺,不足。太宗《伤辽东战亡》:“未展六奇术,先亏一篑功。”则天皇后《唐大飨拜洛乐章·拜洛》:

“抚俗勤虽切,还淳化尚亏。”玄宗《春晚宴两相及礼官丽正殿学士探得风字》序:“犹恐蒸黎未乂,徭戍未安,礼乐之政亏,师儒之道丧。”李咸用《论交》:“行亏何必富,节在不妨贫。”❷亏损;损害。元结《舂陵行》:“顾惟孱弱者,正直当不亏。”寒山《诗三百三首》之四五:“用之若失所,一缺复一亏。”王建《求友》:“教学既不诚,朋友道日亏。”李山甫《酬刘书记一二知己见寄》:“自喜幽栖僻,唯惭道义亏。”李建勋《迎神》:“与君降福为丰年,莫教赛祀亏常筵。”❸损失。杜牧《隋苑》:“却笑吃亏隋炀帝,破家亡国为谁人。”❹少;减少。李白《古风》之五九:“田窦相倾夺,宾客互盈亏。”王建《励学》:“有如朝暮食,暂亏忧陨获。”张籍《别段生》:“同在道路间,讲论亦未亏。”元稹《送崔侍御之岭南二十韵》:“联游亏片玉,洞照失明鉴。”❺指月缺。崔颂《和张荆州九龄晨出郡舍林下》:“江上悬晓月,往来亏复盈。”白居易《弄龟罗》:“酒美竟须坏,月圆终有亏。”朱庆余《十六夜月》:“昨夜忽已过,冰轮始觉亏。”贾岛《忆江上吴处士》:“闽国扬帆去,蟾蜍亏复团。”❻违背。元稹《代九九》:“青春来易皎,白日誓先亏。”柳曾《险竿行》:“尔今轻命重黄金,忠孝两亏徒尔夸。”吕岩《七言》之九九:“何事行杯当年夜,忽然怒目便腾空。不知谁是亏忠孝,携个人头入坐中。”❼遮掩。卢照邻《行路难》:“千尺长条百尺枝,月桂星榆相蔽亏。”储光羲《贻丁主簿仙芝别》:“飞艎既眇然,洲渚徒亏蔽。”刘长卿《湘中纪行十首·秋云岭》:“云起遥蔽亏,江回频向背。”张弘靖《山亭怀古》:“高低袤丈内,衡霍相蔽亏。”

【虧盈】 ❶指月圆月缺。多表示时间的流逝。武元衡《江上寄隐者》:“归舟不计程,江月屡亏盈。”刘禹锡《历阳书事七十韵》:“江春俄澹荡,楼月几亏盈。”李商隐《城外》:“未必明时胜蚌蛤,一生长共月亏盈。”萧彧《送钟员外》:“因思频聚散,几复换亏盈。”❷亏损与盈满。引申为消长、盛衰、尊卑等。孟云卿《伤时二首》之二:“四时更变化,天道有亏盈。”李华《杂诗六首》之四:“臣道不敢专,由此见亏盈。”拾得《诗》之四二:“人道有亏盈,我见无衰谢。”元稹《月三十韵》:“今古虽云极,亏盈不易违。”

【虧蔽】 遮掩;遮蔽。骆宾王《艳情代郭氏答卢照邻》:“也知京洛多佳丽,也知山岫遥亏蔽。”宋之问《自衡阳至韶州谒能禅师》:“回首望旧乡,云林浩亏蔽。”李颀《谒张果先生》:“八骏空往还,三山转亏蔽。”刘禹锡《省试风光草际浮》:“的历乱相鲜,葳蕤互亏蔽。”

【虧月】 亏缺之月;缺月,残月。骆宾王《夏日游德州赠高四》序:“素辉亏月,领骊颔于珠胎云尔。”张渐《郎月行》:“亏月当再圆,人别星陨天。”

【虧星】 稀疏的星辰。高宗《七夕宴悬圃二首》之二:“亏星凋夜靥,残月落朝璜。”

【虧缺】 缺损。皎然《兵后余不亭重送卢孟明游江西》:“离言何所赠,盈满有亏缺。”孟郊《古意》:“玉钩不亏缺,青丝无断绝。”

【虧輪】 同“虧月”。越溪杨女《春日》:“明月易亏轮,好花难恋春。”

【虧蟾】 缺月,月缺。蟾,蟾蜍,指月。黄滔《别后》:“亏蟾便是陈宫镜,莫吐清光照别离。”

十三画

虩

〔xì《广韵》許郤切,入陌,曉。〕见“虩虩”。

【虩虩】 恐惧貌。见《易·震》王弼注。李山甫《山中依韵答刘书记见赠》:“惊风出地户,虩虩似震雷。”

虫 部

一 画

虬 〔qiú《龙龛手鉴》渠幽反。〕亦作“虯”。❶传说中的一种无角龙。韩愈《刘生诗》：“青鲸高磨波山浮，怪魅炫曜堆蛟虬。”温庭筠《郭处士击瓯歌》：“佶栗金虬石潭古，勺陂潋滟幽修语。”❷借指马。温庭筠《湖阴词》：“白虬天子金煌铓，高临帝座回龙章。”又《雉场歌》：“麦陇桑阴小山晚，六虬归去凝笳远。”陆龟蒙《开元杂题七首·照夜白》：“雪虬轻骏步如飞，一练腾光透月旗。”❸拳曲，弯曲。见“虬蟠”“虬鬚”。

【虬上人】 唐僧人。事迹不详。与储光羲相友善。储光羲有《题虬上人房》。

【虬光】 疑指剑光，宝剑之光。韩愈《答张彻》：“鱼鬣欲脱背，虬光先照硎。”

【虬角】 亦作“虯角”。虬龙的角。皮日休《吴中苦雨因书一百韵寄鲁望》：“龙光倏闪照，虯角挡琤触。”

【虬卷】 （一quán）亦作“虯卷”。盘屈貌。杜牧《少年行》：“连环羁玉声光碎，绿锦蔽泥虯卷高。”

【虬蟠】 亦作“虯蟠”。像虬龙一样盘屈相缠。杜牧《题青云馆》：“虯蟠千仞剧羊肠，天府由来百二强。”

【虬輂】 古代帝王乘坐的饰有龙形的车子。元万顷《奉和春日池台》：“凤楼通夜敞，虬輂望春移。”

【虬髯】 卷曲的胡须，特指两腮上的胡须。皇甫曾《赠老将》：“辘轳剑折虬髯白，转战功多独不侯。”杜甫《送重表侄王砅评事使南海》：“次问最少年，虬髯十八九。”罗邺《老将》：“弓欺猿臂秋无力，剑泣虬髯晓有霜。”

【虬箭】 计时器，漏壶中刻上虬纹的箭，水漏时箭射出，用以计时。杜审言《除夜有怀》：“冬氛恋虬箭，春色候鸡鸣。”

【虬盘】 虬龙盘曲。喻怀才隐居。元稹《四皓庙》：“舍大以谋细，虬盘而蠖伸。”

【虬駕】 亦作“虯驾”。饰以虬龙图形的车驾。陈子昂《与东方左史虬修竹篇》：“驱驰翠虯驾，伊郁紫鸾笙。”

【虬髭】 指虬髯客。传奇小说中的人物。隋末人，姓张行三，赤髯如虬，故人称其为“虬髯客”。后杀扶余国主以自立。见前蜀杜光庭《虬髯客传》。李咸用《别李将军》：“一拜虬髭便受恩，宫门细柳五摇春。”

【虬龍】 传说中的一种龙，无角。李白《赠宣城赵太守悦》：“错落千丈松，虬龙盘古根。”杜甫《题李尊师松树障子歌》：“阴崖却承霜雪干，偃盖反走虬龙形。”孟郊《秋怀》之十：“幽竹啸鬼神，楚铁生虬龙。”贾岛《望山》：“虬龙一掬波，洗荡千万春。”

【虬鬚】 亦作“虯须”。卷曲的胡须。杜甫《八哀诗·赠太子太师汝阳郡王琎》：“虯须似太宗，色映塞外春。”白居易《赠李兵马使》：“江南别有楼船将，燕颔虯须不姓杨。”温庭筠《夜宴谣》：“虯须公子五侯客，一饮千钟如建瓴。”

二 画

虯 同“虬”。

虱 同“蝨”。

三 画

虹 〔hóng《广韵》户公切，平東，匣。又古巷切，去絳，見。〕❶大气中一种光的现象。空气中小水珠经阳光照射发生折射和反射作用而形成的圆形彩带，呈红、橙、黄、绿、蓝、靛、紫七种颜色。骆宾王《边城落日》：“壮志凌苍兕，精诚贯白虹。”李白《结客少年场行》：“羞道易水寒，从令日贯虹。”柳宗元《咏荆轲》：“长虹吐白日，仓卒反受诛。”沈彬《结客少年场行》：“重义轻生一剑知，白虹贯日报仇归。”❷拱桥的代称。张文琮《赋桥》：“星文遥写汉，虹势尚凌虚。”陆龟蒙《和袭美咏皋桥》：“横截春流架断虹，凭栏犹思五噫风。”❸借指彩旗。李峤《旌》：“拥麾分彩雉，持节曳丹虹。”

【虹芝】 虹草，仙境花色似朝虹的草。见晋王嘉

《拾遗记》。吴筠《游仙二十四首》之七："霞液朝可饮，虹芝晚堪食。"

【虹泉】　瀑布。远望如虹高悬天际，故云。张说《扈从幸韦嗣立山庄应制》序："虹泉电射，云木虚吟。"薛曜《奉和圣制夏日游石淙山》："雾隐长林成翠幄，风吹细雨即虹泉。"

【虹氣】　❶旧指天地间的精气。见《诗·鄘风·蝃蝀》。元稹《出门行》："兄上荆山巅，翻石辨虹气。"❷据《礼记·聘义》载，孔子谓玉"气如白虫"，是君子将玉比德的一个方面。故以"虹氣"为咏玉之典。潘存实《赋得玉声如乐》："不独藏虹气，犹能畅物情。"

【虹旌】　彩旗。刘禹锡《奉和淮南李相公早秋即事寄成都武相公》："玉帐观渝舞，虹旌猎楚田。"

【虹飲】　传说虹下吸水。见《汉书·燕刺王刘旦传》。宋之问《自衡阳至韶州谒能禅师》："猿啼山馆晓，虹饮江皋霁。"

【虹勢】　❶虹的气势。元稹《月三十韵》："白眉惊半隐，虹势讶全微。"❷拱桥的气势。张文琮《赋桥》："星文遥写汉，虹势尚凌虚。"

【虹靷】　以虹为车靷。靷，系于马颈与车轴之间的引车前行的皮带。韩愈《陆浑山火和皇甫湜用其韵》："霞车虹靷日毂幡，丹蕤縓盖绯繙帑。"

【虹裳】　彩色的下衣。白居易《霓裳羽衣歌》："虹裳霞帔步摇冠，钿璎累累佩珊珊。"

【虹蜺】　亦作"虹霓"。即蝃蝀。雨后或日出、日没之时天空中出现的七色圆弧。常有内外二环，内环称虹，亦称正虹、雄虹；外环称蜺，亦称副虹、雌虹或雌蜺。杜甫《石龛》："驱车石龛下，仲冬见虹霓。"韩翃《经月岩山》："仙山翠如画，簇簇生虹蜺。"柳宗元《笼鹰词》："云披雾裂虹霓断，霹雳掣电捎平冈。"李商隐《九成宫》："十二层城阆苑西，平时避暑拂虹霓。"亦喻指彩色旗帜。杜甫《扬旗》："虹霓就掌握，舒卷随人轻。"亦借指道士服霞帔。王维《和宋中丞夏日游福贤观天长寺寺即陈左相宅所施之作》："虚空陈伎乐，衣服制虹霓。"

【虹霓】　见"虹蜺"。

【虹輝】　彩色。李峤《旗》："桂影承宵月，虹辉接曙云。"

【虹橋】　拱曲如虹的桥梁。刘宪《奉和幸韦嗣立山庄侍宴应制》："云跸岩间下，虹桥涧底盘。"

虺[1]　〔huǐ《广韵》許偉切，上尾，曉。〕❶蝮蛇一类的毒蛇。李贺《公无出门》："熊虺食人魄，雪霜断人骨。"韩愈《永贞行》："雄虺毒螫堕股肱，食中置药肝心崩。"白居易《题卢秘书夏日新栽竹二十韵》："晚箨晴云展，阴芽蛰虺蟠。"亦喻指坏人。杜甫《雨》："兵戈浩未息，蛇虺反相顾。"参见"蛇虺"。❷蜥蜴类动物。参见"虺蜴"。❸人名中用字。仲虺，商汤的左相，曾为商汤作诰。见《书·商书·仲虺之诰》。贯休《和韦相公见示闲卧》："仲虺专为诰，何充雅爱禅。"

虺[2]　〔huī《广韵》呼懷切，平皆，曉。又呼恢切，平灰，曉。〕见"虺$_2$隤"。

【虺蜴】　蜥蜴。见《诗·小雅·正月》。后以"虺蜴"为典，喻人逃避现实。刘禹锡《游桃源一百韵》："聊复嗟蜉蝣，何烦哀虺蜴。"

【虺蜴手】　喻指毒害人的事物。见《诗·小雅·正月》。孟郊《峡哀》之九："因依虺蜴手，起坐风雨忙。"

【虺$_2$隤】　疲极至病貌。出《诗·周南·卷耳》。白居易《不能忘情吟》："骆力犹壮，又无虺隤。"

蝱　〔méng《广韵》武庚切，平庚，明。〕虫名。种类繁多。成虫似蝇，生活于草丛中，吮吸人和牲畜的血液。韩愈、孟郊《城南联句》："跃犬疾翥鸟，呀鹰甚饥虻。"张说《岳州作》："器留鱼鳖腥，衣点蚊虻血。"

蚤　〔zǎo《广韵》子晧切，上晧，精。〕跳蚤。赤褐色，善跳跃。雄小雌大。寄生在人和哺乳动物身上，吸血液，是传染鼠疫、斑疹、伤寒等病的媒介。韩愈《郑群赠簟》："青蝇侧翅蚤虱避，肃肃疑有清飙吹。"李商隐《骄儿诗》："憔悴欲四十，无肉畏蚤虱。"李贞白有《咏狗蚤》。

【蚤虱】　跳蚤和虱子。李商隐《骄儿诗》："憔悴欲四十，无肉畏蚤虱。"

四　画

蚌　〔bàng《广韵》步項切，上講，並。〕软体动物。有两个可以开闭的多呈椭圆形的介壳，壳内有珍珠层，或能产珍珠。杜甫《临邑舍弟书至苦雨因寄此诗用宽其意》："螺蚌满近郭，蛟螭乘九皋。"白居易《见李苏州示男阿武诗自感成咏》："自怜沧海伴，老蚌不生珠。"又《予与微之老而无子今年冬各有一子戏作二什一以相贺一以自嘲》之二："一珠甚小还慚蚌，八子虽多不羡鸦。"皮日休《钓侣二章》之二："烟浪溅篷寒不睡，更将枯蚌点渔灯。"

【蚌中月】　（中 zhōng）指珍珠。旧说蚌孕珠与月的盈亏有关系，故云。孟郊《咏怀》："思逢海底人，乞取蚌中月。"

【蚌胎】　❶指珍珠。古人以为蚌孕珠如人之怀妊，并与月的盈亏有关，故称。见《文选·扬雄〈羽猎赋〉》。高适《和贺兰判官望北海作》："日出见鱼目，月圆知蚌胎。"李商隐《题僧壁》:"蚌胎未满思新桂,琥珀初成忆旧松。"徐夤《露》:"散彩几当蝉饮际,凝光宜对蚌胎前。"❷比喻精粹的学识。亦指优秀的作品。齐己《谢秦府推官寄丹台集》:"两轴蚌胎骊颔耀,枉临禅室伴寒灰。"

【蚌珠】 蚌所产之珍珠。元稹《饮致用神曲酒三十韵》:"蚌珠悬皎晶,桂魄倒瀴溟。"

【蚌蛤】 蚌与蛤。长者通曰蚌,圆者通曰蛤。诗文中常混用以称蚌。韩愈《送郑尚书赴南海》:"风静鶢鶋去,官廉蚌蛤回。"李群玉《龟》:"扬花输蚌蛤,奔月恨蟾蜍。"李商隐《城外》:"未必明时胜蚌蛤,一生长共月亏盈。"

【蚌蛤迴】 传说东汉时,孟尝出任合浦太守,兴利陈弊,曾未逾岁,徙于交趾郡界的蚌珠复还。见《后汉书·孟尝传》。韩愈《送郑尚书赴南海》:"风静鶢鶋去,官廉蚌蛤回。"

【蚌盤】 即螺钿。镶嵌蚌壳作为装饰的漆器。见《资治通鉴·陈武帝永定三年》胡三省注。孙元晏《咏史诗·陈·武帝蚌盘》:"金翠丝黄略不舒,蚌盘清宴意何如。"

【蚌蠃】 蚌与螺。蠃,同"螺"。韩愈《别赵子》:"蚌蠃鱼鳖虫,瞿瞿以狙狙。"

【蚌鷸】 "蚌鹬相争"之省。蚌和鹬。鹬,一种嘴长的水鸟。战国时,苏代曾用"鹬蚌相争,渔人得利"设喻,劝赵惠王不要陷于对燕作战而使秦国得利。见《战国策·燕策二》。后遂以为典,喻指双方争持不下,第三者坐收其利。许浑《新兴道中》:"波浑未辨鱼龙迹,雾暗宁知蚌鹬心。"李咸用《和殷衙推春霖即事》:"蚌鹬徒喧竞,笙歌罢献酬。"

蚨

〔fú《广韵》防無切,平虞,奉。〕见"蚨母"。

【蚨母】 即青蚨。传说以青蚨母、子之血涂了钱币上,钱币就会互相吸引,飞还相聚。见晋干宝《搜神记》卷十三。后遂以"蚨母"为咏钱的典故。李贺《出城别张又新酬李汉》:"开贯泻蚨母,买冰防夏蝇。"

蚑

〔qí《广韵》巨支切,平支,羣。又去智切,去寘,溪。〕见"蚑离"。

【蚑離】 四散爬行。段成式《观山灯献徐尚书》序:"如丹蛇蚑离,如朱草丛丛,如芝之曲,如莲之擎,布字而疾抵电书,写塔而争同蜃构,亦天下一绝也。"

蚍

〔pí《广韵》房脂切,平脂,並。〕见"蚍蜉"。

【蚍蜉】 大蚁。孟郊《吊卢殷》之四:"可怜无子翁,蚍蜉缘病肌。"韩愈《调张籍》:"蚍蜉撼大树,可笑不自量。"

【蚍蜉撼树】 蚂蚁摇撼大树。喻不自量力。韩愈《调张籍》:"蚍蜉撼大树,可笑不自量。"

蚛

〔zhòng《集韵》直衆切,去送,澄。〕虫咬,虫咬过的。陆龟蒙《奉酬袭美秋晚见题二首》之二:"失雨园蔬赤,无风蚛叶凋。"

蚋

〔ruì《集韵》儒税切,去祭,日。〕蚊类害虫。体形如蝇而小,吸食人畜血液。韩愈《送陆畅归江南》:"我实门下士,力薄蚋与蚊。"又韩愈、孟郊《纳凉联句》:"昼蝇食案繁,宵蚋肌血渥。"元稹《虫豸诗·蟆子》之一:"蟆子微于蚋,朝繁夜则无。"

蚝

〔cì《广韵》七吏切,去志,清。〕毛虫。韩愈、孟郊《城南联句》:"痒肌遭蚝刺,啾耳闻鸡生。"蚝,全诗原作"眊",据《韩昌黎集》改。

蚚

同"蜥"。卢仝《萧宅二三子赠答诗二十首·客谢竹》:"扬州驳杂地,不辨龙蚚蜴。"原注:"当作蜥"。

蚏

〔yuè《广韵》王伐切,入月,云。〕一种小蟹名。参见"蟛蚏"。

蚊

〔wén《广韵》無分切,平文,微。〕蚊子。韩愈《醉赠张秘书》:"虽得一饷乐,有如聚飞蚊。"又《送陆畅归江南》:"我实门下士,力薄蚋与蚊。"

【蚊子】 一种细小昆虫。雄者吸食花果液汁,雌者吸血,能传播疾病。吴融《平望蚊子二十六韵》:"天下有蚊子,候夜噆人肤。平望有蚊子,白昼来相屠。"

【蚊力】 喻极其细小的力量。李绅《和晋公三首》之一:"凤仪常欲附,蚊力自知微。"参见"蚊力负山"。

【蚊力負山】 庄子寓言喻治理天下难以胜。见《庄子·应帝王》。后因以"蚊力负山"作不能胜任职务的典故。韦承庆《直中书省》:"萤光向日尽,蚊力负山疲。"

【蚊虻】 蚊和虻。亦泛指蚊子。张说《岳州作》:"器留鱼鳖腥,衣点蚊虻血。"

【蚊眉】 蚊子的眉毛。喻极小之地。雍裕之《细言》:"蚊眉自可托,蜗角岂劳争。"

【蚊蚋】 蚊子。亦喻指坏人。陈子昂《送著作佐郎崔融等从梁王东征》序:"驱蚊蚋之师,忽雷霆之伐,乃窃海裔,弄燕陲。"杜甫《入衡州》:"氛埃期必扫,蚊蚋焉能当。"白居易《臼口阻风十日》:"鱼虾遇雨腥盈鼻,蚊蚋和烟痒满身。"项斯《遥装夜》:"蚊蚋已生团扇急,衣裳未了剪刀忙。"

【蚊巢】 蚊子窝。白居易《禽虫十二章》之七:

"蟭螟杀敌蚊巢上，蛮触交争蜗角中。"

【蚊厨】 蚊帐。薛能《吴姬十首》之五："退红香汗湿轻纱，高卷蚊厨独卧斜。"

【蚊睫】 蚊虫的眼睫毛。喻极小之地。元稹《虫豸诗·浮尘子(三首)》之二："乍可巢蚊睫，胡为附蟒鳞。"颜真卿、清昼《七言小言联句》："长路迢遥吞吐丝，蟭螟蚊睫察难知。"皮日休《吴中苦雨因书一百韵寄鲁望》："雨工避罪者，必在蚊睫宿。"

【蚊幌】 蚊帐。元稹《景申秋八首》之二："蚊幌雨来卷，烛蛾灯上稀。"

【蚊蟆】 一种蚊类小虫。体小色黑，夜伏昼飞，啮人成疮。白居易《蚊蟆》："巴徼炎毒早，二月蚊蟆生。"

【蚊幬】 蚊帐。元稹有《张旧蚊帱》。

【蚊聲】 蚊鸣声。元稹《落月》："蚊声霭窗户，萤火绕屋梁。"

蚓

〔yǐn《广韵》余忍切，上軫，以。〕蚯蚓。韩愈、孟郊《城南联句》："惊魂见蛇蚓，触嗅值虾鬣。"韩愈《赠崔立之评事》："才豪气猛易语言，往往蛟螭杂蝼蚓。"

蚩

〔chī《广韵》赤之切，平之，昌。〕❶通"媸"。丑恶，丑陋。白居易《禽虫十二章》之五："阿阁鹓鸾田舍乌，妍蚩贵贱两悬殊。"温庭筠《余昔自西滨得兰数本遂寄情于此》："妍蚩苟不信，宠辱何为惊。"参见"蚩妍"。❷见"蚩蚩"。❸见"蚩尤"。

【蚩尤】 ❶传说中的古代九黎族首领。以金作兵器，与黄帝战于涿鹿，兵败被杀。杜甫《寄彭州高三十五使君适虢州岑二十七长史参三十韵》："蚩尤终戮辱，胡羯漫猖狂。"李贺《上之回》："蚩尤死，鼓逢逢。"亦借指叛乱者。温庭筠《过华清宫二十二韵》："剑锋挥太皞，旗焰拂蚩尤。"❷借指雾气或兵气。相传蚩尤与黄帝相战时雾气塞天地。杜甫《自京赴奉先县咏怀五百字》："蚩尤塞寒空，蹴蹋崖谷滑。"

【蚩妍】 丑陋与美好。元稹《献荥阳公》："丹青公旧物，一为变蚩妍。"

【蚩蚩】 敦厚愚昧貌。见《诗·卫风·氓》。白居易《郡中春宴因赠诸客》："冉冉趋府吏，蚩蚩聚州民。"

五　画

蛣

〔jié《集韵》訖業切，入業，見。〕水生动物。石蛣。见《文选·郭璞〈江赋〉》李善注引《南越志》。按：石蛣春日盛生，每遇潮来，壳中即伸出众多细脚攫取食物，其状如聚蕊，古人误以为花。王维《送元中丞转运江淮》："去问珠官俗，来经石蛣春。"

蛄

〔gū《广韵》古胡切，平模，見。〕❶蝼蛄。李贺《昌谷诗》："嘹嘹湿蛄声，咽源惊溅起。"又《宫娃歌》："啼蛄吊月钩栏下，屈膝铜铺锁阿甄。"❷见"蟪蛄。"

蚻

〔zhá《广韵》側入切，入黠，莊。〕一种小蝉。亦名蜻蜻。《尔雅·释虫》："蚻，蜻蜻。"郭璞注："似蝉而小。"韩愈、孟郊《征蜀联句》："始去杏飞蜂，及归柳嘶蚻。"

蛆

〔qū《广韵》七余切，平魚，清。〕蝇类的幼虫。韩愈《符读书城南》："一为马前卒，鞭背生虫蛆。"元稹《虫豸诗·虻》之一："饱尔蛆残腹，安知天地情。"郑綮《题中书壁》："侧坡蛆蜫蜦，蚁子竞来拖。"

蚯

〔qiū《广韵》去鳩切，平尤，溪。〕见"蚯蚓。"

【蚯蚓】 一种节肢动物。体圆长而柔软，常穿穴泥中，故有利于改良土壤，以利农事。杜甫《秦州杂诗二十首》之一七："鸬鹚窥浅井，蚯蚓上深堂。"韩愈《游城南十六首·晚雨》："廉纤晚雨不能晴，池岸草间蚯蚓鸣。"

【蚯蚓竅】 蚯蚓藏身的洞穴。喻指石鼎上的小气孔。韩愈、轩辕弥明《石鼎联句》："时于蚯蚓窍，微作苍蝇鸣。"

蛉

〔líng《广韵》郎丁切，平青，來。〕见"螟蛉"。

蚳

〔chí《广韵》直尼切，平脂，澄。〕蚁卵。《尔雅·释虫》："蠪，飞蚁，其子蚳。"郭璞注："蚳，蚁卵。"元稹《虫豸诗·蚁子》之三："讵能分牝牡，焉得有蝝蚳。"

蛇1

〔shé《广韵》食遮切，平麻，船。又託何切，平歌迷。〕亦作"虵"。❶一种爬行动物。体圆而细长，有鳞无四肢。种类多，或有毒，或无毒，捕食蛙鼠等小动物，其大者亦可蚕食大的兽类。杜甫《陪郑广文游何将军山林十首》之四："碾涡深没马，藤蔓曲藏蛇。"韩愈《感春四首》之四："画蛇著足无处用，两鬓霜白趋埃尘。"独孤绶《投珠于泉》："不是灵蛇吐，非缘合浦还。"罗隐《秋日汴河客舍酬友人》："烦君更枉骚人句，白凤灵蛇满袖中。"❷十二生肖之一，配地支的"巳"。见"蛇年"。

蛇2

〔yí《广韵》弋支切，平支，以。〕见"逶蛇"。

【蛇子蛇孙】 幼蛇，小蛇。喻小松。李贺《五粒小松歌》:"蛇子蛇孙鳞蜿蜿,新香几粒洪崖饭。"

【蛇弓】 弓形弯曲如蛇者。杨炯《紫骝马》:"蛇弓白羽箭,鹤辔赤茸鞦。"

【蛇皮】 蛇的皮。喻指水波。白居易《泛春池》:"蛇皮细有纹,镜面清无垢。"

【蛇有足】《战国策·齐策二》载有画蛇添足的故事。后遂用以为典,喻指多余而无用之事。刘兼《中春登楼》:"失手已惭蛇有足,用心休为鼠无牙。"

【蛇穴】 蛇的洞穴。元稹《虫豸诗·蛒蜂》序:"蛒,蜂类而大,巢在褰鼻蛇穴下,故毒螫倍诸峰虿。"

【蛇矛】 兵器。矛之长者。杜牧《郡斋独酌》:"犀甲吴兵斗弓弩,蛇矛燕戟驰锋铓。"温庭筠《病中书怀呈友人》:"蛇矛犹转战,鱼服自囚拘。"

【蛇母哭】 典出《史记·高祖本纪》。高祖醉酒夜行,有蛇当道,拔剑斩之。一人来至斩蛇所,有一老妪夜哭。人问其故,妪曰:"人杀吾子,故哭之。"人曰:"妪子何以见杀?"妪曰:"吾子,白帝子也,化为蛇,当道,今为赤帝子斩之,故哭。"诗人咏其事,表现帝王创业历程。于濆《秦原览古》:"火德道将亨,夜逢蛇母哭。"

【蛇年】 即巳年,属蛇的年份。李商隐《行次西郊作一百韵》:"蛇年建午月,我自梁还秦。"

【蛇行】 (一xíng)如蛇一样蜿蜒曲折地前进。卢仝《月蚀诗》:"枉矢能蛇行,眊目森森张。"

【蛇足】 喻指多余之事物。见《战国策·齐策二》。韩偓《安贫》:"谋身拙为安蛇足,报国危曾捋虎须。"

【蛇尾】 谓剑柄。亦指剑。白居易《折剑头》:"一握青蛇尾,数寸碧峰头。"又《河阳石尚书破回鹘以诗美之》:"剑拔青鳞蛇尾活,弦抨赤羽火星流。"

【蛇豕】 长蛇封豕。喻凶残害人者。见《左传·定公四年》。杜甫《有感五首》之二:"幽蓟余蛇豕,乾坤尚虎狼。"李咸用《题陈正字林亭》:"家林蛇豕方群起,宫沼龟龙未有期。"

【蛇毒】 蛇的毒液。李贺《罗浮山父与葛篇》:"蛇毒浓凝洞堂湿,江鱼不食衔沙立。"

【蛇虺】 蛇和虺。虺,扁头大眼的毒蛇。韩愈《和侯协律咏笋》:"戈矛头戢戢,蛇虺首掀掀。"亦喻指凶残狼毒之敌。杜甫《雨》:"兵戈浩未息,蛇虺反相顾。"

【蛇陣】 古代一种用兵的阵法。见《孙子·九地》。作咏作战的典故。杜牧《东兵长句十韵》:"即墨龙文光照曜,常山蛇阵势纵横。"

【蛇珠】 喻卓越的才华。据晋干宝《搜神记》卷二十载,春秋时隋侯出行,见大蛇被伤中断,使人以药傅之,蛇乃能行。岁余,蛇衔珠以报之,谓之"隋侯珠",亦谓之"灵蛇珠"。刘禹锡《送周鲁儒赴举诗》:"自握蛇珠辞白屋,欲凭鸡卜谒金门。"欧阳炯《题景焕画应天寺壁天王歌》:"曾持象简累为官,又有蛇珠常在握。"

【蛇蚓】 蛇与蚯蚓。韩愈、孟郊《城南联句》:"惊魂见蛇蚓,触嗅值虾蟗。"

【蛇涎】 蛇的体液。李贺《自昌谷到洛后门》:"道上千里风,野竹蛇涎痕。"

【蛇勢】 如蛇行走弯曲起伏之状。元稹《酬段丞与诸棋流会宿弊居见赠二十四韵》:"蛇势萦山合,鸿联度岭迟。"

【蛇鼠】 蛇和鼠。白居易《凶宅》:"风雨坏檐隙,蛇鼠穿墙墉。"

【蛇蝎】 蛇与蝎子。喻可怕的事物。陈陶《小笛弄》:"蛇蝎愁闻骨髓寒,江山恨老眠秋雾。"

【蛇头蝎尾】 指蛇蝎之毒。蛇之毒在牙咬,蝎螫毒在尾刺,故云。亦泛称毒害人之物。卢仝《忆金鹅山沈山人二首》之一:"暂时上天少问天,蛇头蝎尾谁安著。"

【蛇影】 "蛇影杯弓"的略称。把酒杯中的弓影误成了蛇。据汉应劭《风俗通·怪神》载,杜宣饮酒,见杯中似有蛇,酒后腹中作痛,多方延医不愈;后知杯中蛇影实为壁上赤弩之影,形如蛇,病即愈。《晋书·乐广传》亦有类似记载。后因用以为典,形容因疑虑而产生恐怕。李瀚《蒙求》:"广客蛇影,殷师牛斗。"

【蛇羹】 用蛇肉所作之羹。贯休《送人之岭外》:"小店蛇羹黑,空山象粪枯。"

【蛇虫】 蛇和虫。白居易《读庄子》:"遂性逍遥虽一致,鸾凰终校胜蛇虫。"

【蛇軀】 蛇的身躯。元稹《虫豸诗·〈蟆子〉》之二:"隼眦看无物,蛇躯庇有鳞。"

蚴

〔yǒu《广韵》於糾切,去幼,影。〕蛟龙曲折爬行貌。参见"蚴虯"。

【蚴虯】 蛟龙曲折爬行貌。亦指蜿蜒的龙。韩愈、孟郊《纳凉联句》:"闪红惊蚴虯,凝赤耸山岳。"

六　画

蛙

〔wā《广韵》烏瓜切,平麻,影。又烏媧切,平佳,影。〕一种两栖动物。品种很多,常见背色青绿者谓之青蛙,或曰雨蛙;背有青黄纵线者谓之金线蛙。捕食昆虫,对农作物有益。韩愈《盆池五首》之一:"一夜青蛙鸣到晓,恰如方口钓鱼时。"姚合《酬任畴协律夏中苦雨见寄》:"青蛙多入户,潢潦欲胜舟。"罗隐《绝境》:"凡客从题凤,肤音未胜蛙。”

【蛙吹】（一chuì）蛙鸣。韦庄《夏夜》：“蛙吹鸣还息，蛛罗灭又光。”

【蛙角】犹总角。古时童子束发如蛙角，因以指童年。白居易《和微之春日投简阳明洞天五十韵》：“捣练蛾眉婢，鸣榔蛙角奴。”

【蛙蚓】蛙与蚯蚓。陆龟蒙《奉酬袭美先辈吴中苦雨一百韵》：“况余居低下，本是蛙蚓窟。”

【蛙蛤】（一há）即蛙。韩愈《答柳柳州食虾蟆》：“强号为蛙蛤，于实无所校。”按，今南方凡蛙类统称蛤蟆，只有蟾蜍称癞蛤蟆。

【蛙黽】即蛙。亦指蛙声。杜甫《八哀诗·故右仆射相国张公九龄》：“碣石岁峥嵘，天地日蛙黾。”。韩愈《杂诗四首》之四：“蛙黾鸣无谓，閤閤只乱人。”又《河南令舍池台》：“长令人吏远趋走，已有蛙黾助狼藉。”皮日休《吴中苦雨因书一百韵寄鲁望》：“拂床安坏椟，跳梁老蛙黾。”

【蛙蟇】青蛙与虾蟆。汉武帝元鼎五年（前112），青蛙蟾蜍群斗，同年发生四将用兵之举。见《汉书·五行志中之下》。故人将此种偶合联系起来，认蛙蟆争斗，是大举用兵的前兆。杜牧《长安杂题长句六首》之六：“谁识大君谦让德，一毫名利斗蛙蟆。”

【蛙聲】蛙鸣声。张籍《过贾岛野居》：“蛙声篱落下，草色户庭间。”伍乔《僻居谢何明府见访》：“马嘶穷巷蛙声息，辙到衡门草色开。”

【蛙聲爲鼓乐】（爲 wéi；乐 yuè）视蛙鸣声为击鼓和奏乐。见《南齐书·孔稚珪传》。后用以咏欣赏自然的闲适之情。张祜《题李戡山居》：“自以蛙声为鼓乐，聊将草色当屏风。”

【蛙蠙衣】青苔。见《庄子·至乐》：“种有几？得水则为㡭，得水土之际则为鼃蠙之衣。”成玄英疏：“鼃蠙之衣，青苔也，在水中若张锦，俗谓之虾蟆衣也。”鼃，同蛙。刘禹锡《再经故元九相公宅池上作》：“雁鹜群犹下，蛙蠙衣已生。”

【蛙讙】蛙鸣。韩愈《题张十八所居》：“蛙谨桥未扫，蝉嘒门长扃。”

蛬 同“蛩”。蟋蟀。韩愈、孟郊《会合联句》：“驰辉烛浮萤，幽响泄潜蛩。”

蛩 〔qióng《广韵》渠容切，平鍾，羣。〕❶蟋蟀的别名。白居易《题李十一东亭》：“相思夕上松台立，蛩思蝉声满耳秋。”又《东坡秋意寄元八》：“啼蛩隐红蓼，瘦马蹋青芜。”温庭筠《秋日旅舍寄义山李侍御》：“寒蛩乍响催机杼，旅雁初来忆弟兄。”李中有《蛩》。❷驱蛩，传说中兽名，全称蛩蛩驱虚（一说蛩蛩与驱虚为二兽）。见《吕氏春秋·不广》。后因以比喻相互依靠。韩愈《醉留东野》：“低头拜东野，愿得终始如駏蛩。”

【蛩語】蟋蟀鸣叫声。周贺《送石协律归吴》：“夜随净渚离蛩语，早过寒潮背井行。”

【蛩聲】蟋蟀的鸣声。白居易《禁中闻蛩》：“西窗独暗坐，满耳新蛩声。”

【蛩響】蟋蟀的鸣声。王维《早秋山中作》：“草间蛩响临秋急，山里蝉声薄暮悲。”

蛚 〔liè《广韵》良薛切，入薛，來。〕蟋蟀。参见“蜻₂蛚”。

蛦 〔yí《广韵》以脂切，平脂，以。〕见“蟦蛦”。

蛭[1] 〔chì《广韵》之日切，入質，章。又丁悉切，入質，端。又丁結切，入屑，端。〕环节动物。体略长两扁平，前后各有一吸盘，吸吮人畜之血，生活在淡水或潮湿之地。韩愈《赠侯喜》：“暂动还休未可期，虾行蛭渡似皆疑。”

蛭[2] 〔dié《集韵》徒結切，入屑，定。〕通“垤”。蚁冢。蚂蚁做窝时堆积在洞口周围的浮土。韩愈《病中赠张十八》：“譬如蚁蛭微，讵可陵崆峒。”

【蛭蟥】水蛭和蚯蚓。泛指蚂蝗类水虫。顾况《上古之什补亡训传十三章·上古一章》：“水之蛭蟥，吮喋我肌。”

蛛 〔zhū《广韵》陟輸切，平虞，知。〕蜘蛛。故台城妓《诗》：“网断蛛犹织，梁春燕不归。”

【蛛巢】蛛网。喻指妇女鬓发。李贺《兰香神女庙》：“团鬓分蛛巢，秾眉笼小唇。”

【蛛絲】蜘蛛分泌物结成的丝。亦指蛛网。杜甫《牵牛织女》：“蛛丝小人态，曲缀瓜果中。”又《遣闷》：“萤鉴缘帷彻，蛛丝罥鬓长。”又《独立》：“草露亦多湿，蛛丝仍未收。”又《诸葛庙》：“虫蛇穿画壁，巫觋醉蛛丝。”

【蛛網】蜘蛛用蛛丝结成的网。杜甫《将赴成都草堂途中有作先寄严郑公五首》之三：“书签药裹封蛛网，野店山桥送马蹄。”元稹《春余遣兴》：“余英间初实，雪絮萦蛛网。”李商隐《骄儿诗》：“仰鞭罥蛛网，俯首饮花蜜。”温庭筠《七夕》：“平明花木有秋意，露湿彩盘蛛网多。”

【蛛蝥】（一wú）蜘蛛的别名。韩愈《赴江陵途中寄赠翰林三学士》：“殷汤闵禽兽，解网祝蛛蝥。”

【蛛羅】蛛网。韦庄《夏夜》：“蛙吹鸣还息，蛛罗灭又光。”

【蛛繩】 蛛网。姚合《酬任畴协律夏中苦雨见寄》:“丝网张空际,蛛绳续瓦沟。”

蜓[1] 〔tíng《广韵》特定切,平青,定。又徒鼎切,上迥,定。〕见“蜻蜓。”

蜓[2] 〔diàn《广韵》徒典切,上銑,定。〕见“蝘蜓”。

蜑 〔dàn《广韵》徒旱切,上旱,定。〕古时南方少数民族之一。见晋常璩《华阳国志·巴志·涪陵郡》。陆龟蒙《战秋辞》:“扰践边朔,歼伤蜑夷。”

蜒 〔yán《广韵》以然切,平仙,以。〕屈曲貌。见“蜿蜒”。

蛜 〔yī《广韵》於脂切,平脂,影。〕见“蛜蝛”。

【蛜蝛】 虫名。鼠妇之别名。喜于墙根瓮底土中生活。元稹《月三十韵》:“西园筵玳瑁,东壁射蛜蝛。”

蛤 〔gé《广韵》古沓切,入合,見。〕一种软体动物,生于河海浅水中,鱼可食。韩愈《送郑尚书赴南海》:“风静鹟鹛去,官廉蚌蛤回。”李商隐《城外》:“未必明时胜蚌蛤,一生长共月亏盈。”李群玉《龟》:“扬花输蚌蛤,奔月恨蟾蜍。”《酒令·令狐楚顾非熊》:“屋里取一鸽,水里取一蛤。将者鸽,来合者蛤,是谓鸽合蛤。”

【蛤蜊】 一种软体动物。生活在浅水泥沙中。壳卵为圆形、三角形或长椭圆形,两壳相等,肉可食。温庭筠《秘书省有贺监知章草题诗因有此作》:“瀏鶒苇花随钓艇,蛤蜊菰菜梦横塘。”皮日休《酒病偶作》:“何事晚来还欲饮,隔墙闻卖蛤蜊声。”

【蛤像】 蛤的形貌。段成式、张希复有《蛤像联二十字绝句》。

蛒 〔gé《广韵》古伯切,入陌,見。〕一种毒蜂。元稹《虫豸诗·蛒蜂》序:“蛒,蜂类而大,巢在褰鼻蛇穴之下,故毒螫倍诸蜂虿。”

【蛒蜂】 一种毒蜂。元稹《虫豸诗》序:“而虻、蟆、浮尘、蜘蛛、蚁子、蛒蜂之类,最甚害人。”其《虫豸诗》中有《蛒蜂》诗三首。

蛟 〔jiāo《广韵》古肴切,平肴,見。〕❶古代传说中的一种龙。常居深渊,能发洪水。李白《永王东巡歌十一首》之九:“祖龙浮海不成桥,汉武寻阳空射蛟。”杜甫《韦讽录事宅观曹将军画马图》:“自从献宝朝河宗,无复射蛟江水中。”又《白水县崔少府十九翁高斋三十韵》:“相对十丈蛟,欻翻盘涡坼。”李贺《送秦光禄北征》:“今朝擎剑去,何日刺蛟回。”❷通“鮫”。参见“蛟人”“蛟女绢”“蛟胎”。

【蛟人】 传说居于海中的人。蛟,通“鮫”。皮日休《初夏游楞伽精舍》:“下通蛟人道,水色黰而恶。”

【蛟女絹】 指唐时岭南所进贡的生丝织物。蛟女,指岭南妇女。蛟,通“鮫”。元稹《和乐天送客游岭南二十韵》:“贡兼蛟女绢,俗重语儿巾。”

【蛟虬】 亦作“蛟蚪”。蛟和虬。韩愈《刘生诗》:“青鲸高磨波山浮,怪魅炫曜堆蛟虬。”孟郊《峡哀》之二:“石剑相劈斫,石波怒蛟蚪。”又《峡哀》之十:“枭鸱作人语,蛟蚪吸水波。”白居易《折剑头》:“疑是斩鲸鲵,不然刺蛟虬。”

【蛟蚪】 见“蛟虬”。

【蛟胎】 用鲨鱼皮制成的剑鞘。李贺《春坊正字剑子歌》:“蛟胎皮老蒺藜刺,鸊鹈淬花白鹇尾。”

【蛟涎】 蛟龙的口液。李贺《昌谷诗》:“潭镜滑蛟涎,浮珠唅鱼戏。”

【蛟室】 蛟所居之所。亦借指大江大海。孟浩然《永嘉上浦馆逢张八子容》:“廨宇邻蛟室,人烟接岛夷。”杜甫《过洞庭湖》:“蛟室围青草,龙堆拥白沙。”刘禹锡《竞渡曲》:“彩旂夹岸照蛟室,罗袜凌波呈水嬉。”

【蛟宫】 龙宫。沈亚之《湘中怨》解:“居数岁,生游长安,是夕,谓生曰。我湘中蛟宫之娣也,谪而从君,今岁满,无以久留君所,欲为诀耳。”

【蛟浦】 古地名。今湖北襄阳市。邓遐勇力过人,任襄阳太守时,城北汉水中有蛟,常为人害。遐拔剑入水斩蛟,江水为之俱赤。见《襄阳耆旧记·牧守》。孟浩然《送元公之鄂渚寻观主张骖鸾》:“岘首辞蛟浦,江中问鹤楼。”

【蛟蛇】 蛟与蛇。韩愈《读东方朔杂事》:“方朔闻不喜,褫身络蛟蛇。”

【蛟蜃】 蛟与蜃。亦泛称水族。陆龟蒙《奉酬袭美先辈吴中苦雨一百韵》:“又疑伍胥涛,蛟蜃相蹙抄。”

【蛟綃】 传说鮫人所织之丝织品。蛟,通“鮫”。罗隐《江南行》:“江烟湿雨蛟绡软,漠漠小山眉黛浅。”

【蛟潭】 蛟龙盘踞的水潭。温庭筠《蒋侯神歌》:“楚神铁马金鸣珂,夜动蛟潭生素波。”

【蛟螭】 ❶蛟和螭;蛟龙。亦泛指水族。杜甫《别李义》:“猛虎卧在岸,蛟螭出无痕。”又《偶题》:“尘沙傍蜂虿,江峡绕蛟螭。”韩愈《寄崔二十六立之》:“又论诸毛功,劈水看蛟螭。”又《苦寒》:“虎豹僵穴中,蛟螭死幽潜。”❷指器物上的螭形图案。杜甫《奉送魏六丈佑少府之交广》:“出入朱门家,华屋刻蛟螭。”韩愈《岳阳楼别窦司直》:“蛟螭露笋簴,缟练吹组帐。”❸指形似蛟龙的拐杖。韩愈《和虞部卢四酬翰林钱七赤藤杖歌》:“空堂昼眠倚牖户,飞电著壁搜蛟螭。”❹喻指杰出人物。韩愈《赠崔立之评事》:“才豪气猛易语言,往往蛟螭杂蝼蚓。”

【蛟龍】 ❶古代传说中的两种动物,深居水中。相传蛟能发洪水,龙能兴云雨。杜甫《到村》:“蛟龙引子过,荷芰逐花低。”韩愈《八月十五夜赠张功曹》:“洞庭连天九疑高,蛟龙出没猩鼯号。”杨巨源《怀德抒情寄上信州座主》:“鹓凤终凌汉,蛟龙会出池。”白居易《游悟真寺诗》:“泓澄最深处,浮出蛟龙涎。”❷指龙形图案。岑参《北庭西郊候封大夫受降回军献上》:“喜鹊捧金印,蛟龙盘画旗。”

【蛟龍吼】 比喻大声吟啸。杜甫《相逢歌赠严二别驾》:“把臂开尊饮我酒,酒酣击剑蛟龙吼。”

【蛟龍匣】 汉代皇帝、王侯以玉匣为葬具,汉武帝之玉匣镂有蛟龙等画形,名为蛟龙玉匣。见旧题晋葛洪《西京杂记》卷一。后遂以“蛟龍匣”作咏丧葬的典故。杜甫《八哀诗·故司徒李公光弼》:“平生白羽扇,零落蛟龙匣。”又《哭严仆射归榇》:“风送蛟龙雨,天长骠骑营。”

【蛟龍帔】 饰有蛟龙图形的披肩。卢照邻《行路难》:“娼家宝袜蛟龙帔,公子银鞍千万骑。”

【蛟鯨】 蛟龙与鲸鱼。元稹《虫豸诗·蚊子》之二:“攻穿漏江海,嚼食困蛟鲸。”

【蛟鼉】 水中凶猛的鳄类动物。韩愈《石鼓歌》:“年深岂免有缺画,快剑斫断生蛟鼍。”韩愈、张彻《会合联句》:“马辞虎豹怒,舟出蛟鼍恐。”

蟒　〔máo《广韵》莫浮切,平尤,明。《集韵》謨袍切,平豪,明。〕食苗根的害虫名。柳宗元《游南亭夜还叙志七十韵》:“螟蟒愿亲燎,荼堇甘自薅。”

七　画

蝤　〔qiú《广韵》巨鳩切,平尤,羣。〕蝤蝬。俗称蓑衣虫。如蜈蚣而小,色青黑,长足。见“蝤蠑”。

【蝤蠑】 蝤和蠑。蠑,蠑螈。韩愈、孟郊《城南联句》:“瘿颈闹鸠鸽,蜿垣乱蝤蠑。”

蜃　〔shèn《广韵》時刃切,去震,禪。又時忍切,上軫,禪。〕❶传说中的蛟属。能吐气成海市蜃楼。一说即大蛤。骆宾王《在江南赠宋五之问》:“别岛笼朝蜃,连洲拥夕涨。”王维《送秘书晁监还日本国》序:“黄雀之风动地,黑蜃之气成云。”李绅《忆万岁楼望金山》:“蜃嘘云拱飞江岛,鳌喷仙岩隔海澜。”皮日休《吴中苦雨因书一百韵寄鲁望》:“狂蜃吐其气,千寻勃然蹙。”❷大蛤。参见“蜃輅”。

【蜃氣】 一种大气光学现象。光线经过不同密度的空气层后发生显著折射,使远处景物显现在半空中或地面的上奇异幻象。多见于海上或沙漠地区。古人认为由蜃吐气而成,故云。骆宾王《早发淮口望盱眙》:“岸昏涵蜃气,潮满应鸡声。”白居易《东南行一百韵》:“鼍鸣江擂鼓,蜃气海浮图。”

【蜃海】 神话中的地名。见汉东方朔《十洲记》序。吕岩《七言》之一五:“为讨石肝逢蜃海,因寻甜雪过瀛洲。”

【蜃輅】 即蜃车。载棺的丧车。见《周礼·地官·遂师》。刘祎之《孝敬皇帝挽歌》:“戒奢虚蜃辂,锡号纪鸿名。”

【蜃構】 谓海市蜃楼。段成式《观山灯献徐尚书》序:“布字而疾抵电书,写塔而争同蜃构,亦天下一绝也。”

【蜃樓】 古人谓蜃气变幻成的楼阁。长孙佐辅《楚州盐壒古墙望海》:“水净露鲛室,烟销凝蜃楼。”杜甫《第五弟丰独在江左近三四载寂无消息觅使寄此二首》之二:“影盖啼猿树,魂飘结蜃楼。”白居易《泛溢水》:“城雉映水见,隐隐如蜃楼。”

【蜃闕】 即蜃楼。许敬宗《奉和春日望海》:“惊涛含蜃阙,骇浪掩晨光。”

蛺　〔jiá《广韵》古协切,入帖,見。〕见“蛺蝶”。

【蛺蝶】 蝴蝶。陈子昂《南山家园十韵》:“蛱蝶怜红药,蜻蜓爱碧浔。”杜甫《白丝行》:“春天衣著为君舞,蛱蝶飞来黄鹂语。”又《进艇》:“俱飞蛱蝶元相逐,并蒂芙蓉本自双。”温庭筠《和道溪君别业》:“花房透露红珠落,蛱蝶双飞护粉尘。”

【蛺蝶圖】 画名。唐李元婴作。元婴为唐高祖李渊子,封滕王。王建《宫词一百首》之六〇:“内中数日无呼唤,拓得滕王蛱蝶图。”

蛸[1]　〔xiāo《广韵》相邀切,平宵,心。〕见“螵蛸”。

蛸[2]　〔shāo《广韵》所交切,平肴,生。〕见“蠨蛸”。

蜀　〔shǔ《广韵》市玉切,入燭,禪。〕❶古族名、国名。在今四川西部。相传最早的首领名蚕丛,为开国君主,后有单凫、杜宇、开明等。李益《从军夜次六胡北饮马磨剑石为祝殇辞》:“吹火荧荧又为碧,有鸟自称蜀帝魂。”韩愈、孟郊《秋雨联句》:“因思征蜀士,未免湿戎旆。”徐凝《玩花五首》之三:"谁为蜀王身作鸟,自啼还自有花开。"见"蜀王""蜀帝""蜀魄"。❷朝代名。(1)蜀汉的简称。汉末,刘备据益州称帝,国号汉,后为魏所灭。史称蜀汉(221—263)。见"蜀主""蜀相"。(2)五代时王建据东西二川,在成都称帝,国号蜀,为后唐所灭。史称前蜀(907—925)。见"蜀高祖""蜀太后"。(3)五代后唐孟知祥在蜀,封蜀王,自称帝,国号蜀,为宋所灭,史称后蜀(934—965)。《全唐诗》卷八录有后蜀嗣主孟昶诗一首。❸蜀地,今四川,亦为四川之省称。杜甫《王命》:"深怀喻蜀意,恸哭望王官。"郎士元《奉和杜相公益昌路作》:"已见庙谟能喻蜀,新文更喜报金华。"参见"蜀土""蜀山"。

【蜀人】 蜀地之人。杜甫《石犀行》:"蜀人矜夸一千载,泛溢不近张仪楼。"又《八哀诗·赠左仆射郑国公严公武》:"诸葛蜀人爱,文翁儒化成。"岑参《龙女祠》:"蜀人竞祈恩,捧酒仍击鼓。"又《文公讲堂》:"文公不可见,空使蜀人传。"

【蜀土】 旧称今四川一带地方。韩愈《元和圣德诗》:"疆外之险,莫过蜀土。"

【蜀士】 蜀人,蜀地人士。刘禹锡《送李策秀才还湖南因寄幕中亲故兼简衡州吕八郎中》:"乃言本蜀士,世降岷山灵。"

【蜀山】 蜀地之山。陈子昂《送别出塞》:"蜀山余方隐,良会何时同。"杜甫《送张二十参军赴蜀州因呈杨五侍御》:"两行秦树直,万点蜀山尖。"李贺《洛姝真珠》:"金鹅屏风蜀山梦,鸾裾凤带行烟重。"白居易《长恨歌》:"蜀江水碧蜀山青,圣主朝朝暮暮情。"

【蜀山蛇】 据传战国时,蜀王遣迎秦女的五个力士,因拽巨蛇而致山崩身亡。见晋常璩《华阳国志·蜀志》。后遂以为典,咏除害而殉身。李商隐《咏史》:"运去不逢青海马,力穷难拔蜀山蛇。"

【蜀山夢】 战国时宋玉在《高唐赋》里描写楚王与巫山神女的欢会,巫山在蜀地,故此"蜀山夢"指楚王梦巫山神女事。李贺《洛姝真珠》:"金鹅屏风蜀山梦,鸾裾凤带行烟重。"

【蜀川】 ❶蜀地河流。王维《送崔五太守》:"剑门忽断蜀川开,万井双流满眼来。"皎然《咏数探得七》:"鹤驾迎缑岭,星桥下蜀川。"❷指蜀地。王勃有《送杜少府之任蜀川》。

【蜀王】 ❶战国时蜀国之国王。杜甫《石境》:"蜀王将此镜,送死置空山。"徐凝《玩花五首》之三;"谁为蜀王身作鸟,自啼还自有花开。"参见"蜀魄"。胡曾《咏史诗·南阳》:"蜀王不自垂三顾,争得先生出旧庐。"❷指唐玄宗。安史之乱,玄宗奔蜀,人称蜀王。李贺《过华清宫》:"蜀王无近信,泉上有芹芽。"王涣《惆怅诗十二首》之五:"蜀王殿里三更月,不见骊山私语人。"

【蜀天】 谓蜀地天空。杜甫《水槛遣心二首》之二:"蜀天常夜雨,江槛已朝晴。"

【蜀天子】 指古蜀国王杜宇。杜甫《杜鹃行》:"君不见昔日蜀天子,化作杜鹃似老乌。"

【蜀太后】 指前蜀太后徐氏。成都(今属四川)徐耕之长女。与共妹同为王建所纳。王建即前蜀皇帝位,封为贤妃。后主王衍时,封顺圣太后。前蜀亡,与王衍等降后唐。后被杀于秦川驿。《全唐诗》卷九录其诗八首。

【蜀太守】 指秦昭王时蜀郡太守李冰。杜甫《石犀行》:"君不见秦时蜀太守,刻石立作三犀牛。"

【蜀太妃】 指前蜀太妃徐氏。成都(今属四川)徐耕之女,前蜀太后徐氏之妹,与其姊同为王建所纳。王建即前蜀帝位后,封为淑妃。后主王衍时封为翊圣太妃。前蜀亡,与王衍等降后唐。后被杀于秦川驿。《全唐诗》卷九录其诗八首。

【蜀芽】 指蜀茶的嫩芽。黄滔《题道成上人院》:"簟舒湘竹滑,茗煮蜀芽香。"

【蜀中】 (—zhōng)蜀,古国名,为秦所灭,在今四川中部。因泛称蜀地为"蜀中"。杜甫《览柏中允兼子侄数人除官制词因述父子兄弟四美载歌丝纶》:"蜀中寇亦甚,柏氏功弥存。"刘得仁有《送智玄首座归蜀中旧山》。

【蜀水】 蜀地之水。张说《送宋休远之蜀任》:"色丽成都俗,膏腴蜀水滨。"

【蜀仙】 指东汉成都人栾巴。栾巴官尚书郎。据传曾于朝会时潄酒喷向西南,化雨熄灭成都火灾。见晋葛洪《神仙传》卷五《栾巴》。后遂以为咏酒之典。骆宾王《咏云酒》:"色泛临砀瑞,香流赴蜀仙。"

【蜀主】 ❶指三国时蜀国君主刘备。李白《赠友人三首》之三:"蜀主思孔明,晋家望安石。"杜甫《昔游》:"商山议得失,蜀主脱嫌猜。"又《咏怀古迹五首》之四:"蜀主窥吴幸三峡,崩年亦在永安宫。"❷指前蜀后主王衍。见《旧五代史》本传。牛希济有《奉诏赋蜀主降唐》。

【蜀地】 指今四川一带。杜甫《送韦郎司直归成都》:"窜身来蜀地,同病得韦郎。"张说《正朝摘梅》:"蜀地寒犹暖,正朝发早梅。"高骈《宴犒蕃军有感》:"蜀地恩留马嵬哭,烟雨濛濛春草绿。"

【蜀先主廟】 原建在今重庆奉节县。蜀先主,指蜀汉昭列帝刘备。刘禹锡有《蜀先主庙》。

【蜀州】 唐垂拱二年置,治所在晋原县(今四川崇州市)。天宝初改为唐安郡,乾元初复改为蜀州。南宋绍兴十年升为崇庆军。杜甫有《追酬故高蜀州人日见寄》和《送张二十参军赴蜀州因呈杨五侍御》。

【蜀江】 蜀地境内的江河。陈子昂《春晦饯陶七于江南同用风字》序："蜀江分袂，巴山望别。"杜甫《寄题江外草堂》："遭乱到蜀江，卧疴遣所便。"刘禹锡《竹枝词九首》之二："山桃红花满上头，蜀江春水拍山流。"陆龟蒙《读陈拾遗集》："蓬颗何时与恨平，蜀江衣带蜀山轻。"胡曾《咏史诗·白帝城》："蜀江一带向东倾，江山巍峨白帝城。"

【蜀坂】 即九折坂。在今四川荥经县西三合乡邛崃山，山路险阻曲折。古人视为畏途。孟浩然《途中遇晴》："已失巴陵雨，犹逢蜀坂泥。"

【蜀兵】 唐时驻扎在蜀地的军队。杜甫《大麦行》："岂无蜀兵三千人，部领辛苦江山长。"

【蜀使】 派往蜀地的使者。杜甫《将晓二首》之一："巴人常小梗，蜀使动无还。"又《闻高常侍亡》："归朝不相见，蜀使忽传亡。"又《夔府书怀四十韵》："萧车安不定，蜀使下何之。"

【蜀門】 山名。即剑门。在今四川剑阁县北。山势险峻，古为戍守之处。亦代称蜀地。杜甫《木皮岭》："季冬携童稚，辛苦赴蜀门。"又《将适吴楚留别章使君留后兼幕府诸公得柳字》："我来入蜀门，岁月亦已久。"韩愈《燕河南府秀才得生字》："芳茶出蜀门，好酒浓且清。"薛涛《续嘉陵驿诗献武相国》："蜀门西更上青天，强为公歌蜀国弦。"

【蜀弦】 蜀琴。刘禹锡《伤秦姝行》："蜀弦铮摐指如玉，皇帝弟子韦家曲。"

【蜀城】 指今四川成都。杜甫《得广州张判官叔卿书使还以诗代意》："乡关胡骑远，宇宙蜀城偏。"李白《送友人入蜀》："芳树笼秦栈，春流绕蜀城。"

【蜀茶】 蜀地所产之茶。白居易《杨六尚书新授东川节度使代妻戏贺兄嫂二绝》之二；"觅得黔娄为妹婿，可能空寄蜀茶来。"又《萧员外寄新蜀茶》："蜀茶寄到但惊新，渭水煎来始觉珍。"成彦雄《煎茶》："蜀茶倩个云僧碾，自拾枯松三四枝。"

【蜀相】 （－xiàng）指三国时蜀国丞相诸葛亮。张九龄《登襄阳岘山》："蜀相吟安在，羊公碣已磨。"刘禹锡《观八阵图》："轩皇传上略，蜀相运神机。"杜甫有《蜀相》。

【蜀相吟】 （相 xiàng）据《三国志·蜀志·诸葛亮传》："亮躬陇亩，好为《梁父吟》。""蜀相吟"指此。张九龄《登襄阳岘山》："蜀相吟安在，羊公碣已磨。"

【蜀後主】 指前蜀后主王衍。《全唐诗》卷八收其诗五首。王仁裕有《从蜀后主幸秦川上梓潼山》和《和蜀后主题剑门》。

【蜀帝】 ❶战国时蜀国之国王。据传其死后化为杜鹃而悲鸣，故诗文中常用以指杜鹃。鲍溶《湘妃列女操》："三湘测测流急绿，秋夜露寒蜀帝飞。"参见"蜀魄"。❷指三国蜀先主刘备。见"蜀帝祀"。

【蜀帝祀】 指三国蜀先主刘备庙，原建在重庆市奉节县。见《方舆胜览》卷五七。张说《下江南向夔州》："城临蜀帝祀，云接楚王台。"

【蜀帝魂】 见"蜀魄"。

【蜀客】 ❶指旅居在外的蜀人。杜甫《赤甲》："荆州郑薛寄书近，蜀客郗岑非我邻。"张籍《送蜀客》："蜀客南行祭碧鸡，木绵花发锦江西。"刘禹锡《竹枝词九首》之四："日出三竿春雾消，江头蜀客驻兰桡。"雍陶《闻杜鹃二首》之二："蜀客春城闻蜀鸟，思归声引未归心。"❷指汉司马相如。相如，蜀郡成都人，故称。刘禹锡《送李尚书镇滑州》："视草名高同蜀客，拥旄年少胜荀郎。"韦庄《乞彩笺歌》："蜀客才多染不供，卓文醉后开无力。"

【蜀郡】 古郡名。战国秦置，治所在成都县（今四川成都市）。东汉建武元年改为成都尹；十二年复为蜀郡。西晋太康十年改置成都国，后复为蜀郡。隋开皇初废，大业元年复置。唐武德元年改为益州，天宝元年复为蜀郡。至德二年改为成都府。杜甫《去蜀》："五载客蜀郡，一年居梓州。"又《哭韦大夫之晋》："鹏鸟长沙讳，犀牛蜀郡怜。"

【蜀都】 古代蜀国的都城。即今四川成都市。杜甫《别李义》："愿子少干谒，蜀都足戎轩。"又《哭台州郑司户苏少监》："痁病餐巴水，疮痍老蜀都。"

【蜀桐】 蜀中桐木。亦代指以此种木所制之乐器。李贺《追和柳恽》："酒杯箬叶露，玉轸蜀桐虚。"

【蜀高祖】 指五代时前蜀高祖王建。字光图，许州舞阳（今属河南）人。少无赖，以屠牛盗驴贩盐为业，人称"贼王八"。后投忠武军。唐僖宗入蜀，为"随驾五都"之一。入蜀后，被宦官田令孜收为养子。势力大增，逐步占有西川、东川、汉中，成割据之势。天复三年，被封为蜀王。后梁开平元年，在成都称帝，建立前蜀政权。光天元年六月卒，庙号高祖。《全唐诗》卷八录其《赠别唐太师道袭》一首。

【蜀書】 指南方的信息。李贺《感讽六首》之二："蜀书秋信断，黑水朝波咽。"

【蜀紙】 犹蜀笺。李贺《湖中曲》："蜀纸封巾报云鬓，晚漏壶中水淋尽。"又《昌谷诗》："溪湾转水带，芭蕉倾蜀纸。"韩偓《寄恨》："秦钗枉断长条玉，蜀纸虚留小字红。"

【蜀紋】 指蜀地所产之绫。罗邺《览陈丕卷》："谩把蜀纹当昼展，徒夸湘碧带春流。"

【蜀國】 泛指蜀地。李白《宣城见杜鹃花》："蜀国曾闻子规鸟，宣城还见杜鹃花。"羊士谔《寄江陵韩少尹》："蜀国鱼笺数行字，忆君秋梦过南塘。"刘得仁《送智玄首座归蜀中旧山》："蜀国烟霞异，灵山水月澄”。韦庄《清平乐》:“何处游女,蜀国多云雨。”

【蜀國弦】 乐府相和歌辞名。又名《四弦曲》《蜀国四弦》。《乐府诗集·相和歌辞五·四弦曲》引南朝陈智匠《古今乐录》。南朝梁简文章、隋卢思道等均有此作。薛涛《续嘉陵驿诗献武相国》:“蜀门西更上青天,强为公歌蜀国弦。”李贺有《蜀国弦》。

【蜀彩】 蜀锦的色彩。比喻美艳多彩。温庭筠《题磁岭海棠花》:“蜀彩淡摇曳,吴妆低怨思。”

【蜀鳥】 指杜鹃。相传杜鹃为古蜀帝魂魄所化,故称。雍陶《闻杜鹃二首》之二:“蜀客春城闻蜀鸟,思归声引未归心。”杜荀鹤《酬张员外见寄》:“啼花蜀鸟春同苦,叫雪巴猿昼共饥。”

【蜀麻】 蜀地所产的麻。杜甫《客居》:“蜀麻久不来,吴盐拥荆门。”又《夔州歌十绝句》之七:“蜀麻吴盐自古通,万斛之舟行若风。”

【蜀琴】 蜀地之琴。汉时蜀人司马相如善鼓琴,故云。亦泛指琴。孟浩然《赠道士参寥》:“蜀琴久不弄,玉匣细尘生。”李白《长相思》:“赵瑟初停凤凰柱,蜀琴欲奏鸳鸯弦。”刘禹锡《西州李尚书知愚与元武昌有旧远示二篇因以继和二首》序:“来诗云,元公令陈从事求蜀琴,将以为寄。”白居易《想东游五十韵》:“蜀琴安膝上,周易在床头。”

【蜀牋】 见“蜀箋”。

【蜀魂】 见“蜀魄”。

【蜀道】 蜀地的道路。亦泛指蜀地。李白《蜀道难》:“蜀道之难,难于上青天。”杜甫《奉汉中王手札》:“剖符来蜀道,归盖取荆门。”又《黄草》:“秦中驿使无消息,蜀道兵戈有是非。”温庭筠《过华清宫二十二韵》:“早梅悲蜀道,高树隔昭丘。”

【蜀道易】 乐府歌辞名。相对乐府《蜀道难》而作。见《新唐书·韦皋传》。陆畅《蜀道易》:“蜀道易,易于履平地。”

【蜀道難】 (難 nán)乐府相和歌辞《瑟调曲》名。见《乐府诗集·相和歌辞十五·瑟调曲五》引唐吴兢《乐府解题》。张文琮和李白均有《蜀道难》。

【蜀路】 蜀道,蜀地的道路。刘禹锡《洛中送杨处厚入关便游蜀》:“王城晓入窥丹凤,蜀路晴来见碧鸡。”又《送赵中丞自司金郎转官参山南令狐仆射幕府》:“绿树满褒斜,西南蜀路赊。”

【蜀殿瓊人】 指蜀先主甘后故事。据晋王嘉《拾遗记》载,先主刘备甘后,玉质肌柔。河南献玉人,取玉人置后侧,一与玉人洁白齐润,观者殆相感乱。李商隐《烧香曲》:“蜀殿琼人伴夜深,金銮不问残灯事。”

【蜀箋】 亦作“蜀牋”。蜀地所产的笺纸,精致华美,唐以后享有盛名。白居易《新昌新居书事四十韵因寄元郎中张博士》:“缓步携筇杖,徐吟展蜀笺。”又《重答汝州李六使君见和忆吴中旧游五首》:“蜀笺写出篇篇好,吴调吟时句句愁。”司空图《力疾山下吴村看杏花十九首》之一八:“更恨新诗无纸写,蜀牋堆积是谁家。”僧鸾《赠李粲秀才》:“十轴示余三百篇,金碧烂光烧蜀笺。”

【蜀魄】 传说战国时蜀王杜宇称帝,号望帝,死后魂魄化为子规(杜宇)。后遂以“蜀魄”为杜鹃鸟的别称。武元衡《夕次潘山下》:“旅情方浩荡,蜀魄满林啼。”姚合《咏莺》:“不同蜀魄啼残月,唯逐天鸡转诘朝。”朱庆余《寄友人》:“凭书正惆怅,蜀魄数声新。”李咸用《题王处士山居》:“蜀魄叫回芳草色,鹭鸶飞破夕阳烟。”亦作“蜀魂”“蜀帝魄”。李益《从军夜次六胡北饮马磨剑石为祝殇辞》:“吹火荧荧又为碧,有鸟自称蜀帝魂。”吴融《岐下闻子规》:“剑阁西南远凤台,蜀魂何事此飞来。”李群玉《乌夜号》:“既非蜀帝魂,恐是桓山禽。”

【蜀賦】 相传汉武帝陈皇后失宠,以黄金百斤请司马相如写赋“悟主上”,相如写成《长门赋》,使武帝回转心意,陈后复得亲幸。见《文选·司马长卿〈长门赋〉序》。蜀赋,指《长门赋》。后遂以为典,指一妃求幸之事。韦庄《宫怨》:“展转令人思蜀赋,解将惆怅感君王。”

【蜀錦】 ❶蜀地所产之彩锦。后亦为织法效蜀的各地所产之锦的通称。杜甫《白丝行》:“缫丝须长不须白,越罗蜀锦金粟尺。”❷比喻华丽的文彩。罗隐《江都》:“歌听丽句秦云咽,诗转新题蜀锦铺。”

【蜀險】 蜀地险要处。韩愈、孟郊《征蜀联句》:“蜀险豁关防,秦师纵横猾。”

【蜀羅】 蜀地所产之轻罗。杜牧《江上雨寄崔碣》:“春半平江雨,圆纹破蜀罗。”张祜《送走马使》:“新样花文配蜀罗,同心双带蹙金蛾。”

蛾 〔é《广韵》五何切,平歌,疑。〕❶蛾子。形以蝴蝶,体躯较粗大,四翅,静止时平放体侧。喜在夜间活动。种类繁多,常见的有蚕蛾、天蛾、麦蛾、螟蛾等。杜甫《写怀二首》之二:“君看灯烛张,转使飞蛾密。”韩愈《雨中寄张博士籍侯主簿喜》:“见墙生菌遍,忧麦作蛾飞。”元稹《景申秋八首》之二:“蚊幌雨来卷,烛蛾灯上稀。”白居易《禽虫十二章》之二:“水中科斗长成蛙,林下桑虫老作蛾。”❷蛾眉的省称。杜甫《一百五日夜对月》:“仳离放红蕊,想像嚬青蛾。”李贺《难忘曲》:“蜂语绕妆镜,拂蛾学春碧。”白居易《新乐府·井底引银瓶》:“婵娟两鬓秋蝉翼,宛转双蛾远山色。”又《同诸客嘲雪中马上妓》:“珊瑚鞭亸马踟蹰,引手低蛾索一盂。”❸代称美女。陈子昂《感遇诗三十八首》之十二:“瑶台倾巧笑,玉杯殒双蛾。”杜甫《城西陂泛舟》:“青蛾皓齿在楼船,横笛短箫悲远天。"温庭筠《咏寒宵》:"秦蛾卷衣晚,胡雁度云迟。"韦庄《陪金陵府相中堂夜宴》:"却愁宴罢青蛾散,杨子江头月半斜。"

【蛾眉】 ❶蚕蛾触须细长而弯曲,故用以喻指美丽的眉毛。刘方平《京兆眉》:"新作蛾眉样,难将月里同。"白居易《妇人苦》:"蝉鬓加意梳,蛾眉用心扫。"刘皂《长门怨三首》之三:"蝉鬓慵梳倚帐门,蛾眉不扫惯承恩。"司马扎《蚕女》:"东邻女新嫁,照镜弄娥眉。"❷借指女子容貌的美丽。刘希夷《代悲白头翁》:"宛转蛾眉能几时,须臾鹤发乱如丝。"❸代称美女。宋之问《王昭君》:"非君惜鸾殿,非妾妒蛾眉。"白居易《王昭君二首》之二:"汉使却回凭寄语,黄金何日赎蛾眉。"汪遵《昭君》:"猛将谋臣徒自贵,蛾眉一笑塞尘清。"刘沧《边思》:"蛾眉一没空留怨,青冢月明啼夜乌。"❹指蛾眉月。月初和月末的一种月相。因月球被照亮半球的一小部分形似蛾眉,故称。窦弘余《广谪仙怨》词:"独望天边初月,蛾眉犹自弯弯。"

【蛾眉笑躄者】 语本为贤者被谗之典。见《史记·平原君列传》。李白《送薛九被谗去鲁》:"蛾眉笑躄者,宾客去平原。"

【蛾眉螓首】 弯弯的眉毛,方广的前额。形容女子容貌的美丽。语本《诗·卫风·硕人》:"螓首蛾眉,巧笑倩兮,美目盼兮。"。李咸用《长歌行》:"蛾眉螓首聊我仇,圆红阙白令人愁。"

【蛾翠】 指妇女美丽的眉毛。李贺《恼公》:"含水弯蛾翠,登楼选马鬃。"

【蛾翠】 翠眉。温庭筠《春洲曲》:"韶光染色如蛾翠,绿湿红鲜水容媚。"

【蛾绿】 古代妇女画眉用的青色颜料。亦借指黛色的山。李贺《兰香神女庙》:"幽篁画新粉,蛾绿横晓门。"

【蛾黛】 古代妇女画眉毛用的一种青黑色的颜料。亦称螺黛。李贺《恼公》:"月分蛾黛破,花合靥朱融。"

【蛾鬟】 妇女的一种发髻。亦借指美女。李贺《许公子郑姬歌》:"蛾鬟醉眼拜诸宗,为谒皇孙请曹植。"

蜊 〔lí《广韵》力脂切,平脂,來。〕见"蛤蜊"。

蜍 〔chú《广韵》署魚切,平魚,禪。〕蟾蜍。见"蟾蜍"。

蜉 〔fú《广韵》縛謀切,平尤,奉。〕❶见"蜉蝣"。❷见"蚍蜉"。

【蜉蝣】 ❶虫名。幼种生活在水中,成虫褐绿色,四翅,生命期极短,朝生夕死。见《诗·曹风·蜉蝣》。韩愈《赴江陵途中寄翰林三学士》:"失志早衰换,前期拟蜉蝣。"刘禹锡《游桃源一百韵》:"聊复嗟蜉蝣,何烦哀虺蜴。"白居易《禽中十二章》之八:"蟏蛸网上罥蜉蝣,反覆相持死始休。"❷犹浮蚁。浮于酒面上的泡沫。谭用之《贻费道人》:"碧玉蜉蝣迎客酒,黄金毂辘钓鱼车。"

【蜉蝣羽】 喻指只顾眼前、不虑今后的目光短浅者。张九龄《感遇十二首》之三:"嗟尔蜉蝣羽,薨薨亦何为。"

蜂 〔sēng《广韵》敷容切,平鍾,敷。又薄紅切,平東,並。〕膜翅类昆虫。多有毒刺,喜群居,种类甚多。亦特指蜜蜂。杜甫《陪诸公上白帝城宴越公堂之作》:"柱穿蜂溜蜜,栈缺燕添巢。"李端《杂歌》:"伯奇掇蜂贤父逐,曾参杀人慈母疑。"白居易《读史五首》之四:"掇蜂杀爱子,掩鼻戮宠姬。"又《天可度》:"劝君掇蜂君莫掇,使君父子成豺狼。"

【蜂子】 即蜂。多指蜜蜂。李贺《谢秀才有妾缟练改从于人贺复继四首》之三:"洞房思不禁,蜂子作花心。"张鷟《咏蜂子》:"问蜂子,蜂子太无情。"张鷟又有《代蜂子答十娘》。

【蜂分】 (一fēn)春夏之季,蜂巢内蜂王和一部分工蜂分出,另营新巢,把原巢让给新蜂王和留下的工蜂,谓之"蜂分"。亦称分蜂、分群。白居易《闲园独赏》:"蝶双知伉俪,蜂分见君臣。"

【蜂飛】 群蜂飞舞。唐彦谦《寄蒋二十四》:"乌啭蜂飞日渐长,旅人情味悔思量。"

【蜂房】 蜜蜂用分泌的蜂蜡造成的六角形的巢,以供蜜蜂产卵和储藏蜂蜜。李商隐《商于新开路》:"蜂房春欲暮,虎阱日初曛。"

【蜂粉】 蜜蜂采的花粉。温庭筠《经西坞偶题》:"微红奈蒂惹蜂粉,洁白芹芽穿燕泥。"

【蜂黄】 古代妇女涂额的黄色妆饰。亦称花黄、额黄。李商隐《酬崔八早梅有赠兼示之作》:"何处拂胸资蝶粉,几时涂额藉蜂黄。"

【蜂巢】 蜂之窝巢。喻指小屋。白居易《郡中春宴因赠诸客》:"蜂巢与蚁穴,随分有君臣。"

【蜂腰】 ❶蜂体中部细狭的部分。比喻人的细腰。皇甫松《抛球乐》:"带翻金孔雀,香满绣蜂腰。"❷旧体诗作法中的八病之一。相传为南朝梁沈约所提出。指五言诗第二字与第五字同声,言两头粗中间细,有如蜂腰;或曰,指全句皆浊音而中一字清音者,谓之蜂腰。见《南史·陆厥传》。寒山《诗三百三首》之二八六:"云不识蜂腰,仍不会鹤膝。"

【蜂語】 蜂飞舞时发出的嗡鸣声。李贺《难忘曲》:"蜂语绕妆镜,拂蛾学春碧。"

【蜂蜜】 蜜蜂用所采的花蜜所酿成的黏稠液体,色黄白,有甜味,供食用和药用。孟浩然《疾愈过龙泉寺精舍呈易业二公》:"入洞窥石髓,傍崖采蜂蜜。"

【蜂臺】 批佛塔。远望佛塔,状似蜂房,故称。樊忱《奉和九月九日登慈恩寺浮图应制》:"插萸登鹫岭,把菊坐蜂台。"

【蜂蝶】 蜂和蝶。杜甫《绝句六首》之二:"藹藹花蕊乱,飞飞蜂蝶多。"韩愈《奉和虢州刘给事使君三堂新题二十一咏·花岛》:"蜂蝶去纷纷,香风隔岸闻。"温庭筠有《蜂蝶》。

【蜂簇】 群蜂簇拥。韦庄《听赵秀才弹琴》:"蜂簇野花吟细韵,蝉移高柳迸残声。"

【蜂聲】 蜂的嗡鸣声。杜甫《晦日寻崔戢李封》:"草牙既青出,蜂声亦暖游。"李建勋《蔷薇二首》之二:"拂檐拖地对前墀,蝶影蜂声烂漫时。"

【蜂蠆】 蜂和虿。均为有毒刺的螫虫。喻指恶人或敌人。杜甫《遣愤》:"蜂虿终怀毒,雷霆可震威。"又《除草》:"其毒甚蜂虿,其多弥道周。"元稹《虫豸诗·蛒蜂》序:"蛒,蜂类而大,巢在褰鼻蛇穴下,故毒螫倍诸蜂虿。"

【蜂蟻】 蜂和蚂蚁。喻指坏人或敌人。杜甫《青丝》:"不闻汉主放嫔妃,近静潼关扫蜂蚁。"

【蜂鶴拙句】 指刘禹锡所作有关蜂和鹤的诗句。刘禹锡有《和乐天闲园独赏八韵前以蜂鹤拙句寄呈今辱蜗蚁妍词见答因成小巧以取大咍》。

【蜂鬚】 蜂的触须。杜甫《徐步》:"芹泥随燕觜,花蕊上蜂须。"朱庆余《题蔷薇花》:"粉著蜂须腻,光凝蝶翅明。"亦形容女子松柔的头发。王建《宫词一百首》之四二:"蜂须蝉翅薄松松,浮动搔头似有风。"温庭筠《病中书怀呈友人》:"蕊多劳蝶翅,香酷坠蜂须。"

蜕 〔tuì《广韵》他外切,去泰,透。又湯臥切,去過,透。又舒芮切,去祭,書。又弋雪切,入薛,以。〕❶蝉、蛇等脱皮。骆宾王《在狱咏蝉》序:"蜕其皮也,有仙都羽化之灵姿。"白居易《村居卧病三首》之一:"昨日穴中虫,蜕为蝉上树。"❷蝉、蛇等脱下的皮壳。白居易《初丧崔儿报微之晦叔》:"蝉老悲鸣抛蜕后,龙眠惊觉失珠时。"亦指人的躯壳。见《庄子·知北游》。白居易《有感三首》之一:"子孙非我有,委蜕而已矣。"王维《宋进马哀词》:"观未始兮有物,同委蜕兮胡悲。"又《读道德经》:"金玉满堂非己物,子孙委蜕是他人。"❸脱去,除掉。李绅《泛五湖》:"范子蜕冠履,扁舟逸霄汉。"

【蜕皮】 一些节肢动物和爬行动物,生长期间脱去旧表皮长出新表皮的过程。岑参《江上阻风雨》:"老树蛇蜕皮,崩崖龙退骨。"

【蜕骨】 脱骨。李绅《灵蛇见少林寺》:"已应蜕骨风雷后,岂效衔珠草莽间。"

【蜕蟬】 蝉蜕壳。指人解脱成仙。韩愈《谢自然诗》:"入门无所见,冠履同蜕蝉。"

蜋 〔láng《广韵》魯當切,平唐,來。又吕張切,平陽,來。〕同"螂"。见"螳螂"。

蛹 〔yǒng《广韵》余隴切,上腫,以。〕完全变态的昆虫由幼虫发育成虫的过渡形态。幼虫生长到一定时期,不动不食,内部组织和外形发生变化而成蛹。蛹再变成为虫。韩愈、孟郊《会合联句》:"坚如撞群金,眇若抽独蛹。"

八 画

蜻¹ 〔qīng《广韵》倉經切,平青,清。〕虫名。即蜻蜓。韩愈、孟郊《城南联句》:"跃视舞晴蜻,足胜自多诣。"参见"蜻蜓"。

蜻² 〔jīng《广韵》子盈切,平清,精。〕见"蜻₂蛚"。

【蜻蛉】 蜻蜓的别名。一说极似蜻蜓,惟前翅短,不能远飞。见《战国策·楚策四》。陈子昂《感遇诗三十八首》之二一:"蜻蛉游天地,与世本无患。"

【蜻₂蛚】 即蟋蟀。陆龟蒙《和袭美新秋即事次韵三首》之三:"鸤鹚阵合残阳少,蜻蛚吟高冷雨疏。"

【蜻蜓】 ❶昆虫名。体细长,胸部的背面有两对膜状的翅膀,常生活在水边,喜食蚊子等小飞虫。杜甫《风雨看舟前落花戏为新句》:"蜜蜂蝴蝶生情性,偷眼蜻蜓避百劳。"又《曲江二首》之二:"穿花蛱蝶深深见,点水蜻蜓款款飞。"王建《戴胜词》:"紫冠采采褐羽斑,衔得蜻蜓飞过屋。"❷指蜻蜓状的发钗。张泌《江城子》之二:"绿云高绾,金簇小蜻蜓。"温庭筠《夜宴谣》:"长钗坠发双蜻蜓,碧尽山斜开画屏。"

蜡 〔zhà《广韵》鋤駕切,去禡,崇。〕古代年终大祭。见《礼记·郊特牲》。《全唐诗》卷十二《郊庙歌辞》有《蜡百神乐章》二章:《蜡百神乐章·迎神》:"八蜡开祭,万物合祀。"《蜡百神乐章·雍和》:"姬蜡开仪,豳歌入奏。"韩愈《月蚀诗效玉川子作》:"既从白帝祠,又食于蜡礼有加。"

蜨 见"蝶"。

蜥 〔xī《广韵》先擊切,入錫,心。〕见"蜥蜴"。

【蜥蜴】 爬行动物。又名石龙子。通称四脚蛇。李贺《钓鱼诗》:“饵悬春蜥蜴,钩坠小蟾蜍。”卢仝《萧宅二三子赠答诗二十首·客谢竹》:“扬州驳杂地,不辨龙蜥蜴。”

蝀

〔dōng《广韵》德红切,平東,端。又多動,上董,端。〕“蝃蝀”的简称。即虹。参见“蝃蝀”。

蜮

〔yù《广韵》雨逼切,入職云。又胡国切,入德,匣。〕短狐。相传是一种能含沙射人为害的动物。见《诗·小雅·何人斯》。白居易《寄元九》:“山无杀草霜,水有含沙蜮。”

蜚

〔fēi《集韵》匪微切,平微,非。〕通“飛”。参见“蜚輶”。

【蜚輶】 飞快的轻车。蜚,通“飞”。韩愈、孟郊《远游联句》:“驰深鼓利楫,趋险惊蜚辖。”

蜾

〔guǒ《广韵》古火切,上果,見。〕见“蜾母”。

【蜾母】 指蜾蠃,寄生蜂的一种。捕捉螟蛉等虫,以饲养其幼虫。古人误以为收养其他幼虫。见《诗·小雅·小宛》。白居易《禽虫十二章》之九:“蚁王化饭为臣妾,蜾母偷虫作子孙。”

蜴

〔yì《广韵》羊益切,入昔,以。〕见“蜥蜴”。

蜗

〔wō《广韵》古蛙切,平佳,見。又古華切,平麻,見。〕蜗牛。一种软体动物。有螺旋形的黄褐色硬壳,腹部有扁平的脚,行走时分泌黏液,吃植物黄叶。参见“蜗牛”。

【蜗牛】 一种软体动物。有螺旋形的黄褐色硬壳。头上有两对触角,腹部有扁平的脚,行进时分泌黏液,吃植物苗叶。白居易《卜居》:“长羡蜗牛犹有舍,不如硕鼠解藏身。”见“蜗牛舍”“蜗牛廬”。

【蜗牛舍】 比喻狭小简陋的房屋。多用以谦称自己的居所。见晋崔豹《古今注·鱼虫》。李商隐《自喜》:“自喜蜗牛舍,兼容燕子巢。”亦省作“蜗舍”。钱起《重赠赵给事》:“能迂驺驭寻蜗舍,不惜瑶华报木桃。”窦常《奉寄辰州房使君郎中》:“蜗舍喜时春梦去,隼旟行处瘴江清。”权德舆《过隐者湖上所居》:“蜗舍映平湖,皤然一鲁儒。”储嗣宗《南陂远望》:“孤烟起蜗舍,飞鹭下渔梁。”

【蜗牛角】 蜗牛的触角。比喻微小之地。见《庄子·则阳》。白居易《对酒五首》之二:“蜗牛角上争何事,石火光中寄此身。”亦省作“蜗角”。雍裕之《细言》:“蚊眉自可托,蜗角岂劳争。”白居易《禽虫十二章》之七:“蟭螟杀敌蚊巢上,蛮触交争蜗角中。”

【蜗牛廬】 形似蜗牛的简易房舍。泛指简陋的房屋。常用以谦称自己的居处。见《三国志·魏志管宁传》裴松之主引三国魏鱼豢《魏略》。白居易《郊陶潜体诗十六首》之一五:“出扶桑枣杖,入卧蜗牛庐。”亦省作“蜗庐”。骆宾王《寒夜独坐游子多怀简知己》:“鹑服长悲碎,蜗庐未卜安。”钱起《玉山东溪题李叟屋壁》:“野老采薇暇,蜗庐招客幽。”

【蜗角】 见“蜗牛角”。

【蜗舍】 见“蜗牛舍”。

【蜗房】 蜗牛壳。张说《咏瓢》:“蜗房卷堕首,鹤颈抽长柄。”

【蜗涎】 蜗牛行进时所分泌黏液的痕迹。白居易、刘禹锡《秋霖即事联句三十韵》:“湿泥印鹤迹,漏壁络蜗涎。”杜牧《华清宫三十韵》:“鸟啄摧寒木,蜗涎蠹画梁。”

【蜗室】 喻指狭小简陋的屋舍。谦称自己的居所。陈陶《避世翁》:“直钩不营鱼,蜗室无妻儿。”

【蜗殼】 (一ké)蜗牛的外壳。喻狭小简陋的屋舍。许浑《灞上逢元九处士东归》:“江上蟹螯沙渺渺,坞中蜗壳雪漫漫。”

【蜗廬】 见“蜗牛廬”。

【蜗蟻妍詞】 指白居易所做有关蜗牛和蚂蚁的诗句。刘禹锡有《和乐天闲园独赏八韵前以蜂鹤拙句寄呈今辱蜗蚁妍词见答因成小巧以取大咍》。

蜘

〔zhī《广韵》陟離切,平支,知。〕见“蜘蛛”。

【蜘蛛】 一种节肢动物。尾部分泌黏液,凝成细丝,织成网,用以捕食昆虫。元稹《虫豸诗·蜘蛛》序:“巴蜘蛛大而毒,其甚者,身边数寸,而踦长数倍其身。”其《蜘蛛》之一云:“蜘蛛天下足,巴蜀就中多。”元稹《酬乐天东南行诗一百韵》:“李多嘲蝘蜓,窦数集蜘蛛。”李商隐《辛未七夕》:“岂能无意酬乌鹊,惟与蜘蛛乞巧丝。”

【蜘蛛之喜】 古以为蜘蛛是喜庆祥临的先兆。蟢子,即蟏蛸,一种长脚的小蜘蛛。见三国吴陆玑《毛诗草木鸟兽虫鱼疏蟏蛸在户》。元稹《酬乐天东南行诗一百韵》:“李多嘲蝘蜓,窦数集蜘蛛”自注:“李二十二雅善歌诗,固多咏物之作。窦七频改官衔,屡有蜘蛛之喜。”

蜲

〔wēi《广韵》於爲切,平支,影。〕见“蜲蛇”。

【蜲蛇】 (一yí)形容龙蛇等曲折行进。李绅《逾岭峤止荒陬抵高要》:“千崖傍耸猿啸悲,丹蛇玄虺潜蜲蛇。”

蜺　〔ní《广韵》五稽切，平齊，疑。又五結切，入屑，疑。〕副虹。《尔雅·释虫》："凡虹双出，色鲜盛者为雄，雄曰虹。暗者为雌，雌曰蜺。"韩翃《经月岩山》："仙山翠如画，簇簇生虹蜺。"李贺《恼公》："晚树迷新蝶，残蜺忆断虹"。

【蜺旄】　画有虹蜺的彩旗。见《文选·张衡〈西京赋〉》。陈子昂《送著作佐郎崔融等从梁王东征》序："蜺旄羽骑之殷，戈翻落日。"

【蜺旌】　彩饰之旗。见《文选·司马相如〈上林赋〉》。刘禹锡《和令狐相公送赵常盈炼师与中贵人同拜岳及天台投龙毕却赴京》："银珰谒者引蜺旌，霞帔仙官到赤城。"韦庄《癸丑年下第献新先辈》："五更残月省墙边，绛旆蜺旌卓晓烟。"

蝕　〔shí《广韵》乘力切，入職，船。〕❶日月蚀。韩愈《月蚀诗效玉川子作》："月蚀汝不知，安用为龙窟天河。"又同篇："月蚀于汝头，汝口开呀呀。"卢仝《月蚀诗》："二百四十年，月蚀尽不收。……书外书大恶，故月蚀不见收。"李商隐《景阳宫井双桐》："秋港菱花干，玉盘明月蚀。"❷侵蚀。杜甫《石笋行》："古来相传是海眼，苔藓蚀尽波涛痕。"卢仝《月蚀诗》："月明无罪过，不纠蚀月虫。"

蜩　〔tiáo《广韵》徒聊切，平蕭，定。〕蝉。韩愈《秋怀诗十一首》之四："上无枝上蜩，下无盘中蝇。"贾岛《过雍秀才居》："钟远清霄半，蜩稀暑雨前。"又《感秋》："几蜩嘿凉叶，数蛩思阴壁。"陆龟蒙有《闲居杂题五首·鸣蜩早》。

【蜩甲】　蝉蜕，蝉脱落的外壳。白居易《官俸初罢亲故见忧以诗论之》："蜩甲有何知，云心无所著。"

【蜩蜕】　蝉脱下的壳。孙鲂《题梅岭泉》："粉墙蜩蜕落，丹槛雀雏颠。"

【蜩螗】　蝉的别名。参见清恽敬《释蟪蛄》。齐己《移居西湖作二首》之二："蜩螗晚噪风枝稳，翡翠闲眠宿处深。"

【蜩鷃】　蝉和鷃。鷃，雀名。白居易《反鲍明远白头吟》："譬如蜩鷃徒，啾啾啅龙鹏。"

蛸　同"蝱"。卢仝《自咏三首》之二："蚊虻当家口，草石是亲情。"

蜷　〔quán《广韵》巨员切，平仙，羣。〕卷曲。见"蜷跼"。

【蜷跼】　局曲不伸貌。见《楚辞·离骚》王逸注。孟郊《西斋养病夜怀多感因呈上从叔子云》："如何骐骥迹，踡跼未能行。"

蜿[1]　〔wān《广韵》於袁切，平元，影。又一丸切，平桓，影。〕屈曲貌。韩愈《南山诗》："或蜿若藏龙，或翼若搏鹫。"

蜿[2]　〔wǎn《广韵》於阮切，上阮，影。〕见"蜿₂蟺"。

【蜿垣】　曲折的城墙。韩愈、孟郊《城南联句》："瘿颈闹鸠鸽，蜿垣乱蛷蝾。"

【蜿蜒】　❶虫蛇等曲折爬行貌。杜甫《义鹘行》："高空得蹭蹬，短草辞蜿蜒。"刘禹锡《答东阳于令寒碧图诗》引："如青龙蜿蜒，冰彻射人。"白居易《游悟真寺诗》："复归泉窟下，化作龙蜿蜒。"❷萦回曲折貌。杜甫《义鹘》："高空得蹭蹬，短草辞蜿蜒。"孟郊《石淙》之四："蜿蜒相缠掣，荦确亦回旋。"

【蜿蜿】　屈曲貌。李贺《五粒小松歌》："蛇子蛇孙鳞蜿蜿，新香几粒洪崖饭。"

【蜿₂蟺】　屈曲盘旋貌。见《文选·马融〈长笛赋〉》。张说《唐享太庙乐章·文舞》："黄龙蜿蟺，彩云蹁跹。"

蜜　〔mì《广韵》彌畢切，入質，明。〕❶蜂蜜。杜甫《陪诸公上白帝城宴越公堂之作》："柱穿蜂溜蜜，栈缺燕添巢。"李贺《南园十三首》之一一："自履藤鞋收石蜜，手牵苔絮长莼花。"李商隐《骄儿诗》："仰鞭罥蛛网，俯首饮花蜜。"郑谷《雪中偶题》："乱飘僧舍茶烟湿，蜜洒歌楼酒力微。"❷蜡。见"蜜炬"。

【蜜房】　蜜蜂的巢。孟浩然《夏日辨玉法师茅斋》："燕觅巢窠处，蜂来造蜜房。"杜甫《秋野五首》之三："风落收松子，天寒割蜜房。"李商隐《燕台四首·春》："蜜房羽客类芳心，冶叶倡条遍相识。"

【蜜炬】　蜡烛。李贺《河阳歌》："觥船饫口红，蜜炬千枝烂。"郑畋《酬隐珪舍人寄红烛》："蜜炬殷红画不如，且将归去照吾庐。"

【蜜脾】　即蜜。李商隐《杨柳枝五首》之一："花房与蜜脾，蜂雄蛱蝶雌。"又《闺情》："红露花房白蜜脾，黄蜂紫蝶两参差。"

【蜜蜂】　昆虫名。人类加以饲养以供采蜜的蜂类。杜甫《弊庐遣兴奉寄严公》："风轻粉蝶喜，花暖蜜蜂喧。"又《风雨看舟前落花戏为新句》："蜜蜂蝴蝶生情性，偷眼蜻蜓避百劳。"孟郊《济源寒食》之七："蜜蜂为主各磨牙，咬尽村中万木花。"

蝍　同"蝍"。

蝃

〔dì《广韵》都計切，去霽，端。〕亦作“螮”。见“蝃蝀”。

【蝃蝀】 亦作“螮蝀”。❶虹的别名。李白《古风》之二：“螮蛛入紫微，大明夷朝晖。”顾况《送从兄使新罗》：“蟾蜍同汉月，螮蛛异秦桥。”祝元膺《梦仙谣》：“蟾蜍夜作青冥烛，螮蛛晴为碧落梯。”段成式、张希复《游长安诸寺联句·靖恭坊大兴善寺·圣柱联句》：“上冲挟蝃蛛，不动束银铛。”❷喻指桥。贯休《夜对雪寄杜使君》：“桥高银螮蛛，峰峻玉浮图。”

九 画

蝶

〔dié《广韵》徒協切，入帖，定。〕亦作“蜨”。蝴蝶。骆宾王《同辛簿简仰酬思玄上人林泉四首》之二：“有蝶堪成梦，无羊可触藩。”杜甫《绝句六首》之二：“蔼蔼花蕊乱，飞飞蜂蝶多。”李商隐《秋日晚思》：“枕寒庄蝶去，窗冷胤萤销。”又《蝇蝶鸡麝鸾凤等成篇》：“韩蝶翻罗幕，曹蝇拂绮窗。”李中《经古观有感》：“漆园化蝶名空在，柱史犹龙去不归。”

【蝶化莊生】 喻指事物的虚幻无常。白居易《疑梦二首》之二：“鹿疑郑相终难辨，蝶化庄生讵可知。”

【蝶翅】 蝴蝶的翅膀。温庭筠《病中书怀呈友人》：“蕊多劳蝶翅，香酷坠蜂须。”

【蝶粉】 ❶蝴蝶翅膀上的天生粉屑。温庭筠《偶题》：“红垂果蒂樱桃重，黄染花丛蝶粉轻。”又《经西坞偶题》：“微红奈蒂惹蜂粉，洁白芹芽穿燕泥。”❷唐人宫妆。李商隐《酬崔八早梅有赠兼示之作》：“何处拂胸资蝶粉，几时涂额藉蜂黄。”

【蝶翎】 蝶翅。温庭筠《春日野行》：“蝶翎朝粉尽，鸦背夕阳多。”

【蝶夢】 迷离惝恍的梦境。“蝴蝶夢”之省称。包何《和程员外春日东郊即事》：“几处折花惊蝶梦，数家留叶待蚕眠。”李咸用《早行》：“困才成蝶梦，行不待鸡鸣。”崔涂《金陵晚眺》：“千古是非输蝶梦，一轮风雨属渔舟。”罗隐《寄征士魏员外》：“窗晓鸡谭倦，庭秋蝶梦阑。”

【蝶舞鶯歌】 形容春日生机勃勃的景象。皎然《释裴循春愁》：“蝶舞莺歌喜岁芳，柳丝袅袅蕙带长。”

【蝶影】 ❶蝴蝶的身影。骆宾王《夏日游德州赠高四》：“鸟声流向薄，蝶影乱芳丛。”李建勋《蔷薇二首》之二：“拂檐拖地对前墀，蝶影蜂声烂熳时。”❷喻指随风翻舞之花。武元衡《左掖梨花》：“随风蝶影翻，误点朝衣赤。”

【蝶戲】 蝴蝶飞舞游戏。卢照邻《奉使益州至长安发钟阳驿》：“蝶戏绿苔前，莺歌白云上。”马戴《雀台怨》：“魏宫歌舞地，蝶戏鸟还鸣。”

【蝶戀花】 词牌名。唐教坊曲名《鹊踏枝》，后用为词牌，改名为《蝶恋花》，取义于南朝梁简文帝“翻阶蛱蝶恋花情”诗句。双调六十字，上下片各四仄韵。又有《凤栖梧》《黄金缕》《一箩金》《卷珠帘》和《鱼水同欢》等异名。《全唐诗》卷八八九载有南唐后主李煜《蝶恋花》词一首，卷八九八载冯延巳《蝶恋花》词六首。

蝴

〔hú《正字通》洪吾切。〕见“蝴蝶”。

【蝴蝶】 昆虫名。翅膀阔大，颜色美丽。静止时四翅竖于背部。腹瘦长。吸食花蜜。种类繁多。杜甫《风雨看舟前落花戏为新句》：“蜜蜂蝴蝶生情性，偷眼蜻蜓避百劳。”耿沣《寒蜂采菊蕊》：“终惭异蝴蝶，不与梦魂通。”李端《杂歌呈郑锡司空文明》：“且闻童子是苍蝇，谁谓庄生异蝴蝶。”罗隐《下第寄张坤》：“蝴蝶有情牵晚梦，杜鹃无赖伴春愁。”

【蝴蝶夢】 又作“胡蝶梦”。见《庄子·齐物论》。后遂以喻迷离惝恍的梦境。骆宾王《远使海曲春夜多怀》：“未安胡蝶梦，遽切鲁禽情。”赵嘏《华清宫和杜舍人》：“杜鹃魂厌蜀，蝴蝶梦悲庄。”齐己《渚宫春日因怀有作》：“客思莫牵蝴蝶梦，乡心自忆鹧鸪声。”

蝘

〔yǎn《广韵》於幰切，上阮，影。又於殄切，上銑，影。〕守宫。俗称壁虎。参见“蝘蜓”。

【蝘蜓】 （—diàn）守宫。俗称壁虎。古籍多与蜥蜴、蝾螈等相混。李白《鸣皋歌送岑征君》：“蝘蜓嘲龙，鱼目混珍。”元稹《酬乐天东南行诗一百韵》：“李多嘲蝘蜓，窦数集蜘蛛。”

蝠

〔fú《广韵》方六切，入屋，非。〕见“蝙蝠”。

蝛

〔xián《广韵》許咸切，平咸，曉。〕一种软体动物。蛤属，似蛤，生活在海中。陆龟蒙《和袭美江南书情二十韵次韵》：“度岁赊羸马，先春买小蝛。”

蝛

〔wēi《广韵》於非切，平微，影。〕见“蛜蝛”。

蝎

〔xiē《字彙》許竭切。〕节肢动物。亦称钳蝎。下腮似螃蟹的螯，胸足四对，后腹狭长，末端有毒钩，用以御敌和捕食。可入药。杜甫《早秋苦热堆案相仍》：“每愁夜中自足蝎，况乃秋后转多蝇。”韩愈《送文畅师北游》：“昨来得京官，照壁喜见蝎。”

蝹 〔yūn《广韵》於倫切，平真，影。又於云切，平文，影。〕龙行动貌。见“蝹蝹”。

【蝹蝹】 龙行动貌。见《文选·张衡〈西京赋〉》。韩愈、孟郊《赠剑客李园联句》：“山磨电奕奕，水淬龙蝹蝹。”

蝟 〔wèi《广韵》于貴切，去未，云。〕❶兽名。今作“猬”。状如鼠而较大，长尺许，毛多而密，尖锐如刺，遇敌则卷缩，毛攒起竖立，故俗称刺猬。穴土而居，昼状夜出，食田间害虫。杜甫《前苦寒行二首》之一：“汉时长安雪一丈，牛马毛寒缩如蝟。”柳宗元《奉平淮夷雅表·皇武》：“哀凶鞠顽，锋蝟斧螗。”李贞白有《咏刺蝟》。❷指猬毛。见“蝟起”。

【蝟起】 喻指纷然而起。见汉贾谊《新书·益壤》。李咸用《题王处士山居》：“干戈蝟起能高卧，只个逍遥是谪仙。”

【蝟縮】 刺猬遇敌则缩。喻人畏缩不前。皮日休《吴中苦雨因书一百韵寄鲁望》：“如何乡里辈，见之乃蝟缩。”

蝟 〔huá《广韵》户八切，入黠，匣。〕即蝟蠌。韩愈、孟郊《征蜀联句》：“岩钩踔狙猿，水漉杂鳣蝟。”见“蝟蟲”。

【蝟蟲】 蝟蠌。海边寄居虫。形同蜘蛛，有螯，入空螺壳中，常戴壳而游。亦泛指小飞虫。司空图《偶题三首》之三：“永日无人新睡觉，小窗晴暖蝟虫飞。”

蝌 〔kē《广韵》苦禾切，平戈，溪。〕见“蝌斗”。

【蝌斗】 即蝌蚪。蛙或蟾蜍的幼虫。岑参《南池宴饯辛子赋得蝌斗子》：“临池见蝌斗，羡尔乐有余。”

蝮 〔fù《广韵》芳福切，入屋，敷。〕毒蛇名。见“蝮蛇”。

【蝮蛇】 毒蛇名。蝮蛇科。头三角形，体色灰褐，有斑纹，口中有毒牙，捕食鼠、鸟、蛙，亦伤人畜。生活在平原和山野森林中。毒腺的毒液可治麻风病。杜甫《有怀台州郑十八司户》：“山鬼独一脚，蝮蛇长如树。”又《乾元中寓居同谷县作歌七首》之六：“木叶黄落龙正蛰，腹蛇东来水上游。”又《毒热寄简崔评事十六弟》：“蝮蛇暮偃蹇，空床难暗投。”白居易《郊陶潜体诗十六首》之一六：“蝮蛇与鸩鸟，何得寿延长。”

蝗 〔huáng《广韵》胡光切，平唐，匣。又户盲切，平庚，匣。又户孟切，去映，匣。〕❶蝗虫。白居易《新乐府·捕蝗》：“我闻古之良吏有善政，以政驱蝗蝗出境；又闻贞观之初道欲昌，文皇仰天吞一蝗。”❷蝗灾，发生蝗灾。白居易《新乐府·捕蝗》：“一人有庆兆民赖，是岁虽蝗不为害。”

【蝗蟲】 一种害虫。种类繁多。一般指飞蝗，常群飞。吃麦、稻、玉蜀黍等禾苗，是农作物主要害虫之一。白居易《新乐府·捕蝗》：“河南长吏言忧农，课人昼夜捕蝗虫。是时粟斗钱三百，蝗虫之价与粟同。”

蝱 〔méng《广韵》武庚切，平庚，明。〕昆虫名。种类繁多，吮吸人畜血液。元稹《虫豸诗·虻》序：“巴山谷间，春秋常雨，自五六月至八九月，雨则多虻。”《虫豸诗·虻》之一：“阴深山有瘴，湿垫草多虻。”

蝣 〔yóu《广韵》以周切，平尤，以。〕见“蜉蝣”。

蝤 〔qiú《广韵》自秋切，平尤，從。〕见“蝤蛴”。

【蝤蠐】 蝎虫。天牛之幼虫。体长色白。诗文中常喻美女之颈。见《诗·卫风·硕人》。和凝《采桑子》词：“蝤蛴领上诃梨子，绣带双垂。”

蝙 〔biān《广韵》布玄切，平先，幫。〕蝙蝠。李商隐《正月崇让宅》：“蝙拂帘旌终展转，鼠翻窗网小惊猜。”

【蝙蝠】 哺乳动物。头和躯干似鼠，四肢和尾部之间有膜相连，昼伏夜出，善飞，捕食蚊、蛾等细小昆虫。视力弱，靠自身发出的超声波引导飞行。白居易《游悟真寺诗》：“惊出白蝙蝠，双飞如雪翻。”又《山中五绝句·洞中蝙蝠》：“千年鼠化白蝙蝠，黑洞深藏避网罗。”韩愈、孟郊《城南联句》：“暮堂蝙蝠沸，破灶伊威盈。”李商隐《夜半》：“斗鼠上堂蝙蝠出，玉琴时动倚窗弦。”

蝦1 〔xiā，《集韵》虚加切，平麻，曉。〕虾子。一种节肢动物。体表有透明软壳，腹部由多个环节构成，有许多附肢。生活在水中，会跳跃，捕食小虫。有对虾、青虾、龙虾等多种。韩愈、孟郊《城南联句》：“惊魂见蛇蚓，触嗅值虾蟛。”韩愈《南山诗》：“鱼虾可俯掇，神物安敢寇。”白居易《臼口阻风十日》：“鱼虾遇雨腥盈鼻，蚊蚋和烟痒满身。”

蝦2 〔há《广韵》胡加切，平麻，匣。〕亦作“蛤”。青蛙和蟾蜍的统称。韩愈《初南食贻元十八协律》：“蛤即是虾蟆，同实浪异名。”原注：“本草注。青蛙、蛙蛤、长脚蠼子，皆虾蟆之类。”

【蝦菜】 海鲜。鱼类菜肴的泛称。杜甫《赠韦七赞善》：“洞庭春色悲公子，虾菜忘归范蠡船。”

【蝦眼】 指煮茶初沸时所泛起的小气泡。形如虾眼，故名。吕岩《大云寺茶诗》：“兔毛瓯浅香云白，虾眼汤翻细浪俱。”

【蝦₂蟆】 亦作“蝦蟇”。❶青蛙和蟾蜍的统称。杜甫《奉同郭给事汤东灵湫作》：“坡陀金虾蟆，出见盖有由。”白居易《虾蟆》：“蠢蠢水族中，无用者虾蟆”。温庭筠《春日野行》：“野岸明媚山芍药，水田叫噪官虾蟆。”❷传说中的月中蟾蜍。见汉焦赣《易林·蒙之大壮》。亦借指月亮。杜甫《月三首》之一：“魍魉移深树，虾蟆动半轮。”贾岛《寄令狐绹相公》：“不妨圆魄里，人亦指虾蟇。”韩愈《月蚀诗效玉川子作》：“虾蟆掠汝两吻过，忍学省事不以汝嘴啄虾蟆。”

【蝦蟇】 见“蝦蟆”。

【蝦蟆更】 （更 gēng）击木柝警夜。以声似虾蟆鸣，故称。张蠙《钱塘夜宴留别郡守》：“觱栗调高山阁迥，虾蟆更促海声寒。”

【蝦蟆精】 成精的虾蟆。见《史记·龟策列传》褚少孙补。古人不明白月蚀的原理，认为月蚀是月亮为虾蟆之精灵之所食。韩愈《月蚀诗效玉川子作》：“尝闻古老言，疑是虾蟆精。”亦作“蝦蟇精”。卢仝《月蚀诗》：“传闻古老说，蚀月虾蟇精。”

【蝦蟇精】 见“蝦蟆精”。

【蝦蟇陵】 古地名。在今陕西西安市长安区南。汉董仲舒葬于此。唐时为歌楼酒馆集中地。唐李肇《唐国史补》卷下：“旧说，董仲舒墓门，人过皆下马，故谓下马陵，后讹为虾蟆陵。”白居易《琵琶引》：“自言本是京城女，家在虾蟇陵下住。”

【蝦螂】 虾和螂蚏。韩愈、孟郊《城南联句》：“惊魂见蛇蚓，触嗅值虾螂。”

蝨 〔shī《广韵》所櫛切，入櫛，生。〕亦作“虱”。❶虱子。哺乳动物外寄生虫。浅黄或灰黑色，有短毛，头小，无翅，腹部大，刺吸式口器。常寄食在人畜身体上，吸食血液，能传染斑疹伤寒和回归热等疾病。晋王猛见桓温，扪虱而谈天下形势。见《晋书·王猛传》。唐诗人喜咏其事。李白《赠韦秘书子春二首》之二：“披云睹青天，扪虱话良图。”杜甫《写怀二首》之二：“荣名忽中人，世乱如虮虱。”李端《长安感事呈卢纶》：“扪虱欣时泰，迎猫达岁丰。”陆龟蒙《寄怀华阳道士》：“旧来扪虱知王猛，欲去为龙叹管宁。”❷比喻弊害，作恶危害之人。参见“蝨官”。❸犹厕身，置身。韩愈《泷吏》：“得无虱其间，不武亦不文。”

【蝨官】 亦作“虱官”。指危害国家和人民的人或事。韩愈《泷吏》“得无虱其间”原注：“商君以仁义礼乐为虱官，曰六虱成俗，兵必大败。”一说，“官”为“害”之形误。见商亨注。

蝥[1] 〔máo《广韵》莫浮切，平尤，明。〕见“蝥弧”。

蝥[2] 〔wú《广韵》武夫切，平虞，微。〕见“蛛蝥”。

【蝥弧】 春秋诸侯郑伯旗名。后借指军旗。见《左传·隐公十一年》孔颖达疏。杜甫《南极》：“睥睨登哀柝，蝥弧照夕曛。”卢纶《和张仆射塞下曲》：“鹫翎金仆姑，燕尾绣蝥弧。”杜牧《史将军二首》之一：“取蝥弧登垒，以骈邻翼军。”

蝝 〔yuán《广韵》與專切，平仙，以。〕白蚁。亦指蚁卵。参见“蝝蚳”。

【蝝蚳】 蚁，蚁卵。元稹《虫豸诗·蚁子》之三：“讵能分牝牡，焉得有蝝蚳。”

十 画

螓 〔qín《广韵》匠鄰切，平真，從。〕蝉的一种。体小，色绿，方头广额，身有彩纹。参见“螓首”。

【螓首】 喻指女子美丽的方广如螓的额。亦借指美女。李咸用《长歌行》：“蛾眉螓首聊我仇，圆红阙白令人愁。”

螯 〔áo《广韵》五勞切，平豪，疑。〕❶螃蟹等节翅动物的变形的第一对脚。亦作为螃蟹的代称。唐彦谦《送樊琯司业归朝》：“啖螯讥尔雅，卖饼诉公羊。”参见“蟹螯”。❷蛤类。紫褐色，如玉有斑点，肉可食。皮日休《钓侣二章》之一：“惊怪儿童呼不得，尽冲烟雨漉车螯。”

蟒 〔mǎng《广韵》模朗切，上蕩，明。〕巨蛇，蟒蛇。元稹《虫豸诗·巴蛇》序：“巴之蛇百类，其大，蟒。其毒，褰鼻。蟒，人常不见；褰鼻，常遭之。”又《虫豸诗·巴蛇》之三：“自兹繁巨蟒，往往寿千年。”白居易《哭王质夫》：“江南有毒蟒，江北有妖狐。”

【蟒蛇】 一种无毒的巨蛇。体长可达一丈以上，头部长，口大，舌的尖端有分叉，背部呈褐黄色，有黑色斑点，腹部呈白色。多产于热带近水的森林里，捕食小禽兽。肉可食，皮可制物。白居易《送客春游岭南二十韵》：“云烟蟒蛇气，刀剑鳄鱼鳞。”

【蟒鳞】 巨蛇之鳞。元稹《虫豸诗·浮尘子》之二：“乍可巢蚊睫，胡为附蟒鳞。”

蟆¹　〔má《广韵》莫霞切，平麻，明。〕亦作“蟇”。虾蟆。《说文·虫部》：“蟆，虾蟆也。”韩愈《月蚀诗效玉川子作》：“臣有一寸刃，可刳凶蟆肠。”卢仝《月蚀诗》：“天媚蟆，被蟆瞎。”

蟆²　〔mò《古今韵会举要》末各切，入陌。〕小蚊。元稹《虫豸诗·蟆子》序：“蟆，蚊类也。其实黑而小，不碍纱縠，夜伏而昼飞，闻柏烟与麝香辄去。”

【蟆₂子】　黑色小蚊，夜伏昼飞，嘴有毒，咬人成疮。元稹《虫豸诗·蟆子》之一：“蟆子微于蚋，朝繁夜则无。”

蟇　见“蟆₁”。

融　〔róng《广韵》以戎切，平東，以。〕❶光明，明亮。参见“融光”“融融冶冶”。❷熔化，消溶。杜甫《晚出左掖》：“楼雪融城湿，宫云去殿低。”白居易《青毡帐二十韵》：“砚温融冻墨，瓶暖变春泉。”又《晚起》：“融雪煎香茗，调酥煮乳糜。”李商隐《细雨成咏献尚书河东公》：“稍稍落蝶粉，班班融燕泥。”亦指腹泻。杜甫《雷》：“气暍肠胃融，汗滋衣裳污。”❸昌明，昌盛。骆宾王《伤祝阿王明府》：“洛川真气上，重泉惠政融。”❹和乐，恬适。杜甫《奉先刘少府新画山水障歌》：“对此融心神，知君重毫素。”白居易《偶饮》：“三盏醺醺四体融，妓亭檐下夕阳中。”又《筝》：“倚丽精神定，矜能意态融。”❺和煦，暖和。杜甫《绝句二首》之一：“泥融飞燕子，沙暖睡鸳鸯。”李贺《李凭箜篌引》：“十二门前融冷光，二十三丝动紫皇。”毛文锡《接贤宾》：“香鞯镂襜五色骢，值春景初融。”参见“融融❶”。❻融合，溶解。参见“融麝”。❼匀净自然。李贺《恼公》：“月分蛾黛破，花合靥朱融。”❽消失，失去。李贺《蝶三首》之一：“远恐芳尘断，轻忧艳雪融。”❾长远，长久。参见“融昭”。❿人名用字。指后汉孔融。参见“融酒”。又，祝融，为火神，又为司夏之神，唐诗屡见之。黎逢《夏首犹清和》：“祝融将御节，炎帝启朱明。”

【融上人】　唐僧人。住襄州（今湖北襄阳市）景空寺。出家前曾出仕，出家后甚有高名。张说有《襄州景空寺题融上人兰若》。孟浩然有《过融上人兰若》。

【融公】　即融上人。与孟浩然、张说有交往。张说有《襄州景空寺题融上人兰若》。孟浩然有《题融公兰若》和《过景空寺故融公兰若》。参见“融上人”。

【融光】　明亮的阳光。沈亚之《湘中怨》：“醉融光兮渺渺弥弥，迷千里兮涵烟眉。”

【融冶】　❶分化溶化。陆龟蒙《渔具诗·簃》：“春冰忽融冶，尽取无遗裔。”❷和乐舒适。韩愈《元和圣德诗》：“众乐惊作，轰豗融冶。”

【融怡】　融洽和美。杜牧《杜秋娘诗》：“低鬟认新宠，窈袅复融怡。”

【融昭】　长照，长耀。牛僧儒《享太庙乐章》：“湜湜颀颀，融昭德辉。”

【融風】　指东北风。韩偓《有感》：“融风渐暖将回雁，滫水犹腥近斩蛟。”

【融酒】　后汉孔融嗜酒好客，宾客盈门。见《后汉书》本传。融酒，指孔融待客之酒。罗隐《暇日有寄姑苏曹使君兼呈张郎中郡中宾僚》：“融酒徒夸无算爵，俭莲还少最高枝。”

【融液】　融化成液体。韩愈《南山诗》：“无风自飘簸，融液煦柔茂。”

【融融】　❶和暖，明媚。张籍《春日行》：“春日融融池上暖，竹牙出土兰心短。”白居易《和钱员外答卢员外早春独游曲江见寄长句》：“春来有色暗融融，先到诗情酒思中。”温庭筠《春洲曲》：“苏小慵多兰渚闲，融融浦日鸡鹊寐。”❷炽盛貌。元稹《夜合》：“绮树满朝阳，融融有露光。”❸和乐，恬适。白居易《无可奈何歌》：“何不与道逍遥，委化从容，纵心放志，泄泄融融。”参见“融融曳曳”。❹明亮貌。温庭筠《黄昙子歌》：“红潋荡融融，莺翁鸂鶒暖。”

【融融曳曳】　和乐轻松貌。白居易《新乐府·五弦弹》：“融融曳曳召元气，听之不觉心平和。”

【融融冶冶】　明亮鲜丽貌。李商隐《菊》：“暗暗淡淡紫，融融冶冶黄。”

【融禪師】　李商隐友人。驻锡澧州澧阳县（今湖南澧县）之药山。李商隐有《同崔八诣药山访融禅师》。

【融麝】　融有麝香末的灯油。李商隐《蝇蝶鸡麝鸾凤等成篇》：“斗鸡回玉勒，融麝暖金釭。”

螈　〔yuán《集韵》愚袁切，平元，疑。〕见“蝶”。

螘　见“蟻”。

螭　〔chī《广韵》丑知切，平支，徹。〕❶传说中的无角的龙。王维《赠李颀》：“文螭从赤豹，万里方一息。”杜甫《偶题》：“尘沙傍蜂虿，江峡绕蛟螭。”孟郊《峡哀》之五：“峡螭老解语，百丈潭底闻。”参见“蛟螭❶”。❷指器物上的螭形图案。杜甫《奉送魏六丈佑少府之交广》：“出入朱门家，华屋刻蛟螭。”李商隐《韩碑》：“碑高三丈字如斗，负以灵鳌蟠以螭。”参见“蛟螭❷”。

【螭虎】 ❶龙与虎。喻指勇猛的将士。杜甫《壮游》:“翠华拥英岳,螭虎啖豺狼。”❷传说中的龙子之一。亦指器物上的龙形。刘禹锡《送李策秀才还湖南因寄幕中亲故兼简衡州吕八郎中》:“古石琅玕姿,秘文螭虎形。”

【螭首】 古代彝器、匾额、庭柱、殿阶及印章等上面的螭龙图像。唐大明宫含元殿前有左右砌道盘上谓之龙尾道,凡分三层,上层高二丈。道边有青石扶栏,上层之栏柱头刻有螭文,谓之螭首。温庭筠《病中书怀呈友人》:“豸冠簪铁柱,螭首对金铺。”又《题翠微寺二十二韵》:“龙髯悲满眼,螭首泪沾裳。”

【螭蛟】 螭和蛟。蛟,古代传说中的一种龙。常居深渊,能发洪水。韩愈、刘师服《石鼎联句》序:“刘往见衡湘间人说云,年九十余矣,解捕逐鬼物,拘囚螭蛟虎豹,不知其实能否也。”

【螭駕】 传说中神仙所乘的螭龙所驾的车。杨师道《奉和圣制春日望海》:“仙台隐螭驾,水府泛鼋梁。”

【螭頭】 古代彝器、碑额、庭柱、殿阶及印章等上面的螭龙头像,亦借指殿前雕有螭头形的台阶。姚合《寄右史李定言》:“才归龙尾含鸡舌,更立螭头运兔毫。”白居易《浔阳岁晚寄元八郎中庾三十二员外》:“螭头阶下立,龙尾道前行。”

【螭蟠】 如螭龙之盘据。杜牧《题池州弄水亭》:“螭蟠得形势,翚飞如轩户。”

螗 〔táng《广韵》徒郎切,平唐,定。〕虫名。螳螂。柳宗元《奉平淮夷雅表·皇武》:“哀凶鞠顽,锋猬斧螗。”

【螗蜋】 见“螳螂”。

螢 〔yíng《广韵》户扃切,平青,匣。〕❶萤火虫。王维《清如玉壶冰》:“晓凌飞鹊镜,宵映聚萤书。”高适《留上李右相》:“江海呼穷鸟,诗书问聚萤。”李渤《喜弟淑再至为长歌》:“次兄一生能苦节,夏聚流萤冬映雪。”杜牧《秋夕》:“红烛秋光冷画屏,轻罗小扇扑流萤。”❷喻指微弱的亮光。韩愈《和崔舍人咏月二十韵》:“长河晴散雾,列宿曙分萤。”

【螢火】 ❶指萤火虫。体黄褐色,腹部末端有发光器,夜间发出绿色萤光。杜甫《见萤火》:“巫山秋夜萤火飞,帘疏巧入坐人衣。”杜甫又有《萤火》。贾岛《就峰公宿》:“河出鸟宿后,萤火白露中。”❷指萤火虫所发出的亮光。元稹《落月》:“蚊声霭窗户,萤火绕屋梁。”晋车胤以囊盛萤,用萤火照书夜读。见《晋书》本传。后遂为勤学之典。殷尧藩《下第东归作》:“欲射狼星把弓箭,休将萤火读诗书。”

【螢光】 萤火虫发出的光。韦承庆《直中书省》:“萤光向日尽,蚊力负山疲。”

【螢色】 犹萤光。姚合《寄友人》:“漏声林下静,萤色月中微。”

【螢席】 义同“萤窗”。罗隐《湖上岁暮感怀有寄友人》:“雪天萤席几辛勤,同志当时四五人。”

【螢窗】 晋车胤家贫好学,夏夜常捉萤数十盛于纱囊,照书而读。见《晋书·车胤传》。故以“萤窗”形容勤学苦读。许浑《送前东阳于明府由鄂渚归故林》:“殷勤为谢南溪客,白首萤窗未见招。”

【螢窗雪案】 为勤学苦读之典。见《晋书·车胤传》《初学记》卷二引《宋齐语》。亦省作“萤雪”。刘兼《倦学》:“百氏典坟空自苦,一堆萤雪竟谁知。”

【螢影】 萤光。王维《班婕妤三首》之一:“玉窗萤影度,金殿人声绝。”

【螢鑒】 指萤光。杜甫《遣闷》:“萤鉴缘帷彻,蛛丝罥鬓长。”

【螢雪】 见“萤窗雪案”。

螟 〔míng《广韵》莫經切,平青,明。〕螟蛾的幼虫。一种蛀食稻心的害虫。韩愈《郓州溪堂诗》:“孰为邦蠹,节根之螟。”又《答张彻》:“刺史肃蓍蔡,吏人沸蝗螟。”参见“蟭螟”。刘禹锡《再经故元九相公宅池上作》:“雁鹜群犹下,蛙螟衣已生。”

【螟蛉】 螟蛾的幼虫。见《诗·小雅·小宛》。螟蛉为螟蛾的幼虫,蜾蠃为细腰蜂。古人误认为蜾蠃取螟蛉为养子,螟蛉长大后便成了蜾蠃,后遂以“螟蛉”代称养子,也以代称学士。韩愈《答张彻》:“渐阶群振鹭,入学诲螟蛉。”

【螟蛑】 螟和蛑。蛑,食苗根的害虫。柳宗元《游南亭夜还叙志七十韵》:“螟蛑愿亲燎,荼堇甘自薅。”

十一画

螫 〔shì《广韵》施隻切,入昔,書。〕❶毒虫或蛇蛟刺。韩愈《永贞行》:“蛊虫群飞夜扑灯,雄虺毒螫堕股肱。”元稹《虫豸诗》序:“通之地,丛秽卑褊,烝瘴阴郁,焰为虫蛇,备有辛螫。”❷毒害。杜甫《喜闻官军已临贼境二十韵》:“谁云遗毒螫,已是沃腥臊。”❸毒液,毒素。元稹《虫豸诗·蛒蜂》序:“蛒,蜂类而大,巢在褰鼻蛇穴下,故毒螫倍诸峰虿。”

蟄 〔zhé《广韵》直立切,入緝,澄。〕❶动物冬眠,蛰伏不动不食。杜甫《送率府程录事还乡》:“意钟老柏青,义动修蛇蛰。”又《乾元中寓居同谷县作歌七首》之六:“木叶黄落龙正蛰,蝮蛇东来水上游。”韩愈《秋怀诗十一首》之一一:“西风蛰龙蛇,众木日凋槁。”白居易《负冬日》:“初似饮醇醪,又如蛰者苏。”❷冬季蛰伏起来的动物。白居易《和微之春日投简阳明洞天五十韵》:“雨来萌尽达,雷后蛰全苏。”❸泛指藏伏不出。杜甫《万丈潭》:“闭藏修鳞蛰,出入巨石碍。”李贺《钓鱼诗》:“菱丝萦独茧,蒲米蛰双鱼。”韩愈《咏雪赠张籍》:“龙鱼冷蛰苦,虎豹饿号哀。”

【蟄户】　蛰虫伏处的洞穴。骆宾王《幽絷书情通简知己》:“覆盆徒望日,蛰户未经雷。”

【蟄虺】　潜匿的毒蛇。白居易《题卢秘书夏日新栽竹二十韵》:“晚箨晴云展,阴芽蛰虺蟠。”

【蟄雷】　惊醒蛰虫之雷。初发的春雷。白居易《酬卢秘书二十韵》:“晦厌鸣鸡雨,春惊震蛰雷。”殷尧藩《喜雨》:“一元和气归中正,百怪苍渊起蛰雷。”杜荀鹤《和友人见题山居水阁八韵》:“和君诗句吟声大,虫豸闻之谓蛰雷。”

【蟄燕】　在岩穴中蛰伏过冬的燕子。韩愈《晚泊江口》:“双双归蛰燕,一一叫群猿。”白居易《送韦侍御量移金州司马》:“卧龙云到须先起,蛰燕雷惊尚未飞。”

【蟄螢】　因遇冷气而光不甚明亮的萤火虫。李贺《南山田中行》:“荒畦九月稻叉牙,蛰萤低飞陇径斜。”

【蟄龍】　蛰伏的龙。喻隐居的处士。杜甫《遣兴五首》之一:“蛰龙三冬卧,老鹤万里心。”曹松《题甘露寺》:“旦暮然灯外,涛头振蛰龙。”

【蟄蟄】　众多貌。李贺《感讽五首》之五:“侵衣野竹香,蛰蛰垂叶厚。”

【蟄藏】　(一cháng)藏匿;潜伏。司空曙《闻春雷》:“自怜迁逐者,犹滞蛰藏余。”

【蟄蟲】　藏伏泥土中过冬的昆虫。见《礼记·乐记》。李贺《自昌谷到洛后门》:“缃缥两行字,蛰虫蠹秋芸。”白居易《新乐府·鸦九剑》:“为君使无私之光及万物,蛰虫昭苏萌草出。”又《郡中春宴因赠诸客》:“有如蛰虫鸟,亦应天地春。”

【蟄鱗】　藏伏的蛟龙。白居易《别毡帐火炉》:“婉软蛰鳞苏,温燉冻肌活。”

螬　〔cáo《广韵》昨劳切,平豪,從。〕蛴螬。即金龟子的幼虫,呈白色,圆柱状,向腹面弯曲。喜居粪土中,吃蔬菜和农作物的根和茎。柳宗元《游南亭夜还叙志七十韵》:“退想于陵子,三咽资李螬。”晋时盛彦因其母盲目被婢喂食蛴螬而悲痛欲绝,母目由此复明。见《晋书》本传。李瀚《蒙求》:“盛彦感螬,姜诗跃鲤。”

螵　〔piāo《广韵》抚招切,平宵,滂。又符宵切,平宵,並。〕见“螵蛸”。

【螵蛸】　螳螂的卵块。产于桑树的称桑螵蛸,可入药。章孝标《题朱秀城南亭子》:“瘿挂眼开欺鸲鹆,花缘网结妒螵蛸。”

蝃　同“蝃”。

螳　〔táng《广韵》徒郎切,平唐,定。〕亦作“蟷”。一种昆虫。螳螂。柳宗元《奉和淮夷雅·皇武》:“哀凶鞠顽,锋猬斧蟷。”

【螳螂】　亦作“蟷蜋”。昆虫名。身绿色或淡黄色,头呈三角形,触角呈丝状,胸部细长,有两对翅膀,前脚呈镰刀状。捕食害虫,对农作物有益。元稹《有酒十章》之五:“蟷蜋虽怒谁尔惧,鶡旦虽啼谁尔怜。”温庭筠《鸿胪寺偶成四十韵》:“四凶有獬豸,一壁无螳螂。”司空图《歌者十二首》之六:“胸中免被风波挠,肯为螳螂动杀机。”韦庄《和郑拾遗秋日感事一百韵》:“人心惊獬豸,雀意伺螳螂。”

螻　〔lóu《广韵》落侯切,平侯,來。〕蝼蛄。一种昆虫。背部茶褐色,腹部灰黄色,前足大,铲状,适于掘土,有尾须。生活在泥土中,昼伏夜出,食农作物嫩茎。见“螻蟻”。

【螻蚓】　蝼蛄与蚯蚓。喻平庸无能的小人。韩愈《赠崔立之评事》:“才豪气猛易语言,往往蛟螭杂蝼蚓。”

【螻蟈】　蛙属。见《礼记·月令》。张碧《山居雨霁即事》:“古路绝人行,荒陂响蝼蝈。”一说蝼为蝼蛄,蝈为蛙、蛤蟆。又曰即蝼蛄。

【螻蟻】　❶蝼蛄和蚂蚁。泛指微小的动物。杜甫《自京赴奉先县咏怀五百字》:“顾惟蝼蚁辈,但自求其穴。”又《遣兴三首》之一:“朽骨穴蝼蚁,又为蔓草缠。”白居易《自题小草亭》:“蝼蚁谋深穴,鷦鹩占小枝。”又《放鱼》:“岂唯刀机忧,坐见蝼蚁图。”❷喻指微贱之人。杜甫《谒文公上方》:“王侯与蝼蚁,同尽随丘墟。”亦喻指品质卑劣的小人。元稹《乐府古题·捉捕歌》:“道路非不妨,最忧蝼蚁聚。”

螺　〔luó《广韵》落戈切,平戈,來。〕❶具有回旋形贝壳的软体动物。种类繁多。其大者可作饮酒器、吹器。壳的内面,光泽华美,可用以镶嵌漆器。杜甫《临邑舍弟书至苦雨因寄此诗用宽其意》:“螺蚌满近郭,蛟螭乘九皋。”鲍溶《经旧游》:“但见野中坟,累累如青螺。”陆龟蒙《和袭美重玄寺双矮桧》:“可怜烟刺是青螺,如到双林误礼多。”❷螺杯的省称。李珣《南乡子》词之五:“倾绿蚁,泛红螺,闲邀女伴簇笙歌。”❸螺壳状的发髻。见晋崔豹《古今注·鱼虫》。徐夤《题僧壁》:“绀发青螺长,文茵紫豹重。”杜仁杰《至真观》:“青螺堆,玉簪峭。”❹形容深碧色的石蟠旋似螺髻。借指青山。刘禹锡《望洞庭》:“遥望洞庭山水翠，白银盘里一青螺。”雍裕之《大言》：“四溟杯渌醑，五岳髻青螺。”皮日休《太湖诗·缥缈峰》：“似将青螺髻，撒在明月中。”❺螺子黛的省称。古代妇女用来画眉的一种黑色矿物质颜料。故代称女子眉毛。南唐后主李煜《长相思》：“澹澹衫儿薄薄罗，轻颦双黛螺。”

【螺杯】 螺壳做的酒杯。白居易《昨日复今辰》：“螺杯中有物，鹤氅上无尘。”李珣《南乡子》词之一五：“一曲乡歌齐抚掌，堪游赏，酒酌螺杯流水上。”

【螺髻】 螺壳状的发髻。喻指耸起如髻的峰峦。皮日休《太湖诗·缥缈峰》：“似将青螺髻，撒在明月中。”

蟈 〔guō《广韵》古獲切，入麥，見。〕即蛙。参见“蝼蟈”。

蟋 〔xī《广韵》息七切，入質，心。又所櫛切，入櫛，山。〕❶见“蟋蟀❶”。❷见“蟋蟀❷”

【蟋蟀】 ❶昆虫名。又名促织。黑褐色，触角长，后腿粗大，善跳跃。雄性善鸣好斗。杜甫《官亭夕坐戏简颜十少府》：“客愁连蟋蟀，亭古带蒹葭。”李益、广宣《重阳夜集兰陵居与宣上人联句》：“蟋蟀催寒服，茱萸滴露房。”白居易《夜坐》：“梧桐上阶影，蟋蟀近床声。”又《题西亭》：“簿书视未竟，蟋蟀鸣座隅。”❷《诗·唐风》篇句。韩愈《奉使常山早次太原呈副使吴郎中》：“地失嘉禾处，风存蟋蟀辞。”

螽 〔zhōng《广韵》職戎切，平東，章。〕虫名。有阜螽、草螽、蜇螽、螯螽、土螽，属蝗虫科；蜇螽、草螽属螽斯科。亦泛指病虫灾害。顾况《上古之什补亡训传十三章·上古一章》：“浸兮暵兮，申有螽兮。”

【螽斯】 ❶虫名。体长寸许，绿褐色。雄虫前翅能发声，雌虫尾部有剑状的产卵管。韩愈《赠崔二十六立之》：“乃令千里鲸，幺么微螽斯。”❷《诗经》篇名。见《诗·周南·螽斯序》。后遂以为多子之典。李白《感时留别从兄徐王延年从弟延陵》：“仙风生指树，大雅歌螽斯。”李群玉《哭小女痴儿》：“条蔓纵横输葛藟，子孙蕃育羡螽斯。”

蟀 〔shuài《广韵》所律切，入質，生。〕见“蟋蟀”。

螾 〔yǐn《广韵》余忍切，上軫，以。〕蚯蚓。后多作“蚓”。顾况《上古之什补亡训传十三章·上古一章》：“水之蛭螾，吮喋我肌。”

螿 〔jiāng《广韵》即良切，平陽，精。〕寒蝉。李白《陌上桑》：“寒螿爱碧草，鸣凤栖青梧。”杜甫《舟中出江陵南浦奉寄郑少尹》：“鸣螿随泛梗，别燕赴秋菰。”喻凫《书怀》：“暮雨啼螿次，凉风落木初。”李商隐《哭遂州萧侍郎二十四韵》：“蚁漏三泉路，螿啼百草根。”亦借指其他虫鸣。张仲素《秋思二首》之一：“碧窗斜日蔼深晖，愁听寒螿泪湿衣。”

蟉 〔liú《广韵》力幽切，平幽，來。又渠幽切，平幽，羣。又渠黝切，上黝，羣。〕屈曲盘绕貌。韩愈、孟郊《远游联句》：“魍魅暂出没，蛟螭互蟠蟉。”

蟊 〔máo《广韵》莫浮切，平尤，明。〕吃苗根的害虫。喻指危害国家之人。韩愈《郓州溪堂诗》：“孰为邦蟊，节根之螟。”

【蟊贼】 食庄稼的两种害虫。喻指坏人。杜甫《送韦讽上阆州录事参军》：“必若救疮痍，先应去蟊贼。”

蠁 〔xiǎng《广韵》許兩切，上養，小。又許亮切，去漾，曉。〕蠁虫。后以“肸蠁”喻灵感通微之意。孟郊《读经》：“曾读大般若，细感肸蚃听。”又《峡哀》之二：“幽怪窟穴语，飞闻肸蚃流。”

十二画

蟢 〔xǐ《广韵》虚里切，上止，曉。〕蟢子。见“蟢子”。

【蟢子】 蜘蛛的一种。亦称喜子、喜珠。古俗以为蟢子出现是一种喜兆。诗文中常用来咏家人将归。韩翃《送襄垣王君归南阳别墅》：“少妇比来多远望，应知蟢子上罗巾。”权德舆《玉台体十二首》之十一：“昨夜裙带解，今朝蟢子飞。”

蟚 同“蟛”。

蟛 〔péng《集韵》蒲庚切，平庚，並。〕亦作“蟚”。蟛蚏，一种小蟹。韩愈、孟郊《城南联句》：“惊魂见蛇蚓，触嗅值虾蟚。”参见“蟛蚏”。

【蟛蚏】 蟹的一种。体小，足无毛。白居易《和微之春日投简阳明洞天五十韵》：“乡味珍蟛蚏，时鲜贵鹧鸪。”

蠆 〔chài《广韵》丑犗切，去夬，徹。〕蝎子一类的毒蛇。常喻指恶人或敌人。杜甫《遣愤》：“蜂虿终怀毒，雷霆可震威。”高适《赠别王十七管记》：“亦谓扫欃枪，旋惊陷蜂虿。”韩愈、孟郊《雨中寄孟刑部几道联句》：“小生何足道，积慎如触虿。”

贯休《贺郑使君》："三衢蜂蛋陷城池，八咏龙韬整武貔。"

【蠆尾】 虿的尾部。虿尾末端有毒。喻指毒害之所在。杜牧《昔事文皇帝三十二韵》："曾经触虿尾，犹得凭熊轩。"

【蠆毒】 虿尾之毒。喻指祸害，毒害。见《左传·僖公二十二年》。吴融《绵竹山四十韵》："岁在作噩年，铜梁摇虿毒。"

螅 〔huì《广韵》胡桂切，去霽，匣。〕螅蛄。李群玉《别尹炼师》："徒以菌螅姿，缅攀修真诀。"

【螅蛄】 蝉之一种，即寒蝉。体短，吻长，黄绿色，翅膀有黑斑，雄的腹部有发音器，夏末自早至暮鸣声不息。见《庄子·逍遥游》。骆宾王《在狱咏蝉》序："闻螅蛄之流声，悟平反之已奏。"李白《拟古十二首》之八："螅蛄啼青松，安见此树老。"杜牧《过魏文贞公宅》："螅蛄宁与雪霜期，贤哲难教俗士知。"贾岛《宿池上》："螅蛄潭上夜，河汉岛前秋。"

蟫 〔yín《广韵》餘針切，平侵，以。又徒含切，平覃，定。〕蠹鱼。蛀蚀衣书、书籍的蛀虫。见"蟫蟲"。

【蟫蟲】 蟫鱼。寒山《诗三百三首》之二二九："脱体似蟫虫，咬破他书帙。"

蟨 〔jué《广韵》居月切，入月，見。〕比肩兽。韩愈《送文畅师北游》："况逢旧亲识，无不比鹣蟨。"

蟲 〔chóng《广韵》直弓切，平東，澄。〕昆虫的通称。李白《古风》之二八："君子变猿鹤，小人为沙虫。"杜甫《落日》："啅雀争枝坠，飞虫满院游。"元稹《虫豸诗》序："天之居物于地也，有兽宜山宜穴，鱼宜水宜泥，鸟宜木宜洲，虫宜草宜腐秽。"白居易《送客南迁》："水虫能射影，山鬼解藏形。"

【蟲豸】 小虫的通称。卢仝《月蚀诗》："何故瞳子上，坐受虫豸欺。"元稹有《虫豸诗》。杜荀鹤《和友人见题山居水阁八韵》："和君诗句吟声大，虫豸闻之谓蛰雷。"

【蟲沙猿鶴】 指战死的将卒。韩愈《送区弘南归》："穆昔南征军不归，虫沙猿鹤伏以飞。"

【蟲虺】 即虫蛇。泛指蛇和其他虫类。贾岛《重酬姚少府》："如今何时节，虫虺亦已蛰。"李绅《逾岭峤止荒陬抵高要》："寒气凝为戎虏骄，炎蒸结作虫虺毒。"

【蟲書】 谓虫蚀过的痕迹有似文字。杜甫《湘夫人祠》："虫书玉佩藓，燕舞翠帷尘。"乔知之《长信宫中树》："余花鸟弄尽，新叶虫书遍。"

【蟲凋】 虫蚀。谓文字奇特。元稹《景申秋八首》之八："鲛绽酆城剑，虫凋鬼火书。"

【蟲蛇】 泛指蛇和其他虫类。高适《东平路中遇大水》："虫蛇拥独树，麋鹿奔行舟。"元稹《虫豸诗》序："通之地，丛秽卑褊，烝瘴阴郁，焰为虫蛇，备有辛螫。"

【蟲鳥】 泛指昆虫和鸟类。白居易《禽虫十二章》序："庄列寓言，风骚比兴，多假虫鸟，以为筌蹄。"

【蟲蛆】 虫和蛆。韩愈《符读书城南》："一为马前卒，鞭背生虫蛆。"

【蟲魚】 ❶虫类和鱼类。韩愈《读皇甫湜公安园池诗书其后二首》之二："虫鱼沸相嚼，日夜不得闲。"元稹《虫豸诗》序："人不得其宜，而之鸟兽虫鱼之所宜，非虫鱼兽鸟之罪也。"❷泛指名物和典章制度。或含有讽刺其繁琐之意。韩愈《读皇甫湜公安园池诗书其后二首》之一："尔雅注虫鱼，定非磊落人。"

【蟲絲】 ❶蛛丝。杜牧《赴京初入汴口晓景即事先寄兵部李郎中》："露蔓虫丝多，风蒲燕雏老。"❷指蚕丝。赵抟《琴歌》："七弦脆断虫丝朽，辨别不曾逢好手。"

【蟲蛾】 泛指各种虫貌。元稹《虫豸诗·蜘蛛》之一："萦缠伤竹柏，吞噬及虫蛾。"

【蟲鼠】 虫和鼠。韩愈《双鸟诗》："虫鼠诚微物，不堪苦诛求。"

【蟲篆】 虫书。秦八体书之一。王莽变八体为六体。见《汉书·艺文志》颜师古注。杜甫《八哀诗·故著作郎贬台州司户荥阳郑公虔》："圭臬星经奥，虫篆丹青广。"

【蟲網】 ❶指蜘蛛网。喻坦之《归江南》："草晴虫网遍，沙晓浪痕新。"❷虫网网着。吴少微《怨歌行》："绮窗虫网氛尘色，文轩莺对桃李颜。"

【蟲蟄】 冬眠或蛰伏之虫。张说《喜度岭》："雷雨苏虫蛰，春阳放学鸠。"

【蟲聲】 虫鸣声。贾岛《答王参》："客思先觉秋，虫声苦知暝。"

【蟲臂鼠肝】 喻指人世生死平常，无足多虑。见《庄子·大宗师》。白居易《老病相仍以诗自解》："虫臂鼠肝犹不怪，鸡肤鹤发复何伤。"

【蟲雞】 虫和鸡。喻指不足计较的微小得失。杜甫《缚鸡行》："虫鸡于人何厚薄，吾叱奴人解其缚。"

【蟲羅】 蜘蛛网。李咸用《和殷衙推春霖即事》："石燕翻空重，虫罗缀滴稠。"

【蟲蟻】 虫豸。杜甫《缚鸡行》："家中厌鸡食虫蚁，不知鸡卖还遭烹。"又《枯楠》："巨围雷霆拆，万孔虫蚁萃。"韩愈《嗟哉董生行》："啄啄庭中拾虫蚁，哺之不食鸣声悲。"

【蟲響】 虫发出响声。亦指虫所发之响声。骆宾王《在狱咏蝉》序："岂人心异于曩时，将虫响悲于前听。”李贺《昌谷读书示巴童》：“虫响灯光薄，宵寒药气浓。”又《秋凉诗寄正字十二兄》：“露光泣残蕙，虫响连夜发。”贾岛《酬姚少府》：“柴门掩寒雨，虫响出秋蔬。”

【蟲蠹】 ❶蛀虫。刘长卿《同姜濬题裴式微余干东斋》：“散帙看虫蠹，开门见雀罗。”❷指虫蛀过的文字。刘禹锡《浙西李大夫述梦四十韵并浙东元相公酬和斐然继声》：“怀铅辨虫蠹，染素学鹅毛。”

蟬 〔chán《广韵》市连切，平山，禪。〕❶昆虫名。夏秋间由幼虫蜕化而成，吸食树汁。雄的腹部有发器，能连续发声。俗名蜘蟟、知了。杜甫《楠树为风雨所拔叹》：“诛茅卜居总为此，五月仿佛闻寒蝉。”又《秋日夔府咏怀奉寄郑监李宾客一百韵》：“局促看秋燕，萧疏听晚蝉。”韩愈《题张十八所居》：“蛙欢桥未扫，蝉嘒门长扃。”李商隐《韩翃舍人即事》：“鸟应悲蜀帝，蝉是怨齐王。”❷蝉鬓的省称。李贺《夜来乐》：“新客下马故客去，绿蝉秀黛重拂梳。”孙光宪《浣沙溪》词之六：“暖风迟日洗头天，湿云新敛未梳蝉。”

【蟬子】 即蝉。李贺《昌谷诗》：“攒虫锼古柳，蝉子鸣高邃。”

【蟬吟】 蝉鸣。蝉声悠曳多情味，故云。贾岛《寄刘栖楚》：“蝉吟我为听，我歌蝉岂闻。”顾敻《临江仙》之一：“蝉吟人静，残日傍，小窗明。”

【蟬急】 蝉声急促。马戴《送僧归金山寺》：“金陵山色里，蝉急向秋分。”刘祎之《九成宫秋初应诏》：“蝉急知秋早，莺疏觉夏阑。”

【蟬衫麟帶】 薄绢制的衣衫，有文采的衣带。指飘逸华美的服装。温庭筠《舞衣曲》：“蝉衫麟带压愁香，偷得莺簧锁金缕。”

【蟬冠】 汉代侍从官所戴的冠。上有蝉饰，并插貂尾，故亦称貂蝉冠。后泛指高官。杜甫《八哀诗·故右仆射相国张公九龄》：“虽蒙换蝉冠，右地恧多幸。”钱起《中书王舍人辋川旧居》：“一从解蕙带，三入偶蝉冠。”元稹《虫豸诗·蜘蛛》之二：“截道蝉冠碍，漫天玉露频。”

【蟬翅】 ❶蝉翼。陆龟蒙《袭美以纱巾见惠继以雅音因次韵酬谢》：“薄如蝉翅背斜阳，不称春前赠罽郎。”❷指蝉鬓。王建《宫词一百首》之四二：“蜂须蝉翅薄松松，浮动搔头似有风。”

【蟬眼】 蝉的眼睛。李贞白《咏蟹》：“蝉眼龟形脚似蛛，未曾正面向人趋。”

【蟬清】 蝉声清扬。段成式《猿》：“却忆书斋值晚晴，挽枝闲啸激蝉清。”

【蟬喘雷乾】 蝉喘息，无雷声。形容闷热干旱。贯休《苦热寄赤松道者》：“蝉喘雷干冰井融，些子清风有何益。”

【蟬啼】 蝉的哀鸣。太宗《秋日敩庾信体》：“蝉啼觉树冷，萤火不温风。”

【蟬噎】 （一yè）蝉声悲咽。韩愈、孟郊《雨中寄孟刑部几道联句》：“争名求鹄徒，腾口胜蝉噎。”

【蟬飲】 蝉吸饮清露。比喻高洁。徐夤《露》：“散彩几当蝉饮际，凝光宜对蚌胎前。”

【蟬號】 （一háo）蝉鸣。韩愈《奉和虢州刘给事使君三堂新题二十一咏·柳溪》：“莫将条系缆，著处有蝉号。”

【蟬蜕】 ❶蝉自幼虫变为成虫时脱下的壳。喻洁身高蹈，不同流合污。高适《赠别王十七管记》：“倏若异鹏抟，吾当学蝉蜕。”❷脱胎换骨。吕岩《七言》之三四：“曾于锦水为蝉蜕，又向蓬莱别姓名。”

【蟬腹龜腸】 蝉饮露而腹空，龟耐饥而肠细。比喻处境困难。陆龟蒙《句》：“但说漱流并枕石，不辞蝉腹与龟肠。”

【蟬嘒】 蝉鸣。语本《诗·小雅·小弁》。韩愈《题张十八所居》：“蛙欢桥未扫，蝉嘒门长扃。”

【蟬緌】 蝉冠冠缨的下垂部分。古代言官的冠饰。李绅《初秋忽奉诏除浙东观察使检校右貂》：“印封龟纽知颁爵，冠饰蝉緌更珥貂。”

【蟬鳴】 蝉之鸣叫。骆宾王《在江南赠宋五之问》：“蝉鸣稻叶秋，雁起芦花晚。”刘禹锡《送分司陈郎中只召直史馆重修三圣实录》：“蝉鸣官树引行车，言自成周赴玉除。”喻凫《惊秋》：“莺啭才间关，蝉鸣旋萧屑。”

【蟬噪】 ❶蝉声聒噪。上官仪《入朝洛堤步月》：“鹊飞山月曙，蝉噪野风秋。”窦巩《奉使蓟门》：“自从身属富人侯，蝉噪槐花已四秋。”皮日休、陆龟蒙《开元寺避暑联句》：“静谭蝉噪少，凉步鹤随迟。”韦庄《三用韵》：“蝉噪因风断，鳞游见鹭沉。”❷讥人诗文多浮词滥调。韩愈《荐士》：“齐梁及陈隋，众作等蝉噪。”

【蟬聲】 蝉鸣声。骆宾王《在狱咏蝉》：“西陆蝉声唱，南冠客思侵。”王维《登楼歌》：“孤砧发兮东城，林薄暮兮蝉声远。”杜甫《和裴迪登新津寺寄王侍郎》：“蝉声集古寺，鸟影度寒塘。”元稹《送卢戡》：“红树蝉声满夕阳，白头相送倍相伤。”

【蟬翼】 ❶蝉的翅膀。常喻指极轻极薄的事物。武元衡《赠歌人》：“林莺一啭四时春，蝉翼罗衣白玉人。”杜牧《宫祠二首》之一：“蝉翼轻绡傅体红，玉肤如醉向春风。”亦引申为轻视。李白《来日大难》：“蝉翼九五，以求长生。”❷蝉鬓。白居易《新乐府·井底引银瓶》：“婵娟两鬓秋蝉翼，宛转双蛾远山色。”参见“蟬鬢。”

【蟬翼羅】 一种轻而薄的丝织物，轻柔似蝉翼，故云。李贺《石城晓》：“春帐依微蝉翼罗，横茵突金隐体花。”

【蟬韻】 蝉鸣。刘禹锡《始闻蝉有怀白宾客兼遣报君知之句》：“蝉韵极清切，始闻何处悲。”

【蟬露】 清露。王勃《饯韦兵曹》：“鹰风凋晚叶，蝉露泣秋枝。”杜荀鹤《长安道中有作》：“帽檐晓滴淋蝉露，衫袖时飘卷雁风。”

【蟬鬢】 古代妇女的一种发式。两鬓薄如蝉翼。故称。见晋崔豹《古今注·杂注》。刘言史《乐府杂词三首》之二：“蝉鬓红冠粉黛轻，云和新教羽衣成。”杨巨源《观妓人入道二首》之二：“春来削发芙蓉寺，蝉鬓临风堕绿云。”刘皂《长门怨三首》之三：“蝉鬓慵梳倚帐门，蛾眉不扫惯承恩。”毛熙震《女冠子》词之二：“小山妆，蝉鬓低含绿，罗衣澹拂黄。”亦借指美女。温庭筠《咏春幡》：“碧烟随刃落，蝉鬓觉春来。”

蟜 〔jiǎo《广韵》居唐切，上小，見。〕姓。张说《唐享太庙乐章·大成舞》：“后歌有蟜，胎炎孕黄。”

蟭 〔jiāo《广韵》即消切，平宵，精。〕见“蟭螟”。

【蟭螟】 焦螟。传说中的一种微虫。白居易《禽虫十二章》之七：“蟭螟杀敌蚊巢上，蛮触交争蜗角中。”颜真卿、清昼《七言小言联句》：“长路迢遥吞吐丝，蟭螟蚊睫察难知。”

蟠 〔pán《广韵》薄官切，平桓，並。〕❶盘曲。盘结。李白《郯中赠王大》：“耻学琅琊人，龙蟠事躬耕。”杜甫《枯楠》：“上枝摩皇天，下根蟠厚地。”白居易《题卢秘书夏日新栽竹二十韵》：“晚箨晴云展，阴芽蛰虺蟠。”杜牧《题池州弄水亭》：“螭蟠得形势，翚飞如轩户。”❷缭绕萦回貌。见“蟠蟠”。

【蟠木】 指盘曲而难以为器的树木。李白《咏山樽二首》之一：“蟠木不雕饰，且将斤斧疏。”钱起《初黄绶赴蓝田县作》之二：“蟠木无匠伯，终年弃山樊。”孟郊《山老吟》：“蟠木为我身，始得全天年。”白居易《古意二首》之二：“蟠木用难施，浮云心易遂。”

【蟠石】 盘石，巨石。杜甫《桃竹杖引赠留后》：“江心蟠石生桃竹，苍波喷浸尺度足。”

【蟠拏】 弯曲作搏斗状。温庭筠《郭处士击瓯歌》：“太平天子驻云车，龙炉勃郁双蟠拏。”

【蟠桃】 ❶神话的仙桃。亦泛指桃子。杜甫《临邑舍弟书至苦雨因寄此诗用宽其意》：“吾衰同泛梗，利涉想蟠桃。”李贺《相劝酒》：“弹乌崦嵫竹，抶马蟠桃鞭。”施肩吾《望晓词》：“蟠桃树上日欲出，白榆枝畔星无多。”李群玉《洞庭风雨二首》之二：“阳乌犹曝翅，真恐湿蟠桃。”❷传说中的山名。即蟠木山。柳宗元《游南亭夜还叙志七十韵》：“披山穷木禾，驾海逾蟠桃。”

【蟠根】 谓根脚盘曲深固。杜甫《白盐山》：“卓立群峰外，蟠根积水边。”

【蟠蛟】 蟠盘的蛟龙。温庭筠《昆明池水战词》：“雷吼涛惊白石山，石鲸眼裂蟠蛟死。”

【蟠螭】 盘曲的无角之龙。常图绘其形作为器物的装饰。李颀《王母歌》：“为看青玉五枝灯，蟠螭吐火光欲绝。”杜甫《赠李八秘书别三十韵》：“通籍蟠螭印，差肩列凤舆。”段成式《观山灯献徐尚书》之一：“因山成众像，不复藉蟠螭。”

【蟠據】 盘踞，占据。杜甫《病柏》：“出非不得地，蟠据亦高大。”

【蟠蟄】 蛰居，隐居。姚合《赠终南山傅山人》：“蟠蛰身仍病，鹏抟力未通。”

【蟠聯】 盘曲联结。杜牧《感怀诗一首》：“蟠联两河间，烬萌终不弭。”

【蟠繆】 盘曲缠绕。韩愈、孟郊《远游联句》：“魍魅暂出没，蛟螭互蟠缪。”

【蟠蟠】 缭绕萦回貌。李商隐《烧香曲》：“钿云蟠蟠牙比鱼，孔雀翅尾蛟龙须。”

蟣 〔jǐ《广韵》居狶切，上尾，見。〕虱的卵。《说文·虫部》：“蟣，蝨子也。”段玉裁：“蝨，啮人虫也。子，其卵也。”见“蟣蝨”。

【蟣蝨】 亦作“蟣虱”。虱及其卵。杜甫《写怀二首》之二：“荣名忽中人，世乱如虮虱。”元稹《捉捕歌》：“虮虱谁不轻，鲸鲵谁不恶。”亦喻指微贱。卢仝《月蚀诗》：“地上虮虱臣仝告愬帝天皇，卧心有铁一寸。”白居易《劝酒十四首·不如来饮酒七首》之四：“虮蝨衣中物，刀枪面上痕。”

十三画

蠖 〔huò《广韵》烏郭切，入鐸，影。〕虫名。即尺蠖。尺蠖蛾的幼虫，休柔软细长，屈申而行。因常作先屈后伸之喻。元稹《四皓庙》：“舍大以谋细，虬盘而蠖伸。”韩愈、孟郊《城南联句》：“桑蠖见虚指，穴狸闻斗犴。”白居易《代书诗一百韵寄微之》：“伸屈须看蠖，穷通莫问龟。”又《哭刘敦质》：“龙亢彼无悔，蠖屈此不伸。”

【蠖伸】 尺蠖之伸其体。喻指人生遇时，得以舒展抱负。见《易·繫辞下》。元稹《四皓庙》：“舍大以谋细，虬盘而蠖伸。”参见“蠖屈”。

【蠖屈】 喻人之不得志。卢照邻《酬张少府柬之》：“鹏飞俱望昔，蠖屈共悲今。”李白《赠从孙义兴宰铭》：“蠖屈虽百里，鹏骞望三台。”参见“蠖伸”。

【蠖屈螭盤】 屈曲盘旋。李绅《灵蛇见少林寺》：“琐文结绥灵蛇降，蠖屈螭盘顾视闲。”

蠓〔měng《广韵》莫孔切，上董，明。又莫紅切，平東，明。〕见“蠛蠓”。

蠅〔yíng《广韵》余陵切，平蒸，以。〕昆虫名。种类很多，通称苍蝇。成虫产卵在肮脏腐臭物上。能传染伤寒、霍乱等疾病。幼虫叫蛆。杜甫《早秋苦热堆案相仍》：“每愁夜中自足蝎，况乃秋后转多蝇。”韩愈《秋怀诗十一首》之四：“上无枝上蜩，下无盘中蝇。”李商隐《蝇蝶鸡麝鸾凤等成篇》：“韩蝶翻罗幕，曹蝇拂绮窗。”贯休《古意九首》之八：“一朝力士脱靴后，玉上青蝇生一个。”

【蠅虎】　蜘蛛的一种。体小脚短，色白或灰，不结网。常于墙壁上捕食苍蝇和其他小虫。韩愈、孟郊《城南联句》：“得隽蝇虎健，相残雀豹趟。”

【蠅蚊】　苍蝇和蚊子。韩愈《杂诗四首》之一：“蝇蚊满八区，可尽与相格。”

【蠅棲筆】　据传，晋时前秦苻坚，于宫中写赦令，停于笔端的苍蝇偷取了机密，变成了黑衣小人，散播即将大赦的消息。见《晋书·苻坚载记上》。后遂以为议赦之典。刘禹锡《浙西李大夫述梦四十韵并浙东元相公酬和斐然继声》：“议赦蝇栖笔，邀歌蚁泛醪。”

【蠅點】　比喻遭到谗人的诽谤诬蔑。元稹《酬乐天东南行诗一百韵》：“骥调方汗血，蝇点忽成卢。”

【蠅頭】　如苍蝇头那样小的字。吴融《倒次元韵》：“鱼子封笺短，蝇头学字真。”

蠋〔zhú《广韵》之欲切，入燭，章。〕鳞翅目昆虫的幼虫。似蚕而色青，大如手指。韩愈、孟郊《城南联句》：“葚黑老蚕蠋，麦黄韵鹂鹒。”

蟾〔chán《广韵》職廉切，平鹽，章。又視占切，平鹽，禪。〕❶蟾蜍。传说月中有蟾蜍，因借指月亮，月光。寒山《诗三百三首》之一二三：“远望孤蟾明皎皎，近闻群鸟语啾啾。”杜甫《月》：“兔应疑鹤发，蟾亦恋貂裘。”权德舆《祗役江西路上以诗代书寄内》：“别来如昨日，每见缺蟾兔。”韦庄《三堂东湖作》：“蟾投夜魄当湖落，岳倒秋莲入浪生。”❷蟾蜍形状的器物。古代建筑上的一种承溜装置。杜牧《题寿安县甘棠馆御沟》：“水殿半倾蟾口涩，为谁流下蓼花中。”

【蟾月】　月光。黄滔《酬俞钧》：“莫论蟾月无梯接，大底龙津有浪翻。”

【蟾兔】　蟾蜍与玉兔。旧以为此二物为月中之精，因作月的代称。欧阳詹《玩月》：“八月十五夕，旧嘉蟾兔光。”权德舆《祗役江西路上以诗代书寄内》：“别来如昨日，每见缺蟾兔。”

【蟾宫】　❶月宫，月亮。许昼《中秋月》：“应是蟾宫别有情，每逢秋半倍澄清。”❷相传蟾宫中有桂树，唐以来牵合两事，以科举及第为蟾宫折桂，因以“蟾宫”指科举考试。见《晋书·郤诜传》。李中《送黄秀才》：“蟾宫须展志，渔艇莫牵心。”

【蟾桂】　神话中月里蟾蜍和丹桂。李贺《巫山高》：“古祠近月蟾桂寒，椒花坠红湿云间。”亦代指月。罗隐《旅梦》：“出门聊一望，蟾桂向人斜。”

【蟾彩】　指月光。韦庄《天仙子》词之三：“蟾彩霜华夜不分，天外鸿声枕上闻。”

【蟾壺】　古代计时器，形如蟾蜍，故名。李约《岁日感怀》：“曙气变东风，蟾壶夜漏穷。”

【蟾蜍】　❶两栖动物。似蛙而大，背面多呈黑绿色，有大小疙瘩。耳后腺和皮肤腺分泌白色黏液，可入药。俗多称为癞蛤蟆。韩愈《符读书城南》：“飞黄腾踏去，不能顾蟾蜍。”李群玉《龟》：“扬光输蚌蛤，奔月恨蟾蜍。”❷为月亮的代称。杜甫《八月十五夜月二首》之二：“刁斗皆催晓，蟾蜍且自倾。”顾况《送从兄使新罗》：“蟾蜍同汉月，蝃蝀异秦桥。”刘商《胡笳十八拍·第十一拍》：“几回鸿雁来又去，肠断蟾蜍亏复圆。”张聿《圆灵水镜》：“回首看云液，蟾蜍势正圆。”❸指形似蟾蜍的器物。杜甫《赠李八秘书别三十韵》：“御鞍金騕褭，宫砚玉蟾蜍。”常衮《晚秋集贤院即事寄徐薛二侍郎》：“缀帘金翡翠，赐砚玉蟾蜍。”李贺《浩歌》：“漏催水咽玉蟾蜍，卫娘发薄不胜梳。”

【蟾鉤】　月牙。喻女子弓鞋。夏侯审《咏被中绣鞋》：“云里蟾钩落凤窝，玉郎沉醉也摩挲。”

【蟾魄】　月亮的别称。亦指月色。元稹《纪怀赠李大户曹崔二十功曹五十韵》：“华表当蟾魄，高楼挂玉绳。”顾甄远《惆怅诗九首》之二：“禁漏声稀蟾魄冷，纱厨�篁波光净。”莫宣卿《百官乘月早朝听残漏》：“碧空蟾魄度，清禁漏声残。”

【蟾閣鏡】　镜名。相传为有祇国所献，藏于望蟾阁，故名。见《洞冥记》。杜牧《题桐叶》：“江畔秋光蟾阁镜，槛前山翠茂陵眉。”

【蟾輪】　喻圆月。元凛《中秋夜不见月》：“蟾轮何事色全微，赚得佳人出绣帏。”李中《云》：“冷容横钓浦，轻缕绊蟾轮。”

【蟾盤】　喻圆月。曹松《中秋对月》：“无云世界秋三五，共看蟾盘上海涯。”

蟹〔xiè《广韵》胡買切，上蟹，匣。〕螃蟹。一种节肢动物，全身包着甲壳，前面的一对脚成钳，横行。韦庄《和郑拾遗秋日感事一百韵》：“似鱼甘去乙，比蟹未成筐。”

【蟹火】　捕蟹时所用的灯火。白居易《重题别东楼》：“春雨星攒寻蟹火，秋风霞飐弄涛旗。”

【蟹奴】　即螃蟹。皮日休《送李明府之任海南》：“蟹奴晴上临潮槛，燕婢秋随过海船。”

【蟹行】 （一xíng）指手指轮流弹琴。贯休《听僧弹琴》："今朝乡思浑堆积，琴上闻师大蟹行。"

【蟹舍】 渔家。张志和《渔父五首》之四："松江蟹舍主人欢，菰饭莼羹亦共餐。"

【蟹筐】 蟹的指壳。亦泛指螃蟹。见《礼记·檀弓下》孔颖达疏。钱珝《江行无题一百首》之五一："谩把尊中物，无人啄蟹筐。"

【蟹螯】 螃蟹变形的第一对脚。状如钳，用于取食、进攻或自卫。为咏嗜酒之典。李白《月下独酌四首》之四："蟹螯即金液，糟丘是蓬莱。"韩翃《题张逸人园林》："麈尾手中毛已脱，蟹螯尊上味初香。"李颀《赠张旭》："左手持蟹螯，右手执丹经。"亦借指螃蟹。白居易《奉和汴州令狐令公二十二韵》："陆珍熊掌烂，海味蟹螯咸。"许浑《灞上逢元九处士东归》："江上蟹螯沙渺渺，坞中蜗壳雪漫漫。"陆龟蒙《酬袭美见寄海蟹》："药杯应阻蟹螯香，却乞江边采捕郎。"

蟺 〔shàn《广韵》常演切，上獮，禅。〕见"蜿₂蟺"。

蠃 〔luó《广韵》落戈切，平戈，來。〕同"螺"。蚌属。韩愈《别赵子》："蚌蠃鱼鳖虫，瞿瞿以狙狙。"韩愈、孟郊《城南联句》："楚腻鳣鲔乱，獠羞蠃蟹并。"

蠀 〔cī《广韵》取私切，平脂，清。〕见"蠀蛦"。

【蠀蛦】 一种甲有文彩的大龟。即蠵蠵。李商隐《碧瓦》："吴市蠀蛦甲，巴賨翡翠翘。"

蟻 〔yǐ《广韵》魚倚切，上紙，疑。〕亦作"螘"。❶蚂蚁。杜甫《暂往白帝复还东屯》："筑场怜穴蚁，拾穗许村童。"李端《酬秘书元丞郊园卧疾》："撒枕销行蚁，移杯失画蛇。"又《慈恩寺怀旧》："蚁斗声犹在，鸮灾道已穷。"柳完元《同刘二十八院长述旧言怀感书事寄澧州张八员外使君》："耳静烦喧蚁，魂惊怯怒蛙。"❷视之如蚁，用以为对坏人或敌人的蔑称。杜甫《青丝》："不闻汉主放妃嫔，近静潼关扫蜂蚁。"参见"蟻觀"。❸酒面泡沫。亦借指酒。杜甫《正月三日归溪上有作简院内诸公》："蚁浮仍腊味，鸥泛已春声。"刘禹锡《酬乐天衫酒见寄》："动摇浮蚁香浓甚，装束轻鸿意态生。"白居易《问刘十九》："绿蚁新醅酒，红泥小火垆。"郑谷《自适》："浮蚁满杯难暂舍，贯珠一曲莫辞听。"

【蟻子】 蚂蚁。元稹《虫豸诗·蚁子》之一："蚁子生无处，偏因湿处生。"郑綮《题中书壁》："侧坡蛆蜫蝓，蚁子竞来拖。"

【蟻王】 当指工蚁。白居易《禽虫十二章》之九："蚁王化饭为臣妾，蜾母偷虫作子孙。"

【蟻丘】 古代楚国山丘名。春秋时，楚国隐士官僚隐居于此，后为逃避征召，又离蚁丘迁往他处。故遂以"蟻丘"为避世隐居之典。骆宾王《晚泊江镇》："振影希鸿陆，逃名谢蚁丘。"

【蟻穴】 ❶蚂蚁的巢穴。杜甫《寄刘峡州伯华使君四十韵》："林居看蚁穴，野食行鱼罾。"白居易、刘禹锡《秋霖即事联句三十韵》："鹤鸣犹未已，蚁穴亦频迁。"❷喻指贫者所居之简陋屋舍。白居易《郡中春宴因赠诸客》："蜂巢与蚁穴，随分有君臣。"❸喻指酿成大祸的小隐患。见《韩非子·喻志》。邵谒《论政》："一物不得所，蚁穴满山丘。"

【蟻伏】 喻指降服者之众。陈子昂《送著作佐郎崔融等从梁王东征》序："自我大君受命，百蛮蚁伏，匈奴舍蒲萄之宫，越裳重翡翠之贡。"

【蟻步】 比喻稳步前行。顾况《独游青龙寺》："蚁步避危阶，蝇飞响深殿。"

【蟻酒】 浊酒。因酒面浮有泡沫，故名。郑谷《蜀中春日》："不嫌蚁酒冲愁肺，却忆渔蓑覆病身。"

【蟻蛭】 （一dié）蚁冢。韩愈《病中赠张十八》："譬如蚁蛭微，讵可陵崆峻。"

【蟻壤】 犹蚁穴。白居易《登香炉峰顶》："归去思自嗟，低头入蚁壤。"

【蟻疊】 如蚁之累叠。喻指人多。张陵《虏患》："今日汉家探使回，蚁叠胡兵来未歇。"

【蟻觀】 （一guān）视之如蚁。比喻轻视。李白《望鹦鹉洲怀祢衡》："魏帝营八极，蚁观一祢衡。"

【蟻鬭】 ❶形容体虚心悸。见南朝宋刘义庆《世说新语·纰漏》。李群玉《北风》："蝶飞魂尚弱，蚁斗体犹虚。"❷喻指微末的争斗。元稹《竞渡》："舍此皆蚁斗，竞舟何足论。"

十四画

蠚 〔hē《广韵》呵各切，入鐸，曉。又丑略切，入藥，徹。〕毒虫咬刺，螫痛。韩愈、李正封《晚秋郾城夜会联句》："多士被沾污，小夷施毒蠚。"皮日休《太湖诗·晓次神景宫》："在兽乏虎貙，于虫不毒蠚。"

蠛 〔miè《广韵》莫結切，入屑，明。〕蠛蠓。见"蠛蠓"。

【蠛蠓】 ❶虫名。体微细，将雨时，群飞塞路。见《文选·扬雄〈甘泉赋〉》。柳宗元《法华寺石门精舍三十韵》："喧烦困蠛蠓，跼蹐疲魍魎。"❷喻指小人物。储光曦《登秦岭作时陷贼归国》："网罗蠛蠓时，顾齿熊累锋。”

蠕 〔rú《集韵》汝朱切，平虞，日。〕❶虫类爬行貌。见“蠕蠕”。❷指虫类爬行物。泛小动物。见“蠢蠕”。

【蠕蠕】 昆虫爬动貌。李贺《感讽五首》之一：“越妇未织作，吴蚕始蠕蠕。”

蠔 〔háo《篇海类编》胡刀切。〕牡蛎。韩愈《初南食贻元十八协律》：“蠔相黏为山，百十各自生。”

蠐 〔qí《广韵》徂奚切，平齊，從。〕见“蠐螬”。

【蠐領】 《诗·卫风·硕人》：“领如蝤蛴。”后遂以指美女的颈项。阎选《虞美人》之二：“楚腰蛴领团香玉，鬓叠深深绿。”

【蠐螬】 金龟子的幼虫，长寸许，穴居土中，食植物根茎，为主要地下害虫。李贺《勉爱行二首》之二：“荒沟古水光如刀，庭南拱柳生蛴螬。”白居易《寄献北部留守裴令公》：“舞鬟金翡翠，歌颈玉蛴螬。”参见“蠐領”。

蠑 〔yōng《广韵》永兵切，平庚，云。〕蝾螈。两栖动物。状如蜥蜴，头扁，背黑色，腹腔红黄色，有黑斑，四肢短小，尾部侧平，生活在水中，善捕树上之蝉而食之。韩愈、孟郊《城南联句》：“瘿颈闹鸠鸽，蜿垣乱蛷蠑。”

蠙 〔pín《广韵》符真切，平真，並。又部田切，平先，並。〕蚌的别名。参见“蠙珠”。

【蠙珠】 即蚌珠。珍珠。韩偓《湖南感事伤怀因成四韵》：“苦笋恐难同象匕，酪浆无复莹玭珠。”

十五画

蠢 〔chǔn《广韵》尺尹切，上準，昌。〕❶虫类蠕动貌。白居易《寓意诗五首》之五：“蠢尔树间虫，形质一何微。”参见“蠢動”“蠢蠕”。❷众多而杂多貌。见“蠢蠢❶”❸愚昧无知貌。见“蠢蠢❷”。❹骚动貌。见“蠢蠢❸”。❺变动不定，不能安居貌。见“蠢蠢❹”。❻短小臃肿貌。韩愈《石鼎联句》序：“因高吟曰，龙头缩菌蠢，豕腹涨彭亨。”

【蠢動】 蠕蠕而动。韩愈《苦寒》：“其余蠢动俦，俱死谁恩嫌。”

【蠢蠕】 虫类爬行貌。亦指小动物。白居易《闲园独赏》：“蠢蠕形虽小，逍遥性即均。”

【蠢蠢】 ❶众多而杂乱貌。寒山《诗三百三首》之二三四：“三界人蠢蠢，六道人茫茫。”白居易《戒药》：“促促急景中，蠢蠢微尘里。”又《和微之诗二十三首·和晨霞》：“胎卵湿化类，蠢蠢难具陈。”又《征秋税毕题郡南亭》：“高城直下视，蠢蠢见巴蛮。”❷愚昧无知貌。杜甫《魏将军歌》：“平生流辈徒蠢蠢，长安少年气欲尽。”韩愈《赠崔立之评事》：“窃料二途必处一，岂比恒人长蠢蠢。”白居易《江州赴忠州至江陵已来舟中示弟五十韵》：“昏昏随世俗，蠢蠢学黎甿。”❸骚动貌。韩愈《南山诗》：“超超出犹奔，蠢蠢骇不懋。”❹变动不定。不能安居的样子。韩愈《卢郎中云夫寄示送盘谷子诗两章歌以和之》：“今我进退几时决，十年蠢蠢随朝行。”

蠡¹ 〔lí《广韵》吕支切，平支，來。〕❶瓠瓢。杜甫《赠特进汝阳王二十韵》：“且持蠡测海，况挹酒如渑。”❷人名中用字。范蠡，春秋时仕越为大夫，佐勾践灭吴称霸后，易名隐遁，乘舟入五湖。王绩《赠梁公》：“范蠡何智哉，单舟戒轻装。”李白《留别曹南群官之江南》：“范蠡说勾践，屈平去怀王。”杨乘《吴中书事》：“名归范蠡五湖上，国破西施一笑中。”李远《吴越怀古》：“姑苏一败云无色，范蠡长游水自波。”

蠡² 〔luó《广韵》落戈切，平戈，來。〕通“蠃”。即螺。李白《舍利弗》：“云间妙音奏，天际法蠡吹。”参见“蠡₂琖”。

【蠡₂琖】 螺形的小酒杯。元稹《通州丁溪馆夜别李景信三首》之一：“蠡盏覆时天欲明，碧幌青灯风滟滟。”

【蠡測】 “以蠡测海”的略语。语出《汉书·东方朔传》。李商隐《咏怀寄秘阁旧僚二十六韵》：“典籍将蠡测，文章若管窥。”

【蠡澤】 彭蠡湖。即鄱阳湖。林滋有《蠡泽旅怀》。

蠟 〔là《广韵》盧盍切，入盍，來。〕❶指动物、植物或矿物所产生的油脂，具有可塑性，不溶于水。见“蠟屐”“蠟燭”。❷蜡烛的简称。杜甫《相逢歌赠严二别驾》：“铜盘烧蜡光吐日，夜如何其初促膝。”李商隐《无题四首》之一：“蜡照半笼金翡翠，麝熏微度绣芙蓉。”❸以蜡涂物。刘禹锡《送僧仲剬东游兼寄呈灵澈上人》：“讲罢同寻相鹤经，闲来共蜡登山屐。”

【蠟火】 蜡烛火。李贺《追赋画江潭苑四首》之三：“宫官烧蜡火，飞烬污铅华。”

【蠟光】 烛光。李贺《宫娃歌》：“蜡光高悬照纱空，花房夜捣红守宫。”

【蠟花】 蜡烛点燃时蜡心结成的花状物。李商隐《独居有怀》：“蜡花长递泪，筝柱镇移心。”

【蠟板】 乐器名。用蜡打光的拍板。李贺《安乐宫》:“歌回蜡板鸣,左悺提壶使。”

【蠟面】 蜡面茶。唐宋时福建所产名茶。齐己《谢㴩湖茶》:“还是诗心苦,堪消蜡面香。”

【蠟炬】 即蜡烛。蜡制的照明用品。阎朝隐《夜宴安乐公主新宅》:“凤凰鸣舞乐昌年,蜡炬开花夜管弦。”杜甫《陪章留后侍御宴南楼》:“出号江城黑,题诗蜡炬红。”又《宿府》:“清秋幕府井梧寒,独宿江城蜡炬残。”李商隐《十字水期韦潘侍御同年不至时韦寓居水次故郭汾宁宅》:“漆灯夜照真无数,蜡炬晨吹竟未休。”又《无题》:“春蚕到死丝方尽,蜡炬成灰泪始干。”

【蠟珠】 “蠟燭珠”的省称。蜡泪凝结成的珠状物。见《南史·王僧虔传》。温庭筠《海榴》:“蜡珠攒作蒂,缃彩剪成丛。”

【蠟屐】 涂蜡的木屐。刘禹锡《送裴处士应制举》:“登山雨中试蜡屐,入洞夏里披貂裘。”

【蠟淚】 烛泪。蜡烛燃点时淌下的液态蜡。李贺《恼公》:“蜡泪垂兰烬,秋芜扫绮栊。”温庭筠《夜宴谣》:“亭亭蜡泪香珠残,暗露晓风罗幕寒。”李珣《望远行》:“屏半掩,枕斜欹,蜡泪无言对垂。”皮日休《醉中先起李縠戏赠走笔奉酬》:“麝烟苒苒生银兔,蜡泪涟涟滴绣闺。”

【蠟煙】 蜡烛的烟。李贺《秦王饮酒》:“仙人烛树蜡烟轻,清琴醉眼泪泓泓。”温庭筠《鸂鶒歌》:“蜡烟如纛新蟾满,门外平沙草芽短。”薛能《好客》:“好客连宵在醉乡,蜡烟红暖胜春光。”

【蠟綵】 涂过蜡的彩绸。形容光泽鲜艳。李贺《新夏歌》:“晓木千笼真蜡彩,落蕊枯香数分在。”

【蠟綫】 涂蜡的线绳。颜真卿、李崿《七言滑语联句》:“芜荑酱醋吃煮葵,缝靴蜡线油涂锥。”

【蠟燈】 蜡烛灯。李商隐《无题二首》之一:“隔座送钩春酒暖,分曹射覆蜡灯红。”

【蠟焰】 蜡烛的火苗。李群玉《王内人琵琶引》:“翠幕横云蜡焰光,银龙吐酒菊花香。”

【蠟燭】 蜡制的照明用品。李商隐《牡丹》:“石家蜡烛何曾剪,荀令香炉可待熏。”曹唐《长安客舍叙邵陵旧宴寄永州萧使君五首》之一:“香熏舞席云鬟绿,光射头盘蜡烛红。”杜牧《赠别二首》之二:“蜡烛有心还惜别,替人垂泪到天明。”

十六画

蠨 〔xiāo《集韵》先彫切,平萧,心。〕见“蠨蛸”。

【蠨蛸】 (一shāo)长脚蜘蛛,亦即喜蛛。李白《玉真公主别馆苦雨赠卫尉张卿二首》之二:“蠨蛸结思幽,蟋蟀伤褊浅。”柳宗元《游朝阳岩遂登西亭二十韵》:“庭除植蓬艾,隟牖悬蠨蛸。”白居易《禽虫十二章》之八:“蠨蛸网上罥蜉蝣,反覆相持死始休。”又《和梦游春诗一百韵》:“舞榭缀蠨蛸,歌梁聚蝙蝠。”

十七画

蠱 〔gǔ《广韵》公户切,上姥,見。〕❶传说中一种人工培养的毒虫。韩愈《赴江陵途中寄赠翰林三学士》:“有蛇类两首,有蛊群飞游。”又《忆昨行和张十一》:“践蛇茹蛊不择死,忽有飞诏从天来。”又《答张彻》:“荒餐茹獠蛊,幽梦感湘灵。”白居易《送客春游岭南二十韵》:“须防杯里蛊,莫爱橐中珍。”❷毒害,侵害,损害。白居易《紫藤》:“又如妖妇人,绸缪蛊其夫。”又《有木诗八首》序:“余尝读汉书列传,见佞顺媕婴,图身忘国,如张禹辈者;见惑上蛊下,交乱君亲。”参见“蠱毒”“蠱蠹”。❸事。包何《相里使君第七男生日》:“他时干蛊声名著,今日悬弧宴乐酣。”

【蠱毒】 蛊虫之毒。白居易《送客春游岭南二十韵》“须防杯里蛊”。句后原注:“南方蛊毒多置酒中。”

【蠱惑】 迷惑,诱惑。白居易《新乐府·古冢狐》:“何况褒妲之色善蛊惑,能丧人家覆人国。”

【蠱蟲】 传说一种人工培育的毒虫。韩愈《永贞行》:“蛊虫群飞夜扑灯,雄虺毒螫堕股肱。”

【蠱蠹】 蛊和蠹。引申为受毒虫侵害,损害。白居易《新乐府·捕蝗》:“兴元兵后伤阴阳,和气蛊蠹化为蝗。”

十八画

蠹 〔dù《广韵》當故切,去暮,端。〕❶蛀虫。亦指被虫蛀蚀。骆宾王《早秋出塞寄东台详正学士》:“汲冢宁详蠹,秦牢讵辨冤。”李贺《堂堂》:“十年粉蠹生画梁,饥虫不食推碎黄。”孟郊《湘弦怨》:“嘉木忌深蠹,哲人悲巧诬。”元稹《虫豸诗·蚁子》之二:“敢惮榱栎蠹,深藏柱石倾。”参见“蠹木”“蠹粉”“蠹简”。❷蛀坏,损害。李白《古风》之二:“桂蠹花不实,天霜下严威。”杜牧《华清宫三十韵》:“鸟啄摧寒木,蜗涎蠹画梁。”陆龟蒙《奉酬袭美先辈吴中苦雨一百韵》:“耕父蠹齐民,农夫思旱魃。”贾岛《老将》:“胆壮乱须白,金疮蠹百骸。”❸比喻坏人。李商隐《今月二日不自量度辄以诗一首四十韵干卖尊严辄复五言四十韵诗献上亦诗咏叹之不足之义》:“款款将除蠹,孜孜欲达聪。”

【蠹木】 蛀坏的梁木。元稹《有鸟二十章》之九:“大厦虽存柱石倾,暗啮栋梁成蠹木。”李贺《昌谷诗》:

"歌尘蠹木在，舞彩长云似。"

【蠹民】 指损害人的人或事物。柳宗元《视民诗》："万国既分，乃释蠹民，乃学与仕。"

【蠹朽】 被蛀腐烂。卢仝《冬行三首》之二："此宅贮书籍，地湿忧蠹朽。"

【蠹字魚】 即蠹鱼。常衮《晚秋集贤院即事》："墨润冰文简，香销蠹字鱼。"参见"蠹魚"。

【蠹政】 败坏朝政。李白《赠从孙义兴宰铭》："蠹政除害马，倾巢有归禽。"

【蠹粉】 蠹虫蛀食竹木所遗粉屑。李商隐《和郑愚赠汝阳王孙家筝妓二十韵》："蠹粉实雌弦，灯光冷如水。"

【蠹書】 被虫蛀坏的书。泛指破旧书籍。皮日休《鲁望春日多寻野景日休抱疾杜门因有是寄》："数卷蠹书棋处展，几升菰米钓前炊。"

【蠹書蟲】 蠹鱼，蛀蚀书籍衣服。韩愈《杂诗》："岂殊蠹书虫，生死文字间。"

【蠹魚】 虫名。即蟫。又称衣鱼。体微小，有银白色细鳞，尾分二歧，形如鱼，故名。性喜蛀蚀书籍、衣物。李白《感兴六首》之三："委之在深箧，蠹鱼坏其题。"白居易《伤唐衢二首》之二："今日开箧看，蠹鱼损文字。"又《开元九诗书卷》："经年不展缘身病，今日开看生蠹鱼。"李商隐《和刘评事永乐闲居见寄》："自探典籍忘名利，攲枕时惊落蠹鱼。"

【蠹简】 被虫蛀坏的书籍。陆龟蒙《奉酬袭美先辈初夏见寄次韵》："蠹简有遗字，敓琴无泛声。"李益、杜羔《兰陵僻居联句》："蠹简封延阁，雕阑闷上霄。"

【蠹简遺编】 被虫蛀坏的旧书。泛指残存的书籍。罗隐《咏史》："蠹简遗编试一寻，寂寥前事似如今。"

【蠹蟲】 蛀虫。杜甫《病橘》："剖之尽蠹虫，采掇爽其宜。"朱湾《题段上人院壁画古松》："莓苔浓淡色不同，一面死皮生蠹虫。"白居易《有木诗八首》之六："惟有一堪赏，中心无蠹虫。"

蠶 〔cán《广韵》昨含切，平覃，從。〕❶昆虫名。幼蚕能吐丝、结茧。有家蚕、柞蚕等。孟郊《悼亡》："泉下双龙无再期，金蚕玉燕空销化。"李商隐《无题》："春蚕到死丝方尽，蜡炬成灰泪始干。"又《烧香曲》："八蚕茧绵小分炷，兽焰微红隔云母。"王贞白《寄郑谷》："火鼠重收布，冰蚕乍吐丝。"❷蚕事，养蚕的劳动。杜甫《蚕谷行》："焉得铸甲作农器，一寸荒田牛得耕。牛尽耕，蚕亦成。"李白《五月东鲁行答汶上君》："五月梅始黄，蚕凋桑柘空。"元稹《春六十韵》："蚕役投筐妾，耘催荷蓧翁。"

【蠶女】 养蚕的妇女。李白《赠从孙义兴宰铭》："农人弃蓑笠，蚕女堕缨簪。"

【蠶市】 买卖蚕具等的集市。蜀地风俗，每年春季，州城及属县循环一十五处有蚕市，买卖蚕具兼及花木、果品及药材杂物，并供人游览、娱乐。司空图《漫题三首》之二："蜗庐经岁客，蚕市异乡人。"韦庄《怨王孙》词："锦里，蚕市，满街珠翠，千万红妆。"

【蠶母】 指蚕神。司蚕之神。皮日休《临顿为吴中偏胜之地成五言十首奉题屋壁》之三："尽日留蚕母，移时祭曲王。"

【蠶作】 蚕事劳作。李白《陌上桑》："美女渭桥东，春还事蚕作。"

【蠶妾】 古代育蚕女奴。后亦泛称育蚕妇女。白居易《春村》："农夫春旧谷，蚕妾捣新衣。"

【蠶食】 如蚕之食桑叶。喻逐渐蚕食。白居易《新乐府·捕蝗》："雨飞蚕食千里间，不见青苗空赤土。"

【蠶室】 古代执行宫刑及受宫刑者所居之狱室。亦借指冤狱。骆宾王《幽縶书情通简知己》："地幽蚕室闭，门静雀罗开。"白居易《读史五首》之二："马迁下蚕室，嵇康就囹圄。"

【蠶屋】 蚕房，养蚕的房屋。耿沣《赠田家翁》："蚕屋朝寒闭，田家昼雨闲。"

【蠶眠】 蚕在生长过程中要蜕数次皮，每次蜕皮前有一段时间，不食不动，如进入睡眠状态，故云。王维《渭川田家》："雉雊麦苗秀，蚕眠桑叶稀。"包何《和程员外春日东郊即事》："几处折花惊蝶梦，数家留叶待蚕眠。"

【蠶家】 养蚕的农家。李益《杂曲》："妾本蚕家女，不识贵门仪。"

【蠶書】 用茧纸写的书信。乔知之《从军行》："宛转结蚕书，寂寥无雁使。"

【蠶娘】 农家养蚕女。赵氏《寄情》："春风白马紫丝缰，正值蚕娘未采桑。"贯休《春晚书山家屋壁二首》之二："蚕娘洗茧前溪渌，牧童吹笛和衣浴。"

【蠶紙】 蚕连。即承接蚕蛾下卵的纸。李商隐《无愁果有愁曲北齐歌》："白杨别屋鬼迷人，空留暗记如蚕纸。"

【蠶葉】 饲蚕的桑叶。陆龟蒙《陌上桑》："邻娃尽著绣裆襦，独自提筐采蚕叶。"

【蠶崖】 关名。在今四川都江堰市西北。其处山川险绝，凿崖通道，有如蚕食，故称。杜甫《赠王二十四侍御契四十韵》："湔口江如练，蚕崖雪似银。"又《西山三首》之三："蚕崖铁马瘦，灌口米船稀。"

【蠶麻】 养蚕与绩麻。李白《公无渡河》："杀湍湮洪水，九州始蚕麻。"

【蠶鄉】 养蚕之家。杜牧《题池州弄水亭》："纡余带竹村，蚕乡足砧杵。"

【蠶絲】　蚕吐的丝。柳宗元《田家三首》之二："蚕丝尽输税，机杼空倚壁。"孟郊《蜘蛛讽》："蚕丝为衣裳，汝丝为罗网。"

【蠶農】　蚕事和农事。高适《过卢明府有赠》："皆贺蚕农至，而无徭役牵。"

【蠶箔】　养蚕的一种器具，用竹篾或芦苇编成，亦称蚕帘。陆龟蒙《奉和袭美太湖诗二十首·崦里》："处处倚蚕箔，家家下鱼筌。"

【蠶綿】　丝绵。顾况《酬扬州白塔寺永上人》："松枝当麈尾，柳絮替蚕绵。"

【蠶穀】　指养蚕种谷。杜甫有《蚕谷行》。

【蠶麰】　指蚕丝与小麦的收成。韩愈《赴江陵途中寄赠翰林三学士》："积雪验丰熟，幸宽侍蚕麰。"

【蠶簇】　供蚕吐丝作茧的用具。皮日休《吴中苦雨因书一百韵》："破碎旧鹤笼，狼藉晚蚕蔟。"

【蠶績】　蚕桑和纺绩。白居易《新乐府·盐商妇》："盐商妇，多金帛，不事田农与蚕绩。"

【蠶縷】　丝线。李商隐《宫中曲》："蚕缕茜香浓，正朝缠左臂。"

【蠶繭】　蚕吐丝结成的椭圆形壳。为缫丝的原料。白居易《江州赴忠州至江陵已来舟中示舍弟五十韵》："烛蛾谁救活，蚕茧自缠萦。"

【蠶叢】　❶相传为蜀王的先祖，教蜀人蚕桑。李白《蜀道难》："蚕丛及鱼凫，开国何茫然。"❷借指蜀地。郑洪业《诏放云南子弟还国》："瘴岭蚕丛盛，巴江越巂垠。"李白《送友人入蜀》："见说蚕丛路，崎岖不易行。"

【蠶蠋】　桑蠋。也称桑虫。韩愈、孟郊《城南联句》："葚黑老蚕蠋，麦黄韵鹂鹒。"

【蠶蟻】　刚孵化的幼蚕。因其体小如蚁，故称。白居易《和微之春日投简阳明洞天五十韵》："产业论蚕蚁，孳生计鸭雏。"

【蠶繅】　饲蚕缫丝。柳宗元《游南亭夜还叙志七十韵》："饥食期农耕，寒衣俟蚕缫。"

【蠶織】　养蚕织布。韩愈《岳阳楼别窦司直》："细君知蚕织，稚子已能饷。"

蠵　〔xī《广韵》户圭切，平齊，匣。又悦吹切，平支，以。〕蠵龟。一种大龟。甲有文彩，似玳瑁而薄。李贺《相劝酒》："䴥蠵臑熊何足云。"

十九画

蠻　〔mán《广韵》莫還切，平删，明。〕❶荒野遥远，不设法制的地方。我国古代对长江中游及其以南地区少数民族的泛称。见《书·禹贡》。卢照邻《绵州官池赠别同赋湾字》："欲叙他乡别，幽谷有绵蛮。"杜甫《扬旗》："吾徒且加餐，休适蛮与荆。"又《闷》："瘴疠浮三蜀，风云暗百蛮。"胡曾《咏史诗·铜柱》："一柱高标险塞垣，南蛮不敢犯中原。"❷唐诗人白居易妾小蛮的省称。白居易《天寒晚起引酌咏怀寄许州王尚书汝州李常侍》："四海故交唯许汝，十年贫健是樊蛮。"❸古代寓言中的小国名。见"蠻觸"。❹酒榼名。白居易《晚春酒醒寻梦得》："还携小蛮去，试觅老刘看。"

【蠻子】　❶古代戎蛮部落的首领。子，爵位名。亦泛指部落首领。白居易《新乐府·蛮子朝》："蛮子朝，泛皮船兮渡绳桥，来自巂州道路遥。"又同篇："德宗省表知如此，笑令中使迎蛮子。蛮子导从者谁何，摩挲俗羽双隈伽。"❷对西南少数民族蔑称。白居易《对酒自勉》："夜舞吴娘袖，春歌蛮子词。"

【蠻水】　蛮服之地的河流。古称今湖北荆州一带为蛮服之地。温庭筠《常林欢歌》："马声特特荆门道，蛮水扬光色如草。"

【蠻方】　南方。卢仝《萧二十三赴歙州婚期二首》之一："淮上客情殊冷落，蛮方春早客何知。"

【蠻夷】　古代对四方边远地区少数民族的泛称。亦专指南方少数民族。王维《送秘书晁监还日本国》序："掌次改观，不居蛮夷之邸。"杜甫《草堂》："昔我去草堂，蛮夷塞成都。"又《后苦寒行二首》之一："蛮夷长老怨苦寒，昆仑天关冻应折。"白居易《寄唐生》："大夫死凶寇，谏议谪蛮夷。"

【蠻奴】　指舞姬。罗邺《自遣》："春巷摘桑喧姹女，江船吹笛舞蛮奴。"

【蠻花】　蛮地的花，南地的花。李商隐《和孙朴韦蟾孔雀咏》："瘴气笼飞远，蛮花向坐低。"

【蠻兒】　❶唐代名歌舞伎。郑嵎《津阳门诗》："迎娘歌喉玉窈窱，蛮儿舞带金葳蕤。"自注："迎娘、蛮儿乃梨园弟子之名闻者。"❷指生于南方的宦官。李贺《马诗二十三首》之八："吾闻果下马，羁策任蛮儿。"❸男方少数民族儿童。殷尧藩《偶题》："越女收龙眼，蛮儿拾象牙。"刘禹锡《竹枝词四首》之二："蛮儿巴女齐声唱，愁杀江楼病使君。"白居易《竹枝词四首》之二："蛮儿巴女齐声唱，愁杀江楼病使君。"

【蠻服】　古代王畿方千里之外，每方五百里分为一服，共分成九服。蛮服在卫服之外，夷服之内，为第六服。亦泛指远离京城的远边地区。元稹《使东川·骆口驿》："二星徼外通蛮服，五夜灯前草御文。"

【蠻府參軍】　指晋时征西将军府参军。晋郝隆曾任此官。亦借指使幕官员。韩翃《送刘评事赴广州使幕》："蛮府参军趋传舍，交州刺史拜行衣。"

【蠻弦】　亦作"蠻絃"。指南方少数民族的弦乐器。温庭筠《春江花月夜词》:“蛮弦代雁曲如语,一醉昏昏天下迷。”李商隐《河内诗二首》之一:“鼍鼓沉沉虬水咽,秦丝不上蛮弦绝。”

【蠻柱】 指筝。李商隐《和郑愚赠汝阳王孙家筝妓二十韵》:“羌管促蛮柱,从醉吴宫耳。”

【蠻荒】 泛指远离京畿的僻远之地。韩愈《谒衡岳庙遂宿岳寺题门楼》:“窜逐蛮荒幸不死,衣食才足甘长终。”

【蠻俗】 蛮地风俗。韩愈《永贞行》:“湖波连天日相腾,蛮俗生梗瘴疠烝。”

【蠻客】 南方客商。卢纶《送盐铁裴判官入蜀》:“榷商蛮客富,税地芋田肥。”

【蠻酒】 南方造的酒。罗隐《寄徐济进士》:“霜压楚莲秋后折,雨催蛮酒夜深酤。”

【蠻軍】 西南少数民族的军队。刘禹锡《连州腊日观莫徭猎西山》:“海天杀气薄,蛮军步伍嚣。”

【蠻陬】 指南方边远地区少数民族聚居处。见《文选·左思〈魏都赋〉》。李涉《岳阳别张祜》:“巫峡洞庭千里余,蛮陬水国何亲疏。”韩愈、李正封《晚秋郾城夜会联句》:“南据定蛮陬,北攫空朔漠。”白居易《送客春游岭南二十韵》:“瘴地难为老,蛮陬不易驯。”

【蠻娘】 指南方青年女子。李贺《湘妃》:“蛮娘吟弄满寒空,九山静绿泪花红。”

【蠻船】 指我国古代南方从事海上贸易的船舶。李洞《送曹郎中南归时南中用军》:“系绦轻象笏,买布接蛮船。”

【蠻絃】 见“蠻弦”。

【蠻牋】 唐时高丽纸的别称。亦指蜀地所产的彩色笺纸。陆龟蒙《酬袭美夏首病愈见招次韵》:“雨多青合是垣衣,一幅蛮牋夜款扉。”参见“蠻牋象管”。

【蠻牋象管】 亦作“蠻笺象管”。高丽或蜀地所产的笺纸与象牙管的笔。刘兼《春宴河亭》:“蛮笺象管休凝思,且放春心入醉乡。”罗隐《清溪江令公宅》:“蛮笺象管夜深时,曾赋陈宫第一诗。”

【蠻童】 南方少族民族儿童。李商隐《送从翁从东川弘农尚书幕》:“蛮童骑象舞,江市卖鲛绡。”

【蠻溪】 指南方的溪流。杜甫《自平》:“蛮溪豪族小动摇,世封刺史非时朝。”陆龟蒙《峡客行》:“蛮溪雪坏蜀江倾,滟滪朝来大如屋。”

【蠻絲】 南方丝绳。李商隐《李夫人三首》之二:“蛮丝系条脱,妍眼和香屑。”

【蠻鼓】 南方一种大鼓。亦称蜀鼓。白居易《郡中春宴因赠诸客》:“蛮鼓声坎坎,巴女舞蹲蹲。”杜牧《怀钟陵旧游四首》之二:“滕阁中春绮席开,柘枝蛮鼓殷晴雷。”温庭筠《洞户二十二韵》:“唳鹤调蛮鼓,惊蝉应宝琴。”

【蠻靴】 麂皮做的舞鞋。舒元舆《赠李翺》:“湘江舞罢忽成悲,便脱蛮靴出绛帷。”

【蠻貊】 古代称南方和北方落后民族。亦泛指各地落后部族。杜甫《奉送二十三舅录事之摄郴州》:“从役何蛮貊,居官志在行。”岑参《陪狄员外早秋登府西楼因呈院中诸公》:“威声振蛮貊,惠化钟华阳。”

【蠻貊可行】 (行 xíng)谓中信之言、笃敏之行,通行无阻。见《论语·卫灵公》。白居易《初入峡有感》:“常闻仗忠信,蛮貊可行矣。”

【蠻榼】 南方制的酒器。白居易《夜招晦叔》:“高调秦筝一两弄,小花蛮榼二三升。”又《新昌新居书事四十韵因寄元郎中张博士》:“蛮榼来方泻,蒙茶到始煎。”

【蠻歌】 南方少数民族之歌。杜甫《夜二首》之二:“蛮歌犯星起,空觉在天边。”皇甫松《浪淘沙二首》之二:“蛮歌豆蔻北人愁,松雨蒲风野艇秋。”

【蠻箋象管】 见“蠻牋象管”。

【蠻語】 南方少数民族语言。见南朝宋刘义庆《世说新语·排调》。杜甫《秋野五首》之五:“儿童解蛮语,不必作参军。”韩翃《寄武陵李少府》:“楚歌催晚醉,蛮语入新诗。”张籍《山中赠日南僧》:“时逢海南客,蛮语问谁家。”李毂《浙东罢府西归酬张广文皮先辈陆秀才》:“岂有头风笔下痊,浪成蛮语向初筵。”

【蠻旗】 南方地区之酒旗。白居易《寒食日寄杨东川》:“蛮旗似火行随马,蜀妓如花坐绕身。”

【蠻態】 南方少数民族人的态度、姿态。白居易《东南行一百韵》:“夷音语嘲哳,蛮态笑睢盱。”

【蠻器】 南方少数民族所用之器具。韩愈、张籍《会合联句》:“瘴衣常腥腻,蛮器多疏冗。”

【蠻徼】 蛮地、边徼。指南方边塞。杨炯《奉和上元酺宴应诏》:“深仁洽蛮徼,恺乐周寰县。”

【蠻嶺】 山南的山岭。李商隐《今月二日不自量复五言四十韵诗献上》:“蛮岭晴留雪,巴江晚带枫。”

【蠻觸】 喻指为微利而争斗者。见《庄子·则阳》。白居易《禽虫十二章》之七:“蟭螟杀敌蚊巢上,蛮触交争蜗角中。”

【蠻鼉】 南方少数民族的鼍鼓。张祜《观杨瑗柘枝》:“促叠蛮鼉引柘枝,卷檐虚帽带交垂。”

【蠻蠻】 鸟鸣声。韦应物《听莺曲》:“忽似上林翻下苑,绵绵蛮蛮如有情。”张籍《登楼寄胡家兄弟》:“独上西楼尽日闲,林烟演漾鸟蛮蛮。”

血　部

血〔xuè,或读 xiě《广韵》呼决切,入屑,晓。〕❶古代专指作祭品用的牲畜血。后亦泛指血液。杜甫《凤凰台》:“血以当醴泉,岂徒比清流。”贾至《自蜀奉册命往朔方途中呈韦左相文部居尚书门下崔侍郎》:“激昂白刃前,溅血下沾巾。”姚合《剑器词三首》之一:“积尸川没岸,流血野无尘。”❷指因悲痛而流的泪。顾况《上古之什补亡训传十三章·团》:“团别郎罢,心摧血下。”许浑《送处士武君归章洪山居》:“形影无群消息沉,登闻三击血沾襟。”白居易《和微之诗二十三首·和晨兴因报问龟儿》:“病眼两行血,衰鬓万茎丝。”赵抟《琴歌》:“前回忍泪却收来,泣向秋风两条血。”❸指有血缘关系的近亲。杜牧《感怀诗一首》:“誓将付孱孙,血绝然方已。”参见“血胤”“血屬”。❹指血红色。参见“血猩”。❺杀伤;伤害。韩愈《元和圣德诗》:“血人于牙,不肯吐口。”❻谓鲜血涂沾。孟郊《汴州离乱后忆韩愈李翱》:“忠直血白刃,道路声苍黄。”参见“血刃”。❼染。韩愈《题炭谷湫祠堂》:“吁无吹毛刃,血此牛蹄殷。”❽谓鱼肉之类的荤腥食物。白居易《思旧》:“但耽荤与血,不识汞与铅。”

【血刃】　血沾刀刃。谓杀戮。胡曾《咏史诗·大泽》:“白蛇初断路人通,汉祖龙泉血刃红。”罗邺《长城》:“谩役生民防极塞,不知血刃起中原。”

【血光】　血的光泽。无名氏《斑竹簟》:“龙鳞满床波浪湿,血光点点湘娥泣。”

【血色】　暗赤或鲜红的颜色。白居易《琵琶引》:“钿头云篦击节碎,血色罗裙翻酒污。”罗邺《野花》:“拂露丛开血色殷,枉无名字对空山。”亦指皮肤健康红润的颜色。周贺《赠胡僧》:“瘦形无血色,草屦著行穿。”

【血污】　被血沾污。杜甫《哀江头》:“明眸皓齿今何在,血污游魂归不得。”

【血氣】　❶血液和气息。白居易《春寝》:“何处春暄来,微和生血气。”又《生离别》:“忧极心劳血气衰,未年三十生白发。”❷指气质、情感。白居易《丘中有一士二首》之一:“面色不忧苦,血气常和平。”❸指元气,精力。杜甫《上水遣怀》:“后生血气豪,举动见老丑。”

【血胤】　同一血统的子孙后代。元稹《和李校书新题乐府十二首·上阳白发人》:“隋炀枝条袭封邑,肃宗血胤无官位。”

【血食】　❶鬼神受牲宰之享祭。高适《题尉迟将军新庙》:“父子俱血食,轩车每逶迤。”刘禹锡《阳山庙观赛神》:“汉家都尉旧征蛮,血食如今配此山。”李绅《禹庙》:“清庙万年长血食,始知明德与天齐。”唐彦谦《邓艾庙》:“如何千载留遗庙,血食巴山伴武侯。”❷谓吃鱼肉之类的荤腥食物。高适《自武威赴临洮谒大夫不及因事即事案河西陇右幕下诸公》:“毡裘何蒙茸,血食本膻臊。”

【血脈】　❶人体内血液运行的脉络。白居易《自蜀江至洞庭湖口有感而作》:“水流天地内,如身有血脉。”❷指血统。罗隐《寄酬邺王罗令公五首》之三:“敢将衰弱附强宗,细算还缘血脉同。”

【血涕】　犹血泪。周昙《咏史诗·后汉门·周都妻》:“不将血涕随霜刃,谁见朱殷未死心。”

【血痕】　血的痕迹。汪遵《斑竹祠》:“因凭直节流红泪,图得千秋见血痕。”

【血淚】　指代血的眼泪,形容极度悲伤。见《韩非子·和氏》。窦巩《哭吕衡州八郎中》:“今朝血泪问苍苍,不分先悲旅馆丧。”孙定《寄孙储》:“行行血泪洒尘襟,事逐东流渭水深。”

【血猩】　猩红色。史凤《鲛红被》:“肱被当年仅御寒,青楼惯染血猩纨。”

【血腦】　大脑。元稹《和乐天赠吴丹》:“雌一守命门,回九填血脑。”

【血路】　血染的道路。韩愈、孟郊《城南联句》:“羽空颠雉鷃,血路迸狐麖。”

【血腥】　血液的腥臭气味。杜甫《哀王孙》:“昨夜东风吹血腥,东来橐驼满旧都。”皮日休《寄滑州李副使员外》:“围合只应闻晓雁,血腥何处避春风。”

【血誠】　犹赤诚。谓极其真诚的心意。李绅《寿阳罢郡日有诗十首·肥河维舟阻冻祇待敕命》:“西奏血诚遥稽首,乞容归病老江干。”

【血魂】　鬼魂。张祜《散花楼》:“正值血魂来梦里,杜鹃声在散花楼。”

【血膋】　血有脂膏。膋,脂膏。《郊庙歌辞·周宗庙乐舞辞·明德舞》:“取彼血膋,以往蒸尝。”

【血誓】　歃血为誓。孟郊《吊元鲁山》之五:“血誓竟讹谬,膏明易煎蒸。”

【血髓】　血液和骨髓。白居易《齿落辞》:“丰吾肤革，滋吾血髓。”

【血屬】 有血缘关系的亲属。阎朝隐《鹦鹉猫儿篇》序：“畏者无所起其畏，忍者无所行其忍，抑血属旧故之不若。”

三 画

衂 〔nù〕同“衄”。

【衂然】 羞愧貌。皮日休《三羞诗三首》序：“皮子窥之，愁然泣，衂然羞，故作是诗以咫之。”

六 画

衆 〔zhòng《广韵》之仲切，去送，章。〕❶多。韩愈《琴操十首·履霜操》：“母生众儿，有母怜之。”刘禹锡《聚蚊谣》：“我躯七尺尔如芒，我孤尔众能我伤。”许棠《陇上书事》：“树飞鹦鹉众，川下鹡鸰疏。”陆龟蒙《奉和袭美太湖诗二十首·练渎》：“越恃君子众，大将压全吴。”❷众人；群众。储光羲《过新丰道中》：“诏书植嘉木，众言桃李好。”白居易《白牡丹》：“众嫌我独赏，移植在中庭。”牟融《游淮云寺》：“白云深锁沃州山，冠盖登临众仰攀。”李群玉《自澧浦东游江表途出巴丘投员外从公虞》：“孤醒立众醉，古道何由昌。”❸一般；普遍。王棨《寒梧凤栖》：“本向高冈植，宁将众木齐。”赵抟《琴歌》：“清声不与众乐杂，所以屈受尘埃欺。”❹士兵；军队。韩愈《元和圣德诗》：“出师征之，其众十旅。”李商隐《韩碑》：“行军司马智且勇，十四万众犹虎貔。”李宏皋《铜柱辞》：“五溪之众不足平，我师轻蹑如春冰。”

【衆人】 一般人；群众。白居易《和微之诗二十三首·和我年三首》之一：“可能随众人，终老于尘土。”姚合《寄旧山隐者》：“纵然自称心，又不合众人。”徐夤《寄僧寓题》：“佛顶抄经忆惠休，众人皆谓我悠悠。”

【衆力】 众人的力量。杜甫《石犀行》：“终藉堤防出众力，高拥木石当清秋。”白居易《开龙门八节石滩诗二首》之一：“振锡导师凭众力，挥金退傅施家财。”

【衆小】 一群小人。张祜《到广陵》：“嗜酒几曾群众小，为文多是讽诸侯。”

【衆山】 群山。杜甫《望岳》：“会当凌绝顶，一览众山小。”皎然《南池杂咏五首·寒山》：“众山摇落尽，寒翠更重重。”杨齐哲《过函谷关》：“逶迤众山尽，荒凉古塞空。”

【衆天】 诸天。吴筠《步虚词十首》之六：“一睹太上京，方知众天小。”

【衆夫】 众人，一般人。韩愈《此日足可惜赠张籍》：“众夫指之笑，谓我知不明。”

【衆中】 （—zhōng）众人之中。杜甫《送李校书二十六韵》：“众中每一见，使我潜动魄。”张蠙《上所知》：“初向众中留姓氏，敢期言下致时名。”于鹄《江南曲》：“众中不敢分明语，暗掷金钱卜远人。”

【衆心】 民心。刘禹锡《平蔡州三首》之一：“蔡州城中众心死，妖星夜落照壕水。”

【衆卉】 百花。无名氏《礼闱阶前春草生》（卷七八七）：“影与丛兰杂，荣将众卉连。”

【衆功】 众人之力。杜甫《三韵三篇》之二：“起穑必椎牛，挂席集众功。”

【衆目】 众人的眼睛。张籍《赠殷山人》：“满堂虚左待，众目望乔迁。”

【衆生】 ❶泛指人和一切动物。寒山《诗三百三首》之二四五：“应病则说药，方便度众生。”李颀《觉公院施鸟石台》：“童子亦知善，众生无惧心。”张谓《哭护国上人》：“舍利众生得，袈裟弟子将。”刘言史《弼公院问病》：“欲令居士身无病，直待众生苦尽时。”❷指人以外的动物。杨苎萝《咏垂丝蜘蛛嘲云辨僧》：“空中设罗网，只待杀众生。”

【衆材】 各种木材。陈政《赠窦蔡二记室入蜀》：“昆山积良宝，大厦构众材。”

【衆利】 众多的利益。孟郊《石淙》之六：“从来一智萌，能使众利归。”

【衆妙】 谓诸多深奥玄妙的道理。李白《寻阳紫极宫感秋作》：“静坐观众妙，浩然媚幽独。”

【衆花】 百花。郑述诚《华林园早梅》：“独凌寒气发，不逐众花开。”段义宗《题大慈寺芍药》：“此花不与众花同，为感高僧护法功。”

【衆芳】 百花。杜甫《叹庭前甘菊花》：“篱边野外多众芳，采撷细琐升中堂。”裴说《重台芙蓉》：“众芳凋落后，特地遇阳和。”德宗《诗》：“岁闰节华晚，众芳繁暮春。”王瓒《冬日与群公泛舟焦山》：“众芳且未歇，近腊仍夹衣。”

【衆星】 群星。李白《古风》之一：“文质相炳焕，众星罗秋旻。”杜甫《成都府》：“初月出不高，众星尚争光。”朱庆余《十六夜月》：“皎然银汉外，长有众星随。”皮日休《鲁望读襄阳耆旧传见赠五百言次韵》：“既正北极尊，遂治众星谬。”

【衆香】 各种香草。蔡希寂《登福先寺上方然公禅室》：“真味杂饴露，众香唯茝兰。”杜甫《秋日夔府咏怀奉郑监李宾客一百首》：“众香深黯黯，几地肃芊芊。”

【衆香國】 本指佛国名，喻指百花盛开的境界。殷尧藩《过友人幽居》：“身坐众香国，蒲团诗思新。”

【衆草】 杂草。薛涛《浣花亭陪川主王播相公暨寮同赋早菊》："自有兼材用，那同众草芳。"

【衆峯】 群峰。韩愈《谒衡岳庙遂宿丘寺题门楼》："须臾静扫众峰出，仰见突兀撑青空。"刘隐辞《咏白盐山》："占断瞿塘一峡烟，危峰迥出众峰前。"

【衆鳥】 群鸟。刘长卿《小鸟篇上裴尹》："西城黯黯斜晖落，众鸟纷纷皆有托。"杨逵《送邹尊师归洞庭》："众鸟在波心，曾居旧隐林。"

【衆流】 诸多水流。李白《金陵望汉江》："我君混区宇，垂拱众流安。"张蠙《盆池》："圆内陶化功，外绝众流通。"

【衆容】 谓各种景色。刘长卿《关门望华山》："爱此众容秀，能令西望偏。"又《登东海龙兴寺高顶望海简演公》："变化非一状，晴明分众容。"

【衆家】 众人。王建《宫词一百首》之八五："水中芹叶土中花，拾得还将避众家。"

【衆許】 许多。李颀《送裴腾》："养德为众许，森然此丈夫。"

【衆庶】 众人。李白《赠张公洲革处士》："列子居郑圃，不将众庶分。"

【衆情】 ❶各种情绪。赵嘏《昔昔盐二十首·惊魂同夜鹊》："万里无人见，众情难与论。"❷众人的情绪。杜荀鹤《献长沙王侍郎》："文星渐见射台星，皆仰为霖沃众情。"

【衆禽】 诸鸟。杜甫《画鹘行》："侧脑看青霄，宁为众禽没。"刘禹锡《飞鸢操》："天生众禽各有类，威凤文章在仁义。"

【衆毁】 众多的诽谤。孟郊《连州吟》之二："孤怀吐明月，众毁铄黄金。"

【衆説】 各种议论。姚合《寄马戴》："我知方甚爱，众说以为非。"

【衆諸】 诸多事情或事端。骆宾王《代女道士灵妃赠道士李荣》："千回鸟信说众诸，百过莺啼说长短。"

【衆缘】 各种尘缘。丁仙芝《和荐福寺英公新构禅堂》："寂照出群有，了心清众缘。"

【衆蟄】 各种昆虫。司空图《丁巳元日》："金跃洪炉动，云驱众蛰惊。"

【衆雛】 众多幼鸟。借指诸稚子。杜甫《彭衙行》："众雏烂熳睡，唤起沾盘餐。"权德舆《中书送敕赐斋馔戏酬》："遥知大宫膳，应与众雏嬉。"

【衆願】 众人的愿望。郑馥《东都父老望幸》："众愿其难阻，明君早勒功。"

【衆類】 各种物类。郭震《萤》："暗处若教同众类，世间争得有人知。"苏拯《经鹤台》："一物欲误时，众类皆成恶。"

【衆籟】 各种声音。许浑《发灵溪馆》："杂英垂锦绣，众籁合丝桐。"皮日休《虎丘寺有古杉一本遂赋三百言以见志》："寡色诸芳笑，无声众籁疑。"

【衆靈】 诸神。无名氏《郊坛听雅乐》(卷七八七)："展礼陈嘉乐，斋心动众灵。"

峈

〔kè《正字通》乞格切。〕吐唾。见"峈唾"。

【峈唾】 吐唾沫。李商隐《骄儿诗》："曲躬牵窗网，峈唾拭琴漆。"

行　部

行¹〔xíng《广韵》户庚切，平庚，匣。〕❶（又读háng）道路。见"行路❶"。❷（又读háng）路程。杜甫《舟中苦热遣怀奉呈阳中丞通简台省诸公》："士卒既辑睦，启行促精悍。"参见"行程"。❸行走。杜甫《无家别》："人行见空巷，日瘦气惨凄。"王建《老人歌》："白发老人垂泪行，上皇生日出京城。"孟郊《病起言怀》："强行寻溪水，洗却残病姿。"杜荀鹤《马上行》："日将家渐远，犹恨马行迟。"亦指飞行。戴叔伦《孤鸿篇》："江上双飞鸿，饮啄行相随。"杜甫《瀼西寒望》："猿挂时相学，鸥行炯自如。"亦指前往。杜甫《新安吏》："府帖昨夜下，次选中男行。"❹（车船）行驶。杜甫《铜官渚守风》："早泊云物晦，逆行波浪悭。"又《发潭州》："夜醉长沙酒，晓行湘水春。"李贺《房中思》："行轮出门去，玉銮声断续。"李珣《南乡子》词之七："沙月静，水烟轻，芰荷香里夜船行。"❺运行。孙逖《奉和李右相中书壁画山水》："能令万里近，不觉四时行。"韩愈《重云李观疾赠之》："夭行失其度，阴气来干阳。"白居易《短歌行》："曈曈太阳如火色，上行千里下一刻。"❻流动；流通。杜甫《江阁对雨有怀行营裴二端公》："野流行地日，江入度山云。"刘禹锡《叹水别白二十二》："从一勺，至千里。利人利物，时行时止。"《郊庙歌辞·汉宗庙乐舞辞·积善舞》："云行雨施，天成地平。"❼传布；散布。李白《送王屋山人魏万还王屋》："五峰转月色，百里行松声。"韩愈《燕河南府秀才得生字》："文人得其职，文道当大行。"杜荀鹤《献郑给事》："化行邦域二年春，樵唱渔歌日日新。"❽出游。戴叔伦《边城曲》："人生莫作远行客，远行莫戍黄沙碛。"刘禹锡《踏歌词四首》之一："春江月出大堤平，堤上女郎连袂行。"周贺《早春越中留故人》："此行经岁近，唯约半年回。"杜牧《寄内兄和州崔员外十二韵》："西方像教毁，南海绣衣行。"❾经历。见"行年❶"。❿做。从事某种活动。元稹《遣行十首》之二："小年辛苦学，求得苦辛行。"又《出门行》："劝尔出门行，行难莫行易。"张籍《和左司元郎中秋居十首》之六："案头行气诀，炉里降真香。"陆龟蒙《奉酬袭美先辈吴中苦雨一百韵》："兼之渎财贿，不止行盗窃。"⓫实施；实行。陈子昂《题居延古城赠乔十二知之》："还汉功既薄，逐胡策未行。"于结《赋得生刍一束》："孺子才虽远，公孙策未行。"韩愈《江汉答孟郊》："苟能行忠信，可以居夷蛮。"白居易《高仆射》："二疏独能行，遗迹东门外。"⓬斟酒。杜甫《奉送魏六丈佑少府之交广》："掌中琥珀钟，行酒双逶迤。"崔峒《寄上礼部李侍郎》："任风舟去远，待月酒行迟。"韩愈《送石洪处士赴河阳幕得起字》："去去事方急，酒行可以起。"又《赠郑兵曹》："杯行到君莫停手，破除万事无过酒。"⓭古诗的一种体裁。《全唐诗》卷二十四《杂曲歌辞》有《君子有所思行》《悲哉行》《羽林行》《太行苦热行》《结客少年场行》等。⓮副词。(1)将，将要。王绩《古意六首》之四："行当糜烂尽，坐共灰尘灭。"骆宾王《秋晨同淄川毛司马秋九咏·秋蝉》："九秋行已暮，一枝聊暂安。"贺朝《从军行》："行望凤京旋凯捷，重来麟阁画丹青。"元稹《织妇词》："织夫何太忙，蚕经三卧行欲老。"参见"行看❶"。(2)即，就。张籍《少年行》："遥闻虏到平陵下，不待诏书行上马。"(3)复，又。见"行看❷"。(4)方，正。韩愈《陪杜侍御游湘西两寺》："大厦栋方隆，巨川楫行剡。"羊士谔《资中早春》："年华行可惜，瑶瑟莫生尘。"⓯（又读héng）佛教语。戒行，指学佛学道者恪守戒律刻苦学道的操行。白居易《赠别宣上人》："性真悟泡幻，行洁离尘滓。"张蠙《赠可伦上人》："修从多劫后，行出众人中。"

行²〔xìng《广韵》下更切，去映，匣。〕❶行为。韦承庆《直中书省》："命将时共泰，言与行俱危。"吕岩《又记鄂渚悟道歌》："阴功暗心修，善行长日积。"❷品行。韩愈《岳阳楼别窦司直》："爱才不择行，触事得谗谤。"白居易《读张籍古乐府》："言者志之苗，行者文之根。"崔璐《览皮先辈盛制因作十韵以寄用伸款仰》："既有曾参行，仍兼君子儒。"贯休《观棋》："今朝惭一行，无以造玄微。"❸巡视。参见"行₂田""行₂春"。

行³〔háng《广韵》胡郎切，平唐，匣。〕❶军队的行列。亦泛称人或物排成的行列。王维《辋川集·柳浪》："分行接绮树，倒影入清漪。"韩愈《和侯协律咏笋》："成行齐婢仆，环立比儿孙。"刘沧《怀汶阳兄弟》："终日路岐归未得，秋来空羡雁成行。"韦庄《嘉会里闲居》："寂寂无钟鼓，槐行接紫宸。"❷排列。杜甫《雨晴》："塞柳行疏翠，山梨结小红。"❸我国古代兵制，五人为伍，五伍为行，故用以指军队。见"行₃列❶"。❹量词。用于成行的东西。杜甫《绝句四首》之三："两个黄鹂鸣翠柳，一行白鹭上青天。"权德舆《李十韶州寄途中绝句口号酬赠》："莫言向北千行雁，别有图南六月鹏。"李贺《嘲少年》："生来不读半行书，只把黄金买身贵。"韦庄《南省伴直》："一洞烟霞人迹少，六行槐柳鸟声高。"

行^4　〔hàng《广韵》下浪切，去宕，匣。〕辈分。杜甫《衡州送李大夫七丈勉赴广州》："王孙丈人行，垂老见飘零。"崔峒《送薛仲方归扬州》："惭为丈人行，怯见后生才。"杜牧《寄宣州郑谏议》："再拜宜同丈人行，过庭交分有无同。"

行^5　〔hàng《广韵》下浪切，去宕，匣。〕见"行$_5$行"。

【行人】　❶出行的人；出征的人。杨炯《梅花落》："行人断消息，春恨几裴回。"柳公绰《题梓州牛头寺》："井花净洗行人耳，留听溪声入夜潮。"李商隐《对雪二首》之一："龙山万里无多远，留待行人二月归。"杜荀鹤《长安道中有作》："回头不忍看羸僮，一路行人我最穷。"❷谓使者。王维《送秘书晁监还日本国》序："历岁方达，继旧好于行人。"储光羲《送人随大夫和蕃》："大夫开幕府，才子作行人。"

【行子】　出行的人；游子。李颀《送陈章甫》："郑国游人未及家，洛阳行子空叹息。"白居易《和微之诗二十三首·和寄乐天》："居人色惨淡，行子心纡郁。"雍陶《晴诗》："行子喜闻无战伐，闲看游骑猎秋原。"罗邺《秋日怀江上友人》："行子岂知烟水劳，西风独自泛征艘。"

【行天】　经行天宫。王维《赠焦道士》："缩地朝珠阙，行天使玉童。"韩愈《春雪》："入镜鸾窥沼，行天马度桥。"

【行不由径】　走路不遵循正道。比喻做事为学走捷径。见《列子·说符》。王炎、封孟绅等有《赋得行不由径》。

【行止】　❶行步止息，犹言动和定。亦偏指行动。杜甫《滟滪堆》："干戈连解缆，行止忆垂堂。"钱起《咏白油帽送客》："卷舒无定日，行止必依人。"崔何《喜陆侍御破石埭草寇东峰亭赋诗》："高深清扃外，行止翠微间。"白居易《七月一日作》："双僮侍坐卧，一杖扶行止。"亦引申为出处、进退。杜审言《秋夜宴临津郑明府宅》："行止皆无地，招寻独有君。"赵嘏《寄浔阳赵校书》："不将行止问朝列，唯脱衣裳与钓翁。"❷犹言一举一动。白居易《兰若寓居》："行止辄自由，甚觉身潇洒。"李咸用《游寺》："是处堪闲坐，与僧行止同。"徐铉《奉和宫傅相公怀旧见寄四十韵》："行止不离宫仗影，衣裾尝惹御炉烟。"孙光宪《浣溪沙》词之一二："苦将情分恶猜疑，眼前行止想应知。"❸行踪。杜甫《奉送王信州崟北归》："别离同雨散，行止各云浮。"

【行$_3$戈】　排列成行的兵器。李乂《奉和登骊山高顶寓目应制》："行戈疑驻日，步辇若登天。"

【行$_2$止】　品行。黄崇嘏《下狱贡诗》："偶辞幽隐在临邛，行止坚贞比涧松。"赵庆《赠邵拙》："迈古文章金鸑鷟，出群行止玉麒麟。"

【行化】　施行教化。杜甫《寄薛三郎中》："上有明哲君，下有行化臣。"许棠《寄华阴刘拾遗》："寄邑虽行化，眠云似去官。"

【行心】　修养心性。储光羲《题眄上人禅居》："真王清净子，燕居复行心。"张辞《谢令学道诗》："莫言大道人难得，自是行心不到头。"

【行世】　流行于世。方干《献王大夫》："荀宋五言行世早，巢由三诏出溪迟。"

【行$_2$田】　巡视农田，以劝农桑。张又新《行田诗》："欲追谢守行田意，今古同忧是长人。"吕从庆《夏日即事》："坐石唯看奕，行田或课耘。"

【行立】　行走站立。李绅《移九江》："体瘦寡行立，家肥安啜哺。"

【行式】　唐诗僧。与白居易、刘禹锡、张籍等为同时人。《全唐诗》卷七九〇录其与刘禹锡、张籍等《西池送白二十二东归兼寄令狐相公联句》。

【行刑】　执行刑罚。多指执行死刑。周昙《咏史诗·春秋战国门·孙武》："行刑不避君王宠，一笑随刀八阵成。"

【行在】　行在所。天子所在之地。苏颋《奉和圣制途次旧居应制》："云覆连行在，风回助扫除。"杜甫《北征》："挥涕恋行在，道途犹恍惚。"元稹《杏花》："惭愧杏园行在景，同州园里也先开。"唐彦谦《送樊琯司业归朝》："烟尘昏象魏，行在隔巴梁。"

【行在所】　指天子所在的地方。后专指天子巡行所到之地。杜甫《送韦十六评事充同谷郡防御判官》："今归行在所，王事有去留。"

【行$_3$列】　❶谓纵横排列。杜甫《七月三日戏呈元二十一曹长》："萧萧紫塞雁，南向欲行列。"❷排列成的横竖行。李白《题瓜州新河饯族叔舍人贲》："两桥对双阁，芳树有行列。"❸队伍。孟简《享惠昭太子庙乐章》："喧喧金石容既缺，肃肃羽驾就行列。"王卓《观北番谒庙》："冠盖分行列，戎夷变姓名。"❹特指军队。杜甫《前出塞九首》之八："潜身备行列，一胜何足论。"许浑《题卫将军庙》序："二十七游并汾间，遇神尧皇帝始建义旗，遂以勇艺进，备行列。"

【行因】　南唐诗僧。本居庐山佛手岩，后主召为栖贤寺。《全唐诗外编》录其《偶》一首，序云："李氏诏行因居栖贤寺。一夕大雪，逃归旧隐之庐山，尝煮茶延僧，托岩扉立化，作偈云云。"

【行年】　❶经历的年岁，指当时年龄。杜甫《狂歌行赠四兄》:"与兄行年校一岁,贤者是兄愚者弟。"戴叔伦《南宾送蔡侍御游蜀》:"积云藏险路,流水促行年。"武元衡《秋日对酒》:"行年过始衰,秋至独先悲。"刘驾《下第后屏居长安书怀寄太原从事》:"行年忽已壮,去老年更几。"❷指将到的年龄。岑参《玉门关盖将军歌》:"行年三十执金吾,身长七尺颇有须。"白居易《隐几》:"行年三十九,岁暮日斜时。"又《览镜喜老》:"行年六十四,安得不衰羸。"❸流年。旧时星命家所谓某人当年所行的运,亦称"小运"。张籍《赠任道人》:"欲得定知身上事,凭君为算小行年。"

【行$_2$成】 品德修养到一定高度。王建《宋氏五女》:"行成闻四方,征诏环珮随。"

【行休】 谓生命将至尽头。储光羲《渔父词》:"非为徇形役,所乐在行休。"

【行$_2$伍】 古代兵制,五人为伍,五伍为行,因以指军队。戎昱《谪官辰州冬至日有怀》:"梦随行伍朝天去,身寄穷荒报国难。"

【行$_3$伍】 排列的行列。元稹《松树》:"不肯作行伍,俱在尘土中。"

【行行】 (—xíng)❶不停地向直走。张九龄《南还以诗代书赠京师旧僚》:"苒苒穷年籥,行行尽路岐。"韩愈《晚菊》:"伫立摘满手,行行把归家。"张祜《旅次石头岸》:"行行石头岸,身事两相违。"王贞白《拟塞外征行》:"行行向马邑,去去指祁连。"❷谓时序运行或事情的进展。王维《偶然作六首》之二:"且当放怀去,行行没余齿。"王建《行见月》:"行行一年十二月,强半马上看盈缺。"❸犹言走一走。李咸用《同玄昶上人观山榴》:"病随支遁偶行行,正见榴花独满庭。"

【行行遊且獵】 乐府杂曲歌辞。始创于南朝梁刘孝标,其辞咏天子游猎事。李白有《行行游且猎篇》,咏边城儿游猎。

【行$_3$行】 (—háng)每行。岑参《东归晚次潼关怀古》:"行行潘生赋,赫赫曹公谋。"韩愈《奉和虢州刘给中使君三堂新题二十一咏·柳溪》:"柳树谁人种,行行夹岸高。"赵嘏《昔昔盐二十首·织锦窦家妻》:"锦字行行苦,罗帏日日啼。"徐铉《陪郑王相公赋筵前垂冰应教依韵》:"长廊瓦叠行行密,晚院风高寸寸增。"

【行$_5$行】(—hàng) 刚强貌。韩愈《送区弘南归》:"出送抚背我涕挥,行行正直慎脂韦。"元稹《青云驿》:"上天勿行行,潜穴勿悽悽。"又《冬夜怀李侍御王太祝段丞》:"行行二三友,君怀复何如?"

【行舟】 行进中的船只。王湾《次北固山下》:"客路青山外,行舟绿水前。"张祜《胡渭州》:"亭亭孤月照行舟,寂寂长江万里流。"李郢《阙题》:"一道春江枕驿楼,闻君此处泊行舟。"徐铉《移饶州别周使君》:"皖伯台前收别宴,乔公亭下舣行舟。"

【行色】 行旅出发前的情况、气派。刘禹锡《鄂渚留别李二十一表臣大夫》:"高樯起行色,促柱动离声。"白居易《浔阳宴别》:"暮景牵行色,春寒散醉颜。"陆龟蒙《奉和袭美太湖诗二十首·雨中游包山精舍》:"却下听经徒,孤帆有行色。"吴融《离岐下题西湖》:"送夏迎秋几醉来,不堪行色被蝉催。"亦指途中情状。元稹《度门寺》:"行色怜初月,归程待晓钟。"

【行色匆匆】 亦作"行色怱怱"。谓出行匆忙仓促。杨凝《行思》:"此时皆在梦,行色独怱怱。"牟融《送客之杭》:"西风吹冷透貂裘,行色匆匆不暂留。"

【行色怱怱】 见"行色匆匆"。

【行衣】 出行时所穿的衣服。赵嘏《旅馆闻雁别友人》:"行衣湿尽千山雪,肠断金笼好羽毛。"韩琮《云》:"莫向隙窗笼夜月,好来仙洞湿行衣。"许棠《冬杪归陵阳别业五首》之五:"旅貌同柴毁,行衣对骨穿。"孟贯《送吴梦誾归闽》:"瓯闽在天末,此去整行衣。"亦指穿行衣的人。韩翃《送刘评事赴广州使幕》:"蛮府参军趋传舍,交州刺史拜行衣。"

【行次】 ❶旅途暂居的处所。王昌龄《何九于客舍集》:"门前泊舟楫,行次入松筱。"刘长卿《题冤句宋少府厅留别》:"草色愁别时,槐花落行次。"马戴《旅次寄贾岛兼简无可上人》:"雁过当行次,蝉鸣复客中。"❷旅行到达。李商隐有《行次西郊作一百韵》。

【行$_4$次】 次序;辈行。韦应物《新理西斋》:"草木无行次,闲暇一芟除。"白居易《庭松》:"乱立无行次,高下亦不齐。"

【行走】 走动。郭周藩《谭子池》:"十五锐行走,快马不能追。"

【行車】 行进中的车辆。孙逖《和崔司马登称心山寺》:"觉花迎步履,香草藉行车。"周繇《送宇文虞》:"行车新岁近,落日乱山深。"黄滔《寄南海黄尚书》:"五羊城下驻行车,此事如今八载余。"

【行李】 ❶出使。李频《送姚侍御充渭北掌书记》:"绣衣行李日,绮陌别离尘。"又《送姚郎先辈赴汝州辟》:"行李事寒天,东来聘礼全。"许棠《将过单于》:"行李亦须携战器,趋迎当便著戎衣。"❷旅行;出行。杜甫《赠苏四徯》:"别离已五年,尚在行李中。"钱起《登复州南楼》:"行李迷方久,归期涉岁赊。"贾岛《送丹师归闽中》:"行李经雷电,禅前漱岛泉。"又《送南卓归京》:"行李逢炎暑,山泉满路岐。"❸旅行或出行之人。李白《江夏行》:"未知行李游何方,作个音书能断绝。"高适《途中酬李少府赠别之作》:"行李多光辉,札翰忽相鲜。"杜甫《重简王明府》:"行李须相问,穷愁岂有宽。"无可《客中闻从兄岛游蒲绛因寄》:"遥遥行李心，苍野人寒深。”❹行装。独孤及《送李宾客荆南迎亲》：“恩渥沾行李，晨昏在路岐。”牟融《送范启东还京》：“萧萧行李上征鞍，满目离情欲去难。”殷尧藩《旅行》：“烟树寒林半有无，野人行李更萧疏。”李洞《送人之天台》：“行李一枝藤，云边晓扣冰。”

【行步】 行走。杜甫《示从孙济》：“阿翁懒惰久，觉儿行步奔。”张籍《酬藤杖》：“病里出门行步迟，喜君相赠古藤枝。”元稹《有鸟二十章》之二：“有鸟有鸟毛似鹤，行步虽迟性灵恶。”杜荀鹤《伤病马》：“此马堪怜力壮时，细匀行步恐尘知。”

【行吟】 边走边吟咏。《楚辞·渔父》：“屈原既放，游于江潭，行吟泽畔。”刘长卿《酬郭夏人日长沙感怀见赠》：“流莺且莫弄，江畔正行吟。”司空曙《送皋法师》：“江草知寒柳半衰，行吟怨别独迟迟。”白居易《雪后早过天津桥偶呈诸客》：“官桥晴雪晓峨峨，老尹行吟独一过。”司马扎《南徐夕眺》：“行吟向暮天，何处不凄然！”

【行兵】 领兵，用兵。岑参《胡歌》：“关西老将能苦战，七十行兵仍未休。”

【行作】 作为；劳作。王维《燕子龛禅师》：“救世多慈悲，即心无行作。”

【行住】 行走或停留。谓一举一动。寒山《诗三百三首》之六四：“唯当鬓发时，行住须努力。”李嘉祐《送弘志上人归湖州》：“山林唯幽静，行住不妨禅。”

【行伴】 出行的同伴。白居易《送陕州王司马建赴任》：“只携美酒为行伴，唯作新诗趁下车。”

【行身】 立身处世。韩愈《符读书城南》：“行身陷不义，况望多名誉。”

【行役】 ❶指为服兵役、劳役或公务在外跋涉。杜审言《赠崔融二十韵》：“忽嗟离别易，行役共时康。”钱起《夕发箭场岩下作》：“行役不遑安，在幽机转发。”卢纶《送畅当赴山南幕》：“是月霜霰下，伊人行役劳。”司马扎《道中早发》：“行役难自休，家山忆秋洞。”❷旅行。李白《估客行》：“海客乘天风，将船远行役。”杜甫《郑典设自施州归》：“名贤慎所出，不肯妄行役。”储嗣宗《赠别》：“因君问行役，有泪湿江蓠。”

【行坐】 行走或安坐。谓一举一动。杜甫《又示两儿》：“团圆思弟妹，行坐白头吟。”白居易《简简吟》：“十三行坐事调品，不肯迷头白地藏。”姚合《寄旧山隐者》：“朝朝恣行坐，百事都不闻。”李频《寄范评事》：“行坐不相遗，辕门载笔时。”

【行序】 飞行的次序。杜甫《续得观书迎就当阳居止正月中旬定出三峡》：“飞鸣还接翅，行序密衔芦。”

【行幸】 皇帝出行。赵彦昭《奉和幸大荐福寺》：“北阙承行幸，西园属住持。”王翰《飞燕篇》：“孝成皇帝本娇奢，行幸平阳公主家。”杜甫《壮游》：“河朔风尘起，岷山行幸长。”亦指皇帝留宿妃妾宫中。王建《行宫词》：“向前天子行幸多，马蹄车辙山川遍。”鲍溶《上阳宫月》：“合裁班扇思行幸，愿托凉风箧笥嫌。”花蕊夫人徐氏《宫词》之五：“但是一人行幸处，黄金阁子锁牙床。”

【行者】 出行的人。白居易《和答诗十首·答桐花》：“行者多商贾，居者悉黎氓。”李绅《闻猿》：“见说三声巴峡深，此时行者尽沾襟。”

【行苦】 行事勤苦。崔兴宗《同王右丞送瑗公南归》：“行苦神亦秀，泠然溪上松。”

【行杯】 亦作“行盃”。流觞，流杯。古代风俗，每逢三月上旬巳日，于环曲的水边高会，置酒杯于水的上流，杯流行停于谁前，谁便取饮。亦指传杯饮酒。李白《与夏十二登岳阳楼》：“云间连下榻，天上接行杯。”杜荀鹤《雪中别诗友》：“酒寒无小户，请满酌行杯。”徐铉《亚元舍人不替深知猥贻佳作三篇因为长歌》：“行盃已醒残梦断，征途未极离魂消。”吕岩《七言》之四九：“何事行杯当午夜，忽然怒目便腾空。”

【行$_2$事】 事迹。李白《鞠歌行》：“二侯行事在方册，泣麟老人终困厄。”

【行雨】 ❶降雨。李商隐《李肱所遗画松诗书两纸得四十韵》：“可集呈瑞凤，堪藏行雨龙。”韩偓《春闷偶成十二韵》：“路遥行雨懒，河阔过桥迟。”李沇《巫山高》：“江涛迅激如相助，十二狞龙怒行雨。”❷指美女，亦指男女欢爱之事。阎立本《巫山高》：“欲暮高唐行雨送，今宵定入荆王梦。”陈希烈《赋得云生栋梁间》：“无心伴行雨，何必梦荆王。”白居易《长相思》之二：“深画眉，浅画眉，蝉鬓鬅鬙云满衣，阳台行雨回。”张祜《爱妾换马》：“绮阁香销华厩空，忍将行雨换追风。”

【行来】 往来。李绅《涉沅潇》：“行来击棹独长叹，问尔精魄何所如。”

【行侣】 出行时的伴侣。孟浩然《夜渡湘水》：“行侣时相问，浔阳何处边”许浑《晨装》：“带月饭行侣，西游关塞长。”许浑又有《严陵钓台贻行侣》。

【行店】 旅店。韩愈《喜侯喜至赠张籍张彻》：“依依梦归路，历历想行店。”

【行府】 在京师外设置的调度军务的机构。吴融《绵竹山四十韵》：“行府寄精庐，开窗对林麓。”

【行庖】 古人外出时随身携带的酒馔及食具。李贺《荣华乐》：“丹穴取凤充行庖，玃玃如拳那足食。”

【行卷】 (—juàn)唐代士子在考试应举前，往往将所作诗文写成卷轴，呈送朝中权要，以冀赏识揄扬，谓之“行卷”。李山甫《贺友人及第》：“敢辞今日须行卷，犹喜他年待荐书。”

【行泣】 边走边哭。杜甫《大麦行》：“大麦干枯小麦黄，妇人行泣夫走藏。”

【行官】 主持事务的仆臣。杜甫有《行官张望补稻畦水归》和《秋行官张望督促东渚耗稻向毕清晨遣女奴阿稽竖子阿段往问》二诗。

【行郎】 过路的年轻人。李商隐《燕台四首·夏》："石城景物类黄泉，夜半行郎空柘弹。"

【行$_2$春】 ❶施行春事。意谓春天开始。罗隐《自湘川东下立春泊夏口阻风登孙权城》："只见风师长占路，不知青帝已行春。"❷谓官吏春日出行。见《后汉书·郑弘传》李贤注。顾云《池阳醉歌赠匡庐处士姚岩杰》："九华太守行春罢，高绛红筵压花榭。"亦泛指游春。张蠙《送薛郎中赴江州》："散招僧坐暑，闲载客行春。"

【行茶】 递送茶水。白居易《春尽劝客酒》："尝酒留闲客，行茶使小娃。"

【行盃】 见"行杯"。

【行看】 (—kàn)❶行将；即将。刘复《春雨》："草色行看靡，花枝暮欲低。"权德舆《郴州换印缄遣之际率成三韵因寄李二兄员外使君》："行看换龟纽，奏最谒承明。"元稹《遣悲怀三首》之二："衣裳已施行看尽，针线犹存未忍开。"❷且看。李嘉祐《送郑正则汉阳迎妇》："遥想双眉待人画，行看五马送潮归。"钱起《送河南陆少府》："朝夕诏书还柏署，行看飞隼集高枝。"韩愈《郴州祈雨》："行看五马入，萧飒已随轩。"❸又看。刘长卿《送元八游汝南》："向别伊水南，行看楚云隔。"贾岛《送去华法师》："默听鸿声尽，行看叶影飞。"

【行香】 古代礼拜神佛的一种仪式。始于南北朝。其始，燃香熏手，或以香末散行。唐以后则斋主持香炉巡行道场，或仪导以出街。亦指礼拜时将香点着插于香炉中以示诚敬的一般行为。崔国辅有《奉和华清宫观行香应制》。张籍《送令狐尚书赴东都留守》："行香暂出天桥上，巡礼常过禁殿中。"白居易《分司》："行香拜表为公事，碧落青嵩当主人。"

【行炰】 传神烘烤的兽肉。席元明《三月三日宴王明府山亭》："书僮橐笔，膳夫行炰。"

【行計】 ❶出行的计划、打算。朱庆余《送崔约下第归淮南觐省》："远忆拜亲留不住，出门行计与谁同。"杜荀鹤《别衡州牧》："行计自不定，此心谁与论。"❷犹家计。白居易《自喜》："自喜天教我少缘，家徒行计两翩翩。"

【行迹】 ❶亦作"行跡"。行走时留下的足迹。韦应物《寄全椒山中道士》："落叶满空山，何处寻行迹。"张籍《猛虎行》："五陵年少不敢射，空来林下看行迹。"吴融《赋雪》："路莫藏行迹，林难出树梢。"亦引伸为行踪。韦庄《访含弘山僧不遇留题精舍》："人间不自寻行跡，一片孤云在碧天。"❷事迹。张祜《南宫叹亦述玄宗追恨太真妃事》："徒悲旧行跡，一夜玉阶霜。"

【行宫】 京城以外供帝王出行居住的宫室。玄宗《野次喜雪》："拂曙辟行宫，寒皋野望通。"王建《故行宫》："寥落古行宫，宫花寂寞红。"白居易《西行》："官道柳阴阴，行宫花漠漠。"徐夤《风》："飞雪萧条残腊节，落花狼藉古行宫。"

【行客】 旅客，出门在外之人。李白《越女词五首》之二："卖眼掷春心，折花调行客。"皇甫冉《临平道赠同舟人》："流荡飘飖此何极，唯应行客共知心。"白居易《秦中吟十首·五弦》："行客闻此声，驻足不能举。"袁皓《重归宜春经过萍川题梵林寺》："村烟不改居人换，官路无穷行客多。"

【行軍】 ❶军队移动。高适《奉寄平原颜太守》："行军动若飞，旋旆信严终。"岑参《虢州郡斋南池幽兴因与阎二侍御道别》："行军在函谷，两度闻莺啼。"❷行营。指军队。岑参《行军诗二首》之一："我皇在行军，兵马日浩浩。"又《凤翔府行军送程使君赴成州》："程侯新出守，好日发行军。"❸行军司马的省称。岑参《梁州陪赵行军龙冈寺北庭泛舟宴王侍御》："谁宴霜台使，行军粉署郎。"杜甫《徐九少尹见过》："晚景孤村僻，行军数骑来。"姚合《送徐州韦仅行军》："饯幕俨征轩，行军归大藩。"

【行軍司馬】 官名。三国魏咸熙元年司马昭挟魏帝止长安，时诸王皆在邺，乃以山涛为行军司马镇守邺，行军司马之名始于此。嗣后，将军之开府者多有司马一官，以其为副职，总理所部之事务，作战时亦负参谋之责。或称军司马，或称军司。唐时外出作战的将帅及节度使下皆置行军司马。王维有《送宇文三赴河西充行军司马》。李商隐《韩碑》："行军司马智且勇，十四万众犹虎貔。"原注："度奏韩愈充行军司马。"

【行神】 运用神思。司空图《诗品二十四则·劲健》："行神如空，行气如虹。"

【行袂】 指出行人的衣衫。方干《送剡县陈永秩满归越》："密雪沾行袂，离杯变别颜。"

【行$_3$陣】 指军队的行列。于鹄《出塞》："山川引行阵，蕃汉列旌旗。"

【行$_3$飛】 成行飞翔。杜甫《杜鹃》："行飞与跪乳，识序如知恩。"

【行紀】 路程。司空图《江行二首》之一："行纪添新梦，羁愁甚往年。"

【行馬】 梐枑。拦阻人马通行的木架。此制《周礼·天官》已有记载，直至清末民初时，衙署及大宅第两旁犹有设者，俗呼为拒马叉子。李商隐《九日》："郎君官贵施行马，东阁无因再得窥。"

【行軒】 华贵的车子。王维《送崔五太守》："长安厩吏来到门，朱文露网动行轩。"许尧佐《石季伦金谷国》："轻风思奏乐，衰草忆行轩。"张籍《怀别》："仆人驱行轩，低昂出我门。"元稹《山》："共作洛阳千里伴，老刘因疾驻行轩。"

【行逕】 见"行徑"。

【行哭】 边走边哭。王维《故南阳夫人樊氏挽歌》："凝笳随晓旆，行哭向秋原。"元稹《夫远征》："送夫之妇又行哭，哭声送死非送行。"马戴《河梁别》："河梁送别者，行哭半非亲。"

【行健】 运行壮健。《易・乾》："象曰，天行健，君子以自强不息。"孔颖达疏："行者，运动之称；健者，强壮之名。"司空图《诗品二十四则・劲健》："喻彼行健，是谓存雄。"

【行馬】 拦阻人马通行的木架。宋程大昌《演繁露・行马》。李商隐《九日》："郎君官贵施行马，东阁无因再得窥。"

【行軒】 高贵者所乘之车。亦借称贵客。王维《送崔五太守》："长安厩吏来到门，朱文露网动行轩。"杜甫《客堂》："今又降元戎，已闻动行轩。"卢纶《送李尚书郎君昆季侍从归觐滑州》："金鼎对筵调野膳，玉鞭齐骑引行轩。"徐铉《忆新淦觞池寄孟宾于员外》："往年淦水驻行轩，引得清流似月圆。"

【行氣】 ❶道教语。指呼吸吐纳等养生方法的内修功夫。见《抱朴子》。王维《赠焦道士》："天老能行气，吾师不养空。"❷指行文气势。司空图《诗品二十四则・劲健》："行神如空，行气如虹。"

【行氣法】 道教语。指呼吸吐纳等养生方法的内修功夫。王建《赠王处士》："道士写将行气法，家童授与步虚词。"

【行師】 ❶行进中的部队。权德舆《奉和鄜州刘大夫麦秋出师遮虏有怀中朝亲故》："行师齐鹤列，锡马尽龙媒。"❷出兵。岑参《奉和杜相公初发京城作》："衔恩期报主，授律远行师。"玄宗《端午三殿宴群臣探得神字》序："卜战行师，总兵钤于四海。"

【行徑】 亦作"行逕"。通行的小路。刘长卿《奉陪萧使君入鲍达洞寻灵山寺》："苍苔绝行径，飞鸟无去迹。"钱起《卧病李员外题扉而去》："僻陋病者居，蒿莱行迳失。"白居易《府西池北新葺水斋即事招宾偶题十六韵》："直冲行径断，平入卧斋流。"贾岛《送邹明府游灵武》："边雪藏行径，林风透卧衣。"

【行$_2$高】 品性高洁。杜甫《敬寄族弟唐十八使君》："物白讳受玷，行高无污真。"韩愈《别赵子》："心平而行高，两通诗与书。"许棠《赠志空上人》："行高无外染，骨瘦是真容。"

【行旅】 ❶旅客，旅人。杜审言《送高郎中北使》："岁月催行旅，恩荣变苦辛。"祖咏《酬汴州李别驾赠》："秋风多客思，行旅厌艰辛。"许浑《行次虎头岩酬寄路中丞》："何以慰行旅，如公书一缄。"罗隐《宿彭蠡馆》："孤馆少行旅，解鞍增别愁。"❷旅行，出行。韩愈《酬裴十六功曹巡府西驿途中见寄》："遗我行旅诗，轩轩有风神。"欧阳衮《秦原道中》："无言倦行旅，遥路属时难。"亦指旅途。白居易《客中月》："悠悠行旅中，三见清光圆。"

【行旃】 帝王或重臣出行时所树的大旗。储光羲《荥阳马氏二子》："圣君封太岳，十月建行旃。"

【行疾】 行走迅速。贾岛《送神邈法师》："行疾遥山雨，眠迟后夜风。"

【行拳】 挥动拳头。李贞白《咏刺蝟》："莫欺如此大，谁敢便行拳。"

【行酒】 依次斟酒。亦泛称饮酒。杜甫《章梓州橘亭饯成都窦少府》："主人送客何所作，行酒赋诗殊未央。"又《奉送魏六丈佑少府之交广》："掌中琥珀钟，行酒双逶迤。"王建《失钗怨》："双杯行酒六亲喜，我家新妇宜拜堂。"

【行$_3$家】 精通某种技艺的人。织锦人《吟》："莫教官锦行家见，把此文章笑杀他。"

【行陸】 在陆地上行走。白居易《归田三首》之三："化吾足为马，吾因以行陆。"

【行$_3$綴】 指舞队行列。权德舆《赠文敬太子庙时享退文舞迎武舞乐章》："干旄羽籥相亏蔽，一进一退殊行缀。"又《奉和圣制中春麟德殿会百寮观新乐》："时泰恩泽溥，功成行缀新。"

【行處】 （—chù）❶随处，到处。杜甫《曲江二首》之二："酒债寻常行处有，人生七十古来稀。"薛能《自讽》："行处便吟君莫笑，就中诗病不任春。"❷经过之处。王建《宫词一百首》之一八："鱼藻宫中锁翠娥，先皇行处不曾过。"李绅《过梅里七首・上家山》："旧径行处迷，前交坐中失。"章碣《浙西送杜晦侍御入关》："紫诏征贤发帝聪，绣衣行处扑香风。"韦庄《叹落花》："西子去时遗笑靥，谢娥行处落金钿。"

【行帳】 行军或出行时所搭的篷帐。杜甫《军中醉饮寄沈八刘叟》："野膳随行帐，华音发从伶。"

【行動】 行走。白居易《杂兴三首》之三："行动自矜顾，数步一裴回。"卢仝《哭玉碑子》："颇奈穷相驴，行动如跛鳖。"

【行船】 行驶中的船只。顾况《送李秀才入京》："五湖秋叶满行船，八月灵槎欲上天。"

【行脚】 僧人为寻师求法而游食四方。项斯《送僧》："从小即行脚，出家来至今。"齐己《渚宫莫问诗一十五首》之三："莫问休行脚，南方已遍寻。"贯休《闻无相道人顺世五首》之一："又闻行脚也，何处化群生。"亦指步行参禅的云游僧人。杜牧《大梦上人自庐峰回》："行脚寻常到寺稀，一枝藜杖一禅衣。"

【行脚僧】 指步行参禅的云游僧人。徐夤《题名琉璃院》:“一条溪绕翠岩隈,行脚僧言胜五台。”子兰有《赠行脚僧》。

【行旆】 出行时的旗帜。韦应物《登蒲塘驿忽想京师旧居追怀昔年》:“青山导骑绕,春风行旆舒。”严维《送薛尚书入蜀》:“凝笳临水发,行旆向风翻。”

【行廊】 走廊。元稹《和友封题开善寺十韵》:“古匣收遗施,行廊画本朝。”又《忆事》:“夜深闲到戟门边,却绕行廊又独眠。”

【行商】 ❶经商。白居易《朱陈村》:“有财不行商,有丁不入军。”❷出外经营的流动商人,与坐商、坐贾相对。刘叉《雪车》:“寒锁侯门见客稀,色迷塞路行商断。”

【行泪】 流泪。徐铉《文献太子挽歌词五首》之二:“空余商岭客,行泪下宜春。”

【行婆】 居家事佛的老妇。寒山《诗三百三首》之七四:“不行真正道,随邪号行婆。”陈裕《咏大慈寺斋头鲜于阇梨》:“行婆满院多为妇,童子成行半是儿。”杨德辉《征青州长老嘲僧门》:“行婆饷送新童子,居士抄条施利钱。”

【行將】 (—jiāng)将,将要。李白《惧谗》:“行将泣团扇,戚戚愁人肠。”韦应物《始除尚书郎别善福精舍》:“行将亲爱别,恋此西涧曲。”独孤及《得李滁州书以玉潭庄见托以诗代答》:“春物行将老,怀君意讵堪。”白居易《感时》:“勿言身未老,冉冉行将至。”

【行期】 出行的日期。耿沣《太原送许侍御出幕归东都》:“荒庭增别梦,野雨失行期。”张祜《夏日梅溪馆寄庞舍人》:“东阳宾礼重,高馆望行期。”李商隐《及第东归次灞上却寄同年》:“芳桂当年各一枝,行期未分压春期。”

【行葦】 路旁的芦苇。后用为仁慈的典实。多用于称颂朝廷。见《诗·大雅·行苇》。柳宗元《寄韦珩》:“圣恩倘忽念行苇,十年践蹈久已劳。”

【行$_3$椒】 成行的辣椒。杜甫《绝句四首》之一:“堂西长笋别开门,堑北行椒却背村。”

【行軫】 行进中的车子。孙逖《和登会稽山》:“野老听鸣驺,山童拥行轸。”

【行朝】 (—cháo)行在。郑谷《送进士王驾下第归蒲中》诗题下注:“时行朝在西蜀。”韦庄有《夏初与侯补阙江南有约同泛淮汴西赴行朝》。黄滔《书怀》:“退耕逢歉岁,逐贡愧行朝。”

【行雲】 ❶游动飘浮的云。卢照邻《长安古意》:“片片行云著蝉鬓,纤纤初月上鸦黄。”贾岛《宿山寺》:“流星透疏木,走月逆行云。”❷用巫山神女典。见《文选·宋玉〈高唐赋序〉》。或以“行雲”指神女。杜甫《雨不绝》:“舞石旋应将乳子,行云莫自湿仙衣。”或以“行雲”指美女。李白《久别离》:“东风兮东风,为我吹行云使西来。”元稹《会真诗三十韵》:“行云无处所,萧史在楼中。”李商隐《利州江潭作》:“自携明月移灯疾,欲就行云散锦遥。”或以“行雲”喻人行踪飘忽不定。戎昱《送零陵妓》:“宝钿香蛾翡翠裙,装成掩泣欲行云。”冯延巳《蝶恋花》词之四:“几日行云何处去,忘了归来,不道春将暮。”参见“行雨”。❸女妓名。郑史有《赠妓行云诗》。

【行$_3$雁】 成行的飞雁。李绅《过梅里七首·上家山》:“噪鸦啼树远,行雁帖云齐。”李溟《无题》:“向月片帆去,背云行雁来。”

【行圍】 打猎的围场。李白《观猎》:“江沙横猎骑,山火绕行围。”

【行程】 路程;旅程。岑参《送崔主簿赴夏阳》:“地近行程少,家贫酒债多。”项斯《送顾少府》:“行程须过越,先醉镜湖花。”鱼玄机《题任处士创资福寺》:“幽人创奇境,游客驻行程。”

【行道】 ❶犹云走路。许棠《赠天台僧》:“独夜休行道,星辰静照禅。”❷修道。綦毋潜《赠南岳僧》:“猿啸不离行道处,客来皆到卧床前。”白居易《题孤山寺石榴花示诸僧众》:“色相故关行道地,香尘拟触坐禅人。”李远《赠南岳僧》:“猿啸不离行道处,客来皆到卧床前。”贾岛《哭柏岩和尚》:“写留行道影,焚却坐禅身。”❸推行某种政治主张,或实践某种信仰。钱起《宿远上人兰若》:“行道白云近,燃灯翠壁深。”

【行爲】 (—wéi)举止行动。白居易《叙德书情四十韵上宣歙翟中丞》:“行为时领袖,言作世蓍龟。”

【行遊】 出游;出行。沈佺期《和常州崔使君寒食夜》:“行游昼不厌,风物夜宜看。”

【行運】 流年运气。钱起《东城初陷与薛员外王补阙暝投南山佛寺》:“行运遘忧患,何缘亲盘桓。”

【行$_3$間】 (—jiān)行伍之间。指军中。岑参《送李别将摄伊吾令充使赴武威便寄崔员外》:“行间脱宝剑,邑里挂铜章。”杜甫《投赠哥舒开府二十韵》:“军事留孙楚,行间识吕蒙。”又《八哀诗·赠司空王公思礼》:“未甚拔行间,犬戎大充斥。”

【行媒】 说合婚姻。李端《送黎兵曹往陕府结婚》:“奠雁逢良日,行媒及仲春。”

【行遠】 走远路。岑参《祈四再赴江南别诗》:“别多人换鬓,行远马穿蹄。”

【行蓋】 车盖。孙逖《同和咏楼前海石榴二首》之二:“旧绿香行盖,新红洒步綦。”

【行楂】 (—chá)流动的竹筏或木排。刘禹锡《晚岁登武陵城顾望水陆怅然有作》:“跳鳞避举网,倦鸟寄行楂。”

【行槐】 官道上排列成行的槐树。李贺《送韦仁实兄弟入关》："行槐引西道，青梢长攒攒。"

【行輈】 行进中的车辆。朱子奢《文德皇后挽歌》："神京背紫陌，缟驷结行辀。"杜牧《牧陪昭应卢郎中在江西宣州佐今吏部沈公幕叙旧成二十二韵用以投寄》："分途之绝国，洒泪拜行辀。"

【行當】(一dāng) ❶即将；将要。李白《中丞宋公以吴兵三千赴河南因赠之》："戎虏行当剪，鲸鲵立可诛。"李益《送常曾侍御使西蕃寄题西川》："行当收汉垒，直可取蒲泥。"韦应物《同德寺阁集眺》："周览思自奋，行当遇时邕。"孟郊《送淡公》之二："行当译文字，慰此吟殷勤。"❷正应。高适《河西送李十七》："高价人争重，行当早著鞭。"权德舆《伏蒙十六叔寄示喜庆感怀三十韵因献之》："行当反招隐，岂得常退身。"

【行歇】 行走与止息。陆龟蒙《偶掇野蔬寄袭美有作》："行歇每依鸦舅影，挑频时见鼠姑心。"

【行路】 ❶道路。王勃《扶风昼届离京浸远》："山川殊未已，行路方悠哉。"杜甫《地隅》："平生心已折，行路日荒芜。"灵澈《归湖南作》："如今还向山边去，只有湖水无行路。"吴融《和人题武城寺》："别有阑干压行路，看人尘土竟流年。"❷在道路上行走。皇甫冉《送顾长往新安》："半是乘槎便，全非行路难。"❸路人。李白《赠溧阳宋少府陟》："白玉栖青蝇，君臣忽行路。"高适《秋胡行》："愿言行路莫多情，道妾贞心在人口。"鲁收《怀素上人草书歌》："行路谈君口不容，满堂观者空绝倒。"长孙佐辅《别友人》："谁遣同衾又分手，不如行路本无情。"❹指《行路难》。乐府杂曲歌辞名。李渤《喜弟淑再至为长歌》："吾吟行路五十篇，尽说江南数千里。"参见"行路難"。

【行路人】 路人。杜甫《丹青引赠曹将军霸》："即今飘泊干戈际，屡貌寻常行路人。"

【行路子】 游子。白居易《别杨颖士卢克柔殷尧藩》："独有行路子，悠悠不知还。"

【行路客】 路人。杨志坚《送妻》："今日便同行路客，相逢即是下山时。"

【行路難】 (難 nán)❶行路艰难。孟浩然《陪张丞相登荆城楼因寄蓟州张使君及浪泊戍主刘家》："兴尽回舟去，方知行路难。"白居易《新乐府·太行路》："行路难，不在水，不在山，只在人情反覆间。"温庭筠《西游书怀》："客意自如此，非关行路难。"❷乐府杂曲歌辞。备言世路艰险及离别悲伤之意。原为民间歌谣，后经文人拟作，采入乐府。卢照邻、贺兰进明、李白、顾况等均有此作。

【行₂跡】 见"行迹❷"。

【行塍】 可供行走的田塍。苏颋《利州北佛龛前重于去岁题处作》："卧石铺苍藓，行塍覆绿条。"

【行誅】 杀戮。柳宗元《奉平淮夷雅表·方城》之六："示之市人，即社行诛。"

【行義】 躬行仁义。岑参《河西太守杜公挽歌四首》之四："秉心常匪席，行义每挥金。"李泌《咏方圆动静》："方如行义，圆如用智。"

【行煙】 即行云行雨。李贺《洛姝真珠》："金鹅屏风蜀山梦，鸾裾凤带行烟重。"

【行慶】 行赏。沈佺期《奉和立春游苑迎春》："东郊暂转迎春仗，上苑初飞行庆杯。"包佶《祀风师乐章·送神》："微穆敷华能应节，飘扬发彩宜行庆。"

【行資】 盘缠。李商隐《行次西郊作一百韵》："行人摧行资，居者税屋椽。"

【行裾】 出行时所穿的衣服。韩愈《送灵师》："别语不许出，行裾动遭牵。"

【行殿】 行宫。许浑《题崇圣寺》："西林本行殿，池榭日坡阤。"又《凌歊台》："行殿有基荒荠合，寝园无主野棠开。"李商隐《旧顿》："犹锁平时旧行殿，尽无宫户有宫鸦。"唐彦谦《送樊琯司业归朝》："剪茅行殿湿，伐柏旧陵香。"韩翃《扈从郊庙因呈两省诸公》："昼趋行殿旌门北，夜宿斋房刻漏东。"鲍溶《倚瑟行》："金舆传惊灞浐水，龙旗参天行殿巍。"翁承赞《隋堤柳》："轻笼行殿迷天子，抛掷长安似梦中。"

【行裝】 出门时所携带的衣物。杜甫《赠王二十四侍御契四十韵》："恐惧行装数，伶俜卧疾频。"刘驾《送李殷游边》："行装不及备，西去偶然诀。"薛能《送冯温往河外》："琴剑事行装，河关出北方。"曹邺《奉命齐州推事毕寄本府尚书》："受命大执法，草草是行装。"

【行臺】 ❶东汉以后，朝廷政务由三公改归台阁(尚书)，习惯上称朝廷为台。唐初置行台，贞观以后渐废。李商隐《漫成五章》之四："代北偏师衔使节，关中裨将建行台。"刘禹锡《和白侍郎送令狐相公镇太原》："行台仆射深恩重，从事中郎旧路归。"罗隐《尚父偶建小楼三首》之二："只待淮妖剪除后，别倾卮酒贺行台。"❷地方大吏的官署或居住之所。皮日休《洛中寒食二首》之一："嵩云静对行台起，洛鸟闲穿上苑飞。"

【行歌】 边走边歌唱。李白《出自蓟北门行》："收功报天子，行歌归咸阳。"秦系《献薛仆射》："由来那敢议轻肥，散发行歌自采薇。"白居易《游蓝田山卜居》："行歌望山去，意似归乡人。"薛光谦《任阆中下乡检田登艾萧山北望》："回首乡关路，行歌犹喟然。"

【行塵】 行走时所扬起的灰尘。多用以形容远行者。杨凝《送客往夏州》："夜投孤店愁吹笛，朝望行尘避控弦。"贾稜《御沟新柳》："轻云度斜景，多露滴行尘。"潘唐《下第归宜春酬黄颇饯别》："御苑钟声临远水，都门树色背行尘。"齐己《送人游塞》："槐柳野桥边，行尘暗马前。"

【行漏】 古代记时的漏壶。用以指时间或漏壶滴水声。沈佺期《奉和圣制幸礼部尚书窦希玠宅》:“不知行漏晚,清跸尚裴徊。”王光庭《奉和圣制答张说扈从南出雀鼠谷》:“云骑传行漏,烟旆引从台。”韦济《奉和圣制次琼岳应制》:“行漏通鸡鹊,离宫接建章。”卢纶《皇帝感词》之二:“高旍花外转,行漏乐前闻。”

【行賓】 行客,旅人。刘言史《苦妇词》:“事痛感行宾,住得贪程船。”

【行障】 围屏之属,因其可移动,故名。置于室内,以为屏障。刘方平《乌栖曲二首》之一:“银汉斜临白玉堂,芙蓉行障掩灯光。”

【行$_3$綴】 指舞队行列。权德舆《奉和圣制中春麟德殿会百寮观新乐》:“时泰恩泽溥,功成行缀新。”

【行$_4$輩】 辈分。韩翃《送崔秀才赴上元兼省叔父》:“诗家行辈如君少,极目苦心怀谢朓。”

【行邁】 行走不止;远行。孟浩然《越中逢天台太乙子》:“问余涉风水,何处远行迈。”杜甫《催宗文树鸡栅》:“吾衰怯行迈,旅次展崩迫。”钱起《送严士良侍奉詹事南游》:“江山侍行迈,长幼出嚣尘。”皇甫冉《江草歌送卢判官》:“问君行迈将何之,淹泊沿洄风日迟。”

【行輪】 行进的车轮。亦代称行进中的车辆。李峤《奉和幸望春宫送朔方总管张仁亶》:“三军张武旆,万乘饯行轮。”颜真卿《五言送李侍御联句》:“吾友驻行轮,迟迟惜上春。”

【行縣】 巡行所主之县。见《后汉书·崔骃传》。孟浩然《陪张丞相登嵩阳楼》:“岁寒问耆旧,行县拥诸侯。”刘长卿《送台州李使君兼寄题国清寺》:“花间五马时行县,山外千峰常在门。”李嘉祐《宋州东登望题武陵驿》:“明主频移虎符守,几时行县向黔黎。”袁求贤《早春送郎官出宰》:“趋程犹犯雪,行县正逢春。”

【行廚】 ❶出游时携带酒食。亦指所携带的酒食。刘禹锡《同乐天和微之深春二十首》之一一:“国乐呼联辔,行厨载满车。”又《历阳书事七十韵》:“出祖千夫拥,行厨五熟烹。”❷指掌厨者。皮日休《鲁望示广文先生吴门二章次韵属和存于诗编鲁望之命也》之二:“行厨煮白石,卧具拂青云。”曹唐《小游仙诗九十八首》之五八:“行厨侍女炊何物,满灶无烟玉炭红。”唐彦谦《游南明山》:“行厨出盘飧,担瓮倒芳醑。”

【行麾】 军中用以指挥的旌旗。杜审言《望春亭侍游应诏》:“尧樽随步辇,舜乐绕行麾。”

【行潦】 (—lǎo)❶沟中流水。孙逖《山行遇雨》:“涉涧猜行潦,缘崖畏宿氛。”辛常伯《军中行路难》:“行潦四时流,崩查千岁古。”❷借指祭祀用的酒食。魏征《五郊乐章·青帝角音》:“至德可飨,行潦斯挹。”

【行履】 行走。唐彦谦《宿田家》:“落日下遥峰,荒村倦行履。”

【行樂】 (—lè)消遣娱乐。刘孝孙《游清都观寻沈道士得仙字》:“纷吾因暇豫,行乐极留连。”王维《同比部杨员外十五夜游有怀静者季》:“独有仙郎心寂寞,却将宴坐为行乐。”令狐楚《年少行四首》之四:“当年称意须行乐,不到天明不肯休。”司空图《力疾山下吴村看杏花十九首》之一七:“行乐溪边步转迟,出山渐减探花期。”

【行憩】 出行和休息。亦偏指休息。白居易《寄隐者》:“卖药向都城,行憩青门树。”

【行營】 出征时的军营。岑参《送郭仆射节制剑南》:“晓云随去阵,夜月逐行营。”又《武威送刘判官赴碛西行军》:“都护行营太白西,角声一动胡天晓。”张谓《饯田尚书还兖州》:“别路逢霜雨,行营对雪云。”戴叔伦有《蕲州行营作》。

【行禪】 (—chán)佛教语。谓打坐静修。方干《题龟山穆上人院》:“床上水云随坐夏,林西山月伴行禅。”章碣《上元夜建元寺观灯呈智通上人》:“临风走笔思呈惠,到晓行禅合伴能。”

【行謠】 行歌。李白《赠清漳明府侄聿》:“过客览行谣,因之诵德声。”

【行齋】 修道的斋室。周贺《赠神遘上人》:“行斋罢讲仍香气,布褐离床带雨痕。”

【行濤劈浪】 犹言劈波斩浪。僧鸾《赠李粲秀才》:“又惊大舶帆高悬,行涛劈浪凌飞仙。”

【行$_3$濫】 谓器物不坚牢,质量差。王梵志《诗》之五十:“但看行滥物,若个是坚牢。”

【行騎】 行走的马。高适《同李司仓早春宴睢阳东亭》之二:“且莫催行骑,归时有月华。”武元衡《奉和圣制重阳日即事》:“绮陌拥行骑,香尘凝晓空。”白居易《经溱洧》:“落日驻行骑,沉吟怀古情。”

【行藏】 (—cáng)指出处或行止。《论语·述而》:“用之则行,舍之则藏。”岑参《武威送刘单判官赴安西行营便呈高开府》:“功业须及时,立身有行藏。”窦巩《新营别墅寄家兄》:“懒性如今成野人,行藏由兴不由身。”白居易《杂感》:“君子防悔尤,贤人戒行藏。”李咸用《山中夜坐寄故里友生》:“祸福既能知倚伏,行藏争不要分明。”

【行藥】 ❶制药。张籍《隐者》:“救病自行药,得钱多与人。”❷服药之后。行走以宣导发散。(1)魏晋南北朝时士大夫喜服一种烈性药(五石散)以求养生,服后散步以散发药性,谓之“行藥”。至唐时,此风犹存来。钱起《蓝田溪杂咏二十二首·板桥》:“有时行药来,喜遇归山客。”(2)因病服药之后,散步以散发药性。元稹《春病》:“望山移坐榻,行药步墙阴。”李群玉《北风》:“庭幽行药静,凉暑翠筠疏。”

【行蹤】　行动的踪迹。贾岛《黄鹄下太液池》："岸印行踪浅，波摇立影危。"温庭筠《雪二首》之二："圃斜人过迹，阶静鸟行踪。"李频《寻华阳隐者》："闲却白云居，行踪出去初。"许坚《登游齐山》："星使南驰入楚重，此山偏得驻行踪。"

【行觴】　行酒，依次进酒。崔沔《奉和圣制同二相已下群官乐游园宴》："落花飞广座，垂柳拂行觞。"

【行襟】　行走时的衣襟。孟郊《同茅郎中使君送河南裴文学》："河南有归客，江风动行襟。"又《擢第后东归书怀献座主吕侍御》："行襟海日曙，逸抱江风入。"

【行襜】　车行时所挂的帷帐。刘长卿《洛阳主簿叔知和驿承恩赴选伏辞一首》："行襜稍已隔，结恋无能慰。"卢纶《送张调参军侍从归觐荆南因寄长林司空十四曙》："玉勒侍行襜，郗超未有髯。"

【行闕】　行宫前的阙门。亦借指行宫。司空图《丁巳元日》："日随行阙近，岳为寿觞晴。"

【行騶】　行进中的车马。皇甫冉《同樊润州游郡东山》："铙声发大道，草色引行驺。"元稹《阳城驿》："公与诸生别，步步驻行驺。"

【行露】　道路上的露水。许浑《早行》："辔湿知行露，衣单觉晓风。"

【行竈】　简易炉灶。白居易《履道西门二首》之一："行灶朝香炊早饭，小园春暖掇新蔬。"

【行纏】　裹足布；绑腿布。古代男女都用。韩翃《寄哥舒仆射》："帐下亲兵皆少年，锦衣承日绣行缠。"

【行囊】　行李。牟融《送范启东》："行囊归客兴，尊酒故人情。"

【行鑣】　行进的乘骑。镳，马衔。岑参《崔驸马山池重送宇文明府》："池凉醒别酒，山翠拂行镳。"高适《睢阳酬别畅大判官》："留欢惜别离，毕景驻行镳。"皇甫冉《玄元观送李源李风还奉先华阴》："远水东流浮落景，缭垣西转失行镳。"

三　画

衎　〔kàn《广韵》苦旰切，去翰，溪。又空旱切，上旱，溪。〕乐；欢乐。杜甫《陪诸公上白帝城头宴越公堂之作》："英灵如过隙，宴衎愿投胶。"息夫牧《冬夜宴萧十丈因饯殷郭二子西上》："鸣琴有衎，于颍之畔。"

衍　〔yǎn《广韵》以淺切，上獮，以。又予線切，去線，以。〕❶恣意欢乐。杜甫《夜听许十诵诗爱而有作》："诵诗浑游衍，四坐皆辟易。"又《白水县崔少府十九翁高斋三十韵》："高斋坐林杪，信宿游衍阒。"又《八哀诗·故秘书少监武功苏公源明》："结交三十载，吾与谁游衍。"❷山坡。皇甫冉《江草歌送卢判官》："被遥隰兮经长衍，雨中深兮烟中浅。"

【衍漾】　漂游荡漾。李峤《清明日龙门游泛》："衍漾乘和风，清明送芬月。"

五　画

術　〔shù《广韵》食聿切，入術，船。〕❶道路。见"術阡"。❷方法；办法；手段。岑参《上嘉州青衣山中峰题惠净上人幽居寄兵部杨郎中》："为政愧无术，分忧幸时康。"湛贲《别慧山书堂》："病守未能依结社，更施何术去为邦。"皮日休《三羞诗》之三："如何司牧者，有术皆在兹。"贯休《寄天台道友》："贤圣无他术，圆融只在吾。"❸特指君主控制和使用臣下的策略、手段。则天皇后《制袍字赐狄仁杰》："敷政术，守清勤，升显位，励相至。"白居易《放鹰》："圣明驭英雄，其术亦如斯。"❹谋略，计谋。太宗《伤辽东战亡》："未展六奇术，先亏一篑功。"李白《送梁公昌从信安北征》："高谈百战术，郁作万夫雄。"又《登峨眉山》："泠然紫霞赏，果得锦囊术。"皮日休《三羞诗三首》之二："吾有制胜术，不奈贱碌碌。"❺学术。杜甫《别李义》："子建文笔壮，河间经术存。"❻仙术；方术。王勃《八仙径》："援萝窥雾术，攀林俯云烟。"李白《日夕山中忽然有怀》："缅思洪崖术，欲往沧海隔。"杜甫《奉汉中王手札报韦侍御萧尊师亡》："少年疑柱史，多术怪仙公。"李绅《赠毛仙翁》："仙兄受术几千年，已是当时驾鸿客。"

【術士】　法士之士。郑嵎《津阳门诗》："禁庭术士多幻化，上前较胜纷相持。"无名氏《讥裴休》："却教术士难推算，胎月分张与阿谁。"

【術阡】　道路。储光羲《采莲词》："广江无术阡，大泽绝方隅。"

【術業】　学业，学术技艺。许彬《题故李宾客庐山草堂》："术业行当代，封章动谏垣。"

衒　〔xuàn《广韵》黄練切，去霰，匣。〕沿街叫卖。引申为炫耀、卖弄。寒山《诗三百三首》六一："春女衒容仪，相将南陌陲。"岑参《送崔全被放归都觐省》："夫子不自衒，世人知者稀。"卢纶《送崔邠拾遗》："石建每闻宗谨孝，刘歆不敢衒师儒。"杜光庭《怀古今》："始衒朱颜丽，俄悲白发侵。"

【衒才鬻德】　夸耀自己的才德。海顺《三不为篇》之三："我欲衒才鬻德，入市趋朝，四众瞻仰，三槐附交。"

【衒行】　(—xíng)炫耀德行。寒山《诗三百三首》之一一〇："或有衒行人，才艺过周孔。"

六 画

街 〔jiē《广韵》古溪切，平佳，見。又古諧切，平皆，見。〕❶四通道。指城市的大道。亦泛指街道。白居易《邓鲂张彻落第》："春风十二街，轩骑不暂停。"赵嘏《哭李进士》："牵马街中哭送君，灵车碾雪隔城闻。"李郢《燕蓊花》："十二街中何限草，燕蓊尽欲占残春。"吴融《和峡州冯使君题所居》："记得街西邻舍否，投荒南去五千余。"❷街市。参见"街頭"。

【街心】 街道中心。白居易《和微之诗二十三首·和望晓》："街心若流水，城角如断岸。"

【街市】 商贾辐辏的街衢。吕岩《长短句》："闲来无事玩青山，困来街市货丹药。"

【街吏】 掌管巡察街道的官吏。聂夷中《公子行二首》之一："走马踏杀人，街吏不敢诘。"

【街官】 职掌巡察街道的官吏。张籍《沙堤行呈裴相公》："街官闾吏相传呼，当前十里惟空衢。"

【街巷】 街道里巷。无名氏《五言白话诗》之二六："年年并舍多，岁岁成街巷。"

【街陌】 街道；街巷。温庭筠《题薛昌之所居》："花白风露晚，柳青街陌闲。"无名氏《晚秋羁情》："近来殊俗盈衢路，尚见蒿莱遍街陌。"

【街徑】 道路。张籍《雨中寄元宗简》："街径多坠果，墙隅有蜕蜩。"

【街術】 街道。上官昭容《游长宁公主流杯池二十五首》之九："结驷填街术，闾阎满邑居。"

【街鼓】 设置在京城街道的警夜鼓。每天拂晓黄昏，有人按时击鼓，防窃盗，戒出入。李益《汉宫少年行》："君不见上宫警夜营八屯，鼕鼕街鼓朝朱轩。"白居易《早送举人入试》："骑火高低影，街鼓参差声。"姚合《和李十二舍人直日放朝对雪》："今朝街鼓何人听，朝客开门对雪眠。"韦庄《喜迁莺》词之二："街鼓动，禁城开，天上探人回。"

【街路】 街道。白居易《晚归府》："晚从履道来归府，街路虽长尹不嫌。"

【街蕪】 路上的杂草。白居易《和微之春日投简阳明洞天五十韵》："暄和生野菜，卑湿长街芜。"

【街頭】 街上，街中。杜甫《逼仄行赠毕曜》："街头酒价常苦贵，方外酒徒稀醉眠。"白居易《和韩侍郎苦雨》："仍闻放朝夜，误出到街头。"褚载《贺赵观文重试及第》："今日街头看御榜，大能荣耀苦心人。"

【街衢】 通衢大道。四达谓之衢。王梵志《诗》之三二："男年七十八，莫遣倚街衢。"王冷然《寒食篇》："今夜无明月作灯，街衢游赏何曾歇。"拾得《诗》之一三："终日傍街衢，不离诸酒肆。"白居易《和答诗十首》序："诏下日，会予下内直归，而微之已即路，邂逅相遇于街衢中。"

衖 〔xiàng 或读 lòng《广韵》胡绛切，去绛，匣。〕巷；胡同。李贺《绿章封事》："金家香衖千轮鸣，扬雄秋室无俗声。"

七 画

衙 〔yá《广韵》五加切，平麻，疑。〕❶旧时官署之称。姚合《武功县中作三十首》之十一："可曾衙小吏，恐谓踏青苔。"张蠙《送薛郎中赴江州》："郡显山川别，衙开将吏新。"郑谷《浔阳姚宰厅作》："野泉当案落，汀鹭入衙飞。"❷衙参。白居易《舒员外游香山寺走笔题长句以赠之》："白头老尹府中坐，早衙才退暮衙催。"方干《送人宰永泰》："下马政声王事少，应容闲吏日高衙。"❸唐代谓天子所居之处。见《新唐书·仪卫志上》。元稹《连昌宫词》："蛇出燕巢盘斗栱，菌生香案正当衙"。

【衙日】 衙参之日。韩愈《送侯喜》："如今便别长官去，直到新年衙日来。"参见"衙参"。

【衙吏】 衙门中的小官。黄滔《赠郑明府》："庭罗衙吏眼看山，真恐风流是谪仙。"

【衙官】 刺史的属官。亦泛称下属小官。蒋贻恭《五门街望有题》："闲向五门楼下望，衙官骑马使衙官。"

【衙門】 唐代宫殿的大门。刘禹锡《同乐天送令狐相公赴东都留守》："衙门晓辟分天仗，宾幕初开辟省郎。"

【衙退】 谓官衙办公结束而离退。白居易《过李生》："使君知性野，衙退任闲行。"又《虚白堂》："虚白堂前衙退后，更无一事到中心。"

【衙庭】 官署的庭堂。项斯《赠金州姚合使君》："官壁题诗尽，衙庭看鹤多。"

【衙時】 义同"衙日"。韩愈《送郑尚书赴南海》："衙时龙户集，上日马人来。"

【衙隊】 军府卫队。刘禹锡《同乐天和微之深春二十首》之四："节院收衙队，球场簇看车。"

【衙推】 官名。唐时节度、观察、团练诸使的下属官吏。令狐楚有《立春后言怀招汴州李匡衙推》。李咸用有《和殷衙推春霖即事》。

【衙参】 （—cān）旧时官吏到上司衙门排班参见，禀告公事。元稹《酬张秘书因寄马赠诗》："劝君还却司空著，莫遣衙参傍子城。"又《酬乐天东南游诗一百韵》："科试铨衡局，衙参典校厨。"张祜《赠李修源》："岳阳新尉晓衙参，却是傍人意未甘。"

【衙鼓】　衙门所置鼓，用以集散曹吏。元稹《哀病骢呈致用》："曾听禁漏惊衙鼓，惯蹋康衢怕小桥。"白居易《南宾郡斋即事寄杨万州》："衙鼓暮复朝，郡斋卧还起。"景审《句》："暮鸦不噪禁城树，衙鼓未残兵卫秋。"王贞白《庾楼晓望》："子城阴处犹残雪，衙鼓声前未有尘。"

【衙衙】　相向而立貌。皇甫湜《题浯溪石》："石屏立衙衙，溪口扬素濑。"

【衙齋】　衙门里供职官燕居之所。储嗣宗有《题云阳高少府衙斋》。

九　画

衝[1]　〔chōng《广韵》尺容切，平鍾，昌。〕❶冲击；冲刷。寒山《诗三百三首》之一九一："霜凋萎疏叶，波冲枯朽根。"韩愈《答张彻》："防泄堑夜塞，惧冲城昼扃。"殷文圭《九华贺雨吟》："雷劈老松疑虎怒，雨冲阴洞觉龙腥。"李洞《下第送张霞归覲江南》："草入吟房坏，潮冲钓石移。"❷朝着某一方向而去。崔融《咏宝剑》："匣气冲牛斗，山形转辘轳。"李白《出自蓟北门行》："兵威冲绝幕，杀气凌穹苍。"贾岛《代边将》："三尺握中铁，气冲星斗牛。"❸冲撞；碰撞。引申为言语上冒犯。顾况《临平湖》："船影入荷香，莫冲莲柄折。"白居易《东南行一百韵》："醉曾冲宰相，骄不揖金吾。"黄滔《送友人游边》："野烧枯蓬旋，沙风匹马冲。"齐己《叙怀寄高推官》："还胜御沟寒夜水，狂吟冲尹甚伤情。"❹冒。多指不顾危险和环境恶劣而向前行进。杜甫《夜归》："夜来归来冲虎过，山黑家中已眠卧。"白居易《同诸客嘲雪中马上妓》："腰为逆风成弱柳，面因冲冷作凝酥。"贾岛《石门陂留辞从叔谟》："寒冲陂水雾，醉下菊花山。"齐己《晚夏金江寓居答友生》："日日冲残热，相寻入乱蒿。"❺动，移动。周繇《津头望白水》："晴江暗涨岸吹沙，山畔船冲树杪斜。"

衝[2]　〔chòng《广韵》尺容切，平鍾，昌。〕❶向着。韩愈《雉带箭》："冲人决起百余尺，红翎白镞相倾斜。"❷向前突出。皮日休《苦雨中又作四声诗寄鲁望·平上声》："冲崖搜松根，点沼写芡响。"

【衝口】　犹言脱口而出。吴融《赠广利大师歌》："好是不雕刻，纵横冲口发。"

【衝天】　冲向天空。裴耀卿《敬酬张九龄当涂界留赠之作》："气睹冲天发，人将下榻迎。"白居易《喜刘苏州恩赐金紫遥想贺宴以诗庆之》："鱼珮茸鳞光照地，鹘衔瑞带势冲天。"卢骈《题青龙精舍》："不知雷氏剑，何处更冲天。"黄巢《不第后赋菊》："冲天香阵透长安，满城尽带黄金甲。"亦喻志气超迈。元稹《酬户秘书》："偶有冲天气，都无处世才。"

【衝天氣】　谓上冲于天的丰城剑气。薛能《行次灵龛驿寄西蜀尚书》："雷公解劚冲天气，白日何辜遣戴盆。"参见"衝斗"。

【衝天劍】　见"衝斗劍"。

【衝牙】　古代佩玉部件之一种。温庭筠《病中书怀呈友人》："鸣玉锵登降，冲牙响曳娄。"

【衝斗】　晋司空张华望见斗牛之间常有紫气，问之于道术家雷焕。焕曰："宝剑之精，上彻于天。"并谓其地当在豫章丰城间。后焕补为丰城令，掘狱屋基，果得龙泉、太阿二剑。事见《晋书·张华传》。后亦以"衝斗"喻志气超迈或才华英发。骆宾王《幽絷书情通简知己》："有气还冲斗，无时会凿坏。"白居易《除忠州寄谢崔相公》："剑锋缺折难冲斗，桐尾烧焦岂望琴。"章孝标《丰城剑池即事》："因嫌冲斗夜，未是偃戈时。"韦庄《题安定张使君》："成丹始见金无滓，冲斗方知剑有神。"

【衝斗劍】　指雷焕于丰城所得龙泉、太阿之二剑。元稹《纪怀赠李六户曹崔二十功曹五十韵》："椎埋冲斗剑，消碎莹壶冰。"亦作"衝天劍"。宋之问《鲁忠王挽词三首》之三："气有冲天剑，星无犯斗槎。"亦作"衝星劍"。王贞白《戏赠乡人》："中宵纵匣冲星剑，临水难留汉上槎。"

【衝雨】　冒雨。白居易《风雨中寻李十一因题船上》："可怜冲雨客，来访阻风人。"韩偓《即目》："须信闲人有忙事，早来冲雨觅渔师。"贯休《明进士北斋避暑》："相访多冲雨，由来德有邻。"

【衝夜】　犯夜。王建《赠卢汀谏议》："闲过寺观长冲夜，立送封章直上天。"

【衝泥】　踏着泥水而行。杜甫《崔评事弟许迎不到走笔戏简》："虚疑皓首冲泥怯，实少银鞍傍险行。"白居易《雨中携元九诗访元八侍御》："好句无人堪共咏，冲泥蹋水就君来。"又《酬韩侍郎张博士雨后游曲江见寄》："何必更随鞍马队，冲泥蹋雨曲江头。"

【衝波】　❶激浪，狂波。李白《蜀道难》："上有六龙回日之高标，下有冲波逆折之回川。"韩愈《江汉答孟郊》："凄风结冲波，狐裘能御寒。"❷冲破波浪。李咸用《西门行》："四龙或跃犹依泉，小狐勿恃冲波胆。"

【衝星】　犹冲斗。杜甫《人日两篇》之二："佩剑冲星聊暂拔，匣琴流水自须弹。"李乂《故西台侍郎上官公挽歌》："顾日琴安在，冲星剑不留。"刘景复《梦为吴泰伯作胜儿歌》："时看汉月望汉天，怨气冲星成彗孛。"刘兼《登郡楼书怀》之二："琴声背俗终如是，剑气冲星又若何。"

【衝星劍】　见"衝斗劍"。

【衝泉】 奔涌的泉水。于鹄《寻李逸人旧居》："旧隐松林下，冲泉入两涯。"

【衝風】 ❶大风。杜甫《枯楠》："冻雨落流胶，冲风夺佳气。"韩愈《户郎中云夫寄示送盘谷子诗两章歌以和之》："冲风吹破落天外，飞雨白日洒洛阳。"❷冒着风。杨巨源《赠邻家老将》："拂雪陈师祭，冲风立教场。"

【衝突】 水流冲击。元稹《重夸州宅景色》："为问西州罗刹岸，涛头冲突近如何。"

【衝冠】 (—guān)头发上指把帽子冲起。形容极怒。见《史记·廉颇蔺相如列传》。骆宾王《于易水送人》："此地别燕丹，壮士发冲冠。"李绅《忆过润州》："帛书投笔封鱼腹，玄发冲冠捋虎须。"贾岛《听乐山人弹易水》："嬴氏归山陵已掘，声声犹带发冲冠。"齐己《寄曹松》："扣寂颇同心在定，凿空何止发冲冠。"

【衝夏】 冒着炎夏。黄滔《逢友人》："瘴岭行冲夏，边沙住隔冬。"

【衝浪】 冲破波浪。陆龟蒙《和袭美江南书情二十韵次韵》："背风开蠹简，冲浪试新帆。"

【衝戛】 敲击。刘威《欧阳示新诗因贻四韵》："冲戛瑶琼得至音，数篇清越应南金。"

【衝雪】 冒雪。白居易《日高卧》："未裹头前倾一盏，何如冲雪趁朝人。"姚合《武功县中作三十首》之八："山宜冲雪上，诗好带风吟。"齐己《送僧》："凌晨从北固，冲雪向南朝。"周贺《投江州张郎中》："驿径曾冲雪，方泉省涤尘。"

【衝街】 穿街而行。元稹《内状诗寄杨白二员外》："冲街不避将军令，跋敕兼题宰相名。"

【衝寒】 冒着寒冷。杜甫《小至》："岸容待腊将舒柳，山意冲寒欲放梅。"白居易《答山侣》："冒热冲寒徒自取，随行逐队欲何为。"姚合《游春十二首》之二："未晓冲寒起，迎春忍病行。"方干《牡丹》："不逢盛暑不冲寒，种子成丛用法难。"

【衝塞】 (—sè)冲击淤塞。杜甫《晴二首》之二："雨声冲塞尽，日气射江深。"

【衝₂鼻】 扑鼻，刺激鼻子。李频《及第后还家过岘岭》："石斑鱼鲊香冲鼻，浅水沙田饭绕牙。"

【衝衝】 浓厚貌。李商隐《李肱所遗画松诗书两纸得四十韵》："燕雀固寂寂，雾露常冲冲。"

【衝激】 撞击。元结《漫歌八曲·小回中》："水石相冲激，此中为小回。"

【衝騰】 冲击奔腾。宋昱《樟亭观涛》："冲腾如决胜，回合似相攻。"

【衝飆】 急风，暴风。徐彦伯《胡无人行》："暗碛埋沙树，冲飙卷寒蓬。"骆宾王《寓居洛滨对雪忆谢二》："旅思眇难裁，冲飙恨易哀。"又《浮槎》序："上为疾风冲飙所摧残，下为奔浪迅波所激射。"

衛 〔wèi《广韵》于歲切，去祭，云。〕❶防守，防卫。皮日休《奉和鲁望叠韵吴宫词二首》之一："侵深寻嵚岑，势厉卫睥睨。"参见"衛士"。❷卫士，警卫。李峤《汾阴行》："五营夹道列容卫，三河纵观空里闾。"温庭筠《唐庄恪太子挽歌词二首》之二："东府虚容卫，西园寄梦思。"❸古国名。高适《赠别王十七管记》："画龙俱在叶，宠鹤先居卫。"陆龟蒙《京口与友生话别》："宠鹤空无卫，占乌未见郿。"❹姓。李峤《市》："徒知观卫玉，讵肯挂秦金。"杜甫《八哀诗·赠左仆射郑国公严公武》："匡汲俄宠辱，卫霍竟哀荣。"陆龟蒙《江南秋怀寄华阳山人》："种豆悲杨恽，投瓜忆卫旍。"

【衛八處士】 (處 chǔ)唐卫姓隐者，行八。杜甫有《赠卫八处士》。

【衛人鶴】 见"衛鶴"。

【衛士】 负责警卫的兵士。刘禹锡《插田歌》："昨来补卫士，唯用筒竹布。"薛逢《题上皇观》："门前卫士传清警，砌下奚官扫翠微。"

【衛大受】 卫中行，字大受，御史中丞卫晏之子。贞元九年进士。长庆二年十二月任尚书古丞，见《旧唐书·穆宗纪》。刘禹锡《送张盥赴举诗》序："然而尚书右丞卫大受、兵部侍郎武廷硕二君者，当时伟人，咸万夫之望，足以订十朋之多也。"

【衛王】 卫伯玉。伯玉曾封城阳郡王，见《旧唐书》本传。杜甫有《又作此奉卫王》。

【衛夫人】 ❶东晋著名女书法家。名铄，字茂漪，汝阴太守李矩妻，世称卫夫人。师事钟繇，尤精隶书。王羲之尝师之。撰有《笔阵图》，论执笔学书之法，为最早的重要书法理论著作。杜甫《丹青引赠曹将军霸》："学书初学卫夫人，但恨无过王右军。"刘禹锡《答前篇》："闻彼梦熊犹未兆，女中谁是卫夫人。"❷春秋时卫灵公夫人南子。她曾在绨帷之中会见孔子。事见《史记·孔子世家》。李商隐《牡丹》："锦帏初卷卫夫人，绣被犹堆越鄂君。"

【衛公】 卫伯玉。伯玉封芮国公。杜甫有《送田四弟将军将夔州柏中丞命起居江陵节度阳城郡王卫公幕》。杜甫《玉腕骝》诗题下原注："江陵节度卫公马也。"

【衛氏兒】 指卫玠。寒山《诗三百三首》之九三："卫氏儿可怜，钟家女极丑。"

【衛玉】 指卫玠。其舅王济将他比之为珠玉。李峤《市》："徒知观卫玉，讵肯挂秦金。"

【衛功曹】 疑为卫象。象在荆南幕。权德舆有《和司门殷员外早秋省中书直夜寄荆南卫象端公》。钱起有《送卫功曹赴荆南》。

【衛右丞】 卫次公。见《旧唐书·宪宗纪上》。权德舆有《奉和新卜城南郊居得与卫右丞邻舍因赋诗寄赠》。

【衛司法】 疑为卫次公,字从周,河中河东人,举进士调渭南尉。严正在兴元,辟佐其府,见《新唐书·卫次公传》。卢纶有《送卫司法河中觐省》。按,卢纶为河中满人,与次公同乡。

【衛光一】 唐诗人。生平事迹无考。《全唐诗》卷七七六录其《经太华》诗一首。

【衛州】 州名。北周宣政元年置,治所在朝歌县(今河南淇县)。隋大业初改置汲郡,移治卫县(今河南浚县东)。唐武德初复为卫州,贞观元年移治汲县(今河南卫辉市),天宝初改为汲郡,乾之初复为卫州,治汲县、新乡、卫县等五县。属河北道,韩翃有《送李湜下第归卫州便游河北》。杨巨源有《送人过卫州》。

【衛足】 后因喻自我保全。张九龄《郡舍南有园畦杂树聊以永日》:"成蹊谢李径,卫足感葵阴。"刘禹锡《韩十八侍御见示诗因令属和重以自述故足成六十二韵》:"卫足不如葵,漏川空叹蚁。"又见《左传·成公十七年》杨伯峻注

【衛足葵】 即向日葵。元稹《酬翰林白学士代书一百韵》:"树罕贞心柏,畦丰卫足葵。"参见"衛足"。

【衛兵】 卫士,负责警卫的兵士。张籍《贺秘书王丞南郊摄将军》:"正初天子亲郊礼,诏摄将军领卫兵。"

【衛長林】 (長 cháng)卫象。曾官长林令。司空曙有《长林令卫象饧丝结歌》《卫明府寄枇杷叶以诗答》《独游寄卫长林》和《酬卫长林岁日见呈》。

【衛玠】 晋名士。字叔宝,容貌俊美,其祖父称赞他异于众人,其舅父王济将他比作照人明珠,他乘车入市,被人围观,称他为"玉人"。见《晋书·卫瓘传》附《卫玠传》。又,玠,身体羸弱,因常被人围观,体不堪劳,遂成病而死,人称"看杀卫玠"。见南朝宋刘义庆《世说新语·容止》。后以"衛玠"称人貌美。杜甫《花底》:"恐是潘安县,堪留卫玠车。"李端《长安感事呈卢纶》:"羸将卫玠比,冷共邺侯同。"耿沣《春日书情寄元校书伯和相国元子》:"卫玠琼瑶色,玄成鼎鼐姿。"杜牧《送段觉之西蜀结婚》:"镜中鸾影胡威去,剑外花归卫玠还。"

【衛武】 见"衛武公"。

【衛武公】 春秋时卫武公姬和。年九十五而不服老。见《国语·楚语上》。后用作祝愿长寿之典。杜牧《寄宣州郑谏议》:"五言宁谢颜光禄,百岁须齐卫武公。"亦省称"衛武"。杜牧《春日言怀寄虢州李常侍十韵》:"愿公如卫武,百岁尚康强。"

【衛青】 西汉名将,军事家。字仲卿。河东平阳(今山西临汾市西南)。卫皇后弟。本太平公主家奴。后为武帝重用,官至大将军,封长平侯。以击匈奴之功著称。王维《老将行》:"卫青不败由天幸,李广无功缘数奇。"李白《述德兼陈情上哥舒大夫》:"卫青谩作大将军,白起真成一竖子。"杜甫《广州段功曹到得杨五长史谭书功曹却归聊寄此诗》:"卫青开幕府,杨仆将楼船。"李绅《到宣武三十韵》:"卫青终保志,潘岳未忘情。"

【衛荆州】 卫伯玉。伯玉曾拜江陵尹,兼御史大夫,充荆南节度观察等使,见《旧唐书》本传。岑参有《送江陵泉少府赴任便呈卫荆州》。参见"衛公"。

【衛叔】 即卫玠。玠,字叔宝,故称。宗楚客《安乐公主移入新宅侍宴应制》:"人同卫叔美,客似长卿才。"张说《舞马词六首》之二:"天鹿遥征卫叔,日龙上借羲和。"白居易《和梦游春诗一百韵》:"秦家重萧史,彦辅怜卫叔。"

【衛叔卿】 神仙名。见《神仙传》。李白《古风》之十九:"邀我登云台,高揖卫叔卿。"曹唐《小游仙诗九十八首》之四四:"叔卿遍览九天春,不见人间故旧人。"

【衛尚書】 指卫伯玉。据《旧唐书·代宗纪》,大历元年五月,为荆南节度使卫伯玉检校工部尚书。见《旧唐书》本传。杜甫有《奉送蜀州柏二别驾将中丞命赴江陵起居卫尚书太夫人因示从弟行军司马佐》。原题下注:"卫伯玉时为荆南节度、检校工部尚书。"戎昱有《观卫尚书九日对中使射破的》。灵一有《哭卫尚书》。

【衛明府】 卫象,长令林。司空曙有《长林令卫象饧丝结歌》和《卫明府寄枇杷叶以诗答》。

【衛官】 侍卫之官员。韩愈《读东方朔杂事》:"王母闻以笑,卫官助呀呀。"

【衛門】 宫廷外的阙门。韩愈《奉和杜相公太清宫纪事陈诚上李相公十六韵》:"卫门罗戟槊,图壁杂龙蛇。"

【衛南】 县名。隋楚丘县。治所在今河南滑县东。唐仪凤元年移治其城西北滨河之新城,永昌元年又移治故城之南。属河南道滑州。李嘉祐有《赠卫南长官赴任》。

【衛拾遺】 卫洙。卫中行子,举进士,尚临真公,文宗朝官左拾遗,见《旧唐书·卫中行传》。姚合有《寄卫拾遗乞酒》。

【衛侯】 指卫懿公。侯,古时有国者的通称。元稹《和乐天感鹤》:"自随卫侯去,遂入大夫轩。"

【衛員外】 卫中行。曾官礼部员外,御史中丞、循王傅卫晏子,见《元和姓纂》卷八安邑卫氏。韩愈有《饮城南道边古暮上逢中丞过赠礼部卫员外少室张道

士》。

【衛家兒】 指卫玠。玠善清谈。李颀《同张员外諲酬答之作》:"清言只到卫家儿,用笔能夸钟太尉。"

【衛娘】 指汉武帝皇后卫子夫。卫青姊。卫子夫入宫前为平阳公主的歌女。因侍汉武帝更衣被看中,遂代陈皇后为后。见《史记·外戚世家》。后遂以"衛娘"借指歌女、美女。李贺《浩歌》:"漏催水咽玉蟾蜍,卫娘发薄不胜梳。"罗隐《春思》:"蜀国暖回溪峡浪,卫娘清转遏云歌。"

【衛國】 周初所封诸侯国。姬姓。曾先后都于沬(今河南淇县)、曹(今河南滑县东)、楚丘(今河南滑县东北)、帝丘(今河南濮阳县西南)、野王(今河南沁阳市),公元前209年为秦所灭。刘知幾《咏史》:"蘧瑗仕卫国,屈伸随世道。"温庭筠《题李卫公诗二首》之一:"蒿棘深春卫国门,九年于此盗乾坤。"

【衛尉】 官名。隋唐时此官掌军器、仪仗、帐幕之事。唐睿宗时高正臣为卫尉卿,曾于晦日置酒林亭,并赋《晦日置酒林亭》诗,与宴者二十一人,皆以华字为韵,赋《晦日宴高氏林亭》诗,陈子昂为之序。周思钧《晦日宴高氏林亭》:"骑出平阳里,筵开卫尉家。"

【衛將軍廟】 (將 jiāng)唐将军卫逖之祭庙。在今江苏宜兴市南荆溪之滨。许浑有《题卫将军庙》。

【衛棐】 唐诗人。生平事迹无考。《全唐诗》卷七七七录其《晚投南村》一首。

【衛萬】 唐诗人。玄宗天宝以前人。《全唐诗》卷七七三录其《吴宫怨》一首。

【衛象】 唐诗人。德宗朝时人。建中年间至贞元初曾为长林令。贞元中为荆南节度使从事,带监察御史或殿中侍御史衔。与李端、司空曙有过往唱酬。事见《酉阳杂俎》卷一二、《元和姓纂》卷八、《唐诗纪事》卷四三及司空曙诗。《全唐诗》二九五录其诗二首。

【衛填】 唐诗人。生平事迹无考。《全唐诗逸》卷中录其断句一联。

【衛幕】 卫青幕府。杜甫《奉贺阳城郡王太夫人恩命加邓国太夫人》:"卫幕衔恩重,潘舆送喜频。"

【衛節度】 卫伯玉。伯玉乾元二年迁神策军节度,见《旧唐书》本传。岑参有《卫节度赤骠马歌》。

【衛準】 唐诗人。準,一作"单"。大历五年(770)进士。唐张为《诗人主客图》列其为清奇雅正主李益之及门。《全唐诗》卷七九五录其断句两联。

【衛憑】 字佳祖,河东安邑(治所在今山西运城市东北安邑)人,策贤良登科,拜秘书省校书郎,转越州剡县尉,授左威卫尉录事参军,迁彭成郡蕲县令。岑参有《南楼送卫凭》。

【衛綰】 汉代人。善于表演车戏,即在车上表演杂技。以车戏事文帝为郎,景帝时封为建陵侯。见《史记·万石张叔列传》。刘禹锡《咏史二首》之二:"贾生明王道,卫绾工车戏。"

【衛霍】 西汉卫青、霍去病的合称。二人均为出征匈奴的名将。后指边将或贵戚。骆宾王《帝京篇》:"始见田窦相移夺,俄闻卫霍有功勋。"李白《君子有所思行》:"伊皋运元化,卫霍输筋力。"杜牧《贵游》:"朝回珮马草萋萋,年少恩深卫霍齐。"李涉《邠州词献高尚书三首》之二:"将家难立是威声,不见多传卫霍名。"

【衛縣】 县名。汉朝歌县,隋初改为卫县,治所在今河南浚县西南。唐属河北道卫州。高适有《东平别前卫县李寀少府》。

【衛謗】 指诽谤人的谗言。见《史记·孔子世家》。李白《书怀赠南陵常赞府》:"终当灭卫谤,不受鲁人讥。"

【衛瓘】 晋人,字伯玉,河东安邑人,官至尚书令,善草书。晋武帝朝,朝臣认为太子司马衷(即位后为惠帝)纯质不宜亲政,卫瓘曾假借酒醉抚摸武帝御床说"此座可惜",委婉进谏。见《晋书·卫瓘传》。李贺《恼公》:"黄庭留卫瓘,绿树养韩冯。"元稹《赠严童子》:"卫瓘诸孙卫玠珍,可怜雏凤好青春。"李瀚《蒙求》:"袁盎却座,卫瓘抚床。"

【衛鶴】 出《左传·闵公二年》。后人入典,用以喻指滥叨封爵。李白《赠宣城赵太守悦》:"迁人同卫鹤,谬上懿公轩。"钱起《观村人牧山田》:"顾惭不耕者,微禄同卫鹤。"亦作"衛懿鶴"。郑启《严塘经乱书事》:"在野傅岩君不梦,乘轩卫懿鹤何功。"亦作"衛人鶴"。白居易《观稼》:"饱食无所劳,何殊卫人鹤。"

【衛鬢】 卫子夫的发鬓。借指女子美发。李贺《洛姝真珠》:"市南曲陌无秋凉,楚腰卫鬓四时芳。"

【衛懿鶴】 见"衛鶴"。

十 画

衡 〔héng《广韵》户庚切,平庚,匣。〕❶绑在牛角上以防止牛触人的横木。一说楅设于角,衡设于鼻。来鹄《圣政纪颂》:"觜距磨抉,楅衡拘长。"❷架在屋梁上或门窗上面的横木。韩愈、孟郊《城南联句》:"红皱晒檐瓦,黄团系门衡。"❸秤杆;秤。见《国语·周语下》韦昭注。郑薰《赠巩畴》:"颜容宁人鉴,铢两岂关衡。"李群玉《吾道》:"轻重忧衡曲,妍媸虑镜昏。"❹准则,标准。吴融《赴阙次留献荆南成相公三十韵》:"分阃兼文德,持衡有武功。"❺衡山。李群玉《别尹炼师》:"南穷衡疑秀,采药历幽绝。"贾岛《送集文上人游方》:"此游诣几岳,嵩华衡恒泰。"皮日休《太湖诗·缥缈峰》:"移时却擅下,细碎衡与嵩。"❻指衡州地区。崔颢《赠怀一上人》:"风将衡桂接,地与吴楚邻。"杜甫《送覃二判官》:"迟迟恋屈宋,渺渺卧荆衡。"❼北斗七星的第五星。杜审言《和李大夫嗣真奉使存抚河东》:"杀气西衡白,穷阴北暝玄。"包何《赋得秤送孟孺卿》:"钩悬新月吐,衡举众星随。"❽姓。殷文圭有《和友人送衡尚书赴池阳副车》。

【衡山】 一名岣嵝山。五岳中的南岳。在湖南省境,主峰在衡山县西北,衡阳县北,有峰七十二,以祝融、天柱、芙蓉、紫盖、石廪五峰为最。相传舜南巡和禹治水均到过此。历代帝王南岳祀典,除汉武帝迁祀安徽潜山外,均在此山。杜甫《朱凤行》:"君不见潇湘之山衡山高,山巅朱凤声嗷嗷。"李端《江上逢柳中庸》:"旧往衡山曾夜归,见君江客忆荆扉。"任华《怀素上人草书歌》:"掷华山巨石以为点,掣衡山阵云以为画。"李绅《逾岭峤止荒陬抵高要》:"衡山截断炎方北,回雁峰南瘴烟黑。"

【衡山縣】 春秋属楚。汉湘南县地。唐属江南西道衡州。今属湖南。杜甫有《题衡山县文宣王庙新学堂呈陆宰》。

【衡州】 唐州名。隋置州,治所在衡阳县(今湖南衡阳市)。大业初改为衡山郡。唐武德四年复为衡州。天宝元年改为衡阳郡,乾之初复名衡州。司空曙有《送曲山人之衡州》。杜荀鹤有《别衡州牧》。柳棠《又忤杨尚书诗》:"前辈不须轻后辈,靖安今日在衡州。"

【衡州舟子】 姓名未详。《全唐诗》卷七八四录其《吟》诗一首,诗题下注:"语林云,衡州人多文词,至于樵夫,往往能言诗。尝有人赴广州幕府,夜闻舟中吟。问之,乃其所作也。"

【衡宇】 横木为门的房屋。指简陋的房屋。见《文选·陶潜〈归去来辞〉》。储光羲《同王十三维偶然作十首》之九:"裴回顾衡宇,僮仆邀我食。"

【衡巫】 衡山和巫山。李群玉《洞庭驿楼雪夜宴集奉赠前湘州张员外》:"目穷衡巫表,兴尽荆吴秋。"温庭筠《宿秦生山斋》:"衡巫路不同,结室在东峰。"

【衡茆】 见"衡茅"。

【衡茅】 亦作"衡茆"。衡门茅舍。谓居室简陋。崔备《使院忆山中道侣兼怀李约》:"松竹去名岳,衡茅思旧居。"刘禹锡《刑部白侍郎谢病长告改宾客分司以诗赠别》:"洛阳旧有衡茆在,亦拟抽身伴地仙。"朱庆余《和刘补阙秋园寓兴之什十首》之二:"谁言高静意,不异在衡茅。"李咸用《鸡鸣曲》:"太平才子能歌谣,山翁梦断出衡茅。"

【衡岳】 亦作"衡嶽"。即衡山。刘长卿《送道标上人归南岳》:"衡岳千峰乱,禅房何处寻。"杜甫《回棹》:"衡岳江湖大,蒸地疫疠偏。"贾岛《送郑山人游江湖》:"南游衡嶽上,东往天台里。"李宾《登巴陵开元寺西阁赠衡岳僧方外》:"衡嶽有开士,五峰秀贞骨。"

【衡門】 ❶横木为门。指简陋的房屋。卢象《八月十五日诗三首》之一:"家人皆伫立,相候衡门里。"张籍《闲居》:"谁见衡门里,终朝自在贫。"白居易《赠元稹》:"衡门相逢迎,不具带与冠。"朱庆余《宿山居》:"上国求丹桂,衡门长绿苔。"❷亦专指隐者所居或所居之门。王维《晦日游大理韦卿城南别业四声依次用各六韵》之三:"所乐衡门中,陶然忘其贵。"又《辋川别业》:"披衣倒屣且相见,相欢语笑衡门前。"刘沧《赠隐者》:"何时止此幽栖处,独掩衡门长绿苔。"杜牧《送陆洿郎中弃官东归》:"少微星动照春云,魏阙衡门路自分。"

【衡桂】 即衡州。衡州,春秋楚地,汉属桂阳郡,故称。崔颢《赠怀一上人》:"风将衡桂接,地与吴楚邻。"

【衡峯】 指衡山。宋之问《自衡阳至韶州谒能禅师》:"湘岸竹泉幽,衡峰石困闭。"刘长卿《洞庭驿逢郴州使还寄李汤司马》:"洞庭秋水阔,南望过衡峰。"许浑《冬日登越王台怀归》:"泷分桂岭鱼难过,瘴近衡峰雁却回。"王揆《长沙六快诗》:"衡峰排古青,湘水湛寒绿。"

【衡笄】 横簪。皮日休《补周礼九夏系文·九夏歌九篇·齐夏之歌》:"琅琅衡笄,翚衣褕翟。"

【衡湘】 衡山和湘水之连称。王昌龄《次汝中寄河南陈赞府》:"京邑多欢娱,衡湘暂沿越。"刘长卿《晚次湖口有怀》:"顷为衡湘客,颇见湖山趣。"钱起《送虞说擢第南归觐省》:"南风起别袂,心到衡湘间。"韩愈《石鼎联句》序:"元和七年十二月四日,衡山道士轩辕弥明自衡下来,旧与刘师服进士衡湘中相识。"

【衡扉】 衡门。指简陋的门扉。崔涂《樵者》:"有时还独醉,何处掩衡扉。"

【衡陽】 县名。隋改临丞县置,治所在今湖南衡阳市。唐武德四年改为临烝县,开元二十二年复为衡阳县。县南有南岳衡山七十二峰之首峰回雁峰。刘禹锡《送僧仲剀东游兼寄呈灵澈上人》:"忽忆遗民社中客,为我衡阳驻飞锡。"朱庆余《旅中秋月有怀》:"暮天飞旅雁,故国在衡阳。"陆龟蒙《雁》:"不知烟雾里,几双到衡阳。"杜荀鹤《冬末同友人泛潇湘》:"猿到夜深啼岳麓,雁知春近别衡阳。"

【衡陽雁】 衡阳有回雁峰,极高,雁不能过。又据《汉书·苏武传》载,苏武囚匈奴十几年,匈奴诈称苏武已死。汉使假托汉帝于上林苑射猎,得苏武雁足所系之书,遂得放还。故诗文中多以"雁足书"指代书信。唐诗人往融此二事为典。表示关山阻隔、音信难通。高适《送李少府贬峡中王少府贬长沙》:"巫峡啼猿数行泪，衡阳归雁几封信。”权德舆《寄李衡州》：“主人千骑东方远，唯望衡阳雁足书。”柳宗元《朗州窦常员外寄刘二十八诗见促行骑走笔酬赠》：“不羡衡阳雁，春来前后飞。”孟贯《归雁》：“春至衡阳雁，思归塞路长。”

【衡嵩】 衡山和嵩山。李群玉《始忝四座奏状闻荐蒙恩授官言怀纪事呈同馆诸公二十四韵》：“承天四柱石，嶷若窥衡嵩。”

【衡漢】 北斗和天河。亦借指天宇。权德舆《奉和张舍人阁老阁中直夜思闻雅琴因以书事通简僚友》：“圆月衡汉净，好风松涤深。”亦借指京都或宫苑。沈佺期《安乐公主移入新宅》：“初闻衡汉来，移住斗城隈。”苏颋《夜宴安乐公主新宅》：“天上初移衡汉匹，可怜歌舞夜相从。”

【衡漳】 即漳水。山西东部有清漳、浊漳两河，东南流至今河北、河南两省边境，合为漳河。李敬玄《奉和别越王》：“别馆分泾渭，归路指衡漳。”

【衡嶠】 衡山。沈佺期《哭苏眉州崔司业二公》：“涕泗湘潭水，凄凉衡峤烟。”柳宗元《弘农公复为大僚献诗五十韵以毕微志》：“峻节临衡峤，和风满豫章。”

【衡霍】 即衡山。李白《送杨燕之东鲁》：“何事历衡霍，云帆今始还。”杜甫《送王十六判官》：“衡霍生春早，潇湘共海浮。”郎士元《题刘相公三湘图》：“昔别醉衡霍，迩来忆南州。”韩愈《和裴仆射相公假山十一韵》：“孰谓衡霍期，近在王侯宅。”

【衡闈】 横木为门。指代简陋的房屋。借指贫穷之家。储光羲《夏日寻蓝田唐丞登高宴集》：“披颜阚衡闱，置酒登崇丘。”钱起《落第刘拾遗相送东归》：“预愁芳草色，一径入衡闱。”又《酬刘员外雨中见寄》：“惭君角巾折，犹肯问衡闱。”武元衡《酬严维秋夜见寄》：“骑省潘郎思，衡闱宋玉愁。”

【衡嶽】 见“衡岳”。

【衡鏡】 衡器和镜子。衡器可称轻重，镜子可照美丑。喻辨别是非善恶的标准。李白《送杨少府赴选》：“大国置衡镜，准平天地心。”杜牧《奉和门下相公送西川相公兼领相印诗十八韵》：“蜀辍新衡镜，池留旧凤凰。”姚鹄《将归蜀留献恩地仆射》：“自持衡镜采幽沉，此事常闻旷古今。”

十八画

衢 〔qú《广韵》其俱切，平虞，羣。〕❶大路，四通八达的道路。戎昱《赠别张驸马》：“数里衣香遥扑人，长衢雨歇无织尘。”权德舆《放歌行》：“双阙烟云遥霭霭，五衢车马乱纷纷。”李涉《岳阳别张祜》：“龙蛇纵在没泥涂，长衢却为驽骀设。”李建勋《惜花寄孙员外》：“侵晨结驷携酒徒，寻芳踏尽长安衢。”❷州名。唐武德四年置，治所在信安县（今浙江衢州市）。参见“衢婺”。

【衢氏】 市民。贯休《赠杨公杜之舅》：“应念衢民千万户，家家皆置一生祠。”

【衢州】 唐武德四年置，治所在信安县（今浙江衢州市）。六年废，垂拱二年复置，天宝元年改名信安郡，乾元元年复为衢州。白居易《秦中吟十首·轻肥》：“是岁江南旱，衢州人食人。”韦庄有《衢州江上别李秀才》。

【衢宅】 街中大道。白居易《和春深二十首》之三：“诏借当衢宅，恩容上殿车。”

【衢室】 相传唐尧征询民意的处所。见《管子·桓公问》。故亦泛称古代帝王听政之所。德宗《丰年多庆九日示怀》：“芳尊满衢室，繁吹凝烟空。”刘禹锡《武陵书怀五十韵》：“遂结王畿绥，来观衢室樽。”《郊庙歌辞·享太庙乐章·景云舞》：“衢室凝旒，大庭端扆。”

【衢酒】 同“衢尊”。权德舆《奉和圣制中和节赐百官宴集因示所怀》：“衢酒和乐被，薰弦声曲新。”

【衢尊】 亦作“衢樽”。置酒于通衢，任人取饮。见《淮南子·缪称训》。后遂以为喻仁政之典。刘允济《经庐岳回望江州想洛川有作》：“游圣挹衢尊，邻畿恭木铎。”张说《奉和圣制暇日与兄弟同游兴庆宫作应制》：“侍酒衢樽满，询刍谏鼓悬。”杜甫《千秋节有感二首》之一：“衢尊不重饮，白首独余哀。”贯休《上孙使君》：“为君整衢尊，为君戢蕃塞。”

【衢婺】 衢州和婺州。权德舆有《送袁太祝衢婺巡覆》。

【衢路】 四通八达的道路。崔颢《江畔老人愁》：“山川改易失市朝，衢路纵横填白骨。”韩愈《赴江陵途中寄赠三学士》：“我时出衢路，饿者何其稠。”姚合《寄旧山隐者》：“奔走衢路间，四枝不属身。”

【衢歌】 街头巷尾的歌谣。汪极《奉试麦垄多秀色》：“来牟知帝力，含哺有衢歌。”

【衢樽】 见“衢尊”。

衣　部

衣[1]　〔yi《广韵》於希切，平微，影。〕❶上衣。王建《送张籍归江东》："出处两相因，如彼衣与裳。"吕温《早觉有感》："先觉忽先起，衣裳颠倒时。"亦泛指衣服。戴叔伦《女耕田行》："东邻西舍花发尽，共惜余芳泪满衣。"孟郊《古别离》："欲别牵郎衣，郎今到何处？"徐铉《欧阳太监雨中视决堤因堕水明日见于省中因戏之》："衣湿仍愁雨，冠攲更怯风。"❷覆盖在器物或自然表面的东西。王建《宫词一百首》之七九："春风院院落花堆，金锁生衣掣不开。"孟郊《吊卢殷》："日月不与光，莓苔空生衣。"郑巢《题灵隐寺皖公院》："山寒叶满衣，孤鹤偶清羸。"❸指果实的皮。李建勋《宿友人山居寄司徒相公》："隔纸烘茶蕊，移铛剥芋衣。"

衣[2]　〔yi《广韵》於既切，去未，影。〕❶穿衣服。见"衣$_2$葛""衣$_2$馬輕肥"。❷覆盖。见"衣$_2$裍"。

【衣衫】　单衣。杜荀鹤《山中寡妇》："夫因兵死守蓬茅，麻苎衣衫鬓发焦。"亦泛指衣服。元稹《酬乐天得稹所寄纻丝布白轻庸制成衣服以诗报之》："腰带定知今瘦小，衣衫难作远裁缝。"白居易《秋日与张宾客舒著作同游龙门醉中狂歌凡二百三十八字》："不寒不热好时节，鞍马稳快衣衫轻。"姚合《武功县中作三十首》之七："鬓发寒唯短，衣衫瘦渐长。"

【衣香】　东汉荀彧为尚书令，相传其衣带有香气，所到之处，香气经日不散。故有"衣香"之典。李商隐《韩翃舍人即事》："桥南荀令过，十里送衣香。"又《梓州罢吟寄同舍》："长吟远下燕台去，惟有衣香染未销。"

【衣食】　衣服和食物。白居易《闲行》："林园傲逸真成贵，衣食单疏不是贫。"又《杜陵叟》："典桑卖地纳官租，明年衣食将何如。"寒山《诗三百三首》之七一："朝朝为衣食，岁岁愁租调。"

【衣$_2$食】　给人穿衣与饮食。元稹《和李校书新题乐府十二首·驯犀》："脱衣推食衣食之，不若男耕女令纺。"

【衣冠】　❶衣和冠。古代士以上戴冠，因用以指士以上服装。孟浩然《卢明府九日岘山宴袁使君张郎中崔员外》："烟虹铺藻翰，松竹挂衣冠。"武元衡《顺宗至德大圣皇帝挽歌词三首》之一："桥山同轨会，轩后葬衣冠。"许浑《朝台送客有怀》："越国旧无唐印绶，蛮乡今有汉衣冠。"亦泛指衣着，穿戴。李白《古风》之一八："衣冠照云日，朝下散皇州。"又《君子有所思行》："朝野盛文物，衣冠何翕艳。"白居易《祭社宵兴灯前偶作》："城头传鼓角，灯下整衣冠。"❷代指士大夫、官绅。玄宗《春晚宴两相及礼官丽正殿学士探得风字》："介胄清荒外，衣冠佐域中。"孙逖《丹阳行》："传闻一马化为龙，南渡衣冠亦愿从。"贾至《自蜀奉册命往朔方途中呈韦左相文部房尚书门下崔侍郎》："衣冠陷戎寇，狼狈随风尘。"❸借指文明礼教。孙元晏《咏史诗·陈·淮水》："文物衣冠尽入秦，六朝繁盛忽埃尘。"

【衣冠南渡】　安史之乱后，中原士族避乱南奔。杜甫《追酬故高蜀州人日见寄》："边塞西蕃最充斥，衣冠南渡多崩奔。"

【衣冠客】　指官宦。元结《无为洞口作》："爱此踟蹰不能去，令人悔作衣冠客。"

【衣冠就東市】　大臣被杀。东市，汉代长安处决人的地方。杜牧《河湟》："旋见衣冠就东市，忽遗弓剑不西巡。"

【衣衿】　见"衣襟"。

【衣袂】　即衣袖。曹邺《送进士下第归南海》："数片红霞映夕阳，揽君衣袂更移觞。"

【衣$_2$馬】　见"衣$_2$馬輕裘"。

【衣$_2$馬輕肥】　《论语·雍也》："乘肥马，衣轻裘。"义为坐着肥马驾的车，穿着轻暖的皮袍。后用以形容生活豪华。杜甫《秋兴八首》之三："同学少年多不贱，五陵衣马自轻肥。"亦省作"衣馬"。王建《酬赵侍御》："别来衣马从胜旧，争向边尘满白头。"

【衣帶】　束衣的带子。骆宾王《晚度天山有怀京邑》："行叹戎麾远，坐怜衣带赊。"杨巨源《寄江州白司马》："湓浦曾闻似衣带，庐峰见说胜香炉。"白居易《早夏晓兴赠梦得》："背壁灯残经宿焰，开箱衣带隔年香。"

【衣帶水】　像一条衣带那么宽的河流。形容水面狭窄。后亦泛指仅隔一水，极其邻近。唐彦谦《汉代》："不因衣带水，谁觉路迢迢。"

【衣帶賒】　犹衣带宽。张祜《江南杂题三十首·其二十九》："昔去轩车远，今来衣带赊。"

【衣帶寬】　形容人消瘦。贾至《寓言二首》之二：

“嗟君在万里，使妾衣带宽。”

【衣桁】　犹衣架。挂衣服的横木。岑参《初至西虢官舍南池呈左右省及南宫诸故人》：“白鸟上衣桁，青苔生笔床。”李嘉祐《仲夏江阴官舍寄裴明府》：“朝霞晴作雨，湿气晚生寒。”杜甫《重过何氏五首》之三：“翡翠鸣衣桁，蜻蜓立钓丝。”

【衣袖】　衣服袖子。白居易《听曹刚琵琶兼示重莲》：“谁能截得曹刚手，插向重莲衣袖中。”李商隐《酬崔八早梅有赠兼示之作》：“谢郎衣袖初翻雪，荀令熏炉更换香。”

【衣被】　衣服和被褥。韩愈《苦寒》：“肌肤生鳞甲，衣被如刀镰。”

【衣袍】　袍子，长衣。孟郊《立德新居》之四：“晓碧流视听，夕清濯衣袍。”

【衣宵】　谓天未明就穿衣起床。太宗《执契静三边》：“衣宵寝二难，食旰餐三惧。”

【衣葛】　葛布衣服。孟贯《山中夏日》：“心源澄道静，衣葛蘸泉凉。”又《夏日寄史处士》：“暑气冷衣葛，暮云催烛灯。”

【衣$_2$葛】　穿着葛布衣服。孟贯《山斋早秋雨中》：“炎蒸如便退，衣葛亦堪闲。”

【衣裓】　❶佛教徒挂在肩上的长方形布袋，用以盛物。刘禹锡《送僧方及南谒柳员外》：“衣裓贮文章，自言学雕虫。”寒山《诗三百三首》之一五六：“住不安釜灶，行不赍衣裓。”❷一种盛花之器。刘禹锡《秋日过鸿举法师寺院便送归江陵》引：“今幸承其话言，如得法印，宝山之下，宜有所持，岂徒衣裓之中众花而已。”

【衣鉢】　❶佛教僧尼的袈裟与饭盂。崔颢《赠怀一上人》：“竹房见衣钵，松宇清身心。”刘长卿《舟中送李十八》：“释子身心无有分，独将衣钵去人群。”❷佛家师徒传授之法器。李涉《题宣化寺道光上人居》：“常思和尚当时语，衣钵留将与此人。”李群玉《法性寺六祖戒坛》：“何人得心法，衣钵在曹溪。”灵澈《题曹溪能大师奖山居》句：“禅门至六祖，衣钵无人得。”

【衣裘】　皮裘，皮衣。李白《玩月金陵城西孙楚酒楼达曙歌吹曰晚乘醉著紫绮裘乌纱巾与酒客数人棹歌秦淮往石头访崔四侍御》：“系之衣裘上，相忆每长谣。”亦泛指衣服。白居易《西行》：“衣裘不单薄，车马不羸弱。”

【衣舄】　衣服和鞋子。段成式、郑符《游长安诸寺联句・常乐坊赵景公寺・吴画联句》：“此际忽仙子，猎猎衣舄奕。”

【衣裾】　衣襟。杜甫《草堂》：“旧犬喜我归，低徊入衣裾。”陆龟蒙《江南秋怀寄华阳山人》：“衣裾徒博大，文籍漫纵横。”徐铉《奉和宫傅相公怀旧见寄四十韵》：“行止不离宫仗影，衣裾尝惹御炉烟。”亦泛指衣服。皮日休《苦雨杂言寄鲁望》：“儿饥仆病漏空厨，无人肯典破衣裾。”

【衣裝】　衣着，装束。白居易《喜老自嘲》：“名籍同逋客，衣装类古贤。”

【衣裳】　❶古代上曰衣，下曰裳。后亦泛指衣服。杜甫《垂老别》：“老妻卧路啼，岁暮衣裳单。”白居易《晚秋夜》：“凝情不语空所思，风吹白露衣裳冷。”曹唐《哭陷边许兵马使》：“故国暗回残士卒，新坟空葬旧衣裳。”❷代称达官贵人。皇甫冉《酬李补阙》：“夕宿灵台伴烟月，晨趋建礼逐衣裳。”

【衣製】　裁衣。孟郊《赠文应上人》：“经文开贝叶，衣製垂秋莲。”

【衣領】　衣服领口。韩偓《自负》：“至今衣领胭脂在，曾被谪仙痛咬来。”

【衣塵】　衣服上的尘土。赵嘏《经无锡县醉后吟》：“京洛衣尘在，江湖酒病深。”

【衣寬】　同“衣帶寬”。李愿《思妇》：“憔悴衣宽日，空房问女巫。”

【衣$_2$褐】　穿粗布衣。钱起《新丰主人》：“蛩悲衣褐夕，雨暗转蓬秋。”独孤及《丙戌岁正月出洛阳书怀》：“往岁衣褐见，受服金马门。”

【衣$_2$褓】　披上襁褓。郑嵎《津阳门诗》：“绣𧘂衣褓日屃赑，甘言狡计愈娇痴。”自注：“太真又以为子，时襁褓戏而加之。”

【衣綵】　相传老莱子行年七十，父母犹在，常身穿“五色彩编襕衣，弄雏鸟于亲侧。”事见《初学记》卷十七引《孝子传》。后称孝顺父母为“衣綵”。赵嘏《送权先辈归觐信安》：“衣彩独归去，一枝兰更香。”

【衣綬】　朝服与佩绶。白居易《有感三首》之一：“鬓发已斑白，衣绶方朱紫。”

【衣器】　指冥衣冥器。张籍《祭退之》：“衣器陈下帐，醪饵奠堂皇。”

【衣錦】　穿锦绣衣裳。谓显贵。李白《送张遥之寿阳幕府》：“勖尔效才略，功成衣锦还。”钱起《送陈供奉恩敕放归觐省》：“采兰兼衣锦，何似买臣还。”李涉《酬彭伉》：“公孙阁里见君初，衣锦南归二十余。”

【衣$_2$錦晝還鄉】　穿了锦绣衣裳白天回到故乡，向乡里夸耀荣华。宋之问《送姚侍御出使江东》：“饮冰朝受命，衣锦昼还乡。”

【衣$_2$錦還鄉】　穿着锦绣衣服回到故乡，含有向亲友乡里夸耀之意。黄滔《送翁员外承赞》：“衣锦还乡翻是客，回车谒帝却为归。”海顺《三不为篇》：“高车反邑，衣锦还乡。”尚颜《送陆肱入关》：“衣锦还乡日，他时有此荣。”

【衣屨】　衣与鞋。指衣着，装束。贾岛《送孙逸人》:"衣屦犹同俗,妻儿亦宛然。"

【衣縷】 破衣。"縷"通"褸"。储光羲《贻王侍御出台掾丹阳》:"墟里献薇蕨,群公致衣缕。"

【衣襟】 亦作"衣衿"。古代指交领或衣下掩裳际处。后亦指上衣的前幅。权德舆《新月与儿女夜坐听琴举酒》:"儿女各冠笄,孙孩绕衣襟。"李贺《长歌续短歌》:"长歌破衣襟,短歌断白发。"曹邺《霁后作》:"新霁辨草木,晚塘明衣衿。"

【衣簪】 ❶衣冠簪缨。钱起《题秘书王迪城北池亭》:"子乔来魏阙,明主赐衣簪。"❷借指官吏与世家大族。李白《送韩准裴政孔巢父还山》:"出山揖牧伯,长啸轻衣簪。"

【衣囊】 盛衣服的包裹或口袋。善生《送智光之南值雨》:"结束衣囊了,炎州定去游。"

二　画

衤 〔liǎo《广韵》盧鳥切,上篠,來。〕见"袪衤"。

三　画

表 〔biǎo《广韵》陂矯切,上小,幫。〕❶外边;外面。高宗《谒大慈恩寺》:"寥廓烟云表,超然物外心。"孟郊《择友》:"今人表似人,兽心安可测。"焦郁《白云向空尽》:"影收元气表,光灭太虚中。"❷表亲。徐夤《赠表弟黄校书辂》:"产破身穷为学儒,我家诸表爱诗书。"❸指石碑。杜甫《石笋行》:"恐是昔时卿相墓,立石为表今仍存。"❹表彰,表扬。韦应物《送丘员外还山》:"终当署里门,一表高阳族。"杜荀鹤《梁王坐上赋无云雨》:"若教阴朗长相似,争表梁王造化功。"❺标出。见"表废"。❻表示;表明。李峤《雉》:"白雉振朝声,飞来表太平。"李白《寄远十一首》之八:"空留锦字表心素,至今缄愁不忍窥。"任华《寄李白》:"今朝忽遇东飞翼,寄此一章表胸臆。"❼表率。张说《五君咏五首·魏齐公元忠》:"齐公生人表,迥天闻鹤唳。"韦应物《赠丘员外二首》之一:"高词弃浮靡,贞行表乡闾。参见"表覈"。❽卓异,迥异于众貌。参见"表表"。❾奏章的一种。王建《送唐大夫罢节归山》:"年少平戎老学仙,表求骸骨乞生全。"张籍《赠孔尚书》:"三表自陈辞北阙,一家相送入南山。"参见"表贺"。

【表化】 谓为习俗之表率。胡直钧《太常观阅骠国新乐》:"何事留中夏,长令表化淳。"

【表功】 显扬功德。韦应物《石鼓歌》:"周宣大猎兮岐之阳,刻石表功兮炜煌煌。"

【表兄】 姑母、舅父、姨母之子。年长于己者称表兄。严震《闻鹿鸣互谑》:"釜戴山中鹿又鸣,此际多应到表兄。"

【表外】 外面。吕岩《七言》之一三:"三冬大热玄中火,六月霜寒表外阴。"

【表弟】 姑母、舅父、姨母之子,年幼于己者称表弟。杜甫《王十五司马弟出郭相访兼遗营茅屋赀》:"他乡唯表弟,还往莫辞遥。"徐夤有《赠表弟黄校书辂》。

【表表】 卓异,迥异于众貌。来鹄《圣政纪颂》:"表表如见者,莫若乎史。"

【表柱】 死者墓前立柱,有旌表之意。颜胄《适思》:"石人徒瞑目,表柱烧无声。"

【表書】 犹奏章。韩愈《元和圣德诗》:"汝为表书,求我帅汝。"

【表章】 奏章。王建《赠郭将军》:"天下表章经院过,宫中语笑隔墙闻。"卢延让《观新岁朝贺》:"表章堆玉案,缯帛满牙床。"

【表疏】 犹奏章。李玖《喷玉泉冥会诗八首·四丈夫同赋》之二:"虽有衣衾藏李固,终无表疏雪王章。"

【表朝】 皎然《答黎士曹黎生前适越后之楚》:"不栖恶木上,肯蹈巴蛇穴。"注:"台人表朝递命,故君不践其土。"表朝,袁朝(晁)之误。袁晁,台州人。见《旧唐书·代宗纪》。

【表賀】 上表庆贺。白居易《新乐府·蛮子朝》:"入界先经蜀川过,蜀将收功先表贺。"

【表聖】 ❶赞美孔子。《郊庙歌辞·享孔子庙乐章·迎神》:"通吴表圣,问老探真。"❷赞美圣王。陈希烈《省试白云起封中》:"为霖虽易得,表圣自难逢。"王履贞《青云干吕》:"表圣兴中国,来王谒大君。"

【表墓】 在死者墓前刻石,以彰其善,谓之表墓。刘禹锡《湖南观察使故相国袁公挽歌三首》之二:"表墓双碑立,尊名一字褒。"李商隐《撰彭阳公志文毕有感》:"延陵留表墓,岘首送沈碑。"

【表微】 谓表明细微之事。储光羲《荐玄德公庙》:"表微在营道,明祀将祈年。"

【表裏】 表面和内部,内外。张九龄《登乐游原春望书怀》:"城隅有乐游,表里见皇州。"宋之问《晚泊湘江》:"况复秋雨霁,表里见衡山。"刘禹锡《陕州河亭陪韦五大夫雪后眺望》:"雪霁太阳津,城池表里春。"亦指事物的内外如一。仲子陵《秦镜》:"云天皆洞鉴,表里尽虚明。"白居易《玩止水》:"浅深三四尺,洞彻无表里。"薛逢《石膏枕》:"表里通明不假雕,冷于春雪白于瑶。"

【表慶】　标出喜庆。穆寂《冬至日祥风应候》："呈祥光舜化，表庆感尧聪。"

【表謚】　犹美谥。吴筠《高士咏·黔娄先生》："辞禄乃余贵，表谥良可嘉。"

【表覈】　谓立表率而核正之。柳宗元《贞符》序："此大事，不宜以辱故休缺，使圣王之典不立，无以抑诡类，拔正道，表核万代。"

衫　〔shān《广韵》所衔切，平衔，生。〕古代指无袖头的开衩上衣，多为单衣，亦间有夹衣。其形制及名称相传始于秦。见《释名·释衣服》。徐贤妃《赋得北方有佳人》："纤腰宜宝袜，红衫艳织成。"张籍《白纻歌》："皎皎白纻白且鲜，将作春衫称少年。"鲍溶《采莲曲二首》之二："夏衫短袖交斜红，艳歌笑斗新芙蓉，戏鱼往听莲叶东。"薛能《柘枝词三首》之三："急破催摇曳，罗衫半脱肩。"

【衫子】　古代所服宽袖之上衣。见五代马缟《中华古今注·衫子背心》。元稹《杂忆五首》之五："忆得双文衫子薄，钿头云映褪红酥。"又《白衣裳二首》之二："藕丝衫子柳花裙，空著沉香慢火熏。"徐凝《玩花五首》之四："忆得倡楼人送客，深红衫子影门时。"崔涯《悼妓》："淡黄衫子浑无色，肠断丁香画雀儿。"

【衫衣】　衣衫，单衣。王建《送司空神童》："暗写五经收部秩，初年七岁著衫衣。"

【衫笏】　官服与笏板。姚合《罢武功县将入城》："乍抛衫笏觉身轻，依旧还称学道名。"

【衫袖】　衣衫的袖子。亦泛称衣袖。孟浩然《宴崔明府宅夜观妓》："髻鬟低舞席，衫袖掩歌唇。"李端《送客东归》："把君衫袖望垂杨，两行泪下思故乡。"刘禹锡《燕尔馆破屏风所画至精人多叹赏题之》："唯有多情往来客，强将衫袖拂埃尘。"亦泛指衣服。白居易《缭绫》："广裁衫袖长制裙，金斗熨波刀翦纹。"

【衫袴】　衣衫与套裤。泛指衣服。无名氏《五言白话诗》之五："饮酒五夫敌，不解缝衫袴。"

袷　〔jié《广韵》其辄切，入葉，羣。又居怯切，入業，見。〕衣后襟。杜甫《丽人行》："背后何所见，珠压腰袷稳称身。"李贺《感讽六首》之五："腰袷珮珠断，灰蝶生阴松。"

衩　〔chà《广韵》楚懈切，去卦，初。〕衣服两侧开口之处。俗称衩口。《玉篇·衣部》："衩，衣衩。"李商隐《无题》："裙衩芙蓉小，钗茸翡翠轻。"又《无题二首》之一："十岁去踏青，芙蓉作裙衩。"

【衩衣】　两侧开衩的长衣。古人用以指男子便服，始于唐。李廓《长安少年行》之六："不乐还逃席，多狂惯衩衣。"王建《宫词一百首》之一〇二："每到日中重掠鬓，衩衣骑马绕宫廊。"韩偓《早归》："衩衣吟宿醉，风露动相思。"见元胡三省《通鉴释文辨误》卷十一。

四　画

袁　〔yuán《广韵》雨元切，平元，云。〕❶地名用字。见"袁州"。❷姓。唐诗人有袁不约、袁高、袁朗、袁恕己等。

【袁十五】　疑指袁德师。刘商有《袁十五远访山门》。

【袁户】　袁安家门户。牟融《山寺律僧画兰竹图》："绿径日长袁户在，紫茎秋晚谢庭空。"

【袁不約】　字还朴。郡望汝南（今属河南），杭州新城（今浙江富阳市西南）人。长庆三年进士及第。大和中以平判入等调官。开成二年以殿中侍御史充剑南西川节度使李固言从事，累官至职方员外郎。《全唐诗》卷五〇八录其诗四首，断句二联。

【袁太祝】　疑为袁长卿。戴叔伦有《酬袁太祝长卿小湖村山居书怀见寄》。权德舆有《送袁太祝衢婺巡覆》。

【袁水】　即袁江。曹邺《送曾德迈归宁宜春》："湘东山水有清辉，袁水词人得意归。"伍唐珪《上苏使君》："江西昔日推韩注，袁水今朝数赵祥。"

【袁公】　❶神话传说中白猿的自称。见汉赵晔《吴越春秋·勾践阴谋外传》。后遂以为典，用以咏剑术。崔日知《冬日述怀奉呈韦祭酒张左丞兰台名贤》："袁公论剑术，孙子叙兵篇。"❷指东汉袁安。皇甫曾《酬郑侍御秋夜见寄》："袁公方卧雪，尺素及柴荆。"❸指晋袁粲。粲任中书令加丹阳尹，常信步郊野或民间园林，与偶遇者共赏共饮。见《南史·袁湛传》附《袁粲传》。骆宾王《冬日宴》："赏洽袁公地，情披乐令天。"

【袁生】　指后汉袁安。韦应物《对雪赠徐秀才》："无为掩扉卧，独守袁生辙。"杨巨源《奉酬窦郎中早入省苦寒见寄》："谢监逢酒时，袁生闭门月。"

【袁安墜睫】　东汉和帝时，司徒袁安担心外戚误国，公卿言国家事，未尝不噫呜流涕，见《后汉书》本传。韩偓《八月六日作四首》之四："袁安坠睫寻忧汉，贾谊濡毫但过秦。"

【袁吉】　人名。曾任刺史。《全唐诗补编》录其《金华山》一首。

【袁州】　两汉豫章郡，隋平陈置袁州府，治宜春，因袁山为名。大业初改为宜春郡，唐武德五年复日袁州，天宝初曰宜春郡，乾元初复为袁州。公元 1912 年裁府入县，属江西省。韩愈有《自袁州还京行次安陆先寄随州周员外》。沈廷瑞有《寄袁州陈智周》。马令《早春陪敕使麻先生祭岳》："忽下袁州使，来游紫洞前。”

【袁江】 水名。又名袁水、秀江。源出江西萍乡市罗霄山，东流入赣江。郑史《永州送侄归宜春》：“永水清如此，袁江色可知。”张乔《送友人归袁州》：“袁江猿鸟清，曾向此中行。”

【袁安】 东汉人，字邵公。为人严而有威，见敬于州里。时洛阳大雪，人多出乞食，安闭门僵卧不起。洛阳令见而贤之，举以为孝廉。王邵《冬晚对雪忆胡处士》：“借问袁安舍，翛然尚闭关。”

【袁宏】 字彦伯，小字虎。东晋阳夏（今河南太康县）人。温庭筠《寄岳州李外郎远》：“独有袁宏正憔悴，一樽惆怅落花时。”郑谷《荆渚八月十五夜值雨寄同年李屿》：“棹倚袁宏渚，帘垂庾亮楼。”罗隐《途中献晋州孟中丞》：“楼移庾亮千山月，树待袁宏一扇风。”

【袁長官女】 （長 zhǎng）袁长官女，《全唐诗》卷八六七录袁长官女诗二首。诗题后注：“广德中，秀才孙恪于洛中魏王池畔，见一大第，有女子摘庭中萱草吟诗。诘之，是袁长官女。少孤，求适人未售。恪睹其光容艳丽，遣谋纳为室。袁金缯赡足，治家甚严，生二子。后任幕职，挈过端州。袁云，此去峡山寺，我家旧有门徒居之，欲赴彼设斋。恪如言，抵寺斋罢，有野猿数十，连臂下生台悲啸。袁题诗僧壁，抚二子，咽泣数声，裂衣化为老猿，偕去。询老僧，乃知此猿寺中所养。开元中，高力士经过，怜其慧黠，携献上阳宫者。”

【袁侍郎】 宋之问有《端州别袁侍郎》。“侍郎”当从《诗式》卷三作“侍御”。袁侍御，袁守一，曾官监察御史，右台御史，后配流端州。见《元和姓纂》卷四京兆韦氏、《太平广记》卷二五九引《朝野佥载》。

【袁郊】 字之仪，蔡州朗山（今河南确山县）人。宪宗朝宰相袁滋之子。懿宗咸通中曾官祠部郎中、虢州刺史。昭宗为翰林学士。事迹见《新唐书·袁滋传》等。著有《二仪实录衣服名义图》一卷、《服饰变古元录》一卷、《甘泽谣》一卷。《全唐诗》卷五九七录其诗四首。

【袁郎】 指袁宏。罗隐《投宣武郑尚书二十韵》：“庾监高楼月，袁郎满扇风。”参见“袁宏”。

【袁門】 指袁安的家门。白居易《雪中酒熟欲携访吴监先寄此诗》：“陈榻无辞解，袁门莫懒开。”

【袁虎】 即袁宏，宏小虎。罗隐《虚白堂前牡丹相传云太傅手植在钱塘》：“香暖几飘袁虎扇，格高长对孔融樽。”

【袁耽俊邁】 袁耽，东晋人，曾官建威将军。少年时爽朗豪迈，倜傥不羁，曾应桓温之请，同其债主赌博，获大胜，助温摆脱负债困境。事见南朝宋刘义庆《世说新语·任诞》。李瀚《蒙求》：“阮简旷达，袁耽俊迈。”

【袁校尉】 （校 jiào）指袁绍。绍为东汉八校尉之一。汉献帝时，他以讨董卓、复兴汉室为号召招揽众多豪杰，对曹操作战失利，曾收集散兵。见《后汉书》本传。唐彦谦《奉使岐下闻唐弘夫行军为贼所擒伤而有作》：“散卒半随袁校尉，寡妻休问辟司徒。”

【袁盎却座】 袁盎，汉文帝时为中郎将。汉文帝游土林苑，与皇后慎夫人同席，中郎将袁盎根据尊卑有序的原则，将慎夫人引却包坐。见《史记·袁盎列传》。李瀚《蒙求》：“袁盎却座，卫瓘抚床。”

【袁師】 袁同直。《临洮送袁七书记归朝》：“岂料殷勤洮水上，却将家信托袁师。”参见“袁書記”。

【袁高】 字公颐。沧州车光（今河北东光县）人。登进士第，累辟使府。代宗朝官至给事中、御史中丞。德宗建中二年擢京畿观察使，贬韶州长使，迁湖州刺史。德宗兴元元年复拜给事中，次年卒于官。宪宗朝追赠礼部尚书。事迹见《新唐书》本传、《旧唐书·德宗》。

【袁書記】 袁同直。曾官膳部郎中，平凉掌书记，入蕃为僧。见《元和姓纂》卷四襄阳袁氏、《太平广记》卷一七九引《嘉话录》《旧唐书·吐蕃传》。吕温有《临洮送袁七书记归朝》，题下注：“时袁生作僧，蕃人呼为袁师。”

【袁朗】 初唐雍州长安（今陕西西安市）人。在南朝陈释褐为秘书郎，历太子洗马、德教殿学士，迁秘书丞。入隋为尚书仪曹郎。入唐，授齐王文学，转祠部郎中，封汝南县男，再转给事中，新旧《唐书》有传。《新唐书·艺文志》著录其文集十四卷，已佚。《全唐诗》卷三十录其诗四首。

【袁恕己】 沧州东光（今河北东光县）人。武后长安中，官司刑少卿，兼知相王府司马。中宗神龙元年正月，与张谏之等谋诛张易之兄弟，拥立中宗李显，以功加银青光禄大夫、中书侍郎、同中书门下三品，封南阳郡公。后遭武三思遣酷史周利贞毒死。新旧《唐书》有传。《全唐书》卷九九录其《咏屏风》诗一首。

【袁偁】 工部员外郎袁倜之弟，见《新唐书·宰相世系四下》袁氏。与卢纶有交往。卢纶有《送袁偁》。

【袁紹】 字本初，汝南汝阳（今河南商水县西北）人。东汉末年割据者。出身于四世三公家庭。灵帝时，为司隶校尉。灵帝死，与何进召董卓诛宦官，卓未至而事泄，进被杀，他杀尽宦官。董卓专权，议废立，绍不从逃奔冀州（今河北中南部），号召起兵反卓。卓挟献帝入长安，绍据有冀、青、幽、并四州。杜甫《秋尽》：“篱边老却陶潜菊，江上徒逢袁绍杯。”

【袁皓】 字退山，袁州宜春（今江西宜春市）人。咸通六年中进士。僖宗幸蜀，擢仓部员外郎。在蜀时，曾著《兴元圣功录》三卷表彰李晟功烈。昭宗龙纪之年官集贤殿图书使。自称碧池处士，撰有《碧池书》三十卷，《道林寺诗》二卷。事见《旧唐书》《礼仪志》五、《新唐书》《艺文志》二、四，《全唐诗》卷六百录其诗四首。

【袁扉】 袁安家门户。骆宾王《寓居洛滨对雪忆谢二》："谢庭赏方逸，袁扉掩未开。"参见"袁生"。

【袁絲】 西汉袁盎字丝。文帝时为中郎将。他曾担心文帝乘马车下坡危险而为之揽辔，又曾向景帝进言反对立梁王为太子，被梁王派刺客暗杀于安陵郭门外。见《史记·袁盎列传》。李德裕《清冷池怀古》："袁丝徒伏剑，长孺欲成灰。"又《述梦诗四十韵》："辔待袁丝揽，书期蜀客操。"

【袁粲】 字景倩，陈郡阳夏（治所今河南太康县）人。以尚书令受宋明帝遗命辅苍梧王，后为萧道成所杀。《宋书》本传。孙元宴《咏史诗》中有《袁粲》。

【袁暉】 京兆（今陕西西安市）人。睿宗景云二年登文以经国科。玄宗先元二年官左补阙。开元初，官邢州司户参军，后召入校理群籍。开元八年，由河南府法曹参军入为礼部员外郎。终官中书舍人。事迹见《旧唐书·魏知古传》《新唐书·马怀素传》等。《全唐诗》卷一一一录其诗八首。

【袁傪】 陈郡（今河南淮阳县）人。天宝十五年进士及第。宝应元年，官河南副元帅李光强行军司马、检校兵部郎中兼御史中丞。大历十二年官至兵部侍郎。事迹见《旧唐书·代宗纪》《旧唐书·德宗纪上》等。《全唐诗》卷二五二录其诗二首。

【袁溪】 水名。在今江西宜春市境内。袁皓《重归宜春偶成十六韵寄朝中知己》："水香甘似醴，知是入袁溪。"

【袁德師】 南阳公袁恕己之孙，给事中袁高之子，贞元六年至八年官义兴尉，后为常州军事判官。见李观《常州军事判官厅壁记》。刘商有《袁德师求画松》。

【袁董】 袁绍和董卓的合称。二人于东汉末都曾以诛宦官为名拥兵自专，并争相谋求挟天子以令诸侯。见《后汉书·袁绍传》。后因以"袁董"喻指拥兵自专的藩镇。韩偓《感事三十四韵》："袁董非徒尔，师昭岂偶然。"

衰[1]

〔shuāi《广韵》所追切，平脂，生。〕❶衰微；衰亡。戎昱《听杜山人弹胡笳》："如今世上雅风衰，若个深知此声好。"元稹《琵琶歌》："管儿管儿忧尔衰，尔衰之后继者谁。"白居易《读汉书》："优游两不断，盛业日已衰。"❷衰老。李白《古风》："大雅久不作，吾衰竟谁陈。"钱起《送张员外出牧岳州》："应笑冯唐衰且拙，世情相见白头新。"白居易《缚戎人》："暗思幸有残筋力，更恐年衰归不得。"❸谓人老时鬓发疏落花白。贺知章《回乡偶书》之一："少小离乡老大回，乡音难改鬓毛衰。"秦系《寄浙东皇甫中丞》："闲闲麋鹿或相随，一两年来鬓欲衰。"白居易《叹发落》："多病多愁心自知，行年未老发先衰。"❹衰弱。杜甫《石壕吏》："老妪力虽衰，请从吏夜归。"白居易《遣怀》："荣销枯去无非命，壮尽衰来亦是常。"杜荀鹤《田翁》："白发星星筋力衰，种田犹自伴孙儿。"❺衰退，衰减。韦应物《送宫人入道》："舍宠求仙畏色衰，辞天素面立天墀。"戴叔伦《早春曲》："朱颜未衰消息稀，肠断天涯草空碧。"陈羽《古意》："妾貌渐衰郎渐薄，时时强笑意索寞。"❻衰败。参见"衰門""衰薄"。❼衰乱。参见"衰世"。❽凋谢，枯萎。韦应物《授衣还田里》："气收天地广，风凄草木衰。"李商隐《鸾凤》："旧镜鸾何处，衰桐凤不栖。"黄滔《雁》："楚岸花晴塞柳衰，年年南北去来期。"

衰[2]

〔suō《广韵》蘇禾切，平戈，心。〕见"衰₂衰"。

【衰月】 指不吉之月。王建《早春病中》："师教绛服禳衰月，妻许青衣侍病夫。"

【衰心】 衰老之心。薛能《和友人寄怀》："自是衰心不如旧，非关四十九年非。"

【衰末】 衰老。刘言史《初下东周赠孟郊》："惭将衰末分，高栖喧世名。"

【衰世】 衰乱的时代。李咸用《春日》："衰世难修道，花时不称贫。"

【衰白】 谓老人体衰鬓发疏落花白。杜甫《收京三首》之二："生意甘衰白，天涯正寂寥。"王建《送韦处士老舅》："良久陈苦辛，从头叹衰白。"白居易《梦仙》："齿发日衰白，耳目减聪明。"

【衰老】 年迈体衰。王昌龄《长歌行》："所是同袍者，相逢尽衰老。"孟云卿《古挽歌》："尔形未衰老，尔息才童稚。"李白《战城南》："万里长征战，三军尽衰老。"亦指年迈体衰的人。齐己《春日西湖作》："曾无长者辙，枉此问衰老。"

【衰老人】 年迈体衰者。薛逢《邻相反行》："男春女爨二十载，堂上未为衰老人。"

【衰朽】 ❶老迈无能。崔颢《江畔老人愁》："青溪口边一老翁，鬓眉皓白已衰朽。"白居易《苏州李中丞以元日郡斋感怀诗寄微之及予辄依来篇七言八韵走笔奉答》："杯前笑歌徒勉强，镜里形容渐衰朽。"又《隐几赠客》："书将引昏睡，酒用扶衰朽。"亦指老迈无能之人。杜甫《遭田父泥饮美严中丞》："前日放营农，辛苦救衰朽。"李端《赠康洽》："后辈轻肥贱衰朽，五侯门馆许因依。"齐己《和昙域上人寄赠之什》："百病煎衰朽，栖迟战国中。”亦指老朽之身。韩愈《左迁至蓝关示侄孙湘》：“欲为圣朝除弊事，肯将衰朽惜残年。”❷犹衰败，衰落。王维《老将行》：“自从弃置便衰朽，世事蹉跎成白首。”柳宗元《植灵寿木》：“蹇连易衰朽，方刚谢经营。”白居易《隋堤柳》：“隋堤柳，岁久年深尽衰朽。”

【衰朽質】 老迈无能的体质。王维《同崔员外秋宵寓直》：“更惭衰朽质，南陌共鸣珂。”亦指老身。李商隐《骄儿诗》：“安得此相谓，欲慰衰朽质。”

【衰年】 衰老之年。杜甫《别赞上人》：“相看俱衰年，出处各努力。”钱起《送郑巨及第后归觐》：“别赠难为此，衰年畏后生。”白居易《醉后重赠晦叔》：“人间更何事，携手送衰年。”

【衰形】 衰弱的身体。白居易《自咏》：“细故随缘尽，衰形具体微。”罗邺《冬夕江上言事五首》之一：“叶落才悲草又生，看看少壮是衰形。”

【衰林】 凋谢的树林。陆龟蒙《子夜四时歌·秋》：“凉汉清泬寥，衰林怨风雨。”

【衰改】 谓人老时鬓发已变为斑白。李白《古风》之十一：“春容舍我去，秋发已衰改。”韩偓《夏课成感怀》：“谁怜愁苦多衰改，未到潘年有二毛。”

【衰周】 衰弱的周朝。指东周。卢仝《月蚀诗》：“安得引衰周，研核其可否。”皮日休《追和虎丘寺清远道士诗》：“成道自衰周，避世穷炎汉。”

【衰宗】 衰落的宗族。有时作谦词。王绩《在京思故园见乡人问》：“衰宗多弟侄，若个赏池台。”

【衰門】 衰败的门第。常作谦词。于逖《忆舍弟》：“衰门少兄弟，兄弟唯两人。”李商隐《五言述德抒情诗一首四十韵》：“弱植叨华族，衰门倚外兄。”

【衰草】 枯草。卢纶《李端公》：“故关衰草遍，离别自堪悲。”刘言史《病中客散复言怀》：“华发离披卧满头，暗虫衰草入乡愁。”邵谒《金谷园怀古》：“浮云易改色，衰草难重芳。”

【衰相】 衰弱的相貌。白居易《因沐感发寄朗上人二首》之一：“强年过犹近，衰相来何速。”

【衰柳】 ❶犹细柳。马戴《江亭赠别》：“衰柳风难定，寒涛雪不分。”司马扎《筑台》：“舞模衰柳影，歌留草虫声。”❷枯柳。陆龟蒙《和袭美初冬偶作寄南阳润卿次韵》：“衰柳尚能和月动，败兰犹拟倩烟笼。”

【衰思】 衰老的思绪。白居易《开襟》：“无奈每年秋，先来入衰思。”

【衰俗】 衰败的世俗。张籍《赠别孟郊》：“君生衰俗间，立身如礼经。”水神《霅溪夜宴诗》之九：“谅予衰俗人，无能振颓纲。”

【衰叟】 衰弱年老的男人。孟郊《出东门》：“少年一日程，衰叟十日奔。”李绅《逾岭峤止荒陬抵高要》：“汉日傅臣终委弃，如今衰叟重辉光。”

【衰退】 衰弱退步。多指身体、精神等。沈千运《濮中言怀》：“衰退当弃捐，贫贱招毁讟。”

【衰怠】 衰弱疲倦。苏颋《夜发三泉即事》：“冉冉年将病，力困衰怠竭。”

【衰紅】 凋谢的花。李贺《感讽六首》之五：“秋凉经汉殿，班子泣衰红。”白居易《惜牡丹花二首》之一：“明朝风起应吹尽，夜惜衰红把火看。”陆龟蒙《补沈恭子诗》：“乱翠缺月隐，衰红清露愁。”

【衰耄】 衰老。白居易《禽虫十二章》序：“一哂之外，亦有以自警其衰耄封执之惑焉。”

【衰耗】 犹衰弱亏损。韦应物《闲居赠友》：“颜鬓日衰耗，冠带亦寥落。”

【衰時】 衰败之时。白居易《寓意诗五首》之五：“孰谓树之大，花叶有衰时。”

【衰條】 枯条。陆龟蒙《冬柳》：“柳汀斜对野人窗，零落衰条傍晓江。”曹松《山中》：“衰条难定鸟，缺月易依山。”

【衰息】 衰而停息。杜甫《送韦讽上阆州录事参军》：“国步犹艰难，兵革未衰息。”

【衰翁】 老翁。刘长卿《岁日作》：“春衣试稚子，寿酒劝衰翁。”白居易《惜春赠李尹》：“芳树花团雪，衰翁鬓扑霜。”许棠《新年呈友》：“清晨窥古镜，旅貌近衰翁。”

【衰$_2$衰】 下垂貌；纷披貌。韩愈《南山有高树行赠李宗闵》：“南山有高树，花叶何衰衰。”

【衰容】 衰老的容貌。刘长卿《和州留别穆郎中》：“播迁悲远道，摇落感衰容。”白居易《感秋咏意》：“须知流辈年年失，莫叹衰容日日非。”韦庄《南游富阳江中作》：“浪迹花应笑，衰容镜每知。”

【衰弱】 ❶体力、精力衰退减弱。白居易《官俸初罢亲故见忧以诗谕之》：“又及悬车岁，筋力转衰弱。”❷谓事物由强转弱。罗隐《寄酬邺王罗令公五首》之三：“敢将衰弱附强宗，细算还缘血脉同。”

【衰葉】 落叶。李嘉祐《送严二擢第东归》：“迎秋见衰叶，余照逐鸣蝉。”

【衰敗】 衰落败坏。卢纶《早春游樊川》：“韶光偏不待，衰败巧相仍。”

【衰晚】 犹衰老。杜甫《题省中院壁》：“腐儒衰晚谬通籍，退食迟回违寸心。”

【衰盛】 衰弱与强盛。李山甫《山中答刘书记寓怀》：“山中有独夫，笑傲出衰盛。”

【衰偶】 衰靡、排偶之文。李贺《赠陈商》：“学为尧舜文，时人责衰偶。”

【衰病】 衰弱抱病。白居易《秋凉闲卧》：“幽闲竟日卧，衰病无人问。”又《赠皇甫六张十五李二十三宾客》："家未苦贫常酝酒，身虽衰病尚吟诗。"刘言史《病僧二首》之二："空林衰病卧多时，白发从成数寸丝。"

【衰疾】 衰弱之疾。杜甫《水会渡》："远游令人瘦，衰疾惭加餐。"白居易《白发》："歌吟终日如狂叟，衰疾多时似瘦仙。"皎然《送清会上人游京》："佳游限衰疾，一笑向西风。"

【衰情】 衰老的情怀。白居易《秋晚》："长貌随年改，衰情与物同。"又《雪后早过天津桥偶呈诸客》："悠扬短景凋年急，牢落衰情感事多。"又《小庭寒夜寄梦得》："老睡随年减，衰情向夕多。"

【衰悴】 亦作"衰顇"。衰弱，憔悴。徐浩《宝林寺作》："腰带愁疾减，容颜衰悴催。"白居易《题旧写真图》："我今四十六，衰顇卧江城。"

【衰淚】 老泪。韩愈《游西林寺题萧二兄郎中旧堂》："偶到匡山曾住处，几行衰泪落烟霞。"

【衰散】 （一sàn）谓衰老时分离。杜牧《赠别宣州崔群相公》："衰散相逢洛水边，却思同在紫薇天。"

【衰惡】 衰弱之甚。白居易《自觉二首》之一："四十未为老，忧伤早衰恶。"

【衰喪】 衰亡，丧亡。陈陶《续古二十九首》之三："大朴衰丧后，仲尼生不来。"

【衰殘】 ❶犹衰老。白居易《天坛峰下赠杜录事》："年颜气力渐衰残，王屋中峰欲上难。"姚合《除夜二首》之一："衰残归未遂，寂寞此宵情。"齐己《中春怆怀寄二三知己》："故人相会处，应话此衰残。"亦指衰老的人。方干《赠五牙山人洗修白》："箧里生尘是闲药，外沾犹可救衰残。"吕岩《七言》之二九："认得此般真妙诀，何忧风雨妒衰残。"❷谓人老时鬓发花白疏落。梁补阙《赠米都知》："供奉三朝四十年，圣时流落发衰残。"

【衰禽】 老鸟。李绅《过梅里七首·忆东郭居》："衰禽识旧木，疲马知归道。"

【衰蓬】 ❶枯萎的蓬草。李白《古风》之二八："华鬓不耐秋，飒然成衰蓬。"卢纶《得耿沣司法书因叙长安故友零落》："鬓似衰蓬心似灰，惊悲相集老相催。"❷借指头发。张祜《江南杂题三十首·其二三》："秋来因揽镜，强欲理衰蓬。"

【衰歇】 ❶衰退，竭尽。杜甫《七月三日亭午已后较热退晚加小凉稳睡》："密云虽聚散，徂暑终衰歇。"❷衰落，止息。杜甫《佳人》："世情恶衰歇，万事随转烛。"顾况《弃妇词》："物情弃衰歇，新宠方妍好。"李绅《望鹤林寺》序："寺内有木兰、杜鹃繁茂，人言至今犹未衰歇。"

【衰節】 指深秋季节。刘禹锡《学阮公体三首》之二："不因感衰节，安能激壮心。"

【衰微】 衰败，不兴盛。韦应物《金谷园歌》："嗣世衰微谁肯忧，二十四友日日空追游。"孟郊《吊元鲁山》："五常坐销铄，万类随衰微。"周昙《咏史诗·春秋战国门·再吟》："周室衰微不共匡，干戈终日互争强。"

【衰暮】 迟暮。喻晚年。韩愈《除官赴阙至江州寄鄂岳李大夫》："少年乐新知，衰暮思故友。"白居易《重到渭上旧居》："回念念我身，安得不衰暮。"

【衰摧】 犹衰颓。白居易《不能忘情吟》："今素貌虽陋，未至衰摧。"

【衰貌】 衰老的样子。刘长卿《寄会稽公徐侍郎》："老鹤无衰貌，寒松有本心。"

【衰瘦】 衰弱消瘦。白居易《春尽日宴罢感事独吟》："金带缒腰衫委地，年年衰瘦不胜衣。"

【衰颯】 ❶衰落萧索。张九龄《登古阳云台》："庭树日衰飒，风霜未云已。"子兰《晚景》："池荷衰飒菊芬芳，策杖吟诗上草堂。"❷犹衰老。李益《罢镜》："衰飒一如此，清光难复持。"白居易《寄王质夫》："年颜渐衰飒，生计仍萧索。"司空图《新岁对写真》："自伤衰飒慵开镜，拟与儿童别写真。"

【衰榮】 枯荣，盛衰。皇甫冉《赠郑山人》："家人恣贫贱，物外任衰荣。"王枢《和严恽落花诗》："花落花开人世梦，衰荣闲事且持杯。"郑谷《敷溪高士》："谪去征还何扰扰，片云相伴看衰荣。"

【衰髮】 因衰老而变白的头发。张祜《题李山人园林》："唯道石田堪种黍，不将衰发羡华簪。"许棠《遣怀》："飞尘长满眼，衰发暗添头。"吴融《秋池》："凌晓无端照衰发，便悲霜雪镜光中。"

【衰髯】 因衰老而变的胡须。耿沣《酬张少尹秋日凤翔西郊见寄》："丽藻终思我，衰髯亦为君。"

【衰邁】 衰弱老迈。杜甫《上白帝城二首》之一："英雄余事业，衰迈久风尘。"

【衰影】 衰老的身影。李绅《过梅里七首·忆题惠山寺书堂》："松下壮心年少去，池边衰影老人过。"

【衰齒】 衰老。韦应物《始闻夏蝉》："响悲遇衰齿，节谢属离群。"杜甫《回棹》："几杖将衰齿，茅茨寄短椽。"李绅《七年初到洛阳寓居宣教里时已春暮而四老俱在洛中分司》："圣朝寡罪容衰齿，愚叟多惭未退身。"

【衰賤】 衰减的贱姿。李白《去妇词》："物情恶衰贱，新宠方妍好。"

【衰質】 衰弱的质体。李绅《忆被牛相留醉州中时无他宾牛公夜出真珠辈数人》："酒征旧对惭衰质，曲换新词感上宫。"

【衰遲】 衰年迟暮。谓年老。郑谷《中年》："衰迟自喜添诗学，更把前题改数联。"韩偓《中秋寄杨学士》："鳞差甲子渐衰迟，依旧年年困乱离。"

【衰薄】 衰败浮薄。常指世风道德。杜甫《昔游》："胡为客关塞，道意久衰薄。"

【衰醜】 衰老的相貌。杨巨源《见薛侍御戴不损裹帽子因赠》："有意怜衰丑，烦君致一枚。"

【衰興】 兴衰，兴盛与衰亡。张祜《忆江东旧游四十韵寄宣武李尚书》："才当论曲直，命可系衰兴。"李商隐《幽人》："东流清渭苦，不尽照衰兴。"

【衰瘵】 犹衰病。孟郊《与王二十一员外涯游昭成寺》："顾惭余眷下，衰瘵婴残身。"

【衰燈】 残灯。李贺《秋来》："桐风惊心壮士苦，衰灯络纬啼寒素。"

【衰憊】 ❶衰弱疲惫。白居易《自咏五首》之三："公私颇多事，衰惫殊少欢。"❷衰败。陈陶《草木言》："雨足因衰惫，风多因夭伤。"

【衰謝】 ❶谓体力精力衰退。杜甫《送率府程录事还乡》："鄙夫行衰谢，抱病昏妄集。"又《江上》："时危思报主，衰谢不能休。"司空图《偶书五首》之一："衰谢当何忏，惟应悔壮图。"❷败落。杜甫《四松》："览物叹衰谢，及兹慰凄凉。"方干《示乡叟》："暮齿甘衰谢，逢人惜别离。"❸凋谢。詹敦仁《余迁泉山城留侯招游郡圃作此》："试问亭前花与柳，几番衰谢几番荣。"

【衰顇】 见"衰悴"。

【衰懦】 指衰弱怯懦的人。杜甫《舟中苦热遣怀奉呈阳中丞通简台省诸公》："声节哀有余，夫何激衰懦。"

【衰蹇】 老迈迟钝。卢纶《同薛存诚登栖岩寺》："衰蹇步难前，上山如上天。"

【衰蹇老】 年迈迟钝的老人。马戴《蛮家》："又逢衰蹇老，相问莫知年。"

【衰叢】 指深秋的丛林。司空曙《秋园》："强向衰丛见芳意，茱萸红实似繁花。"

【衰顔】 衰老的容颜。杜审言《赠崔融二十韵》："雅节君弥固，衰颜余自伤。"刘长卿《对酒寄严维》："陋巷喜阳和，衰颜对酒歌。"白居易《悲歌》："独有衰颜留不得，醉来无计但悲歌。"

【衰羸】 衰老瘦弱。白居易《赠友五首》之五："儿女未成人，父母已衰羸。"又《览镜喜老》："行年六十四，安得不衰羸。"罗隐《寄张侍郎》："衰羸岂合话荆州，争奈思多不自由。"

【衰懷】 衰老的胸怀。白居易《酬皇甫郎中对新菊花见忆》："爱菊高人吟逸韵，悲秋病客感衰怀。"

【衰蘭】 老兰。白居易《杪秋独夜》："前头更有萧条物，老菊衰兰三两丛。"

【衰變】 衰落变化。白居易《花下对酒二首》之二："年芳与时景，顷刻犹衰变。"伏牛上人《三伤颂·其一》："男女未成长，颜色已衰变。"

【衰鬢】 谓老人鬓发花白。王维《送綦毋秘书弃官还江东》："无庸客昭世，衰鬓日如蓬。"岑参《巴南舟中思陆浑别业》："镜里愁衰鬓，舟中换旅衣。"白居易《早蝉》："一催衰鬓色，再动故园情。"

衷 〔zhōng《广韵》陟弓切，平東，知。〕❶内心。李华《寄赵七侍御》："回头望云卿，此恨发吾衷。"羊士谔《和武相早朝中书候传点书怀奉呈》："抗节衷无隐，同心尚弼违。"孙元晏《咏史诗·晋·陆玩》："陆公高论亦由衷，谦让还惭未有功。"❷正，正派。孟郊《秋怀》之十："志士多异感，运郁由邪衷。"张祜《投陈许崔尚书二十韵》："接物欢盈貌，安民术在衷。"❸忠诚。韩愈《谒衡岳庙遂宿岳寺题门楼》："升阶伛偻荐脯酒，欲以菲薄明其衷。"

【衷甲】 穿在衣服里面的铠甲。杜牧《牧在淮南縻职叙旧成二十二韵用以投寄》："满枝为鼓吹，衷甲避戈矛。"

【衷抱】 犹怀抱。心意；心怀。古之奇《秦人谣》："奸臣弄民柄，天子恣衷抱。"李绅《过梅里七首·忆东郭居》："倏忽变星霜，悲伤满衷抱。"刘驾《春夜二首》之二："时难何处披衷抱，日日日斜空醉归。"

【衷素】 内心真情。南唐后主李煜《菩萨蛮》词之三："雨云深绣户，来便谐衷素。"

【衷情】 内心的感情。吕岩《题黄鹤楼石照》："衷情欲诉谁能会，惟有清风明月知。"毛文锡《诉衷情》之一："何时携手洞边迎，诉衷情。"

【衷腸】 犹衷情。内心的感情。韩偓《天鉴》："神依正道终潜卫，天鉴衷肠竟不违。"张祜《忧旱吟》："老农力耕耨，扪心无衷肠。"

【衷襟】 内心的情怀。骆宾王《于紫云观赠道士》序："先生情均得兔，忘筌之契已深，路是亡羊，分岐之恨逾切。不题短什，何汰衷襟。"

衲 〔mà《广韵》奴答切，入合，泥。〕❶缝缀；补。张祜《题灵隐寺师一上人十韵》："片衣闲自衲，单食老长斋。"杜荀鹤《题觉禅和》："禅衣衲后云藏线，夏腊高来雪印眉。"❷僧衣。王梵志《五言·要去如是去》："身披一破衲，脚着娘生袴。"戴叔伦《赠鹤林上人》："归来挂衲高林下，自剪芭蕉写佛经。"周贺《赠柏岩禅师》："老来披衲重，病后读经生。"❸僧徒的代称。戴叔伦《题横山寺》："老衲供茶碗，斜阳送客舟。"张祜《赠禅师》："坐见三生事，宗传一衲来。"许浑《洛东兰若夜归》："一衲老禅床，吾生半异乡。"

【衲衣】 ❶僧衣。严维《赠别至弘上人》："衲衣求坏帛，野饭拾春蔬。"牟融《送僧》："三生尘梦醒，一锡衲衣轻。"贾岛《崇圣寺斌公房》："落日寒山磬，多年坏衲衣。”❷代指僧人。卢纶《题嘉祥殿南溪印禅师壁画影堂》:“双屐参差锡杖斜,衲衣交膝对天花。”周贺《送分定归灵夏》:“却到禅斋后,边军识衲衣。”李商隐《华师》:“孤鹤不睡云无心,衲衣筇杖来西林。”❸缝制僧衣。秦系《秋日送僧志幽归山寺》:“磬声寂历宜秋夜,手冷灯前自衲衣。”

【衲服】 道袍。道服。吕岩《七言》之一九:“浮生不实为轻忽,衲服深藏奇异骨。”

【衲師】 指僧侣。李绅《新楼诗二十首·龙宫寺》:“银地溪边遇衲师,笑将花宇指潜知。”

【衲葉】 指佛经。贯休《宝禅师见访》:“茶烟粘衲叶,云水透蘅茆。”

【衲僧】 僧人,和尚。周贺《秋晚归庐山留别道友》:“已许衲僧修静社,便将樵叟对闲扉。”郑谷《前寄左省张起居一百言寻蒙唱酬见誉过实却用旧韵重答》:“钓朋蓑叟在,药术衲僧传。”黄滔《上李补阙》:“谏草封山药,朝衣施衲僧。”

【衲線】 缝缀用的线。陆龟蒙《赠老僧二首》之二:“自有家山供衲线,不离溪曲取庵茅。”

【衲補】 补衲。补缀的僧衣。唐求《赠行如上人》:“衲补云千片,香烧印一窠。”

衽 〔rèn《广韵》汝鸩切,去沁,日。〕亦作“袵”。衣襟。耿湋《奉送崔侍御和蕃》:“俗殊人左衽,地远水西流。”薛逢《八月初一驾幸延喜楼看冠带降戎》:“楼台乍仰中天易,衣服初回左衽难。“魏承班《满宫花》词:“少年何事负初心,泪滴缕金双衽。”❶衣襟。杜甫《送李校书二十六韵》:“倚门固有望,敛衽就行役。”白居易《新乐府·城盐州》:“自筑盐州十余载,左衽毡裘不犯塞。”❷衣袖。魏承班《满宫花》词:“少年何事负初心,泪滴缕金双衽。”

【衽席】 ❶床褥与莞席。亦泛称卧席。杜甫《白水县崔少府十九翁高斋三十韵》:“长歌激屋梁,泪下流衽席。”引申为寝处之所。储光羲《晚霁中园喜赦作》:“几悲衽席湿,长叹垣墙毁。”❷借指太平安居的生活。张九龄《奉和圣制送尚书燕国公赴朔方》:“歌钟旋可望,衽席岂难行。”卢从愿《奉和圣制送张说巡边》:“衽席知无战,兵戈示不忘。”

衾 〔qīn《广韵》去金切,平侵,溪。〕❶大被。孟云卿《古别离》:“宿昔梦同衾,忧心常倾倒。”白居易《和元九悼往》:“中有孤眠客,秋凉生夜衾。”陈季卿《别妻》:“明夜相思处,秋风吹半衾。”❷覆盖尸体的被单。白居易《狂歌词》:“焉用黄墟下,珠衾玉匣为。”又《冬至夜怀湘灵》:“艳质无由见,寒衾不可亲。”

【衾衣】 被子和衣服。姚合《谢汾州田大夫寄茸毡葡萄》:“衾衣疏不称,梨栗鄙难高。”

【衾枕】 被子和枕头。李白《友人会宿》:“醉来卧空山,天地即衾枕。”刘禹锡《秋江早发》:“昏昏恋衾枕,安见元气英。”张祜《病后访山客》:“久病倦衾枕,独行来访君。”

【衾裯】 指被褥床帐等卧具。李白《赠别从甥高五》:“肝胆不楚越,山河亦衾裯。”杜甫《秋雨叹三首》之二:“城中斗米换衾裯,相许宁论两相直。”白居易《重修香山寺毕题二十二韵以纪之》:“吟来携笔砚,宿去抱衾裯。”

【衾幬】 被子和帐子。泛指卧具。钱起《苦雨忆皇甫冉》:“草木森已悲,衾帱清且冷。”

【衾簟】 被子和竹席。泛指暑日卧具。元稹《遣病》之八:“卧悲衾簟冷,病觉支体轻。”李中《新秋有感》:“渐添衾簟爽,顿觉梦魂清。”

衿 〔jīn《广韵》居吟切,平侵,見。〕❶古代衣服的交领。《诗·郑风·子衿》:“青青子衿,悠悠我心。”毛传:“青衿,青领也。学子之所服。”亦指交领的长衫。张祜《题上饶亭》:“溪亭拂一琴,促轸坐披衿。”亦借指学子。韦庄《和郑拾遗秋日感事一百韵》:“紫闼重开序,青衿再设庠。”❷衣襟。宗华《蝉鸣一篇五章》之五:“我友来斯,言告离衿。”刘兼《海棠花》:“烟轻虢国颦歌黛,露重长门敛泪衿。”皎然《奉酬于中丞使君郡斋卧病见示一首》:“盘薄西山气,贮在君子衿。”❸心怀。贾岛《寄友人》:“我常倦投跡,君亦知此衿。”

【衿纓】 指衣冠楚楚的士大夫。韩愈、孟郊《城南联句》:“类招臻倜诡,翼萃伏衿缨。”

衮 〔gǔn《广韵》古本切,上混,見。〕❶古代三公穿的有龙纹的朝服。白居易《题裴晋公女儿山刻石诗后》:“公今在何官,被衮珥貂蝉。”皮日休《添鱼具诗·蓑衣》:“前头不施衮,何以为三公。”陆龟蒙《素丝》:“为线补君衮,为弦系君桐。”❷借指三公。元稹《奉和浙西大夫李德裕述梦四十韵》:“神枢千里应,华衮一言褒。”

【衮衣】 ❶古代帝王或三公穿有卷龙的礼服。皮日休《二游诗·任诗》:“衮衣竞璀璨,鼓吹争鞺鞳。”唐彦谦《七夕》:“而予愿乞天孙巧,五色纫针补衮衣。”❷借指帝王或三公。张说《韦谯公挽歌二首》之一:“衮衣将锡命,泉路有光华。”钱起《送蒋尚书居守东都》:“长安日西笑,朝夕衮衣迎。”

【衮服】 借指帝王。《郊庙歌辞·周宗庙乐舞辞·治顺》:“清庙将入,衮服是依。”亦借指三公。白居易《闻庾七左降因咏所怀》:“衮服相天下,倘来非我通。”

【衮師】 李商隐幼子之名。李商隐《骄儿诗》:“衮师我骄儿,美秀乃无匹。”

【衮衮】 ❶龙卷曲貌。皮日休《补周礼九夏系文·九夏歌九篇》之九："桓桓其珪，衮衮其衣。"❷旋转翻滚貌。无名氏《姜宣弹小胡笳引》："泛徽胡雁咽萧萧，绕指辘轳圆衮衮。"❸大水奔流貌。杜甫《登高》："无边落木萧萧下，不尽长江衮衮来。"❹说话滔滔不绝。严维《夏日纳凉》："衮衮承嘉话，清风纳晚凉。"❺相继不绝貌。杜甫《上牛头寺》："青山意不尽，衮衮上牛头。"韩愈《嘲鼾睡》："谓言绝于斯，继出方衮衮。"❻众多貌，杜甫《醉时歌》："诸公衮衮登台省，广文先生官独冷。"王涯《游春词二首》之二："鸟度时时冲絮起，花繁衮衮压枝低。"❼混浊不清貌。张为《谢别毛仙翁》："黄河浊衮衮，别泪流澌澌。"

【衮紱】 衮衣及系宫印的丝带。借指达官显宦。太宗《春日玄武门宴群臣》："紫庭文珮满，丹墀衮绂连。"

【衮冕】 古代帝王及三公的礼服与礼冠。借指显贵。李白《送杨少府赴选》："吾君咏南风，衮冕弹鸣琴。"亦借指显贵之职位。杜甫《过郭代公故宅》："及夫登衮冕，直气森喷薄。"

【衮旒】 衮衣和冕冠前后悬垂的玉串。借指帝王。胡皓《奉和圣制送张尚书巡边》："衮旒垂翰墨，缨蕤迭赋诗。"亦借指素王。苏拯《颂鲁》："礼乐今有余，衮旒当圣人。"

【衮裳】 衮衣绣裳的省称。画有卷龙的上衣和有绣花的下裳。借指显宦。李郃《贺州思九疑作》："衣分绢余绪，旦期裨衮裳。"

【衮黻】 古代达官显贵礼服。韩愈《山南郑相公樊员外酬答为诗其末咸有见及语樊封以示愈依赋十四韵以献》："日延讲大训，龟判错衮黻。"原注："衮黻言其所服。"

【衮龍】 ❶朝衣上的龙。王维《和贾舍人早朝大明宫之作》："日色才临仙掌动，香烟欲傍衮龙浮。"❷衮龙袍的省称。曹邺《题濮庙》："不知皇帝三宫驻，始向人间著衮龙。"❸借指皇帝。王涯《献寿辞》："微臣欲献唐尧寿，遥指南山对衮龙。"

【衮龍衣】 古代皇帝的朝衣，上有龙纹，故称。李贺《白虎行》："天授秦封祚未移，衮龙衣点荆卿血。"薛逢《宣政殿前陪位观册顺宗宪宗皇帝尊号》："孔雀扇分香案出，衮龙衣动册函来。"

【衮職】 古代指三公或显贵的职位。杜甫《题省中院壁》："衮职曾无一字补，许身愧比双南金。"亦借指三公。玄宗《集贤书院成送张说上集贤学士赐宴得珍字》："集贤招衮职，论道命台臣。"宋之问《送合宫苏明府颋》："贤哉荀奉倩，衮职伫来仪。"杜甫《诸将五首》之三："朝廷衮职虽多预，天下军储不自供。"

袂 〔mèi《广韵》彌弊切，去祭，明。〕衣袖。李白《禅房怀友人岑伦》："离忧每醉心，别泪徒盈袂。"杜甫《寄贺兰铦》："岁晚仍分袂，江边更转蓬。"钱起《送崔十三东游》："灞上春风留别袂，关东新月宿谁家。"刘禹锡《踏歌词四首》之一："春江月出大堤平，堤上女郎连袂行。"

【袂分】 分袂。离别。裴说《秋日送河北从事》："此去难相恋，前山掺袂分。"

五　画

袜 〔mò《广韵》莫撥切，入末，明。〕即袜胸。胸衣。徐贤妃《赋得北方有佳人》："纤腰宜宝袜，红衫艳织成。"张柬之《大堤曲》："玉床翠羽帐，宝袜莲花距。"李贺《追赋画江潭苑四首》之二："宝袜菊衣单，蕉花密露寒。"

祛 〔qū《广韵》去魚切，平魚，溪。〕❶袖口。亦泛指衣袖。李贺《荣华乐》："口吟舌话称女郎，锦祛绣面汉帝旁。"李敬方《太和公主还宫》："金殿更戎幄，青祛换毳衣。"❷通"祛"。(1)除去。刘孝孙《游清都观寻沈道士得仙字》："聊祛尘俗累，宁希龟鹤年。"常衮《奉和圣制麟德殿燕百僚应制》："网已祛三面，歌因守四方。"孟郊《游韦七洞庭别业》："何以祛扰扰，叩调清淅淅。"(2)散去。韩愈《赠张籍》："开祛露毫末，自得高蹇嵯。"齐己《夏雨》："下叶黎甿望，高祛旱暵光。"

【祛愁】 除去忧虑。祛通"祛"。贾岛《病起》："灯下南华卷，祛愁当酒杯。"

袚 〔fú《集韵》敷勿切，入勿，敷。〕通"祓"。谓祓除不祥。柳宗元《奉平淮夷雅表·皇武》："载辟载袚，丞相是临。"司空图《歌者十二首》之一："风霜一夜燕鸿断，唱作江南袚禊天。"

袒 〔tǎn《广韵》徒旱切，上旱，定。〕袒露。杜甫《戏为双松图歌》："庞眉皓首无住著，偏袒右肩露双脚。"杜牧《题商山四皓庙一绝》："南军不袒左边袖，四老安刘是灭刘。"韩偓《访明公大德》："寸发如霜袒右肩，倚肩筇竹貌怡然。"

【袒呼】 袒露右肩而呼。柳宗元《贞符》并序："徒奋袒呼，犒迎义旅，欢动六合，至于麾下。"

【袒肩】 袒露右肩。陆龟蒙《纪梦游甘露寺》："叠掌望罘罳，分明袒肩释。"杜荀鹤有《赠袒肩和尚》。

【袒跣】 袒胸赤足。杜甫《今夕行》："冯陵大叫呼五白，袒跣不肯成枭卢。"白居易《不出门》："袒跣北窗下，葛天之遗民。"韩偓《赠吴颠尊师》："毫厘分象纬，袒跣揖公卿。"

【袒裼】 脱去上衣，裸露肢体。刘禹锡《武夫词》："酣歌高楼上，袒裼大道傍。"

【袒膊】 袒露肩胛。周贺《赠胡僧》："背经来汉地，袒膊过冬天。"

袖 〔xiù《广韵》似祐切，去宥，邪。〕❶袖子。衣服套在胳膊上的筒状部分。杜甫《述怀一首》："麻鞋见天子，衣袖露两肘。"刘禹锡《同乐天和微之深春二十首》之十四："杏园抛曲处，挥袖向风斜。"白居易《新乐府·胡旋女》："弦鼓一声双袖举，回雪飘飖转蓬舞。"❷藏于袖中。郑谷《寄职方李员外》："曾袖篇章谒长卿，今来附凤事何荣。"

【袖手】 藏手于袖。韩愈《石鼎联句》序："道士哑然笑曰。子诗如是而已乎。即袖手耸肩，倚北墙坐。"

【袖卷】 袖里收藏。高适《闺情》之三："愿君垂下方便叶，袖卷将归看复看。"

【袖障】 谓用衣袖遮蔽。韩琮《公子行》："袖障云缥缈，钗转凤攲斜。"

【袖鎚】 袖中暗藏铁椎。李白《博平郑太守见访却之武陵立马赠别》："仍要鼓刀者，乃是袖槌人。"

袠 〔zhì《广韵》直一切，入質，澄。〕书套，书函。颜真卿、陆羽等《竹山连句题潘氏书堂》："万卷皆成袠，千竿不作行。"白居易《酬微之》："满袠填箱唱和诗，少年为戏老成悲。"李商隐《骄儿诗》："当为万户侯，勿守一经袠。"

袋 〔dài《广韵》徒耐切，去代，定。〕衣袋。陈裕《咏浑家乐二首》之二："囊中钱物衣装少，袋里燕脂胡粉多。"

袙 同"袹"。参见"袙腹"。

【袙腹】 挂在胸腹间的贴身小衣。段成式《嘲飞卿七首》之四："见说自能裁袙腹，不知谁更著帩头。"

袗 〔zhěn《广韵》章忍切，上軫，章。又章刃切，去震，章。〕单衣。韦应物《赠李判官》："始耕已见获，袗絺今授衣。"

被¹ 〔bèi《广韵》皮彼切，上紙，並。〕❶被子。李白《春怨》："白马金羁辽海东，罗帷绣被卧春风。"卢纶《送马尚书郎君侍从归觐太原》："遥想称觞后，唯当共被眠。"白居易《求分司东都寄牛相公十韵》："饭粗餐亦饱，被暖起常迟。"❷遮盖。岑参《春遇南使贻赵知音》："网丝结宝琴，尘埃被空樽。"元结《演兴四首·初祀》："涂木兰兮莳糅蓠，被弱草兮祷衭联。"❸遍布。李适《汾阴后土祠作》："西巡历九嶷，舳舻被江滨。"韦应物《骊山行》："千乘万骑被原野，云霞草木相辉光。"杜甫《木皮岭》："汗流被我体，祁寒为之暄。"❹及；延及。王维《华岳》："大君包覆载，至德被群生。"李白《赠张相镐二首》之一："泽被鱼鸟悦，令行草木春。"李绅《早渡扬子江》："焚却成船无战伐，使知风教被乌蛮。"❺配。许敬宗《奉和行经破薛举战地应制》："虏场栖九穗，前歌被六英。"独孤及《自东都还濠州奉酬王八谏议见赠》："赖君赠我郢中曲，别后相思被管弦。"羊士谔《客有自渠州来说常谏议使君故事怅然成咏》："至今犹有东山妓，长使歌诗被管弦。"❻蒙受，遭受。元结《补乐歌十首·云门》："类我圣德兮，溥被无方。"皇甫冉《太常魏博士远出贼庭江外相逢因叙其事》："群生被惨毒，杂虏耀轻肥。"褚载《吊秦叟》："儿被杀伤妻被虏，一身随驾到三峰。"❼表示被动。犹让。顾况《山径柳》："年年立春后，即被啼莺占。"李商隐《华清宫》："未免被他褒女笑，只教天子暂蒙尘。"杜荀鹤《闲居即事》："章句偶为前辈许，话言多被俗人疑。"

被² 〔pī《集韵》攀糜切，平支，滂。〕❶后作"披"。搭衣于肩背。李白《玩月金陵城西孙楚酒楼》："草裹乌纱巾，倒被紫绮裘。"参见"被₂髮"。❷穿着。权德舆《酬别蔡十二见赠》："严霜被鹑衣，不知狐白温。"李绅《逾岭峤止荒陬抵高要》："天将南北分寒燠，北被羔裘南卉服。"陆龟蒙《杂讽九首》之九："群儿被坚利，索手安冯河。"

【被目】 被看，被人注视。白居易《迂叟》："初时被目为迂叟，近日蒙呼作隐人。"

【被出】 被贬官。王维有《初出济州别城中故人》。一作《被出济州》。

【被色】 语出《礼记·礼运》。人秉五行而生，五行有色，故人亦领受五色。被色，谓人领受五色而生。元稹《象人》："被色空成象，观空色异真。"

【被₂衣】 把衣服披在肩上。白居易《酬梦得霜夜对月见怀》："暖怜炉火近，寒觉被衣轻。"

【被肘】 形容受到牵掣。杜甫《遭田父泥饮美严中丞》："高声索果栗，欲起时被肘。"

【被服】 蒙受。王维《偶然作六首》之五："被服圣人教，一生自穷苦。"

【被₂服】 穿着。薛曜《舞马篇》："咀衔拉铁并权奇，被服雕章何陆离。"

【被病】 疾病缠身。权德舆《危语》："被病独行逢乳虎，狂风骇浪失棹橹。"

【被教】 接受教育。孟郊《忆江南弟》："常师共被教，竟作生离翁。"

【被₂坚】 谓穿着坚固的甲胄。独孤及《初晴抱琴登马退山对酒望远醉后作》："王旅方伐叛，虎臣皆被坚。"

【被傷】 指受伤的人。杜甫《北征》："所遇多被伤，呻吟更流血。"

【被₂褐士】 穿粗布衣的士人。指布衣上士。罗立言《赋得沽美玉》:"谁怜被褐士,怀玉正求沽。"

【被₂褐】 穿着粗布短袄。谓处境贫困。卢象《赠程秘书》:"忽从被褐中,召入承明宫。"萧颖士《仰答韦司业垂访五首》之五:"被褐来上京,翳然声未振。"杜甫《醉时歌》:"杜陵野客人更嗤,被褐短窄鬓如丝。"

【被₂褐飲瓢】 穿着粗布衣,喝着瓢中水。谓生活贫困。戴叔伦《赠康老人洽》:"百人会中一身在,被褐饮瓢终不改。"

【被褐懷玉】 穿着粗布衣,怀中藏着宝玉。比喻人有才德而深藏不露。张九龄《叙怀二首》之一:"被褐有怀玉,佩印从负薪。"

【被奪】 遭爰强夺。崔颢《邯郸宫人怨》:"兄弟印绶皆被夺,昔年赏赐不复存。"

【被₂髮】 ❶披散着头发。李白《公无渡河》:"被发之叟狂而痴,清晨临流欲奚为。"韩愈《杂诗》:"翩然下大荒,被发骑骐驎。"亦指披散头发的人。吕温《题河州赤岸桥》:"匝塞歌钟受恩者,谁怜被发哭东流。"❷指少数民族装束。白居易《时世妆》:"昔闻被发伊川中,辛有见之知有戎。"

【被₂髮奔流】 披发流离。谓匆忙流离而不及整束。李贺《箜篌引》:"被发奔流竟何如,贤兄小姑哭呜呜。"

【被箭】 犹中箭。杜建徽《自叙》:"中剑斫耳缺,被箭射胛过。"

【被彈】 (—dàn)遭受弹弓发射。李白《送窦司马贬宜春》:"赵璧为谁点,隋珠枉被弹。"

【被頭】 被子。韩偓《惆怅》:"被头不暖空沾泪,钗股欲分犹半疑。"

【被襆】 被服包。白居易《司马厅独宿》:"府吏下厅帘,家僮开被襆。"

【被鞭】 遭受鞭打。无名氏《五言白话诗》之一五:"宁可出头坐,谁肯被鞭耻。"

【被覆】 盖被,被子。岑参《和刑部成员外秋夜寓直寄台省知己》:"黄门持被覆,侍女捧香烧。"

【被謫】 受贬,被贬。李伉《谪宜阳到荆渚》:"汉江江水水连天,被谪宜阳路几千。"

【被鐵】 遭受兵器伤害。李昂《从军行》:"戎衣不脱随霜雪,汗马趁趰长被铁。"

【被籠】 放置被物的衣箱。元稹《表夏十首》之六:"烟泛被笼香,露浓妆面湿。"

【被₂體】 穿于身体。杜甫《夏夜叹》:"青紫虽被体,不如早还乡。"

袍

〔páo《广韵》薄褒切,平豪,並。〕❶朝服,官服。李贺《贾公闾贵婿曲》:"朝衣不须长,分花对袍缝。"白居易《初授秘监拜赐金紫闲吟小酌偶写所怀》:"紫袍新秘监,白首旧书生。"姚合《答李频秀才》:"一年离九陌,壁上挂朝袍。"❷指内有棉絮的长衣。北方叫棉袍。白居易《自咏老身示诸家属》:"粥美尝新米,袍温换故绵。"又《三适赠道友》:"褐绫袍厚暖,卧盖行坐披。"齐己《闲居》:"睡少全无病,身轻乍去袍。"❸单长外衣,北方叫罩被、大挂子。孟郊《立德新居》之四:"晓碧流视听,夕清濯衣袍。"❹楚人称粗布短褐为袍。李珣《渔父歌三首》之三:"棹警鸥飞水溅袍,影侵潭面柳垂绦。"

【袍花】 锦袍上的纹饰。白居易《和春深二十首》之四:"通犀排带胯,瑞鹘勘袍花。"

【袍笏】 朝服和手板。品官朝见君王时服用。沈佺期《回波词》:"身名已蒙齿录,袍笏未复牙绯。"韩愈《寄崔二十六立之》:"岂论校书郎,袍笏光参差。"

【袍袖】 袍子的袖管。吴融《寄僧》:"柳拂池光一点清,紫方袍袖杖藜行。"

【袍袴】 袍子和套裤。薛逢《宫词》:"遥窥正殿帘开处,袍袴宫人扫御床。"和凝《宫词百首》之七九:"袍袴宫人走迎驾,东风吹送御香来。"

【袍紫】 紫袍,紫色朝服。杨兴义《和杜甫》:"莫嫌袍紫归家阻,且庆丰年雅俗安。"

【袍襟】 袍子和前襟。杜牧《代人作》:"腊破征车动,袍襟对泪裁。"

【袍襴】 泛指袍服。襕衫。王建《和少府崔卿微雪早朝》:"已傍祥鸾迷殿角,还穿瑞草入袍襕。"

袨

〔xuàn《广韵》黄練切,去霰,匣。〕见"袨服"。

【袨服】 盛服;艳服。杜审言《七夕》:"袨服锵环珮,香筵拂绮罗。"陈子昂《三月三日宴王明府山亭》:"连帷竞野,袨服缛津。"储光羲《长安道》:"鸣鞭过酒肆,袨服游倡门。"

袈

〔jiā《广韵》古牙切,平麻,見。〕见"袈裟"。

【袈裟】 梵语。佛教僧尼的法衣。杨炯《送杨处士叔初卜居曲江》:"雁门归去远,垂老脱袈裟。"岑参《赴嘉州过城固县寻永安超禅师房》:"满寺枇杷冬著花,老僧相见具袈裟。"徐凝《独住僧》:"百补袈裟一比丘,数茎长睫覆青眸。"郑嵎《津阳门诗》:"罗公如意夺颜色,三藏袈裟成散丝。"

袤

〔mào《广韵》莫候切,去候,明。〕长。一般指纵长。见《文选·张衡〈东京赋〉》李善注引《说文》。亦指横长或周长。韩愈《南山诗》:"新曦照危峨,亿丈恒高袤。"张弘靖《山亭怀古》:"高低袤丈内,衡霍相蔽亏。"陆龟蒙《奉和袭美太湖诗二十首·石板》:"又疑广袤次,零落潜惊奔。"

袎 〔yào《广韵》於教切,去效,影。〕袜筒。亦借指袜。张祜《观杭州柘枝》:"旁收拍拍金铃摆,却踏声声锦袎摧。"

六　画

袿 〔guī《广韵》古攜切,平齊,見。〕妇女的上衣。即长襦。《广雅·释器》:"袿一,长襦也。"郭正一《奉和太子纳妃太平公主出降》:"金龟开瑞钮,宝翟上仙袿。"权德舆《赠友人》:"知向巫山逢日暮,轻袿玉佩暂淹留。"又《杂诗五首》之四:"文袿映束素,香黛宜閟绿。"元稹《青云驿》:"双双发皓齿,各各扬轻袿。"李商隐《和孙朴韦蟾孔雀咏》:"都护矜罗幕,佳人炫绣袿。"

【袿熏】 袿衣的熏香。韩愈、孟郊《城南联句》"袿熏霏霏在,綦迹微微呈。"

裁 〔cái《广韵》昨哉切,平咍,從。又昨代切,去代,從。〕❶剪裁,裁制。李白《送杨少府赴选》:"何惜刀尺余,不裁寒女衾。"白居易《缭绫》:"广裁衫袖长制裙,金斗熨波刀翦纹。"张祜《墙头花二首》之一:"为君裁舞衣,天寒剪刀冷。"引申为作,做。陆龟蒙《奉和袭美太湖诗二十首·太湖石》:"或裁基栋宇,礧砢成广殿。"又《正月十五惜春寄袭美》:"见织短篷裁小楫,拏烟闲弄个渔舟。"又引申为栽培,教育。陆龟蒙《幽居有白菊一丛因而成咏呈知己》:"月中若有闲田地,为劝嫦娥作意裁。"参见"裁化"。❷割断,剪断。王绩《古意六首》之二:"裁为十二管,吹作雄雌律。"孟浩然《早梅》:"犹言看不足,更欲剪刀裁。"皇甫冉《赋得檐燕》:"令君裁杏梁,更欲年年去。"引申为砍,削。韩愈、孟郊《城南联句》:"桑变忽芜蔓,樟裁浪登丁。"❸裁汰。杜甫《戏为六绝句》:"别裁伪体亲风雅,转益多师是汝师。"❹消除,解除。李白《北风行》:"黄河捧土尚可塞,北风雨雪恨难裁。"李端《得山中道友书寄苗钱二员外》:"新欢追易失,故思渺难裁。"权德舆《浩歌》:"沈忧不可裁,伫立河之梁。"❺刎颈。窦常《项亭怀古》:"有心裁帐下,无面到江东。"❻采摘。参见"裁紅❷"。❼安排取舍(多指文学艺术)。孟郊《赠郑夫子鲂》:"文章得其微,物象由我裁。"唐扶《和兵部郑侍郎省中四松诗》:"恨发风期阻,诗从绮思裁。"❽裁决。孟郊《峡哀》:"堕魄抱空月,出没难自裁。"曹松《南海旅次》:"忆归休上越王台,归思临高不易裁。"❾识别。韩愈《雪后寄崔二十六丞公》:"称多量少鉴裁密,岂念幽桂遗榛菅。"❿创作,写作。于志宁《冬日宴群公于宅各赋一字得杯》:"俱裁七步咏,同倾三雅杯。"王维《和贾舍人早朝大明宫之作》:"朝罢须裁五色诏,佩声归向凤池头。"黄滔《喜侯舍人蜀中新命三首》之一:"五色彩毫裁凤诏,九重天子豁龙颜。"

【裁巾】 ❶剪裁手巾。李贺《出城别张又新酬李汉》:"此别定沾臆,越布先裁巾。"❷裁制头巾。陆龟蒙《袭美以公斋小宴见招因代书寄之》:"依方酿酒愁迟去,借样裁巾怕索将。"

【裁户】 犹凿制洞穴。太宗《登三台言志》:"扇天裁户旧,砌地翦基新。"

【裁天詔】 写作皇帝诏文。柳宗元《杨尚书寄郴笔知是小生本样令更商榷使尽其功辄献长句》:"尚书旧用裁天诏,内史新将写道经。"姚合《奉和前司封苏郎中喜严常侍萧给事见访惊斑鬓之什》:"即提彩笔裁天诏,谁得吟诗自在行。"

【裁什】 写作诗文。元稹《酬乐天江楼夜吟稹诗因成三十韵》:"裁什情何厚,飞书信不专。"

【裁化】 教育感化。胡宿《淮南发运赵邢州被诏归阙》:"正是两宫栽化日,百金双璧拜虞卿。"

【裁分】 剪开。徐夤《追和白舍人咏白牡丹》:"裁分楚女朝云片,剪破姮娥夜月光。"

【裁正】 裁断订正。孟郊《晚雪吟》:"选音不易言,裁正逢今朝。"

【裁曲】 作曲。李贺《南园十三首》之十:"边让今朝忆蔡邕,无心裁曲卧春风。"

【裁衣】 裁剪衣料,缝制衣服。韩愈《短灯檠歌》:"裁衣寄远泪眼暗,搔头频挑移近床。"姚合《过杨处士幽居》:"裁衣延野客,翦翅养山鸡。"李商隐《骄儿诗》:"古锦请裁衣,玉轴亦欲乞。"亦指剪裁衣料。施肩吾《春词》:"美人手暖裁衣易,片片轻云落剪刀。"

【裁出】 剪裁出来。贺知章《咏柳》:"不知细叶谁裁出,二月春风似剪刀。"

【裁作】 ❶剪裁衣料制作衣服。王建《捣衣曲》:"重烧熨斗帖两头,与郎裁作迎寒裘。"于鹄《寄卢俨员外秋衣词》:"箧中有秋帛,裁作远客衣。"❷写作。元稹《酬乐天》:"多君岁寒意,裁作秋兴诗。"

【裁制】 剪裁制作。张籍《酬浙东元尚书见寄绫素》:"便令裁制为时服,顿觉光荣上病身。"

【裁服】 裁制衣服。白居易《见小侄龟儿咏灯诗并腊娘制衣因寄行简》:"已知腊子能裁服,复报龟儿解咏灯。"

【裁紅】 ❶剪裁彩绢制成的花。中宗时,立春日出剪彩花。崔日用《奉和立春游苑迎春应制》:"剪绮裁红妙春色,宫梅殿柳识天情。"雍裕之《剪彩花》:"蝶犹迷剪翠,人岂辨裁红。"❷采摘花朵。元稹《牡丹二首》之一:"簇蕊风频坏,裁红雨更新。"

【裁扇】 裁制扇子。包佶《同李吏部伏日口号呈元庶子路中丞》："须冰无下位，裁扇有高名。"

【裁衲】 裁制衲衣。皎然《雪夜送海上人常州觐叔父上人殷仲文后》："望云裁衲惯，玩雪步花能。"

【裁書】 写信。刘长卿《赴巴南书情寄故人》："裁书欲谁诉，无泪可潸然。"皇甫冉《李二侍御丹阳东去新亭》："姑苏东望海陵间，几度裁书信未还。"马戴《送韩校书江西从事》："自此钟陵道，裁书有故人。"

【裁剪】 亦作"裁翦"。❶人工制作花卉把彩绢按一定尺寸剪开。徐延寿《人日剪彩》："闺妇持刀坐，自怜裁剪新。"❷修剪。曹唐《病马五首呈郑校书章三吴十五先辈》之四："欲将鬐鬣重裁剪，乞借新成利铰刀。"❸比喻对事物的取舍安排。杜牧《自遣》："遇事知裁剪，操心识卷舒。"❹比喻对诗文的字句推敲。齐己《谢丁秀才见示赋卷》："五首新裁翦，搜罗尽指归。"

【裁雲】 剪裁行云。比喻剪裁技艺精妙新巧。李义府《堂堂词二首》之一："镂月成歌扇，裁云作舞衣。"张怀庆《窃李义府诗》："生情镂月为歌扇，出性裁云作舞衣。"

【裁量】 （—liáng）❶剪裁长度。杜牧《咏袜》："钿尺裁量减四分，纤纤玉笋裹轻云。"❷裁度。周昙《咏史诗·春秋战国门·百里奚》："裁量何异刀将尺，只系用之能不能。"

【裁答】 作诗答复。皇甫冉《酬张继》序："今以七言裁答，盖拙于事者繁而费也。"

【裁詔】 写作诏文。李嘉祐《和张舍人中书宿直》："裁诏催添烛，将朝欲更衣。"郑畋《杪秋夜直》："蕊宫裁诏与宵分，虽在青云忆白云。"吴融《送薛学士赴任峡州二首》之二："何似玉堂裁诏罢，月斜鳷鹊漏沈沈。"

【裁割】 剪断。曹唐《小游仙诗九十八首》之九六："蛟丝玉线难裁割，须借玉妃金剪刀。"

【裁詩】 作诗。李端《和李舍人直中书对月见寄》："名卿步月正淹留，上客裁诗怨别游。"刘禹锡《酬令狐留守巡内至集贤院见寄》："巡内因经九重苑，裁诗又继二南风。"杜牧《酬许十三秀才兼依来韵》："多为裁诗步竹轩，有时凝思过朝昏。"

【裁裙】 剪裁裙子。李商隐《又效江南曲》："扫黛开宫额，裁裙约楚腰。"

【裁截】 切割成段。白居易《有木诗八首》之八："匠人爱芳直，裁截为厦屋。"又《东溪种柳》："乘春持斧斫，裁截而树之。"

【裁製】 裁剪制作。白居易《白羽扇》："素是自然色，圆因裁製功。"

【裁褐】 裁制粗布衣服。杜甫《赠王二十四侍御契四十韵》："女长裁褐稳，男大卷书匀。"

【裁翦】 见"裁剪"。

【裁賦】 创作《三都赋》。李峤《砚》："左思裁赋日，王充作论年。"

【裁篇】 写作诗篇。明月潭龙女《与同光远赠答诗》："催妆既要裁篇咏，凤吹鸾歌早会迎。"

【裁褥】 裁制褥子。唐求《送友人江行之庐山肄业》："兽皮裁褥暖，莲叶制衣馨。"

【裁擇】 权衡选择。韩愈《送张道士》："或是章奏繁，裁择未及斯。"

【裁縫】 剪裁缝制衣服。虞世南《中妇织流黄》："还恐裁缝罢，无信达交河。"李白《冬歌》："裁缝寄远道，几日到临洮。"张籍《妾薄命》："念君此行为死别，对君裁缝泉下衣。"徐铉《赋得捣衣》："裁缝依梦见，腰带定应非。"

【裁辭】 谓斟酌词句。李商隐《漫成五章》之一："沈宋裁辞矜变律，王杨落笔得良朋。"

【裁襪】 裁制袜子。白居易《自咏》："老遣宽裁袜，寒教厚絮衣。"

【裁鑒】 谓品评，鉴赏。郑谷《读前集二首》之一："殷璠裁鉴英灵集，颇觉同才得旨深。"

袴 〔kù《广韵》苦故切，去暮，溪。〕❶古代指左右各一，分裹两胫的套裤。古亦作"绔"。见"袴中兒"。❷裤子。元稹《梦游春七十韵》："纰软钿头裙，玲珑合欢袴。"白居易《寄生衣与微之因题封上》："浅色縠衫轻似雾，纺花纱袴薄于云。"罗隐《秋日有寄姑苏曹使君》："水寒不见双鱼信，风便唯闻五袴讴。"❸通"胯"。两股之间。《方干李主簿改令》："只见半臂著襕，不见口唇开袴。"

【袴中兒】 套裤中的小儿。晋景公三年，屠岸贾杀赵朔等，并灭其族，赵朔妻成公姊有遗腹，匿于宫中，生男。赵妻置儿于裤中得脱。见《史记·赵世家》。李白《自广平乘醉走马六十里至邯郸登城楼览古书怀》："提携袴中儿，杵臼及程婴。"

【袴花】 裤上镶的花。六朝到唐衣饰常用石竹花为图案。白居易《和梦游春诗一百韵》："带襭紫蒲萄，袴花红石竹。"又《元九以绿丝布白轻褣见寄制成衣服以诗报知》："袴花白似秋去薄，衫色青于春草浓。"

【袴脚】 裤腿的最下端。韩愈《崔十六少府摄伊阳以诗及书见投因酬三十韵》："娇儿好眉眼，袴脚冻两骭。"

【袴褶】 服装名。上服褶，下着裤，外不加裘裳，故名。名起于汉末，使于骑乘，魏晋南北朝，为军服及旅行之服，北朝以作常服、朝服，至施于妇女，唐末渐废。李贺《追赋画江潭苑四首》之一："路指台城迥，罗薰袴褶香。"

【袴襦】 指地方官的善政。元稹《后湖》："此实公所小，安用歌袴襦。”又《酬乐天东南行诗一百韵》：“二妙驰轩陛，三英咏袴襦。”刘兼《新回车院筵上作》：“回车院子未回车，三载疲民咏袴襦。”

【袴襦之樂】（—lè）对地方官吏善政的喜悦。白居易《自到郡斋仅经旬日方专公务未及宴游偷闲走笔题二十四韵》：“冒荣惭印绶，虚奖负丝纶。”注：“在公形骨鲠之志，阖境有袴襦之乐。”

【袴襦歌】 对地方官吏善政的歌颂。贯休《追忆冯少常》：“至今新定郡，犹咏袴襦歌。”

袹 〔mò《广韵》莫白切，入陌，明。〕亦作“袙”。段成式《嘲飞卿七首》之四：“见说自能裁袙腹，不知谁更著帩头。”

裂 〔liè《广韵》良薛切，入薛来。〕❶剪裁。李贺《出城别张又新酬李汉》：“时宜裂大袂，剑客车盘茵。”❷扯裂；撕裂。韦应物《途中寄杨邈裴绪示褒子》：“雾野腾晓骑，霜竿裂冻旗。”白居易《咏慵》：“屋穿慵不葺，衣裂慵不缝。”杜牧《李甘诗》：“当庭裂诏书，退立须鼎俎。”❸分裂；割裂。独孤及《代书寄上裴六冀刘二颖》：“猛虎踞大道，九州当中裂。”白居易《岁暮》：“霜风裂人面，冰雪摧车轮。”❹绽裂。韩愈《嘲鼾睡》之一：“木枕十字裂，镜面生痱瘟。”❺破碎。杨巨源《奉酬窦郎中早入省苦寒见寄》：“空山顽石破，幽涧层冰裂。”孟郊《游侠行》：“壮士性刚决，火中见石裂。”皮日休《三羞诗三首》之一：“此道见于今，永思心若裂。”

【裂土】 分封土地。李华《咏史十一首》之四：“三军求裂土，万里讵闻天。”

【裂文】 谓物体将裂开的痕迹。孟郊《苦寒吟》：“厚冰无裂文，短日有冷光。”

【裂玉】 指碎玉的清脆声。杜牧《赠沈学士张歌人》：“断时轻裂玉，收处远缲烟。”

【裂瓦】 绽裂的屋瓦。林宽《苦雨》：“斜飞穿裂瓦，迸落打空铛。”

【裂地】 地面拆裂。曹唐《哭陷边许兵马使》：“北风裂地黯边霜，战败桑干日色黄。”

【裂帛】 ❶指撕裂缯帛声。白居易《琵琶引》：“曲终收拨当心画，四弦一声如裂帛。”❷裁帛作书。徐彦伯《拟古三首》之一：“裂帛附双燕，为予向辽东。”李贺《客游》：“旅歌屡弹铗，归问时裂帛。”李商隐《今月二日不自量度辄以诗一首四十韵干渎尊严伏蒙酬戴辄复五言四十韵诗献上》：“营巢怜越燕，裂帛待燕鸿。”

【裂素】 剪裁白绢。许敬宗《奉和喜雪应制》：“机前辉裂素，池上伴凌波。”李白《感兴六首》之三：“裂素持作书，将寄万里怀。”李行敏《省试观庆云图》：“裂素观嘉瑞，披图贺圣君。”

【裂冕】 比喻绝意仕途。骆宾王《畴昔篇》：“挂冠裂冕已辞荣，南亩东皋事耕凿。”

【裂裳】 见“裂裳裹足”。

【裂裳裹足】 相传公输般为楚设云梯，欲以攻宋，墨子闻之，自鲁往，裂裳裹足夜不休，十日十夜而至郢说楚王。见《吕氏春秋·爱类》。后以“裂裳裹足”用为奔走急切之典。亦省作“裂裳”。唐彦谦《送樊琯司业归朝》：“去日应悬榻，来时定裂裳。”

【裂緋】 裂开的绯红。王周《霞》：“拂拂生残晖，层层如裂绯。”

【裂膚】 冻裂皮肤。戴叔伦《边城曲》：“黄沙碛下八月时，霜风裂肤百草衰。”

【裂餅】 犹分饼。杜甫《信行远修水筒》：“浮瓜供老病，裂饼尝所爱。”

【裂繒】 犹撕帛。罗虬《比红儿诗》之二四：“自从命向红儿去，不欲留心在裂缯。”

【裂壤】 裂土。柳宗元《游南亭夜还叙志七十韵》：“中兴遂群物，裂壤分鞬櫜。”

裀 〔yīn《广韵》於真切，平真，影。〕通“茵”。指毯子、褥垫之类。刘禹锡《观柘枝舞二首》之二：“何如上客会，长袖入华裀。”元稹《和李校书新题乐府十二首·缚戎人》：“华裀重席卧腥臊，病犬愁鸪声咽嗢。”白居易《日高卧》：“夹幕绕房深似洞，重裀衬枕暖于春。”

裒[1] 〔póu《广韵》薄侯切，平侯，並。〕聚集。柳宗元《奉平淮夷雅表·皇武》：“裒凶鞠顽，锋猬斧螗。”参见“裒對”。

裒[2] 同“褒”。嘉奖。陆龟蒙《渔具诗·沪》：“天道亦裒多，吾将移海若。”

【裒然】 聚集貌。皎然《妙喜寺达公禅斋寄李司直公孙房都曹德裕从事方舟颜武康士骋四十二韵》：“四子遭明盛，裒然皆秀杰。”

【裒對】 聚山川众神配祭。贺知章《唐禅社首乐章·寿和》：“于穆不已，裒对斯臻。”

袷 〔jiá《广韵》古洽切，入洽，見。〕夹衣。李贺《染丝上春机》：“彩线结茸背复叠，白袷玉郎寄桃叶。”李商隐《楚泽》：“白袷经年卷，西来及早寒。”韦庄《捣练篇》：“白袷丝光织鱼目，菱花绶带鸳鸯簇。”

【袷衣】 两层的衣服。张说《扈从南出雀鼠谷》：“迟日宜华盖，和风入袷衣。”王初《即夕》：“风幌凉生白袷衣，星榆才乱绛河低。”李商隐《春雨》：“怅卧新春白袷衣，白门寥落意多违。”

【袷襠】 夹裤。白居易《江南喜逢萧九彻因话长安旧游》：“索镜收花钿，邀人解袷裆。”

【袷羅】 亦作“裌羅”。丝绸做的夹衣。李贺《月滮滮篇》:“粉态袷罗寒,雁羽铺烟湿。”亦指穿丝绸夹衣的人。李贺《许公子郑姬歌》:“夜光玉枕栖凤皇,袷罗当门刺纯线。”

袎 〔jiǎo《广韵》古了切,上篠,見。〕见“袎衫”。

【袎衫】 古代对渔服的总称。皮日休《忆洞庭观步十韵》:“袎衫渔人服,筲簹野店窗。”

七 画

裛 同“裹”。

裘 〔qiú《广韵》巨鳩切,平尤,羣。〕用毛皮制成的御寒衣服。卢照邻《怀仙引》:“珠为阙兮玉为楼,青云盖兮紫霜裘。”李白《赠友人三首》之三:“弊裘耻妻嫂,长剑托交亲。”杜甫《江上》:“高风下木叶,永夜揽貂裘。”白居易《寄太原李相公》:“蝉鬓应夸丞相少,貂裘不觉太原寒。”

【裘馬】 轻裘肥马。形容生活豪华。李白《赠刘都使》:“所求竟无绪,裘马欲摧藏。”杜甫《重赠郑炼》:“江山路远羁离日,裘马谁为感激人。”又《壮游》:“放荡齐赵间,裘马颇清狂。”

裋 〔shù《广韵》臣庾切,上麌,禪。〕见“裋褐”。

【裋褐】 粗陋的布衣。为贫贱者所穿的衣服。杜甫《北征》:“天吴及紫凤,颠倒在裋褐。”又《遣兴五首》之五:“吾怜孟浩然,裋褐即长夜。”又《冬日有怀李白》:“裋褐风霜入,还丹日月迟。”韩愈《马厌谷》:“土被文绣兮,士无裋褐。”白居易《效陶潜体诗十六首》之一五:“布裙行赁舂,裋褐坐佣书。”

裓 〔gé《广韵》古得切,入德,見。〕僧道所着的法衣。刘禹锡《送僧方及南谒柳员外》:“衣裓贮文章,自言学雕虫。”

裌 〔jiá《广韵》古洽切,入洽,見。〕夹衣。杜甫《云安九日郑十八携酒陪诸公宴》:“地偏初衣裌,山拥更登危。”又《茅堂检校收稻二首》之一:“御裌侵寒气,尝新破旅颜。”李贺《月漉漉篇》:“粉态裌罗寒,雁羽铺烟湿。”

【裌羅】 见“袷羅”。

裕 〔yù《广韵》羊戍切,去遇,以。〕❶富饶。谓财物多。《建州人歌》:“令我州郡泰,令我户口裕。”❷宽大,宽容。张说《奉和圣制暇日与兄弟同游兴庆宫作应制》:“圣慈良有裕,王道固无偏。”周昙《咏史诗·后汉门·光武》:“萧王得众能宽裕,吴汉归来帝业昌。❸和顺,美好。李峤《夏晚九成宫呈同僚》:“结欢良有裕,联寀愧无庸。”元稹《梦游春七十韵》:“韦门正全盛,出入多欢裕。”亦指功德、勋业等美好的事物。司马扎《美刘太保》:“岂嗤生前乐,千载自垂裕。”《郊庙歌辞·蜡百神乐章·肃和》:“百禩垂裕,万灵荐祉。”《郊庙歌辞·享太庙乐章·承光舞》:“金相载穆,玉裕重辉。”❹发扬光大。柳宗元《奉平淮夷雅表·方城》:“皇曰咨熘,裕乃父功。”

【裕裕】 宽余自如貌。白居易《谕友》:“推此自裕裕,不必待安排。”

裛 〔yì《广韵》於汲切,入緝。影。又於輒切,入葉,影。又於業,入業,影。〕❶香气熏染侵袭。钱起《中书遇雨》:“色翻池上藻,香裛鼎前杯。”❷通“浥”。沾湿。王维《送元二使安西》:“渭城朝雨浥轻尘,客舍青青杨柳春。”杜甫《狂夫》:“风含翠筱娟娟静,雨裛红蕖冉冉香。”又《自阆州领妻子却赴蜀山行三首》之二:“衫裛翠微润,马衔青草嘶。”又《回棹》:“火云滋垢腻,冻雨裛沉绵。”又《寄杜位》:“封书两行泪,沾洒裛新诗。”

【裛露】 沾湿露水。刘言史《看山木瓜花二首》之一:“裛露凝氛紫艳新,千般婉娜不胜春。”

【裛妝】 犹泪妆。宫妆之一种,粉点眼角。裛,通“浥”。崔国辅《白纻辞二首》之一:“坐惜玉楼春欲尽,红绵粉絮裛妆啼。”

【裛䐑】 云气缭绕貌。裛,通“浥”。皮日休《添鱼具诗·蓑衣》:“襟色裛䐑霭,袖香褵褷风。”

【裛裛】 香气袭人貌。李商隐《十一月中旬至扶风界见梅花》:“匝路亭亭艳,非时裛裛香。”

【裛蔣】 (—jiāng)瘦嫩的茭白。杜甫《过南岳入洞庭湖》:“翠牙穿裛蒋,碧节上寒蒲。”

裟 〔shā《广韵》所加切,平麻,生。〕见“袈裟”。

裙 〔qún《广韵》渠云切,平文,羣。〕古谓下裳,男女同用。杜甫《石壕吏》:“有孙母未去,出入无完裙。”白居易《琵琶引》:“钿头云篦击节碎,血色罗裙翻酒污。”又《和春深二十首》之二十:“眉欺杨柳叶,裙妒石榴花。”李商隐《拟意》:“濯锦桃花水,溅裙杜若洲。

【裙衩】 即裙。李商隐《无题》:“裙衩芙蓉小,钗茸翡翠轻。”又《无题二首》之一:“十岁去踏青,芙蓉作裙衩。”

【裙帶】 系裙的带子。李端《拜新月》:“细语人不闻,北风吹裙带。”白居易《春题湖上》:“碧毯线头抽早稻,青罗裙带展新蒲。”

【裙腰】 ❶裙的上端紧束于腰部之处。白居易《和梦游春诗一百韵》:“裙腰银线压,梳掌金筐蹙。”❷喻指狭长的道路。白居易《杭州春望》:“谁开湖寺西南路,草绿裙腰一道斜。”原注:“孤山寺路在湖洲中,草绿时,望如裙腰。”

【裙裾】 裙子。常建《古兴》:“石榴裙裾蛱蝶飞,见人不语颦蛾眉。”

補 〔bǔ《广韵》博古切,上姥,幫。〕❶修整破旧衣衫,使其完整。白居易《东南行一百韵》:“防瘴和残药,迎寒补旧襦。”又《赠内子》:“寒衣补灯下,小女戏床头。”❷泛指修补一切器物等。白居易《池上即事》:“行寻甃石引新泉,坐看修桥补钓船。”又《池边》:“池边更无事,看补采莲船。”❸补助,补充。杜甫《雷》:“吁嗟公私病,税敛缺不补。”韩愈《新竹》:“稀生巧补林,并出疑争地。”❹滋养,补养。杜甫《柳司马至》:“衰谢身何补,萧条病转婴。”李商隐《酬令狐郎中见寄》:“补羸贪紫桂,负气托青萍。”参见“補養”。❺弥补;补救。见“補拙”“補過”。❻裨益。李白《远别离》:“我纵言之将何补,皇穹窃恐不照余之忠诚。”杜甫《陪郑公秋晚北池临眺》:“何补参卿事,欢娱到薄躬。”又《野望》:“扁舟空老去,无补圣明朝。”❼谓官有缺位,选员补充。白居易《重过秘书旧房因题长句》:“吏人不识多新补,松竹相亲是旧栽。”李商隐《偶成转韵七十二句赠四同舍》:“天官补吏府中趋,玉骨瘦来无一把。”❽指补阙官职。白居易《重到城七绝句·张十八》:“谏垣几见迁遗补,宪府频闻转殿监。”

【補亡】 指补其所无之篇什。顾况有《上古之什补亡训传十三章》。白居易《洛中偶作》:“笔下成释憾,卷中同补亡。”

【補天】 见《淮南子·览冥训》。后遂以“補天”为典。李白《窜夜郎于乌江留别宗十六璟》:“斩鳌翼娲皇,炼石补天维。”李贺《李凭箜篌引》:“女娲炼石补天处,石破天惊逗秋雨。”李秘《禁中送任山人》:“补天留彩石,缩地入青山。”姚合《天竺寺殿前立石》:“补天残片女娲抛,扑落禅门压地坳。”

【補拙】 补救拙劣。白居易《自到郡斋仅经旬日方专公务未及宴游偷闲走笔二十四韵》:“救烦无若静,补拙莫如勤。”

【補衮】 补救皇帝的失误。杜甫《壮游》:“备员窃补衮,忧愤心飞扬。”又《赠李八秘书别三十韵》:“不才同补衮,奉诏许牵裾。”白居易《和微之诗二十三首·和酬郑侍御东阳春闷放怀追越游见寄》:“载笔在幕名已重,补衮于朝官尚卑。”

【補益】 裨补助益。白居易《西掖早秋直夜书意》:“素餐无补益,朱绶虚缠绕。”

【補過】 补救过失。李白《雪谗诗赠友人》:“立言补过,庶存不朽。”

【補養】 用饮食和药物滋补身体。白居易《寄卢少尹》:“补养在积功,如裘集众毛。”

【補綻】 缝补。亦指补丁。杜甫《北征》:“床前两小女,补绽才过膝。”白居易《狂吟七言十四韵》:“补绽衣裳愧妻女,支持酒肉赖交亲。”

【補貼】 贴补,增其所不足。白居易《追欢偶作》:“追欢逐乐少闲时,补贴平生得事迟。”又《和东川杨慕巢尚书府中独坐感戚在怀见寄十四韵》:“老将荣补贴,愁用道销磨。”

【補闕】 官名。始置于唐武后垂拱元年,有左右之分。左补阙隶属于门下省,右补阙隶属于中书省。职掌供奉讽谏。杜甫《送樊二十三侍御赴汉中判官》:“补阙暮征入,柱史晨征憩。”李白有《酬王补阙惠翼庄庙宋丞泚赠别》和《秋日鲁郡尧祠亭上宴别杜补阙范侍御》。白居易有《寄陆补阙》。李商隐有《酬别令狐补阙》。

裔 〔yì《广韵》餘制切,去祭,以。〕边远之地。骆宾王《从军中行路难二首》之一:“阁道岧峣起成楼,剑门遥裔俯灵丘。”杜甫《送樊二十三侍御赴汉中判官》:“顿兵岐梁下,却跨沙漠裔。”又《八哀诗·赠秘书监江夏李公邕》:“干谒走其门,碑版照四裔。”高适《赠别王十七管记》:“相逢季冬月,怅望穷海裔。”刘禹锡《洞庭秋月行》:“浮云野马归四裔,遥望星斗当中天。”

裝 〔zhuāng《广韵》側羊切,平陽,莊。又側亮切,去漾,莊。〕❶行装。王勃《易阳早发》:“饬装侵晓月,奔策候残星。”杜甫《早发射洪县南途中作》:“假装逐徒旅,达曙凌险涩。”白居易《自江陵之徐州路上寄兄弟》:“夕宿劳乡梦,晨装惨旅情。”又《江南喜逢萧九彻因话长安旧游戏赠五十韵》:“离筵开夕宴,别骑促晨装。”亦谓整理行装。白居易《郡斋暇日忆庐山草堂兼寄二林僧社三十韵》:“三车犹夕会,五马已晨装。”❷衣服,服装。李白《送族弟凝至晏堌》:“雪满原野白,戎装出盘游。”亦泛指行李等物品。杜甫《送魏二十四司直充岭南掌选崔郎中判官兼寄韦韶州》:“明白山涛鉴,嫌疑陆贾装。”李商隐《柳枝五首》序:“会所友有偕当诣京师者,戏盗余卧装以先,不果留。”❸包裹;裹束。韩愈《咏雪赠张籍》:“城寒装睥睨,树冻裹莓苔。”❹装饰。卢照邻《刘生》:“翠羽装刀鞘,黄金饰马铃。”杜甫《后出塞五首》之一:“千金买马鞭,百金装刀头。”李贺《感讽六首》之四:“何年帝家物,玉装鞍上摇。”李商隐《效徐陵体赠更衣》:“密帐真珠络,温帏翡翠装。”❺充填,装入。杜甫《陪郑广文游何将军山林十首》之六:“酒醒思卧簟,衣冷欲装绵。”白居易《斋居偶作》:“童子装炉火,行添一炷香。”

❻装扮，扮演。李贺《荣华乐》："金蟾呀呀兰烛香，军装武妓声琅珰。"又李贺《河南府试十二月乐词·三月》："军装宫妓扫蛾浅，摇摇锦旗夹城暖。"❼乘，驾。李白《下途归石门旧居》："倏然远与世事间，装鸾驾鹤又复远。"

【裝束】 ❶衣着穿戴。李白《少年行》："少年游侠好经过，浑身装束皆绮罗。"白居易《初除官蒙裴常侍赠鹘衔瑞草绯袍鱼袋因谢惠贶兼抒离情》："新授铜符未著绯，因君装束始光辉。"段成式《嘲飞卿七首》之一："曾见当垆一个人，入时装束好腰身。"❷装饰打扮。元稹《连昌宫词》："春娇满眼睡红绡，掠削云鬟旋装束。"❸束装，整理行装。白居易《老病相仍以诗自解》："还似远行装束了，迟回且住亦何妨。"

【裝畫】 装饰绘画。李贺《春归昌谷》："宫台光错落，装尽偏峰峤。"

【裝囊】 出行时所带的存放衣物等的口袋。杜甫《赠苏四徯》："乾坤虽宽大，所适装囊空。"又《大历三年漂泊有诗凡四十韵》："书史全倾挠，装囊半压濡。"

裹 〔lǐ《广韵》良士切，上止，來。〕里面，内部。与"外"相对，表示方位、范围等。太宗《咏饮马》："翻似天池里，腾波龙种生。"王諲《长信怨》："寥寥金殿里，歌吹夜无声。"李贺《雁门太守行》："角声满天秋色里，塞上燕脂凝夜紫。"孙光宪《杨柳枝词四首》之四："好是淮阴明月里，酒楼横笛不胜吹。"

【裹面】 内，里边。花蕊夫人徐氏《宫词》之九六："近日承恩移住处，夹城里面占新宫。"

【裹許】 里面，里头。许，助词。戴叔伦《听歌回马上赠崔法曹》："秋风里许杏花开，杏树傍边醉客来。"

八　画

裾 〔jū《广韵》九魚切，平魚，見。〕衣服的前后襟。亦指衣服的前后部分。李白《行路难三首》之二："弹剑作歌奏苦声，曳裾王门不称情。"杜甫《风疾舟中伏枕书怀三十六韵奉呈湖南亲友》："牵裾惊魏帝，投阁为刘歆。"李贺《钓鱼诗》："为看烟浦上，楚女泪沾裾。"白居易《归田三首》之二："安得放慵惰，拱手而曳裾。"又《和梦游春诗一百韵》："袖软异文绫，裾轻单丝縠。"

裴 〔péi《广韵》薄回切，平灰，並。〕❶见"裴回""裴徊"。❷姓。唐诗人有裴度、裴说、裴迪等。

【裴二】 裴虬。天宝中官永嘉尉。杜甫有《送裴二虬作尉永嘉》。参见"裴虬"。

【裴二十】 名不详，曾官刺史，与刘长卿有往来。刘长卿有《送裴二十端公使岭南》。

【裴二十一】 名不详。与刘长卿有往来。刘长卿有《送裴二十一》。

【裴二端公】 裴虬。杜甫有《江阁对雨有怀行营裴二端公》。时裴虬任道州刺史，奉诏讨藏琦，故在行营。杜甫又有《湘江宴饯裴二端公赴道州》。

【裴十】 裴迪。王维有《赠裴十迪》。参见"裴迪"。

【裴十八】 裴图南。行十八。隐居嵩山。李白有《送裴十八图南归嵩山二首》。

【裴十四】 令狐楚之婿，华州刺史，行十四，名不详。李商隐有《令狐八拾遗见招送裴十四归华州》。

【裴九】 名不详。官侍御，与贾至相友善。贾至有《别裴九弟》《初至巴陵与李十二白裴九同泛洞庭》和《赠裴九侍御昌江草堂弹琴》。

【裴士淹】 唐诗人，河东（今山西永济县）人。开元末天宝初曾官司封员外郎、司勋郎中。天宝十四载为给事中，巡抚河南诸道。后充翰林学士、知制诰，擢礼部侍郎、典贡举。大历五年贬为饶州刺史，徙温州刺史，卒于任所。事见《旧唐书·玄宗本纪》和《代宗本纪》《新唐书·宰相世系表一上》等。《全唐诗》卷一二四录其《白牡丹》一首，《全唐诗补编》录其《游石门洞》一首。

【裴士曹】 裴耀卿。耀卿曾任河南府士曹参军。苏颋有《景龙观送裴士曹》。

【裴大夫】 ❶裴休。会昌三年至大中元年为潭州刺史，见《唐刺史考》。又曾为湖南观察使赏知李群玉，及为相，以诗论荐，授校书郎，见《新唐书·艺文志四》。李群玉有《长沙陪裴大夫登北楼》和《三月五日陪裴大夫泛长沙东湖》。❷裴弘泰。开成元年四月以亳州刺史裴弘泰为义成军节度使，见《旧唐书·文宗纪下》。姚合有《裴大夫见过》和《送裴大夫赴亳州》。❸裴坦。咸通二年到五年为江西观察史，见《新唐书》本传。贯休有《上裴大夫二首》。

【裴大章】 唐诗人。元和五年进士。《全唐诗》卷七八一录其诗一首。

【裴子野】 字几原，南朝梁河东闻喜（今属山西）人。见《梁书》本传。权德舆《丙庚岁苦贫戏题》："中忆裴子野，泰然倾薄糜。"

【裴王】 晋裴楷与王戎的合称。他们均有才识，人称"王戎简要，裴楷清通。"见《文选·王俭褚渊碑文》。元稹《代曲江老人一百韵》："裴王持藻镜，姚宋斡陶钧。"

【裴元】 唐诗人。事迹未详。《全唐诗》卷七八〇录其《律中应钟》诗一首。

【裴太守】 裴俦。开成二年为和州刺史。杜牧《池州送孟迟先辈》:"历阳裴太守,襟韵苦超越。"

【裴五】 裴墉,裴垍弟。白居易有《重到城七绝句·裴五》。李绅有《转寿春守太和庚戌岁祇命寿阳时替裴五墉终殁》诗

【裴少尹】 (少 shào)裴璘。璘开成元年为兵部侍郎,二年出为河南少尹,见《唐书》本传。白居易有《偶以拙诗数首寄呈裴少尹侍郎蒙以盛制四篇一时酬和重投长句美而谢之》。

【裴少府】 (少 shào)❶裴均。以明经为诸暨尉,见《新唐书》本传。李端有《送诸暨裴少府》。卢纶有《送姨弟裴均尉诸暨》。❷裴循,长城尉。见《全唐文》卷三三九颜真卿《湖州乌程县杼山妙喜寺碑铭》。皎然有《和裴少府怀京兄弟》。

【裴中令】 (中 zhōng)裴度。裴度曾为中书令。见《旧唐书》本传。贯休《野客夜谈》:"郭尚父休夸塞北,裴中令莫说淮西。"

【裴中丞】 (中 zhōng)❶裴宽。宽曾官河南尹、兼御史中丞,见《旧唐书》本传。陶翰有《晚出伊阙寄河南裴中丞》。❷裴度。见《旧唐书》本传。杨巨源有《送裴中丞出使》和《上裴中丞》。❸裴堪。曾官江西观察使、兼御史中丞,见《全唐文》卷六六一白居易《除裴堪江西观察使制》。刘禹锡有《送湘阳熊判官孺登府罢归钟陵因寄呈江西裴中丞二十三兄》。❹裴衮。曾任华州刺史、兼御史中丞,见《旧唐书·文宗纪下》。姚合有《送裴中丞赴华州》。❺裴墉。约大和二年至三年间为寿州刺史、兼御史中丞。张祜有《寿州裴中丞出柘枝》。❻裴坦。进士及第,官左拾遗、史馆修撰、楚州刺史、兼御史中丞。令狐陶当国,荐为职方郎中、知制诰。见《新唐书》本传。赵嘏有《山阳即席献裴中丞》。

【裴公】 ❶裴耀卿。耀卿于天宝元年,改为尚书右仆射,寻转左仆射,见《旧唐书》本传。岑参有《故仆射裴公挽歌三首》。❷中书令裴度,卒于开成四年三月,见《旧唐书·文宗纪下》。温庭筠有《中书令裴公挽歌词二首》。

【裴公衍】 唐诗人。事迹不详。《全唐诗逸》卷中录其诗一首,残句二联。

【裴六】 裴冀,曾官金部员外郎,《郎官石柱题名新著录》员外郎第六行有裴冀;又曾官大理少卿,见《旧唐书·代宗纪》。独孤及有《三月三日自京到华阴于水亭独酌寄裴六薛八》和《代书寄上裴六冀刘二颍》。

【裴方舟】 裴济。济字方舟。清昼等《讲古文联句》注:"裴济,字方舟,曾为从事。"皎然有《冬日梅溪送裴方舟宣州》和《顾渚行寄裴方舟》。

【裴尹】 ❶裴潾。开成二年裴潾以兵部侍郎出为河南尹,见《旧唐书·文宗纪下》。刘禹锡有《和河南裴尹侍郎宿斋天平寺诣九龙祠祈雨二十韵》。❷疑为裴敦复。敦复曾官河南尹,见《新唐书·玄宗纪》。刘长卿有《小鸟篇上裴尹》。

【裴夷直】 唐诗人。字礼卿。吴(今江苏苏州)人。郡望河东(今山西永济县)。元和十年登进士第。

【裴四】 裴素。大和二年润二月与杜牧、李甘、南卓同登贤良方正能直言极谏科,见《唐会要》卷七六。杜牧有《陕州醉赠裴四同年》。

【裴令公】 裴度。开成二年五月,以东都留宋裴度为太原尹、北都留守,河东节度使,依前守司徒、中书令,见《旧唐书·文宗纪下》。刘禹锡有《两如何诗谢裴令公赠别二首》和《奉和裴令公新成绿野堂即书》。白居易有《送卢郎中赴河东裴令公幕》和《寄献北都留守裴令公》。姚合有《和裴令公新成绿野堂即事》。

【裴主簿】 名不详。京兆府明堂县主簿,与卢照邻有交往。卢照邻有《哭明堂裴主簿》。

【裴玄智】 唐诗僧,贞观中化度寺守藏僧,其盗金题诗事。见《太平广记》卷四九三引《辨疑志》《诗话总龟》卷一八引《二京灵异小录》。《全唐诗》卷八六九录其《书化度藏院壁》诗一首,诗题后注。

【裴司士】 孟浩然有《裴司士员司户见寻》诗,《河岳英灵集》卷中作《裴司户员司士见访》。裴司户、裴胐。孟浩然有《闻裴侍御胐自襄州司户除豫州司户因以投寄》。

【裴司空】 裴度。据《新唐书·宰相表下》载,宝历二年二月,裴度守司空,同中书门下平章事。张籍有《和裴司空即事通简旧僚》《和户部令狐尚书喜裴司空见招看雪》和《和裴司空以诗请刑部白侍郎双鹤》。刘禹锡有《奉和司空裴相公中书即事通简旧僚之作》。韩愈有《贺张十八秘书得裴司空马》。

【裴司馬】 名不详。与李白有交往。李白有《赠裴司马》。

【裴司徒】 裴度。见《旧唐书·文宗纪下》。刘禹锡有《奉送裴司徒令公自东都留守再命太原》。

【裴幼清】 唐诗人。事迹不详。与颜真卿等合作《登岘山观李左相石尊联句》《与耿沣水亭咏风联句》和《又溪馆听蝉联句》,见《全唐诗》卷七八八。

【裴光庭】 唐诗人。字连城,河东闻喜(今山西闻喜县东北)人。历任兵部侍郎、御史大夫、吏部尚书等职。卒赠太师,谥忠献。《新唐书·艺文志》著录其《瑶山往则》《维城前轨》《唐开元格令科要》各一卷。事见新旧《唐书》本传。《全唐诗》卷一〇八录其《奉和御制左丞相说右丞相璟太子少傅乾曜同日上官命宴

都堂赐诗》一首。

【裴回】 ❶徐行貌。卢照邻《宿晋安亭》:"泛滟月华晓,裴回星鬓垂。"又《登封大酺歌四首》之三:"翠凤逶迤登介丘,仙鹤裴回天上游。"白居易《洛中偶作》:"裴回伊涧上,睥睨嵩少傍。"又《和微之听妻弹别鹤操因为解释其义依韵加四句》:"裴回去住云,呜咽东西水。"❷彷徨。徘徊不进貌。骆宾王《畴昔篇》:"芝田花月屡裴回,金谷佳期重游衍。"李白《饯校书叔云》:"惜别且为欢,裴回桃李间。"又《留别曹南群官之江南》:"恋子四五人,裴回未翱翔。"白居易《杂兴三首》之三:"行动自矜顾,数步一裴回。"❸留恋。杨炯《梅花落》:"行人断消息,春恨几裴回。"贾至《送夏侯子之江夏》:"留欢一杯酒,欲别复裴回。"李白《江夏送友人》:"裴回相顾影,泪下汉江流。"白居易《和答诗十首·和古社》:"黄昏行人过,见者心裴回。"又《九日登巴台》:"临觞一搔首,座客亦裴回。"

【裴休】 唐诗人。字公美,河南济源(今属河南)人。长庆中登进士第,又登贤良方正、能直言极谏科。累迁中书舍人、江西观察使。历昭义、河东、凤翔、荆南等四镇节度使。《新唐书·艺文志》著录其所集希运《传心法要》一卷。新旧《唐书》有专。《全唐诗》卷五六三录其诗二首。

【裴延裕】 唐诗人。字膺余,绛州闻喜(今山西闻喜东北)人。中和二年登进士第。乾宁中任翰林学士,历司封郎中,知制诰,迁入梁,贬湖南,卒。《全唐诗》卷六八八录其诗二首。

【裴行軍】 裴堪。曾官行军司马。武元衡有《夏夜饯裴行军赴朝命》。

【裴交泰】 唐诗人。贞元、元和间人。事见《唐诗纪事》卷三六。《全唐诗》卷四七二录其《长门怨》诗一首。

【裴次元】 唐诗人。郡望河东闻喜(今山西闻喜东北),贞元四年登贤良方正科,历任吏部员外郎、司封郎中、京兆尹。元和六年为福建观察使,八年拜河南尹,后为江西观察使。事见《旧唐书·宪宗纪》《旧唐书·穆宗纪》《唐尚书省郎官石柱题名考》。《全唐诗》卷四六六录其《南至日隔仗望含元殿炉香》诗一首。

【裴羽仙】 唐女诗人。夫征奴匈,为利鹿生擒。事见《才调集》卷一〇。《全唐诗》卷八〇一录其《哭夫二首》。

【裴守貞】 唐诗人。字万忠。绛州稷山(今属山西)人。举进士,高宗朝累转乾封尉,授太常博士。武后天授中,官司府丞,以仁恕不称旨,出为汴州司录,后迁成州刺史,转宁州刺史。长安中卒于任,赠户部尚书。新旧《唐书》有传。《全唐诗》卷四四录其《奉和太子纳妃太平公主出降三首》。

【裴均】 字君齐,以明经为诸暨尉,其父裴倩为元载旧判官,见《旧唐书》本传。卢纶有《送姨弟裴均尉诸暨》。

【裴虬】 字深源。河东人,裴旷子。天宝中为永嘉尉。大历四、五年间为道州刺史。任谏议大夫,卒赠二部尚书。刘长卿有《春过裴虬郊园》。杜甫有《送裴二虬作尉永嘉》。

【裴杞】 唐诗人。贞元九年登进士第,事见《新唐书·宰相世系一上》《登科记考》卷一三。《全唐诗》卷七七九录其《风光草际浮》一首。

【裴延】 唐诗人。喜闻(今山西闻喜东北)人。开元间宰相裴耀卿之子。官至通事舍人。《全唐诗》卷七六九录其诗二首。

【裴延翰】 唐滁州刺史裴俦子,字伯甫,蓝田尉、集贤校理,见《新唐书·宰相世系一上》。赵嘏有《送裴延翰下第归觐滁州》。

【裴迪】 唐诗人。关中(今陕西)人。开元末在张九龄荆州幕府任职,后到长安,与王维、崔兴宗俱居终南山。王维得辋川别业后,迪常与之游,酬唱为乐。后曾任尚书省郎。《全唐诗》卷一二九录其诗二十九首。

【裴尚書】 ❶裴敦复。天宝四载以刑部尚书裴敦复充岭南五府经略等使,见《资治通鉴》卷二一五。李白《答王十二寒夜独酌有怀》:"君不见裴尚书,土坟三尺蒿棘居。"❷裴胄。曾官检校工部尚书。见《旧唐书·德宗纪下》。武元衡有《冬日汉江南行将赴夏口途次江陵界寄裴尚书》。❸裴休。大中二年为检校礼部尚书、宣歙观察使。张祜有《题宛陵新桥兼献裴尚书》和《投宛陵裴尚书二十韵》。❹裴坦。咸通十年至十二年为山南东道节度使。皮日休有《吴中书事寄汉南裴尚书》。

【裴明州】 郁贤皓《唐刺史考》疑为裴儆,大历六年到八年任明州刺史。戴叔伦有《送裴明州效南朝体》。

【裴明府】 ❶宜春县令,名不详。裴旻之孙。无可有《送宜春裴宰是将军旻之孙》。雍陶有《送宜春裴明府之任》。❷京兆属县县令,名不详。李商隐在京兆府假参军事,与其相识。李商隐有《裴明府居止》《复至裴明府所居》。

【裴旻】 见李瀚《裴将军旻射虎图赞》序(《全唐文》卷四三一)及《新唐书·文艺传中》。王维有《赠裴旻将军》。

【裴侍中】 ❶裴度。大和八年三月,任东都留守,八年三月兼侍中,九年十月进位中书令,见《旧唐书》本传和《旧唐书·文宗纪下》。刘禹锡有《郡内书情献裴侍中留守》。❷裴光庭。开元十八年光庭为侍中。见《新唐书·宰相表中》。张九龄有《和裴侍中承恩拜扫旋辔途中有怀寄州县官僚乡国亲故》。

【裴侍御】 裴朏,曾官监察御史、怀州司马、永雒县令等。孟浩然有《闻裴侍御朏自襄州司户除豫州司户因以投寄》。

【裴侍郎】 ❶裴行俭。曾为吏部侍郎。见《旧唐书》本传。骆宾王有《咏怀古意上裴侍郎》。❷裴光庭。曾官中书侍郎。见《旧唐书·玄宗纪上》。王湾有《秋夜寓直即事怀赠萧令公裴侍郎兼通简南省诸友人》。❸裴潾。见《旧唐书·文宗纪下》。刘禹锡有《裴侍郎大尹雪中遗酒一壶有闲行把酒之句斐然仰酬》。❹裴寅。咸通四年十一月以户部侍郎裴夤判度支,见《旧唐书·懿宗纪》。薛逢有《芙蓉溪送前资州裴使君归京宁拜户部裴侍郎》。❺裴贽。见《唐才子传》卷一〇《殷文圭传》。王涣有《上裴侍郎》。❻裴瓒。乾符元年十月,以礼部侍郎裴瓒为检校左散骑常侍、潭州刺史、御史大夫、湖南观察使。见《旧唐书·僖宗纪》。杜荀鹤有《投长沙裴侍郎》。

【裴使君】 ❶疑为裴延庆。见《新唐书·宰相世系一上》西眷裴氏。李白有《春陪商州裴使君游石娥溪》。❷裴礼。见《新唐书·宰相世系一上》中眷裴氏。柳宗元有《酬韶州裴曹长使君寄道州吕八大使因以见示二十韵一首》。❸裴俦。杜牧姐夫,字次之,登进士第,历任和州刺史、大理卿、江西观察使。见《旧唐书》本传。杜牧有《初春雨中舟次和州横江裴使君见迎李赵二秀才同来因书四韵兼寄江南许浑先辈》。❹裴清。曾官宿州、湖州和鄂州刺史,见《嘉泰吴兴志》卷一四刺史题名。皎然有《奉和裴使君清春夜南堂听陈山人弹白雪》和《岘山送崔子向之宣州谒裴使君》。

【裴舍人】 裴度。元和六年使魏州宣谕,使还拜中书舍人,见《旧唐书》本传。杨巨源有《和裴舍人观田尚书出猎》。

【裴郎中】 ❶疑为裴谞。谞曾官左司郎中,出为虔州刺史。见《旧唐书》本传。刘长卿有《送裴郎中贬吉州》。❷裴孝智。孝智曾官都官郎中,见《新唐书·宰相世系一上》东眷裴氏。刘长卿有《岁日见新历因寄都官裴郎中》。❸裴俦。官和州刺史。许浑有《酬杜补阙初春雨中舟次横江喜裴郎中相迎见寄》。❹裴德符。曾官绛州刺史和湖州刺史。罗隐有《上霅川裴郎中》《秋日禅智寺见裴郎中题名寄韦瞻》和《秋日泊平望驿寄太常裴郎中》。

【裴南部】 名不详。阆州南部(今四川南部县)县令。与杜甫有交往。杜甫有《赠裴南部回闻袁判官自来欲有按问》。

【裴相】 (—xiàng)❶裴垍。四十四岁入相,卒年四十七。刘禹锡有《和仆射牛相公追感韦裴六相登庸皆四十余未五十薨殁见寄之作》。白居易《薛中丞》:“裴相昨已夭,薛君今又去。”❷裴度。元和十四年四月,裴度官门下侍郎、同中书门下平章事,见《旧唐书·宪宗纪下》。白居易有《送鹤与裴相临别赠诗》和《答裴相公乞鹤》。

【裴相公】 (相 xiàng)❶裴度。曾任门下侍郎、同中书门下平章事。见《旧良书·宪宗纪下》。王建有《和裴相公道中赠别张相公》和《送裴相公上太原》。杨巨源有《圣恩洗雪镇州寄献裴相公》。韩愈有《奉和裴相公东征途经女几山下作》和《同李二十八员外从裴相公野宿西界》。白居易有《和裴相公傍水闲行绝句》。❷裴坦。曾官礼部侍郎,拜江西观察使、华州刺史。召为中书侍郎、同中书门下平章事。见《新唐书》本传。贯休《寄大愿和尚》:“赐衣三铢让不著。”自注:“太平裴相公与师诗云。竟辞圣主宫中诏,来赴遗民社内期。”❸裴均。元和三年九月,以右仆射裴均检校左仆射、同平章事、襄州刺史、充山南东道节度使,见《旧唐书·宪宗纪上》。吕温有《道州奉寄襄阳裴相公》。❹裴垍。元和三年秋,李吉甫出镇淮南,遂以垍代为中书侍郎、同平章事,元和五年罢为兵部尚书,见《旧唐书》本传。元稹《感梦》题下注:“梦故兵部裴尚书相公。”❺裴休。大中初,累官户部侍郎,充诸道盐铁转运使,转兵部侍郎,兼御史大夫。六年八月,以本官同平章事。见《旧唐书》本传。杜牧有《忍死留别献盐铁裴相公二十叔》。

【裴相國】 (相 xiàng)❶指裴垍。垍元和三年九月为中书侍郎、同中书门下平章事。五年十一月,罢相。六年卒,年四十四,见新旧《唐书》本传。白居易《闲居》:“君看裴相国,金紫光照地。”❷指裴度。李绛有《和裴相国答张秘书赠马诗》。参见“裴度”。

【裴思謙】 唐诗人。字子牧,绛州闻喜(今山西闻喜东北)人。开成三年凭宦官仇士良关节而状元及第。大中年间,历任节度判官、郎中。累官至左散骑常侍兼大理卿。乾符三年自凉王傅分司授卫尉卿。《全唐诗》卷五四二录其《及第后宿平康里》一首。

【裴徊】 (huái)❶徐行貌。骆宾王《同辛簿简仰酬思玄上人林泉四首》之三:“林泉恣探历,风景暂裴徊。”❷彷徨。徘徊不进貌。骆宾王《乐大夫挽词五首》之四:“宁知荒垄外,吊鹤自裴徊”。❸留恋。骆宾王《饯郑安阳入蜀》:“畏途君怅望,岐路我裴徊。”

【裴度】 唐诗人。字中立,河东闻喜(今山西闻喜东北)人。贞元五年擢进士第,释褐河阴县尉,迁监察御史、出为河南府功曹,迁起居舍人。历任中书舍人、刑部侍郎、中书令等职,卒赠太傅。新旧《唐书》有传。《全唐诗》卷三三五录其诗一卷,近二十首。

【裴施州】 杜甫有《寄裴施州》,题注:“裴冕坐李辅国贬施州刺史。”

【裴洽】 淄州刺史。白居易《三月三日祓禊洛滨》:“令公明日,召太子少傅白居易……淄州刺史裴洽……等一十五人,合宴于舟中。”

【裴宣州】 裴耀卿。耀卿曾历宣、冀二州刺史。见《旧唐书》本传。张九龄有《当涂界寄裴宣州》。裴耀卿有《敬酬张九龄当涂界留赠之作》。

【裴宣城】 即裴胄,明经出身,历任太仆寺主簿,秘书郎、宣州刺史、汀州司马、国子司业、湖南观察使等职。新旧《唐书》有传。李嘉祐有《送裴宣城上元所居》。

【裴陟】 曾官户部员外郎,滑州司马。见《唐尚书省郎官石柱题名考》卷十二。皇甫冉有《送裴陟归常州》。

【裴宰君】 裴巢县令,名未详。姚合有《送裴宰君》。

【裴馬】 裴行俭和马载。马载,马周子。《景云初语》:“前有裴马,后有卢李。”题下注:“裴即行俭,马谓戴”。“戴”当作“载”。见《旧唐书·马周传》。

【裴起居】 ❶裴度。曾由河南府功曹迁起居舍人。见《旧唐书》本传。武元衡有《送柳郎中裴起居》和《酬裴起居西亭留题》。❷裴素。曾官司封员郎兼起居郎。姚合有《寄裴起居》和《同裴起居厉侍御放朝游曲江》。

【裴都護】 裴泰。贞元十八年五月以祠部员外郎裴泰为检校兵部郎中,充安南都护、本管经略使。见《旧唐书·德宗纪》。权德舆有《送安南裴都护》。

【裴晉公】 裴度。元和十二年十二月,赐裴度上柱国,晋国公,食邑三千户,见《旧唐书·宪宗纪下》。刘禹锡有《奉和裴晋公凉风亭睡觉》。白居易有《题裴晋公女几山刻石诗后》。温庭筠有《题裴晋公林亭》。李郢有《上裴晋公》。司空图有《题裴晋公华岳庙题名》。

【裴員外】 ❶裴霸。裴宽之侄。高适有《酬裴员外以诗代书》。见《旧唐书·裴宽传》。曾官吏部员外郎,见《新唐书·宰相世系表一上》。❷裴渥。曾任蕲州刺史,见《旧唐书·僖宗纪》。李山甫有《送蕲州裴员外》。

【裴校書】 (校 jiào)裴敦复之子。名不详。岑参有《送裴校书从大夫淄川觐省》。见《旧唐书》本传。

【裴虔餘】 唐诗人。宣宗大中中,为浙西都团练判官,转山南东道节度推官。咸通末,佐李蔚淮南幕。乾符二年,由兵部郎中迁太常少卿。广明元年,出为华州刺史,迁宣歙观察使。《全唐诗》卷五九七录其《早春残雪》等二首。

【裴秘監】 裴谟。曾任台州刺史。咸通二年,谟弟裴坦自礼部侍郎出为江西观察使,谟不堪兄弟远离,自请致仁,与弟同赴江西。皮日休有《奉献致政裴秘监》。

【裴航】 裴铏《传奇》中人物,云为长庆中秀才。游鄂渚还京,于舟中遇仙樊夫人,赠诗一首,樊夫人亦答之。《全唐诗》卷八六〇录裴航《赠樊夫人诗》,诗题后注:“长庆中,航下第,游鄂渚,偶与樊夫人同载。航见其有国色,慕之。赂侍妾袅烟,以诗达意。夫人得航诗,若不闻。使袅烟持诗答航。航亦未达诗之旨趣,后经蓝桥驿,渴甚,向老妪求浆,妪呼女云英擎浆与航。英色芳丽,航忆夫人诗句,异之。愿纳聘焉。妪言已有灵舟,须玉杵臼捣之,有此当相与。航购得之。妪乃领航捣药百日。妪吞之,先入洞,告姻戚来迎。航及女就礼,引见诸宾,一仙妪谓航应相识否。航不省。曰。不忆鄂渚同舟事乎。航惊怛陈谢。始知夫人即云英之姊。后航及妻入玉峰洞为上仙。”

【裴通】 唐诗人。礼部尚书裴士淹之子。曾官尚书省郎中、御史大夫、国子祭酒、太子詹事。事见《唐尚书省郎官石柱题名考》卷一二。《全唐诗补编》录其《王石军宅》等两首。

【裴邕】 里贯,事迹不详。与皎然有往来。皎然有《送裴邕之上京》。

【裴達】 唐诗人。大历十二年黎逢榜进士。《全唐诗》卷二八八录其《小苑春望宫池柳色》一首。

【裴逵】 唐诗人。登大历进士第。事见《唐诗纪事》卷三二。《全唐诗》卷二八八录其《南至日太史登台书云物》一首。

【裴戡】 即裴堪。武元衡有《送裴戡行军》。

【裴常侍】 裴次元。白居易有《江西裴常侍以优礼见待又蒙赠诗辄叙鄙诚用伸感谢》。参见“裴次元”。

【裴略】 唐诗人。曾官宿卫。试判落第,诣仆射温彦博披诉,不理。略自云能嘲戏,彦博回意与语,指厅前竹吟嘲,遂作《为温仆射嘲竹》。彦博又令嘲屏墙,乃作《又嘲屏墙》,二诗极刺彦博。事见《大唐新语》卷一本、《太平广记》卷二五四引《启颜录》,诗见《全唐诗》卷八六九。

【裴庶子】 当是裴德符。德符自湖州入为太常少卿,后又除太子左庶子。罗隐有《裴庶子除太仆卿因贺》。

【裴淑】 唐诗人。字柔之,河东(今山西永济市)人。元和十年嫁于元稹为继室。封河东郡君。事见《云溪友议》卷下、《唐诗纪事》卷七八。《全唐诗》卷七九九录其《答微之》一首。

【裴祭酒】 裴通。曾官国子祭酒，见《唐会要》卷六六。又曾官检校礼部尚书，见《新唐书·宰相世系一上》南来吴裴。刘禹锡有《裴祭酒尚书见示春归城南青松坞别墅寄王左丞高侍郎之什命同作》。

【裴淄州】 裴洽。曾官淄州刺史。白居易有《春夜宴席上戏赠裴淄州》。

【裴將軍】 (將 jiāng)❶裴旻。旻曾官左金吾大将军，见《新唐书·宰相世系一上》洗马裴。颜真卿有《赠裴将军》。❷裴冀。曾官右金吾将军，杨炎诬杀刘宴，令裴冀宣慰东都、河阳、魏博，见《新唐书·宰相世系一上》东眷裴氏和《旧唐书·杨炎传》。卢纶有《和金吾裴将军使往河北宣慰因访张氏昆季旧居兼寄赵侍郎赵卿拜陵未回》。

【裴參軍】 裴参军。名不详。孙逖有《送越州裴参军充使入京》。

【裴循】 唐诗人。事迹不详。与颜真卿等合作《登岘山观李左相石尊联句》，见《全唐诗》卷七八八。

【裴翛然】 唐诗人。郡望河东闻喜(今属山西闻喜县)，楚州刺史裴思训之子。开元间出家为道士。一说为僧人。擅绘画。事见《历代名画记》卷九、《大唐新语》卷一〇。《全唐诗》卷八五二录其《夜醉卧街》诗一首。

【裴惲】 福历元年四月，贤良方正能言极谏及第，见《唐会要》卷七六。曾官国子司业。白居易《三月三日祓禊洛滨》序：“令公明日。召太子少傅白居易……国子司业裴恽……等一十五人，合宴于舟中”。

【裴楷】 晋人。字叔则，博学多识，精通《老》《易》，为人清明通达。见《文选·王俭〈褚渊碑文〉》李善注引臧荣绪《晋书》。殷寅《铨试后征山别业寄源侍御》：“裴楷能清通，山涛急推荐。”李瀚《蒙求》：“王戎简要，裴楷清通。”

【裴夷直】 字礼卿，吴(今江苏苏州市)人。元和十年(815)进士。历任华州刺史、潼关防御、镇国军等使。终散骑常侍。事见《旧唐书·王质传》《新唐书·张孝忠传》《乾道临安志》卷三、《唐诗纪事》卷五一、《唐才子传》卷六。《全唐诗》卷五一三录其诗一卷，五十三首。

【裴道州】 裴虬。虬曾官道州刺史，见《旧唐书·代宗纪》。杜甫有《暮秋枉裴道州手札率尔遣兴寄近呈苏涣侍御》。

【裴給事】 裴士淹。士淹曾官给事中。见《旧唐书·玄宗纪下》。卢纶有《裴给事宅白牡丹》。

【裴璋】 大和九年邕管经略使裴恭之子，裴弘泰侄，见《新唐书·宰相世系一上》。雍陶有《送裴璋还蜀因亦怀旧》。

【裴儔】 裴肃之子，宝历元年举军谋宏远材任边将科，后官滁州刺史、和州刺史。白居易《三月三日祓禊洛滨》序：“令公明日。召太子少傅白居易……和州刺史裴俦……等一十五人，合宴于舟中。”

【裴僕射】 ❶疑为裴遵庆。遵庆曾官吏部尚书、右仆射，见《旧唐书》本传。钱起有《裴仆射东亭》。❷裴度。长庆二年六月，度罢为尚书在仆射，见《新唐书·宰相表下》。韩愈有《和裴仆射相公假山十一韵》。

【裴鉶】 唐诗人。咸通中，为静海军节度使，高骈从事。乾符五年，官成都节度副使，加御史大夫。《新唐书·艺文志》著录其《传奇》三卷。事见《唐诗纪事》卷六七。《全唐诗》卷五九七录其《题文翁石室》诗一首。

【裴説】 唐诗人。桂州(今广西桂林市)人。裴谐兄。初屡举不第。天祐三年以状元及第。累官补阙、官终礼部员外郎。《全唐诗》卷七二〇录其诗一卷，五十余首。《全唐诗补编》补收一首。

【裴圖南】 行十八，曾归隐嵩山，与王昌龄、李白有交往。王昌龄有《送裴图南》。李白有《裴十八图南归嵩山》。

【裴端公】 裴枢。曾官侍御史。窦常有《和裴端公枢芜城秋夕简远近亲知》。

【裴漼】 唐诗人。绛州闻喜(今山西闻喜县东北)人。万岁通天元年，应大礼举，释褐陈留主簿，累迁监察御史，三迁中书舍人。睿宗时，迁兵部侍郎。开元五年，迁吏部侍郎。历黄门侍郎、御史大夫、擢吏部尚书，官终太子宾客。卒赠礼部尚书，谥曰懿。事见新旧《唐书》本传、《大唐新语》卷八和《登科记考》卷四。《全唐诗》卷一〇八录其诗四首。

【裴閣老】 裴佶。裴佶居谏议大夫五年。见《旧唐书·德宗纪下》。权德舆有《奉和崔阁老清明日候许阁老交直之际辱裴阁老书招云与考功苗曹长先城南游览独行口号因以简赠》。

【裴皞】 唐诗人。字司东，河东(今山西永济市)人。光化三年进士及第。历事梁、唐、晋诸朝，官至尚书右仆射。事见《旧五代史》卷九二、《新五代史》卷五七本传。《全唐诗》卷七五一录其《示门生马侍郎胤孙》。

【裴衡】 字无私，裴珀侄，曾官吏部员外郎和司勋员外郎。李商隐有《寄裴衡》。

【裴頠】 晋人。字逸民。博学健谈，时人谓为“言谈之林薮”。见南朝宋刘义庆《世说新语·赏誉》。李瀚《蒙求》：“张凭理窟，裴颜谈数”。

【裴談】 唐诗人。与李景伯、裴谈同时。《全唐诗》卷八九〇《回波乐》一首。

【裴澥】 唐诗人。河东闻喜(今山西闻喜东北)。

元和初以门荫入仕，累迁左补阙、擢起居舍人。十四年(819)以谏阻宪宗服丹药，贬江陵令。至长庆，历考功、吏部郎中。开成元年(836)为兵部侍郎，二年出为河南尹。新旧《唐书》有传。《全唐诗》卷五〇七录其诗十五首。

【裴澈】(？—88)唐诗人。字深源，宣宗朝宰相裴休之侄，谏议大夫裴俅之子，孟州济源(今河南济源市)人。咸通年间登进士第，广明元年，以翰林学士拜相，光启三年以拥立李熅为帝被诛。《全唐诗》卷六〇〇录其《吊孟昌图》一首。

【裴澄】唐诗人。郡望河东闻喜(今山西闻喜县东北)人。大历中，曾官评事。贞元十一年为国子司业。官终苏州刺史。见《新唐书・宰相世系表》《吴郡志》卷一。《全唐诗》卷四六六录其《春云》一首。

【裴諧】唐诗人，谐一作"诣"，桂州(今广西桂林市)人。裴说弟。天祐三年登进士第。官终桂岭摄令。《全唐诗》卷七一五录其诗一首，残句一联。

【裴諝】唐诗人。字士明，洛阳人。礼部尚书裴宽之子。天宝间举明经，至德二年为襄邓营田判官。大历初官左司郎中，出为虔州刺史，历绕、庐、亳洲刺史。贞元初任吏部、兵部侍郎、河南尹。新旧《唐书》有传。《全唐诗》卷八八七录其判语两则。

【裴諴】唐诗人。闻喜(今山西闻喜东北)人。大中中曾官主客郎中，后历职方郎中，太子中允。事见《唐尚书省郎官石柱题名考》。《全唐诗》卷五六三录其《南歌子词三首》《新添声杨柳枝词》二首。

【裴濤】当作"裴儔"。即和州刺史裴俦。白居易有《喜裴涛使君携诗见访醉中戏赠》。

【裴濟】唐诗人。字方舟，曾为从事，事迹不详。与清昼等合作《讲古文联句》，见《全唐诗》卷七九四。

【裴闓】里贯事迹不详。与皇甫冉有交往。皇甫冉有《送裴闿》。

【裴録事】❶裴济。皎然有《夏日集裴录事北亭避暑》。❷名不详。益州大都督府录事，与卢照邻有交往。卢照邻有《赠益府裴录事》。

【裴總】唐河东(治所今山西永济市西南蒲州镇)人。曾官大理评事、太帛博士、太子舍人。与孟浩然为忘年交。祖咏有《长乐驿留别卢象裴总》。

【裴翻】唐诗人。字云章。会昌三年举进士。《全唐诗》卷五五二录其《和主司王起》一首。

【裴贄】唐诗人。字敬臣。咸通十三年进士及第。历任右补阙、御史中丞等职。大顺元年、二年、乾宁五年，三知礼部贡举。光化三处拜相。天复三年罢为尚书左仆射，后以司空致仕。朱全忠将篡位，贬为青州司户参军，旋被害。《全唐诗》卷六八八录其《答王涣》一首。

【裴饒】里贯，事迹不详。与罗隐有交往。罗隐有《送裴饶归会稽》。

【裴騰】字士举，曾任户部郎中。见《新唐书・宰相世系一上》。李颀有《送裴腾》。

【裴耀卿】唐诗人。字焕之，河东闻喜(今山西闻喜东北)人。八岁神童擢第。弱冠拜秘书正字，俄补相王府曲签。睿宗即位，授国子主簿，累迁考功员外郎、兵部郎中。开元初，为长安令。天宝初，改任尚书左仆射，俄改右仆射，卒赠太子傅，谥文献。新旧《唐书》有传。《全唐诗》卷一一三录其《酬张九龄使风见示》等诗二首。

【裴觀】玄宗时以左威卫将军为沧州刺史。见《册元龟府》卷六七一。玄宗《赐诸州刺史以题座右》注："开元十六年，帝自择廷臣为诸州刺史，许景先虢州，源光裕郑州……裴观沧州。"

【裴觀察】(觀 guān)裴胄。贞元七年正月，裴迪以湖南观察使为洪州刺史、江西观察使，见《旧唐书・德宗纪下》。顾况有《同裴观察东湖望山歌》。

褚

〔chǔ《广韵》丑吕切，上語，徹。〕姓。唐诗人有褚亮、褚遂良、褚朝阳等。

【褚十一】褚澡。与钱起有往来。钱起有《送褚十一澡擢第归吴觐省》。

【褚清】吴江女道士，与李白有交往。李白有《江上送女道士褚三清游南岳》。

【褚大】行大，名不详，与钱起有往来。钱起有《送褚大落第东归》。

【褚公】❶指唐初书法家褚遂良。杜甫《发潭州》："贾傅才未有，褚公书绝伦。"❷指褚无量。曾官郯王傅，国子祭酒，左散骑常侍，封舒国公。见《旧唐书》本传。苏颋有《故右散骑常侍舒国公褚公挽词》。

【褚生】指褚少生。为西汉博士，曾补《史记》亡篇《武帝纪》《三王世家》《日者列传》《龟策列传》，见《汉书・司马迁传》。后用以借指有学识者。王维《哭褚司马》："汉臣修史记，莫蔽褚生才。"

【褚先生】名不详。与法振有往来。法振有《送褚先生海上寻封炼师》。

【褚司馬】名不详。与王维有交往。王维有《哭褚司马》。另李白有《赠历阳褚司马》。亦不知是否为一人。

【褚伯玉】字元璩，吴郡钱唐人，为南朝齐隐士。隐于剡之瀑布山，三十余年，与世隔绝。见《南齐书・高逸传・褚伯玉传》。丘丹《奉酬韦苏州使君》："还同褚伯玉，入馆忝州人。"

【褚胤】晋吴郡人。七岁工棋，及长，期艺冠绝当时。见《宋书・羊玄保传》附《褚胤传》。后遂用以借指围棋高手。韦庄《冬日长安感志寄献虢州崔郎中二十韵》："松下围棋期褚胤，笔头飞箭荐陶谦。"又《和友人》："静阅王维画，闲翻褚胤棋。"

【褚亮】　字希明，杭州钱塘(今浙江杭州市人)。遂良之父。幼敏学，善属文。在南朝陈为尚书殿中侍郎，在隋为东宫学士，迁太常博士。隋亡从薛举，为黄门侍郎。入唐授秦王府文学，为文学馆十八学士之一。贞观二十一年卒，赠太常卿，谥曰康。新旧《唐书》有传。《全唐诗》卷三二、卷八八二、《全唐诗补编》共录其诗三十余首。

【褚起居】　指褚遂良。据《旧唐书》本传，遂良于贞观十年自秘书郎迁起居郎，十五年进谏议大夫，兼知起居事。杨师道有《中书寓直咏雨简褚起居上官学士》。

【褚校書】　(校 jiào)名不详。与韦应物有往来。韦应物有《送褚校书归旧山歌》。

【褚書】　褚遂良之书法。白居易《游悟真寺诗》："素屏有褚书，墨色如新干。"

【褚琇】　杭州钱塘(浙江杭州市)人。褚遂良从孙。先天元年为富平主簿。开元十二年，自朝请大夫、试给事中、上柱国、加守给事中，散官勋封如故。后出为常州刺史。《全唐诗》卷一〇八录其诗一首。

【褚朝陽】　天宝间登进士第。事见《国秀集》《唐诗纪事》卷二七。《全唐诗》卷二五四录其诗三首。

【褚遂良】　字登善，杭州钱塘(今浙江杭州市)人。褚亮之子。精书法。隋末事薛举，为通事舍人。入唐，初授秦州都督府铠曹参军。新旧《唐书》有传。《全唐诗》卷三三录其诗一首，《全唐诗补编》录其诗四首。

【褚淵】　字彦回，南齐时官司徒。美仪貌，善容止，俯仰进退，咸有风则。见《南史·褚彦回传》。在南齐任司徒时因送湘州刺史王僧虔，因阁道失修而坠入水中，谢超宗嘲之为"落水三公"。韩偓《感事三十四韵》："溅血惭嵇绍，迟行笑褚渊。"李瀚《蒙求》："王俭坠车，褚渊落水。"

【褚載】　字厚之。家贫，客游梁宋间。乾宁五年登进士第。后不知所终。《全唐诗》卷六九四录其诗十五首。

【褚薛】　初唐书法家褚遂良和薛稷的并称。杜甫《寄刘峡州伯华使君四十韵》："学并卢王敏，书偕褚薛能。"

裳　〔cháng《广韵》市羊切，平陽，禪。〕古代称身穿的衣裙，男女皆服。见《诗、邶风、绿衣》。杜甫《贻阮隐居》："寻我草径微，褰裳蹋寒雨。"白居易《早热》："岸帻头仍痛，褰裳汗亦流。"又《闲居自题戏招宿客》："解绶收朝佩，褰裳出野船。"又《夏日闲放》："褰裳复岸帻，闲傲得自恣。"亦泛指衣服。骆宾王《在兖州饯宋五之问》："柳寒凋密翠，棠晚落疏红。"李白《古风》之三七："古来共叹息，流泪空沾裳。"又《古风》之四一："朝弄紫沂海，夕披丹霞裳。"李商隐《赠送前刘五经映三十四韵》："海鸟悲钟鼓，狙公畏服裳。"

裻　〔dū《广韵》冬毒切，入沃，端。又先篤切，入沃，心。〕衣背中缝。皮日休《吴中苦雨因书一百韵寄鲁望》："低摧在圭窦，索漠抛偏裻。"

製　〔zhì《广韵》征例切，去祭，章。〕❶裁衣，制作衣服。白居易《庾顺之以紫霞绮远赠以诗答之》："为褥欲裁怜叶破，製裘将剪惜花分。"又《醉后狂言酬赠萧殷二协律》："刀尺钝拙製未毕，出亦不独裹一身。"又《新乐府·缭绫》："广裁衫袖长製裙，金斗熨波刀翦纹。"李贺《谢秀才有妾缟练改从于人秀才引留之不得后生感忆座人制诗嘲谢贺复继四首》之一："荷丝製机练，竹叶剪花裙。"❷创制。杜甫《九成宫》："荒哉隋家帝，製此今颓朽。"❸形成，造成。杜甫《高楠》："近根开药圃，接叶製茅亭。"❹制作，制造。杜甫《风疾舟中伏枕书怀三十六韵奉呈湖南亲友》："轩辕休製律，虞舜罢弹琴。"❺撰述，著作。亦指诗作等。杜甫《八哀诗·赠秘书监江夏李公邕》："声华当健笔，洒落富清製。"又《赠蜀僧闾丘师兄》："青荧雪岭东，碑碣旧製存。"参见"製作""製詩"。❻形制，样式。杜甫《陪诸公上白帝城头宴越公堂之作》："此堂存古製，城上俯江郊。"白居易《青毡帐二十韵》："北製因戎创，南移逐虏迁。"

【製作】　指写作、撰述，亦指作品。杜甫《留别公安太易沙门》："数问舟航留製作，长开篋笥拟心神。"

【製詩】　创作诗歌。李贺有《谢秀才有妾缟练改从于人秀才引留之不得后生感忆座人製诗嘲谢贺复继四首》。

【製錦】　咏县令的典故。见《左传·襄公三十一年》。李白《赠徐安宜》："製锦不择地，操刀良在兹。"

裹　〔guǒ《广韵》古火切，上果。見。又古卧切，去過，見。〕❶包扎，缠绕。李白《玩月金陵城西往石头访崔四侍御》："草裹乌纱巾，倒被紫绮裘。"白居易《洛下卜居》："饮啄供稻粱，包裹用茵席。"又《送客春游岭南二十韵》："红旗围卉服，紫绶裹文身。"❷包，包裹。白居易《新沐浴》："裘温裹我足，帽暖覆我头。"又《郡斋暇日辱常州陈郎中使君早春晚坐水西馆书事诗十六韵见寄亦以十六韵酬之》："睡足心更慵，日高头未裹。"❸包含，包藏。卓英英《答玄士》："数载幽栏种牡丹，裹香包艳待神仙。"❹包罗，笼罩。杜甫《江畔独步寻花七绝句》之二："稠花乱蕊裹江滨，行步欹危实怕春。"白居易《新制布裘》："安得万里裘，盖裹周四根。”❺穿上，着。高适《留别郑三韦九兼洛下诸公》：“此时亦得辞渔樵，青袍裹身荷圣朝。”白居易《岁暮》：“夹帽长覆耳，重裘宽裹身。”又《南宾郡斋即事寄杨万州》：“仓粟喂家人，黄缣裹妻子。”❻果腹。韩愈《赠崔立之》：“薄粥不足裹，深泥谅难驰。”❼袋，包。王维《酬黎居士淅川作》：“松龛藏药裹，石唇安茶臼。”杜甫《酬郭十五受判官》：“药裹关心诗总废，花枝照眼句还成。”

【裹革】　谓战死沙场。见《后汉书·马援传》。员半千《陇头水》：“喋血多壮胆，裹革无怯魂。”见“裹屍”。

【裹屍】　包裹尸体。谓战死沙场。见《后汉书·马援传》。李益《塞下曲》：“伏波惟愿裹尸还，定远何须生入关。”李贺《平城下》：“惟愁裹尸归，不惜倒戈死。”张籍《妾薄命》：“汉家天子平四夷，护羌都尉裹尸归。”

【裹蒸】　食品名。一说即粽子。孙元晏《咏史诗·齐·明帝裹蒸》：“惜得裹蒸无用处，不如安霸取江山。”

【裹頭】　❶裹扎头巾，包头。王建《宫词一百首》之七八：“裹头宫监堂前立，手把牙鞘竹弹弓。”韩愈《寄卢仝》：“一奴长须不裹头，一婢赤脚老无齿。”白居易《姚侍御见过戏赠》：“晚起春寒慵裹头，客来池上偶同游。”又《日高卧》：“未裹头前倾一盏，何如冲雪趁朝人。”❷犹加冠。古时男子成丁则裹头巾。杜甫《兵车行》：“去时里正与裹头，归来头白还戍边。”杜荀鹤《友人赠舍弟依韵戏和》：“不觉裹头成大汉，昨来竹马作童儿。”

【裹糧】　谓携带熟食干粮，以备出征或远行。白居易《李卢二中丞各创山居俱夸胜绝偶题十五韵聊戏二君》：“脂辖复裹粮，心力颇劳止。”杜甫《寄彭州高三十五使君适虢州岑二十七长史参三十韵》：“会待祆氛静，论文暂裹粮。”

【裹飯】　谓包裹着饭食送人解饿。见《庄子·大宗师》。后用作称颂友情的典故。韩愈《赠崔立之》：“搴裳触泥水，裹饭往食之。”

裸　〔luǒ《广韵》郎果切，上果，來。〕❶赤身露体。于鹄《悼孩子》：“裸送不以衣，瘞埋于中衢。”陆龟蒙《村夜二首》之二：“日晏腹未充，霜繁体犹裸。”韩偓《赠吴颠尊师》：“狗窦号光逸，渔阳裸祢衡。”❷裸虫。指蹄角裸现或无毛羽鳞甲蔽体的动物。元稹《有酒十章》之一：“天蒸地郁群动萌，毛鳞裸介如鞶髩。”

【裸足】　光着脚。秦系《山中崔大夫有书相问》：“终年常裸足，连日半蓬头。”

【裸形】　裸体，赤身露体。李约《城南访裴氏昆季》：“野老无拜揖，村童多裸形。”

【裸國】　传说中的古国名。或说在西方，或说在南方。其民不着衣，故名。皮日休《重送》：“无限属城为裸国，几多分界是亶州。”

【裸跣】　露体赤脚。白居易《开龙门八节石滩诗二首》序：“舟人楫师，推挽束缚，大寒之月，裸跣水中。”

【裸體】　赤身露体。李白《夏日山中》：“懒摇白羽扇，裸体青林中。”

裨1　〔pí《广韵》符支切，平支，並。〕副贰；辅佐。亦借指副将。王维《陇头吟》：“身经大小百余战，麾下偏裨万户侯。”杜甫《八哀诗·赠司空王公思礼》：“偏裨无所施，元帅见手格。”许浑《闻边将刘皋无辜受戮》：“外监多假帝王尊，威胁偏裨势不存。”

裨2　〔bì《广韵》必移切，平支，幫。〕❶补益。杜甫《客堂》：“尚想趋朝廷，毫发裨社稷。”又《八哀诗·赠左仆射郑国公严公武》：“以兹报主愿，庶或裨世程。”岑参《送狄员外巡按西山军》：“莫辞冒险艰，可以裨节制。”邵谒《白头吟》：“常将古今骨，裨作北邙山。”❷补凑。唐彦谦《见炀帝宝帐》：“翡翠鲛绡何所直，千裨万接上书囊。”

【裨將】　（—jiàng）副将。见《汉书·项籍传》及颜师古注。李商隐《漫成五章》之三：“代北偏师衔使节，关中裨将建行台。”

【裨₂補】　增加补益。杜牧《李甘诗》：“常欲雪幽冤，于时一裨补。”

裯　〔chóu《广韵》直由切，平尤，澄。又直誅切，平虞，澄。〕单破。亦泛指衾被。一说为床帐。见《诗·召南·小星》。李白《赠别从甥高五》：“肝胆不楚越，山河亦衾裯。”杜甫《秋雨叹三首》之二：“城中斗米换衾裯，相许宁论两相直。”白居易《重修香山寺毕题二十二韵以纪之》：“吟来携笔砚，宿去抱衾裯。”又《酬别微之》：“醉收杯杓停灯语，寒展衾裯对枕眠。”

九　画

褐　〔hè《广韵》胡葛切，入曷，匣。〕❶指粗布或粗布衣服，最初用葛、兽毛，后通常指大麻、兽毛的粗加工品。杜甫《醉时歌》：“杜陵野客人更嗤，被褐短窄鬓如丝。”又《赠王二十四侍御契四十韵》：“女长裁褐稳，男大卷书匀。”李贺《赠陈商》：“凄凄陈述圣，披褐锄俎豆。”白居易《丘中有一士二首》之一：“藜藿不充肠，布褐不蔽形。”❷黑褐色。白居易《三适赠道友》：“褐绫袍厚暖，卧盖行坐披。”又

《六年冬暮赠崔常侍晦叔》："香开绿蚁酒，暖拥褐绫裘。"又《风雪中作》："两重褐绮衾，一领花茸毡。"又《题小桥前新竹招客》："皮开坼褐锦，节露抽青玉。"

【褐衣】 粗布衣服。贫贱者所服。白居易《东墟晚歇》："褐衣半故白发新，人逢知我是何人。"李商隐《赠送前刘五经映三十四韵》："褐衣终不召，白首兴难忘。"柳中庸《春思赠人》："谁知褐衣客，憔悴在书窗。"

【褐裘】 粗布棉袄。白居易《村居苦寒》："褐裘覆絁被，坐卧有余温。"又《早朝贺雪寄陈山人》："暖覆褐裘眠，日高应未起。"又《和微之诗二十三首·和尝新酒》："醉来拥褐裘，直至斋时睡。"又《池上闲吟二首》之二："非道非僧非俗吏，褐裘乌帽闭门居。"

【褐被】 粗布被子。白居易《别草堂三绝句》之二："久眠褐被为居士，忽挂绯袍作使君。"

複 〔fù《广韵》方六切，入屋，非。又扶富切，去宥，奉。〕❶重复；重叠。见"複宫""複屋""複叠"。❷繁多；复杂。见"複翠"。

【複宫】 重叠的宫殿。李贺《河南府试十二月乐词·三月》："复宫深殿竹风起，新翠舞衿净如水。"

【複屋】 重叠的房屋。白居易《题西亭》："四檐轩鸟翅，复屋罗蜘珠。"

【複衾】 絮有絮棉的大被。白居易《醉后狂言酬赠萧殷二协律》："此时太守自惭愧，重衣复衾有余温。"

【複帐】 古代冬季使用的一种华丽的夹帐子。李贺《夜来乐》："红罗复帐金流苏，华灯九枝悬鲤鱼。"亦泛指较好的帐子。白居易《雪中晏起偶咏所怀兼呈张常侍韦庶子皇甫郎中》："我独何者无此弊，复帐重衾暖若春。"

【複栋】 栋下复为一栋以列椽，谓之"複栋"。亦代称复屋。骆宾王《四月八日题七级》："复栋侵黄道，重檐架紫烟。"

【複堑】 重叠的沟壕。李商隐《河阳诗》："梓泽东来七十里，长沟复堑埋云子。"

【複道】 楼阁间架空的通道。也称阁道。骆宾王《帝京篇》："复道斜通鳷鹊观，交衢直指凤凰台。"杜甫《夔州歌十绝句》之四："枫林橘树丹青合，复道重楼锦绣悬。"李贺《秦宫诗》："飞窗复道传筹饮，十夜铜盘腻烛黄。"又《荣华乐》："径穿复道游椒房，龙裘金玦杂花光。"

【複嶂】 重叠的山。王勃《焦岸早行和陆四》："复嶂迷晴色，虚岩辨暗流。"

【複閣】 重叠的楼阁。王勃《寒夜怀友杂体二首》之二："复阁重楼向浦开，秋风明月度江来。"杜甫《大云寺赞公房四首》之三："明霞烂复阁，霁雾搴高牖。"

【複翠】 指错综多样的翠绿景色。王勃《秋日仙游观赠道士》："回丹萦岫室，复翠上岩栊。"

【複壁】 夹墙，两重而中空，可藏人匿物。李商隐《楚宫》："复壁交青琐，重帘挂紫绳。"

【複磴】 重叠山石白阶。王勃《三月曲水宴得烟字》："重檐交密树，复磴拥危泉。"

【複嶺】 重叠的山岭。胡曾《咏史诗·番禺》："重冈复岭势崔巍，一卒当关万卒回。"

【複疊】 重叠。李贺《溪晚凉》："层岫回岑复叠龙，苦篁对客吟歌筒。"又《染丝上春机》："彩线结茸背复叠，白袷玉郎寄桃叶。"白居易《齐云楼晚望偶题十韵兼呈冯侍御周殷二协律》："复叠江山壮，平铺井邑宽。"

褓 〔bǎo《广韵》博抱切，上晧，幫。〕裹覆婴的小被。沈佺期《赦到不得归题江上石》："小儿应离褓，幼女未攀笄。"王维《恭懿太子挽歌五首》之三："傅母悲香褓，君家拥画轮。"杜牧《杜秋娘诗》："虎睛珠络褓，金盘犀镇帷。"郑嵎《津阳门诗》："绣羽衣褓日屃赑，甘言狡计愈娇痴。"参见"襁褓"。

褕 〔yú《广韵》羊朱切，平虞，以。又餘昭切，平宵，以。〕❶即褕翟。古代王后的一种礼服。《说文·衣部》："褕，褕翟，羽饰衣。"见"褕衣"。❷即襜褕。见"襜褕"。

【褕衣】 即褕翟。古代王后从王祭先公之服，亦为三夫人及上公妻之命服，因其上刻画雉形，故名褕翟。裴守真《奉和太子纳妃太平公主出降三首》之一："彩缨纷碧坐，缋羽泛褕衣。"

褒 同"褎"。

褊 〔biǎn《广韵》方緬切，上獮，幫。〕❶衣服狭小。《说文·衣部》："褊，衣小也。"引申为狭小，不宽广。杜甫《负薪行》："面妆首饰杂啼痕，地褊衣寒困石根。"白居易《雨夜忆元九》："一种雨中君最苦，偏梁阁道向通州。"褊，一本作"徧"。❷匮乏。白居易《寄元九》："怜君为谪吏，穷薄家贫褊。"❸气量、心胸等狭隘。张九龄《临泛东湖》："梁公世不容，长孺心亦褊。"姚合《杭州官舍偶书》："钱塘刺史谩题诗，贫褊无恩懦少威。"参见"褊性"。

【褊地】 窄地。韦处厚《盛山十二首·琵琶台》："褊地难层土，因厓遂削成。"

【褊劣】 狭隘愚劣。宋齐丘《陪游凤凰台献诗》："吁哉未到此，褊劣同尺蠖。"

【褊吝】 褊狭鄙吝。白居易《寄李十一建》："李君别来久，褊吝从中生。"

【褊性】 器量狭小。杜甫《畏人》："畏人成小筑，褊性合幽栖。”张彪《杂诗》：“君子有褊性，矧乃寻常徒。”

【褊陋】 狭小鄙陋。白居易《早祭风伯因怀李十一舍人》：“远郡虽褊陋，时祀奉朝经。”

【褊狷】 褊狭狂狷。杜牧《长安送友人游湖南》：“子性剧弘和，愚衷深褊狷。”

【褊淺】 狭隘浅陋。李白《玉真公主别馆苦雨赠卫尉张卿二首》之二：“蟏蛸结思幽，蟋蟀伤褊浅。”元稹《分水岭》：“褊浅无所用，奔波奚所营。”

【褊量】 （—liàng）气量狭小。徐铉《亚元舍人不替深知猥贻佳作三篇因为长歌聊以为报庶资一笑耳》：“伊余独禀狂狷性，褊量多言仍薄命。”

褪1 〔tuì〕减色，消退。元稹《杂忆五首》之五：“忆得双文衫子薄，钿头云映褪红酥。”李珣《浣溪沙》：“入夏偏宜澹薄妆，越罗衣褪郁金香。”无名氏《后庭宴》：“眼重眉褪不胜春，菱花知我销香玉。”

褪2 〔tùn《字汇》吐困切。〕衣装服饰等脱下。徐彦伯《闺怨》：“褪暖蚕初卧，巢昏燕欲归。”冯延巳《思越人》词：“酒醒情怀恶，金缕褪，玉肌如削。”

十 画

褧 〔jiǒng《广韵》口迥切，上迥，溪。〕麻布单照衣。张祜《雉朝飞操》：“朱冠锦襦聊日整，漠漠雾中如衣褧。”段成式、升上人《游长安诸寺联句·平康坊菩萨诗·书事联句》：“金涂笔是褧，彩溜纸非缯。”

【褧衣】 用枲麻类植物纤维布制作的单罩衣。古代女子出嫁时在途中所穿，以蔽尘土。张说《阙题》：“温席开华扇，梁门换褧衣。”

【褧褧】 制作褧衣。崔国辅《子夜冬歌》：“寂寥抱冬心，裁罗又褧褧。”

褥 〔rù《广韵》而蜀切，入燭，日。〕坐卧的垫具。杜甫《太子张舍人遗织成褥段》：“客云充君褥，承君终宴荣。”又《李监宅》：“屏开金孔雀，褥隐绣芙蓉。”白居易《柘枝词》：“苍头铺锦褥，皓腕捧银杯。”李商隐《镜槛》：“想像铺芳褥，依稀解醉罗。”

褫 〔chǐ《广韵》池爾切，上紙，澄。又敕里切，上止，徹。又直離切，平支，澄。〕夺去或解下衣服。引申为夺去。刘禹锡《韩十八侍御见示岳阳楼别窦司直诗因令属和重以自述故足成六十二韵》：“锻翮重叠伤，兢魂再三褫。”姚合《杭州观潮》：“但褫千人魄，那知伍相心。”亦指解除。元晦《越亭二十韵》：“悬冠谢陶令，褫珮怀疏傅。”

【褫衣】 脱下衣服。无名氏《虞美人》之一：“褫衣推枕怆离情，远风吹下楚歌声，正三更。”

【褫身】 犹言脱身。韩愈《读东方朔杂事》：“方朔闻不喜，褫身络蛟蛇。”

【褫魄】 夺去魂魄。柳宗元《韦道安》：“彼姝久褫魄，刃下俟诛刑。”

褭 〔niǎo《广韵》奴鳥切，上篠，泥〕亦作“袅”。❶丝带系马，遂用以代称马。见《说文·衣部》。按于本义引申之，因为马名。要马，古之骏马也。杜甫《春日戏题恼郝使君兄》：“细马时鸣金騕褭，佳人屡出董娇饶。”又《槐叶冷淘》：“愿随金騕褭，走置锦屠苏。”元稹《酬乐天东南行诗一百韵》：“疾奔凌騕褭，高唱轧吴歈。”鲍溶《暮春戏赠樊宗宪》：“野船弄酒鸳鸯醉，官路攀花騕褭狂。”❷柔弱细长貌。许浑《和常秀才寄简归州郑使君借猿》：“谢守携猿东路长，袅藤穿竹似潇湘。”亦指小，细微。李白《阳春歌》：“长安白日照春空，绿杨结烟垂袅风。”❸摇曳；颤动。沈亚之《湘中怨》：“溯青山兮江之隅，拖湘波兮袅绿裾。”温庭筠《杨柳八首》之六：“两两黄鹂色似金，袅枝啼露动芳音。”李贺《恼公》：“陂陀梳碧凤，腰袅带金虫。”韩偓《咏柳》：“袅雨拖风不自持，全身无力向人垂。”❹缭绕，缠绕。李贺《沙路曲》：“断烬遗香袅翠烟，烛骑啼乌上天去。”刘商《姑苏怀古送秀才下第归江南》：“琳琅暗戛玉华殿，天香静袅金芙蕖。”❺形容声音婉转悠扬。李贺《洛姝真珠》：“兰风桂露洒幽翠，红弦袅云咽深思。”❻形容声音婉转悠扬。见“褭褭❹”。

【褭娜】 亦作“袅娜”。❶草木柔弱细长貌。李白《侍从宜春苑奉诏赋》：“池南柳色半青青，萦烟袅娜拂绮城。”牛峤《杨柳枝五首》词之一：“无端袅娜临官路，舞送行人过一生。”❷女性体态轻盈柔美貌。韩偓《袅娜》：“袅娜腰肢澹薄妆，六朝宫样窄衣裳。”白居易《病中诗十五首·别柳枝》：“两枝杨柳小楼中，袅袅多年伴醉翁。”施肩吾《观舞女》：“缠红结紫畏风吹，袅娜初回弱柳枝。”

【褭褭淒淒】 形容声音悠长凄凉。常建《岭猿》：“杳杳袅袅清且切，鹧鸪飞处又斜阳。”

【褭褭】 亦作“袅袅”。❶摇曳不定貌。张仲素《春闺思三首》：“袅袅城边柳，青青陌上桑。”李贺《老夫采玉歌》：“斜山柏风雨如啸，泉脚挂绳青袅袅。”雍裕之《江边柳》：“袅袅古堤边，青青一树烟。”❷纤长柔美貌。储光羲《蔷薇》：“袅袅长数寻，青青不作林。”❸微风吹拂貌。李贺《感讽五首》之三：“低迷黄昏径，袅袅青栎道。”施肩吾《秋山吟》：“夜吟秋山上，袅袅秋风归。”羊士谔《偶题寄独孤使君》：“坐逢在日唯相望，袅袅凉风满桂枝。”曹唐《汉武帝于宫中宴西王母》：“秋风袅袅月朗朗，玉女清歌一夜阑。”❹形容声音婉转悠扬。杜甫《猿》：“袅袅啼虚壁，萧萧挂冷枝。”❺缭绕；缠绕。李贺《贵公子夜阑曲》：“袅袅沉水烟，乌啼夜阑景。”

【裹窕】 山影动摇。杜甫《渼陂行》：“半陂已南纯浸山，动影袅窕冲融间。”

褒 〔bāo《广韵》博毛切，平豪，幫〕亦作“襃”。❶衣襟宽大。参见“褒衣”。❷古国名。考址在今陕西勉县东南。参见“褒姒”。❸古谷名。参见“褒斜”。❹人名。(1)指汉王褒。参见“褒雄”。(2)指唐人李褒。李商隐从叔。李商隐有《郑州献从叔舍人褒》。

【褒女】 亦作“襃女”。即褒姒。李白《雪谗诗赠友人》：“妲己灭纣，褒女惑周。”李商隐《华清宫》：“未免被他褒女笑，只教天子暂蒙尘。”见“褒姒”。

【褒子】 亦作“襃子”。韦应物外甥沈佺真。韦应物有《览褒子卧病一绝聊以题示》诗，诗题下注：“沈氏生全真”。韦应物又有《同褒子秋斋独宿》。

【褒公】 亦作“襃公”。指段志玄。志玄封褒国公。在凌烟阁功臣画像中名列第十。见《旧唐书》本传。杜甫《丹青引赠曹将军霸》：“褒公鄂公毛发动，英姿飒爽来酣战。”

【褒衣】 亦作“襃衣”。宽大之衣。儒者所服。李白《嘲鲁儒》：“秦家丞相府，不重褒衣人。”

【褒衣博帶】 亦作“襃衣博帶”。宽衣大带，古代儒者的装束。见《汉书·雋不疑传》。韦承贻《策试夜潜纪长句于都堂西南隅》：“褒衣博带满尘埃，独自都堂纳卷回。”

【褒姒】 亦作“襃姒”。褒姒。周时褒国女子，姒姓。周幽王伐褒，褒侯进褒姒，为幽王所宠幸。见《史记·周本纪》。李华《咏史十一首》之一一：“周王惑褒姒，城阙成陂陀”。王翰《飞燕篇》：“明明天子咸戒之，赫赫宗周褒姒灭。”唐彦谦《登兴元城观烽火》：“褒姒冢前烽火起，不知泉下破颜无？”

【褒妲】 亦作“襃妲”。褒姒，妲己的并称。妲己为殷纣王的宠妃。杜甫《北征》：“不闻夏殷衰，中自诛褒妲。”白居易《古冢狐》：“何况褒妲之色善蛊惑，能丧人家覆人国。”参见“褒姒”。

【褒貶】 亦作“襃貶”。赞扬或贬低。见汉董仲舒《春秋繁露·威德所生》。杜甫《哭韦大夫之晋》：“《春秋》褒贬例，名器重双全。”

【褒斜】 亦作“襃斜”。古道路名。因取道褒水，斜水二河谷得名。二水同出秦岭太白山，褒水南注汉水，谷口在今陕西勉褒城镇北；斜水北注渭水，谷口在今陕西眉县西南。通道山势险峻，历代凿山架木，修建栈道，古为川陕交通要道。卢照邻《送梓州高参军还京》：“京洛风尘远，褒斜烟露深。”杜甫《送李校书二十六韵》：“长云湿褒斜，汉水饶巨石。”白居易《和春深二十首》之二：“途穷平路险，举足剧褒斜。”

【褒聖侯】 亦作“襃聖侯”。唐代封赠孔子后代的爵号。见《新唐书·礼志五》。高适《鲁西至东平》：“寥落千载后，空传褒圣侯。”

【褒贈】 亦作“襃贈”。为嘉奖死者而赠予其官爵。白居易《赠悼怀太子挽歌辞二首》之一：“恭闻褒赠诏，轸念在与夷。”又《新乐府·城盐州》：“愿分今日边将恩，褒赠韩公封子孙。”

【褒雄】 亦作“襃雄”。汉王褒、扬雄的并称。李中《赠乔侍郎》：“贾马才无敌，褒雄誉益臻。”

褵 〔lí《广韵》吕友切，平支，來。〕❶古时女子出嫁时所系的佩巾。女子临嫁，母为之系结佩巾，以示至男家后奉事舅姑，操持家务。乔知之《定情篇》：“由来共结褵，几人同匪石。”元万顷《奉和太子纳妃太平公主出降》：“象辂初乘雁，璇宫早结褵。”白居易《对酒示行简》：“复有双幼妹，笄年未结褵。”❷亦作“襹”。见“褵褷”。

【褵褷】 亦作“襹褷”“褷襹”。❶羽毛初生貌。褵，通“離”。王维《皇甫岳云溪杂题五首·鸬鹚堰》：“独立何褵褷，衔鱼古查上。”张众甫《寄兴国池鹤上刘相公》：“驯狎经时久，褵褷短翮存。”郑澣《中书相公任兵部侍郎日后阁植四松因献拙什》：“错落龙鳞出，褵褷鹤翅回。”任华《怀素上人草书歌》：“时复枯燥何褵褷，忽觉阴山突兀横翠微。”亦指初生的羽毛。韩愈《寄崔二十六立之》：“玄花著两眼，视物隔褷褵。”❷毛羽飞动貌。皮日休《添鱼具诗·蓑衣》：“襟色裛䑃霴，袖香褵褷风。”

褰 〔qiān《广韵》去乾切，平仙，溪。〕❶撩起，提起。杜甫《贻阮隐居》：“寻我草径微，褰裳踏寒雨。”白居易《想东游五十韵》：“幕飏云飘槛，帘褰月露钩。”又《新昌新居书事四十韵因寄元郎中张博士》：“帘每当山卷，帷多带月褰。”温庭筠《菩萨蛮》之五：“玉钩褰翠幕，妆浅旧眉薄。”❷张开；散开。杜甫《秋日夔府咏怀奉寄郑监李宾客一百韵》：“炉峰生转盼，橘井尚高褰。”

【褰衣】 撩起衣服。韩愈《南山诗》：“褰衣步推马，颠蹶退且复。”

【褰帷】 撩起帷幔。见《后汉书·贾琮传》。后遂以为官吏亲民廉政之典。王维《奉和圣制暮春送朝集使归郡应制》：“祖席倾三省，褰帷向九州。”杜甫《江陵节度阳城郡王新楼成王请严侍御判官赋七字句同作》：“杖钺褰帷瞻具美，投壶散帙有余清。”钱起《送卫功曹赴荆南》：“定想褰帷政，还闻坐啸声。”张登《上巳泛舟得迟字》："且同山简醉，倒载莫褰帷。"李商隐《题道静院院在中条山故王颜中丞所置虢州刺史舍官居此今乌真焉》："独坐遗芳成故事，褰帷旧貌似元君。"

【褰幃】 即褰帷。撩起帷幔。李白《宣州九日寄崔侍御二首》之二："列戟朱门晓，褰帏碧嶂开。"

【褰裳】 撩起下裳。杜甫《贻阮隐居》："寻我草径微，褰裳踏寒雨。"白居易《早热》："岸帻头仍痛，褰裳汗亦流。"又《夏日闲放》："褰裳复岸帻，闲傲得自恣。"又《闲居自题戏招宿客》："解绶收朝佩，褰裳出野船。"

【褰簾】 撩起窗帘。白居易《仲夏斋居偶题八韵寄微之及崔湖州》："褰帘放巢燕，投食施池鱼。"又《郡斋暇日辱常州陈郎中使君早春晚坐水西馆书事诗十六韵见寄亦以十六韵酬之》："新年多暇日，晏起褰帘坐。"又《新秋喜凉因寄兵部杨侍郎》："褰帘对池竹，幽寂如僧院。"

【褰褰】 飘举貌。张祜《舞》："袅袅腰疑折，褰褰袖欲飞。"

褣 〔róng《广韵》餘封切，平鍾，以。〕通"容"。轻褣，无花薄纱名。白居易《元九以绿丝布白轻褣见寄制成衣服以诗报知》："绿丝文布素轻褣，珍重京华手自封。"

十一画

褷 〔shī《广韵》所宜切，平支，生。〕❶羽毛初生貌。见"褷褵"。

【褷褵】 羽毛初生貌。韩愈《寄崔二十六立之》："玄花著两眼，视物隔褷褵。"

褻 〔xiè《广韵》私列切，入薛，心。〕❶轻谩，侮弄。杜甫《八哀诗·故秘书少监武功苏公源明》："反为后辈亵，予实苦怀缅。"参见"褻狎"。

【褻味】 指平素嗜好的食品。韩愈《奉和杜相公太清宫纪事陈诚上李相公十六韵》："亵味陈奚取，名香荐孔嘉。"

【褻狎】 轻慢，不庄重。韩愈《南山诗》："虽亲不亵狎，虽远不悖谬。"

襄 〔xiāng《广韵》息良切，平陽，心。〕❶反复，更移。引申为移动位置。韩愈《调张籍》："腾身跨汗漫，不著织女襄。"❷同"攘"。捋起，谓捋袖露臂。法振《柘枝》："画鼓催来锦臂襄，小娥双起整霓裳。"❸地名用字。见"襄州""襄陽"。❹人名用字。参见"襄子""襄王夢"。

【襄子】 即赵襄子，名毋恤，曾联合韩、魏消灭智伯，三分其地。见《史记·赵世家》。周昙有《咏史诗·春秋战国门·襄子》。

【襄王夢】 襄王，指战国楚襄王。见战国楚宋玉《高唐赋序》。后为男女欢会之典。张祜《观杨瑗柘枝》："看看舞罢轻云起，却赴襄王梦里期。"胡曾《咏史诗·阳台》："何人更有襄王梦，寂寂巫山十二重。"权德舆《赠友人》："晓随云雨归何处，还是襄王梦觉愁。"刘沧《题巫山庙》："婵娟似恨襄王梦，猿叫断岩秋藓稀。"

【襄州】 西魏恭帝元年改雍州置，治所在襄阳县（今湖北襄阳市）。隋大业初改为襄阳郡。唐武德四年复置襄州，天宝元年又改为襄阳郡，乾元初复为襄州。张说有《襄州景空寺题融上人兰若》。皮日休有《襄州汉阳王故宅》。黄滔有《襄州试白云归帝乡》。

【襄城】 战国楚地。秦置县，治所即今河南襄城县，黄帝游襄城，曾问道于牧马童子。见《庄子·徐无鬼》。舒元舆《桥山怀古》："襄城迷路问童子，帝乡归去无人留。"

【襄武館】 馆驿名，其地未详，或在滁州（今安徽滁州市）。韦应物有《襄武馆游眺》。

【襄野】 河南襄城之野。黄帝问治国之道于襄城之牧马童子。听童子言后，黄帝再拜稽首，称天师而退。见《庄子·徐无鬼》。杜甫《释闷》："失道非关出襄野，扬鞭忽是过胡城。"

【襄野童】 襄城之野牧马童子。黄帝游到襄城之野，曾向其问路，又向其问治国之道。见《庄子·徐无鬼》。李白《上之回》："岂问渭川老，宁邀襄野童。"

【襄國】 古县名。汉元年项羽改信都县置，治所即今河北邢台市。隋开皇九年改为龙冈县。张籍有《襄国别友》。

【襄鄂】 襄州和鄂州。白居易《东南行一百韵》："江关未撤警，淮寇尚稽诛。"自注："时淮西未平，路经襄、鄂二州界，所见如此。"

【襄陽】 县名，亦郡名。县置于西汉，治所即今河北襄阳市。郡置于东汉建安十三年，治所在襄阳县（今湖北襄樊市）。隋开皇初废。大业及唐天宝、至德间曾改襄州为襄阳郡。李白《襄阳曲四首》之一："襄阳行乐处，歌舞白铜鞮。"杜甫《闻官军收河南河北》："即从巴峡穿巫峡，便下襄阳向洛阳。"张祜《题孟处士宅》："孟简虽持节，襄阳属浩然。"雍陶《送客归襄阳旧居》："襄阳耆旧别来稀，此去何人共掩扉。"

【襄陽小兒】 襄阳的儿童。李白《襄阳歌》："襄阳小儿齐拍手，拦街争唱白铜鞮。"参见"襄陽兒"。

【襄陽曲】 （曲 qū）即《襄阳乐》。崔国辅、李白、李端、施肩吾等均有此作。参见"襄陽樂"。

【襄陽市】 即今湖北襄阳市。李白《寄弄月溪吴山人》："终身栖鹿门，不入襄阳市。"

【襄陽兒】 襄阳的儿童。山简出镇襄阳，唯酒是耽。襄阳豪族习氏有园池佳美，“简每出嬉游，多之池上，置酒辄醉，名之回高阳池。时有童儿歌曰：‘山公出何处，径到高阳池。日夕倒载归，敬芋无所知。’”李白《襄阳曲四首》之四：“山公欲上马，笑杀襄阳儿。”

【襄陽歌】 乐府杂歌谣辞。李白有《襄阳歌》，叙山简醉酒习池事。

【襄陽樂】 （樂 lè）即《襄阳乐》。乐府清商曲辞旧题。见《乐府诗集·清商曲辞五·襄阳乐》。张祜有《襄阳乐》。

【襄漢】 指襄阳。襄阳在汉水上。白居易《和梦游春诗一百韵》：“襄汉问修途，荆蛮指殊俗。”

褶[1] 〔xí《广韵》似入切，入缉，邪。又是執切，入缉，禪。〕❶裤褶服中的上衣。始为左衽骑服，后亦改为右衽，用作常服、朝服。李贺《追赋画江潭苑四首》之一：“路指台城迥，罗薰袴褶香。”

褶[2] 〔zhě〕衣裙上的褶皱或经折叠所留下的痕迹。张祜《观杭州柘枝》：“看著遍头香袖褶，粉屏香帕又重限。”

褸 〔lǚ《广韵》力主切，上麌切，來。〕衣服破烂貌。参见“襤褸”。

十二画

樸 〔fú《广韵》房玉切，入燭，奉。〕❶用以覆盖或包裹衣物等的布单、巾帕。李贺《马诗二十三首》之一四：“香樸赭罗新，盘龙蹙镫鳞。”❷用包袱裹束衣被。参见“樸被”。

【樸被】 用包袱装束衣被。意为整理行装。见《晋书·魏舒传》。后因用作自谦忝列郎官之典。宋之问《桂阳三日述怀》：“载笔儒林多岁月，樸被文昌佐吴越。”岑参《省中即事》：“到来恒樸被，随例且含香。”

襖 〔ǎo《广韵》烏晧切，上晧，影。〕短于袍而长于襦的有衬里的上衣。韩愈《崔十六少府摄伊阳以诗及书见投因酬三十韵》：“蔬飧要同吃，破袄请来绽。”白居易《新制绫袄成感而有咏》：“水波文袄造新成，绫软绵匀温复轻。”

襁 〔qiǎng《广韵》居兩切，上養，見。〕❶背负婴儿用的宽带。见《说文·衣部》。参见“襁褓”。❷用背负婴儿的宽带背负。杜牧《感怀诗一首》：“继于长庆初，燕赵终舁襁。”参见“襁負”。

【襁負】 用襁襁褓背负。李商隐《赠别前蔚州契苾使君》：“蕃儿襁负来青冢，狄女壶浆出白登。”

【襁褓】 背负婴儿用的宽带和包裹婴儿的被子。后亦泛指婴儿包。孟郊《寄义兴小女子》：“想兹为襁褓，如鸟拾柴枝。”于鹄《悼孩子》：“襁褓在旧床，每见立踟蹰。”豆卢回《登乐游原怀古》：“虽在襁褓中，亦遭巫蛊冤。”

襏 〔bó《广韵》北末切，幫。〕簑衣之类的防雨衣。见“襏襫”。

【襏襫】 簑衣类的防雨衣。顾况《上古之什补亡训传十三章·上古一章》：“耕之耰之，袯襫锄犁，手胼足胝。”皮日休《鲁望昨以五百言见贻因成一千言上述吾唐文物之盛次叙相得之欢亦迭和之微旨也》：“遂与袯襫著，兼之笞笠全。”陆龟蒙《奉和袭美添渔具五篇·蓑衣》：“上有青袯襫，下有新腒疏。”

十三画

襤 〔jiè《集韵》居拜切，去怪，見。〕披盖于衣上的稀疏轻软的丝织品。陆龟蒙《吴俞儿舞歌·矛俞》：“缠肩绕脰，襤合眩旋。”

襟 〔jīn《广韵》居吟切，平侵，見。〕❶古代指衣的交领。后指衣的前幅。王勃《圣泉宴》：“披襟乘石磴，列籍俯春泉。”李白《冬夜醉宿龙门觉起言志》：“去去泪满襟，举声梁甫吟。”杜甫《蜀相》：“出师未捷身先死，长使英雄泪满襟。”白居易《劝酒十四首·何处难忘酒七首》之六：“敛襟收涕泪，簇马听笙歌。”❷襟在衣前，故用以借指前面。参见“襟背”。❸胸怀，心怀，心情。王勃《游梵宇三觉寺》：“遽忻陪妙躅，延赏涤烦襟。”李白《赠崔侍郎》：“洛阳因剧孟，托宿话胸襟。”李商隐《思贤顿》：“宸襟他日泪，薄暮望贤西。”又《复至裴明府所居》：“赊取松醪一斗酒，与君相伴洒烦襟。”❹喻指禽鸟的颔下部分。李白《白鸠辞》：“白鸠之白谁与邻，霜衣雪襟诚可珍。”阎朝隐《鹦鹉猫儿篇》：“此何为兮，绿衣翠襟。”丁仙芝《余杭醉歌赠吴山人》：“晓幕红襟燕，春城白项乌。”

【襟抱】 胸襟怀抱。杜甫《奉待严大夫》：“身老时危思会面，一生襟抱向谁开。”白居易《逸老》：“胸中一无事，浩气凝襟抱。”又《赠韦处士六年夏大热旱》：“汗巾束头鬓，膻食熏襟抱。”

【襟背】 犹前后。岑参《潼关镇国军句覆使院早春寄王同州》：“离忧不可忘，襟背思树萱。”又《春雨南使贻赵知音》：“端居春心醉，襟背思树萱。”

【襟袖】 衣襟衣袖。李白《题元丹丘山居》：“松风清襟袖，石潭洗心耳。”杜牧《秋思》：“微雨池塘见，好风襟袖知。”

【襟袂】 ❶衣襟衣袖。杜牧《偶题二首》之一：“劳劳千里身，襟袂满行尘。”❷杜甫《赠李十五丈别》：“人生意颇合，相与襟袂连。”

【襟鬲】（—gé）胸襟。李群玉《龙山人惠石廪方及团茶》："一瓯拂昏寐，襟鬲开烦拏。"

【襟期】襟怀，志趣。杜甫《醉时歌》："日籴太仓五升米，时赴郑老同襟期。"

【襟韻】胸怀气度。杜牧《自宣城赴官上京》："千里云山何处好，几人襟韵一生休。"

【襟懷】胸襟，怀抱。杜甫《寄刘峡州伯华使君四十韵》："卷轴来何晚，襟怀庶可凭。"韩偓《寄上兄长》："两地支离路八千，襟怀凄怆鬓苍然。"

【襟帶】谓山川环绕如襟似带。比喻地理形势险要。白居易《代书诗一百韵寄微之》："坐阻连襟带，行乖接履綦。"又《叙德书情四十韵上宣歙翟中丞》："山河地襟带，军镇国藩维。"

襠〔dāng《广韵》都郎切，平唐，端。〕衣名。古代一种长度仅及腰而不及于下，且只蔽胸背的上衣。形似今之背心。长孙无忌《与欧阳询互嘲》："索头连背暖，漫裆畏肚寒。"

【襠襦】即襦裆。唐代妇女穿的一种类似裲裆外袍。李贺《艾如张》："锦襜褕，绣裆襦。"陆龟蒙《陌上桑》："邻娃尽著绣裆襦，独自提筐采蚕叶。"

襜〔chān《广韵》處占切，平鹽，昌〕❶系在衣服前面的围裙。亦指衬在马鞍上的裀褥。李颀《送东阳王太守》："彤襜问风俗，明主寄惸嫠。"曹唐《病马五首呈郑校书章三吴十五先辈》："长襜敢辞红锦重，旧缰宁畏紫丝蟠。"毛文锡《甘州遍》词："金鞍白马，雕弓宝剑，红缨锦襜出长楸。"❷即襜褕。皮日休《奉和鲁望秋日遣怀次韵》："向阳裁白帢，终岁忆貂襜。"参见"襜褕"。

【襜褕】古代一种较长的单衣。有直裾和曲裾二式，为男女通用的非正朝之服，因其宽大而长作襜襜然状，故名。见《史记·魏其武安侯列传》。李白《秋浦青溪雪夜对酒客有唱山鹧鸪者》："披君貂襜褕，对君白玉壶。"李贺《艾如张》："锦襜褕，绣裆襦。强饮啄，哺尔雏。"陈陶《冬夜吟》："鲁家襜褕暗披水，雪花灯下甘垂翅。"陆龟蒙《奉酬袭美先辈吴中苦雨一百韵》："冻旰一襜褕，饥肠少糠籺。"

【襜襜】摇动貌。白居易《奉和汴州令狐令公二十二韵》："碧幢油叶叶，红旆火襜襜。"

襞〔bì《广韵》必益切，入昔，幫。〕折叠衣物。王勃《临高台》："锦衾夜不襞，罗帷昼未空。"又《铜雀妓二首》之二："锦衾不复襞，罗衣谁再缝。"任希古《和李公七夕》："掩泪收机石，衔啼襞纨素。"赵居贞《云门山投龙诗》："霞间朱绂萦，岚际黄裳襞。"段成式《柔卿解籍戏呈飞卿三首》之二："最宜全幅碧鲛绡，自襞春罗等舞腰。"亦泛指折叠。皮日休《寒夜文宴得泉字》："分明竞襞七香笺，王朗风姿尽列仙。"

【襞衣】撩起衣服。王建《酬柏侍御闻与韦处士同游灵台寺见寄》："牵马过危栈，襞衣涉奔流。"

【襞染】操纸染翰。谓写作绘画。陆龟蒙《袭美以鱼笺见寄因谢》："见倚小窗亲襞染，尽图春色寄夫君。"

【襞牋】折纸作书。语出《南史·陈纪下·后主》。刘禹锡《乐天寄忆旧游因作报白君以答》："酒酣襞笺飞逸韵，至今传在人人口。"钱珝《江行无题一百首》之六二："襞笺嘲白鹭，无意喻枭鸾。"

【襞錦】织锦。前秦时秦州刺史窦滔之妻苏若兰曾于锦上织回文诗寄给被流放的大夫，倾诉思念之情。见《晋书·列女传·窦滔妻苏氏》。李商隐《槿花二首》之二："烧兰才作烛，襞锦不成书。"

【襞積】❶衣服上的褶子。刘禹锡《捣衣曲》："长裾委襞积，轻珮垂璁珑。"❷重叠，堆积。吴融《平望蚊子二十六韵》："朝既蒙襞积，夜仍跧蘧蒢。"❸装点修饰。顾云《苔歌》："山光日华乱相射，静缕蓝鬖匀襞积。"

十四画

襪〔wà《广韵》望發切，入月，微。〕袜子。亦指穿袜。骆宾王《咏美人在天津桥》："整衣香满路，移步袜生尘。"又《咏尘》："凌波起罗袜，含风染素衣。"杜甫《北征》："见耶背面啼，垢腻脚不袜。"又《奉先刘少府新画山水障歌》："吾独胡为在泥滓，青鞋布袜从此始。"

襦〔rú《广韵》人朱切，平虞，日。〕❶短衣，短袄。襦有单、复，单襦近衫，复襦近袄。李贺《章和二年中》："关中父老百领襦，关东吏人乏诟租。"温庭筠《菩萨蛮》词之一："新帖绣罗襦，双双金鹧鸪。"❷小儿涎衣。杜甫《别李义》："忆昔初见时，小襦绣芳荪。"白居易《阿崔》："腻剃新胎发，香绷小绣襦。"

【襦袴】短衣与裤。东汉廉范为蜀郡太守，政治清明，百姓富庶，时人作歌颂之曰："廉叔度，来何暮？不禁火，民安作。平生无襦，今五袴。"后遂用"襦袴"称颂地方官吏惠政。白居易《醉后狂言酬赠萧殷二协律》："宾客不见绨袍惠，黎庶未沾襦袴恩。"罗隐《重过随州故兵部李侍郎恩知因抒长句》："惭愧苍生还有意，解歌襦袴至如今。"

襤〔lán《广韵》鲁甘切，平談，來。〕无缘饰的破旧短衣。见《方言》第四。参见"襤褕"。

【襤褕】破旧的短袄。李绅《闻里谣效古歌》：

"桑麻郁郁禾黍肥，冬有襤襦夏有絺。"

【襤褸】 形容衣服破烂。白居易《渭村退居寄礼部崔侍郎翰林钱舍人诗一百韵》："传衣念襤褸，举案笑糟糠。"

十五画

襭 〔xié《广韵》胡結切，入屑，匣。〕把衣襟插在腰带上兜东西。唐尧臣《金陵怀古》："因依兰蕙丛，采襭不盈掬。"

十六画

襯 〔chèn《广韵》初覲切，去震，初。〕❶外衣内的单衬，内衣。《玉篇·衣部》："襯，近身衣。"引申为贴身。李商隐《燕台四首·春》："夹罗委箧单绡起，香肌冷衬琤琤珮。"❷陪衬，衬托。白居易《见紫薇花忆微之》："一丛暗澹将何比，浅碧笼裙衬紫巾。"又《重题小舫赠周从事兼戏微之》："细篷青篾织鱼鳞，小眼红窗衬曲尘。"韩偓《咏手》："背人细撚垂胭鬓，向镜轻匀衬脸霞。"吴融《山居即事》："小亭前面接青崖，白石交加衬绿苔。"❸衬垫。白居易《日高卧》："夹幕绕房深似洞，重裀衬枕暖于春。"元稹《竹簟》："竹簟衬重茵，未忍都令卷。"顾况《洛阳陌二首》之一："风送名花落，香红衬马蹄。"

襲 〔xí《广韵》似入切，入緝，邪。〕❶衣，衣服。见"襲玩"。❷穿，穿衣。沈佺期《和户部岑尚书参迹枢揆》："汉章题楚剑，郑武袭缁衣。"❸出其不意的进攻。亦泛指攻击。杜頠《从军行》："去为龙城候，正值胡兵袭。"崔湜《塞垣行》："精骑突晓围，奇兵袭暗壁。"刘希夷《将军行》："古来养甲兵，有事常讨袭。"❹继承；沿袭。白居易《悲哉行》："二十袭封爵，门承勋戚资。"郑愔《侍宴长宁公主东庄应制》："公门袭汉环，主第称秦玉。"❺浸染；侵袭。杨师道《春朝闲步》："池塘藉芳草，兰芷袭幽衿。"苏瓌《奉和九日幸临渭亭登高应制得晖字》："菊气先熏酒，萸香更袭衣。"李峤《席》："桂香浮半月，兰气袭回风。"❻进入。陈子昂《酬晖上人夏日林泉》："方释尘事劳，从君袭兰杜。"武平一《奉和幸新丰温泉宫应制》："秦王登碣石，周后袭昆仑。"❼窃取；抄袭。宋之问《谒禹庙》："茅殿今文袭，梅梁古制无。"❽量词。重，层。刘宪《奉和幸三会寺应制》："下辇登三袭，褰旒望九垓。"马怀素《夜宴安乐公主宅》："凤楼窈窕凌三袭，翠幌玲珑瞰九衢。"

【襲人】 侵袭到人；熏人。卢照邻《长安古意》："独有南山桂花发，飞来飞去袭人裾。"

【襲玩】 衣着器用。宋之问《浣纱篇赠陆上人》："自昔专娇爱，袭玩唯矜奢。"

十八画

襵 〔zhě《广韵》陟葉切，入葉，知。又之涉切，入葉，章。〕衣裙或头巾上的褶皱。亦指折叠。见"襵疊"。

【襵疊】 折叠。元稹《金陵三梦》："分张碎针线，襵叠故屏帏。"

襹 同"褵"。

十九画

襹 〔shī《广韵》所宜切，平支，生。又所寄切，去寘，生。〕❶通"襹"。见"襹褷"。❷见"襹襹"。

【襹褷】 见"襹褷"。

【襹襹】 羽毛丰盛貌。皮日休《奉和鲁望闲居杂题五首·砌思步》："襹襹古薜绷危石，切切阴螀应晚田。"

【襹褷】 亦作"襹褷"。羽毛初生时濡湿黏合貌。"襹"通"襹"。刘禹锡《送景玄师东归》引："庐山僧景玄，袖诗一幅来谒，往往有句。轻而遒，如鹤雏襹褷，未有六翮。"亦用以形容草木沾湿之状。皮日休《太湖诗·上真观》："襹褷风声疾，跁踦地力痑。"

襻 〔pàn《广韵》普患切，去諫，滂。〕系衣裙的带子。韩愈《崔十六少府摄伊阳以诗及书见投因酬三十韵》："男寒涩诗书，妻瘦剩腰襻。"权德舆《杂兴五首》之五："巫山云雨洛川神，珠襻香腰稳称身。"

覀 部

西 〔xī《广韵》先稽切,平齊,心。〕❶日落的方向,西方。王季友《代贺若令誉赠沈千运》:"村南村西车马道,一宿通舟水浩浩。"白居易《读张籍古乐府》:"病眼街西住,无人行到门。"李德裕《山居遇雪喜道者相访》:"幽居近谷西,乔木与山齐。"刘沧《早行》:"听钟烟柳外,问渡水云西。"❷西沉。白居易《伤唐衢二首》之一:"日西并马头,语别至昏黑。"李频《送友人游塞北》:"日西身独远,山转路无穷。"刘沧《游上方石窟寺》:"雪下石龛僧在定,日西山木鸟成群。"南唐后主李煜《句》:"游飏日已西,肃穆寒初至。"❸副词。向西,往西。王珪《咏汉高祖》:"手奋三尺剑,西灭无道秦。"令狐楚《赋山》:"树岛西连陇塞,猿声南彻荆蛮。"刘沧《秋日寓怀》:"如何未尽此行役,西入潼关云木秋。"王炎《葬西施挽歌》:"西望吴王国,云书凤字牌。"

【西人】 西部之人。顾况《上古之什补亡训传十三章·上古一章》:"东人利百,西人利百。"元稹《和李校书新乐府十二首·蛮子朝》:"戎王养马渐多年,南人耗悴西人恐。"

【西土】 西部。储光羲《同房宪部应旋》:"落发自南州,燕居在西土。"贾竦《谒华岳庙》:"福我西土民,报君金天籍。"

【西上隅】 即西上阳宫。在唐东都洛阳,高宗龙朔后置。李白《古风》之一八:"月落西上阳,余辉半城楼。"

【西山】 ❶西部的山;西边的山。李昂《从军行》:"玄漠云平初合阵,西山月出闻鸣镝。"岑参《精卫》:"西山木石尽,巨壑何时平。"贾岛《辞二知己》:"云飞北岳碧,火息西山红。"曹邺《山中效陶》:"西山忽然暮,往往遗巾履。"❷仙山。韦应物《饵黄精》:"灵药出西山,服食采其根。"刘禹锡《游桃源一百韵》:"纵无西山资,犹免长戚戚。"徐凝《同施先辈见寄新诗二首》之一:"九幽仙子西山卷,读了缘绳系又开。"李商隐《寄太原卢司空三十韵》:"西山童子药,南极老人星。"参见"西山藥"。❸山名。(1)指首阳山。在今山西永济市南。武王伐纣,伯夷、叔齐隐于首阳山,采薇而食之。后遂以西山代指首阳山。李邕《铜雀妓》:"颍水有许由,西山有伯夷。"李白《少年子》:"夷齐是何人,独守西山饿。"徐铉《寄萧给事》:"危言危行古时人,归向西山卧白云。"(2)在江西南昌市新建区。一名南昌山。张九龄有《洪州西山祈雨是日辄应因赋诗言事》。杜牧《怀钟陵旧游四首》之三:"斜辉更落西山影,千步虹桥气象兼。"曹松有《再到洪州望西山》。陈陶有《题豫章西山香城寺》。(3)在四川北部。为岷山主峰,亦称雪山、雪岭。李白《思边》:"今岁何时妾忆君,西山白雪暗晴云。"杜甫《野望》:"西山白雪三奇戍,南浦清江万里桥。"严武《军城早秋》:"昨夜秋风入汉关,朔云边月满西山。"李商隐《送从翁从东川弘农尚书幕》:"南诏知非敌,西山亦屡骄。"(4)在今湖南永州市零陵区西。柳宗元有《与崔策登西山》。(5)在今广西桂林市境。戎昱有《桂州西山登高上陆大夫》。(6)在今江苏南京市境。皎然《送履霜上人还金陵西山》:"携锡西山步绿莎,禅心未了奈情何。"(7)在今湖北襄阳市境。孟浩然有《西山寻辛谔》和《游明禅师西山兰若》。(8)在今河北邯郸市境。亦称马服山。虞世南《从军行二首》之一:"独有西山将,年年属数奇。"高适《邯郸少年行》:"且与少年饮美酒,往来射猎西山头。"(9)指西岳华山。徐安贞《送吕向补阙西岳勒碑》:"圣作西山颂,君其出使年。"

【西山爽】 言人性格疏朗,不善奉迎。见南朝宋刘义庆《世说新语·简傲》。王维《送李太守赴上洛》:"若见西山爽,应知黄绮心。"

【西山藥】 仙药。见三国魏曹丕《折杨柳行》。李白《金门答苏秀才》:"愿狎东海鸥,共营西山药。"

【西川】 唐方镇名。剑南西川的简称。治所在成都府(今四川成都市)。杜甫《杜鹃》:"西川有杜鹃,东川无杜鹃。"薛涛《筹边楼》:"平临云鸟八窗秋,壮压西川四十州。"章孝标《蜀中赠广上人》:"今日西川无子美,诗风又起浣花村。"薛能《题褒城驿池》:"西川吟吏偏思葺,只恐归寻水亦枯。"

【西川相公】 (相 xiàng)❶崔郸。文宗末,擢同中书门下平章事,改中书侍郎,罢办剑南西川节度使,见《新唐书》本传。杜牧有《奉和门下相公送西川相公兼领相印出镇全蜀诗十八韵》。❷韦皋,皋贞元六年六月,官剑南西川节度观察使,见《旧唐书·德宗纪上》和《旧唐书》本传。卢纶有《新茶咏寄上西川相公二十三舅大夫二十舅》。

【西子】 即春秋时越国美女西施。长孙佐辅《古宫怨》："拊心却笑西子嚬，掩鼻谁忧郑姬谤。"于濆《越溪女》："枉破吴王国，徒为西子身。"司空图《村西杏花二首》之一："东风狂不惜，西子病难医。"吴融《蔷薇》："馆娃人尽醉，西子始新妆。"

【西天】 ❶西方天空；西方。李白《陪族叔刑部侍郎晔及中书贾舍人至游洞庭五首》之三："记得长安还欲笑，不知何处是西天。"白居易《和答诗十首·答箭镞》："何不向西射，西天有狼星。"❷古代对印度的通称。印度古称天竺，因其在中国西边，故称。皇甫曾《锡杖歌送明楚上人归佛川》："上人远自西天至，头陀行遍南朝寺。"❸佛教净土宗指西方极乐世界。皎然《妙善寺达公禅斋四十二韵》："一闻西天旨，初禅已无热。"裴度《真慧寺》："上界不知何处去，西天移向此间来。"段成式《游长安诸寺联句·赠诸上人联句》："翻了西天偈，烧余梵宇香。"无名氏《天竺国胡僧水晶念珠》："夜梵西天千佛声，指轮次第驱寒星。"

【西日】 西下的太阳。玄宗《首夏花萼楼观群臣宴宁王山亭回楼下又申之以赏乐赋诗》序："踟蹰西日，吟玩乘风，不知衷情之发于翰墨也。"白居易《南池早春有怀》："西日雪全销，东风冰尽泮。"杜牧《途中一绝》："惆怅江湖钓竿手，却遮西日向长安。"崔珏《岳阳楼晚望》："楼上北风斜卷席，湖中西日倒衔山。"

【西方】 ❶方位名。李沇《秋霖歌》："西方龙儿口犹乳，初解驱云学行雨。"❷指西方净土。杜甫《别李秘书始兴寺所居》："重闻西方止观经，老身古寺风泠泠。"卢纶《题悟真寺》："似到西方诸佛国，莲花影里数楼台。"许浑《冬日宣城开元寺赠元孚上人》："西方知有社，支许合相从。"陆龟蒙《新秋杂题六首·坐》："闲僧不会寂寥意，道学西方人坐禅。"

【西方化】 指佛教教义。陈子昂《感遇诗三十八首》之十九："吾闻西方化，清净道弥敦。"

【西方社】 即莲社。晋庐山东林寺高僧慧远，与僧十八人结社念佛，因寺池有白莲，故称白莲社，简称莲社。莲社修西方净土之教，故又称西方社，简称西社。权德舆《酬灵彻上人以诗代书见寄》："更喜开缄销热恼，西方社里旧相亲。"刘禹锡《送鸿举游江西》："钟陵八郡多名守，半是西方社中友。"白居易《临水坐》："昔为东掖垣中客，今作西方社内人。"姚合《送澄江上人赴兴元郑尚书招》："闻结西方社，尚书待远公。"

【西方教】 （教 jiào）指佛教。见隋王通《文中子·周公篇》。韩愈《送惠师》："吾非西方教，怜子狂且醇。"

【西去】 向西而往。白居易《临都驿送崔十八》："莫道长安一步地，马头西去几何回。"张灿《寒食遣怀》："病来羞滞楚，西去欲迷秦。"李频《送友人游蜀》："东堂虽不捷，西去复何愁。"

【西北】 方位名。介于西、北之间。杜牧《长安杂题长句六首》之一："东南楼日珠帘卷，西北天宛玉厄豪。"李商隐《桂林》："东南通绝域，西北有高楼。"罗隐《中秋不见月》："天为素娥孀怨苦，并教西北起浮云。"胡宿《津亭》："西北浮云连魏阙，东南初日满秦楼。"

【西丘寺】 即西虎丘寺。白居易《夜游西武丘寺八韵》："不厌西丘寺，闲来即一过。"参见"西武丘寺"。

【西母】 指西王母。李贺《马诗二十三首》之七："西母酒将阑，东王饭已干。"林宽《寓兴》："西母一杯酒，空言浩劫春。"鲍溶《怀仙二首》之一："西母持地图，东来献虞舜。"

【西平王】 李晟。德宗时，以平朱泚功，封西平郡王。杜牧有《题永崇西平王宅太尉愬院六韵》。温庭筠有《题西平王旧赐屏风》。

【西戎】 古代西北戎族的总称。《书·禹贡》指织皮、昆仑、析支、渠搜。《史记·匈奴列传》指绵诸、绲戎、翟貇、义渠、大荔、乌氏、朐衍等。最早分布在黄河上游及甘肃西北部，以后逐步东迁，春秋时分布秦晋等国。唐时多指吐蕃。沈佺期《送金城公主适西蕃应制》："西戎非我匹，明主至公存。"杜甫《对雨》："西戎甥舅礼，未敢背恩私。"吕温《登少陵原望秦中诸川因用感叹》："早欲献奇策，丰财叙西戎。"刘驾《唐乐府十首·边军过》："军回人更多，尽系西戎来。"

【西成】 秋季农作物成熟。见《书·尧典》及孔颖达疏。魏征《五郊乐章·雍和》："律应西成，乞躔南吕。"高适《东平路中遇大水》："稼穑随波澜，西成不可求。"杜甫《秋行官张望督促东渚耗稻向毕清晨遣女奴阿稽竖子阿段往问》："西成聚必散，不独陵我仓。"白居易《秋游原上》："见此令人饱，何必待西成。"

【西夷】 古称西方少数民族。无可《送田中丞使西戎》："朝元下赤墀，玉节使西夷。"

【西曲】 （—qǔ）乐府《清商曲》名。因其出于荆、郢、樊、邓间，故称。内容多写商贾的水上生活和商妇惜别之情。形式多为五言四句，语言自然真率。韩翃《送郭赞府归淮南》："白苎歌西曲，黄苞寄北人。"

【西州】 ❶古城名。东晋置，为扬州刺史治所。故址在今江苏南京市。晋谢安死后，其外甥羊昙醉至西州门悲感不已，恸哭而去。事见《晋书·谢安传》。武元衡《送李秀才赴滑州诣大夫舅》："东武扬公姻娅重，西州谢傅舅甥贤。"温庭筠《经故翰林袁学士居》："西州城外花千树，尽是羊昙醉后春。"又《题丰安里王相林亭二首》之二："西州曲堤柳，东府旧池莲。"胡宿《忆荐福寺牡丹》："雕槃分篸何由得，空作西州拥鼻吟。"❷唐州名。属陇右道。岑参《初过陇山途中呈宇文判官》："都护犹未到，来时在西州。"李益《登夏州城观送行人赋得六州胡儿歌》："心知旧国西州远，西向胡天望乡久。"❸即唐泾州，治所在今甘肃泾川县北泾河北岸。李商隐《回中牡丹为雨所败二首》之一："下苑他年未可追，西州今日忽相期。"❹指杭州。元稹《重夸州宅旦暮景色兼酬前篇末句》："为问西州罗刹岸，涛头冲突近何如。"白居易《微之重夸州居其落句有西州罗刹之谑因嘲兹石聊以寄怀》："君问西州城下事，醉中叠纸为君书。"

【西江】 ❶西边的江水。王建《白纻歌二首》之二："夜天曈曈不见星，宫中火照西江明。"❷江名。珠江干流，古称郁水，在广东西部，由黔、郁、桂三江汇合而成。张籍《野老歌》："西江贾客珠百斛，船中养犬长食肉。"❸某些河流的别称。(1)唐诗中用以指长江中下游。李白《夜泊牛渚怀古》："牛渚西江夜，青天无片云。"白居易《浔阳三题·湓浦竹》："胡为取轻贱，生此西江曲。"温庭筠《西州词》："南楼登且望，西江广复平。"齐己《送徐秀才游吴国》："西江东注急，孤棹若流星。"(2)四川锦江的别称。蜀江即锦江。后用为典实。李白《赠友人三首》之三："莫持西江水，空许东溟臣。"杜甫《历历》："巫峡西江外，秦城北斗边。"张南史《早春书事奉寄中书李舍人》："北海樽留客，西江水救鱼。"

【西伯】 周文王姬昌被为西伯，意为西方诸侯之长。杜甫《凤凰台》："西伯今寂寞，凤声亦悠悠。"

【西佛寺】 寺名。在唐奉天县(治所在今陕西乾县)。温庭筠有《奉天西佛寺》。

【西羌】 我国古代民族名。秦汉时，部落众多，总称西羌。主要分布地相当于今甘肃、青海、四川一带。薛能《柘枝词三首》之一："同营三十万，震鼓伐西羌。"

【西沉】 亦作"西沈"。降落于西方。于武陵《感情》："西沉浮世日，东注逝川波。"陈元光《晓发佛潭桥》："朝暾催上道，兔魄欲西沈。"

【西沈】 见"西沉"。

【西社】 即西方社。贯休《题淮南惠照寺律师院》："还须结西社，来往悉诸侯。"又《题方公院寄夏侯明府》："终须结西社，此县似柴桑。"又《送姚洎拾遗自江陵幕赴京》："凭将西社意，一说向荀陈。"

【西巡】 谓帝王巡守西部地区。高骈《蜀路感怀》："蜀山苍翠陇云愁，銮驾西巡陷几州。"张道古《上蜀王》："西巡凤府非为固，东播銮舆卒未安。"

【西武丘寺】 即西虎丘寺，唐讳虎，改虎为武。寺在今江苏苏州市。白居易有《夜游西武丘寺八韵》。

【西苑】 苑名，在今河南洛阳市西。建于隋大业初。唐又称紫院、禁院。惠文太子《洛河山亭初晴》："晚日半衔西苑树，晴云直卷上天风。"

【西林】 见"西林寺"。

【西林寺】 在今江西星子县庐山麓，与东林寺相对。晋僧慧永建。后亦指寺院。李颀《送从弟游江淮兼谒鄱阳刘太守》："泊舟借问西林寺，晓听猿声在山翠。"李端《秋日旅舍别司空文明》："转忆西林寺，江声月下闻。"亦省称"西林"。韩翃《题慈仁寺竹院》："千峰对古寺，何异到西林。"许浑《寓居开元精舍酬薛秀才见贻》："知己萧条信陆沉，茂陵扶疾卧西林。"

【西枝】 村名。在唐秦州(治所在今甘肃天水市)。杜甫《寄赞上人》："近闻西枝西，有谷杉黍稠。"杜甫又有《西枝村寻置草堂地夜宿赞公土室二首》。

【西東】 ❶西方和东方。白居易《凶宅》："长安多大宅，列在街西东。"熊孺登《送舍弟孺复往庐山》："能骑竹马辨西东，未省烟花暂不同。"方干《同萧山陈长官县楼登望》："坐看南北与西东，远近无非礼义中。"亦用作偏义复词，指西方。聂夷中《题贾氏林泉》："只虑迷所归，池上日西东。"❷指四方，无定向。孟郊《过分水岭》："十步九举辔，回环失西东。"李商隐《代贵公主》："芳条得意红，飘落忽西东。"贾岛《雨夜寄马戴》："芳林杏花树，花落子西东。"刘沧《经龙门废寺》："杨柳覆滩清濑响，暮天沙鸟自西东。"

【西來】 由西而到。李白《古风》之三："飞剑决浮云，诸侯尽西来。"李商隐《楚泽》："白袷经年卷，西来及早寒。"李商隐《和友人戏赠二首》之一："东望花楼曾不同，西来双燕信休通。"李频《送徐处士归江南》："莫惜闲书札，西来问旅人。"

【西昌】 唐县名。永淳元年以益昌县改名，治所在今四川安县东南花荄镇。吴融有《西昌新亭》。

【西明】 见"西明寺"。

【西明寺】 在唐都长安朱雀门街西第三街延康坊西南隅，为唐人赏玩牡丹之地。孟郊《寄张籍》："西明寺后穷瞎张太祝，纵尔有眼谁尔珍。"白居易《新乐府·牡丹芳》："卫公宅静闭东院，西明寺深开北廊。"韦庄有《洪州送西明寺省上人游福建》。亦省称"西明"。贾岛《送于总持归京》："出家初隶何方寺，上国西明御水东。"

【西昇經】 书名。见《新唐书·艺文志》。高适《遇冲和先生》："常忆鸡鸣山，每诵《西升经》。"

【西周】 指唐都长安。岑参《冀州客舍酒酣贻王绮寄题南楼》："知君欲谒帝，秣马趋西周。"西周都城镐京，唐时大抵属长安之地。

【西岳】 亦作"西嶽"。即华山，华山为五岳中之西岳。王维《华岳》："西嶽出浮云，积雪在太清。"岑参《潼关镇国军句覆使院早春寄王同州》："卷帘见西岳，仙掌明朝暾。"徐凝《寄潘先生》："世上仙方无觅处，欲来西岳事先生。”薛能《送从兄之太原副使》:“初程见西嶽,尽室渡横汾。”

【西征】　西行,向西走。晋潘岳有《西征赋》,文清旨诣。郑愔《贬降至汝州广城驿》:“北上频伤阮,西征未学潘。”杜甫《秦州杂诗二十首》之一:“西征问烽火,心折此淹留。”李商隐《由赵协律皙》:“不堪岁暮相逢地,我欲西征君又东。”孟贯《早秋吟眺》:“从有西征思,园林懒闭关。”

【西邸】　官舍名。见《南史·梁纪上·武帝》。皎然《送李喻之处士洪州谒曹王》:“西邸延嘉士,遗才得正平。”又《青阳上人院说金陵故事》:“千年秋色古池馆,谁见齐王西邸春。”参见“西府”。

【西京】　指长安。唐显庆二年以洛阳为东都,因称长安为西都,一称西京,天宝元年定称西京。李峤《汾阴行》:“君不见昔日西京全盛时,汾阴后土亲祭祠。”韩愈《此日足可惜赠张籍》:“我友二三子,宦游在西京。”元稹《仁风李著作园醉后寄李十》:“却笑西京李员外,五更骑马趁朝时。”曹邺《寄监察从兄》:“吾宗戴豸冠,忽然入西京。”

【西府】　即西邸。南朝齐萧衍(梁武帝)开西邸,招揽文学之士,与沈约、谢朓、王融、萧琛、范云、任昉、陆倕等交游,人称“八友”。见《梁书·武帝纪上》。后用为典,借指文人聚会之地。司空曙《送史泽之长沙》:“谢朓怀西府,单车触火云。”武元衡《送张侍御赴京》:“江南烟雨塞鸿飞,西府文章谢掾归。”李骘《自惠山至吴下寄酬南徐从事》:“如何西府欢,尚念东吴远。”

【西夜】　汉西域诸侯国之一。故址在今新疆维吾尔自治区叶城县。借指西域诸国。许敬宗《奉和执契静三边应诏》:“升暄光西夜,驰恩溢东泻。”

【西卒】　(—zù)指蕃兵。杜甫《草堂》:“西卒欲倒戈,贼臣互相诛。”

【西河】　❶战国时魏地。见《史记·仲尼弟子列传》。一说在今山陕间黄河左右,此说又分为陕西大荔、韩城和山西汾阳等说;一说在今河南安阳,其时黄河流经安阳之东,西河意即河西。杜甫《题衡山县文宣王庙新学堂呈陆宰》:“南纪改波澜,西河共风味。”白居易《池上作》:“菟裘不闻有泉沼,西河亦恐无云林。”李商隐《赠送前刘五经映三十四韵》:“燕地尊邹衍,西河重卜商。”汪遵有《西河》。咏西门豹投巫事。❷唐郡名。隋置郡,唐曾名浩州、汾州。治所在西河县(今山西汾阳县)。卢照邻《上之回》:“五营屯北地,万乘出西河。”杜审言《和李大夫嗣真奉使存抚河东》:“西河偃风俗,东壁挂星躔。”王维有《故西河郡杜太守挽歌》三首。李岑有《西河郡太原守张夫人挽歌》。❸唐县名。汉美稷县,隋为隰城县。唐上元元年(674)改名西河,治所在今山西汾阳市。李白有《留别西河刘少府》。元稹有《赠别杨员外巨源》:“忆昔西河县下时,青山憔悴宦名卑。”❹指今河西、河湟一带。苏涣《赠零陵僧》:“西河舞剑气凌云,孤蓬自振唯有君。”参见“西河劍器”。

【西河遇】　用作伤痛丧子的典故。见《史记·仲尼弟子列传》。顾况《大茅岭东新居忆亡子从真》:“东门忧不入,西河遇亦深。”

【西河劍器】　《剑器》舞的一种。西河,似即河西、河湟一带,指舞的产地。一说是《剑器》舞中以西凉乐曲为伴奏者。杜甫《观公孙大娘弟子舞剑器行》序:“往者吴人张旭,善草书帖,数常于邺县见公孙大娘舞西河剑器,自此草书长进,豪荡感激,即公孙可知矣。”

【西門】　指战国魏西门豹。其为邺令破除为河伯娶妇的迷信,除掉勾结县吏为害百姓的女巫造福县民。见《史记·滑稽列传》。后遂用作地方官吏反对迷信巫术的典故。元稹《赛神》:“邑中神明宰,有意效西门。”

【西垣】　❶西域。垣,墙。贺知章《奉和御制春台望》:“旗回五丈殿千门,连绵南隥出西垣。”徐铉《秋日雨中与萧赞善访殷舍人于翰林座中作》:“野出西垣步步迟,秋光如水雨如丝。”❷唐时中书省的别称。因其设于宫中西掖,故称。韦应物《和张舍人夜直中书寄吏部刘员外》:“西垣草诏罢,南宫忆上才。”权德舆《奉和张监阁老过八陵院题赠杜卿崔员外》:“已闻东阁招从事,每向西垣奉德音。”白居易《见于给事暇日上直寄南省诸郎官诗因以戏题》:“东曹渐去西垣近,鹤驾无妨更著鞭。”徐铉《早春旬假独直寄江舍人》:“省署皆归沐,西垣公事稀。”

【西城】　❶西边的城。杨续《安德山池宴集》:“西城多妙舞,主第出名讴。”柳公绰《题梓州牛头寺》:“一出西城第二桥,两边山木晚萧萧。”郑畋《题缑山王子晋庙》:“西城要绰约,南岳命娇娆。”❷指西受降城。在今内蒙古杭锦后旗马加河北岸。李益《夜上西城听梁州曲二首》之一:“行人夜上西城宿,听唱梁州双管逐。”

【西南得朋】　意谓西南方可得友。见《易·坤》。陈子昂《登蓟城西北楼送崔著作融入都》:“慷慨竟何道,西南恨失朋。”杜甫《寄刘峡州伯华使君四十韵》:“迟暮嗟为客,西南喜得朋。”

【西荒】　西方荒远之地。相传古代京畿之外划分为侯、甸、绥、要、荒,称五服。服,五百里。荒服最远。孟郊《感怀》:“群物归大化,六龙颓西荒。”贾岛《寄长武朱尚书》:“中国今如此,西荒可取难。”

【西南】　❶西和南之间的方向。白居易《立秋夕即事咏怀寄汴州节度使李二十尚书》:“袅袅簷树动,好风西南来。”李商隐《无题二首》之一:“斑骓只系垂杨岸,何处西南任好风。”贾岛《投张太祝》:“身卧东北泥,魂挂西南霞。”聂夷中《送友人归江南》:“泉州五更鼓,月落西南维。”❷地区名。指今四川、贵州、云南和西藏一带。贾岛《玩月》:“寒月破东北,贾生立西南。”无名氏《观剑南献捷》(卷七八七):“戎虣西南至,毡裘长幼观。”

【西南戎】 同“西南夷”。高适《李云南征蛮诗》:“圣人赫斯怒,诏伐西南戎。”

【西南夷】 唐代对西南地区少数民族的总称。储光羲《同诸公秋日游昆明池思古》:“骤闻汉天子,征彼西南夷。”高适《李云南征蛮诗》序:“天宝十一载,有诏伐西南夷。”

【西施】 ❶春秋时越国苎萝(今浙江诸暨市)之鬻薪女,美貌动人。传说为越选中,献于吴王夫差,使夫差沉湎其美色之中,导致吴国灭亡。见汉赵晔《吴越春秋·勾践阴谋外传》。王维《西施咏》:“艳色天下重,西施宁久微。”李白《鸣皋歌送岑征君》:“嫫母衣锦,西施负薪。”郑遨有《咏西施》。❷泛称美女,唐诗中以“西施”为美女的代称。李贺《美人梳头歌》:“西施晓梦绡帐寒,香鬟堕髻半沉檀。”杜牧《鹤》:“丹顶西施颊,霜毛四皓须。”刘驾《姑苏台》:“西施舞初罢,侍儿整金钗。”《全唐诗》卷八六六录西施诗三首。

【西省】 中书省的别称。徐彦伯《赠刘舍人古意》:“浩歌在西省,经传恣潜心。”司空曙有《晚秋西省寄上李韩二舍人》。孟郊《严河南》:“君从西省郎,正有东洛观。”白居易《钱湖州以箬下酒李苏州以酘酒相次寄到无因同饮聊咏所怀》:“莫怪殷勤醉相忆,曾命西省与南宫。”

【西皇】 传说中西方的天神。指古帝少皞金天氏。李峤《宝剑篇》:“东皇提升紫微座,西皇佩下赤城田。”

【西島】 在今浙江绍兴市镜湖中。方干有《鉴湖西岛言事》《镜湖西岛言事寄陶校书》。

【西風】 指秋风。晋张翰在洛阳作官,见秋风起,便思念家乡吴中莼羹,鲈鱼脍,辞官南还。见《晋书·文苑传·张翰》。因以“西风”为典,表示思归。戴叔伦《从军行》:“西风垄水寒,明月关山悠。”白居易《西风》:“西风来几日,一叶已先飞。”李群玉《请告南归留别同馆》:“一点灯前独坐身,西风初动帝城砧。”刘沧《雨后游南门寺》:“木叶萧萧动归思,西风画角汉东城。”

【西亭】 ❶西边的亭阁、小屋。刘长卿有《陪辛大夫西亭宴观妓》。白居易《新涧亭》:“烟萝初合涧新开,闲上西亭日几回。”李商隐《西亭》:“此夜西亭月正圆,疏帘相伴宿风烟。”张蠙《赠九江太守》:“昨日西亭从游骑,信旗风里说诗篇。”❷亭阁名。又名西山亭子。在虢州(治所在今河南灵宝市)城西山上。岑参有《早秋与诸子登虢州西亭观眺》《西亭子送李司马》,张谓有《西亭子言怀》。

【西音】 古称我国西部地区音乐。多指秦晋之声。李白《古风》之五五:“齐瑟弹东吟,秦弦弄西音。”

【西郊】 城西郊区。刘禹锡《瀑布泉》:“时出西郊霁色开,寻真欲去重徘徊。”张祜《江南杂题三十首》之四:“南亩山光对,西郊日影斜。”牛峤《登陈拾遗书台览杜工部留题慨然成咏》:“步出县西郊,攀萝登峭壁。”

【西帝】 古称秋神。温庭筠《蒋侯神歌》:“商风刮水报西帝,庙前古树蟠白蛇。”参见“西皇”。

【西洲曲】 (曲 qǔ)乐府《杂曲歌辞》名。南朝无名氏作。因首句有“忆梅下西洲”之语,故名。温庭筠有《西洲曲》。

【西洱河】 即今云南西部洱海。一名叶榆泽。李白《书怀赠南陵常赞府》:“至今西二河,流血拥僵尸。”按,《全唐诗》“洱”作“二”,误。白居易《新乐府·蛮子朝》:“至今西洱河岸边,箭孔刀痕满枯骨。”

【西流水】 我国河流大都东流入海,故以“西流水”表示不合常情的现象。李益《杂曲》:“既为随阳雁,勿学西流水。”

【西津】 地名。在今四川成都市。岑参有《过王判官西津所居》。

【西宫】 ❶离宫;别宫。王昌龄《西宫春怨》:“西宫夜静百花香,欲卷珠帘春恨长。”❷即西内。皇宫西部。唐玄宗于至德三年被其子肃宗李亨强迫迁往太极宫之甘露殿。李益《听唱赤白桃李花》:“欲向西宫唱,西宫宫树绿。”白居易《长恨歌》:“西宫南苑多秋草,宫叶满阶红不扫。”

【西眉南臉】 西施、南威均为春秋时美女。故以“西眉南脸”借指女子美貌。李咸用《巫山高》:“西眉南脸人中美,或者皆闻无所利。”

【西隅】 西边角落。张祜《投宛陵裴尚书二十韵》:“已愁沾酒泪,还去海西隅。”

【西班】 唐谓武臣。罗隐《寄金吾李荪常侍》:“西班掌禁兵,兰锜最分明。”

【西秦】 ❶秦国。其地处西方,故称。唐诗中多用以指陕南关中等,秦国故地。李峤《龙》:“西秦饮渭水,东洛荐河图。”刘禹锡《洛中送杨处厚入关便游蜀》:“洛阳秋日正凄凄,君去西秦更向西。”曹邺《入关》:“衡门亦无路,何况入西秦。”张乔《题兴善寺僧道深院》:“江峰峰顶人,受法老西秦。”❷琴曲名。李峤《筝》:“莫听西秦奏,筝筝有剩哀。”

【西夏】　指夏州。治所在今陕西靖边县东北白城子。亦泛称我国西北少数民族地区。宋之问《桂州三月三日》："西夏黄河水心剑，东周清洛羽觞杯。"宋璟《奉和圣制答张说扈从出雀鼠谷》："秦地雄西夏，并州近北胡。"元结《系乐府十二首·陇上叹》："圣贤礼让风，何不遍西夏。"

【西原】　❶西边的原野。白居易《九日登西原宴望》："起登西原望，怀抱同一豁。"贾岛《送乌行中石淙别业》："劳思当此夕，苗稼在西原。"❷地名。在今河南灵宝市城西南。岑参《虢州后亭送李判官使赴晋绛》："西原驿路挂城头，客散红亭雨未收。"

【西晉】　朝代名。公元265年，司马炎代魏称帝，国号晋，建都洛阳(今属河南)，史称西晋。316年为前赵所灭。共历四帝，五十二年。廖匡图《松》："曾于西晋封中散，又向东吴作大夫。"灵一《林公》："西晋尚虚无，南朝久沦误。"

【西畔】　西边。韩偓《雨后月中玉堂闲坐》："夜久忽闻铃索动，玉堂西畔响丁东。"

【西師】　❶西征的军队。李商隐《汉南书事》："西师万众几时回，哀痛天书近已裁。"❷西方国家的部队。李百药《郢城怀古》："南风忽不竞，西师日侵蹙。"

【西候】　❶秋天的季候。王勃《秋日别王长史》："正悲西候日，更动北梁篇。"崔国辅《送韩十四被推递往济南府》："西候情何极，南冠怨有余。"❷西边的亭台。古时送别之处。杜甫《秋日送石首薛明府》："南征为客久，西候别君初。"权德舆《送张曹长工部大夫奉使西蕃》："西候车徒出，南台节印雄。"

【西笑】　语出汉桓谭《新论·怯散》。后用以为典，谓渴慕帝都。李白《留别曹南群官之江南》："十年罢西笑，览镜如秋霜。"乔琳《绵州越王楼即事》："行雁南飞似乡信，忽然西笑向秦关。"温庭筠《洛阳》："桓谭未便忘西笑，岂为长安有凤池。"李洞《述怀二十韵献覃怀相公》："南潭容伴鹤，西笑忽迁莺。"

【西旅】　❶古代西方少数民族所建的国名。柳宗元《游南亭夜还叙志七十韵》："重来越裳雉，再返西旅獒。"❷羁旅西方。杜牧《鸦》："只如西旅样，头白岂无缘。"

【西海】　❶西方之海。亦泛称西方。韦元旦《奉和送金城公主适西蕃应制》："唯应西海月，来就掌珠圆。"崔融《关山月》："月生西海上，气逐边风壮。"李白《寄远十一首》之十："寄书白鹦鹉，西海慰离居。"岑参《登北庭北楼呈幕中诸公》："二庭近西海，六月秋风来。"❷西方日落处。李白《古风》之一一："黄河走东溟，白日落西海。"白居易《二月五日花下作》："羲和趁日沉西海。鬼伯驱人葬北邙。"❸传说中西王母所居之处。王昌龄《谒焦炼师》："拜受长年药，翩翻西海期。"李白《古风》之四三："西海宴王母，北宫邀上元。"温庭筠《昆明池水战词》："箭羽枪缨三百万，踏翻西海生尘埃。"❹古湖名。即今青海省之青海湖。戎昱《塞下曲》之四："晚渡西海西，向东看日没。"司空曙《夜闻回雁》："还将今夜意，西海话苏君。"❺指今波斯湾。杜牧《郡斋独酌》："甘英穷西海，四万到洛阳。"❻郡名。隋大业五年置西海郡，治伏谷浑旧都。柳宗元《唐饶歌鼓吹曲十二篇·吐谷浑》："吐谷浑盛强，背西海以夸。"

【西域】　❶汉以来对玉门关、阳关以西地区的总称。狭义专指葱岭以东而言，广义则指凡通过狭义西域所能到达的地区，包括亚洲中、西部、印度半岛、欧洲东部和非洲北部都在内。后亦泛指我国西部地区。张说《十五日夜御前口号踏歌词二首》之二："西域灯轮千影合，东华金阙万重开。"杜甫《海棕行》："移栽北辰不可得，时有西域胡僧识。"王建《酬柏侍御闻与韦处士同游灵台寺见寄》："西域传中说，灵台属雍州。"刘禹锡《和令狐相公谢太原李侍中寄蒲桃》："珍果出西域，移根到北方。"❷传说中西王母所居之地。吴筠《步虚词十首》之五："倏欻造西域，嬉游金母家。"

【西域傳】　指《汉书·西域传》。岑参《登北庭北楼呈幕中诸公》："尝读西域传，汉家得轮台。"

【西都】　指长安。唐显庆二年以洛阳为东都，因称长安为西都。李义府《在巂州遥叙封禅》："东后方肆觐，西都导六师。"杜甫《潼关吏》："胡来但自守，岂复忧西都。"窦牟《天津晓望因寄呈分司一二省郎》："万乘西都去，千门正位虚。"许浑《将离郊园留示弟侄》："西都万余里，明旦别柴扉。"

【西梵曲】　(曲 qǔ)指佛教乐曲。西梵，即西方印度之意。李峤《闰九月九日幸总持寺登浮图应制》："还将西梵曲，助入南薰弦。"

【西掖】　中书省的别称。岑参《西掖省即事》："西掖重云开曙晖，北山疏雨点朝衣。"唐时门下、中书两省在禁中左右掖，称掖省。西掖省即中书省，又称西省。杨巨源《上裴中丞》："六年西掖弘汤诰，三捷东堂总汉科。"白居易《西省对花忆忠州东坡新花树因寄题东楼》："西掖垣中今日眼，南宾楼上去年心。"徐铉《送高舍人使岭南》："西掖官曹近，南溟道路遥。"

【西曹】　❶指中书省。耿湋《朝下寄韩舍人》："侍臣鸣珮出西曹，鸾殿分阶翊彩旄。"❷指刑部。元稹《送复梦赴韦令幕》："西曹旧事多持法，慎莫吐他丞相茵。"

【西國】　❶指佛教发源地。张祜《听简上人吹芦管三首》之三："分明西国人来说，赤佛堂西是汉家。"韦蟾《岳麓道林寺》："北方部落檀香塑，西国文书贝叶写。"张乔《兴善寺贝多树》:"得子从西国,成阴见昔朝。"❷指西蜀。张乔《送僧鸾归蜀宁亲》:"高名彻西国,旧迹寄东林。"

【西鄂】 指今湖北西部地区。骆宾王《过张平子墓》:"西鄂该通理,南阳擅德音。"

【西崑】 指昆仑山。多借指仙境。王绩《游仙四首》之三:"心疑游北极,望似陟西昆。"刘宪《兴庆池侍宴应制》:"自然东海神仙处,何用西昆辙迹疲。"

【西術】 西边的道路。包融《酬忠公林亭》:"结庐近西术,种树久成阴。"

【西第】 东汉外戚梁翼大将军,起别第于洛阳城西,名儒马融曾作《西第颂》。见《后汉书·马融传》。后以"西第"借指游赏之地和贵人府邸。杜审言《春日京中有怀》:"公子南桥应尽兴,将军西第几留宾。"杜甫《暮秋枉裴道州手札率尔遣兴寄近呈苏涣侍御》:"无数将军西第成,早作丞相东山起。"

【西康州】 唐州名。武德元年置,治所在同谷县(今甘肃成县)。贞观元年废。杜甫《凤凰台》:"亭亭凤凰台,北对西康州。"

【西清】 指帝王宫内游宴之处。徐铉《茱萸诗》:"长和菊花酒,高宴奉西清。"

【西涼】 见"西凉州"。

【西涼州】 即凉州。西汉置,为武帝所置"十三刺史部"之一。元稹《和李校书新题乐府十二首·西凉伎》:"吾闻昔日西凉州,人烟扑地桑柘稠。"白居易《感白莲花》:"忽想西凉州,中有天宝民,"亦简称"西凉"。无名氏《挽歌五首》之二:"忆别西凉日,来朝北阙时。"

【西陸】 指秋天。见《后汉书·补律历志》。骆宾王《在狱咏蝉》:"西陆蝉声唱,南冠客思侵。"李白《古风》之三二:"蓐收肃金气,西陆弦海月。"柳宗元《感遇二首》之一:"西陆动凉气,惊乌号北林。"范传质《荐冰》:"朝觌当西陆,桃弧每共行。"

【西陵】 ❶陵墓名。(1)三国魏武帝陵墓。皇甫冉《送萧献士》:"西陵倘一吊,应有士衡文。"刘禹锡《魏宫词二首》之二:"日映西陵松柏枝,下台相顾一相思。"李商隐《过景陵》:"俱是苍生留不得,鼎湖何异魏西陵。"程长文《铜雀台怨》:"当时歌舞人不回,化为今日西陵灰。"(2)南朝齐钱塘名妓苏小小的墓。在今浙江杭州市西泠桥附近。罗隐《江南行》:"西陵路边月悄悄,油碧轻车苏小小。"徐凝《苏小小墓》:"水如香篆船如叶,咫尺西陵不见郎。"❷今浙江杭州市西兴街道的古称。初名固陵,取义固守。见《水经注·浙江水》。至五代吴越国,因"陵"非吉语,改称西兴。在今杭州市萧山区西,钱塘江的东南岸。李白《送友人寻越中山水》:"东海横秦望,西陵绕越台。"皇甫冉《赋得越山三韵》:"西陵犹隔水,北岸已春山。"张籍《送李评事游越》:"西陵待潮处,知汝不胜愁。"周匡物《应举题钱塘公馆》:"钱塘江口无钱过,又阻西陵两信潮。"

【西陵峽】 即巴峡。长江三峡之一。杨炯有《西陵峡》。

【西陵渡】 津渡名。在今浙江杭州市西兴街道。崔国辅《宿范浦》:"月暗潮又落,西陵渡暂停。"严维《酬王侍御西陵渡见寄》:"郢曲西陵渡,秦官使者车。"朱湾《送李司直归浙东幕兼寄鲍行军持节大夫初拜东平郡王》:"人从北固山边去,水到西陵渡口分。"张乔《越中赠别》:"别离吟断西陵渡,杨柳秋风两岸蝉。"参见"西陵"。

【西陲】 西面边疆。李洞《送龙州田使君旧诗家》:"御札轸西陲,龙州出牧时。"

【西華】 指西岳华山。韩愈《县斋有怀》:"求官去东洛,犯雪过西华。"徐夤有《西华》。

【西華館】 道教仙宫名。道教以东华为男仙所居,以东王公领;西华为女仙所居,以西王母所领。孟郊《列仙文·清虚真人》:"欻驾空清虚,徘徊西华馆。"

【西塢】 镇名。在今浙江奉化市。温庭筠有《经西坞偶题》。

【西極】 西方的尽头。谓西方极远之处。张说《送郭大夫元振再使吐蕃》:"犬戎废东献,汉使驰西极。"崔融《西征军行遇风》:"兵气腾北荒,军声振西极。"高适《同鲜于洛阳于毕员外宅观画马歌》:"主人娱宾画障开,只言骐骥西极来。"李群玉《湖阁晓晴寄呈从翁二首》之一:"蜀国地西极,吴门天一涯。"

【西極柱】 谓天柱。喻朝纲。传说昆仑山有铜柱,高与天齐,围三千里。见旧题汉东方朔《神异经·中荒经》。杜甫《送长孙九侍御赴武威判官》:"西极柱亦倾,如何正穹昊。"

【西極馬】 汉武帝时,开始所得乌孙马名曰"天马",后又得大宛汗血马,益壮,故更乌孙马名"西极",大宛马为"天马"。见《史记·大宛列传》。杜甫《赠崔十三评事公辅》:"飘飘西极马,来自渥洼地。"

【西景】 夕阳。亦喻暮年。王绩《晓年叙志示翟处士》:"东隅诚已谢,西景惧难收。"司空曙《杂言》:"伏余西景移,风雨洒轻绨。"

【西街】 一名街西。在今陕西西安市。为隋、唐长安城承天门街、朱雀街以西的街道合称。张籍《酬韩庶子》:"西街幽僻处,正与懒相宜。"

【西遊】 西行。刘禹锡《送僧仲剬东游兼寄呈灵澈上人》:"西游长安隶僧籍,本寺门前曲江碧。"刘沧《送友人游蜀》:"北去西游春未半,蜀山云雪入诗情。"

【西湖】 湖名。(1)在浙江杭州城西。一名钱塘湖、西子湖。风光明媚,有苏堤春晓、平湖秋月等十处胜景，为我国著名游览胜地。白居易《杭州回舫》："欲将此意凭回棹，报与西湖风月知。"又《寄题余杭郡楼兼呈裴使君》："北郭沙堤尾，西湖石岸头。"张祜《题灵隐岩寺》："北寺三年别，西湖十里程。"(2)在安徽阜阳市西北。许浑《颍州从事西湖亭宴饯》："西湖清宴不知回，一曲离歌酒一杯。"(3)在今四川广汉市。严公弼《题汉州西湖》："西湖创置自房公，心匠纵横造化同。"薛能《题汉州西湖》："西湖天下名，可以濯吾缨。"(4)在今浙江建德市西南。方干有《侯郎中新置西湖》。

【西窗】 西面的窗户。戎昱《长安秋夕》："昨宵西窗梦，梦入荆南道。"李商隐《夜雨寄北》："何当共剪西窗烛，却话巴山夜雨时。"徐铉《游方山宿李道士房》："从来未面李先生，借我西窗卧月明。"

【西楚】 ❶古地域名。为三楚之一。《史记·货殖列传》以淮北、沛、陈、汝南为西楚。见《汉书·高帝纪上》。颜师古注以彭城为西楚。按前说，西楚相当于今安徽淮水以北、江西西北部、河南南部和湖北北部地区。张说《湘州九日城北亭子》："西楚茱萸节，南淮戏马台。"张祜《晚下彭泽》："何处不眠人，月明西楚客。"❷古国号，秦亡，项忌自立为王，都西楚彭城(今江苏徐州市)，国号"西楚"。王珪《咏汉高祖》："赫赫西楚国，化为丘与榛。"孟简《赋得亚父碎玉斗》："谁为西楚王，坐见东城溃。"

【西照】 ❶由西向东照射。刘沧《洛阳月夜书怀》："疏柳高槐古巷通，月明西照上阳宫。"❷谓夕阳。李白《越中秋怀》："路遐迫西照，岁晚悲东流。"

【西鄙人】 姓名不祥。唐玄宗天宝年间西部边陲土著人。《全唐诗》卷七八四录其《哥舒歌》一首，诗题下注："天宝中，哥舒翰为安西节度使，控地数千里，甚著威令，故西鄙人歌此。"

【西園】 园林名。亦称铜雀园、芙蓉池。故址在今河北临漳县。为魏文帝曹丕集文学侍从之臣游宴、赏月之地。后用以为游宴或赏月的典故。骆宾王《秋月》："西园徒自赏，南飞终未安。"郑愔《夜游曲》："西园宴公子，北里召王侯。"耿沣《赠苗员外》："行乐西园暮，春风动柳条。"李商隐《题小松》："为谢西园车马客，定悲摇落尽成空。"

【西蜀】 今四川省。古为蜀地，因在西方，故称。张说《岳阳早霁南楼》："地穴穿东武，江流下西蜀。"杨凌《送客之蜀》："西蜀三千里，巴南水一方。"薛能《西县作》："三年西蜀去如沉，西县西来出万岑。"陈陶《西川座上听金五云唱歌》："茂陵弓剑不得亲，嫁与卑官到西蜀。"

【西蜀相公】 崔郸。曾任剑南西川节度使，见《新唐书·宰相表下》。姚合有《和门下李相饯西蜀相公》。

【西蜀災】 谓成都火灾。栾巴喷酒为雨扑灭成都火灾。见《艺文类聚》卷七八引《神仙传》。杜甫《赠李八秘书别三十韵》："西蜀灾长弭，南翁愤始摅。"

【西蜀橋】 指升仙桥。在今四川成都市北。汉司马相如初入长安，题其门曰："不乘赤车驷马不过汝下也。"见《华阳国志·蜀志》。卢照邻《送幽州陈参军赴任寄呈乡曲父老》："西蜀桥应毁，东周石尚全。"

【西雍】 指汉雍州，治所在今陕西西安市北。刘方平《秋夜寄皇甫冉郑丰》："长怜西雍青门道，久别东吴黄鹄矶。"

【西溪】 ❶西边的小溪。温庭筠《题卢处士山居》："西溪问樵客，遥识楚人家。"又《雨中与李先生期垂钓先后相失因作叠韵》："隔石觅屐迹，西溪迷鸡啼。"❷溪名。(1)在今四川三台县西门外。李商隐《西溪》："近郭西溪好，谁堪共酒壶。"又《夜出西溪》："东府忧春迟，西溪许日曛。"毛文锡《西溪子》词："昨日西溪游赏，芳树奇花千样。"(2)在今河南洛阳市。白居易所居履道里旁的一条小溪。白居易《池上作》："西溪风生竹森森，南潭萍开水沉沉。"

【西溟】 传说中西方日入处。李群玉《穆天子》："一朝得八骏，逐日西溟渍。"亦泛称西方。陈子昂《感遇诗三十八首》之一七："仲尼溺东鲁，伯阳遁西溟。"

【西塞】 (—sài)❶西北边塞。李益《夜宴观石将军舞》："更闻横笛关山远，白草胡沙西塞秋。"元稹《遣行十首》之七："更悲西塞别，终夜绕池行。"❷山名。(1)在今湖北大冶市东。李白《送二季之江东》："西塞当中路，南风欲进船。"皇甫冉《送王司直》："西塞云山远，东风道路长。"刘禹锡有《西塞山怀古》。齐己《过西塞山》："残日衔西塞，孤帆向北洲。"(2)在今浙江湖州市西南。陶岘《西塞山下回舟作》："匡庐旧业是谁主，吴越新居安此生。"张志和《渔父歌》："西塞山前白鹭飞，桃花流水鳜鱼肥。"皮日休《西塞山泊渔家》："西塞山前终日客，隔波相羡尽依依。"

【西塞驛】 (塞 sài)驿站名。在今湖北西塞山边。李白有《流夜郎至西塞驿寄裴隐》。

【西嫁】 特指王昭君嫁匈奴。李白《王昭君二首》之一："汉月还从东海出，明妃西嫁无来日。"胡曾《咏史诗·青冢》："玉貌元期汉帝招，谁知西嫁怨天骄。"

【西臺】 官署名。(1)御史台的通称。唐赵璘《因话录》："御史台，当时亦谓之左台、右台，则宪府未曾有东西台之称。唯俗音呼在京为西台，东都为东台。"鲍溶《淮南卧病感路群侍御访别》："西台御史重难言，落木疏篱绕病魂。"(2)中书省的别称。唐龙朔二年(662)曾改中书省为西台。李乂有《故西台侍郎上官公挽歌》。

【西臺侍郎】 即中书侍郎。唐中书省置中书侍郎二员，武德定令，与尚书侍郎俱第四品，大历二年(767)与门下侍郎共升为正三品。中书侍郎掌贰令之职。凡邦国之庶务，朝廷之大政，皆可参议。李乂有《故西台侍郎上官公挽歌》。

【西臺御史】 即御史台侍御史。唐御史台置侍御史四员，从六品下。掌纠举百僚，推鞫狱公。鲍溶《淮南卧病感路群侍御访别》："西台御史重难言，落木疏篱绕病魂。"

【西墉】 西边的馆舍。苏颋《广达楼下夜侍酺宴应制》："东岳封回宴洛京，西墉通晚会公卿。"

【西睠】 向西看。睠，亦作"眷"。语出《诗·大雅·皇矣》："乃眷西顾，此维与宅。"李益《秋晚溪中寄怀大理齐司直》："振仪自西睠，东夏复分鳌。"

【西僧】 西域僧人。皎然《寄题云门梵月无侧房》："越山千万云门绝，西僧貌古还名月。"

【西鄰】 ❶西边邻居。元结《漫问相里黄州》："东邻有渔父，西邻有山僧。"杜牧《感怀诗一首》："逆子嫁虏孙，西邻聘东里。"韦庄《秦妇吟》："南邻走上北邻藏，东邻走向西邻避。"❷战国楚宋玉《登徒子好色赋》和汉司马相如《美人赋》均极写东邻女子之美，故以"西鄰"借指男女情事之男方。骆宾王《代女道士王灵妃赠道士李荣》："何曾举意西邻玉，未肯留情南陌金。"权德舆《玉台体十二首》之九："莫作经时别，西邻是宋家。"

【西閣】 ❶西边的亭阁。许浑《寻周炼师不遇留赠》："长啸倚西阁，悠悠名利中。"❷西台，即中书省。郑谷有《谷初忝谏垣今宪长薛公方在西阁知奖隆异以四韵代述荣感》。亦借指朝廷中的清要官职。郑谷《寄献湖州从叔员外》："西阁归何晚，东吴兴未穷。"❸阁名。在今重庆奉节县白帝城。杜甫有《西阁口号》《西阁雨望》《西阁夜》等。

【西漢】 朝代名。自刘邦称帝(前202)起至王莽代汉止，历十二帝，因所都长安(今陕西西安市)在东汉国都洛阳的西面，故史称西汉。张说《赠崔公》："我闻西汉日，四老南山幽。"常衮《晚秋集贤院即事寄徐薛二侍郎》："北朝荣庾薛，西汉盛严徐。"白居易《读汉书》："奈何西汉末，忠邪并信之。"翁绶《行路难》："君看西汉翟丞相，凤沼朝辞暮雀罗。"

【西漢書】 即《汉书》。张祜有《读西汉书十四韵》。

【西賓】 指汉张衡所撰《西京赋》，赋中有虚拟人物西都宾。柳宗元《重赠二首》之二："若道柳家无子弟，往年何事乞西宾。"原注："子厚尝为刘写西京赋。"

【西維】 西隅，西方角落。刘得仁《泾川野居晚望》："地极接穹苍，西维落太阳。"

【西蕃】 ❶特指吐蕃。杜审言有《送和西蕃使》。杜甫有《送杨六判官使西蕃》。李益有《送常曾侍御使西蕃寄题西川》。陈羽有《冬晚送友人使西蕃》。❷亦作"西藩"。古代对西域及西部边境地区的泛称。李商隐《行次西郊作一百韵》："盲目把大旆，处此京西藩。"罗隐《咏史》："九原郝沘何由起，虚误西蕃八尺金。"贯休《古塞下曲七首》之七："将军更移帐，日日近西蕃。"

【西樓】 ❶西边的楼台。李商隐《燕台四首·秋》："云屏不动掩孤嚬，西楼一夜风筝急。"许浑《酬报先上人登楼见寄》："丹叶下西楼，知君万里愁。"于濆《烧金曲》："南陌试腰袅，西楼歌婵娟。"韩偓《六言三首》之三："那里朝日才出，还应先照西楼。"❷楼名。(1)一名观风楼。在今江苏苏州市境。韦应物《寄李儋元锡》："闻道欲来相问讯，西楼望月几回圆。"(2)虢州城西之楼。唐虢州治所在宏农县(今河南灵宝市南)。岑参《题虢州西楼》："愁来无去处，只上郡西楼。"

【西皞】 古帝名。即少皞。亦指西方之神。刘禹锡《监祠夕月坛书事》："西皞司分昼夜平，羲和停午太阴生。"

【西虢】 周代诸侯国名。都城原今陕西宝鸡市，周平王东迁后徙于上阳(今河南陕县东南)。唐时分属陕、虢二州。故亦以"西虢"借指虢州。岑参有《初至西虢官舍南池呈左右省及南宫诸故人》。

【西澗】 在今安徽滁州市西郊。俗名上马河。韦应物《始除尚书郎别善福精舍》："行将亲爱别，恋此西涧曲。"又《西涧种柳》："聊将休暇日，种柳西涧滨。"韦应物又有《滁州西涧》。

【西駕】 皇帝车驾西行。韦应物《经函谷关》："炎灵讵西驾，娄子非经国。"

【西畿縣】 京都近旁的西边县份。贾岛《送邹明府游灵武》："曾宰西畿县，三年马不肥。"

【西頭】 西首，西边。杜甫《卜居》："浣花流水水西头，主人为卜林塘幽。"亦特指西边地尽头。古人一般无地圆观念，以为地有尽头。岑参《热海行送崔侍御还京》："侧闻阴山胡儿语，西头热海水如煮。"

【西縣】 隋大业二年(606)以潘啄县改名，治所在今陕西勉县老城东南。唐武德八年(625)移治今老城。薛能《西县作》："三年西蜀去如沉，西县西来出万岑。"薛能又有《西县道中有短亭岩穴飞泉隔江洒至因成二首》。

【西興】 地名。即今浙江杭州市西兴街道。地当钱塘渡口。施肩吾《钱塘渡口》："钱塘渡口无钱纳，已失西兴两信潮。"

【西學】　西周小学名。《礼记·祭义》："祀先贤于西学。"郑玄注："西学，周小学。"孔颖达疏："周之小学在西郊。"或说为西周大学。唐诗中多用以借指集贤院之类的文化学术机构。贺知章《奉和圣制送张说上集贤学士赐宴赋得谟字》："西学垂玄览，东堂发圣谟。"张籍《送杨少尹赴凤翔》："西学已行秦博士，南宫新拜汉郎官。"

【西頹】　谓西沉。韦应物《乐燕行》："华灯何遽升，驰景忽西颓。"徐浩《宝林寺作》："逝川惜东驶，驰景怜西颓。"

【西館】　三国时陈思王曹植的府第。李商隐《代魏宫私赠》："来时西馆阻佳期，去后漳河隔梦思。"

【西轅】　驾车西行。杜甫《桔柏渡》："西辕自兹异，东逝不可要。"

【西嶽】　见"西岳"。

【西曛】　日西落而至黄昏。李商隐《代元城吴令暗为答》："背阙归藩路欲分，水边风日半西曛。"王贞白《雨后从陶郎中登庾楼》："庾楼逢霁色，夏日欲西曛。"

【西邊】　西面。刘禹锡《竹枝词二首》之一："东边日出西边雨，道是无晴却有晴。"欧阳炯《题景焕画应天寺壁天王歌》："东边画了空西边，留与后人教敌手。"刘昭禹《灵溪观》："鳌海西边地，宵吟景象宽。"

【西龜】　古代占卜用龟的一种。《周礼·春宫·龟人》："龟人掌六龟之属，各有各物……西龟曰靁属。"吴筠《游仙诗二十四首》之四："西龟初定箓，东华已校名。"

【西齋】　指文人的书斋。韦应物有《义演法师西斋》。许浑《送客归峡中》："还就西斋宿，烟波劳梦思。"陆龟蒙《奉和袭美二游诗·徐诗》："目云西斋书，有过东皋田。"刘兼《西斋》："西斋新竹两三茎，也有风敲碎玉声。"

【西牆】　西面的墙。韦庄《夏夜》："正吟秋兴赋，桐景下西墙。"

【西魏】　朝代名。公元534年北魏孝武帝逃至关中，依靠将领宇文泰。次年宇文泰杀孝武帝，立元宝炬为帝，都长安(今陕西西安市西北)，史称西魏。历三帝，二十二年。南唐后主李煜《题金楼子后》序："后西魏破江陵，帝亦尽焚其书。"

【西歸】　回到西方。刘长卿《酬张夏别后道中见寄》："只畏生秋草，西归亦未期。"孟郊《感怀》之五："去去荒泽远，落日当西归。"刘沧《经古行宫》："玉辇西归已至今，古原风景自沉沉。"

【西歸公子】　指仙人王子乔。亦泛称神仙。施肩吾《候山词》："西归公子何时降，南岳先生早晚来。"

【西鎬】　西周国都镐京。故址在今陕西西安市西。周平王东迁至洛邑，因称镐京为"西鎬"。后用以泛称京城。皎然《岘山送裴秀才赴举》："王师出西镐，虏寇避东平。"

【西藩】　见"西蕃"。

【西蟾】　即栖蟾。俗姓胡，齐己从弟。齐己有《闻西蟾从弟卜岩居岳西有寄》和《寄怀西蟾师弟》。后诗题下注："蟾师有'万里八九月，一身西北风'之句。"此二句乃出自栖蟾《游边》。

【西疇】　西面的田畴。泛指田地。语出晋陶潜《归去来兮辞》。韩愈《南溪始泛三首》之二："幸有用余俸，置居在西畴。"

【西靡】　向西倾倒、披靡。王维《故西河郡杜太守挽歌三首》之三："坟树应西靡，长思魏阙恩。"权德舆《赠文敬太子挽歌辞二首》之一："唯余西靡树，千古霸陵原。"

【西顥】　秋季。西方曰颢天，秋位在西，故称。柳宗元《初秋夜坐赠吴武陵》："清商激西颢，泛滟凌长空。"

【西巖】　即西山。在今湖南永州市零陵区。柳宗元《渔翁》："渔翁夜傍西岩宿，晓汲清湘燃楚竹。"

【西靈觀】　(觀 guàn)道观名。在今江西新余市五十里瑞仙山下，晋永和八年(352)许真君建。吕岩《西灵观》："八月秋高气渐新，再携琴剑宿西灵。"

三　画

要[1]　〔yāo《广韵》於霄切，平宵，影。〕❶约请；邀请。杜审言《重九日宴江阴》："高兴要长寿，卑栖隔近臣。"李白《示金陵子》："谢公正要东山妓，携手林泉处处行。"韩愈《崔十六少府摄伊阳以诗及书见投因酬三十韵》："疏飧要同吃，破袄请来绽。"李贺《贾公闾贵婿曲》："且要弄风人，暖蒲沙上饮。"❷约言。以明哲的方式就某事作出庄严的承诺或表示某种决心。崔融《塞垣行》："岂要黄河誓，须勒燕然石。"❸求；求取。李白《相和歌辞·白头吟二首》之二："闻道阿娇失恩宠，千金买赋要君王。"杜甫《秋行官张望督促东渚耗稻向毕清晨遣女奴阿稽竖子阿段往问》："岂要仁里誉，感此乱世忙。"又《偶题》："不敢要佳句，愁来赋别离。"刘禹锡《观棋歌送儇师西游》："此时一行出人意，赌取声名不要钱。"褚载《贺赵观文重试及第》："已把色丝要上第，又将彩笔冠群伦。"❹五服之一。古指离都城一千五百里至两千里的地区。参见"要荒"。❺通"腰"。参见"要章"。

要[2]　〔yào《广韵》於笑切，去笑影。〕❶纲要；要点；要领。张说《寄天台司马道士》："传闻有仙要，梦寐在兹山。"杜甫《次空灵岸》：

“回帆覰赏延，佳处领其要。”元稹《感梦》：“乱热由静消，理繁在知要。”陆龟蒙《读阴符经寄鹿门子》：“虚施神仙要，莫救华池源。”❷重要，主要。参见“要₂地”“要₂津”。❸指重要的地方。喻显要的官职。徐安贞《奉和圣制早度蒲津关》：“路得津门要，时称古戍闲。”杜甫《哭王彭州抡》：“顷壮戎麾出，叨陪幕府要。”❹想。希望。引申为需要。王维《待储光羲不至》：“要欲闻清佩，方将出户迎。”杜甫《送梓州李使君之任》：“老思筇竹杖，冬要锦衾眠。”李商隐《僧院牡丹》：“倾城惟待笑，要裂几多缯。”齐己《酬洞庭陈秀才》：“何心要识面，见诗惊苦心。”❺应当，必须。齐己《送谭三藏入京》：“持咒力须资运祚，度人心要似虚空。”❻都；总是。刘长卿《送王员外归朝》：“往来无尽目，离别要逢春。”❼却；但是。韦应物《答王卿送别》：“元知数日别，要使两情伤。”又《有所思》：“莫道无相识，要非心所亲。”又《同李二过亡友郑子故第》：“不是平生旧，遗踪要可伤。”

【要₂且】　却是。白居易《夜题玉泉》：“玉泉潭畔松间宿，要且经年无一人。”罗邺《早梅》：“满园桃李虽堪赏，要且东风晚始生。”方干《送弟子伍秀才赴举》：“由来不要文章得，要且文章出众人。”

【要₂囚】　重要的囚犯。高适《奉酬睢阳李太守》：“讼简知能吏，刑宽察要囚。”

【要₂地】　要害之地。喻显要官职。窦牟《秋日洛阳官舍寄上水部家兄》：“屈指豪家尽，伤心要地分。”白居易《戏和微之答窦七行军之作》：“夔龙来要地，鹓鹭下辽天。”周贺《投江州张郎中》：“要地无闲日，仍容冒谒频。”薛能《酬曹侍御见寄》：“要地羞难入，闲居钝更便。”

【要₂自】　❶总是；常是。李嘉祐《题前溪馆》：“两年谪宦在江西，举目云山要自迷。”杜甫《暮秋枉裴道州手札率尔遣兴寄近呈苏涣侍御》：“道州手札适复至，纸长要自三过读。”窦牟《天津晓望因寄呈分司一二省郎》：“要自词难拟，繇来画不如。”❷但是；应自；应当。储光羲《同王十三维偶然作十首》之二：“要自非我室，还望南山陲。”又《至岳寺即大通大照禅塔上温上人》：“悲哉门弟子，要自知心长。”欧阳詹《蜀中将归留辞韩相公贯之》：“贫居岂及此，要自怀归忆。”刘禹锡《和令狐相公春早朝回盐铁使院中作》：“簿书盈几案，要自有高情。”

【要求】　求取。杜甫《西枝村寻置草堂地夜宿赞公土室二首》之一：“要求阳冈暖，苦陟阴岭沍。”

【要₂言】　精深微妙之言。李颀《王母歌》：“欲闻要言今告汝，帝乃焚香请此语。”

【要₂妙】　精深微妙。白居易《咏家酝十韵》：“旧法依稀传自杜，新方要妙得于陈。”

【要₂津】　重要的津渡或主要的道路。喻指显要的官职或地位。杜甫《丽人行》：“箫鼓哀吟感鬼神，宾从杂沓实要津。”薛据《古兴》：“四时固相代，谁能久要津。”白居易《宿裴相公兴化池亭》：“林亭一出宿风尘，忘却平津是要津。”贯休《行路难》之四：“或偶因片言只字登第光二亲，又不能献可替否航要津。”

【要荒】　要服和荒服。指王畿外极远之地。陈子昂《夏日晖上人房别李参军崇嗣》：“中国要荒内，人寰宇宙荣。”玄宗《春中兴庆宫酺宴》：“不战要荒服，无刑礼乐新。”又《送张说巡边》：“股肱申教义，戈剑靖要荒。”孙颀《送薛大夫和蕃》：“忠信皇恩重，要荒圣德传。”

【要₂害】　身体上易于致命的部位。引申为关键之处或军事上的要地。韩愈《病鸱》：“中汝要害处，汝能不得施。”李商隐《李肱所遗画松诗书两纸得四十韵》：“赤羽中要害，是非皆匆匆。”薛能《闻官军破吉浪戍小而固虑史氏遗忽因记为二章》之一：“通连无旧穴，要害有新城。”段成式、郑符《中禅师影堂联句》：“一言当要害，忽忽醒诸醉。”

【要₂處】　（—chù）要害之处；险要之地。杜甫《潼关吏》：“丈人视要处，窄狭容单车。”王建《薛二十池亭》：“异花多是非时有，好竹皆当要处生。”姚合《题凤翔西郭新亭》：“地形当要处，人力是闲时。”李涉《却归巴陵途中走笔寄唐知言》：“教令参谒礼数全，头头要处相称挈。”

【要₂途】　险要的道路。喻显要的地位或官职。王建《寄崔列中丞》：“君子居要途，易失主人恩。”

【要章】　腰间的印绶。杜甫《壮游》：“蒸鱼闻匕首，除道哂要章。”

【要期】　约定日期。崔峒《寄上礼部李侍郎》：“白发常同叹，青云本要期。”

【要₂須】　❶必须。武元衡《出塞作》：“要须洒扫龙沙净，归谒明光一报恩。”❷总会。雍陶《感兴》：“贫女貌非丑，要须缘嫁迟。”

【要₂勢】　谓居要位有权有势者。延寿《闲居》：“要势危身早，浮荣败德多。”

【要₂當】　（—dāng）自当，应当。牟融《寄周韶州》：“功业要当垂永久，利名那得在须臾。”

【要盟】　强迫签订盟约。李商隐《送千牛李将军赴阙五十韵》：“中台终恶直，上将更要盟。”

【要₂路】　❶重要的道路；险要的道路。杜甫《寄司马山人十二韵》：“悬旌要路口，倚剑短亭中。”白居易《新乐府·城盐州》：“蕃东节度钵阐布，忽见新城当要路。”庄南杰《黄雀行》：“虞人设网当要路，白日啾嘲祸万机。”❷显要的地位。张九龄《南山下旧居闲放》：“尚想争名者，谁云要路居。”韩翃《送郑员外》：“要路眼青知己在，不应穷巷久低眉。”白居易《闲卧有所思二首》之二:“权门要路是身灾,散地闲居是祸胎。”刘驾《送李垣先辈归嵩少旧居》:“要路在长安,归山却为客。”

【要₂路津】　重要的道路和渡口。喻显要官位。杜甫《奉赠韦左丞丈二十二韵》:“自谓颇挺出,立登要路津。”刘禹锡《城东闲游》:“借问池台主,多居要路津。”

【要₂賓】　邀请客人。杜甫《崔评事弟许相迎不到走笔戏赠》:“江阁要宾许马迎,午时起坐自天明。”

【要₂樞】　指重要的地方。韦应物《经函谷关》:“万古为要枢,往来何时息。”

【要₂衝】　处在交通要道的形胜之地。杜甫《发秦州》:“此邦俯要冲,实恐人事稠。”元稹《度门寺》:“太子知栽植,神王守要冲。”皎然《武源行赠丘卿岑》:“此时狂寇纷如市,君当要冲固深垒。”

【要請】　邀请。刘禹锡《和乐天洛下雪中宴集寄汴州李尚书》:“笙歌要请频何爽,笑语忘机拙更欢。”

【要勳】　邀功。杜荀鹤《塞上伤战士》:“其如禁城里,何以重要勋。”

四　画

𧟨　〔xuán《广韵》胡涓切,平先,匣。〕用于人的表字。《三国志·吴志·孙休传》“戊子,立子𩅦为太子,大赦”裴松之注引晋张勃《吴录》:“太子名𩅦,𩅦音如湖水湾澳之湾,字莔,莔音如迄今之迄,次子名𩅟,𩅟音如兕觥之觥,字𧟨,𧟨音如玄礥首之礥。”詹敦仁《复留侯从效问南汉刘岩改名龑字音义》:“𩅦𩅟𩆛𨎲僻,䢃昷𥨛𤱏异。”

六　画

覃　〔tán《广韵》徒含切,平覃,定。〕❶延长。参见“覃葛”。❷遍及;广施。许敬宗《奉和元日应制》:“德辉覃率土,相贺奉还淳。”陆坚《千秋节应制》:“风移覃土宇,云上浃群臣。”元稹《和李校书新乐府十二首·骠国乐》:“尽令区中击壤块,燕及海外覃恩波。”温庭筠《鸿胪寺有开元中锡宴堂偶成四十韵》:“西覃积石山,北至穷发乡。”❸深。毕乾泰《奉和九月九日登慈恩寺浮图应制》:“至德覃无极,小臣歌讵酬。”白居易《渭村退居寄礼部崔侍郎翰林钱舍人诗一百韵》:“命偶风云会,恩覃雨露霶。”

【覃及】　延及。无名氏《国学新修五经壁歌》记:“由京师而风天下,覃及九译。”

【覃思】　深思。冯伉《和权载之离合诗》:“覃思各纵横,早擅希代名。”陆龟蒙《袭美先辈以龟蒙所献五百言既蒙见和复示荣唱再抒鄙怀用伸酬谢》:“抗韵吟比雅,覃思念梲摛。”

【覃恩】　广施恩泽。丁仙芝《越裳贡白雉》:“覃恩丹徼远,入贡素翚来。”李憕《同望幸新亭赐钱公宴》:“感梦通玄化,覃恩降紫宸。”

【覃葛】　指葛藤的蔓延。李贺《秋凉诗寄正字十二兄》:“长思剧寻环,乱忧抵覃葛。”

【覃懷】　即怀州。治所在今河南沁阳县。岑参《送怀州吴别驾》:“覃怀人总喜,别驾得王祥。”耿湋《甘泉诗》序:“覃怀旧水咸卤,人多被患。”方干《怀州客舍》:“误饮覃怀酒,谁知滞去程。”

十二画

覆　〔fù《广韵》芳福切,入屋,敷。又扶富切,去宥,奉。又敷救切,去宥,敷。又匹北切,入德,滂。〕❶倾出;倒出。杜甫《客居》:“安得覆八溟,为君洗乾坤。”又《醉为马坠诸公携酒相看》:“共指西日不相贷,喧呼且覆杯中渌。”鲍溶《秋暮山中怀李端公益》:“君言此何言,且共覆前觞。”韦庄《和郑拾遗秋日感事一百韵》:“覆悚非无谓,奢华事每详。”❷翻倒;翻转。薛据《古兴》:“已看覆前车,未见易后轮。”元稹《鹿角镇》:“去年湖水满,此地覆行舟。”❸灭亡;覆灭。张九龄《和黄门卢监望秦始皇陵》:“人怨神亦怒,身死宗遂覆。”白居易《新乐府·古冢狐》:“何况褒妲之色善蛊惑,能丧人家覆人国。”皮日休《三羞诗三首》之二:“南荒不择吏,致我交阯覆。”❹覆盖,遮蔽。王勃《郊兴》:“泽兰侵小径,河柳覆长渠。”李白《忆旧游寄谯郡元参军》:“手持锦袍覆我身,我醉横眠枕其股。”顾非熊《夏日会修行段将军宅》:“爱君书院静,莎覆藓阶浓。”刘沧《经龙门废寺》:“杨柳覆滩清濑响,暮天沙鸟自西东。”❺保护;庇护。刘晏《享太庙乐章》:“夙驱氛祲,天覆黎蒸。”❻散布;飘散。崔曙《奉酬中书相公叙怀见寄之作》:“宿雾蒙琼树,余香覆玉墀。”❼审察;查核。高适有《单父逢邓司仓覆仓库因而有赠》。参见“覆落”“覆糧使”。❽报复。元稹《田家词》:“姑舂妇担去输官,输官不足归卖屋,愿官早胜雠早覆。”

【覆尸】　尸体倒地。卢仝《月蚀诗》:“忍使黔娄生,覆尸无衣巾。”

【覆水】　❶已倒出的水。喻指事成定局。骆宾王《艳情代郭氏答卢照邻》:“情知唾井终无理,情知覆水也难收。”李白《白头吟》:“覆水再收岂满杯,弃妾已去难重回。”江陵士子《寄故姬》:“纤萝自合依芳树,覆水宁思返旧杯。”徐贤妃《长门怨》:“颓恩诚已矣,覆水难重荐。”参见“覆水不可收”。❷覆盖水面。薛奇童《塞下曲》:“寒云覆水重,秋气连海空。”雍陶《春行武关作》："一路缘溪花覆水，不妨闲看不妨行。"刘沧《下第后怀旧居》："蘋花覆水曲溪暮，独坐钓舟歌月明。"

【覆水不可收】 喻事成定局，难以挽回。语本《后汉书·何进传》："国家之事，亦何容易。覆水不可收。宜深思之。"李白《代别情人》："覆水不可收，行云难重寻。"

【覆手】 把手掌向下一翻。喻时间快速。温庭筠《醉歌》："劝君莫惜金樽酒，年少须臾如覆手。"

【覆車】 翻车。喻失败的教训。吴筠《览古十四首》之三："覆车世不悟，秦氏兴阿房。"颜真卿、刘全白《七言醉语联句》："逢糟遇曲便酩酊，覆车坠马皆不醒。"王贞白《洛阳道》："覆车虽在前，润屋何曾惧。"

【覆車粟】 杨宣为河南太守，行县，有群雀鸣桑树上，宣谓吏曰："前有覆车粟，此雀相随，欲往食之。"行数里，果如其言。见《艺文类聚》卷九二引《益部耆旧传》。后用以喻指追求非分的享受，并用作咏麻雀的典故。李白《空城雀》："耻涉太行险，羞营覆车粟。"

【覆局】 《三国志·卫志·王粲传》："〔王粲〕观人入围棋，局坏，粲为覆之，棋者不信，以帊盖局，使更以他局为之。用相比较，不失一道。"后用为下棋之典。权德舆《送信安刘少府》："吏散时泛弦，宾来闲覆局。"姚合《独居》："翻音免问他人字，覆局何劳对手棋。"马戴《寄金州姚使君员外》："覆局松移影，听琴月堕光。"

【覆盂】 倒置的盂。喻社会安定稳固。《汉书·东方朔传》："圣帝流德，天下震慑，诸侯宾服，连四海之外以为带，安于覆盂。"颜师古注："言不可倾摇。"李商隐《大卤平后移家到永乐县居书怀十韵》："不忧悬磬乏，乍喜覆盂安。"

【覆育】 养育。无可《小雪》："因知天地力，覆育有全功。"

【覆宗絶祀】 灭绝宗祀。同谷子《五子之歌》之四："惆怅太康荒坠后，覆宗绝祀灭其门。"

【覆苫】 覆盖，保护。韩愈《苦寒》："伊我称最灵，不能女覆苫。"

【覆看】 审察；察看。王建《上崔相公》："开阁覆看祥瑞历，封名直进薛萝人。"

【覆盆】 晋葛洪《抱朴子·辨问》："周孔自偶，不信仙道，日月有所不照，圣人有所不知，岂可以圣人所不为，便云天下无仙。是责三光不照覆盆之内也。"谓盆所覆盖之处，黑暗无光。后用以为典，喻指困境或蒙受不白之冤。张九龄《酬王履震游园林见贻》："自我栖幽谷，逢君翳覆盆。"沈佺期《答魑魅代书寄家人》："身犹纳履误，情为覆盆伤。"李白《赠宣城赵太守悦》："愿借羲皇景，为人照覆盆。"李玖《四丈夫同赋》之四："丹诚岂分埋幽壤，白日终希照覆盆。"

【覆舟】 翻船。喻败亡覆灭。《荀子·王制》："君者舟也，庶人者水也。水则载舟，水则覆舟。"孟郊《君子勿郁郁士有谤毁者作诗以赠之》："折辀不在道，覆舟不在河。"白居易《新乐府·太行路》："巫峡之水能覆舟，若比人心是安流。"李商隐《岳阳楼》："可怜万里堪乘兴，枉是蛟龙解覆舟。"柳曾《险竿行》："山险惊摧辀，水险能覆舟。"

【覆酒】 倒置酒杯。谓一饮而尽。亦泛称饮酒。司空曙《九日洛东亭》："采花因覆酒，行草转看山。"

【覆被】 覆盖。喻施恩泽。沈东美《奉和苑舍人宿直晓玩新池寄南省友》："弹冠声实贵，覆被渥恩偏。"李端《送陆郎中归田司空幕》："覆被恩难报，西看成白头。"

【覆陣】 败阵。卢纶《从军行》："覆阵乌鸢起，烧山草木明。"

【覆雪】 覆盖着雪。武后宫人《离别难》："来时梅覆雪，去日柳含春。"李端《早春会王逵主人得蓬字》："绿丛犹覆雪，红萼已凋风。"

【覆敗】 倾覆败亡。陆龟蒙《顷自桐江得一钓车以袭美乐烟波之思因出以为玩俄辱三篇复抒酬答》之一："任他华毂低头笑，此地终无覆败人。"

【覆國】 亡国，使国家灭亡。吕温《题梁宣帝陵二首》之一："即雠终自剪，覆国岂为雄。"

【覆船】 翻船。戴叔伦《巫山高》："瞿塘嘈嘈急如弦，洄流势逆将覆船。"

【覆巢破卵】 鸟巢翻倒了就没有不碎的鸟蛋。喻灭门之祸，无一幸免。见南朝宋刘义庆《世说新语·言语》。李咸用《寄题从兄坤载村居》："覆巢破卵方堪惧，取次梧桐凤且栖。"

【覆棋】 指棋下过后，重新按原来的顺序逐步演布，以验得失。《北齐书·河南王孝瑜传》："〔孝瑜〕读书敏速，十行俱下，覆棋不失一道。"亦泛称下棋。卢纶《送潘述应宏词下第归江南》："江楼覆棋好，谁引仲宣过。"许浑《郊居春日有怀府中诸公并柬王兵曹》："僧舍覆棋消白日，市楼赊酒过青春。"秦韬玉《题刑部李郎中山亭》："笑吟山色同欹枕，闲背庭阴对覆棋。"李瀚《蒙求》："蔡琰辨琴，王粲覆棋。"参见"覆局"。

【覆落】 科举考试及第后经复核而落第。杨知至有《覆落后呈同年》。

【覆載】 （—zài）❶覆盖与承载。谓覆育包容。王维《奉和圣制送不蒙都护兼鸿胪卿归安西应制》："无战是天心，天心同覆载。"陆龟蒙《江湖散人歌》传："天地，大者也，在太虚中一物耳，劳乎覆载，劳乎运行，差之晷度，寒暑错乱。"李咸用《依韵修睦上人山居十首》之一："覆载我徒争会得，大鹏飞尚未知宽。"吕岩《忆江南》词之三："乾坤覆载暗交加，龙虎变成砂。"

❷指天地。王维《华岳》:“大君包覆载,至德被群生。”

【覆軿】 翻车。軿,车。苏颋《奉和圣制春台望应制》:“事往覆軿经远喻,春还按跸凭高赋。”

【覆倾】 倾覆。苏拯《世迷》:“天道无阿党,人心自覆倾。”

【覆滅】 灭亡。李绅《过吴门二十四韵》:“苎萝妖覆灭,荆棘鬼包羞。”

【覆溺】 沉没。李绅《泛五湖》:“漂沉自讵保,覆溺心长判。”

【覆墓】 扫墓。白居易《答骑马入空台》:“寂寞咸阳道,家人覆墓回。”

【覆蔭】 因先代官爵勋绩受封。刘禹锡《答东阳于令寒碧图诗》引:“于生自以有特操,而生于公侯家,由覆荫入仕。”

【覆餗】 《易·鼎卦》有“鼎折足,覆公餗”之语,谓鼎不胜任而折足,致使鼎中食物倾出。后用以为典,喻朝臣才不胜任。韦庄《和郑拾遗秋日感事一百韵》:“覆餗非无谓,奢华事每详。”

【覆幬】 见“覆焘”。

【覆燾】 亦作“覆帱”。犹覆被。谓施恩于众。语出《礼记·中庸》:“辟如天地之无不持载,无不覆帱。”韩愈《荐士》:“庙堂有贤相,爱遇均覆焘”。柳宗元《游南亭夜还叙志七十韵》:“三辟咸肆宥,众生均覆焘。”贯休《寿春节进》:“覆帱高缘大,包容妙在卑。”

【覆簣】 倒一筐土。谓积小成大,积少成多。语本《论语·子罕》:“譬如平地,虽覆一篑,进,吾往也。”马融注:“加功虽始覆一篑,我不以其功少而薄之。”李颀《别梁锽》:“莫言贫贱长可欺,覆篑成山当有时。”刘禹锡《送僧方及南谒柳员外》:“抡榆念陵厉,覆篑图穹崇。”

【覆糧使】 掌审察、检核粮谷、军储的使臣,不常置。岑参有《送萧李二郎中兼中丞充京西京北覆粮使》。刘禹锡有《覆粮使》。

【覆額】 覆盖头额。李白《长干行二首》之一:“妾发初覆额,折花门前剧。”路德延《小儿诗》:“长头才覆额,分角渐垂肩。”

【覆醬】 《汉书·杨雄传下》:“钜鹿侯芭常从雄居,受其《太玄》《法言》焉,刘歆亦尝观之,谓雄曰:‘空自苦!今学者有禄利,然尚不能明《易》,又如《玄》何?吾恐后人用覆酱瓿也。’”后用指著述毫无价值,无人问津。陆龟蒙《记事》:“骏骨正牵盐,玄文终覆酱。”

【覆顛】 倾覆;翻倒。韦应物《春月观省属城始憩东西林精舍》:“榛荒屡罥挂,逼侧殆覆颠。”又《经函谷关》:“及嗣同覆颠,咽喉莫能塞。”

【覆轍】 翻车的轨迹。喻招致失败的教训。刘长卿《按覆后归睦州赠苗侍御》:“羊肠留覆辙,虎口脱余生。”顾况《奉酬刘侍郎》:“镜破似倾台,轮斜同覆辙。”李咸用《空城雀》:“宁寻覆辙余,岂比巢危幕。”

【覆露】 荫庇;养育。《汉书·严助传》:“陛下垂德惠以覆露之,使元元之民安生乐业,则泽被万世,传之子孙,施之无穷。”颜师古注:“露谓使之沾润泽也。或露或覆,言养育也。”权德舆《德宗神武孝文皇帝挽歌词三首》之一:“覆露雍熙运,澄清教化源。”

十九画

羈 同“羁”。

【羈人】 旅客。无名氏《忽有故人相问以诗代书达知己两首》之一(外编上):“忽闻数子访羁人,问着感言是德邻。”

【羈束】 拘束,约束。刘长卿《江中晚钓寄荆南一二相识》:“渔父自夷犹,白鸥不羁束。”

【羈思】 羁旅之思。无名氏《秋日非所书情》(外编上):“昨来羁思忧如捣,即日愁肠乱似麻。”又无名氏《得倍酬回》:“羁思顿虽豁,忆君心转盈。”

【羈旅】 寄居他乡。无名氏《秋夜》(外编上):“自然羁旅肠堪断,况复猜嫌被网罗。”

【羈客】 旅客,旅人。无名氏《感丛草初生》(外编上):“羁客绝知闻,急难阻投杖。”

【羈愁】 旅人的愁思。无名氏《秋中霖雨》(外编上):“寒雨霖霖竟不停,羁愁寂寂夜何宁?”又无名氏《闻城哭声有作》:“羁愁对此肠堪断,客舍闻之心转摧。”

【羈紲】 本指马络头和马缰绳。引申为滞留。无名氏《晚秋羁情》(外编上):“羁绁时深情愤怒,漂泊乡遥心感激。”又无名氏《临水闻雁》(外编上):“羁绁只今肠自断,更闻哀雁叫嗺嗺。”

見 部

見[1] 〔jiàn《广韵》古電切，去霰，見。〕❶看见，看到。韦元甫《木兰歌》："父母见木兰，喜极成悲伤。"戴叔伦《女耕田行》："姊妹相携心正苦，不见路人唯见土。"元稹《酬乐天赴江州路上见寄三首》之三："朝朝宁不食，日日愿见君。"许棠《泗上早发》："独起无人见，长河夜泛时。"❷见面，会见。杜甫《赠卫八处士》："人生不相见，动如参与商。"又《乾元中寓同同谷县作歌七首》之四："长淮浪高蛟龙怒，十年不见来何时。"李商隐《无题》："相见时难别亦难，东风无力百花残。"参见"見面❷"。❸谒见，拜见。杜甫《述怀一首》："麻鞋见天子，衣袖露两肘。"又《李鄠县丈人胡马行》："回鞭却走见天子，朝饮汉水暮灵州。"戴叔伦《奉天酬别郑谏议云逵卢拾遗景亮见别之作》："伏奏见龙颜，旋持手诏还。"❹接触，遇到。韩愈《雨中寄张博士籍侯主簿喜》："见墙生菌遍，忧麦作蛾飞。"❺知晓，知道。李贺《感讽六首》之五："本无辞辇意，岂见入空宫。"参见"見知❷"。❻听说、听见，听到。杜甫《杜鹃行》："君不见昔日蜀天子，化作杜鹃似老乌。"元稹《灯影》："见说平时灯影里，玄宗潜伴太真游。"张籍《寻仙》："更见峰西幽客说，云中犹有两三家。"白居易《重题》："从兹耳界应清净，免见啾啾毁誉声。"❼希望；打算。杜甫《石犀行》："但见元气常调和，自免洪涛恣凋瘵。"张籍《寄王侍御》："见欲移居相近住，有田多与种黄精。"李贺《南园十三首》之七："见买若耶溪水剑，明朝归去事猿公。"贾岛《题隐者居》："犹嫌住久人知处，见拟移家更上山。"❽用在动词前面表示被动，相当于被，受到。孟浩然《山中逢道士云公》："奈何偶昌运，独见遗草泽。"王翰《饮马长城窟行》："无罪见诛功不赏，孤魂流落此城边。"白居易《杂感》："犬啮桃树根，李树反见伤。"孙元宴《咏史诗·宋·黄罗襦》："戚属群臣尽见猜，预忧身后又堪哀。"❾用在动词前面，称代自己。李白《酬坊州王司马与阎正字对雪见赠》："风水如见资，投竿佐皇极。"刘太真《顾十二况左迁因亦成篇以继三君子之风焉》："飞札谢三守，斯篇希见酬。"杜甫《谢严中丞送青城山道士乳酒一瓶》："山瓶乳酒下青云，气味浓香幸见分。"许棠《渭上送人南归》："江人如见问，为话复贫游。"❿助词。表示动作持续。元稹《西归绝句十二首》之三："今日还乡独憔悴，几人怜见白髭须。"韩偓《春闺二首》之二："长吁解罗带，怯见上空床。"⓫用在动词后。表示结果。李白《别内赴征三首》之一："白玉高楼看不见，相思须上望夫山。"权德舆《答韦秀才寄一首》："心忆琼枝望不见，几回虚湿薜萝衣。"⓬用在动词前面。表示谦抑、客套。见"見訪""見過""見賜"。⓭佛教语。佛教有二见，即有见和无见，指可视为有亦可视为无的两种偏见。顾况《独游青龙寺》："乘兹第八识，出彼超二见。"

見[2] 〔xiàn《广韵》胡甸切，去霰，匣。〕"现"的古字❶显露，显现，出现。《易·乾》："九二：见龙在田。"陆德明释文："见，贤遍反。"高亨注："是即今之现字，出现也，对上文潜字而言。"杜甫《茅屋为秋风所破歌》："呜呼何时眼前突兀见此屋，吾庐独破受冻死亦足。"又《雨》："明灭洲景微，隐见岩姿露。"皇甫冉《酬裴补阙吴寺见寻》："远山重叠见，芳草浅深生。"郑澣《赠毛仙翁》："吾闻安期，隐见不常。"❷现在。杜甫《诸将五首》之一："见愁汗马西戎逼，曾闪朱旗北斗殷。"皇甫冉《酬李司兵直夜见寄》："见欲扁舟去，谁能畏简书。"

【見用】 ❶被使用。韩愈《驽骥》："有能必见用，有德必见收。"❷用我，使用我。卢象《赠程秘书》："孤飞畏不偶，独立谁见用。"

【見示】 给我看；告诉我。杜甫《殿中杨监见示张旭草书图》："及兹烦见示，满目一凄恻。"刘禹锡《吐绶鸟词》序："滑州牧尚书李公以吐绶鸟词见示，兼命继声。"马戴有《答鄜畤友人同宿见示》。齐己有《谢王秀才见示诗卷》。

【見世】 今世，当今。姚合《寄无可上人》："见世虑皆尽，来生事更修。"

【見$_2$在】 ❶现在，现时。元稹《悟禅三首寄胡果》之三："近见新章句，因知见在心。"❷尚存，现今存在。王建《华岳庙二首》之二："上庙参天今见在，夜头风起觉神来。"

【見在身】 谓至今健在的身体。牛僧孺《席上赠刘梦得》："休论世上升沉事，且斗樽前见在身。"

【見收】 ❶被接受、采纳。张谓《赠乔琳》："去年上策不见收，今年寄食仍淹流。"❷收用，使用。李白《赠别从甥高五》："云龙若相从，明主会见收。"韩愈《驽骥》："有能必见用，有德必见收。"

【見忌】 被忌妒。杜甫《徐步》:"敢论才见忌,实有醉如愚。"

【見幸】 巡幸。宋迪《龙池春草》:"翠华如见幸,正好及兹辰。"

【見招】 ❶被捃集。韦应物《路逢崔元二侍御避马见招以诗见赠》:"见招翻跼蹐,相问良殷勤。"杜甫《后出塞五首》之二:"平沙列万幕,部伍各见招。"徐凝《宿冽上人房》:"浮生不定若蓬飘,林下真僧偶见招。"皮日休《鲁望以花翁之什见招因次韵酬之》。❷指被征聘,被进用。杜甫《赠田九判官》:"陈留阮瑀谁争长,京兆田郎早见招。"又《哭王彭州抡》:"北部初高选,东堂早见招。"窦常《早发金钩店寄奚十唐大二茂才》:"寄谢金门侣,弓旌误见招。"刘禹锡《酬杨八庶子喜韩吴兴与余同迁见赠》:"幢盖今虽贵,弓旌会见招。"

【見知】 ❶受到知遇。孟浩然《示孟郊》:"钟期一见知,山水千秋闻。"孟郊《上包祭酒》:"何幸松桂侣,见知勤苦功。"马戴《答太原从军杨员外送别》:"见知言不浅,怀报意非轻。"张蠙《南康夜宴东溪留别郡守陆郎中》:"飘然野客才无取,多谢君侯独见知。"亦借指知遇者。李涉《六叹》序:"录之私斋,以示同道,格韵枯缺,多惭见知。"❷知晓,了解。骆宾王《夏日游德州赠高四》:"天子不见知,群公讵相识。"李华《咏史十一首》之七:"一忤中常侍,衔冤谁见知。"

【見長】 显得有特长。王绩《赠梁公》:"我今穷家子,自言此见长。"

【見京樓】 即望京楼,供眺望京城的楼台。王建《送裴相公上太原》:"圣主分明交暂去,不须高起见京楼。"

【見底】 见到水底。杜荀鹤《感寓》:"海枯终见底,人死不知心。"亦形容水流清澈。羊士谔《郡中即事三首》:"城下秋江寒见底,宾筵莫讶食无鱼。"白居易《题浔阳楼》:"大江寒见底,匡山青倚天。"亦喻人心无杂念。吴融《赴阙次留献荆南成相公三十韵》:"骨格凌秋耸,心源见底空。"

【見面】 ❶认识。李建勋《赠赵学士》:"见面到今日,操心如古人。"❷会面,见到。杜甫《十二月一日三首》之三:"春来准拟开怀久,老去亲知见面稀。"周贺《与崔弇话别》:"几年方见面,应是镊苍髭。"张蠙《寄友人》:"长疑即见面,翻致久无书。"又《赠闻一上人》:"见面虽年少,闻名似白头。"

【見星】 见到星星。谓时间早。韩偓《及第过堂日作》:"早随真侣集蓬瀛,阊阖门开尚见星。"

【見重】 (—zhòng)受到重视。司空曙《卫明府寄枇杷叶以诗答》:"仙方当见重,消疾本应便。"朱庆余《过孟浩然旧居》:"平生谁见重,应只是王维。"李白《送杨山人归天台》:"诗人多见重,官烛未曾然。"

【見信】 被人相信。温庭筠《碌碌古词》:"忠言未见信,巧语翻咨嗟。"

【見待】 受到招待。韩愈《归彭城》:"见待颇异礼,未能去毛皮。"

【見客】 接待宾客。孙元晏《咏史诗·宋·袁粲》:"负才尚气满朝知,高卧闲吟见客稀。"

【見捐】 被抛弃。元稹《何满子歌》:"敛黛吞声若自冤,郑袖见捐西子浣。"

【見笑】 被人笑话,笑话我。杜荀鹤《书斋即事》:"乡里老农多见笑,不知稽古胜耕锄。"

【見理】 洞察事理。方干《山中寄吴磻十韵》:"禅生知见理,妻子笑无名。"

【見責】 受责备。韦应物《送郑端公弟移院常州》:"公程傥见责,私爱信不愆。"

【見報】 告知我。韩翃《送中兄典邵州》:"他日新诗应见报,还如宣远在安城。"

【見推】 被推举。岑参《北庭西郊候封大夫受降回军献上》:"天子日殊宠,朝廷方见推。"李频《投京兆府试官任文学先辈》:"高兴每论诗,非才独见推。"

【見貽】 犹见赠。赠送给我。元稹《酬卢秘书》序:"予自唐归京之岁,秘书郎卢拱作喜遇白赞善学士诗二十韵,兼以见贻。"贾岛《酬厉玄》:"未报见贻作,耿然中夜兴。"皮日休有《鲁望昨以五百言见贻因成一千言上述吾唐文物之盛次叙相得之欢亦迭和之微旨也》。

【見過】 谦辞。犹来访。王维有《酬诸公见过》和《酬严少尹徐舍人见过不遇》。皇甫曾、郑说有《建元寺昼公与崔秀才见过联句》。

【見猜】 被猜忌。高适《酬裴员外以诗代书》:"乐毅吾所怜,拔齐翻见猜。"杜甫《见王监兵马使说近山有白黑二鹰请余赋诗》之二:"虞罗自各虚施巧,春雁同归必见猜。"孙元晏《咏史诗·宋·黄罗襦》:"戚属群臣尽见猜,预忧身后又堪哀。"

【見許】 ❶相称许。李白《读诸葛武侯传书怀赠长安崔少府叔封昆季》:"何人先见许,但有崔州平。"杜甫《戏赠阌乡秦少公短歌》:"同心不减骨肉亲,每语见许文章伯。"李山甫《酬刘书记见赠》:"篇章蒙见许,松月好相过。"❷被允许。周存《西戎献马》:"驱驰如见许,千里一朝通。"

【見訪】 谦词。访问我。权德舆《卧病初愈崔侍御相访》:"如何忽见访,里巷有清辉。"

【見牽】 被世务牵绕。韦应物《晚出府舍与独孤兵曹令狐士曹南寻朱雀街归里第》:"出入虽见牵,忘身缘所晤。"又《经少林精舍寄都邑亲友》:"独往虽暂适,多累终见牵。"

【見寄】 寄送给我。戴叔伦有《酬袁太祝长卿小湖村山居书怀见寄》。韩愈《和虞部卢四酬翰林钱七赤藤杖歌》:“妍辞丽句不可继,见寄聊且慰分司。”皮日休有《奉和鲁望读阴符经见寄》和《奉酬崔璐进士见寄次韵》。

【見欺】 受欺骗。陈子昂《感遇诗三十八首》之三三:“金鼎合神丹,世人将见欺。”

【見惡】 (—wù)被厌恶。王建《伤韦令孔雀词》:“如今憔悴人见恶,万里更求新孔雀。”

【見惠】 谢人贶赠的谦词。许浑《谢人赠鞭》:“蜀国名鞭见惠稀,驽骀从此长光辉。”皮日休有《友人以人参见惠因以诗谢之》。

【見喻】 参见“見諭”。指教我。权德舆《侍从游后湖宴坐》:“慈颜俯见喻,辍尔诗与书。”

【見棄】 被遗弃。李白《古风》之三六:“良宝终见弃,徒劳三献君。”又《初出金门寻王侍御不遇咏壁上鹦鹉》:“能言终见弃,还向陇西飞。”祖咏《归汝坟山庄留别卢象》:“旧业不见弃,还山从此辞。”

【見嗤】 被人耻笑。元结《与党侍御》:“若云吾有羞,于此还见嗤。”皇甫冉《寄刘八山中》:“平子游都久,知君坐见嗤。”

【見愛】 相爱。郎士元《朱方南郭留别皇甫冉》:“故人劳见爱,行客自无憀。”

【見解】 对事理的认识和看法。一钵和尚《一钵歌》:“侬家见解只如此,不用将心算劫灰。”

【見話】 听说,听讲。韦应物《与村老对饮》:“乡村年少生离乱,见话先朝如梦中。”

【見誣】 受诬陷。罗立言《赋得沽美玉》:“成器终期达,逢时岂见诬。”

【見誚】 被嘲笑。韦应物《闲居赠友》:“草玄良见诮,杜门无请托。”

【見説】 ❶听说。李白《送友人入蜀》:“见说蚕丛路,崎岖不易行。”郑锡《邯郸少年行》:“见说秦兵至,甘心赴国仇。”元稹《遣行十首》之九:“见说巴风俗,都无汉性情。”段尧藩《同州端午》:“儿童见说深惊讶,却问何方是故乡。”❷告知。韦庄《秦妇吟》:“适闻有客金陵至,见说江南风景异。”

【見稱】 (—chēng)受人称誉。韦应物《答徐秀才》:“铅钝谢贞器,时秀猥见称。”杨巨源《酬崔博士》:“自知顽叟更何能,唯学雕虫谬见称。”

【見疑】 受到怀疑。薛据《古兴》:“投珠恐见疑,抱玉但垂泣。”王建《寄崔列中丞》:“莫以曾见疑,直道遂不敦。”元稹《有鸟二十章》之十八:“主人方惑翻见疑,趁归陇底双翅垂。”李商隐《酬别令狐补阙》:“锦段知无报,青萍肯见疑。”

【見察】 被体察。李白《代赠远》:“相思欲有寄,恐君不见察。”

【見聞】 佛教语。谓目见佛,耳闻法。常达《山居八咏》之四:“西来真祖意,只在见闻中。”

【見賞】 赏识我;被赏知。朱湾《筝柱子》:“知音如见赏,雅调为君传。”王翰《飞燕篇》:“君心见赏不见忘,姊妹双飞入紫房。”司空曙《下第日书情寄上叔父》:“雪里题诗偏见赏,林间饮酒独令随。”

【見賜】 受人馈赠的谦称。严维《奉和刘祭酒伤白马》:“棣华恩见赐,伯舅礼仍崇。”

【見遺】 ❶为世所遗弃。李颀《不调归东川别业》:“寸禄言可取,托身将见遗。”韦应物《送冯著受李广州署为录事》:“子为门下生,终始岂见遗。”❷遗弃我。岑参《过梁州奉赠张尚书大夫公》:“别有弹冠士,希君无见遗。”

【見憐】 爱怜我。刘禹锡《有獭吟》:“有獭得嘉鱼,自谓天见怜。”徐铉《奉和宫傅相公怀旧见寄四十韵》:“青云旧侣嗟谁在,白首亲情倍见怜。”

【見機】 识机微,辨情势。李白《上崔相百忧章》:“见机苦迟,二公所哈。”刘禹锡《观云篇》:“兴云感阴气,疾足如见机。”周昙《咏史诗·秦门·赵高》:“丰沛见机群小吏,功成儿戏亦何殊。”胡曾《咏史诗·䯄骊陂》:“行行西至一荒陂,因笑唐公不见机。”

【見謂】 被说成。韩愈《喜侯喜至赠张籍张彻》:“居然妄推让,见谓蒸天焰。”

【見諭】 犹见教,指教我。刘长卿有《行营酬吕侍御时尚书问罪襄阳军次汉东境上侍御以州邻冠贼复有水火迫于征税诗以见谕》。

【見親】 被亲近。司空曙《送夏侯审赴宁国》:“如接玄晖集,江丞独见亲。”耿沣《寄钱起》:“寄谢南宫客,轩车不见亲。”

【見閻王】 俗谓死。崔泰之《哭李峤诗》:“魂随司命鬼,魄逐见阎王。”

【見擬】 拟议,打算。刘禹锡《题王郎中宣义里新居》:“见拟移居作邻里,不论时节请开关。”贾岛《题隐者居》:“犹嫌住久人知处,见拟移家更上山。”吴融《寄贯休上人》:“见拟沃州寻旧约,且教丹顶许为邻。”

【見贈】 赠送给我。李白有《酬坊州王司马与阎正字对雪见赠》。韩愈《江汉答孟郊》:“何为复见赠,缱绻不在谖。”皮日休有《鲁望读襄阳耆旧传见赠五百言次韵》。

【見識】 ❶见到。李峤《藤》:“金堤不见识,玉润几重开。”❷知晓。孟浩然《齿坐呈山南诸隐》:“樵子不见识,山僧赏自知。”

【見寵】 受宠。储光羲《同王十三维偶然作十首》之六:“既闻容见宠,复想玄为妻。”皇甫冉《同李苏州伤美人》:“专房犹见宠,倾国众皆闻。”

【見顧】 光顾。李华《咏史十一首》之五:“帝言翁甚善，见顾何不早。”

四画

規[1] 〔guī《广韵》居隋切，平支，見。〕❶圆规，画圆的工具。韦元旦《五言夏日游神泉诗》序：“洞形如规，四望若扫，平地可深百许尺，东西延褒七八十尺。”高适《咏马鞭》：“珠重重，星连连，绕指柔，纯金坚，绳不直，规不圆。”白居易《寓意诗五首》之一：“天子建明堂，此材独中规。”陆龟蒙《奉酬袭美苦雨见寄》：“不然受性圆如规，千姿万态分毫厘。”❷指圆状物，如圆镜、圆月等。张说《奉和圣制赐王公千秋镜应制》：“宝镜颁神节，凝规写圣情。”韦应物《慈恩寺南池秋荷咏》：“对殿含凉气，裁规覆清沼。”元稹《月三十韵》：“坐爱规将合，行看望已几。”温庭筠《赋得月照冰池》：“高低连素色，上下接清规。”❸圆形。许敬宗《奉和秋日即目应制》：“规空升暗魄，笼野散轻烟。”卢纶《栖岩寺隋文帝马脑盏歌》：“规形环影相透彻，乱雪繁花千万重。”❹法度，准则。苏颋《奉和晦日幸昆明池应制》：“豫游光后圣，征战罢前规。”高适《秋胡行》：“莫道向来不得意，故欲留规诫后人。”元结《系乐府十二首·谢大龟》：“顺和固鄙分，全守真常规。”白居易《和答诗十首·和阳城驿》：“然后告史氏，旧史有前规。”❺讽劝，谏诤。萧颖士《菊荣一篇五章》序：“久寓大邑，贤宰宋侯惠而好予，赋鸣蝉以贶别，有怀相规，备厥卒章，于以报焉。”王建《求友》：“纵令误所见，亦贵本相规。”白居易《代书诗一百韵寄微之》：“分定金兰契，言通药石规。”又《寄唐生》：“篇篇无空文，句句必尽规。”❻谋划，谋求。韩愈《南山有高树行赠李宗闵》：“不知挟丸子，心默有所规。”欧阳詹《答韩十八驽骥吟》：“宝将庇群甿，庶此规崇轩。”吕温《奉和李相公偶书所怀奉呈门下武相公中书郑相公》：“尽规酬主意，偕赋代交欢。”❼效法，摹拟。许敬宗《奉和圣制登三台言志应制》：“圣作规玄造，轩阿复聿修。”骆宾王《久戍边城有怀京邑》：“璧殿规宸象，金堤法斗枢。”卢纶《萧常侍瘿柏亭歌》：“心规目制不暂疲，匠者受之无一词。”❽典范，以为典范。李峤《纸》：“莫惊反掌字，当取葛洪规。”元结《与党侍御》：“嗟嗟党茂宗，可为识者规。”孟郊《罪松》：“勿谓贤者喻，勿谓愚者规。”❾通“窥”，希冀。吴筠《览古十四首》之六：“既欲先宇宙，仍规后乾坤。”

規[2] 〔guī《集韵》規恚切，去寘，見。〕见“規₂ 規”。

【規天條地】 谓治理天下，使有秩序。来鹄《圣政纪颂》序：“以闻之而又亡之，则陛下徒有宵衣旰食之名，规天条地之绩，与群臣言后，若飙然拂冠过冕，湮时销日，无得用于后。”

【規行】 (—xíng)规规矩矩地行走。王炎《赋得行不由径》：“长衢贵高步，大路自规行。”

【規戒】 规劝告诫。张说《酬崔光禄冬日述怀赠答》序：“至于精言探道，妙识发义，戏谑而逢规戒，指讽而见师表，益过三友，岂易得乎。”

【規步】 规行矩步。指谨守礼法，无所作为。见晋葛洪《抱扑子·博喻》。李商隐《送从翁东川弘农尚书幕》：“拯溺休规步，防虞要徙薪。”

【規刺】 规谏，规讽。白居易《新乐府·采诗官》：“不是章句无规刺，渐及朝廷绝讽议。”丘光庭《补新宫》序：“知非燕游之宫诗者，以燕游之宫，多不如礼，其诗必当规刺。规刺之作，是为变雅，享宾不用变雅故也。”

【規法】 规摹效法。《郊庙歌辞·享孔子庙乐章·迎神》：“亿龄规法，万载嗣禋。”

【規則】 仪范。李群玉《湘中别成威阇黎》：“至哉彼上人，冰霜凛规则。”

【規矩】 ❶规和矩。校正圆形和方形的两种工具。韩愈《符读书城南》：“木之就规矩，在梓匠轮舆。”❷礼法，法度。韩愈《荐士》：“行身践规矩，甘辱耻媚灶。”陈羽《古意》：“姑嫜严肃有规矩，小姑娇憨意难取。”温庭筠《寒食节日寄楚望二首》之二：“三春谢游衍，一笑牵规矩。”贯休《送崔使君》：“麟步规矩，凤翥昂枿。”亦指气乎法度。韩愈《元和圣德诗》：“崇文奉诏，进退规矩。”❸一定的标准和程式。清昼、潘述《讲古文联句》：“隐侯似病，创制规矩。”陆复礼《试中和节诏赐公卿尺诗》：“欲使方隅法，还令规矩同。”

【規₂ 規】 (—guì)惘然自失貌。《庄子·秋水》：“于是坎井之蛙闻之，适适然惊，规规然自失也。”成玄英疏：“规规，自失之貌。”温庭筠《过孔北海墓二十韵》：“碌碌迷藏器，规规守挈瓶。”

【規程】 规则章程。张祜《读韩文公集十韵》：“谁当死后者，别为破规程。”贯休《上冯使君水晶数珠》：“泠泠瀑滴清，贯串有规程。”

【規畫】 筹划，谋划。欧阳詹《题华十二判官汝州宅内亭》序：“规画既高，圬墁有洁。”张祜《题海陵监李端公后庭十韵》：“古城连废地，规画自初心。”又《奉和浙西卢大夫题假山》：“入门惊秀岭，规画自奇人。”

【規善鑒惡】 以善为准则，以恶为鉴戒。来鹄《圣政纪颂》：“前书后经，规善鉴恶。”

【規摹】 规划，谋划。韩愈《河南令舍池台》：“规摹虽巧何足夸，景趣不远真可惜。”无名氏《国学新修五经壁歌》：“孰规摹之？孰发挥之？祭酒维齐，博士维韦。”又《令狐相公见示赠竹二十韵仍命继和》：“规摹起匠心，洗涤在颐指。"

【規模】 ❶制度。白居易《新乐府·杏为梁》："穷奢极丽越规模，付子传孙令保守。"❷范围，场面，气势。王绩《过汉故城》："规模穷栋宇，表里浚城隍。"徐浩《宝林寺作》："塔庙崇其巅，规模称壮哉。"白居易《自题小草亭》："新结一茅茨，规模俭且卑。"齐己《荆州新秋病起杂题一十五首·病起见苔钱》："病起见苔钱，规模遍地圆。"❸经营谋划。韩愈《答孟郊》："规模背时利，文字覰天巧。"

【規範】 典范。陈元光《太母魏氏半径题石》："清贞蜚简籍，规范肃门楣。"元结《刘侍御月夜宴会》序："诸公尝欲变时俗之淫靡，为后生之规范。"

【規箴】 劝勉，告诫。杜光庭《怀古今》："吾所以思抗迹忘机用虚无为师范，吾所以思去奢灭欲保道德为规箴。"

【規諫】 劝诫谏诤。罗隐《寄侯博士》："规谏扬雄赋，遭回贾谊官。"

【規避】 凡事不应避而设法巧避，谓之规避。元稹《酬乐天东南行诗一百韵》："谏猎宁规避，弹豪讵嗫嚅。"

【規勸】 规诫劝勉。权德舆《祗役江西路上以诗代书寄内》："笑言思暇日，规劝多远度。"

覔

同"覓"。

【覔句】 见"覓句"。

覓

〔mì《广韵》莫狄切，入錫，明。〕亦作"覔"。❶寻找。孟浩然《寻陈逸人故居》："今宵泉壑里，何处觅藏舟。"戎昱《下第留辞顾侍郎》："城南旧有山村路，欲向云霞觅主人。"白居易《蓝桥驿见元九诗》："每到驿亭先下马，循墙绕柱觅君诗。"李九龄《赠马道士》："寻野鹤来空碧洞，觅琴僧去渡重湖。"❷求取。王昌龄《闺怨》："忽见陌头杨柳色，悔教夫婿觅封侯。"张籍《和左司元郎中秋居十首》之八："凭医看蜀药，寄信觅吴鞋。"姚合《武功县中作三十首》之二五："闲人得事晚，常骨觅仙难。"张蠙《吊万人冢》："可怜白骨攒孤冢，尽为将军觅战功。"

【覓句】 亦作"覔句"。指诗人构思、寻觅诗句。亦借指创作诗歌。杜甫《又示宗武》："觅句新知律，摊书解满床。"周贺《寄金陵僧》："觅句当秋山落叶，临书近腊砚生冰。"杜荀鹤《山中寄友人》："不是营生拙，都缘觅句忙。"黄滔《赠友人》："觅句朝忘食，倾杯夜废眠。"吕从庆《春日往栅山吟诗于驴子背上未即就误入侧径为丛莽所缚卒成立》："觅句未成垂首索，不知身挂莽林中。"

【覓取】 寻找，求取。张籍《送僧往金州》："事须觅取堪居处，若个溪头药最多。"

【覓食】 寻找食物。王建《七泉寺上方》："日夕猿鸟合，觅食听山钟。"

視

〔shì《广韵》常利切，去至，禪。又承矢切，上旨，禪。〕❶看。韩愈《元和圣德诗》："俯视大江，不见洲渚。"孟简《咏欧阳行周事》序："既而南辕，妓请同行，生曰：'十目所视，不可不畏。'辞焉。"李商隐《李肱所遗画松诗书两纸得四十韵》："视久眩目睛，倏忽变辉容。"王仁裕《题麦积山天堂》："檐前下视群山小，堂上平分落日低。"亦指视力。韩愈《元和圣德诗》："皇帝神圣，通达今古。"❷对待，看待。玄宗《赐诸州刺史以题座右》："视人当如子，爱人亦如伤。"顾况《上古之什补亡训传十三章·囝一章》："为髡为钳，如视草木。"白居易《杂兴三首》之三："今看君王眼，视之如尘灰。"温庭筠《题李卫公诗二首》之一："肉视具僚忘匕箸，气吞同列削寒温。"❸监视，督察。韩愈《郓州溪堂诗》："视邦选侯，以公来尸。"刘禹锡《武陵书怀五十韵》："按章清犴狱，视祭洁蘋蘩。"❹处理，处治。崔峒《题桐庐李明府官舍》："流水声中视公事，寒山影里见人家。"❺医治。王维《宋进马哀词》序："忽疾倏逝，医不及视。"❻比照，比拟。引申为好比。韩愈《驽骥》："借问行几何，咫尺视九州。"❼比埒。杜甫《遣兴五首》之一："昔时贤俊人，未遇犹视今。"韦应物《答长宁令杨辙》："宰邑视京县，归来无寸资。"于濆《秦富人》："粪土视金珍，犹嫌未奢侈。"❽通"示"。以事或物示人。玄宗《首夏花萼楼观群臣宴宁王山亭回楼下又申之以赏乐赋诗》序："万物莫不气兆乎上，而形视乎下。"

【視事】 就职治事。多指政事而言。王维《赠房卢氏琯》："视事兼偃卧，对书不簪缨。"白居易《卧小斋》："朝起视事毕，晏坐饱食终。"又《郡亭》："平旦起视事，亭午卧掩关。"朱庆余《杭州卢录事山亭》："清漏焚香夕，轻岚视事朝。"

【視草】 古代词臣奉旨修正诏谕一类公文，称为"视草"。刘禹锡《送李尚书镇滑州》："视草名高同蜀客，拥旄年少胜荀郎。"又《闻董评事疾因以书赠》："武皇思视草，谁许茂陵居。"温庭筠《感旧陈情五十韵献淮南李仆射》："视草丝纶出，持纲雨露悬。"郑谷《春夕伴同年礼部赵员外省直》："视草即应归属望，握兰知道暂经过。"

【視息】 仅存视觉、呼吸等。谓苟全活命。柳宗元《唐铙歌鼓吹曲十二篇》序："臣宗元言，臣幸以罪居永州，受食府廪，窃活性命，得视息，无治事。"

【視師】 督率军旅。柳宗元《奉平淮夷雅表·皇武》："锡汝斧钺，其往视师。"

【視遇】 看待。杜甫《八哀诗·赠太子太师汝阳郡王琎》："往者开元中，主恩视遇频。"

【視膳】 古代臣下侍奉君主或子女侍奉双亲进餐的一种礼节。语出《礼记·文王世子》。《郊庙歌辞·释奠文宣王乐章·承和》:"视膳寝门尊要道,高辟崇贤引正人。"卢僎《上幸皇太子新院应制》:"视膳铜楼下,吹笙玉座中。"

【視瞻】 观看瞻望。韩愈《元和圣德诗》:"荐于新宫,视瞻梁梠。"

【視聽】 ❶看和听。亦指视觉和听觉。王绩《薛记室收过庄见寻率题古意以赠》:"使我视听遣,自觉尘累祛。"卢鸿一《嵩山十志十首·枕烟庭》:"窅冥仙会兮枕烟庭,竦魂形兮凝视听。"孟郊《鸦路溪行呈陆中丞》:"视听易常主,心魂互相迷。"姚合《和裴令公新成绿野堂即事》:"道旷襟情远,神闲视听精。"❷看到的和听见的。指见闻、景观等。王昌龄《秋兴》:"苔草延古意,视听转幽独。"韩愈《东都遇春》:"得闲无所作,贵欲辞视听。"孟郊《奉报翰林张舍人见遗之诗》:"晓棱视听微,风剪叶已纷。"张祜《游天台山》:"视听出尘埃,处高心渐苦。"

五画

覘 〔chān《广韵》丑廉切,平鹽,徹。又丑艷切,去艷,徹。〕❶窥视,偷偷地察看。皮日休《正乐府十篇·哀陇民》:"空中觇其巢,堕者争纷然。"❷观看,察看。骆宾王《代女道士王灵妃赠道士李荣》:"轻花委砌惹裾香,残月窥窗觇幌色。"王维《春中田园作》:"持斧伐远扬,荷锄觇泉脉。"灵澈《听莺歌》:"众雏飞鸣何跼促,自觇游蜂啄枯木。"霍总《雉朝飞》:"觇叶逢人处,惊媒妒宠时。"

【覘氈】 窥视毡毯。《晋书·王羲之传》:"〔献之〕夜卧斋中,而有偷人入其室,盗物都尽。献之徐曰:'偷儿,青毡我家旧物,可特置之。'群偷惊走。"李端《晚春过夏侯校书值其沉醉戏赠》:"谒客唯题凤,偷儿欲觇毡。"

【覘譼】 窥视。韩愈《赠张籍》:"顾视窗壁间,亲戚竞觇譼。"

七画

覡 〔xí《广韵》胡狄切,入錫,匣。〕为人祷祝鬼神的男巫。《国语·楚语下》:"如是则明神降之,在男曰觋,在女曰巫。"杜甫《诸葛庙》:"虫蛇穿画壁,巫觋醉蛛丝。"元稹《赛神》:"去年大巫死,小觋又妖言。"沈亚之《文祝延二阕》之二:"巫裾旋兮觋袖翔,瞪虚凝兮览回杨。"亦间有巫,觋混用者。齐己《夏云曲》:"男巫女觋更走魂,焚香祝天天不闻。"

八画

覩 〔dǔ《广韵》當古切,上姥,端。〕同"睹"。❶看见;察看。孟云卿《邺城怀古》:"我行睹遗迹,精爽如可遇。"杜甫《太平寺泉眼》:"青白二小蛇,幽姿可时睹。"韦建《河中晚霁》:"言垂星汉明,又睹寰瀛势。"白居易《夏旱》:"出门何所睹,但见棘与茨。"❷听见。韦庄《赠薛秀才》:"但闻哀痛诏,未睹凯旋歌。"

【覩望】 望,瞭望。薛能《清河泛舟》:"城中睹望皆丹雘,旗里惊飞尽白鸥。"

九画

覦 〔yú《广韵》羊朱切,平虞,以。又羊戍切,去遇,以。〕企求,希望获得。见"覬覦"。

親[1] 〔qīn《广韵》七人切,平真,清。〕❶爱,亲爱。李白《月下独酌四首》之一:"花间一壶酒,独酌无相亲。"韦应物《有所思》:"莫道无相识,要非心所亲。"韩愈《早春雪中闻莺》:"风霜徒自保,桃李讵相亲。"朱庆余《春日旅次》:"早晚荣归计,中堂会所亲。"❷亲近,亲密。李白《江夏送张丞》:"欲别心不忍,临行情更亲。"刘眘虚《寄江滔求孟六遗文》:"南望襄阳路,思君情转亲。"张祜《别玉华仙侣》:"绕舍烟霞为四邻,寒泉白石日相亲。"法振《越中赠程先生》:"有时城郭去,暗与酒家亲。"❸接近,接触。杜甫《敬寄族弟唐十八使君》:"在今气磊落,巧伪莫敢亲。"薛据《古兴》:"光华满道路,意气安可亲。"卢纶《栖岩寺隋文帝马脑盏歌》:"宫中艳女满宫春,得亲此宝能几人。"韦庄《惊秋》:"不向烟波狎钓舟,强亲文墨事儒丘。"❹亲自,躬亲。李白《送窦司马贬宜春》:"天马白银鞍,亲承明主欢。"耿湋《和王怀州观西营秋射》:"谢公亲校武,草碧露漫漫。"张籍《庄陵挽歌词三首》之一:"迎师亲出道,从谏早临朝。"张祜《献袭裴相公三十韵》:"虎豹皆亲射,豺狼例手诛。"❺父母。或偏指父亲或母亲。李颀《送刘方平》:"洛阳草色犹自春,游子东归喜拜亲。"孟浩然《送王五昆季省觐》:"水乘舟楫去,亲望老莱归。"司空曙《送鄂州张别驾襄阳觐省》:"王祥因就宦,莱子不违亲。"黄滔《下第东归留辞刑部郑郎中诚》:"去违知己住违亲,欲发羸蹄进退频。"❻亲人,亲戚。韦应物《送元锡杨凌》:"端居意自违,况别亲与爱。"戎昱《秋日感怀》:"说向长安亲与故,谁怜岁晚尚淹留。"张荐《和潘孟阳春日雪回文绝句》:"知君欲醉饮,思见此交亲。"张蠙《过萧关》:"边戎莫相忌，非是霍家亲。”❼亲生，嫡亲。姚合《寄陕府内兄郭冏端公》：“起坐不相离，有若亲弟兄。”贾岛《寄李存穆》：“闻道船中病，似忧亲弟兄。”参见“親兄”。❽结亲；婚配。张彪《北游还酬孟云卿》：“与君宿姻亲，深见中外怀。”亦指亲室。白居易《赠内》：“生为同室亲，死为同穴尘。”参见“親姻”。

親² 〔qìng《广韵》七遴切，去震，清。〕见“親₂家”。

【親人】 亲近百姓，爱民。张说《奉和圣制赐诸州刺史应制以题坐右》：“正在亲人守，能令王泽深。”皇甫冉《送令狐明府》：“君有亲人术，应令劳者安。”刘长卿《送袁明府之任》：“既有亲人术，还逢试吏年。”

【親口】 出自本人之口。吕岩《七言》：“神仙亲口留斯旨，何用区区向外寻。”

【親友】 亲戚朋友。寒山《诗三百三首》之四九：“昨来访亲友，太半入黄泉。”李适之《朝退》：“朱门长不闭，亲友恣相过。”白居易《三谣·朱藤谣》：“交游别我于国门，亲友送我于浐水。”李频《春日思归》：“音书断绝干戈后，亲友相逢梦寐间。”

【親切】 亲近，密切。贯休《寿春节进》：“正直方亲切，回邪岂敢窥。”

【親兄】 同胞兄长。元稹《代九九》：“阿母怜金重，亲兄要马骑。”

【親手】 犹亲自。章孝标《鹰》：“会使老拳供口腹，莫辞亲手啖腥臊。”贯休《上孙使君》：“亲手赐彤弓，苍生是繄赖。”

【親仁】 亲近有仁德的人。《论语·学而》：“泛爱众，而亲仁。”朱熹集注：“亲，近也；仁，谓仁者。”萧颖士《江有归舟三首》序：“先师孝弟谨信、泛爱亲仁、余力学文之训，尔其志之。”亦泛指亲近百姓。耿湋《送大谷高少府》：“雕残贵有亲仁术，梅福何须去隐吴。”

【親仁里】 长安坊名。在朱雀门衙东第二街从南第七坊。姚合有《亲仁里居》。许棠有《亲仁里双鹭》。

【親自】 自己亲身。杜甫《病后遇王倚饮赠歌》：“遣人向市赊香粳，唤妇出房亲自馔。”王建《朝天词十首寄上魏博田侍中》之五：“御马牵来亲自试，珠球到处玉蹄知。”

【親交】 亲戚旧交。韩愈《送湖南李正字归》：“亲交俱在此，谁与同息偃。”又《祖席前字》：“祖席洛桥边，亲交共黯然。”又韩愈、李正封《晚秋郾城夜会联句》：“左右供谄誉，亲交献谀噱。”

【親兵】 随身的卫兵。韩翃《寄哥舒仆射》：“帐下亲兵皆少年，锦衣承日绣行缠。”

【親近】 ❶亲密接近。郭震《古剑篇》：“非直结交游侠子，亦曾亲近英雄人。”刘廷坚《寓止欢中因抒感怀》：“直待总抛荣辱了，始应亲近得仙家。”鲍溶《李夫人歌》：“丽如三五月，可望难亲近。”❷近旁。指皇帝周围。白居易《郡中春宴因赠诸客》：“尘忝亲近地，孤负圣明恩。”

【親迎】 亲自迎接。白居易《和春深二十首》之十九：“宾拜登华席，亲迎障帨车。”

【親幸】 宠幸。花蕊夫人徐氏《宫词》之一三六：“今日圣恩亲幸到，板桥头是读书堂。”

【親事】 处理政事。姚合《金州书事寄山中旧友》：“亲事星河在，忧人骨肉同。”

【親知】 亲戚朋友。储光羲《贻丁主簿仙芝别》：“亲知送河门，邦族迎江澨。”杜甫《寄韦有夏郎中》：“亲知天畔少，药味峡中无。”朱庆余《赠韩协律》：“亲知尽怪疏荣禄，的是将心暗学禅。”刘得仁《送周钺往江夏》：“此谒亲知去，闻猿岂解愁。”

【親朋】 亲戚朋友。宋之问《发端州初入西江》：“骨肉初分爱，亲朋忽解携。”杜甫《中宵》：“亲朋满天地，兵甲少来书。”白居易《闻乐感邻》：“老去亲朋零落尽，秋来弦管感伤多。”皮日休《二游诗·任诗》：“归来乡党内，却与亲朋洽。”

【親宗】 亲戚宗族。贾岛《访鉴玄师侄》：“维摩青石讲初休，缘访亲宗到普州。”

【親故】 亲戚故旧。贺兰进明《杂曲歌辞·行路难五首》之四：“亲故平生或聚散，欢娱未尽尊酒空。”杜甫《述怀一首》：“朝廷愍生还，亲故伤老丑。”白居易《东城春意》：“其如亲故还，无可共欢娱。”姚合《游春十二首》之九：“亲故多相笑，疏狂似少年。”

【親重】 （—zhòng）亲近器重。玄宗《为赵法师别造精院过院赋诗》序：“既亲重其人，每经过其地，以怡神洗雪，进德修业，何必斋心累月，远在顺风。”

【親洽】 亲密融洽。王仁裕《贺王溥入相》：“立班始得遥相见，亲洽争如未贵时。”

【親軍】 亲兵，随身的卫兵。薛能《送崔学士赴东川》：“导骑已多行剑阁，亲军全到近绵州。”

【親姻】 由婚姻关系结成的亲属。卢象《八月十五日赋是诗三首》之一：“上堂家庆毕，愿与亲姻迩。”吕岩《寄白龙洞刘道人》：“时节正，用媒人，金翁姹女结亲姻。”

【親家】 泛指亲戚之家。王梵志《诗》之二十：“亲家会宾客，在席有尊卑。”

【親₂家】 两家儿女相婚配的亲戚关系。卢纶《王评事驸马花烛诗》之三：“人主人臣是亲家，千秋万岁保荣华。”

【親₂家翁】 对儿子的丈人或女儿的公公的称

呼。储光羲有《敬酬陈掾亲家翁秋夜有赠》。白居易有《闲吟赠皇甫郎中亲家翁》。陈裕《有一秀才忽赎酒家青衣为妇因嘲之》:“一自土和逃走后,至今失却亲家翁。”

【親桑】 指皇后亲自参加蚕事的典礼。语出《礼记·月令》。徐铉《光穆皇后挽歌三首》之一:“东风惨陵树,无复见亲桑。”

【親推】 帝王亲自为出征将帅推车的一种礼节。王维《燕支行》:“万乘亲推双阙下,千官出饯五陵东。”

【親戚】 与自己有血缘关系或婚姻关系的人。储光羲《田家即事》:“亲戚更相诮,我心终不移。”杜甫《送李校书二十六韵》:“何时太夫人,堂上会亲戚。”白居易《寓意诗五首》之二:“亲戚不得别,吞声泣路旁。”曹邺《蓟北门行》:“亲戚牵衣泣,悲号自相顾。”

【親族】 指家属及同宗族的人。刘长卿《赠别于群投笔赴安西》:“朅来投笔砚,长揖谢亲族。”戴权伦《送汶水王明府》:“亲族移家尽,闾阎百战场。”刘商《胡笳十八拍》第十八拍:“归来故乡见亲族,田园半芜春草绿。”杜荀鹤《投从叔补阙》:“空有篇章传海内,更无亲族在朝中。”

【親情】 亲戚。拾得《诗》之四:“聚集会亲情,总来看盘饤。”元稹《送卢戡》:“顾我亲情皆远道,念君兄弟欲他乡。”姚合《武功县作三十首》之一七:“还往嫌诗僻,亲情怪酒颠。”徐铉《奉和宫傅相公怀旧见寄十韵》:“青云旧侣嗟谁在,白首亲情倍见怜。”

【親密】 亲近密切。孟郊《秋怀》之十:“孤隔文章友,亲密蒿莱翁。”

【親尊】 指父母尊长。无名氏《五言诗》之三:“怒眼看亲尊,只觅乳食处。”

【親疏】 ❶在关系或情感上的距离的远近。萧颖士《仰答韦司业垂访五首》之四:“举仇且不弃,何必论亲疏。”王建《赠王侍御》:“衣食有亲疏,但恐逾礼经。”白居易《又题一绝》:“遥见人家花便入,不论贵贱与亲疏。”又《禽虫十二章》之三:“但恐世间真眷属,亲疏亦是强为名。”❷亲近或疏远。张彪《杂诗》:“行行任天地,无为强亲疏。”李涉《岳阳别张祜》:“巫峡洞庭千里余,蛮陬水国何亲疏。”杜甫《自遣》:“闻流宁叹吒,待俗不亲疏。”周昙《咏史诗·隋门·独狐后》:“腹生奚强有亲疏,怜者为贤弃者愚。”❸指射箭射中靶心或偏离靶心的距离。李咸用《赠陈望尧》:“鹄箭亲疏虽异的,桂花高下一般香。”

【親署】 亲自署名。曹唐《汉武帝于宫中宴西王母》:“长生碧字期亲署,延寿丹泉许细看。”

【親愛】 亲近喜爱之人。陈子昂《入峭峡安居溪伐木溪源幽邃林岭相映有奇致焉》:“因书谢亲爱,千岁觅蓬丘。”钱起《銮驾避狄岁寄别韩云卿》:“关山惨无色,亲爱忽惊离。”刘禹锡《和董庶中古散调词赠尹果毅》:“誓当雪国仇,亲爱从此辞。”马戴《别家后次飞狐西即事》:“远归从此别,亲爱失天涯。”

【親鄰】 ❶邻近;近邻。徐铉《赋得霍将军辞第》:“甲乙人徒费,亲邻我自持。”❷亲友和邻里。储光羲《巩城东庄道中作》:“幸逢耆耋话,余待亲邻别。”

【親賓】 亲戚与宾客。杜甫《雨过苏端》:“亲宾纵谈谑,喧闹畏衰老。”权德舆《丙寅岁苦贫戏题》:“间岁从使檄,亲宾苦川驰。”白居易《初除尚书郎脱刺史绯》:“亲宾相贺问何如,服色恩光尽反初。”周昙《咏史诗·后汉门·羊续》:“鱼悬洁白振清风,禄散亲宾岁自穷。”

【親随】 亲信随从。司空曙《送卢彻之太原谒马尚书》:“翩翩羽骑双旌后,上客亲随郭细侯。”

【親熟】 亲密。方干《赠邻居袁明府》:“隔竹每呼皆得应,二心亲熟更如何。”

【親衛】 官名。皇帝侍卫。始置于隋,与勋卫、翊卫并称三卫。唐因之。郑嵎《津阳门诗》:“时平亲卫号羽林,我才十五为孤儿。”自注:“开元中未有东西神策军,但以六军为亲卫。”

【親闈】 父母所居的内室。亦借指父母。李中《己未岁冬捧宣头离下蔡》:“无心惭季路,负米觐亲闱。”

【親黨】 亲戚朋党。张说《奉和圣制送宇文融安辑户口应制》:“外避征戍数,内伤亲党稀。”

【親屬】 亲族,跟自己有血统关系或婚姻关系的人。白居易《览镜喜老》:“亲属惜我老,相顾兴叹咨。”

【親懿】 犹至亲。《文选·谢庄〈月赋〉》:“亲懿莫从,羁孤递进。”李善注:“亲懿,懿亲。”李白《淮阴书怀寄王宗成》:“复此亲懿会,而增交道荣。”

【親蠶】 一种古礼。谓季春之月皇后躬亲蚕事的典礼。《穀梁传·桓公十四年》:“天子亲耕以共粢盛,王后亲蚕以共祭服。张祜《大唐圣功诗》:“朝贡路交争,三月后亲蚕。”

十　画

覯　〔gòu《广韵》古候切、去候,見。〕遇见;看见。张说《游洞庭湖湘》:“霓裳若有来,觏我云峰侧。”韦应物《重送丘二十二还临平山居》:“岁中始再觏,方来又解携。”韩愈《琴操十首·猗兰操》:“子如不伤,我不尔觏。”吴筠《高士咏·项橐》:“泛然同万流,无迹世莫觏。”

【覯止】 相遇。语出《诗·召南·草虫》:“亦既觏止,我心则降。”毛传:“止,辞也。觏,遇。”沈佺期《哭苏眉州崔司业二公》序:“神龙三年秋八月,佺期承恩北归,途中覲止,访及故旧。"孟浩然《岘山饯房琯崔宗之》:"青阳一覲止,云路豁然开。"钱起《同李五夕次香山精舍访宪上人》:"初月开草堂,远公方覲止。"卢仝《寄赠含曦上人》:"高僧有拄杖,愿得一覲止。"

覬 〔jì《广韵》几利切,去至,見。〕希望;企图。张九龄《奉和圣制喜雨》:"于斯烝人,瞻彼非觊。"杜甫《望岳》:"归来觊命驾,沐浴休玉堂。"白居易《同微之赠别郭虚舟炼师五十韵》:"万寿觊刀圭,千功失毫厘。"韩偓《息兵》:"渐觉人心望息兵,老儒希觊见澄清。"

【覬覦】 非分的希望或企图。元稹《酬乐天东南行诗一百韵》:"陋室鸮窥伺,衰形蟒觊觎。"白居易《东南行一百韵》:"世务轻摩揣,周行窃觊觎。"徐夤《酒胡子》:"直指宁偏党,无私绝觊觎。"

【覬豁】 希望达到。杜甫《自京赴奉先县咏怀五百字》:"盖棺事则已,此志常觊豁。"

十一画

覲 〔jìn《广韵》渠遴切,去震,羣。〕❶诸侯秋季朝见天子。后亦泛称朝见帝王。德宗《送徐州张建封还镇》:"入覲展遐恋,临轩慰来思。"张莒《元日望含元殿御扇开合》:"万国来朝岁,千年覲圣君。"鲍溶《洛阳春望》:"东人犹忆时巡礼,愿覲元和日月光。"吕岩《朗州戏笔》之一:"朝覲玉皇登宝殿,暮随王母宴琼楼。"❷会见,拜见。王维《送秘书晁监还日本国》序:"舜覲群后,有苗不格。"独孤及《官渡柳歌送李员外承恩往扬州覲省》:"郎把紫泥书,东征覲庭闱。"无可《送喻凫及第归阳羡》:"宗中初及第,江山覲难兄。"马戴《送春坊董正字浙右归覲》:"去覲毘陵日,秋残建业中。"

【覲侍】 探望、侍奉父母。戴叔伦有《抚州对事后送外生宋垓归饶州覲侍呈上姊夫》。

【覲省】 (—xǐng)谓探望双亲。王维有《送崔三往密州覲省》。权德舆有《送崔端公郎君入京覲省》。贾岛《送李余及第归蜀》:"知音伸久屈,覲省去光辉。"李中《送姚端先辈归宁》:"知君归覲省,称意涉通津。"

【覲謁】 进见。贾至《自蜀奉册命往朔方途中呈韦左相文部房尚书门下崔侍郎》:"覲谒心载驰,违离难重陈。"

【覲禮】 古代诸侯秋天朝见天子的仪式。张籍《田司空入朝》:"西来将相位兼雄,不与诸君覲礼同。"

覻 同"覷"。

【覻見】 见"覷見"。

覷 〔qù《广韵》七慮切,去御,清。〕亦作"覻"。❶看;观览。韩愈《秋怀诗十一首》之七:"不如覷文字,丹铅事点勘。"白居易《山中独吟》:"狂吟惊林壑,猿鸟皆窥覷。"皮日休《奉和鲁望寄南阳广文次韵》:"琼函静启从猿覷,金液初开与鹤尝。"齐己《送人游玉泉寺》:"潭澄猿覷月,窦冷鹿眠苔。"❷窥伺,窥探。韩愈《答孟郊》:"规模背时利,文字覷天巧。"孟郊《黄雀吟》:"莫覷翻车粟,覷翻罪有因。"李商隐《曼倩辞》:"十八年来堕世间,瑶池归梦碧桃闲。如何汉殿穿针夜,又向窗中覷阿环。"归仁《牡丹》:"偷香黑蚁斜穿叶,覷蕊黄蜂倒挂枝。"

【覷步】 侦察窥探。元稹《答子蒙》:"强梁御史人覷步,安得夜开沽酒户。"

【覷見】 亦作"覻見"。看见,望见。花蕊夫人徐氏《宫词》之一七:"却被内监遥覷见,故将红豆打黄莺。"

十三画

覺[1] 〔jué《广韵》古岳切,入覺,見。〕❶觉得,感觉。太宗《秋日效庾信体》:"蝉啼觉树冷,萤火不温风。"柳中庸《夜渡江》:"舟轻不觉动,缆急始知牵。"姚合《武功县中作三十首》之六:"上山方觉老,过寺暂忘愁。"王贞白《送芮尊师》:"早知避世忧身老,近日登山觉步轻。"❷知晓,察觉。储光羲《同房宪部应旋》:"起灭信易觉,清真知有所。"李端《宿山寺思归》:"拭泪无人觉,长瑶向壁阴。"李商隐《判春》:"敢言西子短,谁觉宓妃长。"褚载《贺赵观文重试及第》:"一枝仙桂两回春,始觉文章可致身。"❸贤智。萧颖士《仰答韦司业垂访五首》之四:"夫子觉者也,其能遗我乎。"❹觉悟。王建《照镜》:"老来真爱道,所恨觉还迟。"

覺[2] 〔jiào《广韵》古孝切,去效,見。〕❶睡醒,清醒。李白《同王昌龄送族弟襄归桂阳二首》之二:"觉来欲往心悠然,魂随越鸟飞南天。"令狐楚《闺人赠远二首》之二:"绮帝春眠觉,纱窗晓望迷。"姚合《武功县作三十首》之十三:"梦觉空堂月,诗成满砚冰。"南唐后主李煜《菩萨蛮》词之四:"故国梦重归,觉来双泪垂。"亦指使醒。皮日休《登初阳楼寄怀北平郎中》:"避酒几浮轻舴艋,下棋曾觉睡鸳鸯。"❷睡眠。亦用作睡眠的量词。白居易《何处堪避暑》:"游罢睡一觉,觉来茶一瓯。"杜牧《遣怀》:"十年一觉扬州梦,赢得青楼薄倖名。"李商隐《闺情》:"春窗一觉风流梦,却是同袍不得知。"蜀宫群仙《后土夫人》:"等闲贪赏不归去,愁杀韦郎一觉眠。"

【覺化】 佛的化身。佛教认为佛的真身是法身,世人不能见，能见的是佛的化身，故称释迦牟尼为“千百亿化身”。钱起《登玉山诸峰偶至悟真寺》：“兴中寻觉化，寂尔诸象灭。”

【覺地】 谓修行悟道的意志。顾况《题灵山寺》：“觉地本随身，灵山重结因。”

【覺性】 佛教语。悟性，领悟佛理的本性。杨凝式《题壁》：“院似禅心静，花如觉性圆。”

【覺苑】 佛所居之净土。借指寺院。高适《同马太守听九思法师讲金刚经》：“露冕众香中，临人觉苑内。”

【覺悟】 觉醒。佛教指领悟佛法真理。寒山《诗三百三首》之二六一：“不解早觉悟，为人枉虚老。”孟浩然《陪姚使君题惠上人房》：“迷心应觉悟，客思未遑宁。”白居易《和梦游春诗一百韵》：“觉悟因傍喻，迷执由当局。”吕岩《渔父词一十八首・疾瞥地》：“速觉悟，出迷津，莫使轮回受苦辛。”

【覺海】 指佛教。佛以觉悟为宗；海，喻教义深广。杨炯《和旻上人伤果禅师》：“法门摧栋宇，觉海破舟船。”

【覺道】 佛教指成佛正觉之路。岑参《与高适薛据登慈恩寺浮图》：“誓将挂冠去，觉道资无穷。”

【覺₂夢】 做梦与清醒。长孙佐辅《代别后梦别》：“觉梦俱千里，追随难再期。”温庭筠《病中书怀呈友人》：“是非迷觉梦，行役议秦吴。”

【覺路】 佛教语。谓成佛的道路。李白《春日归山寄孟浩然》：“金绳开觉路，宝筏度迷川。”白居易《送李滁州》：“君于觉路深留意，我亦禅门薄致功。”姚合《过不疑上人院》：“觉路何门去，师须引我行。”李绅《新楼诗二十首・寒林寺》：“应是法宫传觉路，使无烦恼见青莲。”

【覺察】 发觉，察晓。卢仝《月蚀诗》：“月蚀鸟宫十三度，鸟为居停主人不觉察。”

【覺隱】 唐诗僧。事迹不详。《全唐诗外编》录其《江亭晚眺》一首。

十四画

覽 〔lǎn《广韵》盧敢切，上敢，來。〕❶观看，考察。太宗《帝京篇十首》之十：“披卷览前踪，抚躬寻既往。”孟浩然《庭橘》：“明发览群物，万木何阴森。”戎昱《宿湘江》：“九月湘江水漫流，沙边唯览月华秋。”卢纶《酬李端长安寓居偶咏见寄》：“览鬓丝垂镜，弹琴泪洒襟。”❷阅读。储光羲《同王十三维偶然作十首》之九：“卧览床头书，睡看机中织。”皇甫冉《酬包评事壁画山水见寄》：“若览名山志，仍闻招隐篇。”杨巨源《寄赠田仓曹湾》：“朝览夷胡传，暮习颍阳书。”齐己《寄文秀大师》：“览卷堪惊立，贞风喜未衰。”❸登高远眺。卢照邻《宿晋安亭》：“游人试一览，临玩果忘疲。”杜甫《望岳》：“会当凌绝顶，一览众山小。”霍总《九华楼》：“层基接重阜，一览山水周。”❹游览，游历。韩愈《酬司门卢四兄云夫院长望秋作》：“归来得便即游览，暂似壮马脱重衔。”参见“覽玩”“覽勝”。❺通“攬”。采摘。李白《宣州谢朓楼饯别校书叔云》：“俱怀逸兴壮思飞，欲上青天览日月。”

【覽古】 游览古迹或阅览古籍。陈子昂有《蓟丘览古赠卢居士藏用七首》。孙逖《立秋日题安昌寺北山亭》：“览古嗟夷漫，凌空爱泬寥。”崔珏《道林寺》：“今我题诗亦无味，怀贤览古成长吁。”吴筠有《览古十四首》。

【覽玩】 游览赏玩。李谅《湘中纪行》：“泝洄已劳苦，览玩还愉悦。”

【覽物】 观看风物。杜甫《客居》：“览物想故国，十年别荒村。”权德舆《古离别》：“览物或临盘，翻怪来何迟。”陆龟蒙《奉酬袭美先辈初夏见寄次韵》：“览物正摇思，得君初夏行。”又《补沈恭子诗》：“览物性未逸，反为情所囚。”

【覽勝】 观览胜境。李华《题泽州石佛阁》：“览胜诗千首，登高酒一壶。”

【覽歷】 浏览。李群玉《将游罗浮登广陵楞伽台别羽客》：“清远登高台，晃朗纵览历。”

【覽鏡】 照镜。李白《留别曹南群官之江南》：“十年罢西笑，览镜如秋霜。”包佶《岁日作》：“览镜唯看飘乱发，临风谁为驻浮槎。”白居易《秋寄微之十二韵》：“览镜头虽白，听歌耳未聋。”杜荀鹤《维扬冬末寄幕中二从事》：“年来疏览镜，怕见减朱颜。”

覼 〔luó《广韵》落戈切，平戈，來。〕见“覼縷”。

【覼縷】 委婉曲折貌。白居易《小童薛阳陶吹觱栗歌》：“众音覼缕不落道，有如部伍随将军。”

十五画

覿 〔dí《广韵》徒歷切，入錫，定。〕❶见；相见。刘孝孙《游清都观寻沈道士得仙岁》：“寻真谒紫府，披雾觌青天。”孟浩然《越中逢天台太乙子》：“鸡鸣见日出，常觌仙人旆。”韦应物《过昭国里故第》：“缄室在东厢，遗器不忍觌。”又《怀素友子西》：“往款良未遂，来觌旷无音。”李涉《却归巴陵途中走笔寄唐知言》：“野狐泉头银叶方，一别十年今再觌。”❷相聚，聚会。储光羲《秦中初霁献给事二首》之一：“夙心幸清鉴，晚志欣良觌。”权德舆《酬陆三十二参浙东见寄》："搔首望良觌，为君华发生。"又《酬陆四十楚源春夜宿虎丘山对月寄梁四敬之兼见贻之作》："芳讯发幽缄，新诗比良觌。"

十七画

觀1　〔guān《广韵》古丸切，平桓，見。〕❶观看，观览。李华《咏史十一首》之七："尝观党锢传，抚卷不胜悲。"李白《赠张相镐二首》之二："十五观奇书，作赋凌相如。"白居易《李都尉古剑》："有客借一观，爱之不敢求。"姚合《题田将军宅》："栖禽恋竹明犹在，闲客观花夜未休。"❷观察，体察。孟浩然《还山贻湛法师》："幼闻无生理，常欲观此身。"崔曙《宿大通和尚塔敬赠如上人兼呈常孙二山人》："身心能自观，色相了无取。"白居易《春雪》："我观圣人意，鲁史有其说。"陆龟蒙《奉酬袭美先辈吴中苦雨一百韵》："吾观天之意，未必洪水割。"❸显示于人，给人看。孟郊《惜苦》："不惜为君转，转非君子观。"裴夷直《亚夫碎玉斗》："独有青史中，英风观千载。"❹游览。孟郊《严河南》："君从西省郎，正有东洛观。"❺多。《诗·小雅·采绿》："其钓维何，维鲂及鱮，维鲂及鱮，薄言观者。"郑玄笺："观，多也。"元稹《杨子华画三首》之二："子亦观病身，色空俱寂寞。❻对事物的认识和看法。孟郊《送韩愈从军》："亲宾改旧观，僮仆生新敬。"白居易《斋居春久感事遣怀》："赖学空为观，深知念是尘。"❼景象。羊士谔《林馆避暑》："静胜朝还暮，幽观白已玄。"❽杜甫弟杜观。杜甫有《舍弟观赴蓝田取妻子到江陵喜寄三首》。

觀2　〔guàn《广韵》古玩切，去换，見。〕❶古代宫门外的观阙。高适《古大梁行》："魏王宫观尽禾黍，信陵宾客随灰尘。"参见"觀₂阙"。❷楼台。太宗《帝京篇十首》之一："连薨遥接汉，飞观迥凌虚。"袁朗《和洗掾登城南坂望京邑》："金凤凌绮观，璇题敞兰宫。"❸道观，道教的庙宇。王昌龄《武陵开元观黄炼师院三首》之三："山观空虚清净门，从官役吏扰尘喧。"朱放《经故贺宾客镜湖道士观》："空余道士观，谁是学仙人。"朱庆余《寻古观》："仙观曾过知不远，花藏石室杳难寻。"黄滔《寄李校书游简寂观》："古观云溪上，孤怀永夜中。"

【觀化】　观察变化；观察造化。陈子昂《登泽州城北楼宴》："平生倦游者，观化久无穷。"李白《送岑征君归鸣皋山》："探元入窅默，观化游无垠。"权德舆《感寓》："冥心试观化，世故如丝棼。"慧净《杂言》："观化祇山顶，流睇古王城。"

【觀心】　观察心性。佛教以心为万法的主体，无一事在心外，故观心即能一切事理。李白《赠宣州灵源寺仲濬公》："观心同水月，解领得明珠。"刘长卿《陪元侍御游支硎山寺》："因逐溪水还，观心两无碍。"施肩吾《题景上人山门》："水有青莲沙有金，老僧于此独观心。"无名僧《禅诗》之二："座得须不喜动，何要观心了三界。"

【觀文】　观赏文采。许敬宗《奉和秋暮言志应制》："凝宸阅栖亩，观文伫少微。"

【觀世】　观察世事。王维《登辨觉寺》："空居法云外，观世得无生。"

【觀₂主】　道观主持者。孟浩然有《送元公之鄂渚寻观主张骖鸾》和《游精思题观主山房》。

【觀光】　观览国家盛德光辉。语出《易·观》："观国之光，利用宾于王。"骆宾王《在江南赠宋五之问》："谋己谬观光，牵迹强凄惶。"孟浩然《送袁太祝尉豫章》："何幸遇休明，观光来上京。"息夫牧《冬夜宴萧十丈因饯殷郭二子西上》序："今殷、郭二子，天资才干，而加之镞羽，观光王庭，俯拾地芥，其谁曰不然？"李正封《贡院楼北新栽小松》："幸此观光日，清风屡得亲。"亦泛指参观游览。齐己《送徐秀才之吴》："吴都霸道昌，才子去观光。"

【觀色】　佛教称观察一切外界可以感知的物质。段宗义《题大慈寺芍药》："寻真自得心源静，观色非贪眼界空。"杜荀鹤《和刘评事送海禅和归山》："观色风驱雾，听声雪洒林。"

【觀兵】　观察或视察军事活动。魏征《赋西汉》："驱传渭桥上，观兵细柳屯。"李白《登邯郸洪波台置酒观发兵》："观兵洪波台，倚剑望玉关。"

【觀身】　❶观察人生。杜甫《谒真谛寺禅师》："问法看诗忘，观身向酒慵。"❷观察自身的道德修养。李程《赋得竹箭有筠》："方持不易操，对此欲观身。"张祜《寄灵澈上人》："荣华长指幻，衰病久观身。"

【觀妓】　指观赏歌妓表演。王绩有《益州城西张超亭观妓》。孟浩然有《崔明府宅夜观妓》。刘长卿有《过李将军南郑林园观妓》。李白有《秋猎孟诸夜归置酒单父东楼观妓》。

【觀妙】　体察某种经典或学说的要义。韦应物《题从侄成绪西林精舍书斋》："慕谢始精文，依僧欲观妙。"吴筠《高士吟·原宪》："原生何淡漠，观妙自怡性。"

【觀妙庵】　阳羡（汉县名），在今江苏宜兴市南的一个道观。陆希声有《阳羡杂咏十九首·观妙庵》。

【觀奇】　观赏奇景。李适《答宋十一崖口五渡见赠》："眇然青云境，观奇弥年月。"孟浩然《经七里滩》："观奇恨来晚，倚棹惜将暮。"李白《天台晓望》："观奇迹无倪，好道心不歇。"又《望黄鹤楼》："观奇遍诸岳，兹岭不可匹。"

【觀念】　佛教语。对特定对象或义理的观察思维和记忆。宋之问《游法华寺》:"观念幸相续,庶几最后明。"

【觀性】 观察事物的性质。汉翼奉,好律历、阴阳之占。上封事,其略曰:"观性以历,观情以律。"见《汉书·翼奉传》。李瀚《蒙求》:"京房推律,翼奉观性。"

【觀空】 (—kōng)观察思维佛教的人空、法空等空理。綦毋潜《题灵隐寺山顶禅院》:"观空静室掩,行道众香焚。"孟浩然《陪姚使君题惠上人房》:"会理知无我,观空厌有形。"李白《同族侄评事黯游昌禅师山池二首》之一:"一坐度小劫,观空天地间。"皇甫曾《赠沛禅师》:"观空色不染,对镜心自惬。"

【觀政】 观察政情。李颀《奉送漪叔游颍川兼谒淮阳太守》:"郡斋观政日,人马望乡情。"

【觀指】 《大智度论》卷九:"如人以指指月,以示惑者。惑者视指而不视月。人语之言:'我以指指月令汝知之,汝何以看指而视月?'此言如是,语为义指,语非义也。"盖以月喻佛法,以指喻言教。"觀指"谓拘泥于言教。白居易《和李澧州题韦开州经藏诗》:"观指非知月,忘筌是得鱼。"

【觀省】 (—xíng)观察,省视。韦应物《因省风俗与从侄成绪游山水中道先归寄示》:"每虑观省牵,中乖游践志。"

【觀星】 观测星象。韦庄《冬日长安感至寄献虢州崔郎中二十韵》:"观星始觉中郎贵,问俗方知太守廉。"

【觀俗】 观察风俗。王无竞《驾幸长安奉使先往检察》:"微臣昧所识,观俗书此词。"李绅《到宣武三十韵》:"及郊知雨过,观俗辨风行。"郭汭《同崔员外温泉宫即事》:"惠化成观俗,讴谣入赋诗。"

【觀風】 谓观察民情,了解施政得失。语出《礼记·王制》。李峤《扈从还洛呈侍从群官》:"观风昔来幸,御气今旋跸。"韦应物《汉武帝杂歌三首》之三:"汉天子,观风自南国。"崔峒《题桐庐李明府官舍》:"观风竞美新为政,计日还知旧触邪。"李频《宣州献从叔大夫》:"清时选地任贤明,从此观风辍尹京。"

【觀音】 即观世音。唐避太宗李世民讳,省称观音。段成式、张希复《游长安诸寺联句·翊善坊保寿寺·光天帧赞联句》:"观音化身,厥形孔怪。"韩偓《咏柳》:"玉纤折得遥相赠,便似观音手里时。"吕岩《白云岩》:"古木丛林号白云,高岩更去谒观音。"杨得辉《征青州长老嘲僧门》:"高标不使观音救,徒说三千与大千。"

【觀音目】 喻竹叶。陈陶《题僧院紫竹》:"青葱太子树,洒落观音目。"

【觀音崖】 湖北麻城市龟峰山山崖名。太宗《题龟峰山》:"舍利塔中遗释子,观音崖上礼慈容。"

【觀音臺】 山峰名。终南山南五台之一。在今陕西西安市南。白居易有《登观音台望城》。

【觀津】 古地名。战国赵地,赵封乐毅于此。故址在今河北武邑。刘宪《奉和幸礼部尚书窦希玠宅应制》:"行漏今徒晚,风烟起观津。"刘禹锡《七夕二首》之一:"谁知观津女,竟夕望云涯。"又《韩十八侍御见示诗因令属和重以自述故足成六十二韵》:"观津戚里族,按道侯家子。"吴融《倒次元韵》:"身近从淄右,家远接观津。"

【觀國】 观国之光。指入京朝见天子,目睹国家的荣光。语出《易·观》。储光羲《游茅山五首》之一:"此意在观国,不言空远游。"欧阳詹《送高士安下第归岷南宁觐》:"栖云自匪石,观国暂同尘。"

【觀國賓】 观国光的王宾。杜甫《奉赠韦左丞丈二十二韵》:"甫昔少年日,早充观国宾。"参见"觀國"。

【觀魚】 《庄子·秋水》:"庄子与惠子游乐濠梁之上。庄子曰:'儵鱼出游从容,是鱼之乐也。'惠子曰:'子非鱼,安知鱼之乐?'……庄子曰:'请循其本。'子曰汝安知鱼乐云者,既已知吾知之而问我。我知之濠上也。"后遂以"觀魚"作为闲游的典故。钱起《蓝溪休沐寄赵八给事》:"肯想观鱼处,寒泉照发斑。"韩翃《赠五谭归濠州别业》:"故山期采菊,秋水忆观鱼。"权德舆《奉和李大夫题郑评事江楼》:"人鸟不乱行,观鱼还自乐。"

【觀魚亭】 在阳羡(汉县名,在今江苏宜兴市南)。陆希声有《阳羡杂咏十九首·观鱼亭》。

【觀象】 观测天象。宋之问《奉和荐福寺应制》:"闻韶三月幸,观象七星危。"

【觀象樓】 指唐大明宫内观象门的门楼,可观测天象。元稹《陪张湖南宴望岳楼稹为监察御史张中丞知杂事》:"观象楼前奉末班,绛峰只似殿庭间。"

【觀象闕】 即观象台,古代观测天象的高台。张少博有《雪夜观象阙待漏》。

【觀棠】 观捕鱼者于棠。春秋时鲁隐公故事。见《左传·隐公五年》。鲁隐公观渔于棠,春秋讥之。卢仝《观放鱼歌》:"昔鲁公观棠距箴,遂被孔子贬而书。"

【觀遊】 浏览。韦应物《送宣城路录事》:"纲纪多闲日,观游得赋诗。"

【觀農】 视察农事。薛光谦《任阆中下乡检田登艾萧山北望》:"观农巡井邑,长望历山川。"韦应物《酬阎员外陟》:"宴集观农暇,笙歌听讼余。"皎然有《夏日登观农楼和崔使君》。

【觀跡】 指苍颉观察鸟兽之足迹而造文字。郑愔《奉和幸三会寺应制》:"造书臣颉往,观迹帝羲来。"

李咸用《苍颉台》："先贤忧民诈，观迹成纲纪。"

【觀臺】 瞭望天象之台。储光羲《送丘健至州敕放作时任下邽县》："太史登观台，天街耀旄头。"薛存诚《观南郊回仗》："候刻移宸辇，遵时集观台。"

【觀察】 指观察使。刘长卿有《秦系顷以家事获谤因出旧山每荷观察崔公见知欲归未遂感其流寓诗以赠之》诗，周万有《送沈芳谒李观察求仕进》。参见"觀察使"。

【觀察判官】 观察使之僚属。掌文书事务。至唐中期，其权渐重，近乎副使。刘长卿有《送严侍御充东畿观察判官》。欧阳詹有《薛舍人使君观察韩判官侍御许雨晴到所居既霁先呈即事》。

【觀察使】 官名。始置于唐，诸道设此官，仅次于节度使。中叶以后，多以节度使兼领其职。无节度使之州，亦特设观察使，管领一道或数州，并兼领刺史之职。凡兵甲财赋民俗之事无所不领，谓之都府，权任甚重。权德舆有《湖南观察使故相国袁公挽歌二首》。白居易有《元微之除浙东观察使喜得杭越邻州先赠长句》。

【觀₂閣】 楼阁。韩愈《送郑尚书赴南海》："盖海旂幢出，连天观阁开。"李商隐《宋玉》："落日渚宫供观阁，开年云梦送烟花。"

【觀覩】 观看。韩愈《元和圣德诗》："周示城市，咸使观睹。"

【觀樓】 周康王大夫尹喜故宅，在今陕西周至县。一说古函谷关(今河南灵宝市南)有尹喜宅。岑参有《题观楼》。

【觀賞】 显示赏赐。语出《韩非子·外储说左下》："臣以卑俭为行，则爵不足以观赏。"贺知章《奉和御制春台望》："神皋类观赏，帝里如悬镜。"

【觀稼】 观看庄稼。白居易有《太和戊申岁大有年诏赐百僚出城观稼谨书盛事以俟采诗》。罗隐《暇日有寄姑苏曹使君兼呈张郎中郡中宾僚》："湖边观稼雨迎马，城外犒军风满旗。"

【觀樂】 (—lè)观赏玩乐。韩愈《叉鱼招张功曹》："脍成思我友，观乐忆吾僚。"

【觀燈】 观看灯会。王諲有《十五夜观灯》。孟浩然有《同张将蓟门观灯》。

【觀濤】 观看江潮或海潮。庾抱《和乐记室忆江水》："遥想观涛处，犹意采莲歌。"李白《送纪秀才游越》："海水不满眼，观涛难称心。"岑参《送任郎中出守明州》："观涛秋正好，莫不上姑苏。"羊士谔《忆江南旧游二首》之二："曲水三春弄彩毫，樟亭八月又观涛。"

【觀濠】 观鱼于濠梁之上。柳宗元《游南亭夜还叙志七十韵》："鹿鸣验食野，鱼乐知观濠。"参见"觀魚"。

【觀禮】 观看礼乐。李义府《在嶲州遥叙封禅》："张乐分韶濩，观礼纵华夷。"令狐峘和滕珦均有《释奠日国学观礼闻雅颂》。

【觀藝】 指观看仆篮。吴筠《高士传·司马季主》："宋贾二大夫，停车试观艺。"

【觀竅】 观看心窍。《史记·殷本纪》载，商纣王淫乱不止，其叔父比干强谏，"纣怒曰：'吾闻圣人心有七窍。'剖比干，观其心"。徐彦伯《比干墓》："奉国历三朝，观窍明一瞬。"

【觀₂闕】 古代帝王宫门前的两座楼台。韩愈《送区弘南归》："王都观阙双巍巍，腾踏众骏事鞍靰。"亦代指宫殿。王勃《始平晚息》："观阙长安近，江山蜀路赊。"李竦《长至日上公献寿》："日行临观阙，帝锡洽珪璋。"郑嵎《津阳门诗》："明年尚父上捷书，洗清观阙收封畿。"白敏中《至日上公献寿酒》："瑞云升观阙，香气映华宫。"

【觀覽】 观赏，观看。韩愈《南山诗》："崎岖上轩昂，始得观览富。"

角 部

角[1] 〔jiǎo《广韵》古岳切，入覺，見。〕❶牛、羊、鹿等类头顶或额前突生的坚硬骨状物。多为细长而弯曲，上端较尖，有防御、进攻等作用。韩愈《和侯协律咏笋》："见角牛羊没，看皮虎豹存。"张籍《牧童词》："牛牛食草莫相触，官家截尔头上角。"元稹《送友封二首》之二："鹏翼张风期万里，马头无角已三年。"贾岛《寄李𫐄侍郎》："谁言姓琴氏，独跨角生鱼。"❷状似兽角之物。(1)腹足类等动物的触角。白居易《对酒五首》之二："蜗牛角上争何事，石光火中寄此身。"(2)鹰鹞等禽类头顶耸立的毛角。杜甫《姜楚公画角鹰歌》："楚公画鹰鹰戴角，杀气森森到幽朔。"(3)角状的植物果实。孟郊《临池曲》："池中春蒲叶如带，紫菱成角莲子大。"❸棱角，有棱角。陈昌言《赋得玉水记方流》："类圭才有角，写月让成钩。"参见"角巾""角圭"。❹喻指特出指。借指先头部队。韩愈《元和圣德诗》："或拔其角，或脱其距。"❺古代未成丁者的发饰。头顶两侧，束发为髻，形如牛角，故称。见"角丱"。❻两个物体边沿相接之处。杜甫《奉陪郑驸马韦曲二首》之一："石角钩衣破，藤枝刺眼新。"又《剑门》："连山抱西南，石角皆北向。"李商隐《韩碑》："愿书万本诵万过，口角流沫右手胝。"❼隅，角落。岑参《与高适薛据登慈恩寺浮图》："四角碍白日，七层摩苍穹。"韩愈《汴泗交流赠张仆射》："汴泗交流郡城角，筑场十步平如削。"白居易《新乐府・骠国乐》："骠国乐，骠国乐，出自大海西南角。"陆龟蒙《奉和袭美太湖诗二十首・毛公坛》："四角镇露兽，三层差羽婴。"❽星宿名。即角宿。二十八中东方苍龙七星的第一宿。韩愈《记梦》："夜梦神官与我言，罗缕道妙角与根。"亦指星宿之光芒。刘禹锡《重酬前寄》："戎羯归心如内地，天狼无角比凡星。"❾古乐器名。出西北游牧民族，鸣角以示晨昏。军中多用作军号。岑参《轮台歌奉送封大夫出师西征》："轮台城头夜吹角，轮台城北旄头落。"戎昱《桂州岁暮》："不堪楼上角，南向海风吹。"周贺《送省己上人归太原》："出定闻残角，休兵见坏锋。"赵嘏《齐安早秋》："思家正叹江南景，听角仍含塞北情。"

角[2] 〔jué《广韵》古岳切，入覺，見。〕❶贮茶器。司空图《力疾山下吴村看杏花十九首》之一一："客来须共醒醒看，碾尽明昌几角茶。"齐己《咏茶十二韵》："角开香满室，炉动绿凝铛。"❷较量；竞争。高适《自淇涉黄河途中作十三首》之一二："忆昔大业时，群雄角奔走。"杜甫《复愁十二首》之八："无劳问河北，诸将角荣华。"韩愈《寄崔二十六立之》："搅搅争附托，无人角雄雌。"裴度《酬张秘书因寄马赠诗》："若逢佳丽从将换，莫共驽骀角出群。"❸五声之一。《周礼・春官・大师》："皆文之以五声，宫、商、角、徵、羽。"顾况《幽居弄》："扣商占角两三声，洞户溪窗一冥寂。"李贺《许公子郑姬歌》："长翻蜀纸卷明君，转角含商破碧云。"

角[3] 〔lù《广韵》盧谷切，入屋，來。〕见"角$_3$里"。

【角巾】 ❶有棱角的头巾，方巾。古代隐士冠饰。晋、唐人私居亦戴此。李颀《送刘十一》："西林独鹤引闲步，南涧飞泉清角巾。"李白《鲁郡尧祠送窦明府薄华还西京》："强扶愁疾向何处，角巾微服尧祠南。"白居易《百日假满少傅官停自喜言怀》："老嫌手重抛牙笏，病喜头轻换角巾。"胡宿《感旧》："坞中横笛偏多感，一涕阑干白角巾。"❷借指隐士或布衣。高适《答侯少府》："江海有扁舟，丘园有角巾。"李白《答杜秀才五松见赠》："角巾东出商山道，采秀行歌咏芝草。"❸《后汉书・郭泰传》："郭泰字林宗……尝于陈、梁间行遇雨，巾一角垫，时人乃故折一角，以为'林宗巾'。"后遂以"角巾"或"折角巾"作为咏雨之典。钱起《酬刘员外雨中见寄》："惭君角巾折，犹肯问衡闱。"李益《九月十日雨中过张伯佳期柳镇未至以诗招之》："唯有角巾沾雨至，手持残菊向西招。"李贺《南园》："方领蕙带折角巾，杜若已老兰苕春。"

【角弓】 以兽角为饰的硬弓。《诗・小雅・角弓》："骍骍角弓，翩其反矣。"朱熹集传："角弓，以角饰弓也。"杜甫《寄赠王十将军承俊》："将军胆气雄，臂悬两角弓。"韩翃《寄哥舒仆射》："辘轳宝剑初出鞘，宛转角弓初上弦。"李贺《黄家洞》："雀步蹙沙声促促，四尺角弓青石镞。"张祜《戎浑》："风劲角弓鸣，将军猎渭城。"

【角弓詩】 指《诗・小雅・角弓》。其首章云："骍骍角弓，翩其反矣。兄弟婚姻，无胥远矣。"谓兄弟应亲近和睦而不应疏远反目。遂以之为典，咏兄弟或友人之相亲。杜甫《冬日有怀李白》："更寻嘉树传，不忘角弓诗。"李益《单推官厅前双桐咏》："还同李家树，争赋角弓诗。”

【角子】　宫内守卫。张祜《容儿钵头》：“两边角子羊门里，犹学容儿弄钵头。”

【角牙】　角和牙。语出《诗·召南·行露》：“谁谓雀无角，何以穿我屋……谁谓鼠无牙，何以穿我墉。”韩愈《送无本师归范阳》：“蛟龙弄角牙，造次欲手揽。”

【角立】　对峙，并立。窦常《谒诸葛武侯庙》：“角立一方初退舍，拟称三汉更图王。”

【角丱】　古代儿童束发为两结，状如角，称“角丱”。《诗·齐风·甫田》：“婉兮娈兮，总角丱兮。”郑玄注：“总角，聚两髦也。丱，幼稚也。”韩愈《崔十六少府摄伊阳以诗及书见投因酬三十韵》：“捧书随诸兄，累累两角丱。”

【角圭】　有棱角的圭玉。比喻锋芒。韩愈《南内朝贺归呈同官》：“法吏多少年，磨淬出角圭。”

【角₂羽】　角声和羽音。李颀《听董大弹胡笳声兼寄弄语房给事》：“先拂商弦后角羽，四郊秋叶惊摵摵。”

【角角】　（一jiǎo）四角，四方。杜牧《郡斋独酌》：“中画一万国，角角棋布方。”陆龟蒙《引泉诗》：“新定山角角，乌龙独巉然。”

【角₂角】　（一jué）象声词。韩愈《此日足可惜赠张籍》：“百里不逢人，角角雄雉鸣。”温庭筠《故城曲》：“雉声何角角，麦秀桑阴闲。”罗隐《罗敷水》：“雉声角角野田春，试驻征车问水滨。”齐己《雉》：“角角类关关，春晴锦羽干。”

【角枕】　角制或用角装饰的枕头。权德舆《安语》：“挥金得谢归里闾，象床角枕支体舒。”白居易《苦热中寄舒员外》：“藤床铺晚雪，角枕截寒玉。”又《新昌闲居招杨郎中兄弟》：“纱巾角枕病眠翁，忙少闲多谁与同。”吴融《赋得欲晓看妆面》：“转入金屏影，限侵角枕光。”

【角柄】　以角为饰钓车之柄。皮日休《鲁望以轮钩相示缅怀高致因作三篇》之一：“角柄孤轮细腻轻，翠篷十载伴君行。”

【角₂音】　角声。五声之一。祭祀东方青帝之神的乐章。则天皇后有《唐明堂乐章·角音》。

【角冠】　道冠。韦应物《送宫人入道》：“公主与收珠翠后，君王看戴角冠时。”高骈《和王昭符进士赠洞庭赵先生》：“为爱君山景最灵，角冠秋礼一坛星。”罗邺《谢友人遗华阳巾》：“剪露裁烟胜角冠，来往玉洞五云端。”蜀太妃徐氏《题金华宫》：“好把身心清净处，角冠霞帔事希夷。”

【角₂逐】　竞相争逐。韩愈《病中赠张十八》：“回军与角逐，斫树收穷庞。”又韩愈、李正封《晚秋郾城夜会联句》：“东西竞角逐，远近施矰缴。”段成式《和周繇见嘲》：“缚鸡方角逐，射雉岂开颜。”韦庄《上元县》：“南朝三十六英雄，角逐兴亡尽此中。”

【角眼】　张目怒视。无名氏《五言白话诗》之五：“两家既不和，角眼相蛆姡。”

【角₂鹿】　逐鹿。《史记·淮阴侯列传》：“秦失其鹿，天下共逐之，于是高材疾足者先得焉。”裴骃集解引张晏曰：“以鹿喻帝位也。”太宗《冬狩》：“楚踣争兕殪，秦亡角鹿愁。”

【角婢】　少婢。束发如角，故名。寒山《诗三百三首》之六二：“角婢红罗缜，阉奴紫锦裳。”

【角黍】　食品名。即粽子。以箬叶或芦苇叶等裹米蒸煮使熟。古用黏黍，状如三角，故称。俗以农历五月五日食此，并相馈送。或言为祭屈原，作此投江，以饲蛟龙。孟郊《旅次湘沅有怀灵均》：“悠哉风土人，角黍投川隅。”薛能《西县途中二十韵》：“忆归临角黍，良遇得新瓜。”和凝《宫词百首》之九五：“绣额朱门插艾人，羞将角黍近香唇。”徐铉《和萧郎中午日见寄》：“岂知泽畔纫兰客，来赴城中角黍期。”钱弘佐《佳辰小宴寄越州七弟湖州八弟》：“角黍佳辰社稷宁，灵和开宴乐群英。”

【角飯】　即角黍。韩愈、孟郊《会合联句》：“剥苔吊斑林，角饭饵沉冢。”参见“角黍”。

【角勝】　争夺胜利。温庭筠《病中书怀呈友人》：“角胜非能者，推贤见射乎。”

【角₂觝】　古代一种较量力气的技艺表演。约近似于今之摔跤。王维《上张令公》：“从兹罢角觝，且复幸储胥。”玄宗《春中兴庆宫酺宴》：“伐鼓鱼龙杂，撞钟角觝陈。”李绅《到宣武三十韵》：“弄马猿猱健，奔车角觝呈。”陆龟蒙《开元杂题七首·杂伎》：“拜象驯犀角觝豪，星丸霜剑出花高。”

【角尊】　角制的酒樽。白居易《对琴酒》：“角尊白螺盏，玉轸黄金徽。”

【角樓】　古代供瞭望和防守用的城楼。建于城垣之四角，故名。元稹《欲曙》：“片月低城堞，稀星转角楼。”贯休《桐江闲居作十二首》之一：“猛烧侵茶坞，残霞照角楼。”

【角篇】　指《诗·小雅·角弓》。晋大夫韩宣子聘问鲁国，宴会上赋《角弓》，取兄弟之国宜相亲意。见《左传·昭公二年》。顾非熊《陈情上郑主司》：“愿察为裘意，彷徉和角篇。”

【角糉】　角黍，即粽子。姚合《夏夜宿江驿》：“渚闹渔歌响，风和角粽香。”参见“角黍”。

【角頭】　角落。白居易《酬和元九东川路诗十二首·夜深行》：“百牢关外夜行客，三殿角头宵直人。”

【角頭巾】　即角巾。元稹《三兄以白角巾寄遗发不胜冠因有感叹》:“病瘴年深浑秃尽,那能胜置角头巾。”参见“角巾❶”

【角嘴】 斗嘴。谓争辩。卢仝《寄赠含曦上人》:“见时谈谑乐,四座尽角嘴。”

【角聲】 画角之声。古代军中吹角以为昏明之节。李贺《雁门太守行》:“角声满天秋色里,塞上燕脂凝夜紫。”杜牧《登池州九峰楼寄张祜》:“百感中来不自由,角声孤起夕阳楼。”黄滔《寄边上从事》:“朔雪定鸿翼,西风严角声。”唐求《边将》:“地寒乡思苦,天暮角声悲。”

【角端弓】 用角端牛之角制成的弓。角端牛,古代异兽名,状似牛,角在鼻上,故称。徐彦伯《胡无人行》:“云摇锦车节,海照角端弓。”

【角斛】 屋的角隅。借指坟墓。无名氏《五言白话诗》之二四(外编下):“生坐四合舍,死入土角斛。”

【角簟】 用细竹篾或白藤编织成的席子。《资治通鉴·后晋高祖天福七年》:“地衣,春夏用角簟。”胡三省注:“角簟,剖竹为细篾,织之,藏节去筠,莹滑可爱;南蛮或以白藤为之。”元稹《饮致用神曲酒三十韵》:“冰壶通角簟,金镜彻云屏。”鲍溶《采葛行》:“吴中角簟泛清水,摇曳胜被三秦云。”曹松《白角簟》:“角簟工夫已到头,夏来全占满床秋。”

【角韻】 角声。郑巢《秋日陪姚郎中登郡中南亭》:“雁来疏角韵,槐落减秋阴。”贯休《怀钱唐罗隐章鲁封》:“风涩潮声恶,天寒角韵孤。”

【角鬣】 角和胡须。韩愈《寄崔二十六立之》:“雷电生睒睗,角鬣相撑披。”

【角鷹】 即鹰。其头顶有毛角,故名。王昌龄《观猎》:“角鹰初下秋草稀,铁骢抛鞚去如飞。”杜甫《王兵马使二角鹰》:“角鹰翻倒壮士臂,将军玉帐轩翠气。”杜甫又有《姜楚公画角鹰歌》。

五　画

觚 〔gū《广韵》古胡切,平模,見。〕❶古代饮酒器。青铜制。长身大口。口部与底部呈喇叭状,细腰,圈足。盛行于商代和西周初期。殷潜之《题筹笔驿》:“圜觚当分画,前箸此操持。”❷木简。古人用以书写。刘禹锡《浙西李大夫述梦四十韵并浙东元相公酬和斐然继声》:“讽谏欣然纳,奇觚率尔操。”

【觚稜】 宫阙上转角处的瓦脊成方角棱瓣之形。亦借指宫阙。杜牧《长安杂题长句六首》之一:“觚棱金碧照山高,万国珪璋捧赭袍。”又《昔事文皇帝三十二韵》:“凤阙觚棱影,仙盘晓日暾。”花蕊夫人徐氏《宫词》之五一:“夜色楼台月数层,金猊烟穗绕觚棱。”皮日休《初夏游楞伽精舍》:“树杪见觚棱,林端逢赭垩。”

【觚編】 编连成册的木简。借指书籍。来鹄《圣政纪颂》:“君诰臣箴,觚编毫络。”

觝 〔dǐ《广韵》都禮切,上薺,端。〕❶用角顶,触。见“觝觸”。❷抵触,抵制。李绅《趋翰苑遭诬构四十六韵》:“辨疑分黑白,举直觝朋徒。”

【觝觸】 用角顶撞;触碰。杜甫《赤霄行》:“孔雀未知牛有角,渴饮寒泉逢觝触。”韩偓《感事三十四韵》:“鹿穷唯觝触,兔急且猭狻。”

六　画

觜[1] 〔zī《广韵》即移切,平支,精。又姊規切,平支,精。〕星宿名。觜宿。二十八宿中白虎七宿的第六宿,有星三颗。岑参《入剑门作寄杜杨二郎中时二公并为杜元帅判官》:“星当觜参分,地处西南僻。”薛逢《送西川梁常侍之新筑龙山城并锡赉两州刺史及部落酋长等》:“鸟道经邛僰,星缠过觜参。”

觜[2] 〔zuǐ《广韵》即委切,上紙,精。〕❶鸟嘴。杜甫《徐步》:“芹泥随燕觜,花蕊上蜂须。”司空曙《杜鹃行》:“穿皮啄朽觜欲秃,苦饥始得食一虫。”白居易《寓意诗五首》之五:“岂无啄木鸟,觜长将何为。”裴夷直《鹦鹉》:“劝尔莫移禽鸟性,翠毛红觜任天真。”❷泛指嘴状物。虚中《赠秀才》:“门开沙觜静,船系树根牢。”皇甫松《天仙子》词之二:“踯躅花开红照水,鹧鸪飞绕青山觜。”张祜《题于越亭》:“洲觜露沙人渡浅,树稍藏竹鸟啼多。”皮日休《虎丘寺殿前有古杉一本遂赋三百言以见志》:“槎头秃似刷,枿觜利于锥。”❸啄。阎朝隐《鹦鹉猫儿篇》:“爰有兽也,安其忍,觜其胁,距其胸,与之放旷浪浪兮,从从容容。”杜甫《阌乡姜七少府设鲙戏赠长歌》:“无声细下飞碎雪,有骨已剁觜春葱。”

【觜₂爪】 嘴和爪。杜甫《催文宗树鸡栅》:“稀间可突过,觜爪还污席。”白居易《燕诗示刘叟》:“觜爪虽欲敝,心力不知疲。”王周《巫庙》:“铁石砺觜爪,金碧辉光翎。”

【觜₂距】 ❶禽鸟的嘴和爪甲。玄宗《续薛令之题壁》:“啄木觜距长,凤皇羽毛短。”白居易《和答诗十首·和大觜乌》:“亦有能言鹦,翅碧觜距红。”❷喻决胜的本领。语本汉张衡《东京赋》:“秦政利觜长距,终得擅场。”韩愈《赠崔立之评事》:“子时专场夸觜距,余始张军严韊鞆。”来鹄《圣政纪颂》:“觜距磨抉,榣衡拘长。”

【觜₂頭】 口才。陆子《嘲父》:“陆余庆,笔头无力觜头硬。"无名氏《五言白话诗》之四:"出语觜头高,诈作达官子。"

【觜₂鈹】 谓鸟嘴锋利如铍。铍,兵器,剑属,形如刀而两边有刃。陆龟蒙《五歌·水鸟》:"则有觜铍爪戟劲立直视者,击搏挽裂图羶腥。"

觥 〔gōng《广韵》古横切,平庚,見。〕❶盛酒或饮酒器。古代用兽角制,后亦用木或青铜制。腹椭圆形或方形,底为圈足或四足。有流,有把手。盖作成带角的兽头形或长鼻上卷的象头形。亦有整体作兽形的。有的觥内还附酌酒用的勺子。盛行于商代和西周前期。元稹《寄吴士矩端公五十韵》:"扣节参差乱,飞觥往来织。"姚合《寄陕府内兄郭冏端公》:"同游山水穷,狂饮飞大觥。"羊昭业《皮袭美见留小宴次韵》:"泽国春来少遇晴,有花开日且飞觥。"韦庄《边上逢薛秀才话旧》:"也有绛唇歌白雪,更怜红袖夺金觥。"❷象声词。韩愈《记梦》:"侧身上视溪谷盲,杖撞玉版声彭觥。"

【觥杯】 酒杯。皇甫松《抛球乐》之二:"上客终须醉,觥杯自乱排。"

【觥使】 宴席上掌管酒令者。多为歌妓充当。元稹《痁卧闻幕中诸公征乐会饮因有戏呈三十韵》:"红娘留醉打,觥使及醒差。"

【觥秋】 指会饮之时。韩愈《答张彻》:"觥秋纵兀兀,猎旦驰駉駉。"

【觥酌】 饮酒。韦应物《军中冬燕》:"光景不知晚,觥酌岂言频。"

【觥船】 容量很大的盛酒器或饮酒器。李贺《河阳歌》:"觥船饫口红,蜜炬千枝烂。"杜牧《题禅院》:"觥船一棹百分空,十岁青春不负公。"李咸用《晓望》:"好驾觥船去,陶陶入醉乡。"

【觥罰】 违酒令罚酒。韦应物《贾常侍林亭燕集》:"放神遗所拘,觥罚屡见酬。"

【觥醆】 酒杯。白居易《九日宴集醉题郡楼兼呈周殷二判官》:"觥醆艳翻菡萏叶,舞鬟摆落茱萸房。"

【觥録事】 即觥使。元稹《黄明府诗》序:"小年曾于解县连月饮酒,予常为觥录事。"

【觥籌】 酒器和酒令筹。王建《书赠旧浑二曹长》:"替饮觥筹知户小,助成书屋见家贫。"赵嘏《宛陵寓居上沈大夫二首》之二;"觥筹不尽须归去,路在春风缥缈间。"亦借指宴饮。罗邺《冬日寄献庾员外》:"却思紫陌觥筹地,兔缺乌沉欲半年。"

解¹ 〔jiě《广韵》佳買切,上蟹,見。〕❶用刀分割动物或人的肢体。《庄子·养生主》:"庖丁为文惠解牛。"成玄英疏:"解,宰割之也。"参见"解牛""解腕"。❷分裂,碎裂。杜甫《往在》:"解瓦飞十里,繐帷纷曾空。"韩愈《南山诗》:"或散若瓦解,或赴若辐凑。"❸融化,消散。孟浩然《泝江至武昌》:"残冻因风解,新正度腊开。"杜甫《承闻故房相公灵榇自阆州启殡归葬东都有作二首》之二:"风尘终不解,江汉忽同流。"王建《晚蝶》:"日高山露解,飞入菊花中。"元稹《六年春遣怀八首》之四:"玉梳钿朵香胶解,尽日风吹玳瑁筝。"❹脱落,脱去。韦应物《对新篁》:"新绿苞初解,嫩气笋犹香。"❺解脱,摆脱。王维《赠房卢氏琯》:"将从海岳居,守静解天刑。"❻禳除,向鬼神祈祷。见"解神❶"。❼解除,消除,排除。李白《赠张相镐二首》之一:"佐汉解鸿门,生唐为后身。"韦应物《送宣州周录事》:"唯当存令德,可以解悁勤。"皇甫冉《同温丹徒登万岁楼》:"闻道王师犹转战,谁能谈笑解重围?"周昙《咏史诗·春秋战国门·侯嬴朱亥》:"当时不是二君计,匹马那能解赵围。"❽解开;脱下。岑参《南楼送卫凭》:"应须乘月去,且为解征衣。"钱起《中书王舍人辋川旧居》:"一从解蕙带,三入偶蝉冠。"元稹《酬乐天赴江州路上见寄三首》之一:"有结解不开,有环寻不歇。"韦庄《解维》:"又解征帆落照中,暮程还过秣陵东。"❾晓悟,理解。杜甫《可惜》:"此意陶潜解,吾生后汝期。"皇甫冉《同诸公有怀绝句》:"移家南渡久,童稚解方言。"白居易《感兴二首》之二:"鱼能深入宁忧钓,鸟解高飞岂触罗。"齐己《雉》:"山梁从行者,错解仲尼叹。"❿开,放开。韩愈、孟郊《斗鸡联句》:"事爪深难解,嗔睛时未怠。"⓫解释,讲解。权德舆《薄命篇》:"为问佳期早晚是,人人总解有黄金。"郑准《代寄边人》:"片心因卜解,残梦过桥惊。"元稹《听庾及之弹乌夜啼引》:"君弹乌夜啼,我传乐府解古题。"⓬散乱。杜甫《又示宗武》:"觅句新知律,摊书解满床。"⓭乐曲、诗歌或文章的章节。温庭筠《西州词》:"一弹三四解,掩仰似含情。"王建《寻橦歌》:"斯须改变曲解新,贵欲欢他平地人。"⓮能,会。岑参《青龙招提归一上人远游吴楚别诗》:"于焉久从戎,兼复解论兵。"独孤及《东平蓬莱驿夜宴平卢杨判官醉后赠别姚太守置酒留宴》:"齐童如花解郢曲,起舞激楚歌采莲。"元稹《独醉》:"桃花解笑莺能语,自醉自眠那藉人。"韦庄《姬人养蚕》:"仍道不愁罗与绮,女郎初解织桑篮。"

解² 〔jiè《广韵》古隘切,去卦,見。〕唐宋时,凡举进士者,皆由州县地方推荐发送入京,称为"解"。乡试第一名者,称为解元或解头。见"解头"。亦指举进士者在州县乡试中所获取的资格。王昌龄有《送刘昚虚归取宏词解》。

解³ 〔xiè《广韵》胡懈切,去卦,見。又胡買切,上蟹,匣。〕姓。唐诗人有解彦融、解琬和解叔禄。

【解人】 通晓事理之人。寒山《诗三百三首》九一:"世有多解人,愚痴徒苦辛。"

【解人颐】 谓使人欢笑。《汉书·匡衡传》:"匡说诗,解人颐。"王维《慕容承携素馔见过》:"空劳酒食馔,持底解人颐。"

【解水】 熟识水性。杜甫《陪郑广文游何将军山林十首》之八:"刺船思郢客,解水乞吴儿。"

【解巾】 除去头巾。谓出任官职。《后汉书·韦彪传》:"诏书逼切,不得已,解巾之郡。"李贤注:"巾,幅巾也。既服冠冕,故解幅巾。"权德舆《春送十四叔赴任渝州录事绝句》:"随牒忽离南北巷,解巾都吏有清风。"又《送岳州温录事赴任》:"解巾州主簿,捧檄不辞遥。"魏氏《赠外》:"游子倦风尘,从官初解巾。"白居易《何处堪避暑》:"脱袜闲濯足,解巾快搔头。"

【解牛】 宰牛。杜牧《牧陪昭应卢郎中在江西宣州佐今吏部沈公幕成二十二韵用以投寄》:"印组萦光马,锋铓看解牛。"李咸用《长歌行》:"要衣须破束,欲炙须解牛。"

【解甲】 ❶脱下战衣。王昌龄《代扶风主人答》:"连年不解甲,积日无所餐。"杜甫《热三首》之三:"十年可解甲,为尔一沾巾。"卢纶《腊日观咸宁王部曲娑勒擒豹歌》:"捨鞍解甲疾如风,人忽虎蹲兽人立。"❷放下武器,投降。花蕊夫人徐氏《述国亡诗》:"十四万人齐解甲,宁无一个是男儿。"

【解$_2$由】 官吏赴任的证书。方干《送剡县陈永秩满归越》:"古人唯贺满,今挈解由还。"

【解印】 解除印绶。谓辞免官职。崔湜《襄阳作》:"庙堂初解印,郡邸忽腰章。"王维《丁寓田家有赠》:"在朝每为言,解印果成趣。"蒋防《题杜宾客新丰里幽居》:"圣情容解印,帝里许悬车。"陆龟蒙《自遣诗三十首》之一七:"渊明不待公田熟,乘兴先秋解印归。"

【解包】 解开包裹。杜甫《北征》:"粉黛亦解苞,衾裯稍罗列。"

【解帆】 ❶开船。杜甫《奉送魏六丈佑少府之交广》:"解帆岁云暮,可与春风归。"❷停船。崔橹《岸梅》:"行客见来无去意,解帆烟浦为题诗。"

【解衣】 ❶脱衣。韩翃《赠别成明府赴剑南》:"解衣初醉绿芳夕,应采蹲鸱荐佳客。"颜真卿、房夔《竹山连句题潘氏草堂》:"解衣垂蕙带,拂席坐藜床。"陆龟蒙《奉和袭美先辈吴中苦雨一百韵》:"解衣换仓粟,秕稗犹未脱。"李洞《送安抚从兄夷偶中丞》:"六州安抚后,万户解衣眠。"❷慷慨地赠人衣物。谓施惠于人。语出《史记·淮阴侯列传》:"汉王授我上将军印,予我数万众,解衣衣我,推食食我,言听计用,故吾得以至于此。"皇甫冉《送陆鸿渐赴越》序:"尚书郎鲍侯,知子爱子者,将推食解衣以拯其极,讲德游艺以凌其深。"

【解吟】 能够吟诵。宣宗《吊白居易》:"童子解吟长恨曲,胡儿能唱琵琶篇。"杜牧《九华山》:"却忆谪仙才格俊,解吟秀出九芙蓉。"

【解兵】 解除武装,停止战争。沈佺期《杂诗三首》之三:"闻道黄龙戍,频年不解兵。"杜甫《释闷》:"四海十年不解兵,犬戎也复临咸京。"又《次晚洲》:"中原未解兵,吾得终疏放。"

【解作】 晓悟。高适《赋得还山吟送沈四山人》:"人生老大须恣意,看君解作一生事。"

【解坼】 撕裂。卢仝《感苦四首》之二:"萧绶既解坼,陈印亦弃捐。"

【解事】 通晓事理。杜甫《彭衙行》:"小儿强解事,故索苦李餐。"

【解叔禄】 唐诗人。《全唐诗逸》卷中录其《长安登望》残句一联。

【解知】 能知。吉师老《看蜀女转昭君变》:"檀口解知千载事,清词堪叹九秋文。"

【解佩】 ❶亦作"解珮"。解下佩带的饰物。见汉刘向《列仙传·江妃二女》。又三国魏曹植《洛神赋》云,他见到洛神曾"解去佩"向他表示情意。张九龄《杂诗五首》之四:"汉水访游女,解佩欲谁与?"孟浩然《万山潭作》:"游女昔解佩,传闻于此山。"许浑《戏代李协律松江有赠》:"兰浦远乡应解珮,柳堤残月未鸣珂。"李瀚《蒙求》:"渊客泣珠,交甫解佩。"❷佩是古代文官朝服上的饰物,因谓脱去朝服辞官为"解佩"。白居易《昨日复今辰》:"解佩收朝带,抽簪换野巾。"亦指官员休沐。耿湋《奉和元承杪秋忆终南旧居》:"解佩从休沐,承家岂退耕。"

【解金】 谓解下金鞍,温庭筠《苏小小歌》:"买莲莫破券,买酒莫解金。"

【解放】 解开,放松。崔颢《雁门胡人歌》:"解放胡鹰逐塞鸟,能将代马猎秋田。"

【解官】 解除官职。无名氏《五言诗》之六:"御史秉正断,除名仍解官。"

【解空】 (—kōng)晓悟佛家诸法皆空之理。羊士谔《郡斋读经》:"解空囊不智,灭景谷何愚。"鲍溶《怀惠明禅师》:"解空长老莲花手,曾以佛书亲指授。"李群玉《湘中别成威阇黎》:"解空与密行,名腊信崇德。"杜荀鹤《赠临上人》:"解空非有自,所得是无言。"

【解空人】 (空 kōng)晓悟万法皆空的人。指高僧。贾岛《哭柏岩和尚》:"自嫌双泪下,不是解空人。"

【解挂】 解下悬挂。白居易《答山侣》:"非无解挂簪缨意,未有支持伏腊资。"

【解$_3$彦融】 唐诗人。高宗至玄宗时在世。《全唐诗》卷七六九录其《雁塔》一首。

【解神】 ❶祈神还愿。孟浩然《上巳日涧南园期王山人陈七诸公不至》:“石壁堪题序,沙场好解神。”孙逖《晦日湖唐》:“公子能留客,巫阳好解神。”❷月中善神。见《协纪辨方书·义例三·解神》。戴叔伦《和李相公勉晦月蓬池游宴》:“微文复看猎,宁与解神同。”

【解袂】 分手,离别。沈佺期《酬杨给事兼见赠台中》:“分曹八舍断,解袂五时空。”杜甫《湘江宴饯裴二端公赴道州》:“鸹鶡催明星,解袂从此旋。”

【解紅】 ❶双童双人舞,宋时发展为群舞。见《宋史·乐志十七》。和凝有《解红歌》,题下自注:“唐有儿童解红之舞。”❷词牌名。五代后晋和凝所创。单调二十七字,五句三平韵。与《赤枣子》《捣练子》《桂殿秋》诸词,字句悉同,惟平仄略异。和凝《解红歌》:“百戏罢,五音清,解红一曲新教成。”

【解珮】 见“解佩”。

【解連環】 《战国策·齐策六》:“秦始皇尝使使者遗君王后玉连环,曰:‘齐多智,而解此环不?’君王后以示群臣,群臣不知解。君王后引椎椎破之,谢秦使曰:‘谨以解矣。’”后遂以“解连环”喻指解决难题。罗虬《比红儿诗》之四一:“再三为谢齐皇后,要解连环别与人。”

【解席】 解祠之席。解祠为春天在郊外举行的祛灾邪的祭祀。沈佺期《三日独坐驩州思忆旧游》:“禊堂通汉苑,解席绕秦楼。”

【解凍】 冰冻融化。包佶《祀风师乐章·奠币登歌》:“弹弦自昔,解冻惟旧”。王季则《鱼上冰》:“北陆收寒尽,东风解冻初。”徐铉《北苑侍宴杂咏诗·风》:“昨朝才解冻,今日又开花。”牛峤《杨柳枝五首》之一:“解冻风来末上青,解垂罗袖拜卿卿。”

【解酒】 醒酒。王建《送严大夫赴桂州》:“辟邪犀角重,解酒荔枝甘。”

【解夏】 佛教以七月十五日中元节为僧人一夏九旬安居期满而散去之日,称为解夏。张籍《送僧游五台兼谒李司空》:“定知巡礼后,解夏始应回。”

【解氣】 舒解郁闷之气。张说《和张监观赦》:“雷舒作解气,岁复建寅春。”

【解紛】 排除纷乱;排解纠纷。语出《老子》:“挫其锐,解其纷。”王绩《晚年叙志示翟处士》:“解纷曾霸越,释难颇存周。”高适《赠别王十七管记》:“适赵非解纷,游燕往无说。”窦巩《唐州东途作》:“绿林兵起结愁云,白羽飞书未解纷。”陈师穆《立春日晓望三素云》:“礼候于斯睹,明循在解纷。”

【解書劍】 会读书击剑。高适《别韦参军》:“二十解书剑,西游长安城。”

【解帶】 解开衣带。多表示闲适。韦应物《对残灯》:“幽人将遽眠,解带翻成结。”司空曙《和卢校书文若入使院书事》:“解带独裴回,秋风如水来。”白居易《常乐里闲居》:“谁能雠校闲,解带卧吾庐。”又《池上即事》:“移床避日依松竹,解带当风挂薜萝。”

【解救】 使脱离困境或痛苦。拾得《诗》之三五:“何曾解救苦,恣意乱纵横。”

【解脫】 ❶解开,脱去。孙元晏《咏史诗·晋·郭璞脱襦》:“到头分命难移改,解脱青襦与别人。”韩愈《元和圣德诗》:“解脱挛索,夹以砧斧。”❷佛教语。指摆脱烦恼业障的束缚而复归自在。寒山《诗三百三首》之一六九:“无始由狗心,不超解脱地。”拾得《诗》之三八:“本来求解脱,却见受驱驰。”白居易《自觉二首》之二:“我闻浮屠教,中有解脱门。”庞蕴《杂诗》之四:“不假坐禅持戒律,超然解脱岂劳功。”

【解惜】 懂得爱惜。白居易《下邽庄南桃花》:“日暮风吹红满地,无人解惜为谁开?”

【解組】 解绶,辞免官职。玄宗《送贺知章归四明》序:“天宝三年,太子宾客贺知章,鉴止足之分,抗归老之疏,解组辞荣,志期入道。”韦应物《答韩库部》:“还当以道推,解组守蒿蓬。”又《清都观答幼遐》:“解组一来款,披衣拂天香。”

【解$_3$琬】 (? —718)唐诗人。魏州元城(今河北大名县)人。乾封元年(666)举幽素科,为新政尉。后贬沧州刺史。景龙中,迁御史大夫,兼朔方行军大总管。景云二年(711),复为朔方行军大总管。寻授右武卫大将军,兼检校晋州刺史,封济南县男。以年老致仕。后因吐蕃寇边,复召授左散骑常侍,与吐蕃分定地界。迁太子宾客。开元五年(717),出为同州刺史。翌年卒,年八十余。《全唐诗》卷一〇五录其诗二首。

【解落】 散落。李峤《风》:“解落三秋叶,能开二月花。”

【解圍】 ❶解除敌军的包围。崔湜《早春游边城怀归》:“大漠羽书飞,长城未解围。”高适《燕歌行》:“身当恩遇恒轻敌,力尽关山未解围。”郑谷《峡中寓止二首》之一:“荆州未解围,小县结茅茨。”贯休《避寇游成福山院》:“那堪蚕月偏多雨,况复衢城未解围。”❷泛指解除困境。李端《送惟良上人归润州》:“正被空门缚,临岐乞解围。”温庭筠《光风亭夜宴妓有醉殴者》:“吴国初成阵,王家欲解围。”罗隐《寄崔庆孙》:“文阵解围才昨日,醉乡分袂已三年。”崔道融《梅》:“清光寂寞思无尽,应待琴尊与解围。”

【解腕】 断腕。陆龟蒙《别离曲》:“蝮蛇一螫手,壮士即解腕。”

【解愠】 消除怨怒。语出《孔子家语·辩乐解》:“昔者舜弹五弦之琴,造《南风》之诗,其诗曰:‘南风之薰兮，可以解吾民之愠兮。南风之时兮，可以阜吾民之财兮。'"崔日用《奉和九月九日登慈恩寺浮图应制》："菊泛延龄酒，兰吹解愠风。"张九龄《恩赐乐游园宴应制》："晞阳人似露，解愠物从风"。韦元旦《奉和九日幸临渭亭登高应制得月字》："颀承解愠词，圣酒黄花发。"

【解道】 ❶知道，懂得。张籍《凉州词三首》之三："边将皆承主恩泽，无人解道取凉州。"李商隐《赠歌妓二首》之二："只知解道春来瘦，不道春来独自多。"陆龟蒙《早春雪中》："君披鹤氅独自立，何人解道真神仙。"❷能吟，会吟。李白《金陵城西楼月下吟》："解道澄江净如练，令人长忆谢玄晖。"

【解勞】 解除疲劳。韩偓《边上看猎赠元戎》："红袖拥门持烛炬，解劳今夜宴华堂。"

【解渴】 止渴。李白《江上寄元六林宗》："兰交空怀思，琼树讵解渴。"又《早过漆林渡寄万巨》："因思万夫子，解渴同琼树。"白居易《早夏游平原回》："青梅旋摘尝，疗饥兼解渴。"徐铉《和门下殷侍郎新茶二十韵》："解渴消残酒，清神感夜眠。"

【解悶】 （—mèn）消解闷气。白居易《洛下寓居》："秋馆清凉日，书因解闷看。"

【解夢】 解说梦兆。罗隐《湘中见进士乔诩》："一笑有情堪解梦，数年无故不同游。"

【解愁】 解除愁闷。李群玉《索曲送酒》："帘外春风正落梅，须求狂药解愁回。"陆龟蒙《惜花》："若使花解愁，愁于看花人。"徐铉《又和八日》："那教人世长多恨，未必天仙不解愁。"

【解愛】 喜爱；爱好。郎士元《送张光归吴》："秋来多见长安客，解爱鲈鱼能几人？"白居易《期李二十文略王十八质夫不至独宿仙游寺》："始知解爱山中宿，千万人中无一人。"又《宅西偶题五绝句》之一："伊水分来不自由，无人解爱为谁流。"崔珏《有赠》："虽然不似王孙女，解爱临邛卖赋郎。"

【解意】 ❶理解意思。崔道融《梅花》："朔风如解意，容易莫摧残。"❷犹言在意。任华《怀素上人草书歌》："十杯五杯不解意，百杯已后始颠狂。"

【解榻】 东汉陈蕃任豫章太守时，不接待宾客，只有高士徐穉来时特设一榻，徐穉离开后便即悬挂起来。又任乐安太守时，亦曾为郡人周璆特为置一榻，去则悬之。见《后汉书·徐穉传》和《陈蕃传》。后遂以"解榻"作为热情接待宾客或礼贤下士之典。李白《春陪商州裴使君游石娥溪》："我来属芳节，解榻时相悦。"高适《东平旅游奉赠薛太守二十四韵》："叨承解榻礼，更得问缣游。"李商隐《哭遂州萧侍郎二十四韵》："登舟惭郭泰，解榻愧陈蕃。"姚倨《南源山》："闲僧能解榻，倦客得休鞍。"

【解摘】 解释摘取的文句。韩愈《赠张籍》："召令吐所记，解摘了瑟僩。"

【解醒】 醒酒；解除酒病。酒病曰酲。孟浩然《春中喜王九相寻》："酒伴来相命，开尊共解酲。"李益《答窦二曹长留酒还榼》："解酲元有数，不用吓刘伶。"元稹《放言五首》之一："五斗解酲犹恨少，十分飞盏未嫌多。"皮日休《醉中寄鲁望一壶并一绝》："门巷寥寥空紫苔，先生应渴解酲杯。"

【解舞】 善舞。杜牧《悲吴王城》："苏小宅房花正开，解舞细腰何处往？"

【解魄】 失魄。韩愈、孟郊《城南联句》："解魄不自主，痺肌坐空瞠。"

【解領】 理解领悟。李白《赠宣州灵源寺仲濬公》："观心同水月，解领得明珠。"

【解語】 会说话。王建《题东华观》："鹤雏灵解语，琼叶软无声。"孟郊《峡哀》之五："峡螭老解语，百丈潭底闻。"白居易《酬和元九东川路诗十二首·山枇杷花二首》之二："若使此花兼解语，推囚御史定违程。"司空图《杏花》："解笑亦应兼解语，只应慵语倩莺声。"

【解説】 会说，能说。岑参《虢州南池候严中丞不至》："思想不解说，孤负舟中杯。"又《祁四再赴江南别诗》："怜君不解说，相忆在书题。"卢纶《题天华观》："芝童解说壶中事，玉管能留天上春。"权德舆《相思曲》："相思不解说，明月照空房。"

【解韍】 解下参加皇帝举行祭典时所着的蔽膝。借指离开朝廷官位。李逢吉《再赴襄阳辱宣武相公贻诗今用奉酬》："解韨辞丹禁，扬旌去赤墀。"

【解網】 解开罗网。比喻宽宥，施以仁德。语出《史记·殷本纪》。许敬宗《奉和宴中山应制》："飞云旋碧海，解网宥青丘。"韩愈《赴江陵途中寄赠翰林三学士》："殷汤闵禽兽，解网祝蛛蝥。"柳宗元《寄韦珩》："幸因解网入鸟兽，毕命江海终游遨。"《郊庙歌辞·中宗祀昊天乐章·太和》："恒思解网，每轸泣辜。"

【解綬】 解下印绶。谓辞免官职。许景先《征君宅》："内史既解绶，支公亦相亲。"钱起《酬陶六辞秩归旧居见柬》："去俗因解绶，忆山得采薇。"韩翃《家兄自山南罢归献诗叙事》："坐厌牵丝倦，因从解绶旋。"

【解駐】 谓停住。白居易《和杜录事题红叶》："解驻篮舆看，风前唯两人。"

【解鞍】 解下马鞍。表示停驻。汉将军李广在一次与匈奴的接触中，以百骑对千骑，李广令骑兵解鞍，以示不走，迷惑敌军，最终射杀敌将，凯旋而归。见《史记·李将军列传》。岑参《宿华阴东郭客舍忆阎防》："次舍山郭近，解鞍鸣钟时。"韦应物《寄酬李博士永宁王主簿叔厅见待》："解鞍先几日，款曲见新诗。"

孟郊《往河阳宿峡陵寄李侍御》:“行路解鞍投古陵,苍苍隔山见微月。”吴融《赴阙次留献荆南成相公三十韵》:“解鞍欺李广,煮弩笑臧洪。”

【解醉】 谓善饮。白居易《琴酒》:“若使启期兼解醉,应言四乐不言三。”

【解憂】 解除忧愁。李咸用《和彭进士感怀》:“三编大雅曾关兴,一册南华旋解忧。”

【解縣】 古县名。唐武德元年(618)以虞乡县改名,治所在今山西运城市西南解州镇。耿沣有《留别解县韩明府》。

【解嘲】 因被人嘲笑而自作解释。典出《汉书·扬雄传下》。王维《重酬苑郎中》:“扬子解嘲徒自遣,冯唐已老复何论。”牟融《题赵支》:“曾闻贾谊陈奇策,肯学扬雄赋《解嘲》。”薛能《许州题观察判官厅》:“纤腰弟子知千恨,笑与扬雄作解嘲。”郑谷《池上》:“池榭惬幽独,狂吟学解嘲。”

【解劍】 谓拔剑自刎。李贺《马诗二十三首》之十:“君王今解剑,何处逐英雄?”

【解薜】 脱掉薜萝粗服。谓弃隐出仕。见《晋传·谢安传论》。王维《留别山中温古上人兄并示舍弟缙》:“解薜登天朝,去师偶时哲。”李群玉《始忝四座奏状闻荐蒙恩授官呈同馆诸公二十四韵》:“解薜龙凤署,怀铅兰桂丛。”

【解頤】 谓开颜欢笑。语出《汉书·匡衡传》。李白《赠徐安宜》:“讼息但长啸,宾来或解颐。”白居易《代书诗一百韵寄微之》:“此日空搔首,何人共解颐。”李山甫《下第献所知三首》之二:“自怜心计今如此,凭仗春醪为解颐。”韦庄《春暮》:“不学山公醉,将何自解颐?”

【解頭】 即解元。科举时,乡试中第一名者。赵嘏有《赠解头贾嵩》。

【解顏】 开颜欢笑。孟浩然《秋登张明府海亭》:“染翰聊题壁,倾壶一解颜。”武元衡《酬陆三与邹十八侍御》:“城分流水郭连山,拂露开怀一解颜。”杨发《秋晴独立南亭》:“开襟自向清风笑,无限秋光为解颜。”罗隐《秋夕对月》:“夜月色可掬,倚楼聊解颜。”

【解縛】 解除束缚。钱起《送原公南游》:“自言难解缚,何日伴师行。”

【解龜】 解下龟印。谓辞官。杜甫《哭王彭州抡》:“解龟生碧草,谏猎阻清霄。”权德舆《送张詹事致政归嵩山旧居》:“解龟辞汉庭,却忆少微星。”杜牧《正初奉酬歙州刺史邢群》:“一壑风烟阳羡里,解龟休去路非赊。”李嫔《题善权寺石壁》:“报国虽当存死节,解龟终得遂生还。”

【解講】 能讲。皮日休《鲁望示广文先生吴门二章次韵属和存于诗编鲁望之命也》之二:“能谙肉芝样,解讲隐书文。”

【解鞭】 放下马鞭。谓罢骑止息。孟浩然《寻香山湛上人》:“杖策寻故人,解鞭暂停骑。”

【解襟】 解开衣襟。言开怀。刘孝孙《冬日宴于庶子宅各赋一字得鲜》:“解襟游胜地,披云促宴筵。”

【解織】 前秦窦滔妻苏蕙,曾织锦为回文旋图诗,寄给流放远方的丈夫。见《晋书·列女传·窦滔妻苏氏传》。后遂以“解织”作咏闺思的典故。吴融《和韩致光侍郎无题三首十四韵》之三:“解织宜名蕙,能歌合姓秦。”

【解嚴】 弛备息兵。喻指战胜世俗的情欲烦恼后进入的境界。王维《青龙寺昙壁上人兄院集》序:“吾兄大开荫中,明彻物外。以定力胜敌,以惠用解严。”

【解識】 知晓。吕岩《登平都访仙》之一:“两口单行谁解识,王阴空使马蹄虚。”

【解釋】 ❶解开,解除。罗隐《钱》:“解释愁肠结,能分睡眼开。”❷消除。李白《清平调词三首》之三:“解释春风无限恨,沉香亭北倚阑干。”

【解懸】 解救苦难。语出《孟子·公孙丑上》:“当今之时,万乘之国行仁政,民之悦之,犹解倒悬也。”元稹《和乐天赠樊著作》:“解悬不泽手,拯溺无折旋。”

【解籍】 脱去妓籍。段成式有《柔卿解籍戏呈飞卿三首》。

【解驂】 解下套在车两侧的马。谓罢驾不行。王维《晦日游大理韦卿城南别业四声依次用各六韵》:“侧闻尘外游,解骖轭朱轮。”

【解攜】 分手,离别。储光羲《留别安庆李太守》:“明牧念行子,又言悲解携。”韦应物《重送丘二十二还临平山居》:“岁中始再觏,方来又解携。”杜牧《洛中送冀处士东游》:“歌阕解携去,信非吾辈流。”韦庄《赠云阳裴明府》:“南北三年一解携,海为深谷岸为蹊。”亦指离别之友人。李咸用《谢友生遗端溪砚瓦》:“得自新知己,如逢旧解携。”

【解籜】 谓竹笋脱壳。李颀《双笋歌送李回兼呈刘四》:“春风解箨雨润根,一枝半叶清露痕。”钱起《谢张法曹万顷小山暇景见忆》:“解箨雨中竹,将雏花际禽。”元稹《新竹》:“新篁才解箨,寒色已青葱。”

【解鑣】 脱去辔衔。韩愈《与张十八同效阮步兵一日复一夕》:“俯仰未得死,一世已解镳。”

【解纓】 解开冠缨。谓辞官。钱起《归义寺题震上人壁》:“不作解缨客,宁知舍筏喻。”

【解纜】 解开系船的缆。指开船。孟浩然《送王大校书》:“维桑君有意,解缆我开筵。”杜甫《寄李十四员外布十二韵》:“试待盘涡歇,方期解缆初。”白居易

《想东游五十韵》:"食宁妨解缆,寝不废乘流。"李中《送姚端先辈归宁》:"解缆汀洲晓,张帆烟水春。"

七 画

觫 〔sù《集韵》蘇谷切,入屋,心。〕恐惧颤抖貌。见"觳觫"。

八 画

觰 〔zhā《广韵》陟加切,平麻,知。〕角向上张开。《广韵·平麻》:"觰,角上广也。"引申为张开。参见"觰沙。"

【觰沙】 张开貌。韩愈《月蚀诗效玉川子作》:"赤乌司南方,尾秃翅觰沙。"

觴 同"盏"。酒杯。韩愈《送灵师》:"饮酒尽百盏,嘲谐思逾鲜。"又《寒食日出游》:"饮酒宁嫌盏底深,题诗尚倚笔锋劲。"韦庄《少年行》:"五陵豪客多,买酒黄金盏。"

九 画

觱 〔bì《广韵》卑吉切,入質,幫。又王勿切,入物,云。〕见"觱篥"。

【觱栗】 见"觱篥"。

【觱篥】 古代一种管乐器。以竹为管,管口插有芦制哨子,有九孔。本出自西域龟兹,后传入内地。为隋唐燕乐及唐宋教坊乐的重要乐器。亦指吹奏觱篥行为,或觱篥声。李颀《听安万善吹觱篥歌》:"南山截竹为觱篥,此乐本自龟兹出。"刘商《胡笳十八拍·第七拍》:"龟兹觱篥愁中听,碎叶琵琶夜深怨。"刘禹锡《和浙西李大夫霜夜对月听小童吹觱篥歌依本韵》:"侯家小儿能觱篥,对此清光天性发。"罗隐《薛阳陶觱篥歌》:"平泉上相东征日,曾为阳陶歌觱栗。"亦作"觱栗"。张蠙《钱塘夜宴留别郡守》:"觱栗调高山阁迥,虾蟆更促海声寒。"

十 画

觲 〔nuò《广韵》女角切,入覺,娘。〕屋角。见"角觲"。

觳 〔hú《广韵》胡谷切,入屋,匣。〕恐惧战栗貌。见"觳觫"。

【觳觫】 亦作"觳觫"。❶恐惧战栗貌。语出《孟子·梁惠王上》:"王曰:'舍之。吾不忍其(指牛)觳觫,若无罪而就死地。'"赵岐注:"觳觫,牛当到死地处恐貌。"柳宗元《放鹧鸪词》:"齐王不忍觳觫牛,简子亦放邯郸鸠。"曹唐《病马五首呈郑校书章三吴十五先辈》之一:"堕月兔毛乾觳觫,失云龙骨瘦牙槎。"❷借指牛。皎然《送顾处士歌》:"门前便取觳觫乘,腰上还将鹿卢佩。"又《兵马曹季良宅夜集》:"平明仙侣散,觳觫动回连。"

十一画

觴 〔shāng《广韵》式羊切,平陽,書。〕❶盛满酒的杯。亦泛指酒器。太宗《饯中书侍郎来济》:"聊将分袂沾巾泪,还用持添离席觞。"戴叔伦《感怀二首》之二:"但当尽弘量,觞至无复辞。"白居易《效陶潜体诗十六首》之十六:"唯当多种黍,日醉手中觞。"韦庄《春愁》:"睡怯交加梦,闲倾潋滟觞。"❷以酒饮人或自饮。岑参《送颜平原》序:"十二年春,有诏补尚书十数公为郡守,上亲赋诗觞群公,宴于蓬莱前殿。"李益《从军有苦乐行》:"劳者且莫歌,我欲送君觞。"韩愈、孟郊《城南联句》:"馆儒养经史,缀戚觞孙甥。"白居易《偶作二首》之二:"日入多不食,有时唯命觞。"

【觴池】 泛酒觞之池。徐铉有《忆新淦觞池寄孟宾于员外》。

【觴杯】 酒杯。孟郊《溧阳唐兴寺观蔷薇花同诸公饯陈明府》:"花下印文字,林间咏觞杯。"

【觴酌】 饮酒器。孟浩然《宴张记室宅》:"曲岛浮觞酌,前山入咏歌。"

【觴酒】 杯酒。徐铉《纳后夕侍宴》:"华封倾祝意,觞酒与声诗。"

【觴酣】 酒酣,饮酒尽性。顾云《筑城篇》:"役夫登登无倦色,馔饱觞酣方暂息。"

【觴飲】 执杯而饮。谓畅饮。韦应物《答长宁令杨辙》:"嘉宾自远至,觞饮夜何其。"

【觴詠】 饮酒赋诗。语出晋王羲之《兰亭集序》:"一觞一咏,亦足以畅叙幽情。"韩愈《人日城南登高》:"令征前事为,觞咏新诗送。"白居易《北窗三友》:"弦歌复觞咏,乐道知所归。"又《老病幽独偶吟所怀》:"觞咏罢来宾阁闭,笙歌散后妓房空。"

【觴離】 设酒为离人饯行。王昌龄《送程六》:"冬夜觞离在五溪,青鱼雪落鲙橙齑。"

十二画

觙 〔jí《广韵》阻立切，入缉，莊。〕簇集貌。见"觙觙"。

【觙觙】 族聚貌。宋之问《始安秋日》："卷云山觙觙，碎石水磷磷。"卢仝《月蚀诗》："天高日走沃不及，但见万国赤子觙觙生鱼头。"曹邺《奉命齐州推事毕寄本府尚书》："驱囚绕廊屋，觙觙如牛羊。"

觶 〔zhì《广韵》支義切，去寘，章。又章移切，平支，章。〕古代饮酒器。圆腹，侈口，圈足，或有盖，形似尊而小。青铜制，盛行商代和西周初期。陶制者多为明器。亦有木制者。温庭筠《病中书怀呈友人》："垂橐羞尽爵，扬觶辱弯弧。"

觹 〔jué《广韵》古穴切，入屑，見。〕同"鐍"。用以系辔的有舌的环。元稹《台中鞫狱忆开元观旧事呈损之兼周兄四十韵》："闹装辔头觹，静拭腰带斑。"

十三画

觫 同"觳觫"。恐惧颤抖貌。见"觳觫"。

【觫觳】 见"觳觫"。

觸 〔chù《广韵》尺玉切，入燭，昌。〕❶用角顶物。褚亮《句》："神羊既不触，夕鸟欲依人。"韩愈《赠唐衢》："虎有爪兮牛有角，虎可搏兮牛可触。"张籍《牧童词》："牛牛食草莫相触，官家截尔头上角。"陆龟蒙《杂讽九首》之二："童麑来触犀，德力不相及。"❷碰，撞。李白《公无渡河》："黄河西来决昆仑，咆哮万里触龙门。"杜甫《自京赴奉先县咏怀五百字》："疑是崆峒来，恐触天柱折。"韦应物《五弦行》："古刀幽磬初相触，千珠贯断落寒玉。"李群玉《放鱼》："须知香饵下，触口是铦钩。"❸接触。韩愈《苦寒》："将持匕箸食，触指如排签。"皮日休《太湖诗·以毛公泉一瓶献上谏议因寄》："有时玩者触，倏忽风雷颠。"参见"觸物""觸類"。❹遇到，遭受。李峤《和杜学士旅次淮口阻风》："迎风欲举棹，触浪反停桡。"刘禹锡《题招隐寺》："地形临渚断，江势触山回。"孟郊《连州吟》之三："两剑忽相触，双蛟恣浮沉。"刘驾《反贾客乐》："行舟触风浪，尽入鱼腹去。"❺触动，引起。白居易《庾楼新岁》："岁时销旅貌，风景触乡愁。"又《伤唐衢二首》之一："悲端从东来，触我心恻恻。"黄滔《和陈先辈陪陆舍人春日游曲江》："红杏花旁见山色，诗成因触鼓声回。"❻触犯，冒犯。见"觸忤""觸鳞"。❼侵扰，打扰。施肩吾《秋洞宿》："何事触人睡，不教胡蝶飞。"❽通"濁"。参见"觸瓶"。

【觸石】《公羊传》曰："触石而出，肤寸而合，不崇朝而天下雨者，其惟泰山乎。"是"山出云雨"之事。(引文见《公羊传·僖公三十一年》)后遂以作为咏云的典故。太宗《赋得含峰云》："玉叶依岩聚，金枝触石分。"王履贞《青云干吕》："自感明时起，非因触石分。"沈亚之《山出云》："盖小辞山早，根轻触石新。"李群玉《湖阁晓晴寄呈从翁二首》之二："重雾披天急，千云触石轻。"

【觸目】 目光所及。玄宗《巡省途次上党旧宫赋》序："周游馆宇，触目依然。"白居易《秋日与张宾客舒著作同游龙门醉中狂歌凡二百三十八字》："开怀旷达无所系，触目胜绝不可名。"刘得仁《塞上行作》："乡井从离别，穷边触目愁。"郑谷《送吏部曹郎中免官南归》："触目成幽兴，全家是胜游。"

【觸地】 遍地，到处。玄宗《校猎义成喜逢大雪率题九韵以示群官》："触地银獐出，连山缟鹿见。"白居易《浔阳春三首·春来》："春来触地故乡情，忽见风光忆两京。"

【觸邪】 ❶谓辨触奸邪者。相传古有神兽獬豸，能别曲直，"能触邪佞"，故御史执法官戴獬豸冠。后常以指充当御史或御史的职责。崔峒《题桐庐李明府官舍》："观风竞美新为政，计日还知旧触邪。"刘得仁《赠雍陶博士》："汉庭公议在，正与触邪宜。"❷即触邪冠。苏颋《同饯阳将军兼源州都督御史中丞》："旗合无邀正，危冠有触邪。"参见"觸邪冠"。

【觸邪冠】 即獬豸冠。神兽獬豸，能触奸佞，古代为御史等法官之饰。刘长卿《瓜洲驿奉饯张侍御公》："风生趋府步，笔偃触邪冠。"孟郊《送卢虔端公守复州》："忽挂触邪冠，逮逐南飞鸿。"

【觸忤】 冒犯。杜甫《送路六侍御入朝》："剑南春色还无赖，触忤愁人到酒边。"黎瓘《赠漳州崔使君乡饮翻韵诗》："无端触忤王衙押，不得今朝看饮乡。"

【觸尾】 触虿蝎之尾。喻指得罪权贵。杜牧《除官归京睦州雨霁》："悮曾公触尾，不敢夜循墙。"

【觸事】 ❶遇事。韩愈《崔十六少府摄伊阳以诗及书见投因酬三十韵》："我时亦新居，触事苦难办。"❷谓担任职司。韩愈《岳阳楼别窦司直》："爱才不择行，触事得谗谤。"

【觸雨】 冒雨。张籍《送从弟删东归》："春桥欲醉攀花别，野路闲吟触雨行。"姚合《客游旅怀》："诗书愁触雨，店舍喜逢山"。

【觸物】 接触景物、事物。储光羲《牧童词》："同类相鼓舞，触物成讴吟。"韦应物《伤逝》："斯人既已矣，触物但伤摧。"皎然《南池杂咏五首·虚舟》："触物知无迕，为梁幸见遗。”王喦《山中有所思》：“零零夜雨渍愁根，触物伤离好断魂。”

【觸物舟】 虚舟。喻“人能虚已以游于世”。见《淮南子·诠言》。杨衡《送公孙器自桂林归蜀》：“将乘触物舟，暂驻飞空锡。”

【觸途】 沿途。韩愈《赴江陵途中寄赠翰林三学士》：“远地触途异，吏民似猿猴。”

【觸瓶】 佛教用具。触，通“濁”。佛家有净触二瓶。净瓶之水洗净手，触瓶之水洗污手。皎然《酬秦山人赠别二首》之一：“来观新月依清室，欲漱香泉护触瓶。”

【觸處】 （一chù）到处；随处。极言其多。崔知贤《上元夜效小庾体》：“鼓声撩乱动，风光触处新。”姚合《杨柳枝词五首》之四：“二月杨花触处飞，悠悠漠漠自东西。”杜牧《冬日五湖馆水亭怀别》：“芦荻花多触处飞，独凭虚槛雨微微。”罗隐《送内史周大夫自杭州朝贡》：“云间阆苑何时见，水底瑶池触处通。”

【觸疏箴】 告诉皇帝听取直谏的箴言。元稹《桐花》：“君若不好谏，愿献触疏箴。”

【觸絲】 投入罗网。韦庄《同旧韵》：“触丝蛛堕网，避隼鸟投林。”

【觸槐】 《左传·宣公二年》载，晋灵公不君。厚敛以雕墙，从台上弹人而观其避丸。宰夫胹熊蹯不熟，杀之。赵盾骤谏，公使鉏麑贼之。麑曰：“贼民之主，不忠；弃君之命，不信。有一于此，不如死也。”触槐而死。李瀚《蒙求》：“豫让吞炭，鉏麑触槐。”

【觸嗅】 触鼻。刺激臭觉。韩愈、孟郊《城南联句》：“惊魂见蛇蚓，触嗅值虾蟗。”

【觸網】 投入罗网。李义府《咏鹦鹉》：“牵弋辞重海，触网去层峦。”

【觸熱】 ❶冒着炎热。杜甫《送高三十五书记》：“借问今何官，触热向武威。”❷受热。杜甫《贻华阳柳少府》：“自非晓相访，触热生病根。”❸酷热。杜甫《信行远修水筒》：“触热藉子修，通流与厨会。”

【觸撥】 ❶顶触。韩偓《闲居》：“麋鹿跳梁忧触拨，鹰鹯搏击恐粗疏。”❷触动，引起。韩偓《赠僧》：“相逢莫话金銮事，触拨伤心不愿闻。”

【觸興】 （一xìng）即兴，随感起兴。张说《伯奴边见归田赋因投赵侍御》：“放言久无次，触兴感成篇。”

【觸藩】 以角抵撞藩篱。《易·大壮》：“羝羊触藩，羸其角。”喻指碰壁，进退两难。王昌龄《咏史》：“进则耻保躬，退乃为触藩。”孟浩然《寄赵正字》：“高鸟能择木，羝羊漫触藩。”韦应物《示从子河南尉班》：“立政思悬棒，谋身类触藩。”韩愈《和侯协律咏笋》：“狂剧时穿壁，横强几触藩。”

【觸藩羝】 语出《易·大壮》羝羊触藩，不能退，不能遂，无攸利。喻指陷入困境者。沈佺期《赦到不得归题江上石》：“少宽穷涸鲋，犹愍触藩羝。”杜牧《朱坡》：“自尘何太甚，休笑触藩羝。”

【觸穢】 接触污染之事物。张蠙《宿开照寺光泽上人院》：“不教人触秽，偏说此山灵。”

【觸襟】 触动襟怀。韦庄《三用韵》：“素律初回驭，商飙暗触襟。”

【觸羅】 ❶投入罗网。白居易《感兴二首》之二：“鱼能深入宁忧钓，鸟解高飞岂触罗。”武元衡《冬日汉江南行将赴夏口途次江陵界寄裴尚书》：“哈珠冯月吐，芦雁触罗惊。”❷打鱼。谓退隐。李群玉《留别马使君》：“俱来海上叹烟波，君佩银鱼我触罗。”

【觸類】 接触相类的事物。杜甫《上水遣怀》：“善知应触类，各藉脱颖手。”齐己《寄自牧上人》：“梦愧将僧说，心嫌触类生。”

【觸續】 谓不断碰撞。温庭筠《郭处士击瓯歌》：“乱珠触续正跳荡，倾头不觉金乌斜。”

【觸鱗】 触犯龙的逆鳞。喻臣下对君主的过失犯颜直谏。元稹《宪宗章武孝皇帝挽歌词三首》之一：“触鳞曾在宥，偏哭堕髯前。”

十四画

觺 〔yí《广韵》語其切，平之，疑。又魚力切，入職，疑。〕角锐利貌。见“觺觺”。

【觺觺】 角锐利貌。《楚辞·宋玉〈招魂〉》：“土伯九约，其角觺觺兮。”王逸注：“觺觺，犹狺狺，角利貌也。”引申为角斗激烈。王无竞《北使长城》：“六国复嚣嚣，两龙斗觺觺。”

觼 〔jué《广韵》古穴切，入屑，見。〕《说文·角部》：“觼，环之有舌者。”桂馥义证：“觼，系辔之环也。”见“觿”。

十八画

觿 〔xī《广韵》許規切，平支，曉。又户圭切，平齊，匣。〕古代解结的用具。形如锥。用象骨制成，也用作佩饰。《诗·卫风·芄兰》：“芄兰之支，童子佩觿。”朱熹集传：“觿，锥也，以象骨为之，所以解结。”元稹《赠严童子》：“十岁佩觿娇稚子，八行飞札老成人。”孙光宪《菩萨蛮》词之四：“红日欲沉西，烟中遥解觿。”

言 部

言〔yán《广韵》語軒切，平元，疑。〕❶言语。崔融《哭蒋詹事俨》："汲黯言当直，陈平智本奇。"储光羲《安宜园林献高使君》："楚言满邻里，雁叫喧池台。"韦夏卿《别张贾》："临归无限意，相视却忘言。"吴叔达《言行相顾》："立志言为本，修身行乃先。"❷诗文、著作中的字。綦毋潜《送宋秀才》："长剑倚天外，短书盈万言。"岑参《送张直公归南郑拜省》："万言不加点，七步犹嫌迟。"韩愈《记梦》："壮非少者哦七言，六字常语一字难。"白居易《新乐府·海漫漫》："何况玄元圣祖五千言，不言药，不言仙，不言白日升青天。"❸口语或文章中的句子。孟浩然《岘山送张去非游巴东》："一言予有赠，三峡尔将寻。"蒋冽《经埋轮地》："千载埋轮地，无人兴一言。"杨巨源《上刘侍中》："一言弘社稷，九命备珪璋。"白居易《谕友》："我今赠一言，胜饮酒千杯。"雍陶《恨别二首》之一："如今却恨酒中别，不得一言千里愁。"❹著作。孟郊《巫山高》："千载楚王恨，遗文宋玉言。"刘禹锡《送周鲁儒赴举诗》引："生危冠方袂，浅拱舒拜，且前致辞称，贽其文，颇涉猎前言。"❺学说；主张。王维《黎拾遗昕裴秀才迪见过秋夜对雨之作》："白法调狂象，玄言问老龙。"又《济州过赵叟家宴》："道言庄叟事，儒行鲁人余。"高适《奉酬睢阳路太守见赠之作》："逸气刘公干，玄言向子期。"❻说话；说。高适《赠别晋三处士》："手持道经注已毕，心知内篇口不言。"岑参《潼关镇国军句覆使院早春寄王同州》："儒生有长策，闭口不敢言。"韩愈《寒食日出游》："各言生死两追随，直置心亲无貌敬。"朱庆余《留别卢玄休归荆门》："江边离别心，言罢各沾襟。"韦庄《送李秀才归荆溪》："人言格调胜玄度，我爱篇章敌浪仙。"❼谈论；议论。孟浩然《山中逢道士云公》："酌酒聊自劝，农夫安与言。"刘长卿《留题李明府霅溪水堂》："虚牖闲生白，鸣琴静对言。"刘禹锡《秋日过鸿举法师寺院便送归江陵》引："余步出城东门谒仁祠，而鸿举在焉，与之言移时，因告以将去。"周贺《春日山居寄友人》："除忆文流外，何人更可言。"李商隐《五言述德抒情诗一首四十韵献上杜七兄仆射相公》："人言真可畏，公意本无争。"❽告知；陈述。骆宾王《同辛簿简仰酬思玄上人林泉四首》之二："坐叹华滋歇，思君谁为言。"岑参《苗侍中挽歌二首》之一："空悲渭桥路，谁对汉皇言。"韩愈《送诸葛觉往随州读书》："屡为丞相言，虽恳不见录。"李商隐《韩碑》："当仁自古有不让，言讫屡颔天子颐。"❾问。韩愈《奉酬卢给事云夫四兄曲江荷花行见寄并呈上钱七兄阁老张十八助教》："我今官闲得婆娑，问言何处芙蓉多。"又《赠徐州族侄》："击门者谁子，问言乃吾宗。"❿意料；料想。郭震《古剑篇》："何言中路遭弃捐，零落漂沦古狱边。"王维《故太子太师徐公挽歌四首》之四："谁言断车骑，空忆盛衣冠。"司空曙《哭麹山人》："何言芳草日，自作九泉人。"刘禹锡《伤段右丞》："何言马蹄下，一旦是佳城。"刘商《行营病中》："心许征南破虏归，可言羸病卧戎衣。"⓫啼鸣。李君房《石季伦金谷园》："舞态随人谢，歌声寄鸟言。"刘禹锡《洛中早春赠乐天》："花意已含蓄，鸟言尚沉吟。"又《和乐天闲园独赏八韵前以蜂鹤拙句寄呈今辱蜗蚁妍词见答因成小巧以取大咍》："睢盱欲斗雀，索漠不言莺。"⓬语助词。用于句首，相当于"乃"。王维《青溪》："言入黄花川，每逐清溪水。"丁仙芝《江南曲五首》之五："始下芙蓉楼，言发琅琊岸。"卢象《奉和张使君宴加朝散》："言从大夫后，用答圣人心。"韦应物《采玉行》："官府征白丁，言采蓝溪玉。"独孤及《送李宾客荆南迎亲》："还申供帐别，言赴倚门期。"⓭语助词。用于句中，相当于"然""焉"。骆宾王《送宋五之问得凉字》："愿言游泗水，支离去二漳。"玄宗《赐诸州刺史以题座右》："眷言思共理，鉴梦想维良。"李白《下终南山过斛斯山人宿置酒》："欢言得所憩，美酒聊共挥。"高适《单父逢邓司仓覆仓库因而有赠》："邂逅得相逢，欢言至夕阳。"翁承赞《奉使封闽王归京洛》："此去愿言归梓里，预凭魂梦展维桑。"

【言下】 ❶言语之下或诗文之中。刘禹锡《和东川王相公新涨驿池八韵》："变化生言下，蓬瀛落眼前。"又《和牛相公南溪醉歌见寄》："相形面势默指画，言下变化随顾瞻。"郑谷《谷初忝谏垣今宪长薛公方在西阁知奖隆异以四韵代述荣感》："道自琐闱言下振，恩从仙殿对回深。"方干《谢王大夫奏表》："非唯言下变荣衰，大海可倾山可移。"张蠙《上所知》："初向众中留姓氏，敢期言下致时名。"❷一言之间；顿时。刘禹锡《早夏郡中书事》："言下辨曲直，笔端破交争。"韩偓《感事三十四韵》："氛霾言下合，日月暗中悬。"吴仁璧《秋日听僧弹琴》："金徽玉轸韵泠然，言下浮生指下泉。”

【言巧】　谓花言巧语。刘禹锡《萋兮吟》:“名高毁所集,言巧智难防。”

【言行】　言语和行为。王建《求友》:“世路薄言行,学成弃其师。”皮日休《初夏游楞伽精舍》:“言行既异调,栖迟亦同托。”范质《诫儿侄八百字》:“夙夜事勤肃,言行思悔尤。”

【言志】　❶表达情志,抒发感情。语出《书·舜典》:“诗言志,歌永言。”玄宗《春中兴庆宫酺宴》序:“诗以言志,思吟湛露之篇。”陈子昂《晦日宴高氏林亭》序:“盍各言志,以记芳游。”太宗有《登三台言志》。许敬宗有《奉和秋暮言志应制》。徐灵府有《言志献浙东廉访辞召》。❷谈谈志向、志愿。语出《论语·公冶长》:“子曰:‘盍各言尔志。’”李商隐《赠送前刘五经映三十四韵》:“虽从各言志,还要大为防。”

【言别】　告别。储光羲《贻阎处士防卜居终南》:“春风摇杂树,言别还江汜。”岑参《虢州送郑兴宗弟归扶风别庐》:“今旦忽言别,怆然俱泪垂。”刘禹锡《送慧则法师归上都因呈广宣上人》引:“予有社内之因,故言别之日,爰缘瞥起。”李益有《喜见外弟又言别》。

【言言】　❶相互欢乐言论貌。语出《诗·大雅·公刘》:“于时言言,于时语语。”孟郊《自惜》:“徒有言言旧,惭无默默新。”❷用言语表达。王维《谒璿上人》序:“色空无碍,不物物也;默语无际,不言言也。”

【言忘】　即忘言。谓已领会其意,不须言说。语出《庄子·外物》:“言者所以在意,得意而忘言。”骆宾王《夏日游德州赠高四》序:“道契言忘,少寄言而筌道。”又《久戍边城有怀京邑》:“意气风云合,言忘道术趋。”参见“言筌”。

【言事】　指向天子进谏或议论政事。卢象《赠程秘书》:“圣人借颜色,言事无不通。”岑参《送狄员外巡按西山军》:“儒生识损益,言事皆审谛。”高适《奉酬北海李太守丈人夏日平阴亭》:“谷永独言事,匡衡多引经。”韩愈《酬裴十六功曹巡府西驿途中见寄》:“御史坐言事,作吏府中尘。”

【言命】　谓命运,说是命运。卢纶《落第后归终南别业》:“落羽羞言命,逢人强破颜。”

【言念】　思念。言,语助词。王勃《倬彼我系》之八:“言念旧德,忧心忉忉。”萧颖士《江有归舟三章》序:“言念二子,从予于此。”沈颂《旅次灞亭》:“言念待明发,东山幽意深。”

【言重】　❶言语慎重。杜荀鹤《辞九江李郎中入关》:“愿开言重口,荐与分深人。”❷反复叮咛。黄滔《出京别崔学士》:“命奇未便乘东律,言重终期雪北军。”

【言泉】　谓泉水般流出的语言。刘孝孙《冬日宴于庶子宅各赋一字得鲜》:“清文振笔妙,高论写言泉。”刘允济《经庐岳回望江州想洛川有作》:“言泉激为浪,思绪飞成缴。”

【言笑】　❶谈笑;说说笑笑。高适《宋中遇林虑杨十七山人因而有别》:“始惊道路难,终念言笑暌。”岑参《与鲜于庶子自梓州成都少尹自褒城同行至利州道中作》:“言笑忘羁旅,还如在京华。”钱起《过温逸人旧居》:“声容在心耳,宁觉阻言笑。”窦群《同王晦伯朱遐景宿慧山寺》:“问古松桂老,开襟言笑新。”❷声音笑貌。韦应物《使云阳寄府曹》:“公堂众君子,言笑思与觌。”钱起《山下别杜少府》:“寸晷恋言笑,佳期欲阻暌。”

【言宴】　谈笑欢乐。语出《诗·卫风·氓》:“总角之宴,言笑晏晏。”骆宾王《西京守岁》:“闲居寡言宴,独坐惨风尘。”高适《酬别薛三蔡大留简韩十四主簿》:“归心无昼夜,别事除言宴。”于濆《古宴曲》:“重门集嘶马,言宴金张宅。”

【言過】　❶经过。言,语助词。孟浩然《送桓子之郢成礼》:“为结潘杨好,言过鄢郢城。”❷拜访。言,语助词。皇甫冉《适荆州途次南阳赠何明府》:“言过细阳令,一遇朗陵公。”

【言動】　言行;言语行动。白居易《观稼》:“言动任天真,未觉农人恶。”又《杂感》:“嫌疑远瓜李,言动慎毫芒。”

【言旋】　回返;回还。言,语助词。《玄宗祀圜丘乐章·豫和》:“神光肸蠁,龙驾言旋。”李颀《宿香山寺石楼》:“东林曙莺满,惆怅欲言旋。”高适《涟上题樊氏水亭》:“向不逢此君,孤舟已言旋。”韦应物《晚归沣川》:“已想平门路,晨骑复言旋。”

【言虚行偽】　言行虚伪。贯休《续姚梁公坐右铭》:“胡为自坠,言虚行伪。”

【言筌】　喻指言语的形迹。《庄子·外物》:“荃者所以在鱼,得鱼而忘荃;蹄者所以在兔,得兔而忘蹄。言者所以在意,得意而忘言。”独孤及《三月三日自京到华阴于水亭独酌寄裴六薛八》:“言筌暂两忘,霞月只相新。”

【言詞】　❶诗文中的词语。韩愈《归彭城》:“言词多感激,文字少葳蕤。”白居易《自吟拙什因有所怀》:“上怪落声韵,下嫌拙言词。”李咸用《和友人喜相遇十首》之五:“和羹使用非胥靡,忆鲙言词小季鹰。”❷言语;话。孟郊《秋怀》之一五:“言词岂用多,憔悴在一闻。”刘言史《初下东周赠孟郊》:“言词野麋态,出口多累形。”贾岛《辩士》:“求食饲雏禽,吐出美言词。”吕岩《七言》之六:“长将气度随天道,不把言词问世徒。”

【言尋】　寻访。言,语助词。杜审言《夏日过郑七山斋》:“共有樽中好,言寻谷口来。”骆宾王《夏日游目聊作》:“暂屏嚣尘累,言寻物外情。”杜甫《九日登梓州城》:“共赏重阳节,言寻戏马游。”魏璞《寻鸟巢迹》:“为访名僧迹,言寻小曲阿。”

【言詩】 谈论、议论诗歌。谈论对象或特指《诗经》。王维《上张令公》:“学易思求我,言诗或起予。”元稹《忆杨十二》:“杨子爱言诗,春天好咏时。”李商隐《子初全溪作》:“清兴恭闻命,言诗未敢回。”

【言詮】 以言语解释。张说《闻雨》:“声真不世识,心醉岂言诠。”

【言誓】 誓言;盟誓。杨衡《夷陵郡内叙别》:“皎月托言誓,沧波信浮沉。”

【言語】 ❶言辞;话。储光羲《同王十三维偶然作十首》之五:“清净无言语,兹焉庶可亲。”岑参《梁州对语怀曲二秀才便呈曲大判官时疾赠余新诗》:“曲生住相近,言语阻且乖。”寒山《诗三百三首》之一八〇:“莫知真意度,唤作闲言语。”方干《惜花》:“今日流莺来旧处,百般言语殢空枝。”❷说话;说。崔颢《邯郸宫人怨》:“七岁丰茸好颜色,八岁黠惠能言语。”韩愈《感春四首》之二:“惜哉此子巧言语,不到圣处宁非痴。”元稹《使东川·骆口驿二首》之一:“尽日无人共言语,不离墙下至行时。”白居易《编集拙诗成一十五卷因题卷末戏赠元九李二十》:“莫怪气粗言语大,新排十五卷诗成。”李商隐《昨日》:“未容言语还分散,少得团圆足怨嗟。”❸文辞;词语。白居易《登龙尾道南望忆庐山旧隐》:“自笑形骸纡组绶,将何言语掌丝纶。”张祜《读老庄》:“等闲缉缀闲言语,夸向时人唤作诗。”吴融《赠广利大师歌》:“近来兼解作歌诗,言语明快有气骨。”❹指禽鸟的啼叫。王建《祝鹊》:“神鹊神鹊好言语,行人早回多利赂。”元稹《大觜乌》:“陇树巢鹦鹉,言语好光仪。”白居易《惜花》:“今日流莺来旧处,百般言语泥空枝。”陆龟蒙《次和袭美病后春思》:“七字篇章看月得,百劳言语傍花闻。”王岩《燕》:“月树风枝不栖去,强来言语泥雕梁。”亦指芦管的吹奏声。薛涛《听僧吹芦管》:“晓蝉呜咽暮莺愁,言语殷勤十指头。”

【言端】 言谈之中。端,舌端。徐夤《送刘常侍》:“言端信义如明月,笔下篇章似涌泉。”

【言説】 言辞;话。柳宗元《晨诣超师院读禅经》:“澹然离言说,悟悦心自足。”庞蕴《杂诗》之一:“未识龙宫莫说珠,识珠言说与君殊。”

【言數】 指诗文字数。柳宗元《酬韶州裴曹长使君寄道州吕八大使因以见示二十韵一首》序:“凡为韶州所用者,置不取,其声律言数如之。”

【言論】 言谈;谈论。杜荀鹤《秋日山中寄李处士》:“言论关时务,篇章见国风。”

【言談】 谈论;议论。玄宗《春晚宴两相及礼官丽正殿学士探得风字》:“言谈延国辅,词赋引文雄。”沈佺期《三日独坐欢州思忆旧游》:“束晳言谈妙,张华史汉遒。”

【言謔】 交谈笑谑。高适《淇上酬薛三据兼寄郭少府微》:“飘飖劳州县,迢递限言谑。”

【言歸】 ❶回返;回归。杜审言《奉和七夕侍宴两仪殿应制》:“一年衔别怨,七夕始言归。”孟浩然《都下送辛大之鄂》:“南国辛居士,言归旧竹林。”郎士元《赠万生下第还吴》:“灞陵春欲暮,云海独言归。”张籍《南归》:“旧山行去远,言归乐此生。”❷谓写诗。贾岛《送僧》:“言归文字外,意出有无间。”

【言辭】 言语;言谈。韦应物《与村老对饮》:“鬓眉雪色犹嗜酒,言辞淳朴古人风。”元稹《赠刘采春》:“言辞雅措风流足,举止低回秀媚多。”钟离权《赠吕洞宾》:“莫怪频发此言辞,轻慢必有阴司折。”

【言懷】 抒写情怀。韩愈有《奉酬天平马十二仆射暇日言怀见寄之作》。刘禹锡有《和令狐相公言怀寄河中杨少尹》。杜牧有《春日言怀寄虢州李常侍十韵》。许棠有《春日言怀》。

【言蘭】 谓言谈融洽,两心相契。语出《易·系辞上》:“同心之言,其臭如兰。”骆宾王《初秋于窦六郎宅宴》序:“物我双致,匪石席以言兰。”

二 画

訂 〔dìng《广韵》丁定切,去徑,端。又徒鼎切,上迥,定。又他丁切,平青,透。〕❶阐述;说明。元结《二风诗》序:“病间,遂题括存之。此亦古之贱士不忘尽臣之分耳。其义有论订之。”❷抵;当。刘禹锡《送张盥赴举诗》引:“然而尚书右丞卫大受、兵部侍郎武廷硕二君者,当时伟人,咸万夫之望,足以订十朋之多也。”❸定;约定。刘禹锡《酬乐天醉后狂吟十韵》:“鱼书曾替代,香火有因缘。”自注:“陆法和云。与梁元帝于空王寺佛前订香火因缘。”

計 〔jì《广韵》古詣切,去霽,見。〕❶总计。钱起《春暮过石龟谷题温处士林园》:“岁计因山薄,霞栖在谷深。”权德舆《送梁道士谒寿州崔大夫》:“岁计芝田熟,晨装月帔寒。”元稹《酬翰林白学士代书一百韵》:“何曾爱官序,不省计家资。”❷计算;数。李颀《谒张果先生》:“先生谷神者,甲子焉能计。”岑参《送郭乂杂言》:“中山明府待君来,须计行程及早回。”严维《书情上李苏州》:“礼数自怜今日绝,风流空计往年欢。”耿沣《送河中张胄曹往太原计会回》:“遥听边上信,远计朔南程。”张仲素《塞下曲五首》之三:“功名耻计擒生数,直斩楼兰报国恩。”❸估料;估计。王绩《在京思故园见乡人问》:“渠当无绝水,石计总生苔。”杜甫《承闻河北诸道节度入朝欢喜口号绝句十二首》之二："社稷苍生计必安，蛮夷杂种错相干。"戎昱《寄郑炼师》："尺书浑不寄，两鬓计应秋。"雍陶《再下第将归荆楚上白舍人》："穷通应计一时间，今日甘从刖足还。"甘洽《与王仙客互嘲》："王，计尔应姓田，为你面拨獭，抽却你两边。"❹考虑；谋划。韩愈《学诸进士作精卫衔石填海》："岂计休无日，惟应尽此生。"白居易《香山下卜居》："老须为老计，老计在抽簪。"姚合《题宣义池亭》："此生应借看，自计买无钱。"许棠《汴河十二韵》："所思千里便，岂计万方忧。"❺办法；打算。岑参《水亭送刘颙使还归节度》："无计留君住，应须绊马蹄。"戴叔伦《题友人山居》："四郭青山处处同，客怀无计答秋风。"张籍《贺秘书王丞南郊摄将军》："共喜与君逢此日，病中无计得随行。"白居易《寄隐者》："归去卧云人，谋身计非误。"皮日休《鲁望以花翁之什见招因次韵酬之》："斸烟栽药为身计，负水浇花是世功。"❻计谋；谋略。储光羲《晚次东亭献郑州宋使君文》："善计在弘羊，清严归仲举。"岑参《登北庭北楼呈幕中诸公》："早知安边计，未尽平生怀。"李华《咏史十一首》之十："郑生为韩计，且欲疲秦人。"孟郊《百忧》："计尽山河画，意穷草木筹。"❼计较；较量。王维《疑梦》："莫惊宠辱空忧喜，莫计恩雠浪苦辛。"白居易《令狐相公拜尚书后有喜从镇归朝之作刘郎中先和因以继之》："尚书首唱郎中和，不计官资只计才。"孟简《拟古》："但营纤毫义，肯计千万金。"温庭筠《病中书怀呈友人》："正使猜奔竞，何尝计有无。"❽生计；活计。岑参《赠酒泉韩太守》："俸钱尽供客，家计常清贫。"高适《苦雨寄房四昆季》："君门嗟缅邈，身计念居诸。"白居易《晚寒》："可怜冬计毕，暖卧醉陶陶。"刘沧《旅馆书怀》："客计倦行分陕路，家贫休种汶阳田。"❾计簿。记载户口、垦田、钱粮等出入之数的簿册。唐代规定，州郡每年年终前必须派人将计簿以及上缴的租税钱谷贡物等送至京师，称"上计"。王维《送李睢阳》"鸾声哕哕鲁侯旂，明年上计朝京师。"杜甫《阻雨不得归瀼西甘林》："诸侯旧上计，厥贡倾千林。"亦借指从官。姚合《武功县中作三十首》之一七："谋身须上计，终久是归田。"❿计吏。州郡派往京师呈送计簿及租税贡物等的官吏。参见"計偕""計吏"。

【計日】 ❶计算日数。杜审言《赠苏绾书记》："红粉楼中应计日，燕支山下莫经年。"岑参《奉和相公发益昌》："暂到蜀城应计日，须知明主待持衡。"武元衡《渐至涪州先寄王员外使君纵》："路难空计日，身老不由年。"杜牧《使回枉唐州崔司马书兼寄四韵因和》："人心计日殷勤望，马首随云早晚回。"❷日子不多，可以计算。形容为时不远。张九龄《奉和圣制送尚书燕国公赴朔方》："闻风六郡伏，计日五戎平。"岑参《送郭仆射节制剑南》："南仲今时往，西戎计日平。"钱起《送鲍中丞赴太原军营》："汉月随霜去，边尘计日清。"皇甫冉《送常大夫加散骑常侍赴朔方》："人知窦车骑，计日勒铭还。"王涯《从军词三首》之一："今朝拜韩信，计日斩成安。"❸谓按计算日数接受俸禄。见《后汉书·羊陟传》。后因用为称美地方官清廉克己的典故。崔峒《题桐庐李明府官舍》："观风竞美新为政，计日还知旧触邪。"

【計功】 亦作"計功名"。计算功劳。戴叔伦《题天柱山图》："拔翠五云中，擎天不计功。"清昼、潘述《讲德联句》："征赋以节，计功以时。"崔涂《读段太尉碑》："不知青史上，谁可计功名。"

【計功名】 见"計功"。

【計吏】 州郡每年派往京城呈送记载州郡当年户口、垦田、钱粮等情况的计簿及上缴赋税钱谷贡物等的官民吏。梁知微《入朝别张燕公》："三年计吏人，路指巴丘城。"耿湋《送海州卢录事》："之官逢计吏，风土问如何。"刘禹锡《送李策秀才还湖南因寄幕中亲故兼简衡州吕八郎中》："前与计吏西，始列贡士名。"翁承赞《题槐》："忆昔当年随计吏，马蹄终日为君忙。"

【計吏車】 计吏所乘之车。刘禹锡《同乐天和微之深春二十首》之一四："荐听诸侯乐，来随计吏车。"参见"計吏"。

【計年】 计算年龄。李翱《赠毛仙翁》："龟鹤计年承甲子，冰霜为质驻童颜。"

【計車】 即计吏车。徐夤《忆长安上省年》："忽忆关中逐计车，历坊骑马信空虚。"

【計拙】 ❶智谋才力不够。杜甫《客夜》："计拙无衣食，途穷仗友生。"王建《归昭应留别城中》："计拙偷闲住，经过买日行。"❷犹言失策。戎昱《咏史》："汉家青史上，计拙是和亲。"

【計相】 指掌管国家财赋的宰相。李洞《赠长安毕郎中》："从此几迁为计相，蓬莱三刻奏东巡。"

【計校】 算计；谋划。韩愈《病鸱》："计校生平事，杀却理亦宜。"张籍《书怀寄元郎中》："经过独爱游山客，计校唯求买药钱。"孟郊《吊卢殷》之五："贤人无计校，生苦死徒夸。"又《峡哀》之五："毒波为计校，饮血养子孙。"

【計書】 州郡年终前向朝廷上报财赋收支等情况的簿书。权德舆《送韦中丞奉使新罗》："计书重译至，锡命双旌往。"

【計偕】 《史记·儒林列传序》："郡国县道邑有好文学、敬长上、肃政教、顺乡里、出入不悖所闻者，令相长丞上属所二千石，二千石谨察可者，当与计偕，诣太常，得受业如弟子。"司马贞索隐："计，计吏也。偕，俱也。谓令与计吏俱诣太常也。"后遂以"計偕"称士人赴京参加科举考试。权德舆《送殷卿罢举归淮南旧居》："计偕十上竟无成，忽忆岩居便独行。"

【計程】 计算行程。万齐融《赠别江头》："计程频破月，数别屡开年。"吕温《送文畅上人东游》："水止无恒地，云行不计程。"白居易《同李十一醉忆元九》："忽忆故人天际去，计程今日到凉州。"朱庆余《送邵州林使君》："一月计程那是远，中年出守未为迟。"

【計策】 智谋；谋划。王建《赠郭将军》："密封计策非时奏，别赐衣裳到处薰。"鱼玄机《浣纱庙》："吴越相谋计策多，浣纱神女已相和。"陆龟蒙《算山》："周郎计策清宵定，曹氏楼船白昼灰。"孙元晏《咏史诗·宋·大岘》："公孙计策嗟无用，天与南朝作霸基。"

【計畫】 谋划；计谋。崔日用《奉和送金城公主适西蕃》："圣后经纶远，谋臣计画多。"刘长卿《酬屈突陕》："怜君计画谁知者，但见蓬蒿空没身。"张祜《旅次岳州呈徐员外》："囊无一金备，不省为计画。"

【計想】 料想。张祜《秋晚途中作》："远吠邻村处，计想羡他能。"

【計較】 较量；算计。孟郊《送卢郎中汀》："向事每计较，与山实绸缪。"吕岩《三字诀》："莫厌秽，莫计较，得他来，立见效。"

【計會】 相聚；相会。刘禹锡《吴方之见示独酌小醉首篇乐天续有酬答两篇之中并蒙见属辄呈滥吹益美来章》："计会雪中争挈榼，鹿裘鹤氅递相过。"白居易《立秋日登乐游园》："萧飒凉风与衰鬓，谁教计会一时秋。"又《府西池》："今日不知谁计会，春风春水一时来。"章孝标《上浙东元相》："雪晴山水勾留客，风暖旌旗计会春。"

【計算】 谋划。指计划生活。韩愈《东都遇春》："为生鄙计算，盐米告屡罄。"

【計慮】 谋划；考虑。唐彦谦《和陶渊明贫士诗七首》之四："旁人吁已甚，自喜计虑周。"

【計數】 ❶（—shǔ）计算。元稹《景申秋八首》之四："老夫慵计数，教想蔡城东。"❷（—shù）权术。齐己《看金陵图》："六朝图画战争多，最是陈宫计数讹。"

【計論】 犹言计算。丘为《伤河龛老人》："老人甲子难计论，耳中白毛三十根。"

【計窮】 计谋穷尽。元稹《赛神》："计穷然后赛，后赛复何恩。"

【計謀】 计划；谋略。陈季卿《题潼关普通院门》："计谋多不就，心口自相违。"

【計謨】 谋划；谋略。李家明《题纸鸢止宋齐丘哭子》："安排唐祚革强吴，尽是先生作计谟。"

訃 〔fù《广韵》芳遇切，去遇，敷。〕告丧的文告、文书。元稹《奉和浙西大夫李德裕述梦四十韵所和者亦止述翰苑旧游而已次本韵》："未陪登鹤驾，已讣堕乌号。"韩愈《感春五首》之四："音容不接只隔夜，凶讣讵可相寻来。"刘禹锡《西州李尚书知愚与元武昌有旧远示二篇吟之泫然因以继和二首》自注："来诗云。元公令陈从事求蜀琴，将以为寄。而武昌之讣闻，因陈生会葬。"

【訃書】 报丧的书信。刘禹锡有《令狐仆射与余投分素深纵山川阻修然音问相继今年十一月仆射疾不起闻予已承讣书寝门长恸》。

訇 〔hōng《广韵》呼宏切，平耕，晓。〕❶形容大声。李白《梁甫吟》："我欲攀龙见明主，雷公砰訇震天鼓。"刘禹锡《历阳书事七十韵》："助喜杯盘盛，忘机笑语訇。"吴融《赠李长史歌》："铿訇揭调初惊人，幽咽细声还感神。"❷轰；冲。韩愈《丰陵行》："哭声訇天百鸟噪，幽坎昼闭空灵舆。"

【訇然】 形容大声。李白《梦游天姥吟留别》："洞天石扇，訇然中开。"韩愈《华山女》："不知谁人暗相报，訇然振动如雷霆。"

【訇哮】 怒吼咆哮。韩愈《赴江陵途中寄赠王二十补阙李十一拾遗李二十六员外翰林三学士》："飓起最可畏，訇哮簸陵丘。"

【訇磕】 形容声音宏大。韩愈《秋雨联句》："阴旌时摎流，帝鼓镇訇磕。"

三　画

訐[1] 〔jié《广韵》居例切，去祭，見。又居列切，入薛，見。又居竭切，入月，見。〕揭发、攻击人的隐私。《论语·阳货》："（孔子）恶讦以为直者。"何晏集解引包咸曰："讦，谓攻发人之阴私。"高适《同观陈十六史兴碑》："作歌乃彰善，比物仍恶讦。"顾况《赠别崔十三长官》："仍于直道中，行事不诋讦。"韩愈《南山诗》："逍遥越坤位，诋讦陷乾窦。"

訐[2] 〔jì《集韵》九刈切，去廢，見。〕❶直言无讳。《后汉书·李云传论》："曷其绞讦摩上，以衒沽成名哉?"李贤注："讦，正也。"参见"讦₂直"。❷切直；激切。刘禹锡《竹枝词九首》引："聆其音，中黄钟之羽，卒章激讦如吴声。"

【訐₂直】 正直敢言。李商隐《赠送前刘五经映三十四韵》："勿谓孤寒弃，深忧讦直妨。"方干《过李群玉故居》："讦直上书难遇主，衔冤下世未成翁。"

【訐愎】 喜攻击别人而又刚愎自用。卢仝《门箴》："贪残奸黜，狡佞讦愎。"

訏 〔xū《广韵》况于切，平虞，晓。〕大。《尔雅·释诂上》："訏，大也。"参见"訏謨"。

【訏謨】 ❶远大的谋划。《诗·大雅·抑》："訏谟定命，远犹辰告。"毛传："訏，大。谟，谋。"韩愈、孟郊《城南联句》："讦谟壮缔始，辅弼登阶清。"元稹《奉和权相公行次临阙驿逢郑仆射相公归朝俄顷分途因以奉赠诗十四韵》："将军遥策画，师氏密讦谟。"刘禹锡《武陵观火诗》："五行有沴气，先哲垂讦谟。"苏拯《断火谣》："鄙哉前朝翊赞臣，讦谟之规何琐琐。"❷《诗·大雅·抑》序："卫武公刺厉王亦以自警也。"后因以借指君王、天子。武元衡《奉酬淮南中书相公见寄》："朝廷连受脤，台座接讦谟。"赵嘏《上令狐相公》："鹗在卿云冰在壶，代天才业奉讦谟。"薛逢《题筹笔驿》："天地三分魏蜀吴，武侯倔起赞讦谟。"温庭筠《病中书怀呈友人》："触邪承密勿，持法奉讦谟。"❸借指宰相。韩愈《归彭城》："讦谟者谁子，无乃失所宜。"

討 〔tǎo《广韵》他浩切，上晧，透。〕❶征伐；讨伐。王珪《咏淮阴侯》："北讨燕承命，东驱楚绝粮。"李白《豫章行》："吴兵照海雪，西讨何时还。"耿湋《送杨将军》："一身良将后，万里讨乌孙。"韩愈《赠崔立之评事》："复闻王师西讨蜀，霜风冽冽摧朝菌。"赵嘏《献淮南李相公》："傅岩高静见台星，庙略当时讨不庭。"❷探讨；研究。张说《酬崔光禄冬日述怀赠答》："名画披人物，良书讨滞疑。"李白《拟古十二首》之八："金丹宁误俗，昧者难精讨。"韩翃《赠兖州孟都督》："露冕宁夸汉车服，下帷常讨鲁春秋。"王起《和李校书雨中自秘省见访知早入朝便入集贤不遇诗》："忆昨谬官在乌府，喜君对门讨鱼鲁。"❸寻访；寻求。孟浩然《宿天台桐柏观》："扪萝亦践苔，辍棹恣探讨。"杜甫《忆昔行》："更讨衡阳董炼师，南浮早鼓潇湘柁。"皮日休《太湖诗·以毛公泉一瓶献上谏议因寄》："我来讨灵胜，到此期终焉。"贯休《了仙谣》："若师方术弃心师，浪似雪山何处讨。"吕岩《七言》之六五："为讨石肝逢蜃海，因寻甜雪过瀛洲。"❹谋取。寒山《诗三百三首》之二七五："著却福田衣，种田讨衣食。"

【討伐】 征伐，征讨。张祜《读西汉书十四韵》："经纶今四海，讨伐旧三边。"

【討求】 寻找；寻求。杜甫《除草》："荷锄先童稚，日入仍讨求。"

【討逆】 征讨叛逆。储光羲《留别安庆李太守》："兵家如讨逆，敢以庶盘溪。"

【討論】 ❶独自研究探讨。太宗《咏司马彪续汉志》："讨论穷义府，看核披经笥。"崔湜《塞垣行》："昔我事讨论，未尝怠经籍。"李白《别韦少府》："水国远行迈，仙经深讨论。"高适《赠杜二拾遗》："传道招提客，诗书自讨论。"夏侯子云《药圃》："绿叶红英遍，仙经自讨论。"❷共同研究评论。杜甫《奉留赠集贤院崔于二学士》："天老书题目，春官验讨论。"颜真卿、颜岘《登岘山观李左相石尊联句》："陪游追盛美，揆德欣讨论。"权德舆《酬别蔡十二见赠》："游心羲文际，爱我相讨论。"杜牧《送王侍御赴夏口座主幕》："礼数全优知隗始，讨论常见念回愚。"罗邺《冬夕江上言事五首》之五："松亭尽日唯空坐，难得儒翁共讨论。"❸探访游赏。李颀《无尽上人东林禅居》："萝筱慰春汲，岩潭恣讨论。"高适《同韩四薛三东亭玩月》："矧乃穷周旋，游时怡讨论。"孟翔《奉和郎中游仙山四瀑布兼寄李吏部包秘监判官》："奇状出蔽蔓，胜概毕讨论。"

【討賾】 讨寻幽微之旨。岑参《入剑门作寄杜杨二郎中时二公并为杜元帅判官》："高文出诗骚，奥学穷讨赜。"

【討襲】 讨伐袭击。刘希夷《将军行》："古来养甲兵，有事常讨袭。"

訕 〔shàn《广韵》所晏切，去諫，生。又所姦切，平删，生。〕毁谤；被人毁谤。《说文·言部》："讪，谤也。"陆龟蒙《孤雁》："吾常吓鸳雏，尔辈安足讪。"来鹄《圣政纪颂》："愚得是言，非讪非伐。"

託 〔tuō《广韵》他各切，入鐸，透。〕❶寄托；寄寓。刘允济《经庐岳回望江州想洛川有作》："石渠忽见践，金房安可托。"杜甫《大历三年春白帝城放船出瞿塘峡久居夔府将适江陵漂泊有诗凡四十韵》："山林托疲苶，未必免崎岖。"元稹《有鸟二十章》之一一："驱去驱来长信风，暂托栋梁何用喜。"皮日休《太湖诗·晓次神景宫》："福地七十二，兹焉永堪托。"❷依托；依靠。崔融《吴中好风景》："无因生羽翼，轻举托还飙。"李颀《别梁锽》："莫言富贵长可托，木槿朝看暮还落。"李白《春日独酌二首》之一："彼物皆有托，吾生独无依。"钱起《奉送户部李郎中充晋国副节度出塞》："子房推庙略，汉主托兵权。"刘禹锡《两如何诗谢裴令公赠别二首》之二："终期大冶再熔炼，愿托扶摇翔碧虚。"❸托付；请托。杜甫《房兵曹胡马诗》："所向无空阔，真堪托死生。"李益《莲塘驿》："渺渺溯洄远，凭风托微词。"马戴《答太原从军杨员外送别》："西游还献赋，应许托平生。"秦韬玉《贫女》："蓬门未识绮罗香，拟托良媒益自伤。"❹请，请求。《郊庙歌辞·中宗祀昊天乐章·福和》："钦承景福，恭托明禋。"李益《过马嵬》："托君休洗莲花血，留记千年妾泪痕。"李洞《和寿中丞伤猿》："相门恩重无由报，竟托仙郎日夜吟。"

【託人】 托付他人。耿湋《春日即事》："宦情知己少，生事托人多。"

【託交】 结交。李白《结客少年场行》："托交从剧孟，买醉入新丰。"

【託交親】 托付给朋友亲人。李白《赠友人三首》之三："弊裘耻妻嫂，长剑托交亲。"又《送侯十一》："空余湛卢剑，赠尔托交亲。"

【託身】 ❶寄身；栖身。李颀《缓歌行》："小来托身攀贵游，倾财破产无所忧。”岑参《石上藤》：“何处堪托身，为君长万丈。”寒山《诗三百三首》之一〇八：“文武各自备，托身为得所。”耿沣《春日书情寄元校书伯和相国元子》：“羁孤力行早，疏贱托身迟。”韩偓《鹊》：“莫怪天涯栖不稳，托身须是万年枝。”❷谓女子托付于丈夫。张籍《离妇》：“托身言同穴，今日事乖违。”王福娘《谢棨》：“久赋恩情欲托身，已将心事再三陈。”

【託命】 寄托生命。项斯《暮上瞿唐峡》：“独愁空托命，省已是轻生。”

【託信】 托递书信。元结《演兴四首・闵岭中》：“欲仗仁兮托信，将径往兮不难。”

【託後車】 指身任大臣，天子出行时则扈从车驾。王维《故太子太师徐公挽歌四首》之二：“剑履升前殿，貂蝉托后车。”赵殿成注：“魏文帝《与吴质书》：‘从者鸣笳以启路，大学托乘于后车。’刘良注：‘托，附也。’”李商隐《宋玉》：“可怜庾信寻荒径，犹得三朝托后车。”

【託後乘】 谓陪从后车。储光羲《贻鼓吹李丞时信安王北伐李公王之所器者也》：“文儒托后乘，武旅趋前旌。”参见“託後車”。

【託孤】 ❶托付遗孤。贾岛《哭卢仝》：“长安有交友，托孤遽弃移。”❷特指君主托遗孤于大臣。李商隐《过故崔兖海宅与崔明秀才话旧因寄旧僚杜赵李三掾》：“莫凭无鬼论，终负托孤心。”周昙《咏史诗・春秋战国门・郤成子》：“苟非成子当明哲，谁是仁人可托孤。”

【託根】 谓植物根部生长某处。比喻人立身之本。岑参《范公丛竹歌》：“此君托根幸得地，种来几时闻已大。”贾棱《御沟新柳》：“托根偏近日，布叶乍迎春。”白居易《京兆府新栽莲》：“托根非其所，不如遭弃捐。”张祜《树中草》：“青青树中草，托根非不危。”

【託乘】 义同“託後車”。贾曾《奉和春日出苑瞩目应令》：“招贤已得商山老，托乘还征邺下才。”

【託高車】 比喻得人援引。卢纶《郊居对雨寄赵涓给事包佶郎中》：“应怜在泥滓，无路托高车。”

【託陰】 喻请托庇护。李白《送鲁郡刘长史迁弘农长史》：“托阴当树李，忘忧当树萱。”

【託宿】 寄宿。李白《醉后赠从甥高镇》：“且将换酒与君醉，醉归托宿吴专诸。”

【託意】 寄托心意。李白《读诸葛武侯传书怀赠长安崔少府叔封昆季》：“托意在经济，结交为弟兄。”孟郊《自商行谒复州卢使君虔》：“往迹虽不同，托意皆有因。”

【託跡】 寄托形迹。谓托身。韦庄《和薛先辈见寄初秋寓怀即事之作二十韵》：“托迹同吴燕，依仁似越禽。”

【託質】 ❶寄托形质。骆宾王《浮槎》序：“而委根险岸，托质畏途，上为疾风冲飙所摧残，下为奔浪迅波所激射。”李商隐《戊辰会静中出贻同志二十韵》：“托质属太阴，炼形复为人。”❷犹托身。白居易《裴常侍以题蔷薇架十八韵见示因广为三十韵以和之》：“托质依高架，攒花对小堂。”韦庄《同〈和薛先辈见寄初秋寓怀即事之作〉旧韵》：“趋时惭艺薄，托质仰恩深。”

【託興】 ❶寄托兴致、心情。唐彦谦《客中感怀》：“托兴非耽酒，思家岂为莼。”❷因外物而触动的情致、感情。李白《望终南山寄紫阁隐者》：“心中与之然，托兴每不浅。”

【託諫】 寄托讽谏。卢纶《和王员外冬夜寓直》：“潘岳叙年因鬓发，扬雄托谏在文章。”

【託諷】 寄托讽喻。刘禹锡《读张曲江集作》引：“自退相守荆门，有拘囚之思，托讽禽鸟，寄词草树，郁然有骚人风。”

【託體】 寄托身躯。寒山《诗三百三首》之二五〇：“奈何当奈何，托体归山隐。”

訖 〔qì《广韵》居乙切，入迄，見。〕❶止；完毕。韦应物《马明生遇神女歌》：“赐仙复坐对食讫，颔之使去随烟升。”卢仝《月蚀诗》：“玉川子词讫，风色紧格格。”元稹《竞渡》：“战讫天下定，号之为轩辕。”李商隐《韩碑》：“当仁自古有不让，言讫屡颔天子颐。”丘光庭《补新宫》序：“歌讫笙入，立于堂下。”❷副词。竟然；终究。白居易《思旧》：“退之服硫黄，一病讫不痊。”❸通“迄”。至；到。韦应物《登高望洛城作》：“裴回讫旦夕，聊用写忧烦。”

【訖今】 至今。讫，通“迄”。坎曼尔《忆学字》：“今吾学之十三载，李杜诗坛吾欣赏，讫今皆通习为之。”

【訖功】 完工；竣事。白居易《自蜀江至洞庭湖口有感而作》：“胡为不讫功，余水斯委积。”

訓 〔xùn《广韵》許運切，去問，曉。〕❶教诲；教导。杜甫《孟氏》：“卜邻惭近舍，训子学谁门。”岑参《西河郡太原守张夫人挽歌》：“从夫元凯贵，训子孟轲贤。”息夫牧《冬夜宴萧十丈因饯殷郭二子西上》序：“半纪间，接武鸣跃，实夫子训之导之斯至也。”韩愈《元和圣德诗》：“各安尔位，训厥甿畮。”❷典式；准则。王维《送秘书晁监还日本国》序：“服圣人之训，有君子之风。”高适《同群公出猎海上》：“犹怀老氏训，感叹此欢娱。”萧颖士《江有归舟三章》序：“先师孝弟谨信、泛爱亲仁、余力学文之训，尔其志之。”元结《忝官引》：“此言非所戒，此言敢贻训。”❸训练。陈子昂《送著作佐郎崔融等从梁王东征》序：“古者凉风至，白露下，天子命将帅，训甲兵，将以外威荒戎，内辑中夏。”玄宗《过晋阳宫》：“岂徒劳辙迹，所期训戎车。”储光羲《同诸公秋日游昆明池思古》：“伐棘开洪渊，秉旄训我师。”柳宗元《奉平淮夷雅表·皇武》之六：“训于群帅，拳勇来格。”

【訓刑】　指任刑部侍郎。见《书·吕刑序》。柳宗元《弘农公以硕德伟材屈于诬枉左官三岁复为大僚天监昭明谨献诗五十韵》：“训刑方命吕，理剧复推张。”

【訓車】　整饬兵车。玄宗《饯王晙巡边》：“分阃仍推毂，援桴且训车。”

【訓兵】　练兵。韩休《奉和圣制送张说巡边》：“左律方先凯，中鼙即训兵。”

【訓兵甲】　同“訓兵”。储光羲《哥舒大夫颂德》：“河湟训兵甲，义勇方横行。”

【訓胄】　教导贵族后裔。苏颋《送常侍舒公归觐》：“训胄尊庠序，荣亲耀里闾。”

【訓俗】　谓教化民众。苏颋《奉和圣制答张说出雀鼠谷》：“雨施巡方罢，云从训俗回。”

【訓狐】　鸮的别名。俗称猫头鹰。韩愈《射训狐》：“有鸟夜飞名训狐，矜凶挟狡夸自呼。”

【訓旅】　训练师旅。许景先《奉和圣制送张尚书巡边》：“训旅方称德，安人更克贞。”

【訓喻】　教导，教诲。杜甫《元日示宗武》：“训喻青衿子，名惭白首郎。”

【訓詁】　对古籍字句作解释。亦引申指讲解教授古代经籍。韩愈《元和圣德诗》：“博士臣愈，职是训诂。”

【訓誥】　《尚书》中典、谟、训、诰、誓、命六体中训与诰的连称。韩愈《荐士》：“周诗三百篇，雅丽理训诰。”

【訓誘】　教导诱导。寒山《诗三百三首》之一七四：“养女畏太多，已生须训诱。”卢仝《寄男抱孙》：“当是汝母贤，日夕加训诱。”

【訓獎】　教导鼓励。苏颋《蜀城哭台州乐安少府》：“师儒昔训奖，仲季时童孩。”

【訓練】　教导并操练练习。杜甫《奉寄章十侍御》：“指麾能事回天地，训练强兵动鬼神。”

【訓辭】　训诫之辞。许浑《送人之任邛州》：“亨衢自有横飞势，便到西垣视训辞。”

訊　〔xùn《广韵》息晋切，去震，心。〕❶询问。刘禹锡《送鸿举游江西》引：“距今年遇于建平，赤頿益蕃，文思益深。而内外学益富，既讯已，探裓中出前所与诗阅之。”薛能《送马戴书记之太原》：“相逢莫已讯，诗雅负雄名。”❷问候。杜甫《奉使崔都水翁下峡》：“所过频问讯，到日自题诗。”❸音讯；消息。储光羲《田家即事答崔二东皋作四首》之二：“有客山中至，言传故人讯。”元稹《酬乐天早春闲游西湖颇多野趣恨不得与微之同赏因思在越官重事殷镜湖之游或恐未暇因成十八韵见寄》：“故交音讯少，归梦往来频。”❹通“信”。书信。李商隐《自桂林奉使江陵途中感怀寄献尚书》：“良讯封鸳绮，余光借玳簪。”

記　〔jì《广韵》居吏切，去志，見。〕❶记住；记得。王维《桃源行》：“当时只记入山深，青溪几曲到云林。”武元衡《使次盘豆驿望永乐县》：“山川不记何年别，城郭应非昔所经。”熊孺登《至日荷李常侍过郊居》：“贱子守柴荆，谁人记姓名。”刘沧《经古行宫》：“路人不记当年事，台殿寂寥山影侵。”❷记载；记录。孙逖《冬末送魏起居赴京》：“早赴王正月，挥毫记首年。”杜甫《题衡山县文宣王庙新学堂呈陆宰》：“采诗倦跋涉，载笔尚可记。”王播《淮南游故居感旧酬西川李尚书德裕》：“更见桥边记名姓，始知题柱免人嗤。”王贞白《金陵怀古》：“折碑犹有字，多记晋英雄。”❸典籍；文章。王勃《寻道观》：“玉笈三山记，金箱五岳图。”赵彦昭《奉和九月九日登慈恩寺浮屠应制》：“喜闻题宝偈，受记莫由同。”杜甫《秦州杂诗二十首》之二十：“藏书闻禹穴，读记忆仇池。”寒山《诗三百三首》之二四〇：“常闻释迦佛，先受然灯记。”刘禹锡《和杨侍郎初至郴州纪事书情题郡斋八韵》：“郡斋堪四望，壁记有三台。”❹标志；表记。元稹《压墙花》：“野性大都迷里巷，爱将高树记人家。”李商隐《无愁果有愁曲北齐歌》：“白杨别屋鬼迷人，空留暗记如蚕纸。”

【記日】　记得日期。刘希夷《死马赋》：“盐车垂耳不知年，妆楼画眉宁记日。”

【記年】　记得年月。王勃《三月曲水宴得烟字》：“松石偏宜古，藤萝不记年。”白居易《新乐府·上阳白发人》：“莺归燕去长悄然，春往秋来不记年。”朱庆余《舜井》：“碧甃磷磷不记年，青萝锁在小山颠。”

【記言】　记录言论。见《汉书·艺文志》。唐代于中书省置起居舍人二人，于门下省置起居郎二人，皆掌起居注，记录皇帝言行，以备修史。张九龄《贺给事尝诣蔡起居郊馆有诗因命同作》：“记言闻直史，筑室面层阿。”薛奇童《和李起居秋夜之作》：“过庭闻礼日，趋侍记言回。”郑谷《寄左省张起居》：“含香复记言，清秩称当年。”

【記者】　心念的故友。杜甫《客堂》：“上公有记者，累奏资薄禄。”

【記取】　记住。取，助词。王諲《十五夜观灯》：“应须尽记取，说向不来人。”白居易《感兴二首》之二：“我有一言君记取，世间自取苦人多。”李商隐《越燕二首》之二：“记取丹山凤，今为百鸟尊。”贯休《秋寄栖一》：“劝君君记取，不用更他图。”

【記性】　记忆力。郑谷《蜀中寓止夏日自贻》：

“道阻归期晚，年加记性销。”

【記室】 官名。即记室参军。西晋末始置。掌书记文翰，凡有表章杂记之类文书，则创其草。常以他官兼领。李颀《咏张諲山水》：“诗堪记室妒风流，画与将军作勍敌。”耿沣《送绛州郭参军》：“人传府公政，记室有参卿。”柳宗元《哭连州凌员外司马》：“记室征西府，宏谋耀其奇。”李山甫《山中览刘书记新诗》：“记室新诗相寄我，藹然清绝更无过。”

【記著】 记住。李商隐《即目》：“何人书破蒲葵扇，记著南塘移树时。”

【記得】 记住；未忘记。李白《陪族叔刑部侍郎晔及中书贾舍人至游洞庭五首》之三：“记得长安还欲笑，不知何处是西天。”钱起《江宁春夜裴使君席送萧员外》：“行看石头戍，记得是南徐。”赵嘏《十无诗寄桂府杨中丞》之二：“一从开署芙蓉幕，曾向风前记得无?”韦庄《寄江南逐客》：“记得竹斋风雨夜，对床孤枕话江南。”牛峤《酒泉子》词：“记得去年，烟暖杏园花正发。”

【記問】 记起询问。卢纶《寄郑七纲》：“他日吴公如记问，愿将黄绶比青毡。”

【記憶】 记住，没有忘记。杜甫《赤霄行》：“丈夫垂名动万年，记忆细故非高贤。”又《秋日夔府咏怀奉寄郑监李宾客一百韵》：“雕虫蒙记忆，烹鲤问沈绵。”又《酬韦韶州见寄》：“养拙江湖外，朝廷记忆疏。”

【記録】 用文字记载下来。白居易《三月三日祓禊洛滨》序：“尽风光之赏，极游泛之娱，美景良辰，赏心乐事，尽得于今日矣。若不记录，谓洛无人。”

【記識】 (一zhì)记得；记住。李颀《送司农崔丞》：“宰臣应记识，明主必迁官。”杜甫《忆昔二首》之二：“小臣鲁钝无所能，朝廷记识蒙禄秩。”

【記覽】 指阅读方面的记忆能力。韩愈《送诸葛觉往随州读书》：“为人强记览，过眼不再读。”

四 画

訧 〔yóu《广韵》羽求切，平尤，云。〕罪；过失。《说文·言部》：“訧，罪也。”元稹《阳城驿》：“遂令不言者，反以言为訧。”

詎 〔jù《广韵》其據切，去御，羣。又其吕切，上语，羣。〕❶副词。表示反诘，相当于“岂”“难道”。王维《田园乐七首》之二：“詎胜耦耕南亩，何如高卧东窗。”李白《江上寄元六林宗》：“兰交空怀思，琼树詎解渴。”刘长卿《饯王相公出牧括州》：“缙云詎比长沙远，出牧犹承明主恩。”杨衡《送公孙器自桂林归蜀》：“风度杳难寻，云飘詎留迹。”姚合《寄李余卧疾》：“穷节弥惨慄，我詎自云乐。”司马扎《筑台》：“詎念人力劳，安问黍与禾。”❷副词。表示否定，相当于“不”“无”。骆宾王《夏日游德州赠高四》：“聊安张蔚庐，詎扫陈蕃室。”孟浩然《宴崔明府宅夜观妓》：“汗湿偏宜粉，罗轻詎著身。”韦应物《经函谷关》：“炎灵詎西驾，娄子非经国。”皎然《哭吴县房耸明府》：“履危节詎屈，著论识不偏。”李益《赋得早燕送别》：“一别与秋鸿，差池詎相见。”权德舆《薄命篇》：“玉楼珠箔但闲居，南陌东城詎来往。”❸副词。曾，曾经。钱起《山园栖隐》：“情人半云外，风月詎相思。”元稹《梦游春七十韵》：“青春詎几日，华实潜幽蠹。”❹副词。仍然。顾封人《月中桂树》：“岁晚花应发，春余质詎丰。”❺应；应当。寒山《诗三百三首》之六八：“辛勤采芝术，搜斥詎成仙。”司空曙《残莺百啭歌同王员外耿拾遗吉中孚李端游慈恩各赋一物》：“野客赏应迟，幽僧闻詎足。”杨衡《经端溪峡中》：“寄言丝竹者，詎识松风声。”又《秋夜桂州宴送郑十九侍御》：“桂水舟始泛，兰堂榻詎悬。”灵澈《初到汀州》：“初放到沧州，前心詎解愁。”

【詎已】 无尽；不止。陈存《送刘秀才南归》：“蓬户寄龙沙，送归情詎已。”李益《春晚赋得余花落》：“蝶舞绕应稀，鸟惊飞詎已。”

【詎可】 岂可；哪可。苏味道《九江口南济北接蕲春南与浔阳岸》：“归心詎可问，为视落潮回。”李白《行路难三首》之三：“华亭鹤唳詎可闻，上蔡苍鹰何足道。”庄若讷《湘灵鼓瑟》：“神理诚难测，幽情詎可量。”白居易《疑梦二首》之二：“鹿疑郑相终难辨，蝶化庄生詎可知。”许彬《题故李宾客庐山草堂》：“报主深知此，忧民詎可论。”

【詎有】 岂有；哪里有。王维《大同殿柱产玉芝龙池上有庆云神光照殿百官共睹圣恩便赐宴乐敢书即事》：“岂知玉殿生三秀，詎有铜池出五云。”又《林园即事寄舍弟紞》：“徒思赤笔书，詎有丹砂井。”裴度、刘禹锡《刘二十八自汝赴左冯涂经洛中相见联句》：“万顷徒称量，沧溟詎有垠。”杨汝士《宴杨仆射新昌里第》：“当时疏广虽云盛，詎有兹筵醉绿醽。”

【詎足】 何足；不值得。岑参《登嘉州凌云寺作》：“一官詎足道，欲去令人愁。”韩愈《寄崔二十六立之》：“观名计之利，詎足相陪裨。”

【詎肯】 ❶岂肯。骆宾王《久戍边城有怀京邑》：“共矜名已泰，詎肯沫相濡。”李嘉祐《送陆士伦宰义兴》：“长吏多愁罢，游人詎肯还。”独孤及《三月三日自京到华阴于水亭独酌寄裴六薛八》：“詎肯使空名，终然羁此身。”韦庄《同〈和薛先辈见寄初秋寓怀即事之作〉旧韵》：“既闻留缟带，詎肯掷簪簪。”❷岂能。太宗《咏乌代陈师道》：“向日终难托，迎风詎肯迷。”朱庆余《和刘补阙秋园寓兴之什十首》之五：“深斋尝独处，詎肯厌秋声。”长孙佐辅《对镜吟》：“镜上有尘犹可淬，君恩詎肯无回时。”

【詎知】 岂知；哪知。王绩《游仙四首》之四："为向天仙道，栖遑君讵知。"李白《古风》之四七："讵知南山松，独立自萧飔。"韦应物《拟古诗十二首》之一："中心君讵知，冰玉徒贞白。"陆龟蒙《村夜二篇》之一："只会鱼鸟情，讵知时俗性。"

【詎要】 岂要；哪里要。杜甫《信行远修水筒》："讵要方士符，何假将军盖。"丁泽《良田无晚岁》："何须祭田祖，讵要察农祥。"陆龟蒙《夏日闲居作四声诗寄袭美·平去声》："希夷全天真，讵要问贵贱。"

【詎是】 岂非；是不是。皇甫冉《闲居作》："不堪趋建礼，讵是厌承明。"司空曙《卫明府寄枇杷叶以诗答》："讵是秋风里，犹如晓露前。"张南史《早春书事奉寄中书李舍人》："只应高位隔，讵是故情疏。"韦蟾《和柯古穷居苦日喜雨》："头焦讵是焚，背汗宁关炙。"

【詎能】 岂能；哪能。王绩《春桂问答二首》之二："春桂答，春华讵能久。"顾况《酬漳州张九使君》："短题自兹简，华篇讵能酬。"许康佐《日暮碧云合》："时景讵能留，几思轻尺璧。"白居易《留别》："前事讵能料，后期谅难寻。"韦庄《天井关》："短绠讵能垂玉甃，缭垣何用学金汤。"

【詎假】 哪须借助。骆宾王《夏日游目聊作》："讵假沧浪上，将濯楚臣缨。"德宗《九日绝句》："中流箫鼓诚堪赏，讵假横汾发棹歌。"李白《惧谗》："二桃杀三士，讵假剑如霜。"卢征《天骥呈材》："讵假调金埒，宁须动玉鞭。"

【詎得】 岂能；哪能。王维《奉和圣制御春明楼临右相园亭赋乐贤诗应制》："从来简帝心，讵得回天步。"孔德绍《赋得涉江采芙蓉》："朝来采摘倦，讵得久盘桓。"

【詎堪】 岂堪；哪堪。骆宾王《夏日夜忆张二》："讵堪孤月夜，流水入鸣琴。"独孤及《得李滁州书以玉潭庄见托因书春思以诗代答》："春物行将老，怀君意讵堪。"窦群《假日寻花》："武陵缘源不可到，河阳带县讵堪夸。"白居易《答马侍御见赠》："蟠木讵堪明主用，笼禽徒与故人疏。"

【詎曾】 未曾；不曾。张仲方《赋得竹箭有筠》："枝叶讵曾凋，风霜孰云变。"伍乔《题西林寺水阁》："竹翠苔花绕槛浓，此亭幽致讵曾逢。"

【詎敢】 岂敢；怎敢。张众甫《寄兴国池鹤上刘相公》："欲飞还敛翼，讵敢望乘轩。"王建《赠王侍御》："我今愿求益，讵敢为友生。"韩愈《谢自然诗》："观者徒倾骇，踯躅讵敢前。"

【詎幾】 无多。王维《赠祖三咏》："良会讵几日，终日长相思。"又《偶然作六首》之三："相去讵几许，故人在中路。"又《过沈居士山居哭之》："前后徒言隔，相悲讵几晨。"韩愈《读皇甫湜公安园池书其后二首》之二："百年讵几时，君子不可闲。"白居易《感时》："人生讵几何，在世犹如寄。"鲍溶《长安言怀》："二时昼夜等，百岁讵几何。"

【詎關】 岂关；不关。耿沣《春日游慈恩寺寄畅当》："死生俱是梦，哀乐讵关身。"戴叔伦《送李长史纵之任常州》："思归复怨别，寥落讵关秋。"

訝

〔yà《广韵》吾駕切，去禡，疑。〕❶迎；迎接。韦应物《假中枉卢二十二书亦称卧疾兼讶李二久不访问以诗答书因亦戏李二》："花里棋盘憎鸟污，枕边书卷讶风开。"元稹《哭女樊四十韵》："悯渠身觉瘠，讶佛力难争。"白居易《和梦得洛中早春见赠七韵》："似讶隔年斋，如劝迎春醉。"❷惊诧，惊讶。苏绾《奉和姚令公驾幸温汤喜雪应制》："林变惊春早，山明讶夕迟。"杜甫《野人送朱樱》："数回细写愁仍破，万颗匀圆讶许同。"司空曙《苦热》："啸风兼炽焰，挥汗讶成流。"褚载《鹤》："沙鸥浦雁应惊讶，一举扶摇直上天。"韦庄《燕来》："去岁辞巢别近邻，今来空讶草堂新。"❸怪；责怪。刘长卿《杂咏八首上礼部李侍郎·旧井》："岂能无汲引，长讶君恩绝。"彭伉《寄妻》："莫讶相如献赋迟，锦书谁道泪沾衣。"白居易《无长物》："莫讶家居窄，无嫌活计贫。"韦蟾《上元三首》之一："累塔嫌沙细，成文讶笔迟。"严郾《赋百舌鸟》："频嫌海燕巢难定，却讶林莺语不真。"❹啼鸣。庾光先《奉和刘采访缙云南岭作》："鸟讶山经传不尽，花随月令数仍稀。"

【訝客】 迎接客人。韩愈《闲游二首》之二："林乌鸣讶客，岸竹长遮邻。"

【訝飢】 啼饥。元稹《酬翰林白学士代书一百韵》："溷鼠虚求洁，笼禽方讶饥。"

訥

〔nè《广韵》内骨切，入没，泥。〕言语迟钝。《说文·言部》："讷，言难也。"参见"訥言"。

【訥言】 言谈迟钝。语本《老子》："大巧若拙，大辩若讷。"司空图《自诫》："取训于老氏，大辩欲讷言。"

許

〔xǔ《广韵》虚吕切，上語，曉。〕❶应允；准许。杜甫《逼仄行赠毕曜》："东家蹇驴许借我，泥滑不敢骑朝天。"李益《临滹沱见蕃使列名》："万里关山今不闭，汉家频许郅支和。"元稹《连昌宫词》："须臾觅得又连催，特敕街中许然烛。"秦韬玉《燕子》："不知大厦许栖无，频已衔泥到座隅。"❷给予；奉献。骆宾王《咏怀》："宝剑思存楚，金锤许报韩。"张九龄《饯王尚书出边》："感恩身既许，激节胆犹尝。"源乾曜《奉和圣制送张尚书巡边》："奉国知命轻，忘家以身许。"薛奇童《塞下曲》："一身许明主，万里总元戎。"武元衡《塞下曲》："吾身许报主，何暇避锋镝。"❸称许；心服。李白《驾去温泉后赠杨山人》："自言管葛竟谁许，长吁莫错还闭关。”杜甫《戏赠阌乡秦少公短歌》：“同心不减骨肉亲，每语见许文章伯。”皇甫冉《送钱唐路少府赴制举》：“共许郤诜工射策，恩荣请向一枝看。”徐凝《送马向入蜀》：“工文人共许，应纪蜀中行。”杜荀鹤《闲居即事》：“章句偶为前辈许，话言多被俗人疑。”❹期望；相信。杨巨源《送许侍御充云南哀册使判官》：“他时功自许，绝域转哀荣。”韩愈《县斋有怀》：“谁为倾国谋，自许连城价。”杜牧《书怀寄中朝往还》：“平生自许少尘埃，为吏尘中势自回。”李商隐《偶成转韵七十二句赠四同舍》：“斩蛟断璧不无意，平生自许非匆匆。”❺犹处、处所。杜甫《宿青溪驿奉怀张员外十五兄之绪》：“我生本飘飘，今复在何许。”权德舆《晚秋陪崔阁老张秘监阁老苗考功同游昊天观时杨阁老新直未满以诗见寄斐然酬和有愧芜音》：“方驾游何许，仙源去似归。”吕温《上官昭容书楼歌》：“神仙杳何许，遗逸满人间。”韦庄《杂体联锦》：“莲塘在何许，日暮西山雨。”黄文《湘江》：“鹧鸪一声在何许，黄陵庙前烟霭深。”❻这般；如此；此。杜甫《野人送朱樱》：“数回细写愁仍破，万颗匀圆讶许同。”寒山《诗三百三首》之四一：“今日如许贫，总是前生作。”张继《明德官》：“摩云观阁高如许，长对河流出断山。”陆畅《惊雪》：“天人宁许巧，剪水作花飞。”罗虬《比红儿诗》之一六：“红儿若在东家住，不得登墙尔许年。”❼或许；可能。李涉《却归巴陵途中走笔寄唐知言》：“白马青袍豁眼明，许他真是查郎髓。”❽表示约略估计的数量。可译为“左右”“多少”。王翰《飞燕篇》：“可怜女儿三五许，丰茸惜是一园花。”寒山《诗三百三首》之一二六：“就贷一斗许，门外立踟蹰。”元稹《琵琶歌》：“艺奇思寡尘事多，许来寒暑又经过。”苏拯《山中道者》：“筇杖六尺许，坐石流泉所。”❾副词。表示疑问，可译作“何”“什么”。杜审言《赠苏绾书记》：“知君书记本翩翩，为许从戎赴朔边。”❿量词。表示不多，可译为“一些”“些”。王建《看石楠花》：“明朝独上铜台路，容见花开少许时。”⓫语气词。可译为“呢”“呵”等。骆宾王《代女道士王灵妃赠道士李荣》：“春时物色无端绪，双枕孤眠谁分许。”王维《赠吴官》：“江乡鲭鲊不寄来，秦人汤饼那堪许。”寒山《诗三百三首》之一三一：“昨日何悠悠，场中可怜许。”韩愈《感春四首》之一：“三杯取醉不复论，一生长恨奈何许。”陈陶《西川座上听金五云唱歌》：“五云处处可怜许，明朝道向褒中去。”张文成《游仙窟诗·又赠十娘》：“婀娜腰支细细许，𬚸睰眼子长长馨。”⓬助词。可译为“头”“面”。戴叔伦《听歌回马上赠崔法曹》：“秋风里许杏花开，杏树傍边醉客来。”温庭筠《南歌子词二首》之一：“合欢桃核终堪恨，里许元来别有人。”⓭结构助词，可不译。杨凝《下第后蒙侍郎示意指于新先辈宣恩感谢》：“更惭君侍坐，问许可言诗。”白居易《清明日观妓舞听客诗》：“绮罗从许笑，弦管不妨吟。”齐己《送人赴举》：“白云终许在，清世莫空还。”⓮与“几”组成复合词，可译为“多少”。肃宗《赐梨李泌与诸王联句》：“先生年几许，颜色似童儿。”李白《陈情赠友人》：“奈何成离居，相去复几许。”杜甫《秦州杂诗二十首》之八：“牵牛去几许，宛马至今来。”韩愈《奉和虢州刘给事使君三堂新题二十一咏·柳巷》：“柳巷还飞絮，春余几许时。”韦庄《归国遥》词之一：“南望去程何许。问花花不语。”⓯与“何”组成复合词。(1)可译为“何处”“哪里”。杜甫《严氏溪放歌行》：“东游西还力实倦，从此将身更何许。”李商隐《燕台四首》：“雄龙雌凤杳何许，絮乱丝繁天亦迷。”谢太虚《杪秋洞庭怀亡道士》：“故园复何许，江海徒迟留。”(2)可译为“几许”“多少”。孟浩然《秋宵月下有怀》：“佳期旷何许，望望空伫立。”(3)可译为“如何”。储光羲《杂咏五首·架檐藤》：“何许答君子，檐间朝暝阴。”(4)可译为“何必”。万楚《题情人药栏》：“敛眉语芳草，何许太无情。”⓰人名。即许由。王维《送韦大夫东京留守》：“曾是巢许浅，始知尧舜深。”杜甫《奉赠萧二十使君》：“巢许山林志，夔龙廊庙珍。”贾岛《长孙霞李溟自紫阁白阁二峰见访》：“漱流今已矣，巢许岂尧臣。”⓱地名。即今河南许昌市。孟浩然《南归阻雪》：“我行滞宛许，日夕望京豫。”储光羲《同王十三维哭殷遥》：“膏腴不可求，乃在许西偏。”韩愈《此日足可惜赠张籍》：“东南出陈许，陂泽平茫茫。”⓲姓。汉有许劭、许靖。

【許人】 ❶许诺于人。陈子昂《送东莱王学士无竞》：“宝剑千金买，平生未许人。”❷指女子许配人家。韦应物《感镜》：“夙昔尝许人，镜成人已没。”白居易《新乐府·井底引银瓶》：“寄言痴小人家女，慎勿将身轻许人。”于溃《宫怨》：“父兄未许人，畏妾事姑舅。”

【許八】 ❶许登。曾官右拾遗。杜甫有《送许八拾遗归江宁觐省甫昔时尝客游此县于许生处乞瓦棺寺维摩图样志诸篇末》和《因许八奉寄江宁旻上人》。参见“許子”。❷疑为许景先。景先曾为张说相州从事。张说有《相州前池别许郑二判官景先神力》《寄许八》。

【許下】 地名。即今河南省许昌市。陈子昂《夏日晖上人房别李参军崇嗣》序：“来从许下，月旦出于龙泉。”韩翃《寄雍丘窦明府》：“少年结绶骋金羁，许下如看琼树枝。”息夫牧《冬夜宴萧十丈因饯殷郭二子西上》序：“冬十有二月，家君宰邑许下。”齐己《寄许州清古》：“北来儒士说，许下有吟憎。”

【許大】 如此大；这般大。薛逢《老去也》：“合掌髻子蒜许大，此日方知非是我。”李翔《涉道诗·顶湖》：“碧莲洞口人偷说，知似车轮许大无。”杜荀鹤《自江西归九华》:“许大乾坤吟未了,挥鞭回首出陵阳。”钟离权《题长安酒肆壁三绝句》之一:“乾坤许大无名姓,疏散人中一丈夫。”

【許子】 许登。曾官右拾遗,见贾至《授韦少游祠部员外郎等制》。岑参有《送许子擢第归江宁拜亲因寄王大昌龄》。

【許五端公】 许孟容,行五,四迁侍御史,见柳宗元《寄许京兆孟容许》和《旧唐书・许孟容传》。李益有《答许五端公马上口号》。

【許公】 北周宇文述,封许国公。杜牧《长安杂题长句六首》之二:“韩嫣金丸莎覆绿,许公鞯汗杏黏红。”

【許公韉】 《隋书・云定兴传》:“(宇文)述素好著奇服,炫耀时人。定兴为制马鞯,于后角上缺方三寸,以露白色。世轻薄者争放(仿)学之,谓为许公缺势。”按:因宇文述曾官左屯卫大将军,封许国公,故称。后因以“许公鞯”借指权贵坐骑。杜牧《长安杂题长句六首》之二:“韩嫣金丸莎覆绿,许公鞯汗杏黏红。”

【許氏評】 即月旦评。《后汉书・许劭传》:“初,(许)劭与(许)靖俱有高名,好共核论乡党人物,每月辄更其品题,故汝南俗有‘月旦评’焉。”后遂用为名人品评人物的典故。李商隐《送千牛李将军赴阙五十韵》:“幸藉梁园赋,叨蒙许氏评。”

【許左丞】 许圉师。《旧唐书・高宗纪下》:“上元二年八月庚子……左丞许圉师为户部尚书。”卢照邻有《赠许左丞从驾万年宫》。

【許可】 准许。薛能《西县途中二十韵》:“阵图谁许可,庙貌我揄揶。”

【許由廟】 在今河南省登封市东南箕山之上。李适《饯许州宋司马赴任》:“复有许由庙,迢迢白云里。”

【許史】 汉宣帝时外戚许伯、史高的连称。《汉书・盖宽饶传》:“上无许史之属,下无金张之托。”颜师古注引应劭曰:“许伯,宣帝皇后父。史高,宣帝外家也。”后因以借指豪门贵族。王维《偶然作六首》之五:“许史相经过,高门盈四牡。”李贺《许公子郑姬歌》:“许史世家外亲贵,宫锦千端买沉醉。”杜牧《长安杂题长句六首》之六:“丰貂长组金张辈,驷马文衣许史家。”伊璠《及第后寄梁烛处士》:“绣毂寻芳许史家,独将羁事达江沙。”

【許生】 许登。杜甫有《送许八拾遗江宁觐省甫昔时尝客游此县于许生处乞瓦棺寺维摩图样志诸篇末》。参见“許子”。

【許多】 ❶很多。裴夷直《题江上柳寄李使君》:“应学郡中贤太守,依依相向许多情。”贯休《喜不思上人来》:“沃州那不住,一别许多时。”❷多少。张说《奉和圣制春日幸望春宫应制》:“绕殿流莺凡几树,当蹊乱蝶许多丛。”

【許州】 唐代州名。治所在今河南许昌市。李适有《饯许州宋司马赴任》。卢藏用有《饯许州宋司马赴任》。耿沣有《赴许州留别洛中亲故》。薛能有《许州题观察判官厅》。

【許宅】 指东晋道士许逊之宅。许逊,字敬之,汝南(今河南省汝南县)人。传说宁康二年(374),在南昌西山,举家四十二口拔宅升天。事见《太平广记》卷十四“许真君”。后遂用为咏得道升仙的典故。李绅《新楼诗二十首・新楼》:“坐疑许宅驱鸡犬,笑类樊妻化羽毛。”

【許丞】 疑为许授。授曾官常州义吴尉、湖州武康丞,见权德舆《湖州武康县丞许君(授)夫人京兆韦氏墓志铭》。皎然有《送许丞还洛阳》。

【許身】 犹自许。杜甫《自京赴奉先县咏怀五百字》:“许身一何愚,窃比稷与契。”

【許事】 此事;这事。骆宾王《代女道士王灵妃赠道士李荣》:“寻思许事真情变,二人容华识少选。”

【許肯】 允诺;允许。吕岩《鄂渚悟道歌》:“试问邻公可相传。一言许肯更无难。”

【許昌】 唐县名。治所在今河南许昌市。懿宗朝举子《刺安南事诗》:“雄雄许昌师,忠武冠其族。”钱起有《诏许昌崔明府拜补阙》。许浑有《祗命许昌自郊居移就公馆秋日寄茅山高拾遗》。

【許侍郎】 许敬宗。贞观十七年(643),敬宗权检校黄门侍郎。见《旧唐书・许敬宗传》。李百药有《和许侍郎游昆明池》。

【許侍御】 许浑。仕文宗、武宗、宣宗三朝,历任监察御史、润州司马等职。杜牧有《许七侍御弃官东归潇洒江南题诗寄赠十韵》。

【許拾遺】 许登。岑参有《送许拾遗恩归江宁拜亲》。刘长卿有《送许拾遗还京》。参见“許子”。

【許員外】 ❶许登。曾官司勋员外郎,《郎官石柱题名新著录》司勋员外郎第十行有许登。润州人,乾元元年(758)春任右拾遗时曾归省,岑参有《送许拾遗恩归江宁拜亲》诗,此许拾遗即许登。岑参又有《送许员外江外置常平仓》。❷许仲舆。武元衡有《酬陆员外歙州许员外郢州二使君》。❸许珂。曾官睦州刺史、陈州刺史,见《严州图经》卷一刺史题名和《旧唐书・僖宗纪》。方干有《许员外新阳别业》。

【許陳二閣老】 许阁老,许孟容。陈阁老,陈京,京曾官尚书郎、给事中。权德舆有《奉和李给事省中书情寄刘苗崔三曹长因呈许陈二阁老》。参见“許閣老”。

【許陳二閣長】 许阁长，许孟容。陈阁长，陈京。阁长，犹阁老。权德舆有《奉和史馆张阁老以许陈二阁长爱弟俱为尚书郎伯仲同时列在南北省会于左掖因而有咏》。参见“許閣老。”

【許郭】 东汉名士许劭与郭泰的并称。见《后汉书·许劭传》。陆龟蒙《顾道士亡弟子奉束帛乞铭于袭美因赋戏赠》：“亦谓神仙同许郭，不妨才力似班扬。”

【許著作】 许仲舆，字叔载。见权德舆《送水部许员外出守郢州序》。武元衡和权德舆均有《送许著作分司东都》。

【許評事】 许志雍，贞元九年(793)进士，曾官监察御史、复州刺史、试大理评事等，见《元和姓纂》卷六安陆许氏、《册府元龟》卷四九七等。刘禹锡有《送如智法师游辰州兼寄许评事》。

【許國】 谓决心以身报效国家。宋之问《使往天平军马约与陈子昂新乡为期及还而不相遇》：“知君心许国，不是爱封侯。”张说《将赴朔方军应制》：“从来思博望，许国不谋身。”王翰《奉和圣制送张尚书巡边》：“登朝身许国，出阃将辞家。”柳宗元《冉溪》：“少时陈力希公侯，许国不复为身谋。”王贞白《送韩从事归本道》：“论边多称旨，许国誓亡身。”

【許得】 允许。李涉《却归巴陵途中走笔寄唐知言》：“猥蒙方伯怜饥贫，假名许得陪诸宾。”

【許婚】 应允婚事。多指女方。李商隐《公子》：“金唐公主年应小，二十君王未许婚。”

【許掾】 指东晋名士许询。曾为司徒蔡谟辟为掾，故称。见南朝宋刘义庆《世说新语·品藻》。杨发《秋晴独立南亭》：“心似蒙庄游物外，官惭许掾在人间。”李商隐《郑州献从叔舍人褎》：“茅君奕世仙曹贵，许掾全家道气浓。”

【許與】 ❶许诺。杜甫《两当县吴十侍御江上宅》：“上官权许与，失意见迁斥。”❷相许。指感情志趣投合。杜甫《义鹘》：“人生许与分，只在顾盼间。”❸犹称许。杜甫《壮游》：“许与必词伯，赏游实贤王。”李涉《却归巴陵途中走笔寄唐知言》：“君家三兄旧山侣，方寸久来常许与。”

【許閣老】 许孟容。曾任兵部郎中、给事中等职。见《旧唐书》。阁老，唐代中书舍人资深者称阁老，中书、门下属官亦互称阁老。权德舆有《奉和许阁老酬淮南崔十七端公见寄》和《奉和崔阁老清明日候许阁老交直之际辱裴阁老书招云与考功苗曹长先城南游览独行口号因以简赠》。

【許給事(給 jǐ)】 ❶许景先。景先神龙初擢拜左拾遗，累迁给事中。见《旧唐书·许景先传》。张九龄有《和许给事中直夜简诸公》。崔颢有《奉和许给事夜直简诸公》。❷许孟容。见《旧唐书·许孟容传》。权德舆有《奉和崔评事寄外甥刘同州并呈杜宾客许给事王侍郎昆弟杨少尹李侍御并见寄之作》。❸许善心。入隋，历虞部侍郎、秘书丞、礼部侍郎。见《隋书·许善心传》。刘斌有《和许给事伤牛尚书》。

【許鳴謙】 京兆长安(今陕西西安市)人。许孟容之父，究通《易》象。事见《旧唐书·许孟容传》《新唐书·裴胄传》。皇甫冉有《杂言湖山歌送许鸣谦》。

【許諾】 应允。皮日休《初夏游楞伽精舍》：“云态共萦留，鸟言相许诺。”

【許學】 指东汉许慎《说文解字》文字学派。皎然《答郑方回》：“宗师许学外，恨不逢孔圣。”

訢

〔xī《集韵》虚其切，平之，曉。〕感而动之；使受影响而动。参见“訢合”。

【訢合】 融合；相合。《礼记·乐记》：“天地䜣合，阴阳相得。”郑玄注：“䜣读为熹，熹犹蒸也。”孔颖达疏：“熹谓蒸动。言乐感动天地之气，是使二气蒸动。”白居易《同微之赠别郭虚舟炼师五十韵》：“二物正䜣合，厥状何怪奇。”

訛

〔é《广韵》五禾切，平戈，疑。〕❶错谬；讹误。杜甫《石犀行》：“嗟尔三犀不经济，缺讹只与长川逝。”韩愈《石鼓歌》：“公从何处得纸本，毫发尽备无差讹。”元稹《和李校书新题乐府十二首·骠国乐》：“促舞跳趫筋节硬，繁辞变乱名字讹。”张祜《题于越亭》：“层阑涨水痕犹在，古板题诗字已讹。”齐己《看金陵图》：“六朝图画战争多，最是陈宫计数讹。”❷讹滥；浇薄。张说《送苏合宫颋》：“都邑群方首，商泉旧俗讹。”孟浩然《陪卢明府泛舟回作》：“已救田家旱，仍医俗化讹。”李白《酬王补阙惠翼庄庙宋丞泚赠别》：“朴散不尚古，时讹皆失真。”皮日休《江南书情二十韵寄秘阁韦校书贻之商洛宋先辈垂文二同年》：“时讹轻五羖，俗浅重三缄。”杜荀鹤《秋宿山馆》：“蕴蓄天然性，浇讹世恶真。”❸虚伪；奸诈。高适《送蔡少府赴登州推事》：“国小常多事，人讹屡抵刑。”❹怪异。孟郊《蜘蛛讽》：“蚕身与汝身，汝身何太讹。”❺变化；改变。杜甫《李潮八分小篆歌》：“陈仓石鼓又已讹，大小二篆生八分。”孟郊《访疾》：“请君吟啸之，正气庶不讹。”❻动。《诗·小雅·无羊》：“或寝或讹。”毛传：“讹，动也。”杜甫《日暮》：“日落风亦起，城头鸟尾讹。”韩愈、李正封《晚秋郾城夜会联句》：“尔牛时寝讹，我仆或歌咢。”韩愈《征蜀联句》：“休输任讹寝，报力厚麸秳。”李浩弼《从幸秦川赋鸷兽诗》：“岩下年年自寝讹，生灵餐尽意如何。”王贞白《少年行二首》之二：“追奔铁马走，杀虏宝刀讹。”

【訛火】 野火。柳宗元《同刘二十八院长述旧言怀感时书事奉寄澧州张员外使君五十二韵之作因其韵增至八十通赠二君子》:“瘴氛恒积润,讹火亟生煨。”

【訛言】 谎话;谣传的话。储光羲《同王十三维偶然作十首》之七:“群动汨吾真,讹言伤我情。”姚合《苦雨》:“为报迷津客,讹言未可轻。”贾竦《谒华岳庙》:“无乃惑聪明,讹言纵巫觋。”

【訛音】 不合标准的语音。多指方言语音。元稹《酬翰林白学士代书一百韵》:“讹音烦缴绕,轻俗丑威仪。”

【訛謬】 讹误错谬。孟郊《吊元鲁山》之五:“血誓竟讹谬,膏明易煎蒸。”

訟 〔sòng《广韵》似用切,去用,邪。又祥容切,平鐘,邪。〕❶诉讼案件。宋之问《郡宅中斋》:“讼寝归四明,龄颓亲九转。”高适《奉酬睢阳李太守》:“讼简知能吏,刑宽察要囚。”张籍《赠李杭州》:“竹间虚馆无朝讼,山畔青田长夏苗。”杜荀鹤《赠欧阳明府》:“都缘民讼少,长觉吏徒闲。”熊皎《句》之五:“废土有人耕不畏,古厅无讼醉何妨。”❷控告;诉讼。王维《送梓州李使君》:“汉女输橦布,巴人讼芋田。”韦应物《示从子河南尉班》序:“永泰中,余任洛阳丞,以扑抶军骑。时从子河南尉班,亦以刚直为政,俱见讼于居守。”白居易《叙德书情四十韵上宣歙翟中丞》:“政静民无讼,刑行吏不欺。”❸诉说。元结《演兴四首·闵岭中》:“久低回而愠瘀,空仰讼于上玄。”苏源明《小洞庭洄源亭宴四郡太守诗》序:“前此济阳以河堤之虞、夫役之弊,请南略我宿及鲁之中都。宿人讼其不便,源明请废济阳,以平阴、长清属济南。”❹责备;自责。权德舆《奉酬从兄南仲见示十九韵》:“谬进空内讼,结怀远忡忡。”❺伤害。李端《送友人宰湘阴》:“传吏闲调象,山精暗讼人。”❻颂扬;歌颂。元结《演兴四首》序:“商余山有太灵古祠,传云豢龙氏祠大帝所立。祠在少余西乳之下,邑人修之以祈田。予因为招词讼闵之文以演兴。”

【訟田】 为争田地的诉讼。吴筠《高士咏·高凤》:“独有高文通,讼田求翳名。”

【訟庭】 审理诉讼案件的场所。李颀《送刘四赴夏县》:“明府下车人吏闲,端坐讼庭更无事,开门咫尺巫咸山。”张继《会稽秋晚奉呈于太守》:“寂寂讼庭幽,森森戟户秋。”刘商《裴十六厅即事》:“主人能政讼庭闲,帆影云峰户牖间。”李敬方《题黄山汤院》:“贪程归路远,折政讼庭繁。”杜荀鹤《和友人寄长林孟明府》:“讼庭闲寂公书少,留客看山索酒斟。”

【訟堂】 审理诉讼案件的公堂。王昌龄《送欧阳会稽之任》:“缓带屏纷杂,渔舟临讼堂。”崔峒《题桐庐李明府官舍》:“讼堂寂寂对烟霞,五柳门前聚晓鸦。”韦庄《冬日长安感志寄献虢州崔郎中二十韵》:“讼堂无事冰生印,水榭高吟月透帘。”张辞《上盐城令述德诗》:“讼堂无事调琴轸,郡阁何妨醉玉觥。”

【訟獄】 诉讼案件。亦指审理诉讼案件。玄宗《赐诸州刺史以题座右》:“讼狱必以情,教民贵有常。”

【訟閤】 见“訟閣”。

【訟閣】 亦作“訟閤”。指官署。钱起《送张中丞赴桂州》:“戍楼云外静,讼阁竹间清。”李商隐《酬令狐郎中见寄》:“万里悬离抱,危于讼阁铃。”

設 〔shè《广韵》識列切,入薛,書。〕❶设置。苏颋《夜发三泉即事》:“下奔泥栈榰,上觏云梯设。”李白《题瓜州新河饯族叔舍人贲》:“吴关倚此固,天险自兹设。”韩愈《丰陵行》:“设官置卫锁嫔妓,供养朝夕象平居。”黄滔《辄吟七言四韵攀寄翁文尧拾遗》:“唐设高科表用文,吾曹谁作谏垣臣。”《郊庙歌辞·周宗庙乐舞辞·肃顺》:“仰瞻庙貌,夙设宫悬。”❷建立;设立。元结《二风诗·治风诗五篇·至理》:“意彼刑法,设以化人。”任华《寄杜拾遗》:“古人制礼但为防俗士,岂得为君设之乎。”黄滔《送翁拾遗》:“天开中国大,地设四维低。”亦谓立、站立。权德舆《旅馆雪晴又睹新月众兴所感因成杂言》:“赏明月,玩流雪,纤手蛾眉座中设。”❸置办;陈列。李白《梁园吟》:“玉盘杨梅为君设,吴盐如花皎白雪。”杜牧《洛下送张曼容赴上党召》:“歌阕樽残恨却偏,凭君不用设离筵。”李商隐《所居》:“鸡黍随人设,蒲鱼得地生。”吴融《南迁途中作七首·访贯休上人》:“休公为我设兰汤,方便教人学洗肠。”❹施行;施用。韩愈《赴江陵途中寄赠王二十补阙李十一拾遗李二十六员外翰林三学士》:“谓言即施设,乃反迁炎州。”吕岩《直指大丹歌》:“黄婆设尽千般计,金鼎开成一朵莲。”❺施设;施张。赵谦光《答户部员外贺遂涉戏赠》:“锦帐随情设,金炉任意熏。”杜甫《又观打鱼》:“苍江鱼子清晨集,设网提纲万鱼急。”元稹《酬乐天赴江州路上见寄三首》之一:“终天升沉异,满地网罗设。”温庭筠《题丰安里王相林亭二首》之一:“朱户雀罗设,黄门驭骑来。”杨苎萝《咏垂丝蜘蛛嘲云辨僧》:“空中设罗网,只待杀众生。”❻指宴延之菜。孟浩然《家园卧疾毕太祝曜见寻》:“脱君车前鞅,设我园中葵。”❼应许。李适《答宋十一崖口五渡见赠》:“岁晏秉宿心,斯言非徒设。”❽副词。若;如果。戴叔伦《客舍秋怀呈骆正字士则》:“设被浮名系,归休渐欲迟。”❾副词。即使。白居易《春葺新居》:“设如宅门外,有事吾不知。”又《和微之诗二十三首·和送刘道士游天台》:“既未出三界,犹应在五蕴。”

【設色】 着色;敷彩。柳宗元《省试观庆云图诗》:“设色既成象,卿云示国都。”

【設法】 设置出办法。杜甫《早行》:“前王作网罟，设法害生成。”

【設計】 设下计谋。高辇《棋》：“不言如守默，设计似平雠。”

【設庠】 开办学校。韦庄《和郑拾遗秋日感事一百韵》：“紫闼重开序，青衿再设庠。”

【設置】 张设捕兔之网。王维《戏赠张五弟諲三首》之三：“设置守毚兔，垂钓伺游鳞。”钱起《春暮过石龟谷题温处士林园》：“设置连草色，晒药背松阴。”

【設教】 （—jiào）施行教化。吴筠《览古十四首》之一：“弛张固天意，设教安能持。”

【設祭】 陈设祭品。韩愈《去岁自刑部侍郎以罪贬潮州刺史乘驿赴任其后家亦谴逐小女道死殡之层峰驿旁山下蒙恩还朝过其墓留题驿梁》：“绕坟不暇号三匝，设祭惟闻饭一盘。”

【設備】 设防；建筑防御工事。杜甫《柳司马至》：“设备邯郸道，和亲逻些城。”

【設奠】 陈设祭品进行祭奠。皮日休《寄琼州杨舍人》：“行遇竹王因设奠，居逢木客又迁家。”

【設道】 若道；如果说。杜甫《绝句九首》之九：“设道春来好，狂风大放颠。”

【設會】 举行集合。李绅《新楼诗二十首·东武亭》序：“亭在镜湖上，即元相所建。亭至宏敞，春秋为竞渡大设会之所。”

【設險】 ❶利用险要之地建立防御工事。玄宗《潼关口号》：“所嗟非恃德，设险到天平。”张良璞《览史》：“建都用鹑宿，设险因金城。”❷设置的险要地形。杜甫《剑门》：“惟天有设险，剑门天下壮。”

【設齋】 陈设斋宴。孙元晏《咏史诗·梁·八关斋》：“内殿设斋申祷祝，岂无功德及台城。”

【設誓】 立誓；发誓。韩襄客《句》：“连理枝前同设誓，丁香树下共论心。”

【設膾】 置办鱼肉之筵。杜甫《阌乡姜七少府设脍戏赠长歌》：“姜侯设脍当严冬，昨日今日皆天风。”

【設醴】 《汉书·楚元王传》：“初，元王敬礼申公等，穆生不嗜酒，元王每置酒，常为穆生设醴。及王戊即位，常设，后忘设焉。穆生退曰：‘可以逝矣！醴酒不设，王之意怠，不去，楚人将钳我于市。’”后用为敬礼宾客的典故。陈元光《落成会咏一首》：“设醴延张老，开轩礼吕蒙。”薛能《冬日写怀》：“设醴徒惭楚，为郎未姓颜。”

訪 〔fǎng《广韵》敷亮切，去漾，敷。〕❶咨询；请教。张九龄《九月九日登龙山》：“先贤杳不接，故老犹可访。”李颀《答高三十五留别便呈于十一》：“累荐贤良皆不就，家近陈留访耆旧。”刘禹锡《送裴处士应制举诗》：“往年访我到连州，无穷绝境终日游。”李商隐《贾生》：“宣室求贤访逐臣，贾生才调更无伦。”❷谋议。吕温《奉敕祭南岳十四韵》：“憩桑访蚕事，遵畴课农力。”❸探访；寻找。孟浩然《高阳池送朱二》：“殷勤为访桃源路，予亦归来松子家。”刘长卿《送王端公入奏上都》：“旧国无家访，临歧亦羡归。”钱起《送集贤崔八叔承恩括图书》：“还劳五经笥，更访百家书。”萧祜《游石堂观》：“我来斯邑访遗迹，乃遇沈生耽载籍。”李商隐《奉同诸公题河中任中丞新创河亭四韵之作》：“万里谁能访十洲，新亭云构压中流。”❹探望；拜访。杜甫《北邻》：“时来访老疾，步屧到蓬蒿。”钱起《酬元秘书晚出蓝溪见寄》：“知音倘相访，炊黍扫茅茨。”许浑《赠王山人》：“贳酒携琴访我频，始知城市有闲人。”齐己《酬元员外见寄》：“僻巷谁相访，风篱翠蔓牵。”❺问；探。道会《别三辅诸僧》：“共作无期别，谁能访死生。”李白《早春寄王汉阳》：“闻道春还未相识，走傍寒梅访消息。”❻查访；关心。太宗《重幸武功》：“驻跸抚田畯，回舆访牧童。”杜审言《和李大夫嗣真奉使存抚河东》：“茕嫠访疾苦，屠钓采贞坚。”韦应物《郡楼春燕》：“为郡访凋瘵，守程难损益。”

【訪卜】 问卜。询问事情的吉凶。邵升《奉和初春幸太平公主南庄应制》：“无路乘槎窥汉渚，徒知访卜就君平。”

【訪古】 寻访古迹。李白《岘山怀古》：“访古登岘首，凭高眺襄中。”皇甫冉《彭祖井》：“访古因知彭祖宅，得仙何必葛洪乡。”项斯《游烂柯山》：“访古碑多缺，探幽路不真。”戴公怀《奉和郎中游仙山四瀑泉兼寄李吏部包秘监赵婺州齐处州》：“访古事难究，览新情屡周。”

【訪古跡】 同“訪古”。李白《登金陵冶城西北谢安墩》：“冶城访古迹，犹有谢安墩。”

【訪田】 访寻故园。卢纶《酬李端长安寓居偶咏见寄》：“访田悲洛下，寄宅忆山阴。”

【訪别】 探望后告别。刘长卿有《酬张夏雪夜赴州访别途中苦寒作》。

【訪泊】 寻访泊舟之处。郑绍《游越溪》：“访泊随烟火，迷途视斗牛。”

【訪春】 寻春；春游。薛能《汉庙祈雨回阳春亭有怀》：“南荣轩槛接城闉，适罢祈农此访春。”

【訪莘】 莘（shēn），古国名。在今山东曹县西北。据《孟子·万章上》载，伊尹耕于有莘之野，而乐尧舜之道。汤曾三次派使往聘之，伊尹始接受应聘为相，曰：“与我处畎亩之中，由是以乐尧舜之道，吾岂若使是君（指汤）为尧舜之君哉！吾岂若使是民为尧舜之民哉？”后因以用为君主访贤的典故。太宗《春日登陕州城楼俯眺原野回丹碧缀烟霞密翠斑红芳菲花柳即目川岫聊以命篇》：“迹岩劳傅想，窥野访莘情。”

【訪覓】 寻访；寻找。寒山《诗三百三首》之五五："访觅汉时人，能无一个在。"又《诗三百三首》之二五九："无衣自访觅，莫共狐谋裘。"温庭筠《病中书怀呈友人》："镏惔虚访觅，王霸竟揶揄。"

【訪宿】 探望并留宿。姚合《寄贾岛》："赖君时访宿，不避北斋风。"

【訪問】 拜访。皮日休《江南书情二十韵寄秘阁韦校书贻之商洛宋先辈垂文二同年》："他年如访问，烟茑暗髟髟。"钱弘俶《陈国》："江神如访问，教到井中寻。"

【訪道】 访问咨询道士、真人或僧人。唐宋时或称僧人为道人。孙逖《和崔司马登称心山寺》："郡府乘休日，王城访道初。"刘长卿《西陵寄一上人》："东山访道成开士，南渡隋阳作本师。"任华《寄李白》："人传访道沧海上，丁令王乔每往还。"阎防《夕次鹿门山作》："远游非避地，访道爱童颜。"广宣《皇太子频赐存问并索唱和新诗因有陈谢》："望苑招延后，禅扉访道余。"

【訪尋】 寻访，拜望。司空图《寄赠诗僧秀公》："冷曹孤宦甘寥落，多谢携筇数访寻。"

【訪謁】 拜望；拜谒。周昙《咏史诗·三国门·蜀先主》："不是卑词三访谒，谁令玄德主巴邛。"

【訪隱】 寻访隐士。李商隐有《访隐》及《访隐者不遇成二绝》。

【訪戴】 南朝宋刘义庆《世说新语·任诞》："王子猷居山阴，夜大雪……忽忆戴安道。时戴在剡，即便夜乘小船就之。经宿方至，造门不前而返。人问其故，王曰'吾本乘兴而行，兴尽而返，何必见戴。'"事又见《晋书·王徽之传》。后因以用为访友或思友的典故。李白《酬坊州王司马与阎正字对雪见赠》："访戴昔未偶，寻嵇此相得。"皇甫冉《刘方平西斋对雪》："自然堪访戴，无复四愁诗。"白居易《雪中酒熟欲携访吴监先寄此诗》："自然须访戴，不必待延枚。"许浑《酬和杜侍御》："因过石城先访戴，欲朝金阙暂依刘。"吴融《和诸学士秋夕禁直偶雪》："正遂攀稽愿，翻追访戴欢。"

【訪戴船】 同"訪戴"。钱起《寄袁州李嘉祐员外》："雁有归乡羽，人无访戴船。"皇甫冉《和朝郎中扬子玩雪寄山阴严维》："闲有招寻兴，随君访戴船。"李商隐《四年冬以退居蒲之永乐渴然有农夫望岁之志遂作忆雪又作残雪诗各一百言以寄情于游旧·忆雪》："预约延枚酒，虚乘访戴船。"韩偓《己巳年正月十二日自沙县抵邵武军将谋抚信之行到才一夕为闽相急脚相召却请赴沙县郊外泊船偶成一篇》："访戴船回郊外泊，故乡何处望天涯。"

【訪舊】 拜访故友。孟浩然《久滞越中贻谢南池会稽贺少府》："怀仙梅福市，访旧若耶溪。"杜甫《赠卫八处士》："访旧半为鬼，惊呼热中肠。"白居易、王起《仆射来示有三春向晚四者难并之说诚哉是言辄引起题重为联句》："访旧殊千里，登高赖九城。"湛贲《题历山司徒右长史祖宅》："龙宫欣访旧，莺谷忝迁乔。"

【訪舊遊】 同"訪舊"。韦庄《过当涂县》："客过当涂县，停车访旧游。"

訣 〔jué《广韵》古穴切，入屑，見。〕❶离别。多指生离死别。崔湜《景龙二年余自门下平章事削阶授江州员外司马寻拜襄州刺史春日赴襄阳途中言志》："慈亲不忍诀，昆弟默相顾。"杜甫《自京赴奉先县咏怀五百字》："生逢尧舜君，不忍便永诀。"韦应物《送终》："晨迁俯玄庐，临诀但遑遑。"孟郊《感怀》之七："未为生死诀，长在心目间。"元稹《江陵三梦》："百年永已诀，一梦何太悲。"❷秘诀；诀窍。李白《题雍丘崔明府丹灶》："先师有诀神将助，大圣无心火自飞。"皎然《妙喜寺达公禅斋寄李司直公孙房都曹德裕从事方舟颜武康士骋四十二韵》："中年慕仙术，永愿传其诀。"张籍《学仙》："弟子得其诀，清斋入空房。"白居易《赠王山人》："暗待非常人，潜求长生诀。"贯休《古意九首》之九："授我微妙诀，恬澹无所为。"❸通"决"。决定；决断。卢仝《秋梦行》："纤纤月，盈复缺，娟娟似眉意难诀。"

【訣行】 别离；相别而行。罗隐《题玄同先生草堂三首》之二："先生诀行日，曾奉数行书。"

【訣别】 犹生离死别。王涣《惆怅诗十二首》之四："诀别徐郎泪如雨，镜鸾分后属何人。"

【訣詞】 诀别之词。皎然《哭吴县房耸明府》："割念命归驾，诀词向空筵。"

【訣籙】 道教的修炼秘诀和符箓。李郢《读〈汉武内传〉》："青真小童捧诀箓，紫府道士携琼苏。"

五　画

詧 同"詧"。宋宋祁《宋景文笔记》卷中："予见佛书以言辩字，多作詧，世人不复辨诘。"多作人名用字。参见"詧公""詧光上人"。

【詧公】 灵詧。齐己有《送灵詧上人游五台》《喜詧公自武陵至》。

【詧光上人】 字登封，姓吴氏，永嘉（治所今浙江温州市）人。左庶子吴兢之裔孙。长于草书，昭宗诏对御榻前书，赐紫方袍。后谒华帅，荐号曰广利。见《宋高宗传》卷三十《后唐明州国宁寺詧光传》。吴融有《赠詧光上人草书歌》。

詁 〔gǔ《广韵》公户切，上姥，見。〕以今言解释古代的语言文字。《诗·周南·关雎序》："诂训传"。孔颖达疏："诂者，古也。古今异言，通之使人知也。"韩愈《元和圣德诗》:"博士臣愈,职是训诂。"

訶 〔hē《广韵》虎何切,平歌,曉。〕❶责备;斥责。寒山《诗三百三首》之二五一:"缵缕关前业,莫诃今日身。"韩愈《泷吏》:"凡吏之所诃,嗟实颇有之。"❷通"歌"。元稹《和李校书新题乐府十二首·骠国乐》:"是非倒置自古有,骠兮骠兮谁尔诃。"

【訶文】 大声诵读文章。窦牟《秋日洛阳官舍寄上水部家兄》:"壮年唯喜酒,幼学便诃文。"

【訶咄】 怒斥。陆龟蒙《奉酬袭美先辈吴中苦雨一百韵》:"而我正萎痿,安能致诃咄。"

【訶責】 大声叱责。刘禹锡《游桃源一百韵》:"言高未易信,犹复加诃责。"

【訶陵國】 古代南海国名。《新唐书·南蛮传下·诃陵》:"诃陵,亦曰社婆,曰阇婆,在南海中。"白居易《送客春游岭南二十韵》:"诃陵国分界,交趾郡为邻。"

【訶陵樽】 酒器名。皮日休《五贶诗》序:"有南海鲎鱼壳樽一,涩锋齾角,内玄外黄,谓之诃陵樽。"又有《五贶诗·诃陵樽》。

【訶梨子】 妇女之披肩。和凝《采桑子》词:"蝤蛴领上诃梨子,绣带双垂。"

【訶梨勒】 梵语,意译为柯子。植物名。常绿乔木。产于我国南海诸岛与广东省及印度、缅甸等地。果实可入药。见晋嵇含《南方草木状·木类》。包佶有《抱疾谢李史部赠诃梨勒叶》。

評 〔píng《广韵》符兵切,平庚,並。又皮命切,去映,並。〕❶评论;评定。韩愈《示儿》:"来过亦无事,考评道精粗。"元稹《说剑》:"我欲评剑功,愿君良听受。"李商隐《送千牛李将军赴阙五十韵》:"幸藉梁园赋,叨蒙许氏评。"皮日休《正乐府十篇·农父谣》:"均输利其事,职司安敢评。"齐己《春居寄友生》:"相思意何切,新作未曾评。"❷批评。韩愈《东都遇春》:"旧游喜乖张,新辈足嘲评。"❸职官名。杜甫《送重表侄王砅评事使南海》:"廷评近要津,节制收英髦。"李商隐《偶成转韵七十二句赠四同舍》:"廷评日下握灵蛇,书记眠时吞彩凤。"参见"評事"。

【評文】 评议、议论诗文。周贺《送表兄东南游》:"评文永不忘,此说是中兴。"

【評事】 职官名。大理寺属官,掌出使推勘案情。见《新唐书·百官志三》。岑参《优钵罗花歌》序:"天宝庚申岁,参忝大理评事,摄监察御史,领伊西北庭度支副使。"杜甫《赤甲》:"笑接郎中评事饮,病从深酌道吾真。"《续谣》:"评事不读律,博士不寻章。"王昌龄有《重别李评事》。戴叔伦有《谷城逢杨评事》。

【評詩】 议论评论诗文。郑谷《次韵和秀上人游南五台》:"内殿评诗切,身回心未回。"

【評説】 批评;议论。韩偓《遥见》:"白玉堂东遥见后,令人评说画杨妃。"

【評論】 评说;议论。吕岩《七言》之一:"此道非从它外得,千言万语谩评论。"

詀[1] 〔zhān《广韵》竹咸切,平咸,知。〕多言。《玉篇·言部》:"诂,陟咸切,多言。"见"詀語"。

詀[2] 〔chè《广韵》叱涉切,入葉,昌。〕轻声细语。见"詀$_2$諵""詀$_2$讘"。

【詀語】 语多貌。犹言絮絮叨叨。路德延《小儿诗》:"诂语时时道,谣歌处处传。"

【詀$_2$諵】 谓喃喃碎语。元稹《台中鞫狱忆开元观旧事呈损之兼赠周兄四十韵》:"蛮民诂谝诉,啮指明痛瘰。"又《送崔侍御之岭南二十韵》:"蛛悬丝缭绕,鹊报语诂谝。"

【詀$_2$讘】 犹窃窃私语。皮日休《二游诗·任诗》:"欲者解挤排,诟者能诂讘。"

詛 〔zǔ《广韵》莊助切,去御,莊。《集韵》壮所切,上語,莊。〕❶诅咒;咒骂。白居易《和微之诗二十三首·和三月三十日四十韵》:"虽微五袴咏,幸免兆人诅。"❷批评。元稹《酬翰林白学士代书一百韵》:"那能作牛后,更拟助洪基。"自注:"乐天、损之辈常诅予箧中有不第之祥,而又哂予决求高第之僭也。"

【詛咒】 向鬼神祈祷、祈求。韩愈《南山诗》:"得非施斧斤,无乃假诅咒。"

【詛師】 即巫师。韩愈《谴疟鬼》:"诅师毒口牙,舌作霹雳飞。"

詈 〔lì《广韵》力智切,去寘,來。〕❶责骂。❷诽谤。孟郊《秋怀》之一五:"詈痛幽鬼哭,詈侵黄金贫。"

詐 〔zhà《广韵》側駕切,去禡,莊。〕❶欺骗;奸诈。苏颋《奉和圣制春台望应制》:"暴嬴国此尝图霸,霸业后仁先以诈。"玄宗《旋师喜捷》:"诈虏脑涂地,征夫血染衣。"元稹《遣兴十首》之七:"爱直莫爱夸,爱疾莫爱斜,爱谟莫爱诈,爱施莫爱奢。"李绅《趋翰苑遭诬构四十六韵》:"燕客书方诈,尧门信未孚。"李商隐《商於》:"割地张仪诈,谋身绮季长。"❷假装。薛能《戏瞻相》:"瞻相赵女休相拽,不及人前诈摆头。"无名氏《五言白话诗》之四:"出语觜头高,诈作达官子。"

【詐力】 欺诈与暴力。权德舆《早夏青龙寺致斋凭眺感物因书十四韵》:"诈力自湮沦,霸仪终莽卤。"柳宗元《咏荆轲》:"秦皇本诈力,事与桓公殊。"

【詐仁】 假行仪义。皮日休《正乐府十篇·橡媪叹》："吾闻田成子，诈仁犹自王。"

【詐妄】 欺诈虚妄。寒山《诗三百三首》之一一八："狐假师子势，诈妄却称珍。"

【詐僞】 欺诈伪装。周昙《咏史诗·前汉门·博陆侯》："不是主人知诈伪，如何柱石免攲倾。"

【詐道】 欺诈之道。李序《笑巫诗》："图他衫子段，诈道大王嗔。"

【詐説】 假说；谎称。寒山《诗三百三首》之一八七："诈说造云梯，削之成棘刺。"

訑 〔yí《集韵》余支切，平支，以。〕同"詑"。自得。《集韵·支韵》："詑，詑詑，自得也。或作訑。"参见"訑訑"。

【訑訑】 洋洋自得貌；沾沾自喜貌。

訴 〔sù《广韵》桑故切，去暮，心。〕❶诉说；告诉。杜甫《瘦马行》："见人惨澹若哀诉，失主错莫无晶光。"杨巨源《赠邻家老将》："身贱竟何诉，天高徒自伤。"孟郊《忆江南弟》："生离不可诉，上天何曾聪。"褚载《投节度邢公》："一卷新书满怀泪，频来门馆诉饥寒。"赵抟《废长行》："门前有吏吓孤穷，欲诉门深抱冤哭。"❷辞谢；辞酒。韦应物《南塘泛舟会元六昆季》："一写悁勤意，宁用诉华觞。"韦庄《对梨花赠皇甫秀才》："且恋残阳留绮席，莫推红袖诉金卮。"杨衡《将之荆州南与张伯刚马惣钟陵夜别》："莫诉杯来促，更筹屡已倡。"

【訴金船】 辞酒。金船，酒杯的美称。韦庄《对雪献薛常侍》："门外寒光利如剑，莫推红袖诉金船。"

【訴訐】 控告，揭发人阴私。李绅有《转寿春守太和庚戌岁二月祗命寿阳时替裴五墉终殁因视壁题自墉而上或除名在边坐殿殁凡七子无一存焉寿人多寇盗好诉讦时谓之凶郡》。

【訴酒】 辞酒。韦庄《东阳赠别》："大抵行人难诉酒，就中辞客易沾衣。"

【訴陳】 陈诉、陈述。《哀仁敬歌》："有理无申兮，痛哉安诉陈兮。"

【訴貧】 诉说贫穷。白居易《慕巢尚书书云室人欲为置一歌者非所安也以诗相报因而和之》："如愁翠黛应堪重，买笑黄金莫诉贫。"

【訴詞】 诉说的言词。元稹《旱灾自咎贻七县宰》："诉词千万恨，无乃不得闻。"

【訴論】 诉说。无名氏《大力寺诗碣》："杜鹃花里啼幽径，往事依稀似诉论。"

【訴衷情】 唐教坊曲名。后用为词牌。又名《一丝风》《步花间》《桃花水》《偶相逢》《画楼空》《试周郎》等。分单调、双调两体。单调三十三字，平韵、仄韵混用。双调四十一字，平韵。温庭筠、韦庄、毛文锡、魏承班均有《诉衷情》词。

【訴冤】 诉说冤屈。刘长卿《至饶州寻陶十七不在寄赠》："去国空回首，怀贤欲诉冤。"

詆 〔dǐ《广韵》都禮切，上薺，端。又杜奚切，平齊，定。〕毁谤；指责。见"詆訐""詆欺""詆訶"。

【詆訐】 毁谤攻击。顾况《赠别崔十三长官》："仍于直道中，行事不诋讦。"韩愈《南山诗》："逍遥越坤位，诋讦陷乾窦。"

【詆欺】 毁辱欺谩。韩愈《读东方朔杂事》："诋欺刘天子，正昼溺殿衙。"

【詆訶】 毁谤指责。陆龟蒙《袭美先辈以龟蒙所献五百言既蒙见和复示荣唱再抒鄙怀用伸酬谢》："或许润色美，或嫌诋诃痴。"

註 〔zhù《广韵》中句切，去遇，知。又之戍切，去遇，章。〕❶记载。贯休《杜侯行》："人之戴兮天笔注，国之福兮天固祚。"❷注解；注释。张籍《赠梅处士》："讲易自传新注义，题诗不著旧官名。"贯休《赠信安郑道人》："仍闻得新义，便欲注阴符。"❸通"駐"。留待；等待。苏颋《幸白鹿观应制》："受符邀羽使，传诀注香童。"

詠 〔yǒng《广韵》爲命切，去映，云。〕❶歌唱；曼声长吟。孙逖《故程将军妻南阳郡夫人樊氏挽歌》："国风犹在咏，江汉近南阳。"窦常《之任武陵寒食日途次松滋渡先寄刘员外禹锡》："幸得柱山当郡舍，在朝长咏卜居篇。"牟融《邵公母》："伤心独有黄堂客，几度临风咏蓼莪。"贯休《追忆冯少常》："至今新定郡，犹咏袴襦歌。"黄滔《送友人边游》："亲咏关山月，归吟鬓的霜。"❷诵读；朗诵。李嘉祐《入睦州分水路忆刘长卿》："回看严子濑，朗咏谢安文。"孟郊《秋怀》之一五："今人咏古书，善恶宜自分。"白居易《初授秘监拜赐金紫闲吟小酌偶写所怀》："闲倾三数酌，醉咏十余声。"陆龟蒙《奉酬袭美先辈吴中苦雨一百韵》："仰咏尧舜言，俯遵周孔辙。"❸歌颂。玄宗《端午三殿宴群臣探得神字》："股肱良足咏，风化可还淳。"张谔《送李著作倅杭州》："伫闻敷善政，邦国咏惟康。"张祜《投魏博田司空二十韵》："国除心腹病，时咏股肱良。"郭汭《同崔员外温泉宫即事》："同欢王道盛，相与咏雍熙。"黄滔《贺清源仆射新命》："二天在顶家家咏，丹凤衔书岁岁来。"❹指诗歌。李白《梁园吟》："却忆蓬池阮公咏，因吟渌水扬洪波。"钱起《过王舍人宅》："彩笔有新咏，文星垂太虚。"权德舆《酬陆四十楚源春夜宿虎丘山对月寄梁四敬之兼见贻之作》："循环伐木咏，缅邈招隐情。"杨巨源《秋夜闲居即事寄庐山郑员外蜀郡符处士》："怅怀石门咏，缅慕碧鸡游。"刘言史《处州月夜穆中丞席和主人》："忽见隐侯裁一咏，还须书向郡楼中。”❺吟诗，写诗。钱起《紫参歌》：“蓬山才子怜幽性，白云阳春动新咏。”窦牟《缑氏拜陵回道中呈李舍人少尹》：“却愁新咏发，酬和不相如。”王建《送韦处士老舅》：“赋字咏新泉，探题得幽石。”刘禹锡《和令狐相公咏栀子花》：“佳人如拟咏，何必待寒梅。”高骈《途次内黄马病寄僧舍呈诸友人》：“官闲马病客深秋，肯学张衡咏四愁。”

【詠月嘲風】 指歌咏风月花草一类的诗歌。白居易《将归渭村先寄舍弟》：“咏月嘲风先要减，登山临水亦宜稀。”

【詠史】 指以史事为题材创作的诗歌。最早以“咏史”命题的是晋代诗人左思。王昌龄有《咏史》。戎昱有《咏史》。刘禹锡《晚泊牛渚》：“无人能咏史，独自月中行。”李商隐有《咏史》二首。钱珝《江行无题一百首》之三三：“夜凉谁咏史，空泊运租船。”

【詠白蘋】 南朝梁柳恽《江南曲》：“汀洲采白蘋，日暖江南春。洞庭有归客，潇湘逢故人。故人何不返？春花复应晚。不道新知乐，只言行路远。”后遂用为思念远方亲友的典故。顾非熊《送杭州姚员外》：“静理更何事，还应咏白蘋。”

【詠豆】 南朝宋刘义庆《世说新语·文学》：“文帝尝令东阿王七步中作诗，不成者行大法。应声便为诗曰：‘煮豆持作羹，漉菽以为汁。萁在釜下燃，豆在釜中泣；本自同根生，相煎何太急！’帝深有惭色。”后因以称誉人才思敏捷。元稹《奉和浙西大夫李德裕述梦四十韵》：“攀禾工类蔡，咏豆敏过曹。”

【詠吟】 ❶吟诵。齐己《杨花》：“咏吟何洁白，根本属风流。”❷吟诵作诗。钱起《谢张法曹万顷小山暇景见忆》：“物华对幽寂，弦酌兼咏吟。”裴度《度自洛中与乐天为文酒之会时时构咏乐不可支梦得亦分司至止欢惬可知因为联句》：“咏吟君称首，疏放我为魁。”

【詠言】 即永言。语本《书·舜典》：“诗言志，歌永言。”即歌咏、吟咏。亦指创作诗歌。萧颖士《越江秋曙》：“延首剡谿近，咏言怀数君。”贾岛《寄沧州李尚书》：“迢递瞻旌纛，浮阳寄咏言。”

【詠南風】 《史记·乐书》：“昔者舜作五弦之琴以歌南风。”裴骃集解：“王肃曰：《南风》，育养民之诗也。其词曰‘南风之薰兮、可以解吾民之愠兮。’”后遂用为歌颂天子恤民与天下升平的典故。太宗《重幸武功》：“于焉欢击筑，聊以咏南风。”李白《送杨少府赴选》：“吾君咏南风，衮冕弹鸣琴。”

【詠南薰】 同“詠南風”。薛能《升平词十首》之四：“逍遥岂有事，于此咏南薰。”李群玉《穆天子》：“不思五弦琴，作歌咏南薰。”

【詠思】 歌咏思念。多指写作思念之情的诗歌。高适《奉酬睢阳路太守见赠之作》：“帝简登藩翰，人和发咏思。”刘昚虚《暮秋扬子江寄孟浩然》：“咏思劳今夕，江汉遥相望。”皎然《酬薛员外谊见戏一首》：“文彩盈怀袖，风规发咏思。”郑准《寄进士崔鲁范》：“洛阳才子旧交知，别后干戈积咏思。”

【詠陟岡】 《诗·魏风·陟岵》：“陟彼冈兮，瞻望兄兮。”后因以喻指探望兄长。戎昱《送王端公之太原归觐相公》：“柱史今何适，西行咏陟冈。”

【詠扇】 《玉台新咏·班婕好〈怨诗〉》：“（序曰）‘昔汉成帝班婕好失宠，供养于长信宫，乃作赋自伤，并为怨诗一首。’（诗曰）‘新裂齐纨素，鲜洁如霜雪。裁为合欢扇，团团似明月。出入君怀袖，动摇微风发。常恐秋节至，凉风夺炎热。弃捐箧笥中，恩情中道绝。’”后成为咏扇、咏秋、咏宫怨的典故。长孙佐辅《古宫怨》：“看笼不记薰龙脑，咏扇空曾秃鼠须。”李中《新秋有感》：“张翰思鲈兴，班姬咏扇情。”

【詠陶】 歌咏陶渊明的田园诗歌。司空曙《闲园书事招畅当》：“羸病懒寻戴，田园方咏陶。”

【詠雪】 南朝宋刘义庆《世说新语·言语》：“谢太傅寒雪日内集，与儿女讲论文义，俄而雪骤，公欣然曰：‘白雪纷纷何所似？’兄子胡儿曰：‘撒盐空中差可拟。’兄女曰：‘未若柳絮因风起。’公大笑乐。即公大兄无奕女，左将军王凝之妻也。”后遂用为咏雪典故。姚合《杨柳枝词五首》之四：“谢家咏雪徒相比，吹落庭前便作泥。”

【詠散鹽】 喻指咏雪。韦庄《冬日长安感志寄献虢州崔郎中二十韵》：“闲招好客斟香蚁，闷对琼花咏散盐。”参见“詠雪”。

【詠游女】 《诗·周南·汉广》：“南有乔木，不可休息。汉有游女，不可求思。汉之广矣，不可泳思。江之永矣，不可方思。”后用为咏汉水的典实。梁洽《观汉水》：“求思咏游女，投吊悲昭王。”

【詠絮】 指诗才出众的晋代女子谢道韫。张泌《碧户》：“咏絮知难敌，伤春不易裁。”参见“詠雪”。

【詠詩】 吟诗；作诗。李白《初月》：“因绝西园赏，临风一咏诗。”杜甫《乐游园歌》：“此身饮罢无归处，独立苍茫自咏诗。”姚合《武功县中作三十首》之九：“秋凉送客远，夜静咏诗多。”皮日休《奉献致政裴秘监》：“月槛咏诗情，花溪钓鱼戏。”韦庄《曲池作》：“咏诗行信马，载酒喜逢人。”

【詠歌】 ❶吟诵；歌唱。白居易《题裴晋公女几山刻石诗后》序：“夫嗟叹不足则咏歌之，故居易作诗二百言。”赵嘏《淮信贺滕迈台州》：“旌旆影前横竹马，咏歌声里乐樵童。”皮日休《正乐府十篇》序：“今之所谓乐府者，唯以魏晋之侈丽，陈梁之浮艳，谓之乐府诗，真不然矣，故尝有可悲可惧者，时宜于咏歌。”❷吟咏作歌。包融《和崔会稽咏王兵曹厅前涌泉势城中字》："茂德来征应，流泉入咏歌。"孟浩然《宴张记室宅》："曲岛浮觞酌，前山入咏歌。"颜真卿《送耿沣拾遗联句》："喜来欢宴洽，愁去咏歌频。"朱庆余《送浙东陆中丞》："自爱此身居乐土，咏歌林下日忘疲。"李郢《送李商隐侍御奉使入关》："白雪咏歌人似玉，青云头角马生风。"❸诗歌。魏征《享太庙乐章·大明舞》："功宣载籍，德被咏歌。"骆宾王《秋日饯陆道士陈文林》序："虽漆园筌蹄，已忘然于道术，而陟阳风雨，尚抒情于咏歌。各赋一言，同为四韵。"赵氏《古兴》之三："岁寒成咏歌，日暮栖林朴。"❹歌咏，歌颂。杜牧有《咏歌圣德远怀天宝因题关亭长句四韵》。

【詠歎】　亦作"詠嘆"。吟诵；歌唱。白居易《早冬游王屋自灵都抵阳台上方望天坛偶吟成章》："我来高其事，咏叹偶成诗。"李商隐有《今月二日不自量度辄以诗一首四十韵干渎尊严伏蒙仁恩俯赐披览辄复五言四十韵诗献上亦诗人咏叹不足之义也》。

【詠嘆】　见"詠歎"。

【詠團扇】　同"詠扇"。皇甫冉《婕妤怨》："由来咏团扇，今已值秋风。"

【詠諗】　歌颂思念。张说《唐享太庙乐章·文舞》："舞形德类，咏谂功传。"

【詠題】　作诗并题写。刘长卿《贾侍郎自会稽使回篇什盈卷兼蒙见寄一首与余有挂冠之期因书数事率成十韵》："风物催归绪，云峰发咏题。"顾况《寄上兵部韩侍郎奉呈李户部卢刑部杜三侍郎》："咏题官舍内，赋韵僧房前。"

【詠歸歟】　《论语·公冶长》："子在陈，曰：'归与。归与。吾党之小子狂简，斐然成章，不知所以裁之。'"后成为咏思归的典故。张南史《早春书事奉寄中书李舍人》："长安同日远，不敢咏归欤。"

【詠懷】　抒写情怀的诗歌。张祜《题灵隐寺师一上人十韵》："旧往师招隐，初临我咏怀。"温庭筠《寄渚宫遗民弘里生》："他时因咏作，犹得比南金。"贯休《拟齐梁酬所知见赠二首》之一："静只焚香坐，咏怀悲岁阑。"

【詠懷詩】　抒写情怀抱负的诗歌。最早以"詠懷"命题的是魏晋之际诗人阮籍。现存其《咏怀》诗八十二首。独孤及《贾员外处见中书贾舍人巴陵诗集览之怀旧代书寄赠》："取公咏怀诗，示我江海澜。"刘禹锡《和浙西李大夫晚下北固山喜径松成阴怅然怀古偶题临江亭》："因赋咏怀诗，远寄同心友。"喻凫《送卫尉之延陵》："想知佐理暇，日有咏怀诗。"

詞　〔cí《广韵》似兹切，平之，邪。〕❶言辞；话。杜甫《石壕吏》："听妇前致词，三男邺城戍。"戎昱《苦辛行》："且莫奏短歌，听余苦辛词。"卢纶《萧常侍瘿柏亭歌》："心规目制不暂疲，匠者受之无一词。"白居易《和答诗十首·答四皓庙》："心不画一计，口不吐一词。"❷文辞。指诗文词语。太宗《咏司马彪续汉志》："前史殚妙词，后昆沉雅思。"岑参《冀州客舍酒酣贻王绮寄题南楼》："学富赡清词，下笔不能休。"韩愈《醉赠张秘书》："险语破鬼胆，高词媲皇坟。"孟郊《答友人》："落落出俗韵，琅琅大雅词。"赵嘏《代人赠别》："平子定情词丽绝，诗人匪石誓分明。"❸指诗歌；诗赋。王维《哭祖六自虚》："翰留天帐览，词入帝宫传。"高适《同敬八卢五泛河间清河》："飘飖波上兴，燕婉舟中词。"杜甫《奉留赠集贤院崔于二学士》："气冲星象表，词感帝王尊。"韦庄《和薛先辈见寄初秋寓怀即事之作二十韵》："名自张华显，词因葛亮吟。"❹歌辞。窦牟《天津晓望因寄呈分司一二省郎》："要自词难拟，繇来画不如。"窦常《还京乐歌词》："家家尽唱升平曲，帝幸梨园亲制词。"刘禹锡《纥那曲二首》之二："踏曲兴无穷，调同词不同。"元稹《酬乐天八月十五夜禁中独直玩月见寄》："宴移明处清兰路，歌待新词促翰林。"❺文体名，乐府诗的一种。元稹《乐府古题序》："是后诗之流为二十四名。赋、颂、铭、赞、文、诔、箴、诗、行、咏、吟、题、怨、叹、章、篇、操、引、谣、讴、歌、曲、词、调，皆诗人六艺之余。"如张籍的《牧童词》《筑城词》、王建的《行宫词》《精卫词》，刘禹锡的《古词》《送春词》。❻文体名。是伴随新兴音乐而产生的一种新诗体。萌芽于南朝，形成于唐，盛行于宋。通常是按谱填词，合乐歌唱。因由诗歌发展而来，故称"诗余"；因其先有曲后有词，故称"曲子词"；因其句式长短不一，故又称"长短句"。每首皆有调名，每调的片、句、字数及韵、平仄都有一定的格式。如《念奴娇》《雨霖铃》《永遇乐》等。《全唐诗》自卷八八九至卷九〇〇收录唐及五代各家词。❼通"辞"。古代文体的一种。是《诗经》之后产生的一种新的诗歌形式。最先产生在战国时代的楚国，故称"楚辞"，后来将历代学习、仿效《楚辞》的作品都称为"辞"。如汉武帝的《秋风辞》，晋陶潜的《归去来辞》等。王维《苑舍人能书梵字兼达梵音皆曲尽其妙戏为之赠》："《楚词》共许胜扬马，梵字何人辨鲁鱼。"独孤及《癸卯岁赴南丰道中闻京师失守寄权士繇韩幼深》："长叹指故山，三奏归来词。"汪遵《郢中》："不是楚词询宋玉，巴歌犹掩绕梁声。"

【詞人】　诗人；文士。张说《邺都引》："昼携壮士破坚阵，夜接词人赋华屋。"杜甫《洗兵马》："隐士休歌紫芝曲，词人解撰河清颂。"韩翃《宴杨驸马山池》："中朝驸马何平叔，南国词人陆士龙。"李涉《寄荆娘写真》："教坊大使久知名，郢上词人歌不足。"温庭筠《蔡中郎坟》："今日爱才非昔日，莫抛心力作词人。"

【詞才】　文才。陆龟蒙《送润卿还华阳》："云肆先生分气调，山图分子爱词才。”

【詞文】　诗文。黄滔《寓江州李使君》：“使君曾被蝉声苦，每见词文即为愁。”

【詞句】　文词，字句。岑参《送张献心充副使归河南杂句》：“看君谋智若有神，爱君词句皆清新。”白居易《赠苏炼师》：“犹嫌庄子多词句，只读逍遥六七篇。”段成式《嘲飞卿七首》之五：“多少风流词句里，愁中空咏早环诗。”陆龟蒙《和袭美寒夜文宴润卿有期不至》：“细雨轻觞玉漏终，上清词句落吟中。”

【詞臣】　❶擅长文词之臣。刘禹锡《荆门道怀古》：“徒使词臣庾开府，咸阳终日苦思归。”杜牧《寄崔钧》：“词臣陪羽猎，战将骋骐驎。”❷指草诏及答四方表疏与应和文章等文学侍从之臣。如中书舍人、翰林学士等。李商隐《留赠畏之》之一：“中禁词臣寻引领，左川归客自回肠。”吴融《闻李翰林游池上有寄》：“花飞絮落水和流，玉署词臣奉诏游。”韩偓《苑中》：“笙歌锦绣云霄里，独许词臣醉似泥。”和凝《宫词百首》之六七：“视草词臣直玉堂，对来新赐锦袍香。”黄滔《御试二首》之二：“词臣假寐题黄绢，宫女敲铜奏子虚。”

【詞旨】　言词意旨。孟简《咏欧阳行周事》序；“我唐贞元年己卯岁，曾献书相府，论大事，风韵清雅，词旨切直。”

【詞英】　文苑英才。王维《瓜园诗》序：“维瓜园高斋，俯视南山形胜。二三时辈，同赋是诗，兼命词英数公，同用园字为韵。”储光羲《哥舒大夫颂德》：“在车持简墨，粲粲皆词英。”

【詞林】　❶文苑，文坛。骆宾王《夏日游德州赠高四》：“鹭涛开碧海，凤彩缀词林。”李颀《放歌行答从弟墨卿》：“徒尔当年声籍籍，滥作词林两京客。”李群玉《将离澧浦置酒野屿奉怀沈正字昆弟三人联登高第》：“卿云被文彩，芳价摇词林。”❷指文坛群英。孙元晏《咏史诗·齐·王伦之》：“豫章太守重词林，图画陈蕃与华歆。更奠子将并孺子，为君千载作知音。”❸指藏书之府。杜甫《八哀诗·赠秘书监江夏李公邕》：“忆昔李公存，词林有根柢。”

【詞波】　文词的光彩。刘祎之《九成宫秋初应诏》：“怡神紫气外，凝睇白云端。舜海词波发，空惊游圣难。”李敬玄《奉和别越王》：“帝念纡千里，词波照五潢。”

【詞門】　诗文之门。杜甫《赠蜀僧闾丘师兄》：“小子思疏阔，岂能达词门。”

【詞律】　指诗歌的韵律。李峤《夏晚九成宫呈同僚》：“枚藻清词律，邹谈耀辩锋。”刘长卿《至德三年春正月时谬蒙差摄海盐令闻王师收二京因书事寄上浙西节度李侍郎中丞行营五十韵》：“金石悬词律，烟云动笔精。”钱起《送沈仲》：“心期邈霄汉，词律响琼琚。”权德舆《奉和刘侍郎司徒奉诏伐叛书情呈宰相》：“缘情词律外，宣力庙谋中。”

【詞庭】　指翰林院。韦元旦《早朝》：“词庭草欲奏，温室树无言。”

【詞客】　❶文士。杜牧《奉陵宫人》：“相如死后无词客，延寿亡来绝画工。”温庭筠《过陈琳墓》：“词客有灵应识我，霸才无主始怜君。”陆龟蒙《秋夕文宴》：“梁王座上多词客，五韵甘心第七成。”贺兰暹《赠朱功曹》：“喜遇近臣杨得意，惭非词客马相如。”❷指诗人。王维《偶然作六首》之六：“宿世谬词客，前身应画师。”杜甫《咏怀古迹五首》之一：“羯胡事主终无赖，词客哀时且未还。”褚朝阳《奉上徐中书》：“中禁仙池越凤凰，池边词客紫薇郎。”张颉《赠昝光》：“金殿圣人看纵笔，玉堂词客尽裁诗。”

【詞華】　❶词藻华丽；华丽的词藻。李蒿《奉和圣制送张说上集贤学士赐宴》：“佐命留侯业，词华博物才。”孟浩然《还山贻湛法师》：“墨妙称古绝，词华惊世人。”杜甫《赠比部萧郎中十兄》：“词华倾后辈，风雅蔼孤骞。”白居易《哭皇甫七郎中》：“志业过玄晏，词华似祢衡。”刘禹锡《郡斋书怀寄江南白尹兼简分司崔宾客》：“绮季衣冠称鬓面，吴公政事副词华。”❷指文才。贾岛《送张校书季霞》：“掌记试校书，未称高词华。”

【詞氣】　文词的气势。杜甫《同元使君舂陵行》：“道州忧黎庶，词气浩纵横。”

【詞條】　指文词，词藻。薛元超《奉和同太子监守违恋》：“归塘横笔海，平圃振词条。”

【詞理】　文词与内容。姚合《寄旧山隐者》：“我性本朴直，词理安得文。”清昼汤衡《讲古文联句》：“谢朓秀发，词理翩翩。”

【詞彩】　诗歌词章的文采。孟郊《酬友人见寄新文》：“览君郢曲文，词彩何冲融。”皮日休《奉酬崔璐进士见寄次韵》：“但恐才格劣，敢夸词彩敷。”

【詞訟】　诉讼。元稹《酬乐天东南行诗一百韵》：“是非浑并漆，词讼敢研朱。”

【詞訟牌】　即诉讼牌。州郡衙内用以标明诉讼地点的牌子。王建《赠华州郑大夫》：“空闲地内人初满，词讼牌前草渐稠。”

【詞章】　❶诗文的总称。陆龟蒙《奉酬袭美先辈吴中苦雨一百韵》：“冗剩方剪截，不可抱词章。”❷诗歌；文辞。白居易《劝酒十四首》序：“若无词章，不成谣咏。每发一意，则成一篇。”又《杨柳枝二十韵》序：“《杨柳枝》，洛下新声也。洛之小妓，有善歌之者，词章音韵，听可动人。”花蕊夫人徐氏《宫词》之一二三：“新翻酒令著词章，侍宴初闻忆却忙。”

【詞場】　❶犹文坛。杜审言《赠崔融二十韵》：“琴樽横宴席，岩谷卧词场。”刘希夷《蜀城怀古》：“玄龟埋卜室，彩凤灭词场。”李林甫《秋夜望月忆韩席等诸侍郎因以投赠》：“多才众君子，载笔久词场。”❷指诗文。杜甫《奉寄河南韦尹丈人》：“鼎食分门户，词场继国风。”又《寄刘峡州伯华使君四十韵》：“政术甘疏诞，词场愧服膺。”❸科场。白居易《喜敏中及第偶示所怀》：“自知群众为儒少，岂料词场中第频。”

【詞筆】 写作诗文之笔。杜甫《七月三日亭午已后较热退晚加小凉稳睡有诗因论壮年乐事戏呈元二十一曹长》：“贱夫美一睡，烦促婴词笔。”

【詞業】 指词章之功业技巧。元稹《献荥阳公词五十韵》启：“因而次用所联翩贤等五十一字，合为一诗，止咏公之词业力翰，洎生徒学校之事而已也。”

【詞意】 文词的含义或诗的旨意。萧颖士《江有归舟三章》序：“学也者，非云徵辨说，摭文字，以扇夫谈端，鞣厥词意。”白居易《醉后听唱桂华曲》：“桂华词意苦丁宁，唱到嫦娥醉便醒。”韦应物《答崔都水》：“览君陈迹游，词意俱凄妍。”

【詞源】 ❶文辞的源流。指创作诗文时笔下的词语。杜甫《醉歌行》：“词源倒流三峡水，笔阵独扫千人军。”皮日休《鲁望读襄阳耆旧传见赠五百言予次而赞之因而寄答亦诗人无言不酬之义也次韵》：“行叶荫大椿，词源吐洪溜。”陆龟蒙《读襄阳耆旧传因作诗五百言寄皮袭美》：“积渐开词源，一派分万溜。”韦庄《和郑拾遗秋日感理一百韵》：“词源波浩浩，谏署玉锵锵。”❷指文词、词采。杜甫《赠虞十五司马》：“凄凉怜笔势，浩荡问词源。”韦蟾《岳麓道林寺》：“沈裴笔力斗雄壮，宋杜词源两风雅。”❸借指文坛、诗坛。骆宾王《早秋出塞寄东台详正学士》：“昔余迷学步，投迹忝词源。”❹指写作诗歌时的遣词造句。杜甫《弊庐遣兴奉寄严公》：“府中瞻暇日，江上忆词源。”

【詞伯】 文坛泰斗。宋之问《伤王七秘书监寄呈扬州陆长史通简府僚广陵以广好事》：“书乃墨场绝，文称词伯雄。”杜甫《壮游》：“许与必词伯，赏游实贤王。”又《怀旧》：“自从失词伯，不复更论文。”

【詞賦】 ❶辞与赋，古代两种文学体裁。后多联称，指楚辞或汉赋。李白《江上吟》：“屈平词赋悬日月，楚王台榭空山丘。”钱起《送兴平王少府游梁》：“梁国遗风重词赋，诸侯应念马卿贫。”陆龟蒙《自遣诗三十首》之三：“座上不遗金带枕，陈王词赋为谁伤。”吴融《彭门用兵后经汴路三首》之一：“若比江南更牢落，子山词赋莫兴哀。”方干《寄谢麟》：“越国云溪秀发时，蒋京词赋谢麟诗。”❷指诗文。崔宗之《赠李十二白》：“双眸光照人，词赋凌子虚。”皇甫冉《送张南史》：“马卿工词赋，位下年将春。”李远《赠弘文杜校书》：“还闻汉帝亲词赋，好为从容奏子虚。”赵嘏《送从翁中丞使黠戛斯六首》之一：“扬雄词赋举天闻，万里游幢照塞云。”黄滔《寄越从事林嵩侍御》：“子虚词赋动君王，谁不期君入对扬。”❸指诗歌。孟浩然《送崔遏》：“江山增润色，词赋动阳春。”李白《寄上吴王三首》之一：“谬以词赋重，而将枚马同。”许浑《送段觉之西蜀结婚》：“词赋名高身不闲，采衣如锦度函关。”李频《和太学赵鸿博士归蔡中》：“田园休问主，词赋已垂名。”丁儒《归闲诗二十韵》：“词赋聊酬和，才名任隐沦。”

【詞鋒】 ❶诗文词语的锋芒。骆宾王《畴昔篇》：“潘陆词锋骆驿飞，张曹翰苑纵横起。”李嘉祐《奉酬路五郎中院长新除工部员外见简》：“词锋偏却敌，草奏直论兵。”王建《寄上韩愈侍郎》：“重登大学领儒流，学浪词锋压九州。”元稹《送东川马逢侍御使回十韵》：“词锋倚天剑，学海驾云涛。”张贲《奉和袭美醉中即席见赠次韵》：“桂枝新下月中仙，学海词锋誉蔼然。”❷话语言词的锋芒。裴度、白居易《度自到洛中与乐天为文酒之会时时构咏乐不可支梦得亦分司至止欢惬可知因为联句》：“醉弁无妨侧，词锋不可摧。”慧净《和琳法师初春法集之作》：“静言澄义海，发论上词锋。”

【詞調】 （—diào）诗歌文词的音调。王毂《玉树曲》：“璧月夜满楼风轻，莲舌泠泠词调新。”

【詞翰】 ❶指诗赋；诗文。孟浩然《书怀贻京邑同好》：“昼夜常自强，词翰颇亦工。”杜甫《奉贺阳城郡王太夫人恩命加邓国太夫人》：“义方兼有训，词翰两如神。”李德裕《近于伊川卜山居将命者画图而至欣然有感聊赋此诗兼寄上浙东元相公大夫》：“弱岁弄词翰，遂叨明主恩。”张乔《送庞百篇之任青阳县尉》：“都堂公试日，词翰独超群。”清远道士《同沈恭子游虎丘寺有作》：“闻子盛游遨，风流足词翰。”❷指诗文与书法。杜甫《醉歌行赠公安颜少府请顾八题壁》：“诗家笔势君不嫌，词翰升堂为君扫。”

【詞翰手】 文章能手。徐知仁《奉和圣制送张说巡边》：“由来词翰手，今见勒燕然。”

【詞翰客】 文士。贾岛《易州过郝逸人居》：“每逢词翰客，邀我共寻君。”

【詞頭】 词臣据以草拟诏令制书的文件。白居易《中书寓直》：“病对词头惭彩笔，老看镜面愧华簪。”又《草词毕遇芍药初开因咏小谢红药当阶翻诗以为一句未尽其状偶成十六韵》：“词头封送后，花口拆开时。”

【詞學】 辞章之学；诗赋。王湾《哭补阙亡友綦毋学士》：“词学张平子，风仪褚彦回。”元结《送孟校书往南海》序：“平昌孟云卿，与元次山同州里，以词学相友，几二十年。”

【詞聲】 指歌曲之声。张祜《正月十五夜灯》：“三百内人连袖舞，一时天上著词声。”

【詞藻】 ❶富有文采的词语、词汇。萧颖士《仰答韦司业垂访五首》之三："晋代有儒臣，当年富词藻。"刘禹锡《伤丘中丞》引："河南丘绛有词藻，与余同升进士科。"白居易《每见吕南二郎中新文辄窃有所叹惜因成长句以咏所怀》："望梅阁老无妨渴，画饼尚书不救饥。"自注："二贤词藻赡丽，众多以予曾忝制诰，故呼阁老。"闾丘均《风名》："玉阶王道泰，金门词藻多。"❷诗赋；诗文。上官昭容《驾幸三会寺应制》："太平词藻盛，长愿纪鸿休。"皇甫冉《馆陶李丞旧居》："词藻世传平子赋，园林人比郑公乡。"

【詞體】　诗歌的体式。贾岛《喜李余自蜀至》："往来从此过，词体近风骚。"

詎〔nì《集韵》乃計切，去霽，泥。〕同"泥"。央求；缠着。白居易《冬至夜》："今宵始觉房栊冷，坐索寒衣詎孟光。"又《雪后早过天津桥偶呈诸客》："犹赖洛中饶醉客，时时詎我唤笙歌。"又《雨中听琴者弹别鹤操》："莫教迁客孀妻听，嗟叹悲啼詎杀君。"

詒〔yí《广韵》與之切，平之，以。〕赠；赠给。《说文·言部》："诒，遗也。"段玉裁注："《释言》《毛传》皆曰'诒，遗也。'俗多假贻为之。"吴筠有《酬叶县刘明府避地庐山言怀诒郑录事昆季荀尊师兼见赠之》。

詘〔qū《广韵》區勿切，入物，溪。〕❶屈服；折服。许天正《和陈元光平潮寇诗》："气昂无丑虏，策妙诎群雄。"❷声音戛然而止貌。《礼记·聘义》："叩之，其声清越以长，其终诎然。"郑玄注："诎，绝止貌也。"白居易《小童薛阳陶吹觱栗歌》："翕然声作疑管裂，诎然声尽疑刀截。"刘轲《玉声如乐》："繁音忽已阙，雅韵诎然清。"

詔〔zhào《广韵》之少切，去笑，章。〕❶告知。张祜《闲居作五首·其五》："俗人无语诏，病客少经过。"❷天子下达命令。王维《故太子太师徐公挽歌四首》之一："就第优遗老，来朝诏不名。"杜甫《丹青引赠曹将军霸》："诏谓将军拂绢素，意匠惨澹经营中。"韩翃《别汜水县尉》："未央宫殿金开钥，诏引贤良卷珠箔。"韩愈《陆浑山火和皇甫湜用其韵》："帝赐九河湔涕痕，又诏巫阳反其魂。"白居易《和春深二十首》之三："诏借当衢宅，恩容上殿车。"❸诏书。杜甫《阆州奉送二十四舅使自京赴任青城》："如何碧鸡使，把诏紫微天。"顾况《和翰林吴舍人兄弟西斋》："新裁尺一诏，早入明光宫。"包佶《酬兵部李侍郎晚过东厅之作》："诏驰黄纸速，身在绛纱安。"皎然《从军行五首》之五："黄纸君王诏，青泥校尉书。"杜牧《寄澧州张舍人笛》："遥想紫泥封诏罢，夜深应隔禁墙闻。"❹召，征召。孙元宴《咏史诗·齐·谢朏》："解玺传呼诏侍中，却来高卧岂疏慵。"❺指南诏。白居易《新乐府·蛮子朝》："臣闻云南六诏蛮，东连牂牁西连蕃。"

【詔命】　天子的命令。元结《舂陵行》："逋缓违诏令，蒙责固其宜。"皇甫冉《祭张公洞二首》之一："风雨神祇应，笙镛诏命传。"白居易《太和戊申岁大有年诏赐百寮出城观稼谨书盛事以俟采诗》："清晨承诏命，丰岁阅田闾。"张随《敕赐三相马》："上苑骅骝出，中宫诏命传。"沈宁《寄上洛阳刘明府》："黄纸远承新诏命，青袍遥谢旧山峰。"

【詔册】　天子的文告。元稹《梦游春七十韵》："诏册冠贤良，谏垣陈好恶。"

【詔旨】　诏书；圣旨。卢纶《寄赠库部王郎中》："叙辞皆诏旨，称宦即星辰。"李商隐《谢往桂林至彤庭窃咏》："凤皇传诏旨，獬廌冠朝端。"

【詔幸】　天子下诏行幸某地曰"诏幸"。李颀《送李回》："知君官属大司农，诏幸骊山职事雄。"

【詔草】　诏书的草稿。薛能《投杜舍人》："床上新诗诏草和，栏边清酒落花多。"吴融《送薛学士赴任峡州二首》之一："莫将彩笔闲抛掷，更待淮王诏草看。"

【詔條】　天子颁布的考察官吏的条令。刘禹锡《和窦中丞晚入容江作》："人伦选清臣，天外颁诏条。"又《酬杨八庶子喜韩吴兴与余同迁见赠》："远守惭侯籍，征还荷诏条。"元晦《越亭二十韵》："南服颁诏条，东林证迷误。"

【詔書】　天子颁布的命令文告。苏颋《奉和圣制过晋阳宫应制》："诏书感先义，典礼巡旧藩。"王维《送李睢阳》："黄纸诏书出东厢，轻纨叠绮烂生光。"刘长卿《喜朱拾遗承恩拜命赴任上都》："诏书征拜脱荷裳，身去东山闭草堂。"钱起《诏许昌崔明府拜补阙》："儒者久营道，诏书方问贤。"郑谷《巴江》："诏书罪己方哀痛，乡县征兵尚苦辛。"

【詔葬】　天子下诏安排送葬之事。颜胄《适思》："位极君诏葬，勋高盈忠贞。"

【詔筵】　天子诏令所设的筵席。赵冬曦《奉和圣制送张说上集贤学士赐赋得莲字》："笺札来宸禁，衣冠集诏筵。"

【詔醻】　天子诏许官民大型聚饮以示庆祝。杜审言《大酺》："诏酺欢赏遍，交泰睹惟新。"

【詔獄】　天子下令办理的狱讼案件。李白《秦女休行》："婿为燕国王，身被诏狱加。"又《东海有勇妇》："淳于免诏狱，汉主为缇萦。"

【詔徵】　下诏征召。韩愈《送侯参谋赴河中幕》："又欲面言事，上书求诏征。"白居易《奉和李大夫题新诗二首各六韵·因严亭》："遥知兴未足，即被诏征还。"刘禹锡《和董庶中古散调词赠尹果毅》："爟火入咸阳，诏征神武师。"

【詔選】　天子下诏任命。许浑《献鄜坊丘常侍》：

“诏选将军护北戎，身骑白马臂彤弓。”李商隐《行次昭应县道上送户部李郎中充昭义攻讨》：“将军大旆扫狂童，诏选名贤赞武功。”

【詔餞】 天子诏令饯行。张九龄《奉和圣制送十道采访使及朝集使》：“戒程有攸往，诏饯无淹泊。”苏晋《奉和圣制送张说巡边》：“皇情怅关旆，诏饯列郊筵。”

【詔諭】 天子下诏告谕天下。杜审言《送和西蕃使》：“圣朝尚边策，诏谕兵戈偃。”

【詔蹕】 天子下诏出行，沿途清道止行。陈子良《上之回》：“承平重游乐，诏跸上之回。”卢照邻《赠许左丞从驾万年宫》：“闻道上之回，诏跸下蓬莱。”

詖 〔bì《广韵》彼義切，去寘，幫。又彼爲切，平支，幫。〕偏颇；不平。《说文·言部》：“诐，古文以为颇字。”引申为奸佞。见“諂詖”。

六 画

誄 〔lěi《广韵》力軌切，上旨，來。〕诔文。古代哀祭文的一种。高适《酬裴员外以诗代书》：“辛酸陈侯诔，叹息季鹰杯。”杜甫《八哀诗·故右仆射相国张公九龄》：“绮丽玄晖拥，笺诔任昉骋。”李商隐《哭刘蕡》：“只有安仁能作诔，何曾宋玉解招魂。”亦指写作诔文。陆龟蒙《奉和袭美伤史拱山人》：“唯君独在江云外，谁诔孤贞置岘岑。”参见“誄文”。

【誄文】 哀祭文的一种。多以颂扬的笔调叙述死者的生平事迹，以寄托自己的哀思。胡曾《咏史诗·荥阳》：“当时天下方龙战，谁为将军作诔文。”

試 〔shì《广韵》式吏切，去志，書。〕❶使用。刘长卿《杂咏八首上礼部李侍郎·古剑》：“铁衣今正涩，宝刃犹可试。”独孤及《送虢州王录事之任》：“盘根倘相值，试用发硎刀。”刘禹锡《送裴处士应制举诗》：“登山雨中试蜡屐，入洞夏里披貂裘。”❷初次使用。张子容《送苏倩游天台》：“琪树尝仙果，琼楼试羽衣。”刘长卿《岁日作》：“春衣试稚子，寿酒劝衰翁。”张谓《宴郑伯玙宅》：“堂上吹金管，庭前试舞衣。”李商隐《即日》：“小苑试春衣，高楼倚暮晖。”张起《春情》：“梅花犹带雪，未得试春衣。”❸尝试。杜甫《去矣行》：“未试囊中餐玉法，明朝且入蓝田山。”元稹《哭女樊四十韵》：“涴纸伤余画，扶床念试行。”刘禹锡《送蕲州李郎中赴任》：“薤叶照人呈夏簟，松花满碗试新茶。”张氏《寄夫》之二：“从来夸有龙泉剑，试割相思得断无。”❹检试；检验。韩翃《赠王随》：“饮罢更怜双袖舞，试来偏爱五花骄。”王建《朝天词十首寄上魏博田侍中》之五：“御马牵来亲自试，珠球到处玉蹄知。”羊士谔《资阳郡中咏怀》：“匣剑宁求试，笼禽但自拘。”白居易《新乐府·鸦九剑》：“剑成未试十余年，有客持金买一观。”项斯《蛮家》：“看儿调小象，打鼓试新船。”❺试探；探看。张碧《山居雨霁即事》：“杖策试危桥，攀萝瞰苔壁。”贾岛《原东居喜唐温琪频至》：“墨研秋日雨，茶试老僧铛。”温庭筠《题翠微寺二十二韵》：“问云征楚女，疑粉试何郎。”韩偓《咏浴》：“教移兰烛频羞影，自试香汤更怕深。”❻考试；科举考试。窦常《求自试》：“沉冥求自试，通鉴果蒙收。”刘禹锡《送李策秀才还湖南因寄幕中亲故兼简衡州吕八郎中》：“森然就笔札，从试春官卿。”郑光业《纪中表试案》：“入试出试，千春万春。”李频有《府试老人星见》《省试振鹭》。❼副词。相当于“姑且”“试着”。李白《永王东巡歌十一首》之一一：“试借君王玉马鞭，指挥戎虏坐琼筵。”杜甫《别董颋》：“汉阳颇宁静，岘首试考槃。”张巡《闻笛》：“岧峣试一临，虏骑附城阴。”裴夷直《忆家》：“谁言南海无霜雪，试向愁人两鬓看。”李冶《寄朱放》：“望水试登山，山高湖又阔。”温庭筠《秋日旅舍寄义山李侍御》：“子虚何处堪消渴，试向文园问长卿。”

【試士場】 指科举考场。李损之《都堂试贡士日庆春雪》：“春雪昼悠扬，飘飞试士场。”

【試士司】 指主持科举考试的官署。张籍《祭退之》：“公领试士司，首荐到上京。”

【試才】 考核才能。唐彦谦《移莎》：“试才卑庾薤，求味笑周菘。”

【試日】 考试之日。李频《投京兆府试官任文学先辈》：“应当明试日，不比暗投时。”

【試玉】 检验玉的真假。白居易《放言五首》之三：“试玉要烧三日满，辨材须待七年期。”

【試吏】 指吏部铨选后出任官吏。刘长卿《送韦明府之任》：“既有亲人术，还逢试吏年。”韦应物《送黎六郎赴阳翟少府》：“试吏向嵩阳，春山踯躅芳。”

【試花】 开花。张籍《新桃行》：“植之三年余，今年初试花。”

【試官】 ❶试任其职的官。白居易《伤唐衢二首》之一：“五十著青衫，试官无禄食。”❷主持考试的官吏。韩愈《燕河南府秀才得生字》：“乃选二十县，试官得鸿生。”高拯有《及第后赠试官》。李频有《投京兆府试官任文学先辈》。

【試院】 科举考试的考场。魏扶《贡院题》：“梧桐叶落满庭阴，锁闭朱门试院深。”无名氏《改魏扶诗》：“叶落满庭阴，朱门试院深。”

【試席】 指科举试场中的座位。韩愈《寄崔二十六立之》：“傲兀坐试席，深丛见孤罴。”

【試問】 ❶犹询问。顾况《访邱员外丹》：“试问先生住何处，云入山中采紫薇。”权德舆《玉台体十二首》之二：“试问佳期不肯道，落花深处指青楼。”白居易《东城桂三首》之三："遥知天上桂花孤，试问嫦娥更要无。"皮日休《太湖诗·明月湾》："试问最幽处，号为明月湾。"❷表示反问。皮日休《太湖诗·太湖石》："试问欲西笑，得如兹石无。"❸犹且道、且说。杜甫《甘林》："试问甘藜藿，未肯羡轻肥。"

【試宰】 出任县令。宋之问《送武进郑明府》："弦歌试宰日，城阙赏心违。"李白《别中都明府兄》："吾兄诗酒继陶君，试宰中都天下闻。"

【試案】 科举场中供举子考试用的几案。郑光业有《纪中表试案》。

【試期】 科举考试的日期。黄滔《关中言怀》："试期交后犹为客，公道开时敢说冤。"陈季卿《别兄弟》："惆怅清江上，区区趁试期。"

【試筆】 动笔；开始动笔。上官昭容《游长宁公主流杯池二十五首》之二一："傍池聊试笔，倚石旋题诗。"陆龟蒙《村夜二篇》之一："开瓶浮蚁绿，试笔秋毫劲。"

【試歌】 犹且歌咏。韦建《河中晚霁》："试歌沧浪清，遂觉乾坤细。"

【試嘗】 先尝试一下味道。白居易《初冬即事呈梦得》："走笔小诗能和否，泼醅新酒试尝看。"

【試墨】 犹试笔。李商隐《裴明府居止》："试墨书新竹，张琴和古松。"

【試劍石】 石名。在麻城县（今湖北麻城市东北）龟峰山上。太宗《题龟峰山》："试剑石边风拂拂，虎跑泉内水溶溶。"

【試藝】 考较才艺、学业。司空曙《哭苗员外呈张参军》："试艺临诸友，能文即我师。"皮日休《鲁望昨以五百言见贻过有褒美内揣庸陋弥增愧悚因成一千言》："尔来五寒暑，试艺称精专。"

詿 〔guà《广韵》古賣切，去卦，見。又胡卦切，去卦，匣。〕贻误。《说文·言部》："诖，误也。"见"詿誤"。

【詿誤】 贻误。白居易《青冢》："丹青一诖误，白黑相纷纠。"

詩 〔shī《广韵》書之切，平之，書。〕❶文学体裁的一种。古代称合乐者为诗，不合乐者为歌，后代"诗""歌"互称，有时诗歌合称。古诗多四言，东汉魏晋以后，五、七言诗逐渐盛行。近体诗出现于初唐。盛唐以后，诗体始趋于完备。按体裁可分为古体诗和近体诗两种。王勃《赠李十四四首》之二："平生诗与酒，自得会仙家。"李白《江上吟》："兴酣落笔摇五岳，诗成笑傲凌沧洲。"杨志坚《送妻》："平生志业在琴诗，头上如今有二丝。"刘禹锡《酬令狐相公见寄》："千里相思难命驾，七言诗里寄深情。"许棠《寄赵能卿》："我命同君命，君诗似我诗。"❷写诗，作诗。杜甫《寄李十二白二十韵》："笔落惊风雨，诗成泣鬼神。"岑参《送卢郎中除杭州赴任》："柳色供诗用，莺声送酒须。"韩愈《酬赠张秘书》："诗成使之写，亦足张吾军。"刘禹锡《怀妓》之三："莫怪诗成无泪滴，尽倾东海也须干。"李商隐《令狐八拾遗见招送裴十四归华州》："兰亭宴罢方回去，雪夜诗成道韫归。"❸指《诗经》。崔融《西征军行遇风》："览史怀浸骄，读诗叹孔棘。"王维《送秘书晁监还日本国》序："问礼于老聃，学诗于子夏。"息夫牧《冬夜宴萧十丈因饯殷郭二子西上》："闻诗闻礼，斐兮璨璨。"韩愈《荐士》："周诗三百篇，雅丽理训诂。"张祜《戊午年感事书怀二百韵》："读易删王注，通诗断郑笺。"参见"詩三百"。

【詩人】 ❶古代指写诗的文士、作者。孟浩然《同曹三御史行泛湖归越》："秋入诗人意，巴歌和者稀。"姚合《晦日宴刘值录事宅》："花落莺飞深院静，满堂宾客尽诗人。"林宽《下第寄欧阳琰》："诗人道僻命多奇，更值干戈乱起时。"杜荀鹤《经青山吊李翰林》："青山明月夜，千古一诗人。"❷指《诗经》的作者。杜甫《留花门》："自古以为患，诗人厌薄伐。"钱起《送王谏议任东都居守》："且喜成周地，诗人播国风。"赵嘏《代人赠别》："平子定情词丽绝，诗人匪石誓分明。"

【詩力】 诗的功力。郑谷《寄题方干处士》："暮年诗力在，新句更幽微。"

【詩三百】 即《诗经》。我国最早的诗歌总集。原称《诗》《诗三百》。汉武帝以后称《诗经》。全书分"风""雅""颂"三大类。"风"有十五国风，"雅"分"大雅""小雅"，"颂"分"周颂""鲁颂""商颂"。共收西周初年至春秋中叶的民歌及朝庙乐章三百十一篇。诗篇形式以四言为主，杂有一言、二言、三言，以至七言、八言。语言朴素优美，音节自然和谐，多运用比、兴、赋艺术手法。萧颖士《江有归舟三章》序："故曰：诗三百，一言以蔽之曰。思无邪，不正之谓也。"韦庄《病中闻相府夜宴戏赠集贤卢学士》："尊前莫话诗三百，醉后宁辞酒十千。"

【詩友】 常以诗唱酬的朋友。杜甫《送王侍御往东川放生池祖席》："东川诗友合，此赠怯轻为。"赵嘏《十无诗寄桂府杨中丞》之十："早忝阿戎诗友契，趋庭曾荐祢生无。"张乔有《赠河南诗友》。杜荀鹤有《寄诗友》。

【詩手】 作诗能手。崔橹《过南城县麻姑山》之二："诗手难题画手惭，浅青浓碧叠东南。"

【詩什】 《诗经》"雅""颂"部分的编次，多以十篇为一组，谓之"什"。后因以"詩什"指诗篇。杨收《嘲吴人观者》序："吴人多造门求观神童，请为诗什。"王周《西塞山二首》之二："翻思岵屺传诗什，举世曾无化石人。"

【詩心】 写诗之心；诗人之心。薛能《秋日将离滑台酬所知二首》之一:“相知莫话诗心苦,未似前贤取得名。”又《留题》:“茶兴复诗心,一瓯还一吟。”郑谷《南宫寓直》:“锁印诗心动,垂帘睡思生。”齐己《谢灉湖茶》:“还是诗心苦,堪消蜡面香。”

【詩文】 诗和文。韩愈《题张十八所居》:“名秩后千品,诗文齐六经。”

【詩本】 诗集。白居易《故衫》:“袖中吴郡新诗本,襟上杭州旧酒痕。”

【詩仙】 形容才华非凡的诗人。白居易《待漏入阁书事奉赠元九学士阁老》:“诗仙归洞里,酒病滞人间。”牛僧儒《李苏州遗太湖石奇状绝伦因题二十韵奉呈梦得乐天》:“诗仙有刘白,为汝数逢迎。”宣宗《吊白居易》:“缀玉联珠六十年,谁教冥路作诗仙。”姚合《别贾岛》:“野客狂无过,诗仙瘦始真。”和凝《洋川》:“更待浃旬无事后,遍题清景作诗仙。”

【詩句】 ❶诗的句子。张继《重经巴丘》:“诗句乱随青草落,酒肠俱逐洞庭宽。”刘得仁《夏日即事》:“到晓改诗句,四邻嫌苦吟。”项斯《寄坐夏僧》:“还应炼诗句,借卧石池傍。”温庭筠《寄裴生乞钓钩》:“今日太湖风色好,却将诗句乞鱼钩。”司空图《即事二首》之一:“茶爽添诗句,天清莹道心。”❷指诗作、诗篇。孟郊《送殷秀才南游》:“诗句临离袂,酒花薰别颜。”白居易《秋游》:“何事古今诗句里,不多说著洛阳秋。”许浑《寓居开元精舍酬薛秀才见贻》:“怜君诗句犹相忆,题在空斋夜夜吟。”杜荀鹤《哭山友》:“把君诗句高声读,想得天高也合闻。”郑谷《寄左省张起居》:“诗句江郎伏,书踪宁氏传。”

【詩主】 所作诗的主人。对诗人的敬称。白居易《令狐尚书许过弊居先赠长句》:“应将笔砚随诗主,定有笙歌伴酒仙。”

【詩老】 谓年老的诗人。亦用作对诗人的敬称。孟郊《邀人赏蔷薇》:“何人是花侯,诗老强相呼。”韩愈、孟郊《会合联句》:“诗老独何心,江疾有余尰。”

【詩匠】 谓诗坛高手。苑咸《酬王维》序:“然王兄当代诗匠,又精禅理。”齐己《闻贯休下世》:“吾师诗匠者,真个碧云流。”

【詩旨】 诗的主旨。韩愈《石鼎联句》序:“初不似经意,诗旨有似讥喜。”杜荀鹤《自叙》:“诗旨未能忘救物,世情奈值不容真。”王周《志峡船具诗·百丈》:“始得入峡诗,深味作诗旨。”

【詩伯】 诗坛领袖。杜甫《石研诗》:“平公今诗伯,秀发吾所羡。”戎昱《赠岑郎中》:“天下无人鉴诗句,不寻诗伯重寻谁。”

【詩狂】 ❶狂放不羁的诗人。元稹《放言五首》之一:“近来逢酒便高歌,醉舞诗狂渐欲魔。”❷谓狂放的诗兴。白居易《喜裴涛使君携诗见访醉中戏赠》:“共放诗狂同酒癖,与君别是一亲情。”

【詩名】 写诗之声誉;诗人之名声。牟融《游报本寺》之二:“不留活计存囊底,赢得诗名满世间。”薛能《春日重游平湖》:“官职已辜疲瘵望,诗名空被后生传。”翁洮《赠方干先生》:“由来箕踞任天真,别有诗名出世尘。”杜荀鹤《哭方干》:“何言寸禄不沾身,身没诗名万古存。”周朴《吊李群玉》:“群玉诗名冠李唐,投诗换得校书郎。”

【詩伴】 犹诗友。唐彦谦《寄陈少府兼简叔高》:“近日邻家有新酿,每逢诗伴得淹留。”

【詩言】 诗的语言;诗歌。喻凫《冬日题无可上人院》:“诗言与禅味,语默此皆清。”

【詩言志】 诗是表达人的思想感情的。语出《书·尧典》:“诗言志,歌永言,声依永,律和声。”为我国历代诗歌理论的重要课题。玄宗《春中兴庆宫酺宴》序:“诗以言志,思吟湛露之篇。”德宗有《重阳日中外同欢以诗言志因示群官》。

【詩序】《毛诗序》的简称。有“大序”与“小序”之分。列在各诗之前,解释各篇主题的为“小序”;在首篇《关雎》的“小序”之后,有大段文字概述《诗经》的为“大序”。丘光庭《补新宫》序:“昭二十五年左传,叔孙昭子聘于宋,公享之,赋新宫,又燕礼,升歌鹿鸣,下管新宫,今诗序无此篇,盖孔子返鲁之后,其诗散逸,采之不得故也。”

【詩板】 题诗的木板。见五代王定保《唐摭言》卷十三“惜名”。张祜《题灵彻上人旧房》:“寂寞空门支道林,满堂诗板旧知音。”翁洮《和方干题李频庄》:“吟诗胜概题诗板,静处繁华付酒尊。”郑谷《送进士吴延保及第后南游》:“胜地昔年诗板在,清歌几处郡筵开。”

【詩味】 诗的旨趣、意味。孟郊《答李员外小榼味》:“仙情夙已高,诗味今更馨。”唐彦谦《闻应德茂先离棠溪》:“苜蓿穷诗味,芭蕉醉墨痕。”

【詩帙】 包装诗集的封套。白居易《懒放二首呈刘梦得吴方之》之一:“已向微阳前,暖酒开诗帙。”

【詩版】 同“詩板”。张祜《题池州杜员外弄水新亭》:“宾筵习主簿,诗版鲍参军。”齐己有《游道林寺四绝亭观宋杜诗版》。

【詩侶】 诗友。白居易《和钱员外答卢员外早春独游曲江见寄长句》:“醉思诗侣有同年,春叹翰林无暇日。”杜牧《渡吴江》:“文园诗侣应多思,莫醉笙歌掩华堂。”卢延让《哭李郢端公》:“诗侣酒徒消散尽,一场春梦越王城。”王驾《永和县上巳》:“一觞一咏无诗侣,病倚山窗忆故人。”

【詩朋】 诗友。齐己《夏满日偶作寄孙支使》:“何当见凉月,拥衲访诗朋。”

【詩卷】 (—juàn)犹诗集、诗作。杜甫《送孔巢父谢病归游江东兼呈李白》:“诗卷长留天地间,钓竿欲拂珊瑚树。”戎昱《别公安贾明府》:“把君诗卷西归去,一度相思一度吟。”白居易《感旧诗卷》:“二十年前旧诗卷,十人酬和九人无。”贾岛《早春题湖上顾氏新居二首》之二:“开箧拣诗卷,扫床移褐衣。”杜荀鹤《乱后书事寄同志》:“到头诗卷须藏却,各向渔樵混姓名。”

【詩宗】 诗坛宗伯;诗坛泰斗。姚合《寄陕州王司马》:“自当台直无因醉,一别诗宗更懒吟。”杜荀鹤《投从叔补阙》:“吾宗不谒谒诗宗,常仰门风继国风。”

【詩草】 诗稿。皮日休《奉和鲁望新夏东郊闲泛》:“碧莎裳下携诗草,黄篾楼中挂酒笃。”又《江南书情二十韵寄秘阁韦校书贻之商洛宋先辈垂文二同年》:“药苞陈雨匼,诗草蠹云函。”高元矩《赠徐学士》:“燕掠琴弦穿静院,吏收诗草下闲庭。”齐己《乱中闻郑谷吴延保下世》:“兵火焚诗草,江流涨墓田。”

【詩星】 诗坛的明星。卢延让《吊孟浩然》:“高据襄阳播盛名,问人人道是诗星。”

【詩思】 ❶作诗的灵感、兴致。钱起《题精舍寺》:“诗思竹间得,道心松下生。”权德舆《二月二十七日社兼春分端居有怀简所思者》:“看花诗思发,对酒客愁轻。”贾岛《酬慈恩寺文郁上人》:“闻说又寻南岳去,无端诗思忽然生。”杜荀鹤《和吴太宗罢郡山村偶题二首》之一:“官情随日薄,诗思入秋多。”吴融《端居》:“病魔随暑退,诗思傍凉生。”❷谓构思作诗。钱起《送李秀才落第游荆楚》:“诗思应须苦,猿声莫厌闻。”白居易《刘苏州以华亭一鹤远寄从诗谢之》:“老鹤风姿异,衰翁诗思深。”徐凝《和侍郎邀宿不至》:“料得白家诗思苦,一篇诗了一弹琴。”杜牧《送苏协律从事振武》:“琴尊诗思劳,更欲学龙韬。”李商隐《人日即事》:“独想道衡诗思苦,离家恨得二年中。”

【詩品】 ❶古代诗歌评论著作。南朝梁钟嵘撰。以五言诗为主,品评了两汉至齐梁 122 位诗人。分上、中、下三品,每品一卷。全书总结了五言诗的创作经验,对后世的诗论有很大影响。韦渠牟《赠窦五判官》:“终须撰取新诗品,更比芙蓉出水花。”❷唐代诗歌理论著作。亦作《诗品二十四则》,全称《二十四诗品》。司空图著。论述诗歌的艺术风格和意境,提出了“象外之象”“韵外之韵”和“不着一字,尽得风流”的主张,开创了一种新文学批评形式。收于《全唐诗》卷六三四中。

【詩祖】 诗的某一流派创始人。皎然《杼山禅居寄赠东溪吴处士冯一首》:“诗祖吴叔庠,致君名不尽。”自注:“诗曰:家住青山下。青山有吴筠故宅,后改为吴筠山。”按:吴筠为唐代最早有影响的道家诗人。

【詩律】 ❶诗的格律。杜甫《遣闷戏呈路十九曹长》:“晚节渐于诗律细,谁家数去酒杯宽。”又《承沈八丈东美除膳部员外阻雨未遂驰贺奉寄此诗》:“诗律群公问,儒门旧史长。”元稹《答姨兄胡灵之见寄五十韵》:“诗律蒙亲授,朋游忝自迎。”参见“律詩”。❷诗的律度、准则。李骘《读惠山若冰师诗集因题古院五首》之四:“字工穷八体,诗律继三间。”

【詩風】 指诗歌的创作风格。章孝标《蜀中赠广上人》:“今日西川无子美,诗风又起浣花村。”

【詩客】 诗人。白居易《诗酒琴人例多薄命予酷好三事雅当此科而所得已多为幸斯甚偶成狂咏聊写愧怀》:“爱琴爱酒爱诗客,多贱多穷多苦辛。”韦庄《三堂东湖作》:“何处最添诗客兴,黄昏烟雨乱蛙声。”吴融《病中宜茯苓寄李谏议》:“南宫已借征诗客,内署今还托谏臣。”唐彦谦《梅亭》:“东海穷诗客,西风古驿亭。”

【詩神】 犹诗思。殷文圭《九华贺雨吟》:“吟贺西成饶旅兴,散丝飞洒满长亭。”

【詩格】 ❶诗的格式、体式。郑谷《李夷遇侍御久滞水乡因抒寄怀》:“江流爱吴越,诗格愈齐梁。”❷诗的风格、格调。严武《题龙日寺西龛石壁》:“山情慕禽尚,诗格惊曹刘。”张祜《九华山》:“却忆谪仙诗格俊,解吟秀出九芙蓉。”

【詩圃】 喻指诗歌区域。谭用之《秋日圃田送人随计》:“吟抛芍药裁诗圃,醉下茱萸饮酒楼。”

【詩翁】 对造诣深湛的老诗人的尊称。韩愈《雪后寄崔二十六丞公》:“诗翁憔悴斸荒棘,清玉刻佩联玦环。”

【詩病】 谓嗜写诗成癖。薛能《自讽》:“行处便吟君莫笑,就中诗病不任春。”司空图《即事九首》之五:“此生诗病苦,此病更萧条。”又《退居漫题七首》之二:“只忧诗病发,莫寄校书笺。”裴说《寄曹松》:“鬓丝犹可染,诗病却难医。”

【詩酒】 写诗与饮酒。李涉《中秋夜君山台望月》:“大堤花里锦江前,诗酒同游四十年。”于武陵《早春日山居寄城郭知己》:“虽有眼前诗酒兴,遨游争得称闲心。”赵嘏《赠馆驿刘巡官》:“莫言馆驿无公事,诗酒能消一半春。”罗隐《途中寄怀》:“尘埃巩洛虚光景,诗酒江湖漫姓名。”李中《春日书怀寄朐山孙明府》:“犹怜陶靖节,诗酒每相亲。”

【詩酒客】 吟诗饮酒之人。刘兼《新回车院筵上作》:“因问满筵诗酒客,锦江何处有鲈鱼。”

【詩酒徒】 义同“詩酒客”。罗邺《自遣》:“四十年来诗酒徒,一生缘兴滞江湖。”

【詩酒筵】 吟诗饮酒之筵席。李白《出妓金陵子呈卢六四首》之三:“东道烟霞主,西江诗酒筵。”

【詩流】 犹诗人。杜甫《送长孙九侍御赴武威判官》:“尊前失诗流,寒上得国宝。”皎然《送孙侍御游越》:“佳句传零雨,诗流许盛名。”李频《江上送从兄群玉校书东游》:“逍遥蓬阁吏,才子复诗流。”张蠙《赠闻一上人》:“玄谈穷释旨,清思掩诗流。”

【詩家】 ❶犹诗人。杜甫《哭李尚书》:“史阁行人在,诗家秀句传。”秦系《山中奉寄钱起员外兼简苗发员外》:“借问省中何水部,今人几个属诗家?”严维《九日登高》:“诗家九日怜芳菊,迟客高斋瞰浙江。”杨巨源《城东早春》:“诗家清景在新春,绿柳才黄半未匀。”杜牧《怀紫阁山》:“山路远怀王子晋,诗家长忆谢玄晖。”❷诗人之家。白居易《岁暮枉衢州张使君书并诗因以长句报之》:“贫薄诗家无好物,反投桃李报琼琚。”姚合《春日同会卫尉崔少卿宅》:“诗家会诗客,池阁晓初晴。”薛能《咏岛》:“孤岛如江上,诗家犹闭门。”许棠《题李昌符丰乐幽居》:“诗家依阙下,野景似山中。”

【詩家律手】 写作律诗的高手。白居易《昨以拙诗十首寄西川杜相公相公亦以新作十首惠然报示首数虽等工拙不伦重以一章用伸答谢》:“诗家律手在成都,权与寻常将相殊。”

【詩書】 ❶《诗经》与《尚书》。王绩《赠程处士》:“礼乐囚姬旦,诗书缚孔丘。”孟浩然《夜登孔伯昭南楼时沈太清朱升在座》:“山水会稽郡,诗书孔氏门。”程行谌《奉和圣制送张说上集贤学士赐宴》:“象系微言阐,诗书至道该。”薛存诚《太学创置石经》:“奥旨悦诗书,遗文分篆隶。”韦表微《池州夫子庙麟堂》:“诗书既删,礼乐大定。”❷诗和书。泛指书籍。高适《赠杜二拾遗》:“传道招提客,诗书自讨论。”刘长卿《送州人孙沅自本州却归句章新营所居》:“诗书满蜗舍,征税及渔竿。”窦常《求自试》:“文墨悲无位,诗书误白头。”姚合《武功县中作三十首》之七:“客至皆相笑,诗书满卧床。”刘得仁《宿韦津山居》:“永夕见招宿,诗书盈草堂。”❸诗作与书法。皇甫冉《送孔党赴举》:“入贡列诸生,诗书业早成。”耿湋《春日即事二首》之一:“诗书成志业,懒慢致蹉跎。”韩愈《会合联句》:“诗书夸旧知,酒食接新奉。”张南容《静女歌》:“妙年工诗书,弱岁勤组织。”❹诗作与书信。白居易《醉后狂言酬赠萧殷二协律》:“劳将诗书投赠我,如此小惠何足论。”

【詩書癖】 对诗书的癖好。张贲《酬袭美先见寄倒来韵》:“近年已绝诗书癖,今日兼将笔砚焚。”

【詩教】 (—jiào)指《诗经》怨而不怒、温柔敦厚的教化作用。《礼记·经解》:“孔子曰:入其国,其教可知也。其为人也,温柔敦厚,《诗》教也。”皎然《题秦系山人丽句亭》:“独将诗教领诸生,但看青山不爱名。”后亦泛指诗歌的教化作用。皎然《答苏州韦应物郎中》:“诗教殆沦缺,庸音互相倾。”

【詩軸】 写有诗歌的卷轴。杜牧《许七侍御弃官东归潇洒江南颇闻自适高秋企望题诗寄赠十韵》:“锦帙开诗轴,青囊结道书。”

【詩國】 诗的国家;诗的境域。白居易《见殷尧藩侍御忆江南诗三十首诗中多叙苏杭胜事余尝典二郡因继和之》:“境牵吟咏真诗国,兴入笙歌好醉乡。”

【詩逸】 谓诗歌风格情调超脱飘逸。杜荀鹤《送李镡游新安》:“邯郸李镡才峥嵘,酒狂诗逸难干名。”张蠙《赠丘衙推》:“诗逸不拘凡对属,易穷皆达圣玄微。”

【詩章】 诗篇。张籍《送李余及第后归蜀》:“十年人咏好诗章,今日成名出举场。”元稹《酬乐天叹损伤见寄》:“唯有秋来两行泪,对君新赠远诗章。”白居易《九月八日酬皇甫十见赠》:“君方对酒缀诗章,我正持斋坐道场。”姚合《从军行》:“性癖艺亦独,十年作诗章。”贾岛《送天台僧》:“身心无别念,余习在诗章。”

【詩情】 作诗的兴致、情趣。刘禹锡《酬乐天闲卧见寄》:“诗情茶助爽,药力酒能宣。”白居易《雪朝乘兴欲诣李司徒留守先以五韵戏之》:“夜寒生酒思,晓雪引诗情。”杜牧《贺崔大夫崔正字》:“谢公楼下潺湲响,离恨诗情添几般。”韦庄《题吉涧卢拾遗庄》:“怪来马上诗情好,印破青山白鹭飞。”韩偓《旧馆》:“前欢往恨分明在,酒兴诗情大半亡。”

【詩雅】 谓诗歌风调雅正。薛能《送马戴书记之太原》:“相逢莫已讯,诗雅负雄名。”

【詩景】 激发诗情的优美景色。朱庆余《送唐中丞开淘西湖夏日游泛因书示郡人》:“空余孤屿来诗景,无复横槎碍柳条。”又《杭州卢录事山亭》:“山色满公署,到来诗景饶。”雍陶《韦处士郊居》:“满庭诗景飘红叶,绕砌琴声滴暗泉。”徐铉《张员外好茅山风景求为句容令作此送》:“柳谷供诗景,华阳契道情。”

【詩筒】 内装诗作以便传递的竹筒。白居易《秋寄微之十二韵》:“忙多对酒榼,兴少阅诗筒。”自注:“比在杭州,两浙唱和诗赠答,于筒中递来往。”又《醉封诗筒寄微之》:“为向两州邮吏道,莫辞来去递诗筒。”又《除官赴阙留赠微之》:“从此津人应省事,寂寥无复递诗筒。”

【詩筆】 写诗之笔。亦指诗作。韩愈《题杜工部坟》:“中间诗笔谁清新,屈指都无四五人。”徐铉《奉和宫傅相公怀旧见寄四十韵》:“棋枰寂静陈虚阁,诗笔沉吟劈彩笺。”郑谷有《高蟾先辈以诗笔相示抒成寄酬》。

【詩集】 集结个人或多人之作的书。杜甫《遣兴五首》之三:“观其著诗集,颇亦恨枯槁。”高适《奉寄平原颜太守》序:“遂奏所制诗集于明主,而颜公又作四言诗数百字,并序之。”齐已有《谢人寄新诗集》。

【詩道】 ❶指《诗经》中的风、雅、比兴，即关于诗歌创作和批评的原则和方法。林宽《送许棠先辈归宣州》："诗道丧来久，东归为吊之。"朱可名《应举日寄兄弟》："愁人久委地，诗道未闻天。"❷吟诗作诗之道；作诗之事。杜荀鹤《赠聂尊师》："诗道将仙分，求之不可求。"亦借指以诗赋取士的科学之路。李洞《送张乔下第归宣州》："诗道世难通，归宁楚浪中。"❸指诗歌的创作规律和方法。韩偓《春阴独酌寄同年虞部李郎中》："诗道揣量疑可进，宦情刓缺转无多。"

【詩評】 评论诗歌。齐己《寄朗陵二禅友》："潇湘曾宿话诗评，荆楚连秋阻野情。"

【詩詠】 诗歌。刘禹锡《福先寺雪中酬别乐天》："才子从今一分散，便将诗咏向吴侬。"

【詩勢】 诗歌的风貌气势。李贺《申胡子觱篥歌》序："李长吉，尔徒能长调，不能作五字歌诗，直强回笔端，与陶谢诗势相远几里。"

【詩業】 诗歌创作的成就、业绩。齐己《送朱秀才归闽》："努力成诗业，无谋谒至公。"

【詩盟】 诗人的盟友。牟融《赠韩翃》："暂时分手去，应不负诗盟。"

【詩債】 他人来诗或索诗，未及酬答，如同负债，谓之"诗债"。白居易《晚春欲携酒寻沈四著作先以六韵寄之》："顾我酒狂久，负君诗债多。"张祜《忆江东旧游四十韵寄宣武李尚书》："酒徒穷不破，诗债老相仍。"刘得仁《和郑先辈谢秩闲居寓书所怀》："把笔还诗债，将琴当酒资。"司空图《白菊杂书四首》之二："此生只是偿诗债，白菊开时最不眠。"卞震《春日偶题》句："诗债到春无处避，离愁因醉暂时无。"

【詩會】 诗人定期举行的作诗吟咏的聚会。孟郊《送陆畅归湖州因凭题故人皎然塔陆羽坟》："昔游诗会满，今游诗会空。"贾岛《送汲鹏》："夏夜言诗会，往往追不及。"

【詩腸】 诗情；诗思。孟郊《哭刘言史》："精异刘言史，诗肠倾珠河。"吕从庆《小园》："意绪浑如此，诗肠老未枯。"

【詩意】 诗思；诗情。刘禹锡《鱼复江中》："客情浩荡逢乡语，诗意留连重物华。"朱庆余《送吴秀才之山西》："东湖发诗意，夏卉竟如春。"段成式、张希复《游长安诸寺联句·长乐坊安国寺·穗柏联句》："乘闲动诗意，助静入禅心。"贯休《春末寄周琏》："道情不向莺花薄，诗意自如天地春。"

【詩義】 ❶指《诗经》六义，即风、雅、颂、比、兴、赋。《毛诗序》："故诗有六义焉：一曰风、二曰赋、三曰比、四曰兴、五曰雅、六曰颂。"亦专指"风"。白居易《禽虫十二章》序："庄列寓言，风骚比兴，多假虫鸟，以为筌蹄。故诗义始于关雎、鹊巢。"❷指诗歌或诗的含义。杜甫《敬赠郑谏议十韵》："谏官非不达，诗义早知名。"韩愈《赠张籍》："试将诗义授，如以肉贯弗。"

【詩源】 古代认为《诗经》是诗歌的源头。《诗经》六义（风、雅、颂、赋、比、兴），是诗歌创作的准则。张祜《叙诗》："二雅泄诗源，滂滂接涟漪。"薛能《题后集》："诗源何代失澄清，处处狂波污后生。"

【詩境】 ❶诗的意境；诗的境界。白居易《秋池二首》之二："闲中得诗境，此境幽难说。"朱庆余《陪江州李使君重阳宴百花亭》："醉里求诗境，回看岛屿青。"许浑《与裴三十秀才自越西归望亭阻冻登虎丘山寺精舍》："酒乡逢客病，诗境遇僧闲。"司空图《杨柳枝二首》之一："何处更添诗境好，新蝉欹枕每先闻。"泠然《宿九华化成寺庄》："佛寺孤庄千嶂间，我来诗境强相关。"❷犹诗兴。白居易《将至东都先寄令狐留守》："诗境忽来还自得，醉乡潜去与谁期。"

【詩魂】 诗人的心绪、精神。李建勋《春雪》："闲听不寐诗魂爽，净吃无厌酒肺干。"

【詩賦】 ❶诗和赋。杜甫《咏怀古迹五首》之一："庾信平生最萧瑟，暮年诗赋动江关。"刘长卿《客舍赠别韦九建赴任河南韦十七造赴任郑县就便觐省》："弟兄尽公器，诗赋凌风骚。"戎昱《苦辛行》："少年无事学诗赋，岂意文章复相误。"王周《自喻》："七岁辨声律，勤苦会诗赋。"❷指诗歌。韩愈《感春五首》之一："如今到死得闲处，还有诗赋歌康哉。"

【詩僧】 以诗闻名的僧人。白居易《爱咏诗》："坐倚绳床闲自念，前生应是一诗僧。"许浑《寄天乡寺仲仪上人富春孙处士》："诗僧与钓翁，千里两情通。"来鹄《病起》："在舍浑如远乡客，诗僧酒伴镇相寻。"司空图《狂题十八首》之六："由来相爱只诗僧，怪石长松自得朋。"齐己《寻阳道中作》："欲向南朝去，诗僧有惠休。"

【詩閣】 吟诗作诗之楼阁。温庭筠《清凉寺》："诗阁晓窗藏雪岭，画堂秋水接蓝溪。"

【詩趣】 诗的情趣。韩愈、孟郊《城南联句》："毕景任诗趣，焉能守硜硜。"

【詩樓】 吟诗作诗之楼。韦庄《哭麻处士》："缌帐扃秋月，诗楼锁夜虫。"

【詩稿】 诗作的草稿；诗作。姚合《送喻凫校书归毗陵》："主人庭叶黑，诗稿更谁书。"

【詩篋】 放诗稿的小竹箱。白居易《不与老为期》："行亦携诗篋，眠多枕酒卮。"

【詩篇】 ❶诗的总称。杜甫《江上值水如海势聊短述》："老去诗篇浑漫兴，春来花鸟莫深愁。"郑畋《酬隐珪舍人寄红烛》："今来并得三般事，灵运诗篇逸少书。"郑谷《蔡处士》："旨趣陶山相，诗篇沈隐侯。"❷诗歌；诗作。白居易《哭崔常侍晦叔》："风月共谁赏，诗篇共谁吟。"朱庆余《题王丘长史宅》："时见街中骑瘦马，低头只是为诗篇。”许棠《献独孤尚书》：“魂离为役诗篇苦，泪竭缘嗟骨相贫。”张蠙《赠九江太守》：“昨日西亭从游骑，信旗风里说诗篇。”

【詩價】　诗的声价。李洞《和淮南太尉留题凤州王氏别业》：“野人陪赏增诗价，太尉因居著谷名。”

【詩僻】　谓诗风冷峭幽僻。可止《哭贾岛》：“诗僻降今古，官卑误子孙。”

【詩調】　诗的声调、韵调。许浑《赠裴处士》：“字形翻鸟迹，诗调合猿声。”陆龟蒙《奉酬袭美早春病中书事》：“只贪诗调苦，不计病容生。”

【詩敵】　作诗的敌手。白居易《早春醉吟寄太原令狐相公苏州刘郎中》：“别来少遇新诗敌，老去难逢旧饮徒。”又《和令狐相公寄刘郎中兼见示长句》：“酒军诗敌如相遇，临老犹能一据鞍。”

【詩編】　编辑成卷的诗集。皮日休《鲁望悯承吉之孤为诗序邀予属和欲用予道振其孤而利之抑为之辞用塞良友》：“几箧诗编分贵位，一林石笋散豪家。”

【詩壇】　诗歌界。亦指诗的领域或诗歌。坎曼尔《忆学字》：“李杜诗坛吾欣赏，讫今皆通习为之。”

【詩興】　（—xìng）❶作诗吟诗的兴致、兴趣。孙逖《和左司张员外自洛使入京中路先赴长安逢立春日赠韦侍御等诸公》：“此中睽益友，是日多诗兴。”韩翃《赠兖州孟都督》：“闲心近掩陶使君，诗兴遥齐谢康乐。”马戴《送李侍御福建从事》：“上客多诗兴，秋猿足夜啼。”唐彦谦《高平九日》：“偶逢佳节牵诗兴，漫把芳尊遣客愁。”❷指诗歌。雍陶《早秋月夜》：“为见近来天气好，几篇诗兴入秋成。”

【詩學】　❶研究、阐述诗歌理论的学问、学科。郑谷《中年》：“衰迟自喜添诗学，更把前题改数联。”❷学习人写诗。杜牧《行次白沙馆先寄上河南王侍郎》：“歌惭渔浦客，诗学雁门僧。”

【詩膽】　诗人的胆识。刘叉《自问》：“酒肠宽似海，诗胆大于天。”陆龟蒙《早秋吴体寄袭美》：“虽然诗胆大如斗，争奈愁肠牵似绳。”

【詩謠】　歌谣。韩愈《与张十八同效阮步兵一日复一夕》：“未知所穷竟，且作新诗谣。”

【詩禮】　指《诗经》和《仪礼》《周礼》《礼记》等三礼。泛指儒家经典。郑愔《哭郎著作》：“诗礼康成学，文章贾谊才。”孟浩然《送莫甥兼诸昆弟从韩司马入西军》：“念尔习诗礼，未曾违户庭。”钱起《送张中丞赴桂州》：“夙仰敦诗礼，尝闻偃甲兵。”卢纶《纶与吉侍郎中孚司空郎中曙苗员外发崔补阙峒耿拾遗湋李校书端风尘追游向三十载数公倶沉下泉畅博士当感怀前踪有五十韵见寄辄有所酬以申悲旧》：“谕以诗礼义，勖随宾荐名。”

【詩藁】　同“詩稿”。陆龟蒙《和袭美怀锡山药名离合二首》之二：“风前莫怪携诗藁，本是吴吟荡桨郎。”

【詩題】　❶诗的题目。陆龟蒙《怀杨台文杨鼎文二秀才》：“钓具每随轻舸去，诗题闲上小楼分。”❷题诗；作诗。高适《奉酬睢阳李太守》：“诗题青玉案，衣赠黑貂裘。”刘禹锡《洛中送韩七中丞之吴兴口号五首》之二：“离别苦多相见少，一生心事在诗题。”❸诗的题材。白居易《和刘郎中学士题集贤阁》：“朱阁青山高庳齐，与君才子作诗题。”姚合《武功县中作三十首》之十八：“听琴知道性，寻药得诗题。”

【詩癖】　嗜诗成癖。孟郊《劝善吟》：“天疾难自医，诗癖将何攻。”张祜《所居即事六首·其四》：“寂寞春风意未降，酒狂诗癖旧无双。”钱珝《江行无题一百首》之二一：“诗癖非吾病，何妨吮短毫。”贯休《秋末寄武昌一公》：“知师诗癖难医也，霜洒芦花明月中。”

【詩騷】　❶《诗经》与以《离骚》为代表的《楚辞》的并称。岑参《入剑门作寄杜杨二郎中时二公并为杜元帅判官》：“高文出诗骚，奥学穷诗赜。”❷借指诗歌。皎然《酬别襄阳诗僧少微》：“文字赍秦本，诗骚学楚人。”柳宗元《寄韦珩》：“君今矻矻又窜逐，辞赋已复穷诗骚。”

【詩騷客】　指诗人。皎然《酬薛员外谊苦热行见寄》：“江南诗骚客，休吟苦热行。”

【詩顛】　指对作诗吟诗如痴如醉的人。贾至《赠陕掾梁宏》：“梁子工文四十年，诗颠名过草书颠。”

【詩顛狂】　同“詩顛”。韩愈《卢郎中云夫寄示送盘谷子诗两章歌以和之》：“旁无壮士遣属和，远忆卢老诗颠狂。”

【詩韻】　诗的声韵。白居易《继之尚书自余病来寄遗非一又蒙览醉吟先生传题诗以美之今以此篇用伸酬谢》：“交情郑重金相似，诗韵清锵玉不如。”牟融《有感二首》之二：“有兴不愁诗韵险，无聊只怕酒杯干。”李汶儒《和绵州于中丞登越王楼作》：“剑峰当户碧，诗韵满楼清。”李群玉《辱绵州于中丞书信》：“风标想见瑶台鹤，诗韵如闻渌水琴。”刘沧《题书斋》：“气凌霜色剑光动，吟对雪华诗韵清。”

【詩懷】　❶诗人之胸怀。齐己《新秋雨后》：“夜雨洗河汉，诗怀觉有灵。”❷作诗怀念。陆龟蒙《送浙东德师侍御罢府西归》：“诗怀白阁僧吟苦，俸买青田鹤价偏。”

【詩譽】　诗名；诗人的名誉。郑谷《寄赠孙路处士》：“平生诗誉更谁过，归老东吴命若何。”

【詩魔】　❶作诗入魔的人。刘禹锡《春日书怀寄东洛白二十二杨八二庶子》：“心知洛下闲才子，不作诗魔即酒颠。”❷指入魔般的作诗兴致。白居易《裴侍中晋公以集贤林亭即事诗三十六韵见赠猥蒙徵和辄广为五百言以伸酬献》：“客有诗魔者，吟哦不知疲。”

司空图《南至四首》之二："已被诗魔长役思，眼中莫厌早梅多。"李中《寄赠致仕沈彬郎中》："尘梦年来息，诗魔老亦狂。"卢士衡《僧房听雨》："古寺松轩雨声别，寒窗听久诗魔发。"刘兼《昼寝》："起来已被诗魔引，窗外寒敲翠竹风。"

【詩靈】 诗歌的灵秀之气。齐己《送休师归长沙宁觐》："殷勤问安外，湘岸采诗灵。"

詰 〔jié《广韵》去吉切，入質，溪。〕❶询问；问。皎然《问遥山禅老》："吾将诘仙老，大道无私谁强名。"韩愈《龊龊》："天意固有属，谁能诘其端。"白居易《哭刘敦质》："哭罢持此辞，吾将诘羲文。"郭周藩《谭子池》："余诘陵阳叟，此池当因谁。"❷追究；查办。陆龟蒙《奉和袭美太湖诗二十首·初入太湖》："肃为灵官家，此事难致诘。"聂夷中《公子行二首》之一："走马踏杀人，街吏不敢诘。"❸弯曲。刘禹锡《葡萄歌》："分岐浩繁缛，修蔓蟠诘曲。"无名氏《纪游东观山》："玲珑穿屡折，诘曲通三湘。"❹明天；翌日。储光羲《樵父词》："诘朝砺斧寻，视暮行歌归。"宋华《蝉鸣一篇五章》序："而兰陵子相过，诘朝言归，赋诗见志，以申赠焉。"李商隐《送从翁东川弘农尚书幕》："诘旦违清道，衔枚别紫宸。"

【詰旦】 平明；清晨。李迥秀《奉和幸安乐公主山庄应制》："诘旦重门闻警跸，传言太主奏山林。"刘叉《冰柱》："天人一夜剪瑛琭，诘旦都成六出花。"李商隐《偶成转韵七十二句赠四同舍》："诘旦九门传奏章，高车大马来煌煌。"《郊庙歌辞·汉宗庙乐舞辞·显仁舞》："诘旦备明祀，登歌答茂功。"

【詰早】 清早；清晨。陈叔达《州城西园入斋祠社》："升坛预洁祀，诘早肃分司。"

【詰曲】 （—qū）屈曲；弯弯曲曲。韩愈《同冠峡》："潺湲汨久迸，诘曲思增绕。"刘禹锡《登司马错古城》："楚塞郁重叠，蛮溪纷诘曲。"李德裕《春暮思平泉杂咏二十首·流杯亭》："回环疑古篆，诘曲如萦带。"韦蟾《岳麓道林寺》："广殿崔嵬万壑间，长廊诘曲千岩下。"皮日休《吴中苦雨因书一百韵寄鲁望》："赤脚枕书帙，访予穿诘曲。"

【詰曲崎嶇】 曲折不平。李群玉《九子坡闻鹧鸪》："正穿诘曲崎岖路，更听钩辀格磔声。"

【詰屈】 屈曲；曲折。独孤及《癸卯岁赴南丰道中闻京师失守寄权士繇韩幼深》："诘屈白道转，缭绕清溪随。"韩愈《秋怀诗十一首》之十："诘屈避语阱，冥茫触心兵。"元稹《茅舍》："边缘堤岸斜，诘屈檐楹亚。"

【詰朝】 （—zhāo）平明，清晨。李颀《春送从叔游襄阳》："裹粮顾庭草，羸马诘朝鸣。"刘禹锡《历阳书事七十韵》："诘朝还选胜，来日又寻盟。"王起《和李校书雨中自秘省见访知早入朝便入集贤不遇诗》："诘朝始趋凤阙去，此日遂愁鸡黍违。"姚合《咏莺》："不同蜀魄啼残月，唯逐天鸡转诘朝。"

【詰誅】 ❶谓兴师讨伐问罪。韩愈李正封《晚秋郾城夜会联句》："诘诛敬王怒，给复哀人瘼。"❷责备；呵责。元稹《苦雨》："自顾方濩落，安能相诘诛。"

【詰盤】 盘曲；反复。引申为辩难。韩愈《记梦》："我以指撮白玉丹，行且咀噍行诘盘。"

誇 〔kuā《广韵》苦瓜切，平麻，溪。〕❶大；自大。岑参《邯郸客舍歌》："邯郸女儿夜沽酒，对客挑灯夸数钱。"刘禹锡《和令狐相公寻白阁老见留小饮因赠》："宦达翻思退，名高却不夸。"❷夸示；夸耀。贺知章《奉和御制春台望》："广画嵯峨夸窈窕，罗生玳瑁象昆仑。"杜甫《石犀行》："蜀人矜夸一千载，泛溢不近张仪楼。"张祜《读老庄》："等闲缉缀闲言语，夸向时人唤作诗。"李咸用《鸡鸣曲》："鸳瓦冻危金距趑，夸雄斗气争相高。"❸夸奖；称赞。李白《鲁郡尧祠送窦明府薄华还西京》："竹林七子去道赊，兰亭雄笔安足夸。"杜甫《遭田父泥饮美严中丞》："酒酣夸新尹，畜眼未见有。"卢纶《割飞二刀子歌》："越戟吴钩不足夸，斩犀切玉应怀怍。"白居易《寄李蕲州》："江郡讴谣夸杜母，洛城欢会忆车公。"张蠙《赠九江太守》："江头暂驻木兰船，渔父来夸太守贤。"❹美。韩愈《送陆畅归江南》："迎妇丞相府，夸映秀士群。"❺通"跨"。跨越；奔。杜甫《戏为六绝句》之四："才力应难夸数公，凡今谁是出群雄。"白居易《秦中吟十首·轻肥》："夸赴军中宴，走马去如云。"亦指跨近、走近。杜牧《题白蘋洲》："静处知生乐，喧中见死夸。"

【誇才】 称扬才能。崔湜《襄阳作》："好学风犹扇，夸才俗未忘。"

【誇功】 炫耀功劳。韦庄《秦妇吟》："衣裳颠倒言语异，面上夸功雕作字。"

【誇白】 夸耀表白。陆龟蒙《杂讽九首》之三："至今东方生，满口自夸白。"

【誇好】 （—hǎo）美好。刘禹锡《杨柳枝词九首》之二："桃红李白皆夸好，须得垂杨相发挥。"

【誇近】 靠近。徐夤《依韵赠南安方处士五首》之四："两鬓当春却似秋，僻居夸近野僧楼。"

【誇胡】 向胡人夸示。语出汉扬雄《长杨赋序》。李白《温泉侍从归逢故人》："汉帝长杨苑，夸胡羽猎归。"又《秋夜独坐怀故山》："夸胡新赋作，谏猎短书成。"

【誇毗】 谄媚阿谀。顾况《拟古三首》之二："任彼声势徒，得志方夸毗。"

【誇淫】 骄奢淫逸。吕温《赠友人》："匠意方雕巧，时情正夸淫。"

【誇張】 ❶夸大。白居易《见于给事暇日上直寄南省诸郎官诗因以戏赠》："倚作天仙弄地仙，夸张一日抵千年。"又《岁日家宴戏示弟侄等兼呈张侍御二十八丈殷判官二十三兄》："犹有夸张少年处，笑呼张丈唤殷兄。"❷夸耀；炫耀。元稹《村花晚》："村中女儿争摘将，插刺头鬓相夸张。"白居易《寒食日寄杨东川》："不使黔娄夫妇看，夸张富贵向何人。"又《座中戏呈诸少年》："纵有风情应淡薄，假如老健莫夸张。"又《登阊门闲望》："曾赏钱唐嫌茂苑，今来未敢苦夸张。"

【誇絶】 美绝；极其优美。李谅《湘中纪行》："峭蒨每惊新，幽奇信夸绝。"

【誇詩】 大声吟诗。白居易《斋月静居》："忽忽眼尘犹爱睡，些些口业尚夸诗。"

【誇誕】 虚夸荒诞。李白《赠王判官时余归隐居庐山屏风叠。》："苦笑我夸诞，知音安在哉。"

【誇嬌】 美女。李贺《感讽六首》之一："飞光染幽红，夸娇来洞房。"

【誇龍鍾】 犹俗云"卖老"。龙钟，衰老貌。韩愈《醉留东野》："东野不得官，白首夸龙钟。"

【誇騁】 逞能驰骋。顾况《杜秀才画立走水牛歌》："江村小儿好夸骋，脚踏牛头上牛领。"

【誇曜】 称赞。孟郊《雪》："教令再举手，夸曜余生才。"

【誇麗】 美好艳丽。韩愈《岳阳楼别窦司直》："阳施见夸丽，阴闭感悽怆。"

誠 〔chéng《广韵》是征切，平清，禅。〕❶忠诚。李白《自广平乘醉走马六十里至邯郸登城楼览古书怀》："立孤就白刃，必死耀丹诚。"王建《赠王侍御》："自来掌军书，无不尽臣诚。"李绅《渡西陵十六韵》："恺悌思陈力，端庄冀表诚。"吴融《赴阙次留献荆南成相公三十韵》："唯要臣诚显，那求帝渥隆。"❷真诚；真心诚意。则天皇后《唐享昊天乐·第二》："翘至恳，罄深衷，听虽远，诚必通。"卢纶《偶宿山中忆畅当》："此夕一相望，君应知我诚。"元稹《赛神》："不谓事神苦，自言诚不真。"刘禹锡《和汴州令狐相公到镇改月偶书所怀》："推诚人自服，去杀令逾严。"雍裕之《细言》："欲效丝毫力，谁知蝼蚁诚。"❸真情。刘禹锡《历阳书事七十韵》："众散扃朱户，相携话素诚。"李商隐《送千牛李将军赴阙五十韵》："披豁惭深眷，睽离动素诚。"❹指内心。韩愈《秋怀诗十一首》之十："世累忽进虑，外忧遂侵诚。"又《辛卯年雪》："善祷吾所慕，谁言寸诚微。"又《学诸进士作精卫衔石填海》："鸟有偿冤者，终年抱寸诚。"❺确实；真正。张九龄《奉和圣制次成皋先圣擒建德之所》："天命诚有集，王业初惟艰。"杜甫《江头四咏·栀子》："栀子比众木，人间诚未多。"韦应物《送杨氏女》："贫俭诚所尚，资从岂待周。"姚合《街西居三首》之一："吁嗟世间事，洁身诚难为。"韦庄《渔塘十六韵》："欲别诚堪恋，长归又未能。"

【誠心】 诚恳之心。则天皇后《唐享昊天乐·第五》："爰设筐币，式表诚心。"

【誠臣】 忠诚之臣。太宗《赐萧瑀》："疾风知劲草，板荡识诚臣。"

【誠明】 至诚而有纯洁之德。语出《礼记·中庸》："自诚明谓之性；自明诚谓之教。诚则明矣，明则诚矣。"郑玄注："由至诚而有明德，是圣人之性者也。"张祜《苦旱》："请祷诚明矣，焚巫策昧然。"陆龟蒙《奉酬袭美先辈初夏见寄次韵》："诚明复散诞，化匠安能争。"贯休《蜀王入大慈寺听讲》："登楼喜色禾将熟，望国诚明首不回。"

【誠知】 的确知道。皇甫冉《渡汝水向太和山》："诚知秋水浅，但怯无人踪。"元稹《使东川·江楼月》："诚知远近皆三五，但恐阴晴有异同。"白居易《东园玩菊》："诚知不为我，借尔暂开颜。"李商隐《行次西郊作一百韵》："诚知开辟久，遘此云雷屯。"

【誠哉】 的确。阎宽《松滋江北阻风》："远听知音骇，诚哉不可陵。"白居易《自秦望赴五松驿马上偶睡睡觉成吟》："诚哉达人语，百龄同一寐。"

【誠信】 忠诚；诚实。赵居贞《云门山投龙诗》："玉策奉诚信，仙佩俟奔驿。"白居易《寓意诗五首》之三："何以示诚信，白水指为盟。"李德裕《东郡怀古二首·王京兆》："诚信不虚发，神明宜尔临。"薛逢《镊白曲》："到官只是推诚信，终日兢兢幸无吝。"

【誠款】 忠诚。骆宾王《咏怀古意上裴侍郎》："为国坚诚款，捐躯忘贱贫。"

【誠絜】 真诚明洁。《郊庙歌辞·享太庙乐章·诚敬》："敢申诚絜，庶罄深衷。"贺知章《唐禅社首乐章·肃和》："夤畏诚絜，匪遑宁舍。"

【誠敬】 诚恳恭敬。太宗《帝京篇十首》之十："奉天竭诚敬，临民思惠养。"则天皇后《唐明堂乐章·宫音》："藻奠申诚敬，恭祀表惟馨。"张说《唐封泰山乐章·豫和六首》之六："明灵降止，感此诚敬。"

【誠當】 （—dāng）正当。韩愈《赴江陵途中寄赠王二十补阙李十一拾遗李二十六员外翰林三学士》："适会除御史，诚当得言秋。"

【誠節】 忠诚的节操。张九龄《酬周判官巡至始兴会改秘书少监见贻之作兼呈耿广州》："朝闻循诚节，夕饮蒙瘴疠。"李白《经乱离后天恩流夜郎忆旧游书怀赠江夏韦太守良宰》："惟君固房陵，诚节冠终古。"

【誠實】 忠诚，忠实。则天皇后《唐明堂乐章·角音》："荐珪篚，陈诚实。"杜牧《留诲曹师等诗》："孝友与诚实，而不忘尔言。"

【誠懇】 忠诚恳切。项斯《送刘道士之成都严真观》："归去精诚恳，还应梦寐通。"

詼 〔huī《广韵》苦回切，平灰，溪。〕❶诙谐；戏谑。参见"詼諧""詼俳"。❷宽大。引申为夸大，荒诞。见"詼譎"。

【詼俳】 谓戏谑如同俳优。韩愈《崔十六少府摄伊阳以诗及书见投因酬三十韵》："寄诗杂诙俳，有类说鹏鷃。"

【詼諧】 谈吐幽默风趣。杜甫《社日两篇》之一："尚想东方朔，诙谐割肉归。"韩愈《晚秋郾城夜会联句》："诙谐酒席展，慷慨戎装著。"李贺《南园十三首》之七："长卿牢落悲空舍，曼倩诙谐取自容。"韩偓《六月十七日召对自辰及申方归本院》："如今冷笑东方朔，唯用诙谐侍汉皇。"

【詼譎】 荒诞诡诈。陈子昂《感遇诗三十八首》之九："如何嵩公辈，诙谲误时人。"

訾1 〔zǐ《广韵》將此切，上紙，精。〕指责；诋毁。白居易《伤唐衢二首》之二："贵人皆怪怒，闲人亦非訾。"

訾2 〔zī《广韵》即移切，平支，精。〕❶衡量；计量。崔融《哭蒋詹事俨》："贞节既已固，殊荣良不訾。"李商隐《韩碑》："功无与让恩不訾，帝曰汝度功第一。"❷思虑。参见"訾₂省"。❸地名。参见"訾₂家洲"。

【訾₂省】 （—xǐng）思虑省察。韩愈《赠别元十八协律六首》之一："瞢瞢莫訾省，默默但寝饭。"

【訾₂家洲】 洲名。在今广西桂林市东南漓江中。见清陈鸿墀《全唐文纪事》卷三三引《桂林风土记》。赵嘏《十无诗寄桂府杨中丞》之三："为问訾家洲畔月，清秋拟许醉狂无。"陆弘休《和訾家洲宴游》："新春蕊绽訾家洲，信是南方最胜游。"

【訾毁】 指责毁谤。皮日休《七爱诗·白太傅》："何期遇訾毁，中道多左迁。"又《奉和鲁望读阴符经见寄》："予将贼其道，所动多訾毁。"

誅 〔zhū《广韵》陟輸切，平虞，知。〕❶指责；责备。韩愈《读皇甫湜公安园池诗书其后二首》之一："春秋书王法，不诛其人身。"❷责求；索取。杜甫《东屯北崦》："盗贼浮生困，诛求异俗贫。"又《奉送王信州崟北归》："朝廷防盗贼，供给愍诛求。"❸惩罚。杜甫《九日寄岑参》："安得诛云师，畴能补天漏。"又《舟出江陵南浦奉寄郑少尹》："滥窃商歌听，时忧卞泣诛。"白居易《读史五首》之四："苟免勿私喜，鬼得而诛之。"杜牧《李甘诗》："喜无李杜诛，敢惮髡钳苦。"❹讨伐。吕温《题阳人城》："天下起兵诛董卓，长沙子弟最先来。"刘禹锡《平齐行二首》之一："去秋诏下诛东平，官军四合犹婴城。"白居易《贺雨》："元年诛刘辟，一举靖巴邛。"杜牧《郡斋独酌》："联兵数十万，附海正诛沧。"❺杀戮；杀。王维《送秘书晁监还日本国》序："动干戚之舞，兴斧钺之诛。"杜甫《北征》："不闻夏殷衰，中自诛褒妲。"王建《送魏州李相公》："旗下可闻诛败将，阵头多是用降兵。"柳宗元《咏荆轲》："长虹吐白日，仓卒反受诛。"陆龟蒙《奉酬袭美先辈吴中苦雨一百韵》："寻闻天子诏，赫怒诛叛卒。"❻消灭。元结《漫酬贾沔州》："奉诏举州兵，令得诛暴叛。"元稹《奉和权相公行次临阙驿逢郑仆射相公归朝俄顷分途因以奉赠诗十四韵》："区宇声虽动，淮河孽未诛。"❼芟除。杜甫《岳麓山道林二寺行》："飘然斑白身奚适，傍此烟霞茅可诛。"颜真卿《赠僧皎然》："诛榛养翘楚，鞭草理芳穗。"李绅《趋翰苑遭诬构四十六韵》："草毒人惊剪，茅荒室未诛。"

【誅刑】 诛杀；杀戮。柳宗元《韦道安》："刃下俟诛刑，却立不亲授。"

【誅共吺】 共，共工。吺，驩兜。尧舜时代两个恶名昭彰的部落首领。《书·舜典》："流共工于幽州，放驩兜于崇山。"后因以共、兜喻指大奸大恶之人。韩愈《赴江陵途中寄赠王二十补阙李十一拾遗李二十六员外翰林三学士》："赫然下明诏，首罪诛共吺。"

【誅夷】 诛杀；杀戮。胡曾《咏史诗·长安》："从此汉家无敌国，争教彭越受诛夷。"

【誅吕】 据《史记·吕后本纪》载：汉高祖刘邦之后吕雉，在刘邦死后，大加培植吕氏势力，阴谋专权。吕雉死后，外戚上将军吕禄、相国吕产恐为大臣、诸侯王所诛，谋反作乱，阴谋篡刘。丞相陈平、太尉周勃、朱虚侯、刘章等共诛之，立代王刘恒，是为汉文帝。张祜《读西汉书十四韵》："安刘机在早，诛吕计须权。"后借指安史之乱时马嵬兵变，陈玄礼诛杀诸杨，逼玄宗赐死杨贵妃。高适《酬裴员外以诗代书》："诛吕鬼神动，安刘天地开。"

【誅求】 需索。指各种苛捐杂税。杜甫《白帝》："哀哀寡妇诛求尽，恸哭秋原何处村。"又《驱竖子摘苍耳》："乱世诛求急，黎民糠籺窄。"韩愈《双鸟诗》："虫鼠诚微物，不堪苦诛求。"元稹《旱灾自咎贻七县宰》："诛求与挞罚，无乃不逡巡。"蒋贻恭《咏安仁宰捣蒜》："安仁县令好诛求，百姓脂膏满面流。"

【誅求多門】 苛捐杂税种类繁多。杜甫《送韦讽上阆州录事参军》："诛求何多门，贤者贵为德。"

【誅茅】 ❶芟除茅草，准备建筑住宅。杜甫《寄题江外草堂》："诛茅初一亩，广地方连延。"皎然《送常清上人还舒州》："常说归山意，诛茅庐霍前。"温庭筠《病中书怀呈友人》："筑室连中野，诛茅接上腴。"吴融《和峡州冯使君题所居》："三年拔薤成仁政，一日诛茅葺所居。"❷指筑宅安居。宋之问《宋公宅送宁谏议》："宋公爰创宅，庾氏更诛茅。"杜甫《天池》："更是无人处，诛茅任薄躬。”亦借指茅庐。杜甫《巫峡敝庐奉赠侍御四舅别之澧朗》：“行李淹吾舅，诛茅问老翁。”

【誅茅卜居】 芟除茅草，择地结庐。杜甫《楠树为风雨所拔叹》：“诛茅卜居总为此，五月仿佛闻寒蝉。”

【誅拔】 征伐消灭。韩愈《征蜀联句》：“日王忿违慠，有命事诛拔。”

【誅叛】 征讨叛逆。杜甫《览柏中允兼子侄数人除官制词因述父子兄弟四美载歌丝纶》：“奉公举骨肉，诛叛经寒温。”

【誅馬謖】 马谡，三国襄阳宜城（今湖北宜城市南）人，字幼常。初随刘备入蜀，任越嶲太守。以好论军事为诸葛亮所重。建兴六年（228），诸葛亮攻魏，他被任为前锋，与魏将张郃战于街亭。因违亮节度，举动失宜，为张郃所破。后被亮戮以谢众。事见《三国志·蜀书·诸葛亮传》《三国志·蜀书·马谡传》。后遂以用为咏军令严明的典故。李商隐《随师东》：“军令未闻诛马谡，捷书惟是报孙歆。”

【誅流】 诛杀与流放。韩愈《元和圣德诗》序：“臣伏见皇帝陛下即位已来，诛流奸臣，朝廷清明，无有欺蔽。”

【誅赦】 诛杀与赦免。李商隐《骄儿诗》：“诛赦两未成，将养如痼疾。”

【誅斬】 斩杀。周昙《咏史诗·六朝门·宋武帝》：“人杰既为王谧识，刁逵诛斩独何悲。”

【誅剝】 需索；剥夺。拾得《诗》之五二：“诛剥垒千金，留将与妻子。”韦庄《秦妇吟》：“旋教魔鬼傍乡村，诛剥生灵过朝夕。”

【誅惡】 诛除恶人。杜牧《分司东都寓居履道叨承川尹刘侍郎大夫恩知上四十韵》：“进贤光日月，诛恶助雷霆。”昭宗《咏雷句》：“只解劈牛兼劈树，不能诛恶与诛凶。”

【誅滅】 斩杀；杀戮。吴筠《览古十四首》之一四：“谋协事靡从，俄而反诛灭。”

【誅亂】 讨伐叛乱。韩偓《隰州新驿》：“燎原虽自及，诛乱不无名。”

【誅鋤】 ❶讨伐诛灭。韦庄《秦妇吟》：“诛锄窃盗若神功，惠爱生灵如赤子。”贯休《避地毗陵上王慥使君》：“勇义排千阵，诛锄拟一朝。”❷锄灭；消灭。白居易《和微之诗二十三首·和除夜作》：“我为刀笔吏，小恶乃诛锄。”

【誅磔】 诛杀消灭。磔，车裂。卢仝《月蚀诗》：“众星尽原赦，一蟆独诛磔。”

【誅錯】 错，晁错，西汉颍川（今河南禹州市）人。景帝时任御史大夫。曾向景帝建议逐步削夺诸侯王国封地，以巩固中央集权制度，得景帝采纳。后吴、楚等七国以“请诛晁错以清君侧”为名，发动武装叛乱，他为袁盎等所谮，被杀。事见《史记·吴王濞列传》及《史记·袁盎晁错列传》。后以用为清君侧诛近臣的典故。刘长卿《至德三年春正月时谬蒙差摄海盐令闻王师收二京因书事寄上浙西节度李侍郎中丞行营五十韵》：“食参将可待，诛错辄为名。”白居易《长恨歌》序引陈鸿《长恨歌传》：“从官郎吏伏上马前，请诛错以谢天下。”

詵 〔shēn《广韵》所臻切，平臻，生。〕众人言。《说文·言部》：“诜，致言也。”桂馥义证：“致含也者，《广韵》：‘诜，众人言也。’”亦作人名用字。晋代有郤诜。见“詵桂”“詵枝”“郤詵策”。徐夤《邑宰相访翼日有寄》：“渊明深念郤诜贫，踏破莓苔看甑尘。”

【詵桂】 《晋书·郤诜传》：“（郤诜）累迁雍州刺史。武帝于东堂会送，问诜曰：‘卿自以为何如？’诜对曰：‘臣举贤良对策，为天下第一，犹桂林之一枝，昆山之片玉。’帝笑。”后因以喻指科举中第。杜牧《洛下送张曼容赴上党召》：“七叶汉貂真密近，一枝诜桂亦徒然。”

【詵枝】 同“詵桂”。罗隐《寄大理徐郎中》：“官序诜枝老，幽尘范甑空。”

話 〔huà《广韵》下快切，去夬，匣。〕❶话语；语。戴叔伦《九日与敬处士左学士同赋采菊上东山便为首句》：“乡心各万里，醉话时一展。”曹唐《小游仙诗九十八首》之二九：“周王不信长生话，空使苌弘碧泪垂。”薛能《送判官赴京》：“青云若遇交亲话，白璧无心待发挥。”❷说；讲。王维《同崔傅答贤弟》：“衣冠若话外台臣，先数夫君席上珍。”窦庠《太原送穆质南游》：“莫话心中事，相看气不平。”张籍《送浙西周判官》：“常吟卷里新酬句，自话湖中旧住山。”李商隐《寄恼韩同年二首》之一：“年华若到经风雨，便是胡僧话劫灰。”韦庄《寄江南逐客》：“记得竹斋风雨夜，对床孤枕话江南。”❸告诉。司空曙《夜闻回雁》：“还将今夜意，西海话苏君。”刘言史《与孟郊洛北野泉上煎茶》：“此游惬醒趣，可以话高人。”张祜《江南杂题三十首·其七》：“忧来欲谁话，犹赖酒盈樽。”王福娘《问棨诗》：“日日悲伤未有图，懒将心事话凡夫。”❹谈论；交谈。孟浩然《过故人庄》：“开筵面场圃，把酒话桑麻。”严维《赠别刘长卿时赴河南严中丞幕府》：“望山吟度日，接枕话通宵。”崔峒《宿江西窦主簿厅》：“广庭方缓步，星汉话中移。”牟融《楼城叙别》：“屈指年华嗟远别，对床风雨话离愁。”姚揆《颍川客舍》：“素琴孤剑尚闲游，谁共芳尊话唱酬。”

【話心曲】 犹话心。张碧《美人梳头》：“鹦鹉偷来话心曲，屏风半倚遥山绿。”

【話心】 谈心。皇甫冉《早发中严寺别契上人》:“行役方如此,逢师懒话心。”许棠《冬夜与友人会宿》:“隔闰俱劳梦,通宵各话心。”

【話别】 告别;临别谈心。权德舆《送裴秀才贡举》:“临流惜暮景,话别起乡情。”白居易《和答诗十首》序:“诏下日,会予下内直归,而微之已即路,邂逅相遇于街衢中,自永寿寺南,抵新昌里北,得马上话别。”李频《友人话别》:“论交虽不早,话别且相亲。”刘沧《留别复本修古二上人》:“西峰话别又须去,终日关山在马前。”韦庄《和郑拾遗秋日感事一百韵》:“话别心重结,伤时泪一滂。”

【話别杯】 谓饯行告别。殷尧藩《游山南寺二首》之二:“朗陵莫讶来何晚,不忍听君话别杯。”

【話肝肺】 叙述衷曲。李群玉《自澧浦东游江表途出巴丘投员外从公虞》:“咋笔话肝肺,咏兹枯鱼章。”

【話言】 ❶美善之言。《诗·大雅·抑》:“其维哲人,告之话言,顺德之行。”毛传:“话言,古之善言也。”李白《赠参寥子》:“天子分玉帛,百官接话言。”元稹《和乐天赠樊著作》:“尧心惟舜会,因著为话言。”刘禹锡《秋日过鸿举法师寺院便送归江陵》引:“余步出城东门谒仁祠,而鸿举在焉。与之言移时,因告以将去,且曰:贫道雅闻东诸侯之工为诗者,莫若武陵,今幸承其话言,如得法印。”❷话语;言语。清江《喜皇甫大夫同宿大梁驿》:“也知行李别,暂喜话言同。”杜荀鹤《闲居即事》:“章句偶为前辈许,话言多被俗人疑。”贯休《寄中条道者》:“常恨龙钟也,无因接话言。”❸交谈;谈心;谈论。孟浩然《夜登孔伯昭南楼时沈太清朱升在座》:“好我意不浅,登兹共话言。”贾岛《寄令狐绹相公》:“话言声及政,栈阁谷离斜。”熊曜《送杨谏议赴河西节度判官兼呈韩王二侍御》:“筹议秉刀尺,话言在经纶。”

【話非】 谈论是非。姚合《酬田就》:“纵有野僧到,终朝不话非。”

【話貧】 诉说生活贫困。朱庆余《酬李处士见赠》:“久别唯谋道,相逢不话贫。”

【話夢】 说梦。鲍溶《寓兴》:“念来若望神,追往如话梦。”

【話端】 佛教禅宗用来启发问题的现成语句。周贺《题昼公院》:“夕雨生眠兴,禅心少话端。”

【話舊】 叙述往昔情事。李益《下楼》:“话旧全应老,逢春喜又悲。”段文昌《还别业寻龙华山寺广宣上人》:“正与休师方话旧,风烟几度入楼中。”刘禹锡《赠别约师》:“话旧还惆怅,天南望柳星。”刘沧《和友人忆洞庭旧居》:“因君话旧起愁思,隔水数声何处砧。”韩偓《伤春》:“穷途得志反惆怅,饮席话旧多阑珊。”

【話離】 言别;告别。玄宗《送胡真师还西山》:“话离情未已,烟水万重山。”

誕

〔dàn《广韵》徒旱切,上旱,定。〕❶大,广大。姚合《赠王山山》:“贤哲论独诞,吾宗次定今。”❷荒诞。柳宗元《弘农公以硕德伟材屈于诬枉左官三岁复为大僚宗元窜伏湘浦拜贺末由谨献诗五十韵以毕微志》:“论嫌《齐物》诞,骚爱《远游》伤。”❸放诞;放纵。杜甫《寄题江外草堂》:“我生性放诞,雅欲逃自然。”殷少野《送萧颖士赴东府得散字》:“官闲幕府下,聊以任纵诞。”陆龟蒙《添酒中六咏·酒船》:“昔人性何诞,欲载无穷酒。”❹诞生;降生。广宣《早秋降诞日献寿二首应制》之一:“秋蓂开六叶,元圣诞千年。”陈陶《圣帝击壤歌四十声》:“英星垂将校,神岳诞忠良。”《郊庙歌辞·梁太庙乐舞辞·昭德舞》:“汉称诞季,周实生昌。”❺信;确实。《广雅·释诂》:“诞,信也。”宋之问《送合宫苏明府颋》:“铉府诞英规,公才天下知。”顾况《酬房杭州》:“满箧阅新作,璧玉诞清音。”❻语助词。用于句首或句中。李宏皋《铜柱辞》:“诞今铸柱庇黔黎,指画风雷开五溪。”《郊庙歌辞·后唐宗庙乐舞辞·应天舞》:“载诞英明,永光圣祚。”

【誕辰】 生日。中宗有《十月诞辰内殿宴群臣效柏梁体联句》。

【誕受】 承受;接受。诞,语助词。《郊庙歌辞·太清宫乐章·终上》:“洪源长发,诞受天命。”

【誕降辰】 生日。花蕊夫人徐氏《宫词》之一三一:“法云寺里中元节,又是官家诞降辰。”

【誕逸】 洒脱放逸。陆龟蒙《四明山诗》序:“吾得于玉泉生,知子性诞逸,乐神仙中书。”

【誕語】 放诞而言,乱语。元结《夜宴石鱼湖作》:“醉昏能诞语,劝醉能忘情。”

【誕慶】 诞辰之庆。褚亮《宗庙九德之歌辞》:“皇祖诞庆,于昭于天。”

詬

〔gòu《广韵》苦候切,去候,溪。又古厚切,上厚,見。又呼漏切,去候,曉。〕❶羞辱。诟病;耻。元稹《说剑》:“自兹失所往,豪英共为诟。”❷辱骂。皮日休《鲁望读襄阳耆旧传见赠五百言予次而赞之因而寄答亦诗人无言不酬之义也次韵》:“知者竞欲戴,嫉者或将诟。”❸愤怒;怒。皮日休《二游诗·任诗》:“欲者解挤排,诟者能詀諵。”

【詬吏】 责骂人的官吏。陆龟蒙《江湖散人歌》:“归来辄拟荷锄笠,诟吏已责租钱迟。”

【詬怒】 愤怒;怒骂。元稹《苦雨》:“不足生诟怒,但若寡欢娱。”

【詬負】 因拖欠而遭怒骂。杜牧《题池州弄水亭》:“邻丧不相舂,公租无诟负。”

【詬租】 吏人责骂催租。李贺《章和二年中》:“关中父老百领襦,关东吏人乏诟租。”

【詬租吏】 催租责骂人的官吏。李贺《昌谷诗》："县省司刑官，户乏诟租吏。"

詮 〔quán《广韵》此缘切，平仙，清。〕❶详细解释；阐明事理。许敬宗《游清都观寻沈道士得清字》："既诠众妙理，聊畅远游情。"张说《闻雨》："声真不世识，心醉岂言诠。"皎然《答郑方回》："此道谁共诠，因君情欲罄。"元稹《解秋十首》之十："我怀有时极，此意何由诠。"❷道理；事物的规律。杜甫《秋日夔府咏怀奉寄郑监李宾客一百韵》："落帆追宿昔，衣褐向真诠。"皎然《春日和卢使君幼平开元寺听妙奘上人讲》："陵迟追哲匠，宗旨发幽诠。"李绅《题法华寺五言二十韵》："教通方便人，心达是非诠。"张祜《戊午年感事书怀二百韵》："去处寻庄叟，生涯挈道诠。"❸通"銓"。衡量；考虑。韦应物《岁日寄京师诸季端武等》："闲将酒为偶，默以道自诠。"刘禹锡《宣上人远寄和礼部王侍郎放榜后诗因而继和》："自吟白雪诠词赋，指示青云借羽翰。"

【詮文】 品评诗文。韦应物《答刘西曹》："诠文不独古，理妙即同流。"

【詮次】 次第；次序。杜甫《八哀诗》序："伤时盗贼未息，兴起王公、李公，叹旧怀贤，终于张相国。八公前后存殁，遂不诠次焉。"白居易《题道宗上人十韵》："一音无差别，四句有诠次。"

【詮較】 权衡比较。白居易《和微之诗二十三首·和知非》："因君知非问，诠较天下事。"

詭 〔guǐ《广韵》過委切，上紙，見。〕❶怪异；奇异。李益《华阴东泉同张处士诣藏律师兼简县内同官因寄齐中书》："前峰何其诡，万变穷日夕。"刘禹锡《韩十八侍御见示岳阳楼别窦司直诗因令属和重以自述故足成六十二韵》："鹍鹏疑变化，罔象何恢诡。"❷欺诈。参见"詭節"。❸虚妄；虚假。参见"詭説"。❹通"鬼"。参见"詭怪❹"。

【詭色】 奇丽的色彩。宋务光《海上作》："鳞介错殊品，氛霞饶诡色。"

【詭形怪狀】 奇形怪状。戴叔伦《怀素上人草书歌》："心手相师势转奇，诡形怪状翻合宜。"

【詭制】 怪异的制作。张九龄《与生公游石窟山》："跻险构灵室，诡制非人功。"

【詭怪】 ❶怪异；奇特。李白《鞠歌行》："君不见蔡泽嵌枯诡怪之形状，大言直取秦丞相。"皎然《奉陪陆使君长源裴端公枢春游东西武丘寺》："曳组探诡怪，停骢访幽奇。"柳宗元《登蒲州石矶望横江口潭岛深迥斜对香零山》："双江汇西奔，诡怪潜坤珍。"赵鸿《泥功山》："立石泥功状，天然诡怪形。"❷诡谲；变化多端。韩愈《此日足可惜赠张籍》："纷纷百家起，诡怪相披猖。"卢仝《观放鱼歌》："得水竞腾突，动作诡怪殊。"贾岛《北岳庙》："岩峦叠万重，诡怪浩难测。"❸怪异的制作。皮日休《太湖诗·太湖石》："乃是天诡怪，信非人功夫。"❹鬼怪。张祜《读韩文公集十韵》："穷奇开蜀道，诡怪哭秦坑。"

【詭計】 奇计。韩偓《无题》："吉音闻诡计，醉语近天真。"

【詭差】 （—chā）怪异。齐己《还黄平素秀才卷》："僻能离诡差，清不尚妖妍。"

【詭容】 奇异的景象。张九龄《巡按自漓水南行》："目因诡容逆，心与清晖涤。"又《奉和吏部崔尚书雨后大明朝堂望南山》："诡容纷入望，霁色宛成妍。"

【詭遇】 为达到目的而采取的某种不正当手段。语出《孟子·滕文公下》："吾为之范我驰驱，终日不获一；为之诡遇，一朝而获十。"赵岐注："横而射之，曰诡遇，非礼之射，则能获十。"白居易《适意二首》之二："直道速我尤，诡遇非吾志。"

【詭勢】 怪异的姿势。李渤《南溪诗》序："北又有石室，参差呀豁，延景宿云，其洞室并乳溜凝化，诡势奇状。"

【詭節】 欺诈之操守。孟郊《吊元鲁山》之二："奔竞立诡节，凌侮争怪辉。"

【詭製】 同"詭制"。韩愈《送文畅师北游》："征租聚异物，诡製怛巾袜。"

【詭説】 虚妄之辞。吴筠《览古十四首》之一四："管仲存霸功，世祖成诡说。"

【詭隨】 不顾是非而妄从人后。语出《诗·大雅·民劳》："无纵诡随，以谨无良。"毛传："诡随，诡人之善，随人之恶者。"朱熹集传："诡随，不顾是非而妄随人也。"张九龄《洪州西山祈雨是日辄应因赋诗言事》："诡随嫌弱操，羁束谢贞肥。"白居易《和答诗十首·和阳城驿》："谏官闻此章，不忍纵诡随。"

【詭輝】 奇异的光彩。卢鸿一《嵩山十志十首·云锦淙》序："云锦淙者，盖激溜冲攒，倾石丛倚，鸣湍叠濯，喷若雷风，诡辉分丽，焕若云锦。"

【詭激】 怪异偏激。张九龄《入庐山仰望瀑布水》："物情有诡激，坤元曷纷矫。"

【詭譎】 怪异；奇怪。李白《上云乐》："不睹诡谲貌，岂知造化神。"韩愈《嘲鼾睡》："鸿蒙总合杂，诡谲骋戾很。"

詹 〔zhān《广韵》職廉切，平鹽，章。〕❶至；到。元稹《开元观闲居酬吴士矩侍御三十韵》："禹步星纲动，焚符灶鬼詹。"❷见"詹事府""詹事"。❸姓。见"詹嘉"。

【詹子】 即詹何。李贺《钓鱼诗》："詹子情无限，龙阳恨有余。"参见"詹父"。

【詹父】 即詹何。古代传说中的渔者。《淮南子·说山训》:"詹公之钓,千岁之鲤不能避。"高诱注:"詹公,詹何也,古得道善钓者,有精术,故能得千岁之鲤也。"崔橹《春晚岳阳言怀二首》之二:"何以不羁詹父伴,睡烟歌月老潺潺。"

【詹尹】 战国时楚国太卜之名。《楚辞·卜居》:"(屈原)乃往见太卜郑詹尹曰:'余有所疑,愿因先生决之。'"后借指卜者。白居易《遣怀》:"尝求詹尹卜,拂龟竟默默。"陆龟蒙《病中秋怀寄袭美》:"更有是非齐未得,重凭詹尹拂龟占。"

【詹事府】 秦汉时,太后、皇后、太子各宫均置詹事。后来詹事成为太子属官,为东宫官属之长。唐置詹事府,职官有詹事、少詹事、府丞、主簿、司直等,詹事掌统府(詹事府)、坊(左右春坊)、局(司经局)等政事,以辅导太子。少詹事佐之。见《新唐书·百官志四上》。权德舆有《詹事府宿斋绝句》。

【詹事】 官名。詹事府之长。正三品,唐宋时多以儒臣兼领。杜甫《寄高三十五詹事》:"安稳高詹事,兵戈久索居。"崔融有《哭蒋詹事俨》。韦应物有《送郗詹事》。权德舆有《送张詹事致政归嵩山旧隐》。卢仝有《送王储詹事西游献兵书》。参见"詹事府"。

【詹府】 即詹事府。高适《酬裴员外以诗代书》:"留司洛阳宫,詹府唯蒿莱。"

【詹嘉】 春秋晋国大夫。见《左传·文公十三年》杜预注。耿湋《送太仆寺李丞赴都到桃林塞》:"造父为周御,詹嘉守晋军。"

詢 〔xún《广韵》相倫切,平諄,心。〕❶问;询问。吴筠《览古十四首》之十四:"吾将询上帝,寥廓讵跻彻。"杜甫《送卢十四弟侍御护韦尚书灵榇归上都二十韵》:"动询黄阁老,肯虑白登围。"刘禹锡《和牛相公题姑苏所寄太湖石兼寄李苏州》:"采取询乡耋,搜求按旧经。"汪遵《郢中》:"不是楚词询宋玉,巴歌犹掩绕梁声。"❷谋;谋议。吴筠《高士咏·周丰》:"鲁侯询政体,喻以治道精。"严维《书情献相公》:"今日更须询哲匠,不应休去老岩扃。"元稹《代曲江老人百韵》:"杞梓无遗用,刍荛不忘询。"参见"詢芻"。周昙《咏史诗·春秋战国门·管仲》:"苟非贤主询贤士,肯信沽人畏子獶。"❸了解;察看。李绅《渡西陵十六韵》:"谬履千夫长,将询百吏情。"❹慰问;关怀。刘禹锡《早夏郡中书事》:"虚怀询病苦,怀律操剽轻。"❺指许询。东晋著名的玄学家、诗人。贯休《刘相公见访》:"戒师惭匪什,都讲更胜询。"

【詢芻】 询问于樵夫。《诗·大雅·板》:"先民有言,询于刍荛。"郑玄笺:"古之贤者有言,有疑事当与薪采者谋之。"孔颖达疏:"言询于刍荛,谓谋于取刍取荛之人。"后因以指不耻下问。张说《奉和圣制暇日与兄弟同游兴庆宫作应制》:"侍酒衢樽满,询刍谏鼓悬。"陆龟蒙《杂讽九首》之八:"尧舜尚询刍,公乎听无忽。"

【詢問】 打听情况;征求意见。钱弘俶《舟中偶书》:"瞑目稳收双足坐,不劳询问醉禅人。"

【詢謨】 咨询谋议。周昙《咏史诗·三代门·夏禹》:"尧违天孽赖询谟,顿免洪波浸碧虚。"

詣 〔yì《广韵》五計切,去霽,疑。〕❶拜见;拜访。张九龄《登南岳事毕谒司马道士》:"将命祈灵岳,回策诣真士。"钱起《杪秋南山西峰题准上人兰若》:"上诣远公庐,孤峰悬一径。"耿湋《诣顺公问道》:"此身知是妄,远远诣支公。"李贺《感讽五首》之一:"不因使君怒,焉得诣尔庐。"姚合《新居秋夕寄李廓》:"稍暇更访诣,宁唯候招延。"❷前往;到。陶岘《西塞山下回舟作》:"从此舍舟何所诣,酒旗歌扇正相迎。"岑参《自潘陵尖还少室居止秋夕凭眺》:"昨诣山僧期,上到天坛东。"韩愈《赴江陵途中寄赠王二十补阙李十一拾遗李二十六员外翰林三学士》:"黾俛不回顾,行行诣连州。"贾岛《朝饥》:"饥莫诣他门,古人有拙言。"陆龟蒙《奉和袭美开元寺佛钵诗》:"从此宝函香里见,不须西去诣灵峰。"❸通"旨"。旨趣;宗旨。权德舆《与道者同守庚申》:"派分示三教,理诣无二名。"韩愈、孟郊《城南联句》:"足胜自多诣,心贪敌无勍。"

【詣公車】 公车,汉代官署名。《后汉书·光武帝纪下》:"公、卿、司隶、州牧,举贤良方正各一人,遣诣公车。"李贤注引《汉官仪》:"公车掌殿司马门,天下上事及征召皆总领之。"后遂以借指赴京参加科举考试。张南史《早春书事奉寄中书李舍人》:"那堪闻相府,更遣诣公车。"刘禹锡《送曹璩归越中旧隐诗》:"地远何当随计吏,策成终自诣公车。"

【詣丹闕】 同"詣闕"。韩翃《题玉山观禅师兰若》:"玉山宴坐移年月,锡杖承恩诣丹阙。"

【詣絶】 前往绝域之地。杜甫《奉赠太常张卿二十韵》:"建标天地阔,诣绝古今迷。"

【詣闕】 前往朝廷。阙,宫阙,皇宫门前的高大建筑物。韩愈《送张道士》:"诣阙三上书,臣非黄冠师。"李瀚《蒙求》:"枚皋诣阙,充国自赞。"

【詣闕下】 同"詣闕"。杜甫《北征》:"拜辞诣阙下,怵惕久未出。"

詧 〔chá《广韵》初八切,入黠,初。又千結切,入屑,清。〕"察"的古字。《玉篇·言部》:"詧,与察同。"韩愈《征蜀联句》:"戍寒绝朝乘,刁暗歇宵詧。"

諍[1] 〔zhèng《广韵》側迸切,去諍,莊。〕直言规劝。杜甫《奉送王信州崟北归》:"九重思谏诤,八极念怀柔。"又《往在》:"端拱纳谏诤,和风日冲融。"

諍[2]　〔zhēng《集韵》甾茎切，平耕，莊。〕通“争”。❶争讼。参见“諍₂訟”“諍₂辭”。❷争夺。无名氏《五言白话诗》之十：“逢贼被打煞，五品无人诤。”又《五言诗》之二：“铁钵淹甘饭，同火共分诤。”

【諍臣】　直言劝谏之臣。唐代多指职掌供奉讽谏的拾遗、补阙等官。杜甫《两当县吴十侍御江上宅》：“余时忝诤臣，丹陛实咫尺。”白居易《新乐府·采诗官》：“诤臣杜口为冗员，谏鼓高悬作虚器。”

【諍₂訟】　争辩；争论。讼，狱讼。李白《赠刘都使》：“铜官几万人，诤讼清玉堂。”

【諍₂辭】　争讼之辞。岑参《送许子擢第归江宁拜亲因寄王大昌龄》：“一县无诤辞，有时开道经。”

該　〔gāi《广韵》古哀切，平咍，見。〕❶具备。陈子昂《洛城观酺应制》：“玉帛群臣醉，徽章缛礼该。”程行谌《奉和圣制送张说上集贤学士赐宴》：“象系微言阐，诗书至道该。”袁晖《奉和圣制送张尚书巡边》：“丹青不独任，韬略遂双该。”❷包容；包括。郑愔《奉和幸三会寺应制》：“睿览山川匝，宸心宇宙该。”高适《酬裴员外以诗代书》：“赖得日月明，照耀无不该。”薛据《怀哉行》：“我闻雷雨施，天泽罔不该。”❸遍；广博。李峤《扈从还洛呈侍从群官》：“施恩浃寰宇，展义该文质。”岑参《送颜平原》：“天章降三光，圣泽该九州。”韩愈《咏雪赠张籍》：“隐匿瑕疵尽，包罗委琐该。”杨嗣复《仪凤》：“八方该帝泽，威凤忽来宾。”❹通晓；精通。孟浩然《来阇黎新亭作》：“弃象玄应悟，忘言理必该。”高适《信安王幕府诗》：“并秉韬钤术，兼该翰墨筵。”卢纶《敩颜鲁公送挺赟归翠微寺》：“挺赟惠学该儒释，袖有颜徐真草迹。”❺见；现。杜甫《秋日荆南述怀三十韵》：“得丧初难识，荣枯划易该。”

【該通】　博通。吴筠《览古十四首》之十三：“茂先洽闻者，幽赜咸该通。”

【該貫】　淹博而贯通。张籍《祭退之》：“学无不该贯，吏治得其方。”

詳　〔xiáng《广韵》似羊切，平陽，邪。〕❶审慎。见“詳刑”。❷审察，揣摩。白居易《渭村退居寄礼部崔侍郎翰林钱舍人诗一百韵》：“起草偏同视，疑文最共详。”❸详细。韩愈《晚秋郾城夜会联句》：“为诗安能详，庶用存糟粕。”元稹《乐府古题·捉捕歌》：“畏君听未详，听客有明喻。”❹尽；完全。骆宾王《早秋出塞寄东台详正学士》：“汲冢宁详蠹，秦牢讵辨冤。”❺知悉；测知。中宗、武平一、郑愔《景龙四年正月五日移仗蓬莱宫御大明殿会吐蕃骑马之戏因重为柏梁体联句》：“文江学海思济航，万邦考绩臣所详。”卢僎《奉和李令扈从温泉宫赐游骊山韦侍郎别业》：“窥岩详雾豹，过水略泉鱼。”韩愈《此日足可惜赠张籍》：“中流上滩潬，沙水不可详。”韦庄《和郑拾遗秋日感事一百韵》：“覆悚非无谓，奢华事每详。”❻通“祥”。见“詳光”。

【詳正學士】　唐门下省属官，掌刊正图书。骆宾王有《西行别东台详正学士》《早秋出塞寄东台详正学士》。

【詳平】　公正；公平。虞世南《赋得慎罚》：“幪巾示廉耻，嘉石务详平。”

【詳刑】　审慎断狱。王周《和程刑部三首·公会亭》：“均赋乡原肃，详刑郡邑康。”

【詳光】　和煦祥和之光。白元鉴《药圃》：“春日详光满，秋风瑞实成。”

【詳定】　考察审定。无名氏《国学新修五经壁歌》记：“初，大历中，名儒张参为国子司业，始详定五经书于论堂东西厢之壁，辩齐、鲁之音取其宜，考古今之文取其正。”

【詳省】　（—xǐng）认真审察。韦应物《赠李判官》：“政拙劳详省，淹留未得归。”

【詳備】　周详完备。许浑《题卫将军庙》序：“文士王敖撰碑，辞实详备。”詹敦仁《复留侯从效问南汉刘岩改名龑字音义》：“乍囫及曌亂，作史难详备。”

【詳諳】　知悉；了解。贾岛《玩月》：“近月有数星，星名未详谙。”

詫　〔chà《广韵》丑亞切，去禡，徹。〕❶诉说；告知。皎然《酬秦系山人题赠》：“石语花愁徒自诧，吾心见境尽为非。”韩愈《落齿》：“因歌遂成诗，持用诧妻子。”陆龟蒙《村夜二篇》之二：“所悲劳者苦，敢用词为诧。”❷夸耀。陆龟蒙《奉酬袭美先辈初夏见寄次韵》：“村旆诧酒美，赊来满鋞程。”❸惊讶；诧异。张说《岳州观竞渡》：“并驱常诧速，非畏日光遒。”无名氏《抛球诗》：“朝来自诧承恩最，笑倩傍人认绣球。”

【詫人】　告诉人；向人诉说。李冶《蔷薇花》：“翠融红绽浑无力，斜倚栏干似诧人。”

【詫異】　惊异；惊讶。吕从庆《戏题金鳌山》：“艸堂熟对忽诧异，念在神仙广游戏。”

詡　〔xǔ《广韵》况羽切，上麌，曉。〕欣然；乐于。元结《送孟校书往南海》序：“村业次山不如云卿，词赋次山不如云卿，通和次山不如云卿，在次山又诩然求进者也。”

七　画

誡　〔jiè《广韵》古拜切，去怪，見。〕❶告诫；警告。李白《酬王补阙惠翼庄庙宋丞泚赠别》：“酬赠非炯诫，永言铭佩绅。”高适《秋胡行》：“莫道向来不得意，故欲留规诫后人。”白居易《送客春游岭南二十韵》：“尝闻君子诫，忧道不忧贫。”徐夤《宋二首》之一：“赌将金带惊寰海，留得耕衣诫子孙。”李敬方《题黄山汤院》：“惨伤因有暇，徒御诫无喧。”❷箴言，告诫人遵守的准则。孟浩然《经七里滩》：“予奉垂堂诫，千金非所轻。”高适《赠别王十七管记》：“曾非济代谋，且有临深诫。”皎然《送张彝归长沙》：“常服远游诫，缅怀经世谋。”❸警惕；戒备。崔颢《澄水如鉴》：“对泉能自诫，如镜静相临。”许景先《奉和御制春台望》：“明主卑宫诫前失，辅德钦贤政惟一。”韩愈《谢自然诗》：“来者犹可诫，余言岂空文。”白居易《新乐府·采诗官》：“言者无罪闻者诫，下流上通上下泰。”❹嘱告。孟郊《擢第后东归书怀献座主吕侍御》：“慈亲诫志就，贱子归情急。”❺佛家防禁身心之过的戒律，如五戒、十善戒，乃至二百五十戒等。高适《同群公宿开善寺赠陈十六所居》：“谈空忘外物，持诫破诸邪。”

【誡勖】　告诫勉励。骆宾王《艳情代郭氏答卢照邻》：“别日分明相约束，已取宜家成诫勖。”

【誡誓】　告诫将士的誓词。杨巨源《上刘侍中》：“钟鼎勋庸大，山河诫誓长。”

詎　〔dòu《广韵》都豆切，去候，端。〕《广韵·候韵》：“詎譳，不能言也。”见“詎譳。”

【詎譳】　不能言貌。韩愈《南山诗》：“先强势已出，后钝嗔逗譳。”

誓　〔shì《广韵》時制切，去祭，禪。〕❶军中发布有关告诫、约束将士的号令。见“誓師”。❷立誓；发誓。岑参《轮台歌奉送封大夫出师西征》：“亚相勤王甘苦辛，誓将报主静边尘。”韦元甫《木兰歌》：“本结弟兄交，死战誓不渝。”王建《寄崔列中丞》：“贪泉誓不饮，邪路誓不奔。”泠然《宿九华化成寺庄》：“明朝更蹑层霄去，誓共烟霞到老闲。”❸决心。陈子昂《入峭峡安居谿伐木谿源幽邃林岭相映有奇致焉》：“誓息兰台策，将从桂树游。”杜甫《遭田父泥饮美严中丞》：“差科死则已，誓不举家走。”阎防《晚秋石门礼拜》：“誓将历劫愿，无以外物牵。”韩愈《岳阳楼别窦司直》：“誓耕十亩田，不取万乘相。”❹盟约；誓言。崔融《塞垣行》：“岂要黄河誓，须勒燕山石。”元稹《代九九》：“青春来易皎，白日誓先亏。”白居易《长恨歌》：“临别殷勤重寄词，词中有誓两心知。”温庭筠《题李相公敕赐锦屏风》：“几人同保山河誓，犹自栖栖九陌尘。”❺乃；却。韦应物《送李十四山东游》：“岂是贸荣宠，誓将救元元。”孟郊《列女操》：“波澜誓不起，妾心井中水。”白居易《赠元稹》：“之子异于是，久处誓不谖。”❻发语词。虞世南《出塞》：“誓将绝沙漠，悠然去玉门。”杜甫《新婚别》：“誓欲随君去，形势反苍黄。”张谓《读后汉逸人传二首》之二：“誓将业田种，终得保妻子。”贾岛《题童真上人》：“誓从五十身披衲，便向三千界坐禅。”

【誓心】　心中发誓。薮信陵《出自贼中谒恒上人》：“再拜吾师喜复悲，誓心从此永归依。”白居易《和答诗十首·和阳城驿》：“誓心除国蠹，决死犯天威。”又《新乐府·缚戎人》：“誓心密定归乡计，不使蕃中妻子知。”许浑《闻边将刘皋无辜受戮》：“才许誓心安玉垒，已伤传首动金门。”

【誓功】　指天子赐于功臣的盟书。见《史记·高祖功臣侯者年表序》。罗隐《黄河》：“高祖誓功衣带小，仙人占斗客槎轻。”

【誓生死】　立誓同生共死。周仲美《书壁》：“妇人义从夫，一节誓生死。”

【誓死】　发誓至死不变。元稹《乐府古题·估客乐》：“自兹相将去，誓死意不更。”李商隐《景阳井》：“景阳宫井剩堪悲，不尽龙鸾誓死期。”

【誓江】　同“誓流水”。李瀚《蒙求》：“郭丹约关，祖逖誓江。”

【誓志】　发誓立志。白居易《梦仙》：“秘之不敢泄，誓志居岩扃。”又《和梦游春诗一百韵》：“存诚期有感，誓志贞无黩。”

【誓師】　军队出征或作战前，统帅向将士宣示战斗意义及宣誓战斗决心。皎然《从军行五首》之五：“誓师张虎落，选将擐犀渠。”权德舆《故太尉兼中书令赠太师西平王挽词》：“还经誓师处，薤露不堪闻。”

【誓師壇】　为统帅誓师所筑的坛。杨巨源《赠史开封》：“天低荒草誓师坛，邓艾心知战地宽。”

【誓流水】　南朝宋刘义庆《世说新语·赏誉》：“刘琨称祖车骑（逖）为朗诣。”刘孝标注引《晋阳秋》：“逖既有豪才，常慷慨以中原为己任。乃说中宗雪复神州之计，拜为豫州刺史，使自招募。逖遂率部曲百余家北度江，誓曰：‘祖逖若不清中原而复济此者，有如大江。’攻城略地，招怀义士。屡摧石虎，虎不敢复窥河南。”又见《晋书·祖逖传》。后遂用为咏矢志收复失地以报效国家的典故。李白《南奔书怀》：“过江誓流水，志在清中原。”

【誓盟】　宣誓并订盟约。贯休《避地毗陵上王慥使君》：“誓盟违日月，旌旆过寒潮。”自注：“时贼伪降，盟书终背。”

【誓節】　立誓坚守气节。玄宗《送忠州太守康昭远等》：“誓节期饮冰，调人方导水。”李绅《忆过润州》序：“后军平，尚书李公欲具事以闻，余以本乃誓节，非欲求荣，请罢所奏。”

誌　〔zhì《广韵》職吏切，去志，章。〕❶记录；记载。❷指墓志铭。古代刻在墓碑上的一种文辞，分前后两部分，前一部分称"志"或"序"，用散体记叙死者的生平事迹，包括姓名世系、爵里、形状、寿年、卒葬年月、子孙大略等事项。后一部分称"铭"，用韵文表达对死者的褒扬。顾非熊《哭韩将军》："功勋客问求为志，服玩僧收与转经。"皮日休《顾道士亡弟子以束帛乞铭于余鲁望因赋戏赠日休奉和》："师去东华却炼形，门人求我志金庭。"郑谷《哭建州李员外频》："旧友谁为志，清风岂易书。"

【誌石】　刻有墓志铭的石碑。贾岛《哭卢仝》："冢侧志石短，文字行参差。"

誣　〔wū《广韵》武夫切，平虞，微。〕❶说话虚妄不实；虚假。萧颖士《仰答韦司业垂访五首》之五："千载不可诬，孰言今无人。"包佶《翻经台》："野蔓高台下，前朝记不诬。"柴宿《瑜不掩瑕》："待价知弥久，称忠定不诬。"❷欺骗。骆宾王《久戍边城有怀京邑》："结网空知羡，图荣岂自诬。"储光羲《同王十三维偶然作十首》之四："虽若不能言，中心亦难诬。"吴筠《览古十四首》之六："天鉴谅难诬，神理不可谖。"杜甫《大历三年春白帝城放船出瞿塘峡久居夔府将适江陵漂泊有诗凡四十韵》："丘壑曾忘返，文章敢自诬。"❸诬蔑；诬陷。沈佺期《移禁司刑》："埋剑谁当辨，偷金以自误。"权德舆《奉和许阁老酬淮南崔十七端公见寄》："交辟尝推重，单辞忽受诬。"❹歪曲。元稹《酬乐天东南行诗一百韵》："物情良徇俗，时论太诬吾。"❺抹煞。罗立言《赋得沽美玉》："成器终期达，逢时岂见诬。"李商隐《哭虔州杨侍郎》："流亡诚不吊，神理若为诬。"司空图《冯燕歌》："诬执张婴不自明，贵免生前遭考捶。"

【誣金】　《史记·万石张叔列传》："塞侯直不疑者，南阳人也。为郎，事文帝。其同舍有告归，误持同舍郎金去，已而金主觉，妄意不疑，不疑谢有之，买金偿。而告归者来而归金，而前郎亡金者大惭，以此称为长者。"后遂用为遭诬蒙冤的典故。李瀚《蒙求》："不疑诬金，卞和泣玉。"

【誣善】　诬陷善人。语出《易·系辞下》："诬善之人其辞游。"储光羲《狱中贻姚张薛李郑柳诸公》："诬善不足悲，失听一何丑。"

【誣構】　捏造事实构成罪状。李绅《却到浙西》序："是岁，王璠不奏饥旱，反怒邻境所救，以为卖己，遂与王涯合计诬构，罔上奏陈。"又有《趋翰苑遭诬构四十六韵》。

【誣詭】　虚妄诡谲。王周《巫庙》："依草与附木，诬诡殊不经。"

【誣譖】　谓进谗诬陷。许棠《寄建州姚员外》："诬潛遭遐谪，明君即自知。"

語[1]　〔yǔ《广韵》魚巨切，上語，疑。〕❶言；说；谈。孟浩然《耶溪泛舟》："相看似相识，脉脉不得语。"刘长卿《夕次檐石湖梦洛阳亲故》："倚棹对沧波，归心共谁语。"耿湋《赠兴平郑明府》："栖遑忽相见，欲语泪沾巾。"白居易《宿紫阁山北村》："主人慎勿语，中尉正承恩。"杜牧《洛中送冀处士东游》："拂榻与之坐，十日语不休。"❷言语；话。李白《奔亡道中五首》之四："俗变羌胡语，人多沙塞颜。"杨巨源《赠李傅》："摇窗竹色留僧语，入院松声共鹤闻。"周贺《送郭秀才归金陵》："酒前欲别语难尽，云际相思心若何。"贾岛《送人南游》："蛮国人多富，炎方语不同。"赵嘏《别麻氏》："满眼泪珠和语咽，旧窗风月更谁亲。"❸字；文句。杜甫《江上值水如海势聊短述》："为人性僻耽佳句，语不惊人死不休。"韩愈《醉赠张秘书》："险语破鬼胆，高词媲皇坟。"沈亚之《梦别秦穆公》："泪如雨，欲拟著辞不成语。"李商隐《韩碑》："句奇语重喻者少，谗之天子言其私。"❹指禽鸟走兽等的啼鸣吼叫。骆宾王《代女道士王灵妃赠道士李荣》："分念娇莺一种啼，生憎燕子千般语。"杜甫《奉送郭中丞兼太仆卿充陇右节度使三十韵》："废邑狐狸语，空村虎豹争。"权德舆《相思曲》："鹊语临妆镜，花飞落绣床。"王涯《宫词三十首》之二二："教来鹦鹉语初成，久闭金笼惯认名。"李贺《难忘曲》："蜂语绕妆镜，拂蛾学春碧。"刘沧《赠隐者》："临水静闻灵鹤语，隔原时有至人来。"❺《论语》的省称。杜光庭《纪道德》："语不云乎仲尼有言朝闻道夕死可矣。"

語[2]　〔yù《广韵》牛倨切，去御，疑。〕告诉。上官昭容《游长宁公主流杯池二十五首》之二三："倩语张骞莫辛苦，人今从此识天河。"耿湋《得替后书怀上第五相公》："谁语恓惶客，偏承顾盼私。"白居易《杂兴三首》之一："回眸语君曰，昔闻庄王时。"皮日休《襄阳闲居与友生夜会》："草玄寂淡无人爱，不遇刘歆更语谁。"无名氏《五言白话诗》之一："村头语户主，乡头无处得。"

【語次】　语间；交谈之间。周贺《送陆判官防秋》："瀑浪行时漱，边笳语次闻。"

【語言】　❶言语；话。韩愈《剥啄行》："我不厌客，困于语言。"孟郊《严河南》："赤令风骨峭，语言清霜寒。"白居易《和微之春日投简阳明洞天五十韵》："语言诸夏异，衣服一方殊。"李宣古《听蜀道士琴歌》："孝为子，忠为臣，不独语言能教人。"❷指诗文等书面语言。韩愈《短灯檠歌》："夜书细字缀语言，两目眵昏头雪白。"王福娘《题孙棨诗后》："苦把文章邀劝人，吟看好个语言新。"❸交谈；说话。张继《酬张二十员外前国子博士窦叔向》："语言未终夕，离别又伤春。"韩愈《赠崔立之评事》："才豪气猛易语言，往往蛟螭杂蝼蚓。"白居易《不与老为期》："存神机虑息，养气语言迟。"

【語别】 话别。孙逖《春初送吕补阙往西岳勒碑得云字》："语别梅初艳，为期草欲薰。"卢纶《得耿沣司法书因叙长安故友零落余以摇落之时对书增叹因呈河中郑仓曹畅参军昆季》："故友九泉留语别，逐臣千里寄书来。"白居易《伤唐衢二首》之一："日西并马头，语别至昏黑。"马戴《早发故园》："语别在中夜，登车离故乡。"

【語兒】 古地名。即语儿乡，今浙江桐乡市西南。见汉袁康《越绝书·越绝外传记地传》："语儿乡，故越界，名曰就李。吴疆越地，以为战地，至于柴辟亭。女阳亭者，勾践入官于吴，夫人从，道产女此亭，养于李乡，勾践胜吴，更名女阳，更就李为语儿乡。"徐凝《语儿见新月》："娟娟水宿初三夜，曾伴愁蛾到语儿。"

【語兒巾】 头巾名。元稹《和乐天送客游岭南二十韵》："贡兼蛟女绢，俗重语儿巾。"自注："南方去京华绝远，冠冕不到，唯海路稍通，吴中商肆多榜云。此有语儿巾子。"

【語依依】 亲切交谈貌。王维《渭川田家》："田夫荷锄至，相见语依依。"

【語法】 讲解佛法。王维《投道一师兰若宿》："鸟来远语法，客去更安禅。"

【語音】 ❶说话的口音。灵一《同使君宿大梁驿》："虽然行李别，且喜语音同。"项斯《边游》："防秋故乡卒，暂喜语音同。"❷说话的声音。卢纶《和裴延龄尚书寄题果州谢舍人仙居》："紫盖迥标双鹤上，语音犹在五云中。"孟郊《西上经灵宝观》："道士无白发，语音灵泉清。"刘禹锡《历阳书事七十韵》："本吴风俗剽，兼楚语音伧。"❸犹言语。岑参《轮台即事》："蕃书文字别，胡俗语音殊。"

【語穽】 语言的陷阱。指因语言不慎而招尤。韩愈《秋怀诗十一首》之十："诘屈避语阱，冥茫触心兵。"

【語氣】 ❶说话的口气。张祜《戊午年感事书怀二百韵》："勃窣形骸朽，眼回语气嫣。"卢发《酒令》："暂来关外分优寄，不称宾筵语气粗。"❷说话时口中发出的气味。皮日休《茶中杂咏·茶人》："语气为茶荈，衣香是烟雾。"

【語笑】 笑语；说笑。长孙无忌《新曲二首》之二："婉约娉婷工语笑，待兰房。"陆畅《坐障》："强遮天上花颜色，不隔云中语笑声。"贾岛《落第东归逢僧伯阳》："相逢须语笑，人世别离频。"司空图《冯燕歌》："两面高楼语笑声，指点行人情暗结。"

【語鳥】 会说话的鸟，如鹦鹉、八哥之类。无名氏《句》(卷七九六)："陇右诸侯供语鸟，日南太守送名花。"

【語訛】 同"語誤"。韩愈《落齿》："语讹默固好，嚼废软还美。"

【語話】 说话；话语。杨衡《宿云溪观赋得秋灯引送客》："虫声呼客客未眠，儿人语话清景侧。"齐己《寄孙辟呈郑谷郎中》："雪长松柽格，茶添语话香。"

【語嘔啞】 小儿学语声。韦庄《与小女》："见人初解语呕哑，不肯归眠恋小车。"

【語誤】 语言讹误不清。韩愈《感春四首》之三："冠欹感发秃，语误悲齿堕。"

【語嘿】 同"語默"。祖咏《答王维留宿》："语嘿自相对，安用傍人知。"贾岛《寄李辀侍郎》："语嘿曾延接，心源离滓淤。"

【語論】 ❶谈论；说话。朱庆余《赠道者》："自识来清瘦，寻常语论真。"❷言语。郑渥《塞上》："出门何处问西东，指画翻为语论同。"

【語樂】 交谈之乐。杜甫《西枝村寻置草堂地夜宿赞公土室二首》之二："跻攀倦日短，语乐寄夜永。"

【語燕】 燕子呢喃而叫如人语，故称。杜甫《堂成》："暂止飞乌将数子，频来语燕定新巢。"王涯《闺人赠远五首》之四："啼莺绿树深，语燕雕梁晚。"李廓《长安少年行》之六："歌人踏日起，语燕卷帘飞。"温庭筠《病中书怀呈友人》："短檐喧语燕，高木堕饥鼯。"牛峤《菩萨蛮》词之一："舞裙香暖金泥凤，画梁语燕惊残梦。"

【語默】 ❶或说话，或沉默；说话与沉默。语本《易·系辞上》："君子之道，或出或处，或语或默。"杜甫《水宿遣兴奉呈群公》："勋庸思树立，语默可端倪。"耿沣、陆羽《连句多暇赠陆三山人》："闲喧悲异趣，语默取同年。"李绅《却渡西陵别越中父老》："海潮晚上江风急，津吏篙师语默齐。"喻凫《冬日题无可上人院》："诗言与禅味，语默此皆清。"崔涂《送僧归江东》："去留那有著，语默不离禅。"❷喻指出仕与隐居，显达与困窘。陈子昂《同宋参军之问梦赵六赠卢陈二子之作》："而我独蹭蹬，语默道犹屯。"吴筠《高士咏·长沮桀溺》："行藏既异迹，语默岂同伦。"卢僎《稍秋晓坐阁遇舟东下扬州即事寄上族父江阳令》："独善与兼济，语默奉良等。"高适《东平旅游奉赠薛太守二十四韵》："只应齐语默，宁肯问沉浮。"皇甫冉《寄刘方平》："与君从来同语默，岂是悠悠但相识。"

【語聲】 说话声。王维《扶南曲歌词五首》之一："羞从面色起，娇逐语声来。"又《白鼋涡》："南山之瀑水兮，激石瀿瀑似雷惊。人相对兮，不闻语声。"杜甫《石壕吏》："夜久语声绝，如闻泣幽咽。"

【語舊】 话旧。许浑《茅山题徐校书隐居》："深居四十年,语旧泪潺潺。"

【語關關】 鸟鸣声。关关,状鸟鸣之声。语出《诗·周南·关雎》:"关关雎鸠,在河之洲。"毛文锡《喜迁莺》词:"传枝偎叶语关关,飞过绮丛间。"

【語韻】 言语的韵调。张祜《陪楚州韦舍人北闻门游宴》:"名华应独步,语韵洽朋曹。"

【語鶴】 鸣鹤。员南溟《禁中春松》:"叶深栖语鹤,枝亚拂朝臣。"

誚 〔qiào《广韵》才笑切,去笑,從。〕❶责备。孟浩然《送张子容进士赴举》:"无使谷风诮,须令友道存。"储光羲《田家即事》:"亲戚更相诮,我心终不移。"韦应物《题从侄成绪西林精舍书斋》:"欲同朱轮载,勿惮移文诮。"卢纶《纶与吉侍郎中孚司空郎中曙苗员外发崔补阙峒耿拾遗沣李校书端风尘追游向三十载数公俱沉下泉畅博士当感怀前踪有五十韵见寄辄有所酬以申悲旧》:"鄱阳富学徒,诮我戆无营。"❷嘲笑;讥笑。李白《翰林读书言怀呈集贤诸学士》:"本是疏散人,屡贻褊促诮。"皎然《别山诗》:"松声莫相诮,此心冥去住。"薛逢《邻相反行》:"东家西家两相诮,西儿笑东东又笑。"陆龟蒙《村夜二篇》之二:"才能诮箕斗,辩可移嵩华。"韦庄《绛州过夏留献郑尚书》:"因循每被时流诮,奋发须由国士怜。"

【誚戲】 犹戏谑。元结《与党侍御》序:"及次山未辞殿中,茂宗已受监察。采茂宗尝相诮戏之意,又作诗与之。"

誤 〔wù《广韵》五故切,去暮,疑。〕❶错误;过失。杜甫《瘦马行》:"当时历块误一蹶,委弃非汝能周防。"李端《听筝》:"欲得周郎顾,时时误拂弦。"韩愈《感春四首》之三:"冠敧感发秃,语误惊齿堕。"元稹《舞腰》:"未必诸郎知曲误,一时偷眼为回腰。"唐彦谦《咏竹》:"月明午夜生虚籁,误听风声是雨声。"❷耽误;妨害。严维《书情献相公》:"年来白发欲星星,误却生涯是一经。"李益《江南词》:"嫁得瞿塘贾,朝朝误妾期。"李渤《喜弟淑再至为长歌》:"我本开云此山住,偶为名利相萦误。"可止《哭贾岛》:"诗僻降今古,官卑误子孙。"❸疑惑;迷惑。戎昱《中秋夜登楼望月寄人》:"初惊桂子从天落,稍误芦花带雪平。"杨郇伯《送妓人出家》:"贝叶欲翻迷锦字,梵声初学误梁尘。"韩愈《咏雪赠张籍》:"误鸡宵呃喔,惊雀暗裴回。"白居易《池上作》:"浦派萦回误远近,桥岛向背迷窥临。"皮日休《奉和鲁望樵人十咏·樵火》:"响误击刺闹,焰疑彗孛飞。"❹不慎;不小心。李白《树中草》:"鸟衔野田草,误入枯桑里。"刘禹锡《桃源行》:"拖纶掷饵信流去,误入桃源行数里。"杜牧《闻开江相国宋下世二首》之一:"贞魂误向崇山没,冤气疑从湘水回。"

【誤人】 ❶贻害于人。戎昱《酬梁二十》:"细与知音说,攻文恐误人。"常理《妾薄命》:"娇小恣所爱,误人金指环。"❷错误地使人、让人。皎然《日曜上人还润州》:"莫倚禅功放心定,萧家陵树误人悲。"

【誤失】 ❶差错;过失。花蕊夫人徐氏《宫词》之六八:"承奉圣颜忧误失,就中长怕内夫人。"❷因错误而失去。杜甫《别李义》:"误失将帅意,不如亲故恩。"

【誤身】 贻误自己。杜甫《奉赠韦左丞丈二十二韵》:"纨袴不饿死,儒冠多误身。"刘长卿《王昭君歌》:"那知粉绘能相负,却使容华翻误身。"韦应物《拟古诗十二首》之二:"自惜桃李年,误身游侠子。"杜荀鹤《哭友人》:"病向名场得,终为善误身。"

【誤持郎】 《史记·直不疑传》:"塞侯直不疑者,南阳人也。为郎,事文帝。其同舍有告归,误持同舍郎金去,已而金主觉,妄意不疑,不疑谢有之,买金偿。而告归者来而归金,而前郎亡金者大惭,以此称为长者。"后遂用为咏人清白受诬的典故。柳宗元《弘农公以硕德伟材屈于诬枉左官三岁复为大僚天监昭明人心感悦宗元窜伏湘浦拜贺未由谨献诗五十韵以毕微志》:"璧非真盗客,金有误持郎。"

【誤惑】 迷惑。元结《演兴四首·讼木魅》:"上误惑于灵心,经绐于言兮不听。"

【誤疑】 错误地怀疑。杜甫《郑驸马宅宴洞中》:"误疑茅堂过江麓,已入风磴霾云端。"郑嵎《津阳门诗》:"忠臣张公识逆状,日日切谏上弗疑。"自注:"张曲江先识其必反逆状,数数言于上。上曰:'卿勿以王夷甫识石勒而误疑禄山耳。'"

【誤點】 同"誤蠅"。王维《故人张諲工诗善易卜兼能丹青草隶顷以诗见赠聊获酬之》:"屏风误点惑孙郎,团扇草书轻内史。"

【誤蠅】 《三国志·吴书·赵达传》:"法术绝焉。"裴松之注引《吴录》:"曹不兴善画,权使画屏风,误落笔点素,因就以作蝇。既进御,权以为生蝇,举手弹之。孤城郑妪能相人,及范、惇、达八人,世皆称妙,谓之八绝云。"后因用作赞颂画技的典故。王棨《省题诗二十一首·文不加点》:"误蝇宁复见,倚马未为嘉。"

誥 〔gào《广韵》古到切,去号,見。〕❶告诫之文。古代上下有诰。汉以后专用于皇帝的文告。贯休《和韦相公见示闲卧》:"仲虺专为诰,何充雅爱禅。"❷皇帝的制敕。杜甫《赠翰林张四学士》:"紫诰仍兼绾,黄麻似六经。"又《奉贺阳城郡王太夫人恩命加邓国太夫人》:"紫诰鸾回纸,清朝燕贺人。"白居易《妻初授邑号告身》:"弘农旧县授新封,钿轴金泥诰一通。"温庭筠《投翰林萧舍人》:"紫微芒动词初出,红烛香残诰未封。"

【誥命】 皇帝的命令，或特指皇帝赐爵或授官的诏令。陆龟蒙《和袭美寄广文先生》："龙篆拜时轻诰命，霓襟披后小玄纁。"来鹄《圣政纪颂》："取彼诰命，禄为国肥。"

【誥牒】 朝廷授予官职的文书。张籍《送李余及第后归蜀》："归云唯将新诰牒，后来争取旧衣裳。"

【誥誓】 君王训诫勉励民众的文告。黄滔《喜侯舍人蜀中新命三首》之一："八都词客漫喧然，谁解飞扬诰誓间。"

誘 〔yòu《广韵》與久切，上有，以。〕❶引导；教导；诱导。张九龄《登南岳事毕谒司马道士》："诱我弃智诀，迨兹长生理。"杜甫《上水遣怀》："低颜下色地，故人知善诱。"刘长卿《西陵寄一上人》："了义惠心能善诱，吴风越俗罢淫祠。"李咸用《和吴处士题村叟壁》："览君书壁句，诱我率成篇。"❷引诱；诱惑。吴筠《高士咏・颜歜》："荣禄安可诱，保和从自然。"戴叔伦《奉天酬别郑谏议云逵卢拾遗景亮见别之作》："洗兵救卫郡，诱敌讨幽都。"皎然《同明府章送沈秀才还石门山读书》："文墨应经世，林泉漫诱君。"欧阳詹《秋夜寄僧》："尚被浮名诱此身，今时谁与德为邻。"白居易《登商山最高顶》："或名诱其心，或利牵其身。"❸招引。李颀《赠苏明府》："诱我为弟子，逍遥寻葛洪。"白居易《分司洛中多暇数与诸客宴游醉后狂吟偶成十韵因招梦得宾客兼呈思黯奇章公》："不论招梦得，兼拟诱奇章。"鲍溶《夏日华山别韩博士愈》："碧霞气争寒，黄鸟语相诱。"❹动；感动；感触。储光羲《狱中贻姚张薛李郑柳诸公》："鬼哭知己冤，鸟言诚所诱。"白居易《赠能七伦》："岂不知坚贞，芳馨诱其心。"唐彦谦《东韦曲野思》："九陌要津劳目击，五湖闲梦诱心期。"

【誘才】 诱发人的才思。方干《题盛令新亭》："春物诱才归健笔，夜歌牵醉入丛杯。"

【誘化】 诱导教化；引导化育。慈觉《书妙圆塔院张道者屋壁》："张道者，不说禅，不答话，盖为人心难诱化。"

【誘引】 引导；引诱。元稹《大觜乌》："主人一心惑，诱引不知疲。"白居易《郡斋暇日忆庐山草堂兼寄二林僧社三十韵》："沉吟辞北阙，诱引向西方。"又《春江》："莺声诱引来花下，草色句留坐水边。"

【誘言】 不实之词；谣言。沈佺期《移禁司刑》："诱言虽委答，流议亦真符。"

【誘脅】 利诱威胁。韩愈《华山女》："广张罪福资诱胁，听众狎恰排浮萍。"

【誘接】 招引接纳。韩愈、李正封《晚秋郾城夜会联句》："诱接喻登龙，趋驰状倾藿。"

【誘諭】 教导劝喻。白居易《新乐府・蛮子朝》："诚由陛下休明德，亦赖微臣诱谕功。"

【誘讀】 诱导人读书。寒山《诗三百三首》之一二二："养生仍夭命，诱读讵封侯。"

誨 〔huì《广韵》荒内切，去队，曉。〕教导；劝勉。萧颖士《江有归舟三章》序："猗尔之所以求，我之所以诲。"韦应物《赠丘员外二首》之一："格言雅诲阙，善谑矜数余。"卢纶《送张调参军侍从归觐荆南因寄长林司空十四曙》："守儒轻猎骑，承诲访沈潜。"白居易《读张籍古乐府》："读君董公诗，可诲贪暴臣。"

誑 〔kuáng《广韵》居况切，去漾，見。〕欺骗。韩愈《示爽》："临分不汝诳，有路即归田。"皮日休《正乐府十篇・橡媪叹》："自冬及于春，橡实诳饥肠。"徐夤《新葺茆堂》："笔研不才当付火，方书多诳罢烧金。"庞蕴《杂诗》之一："空拳只是婴儿信，岂得将来诳老夫。"

【誑天】 欺骗皇帝。李绅《趋翰苑遭诬构四十六韵》："诳天犹指鹿，依社尚凭狐。"

【誑亂】 欺骗惑乱。柳宗元《贞符》序："推古瑞物以配受命，其言类淫巫瞽史，诳乱后代，不足以知圣人立极之本。"

【誑誕】 虚假荒诞。白居易《新乐府・海漫漫》："徐福文成多诳诞，上元太一虚祈祷。"

説1 〔shuō《广韵》失爇切，入薛，書。〕❶叙说；讲述。高适《涟上题樊氏水亭》："自说宦游来，因之居住偏。"权德舆《自桐庐如兰溪有寄》："满目归心何处说，攲眠搔首不胜情。"朱庆余《宫词》："含情欲说宫中事，鹦鹉前头不敢言。"杜牧《赠渔父》："自说孤舟寒水畔，不曾逢著独醒人。"❷讲解；解说。孟浩然《游明禅师西山兰若》："吾师住其下，禅坐证无生。"王维《与苏卢二员外期游方丈寺而苏不至因有是作》："法向空林说，心随宝地平。"岑参《寄青城龙谿奂首人》："愿闻开士说，庶以心相应。"白居易《春雪》："我观圣人意，鲁史有其说。"❸谈论；评论。韩愈《酬司门卢四兄云夫院长望秋作》："日来省我不肯去，论诗说赋相喃喃。"姚合《武功县中作三十首》之二二："养生宜县僻，说品喜官微。"陆龟蒙《江南秋怀寄华阳山人》："学徒羞说霸，佳士耻为跉。"张蠙《赠九江太守》："昨日西亭从游骑，信旗风里说诗篇。"❹告诉；告知。高适《宋中遇林虑杨十七山人因而有别》："邂逅逢尔曹，说君彼岩栖。"岑参《太白胡僧歌》序："商山赵叟，前年采茯苓，深入太白，偶值此僧，访我而说。"杜牧《寄题甘露寺北轩》："他年会著荷衣去，不向山僧说姓名。"黄滔《过商山》："此心无处说，鬓向少年斑。"❺描述；诉说。钱起《送薛判官赴蜀》："举目叩关远，离心不可说。"顾况《送李侍御往吴兴》："世间只有情难说,今夜应无不醉人。”皇甫冉《酬权器》:“南望江南满山雪,此情惆怅将谁说。”张碧《秋日登岳阳楼晴望》:“贾生憔悴说不得,茫茫烟霭堆湖心。”❻话语。姚合《游春十二首》之一:“自知还近僻,众说过于颠。”❼传说。韩愈《桃源图》:“神仙有无何渺茫,桃源之说诚荒唐。”又《谁氏子》:“神仙虽然有传说,知者尽知其妄矣。”李商隐《即日》:“桂林闻旧说,曾不异炎方。”

說² 〔shuì《广韵》舒芮切,去祭,書。〕劝说;游说。卢照邻《咏史四首》之三:“一为侍御史,慷慨说何公。”高适《宋中十首》之八:“解围幸奇说,易子伤吾衷。”李白《秋日炼药院镊白发赠元六兄林宗》:“乐毅方适赵,苏秦初说韩。”元稹《乐府古题·估客乐》:“迎客兼说客,多财为势倾。”

說³ 〔yuè《广韵》弋雪切,入薛,以。〕后作“悦”,喜悦。王维《不遇咏》:“今人昨人多自私,我心不说君应知。”李白《留别曹南群官之江南》:“范蠡说句践,屈平去怀王。”李益《赠宣大师》:“因论佛地求心地,只说常吟是住持。”白居易《吴樱桃》:“含桃最说出东吴,香色鲜秾气味殊。”又《送陈许高仆射赴镇》:“敦诗说礼中军帅,重士轻财大丈夫。”

【説史】 论述史事。白居易、王起《会昌春连宴即事》:“说史吞颜注,论诗笑郑笺。”陆龟蒙《奉和袭美二游诗·任诗》:“说史足为师,谭禅差作伯。”又《袭美见题郊居十首因次韵酬之以伸荣谢》之六:“说史评诸例,论兵到百家。”

【説戒】 佛教词。每月月半,集合众僧与信徒读佛教戒律;月终,令犯戒律者进行忏悔。王建《题诜法师院》:“三年说戒龙宫里,巡礼还来向水行。”

【説合】 谈论相投合。刘禹锡《送惟良上人》引:“谬谓余为世间聪明,孑孑来访,初以说合,至于不言。”

【説委】 细说委曲。韩愈《泷吏》:“官当明时来,事不待说委。”

【説命】 ❶《尚书·商书》中篇名。分上中下三篇,上篇记叙殷高宗得傅说的经过与任命傅说为相的命辞,中篇和下篇叙述傅说为相后向殷高宗进言治理国家的要略。元稹《乐府古题·人道短》:“傅说说命三四纸,有能师者称祖宗。”后因以借指大臣论列治国方略的奏章或文书。张演《武侯墓》:“大统春秋意,謄章说命篇。”❷论说命运的好坏。李昭象《山中寄崔谏议》:“从此升腾休说命,只希公道数封书。”

【説法】 ❶宣讲佛理。宋之问《游云门寺》:“入禅从鸽绕,说法有龙听。”岑参《青龙招提归一上人游吴楚别诗》:“说法开藏经,论边穷阵图。”韩翃《寻胡处士不遇》:“说法思居士,忘机忆丈人。”刘禹锡《金陵五题·生公讲堂》:“生公说法鬼神听,身后空堂夜不扃。”❷借指主持宣讲佛理的高僧。钱起《送赟法师往上都》:“宰君迎说法,童子伴随缘。”

【説法臺】 僧人宣讲佛理的高台。张籍《送稽亭山寺僧》:“旧房到日闲吟后,林下还登说法台。”

【説₂客】 游说之士。杜甫《奉送郭中丞兼太仆卿充陇右节度使三十韵》:“耻非齐说客,甘似鲁诸生。”

【説空】 讲解佛理。空,指佛教空无之理。杜荀鹤《题著禅师》:“说空空说得,空得到维摩。”

【説著】 叙说;说道。韦应物《说宫人入道》:“从来宫女皆相妒,说著瑶台总泪垂。”白居易《秋游》:“何事古今诗句里,不多说著洛阳秋。”

【説₂國】 游说列国。唐彦谦《客中感怀》:“贪名笑吴起,说国叹苏秦。”

【説偈】 犹说法。偈,佛经体裁之一,由固定字数的四句组成。元稹《大云寺二十韵》:“听经神变见,说偈鸟纷纭。”

【説道】 说;说是。高适《寄宿田家》:“田家老翁住东陂,说道平生隐在兹。”白居易《登郢州白雪楼》:“朝来渡口逢京使,说道烟尘近洛阳。”宣宗《题泾县水西寺》:“长安若问江南事,说道风光在水西。”程贺《君山》:“曾游方外见麻姑,说道君山此本无。”

【説話】 言谈;讲话。白居易《老戒》:“矍铄夸身健,周遮说话长。”

【説詩】 ❶解说《诗经》。钱起《送任先生任唐山丞》:“再命果良愿,几年勤说诗。”韩愈、孟郊《同宿联句》:“匡鼎惟说诗,桓谭不读谶。”张祜《投常州从兄中丞》:“士因为政乐,儒为说诗降。”陆龟蒙《袭美先辈以龟蒙所献五百言既蒙见和复示荣唱再抒鄙怀用伸酬谢》:“就彼六籍内,说诗直解颐。”❷谈论诗歌、诗作。杜甫《奉赠卢五丈参谋》:“说诗能累夜,醉酒或连朝。”李嘉祐《赠王八衢》:“桂楫闲迎客,茶瓯对说诗。”韩愈《石鼎联句》序:“有校书郎侯喜新有能诗声,夜与刘说诗,弥明在其侧。”

【説經】 解说儒家经典。权德舆《酬别蔡十二见赠》:“傲世方隐几,说经久颛门。”

【説劍】 《庄子·说剑》载赵文王喜剑,剑士日夜相击,死伤甚众。太子悝患之,曰:能说王止剑士,赐千金。左右曰:“庄子当能。”太子与庄周见王,王曰:夫子所御杖长短如何?庄子说:臣有三剑:天子剑、诸侯剑、庶人剑。大王有天子位,而好庶人剑,臣窃为大王薄之。于是文王不出宫三月,剑士皆服毙其处。后因以借指游说干谒或议论武事。李白《赠韦秘书子春二首》之一:“谈天信浩荡,说剑纷纵横。”又《秋夜独坐怀故山》:“庄周空说剑,墨翟耻论兵。”高适《酬秘书弟兼寄幕下诸公》:“说剑增慷慨,论交持始终。”独孤及

《得柳员外书封寄近诗书中兼报新主行营兵马因代书戏答》："说剑尝宗漆园吏，戒严应笑棘门军。"窦巩《老将行》："唯有酬恩客，时听说剑来。"

【說劍篇】《庄子》"杂篇"中的篇名。是一篇庄子说服赵文王停止斗剑取乐的寓言故事。司空图《誓光大师草书歌》："歌成与扫松斋壁，何似曾题说剑篇。"参见"說劍"。

誦 〔sòng《广韵》似用切，去用，邪。〕❶朗读；吟诵。杜甫《奉赠韦左丞丈二十二韵》："每于百僚上，猥诵佳句新。"戎昱《抚州处士湖泛舟送北回两指此南昌县查溪兰若别》："凄然诵新诗，落泪沾素襟。"姚伦《过章秀才洛阳客舍》："尽是忘言客，听君诵子虚。"许浑《旅中别侄晖》："此身多在路，休诵异乡吟。"❷背诵。李白《赠何七判官昌浩》："羞作济南生，九十诵古文。"钱起《送万兵曹赴广陵》："应须杨得意，更诵长卿辞。"任华《寄杜拾遗》："昨日有人诵得数篇黄绢词，吾怪异奇特借问，果然称是杜二之所为。"戎昱《赠岑郎中》："童年未解读书时，诵得郎中数首诗。"❸唱诵；念读。孟郊《送李尊师玄》："口诵碧简文，身是青霞君。"鲍溶《寄峨嵋山杨炼师》："道士夜诵蕊珠经，白鹤下绕香烟听。"张祜《题惠昌上人》："律持僧讲疏，经诵梵书文。"李商隐《韩碑》："愿书万本诵万过，口角流沫右手胝。"❹颂扬；称颂。李白《赠清漳明府侄聿》："过客览行谣，因之诵德声。"张籍《董公诗》："在朝四十年，天下诵其功。"杨衡《送孔周之南海谒王尚书》："自趋龙戟下，再为诵芳馨。"❺述说。元结《登殊亭作》："请君诵此意，令彼惑者听。"

【誦咒】 诵经。李白《僧伽歌》："问言诵咒几千遍，口道恒河沙复沙。"王颤《怀素上人草书歌》："怀素身长五尺四，嚼汤诵咒吁可畏。"皮日休《重送》："取经海底开龙藏，诵咒空中散蜃楼。"

【誦訣】 念诀。诀，道教修炼秘诀。皇甫冉《题蒋道士房》："轩窗缥缈起烟霞，诵诀存思白日斜。"

【誦詩】 吟诵诗歌。杜甫《夜听许十损诵诗爱而有作》："诵诗浑游衍，四座皆辟易。"又《逼仄行赠毕曜》："焉能终日心拳拳，忆君诵诗神凛然。"杜荀鹤《赠张员外儿》："唤物舌头犹未稳，诵诗心孔迥然开。"

【誦經】 唱诵佛经；念经。孟浩然《来阇黎新亭作》："戏鱼闻法聚，闲鸟诵经来。"张谓《送僧》："童子学修道，诵经求出家。"杨巨源《观妓人入道二首》之一："舞衣施尺余香在，今日花前学诵经。"许浑《晨别翛然上人》："吴僧诵经罢，败衲倚蒲团。"

認 〔rèn《广韵》而振切，去震，日。又而證切，去證，日。〕❶认；认识。白居易《登观音台望城》："遥认微微入朝火，一条星宿五门西。"李远《赠写御容李长史》："宫女捲帘皆暗认，侍臣开殿尽遥惊。"周贺《入静隐寺途中作》："乱云迷远寺，入路认青松。"鱼玄机《代人悼亡》："曾睹夭桃想玉姿，带风杨柳认蛾眉。"❷识辨；辨认。张籍《早朝寄白舍人严郎中》："烛暗有时冲石柱，雪深无处认沙堤。"李绅《过吴门二十四韵》："里吟传绮唱，乡语认歈讴。"雍裕之《芦花》："月明浑似雪，无处认渔家。"❸记；记得。元稹《元和五年予官不了罚俸西归三月六日至陕府与吴十一兄端公崔二十二院长思怆曩游因投五十韵》："小年闲爱春，认得春风意。"许棠《成纪书事二首》之二："难问开元向前事，依稀犹认隗嚣宫。"齐己《吊双泉大师真塔》："后徒游礼者，犹认指迷津。"

【認得】 记得。窦庠《赠道芬上人》："几回逢着天台客，认得岩西最老枝。"白居易《认真戏呈冯少尹李郎中陈主簿》："认得春风先到处，西园南面水东头。"李绅《却望无锡芙蓉湖》之四："旧山认得烟岚近，湖水平铺碧岫间。"刘言史《送人随姊夫任云安令》："孤帆瞥过荆州岸，认得瞿塘急浪声。"

八 画

請[1] 〔qǐng《广韵》七静切，上静，清。〕❶拜谒；谒见。刘禹锡《八月十五日夜桃源玩月》："少君引我升玉坛，礼空遥请真仙官。"贾岛《宿慈恩寺郁公房》："独住天台意，方从内请还。"❷请求；要求。李颀《王母歌》："欲闻要言今告汝，帝乃焚香请此语。"韩愈《元和圣德诗》："上章请讨，俟命起坐。"皮日休《奉和鲁望樵人十咏・樵风》："吾当请封尔，直作镜湖公。"李商隐《北齐二首》之二："晋阳已陷休回顾，更请君王猎一围。"❸邀请；延请。王维《燕子龛禅师》："时许山神请，偶逢洞仙傅。"韩愈《送灵师》："邻州竞招请，书札何翩翩。"刘禹锡《和乐天秋凉闲卧》："高僧扫室请，逸客登楼待。"周贺《如空上人移居大云寺》："竹溪人请住，何日向中峰。"❹问候。陆龟蒙《奉和袭美太湖诗二十首・三宿神景宫》："岂独冷衣襟，便堪遗造请。"❺祷祝。李商隐《哭虔州杨侍郎》："莫凭牲玉请，便望救焦枯。"❻敬词。(1)多用于希望对方做某事。丁仙芝《江南曲五首》之二："知郎旧时意，且请拢船头。"李颀《琴歌》："主人有酒欢今夕，请奏鸣琴广陵客。"杜甫《送顾八分文学适洪吉州》："请哀疮痍深，告诉皇华使。"白居易《赠友五首》之四："请君屈指数，十年十五人。"张蠙《送友尉蜀中》："故友汉中尉，请为西蜀吟。"(2)用于自己希望做某事。韩愈《月蚀诗效玉川子作》："臣请悉扫除，慎勿许语令啾哗。"❼表示恭敬。特指灵佛道经典、佛像及修炼、礼神等用品。周繇《送人尉黔中》："公庭飞白鸟，官俸请丹砂。"

請2 〔qìng《广韵》疾政切，去劲，從。〕朝会名。春天朝见曰朝；秋天朝见曰请。韩愈《秋怀诗十一首》之六："尚须勉其顽，王事有朝请。"又《元和圣德诗》："来请来觐，十百其耦。"

請3 〔qíng《广韵》疾盈切，平清，從。〕后又作"晴"。认领；接受。韩愈《卢郎中云夫寄示送盘谷子诗两章歌以和之》："家请官供不报答，何异雀鼠偷太仓。"孟郊《寄陕府邓给事》："戆人年六十，每月请三千。"白居易《自余杭归宿淮口作》："三年请禄俸，颇有余衣食。"姚合《武功县中作三十首》之二九："月俸寻常请，无妨乏斗储。"薛逢《镊白曲》："前年依亚成都府，月请俸缗六十五。"陆龟蒙《江南秋怀寄华阳山人》："未得文章力，何由俸禄请。"

【請刃】 犹请战。李颀《别梁锽》："抗辞请刃诛部曲，作色论兵犯二帅。"

【請示】 ❶请于观看。韦应物《马明生遇神女歌》："安期先生来起居，请示金铛玉佩天皇书。"❷告示。以事晓告于人。多指传达军政命令或公事。岑参有《送郭司马赴伊吾郡请示李明府》。

【請行】 (一xíng)❶请求出发。多指奉命出行。窦常《求自试》："陈王抗表日，毛遂请行秋。"王建《送魏州李相公》："闲来不对人论战，难处长先自请行。"❷请人出发。齐己《送彬座主赴龙安请讲》："两论久研精，龙安受请行。"❸犹辞别。张籍《送闲师归江南》："讲殿偏追入，斋家别请行。"

【請告】 请求休假或退休。韦应物《送云阳邹儒立少府侍奉还京师》："再命趋王畿，请告奉慈亲。"张籍《祭退之》："去夏公请告，养疾城南庄。"白居易《代书诗一百韵寄微之》："两衙多请告，三考欲成资。"刘禹锡有《请告东归发灞桥却寄诸僚友》，李群玉有《请告出春明门》。

【請長纓】 (長 cháng)同"請纓"。祖咏《望蓟门》："少小虽非投笔吏，论功还欲请长缨。"刘长卿《至德三年春正月时谬蒙差摄海盐令闻王师收二京因书事寄上浙西节度李侍丞行营五十韵》："遂令辞短褐，仍欲请长缨。"白居易《元和十二年淮寇未平诏停岁仗愤然有感率尔成章》："愚计忽思飞短檄，狂心便欲请长缨。"马戴《送武陵王将军》："为儒多不达，见学请长缨。"崔涂《己亥岁感事》："见说圣君能仄席，不知谁是请长缨。"

【請和】 求和；请求讲和。杨凭《边情》："新种如今屡请和，玉关边上幸无他。"

【請命】 犹听命；请求指示。孟郊《秋怀》之一三："仰谢调运翁，请命愿有征。"

【請急】 请假。急，古代休假名。唐代规定：三品以上每月给三日，五品以上每月给十日。杜甫《逼仄行赠毕曜》："已令请急会通籍，男儿信命绝可怜。"

【請室】 请罪之室。一说清洗罪过之室。《汉书·贾谊传》："故其在大谴大何之域者，闻谴何则白冠牦缨，盘水加剑，造请室而请罪耳。"颜师古注："应劭曰：'请室，请罪之室。'苏林曰：'音絜清。胡公《汉官》车驾出有请室令在前先驱，此官有别狱也。'"陈子昂《宴胡楚真禁所》："请室闲逾邃，幽庭春未暄。"

【請託】 请求托付；请人帮助。韦应物《闲居赠友》："草玄良见诮，杜门无请托。"

【請益】 请求教益。周贺《赠姚合郎中》："两衙向后长无事，门馆多逢请益人。"齐己《荆州贯休大师旧房》："入贡文儒来请益，出官卿相驻过寻。"

【請師】 拜师。韩愈《答张彻》："结友子让抗，请师我惭丁。"自注："左氏：尹公学射于庚公差，差学于公孙丁。"

【請假】 请求休假；休假。王建《昭应官舍》："避风新浴后，请假未醒间。"白居易《酬舒三员外见赠长句》："自请假来多少日，五旬光景假须臾。"

【請假牒】 请求休假的呈文。张籍《早春病中》："多申请假牒，只送贺官书。"

【請期】 约定日期。张说《别平一师》："回首谢同行，勤会安请期。"

【請詞】 请求创作教坊曲词。刘禹锡《酬杨司业巨源见寄》："渤海归人将集去，梨园弟子请词来。"

【請號】 唐代书号仪制。刘禹锡《和陈许王尚书酬白少傅侍郎长句》："雪里命宾开玉帐，饮中请号驻金卮。"

【請罪】 自认有罪，请求处分。杜甫《八哀诗·赠司空王公思礼》："公时徒步至，请罪将厚责。"

【請業】 请求受业。指为受业弟子。刘舟《送萧颖士赴东府得适字》："请业非远期，圆光再生魄。"

【請詩】 请求赠诗。刘禹锡《和令狐相公送赵常盈炼师与中贵人同拜岳及天台投龙毕却赴京》："何事夷门请诗送，梁王文字上声名。"皮日休有《孙发百篇将游天台请诗赠行因以送之》。

【請謁】 请求拜见；干求。李白《赠从弟南平太守之遥二首》之一："当时笑我微贱者，却来请谒为交欢。"韦应物《休暇东斋》："由来束带士，请谒无朝暮。"费冠卿《久居京师感怀诗》："上国无交亲，请谒多少难。"贾岛《寄长武朱尚书》："白衣思请谒，徒步在长安。"罗隐《东归》："双阙往来惭请谒，五湖归后耻交亲。"

【請3錢】 领受俸禄。白居易《自咏》："今日维摩兼饮酒，当时绮季不请钱。"又《和令公问刘宾客归来称意无之作》："称意那劳问，请钱不早朝。"姚合《送河中杨少府宴崔驸马宅》："闲时采药随僧去，每月请钱共客分。”

【請纓】 《汉书·终军传》:“南越与汉和亲,乃遣军使南越,说其王,欲令入朝,比内诸侯。军自请:‘愿受长缨,必羁南越王而致之阙下。’”颜师古注:“言如马羁也。”后遂用为自请从军击敌的典故。魏征《述怀》:“请缨系南粤,凭轼下东藩。”杜甫《岁暮》:“天地日流血,朝廷谁请缨。”元稹《哭吕衡州六首》之三:“请缨期系虏,枕草誓捐躯。”杜牧《东兵长句十韵》:“雄如马武皆弹剑,少似终军亦请缨。”薛能《相国陇西公南征能以留务独宿府城作》:“吾君贤相事南征,独宿军厨负请缨。”

諸 〔zhū《广韵》章魚切,平魚,章。〕❶众;各个。崔国辅《对酒吟》:“寄言世上诸少年,平生且尽杯中醁。”窦牟《秋日洛阳官舍寄上水部家兄》:“禁中周几鼎,源上汉诸坟。”柳宗元《殷贤戏批书后寄刘连州并示孟仑二童》:“闻道近来诸子弟,临池寻已厌家鸡。”朱元《迎孙刺史》:“今朝竹马诸童子,尽是当时竹马孙。”❷其他;别的。李白《清溪行》:“清溪清我心,水色异诸水。”岑参《田使君美人舞如莲花北鋋歌》:“始知诸曲不可比,采莲落梅徒聒耳。”元稹《生春二十首》之十:“年年最相恼,缘未有诸丛。”朱庆余《鄂渚送白舍人赴杭州》:“从此不同诸客礼,故乡西与郡城邻。”杨牢《奉酬于中丞登越王楼见寄之什》:“事少胜诸郡,江回见几重。”❸代词。相当于“之”“此”。宋璟《奉和御制璟与张说源乾曜同日上官命宴都堂赐诗应制》:“老臣慵且惫,何德以当诸。”卢纶《同柳侍郎题侯钊侍郎新昌里》:“幽显岂殊迹,昔贤徒病诸。”孟郊《忽不贫喜卢仝书船归洛》:“勉勉不敢专,传之方在诸。”卢仝《观放鱼歌》:“天心应刺史,刺史尽活诸。”吴融《平望蚊子二十六韵》:“唯是此蚊子,逢人皆病诸。”齐己《荆渚病中因思匡庐遂成三百字寄梁先辈》:“依刘未是咏,访戴宁忘诸。”❹介词。相当于“于”。李颀《觉公院施鸟石台》:“石台置香饭,斋后施诸禽。”韩愈《丰陵行》:“臣闻神道尚清净,三代旧制存诸书。”元稹《阳城驿》:“私来一执手,恐若坠诸沟。”丘光庭《补新宫》序:“三百之篇,孔子既已删定,子夏从而序之,其序不冠诸篇,别为编简。”❺兼词,可译为“之于”。韦应物《赠丘员外二首》之一:“告诸吴子弟,文学为何如。”韩愈《寄卢仝》:“立召贼曹呼伍伯,尽取鼠辈尸诸市。”元稹《和李校书新题乐府十二首·驯犀》:“前观驯象后驯犀,埋国其如指诸掌。”白居易《和答诗十首·答四皓庙》:“此乃圣人语,吾闻诸仲尼。”

【諸人】 众人;民众。韩愈《咏雪赠张籍》:“惟子能谙耳,诸人得语哉。”又《读皇甫湜公安园池诗书其后二首》之二:“用将济诸人,舍得业孔颜。”

【諸山】 众山。杜甫《洗兵马》:“不知何国致白环,复道诸山得银瓮。”岑参《太白东溪张老舍即事寄舍弟侄等》:“天晴诸山出,太白峰最高。”韩愈《别赵子》:“海中诸山中,幽子颇不无。”郑巢《送魏校书赴夏口从事》:“独梦诸山外,高谈大旆前。”

【諸凡】 所有;一切。贯休《上留田》:“我欲使诸凡鸟雀,尽变为鹡鸰;我欲使诸凡草木,尽变为田荆。”

【諸子】 ❶指先秦各学派的代表人物及其著作。西汉初,司马谈分诸子为儒、墨、名、法、阴阳、道德六家。西汉末刘歆于家外又加农、纵横、杂、小说四家,共为十家。《汉书·艺文志》著录各家著作,称诸子百八十九家,四千三百二十四篇。皮日休《鲁望昨以五百言见贻过有褒美内揣庸陋弥增愧悚因成一千言》:“百家嚣浮说,诸子率寓篇。”❷众儿。贯休《寄四明闾丘道士二首》之一:“知担诸子出,却入四明深。”❸犹诸君,诸位。孟浩然《宴张别驾新斋》:“讲论陪诸子,文章得旧朋。”杜甫《哭台州郑司户苏少监》:“童稚思诸子,交朋列友于。”杨巨源《夏日苦热同长孙主簿过仁寿寺纳凉》:“思减祝融权,期匡诸子宅。”许浑《东游留别李丛秀才》:“文字岂劳诸子重,风尘多幸故人忧。”

【諸天】 ❶佛教词。佛经谓三界(欲界、色界、无色界)共二十八重天(欲界有六欲天,色界四禅有十八天,无色界四处有四天)。其外还有日天、月天、韦驮天,总称“诸天”。李白《陪族叔当涂宰游化城寺升公清风亭》:“清乐动诸天,长松自吟哀。”刘长卿《惠福寺与陈留诸官茶会》:“香飘诸天外,日隐双林西。”钱起《夜宿灵台寺寄郎士元》:“朝瞻双顶青冥上,夜宿诸天色界中。”顾况《题山顶寺》:“日暮香风时,诸天散花雨。”皮日休《初夏游楞伽精舍》:“珠幡时相铿,恐是诸天乐。”❷泛指天空。岑参《登总持阁》:“高阁逼诸天,登临近日边。”刘长卿《题萧郎中开元寺新构幽寂亭》:“沉沉众香积,眇眇诸天空。”皇甫冉《奉和独孤中丞游法华寺》:“开门得初地,伏槛接诸天。”权德舆《与沈十九拾遗同游栖霞寺上方于亮上人院会宿二首》之二:“清净诸天近,喧尘下界分。”❸佛教词。指管理诸天的各护法神。佛经谓每一天都由一位护法神管理。王昌龄《香积寺礼拜万回平等二圣僧塔》:“肃肃松柏下,诸天来有时。”杜甫《山寺》:“诸天必欢喜,鬼物无嫌猜。”白居易《赠僧五首·钵塔院如大师》:“慈悲不瞬诸天眼,清净无尘几地心。”

【諸毛】 笔的别名。韩愈《寄崔二十六立之》:“又论诸毛功,劈水看蛟螭。”

【諸公】 ❶泛指朝廷重要官员。卢象《赠程秘书》:“殷勤拯黎庶,感激论诸公。”杜甫《醉时歌》:“诸公衮衮登台省,广文先生官独冷。”又《敬赠郑谏议十韵》:“使者求颜阖,诸公厌祢衡。”❷犹诸君、诸位。敬词。杜甫《巫山县汾州唐使君十八弟宴别兼诸公携酒乐相送率题小诗留于屋壁》："诸公不相弃，拥别惜光辉。"颜真卿《登平望桥下作》："更览诸公作，知高题柱名。"元稹《寄刘颇二首》之一："平生嗜酒颠狂甚，不许诸公占丈夫。"唐彦谦《吊方干处士二首》之二："沧海诸公泪，青山处士坟。"

【諸父】 ❶指伯父、叔父。刘禹锡《送李庚先辈赴选》："一家何啻十朱轮，诸父双飞秉大钧。"卢仝《萧宅二三子赠答诗二十首·石请客》："启母是诸母，三十六峰是诸父。"按：此为比喻。❷对通家之好父辈的尊称。杜甫《承沈八丈东美除膳部员外阻雨未遂驰贺奉寄此诗》："礼同诸父长，恩岂布衣忘。"仇

【諸方】 各地；各处。程太虚《洞阳峰》："南岷胜概压诸方，东壁奇峰出洞阳。"

【諸兄】 从兄，同祖之兄。韩愈《崔十六少府摄伊阳以诗及书见投因酬三十韵》："捧书随诸兄，累累两角丱。"

【諸生】 ❶众儒生。李白《淮阴书怀寄王宗成》："予为楚壮士，不是鲁诸生。"皇甫冉《送孔党赴举》："入贡列诸生，诗书业早成。"杜牧《牧陪昭应卢郎中在江西宣州佐今吏部沈公幕罢府周岁公宰昭应牧在淮南縻职叙旧成二十二韵用以投寄》："重德俄征宠，诸生苦宦游。"方干《献王大夫》："高情不与俗人知，耻学诸生取桂枝。"李咸用《依韵修睦上人山居十首》之五："汉庭谒者休言事，鲁国诸生莫问津。"❷众弟子。卢象《赠广川马先生》："愿接诸生礼，三年事马融。"皇甫冉《送归中丞使新罗》："还将大戴礼，方外授诸生。"皎然《题秦系山人丽句亭》："独将诗教领诸生，但看青山不爱名。"韩愈《石鼓歌》："圣恩若许留太学，诸生讲解得切磋。"赵嘏《十无诗寄桂府杨中丞》之四："马融已贵诸生老，犹自容窥绛帐无。"

【諸司】 唐代官吏办事机构诸曹司的泛称。如尚书省六部各有四司，共二十四司。白居易《和刘郎中学士题集贤阁》："傍闻大内笙歌近，下视诸司屋舍低。"林宽《陪郑诚郎中假日省中寓直》："床满诸司印，庭高五粒松。"

【諸劫】 佛教词。佛教认为世界要经历许多劫，故谓之诸劫。一劫为人间四十三亿二千万年。劫末有劫火出现，烧毁一切，然后重新创造世界。一说指佛寺或寺塔的阶级。劫，通"级"。蔡希寂《登福先寺上方然公禅室》："步登诸劫尽，忽造浮云端。"刘长卿《登扬州栖灵寺塔》："稍登诸劫尽，若骋排霄翮。"

【諸吏】 众官吏。王维《送祢郎中》："卉服为诸吏，珠官拜本州。"韩愈《奉和裴相公东征途经女几山下作》："敢请相公平贼后，暂携诸吏上峥嵘。"

【諸戎】 唐代对边地各少数民族的泛称。陈元光《示珦》："百粤雾纷满，诸戎泽普通。"高适《同李员外贺哥舒大夫破九曲之作》："泉喷诸戎血，风驱死虏魂。"

【諸有】 佛教词。佛教认为众生之果报，有因有果，故谓之"有"。有"三有""四有""七有""二十五有"等，故谓之"诸有"。亦泛指众生。王昌龄《诸官游招隐寺》："口云七十余，能救诸有苦。"

【諸夷】 古代对我国东方、南方少数民族的总称。李频《黔中酬同院韦判官》："江流来绝域，府地管诸夷。"

【諸邪】 佛教词。各种邪念。高适《同群公宿开善寺赠陈十六所居》："谈空忘外物，持诫破诸邪。"

【諸男】 众儿；各男儿。韩愈《寄崔二十六立之》："诸男皆秀朗，几能守家规。"

【諸佛】 佛教词。大乘佛教认为，佛指释迦牟尼及一切觉行圆满者。三世十方，到处有佛，其数如恒河沙子，故称"諸佛"。欧阳詹《智达上人水精念珠歌》："上人视日授微言，心静如斯即诸佛。"

【諸弟】 ❶同胞弟弟。或同父异母、同母异父之弟。杜甫《遣兴五首》之三："我今日夜忧，诸弟各异方。"又《野望》："海内风尘诸弟隔，天涯涕泪一身遥。"❷同宗之弟；堂弟。韦应物《闲居寄诸弟》："秋草生庭白露时，故园诸弟益相思。"又有《新秋夜寄诸弟》《冬至夜寄京师诸弟兼怀崔都水》《晓至园中忆诸弟崔都水》。

【諸君】 敬词。犹诸位，各位。骆宾王《初秋于窦六郎宅宴》序："诸君情谐伐木，仰登龙以缔欢。"又《伤祝阿王明府》序："诸君或缔交三益，列宰一司。"杜甫《诸将五首》之二："独使至尊忧社稷，诸君何以答升平。"

【諸苦】 佛教词。佛教认为世俗世界的一切，本性都是"苦"。《涅槃经》认为人生有八苦。因谓之诸苦。亦泛谓之诸苦。亦泛指世俗世界的人。崔曙《宿大通和尚塔敬赠如上人兼呈常孙二山人》："更有真僧来，道场救诸苦。"姚合《寄白阁默然》："世上无诸苦，林间只一餐。"

【諸事】 各种事情。牟融《题朱庆余闲居四首》之一："道人能爱静，诸事近清枯。"

【諸昆】 兄弟。杜甫《赠比部萧郎中十兄》："见知真自幼，谋拙丑诸昆。"又《赠蜀僧闾丘师兄》："穷愁一挥泪，相遇即诸昆。"李嘉祐《送杜御史还广陵》："惭君从弱岁，顾我比诸昆。"皮日休《鲁望昨以五百言见贻过有褒美内揣庸陋弥增愧悚因成一千言》："诸昆指仓库，谓我死道边。"

【諸季】 谓从弟、堂弟。韦应物有《登郡寄京师诸季淮南子弟》。

【諸使】 指朝廷派往各地处理政务的官员。元

结《春陵行》序："到官未五十日，承诸使征求符牒二百余封，皆曰：失其限者罪至贬削。"

【諸念】 各种欲念。白居易《睡觉》："五欲已销诸念息，世间无境可勾牵。"

【諸宗】 ❶众宗族。李端《送别驾赴晋陵即舍人叔之兄》："诸宗称叔父，从子亦光辉。"罗隐《魏博罗令公附卷有回》："寒门虽得在诸宗，栖北巢南恨不同。"❷对各位客人的尊称。李贺《许公子郑姬歌》："蛾鬟醉眼拜诸宗，为谒皇孙请曹植。"

【諸郎】 ❶指省署各郎官。陆龟蒙《江湖散人歌》："冰霜襦裤易反掌，白面诸郎殊不知。"韦庄《秦妇吟》："柏台多士尽狐精，兰省诸郎皆鼠魅。"徐铉《附书与钟郎中因寄京妓越宾》："不道诸郎少欢笑，经年相别忆侬无。"❷年轻艺人；年轻子弟。元稹《连昌宫词》："力士传呼觅念奴，念奴潜伴诸郎宿。"又《舞腰》："未必诸郎知曲误，一时偷眼为回腰。"韦庄《咸通》："诸郎宴罢银灯合，仙子游回璧月斜。"

【諸姑】 父之众姐妹。杜甫《送舍弟频赴齐州三首》之三："诸姑今海畔，两弟亦山东。"

【諸姓】 众子孙。李商隐《安平公诗》："璠玙并列诸姓秀，逦迤出拜何骈罗。"

【諸胡】 古代对我国北部、西北部少数民族的总称。王维《奉和圣制送不蒙都护兼鸿胪卿归安西应制》："杂虏尽朝周，诸胡皆自郐。"

【諸相】 佛教词。指现实世界各种各样的形态事物。《维摩诘所说经·弟子品》："法常寂然，灭诸相故。"高适《同诸公登慈恩寺浮图》："香界泯群有，浮图岂诸相。"刘禹锡《送僧元暠东游》序："诸相皆离，此心长悬。"

【諸品】 犹言万物、万类。郎士元《题精舍寺》："月在上方诸品静，僧持半偈万缘空。"

【諸科】 科举考试中所有科目的总称。刘禹锡《早秋送台院杨侍御归朝》题注："兄弟四人，遍历诸科，二人同省。"

【諸侯】 ❶远古传说时代，是对氏族、部落的泛称。夏、周时多指周边的方国。西周以后，则是对周天子所封的如齐、鲁、卫、晋等国国君的统称。诸侯必须服从王命，定期向天子朝贡、述职，在其封国内，则世代享有统治权。李白《古风》之三："飞剑决浮云，诸侯尽西来。"元稹《何满子歌》："古者诸侯飨外宾，鹿鸣三奏陈圭瓒。"王铎《罢都统守镇滑州作》："三尘上相逢明主，九合诸侯愧昔贤。"周昙《咏史诗·春秋战国门·再吟祭足》："诸侯若解尊天子，列国何因次第亡。"❷指州郡刺史太守。汉初曾封子弟为诸侯，其诸侯王国与汉之郡守地位大致相当，后世因称郡守为诸侯。孟浩然《陪张丞相登嵩阳楼》："岁寒问耆旧，行县拥诸侯。"岑参《冀州客舍酒酣贻王绮寄题南楼》："伯父四五人，同时为诸侯。"钱起《送兴平王少府游梁》："梁国遗风重词赋，诸侯应念马卿贫。"陈羽《送戴端公赴容州》："分命诸侯重，葳蕤绣服香。"张祜《寓怀寄苏州刘郎中》："天子好文才自薄，诸侯力荐命犹奇。"❸指各路藩镇等。李白《永王东巡歌十一首》之五："诸侯不救河南地，更喜贤王远道来。"钱起《送王使君赴太原行营》："诸侯持节钺，千里控江河。"李益《从军夜次六胡北饮马磨剑石为祝殇辞》："乃分司空授朔土，拥以玉节临诸侯。"罗隐《钱尚父生日》："大昴分光降斗牛，兴唐宗社作诸侯。"

【諸侯長】 (—zhǎng)指各州郡长官。严维《送薛尚书入蜀》："列郡诸侯长，登朝八座尊。"

【諸侯國】 指各州郡。王维《送高适弟耽归临淮作》："山东诸侯国，迎送纷交驰。"

【諸彦】 众贤能之士。杜甫《积草岭》："卜居尚百里，休驾投诸彦。"又《奉赠鲜于京兆二十韵》："且随诸彦集，方觊薄才伸。"又《赠崔十三评事公辅》："入幕诸彦集，渴贤高选宜。"

【諸祖】 指佛祖。佛教派别的创始人。李频《题栖霞寺庆上人院》："不知诸祖后，传印是何人。"

【諸孤】 众孤儿。杜甫《乾元中寓居同谷县作歌七首》之四："有妹有妹在钟离，良人早殁诸孤痴。"

【諸根】 佛教词。指信、勤、念、定、慧、眼、耳、鼻、舌、身等二十二根，见《大乘义章》卷四。独孤及《题思禅寺上方》："翛然诸根空，破结如破瓶。"

【諸夏】 先秦时指中原各诸侯国。《左传·闵公元年》："诸夏亲暱，不可弃也。"杜预注："诸夏，中国也。"孔颖达疏："诸夏，襄四年传：'魏绛云诸华必叛。'华、夏，皆谓中国也。中国而谓之华夏者，夏，大也，言有礼仪之大，有文章之华也。"后泛指全国。宋之问《范阳王挽词二首》之一："公才掩诸夏，文体变当时。"德宗《中和节赐百官燕集因示所怀》："推诚抚诸夏，与物长为春。"白居易《和微之春日投简阳明洞天五十韵》："语言诸夏异，衣服一方殊。"温庭筠《题李卫公诗二首》之二："势欲凌云威触天，权倾诸夏力排山。"李山甫《赋得寒月寄齐己》："岂知名出遍诸夏，石上栖禅竹影侵。"

【諸處】 ❶他处；别处。元稹《放言五首》之三："必若乖龙在诸处，何须惊动自来人。"白居易《冬夜示敏巢》："他时诸处重相见，莫忘今宵灯下情。"又《微之宅残牡丹》："诸处见时犹怅望，况当元九小亭前。"又《龙门下作》："筋力不将诸处用，登山临水咏诗行。"许棠《题青山馆》："境概殊诸处，依然是谢家。"❷处处。王建《题诜法师院》："僧院不求诸处好，转经唯有一窗明。"

【諸峯】 群山；山峰。杜甫《望岳》："西岳崚嶒竦处尊，诸峰罗立如儿孙。"岑参《终南云际精舍寻法澄上人不遇归高冠东潭石淙望秦岭微雨作贻友人》："诸峰皆青翠，秦岭独不开。"又《酬崔十三侍御登玉垒山思故园见寄》："玉垒天晴望，诸峰尽觉低。"齐己《夜坐》："远忆诸峰顶，曾栖此性灵。"

【諸翁】 对年长者的尊称。杜甫《白水县崔少府十九翁高斋三十韵》："白水见舅氏，诸翁乃仙伯。"

【諸病】 各种疾病。杜甫《早发射洪县南途中作》："征途乃侵星，得使诸病入。"

【諸家】 别的人家。杜甫《雨过苏端》："诸家忆所历，一饭迹便扫。"刘禹锡《浑侍中宅牡丹》："今朝见颜色，更不向诸家。"白居易《樱桃花下有感而作》："风光饶此树，歌舞胜诸家。"

【諸孫】 ❶从孙。杜甫《送严侍郎到绵州同登杜使君江楼》："此会共能几，诸孙贤至今。"又《示从孙济》："诸孙贫无事，宅舍如荒村。"李商隐《送从翁从东川弘农尚书幕》："早忝诸孙末，俱从小隐招。"❷子孙辈。杜甫《别李义》："中外贵贱殊，余亦忝诸孙。"窦巩《经窦车骑故城》："今日诸孙拜坟树，愧无文字续燕然。"

【諸曹】 指官府或幕府的各曹司。亦指各曹司的官员。高适《自武威赴临洮谒大夫不及因书即事寄河西陇右幕下诸公》："飞鸣盖殊伦，俯仰忝诸曹。"韩翃《送万巨》："金炉促膝诸曹吏，玉管繁华美少年。"张籍《新除水曹郎答白舍人见贺》："诸曹纵许为仙侣，群吏多嫌是老翁。"张祜《又陪楚州韦舍人阊门游宴次韵北阊门》："官情周上智，美论逸诸曹。"

【諸國】 指境外各国。伍乔《观华夷图》："始于毫末分诸国，渐见图中列四溟。"曹松《贻世》："浅度四溟水，平看诸国山。"

【諸將】 众将领。杜甫《遣兴三首》之二："诸将已茅土，载驱谁与谋。"岑参《潼关镇国军句覆使院早春寄王同州》："圣朝正用武，诸将皆承恩。"杨巨源《赠张将军》："关西诸将揖容光，独立营门剑有霜。"李商隐《行次西郊作一百韵》："廷臣例獐怯，诸将如羸奔。"

【諸越】 原为古越国名。唐代指越州，今浙江绍兴市。孟浩然《题云门山寄越府包户曹徐起居》："我行适诸越，梦寐怀所欢。"

【諸葛】 ❶复姓。韩愈有《送诸葛觉往随州读书》。❷指诸葛亮。骆宾王《畴昔篇》："诸葛才雄已号龙，公孙跃马轻称帝。"杜甫《八哀诗·赠左仆射郑国公严公武》："诸葛蜀人爱，文翁儒化成。"又《咏怀古迹五首》之五："诸葛大名垂宇宙，宗臣遗像肃清高。"杜牧《奉和门下相公送西川相公兼领相印出镇全蜀诗十八韵》："治化轻诸葛，威声慑夜郎。"

【諸葛武侯傳】 指《三国志·蜀志·诸葛亮传》。诸葛亮晚年被封为武乡侯，又称诸葛武侯。李白有《读诸葛武侯传书怀赠长安崔少府叔封昆季》。

【諸葛珏】 或作诸葛觉，即澹然，一作淡然。贯休有《怀诸葛珏二首》。其第一首"常流饮实难"句后注："诸葛曾为僧，名然。"

【諸象】 同"諸相"。钱起《登玉山诸峰偶至悟真寺》："兴中寻觉化，寂尔诸象灭。"

【諸舅】 从舅，母亲的堂兄弟。杜甫《入衡州》："诸舅剖符近，开缄书札光。"

【諸境】 各种情境欲念。韦应物《答崔主簿问兼简温上人》："诸境一已寂，了将身世浮。"

【諸僚友】 同僚。刘禹锡有《请告东归发灞桥却寄诸僚友》。

【諸塵】 佛教词。指五尘，即色、香、声、味、触。因为它们能污染真性，故名"尘"。王建《原上新居十三首》之七："焚香向居士，无计出诸尘。"

【諸賓】 众宾客。刘禹锡《答裴令公雪中讶白二十二与诸公不相访之什》："玉树琼楼满眼新，的知开阁待诸宾。"徐铉《九日落星山登高》："秋暮天高稻穟成，落星山上会诸宾。"

【諸蕃】 指边界各少数民族。张蠙《送友人及第归》："家林沧海东，未晓日先红。作贡诸蕃别，登科几国同。"无名氏《送薛大夫和蕃》："策令天文盛，宣威使者尊。澄波看四海，入贡伫诸蕃。"

【諸賢】 众贤才；诸位贤才。李白《自广平乘醉走马六十里至邯郸登城楼览古书怀》："磊磊子冈，萧萧白杨声。诸贤没此地，碑版有残铭。"刘禹锡《病中一二禅客见问因以谢之》："劳动诸贤者，同来问病夫。"

【諸暨】 县名。唐属江南道越州，治所在今浙江诸暨市。鱼玄机《浣沙庙》："只今诸暨长江畔，空有青山号苎萝。"骆宾王有《早发诸暨》。刘长卿有《送严维尉诸暨》。皇甫冉有《登石城戍望海寄诸暨严少府》。

【諸餘】 ❶其他；其余。王建《原上新居十三首》之一二："懒更学诸余，林中扫地居。"又《寻橦歌》："人间百戏皆可学，寻橦不比诸余乐。"又《赠人二首》之二："朝回不向诸余处，骑马城西检校花。"陆龟蒙《和袭美虎丘寺西小溪闲泛三绝》之二："荒柳卧波浑似困，宿云遮坞未全痴。云情柳意萧萧会，若问诸余总不知。"❷一切；种种。韩愈《赠刘师服》："朱颜皓颈讶莫亲，此外诸余谁更数。"

【諸儒】 众儒生。杜甫《秋日夔府咏怀奉寄郑监李宾客一百韵》："恳谏留匡鼎，诸儒引服虔。"

【諸隱】 众隐者。孟浩然有《齿坐呈山南诸隐》。

【諸嶺】 众山岭。杜甫《西枝村寻置草堂地夜宿赞公土室二首》之二："幽寻岂一路，远色有诸岭。"岑参《上嘉州青衣山中峰题惠净上人幽居寄兵部杨郎中》："诸岭一何小，三江奔茫茫。"刘长卿《登思禅寺上方题修竹茂松》："众溪连竹路，诸岭共松风。"

【諸簪】《易·豫》："九四，由豫，大有得。勿疑朋盍簪。"王弼注："夫不信于物，物亦疑焉。故勿疑则朋合疾也。盍，合也。簪，疾也。"后因以指来聚会的朋友。钱起《春夜宴任六昆季宅》："际晚缘烟起，入门芳树深。不才叨下客，喜宴齿诸簪。"

【諸謝】❶指南朝谢灵运、谢朓等诗人。孟郊《峡哀》之五："斯谁士诸谢，奏此沉苦言。"❷指东晋谢安、谢石、谢玄等人。唐彦谦《汉代》："王氏怜诸谢，周郎定小乔。"

【諸蠻】古代对我国西南少数民族的总称。贯休《送人征蛮》："七纵七擒处，君行事可攀。亦知磨一剑，不独定诸蛮。"

諲〔wù《广韵》安古切，上姥，影。〕同"啞"。象声词。无名氏《小苏家》(卷七八五)："双月讴诬辗秋碧，细风斜掩神仙宅。"参见"謳諲"。

諏〔zōu《广韵》子于切，平虞，精。〕询问；咨询。牟融《寄范使君》："从来姑息难为好，到底依栖总是诹。"来鹄《圣政纪颂》："云诹波访，倦编刓笔。"

【諏律】考查经律。韩愈《郓州谿堂诗》："公在谿堂，公御琴瑟。公暨宾赞，稽经诹律。"

【諏謀】谋议；筹划。独孤及《送相里郎中赴江西》："三秦千仓空，战卒如饿狼。委输资外府，诹谋寄贤良。"

諾〔nuò《广韵》奴各切，入鐸，泥。〕❶答应声；嗟叹声。司空图《题休休亭》："咄，诺，休休休，莫莫莫，伎两虽多性灵恶，赖是长教闲处著。"❷应允；应答。高适《同吕员外酬田著作幕门军西宿盘山秋夜作》："人生感然诺，何啻若形影。"张谓《题长安壁主人》："纵令然诺暂相许，终是悠悠行路心。"韩愈《晚秋郾城夜会联句》："平生耻论兵，末暮不轻诺。"李商隐《柳枝五首》序："后三日邻当去溅裙水上，以博香山待，与郎俱过。余诺之。"陆龟蒙《奉和袭美初夏游楞伽精舍次韵》："服道身可遗，乞闲心已诺。"❸诺言；决定的事。王昌龄《淇上酬薛据兼寄郭微》："才望忽先鸣，风期无宿诺。"岑参《过王判官西津所居》："素怀岩中诺，宛得尘外游。"阎防《宿岸道人精舍》："重因息心侣，遂果岩下诺。"李益《入华山访隐者经仙人石坛》："久负青山诺，今还获所欲。"吴融《离霅溪感事献郑员外》："一饭意专堪便死，千金诺在转难酬。"

諑〔zhuó《广韵》竹角切，入覺，知。〕毁谤；进谗言。《楚辞·离骚》："众女嫉余之娥眉兮，谣诼谓余以善淫。"王逸注："诼，犹谮也。"韩愈《纳凉联句》："直道败邪径，拙谋伤巧诼。"

誹〔fěi《广韵》甫微切，平微，非。又方味切，去未，非。《集韵》府尾切，上尾，非。〕以不实之词毁谤人。《说文·言部》："诽，谤也。"段玉裁注："诽，诽之言非也，言非其实。"见"誹謗"。

【誹謗】以不实之言毁谤人。寒山《诗三百三首》之二七五："见他高道人，却嫌诽谤骂。"

課〔kè《广韵》若卧切，去過，溪。又苦禾切，平戈，溪。〕❶督促。吴筠《高士咏·庞德公》："耕凿勤厥躬，耘锄课妻子。"杜甫《赠王二十四侍御契四十韵》："农月须知课，田家敢忘勤。"韦应物《寓居永定精舍》："聊租二顷田，方课子弟耕。"白居易《归田三首》之二："策杖田头立，躬亲课仆夫。"于濆《山村叟》："驱牛耕白石，课女经黄茧。"❷考核；考查。元稹《赋得数蓂》："将课司天历，先观近砌蓂。"吕温《奉敕祭南岳十四韵》："憩桑访蚕事，遵畴课农力。"姚合《独居》："深闭柴门长不出，功夫自课少闲时。"❸考课。唐代对官员政绩的考核。一年一次称小考，三至四年一次称大考。考核之后，评判等第，上报朝廷，给予奖惩。权德舆《户部王曹长杨考功崔刑部二院长并同钟陵使府之旧因以寄赠》："闲成考课奏，别贡贤良书。"韩愈《合江亭》："初如遗宦情，终乃最郡课。"又《韶州留别张端公使君》："已知奏课当征拜，那复淹留咏白蘋。"白居易《新乐府·杜陵叟》："九月降霜秋早寒，禾穗未熟皆青干。长吏明知不申破，急敛暴征求考课。"❹教；教授。王绩《田家三首》之一："倚床看妇织，登垄课儿锄。"李贺《南园十三首》之三："桃胶迎夏香琥珀，自课越佣能种瓜。"白居易《孟夏思渭村旧居寄舍弟》："诗书课弟侄，农圃资童仆。"❺取；引取。杜甫《屏迹三首》之三："年荒酒价乏，日并园蔬课。"费冠卿《答萧建》："外户凭云掩，中厨课水舂。"❻致力于；从事。吕从庆《幽居》："侵晨课田桑，归来日华薄。"❼作业；事情。寒山《诗三百三首》之二七五："终日礼道场，持经置功课。"杜甫《课伐木》："尚闻丁丁声，功课日各足。"❽功课；练习诗赋策文。韩偓《夏课成感怀》："凄凉身事夏课毕，濩落生涯秋风高。齐己有《送王秀才往松滋夏课》。❾诉说。李洞《送行脚僧》："邻房母泪下，相课别离词。"

【課成】官吏考课完成。玄宗《送李邕之任滑台》："课成应第一，良牧尔当仁。"张九龄《在洪州答綦毋学士》："课成非所拟，人望在东菑。"

【課拙】谓诗文功底不深。白居易《酬裴相公题兴化小池见招长句》："敢辞课拙酬高韵，一勺争禁万顷陂。”

【課責】 考核督责。白居易《夏日独直寄萧侍御》：“课责虽不同，同归非所宜。”

【課終】 指朝廷考核官吏结束。吕温《道州途中即事》：“课终如免戾，归养洛城东。”

【課最】 官吏考课政绩的上上等。亦指考课。张九龄《奉和圣制送十道采访使及朝集使》：“课最力已陈，赏延恩复博。”

【課績】 官吏考课的政绩等第。刘希夷《入塞》：“课绩朝明主，临轩拜武威。”

誷 〔wǎng《广韵》文兩切，上養，微。〕欺罔。柳宗元《登蒲州石矶望横江口潭岛深迥斜对香零山》：“纠结良可解，纡郁亦已伸。高歌返故室，自诬非所欣。”

諛 〔yú《广韵》羊朱切，平虞，以。〕谄媚；奉承。崔颢《孟门行》：“满堂尽是忠义士，何意得有谗谀人。”元结《二风诗·乱风诗五篇·至惑》之二：“宠邪信惑，近佞好谀。”元稹《后湖》：“人言贱事贵，贵直不贵谀。”卢仝《观放鱼歌》：“不疑且不卜，二子安能谀。”

【諛言】 阿谀奉承的话。崔颢《孟门行》：“谀言反覆那可道，能令君心不自保。”

【諛佞】 阿谀奉承。白居易《紫藤》：“先柔后为害，有似谀佞徒。”贯休《晚泊湘江作》：“只应谀佞者，到此不伤神。”

【諛噱】 谄媚之笑。韩愈李正封《晚秋郾城夜会联句》：“左右供谄誉，亲交献谀噱。”

誰 〔shuí又读shéi《广韵》視佳切，平脂，禪。〕❶代词。(1)代人。相当于“哪个”“什么人”。长孙无忌《灞桥待李将军》：“霸陵无醉尉，谁滞李将军。”杜甫《暮秋将归秦留别湖南幕府亲友》：“北归冲雨雪，谁悯敝貂裘。”崔峒《题空山人石室》：“年年深谷里，谁识远公名。”张祜《题于越亭》：“肠断中秋正圆月，夜来谁唱异乡歌。”刘沧《怀江南友人》：“久绝音书隔塞尘，路岐谁与子相亲。”(2)代事、物等，相当于“什么”“何”。王绩《在京思故园见乡人问》：“院果谁先熟，林花那后开。”刘长卿《夜中对雪赠秦系时秦初与谢氏离婚谢氏在越》：“谁遣因风起，纷纷乱此心。”羊士谔《郡中端居有怀袁州王员外使君》：“谁为音尘旷，俄惊岁月除。”元稹《谕子蒙》：“大壑谁非水，华星各自光。”❷副词。相当于“哪”“难道”，表示反问。杜甫《早花》：“直苦风尘暗，谁忧容鬓催。”郭良《题李将军山亭》：“谁知贵公第，亭院有烟霞。”韦应物《送李儋》：“芳时坐离散，世事谁可同。”白居易《与梦得沽酒闲饮且约后期》：“少时犹不忧生计，老后谁能惜酒钱。”

【誰人】 何人；哪个。刘长卿《月下呈章秀才》：“自古悲摇落，谁人奈此何。”元稹《梦昔时》：“闲窗结幽梦，此梦谁人知。”李商隐《水斋》：“谁人为报故交道，莫惜鲤鱼时一双。”温庭筠《题陈处士幽居》：“若待前溪月，谁人伴钓鱼。”

【誰子】 何人；什么人。杜甫《白帝城最高楼》：“杖藜叹世者谁子，泣血迸空回白头。”又《石龛》：“伐竹者谁子，悲歌上云梯。”韩愈《归彭城》：“讦谟者谁子，无乃失所宜。”又《赠徐州族侄》：“击门者谁子，问言乃吾宗。”

【誰比數】 犹言谁看得起。高适《行路难二首》之二：“君不见富家翁，旧时贫贱谁比数。”杜甫《秋雨叹三首》之三：“长安布衣谁比数，反锁衡门守环堵。”刘禹锡《酬令狐相公寄贺迁拜之什》：“白发青衫谁比数，相怜只是有梁王。”

【誰分】 ❶犹谁料；哪里料到。杜甫《大历三年春白帝城放船出瞿塘峡久居夔府将适江陵漂泊有诗凡四十韵》：“此生遭圣代，谁分哭穷途。”孔德绍《诗式》：“谁分菱花影，还看蓬鬓秋。”❷谁会；谁肯。骆宾王《艳情代郭氏答卢照邻》：“谁分迢迢经两岁，谁能脉脉待三秋。”又《代女道士王灵妃赠道士李荣》：“春时物色无端绪，双枕孤眠谁分许。”❸犹谁问。王昌龄《西宫秋怨》：“谁分含啼掩秋扇，空悬明月待君王。”

【誰氏】 何人；谁家。元稹《感梦》：“同行复一人，不识谁氏子。”韩愈《谁氏子》：“非痴非狂谁氏子，去入王屋称道士。”韦庄《官庄》：“谁氏园林一簇烟，路人遥指尽长叹。”

【誰方】 谁能相比。《郊庙歌辞·享太庙乐章·景云舞》：“能事斯极，振古谁方。”

【誰何】 ❶谁人；哪个。白居易《新乐府·蛮子朝》：“蛮子导从者谁何？摩挲俗羽双限伽。”❷宫廷警卫。元稹《酬乐天东南行诗一百韵》：“馈饷人推辂，谁何吏执殳。”

【誰言】 ❶谁料。王维《哭褚司马》：“谁言老龙吉，未免伯牛灾。”薛涛《送友人》：“谁言千里自今夕，离梦杳如关塞长。”李商隐《明日》：“谁言整双履，便是隔三桥。”❷谁说。李益《杂曲》：“谁言配君子，以奉百年身。”

【誰門】 谁家。杜甫《孟氏》：“卜邻惭近舍，训子学谁门。”又《冬深》：“风涛暮不稳，舍棹宿谁门。”

【誰料】 岂料。杜甫《杜鹃行》：“苍天变化谁料得，万事反覆何所无。”李商隐《茂陵》：“谁料苏卿老归国，茂陵松柏雨萧萧。”

【誰家】 ❶何家；哪一家。骆宾王《乐大夫挽词五首》之二：“蒿里谁家地，松门何代丘。”杜甫《遣闷戏呈路十九曹长》：“晚节渐于诗律细，谁家数去酒杯宽。”韦应物《听莺曲》：“谁家懒妇惊残梦，何处愁人忆故园。”戴叔伦《女耕田行》：“乳燕入巢笋成竹，谁家二女种新谷。”❷何处。孟浩然《夜登孔伯昭南楼时沈太清朱升在座》：“谁家无风月，此地有琴尊。”杜甫《绝句六首》之六：“鸟栖知故道，帆过宿谁家。”张籍《羁旅行》：“寒虫入窟鸟归巢，僮仆问我谁家去。”杜牧《为人题赠二首》之一：“谁家楼上笛，何处月明砧。”❸谁；何人。家，语助词。卢照邻《行路难》：“谁家能驻西山日，谁家能堰东流水。”杜甫《江月》：“谁家挑锦字，灭烛翠眉嚬。”又《黄草》：“万里秋风吹锦水，谁家别泪湿罗衣。”杜牧《扬州三首》之一：“谁家唱水调，明月满扬州。”❹如何；怎样。王建《寄刘蕡问疾》：“年少病多应为酒，谁家将息过今春。”❺怎能。韩愈《杏园送张彻侍御归使》：“更遣将诗酒，谁家逐后生。”

【誰家子】 何人之子；何人。王维《寓言二首》之一：“朱绂谁家子，无乃金张孙。”岑参《初过陇山途中呈宇文判官》：“西来谁家子，自道新封侯。”杜甫《青丝》：“青丝白马谁家子，粗豪且逐风尘起。”李贺《崇义里滞雨》：“落莫谁家子，来感长安秋。”

【誰堪】 哪能忍受。骆宾王《晚渡黄河》：“谁堪逝川上，日暮不归魂。”王昌龄《万岁楼》：“谁堪登望云烟里，向晚茫茫发旅愁。”孟郊《折杨柳》之二：“谁堪别离此，征戍在交河。”司马扎《近别》：“谁堪近别苦，远别犹有期。”

【誰敢】 岂敢。高适《酬秘书弟兼寄幕下诸公》：“眈眈天府间，偃仰谁敢同。”又《饯宋八充彭中丞判官之岭南》：“羽翮忽然就，风飙谁敢凌。”岑参《虢州送郑兴宗弟归扶风别庐》：“州县不敢说，云霄谁敢期。”杜甫《赠特进汝阳王二十韵》：“自多亲棣萼，谁敢问山陵。”

【誰尋】 何处寻找。韩愈《秋怀诗十一首》之三：“陈迹竟谁寻，贱嗜非贵献。”

【誰當】 ❶谁；何人。当，语助词。骆宾王《乐大夫挽词五首》之一：“谁当门下客，独见有任安。”高适《送蔡少府赴登州推事》：“标格谁当犯，风谣信可听。”岑参《陪狄员外早秋登府西楼因呈院中诸公》：“谁当共携手，赖有冬官郎。”韦应物《赠冯著》：“谁当念素士，零落岁华空。”韩愈《雨中寄张博士籍侯主簿喜》：“岁晚偏萧索，谁当救晋饥。”❷安得；怎得。刘长卿《酬李侍御登岳阳见寄》：“谁当北风至，为尔一开襟。”韦应物《观早朝》：“谁当假毛羽，云路相追攀。”又《三月三日寄诸弟兼怀崔都水》：“谁当曲水行，相思寻旧迹。”刘禹锡《江陵严司空见示与成都武相公唱和因命同作》：“不是郢中清唱发，谁当丞相掞天才。”❸为何；为什么。沈佺期《拟古别离》：“远游谁当惜，所悲会难收。”

【誰數】 （—shǔ）哪能数得上。岑参《献封大夫破播仙凯歌六首》之一：“天子预开麟阁待，只今谁数贰师功。”

【誰邊】 何处；哪里。刘希夷《代悲白头翁》：“一朝卧病无相识，三春行乐在谁边。”

論〔lùn《广韵》盧困切，去慁，來。又盧昆切，平魂，來。〕❶议论；论述。杨炯《奉和上元酺宴应诏》：“公卿论至道，天子拜昌言。”杜甫《寄岳州贾司马六丈巴州严八使君两阁老五十韵》：“贾笔论孤愤，严诗赋几篇。”窦庠《冬夜寓怀寄王翰林》：“汉家若欲论封禅，须及相如未病时。”于頔《郡斋卧疾赠昼人上》：“夙陪翰墨徒，深论穷文格。”张祜《读始兴公传》：“殁世议方存，升平道几论。”❷品评；衡量。卢照邻《结客少年场行》：“不受千金爵，谁论万里功。”王维《少年行四首》之四：“汉家君臣欢宴终，高议云台论战功。”严维《奉和独孤中丞游云门寺》：“异迹焚香对，新诗酌茗论。”翁承赞《书斋谩兴二首》之二：“人家不必论贫富，惟有读书声最佳。”❸定罪。白居易《秦中吟十首·重赋》：“税外加一物，皆以枉法论。”❹问；考虑。王勃《别薛华》：“无论去与住，俱是梦中人。”杜甫《秋雨叹三首》之二：“城中斗米换衾裯，相许宁论两相直。”萧颖士《仰答韦司业垂访五首》之四：“举雠且不弃，何必论亲疏。”戴叔伦《赠康老人洽》：“繁霜入鬓何足论，旧国连天不知处。”李昌符《婢仆诗》之二：“不论秋菊与春花，个个能噇空腹茶。”❺推知；知。杜甫《戏题画山水图歌》：“尤工远势古莫比，咫尺应须论万里。”韩愈《孟生诗》：“我论徐方牧，好古天下钦。”❻诉说；谈论。杜甫《咏怀古迹五首》之三：“千载琵琶作胡语，分明怨恨曲中论。”岑参《敬酬杜华淇上见赠兼呈熊曜》：“共论穷途事，不觉泪满面。”刘长卿《赋得》：“机中锦字论长恨，楼上花枝笑独眠。”牛僧孺《席上赠刘梦得》：“休论世上升沉事，且斗樽前见在身。”姚合《武功县中作三十首》之十：“穷达天应与，人间事莫论。”❼言论；主张。孟浩然《梅道士水亭》：“隐居不可见，高论莫能酬。”王维《送权二》：“高人不可有，清论复何深。”高适《酬裴员外以诗代书》：“且欣清论高，岂顾夕阳颓。”耿湋《赠严维》：“许询清论重，寂寞住山阴。”刘禹锡《乐天是月长斋鄙夫此时愁卧里闾非远云雾难披因以寄怀遂为联句》：“持论峰峦峻，战文矛戟森。”❽公论；舆论。杜甫《寄刘峡州伯华使君四十韵》：“家声同令闻，时论以儒称。”韩愈《奉酬天平马十二仆射暇日言怀见寄之作》：“清为公论重，宽得士心降。”刘禹锡《奉和吏部杨尚书太常李卿二相公策免后即事述怀赠答十韵》：“余芳在公论，积庆是神扶。”李商隐《哭刘司户蕡》：“路有论冤谪，言皆在中兴。”❾讨论；研究。高适《同熊少府题卢主簿茅斋》：“阶树时攀折，窗书任讨论。”又《赠杜二拾遗》：“传道招提客，诗书自讨论。”韩愈《晚秋郾城夜会联句》：“农书乍讨论，马法长悬格。”❿奏书陈述。王维《济上四贤咏·郑霍二山人》：“吾贱不及议，斯人竟谁论。”高适《东平路中遇大水》：“纵怀济时策，谁肯论吾谋。”徐凝《送李补阙归朝》：“江湖多放逸，献替欲谁论。”李商隐《哭遂州萧侍郎二十四韵》：“不成穿圹人，终拟上书论。”亦指奏书陈述政见。元结《忝官引》：“敢诵王者箴，亦献当时论。”⓫凭借。刘长卿《送营田判官郑侍御赴上都》：“幸论开济力，已实海陵仓。”⓬谓按照某种单位或类别等来计算。白居易《和春深二十首》之一：“罗绮驱论队，金银用断车。”⓭一种以议论为主的文体。李峤《砚》：“左思裁赋日，王充作论年。”高适《酬裴员外以诗代书》：“卧看中散论，愁忆太常斋。”杜牧《李给事中敏二首》之二：“因看鲁褒论，何处是吾庐。”李商隐《过故崔兖海宅与崔明秀才话旧因寄旧僚杜赵李三掾》：“莫凭无鬼论，终负托孤心。”贯休《棋》：“因知韦氏论，不独为吴朝。”

【論才】　衡量才能。韦庄《和薛先辈见寄初秋寓怀即事之作二十韵》：“鉴貌宁惭乐，论才岂谢任。”

【論今】　谈论当前政事。杜牧《洛中送冀处士东游》：“论今星璨璨，考古寒飕飕。”

【論心】　谈心；倾吐心曲。李白《答王十二寒夜独酌有怀》：“与君论心握君手，荣辱于余亦何有。”白居易《赠苏少府》：“相送嵩洛下，论心杯酒间。”温庭筠《病中书怀呈友人》：“处己将营窟，论心若合符。”韩襄客《句》：“连理枝前同设誓，丁香树下共论心。”

【論文】　评论、议论诗文。杜甫《春日忆李白》：“何时一尊酒，重与细论文。”白居易《酬卢秘书二十韵》：“心为论文合，眉因劝善开。”贾岛《夜喜贺兰三见访》：“踏苔行引兴，枕石卧论文。”杜荀鹤《哭山友》：“十载同栖庐岳云，寒烧枯叶夜论文。”韦庄《和人岁宴旅舍见寄》：“意合论文后，心降得句初。”

【論文友】　谈论品评诗文的朋友。杜甫《赠高式颜》：“自失论文友，空知卖酒垆。”

【論功】　❶评定、衡量功劳之大小。杜甫《桥陵诗三十韵因呈县内诸官》：“即事壮重险，论功超五丁。”刘长卿《送崔使君赴寿州》：“仲华遇主年犹少，公瑾论功位已酬。”彭蟾《贺邓璠使君正拜袁州》：“六年惠爱及黎甿，大府论功俟陟明。”皮日休《汴河怀古二首》之二：“若无水殿龙舟事，共禹论功不较多。”❷谈论、议论功劳。杜淹《咏寒食斗鸡应秦王教》：“虽然百战胜，会自不论功。”熊皎《道傍松》：“论功只合行人赏，销得烦蒸古道边。”❸立功；建功。祖咏《望蓟门》：“少小虽非投笔吏，论功还欲请长缨。”戴叔伦《奉同汴州李相公勉送郭布殿中出巡》：“却想埋轮者，论功此日多。”羊士谔《西川独孤侍御见寄七言四韵一首为郡翰墨都捐逮此酬答诚乖拙速》：“文章立事须铭鼎，谈笑论功耻据鞍。”❹谓论功行赏。卢象《杂诗二首》之一：“诸将封侯尽，论功独不成。”杜甫《遣愤》：“闻道花门将，论功未尽归。”张随《河中献捷》：“将军初执讯，明主欲论功。”

【論玄】　研究老庄玄学。皮日休《临顿为吴中偏胜之地陆鲁望居之不出余每相访欸然惜去因成五言十首奉题屋壁》之八：“倚杉闲把易，烧术静论玄。”陆龟蒙《江南秋怀寄华阳山人》：“倚啸微抽恨，论玄好析酲。”

【論列】　谓上书言事，一一论述。韩愈《石鼓歌》：“安能以此上论列，愿借辨口如悬河。”

【論吐】　谈吐；谈论。杜牧《春日言怀寄虢州李常侍十韵》：“论吐开冰室，诗陈曝锦张。”

【論年】　谈论年龄。元稹《和乐天赠杨秘书》：“曾因并句甘称小，不为论年便唤兄。”

【論交】　结交；结交的朋友。高适《酬秘书弟兼寄幕下诸公》：“说剑增慷慨，论交持始终。”李颀《行路难》：“秋风落叶闭重门，昨日论交竟谁是。”杜甫《徒步归行》：“人生交契无老少，论交何必先同调。”钱起《白石枕》：“比德无磷缁，论交亦如此。”李咸用《酬蕴微》：“得句禅思外，论交野步间。”

【論材】　衡量材质。杜甫《楼上》：“恋阙劳肝肺，论材愧杞楠。”白居易《有木诗八首》之一：“为树信可玩，论材何所施。”

【論兵】　❶谈论议论用兵或兵法。李白《秋夜独坐怀故山》：“庄周空说剑，墨翟耻论兵。”李颀《别梁锽》：“抗辞请刃诛部曲，作色论兵犯二帅。”李嘉祐《送李中丞杨判官》：“射策名先著，论兵气自雄。”王贞白《古悔从军行》：“论兵亲玉帐，逐虏过金微。”亦指用兵之道、兵法。岑参《青龙招提归一上人远游吴楚别诗》：“于焉久从戎，兼复解论兵。”❷研究用兵或兵法。许景先《奉和圣制送张尚书巡边》：“王师亲赋政，庙略久论兵。”裴度《中书即事》：“灰心缘忍事，霜鬓为论兵。”陆龟蒙《袭美见题郊居十首因次韵酬之以伸荣谢》之六：“说史评诸例，论兵到百家。”卢尚卿《东归诗》：“自从玉帐论兵后，不许金门谏猎来。”❸论述用兵之道。李嘉祐《奉酬路五郎中院长新除工部员外见简》：“词锋偏却敌，草奏直论兵。”许浑《正元》：“华夷一轨人方泰，莫学论兵误至尊。”李商隐《城上》：“贾生游刃极，作赋又论兵。”王贞白《题严陵钓台》：“应怜渭滨叟，匡国正论兵。”

【論兵地】　兵家相争之地。杜甫《寄张十二山人彪三十韵》：“萧索论兵地，苍茫斗将辰。”又《季夏送乡弟韶陪黄门从叔朝谒》：“舍舟策马论兵地，拖玉腰金报主身。”

【論事】 多指论述国家政事。李白《赠潘侍御论钱少阳》:"三军论事多引纳,阶前虎士罗干将。"高适《古歌行》:"田舍老翁不出门,洛阳少年莫论事。"杜甫《送从弟亚赴安西判官》:"令弟草中来,苍然请论事。"岑参《送许拾遗恩归江宁拜亲》:"天子怜谏官,论事不可休。"

【論命】 考虑生命的安危。杜甫《送人从军》:"好武宁论命,封侯不计年。"

【論法】 讲论佛法。戎昱《送僧法和》:"问经翻贝叶,论法指莲花。"

【論政】 论述政事。邵谒有《论政》。

【論指】 即论旨。论题的主旨。陆龟蒙《和袭美新秋即事次韵三首》之三:"辩伏南华论指指,才非玄晏借书书。"

【論思】 议论,思考。特指议论思考朝政国事。李百药《安德山池宴集》:"朝宰论思暇,高宴临方塘。"苏颋《奉和圣制送张说上集贤学士赐宴得兹字》:"国朝良史宰,能事日论思。"储光羲《陆著作挽歌》之四:"朝夕既论思,春秋仍书事。"罗隐《投宣武郑尚书二十韵》:"翰苑论思外,纶闱啸傲中。"

【論著】 议论、论文方面的著作。权德舆《酬主客仲员外见贺正除》:"忆昔曲台尝议礼,见君论著最相亲。"

【論堂】 唐代长安国子监的讲堂。无名氏《国学新修五经壁歌》记(外编下):"初,大历中,名儒张参为国子司业,始详定五经书于论堂东西厢之壁。"

【論量】 讨论;商量。贾岛《就峰公宿》:"上人坐不倚,共我论量空。"李克恭《吊贾岛》:"如何未隔四十载,不遇论量向此生。"

【論道】 ❶论述治国之道。玄宗《春中兴庆宫酺宴》序:"夫抱器怀才,含仁蓄德,可以坐而论道者,我于是乎辟重门以纳之。作扞四方,折冲万里。"王维《河南严尹弟见宿弊庐访别人赋十韵》:"上客能论道,吾生学养蒙。"卢纶《送静居法师》:"九天论道当宸眷,七祖传心合圣踪。"贾岛《寄贺兰朋吉》:"会宿曾论道,登高省议文。"❷《书·周官》:"兹惟三公,论道经邦,燮理阴阳。"后因以指宰相之治国之职。许敬宗《奉和执契静三边应诏》:"迎姜已创图,命力方论道。"杜甫《鹿头山》:"冀公柱石姿,论道邦国活。"韩愈《酬裴十六功曹巡府西驿涂中见寄》:"相公罢论道,聿至活东人。"杜牧《长安杂题长句六首》之一:"舐笔和铅欺贾马,赞功论道鄙萧曹。"司马扎《美刘太保》:"论道复论功,皆可黄金铸。"

【論飲】 谈论饮酒之事。曹唐《小游仙诗九十八首》之八九:"千树梨花百壶酒,共君论饮莫论诗。"

【論詩】 ❶谈论、评论诗歌。韦应物《简郡中诸生》:"惟当上客至,论诗一解颜。"严维《赠万经》:"纵酒真彭泽,论诗得建安。"杜牧《酬张祜处士见寄长句四韵》:"七子论诗谁似公,曹刘须在指挥中。"薛能《送李殷游京西》:"展分先难许,论诗永共亲。"许彬《送苏处士归西山》:"早晚还相见,论诗更及微。"❷议论、讨论《诗经》。白居易王起《会昌春连宴即事》:"说史吞颜注,论诗笑郑笺。"

【論詩説賦】 谈论、评论诗赋。韩愈《酬司门卢四兄云夫院长望秋作》:"日来省我不肯去,论诗说赋相喃喃。"

【論經】 议论、论述儒家经籍。张祜《高闲上人》:"陶欣入社叟,生怯论经俦。"

【論語】 儒家经典著作。是孔子后学记叙孔子及其弟子言论、活动的一部书。成书约在春秋战国之际,是研究孔子思想的主要资料。杜甫《最能行》:"小儿学问止论语,大儿结束随商旅。"卢仝《寄赠含曦上人》:"论语老庄易,搜索通神鬼。"

【論齒】 论年。独孤及《送陈王府张长史还京》:"论齿弟兄列,为邦前后差。"

【論價】 衡量价格;议定价格。杨师道《阙题》:"两鬓百万谁论价,一笑千金判是轻。"姚合《赠张质山人》:"酒好宁论价,诗狂不著题。"李商隐《初食笋呈座中》:"嫩箨香苞初出林,于陵论价重如金。"慈觉《书妙圆塔院张道者屋壁》:"沿身不值五分铜,一句玄玄岂论价。"

【論諍】 争论;直言争辩。张籍《祭退之》:"三次论诤退,其志亦刚强。"

【論戰】 谈论用兵作战之事。王建《送魏州李相公》:"闲来不对人论战,难处长先自请行。"

【論禪】 讲论佛经佛理。许浑《送僧归敬亭山寺》:"遥想论禅处,松阴水一瓶。"

【論舊】 ❶话旧。韦应物《逢杨开府》:"忽逢杨开府,论旧涕俱垂。"❷谈论故人。卢象《八月十五日象自江东止田园移庄庆会未几归汶上小弟幼妹尤嗟其别兼赋是诗三首》之一:"论旧或余悲,思存且相喜。"李嘉祐《送侍御史四叔归朝》:"含情归上国,论旧见平津。"刘禹锡《赠同年陈长史员外》:"推贤有愧韩安国,论旧唯存盛孝章。"

【論題】 诗文的题目。段成式、张希复《闲中好》:"卷上论题肇,画中僧姓支。"

【論邊】 议论边防之事。贾至《送友人使河源》:"举酒有余恨,论边无远谋。"岑参《青龙招提归一上人远游吴楚别诗》:"说法开藏经,论边穷阵图。"卢纶《送张郎中还蜀歌》:"功成走马朝天子,伏槛论边若流水。"武元衡《长安叙怀寄崔十五》:"李广少时思报国,终军未遇敢论边。"王贞白《送韩从事归本道》:"论边多称旨，许国誓亡身。”

【論議】 佛教经籍，即《论议经》，十二部经之一，梵名《优婆提舍》，译曰《论议》。经中设问答而辩明法相之处，名之为《论议经》。白居易《题道宗上人十韵》：“如来说偈赞，菩萨著论议。”

諗〔shěn《广韵》式荏切，上寑，書。〕❶思念。张说《唐享太庙乐章·文舞》：“舞形德类，咏谂功传。”❷知；知道。杜甫《病橘》：“汝病是天意，吾谂罪有司。”

調[1]〔tiáo《广韵》徒聊切，平蕭，定。〕❶协调；和谐。魏征《五郊乐章·肃和》：“气调四序，风和万籁。”皎然《酬薛员外谊苦热行见寄》：“迟君佐元气，调使四序平。”权德舆《故司徒兼侍中赠太傅北平王挽词》：“佐时调四气，尽力净三河。”卢仝《月蚀诗》：“斗柄插子，律调黄钟。”特指弓强弱与箭轻重协调。元稹《酬卢秘书》：“私调破叶箭，定饮搴旗杯。”姚合《穷边词二首》之二：“箭利弓调四镇兵，蕃人不敢近东行。”李商隐《镜槛》：“梯稳从攀桂，弓调任射莎。”❷调匀；和顺。韩愈《和李相公摄事南郊览物兴怀呈一二知旧》：“勿惮吐捉勤，可歌风雨调。”刘禹锡《秋晚新晴夜月如练有怀乐天》：“雨歇晚霞明，风调夜景清。”❸调配。岑参《和刑部成员外秋夜寓直寄台省知己》：“时衣天子赐，厨膳大官调。”卢纶《送李尚书郎君昆季侍从归觐滑州》：“金鼎对筵调野膳，玉鞭齐骑引行轩。”韩愈《晚秋郾成夜会联句》：“两厢铺氍毹，五鼎调芍药。”柳宗元《放鹧鸪词》：“鼎前芍药调五味，膳夫攘腕左右视。”❹调弄，调和音调。孟浩然《宴张记室宅》：“玉指调筝柱，金泥饰舞罗。”权德舆《奉和圣制九日言怀赐中书门下及百寮》：“丝竹调六律，簪裾列千官。”杜牧《早春寄岳州李使君李善棋爱酒情地闲雅》：“拂匣调珠柱，磨铅勘玉杯。”李商隐《戏题枢言草阁三十二韵》：“欹冠调玉琴，弹作松风哀。”❺演奏。戎昱《花下宴送郑炼师》：“为君调绿绮，先奏凤归林。”刘禹锡《酬乐天请裴令公开春加宴》：“弦管常调客常满，但逢花处即开樽。”白居易《梦得相过援琴命酒因弹秋思偶咏所怀》：“闲居静侣偶相招，小饮初酣琴欲调。”徐铉《赋得有所思》：“忘情好醉青田酒，寄恨宜调绿绮琴。”❻调理；调养。杜甫《寄刘峡州伯华使君四十韵》：“炼骨调情性，张兵挠棘矜。”岑参《衙郡守还》：“所嗟无产业，妻子嫌不调。”薛据《题鹤林寺》：“少凭水木兴，暂忝身心调。”白居易《春寒》：“岂惟厌馋口，亦可调病腹。”❼驯练；畜养。杜甫《乐游园歌》：“长生木瓢示真率，更调鞍马狂欢赏。”张籍《赠王司马》：“藏得宝刀求主带，调成骏马乞人骑。”马戴《蛮家》：“看儿调小象，打鼓放新船。”李洞《寄南岳僧》：“花落俦公房外石，调猿弄虎叹无缘。”❽练习；熟习。郑愔《咏黄莺儿》：“欲转声犹涩，将飞羽未调。”权德舆《送别沅泛》：“青冥在目前，努力调羽仪。”❾治理；整顿。李华《咏史十一首》之二：“一人调风俗，万国和且平。”温庭筠《会昌丙寅丰岁歌》：“九重天子调天下，春绿将年到西野。”❿嘲笑；戏弄。李白《越女词五首》之二：“卖眼掷春心，折花调行客。”又《杂言用投丹阳知己兼奉宣慰判官》：“了了知之亦何益，恭闻士有调相如。”韩愈有《调张籍》。

調[2]〔diào《广韵》徒弔切，去嘯，定。〕❶指官职的升迁、迁转。骆宾王《帝京篇》：“三冬自矜诚足用，十年不调几邅回。”王泠然《淮南寄舍弟》：“昔予从不调，经岁旅淮源。”高适《宋中遇刘书记有别》：“几载困常调，一朝时运催。”岑参《冀州客舍酒酣贻王绮寄题南楼》：“夫子傲常调，诏书下征求。”李贺《仁和里杂叙皇甫湜》：“欲雕小说干天官，宗孙不调为谁怜。”❷调动；调集。白居易《新乐府·法曲》：“法曲法曲合夷歌，夷声邪乱华声和。”自注：“天宝十三载，始诏诸道调法曲与胡部新声合作，识者深异之。”李商隐《随师东》：“东征日调万黄金，几竭中原买斗心。”❸转动；动。周贺《再过王辂原居纳凉》：“扇风调病叶，沟水隔残云。”郑巢《送灵溪李侍郎》：“牛羊下暮霭，鼓角调寒云。”崔橹《春晚岳阳言怀二首》之一：“独倚阑干意难写，暮笳呜咽调孤城。”引申为捣。贾至《寓言二首》之二：“玉砧调鸣杵，始捣机中纨。”杜甫《官亭夕坐戏简颜十少府》：“南国调寒杵，西江浸日车。”王建《捣衣曲》：“妇姑相对神力生，双揎白腕调杵声。”❹曲调；声调。孟浩然《宴崔明府宅夜观妓》：“调移筝柱促，欢会酒杯频。”耿沣《赠兴平郑明府》：“绿琴听古调，白屋被深仁。”王建《宫词一百首》之八四：“玉箫改调筝移柱，催换红罗绣舞筵。”羊士谔《乾元初严黄门自京兆少尹贬牧巴郡以长才英气固多暇日每游郡之东山山侧精舍士谔谬因出守得继兹赏乃赋诗十四韵》：“横吹多凄调，安歌送好音。”杨衡《赋得直如朱丝弦》：“文武音初合，宫商调屡更。”❺指诗的韵律、气韵。韦蟾《和柯古穷居苦日喜雨》：“玉律诗调正，琼卮酒肠窄。”❻指诗歌的情调、感情。岑参《醉后戏与赵歌儿》：“秦州歌儿歌调苦，偏能立唱濮阳女。”孟郊《苦寒吟》：“苦调竟何言，冻吟成此章。”刘禹锡《吟白乐天哭崔儿二篇怆然寄赠》：“吟君苦调我沾缨，能使无情尽有情。”李商隐《戏题枢言草阁三十二韵》：“我有苦寒调，君抱阳春才。”❼指人的情趣、志向。孟浩然《题终南翠微寺空上人房》：“儒道虽异门，云林颇同调。”李白《独酌清溪江石上寄权昭夷》：“寄谢山中人，可与尔同调。”杜甫《暮春江陵送马大卿公恩命追赴阙下》：“潘陆应同调，孙吴亦异时。”张继《感怀》：“调与时人背，心将静者论。”陆龟蒙《袭美先辈以龟蒙所献五百言既蒙见和复示荣唱再抒鄙怀用伸酬谢》:“既狎野人调,甘为豪士訾。”❽才情;才气。岑参《陪使君早春西亭送王赞府赴选》:“吏部应相待,如君才调稀。”又《青山峡口泊舟怀狄侍御》:“狄生新相知,才调凌云霄。”韩愈《送灵师》:“材调真可惜,朱丹在磨研。”李商隐《贾生》:“宣室求贤访逐臣,贾生才调更无伦。”

調[3] 〔zhōu《广韵》張流切,平尤,知。〕朝,早晨。《广韵》:“调,朝也。”见“調₃饑”。

【調人】 ❶乐伎。李峤《扈从还洛呈侍从群官》:“祝鸟既开罗,调人更张瑟。”❷治理百姓。玄宗《送忠州太守康昭远等》:“誓节期饮冰,调人方导水。”苏颋《奉和圣制漕桥东送新除岳牧》:“未若调人切,其如简帝难。”❸调戏人;戏弄人。张鷟《诗一首》:“诚知肠欲断,穷鬼故调人。”

【調元】 谓调理阴阳、执掌大政。多用以指宰相之政务,古代认为宰相之职为“论道经邦,燮理阴阳”。见《书·周官》。李益《述怀寄衡州令狐相公》:“调元方翼圣,轩盖忽言东。”

【調元氣】 道教谓调理元阴元阳之气。王翰《奉和圣制同二相已下群官乐游园宴》:“任悚调元气,歌钟溢雅声。”高适《留上李右相》:“独立调元气,清心豁窅冥。”令狐峘《释奠日国学观礼闻雅颂》:“澹泊调元气,中和美圣君。”李绅《趋翰苑遭诬构四十六韵》:“大乐调元气,神功运化垆。”王毂《玉树曲》:“请停此曲归正声,愿将雅乐调元气。”

【調太羹】 同“調羹❶”。刘叉《独饮》:“尽欲调太羹,自古无好手。”

【調匀】 犹均匀,相同。白居易《岁暮寄微之三首》之二:“荣进虽频退亦频,与君才命不调匀。”

【調₂玉鉉】 升任宰辅。《易·鼎》:“上九,鼎玉铉,大吉,无不利。象曰:玉铉在上,刚柔节也。”铉,横贯鼎耳用来扛鼎的杠,在鼎的最高处,鼎为三公之象,后因以喻指宰辅等治国大臣。刘长卿《瓜洲驿奉饯张侍御公拜膳部郎中却复宪台充贺兰大夫留后》:“伫将调玉铉,翻自落金丸。”

【調玉燭】 谓风调雨顺,四时气候调和。形容太平盛世。杜甫《秦州见敕目薛三璩授司议郎毕四曜除监察与二子有故远喜迁官兼述索居凡三十韵》:“仰思调玉烛,谁定握青萍。”又《喜闻盗贼蕃寇总退口号五首》之五:“大历二年调玉烛,玄元皇帝圣云孙。”刘禹锡《奉和中书崔舍人八月十五日夜玩月二十韵》:“运行调玉烛,洁白应金天。”金真德《太平诗》:“四时调玉烛,七曜巡万方。”参见“玉燭”。

【調伏】 佛教词。指调和身口意三业,以制伏各种妄心杂念。《维摩经·香积佛品》:“以难化之人,心如猿猴,故以若干种法,制御其心,乃可调伏。”寒山《诗三百三首》之二四三:“汝受我调伏,我共汝觅活。”白居易《岁暮》:“中心一调伏,外累尽空虚。”修雅《闻诵法华经歌》:“我昔心猿未调伏,常将金锁虚拘束。”赵嘏《四祖寺》:“自为心猿不调伏,祖师元是世间人。”

【調羽】 调弄羽翼,准备飞翔。温庭筠《定西番》词之二:“海燕欲飞调羽,萱草绿,杏花红,隔帘栊。”

【調弄】 演奏(乐器)。方干《听段处士弹琴》:“几年调弄七条丝,元化分功十指知。”徐铉《月真歌》:“垂帘偶坐唯月真,调弄琵琶郎为拍。”刘景复《梦为吴泰伯作胜儿歌》:“繁弦已停杂吹歇,胜儿调弄逻娑拨。”

【調均風雨】 谓使风调雨顺。卢照邻《中和乐九章·歌明堂第二》:“调均风雨,制度阴阳。”

【調角】 指吹奏的号角声。李绅《到宣武三十韵》:“烟垒风调角,秋原雨洗兵。”薛能《郊亭》:“郊亭宴罢欲回车,满郭传呼调角初。”张乔《书边事》:“调角断清秋,征人倚戍楼。”褚载《南徐晚望》:“僧归岳外残钟寺,日下江边调角城。”

【調狂象】 佛教词。谓以佛法调理自己,灭除各种妄心恶念。王维《黎拾遗昕裴秀才迪见过秋夜对雨之作》:“白法调狂象,玄言问老龙。”

【調₂苦】 音调凄苦。陈季《湘灵鼓瑟》:“调苦荆人怨,时遥帝子灵。”独孤及《癸卯岁赴南丰道中闻京师失守寄权士繇韩幼深》:“不逢眼中人,调苦车逶迟。”

【調和】 ❶烹调;调味。罗隐《薛阳陶觱篥歌》:“九鼎调和各有门,谢安空俭真儿戏。”❷调配。白居易《偶吟二首》之二:“厨香炊黍调和酒,窗暖安弦拂拭琴。”吕岩《寄白龙洞刘道人》:“取来离位制阴精,配合调和有时节。”❸和谐;协调。寒山《诗三百三首》之一九三:“饥餐一粒伽陀药,心地调和倚石头。”元稹《连昌宫词》:“燮理阴阳禾黍丰,调和中外无兵戎。”郑谷《兵部卢郎中光济借示诗集以四韵谢之》:“调和雅乐归时正,澄滤颓波到底清。”❹和畅。杜甫《石犀行》:“但见元气常调和,自免洪涛恣调瘵。”白居易《洛阳有愚叟》:“愚气正调和,不饥仍不渴。”李咸用《水仙操》:“檿丝相纠成凄清,调和引得薰风生。”❺谓调和阴阳,使风调雨顺。古代多以指宰相之职。张祜《苦雨二十韵》:“暖昧连中夏,调和仰上台。”参见“調元”。❻义同“調鼎❶”。王建《上李吉甫相公》:“金鼎调和天膳美,瑶池沐浴赐衣新。”韩愈《苦寒》:“褰旒去耳纩,调和进梅盐。”贯休《酬韦相公见寄》:“盐梅金鼎美调和,诗寄空林问讯多。”

【調和鼎鼐】 同“調鼎❶”。杜甫《上韦左相二十韵》:“沙汰江河浊,调和鼎鼐新。”

【調金鼎】 ❶同“調鼎❶”。卢照邻《哭明堂裴主簿》:“始谓调金鼎,如何掩玉泉。”卢纶《新茶咏寄上西川相公二十三舅大夫二十舅》："三献蓬莱始一尝，日调金鼎阅芳香。"李端《喜皇甫郎中拜谕德兼集贤学士》："几日调金鼎，诸君欲望尘。"❷同"調鼎❷"。耿沣《送叶尊师归处州》："石髓调金鼎，云浆实玉缸。"韩濬《清明日赐百僚新火》："更调金鼎膳，还暖玉堂人。"刘禹锡《咏庭梅寄人》："君问调金鼎，方知正味难。"

【調金絲】　同"調絲"。张孜《雪诗》："暖手调金丝，蘸甲斟琼液。"

【調弦】　❶调试琴弦，准备演奏。亦指拨弦演奏。杨希道《侍宴赋得起坐弹鸣琴二首》之一："调弦发清徵，荡心祛褊吝。"李绅《悲善才》："心悲不觉泪阑干，更为调弦反覆弹。"陆龟蒙《夏日闲居作四声诗寄袭美·平声》："为书凌遗编，调弦夸新声。"❷《论语·阳货》："子之武城，闻弦歌之声。夫子莞尔而笑，曰：'割鸡焉用牛刀！'子游对曰：'昔者偃也闻诸夫子曰：君子学道则爱人，小人学道则易使也。'"何晏集解："道，谓礼乐也。"后以指以礼乐治民。赵不为《句》："调弦敷广惠，济物被深仁。"

【調品】　调丝品竹。谓吹弹管弦乐器。白居易《简简吟》："十三行坐事调品，不肯迷头白地藏。"

【調風】　整顿风俗。任希古《和左仆射燕公春日端居述怀》："调风振薄俗，清教叙彝伦。"

【調柔】　❶和柔。李德裕《戏赠慎微寺主道安上座三僧正》："遥知畅献分南北，应用调柔致六群。"李咸用《和殷衙推春霖即事》："山川藏秀媚，草木逞调柔。"❷顺畅柔和。白居易《病中诗十五首·枕上作》："风疾侵凌临老头，血凝筋滞不调柔。"

【調紅】　形容花之红艳。李商隐《木兰》："弄粉知伤重，调红或有余。"

【調馬】　❶驯马。李端《赠郭驸马》之二："新开金埒看调马，旧赐铜山许铸钱。"❷佛教词。即禅定、坐禅。指专注一境，思想集中，灭除各种妄心杂念。马，指心猿意马。李洞《秋宿梓州牛头寺》："石室僧调马，银河客问牛。"

【調$_2$格】　谓诗歌的风格，格调。姚合《喜览裴中丞诗卷》："调格江山峻，功夫日月深。"

【調氣】　调和元气。白居易《负春》："病来道士教调气，老去山僧劝坐禅。"张蠙《赠道者》："饥渴唯调气，儿孙亦驻颜。"

【調笑】　❶戏谑取笑。李白《宣州九日闻崔四侍御与宇文太守游敬亭余时登响山不同此赏醉后寄崔侍御二首》之一："手持一枝菊，调笑二千石。"岑参《汉上题韦氏庄》："调笑提筐妇，春来蚕几眠。"元稹《饮致用神曲酒三十韵》："喧阗争意气，调笑学娉婷。"李贺《荣华乐》："玉堂调笑金楼子，台下戏学邯郸倡。"❷即调笑令。唐代曲名。白居易《代书诗一百韵寄微之》："打嫌调笑易，饮讶卷波迟。"自注："抛打曲有调笑令，饮酒曲有卷白波。"又《想东游五十韵》："柘枝随画鼓，调笑从香球。"

【調笑令】　词牌名。又名宫中调笑、转应曲、三台令。韦应物、王建、戴叔伦均有《调笑令》词。

【調笑曲】　唐代歌曲名。又名"调笑令"。陆龟蒙《奉和袭美茶具十咏·茶籝》："争歌调笑曲，日暮方还家。"

【調殷鼎】　同"調鼎❶"。贾岛《谢令狐绹相公赐衣九事》："即日调殷鼎，朝分是与非。"

【調$_3$饑】　指早晨因空腹而饥饿的状态。形容渴望的心情。语本《诗·周南·汝坟》："未见君子，惄如调饥。"毛传："调，朝也。"郑玄笺："未见君子之时，如调饥之思食。"张说《送任御史江南发粮以赈河北百姓》："调饥坐相望，绣服几时回。"

【調紅粉】　见"調粉"。

【調粉】　亦作"調紅粉"。谓妇女调弄脂粉，装饰打扮。陆畅《云安公主下降奉诏作催妆诗》："天母亲调粉，日兄怜赐花。"徐安期《催妆》："传闻烛下调红粉，明镜台前别作春。"无名氏《诮失婢榜诗》(外编下)："晓露空调粉，春罗枉赐衣。"

【調國】　治理国家。吕从庆《贼警》："不知调国者，何以慰时匆。"

【調笙】　弹笙。刘禹锡《早夏郡中书事》："高帘覆朱阁，忽尔闻调笙。"

【調笙炙簧】　笙为簧管乐器，由簧片发声，笙管调音。炙簧，用火烤簧片，簧片天寒变硬，故烤而使柔，以便发音。崔颢《岐王席观妓》："拂匣先临镜，调笙更炙簧。"

【調清管】　见"調管"。

【調箭】　与弓强弱相协调的箭。《诗·小雅·车攻》："决拾既佽，弓矢既调。"郑玄笺："调，谓弓强弱与矢轻重相得。"张祜《少年乐》："锦袋归调箭，罗鞋起拨球。"

【調絃】　同"調弦"。顾况《李供奉弹箜篌歌》："起坐可怜能抱撮，大指调弦中指拨。"

【調梅】　同"調羹❶"。李乂《奉和幸望春宫送朔方军大总管张仁亶》："上宰调梅寄，元戎细柳威。"王光庭《奉和圣制答张说扈从南出雀鼠谷》："惠风初应律，和气正调梅。"刘长卿《秋日夏口涉汉阳献李相公》："鼎罢调梅久，门看种药勤。"钱起《奉送户部李郎中充晋国副节度出塞》："德佐调梅用，忠输击虏年。"权德舆《奉和李相公早朝于中书候传点偶书所怀奉呈门下相公中书相公》："化成风偃草，道合鼎调梅。"

【調琴】　❶调试琴弦。白居易《夜调琴忆崔少卿》："今夜调琴忽有情，欲弹惆怅忆崔卿。"邵士彦《秋闺》:"调琴欲有弄,畏作断肠声。"❷弹琴。李峤《刘侍读见和山邸十篇重申此赠》:"穆生时泛醴,邹子或调琴。"权德舆《薄命篇》:"花前拭泪情无限,月下调琴恨有余。"孟郊《听琴》:"前溪忽调琴,隔林寒琤琤。"李远《慈恩寺避暑》:"香荷疑散麝,风铎似调琴。"谭用之《感怀呈所知》:"千年别恨调琴懒,一片年光览镜慵。"

【調軫】 谓弹奏弦乐器。轸,弦乐器上系弦的小柱。太宗《赋得夏首启节》:"此时欢不极,调轸坐相于。"

【調鼎】 ❶同"調羹❶"。比喻治理国家,并用作咏宰相的典故。鼎,古代烹饪器。孟浩然《都下送辛大之鄂》:"未逢调鼎用,徒有济川心。"杜甫《立秋雨院中有作》:"主将归调鼎,吾还访旧丘。"钱起《送王相公赴范阳》:"受脤仍调鼎,为霖更洗兵。"李端《送乐平苗明府得家字》:"诸侯旧调鼎,应重宰臣家。"韩偓《湖南梅花一冬再发偶题于花援》:"夭桃莫倚东风势,调鼎何曾用不材。"❷烹调食物。裴迪《辋川集二十首·椒园》:"幸堪调鼎用,愿君垂采摘。"元稹《酬乐天东南行诗一百韵》:"膳减思调鼎,行稀恐蠹枢。"刘禹锡《送太常萧博士弃官归养赴东都》:"侍膳曾调鼎,循陔更握兰。"

【調鼎餗】 同"調鼎❶"。餗,鼎中食物。权德舆《仲秋朝拜昭陵》:"良将授兵符,直臣调鼎餗。"

【調鼎鼐】 同"調鼎❶"。鼐,大鼎。韦庄《同旧韵》(《和薛先辈见寄》):"期君调鼎鼐,他日俟羊斟。"贯休《上孙使君》:"具瞻从密勿,日夕调鼎鼐。"

【調御】 即调御丈夫。佛教词。佛十号之一。因能教化引导一切可度之人,故称。见《杂阿含经》卷二十。钱起《归义寺题震上人壁》:"仍闻七祖后,佛子继调御。"

【調象】 驯象。韩翃《别李明府》:"罗山道士请人送,林邑使臣调象骑。"李端《送友人宰湘阴》:"传吏闲调象,山精暗讼人。"

【調道】 修养道德。李贺《出城别张又新酬李汉》:"二子美年少,调道讲清浑。"一说,谓志同道合。

【調運翁】 调节四时之主宰。指上苍、造物主。孟郊《秋怀》之一三:"仰谢调运翁,请命愿有征。"

【調₂補】 谓官职调任。皇甫冉《送田济之扬州赴选》:"调补无高位,卑栖屈此贤。"无可《送李少府之任临邛》:"邛南方作尉,调补一何卑。"

【調疏】 谓调和阴阳。指男女交欢。卢纶《王评事驸马花烛诗》之二:"一人女婿万人怜,一夜调疏抵百年。"

【調絲】 谓弹奏弦乐器。郭震《子夜四时歌六首·冬歌》之一:"调丝竞短歌,拂枕怜长夜。"

【調絲擫管】 谓吹奏管弦乐器。李商隐《柳枝五首》序:"吹叶嚼蕊,调丝擫管,作天海风涛之曲,幽忆怨断之音。"

【調絲竹】 谓吹弹管弦乐器。白居易《短歌曲》:"耳目聋暗后,堂上调丝竹。"

【調瑟】 弹奏琴瑟。刘禹锡《调瑟词》:"调瑟在张弦,弦平音自足。"

【調節】 犹调理,调养。白居易《蜀路石妇》:"药饵自调节,膳羞必甘馨。"

【調歌】 犹唱歌。徐晶《赠温驸马汝阳王》:"梁邸调歌日,秦楼按舞时。"李贺《感讽六首》之六:"调歌送风转,杯池白鱼小。"温庭筠《病中书怀呈友人》:"白雪调歌响,清风乐舞雩。"

【調暢】 舒畅。吴筠《游仙二十四首》之三:"百关弥调畅,方寸益清越。"

【調管】 亦作"調清管"。吹奏箫笛等管乐器。李峤《石淙》:"鸟和百籁疑调管,花发千岩似画屏。"李商隐《鸾凤》:"王子调清管,天人降紫泥。"

【調₂態】 风调情态。元稹《何满子歌》:"犯羽含商移调态,留情度意抛弦管。"刘禹锡《鹤叹二首》引:"友人白乐天,去年罢吴郡,挈双鹤雏以归,余相遇于扬子津,阅玩终日,翔舞调态。"薛涛《寄旧诗与元微之》:"诗篇调态人皆有,细腻风光我独知。"

【調嘯】 犹长啸,吟啸。刘长卿《夜宴洛阳程九主簿宅送杨三山人往天台寻智者禅师隐居》:"调啸寄疏旷,形骸如弃捐。"

【調膳】 烹调。亦指侍奉亲老。殷遥《送友人下第归省》:"到家调膳后,吟好送斜晖。"司空曙《送李嘉祐正字括图书兼往扬州觐省》:"归来喜调膳,寒笋出林中。"李端《送魏广下第归扬州宁亲》:"调膳过花下,张筵到水头。"刘禹锡《奉和郑相公以考功十弟山姜花俯赐篇咏》:"共闻调膳日,正是退朝归。"许棠《送李频之南陵主薄》:"晴天调膳外,垂钓有池塘。"

【調諧】 协调;和谐。虞世南《奉和至寿春应令》:"调谐金石奏,欢洽羽觞浮。"

【調謔】 调弄戏谑。宋齐丘《陪游凤皇台献诗》:"芙蓉如佳人,回首似调谑。"

【調聲】 谓唱歌。杨师道《咏琴》:"齐娥初发弄,赵女正调声。"

【調燮】 指治理国家。古代认为宰相之职为"论道经邦,燮理阴阳"(《书·周官》)。薛能《除夜作》:"祯祥应北极,调燮验平津。"

【調羹】 ❶《书·说命下》:"王曰:'……若作和羹,尔惟盐梅。'"孔安国传:"盐咸梅醋,羹须咸醋以和之。"按:《说命》三篇为殷高宗武丁任命傅说为相的命辞。命辞中用盐梅调味使食物味美来喻指宰相辅助君主来治理国家。后遂用为咏宰相或称誉人有治国之材或希望为辅弼治理国家的典故。吕岩《书与胡咏之》:“济世应须不世才,调羹重见用盐梅。”❷调和羹汤。吕从庆《梅》:“调羹还有藉,青子百千枚。”

【調護】 特指教导辅佐太子。语出《史记·留侯世家》。玄宗《左丞相说右丞相璟太子少傅乾曜同日上官命宴东堂赐诗》:“复辍台衡老,将为调护人。”蒋防《题杜宾客新丰里幽居》:“调护心常在,山林意有余。”

【調露】 ❶古代乐曲名。《文选·任昉〈奉答敕示七夕诗启〉》:“宁足以继想南风,克谐调露。”李善注引宋均曰:“调露,调和致甘露也,使物茂长之乐。”刘良注:“四节不相违,谓之调露之乐。”魏征《五郊乐章·舒和》:“调露初迎绮春节,承云遽践苍霄驭。”则天皇后《唐享昊天乐·第八》:“始奏承云娱帝赏,复歌调露畅韶英。”薛曜《舞马篇》:“承云嘈嗷骇日灵,调露铿鋐动天驷。”《郊庙歌辞·朝日乐章·舒和》:“崇牙树羽延调露,旋宫扣律掩承云。”❷唐高宗年号(679—680)。崔知贤《三月三日宴王明府山亭》序:“调露二年,暮春三日,同集于王令公之林亭,申交契也。”

諂 〔chǎn《广韵》丑琰切,上琰,徹。〕❶奉承;献媚。孟浩然《赠萧少府》:“去诈人无谄,除邪吏息奸。”孟郊《择友》:“不谄亦不欺,不奢复不溺。”虚中《送迁客》:“片言曾不谄,获罪亦何伤。”陆龟蒙《鹤媒歌》:“媒欢舞跃势离披,似谄功能邀弩儿。”❷指阿谀奉承之人。王贞白《经故洛城》:“几主任奸谄,诸侯各战争。”

【諂曲】 谄媚邪曲。寒山《诗三百三首》之一:“悭贪继日廉,谄曲登时正。”

【諂走】 谓奔走献媚。贯休《续姚梁公坐右铭》:“无见贵热,谄走蹩躠。”

【諂言】 阿谀奉承之言。元结《二风诗·治风诗五篇·至正》:“谠言则听,谄言不听。”

【諂骨】 指谄媚取宠之人。王建《寄上韩愈侍郎》:“碑文合遣贞魂谢,史笔应令谄骨羞。”

【諂容】 谄媚的颜容。张祜《感春申君》:“薄俗何心议感恩,谄容卑迹赖君门。”

【諂笑】 谄媚的笑容。于濆《感怀》:“贵崇已难慕,谄笑何所长。”韩偓《天鉴》:“何劳谄笑学趋时,务实清修胜用机。”

【諂惑】 谓惑乱于阿谀逢迎之中。元结《二风诗·乱风诗五篇·至荒》:“焉有力恣谄惑,而不亡其国。”

【諂諛】 阿谀奉承。杨浚《题武陵草堂》:“正直心所存,谄谀长自省。”寒山《诗三百三首》之一〇二:“立身既质直,出语无谄谀。”

【諂競】 阿谀奉迎,追逐名利。元结《系乐府十二首·贱士吟》:“谄竞实多路,苟邪皆共求。”

【諂譽】 奉承赞扬。韩愈《晚秋郾城夜会联句》:“左右供谄誉,亲交献谀噱。”

談 〔tán《广韵》徒甘切,平談,定。〕❶谈论;谈话。李白《嘲鲁儒》:“鲁叟谈五经,白发死章句。”包何《相里使君第七男生日》:“娶妻生子复生男,独有君家众所谈。”柳宗元《田家三首》之二:“篱落隔烟火,农谈四邻夕。”王贞白《赠刘凝评事》:“谈史曾无滞,攻书已造微。”❷言论;话语。卢鸿一《嵩山十志十首·期仙磴》序:“儒者毁所不见则黜之,盖疑冰之谈信矣。”杜甫《人日两篇》之二:“此日此时人共得,一谈一笑俗相看。”❸姓。白居易《谈氏外孙生三日喜是男偶吟成篇兼戏呈梦得》:“庆传媒氏燕先贺,喜报谈家乌预知。”

【談天】 战国齐阴阳家邹衍其语宏大迂怪,故称“談天”。见《史记·孟子荀卿列传》。后因用作称美人能言善辩的典故。杜正伦《玄武门侍宴》:“阙名徒上月,邹辩讵谈天。”李白《赠韦秘书子春二首》之一:“谈天信浩荡,说剑纷纵横。”罗隐《酬黄从事怀旧见寄》:“长绳系日虽难绊,辨口谈天不易穷。”陈陶《赠江南从事张侍郎》:“几处谈天致云雨,早时文海得鲸鳌。”

【談天客】 指邹衍。皎然《杂兴六首》之一:“吾观谈天客,工言丧其精。”参见“談天”。

【談氏】 谈弘谟。白居易女婿。见白居易《醉吟先生墓志铭》。白居易有《小岁日喜谈氏外孙女孩满月》。

【談玄】 谈论道家玄理。骆宾王《叙寄员半千》:“钓名劳拾紫,隐迹自谈玄。”孟浩然《题融公兰若》:“谈玄殊未已,归骑夕阳催。”李白《赠宣城宇文太守兼呈崔侍御》:“崔生何傲岸,纵酒复谈玄。”牟融《寄羽士》:“乐道无时忘鹤伴,谈玄何日到星坛。”陆龟蒙《奉和袭美怀华阳润卿博士三首》之二:“谈玄麈尾抛云底,服散龙胎在酒中。”

【談弘謨】 白居易婿,四门博士,监察御史,见白居易《醉吟先生墓志铭》。白居易《三月三日祓禊洛滨》序:“令公明日。召太子少傅白居易……四门博士谈弘谟等一十五人,合宴于舟中。”

【談舌】 舌头。借指谈锋。韩愈《病中赠张十八》:“谈舌久不掉,非君亮谁双。”

【談性】 谈论佛性。无可《春晚喜悟禅师自琉璃上方见过》:“琉璃师到城,谈性外诸经。”

【談空】 谈论佛理。高适《同群公宿开善寺赠陈十六所居》:“谈空忘外物,持诫破诸邪。”严维《僧房避暑》:“明月谈空坐,怡然道术忘。”刘禹锡《送鸿举游江西》:“与师相见便谈空,想得高斋狮子吼。”李中《宿山中寺》:“暝目忘尘虑,谈空入上乘。”

【談柄】 ❶拂尘的柄。翁承赞《松》："幽枝好折为谈柄，入手方知有岁寒。"❷古代清谈、讲论或僧人讲法时所执的拂尘。崔融《太平兴龙寺》："远上灵仪肃，生公谈柄挥。"刘禹锡《送僧仲剬东游兼寄呈灵澈上人》："高筵谈柄一麈拂，讲下门徒如醉醒。"贾岛《送僧》："不惜挥谈柄，谁能听至言。"温庭筠《过孔北海墓二十韵》："白羽留谈柄，清风袭德馨。"❸借指讲法或讲论者。孟浩然《腊月八日于剡县石城寺礼拜》："讲席邀谈柄，泉堂施浴衣。"温庭筠《秘书刘尚书挽歌词二首》之一："学筵开绛帐，谈柄发洪钟。"

【談笑】 ❶谈话间有说有笑。孟浩然《襄阳公宅饮》："谈笑光六义，发论明三倒。"白居易《会昌元年春五绝句·赠举之仆射》："鸡球饧粥屡开筵，谈笑讴吟间管弦。"陆龟蒙《杂讽九首》之三："终为万乘交，谈笑无所隔。"郑谷《寄职方李员外》："谈笑不拘先后礼，岁寒仍契子孙情。"❷形容言谈举止从容自如。李白《书情题蔡舍人雄》："暂因苍生起，谈笑安黎元。"刘长卿《登润州万岁楼》："闻道王师犹转战，更能谈笑解重围。"杜甫《复愁十二首》之六："闾阎听小子，谈笑觅封侯。"韦应物《赠别河南李功曹》："谈笑取高第，绾绶即言归。"戴叔伦《奉天酬别郑谏议云逵卢拾遗景亮见别之作》："从容九霄上，谈笑授阴符。"

【談笑自如】 有说有笑，从容自如。吕岩《沁园春》词："谈笑自如，往来无碍，半是风狂半是仙。"

【談容娘】 唐教坊曲名。即《踏谣娘》。见唐崔令钦《教坊记》。后亦借指唱《踏谣娘》曲调的歌女。常非月有《咏谈容娘》。

【談微】 谈论佛理精妙入微。陆龟蒙《奉和袭美夏景无事因怀章来二上人次韵》："俪事肯教饶沈谢，谈微何必减宗雷。"

【談經】 谈论儒家经义。王维《从岐王过杨氏别业应教》："杨子谈经所，淮王载酒过。"张祜《送郑瀛判官归冬宁》："摘句竞推梁记室，谈经今绍汉司农。"

【談僧】 善于言谈的僧人。韩愈《送侯参谋赴河中幕》："雪径抵樵叟，风廊折谈僧。"

【談説】 指善于言谈之人。李颀《谒张果先生》："车徒遍草木，锦帛招谈说。"

【談端】 话头，话端。萧颖士《江有归舟三章》序："学也者，非云征辨说，摭文字，以扇夫谈端，鞣厥词意。"

【談賓】 相与谈论的宾客朋友。刘禹锡《送卢处士归嵩山别业》："送君从此去，铃阁少谈宾。"马戴《送武陵王将军》："开阁谈宾至，调弓过雁惊。"

【談論】 谈话议论。李白《访道安陵遇盖还为余造真箓临别留赠》："悬河与微言，谈论安可穷。"杜甫《别李义》："洗然遇知己，谈论淮湖奔。"李涉《赠道器法师》："冰作形容雪作眉，早知谈论两川知。"

【談謔】 谈笑戏谑。杜甫《雨过苏端》："亲宾纵谈谑，喧闹慰衰老。"刘禹锡《和牛相公南溪醉歌见寄》："座宾尽欢恣谈谑，愧我掉头还奋髯。"

【談興】 谈话的兴致。白居易《咏老赠梦得》："唯是闲谈兴，相逢尚有余。"

【談諧】 谈笑。卢纶《奉陪侍中登白楼》："顾盼亲霄汉，谈谐息鼓鼙。"李商隐《寓兴》："谈谐叨客礼，休浣接冥搜。"曹唐《奉送严大夫再领容府二首》之二："风云暗发谈谐外，感会潜生气概间。"贯休《赠杨公杜之舅》："谈谐尽是经邦术，头角由来出世姿。"

【談禪】 谈论佛理。岑参《晚过盘石寺礼郑和尚》："谈禅未得去，辍棹且踟蹰。"

【談藪】 南朝宋刘义庆《世说新语·赏誉》："裴仆射时人谓为言谈之林薮。"刘孝标注引《惠帝起居注》："頠(裴頠)理甚渊博，赡于论难。"后因以称人知识渊博，善于论辩。李瀚《蒙求》："张凭理窟，裴頠谈薮。"

【談雞】 《艺文类聚》卷九一引南朝宋刘义庆《幽明录》："晋兖州刺史沛国宋处宗，尝买得一长鸣鸡，爱养甚至，恒笼著窗间。鸡遂作人语，与处宗谈论，极有言致，终日不辍。处宗因此言巧大进。"后遂用为誉人善谈或咏鸡的典故。李乂《饯许州宋司马赴任》："展骥旌时杰，谈鸡美代贤。"钱起《秋夜作》："窗中问谈鸡，长夜何时旦。"

【談叢】 谓多人聚谈。太宗《咏司马彪续汉志》："粤予承暇景，谈丛引泉秘。"

【談鑠】 贬低毁谤。卢仝《感古四首》之三："唇吻恣谈铄，黄金同灰尘。"

誼

〔yì《广韵》宜寄切，去寘，疑。〕❶通"義"。正义。曹邺《四怨三愁五情诗十二首》序："邺专仁谊久矣，有举不得用心，恐中斯物，殒天命，幸未死，间作四怨、三愁、五情，以望诗人救。"❷情谊；友情。戎昱《桂州岁暮》："重谊人愁别，惊栖鹊恋枝。"

諒

〔liàng《广韵》力讓切，去漾，來。〕❶诚实。见"諒直"。❷确实。褚亮《伤始平李少府正己》："迈德惟家宝，生才谅国珍。"储光羲《贻丁主簿仙芝别》："人谋固无准，天德谅难知。"李华《咏史十一首》之九："为蜀谅不易，如曹难复论。"权德舆《丙寅岁苦贫戏题》："颜渊谅贤人，陋巷能自怡。"皮日休《吴中苦雨因书一百韵寄鲁望》："所益谅弘多，厥交过亲族。"❸诚然。张巡《守睢阳作》："忠信应难敌，坚贞谅不移。"卢纶《将赴京留献令公》："力微恩重谅难报，不是行人不解愁。"白居易《留别》："前事讵能料，后期谅难寻。"李商隐《撰彭阳公志文毕有感》："百生终莫报，九死谅难追。”❹料想。王建《寄李益少监兼送张实游幽州》：“谅无金石坚，性命岂能长。”权德舆《奉和崔评事寄外甥刘同州并呈杜宾客许给事王侍郎昆弟杨少尹李侍御并见寄之作》：“深陈名教本，谅以仁义积。”又《仲秋朝拜昭陵》：“拥佑乃清夷，威灵谅回复。”❺本；本来。李益《溪中月下寄杨子尉封亮》：“小人谅处阴，君子树大功。”卢纶《和李中丞酬万年房署少府过汾州景云观因以寄上房与李早年同居此观》：“梅生谅多感，归止岂吾庐。”❻应；应当。陆坚《奉和圣制送张说上集贤学士赐宴》：“得人惟迈昔，多士谅推今。”权德舆《拜昭陵过咸阳墅》：“自惭廪给厚，谅使井税先。”李商隐《戊辰会静中出贻同志二十韵》：“大道谅无外，会越自登真。”❼见“諒闇”。

【諒公】 维谅。太湖洞庭山福愿寺僧，见《全唐文》卷九八一清昼《洞庭山福愿寺律和尚塔铭》。顾况有《谅公洞庭孤橘歌》。

【諒直】 诚实正直。韩偓《感事三十四韵》：“谅直寻钳口，奸纤益比肩。”

【諒陰】 见“諒闇”。

【諒闇】 亦作“諒陰”。古代居丧所住之庐。《礼记·丧服四制》：“《书》曰：‘高宗谅阁，三年不言。”郑玄注：“阁，谓庐也。”《文选·潘岳〈闲居赋〉》：“今天子谅阁之际。”李善注：“谅阁，今谓凶庐里寒凉幽阁之处，故曰谅阁。”亦指天子居丧。白居易《德宗皇帝挽歌词四首》之二：“虞帝南巡后，殷宗谅暗中。”韩愈《永贞行》：“君不见太皇谅阴未出令，小人乘时偷国柄。”

誾 〔yín《广韵》語巾切，平真，疑。〕❶和悦谈话貌。见“誾誾❶”。❷厚盛貌。见“誾誾❷”。❸用同“狺”。犬吠声。见“誾誾❸”。❹通“言”。高大貌。见“誾誾❹”。

【誾誾】 ❶和悦谈话貌。《论语·乡党》：“与上大夫言，訚訚如也。”刘宝楠正义：“《说文》：‘訚，和悦而诤也。’或省作‘言’。《玉藻》：‘二爵而言言斯。’注：‘言言，和敬貌。’与许义近。诤者，辩论其是非也。”张说《东都酺宴四首》序：“将吏咸集，佩章有序。锵锵济济，侃侃訚訚。”❷厚盛貌。《文选·司马相如〈长门赋〉》：“桂树交而相纷兮，芳酷烈之訚訚。”李善注：“酷烈訚訚，香气盛也。”元稹《代曲江老人百韵》：“帝途高荡荡，风俗厚訚訚。”❸用同“狺”。犬吠声。孟郊《秋怀》之一五：“声如穷家犬，吠窦何訚訚。”❹通“言”。高大貌。韩愈《南山诗》：“訚訚树墙垣，巘巘驾库厩。”

諄 〔zhūn《广韵》章倫切，平諄，章。又之閏切，去稕，章。〕❶教诲不倦。引申为反复叙述，啰嗦。参见“諄諄❶”。❷诚恳；忠谨。韩愈《送惠师》：“吾嫉惰游者，怜子愚且谆。”

【諄諄】 ❶反复叙述；啰嗦。元稹《代曲江老人百韵》：“劳生常矻矻，语旧苦谆谆。”❷忠谨貌。《后汉书·卓茂传》：“劳心谆谆，视人如子。”李贤注：“谆谆，忠谨之貌也。”陈子昂《同旻上人伤寿安傅少府》：“生涯良浩浩，天命固谆谆。”裴潾《前相国赞皇公早葺平泉山居暂还憩旋起赴诏命作镇浙右辄抒怀赋四言诗十四首奉寄》之一三：“哀我蠢蠢，念我谆谆。”

九　画

謀 〔móu《广韵》莫浮切，平尤，明。〕❶谋虑；谋划。王珪《咏汉高祖》：“爪牙驱信越，腹心谋张陈。”王维《献始兴公》：“所不卖公器，动为苍生谋。”杜甫《石犀行》：“先王作法皆正道，鬼怪何得参人谋。”陆龟蒙《奉和袭美二游诗·徐诗》：“因知遗孙谋，不在黄金钱。”❷计谋；策略。王维《夷门歌》：“非但慷慨献良谋，意气兼将身命酬。”杜甫《洗兵马》：“成王功大心转小，郭相谋深古来少。”耿湋《春日即事二首》之一：“浅谋堪自笑，穷巷忆谁过。”朱庆余《送韦校书佐灵州幕》：“边事何须问，深谋只在君。”❸考虑；谋求。虞世南《结客少年场行》：“轻生殉知己，非是为身谋。”岑参《初过陇山途中呈宇文判官》：“也知塞垣苦，岂为妻子谋。”杜甫《发秦州》：“我衰更懒拙，生事不自谋。”周贺《湘汉旅怀翁杰》：“不拟为身谋旧业，终期断谷隐高丘。”元凛《九日对酒》：“未保乱离今日后，且谋欢洽玉山颓。”❹商议；计议。杜甫《遣兴三首》之二：“诸将已茅土，载驱谁与谋。”韩愈《洞庭湖阻风赠张十一署》：“犬鸡断四听，粮绝谁与谋。”❺阴谋；图谋。韩愈《元和圣德诗》：“辟党聚谋，鹿头是守。”白居易《读史五首》之四：“弘恭陷萧望，赵高谋李斯。”

【謀生】 谋求生活；谋求生活的门路。刘长卿《落第赠杨侍御兼拜员外仍充安大夫判官赴范阳》：“念旧追连茹，谋生任转蓬。”李端《送戴征士还山》：“不是谋生拙，无为末路赊。”白居易《题施山人野居》：“得道应无著，谋生亦不妨。”许浑《题灞西骆隐居》：“拚死酒中老，谋生书外贫。”周朴《塞上》：“蕃道北海北，谋生今始知。”

【謀主】 出谋划策的主要人物。胡曾《咏史诗·召陵》：“不思管仲为谋主，争敢言征缩酒茅。”

【謀臣】 出谋划策之臣；参谋之臣。赵彦昭《奉和送金城公主适西蕃应制》：“圣后经纶远，谋臣计画多。”白居易《和答诗十首·答四皓庙》：“刘项争天下，谋臣竞悦随。”李商隐《行次西郊作一百韵》：“谋臣拱手立，相戒无敢先。”皮日休《题潼关兰若》：“壮士不言三尺剑，谋臣休道一丸泥。”胡曾《咏史诗·鸿门》：“樽前若取谋臣计，岂作阴陵失路人。”

【謀成】 谋划成功。多指战争胜利或事业成功。

贺知章《奉和圣制送张说巡边》:"胄出天弧上,谋成帝幄中。"许景先《奉和圣制送张尚书巡边》:"四方分阃受,千里坐谋成。"朱庆余《吴兴新堤》:"谋成既不劳人力,境远偏宜隔浪花。"

【謀身】　为自身的生活前途等打算。韦应物《示从子河南尉班》:"立政思悬棒,谋身类触藩。"元稹《三月三十日程氏馆饯杜十四归京》:"谋身诚太拙,从宦苦无媒。"马戴《下第别郜扶》:"平生空志学,晚岁拙谋身。"罗隐《江边有寄》:"只言圣代谋身易,争奈贫儒得路难。"杜荀鹤《秋宿山馆》:"男儿出门志,不独为谋身。"

【謀拙】　谓拙于谋划。杜甫《太岁日》:"病多犹是客,谋拙竟何人。"又《赠比部萧郎中十兄》:"见知真自幼,谋拙丑诸昆。"韩愈《崔十六少府摄伊阳以诗及书见投因酬三十韵》:"谋拙日焦拳,活计似锄刬。"

【謀帥】　谋求元帅的人选。事本《左传·僖公二十七年》:"于是乎蒐于被庐,作三军,谋元帅。赵衰曰:'郤縠可'。"韩愈《酬别留后侍郎》:"为文无出相如右,谋帅难居郤縠先。"

【謀食】　犹谋生。王维《与胡居士皆病寄此诗兼示学人二首》之一:"战胜不谋食,理齐甘负薪。"参见"謀道"。

【謀計】　犹计谋。韩愈《暮行河堤上》:"谋计竟何就,嗟嗟世与身。"元稹《痁卧闻幕中诸公徵乐会饮因有戏呈三十韵》:"藏衰谋计拙,地僻往还乖。"皮日休《三羞诗三首》之一:"如何以谋计,中道生芽蘖。"

【謀略】　计谋,策略。高适《和崔二少府登楚丘城作》:"公侯皆我辈,动用在谋略。"

【謀智】　智谋;计谋。岑参《送张献心充副使归河西杂句》:"看君谋智若有神,爱君词句皆清新。"

【謀策】　谋划。孟浩然《送莫甥兼诸昆弟从韩司马入西军》:"饰装辞故里,谋策赴边庭。"

【謀道】　谋求正义、真理。语出《论语·卫灵公》:"君子谋道不谋食。"刘商《哀十五远访山门》:"僻居谋道不谋身,避病桃源不避秦。"朱庆余《酬李处士见赠》:"久别唯谋道,相逢不话贫。"

【謀猶】　谋略。犹,通"猷"。《诗·小雅·小旻》:"谋犹回遹,何日斯沮?"朱熹集传:"犹,谋。"王维《和仆射晋公扈从温汤》:"谋犹归哲匠,词赋属文宗。"

【謀畫】　谋略,计划。杜甫《舟中苦热遣怀奉呈阳中丞通简台省诸公》:"变通迫胁地,谋画焉得算。"

【謀猷】　谋略;计谋。语出《书·文侯之命》:"亦惟先正克左右昭事厥辟,越小大谋猷,罔不率从,肆先祖怀在位。"王丘《奉和圣制送张尚书巡边》:"出入敷能政,谋猷体至公。"王维《故太子太师徐公挽歌四首》之二:"谋猷为相国,翊戴奉宸舆。"权德舆《故太尉兼中书令赠太师西平王挽词》:"翊戴推元老,谋猷合大君。"韩愈《和席八十二韵》:"纶綍谋猷盛,丹青步武亲。"李群玉《始忝四座奏状闻荐蒙恩授官旋进歌诗延英宣赐言怀纪事呈同馆诸公二十四韵》:"日见帝道升,谋猷垂景钟。"

【謀慮】　谋划;考虑。白居易《偶作二首》之一:"谋虑系安危,威权主生杀。"

【謀隱】　考虑隐居。左偃《寄韩侍郎》:"谋身谋隐两无成,拙计深惭负耦耕。"

【謀輿】　听取众议以为谋划。欧阳詹《东风二章》序:"陇西公和为谋舆,仁为化车,既去凶渠,黎甿以苏。"

【謀謨】　谋略;谋划。裴漼《奉和圣制送张说上集贤学士赐宴》:"谋谟言可范,舟楫事斯凭。"韩愈《东都遇春》:"谋谟收禹绩,四面出雄劲。"

【謀蘊】　犹谋略。卢纶《秋幕中夜独坐迟明因陪陈翃郎中晨谒上公因书即事兼呈同院诸公》:"琳琅多谋蕴,律吕更相宜。"

【謀歡】　谋求欢乐。白居易《赠同座》:"谋欢身太晚,恨老意弥深。"又《寄李相公》:"渐老只谋欢,虽贫不要官。"

諶　〔chén《广韵》氏任切,平侵,禅。〕相信。《书·咸有一德》:"呜呼!天难谌,命靡常。"亦作人名用字。唐代诗人程行谌。《全唐诗》卷一〇八收其诗一首。

諜　〔dié《广韵》徒协切,入帖,定。〕❶侦探;间谍。李商隐《送从翁东川弘农尚书幕》:"献书秦逐客,间谍汉名臣。"又《行次西郊作一百韵》:"抢攘互间谍,孰辨枭与鸾。"❷侦察。柳宗元《秦平淮夷雅表·方城》之五:"阴谍厥图,以究尔讹。"❸通"牒"。指官府文书或简札。亦指诉状。见"諜訴"。

【諜訴】　诉讼的状词。諜,通"牒"。李商隐《异俗二首》之一:"鸟言成谍诉,多是恨彤幨。"

諵　〔nán《广韵》女咸切,平咸,娘。〕形容多言或低语之声。元稹《台中鞫狱忆开元观旧事呈损之兼赠周兄四十韵》:"蛮民诂谫诉,啮指明痛癏。"又《送崔侍御之岭南二十韵》:"蛛悬丝缭绕,鹊报语诂谫。"

【諵諵】　多语貌。韩愈《酬司门卢四兄云夫院长望秋作》:"日来省我不肯去,论诗说赋相谫谫。"

諲　〔yīn《广韵》於真切,平真,影。〕敬。《尔雅·释诂下》:"諲,敬也。"亦作人名用。唐代有诗人王諲,《全唐诗》卷一四五收其诗六首。又有张諲。王维有《故人张諲工诗善易卜兼能丹青草隶顷以诗见赠聊获酬之》。又有《戏赠张五弟諲三首》。

諫 〔jiàn《广韵》古晏切，去諫，見。〕❶谏诤；规劝。多指向天子进行劝戒。太宗《帝京篇十首》之十："纳善察忠谏，明科慎刑赏。"卢纶《送崔邠拾遗》："谏修郊庙开宸虑，议按休征浅瑞图。"元稹《阳城驿》："且曰事不止，臣谏誓不休。"陈羽《长安早春言志》："汉主未曾亲羽猎，不知将底谏君王。"许棠《题郑拾遗南斋》："明时无事谏，岂是隐明君。"❷谏官。韩愈《崔十六少府摄伊阳以诗及书见投因酬三十韵》："才名三十年，久合居给谏。"刘禹锡有《李贾二大谏拜命后寄杨八寿州》。

【諫大夫】 即谏议大夫。原为西汉官名。东汉以后，改名谏议大夫。唐沿置，初置四人，正五品上，贞元四年(788)于中书、门下两省各置四员，升正四品下，掌谏议得失。戴叔伦《奉天酬别郑谏议云逵卢拾遗景亮见别之作》："名亚典属国，良选谏大夫。"

【諫主】 规谏君主。杜荀鹤《送黄补阙南迁》："一心贪谏主，开口不防人。"

【諫司】 指谏院。白居易《哭孔戡》："或望居谏司，有事戡必言。"又《和答诗十首·和阳城驿》："次言阳公节，謇謇居谏司。"《全唐诗》卷八七六"语"有《戏谏司语》。参见"諫院"。

【諫臣】 掌规谏天子过失与指陈时政得失之臣。即谏官。王建《送郑山人归山》："一家总入嵩山去，天子何因得谏臣。"姚合《偶题》："迟日逍遥芸草长，圣朝清净谏臣闲。"薛能《送福建李大夫》："洛州良牧帅瓯闽，曾是西垣作谏臣。"吴融《病中宜茯苓寄李谏议》："南宫已借征诗客，内署今还托谏臣。"齐己《谢王拾遗见访兼寄篇什》："经年乞食过，昨日谏臣来。"

【諫舌】 谏官之舌。指谏诤之言。方干《茅山赠洪拾遗》："圣代谏臣停谏舌，求归故里傲云霞。"

【諫豸】 指御史。因古代御史等执法官戴獬豸冠，故称。张祜《戊午年感事书怀二百韵》："谏豸心弥果，星郎议亦先。"

【諫事】 犹谏诤。王建《送吴谏议上饶州》："曾向先皇边谏事，还应上帝处称臣。"

【諫虎】 劝人田猎时要小心谨慎，别为虎所伤。语本《诗·郑风·大叔于田》："襢裼暴虎，献于公所。将叔无狃，戒其伤女。"郑玄笺："狃，复也。请叔无复者，爱也。"后遂用为臣下向君主谏诤的典实。长孙佐辅《闻韦驸马使君迁拜台州》："谏虎昔赐骏，安人将问牛。"

【諫官】 专掌谏诤天子及指陈时政得失之官。唐代以中书、门下两省之左、右散骑常侍，左、右谏议大夫，左、右补阙，左、右拾遗为谏官。高适《奉酬北海李太守丈人夏日平阴亭》："谏官莫敢议，酷吏方专刑。"白居易《适意二首》之一："三年作谏官，复多尸素羞。"杜牧《李甘诗》："予于后四年，谏官事明主。"李郢《茶山贡焙歌》："谏官不谏何由闻，九重城里虽玉食。"

【諫郎】 即门下侍郎。一说指谏官。孟郊《看花》之三："余花欲谁待，唯待谏郎过。"

【諫垣】 谏官治事之所。即谏院。权德舆《酬南园新亭宴会璩新第慰庆之作时任宾客》："予婿信时英，谏垣金玉声。"白居易《重到城七绝句·张十八》："谏垣几见迁遗补，宪府频闻转殿监。"杜牧《昔事文皇帝三十二韵》："昔事文皇帝，叨官在谏垣。"皮日休《七爱诗·白太傅》："清望逸内署，直声惊谏垣。"许彬《题故李宾客庐山草堂》："术业行当代，封章动谏垣。"亦指谏官。白居易《醉后走笔酬刘五主簿长句之赠兼简张大贾二十四先辈昆季》："始辞秘阁吏王畿，遽列谏垣升禁闱。"元稹《梦游春七十韵》："诏册冠贤良，谏垣陈好恶。"黄滔《绛州郑尚书》："谏垣虚位期飞步，翰苑含毫待纪公。"

【諫垣臣】 即谏官。刘得仁《寄姚谏议》："鸣鞭静路尘，籍籍谏垣臣。"黄滔《辄吟七言四韵攀寄翁文尧拾遗》："唐设高科表用文，吾曹谁作谏垣臣。"贯休《送卢瞻罢庐陵幕归阌乡》："昌朝有知己，好作谏垣臣。"参见"諫垣"。

【諫垣客】 指谏官。李洞《郑补阙山居》："高节谏垣客，白云居静坊。"参见"諫垣"。

【諫草】 谏书的草稿。綦毋潜《经陆补阙隐居》："学书弟子何人在，点检犹存谏草无。"李绅《南梁行》："元和列侍明光殿，谏草初焚市朝变。"皮日休《送令狐补阙归朝》："朝衣正在天香里，谏草应焚禁漏中。"方干《哭秘书姚少监》："家无谏草逢明代，国有遗篇续正声。"

【諫省】 谏官官署。指门下省与中书省。刘禹锡《李贾二大谏拜命后寄杨八寿州》："谏省新登二直臣，万方惊喜捧丝纶。"王贞白《秋日旅怀寄右省郑拾遗》："知音在谏省，苦调有谁听。"黄滔《寄敷水卢校书》："谏省垂清论，仙曹岂久临。"参见"諫官"。

【諫院】 谏官官署。刘禹锡《送国子令狐博士赴兴元觐省》："谏院过时荣棣萼，谢庭归去踏芝兰。"元稹《西归绝句十二首》之三："同归谏院韦丞相，共贬河南亚大夫。"杨巨源有《和卢谏议朝回书情即事寄两省阁老兼呈二起居谏院诸院长》。吴融有《和陆拾遗题谏院松》。郑谷有《早入谏院二首》。参见"諫官"。

【諫書】 向天子进谏的奏章。岑参《寄左省杜拾遗》："圣朝无阙事，自觉谏书稀。"皇甫冉《酬李补阙》："纵有谏书犹未献，春风拂地日空长。"杨巨源《和卢谏议朝回书情即事寄两省阁老兼呈二起居谏院诸院长》："对客默焚稿，何人知谏书。"李山甫《贺邢州卢员外》："北省谏书藏旧草，南宫郎署握新兰。"

【諫書函】 谏书的封函。多借指谏书。李商隐

《隋宫》："乘兴南游不戒严，九重谁省谏书函。"

【諫紙】 书写谏书的稿纸。元稹《纪怀赠李六户曹崔二十功曹五十韵》："荣班联锦绣，谏纸赐笺藤。"白居易《初授拾遗》："谏纸忽盈箱，对之终自愧。"薛能《升平词十首》之十："谏纸应无用，朝纲自有伦。"

【諫曹】 谏官官署。权德舆《奉和崔阁老清明日候许阁老交直之际辱裴阁老书招因以简赠》："谏曹将列宿，几处期子玉。"又《贞元七年蒙恩除太常博士自江东来朝时与郡君同行西岳庙停车祝谒元和八年拜东都留守途次祠下时郡君以疾恙续发因代书却寄》："谏曹诒居守，倏已十六迁。"姚合《酬万年张郎中见寄》："谏曹诚已忝，京邑岂相宜。"

【諫筆】 谏官之笔。黄滔《送翁拾遗》："山坐轺车看，诗持谏笔题。"齐己《寄朱拾遗》："研冰濡谏笔，赋雪拥朝袍。"

【諫道】 直言谏诤之道。张祜《元和直言诗》："比干不惮死，谏道久而存。"

【諫疏】 向天子进谏的奏疏。韩愈《游青龙寺赠崔大补阙》："年少得途未要忙，时清谏疏尤宜罕。"张道古《上蜀王》："谏疏至今如可在，谁能更与读来看。"

【諫鼓】 古代设在朝堂外供进谏者击之以闻的鼓。《淮南子·主术训》："古者天子听朝，公卿正谏，博士诵诗，瞽箴师诵，庶人传语，史书其过，宰彻其膳，犹以为未足也。故尧置敢谏之鼓，舜立诽谤之木。"高诱注："欲谏者击其鼓。"张说《奉和圣制暇日与兄弟同游兴庆宫作应制》："侍酒衢樽满，询刍谏鼓悬。"白居易《新乐府·采诗官》："诤臣杜口为冗员，谏鼓高悬作虚器。"韦庄《和郑拾遗秋日感事一百韵》："舜庭招谏鼓，汉殿上书囊。"贯休《送张拾遗赴施州司户》："社稷安危在直言，须历尧阶挝谏鼓。"

【諫署】 即谏院。谏官官署。张乔《送郑侍御赴汴州辟命》："官从谏署清，暂去佐戎旌。"韦庄《和郑拾遗秋日感事一百韵》："词源波浩浩，谏署玉锵锵。"郑谷《梁烛处士辞金陵相国杜公归旧山因以寄赠》："谏署搜贤急，应难惜布衣。"贯休《闻征四处士》："从兹居谏署，笔砚几人焚。"参见"諫官"。

【諫諍】 向君主直言规劝。杜甫《往在》："端拱纳谏诤，和风日冲融。"白居易《郡斋暇日忆庐山草堂兼寄二林僧社三十韵》："谏诤知无补，迁移分所当。"许棠《寄华阴刘拾遗》："坚心持谏诤，自古亦艰难。"方干《送崔拾遗出使江东》："九门思谏诤，万里采风谣。"

【諫諍臣】 即谏官。崔峒《初除拾遗酬丘二十二见寄》："才愧文章士，名当谏诤臣。"刘得仁《赠敬晊助教二首》之二："清仪称是蓬瀛客，直气堪为谏诤臣。"徐铉《哭刑部侍郎乔公诗》："词赋离骚客，封章谏诤臣。"参见"諫官"。

【諫諍官】 即谏官。韩愈《龊龊》："愿辱太守荐，得充谏诤官。"参见"諫官"。

【諫諍垣】 即谏垣。陆龟蒙《奉和袭美太湖诗二十首·以毛公泉献大谏清河公》："况公珪璋质，近处谏诤垣。"

【諫諍員】 即谏官。白居易《游悟真寺诗》："既登文字科，又忝谏诤员。"参见"谏官"。

【諫諷】 婉转规劝。陆龟蒙《和过张祜处士丹阳故居》序："及老大，稍窥建安风格，诵乐府录，知作者本意，短章大篇，往往间出，谏讽怨谲，时与六义相左右。"

【諫憲】 指御史。御史为执法官，故称。一说，指谏官。刘得仁《和郑先辈谢秩闲居寓书所怀》："名占文章重，官归谏宪迟。"

【諫獵】 典出《史记·司马相如列传》："(相如)常从上至长杨猎，是时天子方好自击熊彘，驰逐野兽，相如上疏谏之。"又见《汉书·扬雄传上》。后遂以用为臣下谏诤君主的典故。杜甫《哭王彭州抡》："解龟生碧草，谏猎阻清霄。"皇甫冉《送魏六侍御葬》："旧书曾谏猎，遗草议登封。"刘禹锡《敬宗睿武昭愍孝皇帝挽歌三首》之三："侍臣容谏猎，方士信求仙。"元稹《酬乐天东南行诗一百韵》："谏猎宁规避，弹豪讵嗫嚅。"喻坦之《大梁送友人东游》："圣朝无谏猎，何计谒明君。"

【諫獵文】 同"諫獵"。马戴《赠杨先辈》："汉主思清净，休书谏猎文。"

【諫獵臣】 指司马相如。许浑《与郑秀才叔侄会送杨秀才昆仲东归》："洞庭烟月如终老，谁是长杨谏猎臣。"参见"諫獵"。

【諫獵書】 同"諫獵"。杜甫《八哀诗·赠太子太师汝阳郡王琎》："袖中谏猎书，扣马久上陈。"武元衡《秋怀奉寄朱补阙》："已制归田赋，犹陈谏猎书。"白居易《端居咏怀》："胸襟曾贮匡时策，怀袖犹残谏猎书。"罗隐《寄苏拾遗》："早岁长杨赋，当年谏猎书。"

【諫獵賦】 同"諫獵"。皇甫曾《送徐大夫赴南海》："何年谏猎赋，今日饮泉诗。"

【諫議】 ❶谏诤。戴叔伦《送崔拾遗峒江淮访图书》："九门思谏议，万里采风谣。"❷谏议大夫的省称。孟郊《惜苦》："于鹄值谏议，以球不能官。"卢仝《走笔谢孟谏议寄新茶》："口云谏议送书信，白绢斜封三道印。"白居易《赠樊著作》："阳城为谏议，以正事其君。"雍陶《哭饶州吴谏议使君》："神仙难见青骡事，谏议空留白马名。"

【諫議大夫】 官名。掌谏谕得失，侍从赞相。正四品下。左谏议大夫四人，属门下省，右谏议大夫四人，属中书省。见《新唐书·百官志二》。卢仝《观放鱼歌》："常州贤刺史，从谏议大夫除。"

諴 〔xián《广韵》胡谗切，平咸，匣。〕诚，诚意。《书·大禹谟》："至诚感神。"蔡沈集传："诚感物曰诚。"韩愈《酬司门卢四兄云夫院长望秋作》："高揖群公谢名誉，远追甫白感至诚。"

諧 〔xié《广韵》户皆切，平皆，匣。〕❶协调；谐和。张说《唐享太庙乐章·永和三首》之一："肃九室，谐八音，歌皇慕，动神心。"高适《酬裴员外以诗代书》："金玉本高价，埙篪终易谐。"韦应物《杂体五首》之四："谁知贾人铎，能使大乐谐。"广宣《九月十五日夜宿郑尚书细东亭望月寄杜给事》："清光满院恩情见，寒色临门笑语谐。"翁承赞《天祐元年以右拾遗使册闽王而作》："鸾奏八音谐律吕，凤衔五色显丝纶。"❷相合；相同。孟浩然《听郑五愔弹琴》："予意在山水，闻之谐夙心。"裴迪《辋川集二十首·漆园》："好闲早成性，果此谐宿诺。"李白《郢门秋怀》："清旷谐宿好，缁磷及此年。"孟郊《杏殇》之八："此儿自见灾，花发多不谐。"❸特指与世俗相谐合。李白《答王十二寒夜独酌有怀》："一生傲岸苦不谐，恩疏媒劳志多乖。"储光羲《同王十三维偶然作十首》之六："弃置谁复道，但悲生不谐。"李康成《句》："运命倘不谐，隔壁无津梁。"白居易《效陶潜体诗十六首》之一四："蹉跎五十余，生世苦不谐。"施肩吾《定情乐》："敢嗟君不怜，自是命不谐。"❹与。杜甫《病后遇王倚饮赠歌》："兼求富豪且割鲜，密沽斗酒谐终宴。"司空图《赠步寄李员外》："更喜谐招隐，诗家有望郎。"吴融《赴阙次留献荆南成相公三十韵》："自念为迁客，方谐谒上公。"李中《依韵和蠡泽王去微秀才见寄》："咫尺风骚客，难谐面继酬。"❺成功；实现。李白《春感诗》："茫茫南与北，道直事难谐。"钱起《题吴通微主人》："食贫无尽日，有愿几时谐。"皎然《春日又送潘述之扬州》："离恨夺赏心，不得谐所愿。"李中《献中书张舍人》："飞腾谐素志，霄汉是前程。"司空图《游仙二首》之二："刘郎相约事难谐，雨散云飞自此乖。"❻诙谐；戏谑。杜甫《社日两篇》之一："尚想东方朔，诙谐割肉归。"韩愈《送灵师》："饮酒尽百盏，嘲谐思逾鲜。"又《晚秋郾城夜会联句》："诙谐酒席展，慷慨戎装著。"李商隐有《俳谐》。

【諧和】 协调；和谐。寒山《诗三百三首》之一五八："作事不谐和，触途成倥偬。"李绅《过梅里七首·忆东郭居》："笙磬谅谐和，庭除还洒扫。"李郢《为妻作生日寄意》："鸳鸯交颈期千岁，琴瑟谐和愿百年。"魏氏《赠外》："谐和类琴瑟，坚固同胶漆。"

【諧笑】 谈笑；戏笑。韩愈《醉赠张秘书》："性情渐浩浩，谐笑方云云。"段成式《和周繇见嘲》序："辄鸣瓦缶，方应金铙。拗辅宜哈，足代谐笑。"

【諧宫合徵】 （—zhǐ）同"谐宫徵"。贯休《续姚梁公座右铭》："一此一彼，谐宫合徵。"

【諧宫徵】 （—zhǐ）谐合声律。宫、徵，均为古代五音名。权德舆《元和元年蒙恩封成纪县伯时室中封安喜县君感庆兼怀聊申贺赠》："珩璜联采组，琴瑟谐宫徵。"

【諧律】 谓与音律谐合。白居易《江楼夜吟元九律诗成三十韵》："清楚音谐律，精微思入玄。"

【諧聲】 谐合声韵。李绅《皋桥》："鸿鹄羽毛终有志，素丝琴瑟自谐声。"

【諧戲】 嬉戏调笑。洛中举子《又赠》序："茂英为酒纠，谐戏颇洽。"

謔 〔xuè《广韵》虚約切，入藥，曉。〕❶开玩笑；嘲弄。李白《陌上桑》："不知谁家子，调笑来相谑。"权德舆《户部王曹长杨考功崔刑部二院长并同钟陵使府之旧因以寄赠又陪郎署喜甚常僚因书所怀且叙所知》："解颐通善谑，喻指穷精义。"白居易《携诸山客同上香炉峰遇雨而还沾濡狼籍互相笑谑题此解嘲》："袜污君相谑，鞋穿我自哈。"李商隐《骄儿诗》："或谑张飞胡，或笑邓艾吃。"陈陶《宿岛径夷山舍》："山涛谑细君，吾岂厌蓬莱。"❷乐；喜乐。李白《将进酒》："陈王昔时宴平乐，斗酒十千恣欢谑。"独孤及《送相里郎中赴江西》："共求数刻欢，戏谑君此堂。"卢仝《寄赠含曦上人》："见时谈谑乐，四座尽角嘴。"元稹《表夏十首》之五："凭此遣幽怀，非言念将谑。"徐夤《杏园》："凭谁为谑穆天子，莫把瑶池并曲江。"

【謔浪】 ❶调笑戏弄。李白《赠友人三首》之三："谑浪万古贤，以为儿童剧。"又《玉壶吟》："揄扬九重万乘主，谑浪赤墀青琐贤。"又《玩月金陵城西孙楚酒楼达曙歌吹日晚乘醉著紫绮裘乌纱巾与酒客数人棹歌秦淮往石头访崔四侍御》："谑浪棹海客，喧呼傲阳侯。"刘禹锡《历阳书事七十韵》："谑浪容优孟，娇怜许智琼。"❷戏嬉游乐。储光羲《献华阴罗丞别》："淹留琼树枝，谑浪春泉水。"李白《别山僧》："谑浪肯居支遁下，风流还与远公齐。"又《寻鲁城北范居士失道落苍耳中见范置酒摘苍耳作》："风流自簸荡，谑浪偏相宜。"裴度《刘二十八自汝赴左冯涂经洛中相见联句》："频年多谑浪，此夕任喧纷。"

謁 〔yè《广韵》於歇切，入月，影。〕❶陈述；告诉。韦应物《送崔叔清游越》："野情岂好谒，诗兴一相留。"韩愈《送张侍郎》："司徒东镇驰书谒，丞相西来走马迎。"又《送文畅师北游》："昔在四门馆，晨有僧来谒。"又《和侯协律咏笋》："妇懦咨料拣，儿痴谒尽髡。"❷请；请示。杨汝士《和宗人尚书嗣复祠祭武侯毕题临淮公旧碑》："昔谒从征盖，今闻拥信旗。"李频《长安书怀投知己》："所学尽雕虫，知难谒至公。"❸见。张南史《独孤常州北亭》："俗赖褰帷谒，人欢倒屣迎。”刘禹锡《送张盥赴举诗》：“长裾来谒我，自号庐山人。”无可《赠诗僧》：“来谒吾曹者，呈诗问否臧。”杜牧《怀钟陵旧游四首》之一：“一谒征南最少年，虞卿双璧截肪鲜。”❹拜望；拜见。孟浩然《陪李侍御访聪上人禅居》：“欣逢柏台友，共谒聪公禅。”卢纶《送李缃》：“旧国仍连五将营，儒衣何处谒公卿。”刘鲁风《江西投谒所知为典客所阻因赋》：“万卷书生刘鲁风，烟波万里谒文翁。”杨衡《送陈房谒抚州周使君》：“去谒临川守，因怜鹤在笼。”杜荀鹤《将过湖南经马当山庙因书三绝》之二：“贪残官吏虔诚谒，毒害商人沥胆过。”❺指朝见皇帝。魏征《述怀》：“杖策谒天子，驱马出关门。”李白《走笔赠独孤驸马》：“是时仆在金门里，待诏公车谒天子。”白居易《新乐府·驯犀》：“一朝得谒大明宫，欢呼拜舞自论功。”刘赞《赠罗隐》：“明主既难谒，青山何不归。”❻往；赴。李白《春日归山寄孟浩然》：“朱绂遗尘境，青山谒梵筵。”萧颖士《仰答韦司业垂访五首》之四：“彭阳昔游说，愿谒南郢都。”牟融《送报本寺分韵得通字》：“几度乘闲谒梵宫，此郎声价重江东。”黄滔《喜翁文尧员外病起》：“昨日已如虎，今朝谒荀池。”❼官名。见“謁者”。

【謁大巫】 拜望尊长。大巫，喻指德高望重之人。杜甫《赠韦左丞丈》：“不谓矜余力，还来谒大巫。”

【謁天階】 指朝见皇帝。天阶，皇宫之台阶。岑参《至大梁却寄匡城主人》：“无由谒天阶，却欲归沧浪。”护国《题王班水亭》：“布衣闲自贵，何用谒天阶。”

【謁見】 ❶通名刺进见。后泛指拜见、拜望。吕岩《题四明金鹅寺壁》：“我来谒见不得见，谒心耿耿生埃尘。”❷特指朝见皇帝。薛存诚有《谒见日将至双阙》。

【謁者】 ❶官名。始置于春秋战国，秦汉因之。掌宾赞受事。唐改为通事舍人，隶中书省。见《新唐书·百官志二》。王维《送张舍人佐江州同薛璩十韵》：“束带趋承明，守官唯谒者。”刘禹锡《和董庶中古散调词赠尹果毅》：“谒者既清宫，诸侯各罢戏。”又《和令狐相公送赵常盈炼师与中贵人同拜岳及天台投龙毕却赴京》：“银珰谒者引蜺旌，霞帔仙官到赤城。”❷指赴阙上书言事的人。李咸用《依韵修睦上人山居十首》之五：“汉庭谒者休言事，鲁国诸生莫问津。”

【謁金門】 唐教坊曲名。后用为词牌。双词四十五字，仄韵。韦庄有《谒金门》词三首。牛希济有《谒金门》词一首。薛昭蕴有《谒金门》词一首。魏承班有《谒金门》词三首。

【謁承明】 谓入朝觐见。承明，汉宫殿名，为侍臣值宿之处。李华《云母泉诗》：“恩光起憔悴，西上谒承明。”皇甫曾《奉寄中书王舍人》：“腰金载笔谒承明，至道安禅得此生。”钱起《送张中丞赴桂州》：“寇恂朝望重，计日谒承明。”杨持《寄朗陵兄》：“行看换龟组，奏最谒承明。”

【謁後塵】 拜见与追随。犹言步其后尘。牛僧孺《席上赠刘梦得》：“莫嫌恃酒轻言语，曾把文章谒后尘。”

【謁帝】 朝见皇帝。王维《燕支行》：“汉家天将才且雄，来时谒帝明光宫。”权德舆《送张仆射朝见毕归镇》：“独奉新恩来谒帝，感深更见新诗丽。”姚合《送进士田卓入华山》：“业成须谒帝，无贮白云心。”皮日休《夏景冲澹偶然作二首》之二：“他年谒帝言何事，请赠刘伶作醉侯。”

【謁帝閽】 谓入朝觐见天子。语本《楚辞·屈原〈离骚〉》：“吾令帝阍开关兮，倚阊阖而望予。”王逸注：“帝，谓天帝。阍，主门者也。”韦庄《夏初与侯补阙江南有约同泛淮汴西赴行朝补阙由淮楚续至泗上寝病旬日遽闻捐馆回首悲恸因成长句四韵吊之》：“本约同来谒帝阍，忽随川浪去东奔。”黄滔《寄陈磻隐居》：“须到三征处，堂堂谒帝阍。”

【謁客】 持名刺求见的客人。后泛指来客。李端《晚春过夏侯校书值其沉醉戏赠》：“谒客唯题凤，偷儿欲觇毡。”白居易《与僧智如夜话》：“门闲无谒客，室静有禅僧。”

【謁陵】 拜谒皇陵。张籍《题渭北寺上方》：“昔祭郊坛今谒陵，寺中高处最来登。”

【謁聖人】 朝见皇帝。古代称天子为“圣人”。李白《赠从弟南平太守之遥二首》之一：“天门九重谒圣人，龙颜一解四海春。”

【謁醫】 求医。陆龟蒙《袭美先辈以龟蒙所献五百言既蒙见和复示荣唱再抒鄙怀用伸酬谢》：“枯腐尚求律，膏肓犹谒医。”

謂 〔wèi《广韵》于貴切，去未，云。〕❶说。韦应物《同德精舍养疾寄河南兵曹东厅掾》：“孰谓无他人，思君岁云变。”窦群《草堂夜坐》：“勿谓相去远，壮心曾不停。”白居易《哭孔戡》：“谓天果爱民，胡为夺其年。”陆龟蒙《奉酬袭美先辈吴中苦雨一百韵》：“谓我同光尘，心中有溟渤。”韦庄《金陵图》：“谁谓伤心画不成，画人心逐世人情。”❷告诉；对……说。李白《古风》之三一：“秦人相谓曰，吾属可去矣。”杜甫《飞仙阁》：“叹息谓妻子，我何随汝曹。”韩愈《酬裴十六功曹巡府西驿途中见寄》：“相公谓御史，劳子去自巡。”元稹《感梦》：“因言前夕梦，无人一相谓。”❸以为，认为。阎德隐《薛王花烛行》：“富贵荣华实可怜，路傍观者谓神仙。”杜甫《奉赠韦左丞丈二十二韵》：“自谓颇挺出，立登要路津。”韩愈《送侯参谋赴河中幕》：“尔时心气壮，百事谓已能。”裴夷直《前山》：“只谓一苍翠，不知犹数重。”吴融《简州归降贺京兆公》：“古谓伐谋为上策，今看静胜自中台。”❹叫做；称为。王维《胡居士卧病遗米因赠》："色声何谓客，阴界复谁守。"白居易《赠友五首》之一："君出臣奉行，谓之握金镜。"皮日休《正乐府十篇·贱贡士》："所以谓得人，所以称多士。"徐铉《咏梅子真送郭先辈》："至今仙籍中，谓之梅真人。"❺料到；想到。骆宾王《艳情代郭氏答卢照邻》："当时拟弄掌中珠，岂谓先摧庭际玉。"李白《江夏行》："只言期一载，谁谓历三秋。"韩愈《郑群赠簟》："谁谓故人知我意，卷送八尺含风漪。"白居易《寓意诗五首》之五："孰谓虫之微，虫蠹已无期。"张祜《悲纳铁》："谁谓今来正耕垦，却销农器作戈矛。"唐彦谦《吊方干处士二首》之一："不谓高名下，终全玉雪身。"❻意思；意义。韩愈《杂诗四首》之四："蛙黾鸣无谓，閤閤祗乱人。"李商隐《无题》："人生岂得长无谓，怀古思乡共白头。"又《所居》："前贤无不谓，容易即遗名。"❼令；使。杜甫《丹青引赠曹将军霸》："诏谓将军拂绢素，意匠惨澹经营中。"❽通"为"。介词。表示动作行为的原因。岑参《北庭贻宗学士道别》："君有贤主将，何谓泣途穷。"❾通"为"。犹"是"。见"謂誰"。

【謂言】 ❶以为。李白《东鲁见狄博通》："谓言挂席度沧海，却来应是无长风。"李颀《缓歌行》："结交杜陵轻薄子，谓言可生复可死。"苏涣《赠零陵僧》："张颠没在二十年，谓言草圣无人传。"戴叔伦《后宫曲》："初入长门宫，谓言君戏妾。"韩愈《赴江陵途中寄赠王二十补阙李十一拾遗李二十六员外翰林三学士》："谓言即施设，乃反迁炎州。"❷说是；言是。王维《黄雀痴》："黄雀痴，黄雀痴，谓言青鷇是我儿。"韩愈《孟生诗》："尝读古人书，谓言古犹今。"元稹《青云驿》："谓言青云驿，绣户芙蓉闺。"杜牧《张好好诗》："主人再三叹，谓言天下殊。"聂夷中《行路难》："谓言骨肉亲，中门如异域。"

【謂何】 如何；怎样。《诗·小雅·节南山》："赫赫师尹，不平谓何。"郑玄笺："谓何，犹云何也。"杜甫《白水明府舅宅喜雨》："精祷既不昧，欢娱将谓何。"韩愈《鸣雁》："违忧怀惠性匪他，凌风一举君谓何。"

【謂是】 说是。韩愈《秋怀诗十一首》之九："谓是夜气灭，望舒霣其团。"李商隐《骄儿诗》："交朋颇窥观，谓是丹穴物。"

【謂爲】 说是。白居易《有木诗八首》之三："谓为洞庭橘，美人自移植。"

【謂誰】 是谁。高适《同观陈十六史兴碑》："感叹将谓谁，对之空咄咄。"孟郊《楚竹吟酬卢虔端公见和湘弦怨》："识音者谓谁，清夜吹赠君。"乔备《杂诗》："君情将妾怨，称取谓谁多。"

諤 〔è《广韵》五各切，入鐸，疑。〕直言。王昌龄《淇上酬薛据兼寄郭微》："故交负奇才，逸气包謇谔。"刘禹锡《浙西李大夫述梦四十韵并浙东元相公酬和斐然继声》："南台资謇谔，内署选风骚。"

【諤諤】 忠直敢谏貌。语出汉韩婴《韩诗外传》卷七第八章："昔者吾友周舍有言，曰：'千羊之皮不若一狐之腋；众人之唯唯不若直士之谔谔。昔者商纣默默而亡，武王谔谔而昌。'"卢纶《寄赠库部王郎中》："谔谔汉名臣，从天令若春。"刘禹锡《浙西李大夫述梦四十韵并浙东元相公酬和斐然继声》："禁中时谔谔，天下免忉忉。"韦庄《和郑拾遗秋日感事一百韵》："谔谔宁惭直，堂堂不谢张。"周昙《咏史诗·春秋战国门·再吟(赵简子)》："谔谔能昌唯唯亡，亦由匡正得贤良。"

謏 〔xiǎo《广韵》先鳥切，上篠，心。又所六切，入屋，生。〕小。《玉篇·言部》："謏，小也。"见"謏才""謏儒"。

【謏才】 小才；菲薄之才。多用作谦词。殷寅《铨试后征山别业寄源侍御》："謏才甘自屏，薄伎忝余眷。"皎然《奉送袁高使君诏征赴行在效曹刘体》："謏才岂足称，深仁顾何偏。"贯休《寿春节进大蜀皇帝五首》之二："今以謏才歌睿德，犹如饮海妙难论。"齐己《喜夏雨》："欲赋随车瑞，濡毫渴謏才。"

【謏儒】 小儒。多用作谦词。卢纶《九日奉陪侍中宴白楼》："謏儒无以答，愿得备前军。"

諭 〔yù《广韵》羊戍切，去遇，以。〕❶明白；理解。皇甫冉《和中丞奉使承恩还终南旧居》："风霜清吏事，江海谕君恩。"元稹《和乐天感鹤》："因兹谕直质，未免柔细牵。"又《乐府古题·冬白纻歌》："子胥死后言为讳，近王之臣谕王意。"白居易《薛中丞》："自古已冥茫，从今尤不谕。"❷告知；告晓。戴叔伦《听霜钟》之二："因知谕知己，感激更难逢。"卢纶《纶与吉侍郎中孚司空郎中曙苗员外发崔补阙峒耿拾遗湋李校书端风尘追游向三十载数公俱沉下泉畅博士当感怀前踪有五十韵见寄辄有所酬以申悲旧》："谕以诗礼义，勖随宾荐名。"元稹《乐府古题·苦乐相倚曲》："转将深意谕旁人，缉缀瑕疵遗潜说。"柳宗元《韦道安》："却立不亲授，谕以从父行。"❸皇帝的诏令。亦指晓谕帝旨。李峤《安辑岭表事平罢归》："既弘天覆广，且谕皇恩博。"王维《送秘书晁监还日本国》序："去帝乡之故旧，谒本朝之君臣，咏七子之诗，佩两国之印，恢我王度，谕彼蕃臣。"柳宗元《奉平淮夷雅表·皇武》之九："弛其武刑，谕我德心。"无名氏《送薛大夫和蕃》："戎王归汉命，魏绛谕皇恩。"❹比喻；比拟。孟郊《寄陕府邓给事》："疾诉将何谕，肆鳞今倒悬。"元稹《含风夕》："馨香推蕙兰，坚贞谕松柏。"又《桐花》："非琴独能尔，事有谕因针。"周昙《咏史诗·春秋战国门·宫之奇》："贪怜璧马迷香饵，肯信之奇谕齿寒。"

【諭戒】 晓谕戒人的文告。刘禹锡《酬窦员外郡斋宴客偶命柘枝因见寄兼呈张十一院长元九侍御》："彩笔谕戎矜倚马，华堂留客看惊鸿。"

【諭指】 喻示旨意。元稹《春月》："视身琉璃莹，谕指芭蕉黄。"

【諭德】 太子宫官。唐龙朔二年(662年)置，左、右各一员，分隶左、右春坊，秩正四品下。掌对皇太子教谕道德，随事赞导、讽谏。见《新唐书·百官志四上》。权德舆有《送崔谕德致政东归》。

諡 同"謚"。

【諡議】 谓议定谥号。见明吴讷《文章辩体序说·谥议》。唐彦谦《咸通中始闻褚河南归葬阳翟是岁上平徐方大肆庆赏又诏八品锡其裔孙追叙风概因成二十韵》："文忠徒谥议，子卯但箫韶。"

諼 〔xuān《广韵》况袁切，平元，曉。又况晚切，上阮，曉。〕❶欺；欺诈。吴筠《览古十四首》之六："天鉴谅难诬，神理不可谖。"❷通"萱"。忘记。《诗·卫风·淇奥》："有匪君子，终不可谖兮。"毛传："谖，忘也。"张九龄《岁初巡属县登高安南楼言怀》："目尽有余意，心恻不可谖。"钱起《经李蒙颍阳旧居》："独有山阳宅，平生永不谖。"韩愈《江汉答孟郊》："何为复见赠，缱绻在不谖。"元稹《去杭州》："昔公事主尽忠谠，虽及死谏誓不谖。"白居易《赠元稹》："之子异于是，久处誓不谖。"❸通"諠"。喧哗。顾况《朝上清歌》："曼声流睇，和清歌些。至阳无谖，其乐多些。"

諷 〔fěng《广韵》方鳳切，去送，非。〕❶背诵；朗读；传诵。裴耀卿《敬酬张九龄当涂界留赠之作》："徒然恨饥渴，况乃讽瑶琼。"岑参《虢中酬陕西甄判官见赠》："昼吟庭花落，夜讽山月移。"韩愈《答孟郊》："朝餐动及午，夜讽恒至卯。"孟郊《奉报翰林张舍人见遗之诗》："昔咏多写讽，今词讵无因。"郑谷《送祠部曹郎中郯出守洋州》："旧制诗多讽，分忧俗必康。"❷用很委婉的语言暗示、规劝或指责。储光羲《贻袁三拾遗谪作》："珥笔朝文陛，含章讽紫宸。"刘禹锡《读张曲江集作》引："自退相守荆门，有拘囚之思，托讽禽鸟，寄词草树，郁然有骚人风。"白居易《读张籍古乐府》："读君学仙诗，可讽放佚君。"张祜《到广陵》："嗜酒几曾群众小，为文多是讽诸侯。"徐夤《渤海宾贡高元固先辈闽中相访云本国人写得夤斩蛇剑御沟水人生几何赋家皆以金书列为屏障因而有赠》："郯子昔时遭孔圣，繇余往代讽秦宫。"

【諷吟】 吟诵，朗诵。白居易《和微之诗二十三首·和送刘道士游天台》："佩服交带箓，讽吟蕊珠文。"

【諷刺】 以委婉的语言进行批评。白居易《新乐府·采诗官》："君兮君兮愿听此，欲开壅蔽达人情，先向歌诗求讽刺。"高骈《途次内黄马病寄僧舍呈诸友人》："依违讽刺因行得，澹泊供需不在求。"

【諷味】 讽诵体味、玩味。玄宗《端午三殿宴群臣探得神字》序："讽味黄老，致息心于真妙，抑扬游夏，涤烦想于诗书。"刘长卿《送薛据宰涉县》："夫君多述作，而我常讽味。"

【諷詠】 讽诵吟咏。岑参《敬酬杜华淇上见赠兼呈熊曜》："赖蒙瑶华赠，讽咏慰怀抱。"权德舆《酬主客仲员外见贺正除》："周班每喜簪裾接，郢曲偏宜讽咏频。"韩愈《喜侯喜至赠张籍张彻》："摇摇不可止，讽咏日喁噞。"白居易《爱咏诗》："辞章讽咏成千首，心行归依向一乘。"贾岛《重酬姚少府》："隙月斜枕旁，讽咏夏贻什。"

【諷誦】 ❶背诵；吟诵。杜甫《寄岑嘉州》："谢朓每篇堪讽诵，冯唐已老听吹嘘。"皮日休《正乐府十篇》序："小师之职，掌讽诵诗。"郑谷《读故许昌薛尚书诗集》："楷模劳梦想，讽诵爽精神。"❷指作诗歌颂。杜荀鹤《献长沙王侍郎》："美化事多难讽诵，未如耕钓口分明。"

【諷賦】 运用词赋进行讽谏。杜牧《张好好诗》："飘然集仙客，讽赋欺相如。"

【諷興】 (—xìng)托物起兴进行讽劝。元稹《乐府古题序》："况自风雅至于乐流，莫非讽兴当时之事，以贻后代之人。"

【諷諫】 用委婉的语言劝谏君主。刘禹锡《浙西李大夫述梦四十韵并浙东元相公酬和斐然继声》："讽谏欣然纳，奇觚率尔操。"贯休《寄冯使君》："为文攀讽谏，得道在毫厘。"

【諷諭】 以婉言劝说。元结《酬孟武昌苦雪》："不能救时患，讽谕以全意。"白居易《新乐府·采诗官》："若求讽谕规刺言，万句千章无一字。"李咸用《览友生古风》："分明古雅声，讽谕成凄切。"

【諷議】 讽谏议论。裴耀卿《酬张九龄使风见示》："宣室才华子，金闺讽议臣。"白居易《新乐府·采诗官》："不是章句无规刺，渐及朝廷绝讽议。"

【諷讀】 诵读。白居易《和答诗十首》序：凡二十章，率有兴比，淫文艳韵，无一字焉，意者欲足下在途讽读，且以遣日时，消忧懑。"

諮 〔zī《广韵》即夷切，平脂，精。〕同"咨"。❶征询；商议。白居易《赠皇甫庶子》："更愧小胥咨拜表，单衫冲雪夜深来。"杜牧有《中丞业深韬略志在功名再奉长句一篇兼有谘劝》。❷官名。参见"諮議"。

【諮量】 (—liáng)咨询商议。鲍溶《山中冬思二首》之二："露脚寻逸僧，谘量意中事。"

【諮議】 官名。谘议参军之省称。诸王府中备谘询顾问。戎昱《衡阳春日游僧院》："曾共刘谘议，同时事道林。"李白有《赠崔咨议》。

【諮諏】 指鸟鸣声。卢延让《冬夜》："树上谘诹批颊鸟，窗间壁驳叩头虫。"

諳 〔ān《广韵》烏含切，平覃，影。〕❶熟悉。李端《题故将军庄》："塞北征儿谙用剑，关西宿将许登坛。"刘禹锡《秋夕不寐寄乐天》："何人谙此景，远问白先生。"韩偓《从猎三首》之一："猎犬谙斜路，宫嫔识认旗。"李建勋《闲游》："马谙频到路，僧借旧眠床。"❷知；了解。张说《登九里台是樊姬墓》："不怀沈尹禄，谁谙叔敖贤。"王建《原上新居十三首》之一三："新识邻里面，未谙村社情。"又《新嫁娘词三首》之三："未谙姑食性，先遣小姑尝。"元稹《寄乐天》："二十年来谙世路，三千里外老江城。"崔涂《春日闲居忆江南旧业》："渐谙浮世事，转忆故山春。"无名氏《题取经诗》："后贤如未谙斯旨，往往将经容易看。"❸经历；经受。杜甫《将赴成都草堂途中有作先寄严郑公五首》之一："五马旧曾谙小径，几回书札待潜夫。"耿湋《赠田家翁》："门闾新薙草，蹊径旧谙山。"戎昱《送张秀才之长沙》："君向长沙去，长沙仆旧谙。"白居易《忆江南词三首》之一："江南好，风景旧曾谙。"杜牧《秋晚怀茅山石涵村舍》："十亩山田近石涵，村居风俗旧曾谙。"❹体味；尝。白居易《自问》："宦途气味已谙尽，五十不休何日休。"

【諳耳】 谓熟记在耳。韩愈《咏雪赠张籍》："惟子能谙耳，诸人得语哉。"

【諳事】 深知事理世故。刘禹锡《酬乐天咏老见示》："经事还谙事，阅人如阅川。"

【諳知】 熟知；深知。王梵志《诗》之六五："在处人携接，谙知无负心。"

【諳悉】 熟知；熟悉。杨衡《送王秀才往安南》："君为蹈海客，客路谁谙悉。"

【諳詳】 熟悉详尽。白居易《竹窗》："乃知前古人，言事颇谙详。"

【諳熟】 熟悉。温庭筠《自有扈至京师已后朱樱之期》："秦苑飞禽谙熟早，杜陵游客恨来迟。"

諦 〔dì《广韵》都計切，去霽，端。〕❶注意；细察。参见"諦視""諦聽"。❷佛教语。意为真实不虚之理。佛教认为有两种真理，即俗谛（又称"世谛""世俗谛"）和真谛（又称"胜义谛""第一义谛"），谓之二谛。高适《同马太守听九思法师讲金刚经》："途经世谛间，心到空王外。"耿湋《春日游慈恩寺寄畅当》："浮世今何事，空门此谛真。"顾况《从江西至彭蠡入浙西淮南界道中寄齐相公》："能依二谛法，了达三轮空。"元稹《大云寺二十韵》："真谛成知别，迷心尚有云。"欧阳兖《月峰寺忆理公》："二谛欣咨启，还应梦寐通。"

【諦苦】 即苦谛。佛教四谛之一。佛教认为世俗间的一切，本性皆谛苦。王维《赠吴官》："空摇白团其谛苦，欲向缥囊还归旅。"

【諦視】 注意察看。韩愈《落齿》："人言齿之豁，左右惊谛视。"

【諦聽】 认真听；仔细听。白居易《霓裳羽衣歌》："当时乍见惊心目，凝视谛听殊未足。"姚合《听僧云端讲经》："远近持斋来谛听，酒坊鱼市尽无人。"吕岩《劝世》："谛听吾言，神钦鬼伏。"

謎 〔mí《广韵》莫計切，去霽，明。《集韵》緜批切，平齊，明。〕❶谜语。见"謎語"。❷指难以理解的语言或事物。元稹《酬乐天东南行诗一百韵》："夷音啼似笑，蛮语谜相呼。"

【謎語】 暗射事物或分解文字供人猜测的隐语。《文心雕龙·谐讔》："自魏代以来，颇非俳优，而君子嘲隐，化为谜语。谜也者，回互其辞，使昏迷也。或体目文字，或图象品物，纤巧以弄思，浅察以衒辞。义欲婉而正，辞欲隐而显。"张籍《和左司元郎中秋居十首》之二："古镜铭文浅，神方谜语多。"

諠 〔xuān《广韵》況袁切，平元，曉。〕声大而嘈杂。李白《答从弟幼成过西园见赠》："一身自潇洒，万物何嚣諠。"韦应物《送丘员外还山》："还辞郡邑諠，归泛松江渌。"任华《怀素上人草书歌》："不因礼部张公将尔来，如何得声名一旦諠九垓。"权德舆《和李大夫西山祈雨因感张曲江故事十韵》："歌谣諠泽国，稼穑遍原田。"皮日休《二游诗·徐诗》："一卧寂无諠，数编看尽彻。"

【諠呼】 喧哗呼喊。韦庄《和郑拾遗秋日感事一百韵》："僭侈彤襜乱，諠呼绣靸攘。"

【諠聒】 喧嚣刺耳。独孤及《代书寄上李广州》："独有舆人歌，隔云声諠聒。"。

【諠閑】 喧闹与安闲。白居易《招王质夫》："諠闲迹相背，十里别经旬。"

【諠靜】 喧闹与宁静。白居易《郡中西园》："始悟諠静缘，何尝系远迩。"护国《归山作》："諠静各有路，偶随心所安。"

【諠諠】 形容声音宏大而嘈杂。沈佺期《李舍人山园送庞邵》："符传有光辉，諠諠出帝畿。"白居易《长安正月十五日》："諠諠车骑帝王州，羁病无心逐胜游。"

【諠繁】 喧哗，吵闹。白居易《赎鸡》："清晨临江望，水禽正諠繁。"

【諠譁】 ❶形容声音大而嘈杂。韦应物《清都观答幼遐》："却念諠哗日，何由得清凉。"韩愈《读东方朔杂事》:“欲不布露言,外口实諠哗。”白居易《和微之诗二十三首·和新楼北园偶集从孙公度周巡官韩秀才卢秀才范处士小饮》:“芳草供枕藉,乱莺助諠哗。”陆龟蒙《奉酬袭美先辈吴中苦雨一百韵》:“諠哗不入耳,谗佞不挂舌。”❷指尘世间的喧嚣吵闹。皎然《禅思》:“寂灭本非寂,諠哗曾未喧。”贯休《山居诗二十四首》之一:“休话諠哗事事难,山翁只合住深山。”❸大声说话。周昙《咏史诗·春秋战国门·陈轸》:“丹青徒有逞諠哗,有足由来不是蛇。”亦指大声鸣叫。白居易《虾蟆》:“天又与其声,得以相諠哗。”罗隐《蟋蟀诗》:“勿徇諠哗,鼠岂无牙。”

【諠阗】 嘈杂拥护。形容繁华热闹。沈青箱《过台城感旧》:“繁华今寂寞,朝市昔諠阗。”

【諠驅】 呼喊驰驱。张籍《伤歌行》:“邮夫防吏急諠驱,往往惊堕马蹄下。”

【諠嚣】 喧哗嘈杂。吴筠《游仙二十四首》之二:“吾方遗諠嚣,立节慕高举。”

諝 〔xū《广韵》相居切,平魚,心。又私吕切,上語,心。〕才智。《说文·言部》:“谞,知也。”亦作人名用字。唐代有诗人裴谞,《全唐诗》卷八八七收诗一首。

諱 〔huì《广韵》許貴切,去未,曉。〕❶忌讳。杜甫《哭韦大夫之晋》:“鹏鸟长沙讳,犀牛蜀郡怜。”元稹《乐府古题·冬白纻》:“子胥死后言为讳,近王之臣论王意。”卢仝《月蚀诗》:“孔子父母鲁,讳鲁不讳周。”姚合《塞下曲》:“战须移死地,军讳杀降兵。”詹敦仁《复留侯从效问南汉刘岩改名龑字音义》:“古者不嫌名,周公始称讳。始讳犹未酷,后习转多忌。”❷隐瞒;隐讳。鲍溶《经隐叟》:“殷勤讳名姓,莫遣樵客闻。”吴融《倒次元韵》:“易判期已远,难讳事还新。”李洞《戏赠侯常侍》:“两蜀词人多载后,同君讳却马相如。”李商隐《百果嘲樱桃》:“流莺犹故在,争得讳含来。”❸回避。杜甫《敬寄族弟唐十八使君》:“物白讳受玷,行高无污真。”寒山《诗三百三首》之二二:“有一餐霞子,其居讳俗游。”袁不约《离家》:“宿酒宁辞醉,回书讳苦言。”❹所隐讳或避忌的人名或事物。元稹《阳城驿》:“我愿避公讳,名为避贤邮。”

【諱老】 忌讳言自己年老。杜荀鹤《戏题王处士书斋》:“欺春只爱和醅酒,讳老犹看夹注书。”

【諱年】 忌讳言及自己的年龄。元稹《遣病十首》之三:“今来渐讳年,顿与前心别。”

【諱言】 忌讳说;不愿说。李端《题山中别业》:“生涯只粗粝,吾岂讳言穷。”

十 画

謷 〔ào《广韵》五到切,去号,疑。〕通“傲”。高傲。刘禹锡《游桃源一百韵》:“謷然不屑意,元气贮肝膈。”

講 〔jiǎng《广韵》古項切,上講,見。〕❶讲解;宣讲。韩愈《题张十八所居》:“端来问奇字,为我讲声形。”元稹《答姨兄胡灵之见寄五十韵》:“尽日听僧讲,通宵咏月明。”朱庆余《送惠雅上人西游》:“望云回寺晚,为讲到城迟。”韦庄《东林寺再遇僧益大德》:“上讲每教倾国听,承恩偏得内官饶。”齐己《题中上人院》:“高房占境幽,讲退即冥搜。”❷谈论;评议。许棠《送从弟筹任告成尉》:“唯应寻隐者,闲寺讲仙书。”❸讲求;重视。杨巨源《述旧纪勋寄太原李光颜侍中二首》之二:“料敌知机在方寸,不劳心力讲阴符。”❹演习;练习。参见“講兵”“講戎”。

【講下】 讲席之下。刘禹锡《送僧仲剬东游兼寄呈灵澈上人》:“高筵谈柄一麈拂,讲下门徒如醉醒。”李商隐《酬崔八早梅有赠兼示之作》:“维摩一室虽多病,亦要天花作道场。”自注:“时余在惠祥上人讲下,故崔落句有梵王宫地罗含宅,赖许时时听法来。”

【講丐】 考校寻求。李节《赠释疏言还道林寺诗》序:“因四求散逸不成蕴帙者,至释祠而不见焚而副剩者,又命讲丐以补缮缺漏者。”

【講石】 高僧讲经的石台。许浑《和浙西从事刘三复送僧南归》:“满院草花平讲石,绕龛藤叶盖禅床。”张蠙《寄太白禅师》:“斋厨唯有橡,讲石任生藤。”

【講戎】 演习作战。高适《信安王幕府诗》:“讲戎喧涿野,料敌静居延。”

【講易】 讲述《易经》的经义。王建《别李赞侍御》:“讲易工夫寻已圣,说诗门户别来情。”

【講易臺】 台名。为阳羡(今江苏省宜兴市)的名胜之一。陆希声有《阳羡杂咏十九首·讲易台》。

【講兵】 演习练兵。张祜《游蔚过昭陵十六韵》:“讲兵将耀德,猎渭本搜贤。”

【講坐】 同“講座”。孙逖《奉和崔司马游云门寺》:“香台花下出,讲坐竹间逢。”刘禹锡《酬国子崔博士立之见寄》:“胄子执经瞻讲坐,郎官共食接华茵。”

【講序】 犹讲堂。序,学校。张籍《赠殷山人》:“讲序居重席,群儒愿执鞭。”

【講武】 讲习武事;练兵。独孤及《酬皇甫侍御望天灊山见示之作》:“讲武威已耀,学仙功未艾。”叶季良《省试吴宫教美人战》:“强吴矜霸略,讲武在深宫。”张祜《华清宫和杜舍人》:“欢康昔时乐,讲武旧兵场。”

【講武場】 战争的场地。韦庄《和郑拾遗秋日感事一百韵》:“自此修文代,俄成讲武场。”

【講事】 指讲习武事。崔元翰《奉和登玄武楼观射即事书怀赐孟涉应制》:“讲事一临幸,加恩遍抚巡。”

【講信】 进求信用。息夫牧《冬夜宴萧十丈因饯殷郭二子西上》序:“始崇诗以阅礼,终讲信而修睦。”

【講律】 宣讲佛教戒律。许浑《题冲沼上人院》:“天寒犹讲律,雨暗尚寻经。”

【講時】 高僧讲经之时。刘禹锡《送慧则法师归上都因呈广宣上人》:“昨日东林看讲时,都人象马蹋琉璃。”杜牧《宣州开元寺赠惟真上人》:“夜深月色当禅处,斋后钟声到讲时。”

【講時鐘】 即讲经钟。张籍《寄李渤》:“五度溪头踯躅红,嵩阳寺里讲时钟。”参见“講經鐘”。

【講師】 宣讲佛经的僧人。释元康有《与讲师互谑》,注:“元康入京,见一法师,盛集徒众讲经。与申问往返,戏之云云。讲师亦复之,盖讥康之无生徒也。”。

【講席】 ❶硕儒讲学的席位。岑参《文公讲堂》:“讲席何时散,高台岂复全。”刘禹锡《游桃源一百韵》:“买山构精舍,领徒开讲席。”刘兼《万葛树》:“静铺讲席麟经润,高拂口枝兔影分。”❷高僧宣讲佛经的席位。孟浩然《题融公兰若》:“芰荷薰讲席,松柏映香台。”司空曙《赠衡岳隐禅师》:“讲席旧逢山鸟至,梵经初向竺僧求。”刘禹锡《秋日过鸿举法师寺院便送归江陵》:“客至茶烟起,禽归讲席收。”雍陶《赠宗静上人》:“闲花飘讲席,驯鸽污禅衣。”

【講座】 高僧讲经或儒师讲学的座位。元稹《度门寺》:“由旬排讲座,丈六写真容。”

【講堂】 ❶讲授儒家经籍的学堂。杜甫《题衡山县文宣王庙新学堂呈陆宰》:“讲堂非曩构,大屋加涂塈。”元稹《哭子十首》之六:“寂寞讲堂基址在,何人车马入高门。”卢照邻有《文翁讲堂》。岑参有《文公讲堂》。❷高僧宣讲佛经的殿堂。刘禹锡有《金陵五题·生公讲堂》。

【講習】 讲解;讨论研习。褚琇《奉和圣制送张说上集贤学士赐宴》:“讲习延东观,趋陪盛北宫。”钱起《九日宴浙江西亭》:“四子醉时争讲习,笑论黄霸旧为邦。”

【講鈔】 宣讲和抄写佛经。周贺《哭闲霄上人》:“林径西风急,松枝讲钞余。”

【講道】 ❶讲授儒家经籍学说。王建《送张籍归江东》:“昔岁同讲道,青襟在师傍。”❷讲授佛经佛法。皎然《和李侍御萼岁初夜集处士书阁》:“放歌还倚瑟,讲道亦观书。”广宣《降诞日内庭献寿应制》:“修斋长乐殿,讲道大明宫。”

【講疏】 犹讲稿。许棠《送元遂上人归吴中》:“印心谁受请,讲疏自携归。”曹松《慈母寺贻楚霄上人》:“入内谈经彻,空携讲疏还。”

【講筵】 ❶义同“講席❶”。姚合《和高谏议蒙兼宾客时入翰苑》:“紫殿讲筵邻御座,青宫宾榻入龙楼。”❷义同“講席❷”。孟郊《教坊歌儿》:“去年西京寺,众伶集讲筵。”刘禹锡《海门潮别浩初师》:“前日过萧寺,看师上讲筵。”段义宗《题大慈寺芍药》:“繁影夜铺方丈月,异香朝散讲筵风。”蜀太后徐氏《三学山夜看圣灯》:“猿来斋石上,僧集讲筵中。”

【講義】 指讲解经义的书。羊士谔《郡斋读经》:“息阴惭蔽芾,讲义得醍醐。”

【講解】 讲述、解释。韩愈《石鼓歌》:“圣恩若许留太学,诸生讲解得切磋。”齐己《赠刘五经》:“群经通讲解,八十尚轻安。”

【講殿】 讲授儒家经籍的殿堂。亦指高僧宣讲佛法的殿堂。杜甫《夔府书怀四十韵》:“凶兵铸农器,讲殿辟书帷。”张籍《送闲师归江南》:“讲殿偏追入,斋家别请行。”皮日休《送圆载上人归日本国》:“讲殿谈余著赐衣,椰帆却返旧禅扉。”

【講經】 宣讲佛经。亦指讲解儒家经籍。刘禹锡《赠别约师》:“春雨同栽树,秋灯对讲经。”周贺《送分定归灵夏》:“南游多老病,见说讲经稀。”贾岛《送安南惟鉴法师》:“讲经春殿里,花绕御床飞。”无名氏《礼闱阶前春草生》:“微开曳履处,常对讲经前。”

【講經筵】 讲解儒家经籍的席位。元稹《献荥阳公诗五十韵》:“风攒题字扇,鱼落讲经筵。”

【講經鐘】 高僧讲经时敲击的钟。殷尧藩《送景玄上人还山》:“嵩阳听罢讲经钟,远访庭闱锡度空。”

【講鐘】 即讲经钟。贾岛《送僧》:“王侯皆护法,何寺讲钟鸣。”

【講説】 宣讲;阐述。韩愈《华山女》:“黄衣道士亦讲说,座下寥落如明星。”

【講誦】 讲授,诵读。皇甫冉《夜集张諲所居》:“诸生陪讲诵,稚子给渔樵。”

【講德】 《文选·王褒〈四子讲德论〉》:“褒既为益州刺史王襄作中和、乐职、宣布之诗,又作传,名曰四子讲德,以明其意焉。”李善注引《汉书·王褒传》如淳注:“言王政中和,在官者乐其职,《国语》所谓宣布哲人之令德也。”后因以谓讲论美德及德政。卢象《奉和张使君宴加朝散》:“只应将四子,讲德谢知音。”高适《奉酬睢阳李太守》:“讲德良难敌,观风岂易俦。”岑参《送严黄门拜御史大夫再镇蜀川兼觐省》:“登坛汉主用,讲德蜀人思。”窦庠《东都嘉量亭献留守韩仆射》:“有时闲讲德,永日静观风。”欧阳詹《读周太公传》:“论兵去商虐,讲德兴周道。”

【講德遊藝】 讲论仁德，学习儒家经籍。皇甫冉《送陆鸿渐赴越》序：“尚书郎鲍侯，知子爱子者，将推食解衣以拯其极，讲德游艺以凌其深，岂徒尝镜水之鱼、宿耶溪之月而已。”参见“講德”。

【講論】 讲谈；议论。孟浩然《宴张别驾新斋》：“讲论陪诸子，文章得旧朋。”张籍《别段生》：“同在道路间，讲论亦未亏。”

【講樹】 指柳树。语出北周庾信《哀江南赋》：“移谈讲树，就简书筠。”倪璠注：“讲树，当是引高士事。《晋书》曰：‘嵇康家有盛柳树，恒居其下，亲旧以鸡酒往与啖，清谈而已。’”方干《茅山赠洪拾遗》：“溪头讲树缆渔艇，篋里朝衣输酒家。”

【講學】 ❶讲解儒家经籍。权德舆《国子柳博士兼领太常博士辄申贺赠》：“讲学分阴重，斋祠晓漏残。”刘禹锡《敬宗睿武昭愍孝皇帝挽歌三首》之三：“讲学金华殿，亲耕钩盾田。”❷学习，研究。玄宗《赐诸州刺史以题座右》：“讲学试诵论，阡陌劝耕桑。”

【講藝】 讲论《诗》《书》《礼》《易》《春秋》《乐》等六艺。许敬宗《奉和九月九日应制》：“讲艺遵先轨，睹德畅宸衷。”苏颋《送常侍舒公归觐》：“朝闻讲艺余，晨省拜恩初。”

譁 〔huá《广韵》呼瓜切，平麻，晓。〕❶喧哗；喧闹。王翰《奉和圣制送张尚书巡边》：“选徒军有政，誓卒尔无哗。”阎宽《春宵览月》：“耳目静无哗，神超道性深。”韩愈《招杨之罘》：“嚣哗所不及，何异山中闲。”柳宗元《唐铙歌鼓吹曲十二篇·李靖灭吐谷浑西海上》：“王旅千万人，衔枚默无哗。”❷言语；说话。元稹《庙之神》：“涕汍澜而零落，神寂默而无哗。”

【譁譁】 大声貌。韩愈《辛卯年雪》：“翕翕陵厚载，哗哗弄阴机。”

謩 〔mó《广韵》莫胡切，平模，明。〕同“谟”，多作人名用字。唐代有诗人贾謩，《全唐诗》卷四八八收其诗一首。又有诗人魏謩，《全唐诗》卷五六三收诗一首。

謨 〔mó《广韵》莫胡切，平模，明。〕❶谋略；计谋。陈子昂《答韩使同在边》：“闻诏安边使，曾是故人谟。”《郊庙歌辞·中宗祀昊天乐章·太和》：“期我良弼，式赞嘉谟。”高适《塞上》：“常怀感激心，愿效纵横谟。”岑参《故仆射裴公挽歌三首》之一：“盛德资邦杰，嘉谟作世程。”李绅《趋翰苑遭诬构四十六韵》：“画象垂新令，消兵易旧谟。”❷谋虑；谋划。元稹《遣兴十首》之七：“爱谟莫爱诈，爱施莫爱奢。”薛能《升平词十首》之七：“品物尽昭苏，神功复帝谟。”崔璐《览皮先辈盛制因作十韵以寄用伸款仰》：“好保千金体，须为万姓谟。”周昙《咏史诗·秦门·范增》：“智士宁中暗主谟，范公曾不读兵书。”❸古代文体名。内容为记述君臣议论国家政事。《尚书》有《大禹谟》《皋陶谟》。储光羲《观范阳递俘》：“皇皇轩辕君，赞赞皋陶谟。”

【謨明】 谋略英明。李纾《唐德明兴圣庙乐章·德明酌献》：“谟明之德，万古清风。”柳宗元《游南亭夜还叙志七十韵》：“捍御盛方虎，谟明富伊咎。”陆龟蒙《奉酬袭美先辈吴中苦雨一百韵》：“宵旰悯烝黎，谟明问征伐。”

【謨猷】 谋虑；谋略。裴度《奉酬中书相公至日圆丘摄事合于中书后阁宿斋移止于集贤院叙怀见寄之作》：“翼亮登三命，谟猷本一心。”元稹《寄隐客》：“谟猷密勿进，羽檄纵横驰。”李群玉《将之京国赠薛员外》：“天子坐宣室，夔龙奉谟猷。”

謝 〔xiè《广韵》辞夜切，去禡，邪。〕❶辞职；辞去。岑参《寄青城龙谿奂道人》：“久欲谢微禄，誓将归大乘。”刘长卿《送薛据宰涉县》：“顷因岁月满，方谢风尘吏。”韦应物《谢栎阳令归西部西郊赠别诸友生》：“独此抱微痾，颓然谢斯职。”裴度《中书即事》：“高阳旧田里，终使谢归耕。”李逢吉《奉送李相公重镇襄阳》：“终期谢戎务，同隐凿龙山。”❷辞绝；拒绝。皇甫冉《泮水送郑丰鄠县读书》：“早年江海谢浮名，此路云山惬尔情。”崔峒《书情寄上苏州韦使君兼呈吴县李明府》：“数年湖上谢浮名，竹杖纱巾遂性情。”韩愈《酬司门卢四兄云夫院长望秋作》：“高揖群公谢名誉，远追甫白感至诚。”白居易《养拙》：“甘心谢名利，灭迹归丘园。”❸辞别。孟浩然《自洛之越》：“扁舟泛湖海，长揖谢公卿。”独孤及《庚子岁避地至玉山酬韩司马所赠》：“挥手谢秣陵，举帆指瓯闽。”韩愈《送惠师》：“十五爱山水，超然谢朋亲。”张籍《离妇》：“堂上谢姑嫜，长跪请离辞。”李绅《到宣武三十韵》：“七月趋梁苑，三年谢尹京。”❹凋谢。韦应物《过昭国里故第》：“风散花意谢，鸟还山光夕。”司空曙《立秋日》：“花酣莲报谢，叶在柳呈疏。”元稹《清都春霁寄胡三吴十一》：“时节催年春不住，武陵花谢忆诸郎。”杜牧《留赠》：“不用镜前空有泪，蔷薇花谢即归来。”唐彦谦《乱后经表兄琼华观旧居》：“一去仙居似转蓬，再经花谢倚春丛。”❺衰微；衰落。郭震《子夜四时歌六首·冬歌》之一：“北极严气升，南至温风谢。”蒋冽《经埋轮地》：“时代邈已远，共谢洛阳秋。”刘禹锡《秋扇词》：“莫道恩情无重来，人间荣谢递相催。”又《途次敷水驿伏睹华州舅氏昔日行县题诗处潸然有感》：“繁华日已谢，章句此空留。”❻衰老；衰。杜甫《陪李七司马皂江上观造竹桥即日成往来之人免冬寒入水聊题短作简李公二首》之二：“衰谢多扶病，招邀屡有期。”又《九日五首》之一：“弟妹萧条各何往，干戈衰谢两相催。”杨巨源《和卢谏议朝回书情即事寄两省阁老兼呈二起居谏院诸院长》："时贤俨仙掖，气谢心何如。"❼尽；将尽。韦应物《三月三日寄诸弟兼怀崔都水》："暮节看已谢，兹晨愈可惜。"又《慈恩寺南池秋荷咏》："节谢客来稀，回塘方独绕。"《郊庙歌辞·五郊乐章·赤郊迎神》："青阳节谢，朱明候改。"❽逝；消逝；往。王绩《晚年叙志示翟处士》："东隅诚已谢，西景惧难收。"李百药《谒汉高庙》："运谢年逾远，魂归道未穷。"张九龄《始兴南山下有林泉尝卜居焉荆州卧病有怀此地》："力衰在所养，时谢良不任。"钱起《白石枕》序："许为枕赠之，及琢磨将成，炎暑已谢。"武元衡《秋思》："常恐时光谢，蹉跎红艳凋。"亦指人去世、逝世。孟郊《乙酉岁舍弟扶侍归兴义庄居后独止舍待替人》："兰交早已谢，榆景徒相迫。"元稹《茅舍》："期事才未终，斯人久云谢。"❾离；离开。李白《庐山东林寺夜怀》："我寻青莲宇，独往谢城阙。"杨谏《长孙十一东山春夜见赠》："故人谢城阙，挥手碧云期。"李德裕《思平泉树石杂咏一十首·舴艋舟》："永日歌濯缨，超然谢尘滓。"罗虬《比红儿诗》之四十："京口喧喧百万人，竞传河鼓谢星津。"齐己《善哉行》："大鹏刷翮谢溟渤，青云万层高突出。"❿绝，隔绝。许景先《征君宅》："家风缅多尚，玄德谢无邻。"韦应物《答冯鲁秀才》："仿佛谢尘迹，逍遥舒道心。"权德舆《数名诗》："十翼有格言，幽贞谢浮俗。"张祜《题径山大觉禅师影堂》："超然彼岸人，一径谢微尘。"⓫避，避开。卢照邻《七日登乐游故墓》："远迹谢群动，高情符众妙。"戴叔伦《晖上人独坐亭》："去住浑无迹，青山谢世缘。"孟郊《立德新居》之二："厚韵属疏语，薄名谢嚣闻。"吕温《终南精舍月中闻磬声诗》："偶来游法界，便欲谢人群。"柳宗元《读书》："幽沉谢世事，俯默窥唐虞。"⓬免；免除。李白《赠僧崖公》："冥机发天光，独朗谢垢氛。"刘长卿《灞东晚晴简同行薛弃朱训》："同结丘中缘，尘埃自兹谢。"韩愈《醉赠张秘书》："至宝不雕琢，神功谢锄耘。"李德裕《余所居平泉村舍近蒙韦常侍大尹特改嘉名因寄诗以谢》："未谢留侯疾，常怀仲蔚园。"⓭不；不用；不是。骆宾王《夏日游德州赠高四》："言谢垂钩隐，来参负鼎职。"贺知章《望人家桃李花》："弃置千金轻不顾，踟蹰五马谢相逢。"李白《对雪奉饯任城六父秩满归京》："龙虎谢鞭策，鹓鸾不司晨。"韦应物《答徐秀才》："铅钝谢贞器，时秀猥见称。"温庭筠《寒食节日寄楚望二首》之二："三春谢游衍，一笑牵规矩。"⓮止；停止。李白《宿五松山下荀媪家》："令人惭漂母，三谢不能餐。"又《江上秋怀》："餐霞卧旧壑，散发谢远游。"钱起《春宵寓直》："未央春漏促，残梦谢晨鸡。"⓯逊于；逊色；不如。张说《元朝》："今岁元日乐，不谢往年春。"李白《上皇西巡南京歌十首》之五："万国同风共一时，锦江何谢曲江池。"武元衡《赠佳人》："若逞仙姿游洛浦，定知神女谢风流。"杜牧《寄宣州郑谏议》："五言宁谢颜光禄，百岁须齐卫武公。"韦庄《和薛先辈见寄初秋寓怀即事之作二十韵》："鉴貌宁惭乐，论才岂谢任。"⓰惭愧。太宗《望雪》："萦空惭夕照，破彩谢晨霞。"玄宗《巡省途次上党旧宫赋》："多谢时康理，良惭实赖功。"高适《李云南征蛮诗》："相逢论意气，慷慨谢深衷。"杜甫《遣遇》："我行匪利涉，谢尔从者劳。"李嘉祐《南浦渡口》："惭无卓鲁术，解印谢黔黎。"司空曙《冬夜耿拾遗王秀才就宿因伤故人》："多谢劳车马，应怜独掩扉。"⓱更替。孟浩然《与诸子登岘山》："人事有代谢，往来成古今。"王泠然《汴堤柳》："功成力尽人旋亡，代谢年移树空有。"孟云卿《古别离》："寒暄有时谢，憔悴难再好。"阎防《晚秋石门礼拜》："驰晖苦代谢，浮脆惭贞坚。"《郊庙歌辞·汉宗庙乐舞辞·显仁舞》："运极金行谢，天资水德隆。"⓲感谢。李白《赠任城卢主簿》："归飞未忍去，流泪谢鸳鸿。"王建《寄上韩愈侍郎》："碑文合遣贞魂谢，史笔应令谄骨羞。"张南史《早春书事奉寄中书李舍人》："宿昔投知己，周旋谢起予。"吕温《和李使君三郎早秋城北亭宴崔司士因寄关中弟张评事》："为谢登龙客，琼枝寄一攀。"马戴《下第再过崔邵池阳居》："谢子一留宿，此心聊息机。"⓳酬答；酬报。则天皇后《唐享昊天乐·第四》："有怀惭紫极，无以谢玄穹。"玄宗《喜雪》："登封何以报，因此谢功成。"卢象《奉和张使君宴加朝散》："只应将四子，讲德谢知音。"元结《系乐府十二首·谢大龟》："惠恩如可谢，占问敢终辞。"李绅《闻里谣效古歌》："春日迟迟驱五马，留犊投钱以为谢。"⓴告；语。张说《别平一师》："回首谢同行，勤会安请期。"孟浩然《同独孤使君东斋作》："寄谢东阳守，何如八咏楼。"耿湋《寻觉公因寄李二端司空十四曙》："为我谢宗许，尘中难久留。"卢纶《与张擢对酌》："歌罢谢张翁，所思殊不同。"杜牧《寄崔钧》："缄书报子玉，为我谢平津。"㉑指南朝宋诗人谢灵运。李白《留别金陵诸公》："地扇邹鲁学，诗腾颜谢名。"杜甫《江上值水如海势聊短述》："焉得思如陶谢手，令渠述作与同游。"皎然《赠韦早陆羽》："只将陶与谢，终日可忘情。"韩愈《荐士》："中间数鲍谢，比近最清奥。"温庭筠《哭王元裕》："箧里诗书疑谢后，梦中风貌似潘前。"㉒指南朝齐诗人谢朓。李白《宣州谢朓楼饯别校书叔云》："蓬莱文章建安骨，中间小谢又清发。"杜甫《苏端薛复筵简薛华醉歌》："何刘沈谢力未工，才兼鲍昭愁绝倒。"又《遣兴五首》之五："赋诗何必多，往往凌鲍谢。"皎然《述祖德赠湖上诸沈》："昔时轩盖金陵下，何处不传沈与谢。"㉓指东晋谢氏家族。杜甫《壮游》："王谢风流远，阖庐丘墓荒。"刘禹锡《金陵五题·乌衣巷》："旧时王谢堂前燕，飞入寻常百姓家。”㉔姓。

【谢山】 ❶山名。在今四川泸州市境。杜牧《书怀寄泸州守》：“谢山南畔州，风物最宜秋。”❷山名。全称谢公山，一名青山、谢家青山、青林山，在今安徽当涂县东南。南朝齐谢朓曾居于此，故称。杜牧《赠朱道灵》：“牛渚矶南谢山北，白云深处有岩居。”冯集梧注：“《太平寰宇记》：当涂县谢公山，在县东三十五里，齐宣城太守谢朓筑室及池于山南，其它堵址见存。”

【谢不敏】 谦词。婉言推辞。不敏，谦称自己不聪敏。韩愈《寄卢仝》：“买羊沽酒谢不敏，偶逢明月曜桃李。”

【谢太虚】 代宗朝道士，与刘长卿同时。《全唐诗》卷七七二录其《杪秋洞庭怀王道士》一首。按，此诗又作刘长卿诗，题作《杪秋洞庭中怀亡道士谢太虚》。《唐诗纪事》七一作谢太虚，《文苑英华》三〇五作刘长卿。《唐诗纪事》误将诗题中谢太虚断开而成为作者。

【谢少卿】 （少 shào）疑为谢良弼。良弼建中中由吉州刺史入为大理少卿，顾况有《伤大理谢少卿》。

【谢氏】 ❶指东晋谢氏家族。皎然《送顾处士歌》：“谢氏檀郎亦可俦，道情还似我家流。”❷指东晋谢安。杜甫《寄张十二山人彪三十韵》：“谢氏寻山屐，陶公漉酒巾。”

【谢生】 唐诗人。名不详。《全唐诗》卷八〇一录其与越溪杨女《联句》一联。

【谢白雲】 辞别隐居的山林。刘长卿《淮上送梁二恩命追赴上都》：“拜手卷黄纸，回身谢白云。”

【谢夷甫】 乾元二年(759)曾官天兴县尉。戴叔伦有《送谢夷甫宰余姚县》。

【谢仲宣】 南唐诗人。保大三年(945)，任齐王景达宫寮。又赠以礼部员外郎出使北蕃。事见徐铉《送谢仲宣员外使北蕃序》。《全唐诗》卷七五七录其《送钟员外》一首。

【谢自然】 贞元间女道士。果州南充县(今四川南充市)人。见《太平广记》卷六六引《集仙传》。刘商有《谢自然却还旧居》。韩愈有《谢自然诗》。

【谢孚】 唐诗人。事迹不详。《全唐诗外编》录其《苍梧即事》一首。

【谢村】 地名。在今浙江温州市境。司空图《寄永嘉崔道融》：“碧云萧寺霁，红树谢村秋。”

【谢良弼】 唐诗人。与严维、鲍防同时。《全唐诗》卷七八九录其与严维、鲍防等《中元日鲍端公宅遇吴天师联句》一联。

【谢良輔】 唐诗人。与严维、鲍防同时。《全唐诗》卷七八九录其与严维、鲍防《中元日鲍端公宅遇吴天师联句》和《酒语联句》各一联。

【谢防】 会昌元年(841)登进士第，见《登科记考》卷二二自《永乐大典》引《宜春志》。李商隐有《谢先辈防记念拙诗甚多异日偶有此寄》。

【谢表】 臣下感谢君主的奏章。刘禹锡《浙西李大夫述梦四十韵并浙东元相公酬和斐然继声》：“代言无所戏，谢表自称叨。”

【谢雨】 祭祀上天，报答久旱降雨。姚合《题贞女祠》：“我来方谢雨，延滞失归期。”

【谢金】 拒绝金钱。李绅《忆过润州》：“谈笑谢金何所愧，不为偷买用兵符。”

【谢舍人】 疑为谢良弼。良弼大历中官中书舍人。刘长卿有《奉和赵给事使君留赠李婺州舍人兼谢舍人别驾之什》。皇甫曾有《和谢舍人雪夜寓直》。

【谢舍人昆季】 谓谢良弼、谢良辅兄弟。谢氏兄弟均曾官中书舍人，见顾况《礼部员外郎陶氏(翰)集序》。钱起《省中对雪寄元判官拾遗昆季》注：“一作寄谢舍人昆季。”

【谢郎中】 谢观。曾观魏博节度判官、驾部郎中、慈州刺史，见《千唐志斋藏志》一一七〇《唐故朝清大夫慈州刺史柱国赐纠鱼袋谢观墓志铭并序》。黄滔有《经慈州感谢郎中》。

【谢官】 辞官。王维《送张五归山》：“当亦谢官去，岂令心事违。”赵嘏有《送王龟拾遗谢官后归浐水山居》。

【谢食】 感谢君主赐食。亦指君主赐食于朝臣。按：唐代常参官每日退朝时由朝廷赐食一顿，始于太宗贞观四年(630)。德宗贞元二年(786)，武班朝参亦赐食一顿。见《唐会要》卷二四。姚合《和刘禹锡主客冬初拜表怀上都故人》：“此时共想朝天客，谢食方从阁里回。”

【谢班】 惭愧于班超。骆宾王《在军中赠先还知己》：“献凯多惭霍，论封几谢班。”

【谢都督】 当是雅州都督，名不详。上官仪有《谢都督挽歌》。

【谢時】 犹避世。李白《下途归石门旧居》：“何当脱屣谢时去，壶中别有日月天。”又《感遇四首》之一：“举首白日间，分明谢时人。”齐己《荆渚病中因思匡庐遂成三百字寄梁先辈》：“常言谢时去，此意将何如。”

【谢恩】 多指感谢君主的恩惠。刘禹锡《蒙恩转仪曹郎依前充集贤学士举韩潮州自代因寄七言》：“翔鸾阙下谢恩初，通籍由来在石渠。”

【谢豹】 鸟名。即子规，又名杜鹃、杜宇。《禽经》：“巂周，子规也，啼必北向。江介曰子规。”晋张华注：“啼苦则倒悬于树，自呼曰谢豹。”顾况《送大理张卿》："白沙洲上江蓠长，绿树村边谢豹啼。"元稹《春分投简阳明洞天作》："水静王余见，山空谢豹呼。"雍陶《闻杜鹃二首》之一："碧竿微露月玲珑，谢豹伤心独叫风。"张泌《晚次湘源县》："高林带雨杨梅熟，曲岸笼云谢豹啼。"贯休《闻杜宇》："宜须唤得谢豹出，方始年年无此声。"

【謝病】 ❶托病辞官。张九龄《登郡城南楼》："陈力倘无效，谢病从芝术。"王维《济上四贤咏·成文学》："中年不得意，谢病客游梁。"钱起《过孙员外蓝田山居》："不知香署客，谢病翠微间。"戴叔伦《题招隐寺》："昨日临川谢病还，求田问舍独相关。"刘禹锡《郡斋书怀寄江南白尹兼简分司崔宾客》："还思谢病吟归去，同醉城东桃李花。"❷因病告归。陈子昂《喜遇冀侍御珪崔司议泰之二使》："谢病南山下，幽卧不知春。"卢象《八月十五日象自江东止田园移庄庆会未几归汶上小弟幼妹尤嗟其别兼赋是诗三首》之一："谢病始告归，依然入桑梓。"李白《闻李太尉大举秦兵百万出征东南懦夫请缨冀申一割之用半道病还留别金陵崔侍御十九韵》："半道谢病还，无因东南征。"白居易《阿崔》："谢病卧东都，羸然一老夫。"卢嗣业《致孙状元诉醵罚钱》："力微多谢病，非不奉同年。"

【謝除】 流逝；徂往。韩愈《别赵子》："欲一穷究之，时岁屡谢除。"

【謝書】 表示感谢之书信。李商隐有《谢书》。

【謝偃】 （？—643）唐诗人。卫州卫县（今河南浚县东卫贤镇）人，本姓直勒氏，祖李政为北齐散骑常侍，改姓谢，仕隋为散从正员郎。贞观元年（627），应诏对策及第，历任高陵主簿、湘潭令。时李百药工诗，偃善赋，时称"李诗谢赋"。《新唐书·艺文志》等著录《谢偃集》十卷，已佚。事见新旧《唐书》本传。《全唐诗》卷三八录其《踏歌词》等诗四首。

【謝進士】 谢廷皓。《唐摭言》卷一〇"海叙不遇""谢廷皓，闽人也。大顺中，颇以辞赋著名，与徐夤不相上下，时号锦绣堆。"章碣有《送谢进士还闽》。

【謝遊橋】 桥名。李商隐《偶成转韵七十二句赠四同舍》："谢游桥上澄江馆，下望山城如一弹。"

【謝陶】 唐诗人。事迹不详。《全唐诗》卷七六九录其《杂言》一首。

【謝絶】 婉言辞绝；拒绝。元稹《奉和浙西大夫李德裕述梦四十韵所和者止述翰苑旧游而已次本韵》："宾亲多谢绝，延荐必英豪。"白居易《洛下闲居寄山南令狐相公》："支分门内余生计，谢绝朝中旧往还。"沈彬《赠王定保》："闻公已有平生约，谢绝女萝依兔丝。"

【謝詩】 指谢灵运诗。温庭筠《秘书刘尚书挽歌二首》之一："王笔活鸾凤，谢诗生芙蓉。"

【謝賜】 感谢君主的恩赐。亦指君主恩赐的财物。王建《上裴度舍人》："非时玉案呈宣旨，每日金阶谢赐回。"

【謝謝】 去之甚远貌。韩愈《谴疟鬼》："屑屑水帝魂，谢谢无余辉。"

【謝録事】 疑为谢南池。孟浩然有《送谢录事之越》《东陂遇雨率尔贻谢南池》。

【謝禮】 酬谢的礼物。戴叔伦《李大夫见赠因之有呈》："谢礼诚难答，裁诗岂易酬。"

【謝寵】 失宠。元稹《有鸟二十章》之一三："妖姬谢宠辞金屋，雕笼又伴新人宿。"

【謝觀】 字梦锡，释褐曹州冤句县尉，历左神武兵参军、大理评事，充黔中招讨判官。后拜洛阳县丞，寻诏除殿中侍御史内供奉，充魏博节度判官，累迁检校驾部郎中充职。咸通三年（862）七月，诏复慈州刺史。见《唐代墓志汇编》咸通六四《唐故朝清大夫慈州刺史柱国赐绯宣袋谢观墓志铭并序》。刘得仁有《寄谢观》《送谢观之剑南从事》，"剑南"乃"黔南"之讹。

【謝靈臺】 犹言感谢上天。孟郊《擢第后东归书怀献座主吕侍御》："擢第谢灵台，牵衣出皇邑。"

【謝勱】 唐诗人。事迹不详。《全唐诗》卷三一二录其《游烂柯山》诗四首。

謠 〔yáo《广韵》餘昭切，平宵，以。〕❶不用乐器伴奏的歌唱。骆宾王《宪台出絷寒夜有怀》："独坐怀明发，长谣苦未安。"李白《送殷淑三首》之一："惜别耐取醉，鸣榔且长谣。"武元衡《奉和圣制丰年多庆九日示怀》："金玉美王度，欢康谣国风。"李德裕《余所居平泉村舍近蒙韦常侍大尹特改嘉名因寄诗以谢》："闲谣紫芝曲，归梦赤松村。"王言史《广州王园寺伏日即事寄北中亲友》："且困流金炽，难成独酌谣。"❷歌唱民歌民谣。韩愈《叉鱼招张功曹》："文客惊先赋，篙工喜尽谣。"张祜《送周尚书赴滑台》："楚谣襦裤整三年，喉舌新恩下九天。"刘璐《洋州于中丞顷牧左绵题诗越王楼上朝贤继和辄课四韵》："至今谣未已，注意在洋州。"张蠙《送薛郎中赴江州》："几州闻出刺，谣美有江民。"❸民间流行的或文人所作的歌谣。刘长卿《登迁仁楼酬子婿李穆》："非才受官谤，无政作人谣。"韩愈《与张十八同效阮步兵一日复一夕》："未知所穷竟，且作新诗谣。"白居易《冬初酒熟二首》之二："酒熟无来客，因成独酌谣。"唐彦谦《咸通中始闻褚河南归葬阳翟是岁上平徐方大肆庆赏又诏八品锡其裔孙追叙风概因成二十韵》："异时穷巷客，怀古漫成谣。"贾彦璋《王龙骧墓》："刀悬临益梦，龙启渡江谣。"

【謠吟】 歌吟；吟唱。孟浩然《和张判官登万山亭因赠洪府都督韩公》："皇华一动咏，荆国几谣吟。"

又《秦中苦雨思归赠袁左丞贺侍郎》："谢公积愤懑，庄舄空谣吟。"

【謠俗】　民间歌谣。韩愈《送灵师》："纵横杂谣俗，琐屑咸罗穿。"

【謠洽】　谓民谣歌声和洽。张登《重阳宴集同用寒字》："望气人谣洽，临风客以难。"

【謠詠】　歌谣。白居易《春日闲居三首》之二："我今对鳞羽，取乐成谣咏。"又《劝酒十四首》序："予分秩东都，居多暇日，闲来辄饮，醉后辄吟，若无词章，不成谣咏。"

【謠頌】　歌谣。元结《系乐府十二首·农臣怨》："谣颂若采之，此言当可取。"又《题孟中丞茅阁》："请达谣颂声，愿公且踟蹰。"

【謠歌】　歌谣。路德延《小儿诗》："诂语时时道，谣歌处处传。"

謗　〔bàng《广韵》補曠切，去宕。幫。〕❶指责别人的过失、罪恶。骆宾王《畴昔篇》："适离京兆谤，还从御史弹。"刘长卿《登迁仁楼酬子婿李穆》："非才受官谤，无政作人谣。"窦巩《忝职武昌初至夏口书事献府主相公》："邑人兴谤易，莫遣鹤支钱。"韩愈《寄卢仝》："往年弄笔嘲同异，怪辞惊众谤不已。"陆龟蒙《奉和袭美二游诗·徐诗》："任学者得谤，清言者为贤。"❷诽谤；毁谤。李白《答王十二寒夜独酌有怀》："一谈一笑失颜色，苍蝇贝锦喧谤声。"杜甫《赠裴南部闻袁判官自来欲有按问》："独醒时所嫉，群小谤能深。"刘长卿《按覆后归睦州赠苗侍御》："地远心难达，天高谤易成。"李绅《趋翰苑遭诬构四十六韵》："谤兴金就铄，毁极玉生瘢。"杜牧《闻开江相国宋下世二首》之二："位极乾坤三事贵，谤兴华夏一夫冤。"

【謗訕】　毁谤和讽刺。韩愈《崔十六少府摄伊阳以诗及书见投因酬三十韵》："白头趋走里，闭口绝谤讪。"元稹《台中鞫狱忆开元观旧事呈损之兼赠周兄四十韵》："唯恐坏情性，安能惧谤讪。"

【謗玉】　毁谤美玉为石。比喻毁谤贤能之士。典出《韩非子·和氏》。孟郊《答卢虔故园见寄》："因悲楚左右，谤玉不知珉。"参见"和氏玉"。

【謗言】　❶指责怨恨之言。孟郊《审交》："结交若失人，中道生谤言。"❷毁谤之言。钱起《送李明府去官》："谤言三至后，直道叹何如。"

【謗言三至】　谓毁谤言多，使人惑乱。钱起《送李明府去官》："谤言三至后，直道叹何如。"参见"讒言三及"。

【謗消金】　谓诽谤之言能使金熔化。形容诽谤为害之甚。语本《国语·周语下》："众心成城，众口铄金"。戎昱《送郑炼师贬辰州》："误将瑕指玉，遂使谤消金。"

【謗書】　揭发攻击人的文书。陈子昂《答韩使同在边》："但蒙魏侯重，不受谤书诬。"崔颢《结定襄郡狱效陶体》："谤书盈几案，文墨相填委。"戴叔伦《抚州对事后送外生宋垓归饶州觐待呈上姊夫》："谤书喧朝市，抚己惭浅昧。"权德舆《同陆太祝鸿渐崔法曹载华见萧侍御留后说得卫抚州报推事使张侍御却回前刺史戴员外无事喜而有作三首》之二："如今天下无冤气，乞为邦君雪谤书。"沈彬《入塞二首》之一："谤书未及明君爇，卧骨将军已殁功。"

【謗傷】　毁谤和中伤。韩愈《调张籍》："不知群儿愚，那用故谤伤。"

【謗議】　指责非议。陈子昂《座右铭》："谤议不足怨，宠辱讵须惊。"戴叔伦《赴抚州对酬崔法曹夜雨滴空阶五首》之三："谤议不自辨，亲朋那得知。"

【謗讒】　毁谤和谗言。韩愈《酬司门卢四兄云夫院长望秋作》："望秋一章已惊绝，犹言低抑避谤谗。"

【謗讟】　毁谤怨恨。杜甫《火》："尔宁要谤讟，凭此近荧侮。"

謙[1]　〔qiān《广韵》苦兼切，平添，溪。〕❶谦虚；谦让。则天皇后《唐明堂乐章·皇嗣出入升降》："谦以表性，恭惟立身。"李白《鞠歌行》："丽莫似汉宫妃，谦莫似黄家女。"韩愈《苦寒》："太昊弛维纲，畏避但守谦。"白居易《奉和汴州令狐公二十二韵》："心因好善乐，貌为礼贤谦。"曹松《望九华寄池阳太守》："造华峰峰异，宜教岳德谦。"❷小；不足。姚合《和座主相公西亭秋日即事》："夫子墙还峻，鄭侯宅过谦。"

謙[2]　〔qiè《字汇》苦劫切。〕通"慊"。满足；快意。《礼记·大学》："如恶恶臭，如好好色，此之谓自谦。"郑玄注："谦，读为慊，慊之言厌也。"陆德明释文："谦，依注读为慊。徐，苦簟反。"朱熹集注："谦，快也，足也。"参见"謙₂ 謙"。

【謙光】　❶"谦尊而光"的略语。谓尊者谦虚而显示出光明美德。语本《易·谦》："谦，尊而光，卑而不可踰。"孔颖达疏："尊者有谦而更光明盛大，卑谦而不可逾越。"贾岛《寄令狐绹相公》："谦光贤将相，别纸圣龙蛇。"❷唐末五代诗僧。金陵（今江苏南京市）人。素有才辩，南唐元宗以国师礼相待。见《五代史补》卷五。与齐己有交往，齐己有《勉道林谦光鸿蕴二侄》和《酬光上人》，光上人，亦即谦光。《全唐诗》卷八二五录其《赏牡丹应教》一首。

【謙抑】　谦逊；谦让。沈传师《次潭州酬唐侍御姚员外游道林岳麓寺题示》："含香珥笔皆眷旧，谦抑自忘台省尊。"

【謙恭】　谦虚恭敬。白居易《放言五首》之三："周公恐惧流言后，王莽谦恭未篡时。"

【謙撝】 谦逊;谦让。则天皇后《唐武氏享先庙乐章》:"先德谦抟冠昔,严规节素超今。"

【謙德】 谦虚谦逊之德。亦指谦德之人。陈陶《赠江西周大夫》:"沧溟用谦德,百谷走童稚。"

【謙讓德】 同"謙德"。杜牧《长安杂题长句六首》之六:"谁识大君谦让德,一毫名利斗蛙蟆。"

【謙柔】 谦逊和柔。郑绪《咏浮沤为辛明府作》:"洁容无变染,圆知有谦柔。"李沛《四水合流》:"入河无昼夜,归海有谦柔。"

【謙謙】 谦虚貌。殷文圭《赠战将》:"威慑万人长凛凛,礼延群客每谦谦。"

【謙₂ 謙】 (qiè)满足;快意。息夫牧《冬夜宴萧十丈因饯殷郭二子西上》序:"月落匝户,夜将向晨,座隅谦谦,毕醉温克。"

【謙讓】 谦虚退让;谦逊。陈子昂《座右铭》:"待士慕谦让,莅民尚宽平。"杜牧《洛阳长句二首》之一:"君王谦让泥金事,苍翠空高万岁山。"孙元宴《咏史诗·晋·陆玩》:"陆公高论亦由衷,谦让还惭未有功。"

謇 〔jiǎn《广韵》九輦切,上獮,見。〕忠直;忠直之言。元稹《酬翰林白学士代书一百韵》:"晳欲通愚謇,生憎效喔咿。"来鹄《圣政纪颂》:"故得粲粲朝典,落落延謇。"

【謇諤】 忠直敢言。王昌龄《淇上酬薛据兼寄郭微》:"故交负奇才,逸气包謇谔。"储光羲《晚次东亭献郑州宋使君文》:"为道既贞信,处名犹謇谔。"阎济美《下第献座主张谓》:"謇谔王臣直,文明雅量全。"韩愈李正封《晚秋郾城夜会联句》:"再入更显严,九迁弥謇谔。"刘禹锡《浙西李大夫述梦四十韵并浙东元相公酬和斐然继声》:"南台资謇谔,内署选风骚。"

【謇謇】 ❶忠直敢言。韩愈《赠别元十八协律六首》之一:"治惟尚和同,无俟于謇謇。"白居易《哭孔戡》:"竟不得一日,謇謇立君前。"李德裕《述梦诗四十韵》:"尽规常謇謇,退食尚切切。"❷忠贞;正直。吴筠《览古十四首》之一四:"謇謇陈蕃徒,孜孜抗忠节。"白居易《和答诗十首·和阳城驿》:"次言阳公节,謇謇居谏司。"陆龟蒙《杂讽九首》之三:"如闻恭俭语,謇謇事夕惕。"

謐 〔mì《广韵》彌畢切,入質,明。〕❶寂静。玄宗《饯王晙巡边》:"坐见台阶谧,行闻妖祲除。"顾况《从军行二首》之二:"丑虏何足清,天山坐宁谧。"杨巨源《夏日苦热同长孙主簿过仁寿寺纳凉》:"境闲性方谧,尘远趣皆适。"❷安定。张说《唐封泰山乐章·豫和六首》之四:"寰宇谧,泰阶平。"陆景初《奉和九日幸临渭亭登高应制得臣字》:"圣化边陲谧,长洲鸿雁宾。"源光裕《祭汾阴乐章》:"方丘既膳,嘉飨载谧。"

【謐清】 安定清静。卢文纪《后唐宗庙乐舞辞》:"仁君御宇,寰海谧清。"

【謐寧】 (—níng)安定,宁静。孟郊《吊卢殷》之十:"为君铿好辞,永传作谧宁。"

【謐謐】 清静貌。李贺《昌谷诗》:"谧谧厌夏光,商风道清气。"

十一画

謹 〔jǐn《广韵》居隱切,上隱,見。〕❶谨慎。权德舆《书绅诗》:"谨之在事初,动用各有程。"司空图《漫题三首》之三:"率怕人言谨,闲宜酒韵高。"无名氏《听谗诗》(外编下):"谗言谨莫听,听之祸殃结。"❷恭敬。杜甫《赠郑十八贲》:"细人尚姑息,吾子色愈谨。"李伦《顾城》:"不谨罹天讨,来苏岂忿兵。"刘禹锡有《将赴苏州途出洛阳留守李相公累申宴饯宠行话旧形于篇章谨抒下情以申仰谢》。陆龟蒙有《谨和谏议罢郡叙怀六韵》。❸慎守;严守。王勃《陇西行十首》之九:"古人薄军旅,千载谨边关。"高适《陪窦侍御灵云南亭宴诗得雷字》序:"夫贤者何得谨其时,请赋南亭诗,列之于后。"

【謹信】 恭谨诚信。语本《论语·学而》:"谨而信,泛爱众。"邢昺疏:"言恭谨而诚信也。"萧颖士《江有归舟三章》序:"先师孝弟谨信、泛爱亲仁,余力学文之训,尔其志之。"

【謹厚】 谨慎纯厚。范质《诫儿侄八百字》:"能移谨厚性,化为凶险类。"

【謹慎】 慎重小心。韩愈《泷吏》:"官不自谨慎,宜即引分往。"元稹《贻蜀五首·张校书元夫》:"远处从人须谨慎,少年为事要舒徐。"

【謹潔】 谨身洁己;言行谨慎。杜甫《八哀诗·赠太子太师汝阳郡王琎》:"爱其谨洁极,倍此骨肉亲。"

謦 〔qǐng《广韵》去挺切,上迥,溪。〕咳嗽声。见"謦欬"。

【謦欬】 咳嗽。亦借指谈笑。刘禹锡《送鸿举游江西》引:"乃至一謦欬,一弹指,中际皆具,何必求三生以异身耶。"

謳 〔ōu《广韵》烏侯切,平侯,影。〕❶徒歌;齐声歌唱。储光羲《送丘健至州敕放作时任下邽县》:"邦牧新下车,德礼彼甿讴。"韦应物《贵游行》:"良时无还景,促节为我讴。"韩愈《驽骥》:"寄诗同心子,为我商声讴。"元稹《阳城驿》:"道州闻公来,鼓舞歌且讴。"薛能《天际识归舟》:"帆省当时席,歌声旧日讴。"❷民歌;歌曲。李白《楚江黄龙矶南宴杨执戟治楼》："一见醉漂月，三杯歌棹讴。"杜甫《渼陂行》："凫鹥散乱棹讴发，丝管啁啾空翠来。"白居易《泛溢水》："命酒一临泛，舍鞍杨棹讴。"李群玉《洞庭驿楼雪夜宴集奉赠前湘州张员外》："银壶傲海雪，青管罗名讴。"

【謳吟】 ❶歌唱；吟诵。苏味道《始背洛城秋郊瞩目奉怀台中诸侍御》："野童来捃拾，田叟去讴吟。"李白《赠从孙义兴宰铭》："壶浆候君来，聚舞共讴吟。"柳宗元《奉平淮夷雅表·皇武》之九："曾是欢谠，化为讴吟。"孟郊《酬友人见寄新文》："讴吟不能已，顿觉形神空。"鲍溶《山行经樵翁》："田翁樵采熟，男女讴吟喧。"❷吟咏；吟诗。储光羲《牧童词》："同类相鼓舞，触物成讴吟。"卢仝《夏夜闻蚯蚓吟》："泛泛轻薄子，旦夕还讴吟。"白居易《会昌元年春五绝句·赠举之仆射》："鸡球饧粥屡开筵，谈笑讴吟间管弦。"朱庆余《雪夜与真上人宿韩协律宅》："盥漱随禅伴，讴吟得野情。"李建勋《中春写怀寄沈彬员外》："省从骑竹学讴吟，便殢光阴役此心。"

【謳啞】 (一yā)象声词。摇橹声。陆龟蒙《江南秋怀寄华阳山人》："讴哑摇舴艋，出没漾鸡鹕。"周繇《白石潭秋霁作》："陵风舴艋讴哑去，出水鸬鹚薄泊飞。"

【謳詠】 吟咏；吟诵。黄滔《鄜畤李相公》："夜听讴咏销尘梦，晓拜旌幢战旅魂。"

【謳歌】 ❶歌唱。杜审言《和李大夫嗣真奉使存抚河东》："讴歌移火德，图谶在金天。"杜甫《奉济驿重送严公四韵》："列郡讴歌惜，三朝出入荣。"白居易《和微之诗二十三首·和新楼北园偶集从孙公度周巡官韩秀才卢秀才范处士小饮郑侍御判官周刘二从事皆先归》："岂独相公乐，讴歌千万家。"吉皎《七老会诗》："低腰醉舞垂绯袖，击筑讴歌任褐裾。"❷歌颂。袁朗《和洗掾登城南坂望京邑》："醒醉各相扶，讴歌从圣主。"玄宗《巡省途次上党旧宫赋》："人事一朝异，讴歌四海同。"刘长卿《至德三年春正月时谬蒙差摄海盐令闻王师收二京因书事寄上浙西节度李侍郎中丞行营五十韵》："区宇神功立，讴歌帝业成。"杨巨源《春日奉献圣寿无疆词十首》之一："文物京华盛，讴歌国步康。"❸颂歌。蔡允恭《奉和出颍至淮应令》："欲知仁化洽，讴歌满路归。"刘商《金井歌》："欢心蹈舞歌皇风，愿载讴歌青史中。"杨巨源《寄昭应王丞》："讴歌已入云韶曲，词赋方归侍从臣。"孟郊《上张徐州》："至乐无宫徵，至声遗讴歌。"郑畋《麦穗两岐》："讴歌连上苑，化日遍平陂。"

【謳誦】 指歌谣。李峤《扈从还洛呈侍从群官》："登原采讴诵，俯谷求才术。"

【謳啞】 同"謳啞"。无名氏《小苏家》："双月讴证辗秋碧，细风斜掩神仙宅。"

【謳鴉】 犹讴哑。象声词。陆龟蒙《双声溪上思》："迎渔隐映间，安问讴鸦橹。"

【謳謠】 ❶歌颂；歌唱。白居易《寄李蕲州》："江郡讴谣夸杜母，洛城欢会忆车公。"杜牧《往年随故府吴兴公夜泊芜湖口今赴官西去再宿芜湖感旧伤怀因成十六韵》："讴谣人扑地，鸡犬树连天。"许棠《讲德陈情上淮南李仆射八首》之四："多年疲瘵全苏息，须到讴谣日满秦。"陈陶《圣帝击壤歌四十声》："化合讴谣满，年丰鬼蜮藏。"❷歌谣。玄宗《赐崔日知往潞州》："藩镇讴谣满，行宫雨露深。"刘长卿《送郑说之歙州谒薛侍郎》："漂泊来千里，讴谣满百城。"顾况《送从兄使新罗》："沧波伏忠信，译语辨讴谣。"元稹《和李校书新题乐府十二首·骠国乐》："又遣遒人持木铎，遍采讴谣天下过。"郭汭《同崔员外温泉宫即事》："惠化成观俗，讴谣入赋诗。"

謾[1] 〔mán《广韵》母官切，平桓，明。又武延切，平仙，明。又莫半切，去换，明。又謨晏切，去諫，明。〕❶欺瞒；欺骗。寒山《诗三百三首》之九六："弃金却担草，谩他亦自谩。"韩愈《谢自然诗》："逶迤不复振，后世恣欺谩。"又《崔十六少府摄伊阳以诗及书见投因酬三十韵》："为官不事职，厥罪在欺谩。"章孝标《织绫词》："不学邻家妇慵懒，蜡揩粉拭谩官眼。"裴说《赠衡山令》："造化犹难隐，生灵岂易谩。"❷诬陷；诽谤。戎昱《送郑炼师贬辰州》："误将瑕指玉，遂使谩消金。"

謾[2] 〔mán《广韵》謨晏切，去谏，明。又母官切，平桓，明。〕❶空；徒然。岑参《行军诗二首》之二："早知逢世乱，少小谩读书。"欧阳詹《题华十二判官汝州宅内亭》："步兵阮籍空除屏，彭泽陶潜谩桂冠。"张又新《青障山》："陶仙谩学长生术，暑往寒来更寂寥。"皮日休《吴中言怀寄南海二同年》："三年谩被鲈鱼累，不得横经侍绛纱。"徐夤《蝴蝶三首》之一："天风相送轻飘去，却笑蜘蛛谩织罗。"❷且；将。白居易《题新居寄宣州崔相公》："济世料君归未得，南园北曲谩为邻。"许棠《题青山馆》："无人能此隐，来往谩兴嗟。"陆龟蒙《袭美见题郊居十首因次韵酬之以伸荣谢》之四："谩欲陈风俗，周官未采诗。"徐铉《明道人归西林求题院额作此送之》："曳尾龟应乐，乘轩鹤谩肥。"❸勿；休。李冶《恩命追入留别广陵故人》："桂树不能留野客，沙鸥出浦谩相逢。"杜牧《送陆洿郎中弃官东归》："倏去忽来应有意，世间尘土谩疑君。"喻凫《晚次临泾》："居人只尚武，过客谩投文。"❹与"莫"组成惯用词组。意为"不必""不须"。贺知章《题袁氏别业》："莫谩愁沽酒，囊中自有钱。"李白《悲歌行》："还须黑头取方伯，莫谩白首为儒生。"皎然《奉酬李中丞洪湖州西亭即事见寄兼呈吴冯处士》:"主人非楚客,莫谩讥独醒。"杨巨源《寄江州白司马》:"莫谩拘牵雨花社,青云依旧是前途。"徐夤《闻长安庚子岁事》:"唐尧纵禅乾坤位,不是重华莫谩求。"❺乱;胡乱。卢仝《自咏三首》之三:"愚公只公是,不用谩惊张。"❻还;只。白居易《赎鸡》:"莫学衔环雀,崎岖谩报恩。"殷尧藩《送景玄上人还山》:"蒲履谩从归后织,衲衣犹记别时缝。"李建勋《归燕词》:"旧地人潜换,新巢雀谩窥。"徐夤《惜牡丹》:"闲看红艳只须醉,谩惜黄金岂是贤。"❼常,经常。廖凝《彭泽解印》:"五斗徒劳谩折腰,三年两鬓为谁焦。"❽通"慢"。见"謾₂孜孜"。

【謾人】 瞒人。白居易《看采菱》:"时唱一声新水调,谩人道是采菱歌。"

【謾₂切】 徒然深切。沈佺期《红楼院应制》:"支遁爱山情谩切,昙摩泛海路空长。"

【謾₂名】 虚名;空叫。白居易《长乐坡送人赋得愁字》:"终日坡前恨离别,谩名长乐是长愁。"

【謾₂忙】 空忙。薛能《雨霁北归留题三学山》:"闲思胜事多遗恨,却悔公心是谩忙。"

【謾₂孜孜】 犹慢悠悠。谩,通"慢"。贯休《赠杨公杜之舅》:"金殿恩波将浩浩,圭峰意绪谩孜孜。"

【謾₂作】 空作;枉作。李白《述德兼陈情上哥舒大夫》:"卫青谩作大将军,白起真成一竖子。"徐夤《吴》:"秦嬴谩作东游计,紫气黄旗岂偶然。"马湘《登杭州秦望山》:"秦皇谩作驱山计,沧海茫茫转更深。"

【謾₂住】 空住;虚住。贯休《题师颖和尚院》:"爱师终不及,谩住许多时。"

【謾₂言】 ❶休说;莫说。韩偓《阑干》:"吴质谩言愁得病,当时犹不凭阑干。"陈元裕《送德林郎中学士赴东府》:"谩言生险浪,岂爽见安流。"❷空言;空说。许棠《塞下二首》之二:"番情终未测,今昔谩言和。"

【謾₂泣】 徒然哭泣。张祜《戊午年感事书怀二百韵》:"杨朱宁谩泣,阮籍不空眠。"

【謾₂忝】 犹言有愧。薛能《送进士许棠下第东归》:"谩忝相于分,吾言世甚轻。"

【謾欺】 欺瞒。元稹《江陵三梦》之一:"他人生间别,婢仆多谩欺。"郑嵎《津阳门诗》:"绕床呼卢恣樗博,张灯达昼相谩欺。"

【謾₂道】 休说;不要说。杜甫《绝句九首》之九:"谩道春来好,狂风大放颠。"白居易《戏和微之答窦七行军之作》:"春装秋未寄,谩道有闲钱。"罗邺《帝里》:"谩道青云难得路,何曾紫陌有闲人。"

【謾₂勞】 空劳;徒劳。牟融《题李昭训山水》:"风月谩劳酬逸兴,渔樵随处度流年。"

【謾₂催】 莫催。卢肇《题甘露寺》:"觉路花非染,流年景谩催。"

【謾₂誇】 ❶莫夸;休夸。白居易《送河南尹冯学士赴任》:"谩夸河北操旄钺,莫羡江西拥旆旌。"李群玉《将欲南行联崔八宴海榴亭》:"谩夸书剑无归处,水远山长步步愁。"王仁裕《与诸门生春日会饮繁台赋》:"谩夸列鼎鸣钟贵,宁免朝乌夜兔催。"❷空夸;枉夸。戴叔伦《塞上曲二首》之一:"汉祖谩夸娄敬策,却将公主嫁单于。"

【謾₂語】 乱语;乱说。冯延巳《蝶恋花》词之一:"夜夜梦魂休谩语,已知前事无情处。"

【謾₂歌】 空歌;徒然歌唱。施肩吾《古别离二首》之一:"古人谩歌西飞燕,十年不见狂夫面。"

【謾₂説】 休说;莫说。王昌龄《九日登高》:"谩说陶潜篱下醉,何曾得见此风流。"钱起《玛瑙杯歌》:"世情贵耳不贵奇,谩说海底珊瑚枝。"张祜《寓居临平山下三首》之一:"人间谩说多岐路,咫尺神仙洞却迷。"徐夤《公子行》:"相如谩说凌云赋,四壁何曾有一钱。"

【謾₂學】 空学;徒然学。杜审言《戏赠赵使君美人》:"罗敷独向东方去,谩学他家作使君。"

【謾₂憶】 空忆。罗隐《孙员外赴阙后重到三衢》:"地寒谩忆移暄手,时意方须济世才。"

【謾₂簪】 且插;随意插。元稹《离思五首》之一:"自爱残妆晓镜中,环钗谩簪绿丝丛。"

【謾₂騰騰】 空悠悠。徐铉《病题二首》之一:"进与时乖不知退,可怜身计谩腾腾。"

謥 〔còng《广韵》千弄切,去送,清。〕地名。见"謥洞"。

【謥洞】 地名。在今陕西周至县西南雒谷中。元稹《望云骓马歌》:"峥嵘白草眇难期,謥洞黄泉安可入。"自注:"古谚云:'謥洞入黄泉。'"

謫 〔zhé《广韵》陟革切,入麦,知。〕❶谴责;责备。顾况《上古之什补亡训传十三章·筑城二章》之二:"若其有知,惟上帝是谪。"刘禹锡《游桃源一百韵》:"言师有道骨,前事常被谪。"❷指官吏因罪贬职远地或流放。李白《陪族叔刑部侍郎晔及中书贾舍人至游洞庭五首》之三:"洛阳才子谪湘川,元礼同舟月下仙。"耿湋《送友贬岭南》:"暮年从远谪,落日别交亲。"李贺《马诗二十三首》之二一:"须鞭玉勒吏,何事谪高州。"陆龟蒙《奉和袭美寄琼州杨舍人》:"明时非罪谪何偏,鹏鸟巢南更数千。"李伉《谪宜阳到荆渚》:"汉江江水水连天,被谪宜阳路几千。"

【謫仙怨】 词牌名。天宝末玄宗入蜀途中所制笛曲。刘长卿始依调作词。帝谓吾因思九龄。亦别有意,可名此曲为谪仙怨。其旨属马嵬之事。……随州刺史刘长卿左迁睦州司马,祖筵之内,长卿遂撰其词，吹之为曲，意颇自得。刘长卿词见《全唐诗》卷八九〇。

【讁吏】 被贬谪的官吏。司空曙《秋日趋府上张大夫》："谪吏何能沐风化，空将歌颂拜车前。"白居易《寄元九》："怜君为谪吏，穷薄家贫褊。"

【讁戍】 因罪贬职到边地任守边之职。戴叔伦《赠张挥使》："谪戍孤城小，思家万里遥。"

【讁見】 (—xiàn)指天象异常。古人认为这是上天对人的惩罚，是灾变出现的预兆。见，同"现"。张祜《戊午年寓兴二十韵》："谪见天何再，勤忧诏未并。"

【讁所】 被贬谪官吏所居之所。顾况《闲居怀旧》："贫居谪所谁推毂，仕向侯门耻曳裾。"

【讁官】 贬官降职。李白《赠从弟南平太守之遥二首》之二："谪官桃源去，寻花几处行。"杜甫《所思》："苦忆荆州醉司马，谪官樽俎定常开。"皎然《观李中丞洪二美人唱歌轧筝歌》："谪官无愠如古人，交道忘言比前躅。"元稹《听庾及之弹乌夜啼引》："谪官诏下吏驱遣，身作囚拘妻在远。"

【讁居】 ❶贬放到边远之地居住。孟浩然《江上别流人》："以我越乡客，逢君谪居者。"上元夫人《赠封陟》："谪居蓬岛别瑶池，春媚烟花有所思。"❷犹谪官。贾至《巴陵早秋寄荆州崔司马吏部阎功曹舍人》："谪居潇湘渚，再见洞庭秋。"高适《送李少府贬峡中王少府贬长沙》："嗟君此别意何如，驻马衔杯问谪居。"刘长卿《送卢侍御赴河北》："谪居为别倍伤情，何事从戎独远行。"元稹《以州宅夸于乐天》："我是玉皇香案吏，谪居犹得住蓬莱。"白居易《不准拟二首》之二："忆昔谪居炎瘴地，巴猿引哭虎随行。"

【讁長沙】 事见《史记·屈原贾生列传》。后遂用为遭诬被贬的典故。孟浩然《湖中旅泊寄阎九司户防》："襄王梦行雨，才子谪长沙。"柳宗元《同刘二十八院长述旧言怀感时书事奉寄澧州张员外使君五十二韵之作因其韵增至八十通赠二君子》："还如渡辽水，更似谪长沙。"

【讁星】 被谪降人间的星宿。李洞《过贾浪仙旧地》："鹤外唐来有谪星，长江东注冷沧溟。"

【讁宦】 ❶贬官降职。祖咏《长乐驿留别卢象裴总》："故情君且足，谪宦我难任。"耿湋《赠别刘员外长卿》："为文易老皆知苦，谪宦无名倍足悲。"李涉《再至长安》："十年谪宦鬼方人，三遇鸿恩始到秦。"张祜《伤迁客殁南中》："故人何处殁，谪宦极南天。"杜荀鹤《经贾岛墓》："谪宦自麻衣，衔冤至死时。"❷指被贬官降职的人。林氏《送男左贬诗》："谪宦今何在，衔冤犹未胜。"皇甫冉《归阳羡兼送刘八长卿》："湖上孤帆别，江南谪宦归。"

【讁尉】 贬官降职为县尉。张籍《伤歌行》："辞成谪尉南海州，受命不得须臾留。"自注："元和中，杨凭贬临贺尉。"

【讁夢】 形容被贬谪时噩梦般的情景。韩愈、张籍《会合联句》："京游步方振，谪梦意犹恂。"

【讁掾】 被贬谪到边远地区任州县属官。顾云《苏君厅观韩干马障歌》："朱崖谪掾从亡殁，更有何人鉴奇物。"

【讁置】 贬谪安置。白居易《读史五首》之一："汉文疑贾生，谪置湘之阴。"

【讁傳】 被贬谪官员所乘驿站之车马。亦指被贬谪的官员。崔融《太平兴龙寺》："国有文皇召，人惭谪传归。"

【讁棄】 贬谪弃置。柳宗元《游朝阳岩遂登西亭二十韵》："谪弃殊隐沦，登陟非远郊。"

【讁罰】 惩罚。卢仝《月蚀诗》："年年十月朝太微，支卢谪罚何灾凶。"

【讁墮】 谓贬谪落人间。陆龟蒙《白芙蓉》："似说玉皇亲谪堕，至今犹著水霜袍。"

【讁竄】 贬谪放逐。李白《感时留别从兄徐王延年从弟延陵》："大臣小喑呜，谪窜天南垂。"

【讁譴】 因过失而被谴责降官。韩愈《县斋读书》："谪谴甘自守，滞留愧难任。"

譀 〔hàn《广韵》下瞰切，去阚，匣。又呼甲切，入狎，曉。〕喊叫。卢肇《竞渡诗》："冲波突出人齐譀，跃浪争先鸟退飞。"贯休《贺郑使君》："死地再生知德重，精兵连譀觉山移。"又《古出塞曲三首》之二："男儿今始是，譀出玉关门。"

謬 〔miù《广韵》靡幼切，去幼，明。〕❶谬误；荒谬。沈佺期《天官崔侍郎夫人卢氏挽歌》："偕老言何谬，香魂事永违。"柳宗元《咏荆轲》："世传故多谬，太史征无且。"元稹《代曲江老人百韵》："书谬偏求伏，诗亡远听申。"白居易《赠张处士山人》："世说三生如不谬，共疑巢许是前身。"李洞《送人之天台》："丹经如不谬，白发亦何能。"❷差错；错。顾况《上古之什补亡训传十三章·燕于巢一章》："甲兮乙兮，不宜有谬。"白居易《北亭》："偶获此闲居，谬似高人迹。"李绅《拜三川守》："风变市儿惊偃草，雨晴郊薮谬随车。"贾岛《不欺》："此语诚不谬，敌君三万秋。"徐至《闰月定四时》："高明终不谬，委鉴本无私。"❸用为谦词。陈子昂《东征答朝臣相送》："君王谬殊宠，旌节此从戎。"李白《寄上吴王三首》之一："谬以词赋重，而将枚马同。"韦应物《逢杨开府》："两府始收迹，南宫谬见推。"杨巨源《酬崔博士》："自知顽叟更何能，唯学雕虫谬见称。"薛能《寄吉谏议》："终凭二顷谋婚嫁，谬著千篇断斧斤。"❹背戾乖违。高适《蓟门不遇王之涣郭密之因以留赠》："逢时事多谬，失路心弥折。"韩愈

《南山诗》："虽亲不亵狎，虽远不悖谬。"贯休《上刘商州》："时命偶不谬，授馆终南东。"❺伪装；欺诈。柳宗元《弘农公以硕德伟材屈于诬枉左官三岁复为大僚宗元窜伏湘浦拜贺末由谨献诗五十韵以毕微志》："火炎侵琬琰，鹰击谬鸾凰。"

【謬人】 谬误之人，罪人。白居易《朱陈村》："以此自桎梏，信为大谬人。"

【謬列】 忝列，愧于位列。宇文融《奉和圣制左丞相说右丞相璟太子少傅乾曜同日上官命宴都堂赐诗》："谬列台衡重，俱承雨露偏。"权德舆《省中春晚忽忆江南旧居戏书所怀因寄两浙亲故杂言》："今兹戴武弁，谬列金门彦。"

【謬忝】 ❶谦词。谓忝列。忝，辱，有愧于。中宗、崔湜、郑愔《十月诞辰内殿宴群臣效柏梁体联句》："两司谬忝谢钟裴，礼乐铨管效涓埃。"罗隐《冬暮城西晚眺》："谬忝莲华幕，虚沾柏署官。"亦谓忝列为友。韦应物《送际侍御还越》："谬忝诚所愧，思怀方见申。"❷谦词。犹谬辱。张九龄《登郡城南楼》："谬忝为邦寄，多惭理人术。"李白《江上答崔宣城》："谬忝燕台召，而陪郭隗踪。"韦应物《寄职方刘郎中》："予因谬忝出，君为沉疾婴。"

【謬官】 谦词。不称职的官员。戴叔伦《临川从事还别崔法曹》："谬官辞获免，滥狱会平反。"王起《和李校书雨中自秘省见访知早入朝便入集贤不遇诗》："忆昨谬官在乌府，喜君对门讨鱼鲁。"

【謬承】 误受承托；误受。多作谦词。孟浩然《和张明府登鹿门作》："谬承巴里和，非敢应同声。"马戴《摅情留别并州从事》："浅学长自鄙，谬承贤达知。"

【謬持】 妄握；误拿。谦词。杜甫《赠特进汝阳王二十韵》："谬持蠡测海，况挹酒如渑。"裴贽《答王涣》："谬持文柄得时贤，粉署清华次第迁。"徐铉《回至瓜洲献侍中》："奉使谬持严助节，登门初识鲁王宫。"

【謬辱】 谦词，犹言辱蒙，误受恩眷。宋之问《自洪府舟行直书其事》："谬辱紫泥书，挥翰青云里。"元稹《酬翰林白学士代书一百韵》："谬辱良由此，升腾亦在斯。"

【謬容】 谦词。谓辱蒙接纳。卢纶《送姨弟裴均尉诸暨》："东阁谬容止，予心君冀言。"元稹《献荥阳公诗五十韵》启："今月十七日，公会儒于便庑，稹亦谬容末席。"

【謬陪】 谦词。谓辱蒙陪侍、陪伴。杜正伦《玄武门侍宴》："谬陪瑶水宴，仍厕柏梁篇。"许景先《征君宅》："谬陪金门彦，矫迹侍紫宸。"孟浩然《题长安主人壁》："久废南山田，谬陪东阁贤。"杜牧《牧陪昭应卢郎中在江西宣州佐今吏部沈公幕罢府周岁公宰昭应牧在淮南縻职叙旧成二十二韵用以投寄》："谬陪吾益友，只事我贤侯。"

【謬稱】 ❶妄称；误名。韦应物《郡斋赠王卿》："无术谬称简，素餐空自嗟。"元稹《有鸟二十章》之三："呜呼为有白色毛，亦得乘轩谬称鹤。"❷谦称自己被人称赞。杜甫《奉留赠集贤院崔于二学士》："谬称三赋在，难述二公恩。"自注："甫献三大礼赋出身，二公常谬称述。"张祜《忆江东旧游四十韵寄宣武李尚书》："小子今何述，高贤昔谬称。"

【謬履】 忝任；愧于担任。李绅《渡西陵十六韵》："谬履千夫长，将询百吏情。"

【謬蒙】 谦词。辱蒙；承蒙。韦应物《始除尚书郎别善福精舍》："愧忝郎署迹，谬蒙君子录。"

【謬傳】 妄传。寒山《诗三百三首》之二二三："此是古人语，吾今非谬传。"

十二画

譌 〔é《广韵》五禾切，平戈，疑。〕同"讹"。讹误；错谬。刘长卿《同姜濬题裴式微余干东斋》："吏体庄生傲，方言楚俗譌。"

譊 〔náo《广韵》女交切，平肴，娘。〕❶喧嚣。叫闹。孙逖《和左卫武仓曹卫中对雨创韵赠右卫李骑曹》："克勤居簿领，多暇屏欢譊。"柳宗元《奉平淮夷雅表·皇武》之九："曾是讙譊，化为讴吟。"❷争辩。储光羲《同王十三维偶然作十首》之一："归来悲困极，兄嫂共相譊。"

【譊譊】 ❶喧嚣嘈杂。李贺《感讽五首》之四："晓思何譊譊，阛阓千人语。"❷论辩；争辩貌。皮日休《新秋言怀寄鲁望三十韵》："达人唯落落，俗士自譊譊。"又《奉和鲁望早秋吴体次韵》："书淫传癖穷欲死，譊譊何必频相仍。"

譖 〔zèn《广韵》莊蔭切，去沁，莊。〕❶谗毁；诬陷。韩愈《同宿联句》："自从别君来，远出遭巧譖。"周昙《咏史诗·前汉门·刘圣公》："伤哉乱帝途穷处，何必当时譖福先。"❷刺；叮咬。白居易《蚊蟆》："如有肤受譖，久则疮痏成。"

警 〔jǐng《广韵》居影切，上梗，見。〕❶警戒；警告；告诫。杜牧《商山富水驿》："驿名不合轻移改，留警朝天者惕然。"李商隐《蝉》："烦君最相警，我亦举家清。"皮日休《奉和鲁望秋日遣怀次韵》："鸿灾因足警，鱼祸为稀潜。"徐夤《露》："鹤鸣先警雁来天，洗竹沾花处处鲜。"❷戒严；戒备。许敬宗《奉和圣制送来济应制》："万乘腾镳警岐路，百壶供帐饯离宫。"祖咏《扈从御宿池》："寒疏清禁漏，夜警羽林兵。"皇甫冉《冬夜集赋得寒漏》："遥夜重城警，流年滴水催。"张继《酬李书记校书越城秋夜见赠》："寒城警刁斗，孤愤抱龙泉。”白居易《东南行一百韵》：“江关未撤警，淮寇尚稽诛。”❸危急的情况或消息。韩休《奉和御制平胡》：“始见幽烽警，俄看烈火焚。”刘禹锡《元和癸巳岁仲秋诏发江陵偏师问罪蛮徼后命宣慰释兵归降凯旋之辰率尔成咏寄荆南严司空》：“火号休传警，机桥罢亘空。”又《和汴州令狐相公到镇改月偶书所怀》：“外垒曾无警，中厨亦罢监。”白居易《新乐府·城盐州》：“诸边急警劳戍人，唯此一道无烟尘。”❹鸣；鸣叫。皇甫曾、郑说《建元寺西院寄李员外纵联句》：“夜色迷双树，钟声警四邻。”羊士谔《郡中玩月寄江南李少尹虞部孟员外三首》之一：“鹊警银河断，蛩悲翠幕幽。”白居易《酬卢秘书二十韵》：“睡少钟偏警，行迟漏苦摧。”李商隐《夜思》：“鹤应闻露警，蜂亦为花忙。”崔涂《秋夕与友人同会》：“更闻栖鹤警，清露滴青松。”❺通“驚”。惊动；惊起。岑参《观楚国寺璋上人写一切经院南有曲池深竹》：“挥毫散林鹊，研墨警池鱼。”卢纶《舟中寒食》：“日霁开愁望，波喧警醉眠。”权德舆《郊居岁暮因书所怀》：“月魄清夜琴，猿声警朝寐。”卢景亮《寒夜闻霜钟》：“已警离人梦，仍沾旅客襟。”李珣《渔父》词之三：“棹警鸥飞水溅袍，影随潭南柳垂绦。”

【警世】 警告世人。吕岩有《警世》。

【警句】 精警深刻的文句。司空图《力疾山下吴村看杏花十九首》之十六：“千载几人搜警句，补方金字爱晴霞。”

【警枕】 一种以圆木制作的枕头，熟睡则欹动，动则惊醒。见《礼记·少仪》：“茵、席、枕、几、颎。”郑玄注：“颎，警枕也。”参阅清吴景旭《历代诗话》卷七十“警枕”。陆龟蒙《和袭美木兰院次韵》：“犹忆故山欹警枕，夜来呜咽似流泉。”

【警夜】 即宵禁。夜门警戒，以备不虞。李益《汉宫少年行》：“君不见上宫警夜营八屯，冬冬街鼓朝朱轩。”元稹《表夏十首》之七：“云鸿方警夜，笼鸡已鸣晓。”白居易、刘禹锡《秋霖即事联句三十韵》：“高霤愁晨坐，空阶警夜眠。”

【警夜鐘】 南朝齐武帝在景阳楼上所置报更的钟。李商隐《昭肃皇帝挽歌辞三首》之二：“门咽通神鼓，楼凝警夜钟。”

【警柝】 宵禁时巡夜人敲击以报更的木梆。苏颋《奉和圣制登太行山中言志应制》：“晓岩中警柝，春事下搜田。”

【警急】 即警急烽。杜甫《夕烽》：“照秦通警急，过陇自艰难。”刘禹锡《令狐相公自太原累示新诗因以酬寄》：“万里胡天无警急，一笼烽火报平安。”王贞白《度关山》：“云州多警急，雪夜度关山。”韦庄《秦妇吟》：“是时西面官军入，拟向潼关为警急。”

【警急烽】 边塞形势紧急的烽火。杜甫《秦州杂诗二十首》之一八：“警急烽常报，传闻檄屡飞。”

【警候】 谓警戒季候的到来。李峤《八月奉教作》：“鹤鸣初警候，雁上欲凌寒。”

【警宵】 即警夜。李峤《钟》：“平陵通曙响，长乐警宵声。”

【警動】 犹惊动。韩愈《元和圣德诗》序：“指事实录，具载明天子文武神圣，以警动百姓耳目，传示无极。”

【警策】 文句精警，含义深刻动人。杜甫《戏题寄上汉中王三首》之三：“尚怜诗警策，犹记酒颠狂。”

【警衛】 警戒保卫。韩愈《大行皇太后挽歌词三首》之三：“追攀万国来，警卫百神陪。”

【警蹕】 帝王出入时，沿途清道止行，侍卫警戒，曰“警蹕”。晋崔豹《古今注·舆服》：“警跸，所以戒行徒也。周礼跸而不警，秦制出警入跸，谓出军者皆警戒，入国者皆跸止也，故云出警入跸也。至汉朝梁孝王，王出称警，入称跸，降天子一等焉。一曰，跸，路也，谓行者皆警于涂路也。”宋之问《龙门应制》：“龙骑骎骎映晚花，千乘万骑銮舆出。水静山空严警跸，郊外喧哗引香人。”袁晖《奉和圣制答张说扈从南出雀鼠谷之作》：“魏国山河险，周王警跸回。”杜甫《喜闻官军已临贼境二十韵》：“秦山当警跸，汉苑入旌旄。”李端《代宗挽歌》：“警跸移前殿，宫车上渭桥。”

【警露】 《艺文类聚》卷九十引晋周处《风土记》曰：“鸣鹤戒露，此鸟性警，至八月白露降，流于草上，滴滴有声，因即高鸣相警，移徙所宿处，虑有变害也。”后遂用为咏鹤的典故。虞世南《飞来双白鹤》：“危心犹警露，哀响讵闻天。”骆宾王《送王明府参选赋得鹤》：“虚心恒警露，孤影尚凌烟。”李峤《鹤》：“莫言空警露，犹冀一闻天。”元稹《和李校书新题乐府十二首·五弦弹》：“辞雄皓鹤警露啼，失子哀猿绕林啸。”白居易《池鹤八绝句·鸡赠鹤》：“一声警露君能薄，五德司晨我用多。”

【警露鶴】 指白露降临时高鸣相警之鹤。李商隐《酬别令狐补阙》：“警露鹤辞侣，吸风蝉抱枝。”亦作“警露”。刘禹锡《历阳书事七十韵》：“管清疑警鹤，弦巧似娇莺。”

【警鶴】 见“警露鹤”。

譚 〔tán《广韵》徒含切，平覃，定。又徒感切，上感，定。〕❶同“谈”。谈论；谈说。王勃《散关晨度》：“白马高谭去，青牛真气来。”李渤《喜弟淑再至为长歌》：“口里虽谭周孔文，怀中不舍孙吴略。”韦庄《边上逢薛秀才话旧》：“前年同醉武陵亭，绝倒闲谭坐到明。”曹松《九江送方干归镜湖》：“谭余云出峤，咏苦月欹空。”贯休《赠钟陵陈处士》：“否极方生社稷才，唯谭帝道鄙梯媒。”❷姓。唐五代诗人有谭铢、谭峭、谭用之等。

【譚子】 谭宜。见《太平广记》卷二〇引《仙传拾遗》。又见《蜀中名胜记》卷八仁寿县亦载其事。郭周藩有《谭子池》。

【譚天】 谈论天文宇宙之事。《史记·孟子荀卿列传》:“故齐人颂曰:‘谈天衍,雕龙奭’。”裴骃集解引刘向《别录》曰:“驺衍之所言五德终始,天地广大,尽言天事,故曰‘谈天’。驺奭修衍之文,饰若雕镂龙文,故曰‘雕龙’。”皎然《咏数探得七》:“邹子谭天岁,黄童对日年。”

【譚用之】 五代宋初诗人。字藏用,生卒年、籍贯均不详。仕途不得志,长年客于他乡。工诗,尤擅七律。有《谭用之诗》一卷,今逸。《全唐诗》卷七六四录其诗一卷。

【譚玄】 谈论老庄玄理。陆龟蒙《奉和袭美醉中偶作见寄次韵》:“永夜谭玄侵罔象,一生交态忘形骸。”又《奉和袭美赠魏处士五贶诗·华顶杖》:“拄访谭玄客,持看泼墨图。”参见“玄理”。

【譚玄旨】 谈论老庄玄学要旨。张蠙《宿开照寺光泽上人院》:“静室谭玄旨,清宵独细听。”

【譚先生】 谭紫霄。生于金陵(今江苏南京市),至玉笥山为道士。入闽,受闽王厚礼。闽亡,归金陵。南唐烈祖授左街道门威仪,加号真曜先生。后居庐山白云峰之栖隐洞。见《历世真仙体道通鉴》卷四三。李中有《庐山栖隐洞谭先生院留题》。孟贯有《赠栖隐洞谭先生》。杨徽之有《赠谭先生》。

【譚空】 谈论佛理。佛教认为万有皆空,故以“空”泛指佛理。周庠《寄禅月大师》:“水田铺座时移画,金地谭空说尽沙。”

【譚柄】 ❶指高僧讲法时所执之麈尾。北周庾信《送灵法师葬》诗倪璠注引《音义指归》曰:“名苑曰:‘鹿之大者曰麈,群鹿随之,皆看麈所往,随麈尾所转为准。’今讲者执之,象彼盖有所指麾故。”齐己《送隆公上人》:“独携谭柄去,千里指人寰。”❷借指宣讲佛法的高僧。秦系《秋日过僧惟则故院》:“门人失谭柄,野鸟上禅床。”

【譚峭】 五代诗人。字景升,泉州(今属福建)人。国子司业洙之子。世称紫霄真人。少时为道士,博学经史,诗文秀丽,居玉笥山,易名廷瑞。常纵酒跣足,行歌野宿。传其成仙。事见《南唐书》卷七、《江南野录》卷六、《诗话总龟》卷四六引《雅言杂载》《郡阁闲谈》。《全唐诗》卷八六一录其《大言诗》一首,句一联。

【譚笑】 谈笑;又说又笑。刘禹锡《奉和司空裴相公中书即事通简旧僚之作》:“谭笑在岩廊,人人尽所长。”白居易《衰病》:“更恐五年三岁后,些些谭笑亦应无。”陆龟蒙《江南秋怀寄华阳山人》:“髧钳为皂隶,谭笑得公卿。”司空图《携仙箓九首》之六:“应知谭笑还高谢,别就沧洲赞上仙。”齐己《渚宫莫问诗一十五首》之九:“威仪非上客,谭笑愧诸侯。”

【譚微】 谈论精深微妙的佛理。皮日休《临顿为吴中偏胜之地陆鲁望居之不出余每相访欸然惜去因成五言十首奉题屋壁》之五:“生公石上月,何夕约谭微。”

【譚經】 谈论佛经;讲说佛经。皮日休《奉和鲁望寒夜访寂上人次韵》:“陶潜见社无妨醉,殷浩谭经不废吟。”贯休《观怀素草书歌》:“师不谭经不说禅,筋力唯于草书朽。”

【譚銖】 唐诗人。一作谈铢。吴(今江苏苏州市)人。会昌元年(841)进士及第。咸通末曾为苏州鹾院官。又曾在池州任职。事见《云溪友议》卷中、《南部新书》卷己、《唐诗纪事》卷六五、《登科记》卷二二。《全唐诗》卷五五七录其《题九华山》等诗二首。

【譚端】 话端;话头。张九龄《城南隅山池春中田袁二公盛称其美夏首获赏果会夙言故有此咏》:“乐处将鸥狎,谭端用马齐。”

【譚諧】 谈笑;说笑。顾况《酬信州刘侍郎兄》:“薄宦修礼数,长景谢谭谐。”

【譚禪】 (—chán)义同“譚空”。陆龟蒙《奉和袭美二游诗·任诗》:“说史足为师,谭禅差作伯。”

【譚雞】 可以与之交谈的鸡。典出《艺文类聚》卷九一引南朝宋刘义庆《幽明录》曰:“晋兖州刺史沛国宋处宗,尝买得一只鸣鸡,爱养甚至,恒笼著窗间。鸡遂作人语,与处宗谈论,极有言智,终日不辍。处宗因此言巧大进。”刘兼《秋夕书怀呈戎州郎中》之一:“谭鸡寂默纱窗静,梦蝶萧条玉漏长。”

譙 〔qiáo《广韵》昨焦切,平宵,從。〕❶城门上的瞭望楼。孟浩然《和宋太史北楼新亭》:“丽谯非改作,轩槛是新图。”白居易《西楼喜雪命宴》:“银榼携桑落,金炉上丽谯。”杜牧《题吴兴消暑楼十二韵》:“台榭罗嘉卉,城池敞丽谯。”陆龟蒙《送宣武从事越中按狱》:“旌旆临危堞,金丝发丽谯。”参见“譙門”。❷地名。即南谯郡。隋初改置滁州,治所在新昌县(今安徽滁州市)。唐天宝元年(742)改为永阳郡,乾元元年(758)复为滁州。韦应物《寄大梁诸友》:“分竹守南谯,弭节过梁池。”又《郊园闻蝉寄诸弟》:“今岁卧南谯,蝉鸣归路永。”又《再游西山》:“南谯古山郡,信是高人居。”李绅《悲善才》:“南谯寂寞三春晚,有客弹弦独凄怨。”❸即谯郡。治所在今安徽亳州市。唐彦谦《咸通中始闻褚河南归葬阳翟是岁上平徐方大肆庆赏又诏八品锡其裔孙追叙风概因成二十韵》:“飞燕潜来赵,黄龙岂见谯。”

【譙沛】 谯县和沛县。沛县,治所即今江苏沛县。储光羲《奉和韦判官献侍郎叔除河东采访使》："楚山俯江汉，汴水连谯沛。"

【譙門】 建有望楼的城门。《汉书·陈胜传》："攻陈，陈守令皆不在，独守丞与战谯门中。"颜师古注："谯门，谓门上为高楼以望者耳。楼一名谯，故谓美丽之楼为丽谯。谯亦呼为巢。所谓巢车者，亦于兵车之上为楼以望敌也。谯巢声相近，本一物也。"薛涛《江月楼》："垂虹纳纳卧谯门，雉堞眈眈俯渔艇。"

【譙邑】 即谯县。太宗《过旧宅二首》之一："新丰停翠辇，谯邑驻鸣笳。"

【譙郡】 隋大业三年置。唐武德四年改为亳州，天宝元年复为谯郡，乾元元年又改为亳州。治所在谯县(今安徽亳州市)。李白有《忆旧游寄谯郡元参军》。

【譙都】 即谯郡。韦应物《送苏评事》："季弟仕谯都，元兄坐兰省。"李昼《戏酬张鲁封》："秋浦亚卿颜叔子，谯都中宪老桑门。"

【譙國】 谯郡的古称。姚合《裴大夫见过》："湖南谯国尽英髦，心事相期节义高。"

【譙樓】 又名鼓楼。城门上的望楼。唐彦谦《叙别》："谯楼夜促莲花漏，树阴摇月蛟螭走。"参见"譙門"。

【譙縣】 县名。治所在今安徽亳州市。孟浩然《适越留别谯县张主簿申屠少府》："朝乘汴河流，夕次谯县界。"

譈 〔duì《广韵》徒對切，去隊，定。〕同"憝"。怨恨。见"譈譪"。

【譈譪】 怨恨恼怒。陈陶《圣帝击壤歌四十声》："牝鸡何谠访，猘犬漫劻勷。"

識[1] 〔shí《广韵》賞職切，入職，書。〕❶知道；了解。太宗《赐萧瑀》："疾风知劲草，板荡识诚臣。"杜甫《逼仄行赠毕曜》："徒步翻愁官长怒，此心炯炯君应识。"白居易《新乐府·骊宫高》："吾君爱人人不识，不伤财兮不伤力。"刘沧《赠隐者》："谁识无机养真性，醉眠松石枕空杯。"孟宾于《公子行》："不识农夫辛苦力，骄骢蹋烂麦青青。"❷认识。李白《自代内赠》："窥镜不自识，别多憔悴深。"戎昱《移家别湖上亭》："黄莺久住浑相识，欲别频啼四五声。"张继《感怀》："终年帝城里，不识五侯门。"戴叔伦《女耕田行》："头巾掩面畏人识，以刀代牛谁与同。"黄巢《自题像》："天津桥上无人识，独倚栏干看落晖。"❸识别；辨别。姚崇《夜渡江》："听草遥寻岸，闻香暗识莲。"王维《春日直门下省早朝》："遥闻侍中珮，暗识令君香。"卢纶《落第后归山下旧居留别刘起居昆季》："花林逢废井，战地识荒园。"白居易《有木诗八首》之三："物有似是者，真伪何由识。"王仁裕《遇放猿再作》："数声肠断和云叫，识是前时旧主人。"❹识见；知识。萧颖士《江有归舟三章》序："其于识也，必鄙而近矣，所务乎宪章典法，膏腴德义而已。"卢纶《虢州逢侯钊同寻南观因赠别》："过深惭禄在，识浅赖刑宽。"韩愈《谢自然诗》："人生处万类，知识最为贤。"孟郊《送别崔寅亮下第》："君子识不浅，桂枝忧更多。"❺相识的朋友；知交。王维《送权二》："一见如旧识，一言知道心。"韦应物《有所思》："莫道无相识，要非心所亲。"韩愈《送灵师》："还如旧相识，倾壶畅幽悁。"刘禹锡《赠别君素上人诗》："相欢如旧识，问法到无言。"❻赏识；识鉴。钱起《长安落第作》："不遇张华识，空悲宁戚歌。"李端《酬晋侍御见寄》："本求文举识，不在子真官。"孟郊《衰松》："终是君子材，还思君子识。"苑诎《暗投明珠》："抱影希人识，承时望帝求。"

識[2] 〔zhì《广韵》職吏切，去志，章。〕❶标记。常衮《早秋望华清宫树因以成咏》："玉坛标八桂，金井识双桐。"❷记载；记述。岑参《上嘉州青衣山中峰题惠净上人幽居寄兵部杨郎中》序："今者幽躅胜概，叹不得与此公俱，爰命小吏，刮磨石壁以识其事，乃诗以达杨友尔。"

【識人】 ❶认识人。韩愈《招杨之罘》："野马不识人，难以驾车盖。"❷相识的人；朋友。王维《崔兴宗写真咏》："今时新识人，知君旧时好。"张蠙《云朔逢山友》："塞深行客少，家远识人稀。"

【識分】 (一fèn)知守本分。卢仝《感古四首》之三："鄙吝不识分，有心占阳春。"白居易《酬卢秘书二十韵》："识分忘轩冕，知归返草莱。"

【識吕蒙】 谓识拔人才。典出《三国志·吴书·吴主传》："遣都尉赵咨使魏。魏帝问曰：'吴王何等主也？'咨对曰：'聪明仁智，雄略之主也。'帝问其状，咨曰：'纳鲁肃于凡品，是其聪也；拔吕蒙于行陈，是其明也。'"杜甫《投赠哥舒开府二十韵》："军事留孙楚，行间识吕蒙。"

【識曲别音】 谓精通音乐乐律。贯休《善哉行》："识曲别音兮，令姿煌煌。"

【識名】 知道名字。袁不约《送人至岭南》："度岭春风暖，花多不识名。"

【識字】 ❶认识文字。寒山《诗三百三首》之二〇七："何以好识字，识字胜他人。丈夫不识字，无处可安身。"温庭筠《醉歌》："阿鳌光颜不识字，指麾豪俊如驱羊。"罗隐《送顾云下第》："汉帝后宫犹识字，楚王前殿更无人。"无名氏《五言白话诗》之一二："从小好读书，更须多识字。"❷知晓文字音义及奇难之字，精于训诂。杜甫《醉时歌》："相如逸才亲涤器，子云识字终投阁。"韩愈《醉赠张秘书》："阿买不识字，颇知书八分。"

【識見】 见识。元结《与党评事》："岂忘惠君子，恕之识见偏。”

【識者】　有见识的人。杜甫《水槛》：“扶颠有劝诫，恐贻识者嗤。”韦应物《答刘西曹》：“浅劣见推许，恐为识者尤。”寒山《诗三百三首》之十：“识者取将来，犹堪柱马屋。”白居易《赠友五首》序：“吾友有王佐之才者，以致君济人为己任，识者深许之。”

【識事】　了解事理。骆宾王《咏怀》：“少年识事浅，不知交道难。”王维《赠从弟司库员外絿》：“少年识事浅，强学干名利。”

【識荆】　李白《与韩荆州书》：“白闻天下谈士相聚而言曰：‘生不用封万户侯，但愿一识韩荆州。’何令人之景慕一至于此耶！”韩荆州，指韩朝宗，时任荆州长史，以荐贤而闻名。后因以为称颂贤者的典故。牟融《赠韩翃》：“京国久知名，江河近识荆。”

【識胡兒】　同“識胡雛”。杜牧《故洛阳城有感》：“锢党岂能留汉鼎，清谈空解识胡儿。”

【識胡雛】　谓识别出安禄山有叛逆之相。典出《晋书·石勒载记》：“年十四，随邑人行贩洛阳，倚啸上东门，王衍见而异之，顾谓左右曰：‘向者胡雏，吾观其声视有奇志，恐将为天下之患。’驰遣收之，会勒已去。”刘禹锡《读张曲江集作》引：“议者以曲江为良臣，识胡雏有反相，羞凡器与同列，密启廷争，虽古哲人不及。”

【識面】　❶见面；相见。杜甫《奉赠韦左丞丈二十二韵》：“李邕求识面，王翰愿卜邻。”白居易《初到江州寄翰林张李杜三学士》：“碧落三仙曾识面，年深记得姓名无。”贾岛《酬胡遇》：“却思初识面，仍未有多须。”曹邺《去不返》：“亲情未识面，明日便东西。”齐己《酬洞庭陈秀才》：“何必要识面，见诗惊苦心。”❷认识。

【識風雲】　识辨变幻不定的战争形势。耿沣《上将行》：“枥上骅骝嘶鼓角，门前老将识风云。”

【識度】　见识与气度。陆龟蒙《奉和袭美初夏游楞伽精舍次韵》：“多君富遒采，识度两清恪。”

【識羞】　知道羞耻。钱弘俶《金陵》：“青盖曾彰谶，黄奴肯识羞。”

【識書】　识字，认识文字。花蕊夫人徐氏《宫词》之六七：“倚赖识书为录事，灯前时复错瞒人。”

【識量】　(—liàng)识见与胆量。刘长卿《落第赠杨侍御兼拜员外仍充安大夫判官赴范阳》：“职副旌旄重，才兼识量通。”

【識道】　识知圣人之道。王维《谒璿上人》：“少年不足言，识道年已长。”

【識勢】　知晓大势、形势。王建《赠李愬仆射》：“知时每笑论兵法，识势还轻立战功。”

【識路馬】　《韩非子·说林上》：“管仲、隰朋从桓公伐孤竹，春往冬反，迷惑失道，管仲曰：‘老马之智可用也。’乃放老马而随之，遂得道。”后以喻指认识道路重返旧地的马。李益《再赴渭北使府留别》：“报恩身未死，识路马还嘶。”

【識意】　知晓人心意。孟郊《商州客舍》：“识声今所易，识意古所难。”

【識機】　❶识辨事物将发生变化的预兆迹象。杜甫《归燕》：“春色岂相访，众雏还识机。”贾岛《酬栖上人》：“处世虽识机，伊余多掩关。”❷见机行事，随机应变。骆宾王《夕次旧吴》：“悬剑空留信，亡珠尚识机。”

【識聲】　识辨人声音。孟郊《商州客舍》：“识声今所易，识意古所难。”

譜　〔pǔ《广韵》博古切，上姥，幫。〕❶按事物的类别或系统编排而成的表册或书籍。陆龟蒙《奉和袭美太湖诗二十首·孤园寺》：“遍问得中天，归修释迦谱。”❷曲谱。张籍《和陆司业习静寄所知》：“收拾新琴谱，封题旧药方。”姚合《闲居遣兴》：“写方多识药，失谱废弹琴。”许浑《赠隐者》：“信谱弹琴误，缘崖劚药难。”周繇《嘲段成式》：“请君看曲谱，不负少年期。”王仁裕《荆南席上咏胡琴妓二首》之二：“谱从陶室偷将妙，曲向秦楼写得成。”❸作曲。王建《霓裳词十首》之四：“旋翻新谱声初足，除却梨园未教人。”于鹄《郡斋卧疾赠昼上人》：“商声发楚调，调切谱瑶琴。”

證　〔zhèng《广韵》諸應切，去證，章。〕❶证验；证实；证明。孙逖《和左司张员外自洛使入京中路先赴长安逢立春日赠韦侍御等诸公》：“寒尽岁阴催，春归物华证。”戎昱《听杜山人弹胡笳》：“杜陵先生证此道，沈家祝家皆绝倒。”王建《赠卢汀谏议》：“功证诗篇离景象，药成官位属神仙。”王涯《广宣上人以诗贺放榜和谢》：“独喜至公谁是证，弥天上人与新诗。”孟郊《读张碧集》：“下笔证兴亡，陈词备风骨。”❷佛教词。参悟；修行得道。武元衡《夏与熊王二秀才同宿僧院》：“世网从知累，禅心自证真。”杨巨源《夏日苦热同长孙主簿过仁寿寺纳凉》：“心空得清凉，理证等喧寂。”孟郊《送清远上人归楚山旧寺》：“诗夺碧云句，道证青莲心。”元稹《酬窦校书二十韵》：“渐轻身外役，浑证饮中禅。”张祜《题画僧二首》之二：“终年不语看如意，似证禅心入大乘。”

【證入】　佛教词。以断除三界烦恼的智慧证得佛教真理，谓之“證入”。刘禹锡《谒柱山会禅师》：“觉路明证入，便门通忏悔。”又《赠别君素上人诗》引：“晚读佛书，见大雄念佛之普级宝山而梯之，高揭慧火，巧镕恶见，广疏便门，旁束邪径，其所证入，如舟沿川，未始念于前而日远矣。”又《赠别约师》引：“荆州人文约，市井生而云鹤性，故去荤为浮图，生悟而证入。”

【證心】 验证内心。皎然《酬别襄阳诗僧少微》:“证心何有梦,示说梦归频。”

【證玉】 楚人卞和得玉于楚山之中,奉而献之厉王,厉王使玉人相之,曰“石也”。厉王刖其左足。厉王薨,武王即位,和又奉而献之武王,武王使玉人相之,曰“石也”。武王刖其右足。武王薨,文王即位,乃使玉人理其璞,果得宝玉,遂命曰“和氏之璧”。事见《韩非子·和氏》。后因以指识才之贤人。孟郊《送孟寂赴举》:“况当圣明主,岂乏证玉臣。”又《送任载齐古二秀才自洞庭游宣城》:“证玉易为力,辨珉谁不同。”参见“和氏玉”。

【證因池】 亭池名。司空图《偶书五首》之四:“证因池上今生愿,的的他生作化生。”按:司空图有《证因亭》。

【證果】 佛教词。谓佛教徒经过长期修行而悟入妙道。因别于外道,又名“正果”。比喻如果之成熟。宋之问《奉和幸三会寺应制》:“净心遥证果,睿想独超禅。”

【證性】 佛教词。谓修炼和参悟佛法。皎然《奉酬颜使君真卿见过郭中寺寺无山水之赏故予述其意以答焉》:“证性轻观水,栖心不买山。”

【證法性】 佛教词。谓修炼佛法、凝静心性。綦毋潜《题招隐寺绚公房》:“还言证法性,归去比黄金。”

【證時】 参悟修炼佛法之时。杨巨源《赠从弟茂卿》:“王维证时符水月,杜甫狂处遗天地。”

【證無生】 修炼参悟佛法。佛教认为一切现象之生灭变化都属虚妄,本质在于“无生”。“无生”即“无灭”。孟浩然《游明禅师西山兰若》:“吾师住其下,禅坐证无生。”顾况《鄱阳大云寺一公房》:“定中观有漏,言外证无生。”许浑《闻释子栖玄欲奉道因寄》:“今日劝师师莫惑,长生难学证无生。”

【證道】 犹悟道。道,指佛理、佛法。李嘉祐《送韦司直西行》:“能文兼证道,庄叟是前身。”

譎 〔jué《广韵》古穴切,入屑,見。〕❶诡诈;欺诳。陈子昂《感遇诗三十八首》之九:“如何嵩公辈,诙谲误时人。”曹邺《风人体》:“将金与卜人,谲道远行吉。”❷婉曲而不直言。《诗经·周南·关雎序》:“上以风化下,下以风刺上,主文而谲谏。”郑玄笺:“谲谏,咏歌依违不直谏。”皎然《咏史》:“五噫谲且正,可以见心曲。”

【譎險】 谲诈奸险。卢仝《月蚀诗》:“谲险万万党,架构何可当。”

譪 〔hài《广韵》許介切,去怪,曉。又火犗切,去夬,微。〕争怒貌。《集韵·去怪》:“訮,譀訮,争怒。”见“譀譪”。

譏 〔jī《广韵》居依切,平微,見。〕讥刺;非议。李白《感兴六首》之二:“好色伤大雅,多为世所讥。”包佶《立春后休沐》:“渐穷无相学,惟避不材讥。”耿湋《留别解县韩明府》:“闲人州县厌,贱士友朋讥。”权德舆《酬南园新亭宴会璩新第慰庆之作时任宾客》:“不厌梁鸿贫,常讥伯宗直。”徐夤《和尚书咏泉山瀑布十二韵》:“濯缨便可讥渔父,洗耳还宜傲帝尧。”

【譏思】 指敏捷而含讥刺的言语。罗隐《言》:“须信祸胎生利口,莫将讥思逞悬河。”

【譏笑】 讽刺;嘲笑。李贺《出城别张又新酬李汉》:“讥笑断冬夜,家庭疏篌穿。”罗隐《遣兴》:“长短遭讥笑,回头避钓翁。”

【譏嫌】 讥议嫌恶。王绩《赠梁公》:“位大招讥嫌,禄极生祸殃。”

【譏誚】 讥笑责骂。寒山《诗三百三首》之三〇一:“寂寂好安居,空空离讥诮。”

【譏諷】 谓委婉地进行讥刺。韩愈《石鼎联句》序:“刘(师服)与侯(喜)皆已赋十余韵,弥明应之如响,皆脱颖含讥讽。”

【譏題】 谓题诗讥刺。元稹《酬翰林白学士代书一百韵》:“戏诮青云驿,讥题皓发祠。”自注:“予途中作青云驿诗,病其云泥一致;作四皓庙诗,讥其出处不常。”

十三画

譬 〔pì《广韵》匹賜切,去寘,滂。〕比喻;比方。寒山《诗三百三首》之一〇〇:“欲识生死譬,且将冰水比。”韩愈《此日足可惜赠张籍》:“譬彼植园木,有根易为长。”又《泷吏》:“譬官居京邑,何由知东吴。”又《送区弘南归》:“我念前人譬葑菲,医落以斧引以缧徽。”

【譬如】 比如。李白《估客行》:“譬如云中鸟,一去无踪迹。”顾况《归阳萧条寺有丁行者能修无生忍担水施僧况归命稽首作诗》:“譬如一明珠,共赞光白圆。”杜牧《送沈处士赴苏州李中丞招以诗赠行》:“譬如匠见木,碍眼皆不弃。”孟迟《发蕙风馆遇阴不见九华山有作》:“譬如天之有日蚀,使我昏沉犹不明。”刘羲叟《同徐学士咏笋》:“为是因缘生此地,从他长养譬如无。”

【譬喻】 比喻。白居易《睡起晏坐》:“了然此时心,无物可譬喻。”

護 〔hù《广韵》胡誤切,去暮,匣。〕❶保护。孙逖《和崔司马登称心山寺》:“地灵资净土,水若护真如。”白居易《秦中吟十首·买花》:“上张幄幕庇，旁织巴篱护。”李绅《寿阳罢郡日有诗十首与追怀不殊今编于后兼纪瑞物·虎不食人》：“尔效驺虞护生草，岂徒柔伏在淮淝。”萧遘《和王侍中谒张恶子庙》：“未闻一剑传唐主，长拥千山护蜀城。”韦庄《寄从兄遵》：“不将高卧邀刘主，自吐清谈护汉储。”❷守卫。綦毋潜《题栖霞寺》：“龙蛇争翕习，神鬼皆密护。”顾况《宫词五首》之五：“金吾持戟护新檐，天乐声传万姓瞻。”刘禹锡《海阳十咏·月窟》：“游人不敢触，恐有蛟龙护。”孟郊《送超上人归天台》：“山兽护方丈，山猿捧袈裟。”黄滔《寄罗浮山道者二首》之一：“时闻雷雨惊樵客，长有龙蛇护洞门。”❸照护；救护。卢仝《冬行三首》之三：“海月护羁魄，到晓点孤光。”徐夤《伤进士谢庭皓》：“惟有春风护冤魄，与生青草盖孤坟。”❹护理。韦应物《新理西斋》：“养条刊朽枿，护药锄秽芜。”李绅《新昌宅书堂前有药树一株长庆中于翰林院内西轩药树下移得才长一寸仆夫封一泥丸以归植今则长成名之天上树》：“羽衣道士偷玄圃，金简真人护玉苗。”姚合《和厉玄侍御题户部李相公庐山西林草堂》：“幽药禅僧护，高窗宿鸟窥。”❺遮蔽；掩盖。贺朝《宿香山阁》：“朱网防栖鸽，纱灯护夕虫。”白居易《酬梦得秋夕不寐见寄》：“露竹偷灯影，烟松护月明。”又《太湖石》：“风气通岩穴，苔文护洞门。”殷尧藩《生公讲台》：“暝色护楼台，阴云昼未开。”吴融《题越州法华寺》：“云藏古殿暗，石护小房深。”❻占据；握。刘长卿《初到碧涧招明契上人》：“猿护窗前树，泉浇谷后田。”包佶《宿庐山赠白鹤观刘尊师》：“手护昆仑象牙简，心推霹雳枣枝盘。”许棠《寄睦州陆郎中》：“晓郭云藏市，春山鸟护林。”

【護主】 指救助皇帝。张籍《永嘉行》：“九州诸侯自顾土，无人领兵来护主。”

【護衣】 官服外罩。李憕《和户部杨员外伯成寓直》：“词惊起草笔，坐引护衣香。”权德舆《奉和韦谏议奉送水部家兄上后书情寄诸兄弟仍通简南宫亲旧并呈两省阁老院长》：“护衣直夜南宫静，焚草清时左掖深。”

【護字】 谓防止蠹虫，保护书籍。杨巨源《酬令狐员外直夜书怀见寄》：“芸香能护字，铅椠善呈书。”

【護身咒】 佛教、道教或巫师等用朱笔或墨笔在纸上写上咒语，或画上似字非字的图形，带在身边，以避邪消灾。王建《隐者居》：“朱书护身咒，水噀断邪刀。”

【護戒】 遵守佛教戒律。白居易《五月斋戒罢宴彻乐闻韦宾客皇甫郎中饮会亦稀又知欲携酒馔出斋先以长句呈谢》：“居士尔时缘护戒，车公何事亦停杯。”

【護明寺】 寺名。故址在今河南洛阳市东北白马山上。孔德绍有《登白马山护明寺》。

【護法】 ❶护持佛法。皇甫曾《锡杖歌送明楚上人归佛川》：“护法护身惟振锡，石濑云溪深寂寂。”严维《宿法华寺》：“天龙来护法，长老密看心。”权德舆《送文畅上人东游》：“护法麻衣净，翻经贝叶开。”贾岛《送僧》：“王侯皆护法，何寺讲钟鸣。”❷指论述护法的书籍。殷尧藩《赠惟俨师》：“谈禅早续灯无尽，护法重编论有神。”

【護法龍】 佛教词。护卫佛法的龙神。钱起《酬苗发员外宿龙池寺见寄》：“暂别迎车雉，还随护法龙。”

【護羌都尉】 即护羌校尉。张籍《妾薄命》：“汉家天子平四夷，护羌都尉裹尸归。”

【護羌校尉】 汉代主管羌族少数民族事务的官员。唐时多泛指边防长官。王维《出塞》：“护羌校尉朝乘障，破虏将军夜渡辽。”

【護羌營】 护羌校尉军营。泛指边防军营。皇甫冉《送魏中丞还河北》：“辛勤戎旅事，雪下护羌营。”参见“護羌校尉”。

【護法將軍】 对护法高僧的敬称。齐己《寄玉泉实仁上人》：“敢望护法将军记，且喜焚香弟子知。”

【護育】 保护养育。元结《补乐歌十首·大濩》之一：“不有圣人兮，谁护育。”

【護持】 保卫扶持；保护。窦冀《怀素上人草书歌》：“此生绝艺人莫测，假此常为护持力。”窦庠《于阗钟歌送灵彻上人归越》：“精气激射声冲瀜，护持海底诸鱼龙。”

【護軍】 唐节度使副官名。张建封《酬韩校书愈打球歌》：“护军对引相向去，风呼月旋朋先开。”

【護氣】 道教词。谓护养元气。张籍《不食姑》：“护气常稀语，存思自见神。”

【護國大師】 崇惠。姓章氏，杭州（今属浙江）人。大历初挂锡京师章信寺。诏授鸿胪卿，号曰护国三藏。工词翰，有声于天宝、大历间，卒于大历间，张谓作《哭护国上人》哭之。事迹见《诗话总龟》卷三二、《唐杨传》卷三。杜荀鹤有《题护国大师塔》。崇惠为诗僧，《全唐诗》卷八一一录其存诗十二首。

【護惜】 保护爱惜。姚合《题僧院引泉》：“朝昏长绕看，护惜似持衣。”司空图《喜山鹊初归三首》之一：“只为从来偏护惜，窗前今贺主人归。”

【護淨】 佛教词。护持清净，泯灭尘虑。寒山《诗三百三首》之一：“凡读我诗者，心中须护净。”张籍《送闽僧》：“修行四分律，护净七条衣。”姚合《过稠上人院》：“蔬食常来此，人间护净稀。”

【護淨僧】 护持清净、泯灭尘虑的僧人。张籍《和韦开州盛山十二首·上士泉瓶》：“唯有护净僧，添瓶将盥漱。”

【護喪】（—sāng）主持办理丧事。《汉书·霍光传》："光薨，上及皇太后亲临光丧。太中大夫任宣与侍御史五人持节护丧事。"孟郊《吊卢殷》之一："久病床席尸，护丧童仆孱。"

【護落】即濩落、瓠落。寥廓无依貌。李贺《将发》："东床卷席罢，护落行将去。"

【護短】袒护自己的缺点或过失。韩愈《记梦》："乃知仙人未贤圣，护短凭愚邀我敬。"

【護塞】（—sài）守卫边塞。刘禹锡《许给事见示哭工部刘尚书诗因命同作》："护塞无南牧，驰心拱北辰。"刘三复《送黄晔明府岳州湘阴赴任》："三年护塞从戎远，万里投荒失意多。"

【護霜】谓酝酿结霜。古代方言。见宋费衮《梁溪漫志·方言入诗》。又见明娄元礼《田家五行·天文·论云》。李嘉祐《冬夜饶州使堂饯相公五叔赴歙州》："斜汉初过斗，寒云正护霜。"钱起《津梁寺寻李侍御》："驯鸽不猜隼，慈云能护霜。"权德舆《送浑邓州》："风劲初下叶，云寒方护霜。"王睿《松》："好是特凋群木后，护霜凌雪翠逾深。"钱珝《江行无题一百首》之四五："轻云未护霜，树杪橘初黄。"

【護邊】守卫边防。李峤有《饯薛大夫护边》。

譴〔qiǎn《广韵》去戰切，去線，溪。〕❶责备；谴责。元稹《和李校书新题乐府十二首·胡旋女》："寄言旋目与旋心，有国有家当共谴。"韩愈《送侯参谋赴河中幕》："侵官固非是，妄作谴可惩。"又有《谴疟鬼》。❷官吏受谴贬谪。杜甫《送郑十八虔贬台州司户伤其临老陷贼之故阙为面别情见于诗》："万里伤心严谴日，百年垂死中兴时。"戎昱《赠别张驸马》："一朝负谴辞丹阙，五年待罪湘江源。"柳宗元《哭连州凌员外司马》："平生负国谴，骸骨非敢私。"刘禹锡《历阳书事七十韵》："受谴时方久，分忧政未成。"吴融《送薛学士赴任峡州二首》之一："负谴虽安不敢安，叠猿声里独之官。"

【譴謫】贬官降职。储光羲《敬酬陈掾亲家翁秋夜有赠》："别离旷南北，谴谪罹苦辛。"戎昱《送辰州郑使君》："谁人不谴谪，君去独堪伤。"韩愈《南山诗》："前年遭谴谪，探历得邂逅。"白居易《春晚寄微之》："南国方谴谪，中原正兵戈。"李绅《移九江》："天书怜谴谪，重作朱轓客。"

【譴黜】贬黜降职。王昌龄《岳阳别李十七越宾》："谴黜同所安，风土任所适。"白居易《曲江感秋二首》之一："中间十四年，六年居谴黜。"

【譴雪】谓冤雪。厉玄《送黄晔明府岳州湘阴赴任》："恩沾谴雪几人同，归宰湘阴六月中。"

【譴奪】谴责削职。元稹《寄隐客》："小官仍不了，谴夺亦已随。"

譟〔zào《文韻》蘇到切，去号，心。〕❶欢呼；叫嚷。玄宗《观拔河俗戏》："譟齐山岌嶪，气作水腾波。"韩愈《刘生诗》："山獠讙譟猩猩游，毒气烁体黄膏流。"❷众口盛传。李贺《秦宫诗》序："汉人秦宫，将军梁冀之嬖奴也。秦宫得宠内舍，故以骄名，大譟于人。予抚旧而作长辞。"陆龟蒙《和过张祜处士丹阳故居》序："张祜，字承吉。元和中，作宫体小诗，辞曲艳发。当时轻薄之流，能其才，合譟得誉。"❸多言。谓宣传。李贺《出城别张又新酬李汉》："吾将譟礼乐，声调摩清新。"

譯〔yì《广韵》羊益切，入昔，以。〕❶翻译。将一种语言文字转换成另一种语言文字。岑参《观楚国寺璋上人写一切经院南有曲池深竹》："音翻四句偈，字译五天书。"刘禹锡《闻董评事疾因以书赠》："繁露传家学，青莲译梵书。"白居易《新乐府·驯犀》："五年驯养始堪献，六译语言方得通。"姚合《送敬法师归福州》："新经译旧寺，故国与谁还。"❷借指语言不通的异域。颜师古《奉和正日临朝》："天涯致重译，日域献奇珍。"张说《南中送北使二首》之二："待罪居重译，穷愁暮雨秋。"柳宗元《唐铙歌鼓吹曲十二篇·苞枿》："澶漫万里，宣唐风，蛮夷九译，咸来从。"杨巨源《和卢谏议朝回书情即事寄两省阁老兼呈二起居谏院诸院长》："一戎珍欃枪，重译充储胥。"李商隐《今月二日不自量度辄以诗一首四十韵干渎尊严伏蒙仁恩俯赐披览辄复五言四十韵诗献上》："愿守三章约，还期九译通。"

【譯偈】翻译佛经中的唱颂词。贾岛《送觉兴上人归中条山兼谒河中李司空》："闻师新译偈，说拟对旌麾。"

【譯經】翻译佛经。皎然《与王录事会张征君姊妹炼师院玩雪兼怀清会上人》："飘飒过柳寺，应满译经前。"曹松《宿溪僧院》："嵩阳大石室，何日译经还。"韩愈有《赠译经僧》。

【譯語】❶翻译语言；翻译的语言。卢纶《腊日观咸宁王部曲娑勒擒豹歌》："阴方质子才三十，译语受词蕃语揖。"贾岛《送于中丞使回纥册立》："渐通青冢乡山尽，欲达皇情译语初。"❷异域的语言。顾况《送从兄使新罗》："沧波伏忠信，译语辨讴谣。"

譽〔yù《广韵》羊洳切，去御，以。又以諸切，平魚，以。〕❶称美；称誉。杜甫《秋行官张望督促东渚耗稻向毕清晨遣女奴阿稽竖子阿段往问》："岂要仁里誉，感此乱世忙。"李德裕《比闻龙门敬善寺有红桂树独秀伊川尝于江南诸山访之莫致陈侍御知予所好因访剡溪樵客偶得数株移植郊园因赋是诗兼赠陈侍御》："岂烦嘉客誉，且就清阴息。"张祜《投韩员外六韵》："后学无人誉，先贤亦自媒。"杜牧

《寄内兄和州崔员外十二韵》："台阁仁贤誉，闺门孝友声。"❷名誉；声誉。高适《钜鹿赠李少府》："李侯虽薄宦，时誉何籍籍。"元稹《感梦》："相门多众流，多誉亦多毁。"李商隐《今月二日不自量度辄以诗一首四十韵干渎尊严伏蒙仁恩俯赐披览辄复五言四十韵诗献上》："家擅无双誉，朝居第一功。"方干《方著作画竹》："流传千古誉，研炼十年情。"水神《霅溪夜宴诗》之八："羁魂汨没兮我名永浮，碧波虽涸兮厥誉长流。"

譣〔xiān《广韵》七廉切，平鹽，清。又虚檢切，上琰，曉。〕通"憸"。奸邪。《说文·心部》："悭，诐也。悭利于上佞人也。"见"譣詖"。

【譣詖】奸邪；奸佞。寒山《诗三百三首》之一五〇："何故两相笑，俱行谂诐中。"

譍〔yìng《广韵》於證切，去證，影。〕答应；答话。元稹《通州丁溪馆夜别李景信三首》之三："倦僮呼唤譍复眠，啼鸡拍翅三声绝。"李涉《山中》："隔林呼不譍，叫笑如生鹿。"韩偓《倚醉》："分明窗下闻裁剪，敲遍阑干唤不譍。"

【譍門】候门。指门内应酬之人。李端《冬夜集张尹后阁》："譍门常吏在，登席旧寮稀。"

議〔yì《广韵》宜寄切，去寘，疑。〕❶言谈；谈论。王维《济上四贤咏·郑霍二山人》："吾贱不及议，斯人竟谁论。"萧华《扈从回銮应制》："粤在秦京日，议乎封禅难。"独孤及《酬梁二十宋中所赠兼留别梁少府》："巨鳞有纵时，今日不足议。"元稹《古社》："主人议芟斫，怪见不敢前。"黄滔《宿李少府园林》："尝频异茗尘心净，议罢名山竹影移。"❷谋虑；谋议。袁朗《和洗掾登城南坂望京邑》："万国朝前殿，群公议宣室。"张九龄《和黄门卢监望秦始皇陵》："上宰议扬贤，中阿感桓速。"高适《东平旅游奉赠薛太守二十四韵》："军书陈上策，廷议借前筹。"权德舆《伏蒙十六叔寄示喜庆感怀三十韵因献之》："岂足议大政，所忧玷彝伦。"陆龟蒙《江湖散人歌》："官家未议活苍生，拜赐江湖散人号。"❸评论是非。韩愈《辛卯年雪》："生平未曾见，何暇议是非。"卢钰《勖曹生》："游蜂采掇何时已，只恐多言议短长。"李珣《渔歌子》词之四："任东西，无定止，不议人间醒醉。"❹非议；指责。杜甫《后出塞五首》之四："边人不敢议，议者死路衢。"秦系《献薛仆射》："由来那敢议轻肥，散发行歌自采薇。"韩愈《南山有高树行赠李宗闵》："前汝下视鸟，各议汝瑕疵。"黄滔《寄罗郎中隐》："三征不起时贤议，九转终成道者言。"❺议罪；议处。王维《寓言二首》之二："生死在八议，穷达由一言。"参见"八議"。刘禹锡《浙西李大夫述梦四十韵并浙东元相公酬和斐然继声》："议赦蝇栖笔，邀歌蚁泛醪。"贾岛《上乐使君救康成公》："曾梦诸侯笑，康因议脱枷。"❻意见；主张。杜甫《八哀诗·赠秘书监江夏李公邕》："否臧太常议，面折二张势。"韩愈《赴江陵途中寄赠王二十补阙李十一拾遗李二十六员外翰林三学士》："高议参造化，清文焕皇猷。"李商隐《旧将军》："云台高议正纷纷，谁定当时荡寇勋。"

【議文】议论、评论诗文。戎昱《送苏参军》："客来有恨空思德，别后谁人更议文。"贾岛《寄贺兰朋吉》："会宿曾论道，登高省议文。"

【議功】论功。李颀《送刘四赴夏县》："明年九府议功时，五辟三征当在兹。"

【議事】议论朝政大事。李益《赴渭北宿石泉驿南望黄堆烽》："汉庭议事先黄老，麟阁何人定战功。"

【議空】议论佛经佛法。喻凫《蒋处士宅喜闲公至》："尝茗议空经不夜，照花明月影侵阶。"

【議政】议论朝政之事。唐彦谦《贺李昌时禁苑新命》："黄扉议政参元化，紫殿称觞拂寿星。"

【議草】奏议的草稿。卢纶《和常舍人晚秋集贤院即事十二韵寄赠江南徐薛二侍郎》："登封思议草，侍讲忆同筵。"

【議堂】指廷议朝政大事的朝堂。杜甫《夔府书怀四十韵》："议堂犹集凤，正观是元龟。"

【議道】议论治国正身之道。张九龄《在郡秋怀二首》之二："议道诚愧昔，览分还惬今。"

【議獄】审议狱案。孙逖《送赵评事摄御史监军岭南》："议狱持邦典，临戎假宪威。"

【議論】❶对政事、人物等表达见解或建议。杜甫《奉送魏六丈佑少府之交广》："议论有余地，公侯来未迟。"韩愈《归彭城》："周行多俊异，议论无瑕疵。"贾岛《送雍陶及第归成都宁亲》："议论于题称，春秋对问精。"韩偓《赠吴颠尊师》："议论通三教，年颜称五更。"❷谈论、评论人或事物的是非好坏。韩愈《荐士》："曾经圣人手，议论安敢到。"

【議隱】议论隐居。许棠《送王侍御赴宣城》："时清难议隐，位重亦甘贫。"

【議禮】议论礼制。权德舆《酬主客仲员外见贺正除》："忆昔曲台尝议礼，见君论著最相亲。"

【議邊】议论边防之事。卢纶《首冬寄河东昭德里书事贻郑损仓曹》："且复执杯酒，无烦轻议边。"

十四画

譸〔zhōu《广韵》張流切，平尤，知。〕欺诳。《玉篇·言部》："诪，诪张，诳也。"见"譸張"。

【譸張】欺诳。《书·无逸》："民无或胥诪张为幻。"孔传："诪张，诳也。君臣以道相正，故下民无有相欺詆幻惑也。"温庭筠《秋日》:"诗张夙所违,悔吝何由入。"

譨 〔nòu《广韵》奴豆切,去候,泥。〕见"䛒譨"。

譻 〔yīng《广韵》烏莖切,平耕,影。〕象声词。同"嚶"。《说文·言部》:"譻,声也。从言,賏声。"《字汇·言部》:"譻,与嚶同。"见"譻譸"。

【譻譸】 小声。元稹《虫豸诗·蚊子》之一:"阴霪烦扰攘,拾粒苦譻许。"

譾 〔zhé《集韵》陟革切,入麥,知。〕同"謫"。见"譾戍"。

【譾戍】 因罪而被遣送戍边的士卒。

譸 〔níng《广韵》女耕切,平耕,娘。〕小声。《字汇·言部》:"许,小言。《扬子》:'许言败俗。'"见"譻譸"。

讄 〔tuǎn《集韵》土緩切,上緩,透。〕模棱两可的话。《集韵·铣韵》:"諚,諚讄,,言不定。"贯休《贻世》:"苦惑神仙讄,难收日月精。"

十五画

讀 〔dú《广韵》徒谷切,入屋,定。〕阅读;诵读。贾至《君山》:"湘中老人读黄老,手援紫藟坐碧草。"刘长卿《感怀》:"愁中卜命看周易,梦里招魂读楚词。"顾况《题元阳观旧读书房赠李范》:"还来旧窗下,更取君书读。"白居易《岁暮寄微之三首》之三:"枕上从妨一夜睡,灯前读尽十年诗。"杜荀鹤《哭山友》:"把君诗句高声读,想得天高也合闻。"

【讀命】 宣读任命大臣的册命。韩愈《元和圣德诗》:"读命于庭,出节少府。"

【讀書】 阅读书籍;诵读书籍。杜甫《奉赠韦左丞丈二十二韵》:"读书破万卷,下笔如有神。"刘长卿《客舍喜郑三见寄》:"十年未称平生意,好得辛勤谩读书。"白居易《续古诗十首》之六:"栖栖远方士,读书三十年。"皮日休《临顿为吴中偏胜之地陆鲁望居之不出余每相访欸然惜去因成五言十首奉题屋壁》之六:"经岁岸乌纱,读书三十年。"章碣《焚书坑》:"坑灰未冷山东乱,刘项元来不读书。"

【讀書人】 士人;知识分子。李群玉《书院二小松》:"从此静窗闻细韵,琴声长伴读书人。"

【讀書山】 泛指隐居读书的山峰。贾岛《送独孤马二秀才居明月山读书》:"家辞临水郡,雨到读书山。"

【讀書堂】 供读书用的厅堂、书房。颜真卿、陆羽《竹山连句题潘氏书堂》:"竹山招隐处,潘子读书堂。"杨汝士《题画山水》:"太华峰前是故乡,路人遥指读书堂。"姚合《过张邯郸庄》:"到君读书堂,忽若逢良医。"李商隐《归墅》:"故山归梦喜,先入读书堂。"

【讀書樓】 供读书用的楼阁。徐夤《钓丝竹》:"湖边旧栽处,长映读书楼。"

【讀书臺】 相传李白读书之处。在今四川江油市境,有二:一在大匡山,一在小匡山。杜光庭《读书台》:"山中犹有读书台,风扫晴岚画障开。"

【讀書糧】 指供以读书的食粮。朱庆余《题任处士幽居》:"生涯无一物,谁与读书粮。"

【讀經】 指诵读佛经。周贺《赠柏岩禅师》:"老来披衲重,病后读经生。"

讇 〔jiǎn《集韵》子浅切,上獮,精。〕浅薄。《集韵·㺅韵》:"谫,浅也。"参见"讇劣"。

【讇劣】 浅薄愚劣。萧颖士《过河滨和文学张志尹》:"顾我谫劣质,希圣杳无因。"

十六画

讌 〔yàn《广韵》於甸切,去霰,影。〕❶相聚叙谈。权德舆《秋闺月》:"早晚归来欢讌同,可怜歌吹月明中。"孟郊《与王二十一员外涯游昭成寺》:"屡笑寒竹讌,况接青云宾。"韦镒《经望湖驿》:"交欢初仗信,接讌翻贻咎。"❷宴饮;宴请。李华《咏史十一首》之八:"献岁受朝时,鸣钟讌百官。"张籍《送郑尚书赴广州》:"白鹇飞绕迎官舫,红槿开当讌客亭。"刘禹锡《和乐天讌李周美中丞宅池上赏樱桃花》:"王孙讌其下,隔水疑神仙。"李商隐《令狐八拾遗见招送裴十四归华州》:"兰亭讌罢方回去,雪夜诗成道韫归。"谭用之《河桥楼赋得群公夜讌》:"芙蓉帘幕扇秋红,蛮府新郎夜讌同。"❸宴席;宴会。孙逖《和左卫武仓曹卫中对雨创韵赠右卫李骑曹》:"美酒怀公讌,玄谈侯客嘲。"韦应物《重九登滁城楼忆前岁九日归沣上赴崔都水及诸弟讌集悽然怀旧》:"今日重九讌,去岁在京师。"李益《与王楚同登青龙寺上方》:"连冈出古寺,流睇移芳讌。"孟郊《南阳公请东樱桃亭子春讌》:"常恐遗秀志,迨兹广讌陈。"章孝标《初及第归酬孟元翊见赠》:"常恐遗秀志,每登公讌陈。"

【讌息】 休息;居闲休息。《诗·小雅·北山》:"或燕燕居息,或尽瘁事国。"毛传:"燕燕,安息貌。"讌,通"燕"。元结《漶阳亭作》:"问吾常讌息,泉上何处好。"

【讌幸】 谓天子游乐。李商隐《陈后宫》:"玄武开新苑,龙舟讌幸频。"

【讌喜】 宴饮；欢乐。讌，通“燕”。《诗·小雅·六月》：“吉甫燕喜，既多受祉。”郑玄笺：“吉甫既伐猃狁而归，天子以燕礼乐之，则欢喜矣，又多受赏赐也。”骆宾王《帝京篇》：“陆贾分金将讌喜，陈遵投辖正留宾。”

【讌集】 相聚宴饮。韦应物《酬阎员外陟》：“讌集观农暇，笙歌听讼余。”李商隐有《南潭上亭讌集以疾后至因而抒情》和《河清与赵氏昆季讌集得拟杜工部》。

【讌飲】 宴饮。白居易《会昌春连宴即事》：“病犹陪讌饮，老更奉周旋。”

【讌游】 宴饮游乐。权德舆《送人使之江陵》：“行役念前程，讌游睽旧赏。”

【讌話】 相聚谈心。白居易《寄献北都留守裴令公》：“清宵陪讌话，美景从游遨。”

【讌歌】 宴席上的歌唱。周贺《送李亿东归》：“灞上金樽未饮，讌歌已有余声。”

【讌語】 犹讌话。皇甫冉《送刘兵曹还陇山居》：“离堂徒讌语，行子但悲辛。”

讎 〔chóu《广韵》市流切，平尤，禅。〕亦作“讐”。❶伴；友伴。罗隐《下第寄张坤》：“谩费精神掉五侯，破琴孤剑是身讎。”❷面对；对。皮日休《酒中十咏·酒楼》：“野客莫登临，相讎多失意。”❸校勘；校对。韩愈《送郑十校理得洛字》：“才子富文华，校讎天禄阁。”李商隐《咏怀寄秘阁旧僚二十六韵》：“校讎如有暇，松竹一相思。”❹报复；消灭。杜甫《遣怀》：“白刃讎不义，黄金倾有无。”崔涂《读留侯传》：“覆楚讎韩势有余，男儿遭遇更难如。”❺仇恨；怨恨。王维《燕支行》：“报讎只是闻尝胆，饮酒不曾妨刮骨。”李益《从军夜次六胡北饮马磨剑石为祝殇辞》：“拥以玉节临诸侯，汉为一雪万世讎。”韩愈《陆浑山火和皇甫湜用其韵》：“一朝结讎奈后昆，时行当反慎藏蹲。”张祜《书愤》：“平生镆铘剑，不报小人讎。”苑诎《暗投明珠》：“谁言按剑者，猜忌却生讎。”❻仇人；仇敌。张九龄《咏史》：“贤哉有小白，讎中有管氏。”王维《献始兴公》：“侧闻大君子，安问党与讎。”孟郊《杀气不在边》：“灵响复何事，剑鸣思戮讎。”白居易《李都尉古剑》：“不愿报小怨，夜半刺私讎。”杜牧《不寝》：“莫言名与利，名利是身仇。”

【讎人】 仇人。樊铸《及第后读书院咏物十首上礼部李侍郎》之十：“铸剑本来杀讎人，怀珠本来报国士。”

【讎國】 仇敌之国。陆龟蒙《奉和袭美太湖诗二十首·练渎》：“兵利德日削，反为讎国屠。”

讐 同“讎”。

【讐校】 亦作“讎校”。❶校对文字。《文选·左思〈魏都赋〉》：“讎校篆籀篇章毕觌。”李善注引汉刘向《别录》曰：“讎校，一人读书，校其上下，得缪误为校。一人持本，一人读书，若怨家相对为讎。”无名氏《国学新修五经壁歌》记：“笔削既成，讐校既精。”白居易《惜玉蕊花有怀集贤王校书起》：“集贤讐校无闲日，落尽瑶花君不知。”又《常乐里闲居偶题十六韵》：“谁能讐校闲，解带卧吾庐。”许棠《送刘校书游东鲁》：“内阁劳讐校，东邦忽纵游。”❷借指校书郎或正字。无可《送董正字归觐毗陵》：“暂辞讐校去，未发见新鸿。”马戴《送春坊董正字浙右归觐》：“何当复讐校，春集少阳宫。”参见“讐校職”。

【讐校職】 指秘书省校书郎或正字。见《新唐书·百官志二》。白居易《和梦游春诗一百韵》：“始从讐校职，首中贤良目。”

【讐家】 仇人。刘禹锡《城西行》：“临刑与酒杯未覆，讐家白官先请肉。”

【讐書】 校对书籍文字。罗隐《送魏校书兼呈曹使君》：“讐书发迹官虽屈，负米安亲路不赊。”参见“讐校”。

【讐敵】 亦作“讎敵”。仇人，敌人。元稹《放言五首》之一：“眼前讎敌都休问，身外功名一任他。”李绅《逾岭峤止荒陬抵高要》：“物忌忠良表是非，朝驱绛灌为讐敌。”贯休《寄王涤》：“寂寥虽无形，不是小讐敌。”

【讐擾】 敌人侵扰。顾况《塞上曲》：“汉将怀不平，讐扰当远屏。”

讋 〔zhé《广韵》之涉切，入葉，章。〕❶惧怕。唐慧琳《一切经音义》卷五四：“讋，怖也。”见“讋伏”。❷震慑；威慑。骆宾王《从军中行难路二首》之二：“长驱万里讋祁连，分麾三命武功宣。”

【讋伏】 威伏。因惧怕而归服。韦应物《骊山行》：“英豪共理天下晏，戎夷讋伏兵无战。”

十七画

讙 〔huān《广韵》呼官切，平桓，曉。又况袁切，平元，曉。〕❶喧哗；叫闹。韩愈《三星行》：“无善名已闻，无恶声已讙。”又《题张十八所居》：“蛙讙桥未扫，蝉嘒门长扃。”❷同“歡”。喜乐。见“讙譃”。

【讙呼】 喧哗呼叫。韩愈《崔十六少府摄伊阳以诗及书见投因酬三十韵》：“隔墙闻讙呼，众口极鹅雁。”元稹《竞舟》：“一时讙呼罢，三月农事休。”

【讙呶】 喧哗叫闹。《诗·小雅·宾之初筵》："载号载呶。"毛传："号呶，号呼讙呶也。"韩愈《秋雨联句》："讙呶寻一声，灌注咽群籁。"

【讙謔】 欢乐，欢笑。李白《将进酒》："陈王昔时宴平乐，斗酒十千恣讙谑。"

【讙聲】 喧闹之声。韩愈《汴泗交流赠张仆射》："发难得巧意气粗，讙声四合壮士呼。"

【讙譊】 喧闹。孙逖《和左卫武仓曹卫中对雨创韵赠右卫李骑曹》："克勤居薄领，多暇屏讙譊。"柳宗元《奉平淮夷雅表·皇武》之九："曾是讙譊，化为讴吟。"

【讙譟】 喧叫，叫闹。韩愈《刘生诗》：："山獠讙噪猩猩游，毒气烁体黄膏流。"

讖 〔chèn《广韵》楚譖切，去沁，初。〕❶记录预言吉凶的文字、图箓。王无竞《北使长城》："卯金竟握谶，反璧俄沦祀。"杜审言《和李大夫嗣真奉使存抚河东》："讴歌移火德，图谶在金天。"韩愈《同宿联句》："匡鼎惟说诗，桓谭不读谶。"朱庆余《和处州韦使君新开南溪》："地里光图谶，樵人共说深。"❷预卜未来的预言。徐彦伯《题东山子李适碑阴二首》序："死葬东山，岂其谶哉!"杜甫《行次昭陵》："谶归龙凤质，威定虎狼都。"黄滔《游囊山》："不知遗谶地，一一落谁家。"

【讖語】 预卜未来的预言。徐夤《依御史温飞卿华清宫二十二韵》："谶语山旁鬼，尘销陇畔丘。"

【讖辭】 巫师、方士等以预卜未来的法术所作的预言。贯休《句》之一："今日再三难更识，谶辞唯道待钱来。"

讒 〔chán《广韵》士咸切，平咸，崇。又士懺切，去鑑，崇。〕❶进谗；说陷害别人的话。高适《酬裴员外以诗代书》："小人胡不仁，谗我成死灰。"戎昱《再赴桂州先寄李大夫》："过因谗后重，恩合死前酬。"孟郊《秋怀》之七："露才一见谗，潜智早已深。"李商隐《韩碑》："句奇语重喻者少，谗之天子言其私。"皮日休《酒中十咏·酒星》："若遇卷舌星，谗君应堕地。"❷谗言；毁谤陷害别人的话。白居易《思子台有感二首》之二："暗生魑魅蠹生虫，何异谗生疑阻中。"李商隐《闻著明凶问哭寄飞卿》："昔叹谗销骨，今伤泪满膺。"胡曾《咏史诗·云梦》："汉祖听谗不可防，伪游韩信果罹殃。"崔涂《屈原庙》："谗胜祸难防，沉冤信可伤。"

【讒人】 进谗毁谤别人的人。杜甫《百舌》："过时如发口，君侧有谗人。"孟郊《古意赠梁肃补阙》："曲木忌日影，谗人畏贤明。"杜牧《李甘诗》："贤者须丧亡，谗人尚堆堵。"赵抟《琴歌》："不辞重拂弦上尘，市廛不买多谗人。"

【讒口】 谗人之口；谗人。储光羲《狱中贻姚张薛李郑柳诸公》："直道时莫亲，起羞见谗口。"李端《杂歌》："常闻善交无尔汝，谗口甚甘良药苦。"罗隐《寄郑补阙》："未必便为谗口隔，只应贪草谏书忙。"韩渥《病中初闻复官二首》之一："也知恩泽招谗口，还痛神袛误直肠。"

【讒夫】 谗人。韩愈《利剑》："我心如冰剑如雪，不能刺谗夫，使我心腐剑锋折。"

【讒巧】 谗谄巧佞；谗谄巧佞之人。李白《赠崔司户文昆季》："才微惠渥重，谗巧生缁磷。"薛据《初去郡斋书怀》："时移多谗巧，大道竟谁传。"韩愈《远游联句》："德风变谗巧，仁气销戈矛。"卢仝《感古四首》之一："秦汉事谗巧，魏晋忘机钓。"

【讒邪】 谗谄邪恶；谗谄邪恶之人。张籍《献从兄》："一朝遇谗邪，流窜八九春。"陆龟蒙《杂讽九首》之四："赤舌可烧城，谗邪易为伍。"周昙《咏史诗·春秋战国门·再吟(管仲)》："能知窟穴依形势，不听谗邪是圣君。"

【讒佞】 谗谄奸佞；谗谄奸佞之言。吴筠《览古十四首》之五："谗佞乱忠孝，古今同所悲。"陆龟蒙《奉酬袭美先辈吴中苦雨一百韵》："谊哗不入耳，谗佞不挂舌。"

【讒言】 毁谤陷害别人的话。骆宾王《畴昔篇》："舜泽尧曦方有极，谗言巧佞傥无穷。"王建《寄崔列中丞》："人生在艰世，何处避谗言。"刘禹锡《浪淘沙九首》之八："莫道谗言如浪深，莫言迁客似沙沉。"元稹《答姨兄胡灵之见寄五十韵》："世道难于剑，谗言巧似笙。"白居易《续古诗十首》之七："自从富贵来，恩薄谗言多。"

【讒言三及】 《史记·樗里子甘茂列传》："昔曾参元处费，鲁人有与曾参同姓名者杀人，人告其母曰'曾参杀人'，其母织自若也。顷之，一人又告之曰'曾参杀人'，其母尚织自若也。顷又一人告之曰'曾参杀人'，其母投杼下机，踰墙而走。夫以曾参之贤与其母信之也，三人疑之，其母惧焉。"事又见《战国策·秦策二》。后遂用为咏谣言惑人的典故。李白《答王十二寒夜独酌有怀》："曾参岂是杀人者，谗言三及慈母惊。"

【讒書】 书名。唐诗人罗隐著。共五卷，完成于咸通八年(867)。其中《说天鸡》《辨害》等许多篇，都是有感而发，嘻笑怒骂，涉笔成趣。徐夤《寄两浙罗书记》："博簿集成时辈骂，谗书编就薄徒憎。"罗衮《赠罗隐》："平日时风好涕流，谗书虽盛一名休。"齐己《寄钱塘罗给事》："愤愤呕谗书，无人诵子虚。"归仁《悼罗隐》："一著谗书未快心，几抽胸臆纵狂吟。"

【讒疵】 犹谗毁。陆龟蒙《江湖散人歌》："眾疏瀌腐鲈鱖脱，止失检驭无谗疵。"

【讒惑】 谓谗言能惑乱人心。李白《答高山人兼呈权顾二侯》:“谗惑英主心,恩疏佞臣计。”

【讒搆】 进谗构陷。周昙《咏史诗·隋门·独孤后》:“储贰不遭谗构死,隋亡宁便在江都。”

【讒毁】 进谗毁谤。崔颢《邯郸宫人怨》:“同时侍女见谗毁,后来新人莫敢言。”李白《赠张相镐二首》之二:“晚途未云已,蹭蹬遭谗毁。”高适《宋中送族侄式颜》:“当时有勋业,末路遭谗毁。”杜甫《上水遣怀》:“中间屈贾辈,谗毁竟自取。”

【讒慝】 进谗毁谤人的恶人。李白《寓言三首》之一:“贤圣遇谗慝,不免人君疑。”元稹《寄吴士矩端公五十韵》:“乱布斗分朋,惟新间谗慝。”

【讒疑】 听信谗言而生疑。李白《南奔书怀》:“主将动谗疑,王师忽离叛。”

【讒語】 谗言。郑还古《望思台》:“谗语能令骨肉离,奸情难测事堪悲。”

【讒説】 谗言。陈子昂《感遇诗三十八首》之十:“谗说相啖食,利害纷嗫嗫。”周昙《咏史诗·春秋战国门·再吟(公子无忌)》:“昏蒙愚主听谗说,公子云亡国亦亡。”

【讒箭】 指如利箭伤人的谗言。陆龟蒙《感事》:“岂知谗箭利,一中成赤族。”

【讒諛】 谗毁和阿谀。崔颢《孟门行》:“满堂尽是忠义士,何意得有谗谀人。”李绅《趋翰苑遭诬构四十六韵》:“洁身酬雨露,利口扇谗谀。”又《过梅里七首·忆东郭居》:“卷舌堕谗谀,惊波息行潦。”

【讒諂】 谗毁,谗害。韩愈《陪杜侍御游湘西两寺独宿有题一首因献杨常侍》:“椒兰争妒忌,绛灌共谗谄。”

【讒謗】 谗害诽谤;谗毁。韩愈《岳阳楼别窦司直》:“爱才不择行,触事得谗谤。”元稹《感梦》:“白生道亦孤,谗谤销骨髓。”翁绶《婕妤怨》:“谗谤潜来起百忧,朝承恩宠暮仇雠。”

讓 〔ràng《广韵》人样切,去漾,日。〕❶谦让;辞让。王维《偶然作六首》之二:“干戈将揖让,毕竟何者是。”元稹《有酒十章》之三:“天荡荡耶,尧穆穆耶,岂其让耶,归有德耶。”周贺《送石协律归吴》:“已让辟书称抱疾,沧洲便许白髭生。”杜牧《卢秀才将出王屋高步名场江南相逢赠别》:“驰逐宁教争处让,是非偏忌众人分。”罗隐《姑苏台》:“让高泰伯开基日,贤见延陵复命时。”❷避让;退让。王维《奉和圣制十五夜然灯继以酺宴应制》:“游人多昼日,明月让灯光。”杜甫《剑门》:“并吞与割据,极力不相让。”元稹《遣春十首》之五:“颜色讵相让,生成良有涯。”刘禹锡《乐天见示伤微之敦诗晦叔三君子皆有深分因成是诗以寄》:“芳林新叶催陈叶,流水前波让后波。”殷文圭《赵侍郎看红白牡丹因寄杨状头赞图》:“迟开都为让群芳,贵地栽成对玉堂。”❸不及;逊于;亚于。骆宾王《畴昔篇》:“池中旧水如悬镜,屋里新妆不让花。”武元衡《春暮郊居寄朱舍人》:“幽深不让子真居,度日闲眠世事疏。”白居易《答皇甫十郎中秋深酒熟见忆》:“醍醐惭气味,琥珀让晶光。”李商隐《宋玉》:“楚辞已不饶唐勒,风赋何曾让景差。”罗邺《白角簟》:“叠玉骈珪巧思长,露华烟魄让清光。”❹推辞;拒绝。杜审言《春日江津游望》:“谷王常不让,深可戒中盈。”又《和李大夫嗣真奉使存抚河东》:“江海宁为让,巴渝转自牵。”萧颖士《江有归舟三章》序:“余弗敏,曷云当乎。而莫之让。”韩愈《喜侯喜至赠张籍张彻》:“居然妄推让,见谓爇天焰。”❺给;使。张嘉贞《奉和早登太行山中言志应制》:“唯余事君节,不让古人先。”窦常《杏山馆听子规》:“楚塞余春听渐稀,断猿今夕让沾衣。”杨巨源《和令狐舍人酬峰上人题山栏孤竹》:“能让繁声任真籁,解将孤影对芳兰。”朱庆余《山居》:“山泉共鹿饮,林果让僧尝。”❻比;相比。韩愈《岳阳楼别窦司直》:“洞庭九州间,厥大谁与让。”又《送侯参谋赴河中幕》:“橛笔无与让,幕谋识其膺。”李商隐《韩碑》:“入蔡缚贼献太庙,功无与让恩不訾。”❼任;听任。杨巨源《春雪题兴善寺广宣上人竹院》:“竹内催淅沥,花雨让飘飖。”

【讓山】 人名。李商隐堂兄,生平不详。李商隐《柳枝五首》序:“余从昆让山比柳枝居为近,他日春,曾阴,让山下马柳枝南柳下,咏余燕台诗。”

【讓王】 辞让王位。《庄子》有《让王》篇。《郊庙歌辞·享太庙乐章·景云舞》:“舜惭大孝,尧推让王。”崔曙《颍阳东溪怀古》:“昔时让王者,此地闭玄关。”温庭筠《题翠微寺二十二韵》:“邠土初成邑,虞宾竟让王。”

【讓王門】 指苏州城门。典出《史记·周本纪》:“古公有长子曰太伯,次曰虞仲。太姜生少子季历,季历娶太任,皆贤妇人,生昌,有圣瑞。古公曰:‘我世当有兴者,其在昌乎。’长子太伯、虞仲知古公欲立季历以传昌,乃二人亡如荆蛮,文身断发,以让季历。”张守节正义:“太伯奔吴,所居城在苏州北五十里常州无锡县界梅里村,其城及冢见存。”陆龟蒙《送羊振文先辈往桂阳归覲》:“让王门外开帆叶,义帝城中望戟支。”

【讓田】 由于圣王的德化,种田人互相谦让,在田界处让对方多占有土地。卢纶《寄赠库部王郎中》:“威惩治粟尉,恩洽让田人。”

【讓先杯】 古代风俗,农历正月初一饮屠苏酒,自年少者始,依次至最后,为年龄最大者。见南朝梁宗懔《荆楚岁时记》:“正月饮酒先小者,以小者得岁,先酒贺之。老者失岁,故后与酒。”刘禹锡《元日乐天见过因举酒为贺》:“与君同甲子,寿酒让先杯。”

【讓抗】 典出《三国志·吴志·陆抗传》:“(抗)貌无矜色,谦冲如常,故得将士欢心。”裴松之注引晋孙盛《晋阳秋》:“抗与羊祜推侨札之好。抗尝遗祜酒,祜饮之不疑。抗有疾,祜馈之药,抗亦推心服之。于时以为华元、子反复见于今。”后遂以形容结友不逊于陆抗、羊祜。韩愈《答张彻》:“结友子让抗,请师我惭丁。”

【讓岐】 让道;让路。杜牧《少年行》:“田窦长留醉,苏辛曲让岐。”

【讓位】 辞让官位。刘长卿《赠秦系征君》:“群公谁让位,五柳独知贫。”

【讓社稷】 义同“讓國”。李季华《题季子庙》:“季子让社稷,又能听国风。”

【讓果】 典出《后汉书·孔融传》:“融幼有异才。”李贤注:“《融家传》曰:‘兄弟七人,融第六,幼有自然之性。年四岁时,每与诸兄共食梨,融辄引小者。大人问其故,答曰:‘我小儿,法当取小者。’由是宗族奇之。”后遂以为咏兄弟友爱的典故。钱起《酬刘起居卧病见寄》:“竹静携琴处,林香让果时。”又《送冷朝阳擢第后归金陵觐省》:“兄弟相欢初让果,乡人争贺旧登龙。”

【讓美】 辞让美誉。刘瑰《三让月成魄》:“教人三让美,为客一宵生。”陈中师《瑕瑜不相掩》:“让美心方并,求疵意本同。”

【讓畔】 典出《史记·周本纪》:“西伯阴行善,诸侯皆来决平。于是虞、芮之人有狱不能决,乃如周。入界,耕者皆让畔,民俗皆让长。虞、芮之人未见西伯,皆惭,相谓曰:‘吾所争,周人所耻,何往为,只取辱耳。’遂还,俱让而去。”后遂用为歌颂帝王德政的典故。玄宗《途次陕州》:“树古棠阴在,耕余让畔空。”蔡希寂《陕中作》:“川原余让畔,歌吹忆遗棠。”贯休《大蜀皇帝潜龙日述圣德诗五首》之五:“西伯最怜耕让畔,曹参空爱酒盈樽。”

【讓耕】 犹让畔。刘禹锡《和浙西李大夫晚下北固山喜径松成阴怅然怀古偶题临江亭并浙东元相公所和依本韵》:“农野闻让耕,军人不使酒。”参见“讓畔”。

【讓國】 典出《史记·伯夷列传》:“伯夷、叔齐,孤竹君之二子也。父欲立叔齐,及父卒,叔齐让伯夷。伯夷曰:‘父命也。’遂逃去。叔齐亦不肯立而逃之。”后遂成为咏兄弟让国的典故。李白《上留田行》:“孤竹延陵,让国扬名。”周昙《咏史诗·三代门·夷齐》:“让国由衷义亦乖,不知天命匹夫才。”

【讓策】 让鞭。双驾并驰,让对方上前。皮日休《鲁望昨以五百言见贻过有褒美内揣庸陋弥增愧悚因成一千言》:“齐驱不让策,并驾或争骈。”

【讓德】 逊让于有德之人。语本《书·舜典》:“舜让于德,弗嗣。”蔡沈集传:“让于有德之人也。”拓善《和韦庄贺陈咏归蜀》句:“让德已闻多士伏,沽名还得世人闻。”

【讓璧】 呈示玉璧。骆宾王《在江南赠宋五之问》:“韫珠澄积润,让璧动浮光。”

十九画

讚 〔zàn《广韵》则旰切,去翰,精。〕❶赞美;颂扬。张祜《题画僧二首》之二:“瘦颈隆肩碧眼生,翰林亲谶虎头能。”杜牧《长安杂题长句六首》之一:“舐笔和铅欺贾马,谶功论道鄙萧曹。”皮日休《秋夕文宴得遥字》:“高韵最宜题雪谶,逸才偏称和云谣。”希道《授炙毂子歌二首》之二:“千歌万谶皆未决,古往今来抛日月。”❷阻止。储光羲《贻刘高士别》:“挥手谢知己,知己莫能谶。”

【讚陽】 称扬;称赞。陽,同“揚”。王梵志《诗》之三七:“见恶须藏掩,知贤唯谶阳。”

【讚詠】 ❶歌咏。白居易《与微之唱和来去常以竹筒贮诗陈协律美而成篇因以此答》:“烦君谶咏心知愧,鱼目骊珠同一封。”❷歌颂;赞颂。修雅《闻诵法华经歌》:“如是则非但天恭敬,人恭敬,亦合龙谶咏,鬼谶咏,佛谶咏。”

【讚揚】 称赞。贯休《施万病丸》:“玉毫调御偏谶扬,金轮释梵咸归礼。”

【讚歎】 赞扬;称赞。寒山《诗三百三首》之二三○:“愚者皆谶叹,智者抚掌笑。”

二十画

讞 〔yàn《广韵》魚列切,入薛,疑。又魚蹇切,上獮,疑。《集韵》魚戰切,去綫,疑。〕议罪。审查狱讼案件。《广韵·獮韵》:“谳,议狱。”孙翃《奉酬张洪州九龄江上见赠》:“受命谳封疆,逢君牧豫章。”

讜 〔dǎng《广韵》多朗切,上蕩,端。〕忠直;忠直敢言。元稹《去杭州》:“昔公事主尽忠谠,虽及死谏誓不谖。”亦指正直敢言之人。李白《酬裴侍御对雨感时见赠》:“颇似今之人,蟊贼陷忠谠。”又《经乱离后天恩流夜郎忆旧游书怀赠江夏韦太守良宰》:“公卿如犬羊,忠谠醢与菹。”

【讜言】 忠直之言。綦毋潜《经陆补阙隐居》:“谠言昨叹离天听,新象今闻入县图。”元结《二风诗·治风诗五篇·至正》:“谠言则听,谄言不听。”

【讜議】 忠直之言；忠直的议论。杜甫《八哀诗·赠司空王公思礼》："天王拜跪毕，谠议果冰释。"罗隐《送李右丞分司》："分漕得洛川，谠议更昭然。"

二十一画

讄 〔lěi《集韵》鲁水切，上旨，来。〕同"讄"。祝祷求福。《说文·言部》："讄，祷也。累功德以求福。《论语》云：'讄曰：祷尔于上下神祇。'从言，累省声。讄，或不省。"元结《演兴四首·初祀》："灵巫讄兮舞颙干，荐天鲟兮酒阳泉。"

二十二画

讟 〔dú《广韵》徒谷切，入屋，定。〕诽谤。杜甫《火》："尔宁要谤讟，凭此近荧侮。"沈千运《濮中言怀》："衰退当弃捐，贫贱招毁讟。"白居易《和梦游春诗一百韵》："扪心无愧畏，腾口有谤讟。"薛能《闲题》："时丁厚讟终无咎，道致中兴尚有余。"

谷　部

谷¹ 〔gǔ《广韵》古禄切，入屋，見。〕❶山谷间的流水。刘禹锡《重送浙西李相公顷廉问江南已经七载后历滑台剑南两镇遂入相今复领旧地新加旌旄》："城下清波含百谷，窗中远岫列三茅。"❷山间流水的通道。骆宾王《从军中行路难二首》之一："川原绕毒雾，溪谷多淫雨。"高适《寄宿田家》："门前种柳深成巷，野谷流泉添入池。"孟郊《峡哀》："谷号相喷激，石怒争旋回。"卢纶《酬李叔度秋夜喜相遇因伤关东僚友丧逝见赠》："谷变波长急，松枯药未成。"❸山间深凹的通道或低地。太宗《咏风》："拂林花乱彩，响谷鸟分声。"卢照邻《酬杨比部员外暮宿琴堂朝跻书阁率尔见赠之作》："空谷归人少，青山背日寒。"孟浩然《寻香山湛上人》："谷口闻钟声，林端识香气。"权德舆《发硖石路上却寄内》："莎栅东行五谷深，千峰万壑雨沉沉。"张祜《中秋夜杭州玩月》："影流江不尽，轮曳谷无声。"❹指函谷关。骆宾王《北眺春陵》："既出封泥谷，还过避雨陵。"参见"函谷關"。❺指愚公谷。骆宾王《夏日游德州赠高四》："放旷愚公谷，消散野人家。"羊士谔《郡斋读经》："解空囊不智，灭景谷何愚。"李商隐《灵仙阁晚眺寄郓州韦评事》："愚公方住谷，仁者本依山。"参见"谷名愚""愚公谷"。❻指寒谷。刘禹锡《罢郡归洛阳寄友人》："颖微囊未出，寒甚谷难吹。"参见"寒谷"。❼通"穀"。保养。卢鸿一《嵩山十志十首·幂翠庭》："神可谷兮道可冥，有幽人兮张素琴。"参见"谷神❷"。

谷² 〔yù《广韵》余蜀切，入燭，以。〕用为古代部落酋长名。如吐谷浑。王昌龄《从军行七首》之五："前军夜战洮河北，已报生擒吐谷浑。"参见"吐谷渾"。

谷³ 〔lù《广韵》盧谷切，入屋，來。〕见"谷₃蠡王"。

【谷口】 ❶山谷的进出口。刘长卿《自道林寺西入石路至麓山寺过法崇禅师故居》："山僧候谷口，石路拂莓苔。"寒山《诗三百三首》之一四七："山腰云缦缦，谷口风飕飕。"元结《招孟武昌》："湖尽到谷口，单船近阶墀。"阎防《晚秋石门礼拜》："石门变暝色，谷口生人烟。"❷地名。在今陕西淳化县西北，秦时于此置云阳县。西汉末，高士郑朴(字子真)曾隐居于此。见汉扬雄《法言·问神》和晋皇甫谧《高士传·郑朴》。李白《赠韦秘书子春二首》之一："谷口郑子真，躬耕在岩石。"韦应物《云阳馆怀谷口》："清泚阶下流，云自谷口源。"胡曾《咏史诗·谷口》："子真独有烟霞趣，谷口耕锄到白头。"徐夤《岚似屏风》："山中宰相陶弘景，谷口耕夫郑子真。"❸借指隐士的隐居之地。杜甫《寄张十二山人彪三十韵》："耕岩非谷口，结草即河滨。"钱起《岁暇题茅茨》："谷口逃名客，归来遂野心。"权德舆《酬李二十二兄主簿马迹山见寄》："如能固旷怀，谷口期穷年。"马戴《长安书怀》："谷口田应废，乡山草又春。"杨夔《题郑山人郊居》："谷口今逢避世才，入门潇洒绝尘埃。"

【谷口子真】 同"谷口真"。杜甫《江雨有怀郑典设》："谷口子真正忆汝，岸高瀼滑限西东。"

【谷口耕】 亦作"谷口躬耕"。借指隐居躬耕的生活。李商隐《五言述德抒情诗一首四十韵献上杜七兄仆射相公》："废忘淹中学，迟回谷口耕。"徐夤《偶书》："市门逐利终身饱，谷口躬耕尽日饥。"参见"谷口❷"。

【谷口真】 即谷口郑子真。借指隐居之士。王维《戏赠张五弟諲三首》之三："何事须夫子，邀予谷口真。"参见"谷口❷"。

【谷口鄭】 义同"谷口真"。皎然《答郑方回》："时美城北徐，家承谷口郑。"

【谷子雲】 谷永，名永，字子云。孙逖《春初送吕补阙往西岳勒碑得云字》："刻石记天文，朝推谷子云。"参见"谷永"。

【谷王】《老子》："江海所以能为百谷王者，以其善下之，故能为百谷王。"后因以为江海的别称。杜审言《春日江津游望》："谷王常不让，深可戒中盈。"

【谷寺】 山中寺院。韦庄《信州溪岸夜吟作》："雾气渔灯冷，钟声谷寺深。"

【谷風】《诗经》篇名。《诗·小雅·谷风序》："谷风，刺幽王也。天下俗薄，朋友道绝焉。"孟浩然《送张子容进士赴举》："无使谷风诮，须令友道存。"

【谷名愚】 亦作"谷號愚"。即愚公谷。典出汉刘向《说苑·政理》："齐桓公出猎，逐鹿而走入山谷之中，见一老公而问之，曰：'是为何谷？'对曰：'为愚公之谷。'桓公曰：'何故？'对曰：'以臣名之。'桓公曰：

‘今视公之仪状，非愚人也，何为以公名？’对曰：‘臣请陈之：臣故畜牸牛，生子而大，卖之而买驹。少年曰：‘牛不能生马。’遂持驹去。傍邻闻之，以臣为愚，故名此谷为愚公之谷。”后因以喻指隐居之地。虞世南《门有车马客》：“如何守直道，翻使谷名愚。”孟浩然《寻张五回夜园作》：“兴来林是竹，归卧谷名愚。”温庭筠《病中书怀呈友人》：“受业乡名郑，藏机谷号愚。”

【谷神】 老子哲学术语。❶指万物之本原“道”。见《老子》第六章：“谷神不死，是谓玄牝。”王弼注：“谷神，谷中央无谷也，无形无影，无逆无违，处卑不动，守静不衰，谷以之成而不见其形，此至物也。”李颀《谒张果先生》：“先生谷神者，甲子焉能计。”杜牧《梁秀才以早春旅次大梁将归郊扉言怀兼别示亦蒙见赠凡二十韵走笔依韵》：“敛迹愁山鬼，遗形慕谷神。”吕岩《谷神歌》：“谷神不死玄牝门，出入绵绵道若存。”❷指人体中的元气。见《老子》第六章：“谷神不死，是谓玄牝。”河上公注：“谷，养也，人能养神则不死。神谓五脏之神也。”储光羲《终南幽居献苏侍郎三首时拜太祝未上》之二：“中岁尚微道，始知将谷神。”卢鸿一《嵩山十志十首·草堂》序：“道可容膝休闲，谷神同道，此其所贵也。”杜甫《冬日洛城北谒玄元皇帝庙》：“谷神如不死，养拙更何乡。”皮日休《偶留羊振文先辈及一二文友小饮日休以眼病初平不敢饮酒遣侍密欢因成四韵》：“久断杯盂华盖喜，忽闻歌吹谷神惊。”

【谷鳥】 山间之鸟。多泛指鸟。语本《诗·小雅·伐木》：“伐木丁丁，鸟鸣嘤嘤。出自幽谷，迁于乔木。”李白《江夏别宋之悌》：“谷鸟吟晴日，江猿啸晚风。”顾况《题琅邪上方》：“碑沉字灭昔人远，谷鸟犹向寒花啼。”施肩吾《题禅僧院》：“谷鸟自啼猿自叫，不能愁得定中人。”方干《题悬溜岩隐者居》：“谷鸟暮蝉声四散，修篁灌木势交加。”

【谷雲】 山谷间的云气。司马扎《隐者》：“投纶溪鸟伴，曝药谷云飞。”

【谷塹】 深壑。杜牧《题武关》：“山墙谷堑依然在，弱吐强吞尽已空。”

【谷磑】 利用水力推动的水磨。孟郊《石淙》之六：“谷硙有余力，溪舂亦多机。”

【谷鶯】 即黄莺。杜荀鹤《御沟柳》：“谷莺栖未稳，宫女画难真。”

【谷$_3$蠡】 “谷蠡王”的省称。虞世南《从军行二首》之二：“朝摩骨都垒，夜解谷蠡围。”李益《再赴渭北使府留别》：“结发逐鸣鼙，连兵追谷蠡。”陆龟蒙《袭美先辈以龟蒙所献五百言既蒙见和复示荣唱再抒鄙怀用申酬谢》：“谁可作梁栋，谁敢驱谷蠡。”

【谷$_3$蠡王】 匈奴官名。冒顿单于设。分左右，主管军政。由单于子弟充任。位在左、右贤王之下。见《汉书·匈奴传》和《后汉书·南匈奴传》。张柬之《出塞》：“手擒郅支长，面缚谷蠡王。”

【谷變陵遷】 喻世事的变化之大。语本《诗·小雅·十月之交》：“高岸为谷，深谷为陵。”李九龄《登昭福寺楼》：“谷变陵迁何处问，满川空有旧烟霞。”

四　画

竑〔hóng《玉篇》胡萌切。〕见“竑竑”。

【竑竑】 象声词。形容声音宏大。温庭筠《拂舞词》：“黄河怒浪连天来，大响竑竑如殷雷。”

七　画

谽〔hān《广韵》火含切，平覃，曉。〕见“谽呀”。

【谽呀】 山谷空旷貌。韩愈《陆浑山火和皇甫湜用其韵》：“𥁕池波风肉陵屯，谽呀钜壑颇黎盆。”

九　画

谾〔qīn《改併四声篇海》引《类篇》音钦。〕见“谾黑”。

【谾黑】 虚空深黑貌。尉迟汾《府尹王侍郎准制拜岳因状嵩高灵胜寄呈三十韵》：“龙潭应下瞰，九曲当骇容。”自注：“又有九龙潭在寺侧，崇崖对耸，壁立千仞。九曲分蓄，谾黑不测。”

十　画

豀〔xī《广韵》苦奚切，平齊，溪。〕❶山谷间的水流。孟浩然《登望楚山最高顶》：“暝还归骑下，萝月映深豀。”岑参《寄青城龙溪奂道人》：“身同云虚无，心与豀清澄。”白居易《和微之诗二十三首·和朝回与王炼师游南山下》：“暮与一道士，出寻青豀居。”李德裕《重忆山居六首·钓石》：“严光隐富春，山色豀又碧。”❷泛指小河流。杜易简《湘川新曲二首》之二：“二八相招携，采菱渡前豀。”卢象《早秋宴张郎中海亭即事》：“郁岛藏深竹，前豀对舞楼。”岑参《水亭送刘颙使还归节度》：“解带怜高柳，移床爱小豀。”刘沧《下第后怀旧居》：“蘋花覆水曲豀暮，独坐钓舟歌月明。”❸山谷。刘禹锡《莫瑶歌》：“夜渡千仞谿，含沙不能射。”李中《送刘恭游庐山兼寄令上人》：“石堂磬断相逢夜，五老月生谿影空。”❹用同“蹊”。小路。岑参《首春渭西郊行呈蓝田张二主簿》：“愁窥白发羞微禄，悔别青山忆旧谿。”刘禹锡《白太守行》：“闻有白太守，抛官归旧谿。”

【谿口】 山间溪水的出口处。王维《新晴野望》：“郭门临渡头，村树连谿口。”岑参《赴犍为经龙阁道》：“骤雨暗谿口，归云网松萝。”又《早春陪崔中丞同泛浣花溪宴》：“旌节临谿口，寒郊陡觉暄。”

【谿月】 山月。李观《宿裴友书斋》：“林烟横近郊，谿月落古原。”

【谿水】 小溪的流水。岑参《终南东溪中作》：“谿水碧于草，潺潺花底流。”李德裕《忆平泉杂咏·忆春耕》：“原田春雨后，谿水夕流平。”徐铉《送高起居之泾县》：“县郭有佳境，千峰谿水西。”

【谿石】 溪间的石头。皮日休《临顿为吴中偏胜之地陆鲁望居之不出余每相访欸然惜去因成五言十首奉题屋壁》之二：“压酒移谿石，煎茶拾野巢。”

【谿色】 山间天色。陆龟蒙《奉和袭美太湖诗二十首·三宿神景宫》：“灵踪未遍寻，不觉谿色暝。”

【谿花】 溪边之花。岑参《过王判官西津所居》：“沙鸟上笔床，谿花簪帘钩。”

【谿谷】 山谷。杜甫《发秦州》：“谿谷无异石，塞田始微收。”岑参《太一石鳖崖口潭旧庐招王学士》：“骤雨鸣淅沥，飕飗谿谷寒。”杨志坚《送妻》：“渔父尚知谿谷暗，山妻不信出身迟。”寒山《诗三百三首》之二五七：“瑞草联谿谷，老松枕嵯峨。”

【谿雨】 山间之雨。岑参《早上五盘岭》：“栈道谿雨滑，畬田原草干。”又《与独孤渐道别长句兼呈严八侍御》：“鱼龙川北盘谿雨，鸟鼠山西洮水云。”

【谿阜】 山谷和高岗。卢鸿一《嵩山十志十首·草堂》序：“草堂者，盖因自然之谿阜，前当墉洫，资人力之缔构，后加茅茨，将以避燥湿。”

【谿流】 溪间的水流。岑参《初过陇山途中呈宇文判官》：“谿流与松风，静夜相飕飗。”

【谿雲】 山谷间的云气。岑参《自潘陵尖还少室居止秋夕凭眺》：“九月山叶赤，谿云淡秋容。”钱起《幽居春暮书怀》：“谿云杂雨来茅屋，山雀将雏到药栏。”韦庄《李氏小池亭十二韵》：“枕簟谿云腻，池塘海雨咸。”

【谿路】 山间小路。崔曙《山下晚晴》：“寥寥远天净，谿路何空濛。”徐铉《和张少监舟中望蒋山》：“谿路向还背，前山高复重。”

【谿煙】 溪雾。徐铉《送冯侍郎》：“斩蛟桥下谿烟碧，射虎亭边草路清。”

【谿澗】 山间溪流。寒山《诗三百三首》之二〇五：“千仞岩峦深可遁，万重谿涧石楼台。”

【谿橋】 溪上之桥。李绅《重别西湖》：“繁艳彩毛无处所，尽成愁叹别谿桥。”徐铉《和钟大监泛舟同游见示》：“谿桥树映行人渡，村径风飘牧竖歌。”

【谿頭】 溪边。白居易《山中问月》：“松下行为伴，谿头坐有期。”

【谿磻】 即磻溪。水名。相传为姜太公渔钓之处。见郦道元《水经注·渭水》：“渭水之右，磻溪水注之……溪中有泉，谓之兹泉……即《吕氏春秋》所谓太公钓兹泉也。”张浑《七老会诗》：“遁迹岂劳登远岫，垂丝何必坐谿磻。”

【谿霧】 山间雾霭。寒山《诗三百三首》之七八：“猿啼谿雾冷，岳色草门连。”

【谿邊】 溪水两旁。岑参《陪使君早春东郊游眺》：“谷口云迎马，谿边水照人。”寒山《诗三百三首》之二二一：“涧底松常翠，谿边石自斑。”徐铉《印秀才至舒州见寻别后寄诗依韵和》：“今日谿边正相忆，雪晴山秀柳丝垂。”

【谿灘】 溪边滩地或溪中水少沙石多而流急的地方。李绅《逾岭峤止荒陬抵高要》：“百处谿滩异雨晴，四时雷电迷昏旭。”

【谿灣】 溪流的转弯处。许浑《晓过郁林寺戏呈李明府》：“山崦登楼寺，谿湾泊晚樯。”

豁[1] 〔huò《广韵》呼括切，入末，晓。〕❶通；相通。张九龄《登荆州城楼》：“枕席夷三峡，关梁豁五湖。”杜甫《奉赠射洪李四丈》：“人生意气豁，不在相逢早。”皎然《奉陪郑使君谔游太湖至洞庭山登上真观却望湖水》：“回瞻平芜尽，洪流豁中区。”吕温《岳阳怀古》：“二湖豁南浸，九派驶东流。”❷开，打开。白居易《游悟真寺诗》：“宝堂豁三门，金魄当其前。”姚合《谢秦校书与无可上人见访》：“窗豁山侵座，扇摇风下松。”❸开阔，壮阔。高适《奉酬北海李太守丈人夏日平阴亭》：“盛烈播南史，雄词豁东溟。”又《和窦侍御登凉州七级浮图之作》：“天寒万里北，地豁九州西。”杜甫《鹿头山》：“连山西南断，俯见千里豁。”❹豁达；大度。孟郊《寒溪》：“豁如君子怀，曾是危陷人。”杜牧《赴京初入汴口晓景即事先寄兵部李郎中》：“唯有君子心，显豁知幽抱。”❺披露；敞开。李白《江夏赠韦南陵冰》：“赖遇南平豁方寸，复兼夫子持清论。”岑参《青山峡口泊舟怀狄侍御》：“无处豁心胸，忧来醉能销。”宋华《蝉鸣一篇五章》之二：“既见君子，披豁予抱。”薛涛《和李书记席上见赠》：“翩翩射策东堂秀，岂复相逢豁寸心。”李商隐《送千牛李将军赴阙五十韵》：“披豁惭深眷，睽离动素诚。”❻舒展。杜甫《自京赴奉先县咏怀五百字》：“盖棺事则已，此志常觊豁。”白居易《九日登西原宴望》：“起登西原望，怀抱同一豁。”刘禹锡《乐天寄洛下新诗兼喜微之欲到因以抒怀也》："羡君先相见，一豁平生心。"刘叉《作诗》："朗咏豁心胸，笔与泪俱落。"❼倾诉；诉说。李白《江上寄元六林宗》："幽赏颇自得，兴远与谁豁。"高适《过卢明府有赠》："胸怀豁清夜，史汉如流泉。"杜甫《移居公安敬赠卫大郎钧》："交态遭轻薄，今朝豁所思。"姚合《寄陕府内兄郭冏端公》："睽违逾十年，一会豁素诚。"李群玉《登宜春醉宿景星寺寄郑判官兼简空上人》："涨海豁心源，冰壶见门地。"❽发泄；排遣。李白《东海有勇妇》："豁此伉俪愤，粲然大义明。"白居易《渭村退居寄礼部崔侍郎翰林钱舍人诗一百韵》："愤懑胸须豁，交加臂莫攘。"❾消散，消除。杜甫《云》："高斋非一处，秀气豁烦襟。"又《北征》："仰观天色改，坐觉祆气豁。"白居易《东楼南望八韵》："已豁烦襟闷，仍开病眼昏。"罗隐《和禅月大师见赠》："高僧惠我七言诗，顿豁尘心展白眉。"❿晴朗，开朗。孟浩然《早发渔浦潭》："舟行自无闷，况值晴景豁。"杜甫《赠虞十五司马》："爽气金天豁，清谈玉露繁。"岑参《登嘉州凌云寺作》："迥旷烟景豁，阴森棕楠稠。"刘长卿《灞东晚晴简同行薛弃朱训》："客心豁初霁，霁色暝玄灞。"权德舆《酬陆四十楚源春夜宿虎丘山对月寄梁四敬之兼见贻之作》："雄词鼓溟海，旷达豁烟霄。"⓫深邃。顾况《酬房杭州》："流水入洞天，窅豁欲凌临。"⓬空，空虚。韩愈《征蜀联句》："蜀险豁关防，秦师纵横猾。"⓭欢乐。黄滔《喜侯舍人蜀中新命三首》之一："五色彩毫裁凤诏，九重天子豁龙颜。"裴说《旅次衡阳》："欲往几经年，今来意豁然。"

豁²

〔huō〕❶缺；断。杜甫《陪王使君晦日泛江就黄家亭子二首》之一："山豁何时断，江平不肯流。"韦应物《自巩洛舟行入黄河即事寄府县僚友》："夹水苍山路向东，东南山豁大河通。"韩愈《落齿》："人言齿之豁，左右惊谛视。"又《调张籍》："垠崖划崩豁，乾坤摆雷硠。"❷舍弃，忘弃。杜牧《寄杜子二首》之一："狂风烈焰虽千尺，豁得平生俊气无。"杜荀鹤《赠临上人》："眼豁浮生梦，心澄大道源。"

【豁中】 通畅的山谷之中。李白《赠从弟宣州长史昭》："长川豁中流，千里泻吴会。"

【豁落】 ❶缺落。韩愈《赠刘师服》："我今呀豁落者多，所存十余皆兀鼿。"❷道教的符箓。吴筠《步虚词十首》之七："豁落制六天，流铃威百魔。"李白《访道安陵遇盖还为余造真箓临别留赠》："七元洞豁落，八角辉星虹。"

【豁落圖】 道教的符箓。李白《留别曹南群官之江南》："身佩豁落图，腰垂虎鞶囊。"

【豁達】 ❶通畅，通达。王维《纳凉》："前临大川口，豁达来长风。"杜甫《阆州东楼筵奉送十一舅往青城县得昏字》："迢迢百余尺，豁达开四门。"韩愈《苦寒》："生风吹死气，豁达如褰帘。"白居易《北亭》："茅亭居上头，豁达门四辟。"❷敞开。王昌龄《郑县宿陶太公馆中赠冯六元二》："清光比故人，豁达展心晤。"杜甫《彭衙行》："谁肯艰难际，豁达露心肝。"❸开朗；开阔。高适《古乐府飞龙曲留上陈左相》："豁达云开霁，清明月映秋。"元稹《酬乐天登乐游园见忆》："四顾皆豁达，我眉今日伸。"刘禹锡《游桃源一百韵》："依微闻鸡犬，豁达值阡陌。"白居易《截树》："忽似决云雾，豁达睹青天。"❹谓胸襟坦荡开朗。李颀《赠张旭》："张公性嗜酒，豁达无所营。"高适《崔司录宅燕大理李卿》："豁达常推海内贤，殷勤但酌尊中酒。"❺广大，宏大。高适《自淇涉黄河途中作十三首》之十："禹功本豁达，汉迹方因循。"

【豁然】 ❶开朗、明朗貌。綦毋潜《祇园寺》："加持将暝合；朗悟豁然开。"刘禹锡《客有为余话登天坛遇雨之状因以赋之》："豁然重昏敛，涣若春冰溃。"皮日休《太湖诗·入林屋洞》："俄尔造平淡，豁然逢光晶。"❷开阔、宽敞貌。孟浩然《岘山饯房琯崔宗之》："青阳一觐止，云路豁然开。"岑参《上嘉州青衣山中峰题惠净上人幽居寄兵部杨郎中》："绝顶诣老僧，豁然登上方。"白居易《游悟真寺诗》："须臾开北户，万里明豁然。"❸坦荡、豁达貌。王昌龄《洛阳尉刘晏与府掾诸公茶集天宫寺岸道上人房》："削去府县理，豁然神机空。"高适《送蔡山人》："识者阅见一生事，到处豁然千里心。"喻坦之《题耿处士林亭》："身向闲中老，生涯本豁然。"❹消散貌。张说《岳州西城》："危堞临清境，烦忧暂豁然。"刘迥《烂柯山四首》之一："豁然喧氛尽，独对万重山。"

【豁爾】 开朗、开阔貌。储光羲《苏十三瞻登玉泉寺峰入寺中见赠作》："依然造华薄，豁尔开灵院。"白居易《青毡帐二十韵》："傍通门豁尔，内密气温然。"韦庄《癸丑年下第献新先辈》："对酒暂时情豁尔，见花依旧涕潸然。"

【豁險】 高峻深邃。孟浩然《寻香山湛上人》："石门殊豁险，篁径转深邃。"

【豁豁】 ❶胸襟坦荡开朗。白居易《谕友》："推此自豁豁，不必待安排。"又《舟中李山人访宿》："轩轩举云貌，豁豁开清襟。"一钵和尚《一钵歌》："大丈夫儿须豁豁，莫学痴人受摩捋。"❷畅行无阻貌。张祜《叙诗》："宣尼昔道迍，豁豁无阻疑。"

䜭

同"豁₁"。参见"䜭險"。

【䜭險】 深邃险峻。贾言淑《五言夏日游神泉诗》："䜭险洞深涧，瞰镜疑无象。"

豆 部

豆 〔dòu《广韵》田候切，去候，定。〕❶古代高足盛食器。原为盛黍稷的陶器，周代始用来盛放肉酱，以供祭祀。其形制上部为圆底浅碗，称为“盘”，有盖，盖上有提手，可以仰置。盘下有长柄，称为“校”，可以把握。柄下有圜形圈足，称为“镫”。商代铜豆较少见，西周铜豆盘较浅，春秋、战国时期盘腹逐渐变深。除以青铜制作外，亦有木制、竹制和陶制。木制称为“梪”，竹制称为“笾”，陶制称“登”。贾曾《祭汾阴乐章》：“有豆孔硕，为羞既臧。”杜甫《往在》：“俎豆腐膻肉，罘罳行角弓。”李纾《唐德明兴圣庙乐章·迎俎》：“有飶嘉豆，既和大羹。”沈亚之《文祝延二阙》之二：“调丹含琼兮瑳佳笑，馨炮馧燔兮溢按豆。”❷豆类植物的总称。骆宾王《夏日游德州赠高四》：“一顷南山豆，五色东陵瓜。”杜甫《大雨》：“敢辞茅苇漏，已喜黍豆高。”又《壮游》：“国马竭粟豆，官鸡输稻粱。”陆龟蒙《孤雁》：“无异驽骀群，恋短豆皂栈。”❸与“卢”合成复姓。杜甫有《同豆卢峰知字韵》。

【豆子】 豆类作物。杜甫《别赞上人》：“杨枝晨在手，豆子雨已熟。”

【豆甲】 豆荚。元稹《田野狐兔行》：“禾苗豆甲，狐榾兔剪。”

【豆花】 豆类植物开的花。许浑《题韦隐居西斋》：“山风藤子落，溪雨豆花肥。”赵嘏《江亭晚望》：“秋馆池亭荷叶歇，野人篱落豆花初。”

【豆苗】 豆的幼苗。杜甫《投简成华两县诸子》：“南山豆苗早荒秽，青门瓜地新冻裂。”白居易《禽虫十二章》之十：“豆苗鹿嚼解乌毒，艾叶雀衔夺燕巢。”

【豆枕】 以豆类之实如红豆、绿豆等为芯的枕头。齐己《夏日雨中寄幕中知己》：“豆枕欹凉冷，莲峰入梦魂。”

【豆萁才】 南朝宋刘义庆《世说新语·文学》：“文帝（曹丕）尝令东阿王（丕弟曹植）七步中作诗，不成者行大法。应声便为诗曰：‘煮豆持作羹，漉菽以为汁。萁在釜下燃，豆在釜中泣。本自同根生，相煎何太急！’帝深有惭色。”后因以称美人才思敏捷。元稹《答姨兄胡灵之见寄五十韵》：“豆萁才敏俊，羽猎正峥嵘。”

【豆登】 古代的两种盛器，亦用作祭器。登，似豆而较浅。韩愈《陆浑山火和皇甫湜用其韵》：“谽呀钜壑颇黎盆，豆登五山瀛四尊。”

【豆蔻】 ❶一种多年生植物，产于岭南。种子芳香，可供药用。见清吴景旭《历代诗话》卷五二。毛文锡《中兴乐》词：“豆蔻花繁烟艳深，丁香软结同心。”❷喻指美艳的少女。皇甫松《浪淘沙二首》之二：“蛮歌豆蔻北人愁，松雨蒲风野艇秋。”杜牧《赠别二首》之一：“娉娉袅袅十三余，豆蔻梢头二月初。”牛峤《女冠子》词之四：“鸳鸯排宝帐，豆蔻绣连枝。”

【豆盧】 复姓。参见“豆盧回”“豆盧復”等。

【豆盧生】 豆卢策。皎然《答豆卢次方》：“昔称柴桑令，今闻豆卢生。”

【豆盧回】 唐诗人。京兆万年（今陕西西安市）人。天宝十载（751）任河南少尹，后转京兆少尹。事迹见《元和姓纂》卷九、《旧唐书》卷二四。《全唐诗》卷七七七录其《登乐游原怀古》诗一首。

【豆盧次方】 疑豆卢策字。方、策意义相关。皎然有《答豆卢次方》。

【豆盧府君】 豆卢钦望。《旧唐书·豆卢钦望列传》：“景龙三年……十一月卒，年八十余，赠司空、并州大都督，谥曰元，赐东园秘器，陪葬乾陵。”苏颋有《赠司徒豆卢府君挽词》，“司徒”应是“司空”之误。

【豆盧郎】 疑为豆卢峰。见武元衡《刘商郎中集序》。刘商有《送豆卢郎赴海陵》和《杂言同豆卢郎中郭南七里桥哀悼姚仓曹》，后诗“中”字疑为衍文。

【豆盧策】 吕渭女婿，曾官淮南节度掌书记、试太常寺奉礼郎，见吕温《唐故湖南团练观察处置等使……守潭州刺史……吕府君（渭）夫人河东郡君柳氏墓志铭》。韦应物有《送豆卢策秀才》。孟郊有《送豆卢策归别墅》。

【豆盧復】 唐诗人。开元末为崇玄生。屡试不第。

【豆盧峯】 一作“豆盧岑”。唐诗人。曾任尚书郎中。大历五年（770）与杜甫有唱和，与刘商亦有交往。事见《杜诗详注》卷二三及武元衡《刘商郎中集序》。《全唐诗逸》卷中录其断句一联。

【豆盧榮】 唐诗人。贞元中登进士第。《全唐诗》卷三四七录其《赋得春风扇微和》诗一首。

【豆籩】 古代的两种盛食器，亦用作祭器。木制的叫豆，竹制的叫笾。张说《唐享太庙乐章·登歌》：

“止笙磬，撤豆笾。”包佶《祀雨师乐章·迎神》：“惟馨展礼，爰列豆笾。”于邵《释奠武成王乐章·送神》：“黝纁就瘗，豆笾告撤。”皮日休《鲁望昨以五百言见贻过有褒美内揣庸陋弥增愧悚因成一千言》：“明水在稿秸，太羹临豆笾。”

三　画

岂[1]　〔qǐ《广韵》祛狶切，上尾，溪。〕❶哪，哪里，哪能。太宗《还陕述怀》：“慨然抚长剑，济世岂邀名。”孟浩然《来阇黎新亭作》：“瑞花长自下，灵药岂须栽。”李端《杂歌》：“山鸡锦翼岂凤凰，陇鸟人言止鹦鹉。”许棠《送李频之南陵主簿》：“赴县是还乡，途程岂觉长。”徐夤《绿鬓》：“眼众岂能分瑞璧，舌多须信烁良金。”❷哪有；哪会；哪里是。杜甫《哀江头》：“人生有情泪沾臆，江水江花岂终极。”高适《酬庞十兵曹》：“酬赠感并深，离忧岂终极。”又《塞上》：“转斗岂长策，和亲非远图。”刘长卿《送方外上人》：“孤云将野鹤，岂向人间住。”❸岂不是。杜甫《自京赴奉先县咏怀五百字》：“臣如忽至理，君岂弃此物。”杜牧《春思》：“岂君心的的，嗟我泪涓涓。”又，难道只是。孟浩然《将适天台留别临安李主簿》：“枳棘君尚栖，匏瓜吾岂系。”❹不；不是。李白《中山孺子妾歌》：“一贵复一贱，关天岂由身。”岑参《送颜平原》：“为郡岂淹旬，政成应未秋。”杜甫《至德二载甫自京金光门出问道归凤翔乾元初从左拾遗移华州掾有悲往事》：“近得归京邑，移官岂至尊。”郎士元《送李敖湖南书记》：“入楚岂忘看泪竹，泊舟应自爱江枫。”又《送洪州李别驾之任》：“知音在霄汉，佐郡岂蹉跎。”❺何必，不必。张九龄《叙怀二首》之一：“志合岂兄弟，道行无贱贫。”韦应物《送房杭州》：“专城未四十，暂谪岂蹉跎。”又《郡内闲居》：“何事能为累，宠辱岂要辞。”杜牧《早雁》：“须知胡骑纷纷在，岂逐春风一一回。”❻或许；是否。杜甫《旅夜书怀》：“名岂文章著，官因老病休。”韩愈《石鼎联句》序：“尝闻有隐君子，弥明岂其人邪。”又《永贞行》：“四门肃穆贤俊登，数君匪亲岂其朋。”李商隐《隋宫》：“地下若逢陈后主，岂宜重问后庭花。”❼义同“其”。表示估测、祈使、感叹等。高适《东平旅游奉赠薛太守二十四韵》：“平生感知己，方寸岂悠悠。”杜甫《客堂》：“主忧岂济时，身远弥旷职。”刘长卿《长沙早春雪后临湘水呈同游诸子》：“举目方如此，归心岂奈何。”杜牧《早春寄岳州李使君》：“往事空遗恨，东流岂不回。”李商隐《江上》：“前程更烟水，吾道岂淹留。”❽却；则。高适《辟阳城》：“母仪良已失，臣节岂如斯。”韩翃《家兄自山南罢归献诗叙事》：“魏阙心犹系，周才道岂捐。”李商隐《晋昌晚归马上赠》：“人岂无端别，猿应有意哀。”徐夤《北园》：“笼鸟上天犹有待，病龙兴雨岂无期。”❾更。杜甫《十二月一日三首》之三：“即看燕子入山扉，岂有黄鹂历翠微。”许棠《经故杨太尉旧居》：“行人过岂少，独驻夕阳中。”

岂[2]　〔kǎi《集韵》可亥切，上海，溪。〕同“恺”。参见“岂$_2$弟”。

【岂云】　哪能说；哪能。李白《豫章行》：“精感石没羽，岂云惮险艰。”杜甫《自京赴奉先县咏怀五百字》：“当今廊庙具，构厦岂云缺。”刘禹锡《令狐相公见示赠竹二十韵仍命继和》：“岁晚当自知，繁华岂云比。”孙郃《古意二首》之二：“贤哲信为美，兵甲岂云多。”

【岂止】　何止。萧昕《洛出书》：“既彰千国理，岂止百川溢。”李观《试中和节诏赐公卿尺诗》：“岂止寻常用，将传度量同。”韩愈《石鼓歌》：“荐诸太庙比郜鼎，光价岂止百倍过。”

【岂曰】　哪能说。韦应物《郡斋雨中与诸文士燕集》：“方知大藩地，岂曰财赋疆。”沈千运《赠史修文》：“岂曰无其才，命理应有时。”

【岂可】　怎么可以。杜甫《去矣行》：“野人旷荡无觍颜，岂可久在王侯间。”

【岂只】　何止。杜甫《病橘》：“纷然不适口，岂只存其皮。”

【岂令】　哪里让；不让。王维《送张五归山》：“当亦谢官去，岂令心事违。”刘长卿《按覆后归睦州赠苗侍御》：“岂令冤气积，千古在长平。”独孤及《同徐侍郎五云溪新庭重阳宴集作》：“岂令永和人，独擅山阴游。”李商隐《明神》：“明神司过岂令冤，暗室由来有祸门。”

【岂必】　犹何必，不必。太宗《帝京篇十首》之六：“岂必汾河曲，方为欢宴所。”韩愈《秋怀诗十一首》之七：“岂必求赢余，所要石与甔。”又《山石》：“人生如此自可乐，岂必局束为人鞿。”

【岂伊】　难道；不是。伊，助词。孟浩然《与黄侍御北津泛舟》：“岂伊今日幸，曾是昔年游。”李白《古风》之四二：“摇裔双白鸥，鸣飞沧江流。宜与海人狎，岂伊云鹤俦。”高适《奉酬睢阳李太守》：“岂伊齐政术，将以变浇浮。”孟云卿《伤时二首》之一：“岂伊逢世运，天道亮云云。”杜甫《过郭代公故宅》：“磊落见异人，岂伊常情度。”

【岂足】　❶犹言不值得。李白《赠从兄襄阳少府皓》：“小节岂足言，退耕春陵东。”韩愈《秋怀诗十一首》之一一：“西风蛰龙蛇，众木日凋槁。由来命分尔，泯灭岂足道。”杜牧《池州送孟迟先辈》：“离别岂足更关意，衰老相随可奈何。”❷犹哪能。韦元甫《木兰歌》：“老父隶兵籍，气力日衰耗。”

【岂如】　哪里如；不如。太宗《登三台言志》：“岂如家四海，日宇罄朝伦。"李白《东海有勇妇》："岂如东海妇，事立独扬名。"杜甫《李潮八分小篆歌》："岂如吾甥不流宕，丞相中郎丈人行。"刘禹锡《秋词二首》之二："试上高楼清入骨，岂如春色嗾人狂。"曹邺《城南野居寄知己》："出门既无意，岂如常闭门。"

【岂但】 难道只是；何只。杜甫《赤谷》："岂但岁月暮，重来未有期。"又《奉先刘少府新画山水障歌》："岂但祁岳与郑虔，笔迹远过杨契丹。"陆龟蒙《袭美先辈以龟蒙所献五百言既蒙见和复示荣唱再抒鄙怀用伸酬谢》："岂但标八索，殆将包两仪。"

【岂₂弟】 (—tì)和乐平易。《诗·小雅·青蝇》："岂弟君子，无信谗言。"郑玄笺："岂弟，乐易也。"韩愈《谁氏子》："呜呼余心诚岂弟，愿往教诲究终始。"孟郊《吊元鲁山》之十："贤人母万物，岂弟流前诗。"

【岂若】 岂如；不如。太宗《出猎》："岂若因农暇，阅武出镮嵩。"杜甫《五盘》："成都万事好，岂若归吾庐。"韩愈《汴泗交流赠张仆射》："此诚习战非为剧，岂若安坐行良图。"

【岂直】 岂只；何止。孟浩然《秦中苦雨思归赠袁左丞贺侍郎》："岂直昏垫苦，亦为权势沉。"

【岂奈】 犹无奈。韩愈《合江亭》："人生诚无几，事往悲岂奈。"

【岂非】 难道不是。杜甫《赠苏四徯》："斯人脱身来，岂非吾道东。"韩愈《谒衡岳庙遂宿岳寺题门楼》："潜心默祷若有应，岂非正直能感通。"刘禹锡《酬湖州崔郎中见寄》："岂非山水乡，荡漾神机清。"

【岂易】 犹哪能；不容易。高适《奉酬睢阳李太守》："讲德良难敌，观风岂易俦。"独孤及《暮春于山谷寺上方遇恩命加官赐服酬皇甫侍御见贺之作》："佳句惭相及，称仁岂易当。"李商隐《复至裴明府所居》："求之流辈岂易得，行矣关山方独吟。"

【岂是】 ❶哪里是。李白《留别王司马嵩》："鲁连卖谈笑，岂是顾千金。"岑参《送江陵黎少府》："王城不敢住，岂是爱荆州。"独孤及《下弋阳江舟中代书寄裴侍御》："百花已满眼，春草渐碧鲜。"皇甫冉《送裴阐》："道向毗陵岂是归，客中谁与换春衣。"许棠《下第东归留别郑侍郎》："无才副至公，岂是命难通。"❷却是。郎士元《送林宗配雷州》："昨日三峰尉，今朝万里人。"独孤及《答皇甫十六侍御北归留别作》："正当楚客伤春地，岂是骚人道别时。"李商隐《井泥四十韵》："长沙启封土，岂是出程姬。"又《九月于东逢雪》："岂是惊离鬓，应来洗病容。"

【岂特】 难道只有；何止。杜甫《听杨氏歌》："古来杰出士，岂待一知己。"

【岂徒】 犹岂止，何止。张九龄《奉和圣制赐诸州刺史以题座右》："岂徒任遇重，兼尔宴锡繁。"杜甫《凤凰台》："血以当醴泉，岂徒比清流。"白居易《七德舞》："岂徒耀神武，岂徒夸圣文。"李绅《初秋忽奉除诏陈浙东观察使检校右貂》："飞诏宠荣欢里舍，岂徒斑白与垂髫。"

【岂料】 哪里想到；不料。岑参《赴嘉州过城固县寻永安超禅师房》："岂料巴川多胜事，为君书此报京华。"刘长卿《江州重别薛六柳八二员外》："生涯岂料承优诏，世事空知学醉歌。"白居易《哭崔儿》："岂料汝先为异物，常忧吾不见成人。"张祜《酬武蕴之乙丑之岁始见华发余自悲遂成继和》："岂料清秋日，星星共映簪。"许棠《陪郢州张员外宴白雪楼》："岂料羁浮者，樽前得解颜。"

【岂唯】 同"岂惟"。孟云卿《行行且游猎篇》："岂唯务驰骋，猗尔暴田畴。"司空曙《故郭婉仪挽歌》："岂唯泉路掩，长使月轮空。"方干《德政上睦州胡中丞》："岂唯里巷皆苏息，犹有恩波及钓船。"

【岂得】 怎能得到；哪能。刘长卿《集梁耿开元寺所居院》："岂得长高枕，中朝正用才。"皇甫冉《和袁郎中破贼后经剡中山水》："行看佩金印，岂得访丹梯。"李商隐《安平公诗》："如公之德世一二，岂得无泪如黄河。"于溃《古征战》："苟非夷齐心，岂得无战争。"

【岂惟】 犹岂止，何止。王维《留别山中温古上人兄并示舍弟缙》："岂惟山中人，兼负松上月。"李益《将赴朔方早发汉武泉》："岂惟幽朔寒，念我机中素。"陆长源《酬孟十二新居见寄》："将必继管萧，岂惟蹑应徐。"护国《题王班水亭》："岂惟欢陇亩，兼亦外形骸。"白居易《白牡丹》："岂惟花独尔，理与人事并。"

【岂堪】 哪堪；不堪。谓心理承受不住。李白《姑孰十咏·陵歊台》："欲览碑上文，苔侵岂堪读。"戎昱《江城秋霁》："霁后江城风景凉，岂堪登眺只堪伤。"郎士元《盩厔县郑礒宅送钱大》："暮蝉不可听，落叶岂堪闻。"韩愈《咏雪赠张籍》："岂堪裨岳镇，强欲效盐梅。"

【岂敢】 哪敢；怎敢。杜甫《废畦》："秋蔬拥霜露，岂敢惜凋残。"韩愈《出门》："岂敢尚幽独，与世实参差。"刘禹锡《酬杨八庶子喜韩吴兴与余同迁见赠》："直道由来黜，浮名岂敢要。"曹邺《下第寄知己》："自知才不堪，岂敢频泣血。"

【岂復】 ❶哪能；哪里。岑参《文公讲堂》："讲席何时散，高台岂复全。"杜甫《发秦州》："岂复慰老夫，惘然难久留。"李绅《泛五湖》："霞生澒洞远，月吐青荧乱。岂复问津迷，休为吕梁叹。"❷岂有，哪里还有。独孤及《酬梁二十宋中所赠兼留别梁少府》："甘为风波人，岂复江海意。"司空曙《题江陵临沙驿楼》："岂复平生意，苍然兰杜洲。"

【岂暇】 哪有空闲；无暇。王维《宋进马哀词》："哀从中兮不可胜，岂暇料余年兮复几。"杜甫《咏怀二首》之一：“高贤迫形势，岂暇相扶持。”李商隐《大卤平后移家到永乐县居书怀十韵》：“甑破宁回顾，舟沉岂暇看。”

【豈意】　哪里想到；不料。孟浩然《伤岘山云表观主》：“岂意餐霞客，溘随朝露先。”杜甫《新安吏》：“岂意贼难料，归军星散营。”钱起《送褚大落第东归》：“汉家侧席明扬久，岂意遗贤在林薮。”李商隐《送从翁从东川弘农尚书幕》：“岂意闻周铎，翻然慕舜韶。”

【豈獨】　岂止；何止。王维《李陵咏》：“将令骄虏灭，岂独名王侍。”杜甫《八哀诗·赠秘书监江夏李公邕》：“向来映当时，岂独劝后世。”戴叔伦《竹》：“岂独对芳菲，终年色如一。”韩愈《答张彻》：“岂独出丑类，方当动朝廷。”白居易《自叹》：“岂独年相迫，兼为病所侵。”

【豈謂】　犹岂料，不料。杜甫《诸将五首》之二：“岂谓尽烦回纥马，翻然远救朔方兵。”韦应物《寓居永定精舍》：“即与人群远，岂谓是非婴。”韩愈《秋怀诗十一首》之四：“惜哉不得往，岂谓吾无能。”子兰《秋日思旧山》：“咸言上国繁华，岂谓帝城羁旅。”

【豈顧】　哪顾；不顾。孟浩然《入峡寄弟》：“未尝冒湍险，岂顾垂堂言。”高适《酬裴员外以诗代书》：“且欣清论高，岂顾夕阳颓。”又《燕歌行》：“相看白刃血纷纷，死节从来岂顾勋。”

四　画

豉　〔chǐ《广韵》是義切，去寘，禪。〕即豆豉。用煮熟的大豆发酵后制成。用作调味品。杜甫《陪王汉州留杜绵州泛房公西湖》：“豉化莼丝熟，刀鸣鲙缕飞。”白居易《和微之诗二十三首·和三月三十日四十韵》：“鱼鲙芥酱调，水葵盐豉絮。”

【豉汁】　用豆豉调味的汤汁。陈裕《过旧居》：“豉汁锅中沸，粘糕案上葩。”

八　画

豎　〔shù《广韵》臣庾切，上麌，禪。〕❶树立。杜甫《客居》：“葱青众木梢，邪竖杂石痕。”韩愈《元和圣德诗》：“掷首陴外，降幡夜竖。”元稹《酬乐天东南行诗一百韵》：“江郭船添店，山城木竖郛。”花蕊夫人徐氏《述国亡诗》：“君王城上竖降旗，妾在深宫那得知。”❷指毛发竖起，表示愤怒或惊惧。元稹《虫豸诗·巴蛇》之一：“喷人竖毛发，饮浪沸泥沙。”平曾《留别薛仆射》：“毛发竖时趋剑戟，衣冠俨处拜冰壶。”皮日休《太湖诗·游毛公坛》：“一窥耳目眩，再听云发竖。”贯休《义士行》：“先生先生不可遇，爱平不平眉斗竖。”❸垂直。元稹《有所教》：“莫画长眉画短眉，斜红伤竖莫伤垂。”❹陡峭，陡立。张祜《游天台山》：“石梁屹横架，万仞青壁竖。”❺童仆。刘禹锡《汉寿城春望》：“田中牧竖烧刍狗，陌上行人看石麟。”方干《路入金州江中作》：“知是从来贡金处，江边牧竖亦披沙。”韦庄《途中望雨怀归》：“牧竖远当烟草立，饥禽闲傍渚田飞。”司空图《浙上》之一：“儿童栗熟迷归路，归得仍随牧竖歌。”❻指病魔。典出《左传·成公十年》：“公疾病，求医于秦。秦伯使医缓为之。未至，公梦疾为二竖子，曰：‘彼，良医也，惧伤我，焉逃之？’其一曰：‘居肓之上，膏之下，若我何？’医至，曰：‘疾不可为也，在肓之上，膏之下，攻之不可，达之不及，药不至焉，不可为也。’”杜甫《八哀诗·赠左仆射郑国公严公武》：“炯炯一心在，沉沉二竖婴。”韦庄《和郑拾遗秋日感事一百韵》：“殷牛常在耳，晋竖欲潜肓。”❼地位低微的小吏。元稹《代曲江老人百韵》：“暇日耕耘足，丰年雨露频。戍烟生不见，村竖老犹纯。”特指宦官。李商隐《送千牛李将军赴阙五十韵》：“内竖依凭切，凶门责望轻。”

【豎子】　❶童仆；仆人。杜甫《示獠奴阿段》：“郡人入夜铮余沥，竖子寻源独不闻。”杨乘《甲子岁书事》：“竖子未鼎烹，大君尚旰食。”亦指小孩。韩愈《病鸱》：“京城事弹射，竖子不易欺。”❷犹言“小子”。对人的鄙称。李白《登广武古战场怀古》：“沉湎呼竖子，狂言非至公。”又《述德兼陈情上哥舒大夫》：“卫青谩作大将军，白起真成一竖子。”韩愈《读东方朔杂事》：“方朔乃竖子，骄不加禁诃。”

【豎耳】　竖起耳朵。表示注意听。韦庄《赠峨嵋山弹琴李处士》：“锦麟不动惟侧头，白马仰听空竖耳。”

【豎兒】　犹言“小兒”。对人的鄙称。李贺《感讽五首》之二：“皇汉十二帝，唯帝称睿哲。一夕信竖儿，文明永沦歇。”

【豎褐】　古代贫民穿的一种用粗毛或粗麻织成的短衣。《孟子·滕文公上》：“‘许子必织布然后衣乎？’曰：‘否。许子衣褐’。”赵岐注：“（褐），以毳织之，若今马衣者也。或曰褐，枲衣也。一曰粗布衣也。”褐衣短，故称竖褐。又称裋褐，短褐。陆龟蒙《奉酬袭美先辈吴中苦雨一百韵》：“归来阖蓬楗，壁立空竖褐。”

【豎儒】　对儒生的鄙称。权徇《题沈黎城》：“不学竖儒辈，谈经空白头。”亦用作士人的谦称。孟浩然《和宋太史北楼新亭》：“欲识狂歌者，丘园一竖儒。”元稹《寄吴士矩端公五十韵》：“脱迹壮士场，甘心竖儒域。”

十一画

豐　〔fēng《广韵》敷隆切，平東，敷。〕❶大，高大。白居易《小宅》：“庾信园殊小，陶潜屋不丰。”❷多，盛多。张说《唐封泰山乐章·雍和》：

"俎豆有馥，粢盛洁丰。"卢纶《送马尚书郎君侍从归覲太原》："塞屯丰雨雪，虏帐失山川。"❸丰厚；丰盛。杜甫《奉寄河南韦尹丈人》："盘错神明惧，讴歌德义丰。"韩愈、李正封《晚秋郾城夜会联句》："群孙轻绮纨，下客丰醴酪。"❹丰足，丰裕。韦应物《酬郑户曹骊山感怀》："朝燕咏无事，时丰贺国祯。"李敬伯《和段相公登武担寺西台》："赋诗思共乐，俱得咏诗丰。"方干《题龙泉寺绝顶》："中天气爽星河近，下界时丰雷雨匀。"❺富饶。寒山《诗三百三首》之二二三："钝物丰财宝，醒醒汉无钱。"王建《送薛蔓应举》："有贤大国丰，无子一家贫。"元稹《大觜乌》："巫言此乌至，财产日丰宜。"白居易《和答诗十首・和大觜乌》："止乌所止家，家产日夜丰。"❻茂盛。王勃《羁游饯别》："槿丰朝砌静，筱密夜窗寒。"白敏中《至日上公献寿酒》："化被君王洽，恩沾草木丰。"贾岛《斋中》："已见饱时雨，应丰蔬与药。"❼丰收。杜甫《吾宗》："在家常早起，忧国愿年丰。"德宗《丰年多庆九日示怀》："重阳有佳节，具物欣年丰。"吕温《道州途中即事》："守愚资地僻，恤隐望年丰。"李频《镜湖夜泊有怀》："自从版筑兴农隙，长与耕耘致岁丰。"❽地名。(1)周代国都。故址在今陕西西安市西南丰水以西。李峤《皇帝上礼抚事述怀》："凯乐深居镐，传歌盛饮丰。"参见"豐鎬"。(2)丰邑。汉高祖刘邦的故乡。故址在今江苏丰县。李百药《谒汉高庙》："瑞气朝浮砀，祥符夜告丰。"骆宾王《过故宋》："马去遥奔郑，蛇分近带丰。"参见"豐沛"。(3)丰城。治所在今江西丰城市南。刘得仁《书事寄万年厉员外》："凫飞将去叶，剑气尚埋丰。"参见"豐城劍"。

【豐上】　指新丰。汉高祖十年(前197)以骊邑县改名。治所在今陕西西安市临潼区东北阴盘城。唐彦谦《长陵》："丰上旧居无故里，沛中原庙对荒丘。"

【豐凶】　丰年与荒年。白居易《新乐府・黑潭龙》："丰凶水旱与疾疫，乡里皆言龙所为。"陆龟蒙《彼农二章》之二："遭其丰凶，概敛无二。"

【豐功】　巨大的功绩。《郊庙歌辞・朝日乐章・舒和》："诞敷懿德昭神武，载集丰功表睿文。"李白《题瓜州新河饯族叔舍人贲》："丰功利生人，天地同朽灭。"

【豐年】　丰收之年。刘庭琦《奉和圣制瑞雪篇》："愿随睿泽流无限，长报丰年贵有余。"皇甫冉《杂言迎神祠二首・迎神》："纷下拜，屡加笾，人心望岁祈丰年。"元稹《代曲江老人百韵》："暇日耕耘足，丰年雨露频。"杜荀鹤《田翁》："官苗若不平平纳，任是丰年也受饥。"

【豐年玉】　典出南朝宋刘义庆《世说新语・赏誉》："世称庾文康(庾亮)为丰年玉，稚恭(庾翼)为荒年谷。"刘孝标注："谓亮有廓庙之器，翼有匡世之才，各有用也。"后因以指治国之才。李白《赠韦侍御黄裳二首》之二："我如丰年玉，弃置秋田草。"

【豐年瑞】　语出南朝宋谢惠连《雪赋》："盈尺则呈瑞于丰年。"后遂以指冬季所降之大雪。孟浩然《和张丞相春朝对雪》："不睹丰年瑞，焉知燮理才。"慧净《冬日普光寺卧疾值雪简诸旧游》："徒赏丰年瑞，沉忧终自怜。"罗隐《雪》："尽道丰年瑞，丰年事若何。"

【豐年兆】　丰收之年的预兆。李中《喜春雨有寄》："父老应相贺，丰年兆已成。"

【豐衣足食】　衣食充足。齐己《病中勉送小师往清凉山礼大圣》："丰衣足食处莫住，圣迹灵踪好遍寻。"

【豐肌】　丰润的肌肤。张为《谢别毛仙翁》："羸形感神药，削骨生丰肌。"贯休《鼓腹曲》："耳闻钟鼓兮生丰肌，白发却黑兮自不知。"临淄县主《与独孤穆冥会诗》之二："丹血溅黻扆，丰肌染戈矛。"

【豐州】　唐贞观四年(630)置。治所在九原县(今内蒙古五原县西南黄河北岸)。卢纶《送饯从叔辞丰州幕归嵩阳旧居》："丰州闻说似凉州，沙塞晴明部落稠。"贾岛《送陈判官赴绥德》："火烧冈断苇，风卷雪平沙。"

【豐安里】　长安街坊名，在朱雀门街西第二街。见清徐松《唐两京城坊考》卷四。刘禹锡有《和苏郎中寻丰安里旧居寄主客张郎中》。温庭筠有《题丰安里王相林亭二首》。

【豐足】　丰裕充足。白居易《早朝思退居》："随有随无且归去，拟求丰足是何年。"齐己《渚宫自勉二首》之一："晨午殊丰足，伊何挠肺肠。"

【豐邑】　❶汉高祖刘邦的故乡。《史记・高祖本纪》："高祖，沛丰邑中阳里人。"故址在今江苏丰县。玄宗《巡省途次上党旧宫赋》序："周游馆宇，触目依然，虽迹异汉皇，而地如丰邑。"❷指新丰。在骊山附近。武平一《奉和幸新丰温泉宫应制》："丰邑模犹在，骊宫迹尚存。"

【豐沃】　盛多貌。王揆《长沙六快诗》："昔贤官是邦，仁泽流丰沃。"

【豐沛】　❶古地名。即沛丰邑。汉高祖刘邦的故乡。王珪《咏汉高祖》："汉祖起丰沛，乘运以跃鳞。"❷借指刘邦。周昙《咏史诗・秦门・赵高》："丰沛见机群小吏，功成儿戏亦何殊。"❸借指帝王的发迹地。杜甫《别张十三建封》："汾晋为丰沛，暴隋竟涤除。"❹借指汉代萧何、曹参等开国重臣。温庭筠《题李相公敕赐锦屏风》："丰沛曾为社稷臣，赐书名画墨犹新。"

【豐茂】　丰盛茂密。元结《演兴四首・讼木魅》："见樗栲兮相阴覆，怜梫楠兮不丰茂。"

【豐苗】　茂盛的禾苗。杜甫《秋行官张望督促东渚秏稻向毕清晨遣女奴阿稽竖子阿段往问》:“丰苗亦已穊,云水照方塘。”

【豐沛都】 指沛丰邑。汉高祖的故乡。李白《春日陪杨江宁及诸官宴北湖感古作》:“君王歌大风,如乐丰沛都。”

【豐郊】 新丰郊外。高宗《过温汤》:“温渚停仙跸,丰郊驻晓旌。”参见“豐上”。

【豐城】 ❶县名。西晋太康元年(280)以富城县改名。治所在今江西丰城市南。权德舆《丰城剑池驿感题》:“我行丰城野,慷慨心内伤。”孟郊、韩愈《赠剑客李园联句》:“岂如丰城下,空有斗间云。”李群玉《宝剑》:“雷焕丰城掘剑池,年深事远迹依稀。”韩偓《奉和峡州孙舍人肇荆南重围中寄诸朝士二篇》之一:“直应宣室还三接,未必丰城便陆沉。”参见“豐城劍”。❷指新丰。汉高祖十年(前197)以骊邑县改名。治所在今陕西西安市临潼区东北阴盘城。杨思玄《奉和圣制过温汤》:“丰城观汉迹,温谷幸秦余。”参见“豐沛”。

【豐城劍】 亦作“豐城寳劍”。见《晋书·张华传》。后因以喻杰出的人才,或谓杰出人才有待识者发现。李峤《星》:“蜀郡灵槎转,丰城宝剑新。”谭用之《寄阎记室》:“未开水府珠先见,不掘丰城剑自辉。”

【豐城寳劍】 见“豐城劍”。

【豐城氣】 同“豐城劍”。杨炯《和刘长史答十九兄》:“宝剑丰城气,明珠魏国珍。”杜甫《咏怀二首》之一:“夜看丰城气,回首蛟龙池。”

【豐草】 茂盛的草。李白《感兴六首》之六:“嘉谷隐丰草,草深苗且稀。”杜甫《沙苑行》:“苑中騋牝三千匹,丰草青青寒不死。”韦应物《庄严精舍游集》:“绿烟凝层城,丰草满通衢。”白居易《玩松竹二首》之一:“龙蛇隐大泽,麋鹿游丰草。”

【豐茸】 形容头发浓密。崔颢《邯郸宫人怨》:“七岁丰茸好颜色,八岁黠惠能言语。”

【豐衍】 丰盛。褚亮《明堂乐章·雍和》:“神涤备全,明粢丰衍。”

【豐盈】 ❶犹丰收。张碧《农父》:“运锄耕劚侵星起,陇亩丰盈满家喜。”❷指脸颊或肌肤丰满润泽。白居易《郡厅有树晚荣早凋人不识名因题其上》:“形骸少多病,三十不丰盈。”

【豐骨】 指硕大的龟甲。王绩《古意六首》之三:“丰骨输庙堂,鲜腴藉笾篚。”

【豐屋】 ❶高大的房屋。储光羲《同王十三维偶然作十首》之十:“四邻竞丰屋,我独好卑室。”白居易《秦中吟十首·伤宅》:“丰屋中栉比,高墙外回环。”❷借指富贵之家。杜甫《八哀诗·赠秘书监江夏李公邕》:“丰屋珊瑚钩,骐驎织成罽。”

【豐約】 富裕与贫困。白居易《中隐》:“穷通与丰约,正在四者间。”又《自咏五首》之四:“亦须随丰约,可得无限剂。”

【豐都】 县名。隋义宁二年(618)置,治所在今重庆市丰都县。李商隐有《送丰都李尉》。

【豐羞】 丰盛的食品。王昌龄《放歌行》:“但营数斗禄,奉养每丰羞。”

【豐祥】 丰年的祥兆。雍陶《永乐殷尧藩明府县池嘉莲咏》:“不独丰祥先有应,更宜花县对潘郎。”

【豐陵】 即唐顺宗李诵墓。在今陕西富平县境。权德舆有《奉和郑宾客相公摄官丰陵扈从之作》和《奉使丰陵职司卤簿通宵涉路因寄内》。

【豐規】 楷式,楷模。王周《志峡船具诗·梢》:“古人存丰规,猗欤聊引证。”

【豐萌】 茂盛地成长。韩愈、孟郊《城南联句》:“岸壳坼玄兆,野麰渐丰萌。”

【豐盛】 犹盛多。韩愈、孟郊《城南联句》:“玄祗祉兆姓,黑秬饛丰盛。”吴融《和严谏议萧山庙十韵》:“路长资税驾,岁俭绝丰盛。”

【豐實】 丰裕殷实;充实。杜甫《忆昔二首》之二:“稻米流脂粟米白,公私仓廪俱丰实。”

【豐隆】 古代神话中的雷神。后代多称雷。屈原《楚辞·离骚》:“吾令丰隆乘云兮,求宓妃之所在。”王逸注:“丰隆,一曰雷师。”《淮南子·天文训》:“季春三月,丰隆乃出,以将其雨。”高诱注:“丰隆,雷也。”阎朝隐《鹦鹉猫儿篇》:“霹雳引,丰隆鸣。猛兽噫气蛇吼声。”

【豐絜】 丰盛洁净。多指祭品。魏征《五郊乐章·雍和》:“乃眷丰絜,恩覃恺悌。”

【豐貂】 指大貂之尾。古代天子贵近之臣的冠饰。耿沣《奉和第五相公登鄱阳郡城西楼》:“茂德为邦久,丰貂旧相尊。”杜牧《长安杂题长句六首》之六:“丰貂长组金张辈,驷马文衣许史家。”

【豐登】 犹丰收。白居易《征秋税毕题郡南亭》:“岂伊循良化,赖此丰登年。”陆龟蒙《记事》:“病里贺丰登,鸡豚聊馈饷。”

【豐碑】 ❶坟墓前的高大石碑。骆宾王《过张平子墓》:“日落丰碑暗,风来古木吟。”权德舆《成南阳墓》:“枯亥没古基,驳藓蔽丰碑。”刘禹锡《后梁宣明二帝碑堂下作》:“玉马朝周从此辞,园陵寂寞对丰碑。”薛逢《潼关驿亭》:“终军壮节埋黄土,杨震丰碑翳绿苔。”❷记载事迹功德的高大石碑。岑参《文公讲堂》:“丰碑文字灭,冥漠不知年。”刘禹锡《麻姑山》:“曾游仙迹见丰碑,除却麻姑更有谁。”薛逢《题白马驿》:“胸中愤气文难遣,强指丰碑哭武侯。”贯休《上荆南府主三让德政碑》:“万姓多论政与德,请树丰碑似山岳。”

【豐稔】 犹丰收。喻凫《和段学士对雪》:“盈尺知丰稔,开窗对酒壶。”皮日休《七爱诗·元鲁山》:“三年鲁山民，丰稔不暂饥。”

【豐歌】 洪亮的歌声。李德裕《寒食日三殿侍宴奉进诗一首》：“象舞严金铠，丰歌耀宝刀。”

【豐歲】 犹丰年。张九龄《和崔尚书喜雨》：“惠泽成丰岁，昌言发上才。”白居易《太和戊申岁大有年诏赐百寮出城观稼谨书盛事以俟采诗》：“清晨承诏命，丰岁阅田间。”杜荀鹤《江岸秋思》：“家贫遇丰岁，无地可归耕。”李肱《省试霓裳羽衣曲》：“开元太平时，万国贺丰岁。”

【豐縣】 西汉置。治所即今江苏丰县。刘长卿有《出丰县界寄韩明府》。

【豐獄劍】 同“豐城劍”。白居易《酬卢秘书二十韵》：“杜陵书积蠹，丰狱剑生苔。”

【豐儉】 谓贫富。杜甫《牵牛织女》：“称家随丰俭，白屋达公宫。”

【豐德寺】 佛寺名。在唐长安城南终南山中。卢纶有《夜投丰德寺谒海上人》。唐彦谦有《秋霁丰德寺与玄贞师咏月》。

【豐劍】 同“豐城劍”。杜甫《重送刘十弟判官》：“经过辨丰剑，意气逐吴钩。”

【豐熟】 犹丰收。杜甫《南池》：“高田失西成，此物颇丰熟。”沈千运《濮中言怀》：“不如守田园，岁晏望丰熟。”韦应物《郊居言志》：“唯当岁丰熟，闾里一欢颜。”

【豐潔】 丰盛洁净。杜甫《留花门》：“沙苑临清渭，泉香草丰洁。”许孟容《享文恭太子庙乐章》：“声达乐成，降歆丰洁。”《郊庙歌辞·祀九宫贵神乐章·肃和》：“精意严恭，明祠丰洁。”裴谞《储谭庙》：“质明斋服躬往奠，牢醴丰洁精诚举。”

【豐樂】 ❶年丰民乐。武瓘《九日卫使君筵上作》：“共贺安人丰乐岁，幸陪珠履侍银章。”❷佛寺名。见《册府元龟》卷四六二。白居易有《游丰乐招提佛光三寺》。

【豐薦】 丰盛的祭品。源光裕《祭汾阴乐章》：“秀毕丰荐，芳俎盈实。”

【豐樹】 新丰一带的树木。苏颋《奉和圣制登骊山高顶寓目应制》：“丰树连黄叶，函关入紫云。”

【豐澤】 丰厚的德泽。储光羲《贻王侍御出台掾丹阳》：“丰泽耀纯仁，八方晏黔庶。”

【豐鎬】 （—hào）周代旧都。文王邑丰，武王邑镐。丰在今陕西西安市西南丰水以西，镐在丰水以东。唐代诗文中多借指国都长安。储光羲《哥舒大夫颂德》：“陇路起丰镐，关云随旆旌。”岑参《行军诗二首》之一：“积尸若丘山，流血涨丰镐。”杜甫《秋日夔府咏怀奉寄郑监李宾客一百韵》：“露菊班丰镐，秋蔬影涧瀍。”

【豐臕】 丰腴的肌肉。贯休《避地毗陵上王慥使君》：“仙松添瘦碧，天骥减丰臕。”

【豐饌】 丰盛的肴馔。骆宾王《久戍边城有怀京邑》：“广筵留上客，丰馔引中尉。”

【豐穰】 年谷丰登；丰收。温庭筠《秋日》：“佳节足丰穰，良朋阻游集。”

二十一画

豔〔yàn《广韵》以赡切，去豔，以。〕❶美；艳丽。李白《陌上桑》：“妾本秦罗敷，玉颜艳名都。”白居易、刘禹锡《会昌春连宴即事》：“姹女妆梳艳，游童衣服鲜。”朱庆余《废宅花》：“色艳莺犹在，香消蝶已回。”李郢《醉送》：“江梅冷艳酒清光，急拍繁弦醉画堂。”皮日休《奉和鲁望白菊》：“玩影冯妃堪比艳，炼形萧史好争妍。”❷花。常衮《咏冬瑰花》：“旧阴依谢宅，新艳出萧墙。”韩愈《闻梨花发赠刘师命》：“桃溪惆怅不能过，红艳纷纷落地多。”孟郊《溧阳唐兴寺观蔷薇花同诸公饯陈明府》：“忽惊红琉璃，千艳万艳开。”白居易《惜栯李花》：“朝艳蔼菲菲，夕凋纷漠漠。”韦庄《寄园林主人》：“桃艳红将落，梨华雪又摧。”亦指开放。孙逖《春初送吕补阙往西岳勒碑得云字》：“语别梅初艳，为期草欲薰。”❸美女。李白《西施》：“勾践征绝艳，扬蛾入吴关。”屈同仙《乌江女》：“越艳谁家女，朝游江岸傍。”张祜《吴宫曲》：“可怜倾国艳，谁信女为戎。”贯休《续姚梁公坐右铭》：“艳殃尔寿须戒，酒腐尔肠须畏。”❹光彩；光波。王易从《临高台》：“泛艳春幌风，裴回秋户月。”刘禹锡《和牛相公南溪醉歌见寄》：“崇兰迎风绿泛艳，坼莲含露红襂襹。”李商隐《曲池》：“日下繁香不自持，月中流艳与谁期。”韦庄《捣练篇》：“月华吐艳明烛烛，青楼妇唱捣衣曲。”❺照耀；辉映。李峤《二月奉教作》：“日艳临花影，霞翻入浪晖。”徐彦伯《奉和幸新丰温泉宫应制》：“风摇花眊彩，雪艳宝戈芒。”独孤授《花发上林》：“润色笼轻霭，晴光艳晚霞。”杜牧《题茶山》：“磬音藏叶鸟，雪艳照潭梅。”❻指华美的文辞。杜牧《冬至日寄小侄阿宜诗》：“高摘屈宋艳，浓薰班马香。”❼同“灩”。水光浮动。李商隐《今月二日不自量度辄以诗一首四十韵干渎尊严伏蒙仁恩俯赐披览辄复五言四十韵诗献上》：“凤池春潋艳，鸡树晓曈昽。”

【豔女】 美女。卢纶《栖岩寺隋文帝马脑盏歌》：“宫中艳女满宫春，得亲此宝能几人。”孟郊《静女吟》：“艳女皆妒色，静女独检踪。”

【豔木】 美盛的树木。陆龟蒙《袭美先辈以龟蒙所献五百言既蒙见和复示荣唱再抒鄙怀用伸酬谢》：“寒谷生艳木，沸潭结流澌。”

【豔夭】 艳丽。白居易《山石榴花十二韵》："艳夭宜小院，条短称低廊。"

【豔曲】 优美的歌曲。许敬宗《奉和仪鸾殿早秋应制》："高殿凝阴满，雕窗艳曲流。"李峤《春日侍宴幸芙蓉园应制》："飞花随蝶舞，艳曲伴莺娇。"韦应物《拟古诗十二首》之八："艳曲呈皓齿，舞罗不堪风。"皎然《铜雀妓》："不觉余歌悲自断，非关艳曲转声难。"

【豔曳】 ❶形容美女飘逸的舞姿。白居易《花楼望雪命宴赋诗》："绊惹舞人春艳曳，句留醉客夜裴回。"❷指落花飘舞。张乔《杨花落》："此时可怜杨柳花，萦盈艳曳满人家。"

【豔色】 亦作"艷色"。❶艳丽的姿色。多形容美女。孟浩然《美人分香》："艳色本倾城，分香更有情。"王维《西施咏》："艳色天下重，西施宁久微。"李白《早秋赠裴十七仲堪》："复携两少女，艳色惊荷葩。"又《寄远十一首》之十一："爱君芙蓉婵娟之艳色，色可餐兮难再得。"❷艳丽的色彩。多形容花朵。白居易《画木莲花图寄元郎中》："花房腻似红莲朵，艳色鲜如紫牡丹。"又《和万州杨使君四绝句·白槿花》："秋蕣晚英无艳色，何因栽种在人家。"赵存约《鸟散余花落》："坐来惊豔色，飞去堕晴霞。"殷益《看牡丹》："艳色随朝露，馨香逐晚风。"❸代指美女。王无竞《君子有所思行》："荆国征艳色，邯郸选名倡。"权德舆《从叔将军宅蔷薇花开太府韦卿有题壁长句因以和作》："艳色当轩迷舞袖，繁香满径拂朝衣。"白居易《新乐府·上阳白发人·愍怨旷也》："君不见昔时吕向美人赋。"自注："天宝末，有密采艳色者，当时号花鸟使。吕向献美人赋以讽之。"

【豔花】 艳丽的花。司空曙《江园书事寄卢纶》："艳花那胜竹，凡鸟不如蝉。"杜荀鹤《和友人见题山居水阁八韵》："修竹已多犹可种，艳花虽少不劳栽。"常理《妾薄命》："艳花句引落，灭烛屏风关。"

【豔冶】 ❶艳丽妖冶。多形容女子。罗隐《苏小小墓》："向谁曾艳冶，随分得声名。"孙光宪《南歌子》词之一："艳冶青楼女，风流似楚真。"❷艳丽。多形容花丛。齐己《酬元员外见寄八韵》："艳冶丛翻蝶，腥膻地聚蝇。"❸借指美女。吴少微《怨歌行》："君王厌德不忘新，况群艳冶纷来陈。"

【豔妆】 ❶女子艳丽的装扮。刘禹锡《柳絮》："花巷暖随轻舞蝶，玉楼晴拂艳妆人。"皎然《春夜与诸公同宴呈陆郎中》："更闻歌子夜，桃李艳妆新。"❷代指美女。刘希夷《蜀城怀古》："旧国有年代，青楼思艳妆。"卢钰《勖曹生》："尊前有恨惭卑臣，席上无憀爱艳妆。"徐铉《奉和七夕应令》："静闻天籁疑鸣佩，醉折荷花想艳妆。"

【豔妓】 美丽的歌舞女子。李廓《长安少年行》之五："遨游携艳妓，装束似男儿。"

【豔妾】 美丽的女子。文德皇后《春游曲》："上苑桃花朝日明，兰闺艳妾动春情。"

【豔性】 艳丽的本性。薛能《杏花》："谁知艳性终相负，乱向春风笑不休。"

【豔春】 艳美的春天。温庭筠《咏嚬》："毛羽敛愁翠，黛娇攒艳春。"杜荀鹤《春闺怨》："朝喜花艳春，暮悲花委尘。"

【豔草】 芳草。严武《题龙日寺西龛石壁》："奇色艳草满，珍名嘉树稠。"

【豔思】 犹情思。温庭筠《牡丹二首》之二："裁成艳思偏应巧，分得春光最数多。"孙光宪《河传》词之二："檗花笺，艳思牵，成篇，宫娥相与传。"

【豔骨】 美女之骨。白居易《罗敷水》："芳魂艳骨知何处，春草茫茫墓亦无。"皮日休《馆娃宫怀古》："艳骨已成兰麝土，宫墙依旧压层崖。"

【豔音】 充满艳情的音韵。刘禹锡《竹枝词九首》引："虽伧伫不可分，而含思宛转，有淇澳之艳音。"

【豔姿】 亦作"艷姿"。艳丽的姿容。无名氏《王昭君怨诸词人连句》："掖庭娇幸在娥眉，争用黄金写艷姿。"孟郊《巫山曲》："轻红流烟湿艷姿，行云飞去明星稀。"

【豔紅】 艳丽的红花。温庭筠《河渎神》词之一："何处杜鹃啼不歇，艳红开尽如血。"

【豔笑】 妩媚的笑容。温庭筠《过华清宫二十二韵》："艳笑双飞断，香魂一哭休。"

【豔容】 艳丽的容貌。乔知之《和李侍郎古意》："美人长叹艳容萎，含情收取摧折枝。"

【豔粉】 ❶指脂粉。张柬之《东飞伯劳歌》："谁家绝世绮帐前，艳粉红脂映宝钿。"李商隐《小桃园》："啼久艳粉薄，舞多香雪翻。"❷指花粉。宋之问《奉和立春日侍宴内出剪彩花应制》："蝶绕香丝住，蜂怜艳粉回。"

【豔姬】 美女，美姬。韩愈《感春三首》之三："艳姬蹋筵舞，清眸刺剑戟。"

【豔雪】 晶莹之雪。韦应物《五弦行》："如伴风流萦艳雪，更逐落花飘御园。"又《答徐秀才》："清诗舞艳雪，孤抱莹玄冰。"李商隐《蝶三首》之一："远恐芳尘断，轻忧艳雪融。"

【豔眼】 光艳耀眼。李颀《题合欢》："开花复卷叶，艳眼又惊心。"

【豔唱】 表达艳情的歌声。刘希夷《江南曲八首》之二："艳唱潮初落，江花露未晞。"皇甫冉《见诸姬学玉台体》："艳唱召燕姬，清弦待卢女。"顾甄远《惆怅诗九首》之七："浓醪艳唱愁难破，骨瘦魂消病已成。"

【豔彩】 艳丽的光彩。刘禹锡《令狐相公见示新栽蕙兰二草之什兼命同作》："艳彩凝还泛，清香绝复寻。"

【豔逸】 美艳飘逸。孟浩然《春意》："春情多艳逸，春意倍相思。"刘庭琦《奉和圣制瑞雪篇》："美人含笑出联翩，艳逸相轻斗容止。"

【豔情】 表情；男女爱情。欧阳炯《女冠子》词之一："薄妆桃脸，满面纵横花靥，艳情多。"骆宾王有《艳情代郭氏答卢照邻》。

【豔陽】 ❶艳丽明媚。白居易《长洲曲新词》："茂苑绮罗佳丽地，女湖桃李艳阳时。"薛蕴《赠郑女郎》："艳阳灼灼河洛神，珠帘绣户青楼春。"章孝标《玄都观栽桃十韵》："艳阳迷俗客，幽邃失壶公。"和凝《宫词百首》之三十："艳阳风景簇神州，杏蕊桃心照凤楼。"❷艳丽明媚的春天。张九龄《剪彩》："自然无限态，长在艳阳晨。"贺知章《望人家桃李花》："桃李从来露井旁，成蹊结影矜艳阳。"孟浩然《和张丞相春朝对雪》："润从河汉下，花逼艳阳开。"白居易《三月三十日作》："半百过九年，艳阳残一日。"和凝《宫词百首》之五〇："宫娥解禊艳阳时，鹢舸兰桡满凤池。"❸艳丽明媚的阳光。崔邠《礼部权侍郎阁老史馆张秘监阁老有离合酬赠之什宿直吟玩聊继此章》："林雪消艳阳，简册漏华光。"许浑《玩残雪寄江南尹刘大夫》："艳阳无处避，皎洁不成容。"温庭筠《李先生别墅望僧舍宝刹因作双韵声》："栖息消心象，檐楹溢艳阳。"伊璠《及第后寄梁烛处士》："十年辛苦一枝桂，二月艳阳千树花。"陈祐《风光草际浮》："光摇低偃处，影散艳阳中。"

【豔陽天】 艳丽明媚的春天。杜甫《数陪李梓州泛江有女乐在诸舫戏为艳曲二首赠李》之一："竞将明媚色，偷眼艳阳天。"顾况《洛阳行送洛阳韦七明府》："始上龙门望洛川，洛阳桃李艳阳天。"杨巨源《夏日裴尹员外西斋看花》："始知清夏月，更胜艳阳天。"白居易《劝酒十四首·何处难忘酒七首》之三："此时无一盏，争过艳阳天。"李咸用《物情》："野鹤不栖葱蒨树，流莺长喜艳阳天。"徐铉《和门下殷侍郎新茶二十韵》："亭台虚静处，风月艳阳天。"

【豔陽月】 指阳春三月。储光羲《酬李处士山中见赠》："今来艳阳月，好鸟鸣翩翩。"

【豔陽曲】 即艳歌。韦应物《贵游行》："忽闻艳阳曲，四坐亦已柔。"

【豔陽年】 ❶青春年华。刘希夷《巫山怀古》："巫山幽阴地，神女艳阳年。"❷指艳丽的春天。刘禹锡《和乐天春词依忆江南曲拍为句》之二："春过也，笑惜艳阳年。"

【豔陽色】 艳丽明媚的景色。杨巨源《独不见》："东风艳阳色，柳绿花如霰。"

【豔陽时節】 见"豔陽節"。

【豔陽節】 亦作"豔陽時節"。指阳春季节。李绅《过梅里七首·早梅桥》："不竞江南艳阳节，任落东风伴春雪。"白居易《春晚咏怀赠皇甫朗之》："艳阳时节又蹉跎，迟暮光阴复若何。"鲍溶《子规》："一啼艳阳节，春色亦可替。"温庭筠《敷水小桃盛开因作》："二月艳阳节，一枝惆怅红。"

【豔陽歌】 即艳阳曲。温庭筠《春日偶作》："西园一曲艳阳歌，扰扰车尘负薜萝。"参见"豔歌"。

【豔陽質】 光彩艳丽的姿质。李白《古风》之四七："偶蒙东风荣，生此艳阳质。"

【豔詞】 艳丽的文词。韩愈《辞唱歌》："抑逼教唱歌，不解看艳词。"白居易《新乐府·采诗官》："郊庙登歌赞君美，乐府艳词悦君意。"许浑《听歌鹧鸪辞》："南国多情多艳词，鹧鸪清怨绕梁飞。"罗虬《比红儿诗》之六一："暖塘争赴荡舟期，行唱菱歌著艳词。"唐彦谦《汉代》："艳词传静婉，新曲定妖娆。"

【豔寒】 犹冷艳。朱庆余《早梅》："艳寒宜雨露，香冷隔尘埃。"

【豔絶】 美艳至极。韦庄《江上村居》："花缘艳绝栽难好，山为看多咏不成。"

【豔新】 光彩鲜丽。陆希声《阳羡杂咏十九首·梅花坞》："冻蕊凝香色艳新，小山深坞伴幽人。"

【豔裔】 花木的嫩芽。张说《奉和圣制春日出苑应制》："禁林艳裔发青阳，春望逍遥出画堂。"

【豔静】 艳丽恬静。钱起《梨花》："艳静如笼月，香寒未逐风。"

【豔歌】 ❶古乐府《艳歌行》的省称。《乐府诗集·相和歌辞十四·艳歌行》郭茂倩题解："《古今乐录》曰：《艳歌行》非一，有直云'艳歌'，即《艳歌行》是也。若《罗敷》《何尝》《双鸿》《福钟》等行，亦皆'艳歌'。"无名氏有《艳歌》一首。❷艳情歌曲。顾况《宫词》："长乐宫连上苑春，玉楼金殿艳歌新。"又《瑶草春》："瑶草春，杳容与，江南艳歌京西舞。"施肩吾《代征妇怨》："长短艳歌君自解，浅深更漏妾偏知。"赵嘏《陪韦中丞宴扈都头花园》："几曲艳歌春色里，断行高鸟暮云边。"陆龟蒙《和醉中袭美先起次韵》："莫唱艳歌凝翠黛，已通仙籍在金闺。"

【豔實】 鲜美的果实。韩愈《题炭谷湫祠堂》："妍英杂艳实，星琐黄朱斑。"

【豔態】 艳美的姿容。杨衡《白纻歌二首》之二："轻身起舞红烛前，芳姿艳态妖且妍。"杜牧《张好好诗》："玉质随月满，艳态逐春舒。"刘兼《秋夕书怀呈戎州郎中》之二："菱镜也知移艳态，锦书其奈隔年光。"子兰《千叶石榴花》："若教移在香闺畔，定与佳人艳态同。"

【豔綺年】 犹言光彩艳丽之时。符子珪《芳树》：

"芳树宜三月，曈曈艳绮年。"

【豔舞】 美妙的舞蹈。韦元旦《奉和圣制春日幸望春宫应制》："侍跸妍歌临灞涘，留觞艳舞出京华。"王维《灵云池送从弟》："金杯缓酌清歌转，画舸轻移艳舞回。"张渭《扬州雨中张十七宅观妓》："残妆添石黛，艳舞落金钿。"许浑《移摄太平寄前李明府》："娇歌自驻壶中景，艳舞长留海上春。"

【豔魄】 美女的魂魄。亦借指美女。皮日休《太湖诗·练渎》："艳魄逐波涛，荒宫养麋鹿。"

【豔魄香魂】 义同"豔魄"。崔李二生《句》："艳魄香魂如有在，还应羞见堕楼人。"

【豔質】 ❶美艳的资质。白居易《新乐府·李夫人》："纵令妍资艳质化为土，此恨长在无销期。"刘言史《赠童尼》："旧时艳质如明玉，今日空心是冷灰。"杜牧《伤友人悼吹箫妓》："艳质已随云雨散，凤楼空锁月明天。"顾夐《虞美人》词之六："少年艳质胜琼英，早晚别三清。"❷代指美女。李华《咏史十一首》之十一："艳质诚可重，淫风如礼何。"白居易《冬至夜怀湘灵》："艳质无由见，寒衾不可亲。"杨汝士《句》："昔日兰亭无艳质，此时金谷有高人。"孙光宪《遐方怨》词："思艳质，想娇。"

【豔錦】 美丽的丝锦。杨巨源《酬崔驸马惠笺百张兼贻四韵》："百张云样乱花开，七字文头艳锦回。"

【豔聲】 娇美的歌声。韩愈《和武相公早春闻莺》："春风红树惊眠处，似妒歌童作艳声。"白居易《寄卢少尹》："艳声与丽色，真为伐性刀。"

【豔叢】 花丛。杨衡《咏春色》："促驷驰香陌，劳莺转艳丛。"

【豔黠】 美丽聪慧。亦指美丽聪慧的女子。韩愈《喜雪献裴尚书》："纵欢罗艳黠，列贺拥熊螭。"

【豔韻】 艳情的诗歌。白居易《和答诗十首》序："凡二十章，率有兴比，淫文艳韵，无一字焉。"

【豔麗】 光彩美丽。吕岩《敲爻歌》："长生药，采花心，花蕊层层艳丽春。"

【豔爚】 光彩艳丽。沈如筠《寄天台司马道士》："河洲花艳爚，庭树光彩蒨。"

【豔豔】 ❶艳丽貌。多形容盛开的花朵。杜甫《早花》："盈盈当雪杏，艳艳待春梅。"权德舆《侍从游后湖宴坐》："田田绿叶映，艳艳红姿舒。"白居易《东坡种花二首》之一："红者霞艳艳，白者雪皑皑。"许浑《送沈卓少府任江都》："艳艳花枝官舍晚，重重云影寺墙连。"李咸用《远公亭牡丹》："平头奴子啾银笙，红葩艳艳交童星。"❷光彩艳丽。多形容女子的姿色。李颀《绝缨歌》："玉颜艳艳空相向，满堂目成不得语。"刘禹锡《和汴州令狐相公到镇改月偶书所怀》："映镮窥艳艳，隔袖见纤纤。"李涉《寄荆娘写真》："画图封裹寄箱箧，洞房艳艳生光辉。"❸明媚艳丽。多形容春天的景色。卢纶《春日喜雨奉和马侍中宴白楼》："艳艳风光呈瑞岁，泠泠歌颂振雕盘。"❹形容月光皎洁美好。韩愈《喜侯喜至赠张籍张彻》："敧眠听新诗，屋角月艳艳。"❺浓艳。李群玉《感春》："春情不可状，艳艳令人醉。"

【豔豔花】 艳丽的花。韩愈《答张十一功曹》："筼筜竞长纤纤笋，踯躅闲开艳艳花。"

【豔豔叢】 艳丽的花丛。薛涛《金灯花》："阑边不见蘘蘘叶，砌下惟翻艳艳丛。"

豕 部

豕 〔shǐ《广韵》施是切，上紙，書。〕猪。张九龄《南阳道中作》："岂暇墨突黔，空持辽豕白。"顾况《归阳萧寺有丁行者能修无生忍担水施僧况归命稽首作诗》："列生御风归，饲豕如人焉。"温庭筠《烧歌》："废栈豕归栏，广场鸡啄粟。"李咸用《题陈正字林亭》："家林蛇豕方群起，宫沼龟龙未有期。"

【豕章】 指豕韦氏。姓彭。为商汤所灭。故址在今河南滑县。杜甫《重送刘十弟判官》："分源豕韦派，别浦雁宾秋。"

【豕魚】 《吕氏春秋·察传》载有"己亥"误作"三豕"的故事。又晋葛洪《抱朴子·遐览》："谚曰：'书三写，鱼成鲁，帝成虎。'"谓文字刻写或传抄错误。詹敦仁《又一首》："豕鱼未识应多愧，尤恐在人成蠹书。"

【豕腹】 猪肚子。韩愈、刘师服《石鼎联句》序："因高吟曰：'龙头缩菌蠢，豕腹涨彭亨。'"

三 画

豗 〔huī《广韵》呼恢切，平灰，燒。〕亦作"豗"。❶撞击，冲击。杜甫《三川观水涨二十韵》："自多穷岫雨，行潦相豗蹙。"韩愈《咏雪赠张籍》："岸类长蛇搅，陵犹巨象豗。"李贺《开愁歌》："主人劝我养心骨，莫受俗物相填豗。"❷喧闹。李白《蜀道难》："飞湍瀑流争喧豗，砯崖转石万壑雷。"温庭筠《昆明池水战词》："溟池海浦俱喧豗，青帜白旌相次来。"褚载《瀑布》："泻雾倾烟撼撼雷，满山风雨助喧豗。"

【豗呶】 撞击喧闹。韩愈、孟郊《征蜀联句》："渴斗信豗呶，啾奸何噢嗗。"

四 画

豚 〔tún《广韵》徒渾切，平魂，定。〕小猪。亦泛指猪。杜甫《刘稻了咏怀》："寒风疏落木，旭日散鸡豚。"

【豚魚】 豚和鱼。喻微贱之物。典出《易·中孚》："豚鱼，吉，信及豚鱼也。"王弼注："鱼者，虫之隐微者也；豚者，兽之微贱者也。争竞之道不与，中信之德淳著，则虽隐微之物，皆信及之。"李绅《到宣武三十韵》："泽广豚鱼洽，恩宣岂弟生。"

象 〔xiàng《广韵》徐兩切，上養，邪。〕❶兽名。为陆地上现存最大的哺乳动物，耳大，鼻长呈圆筒形，能蜷曲，多有一对门牙伸出口外，皮厚，毛稀少。食嫩叶和野菜等。韩翃《别李明府》："罗山道士请人送，林邑使臣调象骑。"白居易《新乐府·驯犀》："所嗟建中异贞元，象生犀死何足言。"殷尧藩《寄岭南张明甫》："尝闻岛夷俗，犀象满城邑。"杜荀鹤《赠友人罢举赴交趾辟命》："舶载海奴镮硾耳，象驼蛮女彩缠身。"❷形象；现象；物象。凡形于外者皆曰象。太宗《咏司马彪续汉志》："二仪初创象，三才乃分位。"钱起《东城初陷与薛员外王补阙暝投南山佛寺》："庶将镜中象，尽作无生观。"权德舆《马秀才草书歌》："三春并向指下生，万象争分笔端势。"元稹《重夸州宅旦暮景色兼酬前篇末句》："人声晓动千门辟，湖色宵涵万象虚。"刘禹锡《乐天少傅五月长斋广延缁徒谢绝文友坐成睽间因以戏之》："戏童为塔象，啼鸟学经声。"特指天象。柳宗元《酬韶州裴曹长使君寄道州吕八大使因以见示二十韵一首》："圣理高悬象，爰书降罚锾。"此指日月。白居易《和微之春日投简阳明洞天五十韵》："牛斗天垂象，台明地展图。"此指星象。❸象征。沈佺期《奉和晦日幸昆明池应制》："法驾乘春转，神池象汉回。"许敬宗《奉和初春登楼即目应诏》："璇玑体宽政，隆栋象端衡。"又《奉和元日应制》："武帐临光宅，文卫象钩陈。"崔日用《奉和圣制龙池篇》："风色云光随隐见，赤云神化象江湖。"❹类似；好像。王维《过始皇墓》："古墓成苍岭，幽宫象紫台。"权德舆《奉和郑宾客相公摄官丰陵扈从之作》："五辂导灵辒，千夫象缭垣。"韩愈《丰陵行》："设官置卫锁嫔妓，供养朝夕象平居。"《郊庙歌辞·周宗庙乐舞辞·肃雍舞》："周道载兴，象日之明。"皮日休《奉和添酒中六韵·酒枪》："象鼎格仍高，其中不烹饪。"❺效法，仿效。褚亮《明堂乐章·肃和》："象天御宇，乘时布政。"参见"象德❷""象賢"。❻道，常法。张九龄《南阳道中作》："事去物无象，感来心不怿。"陆敬《游隋故都》："宗祊旷无象，声朔缅谁传。"《郊庙歌辞·祀圜丘乐章·凯安》："昔在炎运终，中华乱无象。"❼摹拟，描摹。元稹《和李校书新题乐府十二首·立部伎》："初疑遇敌身启行，终象由文士宪左。"❽古代通译外族语言的官。

亦特指通译南方语言的官。《礼记·王制》:"五方之民,言语不通,嗜欲不同,达其意,通其欲,东方曰寄,南方曰象。"郑玄注:"通夷狄之言者曰象。"参见"象譯"。❾《周易》专用语。解释卦象的意义。亦指卦象。玄宗《首夏花萼楼观群臣宴宁王山亭回楼下又申之以赏乐赋诗》序:"酒星主献酬之义,需卦陈饮食之象。"权德舆《和九日从杨氏姊游》:"易象家人吉,闺门女士贤。"卢言《上安禄山》:"象曰云雷屯,大君理经纶。"❿山名。参见"象牙❷"。⓫人名。韦象先,唐诗人韦应物从叔。见《新唐书·宰相世系表》四上。韦应物有《赋得沙际路送从叔象》。疑脱"先"字。

【象匕】　象牙制食器,曲柄浅斗,状如汤匙。韩偓《湖南绝少含桃偶有人以新摘者见惠感事伤怀因成四韵》:"苦笋恐难同象匕,酪浆无复莹蠙珠。"

【象口】　象形香炉的出烟口。李贺《宫娃歌》:"象口吹香毾㲪暖,七星挂城闻漏板。"

【象牙】　❶指象上腭的门牙。质地细密而有光泽,故多用为制饰物及工艺美术品。崔涯《嘲李端端》之一:"独把象牙梳插鬓,昆仑山上月初明。"殷尧藩《偶题》:"越女收龙眼,蛮儿拾象牙。"❷象山和牙山的合称。象山在今广东博罗县东北。牙山,不详。杜审言《度石门山》:"星躔牛斗北,地脉象牙东。"

【象牙牀】　以象牙为饰的床。寒山《诗三百三首》之一八三:"经眠虎头枕,昔坐象牙床。"章孝标《题东林寺寄江州李员外》:"象牙床坐莲花佛,玛瑙函盛贝叶经。"

【象牙簡】　象牙做的手板。包佶《宿庐山赠白鹤观刘尊师》:"手护昆仑象牙简,心推霹雳枣枝盘。"

【象卉】　象所栖止的丛莽。李商隐《酬令狐郎中见寄》:"象卉分疆近,蛟涎浸岸腥。"

【象功】　象征武功。语出《白虎通·礼乐》:"歌者象德,舞者象功。"《郊庙歌辞·周郊祀乐章·武舞乐》:"圭瓒方陈礼,干旄乃象功。"元稹《和新校书新题乐府十二首·法曲》:"大夏濩武皆象功,功多已讶玄功薄。"

【象功舞】　五代梁祭太庙之乐舞之一。《郊庙歌辞·梁太庙乐舞辞》题下注:"五代会要曰:梁开平二年正月,太常奏定享太庙乐。迎神舞开平之舞……恭祖奏象功之舞。"恭祖,为朱温曾祖茂琳(光献皇帝)庙号。《郊庙歌辞·梁太庙乐舞辞》有《象功舞》。

【象外】　❶犹物外,物象之外。刘长卿《观李凑所画美人障子》:"无间已得象,象外更生意。"孟郊《送草书献上人归庐山》:"手中飞黑电,象外泻玄泉。"罗邺《览陈丕卷》:"雪宫词客燕宫游,一轴烟花象外搜。"李峤《过洞庭》:"气与尘中别,言堪象外搜。"❷谓尘世之外。寒山《诗三百三首》之二九〇:"自羡幽居乐,长为象外人。"钱起《过瑞龙观道士》:"得兹象外趣,便割区中缘。"又《宴郁林观张道士房》:"灭迹人间世,忘归象外情。"权德舆《李韵州著书常论释氏之理贵州有能公遗迹诗以问之》:"常日区中暇,时闻象外言。"❸谓写诗比物寓意,而不指言某物,谓超出常法之外。司空图《诗品二十四则·雄浑》:"超以象外,得其环中。"

【象州】　古州名。隋开皇十一年(591)置,治所在桂林县(今广西象州县东南上古城)。大业二年(606)废。唐武德四年(621)复置,治所在武德县(今广西象州县东北),大历十二年(777)移治阳寿县(今广西象州县)。陈陶有《南海送韦七使君赴象州任》。杜牧《蛮中醉》:"青山海上无城郭,唯见松牌出象州。"栖蟾《送迁客》:"织花蛮市布,捣月象州砧。"

【象形類物】　描摹物象。皎然《张伯英草书歌》:"须臾变态皆自我,象形类物无不可。"

【象車】　象征太平盛世的一种瑞应物。《宋书·符瑞志下》:"象车者,山之精也,五者德泽流洽四境则出。"王邕《嵩山望幸》:"象车因叶瑞,龙驾愿升中。"

【象床】　见"象牀"。

【象罔】　《庄子》寓言中的人物。《庄子·天地》:"黄帝游乎赤水之北,登乎昆仑之丘而南望,还归,遗其玄珠。使知索之而不得,使离朱索之而不得,使喫诟索之而不得也。乃使象罔,象罔得之。"王先谦集解引宣颖曰:"似有象而无实,盖无心之谓。"后遂用作寻求天道的典故。李白《金门答苏秀才》:"玄珠寄象罔,赤水非寥廓。"赵嘏《成名年献座主仆射兼呈同年》:"曾失玄珠求象罔,不将双耳负伶伦。"刘沧《宿题天坛观》:"冥心一悟虚无理,寂寞玄珠象罔中。"曹邺《题濮庙》:"赤水梦沉迷象罔,翠华恩断泣芙蓉。"

【象物】　❶取法于物象;描摹物象。语出《左传·宣公三年》:"昔夏之方有德也,远方图物,贡金九牧,铸鼎象物,百物而为之备,使民知神奸。"韩愈《谢自然诗》:"余闻古夏后,象物知神奸。"❷指麟、凤、龟、龙四灵。典出《周礼·春官·大司乐》:"六变而致象物及天神。"郑玄注:"象物,有象在天,所谓四灵者。天地之神,四灵之知,非德至和则不至。《礼运》曰:'何谓四灵?麟、凤、龟、龙,谓之四灵。'"宋之问《则天皇后挽歌》:"象物行周礼,衣冠集汉都。"

【象版】　指象牙制的函签。张蠙《次韵和友人冬月书斋》:"象版签书帙,蛮藤络酒瓢。"

【象服】　古代后妃、贵妃所穿之礼服,上面绘有各种物象以为饰。钱起《贞懿皇后挽词》:"有恩加象服,无日祀高禖。"皮日休《补周礼九夏系文·九夏歌九篇》:"愔愔清庙,仪仪象服。"

【象法】　犹象教。灵一《安公》:"弥天称圣哲,象法初繄赖。"

【象牀】 亦作"象床"。以象牙为饰的床，泛称豪华的床。李峤《床》："传闻有象床，畴昔献君王。"李贺《恼公》："象床缘素柏，瑶席卷香葱。"元稹《白衣裳二首》之一："半含惆怅闲看绣，一朵梨花压象床。"赵光远《咏手二首》之二："象床珍簟宫棋处，拈定文楸占角边。"

【象帝】 指老子。唐代尊老子为太上玄元皇帝，《老子》中有"吾不知谁之子，象帝之先"，因借《老子》中语指老子。韩愈《奉和杜相公十六韵》："象帝威容大，仙宗宝历赊。"

【象帝廟】 老子庙。唐代尊老子为太上玄元皇帝。钱起《夕游覆釜山道士观因登玄元庙》："仍同象帝庙，更上紫霞冈。"

【象郡】 秦汉郡名。秦始皇三十三年(前214)，取陆梁地，置桂林、象郡。象郡治所在临尘县(今广西崇左市)。西汉元凤五年(前76)废。李峤《梨》："凤文疏象郡，花影丽新丰。"刘长卿《送徐大夫赴广州》："雾绕龙山暗，山连象郡遥。"高适《送柴司户充刘卿判官之岭外》："海对羊城阔，山连象郡高。"薛涛《忆荔枝》："传闻象郡隔南荒，绛实丰肌不可忘。"

【象弭】 以象牙为饰的弓。郑锡《度关山》："象弭插文犀，鱼肠莹鹈鹕。"

【象馬】 象和马。刘禹锡《送僧仲剬东游兼寄呈灵澈上人》："前时学得经论成，奔驰象马开禅扃。"

【象耕】 传说舜死苍梧，象为之耕。典出汉王充《论衡・书虚》："舜葬于苍梧，象为之耕。"李商隐《送千牛李将军赴阙五十韵》："大卤思龙跃，苍梧失象耕。"

【象梳】 象牙制成的梳子。毛熙震《浣溪沙》词之七："慵整落钗金翡翠，象梳欹鬓月生云。"

【象笏】 象牙制的手板。古代品级较高的官员朝见君王时所执，用以指画和记事。李洞《送曹郎中南归时南中用军》："系絛轻象笏，买布接蛮船。"冯道《句》："牛头偏得赐，象笏更容持。"

【象教】 (一jiào)即佛教。释迦牟尼离世，诸大弟子想慕不已，刻木为佛，以形象教人，故称佛教为象教。杜甫《同诸公登慈恩寺塔》："方知象教力，足可追冥搜。"

【象鳥】 "象耕鳥耘"的略语。传说舜死苍梧，象为之耕；禹葬会稽，鸟为之耘。典出《文选・左思〈吴都赋〉》："象耕鸟耘，此之自与。"李善注引《越绝书》："舜死苍梧，象为之耕，禹葬会稽，鸟为之耘。"后遂以为帝王丧葬的典故。李商隐《昭肃皇帝挽歌辞三首》之三："万方同象鸟，举恸满秋尘。"

【象設】 原指佛像。后亦泛指遗像。《文选・王中〈头陀寺碑文〉》："象设既辟，睟容已安。"吕向注："象，谓佛之形象也。"张说《崔司业挽歌二首》之二："象设存华馆，威仪下墓田。"杜甫《桥陵诗三十韵因呈县内诸官》："崇冈拥象设，沃野开天庭。"张濯《题舜庙》："寥寥象设魂应在，寂寂虞篇德已闻。"

【象棋】 先秦时六博戏用象牙作的棋子，黑白各六。典出《楚辞・招魂》："菎蔽象棋，有六簙些。"王逸注："言宴乐既毕，乃设六簙，以菎蔽作箸，象牙为棋，丽而且好也。"柳宗元《龟背戏》："修门象棋不复贵，魏宫妆奁世所弃。"

【象筵】 象牙制成的筵席。多用作筵席的美称。亦用以指豪华的宴会。陈子昂《晦日重宴高氏林亭》："象筵开玉馔，翠羽饰金卮。"徐浩《谒禹庙》："象筵陈玉帛，容卫俨戈矛。"韦应物《咏瑠璃》："象筵看不见，堪将对玉人。"刘禹锡《马大夫见示浙西王侍御赠答诗因命同作》："象筵照室会词客，铜鼓临轩舞海夷。"亦喻指雪地。刘禹锡《酬令狐相公雪中游玄都见忆》："人披鹤氅出，马踏象筵行。"

【象牌】 饰以象牙的榜牌。于鹄《早上凌霄第六峰入紫溪礼白鹤观祠》："忽然见朱楼，象牌题玉京。"

【象犀】 象和犀。韩愈《送区弘南归》："野有象犀水贝玑，分散百宝人士稀。"韩愈、孟郊《同宿联句》："毛奇睹象犀，羽怪见鹏鸩。"亦指象牙和犀角。元稹《青云驿》："谓言青云具，瑚琏杂象犀。"

【象輅】 以象牙为饰的车子。《隋书・礼仪志》："皇帝之辂，十有二等：一曰苍辂……十曰象辂。"许孟容《享文恭太子庙乐章》："桐珪早贵，象辂追设。"元万顷《奉和太子纳妃太平公主出降》："象辂初乘雁，璇宫早结褵。"

【象筯】 象牙制作的筷子。李咸用《长歌行》："象箸击折歌勿休，玉山未倒非风流。"又《富贵曲》："雪暖瑶杯凤髓融，红拖象箸猩唇细。"

【象舞】 周代之乐舞。摹拟用兵时的击刺动作，以象征其武功的一种乐舞。《诗・周颂・维清序》："《维清》，奏象舞也。"孔颖达疏："《维清》诗者，奏象舞之歌乐也。谓文王时有击刺之法，武王作乐，象而为舞，号其乐曰象舞。"马瑞辰通释："舞、武古通用。象舞，蔡邕《独断》作'象武'，盖以象文王之成功也。作'舞'者，通借字耳。"亦借指宫廷内乐舞。李德裕《寒食日三殿侍宴奉进诗一首》："象舞严金铠，丰歌耀宝刀。"

【象榻】 以象装饰的床榻。无名氏《夏》："绣楹夜夜箔虾须，象榻重重簟湘水。"

【象管】 象牙制的毛管。亦指珍贵的毛笔。罗隐《清溪江令公宅》："蛮笺象管夜深时，曾赋陈宫第一诗。"刘兼《春宴河亭》："蛮笺象管休凝思，且放春心入醉乡。"

【象鼻】 七盘山(在陕西蓝田县)山峰名。张籍《使至蓝溪寄太常王丞》:“云中迷象鼻,雨里下筝头。”

【象齒】 象牙。李峤《饯薛大夫护边》:“犀皮拥青橐,象齿饰雕弓。”温庭筠《织锦词》:“象齿熏炉未觉秋,碧池已有新莲子。”

【象縣】 唐县名。隋开皇九年(589)废象郡置,治所在今广西鹿寨县雒雍南。唐龙朔三年(663)废,乾封二年(667)复置,移治今广西柳州市东北。柳宗元有《酬曹侍御过象县见寄》。

【象箾】 祭祀时舞者所用之道具。《郊庙歌辞·汉宗庙乐舞辞·观德舞》:“星俎云罍兼鲁礼,朱干象箾杂巴渝。”

【象德】 ❶象征德行。《郊庙歌辞·享太庙乐章·咸宁舞》:“于铄丕嗣,惟帝之光。羽籥象德,金石荐祥。”❷以美德为榜样。郑余庆《享太庙乐章》:“象德亿载,贻庆汤孙。”

【象德舞】 唐肃宗宝应以后所造享太庙乐章乐舞之一。《郊庙歌辞·享太庙乐章》题下注:“《唐书·乐志》曰:肃宗宝应已后,续造享太庙乐章,献玄宗帝用广运之舞……宪宗用象德之舞。”《郊庙歌辞·享太庙乐章》有《象德舞》。歌辞为中书侍郎、平章事段文昌撰。

【象緯】 象数谶纬。亦指星象经纬,谓日月五星。宋璟《奉和御制璟与张说源乾曜同日上官命宴都堂赐诗应制》:“圣酒山河润,仙文象纬舒。”杜甫《游龙门奉先寺》:“天阙象纬逼,云卧衣裳冷。”韩偓《赠吴颠尊师》:“毫厘分象纬,袒跣揖公卿。”吴融《八月十五夜禁直寄同僚》:“明涵太液鱼龙定,静锁圆灵象纬沉。”

【象薦】 以象牙为饰的荐席。郑嵎《津阳门诗》:“犀屏象荐杂罗列,锦凫绣雁相追随。”

【象樽】 一作“象尊”。古代酒器,其状似象或凤凰。一说以象牙饰酒樽。《周礼·春官·司尊彝》:“其再献用两象尊。”郑玄注引郑司农曰:“以象凤凰。或曰以象骨饰尊。”《郊庙歌辞·周郊祀乐章·福顺乐》:“象樽初酌,受福不回。”

【象賢】 谓能效法先人的贤德。刘禹锡《蜀先主庙》:“得相能开国,生儿不象贤。”

【象戲】 象棋。白居易《和春深二十首》之一七:“鼓应投壶马,兵冲象戏车。”

【象魏】 古代天子、诸侯宫外的一对高建筑,亦称“阙”或“观”,为悬示教令之处。亦借指宫室、朝廷等。权德舆《奉和许阁老酬淮南崔十七兄端公见寄》:“远猷来象魏,霈泽过番禺。”武元衡《奉酬淮南中书相公见寄》:“九重辞象魏,千里握兵符。”白居易《赠友五首》之一:“峨峨象魏门,悬法彝伦正。”章孝标《赠庐山钱卿》:“象魏抽簪早,匡庐筑室牢。”

【象簡】 即象笏。欧阳炯《题景焕画应天寺壁天王歌》:“曾持象简累为官,又有蛇珠常在握。”

【象類】 各种物象。张九龄《彭蠡湖上》:“象类何交纠,形言岂深悉。”

【象闕】 象魏。亦借指朝廷、京城等。杜甫《奉送严公入朝十韵》:“鼎湖瞻望远,象阙宪章新。”杨衡《广州石门寺重送李尚书赴朝时兼宗正卿》:“象阙趋云陛,龙宫憩石门。”许浑《汴河亭》:“百二禁兵辞象阙,三千宫女下龙舟。”罗隐《宿荆州江陵驿》:“西游象阙愧知音,东下荆溪称越吟。”参见“象魏”。

【象繫】 《易》的《象》传和《繫辞》传。借指《易》或《易》学。刘昇《奉和圣制送张说上集贤学士赐宴》:“网罗穷象系,述作究天人。”程行谌《奉和圣制送张说上集贤学士赐宴》:“象系微言阐,诗书至道该。”权德舆《卧病喜惠上人李炼师茅处士见访因以赠》:“清言出象系,旷迹逃玄纁。”

【象譯】 翻译。借指四方之国。陈子昂《送著作佐郎崔融等从梁王东征》序:“虎符不发,象译攸同。”

【象識】 只见表象而不知内在奥秘。陈子昂《感遇诗三十八首》之六:“玄感非象识,谁能测沉冥。”

六 画

豩 同“豜”。

豢 〔huàn《广韵》胡貫切,去諫,匣。〕❶饲养牲畜。《礼记·乐记》:“夫豢豕为酒,非以为祸也。”见“豢豕”“豢龍”。❷指用以祭祀的牲畜。张说《唐享太庙乐章·雍和二首》之一:“在涤嘉豢,丽碑敬牲。”

【豢豕】 养猪。白居易《续古诗十首》之三:“豢豕非不饱,所忧竟为牺。”亦泛指饲养牲畜。《礼记·乐记》:“夫豢豕为酒,非以为祸也。”郑玄注:“以谷食犬豕曰豢。”皮日休《酒中十咏》序:“夫圣人戒酒祸也大矣,在书为‘沉湎’,在诗为‘童羖’,在礼为‘豢豕’,在史为‘狂药’。”

【豢術】 豢养的技术。见《文选·张衡〈南都赋〉》。无名氏《鲁阳城》:“豢术缘何竟醢龙,因迁僻壤隔云封。”

【豢豹】 语出汉枚乘《七发》:“山梁之餐,豢豹之胎。”后遂指豹胎。古人认为此为珍贵的食品。韩愈《答柳柳州食虾蟆》:“而君复何为,甘食比豢豹。”

【豢龍】 养龙。李贺《马诗二十三首》之九:“飂叔去忽忽,如今不豢龙。”参见“豢龍氏”。

【豢龍氏】 氏族名。《左传·昭公二十九年》:

“昔有飂叔安，有裔子曰董父，实甚好龙，能求其耆欲以饮食之，龙多归之，乃扰畜龙，以服事帝舜，帝赐之姓曰董，氏曰豢龙，封诸鬷川，鬷夷氏其后也。”杜预注：“豢龙，官名。官有世功，则以官名。”元结《演兴四首》序：“商余山有太灵古祠。传云：豢龙氏祠大帝所立。”

七 画

豪〔háo《广韵》胡刀切，平豪，匣。〕❶豪俊。才智道德出众者。《鹖冠子·博选》：“德千人者谓之豪。”柳宗元《游南亭夜还叙志七十韵》：“进非廓庙器，退非乡曲豪。”刘禹锡《酬乐天晚夏闲居欲相访先以诗见贻》：“老是班行旧，闲为乡里豪。”参见“豪英”“豪彦”。❷指有钱有势或依仗权势不守法纪者。孟郊《赠主人》：“分明贤达交，岂顾豪华儿。”参见“豪富”“豪強”。❸强劲；迅猛。杜甫《上水遣怀》：“后生血气豪，举动见老丑。”韩愈《贞女峡》：“江盘峡束春湍豪，风雷战斗鱼龙逃。”于邺《下第不胜其忿题路左佛庙》：“雀儿未逐扬风高，下视鹰鹯意气豪。”周昙《咏史诗·隋门·贺若弼》：“破敌将军意气豪，请除倾国斩妖娆。”❹豪放，豪爽。杜甫《壮游》：“性豪业嗜酒，嫉恶怀刚肠。”参见“豪烈”“豪氣”。❺豪健；健壮。李白《秋猎孟诸夜归置酒单父东楼观妓》：“鹰豪鲁草白，狐兔多肥鲜。”❻傑骜；强横。李白《梁甫吟》：“智者可卷愚者豪，世人见我轻鸿毛。”参见“豪猾”“豪横”。❼茂盛。刘禹锡《度桂岭歌》：“人稀鸟兽骇，地远草木豪。”❽形容声音响亮。李德裕《寒食日三殿侍宴奉进诗一首》：“鸣笳朱鹭起，叠鼓紫骍豪。”❾通“毫”。(1)细而长的毛。见“豪端”。(2)笔豪。借指毛笔。钱珝《江行无题一百首》之二一：“诗癖非吾病，何妨吮短豪。”

【豪人】 有钱有势者。袁瓘《鸿门行》：“秦魏多豪人，与代亦殊伦。”孟郊《吊元鲁山》：“豪人饫鲜肥，鲁山饭蒿蓬。”

【豪士】 豪放任侠之士。李白《扶风豪士歌》：“梧桐杨柳拂金井，来醉扶风豪士家。”韦应物《古剑行》：“豪士得之敌国宝，仇家举意半夜鸣。”刘禹锡《观棋歌送儇师西游》：“蔼蔼京城在九天，贵游豪士足华筵。”吴融《祝风三十二韵》：“噫嘻尔风师，吴中多豪士。”

【豪牛】 即牦牛。杜甫《奉同郭给事汤东灵湫作》：“鲛人献微绡，曾祝沉豪牛。”

【豪少】 (一shào)指富家子弟。刘言史《买花谣》：“豪少居连鸡鹊东，千金使买一株红。”

【豪右】 富豪家族。韦应物《金谷园歌》：“当时豪右争骄侈，锦为步障四十里。”蒋冽《台中书怀》：“直绳备豪右，正色清冠盖。”无可《大理正任二十和江淹拟古诗二十章寄示》：“活狱威豪右，销时赖典坟。”皮日休《鲁望读襄阳耆旧传见赠五百言次韵》：“巴庸乃崄岨，屈景实豪右。”

【豪芒】 毫毛的尖端。豪，通“毫”。喻细微。韩愈《调张籍》：“流落人间者，太山一毫芒。”

【豪吏】 依仗权势的官吏，强横的官吏。杜甫《阻雨不得归瀼西甘林》：“邦人不足重，所迫豪吏侵。”韩翃《送巴州杨使君》：“使者下车忧疾苦，豪吏销声出公府。”

【豪竹】 竹制的大管乐器。杜甫《醉为马坠诸公携酒相看》：“酒肉如山又一时，初筵哀丝动豪竹。”

【豪英】 英雄豪杰。李白《读诸葛武侯传书怀赠长安崔少府叔封昆季》：“霸图各未立，割据资豪英。”又《邺中赠王大》：“投躯寄天下，长啸寻豪英。”又《自广平乘醉走马六十里至邯郸登城楼览古书怀》：“平原三千客，谈笑尽豪英。”

【豪門】 有钱有势的人家。陈羽《古意》：“郎家居近御沟水，豪门客尽蹑珠履。”黄滔《秋夕贫居》：“豪门腐粱肉，穷巷思糠秕。”徐夤《西寨寓居》之一：“豪门有利人争去，陋巷无权客不来。”又《鹰》：“豪门不读诗书者，走马平原放玩频。”

【豪居】 奢华居住。陆龟蒙《奉酬袭美苦雨四声重寄三十二句·平声》：“幽栖眠疏窗，豪居凭高楼。”

【豪俠】 ❶豪迈重义。陆龟蒙《江南秋怀寄华阳山人》：“栖迟劳鼓箧，豪侠爱金籯。”❷豪强任侠之士。李嶷《少年行三首》之三：“豪侠多猜忌，无劳问姓名。”杜甫《后出塞五首》之四：“渔阳豪侠地，击鼓吹笙竽。”又《赠苏四徯》：“二州豪侠场，人马皆自雄。”崔涂《东晋》：“五陵豪侠笑为儒，将为儒生只读书。”

【豪俊】 亦作“豪儁”，指才智杰出者。杜甫《洗兵马》：“二三豪俊为时出，整顿乾坤济时了。”李商隐《行次西郊作一百韵》：“华侈矜递衒，豪俊相并吞。”温庭筠《醉歌》：“阿畿光颜不识字，指麾豪儁如驱羊。”周昙《咏史诗·春秋战国门·公子无忌》：“能怜钝拙诛豪俊，悯弱摧强真丈夫。”

【豪彦】 才智过人者。李贺《送秦光禄北征》：“将军驰白马，豪彦骋雄材。”

【豪酋】 指领袖人物。孟浩然《送张祥之房陵》：“山河据形胜，天地生豪酋。”

【豪客】 ❶侠客，勇士。李远《读田光传》：“秦灭燕丹怨正深，古来豪客尽沾襟。”许浑《春望思旧游》：“湘水美人远，信陵豪客多。”亦指豪放之人。颜真卿、张荐等四人《三言重拟五杂组联句》：“五杂组，四豪客，往复还，阡与陌。”❷强盗。李涉《井栏砂宿遇夜客》:"暮雨萧萧江上村,绿林豪客夜知闻。"徐夤《纸被》:"赤眉豪客见皆笑,却问儒生直几钱。"❸有钱人,豪华奢侈的人。张籍《和左司元郎中秋居十首》之二:"居贫闲自乐,豪客莫相过。"薛能《水帘吟》:"豪客每来清夏葛,愁人才见认秋檐。"李昌符《寄栖白上人》:"无憀对豪客,不拜谒吾君。"韦庄《少年行》:"五陵豪客多,买酒黄金盏。"

【豪胥】 豪强的吏胥。李商隐《今月二日不自量度辄以诗一首四十韵干渎尊严辄复言四十韵诗献上亦诗人咏叹不足之义也》:"锐卒鱼悬饵,豪胥鸟在笼。"徐铉《寄江都路员外》:"已纵乖慵为傲吏,有何关键制豪胥。"

【豪華】 ❶铺张奢华。骆宾王《帝京篇》:"当时一旦擅豪华,自言千载长骄奢。"杜甫《曲江三章章五句》之二:"即事非今亦非古,长歌激越梢林莽,比屋豪华固难数。"刘禹锡《金陵五题·台城》:"台城六代竞豪华,结绮临春事最奢。"李群玉《秣陵怀古》:"野花黄叶旧吴宫,六代豪华烛散风。"❷富贵。孟郊《赠主人》:"分明贤达交,岂顾豪华儿。"❸犹言盛大华美。孟浩然《高阳池送朱二》:"意气豪华何处在,空余草露湿罗衣。"

【豪奢】 豪华奢侈。武元衡《行路难》:"笙歌鼎沸君莫矜,豪奢未必长多金。"罗邺《牡丹》:"落尽春红始著花,花时比屋事豪奢。"徐夤《牡丹花二首》之一:"天纵秾华刳鄙吝,春教妖艳毒豪奢。"

【豪烈】 豪放而勇于任事者。李白《万愤词投魏郎中》:"自古豪烈,胡为此緊?"

【豪氣】 豪迈的气概。李白《答王十二寒夜独酌有怀》:"君不见李北海,英风豪气今何在?"

【豪健】 ❶势力强大,声势显赫。杜牧《大雨行》:"尽召邑中豪健者,阔展朱盘开酒场。"❷强有力者。陆龟蒙《白鸥诗》序:"主人曰:'池中之族老矣,每以豪健据有,鸥之始浮,辄逐而害之,今畏不敢入。'"❸强壮。杜甫《沙苑行》:"食之豪健西域无,每岁攻驹冠边鄙。"

【豪狶】 壮猪。王维《田家》:"柴车驾羸牸,草屩牧豪狶。"

【豪家】 有钱有势的人家。崔颢《赠怀一上人》:"法师东南秀,世实豪家子。"白居易《续古诗十首》之七:"我本幽闲女,结发事豪家。"朱庆余《登玄都阁》:"豪家旧宅无人住,空见朱门锁牡丹。"司空图《有感二首》之二:"古来贤俊共悲辛,长是豪家拒要津。"

【豪曹】 古宝剑名。汉袁康《越绝书·外传记宝剑》:"王使取豪曹,薛烛对曰:'豪曹,非宝剑也。'"后借指利剑。韩翃《东城水亭宴李侍御副使》:"金羁络騕褭,玉匣闭豪曹。"刘禹锡《浙西李大夫述梦四十韵并浙东元相公酬和斐然继声》:"羽仪呈鸑鷟,铓刃试豪曹。"齐己《晚夏金江寓居答友生》:"时难未可出,且欲淬豪曹。"

【豪爽】 豪放直爽。李瀚《蒙求》:"陈逵豪爽,田方简傲。"

【豪盛】 (－shèng)强盛。郑嵎《津阳门诗》:"翁曾豪盛客不见,我自为君陈昔时。"

【豪族】 豪门大族。杜甫《自平》:"蛮溪豪族小动摇,世封刺史非时朝。"聂夷中《公子行二首》之一:"汉代多豪族,恩深益骄逸。"

【豪雄】 ❶豪迈雄壮。李峤《汾阴行》:"豪雄意气今何在,坛场宫馆尽蒿蓬。"李白《效古二首》之一:"人马本无意,飞驰自豪雄。"❷豪杰;英雄。李白《赠从兄襄阳少府皓》:"结发未识事,所交尽豪雄。"

【豪傑】 才智杰出者。王珪《咏淮阴侯》:"秦王日凶慝,豪杰争共亡。"白居易《题周皓大夫新亭子二十二韵》:"始知豪杰意,富贵为交亲。"杜牧《感怀诗一首》:"宣皇走豪杰,谈笑开中否。"陆龟蒙《杂讽九首》之二:"羁维豪杰辈,四骇方少縶。"

【豪貴】 ❶地位、权势极其显贵。姚合《买太湖石》:"奇哉卖石翁,不傍豪贵家。"张孜《雪诗》:"其中豪贵家,捣椒泥四壁。"❷地位极其显贵者。高适《行路难二首》之二:"一朝金多结豪贵,万事胜人健如虎。"杜甫《入奏行赠西山检察使窦侍御》:"政用疏通合典则,戚联豪贵耽文儒。"裴潾《白牡丹》:"长安豪贵惜春残,争赏先开紫牡丹。"皮日休《洛中寒食二首》之二:"欲知豪贵堪愁处,请看邙山晚照斜。"

【豪猾】 强横狡猾而不守法纪。亦指强横狡猾而不守法纪之人。卢仝《观放鱼歌》:"豪猾不豪猾,鳏孤不鳏孤。"

【豪遊】 兴致极高的游乐活动。李益《罢秩后入华山采茯苓逢道者》:"何事逐豪游,饮啄以膻腥。"

【豪遊子】 兴致极高的游乐者。陈子昂《感遇诗三十八首》之三一:"朅来豪游子,势利祸之门。"

【豪富】 有钱有势者。裴说《旅行闻寇》:"豪富田园废,疲羸屋舍新。"

【豪強】 有权势而强横者。杜牧《题池州弄水亭》:"风俗知所尚,豪强耻孤侮。"

【豪聖】 大圣人。陈子昂《感遇诗三十八首》之一六:"终古代兴没,豪圣莫能争。"李白《避地司空原言怀》:"南风昔不竞,豪圣思经纶。"又《登广武古战场怀古》:"拨乱属豪圣,俗儒安可通。"又《上崔相百忧章》:"豪圣凋枯,王风伤哀。"

【豪嘈】 形容声音宏大、急骤而繁杂。元稹《琵琶歌》:"凉州大遍最豪嘈,六幺散序多笼撚。"

【豪奪】 恃势强夺。杜甫《送韦讽上阆州录事参軍》:"当令豪夺吏,自此无颜色。"白居易《再授宾客分司》:"吾欲更尽言,复恐人豪夺。"司空图《效陈拾遗子昂感遇二首》之二:"豪夺乃常理,笑君徒咄嗟。"

【豪儁】 见"豪俊"。

【豪端】 毫毛的末端。喻细微之物。豪,通"毫"。韩愈《杂诗》:"下视禹九州,一尘集豪端。"

【豪蕩】 意气洋溢,器量阔大。王维《戏赠张五弟諲三首》之三:"今子方豪荡,思为鼎食人。"韩翃《送齐明府赴东阳》:"风流好爱杯中物,豪荡仍欺陌上郎。"

【豪横】 (-hèng)❶强暴蛮横。郑愔《少年行》:"颍川豪横客,咸阳轻薄儿。"陆龟蒙《五歌·水鸟》:"如此等色恣豪横,耸身往往凌青冥。"❷豪放。韩愈《东都遇春》:"饮啖惟所便,文章倚豪横。"

【豪毅】 富贵有气派。李贺《嘲少年》:"长得积玉夸豪毅,每揖闲人多意气。"

【豪豬】 见"豪豬靴"。

【豪豬靴】 指豪猪皮做的靴子。豪猪,哺乳动物。全身黑色,自肩部以后长着许多长而硬的棘毛。棘毛如箭,黑白相间。穴居,昼伏夜出。亦称箭猪。杜甫《送韦十六评事充同谷郡防御判官》:"羌父豪猪靴,羌儿青兕裘。"

【豪翰】 指文才出众者。杜甫《苏端薛复筵简薛华醉歌》:"爱客满堂尽豪翰,开筵上日思芳草。"

【豪寵】 指受君主宠爱的豪门贵族。李涉《寄河阳从事杨潜》:"秦中豪宠争出群,巧将言智宽明君。"

【豪鷹】 雄鹰。杜甫《送李校书二十六韵》:"代北有豪鹰,生子毛尽赤。"李商隐《骄儿诗》:"豪鹰毛崱屴,猛马气佶傈。"

八 画

豬 〔zhū《广韵》陟魚切,平魚,知。〕同"猪"。哺乳动物,体肥壮,肉供食用,皮可制革,鬃可作工业原料。韩愈《陆浑山火和皇甫湜用其韵》:"三光弛隳不复暾,虎熊麋猪逮猴猿。"张元一《嘲武懿宗》:"忽然逢著贼,骑猪向南趣。"

豫 〔yù《广韵》羊洳切,去御。以。〕❶安乐,顺适。李白《寓言三首》之一:"武王昔不豫,剪爪投河湄。"❷喜悦,快乐。褚亮《祈谷乐章·雍和》:"祝嘏无易,灵心有豫。"陈子昂《秋园卧病呈晖上人》:"疲疴澹无豫,独坐泛瑶瑟。"柳宗元《湘口馆潇湘二水所会》:"境胜岂不豫,虑分固难裁。"陈政《赠窦蔡二记室入蜀》:"风流信多美,朝夕豫平台。"亦用作使动,使人愉快。王维《座上走笔赠薛璩慕容损》:"春风何豫人,令我思东溪。"❸天子秋日出巡。张说《韦谯公挽歌二首》之一:"出豫荣前马,回鸾丧后车。"赵彦昭《奉和九月九日登慈恩寺浮屠应制》:"出豫乘秋节,登高陟梵宫。"又《奉和九日幸临渭亭登高应制》:"秋豫凝仙览,宸游转翠华。"辛替否《奉和九月九日登慈恩寺浮图应制》:"出豫从初地,登高适梵天。"❹预备,先事准备。许景先《奉和御制春台望》:"豫奉北辰齐七政,长歌东武抃千春。"孟浩然《同卢明府饯张郎中除义王府司马海园作》:"豫愁轩骑动,宾客散池台。"王昌龄《塞下曲四首》之三:"朝廷备礼出,郡国豫郊迎。"上官昭容《游长宁公主流杯池二十五首》之二一:"豫弹山水调,终拟从钟期。"❺通"舆"。参与。崔国辅《奉和华清宫观行香应制》:"豫游皆汗漫,斋处即崆峒。"萧颖士《有竹一篇七章》之六:"彼纷者务,体其豫矣。"❻木名。即枕木,又名乌樟。明李时珍《本草纲目·木六·钓樟》:"相如赋云:梗、楠、豫、章。颜师古注云:豫即枕木,章即樟树。二木生至七年,乃可分别。观此,则豫即《别录》所谓钓樟者也。根似乌药香,故又名乌樟。"参见"豫章❶"。❼姓。战国晋有豫让。❽古州名。见"豫州❶"。

【豫且】 (-jū)春秋时宋国渔人。有关其人的传说有二:(1)汉刘向《说苑·正谏》:"昔白龙下清泠之渊,化为鱼,渔者豫且射中其目。白龙上诉天帝……天帝曰:'鱼固人之所射也,若是,豫且何罪?'"李白《枯鱼过河泣》:"白龙改常服,偶被豫且制。"(2)《史记·龟策列传》:"宋元王二年,江使神龟使于河,至于泉阳,渔者豫且举网得而囚之,置之笼中。"李群玉《龟》:"有志酬毛宝,无心畏豫且。"

【豫州】 ❶古州名。西汉武帝始置,为"十三州刺史部"之一。其治所历代屡有更易。唐豫州治汝阳(古悬瓠城,今河南汝南县)。领安阳、平舆、真阳、吴房、上蔡五县。孟浩然有《闻裴侍御朏自襄州司户除豫州司户因以投寄》。胡曾《咏史诗·豫州》:"策马行行到豫州,祖生寂寞水空流。"❷指三国蜀汉刘备。汉献帝时刘备曾任豫州刺史,故云。周昙《咏史诗·三国门·蜀先主》:"豫州军败信途穷,徐庶推能荐卧龙。"

【豫和】 唐代祭天神所奏曲名。《郊庙歌辞·祀圜丘乐章》有《豫和》,题注:"唐书乐志曰:贞观二年,祖孝孙修定雅乐,取礼记大乐与天地同和,故制十二和之乐。祭天神奏豫和之乐,祭地祇奏顺和,祭宗庙奏永和。"又《郊庙歌辞·封泰山乐章·豫和》,题注:"唐书乐志曰:开元十三年,玄宗封泰山祀天乐。降神用豫和,六变,迎送皇帝用太和。"

【豫章】 ❶亦作"豫樟"。木名。枕木与樟木的并称。杜甫《赠蜀僧闾丘师兄》:"豫章夹日月,岁久空深根。"刘长卿《奉饯元侍郎加豫章采访兼赐章服》:

“豫章生宇下，无使翳蓬蒿。”白居易《寓意诗五首》之一：“豫樟生深山，七年而后知。”陈陶《临风叹》：“豫章花落不见归，一望东风堪白首。”喻指栋梁之才。沈佺期《奉和晦日驾幸昆明池应制》：“微臣雕朽质，羞睹豫章材。”❷指豫章郡。西汉高帝六年（前201）分九江郡置，治所在南昌县（今江西南昌市）。隋开皇中改为洪州，大业三年（607）复为豫章郡。唐武德五年（622），改为洪州，天宝元年（742）复为豫章郡，乾元元年（758），仍改为洪州。孙翃《奉酬张洪州九龄江上见赠》：“受命谳封疆，逢君牧豫章。”孟浩然《九日龙沙作寄刘大昚虚》：“龙沙豫章北，九日挂帆过。”李白《万愤词投魏郎中》：“穆陵关北愁爱子，豫章天南隔老妻。”孙元晏《咏史诗·齐·王伦之》：“豫章太守重词林，图画陈蕃与华歆。”亦指豫章县。隋以南昌县改置，治所即今江西南昌市。唐宝应元年（762）改名钟陵县。孟浩然《送袁太祝尉豫章》：“相逢武陵客，独送豫章行。”贯休《再到钟陵作》：“六七年来到豫章，旧游知已半凋伤。”❸指豫章馆。沈佺期《昆明池侍宴应制》：“水同河汉在，馆有豫章名。”储光羲《同诸公秋日游昆明池思古》：“豫章尽莓苔，柳杞成枯枝。”

【豫章山】　豫章郡之山。李白《豫章行》：“白杨秋月苦，早落豫章山。”

【豫章行】　（行 xíng）乐府《清调曲》名。现存古辞写豫章山之白杨变为洛阳宫之栋梁，述其根株相离之苦。李白有《豫章行》，亦写战乱中“老母与子别”的悲苦。

【豫章太守】　李勉。郑王元懿曾孙，曾官江西观察使，见《旧唐书·李勉传》。杜甫《可叹》：“豫章太守高帝孙，引为宾客敬颇久。”

【豫章城】　豫章郡治，即今江西南昌市。韩愈《次石头驿寄江西王十中丞阁老》：“凭高试回首，一望豫章城。”韦庄《送福州王先辈南归》：“豫章城下偶相逢，自说今方遇至公。”

【豫章採訪】　豫章郡采访处置使。掌察所部善恶。刘长卿有《奉饯元侍郎加豫章采访兼赐章服》。

【豫章館】　❶汉长安昆明湖中的馆阁名。汉武帝时造。见《三辅黄图》卷五。王维《恭懿太子挽歌五首》之五：“山朝豫章馆，树转凤凰城。”储光羲《同诸公秋霁曲江俯见南山》：“阴阴豫章馆，宛宛百花亭。”❷指豫章（治所今江西南昌市）馆驿。崔国辅有《题豫章馆》。

【豫圖】　预料。李白《赠崔咨议》：“世道有翻覆，前期难豫图。”

【豫游】　见“豫遊”。

【豫遊】　亦作“豫游”。❶游乐。虞世南《发营逢雨应诏》：“豫游欣胜地，皇泽乃先天。”李怀远《凝碧池侍宴看竞渡应制》：“上苑清銮路，高居重豫游。”宋之问《奉和圣制闰九月九日登庄严总持二寺阁》：“豫游多景福，梵宇日生光。”萧至忠《三会寺应制》：“豫游仙唱动，潇洒出尘埃。”❷参与游览。崔国辅《奉和华清宫观行香应制》：“豫游皆汗漫，斋处即崆峒。”

【豫樟】　见“豫章❶”。

【豫讓】　春秋战国间晋人。为晋卿智瑶家臣。晋出公二十二年（前453），韩、赵、魏共灭智氏。豫让以漆涂身，吞炭使自己变哑，暗伏桥下，图谋刺杀赵襄子，未遂，后为赵襄子所捕。临死时，求得赵襄子衣服，拔剑击斩之，以示为主报仇，然后伏剑而亡。见《史记·刺客列传》。李白《东海有勇妇》：“豫让斩空衣，有心竟无成。”胡曾《咏史诗·豫让桥》：“豫让酬恩岁已深，高名不朽到如今。”刘兼《自遣》：“家人莫问张仪舌，国士须知豫让心。”李瀚《蒙求》：“豫让吞炭，鉏麑触槐。”

【豫讓橋】　即汾桥。在并州晋阳县（今山西太原市）东一里许。豫让为智伯报仇，在此桥下谋刺赵襄子，故名。胡曾有《咏史诗·豫让桥》。

十　画

豳　〔bīn《广韵》府巾切，平真，幫。〕古国名。在今陕西旬邑、彬县一带，周的祖先公刘所立。韩愈《琴操十二首·岐山操》：“我家于豳，自我先公。”亦借指新都。李商隐《失题》：“去异封于鞏，来宁避处豳。”参见“豳土”。

【豳土】　指古豳国，在今陕西旬邑、彬县一带。周代祖先古公亶父初居豳地，为戎狄所侵，乃迁至岐。白居易《江南遇天宝乐叟》：“豳土人迁避夷狄，鼎湖龙去哭轩辕。”

【豳公】　指豳国公韦见素。天宝十五载（756），见素从玄宗幸蜀，至巴西，诏兼左相，封豳国公。贾至《自蜀奉册命往朔方途中呈韦左相文部房尚书门下崔侍郎》：“豳公秉大节，临难不顾身。”

【豳谷】　山谷名。其地在古邠州（今陕西彬县）境内。李白《豳歌行上新平长史兄粲》：“豳谷稍稍振庭柯，泾水浩浩扬湍波。”

【豳風】　《诗经》的十五国风之一。共计七篇二十七章，都是西周时代的诗歌。吕温《登少陵原望秦中诸川太原王至德妙用有水术因用感叹》：“如何盛明代，委弃伤豳风。”张立《咏蜀都城上芙蓉花》：“虽妆蜀国三秋色，难入豳风七月诗。”

【豳詩】　指《诗·豳风》中《七月》篇。张汇《观藏冰》：“鲁史曾留问，豳诗旧见称。”

【豳歌】　指《诗·豳风》中的《七月》篇，内容主要歌咏一年中的农事。《郊庙歌辞·蜡百神乐章·雍和》:“姬蜡开仪,豳歌入奏。”

【豳寧】 即邠宁。唐方藩镇名,治所在邠州,今陕西彬县。白居易有《送敏中归豳宁幕》。

豸 部

豸 〔zhì《广韵》池爾切，上紙，澄。又宅買切，上蟹，澄。〕❶本指无足之虫。《尔雅·释虫》："有足谓之虫，无足谓之豸。"杜荀鹤《和友人见题山居水阁八韵》："和君诗句吟声大，虫豸闻之谓蛰雷。"元稹有《虫豸诗》。❷指獬豸。见"豸角"。❸指獬豸冠。《异物志》："东北荒中有兽，名獬豸，一角，性忠，见人斗则触不直者，闻人论则咋不正者。"白居易《见萧侍御忆旧山草堂诗因以继和》："晚起慵冠豸，闲行厌避骢。"喻凫《夏日龙翔寺居即事寄崔侍御》："何当戴豸客，复此问生涯。"郑谷《李夷遇侍御久滞水乡因抒寄怀》："簪豸年何久，悬帆兴甚长。"

【豸角】 獬豸的角。獬豸，古代传说中的神兽。一角，能辨曲直触邪佞。白居易《和梦游春诗一百韵》："鹰鞲中病下，豸角当邪触。"亦指獬豸冠和戴獬豸冠的执法官。马戴《边上送杨侍御鞫狱回》："狱成冤雪晚云开，豸角威清塞雁回。"许棠《送张员外西川从事》："豸角初离首，金章已在腰。"罗隐《寄袁皓侍郎》："我寝牛衣敝，君居豸角危。"黄滔《遇罗员外衮》："豸角戴时垂素发，鸡香含处隔青天。"

【豸角冠】 即獬豸冠。韦应物《送阎寀赴东川辟》："祇承简书命，俯仰豸角冠。"

【豸冠】 獬豸冠。岑参《送韦侍御先归京》："闻欲朝龙阙，应须拂豸冠。"司空曙《奉和张大夫酬高山人》："豸冠亲彀弁，龟印识荷衣。"喻凫《早秋寺居酬张侍御六韵见寄》："却思前所献，何以豸冠情。"李频《送姚侍御充渭北掌书记》："豸冠严在首，雄笔健随身。"

【豸簪】 刻有獬豸形的发簪，古代监察、执法官所用。杨巨源《赠侯侍御》："逃祸栖蜗舍，因醒解豸簪。"

三 画

豺 〔chái;《广韵》士皆切，平皆，崇。〕兽名。犬科，似狼而小，性凶猛，常成群围攻牛、羊等家畜。李白《蜀道难》："所守或匪亲，化为狼与豺。"杜甫《夏日叹》："至今大河北，化作虎与豺。"张籍《洛阳行》："上阳宫树黄复绿，野豺入苑食麋鹿。"

【豺兕】 豺与虎。皆凶兽。喻凶猛之敌。柳宗元《奉平淮夷雅表·兽之穷》："驱豺兕，授我疆。"

【豺虎】 豺与虎。泛指猛兽。亦用以喻残暴的外敌或盗寇。李白《古风》之十四："李牧今不在，边人饲豺虎。"杜甫《桃竹杖引赠章留后》："风尘澒洞兮豺虎咬人，忽失双杖兮吾将曷从。"独孤及《季冬自嵩山赴洛道中作》："策马何纷纷，捐躯抗豺虎。"李绅《赠毛仙翁》："九州争夺无时休，八骏垂头避豺虎。"

【豺狼】 豺与狼。皆凶兽。亦比喻凶恶的敌人。张九龄《酬周判官见贻之作兼呈耿广州》："葵藿是倾心，豺狼何反噬。"皇甫冉《太常魏博士远出贼庭江外相逢因叙其事》："烽火惊戎塞，豺狼犯帝畿。"刘叉《雪车》："死中犹被豺狼食，官车初还城垒未完备。"周昙《咏史诗·春秋战国门·再吟》："下泽逢蛇盖是常，还如山上见豺狼。"

【豺祭】 豺在深秋时杀兽以备冬粮，陈于四周，似人陈物而祭，故称。《吕氏春秋·季秋》："菊有黄华，豺则祭兽戮禽。"高诱注："〔豺〕于是月杀兽，四围陈之，世所谓祭兽。"魏征《五郊乐章·肃和》："豺祭隼击，潦收川镜。"

【豺遘】 谓凶狠暴虐的人造成祸乱。语本汉王粲《七哀诗》："西京乱无象，豺虎方遘祸。"杜甫《夔府书怀四十韵》："豺遘哀登楚，麟伤泣象尼。"

【豺獌】 豺和貙獌。貙獌似狸。柳宗元《酬韶州裴曹长使君寄道州吕八大使因以见示二十韵一首》："泥沙潜虺蜮，榛莽斗豺獌。"

豹 〔bào《广韵》北教切，去效，幫。〕兽名。猫科动物，似虎而小，白面团头；毛黄褐色或赤褐色，有斑点或花纹。有赤豹、白豹、金钱豹等。性凶猛，能上树，善奔走，常捕食其他兽类，伤害人畜。毛皮可制衣褥。亦称豹子。王珪《咏淮阴侯》："斩龙堰濉水，擒豹熸夏阳。"杜甫《石龛》："熊罴咆我东，虎豹号我西。"李贺《春归昌谷》："知非出柙虎，甘作藏雾豹。"

【豹文】 豹子身上的斑纹。张祜《忆江东旧游四十韵寄宣武李尚书》："豹文须蔚蔚，羊目漫睃睃。"

【豹文鼠】 即鼮鼠。因其身有豹文，故名。李商隐《赠送前刘五经映三十四韵》："惊疑豹文鼠，贪窃虎皮羊。"

【豹皮茵】 用豹皮制成的褥子。皮日休《初冬偶作》："豹皮茵下百余钱，刘堕闲沽尽醉眠。"

【豹皮褥】 用豹的毛皮制成的被褥。上官昭容《游长宁公主流杯池二十五首》二二:"横铺豹皮褥,侧带鹿胎巾。"亦省称"豹褥"。贯休《四皓图》:"溪苔连豹褥,仙酒污云袍。"

【豹尾】 ❶豹的尾巴。古代将帅旌旗上或悬以豹尾,或在旗上画豹文。此种饰物亦称豹尾。白居易《寄献北都留守裴令公》:"豹尾交牙戟,虬须捧佩刀。"马逢《部落曲》:"雕戈蒙豹尾,红旆插狼头。"❷天子属车上的饰物,悬于最后一车。后亦用于天子卤簿仪仗。亦借指天子属车。郑锡《玉阶怨》:"昨夜鸳鸯梦,还陪豹尾游。"殷尧藩《早朝》:"天近鳌头花簇仗,风低豹尾乐鸣韶。"李商隐《少年》:"直登宣室螭头上,横过甘泉豹尾中。"罗隐《送蕲州裴员外》:"荣驱豹尾抛同辈,贵上螭头见近臣。"

【豹胎】 豹的胎盘。为珍贵的肴馔。杜牧《杜秋娘》:"归来煮豹胎,餍饫不能饴。"

【豹袖】 用豹皮缘饰的衣袖。指古代卿大夫的衣服。郑锡《邯郸少年行》:"霞鞍金口骝,豹袖紫貂裘。"

【豹略】 古代兵书《六韬》中有《豹韬》篇,后因以指用兵的韬略。李适《奉和幸望春宫送朔方军大总管张仁亶》:"豹略恭宸旨,雄文动睿情。"皎然《武源行赠丘卿岑》:"胸中豹略张阵云,握内蛇矛挥白雪。"

【豹斑】 豹皮上的斑纹。钱起《玛瑙杯歌》:"琏琏兰英照豹斑,满堂词客尽朱颜。"

【豹裘】 用豹的毛皮制成的衣服。李嘉祐《送马将军奏事毕归滑州使幕》:"棠梨宫里瞻龙衮,细柳营前着豹裘。"李咸用《和殷衙推春霖即事》:"腥觉闻龙气,寒宜拥豹裘。"

【豹蔚】 语出《易·革》:"君子豹变,其文蔚也。"后以喻君子、贤者风度姿容美好。柳宗元《弘农公以硕德伟材屈于诬枉谨献诗五十韵以毕微志》:"挺生推豹蔚,遐步仰龙骧。"

【豹篇】 古代兵书《六韬》中有《豹韬》篇。后因以"豹篇"指兵书。孟郊《猛将吟》:"虎队手驱出,豹篇心卷藏。"

【豹褥】 见"豹皮褥"。

【豹錢】 指金钱豹身上的斑点或斑环,因状似古钱,故称。段成式《戏高侍御七首》之七:"豹钱骢子能擎举,兼著连乾许换无?"

【豹隱】 典出汉刘向《列女传·陶答子妻》:"妾闻南山有玄豹,雾雨七日而不下食者,何也?欲以泽其毛而成文章也,故藏而远害。"后因以喻洁身自好,隐居不仕。骆宾王《秋日送侯四得弹字》:"我留安豹隐,君去学鹏抟。"赵彦昭《奉和幸韦嗣立山庄侍燕应制》:"纵然怀豹隐,空愧蹑鹓行。"李颀《谒张果先生》:"韬精殊豹隐,炼骨同蝉蜕。"钱起《秋霖曲》:"鹤鸣蛙跃正及时,豹隐兰凋亦可悲。"

【豹霧】 指隐者所栖。骆宾王《夏日游德州赠高四》序:"仆少负不羁,长逾虚诞,读书颇存涉猎,学剑不待穷工,进不能矫翰龙云,退不能栖神豹雾,抚循诸己,深觉劳生。"参见"豹隱"。

【豹韜】 古代兵书《六韬》篇名之一。相传此书为周吕尚所撰。亦代指用兵的韬略。刘长卿《奉饯元侍郎加豫章采访兼赐章服》:"任重兼乌府,时平偃豹韬。"杜甫《喜闻官军已临贼境二十韵》:"元帅归龙种,司空握豹韬。"殷尧藩《帝京二首》之一:"开藩上相颁龙节,破虏将军展豹韬。"罗隐《寄制诰李舍人》:"梁王握豹韬,雪里见枚皋。"❷用豹皮制成的弓袋。谭用之《古剑》:"雄应垓下收蛇阵,滞想溪头伴豹韬。"

【豹變】 谓如同豹文那样发生显著变化。幼豹长大退毛,然后疏朗焕散,其毛光泽有文采。喻人的行为变好或势位显贵。张九龄《登乐游原春望书怀》:"豹变焉能及,莺鸣非可求。"李白《陈情赠友人》:"英豪未豹变,自古多艰辛。"元稹《答姨兄胡灵之见寄五十韵》:"穷通须豹变,撄搏笑狼狞。"陈陶《避世翁》:"兹焉乃磻溪,豹变应须时。"

四　画

貀 〔nà《广韵》女滑切,入黠,娘。〕兽名。猴类动物。韩愈、孟郊《征蜀联句》:"中矢类妖㺐,跳锋状惊貀。"

五　画

貁 同"狖"。黑色的长尾猿。钱起《山中春仲寄汝上王恒颍川沈冲》:"饥狖入山厨,饮虹过药井。"

貂 〔diāo《广韵》都聊切,平萧,端。〕❶哺乳动物。形似鼬,体细长,四肢短,尾粗,毛长,呈黄色或紫黑色。其毛皮极珍贵,可制衣裘,御寒性能极好。韦庄《宜君县比卜居遂留题王秀才别墅二首》之二:"明月严霜扑皂貂,羡君高卧正逍遥。"❷指貂皮。参见"貂裘""貂襜"。❸指貂尾。古代用作帝王近臣的冠饰。杜甫《诸将五首》之四:"殊锡曾为大司马,总戎皆插侍中貂。"陆龟蒙《蝉》:"伴貂金换酒,并雀画成图。"耿沣《元日早朝》:"参差万戟合,左右八貂斜。"❹指貂冠。王维《从岐王夜宴卫家山池应教》:"座客香貂满,宫娃绮幔张。"又《过崔驸马山池》:"脱貂贯桂醑,射雁与山厨。"施肩吾《赠边将》:"皂貂拥出花当背,白马骑来月在鞍。"

【貂金】 貂尾和金蝉。侍中、常侍的冠饰。杜甫《哭李常侍峄二首》之一："长安若箇畔，犹想映貂金。"

【貂冠】 古代侍中、常侍之官。固以貂尾为饰，故称。李峤《和杜侍御太清台宿直旦有怀》："貂冠朝彩振，乌署晓光分。"独孤及《自东都还濠州奉酬王八谏议见赠》："洛阳居守寄鄭侯，君着貂冠参运筹。"白居易《哭崔二十四常侍》："貂冠初别九重门，马鬣新封四尺坟。"

【貂袍】 用貂毛制成的长袍。温庭筠《塞寒行》："晚出榆关逐征北，惊沙飞迸冲貂袍。"

【貂黄】 貂毛和黄玉。黄玉，头饰名。李德裕《早入中书行公主册礼事毕登集贤阁成咏》："简册自中来，貂黄忝宣授。"

【貂帐】 貂皮制成的帐幕。借指北方少数民族将帅的营帐。卢纶《送彭开府往云中觐使君兄》："夺旗貂帐侧，射虎雪林前。"

【貂裘】 貂皮制成的衣裘。李白《送程刘二侍郎兼独孤判官赴安西幕府》："绣衣貂裘明积雪，飞书走檄如飘风。"白居易《寄太原李相公》："蝉鬓应夸丞相少，貂裘不觉太原寒。"郑巢《送灵溪李侍郎》："貂裘离阙下，初佐汉元勋。"李频《赠长城庾将军》："逆风走马貂裘卷，望塞悬弧雁阵分。"

【貂帽】 貂皮制的帽子。张籍《送元宗简》："貂帽垂肩窄皂裘，雪深骑马向西州。"

【貂鼠】 即貂。古以貂为鼠类动物，故称。袁瓘《鸿门行》："宝马青丝辔，孤裘貂鼠服。"崔颢《古游侠呈军中诸将》："错落金锁甲，蒙茸貂鼠衣。"岑参《赵将军歌》："将军纵博场场胜，赌得单于貂鼠袍。"

【貂鼠裘】 即貂裘。岑参《胡歌》："黑姓蕃王貂鼠裘，葡萄宫锦醉缠头。"

【貂錦】 貂裘、锦衣。李益《登夏州城观送行人赋得六州胡儿歌》："沙头牧马孤雁飞，汉军游骑貂锦衣。"刘禹锡《和白侍郎送令狐相公镇太原》："十万天兵貂锦衣，晋城风日斗生辉。"亦借指将士。陈陶《陕西行四首》之二："誓扫匈奴不顾身，五千貂锦丧胡尘。"

【貂璫】 貂尾和金、银珰，古代侍中、常侍的冠饰。侍中、常侍之类官，东汉光武以后多由宦者担任。《郊庙歌辞·汉宗庙乐舞辞·章庆舞》："珠佩貂珰熠爚，羽旄干戚纷纶。"韩偓《感旧》："省趋弘阁侍貂珰，指座深恩刻寸肠。"

【貂蟬】 ❶貂尾和附蝉，古代为侍中、常侍等贵近之臣的冠饰。王昌龄《留别岑参兄弟》："貂蝉七叶贵，鸿鹄万里游。"戎昱《苦哉行五首》之四："妾家清河边，七叶承貂蝉。"高适《信安王幕府诗》："国章荣印绶，公服贵貂蝉。"武元衡《奉酬中书李相公早朝于中书候传点偶书所怀》："霄汉惭联步，貂蝉愧并簪。"❷指貂蝉冠。以貂尾和附蝉为饰的冠冕。侍中、中常侍等贵近之臣服之。权德舆《和李大夫西山祈雨因感张曲江故事十韵》："亚相冠貂蝉，分忧统十联。"白居易《新乐府·涧底松》："貂蝉与牛衣，高下虽有殊。"唐彦谦《过清凉寺王导墓下》："多年羊虎犹眠石，败壁貂蝉只贮尘。"李昭象《寄尉迟侍御》："我眠青嶂弄澄潭，君带貂蝉白玉篸。"❸指侍中、常侍之官。亦泛指显贵的大臣。崔颢《奉和许给事夜直简诸公》："宠列貂蝉位，恩深侍从年。"罗隐《送人归湘中兼寄旧知》："君依宰相貂蝉贵，我恋王门鬓发斑。"

【貂襜】 貂皮制的短衣。襜，即襜褕。刘禹锡《和汴州令狐相公到镇改月偶书所怀》："词人羞布鼓，远客献貂襜。"皮日休《奉和鲁望秋日遣怀次韵》："向阳裁白帢，终岁忆貂襜。"参见"貂襜褕"。

【貂襜褕】 貂皮制成的短衣。襜褕，古代一种较长的单衣，为男女通用的非正朝之服，因其宽大而长作襜襜然（摇动貌）状，故名。李白《秋浦清溪雪夜对酒》："披君貂襜褕，对君白玉壶。"独孤及《官渡柳歌送李员外承恩往扬州觐省》："脱却貂襜褕，新着五彩衣。"

六　画

貊 〔mò《广韵》莫白切，入陌，明。〕古代北方部族。《书·武成》："华夏蛮貊，罔不率俾。"綦毋潜《送崔员外黔中监选》："蛮貊虽殊俗，知君肝胆微。"岑参《入剑门作寄杜杨二郎中》："磅礴跨岷峨，巍蟠限蛮貊。"白居易《初入峡有感》："常闻仗忠信，蛮貊可行矣。"薛逢《送西川梁常侍之新筑龙山城并锡赉两州刺史及部落酋长等》："圣主忧夷貊，屯师剪束钦。"

【貊盤】 古代貊族装食物的盛器。皮日休《初夏即事寄鲁望》："胡饼蒸甚熟，貊盘举尤轻。"

貅 〔xiū《广韵》許尤切，平尤，曉。〕传说中的猛兽名。见"貔貅"。

貉 〔hé《广韵》下各切，入鐸，匣。〕❶兽名。形似狐，毛棕灰色。穴居于河谷、山边和田野间，昼伏夜出，食鱼、鼠、蛙、虾、蟹和野果。杜甫《催宗文树鸡栅》："我宽蝼蚁遭，彼免狐貉厄。"❷古代北方部族名。同"貊"。《周礼·夏官·职方氏》："掌天下之图，以掌天下之地，辨其邦国、都鄙、四夷八蛮七闽九貉五戎六狄之人民，与其财用，九谷、六畜之数要，周知其利害。"郑玄注引郑司农曰："北方曰貉狄。"

【貉袖】 貉皮做的衣袖。刘商《胡笳十八拍》第五拍："狐襟貉袖腥复膻，昼披行兮夜披卧。"

【貉謡】　泛称少数民族歌谣。韩愈、孟郊《远游联句》："貊谣众猥款，巴语相咿嗄。"

七　画

貍　〔lí《广韵》里之切，平之，來。〕❶兽名。豹猫。亦称野猫。有数种，大小似猫，毛杂黄黑。杜甫《无家别》："但对狐与狸，竖毛怒我啼。"韩愈《琴操十首·残形操》："有兽维狸兮，我梦得之。"韩琮《秋晚信州推院亲友或责无书即事寄答》："问狸将挟虎，歼虿敢虞蜂。"❷家猫。戎昱《苦哉行五首》之一："彼鼠侵我厨，纵狸授梁肉。"

【貍首】　狸的头。白居易《文柏床》："玄斑状狸首，素质如截肪。"

貌[1]　〔mào《广韵》莫教切，去效，明。〕❶面貌；容颜。李白《前有一樽酒行二首》之二："胡姬貌如花，当垆笑春风。"白居易《自题写真》："我貌自不识，李放写我真。"贾岛《寄无得头陀》："貌堪良匠抽毫写，行称高僧续传书。"孙元晏《咏史诗·梁·分宫女》："可怜无限如花貌，重见世间桃李春。"❷形态；形状。元稹《哭吕衡州六首》之二："江文驾风远，云貌接天高。"

貌[2]　〔mò《洪武正韵》末各切，入藥。〕描绘，摹写。杜甫《丹青引赠曹将军霸》："先帝天马玉花骢，画工如山貌不同。"又《韦讽录事宅观曹将军画马图》："曾貌先帝照夜白，龙池十日飞霹雳。"高适《画马篇》："君侯枥上骢，貌在丹青中。"顾况《露青竹杖歌》："陈闳韩干丹青妍，欲貌未貌眼欲穿。"

【貌$_2$取】　描画其形状。韩愈《楸树》："不得画师来貌取，定知难见一生中。"郑谷《杏花》："临轩须貌取，风雨易离披。"

【貌相】　（一xiàng）容貌；外表。吕岩《七言》之三八："貌相本来犹自可，针医偏更效无多。"

【貌敬】　容貌恭敬。韩愈《寒日食出游》："各言生死两追随，直置心亲无貌敬。"亦谓肃然起敬。韩愈《石鼎联句》序："见其老，颇貌敬之，不知其有文也。"

八　画

貓　〔máo《广韵》莫教切，平肴，明。又武瀌切，平宵，明。〕哺乳动物。面部略圆，躯干长，四肢较短，掌部有肉垫，行动敏捷，善跳跃；瞳孔大小能随光线强弱而变，视力极强，善捕鼠。阎朝隐《鹦鹉猫儿篇》序："鹦鹉，慧鸟也；貓，不仁兽也。"元稹《江边四十韵》："停潦鱼招獭，空仓鼠敌貓。"

【貓兒】　即貓。崔日用《乞金鱼词》："大家必若赐金龟，卖却猫儿相报赏。"裴谞《又判争猫儿状》："猫儿不识主，傍家搦老鼠。"

九　画

貏　〔yà《广韵》烏黠切，入黠，影。〕即貏貐。见"貏貐"。

【貏貐】　传说中的兽名。《尔雅·释兽》："貏貐，类貙，虎爪，食人，迅走。"喻恶人。储光羲《同张侍御宴北楼》："轩后青丘埋貏貐，周王白羽扫欃枪。"杜甫《秋日荆南送石首薛明府辞满告别奉寄薛尚书颂德叙怀斐然之作三十韵》："公时呵貏貐，首唱却鲸鱼。"元稹《代曲江老人百韵》："貏貐当前路，鲸鲵得要津。"皮日休《鲁望昨以五百言见贻过有褒美亦迭和之微旨也》："将来示时人，貏貐垂馋涎。"

貐　〔yǔ《广韵》以主切，上麌，以。〕见"貏貐"。

十　画

貔　〔pí《广韵》房脂切，平脂，並。〕❶猛兽名。似虎。李颀《送司农崔丞》："塞外貔将虎，池中鸳与鸾。"王彦威《宣武军继作》："天兵十万勇如貔，正是酬恩报国时。"李商隐《韩碑》："行军司马智且勇，十四万众犹虎貔。"❷喻勇猛的战士。杜甫《后出塞五首》之三："遂使貔虎士，奋身勇所闻。"韩愈《永贞行》："北军百万虎与貔，天子自将非他师。"

【貔武】　即貔虎。唐高祖李渊之祖名虎，故唐代诗人或避讳而改"虎"为武。杨巨源《上刘侍中》："断碛瞻貔武，临池识凤凰。"柳公权《应制贺边军支春衣》之二："从今貔武士，不惮戍金微。"薛存诚《观南郊回仗》："阅兵貔武振，听乐凤凰来。"鲍溶《郊天回》："风前貔武回雕仗，云里神龙起画竿。"

【貔虎】　参见"貔武"。❶貔和虎。李白《忆旧游寄谯郡元参军》："君家严君勇貔虎，作尹并州遏戎虏。"韩偓《老将》："行驱貔虎披金甲，立听笙歌掷玉杯。"刘兼《去年今日》："貔虎只知迎太守，蛮夷不信是儒流。"❷喻勇猛的将士。杜甫《后出塞五首》之三："遂使貔虎士，奋身勇所闻。"卢群《淮西席上醉歌》："卫霍真诚奉主，貔虎十万一身。"元稹《代曲江老人百韵》："徽章悬象魏，貔虎画骐驎。"韩琮《京西即事》："豺狼毳幕三千帐，貔虎金戈十万军。"

【貔豹】　貔和豹。喻强者。陆龟蒙《袭美先辈以龟蒙所献五百言既蒙见和复示荣唱再抒鄙怀用伸酬谢》:“徒为强貔豹,不免参狐狸。”

【貔貅】 ❶古籍中的两种猛兽。见徐珂《清稗类钞·动物·貔貅》。亦泛称猛兽。武元衡《秋日出游偶作》:“闲步欲舒山野性,貔貅不许独行人。”司空图《狂题十八首》之一:“貔貅睡稳蛟龙渴,犹把烧残朽铁磨。”刘兼《春霁》:“猖狂乱打貔貅鼓,懒慢迟修鸳鹭书。”❷喻勇猛的战士。刘禹锡《送唐舍人出镇闽中》:“暂辞鸳鹭出蓬瀛,忽拥貔貅镇粤城。”罗隐《寄酬邺王罗令公五首》之二:“十万貔貅趋玉帐,三千宾客珥金貂。”唐彦谦《新丰》:“貔貅扫尽无三户,鸡犬归来识四邻。”李洞《东川高仆射》:“油幢影里拜清风,十里貔貅一片雄。”

貎 〔liú〕鼠的一种。性嗜竹,巨如野狸,其肉肥脆。见“貎貎”。

【貎貎】 方言。鼠行急貌。无名氏《谣·秦人竹貎谣》:“貎貎引黑牛,天差不自由。”

十一画

貙 〔chū《广韵》敕俱切,平虞,徹。〕兽名。也称貙虎。《尔雅·释兽》:“貙,似貍。”郭璞注:“今貙虎也,大如狗,文如貍。”元稹《酬乐天东南行诗一百韵》:“泥浦喧捞蛤,荒郊险斗貙。”李绅《趋翰苑遭诬构四十六韵》:“乱群逢害马,择肉纵狂貙。”李商隐《韩碑》:“淮西有贼五十载,封狼生貙貙生罴。”陆龟蒙《奉酬袭美先辈吴中苦雨一百韵》:“初谓抵狂貙,又如当毒蝎。”

【貙犴】 貙和犴。皆猛兽。或以“貙犴”为一兽,谓貙虎之大者。皮日休《太湖诗·上真观》:“皮肤坼甲胄,枝节擒貙犴。”

【貙兕】 貙虎和雄犀。韩愈、李正封《晚秋郾城夜会联句》:“摧锋若貙兕,超乘如猱玃。”

【貙武】 即貙虎。唐高祖李渊之祖名虎,唐人或因避讳改“虎”为“武”。喻勇猛的武士。马植《奉和白敏中圣道和平致兹休运岁终功就合咏盛明呈上》:“指挥貙武皆神算,恢拓乾坤是圣功。”

【貙虎】 即貙。蒋吉《樵翁》:“独入深山信脚僧,惯当貙虎不曾惊。”

【貙㺜】 貙虎和㺜貐。两种猛兽。韩愈、孟郊《征蜀联句》:“江倒沸鲸鲲,山摇溃貙㺜。”

二十画

貜 〔jué《广韵》居缚切,入藥,見。又具籰切,入藥,羣。〕貑貜。参见“貜貜”。

【貜貜】 貑貜。似猕猴而大,色苍黑。李贺《荣华乐》:“丹穴取凤充行庖,貜貜如拳那足食。”

貝　部

貝〔bèi《广韵》博蓋切，去泰，幫。〕❶蛤螺等有壳软体动物的总称。亦专指贝壳。陆龟蒙《奉酬袭美先辈吴中苦雨一百韵》："开缄窥宝肆，玑贝光比栉。"参见"貝璣"。❷喻洁白整齐的牙齿。杜牧《代人作》："笑筵凝贝启，眠箔晓珠开。"参见"貝齒"。❸贝多罗的简称。古印度人将佛经写在贝多罗树树叶上，故借指佛经。韩滉《判僧云晏五人聚赌喧诤语》："正法何曾执贝，空门不积余财。"❹州名。见"貝州"。

【貝丘】　地名。(1)在今山东高唐县境。岑参《冀州客舍酒酣贻王绮寄题南楼》："忆昨始相值，值君客贝丘。"刘长卿《奉和吕评事太行苦热行兼寄院中诸公仍呈王员外》："朝辞羊肠阪，夕望贝丘郭。"(2)在今山东博兴县南贝丘乡。高适《淇上酬薛三据兼寄郭少府微》："东驰眇贝丘，西顾弥虢略。"

【貝母】　一种多年生草本植物。叶长形似韭，花下垂似钟，色黄绿。鳞茎可入药，有止咳袪痰之功用。张祜《江南杂题三十首》之二九："生风贝母叶，活艳鼠姑花。"

【貝州】　州名。始置于北周宣政元年(578)，治所在武城县(隋改为清河县，在今河北清河县西北)。隋为清河郡。唐武德四年(621)复置贝州，领清河、武城、历亭等七县。天宝元年(742)，改为清河郡。乾元元年(758)复为贝州。方干有《送李恬及第后还贝州》。

【貝多】　❶梵文的音译，亦作"贝多罗"。树名，产于印度，叶子可以代替纸，印度人多用来写佛经。张乔有《兴善寺贝多树》。亦指此种树之树叶。张乔《弔栖白上人》："内殿留真影，闲房落贝多。"陆龟蒙《奉和袭美开元寺客省早景即事》："褵褷满地贝多雪，料峭入楼于阗风。"❷借指佛经。权德舆《酬灵彻上人以诗代书见寄》："已取贝多翻半字，还将阳焰谕三身。"李商隐《题僧壁》："若信贝多真实语，三生同听一楼钟。"翁承赞《题景祥院》："三卷贝多金粟语，可能心炼得成灰。"

【貝多紙】　即贝多树叶，用以代纸写佛经，故称。亦用以代称佛经。皮日休《送圆载上人归日本国》："贝多纸上经文动，如意瓶中佛爪飞。"又《初冬章上人院》："静案贝多纸，闲炉波律烟。"

【貝多葉】　亦省作"貝葉"。贝多树树叶，用以代纸写佛经，故以借指佛经。张谓《送僧》："手持贝多叶，心念优昙花。"皎然《遥和尘外上人与陆澧夜集山寺问涅槃义兼赏陆生文卷》："共是竹林贤，心从贝叶传。"韦蟾《岳麓道林寺》："北方部落檀香塑，西国文书贝叶写。"唐求《赠楚公》："曾闻半偈雪山中，贝叶翻时理尽通。"

【貝胄】　用文贝装饰的头盔。亦借指戴头盔的兵卒。皮日休《鲁望读襄阳耆旧传见赠五百言次韵》："檀溪试戈船，岘岭屯贝胄。"

【貝書】　指佛经。古印度人将佛经写在贝多树叶上，故称。皮日休《奉和鲁望寒夜访寂上人次韵》："数叶贝书松火暗，一声金磬桧烟深。"

【貝帶】　以贝壳为饰的腰带。陆龟蒙《江湖散人歌》："金镳贝带未尝识，白丸杀我穷生为。"

【貝葉】　见"貝多葉"。

【貝葉文】　指佛经。古印度人将佛经写于贝多树叶上，故称。刘长卿《送方外上人之常州依萧使君》："归共临川史，同翻贝叶文。"

【貝葉宮】　指寺院。沈佺期《奉和圣制同皇太子游慈恩寺应制》："肃肃莲花界，荧荧贝叶宫。"皎然《同李著作纵题尘外上人院》："莲花天昼浮云卷，贝叶宫春好月停。"

【貝葉書】　指佛经。古印度人将佛经写在贝多树叶上，故称。柳宗元《晨诣超师院读禅经》："闲持贝叶书，步出东斋读。"白居易《和李澧州题韦开州经藏诗》："既悟莲花藏，须遗贝叶书。"

【貝葉偈】　指佛经。姚合《送清敬阇黎归浙西》："自翻贝叶偈，人施福田衣。"参见"貝葉經"。

【貝葉經】　指佛经。古印度人将佛经写在贝多树叶上，故称。钱起《紫参歌》："贝叶经前无住色，莲花会里暂留香。"李商隐《奉寄安国大师兼简子蒙》："忆奉莲花座，兼闻贝叶经。"庄翱《赠惠雅上人》："焚香暮入翻花殿，净手秋开贝叶经。"

【貝齒】　贝之一种。腹下洁白，有刻如鱼齿的贝。徐夤《白酒两瓶送崔侍御》："几夕露珠寒贝齿，一泓银水冷琼杯。"

【貝璣】　珠玑。珠不圆曰玑，珠玑均生于贝，故称。韩愈《送区弘南归》："野有象犀水贝玑，分散百宝人士稀。”

【貝錦】 像贝的文采一样美丽的织锦。后因以喻精心编造出的诬陷他人、罗织成罪的谗言。储光羲《上长史王公责躬》：“自咎失明义，宁由贝锦诗。”李白《雪谗诗赠友人》：“萋斐暗成，贝锦粲然。”又《答王十二寒夜独酌有怀》：“一谈一笑失颜色，苍蝇贝锦喧谤声。”杜甫《寄岳州贾司马六丈巴州严八使君两阁老五十韵》：“贝锦无停织，朱丝有断弦。”亦借指《诗·小雅》中的《巷伯》。此诗是寺人孟子因被谗受害而作以泄愤的怨诗。白居易《代书诗一百韵寄微之》：“忧来吟贝锦，谪去咏江蓠。”

【貝魏】 指贝州和魏州。魏州，北周大象二年(580)分相州置，治所在贵乡县(今河北大名县东北)。杜甫《遣怀》：“名今陈留亚，剧则贝魏俱。”

【貝闕】 以紫贝为饰的宫阙。本指龙宫，亦泛指豪华壮丽的宫室。骆宾王《送郭少府探得忧字》：“贝阙桃花浪，龙门竹箭流。”李商隐《利州江潭作》：“河伯轩窗通贝阙，水宫帷箔卷冰绡。”李群玉《洞庭干二首》之二：“朱宫紫贝阙，一旦作沙洲。”韩偓《中秋禁直》：“露和玉屑金盘冷，月射珠光贝阙寒。”

二　画

貞〔zhēn《广韵》陟盈切，平清，知。〕❶卜问；占卜。见“貞吉❷”“貞吝”。❷坚贞不渝；忠贞不二。钱起《送张中丞赴桂州》：“化伫还珠美，心将片玉贞。”王炎《赋得行不由径》：“讵同流俗好，方保立身贞。”息夫牧《冬夜宴萧十丈因饯殷郭二子西上》：“政既告成，德以永贞。”❸坚固，坚硬。严维《奉试水精环》：“任圆循不极，见素质仍贞。”陆龟蒙《奉和袭公斋四咏次韵·小松》：“贞同柏有心，立若珠无胫。”吴融《个人三十韵》：“滴泪泉浇竭，论心石未贞。”❹树木花卉等植物经冬不凋。储光羲《贻刘高士别》：“每言竹柏贞，尝轻朝市玩。”白居易《江州赴忠州至江陵已来舟中示舍弟五十韵》：“玉向泥中洁，松经雪后贞。”又《和答诗十首·和思归乐》：“在火辨玉性，经霜识松贞。”员南溟《禁中春松》：“郁郁贞松树，阴阴在紫宸。”❺正。《易·师》：“彖曰：师，众也。贞，正也。”王昌龄《风凉原上作》：“时贞守全运，罢去游说客。”权德舆《和职方殷郎中留滞江汉初至南宫呈诸公并见寄》：“师贞上介辟，思擢正员郎。”德宗《元日退朝观军仗归营》：“端旒揖群后，回辇阅师贞。”权德舆《与道者同守庚申》：“视履苟无咎，天祐期永贞。”❻正道。许景先《奉和圣制送张尚书巡边》：“训旅方称德，安人更克贞。”玄宗《赐诸州刺史以题座右》：“求名迹易见，安贞德自彰。”权德舆《书绅诗》：“败礼因近习，哲人自居贞。”《郊庙歌辞·祀圜丘乐章·太和》：“登三处大，得一居贞。”❼匡正；整肃。杜甫《重经昭陵》：“翼亮贞文德，丕承戢武威。”陆复礼《试中和节诏赐公卿尺诗》：“皇恩贞百度，宝尺赐群公。”权德舆《奉和圣制中和节赐百官宴集因示所怀》：“藻思贞百度，著明并三辰。”❽旧指妇女从一而终的节操。白居易《蜀路石妇》：“传是此乡女，为妇孝且贞。”参见“貞女❶”“貞婦”。❾真实，诚信。见“貞真❷”“貞實❷”。❿保持，坚守。则天皇后《唐大飨拜洛乐章·昭和》：“德以恒固，功由永贞。”骆宾王《夏日游德州赠高四》：“霜松贞雅节，月桂朗冲襟。”权德舆《伏蒙十六叔寄示喜庆感怀三十韵因献之》：“叔父贞素履，含章穷典坟。”⓫承担。刘斌《和许给事伤牛尚书》：“虽贞栋梁任，兼好艺文游。”⓬通“桢”。用版筑墙所立之木，植于两端的为桢，植于两边的为幹。后以“貞”喻指重臣。皎然《奉陪杨使君顼送段校书赴南海幕》：“硕贤静广州，信为天下贞。”参见“貞幹”。⓭僧法号。贾岛为僧时友人。贾岛有《送贞空二上人》。

【貞一】 人名。杨归厚，字贞一，行八，侍郎杨於陵之族叔。元和七年(812)，自拾遗贬国子主簿。柳宗元《奉酬杨侍郎丈因送八叔拾遗戏赠诏追南来诸宾二首》其一：“贞一来时送彩笺，一行归雁慰惊弦。”

【貞人】 贤人。洞庭龙君《宴柳毅诗》之一：“荷贞人兮信义长，令骨肉兮还故乡，永言惭愧兮何时忘。”

【貞女】 ❶贞洁的妇女。孟郊《列女操》：“贞妇贵徇夫，舍生亦如此。”❷石名。在今广东连县贞女峡。峡西高岩名贞女山。岩下有石为女子所化，故名。王维《过崔驸马山池》：“锦石称贞女，青松学大夫。”

【貞女峽】 峡名。在广东连县南。峡西面高岩名贞女山，山下有石状如女子，故名。见北魏郦道元《水经注·洭水》。韩愈有《贞女峡》。

【貞元】 唐德宗李适年号(785—805)。元稹《和李校书新题乐府十二首·驯犀》：“贞元之岁贡驯犀，上林置圈官司养。”刘禹锡《听旧宫中乐人穆氏唱歌》：“休唱贞元供奉曲，当时朝士已无多。”白居易《杏园花下赠刘郎中》：“怪君把酒偏惆怅，曾是贞元花下人。”杜牧《感怀诗一首》：“至于贞元末，风流恣绮靡。”

【貞元雙帝子】 指唐德宗二女，但不知确指何人。白居易《新乐府·两朱阁》：“借问何人家，贞元双帝子。”

【貞心】 坚贞不渝之心。李白《湖边采莲妇》：“愿学秋胡妇，贞心比古松。”戎昱《赠韦况征君》：“苦节难违天子命，贞心唯有老松知。”戴叔伦《宫词》：“贞心一任蛾眉妒，买赋何须问马卿。”方干《赠乾素上人》：“苦用贞心传弟子，即应低眼看公卿。”

【貞玉】 坚美的玉石。白居易《反鲍明远白头吟》："火不热贞玉，蝇不点清冰。"

【貞石】 坚石。亦借指碑石。杨巨源《上刘侍中》："功垂贞石远，名映色丝香。"无名氏《谶记·王承检掘得墓铭》："刻斯贞石，焕乎遗芳。"

【貞白】 ❶谓守正清白。韦应物《拟古诗十二首》之一："中心君讵知，冰玉徒贞白。"皇甫冉《杂言湖山歌送许鸣谦》序："贞白之风，旁行于浇俗矣。"于颉《郡斋卧疾赠昼上人》："尤明性不染，故我行贞白。"陆龟蒙《重忆白菊》："我怜贞白重寒芳，前后丛生夹小堂。"❷指南朝梁陶弘景。见《云笈七签》卷五。刘长卿《自紫阳观至华阳洞宿侯尊师草堂简同游李延年》："东溪喜相遇，贞白如会面。"皮日休《夏景冲澹偶然作二首》之二："一室无喧事事幽，还如贞白在高楼。"陆龟蒙《自遣诗三十首》之二九："贞白求丹变姓名，主恩潜助亦无成。"

【貞白先生】 即南朝梁陶弘景。储嗣宗《和茅山高拾遗忆山中杂题五首·巢鹤》："若逢茅氏传消息，贞白先生不久归。"贯休《寒月送玄士入天台》："雪眉衲僧皆正气，伊昔贞白先生同此意。"

【貞吉】 ❶谓人守正道而不自乱则吉。《易·履》："九二，履道坦坦，幽人贞吉。象曰：幽人贞吉，中不自乱也。"孔颖达疏："幽人贞吉者，既无险难，故在幽隐之人，守正得吉。"后指纯正美好。陈子昂《秋园卧病呈晖上人》："荣吝始都丧，幽人遂贞吉。"元希声《赠皇甫侍御赴都八首》之八："赠言岁暮，以保贞吉。"贯休《续姚梁公坐右铭》："见人之失，如己之失，是亨贞吉。"❷犹占吉。有所占问，则得吉卦。指吉兆。李昂《驯鸽篇》序："鸟之将至，其贞吉乎？"

【貞行】 （—xíng）贞洁的操行。韦应物《赠丘员外二首》之一："高词弃浮靡，贞行表乡闾。"

【貞名】 贞洁的名声。姚合《题贞女祠》："此女骨为土，贞名不可移。"

【貞色】 不因环境影响而改变的固有色泽。萧颖士《菊荣一篇五章》之五："岂微春华，懿此贞色。"韩愈《新竹》："高标陵秋严，贞色夺春媚。"

【貞孝】 坚贞孝顺。王建《宋氏五女》："五女誓终养，贞孝内自持。"

【貞芳】 ❶不畏严寒的花木。冯著《短歌行》："贞芳日有分，生长耐相容。"孟郊《秋怀》之七："秋草瘦如发，贞芳缀疏金。"❷喻坚持操守者。权德舆《从事淮南府过亡友杨校书旧厅感念愀然》："欲翥摧劲翮，先秋落贞芳。"

【貞吝】 谓卜问不吉，其事难行。吝，通"遴"。《易·泰》："城复于隍，勿用师，自邑告命，贞吝。"尚秉和注："贞吝，言卜问不吉，泰极将返否故也。"高亨注："吝借为遴，遴，难行也。贞吝者，有所占问，筮遇此爻，其事难行，或将遇艰难也。"后因指福祸善恶等世事。李商隐《明禅师院酬从兄见寄》："贞吝嫌兹世，会心驰本原。"

【貞苦】 坚贞刻苦。孟郊《吊元鲁山》之八："二三贞苦士，刷视耸危望。"白居易《赠内》："我亦贞苦士，与君新结婚。"

【貞直】 不弯曲；忠贞正直。储光羲《田家杂兴八首》之三："楚国有夫人，性情本贞直。"又《泛茅山东溪》："松柏生深山，无心自贞直。"元稹《松树》："既无贞直干，复有罥挂虫。"

【貞松】 常青不凋的青松。喻坚贞不渝的节操。皇甫冉《寄刘方平》："叹息青青长不改，岁寒霜雪贞松枝。"孟郊《伤哉行》："众毒蔓贞松，一枝难久荣。"

【貞明】 ❶谓日月能固守其运行规律而常明。《易·系辞下》："日月之道，贞明者也。"孔颖达疏："言日月照临之道，以贞正得一而为明也。"《谶记·司马承祯含象鉴文》："天地含象，日月贞明。"❷坚贞洁白如日月的节操。权德舆《奉和度支李侍郎早朝》："献替均三壤，贞明集百祥。"孟郊《寓言》："贞明既如此，摧折安可得。"❸指辉煌如日月的盛世。李商隐《五言述德抒情诗一首四十韵献上杜七兄仆射相公》："傥令安隐忍，何以赞贞明。"李潜《和主司王起》："文学宗师心秤平，无私三用佐贞明。"

【貞固】 ❶保持正道。《易·乾》："文言曰：'贞者，事之干也……贞固足以干事。'"孔颖达疏："言君子能坚固贞正，令物得成，使事皆干济，此法天之贞也。"高亨注："贞固，正而坚，即坚持正道。干是动词，主持，主办。"太宗《春日玄武门宴群臣》："庶几保贞固，虚己厉求贤。"❷主干，栋梁。喻指国家重要人才。高适《三君咏·狄梁公》："梁公乃贞固，勋烈垂竹帛。"

【貞弦】 即弦。指琴弦。琴弦直，故称。孟郊《遣兴》："贞弦含古风，直松凌高岑。"

【貞勁】 坚贞刚劲。白居易《浔阳三题》序："庐山多桂树，湓浦多修竹，东林寺有白莲花，皆植物之贞劲秀异者。"

【貞骨】 坚贞的骨头。许棠《贞女祠》："何穴藏贞骨，荒祠见旧颜。"李宾《登巴陵开元寺西阁赠衡岳僧方外》："衡岳有开士，五峰秀贞骨。"

【貞幽】 《易·履》："九二，履道坦坦，幽人贞吉。"王弼注："在幽而贞，宜其吉。"后遂以指处幽隐而能贞静自守。柳宗元《酬贾鹏山人郡内新栽松寓兴见赠二首》之一："贞幽夙有慕，持以延清风。"

【貞信】 正直诚信。储光羲《苏十三瞻登玉泉寺峰入寺中见赠作》："贞信发天姿，文明叶邦选。"又《晚次东亭献郑州宋使君文》："为道既贞信，处名犹謇谔。”贾竦《谒华岳庙》：“惟神本贞信，以道征损益。”

【貞風】 贞洁的风范。齐己《寄文秀大师》：“览卷堪惊立，贞风喜未衰。”

【貞亮】 忠贞诚信。孟郊《旅次湘沅有怀灵均》：“骚文衔贞亮，体物情崎岖。”

【貞度】 正度，符合正道的法度。韦应物《答韩库部协》：“良玉表贞度，丽藻颇为工。”

【貞姿】 坚贞的姿质。席夔《赋得竹箭有筠》：“贞姿众木异，秀色四时均。”刘得仁《冬日骆家亭子》：“亭台腊月时，松竹见贞姿。”周昙《咏史诗·唐虞门·舜妃》：“何事泪痕偏在竹，贞姿应念节高人。”孙岘《送钟员外》：“贞姿曾冒雪，高节欲凌云。”

【貞素】 ❶贞纯素朴。萧颖士《仰答韦司业垂访五首》之二：“独保贞素质，不为寒暑侵。”❷谓贞纯洁白的操守。顾况《拟古三首》之三：“吾惟抱贞素，悠悠白云期。”贯休《拟齐梁体寄冯使君三首》之三：“秋空共澄洁，美玉同贞素。”❸指幽静寂寞的生活。李贺《房中思》：“谁能事贞素，卧听莎鸡泣。”

【貞真】 真正，确实。李白《古风》之五十：“赵璧无缁磷，燕石非贞真。”璧，《全唐诗》作“壁”，误。

【貞根】 坚固的根。特指竹根。柳宗元《茅檐下始栽竹》：“贞根期永固，贻尔寒泉滋。”

【貞條】 指常青不凋的竹枝。太宗《赋得临池竹》：“贞条障曲砌，翠叶贯寒霜。”

【貞符】 合乎正道的符命。古代一些帝王和儒家宣扬帝王受命于天，还说有天降的祥瑞之物作为帝王受命的验证，称为符瑞或符命。柳宗元有《贞符》。

【貞師】 《易·师》：“师贞，丈人吉，无咎。”孔颖达疏：“言为师之正，唯得庄严丈人监临主领，乃得吉，无咎。”后以指严明的军纪。权德舆《奉和张仆射朝天行》：“元侯重寄贞师律，三郡四封今静谧。”

【貞脆】 坚贞与脆弱。韦应物《拟古诗十二首》之八：“阴阳不停驭，贞脆各有终。”裴夷直《遣意》：“不是世间长在物，暂分贞脆竟何殊。”

【貞悔】 《易·咸》：“九四，贞吉悔亡，憧憧往来，朋从尔思。”高亨注：“言人之德行正则吉，其悔将去。”后遂以指吉祥、幸福。卢象《追凉历下古城西北隅此地有清泉乔木》：“贞悔不自卜，游随共尔曹。”储光羲《奉和韦判官献侍郎叔除河东采访使》：“燕雀依大厦，期之保贞悔。”

【貞容】 贞姿，终冬不凋的容色。吴武陵《贡院楼北新栽小松》：“拂槛爱贞容，移根自远峰。”皮日休《虎丘寺殿前有古杉一本遂赋三百言以见志》：“劲质如尧瘦，贞容学舜霉。”

【貞堅】 ❶坚贞。李白《雪谗诗赠友人》：“哀哉悲夫，谁察予之贞坚。”高适《途中酬李少府赠别之作》：“谁谓岁月晚，交情尚贞坚。”萧颖士《有竹一篇七章》之一：“君子秉心，惟其贞坚兮。”钱众仲《玉壶冰》：“贞坚方共济，同处岂殊途。”❷指坚定的品德操守。高适《信安王幕府诗》：“剪桐光宠锡，题剑美贞坚。”孟郊《赠韩郎中愈》：“何以保贞坚，赠君青松色。”李胄《文宣王庙古松》：“更宜教胄子，于此学贞坚。”亦指具有坚贞品质的人才。杜审言《和李大夫嗣真奉使存抚河东》：“茕嫠访疾苦，屠钓采贞坚。”❸坚硬强劲。刘长卿《题曲阿三昧王佛殿前孤石》：“迥出群峰当殿前，雪山灵鹫惭贞坚。”阎防《晚秋石门礼拜》：“驰晖苦代谢，浮脆惭贞坚。”❹指坚硬强劲之物。权德舆《拜昭陵过咸阳墅》：“顷岁辱明命，铭勋镂贞坚。”方干《题新竹》：“青苔劚破植贞坚，细碧竿排郁眼鲜。”

【貞清】 贞洁，坚贞高洁。权德舆《书绅诗》：“渊木苟端深，枝流则贞清。”

【貞婦】 贞洁的妇女。指旧时从一而终的妇女。贯休《杞梁妻》：“筑人筑土一万里，杞梁贞妇啼呜呜。”

【貞葉】 常青不凋之叶。乔知之《定情篇》：“菖花多艳姿，寒竹有贞叶。”

【貞詞】 谓醇正的诗文。韦应物《答长安丞裴说》：“髦士佐京邑，怀念枉贞词。”

【貞順】 指妇女的忠贞婉顺。苏颋《故高安大长公主挽词》：“柔轨题贞顺，闲规赋肃雍。”

【貞逸】 高洁放逸。钱起《同严逸人东溪泛舟》：“纷吾好贞逸，不远来相访。”

【貞媛】 贞洁贤淑的妇女。李商隐《寿安公主出降》：“沩水闻贞媛，常山索锐师。”

【貞幹】 《易·乾》：“贞者，事之干也。”孔颖达疏：“言天能以中正之气，成就万物，使物皆得干济。”故后以喻国家的栋梁之材。柳宗元《同刘二十八院长述旧言怀之作因其韵增至八十通赠二君子》：“京邑搜贞干，南宫涉渥洼。”

【貞盟】 真诚的盟誓。沈亚之《文祝延二阕》之一：“群卑勤之恭洁兮，鉴贞盟乎山竹。”

【貞筠】 指竹。亦喻坚贞不渝的操守。苏味道《咏霜》：“自有贞筠质，宁将庶草腓。”元稹《和东川李相公慈竹十二韵》：“峻节高转露，贞筠寒更佳。”又《代曲江老人百韵》：“华林荒茂草，寒竹碎贞筠。”

【貞節】 忠贞不渝的节操。崔融《哭蒋詹事俨》：“贞节既已固，殊荣良不訾。”

【貞意】 本意。卢象《家叔征君东溪草堂二首》之二：“自惟负贞意，何岁当食薇。”

【貞義女】 春秋时，楚伍子胥奔吴至溧阳，乞食于女子。女子食之而叹曰：“妾独与母居三十年，自守贞明，不愿从适，何宜馈饭而与丈夫？越亏礼仪，妾不忍也。”遂投江而亡。见汉赵晔《吴越春秋·王僚使公子光传》。后遂称此女为贞义女。李白《游溧阳北湖亭望瓦屋山怀古赠同旅》："闻有贞义女，振穷溧水湾。"

【貞静】　坚贞文静。孟郊《北郭贫居》："欲识贞静操，秋蝉饮清虚。"

【貞魂】　忠魂。王建《寄上韩愈侍郎》："碑文合遣贞魂谢，史笔应令谄骨羞。"李商隐《青陵台》："青陵台畔日光斜，万古贞魂倚暮霞。"唐彦谦《咸通中始闻褚河南归葬阳翟因成二十韵》："圣泽覃将溥，贞魂喜定飘。"许浑《闻开江宋相公申锡下世二首》之一："贞魂误向崇山殁，冤气疑从汨水回。"

【貞實】　❶常青植物的果实。寒山《诗三百三首》之一五五："皮肤脱落尽，唯有贞实在。"❷真实。权德舆《星名诗》："云翼谢翩翻，松心保贞实。"

【貞標】　坚贞高洁的风范。寇坦《同张少府和库狄员外夏晚初霁南省寓直时兼充节度判官之作》："贞标不可仰，空此乐樵渔。"

【貞醇】　纯正忠厚。韦应物《送云阳邹儒立少府侍奉还京师》："为文颇瑰丽，禀度自贞醇。"

【貞質】　坚贞的姿质。柳宗元《南中荣橘柚》："橘柚怀贞质，受命此炎方。"李勋《泗滨得石磬》："出水见贞质，在悬含玉音。"

【貞機】　恬淡的禀赋。机，秉赋，性灵。韦蟾《和柯古穷居苦日喜雨》："贞机澹少思，雅尚防多僻。"

【貞獨】　坚贞独处，不放纵情感。于濆《宫怨》："当年乐贞独，巢燕时为友。"

【貞諦】　即真谛，佛教语，与俗谛合"二谛"。指最真实的意义或道理。欧阳詹《智达上人水精念珠歌》："上人念佛泛贞谛，一佛一珠以为计。"

【貞艱】　《易·明夷》："利艰贞。"孔颖达疏："时虽至暗，不可随时倾邪，故宜艰难坚固守其贞正之德。"故后以指遭遇困境而能守正道。卢僎《初出京邑有怀旧林》："回首思洛阳，喟然悲贞艰。"

【貞器】　指坚硬的器物。喻指优异的人才。韦应物《答徐秀才》："铅钝谢贞器，时秀猥见称。"

【貞懿皇后】　唐代宗李豫之后独孤氏。生韩王李迥及华阳公主。大历十年(775)薨，追谥贞懿皇后。见《旧唐书·代宗纪》。窦叔向有《贞懿皇后挽歌三首》。钱起有《贞懿皇后挽词》。

【貞觀】　唐太宗李世民年号(627—649)。杜甫《夏日叹》："眇然贞观初，难与数子偕。"权德舆《仲秋朝拜昭陵》："尝读贞观书，及兹幸斋沐。"白居易《赠友五首》之三："复彼租庸法，令如贞观年。"李商隐《行次西郊作一百韵》："况自贞观后，命官多儒臣。"

負　〔fù《广韵》房九切，上有，奉。〕❶背负，以背载物。李峤《奉和拜洛应制》："文如龟负出，图似凤衔来。"秦系《会稽山居寄薛播侍郎袁高给事高参舍人》："宁知买臣困，犹负会稽樵。"白居易《登商山最高顶》："乘者及负者，来去何云云。"刘禹锡《和浙西李大夫偶题江亭并浙东元相公所和依本韵》："谁谓青云高，鹏飞终背负。"❷靠，靠近。储光羲《狱中贻张薛李郑柳诸公》："负户愁读书，剑光忿冲斗。"李白《寓言三首》之一："周公负斧扆，成王何夔夔。"柳宗元《郊居岁暮》："屏居负山郭，岁暮惊离索。"姚合《买太湖石》："负石听苦吟，虽贫亦来过。"❸承受；担负。李白《书情题蔡舍人雄》："愧无横草功，虚负雨露恩。"袁邕《东峰亭各赋一物得阴崖竹》："龙钟负烟霞，自有凌云心。"❹遭受。刘长卿《奉使新安宿七里滩下寄使院诸公》："犹怜负羁束，未暇依清旷。"韦应物《答故人见谕》："常负父亲责，且为一官累。"白居易《送毛仙翁》："惟余负忧谴，憔悴湓江壖。"刘言史《苦妇词》："必当负严法，岂有胎孕篇。"❺具有，拥有。虞世南《结客少年场行》："共矜然诺心，各负纵横志。"岑参《送薛播擢第归河东》："弟兄负世誉，词赋超人群。"权德舆《奉和太府韦卿阁老左藏库中假山之作》："小松已负干霄状，片石皆疑缩地来。"徐铉《酬郭先辈》："弱龄负世誉，一举游月窟。"❻辜负。王昌龄《答武陵田太守》："曾为大梁客，不负信陵恩。"杜甫《两当县吴十侍御江上宅》："于公负明义，惆怅头更白。"白居易《岁暮言怀》："年终若无替，转恐负君恩。"徐夤《蜀》："能均汉祚三分业，不负荆州六尺孤。"❼乖误；耽搁。岑参《潼关使院怀王七季友》："不负林中期，终当出尘网。"李德裕《到恶溪夜泊芦岛》："甘露花香不再持，远公应怪负前期。"徐夤《断酒》："采茗早驰三蜀使，看花甘负五侯期。"李中《依韵酬智谦上人见寄》："莺谷期犹负，兰陔养不违。"❽背弃。徐彦伯《和李适答宋十一入崖口五渡见赠》："兹言庶不负，为报岩中琴。"杜甫《昔游》："妻子亦何人，丹砂负前诺。"白居易《寄元九》："况随白日老，共负青山约。"牟融《城楼叙别》："清樽不负花前约，白发惊看镜里秋。"❾依恃；凭借。崔颢《古游侠呈军中诸将》："少年负胆气，好勇复知机。"戎昱《赠别张驸马》："天子爱婿皇后弟，独步明时负权势。"韩愈《燕河南府秀才得生字》："群儒负己才，相贺简择精。"❿扶持。孟浩然《采樵作》："长歌负轻策，平野望烟归。"皎然《南池杂咏五首·寒山》："无事负轻策，闲行蹑幽踪。"⓫失败。杜甫《遣兴三首》之一："汉虏互胜负，封疆不常全。"韩愈、孟郊《斗鸡联句》："知雄欣动颜，怯负愁看贿。"⓬晒(太阳)。白居易《赠吴丹》："冬负南荣日，支体甚温柔。"参见"负日❷""负暄"。⓭缺少。姚合《塞下曲》："旧乡归不得，都尉负功名。”⑭赔偿，补偿。杜甫《遣怀》：“组练弃如泥，尺土负百夫。”

【負才】　依恃才学。赵嘏《赠馆驿刘巡官》：“云别青山马踏尘，负才难觅作闲人。”

【負才尚氣】　依恃才学，任性使气。孙元晏《咏史诗·宋·袁粲》：“负才尚气满朝知，高卧闲吟见客稀。”

【負山】　背山。喻力不胜任。语出《庄子·应帝王》：“其于治天下也，犹涉海凿河，而使蚊负山也。”李咸《奉和九日幸临渭亭登高应制得直字》：“游海难为深，负山徒倦力。”

【負戈】　谓拿起武器。杜甫《前出塞九首》之一：“弃绝父母恩，吞声行负戈。”刘长卿《赴宣州使院夜宴寂上人房留辞前苏州韦使君》：“恋旧争趋府，临危欲负戈。”又《吴中闻潼关失守因奉寄淮南萧判官》：“赴敌甘负戈，论兵勇投笔。”

【負日】　❶谓驾驭日车。古代有六龙驾日车的传说。李益《大礼毕皇帝御丹凤门改元建中大赦》：“大明曈曈天地分，六龙负日升天门。”❷晒太阳。《列子·杨朱》：“昔者宋国有田夫，常衣缊黂，仅以过冬。暨春东作，自暴于日，不知天下之有广厦隩室，绵纩狐貉。顾谓其妻曰：‘负日之暄，人莫知者，以献吾君，将有重赏。’”后亦以喻辅佐明主。罗隐《寄虔州薛大夫》：“海鹏终负日，神马背眠槽。”

【負水】　担水，提水。刘禹锡《竹枝词九首》之九：“银钏金钗来负水，长刀短笠去烧畬。”皮日休《鲁望以花翁之什见招因次韵酬之》：“劚烟栽药为身计，负水浇花是世功。”

【負心】　背弃情谊，多用于男女情事。赵嘏《别麻氏》：“晓哭呱呱动四邻，于君我作负心人。”郑谷《代秋扇词》：“汗流浃背曾施力，气爽中宵便负心。”罗隐《燕昭王墓》：“思量郭隗平生事，不殉昭王是负心。”

【負矢】　犹负弩。古代一种迎宾礼仪。李商隐《灵仙阁晚眺寄郓州韦评事》：“想就安车召，宁期负矢还。”

【負犯】　指违犯法纪。韩愈《泷吏》：“侬幸无负犯，何由到而知。”

【負芒刺】　背负芒刺。语出《汉书·霍光传》：“宣帝始立，谒见高庙，大将军光从骖乘，上内严惮之，若有芒刺在背。”后以喻难堪、不安。杜甫《毒热寄简崔评事十六弟》：“束带负芒刺，接居成阻修。”贯休《行路难》之五：“我闻忽如负芒刺，不独为君空叹息。”亦省作“負芒”。王绩《赠梁公》：“成王已兴诮，宣帝如负芒。”

【負芒】　见“負芒刺”。

【負舟】　载舟，承载舟船。语出汉焦赣《易林·大有之蛊》：“黄龙景星，出应德门”原注：“禹渡江，黄龙负舟。”苏颋《春日芙蓉园侍宴应制》：“荷芰轻熏幄，鱼龙出负舟。”

【負米】　典出《孔子家语·致思》：“子路见于孔子曰：‘负重涉远，不择地而休；家贫亲老，不择禄而仕。昔由也，事二亲之时，常食藜藿之实，为亲负米百里之外。”后以指外出求取俸禄以供养父母。王维《送李员外贤郎》：“少年何处去，负米上铜梁。”戴叔伦《越溪村居》：“负米到家春未尽，风萝闲扫钓鱼矶。”李商隐《崔处士》：“未肯投竿起，惟欢负米归。”罗隐《送魏校书兼呈曹使君》：“雠书发迹官虽屈，负米安亲路不赊。”

【負羽】　背负羽箭。谓从军赴敌。王涯《陇上行》：“负羽到边州，鸣笳度陇头。”卢照邻《结客少年场行》：“横行徇知己，负羽远从戎。”

【負志】　不得志。李群玉《湖中古愁三首》之一：“摧残负志人，感叹何穷已。”

【負杖】　扶着拐杖。王绩《游仙四首》之三：“结衣寻野路，负杖入山门。”刘长卿《早春赠别赵居士还江左时长卿下第归嵩阳旧居》：“放舟驰楚郭，负杖辞秦塞。”

【負言】　背弃约言，食言。贾岛《题李凝幽居》：“暂去还来此，幽期不负言。”

【負局】　❶“負局先生”之省。贯休《寄天台叶道士》：“负局高风不可陪，玉霄峰北置楼台。”沈佺期《哭道士刘无得》：“国人思负局，天子惜被衣。”参见“負局先生”。❷背着磨镜箱。张文成《游仙窟诗·扬州青铜镜留与十娘》：“仙人好负局，隐士屡潜观。”

【負局人】　指负局先生。刘禹锡《磨镜篇》：“门前负局人，为我一磨拂。”人，一作“生”。

【負局仙】　指负局先生。李群玉《古镜》：“不必负局仙，金沙发光炯。”

【負局先生】　神话传说中的磨镜人。典出汉刘向《列仙传·负局先生》：“负局先生者，不知何许人也。语似燕代间人，常负磨镜局，徇吴市中，衒磨镜一钱因磨之，辄问主人：‘得无有疾苦者？’辄出紫丸药以与之。得者莫不愈，如此数十年。后大疫病，家至户到，与药，活者万计，不取一钱，吴人乃知其真人也。”鲍溶《古鉴》：“隐山道士未曾识，负局先生不敢磨。”

【負版】　手持国家图籍。《论语·乡党》：“凶服者式之。式负版者。”何宴集解引孔安国曰：“负版者，持邦国之图籍。”刘宝楠正义：“负本义置之于背，而图籍非可负之物，故解为手持，亦引申之义。”柳宗元《游南亭夜还叙志七十韵》：“登年徒负版，兴役趋代鼙。”

【負弩】　背负弓弩，前驱开路。古代一种迎宾礼仪。语出《史记·司马相如传》：“乃拜相如为中郎将，建节往使……至蜀，蜀太守以下郊迎，县令负弩矢先驱。”羊士谔《西川独孤侍御见寄七言四韵一首为郡輸墨都捐逮此酬答诚乖拙速》：“双金未比三千字，负弩空惭知者难。”刘禹锡《历阳书事七十韵》：“无能甘负弩，不慎在提衡。”柳宗元《答刘连州邦字》：“负弩啼寒狖，鸣枹惊夜狵。”王初《送叶秀才》：“汉庭狗监深知己，有日前驱负弩归。”

【負荊】 战国时，赵国大将廉颇功勋卓著。而蔺相如在“完璧归赵”和“渑池之会”中不辱使命，屡挫强秦，位居廉颇之上。廉颇不服，每每欲辱相如，相如为了顾全国家利益，处处忍辱退让。“廉颇闻之，肉袒负荆，因宾客至蔺相如门谢罪。”见《史记・廉颇蔺相如列传》。后以“负荆”表示认错服罪。李白《自广平乘醉走马六十里至邯郸登城楼览古书怀》：“两虎不可斗，廉公终负荆。”刘长卿《至德三年春正月五十韵》：“凶丑将除蔓，奸豪已负荆。”李瀚《蒙求》：“廉颇负荆，须贾擢发。”

【負持】 保护。张文成《游仙窟诗・赠崔十娘》：“只可徜徉一生意，何须负持百年身。”

【負重】 （—zhòng）身负重物。杜牧《感怀诗一首》：“茄鲠喉尚隘，负重力未壮。”

【負氣】 任恃意气，不肯甘居人下。韦应物《赠旧识》：“少年游太学，负气蔑诸生。”元稹《纪怀赠李六户曹崔二十功曹五十韵》：“酣歌离岘顶，负气入江陵。”齐己《禅庭芦竹十二韵呈郑谷郎中》：“对吟殊洒落，负气甚孤贞。”

【負笈】 背着书箱。谓外出游学。王维《送秘书晁监还日本国》序：“晁司马结发游圣，负笈辞亲，问礼于老聃。”李嘉祐《送韦邕少府归钟山》：“祈门官罢后，负笈向桃源。”白居易《短歌曲》：“负笈尘中游，抱书雪前读。”韦庄《和郑拾遗秋日感事一百韵》：“负笈将辞越，扬帆欲泛湘。”

【負荷】 （—hè）谓继承。《后汉书・班超梁慬传论》：“慬亦抗愤，勇乃负荷。”李贤注：“言勇能继超之功业。”袁朗《赋饮马长城窟》：“规模惟圣作，负荷晓成功。”皎然《奉酬于中丞使君郡斋卧病见示一首》：“生成一草木，大道无负荷。”崔橹《过南城县麻姑山》之二：“家风负荷须名宦，可惜千峰绿似蓝。”

【負恩】 ❶承受恩德。张南史《早春书事寄中书舍人》：“事从因病止，生寄负恩余。”❷背恩；忘记恩德。刘长卿《至德三年春正月五十韵》：“负恩殊鸟兽，流毒遍黎氓。”又《旅次丹阳郡遇康侍御宣慰召募兼别岑单父》：“胡马暂为害，汉臣多负恩。”白居易《赠樊著作》：“从史萌逆节，隐心潜负恩。”韩偓《八月六日作四首》之一：“左牵犬马诚难测，右袒簪缨最负恩。”

【負乘寇】 （乘 chéng）典出《易・解》：“六三：负且乘，致寇至，贞吝。《象》曰：‘负且乘，亦可丑也。自我至戎，又谁咎也。’”孔颖达疏：“乘者，君子之器也。负者，小人之事也。施之于人，即在车骑之上而负于物也，故寇盗知其非己所有，于是竞欲夺之。”意思是说，卑贱者背着人家的财物，又坐着大马车显耀，就会招致强盗抢劫。后遂以谓才非称职，难免遭祸。张九龄《荆州作二首》之二：“虽至负乘寇，初无挟术钻。”

【負郭】 靠近城郭。岑参《郡斋闲坐》：“负郭无良田，屈身徇微禄。”白居易《题王处士郊居》：“负郭田园八九顷，向阳茅屋两三间。”于邺《书情》：“负郭有田在，年年长废耕。”

【負郭田】 指近郊良田。典出《史记・苏秦列传》：“苏秦喟然叹曰：‘此一人之身，富贵则亲戚畏惧之，贫贱则轻易之，况众人乎！且使我有洛阳负郭田二顷，吾岂能佩六国相印乎！’”司马贞索隐：“负者，背也，枕也。近城之地，沃润流泽，最为膏腴，故曰‘负郭’也。”后以泛指良田。杜甫《惠义寺园送辛员外》：“朱樱此日垂朱实，郭外谁家负郭田。”窦群《送内弟袁德师》：“因君相问为官意，不卖毗陵负郭田。”亦简称“负郭”。李邕《登历下古城员外孙新亭》：“负郭喜粳稻，安时歌吉祥。”高适《别韦参军》：“归来洛阳无负郭，东过梁宋非吾土。”崔道融《过农家》：“苏秦无负郭，六印又如何。”

【負扆】 背靠屏风。指皇帝临朝听政。《淮南子・氾论训》：“周公继文王之业，履天子之藉，听天下之政，平夷狄之乱，诛管蔡之罪，负扆而朝诸侯。”高诱注：“负，背也。扆，户牖之间。言南面也。”则天皇后《唐明堂乐章・外办将出》：“负扆三春旦，充庭万宇宾。”权德舆《奉和张仆射朝天行》：“元正前殿朝君臣，一人负扆百福新。”裴次元《南至日隔仗望含元殿炉香》：“冕旒初负扆，卉服尽朝天。”韦庄《和郑拾遗秋日感事一百韵》：“负扆劳天眷，凝旒念国章。”

【負書】 背负《洛书》。传说圣主出，有龙马龟凤等背负传授天命的图文以献。这是古代谶纬家为宣扬君主神授而编造的。《易・系辞》：“河出图，洛出书，圣人则之。”又见《旧唐书・则天皇后纪》。萧昕《洛出书》：“龟灵启圣图，龙马负书出。”参见“负圖”。

【負責】 担负责任。徐浩《谒禹庙》：“负责故乡近，竭来申俎羞。”

【負販】 小商贩。李绅《拜三川守》序：“诏下之日，此辈皆失所在，却归负贩之业，闾里间无复前患。”

【負情】 背弃情谊。多指转移爱情。温庭筠《西州词》：“回头语同伴，定复负情侬。”

【負貳】 即贰负。古代传说中的神名。人面蛇身。皮日休《虎丘寺殿前有古杉一本遂赋三百言以见志》：“未倒防风骨，初僵负贰尸。”

【負暄】 谓冬日晒太阳取暖。包佶《近获风痹之疾题寄所怀》:“唯借南荣地,清晨暂负暄。”杜甫《写怀二首》之一:“曲直我不知,负暄候樵牧。”韦应物《郊居言志》:“负暄衡门下,望云归远山。”白居易《约心》:“朝就高斋上,熏然负暄卧。”

【負鄙】 凭恃边邑。韩愈《元和圣德诗》:“负鄙为艰,纵则不可。”

【負罪】 获罪。钱珝《春恨三首》之一:“负罪将军在北朝,秦淮芳草绿迢迢。”

【負圖】 背负《河图》。传说圣主出,有龙马龟凤等背负传授天命的图文以献。这是古代谶纬家为宣扬君权神授而编造的。李峤《皇帝上礼抚事述怀》:“负图济多难,脱履归成功。”丁泽《龟负图》:“天意将垂象,神龟出负图。”韩愈、侯喜等《石鼎联句》:“遥疑龟负图,出曝晓正晴。”参见“負書”。

【負債】 欠债。许棠《言怀》:“久贫惭负债,渐老爱山深。”

【負鉢】 持钵。刘长卿《长沙赠衡岳祝融峰般若禅师》:“般若公,般若公,负钵何时下祝融。”

【負義】 仗义。吕岩《七言》之四八:“为灭世情兼负义,剑光腥染点痕斑。”

【負愧】 抱愧。韩愈《东都遇春》:“为诗告友生,负愧终究竟。”

【負德】 承受恩德。张九龄《将发还乡示诸弟》:“负德良不赀,输诚靡所惜。”

【負薪】 ❶背柴。李白《鸣皋歌送岑征君》:“嫫母衣锦,西施负薪。”杜甫《负薪行》:“十犹八九负薪归,卖薪得钱应供给。”卢仝《感古四首》之四:“读书书史未润身,负薪辛苦胝生肘。”于濆《古宴曲》:“笑指负薪人,不信生中国。”❷指贫穷的生活处境。王昌龄《放歌行》:“幸蒙国士识,因脱负薪裘。”钱起《县中池竹言怀》:“官小志已足,时清免负薪。”李贺《自昌谷到洛后门》:“为探秦台意,岂命余负薪。”❸指汉武帝率群臣背柴草以塞填黄河瓠子决口。见《史记·河渠书》及《史记·封禅书》。高适《自淇涉黄河途中作十三首》之十:“天子忽惊悼,从官皆负薪。”

【負擔】 亦作“負檐”。❶肩挑背负。王维《酬诸公见过》:“暮看烟火,负担来归。”元稹《旱灾自咎贻七县宰》:“遥遥负担卒,无乃役不均。”皮日休《奉和鲁望樵人十咏·樵子》:“束薪白云湿,负担春日暮。”方干《送朱二十赴涟水》:“笙歌不驻难辞酒,舟楫将行负担书。”❷犹言羁绊,指尘俗的烦劳。李贺《春归昌谷》:“岂能脱负檐,刻鹤曾无兆。”

【負樵】 背柴。杜甫《雨二首》之二:“渔艇息悠悠,夷歌负樵客。”韦应物《沣上西斋寄诸友》:“等陶辞小秩,效朱方负樵。”裴澄《春云》:“空余负樵者,岭上自相逢。”陆龟蒙《樵人十咏·樵歌》:“因知负樵乐,不减援琴兴。”

【負劍】 佩剑。岑参《精卫》:“负剑出北门,乘桴适东溟。”

【負檐】 见“負擔”。

【負謗】 蒙受责难。杜甫《八哀诗·赠秘书监江夏李公邕》:“祸阶初负谤,易力何深哜。”

【負謫】 遭受贬谪。刘长卿有《负谪后登干越亭作》。

【負譴】 因获罪而遭谴。王昌龄《留别伊阙张少府郭大都尉》:“幸随板舆远,负谴何忧哉。”戎昱《赠别张驸马》:“一朝负谴辞丹阙,五年待罪湘江源。”

三 画

貢 〔gòng《广韵》古送切,去送,見。〕❶进贡;向帝王进献地方珍异产品。《书·禹贡》:“任土作贡。”孔颖达疏:“贡者,从下献上之称。”杜甫《自京赴奉先县咏怀五百字》:“鞭挞其夫家,聚敛贡城阙。”元稹《感石榴二十韵》:“何年安石国,万里贡榴花。”李郢《茶山贡焙歌》:“研膏架动轰如雷,茶成拜表贡天子。”王贞白《长安道》:“梯航万国来,争先贡金帛。”❷进献;呈献。孟郊《寿安西渡奉别郑相公》之二:“愿贡高古言,敢望锡类招。”白居易《虾蟆》:“嘉鱼荐宗袖,灵龟贡邦家。”陆龟蒙《奉酬袭美先辈吴中苦雨一百韵》:“伊余将贡技,未有耻可刷。”郑谷《感怀投时相》:“丞相旧知为学苦,更教何处贡篇章。”❸贡品。韦应物《登高望洛城作》:“舟通南越贡,城背北邙原。”元稹《和乐天送客游岭南二十韵》:“贡兼蛟女绢,俗重语儿巾。”❹荐举。杜甫《寄韩谏议》:“美人胡为隔秋水,焉得置之贡玉堂。”韩愈《燕河南府秀才得生字》:“诏下诸郡国,岁贡乡曲英。”鲍溶《送王损之秀才赴举》:“名在乡书贡,心期月殿游。”施肩吾《及第后过杨子江》:“忆昔将贡年,抱愁此江边。”❺指贡士。皇甫曾《送裴秀才贡举》:“宾贡年犹少,篇章艺已成。”参见“貢賓”。❻诉说。陆龟蒙《杂讽九首》之一:“纵操上古言,口噤难即贡。”❼水名。江西赣江之东源。即古汉水。源出福建长汀县界,西流至会昌县,折西北流至务都县,再西流至赣县,与章水合流为赣江。耿沣《晚登虔州即事寄李侍御》:“章溪与贡水,何事会波澜。”❽姓。汉有贡禹。见“貢禹”。

【貢士】 古代地方向朝廷荐举人才。亦指所举荐之人。唐代科举考试,由学馆出身者曰生徒,由州县选拔者曰乡贡。韦应物《题从侄成绪西林精舍书斋》:“郡有优贤榻,朝编贡士诏。”权德舆《送韩孝廉侍从赴举》:“贡士去翩翩,如君最少年。”耿沣《送郭秀才赴举》:“乡赋《鹿鸣》篇,君为贡士先。”齐己《答长沙丁秀才书》："月月便车奔帝阙，年年贡士过荆台。"

【貢文】 科举考试时所作的诗文。卢纶《送尹枢令狐楚及第后归觐》："贡文齐受宠，献礼两承欢。"

【貢公喜】 汉贡禹以明经洁行，征为博士。元帝时累迁至御史大夫。曾多次上书，抨击朝廷奢侈，官乱民贫。要求元帝选贤能、诛奸臣，罢倡乐，修节俭，减轻赋税徭役。后世尊称为"贡公"。禹与王吉相友善，为王吉(字子阳)的登用而欣喜，世称"王阳在位，贡公弹冠"。后遂以"貢公喜"为典，表示乐于良友的出仕。杜甫《奉赠韦左丞丈二十二韵》："窃效贡公喜，难甘原宪贫。"又《承沈八丈东美徐膳部员外阻雨未遂驰贺奉寄此诗》："徒怀贡公喜，飒飒鬓毛苍。"亦省作"貢喜"。杜甫《哭韦大夫之晋》："贡喜音容间，冯招病疾缠。"

【貢氏冠】 (冠 guān)见"貢禹冠"。

【貢物】 向朝廷贡献物品。杜甫《覆舟二首》之一："巫峡盘涡晓，黔阳贡物秋。"亦指贡品。张谓有《杜侍御送贡物戏赠》。

【貢金】 指进献黄金。方干《路入金州江中作》："知是从来贡金处，江边牧竖亦披沙。"

【貢茶】 进贡用的茶叶。李郢《茶山贡焙歌》："春风三月贡茶时，尽逐红旌到山里。"

【貢禹】 (前 124—前 44)西汉大夫。琅邪(今山东诸城)人。字少翁。以明经洁行著闻，征为博士、凉州刺史。复举贤良，为河南令。元帝即位，征禹为谏议大夫，终年御史大夫。曾屡次上书元帝，抨击朝廷奢侈，提倡节俭。后世尊称"贡公"。《汉书》有传。李峤《田》："贡禹怀书日，张衡作赋辰。"卢纶《冬夜赠别友人》："更送乘轺归上国，应怜贡禹未成名。"

【貢禹冠】 (冠 guān)亦作"貢氏冠"。典出《汉书·王吉传》："吉与贡禹为友，世称'王阳在位，贡公弹冠'，言其取舍同也。"颜师古注："弹冠者，且入仕也。"后以喻喜友人仕途顺利，并企盼友人提携自己入仕。牟融《有感二首》之二："栖迟未遇常铟荐，邂逅宁弹贡禹冠。"许浑《灞上逢元九处士东归》："何人更结王生袜，此客虚弹贡氏冠。"薛逢《上吏部崔相公》："公车未结王生袜，客路虚弹贡禹冠。"罗隐《酬高崇节》："犹懒君相勉，殷勤贡禹冠。"

【貢客】 贡士。贾岛《重酬姚少府》："仆本胡为者，衔肩贡客集。"

【貢院】 科举时代考试士子的场所。见唐李肇《唐国史补》卷下。权德舆有《上巳日贡院考杂文不遂赴九华观祓禊之会以二绝句申赠》和《和九华观见怀贡院八韵》。李正封有《贡院楼北新栽小松》。王起《和周侍郎见寄》："贡院离来二十霜，谁知更忝主文场。"

【貢書】 指贡士名册。陆龟蒙《秋赋有期因寄袭美》："云似无心水似闲，忽思名在贡书间。"

【貢琛】 进献宝物。韩愈、李正封《晚秋郾城夜会联句》："穷天贡琛异，匝海赐酺醵。"贯休《寿春进祝圣七首·从谏如流》："北狄皆输款，南夷尽贡琛。"

【貢場】 贡院，科举考试的场所。张籍《祭退之》："一来遂登科，不见苦贡场。"

【貢喜】 见"貢公喜"。

【貢焙】 即贡茶。李郢有《茶山贡焙歌》。

【貢賓】 参加会试的士子。姚合《送李余及第归蜀》："十年作贡宾，九年多遭回。"广宣《贺王起》："从辞凤阁掌丝纶，便向青云领贡宾。"

【貢賦】 土贡和赋税。孙逖《送杜侍御赴上都》："还因贡赋礼，来谒大明朝。"杜甫《有感五首》之三："洛下舟车入，天中贡赋均。"刘长卿《送徐大夫赴广州》："当今输贡赋，不使外夷骄。"

【貢薦】 犹贡献。鲍溶《采葛行》："自兹贡荐无人惜，那敢更争龙手迹。"

【貢橘】 用于进贡的橘子。《新唐书·地理志五》："苏州吴郡，雄。土贡：丝葛……柑、橘。"白居易《拣贡橘书情》："洞庭贡橘拣宜精，太守勤王请自行。"周元范有《和白太守拣贡橘》。

【貢舉】 指科举考试。皇甫曾有《送郑秀才贡举》。吴融《过丹阳》："桂枝自折思前代，藻鉴难逢耻后生。"原注："李考功于此知贡举。"

【貢舊鄉】 谓由故乡州县推荐参加科举考试。杜甫《壮游》："归帆拂天姥，中岁贡旧乡。"

【貢藝】 供职；从事于某种工作。邵谒《送徐群宰望江》："贡艺既精苦，用心必公平。"李洞《投献吏部张侍郎十韵》："贡艺披沙细，酬恩戴岳轻。"

【貢賢】 荐贤，推荐贤者担当重任。陆龟蒙《杂讽九首》之五："贡贤当上赏，景福视所履。"

【貢闈】 科举考试的场所，贡院。刘太真《贡院寄前主司萧尚书听》："独坐贡闱里，愁心芳草生。"

【貢籍】 即贡书。贡士名册。姚合《酬万年张郎中见寄》："贡籍常同府，周行今一时。"

【貢獻】 进贡，地方向朝廷进献物品。王建《送薛蔓应举》："四海重贡献，珠赆称至珍。"齐己《咏茶十二韵》："封题从泽国，贡献入秦京。"张彪《敕移橘栽》："暂劳致力重，永感贡献烦。"

財 〔cái《广韵》昨哉切，平咍，從。〕❶金钱，财物。苏颋《蜀城哭台州乐安少府》："执礼谁为赗，居常不徇财。"白居易《欲到东洛得杨使君书因以此报》："向公心切向财疏，淮上休官洛下居。"又《和微之春日投简阳明洞天五十韵》："重士过三哺，轻财抵一铢。"韩滉《判僧云晏五人聚赌喧诤语》："正法何曾执贝，空门不积余财。”❷通“才”。才能，才质。卢照邻《结客少年场行》：“长安重游侠，洛阳富财雄。”❸通“裁”。见“财成”。

【財力】 民财和民力。徐夤《偶题》：“燕台财力知多少，谁筑黄金到九层。”

【財用】 财力，财富。胡曾《咏史诗·官渡》：“若使许攸财用足，山河争得属曹家？”

【財主】 大量占有财富者。寒山《诗三百三首》之二三二：“财主忽然死，争共当头哭。”

【財成】 裁成。谓裁度以成之。财，通“裁”。《易·泰》：“天地交，泰。后以财成天地之道。”陆德明释文：“财，荀作裁。”孔颖达疏：“后，君也。于此之时，君当剪财成就天地之道。”则天皇后《唐明堂乐章·宫音》：“万方资广运，庶品荷财成。”

【財色】 钱财与女色。寒山《诗三百三首》之三八：“忽然富贵贪财色，瓦解冰消不可陈。”又《诗三百三首》之二七五：“浊滥即可知，愚痴爱财色。”吕岩《题桐柏山黄先生庵门》：“贪名贪利爱金多，为他财色身衰老。”

【財物】 金钱物品的总称。王梵志《诗》之一：“财物同箱柜，房中莫畜私。”

【財賄】 财货，钱物。陆龟蒙《奉酬袭美先辈吴中苦雨一百韵》：“兼之渎财贿，不止行盗窃。”

【財賦】 财物贡赋。韦应物《郡斋雨中与诸文士燕集》：“方知大藩地，岂曰财赋疆。”

【財寶】 钱财珍宝。寒山《诗三百三首》之二二三：“钝物丰财宝，醒醒汉无钱。”

四　画

貨 〔huò《广韵》呼卧切，去過，曉。〕❶财物，金钱、珠玉、布帛的总称。《书·洪范》：“一曰食，二曰货。”孔颖达疏：“货者，金玉布帛之总名。”张谓《杜侍御送贡物戏赠》：“由来此货称难得，多恐君王不忍看。”柳宗元《韦道安》：“顿首愿归货，纳女称舅甥。”皮日休《补周礼九夏系文·九夏歌九篇》之四：“我牢不愆，我货不匮。”❷货物，商品。韩愈《送郑尚书赴南海》：“货通师子国，乐奏武王台。”柳宗元《视民诗》：“乃器与用，乃货与通。”元稹《估客乐》：“子本频蕃息，货贩日兼并。”❸卖，出售。骆宾王《艳情代郭氏答卢照邻》：“掷果河阳君有分，货酒成都妾亦然。”唐彦谦《蟹》：“扳罾拖网取赛多，篾篓挑将水边货。”虚中《泊洞庭》：“浪没货鱼市，帆高卖酒楼。”吕岩《长短句》：“闲来无事玩青山，困来街市货丹药。”

【貨財】 货物，财物。韩愈《咏雪赠张籍》：“压野荣芝菌，倾都委货财。”贯休《东阳罹乱后怀王慥使君五首》之三：“货财不入崔洪口，俎豆尝闻夫子言。”裴谞《储潭庙》：“使过庙者之加敬，酒食货财而有余。”

【貨賄】 财物。亦指用财物贿赂人。周昙《咏史诗·前汉门·毛延寿》：“能知货贿移妍丑，岂独丹青画美人。”

【貨賂】 财物。亦指用财物贿赂人。无名氏《嘲四相》：“商人都不管，货赂几时休。”

【貨遺】 （—wèi）馈赠。亦指馈赠的礼物。韦应物《答故人见谕》：“时风重书札，物情敦货遗。”

【貨幣】 钱财。皮日休《补周礼九夏系文·九夏歌九篇》之四：“自筐及篚，我有货币。”

貪 〔tān《广韵》他含切，平覃，透。〕❶爱财。《说文·贝部》：“贪，欲物也。”姚合《新昌里》：“近贫日益廉，近富日益贪。”子兰《诫贪》：“明知贪者心，求荣不求辱。”❷贪图，片面追求。岑参《送颜韶》：“相逢贪醉卧，未得作春衣。”杨衡《送王秀才往安南》：“无贪合浦珠，念守江陵橘。”吴融《平望蚊子二十六韵》：“振蓬亦不惧，至死贪膏腴。”孙光宪《采莲》：“菡萏香连十顷陂，小姑贪戏采莲迟。”❸欲，希望。刘眘虚《寄江滔求孟六遗文》：“在日贪为善，昨来闻更贫。”韩愈《元和圣德诗》：“战不贪杀，擒不滥数。”陈标《寄友人》：“杜甫在时贪入蜀，孟郊生处却归秦。”陆龟蒙《奉酬袭美先辈吴中苦雨一百韵》：“所贪既仁义，岂暇理生活。”

【貪夫】 贪婪之人。刘长卿《落第赠杨侍御兼拜员外仍充安大夫判官赴范阳》：“黠吏偏惊隼，贪夫辄避骢。”白居易《玩止水》：“清能律贪夫，淡可交君子。”陆龟蒙《庆封宅古井行》：“宣父尝违盗泉水，懦夫立事贪夫止。”

【貪天】 “贪天之功”的略语。本谓以自然成功之事为己功。后多指攘夺他人的功劳。王绩《过汉故城》：“奥位匪虚校，贪天竟速亡。”

【貪水】 贪泉之水。元稹《送崔侍御之岭南二十韵》：“冰莹怀贪水，霜清顾痛岩。”参见“貪泉”。

【貪心】 ❶贪得的欲望。柳曾《险竿行》：“始以险技悦君目，终以贪心媚君禄。”齐己《啄木》：“贪心既缘，利嘴斯凿。”❷贪得无厌，不满足。寒山《诗三百三首》之二四三：“见好埋头爱，贪心过罗刹。”

【貪生】 过分眷念生命。卢仝《观放鱼歌》：“乃知贪生不独顽痴夫。”白居易《戒药》：“暮齿又贪生，服食求不死。”卢肇《嘲小儿》：“贪生只爱眼前珍，不觉风光度岁频。”杜荀鹤《观棋》：“算人常欲杀，顾己自贪生。”

【貪吏】 贪污的官吏。白居易《新乐府·采诗官》：“贪吏害民无所忌，奸臣蔽君无所畏。”

【貪名】 贪图名声。唐彦谦《客中感怀》：“贪名笑吴起，说国叹苏秦。”褚载《晓发》：“贪路贪名须早发，枕前无计暂裴回。”

【貪名徇禄】 贪图名声和俸禄。水神《霅溪夜宴诗》之八：“是知贪名徇禄而随世磨灭者，虽正寝之死乎无得与吾侪。”

【貪花】 谓追求男女情爱之事。韩琮《春愁》：“秦娥十六语如弦，未解贪花惜杨柳。”

【貪求】 贪得无厌地追求。韩愈《东都遇春》：“贪求匪名利，所得亦已并。”白居易《西掖早秋直夜书意》：“若无知足心，贪求何日了。”

【貪利】 贪图利益。孟浩然《夜渡湘水》：“客舟贪利涉，暗里渡湘川。”杜荀鹤《过巢湖》：“世人贪利复贪荣，来向湖边始至诚。”

【貪官】 贪污的官吏。皮日休《正乐府十篇·橡媪叹》：“狡吏不畏刑，贪官不避赃。”又《正乐府十篇》中有《贪官怨》。

【貪戾】 贪婪暴戾。李绅《忆寿春废虎坑》：“休逐豺狼止贪戾，好为仁兽答皇明。”

【貪冒】 贪污；贪图财利。韩愈《寄崔二十六立之》：“仁者耻贪冒，受禄量所宜。”元稹《和李校书新题乐府十二首·阳山道》：“税户逋逃例摊配，官司折纳仍贪冒。”

【貪泉】 泉名。在今广东佛山市南海区。晋吴隐之为广州刺史，赴任时途经离州治二十里的石门，此地有泉名贪泉。相传饮此泉水者，即廉士亦贪。隐之酌而饮之，因赋诗曰：“古人云此水，一歃怀千金；试使夷齐饮，终当不易心。”及在州，情操愈厉。见《晋书·良吏传·吴隐之》。后遂以为典，多用以咏为政清廉。钱起《送李大夫赴广州》：“唯君饮冰心，可酌贪泉水。”王建《寄崔列中丞》：“贪泉誓不饮，邪路誓不奔。”白居易《广府胡尚书频寄诗因答绝句》：“尚书清白临南海，虽饮贪泉心不回。”温庭筠《过孔北海墓二十韵》：“恶木人皆息，贪泉我独醒。”

【貪財】 贪图财利。罗隐《归梦》：“贪财败阵谁相悉，鲍叔如今不可寻。”

【貪眠】 贪图睡眠。白居易《江南喜逢萧九彻赠五十韵》：“留宿争牵袖，贪眠各占床。”

【貪婪】 贪得无厌。寒山《诗三百三首》之九四：“贤士不贪婪，痴人好炉冶。”又《诗三百三首》之一九六：“心神用尽为名利，百种贪婪进己躯。”常楚老《江上蚊子》：“请问贪婪一点心，臭腐填腹几多足。”

【貪庸】 贪婪昏庸。白居易《和答诗十首·和大觜乌》：“觜小者慈孝，觜大者贪庸。”

【貪酒】 贪图饮酒。李绅《欲到西陵寄王行周》：“欲责舟人无次第，自知贪酒过春潮。”

【貪將】 (—jiàng)贪婪的将领。李涉《寄河阳从事杨潜》：“中原膏血焦欲尽，四郊贪将犹凭陵。”

【貪殘】 贪婪残暴。阎朝隐《鹦鹉猫儿篇》：“由是言之，贪残薄则智慧作，贪残临之兮不复攫。”元稹《大觜乌》：“远近恣所往，贪残无不为。”舒元舆《八月五日读唐历天宝已来追怆故事》：“杨李盗吏权，贪残日狼籍。”苏拯《雉兔者》：“飞走如未空，贪残岂知足。”

【貪程】 贪赶路程。窦庠《酬韩愈侍郎登岳阳楼见赠》：“有客初留鹢，贪程尚数蓂。”刘禹锡《鱼复江中》：“风樯好住贪程去，斜日青帘背酒家。”刘言史《苦妇词》：“事痛感行宾，住得贪程船。”许浑《韶州送窦司直北归》：“江曲山如画，贪程亦驻舟。”

【貪餌】 贪图饵食。王维《纳凉》：“贪饵凡几许，徒思莲叶东。”

【貪榮】 ❶争取美誉。刘禹锡《送太常萧博士弃官归养赴东都》：“贪荣五彩服，遂挂两梁冠。”❷贪图荣华。杜荀鹤《过巢湖》：“世人贪利复贪荣，来向湖边始至诚。”

【貪暴】 贪婪残暴。白居易《读张籍古乐府》：“读君董公诗，可诲贪暴臣。”

【貪濁】 贪污。王贞白《田舍曲》：“时官苟贪浊，田舍生忧煎。”

【貪癡】 贪婪和痴愚。元稹《大觜乌》：“其一觜大者，攫搏性贪痴。”吕岩《渔父词一十八首·方契理》：“绝嗜欲，断贪痴，莫把神明暗里欺。”又《沁园春》：“贪痴汉，望成家学道，两事双全。”

【貪寵】 贪图宠幸。秦韬玉《陈宫》：“临春高阁拟瀛洲，贪宠张妃作胜游。”

【貪歡】 贪恋欢乐。白居易《问诸亲友》：“趁醉春多出，贪欢夜未归。”南唐后主李煜《浪淘沙》词之一：“梦里不知身是客，一晌贪欢。”

【貪饕】 ❶贪得无厌。白居易《自宾客迁太子少傅分司》：“诚合知止足，岂宜更贪饕。”❷贪吃。元稹《青云驿》：“野鹤啄腥虫，贪饕不如鸡。”

【貪饞】 贪图财利。韩愈《酬司门卢四兄云夫院长望秋作》：“驰坑跨谷终未悔，为利而止真贪馋。”

販 〔fàn《广韵》方願切，去願，非。〕❶贱买贵卖。张籍《贾客乐》：“农夫税多长辛苦，弃业长为贩宝翁。”元稹《估客乐》：“大儿贩材木，巧识梁栋形。小儿贩盐卤，不入州县征。”❷卖出货物。王季友《酬李十六岐》：“炼丹文武火未成，卖药贩履俱逃名。”王建《林居》：“唯去山南近，闲亲贩药翁。”

【販夫】 从事贩卖活动的人。白居易《东南行一百韵》：“楼暗攒倡妇，堤长簇贩夫。”

【販海】 往来海外，进行贩卖活动。王建《送于丹移家洺州》：“如彼贩海翁，岂种溪中田。”

【販舂】 买进谷物舂而出售。司空图《白菊杂书四首》之三："狂才不足自英雄，仆妾驱令学贩舂。"

【販繒】 贩卖丝织品。亦指从事这种商业活动的人。汉颍阳侯灌婴，发达前曾在睢阳贩缯。丁仙芝《赠朱中书》："东邻转谷五之利，西邻贩缯日已贵。"李商隐《井泥四十韵》："屠狗与贩缯，突起定倾危。"

【販糴】 买卖粮食。唐彦谦《和陶渊明贫士诗七首》之七："去年秋事荒，贩籴仰邻州。"

貧 〔pín《广韵》符巾切，平真，並。〕❶贫穷，缺少财物。寒山《诗三百三首》之三六："昔日贫于我，今笑我无钱。"戴叔伦《送张南史》："贾生独未达，原宪竟忘贫。"朱庆余《送顾非熊下第归》："惜为今日别，共受几年贫。"陆翱《闲居即事》："悔下东山石，贫于南阮家。"❷萧条，冷落。刘长卿《逢雪宿芙蓉山主人》："日暮苍山远，天寒白屋贫。"又《送张起崔载华之闽中》："朝无寒士达，家在旧山贫。"❸自称的谦词。见"貧舍""貧家❷""貧道"。❹缺少，少。贾岛《送令狐绹相公》："缀篇嗟调逸，不和揣才贫。"

【貧士】 穷书生，穷儒生。邵谒《岁丰》："皇天降丰年，本忧贫士食。贫士无良畴，安能得稼穑。"皮日休《蚊子》："贫士无绛纱，忍苦卧茅屋。"唐彦谦有《和陶渊明贫士诗七首》。

【貧人】 穷人，贫民。王梵志《诗》之六十："贫人莫简弃，有客最须呼。"

【貧户】 ❶穷困的农户。白居易《别州民》："税重多贫户，农饥足旱田。"❷贫穷人家的门户。李中《寄左偃》："贫户懒开元爱静，病身才起便思吟。"

【貧女】 贫穷人家的女子。李白《陈情赠友人》："愿假东壁辉，余光照贫女。"李群玉《将离澧浦置酒野屿奉怀沈正字昆弟三人联登高第》："无灯假贫女，有泪沾牛衾。"于濆《织素谣》："贫女苦筋力，缲丝夜夜织。"吴融《鲛绡》："云供片段月供光，贫女寒机枉自忙。"

【貧生】 贫士，穷书生。雍陶《酬李绀岁除送酒》："岁尽贫生事事须，就中深恨酒钱无。"

【貧民】 贫穷的百姓。钱起《观村人牧山田》："贫民乏井税，埆土皆垦凿。"

【貧交】 贫贱时交结的朋友。李白《送鲁郡刘长史迁弘农长史》："临行赠贫交，一尺重山岳。"戴叔伦《抚州被推昭雪答陆太祝三首》之二："贫交相爱果无疑，共向人间听直词。"司马扎《途中寄薛中裕》："贫交千里外，失路更伤离。"郑谷《南康郡牧陆肱郎中辟许棠先辈为郡从事因有寄赠》："江山多胜境，宾主是贫交。"

【貧池】 浅池。白居易《戏和微之答窦七行军之作》："陋巷能无酒，贫池亦有船。"

【貧里】 贫民所居之里巷。佛经中有此贫里。言贫穷子舍父逃逝，后见其父大富，为其父除粪终得其父财产。王维《游感化寺》："抖擞辞贫里，归依宿化城。"

【貧苦】 贫穷困苦。白居易《别舍弟后月夜》："平生共贫苦，未必日成欢。"

【貧妻】 贫穷的妻室。无名氏《五言诗》之五（外编上）："门前见债主，入户见贫妻。"

【貧舍】 贫穷的居舍。多用为谦称。杜荀鹤《李昭象云与二三同人见访有寄》："贫舍款宾无别物，止于空战大尊罍。"韦庄《代书寄马》："休嫌绿绶嘶贫舍，好著红缨入使衙。"

【貧居】 ❶穷居困处。蔡希寂《洛阳客舍逢祖咏留宴》："绵绵钟漏洛阳城，客舍贫居绝送迎。"耿沣《春日书情寄元校书伯和相国之子》："贫居悲老大，春日上茅茨。"李廓《上令狐舍人》："名利生愁地，贫居岁月移。"❷贫穷的家庭；寒舍。刘言史《立秋日》："商风动叶初，萧索一贫居。"贾岛《重与彭兵曹》："砚冰催腊日，山雀到贫居。"杜荀鹤《下第投所知》："御苑早莺啼暖树，钓乡春水浸贫居。"齐己《丙寅岁寄潘归仁》："更须忧去国，未可守贫居。"

【貧健】 贫穷而健康。白居易《天寒晚起引酌咏怀寄许州王尚书汝州李常侍》："四海故交唯许汝，十年贫健是樊蛮。"

【貧客】 穷人；穷而客居者。白居易《赠侯三郎中》："年丰最喜唯贫客，秋冷先知是瘦人。"雍陶《苦寒》："应是渐为贫客久，锦衣著尽布衣单。"

【貧病】 贫穷和疾病。钱起《重赠赵给事》："应念潜郎守贫病，常悲休沐对蓬蒿。"白居易《赠诸少年》："官给俸钱天与寿，些些贫病奈吾何。"皮日休《奉和鲁望病中秋怀次韵》："贫病于君亦太兼，才高应亦被天嫌。"李昭象《喜杜荀鹤及第》："贫病浑如失，山川顿觉清。"

【貧家】 ❶贫穷的家庭。戎昱《秋馆雨后得弟兄书即事呈李明府》："空馆复闻雨，贫家怯到秋。"白居易《青冢》："无辞插荆钗，嫁作贫家妇。"李群玉《喜浑吉见访》："贫家冷落难消日，唯有松筠满院凉。"张乔《促织》："椒房金屋何曾识，偏向贫家壁下鸣。"❷谦称自己的家。刘长卿《酬李穆见寄》："欲扫柴门迎远客，青苔黄叶满贫家。"徐铉《王三十七自京垂访作此送之》："只就鳞鸿求远信，敢言车马访贫家。"又《寒食成判官垂访因赠》："不是多情成二十，断无人解访贫家。"

【貧翁】 贫穷的老头儿。用作谦称。白居易《谈氏外孙生三日喜是男偶吟成篇兼戏呈梦得》："明日贫翁具鸡黍，应须酬赛引雏诗。"

【貧富】 贫穷和富足。白居易《秦中吟十首·议婚》:"颜色非相远,贫富则有殊。"杜荀鹤《自遣》:"百年身后一丘土,贫富高低争几多。"周昙《咏史诗·春秋战国门·田子方》:"太子无嫌礼乐亏,愿听贫富与安危。"翁承赞《书斋谩兴二首》之二:"人家不必论贫富,惟有读书声最佳。"

【貧窗】 贫穷人家的窗口。于濆《里中女》:"贫窗苦机杼,富家鸣杵砧。"

【貧遊】 ❶贫穷的游历。许棠《投徐端公》:"穷吴迷钓业,大汉事贫游。"又《渭上送人南归》:"江人如见问,为话复贫游。"❷贫贱时交游的朋友。许棠《秦中遇友人》:"远梦亦羞归海徼,贫游多是滞边陲。"

【貧道】 僧道自称的谦词。刘禹锡《赠别约师》序:"且曰:'贫道昔浮湘川,会柳仪曹谪零陵,宅于佛寺,幸联栋而居者有年。'"李翱《断僧通状》:"口称贫道,有钱放债。"

【貧寒】 贫穷寒微。韩屿《赠进士李守微》:"一定童颜老岁华,贫寒游历贵人家。"

【貧閒】 贫穷而有闲暇。白居易《洛下闲居寄山南令狐相公》:"不锻稽康弥懒静,无金疏傅更贫闲。"又《雨后秋凉》:"此境谁偏觉,贫闲老瘦人。"

【貧静】 贫穷而清静。白居易《麹生访宿》:"贫静似僧居,竹林依四壁。"

【貧竭】 穷得一无所有。白居易《偶作二首》之一:"资产虽不丰,亦不甚贫竭。"

【貧褊】 贫穷窘迫。白居易《寄元九》:"怜君为谪吏,穷薄家贫褊。"姚合《杭州官舍偶书》:"钱塘刺史谩题诗,贫褊无恩懦少威。"

【貧賤】 贫穷低贱。寒山《诗三百三首》之一二四:"贫贱骨肉离,非关少兄弟。"崔颢《长安道》:"莫言贫贱即可欺,人生富贵自有时。"白居易《晚春酤酒》:"不如贫贱日,随分开愁眉。"杜荀鹤《贻里中同志》:"贫贱志气在,子孙交契深。"

【貧儉】 贫穷而俭朴。韦应物《送杨氏女》:"贫俭诚所尚,资从岂待周。"

【貧宴】 见"貧窶"。

【貧窮】 缺少生产资料和生活资料。元结《喻瀼溪乡旧游》:"贫穷老乡里,自休还力耕。"孟郊《借车》:"借者莫弹指,贫穷何足嗟。"张籍《书怀》:"老大登朝如梦里,贫穷作活似村中。"白居易《闲吟》:"贫穷汲汲求衣食,富贵营营役心力。"

【貧薄】 贫穷。白居易《岁暮枉衢州张使君书并诗因以长句报之》:"贫薄诗家无好物,反投桃李报琼琚。"

【貧儒】 贫穷的书生。罗隐《江边有寄》:"只言圣代谋身易,争奈贫儒得路难。"吕岩《七言》之二:"先生去后身须老,乞与贫儒换骨丹。"

【貧親】 贫穷的亲戚。王梵志《诗》之五五:"贫亲须拯济,富眷不烦饶。"

【貧蹇】 谓贫穷而举步维艰。韦应物《答畅校书当》:"贫蹇自成退,岂为高人踪。"

【貧齋】 指穷人家。多用作谦称。李端《酬晋侍御见寄》:"贫斋一丛菊,愿与上宾看。"孟贯《酬东溪史处士》:"贫斋有琴酒,曾许月圆期。"

【貧窶】 亦作"貧宴"。❶贫穷。杜甫《自京赴奉先县咏怀五百字》:"岂知秋未登,贫窭有仓卒。"又《早发射洪县南途中作》:"将老忧贫窭,筋力岂能及。"❷匮乏,缺乏。颜萱《过张祜处士丹阳故居》序:"横塘之西,有故田数百亩,力既贫窭,十年不耕。"

【貧羸】 贫穷瘦弱。亦指贫穷瘦弱之人。郭周藩《潭子池》:"发掘散生聚,可以救贫羸。"

【貧饌】 粗劣的饭菜。韩愈《纳凉联句》:"空堂喜淹留,贫馔羞龌龊。"

貶 〔biǎn《广韵》方敛切,上琰,幫。〕❶降职。王湾《晚春诣苏州敬赠武员外》:"爰从姻娅贬,岂失忠信防。"韩愈《寄崔二十六立之》:"又作朝士贬,得非命所施。"又《左迁至蓝关示侄孙湘》:"一封朝奏九重天,夕贬潮州路八千。"又《陪杜侍御游湘西两寺独宿有题一首因献杨常侍》:"静思屈原沉,远忆贾谊贬。"❷给予低的评价。跟"褒"相对。权德舆《读穀梁传二首》之二:"空文徒尔贬,见此眦血流。"卢仝《观放鱼歌》:"昔鲁公观棠距箴,遂被孔子贬而书。"李商隐《赠送前刘五经映三十四韵》:"片辞褒有德,一字贬无良。"

【貶官】 贬降官级。韩愈《寒食日出游》:"忆昔与君同贬官,夜渡洞庭看斗柄。"白居易《和答诗十首·和思归乐》:"获戾自东洛,贬官向南荆。"

【貶降】 (—jiàng)贬官降职。郑愔有《贬降至汝州广城驿》。

【貶削】 古代指对官吏的职务、称号等降级或削除。元结《春陵行》序:"到官未五十日,承诸使征求符牒二百余封,皆曰,失其限者罪至贬削。"

【貶損】 贬抑。张祜《苦旱》:"贬损心应恳,疏通税必蠲。"

貫[1] 〔guàn《广韵》古玩切,去换,見。又古丸切,平桓,見。〕❶串钱的绳子。李贺《出城别张又新酬李汉》:"开贯泻蚨母,买冰防夏蝇。"❷泛指绳索状物,如珠串等。张说《扈从幸韦嗣立山庄应制》:"悬泉珠贯下,列帐锦屏舒。"韦应物《五弦行》:"古刀幽磬初相触,千珠贯断落寒玉。"白居易《舒员外游香山寺走笔题长句以赠之》:"庭前阶上何所有,累囚成贯案成堆。"韦庄《和元秀才别业书事》:"绿钱榆贯重,红障杏篱深。"❸量词。古代铜钱用绳穿,千钱为一贯。路应《仙岩四瀑布即事十四韵》:"水激千雷发,珠联万贯垂。"无名氏《言志》(卷八七二):"腰缠十万贯,骑鹤上扬州。"❹贯串,串联。李贺《章和二年中》:"拜神得寿献天子,七星贯断姮娥死。"贾岛《赠圆上人》:"一双童子浇红药,百八真珠贯彩绳。"曹松《水精念珠》:"等量红缕贯晶荧,尽道匀圆别未胜。"❺贯通。杜甫《八哀诗·赠秘书监江夏李公邕》:"情穷造化理,学贯天人际。"白居易《无可奈何歌》:"虽千变与万化,委一顺以贯之。"❻射中,穿透。杜甫《白马》:"白马东北来,空鞍贯双箭。"韦应物《汉武帝杂歌三首》之三:"左有佽飞落霜翮,右有孤儿贯犀革。"李贺《荣华乐》:"天长一矢贯双虎,云弝绝骋聒旱雷。"元稹《思归乐》:"我心终不死,金石贯以诚。"❼经过,穿行。岑参《与鲜于庶子自梓州成都少尹自褒城同行至利州道中作》:"栈道笼迅湍,行人贯层崖。"欧阳詹《陪太原郑行军中丞登汾上阁辄书即事奉答》:"贯郭河通路,萦村水逼乡。"姚合《过天津桥晴望》:"皇宫对嵩顶,清洛贯城心。"吴融《御沟十六韵》:"不劳夸大汉,清渭贯神州。"❽超越,超过。玄宗《送忠州太守康昭远等》:"时雨侔昔贤,芳猷贯前史。"岑参《先主武侯庙》:"遗庙空萧然,英灵贯千岁。"皇甫湜《石佛谷》:"精艺贯古今,穷岩谁爱惜。"陆龟蒙《补沈恭子诗》:"灵质贯轩昊,遐年越商周。"❾经受。太宗《赋得临池竹》:"贞条障曲砌,翠叶贯寒霜。"白居易《续古诗十首》之五:"气如含露兰,心如贯霜竹。"❿灌注。白居易《卯时酒》:"煦若春贯肠,暄如日炙背。"⓫满。张蠙《送成州牧》:"犬牙连蜀国,兵额贯秦州。"⓬遮蔽;干犯。骆宾王《边城落日》:"壮志凌苍兕,精诚贯白虹。"李白《南奔书怀》:"太白夜食昴,长虹日中贯。"李绅《过梅里七首·忆东郭居》:"忠诚贯白日,直已凭苍昊。"李洞《述怀二十韵献覃怀相公》:"青云县器业,白日贯忠贞。"⓭祖籍,籍贯。白居易《新乐府·新丰折臂翁》:"翁云贯属新丰县,生逢圣代无征战。"王贞白《句》:"改贯永留乡党额,减租重感郡侯恩。"⓮序次,按顺序排列。见"貫串""貫鱼"。⓯通"冠"。钱起《和韦侍御寓直对雨》:"名贯四科首,班宜二妙齐。"⓰通"丱"。儿童束发成两角的样子。权德舆《送别沅泛》:"念尔强学殖,非贯早从师。"

貫² 〔guàn《集韵》古患切,去諫,見。〕学习,复习。《国语·鲁语下》:"士朝受业,昼而讲贯,夕而习复。"韦昭注:"贯,习也。"郑谷《寄赠杨夔处士》:"三江胜景遨游遍,百氏群书讲贯来。"

【貫日】 遮蔽太阳。古人认为此乃君王蒙难或精诚感天的天象。裴夷直《寄婺州李给事二首》之一:"不知壮气今何似,犹得凌云贯日无。"张巡《铁笔歌》:"力拔山兮势雄,气贯日兮虹霓。"贯休《大蜀高祖潜龙日献陈情偈颂》:"髯发垂雪,忠贞贯日。"

【貫心】 射中靶心。张说《玄武门侍射》:"贯心精四返,饮羽妙三联。"

【貫朽】 穿钱的绳子朽烂。白居易《秦中吟十首·伤宅》:"厨有臭败肉,库有贯朽钱。"

【貫休】 (832—912)五代前蜀诗僧、画家。俗姓姜,字德隐,婺州兰溪(今浙江兰溪市)人。贯休工诗善画,兼工草书。《全唐诗》收录其诗十二卷。

【貫花】 佛教称,佛祖说法时感动天神散落各色香花。后遂以借指佛教偈颂之类。灵澈《送道虔上人游方》:"贯花留净室,咒水度空山。"

【貫串】 从头到尾穿过一个或一系列事物。贯休《上冯使君水晶数珠》:"泠泠瀑滴清,贯串有规程。"

【貫弗】 将肉串在铁签上烧烤。后以喻有条理顺序。韩愈《赠张籍》:"试将诗义授,如以肉贯弗。"

【貫穿】 ❶连接,连贯。引申为连络。杜甫《八哀诗·赠司空王公思礼》:"贯穿百万众,出入由咫尺。"❷谓知识丰富,能融会贯通。杜甫《八哀诗·故著作郎贬台州司户荥阳郑公虔》:"贯穿无遗恨,荟蕞何技痒。"陆龟蒙《杂讽九首》之八:"岂无中林士,贯穿学问骨。"

【貫珠】 ❶珠串,成串的珍珠。刘禹锡《贾客词》:"妻约雕金钏,女垂贯珠缨。"李中《春夕偶作》:"贯珠声罢人归去,半落桃花月在庭。"❷喻指珠圆玉润的声韵、诗文。元稹《何满子歌》:"迢迢击磬远玲玲,一一贯珠匀款款。"白居易《和微之诗二十三首·和新楼北园偶集》:"歌声凝贯珠,舞袖飘乱麻。"郑谷《自适》:"浮蚁满杯难暂舍,贯珠一曲莫辞听。"吴融《闻歌》:"贯珠一夜奏累累,尽是荀家旧教词。"❸念珠。欧阳詹《智达上人水精念珠歌》:"良工磨拭成贯珠,泓澄洞澈看如无。"段成式、张希复《赠诸上人联句》:"朗吟疏磬断,久语贯珠妨。"

【貫索】 绳子。张说《奉和观拔河》:"长绳系日住,贯索挽河流。"亦指绳状物。刘禹锡《和乐天秋凉闲卧》:"荷珠贯索断,竹粉残妆在。"

【貫胸】 亦作"貫匈"。传说中的古国名。亦泛指海外诸国。《山海经·海外南经》:"贯匈国在其[盛国]东,其为人匈窍。"沈佺期《度安海入龙编》:"我来交趾郡,南与贯胸连。"

【貫魚】 ❶用绳子穿鱼。刘禹锡《有獭吟》:"呼儿贯鱼归,与獭同烹煎。"❷用绳子穿鱼,鱼个个相次有序,故以"貫魚"喻有次序。元稹《遣行十首》之九:"每逢危栈处,须作贯鱼行。"李绅《到宣武三十韵》:"贯鱼奔骑疾,连雁卷行轻。"

【貫微】 唐末五代僧人。与贯休、齐己有交往。

齐己有《谢贯微上人寄示古风今体四轴》。又有《酬微上人》和《寄武陵微上人》。微上人，亦即贯微。

【貫蝨】 贯穿虱心。极言射技之精。典出《列子·汤问》："纪昌者，又学射于飞卫……昌以氂悬虱于牖，南面而望之，旬日之间，浸大也；三年之后，如车轮焉，以睹余物，皆丘山也。乃以燕角之弧，朔蓬之簳射之，贯虱之心而悬不绝。"李瀚《蒙求》："纪昌贯虱，养由号猿。"

五 画

貳 〔èr《广韵》而至切，去至，日。〕❶副职，副手。《国语·晋语一》："夫太子，君之贰也。"韦照注："贰，副也。"李康成《东郊纳凉忆左威卫李录事收昆季太原崔参军三首》序："仆三伏于通化门东北数里避暑之地，地即故倅天官顾公之旧林，今贰宰君李公之别业。"亦指担任某种副职。权德舆《送别沅泛》："偶来贰仪曹，量力何可支。"❷不受信任，被猜疑。元稹《楚歌十首》之三："子建犹相贰，伍奢安得存。"李商隐《淮阳路》："猜贰谁先致，三朝事始平。"❸怀有二心。元结《寄源休》："时多尚矫诈，进退多欺贰。"

【貳師】 本西汉时西域大宛国地名。出良马。周存《西戎献马》："来参八骏列，不假贰师功。"白居易《赠李兵马使》："身得贰师余气概，家藏都尉旧诗章。"薛能《彭门解嘲二首》之一："呜呜吹角贰师营，落日身闲笑傲行。"陆龟蒙《江南秋怀寄华阳山人》："弘深司马法，雄杰贰师兵。"

【貳職】 副职。李颀《赠别穆元林》："贰职久辞满，藏名三十年。"

【貳觴】 再三献酒。亦指再献之觞。《汉书·礼乐志》："神嘉虞，申贰觞。"颜师古注："贰觞，犹重觞。"于邵《释奠武成王乐章·亚南终献》："贰觞以献，三变其终。"

貰 〔shì《广韵》舒制切，去祭，書。又神夜切，去禡，船。〕❶赊欠。《史记·高祖本纪》："常从王媪、武负贳酒。"裴骃集解引韦昭曰："贳，赊也。"王绩《过酒家五首》之五："来时长道贳，惭愧酒家胡。"李贺《开愁歌》："旗亭下马解秋衣，请贳宜阳一壶酒。"柳宗元《同刘二十八院长述旧言怀之作因其韵增至八十通赠二君子》："令肃军无扰，程悬市禁贳。"白居易《雪中晏起偶咏所怀兼呈张常侍韦庶子皇甫侍郎中》："东家典钱归碍夜，南家贳米出凌晨。"❷泛指买。多指买酒。元稹《赛神》："杀牛贳官酒，椎鼓集顽民。"罗隐《送程尊师之晋陵》："溪含句曲清连底，酒贳余杭渌满樽。"齐己《送人入蜀》："文君酒市逢初雪，满贳新沽洗旅颜。"参见"貰酒"。❸宽恕。参见"貰過"。

【貰酒】 赊酒。亦泛称买酒。蔡希寂《洛阳客舍逢祖咏留宴》："逢君贳酒因成醉，醉后焉知世上情。"钱起《秋夜梁七兵曹同宿二首》之一："摘菱频贳酒，待月未扃扉。"李商隐《裴明府居止》："明日还相见，桥南贳酒酴。"韦庄《李氏小池亭十二韵》："访僧舟北渡，贳酒日西衔。"

【貰過】 宽恕过错。韩愈《除官赴阙至江州寄鄂岳李大夫》："公其务贳过，我亦请改事。"

賁[1] 〔bì《广韵》彼義切，去真，幫。〕❶文饰，装饰。《易·贲》："贲其趾，舍车而徒。"高亨注："'贲其趾'者，谓文其足也。"崔枢《赐耆老布帛》："情均皆挟纩，礼异贲丘园。"李商隐《和刘评事永乐闲居见寄》："看封谏草归鸾掖，尚贲衡门待鹤书。"李山甫《山中答刘书记寓怀》："之子贲丘园，户牖松萝映。"❷华美光彩貌。《易·贲》："九三：贲如濡如，永贞吉。"孔颖达疏："贲如，华饰之貌。"骆宾王《久戍边城有怀京邑》："九微光贲玉，千仞忽弹珠。"贺敳《奉和九月九日应制》："高飙凝素籥，玄览贲黄图。"肃宗《延英殿玉灵芝诗三章八句》之三："效此灵质，贲其王猷。"

賁[2] 〔bēn《广韵》博混切，平魂，幫。〕见"賁$_2$育"。

賁[3] 〔lù《集韵》力竹切，入屋，來。〕见"賁$_3$渾"。

【賁帛】 指帝王尊贤礼士所赐与的束帛。语本《易·贲》："贲于丘园，束帛戋戋。"王肃注："失位无应，隐处邱园，盖蒙暗之人，道德弥明，必有束绵之聘也。"宋璟《奉和圣制同二相已下群官乐游园宴》："亹亹韶弦屡，戋戋贲帛周。"

【賁$_2$育】 战国时勇士孟贲和夏育的并称。《汉书·司马相如传》："勇期贲育。"颜师古注："孟贲，古之勇士也，水行不避蛟龙，陆行不避豺狼，发怒吐气，声响动天。夏育，亦猛士也。"柳宗元《唐饶歌鼓吹曲十二篇·高唱》："贲育搏婴儿，一扫不复余。"

【賁$_3$渾】 即陆浑。古地名。《公羊传·宣公三年》："楚子伐贲浑戎。"陆德明释文："贲浑，旧音六，或音奔；下户门反。二传作陆浑。"在唐河南府陆浑县(治所在今河南嵩县东北)。韩愈《陆浑火山和皇甫湜用其韵》："皇甫补宫古贲浑，时当玄冬泽乾源。"

貼 〔tiē《广韵》他協切，入帖，透。〕❶把薄片状之物粘在另一物上。苏颋《人日重宴大明宫恩赐彩缕人胜应制》："初年竞贴宜春胜，长命先浮献寿杯。"李贺《马诗二十三首》之一："龙脊贴连钱，银蹄白踏烟。"张碧《庐山瀑布》："谁将织女机头练，贴出青山碧云面？"❷接近，靠近。白居易《犬鸢》：

"腹舒稳贴地，翅凝高摩天。"殷尧藩《忆家二首》之一："新霁飚林初，蘋花贴岸舒。"吴融《绵竹山四十韵》："披海出珊瑚，贴天堆碧玉。"和凝《宫词百首》之三六："才人侍立持团扇，金缕双龙贴碧藤。"❸以书或纸充当的夹子。孟郊《古意》："启贴理针线，非独学裁缝。"

【貼水】 接近水面。南唐嗣主李璟《浣溪沙》词："风压轻云贴水飞，乍晴池馆燕争泥。"

貴 〔guì《广韵》居胃切，去未，見。〕❶价格高。杜甫《偪仄行赠毕曜》："街头酒价常苦贵，方外酒徒稀醉眠。"刘禹锡《同乐天和微之深春二十首》之十二："多咕味浓酒，贵买色深花。"姚合《答韩湘》："难为间其辞，益贵我纸墨。"亦指价格昂贵之物。吴融《祝风三十二韵》："籴贱兼粜贵，凶年翻大喜"❷宝贵；重要。韦应物《南园陪王卿游瞩》："一酌何为贵，可以写冲襟。"韩愈《重云李观疾赠之》："此志诚足贵，惧非职所当。"白居易《送徐州高仆射赴镇》："战将易求何足贵，书生难得始堪荣。"朱庆余《送刘思复南河从军》："七千里别宁无恨，且贵从军乐事多。"❸珍视；重视。储光羲《同诸公秋日游昆明池思古》："上兵贵代谋，此道不能为。"白居易《小岁日喜谈氏外孙女孩满月》："物以稀为贵，情因老更慈。"司马扎《卖花者》："贵粟不贵花，生人自应泰。"聂夷中《古兴》："唐虞贵民食，只是勤播种。"❹尊贵；地位显要。杨贲《时兴》："贵人昔未贵，咸愿顾寒微。"卢纶《送彭开府往云中觐使君兄》："一门三代贵，非是主恩偏。"白居易《送王处士》："主人贵且骄，待客礼不足。"赵嘏《十无诗寄桂府杨中丞》之四："马融已贵诸生老，犹自容窥绛帐无?"亦指尊贵者、地位显要之人。白居易《秋池二首》之二："有似泛泛者，附离权与贵。"丁元和《诗》："九重天子人中贵，五等诸侯阃外尊。"杨凭《早发湘中》："按节鸣笳中贵催，红旌白旆满船开。"❻尊重，敬重。李白《送侯十一》："时无魏公子，岂贵抱关人。"戴叔伦《奉陪李大夫九日宴龙沙》："去官惭比谢，下榻贵同徐。"❼欲；想要。《战国策·东周策》："谓周最曰：'魏王以国与先生，贵合于秦以伐齐。'"鲍彪注："贵，犹欲。"戎昱《花下宴送郑炼师》："贵看花柳色，图放别离心。"韩愈《东都遇春》："得闲无所作，贵欲辞视听。"张籍《寄衣曲》："官家亦自寄衣去，贵从妾手著君身。"白居易《秋暮西归途中书情》："思乡贵早发，发在鸡鸣前。"姚合《过张云峰院宿》："棋罢嫌无敌，诗成贵在前。"❽敬词。韩愈《从潮州量移袁州张韶州端公以诗相贺因酬之》："将经贵郡烦留客，先惠高文谢起予。"仁贞《七日禁中陪宴》："入朝贵国惭下客，七日承恩作上宾。"

【貴人】 ❶显贵之人。白居易《效陶潜休诗十六首》之十五："南巷有贵人，高盖驷马车。"杜牧《送隐者一绝》："公道世间唯白发，贵人头上不曾饶。"李洞《赠僧》："不羡王公与贵人，唯将云鹤自相亲。"韩屿《赠进士李守微》："一定童颜老岁华，贫寒游历贵人家。"❷女官名。后汉光武帝始置，地位仅次于皇后。后沿袭其名，而位尊卑不一。亦泛称妃嫔之属。王昌龄《殿前曲二首》之一："贵人梳妆殿前催，香风吹入殿后来。"韦应物《夏冰歌》："九天含露未销铄，阊阖初开赐贵人。"刘禹锡《马嵬行》："路边杨贵人，坟高三四尺。"❸即中贵人。对有体面的宦官的敬称。韩愈《华山女》："天门贵人传诏召，六宫愿识师颜形。"

【貴士】 ❶尊重贤士。权德舆《奉和崔评事寄外甥刘同州并呈杜宾客许给事王侍郎昆弟杨少尹李侍御并见寄之作》："清时左冯翊，贵士二千石。"❷权贵之士。李康成《玉华仙子歌》："兰陵贵士谢相逢，济北风生尚回顾。"

【貴上】 尊贵显要之位。齐己《荆门寄怀章供奉兼呈幕中知己》："紫衣居贵上，青衲老关中。"

【貴介】 尊贵，高贵。白居易《题周皓大夫新亭二十二韵》："贵介交三事，光荣照四邻。"

【貴公子】 富贵人家的子弟。温庭筠《秘书刘尚书挽歌词二首》之二："京口贵公子，襄阳诸女儿。"秦韬玉有《贵公子行》。

【貴仕】 显贵的官位。语出《左传·僖公二十三年》："夫有大功而无贵仕，其人能靖者与有几?"杜预注："贵仕，贵位。"韩愈《谁氏子》："又云时俗轻寻常，力行险怪取贵仕。"

【貴主】 尊贵的公主。戴叔伦《赠康老人洽》："贤王贵主于我厚，骏马苍头如己有。"张籍《玉真观》："台殿曾为贵主家，春风吹尽竹窗纱。"许浑《破北虏太和公主归宫阙》："匈奴北走荒秦垒，贵主西还盛汉宫。"陈陶《陇西行四首》之四："自从贵主和亲后，一半胡风似汉家。"

【貴耳】 以耳食为贵，轻信传闻。周昙《咏史诗·春秋战国门·卞和》："自是时人多贵耳，目无明鉴使俱焚。"

【貴州】 唐州名。贞观八年(634)以南尹州改名，治所在郁平县(今广西贵港市)。天宝元年(742)改为怀泽郡，乾元元年(758)复名贵州。权德舆有《李韶州著书常论释氏之理贵州有能公遗迹诗以问之》。

【貴池】 县名。亦水名。在今安徽池州市西，一名池口河。县始置于汉，名石城县。隋废，后复置，改名秋浦。唐于县置池州，五代杨吴改名贵池县，今为池州市，属安徽省。耿沣《雪后宿王纯池州草堂》："夜雪入秋浦，孤城连贵池。"刘禹锡《历阳书事七十韵》："贵池登陆峻，春谷渡桥鸣。"张祜有《贵池道中作》。赵嘏《岁暮江轩寄卢端公》："笑忆游星子，歌寻罢贵池。”罗隐有《贵池晓望》。

【貴池亭】 亭名。亦名望江亭。在今安徽池州市齐山。杜牧有《题池州贵池亭》。

【貴宅】 富贵人家的大宅。元稹《山竹枝》:“贵宅安危步,难将混俗材。”李频《夏日宿秘书姚监宅》:“贵宅多嘉树,先秋有好风。”曹邺有《贵宅》。

【貴妃】 女官名。南朝宋孝武帝始置,地位仅次于皇后。隋唐以后沿袭其名,位尊卑或有不同,唐诗中多指玄宗妃杨玉环。张谓《三日岐王宅》:“玉女贵妃生,嫛婗始发声。”王建《霓裳词十首》之五:“伴教霓裳有贵妃,从初直到曲成时。”许浑《骊山》:“贵妃没后巡游少,瓦落宫墙见野蒿。”罗邺《陈宫》:“陈王半醉贵妃舞,不觉隋兵夜渡江。”

【貴里】 权贵人家聚居之里巷。崔颢《渭城少年行》:“贵里豪家白马骄,五陵年少不相饶。”

【貴位】 高位。亦指居高位者。皮日休《鲁望悯承吉之孤为诗序邀予属和》:“几篋诗编分贵位,一林石笋散豪家。”

【貴幸】 位高而受君王宠信。郑愔《少年行》:“田窦方贵幸,赵李新相知。”

【貴茂】 华贵而神采奕奕貌。白居易《吟前篇因寄微之》:“君颜贵茂不清羸,君句雄华不苦悲。”

【貴門】 权贵豪门。张说《赠工部尚书冯公挽歌三首》之一:“贵门传万石,余庆在双珠。”李益《杂曲》:“妾本蚕家女,不识贵门仪。”于濆《山村叟》:“虽霑巾覆形,不及贵门犬。”李山甫《山中答刘书记寓怀》:“贵门多冠冕,日与荣辱并。”

【貴胄】 贵族的后代。刘禹锡《同乐天和微之深春二十首》之十三:“何处深春好,春深贵胄家。”

【貴重】 ❶位高任重。刘禹锡《同乐天和微之深春二十首》之三:“恩光贪捧日,贵重不看花。”元稹《奉和严司空重阳日同崔常侍崔郎中及诸公登龙山落帽台佳宴》:“贵重近臣光绮席,笑怜从事落乌纱。”亦指权贵。广宣《驾幸圣容院应制》:“占来贵重缘亲近,狂客惭为侍从臣。”❷看得很宝贵。白居易《和答诗十首》序:“仆思牛僧孺戒,不能示他人,唯与杓直、拒非及樊宗师辈三四人,时一吟读,心甚贵重。”又《赠王山人》:“贵重荣华轻寿命,知君闷见世间人。”❸高贵尊严。齐己《赠询公上人》:“威仪何贵重,一室贮水清。”

【貴侯】 贵人公侯。牟融《送报本寺分韵得通字》:“贵侯知重曾忘势,闲客频来也悟空。”皮日休《伤卢献秀才》:“贵侯待写过门下,词客偷名入卷中。”郑谷有《游贵侯城南林墅》。

【貴戚】 帝王的亲族。陈子昂《晦日宴高氏林亭》序:“有渤海之宗英,是平阳之贵戚。”杜甫《韦讽录事宅观曹将军画马图》:“贵戚权门得笔迹,始觉屏障生光辉。”刘禹锡《同乐天和微之深春二十首》之五:“何处深春多,春深贵戚家。”

【貴客】 尊贵的客人。白居易《咏兴五首·小庭亦有月》:“长跪谢贵客,蓬门劳见过。”

【貴氣】 高贵的风度习气。司空图《即事九首》之六:“远峰生贵气,残月敛衰容。”孙鲂《题未开牡丹》:“青苞虽小叶虽疏,贵气高情便有余。”

【貴崇】 尊贵崇高。于濆《感怀》:“贵崇已难慕,谄笑何所长。”

【貴盛】 (—shèng)尊贵显赫。张祜《少年乐》:“眼前长贵盛,那信世间愁。”罗隐《钱尚父生日》:“贵盛上持龙节钺,延长应续鹤春秋。”杜荀鹤《经废宅》:“人生当贵盛,修德可延之。”李瀚《蒙术》:“甘宁奢移,陆凯贵盛。”

【貴族】 显贵的家族。罗隐《中元甲子以辛丑驾幸蜀四首》之四:“静怜贵族谋身易,危惜文皇创业难。”

【貴鄉】 县名。东魏天平二年(535)置,治所在今河北大名县北。北周移治今大名县东北,唐属河北道魏州。李白《经乱离后天恩流夜郎忆旧游书怀赠江夏韦太守良宰》:“蹉跎不得意,驱马还贵乡。”

【貴達】 显贵腾达。白居易《偶作二首》之一:“遑遑爱名人,几何能贵达。”李郢《秋晚寄题陆勋校书义兴禅居时淮南从事》:“骨清须贵达,神重有威仪。”郑谷《游贵侯城南林墅》:“主人贪贵达,清境属邻翁。”徐铉《右省仆射后湖亭闲宴铉以宿直先归赋诗留献》:“主人忘贵达,座客容疵贱。”

【貴婿】 对他人女婿的敬称。李商隐《韩同年新居饯韩西迎家室戏赠》:“籍籍征西万户侯,新缘贵婿起朱楼。”又《送千牛李将军赴阙五十韵》:“中郎推贵婿,定远重时英。”

【貴游】 见“貴遊”。

【貴遊】 亦作“貴游”。本指无官职的王公贵族。亦泛指显贵者。《周礼·地官·师氏》:“掌国中失之事以教国子弟,凡国之贵遊子弟学焉。”郑玄注:“贵遊子弟,王公之子弟。遊,无官司者。”李颀《缓歌行》:“小来托身攀贵遊,倾财破产无所忧。”韦应物《长安道》:“春雨依微春尚早,长安贵遊爱芳草。”刘禹锡《观棋歌送儇师西遊》:“蔼蔼京城在九天,贵遊豪士足华筵。”罗隐和许浑均有《贵游》。

【貴義輕財】 重视信义,轻视钱财。皎然《戏赠吴冯》:“贵义轻财求俗誉,一钱与人便骄倨。”

【貴壽】 富贵而长寿。权德舆《哭李晦群崔季文二处士》:“华封西祝尧,贵寿多男子。”白居易《哭刘敦质》:“愚者多贵寿,贤者独贱迍。”

【貴豪】 权贵富豪。韦应物《杂体五首》之三:

"长安贵豪家，妖艳不可数。"白居易《三谣·素屏谣》："贵豪待此方悦目，晏然寝卧乎其中。"

【貴賤】 ❶富贵与贫贱。孟浩然《岘山饯房琯崔宗之》："贵贱平生隔，轩车是日来。"皇甫松《古松感兴》："贵贱不我均，若为天地情。"白居易《禽虫十二章》之四："阿阁鹓鸾田舍乌，妍蚩贵贱两悬殊。"汪遵《短歌吟》："箭飞乌兔竞东西，贵贱贤愚不梦齐。"❷使贱者贵。视下贱物为高贵。欧阳詹《答韩十八驽骥吟》："贱贵而贵贱，世人良共然。"❸指价格的高低。杜甫《解闷十二首》之二："为问淮南米贵贱，老夫乘兴欲东流。"元稹《估客乐》："村中田舍娘，贵贱不敢争。"白居易《秦中吟十首·买花》："贵贱无常价，酬直看花数。"

【貴價】 价格昂贵。刘禹锡《同乐天和微之深春二十首》之十五："追逐同游伴，平章贵价车。"

【貴寮】 贵僚，高官显宦。李郢《郢自街西醉归辄书短章仰酬珍锡》："兰省贵寮蓬阁吏，一时缄赠到云亭。"

【貴嬪】 女官名。三国魏文帝始置，位仅次于皇后，后多沿袭其名。亦泛称妃嫔。元稹《和李校书新题乐府十二首·五弦弹》："水精帘外教贵嫔，玳瑁筵心伴中要。"温庭筠《故城曲》："故城殷贵嫔，曾占未来春。"

【貴寵】 尊贵而受宠。周昙《咏史诗·后汉门·马后》："再实伤根嫌贵宠，惠慈劳悴育皇储。"

【貴獻】 贵重的献礼。韩愈《秋怀诗十一首》之三："陈迹竟谁寻，贱嗜非贵献。"

買 〔mǎi《广韵》莫蟹切，上蟹，明。〕❶以钱购物。刘长卿《送惠法师游天台因怀智大师故居》："定攀岩下丛生桂，欲买云中若个峰。"刘禹锡《和微之深春二十首》之十二："多沽味浓酒，贵买色深花。"朱庆余《赠韩协律》："门闲多有投文客，身病长无买药钱。"吴融《秋兴》："鱼买罾头活，酒沽船上香。"❷雇，租。徐铉《送郝郎中为浙西判官》："若许他时作闲伴，殷勤为买钓鱼船。"参见"買舟"。❸卖弄，炫耀。袁瓘《鸿门行》："少年买意气，百金不辞费。"李商隐《随师东》："东征日调万黄金，几竭中原买斗心。"❹招致。孟郊《观种树》："胡为好奇者，无事自买忧。"

【買山】 典出南朝宋刘义庆《世说新语·排调》："支道林因人就深公买印山，深公答曰：'未闻巢由买山而隐。'"后遂以为隐居之典。孟浩然《宿立公房》："支遁初求道，深公笑买山。"刘长卿《题王少府尧山隐处简陆鄱阳》："买田楚山下，妻子自耕凿。"刘禹锡《游桃源》："买山构精舍，领徒开讲席。"温庭筠《春日访李十四处士》："谁言有策堪经世，自是无钱可买山。"

【買日】 言时间宝贵，如同钱买，宜加珍惜。王建《归照应留别城中》："计拙偷闲住，经过买日行。"鲍溶《秋暮山中怀李端公益》："古人重一笑，买日轻金装。"

【買臣】 朱买臣。字翁子，西汉官吏，吴县（今江苏苏州市）人。家贫，好读书，以采卖柴薪为生。负薪诵书于道，其妻亦负载相随，数止买臣毋歌讴道中。买臣愈益疾歌，妻羞之，求去。买臣笑曰："我年五十当富贵，今已四十余矣。汝苦日久，待我富贵报汝功。"妻不信，遂去。后买臣为会稽太守，衣锦还乡，遇其妻及后夫，令载归太守舍，置园中，给食之，居一月，妻自缢死。见《汉书·朱买臣传》。李白《南陵别儿童入京》："会稽愚妇轻买臣，余亦辞家西入秦。"秦系《会稽山居寄薛播侍郎袁高给事高参舍人》："宁知买臣困，犹负会稽樵。"白居易《读史五首》之五："买臣负薪日，妻亦弃如遗。"李绅《初秋忽奉除诏浙东观察使检校右貂》："疏爱杜门期脱屣，买臣归邸忽乘轺。"

【買舟】 雇船。元稹《竞舟》："买舟俟一竞，竞敛贫者赇。"

【買名】 沽取名声。李白《赠范金卿二首》之二："范宰不买名，弦歌对前楹。"又《送裴十八图南归嵩山二首》之二："洗心得真情，洗耳徒买名。"

【買交】 花钱交朋友。任华《寄李白》："白璧一双买交者，黄金百镒相知人。"

【買君顧】 春秋时楚文王之夫人郑瞀对成王不加一顾。成王许以为夫人，复不顾。成王许以千金并封其父兄，始得一顾。见旧题刘向《列女传·节义传·楚成郑瞀传》。后以为典，意谓为赢得欢心不惜一切代价。李白《赠裴十四》："身骑白鼋不敢度，金高南山买君顾。"

【買妻】 朱买臣之妻。嫌买臣担柴歌讴道中。后他适。李瀚《蒙求》："买妻耻醮，泽室犯斋。"

【買取】 买。取，语助词。刘禹锡《唐侍御寄道林岳麓二寺诗并沈中丞姚员外所和见征继作》："恨无黄金千万饼，布地买取为丘园。"施肩吾《少女词二首》之二："同心带里脱金钱，买取头花翠羽连。"徐铉《走笔送义兴令赵宣辅》："杜牧旧居凭买取，他年藜杖愿同归。"

【買骨】 见"買駿骨"。

【買笑】 以金钱换取美人欢笑。谓狎妓游冶。刘禹锡《泰娘歌》："自言买笑掷黄金，月堕云中从此始。"于濆《织素谣》："五侯初买笑，建章方落籍。"刘损《愤惋诗三首》之三："买笑楼前花已谢，画眉窗下月空残。"

【買笑金】 狎妓所花的费用。刘损《愤惋诗三首》之二："已休磨琢投泥玉，懒更经营买笑金。"杜牧《为人题赠二首》之一："我乏青云称，君无买笑金。"亦作"買笑錢"。李商隐《和人题真娘墓》："柳眉空吐效颦叶，榆荚还飞买笑钱。"

【買笑錢】 见“買笑金”。

【買醉】 沽酒痛饮以求醉。李白《结客少年场行》：“托交从剧孟，买醉入新丰。”又《梁园吟》：“沉吟此事泪满衣，黄金买醉未能归。”

【買賦】 典出汉司马相如《长门赋》序：“孝武皇帝陈皇后时幸；颇妒。别在长门宫，愁闷悲思。闻蜀郡成都司马相如天下工为文，奉黄金百斤为相如文君取酒，因于解悲愁之辞。而相如为文以悟主上，陈皇后复得亲幸。”后以为典，多用于宫怨诗。卢汝弼《妾薄命》：“黄金买赋心徒切，清路飞尘信莫通。”李益《汉宫少年行》：“徒用黄金将买赋，宁知白玉暗成痕。”梁锽《长门怨》：“翻悲因买赋，索镜照空辉。”戴叔伦《宫词》：“贞心一任蛾眉妒，买赋何须问马卿。”

【買薪】 买柴。杜甫《送王十六判官》：“买薪犹白帝，鸣橹少沙头。”

【買駿】 见“買駿骨”。

【買駿骨】 《战国策·燕策一》载，燕昭王欲招揽贤才，郭隗谓昭王曰：“臣闻古之君人，有以千金求千里马者，三年不能得。涓人言于君曰：‘请求之。’君遣之。三月得千里马，马已死，买其首五百金，反以报君。君大怒曰：‘所求者生马，安事死马而捐五百金？’涓人对曰：‘死马且买之五百金，况生马乎？天下必以王为能市马，马今至矣。’于是不能期年，千里之马至者三。今王诚欲致士，先从隗始，隗且见事，况贤于隗者乎？岂远千里哉？”于是燕昭王为郭隗筑宫而师事之。后遂以“買駿骨”为求贤若渴之典。杜甫《赠崔十三评事公辅》：“燕王买骏骨，渭老得熊罴。”李贺《马诗二十三首》之十三：“堆金买骏骨，将送楚襄王。”亦省作“買駿”“買骨”。韩琮《咏马》：“难逢王济知音癖，欲就燕昭买骏名。”徐夤《偶题二首》之一：“买骨须求骐骥骨，爱毛宜采凤凰毛。”

貺 〔kuàng《广韵》許訪切，去漾，曉。〕❶赐予，赐给。德宗《重阳日即事》：“寡德荷天贶，顺时休百工。”元结《二风·治风诗五篇·至仁》：“不全不缺，莫知所贶。”严维《奉和皇甫大夫祈雨应时雨降》：“欲识皇天意，为霖贶在哉。”张衮《梁郊祀乐章·庆和》：“灵贶彰，圣情结。”❷赠送。韦应物《张彭州前与缑氏冯少府各惠寄发一篇多故未答张已云没因追哀叙事兼远简冯生》：“金玉蒙远贶，篇咏见吹嘘。”刘禹锡《送僧方及南谒柳员外》序：“予为连州，居无何而方及至，出裓中诗一篇以贶予。”白居易《画竹歌》序：“予厚其意，高其艺，无以答贶，作歌以报之。”皮日休《奉和鲁望谢惠巨鱼之半》：“何事贶君偏得所，只缘同是越航郎。”❸指赐予或赠送之物。王维《酬贺四赠葛巾之作》：“野巾传惠好，兹贶重兼金。”则天皇后《唐大飨拜洛乐章·咸和》：“灵眷遥行秘躅，嘉贶荐委殊珍。”钱起《裴侍郎湘川回以青竹筒相遗因而赠之》：“长跪捧嘉贶，岁寒惭所钦。”杨巨源《和人与人分惠赐冰》：“丽词珍贶难双有，迢递金舆殿角东。”

貸 〔dài《广韵》他代切，去代，透。〕❶施与；给予。张说《三月二十日诏宴乐游园赋得风字》：“皇恩贷芳月，旬宴美成功。”杜甫《大雨》：“则知润物功，可以贷不毛。”❷借入。寒山《诗三百三首》之一二六：“就贷一斗许，门外立踟蹰。”杜甫《奉赠萧二十使君》：“监河受贷粟，一起辙中鳞。”李贺《仁和里杂叙皇甫湜》：“大人乞马癯乃寒，宗人贷宅荒厥垣。”❸饶恕，宽恕。沈佺期《答宁处州书》：“质幸恩先贷，情孤枉未分。”柳宗元《酬韶州裴曹长使君寄道州吕八大使因以见示二十韵》：“御魅恩犹贷，思贤泪自潸。”

【貸借】 借债。韩愈《崔十六少府摄伊阳以诗及书见投因酬三十韵》：“谓言安堵后，贷借更何患。”

【貸錢】 借钱。王梵志《诗》之三九：“借物索不得，贷钱不肯还。”

貿 〔mào《广韵》莫候切，去候，明。〕❶买卖，交易。见“貿易”。❷变易，改变。韩愈《南山诗》：“吁嗟信奇怪，峙质能化贸。”❸谋取，换取。韦应物《送李十四山东游》：“岂是贸荣宠，誓将救元元。”

【貿易】 交易，做买卖。姚合《送王求》：“为农昧耕耘，作商迷贸易。”

【貿貿】 纷乱貌。韩愈《琴操十首·猗兰操》：“雪霜贸贸，荠麦之茂。”

貯 〔zhù《广韵》丁吕切，上語，知。〕❶积聚；储藏。太宗《望终南山》：“出红扶岭日，入翠贮岩烟。”刘禹锡《同乐天和微之深春二十首》之一一：“唯多贮金帛，不拟负莺花。”白居易《想东游五十韵》：“紫洞藏仙窟，玄泉贮怪湫。”马戴《春思》：“幽怨贮瑶瑟，韶光凝碧林。”❷装，盛。把东西放进器具之中。李颀《夏宴张兵曹东堂》：“羽扇摇风却珠汗，玉盆贮水割甘瓜。”白居易《嗟发落》：“银瓶贮寒泉，当顶倾一勺。”雍裕之《豪家夏冰咏》：“金错银盘贮赐冰，清光如耸玉山棱。”花蕊夫人徐氏《宫词》之五七：“御座垂帘绣额单，冰山重叠贮金盘。”❸安置；置放。杜甫《承闻河北诸道节度入朝欢喜口号绝句十二首》之九：“紫气关临天地阔，黄金台贮俊贤多。”元结《窊尊诗》：“酒堂贮酿器，产牖皆罂瓶。”刘禹锡《馆娃宫二章》之一：“宫馆贮娇娃，当时意大夸。”齐己《过陈陶处士旧居》：“一室贮琴尊，诗皆大雅言。”❹怀抱；潜藏于心。戎昱《上桂州李大夫》：“唯于方寸内，暗贮报恩珠。”白居易《江上对酒二首》之二：“久贮沧浪意，初辞桎梏身。”又《端居咏怀》：“胸襟曾贮匡时策，怀袖犹残谏猎书。”姚合《送进士田卓入华山》：“业成须谒帝，无贮白云心。”

【貯雲含霧】 指未经使用的优质毛笔。柳宗元《杨尚书寄郴笔辄献长句》：“截玉铦锥作妙形，贮云含雾到南溟。”

【貯愁】 胸怀愁苦。柳宗元《同刘二十八院长述旧言怀之作因其韵增至八十通赠二君子》：“贮愁听夜雨，隔泪数残葩。”

【貯積】 储存。吕岩《七言》之四七：“盈箱贮积登仙录，满室收藏伏火砂。”

【貯儲】 积蓄。韩愈《符读书城南》：“金璧虽重宝，费用难贮储。”

費 〔fèi《广韵》芳未切，去未，敷。〕❶靡费，用钱过多。袁瓘《鸿门行》“少年买意气，百金不辞费。”杜甫《饮中八仙歌》：“左相日兴费万钱，饮如长鲸吸百川，衔杯乐圣称世贤。”王建《水运行》：“用尽百金不为费，但得一金即为利。”白居易《秦中吟十首·伤宅》：“一堂费百万，郁郁起青烟。”❷花费，耗费。李白《饯校书叔云》：“少年费白日，歌笑矜朱颜。”韩愈《赠崔立之评事》：“可怜无益费精神，有似黄金掷虚牝。”元稹《估客乐》：“所费百钱本，已得十倍赢。”罗虬《比红儿诗》之一八：“阿娇得似红儿貌，不费长门买赋金。”亦指使耗费。张九龄《送赵都护赴安西》：“义无中国费，情必远人安。”王维《送陆员外》：“无为费中国，更欲邀奇功。”❸费用。李华《咏史十一首》之六：“糜费巨万计，宫车终不还。”白居易《新乐府·骊宫高》：“中人之产数百家，未足充君一日费。”又《自喜》：“携将贮作丘中费，犹免饥寒得数年。”李商隐《行次西郊作一百韵》：“南资竭吴越，西费失河源。”❹言辞繁琐多余。白居易《和答诗十首·和阳城驿》：“不劳叙世家，不用费文辞。”参见“費詞”。❺以，用。李白《黄葛篇》：“闺人费素手，采缉作絺绤。”❻烦劳。杜甫《立秋雨院中有作》：“已费清晨谒，那成长者谋。”皮日休《送弟皮崇归复州》：“车螯近岸无妨取，舴艋随风不费牵。”罗隐《秋夜寄进士顾荣》：“多病谩劳窥圣代，薄才终是费知音。”❼姓。唐诗人有费冠卿。

【費力】 花费气力。元稹《竞舟》：“楚俗不爱力，费力为竞舟。”张籍《移居静安坊答元八郎中》：“作活每常嫌费力，移居只是贵容身。”

【費子】 ❶费长房。来鹄《鄂渚清明日与乡友登头陀山》：“思量费子真仙子，不作头陀山下尘。”❷岑参友人。岑参《送费子归武昌》：“吾观费子毛骨奇，广眉大口仍赤髭。”

【費日】 耗费时日。杜甫《自瀼西荆扉且移居东屯茅屋四首》之三：“斫畬应费日，解缆不知年。”

【費六】 费玄之。骆宾王有《送费六还蜀》。

【費心】 用心，操心。杜甫《严氏溪放歌行》：“费心姑息是一役，肥肉大酒徒相要。”

【費用】 花费的钱财。韩愈《符读书城南》：“金璧虽重宝，费用难贮储。”

【費拾遺】 指费冠卿。冠卿，曾召拜右拾遗，未赴。姚合有《哭费拾遗征君》。顾非熊有《寄九华山费拾遗》。罗邺有《费拾遗书堂》。李群玉有《经费拾遗所居呈封员外》。参见“費徵君”。

【費冠卿】 唐诗人。字子军，池州(今安徽池州市)人。元和登进士第。适逢母卒，叹曰：“干禄养亲耳，得禄而亲丧，何以禄为?”遂隐池州九华山。长庆中，殿院李行修举其孝节，召拜右拾遗，不赴。《全唐诗》卷四九五录其诗《不赴拾遗召》等十一首。

【費財】 耗费钱财。元稹《和李校书新题乐府十二首·阴山道》：“费财为马不独生，耗帛伤工有他盗。”

【費詞】 徒费言辞，说废话。元稹《遣悲怀三首》之三：“邓攸无子寻知命，潘岳悼亡犹费词。”

【費禕】 (？—253)三国时蜀汉大臣。字文伟。江夏鄳县(今河南罗山县西南)人。初任黄门侍郎，为诸葛亮所重。后继蒋琬执政，任大将军、录尚书事。延熙十六年(253)，为魏降人郭循刺死。罗隐《游江夏口》：“黄祖不能容贱客，费祎终是负仙才。”

【費徵君】 费冠卿。元和二年(807)进士及第，以禄不及亲，永怀罔极之念，遂隐于九华，长庆中拜右拾遗不赴。见《唐摭言》卷八。参见“費冠卿”。萧建有《代书问费征君九华亭》。姚合有《哭费拾遗征君》。张乔有《经九华山费征君故居》。罗隐有《九华山费征君所居》。

賀 〔hè《广韵》胡箇切，去箇，匣。〕❶庆贺，祝贺。李峤《燕》：“相贺雕阑侧，双飞翠幕中。”孟浩然《同独孤使君东斋作》：“廨宇宜新霁，田家贺有秋。”刘禹锡《平蔡州三首》之三：“四夷闻风失匕箸，天子受贺登高楼。”翁承赞《奉使封闽王归京洛》：“指日还家堪自重，恩荣昼锦贺封王。”❷姓。唐诗人有贺知章、贺敳、贺朝等。

【賀八】 贺知章。张说《同贺八送兖公赴荆州》。

【賀九】 即贺朝。朝行九。孙逖有《酬万八贺九云门下归溪中作》。刘长卿有《明月湾寻贺九不遇》。

【賀正】 (—zhēng)岁首元旦之日，群臣朝贺天子。见宋高承《事物纪原·正朔历数·贺正》。韩愈有《天星送杨凝郎中贺正》。

【賀自真】 嵩山道士。据传，一日云鹤满空，声乐清亮，飞升而去。见《续仙传》。陈陶有《洛城见贺自真飞升》。

【賀老】 ❶指贺怀智。玄宗时善弹琵琶的乐师。元稹《连昌宫词》：“夜半月高弦索鸣，贺老琵琶定场屋。”❷指贺知章。张祜《偶题》：“唯恨世间无贺老，谪仙长在没人知。”吴融《赠𧦬光上人草书歌》：“稽山贺老昔所传，又闻能者惟张颠。”马云奇《怀素师草书歌》：“贺老遥闻怯后生，张颠不敢称先辈。”

【贺州】 隋开皇时置，治所在临贺县（今广西贺县东南贺街）。大业初废。唐武德四年(621)复置，天宝元年(742)改为临贺郡，乾元元年(758)复名贺州。元稹《酬乐天书怀见寄》：“行逢贺州牧，致书三四封。”

【贺表】 帝王有庆典武功等事，臣下所上的祝颂文表。张籍《送浙西周判官》：“天阙因将贺表到，家乡新著赐衣还。”

【贺若郎中】 当为贺若察。贺若察曾官杭州刺史、吏部郎中。刘长卿有《奉送贺若郎中贼退后之杭州》。

【贺若弼】 (544—607)隋大将。字辅伯，河南洛阳人。北周时，任寿州刺史，封襄邑公。入隋，任吴州总管、行军总管、右武侯大将军等职。后为炀帝所害。周昙《咏史诗·隋门·贺若弼》：“破敌将军意气豪，请除倾国斩妖娆。”

【贺拔】 复姓。周朴有《喜贺拔先辈衡阳除正字》。贺拔先辈，名不详。

【贺雨】 庆祝久旱得雨。白居易有《贺雨》。

【贺季真】 贺知章字季真。李白《对酒忆贺监二首》之一：“四明有狂客，风流贺季真。”

【贺知章】 (659—744)唐诗人。字季真，自号四明狂客，越州永兴（今浙江杭州市萧山区）人。证圣元年(695)进士，历任太常博士、礼部侍郎、太子宾客等职。知章风流倜傥，狂放不羁，嗜酒，为当时“饮中八仙”之一。《全唐诗》卷一一二录其诗一卷十九首，多为祭神乐章和应制诗。

【贺侍郎】 贺知章。知章曾官礼部侍郎、工部侍郎，见《旧唐书·贺知章传》。孟浩然有《秦中苦雨思归赠袁左丞贺侍郎》。

【贺草】 指贺知章草书。林宽《和周繇校书先辈省中寓直》：“粘尘贺草没，剥粉薛禽迷。”

【贺客】 祝贺的宾客。卢照邻《哭金部韦郎中》：“贺客犹扶路，哀人遂上堂。”吕温《病中自户部员外郎转司封》：“遣儿迎贺客，无力拂尘冠。”白居易《初除户曹喜而言志》：“喧喧车马来，贺客满我门。”又《何处难忘酒七首》之七：“赦书逢驿骑，贺客出都门。”

【贺延碛】 地名。在伊州（今新疆哈密市）东南。岑参有《日没贺延碛作》。

【贺酒】 庆贺之酒。李商隐《喜雪》：“此时倾贺酒，相望在京华。”

【贺宴】 庆贺的宴会。杨汝士《宴杨仆射新昌里第》：“再岁生徒陈贺宴，一时良史尽传馨。”白居易有《喜刘苏州恩赐金紫遥想贺宴以诗庆之》。

【贺書】 庆贺的文书。韩愈、李正封《晚秋郾城夜会联句》：“跛朝贺书飞，塞路归鞍跃。”

【贺雪】 冬雪为丰年之兆，古代群臣每于雪后上表献诗向君王表示祝贺，称为“賀雪”。李洞《哭栖白供奉》：“贺雪已成金殿梦，香涛终负石桥期。”

【贺喜】 对喜庆之事表示祝贺。白居易《喜梦得自冯翊归洛兼呈令公》：“邹枚未用争诗酒，且饮梁王贺喜杯。”赵嘏《喜张濆及第》：“春风贺喜无言语，排比花枝满杏园。”李搏《贺裴廷裕蜀中登第诗》：“嘉祯果中君平卜，贺喜须斟卓氏杯。”

【贺朝】 唐诗人。越州（治所在今浙江绍兴市）人。曾官山阴尉。《全唐诗》卷一〇七录其《南山》等诗八首。按《全唐诗》凡贺朝诗亦作“贺朝清”诗，“贺朝”“贺朝清”当为一人。

【贺筵】 庆贺的宴会。白居易《分司初到洛中偶题六韵兼戏呈冯尹》：“不知金谷主，早晚贺筵开？”又《卢尹贺梦得会中作》：“病闻川守贺筵开，起伴尚书饮一杯。”张蠙《边将》：“战骨沙中金镞在，贺筵花畔玉盘新。”

【贺循】 (260—319)西晋江南士族首领。字彦先，会稽山阴（今浙江绍兴市）人。循官拜太常，继承家学，博览群书，尤精于《礼》学。能据经典为朝廷咨疑解难，时人目为当时儒宗。见《晋书·贺循传》。苏颋《赠司徒豆卢府君挽词》：“宠赠追胡广，亲临比贺循。”李瀚《蒙求》：“贺循儒宗，孙绰才冠。”

【贺遂亮】 唐诗人。曾官御史。与韩思彦友善，互有酬唱。韩思彦有《酬贺遂亮》。《全唐诗》卷四四录其《赠韩思彦》一首。

【贺遂員外】 贺遂陟。岑仲勉《郎官石柱题名新著录》户部员外郎第六行有贺遂陟。王维有《送贺遂员外外甥》。

【贺遂涉】 唐诗人。曾官户部员外郎。《全唐诗》卷八七〇录其《嘲赵谦光》一首。赵谦光有《答户部员外贺遂涉戏赠》。

【贺厦】 庆祝大厦落成。杨发《檐雀》：“衔环唯报德，贺厦本知归。”刘兼《秋夕书怀》之一：“守方半会蛮夷语，贺厦全忘燕雀心。”参见“賀燕”。

【贺敳】 唐诗人。山阴（今浙江绍兴市）人。历官率更令、崇文馆学士。《全唐诗》卷四五录其《奉和九月九日应制》一首。

【贺監】 (—jiàn)指贺知章。知章尝官秘书监，晚年自号秘书外监，见《旧唐书·贺知章传》。韩翃《送夏侯校书归上都》：“青春事贺监，黄卷问张生。”刘禹锡《洛中寺北楼见贺监草书提诗》：“高楼贺监昔曾登，壁上笔踪龙虎腾。”齐己《寄镜湖方干处士》：“贺监旧山川，空来近百年。”曹松《吊李翰林》：“昔朝曾侍玄宗侧，大夜应归贺监边。”

【賀賓】 贺客，前来祝贺者。白居易《喜刘苏州恩赐金紫遥想贺宴以诗庆之》：“贺宾喜色欺杯酒，醉妓欢声遏管弦。”

【賀賓客】 贺知章。知章曾官太子宾客，见《旧唐书·贺知章传》。李白有《送贺宾客归越》。朱放有《经故贺宾客镜湖道士观》。

【賀燕】 典出《淮南子·说林训》：“汤沐具，而虮虱相吊；大厦成，而燕雀相贺，忧乐别也。”后作为祝贺新居落成的典故。宋之问《宴安乐公主宅得空子》：“玳梁翻贺燕，金埒倚晴虹。”刘禹锡《奉和裴令公新绿野堂即书》：“无因随贺燕，翔集画梁间。”郑嵎《津阳门诗》：“八姨新起合欢堂，翔鹍贺燕无由窥。”亦泛指燕子。张说《赴集贤院学士上赐宴应制得辉字》：“贺燕窥檐下，迁莺入殿飞。”白居易《和杨郎中贺杨仆射致仕后杨侍郎门生合宴席上作》：“祥鳣降伴趋庭鲤，贺燕飞和出谷莺。”

【賀懷智】 唐玄宗时善弹琵琶的乐师。元稹《琵琶歌》：“玄宗偏许贺怀智，段师此艺还相匹。”

【賀蘭大夫】 贺兰进明。进明曾官御史大夫，见《资治通鉴》卷二一九。刘长卿有《瓜洲驿奉饯张侍御公拜膳部郎中侍御先在淮南幕府》。

【賀蘭山】 在今甘肃贺兰县西，俗称阿拉善山。王维《老将行》：“贺兰山下阵如云，羽檄交驰日夕闻。”顾况《梁司马画马歌》：“仰秣如上贺兰山，低头欲饮长城窟。”顾非熊《出塞即事二首》之二：“贺兰山便是戎疆，此去萧关路几荒。”卢汝弼《和李秀才边庭四时怨》之四：“半夜火来知有敌，一时齐保贺兰山。”

【賀蘭侍郎】 刘长卿有《谪官后卧病官舍简贺兰侍郎》诗，诗称“青春衣绣共称宜”，知“侍郎”为“侍御”之讹。贺兰侍御，名不详。

【賀蘭朋吉】 唐诗人。与贾岛同时。《全唐诗》卷四七〇录其《客舍喜友人相访》一首。

【賀蘭進明】 唐诗人。开元十六年(728)进士。天宝后期，任信安郡太守，迁北海太守。至德二年(757)，任河南节度使兼御史大夫，出镇临淮。时安史叛军围攻睢阳，睢阳守将张巡遣南霁云突围至临淮求救，进明嫉巡声威不肯出兵，致使睢阳陷落，张巡等殉国。进明工诗能文，著作诗文颇丰，但多散佚。《全唐诗》卷一五八录其《古意》《行路难》等七首。

【賀蘭僧伽】 尚高祖房陵公主，见《新唐书·诸帝公主传》。刘行敏有《嘲李叔慎贺兰僧伽杜善贤》。

貽 〔yí《广韵》與之切，平之，以。〕❶赠送；给予。韦应物《酬卢嵩秋夜见寄五韵》：“素秉栖遁志，况贻招隐诗。”白居易《病中诗十五首》序：“因成十五首，题为《病中诗》，且贻所知，兼用自广。”贾岛《重酬姚少府》：“隙月斜枕旁，讽咏夏贻什。”徐铉《奉和右省仆射西亭高卧作》：“赋诗贻座客，秋事尔何悲。”❷遗留；致使。李颀《答高三十五留别便呈于十一》：“藜羹被褐环堵中，岁晚将贻故人耻。”李绅《州中小饮便别牛相》：“耻矜学步贻身患，岂慕醒狂蹑祸阶。”马戴《句》：“申胥任向秦庭哭，靳尚终贻楚国羞。”司空图《自诫》：“我祖铭座右，嘉谋贻厥孙。”

【貽災】 招灾。梁氏琼《昭君怨》：“自古无和亲，贻灾到妾身。”

【貽訓】 先人留下的训诫。崔湜《至桃林基作》：“怀璧常贻训，捐金讵得邻。”元结《忝官引》：“此言非所戒，此言敢贻训。”白居易《赠内》：“君家有贻训，清白遗子孙。”

【貽孫】 《书·五子之歌》：“有典有则，贻厥子孙。”孔传：“贻，遗也。言仁及后世。”后以“貽孫”指留传给子孙后代。李商隐《送从翁东川弘农尚书幕》：“缵祖功宜急，贻孙计甚勤。”《郊庙歌辞·汉宗庙乐舞辞·显仁舞》：“尊祖咸韶备，贻孙书轨同。”

【貽責】 受责备。王昌龄《风凉原上作》：“予忝兰台人，幽寻免贻责。”

【貽厥】 ❶留传，遗留。玄宗《端午》：“忠贞如不替，贻厥后昆芳。”李商隐《送千牛李将军赴阙五十韵》：“庆流归嫡长，贻厥在名卿。”❷指子孙，后嗣。韩愈《寄刘仝》：“苗裔当蒙十世宥，岂谓贻厥无基阯？”皮日休《二游诗·徐诗》：“以此为基构，将斯用贻厥。”《郊庙歌辞·享太庙乐章·通和》：“福覃贻厥，恩被黎蒸。”❸特指传位。高适《同观陈十六史兴碑》：“季主尽荒淫，前王徒贻厥。”参见“貽厥孫謀”。

【貽厥孫謀】 《书·五子之歌》：“明明我祖，万邦之君。有典有则，贻厥子孙。”孔传：“贻，遗也。言仁及后世也。”孔颖达疏：“有治国之典，有为君之法，遗其后世之子孙，使法则之。”后以“貽厥孫謀”谓为子孙的将来预作安排。王勃《倬彼我系》之五：“贻厥孙谋，永为家宝。”

【貽禍】 留下祸害。舒元舆《八月五日中部官舍读唐历天宝已来追怆故事》：“仰思圣明帝，贻祸在肘腋。”

【貽慶】 留下吉祥，留下喜庆。褚亮《祭神州乐章·雍和》：“九土既平，万邦贻庆。”郑余庆《享太庙乐章》：“象德亿载，贻庆汤孙。”

【貽謀】 《诗·大雅·文王有声》：“诒厥孙谋，以燕翼子。”后以指父祖对子孙的训诲。权德舆《德宗神武孝文皇帝挽歌词三首》之一：“纂业光文祖，贻谋属孝孙。”白居易《德宗皇帝挽歌词四首》之一：“执象宗玄祖，贻谋启孝孙。”裴潾《前相国赞皇公早葺平泉山居辄抒怀赋四言诗十四首奉寄》之十:“孙既贻谋,谢亦遐想。”

六 画

賈[1] 〔gǔ《广韵》公户切,上姥,見。〕❶做买卖。《史记·管晏列传》:“管仲曰:‘吾始困时,尝与鲍叔贾,分财利多自与,鲍叔不以我为贪,知我贫也。”李白《秋日炼药院镊白发赠元六兄林宗》:“穷与鲍生贾,饥从漂母餐。”❷古指开设店铺做买卖的商人。《周礼·地官·大宰》:“商贾阜通货贿。”郑玄注:“行曰商,处曰贾。”后泛称商人。李益《江南词》:“嫁得瞿塘贾,朝朝误妾期。”韩愈《送僧澄观》:“越商胡贾脱身罪,珪璧满船宁计资。”白居易《琵琶行》序:“尝学琵琶于穆、曹二善才,年长色衰,委身为贾人妇。”❸卖。储光羲《猛虎词》:“君能贾余勇,日夕长相亲。”杨巨源《寄赠田仓曹湾》:“眄云高羽翼,待贾蕴璠玙。”❹招致。刘禹锡《马嵬行》:“将入咸阳市,犹得贾胡惊。”参见“賈害”。

賈[2] 〔jiǎ《广韵》古疋切,上馬,見。〕姓。元稹《代曲江老人百韵》:“雄推三虎贾,群擢八龙荀。”唐诗人有贾至、贾岛等。

【賈人】 商人。张九龄《江上使风呈裴宣州耀卿》:“报恩非徇禄,还逐贾人船。”韦应物《杂体五首》之四:“谁知贾人铎,能使大乐谐。”白居易《江楼夜吟元九律诗成三十韵》:“交流迁客泪,停住贾人船。”韦庄《南昌晚眺》:“芳草绿遮仙尉宅,落霞红衬贾人船。”

【賈₂二十四】 贾竦。白居易有《醉后走笔酬刘五主簿长句之赠兼简张大贾二十四先辈昆季》。

【賈₂山人】 即贾鹏。卢纶有《题贾山人园林》。柳宗元有《雨中赠仙人山贾山人》诗,原题下注:“即贾鹏也。”

【賈₂太守】 贾循。历任博陵太守等职,见《新唐书·贾循传》。高适《酬秘书弟兼寄幕下诸公》序:“今年适自封丘尉统吏卒于青夷,途经博陵,得太守贾公之政。”

【賈₂太傅】 指汉贾谊。谊先后为长沙王和梁怀王太傅。唐彦谦《寄台省知己》:“才名贾太傅,文学马相如。”

【賈₂公】 ❶指晋贾充。吴融《赠李长史歌》:“卖珠曾被武皇问,薰香不怕贾公知。”❷指唐博陵太守贾循。见《新唐书·贾循传》。高适《酬秘书弟兼寄幕下诸公》序:“今年适自封丘尉统吏卒于青夷,途经博陵,得太守贾公之政,相见如旧,他日之意存焉。”

【賈₂公閭】 晋贾充字。李贺有《贾公闾贵婿曲》。

【賈₂氏】 ❶晋贾充之女。此女从窗间窥见韩寿,心窃慕之,主动与韩通情,终结为夫妇。见《世说新语·惑溺》。李商隐《无题四首》之二:“贾氏窥帘韩掾少,宓妃留枕魏王才。”❷指后汉贾彪家族。彪字伟节,兄弟三人皆有令名,而以彪最优。见《后汉书·贾彪传》。黄滔《投翰长赵侍郎》:“贾氏许频趋季虎,荀家因敢谒头龙。”❸指春秋贾大夫。《左传·昭公二十八年》:“昔贾大夫恶,娶妻而美,三年不言不笑。御以如皋,射雉,获之。其妻始笑而言。”李瀚《蒙求》:“孟阳掷瓦,贾氏如皋。”

【賈₂六】 贾曾。见岑仲勉《唐人行第录》。苏晋有《过贾六》。

【賈₂生】 指贾谊。杜甫《久客》:“去国哀王粲,伤时哭贾生。”顾况《寄秘书包监》:“贾生只是三年谪,独自无才已四年。”姚合《寄主客刘郎中》:“汉朝共许贾生贤,迁谪还应是宿缘。”李商隐《安定城楼》:“贾生年少虚垂泪,王粲春来更远游。”

【賈₂主簿】 贾弁,即贾昪。孟浩然有《和贾主簿弁九日登岘山》和《送贾昇主簿之荆府》,后诗“賈昇”乃“賈昪”之讹。

【賈₂司馬】 贾至。至坐小法,贬岳州司马,见《新唐书·贾至传》。杜甫有《寄岳州贾司马六丈巴州严八使君两阁老五十韵》。

【賈₂司倉】 贾岛。曾官普州司仓参军,见《全唐文》卷七六三苏绛《贾司仓(岛)墓志铭》。王溥《谢进士张翼投诗两轴》:“格调宛同罗给事,功夫深似贾司仓。”

【賈₂至】 唐诗人。字幼几。河南洛阳(今河南洛阳市)人。贾曾子。历任中书舍人、尚书左丞、御史大夫等职。《全唐诗》卷二三五录其诗一卷四十余首。

【賈₂后】 晋惠帝后。太尉贾充后妻郭氏所生女,名时。周昙《咏史诗·晋门·贾后》:“贾后甘为废戮人,齐王还杀赵王伦。”

【賈₂充】 (217—282)西晋权臣。字公闾,平阳襄陵(今山西襄汾县)人。曹魏时,任大将军司马、廷尉,为司马氏宠信。永安三年(260),指使成济杀魏帝曹髦。入晋,任司空、侍中、尚书令、太尉。性贪鄙,善谄媚。李贺《恼公》:“拂镜羞温峤,薰衣避贾充。”

【賈伴】 经商的伴侣。元稹《遭风二十韵》:“湘南贾伴乘风信,夏口篙工厄溯洄。”

【賈₂沔州】 指贾载,字德方,曾任沔州刺史,元结友人。元结有《漫酬贾沔州》。

【賈₂秀才】 贾岛。张籍《祭退之》:“偶有贾秀才,来兹亦同并。”

【賈₂言淑】 唐诗人。平阳(唐县名,治所即今湖南桂阳县)人。武后时任美原县(治所在今陕西富平县东北美原堡)主簿。《全唐诗外编》录其《五言夏日游神诗》一首。

【賈₂沔州】 贾载,曾官沔州刺史,见贾至《沔州秋兴亭记》。元结有《谩酬贾沔州》。

【賈₂長江】 即贾岛。岛曾任长江县(今四川安岳县)主簿。王贞白《赠彭蟾处士》:“文深李北海,诗净贾长江。”

【賈₂季良】 奉天尉贾元祎子,官荥阳主簿,见《元和姓纂》卷七洛阳贾氏。李昂《驯鸽篇》序:“荥阳主簿贾季良厅事,有双青鸽焉。”

【賈₂侍郎】 贾至。至曾官礼部侍郎,见《旧唐书·代宗纪》。杜甫有《别唐十五诫因寄礼部贾侍郎》。

【賈₂使君】 ❶贾深。曾官职方郎中、徐庐夔岳四州刺史。见《元和姓纂》卷七长乐贾氏。刘商有《送庐州贾使君拜命》。❷贾餗。长庆四年(824)由库部郎中出为常州刺史,见《旧唐书》本传。白居易有《看常州柘枝赠贾使君》。

【賈₂舍人】 ❶贾至。至曾官中书舍人、岳州司马,见《新唐书·贾至传》。李白有《巴陵赠贾舍人》。王维有《和贾舍人早朝大明宫之作》。岑参有《奉和中书舍人贾至早朝大明宫》。杜甫有《奉和贾至舍人早朝大明宫》。贾至有《早朝大明宫呈两省僚友》。❷贾餗。长庆初,策召贤良,餗与居易俱为策官,选文,人以为公。后又出为常州刺史。见《旧唐书·贾餗传》。白居易有《赴苏州至常州答贾舍人》和《自到郡斋未及宴游偷闲走笔题二十四韵兼寄常州贾舍人湖州崔郎中仍呈吴中诸客》。

【賈₂宗】 一作“賈琮”。唐诗人。《全唐诗》卷七七七录其《旅泊江津言怀》一首。原注:“宗,一作琮。”

【賈₂屈】 指贾谊和屈原。陆龟蒙《奉酬袭美先辈吴中苦雨一百韵》:“幸得远潇湘,不然嗤贾屈。”

【賈₂相公】 (相 xiàng)贾耽。《全唐文》卷七三八沈亚之《冯燕传》:“时相国贾公耽在滑,能燕才,留属军中。”司空图《冯燕歌》:“白马贤侯贾相公,长悬金帛募才雄。”

【賈₂相公井】 (相 xiàng)齐己有《和翁员外题马太傅宅贾相公井》。贾相公井指长沙贾谊宅中井,“相”当为省文。杜甫《清明二首》之一:“不见定王城旧处,长怀贾傅井依然。”

【賈₂弇】 唐诗人。长乐(治所在今河北冀州市)人。登大历进士第,为校书郎,与鲍防、严维等友善。《全唐诗》卷三〇七录其《状江南·孟夏》一首,卷七八九录其与严维、鲍防等人《一字至九字诗联句》。

【賈₂恒】 洛阳(今河南洛阳市)人,曾官明州某县令,司门员外郎、池州刺史。见《元和姓纂》卷七洛阳贾氏、《新唐书·宰相世系五下》。綦毋潜有《送贾恒明府兼寄温张二司户》。

【賈₂亭】 即贾公亭。贞元中,贾全为杭州刺史,造此亭,故名。见宋王谠《唐语林》卷六。白居易《钱唐湖春行》:“孤山寺北贾亭西,水面初平云脚低。”

【賈₂岛】 (779—843)唐诗人。字浪仙,一作阆仙,自称碣石山人,范阳(今河北涿州市)人。初为僧,法名无本。后还俗,屡举进士不第。五十九岁任长江县主簿,世称贾长江。后任普州司仓参军等职。《全唐诗》录其诗四卷。

【賈₂岛墓】 在今四川安岳县城南安泉山麓。岛于会昌三年(843)由长江(今四川蓬溪县)主簿改授普州(今四川安岳县)司户参军,未授命而卒,后人创墓于此。李洞有《贾岛墓》。杜荀鹤有《经贾岛墓》。安锜有《题贾岛墓》。

【賈客】 商人。李白《自金陵溯流过白壁山玩月达天门寄句容王主簿》:“幽人停宵征,贾客忘早发。”戴叔伦《南宾送蔡侍御游蜀》:“月照高唐峡,人随贾客船。”施肩吾《大堤新咏》:“宜城贾客载钱出,始觉大堤无女儿。”沈彬《金陵杂题二首》之二:“暮潮声落草光沉,贾客来帆宿岸阴。”

【賈客樂】 (樂 yuè)即《估客乐》。乐府清商曲辞。传南朝齐萧赜始作此歌,追忆登祚前游樊、邓间往事。歌辞描写商人的谋利和享乐。张籍有《相和歌辞·贾客乐》。

【賈客詞】 即《贾客乐》。乐府清商曲词。刘禹锡和刘驾皆有《贾客词》。

【賈勇】 语出《左传·成公二年》:“齐高固入晋师,桀石以投人,禽之,而乘其车,系桑本焉。以徇齐垒,曰:‘欲勇者,贾余余勇。’”杜预注:“贾,卖也。言己勇有余,欲卖之。”后以为典,称颂勇敢精神。玄宗《观拔河俗戏》:“壮徒恒贾勇,拔拒抵长河。”权德舆《送灵武范司空》:“伐谋师以律,贾勇士争先。”韩愈、孟郊《纳凉联句》:“贾勇发霜硎,争前曜冰槊。”刘兼《咸阳怀古》:“七国斗鸡方贾勇,中原逐鹿更争雄。”

【賈₂馬】 指西汉贾谊和司马相如,二人以工于辞赋著称。语出《晋书·文苑传序》:“自时已降,轨躅同趋,西都贾马耀灵蛇于掌握,东汉班张发雕龙于绨椠,俱标称首,咸推雄伯。”皎然《因游支硎寺寄邢端公》:“论文征贾马,述隐许求羊。”杜牧《长安杂题长句六首》之一:“舐笔和铅欺贾马,赞功论道鄙萧曹。”李中《献乔侍郎》:“贾马才无敌,褒雄誉益臻。”徐铉《奉和宫傅相公怀旧见寄四十韵》:“西掖新官同贾马,南朝兴运似开天。”

【賈₂浪仙】 贾岛字浪仙。郑谷《哭进士李洞二首》题下注:“李生酷爱贾浪仙诗,长江在东蜀境内,浪仙冢于此处。”徐夤有《追和贾浪仙古镜》。尚颜有《言兴》:“矻矻被吟牵,因师贾浪仙。”

【賈害】　招致灾祸。柳宗元《种白蘘荷》:“钱刀恐贾害,饥至益逡巡。”

【賈₂校書】　(校 jiào)贾弇。大历二年(767)进士,曾官校书郎。见柳宗元《先君石表阴先友记》。李益有《送贾校书东归寄振上人》(一作振上人院喜见贾弇兼酬别)。

【賈₂員外】　贾嵩。曾官水部员外郎,见《唐语林》卷二。张乔有《吊前水部贾员外》。郑谷有《吊水部贾员外嵩》和《寄前水部贾员外嵩》。

【賈₂家】　❶指东汉贾彪家。彪兄弟三人,并有才名。李群玉《送唐侍御福建省兄》:“桂枝攀尽贾家才,霄汉春风棣萼开。”❷指晋贾充家。其女与韩寿私通。罗虬《比红儿诗》之一七:“当时若是逢韩寿,未必埋踪在贾家。”❸指宋贾黄中家。李昉《赠贾黄中》:“七岁神童古所难,贾家门户有衣冠。”

【賈₂娘】　指贾充之女,她与韩寿偷情,因香味事泄。见南朝宋刘义庆《世说新语·惑溺》。后以“贾娘”指追求爱情的女子。杨巨源《独不见》:“香传贾娘手,粉离何郎面。”

【賈₂邕】　唐诗人。天宝九年(750)登进士第。萧颖士门人。萧颖士《江有归舟三章》序:“且后进而余师者,自贾邕、卢冀之后,比岁举进士登科,名与实皆相望腾迁,凡数字。”《全唐诗》卷二〇九录贾邕《送萧颖士赴东府得路字》。

【賈₂逵】　(30—101)东汉经学家。字景伯。扶风平陵(今陕西咸阳市)人。性恺悌,多智思,弱冠能诵《左传》及五经本文。见《东观汉记·贾逵传》。李瀚《蒙求》:“贾逵问事,许慎无双。”

【賈₂黄中】　(941—996)五代人。字娲民,南皮(今河北南皮县)人。少智巧,饱读经书,七岁应童子举。李昉有《赠贾黄中》。

【賈₂處士】　(處 chǔ)贾匡。曹松有《庐山访贾匡》。许棠有《寄庐山贾处士》。

【賈₂常州】　贾悚。曾官常州刺史,见《旧唐书·贾悚传》。白居易有《戏和贾常州醉中二绝句》《夜闻贾常州崔湖州茶山境会想羡欢宴因寄此诗》。

【賈₂常侍】　❶贾至。至曾官右散骑常侍,见《新唐书》本传。韦应物有《贾常侍林亭燕集》。❷贾直言。曾官谏议大夫,太子宾客,见《旧唐书》本传。其间或当历散骑常侍一职。贾岛《颂德上贾常侍》。

【賈₂躭】　唐诗人。沧州南皮(今河北南皮县东北)人。以两经登第,曾官临清县尉、汾州刺史、右仆射等。能检身厉行以律人,人称淳德君子。精于地理学,撰《海内华夷图》和《古今郡国县道四夷述》四十卷。《全唐诗》卷二五八录其《赋虞书歌》一首。

【賈₂琮】　东汉冀州刺史。见《后汉书·贾琮传》。李瀚《蒙求》:“贾琮褰帷,郭贺露冕。”

【賈₂傅】　指汉贾谊。谊先后为长沙王和梁怀王太傅。包佶《酬于侍郎湖南见寄十四韵》:“长沙今贾傅,东海旧于公。”李端《张左丞挽歌二首》之一:“鸟来伤贾傅,马立葬滕公。”李商隐《潭州》:“陶公战舰空滩雨,贾傅承尘破庙风。”贯休《送吴融员外赴阙》:“汉文思贾傅,贾傅遂生还。”

【賈₂傅井】　传为汉贾谊在其长沙住宅处所凿之井。贾谊故宅,在今湖南长沙市太平街太傅里。原名贾太傅祠。杜甫《清明二首》之二:“不见定王城旧处,长怀贾傅井依然。”

【賈₂筆】　指贾谊之文。贾谊长于为文,其疏文为世所重,其《治安策》中抒写了忧时悲愤之情。杜甫《寄岳州贾司马六丈巴州严八使君两阁老五十韵》:“贾笔论孤愤,严诗赋几篇。”

【賈₂竦】　唐诗人。河南人。文宗朝宰相贾悚兄。官著作郎。《全唐诗外编》录其《谒华岳庙》诗一首。

【賈₂嵩】　唐诗人。会昌四年(844)乡试第,然未及第。曾任水部员外郎。赵嘏《成名年献座主仆射兼呈同年》:“贾嵩词赋相如手,杨乘歌篇李白身。”赵嘏又有《赠解头贾嵩诗》。郑谷有《寄前水部贾员外嵩》。

【賈₂稜】　唐诗人。贞元八年(792)进士。《全唐诗》卷三四七录其《御沟新柳》诗一首。

【賈₂詡】　字文和,三国时武威姑臧(今甘肃威武市)人。魏文帝擢为太尉,孙权认为任非其人。见《三国志·魏志·贾诩传》及裴松之注引《荀勖别传》。李瀚《蒙求》:“陆玩无人,贾诩非次。”

【賈₂曾】　唐诗人。河南洛阳(今河南洛阳市)人。少以孝闻。父言忠,乾封中为侍御史。历任吏部员外郎、中书舍人、谏议大夫等职。《全唐诗》卷六七录其《和宋之问下山歌》等诗五首。

【賈₂馳】　唐诗人。大和九年(835)进士。早年怀才不遇。后赴京应试,作《秋入关》诗,抒发其久困名场,急欲遂志的心情,主考官得之,有怜才之意,遂予及第。诗文俱有美名,而仕宦不显。《全唐诗》卷七二六收其《秋入关》等诗二首。曹邺有《寄贾驰先辈》。

【賈₂僕射】　贾耽。耽于贞元二年(786)九月官检校尚书右仆射,兼滑州刺史,见《旧唐书·德宗纪上》。卢纶有《送史寀滑州谒贾仆射》。

【賈₂僎】　卢仝友人。卢仝《冬行三首》之二:“贾僎旧相识,十年与营守。”

【賈₂閣老】　指贾至。唐人谓舍人年深者为阁老。至于天宝末和至德间两任中书舍人,故名。乾元元年(758)至出为汝州刺史。杜甫有《送贾阁老出汝州》。

【賈₂賦】 指贾谊《鹏鸟赋》。贾谊贬长沙，有鹏鸟飞入其室停在其座位旁，谊以为此乃不祥之兆，预示自己寿命不长，便作《鹏鸟赋》以排遣忧伤。柳宗元《弘农公以硕德伟才屈于诬枉谨献诗五十韵以毕微志》："贾赋愁单阏，邹书怯大梁。"参见"賈₂鵩"。

【賈₂餗】 唐诗人。字子美，河南人。祖渭，父宁。悚进士及第，又登制策甲科，文史兼美，历任常州刺史、礼部侍郎、兵部侍郎等职。《全唐诗》卷七九〇仅录其与裴度等《春池泛舟联句》一联，《全唐诗外编》录其《贡茶唱和》(句)。

【賈餘】 炫示余勇，用其余力。韩愈、孟郊《斗鸡联句》："连轩尚贾余，清厉比归凯。"参见"賈勇"。

【賈₂誼】 (前201—前168)西汉时河南洛阳人。年十八，则已能诵诗属文闻于郡中。河南守吴公闻才，召置门下。文帝即位，经吴公引荐，谊被召为博士。后为梁怀王太傅。梁怀王堕马死，谊自伤为傅无状，哭泣年余，亦卒。年仅三十二。宋之问《登粤王台》："迹类虞翻枉，人非贾谊才。"刘长卿《自夏口至鹦鹉洲夕望岳阳寄源中丞》："贾谊上书忧汉室，长沙谪去古今怜。"白居易《不准拟二首》之二："多于贾谊长沙苦，小校潘安白发生。"黄滔《喜候舍人蜀中新命三首》之三："贾谊才承宣室召，左思唯预秘书流。"

【賈₂誼宅】 贾谊在长沙的居处。在今湖南长沙市南。见《元和郡县志·江道·潭州·长沙县》。刘长卿有《长沙过贾谊宅》。

【賈₂誼傳】 (—zhuàn)篇名。见《汉书》卷四八。李群玉有《读贾谊传》。

【賈₂謩】 唐诗人。元和进士。《全唐诗》卷四八八录其《赋得芙蓉出水》诗一首。

【賈₂嚴二閣老】 指贾至、严武。至为中书舍人，武为给事中。杜甫有《留别贾严二阁老两院补阙》。

【賈₂鵬】 字景伯，长乐(治所在今福建长乐市南)人。柳宗元友人。隐居不仕。柳宗元有《酬贾鹏山人郡内新栽松寓兴见赠二首》。

【賈₂鵩】 指贾谊所撰《鹏鸟赋》。典出《史记·屈原贾生列传》："贾生为长沙王太傅三年，有鸮飞入贾生舍，止于坐隅。楚人命鸮曰'服'。贾生既以适居长沙，长沙卑湿，自以为寿不得长，伤悼之，乃为赋以自广。"罗隐《秋日怀孟夷庚》："知己秦貂没，流年贾鹏悲。"

【賈₂辭】 指贾谊《吊屈原赋》。见《汉书·贾谊传》。韩愈《远游联句》："楚些待谁吊，贾辞缄恨投。"

賃 〔lìn《广韵》乃禁切，去沁，娘。《集韵》如鸩切，去沁，日。〕❶受雇于人，出卖劳力。张说《古泉驿》："身赁妻织屦，乐亦在其中。"耿沣《代园中老人》："佣赁难堪一老身，皤皤力役在青春。"姚合《别贾岛》："懒作住山人，贫家日赁身。"❷租借，租用。白居易《东南行一百韵》："夜船论铺赁，春酒断瓶酤。"又《和春深二十首》之二："奴困归佣力，妻愁出赁车。"卢仝《冬行三首》之二："赁载得估舟，估杂非吾偶。"皮日休《吴中苦雨因书一百韵寄鲁望》："十钱赁一轮，逢上鸣斛觫。"

【賃宅】 租人住宅居住。亦指租来的住宅。王建《题所赁宅牡丹花》："赁宅得花饶，初开恐是妖。"

【賃舍】 (—shè)谓租人房舍居住。姚合《送狄兼谟下第归故山》："赁舍应无直，居山岂钓声。"又《亲仁里居》："三年赁舍亲仁里，寂寞何曾似在城。"又《下第》："归路羞人问，春城赁舍居。"

【賃房】 租人房屋居住。吕从庆《行次歙州寓之》："赁房安食具，扫榻卸行絛。"

【賃居】 租他人房屋居住。姚合《题李频新居》："赁居求贱处，深僻任人嫌。"姚鹄《书情献知己》："赁居将罄比，乞食与僧同。"

【賃屋】 租人房屋居住。韩愈《崔十六少府摄伊阳以诗及书见投因酬三十韵》："赁屋得连墙，往来忻莫间。"

【賃舂】 受雇为人舂米。白居易《效陶潜体诗十六首》之十五："布裙行赁舂，裋褐坐佣书。"

【賃廡】 租赁房屋居住。欧阳詹《太原旅怀呈薛十八侍御齐十二奉礼》："糊口百家周，赁庑三月余。"

賊 〔zéi《广韵》昨则切，入德，從。〕❶残害。韩愈、孟郊《斗鸡联句》："妒肠务生敌，贼性专相醢。"曹邺《四怨三愁五情诗十二首》序："三者有一贼于前，必为颠、为沴、为早死人。"❷对国家、人民、社会道德风尚造成严重危害者。崔国辅《从军行》："传闻贼满山，已共前锋斗。"卢仝《感古四首》之一："以智理其国，遂为国之贼。"白居易《寄唐生》："太尉击贼日，尚书叱盗时。"陆龟蒙《奉和袭美二游诗·徐诗》："贼卓乱王室，君臣如转圜。"❸盗窃者。子兰《短歌行》："四季倏往来，寒暑变为贼。"❹毒害。亦指有害之物。邵谒《放歌行》："心中自有贼，莫怨任公子。"❺怨恨。元稹《梦游春七十韵》："忤诚人所贼，性亦天之付。"❻道教称命、物、时、功、神为五贼。见《阴符经》上。陆龟蒙《读〈阴符经〉寄鹿门子》："五贼忽进逸，万物争崩奔。"亦谓顺天命而受禅让。皮日休《奉和鲁望读阴符经见寄》："尧乃一庶人，得之贼帝挚。"

【賊子】 指奸人乱臣。皮日休《奉和鲁望读阴符经见寄》："贼子虐甚斯，奸臣痛于箠。"

【賊毛】 毛贼。对贼人的蔑称。元稹《董逃行》："膏销骨尽烟火死，长安城中贼毛起。"

【賊火】 敌人的火力。韩偓《乾宁三年丙辰在奉天重围作》:“贼火遍郊垌,飞焰侵星汉。”

【賊臣】 奸臣。杨炯《和刘长史答十九兄》:“耿介酬天子,危言数贼臣。”杜甫《草堂》:“西卒却倒戈,贼臣互相诛。”罗隐《春日登上元石头故城》:“太平寺主惟轻薄,却把三公与贼臣。”

【賊兵】 敌兵。薛能《柳枝四首》之二:“高出军营远映桥,贼兵曾斫火曾烧。”

【賊性】 残杀之性。韩愈、孟郊《斗鸡联句》:“妒肠务生敌,贼性专相醢。”

【賊骨】 贼人之骨。白居易《题裴晋公女几山刻石诗后》:“贼骨化为土,贼垒犁为田。”

【賊室】 敌军的巢穴。张巡《铁笔歌》:“箣贼室兮焚寨,脔贼肉兮充饥。”

【賊曹】 ❶坏人之属。张祜《途次杨州赠崔荆二十韵》:“未省求媒氏,焉能泥贼曹。”❷本为官名。东汉太尉属官以及各郡县置贼曹,主捕盗贼事。后泛称捕盗之官吏。韩愈《寄卢仝》:“立召贼曹呼伍伯,尽取鼠辈尸诸市。”

【賊將】 (—jiàng)敌军之将。张祜《投魏博李相国三十二韵》:“王师初戮力,贼将首推诚。”

【賊圍】 敌人的包围圈。林宽《和友人贼后》:“带号乞兵急,英雄陷贼围。”韦庄《题淮阴侯庙》:“如何不借平齐策,空看长星落贼围。”

【賊營】 敌人的营垒。温庭筠《湖阴词》:“虎髯拔剑欲成梦,日压贼营如血鲜。”

【賊壘】 敌军的营垒。白居易《题裴晋公女几山刻石诗后》:“贼骨化为土,贼垒犁为田。”裴度《句》:“待平贼垒报天子,莫指仙山示武夫。”陆龟蒙《杂讽九首》之五:“如能出奇计,坐可平贼垒。”又《江湖散人歌》:“四方贼垒犹占地,死者暴骨生寒饥。”

貲 〔zī《广韵》即移切,平支,精。〕❶估量。张九龄《将发还乡示诸弟》:“负德良不赀,输诚靡所惜。”❷通“資”。钱财,货物。杜甫《王录事许修草堂赀不到聊小诘》:“为嗔王录事,不寄草堂赀。”刘禹锡《贾客词》:“高赀比封君,奇货通倖卿。”白居易《狂歌词》:“生前不欢乐,死后有余赀。”贯休《书陈处士屋壁二首》之二:“数载卖甘橙,山赀近云足。”

資 〔zī《广韵》即夷切,平脂,精。〕❶货物,钱财。李颀《赠别高三十五》:“五十无产业,心轻百万资。”岑参《喜韩樽相过》:“瓮头春酒黄花脂,禄米只充沽酒资。”韩愈《送惠师》:“囊无一金资,翻谓富者贫。”白居易《寄元九》:“三寄衣食资,数盈二十万。”❷生活资用,生活来源。高适《同群公题张处士菜园》:“为问葵藿资,何如庙堂肉。”元结《春陵行》:“悉使索其家,而又无生资。”亦泛指某种东西。元稹《初寒夜寄卢子蒙》:“月是阴秋镜,寒为寂寞资。”白居易《弄龟罗》:“亦如恩爱缘,乃是忧恼资。”❸供给;供养。常衮《奉和圣制麟德殿燕百僚应制》:“台鼎资庖膳,天星奉酒浆。”戴叔伦《送万户曹之任扬州便归旧隐》:“俸禄资生事,文章实国风。”白居易《答故人》:“散员足庇身,薄俸可资家。”杜荀鹤《献新安于尚书》:“月留清俸资家少,岁计阴功及物多。”❹凭借,依靠。李峤《送骆奉礼从军》:“羽书资锐笔,戎幕引英宾。”孟浩然《南山下与老圃期种瓜》:“不种千株桔,惟资五色瓜。”权德舆《与道者同守庚申》:“岂资金丹术,即此驻颓龄。”皎然《采实心竹杖寄赠李萼侍御》:“行药聊自持,扶危资尔力。”❺助,有助于。李白《酬坊州王司马与阎正字对雪见赠》:“风水如见资,投竿佐皇极。”刘昚虚《寄阎防》:“深林度空夜,烟月资清真。”卢纶《题杨虢县竹亭》:“家训资风化,心源隐政能。”周贺《赠僧》:“松吹入堂资讲力,野蔬供饭爽禅身。”❻取,求取。高适《古乐府飞龙曲留上陈左相》:“尊俎资高论,岩廊挹大猷。”白居易《新乐府·西凉伎》:“奈何仍看西凉伎,取笑资欢无所愧。”许棠《汴河十二韵》:“首甚资功济,终难弥宴游。”❼禀赋,本质。欧阳詹《答韩十八驽骥吟》:“毕无才实资,手植阶墀前。”白居易《和答诗十首·答四皓庙》:“矫矫四先生,同禀希世资。”皎然《咏史》:“独负高世资,冥冥寄浮俗。”亦引申为赋予。高适《登广陵栖灵寺塔》:“轩车疑蠢动,造化资大块。”刘湾《虹县严孝子墓》:“至性教不及,因心天所资。”❽门第。白居易《悲哉行》:“二十袭封爵,门承勋戚资。”❾资历,阅历。韩愈《永贞行》:“夜作诏书朝拜官,超资越序曾无难。”张籍《祭退之》:“未几享其资,遂忝南宫郎。”白居易《代书诗一百韵寄微之》:“两衙多请告,三考欲成资。”❿官位,职位。姚合《赠张籍太祝》:“甘贫辞聘币,依选受官资。”

【資中】 古郡名,亦县名。县为西汉置。治所即今四川资阳市。南朝梁废。郡为北周武成二年(560)置,治所在资阳县(今四川资阳市)。隋开皇初废。羊士谔有《资中早春》。

【資用】 钱财费用。刘长卿《送元八游汝南》:“田园顷失计,资用深相迫。”韩愈《赠徐州族侄》:“萧条资用尽,濩落门巷空。”

【資考】 资格和考绩。范质《诫儿侄八百字》:“悉由侥倖升,不因资考至。”

【資州】 西魏恭帝二年(555)置,治所在安阳县(今四川简阳市西北)。唐武德元年(618)复改为资州,天宝初又改为郡,乾元初复为州。薛逢有《芙蓉溪送前资州裴使君归京宁拜户部裴侍郎》。

【資材】 禀赋和才能。元稹《答姨兄胡灵之见寄五十韵》:“吏晋资材枉,留秦岁序更。”白居易《和微之诗二十三首·和寄问刘白》："功用随日新，资材本天授。"

【資身】 ❶资养自身，养活自己。白居易《夏日闲放》："资身既给足，长物徒烦费。"又《刑部尚书致仕》："全家遁世曾无闷，半俸资身亦有余。"❷保护身体。朱庆余《送石协律归吴兴别业》："资身唯药草，教子但诗书。"❸立身。杜荀鹤《喜从弟雪中远至有作》："无酒御寒虽寡况，有书供读且资身。"

【資忠】 实行忠义之道。无名氏《白受采》(卷七八七)："似甘言受和，由礼学资忠。"

【資斧】 货财器用。语出《易·旅》："得其资斧。"程颐传："得货财之资，器用之材。"陈陶《海昌望月》："中途丧资斧，两地生繁忧。"

【資始】 借用指发生、开始。语出《易·乾》："大哉乾元，万物资始，乃统天。"孔颖达疏："以万象之物，皆资取乾元而各得始生，不失其宜，所以称大也。"储光羲《晚霁中园喜赦作》："涣汗发大号，坤元更资始。"卢从愿《祭汾阴乐章》："播植资始，品汇咸亨。"

【資送】 出资相送。特指供奉葬品。韩愈《丰陵行》："皇帝孝心深且远，资送礼备无赢余。"

【資財】 钱财物质。寒山《诗三百三首》之一二五："丁防是新差，资财非旧有。"又《诗三百三首》之二三二："我见凡愚人，多畜资财谷。"

【資産】 资金财产。白居易《偶作二首》之一："资产虽不丰，亦不甚贫竭。"

【資陽郡】 隋大业年间改资州郡，治所在盘石县(今四川资中县北)。唐武德元年(618)复旧名资州，天宝初复为资阳郡，乾元初又改为资州。羊士谔有《资阳郡中咏怀》。

【資税】 赋税。王绩《薛记室收过庄见寻率题古意以赠》："资税幸不及，伏腊常有储。"

【資聖寺】 寺名。在唐京城崇任坊东南隅。本太尉赵国公长孙无忌宅，龙朔三年(663)，为文德皇后追福，立为尼寺，咸亨四年(673)改为僧寺。长安三年(703)七月，曾遭火焚，灰中得经数部，不损一字。百姓施舍，数日之间，所获巨万，遂营造如故。王维有《资圣寺送甘二》。武元衡有《资圣寺贲法师晚春茶会》。

【資裝】 ❶路费行装。元结《送孟校书往南海》序："南海幕府，有乐安任鸿，与次山最旧，请任公为次山一白府主，趣资装云卿使北归，慎勿令徘徊海上。"❷嫁妆。江陵士子《寄故姬》诗序引《卢氏杂记》："刺史见诗，给一百千及资装，遣还士子。"

【資缘】 佛教谓资助修行的外缘(衣食住)。齐己《荆州新秋病起杂题一十五首·病起见生涯》："病起见生涯，资缘觉甚奢。"

【資歷】 资格和经历。刘禹锡《白舍人见酬拙诗因以寄谢》："虽陪三品散班中，资历从来事不同。"

【資儲】 积蓄，储备。白居易《和微之诗二十三首·和除夜作》："君为父母君，大惠在资储。"

【資糧】 粮食。白居易《自喜》："僮仆减来无冗食，资粮算外有余钱。"

七 画

賒 〔shē《字汇》詩遮切。〕❶买物延期交款。杜甫《病后遇王倚饮赠歌》："遣人向市赊香粳，唤妇出房亲自馔。"司空曙《过长林湖西酒家》："迁人到处唯求醉，闻说渔翁有酒赊。"白居易《和张十八秘书谢裴相公寄马》："青衫乍见曾惊否，红粟难赊得饱无。"李商隐《复至裴明府所居》："赊取松醪一斗酒，与君相伴洒烦襟。"❷距离远。李白《扶风豪士歌》："我亦东奔向吴国，浮云四塞道路赊。"卢纶《过楼观李尊师》："城阙望烟霞，常悲仙路赊。"韩愈《赠泽经僧》："万里休言道路赊，有谁教汝度流沙。"裴说《塞上曲》："极目望空阔，马羸程又赊。"❸时间长久。王泠然《古木卧平沙》："古木卧平沙，摧残岁月赊。"韦应物《郡斋赠王卿》："濩落人皆笑，幽独岁逾赊。"白居易《和微之诗二十三首·和新楼北园偶集》："一岁春又尽，百年期不赊。"翁洮《枯木诗辞召命作》："枯木傍溪崖，由来岁月赊。"❹空阔。杨炯《送李庶子致仕还洛》："原野烟氛匝，关河游望赊。"杜甫《水槛遣心二首》之一："去郭轩楹敞，无村眺望赊。"李九龄《登昭福寺楼》："旅怀秋兴正无涯，独倚危楼四望赊。"❺高。李绅《过荆门》："行行驱马万里远，渐入烟岚危栈赊。"引申为情绪的殷切、高涨。韩翃《酬程延秋夜即事见赠》："节候看应晚，心期卧亦赊。"皎然《同袁高使君送李判官使回》："庾公欢此别，路远意犹赊。"❻迟，迟缓。杜甫《喜晴》："甘泽不犹愈，且耕今未赊。"柳宗元《同刘二十八院长述旧言怀之作因其韵增至八十通赠二君子》："俗嫌龙节晚，朝讶介圭赊。"王储《赋得花发上林》："岂同幽谷草，春至发犹赊。"张籍《赋花》："花，花，落早，开赊。"❼多，浓。宋鼎《酬故人还山》："安知余兴尽，相望紫烟赊。"郎士元《闻吹杨叶者二首》之一："妙吹杨叶动悲笳，胡马迎风起恨赊。"钱起《题郎士元半日吴村别业兼呈李长官》："愁人昨夜相思苦，闰月今年春意赊。"顾夐《浣溪沙》词之一："春色迷人恨正赊，可堪荡子不还家。"❽宽松；松弛。骆宾王《晚度天山有怀京邑》："行叹戎麾远，坐怜衣带赊。"刘禹锡《武陵书怀五十韵》："带赊衣改制，尘涩剑成痕。"❾缓，缓慢。韩翃《送客水路归陕》："相风竿影晓来斜，渭水东流去不赊。"又《送客之江宁》："春流送客不应赊，南入徐州见柳花。”❿猛烈，厉害。李商隐《寒食行次冷泉驿》：“自怯春寒苦，那堪禁火赊。”李约《病中宿宜阳馆闻雨》：“难眠夏夜抵秋赊，帘幔深垂窗烛斜。”薛能《夏雨》：“何处发天涯，风雷一道赊。”⓫衰减；衰微。韦元旦《奉和圣制春日幸望春宫应制》：“九重楼阁半山霞，四望韶阳春未赊。”大易《赠司空拾遗》：“陈琳草奏才还在，王粲登楼兴未赊。”薛能《西县途中二十韵》：“逗石流何险，通关运固赊。”⓬差违；差失。韦应物《西郊期涤武不至书示》：“非关春不待，当由期自赊。”韩愈《独钓四首》之二：“太平公事少，吏隐讵相赊。”刘叉《冰柱》：“自是成毁任天理，天于此物岂宜有忒赊。”许浑《酬绵州于中丞使君见寄》：“故人书信越褒斜，新意虽多旧约赊。”⓭少，稀少。钱起《送费秀才归衡州》：“不畏心期阻，惟愁面会赊。”独孤及《伤春怀归》：“不惜中肠苦，但言会合赊。”朱庆余《宿江馆》：“江馆迢遥处，知音信渐赊。”罗邺《送张逸人》：“自说归山人事赊，素琴丹灶是生涯。”⓮消失；空无所有。处默《忆庐山旧居》：“明月清风旧相侍，十年归恨可能赊。”刘长卿《奉送从兄罢官之淮南》：“渔竿吾道在，鸥鸟世情赊。”武元衡《崔敷叹春物将谢恨不同览时余方为事牵束及往寻不遇题之留赠》：“九陌迟迟丽景斜，禁街西访隐沦赊。”⓯渺茫。白居易《眼病二首》之一：“两头治疗何曾瘥，药力微茫佛力赊。”周繇《经故宅有感》：“身没南荒雨露赊，朱门空锁旧繁华。”⓰用同“吵”。语气助词。韦应物《池上》：“郡中卧病久，池上一来赊。”李商隐《昨日》：“昨日紫姑神去也，今朝青鸟使来赊。”

【賒酒】 买酒延期交款。姚合《闲居遣怀十首》之三：“赊酒风前酌，留僧竹里棋。”又《武功县中作三十首》之五：“读书多旋忘，赊酒数空还。”皮日休《暇日独处寄鲁望》：“野客共为赊酒计，家人同作借书忙。”陆龟蒙《奉酬袭美秋晚见题二首》之二：“和诗盈古箧，赊酒半寒瓢。”

賕 〔qiú《广韵》巨鸠切，平尤，羣。〕行贿。贿赂的财物。亦指摊派的财物。元稹《竞舟》：“买舟俟一竞，竞敛贫者赇。”

賓 〔bīn《广韵》必鄰切，平真，幫。〕❶宾客。李白《流夜郎永华寺寄寻阳群官》：“暝投永华寺，宾散予独醉。”钱起《宴崔驸马玉山别业》：“玉箫惟送酒，罗袖爱留宾。”白居易《赠内》：“冀缺一农夫，妻敬俨如宾。”陆龟蒙《奉和袭美太湖诗二十首·桃花坞》：“愿此作幽蝶，得随花下宾。”❷幕僚；门客。张藉《献从兄》：“擢秀登王畿，出为良使宾。”白居易《赠樊著作》：“其佐曰孔戡，舍去不为宾。”又《续古诗十首》之六：“幸随众宾末，得厕门馆间。”又《斋居春久感事遣怀》：“久作龙门主，多为兔苑宾。”❸作客；客居。李峤《奉和幸望春宫送朔方总管张仁亶》：“露下鹰初击，风高雁欲宾。”储光羲《晚次东亭献郑州宋使君文》：“自初宾上国，乃到邹人乡。”顾况《酬本部韦左司》：“安得凌风翰，肃肃宾天京。”❹归顺；服从。储光羲《送人随大夫和藩》：“西方有六国，国国愿来宾。”则天皇后《唐明堂乐章·外办将出》：“负扆三春旦，充庭万宇宾。”刘商《胡笳十八拍·第一拍》：“汉室将衰兮四夷不宾，动干戈兮征战频。”白居易《新乐府·蛮子朝》：“开元皇帝虽圣神，唯蛮倔强不来宾。”❺敬，尊敬。魏征《五郊乐章·雍和》：“崇荐斯在，惟皇是宾。”❻指事物之名，常与“实”相对。《庄子·逍遥游》：“名者，实之宾也。吾将为宾乎？”成玄英疏：“然实以生名，名从实起，实则是内是主，名便是外是宾。”柳宗元《法华寺石门精舍三十韵》：“道异诚所希，名宾匪余仗。”元稹《和乐天赠樊著作》：“舍此二者外，安用名为宾。”白居易《初除户曹喜而言志》：“浮荣及虚位，皆是身之宾。”❼通“濱”。临近。储光羲《同诸公登慈恩寺塔》：“虚形宾太极，携手行翠微。”

【賓王】 谓辅佐帝王。賓，通“儐”。语本《易·观》：“观国之光，利用宾于王。”王弼注：“居近得位，明习国仪者也，故曰利用宾于王也。”郭子仪《享太庙乐章·保大舞》：“万物茂遂，九夷宾王。”独孤及《酬梁二十宋中所赠兼留别梁少府》：“厌贫学干禄，欲徇宾王利。”

【賓天】 婉称帝王或尊者之死。张荐《享文恭太子庙乐章》：“追劳表德，罢享宾天。”杜羔《享惠昭太子庙乐章登歌》：“宾天道茂，轸怀气分。”郑畋《题缑山王子晋庙》：“亡国原陵古，宾天岁月遥。”《郊庙歌辞·享太庙乐章·承光舞》：“监国方永，宾天不归。”

【賓友】 宾客朋友。白居易《再授宾客分司》：“宾友得从容，琴觞恣怡悦。”后唐庄宗《歌头》词：“且且须呼宾友，西园长宵，宴云谣，歌皓齿，且行乐。”

【賓介】 宾，贤宾；介，贤宾之次。多偏指贤宾。权德舆《省中春晚忽忆江南旧居戏书所怀因寄两浙亲故杂言》：“前年冠獬豸，戎府阶宾介。”

【賓仙】 婉称尊贵者死亡。宋之问《缑山庙》：“王子宾仙去，飘飖笙鹤飞。”

【賓主】 宾客和主人。柳宗元《雨后晓行独至愚溪北池》：“予心适无事，偶此成宾主。”刘禹锡《送从弟郎中赴浙西》：“共经何限事，宾主两如初。”郑谷《南康郡牧陆肱郎中辟许棠先辈为郡从事因有寄赠》：“江山多胜境，宾主是贫交。”詹敦仁《劝王氏入贡宠予以官作辞命篇》：“往来宾主如邮传，胜负干戈似局棋。”

【賓佐】 指幕宾佐吏。张鲁封有《谑池亳二州宾佐兼寄宣武军掌书记李昼》。

【賓位】 宾客的席位。元稹《元和五年思怆曩游因投五十韵》："邀我上华筵，横头坐宾位。"白居易《新乐府·二王后》："明堂太庙朝享时，引居宾位备威仪。"

【賓侣】　宾朋，宾客朋友。李峤《刘侍读见和山邸十篇重申此赠》："英藩盛宾侣，胜景想招寻。"李绅《州中小饮便别牛相》："笙歌罢曲辞宾侣，庭竹移阴就小斋。"

【賓朋】　宾客朋友。苏颋《人日兼立春小园宴》："宾朋莫我弃，词赋当春立。"韦应物《始至郡》："宾朋未及宴，简牍已云疲。"白居易《池上篇》序："虽有宾朋，无琴酒不能娱也。"黄滔《断酒》："未老先为百病仍，醉杯无计接宾朋。"

【賓門】　语本《书·舜典》："宾于四门，四门穆穆。"孔传："四方诸侯来朝者，舜宾迎之，皆有美德，无凶人。"后因以指荐引人才的机构。张说《春晚侍宴丽正殿探得开字》："圣政惟稽古，宾门引上才。"萧嵩《奉和圣制送张说上集贤学士赐宴》："芸阁英华入，宾门鹓鹭登。"

【賓客】　❶客人。耿沣《夏夜西亭即事寄钱员外》："高亭宾客散，暑夜醉相和。"白居易《赠楚州郭使君》："笑看儿童骑竹马，醉携宾客上仙舟。"赵嘏《花园即事呈常》："山公仰尔延宾客，好傍春风次第开。"韩琮《题商山店》："佯嗔阿母留宾客，暗为王孙换绮罗。"❷春秋、战国时多称别国派来的使者。亦指权贵的门客、策士。李白《送薛九被谗去鲁》："蛾眉笑躃者，宾客去平原。"高适《题李别驾壁》："礼乐遥传鲁伯禽，宾客争过魏公子。"李商隐《寄令狐郎中》："休问梁园旧宾客，茂陵秋雨病相如。"❸官名。太子宾客的省称。岑参有《奉送李宾客荆南迎亲》。白居易《陕府王大夫相迎偶赠》："但问主人留几日，分司宾客去无程。"又《咏怀》："闲官是宾客，宾客无牵累。"

【賓貢】　古代地方政府向朝廷推荐人才时，侍以宾礼，贡于京师，谓之"賓貢"。亦指被举荐者。权德舆《送裴秀才贡举》："宾贡年犹少，篇章艺已成。"杜荀鹤有《送宾贡登第后归海东》。裴说有《赠宾贡》。

【賓校】　(—jiào)宾客和将校。韩愈《郓州溪堂诗》："公燕溪堂，宾校醉饱。"

【賓秩】　官吏的俸禄。孟郊《立德新居》之三："宾秩已觉厚，私储常恐多。"

【賓徒】　宾客随从。李白《答从弟幼成过西园见赠》："衣剑照松宇，宾徒光石门。"郑愔《哭郎著作》："白马宾徒散，青乌陇隧开。"

【賓席】　❶宾客的席位。黄颇《闻宜春诸举子陪郡主登河梁玩月》："虽向东堂先折桂，不如宾席此时同。"❷指幕僚。方干《赠处州段郎中》："寒潭是处清连底，宾席何心望食鱼。"

【賓旅】　客卿；羁旅之人。白居易《郡中闲独寄微之及崔湖州》："少年宾旅非吾辈，晚岁簪缨束我身。"皮日休《正乐府十篇·路臣恨》："七雄战争时，宾旅犹自通。"

【賓戚】　宾客和亲戚。韩愈《和裴仆射相公假山十一韵》："终朝岩洞间，歌鼓燕宾戚。"

【賓從】　宾客随从。崔颢《长安道》："日晚朝回拥宾从，路傍揖拜何纷纷。"杜甫《丽人行》："箫鼓哀吟感鬼神，宾从杂遝实要津。"权德舆《送张阁老中丞持节册吊回鹘》："欲散别离唯有醉，暂烦宾从驻征鞍。"贯休《上卢使君》："宾从皆凤毛，爪牙悉猿臂。"

【賓階】　西阶，西边的台阶。古时宾主相见，宾自西阶上，故称。骆宾王《畴昔篇》："宾阶客院常疏散，蓬径柴扉终寂寞。"卢士政《奉陪武相公西亭夜宴陆郎中》："不在宾阶末，何由接上台。"李君房《石季伦金谷园》："宾阶余藓石，车马讵喧喧。"亦借指宾客。赵嘏《十无诗寄桂府杨中丞》之八："今日宾阶忘姓字，当时省记荐雄无？"

【賓雁】　鸿雁。语本《礼记·月令》："[季秋之月]鸿雁来宾。"杜甫《九日登梓州城》："客心惊暮序，宾雁下襄州。"钱起《见上林春雁翔青云寄杨起居李员外》："上林春更好，宾雁不知归。"羊士谔《郡楼晴望二首》之二："云景嘶宾雁，岚阴露彩虹。"齐己《中秋夕怆怀寄荆幕孙郎中》："行僧尽去云山远，宾雁同来泽国宽。"

【賓筵】　❶宴请宾客的筵席。韦应物《春宵燕万年吉少府中孚南馆》："宾筵接时彦，乐燕凌芳岁。"李敬伯《奉陪段相公登张仪楼》："层屋架城隈，宾筵此日开。"白居易《中隐》："君若欲一醉，时出赴宾筵。"罗隐《病中上钱尚父》："左脚方行右臂挛，每惭名迹污宾筵。"❷指幕僚。张祜《题池州杜员外弄水新亭》："宾筵习主簿，诗版鲍参军。"

【賓御】　宾客和驭手。语出《文选·鲍照〈东门行〉》："离声断客情，宾御皆涕零。"张铣注："宾，谓送别之人；御，御车者。"乔知之《拟古赠陈子昂》："一弹再三叹，宾御泪潺湲。"李白《南奔书怀》："宾御如浮云，从风各消散。"耿沣《送崔明府赴青城》："清冬宾御出，蜀道翠微间。"徐铉《文献太子挽歌词五首》之四："箫笳咽无韵，宾御哭相将。"

【賓馭】　同"賓御"。宾客和驭手。王维《送殷四葬》："送君返葬石楼山，松柏苍苍宾驭还。"

【賓幕】　❶幕府。卢象《送赵都护赴安西》："汉使开宾幕，胡笳送酒卮。"贾岛《寄李輈侍郎》："宾幕谁嫌静，公门但晏如。"❷指幕宾；幕僚。方干有《秋晚林中寄宾幕》。

【賓榻】　宾客所睡之床榻。羊士谔《游郭驸马大安山池》："洞箫日暖移宾榻，垂柳风多掩妓楼。"

【賓閣】 安置宾客的楼阁。张说《右丞相苏公挽歌二首》之一："佳辰无白日，宾阁有青苔。"李嘉祐《白田西忆楚州使君弟》："却忆士龙宾阁，清琴绿竹萧萧。"崔备《奉陪武相公西亭夜宴陆郎中》："宾阁玳筵开，通宵递玉杯。"白居易《老病幽独偶吟所怀》："觞咏罢来宾阁闭，笙歌散后妓房空。"

【賓僚】 亦作"賓寮"。宾客幕僚。萧颖士《凉雨一章》："君子乐胥，于其宾僚。"韩愈《送李六协律归荆南》："歌舞知谁在，宾僚逐使非。"白居易《戏和微之答窦七行军之作》："旌钺从櫜鞬，宾僚礼数全。"陈陶《冬夜吟》："侯家歌舞按梨园，石氏宾寮醉金谷。"

【賓寮】 见"賓僚"。

【賓盤】 装菜肴以待客的盘子。张祜《投魏博李相国三十二韵》："舞席宫鬟出，宾盘海馔盈。"

【賓燕】 宴请宾客。燕，通"宴"。语本《诗·小雅·鹿鸣》："我有旨酒，嘉宾式燕以敖。"韩愈《郓州溪堂诗》："公以宾燕，其鼓骇骇。"

【賓薦】 举荐；推荐。引申为科举。刘长卿《早春赠别赵居士还江左时长卿下第归嵩阳旧居》："累幸忝宾荐，末路逢沙汰。"李嘉祐《送严二擢第东归》："隳官就宾荐，时辈讵争先。"高适《酬别薛三蔡大留简韩十四主簿》："蔡子负清才，当年擢宾荐。"白居易《和微之诗二十三首·和我年三首》之二："野萍始宾荐，场苗初絷维。"

【賓館】 招待宾客住宿之处。孟浩然《从张丞相游南纪城猎戏赠裴迪张参军》："十里届宾馆，徵声匝妓筵。"韦应物《赠李判官》："宾馆在林表，望山启西扉。"刘商《赠严四草屦》："日入信陵宾馆静，赠君闲步月明中。"李群玉《将欲南行陪崔八宴海榴亭》："宾馆尽开徐孺榻，客帆空恋李膺舟。"

【賓鴻】 ❶即鸿雁。徐坚《饯许州宋司马赴任》："辞燕依空绕，宾鸿入听哀。"刘禹锡《秋江晚泊》："暮霞千万状，宾鸿次第飞。"罗隐《贵池晓望》："计疏狡兔无三窟，羁甚宾鸿欲一生。"韦庄《和集贤侯学士分司丁侍御秋日雨霁之作》："多惭十载游梁士，却伴宾鸿入帝乡。"❷据《汉书·苏武传》载，苏武被拘匈奴，汉昭帝弋射上林中，得雁，足有系帛书，言苏武等在某泽中。后遂以"賓鴻"代指信使。刘商《胡笳十八拍·第九拍》："当日苏武单于问，道是宾鸿解传信。"李咸用《别所知》："闰牵寒气早，何浦值宾鸿。"

【賓禮】 接待宾客的礼节。张祜《夏日梅溪馆寄庞舍人》："东阳宾礼重，高馆望行期。"

【賓鐵】 即镔铁，精炼之铁。李白《暖酒》："热暖将来宾铁文，暂时不动聚白云。"

八　画

賦〔fù《广韵》方遇切，去遇，非。〕❶田地税。泛指赋税。王湾《秋夜寓直即事怀赠萧令公裴侍郎兼通简南省诸友人》："赋简流亡辑，农安政理凭。"耿沣《赠兴平郑明府》："海内兵犹在，关西赋未均。"元稹《代曲江老人百韵》："卑官休力役，蠲赋免艰辛。"白居易《秦中吟十首·买花》："一丛深色花，十户中人赋。"❷授，给予。见"賦形"。❸天资，天赋。见"賦分"。❹吟诵或创作诗歌。刘长卿《送杜越江佐觐省往新安江》："见说江中孤屿在，此行应赋谢公诗。"苏涣《赠零陵僧》："回首邀余赋一章，欲令羡价齐钟张。"牟融《写意二首》之二："闲情欲赋思陶令，卧病何人问马卿。"李商隐《偶成转韵七十二句赠四同舍》："且吟王粲《从军乐》，不赋渊明《归去来》。"❺文体名。是韵文和散文的综合体。讲究词藻、对偶、用韵。最早以"赋"命名的是战国荀况。后盛行于汉、魏、六朝。李峤《橘》："既荣潘子赋，方重陆生言。"李益、广宣《兰陵僻居联句》："潘岳闲居赋，陶潜独酌谣。"戴叔伦《过贾谊宅》："上书忧汉室，作赋吊灵均。"秦韬玉《鹦鹉》："幸自祢衡人未识，赚他作赋被时轻。"❻通"敷"。见"賦政"。

【賦上林】 汉司马相如作《上林赋》讽谏天子游猎以上汉武帝，"赋奏，天子以为郎"。见《史记·司马相如列传》。后遂以为文士入仕之典。张说《对酒行巴陵作》："本为成王业，初由赋上林。"

【賦分】 （—fèn）天赋；资质。温庭筠《病中书怀呈友人》："赋分知前定，寒心畏厚诬。"郑谷《多情》："赋分多情却自嗟，萧衰未必为年华。"罗隐《淮口军葬》："莫言赋分须如此，曾作文皇赤子来。"

【賦形】 谓模拟形体。韩愈《嘲鼾睡》之二："赋形苦不同，无路寻根本。"

【賦役】 赋税和徭役。韩愈《送灵师》："齐民逃赋役，高士著幽禅。"白居易《自到郡斋仅经旬日方专公务呈吴中诸客》："削使科条简，摊令赋役均。"

【賦長沙】 汉贾谊贬居长沙，曾作《鹏鸟赋》以自伤，故以作贬谪的典故。羊士谔《题郡南山光福寺》："传闻黄阁守，兹地赋长沙。"

【賦命】 命运。贺兰进明《行路难五首》之一："人生赋命亦如此，何苦太息自忧煎。"李德裕《述梦诗四十韵》："赋命诚非薄，良时幸已遭。"许棠《春日言怀》："赋命自多蹇，阳和非不均。"李咸用《物情》："成是败非如赋命，更教何处认愚贤。"

【賦政】 颁布政令。赋，通"敷"。许景先《奉和圣制送张尚书巡边》："王师亲赋政，庙略久论兵。"

【賦象】 赋予事物某种形象。玄宗《野次喜雪》："赋象恒依物，萦回屡逐风。"

【賦家】 辞赋家。黄滔《喜侯舍人蜀中新命三首》："赋家达者无过此，翰苑今朝是独游。"

【賦雪】 西汉梁孝王刘武曾宴宾客赏雪吟诗。见《文选·南朝宋谢惠连〈雪赋〉序》。后以"赋雪"作梁地宴集的典故。杜牧《过大梁闻河亭方宴赠孙子端》："梁园纵玩归应少，赋雪搜才去必频。"

【賦稅】 田赋和捐税。高适《酬裴员外以诗代书》："罢人纷争讼，赋税如山崖。"刘得仁《书事寄万年厉员外》："赋税充天府，歌谣入圣聪。"杜荀鹤《乱后逢村叟》："还似平宁征赋税，未尝州县略安存。"齐己《寄监利司空学士》："宽容民赋税，憔悴吏精神。"

【賦得】 凡摘取古人成句为诗题，题首多冠以"赋得"二字。科举时代的试帖诗，因试题多取成句，故题前均有"赋得"二字。亦应用于应制之作和诗人集会分题。后遂视之为一种诗体。唐诗中屡见。太宗有《赋得夏首启节》《赋得白日半西山》《赋得李》《赋得浮桥》等。杜审言有《赋得妾薄命》。韦应物有《赋得暮雨送李胄》。崔立之有《赋得春风扇微和》。徐铉有《赋得有所思》。

【賦筆】 写诗用的笔。罗隐《故洛阳公镇大梁时隐得游门下今之经历事往人非聊抒所怀以伤以谢》："狂抛赋笔琉璃冷，醉倚歌筵玳瑁红。"

【賦詠】 创作、吟诵诗文。吉皎《七老会诗》："飞觥酒到须先酌，赋咏成诗不住书。"殷尧藩《酬雍秀才二首》之二："兴来聊赋咏，清婉逼阴何。"刘得仁《禁署早春晴望》："鸳侣此时皆赋咏，商山雪在思尤清。"孙偓《答门生长句》："何事老夫犹赋咏，欲将酬和永留传。"

【賦閒居】 《文选·潘岳〈闲居赋〉》唐李善注："闲居赋者，此盖取于礼篇不知世事闲静居坐之意也。"故后遂以指不问世事。王勃《郊兴》："空园歌独酌，春日赋闲居。"钱起《送外甥怀素上人归乡侍奉》："遥知禅诵外，健笔赋闲居。"

【賦頌】 吟赋作颂。徐铉《观吉王从谦花烛》："帝里佳期频赋颂，长留故事在金銮。"

【賦詩】 吟诗，作诗。王维《慕容承携素馔见过》："纱帽乌皮几，闲居懒赋诗。"李敬伯《和段相公登武担寺西台》："赋诗思共乐，俱得咏诗丰。"白居易《送毛仙翁》："赋诗叙明德，永续步虚篇。"徐铉《奉和右省仆射西亭高卧作》："赋诗贻座客，秋事尔何悲。"

【賦歸去】 见"賦歸去來"。

【賦歸去來】 晋陶潜任彭泽令八十余日，不愿"为五斗米折腰"，辞官归隐，并赋《归去来兮辞》："归去来兮，田园将芜胡不归?"后遂以作辞官归田的典故。杜甫《醉时歌》："先生早赋归去来，石田茅屋荒苍苔。"亦作"賦歸去""賦歸田"。王维《奉送六舅归陆浑》："酌醴赋归去，共知陶令贤。"韩察《和张相公太原山亭怀古诗》："苍生方瞩望，讵得赋归田。"

【賦歸田】 见"賦歸去來"。

【賦輸】 赋税和捐献。杜荀鹤《题所居村舍》："衣食旋营犹可过，赋输长急不堪闻。"齐己《寄当阳张明府》："吏愁清白甚，民乐赋输忘。"

【賦輿】 兵车。古以田赋出兵，故称。亦用以指军事。皇甫曾《送商州杜中丞赴任》："安康地理接商于，帝命专城总赋舆。"

【賦斂】 ❶田赋，税收。韦应物《骊山行》："时丰赋敛未告劳，海阔珍奇亦来献。"杜甫《上白帝城二首》之一："兵戈犹拥蜀，赋敛强输秦。"薛能《送浙东王大夫》："察应均赋敛，逃必复桑耕。"李频《之任建安渌溪亭偶作二首》之一："想取烝黎泰，无过赋敛均。"❷征收赋税。杜甫《夜二首》之二："甲兵年数久，赋敛夜深归。"白居易《征秋税毕题郡南亭》："且喜赋敛毕，幸闻闾井安。"李涉《寄河阳从事杨潜》："当时天下无甲兵，虽闻赋敛毫毛轻。"杜荀鹤《送人宰德清》："不闻宽赋敛，因此转流离。"

【賦鵩】 指汉贾谊写《鹏鸟赋》。喻指仕途失意。齐己《读贾岛集》："还似长沙祖，唯徐赋鹏言。"参见"賦鵩人"。

【賦鵩人】 指汉贾谊。贾谊自太中大夫贬为长沙王太傅，"有鹏鸟飞入谊舍，止于坐隅。鹏似鸮，不祥鸟也。谊既以谪居长沙，长沙卑湿，谊自伤悼，以为寿不得长，乃为赋以自广。"见《文选·贾谊〈鹏鸟赋序〉》。胡曾《咏史诗·长沙》："故乡犹自嫌卑湿，何况当时赋鹏人。"李中《吉水作尉时酬阎侍御见寄》："谬佐驱鸡任，常思赋鹏人。"亦泛指仕途失意者。徐铉《正初和鄂州边郎中见寄》："潦倒含香客，凄凉赋鹏人。"

【賦韻】 分韵。指作诗时先规定若干字为韵，各人分拈，依韵作诗。顾况《寄上兵部韩侍郎奉呈李户部卢刑部杜三侍郎》："咏题官舍内，赋韵僧房前。"

【賦籍】 赋税簿籍。唐进士及第后即可免除赋税、兵役。姚合《送喻凫校书归毗陵》："阙下科名出，乡中赋籍除。"

贅

见"贅"。

賣

〔mài《广韵》莫懈切，去卦，明。〕❶以货物换钱，与"買"相对。杜甫《缚鸡行》："小奴缚鸡向市卖，鸡被缚急相喧争。"白居易《晚春酤酒》："卖我所乘马，典我旧朝衣。"殷尧藩《关中伤乱后》："关西归战马，海内卖耕牛。"林宽《献同年孔郎中》："炊琼爇桂帝关居，卖尽寒衣典尽书。"❷叛卖。曹操征乌丸，田畴引曹军出卢龙塞（在今河北喜峰口附近），历平冈，登白狼堆，直逼柳城，大败乌丸。曹操论功行赏，封田畴为亭侯，畴拒曰："岂可卖卢龙之塞，以易赏禄哉！"见《三国志·魏志·田畴传》。陈子昂《送著作佐郎崔融等从梁五东征》："莫卖卢龙塞，归邀麟阁名。"李昂《从军行》："田畴不卖卢龙策，窦宪思勒燕然石。"钱起《送王使君赴太原行营》："不卖卢龙塞，能消瀚海波。"❸炫耀，卖弄。李白《赠韦侍御黄裳二首》之一："桃李卖阳艳，路人行且迷。"

【賣卜】 以占卜为生。见晋皇甫谧《高士传·严遵》："严遵，字君平，蜀人也。隐居不仕，常卖卜于成都市。"张九龄《送姚评事入蜀各赋一物得卜肆》："尝闻卖卜处，犹忆下帘时。"岑参《严君平卜肆》："君平曾卖卜，卜肆芜已久。"李端《赠道士》："终朝卖卜无人识，敝服徒行入市中。"韦庄《癸丑年下第献新先辈》："未酬阚泽拥书债，犹欠君平卖卜钱。"

【賣刀買犢】 卖掉武器，从事农业生产。语出《汉书·循史传·龚遂》："民有带刀剑者，使卖剑买牛，卖刀买犊，曰：'何为带牛佩犊！'"武元衡《兵行褒斜谷作》："三川顿使气象清，卖刀买犊消忧患。"

【賣友】 出卖朋友。汉郦寄，丞相郦商之子，与吕禄善。大臣欲诛诸吕，吕禄军于北军，太尉周勃不得入。乃使人劫商令寄绐禄，禄信之，与出游，勃乃得入北军，遂诛诸吕。天下称寄卖友。见《史记·郦商列传》附传。李瀚《蒙求》："郦寄卖友，纪信诈帝。"

【賣文】 以写诗文换取钱财。杜甫《闻斛斯六官未归》："本卖文为活，翻令室倒悬。"

【賣瓜侯】 指秦遗老邵平。邵平，故秦东陵侯。秦破，为布衣，贫，种瓜于长安城东，瓜美，谓之"东陵瓜"。见《史记·萧相国世家》。司空曙《独游寄卫长林》："那知鸣玉者，不羡卖瓜侯。"

【賣杏】 用董奉售杏典。晋葛洪《神仙传》卷六载，董奉居庐山，有杏林："于林中作一草仓，示时人曰：'欲买杏者，不须奉报，但将谷一器置仓中，即自往取一器杏去。'常有人置谷来少，而取杏去多者，林中群虎吼逐之，大怖，急挈杏走，路傍倾覆，至家量杏，一如谷多少。"王维《送友人归山歌二首》之一："神与枣兮如瓜，虎卖杏兮收谷。"

【賣畚】 典出《晋书·王猛传》："[王猛]少贫贱，以鬻畚为业，尝货畚于洛阳，乃有一人贵买其畚，而云无直，自言：'家去此无远，可随我取直。'猛利其贵而从之，行不觉远，忽至深山，见一父老……有一人引猛进拜之，父老曰：'王公何缘拜也！'乃十倍偿畚直，遣人送之。猛既出，顾视，乃嵩高山也。"后因用作咏隐居或失意的典故。李白《留别王司马嵩》："呼鹰过上蔡，卖畚向嵩岑。"

【賣眼】 以目传情。李白《越女词五首》之二："卖眼掷春心，折花调行客。"

【賣餅孫】 指东汉赵岐。岐为御史之孙。岐以廉直著称，为避迫害，曾隐姓埋名于北海市卖饼。见《后汉书·赵岐传》。后遂以为高洁避世的典故。韩偓《两贤》："卖卜严将卖饼孙，两贤高趣恐难伦。"

【賣餅訴公羊】 三国魏严幹折节学问，特善《春秋公羊》，而钟繇不好《公羊》而好《左氏》，谓《左氏》为太官，而谓《公羊》为卖饼家。两人常辩析，繇机敏善辩，幹讷口无以应。见《三国志·魏志·裴潜传》裴松之注。后遂以"賣餅訴公羊"为典，称颂人多才善辩。唐彦谦《送樊琯司业归朝》："啖螯讥尔雅，卖饼诉公羊。"

【賣賦郎】 指汉司马相如。相如善为赋，至临邛（今四川邛崃县），时文君新寡，好音，相如以琴心挑之，文君乃夜亡奔相如。见《史记·司马相如传》。又汉武帝后陈阿娇因妒失宠，被幽禁于长门宫，用黄金百斤请相如作《长门赋》，于是重获宠幸。见《文选·司马相如〈长门赋序〉》。崔珏《有赠》之一："虽然不似王孙女，解爱临邛卖赋郎。"

【賣藥】 出售药材。王翰《赋得明星玉女坛送廉察尉华阴》："故人家在西长安，卖药往来投此山。"皇甫冉《卖药人处得南阳朱山人书》："卖药何为者，逃名市井居。"韦庄《赋武处士》："卖药归来醉，吟诗倚钓查。"杨夔《送邹尊师归洞庭》："卖药唯供酒，归舟只载琴。"

賭 〔dǔ《广韵》當古切，上姥，端。〕❶用财物作注比较胜负。张说《滍湖山寺》："险哉透撞儿，千金赌一掷。"李白《行路难三首》之二："羞逐长安社中儿，赤鸡白狗赌梨栗。"韩翃《送崔秀才赴上元兼省叔父》："行乐远夸红布旆，风流近赌紫香囊。"花蕊夫人徐氏《宫词》之一二四："内人对御分明看，先赌红罗被十床。"❷泛指一般比胜负，争输赢。参见"賭勝"。❸赢得，兼取。参见"賭得"。

【賭取】 赌赛而赢得。刘禹锡《观棋歌送儇师西游》："此时一行出人意，赌取声名不要钱。"陆龟蒙《送棋客》："金门若召羊玄保，赌取江东太守归。"郑谷《采桑》："何如斗百草，赌取凤皇钗。"

【賭命】 舍命，以生命作赌注。谓尽心竭力，不惜献身。李白《送外甥郑灌从军三首》之一："丈夫赌命报天子，当斩胡头衣锦回。"

【賭氣】 负气，因不满意而任性行动。张祜《陪楚州韦舍人北亭门游宴》："赌气连呼采，麇心乍漱醪。"

【賭酒】 以某种方式比赛，负者罚酒。白居易《刘十九同宿》："唯共嵩阳刘处士，围棋赌酒到天明。"

【賭得】 赌赢而获取。岑参《赵将军歌》："将军纵博场场胜，赌得单于貂鼠袍。"贯休《少年行》之三："马上黄金鞍，适来新赌得。"齐己《赠樊处士》："闲寻道士过仙观，赌得黄庭两卷归。"

【賭博】 用钱物作注以比输赢的一种不正当的娱乐活动。韩滉《判僧云晏五人聚赌喧诤语》："白日既能赌博，通宵必醉尊罍。"

【賭棋】 下棋，比赛棋艺。姚合《答友人招游》："赌棋招敌手，沽酒自扶头。"

【賭勝】 争胜，比较高下。李颀《古意》："赌胜马蹄下，由来轻七尺。"韩愈《南山诗》："或如贲育伦，赌胜勇前购。"

【賭墅】 《晋书·谢安传》载，谢安为征讨大都督，以拒苻坚百万之众，得知敌军压境，但仍镇定若素，与侄谢玄下棋，以别墅赌胜负。后遂以为典，歌颂临危不惧的大将风度。卢纶《纶与吉侍郎中孚司空郎中曙苗员外发崔补阙峒耿拾遗湋李校书端风尘追游向三十载畅博士当感怀前踪有五十韵见寄辄有所酬以申悲旧兼寄夏侯侍御审侯仓曹钊》："赌墅鬼神变，属词鸾凤惊。"孙元晏《咏史诗·晋·谢公赌墅》："自从乞与羊昙后，赌墅功成更有谁。"

【賭錢】 以金钱为输赢的赌博。张籍《罗道士》："楼中赊酒唯留药，洞里争棋不赌钱。"

賢 〔xián《广韵》胡田切，平先，匣。〕❶有德行，多才能；贤明。李林甫《送贺监归四明应制》："挂冠知止足，岂独汉疏贤。"白居易《赠内》："黔娄固穷士，妻贤忘其贫。"裴夷直《题江上柳寄李使君》："应学郡中贤太守，依依相向许多情。"孙郃《古意二首》之一："道废固命也，瓢饮亦贤哉。"❷贤者，有德有才之人。钱起《送崔校书从军》："雁门太守能爱贤，麟阁书生亦投笔。"权德舆《奉和许阁老酬淮南崔十七端公见寄》："二贤欢最久，三益义非无。"牟融《题李昭训山水》："卜筑藏修地自偏，尊前诗酒集群贤。"杜牧《咏歌圣德远怀天宝因题关亭长句四韵》："广德者强朝万国，用贤无敌是长城。"❸优良，美善。韩愈《谢自然诗》："人生处万类，知识最为贤。"❹尊重，器重。储光羲《献八舅东归》："高位莫能舍，舍之世所贤。"❺以之为贤。王棨《省题诗二十一首·上德不德》："圣者如非圣，贤者不自贤。"❻指浊酒。李白《月下独酌四首》之二："贤圣既已饮，何必求神仙。"

【賢人】 ❶贤明的人，有德有才之人。白居易《杂感》："君子防悔尤，贤人戒行藏。"牟融《翁母些》："独有贤人崇孝义，伤心共咏蓼莪诗。"许棠《讲德陈情上淮南李仆射八首》之一："天降贤人佐圣时，自然声教满华夷。"周昙《咏史诗·三代门·再吟太公》："天下言知天下者，兆人无主属贤人。"❷浊酒的别名。柳宗元《从崔中丞过卢少尹郊居》："莳药闲庭延国老，开樽虚室值贤人。"陆龟蒙《次和袭美病后春思》："气和灵府渐氤氲，酒有贤人药有君。"参见"賢人酒"。

【賢人酒】 指浊酒。杜甫《对雨书怀走邀许十一主簿》："座对贤人酒，门听长者车。"

【賢士】 贤德之士。寒山《诗三百三首》之九四："贤士不贪婪，痴人好炉冶。"贾至《燕歌行》："昔时燕王重贤士，黄金筑台从隗始。"聂夷中《燕台二首》之一："贵得贤士来，更下于隗者。"周昙《咏史诗·春秋战国门·管仲》："苟非贤主询贤士，肯信沽人畏子狞。"

【賢才】 才智出众者。郑愔《奉和幸上官昭容院献诗四首》之三："宫掖贤才重，山林高尚难。"白居易《杂兴三首》之三："古称国之宝，谷米与贤才。"薛能《恭禧皇太后挽歌词三首》之三："多年好黄老，旧日荐贤才。"胡曾《咏史诗·夷门》："六龙冉冉骤朝昏，魏国贤才杳不存。"

【賢王】 ❶贤明的君王或郡王。陈希烈《奉和圣制三月三日》："酒因朝太子，诗为乐贤王。"杜甫《壮游》："许与必词伯，赏游实贤王。"皮日休《襄州汉阳王故宅》："碑字依稀庙已荒，犹闻耆旧忆贤王。"❷匈奴贵族的封号。有左贤王和右贤王，共同襄赞大单于处理国政。李白《出自蓟北门行》："挥刃斩楼兰，弯弓射贤王。"

【賢父】 贤明的父亲。李端《杂歌》："伯奇掇蜂贤父逐，曾参杀人慈母疑。"

【賢尹】 贤明的县尹。县尹，即县令。钱起《初黄绶赴蓝田县作》："贤尹正趋府，仆夫俨归轩。"

【賢正】 贤良方正之人。元结《乱风诗五篇·至惑》之二："圣贤为上兮，必用贤正。"

【賢主】 贤明的君主。周昙《咏史诗·春秋战国门·管仲》："苟非贤主询贤士，肯信沽人畏子狞。"

【賢臣】 贤明的臣子。王湾《秋夜寓直即事怀赠萧令公裴侍郎兼通简南省诸友人》："圣主万年兴，贤臣数载升。"李涉《题温泉》："能使时平四十春，开元圣主得贤臣。"许浑《献韶阳相同崔公》："贤臣会致唐虞世，独倚江楼笑范增。"周昙《咏史诗·三国门·鲁肃》："轻财重义见英奇，圣主贤臣是所依。"

【賢交】 有才德的朋友。高适《蓟门不遇王之涣郭密之因以留赠》："贤交不可见，吾愿终难说。"

【賢守】 贤明的地方官。刘禹锡《武陵观火诗》："贤守恤人瘼，临烟驻骊驹。"

【賢佐】 贤明的辅臣。杜甫《上韦左相二十韵》："霖雨思贤佐，丹青忆老臣。"

【賢良】 ❶有德行有才能。王溥《谢进士张翼投诗两轴》:"清河诗客本贤良,惠我新吟六十章。"于邺《野外行》:"有才且未达,况我非贤良。"❷有德行有才能之人。沈千远《濮中言怀》:"圣朝优贤良,草泽无遗匿。"孟郊《寒江吟》:"结交非贤良,谁免生爱憎。"李绅《闻里谣效古歌》:"上有明王颁诏下,重选贤良恤孤寡。"皮日休《正乐府十篇·贪官怨》:"国家选贤良,定制兼拘忌。"❸古代选拔统治人才的科目之一。由郡国推选文学之士充选。亦为"贤良文学""贤良方正"的简称。亦指应制举贤良方正科的士子。韩翃《别汜水县尉》:"未央宫殿金开钥,诏引贤良卷珠箔。"

【賢者】 贤明的人。白居易《器孔戡》:"贤者为生民,生死悬在天。"曹邺《秦后作》:"一马渡空江,始知贤者贼。"杜甫《送韦讽上阆州录事参军》:"诛求何多门,贤者贵为德。"

【賢昆】 贤良的兄长。王维《和陈监四郎秋雨中思从弟据》:"平原思令弟,康乐谢贤昆。"

【賢明】 ❶有才德有见识。张俨《贞元八年十二月谒先主庙绝句三首》之二:"得股肱贤明,能以奇用兵。"❷有才德有见识之人。孟郊《古意赠梁肃补阙》:"曲木忌日影,谗人畏贤明。"李频《宣州献从叔大夫》:"清时选地任贤明,从此观风辍尹京。"方干《寄杭州于郎中》:"虽云圣代识贤明,自是山河应数生。"

【賢屈】 指屈原。韩愈、孟郊《远游联句》:"怀糈馈贤屈,乘桴追圣丘。"

【賢哉巷】 指颜回陋巷。借指贤者居所。见《论语·雍也》:"子曰:'贤哉,回也!一箪食,一瓢饮,在陋巷,人不堪其忧,回也不改其乐。贤哉,回也!'"张祜《酬房子客郊居六韵》:"郡中旧指贤哉巷,门外多来长者车。"

【賢相】 (—xiàng)贤明的宰相。钱起《题樊川杜相公别业》:"数亩园林好,人知贤相家。"又《奉和王相公秋日戏赠元校书》:"贤相敦高躅,雕龙忆所思。"杜牧《忍死留别献盐铁裴相公二十叔》:"贤相辅明主,苍生寿域开。"

【賢侯】 对有德位者的敬称。卢郢《和李尚书命妓饯崔侍郎》:"何郎载酒别贤侯,更吐歌珠宴庾楼。"司空图《冯燕歌》:"白马贤侯贾相公,长悬金帛募才雄。"杜荀鹤《寄温州崔博士》:"好向贤侯话吟侣,莫教辜负少微星。"徐铉《移饶州别周使君》:"正怜东道感贤侯,何幸南冠脱楚囚。"

【賢俊】 亦作"賢雋""賢儁"。❶德才出众。杜甫《遣兴五首》之一:"昔时贤俊人,未遇犹视今。"❷德才出众者。孟浩然《和张判官登万山亭因赠洪府都督韩公》:"物情多贵远,贤俊岂无今。"李贺《感讽六首》之四:"西山白盖下,贤儁寒萧萧。"元稹《桐花》:"君若傲贤雋,鹿鸣有食芩。"

【賢彦】 德才出众者。李白《献从叔当涂宰阳冰》:"弱冠燕赵来,贤彦多逢迎。"陆龟蒙《江南秋怀寄华阳山人》:"贤彦风流远,江湖思绪萦。"

【賢哲】 ❶贤明睿智。石贯《和主司王起》:"孔门弟子皆贤哲,谁料穷儒忝一名。"❷贤明睿智之人。李白《猛虎行》:"贤哲栖栖古如此,今时亦弃青云士。"张籍《赠令狐博士》:"古来贤哲皆如此,应是才高与众疏。"汪遵《升仙桥》:"何事不如杨得意,解搜贤哲荐明君。"周昙《咏史诗·三代门·周公》:"文武传芳百代基,几多贤哲守成规。"

【賢真】 高贤的画像。指东晋时与慧远于庐山东林寺共结莲社的慧永、慧持、刘遗民等十八高贤的画像。齐己《东林作寄金陵知己》:"十八贤真在,时来拂榻看。"

【賢宰】 指贤明的地方长官。张说《至尉氏》:"吾兄昔兹邑,遗爱称贤宰。"杜荀鹤《长林山中闻贼退寄孟明府》:"也知贤宰切,争奈乱兵何。"

【賢能】 有德行有才能。亦指有德行有才能之人。玄宗《赐诸州刺史以题座右》:"贤能既俟进,黎献实伫康。"韩愈《苦寒》:"贤能日登御,黜彼傲与险。"皮日休《正乐府十篇·贱贡士》:"不肖尽屏迹,贤能皆得位。"周昙《咏史诗·春秋战国门·再吟晏婴》:"国中有怪非蛇兽,不用贤能是不祥。"

【賢淑】 形容女子德性美好。白居易《和梦游春诗一百韵》:"韦门女清贵,裴氏甥贤淑。"

【賢達】 ❶贤明通达。李白《行路难三首》之三:"吾观自古贤达人,功成不退皆殒身。"元结《酬孟武昌苦雪》:"古之贤达者,与世竟何异。"陆龟蒙《感事》:"所以贤达心,求人须任目。"徐铉《奉酬度支陈员外》:"古来贤达士,驰骛唯群书。"❷贤明通达之人。玄宗《送贺知章归四明》:"岂不惜贤达,其如高尚心。"张籍《献从兄》:"贤达失其所,沉飘同众人。"牟融《寄周韶州》:"寄语故人休怅怏,古来贤达事多殊。"马戴《摅情留别并州从事》:"浅学长自鄙,谬承贤达知。"

【賢智】 有贤德有才智。王周《自喻》:"致身霄汉人,咤哦尽贤智。"

【賢雋】 见"賢俊"。

【賢運】 指贤才的命运、际遇。刘允济《经庐岳回望江州想洛川有作》:"佐历符贤运,人期茂天爵。"

【賢媛】 贤惠美貌的女子。张九龄《郢城西北有大古冢数十观直西有樊妃冢》:"唯传贤媛陇,犹结后人心。"

【賢聖】 ❶道德才智极高。亦指道德才智极高之人。王翰《飞燕篇》:"古来贤圣叹狐裘,一国荒淫万国羞。"李白《寓言三首》之一:"贤圣遇谗慝,不免人君疑。”元结《乱风诗五篇·至惑》之二:“贤圣为上兮,必用贤正。”徐夤《日月无情》:“虽催前代英雄死,还促后来贤圣生。”❷指酒。浊酒和清酒。李白《月下独酌四首》之二:“贤圣既已饮,何必求神仙。”

【賢輔】 贤明的辅相。裴逵《南至日太史登台书云物》:“道泰资贤辅,年丰荷圣君。”

【賢聖物】 指酒。白居易《蓝田刘明府携酌相过与皇甫郎中卯时同饮醉后赠之》:“不为刘家贤圣物,愁翁笑口大难开。”

【賢愚】 ❶贤明与愚劣。白居易《阿崔》:“未能知寿夭,何暇虑贤愚。”汪遵《短歌吟》:“箭飞乌兔竞东西,贵贱贤愚不梦齐。”苏拯《凡草诫》:“贤愚偃仰间,鉴之宜日日。”周昙《咏史诗·春秋战国门·赵简子》:“简子雄心蓄霸机,贤愚聊欲试诸儿。”❷贤明者和愚劣者。韦应物《酬郑户曹骊山感怀》:“海内凑朝贡,贤愚共欢荣。”白居易《题谢公东山障子》:“贤愚共在浮生内,贵贱同趋群动间。”汪遵《淮阴》:“秦季贤愚混不分,只应漂母识王孙。”曹松《吊北邙》:“岁代殊相远,贤愚旋不分。”

【賢路】 贤者仕进的道路或机会。李商隐《五言述德抒情诗一首四十韵献上杜七兄仆射相公》:“即时贤路辟,此夜泰阶平。”裴略《又嘲屏墙》:“突兀当厅坐,几许遮贤路。”

【賢經】 用贤之纲纪,即用人之权。高适《留上李右相》:“钧衡持国柄,柱石总贤经。”

【賢儁】 见“賢俊”。

【賢豪】 贤士豪杰。李白《流夜郎永华寺寄寻阳群官》:“朝别凌烟楼,贤豪满行舟。”白居易《哭刘尚书梦得二首》之一:“贤豪虽殁精灵在,应共微之地下游。”杜牧《春末题池州弄水亭》:“趣向人皆异,贤豪莫笑渠。”周昙《咏史诗·春秋战国门·平公》:“鸿鹄轻腾万里高,何殊朝野得贤豪。”

【賢賢】 尊重贤者。语出《论语·学而》:“贤贤易色,事父母能竭其力,事君能致其身。”皎然《妙喜寺四十二韵》:“世论高二贤,贤贤继前哲。”薛能《牡丹四首》之一:“种堪收子子,价合易贤贤。”

【賢德】 贤良的德行,有美德。周昙《咏史诗·六朝门·梁武帝》:“不求贤德追尧舜,翻作忧囚一病翁。”孙元晏《咏史诗·吴·孙坚后》:“委存张公翊圣材,几将贤德赞文台。”

賚 〔lài《广韵》洛代切,來。〕赏赐,赐予。张嘉贞《恩敕尚书省僚宴昆明池应制》:“幸承欢赉重,不觉醉归遥。”《郊庙歌辞·祀圜丘乐章·凯安》:“大赉下周车,禁暴开殷网。”王昌龄《宿灞上寄侍御玙弟》:“不费黄金资,宁求白璧赉。”

賫 〔jī〕亦作“賷”。持,带。寒山《诗三百三首》之六五:“唯赍一宿粮,去岸三千里。”章孝标《送陈校书赴蔡州幕》:“行赍健笔辞天阁,坐见妖星落蔡州。”皮日休《重玄寺二章》之一:“雨涤烟锄伛偻赍,绀牙红甲两三畦。”周昙《咏史诗·春秋战国门·淳于髡》:“穰穰何祷手何赍,一呷村浆与只鸡。”

賤 〔jiàn《广韵》才線切,去線,從。〕❶价格低。杜甫《解闷十二首》之二:“为问淮南米贵贱,老夫乘兴欲东流。”韩愈《醉后》:“人生如此少,酒贱且勤置。”白居易《新乐府·卖炭翁》:“可怜身上衣正单,心忧炭贱愿天寒。”姚合《题李频新居》:“赁居求贱处,深僻任人嫌。”亦指价贱之物。吴融《祝风三十二韵》:“籴贱兼粜贵,凶年翻大喜。”❷卑贱,地位低下。李白《中山孺子妾歌》:“一贵复一贱,关天岂由身。”杜甫《秋兴八首》之三:“同学少年多不贱,五陵衣马自轻肥。”薛存诚《观南郊回仗》:“多惭远臣贱,不得礼容陪。”殷尧藩《下第东归作》:“身贱自惭贫骨相,朗啸东归学钓鱼。”❸贫穷或卑贱之人;卑贱的社会处境。钱起《温泉宫礼见》:“沧溟不让水,疵贱也朝天。”杨衡《夷陵郡内叙别》:“倘甘蓬户贱,愿俟故山岑。”杜牧《除官归京睦州雨霁》:“顾我能甘贱,无由得自强。”❹以之为贱。欧阳詹《答韩十八驽骥吟》:“贱贵而贵贱,世人良共然。”姚合《感时》:“逢人话天命,自贱如埃尘。”❺轻视,鄙视。严维《余姚祇役奉简鲍参军》:“知己欲依何水部,乡人今正贱东丘。”李益《游子吟》:“女羞夫婿薄,客耻主人贱。”李端《赠康洽》:“后辈轻肥贱衰朽,五侯门馆许因依。”杜荀鹤《乱后逢李昭象叙别》:“也知不是男儿事,争奈时情贱布衣。”❻谦词。用于有关自己的事。见“賤士”“賤子”“賤臣”“賤事”。❼指孔子弟子宓子贱。见“賤回”。

【賤士】 士人谦称自己。杜甫《乐游园歌》:“圣朝亦知贱士丑,一物自荷皇天慈。”耿沣《留别解县韩明府》:“闲人州县厌,贱士友朋讥。”

【賤子】 谦称自己。王维《献始兴公》:“贱子跪自陈,可为帐下不。”杜甫《草堂》:“贱子且奔走,三年望东吴。”孟郊《上张徐州》:“贱子本如此,大贤心若何。”吴融《偶题》:“贱子曾尘国士知,登门倒屣忆当时。”

【賤夫】 犹贱子,贱士。杜甫《七月三日戏呈元二十一曹长》:“贱夫美一睡,烦促婴词笔。”赵嘏《抒怀上歙州卢中丞宣州杜侍郎》:“独有贱夫怀感激,十年两地负恩知。”

【賤日】 贫贱之日。王维《西施咏》:“贱日岂殊众,贵来方悟稀。”

【賤生】 寒士的谦称。孟郊《送从舅端适楚地》:

"元舅唱离别，贱生愁不穷。"

【賤幼】 指低贱弱小者。韩愈《南山诗》："或如帝王尊，丛集朝贱幼。"

【賤回】 宓子贱和颜回，皆为孔子贤弟子。李端《送赵给事侄尉丹阳》："太傅怜群从，门人亦贱回。"

【賤臣】 臣下在君主或上司前的谦称。王昌龄《宿灞上寄侍御玙弟》："贱臣欲干谒，稽首期殒碎。"杨巨源《春日奉献圣寿无疆词十首》之四："文雅逢明代，欢娱及贱臣。"

【賤劣】 卑贱低劣。孙鲂《甘露寺紫薇花》："谁笑晚芳为贱劣，便饶春丽已尘埃。"

【賤迍】 谓地位微贱，命运艰苦。白居易《哭刘敦质》："愚者多贵寿，贤者独贱迍。"

【賤事】 个人私事。用作谦词。张九龄《始兴南山下有林泉尝卜居焉荆州卧病有怀此地》："幸无迫贱事，聊可祛迷襟。"

【賤妾】 古代妇女的谦称。杜易简《湘川新曲二首》之一："愿君稍弭楫，无令贱妾羞。"王翰《古蛾眉怨》："一朝埋没茂陵田，贱妾蛾眉不重顾。"李白《古风》之四四："君子恩已毕，贱妾将何为。"贾至《咏冯昭仪当熊》："王孙莫谏猎，贱妾解当熊。"

【賤客】 地位低下的门客。罗隐《游江夏口》："黄祖不能容贱客，费祎终是负仙才。"

【賤辱】 卑贱受屈辱。柳宗元《掩役夫张进骸》："为役孰贱辱，为贵非神奇。"

【賤貧】 卑贱贫困，贫贱。白居易《读张籍古乐府》："如何欲五十，官小身贱贫。"又《雪中晏起偶咏所怀兼呈张常侍韦庶子皇甫郎中》："非贤非愚非智慧，不贵不富不贱贫。"徐夤《新葺茆堂》之一："只闻神鬼害盈满，不见古今争贱贫。"孙咸《题九天使者庙》："独入玄宫礼至真，焚香不为贱贫身。"亦指卑贱贫困之人。韦应物《冬夜宿司空曙野居因寄酬赠》："遂性在耕稼，所交唯贱贫。"

【賤嗜】 贱薄的嗜好。韩愈《秋怀诗十一首》之三："陈迹竟谁寻，贱嗜非贵献。"

【賤微】 低下微贱。阎朝隐《鹦鹉猫儿篇》："菲形陋质虽贱微，皇王顾遇长光辉。"韦应物《拟古诗十二首》之七："草木知贱微，所贵寒不易。"邵谒《寒女行》："寒女命自薄，生来多贱微。"亦指微贱之人。周昙《咏史诗·春秋战国门·侯嬴朱亥》："屠肆监门一贱微，信陵交结国人非。"贯休《续姚梁公坐右铭》："无轻贱微，上下相依。"

【賤賣】 低价卖出。李郢《题水精钗》："脉脉两条秋水色，农夫贱卖古城旁。"

【賤價】 低价；便宜的价格。李群玉《中秋夜南楼寄友人》："朗吟无渌酒，贱价买清秋。"赵抟《琴歌》："向曾守贫贫不彻，贱价与人人不别。"

【賤窮】 低贱贫困。钱起《行路难》："由来人事何尝定，且莫骄奢笑贱穷。"

【賤薄】 谓下贱卑劣。韩愈《谴疟鬼》："不修其操行，贱薄似汝稀。"

【賤軀】 谦称自己的身体。李绅《趋翰苑遭诬构四十六韵》："碧海同宸眷，鸿毛比贱躯。"

賞 〔shǎng《广韵》書兩切，上養，書。〕❶赏赐；奖赏。太宗《帝京篇十首》之十："纳善察忠谏，明科慎刑赏。"乔知之《苦寒行》："由来从军行，赏存不赏亡。"张子容《九日陪润州邵使君登北固山》："梅福惭仙吏，羊公赏下僚。"李白《五月东鲁行答汶上君》："终然不受赏，羞与时人同。"亦指受赏赐。戎昱《泾州观之戎出师》："卫青师自老，魏绛赏何功。"❷指赏赐或奖给财物。刘长卿《疲兵篇》："赤心报国无片赏，白首还家有几人。"参见"賞賜"。❸赏识，赞赏。白居易《有木诗八首》之六："惟有一堪赏，中心无蠹虫。"李商隐《戏题枢言草阁三十二韵》："我赏此言是，因循未能谐。"贾岛《题诗后》："知音如不赏，归卧故山秋。"❹观赏，欣赏，赏玩。储光羲《送人寻裴斐》："迟君千里驾，方外赏云泉。"刘长卿《杂咏八首上礼部李侍郎·晚桃》："过时君未赏，空媚幽林前。"白居易《白牡丹》："众嫌我独赏，移植在中庭。"李九龄《山舍南溪小桃花》："可怜地僻无人赏，抛掷深山乱木中。"

【賞月】 观赏月色。杜甫《夔府书怀四十韵》："赏月延秋桂，倾阳逐露葵。"

【賞月吟風】 观赏并吟咏风月等自然景色。圆观《竹枝词》之一："三生石上旧精魂，赏月吟风不要论。"

【賞心】 ❶心意欢乐。张说《游溫湖上寺》："何知绝世境，来遇赏心人。"岑参《送李翥游江外》："便获赏心趣，岂歌行路难。"李翱《奉酬刘言史宴光风亭》："闰余春早景沉沉，禊饮风亭恣赏心。"白居易《答元八宗简同游曲江后明日见赠》："时景不重来，赏心难再并。"❷谓娱悦心志。韦应物《郡斋移杉》："虽为赏心遇，岂有岩中缘。"刘长卿《题萧郎中开元寺新构幽寂亭》："康乐爱山水，赏心千载同。"钱起《县中池竹言怀》："自爱赏心处，丛篁流水滨。"无可《夏日送田中丞赴蔡州》："赏心知有处，蒋宅古津平。"

【賞心樂事】 （樂 lè）欢畅的心情和快乐的事情。白居易《三月三日祓禊洛滨》序："美景良辰，赏心乐事，尽得于今日矣。"

【賞功】 赏赐有功者。秦韬玉《寄怀》："苏公有国皆悬印，楚将无官可赏功。"

【賞句】 欣赏诗文。孟郊《寄陕府邓给事》："见知嘱徐孺，赏句类陶渊。"

【賞地】 赏赐田地。韩翃《赠别成明府赴剑南》："公门辄无事,赏地能相亲。"

【賞延】 ❶指朝廷赏赐遍及州郡地方官吏或延及后代。张九龄《奉和圣制送十道采访使及朝集使》："课最力已陈,赏延恩复博。"杜审言《和李大夫嗣真奉使存抚河东》："人乐逢刑措,时康洽赏延。"许景先《奉和圣制送张尚书巡边》："赏延颁赐重,宸赠出车荣。"❷引领观赏。杜甫《次空灵岸》："回帆觊赏延,佳处领其要。"

【賞弄】 欣赏玩味。李白《日夕山中忽然有怀》："山深云更好,赏弄终日夕。"

【賞玩】 亦作"賞翫"。欣赏玩味。玄宗《答司马承祯上剑镜》："从兹一赏玩,永德保龄长。"于良史《春山夜月》："春山多胜事,赏翫夜忘归。"韩愈《咏雪赠张籍》："赏玩捐他事,歌谣放我才。"白居易《除官去未间》："跻攀有次第,赏玩无昏早。"

【賞事】 赏心快乐之事。韩翃《送丹阳刘太真》："长干道上落花朝,羡尔当年赏事饶。"

【賞春】 赏玩春景。刘兼《春游》："柳成金穗草成茵,载酒寻花共赏春。"

【賞眉】 欣赏柳叶。眉,喻柳叶。李商隐《柳》："倾国宜通体,谁来独赏眉。"

【賞幽】 指欣赏幽静的景色。李白《秋夜宿龙门香山寺奉寄王方城十七丈奉国营上人从弟幼成令问》："望极九霄迥,赏幽万壑通。"刘禹锡《令狐相公见示新栽蕙兰二草之什兼命同作》："惜晚含远思,赏幽空独吟。"

【賞格】 悬赏所定的报酬条件。无名氏《诮失婢榜诗》之三："请君看赏格,惆怅信音稀。"

【賞託】 游赏中寄托情意。李峤《四月奉教作》："胜情多赏托,尊酒狎林榝。"

【賞眺】 观赏眺望。高适《和窦侍御登凉州七级浮图之作》："铁冠雄赏眺,金界宠招携。"

【賞詠】 赞赏咏叹。汤洙《登云梯》："赏咏情弥惬,风尘事已睽。"无名氏《合水县玉泉石崖刻》："有时乘月来,赏咏还自适。"

【賞愛】 赏识喜爱。韦应物《游龙门香山泉》："碧泉更幽绝,赏爱未能去。"元结《游石溪示学者》："小溪在城下,形胜堪赏爱。"白居易《伤唐衢二首》之二："致吾陈杜间,赏爱非常意。"又《和答诗十首·答桐花》："无人解赏爱,有客独屏营。"

【賞静】 喜爱清幽。意谓看轻名利。杜甫《徐九少尹见过》："赏静怜云竹,忘归步月台。"

【賞罰】 奖赏和惩罚。皎然《赠李中丞洪一首》："政用仁恕立,恩由赏罚明。"韩愈《送文畅师北游》："上论古之初,所以施赏罚。"陆龟蒙《奉和袭美先辈吴中苦雨一百韵》："可口是妖讹,恣情专赏罚。"周昙《咏史诗·前汉门·条侯》："上将风戈赏罚明,矛铤严闭亚夫营。"

【賞賜】 尊长者送财物给卑幼者。亦指赏赐的财物。崔颢《邯郸宫人怨》："兄弟印绶皆被夺,昔年赏赐不复存。"

【賞潛】 赞赏潜在的品质。孟郊《品松》："赏异尚可贵,赏潜谁能容。"

【賞慰】 指赏心慰人的事物。卢照邻《酬张少府柬之》："十年睽赏慰,万里隔招寻。"

【賞翫】 见"賞玩"。

【賞樂】 (—lè)观赏游乐。李峤《菱》："五湖多赏乐,千里望难穷。"

【賞激】 ❶赞赏与鼓励。孟浩然《宴张别驾新斋》："士元多赏激,衰病恨无能。"❷极为赏识。刘禹锡《武昌老人说笛歌》："自言少小学吹笛,早事曹王曾赏激。"

【賞覿】 观赏。孟郊《和宣州钱判官使院厅前石楠树》："养此奉君子,赏觌日为娱。"

【賞讌】 光临赴宴。孟浩然《和贾主簿弁九日登岘山》："楚万重阳日,群公赏宴来。"

賜 〔cì《广韵》斯義切,去寘,心。〕❶赏赐,给予。玄宗《千秋节赐群臣镜》："分将赐群后,遇象见清心。"卢纶《天长久词》之五："台殿云深秋色微,君王初赐六宫衣。"鲍溶《霓裳羽衣歌》："此衣春日赐何人,秦女腰肢轻若燕。"蒋贻恭《谢郎中惠茶》："三斤绿茗赐贻恭,一种颁沾事不同。"❷给人的恩惠、好处。皮日休《奉和鲁望读阴符经见寄》："至今千余年,蚩蚩受其赐。"陆龟蒙《彼农二章》："善人为邦,民受其赐。"

【賜弓】 典出《诗·小雅·彤弓》序："彤弓,天子赐有功诸侯也。"故以喻指出为节度使。李商隐《今月二日不自量度辄以诗一首四十韵干渎尊严复五言四十韵诗献上亦诗人咏叹不足之义也》："物议将调鼎,君恩忽赐弓。"

【賜也牆】 赐,孔子弟子子贡字。《论语·子张》："叔孙武叔语大夫于朝,曰:'子贡贤于仲尼。'子服景伯以告子贡,子贡曰:'譬之宫墙,赐之墙也及肩,窥见家室之好。夫子之墙数仞,不得其门而入,不见宗庙之美,百官之富。"后遂以"賜也牆"表示谦恭的态度。杨巨源《上刘侍中》："敢衒由之瑟,甘循赐也墙。"

【賜尺】 天子赐尺给臣下。以此勉励臣下治理政事裁度有方。王季友《皇帝移晦日为中和节》："湔裙移旧俗,赐尺下新科。"

【賜示】 敬词。告知,示知。皮日休有《谏议以罢郡将归以六韵赐示因伫酬献》。

【賜名】 君王赐予名号。王建《宫词一百首》之三五:"殿前来往重骑过,欲得君王别赐名。"

【賜衣】 君主赐臣下以衣衫。亦指所赐之衣衫。岑参《酬成少尹骆谷行见呈》:"明主仍赐衣,价直千万余。"钱起《送襄阳卢判官奏开河事》:"紫殿赐衣出,青门酣酌同。"皮日休《送圆载上人归日本国》:"讲殿谈余著赐衣,椰帆却返旧禅扉。"韦庄《赠边将》:"手招都护新降虏,身著文皇旧赐衣。"

【賜冰】 盛暑时天子以冰赐予臣下。亦指所赐之冰。刘禹锡《刘驸马水亭避暑》:"赐冰满碗沉朱实,法馔盈盘覆碧笼。"

【賜告】 给假;准予告假。皇甫冉《刘侍御朝命许停官归侍》:"赐告承优诏,长筵永日欢。"权德舆《奉送韦起居老舅百日假满归嵩阳旧居》:"振衣去朝市,赐告归林泉。"刘禹锡《许给事见示哭工部刘尚书诗因命同作》:"乞身来阙下,赐告卧漳滨。"

【賜帛】 赏给布帛。王维《送元中丞转运江淮》:"欢沾赐帛老,恩及卷绡人。"又《送高适弟耽归临淮作》:"天书降北阙,赐帛归东菑。"

【賜酺】 秦汉之法,三人以上不得聚饮,朝廷有庆典,则允许臣民集会欢饮,此谓"赐酺"。后代王朝遂以之为一种宴饮庆祝活动。元稹《酬乐天东南行诗一百韵》:"应召逢鸿泽,陪游值赐酺。"

【賜火】 《周礼·夏官·司爟》:"掌行火之政令,四时变国火,以救时疾。"谓春取榆柳之火,夏取枣杏之火,秋取柞楢之火,冬取槐檀之火。唐代唯清明时取榆柳之火以赐近臣、戚里。韩愈《寒食直归遇雨》:"惟将新赐火,向曙著朝衣。"

【賜死】 君主命令臣下自杀。白居易《新乐府·太行路》:"君不见左纳言,右纳史,朝承恩,暮赐死。"贯休《读玄宗幸蜀记》:"幸臣方赐死,野老不胜悲。"

【賜食】 国君赐予熟食。语出《论语·乡党》:"君赐食,必正席先尝。"后用以指皇帝宴请臣下。韩翃《别汜水县尉》:"花间赐食近丹墀,烟里挥毫对青阁。"韩愈《雪后寄崔二十六丞公》:"殿前群公赐食罢,骅骝蹋路骄且闲。"王贞白《御试后进诗》:"三时赐食天厨近,再宿偷吟禁漏清。"亦指所赐的酒食。韩翃《扈从郊庙因呈两省诸公》:"奉引乘舆金仗里,亲尝赐食玉盘中。"

【賜宴】 君王命臣下共宴。太宗有《于太原召侍臣赐宴守岁》。玄宗有《集贤书院成送张说上集贤学士赐宴得珍字》。杨巨源《春日奉献圣寿无疆词十首》之二:"赐宴文逾盛,徵歌物更妍。"亦作"賜燕"。刘禹锡《游桃源一百韵》:"赐燕聆箫韶,侍祠阅琮璧。"

【賜被】 皇上赐以被褥。杜甫《秋野五首》之四:"飞霜任青女,赐被隔南宫。"钱起《喜李侍御拜郎官入省》:"直庐惊漏近,赐被觉霜移。"亦指所赐之被。卢纶《送李纵别驾加员外郎却赴常州幕》:"暂欢同赐被,不待易朝衣。"

【賜書】 君王赐给的书籍。寇坦《同张少府和厍狄员外夏晚初霁南省寓直时兼充节度判官之作》:"少孺嘉能赋,文强阅赐书。"李商隐《赠华阳宋真人兼寄清都刘先生》:"玉检赐书迷凤篆,金华归驾冷龙鳞。"温庭筠《题李相公敕赐锦屏风》:"丰沛曾为社稷臣,赐书名画墨犹新。"陆龟蒙《奉酬袭美先辈吴中苦雨一百韵》:"犹残赐书在,编简苦断绝。"

【賜第】 赏赐的宅第。杜牧《分司东都寓居履道叨承川尹刘侍郎大夫恩知上四十韵》:"赐第成官舍,佣居起客亭。"

【賜筆】 汉应劭《汉官仪》卷上:"尚书令仆丞郎月给赤管大笔一支。"后因以指受到君王宠爱恩赐。岑参《省中即事》:"君王新赐笔,草奏向明光。"耿湋《宿韦员外宅》:"传经韦相后,赐笔汉家郎。"

【賜賚】 赏赐。亦指赏赐之物。储光羲《同王十三维偶然作十首》之八:"公卿时见赏,赐赉难具纪。"

【賜慶】 赐福。王昌龄《夏日花萼楼酺宴应制》:"赐庆垂天泽,流欢旧渚宫。"

【賜履】 神话传说。叶县令上朝所乘之凫,原为南方署所赐尚书官属之履所化。见汉应劭《风俗通·正失·叶令祠》。后遂以表示任京官。杜甫《长沙送李十一》:"远愧尚方曾赐履,竟非吾土倦登楼。"

【賜緋】 赐予绯色官服。唐代五品四品官服绯。段成式有《和徐商贺卢员外赐绯》。

【賜燕】 见"赐宴"。

【賜霑】 赐予恩泽。杜甫《野人送朱樱》:"忆昨赐霑门下省,退朝擎出大明宫。"

【賜額】 赐予匾额。王建《题应圣观》:"赐额御书金字贵,行香天乐羽衣新。"

【賜環】 放逐之臣,遇赦召还,谓之"赐环"。语本《荀子·大略》:"绝人以玦,反绝以环。"杨倞注:"古者臣有罪待放于境,三年不敢去,与之环则还,与之玦则绝,见所以见意也。"刘禹锡《海阳十咏·裴溪》:"君今赐环归,何人承玉趾。"又《晚岁登武陵城顾望水陆怅然有作》:"叫阍道非远,赐环期自赊。"

【賜璧】 君王赐予臣下璧玉。战国时虞卿游说赵孝成王,获赐黄金白镒、白璧一双。见《史记·虞卿列传》。后遂以借指受君王宠爱重用。王维《田园乐七首》之二:"再见封侯万户,立谈赐璧一双。"钱起《送傅管记赴蜀军》:"赐璧腰金应可料,才略纵横年且妙。"

質〔zhì《广韵》之日切，入質，章。又陟利切，去至，知。〕❶留作抵押或保证的人或事。见"質子"。❷形体、外貌。白居易《湖亭晚望残水》："流注随地势，洼坳无定质。"薛逢《贫女吟》："惟有深闺憔悴质，年年长凭绣床看。"滄交《病后作》："悠悠片云质，独对夕阳残。"❸主干，树干。王季友《寄韦子春》："夫子质千寻，天泽枝叶新。"❹性质，本质。李白《赠武十七谔》序："门人武谔，深于义者也，质本沉悍，慕要离之风，潜钓川海，不数数于世间事。"颜真卿《刻清远道士诗因而继作》："迹异心宁间，声同质岂均。"耿沣《晚登虔州即事寄李侍御》："愿保乔松质，青青过大寒。"白居易《新乐府·青石》："刻此两片坚贞质，状彼二人忠烈姿。"❺朴实；淳朴。《论语·雍也》："质胜文则野，文胜质则史。"太宗《执契静三边》："浇俗庶反淳，替文聊就质。"白居易《新乐府》序："其辞质而径，欲见之者易喻也。"又《新乐府·牡丹芳》："三代以还文胜质，人心重华不重实。"贯休《大蜀高祖潜龙日献陈情偈颂》："一瓶一衲，既朴且质。"❻素质，禀性。苏味道《咏霜》："自有贞筠质，宁将庶草腓。"萧颖士《过河滨和文学张志尹》："顾我谫劣质，希圣杳无因。"孟郊《山中送从叔简》："应怜枯朽质，惊此别离情。"白居易《白牡丹》："怜此皓然质，无人自芳馨。"❼质询，询问。刘禹锡《武陵书怀五十韵》序："至则以方志所载，而质诸其人民。顾山川风物，皆骚人所赋，乃具所闻见而成是诗。"❽对手，对象。李白《古风》之三五："安得郢中质，一挥成斧斤。"白居易《裴侍中晋公以诗三十六韵见赠猥蒙徵和才拙词繁辄广为五百言以伸酬献》："水竹以为质，质立而文随。"

【質子】 人质。古代派往别国作抵押的人。多为王子或世子。李峤《藤》："神农尝药罢，质子寄书来。"

【質文】 ❶实质内容与外在形式。李涉《六叹》序："惧质文之不备，复何全于比兴乎。"温庭筠《病中书怀呈友人》："质文精等贯，琴筑韵相须。"❷指文教。张衮《梁郊祀乐章·庆融》："服遐裔兮敷质文，格苗扈兮息烟尘。"

【質直】 朴实正直。寒山《诗三百三首》之一〇二："立身既质直，出语无谄谀。"

【質狀】 外表形状。姚合《拾得古砚》："质状朴且丑，今人作不得。"

【質明】 天刚亮之时。褚亮《享先农乐章·雍和》："前夕视牲，质明奉俎。"耿沣《贺李观察祷河神降雨》："质明斋祭北风微，驺驭千群拥庙扉。"周墀《酬李常侍立秋日奉诏祭岳见寄》："质明三献虽终礼，祈寿千年别上杯。"裴谞《储潭庙》："质明斋服躬往奠，牢醴丰洁精诚举。"

【質樸】 朴实淳厚。杜甫《吾宗》："吾宗老孙子，质朴古人风。"又《移居公安敬赠卫大郎钧》："形容劳宇宙，质朴谢轩墀。"

賙〔zhōu《广韵》職流切，平尤，章。〕周济，救济。白居易《酬郑侍御多雨春空过诗三十韵》："赈廪赒饥户，苦城备坏墙。"

【賙給】 （—jǐ）周济给助。杜甫《八哀诗·赠秘书监江夏李公邕》："众归赒给美，摆落多藏秽。"又《送率府程录事还乡》："内愧突不黔，庶羞以赒给。"

賡〔gēng《广韵》古行切，平庚，見。〕亦作"賡"。继续，连续。多指对他人诗作的唱和。刘禹锡《海阳湖别浩初师》引："今复来连山，以前所得双南金，出于裓，亟请余赓之。"陆龟蒙《江南秋怀寄华阳山人》："愁长难自剪，歌断有谁赓。"徐铉《进雪诗》："朝来花萼楼中宴，数曲赓歌雅颂间。"

【賡匡圖】 齐己有《寄赓匡图兄弟》。"赓"当作"廖"。此乃寄廖匡图、匡齐兄弟诗。匡图善文辞，授江南观察判官，后选为天策府学士。其弟匡齐，以功署决胜指挥使。见《十国春秋·廖匡图传》。

【賡桑子】 即庚桑子。老子的弟子庚桑楚，为人淡泊名利。贯休《桐江闲居十二首》之四："不问赓桑子，唯师妙吉祥。"

【賡載】 （—zài）相续而成。《书·益稷》："皋陶拜手稽首，扬言曰：'念哉，率作兴事，慎乃宪钦哉！屡省及成钦哉。'乃赓载歌曰：'元着明哉，股肱良哉，庶事康哉。'"孔传："赓，续；载，成也。"后多用指诗词唱和。刘叉《作诗》："未逢赓载人，此道终寂寞。"

【賡歌】 酬唱和诗。权德舆《德宗神武孝文帝挽歌词三首》之一："赓歌凝庶绩，羽舞被深恩。"武元衡《奉和圣制丰年多庆九日示怀》："赓歌禹功盛，击壤尧年丰。"唐彦谦《留别四首》之三："起喜赓歌日，明良际会时。"贯休《寿春节进》："赓歌随羽籥，奕叶勴伊祁。"

賨〔cóng《广韵》藏宗切，平冬，從。〕古代西南地区一种少数民族。其中心在今四川渠县一带。汉扬雄《蜀都赋》："东有巴賨，绵亘百濮。"李商隐《碧瓦》："吴市蠙蛦甲，巴賨翡翠翘。"郑谷有《巴賨旅寓寄朝中从叔》。亦借指僮仆。李贺《恼公》："数钱教姹女，买药问巴賨。"

【賨税】 秦汉时西南一些少数民族交纳的赋税。《说文·贝部》："賨，南蛮赋也。"后代沿用此称。陆龟蒙《奉和袭美送李明府之任南海》："賨税尽应输紫贝，蛮童多学佩金钩。"

賝〔chēn《广韵》丑林切，平侵，徹。〕珍宝。元稹《桐花》："中有阜财语，勿受来献賝。"

【賝賮】 宝物财货。皮日休《太湖诗·太湖石》：

"厚赐以赈贶，远去穷京都。"

賜 〔jū《广韵》九魚切，平魚，見。〕贮存。元结《石鱼湖上作》序："鱼凹处，修之可以赐酒。"

九 画

賵 〔fèng《广韵》撫鳳切，去送，敷。〕❶以车子等物助丧家送葬。苏颋《蜀城哭台州乐安少府》："执礼谁为赗，居常不徇财。"❷指助葬用的车马等物。薛能《恭禧皇太后挽歌词三首》之一："祔陵经灞浐，归赗杂华夷。"

賴 〔lài《广韵》落蓋切，去泰，來。〕❶依赖，依仗，凭借。德宗《重阳日赐宴曲江亭赋六韵诗用清字》序："朕在位仅将十载，实赖忠贤左右，克致小康。"刘长卿《送青苗郑判官归江西》："南楚凋残后，疲民赖尔怜。"钱起《送元中丞江淮转运》："薄税归天府，轻徭赖使臣。"白居易《狂吟七言十四韵》："补绽衣裳愧妻女，支持酒肉赖交亲。"❷幸亏；幸而。王维《晓行巴峡》："赖多山水趣，稍解别离情。"杜甫《羌村》之二："赖知禾黍收，已觉糟床注。"秦系《山中书怀寄张建封大夫》："时时亦被群儿笑，赖有南山四老人。"白居易《雪后早过天津桥偶呈诸客》："犹赖洛中饶醉客，时时泥我唤笙歌。"❸受惠，受益。白居易《新乐府·捕蝗》："一人有庆兆民赖，是岁虽蝗不为害。"

【赖得】 幸亏，好在。张籍《咏怀》："都无作官意，赖得在闲曹。"元稹《乐府古题·人道短》："岂非天道短，赖得人道长。"萧妃《夜梦》："故言如梦里，赖得雁书飞。"

【赖蒙】 幸蒙，有幸蒙遇。刘希夷《蜀城怀古》："赖蒙灵丘境，时当明月光。"岑参《敬酬杜华淇上见赠兼呈熊曜》："赖蒙瑶华赠，讽咏慰怀抱。"

賫 见"贐"。

十 画

贅 〔zhuì《广韵》之芮切，去祭，章。〕❶人赘，男子就婚于女家。杨衡《夷陵郡内叙别》："将迓空未立，就赘意难任。"亦指赘婿。杜甫《遣闷》："倚着如秦赘，过逢类楚狂。"❷赘瘤，肉瘤。亦指赘瘤状物。皮日休《夜会问答十》之二："瘿木杯，杉赘楠瘤刳得来。"喻指无用之物。陆龟蒙《袭美先辈以龟蒙所献五百言即蒙见和复示荣唱再抒鄙怀用伸酬谢》："十体免负赘，百家咸起痿。"参见"贅賸"。❸累赘，患祸。张九龄《酬周判官巡至始兴会改秘书少监见贻之作兼呈耿广州》："心息已如灰，迹牵且为赘。"

【赘疣】 附生于体外的肉瘤。喻多余无用之人和事物。元稹《阳城驿》："降官司成署，俾之为赘疣。"

【赘婿】 指就婚、定居于妻子之家的男子。战国齐淳于髡即为赘婿。刘禹锡《题淳于髡墓》："生为齐赘婿，死作楚先贤。"

【赘旒】 喻虚有其位而无实权。旒，旌旗上的飘带。权德舆《读穀梁传二首》之二："群臣自盟歃，君政如赘旒。"

【贅賸】 多余；剩余。元稹《乐府古题》序："沿袭古题，唱和重复，于文或有短长，于义咸为赘剩。"

賮 见"賫"。

購 〔gòu《广韵》古候切，去候，見。〕❶悬赏征求；悬赏缉捕。韩愈、李正封《晚秋郾城夜会联句》："百牢犒舆师，千户购首恶。"皮日休《鲁望读襄阳耆旧传见赠五百言因而寄答亦诗人无言不酬之义也次韵》："易政疾似欬，求贤甚于购。"❷买，购买。张说《春晚侍宴丽正殿探得开字》："坊因购书立，殿为集贤开。"韦应物《种药》："持缣购山客，移莳罗众英。"陆龟蒙《读襄阳耆旧传因作诗五百言寄皮袭美》："幽埋力须掘，遗落贵必购。"又《奉和袭美二游诗·徐诗》："贞观购亡逸，蓬瀛渐周旋。"

賺[1] 〔zhuàn《集韵》直陷切，去陷，澄。〕赢得，获得。来鹄《偶题二首》之一："一夜绿荷霜剪破，赚他秋雨不成珠。"参见"赚得"。

賺[2] 〔zuàn〕哄骗；诳骗。罗虬《比红儿诗》之一："马嵬好笑当时事，虚赚玄宗幸蜀川。"秦韬玉《鹦鹉》："幸自祢衡人未识，赚他作赋被时轻。"杜荀鹤《八骏图》："只今恃骏凭毛色，绿耳骅骝赚杀人。"无名氏《朝士戏任毂》："从此见山须合眼，被山相赚已多时。"

【赚杀】 赢得，博得。施肩吾《望骑马郎》："赚杀唱歌楼上女，伊州误作石州声。"

【赚$_1$得】 赢得，博得。皮日休《馆娃宫怀古五绝》之一："越王大有堪羞处，只把西施赚得吴。"尹鹗《清平乐》词之二："赚得王孙狂处，断肠一搦腰肢。"

【赚$_2$得】 骗取。李商隐《宫中曲》："赚得羊车来，低扇遮黄子。"赵嘏《句》："太宗皇帝真长策，赚得英雄尽白头。"吴融《王母庙》："赚得武皇心力尽，忍看烟草茂陵秋。"元凛《中秋夜不见月》："蟾轮何事色全微，赚得佳人出绣帷。"

賽〔sài《广韵》先代切，去代，心。〕❶酬报。旧时祭祀酬神之称。王维《送宇文太守赴宣城》："时赛敬亭神，复解罟师网。"王建《赛神曲》："但愿牛羊满家宅，十月报赛南山神。"刘禹锡《别夔州官吏》："惟有九歌词数首，里中留与赛蛮神。"李商隐《正月十五夜闻京有灯恨不得观》："身闲不睹中兴盛，羞逐乡人赛紫姑。"❷比，比赛。刘禹锡《酬杨八庶子喜韩吴兴与余同迁见赠》："舍矢同瞻鹄，当筵共赛枭。"❸胜过，如同。李峤《游苑遇雪应制》："不能落后争飞絮，故欲迎前赛早梅。"刘禹锡《思黯南墅赏牡丹》："有此倾城好颜色，天教晚发赛诸花。"罗虬《比红儿诗》之三五："雕阴旧俗骋婵娟，有个红儿赛洛川。"唐彦谦《汉代》："饮酒阑三雅，投壶赛百娇。"

【賽祀】　犹祭祀。李建勋《迎神》："与君降福为丰年，莫教赛祀亏常筵。"

【賽神】　设祭酬神。王维有《凉州赛神》。王建《酬柏侍御闻与韦处士同游灵台寺见寄》："赛神贺得雨，岂暇多停留。"温庭筠《烧歌》："新年春雨晴，处处赛神声。"又《河渎神》词之三："铜鼓赛神来，满庭幡盖裴回。"

【賽烏】　祭祀乌鬼以求福佑。元稹《听庾及之弹乌夜啼引》："当时为我赛乌人，死葬咸阳原上地。"

【賽廟】　谓参与庙会活动。司空曙《送郎使君赴郢州》："登楼向月望，赛庙傍山行。"

【賽饌】　祭神的食品。韩愈、孟郊《城南联句》："赛馔木盘簇，靸妖藤索绯。"

賸〔shèng《广韵》實證切，去證，船。又以證切，去證，以。〕❶多。杜甫《丽春》："少须好颜色，多漫枝条賸。"元稹《哭女樊》："秋天净绿月分明，何事巴猿不賸鸣。"韩偓《咏浴》："岂知侍女帘帷外，賸取君王几饼金。"❷多余；剩余。元稹《江边四十韵》："篾余笼白鹤，枝賸架青鸡。"白居易《沐浴》："衣宽有賸带，发少不胜梳。"又《不二门》："束带賸昔围，穿衣妨宽袖。"❸犹，尚，更。刘禹锡《送李二十九兄员外赴邠宁使幕》："鼎门为别霜天晓，賸把离觞三五巡。"又《和仆射牛相公见示长句》："唯应加筑露台上，賸见终南云外峰。"❹真，唯。岑参《送陕县王主簿赴襄阳成亲》："求凰应不远，去马賸须鞭。"又《送张秘书充刘相公通汴河判官便赴江外觐省》："鲈鲙賸堪忆，莼羹殊可餐。"韩偓《过汉口》："浊世清名一概休，古今翻覆賸堪愁。"

【賸水殘山】　零散的山水；残破的河山。常指经外来势力蹂躏的土地、景物等。戴叔伦《暮春感怀》："落花飞絮成春梦，賸水残山异昔游。"

【賸長】　（一zhǎng）多余。亦指多余之物。白居易《咏身》："余年自问将何用，恐是人间賸长身。"陆龟蒙《记事》："图书筐篚外，关眼皆賸长。"

【賸肯】　真肯。杜牧《代人寄远六言二首》之二："賸肯新年归否，江南绿草迢迢。"

【賸客】　多余的人。杜甫《自瀼西荆扉且移居东屯茅屋四首》之二："若访衰翁语，须令賸客迷。"

【賸醉】　谓多次醉饮，再次醉饮。白居易《赠梦得》："只有今春相伴在，花前賸醉两三场。"

十一画

贄〔zhì《广韵》脂利切，去至，章。〕初次见人时所执的礼物。刘禹锡《送鸿举游江西》引："始余谪朗州，尔时，是师振麻衣，斐然而前，持文篇以为僧贽。"参见"贄帛"。

【贄帛】　初次求见人时所送的玉帛一类礼物。喻指雪花。刘庭琦《奉和圣制瑞雪篇》："九衢皛耀浮埃尽，千品差池贽帛来。"

賾〔zé《广韵》士革切，入麥，崇。〕❶幽深，幽深奥妙。亦指幽深奥妙的事物。岑参《入剑门作寄杜杨二郎中时二公并为杜元帅判官》："高文出诗骚，奥学穷讨赜。"皮日休、陆龟蒙《北禅院避暑联句》："释子问池塘，门人废幽赜。"李缜《奉和郎中游仙岩四瀑布十四韵》："求古理方赜，玩奇物不殚。"❷探求，探测。蒋防《至人无梦》："已赜希微理，知将静默邻。"

【賾海】　幽深的大海。孟郊《吊元鲁山》之九："将谣鲁山德，赜海谁能涯。"

【賾靈】　探求灵秀。孟郊《奉报翰林张舍人见遗之诗》："赜灵各自异，酌酒谁能均。"

十二画

贊〔zàn《广韵》则旰切，去翰，精。〕亦作"賛"。❶辅佐，帮助。萧颖士《仰答韦司业垂访五首》之三："立言寄青史，将以赞王道。"杜甫《奉送魏六丈佑少府之交广》："贤豪赞经纶，功成空名垂。"韩愈《南山诗》："斐然作歌诗，惟用赞报酭。"鲍溶《读李相中心乐》："果闻丞相心中乐，上赞陶唐一万春。"❷赞美。孙逖《故陈州刺史赠兵部尚书韦公挽词》："惟余汉臣史，继术赞韦门。"杨巨源《早朝》："圣道逍遥更何事，愿将巴曲赞康哉。"韩愈、孟郊《征蜀联句》："小臣昧戎经，维用赞勋劼。"❸赞礼；唱赞。参见"贊引"。

【贊上人】　即赞公。杜甫有《别赞上人》。

【贊引】　赞礼并导引。郑谷《入阁》："对扬称法吏，赞引出宫钿。"

【贊公】 唐僧人。与杜甫相过从。杜甫《别赞上人》:“赞公释门老,放逐来上国。”杜甫又有《大云寺赞公房四首》。

【贊述】 赞美称道。刘太冲《送萧颖士赴东府得浅字》:“吾师继微言,赞述在坟典。”

【贊佐】 辅佐。刘得仁《回中夜访独孤从事》:“赞佐元戎美,恩齐十万军。”

【贊府】 县丞的别称。王昌龄有《次汝中寄河南陈赞府》。岑参有《送永寿王赞府径归县》。贾至有《闲居秋怀寄阳翟陆赞府封丘高少府》。卢纶有《送元赞府重任龙门县》。

【贊皇公】 李德裕。德裕于大和七年(833),召为兵部尚书、同平章事,进封赞皇伯。见《旧唐书·李德裕传》。裴凌有《前相国赞皇公早葺平泉山居辄抒怀赋四言诗十四首奉寄》。温庭筠有《赠郑征君匡山首春与丞相赞皇公游止》。

【贊善】 官名。“赞善大夫”的省称。始置于唐代,在太子宫中掌侍从,讲授。白居易《白牡丹》:“应似东宫白赞善,被人还唤作朝官。”又《重过秘书旧房因题长句》:“昔为白面书郎去,今作苍须赞善来。”郑谷《予尝有雪景一绝为人所讽吟段赞善小笔精微忽为图画以诗谢之》:“赞善贤相后,家藏名画多。”徐铉有《和尉迟赞善秋暮僻居》。

【贊善大夫】 官名。白居易有《初授赞善大夫早朝寄李二十助教》。参见“贊善”。

【贊普】 吐蕃君长的称号。《新唐书·吐蕃传上》:“其俗谓强雄曰赞,丈夫曰普,故号君长曰赞普。”杜甫《近闻》:“似闻赞普更求亲,舅甥和好应难弃。”又《喜闻盗贼蕃寇总退口号五首》之二:“赞普多教使入秦,数通和好止烟尘。”元稹《和李校书新题乐府十二首·西凉伎》:“大宛来献赤汗马,赞普亦奉翠茸裘。”白居易《新乐府·城盐州》:“金鸟飞传赞普闻,建牙传箭集群臣。”

【贊書】 辅佐谋划。刘得仁《送灵武朱书记》:“从容应尽礼,赞画致元功。”

【贊道】 唱赞引导。吕温《奉敕祭南岳十四韵》:“赞道仪匪繁,祝史词甚直。”

【贊導】 举行典礼时依照仪式唱赞引导。权德舆《省中春晚忽忆江南旧居因寄两浙亲故杂言》:“去年簪进贤,赞导法宫前。”

【贊獲】 因猎获而喝彩。韩偓《边上看猎赠戎》:“赞获一声连朔漠,贺杯环骑舞优倡。”

【贊贊】 值得称赞。储光羲《观范阳递俘》:“皇皇轩辕君,赞赞皋陶谟。”

贇 〔yūn《广韵》於倫切,平真,影。〕美好。《玉篇·贝部》:“赟,美也。”多作人名用字。见“贇上人”“贇法師”。

【贇上人】 唐僧人。与皎然、贾岛有往来。皎然有《送赟上人还京》。贾岛有《宿赟上人房》。

【贇法師】 唐僧人。与钱起有往来。钱起有《送赟法师往上都》。

贈 〔zèng《广韵》昨亘切,去嶝,從。〕❶赠送,送给。杜审言《大酺》:“雷雨垂膏泽,金钱赠下人。”韦应物《善福精舍答韩司录清都观会宴见忆》:“忽因西飞禽,赠我以琼琚。”孟郊《答友人赠炭》:“青山白屋有仁人,赠炭价重双乌银。”晁采《子夜歌十八首》之一八:“侬赠绿丝衣,郎遗玉钩子。”❷指所赠之物,赠品。张子容《除日》:“忽逢双鲤赠,言是上冰鱼。”元稹《襄阳为卢窦纪事》:“素书三卷留为赠,从向人间说向人。”皮日休《五贶诗·华顶杖》:“以此将为赠,惟君尽得知。”贯休《拟齐梁酬所知见赠二首》之一:“佳人忽有赠,满手红琅玕。”❸追赠,赐死者以爵位或荣誉称号。《郊庙歌辞·梁太庙乐舞辞·象功舞》:“累赠太傅,俄登魏王。”陆龟蒙《夏景冲澹偶然作二首》之二:“他年谒帝言何事,请赠刘伶作醉侯。”参见“贈典”。

【贈行】 (—xíng)临别相赠。王丘《奉和圣制送张尚书巡边》:“赠行光睿什,宴别感宸衷。”戴叔伦《妻亡后别妻弟》:“杨柳青青满路垂,赠行惟折古松枝。”李商隐《酬别令狐补阙》:“那修直谏草,更赋赠行诗。”

【贈步】 赠行。司空图有《赠步寄李员外》。

【贈别】 送别时以物品或诗文等相赠。骆宾王《送吴七游蜀》:“劳歌徒欲奏,赠别竟无言。”钱起《送集贤崔八叔承恩括图书》:“赠别倾文苑,光华比使车。”周贺《送朱庆余》:“寄眠僧阁静,赠别橐金空。”马戴《下第寄友人》:“年来御沟柳,赠别雨霏霏。”

【贈言】 用良言相勉励。也用于临别之时。语出《荀子·非相》:“故赠人以言,重于金石珠玉。”骆宾王《夏日游德州赠高四》:“赠言虽欲尽,机心庶应绝。”孙逖《登越州城》:“赠言王逸少,已见曲池平。”李白《别鲁颂》:“赠言镂宝刀,千岁庶不灭。”戴叔伦《奉天酬别郑谏议云逵卢拾遗景亮见别之作》:“临岐荷赠言,对酒独伤魂。”

【贈典】 追赠典礼。太宗贞观十六年(642)追赠李建成为皇太子。《郊庙歌辞·隐太子乐章·迎神》:“衔冤昔痛,赠典今荣。”

【贈官】 古代朝廷对有功臣子的先人或本人死后追封爵位官职。韩愈《元和圣德诗》:“赠官封墓,周匝宏溥。”

【贈送】 赠别送行。李商隐《赠送前刘五经映三十四韵》。

【赠留】　留赠。赠人以物，供人留存或留念。马戴《赠别北客》："饮尽玉壶酒，赠留金错刀。"

【赠粟】　语出《三国志·吴志·鲁肃传》："周瑜为居巢长，将数百人故过候肃，并求资粮。肃家有两囷米，各三千斛，肃乃指一囷与周瑜，瑜益知其奇也。遂相亲结。"后遂以为慷慨解囊相赠的典故。杜甫《水宿遣兴奉呈群公》："赠粟囷应指，登桥柱必题。"

【赠答】　以诗文互相赠送酬答。令狐楚《和寄窦七中丞》："何年相赠答，却得到中台。"徐铉《和殷舍人萧员外春雪》："此时鸳侣皆闲暇，赠答诗成禁漏残。"徐铉又有《奉和子龙大监与舍弟赠答之什》。

【赠遠】　赠送东西给远行之人。颜真卿、崔弘《登岘山观李左相石尊联句》："怀贤久徂谢，赠远空攀援。"贾岛《赠智朗禅师》："率赋赠远言，言惭非子曰。"温庭筠《病中书怀呈友人》："赠远聊攀柳，栽书欲截蒲。"李商隐《十一月中旬至扶风界见梅花》："赠远虚盈手，伤离适断肠。"

【赠策】　《左传·文公十三年》载，晋大夫士会奔秦，晋恐士会为秦所用，就派人招他回国。士会离秦时，"绕朝赠之以策，曰：'子无谓秦无人，吾谋适不用也。'"孔颖达疏引服虔曰："绕朝以策书赠士会。"后遂以谓临别赠言。卢照邻《绵州官池赠别同赋湾字》："离言欲赠策，高辨正连环。"

【赠扇】　典出《晋书·文苑传·袁宏》："谢安常赏其机对辩速。后安为扬州刺史，宏自吏部郎出为东阳郡，乃祖道于冶亭。时贤皆集，安欲以卒迫试之，临别执其手，顾就左右取一扇而授之曰：'聊以赠行。'宏应声答曰：'辄当奉扬仁风，慰彼黎庶。'时人叹其率而能要焉。"后世即以为勉励赴任之官施行仁政、造福百姓之典。玄宗《赐崔日知往潞州》："扬风非赠扇，易俗是张琴。"

【赠鯉】　语出《乐府诗集·相和歌辞十三·饮马长城窟行》："客从远来方，遗我双鲤鱼。呼儿烹鲤鱼，中有尺素书。"后遂以谓寄人以书信。张九龄《武司功初有幽庭春暄见贻夏首获以诗报焉》："赠鲤情无间，求莺思有余。"

【赠寶刀】　晋吕虔以宝刀赠与王祥，王祥临死时，授予其弟王览，曰："汝后必兴，足称此刀。"后王览累代多出贤才。见《晋书·王祥传》。后遂用为典，称赞别人堪负重任，前程远大。李白《赠华州王司士》："知君先负庙堂器，今日还须赠宝刀。"

【赠賮】　分别时赠人以礼物。李颀《赠别穆元林》："赠赆亦奚贵，流乱期早旋。"

十三画

赢　〔yíng《广韵》以成切，平清，以。〕❶经商获得的利益。元稹《估客乐》："所费百钱本，已得十倍赢。"❷胜。与"输"相对。元稹《寄吴士矩端公五十韵》："百万时可赢，十千良易借。"又《寒食夜》："红染桃花雪压梨，玲珑鸡子斗赢时。"吴越后王钱俶《宫中作》："谢公未是深沉量，犹把输赢局上夸。"❸负担。见"赢糧"。❹赚得，博得。郑谷《小北厅闲题》："洗行浇莎足公事，一来赢写一联诗。"参见"赢得"。❺落得。杜牧《遣怀》："十年一觉扬州梦，赢得青楼薄幸名。"参见"赢得"。❻多，多余。见"赢餘"。

【赢得】　❶落得，剩得，杜牧《归家》："共谁争岁月，赢得鬓边丝。"韩偓《五更》："光景旋消惆怅在，一生赢得是凄凉。"步非烟《又答赵象独坐》："近来赢得伤春病，柳弱花欹怯晓风。"❷博得，得到。李建勋《春日东山正堂作》："身闲赢得出，天气渐暄和。"又《重台莲》："怜伊不算多时立，赢得馨香暗上身。"孙元晏《咏史诗·齐·何氏小山》："赚他谢朏出山去，赢得高名直至今。"韦庄《解维》："二年辛苦烟波里，赢得风姿似钓翁。"

【赢糧】　❶担负粮食。引申指携带粮食。陈子昂《感遇诗三十八首》之二九："赢粮匝邛道，荷戟争羌城。"李益《从军有苦乐行》："昔还赋余资，今出乃赢粮。"❷犹谓弄取粮食。沈佺期《答魑魅代书寄家人》："兴言叹家口，何处待赢粮。"

【赢餘】　多余，剩余。韩愈《秋怀诗十一首》之七："岂必求赢余，所要石与甔。"又《丰陵行》："皇帝孝心深且远，资送礼备天赢余。"又《赠刘师服》："忆昔太公仕进初，口含两齿无赢余。"

贍　〔shàn《广韵》时豔切，去豔，禪。〕❶充足；富足。刘商《金井歌》："君王俭德先简易，赡国肥家在仁义。"❷足，成。李白《古风》之四八："力尽功不赡，千载为悲辛。"❸多，应有尽有。韩愈《喜侯喜至赠张籍张彻》："呼奴具盘餐，饤饾鱼菜赡。"❹指文章内容富丽、文辞丰富等。见"贍清""贍麗"。

【贍州】　即赡部洲。白居易《重修香山寺毕题二十二韵以纪之》："四望穷沙界，孤标出赡州。"参见"贍部"。

【贍部】　即赡部洲。佛教经典中所称的四大洲中的南部洲名，因赡部树而得名，为人类等居处。白居易《酬微之开拆新楼初毕相报末联见戏之作》："南临赡部三千界，东对蓬宫十二层。"

【贍清】　文词清丽而繁富。岑参《冀州客舍酒酣贻王绮寄题南楼》："学富赡清词，下笔不能休。"

【贍麗】　富丽。白居易《每见吕南二郎中新文辄窃有所叹惜因成长句以咏所怀》："望梅阁老无妨渴，画饼尚书不救饥。"原注："二贤词藻赡丽。众多以予曾忝制诰，故呼阁老。"

十四画

贔　〔bì《广韵》平秘切，去至，並。〕❶壮猛有力貌。郑嵎《津阳门诗》："绣裀衣褓日屃赑，甘言狡计愈娇痴。"参见"贔屭❶"。❷见"贔屭❷"

【贔贔】　大而重貌。无名氏《纪游东观山》："赑赑左顾龟，狺狺欲吠龙。"

【贔屭】　❶壮猛有力貌。杜甫《送顾八分文学适洪吉州》："昔在开元中，韩蔡同赑屃。"❷强劲貌。卢仝《月蚀诗》："森森万木夜僵立，寒气赑屃顽无风。"❸着力貌。白居易《题海图屏风》："赑屃牵不动，纶绝沉其钩。"❹蠵龟的别名。旧时石碑下的石座相沿雕作赑屃状，即取其力大能负重之义。元稹《野节鞭》："紧纫野节鞭，本用鞭赑屃。"

贐　〔jìn《集韵》徐刃切，去稕，邪。〕亦作"賮"。❶送行时赠送的财物。语出《孟子·公孙丑下》："予将有远行，行者必以赆。"皮日休《太湖诗·太湖石》："厚赐以赈賮，远去穷京都。"❷进贡的财物。太宗《正日临朝》："百蛮奉遐賮，万国朝未央。"许敬宗《奉和春日望海》："韩夷愆奉賮，凭险乱无常。"李峤《安辑岭表事平罢归》："衣裳会百蛮，琛賮委重关。"窦常《奉送职方崔员外摄中丞新罗册使》："便随琛賮入，正朔在中华。"❸赠送，奉送。皮日休《三羞诗三首》序："皮子窥之，惘然泣，衄然羞，故作是诗以赆之。"

贓　〔zāng《广韵》则郎切，平唐，精。〕贪污受贿。见"贓罪"。

【贓罪】　指贪污受贿罪。元稹《西州院》："文案床席满，卷舒赃罪名。"

十五画

贖　〔shú《广韵》神蜀切，入燭，船。〕用钱物或其他代价换回人身或抵押品。白居易《放旅雁》："见此客鸟伤客人，赎汝放汝飞入云。"又《新乐府·杏为梁》："君不见魏家宅，属他人，诏赎赐还五代孙。"李商隐《自桂林奉使江陵途中感怀寄献尚书》："长怀五羖赎，终著九州箴。"钱珝《江行无题一百首》之六："恐有长江使，金钱愿赎龟。"

【贖放】　赎生。谓用钱财买鱼鳖之类来放生。白居易《赎鸡》："见兹生恻隐，赎放双林园。"

【贖獻】　赎回后予以进献。李白《天马歌》："请君赎献穆天子，犹堪弄影舞瑶池。"

十六画

贙　〔quǎn〕古代传说中的猛兽。柳宗元《唐铙歌鼓吹曲十二篇·兽之穷》："屈贙猛，虔慄慄。"

贙　〔xuàn《广韵》胡畎切，上銑，匣。又黄練切，去霰，匣。〕兽名。似狗，多力犷恶。沈佺期《答魑魅代书寄家人》："且惧威非贙，宁知心是狼。"杜甫《八哀诗·故秘书少监武功苏公源明》："不要悬黄金，胡为投乳贙。"又《寄刘峡州伯华使君四十韵》："乳贙号攀石，饥鼯诉落藤。"

䞋　〔chèn《广韵》初覲切，去震，初。〕指施舍财物给和尚、道士。见"䞋錢"。

【䞋錢】　给僧道作法事的酬金。寒山《诗三百三首》之一五九："封疏请名僧，䞋钱两三样。"

十七画

贛　〔gàn《广韵》古暗切，去勘，見。又古禫切，上感，見。〕❶水名。见"贛石""贛江"。❷指唐之虔州，即南康郡，治所在赣。无名氏《谚谜·江右四郡谚》："筠袁赣吉，脑后插笔。"

【贛石】　指赣江中巨石众集的险滩。在今江西万安、赣县间赣江中。孟浩然《下赣石》："赣石三百里，沿洄千嶂间。"张籍《寄虔州韩使君》："月明渡口漳江静，云散城头赣石高。"

【贛江】　在今江西省境内。上流为章、贡二水，会于赣州市北，始称赣江。曲折北流，纵贯全省。主流入鄱阳湖。贯休《送僧归南康》："到乡同学辈，应到赣江迎。"

【贛縣】　西汉高帝六年(前201)置。治所在今江西赣州市西南。唐贞观中徙治今赣州市。张子溶有《永嘉即事寄赣县袁少府瓘》。

赤　部

赤〔chì《广韵》昌石切,入昔,昌。〕❶浅朱色。泛指红色或变成红色。杜甫《寄韩谏议》:“鸿飞冥冥日月白,青枫叶赤天雨霜。”孟郊《路病》:“飞光赤道路,内火焦肺肝。”姚合《和王郎中召看牡丹》:“绕行惊地赤,移坐觉衣红。”贯休《寄王涤》:“地虚草木壮,雨白桃李赤。”❷谶纬家谓汉以火德王,火色赤,后因以借指汉朝。见“赤龍子”。❸古以赤为南方之色,故亦指南方。见“赤郊”。❹空尽无物。韩愈《南山诗》:“或赤若秃鬝,或熏若柴槱。”李荣《咏兴善寺佛殿灾》:“如来烧赤尽,惟有一群僧。”❺外表无所遮饰;裸露。见“赤足”“赤脚”“赤體”。

【赤土】　赤地。谓庄稼颗粒无收,地面空无所有。白居易《捕蝗》:“雨飞蚕食千里间,不见青苗空赤土。”

【赤山】　❶传说中的山名。见《后汉书·乌桓传》:“俗贵兵死……使护死者神灵归赤山,赤山在辽东西北数千里,如中国人死者魂神归岱山也。”李白《出自蓟北门行》:“列卒赤山下,开营紫塞傍。”❷即赤堇山。在今浙江绍兴市东南,相传为春秋时欧冶子铸剑之处。陈子昂《送著作佐郎崔融等从梁王东征》序:“彷徨赤山,巡御日域,以昭我王师,恭天讨也。”李贺《吕将军歌》:“赤山秀铤御时英,绿眼将军会天意。”❸火山。岑参《优钵罗花歌》:“白山南,赤山北,其间有花人不识,绿茎碧叶好颜色。”

【赤丸】　红色弹丸。见《汉书·尹赏传》:“长安中奸猾浸多,闾里少年群辈杀吏,受赇报仇,相与探丸为弹,得赤丸者斫武吏,得黑丸者斫文吏,白者主治丧。”后用为奸猾不法之典。陈子昂《感遇诗三十八首》之三四:“赤丸杀公吏,白刃报私仇。”柳宗元《古东门行》:“赤丸夜语飞电光,徼巡司隶眠如羊。”

【赤子】　❶婴儿。语出《书·康诰》:“若保赤子,惟民其康乂。”孔颖达疏:“子生赤色,故言赤子。”杜甫《咏怀二首》之一:“万姓悲赤子,两宫弃紫微。”韩愈《赴江陵途中寄赠三学士》:“传闻闾里间,赤子弃渠沟。”舒元舆《坊州按狱》:“其爱如赤子,始得无啼号。”和凝《宫词百首》之三二:“赤子颙颙瞻父母,已将仁德比乾坤。”❷喻指百姓。罗隐《淮口军葬》:“莫言赋分须如此,曾作文皇赤子来。”

【赤日】　❶红日;烈日。王维《苦热》:“赤日满天地,火云成山岳。”白居易《旱热二首》之二:“勃勃旱尘气,炎炎赤日光。”温庭筠《鸿胪寺偶成四十韵》:“轧然阊阖开,赤日生扶桑。”❷喻天子。杜甫《奉同郭给事汤东灵湫作》:“有时浴赤日,光抱空中楼。”

【赤心】　❶赤诚之心。李白《少年行》:“赤心用尽为知己,黄金不惜栽桃李。”刘长卿《疲兵篇》:“赤心报国无片赏,白首还家有几人。”王甚夷《和主司王起》:“有蕴赤心分雨露,无私和气浃寰瀛。”贯休《大蜀皇帝潜龙日述圣德诗五首》之四:“只见赤心尧日下,岂知真气梵天来。”❷专一的心志。王绩《古意六首》之五:“赤心许君时,此意那可忘。”张祜《苏小小歌三首》之三:“中擘庭前枣,教郎见赤心。”

【赤水】　❶神话中发源于昆仑山东南的水名。李白《金门答苏秀才》:“玄珠寄象罔,赤水非寥廓。”张籍《罔象得玄珠》:“赤水今何处,遗珠已渺然。”崔璐《览皮先辈盛制因作十韵以寄用伸款仰》:“几人游赤水,夫子得玄珠。”李咸用《和友人喜相遇十首》之十:“他年有要玄珠者,赤水萦纡试一寻。”❷指赤水城,即今陕西渭南市东赤水镇。韦庄《秦妇吟》:“夜来探马入皇城,昨日官军收赤水。”

【赤玉】　赤色玉。李涉《山花》:“六出花开赤玉盘,当中红湿耐春寒。”鲍溶《与峨眉山道士期尽日不至》:“寄言赤玉箫,夜夜吹清商。”

【赤玉舄】　古代传说中赤玉做成的鞋子。汉刘向《列仙传·安期先生》:“安期先生者,琅琊阜乡人也,卖药于东海边,时人皆言‘千岁翁’。秦始皇东游,请见,与语三日三夜,赐金璧,度数千万,出于阜乡亭,皆置去,留书以赤玉舄一双为报,曰:‘后数年,求我于蓬莱山。”李白《古风》之二十:“终留赤玉舄,东上蓬莱路。”陆龟蒙《夏日闲居作四声诗寄袭美·平入声》:“手披丹台文,脚着赤玉舄。”

【赤甲】　山名。在今重庆市奉节县东五十里。杜甫《赤甲》:“卜居赤甲迁居新,两见巫山楚水春。”又《夔州歌十绝句》之四:“赤甲白盐俱刺天,闾阎缭绕接山巅。”又《黄草》:“黄草峡西船不归,赤甲山下行人稀。”

【赤白】　红色与白色。王绩《采药》:“龟蛇采二苓,赤白寻双术。”韩愈《感春五首》之一:“策马上桥朝日出,楼阙赤白正崔嵬。”李商隐《赋得桃李无言》:“赤白徒自许,幽芳谁与论?”

【赤白桃李花】　唐法曲名。李益《听唱赤白桃李花》："赤白桃李花，先皇在时曲。"元稹《和李校书新题乐府十二首·法曲》："赤白桃李取花名，霓裳羽衣号天落。"

【赤白囊】 古代递送紧急情报的文书袋。刘禹锡《奉和司空裴相公中书即事通简旧僚之作》："日运丹青笔，时看赤白囊。"

【赤令】 京师所治县的县令。孟郊《严河南》："我有赤令心，未得赤令官。"

【赤立】 赤裸而立，无所遮饰。韩愈《元和圣德诗》："婉婉弱子，赤立伛偻。"

【赤地】 空无所有的地面。指遭受严重旱灾、虫灾后庄稼颗粒无收或经战乱后荒无人烟的景象。皎然《同薛员外谊久旱感怀寄兼呈上杨使君》："赤地芳草死，飙尘惊四塞。"马异《贞元旱岁》："赤地炎都寸草无，百川水沸煮虫鱼。"陆龟蒙《彼农二章》之二："今夏南亩，旱气赤地。"贯休《淮上逢故人》："荒窗秋见岳，赤地夜生云。"

【赤光】 红光。鲍溶《水殿采菱歌》："宫鸦叫赤光，潮声入宫宫影凉。"

【赤肉】 犹皮肉。于濆《边游录戍卒言》："赤肉痛金疮，他人成卫霍。"

【赤舌】 火一样的舌头。喻谗毁者之口。陆龟蒙《记事》："嗟今多赤舌，见善惟蔽谤。"参见"赤舌可燒城"。

【赤舌可燒城】 喻谗言危害极其严重。语出汉扬雄《太玄·干》："赤舌烧城，吐水于瓶。"陆龟蒙《杂讽九首》之四："赤舌可烧城，谗邪易为伍。"

【赤伏】 "赤伏符"的省称。新莽末年谶纬家所造符箓。谓刘秀上应天命，当继汉统为帝。见《后汉书·光武帝纪上》，后亦泛称帝王受命的符瑞。李白《读诸葛武侯传书怀赠长安崔少府叔封昆季》："赤伏起颓运，卧龙得孔明。"又《赠张相镐二首》之一："冯异献赤伏，邓生倏来臻。"柳宗元《贞符》序："其后有贤帝曰光武，克绥天下，复承旧物，犹崇赤伏，以玷厥德。"《郊庙歌辞·汉宗庙乐舞辞·章庆舞》："赤伏英灵未泯，玄圭运祚重新。"

【赤汗】 指赤汗马所流的赤色汗水。语出《史记·乐书》："太一贡兮天马下，沾赤汗兮沫流赭。"杜甫《玉腕骝》："顿骖飘赤汗，跼蹐顾长楸。"杨巨源《观打球有作》："玉勒回时沾赤汗，花鬓分处拂红尘。"

【赤汗馬】 即汗血马。汉武帝时伐大宛得千里马，其马汗出如血，后因以泛称名马。元稹《和李校书新题乐府十二首·西凉伎》："大宛来献赤汗马，赞普亦奉翠茸裘。"

【赤字】 红色的字。魏征《享太庙乐章·大明舞》："黑章扰囿，赤字浮河。"

【赤羽】 ❶赤色羽毛。亦指羽毛赤色的禽鸟。白居易《裴常侍以十八韵见示因广为三十韵以和之》："根动彤云涌，枝摇赤羽翔。"❷羽箭名。赤羽，铁镞。李白《登邯郸洪波台置酒观发兵》："我把两赤羽，来游燕赵间。"白居易《河阳石尚书破回鹘以诗美之》："剑拔青鳞蛇尾活，弦抨赤羽火星流。"❸赤羽旗。李白《闻李太尉大举秦兵留别金陵崔侍御十九韵》："黄河饮马竭，赤羽连天明。"高适《送白少府送兵之陇右》："军容随赤羽，树色引青袍。"杜甫《故武卫将军挽歌三首》之二："赤羽千夫膳，黄河十月冰。"❹指日神。李峤《日》："东陆苍龙驾，南郊赤羽驰。"

【赤羽旗】 赤色旗帜。语出《孔子家语·致思》："由愿得白羽若月，赤羽若日，钟鼓之音上震于天，旍旗缤纷下蟠于地，由当一队而敌之，必也攘地千里，搴旗执馘，唯由能之。"杜甫《宣政殿退朝晚出左掖》："天门日射黄金榜，春殿晴曛赤羽旗。"

【赤坂】 ❶西域地名。以酷热著称。岑参《热海行送崔侍御还京》："势吞月窟侵太白，气连赤坂通单于。"亦借指吟炎热之作。独孤及《奉和李大夫同吕评事太行苦热行兼寄院中诸公》："起予歌赤坂，永好逾白雪。"❷即赤岭，在今青海湟源县西，以土石皆赤，不生草木得名。见《资治通鉴》卷二〇二唐高宗仪凤三年。杜审言《送和西蕃使》："种落逾青羌，关山度赤坂。"

【赤車】 古代显贵者所乘的红色车子。杨巨源《卢郎中拜陵遇雪蒙见召因寄》："蘋叶已修青玉荐，柳花仍拂赤车衣。"

【赤足】 光着脚，未穿鞋。韩愈《山石》："当流赤足蹋涧石，水声激激风吹衣。"

【赤佛堂】 唐代地名。当在今新疆阿克苏市一带。张祜《听简上人吹芦管三首》之三："分明西国人来说，赤佛堂西是汉家。"

【赤狄】 春秋时狄人的一支。分布于今山西长治一带，与晋人相杂居。或说因其俗尚赤衣而得名。亦借指西北少数民族。刘方平《寄陇右严判官》："赤狄争归化，青羌已请臣。"陈陶《塞下曲》之二："牛羊奔赤狄，部落散燕耆。"

【赤谷】 地名。(1)在今陕西周至县东南。卢照邻有《赤谷安禅师塔》。(2)在今甘肃天水市境。杜甫有《赤谷》。杜甫又有《赤谷西崦人家》。

【赤沙】 湖名。在今湖南华容县境。李白《荆州贼平临洞庭言怀作》："日隐西赤沙，月明东城草。"杜甫《岳麓山道林二寺行》："寺门高开洞庭野，殿脚插入赤沙湖。"刘长卿有《湘中纪行十首·赤沙湖》。

【赤松】 即赤松子。李白《古风》之二十："萧飒古仙人，了知是赤松。"钱起《裴仆射东亭》："轩后三朝顾，赤松何足攀。”薛据《出青门往南山下别业》：“末路期赤松，斯言庶不伐。”李德裕《忆金门旧游奉寄江西沈大夫》：“思君远寄西山药，岁暮相期向赤松。”

【赤松子】 相传为上古神仙。或谓炎帝时雨师，或谓帝喾师。又相传晋代皇初平得道成仙，亦称赤松子。唐诗中常用作仙家的典故。陈子昂《春日登金华观》：“还疑赤松子，天路坐相邀。”韩愈《寄韩谏议》：“似闻昨者赤松子，恐是汉代韩张良。”

【赤松宫】 在今浙江兰溪市之赤松山。舒道纪有《题赤松宫》。

【赤虎】 古以干支配五行，丙、丁属火，火色赤。又寅为虎，故以“赤虎”指丙寅年。普满《题潞州佛舍》：“青牛将赤虎，还号太平年。”

【赤岸】 ❶赤色的堤岸。夕阳映岸，一抹红色，故云。王昌龄《东京府县诸公与綦毋潜李颀相送至白马寺宿》：“赤岸落日在，空波微烟收。”❷传说中的地名。杜甫《戏题王宰画山水图歌》：“赤岸水与银河通，中有云气随飞龙。”

【赤斧】 传说中仙人名。亦指此仙人手中所持红色斧头。典出汉刘向《列仙传·赤斧》：“赤斧者，巴戎人也。为碧鸡祠主簿，能作水澒炼丹与消石，服之三十年，反如童子，毛发生皆赤。后数十年，上华山，取禹余粮饵，卖之于苍梧、湘江间。累世传见之，手掌中有赤斧焉。”陈陶《怀仙吟二首》之一：“赤斧寻不得，烟霞空满衣。”

【赤兔】 骏马名。《后汉书·吕布传》：“布常御良马，号曰赤菟，能驰城飞堑。”李贺《吕将军歌》：“吕将军，骑赤兔，独携大胆出秦门，金粟堆边哭陵树。”又《马诗二十三首》之八：“赤兔无人用，当须吕布骑。”

【赤府】 唐宋时称京师和陪都所在的州或重要的大州。姚合《送徐员外赴河中从事》：“赤府从军美，儒衣结束轻。”

【赤郊】 即南郊。古代礼仪，帝王于五郊设祭迎气。立春之日，迎春于东郊，祭青帝句芒；立夏之日，迎夏于南郊，祭赤帝祝融；立秋前十八日，迎黄灵于中兆，祭黄帝后土；立秋之日，迎秋于西郊，祭白帝蓐收；立冬之日，迎冬于北郊，祭黑帝玄冥。《郊庙歌辞》有《赤郊迎神》。

【赤城】 ❶指帝王宫城，因城墙红色，故名。王勃《临高台》：“赤城映朝日，绿树摇春风。”❷山名。在今浙江天台县西北，高 400 米许，为天台山南门。见《文选·孙绰〈游天台山赋〉》：“赤城霞举而建标。”李善注引孔灵符《会稽记》曰：“赤城，山名，色皆赤，状似云霞。”李白《梦游天姥吟留别》：“天姥连天向天横，势拔五岳掩赤城。”张佐《忆游天台寄道流》：“忆昨天台到赤城，几朝仙籁耳中生。”李商隐《送从翁从东川弘农尚书幕》：“心悬紫云阁，梦断赤城标。”许棠《赠天台僧》：“赤城霞外寺，不忘旧登年。”❸道家称神仙所居洞府为赤城。今浙江临安县境内天目山为道教三十六小洞天之一。顾况《临海所居三首》之二：“此去临溪不是遥，楼中望见赤城标。”李益《同萧炼师宿太乙庙》：“鹤飞将羽节，遥向赤城分。”此指天台赤城山玉京洞，为道家所谓第六洞天。罗隐《送程尊师东游有寄》：“且凭鹤驾寻沧海，又恐犀轩过赤城。”徐夤《赠董先生》：“雨雪思中岳，云霞梦赤城。”❹传说中的仙境。陈子昂《与东方左史虬修竹篇》：“携手登白日，远游戏赤城。”崔融《嵩山石淙侍宴应制》：“今朝出豫临悬圃，明日陪游向赤城。”

【赤面】 脸色发红，亦谓使脸变红。多由愤怒，羞愧或醉酒所致。贯休《怀张为周朴》：“圣君在上知不知，赤面浊醪许多好。”

【赤帝】 ❶即祝融氏。后世以为火神。吴筠《游仙二十四首》之九：“赤帝跃火龙，炎官控朱鸟。”❷“赤帝子”的简称。指汉高祖刘邦。鲍溶《沛中怀古》：“烟芜歌风台，此是赤帝乡。”温庭筠《昆明池水战歌》：“赤帝龙孙鳞甲怒，临流一盼生阴风。”

【赤星】 烈焰上腾时的火星。鲍溶《赠李黯将军》：“细柳连营石堑牢，平安狼火赤星高。”

【赤泉】 神话中泉名。语出《山海经·海外南经》郭璞注：“有员邱山，上有不死树，食之乃寿；亦有赤泉，饮之不老。”亦借指山林石涧。杜审言《和韦承庆过义阳公主山池五首》之一：“情悬朱绂望，契动赤泉游。”

【赤風】 天赤而有大风，古以为兵灾之兆。《太平御览》卷八七六引《春秋潜潭巴》：“天赤有大风，发屋折木，兵大起，行千里。”王昌龄《失题》：“赤风荡中原，烈火无遗巢。”

【赤亭】 古地名。❶在今新疆维吾尔自治区鄯善县东北。唐时曾在西州（辖境在今新疆吐鲁番盆地一带）置安西都护府。设戍于此，名赤亭守捉，为赴安西必经之路。岑参《武威送刘单判官赴安西行营便呈高开府》：“赤亭多飘风，鼓怒不可当。”❷在今浙江富春江边。语出《文选·谢灵运〈富春渚〉诗》：“定山缅云雾，赤亭无淹薄。”李善注引《吴郡缘海四县记》：“钱唐西南五十里有定山……赤亭，定山东十余里。”钱起《渔潭值雨》：“赤亭仍数里，夜待安流还。”

【赤眉】 指汉末以樊崇为首的农民起义军。因以赤色涂眉为标志，故称。后亦泛称绿林好汉或不轨于法者。李白《上云乐》：“赤眉立盆子，白水兴汉光。”杜甫《巫峡敝庐奉赠侍御四舅别之澧朗》：“赤眉犹乱世，青眼只途穷。”韦庄《天井关》：“守吏不教飞鸟过，赤眉何路到吾乡。”徐夤《纸被》：“赤眉豪客见皆笑，却问儒生直几钱。”

【赤馬】 一种轻快的马。《释名·释船》：“轻疾者曰赤马舟，其体正赤，疾如马也。”晋崔豹《古今注·杂注》：“孙权时名舸为赤马，言如马之走陆也。”骆宾王《秋日饯陆道士陈文林》：“青牛游华岳，赤马走吴宫。”韩翃《赠别韦兵曹归池州》：“楚竹青阳路，吴江赤马船。”

【赤珠】 红色的珠子。白居易《游悟真寺诗》：“白珠垂露凝，赤珠滴血殷。”

【赤堇】 山名。在今浙江绍兴市东南，相传为春秋时欧冶子铸剑之处。刘禹锡《送湘阳熊判官孺登府罢归钟陵因寄呈江西裴中丞二十三兄》：“汾阴有宝气，赤堇多奇铓。”

【赤株】 花叶萎败的株干。温庭筠《余昔自西滨得兰数本遂寄情于此》：“易地无赤株，丽土亦同荣。”

【赤氣】 ❶红色的烟气。白行简《金在熔》：“紫光看渐发，赤气望逾深。”❷红色的云气。古代以二至（夏至、冬至）、二分（春分、秋分）之日观云色，谓赤色者主兵荒。后以“赤氣”为兵灾之象。李商隐《送从翁东川弘农尚书幕》：“三灵迷赤气，万汇叫苍旻。”冯皓笺注引《三辅旧事》：“汉作灵台观气，黄气为疾病，赤气为兵，黑气为水。”❸炎暑之气。韩愈《游青龙寺赠崔大补阙》：“魂翻眼倒忘处所，赤气冲融无间断。”

【赤烏】 ❶古代传说中的瑞鸟。《郊庙歌辞·祀圜丘乐章·凯安》：“酆郊赤乌见，邙山黑云上。”❷指太阳。传说日中有三足乌。故用为太阳的代称。白居易《劝酒》：“天地迢遥自长久，白兔赤乌相趁走。”吕岩《又记》：“把住赤乌魂，突出银蟾魄。”❸年号名。三国吴大帝孙权年号（238—251）。灵澈《句》：“经来白马寺，僧到赤乌年。”

【赤黄】 红黄之间的颜色。顾况《李供奉弹箜篌歌》：“国府乐手弹箜篌，赤黄绦索金鎝头。”

【赤符】 “赤伏符”的简称。刘希夷《谒汉世祖庙》：“运开朱旗后，道合赤符先。”参见“赤伏”。

【赤雀】 传说中的瑞鸟。杜甫《秋日荆南述怀三十韵》：“赤雀翻然至，黄龙讵假媒。”

【赤脚】 光着脚，未穿鞋。杜甫《早秋苦热堆案相仍》：“南望青松架短壑，安得赤脚踏层冰。”陆龟蒙《奉酬袭美苦雨见寄》：“有时赤脚弄明月，踏破五湖光底天。”张为《秋醉歌》：“脱却登山履，赤脚翘青笻。”

【赤族】 诛灭全族。《汉书·扬雄传下》：“客徒欲朱丹吾毂，不知一跌，将赤吾之族也。”颜师古注：“诛杀者必流血，故云赤族。”王绩《赠梁公》：“朱门虽足悦，赤族亦可伤。”杜甫《壮游》：“朱门任倾夺，赤族迭罹殃。”元稹《纪怀赠李六户曹崔二十功曹五十韵》：“每想潢池寇，犹稽赤族惩。”陆龟蒙《感事》：“岂知谗箭利，一中成赤族。”

【赤尉】 京城所治县之县尉。韩愈《赠崔立之评事》：“勿嫌法官未登朝，犹胜赤尉长趋尹。”

【赤雁】 赤色之雁，古代以为瑞鸟。令狐楚《王昭君》：“魏阙苍龙远，萧关赤雁哀。”

【赤黑】 指暗红色涂饰物。张祜《戏赠村妇》：“赤黑画眉临水笑，草鞋苞脚逐风行。”

【赤絛】 红色丝绦。杜甫《荆南兵马使常卿赵公大食刀歌》：“苍水使者扪赤绦，龙伯国人罢钓鳌。”

【赤筆】 郎官之笔。东汉尚书郎掌起草文书，每月赐予赤管大笔一只。参见《通典》卷二二。岑参《送颜平原》：“赤笔仍在箧，炉香惹衣裘。”罗隐《淮南送工部卢员外赴阙》：“贵分赤笔升兰署，荣着绯衣从板舆。”

【赤筆書】 谓道教的仙书、符箓之类。王维《林园即事寄舍弟紞》：“徒思赤笔书，讵有丹砂井。”

【赤紱】 ❶即赤芾，赤色蔽膝。为大夫以上所服。李颀《杂兴》：“乘车驾马往复旋，赤绂朱冠何伟然。”皮日休《七爱诗·卢征君》：“银黄不妨悬，赤绂不妨被。”❷即赤绶。古代官服系印纽的赤色丝带。白居易《戊申岁暮咏怀三首》之二：“紫泥丹笔皆经手，赤绂金章尽到身。”

【赤電】 赤色电光。杨炯《刘生》：“剑锋生赤电，马足起红尘。”孟郊《献汉南樊尚书》：“旗影卷赤电，剑锋匣青鳞。”

【赤幟】 红旗。白居易《寄献北都留守裴令公》：“胡兵惊赤帜，边雁避乌号。”胡曾《咏史诗·长安》：“关东新破项王归，赤帜悠扬日月旗。”

【赤節】 赤色的符节。杜甫《奉酬薛十二丈判官见赠》：“空中右白虎，赤节引娉婷。”

【赤誠】 忠诚，极其真诚的心意。元稹《开元观闲居酬吴士矩侍御三十韵》：“赤诚祈皓鹤，绿发代青缣。”李商隐《行次西郊作一百韵》：“直求输赤诚，所望大体全。”周昙《咏史诗·春秋战国门·灵辄》：“朱轮未染酬恩血，公子何由见赤诚。”

【赤幘】 赤色头巾。据晋干宝《搜神记》卷十八载，安阳城南有一老雄鸡，化而为人，冠赤帻，故后亦借指雄鸡。杜甫《催宗文树鸡栅》：“课奴杀青竹，终日憎赤帻。”

【赤管】 汉制，朝廷每月发给尚书省官员赤管大笔一支。见《太平御览》卷六〇五引《汉官仪》。唐人因用作咏尚书省官员的典故。杜甫《春日江村五首》之三：“赤管随王命，银章付老翁。”韩翃《关高员外赴淄青使幕》：“从来赤管笔，提向幕中稀。”徐铉《奉和宫傅相公怀旧见寄四十韵》：“多谢天波垂赤管，敢教晨景过华砖。”参见“赤筆”。

【赤鳳】 ❶传说中的神鸟。李端《江上赛神》：

"苍龙随赤凤，帝子上天时。"❷汉成帝皇后赵飞燕所通宫奴名。见旧题汉伶玄《赵飞燕外传》。后借指情夫。李商隐《可叹》："梁家宅里秦宫入，赵后楼中赤凤来。"

【赤瘕】 眼病。《谣·李后主童谣》(卷八七八)："猪儿狗儿都死尽，养得猫儿患赤瘕。"自注："赤瘕，目病。猫有目病，则不能捕鼠。"

【赤塵】 红尘，赤色灰尘。温庭筠《拂舞词》："神椎凿石塞神潭，白马趁趠赤尘起。"

【赤旗】 红色的旗帜。韩愈《汴泗交流赠张仆射》："短垣三面缭逶迤，击鼓腾腾树赤旗。"温庭筠《汉皇迎春词》："猎猎东风焰赤旗，画神金甲葱茏网。"

【赤精】 ❶即赤精子。指汉高祖刘邦。陈子昂《感遇诗三十八首》之九："赤精既迷汉，子年何救秦。"李白《登广武古战场怀古》："赤精斩白帝，叱咤入关中。"周昙《咏史诗·前汉门·夏贺良》："赤精符谶诚非妄，枉杀无辜夏贺良。"❷谓眼球赤红。精，通"睛"。皮日休《公斋四咏·鹤屏》："瓽耳侧以听，赤精旷如望。"

【赤精子】 指汉高祖刘邦。《汉书·哀帝纪》："待诏夏贺良等言赤精子之谶。"颜师古注引应劭曰："高祖感赤龙而生，自谓赤帝之精。"陈子昂《感遇诗三十八首》之一七："复闻赤精子，提剑入咸京。"

【赤墀】 ❶宫殿中的台阶。因以赤色丹漆涂饰，故名。李峤《槐》："何当赤墀下，疏干拟三台。"储光羲《敬酬陈掾亲家翁秋夜有赠》："曳裾朝赤墀，酌醴侍紫宸。"岑参《送张秘书充刘相公通汴河判官便赴江外觐省》："朝趋赤墀前，高视青云端。"杜甫《丹青引赠曹将军霸》："是日牵来赤墀下，迥立阊阖生长风。"❷借指朝廷。张子容《赠司勋萧郎中》："作相开黄阁，为郎奏赤墀。"岑参《奉和杜相公初发京城作》："按节辞黄阁，登坛恋赤墀。"白居易《代书诗一百韵寄微之》："再喜登乌府，多惭侍赤墀。"姚合《送源中丞赴新罗》："赤墀奉命使殊方，官重霜台紫绶光。"

【赤霄】 ❶极高的天空。《淮南子·人间训》："背负青天，膺摩赤霄。"高适《同群公秋登琴台》："万象归白帝，平川横赤霄。"杜甫《幽人》："麟凤在赤霄，何当一来仪。"岑参《和刑部成员外秋夜寓直寄台省知己》："击水翻沧海，抟风透赤霄。"元稹《酬东川李相公十六韵》："昔附赤霄羽，葳蕤游紫垣。"❷指皇帝所居之京城。杜甫《送覃二判官》："肺肝若稍愈，亦上赤霄行。"

【赤鸦】 指太阳。聂夷中《往京寄同志》："白兔落天西，赤鸦飞海底。"

【赤箭】 天麻的别名。见宋沈括《梦溪笔谈·药议》："赤箭，即今之天麻也。"白居易《斋居》："黄蓍数匙粥，赤箭一瓯汤。"

【赤憎】 生憎，最为憎恨。杜甫《风雨看舟前落花戏为新句》："赤憎轻薄遮入怀，珍重分明不来接。"原注："赤憎，犹生憎，亦方言也。"

【赤縣】 ❶"赤县神州"的省称。战国齐人邹衍创立"大九州"学说，谓："中国名曰赤县神州。赤县神州内自有九州，禹之序九州是也，不得为州数。中国外如赤县神州者九，乃所谓九州也。"杨炯《奉和上元酺宴应诏》："赤县空无主，苍生欲问天。"卢照邻《中和乐九章·歌中宫第五》："仪刑赤县，演教椒闱。"杨巨源《寄昭应王丞》："瑞霭朝朝犹望幸，天教赤县有诗人。"❷京都所治之县。李白《赠宣城赵太守悦》："赤县扬雷声，强项闻至尊。"高适《东平旅游奉赠薛太守二十四韵》："青云本自负，赤县独推尤。"韩愈《崔十六少府摄伊阳以诗及书见投因酬三十韵》："但闻赤县尉，不比博士慢。"白居易《寄杨六》："青宫官冷静，赤县事繁剧。"

【赤豹】 毛赤而有黑色斑纹的豹子。《诗·大雅·韩奕》："献其貔皮，赤豹黄罴。"毛传："毛赤而文黑谓之赤豹。"李颀《二妃庙送裴侍御使桂阳》："回云迎赤豹，骤雨飒文狸。"王维《赠李颀》："文螭从赤豹，万里方一息。"韩愈《猛虎行》："身食黄熊父，子食赤豹麛。"白居易《奉和汴州令狐令公二十二韵》："枪森赤豹尾，纛吒黑龙髯。"

【赤龍】 ❶赤色的龙。传说以为神仙所乘。钱起《药堂秋暮》："勉事壶公术，仙期待赤龙。"刘禹锡《武陵观火诗》："金乌入梵天，赤龙游玄都。"曹唐《小游仙诗九十八首》之八："风满涂山玉蕊稀，赤龙闲卧鹤东飞。"廖融《梦仙谣》："翠凤引游三岛路，赤龙齐驾五云车。"❷喻太阳。韩愈《月蚀诗效玉川子作》："赤龙黑乌烧口热，翎鬣倒侧相搪撑。"

【赤龍子】 古代谶纬家附会为以火德王者的祥瑞。宋罗泌《路史·前纪六·柏皇氏》："神农、唐尧，俱感赤龙……刘季断蛇而还感赤龙。"故以指汉高祖刘邦。李贺《公莫舞歌》："材官小臣公莫舞，座上真人赤龙子。"

【赤烧】 晚霞。因其红似火烧，故名。祖咏《赠苗发员外》："古道黄花落，平芜赤烧生。"司空曙《送严使君游山》："赤烧兼山远，青芜与浪连。"温庭筠《西游书怀》："独鸟青天暮，惊麏赤烧残。"

【赤寰】 谓普天之下。赤，指赤县神州；寰，指寰宇。《郊庙歌辞·祭神州乐章·迎神》："黄舆厚载，赤寰归德。"

【赤壁】 山名。汉献帝建安十三年(208)孙权与刘备联军大破曹操处。在今湖北武昌西赤矶山，与汉阳南纱帽山隔江相对。北魏郦道元《水经注·江水三》:"江水左迳百人山南,右迳赤壁山北,昔周瑜与黄盖诈魏武大军处也。"一说,指湖北蒲圻西之赤壁山。唐李吉甫《元和郡县图志·江南道三·鄂州》:"赤壁山在县(蒲圻县)西一百二十里,北临大江,其北岸即乌林,与赤壁相对。即周瑜用黄盖计,焚曹公船败走处。故诸葛亮论曹公危于乌林是也。"骆宾王《夕次旧吴》:"黄池通霸迹,赤壁畅戎威。"李白《江夏赠韦南陵冰》:"赤壁争雄如梦里,且须歌舞宽离忧。"杜甫《赠王二十四侍御契四十韵》:"败亡非赤壁,奔走为黄巾。"杜牧《齐安郡晚秋》:"可怜赤壁争雄渡,唯有蓑翁坐钓鱼。"

【赤髭白足】 南朝梁慧皎《高僧传·译经中·佛陀耶舍》:"舍(耶舍)为人赤髭,善解《毗婆沙》,时人号曰赤髭毗婆沙。"又《神异下·释昙始》:"始(昙始)足白于面,虽跣涉泥水,未尝沾湿,天下咸称白足和尚。"后以泛指有道僧人。刘禹锡《送僧元暠东游》序:"备将迎者,皆赤髭白足之侣。"

【赤霜】 赤色霜。喻红花。皮日休《病中庭际海石榴花盛发感而有寄》:"风匀只似调红露,日暖唯忧化赤霜。"

【赤霜袍】 传说中神仙所穿之长袍。李白《上元夫人》:"裘披青毛锦,身着赤霜袍。"耿沣《朝下寄韩舍人》:"瑞气迥浮青玉案,日华遥上赤霜袍。"曹唐《小游仙诗九十八首》之九六:"八海风凉水影高,上卿教制赤霜袍。"

【赤霞】 红霞。李白《经乱后将避地剡中留赠崔宣城》:"赤霞动金光,日足森海峤。"钱珝《江行无题一百首》之四九:"渺渺望天涯,清涟浸赤霞。"

【赤嶺】 山名。在青海西宁市西。北魏杨衒之《洛阳伽蓝记·闻义里》:"初发京师,西行四十日,至赤岭,即国之西域也,皇魏关防正在于此。赤岭者不生草木,因以为名。"李商隐《即日》:"赤岭久无耗,鸿门犹合围。"薛逢《醉中闻甘州》:"行追赤岭千山外,坐想黄河一曲流。"

【赤闌】 亦作"赤欄"。红色栏杆。李白《鲁郡尧祠送窦明府薄华还西京》:"红泥亭子赤阑干,碧流环转青锦湍。"温庭筠《春愁曲》:"蜂喧蝶驻俱悠扬,柳拂赤栏纤草长。"

【赤闌橋】 亦作"赤欄橋"。红色栏杆的桥。顾况《题叶道士山房》:"水边垂柳赤栏桥,洞里仙人碧玉箫。"温庭筠《杨柳八首》之一:"正是玉人肠断处,一渠春水赤阑桥。"

【赤藤】 亦名红藤。产于南方山中,皮赤色,古代用作手杖。韩愈《和虞部卢四酬翰林钱七赤藤杖歌》:"赤藤为杖世未窥,台郎始携自滇池。"白居易《新乐府·蛮子朝》:"清平官持赤藤杖,大将军系金呿嗟。"

【赤雞】 羽毛呈红色的鸡。李白《行路难三首》之二:"羞逐长安社中儿,赤鸡白狗赌梨栗。"

【赤鯉】 赤色鲤。传说中仙人所骑。见晋干宝《搜神记》卷二。李颀《与诸公游济渎泛舟》:"苍螭送飞雨,赤鲤喷回风。"李白《九日登山》:"赤鲤涌琴高,白龟道冯夷。"皮日休《太湖诗·投龙潭》:"琴高坐赤鲤,何许纵仙逸。"

【赤獸】 指兽炭,一种兽形的炭。李咸用《谢僧寄茶》:"金槽无声飞碧烟,赤兽呵冰急铁喧。"

【赤欄】 见"赤闌"。

【赤欄橋】 见"赤闌橋"。

【赤驃】 马名。骠,有白斑点的黄马。岑参有《卫节度赤骠马歌》。

【赤體】 裸露着身体。无名氏《五言白话诗》之四:"妻即赤体行,寻常饥欲死。"

【赤囊】 即赤白囊。袁㑺《喜陆侍御破石埭草寇东峰亭赋诗》:"同观白简使,新报赤囊书。"

【赤鱗】 鱼的赤色鳞片。亦指鳞赤色的鱼。杜牧《偶题二首》之一:"明月轻桡去,唯应钓赤鳞。"李商隐《碧城三首》之二:"紫凤放娇衔楚佩,赤鳞狂舞拨湘弦。"吴融《和韩致光侍郎无题三首十四韵》之三:"贝叶教丹背,金刀寄赤鳞。"

【赤麟】 赤色麒麟。古代传说中的瑞兽。韩愈《元和圣德诗》:"赤麟黄龙,逶陀结纠。"

【赤鹽】 赤色的盐。古代方士炼黄金的原料。皮日休《太湖诗·以毛公泉一瓶献上谏议因寄》:"赤盐扑红雾,白华飞素烟。"

【赤驥】 传说中的骏马名。为周穆王八骏之一。《穆天子传》卷一:"天子之骏,赤骥、盗骊、白义、踰轮、山子、渠黄、华骝、绿耳。"后亦泛称骏马。杜甫《寄刘峡州伯华使君四十韵》:"放蹄知赤骥,捩翅服苍鹰。"李贺《马诗二十三首》之三:"鸣驺辞凤苑,赤骥最承恩。"白居易《酬裴令公赠马相戏》:"安石风流无奈何,欲将赤骥换青娥。"

四 画

赧 〔nǎn《广韵》奴板切,上潸,泥。〕因羞愧而脸红。见"赧然"。

【赧然】 羞愧脸红貌。皮日休《太湖诗·明月湾》:"赧然不自适,脉脉当湖山。"

赦 〔shè《广韵》始夜切,去祃,書。〕宽免罪过。李白《秦女休行》:"金鸡忽放赦,大辟得宽赊。"顾况《谅公洞庭孤橘歌》:"待取天公放恩赦,侬家定作湖中客。"韩愈《元和圣德诗》:"幸丹凤门,大赦天下。”李商隐《骄儿诗》：“诛赦两未成，将养如痼疾。”

【赦宥】　赦免宽恕。韩愈《忆昨行和张十一》：“伾文未揃崖州炽，虽得赦宥恒愁猜。”

【赦書】　颁布赦令的文告。李白《经乱离后忆旧游书怀赠江夏韦太守良宰》：“传闻赦书至，却放夜郎回。”韩愈《八月十五夜赠张功曹》：“赦书一日行万里，罪从大辟皆除死。”张籍《乌夜啼引》：“少妇起听夜啼乌，知是官家有赦书。”白居易《劝酒十四首·何处难忘酒七首》之七：“赦书逢驿骑，贺客出都门。”

【赦過】　赦免过错。李颀《绝缨歌》：“君王赦过不之罪，暗中珠翠鸣珊珊。”

【赦罪】　赦免罪行。刘长卿《和袁郎中破贼后军行过剡中山水谨上太尉》：“赦罪春阳发，收兵太白低。”

五　画

赧　〔nǎn《集韵》乃版切，上潸，泥。〕同“赧”。

【赧郎】　指被炉火映照面呈红色的冶炼工人。李白《秋浦歌十七首》之十四：“赧郎明月夜，歌曲动寒川。”

六　画

赩　〔xì《广韵》許極切，入職，曉。〕赤色；火红色。亦指变成赤色、火红色。杜审言《南海乱石山作》：“朝暾赩丹禁，夜魄炯青翠。”李白《咏槿》：“岂若琼树枝，终岁长翕赩。”元稹《寄吴士矩端公五十韵》：“萎蕤云幕翠，灿烂红茵赩。”杜牧《感怀诗一首》：“如何七十年，汗赩含羞耻？”

【赩红】　深红；火红。宋之问《嵩山天门歌》：“晚阴兮足风，夕阳兮赩红。”

【赩赫】　赤色光耀貌。李白《君马黄》：“长剑既照曜，高冠何赩赫。”

【赩鳞】　赤色鲤鱼。语出《古乐府·饮马长城窟行》：“客从远方来，遗我双鲤鱼。呼儿烹鲤鱼，中有尺素书。”故亦用“赩鳞”代指书信。骆宾王《代女道士王灵妃赠道士李荣》：“青牛紫气度灵台，尺素赩鳞去不还。”

七　画

赫　〔hè《广韵》呼格切，入陌，曉。〕❶红色鲜明貌。亦引申为映照，映红。寒山《诗三百三首》之一四四：“夕阳赫西山，草木光晔晔。”岑参《武威送刘单判官赴安西行营便呈高开府》：“热海亘铁门，火山赫金方。”黄滔《奉和翁文尧十九员外中谢日蒙恩赐金紫之什》：“三品易悬鳞鬣赫，八丝展起彩章飞。”❷明亮。引申为威严明察。《诗·大雅·皇矣》：“皇矣上帝，临下有赫。”朱熹集传：“赫，威明也。”贯休《大蜀皇帝寿春节进尧铭舜颂二首·舜颂》：“临下有赫，选贤用能。”❸显赫；显耀。崔日用《奉和圣制送张说巡边》：“暂劳期永逸，赫矣振天声。”杜甫《莫相疑行》：“忆献三赋蓬莱宫，自怪一日声辉赫。”卢肇《汉堤诗》：“繄公之功，赫焉如昼。”❹盛大；兴盛。刘宪《奉和幸大荐福寺应制》：“佳哉藩邸旧，赫矣梵宫新。”清昼、潘述《讲德联句》：“赫矣皇唐，康哉立极。”❺炽热。李白《答杜秀才五松见赠》：“铜井炎炉歊九天，赫如铸鼎荆山前。”又《感时留别从兄徐王延年从弟延陵》：“骄阳何太赫，海水烁龙龟。”❻盛怒貌。见“赫怒”“赫斯”。

【赫日】　红日。白居易《旱热二首》之一：“彤云散不雨，赫日吁可畏。”翁洮《夏》：“大野烟尘飘赫日，高楼帘幕逗薰风。”韦庄《上春词》：“曈昽赫日东方来，禁城烟暖蒸青苔。”

【赫赤】　深红；火红。寒山《诗三百三首》之三七：“仓米已赫赤，不贷人斗升。”卢仝《寄男抱孙》：“莫引添丁郎，赫赤日里走。”亦借指红日。吕岩《七言》之二：“光明暗寄希夷顶，赫赤高居混沌端。”

【赫炎】　强烈的阳光。柳宗元《唐铙歌鼓吹曲十二篇·奔鲸沛》：“羲和显耀，乘清氛。赫炎溥畅，融大钧。”

【赫奕】　❶光辉炫耀貌。沈东美《奉和苑舍人宿直晓玩新池寄南省友》：“玉珂光赫奕，朱绂气蝉联。”孙鲂《题梅岭泉》：“画旗张赫奕，妖妓舞婵娟。”徐夤《霞》：“野烧焰连殊赫奕，愁云阴隔乍依稀。”❷显赫貌；美盛貌。太宗《正日临朝》：“赫奕俨冠盖，纷纶盛服章。”岑参《冀州客舍酒酣贻王绮寄题南楼》：“君家一何盛，赫奕难为俦。”唐扶《和兵部郑侍郎省中四松诗》：“赫奕鸣驺至，荧煌洞户开。”豆卢回《登乐游原怀古》：“赫奕文物备，葳蕤休瑞繁。”

【赫怒】　盛怒。语出《诗·大雅·皇矣》：“王赫斯怒，爰整其旅。”李白《上崔相百忧章》：“共公赫怒，天维中摧。”杜甫《壮游》：“君辱敢爱死，赫怒幸无伤。”陆龟蒙《奉酬袭美先辈吴中苦雨一百韵》：“寻闻天子诏，赫怒诛叛卒。”

【赫烈】　❶炽烈；猛烈。储光羲《效古二首》之一：“曜灵何赫烈，四野无青草。”❷显赫貌。吴筠《览古十四首》之一四：“楚穆肆巨逆，福柄奚赫烈。”

【赫斯】　语出《诗·大雅·皇矣》：“王赫斯怒，爰整其旅。”郑玄笺：“赫，怒意。”斯，语气助词。后以“赫斯”指帝王盛怒貌。高适《李云南征蛮诗》:“圣人赫斯怒,诏伐西南戎。”

【赫然】 ❶盛怒貌。李群玉《洞庭风雨二首》之一:“想赭君山日,秦皇怒赫然。”❷光彩鲜明貌。郭震《古剑篇》:“君不见昆吾铁冶飞炎烟,红光紫气俱赫然。”杜甫《火》:“入夜殊赫然,新秋照牛女。”❸兴盛貌。李白《古风》之四六:“一百四十年,国容何赫然。”

【赫赫】 ❶显赫盛大貌。苏颋《奉和圣制应制》:“皇威正赫赫,兵气何匈匈。”顾况《游子吟》:“赫赫大圣朝,日月光照临。”白居易《寓意五首》之二:“赫赫京内史,炎炎中书郎。”徐铉《奉和宫傅相公怀旧见寄四十韵》:“盖代名高方赫赫,恋恩心切更乾乾。”❷形容炎热炽盛。高适《答侯少府》:“赫赫三伏时,十日到咸秦。”韦应物《夏冰歌》:“出自玄泉杳杳之深井,汲在朱明赫赫之炎辰。”张籍《夏日可畏》:“赫赫温风扇,炎炎夏日徂。”贯休《送僧入石霜》:“烒烒齐白趾,赫赫共洪炉。”❸光明炫耀貌。韩愈《陆浑火山和皇甫湜用其韵》:“天跳地踔颠乾坤,赫赫上照穷岸垠。”❹象声词。笑声。无名氏《占辞·占年》(卷八八〇):“正月三白,田公笑赫赫。”

【赫曦】 ❶炎热炽盛貌。张九龄《夏日奉使南海在道中作》:“缅然万里路,赫曦三伏时。”孟浩然《家园卧疾毕太祝曜见寻》:“冰室无暖气,炎云空赫曦。”权德舆《夏至日作》:“寄言赫曦景,今日一阴生。”皮日休《太湖诗·销夏湾》:“我来此游息,夏景方赫曦。”❷显赫貌。陆龟蒙《袭美先辈以龟蒙所献五百言既蒙见和复示荣唱再抒鄙怀用伸酬谢》:“邃古派泛滥,皇朝光赫曦。”

八 画

赭 〔zhě《广韵》章也切,上馬,章。〕❶红土。见“赭垩”。❷赤红如赭土的颜色。古人或用以涂面。见“赭面”。❸赤色;红色。岑参《送张献心充副使归河西杂句》:“未至三十已高位,腰间金印色赭然。”白居易《新乐府·时世妆》:“元和妆梳君记取,髻堆面赭非华风。”许敬宗《奉和九月九日应制》:“汗浃镳流赭,尘生埒散红。”亦指染成红色。李群玉《洞庭风雨二首》之一:“想赭君山日,秦皇怒赫然。”

【赭山】 树木伐尽后光秃的山岭。刘禹锡《君山怀古》:“千载威灵尽,赭山寒水中。”

【赭白】 指赭白马。韩翃《看调马》:“鸳鸯赭白齿新齐,晚日花中散碧蹄。”白居易《有小白马乘驭多时不能忘情题二十韵》:“赭白何曾变,玄黄岂得知。”

【赭白馬】 毛色赤白相间的骏马。韩翃《赠王逊》:“新调赭白马,暂试黑貂裘。”

【赭衣】 ❶囚衣。因用赤土染成赭色,故称。杜淹《寄赠齐公》:“赭衣登蜀道,白首别秦川。”❷借指囚犯。张九龄《和黄门卢监望秦始皇陵》:“黔首无寄命,赭衣相追逐。”高适《奉酬睢阳李太守》:“先移白额横,更息赭衣偷。”

【赭汗】 ❶指骏马的汗水。虞世南《门有车马客》:“赭汗千金马,绣轴五香车。”武平一《幸梨园观打球应制》:“影就红尘没,光随赭汗流。”卢征《天骥呈材》:“应知流赭汗,来自海西偏。”参见“赤汗”。❷面红流汗。白居易《戏和微之答窦七行军之作》:“赭汗骑骄马,青娥舞醉仙。”

【赭圻】 城名。故城在今安徽繁昌县西。王维《送邢桂州》:“赭圻将赤岸,击汰复扬舲。”

【赭面】 以赤色涂面。亦指以赤色涂红的脸。白居易《新乐府·时世妆》:“圆鬟无鬓堆髻样,斜红不晕赭面妆。”

【赭案】 皇帝批答公文、处理政事的赤色长桌。杜牧《李甘诗》:“君门晓日开,赭案横霞布。”

【赭袍】 即赭黄袍。天子所服。故亦借指天子。杜牧《华清宫三十韵》:“仰窥丹槛影,犹想赭袍光。”又《长安杂题长句六首》之一:“觚棱金碧照山高,万国珪璋捧赭袍。”陆龟蒙《开元杂题七首·杂伎》:“六宫争近乘舆望,珠翠三千拥赭袍。”

【赭黄】 土黄色。古代曾用此色染皇帝袍服。花蕊夫人徐氏《宫词》之二九:“端午生衣进御床,赭黄罗帕覆金箱。”

【赭黄衣】 天子所穿之袍衫。亦借指天子。和凝《宫词百首》之一:“紫燎光销大驾归,御楼初见赭黄衣。”又《宫词百首》四一:“遥见玉阶嘶不已,应缘认得赭黄衣。”参见“赭黄袍”。

【赭黄袍】 天子所穿的袍服。因颜色赤黄,故名。《新唐书·车服志》:“至唐高祖,以赭黄袍、巾带为常服……既而天子袍衫稍用赤黄,遂禁臣民服。”花蕊夫人徐氏《宫词》之八十:“认得圣颜遥望见,碧阑干映赭黄袍。”

【赭垩】 ❶赤土和白土。古代用为建筑涂料。语出《文选·张衡〈南都赋〉》:“铜锡铅锴,赭垩流黄。”李善注引《山海经》郭璞注曰:“赭,赤土地;垩,似土,白色也。”杨嗣复《丁巳岁八月祭武侯祠堂因题临淮公旧碑》:“薙草轩墀狭,涂墙赭垩新。”❷指颜料涂饰的建筑物。皮日休《初夏游楞伽精舍》:“树杪见觚棱,林端逢赭垩。”

【赭颜】 因酒醉而脸红。李贺《送韦仁实兄弟入关》:“送客饮别酒,千觞无赭颜。”

【赭羅】 红色绫罗。李贺《马诗二十三首》之一四:“香襆赭罗新,盘龙蹙镫鳞。”唐彦谦《秋葵》:“月瓣团栾剪赭罗,长条排蕊缀鸣珂。”

九 画

赮 〔xiá《广韵》胡加切,平麻,匣。〕“霞”的古字。柳宗元《同刘二十八院长述旧言怀感时书事之作因其韵增至八十通赠二君子》:“金炉仄流月,紫殿启晨赮。”陆龟蒙《句曲山朝真词二首·送真》:“火铃跳跃龙毛盖,脑发青青赮綷綷。”

赪 同“赬”。

赬 〔chēng《广韵》丑貞切,平清,徹。〕亦作“赪”。红。元稹《大云寺二十韵》:“碧耀高楼瓦,赪飞半壁文。”温庭筠《烧歌》:“吹火向白茅,腰镰映赪蔗。”韩偓《暴雨》:“丛蓼亚赪茸,擎荷翻绿扇。”亦指颜色变红。岑参《下外江舟怀终南旧居》:“颜容老难赪,把镜悲鬓发。”

【赬石】 地名。江南产茶地。陆龟蒙《奉和袭美茶具十咏·茶鼎》:“曾过赪石下,又住清溪口。”自注:“赪石、清溪皆江南出茶处。”

【赬玉盘】 ❶赤色的玉盘。李白《幽州胡马客歌》:“妇女马上笑,颜如赪玉盘。”❷喻指太阳。李贺《春归昌谷》:“谁揭赪玉盘,东方发红照。”

【赬汗】 赤汗。指赤汗马所流的赤色汗水。庾抱《骢马》:“回鞍拂桂白,赪汗类尘红。”参见“赤汗”。

【赬虬卵】 指柿果。韩愈《游青龙寺赠崔大补阙》:“然云烧树火实骈,金乌下啄赪虬卵。”

【赬尾】 ❶赤色的鱼尾。亦借指鱼。徐牧《省试临渊羡鱼》:“赪尾临波里,朱须破浪浔。”❷《诗·周颂·汝坟》:“鲂鱼赪尾,王室如燬。”毛传:“赪,赤也,鱼劳则尾赤。”后因以指忧劳、劳苦。罗隐《西京崇德里居》:“锦鳞赪尾平生事,却被闲人把钓竿。”又《县斋秋晚酬友人朱瓒见寄》:“只叹雕龙方擅价,不知赪尾竟空回。”

【赬面】 ❶古代有些少数民族以赤色涂脸,谓之“赬面”。亦借指赪面之人。元稹《和李校书新题乐府十二首·缚戎人》:“但逢赪面即捉来,半是边人半戎羯。”❷因羞愧而脸红。白居易《新乐府·城盐州》:“君臣赪面有忧色,皆言勿谓唐无人。”

【赬鲂】 赤色鲂鱼。梁锽《观王美人海图障子》:“白鹭栖脂粉,赪鲂跃绮罗。”

【赬霞】 红色的云霞。储光羲《效古二首》之二:“赪霞烧广泽,洪曜赫高丘。”

【赬鲤】 红色鲤鱼。罗隐《钱塘江湖》:“至竟朝昏谁主掌,好骑赪鲤问阳侯。”李中《渔父二首》之二:“雪鬓衰髯白布袍,笑携赪鲤换村醪。”

【赬颜】 因羞愧而脸红。韩愈《朝归》:“顾影听其声,赪颜汗渐背。”

【赬壤】 红土。古代用以涂饰墙壁。李商隐《览古》:“空糊赪壤真何益,欲举黄旗竟未成。”

【赬鳞】 鱼的赤色鳞片,亦指鳞片赤色的鱼。孟浩然《晚春卧病寄张八》:“翠羽戏兰苕,赪鳞动荷柄。”陆龟蒙《渔具诗·种鱼》:“凿池收赪鳞,疏疏置云屿。”

走 部

走〔zǒu《广韵》子苟切，上厚，精。又则候切，去候，精。〕❶疾趋，奔跑。白居易《朱陈村》："机梭声札札，牛驴走纭纭。"杜牧《洛中送冀处士东游》："处士有儒术，走可挟车辀。"韦庄《和郑拾遗秋日感事一百韵》："熊罴驱豕鹿，犀象走昆阳。"唐求《山居偶作》："趋名逐利身，终日走风尘。"❷指兽类。韩愈《送惠师》："兹地绝翔走，自然严且神。"❸行走，运行。韩愈《宿曾江口示侄孙湘二首》之一："犬鸡俱上屋，不复走与飞。"又《答张彻》："叠雪走商岭，飞波航洞庭。"元稹《襄阳为卢窦纪事》之四："琉璃波面月笼烟，暂逐萧郎走上天。"白居易《谕友》："白日头上走，朱颜镜中颓。"❹逃跑，逃走。杜甫《石壕吏》："老翁踰墙走，老妇出门看。"又《将适吴楚留别章使君留后兼幕府诸公得柳字》："所忧盗贼多，重见衣冠走。"韩愈《寄卢仝》："每骑屋山下窥阚，浑舍惊怕走折趾。"周昙《咏史诗·后汉门·废帝》："乱兵如蝟走王师，社稷颠危孰为持。"❺前往。白居易《寄隐者》："亲族走相送，欲别不敢住。"❻驰骋。韩愈《送张侍郎》："司徒东镇驰书谒，丞相西来走马迎。"元稹《酬独孤二十六送归通州》："二十走猎骑，三十游海门。"❼通向，连接。储光羲《登戏马台作》："沂山北走瑯琊县，沧海沉沉晨雾开。"权德舆《仲秋朝拜昭陵》："金秋爽林峦，乾冈走崖谷。"❽消失，失去。白居易《宿清源寺》："虚空走日月，世界迁陵谷。"❾流动；飘扬；滚动。杜甫《九成宫》："纷披长松倒，揭嶭怪石走。"刘长卿《登东海龙兴寺高顶望海简演公》："白波走雷电，黑雾藏鱼龙。"韩愈《秋怀诗十一首》之八："卷卷落地叶，随风走前轩。"徐夤《尚书惠蜡面茶》："飞鹊印成香蜡片，啼猿溪走木兰船。"❿归，归附。杜甫《剑门》："珠玉走中原，岷峨气凄怆。"⓫进，进入。孟郊《寄张籍》："黯然秋思来，走内志士膺。"

【走水】 流水。贾岛《滕校书使院小池》："小池谁见凿时初，走水南来十里余。"

【走吏】 供奔走的小吏。司空曙《寄卫明府》："高僧静望山童逐，走吏喧来水鸭沉。"

【走車】 驱车。李端《杂诗》："金谷走车来，玉人骑马行。"刘禹锡《同乐天和微之深春二十首》之七："盗息无鸣鼓，朝回自走车。"

【走步】 跑步，奔跑。刘禹锡《秋萤引》："谁言向晦常自明，儿童走步娇女争。"

【走役】 供人驱使的仆役。卢群玉《投卢尚书》："无力不任为走役，有文安敢滞清平。"

【走兔】 奔跑着的兔子。王勃《出境游山二首》之一："驱羊先动石，走兔欲投巾。"

【走狗】 纵犬行猎。罗隐《所思》："斗鸡走狗五陵道，惆怅输他轻薄儿。"

【走門】 出门。杜牧《池州送孟迟先辈》："呼儿旋供衫，走门空踏袜。"

【走香】 散发香气。唐彦谦《送许户曹》："白虹走香倾翠壶，劝饮花前金叵罗。"

【走馬】 ❶骑马疾走；驰逐。李白《南都行》："走马红阳城，呼鹰白河湾。"韩愈《寒食日出游》："走马城西惆怅归，不忍千株雪相映。"白居易《邓鲂张彻落第》："奔车看牡丹，走马听秦筝。"刘驾《春台》："谁能学公子，走马逐香车。"❷喻时间快速。李商隐《韩冬郎即席为诗相送因成二绝寄酬兼呈畏之员外》之二："十岁裁诗走马成，冷灰残烛动离情。"

【走馬引】 乐府古题，一名《天马行》，属《琴曲歌》。相传作曲者为樗里牧恭，他在报父仇杀人之后逃亡中写此曲。见晋崔豹《古今注》。李贺有《走马引》。

【走馬使】 驰马传书的役吏。白居易《早热二首》之一："复想驿路中，红尘走马使。"张祜有《送走马使》。

【走馬郎】 即走马使。元稹《蔷薇架》："多逢走马郎，可惜帘边思。"

【走馬章臺】 章台，长安街名，多妓馆。见《汉书·张敞传》："敞无威仪，时罢朝会，过走马章台街，使御吏驱，自以便面拊马。又为妇画眉。"后以指涉足娼妓间、追欢买笑。崔颢《渭城少年行》："斗鸡下杜尘初合，走马章台日半斜。"罗虬《比红儿诗》之九一："若教得似红儿貌，走马章台任道迟。"亦简称"走馬臺"。王泠然《寒食篇》："别殿前临走马台，金鞍更送彩毬来。"王涯《秋思赠远二首》之二："走马台边人不见，拂云堆畔战初酣。"

【走馬臺】 见"走馬章臺"。

【走馬鬬雞】 骑马驰逐或以鸡相斗以较胜负。崔颢《代闺人答轻薄少年》："花间陌上春将晚，走马斗鸡犹未返。"

【走索】 古代百戏之一。演员于绳索上表现各种动作。相传始于汉。杜甫《千秋节有感二首》之二："舞阶衔寿酒，走索背秋毫。"

【走章】 笔不停挥地草拟紧急文件。韩愈《赠崔立之评事》："走章驰檄在得贤，燕雀纷拏要鹰隼。"

【走筆】 挥毫疾书。苏涣《赠零陵僧》："兴来走笔如旋风，醉后耳热心更凶。"任华《寄李白》："或醉中操纸，或兴来走笔。"白居易《自咏老身示诸家属》："走笔还诗债，抽衣当药钱。"章碣《上元夜建元寺观灯呈智通上人》："临风走笔思呈惠，到晓行禅合伴能。"

【走雷】 滚动的雷声。慧净《自皋亭至吴门吊二大护法》："病耳蚊过似走雷，杖行犹怯步难回。"

【走電】 闪电。喻短暂、迅疾。陈陶《将进酒》："金尊莫倚青春健，龌龊浮生如走电。"

【走圓】 趋尚圆滑。孟郊《上达奚舍人》："万俗皆走圆，一身犹学方。"

【走蓬】 随风飞起的蓬草。杜甫《冬狩行》："有鸟名鸜鹆，力不能高飞逐走蓬。"

【走輪】 谓驱车。许棠《曲江三月三日》："满国赏芳辰，飞蹄复走轮。"聂夷中《长安道》："此地无驻马，夜中犹走轮。"

【走藏】 (—cáng)逃跑躲藏。杜甫《大麦行》："大麦干枯小麦黄，妇女行泣夫走藏。"又《忆昔二首》之一："阴山骄子汗血马，长驱东胡胡走藏。"

【走檄】 紧急发送文书。李白《送程刘二侍郎兼独孤判官赴安西幕府》："绣衣貂裘明积雪，飞书走檄如飘风。"武元衡《塞下曲》："走檄召都尉，星火剿羌狄。"

【走獸】 泛指兽类。温庭筠《洞户二十二韵》："画图惊走兽，书帖得来禽。"黄滔《和吴学士对春雪献韦令公次韵》："林间妨走兽，云际落飞鸿。"

二 画

赴 〔fù《广韵》芳遇切，去遇，敷。〕❶到；去；前往。杜审言《赠苏绾书记》："知君书记本翩翩，为许从戎赴朔边。"杜甫《新婚别》："君行虽不远，守边赴河阳。"韦元甫《木兰歌》："驰马赴军幕，慷慨携干将。"白居易《早朝》："鼓动出新昌，鸡鸣赴建章。"❷特指践约。杜甫《醉时歌》："日籴太仓五升米，时赴郑老同襟期。"崔曙《途中晓发》："晓霁长风里，劳歌赴远期。"韦应物《重九登滁城楼怀旧》："聊回出省步，一赴郊园期。"皮日休《新秋即事三首》之一："凉后每谋清月社，晚来专赴白莲期。"❸投入；跳进。李白《安州应城玉女汤作》："独随朝宗水，赴海输微涓。"郑锡《邯郸少年行》："见说秦兵至，甘心赴国仇。"❹投身；参与。皎然《送裴判官赴商幕》："商洛近京师，才难赴幕时。"白居易《秦中吟十首·轻肥》："夸赴军中宴，走马去如云。"齐己《赠曹松先辈》："今岁赴春闱，达如夫子稀。"亦指就职。权德舆《贞元七年蒙恩除太常博士因代书却寄》："尽室赴礼官，脂车杂辎軿。"❺奔集；汇合。杜甫《咏怀古迹五首》之三："群山万壑赴荆门，生长明妃尚有村。"韩愈《南山诗》："或散若瓦解，或赴若辐凑。"吴丹《赋得玉水记方流》："愿赴朝宗日，萦回入御沟。"❻应合；伴随。皇甫冉《归渡洛水》："瞑色赴春愁，归人南渡头。"李益《和丘员外题湛长史归居》："灵波结繁笳，爽籁赴鸣玉。"

【赴水】 投水自尽。沈亚之《湘中怨·汜人歌》引亚之自撰解曰："见一艳女，翳然蒙袖曰：'我孤，养于兄，嫂恶，常苦我。今欲赴水，故留哀须臾。'"

【赴市】 押赴市曹斩首。司空图《冯燕歌》："官将赴市拥红尘，掉臂人来擗看人。"

【赴召】 应朝廷征召。刘禹锡《再授连州至衡阳酬柳柳州赠别》："去国十年同赴召，渡湘千里又分歧。"

【赴任】 前往任职。李适有《饯许州宋司马赴任》。徐彦伯有《饯唐州高使君赴任》。王维有《送魏郡李太守赴任》和《送熊九赴任安阳》。

【赴宴】 参加宴会。皮日休《七爱诗·李翰林》："刺谒戴载屩，赴宴著縠屐。"

【赴湯火】 见"赴湯蹈火"。

【赴湯蹈火】 敢于置身于沸水和烈火之中。喻不畏艰险。语出《三国志·魏志·刘表传》"说表遣子入质"裴松之注引晋傅玄《傅子》："嵩对曰：'……今策名委质，唯将军所命，虽赴汤蹈火，死无辞也。"周昙《咏史诗·前汉门·周苛纪信》："为主坚能不顾身，赴汤蹈火见忠诚。"亦省作"赴湯火"。王维《燕支行》："教战虽令赴汤火，终知上将先伐谋。"

【赴節】 应和节拍。张说《舞马词六首》之三："屈膝衔杯赴节，倾心献寿无疆。"顾况《谢王郎中见赠琴鹤》："赴节何徘徊，理感物自并。"朱湾《咏柏板》："赴节心长在，从绳道可观。"李太玄《玉女舞霓裳》："千回赴节填词处，娇眼如波入鬓流。"

【赴辟】 应朝廷征召。李商隐《偶成转韵七十二句赠四同舍》："明年赴辟下昭桂，东郊恸哭辞兄弟。"许棠《送厉校书从事凤翔》："赴辟依丞相，超荣事岂同。"

【赴敵】 奔赴前线，对敌作战。刘长卿《吴中闻潼关失守因奉寄淮南萧判官》："赴敌甘负戈，论兵勇投笔。"又《送行军张司马罢使回》："时危身赴敌，事往任浮沉。"

【赴選】 指前往吏部听候铨选。唐六品以下官吏的铨选,每年举行一次,文官由吏部负责。吏部对候选文官,课试其言辞刀笔,观察其体貌才行,稽考其年资劳绩,而后决定弃取和拟定应选授的官职。岑参有《陪使君早春西亭送王赞府赴选》。李白有《送杨少府赴选》。皎然有《兵后送姚太祝赴选》。

【赴舉】 参加科举考试。唐时指乡贡入京参加礼部试。刘长卿有《送马秀才移家京洛便赴举》。刘商有《送李元规昆季赴举》。李山甫有《赴举别所知》。齐己有《送欧阳秀才赴举》。

【赴職】 到任就职。李商隐有《赴职梓潼留别畏之员外同年》。

【赴鎮】 谓节度使至节镇赴任。白居易有《送徐州高仆射赴镇》《醉送李二十常侍赴镇浙东》《送陈许高仆射赴镇》。

【赴闕】 入朝拜见皇帝。白居易有《送考功崔郎中赴阙》。

【赴難】 (—nàn)就义,就戮。崔颢《赠王威古》:"报国行赴难,古来皆共然。"王昌龄《少年行二首》之一:"气高轻赴难,谁顾燕山铭。"刘长卿《旅次丹阳郡遇康侍御宣慰召募兼别岑单父》:"南徐争赴难,发卒如云屯。"

赳 〔jiū《广韵》居黝切,上黝,見。《集韵》居虯切,平幽,見。〕威武貌。见"赳赳"。

【赳赳】 威武雄壮貌。语出《诗·周南·兔罝》:"赳赳武夫,公侯干城。"毛传:"赳赳,武貌。"刘禹锡《和汴州令狐相公到镇改月偶书所怀》:"赳赳容皆饰,幡幡口尽钳。"元稹《送崔侍御之岭南二十韵》:"鞶缨骢赳赳,绥佩绣缪缪。"

三 画

起 〔qǐ《广韵》墟里切,上止,溪。〕❶起立;站起。苏味道《咏石》:"燕归犹可候,羊起自成群。"王维《偶然作六首》之二:"喧聒茅檐下,或坐或复起。"李白《送族弟单父主簿凝摄宋城主簿至郭南月桥却回栖霞山留饮赠之》:"乐酣相顾起,征马无由攀。"韩愈《东都遇春》:"坐疲都忘起,冠侧懒复正。"亦表示使起。韦应物《寄冯著》:"春雷起萌蛰,土壤日已疏。"韩愈《调张籍》:"帝欲长吟哦,故遣起且僵。"❷举起;耸起。杜易简《湘川新曲二首》之二:"弱腕随桡起,纤腰向舸低。"太宗《帝京篇十首》之一:"绮殿千寻起,离宫百雉余。"姚合《过城南僧院》:"寺对远山起,幽居仍是师。"陆龟蒙《奉和袭美太湖诗二十首·缥缈峰》:"左右皆跳岑,孤峰挺然起。"❸起床。储光羲《田家即事》:"迎晨起饭牛,双驾耕东菑。"卢纶《卧病书怀》:"貌衰缘药尽,起晚为山寒。"刘禹锡《酬乐天初冬早寒见寄》:"乍起衣犹冷,微吟帽半欹。"关盼盼《燕子楼诗三首》之一:"楼上残灯伴晓霜,独眠人起合欢床。"❹治愈;病愈。杜甫《大云寺赞公房四首》之一:"汤休起我病,微笑索题诗。"李瀚《蒙求》:"董奉活燮,扁鹊起虢。"❺启发。王勃《怀仙》序:"客有自幽山来者,起予以林壑之事。"范的《时在育王寺书石字奉酬中丞使君寄赠四韵依次用本韵》:"拙艺荷才雄,新诗起谢公。"参见"起予"。❻物体自下向上的动作。(1)涌起;翻腾。张九龄《登古阳云台》:"蔓草今如积,朝云为谁起。"卢象《峡中作》:"云从三峡起,天向数峰开。"司空曙《过终南柳处士》:"云起山苍苍,林居萝薜荒。"(2)飞起;飞翔。太宗《冬狩》:"兽忙投密树,鸿惊起砾洲。"杨凝《送别》:"野鸥寒不起,川雨冻难飞。"崔峒《送丘二十二之苏州》:"孤猿啼海岛,群雁起湖田。"卢纶《梦白衣妇人歌词》之一:"玉京人去秋萧索,画檐鹊起梧桐落。"(3)升腾;升起;飘起。李白《金乡送韦八之西京》:"望望不见君,连山起烟雾。"高适《宋中送族侄式颜》:"大夫击东胡,胡尘不敢起。"韦应物《晚归沣州》:"野庐不锄理,翳翳起荒烟。"顾况《宫词五首》之二:"玉楼天半起笙歌,风送宫宾笑语和。"王贞白《仙岩二首》之一:"白烟昼起丹灶,红叶秋书篆文。"❼兴起;起家。李白《酬张卿夜宿南陵见赠》:"傅说未梦时,终当起岩野。"又《古风》之一:"正声何微茫,哀怨起骚人。"杜甫《奉留赠集贤院崔于二学士》:"儒术诚难起,家声庶已存。"姚康《礼部试早春残雪》:"玉尘销欲尽,穷巷起袁安。"❽草拟。张九龄《酬周判官巡至始兴会改秘书少监见贻之作兼呈耿广州》:"既起南宫草,复掌西掖制。"岑参《送任郎中出守明州》:"罢起郎官草,初封刺史符。"❾兴兵。王珪《咏汉高祖》:"汉祖起丰沛,乘运以跃鳞。"❿出动;发动。张九龄《酬赵二侍御使西军赠两省旧僚之作》:"应敌兵初起,缘边虏欲空。"王无竞《北使长城》:"胡尘未北灭,楚兵遽东起。"⓫开辟;开垦。王维《桃源行》:"居人共住武陵源,还从物外起田园。"⓬产生;发生;出现。贺知章《送人之军》:"送子成今别,令人起昔愁。"李白《酬崔五郎中》:"朔云横高天,万里起秋色。"白居易《和答诗十首·和大觜乌》:"云此非凡鸟,遥见起恭敬。"李中《听蝉寄朐山孙明府》:"西风起槐柳,故国阻烟波。"⓭举用;征聘。王建《送郑山人归山》:"玉作车辕蒲作轮,当初不起颍阳人。"元稹《感梦》:"前时予掾荆,公在期复起。"⓮应聘;出仕。李白《赠韦秘书子春二首》之一:"斯人竟不起,云卧从所适。"杜甫《送杨六判官使西蕃》:"子云清自守,今日起为官。"秦系《山中赠张正则评事》:"莫强教余起,微官不足论。"韩愈《寄卢仝》："少室山人索价高，两以谏官征不起。"⑮建造；兴建。陈子昂《蓟丘览古赠卢居士藏用七首·郭隗》："隗君亦何幸，遂起黄金台。"储光羲《题应圣观》："合砖起花台，折草成玉节。"白居易《秦中吟十首·伤宅》："谁家起甲第，朱门大道边。"李商隐《韩同年新居饯韩西迎家室戏赠》："籍籍征西万户侯，新缘贵婿起朱楼。"⑯开始；开端。孟浩然《东陂遇雨率尔贻谢南池》："田家春事起，丁壮就东陂。"韦应物《观田家》："田家几日闲，耕种从此起。"钱起《东皋早春寄郎四校书》："禄微赖学稼，岁起归衡茅。"⑰犹上。用在"早""晚"等时间名词后，表示在此时间之内。杜甫《屏迹三首》之二："晚起家何事，无营地转幽。"⑱用在动词后，表示向上或动作涉及某种事物。白居易《杂兴三首》之二："风日燥水田，水涸尘飞起。"朱庆余《过耶溪》："恰是扁舟堪入处，鸳鸯飞起碧流中。"齐己《期友人》："困卧谁惊起，闲行自欲回。"刘景复《梦为吴泰伯作胜儿歌》："四弦拢撚三五声，唤起边风驻明月。"⑲岂。杜甫《九日五首》之一："重阳独酌杯中酒，抱病起登江上台。"⑳介词。犹从。黄滔《奉和翁文尧员外经过七林书堂见寄之什》："山从南国添烟翠，龙起东溟认夜光。"

【起人】　早起者。陆龟蒙《晓起即事因成回文寄袭美》："平波落月吟闲景，暗幌浮烟思起人。"

【起土】　挖土，掘土。李白《古风》之三："刑徒七十万，起土骊山隈。"

【起予】　语出《论语·八佾》："子曰：'起予者，商也！始可与言《诗》已矣。'"何晏集解引包咸曰："孔子言子夏能发明我意，可与共言《诗》。"孔子认为，子夏对《诗》的理解深刻，称赞子夏对自己有所启发。后因用作称美他人对自己有所教益的典故。杜甫《贻华阳柳少府》："起予幸斑白，因是托子孙。"窦常《酬舍弟牟秋日洛阳官舍寄怀十韵》："玉立求知己，金声乍起予。"权德舆《酬崔千牛四郎早秋见寄》："起予览新诗，逸韵凌秋空。"羊士谔《郡中端居有怀袁州王员外使君》："青眼真知我，玄谈愧起予。"

【起予篇】　指对人有启迪作用的诗篇。独孤及《答李滁州见寄》："终日望君休汝骑，愧无堪报起予篇。"参见"起予"。

【起去】　起身离去。杜甫《燕子来舟中作》："暂语船樯还起去，穿花落水益沾巾。"

【起石】　指黄初平叱石成羊的故事。初平牧羊，被道士领至金华山石室中修炼。其兄往视，初平叱石变羊。见《艺文类聚》卷九四引《神仙传》。李瀚《蒙求》："初平起石，左慈掷杯。"

【起立】　站起直立。王建《宫词一百首》之二八："一时起立吹箫歌，得宠人来满殿迎。"司空曙《杜鹃行》："蜀人闻之皆起立，至今相效传遗风。"

【起伏】　喻盛衰兴废。柳宗元《读书》："上下观古今，起伏千万途。"

【起行】　（—xíng）行走。顾况《听角思归》："此夜断肠人不见，起行残日影徘徊。"

【起步】　起身步行。白居易《村居卧病三首》之二："新秋久病客，起步村南道。"

【起身】　出身。韩愈《符读书城南》："不见公与相，起身自犁锄。"

【起坐】　❶起立与坐下。坐立举止。卢纶《行药前轩呈董山人》："朝昏多病色，起坐有劳声。"韩愈《元和圣德诗》："上章请封，俟命起坐。"姚合《寄陕府内兄郭冏端公》："起坐不相离，有若亲弟兄。"❷起身；坐起。王建《赠陈评事》："春夜酒醒长起坐，灯前一纸洞庭山。"白居易《和微之诗二十三首·和尝新酒》："醒余和未散，起坐澹无事。"又《晨兴》："起坐兀无思，叩齿三十六。"皮日休《太湖诗·三宿神景宫》："气清寐不著，起坐临阶墀。"❸忽起忽坐。韩愈《听颖师弹琴》："自闻颖师弹，起坐在一旁。"孟郊《峡哀》之九："因依赃蝪手，起坐风雨忙。"南唐后主李煜《锦堂春》词："烛残漏滴频欹枕，起坐不能平。"

【起妆】　化妆。鱼玄机《赠邻女》："羞日遮罗袖，愁春懒起妆。"

【起来】　❶起床。韦应物《园林宴起寄昭应韩明府卢主簿》："不觉朝已晏，起来望青天。"白居易《晚起闲行》："起来无可作，闭目时叩齿。"于溃《村居晏起》："起来花满地，戴胜鸣桑间。"刘兼《昼寝》："起来已被诗魔引，窗外寒敲翠竹风。"❷起立，站起来。王季友《观于舍人壁画山水》："独坐长松是阿谁，再三招手起来迟。"张祜《观杭州柘枝》："舞停歌罢鼓连催，软骨仙蛾暂起来。"❸挺身而出。李白《赠韦秘书子春二首》之一："谢公不徒然，起来为苍生。"

【起制】　草拟君令。刘禹锡《寄毗陵杨给事三首》之一："挥毫起制来东省，蹑足修名谒外台。"

【起夜半】　乐府杂曲歌辞名。聂夷中有《杂曲歌辞·起夜半》。

【起夜来】　古曲名。《乐府解题》："《起夜来》，其辞意犹念畴昔，思君之来也。"施肩吾《起夜来》："懒卧相思枕，愁吟《起夜来》。"李商隐《正月崇让宅》："背灯独共余香语，不觉犹歌《起夜来》。"聂夷中有《起夜来》。

【起居】　❶指饮食寝兴等一切日常生活状况。韩愈《嗟哉董生行》："入厨具甘旨，上堂问起居。"白居易《蜀路石妇》："晨昏问起居，恭顺发心诚。"李洞《送卢少府之任巩洛》："堂下诸昆在，无妨候起居。"❷问安，问候。杜甫《奉送蜀州柏二别驾将中丞命赴江陵起居卫尚书太夫人因示从弟行军司马佐》："迁转五州防御使，起居八座太夫人。"王建《留别田尚书》："拟报平生未杀身，难离门馆起居频。"白居易《江南遇天宝乐叟》："千官起居环珮合，万国会同车马奔。"鲍溶《会仙歌》："青毛仙鸟衔锦符，谨上阿环起居王母书。"❸起居舍人或起居郎的简称。储光羲《陆著作挽歌》之五："起居存有位，著作没为郎。"诗题下注："陆为起居郎、集贤院直学士，赠著作郎。"韩愈《感春五首》之三："蔡州纳节旧将死，起居谏议联翩来。"自注："裴度以河南府功曹召为起居舍人。"姚合《寄裴起居》："千官晓立炉烟里，立近丹墀是起居。"司空图有《寄薛起居》。❹起来，起身。元稹《遣病十首》之六："起居甥侄扶，药饵兄嫂看。"霍总《采莲女》："闻早渡江去，日高来起居。"❺指《起居注》。韩翃《访王起居不遇留赠》："双龙阙下拜恩初，天子令君注起居。"参见"起居注"。

【起居舍人】 官名。唐制，中书省置起居舍人二人，门下省置起居郎二人，共同负责修《起居注》；朝会时，对立于殿前，天子行幸，则侍从出入，以记叙其言行。岑参《佐郡思旧游》序："己亥岁春三月，参自补阙转起居舍人。"

【起居注】 皇帝的言行录。唐于中书和门下省分设起居舍人和起居郎各二人，共同负责修《起居注》。凡朝廷命令赦宥、礼乐法度、赏罚除授、群臣进对、祭祀宴享、临幸引见、四时气候、户口增减、州县废置，皆按日记载，是研究历史的绝好材料。权德舆《顺宗至德大安孝皇帝挽歌三首》之一："仍闻《起居注》，焚奏感人心。"

【起居郎】 官名。唐制，门下省置起居郎二人，从六品上。起居郎掌起居注，录天子之言动法度，以修记事之史。白居易《新乐府、紫毫笔》："起居郎，侍御史，尔知紫毫不易致。"参见"起居舍人"。

【起拜】 起身下拜。于鹄《赠不食姑》："见人还起拜，留伴亦开田。"

【起舵】 开船。崔道融《江夕》："江心秋月白，起舵信潮行。"

【起信】 佛教语。谓产生相信正法之心。卢仝《寄赠含曦上人》："起信中百门，敲骨得佛髓。"

【起風】 刮风。姚合《文宗皇帝挽词三首》之二："云雾疑无日，笳箫别起风。"

【起草】 拟稿，打草稿。宋之问《和库部李员外秋夜寓直之作》："起草徯仙阁，焚香卧直庐。"杜甫《十二月一日三首》之一："明光起草人所羡，肺病几时朝日边？"白居易《渭村退居寄礼部崔侍郎翰林钱舍人一百韵》："起草偏同视，疑文最共详。"温庭筠《送襄州李中丞赴从事》："把钓看棋高兴尽，焚香起草宦情疏。"

【起疾】 使卧病者起立，使病者恢复健康。张说《奉和圣制温泉言志应制》："起疾逾仙药，无私合圣功。"

【起羞】 招致羞辱。储光羲《狱中贻姚张薛李刘郑诸公》："直道时莫亲，起羞见谗口。"

【起家】 ❶谓从家中征召出来，授以官职。杜甫《魏将军歌》："五年起家列霜戟，一日过海收风帆。"韩翃《送蕲县刘主簿楚》："起家得事平原侯，晚出都门辞旧游。"❷出身。朱庆余《上江州李史君》："起家声望重，自古更谁过。"

【起帳】 拔起营帐。周贺《送陆判官防秋》："算程淮邑远，起帐夕阳曛。"

【起第】 建造府第。张籍《少年行》："斩得名王献桂宫，封侯起第一日中。"

【起望】 起身瞭望。马云奇《诸公破落官蕃中制作》："欲知起望相思意，看取山云一段愁。"

【起視】 起来看望。孟郊《杀气不在边》："独寝夜难晓，起视星汉浮。"李商隐《戏题枢言草阁三十二韵》："感激坐者泣，起视雁行低。"

【起雲】 本指云的产生和升起。喻指隐逸者趁时而出。杜甫《戏寄崔评事表侄苏五表弟韦大少府诸侄》："隐豹深愁雨，潜龙故起云。"

【起敬】 更加恭敬，产生敬慕之心。朱庆余《送滕庶子致仕归江南》："诸侯新起敬，遗老重相寻。"

【起復】 封建时代官员遭父母丧，守制尚未期满而应召任职。无名氏《语・台中语》："侯知一不伏致仕，张悰自请起复。"

【起痿】 使衰颓之势重新振作起来。陆龟蒙《袭美先辈以龟蒙所献五百言既蒙见和复示荣唱至于千字再抒鄙怀用伸酬谢》："十体免负赘，百家咸起痿。"

【起義】 仗义起兵。吴融《闲书》："晋阳起义寻常见，湖口屯营取次闻。"

【起滅】 时隐时现；时有时无。储光羲《同房宪部应旋》："起灭信易觉，清真知有所。"皎然《妙喜寺逵公院赋得夜磬送吕评事》："寂历无性中，真声何起灭。"武元衡《慈恩寺起上人院》："起灭秋云尽，虚无夕霭空。"刘禹锡《宿诚禅师山房题赠二首》之一："众音徒起灭，心在净中观。"

【起舞】 ❶起身舞蹈。李白《送梁公昌从信安北征》："起舞莲花剑，行歌明月弓。"戴叔伦《白苎词》："美人不眠怜夜永，起舞亭亭乱花影。"白居易《偶宴有怀》："狂来欲起舞，惭见白髭须。"杨衡《白纻歌二首》之二："蹑珠履，步琼筵，轻身起舞红烛前。"❷"闻鸡起舞"的省称。表示志士及时奋发、刻苦磨炼。见《晋书・祖逖传》。李白《避地司空原言怀》："刘琨与祖逖，起舞鸡鸣晨。"

【起塵】　卷起灰尘。公乘亿《春风扇微和》："舞席潜回雪，歌筵暗起尘。"

【起様】　织出花样。王建《织锦曲》："长头起样呈作官，闻道官家中苦难。"方干《赠进士章碣》："织锦虽云用旧机，抽梭起样更新奇。"

【起虢】　指我国古代神医扁鹊的故事。虢太子尸蹷，扁鹊使弟子针砭，救活太子。见《史记·扁鹊仓公列传》。李瀚《蒙求》："董奉活燮，扁鹊起虢。

【起請】　起用。白居易《重和元少尹》："南宫起请无消息，朝散何时得入衔。"

【起趨】　起身恭迎。韩愈《汴州乱二首》之二："昨日乘车骑大马，坐者起趋乘者下。"

【起檣】　把樯帆竖起来。指开船。杜甫《三韵三篇》之二："起樯必椎牛，挂席集众功。"

【起謝】　起身致谢。韩愈《石鼎联句》序："夜尽三更，二子思竭不能续，因起谢曰，尊师非世人也，某伏矣，愿为弟子，不敢更论诗。"

【起藏】　(—cáng)出现与藏没。郑愔《奉和九月九日登慈恩寺浮图应制》："雁子乘堂处，龙王起藏初。"

【起廬】　建造庐墓。张籍《江陵孝女》："相吊有行客，起庐无旧邻。"

【起騰】　起而腾飞。郭密之《永嘉经谢公石门山作》："忽如生羽翼，怳若将起腾。"

【起籟】　发出声响。白居易《白羽扇》："飒如松起籁，飘似鹤翻空。"

五　画

越　〔yuè《广韵》王伐切，入月，云。〕❶度过；跨过。高宗《七夕宴悬圃二首》之一："羽盖飞天汉，凤驾越层峦。"李白《寄远十一首》之一一："盈盈汉水若可越，可惜凌波步罗袜。"权德舆《黄蘖馆》："驱车振楫越山川，候晓通宵冒烟雨。"黄滔《闺怨》："雁来虽有书，衡阳越不得。"❷胜过，超过。寒山《诗三百三首》之三八："一选嘉名喧宇宙，五言诗句越诸人。"李白《金陵凤凰台置酒》："明君越羲轩，天老坐三台。"颜真卿《题杼山癸亭得暮字》："不越方丈间，居然云霄遇。"无稹《刘氏馆集隐客归和子及之子蒙晦之》："偶然沽市酒，不越四五升。"❸僭越，不依次序超出。韩愈《永贞行》："夜作诏书朝拜官，超资越序曾无难。"苏拯《明禁忌》："动若越于常，祸乃身之致。"❹离开。刘长卿《同诸公登楼》："今君佩铜墨，还有越乡情。"❺散佚；飘散。卢鸿一《嵩山十志十首·倒景台》序："及世人登焉，则魂散神越，目极心伤矣。"❻刚健。孟郊《送郑仆射出节山南》："文魄既飞越，宦情唯等闲。"❼古国名。建都会稽(今浙江绍兴市)。春秋六霸之一，战国时灭于楚。《左传·宣公八年》："盟吴越而还。"杜预注："越国，今会稽山阴县也。"孔颖达疏："越，姒姓。其先夏后少康之庶子也，封于会稽，自号于越，于者，夷言发声也。"亦代称浙江或浙东地区。韦述《广陵送别宋员外佐越郑舍人还京》："文章南渡越，书奏北归朝。"顾况《送李秀才入京》："君向长安余适越，独登秦望望秦川。"李商隐《行次西郊作一百韵》："南资竭吴越，西费失河源。"陆龟蒙《奉和袭美太湖诗二十首·练渎》："越恃君子众，太将压全吴。"❽古代南方少数民族名。分布在长江中下游以南，部落众多，有百越之称。王昌龄《送任五之桂林》："楚客醉孤舟，越水将引棹。"韩愈《春雪》："越喜飞排瘴，胡愁厚盖沙。"李德裕《谪岭南道中作》："不堪肠断思乡处，红槿花中越鸟啼。"曹邺《下第寄知己》："不令伤弓鸟，日暮飞向越。"❾指越窑。施肩吾《蜀茗词》："越碗初盛蜀茗新，薄烟轻处搅来均。"皮日休《太湖诗·以毛公泉一瓶献上谏议因寄》："素绠丝不短，越罂腹甚便。"

【越人】　❶古代越国或越地之人。窦牟《元日喜闻大礼寄上翰林四学士中书六舍人二十韵》："忽思班女怨，遥听越人吟。"褚朝阳《五丝》："越人传楚俗，截竹竞萦丝。"鲍溶《宿吴兴道中苕村》："聊书越人意，此曲名思仙。"皮日休《太湖诗·练渎》："不知阑楯上，夜有越人镞。"❷泛称南方少数民族的人民。张谓《杜侍御送贡物戏赠》："越人自贡珊瑚树，汉使何劳獬豸冠。"许浑《登尉佗楼》："越人未必知虞舜，一奏薰弦万古风。"

【越山】　越地之山峦。许浑《题灵山寺行坚师院》："应笑东归又南去，越山无路水迢迢。"处默《圣果寺》："到江吴地尽，隔岸越山多。"罗邺《秋夕旅怀》："秦谷入霜空有梦，越山无计可归耕。"罗虬《比红儿诗》之九："越山重叠越溪斜，西子休怜解浣纱。"

【越女】　古代越国多美女，尤以西施著名。后因泛称越地美女。李白《秋登巴陵望洞庭》："郢人唱白雪，越女歌采莲。"元稹《春分投简阳明洞天作》："似木吴儿劲，如花越女姝。"殷尧藩《偶题》："越女收龙眼，蛮儿拾象牙。"李淑卿《江南曲》："湖上女，江南花，无双越女春浣纱。"

【越王】　❶指春秋时越国君主勾践。白居易《杂兴三首》之二："四月芰荷发，越王日游嬉。"卢注《西施》："越王解破夫差国，一个西施已是多。"皮日休《馆娃宫怀古五绝》之一："越王大有堪羞处，只把西施赚得吴。"❷指唐太宗第八子李贞。贞观十年(636)封越王。新旧《唐书》有传。《全唐诗》卷六录其《奉和圣制过温汤》一首。张大安、刘祎之、李敬玄均有《奉和别越王》。李贺《湖中曲》："燕钗玉股照青渠，越王娇郎小字书。"

【越王城】 即越王台。在今浙江绍兴市。孟浩然《与崔二十一游镜湖寄包贺二公》："将探夏禹穴，稍背越王城。"

【越王臺】 亦省作"越臺"。❶故址在今广东广州市北越秀山，汉代南越王赵佗所建。窦巩《南游感兴》："日暮东风春草绿，鹧鸪飞上越王台。"崔子向《题越王台》："越井岗头松柏老，越王台上生秋草。"许浑《冬日登越王台怀归》："河畔雪飞扬子宅，海边花盛越王台。"曹松《南海旅次》："忆归休上越王台，归思临高不易裁。"李群玉《中秋寄南海梁侍御》："不知今夜越台上，望见瀛洲方丈无。"❷在今浙江绍兴市府山。相传为春秋越王勾践登临处。和凝《临江仙》词之一："含情遥指碧波东，越王台殿蓼花红。"李珣《南乡子》词之九："越王台下春风暖，花盈岸，游赏每邀邻女伴。"李白《送友人寻越中山水》："东海横秦望，西陵绕越台。"任华《寄李白》："繁花越台上，细柳吴宫侧。"薛能《送浙东王大夫》："越台随厚俸，剡硾得尤名。"方干《叙钱塘异胜》："暖景融融寒景清，越台风送晓钟声。"

【越王嘗膽】 越王勾践会稽兵败，自吴返国后，尝胆励志，置胆于座，坐卧仰胆，饮食尝胆，终于报仇雪耻。见《史记·越王勾践世家》。刘长卿《登吴古城歌》："越王尝胆安可敌，远取石田何所益。"

【越王樓】 楼名。在唐绵州（治所在今四川绵阳市东）城西北。唐高宗显庆中，太宗第八子越王李贞为绵州刺史时构筑。乔琳有《绵州越王楼即事》。杜甫有《越王楼歌》。王铤有《登越王楼见乔公诗偶题》。李续有《和绵州于中丞登越王楼见寄》。

【越中】 多指今浙江绍兴市一带。李白有《送友人寻越中山水》。孟浩然《渡浙江问舟中人》："时时引领望天末，何处青山是越中。"刘长卿有《送灵彻上人还越中》。戴叔伦《兰溪棹歌》："凉月如眉挂柳湾，越中山色镜中看。"

【越水】 ❶越地河流。徐凝《八月望夕雨》："如练如霜在何处，吴山越水万重云。"李群玉《送唐侍御福建省兄》："闽山翠卉迎飞旆，越水清纹散落梅。"又《寄张祜》："越水吴山任兴行，五湖云月挂高情。"❷又指若耶溪。在今浙江绍兴市南二十里若耶山下。据传越国美女曾于此溪浣纱。王硕《和三乡诗》："无姓无名越水滨，芳词空怨路旁人。"苏拯《西施》："不独破吴国，不独生越水。"冷朝光《越溪怨》："越王宫里如花人，越水溪头采白蘋。"❸指今两广一带的河流。王昌龄《送任五之桂林》："楚客醉孤舟，越水将引棹。"

【越公】 指隋杨素。因其封为越国公，故称。杜甫有《陪诸公上白帝城宴越公堂之作》。李商隐有《代越公房妓嘲徐公主》。唐彦谦《拜越公墓因游定水寺有怀源老》："越公已作飞仙去，犹得潭潭老墓田。"

【越公堂】 堂名。在今重庆奉节县白帝山。隋越国公杨素所建。杜甫有《陪诸公上白帝城宴越公堂之作》。

【越布】 越中所织的布。李贺《出城别张又新酬李汉》："此别定沾臆，越布先裁巾。"

【越甲鳴吴軍】 当作"越甲鳴吾君"。典出汉刘向《说苑·立节》：越甲至齐，雍门子狄请死之。齐王曰："鼓铎之声未闻，矢石未交，长兵未接，子何务死之？为人臣之礼邪？"雍门子狄对曰："臣闻之，昔者王田于囿，左毂鸣，车右请死之，而王曰：'子何为死？'车右对曰：'为其鸣吾君也。'……遂刎颈而死。知有之乎？"齐王曰："有之。"雍门子狄曰："今越甲至，其鸣吾君也，岂左毂之下哉？车右可以死左毂，而臣独不可以死越甲也？"遂刎颈而死。是日，越人引甲而退七十里，曰："齐王有臣钧如雍门子狄，拟使越社稷不血食。"遂引甲而归。后遂以为忠君爱国之典。王维《老将行》："愿得燕弓射天将，耻令越甲鸣吴军。"

【越外】 越出分外，格外。高骈《遣兴》："越外险巇防俗事，就中拘检信人文。"

【越地】 古越国地界。钱弘倧《再游圣母阁》："越地灵踪多少处，伽蓝难上此楼台。"

【越州】 隋大业初以吴州改名，治所在会稽县（今浙江绍兴市）。后改会稽郡。唐武德四年（621），复为越州，乾元元年（758）复名越州。杜甫《第五弟独在江左寄此二首》之二："闻汝依山寺，杭州定越州。"刘长卿《送朱山人放越州贼退后归山阴别业》："越州初罢战，江上送归桡。"元稹《初除浙东妻有阻色因以四韵晓之》："嫁时五月归巴地，今日双旌上越州。"白居易《写新诗寄微之偶题卷后》："未容寄与微之去，已被人传到越州。"

【越江】 ❶泛称越地江河。如剡溪等。萧颖士有《越江秋曙》。黄滔《送人往苏州觐其兄》："阖闾城外越江头，两地烟涛一叶舟。"任翻有《越江渔父》。❷即粤江。借指柳江。源自贵州永从县东流，流经广西柳州。柳宗元《别舍弟宗一》："零落残魂倍黯然，双垂别泪越江边。"

【越巫】 越地旧俗好巫术，故后以代称巫者。韩愈《郴州祈雨》："庙开鼯鼠叫，神降越巫言。"刘禹锡《武陵观火诗》："邑臣不必曾，何用征越巫。"李商隐《异俗二首》之二："户尽悬秦网，家多事越巫。"

【越吴】 越地与吴地的并称。许浑《与裴三十秀才自越西归登虎丘山寺精舍》："春草越吴间，心期旦夕还。"

【越吟】 战国越人庄舄仕楚，富贵而不忘故国，病中吟越歌以寄乡思。见《史记·张仪列传》。后以为思乡忆国之典。李白《淮南卧病书怀寄蜀中赵征君蕤》:“楚冠怀钟仪,越吟比庄舄。”刘长卿《寄会稽公徐侍郎》:“摇落淮南叶,秋风想越吟。”柳宗元《韩漳州书报彻上人亡因寄二绝》之一:“早岁京华听越吟,闻君江海分逾深。”薛涛《和郭员外题万里桥》:“万里桥头独越吟,知凭文字写愁心。”

【越兵】　越国军队。许浑《重经姑苏怀古二首》之一:“越兵驱绮罗,越女唱吴歌。”

【越吹】　越地音乐。王勃《采莲曲》:“叶屿花潭极望平,江讴越吹相思苦。”

【越角】　(—jiǎo)越地边隅。杜牧《昔事文皇帝三十二韵》:“溪山侵越角,封壤尽吴根。”

【越姑】　越地姑娘。徐铉《附书与钟郎中因寄京妓越宾》:“暮春桥下手封书,寄向江南问越姑。”又《代钟答》:“一幅轻绡寄海滨,越姑长感昔时恩。”

【越巡】　超越巡酒次序。元稹《夜饮》:“诗篇随意赠,杯酒越巡行。”

【越兒】　越地儿童。李群玉《龙山人惠石廪方及团茶》:“红炉爨霜枝,越儿斟井华。”

【越府】　越州公署。孙逖有《宴越府陈法曹西亭》。孟浩然有《题云门山寄越府包户曹徐起居》。

【越妾】　越地婢妾。陆龟蒙《夏日闲居作四声诗寄袭美·平入声》:“吴王荒金尊,越妾挟玉瑟。”

【越城】　当指春秋时越国都城会稽(今浙江绍兴市)。徐凝《送陈司马》:“家寄茅洞中,身游越城下。”张蠙《经范蠡旧居》:“一变姓名离百越,越城犹在范家无。”黄滔《送僧归北岩寺》:“越城今送归,心到焚香处。”又《浙幕李端公泛建溪》:“越城吴国结良姻,交发芙蓉幕内宾。”

【越香】　产于南方的名贵香料及其制成品。杜牧《中丞业深韬略志在功名再奉长句一篇兼有咨劝》:“樯似邓林江拍天,越香巴锦万千千。”

【越南】　约指今浙江东部和南部。李珣《南乡子》词之八:“渔市散,渡船稀,越南云树望中微。”

【越相】　(—xiàng)指春秋时越大夫范蠡。他曾辅佐勾践灭吴雪耻。功成后,乘扁舟,泛五湖,经商致富。见《史记·货殖列传》。许浑《贺少师相公致政》:“门临二室留侯隐,棹倚三川越相归。”陆龟蒙《奉和袭美赠魏处士五贶诗·五泻舟》:“尚应嫌越相,遗祸不遗名。”

【越俗】　越地风俗。宋之问《玩群斋海榴》:“越俗鄙章甫,扪心空自怜。”韩愈《送惠师》:“越俗不好古,流传失其真。”方干《献浙东王大夫二首》之一:“出镇当时移越俗,致君何日不尧年。”薛逢《送刘郎中牧杭州》:“吴江水色连堤阔,越俗春声隔岸还。”

【越信】　越地消息。项斯《边州客舍》:“经年无越信,终日厌蕃歌。”

【越音】　越地方音。刘长卿《送崔载华张起之闽中》:“旅食过夷落,方言会越音。”

【越淡】　澹(淡)然。澹然为越州僧,故称。孟郊《送淡公》:“燕本冰雪骨,越淡莲花风。”

【越客】　越人,越人寄居或迁居外地者。李白《古风》之五六:“越客采明珠,提携出南隅。”严维《重送新安刘员外》:“秋江渺渺水空波,越客孤舟欲榜歌。”李群玉《薛侍御处乞靴》:“越客南来夸桂麖,良功用意巧缝成。”崔涂《送僧归江东》:“坐彻秦城夏,行登越客船。”

【越娃】　越地美女。白居易《刘苏州寄酿酒糯米李浙东寄杨柳枝舞衫偶因尝酒试衫辄成长句寄谢之》:“金屑醅浓吴米酿,银泥衫稳越娃裁。”于濆《里中女》:“徒惜越娃貌,亦蕴韩娥音。”

【越桃】　栀子的别称。刘禹锡《和令狐相公咏栀子花》:“蜀国花已尽,越桃今已开。”

【越航郎】　指钓者。皮日休《奉和鲁望谢惠巨鱼之半》:“何事贶君偏得所,只缘同是越航郎。”

【越島】　指今广东、广西一带沿海岛屿。徐夤《南》:“陆贾几时来越岛,三闾何日濯沧浪。”

【越瓶】　越窑出产的瓷瓶。许浑《夏日戏题郭别驾东堂》:“散香蕲簟滑,沉水越瓶寒。”又《晨起二首》之一:“蕲簟曙香冷,越瓶秋水澄。”

【越浦】　越地河流或河岸。牟融《送客之杭》:“帆带夕阳投越浦,心随明月到杭州。”杜牧《新转南曹未叙曹散初秋暑退出守吴兴书此篇以自见志》:“越浦黄柑嫩,吴溪紫蟹肥。”

【越郡】　即越州。权德舆《送上虞丞》:“越郡佳山水,菁江接上虞。”

【越姬】　越地美女。雍陶《少年行》:“觅匠重装燕客剑,对人新按越姬筝。”

【越梅】　泛指南方的梅花。亦指梅子。韩偓《幽窗》:“手香江橘嫩,齿软越梅酸。”韦庄《春愁》:“露沾湘竹泪,花堕越梅妆。”和凝《菩萨蛮》词:“越梅半拆轻寒里,冰清淡薄笼蓝水。”

【越處子】　即越地未婚女子。此女为春秋时精于剑术者,曾同白猿所化之袁公用竹枝比试剑术。见后汉赵晔《吴越春秋·勾践阴谋外传》。后因用作咏精于剑术的典故。李白《东海有勇妇》:“学剑越处子,超然若流星。”

【越常】　见“越裳”。

【越國】　❶春秋时国名。都会稽(今浙江绍兴市)。为春秋五霸之一。前473年攻灭吴国后,迁都琅邪(今山东青岛市黄岛区)。后为楚国所灭。唐诗中亦用以泛称江南之地。崔国辅《题豫章馆》:“吴门绿波里,越国青山际。”白居易《杂兴三首》之二:“越国政初荒,越天旱不已。”李频《越中行》:“越国临沧海,芳洲复暮晴。”❷指汉赵佗所建南越国。许浑《朝台送客有怀》:“越国旧无唐印绶,蛮乡今有汉衣冠。”亦泛称今湖南、广东一带。李洞《送人赴职湘潭》:“水合湘潭住,山分越国多。”

【越禽】 ❶南方的鸟。许浑《郡斋夜坐寄旧乡二侄》:“长欲挂帆君莫笑,越禽花晚梦南枝。”李商隐《江村题壁》:“沙岸竹森森,维艄听越禽。”韦庄《家叔南游却归因献贺》:“旅梦远依湘水阔,离魂空伴越禽飞。”❷指孔雀。武元衡《四川使宅有韦令公时孔雀存焉因赋此诗用广其意》:“荀令昔居此,故巢留越禽。”

【越鳥】 ❶南方的鸟。语出《文选·古诗〈行行重行行〉》:“胡马依北风,越鸟巢南枝。”李善注引《韩诗外传》:“《诗》曰:‘代马依北风,飞鸟栖故巢。’皆不忘本之谓也。”后因用为思念家乡或故国之典。张九龄《南还以诗代书赠京师旧僚》:“思扰梁山曲,情遥越鸟枝。”李白《同王昌龄送族弟襄归桂阳二首》之二:“觉来欲往心悠然,魂随越鸟飞南天。”李涉《鹧鸪词二首》之二:“越冈连越井,越鸟更南飞。”吴融《赠李长史歌》序:“一曲未终,泫然承睫越鸟胡马之慼,感动傍人。”❷指孔雀。李郢《孔雀》:“越鸟青春好颜色,晴轩入户看呫衣。”

【越窑】 唐代著名的瓷窑,为诸窑之冠。故址在今浙江慈溪市上林湖一带。越窑青瓷胎骨较薄,施釉均匀,釉色青翠莹润。陆龟蒙《秘色越器》:“九秋风露越窑开,夺得千峰翠色来。”

【越戟】 越地所产之戟。戟,古代兵器,合戈、矛为一体,略似戈,兼有戈之横击、矛之直刺两种作用,杀伤力较戈、矛为强。卢纶《割飞二刀子歌》:“越戟吴钩不足夸,斩犀切玉应怀怍。”

【越巂】 郡名。汉元鼎六年(前 111)置,治所在邛都县(今四川西昌市东南)。唐武德元年(618)改为巂州。杜甫《野望》:“山连越巂蟠三蜀,水散巴渝下五溪。”元稹《代曲江老人百韵》:“翠毛开越巂,龙眼弊瓯闽。”雍陶《哀蜀人为南蛮俘虏五章·别巂州一时恸哭云日为之变色》:“越巂城南无汉地,伤心从此便为蛮。”薛能《闻官军破吉浪戎小而固虑史氏遗忽因记为二章》之二:“越巂通游国,苴咩闭聚蚊。”

【越鄉】 ❶远离家乡。张九龄《候使登石头驿楼作》:“息阴芳木所,空复越乡忧。”王勃《他乡叙兴》:“边城琴酒处,俱是越乡人。”孟浩然《江上别流人》:“以我越乡客,逢君谪居者。”岑参《武威送刘单判官赴安西行营便呈高开府》:“男儿感忠义,万里忘越乡。”❷古越国之地。李绅《新楼诗二十首·灵汜桥》:“何须化鹤归华表,却数凋零念越乡。”

【越絶】 越地的边境。司空曙《奉和常舍人晚秋集贤院即事寄徐薛二侍郎》:“地远姑苏外,山长越绝东。”刘禹锡《酬令狐相公秋怀见寄》:“秋风怜越绝,朔气想台骀。”罗隐《送王使君赴苏台》:“两地干戈连越绝,数年麋鹿卧姑苏。”

【越絶書】 不著撰人姓名。《隋书·经籍志》和《新唐书·艺文志》著录云子贡撰,《四库提要》则称会稽袁康作,同郡吴平所定。近人谓非一人一时之作。原书三十五篇,今只剩十九篇。其文与《吴越春秋》相类,记春秋越国事。高适《送崔功曹赴越》:“莫恨吴歈曲,尝看《越绝书》。”

【越鼓】 古代越人所习用的一种铜鼓。李绅《过吴门二十四韵》:“旧风犹越鼓,余俗尚吴钩。”

【越傭】 越地佣工。李贺《南园十三首》之三:“桃胶迎夏香琥珀,自课越佣能种瓜。”

【越溪】 即若耶溪。在今浙江绍兴市若耶山下。传为越国美女西施浣纱之处。白居易《新乐府·缭绫》:“织者何人衣者谁,越溪寒女汉宫姬。”罗虬《比红儿诗》之八:“越山重叠越溪斜,西子休怜解浣纱。”韦庄《江山逢故人》:“今日逢君越溪上,杜鹃花发鹧鸪啼。”刘方平《新春》:“谁知如昔日,更浣越溪纱。”

【越溪女】 指春秋时越国美女西施。入越宫前曾于越溪浣纱,故称。亦借指乡间美女。徐延寿《南州行》:“金钏越溪女,罗衣胡粉香。”钱起《蓝田溪杂咏二十二首·石莲花》:“远笑越溪女,闻芳不可识。”曹邺《徒相逢》:“西施本是越溪女,承恩不荐越溪人。”杜荀鹤《春宫怨》:“年年越溪女,相忆采芙蓉。”

【越綃】 越地所产之轻绡。皇甫松《抛球乐》之一:“红拨一声飘,轻球坠越绡。”

【越臺】 见“越王臺”。

【越裳】 亦作“越常”。古南海国名。唐时安南都护府有越裳县。沈佺期有《从崇山向越常》。高适《和贺兰判官望北海作》:“风行越裳贡,未遏天吴灾。”杜甫《有感五首》之二:“慎勿吞青海,无劳问越裳。”韩愈《琴操十首·越裳操》:“四海既均,越裳是臣。”欧阳詹《元日陪早朝》:“仪籥不唯丹穴鸟,称觞半是越裳人。”

【越裳雉】 越裳为古国名。在交趾南。周时曾远道向公进贡白雉。见《后汉书·南蛮传》。后以“越裳雉”借指域外之国的贡品。柳宗元《游南亭夜还叙志七十韵》:“重来越裳雉,再返西旅獒。”

【越裳操】 韩愈效汉蔡邕所撰《琴操十首》之一。蔡邕《琴操》谓:“《越裳操》者,周公之所作也。周公辅成王,成文王之王道,天下太平,万国和会。江、黄纳贡,越裳重九译而来,献白雉,执贽曰:吾君在外国也,顷无迅风暴雨，意者中国有圣人乎？故遣臣来。周公于是仰天而叹之，乃援琴而鼓之，其章曰：‘于戏嗟嗟，非旦之力，乃文王之德。’遂受之，献于文王之庙。”韩愈所撰《越裳操》有警戒人君居安思危之意。

【越綾】 越地所产之绫罗。罗隐《绣》：“蜀锦谩夸声自贵，越绫虚说价功高。”

【越橐】 汉陆贾出使南越，南越王赵佗赐给他一个袋子，内装奇珍异宝，价值千金，贾日后分予其子。见《汉书·陆贾传》。后因以指贮藏珍宝的袋子。杜牧《扬州三首》之二：“蜀船红锦重，越橐水沉堆。”

【越甌】 越窑所产之茶瓯。孟郊《凭周况先辈于朝贤乞茶》：“蒙茗玉花尽，越瓯荷叶空。”李涉《春山三朅来》之二：“越瓯遥见裂鼻香，欲觉身轻骑白鹤。”郑谷《题兴善寺》：“藓侵隋画暗，茶助越瓯深。”韩偓《横塘》：“蜀纸麝煤沾笔兴，越瓯犀液发茶香。”

【越歐】 即越国人欧冶子。善铸剑，曾造鱼肠、湛卢、太阿等宝剑。见《越绝书》。吕温《古兴》：“越欧百炼时，楚卞三泣地。”

【越嶠】 （—qiáo）越地山峦。吴融《松江晚泊》：“吴台越峤两分津，万万樯乌簇夜云。”

【越調】 （—diào）越地歌调。白居易《戏和贾常州醉中二绝句》之二：“越调管吹留客曲，吴吟诗送暖寒杯。”又《江楼宴别》：“缥缈楚风罗绮薄，铮纵越调管弦高。”李沇《方响歌》：“急节写商商恨促，秦愁越调逡巡足。”

【越燕】 燕之一种，小而多声，颔下紫。李白《拟古十二首》之一二：“越燕喜海日，燕鸿思朔云。”李商隐《今月二日辄复五言四十韵诗献上亦诗人咏叹不足之义也》：“营巢怜越燕，裂帛待燕鸿。”又有《越燕二首》。

【越器】 指越窑中所产的青瓷器。因臣下不得用之，故又有秘色瓷器之称。陆龟蒙有《秘色越器》。

【越徼】 南方边远之地。刘长卿《负谪后登干越亭作》：“生涯投越徼，世业陷胡尘。”皇甫冉《和袁郎中破贼后经剡中山水》：“兵连越徼外，寇尽海门西。”顾况《酬漳州张九使君》：“故人穷越徼，狂生起悲愁。”徐铉《谢文靖墓下作》：“越徼稽天讨，周京乱虏尘。”

【越縑】 越地所产的浅黄色细绢。康翊仁《鲛人潜织》：“七襄牛女恨，三日大人嫌。”

【越嶺】 ❶翻越山岭。朱庆余《南岭路》：“越岭向南风景异，人人传说到京城。”❷即越城岭。五岭之一。在广西全州、资源等县之间。元稹《虫豸诗·巴蛇三首》之二：“越岭南滨海，武都西隐戎。”令狐楚《省中直夜对雪寄李师素侍郎》：“谢家争拟树，越岭误惊梅。”❸泛称越地山岭。鲍溶《寄福州从事殷尧藩》：“越岭寒轻物象殊，海城台阁似蓬壶。”罗隐《投浙东王大夫二十韵》：“越岭千峰秀，淮流一派长。”

【越謠】 越地歌谣。武元衡《送吴侍御司马赴台州》：“风景轻吴会，文章变越谣。”

【越騎神】 （騎 jì）应为主骑射之神。《资治通鉴·唐太宗贞观十年》：“其能射者为越骑。”胡三省注：“越骑者，言其劲勇能超越也。”王维《凉州赛神》：“健儿击鼓吹羌笛，共赛城东越骑神。”

【越縠】 越地所产之绉纱。元稹《和李校书新题乐府十二首·阴山道》：“越縠缭绫织一端，十匹素缣功未到。”

【越羅】 越地所产之丝织品，以轻柔有光泽著称。亦借称罗衣。杜甫《后出塞五首》之四：“越罗与楚练，照耀舆台躯。”刘禹锡《酬乐天衫酒见寄》：“酒法众传吴米好，舞衣偏尚越罗轻。”李商隐《燕台四首·秋》：“瑶琴愔愔藏楚弄，越罗冷薄金泥重。”温庭筠《归国遥》词之一：“钿筐交胜金粟，越罗春水绿。”

【越疆】 谓离开故乡。韦应物《西郊游宴寄赠邑僚李巽》：“羁旅念越疆，领徒方祗役。”

【越疆必載質】 谓离开一个国家，一定带着准备和另一个国家君主初次相见的礼物。质，同“贽”“挚”。古代初相见，一定用一定的礼物表示诚意，此礼物即为“贽”，士人一般用“雉”。语出《孟子·滕文公下》：“周霄问曰：‘古之君子仕乎?’孟子曰：‘仕。《传》曰：“孔子三月无君，则皇皇如也，出疆必载质。”陆龟蒙《袭美先辈以龟蒙所献五百言既蒙见和复示荣唱至于千字提奖之重蔑有称实再抒鄙怀用伸酬谢》：“越疆必载质，历国将扶危。”

【越雞】 越地所产之鸡，形体较小。柳宗元《梅雨》：“愁深楚猿夜，梦断越鸡晨。”

【越豔】 越地美女。屈同仙《乌江女》：“越艳谁家女，朝游江岸旁。”羊士谔《南池荷花》：“红花迷越艳，芳意过湘沅。”李群玉《长沙九日登东楼观舞》之一：“越艳罢前溪，吴姬停白纻。”韩偓《三月二十七日见拂水蔷薇因有是作》：“绿刺红房战袅时，吴娃越艳醺酣后。”

趄 〔jū《广韵》七余切，平魚，清。《篇海》子余切。〕欲行又止貌。见“趑趄”。

趁 〔chèn《广韵》丑刃切，去震，徹。〕亦作“趂”。❶追逐；追赶。杜甫《青阳峡》：“突兀犹趁人，及兹叹冥寞。”又《题郑县亭子》：“巢边野雀群欺燕，花底山蜂远趁人。”于鹄《题美人》：“秦女窥人不解羞，攀花趁蝶出墙头。”❷驱逐；驱赶。寒山《诗三百三首》之一五二：“家狗趁不去，野鹿常好走。”杜甫《催宗文树鸡栅》：“驱趁制不禁，喧呼山腰宅。”王建《原上新居十三首》之八：“倩人开废井，趁犊入新园。”

韩愈《宿神龟招李二十八冯十七》："荒山野水照斜晖，啄雪寒鸦趁始飞。"❸奔赴；赶赴。寒山《诗三百三首》之一四八："南见驱归北，西风趁向东。"柳宗元《柳州峒氓》："青箬裹盐归洞客，绿荷包饭趁虚人。"元稹《仁风李著作园醉后寄李十》："却笑西京李员外，五更骑马趁朝时。"陈季卿《别兄弟》："惆怅清江上，区区趁试期。"❹追求；寻取。韩愈《石鼓歌》："羲之俗书趁姿媚，数纸尚可博白鹅。"元稹《放言五首》之五："三十年来世上行，也曾狂走趁浮名。"姚合《山居寄友人》："诗情聊自遣，不是趁声名。"周贺《赠姚合郎中》："道从会解会求静，诗造玄微不趁新。"❺随着；沿着。杜甫《夔州歌十绝句》之五："背飞鹤子遗琼蕊，相趁凫雏入蒋牙。"白居易《暮归》："朝随烛影出，暮趁鼓声还。"徐夤《不把渔竿》："鸟趁竹风穿静户，鱼吹烟浪喷晴轩。"和凝《宫词百首》之四四："虎骤龙腾宫殿响，骅骝争趁一星飞。"❻乘机；乘便。寒山《诗三百三首》之二四三："趁向无人处，一一向伊说。"韩愈《同李二十八员外从裴相公野宿西界》："不关破贼须归奏，自趁新年贺太平。"元稹《古艳诗二首》之二："深院无人草树光，娇莺不语趁阴藏。"杜牧《见穆三十宅中庭海榴花谢》："巧穷南国千般艳，趁得春风二月开。"❼乘坐；搭乘。白居易《新乐府·园陵妾》："老母啼呼趁车别，中官监送锁门回。"❽应和。白居易《醉后题李马二妓》："行摇云髻花钿节，应似霓裳趁管弦。"参见"趁拍"。❾通"稱"。满足。裴度《夏日对雨》："对面雷嗔树，当街雨趁人。"

【趁早】 及早，及时。姚合《武功县中作三十首》之一七："簿籍谁能问，风寒趁早眠。"

【趁行】 （—háng）❶按照行列。张籍《美人宫棋》："趁行移手巡收尽，数数看谁得最多。"❷相随成行。白居易《闻行简恩赐章服喜成长句寄之》："荣传锦帐花联萼，彩动绫袍雁趁行。"又《奉和裴令公新成午桥庄绿野堂即事》："引水多随势，栽松不趁行。"

【趁伴】 结伴，搭伴。元稹《酬翰林白学士代书一百韵》："辔为逢车缓，鞭缘趁伴施。"白居易《初到洛下闲游》："趁伴入朝应老丑，寻春放醉尚粗豪。"又《留别微之》："犹厌劳形辞郡印，那将趁伴着朝衣。"李屿《过洞庭》："渐落分行雁，旋添趁伴舟。"

【趁取】 求取。柳宗元《叠后》："劝君火急添功用，趁取当时二妙声。"

【趁拍】 合着节拍。白居易《醉后赠人》："香球趁拍回环匼，花盏抛巡取次飞。"

【趁卻】 赶上。寒山《诗三百三首》之三三："昨朝曾趁却，今日又缠身。"

【趁風】 随风。周贺《酬吴之问见赠》："趁风开静户，带叶卷残书。"

【趁時】 及时。张籍《赠贾岛》："拄杖傍田寻野菜，封书乞米趁时炊。"

【趁虚】 赶集。柳宗元《柳州峒氓》："青箬裹盐归峒客，绿荷包饭趁虚人。"自注："岭南人呼市为虚。"

【趁魚】 捕鱼。杜甫《重过何氏五首》之一："花妥莺捎喋，溪喧獭趁鱼。"

【趁凉】 乘凉。热天在凉快透风的地方休息。白居易《晚亭逐凉》："趁凉行绕竹，引睡卧看书。"

【趁逐】 相随。陆龟蒙《夜泊咏栖鸿》："可怜霜月暂相依，莫向衡阳趁逐飞。"

【趁朝】 上朝。白居易《还李十一马》："纵拟强骑无出处，却将牵与趁朝人。"又《自题》："热月无堆案，寒天不趁朝。"张祜《爱妾换马》之二："侍宴永辞春色里，趁朝休立漏声中。"曹唐《小游仙诗九十八首》之一一："朝骑白鹿趁朝去，凤押笙歌逐后飞。"

【趁節】 赶往过节。皮日休《洛中寒食二首》之二："弄春公子正回首，趁节行人不到家。"

趚

同"趁"。

超

〔chāo《广韵》敕宵切，平宵，徹。〕❶跃登。李绅《趋翰苑遭诬构四十六韵》："脱鳞超沆瀣，翻翼集蓬壶。"❷越过。杜甫《魏将军歌》："星躔宝校金盘陀，夜骑天驷超天河。"又《见王监兵马使说近山有白黑二鹰请余赋》："正翮抟风超紫塞，立冬几夜宿阳台。"元结《引极三首·望仙府》："思假足兮虎豹，超阻绝兮凌趠。"柳宗元《行路难三首》其一："君不见夸父逐日窥虞渊，跳踉北海超昆仑。"❸超过，胜过。杜甫《惜别行送向卿进奉端午御衣之上都》："尚书勋业超千古，雄镇荆州继吾祖。"张仲素《太平词》："圣德超千古，皇威静四方。"殷尧藩《韩信庙》："身向九泉还属汉，功超诸将合封齐。"陆龟蒙《杂讽九首》之九："捷可搏飞狖，健能超橐驼。"❹超脱；摆脱。寒山《诗三百三首》之二八："谁能超世累，共坐白云中。"司空图《诗品二十四则·雄浑》："超以象外，得其环中。"❺遥远。苏源明《小洞庭洄源亭讌四郡太守诗》："层澜壮兮缅以没，重岩转兮超以忽。"李白《夕霁杜陵登楼寄韦繇》："原野旷超远，关河纷错重。"❻深厚。殷寅《玄元皇帝应见贺圣祚无疆》："北阙心超矣，南山寿固然。"❼迅速。见"超忽❸"。❽惆怅；迷惘。见"超忽❹"。

【超凡入聖】 谓脱离尘世，修道成仙。吕岩《七言》之二："举世若能知所寓，超凡入圣弗为难。"

【超升】 超级提升。蒋贻恭《五门街望有题》："我皇开国十余年，一辈超升炙手欢。"

【超心】 细心，潜心。司空图《诗品二十四则·

洗炼》："超心炼冶，绝爱缁磷。"

【超世】　出尘，超俗。韦应物《沣上精舍答赵氏外生伉》："如何小子伉，亦有超世心。"皮日休《初夏即事寄鲁望》："各负出俗才，俱怀超世情。"

【超拔】　道家语。谓得道成仙，上升天界。李群玉《别尹炼师》："多君飞升志，机悟独超拔。"

【超忽】　❶遥远貌。骆宾王《在江南赠宋五之问》："潇湘一超忽，洞庭多苦辛。"李白《送杨山人归天台》："客有思天台，东行路超忽。"李端《送友人还洛》："平原正超忽，行子复蹉跎。"李节《赠释疏言还道林寺诗》之三："湘川超忽兮落日啘啘，松覆秋亭兮兰被春苑。"❷精神高逸，道义深远。郑薰《赠巩畴》："蕴微道超忽，剖镫音泠泠。"李群玉《将离澧浦置酒野屿奉怀沈正字昆弟三人联登高第》："良图一超忽，万恨空相寻。"皮日休《太湖诗·桃花坞》："穷深到兹坞，逸兴转超忽。"❸疾速貌。韦应物《元日寄诸弟兼呈崔都水》："新正加我年，故岁去超忽。"武元衡《秋日对酒》："波澜暗超忽，坚白亦磷缁。"元稹《和李校书新题乐府十二首·缚戎人》："大将论功重多级，捷书飞奏何超忽。"❹惆怅；迷惘。超，通"惆"。元希声《赠皇甫侍御赴都八首》之七："远情超忽，岐路光辉。"杜甫《秋日荆南述怀三十韵》："伏枕因超忽，扁舟任往来。"韦应物《同德寺雨后寄元侍御李博士》："相望曙河远，高斋坐超忽。"杨巨源《辞魏博田尚书出境后感恩恋德因登丛台》："离恨始分明，归思更超忽。"刘景复《梦为吴泰伯作胜儿歌》："今朝闻奏凉州曲，使我心神暗超忽。"

【超拜】　越级升官。张九龄《送赵都护赴安西》："远图尝画地，超拜乃登坛。"

【超乘】　（一shèng）❶跳跃上车。虞羽客《结客少年场行》："蒙轮恒顾敌，超乘忽争先。"❷猛勇敏捷。韩愈、李正封《晚秋郾城夜会联句》："摧锋若貔兕，超乘如猱玃。"

【超爽】　超逸俊朗。郑薰《赠巩畴》序："理致明妙，神骨超爽。"

【超脱】　解脱。吕岩《敲爻歌》："九祖先灵得超脱，谁羡繁华贵与荣。"

【超越】　❶跨过。储光羲《酬李处士山中见赠》："声尘邈超越，比兴起孤绝。"杜甫《沙苑行》："累累塠阜藏奔突，往往坡陀纵超越。"钱起《奉使采箭簳竹谷中晨兴赴岭》："重峰转森爽，幽步更超越。"孟郊《送从叔校书简南归》："高踪一超越，千里在须臾。"❷高远。刘眘虚《寻东溪还湖中作》："望望已超越，坐鸣舟中琴。"吕温《道州城北楼观李花》："曾使西域来，幽情望超越。"❸超乎寻常。杜牧《池州送孟迟先辈》："历阳裴太守，襟韵苦超越。"

【超超】　❶超然出尘，不同凡俗。储光羲《奉和韦判官献侍郎叔除河东采访使》："超超青云器，婉婉竹林会。"又《哥舒大夫颂德》："超超渭滨器，落落山西名。"杜牧《洛中送冀处士东游》："四十余年中，超超为浪游。"❷高高在上貌。司空图《诗品二十四则·流动》："超超神明，返返冥无。"

【超然】　❶高貌；远貌。杜甫《青阳峡》："超然侔壮观，已谓殷寥廓。"❷高超。皎然《秋日送择高上人往江西谒曹王》："超然独游趣，无限别山情。"裴潾《前相国赞皇公作镇浙右辄抒怀赋四言诗十四首奉寄》之十："造适为足，超然孤赏。"清尚《哭僧》："道力自超然，身亡同坐禅。"陈陶《题居上人法华新院》："能诱泥犁客，超然识聚沙。"❸谓脱离尘俗。太宗《谒并州大兴国寺诗》："对此留余响，超然离俗尘。"李德裕《思平泉树石杂咏一十首·舴艋舟》："永日歌濯缨，超然谢尘滓。"张祜《题润州金山寺》："一宿金山寺，超然离世群。"吕岩《明胎息》："渐变逍遥体，超然自在身。"❹怅然。韦述《晚渡伊水》："光阴逝不借，超然慕畴昔。"李白《泛沔州城南郎官湖》序："方夜，水月如练，清光可掇，张公殊有胜概，四望超然。"刘得仁《送王书记归邠州》："陈琳轻一别，马上意超然。"

【超絶】　超越。卢鸿一《嵩山十志十首·枕烟庭》序："可以超绝纷世，永洁精神矣。"

【超達】　超脱旷达。李山甫《寄卫别驾》："知君超达悟空旨，三径闲行抱素琴。"黄滔《赠友人》："超达陶子性，留琴不设弦。"

【超詣】　高深玄妙；高超脱俗。张说《五君咏五首·魏齐公元忠》："清论早揣摩，玄心晚超诣。"杜甫《夜听许十损诵诗爱而有作》："紫燕自超诣，翠驳谁剪剔。"司空图《诗品二十四则》有《超诣》一品。羊士谔《郡斋读经》："圆寂期超诣，凋残幸已苏。"

【超遥】　❶高远；遥远。储光羲《射雉词》："超遥下故墟，迢递回高畤。"皎然《奉和陆使君长源夏月游太湖》："峭蒨瞩仙岭，超遥随明牧。"独孤及《观海》："超遥蓬莱峰，想像金台存。"柳宗元《巽公院五咏·净土堂》："稽首愧导师，超遥谢尘昏。"❷高超。皎然《白云歌寄陆中丞使君长源》："凭高发咏何超遥，道妙如君有舒卷。"栾清《遇莲叶二客诗》："便得神体清，超遥旷无忧。"❸心神不宁貌。皎然《奉酬颜使君真卿王员外圆宿寺兼送员外使回》："超遥长路首，怅望空林杪。"

【超羣】　超凡，超出众人。张乔《送庞百篇之任青阳县尉》："都堂公试日，词翰独超群。"李频《送德清喻明府》："但如诗思苦，为政即超群。"

【超緬】　高远，遥远。李白《夕霁杜陵登楼寄韦繇》："原野旷超缅，关河纷杂重。"

【超踰】　超越。元稹《酬乐天东南行诗一百韵》：

“薰莸任盛贮，稊稗莫超踰。”

【超曠】 高远旷达。权德舆《祗役江西路上以诗代书寄内》：“愧非超旷姿，循此跼促步。”

【超騰】 ❶跳跃。李白《秋浦歌十七首》之五：“秋浦多白猿，超腾若飞雪。”殷琮《登云梯》：“上宁愁屈曲，高更喜超腾。”❷飞腾。《霅溪夜宴诗》之三：“将刻木而作羽兮，与超腾之理非。”❸超逸。任华《寄李白》：“至于他作多不拘常律，振摆超腾，既俊且逸。”

六　画

趍〔qū《广韵》七逾切，平虞，清。〕同“趨。”❶奔走，奔跑。施肩吾《过桐庐场郑判官》：“胡商大鼻左右趍，赵妾细眉前后直。”❷追求，追逐。张祜《赠季峰上人》：“强似鵷鸾趍宦达，可胜藜藿伴僧斋。”

趐〔chì《龙龛手鉴》音翅。同“翅”。〕鸟翼。张祜《江南杂题三十首》之十：“拂林山鹊趐，丛岸野裳花。”

七　画

趚〔sù《集韵》蘇谷切，入屋，心。〕见“趚趚”“趗趚”。

【趚趚】 象声词。轻步行走貌。张祜《雁门太守行》：“城头月没霜如水，趚趚踏沙人似鬼。”

趙〔zhào《广韵》治小切，上小，澄。〕❶古国名。战国七雄之一。亦指赵地。王维《燕支行》：“赵魏燕韩多劲卒，关西侠少何咆勃。”李白《古风》之一五：“剧辛方赵至，邹衍复齐来。”杜牧《感怀诗一首》：“号为精兵处，齐蔡燕赵魏。”李商隐《送千牛李将军赴阙五十韵》：“纵未移周鼎，何辞免赵坑。”❷姓。唐诗人有赵彦伯、赵谦光、赵嘏等。

【趙二】 ❶即赵冬曦。冬曦开元中曾获罪流放岳州。张九龄有《将至岳阳有怀赵二》和《酬赵二侍御使西军赠两省旧僚之作》。❷即赵彦昭。张说有《送赵二尚书彦昭北伐》。

【趙八】 指赵涓，大历时官左司员外郎、给事。李嘉祐有《游徐城河忽见淮清因寄赵八》。钱起有《蓝溪休沐寄赵八给事》。皇甫冉有《台头寺愿上人院古松与赵八员外裴十补阙同赋之》。

【趙工部】 赵昌。元和三年(808)拜工部尚书、兼大理卿，见《旧唐书・赵昌传》。元稹《思归乐》：“君看赵工部，八十支体轻。”

【趙大夫】 即安西副大都护赵颐贞。孙逖有《送赵大夫护边》，题下注：“一作送赵都护赴安西。”

【趙大諫】 疑为赵昌翰。见《全唐文》卷八三一钱珝《授赵昌翰考功郎中制》。郑谷有《府中寓止寄赵大谏》。

【趙女】 赵地的美女。亦泛称美女。徐安贞《闻邻家理筝》：“忽闻画阁秦筝逸，知是邻家赵女弹。”刘复《杂曲》：“赵女颜虽少，宛驹齿正齐。”杨敬之《客思吟》：“细腰沈赵女，高髻唱蛮姬。”薛能《戏瞻相》：“瞻相赵女休相拽，不及人前诈摆头。”

【趙子】 ❶赵德。韩愈有《别赵子》，题下自注：“赵子名德，潮州人。愈刺潮，德摄海阳尉，督州学生徒。愈移袁州，欲与俱，不可，诗以别之。”❷赵象。步非烟有《答赵子》，全诗题下校：“一作寄诗答赵象。”按，赵象，为懿宗时河南府功曹参军武公业妾步非烟之邻人。慕步非烟之美貌，赠诗致情，二人遂相恋结好，暗中往来，唱酬不断，事发步非烟被笞而死。

【趙元陽】 唐人。赵复之子。仓曹郑损之外甥。曾官殿中省进马、长安尉、滁州刺史。其叔赵纵，为卢纶密友。卢纶有《同赵进马元阳春日登长春宫古城望河中因寄郑损仓曹》《达奚中丞东斋壁画山水各赋一物送长安赵元阳少府》和《酬赵少尹戏示诸侄元阳等因以见赠》。

【趙王】 ❶名福，唐太宗第十三子。历官秦州、梁州都督，咸亨元年(670)卒。骆宾王有《和王记室从赵王春日游陀山寺》。❷指战国时赵王迁。周昙《咏史诗・春秋战国门・郭开》：“廉颇还国李牧在，安得赵王为尔擒。”❸指西晋赵王司马伦。周昙《咏史诗・晋门・贾后》：“贾后甘为废戮人，齐王还杀赵王伦。”❹宇文招，封赵王，见《周书》卷一三。法宣有《和赵王观妓》。

【趙不爲】 (爲 wéi)唐诗人。武后、中宗时人。《全唐诗外编》上录其断句两联四句。

【趙太守悦】 赵思廉子。曾官监察御史，江陵、安邑二县令，宣城太守，见《金石萃编》卷八七《大唐故监察御史荆州大都督府法曹参军赵府君(思廉)墓志铭》。李白有《赠宣城赵太守悦》。

【趙少尹】 (少 shào)赵薰。卢纶有《酬赵少尹戏示诸侄元阳等因以见赠》。

【趙少府】 (少 shào)❶赵子卿。长安(今陕西西安市)人。曾任宛句县尉，兵部员外郎。张九龄有《送宛句赵少府》。❷赵炎。当涂县尉。李白有《当涂赵炎少府粉图山水歌》和《送当涂赵少府赴长芦》。❸卢纶有《东潭宴饯河南赵少府》。府，明活字本《卢纶诗集》作“尹”。赵少尹，赵薰。见“趙少尹”。❹赵元阳。长安尉。卢纶有《达奚中丞东斋壁画山水各赋一物送长安赵元阳少府》。

【趙中丞】 ❶即赵柷。宝历元年(825)，以贤良方正能言极谏科及第。曾为左司员外郎、金部员外郎。开成二年(837),在令狐楚山南西道节度使幕下任行军司马。刘禹锡有《送赵中丞自司金郎转官参山南令狐仆射幕府》。❷即赵国珍。国珍曾为黔府都督兼本管经略等使,中丞为其兼职。李白有《送赵判官赴黔府中丞叔幕》。❸疑为赵玭。岑参《送刘郎将归河东》:"谢君贤主将,岂忘轮台边"自注"参曾北庭事赵中丞,故有下句。"

【趙中虚】 唐诗人。贞观中人。《全唐诗》卷三三录其诗一首。

【趙仁奬】 唐诗人。河南(今河南洛阳市)人。景龙(707—710)中为监察御史,睿宗时出为上蔡丞。后入京干谒,善唱《黄麞》,姚崇轻其为人,呼为"黄麞汉",授当州悉唐尉。《全唐诗》卷七九五录其《赠上蔡令潘好礼拜御史》断句一联。

【趙氏】 ❶唐女诗人。(1)唐玄宗年间宋州刺史寇泚之妻,寇坦之母。《全唐诗》卷七九九录其《古兴》诗三首。(2)唐洹水县(治所即今河北魏县西南旧魏县)人。杜羔之妻。《全唐诗》卷七九九录其《夫下第》等诗四首。(3)文宗大和间人。家居南海(今广东广州市)。为房千里妾。房千里有《寄妾赵氏》。《全唐诗》卷八〇〇录赵氏《寄情》诗一首,《全诗》题下校:"一作许浑代作。"❷指战国赵国。参见"趙氏璧"。❸指唐赵良弼家族。参见"趙氏昆季"。

【趙氏昆季】 ❶卢纶妻赵氏,有兄弟赵密、邕、薰、复、纵、衮;赵复有子元阳、真长;赵纵有子公昌、季黄,均见《元和姓纂》卷六河东赵氏。卢纶有《宴赵氏昆季书院因与会文并率尔投赠》诗。❷当谓赵柷、赵晳兄弟。李商隐有《河清与赵氏昆季宴集得拟杜工部》。

【趙氏璧】 即和氏璧。春秋时楚国人卞和在山中得此宝玉。战国时为赵惠文王得此璧。秦昭王假意愿用十五城交换此璧,蔺相如携璧入秦,与秦王智斗,终于完璧归赵。见《史记·廉颇蔺相如列传》。李白《将游衡岳过汉阳双松亭留别族弟浮屠谈皓》:"秦欺赵氏璧,却入邯郸宫。"亦简称"趙璧"。褚亮《奉和望月应魏王教》:"色共梁珠远,光随赵璧圆。"李白《送窦司马贬宜春》:"赵璧为谁点,隋珠枉被弹。"元稹《和李校书新题乐府十二首·五弦弹》:"赵璧五弦弹徵调,徵声巉绝何清峭。"方干《送郑端公》:"随珠此去方酬德,赵璧当时误指瑕。"

【趙六】 名元,一作元亮,字贞固,汲(今河南卫辉市)人。汲人谥曰昭夷先生。事见《新唐书》本传和陈子昂《昭夷子赵氏碣颂》。宋之问有《送赵六贞固》。陈子昂有《同宋参军之问梦赵六赠卢陈二子之作》和《赠赵六贞固二首》。

【趙公】 ❶王琚。琚于先天二年(713)七月封赵国公。见《旧唐书·王琚传》。张说有《赠赵公》。王琚有《奉答燕公》。❷赵吉甫。以平李锜功封赞皇县侯,徙赵国公。见《新唐书·赵吉甫传》。武元衡《奉酬淮南中书相公见寄》序:"皇帝改元之二年,余与赵公同制入辅,并为黄门侍郎。"

【趙文觀】 贯休有《春送赵文观送故合州座主神榇归洛》,其中"赵文观"应是"赵观文"之误。《唐诗纪事》卷九五《褚载》条:"按观文乾宁二年崔凝下第八人登第。是年命陆扆重试,而观文为榜首。"贯休诗题中"合州座主"即崔凝,乾宁二年(895)知贡举,赵观文即于是年登第。

【趙尹】 指唐赵冬曦和尹懋。张说有《翻著葛巾呈赵尹》,又有《与赵冬曦尹懋子均登南楼》。

【趙正字】 孟浩然有《寄赵正字》,《文苑英华》卷二五〇脱"赵"字,当从《唐写本唐人选唐诗》作"是"。是正字,是光乂。《新唐书·艺文志三》:"是光乂《十九部书语类》十卷。开元末,自秘书正字上,授集贤院待制,后赐姓齐。"

【趙仙舟】 唐开元天宝时人。与王维、岑参有交往。王维有《淇上送赵仙舟》。岑参有《临洮泛舟赵仙舟自北庭罢使还京》。

【趙冬曦】 唐诗人。定州鼓成(今河北晋州市)人。进士出身。历任监察御史、考功员外郎、合州刺史、华阳太守等职。开元十年(722)由宰相张说引入丽正殿书院,与贺知章、徐坚等同撰《唐六典》。《全唐诗》卷九八录其《陪张燕公登南楼》等诗十九首。

【趙司馬】 赵纵。纵建中三年(782)正月,贬循州司马,见《旧唐书·张镒传》。卢纶有《夜中得循州赵司马侍郎书因寄回使》。

【趙存約】 (?—830)唐诗人。京兆奉天(今陕西乾县)人。《全唐诗》卷五〇八录其诗一首。

【趙匡】 唐萧颖士门人。刘太真《送萧颖士赴东府》序:"颖士门人可考者,自赋诗诸贤外,有尹征、王恒、卢异、卢士式、赵匡、阎士和、柳并及李阳冰、李幼卿、皇甫冉、陆渭。"

【趙光胤】 唐人。大顺二年(891)进士及第,自补衮拜小仪。裴贽有《答门生王涣李德邻赵光胤王拯长句》。

【趙光逢】 唐诗人。字延吉,京兆奉天(今陕西乾县)人。乾符五年(878)进士。释褐凤翔推官,后历任监察御史,礼部郎中、翰林学士、中书舍人、御史中丞、礼部侍郎、尚书左丞、太常卿等职。入后梁,开平三年(909),为中书侍郎同平章事。梁末帝时为司空兼门下侍郎同平章事。后唐天成二年(927)迁太保致仕,封齐国公。《全唐诗》卷七三四录其《梁郊祀乐章》

八首。

【趙光遠】　唐诗人。京兆奉天(今陕西乾县)人。华州刺史赵骘之子,宰相赵隐侄。应举不第而卒,光化三年(900)。韦庄奏请追赐进士及第。《全唐诗》卷七二六录其诗三首。

【趙休】　五代诗人。与后蜀翰林学士幸夤逊同时。《全唐诗》卷七九五录其《侍宴》断句一联。

【趙延壽】　五代诗人。常山(今河北正定县)人。本姓刘,为赵德钧养子,改姓赵。仕后唐。后晋天福元年(936),兵败为契丹所擒。天禄二年,卒。《全唐诗》卷七三七录其《塞上》诗一首。

【趙伉】　韦应物外甥。《因语录》作者赵璘之父。历任河南府参军、尚书吏部郎中等职。韦应物有《沣上精舍答赵氏外生伉》和《答赵氏生伉》。

【趙行軍】　赵祝,曾官行军司马,见《全唐文》卷七七一李商隐《代彭阳公遗表》。李商隐有《南山赵行军新诗盛称游宴之洽因寄一绝》。

【趙自然】　宋女道士。本名王九,太平州繁昌(今安徽繁昌县)人。《全唐诗》录其诗一首。

【趙后】　指赵飞燕。李商隐《可叹》:"梁家宅里秦宫入,赵后楼家赤凤来。"又《蜂》:"宓妃腰细才胜露,赵后身轻欲倚风。"

【趙州】　州名。唐武德初改赵郡为赵州,移治平棘县(今河北赵县)。李贺《浩歌》:"买丝绣作平原君,有酒唯浇赵州土。"

【趙充國】　(前137—前52)西汉大将。字翁孙。陇西上邽(今甘肃天水市西南)人。武帝、昭帝时,击匈奴有功,任后将军。宣帝即位,封为营平侯。后与羌人作战,在西边屯田,促进了当地农业生产发展。贯休《胡无人》:"霍嫖姚,赵充国,天子将之平朔漠。"

【趙防】　唐诗人。袁州(今江西宜春市)人。《全唐诗》卷七七五录其《秋日寄弟》诗一首。

【趙志父】　即赵鞅,亦即赵简子。晋定公时为卿。权德舆《读穀梁传二首》之一:"奈何赵志父,专举晋阳兵。"

【趙村】　村庄名。在唐东都洛阳东。白居易《洛阳春赠刘李二宾客》:"明日期何处,杏花游赵村。"自注:"洛城东有赵村,杏花千余树。"又《游赵村杏花》:"赵村红杏每年开,十五年来看几回。"

【趙李】　指汉成帝皇后赵飞燕家与汉武帝李夫人家。郑愔《少年行》:"田窦方贵幸,赵李新相知。"

【趙孝】　后汉人。字长平,沛国蕲(今安徽宿州市)人。王莽时,社会动乱,其弟礼为饿贼所得,将杀而食之。赵孝闻之,缚己见贼,谓:"礼久饿羸瘦,不如孝肥饱。"贼大惊,并释之。见《后汉书·赵孝传》。周昙有《咏史诗·后汉门·赵孝》。

【趙坑】　战国秦将白起活埋赵卒四十万于长平。见《史记·白起列传》。后遂以借指军民遭受的祸害。李商隐《送千牛李将军赴阙五十韵》:"纵未移周鼎,何辞免赵坑。"

【趙佗】　西汉真定(今河北正定县)人。西汉初期自立为南越王。李群玉《登蒲涧寺后二岩三首》之三:"赵佗丘垅灭,马援鼓鼙空。"陈陶《番禺道中作》:"千年赵佗国,霸气委原隰。"

【趙判官】　指黔府都督赵国珍之侄。李白有《送赵判官赴黔府中丞叔幕》。

【趙良器】　唐诗人。河东(治今山西永济市西)人。开元七年(719)文辞雅丽科及第。历任侍御史、兵部员外郎等职。《全唐诗》卷二〇三录其诗二首。

【趙武】　春秋晋赵朔之遗孤。见《史记·赵世家》。李端《送诸暨裴少府》:"山公访嵇绍,赵武见韩侯。"李德裕《思山居一十首·思登家山林岭》:"旧有嵇康懒,今惭赵武偷。"

【趙武建】　唐文宗、武宗时人。《全唐诗》卷八七三录其《刺左右膊诗》一首。

【趙叔達】　唐诗人。南诏清平官(宰相)。《全唐诗》卷七三二录其诗一首。

【趙尚書】　❶赵昌。曾官工部尚书,兼大理卿。见《旧唐书·赵昌传》。权德舆有《酬赵尚书杏园花下醉后见寄》和《酬赵尚书城南看花日晚先归见寄》。❷赵彦昭。曾官刑部尚书,见《资治通鉴》卷二一〇。苏颋有《饯赵尚书摄御史大夫赴朔方军》。

【趙明府】　赵正卿。曾官右监门卫录事参军、国子监助教及丞,见《千唐志斋藏志》卷一〇六〇《唐故国子监礼记博士赵公墓志铭》。张籍有《寄赵明府》。

【趙和州】　赵纵。大历十二年(777)由户部侍郎贬和州刺史,见《册府元龟》卷四八。卢纶有《送申屠正字往湖南迎亲谒赵和州因呈上侍郎使君并戏简前历阳李明府》。

【趙季黄】　户部侍郎赵纵之子,见《元和姓纂》卷七河东赵氏。卢纶内侄。卢纶有《春日卧病示赵季黄》。

【趙牧】　唐诗人。大中、咸通时人。有才俊,而累举不第。为诗效李贺长短句,人称"蹙金结绣,而无痕迹"。《全唐诗》卷五六三录其《对酒》诗一首。

【趙侍郎】　❶赵纵。纵曾官户部侍郎,出为和州刺史。见《旧唐书·德宗纪》。卢纶有《和金吾裴将军使往河北宣慰因访张氏昆季旧居兼寄赵侍郎赵卿拜陵未回》和《夜中得循州赵司马侍郎书因寄回使》。❷赵光逢。景福中以祠部郎中知制诰,寻充翰林学士,后拜中书舍人、户部侍郎、学士承旨。见《旧唐书·赵隐传》。黄滔有《投翰长赵侍郎》。

【趙侍御】 ❶赵圣曦。圣曦，开元初曾任监察御史。见《新唐书》本传。张说有《赠赵侍御》和《同赵侍御乾湖作》。又有《同赵常御巴陵早春作》和《伯奴边见归田赋因投赵侍御》。尹懋有《秋夜陪张丞相赵侍御游邕湖二首》。❷赵骅。见《旧唐书·赵晔传》。"晔"均为"骅"之讹。李华有《寄赵七侍御》。

【趙使君】 赵棨。曾官泉州刺史，大和三年(829)开晋江天水淮，灌溉一百八十顷。见《新唐书·地理志五》。陈陶有《泉州刺桐花咏兼呈赵使君》。

【趙卒】 指战国时赵国的士兵。公元前259年，赵王用括接替廉颇领兵。赵括大败于秦将白起，赵括身亡阵中，赵卒四十万降秦，被秦将白起尽坑杀之。见《史记·白起王翦列传》。胡曾《咏史诗·长平》："长平瓦震武安初，赵卒俄成戏鼎鱼。"元稹《乐府古题·夫远征》："赵卒四十万，尽为坑中鬼。"李商隐《五言述德抒情诗一首四十韵献上杜七兄仆射相公》："感念殽尸露，咨嗟赵卒坑。"

【趙妾】 赵地的婢妾。泛称美貌的婢妾。施肩吾《过桐庐场郑判官》："胡商大鼻左右趁，赵妾细眉前后直。"

【趙悦】 唐人。天宝十四载(755)为宣城太守。李白有《赠宣城赵太守悦》。

【趙冽】 唐襄阳(今湖北襄阳市)人。与钱起、皇甫冉有交往。钱起有《秋夜送赵冽归襄阳》。皇甫冉有《杂言月洲歌送赵冽还襄阳》。

【趙法師】 赵仙甫。《舆地碑记目》卷四崇庆府："《唐开元皇帝送赵仙甫尊师归蜀诗》碑见在新津县宝真观。"玄宗有《送赵法师还蜀因名山奠简》诗，又有《为赵法师别造精院过院赋诗》。

【趙宗儒】 (746—832)唐诗人。字秉文。邓州穰(今河南邓州市)人。历任考功郎中、吏部侍郎、吏部尚书等职。《全唐诗》卷三一八录其诗一首。

【趙郎中】 疑为赵光裔。《旧唐书·赵隐传》："光裔，光启三年进士擢第。乾宁中，累迁司勋郎中、弘文馆学士，改膳部郎中、知制诰，赐金紫之服。"郑谷有《寄同年礼部赵郎中》。

【趙居貞】 唐诗人。郡望天水，定州鼓城(今河北晋州市)人。赵冬曦之弟。曾任吴郡太守、北海郡太守等职。《全唐诗》卷二五八录其《云门山投龙诗》一首。

【趙孟疵面】 赵孟，晋人，面有疵点，时人以"疵面"相称，有事皆愿向他请教，遇诸事不决，皆言"当问疵面"。见《太平御览》卷三六五引晋王隐《晋书》。李瀚《蒙求》："赵孟疵面，田骈天口。"

【趙城】 县名。隋末置，治所在今山西洪洞县东北。唐麟德初移治今山西霍县南。属河东道平阳郡。李贺《酒罢张大彻索赠诗》："葛衣断碎赵城秋，吟诗一夜东方白。"

【趙相公】 赵宗儒。见《旧唐书·宪宗纪下》。殷尧藩有《和赵相公登鹳雀楼》。

【趙貞固】 名元亮，字贞固，汲(今河南卫辉市)人。宋之问有《送赵六贞固》。

【趙奞】 唐诗人。《全唐诗》卷八六五录其诗一首。

【趙皇后】 赵飞燕。李商隐《和孙朴韦蟾孔雀咏》："轻于赵皇后，贵极楚悬黎。"参见"趙飛燕"。

【趙叟】 五代人。何蒙有《赠赵叟》。

【趙禹廉倨】 赵禹，西汉人。历官御史、太中大夫。不结私交，不徇私情，以清廉著称。见《汉书》本传。李瀚《蒙求》："晁错峭直，赵禹廉倨。"

【趙彦伯】 生卒年、籍贯皆不详。《唐诗纪事》卷一一，《全唐诗》卷一〇四小传皆云其为中宗时弘文馆学士，显误。中宗时只有修文馆，并无弘文馆，此时赵彦伯为学士。《全唐诗》所录其诗三首。

【趙彦昭】 唐诗人。字奂然，唐甘州张掖(今属甘肃)人。历任中书侍郎、凉州都督、吏部侍郎等职。《全唐诗》卷一〇三录其诗一卷二十余首。

【趙温雄飛】《后汉书·赵温传》："温字子柔，初为京兆丞，叹曰：'大丈夫当雄飞，安能雌伏!'遂弃官去。遭岁大饥，散家粮以振穷饿，所活万余人。献帝西迁都，为侍中，同舆辇至长安，封江亭侯，代杨彪为司空，免，顷之，复司徒，录尚书事。"李瀚《蒙求》："梁竦庙食，赵温雄飞。"

【趙津女】 赵津女，名娟。赵简子南击楚，津吏醉，不能渡。简子怒，欲杀之。娟慷慨陈词，愿代父死，简子遂释其父。将渡，娟乃持楫划船。中流，发《河激之歌》。简子悦，娶为夫人。见汉刘向《列女传》卷六。徐坚《棹歌行》："因声赵津女，来听采菱歌。"

【趙宣】 见"趙宣子"。

【趙宣子】 即赵盾。晋襄公七年(前621)，任中军元帅。后拥立灵公、成公，掌握国政。见《左传·宣公二年》。周昙有《咏史诗·春秋战国门·赵宣子》，亦省作"赵宣"。杨夔《送张相公出征》："汉推周勃重，晋让赵宣贤。"

【趙宣輔】 曾官饶州司士参军、常州义兴令、江州录事参军。见《全唐文》卷八八六徐铉《唐故奉化军节度判官通判吉州军州事朝议大夫检校尚书主客郎中骁骑尉赐紫金鱼袋赵君(宣辅)墓志铭》。徐铉有《走笔送义兴令赵宣辅》。

【趙神德】 唐初贝州(治所在今河北清河县西)人，善嘲戏。梁宝《与赵神德互嘲》："赵神德，天上既无云，闪电何以无准则。"

【趙郡】 郡名。东汉建安十七年(212)改赵国置,治所在邯郸县(今河北邯郸市西南)。北魏移治平棘县(今河北赵县)。唐武德初改为赵州。王绩《赠李征君大寿》:“附车还赵郡,乘船向武昌。”

【趙飛燕】 汉成帝宠姬,初为婕妤,后立为皇后,贵倾后宫。崔颢《邯郸宫人怨》:“恩情莫比陈皇后,宠爱全胜赵飞燕。”李白《怨歌行》:“宁知赵飞燕,夺宠恨无穷。”于濆《越溪女》:“倏忽不相期,思倾赵飞燕。”曹邺《代班姬》:“欻然赵飞燕,不语到日西。”

【趙起】 唐诗人。玄宗天宝间人,与孙逖同时。《全唐诗》卷七七二录其《奉和登会昌山应制》诗一首。

【趙都護】 赵颐贞。《旧唐书·突厥传下》:“会(杜)暹入知政事,赵颐贞代为安西都护。”《旧唐书·玄宗纪上》:“〔开元十五年〕闰(九)月庚子,突骑施苏禄、吐蕃赞普围安西,副大都护赵颐贞击走之。”张九龄有《送赵都护赴安西》。孙逖有《送赵都护赴安西》。卢象有《送赵都护赴安西》。

【趙真長】 中书舍人赵复之子。官监察御史,见《元和姓纂》卷七河东赵氏。卢纶有《送赵真长归夏县旧山依阳征君读书》。

【趙員外】 赵涓。见《旧唐书·赵涓传》:“累授监察御史、右司员外郎,河南副元帅王缙奏充判官。”皇甫冉有《与张补阙王炼师自徐方清路同舟南下于台头寺留别赵员外裴补阙同赋杂题一首》《台头寺愿上人院古松下有小松与赵八员外裴十补阙同赋之》和《渔子沟寄赵员外裴补阙》。

【趙倫鵩怪】 赵伦,西晋时赵王司马伦。鵩,即鸮,亦称服刘。司马伦篡夺帝位后,殿中发现有服刘鸟,使人闭置牢室,而却神秘失踪。由于司马伦目上有瘤,故时人以为此鸟为克伦(瘤)的不祥之兆。见晋书·赵王伦传》。李瀚《蒙求》:“赵伦鵩怪,梁孝牛祸。”

【趙翁】 即赵叟。见“趙叟”。

【趙卿】 赵纵。曾官太仆卿,见《旧唐书·德宗纪》。卢纶有《和金吾裴将军使往河北宣慰因访张氏昆季旧居兼寄赵侍郎赵卿拜陵未回》。侍郎乃赵纵旧官衔。

【趙高】 (? 一前 207)秦宦官。秦始皇死后,与李斯合谋,伪造遗诏,逼皇长子扶苏自杀,立少子胡亥为秦二世皇帝。后为子婴所杀。白居易《读史五首》之四:“弘恭陷萧望,赵高谋李斯。”于濆《秦原览古》:“汉祖竟为龙,赵高徒指鹿。”周昙《咏史诗·秦门·赵高》:“赵高胡亥速天诛,率土兴兵怨毒痡。”无名氏《秦家行》:“鬼哭声声怨赵高,宫花滴尽扶苏泪。”

【趙涓】 唐冀州(治所在今河北深州市东南)人。历任监察御史、太常少卿、尚书左丞等职。卢纶有《郊居对雨寄赵涓给事包佶郎中》。

【趙祥】 唐江西观察使府阍人名。《南部新书》癸卷:“江西客司韩注多不礼客。后进士唐珪谒苏使君,阍人不通刺,因上诗曰云云。”伍唐珪《上苏使君》:“江西昔日推韩注,袁水今朝数赵祥。”

【趙家飛燕】 赵飞燕。徐凝《汉宫曲》:“水色帘前流玉霜,赵家飞燕侍昭阳。”

【趙能卿】 唐会稽(今浙江绍兴)人。进士。与许棠、郑谷、张蠙及罗隐相友善。许棠有《寄赵能卿》。郑谷有《送进士赵能卿下第南归》。张蠙有《和友人送赵能卿东归》。罗隐《往年进士赵能卿尝话金庭胜事见示叙》:“会稽诗客赵能卿,往岁相逢话石城。”

【趙虛舟】 唐诗人。《全唐诗》卷八〇一录其《戏赠》诗一首。

【趙常盈】 道士。曾于三清殿修罗天大醮道场,曾与白居易、僧惟澄对御讲论于麟德殿,曾至天台山天台观设醮投龙,见《册府元龟》卷五四、《旧唐书·白居易传》和《唐文拾遗》卷五。刘禹锡有《和令狐相公送赵常盈炼师与中贵人同拜岳及天台投龙毕却赴京》。

【趙國】 战国七雄之一。初都晋阳(今山西太原市西南),后迁至邯郸(今河北邯郸市西南)。公元前 222 年为秦所灭。李贺《潞州张大宅病酒遇江使寄上十四兄》:“秋至昭关后,当知赵国寒。”王彦威《宣武军镇作》:“前驱红旆关西将,坐间青娥赵国姬。”韩琮《题圭峰下长孙家林亭》:“赵国林亭二百年,绿苔如毯葛如烟。”

【趙國公】 指王琚。先天二年(713)以预诛太平公主之功,迁户部尚书,封赵国公。张说有《岳州别赵国公王十一琚入朝》。

【趙張】 指西汉赵广汉和张敞。二人相继为京兆尹,咸有治绩。见《汉书·赵尹韩张两王传》。杜甫《章梓州橘亭饯成都窦少尹》:“预传籍籍新京尹,青史无劳数赵张。”岑参《尹相公京兆府中棠树降甘露诗》:“却笑赵张辈,徒称今古稀。”卢纶《雪谤后书事上皇甫大夫》:“独安巡狩日,曾掩赵张名。”

【趙崇】 唐人。字为山,咸通十三年(872)进士。历任司勋员外郎、礼部侍郎、太子少卿等职。方干有《赠赵崇侍御》。

【趙將】 (—jiàng)赵国的将领。指战国赵国良将廉颇。陈子昂《登泽州城北楼宴》:“坐见秦兵垒,遥闻赵将雄。”

【趙將軍】 (將 jiāng)疑即赵节度,亦即赵玭。岑参有《赵将军歌》。参见“趙節度”。

【趙堯】 西汉人。少有奇才。周昌由御史大夫调任赵相之后,汉高祖选中赵尧接任御史大夫,亲授官印。见《史记·周昌传》。苏颋《饯赵尚书摄御史大夫赴朔方军》:“赵尧宁易印,邓禹即分麾。”罗隐《投浙东五大夫二十韵》:“赵尧摧印绶,句践与封疆。”

【趙壹】　东汉辞赋家。字元叔。汉阳西县(今甘肃天水市)人。为人耿直倨傲,得罪乡党,几乎被处死,得友人援手以幸免。著赋颂十六篇,其中《刺世疾邪赋》为汉赋中优秀名篇。李峤《钱》:“赵壹囊初乏,何曾箸欲收。”李群玉《将之京国赠薛员外》:“赵壹赋命薄,陈思多世忧。”皮日休《江南书情二十韵寄秘阁韦校书贻之商洛宋先辈垂文二同年》:“才非师赵壹,直欲效陈咸。”甘露寺鬼《西轩诗》之一:“赵壹能为赋,邹阳解献书。”

【趙壹坎壈】　后汉赵壹,恃才傲物,为乡党所不容,屡抵罪,几乎被处死,幸有友人救助,得免。作《穷鸟赋》以自遣。司徒袁逢使善相者相壹,云:“仕不过郡吏。”竟如其言。见《后汉书·文苑传》本传。李瀚《蒙求》:“赵壹坎壈,颜驷蹇剥。”

【趙晳】　唐洛阳(今河南洛阳市)人,协律郎,曾为兖海崔戎、宣歙王质幕僚。与李商隐相友善。李商隐有《赠赵协律晳》。又有《过故崔兖海宅与崔明秀才话旧因寄旧僚杜赵李三掾》。题下自注:“兖海,崔戎也。杜、赵、李三掾,即杜胜、赵晳、李潘。”

【趙惠宗】　(?—约755)唐诗人。峡州宜都(今湖北宜都市)人。道士,通晓法箓。后居郭道山。天宝末归峡州,于郡东北积薪自焚,诵《度人经》而卒。《全唐诗》卷八六〇录其诗二首。

【趙順直】　当作“赵颐贞”。张说有《送赵顺直郎中赴安西副大都督》。都督亦当作“都护”。颐贞曾任安西副大都护。见《旧唐书·玄宗纪上》。

【趙勝謝躄】　战国赵平原君赵胜有楼临民家,民家有躄者,盘跚行汲。美人居楼上,见而大笑。躄者上门请所笑者头,胜笑应曰:“诺”。终不杀。宾客因此稍稍引去,胜怪之。客曰:“以君不杀笑躄者,以为爱色贱士,故去耳。”胜乃斩笑者头,客乃复来。见《史记·平原君虞卿列传》。李瀚《蒙求》:“赵胜谢躄,楚庄绝缨。”

【趙湘】　宋诗人。字叔灵,衢州西安(今浙江衢州市)人。著有《南阳集》。《全唐诗》卷七七五录其《题天台石桥》诗一首。

【趙媛】　指赵津女娟。许敬宗《奉和宴中山应制》:“中山献仙酤,赵媛发清讴。”参见“趙津女”。

【趙瑟】　指瑟。此乐器战国时流行于赵国,渑池会上秦王要赵王为其鼓瑟。见《史记·廉颇蔺相如列传》。韦应物《乐燕行》:“赵瑟正高张,音响清尘埃。”杨凝《春情》:“赵瑟多愁曲,秦家足艳妆。”白居易《筝》:“赵瑟清相似,胡琴闹不同。”

【趙睦】　李咸用《读修睦上人歌篇》:“李白亡,李贺死,陈陶赵睦寻相次。”按,“赵睦”,当作“赵牧”。赵牧为诗效李贺之短歌,人称“蹙金结绣,了无痕迹”。

【趙節】　五代北汉诗人。为人性刚直,学识广博。《全唐诗外编》下录其《炉火诗》一首。

【趙節度】　疑为赵玼。据《旧唐书·肃宗纪》载,乾元元年九月,右羽林大将军赵泚为蒲州刺史,蒲、同、虢三州节度使;“泚”字,《资治通鉴》卷二二〇胡注作“玼”。岑参有《送郭司马赴伊吾郡请示李明府》,题下自注:“郭子是赵节度同好。”

【趙滂】　字思济,曾官司勋员外郎和户部员外郎,见《新唐书·宰相世系三下》新安赵氏。李商隐有《雨中长乐水馆送赵十五滂不及》。

【趙辟】　(—bì)指美女。辟,通“嬖”。元稹《赠吕三校书》:“共占花园争赵辟,竞添钱贯定秋娘。”

【趙給事】　(給 jǐ)赵涓。涓曾官给事中,见《旧唐书》本传。刘长卿有《奉和赵给事留赠李婺州舍人兼谢舍人别驾之什》。钱起有《酬赵给事相寻不遇留赠》。卢纶有《和赵给事白蝇拂歌》。李端有《送赵给事侄尉丹阳》。

【趙墟】　指古邯郸。战国时赵国的都城遗址。唐邯郸位于赵墟东北。刘言史有《过赵墟》。

【趙摶】　唐诗人。唐末人,有操守,工诗,有《赵抟歌诗》二卷,已佚。《全唐诗》卷七七一录其诗二首。

【趙鞅】　即赵简子。《国语·晋语》:“赵简子叹曰:‘雀入于海为蛤,雉入于淮为蜃,鼋鼍鱼鳖,莫不能化;唯人不能。哀夫!’”李群玉《将之京国赠薛员外》:“空怀赵鞅叹,变化良无由。”

【趙嘏】　唐诗人。字承祐,山阳(今江苏淮安市淮安区)人。会昌四年(844)进士。《全唐诗》录其诗二卷。

【趙舞】　相传古代赵国女子善舞,后用以指美妙的舞蹈。卢照邻《长安古意》:“罗襦宝带为君解,燕歌赵舞为君开。”李白《古风》之一八:“香风引赵舞,清管随齐讴。”

【趙微明】　《全唐诗》误作“赵徵明”。天水(今甘肃天水市)人。工书,《述书赋》称之。《全唐诗》卷二五九录其诗三首。

【趙廈】　五代诗人。曾仕南唐,为水部郎中。《全唐诗》卷七九五录其《赠邵拙》断句一联。

【趙端公】　当是赵衮。唐人。赵纵之弟。纵于大历十二年(777)被贬为和州刺史。卢纶有《和赵端公九日登石亭上和州家兄》。

【趙璜】　(804—862)唐诗人。字祥牙。开成三年(838)登进士第。历任校书郎、吏部员外郎、处州刺史等职。《全唐诗》卷五四二录其诗四首。

【趙蕃】 唐诗人。元和四年(809)进士。历任尚书郎、袁州刺史、国子祭酒等职。《全唐诗》卷四八四录其诗二首。

【趙蕤】 唐人。字太宾,梓州盐亭(今四川盐亭县)人。开元中征之,不赴,故人称赵征君。见《新唐书·艺文志三》。李白青少年时期与他交往甚密。李白有《淮南卧病寄蜀中赵征君蕤》。

【趙徵君】 赵蕤。撰《长短经》十卷。李白有《淮南卧病书怀寄蜀中赵征君蕤》。

【趙論】 皮日休、嵩起《报恩寺南池联句》:“赵论寒仍讲,支硎僻亦过。”其中“赵论”,当作“肇论”。指姚秦时僧肇的佛学理论。

【趙隨】 唐人。为韦应物友人,在国学卒业通五经者,授广德尉。韦应物有《送五经赵随登科授广德尉》。

【趙璘】 字泽章,南阳人,后徙平原。历任祠部员外郎、衢州刺史等职。有《因话录》六卷行世。郑谷有《赵璘郎中席上赋蝴蝶》。

【趙燕】 ❶(—yān)赵国和燕国。韩愈、孟郊《城南联句》:“海岳错口腹,赵燕锡媌娙。”❷(—yàn)指赵飞燕。李贺《春昼》:“卷衣秦帝,扫粉赵燕。”

【趙鴻】 唐诗人。蔡州(今河南汝南县)人。咸通间(860—874)官太学博士。与李频相友善。李频有《和太学赵鸿博归蔡中》。《全唐诗》卷六〇七录其诗三首。

【趙魏】 春秋战国时赵国和魏国。亦指赵魏之地。今河北、山西一带。杜牧《感怀诗一首》:“号为精兵处,齐蔡燕赵魏。”许棠《送刘校书游东鲁》:“暗海龟蒙雨,连空赵魏秋。”

【趙謙光】 唐诗人。汲郡(今河南卫辉市)人。高宗咸亨中登进士第。《全唐诗》卷四五录其《答户部员外贺遂涉戏赠》诗一首。

【趙襄】 指战国赵襄子。其姊为代王夫人,襄子杀代王,兴兵平代地。其姊闻之,泣而呼天,摩笄自杀。代人怜之,名其所死之地为摩笄山。见《史记·赵世家》。白居易《和答诗十首·和雉媒》:“赵襄骨肉亲,亦以利相残。”

【趙簡子】 (?—前476)即赵鞅。春秋末年晋国卿。又名志父,亦称赵孟。周昙《咏史诗·春秋战国门·赵简子》:“简子雄心蓄霸机,贤愚聊欲试诸儿。”

【趙壁】 见“赵氏璧”。

【趙觀文】 (—guān)乾宁二年(895)登进士第。褚载有《贺赵观文重试及第》。

【趙驊】 (?—783)唐诗人。字云卿,邓州穰(今河南邓州市)人。开元二十三年(735)进士及第。历任大理评事、监察御史、秘书少监等职。与颜真卿、萧颖士、李华等相友善。《全唐诗》卷一二九录其诗一首。

【趙鸞鸞】 元代女诗人。字文鹓,东平(今属山东)赵举之女。元顺帝至正(1341—1368)间人。《全唐诗》误为唐人,卷八〇二录其诗五首。

趖 〔suō《广韵》蘇禾切,平戈,心。〕走。引申为太阳西斜、落山。欧阳炯《南乡子》词:“铺葵席,荳蔻花间趖晚日。”

八 画

趣[1] 〔qù《广韵》七句切,去遇,清。〕❶旨趣,意思。储光羲《至闲居精舍呈正上人》:“太室三招提,其趣皆不同。”张祜《鹭鸶》:“好是沧波侣,垂丝趣亦同。”郑谷《寄前水部贾员外嵩》:“相如词赋外,骚雅趣何长。”殷益《看牡丹》:“拥毳对芳丛,由来趣不同。”❷志趣,好尚。孟浩然《奉先张明府休沐还乡海亭宴集》:“朱绂恩虽重,沧洲趣每怀。”耿湋《秋夜喜卢司直严少府访宿》:“严子多高趣,卢公有盛名。”孟郊《送温初下第》:“高怀无近趣,清抱多远闻。”李群玉《送魏珪觐省》:“多君林泉趣,耽玩日成癖。”❸趣味;兴味;兴趣。孟浩然《仲夏归汉南园寄京邑耆旧》:“日耽田园趣,自谓羲皇人。”皇甫冉《夜集张諲所居》:“沧洲自有趣,谁道隐须招。”白居易《新秋喜凉因寄兵部杨侍郎》:“闲忙各有趣,彼此宁相见。”陆龟蒙《奉和袭美太湖诗二十首·三宿神景宫》:“徒深物外趣,未脱尘中病。”

趣[2] 〔cù《广韵》趨玉切,入燭,青。〕❶催促。元结《送孟校书往南海》序:“南海幕府有乐安任鸿,与次山最旧,请任公为次山一白府主,趣资装云卿使北归,慎勿令徘徊海上。”❷谓迅速奔走。顾况《从军行二首》之一:“笳奏遝以哀,肃肃趣严程。”元稹《虫豸诗·虻》序:“巴山谷间,春秋常雨。自五六月至八九月,雨则多虻……人常用日中时趣程。”

趣[3] 〔qū《集韵》逡須切,平虞,清。〕❶趋向,归向,追求。苏晋《过贾六》:“努力持所趣,空名定何益。”阎防《宿岸道人精舍》:“愿意舍尘事,所趣非龙蠖。”柳宗元《巽公院五咏·曲讲堂》:“趣中即空假,名相与谁期。”齐己《残秋感怆》:“日日加衰病,心心趣寂寥。”亦引申为迎合、迁就。孟郊《新卜清罗幽居奉献陆大夫》:“力农唯一事,趣世徒万端。”❷前往。钱起《南溪春耕》:“荷蓑起南径,戴胜鸣条枚。”❸小步疾走。古代一种示敬的礼节。储光羲《同王十三维偶然作十首》之二:“出入虽同趣,所向各有宜。”

【趣向】 志趣，志向。杜牧《春末题池州弄水亭》："趣向人皆异，贤豪莫笑渠。"徐铉《京使回自临川得从兄书寄诗依韵和》："趣向今成道，声华旧绝尘。"

【趣名】 求名。刘得仁《晚步曲江因谒慈恩寺恭上人》："岂曰趣名者，年年待命通。"

【趣尚】 志趣，志向。元稹《酬郑从事四年九月宴望海亭次用旧韵》："虽无趣尚慕贤圣，幸有心目知西东。"

【趣空】 归于佛教。王维《与胡居士皆病寄此诗兼示学人二首》之一："趣空宁舍宾，洗心讵悬解。"

【趣$_3$時】 力求适应形势、环境、条件等。孟郊《秋怀》之九："草木亦趣时，寒荣似春余。"李咸用《寄所知》："从道趣时身计拙，如非所好肯开襟?"又《放歌行》："如何不趣时，分合辱其体。"孟郊《秋怀》之九："草木亦趣时，寒荣似春余。"

【趣道】 志趣，道义。刘长卿《秋夜有怀高三十五适兼呈空上人》："晚节逢君趣道深，结茅栽树近东林。"

【趣裝】 疾速整理行装。语出《史记·曹相国世家》："惠帝二年，萧何卒。参闻之，告舍人趣治行，'吾将入相'。"李瀚《蒙求》："于公高门，曹参趣装。"

趠 〔tiào《广韵》他弔切，去嘯，透。〕跳；腾跃。杜甫《蕃剑》："虎气必腾趠，龙身宁久藏。"元结《引极三首·望仙府》："思假足兮虎豹，超阻绝兮凌趠。"

趢 〔lù《广韵》盧谷切，入屋，來。〕见"趢趚"。

【趢趚】 象声词。皮日休《吴中苦雨因书一百韵寄鲁望》："阶前平泛滥，墙下起趢趚。"

【趢起】 形容步子急促细碎。李贺《摩多楼子》："晓气朔烟上，趢起胡马蹄。"

九 画

趦 〔zī《篇海》取私切。〕见"趦趄"。

【趦趄】 欲进又止貌。引申为犹豫不决、停止不前等义。柳宗元《咏荆轲》："造端何其锐，临事竟趦趄。"陆龟蒙《奉和袭美酬前进士崔潞盛制见寄因赠至一百四十言》："轲雄骨已朽，百代徒趦趄。"齐己《荆渚病中因思匡庐遂成三百字寄梁先辈》："松窗有偃息，石径无趦趄。"

十 画

趨[1] 〔qū《广韵》七逾切，平虞，清。〕❶疾行；奔跑。德宗《元日退朝观军仗归营》："历历趋复道，容容映层城。"严维《赠别刘长卿时赴河南严中丞幕府》："万里趋公府，孤帆恨信朝。"陆龟蒙《奉酬袭美先辈初夏见寄次韵》："愁鸱占枯枿，野鼠趋前楹。"曹松《赠南陵李主簿》："外邑官同隐，宁劳短吏趋。"引申为至、到达。韩愈《此日足可惜赠张籍》："乘船下汴水，东去趋彭城。"❷古代的一种礼节，以碎步疾行表示敬意。王维《送张舍人佐江州同薛璩十韵》："束带趋承明，守官唯谒者。"岑参《送张秘书充刘相公通汴河判官便赴江外觐省》："朝趋赤墀前，高视青云端。"柳宗元《植灵寿木》："前趋问长老，重复欣嘉名。"白居易《新乐府·紫毫笔》："搦管趋入黄金阙，抽毫立在白玉除。"❸追求；追逐。皇甫冉《题高云客舍》："时人趋缨弁，高鸟违罗网。"白居易《秦中吟十首·议婚》："贫为时所弃，富为时所趋。"又《赠友五首》之二："弃本以趋末，日富而岁贫。"陆龟蒙《战秋辞》："可谓弃其本而趋其末，舍其大而从其细也。"❹奔走。李颀《送卢少府赴延陵》："问君从宦所，何日府中趋。"刘长卿《颍川留别司仓李万》："槐暗公庭趋小吏，荷香陂水赠鲈鱼。"权德舆《璩授京兆府参军戏书以示兼呈独孤郎》："见尔府中趋，初官足慰吾。"白居易《重题》："喜入山林初息影，厌趋朝市久劳生。"❺向；趋向。崔颢《赠怀一上人》："天子揖妙道，群僚趋下风。"贾至《自蜀奉册命往朔方途中呈韦左相文部房尚书门下崔侍郎》："捧册自南服，奉诏趋北军。"章孝标《瀑布》："非趋下流急，热使不得住。"无名氏《寒流聚细文》："寒文趋浦急，圆折逐烟浮。"❻归附；趋附；迎合。萧祜《游石堂观》："群仙伛偻势奔走，状若归尊趋有德。"韩愈《庭楸》："权门众所趋，有客动百千。"高骈《留别彰德军从事范校书》："未出尘埃真落魄，不趋权势正因循。"❼遵循。高适《途中酬李少府赠别之作》："曾是趋藻镜，不应翻弃捐。"刘禹锡《奉和淮南李相公早秋即事寄成都武相公》："汉南趋节制，赵北赐山川。"

趨[2] 〔qù《集韵》逡遇切，去遇，清。〕志向。韩愈《北极赠李观》："所尚苟同趋，贤遇岂异伦。"

【趨世】 迎合世俗。杜牧《怀紫阁山》："学他趋世少深机，紫阁青霄半掩扉。"方干《山中即事》："趋世非身事，山中适性情。"贯休《送道士归天台》："举世皆趋世，如君始爱君。"

【趨仕】 求官。萧颖士《蒙山作》："少学务从师，壮年贵趋仕。”

【趨死】 归于死亡。韩愈《秋怀诗十一首》之一：“浮生虽多涂，趋死唯一轨。”

【趨名】 追求声名。王观《早行》：“趋名与趋利，行役几时休。”唐求《山居偶作》：“趋名逐利身，终日走风尘。”项斯《荆州夜与友亲相遇》：“趋名易迟晚，此去莫经时。”李山甫《沧浪峡》：“烟波莫笑趋名客，为爱朝宗日夜忙。”

【趨名利】 追逐功名利禄。白居易《张常侍池凉夜闲讌赠诸公》：“回看市朝客，矻矻趋名利。”朱庆余《送韩校书赴江西幕》：“久共趋名利，龙钟独滞秦。”

【趨走】 ❶小步疾行，以示庄敬。储光羲《田家杂兴八首》之八：“孺人喜逢迎，稚子解趋走。”❷奔走服役。储光羲《朝邑蔡主簿期不会二首》之一：“下位日趋走，久之宾会疏。”韦应物《假中枉卢二十二书亦戏李二》：“微官何事劳趋走，服药闲眠养不才。”韩愈《河南令舍池台》：“长令人吏远趋走，已有蛙黾助狼籍。”白居易《周厔县北楼望山》：“一为趋走吏，尘土不开颜。”

【趨走吏】 终日奔走的小官。白居易《周厔县北楼望山》：“一为趋走吏，尘土不开颜。”又《权摄昭应早秋书事寄元拾遗兼呈李司录》：“可怜趋走吏，尘土满青袍。”

【趨奉】 奉承，讨好。齐己《渚宫莫问诗一十五首》序：“予以辛巳岁蒙主人命居龙安寺，察其疏鄙，免以趋奉。”

【趨林】 投奔山林。戴叔伦《卧病》：“众鸟趋林健，孤蝉抱叶吟。”

【趨奔】 奔走。张籍《送区弘》：“时出为阳山，尔区来趋奔。”黄滔《关中言怀》：“事事朝朝委一尊，自知无复解趋奔。”

【趨侍】 侍奉。杜甫《更题》：“同舍晨趋侍，胡为淹此留。”韩翃《赠别太常李博士兼寄两省旧游》：“两年戴武弁，趋侍明光殿。”又《别甑山》：“一身趋侍丹墀，西路翩翩去时。”

【趨舍】 (—shě)取舍。引申为好恶。储光羲《同王十三维偶然作十首》之六：“趋舍各有异，造化安能齐。”权德舆《与道者同守庚申》：“收视忘趋舍，叩齿集神灵。”

【趨迎】 向前迎接，应接。许棠《将过单于》：“行李亦须携战器，趋迎当便着戎衣。”

【趨府】 出入官府。韦应物《趋府候晓呈两县僚友》：“趋府不遑安，中宵出户看。”独孤及《送江陵全少卿赴府任》：“固是攀云渐，何嗟趋府劳。”姚合《过城南僧院》：“朝朝趋府吏，来此是相宜。”张蠙《送缙云尉》：“三年罢趋府，应更战高科。”

【趨空】 归于佛教。王维《胡居士卧病遗米因赠》：“即病即实相，趋空定狂走。”

【趨拜】 趋走拜谒。亦泛指请安，问候时所行礼节。郑愔《同韦舍人早朝》：“才良寄天纻，趋拜侣朝簪。”韦应物《广陵行》：“列郡何足数，趋拜等卑寮。”

【趨風】 疾趋如风，喻疾行。李白《梁甫吟》：“入门不拜骋雄辩，两女辍洗来趋风。”戎昱《赠岑郎中》：“虽披云雾逢迎疾，已恨趋风拜德迟。”司空曙《送人归黔府》：“油幕晓开飞鸟绝，翩翩上将独趋风。”聂夷中《燕台二首》之一：“自然乐毅徒，趋风走天下。”

【趨庭】 语出《论语·季氏》：“〔孔子〕尝独立，鲤趋而过庭。曰：‘学诗乎？’对曰：‘未也。’‘不学诗，无以言。’鲤退而学诗。他日，又独立，鲤趋而过庭。曰：‘学礼乎？’对曰：‘未也。’‘不学礼，无以立。’鲤退而学礼。”孔子教导其子孔鲤学诗学礼。后以为禀承家教的典故。李白《送萧三十一之鲁中兼问稚子伯禽》：“高堂倚门望伯鱼，鲁中正是趋庭处。”杜甫《登兖州城楼》：“东郡趋庭日，南楼纵目初。”赵嘏《十无诗寄桂府杨中丞》之十：“早忝阿戎诗友契，趋庭曾荐祢生无。”

【趨途】 奔走于途。李端《长安书事寄卢纶》：“趋途非要路，避事乐空林。”

【趨朝】 上朝。郑愔《贬降至汝州广城驿》：“尚忆趋朝贵，方知失路难。”海顺《三不为篇》之三：“我欲衒才鬻德，入市趋朝。”白居易《洛下寓居》：“游宴慵多废，趋朝老渐难。”刘禹锡、白居易《乐天是月长斋因以寄怀联句》：“趋朝力不任，官将方共拙。”

【趨程】 赶路。钱起《适楚次徐城》：“畏途在淫雨，未暮息趋程。”白居易《早热二首》之一：“日入尚趋程，宵分不遑寐。”章碣《春别》：“掷下离觞指乱山，趋程不待凤笙残。”袁求贤《早春送郎官出宰》：“趋程犹犯雪，行县正逢春。”

【趨陪】 趋承陪侍。沈佺期《和韦舍人早朝》：“千春奉休历，分禁喜趋陪。”褚琇《奉和圣制送张说上集贤学士赐宴》：“讲习延东观，趋陪盛北宫。”司空曙《酬崔峒见寄》：“趋陪禁掖雁行随，迁放江潭鹤发垂。”

【趨隅】 向隅。佛教指端坐静修。杨衡《宿陟岵寺云律师院》：“愿回戚促劳，趋隅事休逸。”

【趨馳】 ❶奔走，奔忙。韩愈、李正封《晚秋郾城夜会联句》：“诱接喻登龙，趋驰状倾藿。”白居易《寄江南兄弟》：“分散骨肉恋，趋驰名利牵。”项斯《中秋夜怀》：“趋驰早晚休？一岁又残秋。”❷供人驱使。皮日休《太湖诗·三宿神景宫》：“明发作此事，岂复甘趋驰。”

【趨塵】 奔走于尘世。耿湋《赠兴平郑明府》：“深情先结契，薄宦早趋尘。”

【趨趨】 急匆匆的样子。阎朝隐《鹦鹉猫儿篇》：

"趋趋兮跄跄，若处子回眸兮登玉堂。"

【趨蹌】 谓步趋中节。古时朝拜晋谒须依一定的节奏和规则行步。语出《诗·齐风·猗嗟》："巧趋跄兮。"孔颖达疏："礼有徐趋疾趋，为之有巧有拙，故美其巧趋跄兮。"韩愈《答张彻》："点缀簿上字，趋跄闳前铃。"温庭筠《鸿胪寺偶成四十韵》："剑佩相击触，左右随趋跄。"欧阳炯《题景焕画应天寺壁天王歌》："宝冠动总生威容，趋跄左右来倾恭。"

【趨攀】 趋奉，攀附。徐夤《退居诗》："鹤性松心合在山，五侯门馆怯趋攀。"

【趨競】 奔走钻营，争名夺利。钱起《寄任山人》："天阶崇黼黻，世路有趋竞。"韩偓《拥鼻》："欲要因循添逸兴，若为趋竞怆离忧。"齐己《送胤公归阙》："忍惜文章便闲得，看他趋竞取时名。"

十一画

趻 〔cān《广韵》倉含切，平覃，清。又七合切，入合，清。〕见"趻趯"。

【趻趯】 ❶相随驰逐貌。薛曜《舞马篇》："大易占云南山寿，趻趯共乐圣明时。"高适《同鲜于洛阳于毕员外宅观画马歌》："半壁趻趯势不住，满堂风飘飒然度。"❷疾走貌。袁昂《从军行》："戎衣不脱随霜雪，汗马趻趯长被铁。"李贺《送秦光禄北征》："趻趯西旅狗，蹙额北方奚。"温庭筠《和周繇》："玳筵方喜睐，金勒自趻趯。"又《拂舞词》："神椎凿石塞神潭，白马趻趯赤尘起。"

十二画

趯 〔tán《广韵》徒含切，平覃，定。〕见"趻趯"。

趫 〔qiáo《广韵》巨嬌切，平宵，羣。又起嚻切，平宵，溪。〕❶行动轻捷，善于攀登。元稹《望云骓马歌》："频频啮掣辔难施，往往跳趫鞍不得。"杜牧《昔事文皇帝三十二韵》："斗巧猴雕刺，夸趫索挂跟。"路德延《小儿诗》："平岛夸趫上，层崖逞捷缘。"❷翘起。李咸用《鸡鸣曲》："鸳瓦冻危金距趫，夸雄斗气争相高。"

【趫勇】 矫捷勇猛。贾岛《重酬姚少府》："量无趫勇士，诚欲戈矛戢。"

【趫悍】 轻捷勇猛。李白《雉子班》："双雌同饮啄，趫悍谁能争。"

【趫捷】 矫健敏捷。柳宗元《韦道安》："挂弓问所往，趫捷超峥嵘。"

【趫跳】 跳跃。白居易《送客之湖南》："山鬼趫跳唯一足，峡猿哀怨过三声。"

【趫黠】 矫健聪慧。韩愈《征蜀联句》："浑奔肆狂勷，捷窜脱趫黠。"

【趫騰】 超越；腾跃。唐彦谦《感物二首》之一："騄骥初失群，亦自矜趫腾。"

十四画

趯 〔tì《广韵》他歷切，入錫，透。〕❶跳。柳宗元《唐铙歌鼓吹曲十二篇·泾水黄》："钩喙决前，钜趯傍。"❷踢。吕岩《绝句》之一七："趯倒葫芦掉却琴，倒行直上卧牛岑。"

【趯趯】 跳跃貌。耿沣《赋得寒蛩》："尔谁造，鸣何早，趯趯连声遍阶草。"元稹《酬独孤二十六送归通州》："憎兔跳趯趯，恶鹏黑翻翻。"

十六画

趨 〔xuàn《广韵》辝戀切，去線，邪。又詳遵切，平諄，邪。〕奔逃。张元一《嘲武懿宗》："忽然逢著贼，骑猪向南趨。"

趯 〔lì《广韵》郎擊切，入錫，來。〕见"趯趚"。

【趯趚】 高耸貌。陆龟蒙《奉和袭美古杉三十韵》："峥嵘惊露鹤，趯趚阂云螭。"

足 部

足 〔zú《广韵》即玉切，入燭，精。〕❶脚；腿。骆宾王《从军行》："弓弦抱汉月，马足践胡尘。"杜甫《兵车行》："牵衣顿足阑道哭，哭声直上干云宵。"韩愈《元和圣德诗》："牵头曳足，先断腰膂。"李商隐《有感》："劝君莫强安蛇足，一盏芳醪不得尝。"❷基址；底脚。《诗·大雅·旱麓》"瞻彼旱麓"毛传："麓，山足也。"卢照邻《赠益府群官》："单栖剑门上，独舞岷山足。"❸马，坐骑。杜甫《醉为马坠诸公携酒相看》："安知决臆追风足，朱汗骖驔犹喷玉。"又《风疾舟中伏枕书怀三十六韵奉呈湖南亲友》："披颜争倩倩，逸足竞骎骎。"❹多。李白《荆州歌》："白帝城边足风波，瞿塘五月谁敢过。"杜甫《寄高三十五詹事》："天上多鸿雁，池中足鲤鱼。"又《重过何氏五首》之四："手自移蒲柳，家才足稻粱。"卢纶《从军行》："雪岭无人迹，冰河足雁声。"❺充分，充足；足够。王勃《田家三首》之三："恒闻饮不足，何见有残壶。"杜甫《遣兴三首》之三："耕田秋雨足，禾黍已映道。"皎然《答豆卢居士春夜游东园见怀》："春意赏不足，承夕步东园。"李咸用《水仙操》："后人好事传其曲，有时声足意不足。"❻满足，满意。杜甫《茅屋为秋风所破歌》："呜呼！何时眼前突兀见此屋，吾庐独破受冻死亦足。"❼值得，足以。杜甫《太子张舍人遗织成褥段》："逶迤罗水族，琐细不足名。"又《佳人》："官高何足论，不得收骨肉。"韩愈《此日足可惜赠张籍》："此日足可惜，此酒不足尝。"李山甫《遣怀》："古道贵拙直，时事不足言。"白居易《和答诗十首·答桐花》："泠泠声满耳，郑卫不足听。"❽很，十分，非常。韩愈《重云李观疾赠之》："此志诚足贵，惧非职所当。"韦庄《思帝乡》词之二："陌上谁家年少，足风流。"❾穷尽。杜甫《惠义寺园送辛员外》："万里相逢贪握手，高才仰望足离筵。"

【足下】 ❶古代下称上或同辈相称的敬词。白居易《和微之诗二十三首》序："大凡依次用韵，韵同而意殊，约体为文，文成而理胜，此足下素所长者，仆何有焉？今足下果用所长，过蒙见窘，然敌则气作，急则计生，四十二章麾扫并毕，不知大敌，以为如何？"又《和答诗十首》序："今仆所和者犹前病也，待与足下相见日，各引所作，稍删其烦而晦其义焉。"❷脚底下。李白《江上送女道士褚三清游南岳》："足下远游履，凌波生素尘。"武元衡《送裴戡行军》："送君空有无言泪，足下关山行路难。"

【足以】 完全可以，够得上。杜甫《送高三十五书记》："此行既特达，足以慰所思。"又《送从弟亚赴安西判官》："经纶皆新语，足以正神器。"元稹《赠毛仙翁》序："若然，则徐氏之莠，不足以害嘉穀，文成之诞，不足以伤大教。"

【足用】 足够应用。骆宾王《帝京篇》："三冬自矜诚足用，十年不调几邅回。"

【足疾】 腿脚风痺之疾。白居易《病中诗十五首》序："冬十月甲寅旦，始得风痹之疾，体瘰目眩，左足不支，盖老病相乘时而至耳。"又《足疾》："足疾无加亦不瘳，绵春历夏复经秋。"

【足跡】 脚印，行踪。韩愈《送李翱》："虽云人追送，足迹绝自兹。"

【足繭】 脚掌因摩擦而长出的硬皮。喻指跋涉辛苦。杜甫《观公孙大娘弟子舞剑器行》："老夫不知其所往，足茧荒山转愁疾。"

三　画

趴 见"跀"。

趵 〔bō《广韵》北角切，入覺，幫。〕见"趵趵"。

【趵趵】 象声词。脚踏地声。元稹《田家词》："旱块敲牛蹄趵趵，种得官仓珠颗谷。"

趿 〔tā 又读 sǎ《广韵》苏合切，入合，心。〕穿鞋；把鞋后帮踩在脚底下。《说文·足部》："趿，进足有所撷取也。"杜甫《短歌行赠王郎司直》："欲向何门趿珠履，仲宣楼头春色深。"

四　画

趼 〔jiǎn《广韵》古典切，上銑，見。〕胝，足久行生硬皮。《庄子·天道》："吾固不辞远道而来愿见，百舍重趼而不敢息。"陆德明释文引司马彪曰："[趼]，胝也。"杜甫《赠王二十四侍御契四十韵》："区区甘累趼，稍稍息劳筋。"又《八哀诗·故秘书少监武功苏公源明》："晨趋阊阖内，足蹋宿昔趼。"又《入衡州》："隐忍枳棘刺，迁延胝趼疮。"

趺 〔fū《广韵》甫無切，平虞，非。〕同"跗"。双足交叠而坐。见"趺坐""跏趺"。

【趺坐】 盘腿而坐。王维《登辨觉寺》："软草承趺坐，长松响梵声。"又《青龙寺昙璧上人兄院集》序："经行之后，趺坐而闲，升堂梵筵，饵客香饭。"又《过卢四员外宅看饭僧共题七韵》："趺坐檐前日，焚香竹下烟。"

跂¹ 〔qǐ《广韵》丘弭切，上紙，溪。〕踮起脚跟。见"跂足"。

跂² 〔qì《广韵》去智切，去寘，溪。〕垂足而坐。见"跂₂石"。

【跂₂石】 垂足而坐在石头上。灵澈《东林寺寄包侍御》："古殿清阴山木春，池边跂石一观身。"

【跂足】 踮起脚跟。杜甫《锦树行》："青草萋萋尽枯死，天马跂足随氂牛。"

距 〔jù《广韵》其吕切，上語，羣。〕❶本指雄鸡、雉等腿的后面突出像脚趾的部分，亦引申泛指脚。张柬之《大堤曲》："玉床翠羽帐，宝袜莲花距。"韩愈、孟郊《斗鸡联句》："既取冠为胄，复以距为镦。"韩愈《元和圣德诗》："或拔其角，或脱其距。"白居易《赎鸡》："足伤金距缩，头抢花冠翻。"❷跳跃，跳越。杨师道《奉和圣制春日望海》："搴旗羽林客，跋距少年场。"❸至。抵达，通到。《书·益稷》："予决九川，距四海，濬畎浍，距川。"孔传："距，至也。"卢照邻《三月曲水宴得尊字》："门开芳杜径，室距桃花源。"又《失群雁》："帝台银阙距金塘，中间鹓鹭已成行。"❹距离，相距。白居易《自蜀江至洞庭湖口有感而作》："导岷既艰远，距海无咫尺。"❺闲。陈子昂《度峡口山赠乔补阙知之王二无竞》："信关胡马冲，亦距汉边塞。"

趾 〔zhǐ《广韵》諸市切，上止，章。〕❶脚指头。《医宗金鉴·正骨心法要旨·足五趾骨》："趾者，足之指也。名以趾者，所以别于手也，俗名足节。"亦泛指脚。韩愈《寄卢仝》："每骑屋山下窥阚，浑舍惊怕走折趾。"❷踪迹。王勃《观佛迹寺》："莲座神容俨，松崖圣趾余。"❸追随。杜甫《赠郑十八贲》："步趾咏唐虞，追随饭葵堇。"❹地名用字。交趾，泛指今五岭以南地区。骆宾王《从军中行路难二首》之一："交趾枕南荒，昆弥临北户。"

跀 〔yuè《广韵》魚厥切，入月，疑。〕亦作"趴"。断足，古代一种酷刑。《韩非子·外储说左下》："孔子相卫，弟子子皋为狱吏，刖人足，所跀者守门。"韩愈、孟郊《征蜀联句》："迫胁闻杂驱，咿呦叫冤趴。"

跁¹ 〔bǎ《广韵》傍下切，上馬，並。〕见"跁跒"。

跁² 〔pá《集韵》蒲巴切，平麻，並。〕小儿匍匐称跁。后通作"爬"。引申为蹲伏。见"跁₂跒"。

【跁跒】 徘徊。李建勋《送八分书与友人继以诗》："跁跒为诗跁跒书，不封将去寄仙都。"

【跁₂跒】 蹲伏。陆龟蒙、皮日休《报恩寺南池联句》："跁跒松形矮，般跚桧樾矬。"

五　画

跒 〔qiǎ《广韵》苦下切，上馬，溪。〕❶见"跁跒"。❷见"跁₂跒"。

跖 见"蹠"。

跋 〔bá《广韵》蒲撥切，入末，並。〕❶踩，踏。语出《诗·豳风·狼跋》："狼跋其胡，载疐其尾。"毛传："跋，躐；疐，跲也。老狼有胡，进则躐其胡，退则跲其尾。"见"跋胡""跋浪"。❷跋涉。司空图《乐府》："宝马跋尘光，双驰照路旁。"参见"跋涉"。❸跋扈，强暴。见"跋扈❶"。❹狂傲不羁。见"跋扈❷"。❺回转。曹唐《小游仙诗九十八首》之五："白龙蹀躞难回跋，争下红绡碧玉鞭。"见"跋馬❶"。❻驰逐。见"跋馬❷"❼象声词。见"跋剌"。❽通"拔"。举，尽。见"跋朝"。

【跋胡】 意为踏着颔下的垂肉，喻进退两难。杜甫《大历三年春白帝城放船出瞿塘峡口四十韵》："鹿角真走险，狼头如跋胡。"

【跋剌】 象声词。状跃声。杜甫《漫成一绝》："沙头宿鹭联拳静，船尾跳鱼拨剌鸣。"

【跋距】 腾跃，跳越。杨师道《奉和圣制春日望海》："搴旗羽林客，跋距少年场。"

【跋馬】 勒马使之回转。李商隐《偶成转韵七十二句赠四同舍》："韩公堆上跋马时，回望秦川树如荠。"

【跋涉】 登山涉水。形容旅途艰苦。语出《诗·鄘风·载驰》："大夫跋涉，我心则忧。"毛传："草行曰跋，水行曰涉。"杜甫《八哀诗·赠秘书监江夏李公邕》："眄睐已皆虚，跋涉曾不泥。"又《送重表侄王砅评事使南海》："我欲就丹砂，跋涉觉身劳。"又《咏怀二首》之二："未辞炎瘴毒，摆落跋涉惧。"又《题衡山县文宣王庙新学堂呈陆宰》："采诗倦跋涉，载笔尚可记。"

【跋浪】　踏浪，破浪。杜甫《短歌行赠王郎司直》："豫章翻风白日动，鲸鱼跋浪沧溟开。"

【跋扈】　❶骄横，强暴。杜甫《暮秋枉裴道州手札率尔遣兴寄近呈苏涣侍御》："黎元愁痛会苏息，夷狄跋扈徒逡巡。"白居易《有木诗八首》序："如江充辈者。见暴狠跋扈，壅君树党。"❷狂傲不羁。杜甫《赠李白》："痛饮狂歌空度日，飞扬跋扈为谁雄？"

【跋朝】　整个朝廷。跋，通"拔"。韩愈、李正封《晚秋郾城夜会联句》："跋朝贺书飞，塞路归鞍跃。"

跕　〔dié《广韵》丁惬切，入帖，端。〕坠落。元稹《和乐天送客游岭南二十韵》："鸢跕方知瘴，蛇苏不待春。"刘禹锡《卧病闻常山旋师策勋宥过》："瘴烟跕飞羽，沴气伤百骸。"

【跕鸢】　典出《后汉书·马援传》："封援为新息侯，食邑三千户，援乃击牛酾酒，劳飨军士。从容谓官属曰：'吾从弟少游常哀吾慷慨多大志，曰：士生一世，但取衣食裁足，乘下泽车，御款段马，为郡掾史，守坟墓，乡里称善人，斯可矣。致求盈余，但自苦耳。当吾在浪泊、西里间，虏未灭之时，下潦上雾，毒气重蒸，仰视飞鸢跕跕堕水中，卧念少游平生时语，何可得也！'"此言由于瘴气之盛，鸢鸟亦难以飞越而堕落。遂以为典，喻指艰难险阻。杜甫《秋日夔府咏怀奉寄郑监李宾客一百韵》："东走穷归鹤，南征尽跕鸢。"

跙　〔jù《广韵》慈吕切，上語，從。〕行走困难。白居易《初出蓝田路作》："人烦马蹄跙，劳苦已如此。"又《和微之诗二十三首·和三月三十日四十韵》："坐并船脚欹，行多马蹄跙。"又《三谣·朱藤谣》："登高山兮车倒轮摧，渡汉水兮马跙蹄开。"曹唐《病马五首呈郑校书章三吴十五先辈》之四："卧来总怪龙蹄跙，疲尽谁惊虎口高。"

跚　〔shān《广韵》蘇干切，平寒，心。〕见"蹒跚"。

跌　〔diē《广韵》徒結切，入屑，走。〕❶摔，跌倒。《淮南子·缪称训》："故若眯而抚，若跌而据。"高诱注："跌，仆也。"张九龄《始兴南山下有林泉卧病有怀此地》："一跌不自保，万全焉可寻。"苏颋《夜发三泉即事》："搏颊羸马顿，回眸惴人跌。"杜甫《郑典设自施州归》："翩翩入鸟道，庶脱蹉跌厄。"❷碰撞。白居易《初入峡有感》："欹危楫师趾，一跌无完舟。"❸失足。喻指犯错误。柳宗元《冉溪》："风波一跌逝万里，壮心瓦解空缧囚。"❹指音调的顿挫。见"跌踢"。

【跌踢】　谓音调抑扬顿挫，起落度大。韩愈《岳阳楼别窦司直》："鬼神非人世，节奏颇跌踢。"

【跌舞】　跌扑的舞姿。李贺《秦王饮酒》："海绡红文香浅清，黄鹅跌舞千年觥。"

跗　〔fū《广韵》甫無切，平虞，非。又符遇切，去見，奉。〕同"柎"。❶花萼房。《管子·地员》："朱跗黄实。"尹知章注："跗，花足也。"王勃《落花落》："绿叶青跗映丹萼，与君裴回上金阁。"见"跗萼載韡"。❷物体的足部。《左传·宣公四年》："伯棼射王，汰辀，及鼓跗，著于丁零。"杨伯峻注："鼓跗犹今之鼓架。"温庭筠《长安寺》："云栱承跗遖，羽葆背花重。"

【跗萼載韡】　（載 zài）典出《诗·小雅·常棣》："常棣之华，鄂不韡韡。"郑玄注："鄂足得华之光明，则韡韡然盛兴者，喻弟以敬事兄，兄以荣覆弟，恩义之显亦韡韡然。"孔颖达疏："言兄弟和睦实强盛而有光晖也……言兄弟相亲则至荣显也。"因用以兄弟均贵显荣耀之典。萧颖士《有竹一篇七章》之六："友僚萃止，跗萼载韡。"

跛　〔bǒ《广韵》布火切，上果，幫。〕足瘸。见"跛鳖"。

【跛鳖】　瘸腿的鳖。亦泛指鳖。鳖行动缓慢，故云。《楚辞·严忌〈哀时命〉》："驷跛鳖而上山兮，吾固知其不能升。"王逸注："言己念君信用众愚，欲以致治，犹若驾跛鳖而欲上山，我固知其不能登也。"因用以喻时运不济或平庸者。韩愈、孟郊《会合联句》：鳖"伊余何所拟，跛鳖讵能踊。"白居易《喜与韦庄左丞同入南省因叙旧以赠之》："跛鳖虽迟骐骥疾，何妨中路亦相逢。"李群玉《龟》："不应随跛鳖，宁肯滞凡鱼。"李商隐《今月二日不自量度辄以诗一首四十韵干渎尊严辄复五言四十韵诗献上亦诗人咏叹不足之义也》："远途哀跛鳖，薄艺奖雕虫。"

跑[1]　〔pǎo《广韵》薄交切，平肴，並。〕奔，急走。马戴《边将》："红缰跑骏马，金镞掣秋鹰。"

跑[2]　〔páo《广韵》薄交切，平肴，並。〕走兽用脚刨地。刘商《胡笳十八拍·第十七拍》："马饥跑雪衔草根，人渴敲冰饮流水。"

跎　〔tuó《广韵》徒河切，平歌，定。〕见"蹉跎"。

跜　〔ní《广韵》女夷切，平脂，娘。〕蹽跜。曲屈蠕动貌。见"蹽跜"。

跏 〔jiā《广韵》古牙切，平麻，見。〕跏趺。白居易《清调吟》："若不结跏禅，即须开口笑。"

【跏趺】 "结跏趺坐"的略称。佛教中修禅者的坐法：两足交叉置于左右股上，称"全跏坐"。或单以左足押在右股上，或单以右足押在左股上，叫"半跏坐"。佛经认为，跏趺可以减少妄念，集中思想。柳宗元《赠江华长老》："一饭不愿余，跏趺便终夕。"白居易《在家出家》："中宵入定跏趺坐，女唤妻呼多不应。"

六　画

跬 〔kuǐ《广韵》丘弭切，上紙，溪。〕半步。古之半步，相当于今之一步。语出《大戴礼记·劝学》："是故不积跬步，无以致千里；不积小流，无以成江海。"见"跬步❶"。

【跬步】 ❶古以两迈足为一步，跬步为半步，相当于今之一步。杜甫《送高司直寻封阆州》："西谒巴中侯，艰险如跬步。"❷人迹。杜甫《溪涨》："兹晨已半落，归路跬步疏。"

跨 〔kuà《广韵》苦化切，去禡，溪。又苦故切，去暮，溪。又苦瓜切，平麻，溪。又苦瓦切，上馬，溪。〕❶抬起一只脚向前或向左右迈。跨越。《左传·昭公十三年》："康王跨之。"杜预注："跨，过其上也。"杜甫《送樊二十三侍御赴汉中判官》："顿兵岐梁下，却跨沙漠裔。"韩愈《酬司门卢四兄云夫院长望秋作》："驰坑跨谷终未悔，为利而止真贪馋。"又《调张籍》："腾身跨汗漫，不著织女襄。"贾岛《寓兴》："劝君跨仙鹤，日下云为衢。"❷超过；赶过。杜甫《同诸公登慈恩寺塔》："高标跨苍天，烈风无时休。"又《戏为六绝句》之四："才力应难跨数公，凡今谁是出群雄。"韩愈《感春三首》之三："娇童为我歌，哀响跨筝笛。"❸乘，骑。杜甫《送高三十五书记》："高生跨鞍马，有似幽并儿。"韩愈《县斋有怀》："军书既频召，戎马乃连跨。"又《寄卢仝》："近来自说寻坦途，犹上虚空跨绿駬。"❹据有，占有。李贺《出城别张又新酬李汉》："皇图跨四海，百姓拖长绅。"

【跨馬】 骑马。杜甫《野望》："跨马出郊时极目，不堪人事日萧条。"岑参《送许子擢第归江宁拜亲因寄王大昌龄》："跨马出国门，丹阳返柴荆。"韩愈《游城南十六首·晚雨》："投竿跨马蹋归路，才到城门打鼓声。"李贺《公无出门》："我虽跨马不得还，历阳湖波大如山。"

【跨驢】 骑驴。杜甫《示从孙济》："平明跨驴出，未知适谁门。"贾岛《谢令狐绹相公赐衣九事》："长江飞鸟外，主簿跨驴归。"又《送友人之南陵》："少年跃马同心使，免得诗中道跨驴。"

跐 〔cǐ《广韵》雌氏切，上紙，清。又將此切，上紙，精。又側氏切，上紙，章。〕踩，践踏。《庄子·秋水》："且彼方跐黄泉而登大皇。"陆德明释文引《广雅》："跐，蹋也，蹈也，履也。"陆龟蒙《奉酬袭美先辈吴中苦雨一百韵》："上可补熏茎，傍堪跐芽蘖。"

跣 〔xiǎn《广韵》蘇典切，上銑，心。〕赤脚，光着脚。杜甫《今夕行》："冯陵大叫呼五白，袒跣不肯成枭卢。"白居易《不出门》："袒跣北窗下，葛天之遗民。"又《开龙门八节石滩诗二首》序："舟人楫师，推挽束缚，大寒之月，裸跣水中。"

【跣足】 赤脚，光着脚。杜甫《忆昔二首》之一："犬戎直来坐御床，百年跣足随天王。"

跧 〔quán《广韵》莊緣切，平仙，莊。又阻顽切，平删，莊。〕蜷伏。见"跧蹙"。

【跧蹙】 蜷缩。刘禹锡《庙庭偃松诗》序："向之跧蹙，化为奇古。"

跳¹ 〔tiào《广韵》徒聊切，平蕭，定。〕❶跳跃。杜甫《暂如临邑至𡺸山湖亭奉怀李员外率尔成兴》："鼍吼风奔浪，鱼跳日映山。"又《绝句六首》之四："隔巢黄鸟并，翻藻白鱼跳。"又《漫成一绝》："沙头宿鹭联拳静，船尾跳鱼拨刺鸣。"元稹《酬独孤二十六送归通州》："憎兔跳趯趯，恶鹏黑翻翻。"温庭筠《溪上行》："雪羽褵褷立倒影，金鳞拨刺跳晴空。"❷疾速。见"跳丸""跳擲"。

跳² 〔táo《集韵》徒刀切，平豪，定。〕同"逃"，逃走，逃亡。《史记·高祖本纪》："汉王跳，独与滕公共车出成皋玉门。"裴骃集解引徐广曰："音逃。"司马贞索隐引如淳曰："跳，走也。"韩愈《叉鱼》："刃下那能脱，波间或自跳。"参见"跳₂脱"。

【跳丸】 古代百戏之一。表演者两手快速地连续抛接若干圆球。喻时间飞逝。韩愈《秋怀诗十一首》之九："忧愁费晷景，日月如跳丸。"

【跳花】 溅起的水花。陆龟蒙《引泉诗》："跳花泼半散，诵沫飞旋圆。"

【跳身】 纵身上跳。刘言史《王中丞宅夜观舞胡腾》："跳身转毂宝带鸣，弄脚缤纷锦靴软。"

【跳汰】 洗濯。李贺《假龙吟歌》："窨中跳汰截清涎，隈壖卧水埋金爪。"

【跳沫】 飞沫。王维《白鼋涡》："人相对兮不闻语声，翻涡跳沫兮苍苔湿。"

【跳波】 ❶在波浪中跳跃。李贺《李凭箜篌引》："梦入坤山教神妪，老鱼跳波瘦蛟舞。"❷溅起的水波。王维《辋川集·栾家濑》："跳波自相溅，白鹭惊复下。"

又《燕子龛禅师》："跳波谁揭厉，绝壁免扪摸。"

【跳珠】 ❶跳动的珠子。喻指溅起来的水珠或雨点。钱起《苏端林亭对酒喜雨》："濯锦翻红蕊，跳珠乱碧荷。"❷使珠子跳动。白居易《霓裳羽衣歌》："繁音急节十二遍，跳珠撼玉何铿铮。"

【跳脱】 手镯。李贺《恼公》："跳脱看年命，琵琶道吉凶。"

【跳₂脱】 逃脱。语出汉焦赣《易林·无妄之师》："火起上门，不为我残，跳脱东西，独得生完。"卢仝《观放鱼歌》："一一投深泉，跳脱不复拘。"

【跳梁】 跳踉，跳跃。杜甫《乾元中寓居同谷县作七首》之五："黄蒿古城云不开，白狐跳梁黄狐立。"白居易《新乐府·西凉伎》："紫髯深目两胡儿，鼓舞跳梁前致辞。"

【跳蛙】 跳跃的青蛙。白居易《效陶潜体诗十六首》之二："尽日不下床，跳蛙时入户。"

【跳踉】 跳跃。刘禹锡《平蔡州》："四人归业闾里闾，小儿跳浪健儿舞。"韩愈《永贞行》："狐鸣枭噪争署置，睗睒跳踉相妩媚。"

【跳蕩】 跳跃，跳动。温庭筠《郭处士击瓯歌》："乱珠触续正跳荡，倾头不觉金乌斜。"

【跳趫】 跳跃，腾跃。元稹《望云骓马歌》："频频啮掣辔难施，往往跳趫鞍不得。"

【跳擲】 跳踯，上下跳跃。喻光阴急逝。元稹《答姨兄胡灵之见寄五十韵》序："故得与姨兄胡灵之之辈十数人为昼夜游，日月跳掷于今余二十年矣。"参见"跳躑"。

【跳躑】 ❶上下跳跃。韩愈《答柳柳州食虾蟆》："跳踯虽云高，意不离泞淖。"❷喻指光阴急逝。元稹《遣兴十首》之十："光阴本跳踯，功业劳苦辛。"

【跳躍】 跳越，跳动腾跃。白居易《虾蟆》："常恐飞上天，跳跃随姮娥。"

跪

〔guì《广韵》去委切，上紙，溪。又渠委切，上紙，羣。〕屈膝，单膝或双膝着地。王维《过福禅师兰若》："羽人飞奏乐，天女跪焚香。"李白《上云乐》："能胡歌，献汉酒，跪双膝，并两肘，散花指天举素手。"杜甫《甘林》："主人长跪问，戎马何时稀。"又《八哀诗·赠司空王公思礼》："天王拜跪毕，说议果冰释。"刘禹锡《步虚词二首》之一："海风吹折最繁枝，跪捧琼盘献天帝。"

【跪坐】 双膝着地，臀部靠着脚后跟而坐。韩愈、孟郊《远游联句》："振衣造云阙，跪坐陈清猷。"

【跪乳】 见《公羊传·庄公二十四年》："殿脩云乎"，汉何休注："凡贽，天子用鬯，诸侯用玉，卿用羔……羔取其执之不鸣，杀之不号，乳必跪而受之，类死义知礼者也。"遂以为典，以咏孝义。杜甫《杜鹃》："行飞与跪乳，识序如知恩。"

【跪拜】 磕头，屈膝弯腰下拜。王建《镜听词》："嗟嗟嚓嚓下堂阶，独自灶前来跪拜，"白居易《七年元日对酒五首》之一："庆吊经过懒，逢迎跪拜迟。"

【跪進】 跪着奉进。李白《宿五松山下荀媪家》："跪进雕胡饭，月光明素盘。"韩愈《和虞部卢四酬翰林钱七赤藤杖歌》："滇王扫宫避使者，跪进再拜语嗢咿。"

【跪奠】 跪拜祭奠。张说《唐封泰山乐章·寿和》："躬酌郁鬯，跪奠明神。"

【跪履】 跪着给人穿鞋。汉张良曾遇老人令他从桥下拾履，张良拾取后跪着替老人穿上。见《史记·留侯世家》。后遂以"跪履"表示向长者虚心求教。杜牧《洛中送冀处士东游》："刘济愿跪履，田兴请建筹。"

【跪獻】 下跪奉献。白居易《拣贡橘书情》："疏贱无由亲跪献，愿凭朱实表丹诚。"

路

〔lù《广韵》洛故切，去暮，來。〕❶道路。骆宾王《艳情代郭氏答卢照邻》："平江淼淼分清浦，长路悠悠间白云。"杜甫《自京赴奉先县咏怀五百字》："朱门酒肉臭，路有冻死骨。"戴叔伦《昭君辞》："汉宫若远近，路在寒沙上。"高骈《赴西川途经虢县作》："亚夫重过柳营门，路指岷峨隔暮云。"❷路程。骆宾王《艳情代郭氏答卢照邻》："平江淼淼分清浦，长路悠悠间白云。"骆宾王《秋日送尹大赴京》："竹叶离樽满，桃花别路长。"杜甫《梦李白二首》之一："恐非平生魂，路远不可测。"李商隐《过招国李家南园二首》之二："长亭岁尽雪如波，此去秦关路几多。"❸途径，门径。骆宾王《浮槎》序："虽殷仲文叹生意已尽，孔宣父知朽质难雕，然而遇良工，逢仙客，牛矶可托，玉璜之路非遥。"杜甫《送率府程录事还乡》："途穷见交态，世梗悲路涩。"又《至日遣兴奉寄两院故人二首》之一："无路从容陪语笑，有时颠倒著衣裳。"李商隐《春日寄怀》："欲逐风波千万里，未知何路到龙津。"❹比喻仕途，权位。《孟子·公孙丑上》："夫子当路于齐，管仲、晏子之功，可复许乎？"赵岐注："路，仕路。"孟浩然《留别王侍御维》："当路谁相假，知音世所稀。"杜甫《太子张舍人遗织成褥段》："叹息当路子，干戈尚纵横。"李商隐《五方述德抒情诗一首献上杜七兄仆射相公》："恶草虽当路，寒松实挺生。"

【路人】 路上的行人。杜甫《故武卫将军挽歌三首》之三："路人纷雨泣，天意飒风飘。"刘禹锡《代靖安佳人怨二首》之二："秉烛朝天遂不回，路人弹指望高台。"白居易《钟陵饯送》："路人指点滕王阁，看送忠州白使君。"姚合《登天长寺上方》："晓上上方高处立，路人羡我此时身。"

【路太守】 路齐晖。高适有《奉酬睢阳路太守见赠之作》。

【路中丞】 ❶路应，应曾官尚书兵部郎中，兼御史中丞，见韩愈《银青光禄大夫守左散骑常侍致仕上柱国襄阳郡王平阳路公(应)神道碑铭》。包佶有《同李吏部伏日口号呈元庶子路中丞》。❷路异。杭州刺史兼中丞。许浑有《行次虎头岩酬寄路中丞》。

【路出】 犹路过。刘禹锡《送豆卢郎赴海陵》："烟波极目已沾襟，路出东塘水更深。"权德舆《送袁太祝衢婺巡覆》："知君此去足佳句，路出桐溪千万山。"

【路半】 半路，中途。武元衡《题嘉陵驿》："路半嘉陵头已白，蜀门西上更青天。"

【路半千】 唐诗人。籍贯及事迹不详。《全唐诗逸》卷中录其《赏春》诗一首和断句三联。

【路司諫】 疑为路恕。路果客之子，曾官岳州刺史和涪州刺史。见《新唐书·宰相世系表五下》路氏。李端有《送路司谏侍从叔赴洪州》。

【路岐】 亦作"路歧"。歧路，岔道。独孤及《癸卯岁赴南丰道中闻京师失守寄权士繇韩幼深》："胡尘晦落日，西望泣路歧。"李溟《无题》："晚年名利迹，宁免路歧哀。"李商隐《荆门西下》："洞庭湖阔蛟龙恶，却羡杨朱泣路岐。"方干《客行》："藕叶缀为衣，东西泣路歧。"亦喻指逆境，波折。陈季卿《别兄弟》："旧友皆霄汉，此身犹路岐。"

【路歧】 见"路岐"。

【路郎中】 路泌。曾官检校户部郎中，兼御史中丞，见《旧唐书·路随传》。卢纶有《同路郎中韩侍御春日题野寺》。

【路鬼】 路途上的鬼。晋人罗友，有术学。桓温以其诞肆，许而不用。后同府人有得郡者，温为席送别，罗友迟到。问之，答曰："首旦出门，于中路逢一鬼，大见揶揄，云：'我只见汝送人作郡，何以不见人送汝作郡?'"桓温心中有愧，后任其为襄阳太守。事见南朝宋刘义庆《世说新语·任诞》刘孝标注引《晋阳秋》。骆宾王《春日离长安客中言怀》："揶揄惭路鬼，憔悴切波臣。"

【路洵美】 唐诗人。生卒年不详。宰相路岩三世孙。《全唐诗》卷七六二录其《夜坐》诗一首。

【路逢】 途中相逢。杜甫《前出塞九首》之四："路逢相识人，附书与六亲。"戴叔伦《又酬晓灯离暗室五首》之一："应想远行人，路逢泥泞阻。"施肩吾《春日钱塘杂兴二首》之一："路逢邻妇遥相问，小小如今学养蚕。"崔道融《春题二首》之一："路逢白面郎，醉插花满头。"

【路旁】 见"路傍"。

【路宴】 路边饮宴。刘禹锡有《虎丘寺路宴》。

【路隅】 路边，路侧。杜甫《哀王孙》："腰下宝玦青珊瑚，可怜王孙泣路隅。"白居易《马上作》："秋风起江山，白日落路隅。"又《重感》："停骖歇路隅，重感一长吁。"又《商山路驿桐树昔与微之前后题名处》："与君前后多迁谪，五度经过此路隅。"

【路單】 唐诗人。《全唐诗》误作路贯。阳平冠氏(今山东冠县)人。《全唐诗》卷五四七录其《和元常侍除浙东留题》诗一首。

【路傍】 亦作"路旁"。路边，道路旁边。杜甫《又上后园山脚》："哀彼远征人，去家死路旁。"戎昱《过商山》："雨暗商山过客稀，路傍孤店闭柴扉。"羊士谔《望女几山》："女几山头春雪消，路傍仙杏发柔条。"白居易《途中寒山》："路旁寒食行人尽，独占春愁在路旁。"施肩吾《遇醉道士》："霞帐寻常带酒眠，路傍疑是酒中仙。"

【路溫州】 路应。贞元六年(790)左右官温州刺史。皎然有《寄路温州》。

【路貫】 《全唐诗》卷五四七有作者路贯，录其《和云常侍除浙东留题》诗一首。按，路贯，当作路单，阳平冠氏(今山东冠县)人。与元晦同年登进士第。武宗会昌间，为桂管观察副便。事见《旧唐书·路岩传》《桂林风土记》。

【路絶】 道路阻绝，道至尽头。施肩吾《寄隐者》："路绝空林无处问，幽奇山水不知逢。"

【路遠迢迢】 形容路途极其遥远。张氏《寄夫》："久无音信到罗帏，路远迢迢遣问谁。"

【路鼓】 鼓名。古时祭享宗庙所用的四面鼓。《周礼·地官·鼓人》："以路鼓鼓鬼享。"郑玄注："路鼓，四面鼓也。"皮日休《补周礼九夏系文·九夏歌九篇》之二："杳杳阴竹，坎坎路鼓。"

【路群】 路严子，曾官监察御史，见《旧唐书·路严传》。鲍溶有《淮南卧病感路群侍御访别》。

【路塵】 道路上的尘土。白居易《去岁罢杭州今春领吴郡聊写鄙怀兼寄三相公》："杭老遮车辙，吴童扫路尘。"温庭筠《敷水小桃盛开因作》："定知留不住，吹落路尘中。"薛能《过骊山》："丹膢苍苍簇背山，路尘应满旧帘间。"韦庄《寓言》："兔走乌飞如未息，路尘终见泰山平。"

【路德延】 唐诗人。字昌远，魏州冠氏(今山东冠县)人，光化元年(898)擢进士第。《全唐诗》卷七一九录其诗三首，断句一联。

【路蹊】 道路。刘长卿《使次安陆寄友人》："新年草色远萋萋，久客将归失路蹊。"

【路應】 (745—811)唐诗人。字从众，京兆三原(今属陕西)人。曾任庐州刺史、宣歙池观察使、左散骑常侍等职。事见《新唐书·路应传》。《全唐诗》卷八八七录其《仙岩四瀑布即事十四韵》诗一首。

【路澀】 道路艰险难行。语出南朝梁简文帝《陇西行》:“乌孙涂更阻,康居路犹涩。”辛常伯《军中行路难》:“途危紫盖峰,路涩青泥坂。”

【路巖】 唐诗人。字鲁瞻,阳平冠氏(今山东冠县)人。见《新唐书·路岩传》。《全唐诗外编》录其《赠妓行云等感恩多词》断句一联。

【路衢】 四通八达的道路。《公羊传·宣公十二年》:“庄王伐郑,胜乎皇门,放乎路衢。”何休注:“路衢,郭内衢道,四达谓之衢。”亦泛指道路。杜甫《后出塞五首》之四:“边人不敢议,议者死路衢。”又《征夫》:“路衢唯见哭,城市不闻歌。”

跡 〔jī《广韵》資昔切,入昔,精。〕亦作“迹”“蹟”。❶脚印,足迹。骆宾王《冬日过故人任处士书斋》:“网积窗文乱,苔深履迹残。”杜甫《李潮八分小篆歌》:“苍颉鸟迹既茫昧,字体变化如浮云。”又《复愁十二首》之一:“人烟生处僻,虎迹过新蹄。”韩愈《南溪始泛三首》之三:“足弱不能步,自宜收朝蹟。”李商隐《赠从兄阆之》:“荻花村里鱼标在,石藓庭中鹿迹微。”❷痕迹。杜甫《白丝行》:“美人细意熨贴平,裁缝灭尽针线迹。”又《奉先刘少府新画山水障歌》:“岂但祈岳与郑虔,笔迹远过杨契丹。”❸行迹,踪迹。寒山《诗三百三首》之二:“重岩我卜居,鸟道绝人迹。”卢照邻《过东山谷口》:“迹异人间俗,禽同海上鸥。”又《羁卧山中》:“涧户无人迹,山窗听鸟声。”崔国辅《对酒吟》:“行行日将夕,荒村古冢无人迹。”韩愈《华山女》:“扫除众寺人迹绝,骅骝塞路连辎軿。”❹事迹。韩愈《秋怀诗十一首》之三:“陈迹竟谁寻,贱嗜非贵献。”又《岣嵝山》:“事严迹秘鬼莫窥,道人独上偶见之。”陈子昂《蓟丘览古赠卢居士藏用七首·轩辕台》:“尚想广成子,遗迹白云隈。”

跟 〔gēn《广韵》古痕切,平痕,見。〕脚的后部。韩愈《陆浑山火和皇甫湜用其韵》:“缩身潜喘拳肩跟,君臣相怜加爱恩。”

七　画

蹻 〔qiāo〕同“骹”。胫,小腿。李贺《黄家洞》:“彩巾缠蹻幅半斜,溪头簇队映葛花。”

踊 〔pū《广韵》普胡切,平模,滂。〕马蹄蹈踏的痕迹。亦形容碎步。薛曜《舞马篇》:“态聚踊还急,骄凝骤不移。”

踉 〔liàng《广韵》力讓切,去漾,來。〕见“踉蹡”。

【踉蹌】 见“踉蹡”。

【踉蹡】 (—qiàng)亦作“踉蹌”。❶行路不稳貌。王维《送高适弟耽归临淮作》:“野鹤终踉跄,威凤徒参差。”韩愈《赠张籍》:“君来好呼出,踉蹡越门限。”孟郊《戏赠无本》之一:“有时踉跄行,人惊鹤阿师。”❷行走急遽貌。柳宗元《游南亭夜还叙志七十韵》:“踉跄辞束缚,悦怿换煎熬。”❸行不迅貌。李贺《感讽六首》之三:“不惭金印重,踉蹡腰鞓力。”❹歪斜貌。齐己《灵松歌》:“老鳞枯节相把捉,踉跄立在青崖前。”❺艰难困顿。陆龟蒙《记事》:“圣道庶经营,世途多踉跄。”

跼 〔jú《广韵》渠玉切,入燭,羣。〕❶屈曲不伸貌。杜甫《遣闷》:“时清疑武略,世乱跼文场。”又《敬寄族弟唐十八使君》:“归朝跼病肺,叙旧思重陈。”皮日休《吴中苦雨因书一百韵寄鲁望》:“只有方丈居,其中蹐且跼。”曹唐《病马五首呈郑校书章三吴十五先辈》之二:“陇上沙葱叶正齐,腾黄犹自跼羸啼。”❷谓履行险阻。《文选·颜延之〈北使洛〉诗》:“改服饬徒旅,首路跼险难。”吕向注:“跼,履艰难也。”杜甫《木皮岭》:“再闻虎豹斗,屡跼风水昏。”亦指险阻,险要。杜甫《三川观水涨二十韵》:“云雷此不已,艰险路更跼。”❸小心翼翼,谨慎从事貌。杜甫《寄刘峡州伯华使君四十韵》:“回首追谈笑,劳歌跼寝兴。”柳宗元《法华寺石门精室三十韵》:“喧烦困蠛蠓,跼蹐疲魍魉。”见“跼蹐”。

【跼步】 小步。杜甫《万丈潭》:“跼步凌垠堮,侧身下烟霭。”

【跼迹】 跼蹐,谨慎小心貌。骆宾王《畴昔篇》:“谁能跼迹依三辅,会就商山访四翁。”参见“跼蹐”。

【跼促】 ❶谓胸怀不够豁达大度。白居易《和微之诗二十三首·和除夜作》:“磊落尝许君,跼促应笑予。”❷不安貌。灵澈《听莺歌》:“众雏飞鸣何跼促,自觇游蜂啄枯木。”❸短促,匆促。元稹《忆云之》:“百龄颇跼促,况复迷寿夭。”

【跼蹐】 谨慎小心貌。杜甫《玉腕骝》:“顿骖飘赤汗,跼蹐顾长楸。”

跽 〔jì《广韵》暨几切,上旨,羣。〕耸身直腰而跪,以示尊敬。《庄子·人间世》:“擎跽曲拳,人臣之礼也。”王先谦集解引宣颖曰:“跽,长跪。”韩愈《山南郑相公樊员外酬答为诗依赋四十韵以献》:“遗我一言重,跽受惕斋栗。”

踊 见“踴”。

踆 〔qūn《广韵》七倫切,平諄,清。〕行走貌。见“踆踆”。

【踆踆】 (—qūn)行走貌。杜甫《奉赠韦左丞丈二十韵》:"焉能心怏怏,只是走踆踆。"

八　画

踖〔jí《广韵》秦昔切,入昔,從。〕见"踧踖"。

踦[1]〔qī《广韵》去奇切,平支,溪。〕单独;独自。《太平御览》卷六九七引汉应劭《风俗通·论数》:"踦者,奇也。屦舄之一也。"引申为单独,孤独。见"踦踦"。

踦[2]〔jǐ《广韵》居綺切,上紙,見。〕脚胫。元稹《虫豸诗·蜘蛛》序:"巴蜘蛛大而毒,其甚者,身边数寸,而踦长数倍其身。"其《蜘蛛》之一:"缝隙容长踦,虚空织横罗。"

【踦踦】(一jī)特立,孤独。卢仝《月蚀诗》:"西方攫虎立踦踦,斧为牙,凿为齿。"

踐〔jiàn《广韵》慈演切,上獮,從。〕❶踩,踩踏。骆宾王《从军行》:"弓弦抱汉月,马足践胡尘。"李白《答长安崔少府叔封游终南翠微寺太宗皇帝金沙泉见寄》:"践苔朝霜滑,弄波夕月圆。"李商隐《李肱所遗画松诗书两纸得四十韵》:"生如碧海月,死践霜郊蓬。"贾岛《赠李金州》:"绮里祠前后,山程践白云。"❷蹂躏,摧残。陆龟蒙《战秋辞》:"扰践边朔,歼伤蝥夷。"❸到,至。杨炯《西陵峡》:"及余践斯地,瑰奇信为美。"❹遵循,按照。骆宾王《在江南赠宋五之问》:"怀德践遗芳,端操惭谋己。"韩愈《荐士》:"行身践规矩,甘辱耻媚灶。"❺担当,升任。杜甫《送重表侄王砅评事使南海》:"及乎贞观初,尚书践台斗。"又《八哀诗·故秘书少监武功苏公源明》:"文章日自负,吏禄亦累践。"❻践行。杜甫《秋日夔府咏怀奉寄郑监李宾客一百韵》:"晚闻多妙教,卒践塞前愆。"韩愈、孟郊《城南联句》:"罢旄奉环卫,守封践忠贞。"

【踐土】春秋时地名。春秋属郑。在今河南原阳县西南。公元前632年,晋文公会盟诸侯于此。李商隐《五言述德抒情诗献上杜七兄仆射相公》:"武乡传阵法,践土主文盟。"

【踐踏】亦作"踐蹋"。踩,踏。崔子向《题越王台》:"古木多年无子孙,牛羊践踏成官道。"韩愈《游城南十六首·落花》:"已分将身著地飞,那羞践踏损光晖。"陆龟蒙《奉酬袭美先辈吴中苦雨一百韵》:"践蹋比尘埃,焚烧同稿秸。"

【踐履】行为,行动。李贺《申胡子觱篥歌》序:"申胡子,朔客之苍头也。朔客李氏本亦世家子,得祀江夏王庙,当年践履失序,遂奉官北郡。"

【踐蹋】见"踐踏"。

踧〔cù《广韵》子六切,入屋,精。〕见"踧踖"。

【踧踖】(一jí)敬畏不安貌。语出《论语·乡党》:"君在,踧踖如也。"韩愈《元和圣德诗》:"怛威赧德,踧踖蹈舞。"

踔〔chuō《广韵》丑教切,去效,徹。〕❶跳跃,腾跃。《后汉书·马融传》:"陵乔松,履修樠,踔攳枝,杪标端。"李贤注:"踔,跳也。"韩愈、孟郊《征蜀联句》:"岩钩踔狙猿,水漉杂鳣蛸。"韩愈《岳阳楼别窦司直》:"巍峨拔嵩华,腾踔较健壮。"❷踩踏;踢。《说文·足部》:"踔,踶也。"韩愈《陆浑山火和皇甫湜用其韵》:"天跳地踔颠乾坤,赫赫上照穷崖垠。"

【踔踏】跳跃攀援貌。孟郊《峡哀》之十:"仄树鸟不巢,踔踏猿相过。"

踏〔tà《广韵》他合切,入合,透。〕亦作"蹋"。❶踩,踏。张说《舞马词》之六:"足蹋天庭鼓舞,心将帝乐踟蹰。"杜甫《早秋苦热堆案相仍》:"南望青松架短壑,安得赤脚蹋层冰。"李贺《许公子郑姬歌》:"两马八蹄踏兰苑,情如合竹谁能见。"温庭筠《春日野行》:"骑马踏烟莎,青春奈怨何。"❷歌舞时以脚踏地为节拍。骆宾王《畴昔篇》:"共踏《春江曲》,俱唱《采菱歌》。"白居易《杨柳枝二十韵》:"小妓携桃叶,新声蹋柳枝。"路德延《小儿诗》:"合调歌杨柳,齐声踏采莲。"参见"踏歌"。❸跨;迈步。韦应物《登楼寄王卿》:"踏阁攀林恨不同,楚云沧海思无穷。"❹游赏。韩愈《送李六协律归荆南》:"宋亭池水绿,莫忘蹋芳菲。"参见"蹋雪"。❺指鞋子。温庭筠《观舞妓》:"朔音悲嘒管,瑶踏动芳尘。"❻象声词。状马蹄声。见"踏踏"。

【踏月】月下散步。刘禹锡《武陵书怀五十韵》:"照山畬火动,踏月俚歌喧。"温庭筠《秘书刘尚书挽歌二首》之二:"折花兼踏月,多唱柳郎词。"

【踏水】亦作"蹋水"。❶临水,傍水。韩翃《送监军李判官》:"踏水回金勒,看风试锦裘。"韩偓《玩水禽》:"向阳眠处莎成毯,蹋水飞时浪作梯。"❷践踏泥水。白居易《雨中携元九诗访元八侍御》:"好句无人堪共咏,冲泥蹋水就君来。"施肩吾《送道友游山》:"君今若问采芝路,踏水踏云攀杳冥。"

【踏石】踩踏石头。张籍《题李山人幽居》:"画苔藤杖细,踏石笋鞋轻。"

【踏地】踩踏地面。孟郊《杏殇》之五:"踏地恐土痛,损彼芳树根。"

【踏曲】(一qǔ)犹踏歌。刘禹锡《纥那曲二首》

之二："踏曲兴无穷，调同词不同。"

【踏芳】 即踏青，游春。清昼、陆子修《渚山春暮会顾丞茗舍联句效小庾体》："应待御舜青，幽期踏芳出。"

【踏青】 亦作"蹋青"。清明节前后郊野游览的一种习俗。古时并以清明节为踏青节。孟浩然《大堤行寄万七》："岁岁春草生，踏青二三月。"杜甫《绝句》："江边踏青罢，回首见旌旗。"白居易《寒食卧病》："喧喧里巷蹋青日，笑闭柴门度寒食。"李商隐《无题二首》之一："十岁去踏青，芙蓉作裙衩。"郑谷《寂寞》："江郡人稀便是村，踏青天气欲黄昏。"

【踏金蓮】 足踏金莲花。见《南史・齐纪下・废帝东昏侯》："又凿金莲华以贴地，令潘妃行其上，曰：'此步步生莲华也。'"遂以形容皇后或嫔妃受宠和生活奢侈。李商隐《隋宫守岁》："昭阳第一倾城客，不踏金莲不肯来。"

【踏春】 亦作"蹋春"。即踏青，春游。杜甫《长吟》："江飞竞渡日，草见蹋春心。"孟郊《济源寒食》："一日踏春一百回，朝朝没脚走芳埃。"

【踏風】 乘风。陆龟蒙《开元杂题七首・照夜白》："应笑穆王抛万乘，踏风鞭露向瑶池。"

【踏凍】 踏着冰冻。谓冒着严寒。白居易《风雪中作》："蹋冻侵夜行，凌寒未明起。"

【踏浪】 踩踏波浪，浮跃水面。多形容游水技术高超。顾况《露青竹杖歌》："江面昆明洗刷牵，四蹄踏浪头枋天。"

【踏雪】 谓在雪地上行走。亦指欣赏雪景。朱放《答陆澧》："不辞山路远，踏雪也相过。"孟郊《寒溪》之三："晓饮一杯酒，踏雪过清溪。"

【踏飡】 饱食。李贺《感讽五首》之一："县官踏飡去，簿吏复登堂。"

【踏雲】 腾云，驾云。李贺《神弦曲》："西山日没东山昏，旋风吹马马踏云。"李商隐《无愁果有愁曲北齐歌》："骐驎踏云天马狞，牛山撼碎珊瑚声。"

【踏節】 踏着音乐节拍。张祜《观杨瑗柘枝》："紫罗衫宛蹲身处，红锦靴柔踏节时。"

【踏歌】 ❶唐代民间广泛流行的一种歌舞风俗。其特点是数十人彼此拉着手，用脚作各种有节奏的舞蹈，反复演唱同一支歌曲。顾况《听山鹧鸪》："夜宿桃花村，踏歌接天晓。"储光羲《蔷薇》："连袂踏歌从此去，风吹香气逐人归。"❷指行咏，边走边歌。李白《赠汪伦》："李白乘舟将欲行，忽闻岸上踏歌声。"

【踏歌行】 （行 xíng）唐代乐曲名。刘禹锡创。七言，四句。《全唐诗》卷二八收其《踏歌行》四首。陈去疾有《踏歌行》二首。

【踏歌詞】 唐代乐曲名。相传为唐张说所制。五言，六句。《全唐诗》卷二八收崔液二首、张说二首、谢偃三首。

【踏翠】 犹踏青，游春。晁采《春日送夫之长安》："思君远别妾心愁，踏翠江边送画舟。"

【踏踏】 亦作"蹋蹋"。象声词。状马蹄声。李贺《夜坐吟》："踏踏马蹄谁见过，眼看北斗直天河。"

【踏潮】 谓潮水重叠而至。亦作"沓潮"。刘禹锡《踏潮歌》引："南人云，踏潮也，率三岁一有之。"又《踏潮歌》："屯门积日无回飙，沧波不归成踏潮。"

【踏踵】 漫步。张说《岳州行郡竹篙》："闾里宽矫步，榛丛恣踏踵。"

【踏霧乘風】 谓驾驭风云。李贺《兰香神女庙》："踏雾乘同归，撼玉山上闻。"

踟

〔chí《广韵》直離切，平支，澄。〕见"踟蹰"。

【踟蹰】 ❶徘徊不前貌；缓行貌。杜甫《赠韦左丞丈》："岁寒仍顾遇，日暮且踟蹰。"贺知章《望人家桃李花》："弃置千金轻不顾，踟蹰五马谢相逢。"白居易《利仁北街作》："踟蹰立马缘何事，认得张家歌吹声。"储嗣宗《早春》："踟蹰历阳道，乡思满南枝。"❷犹豫，迟疑。王维《偶然作六首》之三："几回欲奋飞，踟蹰复相顾。"白居易《食笋》："且食勿踟蹰，南风吹作竹。"

踘

〔jū《广韵》居六切，入屋，見。又渠竹切，入屋，羣。〕同"鞠"。古代一种实以柔物的皮球。见"蹴踘"。

踣

〔bó《广韵》蒲北切，去德，並。又匹候切，去候，滂。〕❶向前扑倒。韩愈《读东方朔杂事》："簸顿五山踣，流漂八维蹉。"引申为倒塌，指山体滑坡。杜甫《三川观水涨二十韵》："清晨望高浪，忽谓阴崖踣。"❷毁坏。《吕氏春秋・行论》："《诗》曰：将欲毁之，必重累之；将欲踣之，必高举之。"高诱注："踣，破也。举之高乃易破也。"姚合《杭州观潮》："岸摧连古道，洲涨踣丛林。"❸斜；倾斜。韩愈《孟东野失子》："日月相噬啮，星辰踣而颠。"❹踩，踏。见"踣鐵"。

【踣鐵】 踩踏铁器。喻指马蹄坚固有力。杜甫《高都护骢马行》："腕促蹄高如踣铁，交河几蹴曾冰裂。"

踡

〔quán《广韵》巨員切，平仙，羣。〕❶屈曲；弯曲。《古文苑・王延寿〈王孙赋〉》："踡兔蹲而狗踞，声历鹿而喔咿。"章樵注："踡，跼不伸也。"见"踡跼❶"。❷局促，不舒展。见"踡跼❷"。

【踡跼】 ❶屈曲不能伸直。白居易《新乐府・驯犀》："饮冰卧霰苦踡跼，角骨冻伤鳞甲踠。"❷局促，不舒展。张九龄《秋晚登楼望南江入始兴郡路》："枥马苦踡跼，笼禽念遐征。”

踪 同“蹤”。

踠¹ 〔wǎn《广韵》於阮切，上阮，影。〕❶人体足胫相连的活动部位。亦指马脚与蹄间相连的屈曲处。元稹《望云骓马歌》：“上前喷吼如有意，耳尖卓立节踠奇。”❷弯曲。《文选·班固〈东都赋〉》：“马踠余足，士怒未泄。”李善注：“踠，屈也。”参见“踠伏”。

踠² 〔wò《集韵》烏卧去，去過，影。〕手足等猛折而筋骨受伤。韩愈《赠别元十八协律六首》之一：“何人识章甫，而知骏蹄踠。”

【踠伏】 犹蜷伏。曲身卧倒。卢伦《腊日观咸宁王部曲娑勒擒豹歌》：“潜形踠伏草不动，双雕旋转群鸦鸣。”

【踠₂足】 脚蜷曲而行走缓慢。储光羲《效古二首》之二：“君门峻且深，踠足空夷犹。”

踞 〔jù《广韵》居御切，去御，見。〕❶坐。伸开两腿坐着。一种不拘礼节的坐姿。王维《与卢员外象过崔处士兴宗林亭》：“科头箕踞长松下，白眼看他世上人。”韩愈《石鼎联句》序：“道士高踞大唱曰。刘把笔，吾诗云云。”李贺《相劝酒》：“罹蠵罹熊何足云？会须钟饮北海，箕踞南山。”❷盘踞，盘屈。杜甫《古柏行》：“落落盘踞虽得地，冥冥孤高多烈风。”李商隐《乱石》：“虎踞龙蹲纵复横，星光渐减雨痕生。”温庭筠《鸡鸣埭曲》：“盘踞势穷三百年，朱方杀气成愁烟。”

九 画

踸 〔chěn《广韵》丑甚切，上寑，徹。〕亦作“趻”。见“踸踔”。

【踸踔】 跳跃貌；跛行貌。独孤及《癸卯岁赴南丰道中》：“深泥架疲牛，踸踔余何之。”

蹀 〔dié《广韵》徒協切，入帖，定。〕❶蹈，踏。见“蹀足”。❷马行貌。见“蹀躞❷”。❸小步行走貌。见“蹀躞❶”。

【蹀足】 踏足，顿足。李白《酬谈少府》：“老夫当暮矣，蹀足惧骅骝。”

【蹀躞】 ❶小步行走貌。权德舆《从叔将军宅蔷薇花开太府韦卿有题壁长句因以和作》：“环列从容蹀躞归，光风骀荡发红薇。”曹唐《小游仙诗九十八首》之五：“白发蹀躞难回跋，争下红绡碧玉鞭。”❷马行貌。柳宗元《同刘二十八院长述旧言怀感时书事赠二君子》：“蹀躞驺先驾，笼铜鼓报衙。”温庭筠《春洲曲》：“紫骝蹀躞金衔嘶，岸上扬鞭烟草迷。”

踵 〔zhǒng《广韵》之隴切，上腫，章。〕❶脚后跟。引申为跟着，接着。《汉书·武帝纪》：“步兵踵军后十万人”，颜师古注：“踵，接也，犹言蹑其踵。”杜甫《后出塞五首》之四：“献凯日继踵，两蕃静无虞。”又《晚登瀼上堂》：“四序婴我怀，群盗久相踵。”韩愈、孟郊《会合联句》：“念难须勤追，悔易勿轻踵。”李商隐《哭虔州杨侍郎》：“甘心亲垤蚁，旋踵戮城狐。”❷追逐。刘禹锡《秋日过鸿举法师寺院便送归江陵》引：“故自近古而降，释子以诗闻于世者相踵焉。”❸跟着别人走。比喻继承前人的事业。刘禹锡《送湘阳熊判官孺登府罢归钟陵因寄呈江西裴中丞二十三兄》引：“初，中丞自尚书屯田员外郎出守，踵其武者，今给事中穆公。”❹至，到。刘禹锡有《途次华州陪钱大夫登城北楼春望因睹李崔令狐三相国唱和之什翰林旧侣继踵华城山水清高鸾凤翔集皆忝宿眷遂题此诗》。

踰 同“逾”。❶越过，经过。《书·禹贡》：“浮于江、沱、潜、汉，逾于洛，至于南河。”孔传：“逾，越也。”骆宾王《早秋出塞寄东台详正学士》：“促驾踰三水，长驱望五原。”杜甫《北征》：“靡靡踰阡陌，人烟眇萧瑟。”又《潼关吏》：“连云列战格，飞鸟不能踰。”李商隐《归墅》：“行李踰南极，旬时到旧乡。”❷超过；僭越。杜甫《铁堂峡》：“飘蓬踰三年，回首肝肺热。”又《草堂》：“义士皆痛愤，纪纲乱相踰。”李商隐《赠送前刘五经映三十四韵》：“莫踰巾屦念，容许后升堂。”❸更加，越。李商隐《哭遂州萧侍郎二十四韵》：“虎威狐更假，隼击鸟踰喧。”

【踰月】 时间超过一月。白居易《效陶体诗十六首》之二：“翳翳踰月阴，沉沉连日雨。”又《题笼鹤》：“经旬不饮酒，踰月未闻歌。”

【踰阈】 越出门槛。白居易《续古诗十首》之五：“昼居不踰阈，夜行常秉烛。”

蹄 〔tí《广韵》杜奚切，平齊，定。〕❶马、牛、羊、猪等动物生于趾端的角质物。亦指具有这种角质物的脚。《穀梁传·昭公八年》：“马候蹄。”陆德明释文：“蹄，马足也。”卢照邻《早度分水岭》：“马蹄穿欲尽，貂裘敝转寒。”杜甫《高都护骢马行》：“腕促蹄高如踣铁，交河几就曾冰裂。”李贺《许公子郑姬歌》：“两马八蹄踏兰苑，情如合竹谁能见。”李商隐《九成宫》：“云随夏后双龙尾，风逐周王八骏蹄。”❷指牛马等牲口。杜甫《清明》：“渡头翠柳艳明眉，争道朱蹄骄啮膝。”又《暮春江陵送马大卿公恩命追赴阙下》：“玉府标孤映，霜蹄去不疑。”❸捕兔的挂网。《庄子·外物》：“蹄者所以在兔，得兔而忘蹄。”成玄英疏：

"蹄,兔罝也。"后常以"蹄筌"或"筌蹄"指达到某种目的的手段或反映事物的迹象。骆宾王《送宋五之问得凉字》:"道术君所笃,筌蹄余自忘。"又《秋日饯陆道士陈文林》序:"虽漆园筌蹄,已忘然于道术,而陟阳风雨,尚抒情于咏歌。"又《伤祝阿王明府》序:"诸君或缔交三益,列宰一司;或协契筌蹄,投心胶漆。"王绩《薛记室收过庄见寻率题古意以赠》:"何事须筌蹄,今已得兔鱼。"❹量词。用于草食动物。温庭筠《塞寒行》:"一点黄尘起雁喧,白龙堆下千蹄马。"

【蹄道】 有着兽蹄鸟迹的道路。韩愈、孟郊《城南联句》:"蹄道补复破,丝窠扫还成。"

【蹄涔】 语出《淮南子·氾论训》:"夫牛蹄之涔,不能生鳣鲔。"高诱注:"涔,雨水也,满牛蹄迹中,言其小也。"后遂以"蹄涔"形容容量、体积之微小。蒋贻恭《咏虾蟆》:"欲知自己形骸小,试就蹄涔照影看。"《二斑与宁茵赋诗》之三:"若遇龚为守,蹄涔向北溟。"罗隐《题润州妙善前石羊》:"还有市鄽沽酒客,雀喧鸠聚话蹄涔。"温庭筠《洞户二十二韵》:"神鹰参翰苑,天马破蹄涔。"

【蹄輪】 马与车。借指车马。韩愈《酬裴十六功曹巡府西驿途中见寄》:"四海日富庶,道途隘蹄轮。"

蹉 〔cuō《广韵》七何切,平歌,清。〕❶失足跌倒;倾倒。韩愈《读东方朔杂事》:"簸顿五山踣,流漂八维蹉。"参见"蹉跌"。❷下坠。许浑《将度故城湖阻风夜泊永阳戍》:"行尽青溪日已蹉,云容山影水嵯峨。"

【蹉跌】 失足跌倒。杜甫《郑典设自施州归》:"翩翩入鸟道,庶脱蹉跌厄。"

【蹉跎】 ❶失时,失去时机。陈子昂《感遇诗三十八首》之二五:"玄蝉号白露,兹岁已蹉跎。"又《送著作佐郎崔融等从梁王东征》序:"思长风以破浪,恐白日之蹉跎。"杜甫《别唐十五诫因寄礼部贾侍郎》:"歌罢两凄恻,六龙忽蹉跎。"又《种莴苣》:"植物半蹉跎,嘉生将已矣。"❷失意,虚度光阴。张九龄《照镜见白发》:"宿昔青云志,蹉跎白发年。"杜甫《春日江村五首》之二:"迢递来三蜀,蹉跎有六年。"耿湋、辛晃《寄司空曙李端联句》:"年华空荏苒,名宦转蹉跎。"李端《送友人还洛》:"平原正超忽,行子复蹉跎。"❸衰退,衰老。杜甫《重过何氏五首》之五:"蹉跎暮容色,怅望好林泉。"白居易《续古诗十首》之七:"容光未销歇,欢爱忽蹉跎。"薛逢《追昔行》:"叹息人生能几何,喜君颜貌未蹉跎。"亦指衰老者。杜甫《寄高三十五书记》:"闻君已朱绂,且得慰蹉跎。"

踴 〔yǒng《集韵》尹竦切,上腫,以。〕亦作"踊"。❶向上跳,跳跃。韩愈、孟郊《会合联句》:"伊余何所拟,跛鳖讵能踊。"白居易《新乐府·骠国乐》:"玉螺一吹椎髻耸,铜鼓一击文身踊。"又《想东游五十韵》:"侯吏次鸣驺,梵塔形疑踊。"陆龟蒙《江南秋怀寄华阳山人》:"匹夫能曲踊,万骑可横行。"❷见"踴躍"。

【踴躍】 亦作"踊躍"。❶跳跃。杜甫《桃竹杖引》:"杖兮杖兮,尔之生也甚正直,慎忽见水踊跃学变化为龙。"韩愈《南山诗》:"微澜动水面,踊跃躁猱狖。"又《送惠师》:"鱼龙惊踊跃,叫啸成悲章。"裴度、白居易《度自到洛中与乐天为文酒之会因为联句》:"乐观鱼踊跃,闲爱鹤裴回。"❷奋勇争先。李白《送于十八应四子举落第还嵩山》:"为金好踊跃,久客方蹉跎。"杜甫《送从弟亚赴安西判官》:"踊跃常人情,惨澹苦士志。"韩愈《晚菊》:"少年饮酒时,踊跃见菊花。"白居易《新乐府·鸦九剑》:"金铁腾精火翻焰,踊跃求为镆铘剑。"❸形容情绪高涨。韩愈《石鼎联句》序:"次传于喜,喜踊跃,即缀其下云云。"又《元和圣德诗》:"踊跃欢呀,失喜噎欧。"白居易《河阳石尚书破回鹘不足以诗美之》"须知鸟目犹难漏"句下自注:"尚书将入潞府,偶逢水鸟鹭鸶,引云射之,一发中目,三军踴跃。"李商隐《安平公诗》:"公时载酒领从事,踊跃鞍马来相过。"

蹁 〔pián《广韵》部田切,平先,並。又布玄切,平先,幫。〕见"蹁躚"。

【蹁躚】 旋转的舞姿。张说《唐享太庙乐章·文舞》:"黄龙蜿蟺,彩云蹁跹。"元稹《代曲江老人一百韵》:"掉荡云门发,蹁跹鹭羽振。"刘禹锡《伤秦姝行》:"冯夷蹁跹舞渌波,鲛人出听停绡梭。"

蹂 〔róu《广韵》耳由切,平尤,日。又人九切,上有,日。又人又切,去宥,日。〕践踏。韩愈、李正封《晚秋郾城夜会联句》:"蹂野马云腾,映原旗火铄。"

十 画

蹕 〔bì《广韵》卑吉切,入質,幫。〕❶古代帝王出行时,禁止行人以清道。《史记·刘敬叔孙通列传》:"孝惠帝为东朝长乐宫,及间往,数跸烦人,乃作复道,方筑武库南。"司马贞索隐引韦昭曰:"跸,止人行也。"玄宗《早登太行山中言志》:"清跸度河阳,凝笳上太行。"杜甫《壮游》:"两宫各警跸,万里遥相望。"又《喜闻官军已临贼境二十韵》:"秦山当警跸,汉苑入旌旄。"又《赠李八秘书别三十韵》:"往时中补右,扈跸上元初。"李商隐《送千牛李将军赴阙五十韵》:"扈跸三才正,回军六合晴。"❷代指天子的车驾或行幸之处。徐彦伯《奉和兴庆池戏竞渡应制》:"青潭晓霭笼仙跸,红屿晴花隔彩旒。"钱起《和李员外扈驾幸温泉宫》："遥羡枚皋扈仙跸，偏承霄汉渥恩浓。"陈去疾《踏歌行》之二："仙跸初传紫禁香，瑞云开处夜花芳。"郑审《奉使巡检两京路种果树事毕入秦因咏》："何当扈仙跸，攀折奉恩辉。"

【蹕路】 谓古代帝王出行时，禁行人以清道。亦指帝王车驾行经的道路。宋之问《松山岭应制》："尘销清跸路，云湿从臣衣。"

蹋 同"踏"。

【蹋藉】 踩踏；践踏。杜甫《催宗文树鸡栅》："蹋藉盘案翻，塞蹊使之隔。"

【蹋藕】 收藕时，人入水中踩去藕周围烂泥，并将藕挑出，谓之"蹋藕"。杜甫《陪郑公秋晚北池临眺》："采菱寒刺上，蹋藕野泥中。"

蹈 〔dǎo《广韵》徒到切，去号，定。〕❶踩，践踏。张说《舞马千秋万岁乐府词三首》之二："腕足齐行拜两膝，繁骄不进蹈千蹄。"王缙《游悟真寺》："买香然绿桂，乞火踏红莲。"参见"蹈空"。❷跳，顿足踏地。李商隐《韩碑》："愈拜稽首蹈且舞，金石刻画臣能为。"❸崛起，特出。韩愈《荐士》："国朝盛文章，子昂始高蹈。"❹踏上；投入。见"蹈東海""蹈滄州"。❺履行，遵循。韩愈《赠张籍》："我身蹈丘轲，爵位不早绾。"❻至，到。韩愈《卢郎中云夫寄示送盘谷子诗两章歌以和之》："东蹈燕川食旷野，有馈木蕨芽满筐。"刘禹锡《送僧方及南谒柳员外》序："一旦以行日来告，且曰：'雅闻鸟味之下有贤诸侯，愿跻其门，如蹈十地，敢乞辞以抵之。'"

【蹈東海】 典出《史记·鲁仲连邹阳列传》："彼秦者，弃礼义而上首功之国也，权使其士，虏使其民。彼即肆然而为帝，过而为政于天下，则连有蹈东海而死耳，吾不忍为之民也。""蹈東海"谓投东海自杀，用以为典，称道人正气凛然、抗御强暴的高风亮节。李颀《行路难》："鲁连所以蹈东海，古往今来称达人。"

【蹈空】 凌空。司空图《月下留丹灶》序："邵阳某县人，或闻其山实异，斋祷积稔，果有蹈空而至者。"

【蹈滄洲】 沧洲，滨水的地方。古时常用以称隐士的居处。蹈沧洲，借指当隐士。王维《送崔三往密州觐省》："鲁连功未报，且莫蹈沧洲。"参见"蹈東海"。

【蹈厲】 形容舞时动作的威武。语出《礼记·乐记》："发扬蹈厉之已蚤，何也？"孔颖达疏："初舞之时，手足发扬，蹈地而猛厉。"张九龄《南郊太尉酌献武舞作凯安之乐》："玉戚初蹈厉，金匏既静好。"

【蹈舞】 犹舞蹈。臣下朝贺时对皇帝表示敬意的一种仪节。韩愈《元和圣德诗》："但威赧德，踧踖蹈舞。"白居易《贺雨》："蹈舞呼万岁，列贺明庭中。"

【蹈藉】 相互践踏。韩愈、李正封《晚秋郾城夜会联句》："凶徒更蹈藉，逆族相啖嚼。"

蹊 〔xī《广韵》胡雞切，平齊，匣。〕小路。亦泛指道路。卢照邻《长安古意》："俱邀侠客芙蓉剑，共宿娼家桃李蹊。"杜甫《江畔独步寻花七绝句》之六："黄四娘家花满蹊，千朵万朵压枝低。"李贺《奉和况罢使遣马归延州》："自是桃李树，何畏不成蹊。"李商隐《赋得桃李无言》："应候非争艳，成蹊不在言。"

【蹊徑】 道路。温庭筠《感旧陈情五十韵献淮南李仆射》："投足乖蹊径，冥心向简编。"

蹌 〔qiāng《广韵》七羊切，平陽，清。〕行走有节奏貌。引申为起舞。李德裕《寒食日三殿侍宴奉进》："广乐初跄凤，神山欲抃鳌。"白居易《和微之春日投简阳明洞天五十韵》："捧拥罗将绮，趋跄紫与朱。"又《渭村退居寄礼部崔侍郎翰林钱舍人诗一百韵》："登朝思检束，入阁学趋跄。"

蹐 〔jí《广韵》资昔切，入昔，精。〕轻步行；小步走。《文选·张衡〈东京赋〉》："岂徒跼高天蹐厚地而已哉，乃救死于其颈。"张铣注："蹐，轻足行也。"柳宗元《法华寺石门精舍三十韵》："喧烦困蠛蠓，跼蹐疲魍魉。"

蹇[1] 〔jiǎn《广韵》九輦切，上獮，見，又居偃切，上阮，見。〕❶跛行；行动迟缓。《汉书·韩安国传》："安国行丞相事，引堕车，蹇。"颜师古注引如淳曰："为天子导引，而堕车跛蹇也。"张说《赠赵公》："舟楫中途蹇，风波复来思。"见"蹇支""蹇行""蹇足""蹇跛"。❷劣马或跛驴。白居易《叙德书情四十韵上宣歙翟中丞》："磨铅重剸割，策蹇再奔驰。"❸《易》卦名。六十四卦之一。《易·蹇》："象曰：山上有水，蹇。"王弼注："山上有水，蹇难之象。"引申为困苦，困厄，不顺利。韦庄《寄江南诸弟》："性拙唯多蹇，家贫半为慵。"参见"蹇厄""蹇分""蹇舛""蹇拙"。❹屈曲貌。王绩《古意六首》之五："连拳八九树，偃蹇二三行。"孟浩然《登鹿门山》："白云何时去，丹桂空偃蹇。"白居易《泛太湖书事寄微之》："洞雪压多松偃蹇，岩泉滴久石玲珑。"❺屈申貌。杜甫《毒热寄简崔评事十六弟》："蝮蛇暮偃蹇，空床难暗投。"任华《怀素上人草书歌》："夭矫偃蹇，入乎苍穹。"殷文圭《玉仙道中》："山势北蟠龙偃蹇，泉声东漱玉铮鏦。"❻飘卷飘动貌。韩愈《丰陵行》："清风飘飘轻雨洒，偃蹇旗旆卷以舒。"韩愈、孟郊《征蜀联句》："翻霓纷偃蹇，塞野澒坱圠。"❼骄纵，不顺服。李商隐《行次西郊作一百韵》："捋须蹇不顾，坐在御榻前。"❽阻塞，不通畅。杜甫《种莴苣》："阴阳一错乱，骄蹇不复理。"❾通"謇"。(1)正直，忠贞。李商隐《今月二日不自量度辄以诗一百四十韵干渎尊严辄复言五言四十韵诗献上亦诗人咏叹不足之义也》:"乐道乾知退,当官蹇匪躬。"参见"蹇諤"。(2)放在句首,语首助词。《楚辞·九歌·云中君》:"蹇将憺兮寿宫,与日月兮齐光。"王逸注:"蹇,词也。"王夫之通释:"蹇,楚人语助词。"卢照邻《狱中学骚体》:"万族皆有所托兮,蹇独淹留而不归。"李白《酬岑勋以诗见招》:"蹇予未相知,茫茫绿云垂。"

蹇²

〔qiān《集韵》丘虔切,平僊,溪。〕通"褰"。揭,提起。见"蹇₂裳"。

【蹇支】 跛足。支,"肢"的古字。孟郊《秋怀》之八:"商声耸中夜,蹇支废前行。"

【蹇屯】 困窘。白居易《哭王质夫》:"出身既蹇屯,生世仍须臾。"

【蹇厄】 遭困厄,不顺利。白居易《读邓鲂诗》:"诗人多蹇厄,近日诚有之。"

【蹇分】 (—fèn)厄运,不好的命运。司空图《丁巳元日》:"偶能甘蹇分,岂是薄浮荣。"

【蹇劣】 困厄,不好的境遇。韦应物《幽居》:"自当安蹇劣,谁谓薄世荣。"

【蹇行】 (—xíng)跛行,步履艰难。孟郊《秋怀》之一二:"蹇行散余郁,幽坐谁与曹。"

【蹇舛】 命运困厄乖舛。白居易《初入峡有感》:"况吾时与命,蹇舛不足恃。"

【蹇步】 步履艰难,行走困难。王维《同卢拾遗过韦给事东业别业不果斯诺》:"蹇步守穷巷,高驾难攀援。"白居易《醉后走笔酬刘五主簿长句之赠兼简张大贾二十四先辈昆季》:"蹇步何堪鸣珮玉,衰容不称着朝衣。"又《酬卢秘书二十韵》:"衰颜虽拂拭,蹇步尚低徊。"又《酬题候仙亭》:"蹇步垂朱绶,华缨映白须。"又《三适赠道友》:"紫毡履宽稳,蹇步颇相宜。"

【蹇足】 跛足。张南史《早春书事寄中书李舍人》:"蹇足终难进,颦眉竟未舒。"

【蹇拙】 艰难困苦,不顺利。罗隐《投浙东王大夫二十韵》:"可能因蹇拙,便合老沧浪。"

【蹇修】 人名。传说为伏羲氏之臣。张九龄《感遇十二首》之八:"永日徒离忧,临风怀蹇修。"

【蹇連】 语出《易·蹇》:"往蹇来连。"王弼注:"往来皆难,故曰往蹇来连。"孔颖达疏:"马云:连亦难也。"后遂以指艰难困厄。白居易《哭王质夫》:"出身既蹇屯,生世仍须臾。"柳宗元《植灵寿木》:"蹇连易衰朽,方刚谢经营。"

【蹇涸】 困顿。张说《夕宴房主簿舍》:"不逢君蹇涸,幽意长郁蒸。"

【蹇跛】 跛足。白居易《强起迎春戏寄思黯》:"他时蹇跛纵行得,笑杀平原楼上人。"

【蹇策】 谓步履艰难。孟郊《石淙》之八:"弱力谢刚健,蹇策贵安排。"

【蹇鈍】 迟钝。姚合《寄陕府内兄郭冏端公》:"蹇钝无大计,酷嗜进士名。"

【蹇₂裳】 用手提起衣裳。蹇,通"褰"。《楚辞·九章·思美人》:"因芙蓉而为媒兮,惮蹇裳而濡足。"洪兴祖补注:"蹇,盖读若褰,谓抠衣也。"钱起《游辋川至南山寄谷口王十六》:"蹇裳百泉里,一步一清心。"

【蹇嵼】 亦作"蹇滻"。形容高而盘曲。韩愈《赠张籍》:"开祛露毫末,自得高蹇嵼。"

【蹇滞】 困窘,不顺利。杜荀鹤《将入关安陆遇兵寇》:"家贫无计早离家,离得家来蹇滞多。"李咸用《投知》:"自是远人多蹇滞,近来仙榜半孤寒。"

【蹇瘠】 指瘦驴。王建《送韦处士老舅》:"如何二千里,尘土驱蹇瘠。"

【蹇薄】 驽钝浅薄。白居易《初授拾遗》:"况余蹇薄者,宠至不自意。"

【蹇蹄】 指劣马。李贺《吕将军歌》:"厩中高桁排蹇蹄,饱食青刍饮白水。"

【蹇諤】 正直貌。蹇,通"謇"。高适《淇上酬薛三据兼寄郭少府微》:"故交负灵奇,逸气抱蹇谔。"

【蹇澀】 步履艰难。白居易《梦上山》:"昼行虽蹇涩,夜步颇安逸。"

【蹇蹶】 困顿颠蹶。罗隐《经耒阳杜工部墓》:"騄骥丧来空蹇蹶,芝兰衰后长蓬蒿。"

【蹇辭】 忠直之言。蹇,通"謇"。卢纶《秋幕中夜独坐因书即事兼呈同院诸公》:"蹇辞惭自寡,渴病老难痊。"

【蹇蹟】 ❶困顿颠仆;不顺利。高适《留别郑三韦九兼洛下诸公》:"蹇蹟蹉跎竟不成,年过四十尚躬耕。"❷指驽马。元稹《野节鞭》:"誓以鞭奸顽,不以鞭蹇蹟。"陈去疾《赋得骐骥长鸣》:"何言从蹇蹟,今日逐腾骧。"

【蹇驢】 跛蹇羸弱的驴子。杜甫《偪仄行》:"东家蹇驴许借我,泥滑不敢骑朝天。"韩愈《杂诗四首》之三:"解辔弃骐骥,蹇驴鞭使前。"白居易《秦中吟十首·伤友》:"蹇驴避路立,肥马当风嘶。"

十一画

躇

〔chú《广韵》直魚切,平魚,澄。〕见"躊躇"。

蹣

〔pán《广韵》薄官切,平桓,並。又母官切,平桓,明。〕跛行貌。见"蹣跚"。

【蹣跚】 跛行貌。皮日休《太湖诗·上真观》:“天钧鸣响亮,天禄行蹣跚。”

蹔〔zàn《广韵》藏濫切,去闞,從。〕同“暫”。暂且;暂时。李白《猛虎行》:“蹔到下邳受兵略,来投漂母作主人。”

蹙〔cù《广韵》,子六切,入屋,精。〕❶接近,迫近。《周礼·考工记·弓人》:“夫角之本,蹙于刲而休于气,故柔。”郑玄注:“蹙,近也。”罗隐《广陵开元寺阁上作》:“江蹙海门帆散去,地吞淮口树相依。”❷紧迫。《诗·小雅·小明》:“曷云其还,政事愈蹙。”毛传:“蹙,促也。”韩愈、孟郊《城南联句》:“哀匏蹙驶景,冽唱凝余晶。”❸逼迫;追逼。薛逢《题剑门先寄上西蜀杜司徒》:“西蹙犬戎威北狄,南吞荆郢制东吴。”❹聚集;收拢。《管子·水地》:“夫玉温润以泽,仁也……坚而不蹙,义也。”尹知章注:“蹙,屈聚也。”元稹《遣春三首》之一:“水生低岸没,梅蹙小珠连。”刘禹锡《葡萄歌》:“繁葩组绶结,悬实珠玑蹙。”李绅《灵蛇见少林寺》:“鳞蹙翠光抽璀璨,腹连金彩动弯环。”亦指眉头皱拢。参见“蹙損”。❺缩小。指国土面积缩小。李商隐《行次西郊作一百韵》:“国蹙赋更重,人稀役弥繁。”❻一种刺绣方法。戎昱《赠别张驸马》:“从奴斜抱敕赐锦,双双蹙出金麒麟。”张祜《送走马使》:“新样花文配蜀罗,同心双带蹙金蛾。”

【蹙金】 一种刺绣方法。用金线绣花而皱缩其线纹,使其紧密而匀贴。亦指这种刺绣工艺品。杜甫《丽人行》:“绣罗衣裳照暮春,蹙金孔雀银麒麟。”张祜《太真香囊子》:“蹙金妃子小花囊,销耗胸前结旧香。”和凝《山花子》词之一:“星靥笑偎霞脸畔,蹙金开襜衬银泥。”

【蹙促】 逼迫。元稹《琵琶歌》:“去年御史留东台,公私蹙促颜不开。”白居易《长乐亭留别》:“昔时蹙促为迁客,今日从容自去官。”

【蹙損】 谓眉头紧皱蹙缩而损其容颜。形容极其忧伤。白居易《如梦令》词之三:“说著暂分飞,蹙損一双眉黛。”

【蹙塵】 踩踏尘土。喻凫《樊川寒食》:“蹙尘南北马,碾石去来车。”

【蹙踏】 踩踏。张说《破阵乐词二首》之一:“蹙踏辽河自竭,鼓噪燕山可飞。”

【蹙繩】 荡秋千。韩愈、孟郊《城南联句》:“蹙绳覲蛾婺,斗草撷玑理。”

【蹙蹙】 局缩不舒展。语出《诗·小雅·节南山》:“我瞻四方,蹙蹙靡所骋。”郑玄笺:“蹙蹙,缩小之貌。我视四方土地日见侵削于夷狄,蹙蹙然虽欲驰骋无所之也。”元稹《酬刘猛见送》:“未能深蹙蹙,多谢相劳劳。”

【蹙縮】 踡缩。元稹《分水岭》:“偶值当途石,蹙缩又纵横。”刘禹锡《踏潮歌》:“惊湍蹙缩悍而骄,大陵高岸失岧峣。”

【蹙鬤】 缩拢的鬃毛。韩愈、孟郊《城南联句》:“折足去踸踔,蹙鬐怒鬇鬤。”

蹤〔zōng《广韵》即容切,平鍾,精。〕亦作“踪”。❶脚印,踪迹。杜甫《凤凰台》:“山峻路绝踪,石林气高浮。”又《许生处乞瓦棺寺维摩图样志诸篇末》:“看画曾饥渴,追踪恨淼茫。”李贺《恼公》:“陿花开兔径,向壁印狐踪。”李商隐《无题四首》之一:“来是空言去绝踪,月斜楼上五更钟。”❷事迹。卢照邻《初夏日幽庄》:“闻有高踪客,耿介坐幽庄。”韩愈《醉留东野》:“吾与东野生并世,如何复蹑二子踪。”李商隐《题僧壁》:“舍生求道有前踪,乞脑剜身结愿重。”又《井络》:“将来为报奸雄辈,莫向金牛访旧踪。”

【蹤跡】 亦作“踪跡”。❶足迹,脚印。韦庄《虎跡》:“白额频频夜到门,水边蹤跡渐成群。”❷行踪,踪迹。牟融《赠欧阳詹》:“为客囊无季子金,半生蹤跡任浮沉。”李白《估客行》:“譬如云中鸟,一去无蹤跡。”韩愈《杂诗四首》之一:“凉风九月到,扫不见蹤跡。”陆龟蒙《奉酬袭美先辈吴中苦雨一百韵》:“蹤跡尚吴门,梦魂先魏阙。”❸前人的遗迹。刘禹锡《马嵬行》:“邮童爱踪迹,私手解鞶结。”

【蹤塵】 指世俗之事。韩愈《送惠师》:“脱冠剪头发,飞步遗踪尘。”

【蹤影】 足迹和身影。亦指寻找的对象。韩愈《盆池五首》之三:“忽然分散无踪影,惟有鱼儿作队行。”

【蹤蹊】 途径。孟郊《石淙》之七:“搜胜有闻见,逃俗无踪蹊。”

蹩〔bié《广韵》蒲結切,入屑,並。〕见“蹩躠”。

【蹩躠】 跛行貌。柳宗元《种仙灵毗》:“服之不盈旬,蹩躠皆腾骞。”

蹠〔zhí《广韵》之石切,入昔,章。〕亦作“跖”。❶至,往,到达。《淮南子·原道训》:“自无蹠有,自有蹠无,而以衰贱矣。”高诱注:“蹠,适也。”刘禹锡《游桃源一百韵》:“渊明著前志,子驥思远蹠。”❷古人名。指盗跖。《史记·伯夷列传》:“盗蹠日杀不辜,肝人之肉,暴戾恣睢。”司马贞索隐:“‘蹠’及注作‘跖’,并音之石反。”李白《古风》之二四:“世无洗耳翁,谁知尧与跖。”杜甫《醉时歌》:“儒术于我何有哉,孔某盗跖俱尘埃。”李商隐《赠送前刘五经映三十四韵》:“叔孙谗易得,盗跖暴难当。”

蹢 〔zhí《广韵》直炙切，入昔，澄。〕见“蹢躅”。

【蹢躅】 徘徊不进貌。韩愈《此日足可惜赠张籍》：“辕马蹢躅鸣，左右泣仆童。”

十二画

蹰 同“躕”。

蹶 〔jué《广韵》居月切，入月，見。又紀劣切，入薛，見。〕❶颠仆；跌倒。李白《天马歌》：“腾昆仑，历西极，四足无一蹶。”杜甫《醉歌行》：“暂蹶霜蹄未为失，偶然擢秀非难取。”又《瘦马行》：“当时历块误一蹶，委弃非汝能周防。”陆龟蒙《奉酬袭美先辈吴中苦雨一百韵》：“幽忧和愤懑，忽愁自惊蹶。”❷倾覆。孟郊《峡哀》之十：“骇智蹶众命，蕴腥布深萝。”韩愈《桃源图》：“嬴颠刘蹶了不闻，地坼天分非所恤。”

【蹶倒】 (—dǎo)仆倒，跌倒。柳宗元《行路难三首》之二：“万围千寻妨道路，东西蹶倒山火焚。”

【蹶張】 典出《史记·张丞相列传》：“申屠丞相嘉者，梁人，以材官蹶张从高帝击项籍，迁为队率。”裴骃集解：“徐广曰：‘勇健有材力开张。’如淳曰：‘材官之多力，能脚蹋强弩张之，故曰蹶张。’”形容勇健有力。亦用作出身低微而终至高位的典故。杜牧《杜秋娘诗》：“给丧蹶张辈，廊庙冠峨危。”

【蹶蹶】 疾行貌。司空图《杂言》：“乌飞飞，兔蹶蹶，朝来暮去驱时节。”

蹻 〔jiǎo《广韵》居夭切，上小，見。〕壮健，勇武。韩愈《记梦》：“我亦平行蹋𨁝𨇨，神完骨蹻脚不掉。”

【蹻騰】 壮武腾跃貌。杜甫《故武卫将军挽歌三首》之二：“铦锋行惬顺，猛噬失蹻腾。”韩愈《送侯参谋赴河中幕》：“行行事结束，人马何蹻腾。”

蹴 〔cù《广韵》七宿切，入屋，清。又子六切，入屋，精。〕❶踩，踏。《孟子·告子上》：“蹴尔而与之，乞人不屑也。”赵岐注：“蹴，蹋也。以足践踏与之乞人，不洁之，亦由其小，故轻而不受也。”参见“蹴踏”。❷踢。见“蹴毬”“蹴踘”。❸同“蹙”。促，靠近。《文选·扬雄〈羽猎赋〉》：“移围徙阵，浸淫蹵部。”李善注：“毛苌《诗传》曰：‘蹙，促也。’蹵，古字通。”杜甫《江涨》：“大声吹地转，高浪蹴天浮。”白居易《代鹤答》：“鹰爪攫鸡鸡肋折，鹘拳蹴雁雁头垂。”

【蹴毬】 唐代一种类似足球的运动。为战国以来流行的“蹴踘”运动的演变，已使用充气球，并有了类似今天足球运动的球门。白居易《洛桥寒食日作十韵》：“蹴球尘不起，泼火雨新晴。”

【蹴踏】 亦作“蹴蹋”。❶踩；踏。杜甫《韦讽录事宅观曹将军霜画马图》：“霜蹄蹴踏长楸间，马官厮养森成列。”又《冬狩行》：“东西南北百里间，仿佛蹴踏寒山空。”又《自京赴奉先县咏怀五百字》：“蚩尤塞寒空，蹴蹋崖谷滑。”戴叔伦《边城曲》：“原头猎火夜相向，马蹄蹴蹋层冰上。”❷比喻蹂躏；摧残。李白《闻李太尉出征东南请缨病还留别金陵崔侍御十九韵》：“秦出天下兵，蹴踏燕赵倾。”

【蹴踘】 亦作“蹴鞠”。我国古代的一种足球运动。用以练武、娱乐和健身。战国时已流行。见《汉书·枚乘传》。王维《寒食城东即事》：“蹴踘屡过飞鸟上，秋千竞出垂杨里。”李白《古风》之四六：“斗鸡金宫里，蹴踘瑶台边。”韦应物《寒食后北楼作》：“遥闻击鼓声，蹴鞠军中乐。”杜甫《清明二首》之二：“十年蹴踘将雏远，万里秋千习俗同。”

【蹴蹋】 见“蹴踏”。

【蹴鞠】 见“蹴踘”。

蹲1 〔dūn《广韵》徂尊切，平魂，從。〕❶兽类踞伏。杜甫《东屯月夜》：“数惊闻雀噪，暂睡想猿蹲。”柳宗元《行路难三首》之三：“蟠龙吐耀虎喙张，熊蹲豹踯争低昂。”李商隐《乱石》：“虎踞龙蹲纵复横，星光渐减雨痕生。”亦泛指物体立于地上。杜甫《石笋行》：“君不见益州城西门，陌上石笋双高蹲。”❷屈两腿如坐，臀部不着地。见“蹲身”“蹲坐”。

蹲2 〔cún《集韵》七倫切，平諄，清。〕见“蹲₂舞”“蹲₂蹲”。

蹲3 〔cǔn《集韵》粗本切，上混，清。〕聚合，聚拢。韩愈《陆浑山火和皇甫湜用其韵》：“一朝结雠奈后昆，时行当反慎藏蹲。”

【蹲伏】 踞伏。张继《城西虎跑寺》：“石势虎蹲伏，山形龙屈盘。”

【蹲身】 屈腿向下蹲。张祜《观杨瑗柘枝》：“紫罗衫宛蹲身处，红锦靴柔踏节时。”

【蹲坐】 蹲下身子而坐。卢延让《松寺》：“山寺取凉当夏夜，共僧蹲坐石阶前。”

【蹲踞】 见“蹲鸱”。

【蹲₂踏】 起舞。张说《舞马千秋万岁乐府词三首》之二：“髬髵奋鬣时蹲踏，鼓怒骧身忽上蹐。”

【蹲₂舞】 古代中亚民族的一种舞蹈动作。刘言史《王中丞宅夜观舞胡腾》：“石国胡儿人见少，蹲舞尊前急如鸟。”

【蹲鸱】 蹲伏的鸱。唐末饮酒猜拳时用以代称大拇指。《酒令·招手令》(卷八七九)：“亚其虎膺(谓手掌)，曲其松根(指指节)，以蹲鸱间虎膺之下(蹲羝，大指也)，以钩戟差玉柱之旁(钩戟，头指；玉柱，中指也)。”按，蹲鸱，全诗误作“蹲羝”。据文意而改。

【蹲獸】 兽形之火炉。刘禹锡《历阳书事七十韵》：“炽炭烘蹲兽，华茵织斗鲸。”

【蹲₂蹲】 (—cún)起舞貌。语出《诗·小雅·伐木》：“坎坎鼓我，蹲蹲舞我。”毛传：“蹲蹲，舞貌。”白居易《郡中春宴因赠诸客》：“蛮鼓声坎坎，巴女舞蹲蹲。”

蹭 〔cèng《广韵》千鄧切，去嶝，清。〕见“蹭蹬”。

【蹭蹬】 (—dèng)❶险阻难行。储光羲《赴冯翊作》：“蹭蹬失归道，崎岖从下位。”杜甫《奉赠韦左丞丈二十二韵》：“青冥却垂翅，蹭蹬无纵鳞。”又《奉赠射洪李四丈》：“苍茫风尘际，蹭蹬骐驎老。”韩愈《南山诗》：“攀缘脱手足，蹭蹬抵积甃。”❷困顿，失意。杜甫《义鹘行》：“高空得蹭蹬，短草辞蜿蜒。”又《上水遣怀》：“蹭蹬多拙为，安得不皓首。”又《白凫行》：“鲁门鶢鶋亦蹭蹬，闻道如今犹避风。”李贺《马诗二十三首》之一一：“午时盐坂上，蹭蹬溘风尘。”

蹬¹ 〔dēng《集韵》都騰切，平登，端。〕见“蹭蹬”。

蹬² 〔dèng《广韵》徒亘切，去嶝，定。〕石级。见“蹬₂道”。

【蹬₂道】 有踏级的道路。王维有《自大散以往深林密竹蹬道盘曲四五十里至黄牛岭见黄花川》。

十三画

躁 〔zào《广韵》则到切，去号，精。〕❶急躁。李贺《春归昌谷》：“狭行无廓落，壮士徒轻躁。”❷跳动。孟郊《长安羁旅行》：“直木有恬翼，静流无躁鳞。”

【躁氣】 浮躁的气质。孟郊《石淙》之四：“输去虽有恨，躁气一何颠。”

【躁容】 急躁的容颜。刘禹锡《和仆射牛相公见示长句》：“大鹏六月有闲意，仙鹤千年无躁容。”

【躁静】 急躁和安静。白居易《题赠平泉韦征君拾遗》：“躁静心相背，高低迹不同。”又《常乐里偶题十六韵》：“勿言无知己，躁静各有徒。”

躅¹ 〔zhú《广韵》直録切，入燭，澄。〕❶见“踯躅”“蹢躅”。❷踩踏；顿足。韩愈、孟郊《城南联句》：“礼鼠拱而立，骇牛躅且鸣。”

躅² 〔zhuó《集韵》直角切，入覺，澄。〕❶足迹，踪迹。《汉书·叙传上》：“伏周孔之轨躅。”颜师古注引郑氏曰：“躅，迹也。三辅谓牛蹄处为躅。”杜甫《陪章留后惠义寺饯嘉州崔都督赴州》：“出尘闷轨躅，毕景遗炎蒸。”刘禹锡《游桃源一百韵》：“我来尘外躅，莹若朝星析。”皮日休《三羞诗三首》之二：“自嗟胡为者，得蹑前修躅。”❷喻人的行为、业迹。韩愈、孟郊《雨中寄孟刑部几道联句》：“东野继奇躅，修纶悬众犗。”刘禹锡《登司马错古城》：“登临直萧辰，周览壮前躅。”温庭筠《鸿胪寺有开元中锡宴堂偶成四十韵》：“沉机发雷电，逸躅陵尧汤。”

躃 〔bì《广韵》房益切，入昔，並。〕亦作“躄”。足不能行。《文选·枚乘〈七发〉》：“当是之时，虽有淹病滞疾，犹将伸伛起躄，发瞽披聋而观望之也。”李善注：“躄，跛不能行也。”《史记·平原君列传》载有平原君美人笑躃者行汲而被杀事。李白《送薛九被谗去鲁》：“蛾眉笑躃者，宾客去平原。”

【躃躃】 前进不止。李贺《感讽五首》之二：“奇俊无少年，日车何躃躃。”

躄 同“躃”。

十四画

躊 〔chóu《广韵》直由切，平尤，澄。〕见“躊躇”。

【躊躇】 亦作“躊蹰”“躊躕”。❶徘徊不前。语出《楚辞·东方朔〈七谏·沉江〉》：“骥踌躇于弊輂兮。”王逸注：“踌躇，不行貌。”杜甫《登兖州城楼》：“从来多古意，临眺独踌躇。”高适《送李少府贬峡中王少府贬长沙》：“圣代即今多雨露，暂时分手莫踌躇。”韩愈《符读书城南》：“恩义有相夺，作诗劝踌躇。”白居易《魏堤有怀》：“惆怅回头听，踌蹰立马看。”❷从容自得貌。《庄子·外物》：“圣人踌躇以兴事。”成玄英疏：“踌躇，从容也。”杜甫《南池》：“驻马问渔舟，踌躇慰羁束。”❸犹豫不决貌。杜甫《别张十三建封》：“刘裴建首义，龙见尚踌躇。”姚合《酬杨汝士尚书喜人移居》：“酬章深自鄙，欲寄复踌躕。”贾岛《游子》：“当期附鹏翼，未偶方踌躇。”

【躊蹰】 见“躊躇”。

【躊躕】 见“躊躇”。

躄 〔qīng《广韵》去盈切，平清，溪。又苦定切，去拚，溪。〕一足跳行。陆龟蒙《江南秋怀寄华阳山人》："项岂重瞳圣，夔犹一足躄。"

躋 〔jì《广韵》祖稽切，平齊，精。〕❶升登，达到。《易·震》："跻于九陵。"孔颖达疏："跻，升。"王维有《酬比部杨员外暮宿琴台朝跻书阁率尔见赠之作》。杜甫《晚登瀼上堂》："故跻瀼岸高，颇免崖石拥。"韩愈《题炭谷湫祠堂》："石级皆险滑，颠跻莫牵攀。"孟郊《寄院中诸公》："竹林递历览，云寺行攀跻。"❷超越，逾越。杜甫《奉赠太常张卿二十韵》："弼谐方一展，斑序更何跻。"

【躋險】 登至高险处。张九龄《与生公游石窟山》："跻险构灵室，诡制非人功。"卢照邻《奉使益州至长安发钟阳驿》："跻险方未夷，乘春聊骋望。"杜甫《赤谷西崦人家》："跻险不自喧，出郊已清目。"

【躋攀】 攀登。裴迪《辋川集二十首·文杏馆》："迢迢文杏馆，跻攀日已屡。"杜甫《白水县崔少府十九翁高斋三十韵》："清晨陪跻攀，傲睨俯峭壁。"韩愈《听颖师弹琴》："跻攀分寸不可上，失势一落千丈强。"贾岛《重酬姚少府》："原阁期跻攀，潭舫偶俱入。"

【躋覽】 登高眺望。吴筠《登北固山望海》："跻览何所见，茫茫潮汐驰。"

躑 〔zhí《广韵》直炙切，入昔，澄。〕❶见"躑躅❶"。❷跳跃。韩愈《答柳柳州食虾蟆》："跳踯虽云高，意不离泞淖。"柳宗元《行路难三首》之三："蟠龙吐耀虎喙张，熊蹲豹踯争低昂。"姚合《题河上亭》："亭亭河上亭，鱼踯水禽鸣。"清昼、崔子向《与崔子向泛舟一十六韵》："戏猿隔枝透，惊鹿逢人踯。"❸喻光阴迅速。见"跳躑❷"。

【躑躅】 ❶徘徊不进貌。王维《晦日游大理寺韦卿城南别业四声依次用各六韵》之四："应接无闲暇，徘徊以踯躅。"储光羲《效古二首》之二："中夜起踯躅，思欲献厥谋。"杜甫《醉歌行》："乃知贫贱别更苦，吞声踯躅涕泪零。"清昼、潘述《与潘述集汤宅怀李司直纵联句》："执袂空踯躅，来城自逶迤。"韩愈《嗟哉董生行》："彷徨踯躅久不去，以翼来覆待狗归。"❷杜鹃花的别名。又名映山红。张籍《寄李渤》："五度溪头踯躅红，嵩阳寺里讲时钟。"白居易《题元八溪居》："晚叶尚开红踯躅，秋芳初结白芙蓉。"清昼、崔子向《泛长城东溪暝宿崇光寺寄处士陆羽联句》："溪鸟语鹂喽，寺花翻踯躅。"韩愈《游青龙寺赠崔大补阙》："前年峻隅乡思发，踯躅成山开不算。"

躍 〔yuè《广韵》以灼切，入藥，以。〕跳跃。张说《奉和圣制春日出苑应制》："鹤飞不去随青管，鱼跃翻来入彩航。"苏瓌《兴庆池侍宴应制》："瑞凤飞来随帝辇，祥鱼出戏跃王舟。"杜甫《早发》："涛翻黑蛟跃，日出黄雾映。"李商隐《赋得月照冰池》："顾兔飞难定，潜鱼跃未期。"

【躍犬】 跳跃的狗。韩愈、孟郊《城南联句》："跃犬疾翥鸟，呀鹰甚饥虻。"

【躍舟魚】 据传武王伐纣，渡孟津，有白鱼跃入舟中，被看作符瑞。见《宋书·符瑞志上》。遂以为典，歌颂帝王之功业顺乎天意。叔孙玄观《洛出书》："美珍翔阁凤，庆迈跃舟鱼。"

【躍馬】 ❶策马驰骋腾跃。典出《史记·范雎蔡泽列传》："[蔡泽]谓其御者曰：'吾持粱刺齿肥，跃马疾驱怀黄金之印，结紫绶于要，揖让人主之前，食肉富贵，四十三年足矣。'"后遂以为典，指贵显得志或建立功业等。陈子昂《赠严仓曹乞推命录》："愿奉唐生诀，将知跃马年。"王维《赠从弟司库员外绿》："徒闻跃马年，苦无出人智。"鲍溶《途中旅思二首》之二："跃马非壮岁，报恩无高功。"贾岛《送友人之南陵》："少年跃马同心使，免得诗中道跨驴。"❷指东汉公孙述。语出晋左思《蜀都赋》："公孙跃马而称帝，刘宗下辇而自王。"杜甫《阁夜》："卧龙跃马终黄土，人事依依漫寂寥。"

【躍馬溪】 指湖北襄阳市城西之檀溪。三国刘备骑的卢马跃溪而过，以避蔡瑁追杀之地。见《三国志·蜀志·先主传》裴松之注引《世语》。孟浩然《檀溪寻故人》："花伴成龙竹，池分跃马溪。"

【躍魚】 游动的鱼。李白《送别得书字》："日落看归鸟，潭澄羡跃鱼。"

【躍鯉】 传说汉孝子姜诗母嗜鱼脍，诗夫妇常力作供脍，一日舍侧忽现涌泉，味如江水，每日辄出双鲤鱼。事见《后汉书·列女传·姜诗妻》。后遂以作为孝亲之典。李瀚《蒙求》："盛彦感螬，姜诗跃鲤。"

【躍蹄】 跃马，骑马奔驰。贾岛《送蔡京》："跃蹄归鲁日，带漏别秦星。"

【躍鱗】 ❶指鱼游动。亦指游动的鱼。喻坦之《春游曲江》："曲岸藏翘鹭，垂杨拂跃鳞。"❷鱼游于水，喻人奋发有为。李白《古风》之一："群才属休明，乘运共跃鳞。"

十五画

躚 〔xiān《广韵》蘇前切，平先，心。又相然切，平仙，心。〕舞貌，飞舞貌。杜甫《西阁曝日》："流离木杪猿，翩跹山颠鹤。"

【躚躚】 犹翩翩。有风度、有文采的样子。韩愈《示儿》："跹跹媚学子，墙屏日有徒。"

躓 〔zhì《广韵》陟利切，去至，知。〕跌倒。杜甫《送顾八分文学适洪吉州》："故旧独依然，时危话颠踬。"又《奉赠太常张卿二十韵》："适越空颠踬，游梁竟惨凄。”元稹《八骏图诗》序：“无是三神而得是八马，乃破车掣御，踬人之乘也。”

蹰 〔chú《广韵》直誅切，平虞，澄。〕亦作“蹰”。见“踌蹰”“踟蹰”。

躔 〔chán《广韵》直連切，平仙，澄。〕本指兽的足迹。引申为日月星辰在黄道上运行及其运行的轨迹。骆宾王《帝京篇》：“五纬连影集星躔，八水分流横地轴。”杜甫《秋日夔府咏怀奉寄郑监李宾客一百韵》：“声华夹宸极，早晚到星躔。”柳宗元《行路难三首》之三：“星躔奔走不得止，奄忽双燕栖虹梁。”刘禹锡《洞庭秋月行》：“势高夜久阴力全，金气肃肃开星躔。”

【躔次】 日月星辰在运行轨道上的位次。韩愈《和崔舍人咏月二十韵》：“赫奕当躔次，虚徐度杳冥。”白居易《看梦得题答李侍郎诗因戏和之》：“好遣文星守躔次，亦须防有客星来。”刘禹锡《送惟良上人》引：“以乾坤之筴，当十期之数，凝神运指，上感躔次。”

躐 〔liè《广韵》良涉切，入葉，來。〕逾越，超过。见“躐等”。

【躐等】 越级，不按次序。杜牧《雪中书怀》：“向来躐等语，长作陷身机。”

躒 〔lì《广韵》郎擊切，入錫，來。又盧各切，入鐸，來。〕见“躪躒”。

十七画

躞 〔xiè《广韵》蘇協切，入帖，心。〕见“躞蹀”。

【躞蹀】 ❶小步行走貌。孟浩然《送桓子之郢成礼》：“闻君驰彩骑，躞蹀指南荆。”张仲素《天马辞二首》之二：“躞蹀宛驹齿未齐，纵金喷玉向风嘶。”皎然《长安少年行》：“纷纷半醉绿槐道，躞蹀花骢骄不胜。”白居易《初到洛下闲游》：“曾在东方千骑上，至今躞蹀马头高。”❷徘徊貌。张祜《爱妾换马》：“婵娟躞蹀春风里，挥手摇鞭杨柳堤。”

十八画

躡 〔niè《广韵》尼輒切，入葉，娘。〕❶踩，踏。韦应物《寻简寂观瀑布》：“蹑石欹危过急涧，攀崖迢递弄悬泉。”韩愈《奉和虢州刘给事使君三堂新题二十一咏·梯桥》：“乍似上青冥，初疑蹑菡萏。”❷穿鞋。韩愈《答张彻》：“暄晨蹑露舄，暑夕眠风棂。”参见“躡履三千”。❸攀登，登上，踏上。韩愈、孟郊《城南联句》：“危望跨飞动，冥升蹑登闳。”❹超逾，逾越。高适《真定即事奉赠韦使君》：“擢才登粉署，飞步蹑云衢。”颜真卿、释尘外《登岘山观李左相石尊联句》：“闲路蹑云影，清心澄水源。”❺追赶，追逐。韩愈《同窦韦寻刘尊师不遇》：“还随蹑凫骑，来访驭风襟。”又《醉留东野》：“吾与东野生并世，如何复蹑二子踪。”皮日休《三羞诗三首》之二：“自嗟何为者，得蹑前修躅。”❻到，至。陆龟蒙《奉和袭美初夏游楞伽精舍次韵》：“僮能蹑孤刹，鸟惯亲纵铎。”

【躡扶搖】 语出《庄子·逍遥游》。扶摇，上行风，后遂以“躡扶搖”喻指致身高位或仕途升迁。权德舆《户部王曹长杨考功崔刑部二院长并同钟陵使府之旧因以寄赠因书所怀且叙所知》：“方期全拥肿，岂望蹑扶摇。”

【躡足】 顿足，踏步。刘禹锡《寄毗陵杨给事三首》之一：“挥毫起制来东省，蹑足修名谒外台。”

【躡景追風】 追蹑日影和疾风。形容马驰迅速。薛曜《舞马篇》：“奔尘飞箭若麟螭，蹑景追风忽见知。”

【躡險】 经历险境。许棠《经八合坂》：“蹑险入高空，初疑势不穷。”

【躡履三千】 蹑履，谓穿鞋。蹑履三千，形容门客众多而豪奢。战国楚春申君有门客三千，其上客皆穿珠履。见《史记·春申君列传》。方干《寄于少监》：“蹑履三千皆后学，抟风九万即前程。”

【躡壁】 攀越山崖。李商隐《寄华岳孙逸人》：“攀崖仍蹑壁，啖叶复眠阴。”

十九画

躪 〔lìn《龙龛手鉴》良刃切。〕见“躪躒”。

【躪躒】 ❶践踏。柳宗元《行路难》之二：“遗余毫末不见保，躪跞涧壑何当存。”❷象声词。陆龟蒙《奉和袭美二游诗·任诗》：“出门向城路，车马声躪跞”。

躧 〔xǐ《广韵》所綺切，上紙，生。又所蟹切，上蟹，生。〕趿拉，形容急遽起行。张说《赠赵侍御》：“并辔躧郊郭，方舟玩游演。”参见“躧步”。

【躧步】 谓急于迎送来不及穿鞋而趿着鞋走。张说《翻著葛巾呈赵尹》：“忽闻有嘉客，躧步出闲门。”

二十画

躩 〔jué《广韵》居縛切，入藥，見。又丘縛切，入藥，溪。〕跳跃。杜牧《大雨行》：“铮栈雷车轴辙壮，矫躩蛟龙爪尾长。”参见“躩躍”。

【躩躍】 跳跃。李白《东海有勇妇》:"十步两躩跃,三呼一交兵。"

二十一画

躨 〔kuí《广韵》渠追切,平脂,羣。〕见"躨跜"。

【躨跜】 盘曲蠕动貌。储光羲《登秦岭作时陷贼归国》:"朝出猛兽林,躨跜登高峰。"

身　部

身〔shēn《广韵》失人切，平真，书。〕❶人或动物的躯体。多指整个身体。张鹭《咏燕》："变石身犹重，衔泥力尚微。"戴叔伦《题武当逸禅师兰若》："我身本似远行客，况是乱时多病身。"白居易《池上闲吟二首》之二："梦游信意宁殊蝶，心乐身闲便是鱼。"牟融《客中作》："迹比风前叶，身如水上鸥。"亦指头以外的部分。见"身首"。❷物体的主干或主干部分。白居易《有木诗八首》之七："托根附树身，开花寄树梢。"❸自己，自身。岑参《喜华阴王少府使到南池宴集》："有客至铃下，自言身姓梅。"权德舆《古乐府》："身年二八婿侍中，幼妹承恩兄尚主。"李涉《寄河阳从事杨潜》："身解耕耘妾能织，岁晏饥寒免相逼。"孙元晏《咏史诗·齐·潘妃》："玉儿还有怀恩处，不肯将身嫁小臣。"❹代词。第一人称，相当于"我"。白居易《和微之诗二十三首·和自劝二首》之二："身饮数杯妻一盏，余酌分张与儿女。"❺身份，地位。杜甫《新婚别》："妾身未分明，何以拜姑嫜。"李德裕《离平泉马上作》："十年紫殿掌洪钧，出入三朝一品身。"刘言史《苦妇词》："哀哉苦妇身，夫死百殃缠。"韦铿《嘲邵景萧嵩》："相对厅前捺且立，自惭身品世间毛。"❻生命。杜甫《大历三年春四十韵》："甲卒身虽贵，书生道固殊。"高适《送董判官》："长策须当用，男儿莫顾身。"贾至《自蜀奉册命往朔方途中呈韦左相文部房尚书门下崔侍郎》："豳公秉大节，临难不顾身。"❼犹人。耿湋《送归中丞使新罗》："云水连孤棹，恩私在一身。"赵嘏《风蝉》："故里客归尽，水边身独行。"李山甫《代崇徽公主意》："遣妾一身安社稷，不知何处用将军。"徐夤《宋二首》之一："天爵休将儋石论，一身恭俭万邦尊。"齐己《寄哭西川坛长广济大师》："千万僧中宝，三朝帝宠身。"❽毕生，终生。白居易《咏家酝十韵》："应是世间贤圣物，与君还往拟终身。"❾亲自。顾况《赠韦清将军》："身执金吾主禁兵，腰间宝剑重横行。"

【身力】　自己的能力、力量。亦指体力。白居易《早冬游王屋偶吟成章寄温谷周尊师中书李相公》："忽念公程尽，复惭身力衰。"又《诏授同州刺史病不赴任因咏所怀》："诚爱俸钱厚，其如身力衰。"

【身手】　指本领，技艺。杜甫《哀王孙》："朔方健儿好身手，昔何勇锐今何愚。"

【身心】　身体和精神。崔曙《宿大通和尚塔敬赠如上人兼呈常孙二山人》："身心能自观，色相了无取。"戎昱《寂上人禅房》："俗尘浮垢闭禅关，百岁身心几日闲。"白居易《听幽兰》："欲得身心俱静好，自弹不及听人弹。"翁洮《夏》："身心已在喧阗处，惟羡沧浪把钓翁。"

【身世】　❶指人的经历，遭遇。杜甫《北征》："缅思桃源内，益叹身世拙。"清江《长安卧病》："身世足堪悲，空房卧病时。"李群玉《江楼闲望怀关中亲故》："音书寂绝秦云外，身世蹉跎楚水头。"李中《对酒招陈昭用》："身世都如梦役，是非空使神疲。"❷一生，终生。韩偓《小隐》："借得茅斋岳麓西，拟将身世老锄犁。"❸言自身与世界。宋之问《春日山家》："丘中无俗事，身世两相违。"孟浩然《寻香山湛上人》："愿言投此山，身世两相弃。"白居易《偶作二首》之二："是非一以贯，身世交相忘。"裴夷直《临水》："一见心原断百忧，益知身世两悠悠。"

【身外】　自身之外。皇甫冉《题卢十一所居》："身外天余事，闲吟昼闭门。"姚合《闲居遣怀十首》之九："惯无身外事，不信世间愁。"陆龟蒙《读阴符经寄鹿门子》："身外更何事，眼前徒自喧。"吴融《过邓城县作》："到头一切皆身外，只觉关身是醉乡。"

【身名】　❶身体和名誉。韦应物《昙智禅师院》："身名两俱遣，独此野寺行。"沈佺期《回波词》："身名已蒙齿录，袍笏未复牙绯。"❷声誉，名望。王缙《与卢员外象过崔处士兴宗林亭》："身名不问十年余，老大谁能更读书。"元稹《幽栖》："壶中天地乾坤外，梦里身名旦暮间。"白居易《妻初授邑号告身》："倚得身名便慵堕，日高犹睡绿窗中。"

【身灾】　危害身体之物。白居易《感兴二首》之一："名为公器无多取，利是身灾合少求。"又《闲卧有所思二首》之一："权门要路是身灾，散地闲居少祸胎。"

【身事】　❶个人的经历与遭遇。朱庆余《塞下感怀》："程涂过万里，身事尚孤寒。"许浑《闻两河用兵因贻友人》："故人日已远，身事与谁论。"韦庄《与东吴生相遇》："十年身事各如萍，白首相逢泪满缨。"亦指行踪。杜甫《楼上》："皇舆三极北，身事五湖南。"❷犹言自己的事情。秦系《早秋宿崔业居处》："身事何须问，余心正四愁。"赵嘏《寄归》："早晚相酬身事了，水边归去一闲人。”刘沧《下第后怀旧居》：“每见山泉长属意，终期身事在归耕。”杜荀鹤《送项山人归天台》：“不教日月拘身事，自与烟萝结野情。”❸亲身事奉。周贺《送忍禅师归庐岳》：“已知身事非吾道，甘卧荒斋竹满庭。”

【身命】 ❶生命。王维《夷门歌》：“非但慷慨献良谋，意气兼将身命酬。”鲍溶《山行经樵翁》：“借问身命谋，上言愧乾坤。”❷指命运。韩愈《赠族侄》：“岁时易迁次，身命多厄穷。”

【身相】 (—xiàng)身体形象。独孤及《登山谷寺上方答皇甫侍御卧疾阙陪车骑之后》：“汉主马踪成蔓草，法王身相示空棺。”

【身後】 死后。李白《行路难三首》之三：“且乐生前一杯酒，何须身后千载名。”杜甫《梦李白二首》之二：“千秋万岁名，寂寞身后事。”白居易《足疾》：“幸有眼前衣食在，兼无身后子孙忧。”薛能《春日使府寓怀二首》之一：“道困古来应有分，诗传身后亦何荣。”

【身計】 生计。张籍《羁旅行》：“旧山已别行已远，身计未成难复返。”姚合《寄崔之仁山人》：“几时身计浑无事，拣取深山一处居。”皮日休《夏景冲澹偶然作二首》之二：“无限世机吟处息，几多身计钓前休。”吴融《南迁途中作七首·登七盘岭二首》之一：“从此自知身计定，不能回首望长安。”

【身前】 生前。圆观《竹枝词》之二：“身前身后事茫茫，欲话因缘恐断肠。”

【身首】 躯干和头颅。韦庄《秦妇吟》：“忽看庭际刀刃鸣，身首支离在俄顷。”

【身退】 退隐家园。张九龄《故刑部李尚书荆谷山集会》：“尝闻继老聃，身退道弥耽。”胡曾《咏史诗·上蔡》：“功成不解谋身退，直待云阳血染衣。”

【身雲】 佛教语。谓围绕在佛身上的祥云。王维《谒璿上人》：“方将见身云，陋彼示天壤。”

【身隆業著】 功业隆盛著名。周昙《咏史诗·春秋战国门·苏厉》：“身隆业著未知退，勿遣功名一旦隳。”

【身意】 指身和心。元结《系乐府十二首·思太古》：“所欢同鸟兽，身意复何拘。”

【身影】 身体的影子。薛能《秋日将离滑台酬所知二首》之二：“灯涩秋光静不眠，叶声身影客窗前。”

【身謀】 为自身谋虑。白居易《渭村退居寄礼部崔侍郎翰林钱舍人诗一百韵》：“世虑休相扰，身谋且自强。”又《东南行一百韵》：“况我身谋拙，逢他厄运拘。”又《想东游五十韵》：“饱餐为日计，稳睡是身谋。”

【身軀】 身体。寒山《诗三百三首》之二〇一：“可贵天然无价宝，埋在五阴溺身躯。”

【身邊】 ❶身体的周围。元稹《虫豸诗·蜘蛛》序：“巴蜘蛛大而毒，其甚者，身边数寸。”❷身体的旁边。朱庆余《赠凤翔柳司录》：“点检生涯与官职，一茎野竹在身边。”

【身穩心安】 谓身心闲逸。白居易《即事重题》：“身稳心安眠未起，西京朝士得知无。”

【身體】 人或动物的全身。寒山《诗三百三首》之五四：“可怜好丈夫，身体极棱棱。”韩愈《重云李观疾赠之》：“饮食为减少，身体岂宁康。”元稹《感梦》：“觉来身体汗，坐卧心骨悲。”

三　画

躬〔gōng《广韵》居戎切，平東，見。〕❶身，身体。李栖筠《张公洞》：“迟回将不还，章绶系我躬。”孟郊《凭周况先辈于朝贤乞茶》：“幸为乞寄来，救此病劣躬。”孟郊《送陆畅归湖州因凭题故人皎然塔陆羽坟》：“江调难再得，京尘徒满躬。”元稹《遣春十首》之一：“冉冉一趋府，未为劳我躬。”❷自己，自身。王昌龄《咏史》：“进则耻保躬，退乃为触藩。”高适《李云南征蛮诗》：“临事耻苟免，履危能饬躬。”白居易《贺雨》：“或者天降沴，无乃儆予躬。”❸亲自，亲身。殷尧藩《帝京二首》之一：“列郡征才起俊髦，万机独使圣躬劳。”蜀太后徐氏《丈人观谒先帝御容》：“圣帝归梧野，躬来谒圣颜。”陆龟蒙《读襄阳耆旧传因作诗五百言寄皮袭美》：“孔明卧龙者，潜伏躬耕耨。”

【躬化】 谓用自己的德行去感化别人。德宗《重阳日赐宴曲江亭赋六韵诗用清字》：“早衣对庭燎，躬化勤意诚。”

【躬行】 (—xíng)亲自实行。赵居贞《云门山投龙诗》序：“余撰良日，爰及中元、下元，并躬行为圣上祈寿。”

【躬奉】 亲自捧着。包佶《祀雨师乐章·迎俎酌献》：“阳开幽蛰，躬奉郁鬯。”《郊庙歌辞·玄宗祀圜丘乐章·肃和》：“太玉躬奉，参钟首奠。”

【躬服】 犹躬行。韦应物《送端东行》：“世承清白遗，躬服古人言。”

【躬耕】 ❶古代帝王亲自率领大臣举行耕种仪式以劝农。和凝《宫词百首》之六三：“圣主躬耕在籍田，公卿环卫待丰年。”❷谓亲自从事农业生产。李白《赠韦秘书子春二首》之一：“谷口郑子真，躬耕在岩石。”皇甫冉《赠郑山人》：“玄纁倘有命，何以遂躬耕。”权德舆《送台州崔录事》：“不嫌临海远，微禄代躬耕。”唐彦谦《和陶渊明贫士诗七首》之五：“后世耻躬耕，号呼脱饥寒。”

【躬詣】 亲往拜谒。宋之问《自衡阳至韶州谒能禅师》:“吾师在韶阳,欣此得躬诣。”

【躬輦】 谓自推车。韩愈、孟郊等《远游联句》:“江生行既乐,躬辇自相戮。”

【躬親】 亲自;亲身从事。语出《诗·小雅·节南山》:“弗躬弗亲,庶民弗信。”赵居贞《云门山投龙诗》序:“余是年病目戾止,以为圣上祈祐,宜牧守躬亲,吏辄代,非礼也。”白居易《归田三首》之二:“策杖田头立,躬亲课仆夫。”又《自到郡斋仅经旬日方专公务偷闲走笔二十四韵》:“以兹为报效,安敢不躬亲。”陆龟蒙《记事》:“岁晏弗躬亲,何由免欺诳。”

四 画

躭 〔dān《龙龛手鉴》丁含切。〕❶迷恋,酷嗜。孟郊《魏博田兴尚书听嫂命不立非夫人诗》:“君子躭古礼,如馋鱼吞钩。”❷耽搁。见“耽閣”。

【躭閣】 即耽搁。耽误。施逵《丫头山》:“只因不信良媒说,躭阁千秋与万秋。”

【躭章】 (840—901)即本寂。俗姓黄,泉州莆田(今属福建)人。居临川曹山,世称曹山本寂。《全唐诗》卷八二三录其《辞南平钟王召》诗一首。

八 画

躶 同“裸”。光着身子,裸露。见“躶蟲”。

【躶蟲】 指身无羽毛鳞甲的动物。人为裸虫之长。寒山《诗三百三首》之一五六:“寒山有裸虫,身白而头黑。”

十一画

軀 〔qū《广韵》岂俱切,平虞,溪。〕❶身体。杜甫《入奏行赠西山检察使窦侍御》:“蔗浆归厨金碗冻,洗涤烦热足以宁君躯。”戎昱《上桂州李大夫》:“晚镜伤秋鬓,晴寒切病躯。”严维《酬耿拾遗题赠》:“水巷惊驯鸟,藜床起病躯。”卢仝《扬州送伯龄过江》:“不忍六尺躯,遂作东南行。”

【軀幹】 指身体。杜甫《送韦十六评事充同谷郡防御判官》:“子虽躯干小,老气横九州。”

【軀貌】 外貌。白居易《新乐府·驯犀》:“驯犀驯犀通天犀,躯貌骇人角骇鸡。”

【軀體】 身体。储光羲《野田黄雀行》:“啧啧野田雀,不知躯体微。”

車 部

車〔chē《广韵》尺遮切,平麻,昌。又九魚切,平魚,見。〕❶车子。陆地上有轮子的交通运输工具。杜甫《兵车行》:“车辚辚,马萧萧,行人弓箭各在腰。”钱起《东溪杜野人致酒》:“静扫寒花径,唯邀傲吏车。”白居易《和春深二十首》之九:“炎瘴蒸如火,光阴走似车。”刘沧《长洲怀古》:“停车日晚荐蘋藻,风静寒塘花正开。”❷车士,驾车者。借指军队。玄宗《饯王晙巡边》:“分阃仍推毂,援桴且训车。”❸用车装载。元稹《和乐天示杨琼》:“江陵王令骨为灰,车来嫁作尚书妇。”皮日休《正乐府十篇·农父谣》:“奚不车其粟,用以供天兵。”❹用水车戽水。见“車水”。❺量词。计算一车所载的容量单位。刘禹锡《同乐天和微之深春二十首》之十:“醉酒一千日,贮书三十车。”白居易《纳粟》:“扬簸净如珠,一车三十斛。”又《新乐府·卖炭翁》:“一车炭,千余斤,官使驱将惜不得。”❻姓。唐诗人有车纡。

【車牙】 车轮的外周。亦代指车子。李商隐《安平公诗》:“公时受诏镇东鲁,遣我草诏随车牙。”

【車水】 用水车排灌。贯休《富贵曲二首》之二:“宁知耘田车水翁,日日日炙背欲裂。”

【車公】 指东晋文士车胤。见《晋书·车胤传》。后借指受欢迎、受敬重的友人。王维《河南严尹弟见宿弊庐访别人赋十韵》:“欲知今日后,不乐为车公。”白居易《寄李蕲州》:“江郡讴谣夸杜母,洛城欢会忆车公。”张固《重阳宴东观山亭和从事卢顺之》:“高咏已劳潘岳思,醉欢惭道自车公。”崔璞《奉酬皮先辈霜菊见赠》:“争奈病夫难强饮,应须速自召车公。”

【車右】 古代车乘位于御者右方的武士。韩翃《送夏侯侍郎》:“元戎车右早飞声,御史府中新正名。”

【車甲】 兵车和铠甲。借指军队。崔禹锡《奉和圣制送张说巡边》:“非惟按车甲,兼以正封疆。”

【車至鹿還馴】 后汉郑弘为临淮太守,行春时有白鹿随车,后迁官太尉。见晋谢承《后汉书》。后遂以为典,咏州郡长官升迁。钱起《送王使君移镇淮南》:“郡移棠转茂,车至鹿还驯。”

【車衣】 盖在车舆上的帷幔。温庭筠《禁火日》:“马辔轻衔雪,车衣弱向风。”

【車如流水馬如龍】 形容车马众多,景象繁华。南唐后主李煜《忆江南》词之一:“多少恨,昨夜梦魂中,还似旧时游上苑,车如流水马如龙。花月正春风。”

【車攻】 《诗·小雅》篇名。李峤《旌》:“方知美周政,抗旆赋车攻。”柳宗元《奉平淮夷雅表》序:“然征于诗大小雅,其选徒出狩,则车攻、吉日;命官分土,则嵩高、韩奕、烝人;南征北伐,则六月、采芑;平淮夷,则江汉、常武。”

【車服】 车舆礼服。韩翃《赠兖州孟都督》:“露冕宁夸汉车服,下帷常讨鲁春秋。”羊士谔《在郡三年今秋见白发聊以书事》:“承明那足厌,车服愧无功。”元稹《春六十韵》:“歌钟齐锡宴,车服奖庸功。”皮日休《吴中苦雨因书一百韵寄鲁望》:“啬止甘蟹蝑,侈唯僭车服。”

【車法】 谓乘坐豹尾车之法式。晋崔豹《古今注·舆服》:“豹尾车,周制也。所以象君子豹变,尾言谦也。”豹尾车为帝王属车,最后一乘悬豹尾,故称。李峤《豹》:“车法肇宗周,鬣文阐大猷。”

【車軌】 车行的轨道。太宗《正日临朝》:“车轨同八表,书文混四方。”

【車茵】 车上垫的席子,车座垫。汉丙吉为丞相,对属吏极为宽容,驭吏醉吐其车茵上,亦不予责怪。见《汉书·丙吉传》。唐诗中常咏其事。王维《故太子太师徐公挽歌四首》之三:“犹思御朱辂,不惜汙车茵。”独孤及《三月三日自京到华阴于水亭独酌寄裴六薛八》:“寄书二傲吏,何日同车茵。”白居易《长斋月满携酒先与梦得对酌醉中同赴令公之宴戏赠梦得》:“若怕平原怪先醉,知君未惯吐车茵。”温庭筠《中书令裴公挽歌词二首》之一:“从今虚醉饱,无复汙车茵。”

【車胤】 东晋文士。健谈而有风趣,风姿美劭,机悟敏捷,被视为集会上的嘉宾,时有“无车公不乐”之语。见南朝宋刘义庆《世说新语·识鉴》。元稹《酬翰林白学士代书一百韵》:“情会招车胤,闲行觅戴逵。”

【車音】 车子行进时发出的声响。刘得仁《宿普济寺》:“广陌车音急,危楼夕景通。”韦庄《和薛先辈见寄初秋寓怀即事之作二十韵》:“郄堂流桂景,陈巷集车音。”亦指钓车(带轮的钓具)发出的声响。陆龟蒙《顷自桐江得一钓车以袭美乐烟波之思因出以为玩俄辱三篇复抒酬答》之二:“细碾烟华无辙迹,静含风力有车音。”

【車前】 植物名。车前科。多年生草本。叶子长卵形，夏季开花，花绿色，果实为纺锤形。叶子和种子均可入药，有利尿、镇咳、止泻作用。韩愈《游城南十六首·题于宾客庄》：“榆荚车前盖地皮，蔷薇蘸水笋穿篱。”

【車前子】 车前草的成熟种子。可入药。张籍《答开州韦使君寄车前子》：“开州午日车前子，作药人皆道有神。”张祜《秋日病中》：“坐拾车前子，行看时后方。”

【車馬】 车和马。为古代陆上主要的交通工具。杜甫《秦州杂诗二十首》之一七：“车马何萧索，门前百草长。”白居易《西行》：“衣裘不单薄，车马不羸弱。”赵嘏《江边》：“终日劳车马，江边款行扉。”徐夤《自咏十韵》：“寒益轻裯饶美寝，出乘车马免徒行。”

【車馬客】 贵客，富贵者。杜甫《阆州东楼筵奉送十一舅往青城县得昏字》：“虽有车马客，而无人世喧。”权德舆《卧病喜惠上人李炼师茅处士见访因以赠》：“整巾起曳策，喜非车马客。”白居易《秦中吟十首·歌舞》：“朱门车马客，红烛歌舞楼。”李商隐《题小松》：“为谢西园车马客，定悲摇落尽成空。”

【車乘】 （—shèng）所乘之车。孙逖《和左司张员外自洛使入京中路先赴长安逢立春日赠韦侍御等诸公》：“拜郎登省闼，奉使驰车乘。”元稹《台中鞫狱忆开元观旧事呈损之兼赠周兄四十韵》：“折支望车乘，支痛谁置患。”

【車徒】 ❶兵车和步卒。太宗《饮马长城窟行》：“绝漠干戈戢，车徒振原隰。”❷车马随从。韩休《奉和圣制送张说巡边》：“车徒零雨送，林野夕阴生。”李颀《谒张果先生》：“车徒遍草木，锦帛招谈说。”钱起《送王谏议任东都居守》：“车徒凤掖东，去去洛阳宫。”权德舆《送张曹长工部大夫奉使西番》：“西候车徒出，南台节印雄。”

【車師】 指唐北庭节度使治所庭州（治金满，在今新疆吉木萨尔县治北）。其地本后汉车师后王庭。见《旧唐书·地理志三》。岑参《走马川行奉送出师西征》：“料知短兵不敢接，车师西门伫献捷。”

【車書】 典出《礼记·中庸》：“今天下车同轨，书同文。”意谓车乘的轨辙相同，书牍的文字相同，表示文物制度划一，天下一统。后遂以泛指国家文物制度。太宗《重幸武功》：“垂衣天下治，端拱车书同。”杜甫《往在》：“一朝自罪己，万里车书通。”刘禹锡《卧病常山旋师策勋宥过王泽大洽因寄李六侍郎》：“车书一以混，幽远靡不怀。”罗邺《岁仗》：“可怜四海车书共，重见萧曹佐汉材。”

【車帷】 车四旁的帷帐。李商隐《镜槛》：“骑襜侵鞲卷，车帷约帨铊。”

【車笠】 《太平御览》卷四〇六引晋周处《风土记》：“越俗性率朴，意亲好合，即脱头上手巾，解要间五尺刀以与之为交，拜亲跪妻，初定交有礼……祝曰：‘卿虽乘车我戴笠，后日相逢下车揖；我虽步行卿乘马，后日相逢卿当下。’”后遂以喻贵贱贫富终不渝的深厚友谊。元稹《酬东川李相公十六韵》序：“况贵贱之隔，不啻于车笠之相悬，而相公投贶珍重，又岂唯一揖之容易哉。”

【車紖】 唐诗人。贞元进士。《全唐诗》卷三一九录其《南至日隔仗望含元殿香炉》一首。

【車從】 车骑和侍从。权德舆《酬穆七侍郎早登使院西楼感怀》：“动植相纠纷，车从竞喧阗。”

【車魚】 战国时齐国孟尝君门客冯谖受到礼遇，食有鱼，出有车。见《战国策·齐策四》。后遂以谓受人器重。李中《哭故主人陈太师》：“车鱼郑重知难报，吐握周旋不可论。”

【車渠】 ❶车轮，车辙。贯休《梦游仙四首》之三：“车渠地无尘，行至瑶池滨。”❷玉石之属。见魏文帝曹丕《车渠碗赋序》：“车渠，玉属也。多纤理缛文。生于西国，其俗宝之。”杜甫《谒文公上方》：“金篦刮眼膜，价重百车渠。”

【車道】 车马往来的道路。张祜《秋晚途中作》：“落日驰车道，秋郊思不胜。”无名氏《谶记·王承检掘得墓铭》：“车道之北，邽山之阳。”

【車蓋】 车篷。古之车上蔽日遮雨的篷，有柄，状如伞。亦借指车。杜甫《病柏》：“有柏生崇冈，童童状车盖。”韩愈《招杨之罘》：“野马不识人，难以驾车盖。”白居易《郡中即事》：“为报高车盖，恐非真富贵。”又《高仆射》：“惟有高仆射，七十悬车盖。”

【車輈】 车辆。杜牧《洛中送冀处士东游》：“处士有儒术，走可挟车辀。”

【車輅】 车辆。苗仲方《仲秋太常寺观公辂车拜陵》：“拜陵将展敬，车辂俨成行。”

【車跡】 车辙，车的印迹。于武陵《友人南游不回因而有寄》：“一别无消息，水南车跡稀。”

【車遥遥】 乐府杂曲歌辞。始创者为梁车敫。孟郊、张籍、张祜和胡曾均有此作。

【車飾】 车上的装饰物品。邓陟《珠还合浦》：“愿将车饰用，长得耀君颜。”

【車輕御良】 《战国策·魏策四》：季梁见魏王曰：“今者臣来，见人于太行，方北面而持其驾，告臣曰：‘我欲之楚。’臣曰：‘君之楚，将奚为北面？’曰：‘吾马良。’臣曰：‘马虽良，此非楚之路也。’曰：‘吾用多。’臣曰：‘用虽多，此非楚之路也。’曰：‘吾御者善。’‘此数者愈善，而离楚愈远耳。’”后遂以为典，教人正确利用有利条件，明确方向。韩愈《刘生诗》："车轻御良马力优，咄哉识路行勿休。"

【車塵】 ❶车行时扬起的灰尘。喻指奔波劳苦。温庭筠《秋日》："天籁思林岭，车尘倦都邑。"❷借指车骑。罗隐《偶兴》："逐队随行二十春，曲江池畔避车尘。"

【車幣】 车乘与币帛。郑薰《赠巩畴》序："余在句溪时，重其能车幣而致之。"

【車輦】 指天子之车。广宣《再入道场纪事应制》："行随车辇登仙路，坐近炉烟讲法筵。"

【車輪】 车辆上能旋转的轮子。亦借指车辆。杜甫《偶题》："车轮徒已斫，堂构惜仍亏。"刘驾《上马叹》："布衣岂常贱，世事车轮转。"司马扎《猎客》："朱门争先开，车轮满路傍。"韦庄《长安旧里》："车轮马迹今何在，十二玉楼无处寻。"

【車箱】 谷名。在今陕西华阴市。杜甫《望岳》："车箱入谷无归路，箭栝通天有一门。"

【車駕】 ❶马驾的车。查文徽《寄麻姑仙坛道士》："方平车驾今何在，常苦尘中日易西。"吕岩《七言》之七："鹤为车驾酒为粮，为恋长生不死乡。"❷皇帝所乘的车。杜甫《收京》："衣冠却扈从，车驾已还宫。"张祜《大酺乐二首》之一："车驾东来值太平，大酺三日洛阳城。"窦弘余《广谪仙怨》序："车驾幸蜀，途次马嵬驿，六军不发，赐贵妃自尽，然后驾行。"

【車螯】 蛤的一种。璀璨如玉，有斑点。其肉可食，肉壳均可入药。韩翃《和高平朱参军思归作》："花里莺啼白日高，春楼把酒送车螯。"皮日休《送从弟皮崇归复州》："车螯近岸无妨取，舴艋随风不费牵。"又《钓侣二章》之一："惊怪儿童呼不得，尽冲烟雨漉车螯。"

【車轂】 车轮中心插轴的部分。亦借指车轮。柳宗元《田家三首》之二："东乡后租期，车毂陷泥泽。"

【車轅】 车前驾牲畜的两根直木。王建《七夕曲》："遥愁今夜河水隔，龙驾车辕鹊填石。"

【車戲】 在车上表演杂技。语出《史记·万石张叔列传》："建陵侯卫绾者，代大陵人也。绾以戏车为郎，事文帝。"刘禹锡《咏史二首》之二："贾生明王道，卫绾工车戏。"

【車輿】 车辆，车轿。白居易、刘禹锡《会昌春连宴即事》联句："簪组兰亭上，车舆曲水边。"刘得仁《春日雨后作》："车舆终日别，草树一城新。"莫宣卿《百官乘月早朝听残漏》："候晓车舆合，凌霜剑佩寒。"张乔《北山书事》："车舆穿谷口，市井响云间。"

【車轍】 ❶车轮碾过的痕迹。亦借指车辆。孟浩然《宴包二融宅》："门庭无杂宾，车辙多长者。"戴叔伦《送张南史》："陋巷无车辙，烟萝总是春。"苗晋卿《奉和圣制早登太行山中言志》："不似劳车辙，空留八骏名。"陆龟蒙《樵人十咏·樵径》："不似名利途，相期覆车辙。"❷指车道。白居易《去岁罢杭州今春领吴郡聊写鄙怀兼寄三相公》："杭老遮车辙，吴童扫路尘。"薛能《行路难》："无因善行止，车辙得平安。"

【車騎】 ❶车马。王维《寓言二首》之一："曲陌车骑盛，高堂珠翠繁。"李端《送黎兵曹往陕府结婚》："东方发车骑，君是上头人。"权德舆《送宇文文府赴行在》："车骑拥寒水，雪云凝远山。"释泚《北原别业》："野外车骑绝，古村桑柘阴。"❷将军的名号。即车骑将军。亦用以指代曾为车骑将军者。如东汉窦宪。李益《塞下曲》之四："请书塞北阴山石，愿比燕然车骑功。"鲍溶《赠远》："辛苦关西车骑官，几年旌节客河兰。"张祜《冬日并州道中寄荆门舍》："却为恩深归未得，许随车骑勒燕然。"齐己《角》："应伤汉车骑，名未勒燕然。"

【車騎將軍】 （將 jiāng）后汉将军名号。文帝时置。与卫将军及左右前后将军皆位次上卿。罗隐《得宣州窦尚书书因投寄二首》之二："步兵校尉辞公府，车骑将军忆本朝。"

一　画

軋 〔yà《广韵》烏黠切，入黠，影。〕❶碾压。李贺《假龙吟歌》："石轧铜杯，吟咏枯瘁。"又《梦天》："玉轮轧露湿团光，鸾珮相逢桂香陌。"❷旋转。元稹《有酒十章》之七："乾纲倒轧坤维旋，白日横空星宿见。"❸挤压，排挤。刘禹锡《庙庭偃松诗》序："侍中后阁前有小松，不待年而偃。丞相晋公为赋诗，美其犹龙蛇，然植于高檐乔木间，上嵌旁轧，盘蹙倾亚，似不得天和者。"元稹《酬卢秘书》："剧敌徒相轧，羸师亦自媒。"❹压倒。胜过。元稹《酬乐天东南行诗一百韵》："疾奔凌騕袅，高唱轧吴歈。"韩愈、孟郊《城南联句》："大句斡玄造，高言轧霄峥。"❺弹奏。皎然《观李中丞洪二美人唱歌轧筝歌》："轧用蜀竹弦楚丝，清哇宛转声相随。"孙氏《闻琴》："玉指朱弦轧复清，湘妃愁怨最难听。"❻象声词。元稹《表夏十首》之二："僮儿拂巾箱，鸦轧深林井。"施肩吾《晓光词》："日轮浮动羲和推，东方一轧天门开。"见"軋軋❸"。

【軋軋】 ❶难出貌。刘禹锡《再赠乐天》："一政政官轧轧，一年年老骎骎。"裴度、刘禹锡《度自到洛中与乐天为文酒之会联句》："涸流寻轧轧，余刃转恢恢。"❷杂沓，烦扰。罗隐《自贻》："汉武巡游虚轧轧，秦皇吞并谩驱驱。"❸象声词。刘禹锡《晚岁登武陵城顾望水陆怅然有作》："轧轧渡水桨，连连赴林鸦。"薛莹《锦》："轧轧弄寒机，功多力渐微。"温庭筠《莲浦謡》："鸣桡轧轧溪溶溶，废绿平烟吴苑东。"贯休《早起》："又知何处客，轧轧转征轮。"

【軋軋啞啞】 象声词。橹声。吴融《江行》："欹欹侧侧海门帆，轧轧哑哑洞庭橹。"

【軋箏】 用竹片轧筝弦发音。即弹筝。皎然有《观李中丞洪二美人唱歌轧筝歌》。杜牧《题张处士山庄一绝》："好鸟疑敲磬，风蝉认轧筝。"

【軋然】 物与物相摩擦而发声貌。温庭筠《鸿胪寺有开元中锡宴堂遗址》："轧然闻阖开，赤日生扶桑。"

【軋鴉】 摇橹声。杜牧《登九峰楼》："白头搔杀倚柱遍，归棹何时闻轧鸦。"

二 画

軌 〔guǐ《广韵》居洧切，上旨，見。〕❶车子两轮间的距离。《吕氏春秋·勿躬》："平原广城，车不结轨。"高诱注："车两轮间曰轨。"元稹《代曲江老人百韵》："蛮貊同车轨，乡原尽里仁。"白居易《开成大行皇帝挽歌词四首奉敕撰进》之四："化成同轨表清平，恩结连枝感圣明。"❷车轴头。《诗·邶风·匏有苦叶》："济盈不濡轨，雉鸣求其牡。"高亨注："轨，车轴的头。"王绩《古意六首》之三："溱洧源流狭，春秋不濡轨。"❸借指车、车轮。韦应物《经函谷关》："洪河绝山根，单轨出其侧。"李华《杂诗六首》之六："奔车得停轨，风火何相逼。"刘禹锡《请告东归发灞桥却寄诸僚友》："行车无停轨，流景同迅波。"❹道路，路径。杜甫《湖城东遇孟云卿复归刘颢宅宿宴饮散因为醉歌》："岂知驱车复同轨，可惜刻漏随更箭。"崔膺《感兴》："如何失情后，始叹门易轨。"韩愈《秋怀诗十一首》之一："浮生虽多涂，趋死惟一轨。"罗隐《芳树》："循环反覆无终已，人生长短同一轨。"❺法则，法制。太宗《元日》："继文遵后轨，循古鉴前王。"❻遵循，按照。元结《引极三首·怀潜君》："拜潜君兮索玄宝，佩元符兮轨皇道。"

【軌則】 规则，准则。寒山《诗三百三首》之一六八："好好善思量，思量知轨则。"

【軌道】 遵循法制。李德裕《剑门铭》："蛮夷轨道，诸侯述职。"

【軌儀】 法则，仪制。李峤《纸》："舒卷随幽显，廉方合轨仪。"

【軌轍】 车轮碾过的痕迹。温庭筠《过孔北海墓二十韵》："后尘遵轨辙，前席咏仪型。"

【軌躅】 车轮碾过的痕迹。杜甫《陪章留后惠义寺饯嘉州崔都督赴州》："出尘閟轨躅，毕景遗炎蒸。"

軍 〔jūn《广韵》舉云切，平文，見。〕❶军队。崔融《塞垣行》："是时军两进，东拒复西敌。"韩愈《病中赠张十八》："回军与角逐，斫树收穷庞。"白居易《哭孔戡》："戡佐山东军，非义不可干。"赵嘏《送从翁中丞使黠戛斯六首》之三："谁见鲁儒持汉节，玉关降尽可汗军。"❷军营。见"軍門"。❸驻扎，驻屯。韩愈《元和圣德诗》："军其城下，告以福祸。"❹作战部队的编制单位。古代行军作战分左、中、右或上、中、下三军，由主将所在的中军发号施令。李贺《贵主征行乐》："中军留醉河阳城，娇嘶紫燕踏花行。"白居易《送陈许高仆射赴镇》："敦诗说礼中军帅，重士轻财大丈夫。"❺借指战争。皇甫冉《送邹判官赴河南》："海沂军未息，河畔岁仍荒。"❻兵卒，士兵。翁承赞《文明殿受册封闽王》："一千年改江山瑞，十万军蒙雨露光。"❼指军礼。古代五礼之一。见"軍賓"。❽唐代设兵戍守之地的军事机构。见"軍州""軍城"。

【軍人】 隶属军籍、服兵役的人。韩愈《赠张徐州莫辞酒》："请看女工机上帛，半作军人旗上红。"鲍溶《述德上太原严尚书绶》："军人歌无胡，长剑倚昆仑。"

【軍乏】 军用缺乏。杜甫《枯棕》："伤时苦军乏，一物官尽取。"

【軍功】 战功，于军中所立的功劳。陈子昂《感遇诗三十八首》之四："乐羊为魏将，食子殉军功。"白居易《劝酒十四首·何处难忘酒七首》之五："何处难忘酒，军功第一高。"雍陶《少年行》："不倚军功有侠名，可怜球猎少年情。"

【軍仗】 军事仪仗。德宗有《元日退朝观军仗归营》。

【軍令】 军中法令；军事命令。杜甫《诸将五首》之五："主恩前后三持节，军令分明数举杯。"权德舆《细柳驿》："细柳肃军令，条侯信殊伦。"韩愈《东都遇春》："转输非不勤，稽逋有军令。"方干《狂寇后上刘尚书》："才施偃月行军令，便见台星逼座隅。"

【軍民】 军队与百姓。吴越王钱镠《石镜山》："三吴百粤兴金地，永与军民作福田。"冯涓《生日歌》："百姓富，军食足，百姓足，军民欢。"

【軍吏】 泛指军中的将帅官佐。刘言史《苦妇词》："独随军吏行，当夕余欲迁。"张籍《筑城词》："重重土坚试行锥，军吏执鞭催作迟。"

【軍伍】 军队的秩序。伍，伦次。张祜《投陈许崔尚书二十韵》："令下齐军伍，诗传入帝宫。"

【軍行】 (—háng)军职。储光羲《同诸公送李云南伐蛮》："冢宰统元戎，太守齿军行。"

【軍州】 唐代设兵戍守的州县。《新唐书·兵志》："唐初，兵之戍边者，大曰军，小曰守捉，曰城，曰镇，而总之者曰道。”杜甫《入衡州》：“军州体不一，宽猛性所将。”卢纶《同赵进马元阳春日登长春宫古城望河中因寄郑损仓曹》：“钟分寺路山光绿，河绕军州日气红。”又《送袁偁》：“客路山连水，军州日映尘。”陆畅《宿陕府北楼奉酬崔大夫二首》之一：“人定军州禁漏传，不妨秋月城头过。”

【軍次】 行军途中驻留。李白有《中丞宋公以吴兵三千赴河南军次寻阳脱余之囚参谋幕府因赠之》。李益有《军次阳城烽舍北流泉》。

【軍吹】 （—chuì）指军中号角。李贺《潞州张大宅病酒遇江使寄上十四兄》：“城鸦啼粉堞，军吹压芦烟。”

【軍佐】 辅佐治理军务的官吏。杜甫《乘雨入行军六弟宅》：“令弟雄军佐，凡才污省郎。”

【軍伶】 军中音乐。韩愈《答张彻》：“及去事戎辔，相逢宴军伶。”

【軍角】 军中号角。方干《越中言事二首》之二：“百里湖波轻撼月，五更军角慢吹霜。”

【軍事】 ❶有关军旅或战争的事务。杜甫《送殿中杨监赴蜀见相公》：“相公镇梁益，军事无孑遗。”❷官名。参军事的简称，为州府属官。杜牧有《早春赠军事薛判官》和《代吴兴妓春初寄薛军事》。马戴有《留别定襄卢军事》。善生有《旅中答喻军事问客情》。

【軍使】 官名。掌军中的赏功罚罪。李中有《海上和柴军使清明书事》。

【軍府】 将帅的府署。李益《奉酬崔员外副使携琴宿使院见示》：“犹持副节留军府，未荐高词直掖垣。”韩愈《送郑尚书赴南海》：“番禺军府盛，欲说暂停杯。”刘禹锡《和令狐相公入潼关》：“东瞻军府静，西望敕书频。”白居易《泛太湖书事寄微之》：“军府威容从道盛，江山气色定知同。”

【軍法】 军队中的刑法。周昙《咏史诗·春秋战国门·华元》：“未知军法忌偏颇，徒解于思腹漫皤。”

【軍門】 军营的门。司空曙《塞下曲》：“寒柳接胡桑，军门向大荒。”韩愈《此日足可惜赠张籍》：“日西入军门，羸马颠且僵。”罗隐《途中寄怀》：“试哭军门看谁问，旧来还似祢先生。”卢延让《哭李郢端公》：“军门半掩槐花宅，每过犹闻哭临声。”亦借指军营中的军事长官。李节《赠释疏言还道林寺诗》序：“既上谒军门，范阳公果诺之。”

【軍城】 唐代设兵戍守的城镇。耿沣《赠张将军》：“寥落军城暮，重门返照间。”白居易《浔阳宴别》：“鞍马军城外，笙歌祖帐前。”张祜《戏颜郎中猎》：“忽闻射猎出军城，人着戎衣马带缨。”韦庄《观浙西府相畋猎》：“十里旌旗十万兵，等闲游猎出军城。”

【軍持】 源于梵语。澡罐或净瓶。游方僧人携带之，贮水以备饮用或净手。亦用以指形状略扁、双耳可穿绳、能悬挂在身的陶瓷水瓶。贾岛《访鉴玄师侄》：“我有军持凭弟子，岳阳溪里汲寒流。”蜀太后徐氏《和题丹景山至德寺》：“军持无水注寒碧，兰若有花开晚红。”

【軍威】 军队的威风或声势。李白《送白利从金吾董将军西征》：“西羌延国讨，白起佐军威。”皇甫冉《送客》：“旗鼓军威重，关山客路赊。”韦庄《和郑拾遗秋日感事一百韵》：“军威徒逗挠，我武自维扬。”

【軍食】 军用粮秣。杜甫《送韦讽上阆州录事参军》：“万方哀嗷嗷，十载供军食。”耿沣《宋中》：“百战无军食，孤城陷虏尘。”

【軍庭】 军幕。张祜《戊午年感事书怀二百韵谨献太原裴令公淮南李相公汉南李仆射宣武李尚书》：“军庭深自诫，相阁肯虚延。”

【軍前】 战场；前线。高适《燕歌行》：“战士军前半死生，美人帐下犹歌舞。”

【軍陣】 战阵，军队的阵法或军伍的行列。元结《忝官引》：“忽逢暴兵起，闾巷见军阵。”

【軍馬令】 指观察推官。贞元十二年(796)宣武军节度使董晋表署韩愈为观察推官。孟郊《送韩愈从事》：“凄凄天地秋，凛凛军马令。”

【軍都】 军中战友。韦元甫《木兰歌》：“门前旧军都，十年共崎岖。”

【軍氣】 军队的士气。王昌龄《从军行二首》之二：“军气横大荒，战酣日将入。”

【軍候】 军情。法振《送常大夫赴朔方》：“关山今不掩，军候鸟先知。”

【軍倅】 副将。许浑有《别表兄军倅》。

【軍師】 军队。李峤有《军师凯旋自邕州顺流舟中》。李白《经乱离后天恩流夜郎忆旧游书怀赠江夏韦太守良宰》：“节制非桓文，军师拥熊虎。”

【軍旅】 ❶部队。杨炯《广溪峡》：“常山集军旅，永安兴版筑。”杜甫《甘林》：“尽添军旅用，迫此公家威。”钱起《早夏》：“军旅阅诗裁不得，可怜风景遣如何。”令狐楚《节度宣武酬乐天梦得》：“见拥旌旄治军旅，知亲笔砚事文章。”❷作战或战争。杜甫《奉送王信州崟北归》：“军旅应都息，寰区要尽收。”

【軍容】 指军队或军人的礼仪法度、风纪阵威及武器装备等。李峤《奉和杜员外扈从教阅》：“礼振军容肃，威宣武节扬。”高适《古大梁行》：“军容带甲三十万，国步连营一千里。”贾至《燕歌行》：“我唐区夏余十纪，军容武备赫万祀。”杨巨源《上刘侍中》：“军容雄朔漠，公望冠岩廊。”

【軍書】 ❶军事文书。李颀《古塞下曲》：“军书发上郡，春色度河阳。”刘长卿《送南特进赴归行营》：

“闻道军书至，扬鞭不问家。”李益《夜发军中》：“半夜军书至，匈奴寇六城。”韩偓《北齐二首》之二：“犯寒猎士朝频戮，告急军书夜不通。”❷军事著作。岑参《送张献心充副使归河西杂句》：“箧中赐衣十重余，案上军书十二卷。”

【軍家】 古代对军事家或用兵者的通称。杜荀鹤《旅泊遇郡中叛乱示同志》：“握手相看谁敢言，军家刀剑在腰边。”

【軍務】 军中事务。杜甫《咏怀古迹五首》之五：“福移汉祚难恢复，志决身歼军务劳。”刘得仁《送雍陶侍御赴兖州裴尚书命》：“元戎军务息，清句待君联。”

【軍符】 兵符。古代调遣军队的符节凭证。杜甫《暮秋枉裴道州手札率尔遣兴寄近呈苏涣侍御》：“军符侯印取岂迟，紫燕騄耳行甚速。”玄宗《饯王晙巡边》：“金坛申将礼，玉节授军符。”颜粲《吴宫教美人战》：“玉颜承将略，金钿指军符。”

【軍庸】 指军中容车。即载运战死者衣冠、画像等的车辆。庸，通“容”。皮日休《三羞诗三首》之二：“军庸满天下，战将多金玉。”

【軍情】 军事情况。无名氏《虞美人》词：“帐中草草军情变，月下旌旗乱。”

【軍烽】 军中报警的烽火。李商隐《有感二首》之一：“鬼箓分朝部，军烽照上都。”

【軍將】 (—jiàng)泛指军吏。卢仝《走笔谢孟谏议寄新茶》：“日高丈五睡正浓，军将打门惊周公。”

【軍厨】 军中厨房。白居易《发白狗峡次黄牛峡登高寺却望忠州》：“郡树花如雪，军厨酒似油。”又《郡斋旬假始命宴呈座客示郡寮》：“初黔军厨突，一拂郡榻尘。”薛能《相国陇西公南征能以留务独宿府城作》：“吾君贤相事南征，独宿军厨负请缨。”

【軍須】 军需。杜甫《喜雨》：“巴人困军须，恸哭厚土热。”又《奉和严中丞西城晚眺十韵》：“帝念深分阃，军须远算缗。”李商隐《城上》：“边遽稽天讨，军须竭地征。”杜牧《感怀诗一首》：“急征赴军须，厚赋资凶器。”

【軍幕】 行军宿营的帐幕。陈子昂《观荆玉篇》序：“丙戌岁，余从左补阙乔公北征，夏四月军幕次于张掖河。”刘禹锡《和董庶中古散调词赠尹果毅》：“是时占军幕，插羽扬金羁。”韦元甫《木兰歌》：“驰马赴军幕，慷慨携干将。”徐夤《尚书命题瓦砚》：“春闱携就处，军幕载将行。”

【軍頓】 军需。郑嵎《津阳门诗》：“县官无人具军顿，行宫彻屋屠云螭。”

【軍號】 ❶军队的番号。杜荀鹤《赠秋浦张明府》：“农夫背上题军号，贾客船头插战旗。”❷军中口令、号令。张祜《送走马使》：“惯将喉舌传军号，马迹铃声遍两河。”

【軍牒】 调动军队的公文。李商隐《行次西郊作一百韵》：“夜半军牒来，屯兵万五千。”

【軍裝】 ❶军事方面的装饰或装备。苏颋《奉和圣制幸望春宫送朔方大总管张仁亶》：“军装乘晓发，师律候春归。”杜甫《扬旗》：“初筵阅军装，罗列照广庭。”权德舆《奉和张仆射朝天行》：“军装喜气倍趋程，千骑鸣珂入凤城。”❷戎衣，军服。李贺《河南府试十二月乐词・三月》：“军装宫妓扫蛾浅，摇摇锦旗夹城暖。”司空图《剑器》：“楼下公孙昔擅场，空教女子爱军装。”

【軍試】 军事考试。刘长卿有《送裴四判官赴河西军试》。

【軍賓】 军礼和宾礼。指军中之礼与宾见之礼。《周礼・春官・大宗伯》谓“以军礼同邦国”，“以宾礼亲邦国”。元稹《乐府古题序》：“而作者之旨，由操而下八名，皆起于郊祭、军宾、吉凶、苦乐之际。”

【軍實】 指器械、粮饷等军事物资。储光羲《观范阳递俘》：“方思壮军实，远近递生俘。”

【軍樂】 ❶(—yuè)古代军中用的音乐。韦应物《军中冬燕》：“兹邦实大藩，伐鼓军乐陈。”❷(—lè)军队欢乐。白居易《寄太原李相公》：“闻道北都今一变，政和军乐万人安。”

【軍器】 军用器械。李颀《题少府监李丞山池》：“长廊阏军器，积水背城阴。”韦庄《和郑拾遗秋日感事一百韵》：“宝装军器丽，麝裛战袍香。”

【軍機】 ❶军事，战争。薛逢《醉中看花因思去岁之任》：“去岁乘轺出上京，军机旦暮促前程。”❷军事需要。隐峦《浮桥》：“横压惊波防没溺，当初元创是军机。”❸军事机谋。张祜《授魏博李相国三十二韵》：“国用鞭头算，军机帐下萌。”

【軍興】 (—xīng)❶指征集财物以供军用。韦应物《答王郎中》：“赋繁属军兴，政拙愧斯人。”❷军事行动的开始。韩愈《感春五首》之一：“选壮军兴不为用，坐狂朝论无由陪。”

【軍謀】 军事谋略。朱庆余《将之上京留别淮南书记李侍御》：“酒兴春边过，军谋意外来。”

【軍營】 军队驻扎处。韦应物《京师叛乱寄诸弟》：“忧来上北楼，左右但军营。”李商隐《南朝》：“敌国军营漂木柹，前朝神庙锁烟煤。”司空图《歌》：“处处亭台只坏墙，军营人学内人妆。”韦庄《旅次甬西见儿童以竹枪纸旗戏为阵列余因感之》：“已闻三世没军营，又见儿孙学战争。”

【軍聲】 ❶军乐。崔融《西征军行遇风》：“兵气腾北荒，军声振西极。”刘长卿《送李校书赴东浙幕府》：“芸香辞乱事，梅吹听军声。”马戴《留别定襄卢军事》："秋色见边草，军声闻戍鼙。"❷军中的喧闹声。赵嘏《钱塘》："一千里色中秋月，十万军声半夜潮。"

【軍鞞】 见"軍鼙"。

【軍檄】 军中檄文。刘得仁《送蔡京侍御赴大梁幕》："众说裁军檄，陈琳远不如。"

【軍儲】 指粮秣等军事物资。杜甫《咏怀二首》之一："日给在军储，上官督有司。"又《诸将五首》之三："朝廷衮职虽多预，天下军储不自供。"

【軍禮】 军中的礼节或礼仪。裴漼《奉和御制平胡》："饮至明军礼，酬勋锡武功。"李绅《到宣武三十韵》序："至十二日朝旨，秋稼顿茂，军礼亦成矣。"

【軍壁】 军营壁垒。骆宾王《夕次蒲类津》："灶火通军壁，烽烟上戍楼。"

【軍騎】 军中骑士。韦应物《示从子河南尉班》序："永泰中，余任洛阳丞，以扑抶军骑，时从子河南尉班，亦以刚直为政，俱见讼于居守，以诗示意。"

【軍壘】 军营周围的防御工事。杜甫《雨过苏端》："妻孥隔军垒，拨弃不拟道。"张籍《送流人》："拥雪添军垒，收冰当井泉。"陆龟蒙《奉和袭美寄滑州李副使员外》："清秋月色临军垒，半夜淮声入贼壕。"

【軍籌】 军事谋划。杜牧《怀钟陵旧游四首》之一："玉帐军筹罗俊彦，绛帷环珮立神仙。"

【軍饒】 军队丰富的物资供应。韦应物《广陵行》："海云助兵气，宝货益军饶。"

【軍鼙】 亦作"軍鞞"。军中用的鼙鼓。韦应物《群楼春燕》："众乐杂军鞞，高楼邀上客。"方干《贻高说》："西陵晓月中秋色，北固军鼙半夜声。"又《送陈秀才将游霅上便议北归》："淮边欲暝军鼙急，洛下先寒苑树空。"

三 画

軒 〔xuān《广韵》虚言切，平元，晓。〕❶古代一种前顶较高而有帷幕的车子，供大夫以上乘坐。亦泛指车马。李峤《夏晚九成宫呈同僚》："小轩恒共处，长坂属相从。"岑参《宿华阴东郭客舍忆阎防》："旧壑兰杜晚，归轩今已迟。"元稹《有鸟二十章》之三："呜呼为有白色毛，亦得乘轩谬称鹤。"罗隐《送程尊师东游有寄》："且凭鹤驾寻沧海，又恐犀轩过赤城。"❷有窗的长廊。《文选·曹植〈赠徐干〉诗》："春鸠鸣飞栋，流猋激棂轩。"李善注："轩，长廊之有窗者。"秦系《山中赠张正则评事》："山茶邀上客，桂实落前轩。"郭澹《东峰亭各赋一物得临轩桂》："青青芳桂树，幽阴在庭轩。"李益《闻鸡赠主人》："无事恋君轩，今君重凫鹄。"韩愈《秋怀诗十一首》之八："卷卷落地叶，随风走前轩。"❸泛指房室。陈元光《落成会咏一首》："设醴延张老，开轩礼吕蒙。"韦应物《精舍纳凉》："谁复掩扉卧，不咏南轩凉。"白居易《郭虚舟相访》："朝暖就南轩，暮寒归后屋。"喻坦之《留别友人书斋》："轩凉庭木大，巷僻鸟巢低。"❹殿堂前屋檐下的平台。薛昚《敕赠康尚书美人》："天门喜气晓氛氲，圣主临轩召冠军。"李商隐《行次西郊作一百韵》："大朝会万方，天子正临轩。"❺窗户。孟浩然《过故人庄》："开筵面场圃，把酒话桑麻。"杜甫《夏夜叹》："仲夏苦夜短，开轩纳微凉。"刘禹锡《乐天寄忆旧游因作报白君以答》："郡斋北轩卷罗幕，碧池逶迤绕画阁。"白居易《府西池北新葺水斋即事招宾偶题十六韵》："夹岸铺长簟，当轩泊小舟。"❻以敞朗为特点的亭、阁之类的建筑物。太宗《元日》："高轩暖春色，邃阁媚朝光。"孟浩然《闲园怀苏子》："鸟过烟树宿，萤傍水轩飞。"李白《题金陵王处士水亭》："树色老荒苑，池光荡华轩。"权德舆《待漏假寐梦归江东旧居》："舍下烟萝通古寺，湖中云雨到前轩。"❼高耸，耸立。柳宗元《湘口馆潇湘二水所会》："高馆轩霞表，危楼临山隈。"白居易《题西亭》："四檐轩鸟翅，复屋罗蜘蛛。"❽飞举貌。霍总《楼望》："古刹轩层檐，白水浮小艇。"❾提起，掀起。韩愈《石鼎联句》序："弥明忽轩衣张眉，指炉中石鼎谓喜曰：'子云能诗，能与我赋此乎?'"❿轩辕的省称。传说中的古代帝王名。杨炯《和辅先入昊天观星瞻》："黄轩若有问，三月住崆峒。"韩愈《谴疟鬼》："祖轩而父顼，未沬于前徽。"元稹《竞渡》："逮及羲与轩，炎皇炽如炭。"李商隐《韩碑》："元和天子神武姿，彼何人哉轩与羲。"

【軒户】 窗户。高适《和窦侍御登凉州七级浮图之作》："空色在轩户，边声连鼓鼙。"元结《招陶别驾家阳华作》："草堂背岩洞，几峰轩户前。"白居易《晚归香山寺因咏所怀》："中有古精舍，轩户无扃关。"杜牧《题池州弄水亭》："螭蟠得形势，翚飞如轩户。"

【軒地】 敞朗开豁之地。曹唐《送康祭酒赴轮台》："断碛簇烟山似米，野营轩地鼓如雷。"

【軒臣】 皇帝轩辕氏之臣。陆景初《奉和九日幸临渭亭登高应制得臣字》："登高识汉苑，问道侍轩臣。"

【軒后】 指传说中的帝王黄帝。武元衡《顺宗至德大圣皇帝挽歌词三首》之一："桥山同轨会，轩后葬衣冠。"

【軒宫】 帝王的宫室。玄宗《鹡鸰颂》："伊我轩宫，奇树青葱。"陈子昂《奉和皇帝上礼抚事述怀应制》："轩宫帝图盛，皇极礼容申。"

【軒車】 有屏障的车子。古代大夫以上所乘。后亦泛指车。孟浩然《姚开府山池》："轩车人已散，萧管凤初来。"元稹《代曲江老人百韵》："轩车隘南陌，钟磬满西邻。”姚合《亲仁里居》：“轩车无路通门巷，亲友因诗道姓名。”汪遵《夷门》：“今来不是无朱亥，谁降轩车问抱关。”

【軒昂】 ❶高峻貌。韩愈《南山诗》：“崎岖上轩昂，始得观览富。”❷谓音调高昂。韩愈《听颖师弹琴》：“划然变轩昂，勇士赴敌场。”❸谓文字雄健苍劲。韩愈《卢郎中云夫寄示送盘谷子诗两章歌以和之》：“开缄忽睹送归作，字向纸上皆轩昂。”

【軒房】 谓住室。李绅《奉酬乐天立秋夕有怀见寄》：“此际昏梦清，斜月满轩房。”

【軒弧】 良弓。贺敳《奉和九月九日应制》：“带星飞夏箭，映月上轩弧。”

【軒砌】 殿堂前的台阶。杜甫《八哀诗・赠秘书监江夏李公邕》：“重叙东都别，朝阴改轩砌。”

【軒星】 轩辕星。借指皇后。崔融《则天皇后挽歌二首》之二：“阴月霾中道，轩星落太微。”

【軒風】 高风。崔颢《赠怀一上人》：“轩风洒甘露，佛雨生慈根。”

【軒庭】 居室庭院。白居易《代鹤》：“主人诚可恋，其奈轩庭窄。”

【軒屏】 堂阶前的墙壁。亦指墙上的窗户。陈子昂《酬晖上人秋夜山亭有赠》：“禅居感物变，独坐开轩屏。”钱起《苦雨忆皇甫冉》：“疲痾苦昏垫，日夕开轩屏。”刘长卿《同郭参谋咏崔仆射淮南节度使厅前竹》：“不知轩屏侧，岁晚对衰安。”

【軒陛】 殿堂；居室。张九龄《酬王履震游园见贻》：“透迤恋轩陛，萧散反丘樊。”元稹《酬乐天东南行诗一百韵》：“二妙驰轩陛，三英咏袴襦。”

【軒除】 台阶。亦借指房屋。岑参《行军雪后月夜宴王卿家》：“酒香薰枕席，炉气暖轩除。”宋华《蝉鸣一篇五章》之五：“披衣轩除，萧萧风林。”

【軒軒】 ❶飞动，漂浮，飞舞。储光羲《京口题崇上人山亭》：“叫叫海鸿声，轩轩江燕翼。”韩愈《陆浑山火和皇甫湜用其韵》：“山狂谷很相吐吞，风怒不休何轩轩。”元稹《酬独孤二十六送归通州》：“瘴水徒浩浩，浮云亦轩轩。”鲍溶《山行经樵翁》：“醉闲鹿裘暖，白发舞轩轩。”❷仪态轩昂貌。宋之问《谒禹庙》：“奕奕扃闱邃，轩轩仗卫趋。”白居易《舟中李山人访宿》：“轩轩举云貌，豁豁开清襟。”

【軒冕】 ❶古时大夫以上官员的车乘和冕服。元结《石鱼湖上作》：“金玉吾不须，轩冕吾不爱。”武元衡《崔敷叹春物将谢恨不同览时余方为事牵束及往寻不遇题之留赠》：“轩冕强来趋世路，琴尊空负赏年华。”王维《春夜竹亭赠钱少府归蓝田》：“羡君明发去，采蕨轻轩冕。”白居易《酬卢秘书二十韵》：“识分忘轩冕，知归返草莱。”汪遵《桐江》：“严陵何事轻轩冕，独向桐江钓月明。”崔涂《过陶征君隐居》：“田园三亩绿，轩冕一铢轻。”❷指显贵者。王昌龄《灞上闲居》：“轩冕无枉顾，清川照我门。”于鹄《过凌霄洞天谒张先生祠》：“乃知轩冕徒，宁比云壑眠。”白居易《题东武丘寺六韵》：“寄言轩冕客，此地好抽簪。”李咸用《依韵修睦上人山居十首》之四：“不论轩冕及渔樵，性与情违渐渐遥。”亦指为官。杜甫《独酌》：“本无轩冕意，不是傲当时。”

【軒馭】 轩辕黄帝的车驾。后遂泛指皇帝的车驾。苏颋《扈从温泉同紫微黄门群公泛渭川得齐字》：“傅舟来是用，轩驭往应迷。”

【軒然】 ❶高昂貌，高翥貌。杜甫《画鹘行》：“乌鹊满樛枝，轩然恐其出。”❷高涌貌。韩愈《岳阳楼别窦司直》：“轩然大波起，宇宙隘而妨。”

【軒然大波】 高涌的波浪。韩愈《岳阳楼别窦司直》：“轩然大波起，宇宙隘而妨。”

【軒遊】 指黄帝轩辕之游。李峤《扈从还洛呈侍从群官》：“德泽盛轩游，哀矜深禹恤。”

【軒遊宫】 唐宫名。故址在今河南灵宝市。玄宗有《轩游宫十五夜》。

【軒窗】 窗户。岑参《初至西虢官舍南池呈左右省及南宫诸故人》：“轩窗竹翠湿，案牍荷花香。”白居易《重到毓村宅有感》：“轩窗帘幕皆依旧，只是堂前欠一人。”姚合《和裴令公新成绿野堂即事》：“结构立嘉名，轩窗四面明。”储嗣宗《题云阳高少府衙斋》：“大隐能兼济，轩窗逐胜开。”

【軒蓋】 ❶车盖。杜甫《奉送郭中丞兼太仆卿充陇右节度使三十韵》：“斜日当轩盖，高风卷旆旌。”曹松《武德殿朝退望九衢春色》：“佳气浮轩盖，和风袭缙绅。”❷指带篷盖的车。为显贵者所乘。李白《赠从孙义兴宰铭》：“能文变风俗，好客留轩盖。”韦应物《拟古诗十二首》之三：“京城繁华地，轩盖凌晨出。”白居易《送舒著作重授省郎赴阙》：“惜别笙歌多怨咽，愿留轩盖少踟蹰。”李绅《宿扬州水馆》：“闲凭栏干指星汉，尚疑轩盖在楼船。”❸借指达官贵人。李益《述怀寄衡州令狐相公》：“调元方翼圣，轩盖忽言东。”皎然《述祖德赠湖上诸沈》：“昔时轩盖金陵下，何处不传沈与谢。”方干《偶作》：“直为篇章非动众，遂令轩盖不经过。”

【軒楹】 堂前的廊柱。亦借指廊间。杜甫《同元使君春陵行》：“呼儿具纸笔，隐几临轩楹。”元结《夜宴石鱼湖作》：“高烛照泉深，光华溢轩楹。”孟郊《旅次洛城东水亭》：“水竹色相洗，碧花动轩楹。”白居易《和答诗十首・答桐花》：“为君布绿阴，当暑荫轩楹。”

【軒裘】 轩车和衣裘。借指官位爵禄。宋璟《奉和圣制同二相已下群官乐游园宴》：“醉归填畛陌，荣耀接轩裘。”张说《韦谯公挽歌二首》之二：“歌舞侯家艳,轩裘戚里光。”

【軒輊】 ❶车前高后低叫轩,前低后高叫轾。语出《诗·小雅·六月》:“戎车既安,如轩如轾。”引申为倾斜。杜甫《送从弟亚赴安西判官》:“青海天轩轾,西极最疮痍。”❷轩昂,气度不凡。韩愈《刘生诗》:“生名师命其姓刘,自少轩轾非常俦。”

【軒裳】 ❶犹车服,车舆礼服。陈子昂《喜马参军相遇醉歌》序:“天子哀矜,居于侍省,且欲以芝桂为伍,麋鹿同曹,轩裳钟鼎,如梦中也。”杜甫《壮游》:“天子废食召,群公会轩裳。”羊士谔《乾元初赋诗十四韵刻于石壁》:“轩裳遵往辙,风景憩中林。”❷指官位爵禄。李白《颍阳别元丹丘之淮阳》:“本无轩裳契,素以烟霞亲。”元结《忝官引》:“而可爱轩裳,其心又干进。”❸代称有高位者。沈佺期《洛阳道》:“白日青春道,轩裳半下朝。”卢象《奉和张使君宴加朝散》:“骑拥轩裳客,鸾惊翰墨林。”元结《漫问相里黄州》:“漫问轩裳客,何如耕钓翁。”黄滔《题山居逸人》:“不知双阙下,何以谓轩裳。”

【軒墀】 ❶殿堂前的台阶。储光羲《杂咏五首·架檐藤》:“得从轩墀下,殊胜松柏林。”司空曙《和卢校书文若早入使院书事》:“轩墀湿繁露,琴几拂轻埃。”羊士谔《燕居》:“秋斋膏沐暇,旭日照轩墀。”杜牧《华清宫三十韵》:“几席延尧舜,轩墀接禹汤。”❷指厅堂。杜甫《苦竹》:“轩墀曾不重,剪伐欲无辞。”常衮《题金吾郭将军石洑茅堂》:“云戟曙沉沉,轩墀清且深。”皎然《奉应颜尚书真卿观玄真子置酒张乐舞破阵画洞庭三山歌》:“赏君狂画忘远游,不出轩墀坐苍翠。”

【軒牖】 窗户。李白《下途归石门旧居》:“俯仰人间易凋朽,钟峰五云在轩牖。”

【軒儀】 指完美的法度。则天皇后《唐享昊天乐·第一》:“太阴凝至化,真耀蕴轩仪。”

【軒駕】 帝王车驾。刘宪《兴庆池侍宴应制》:“苍龙阙下天泉池,轩驾来游箫管吹。”韦安石《梁王宅侍宴应制同用风字》:“梁园开胜景,轩驾动宸衷。”

【軒層】 高层楼宇。刘沧《夏日登慈恩寺》:“晚景风蝉催节候,高空云鸟度轩层。”

【軒舉】 高扬飞举。韩愈、孟郊《莎栅联句》:“冰溪时咽绝,风枥方轩举。”

【軒轅】 ❶即黄帝,传说中的古代帝王。传说姓公孙,居于轩辕之丘,故名。李白《飞龙引二首》之一:“登鸾车,侍轩辕,遨游青天中,其乐不可言。”顾况《悲歌六》:“轩辕黄帝初得仙,鼎湖一去三千年。”韩愈《岳阳楼别窦司直》:“犹疑帝轩辕,张乐就空旷。”元稹《竞渡》:“战讫天下定,号之为轩辕。”❷复姓。见“軒轅彌明”“軒轅偉”。

【軒轅先生】 轩辕集。罗浮山人轩辕集至京师,上召入禁中,留之月余,坚求还山。见《旧唐书·宣宗纪》。皮日休有《寄题罗浮轩辕先生所居》。李洞有《赋得送轩辕先生归罗浮山》。齐己有《怀轩辕先生》。

【軒轅國】 指中国。黄帝轩辕氏,为传说中上古帝王。谭用之《贻南康陈处士陶》:“老无征战轩辕国,贫有茅茨帝舜城。”

【軒轅偉】 唐诗人。建中、贞元间人。《全唐诗外编》录其《题云居上寺》一首。

【軒轅彌明】 《全唐诗》卷七九一有韩愈、刘师服、侯喜、轩辕弥明《石鼎联句》。诗序云:“元和七年十二月四日,衡山道士轩辕弥明自衡下来,旧与刘师服进士衡湘中相识。”谓弥明“貌极丑,白须黑面,长颈而高结,喉中又作楚语。……年九十余”。但关于此诗的内容、人物特别是轩辕弥明的真实性,历来众说纷纭,没有定论。轩辕弥明其人,或谓贾岛者,或谓即韩愈本人。

【軒騎】 车骑。沈佺期《和上巳连寒食有怀京洛》:“天津御柳碧遥遥,轩骑相从半下朝。”白居易《秦中吟十首·伤友》:“正逢下朝归,轩骑五门西。”又《送河南尹冯学士赴任》:“石渠金谷中间路,轩骑翩翩十日程。”亦指乘车骑者。钱起《郎员外见寻不遇》:“轩骑来相访,渔樵悔晚归。”

【軒檻】 栏板。玄宗《鹡鸰颂》序:“左清道率府长史魏光乘,才雄白凤,辩壮碧鸡,以其宏达博识,召至轩槛,预观其事,以献其颂。”孟浩然《和宋太史北楼新亭》:“丽谯非改作,轩槛是新图。”岑参《初至犍为作》:“山色轩槛内,滩声枕席间。”贾岛《题郑常侍厅前竹》:“何如轩槛侧,苍翠袅长空。”

【軒曜】 轩辕星的光耀。《淮南子·天文训》:“轩辕者,帝妃之舍。”故喻指后妃。徐彦伯《仪坤庙乐章·金奏》:“阴灵效祉,轩曜降精。”

【軒簷】 屋檐。刘禹锡《和牛相公南溪醉歌见寄》:“枕伊背洛得胜地,鸣皋少室来轩檐。”马逢《宫词二首》之一:“金吾持戟护轩檐,天乐传教万姓瞻。”

【軒騰】 ❶高升。韩愈《合江亭》:“伊人去轩腾,兹宇遂顿挫。”❷犹高蹈。指远避尘世。韩愈《送灵师》:“逸志不拘教,轩腾断牵挛。”

【軒闥】 泛指高门大户。白居易《有木诗八首》之八:“主人不知名,移种近轩闼。”

【軒鶴】 乘轩的鹤。❶喻宠幸者。典出《左传·闵公二年》:“卫懿公好鹤,鹤有乘轩者。”白居易《幽居早秋闲咏》:“轩鹤留何用,泉鱼放不还。”❷喻特立不凡者。韩愈《醉赠张秘书》:“张籍学古淡,轩鹤避鸡群。”

【軒轡】 谓轩车骏马。贾岛《斋中》:“低扉碍轩辔,寡德谢接诺。”

軑 〔dài《广韵》徒蓋切，去泰，定。又特計切，去霽，定。〕❶车毂端圆管状的冒盖。薛元超《奉和同太子监守违恋》："储禁铜扉启，宸行玉轪遥。"❷车轮。韩愈、孟郊《秋雨联句》："深路倒羸驂，弱途拥行轪。"

軏 〔yuè《广韵》魚厥切，入月，疑。又五忽切，入没，疑。〕古代车辕与横木相连的关键处。见"輗軏"。

軔 〔rèn《广韵》而振切，去震，日。〕❶用来阻止车轮滚动的木头。《楚辞·离骚》："朝发轫于苍梧兮，夕余至乎县圃。"洪兴祖补注："轫，止车之木，将行则发之。"李贺《春归昌谷》："发轫东门外，天地皆浩浩。"❷停止。

四　画

軛 〔è《龙龛手鉴》於格切。〕牛马拉物件时架在脖子上的器具。刘禹锡《游桃源一百韵》："羽人顾我笑，劝我税归轭。"李贺《公无出门》："帝遣乘轩灾自息，玉星点剑黄金轭。"元稹《予病瘴乐天寄通中散碧腴垂云膏因有酬答》："金籍真人天上合，盐车病骥轭前惊。"崔涂《感花》："绣轭香鞯夜不归，少年争惜最红枝。"

軟 〔ruǎn《广韵》而兖切，上獮，日。〕❶柔软。韩愈《鸣雁》："江南水阔朝云多，草长沙软无网罗。"白居易《新制布裘》："桂布白似雪，吴绵软于云。"王周《金盘草诗》："巨叶展六出，软干分长竿。"崔橹《柳》："骨软张郎瘦，腰轻楚女饥。"❷温和，柔和。杜甫《端午日赐衣》："细葛含风软，香罗叠雪轻。"侯洌《金谷园花发怀古》："雨湿轻光软，风摇碎影翻。"沈亚之《春色满皇州》："风软游丝重，光融瑞气浮。"李建勋《新竹》："袅袅薰风软，娟娟湛露光。"❸疲惫，无力。施肩吾《夜宴曲》："被郎嗔罚琉璃盏，酒入四肢红玉软。"❹轻，动作不重。韩愈《赠刘师服》："匙抄烂饭稳送之，合口软嚼如牛呞。"❺小，不大。刘禹锡《淮阴行五首》之五："无奈晚来时，清淮春浪软。"见"軟火"。❻指柔软的食物。韩愈《落齿》："语讹默固好，嚼废软还美。"

【軟弓】 柔软无力的弓。杜荀鹤《塞上》："独作书生疑不稳，软弓轻剑也随身。"

【軟火】 文火，小火。寒山《诗三百三首》之一六八："寒到烧软火，饥来煮菜吃。"白居易《葺池上旧亭》："软火深土炉，香醪小瓷榼。"

【軟玉】 本为矿物名。玉之一种，以洁白者为贵，多用为饰物。故用以比喻洁白柔软之物，如女人之手等。李咸用《轻薄怨》："捻笙软玉开素苞，画楼闪闪红裾摇。"秦韬玉《吹笙歌》："纤纤软玉捧暖笙，深思香风吹不去。"

【軟石】 石头之一种。质地坚硬，声音悦耳，可制磬。元稹《和李校书新题乐府十二首·华原磬》："华原软石易追琢，高下随人无雅郑。"

【軟半】 犹一小半，相对"强半"而言。白居易《会昌元年春五绝句·题朗之槐亭》："春风可惜无多日，家酝唯残软半瓶。"

【軟車】 即软轮车。白居易《和春深二十首》之一一："兰索纫幽珮，蒲轮驻软车。"

【軟吹】 （—chuì）和风。豆卢荣《赋得春风扇微和》："春晴生缥缈，软吹和初遍。"

【軟沙】 松软的细沙。杜甫《军中醉饮寄沈八刘叟》："软沙欹坐稳，冷石醉眠醒。"

【軟炊】 指以文火煮饭。杜甫《阌乡姜七少府设脍戏赠长歌》："偏劝腹腴愧年少，软炊香饭缘老翁。"

【軟骨】 指柔软的身体。张祜《观杭州柘枝》："舞停歌罢鼓连催，软骨仙蛾暂起来。"

【軟風】 软弱的风，和风。温庭筠《郭处士击瓯歌》："吾闻三十六宫花离离，软风吹春星斗稀。"

【軟弱】 柔软，柔弱。韩愈《南山诗》："岩峦虽嵂崒，软弱类含酎。"白居易《惜栯李花》："树小花鲜妍，香繁条软弱。"吴融《追咏棠梨花十韵》："更应无软弱，别自有妍华。"南唐嗣主李璟《句》："栖凤枝梢犹软弱，化龙形状已依稀。"

【軟美】 柔软美好。白居易《东南行一百韵》："软美仇家酒，幽闲葛氏姝。"郑嵎《津阳门诗》："青钱琐屑安足数，白醪软美甘如饴。"

【軟毳】 柔软而脆弱。元稹《有鸟二十章》之四："有鸟有鸟名为鸠，毛衣软毳心性柔。"

【軟裘快馬】 轻暖毛皮衣服和快捷的马匹，喻指生活豪奢。杜甫《投简咸华两县诸子》："赤县官曹拥才杰，软裘快马当冰雪。"

【軟煖】 柔软温暖。白居易《青毡帐二十韵》："软暖围毡毯，枪摐束管弦。"

【軟溼】 柔软潮湿。韩愈《答道士寄树鸡》："软湿青黄状可猜，欲烹还唤木盘回。"

【軟碧】 嫩绿色。和凝《杨柳枝》之一："软碧摇烟似送人，映花时把翠眉噘。"

【軟舞】 唐代舞蹈的一种，舞姿轻盈柔婉。唐崔令钦《教坊记》："《垂手罗》《回波乐》《兰陵王》《春莺啭》《半社渠》《借席》《乌夜啼》之属，谓之'软舞'。"张祜《春莺啭》："内人已唱春莺啭，花下傞傞软舞来。"

【軟語】 温和而委婉的话语。杜甫《赠蜀僧闾丘师兄》："夜阑接软语，落月如金盆。"

【軟輪】 用蒲草裹着的车轮，取其柔软而减少颠簾。亦代指软轮车。窦常《和裴端公枢芜城秋夕简远近亲知》:“尽日凭幽几,何时上软轮。”

【軟輪車】 即蒲车。因以蒲草裹轮,故称。以蒲裹轮而人坐乘的车子。王维《赠东岳焦炼师》:“频蒙露版诏,时降软轮车。”

【軟褥】 柔软的座褥。白居易《病中诗十五首·就暖偶酌戏诸诗酒旧侣》:“低屏软褥卧藤床,舁向前轩就日阳。”

【軟聲】 柔和的声音。元稹《第三岁日咏春风凭杨员外寄长安柳》:“殷勤为报长安柳,莫惜枝条动软声。”

【軟輿】 即轿子。无名氏《谣·神鸡童谣》:“能令金距期胜负,白罗绣衫随软舆。”王建《宫词一百首》之七五:“御前新赐紫罗襦,步步金阶上软舆。”白居易《新乐府·牡丹芳》:“庳车软舆贵公主,香衫细马豪家郎。”

五　画

軻

〔kē《广韵》苦何切,平歌,溪。又枯我切,上哿,溪。又口箇切,去箇,溪。〕见“轲峨”。

【軻峨】 高耸貌。刘禹锡《插田歌》:“省门高轲峨,侬入无度数。”又《秋江晚泊》:“轲峨艑上客,劝酒夜相依。”又《堤上行三首》之三:“日晚上楼招估客,轲峨大艑落帆来。”

軸

〔zhóu《广韵》直六切,入屋,澄。〕❶轮轴,即贯于毂中持轮旋转的圆柱形长杆。李白《雪谗诗赠友人》:“群轻折轴,下沉黄泉。”韩愈、孟郊《征蜀联句》:“旆亡多空杠,轴折鲜联辖。”元稹《乐府古题·当来日大难行》:“两轴相绞,两轮相撑。”白居易《新乐府·八骏图》:“属车轴折趁不及,黄屋草生弃若遗。”杜牧《大雨行》:“铮栈雷车轴辙壮,矫矍蛟龙爪尾长。”❷拴在牲口股后系绊带的木棍。无名氏《嘲举子骑驴》:“今年敕下尽骑驴,短轴长鞦满九衢。”❸船,舳舻。李峤《过洞庭》:“动轴当新霁,漫空正仲秋。”❹织机,织具。杜甫《奉赠卢五丈参谋》:“邻好艰难薄,氓心杼轴焦。”王建《田家行》:“麦收上场绢在轴,的知输得官家足。”❺喻贯串事物的中心。杜甫《后苦寒行二首》之二:“杀气南行动地坤轴,不尔苦寒何太酷。”又《三川观水涨二十韵》:“乘陵破山门,回斡裂地轴。”韩愈《咏雪赠张籍》:“日轮埋欲侧,坤轴压将颓。”❻乐器上用以转动调节弦的部件。白居易《琵琶引》:“转轴拨弦三两声,未成曲调先有情。”❼字画下端便于悬挂或卷起的圆杆。亦指装成卷轴形的书、画。常衮《晚秋集贤院即事寄徐薛二侍郎》:“缥囊披锦绣,翠轴卷琼琚。”姚合《和座主相公西亭秋日即事》:“海图装玉轴,书目记牙签。”韦庄《览萧必先卷》:“满轴编新句,翛然大雅风。”韩仪《记知闻近过关试》:“短行轴了付三铨,休把新衔恼必先。”❽卷起。韦庄《谒金门》词之一:“楼外翠帘高轴,倚遍阑干几曲。”毛熙震《菩萨蛮》词之二:“绣帘高轴临塘看,雨翻荷芰真珠散。”❾量词。计算绕在轴上的线状物及装裱带轴的字画数量的单位。卢纶《题天华观》:“朱字灵书千万轴,苍髯道士两三人。”韩愈《送诸葛觉往随州读书》:“邺侯家多书,插架三万轴。”李洞《下第送张霞归觐江南》:“此道背于时,携归一轴诗。”贯休《读顾况歌行》:“忽睹逋翁一轴歌,始觉诗魔辜负我。”

【軸轤】 船舵与船头。韩愈、李正封《晚秋郾城夜会联句》:“轴轳亘淮泗,旆旌连夏鄂。”

軹

〔zhǐ《广韵》諸氏切,上紙,章。〕见“轵道”。

【軹道】 亭名,故址在今陕西西安市东北。秦始皇孙、扶苏之子秦王嬴子婴于此向刘邦投降。魏征《赋西汉》:“受降临轵道,争长趣鸿门。”曹邺《秦后作》:“轵道人不回,壮士断消息。”胡曾有《咏史诗·轵道》。

軼

〔yì《广韵》夷質切,入質,以。又徒结切,入屑,定。〕❶后车超过前车。引申为超越。卢鸿一《嵩山十志十首·倒景台》:“耸天关兮倒景台,鲨颢气兮轶嚣埃。”权德舆《大言》:“搏鹏作腊巨鳌鲙,伸舒轶出元气外。”❷超绝,出众。见“軼材”。❸通“逸”。奔驰。引申为入侵。陈子良《赞德上越国公杨素》:“匈奴轶燕蓟,烽火照幽并。”❹通“溢”。充满。储光羲《田家杂兴八首》之五:“意气轶道路,光辉满墟落。”

【軼材】 出众之才。李德裕《雨中自秘书省访王三侍御以诗赠之》:“王褒轶材晚始入,宫女已能传洞箫。”

【軼駭】 突破;跨越。皮日休《伤进士严子重》序:“其所为工于七字,往往有清便柔媚,时可轶骇于常轨。”

軫

〔zhěn《广韵》章忍切,上軫,章。〕❶车后横木。一说,为车厢底部四面的横木。韩愈《赠崔立之评事》:“曾从关外来上都,随身卷轴车连轸。”❷车子。王勃《出境游山二首》之二:“回镳凌翠壑,飞轸控青岑。”卢僎《稍秋晓坐阁遇舟东下扬州即事寄上族父江阳令》:“接席复连轸,出入陪华轫。”杜甫《赠郑十八贲》:“水陆迷畏途,药饵驻修轸。”❸隐痛。《楚辞·九章·惜诵》:“背膺牉以交痛兮,心郁结而纡轸。”王逸注:“轸,隐也。言己不忍变心易行,则忧思郁结,胸背分裂,心中交引而隐痛也。”洪兴祖补注:“轸,痛也。”裴耀卿《敬酬张九龄当涂界留赠之作》:“旷别心弥轸,宏观义转倾。”王昌龄《从军行二首》之一:“向夕临大荒,朔风轸归虑。”韦应物《游灵岩寺》:“方悟关塞眇,重轸故园愁。”孙光宪《浣溪沙》词之四:“杨柳只知伤怨别,杏花应信损娇羞,泪沾魂断轸离忧。”❹顾念,悯惜。张九龄《奉和圣制送尚书燕国公赴朔方》:“山川勤远略,原隰轸皇情。”白居易《元和十二年淮寇未平诏停岁仗率尔成章》:“闻停岁仗轸皇情,应为淮西寇未平。”《郊庙歌辞·中宗祀昊天乐章·太和》:“恒思解网,每轸泣辜。”❺盛多凑集貌。杜甫《秋日夔府咏怀奉寄郑监李宾客一百韵》:“宵旰忧虞轸,黎元疾苦骈。”❻弦乐器上系弦线的小柱。可转动以调节弦的松紧。李白《北山独酌寄韦六》:“坐月观宝书,拂霜弄瑶轸。”刘禹锡《调瑟词》:“美人爱高张,瑶轸再三促。”张乔《听琴》:“清月转瑶轸,弄中湘水寒。”赵鸾鸾《酥乳》:“粉香汗湿瑶琴轸,春逗酥融绵雨膏。”❼星宿名。二十八宿之一,南方朱雀七宿中的末宿,有星四颗。王元《登祝融峰》:“势疑撞翼轸,翠欲滴潇湘。”

【軫玉】 乐器上的玉制弦柱。李咸用《水仙操》:“琴兮琴兮在自然,不在徽金将轸玉。”

【軫念】 悲痛地思念。白居易《赠悼怀太子挽歌辞二首》之一:“恭闻褒赠诏,轸念在与夷。”许浑《汉水伤稼》序:“轸念疲羸,因赋四韵。”

【軫憂】 忧伤悲痛。张祜《散花楼》:“锦江城外锦城头,回望秦川上轸忧。”

【軫慮】 忧虑。太宗《执契静三边》:“秋驾转兢怀,春冰弥轸虑。”

【軫翼】 轸宿和翼宿。陆龟蒙《读襄阳耆旧传因作五百言寄皮袭美》:“高当轸翼兮,化作英髦囿。”

【軫懷】 痛念。语出《楚辞·九章·哀郢》:“出国门而轸怀兮,甲之鼂吾以行。”王逸注:“轸,痛也。怀,思也。”杜羔《享惠昭太子庙乐章登歌》:“宾天道茂,轸怀气分。”陈通方《金谷国怀古》:“缓步洛城下,轸怀金谷园。”

軦 〔ní《玉篇》柅夷切。〕同“柅”。止轮木。引申为把车轮止住。王维《晦日游大理韦卿城南别业四声依次用各六韵》之一:“侧闻尘外游,解骖轭朱轮。”

軺 〔yáo《广韵》餘昭切,平宵,以。又市昭切,平宵,禪。〕一种轻小的马车。亦指使节所用之车。许敬宗《奉和执契静三边》:“锦轺凌右地,华缨羁大夏。”高适《睢阳酬别畅大判官》:“承诏选嘉宾,慨然即驰轺。”权德舆《酬冯鉴拜昭陵回途中遇雨见示》:“之子共乘轺,清秋拜上霄。”李绅《初秋忽奉诏除浙东观察使检校右貂》:“疏受杜门期脱屣,买臣归邸忽乘轺。”

【軺車】 一马驾之轻便车。奉使者和朝廷急命宣召者亦多乘坐此种车辆,故亦指使者所乘之车,亦借指使者。王昌龄《送郑判官》:“东楚吴山驿树微,轺车衔命奉恩辉。”戴叔伦《张评事涉秦居士系见访郡斋即同赋中字》:“轺车忽枉辙,郡府自生风。”方干《处州献卢员外》:“才下轺车即岁丰,方知盛德与天通。”齐己《谢王詹事垂访》:“方悲鹿轸栖江寺,忽讶轺车降竹扉。”

【軺旆】 轺车上的一种旗帜。亦代称轺车。李义府《招谕有怀赠同行人》:“愿接轺旆尘,联翩东北骛。”

【軺傳】 (—zhuàn)马车。使者所乘之车。《史记·儒林列传》:“于是天子使使束帛加璧安车驷马迎申公,弟子二人乘轺传从。”裴骃集解引徐广曰:“马车。”李峤《早发苦竹馆》:“我行抚轺传,兼得傍林沼。”张九龄《酬宋使君见诒》:“庭闱际海曲,轺传荷天慈。”

【軺駕】 轻车。韦应物《送颜司议使蜀访图书》:“轺驾一封急,蜀门千岭曛。”

軬 〔fàn,又读 bèn《广韵》扶晚切,上阮,奉。《集韵》部本切,上混,並。〕车篷。《释名·释车》:“軬,藩也,蔽水雨也。”李渤《南溪诗》序:“俯而察之,如伞如軬軬,如栾栌支撑,如莲蔓藻井。”

六　画

軾 〔shì《广韵》賞職切,入職,書。〕❶古代设在车厢前供立乘者凭扶的横木。太宗《春日望海》:“披襟眺沧海,凭轼玩春芳。”魏征《述怀》:“请缨系南粤,凭轼下东藩。”李嘉祐《常州韦郎中泛舟见饯》:“主人冯轼贵,送客泛舟稀。”❷伏轼致敬。《郊庙歌辞·五郊乐章·送神》:“送礼有章,惟神还轼。”

【軾廬】 《吕氏春秋·期贤》:“魏文侯过段干木之闾而轼之,其仆曰:‘君胡为轼?’曰:‘此非段木干之闾欤?段干木盖贤者也,吾安敢不轼?’”后遂以谓向贤者致敬。吴筠《高士咏·段干木》:“魏主钦其贤,轼庐情亦敦。”

軿 〔jú《广韵》居玉切,入燭,見。〕马驾的大车。皮日休《吴中苦雨因书一百韵寄鲁望》:“出门泥漫漶,恨无直辕軿。”

載[1] 〔zài《广韵》作代切,去代,精。又昨代切,去代,從。〕❶乘坐。刘禹锡《乐天池馆夏景方妍白莲初开彩舟空泊唯邀缁侣因以戏之》:“蕃僧如共载,应不是神仙。”孟郊《感兴》:“吾欲载车马,太行路峥嵘。”❷运载,装运。韩愈《石鼓歌》:“毡包席裹可立致,十鼓只载数骆驼。”白居易《舟夜赠内》:“三声猿后添新恨,一叶舟中载病身。”皮日休《二游诗·徐诗》:“楼船若夏屋,欲载如垤塊。”亦指车、船等交通运输工具。陆龟蒙《渔具诗·舴艋》:“君看万斛载,沉溺须臾间。”❸带,携带。钱起《送傅管记赴蜀军》:“主将早知鹦鹉赋,飞书许载蛟龙笔。”韩愈《元和圣德诗》:“载妻与妾,包裹稚乳。”施肩吾《大堤新咏》:“宣城贾客载钱出,始觉大堤无女儿。”杜荀鹤《题战岛僧居》:“载土春栽树,抛生日喂鱼。”❹承载,承受。李泌《长歌行》:“天覆吾,地载吾,天地生吾有意无。”卢从愿《祭汾阴乐章》:“坤元载物,阳乐发生。”韩愈《大行皇太后挽歌词三首》之一:“高居朝圣主,厚德载群生。”亦指天地。李商隐《送千牛李将军赴阙五十韵》:“覆载还高下,寒暄急改更。”❺充满。王昌龄《小敷谷龙潭祠作》:“生人载山川,血食报原隰。”❻副词。又,重,再。杜甫《别张十三建封》:“载感贾生恸,复闻乐毅书。”刘商《胡笳十八拍》第十八拍:“载持巾栉礼仪好,一弄丝桐生死足。”令狐楚《李相薨后题断金集》:“一览断金集,载悲埋玉人。”元稹《含风夕》:“载欣凉宇旷,复念佳辰掷。”❼助词。用于句首或句中,起强调语气的作用。肃宗《延英殿玉灵芝诗三章章八句》之二:“载启瑞图,庶符皇极。”于邵《释奠武成王乐章·迎神》:“盛烈载垂,命祀维崇。”司空图《诗品二十四则·清奇》:“载行载止,空碧悠悠。”《郊庙歌辞·昭德皇后庙乐章·雍和》:“载芬黍稷,载涤牺牲。”

載[2]　〔zǎi《广韵》作亥切,上海,精。〕❶年;岁。杜甫《赠韦赞善别》:“往还二十载,岁晚寸心违。”白居易《高仆射》:“清风久销歇,追此向千载。”李商隐《韩碑》:“淮西有贼五十载,封狼生貙貙生罴。”杜荀鹤《秋江雨夜逢诗友》:“故友别来三四载,新诗吟得百余篇。”❷记录,记载。王建《酬柏侍御闻与韦处士同游灵台寺见寄》:“古碑在云颠,备载置寺由。”司空曙《故郭婉仪挽歌》:“婉仪余旧德,仍载礼经中。”陆龟蒙《孤雁·逍遥篇》:“漆园逍遥篇,中亦载斥鷃。”张乔《宿刘温书斋》:“因论三国志,空载几英豪。”

【載史】　装载史书。陆龟蒙《奉和袭美二游诗·徐诗》:“伊唐受命初,载史声连延。”

【載舟】　乘船。李沛《四水合流》:“顺物宜投石,逢时可载舟。”

【載₂祀】　年。《左传·宣公三年》:“桀有昏德,鼎迁于商,载祀六百。”杜预注:“载、祀皆年。”陆龟蒙《奉和袭美二游诗·任诗》:“风烟惨无主,载祀将六百。”

【載脂】　抹油于车轴上。谓准备起程。语出《诗·邶风·泉水》:“载脂载舝,还车言迈。”朱熹集传:“脂,以脂膏涂其舝使滑泽也。”杜甫《赤谷》:“乱石无改辙,我车已载脂。”韩愈《天星送杨凝郎中贺正》:“天星牢落鸡喔咿,仆夫起餐车载脂。”舒元舆《坊州按狱因成诗寄之》:“烦君爱我深,轻车忽载脂。”

【載酒】　携带酒。卢郢《和李尚书命妓饯崔侍御》:“何郎载酒别贤侯,更吐歌珠宴庾楼。”韦庄《寄园林主人》:“尚有余芳在,犹堪载酒来。”又《漳亭驿小樱桃》:“当年此树正花开,五马仙郎载酒来。”徐夤《春入鲤湖》:“到来峭壁白云齐,载酒春游渡九溪。”

【載陽】　谓天气开始温暖。语出《诗·豳风·七月》:“春日载阳,有鸣仓庚。”韦述《春日山庄》:“初岁开韶月,田家喜载阳。”储光羲《夏日寻蓝田唐丞登高宴集》:“是时春载阳,佳气满皇州。”德宗《中和节日宴百僚赐诗》:“岁华今载阳,东作方肆勤。”

【載筆】　携带文具以记录王事。亦泛指书写、记录。宋之问《桂州三月三日》:“载笔儒林多岁月,襆被文昌佐吴越。”武元衡《同洛阳诸公饯卢起居》:“赤墀方载笔,油幕尚言兵。”白居易《和微之诗二十三首·和酬郑侍御东阳春闷放怀追越游见寄》:“载笔在幕名已重,补衮于朝官尚早。”张乔《送郑谷先辈赴汝州辟命》:“载笔离秦甸,从军过洛州。”

【載馳】　谓车马疾行。语出《诗·鄘风·载驰》:“载驰载驱,归唁卫侯。”高亨注:“载,犹乃也,发语词。驰、驱,车马疾行。”张九龄《南还以诗代书赠京师旧僚》:“云雨叹一别,川原劳载驰。”萧颖士《答邹象先》:“一命何阻修,载驰各川县。”韦应物《秋集罢还途中作谨献寿春公黎公》:“时节乃来集,欣怀方载驰。”亦泛指疾行。独孤及《癸卯时赴南丰道中闻京师失守寄权士繇韩幼深》:“猛虎啸北风,麇麚皆载驰。”

【載想】　怀想。载,助词。李峤有《田假限疾不获还庄载想田园兼思亲友率成短韵用写长怀赠杜幽素》。陈子昂《赠别冀侍御崔司议》序:“载想房陆毕子为轩冕之人,不知蜀山有云,巴水可兴,睽阙良会,我心怒然。”

【載歌】　唱歌。司空图《诗品二十四则·洗炼》:“载瞻星辰,载歌幽人。”

【載德】　施行德化。魏征《享太庙乐章·长发舞》:“配天载德,就日重光。”

【載瞻】　❶向高处看。司空图《诗品二十四则·洗炼》:“载瞻星辰,载歌幽人。”❷恭敬地注视。韦应物《秋集罢还途中作谨献寿春公黎公》:“群属所载瞻,而忘倦与饥。”

【載歸】　谓载与俱归。司空图《诗品二十四则·冲淡》:“阅音修篁,美曰载归。”

【載籍】　书籍,典籍。萧祜《游石堂观》:“我来斯邑访遗迹,乃遇沈生耽载籍。”元稹《和乐天赠樊著作》:“羲黄眇云远,载籍无遗文。”陆龟蒙《奉和袭美二游诗·徐诗》:“洛阳且煨烬,载籍宜为烟。”

【載驅】　谓车马疾行。杜甫《遣兴三首》之二:

"请将已茅土，载驱谁与谋。"

輀 〔ér《广韵》如之切，平之，日。〕亦作"輭"。载运棺柩的车。《释名·释丧制》："舆棺之车曰辆。辆，耳也，悬于左右前后铜鱼摇绞之属。"韩愈《梁国惠康公主挽歌二首》之一："龙辆非厌翟，还辗禁城尘。"见"輀車"。

【輀車】 运载棺柩的车子。白居易《挽歌词》："晨光照闾巷，辆车俨欲行。"

輊 〔zhì《广韵》陟利切，去至，知。〕车顶前倾之貌。《诗·小雅·六月》："戎车既安，如轾如轩。"朱熹集传："轾，车之覆而前也。"引申为倾斜。杜甫《送从弟亚赴安西判官》："崆峒地无轴，青海天轩轾。"参见"軒輊"。

輈 〔zhōu《广韵》張流切，平尤，知。〕❶车辕。大车左右两木直而平者谓之辕，小车居中一木曲而向上者谓之辀。王维《与胡居士皆病寄此诗兼示学人二首》之二："何津不鼓棹，何路不摧辀。"韩愈《赠侯喜》："温水微茫绝又流，深如车辙阔容辀。"李贺《春归昌谷》："花蔓阂行辀，縠烟暝深徼。"邵谒《长安寒食》："但看平地游，亦见摧辀死。"❷借指车。卢僎《稍秋晓坐阁遇舟东下扬州即事寄上族父江阳令》："接席复连轸，出入陪华辀。"岑参《送颜平原》："夏云照银印，暑雨随行辀。"孟郊《赠别殷山人说易后日幽墅》："旅辀无停波，别马嘶去辕。"李商隐《和韩录事送宫人入道》："星使追还不自由，双童捧上绿琼辀。"

輅 〔lù《广韵》洛故切，去暮，來。〕大车。多指帝王所乘之车。虞世南《和銮舆顿戏下》："银书含晓色，金辂转晨飙。"钱起《奉和圣制登会昌山应制》："玉銮登嶂远，云辂出花迟。"权德舆《奉和郑宾客相公摄官丰陵扈从之作》："五辂导灵辒，千夫象缭垣。"杨巨源《寄昭应王丞》："武皇金辂辗香尘，每岁朝元及此辰。"

【輅車】 天子的乘车。王公遇拜陵等大事亦可乘坐。严巨川有《仲秋太常寺观公卿辂车拜陵》。

較[1] 〔jué《广韵》古岳切，入覺，見。又古孝切，去效，見。〕通"角"。竞逐。《孟子·万章下》："孔子之仕于鲁也，鲁人猎较，孔子亦猎较。"赵岐注："猎较者，田猎相较夺禽兽得之以祭，时俗所尚，以为吉祥。"韩愈《答柳柳州食虾蟆》："猎较务同俗，全身斯为孝。"

較[2] 〔jiào《广韵》古孝切，去效，見。〕❶较量，比本领。骆宾王《浮槎》序："与建木较其短长，将大椿齐其年寿者。"韩愈、孟郊《雨中寄孟刑部几道联句》："研文较幽玄。呼博骋雄快。"唐彦谦《游南明山》："兴来较胜负，醉后忘尔汝。"❷计较。戴叔伦《孤鸿篇》："鸿志不汝较，奋翼起高飞。"施肩吾《金尺石》："人世较短长，仙家爱平直。"李贞白《咏狗蚤》："与虱都来不较多，㩧挑筋斗太喽啰。"❸相差，不足。曹松《拜访陆处士》："性灵比鹤争多少，气力登山较几分。"❹副词。表程度。相当于"略""稍"。杜甫《人日两篇》之一："冰雪莺难至，春寒花较迟。"顾况《送李泌》："昔别吴堤雨，春帆去较迟。"

【較些子】 犹言比较好些。王梵志《诗》之一〇五："回顾担柴汉，心下较些子。"

【較₂量】 ❶比较衡量。史凤《八分羊》："党家风味足肥羊，绮阁留人漫较量。"❷考核验证。章孝标《咏弓》："较量武艺论勋庸，曾发将军箭落鸿。"钱珝《江行无题一百首》之六七："较量人世事，不校一毫厘。"

【較₂藝】 竞争技艺。曹唐《小游仙诗九十八首》之七六："因驾五龙看较艺，白鸾功用不如妻。"

【較獵】 比赛谁打猎收获多。较，通"角"。窦巩《赠阿史那都尉》："校猎燕山经几春，雕弓白羽不离身。"

【較獵場】 围猎场，狩猎场。韩偓《边上看猎赠元戎》："绣帘临晓觉新霜，便遣多厨较猎场。"

輧 〔píng《广韵》薄經切，平青，並。又部田切，平先，並。〕有帷盖的车子。李白《春日行》："三十六帝欲相迎，仙人飘翩下云軿。"刘言史《赠成炼师四首》之四："曾随阿母汉宫斋，凤驾龙軿列玉阶。"杜牧《为人题赠二首》之二："云軿载驭去，寒夜看裁衣。"李商隐《燕台四首·夏》："安得薄雾起缃裙，手接云軿呼太君。"

【輧闐】 犹骈阗。聚集；众多。柳泌《玉清行》："灵香散彩烟，北阙路軿阗。"

七 画

輒 〔zhé《广韵》陟葉切，入葉，知。〕亦作"輙"。❶擅自；专擅。见"輒代"。❷副词。(1)每每；总是。李白《游敬亭寄崔侍御》："我家敬亭下，辄继谢公作。"白居易《洛中偶作》："遇物辄一咏，一咏倾一觞。"皮日休《吴中苦雨因书一百韵寄鲁望》："遇善必擎跽，见才辄驰逐。"曹唐《小游仙诗九十八首》之六八："一百年中是一春，不教日月辄移轮。"(2)便，就；立即。杜甫《自京赴奉先县咏怀五百字》："胡为慕大鲸，辄拟偃溟渤。"韩愈《寄卢仝》："劝参留守谒大尹，言语才及辄掩耳。"白居易《寄唐生》："每见如此事，声发涕辄随。"沈传师《次潭州酬唐侍御姚员外游道林岳麓寺题示》："承明年老辄自论，乞得湘守东南奔。"(3)反而；却。包佶《抱疾谢李吏部赠诃黎勒叶》："方士真难见，商胡辄自夸。"高适《途中酬李少府赠别之作》："可以加药物，胡为辄忧煎。"刘长卿《温汤客舍》："君门献赋谁相达，客舍无钱辄自安。"

【輒代】 擅自替代。赵居贞《云门山投龙诗》序："余是年病目戾止，以为圣上祈祐，宜牧守躬亲，吏辄代，非礼也。"

【輒莫】 遮莫，尽管，任凭。皮日休《临顿宅将有归于之日鲁望以诗见贶因抒怀酬之》："居然自是幽人事，辄莫教他孙寿闻。"

輔 〔fǔ《广韵》扶雨切，上麌，奉。〕❶面颊。见"輔車"。❷辅助。元结《演兴四首·讼木魅》："祈有德而来归，辅神柽与坚香。"李益《华山南庙》："自古害忠良，神其辅宗祏。"杜牧《忍死留别献盐铁裴相公二十叔》："贤相辅明主，苍生寿域开。"张衮《梁郊祀乐章·庆休》："白日体无私，皇天辅有德。"❸辅佐之臣。韩愈《元和圣德诗》："天锡皇帝，厖臣硕辅。"柳宗元《弘农公以硕德伟材屈于诬枉谨献诗五十韵以毕微志》："降神终入辅，种德会明扬。"黄滔《河梁》："惆怅良哉辅，锵锵立凤池。"徐夤《西寨寓居》："崇侯入辅严陵退，堪忆啼猿万仞峰。"❹卫护，屏藩。王勃《送杜少府之任蜀州》："城阙辅三秦，风烟望五津。"刘禹锡《武陵书怀五十韵》："百川宗渤澥，五岳辅昆仑。"张祜《游天台山》："名人乾取象，位与坤作辅。"❺星名。见"輔星""輔弼❸"。❻指京城附近起护卫作用的城邑。骆宾王《畴昔篇》："谁能跼迹依三辅，会就商山访四翁。"李白《登黄山凌歊台送族弟溧阳尉济充泛舟赴华阴》："漕引救关辅，疲人免涂泥。"杜甫《览物》："曾为掾吏趋三辅，忆在潼关诗兴多。"殷尧藩《帝京二首》之一："地入《黄图》三辅壮，天垂华盖七星高。"❼姓。唐诗人有辅先。

【輔氏】 辅公祏。武德六年(623)八月东南道行台仆射辅公祏据丹阳反，僭称宋王，后兵败被擒。见《旧唐书·高祖纪》。柳宗元《唐铙歌鼓吹曲十二篇·奔鲸沛》序："辅氏凭江淮，竟东海，命将平之，为《奔鲸沛》第五。"

【輔先】 唐诗人。与杨炯有交往。杨炯有《和辅先入昊天观星瞻》。按，陶敏谓"先"后脱一"生"字。辅先生即辅俨，乃一供奉宫廷之道士。见陶敏《全唐诗人名汇考》卷五。

【輔車】 颊辅与牙床。一说车夹木与车舆。喻事物相互依存的利害关系。白居易《代书诗一百韵寄微之》："辅车排胜阵，掎角搴降旗。"王周《齿落词》："辅车宜长依，发肤可增惧。"

【輔佐】 辅助佐理。杜甫《陈拾遗故宅》："同游英俊人，多秉辅佐权。"又《木皮岭》："远岫争辅佐，千岩自崩奔。"戎昱《咏史》："地下千年骨，谁为辅佐臣。"《郊庙歌辞·仪坤庙乐章·坤贞》："肃雍攸在，辅佐斯成。"

【輔政】 辅佐治理政事。周昙《咏史诗·隋门·隋文帝》："孤儿寡妇忍同欺，辅政刚教篡夺为。"

【輔星】 星名。北斗七星第六颗星开阳星的伴星。武元衡《甲子岁相国李公有北园寄赠之作寓哀冥寞以广遗韵云》："天高不可问，空使辅星昏。"

【輔國】 ❶帮助治理国事。白居易《雪中晏起偶咏所怀兼呈张常侍韦庶子皇甫郎中》："上无皋陶伯益廊庙材，的不能匡君辅国活生民。"邵谒《少年行》："报仇不用剑，辅国不用兵。"❷人名。唐宦官李辅国，肃宗时专权。陆龟蒙《江湖散人歌》："禁军近自肃宗置，抑遏辅国争雄雌。"

【輔弼】 ❶辅佐。周昙《咏史诗·晋门·王夷甫》："六合谁为辅弼臣，八风昏处尽胡尘。"❷辅佐之人。多指宰相大臣。太宗《执契静三边》："元首伫盐梅，股肱唯辅弼。"徐坚《奉和圣制送张说赴集贤院学士赐宴得虚字》："殊私光辅弼，荣送列簪裾。"德宗《麟德殿宴百僚》："成功归辅弼，致理赖忠良。"❸指辅星和弼星。韩愈、孟郊《城南联句》："讦谟壮缔始，辅弼登阶清。"

【輔嗣】 指三国魏王弼。其字辅嗣。年二十四而卒。褚亮《伤始平李少府正己》："辅嗣俄长往，颜生即短辰。"

【輔興】 (—xīng)唐京城长安(今陕西西安市)坊名。坊中有饼店。白居易《寄胡饼与杨万州》："寄与饥馋杨大使，尝看得似辅兴无。"

【輔録事】 疑即辅翼。李白《泛沔州城南郎官湖》序："席上文士辅翼、岑静，以为知言，乃命赋诗纪事，刻石湖侧，将与大别山相共磨灭焉。"李白有《赠汉阳辅录事二首》和《江夏寄汉阳辅录事》。

【輔翼】 ❶辅佐，辅助。李白《纪南陵题五松山》："三年帝道明，委质终辅翼。"亦指辅佐之人，指丞相。郑谷《丞相孟夏祗荐南郊纪献十韵》："万方瞻辅翼，共贺赞皇猷。"❷人名。曾任录事，与李白有交往。李白《泛沔州城南郎官湖》序："席上文士辅翼岑静，以为知言，乃命赋诗纪事，刻石湖侧，将与大别山共相磨灭焉。"

輕 〔qīng《广韵》去盈切，平清，溪。〕❶物体重量小。与"重"相对。储光羲《述华清宫五首》之一："朝朝礼三阁，日日闻体轻。"白居易《旱热二首》之二："肉轻足健逸，发少头清凉。"李郢《春晚与诸同舍出城迎座主侍郎》："东风柳絮轻如雪，应有偷游曲水人。"徐夤《赠董先生》："餐松双鬓嫩，绝粒四支轻。"❷贱；不贵重。李峤《扇》："翟羽旧传名，蒲葵价不轻。"皇甫冉《闲居作》："种苗虽尚短，谷价幸全轻。"白居易《白牡丹》："彼因稀见贵，此以多为轻。"姚合《寄陕府内兄郭冏端公》："羁贫重金玉，今日金玉轻。”❸程度浅;数量少。杜甫《十二月一日三首》之二:“寒轻市上山烟碧,日满楼前江雾黄。”韩翃《送刘长上归城南别业》:“春衣香不散,骏马汗犹轻。”元稹《杂忆五首》之三:“寒轻夜浅绕回廊,不辨花丛暗辨香。”杜牧《朱坡绝句三首》之二:“烟深苔巷唱樵儿,花落寒轻倦客归。”❹轻巧,灵便。杜甫《病后遇王倚饮赠歌》:“故人情义晚谁似,令我手脚轻欲漩。”戴叔伦《独不见》:“身轻逐舞袖,香暖传歌扇。”白居易《杨柳枝二十韵》:“身轻委回雪,罗薄透凝脂。”张祜《戎浑》:“草枯鹰眼疾,雪尽马蹄轻。”❺轻视,鄙视。高适《别从甥万盈》:“宅相予偏重,家丘人莫轻。”白居易《折剑头》:“勿轻直折剑,犹胜曲全钩。”杜牧《奉和门下相公送西川相公兼领相印出镇全蜀诗十八韵》:“治化轻诸葛,威声慑夜郎。”秦韬玉《鹦鹉》:“幸自祢衡人未识,赚他作赋被时轻。”❻减轻,减少,削弱。刘禹锡《秋晚病中乐天以诗见问力疾奉酬》:“兰芳经雨败,鹤病得秋轻。”白居易《寓意诗五首》之三:“音信日已疏,恩分日已轻。”陆龟蒙《江南秋怀寄华阳山人》:“归心一夜极,病体九秋轻。”❼用力不多。不费力。杜甫《江涨》:“细动迎风燕,轻摇逐浪鸥。”卢纶《卧病寓居龙兴观因题十四韵寄冯生并赠乔尊师》:“弱荑轻采拾,钝质称归休。”姚合《早夏郡楼宴集》:“官散有闲情,登楼步稍轻。”李宏皋《铜柱辞》:“五溪之众不足平,我师轻蹑如春冰。”❽颜色浅。许敬宗《侍宴莎册宫应制得情字》:“暖日晨光浅,飞烟旦彩轻。”王维《扶南曲歌词五首》之五:“散黛恨犹轻,插钗嫌未正。”❾小,微小。王湾《秋夜寓直即事怀赠萧令公裴侍郎兼通简南省诸友人》:“位重恩宁滥,才轻慑不胜。”皎然《秋日送择高上人往江西谒曹王》:“斋容秋水照,香氎早风轻。”白居易《和答诗十首·答箭镞》:“胡为射小盗,此用无乃轻。”宋雍《春日》:“轻花细叶满林端,昨夜春风晓色寒。”❿轻易,容易。韦应物《赠冯著》:“善蕴岂轻售,怀才希国工。”元稹《出门行》:“言者未摇舌,无人敢轻议。”杜牧《书怀寄中朝往还》:“须知世路难轻进,岂是君门不大开。”罗虬《比红儿诗》之七九:“都缘没个红儿貌,致使轻教后阁开。”⓫轻忽。杜甫《前出塞九首》之三:“欲轻肠断声,心绪乱已久。”⓬轻率。王绩《古意六首》这三:“何不深复深,轻然至溱洧。”

【輕小】 轻盈小巧。罗虬《比红儿诗》之三一:“轻小休夸似燕身,生来占断紫宫春。”

【輕日】 微弱的阳光。罗邺《牡丹》:“门倚长衢攒绣毂,幄笼轻日护香霞。”

【輕毛】 很轻的羽毛。李绅《寿阳罢郡日十首·入淮至盱眙》:“寄谢云帆疾飞鸟,莫夸回雁卷轻毛。”

【輕文】 微小的波纹。张仲素《夜闻洛滨吹笙》:“松风助幽律,波月动轻文。”

【輕白】 指雪。温庭筠《雪二首》之一:“细光穿暗隙,轻白驻寒条。”

【輕巧】 轻快灵巧。杜牧《张好好诗》:“绛唇渐轻巧,云步转虚徐。”严郾《赋百舌鸟》:“此禽轻巧少同伦,我听长疑舌满身。”

【輕灰】 微尘。无名氏《水光镜诗》:“玉匣邪开盖,轻灰拭夜尘。”

【輕生】 ❶不看重自己的生命。虞世南《结客少年场行》:“轻生殉知己,非是为身谋。”钱起《送崔校书从军》:“闻道轻生能击虏,何嗟少壮不封侯。”刘叉《嘲荆卿》:“报恩不到头,徒作轻生士。”周昙《咏史诗·春秋战国门·黄歇》:“春申随质若王图,为主轻生大丈夫。”❷谓微贱的生命。指微贱之人。沈佺期《立春日内出彩花应制》:“轻生承剪拂,长伴万年枝。”

【輕刑】 ❶减轻刑罚。张籍《董公诗》:“轻刑宽其政,薄赋弛租庸。”❷轻典,简约、处罚从宽的法律。储光羲《哥舒大夫颂德》:“直道济时宪,天邦遂轻刑。”杜甫《题郑十八著作虔》:“可念此翁怀直道,也沾新国用轻刑。”

【輕死】 把死看得很轻,不怕死。杜甫《最能行》:“峡中丈夫绝轻死,少在公门多在水。”刘庭琦《从军》:“决胜方求敌,衔恩本轻死。”

【輕光】 微光。侯冽《金谷园花发怀古》:“雨湿轻光软,风摇碎影翻。”

【輕帆】 轻舟,小船。王昌龄《送窦七》:“鄂渚轻帆须早发,江边明月为君留。”

【輕朱】 指淡薄的胭脂。罗虬《比红儿诗》之四三:“薄粉轻朱取次施,大都端正亦相宜。”

【輕年】 不以年华流逝为意,不爱惜时光。李益《与王楚同登青龙寺上方》:“壮日各轻年,暮年方自见。”李端《折杨柳》:“少壮莫轻年,轻年有衰老。”

【輕衣】 单薄的衣服。王维《扶南曲歌词五首》之四:“入春轻衣好,半夜薄妆成。”

【輕舟】 ❶轻快的小船。李白《早发白帝城》:“两岸猿声啼不尽,轻舟已过万重山。”戴叔伦《送李大夫渡口阻风》:“轻舟不敢渡,空立望旌旗。”李远《黄陵庙》:“轻舟小辑唱歌去,水远山长愁杀人。”陆龟蒙《北渡》:“轻舟过去真堪画,惊起鸬鹚一阵斜。”❷指浮桥。李商隐《奉同诸公题河中任中丞新创河亭四韵之作》:“左右名山穷远目,东西大道锁轻舟。”

【輕安】 轻健安康,健康。齐己《赠刘五经》:“群经通讲解,八十尚轻安。”

【輕冰】 薄冰。太宗《幸武功庆善宫》:“霜节明秋景,轻冰结水湄。”杜甫《龙门镇》:“细泉兼轻冰,沮洳栈道湿。”裴元《律中应钟》:“密叶翻霜彩,轻冰敛水容。”

【輕好】 轻微而舒适。薛能《题彭祖楼》:“极目澄鲜无限景，入怀轻好可怜风。”

【輕車】 ❶古代兵车名。为兵车中最为轻便者。《周礼·春官·车仆》：“掌戎路之萃……轻车之萃。”孙诒让正义：“轻车在五戎中最为便利，宜于驰骤，故用为驰敌致师之车，又兼用之田狩也。”于鹄《送张司直入单于》：“莫随征将意，垂老事轻车。”❷轻快的车子。舒元舆《坊州按狱苏氏庄记室二贤自鄜州走马相访留连数日发后独坐寂寞因成诗寄之》：“烦君爱我深，轻车忽载脂。”韦庄《长安春》：“如今无奈杏园人，骏马轻车拥将去。”❸汉代将军名号。汉李广从弟李蔡，尝封为轻车将军。见《史记·李将军列传》。唐勋官亦有轻车都尉，从四品上。唐诗中常借指军事长官。崔颢有《赠轻车》。李颀《古从军行》：“闻道玉门犹被遮，应将性命逐轻车。”王维《送宇文三赴河西充行军司马》：“还闻田司马，更逐李轻车。”窦牟《送刘公达判官赴天德军幕》：“文武轻车少，腥膻左衽衰。”李益《送客归振武》：“骏马事轻车，军行万里沙。”

【輕步】 ❶轻盈的步履。刘禹锡《泰娘歌》：“长鬟如云衣似雾，锦茵罗荐承轻步。”赵嘏《华清宫和杜舍人》：“细音摇羽珮，轻步宛霓裳。”❷蹑手蹑脚。毛熙震《南歌子》词：“晚来轻步出闺房，髻慢钗横无力，纵猖狂。”

【輕吹】 （—chuì）轻风。权德舆《杂言和常州李员外副使春日戏题十首》之七：“轻吹乍摇兰烛，春光暗入花钿。”刘长卿《宿双峰寺寄卢七李十六》：“竹房响轻吹，萝径阴余雪。”

【輕別】 不看重离别。钱起《送傅管记赴蜀军》：“日暮黄云千里昏，壮心轻别不销魂。”权德舆《赠别表兄韦卿》：“少年百战应轻别，莫笑儒生泪数行。”

【輕身】 ❶道教谓使身轻健而能轻举。元结《宿无为观》：“如今道士三四人，茹芝炼玉学轻身。”❷不重视身体或生命。皎然《观李中丞洪二美人唱歌轧筝歌》：“每笑石崇无道情，轻身重色祸亦成。”屠环智《咏志》：“轻身都是义，殉主始为忠。”❸谓身体轻盈。李白《阳春歌》：“飞燕皇后轻身舞，紫宫夫人绝世歌。”张祜《周员外席上观柘枝》：“一时欻腕招残拍，斜敛轻身拜玉郎。”李商隐《日高》：“轻身灭影何可望，粉蛾帖死屏风上。”

【輕妍】 轻巧艳丽。李贺《兰香神女庙》：“弄蝶和轻妍，风光怯腰身。”

【輕妝】 淡妆。徐凝《玩花五首》之五：“一番弄色一番退，小妇轻妆大妇愁。”

【輕拂拂】 飘动貌。吕岩《七言》之一九：“共语难兮情兀兀，独自行时轻拂拂。”

【輕雨】 微雨。沈佺期《岳馆》：“流涧含轻雨，虚岩应薄雷。”

【輕易】 轻率，随便。杜荀鹤《恩门致书远及山居因献之》：“若把白衣轻易脱，却成青桂偶然攀。”

【輕命】 轻看生命。张蠙《边将二首》之一：“闻名外国惧，轻命故人稀。”柳曾《险竿行》：“尔今轻命重黄金，忠孝两亏徒尔夸。”

【輕明】 ❶薄而透明。姚康《礼部试早春残雪》：“微暖春潜至，轻明雪尚残。”李商隐《石榴》：“榴枝婀娜榴实繁，榴膜轻明榴子鲜。”又《宫妓》：“珠箔轻明拂玉墀，披香新殿斗腰支。”皮日休《以纱巾寄鲁望因而有作》：“掩敛乍凝裁黑雾，轻明浑似戴玄霜。”❷轻丽明艳。李绅《别石泉》：“微渡竹风涵淅沥，细浮松月透轻明。”皮日休《奉和鲁望新夏东郊闲泛》：“水物轻明淡似秋，多情才子倚兰舟。”吴秘《风光草际浮》：“轻明摇不散，郁昱丽仍浮。”郑璧《奉和鲁望白菊》：“白艳轻明带露痕，始知佳色重难群。”

【輕肥】 ❶“輕裘肥馬”的略语。陈子良《春晚看群公朝还人为八韵》：“轻肥宁所羡，未若反山限。”皇甫冉《太常魏博士远出贼庭江外相逢因叙其事》：“群生被惨毒，杂虏耀轻肥。”权德舆《侍从游后湖宴坐》：“轻肥何为者，浆藿自有余。”孟郊《上河阳李大夫》：“贫士少颜色，贵门多轻肥。”参见“肥馬輕裘”。❷轻暖和肥壮。杜甫《秋兴八首》之三：“同学少年多不贱，五陵衣马自轻肥。”又《徒步归行》：“凤翔千官且饱饭，衣马不复能轻肥。”白居易《悲哉行》：“春来日日出，服御何轻肥。”薛能《留题汾上旧居》：“尚胜邻翁常寂寞，敢嫌裘马未轻肥。”❸指轻快的马。万齐融《三日绿潭篇》：“金鞍玉勒骋轻肥，落絮红尘拥路飞。”许浑《陪宣城大夫崔公泛后池兼北楼宴二首》之二：“江上西来共鸟飞，剪荷浮泛似轻肥。”

【輕忽】 ❶轻视忽略。卢仝《感古四首》：“君莫以富贵，轻忽他年少。”吕岩《七言》之一九：“浮生不实为轻忽，衲服深藏奇异骨。”❷潇洒飘逸貌。贯休《少年行》：“锦衣鲜华手擎鹘，闲行气貌多轻忽。”

【輕舠】 轻舟，轻快的小舟。李白《送当涂赵少府赴长芦》：“我来扬都市，送客回轻舠。”

【輕河】 指银河。元稹《冬夜怀李侍御王太祝段丞》：“泛览星粲粲，轻河悠碧虚。”

【輕波】 微波。李绅《守滁阳深秋忆登郡城望琅琊》：“斜日半岩开古殿，野烟浮水掩轻波。”司马扎《效陶彭泽》：“轻波向海疾，浮云归谷早。”毛文锡《摊破浣溪沙》词：“春水轻波浸绿苔，枇杷洲上紫檀开。”王贞白《江上吟晓》：“晓露满红蓼，轻波飏白鸥。”

【輕衫】 轻薄的衣衫。白居易《二月二日》：“轻衫细马春年少，十字津头一字行。”李商隐《烧香曲》：“露庭月井大红气，轻衫薄细当君意。”

【輕春】 初春，早春。温庭筠《舞衣曲》：“藕肠纤缕抽轻春，烟机漠漠娇娥嚬。”

【輕垢】　佛教语。指犯轻戒之罪。李白《僧伽歌》：“一言散尽波罗夷，再礼浑除犯轻垢。”

【輕香】　轻微的香气。李德裕《春暮思平泉杂咏二十首·芳荪》：“紫艳映渠鲜，轻香含露洁。”

【輕重】　(—zhòng)❶物体重量的大小。白居易《寄献北都留守裴令公》：“可怜四百字，轻重抵鸿毛。”李群玉《吾道》：“轻重忧衡曲，妍媸虑镜昏。”陆龟蒙《五歌·食鱼》：“呼儿舂取红莲米，轻重相当加十倍。”❷指说话、做事的适当限度。赵节《炉火诗》：“用否随时有轻重，进身君子合知无。”

【輕便】　谓身体轻健灵活。白居易《仲夏斋戒月》：“始知绝粒人，四体更轻便。”又《思旧》：“齿牙未缺落，肢体尚轻便。”

【輕侮】　轻慢，看不起。骆宾王《畴昔篇》：“金丸玉馔盛繁华，自言轻侮季伦家。”

【輕俗】　轻浮鄙俗。元稹《酬翰林白学士代书一百韵》：“讹音烦缴绕，轻俗丑威仪。”

【輕風】　微风。宋鼎《酬故人还山》：“肃穆轻风度，依微隐径斜。”许浑《酬杜补阙初春雨中舟次横江喜裴郎中相迎见寄》：“柳滴圆波生细浪，梅含香艳吐轻风。”徐铉《和萧郎中午日见寄》：“细雨轻风采药时，褰帘隐几更何为。”

【輕度】　谓轻轻飘荡。杜审言《晦日宴游》：“歌管风轻度，池台日半斜。”

【輕飛】　轻快地飞翔。张何《织鸟》：“旅宿依花定，轻飞绕树回。”

【輕紅】　❶淡红，粉红。杜甫《宴戎州杨使君东楼》：“重碧拈春酒，轻红擘荔枝。”郑谷《杏花》：“不学梅欺雪，轻红照碧池。”❷指淡红色的花。王质《金谷园花发怀古》：“繁蕊风惊散，轻红鸟乍翻。”李群玉《龙安寺佳人阿最歌八首》之七：“素腕撩金索，轻红约翠纱。”

【輕紈】　轻薄的绢衣。杜甫《韦讽录事宅观曹将军画马图》：“碗赐将军拜舞归，轻纨细绮相追飞。”王维《送李睢阳》：“黄纸诏书出东厢，轻纨叠绮烂生光。”

【輕素】　❶轻而薄的白色丝织品。太宗《帝京篇十首》之七：“长烟散初碧，皎月澄轻素。”白居易《春夜喜雪有怀王二十二》：“微寒生枕席，轻素对阶墀。”郑谷《温处士能画鹭鸶以四韵换之》：“闻说小毫能纵逸，敢凭轻素写幽奇。”❷借指用轻薄的丝织品做的衣服。上官仪《八咏应制二首》之二：“滴沥间深红，参差散轻素。”徐彦伯《孤独叹》：“暖手缝轻素，嚬蛾续断弦。”王周《采桑女二首》之一：“扎扎得盈尺，轻素何人衣。”

【輕埃】　微尘。司空曙《同张参军喜李尚书寄新琴》：“轻埃随拂拭，杂籁满铿锵。”李商隐《临发崇让宅紫薇》：“一树浓姿独看来，秋庭暮雨类轻埃。”陆龟蒙《春雨即事寄袭美》：“小谢轻埃日日飞，城边江上阻春晖。”又《顷自桐江得一钓车以袭美乐烟波之思因出以为玩俄辱三篇复抒酬答》之一：“雨似轻埃时一起，云如高盖强相亲。”

【輕軒】　轻快的车子。岑参《送裴校书从大夫淄川郡觐省》：“更奉轻轩去，知君无客愁。”

【輕財】　不贪图钱财。白居易《和微之春日投简阳明洞天五十韵》：“重士过三哺，轻财抵一铢。”又《送陈许高仆射》：“敦诗说礼中军帅，重士轻财大丈夫。”

【輕財重義】　(重 zhòng)轻视钱财而看重道义。罗邺《上东川顾尚书》：“轻财重义真公子，长策沉机继武侯。”周昙《咏史诗·三国门·鲁肃》：“轻财重义见英奇，圣主贤臣是所依。”

【輕笑】　轻轻一笑，微笑。林藻《吴宫教战》：“轻笑分旗下，含羞入队中。”尹鹗《清平乐》词之二：“轻笑自然生百媚，争那尊前人意。”

【輕健】　轻捷强健。王建《赠阎少保》：“髭须虽白体轻健，九十三来却少年。”白居易《苦热喜凉》：“枕簟遂清凉，筋骸稍轻健。”项斯《赠道者》：“自说身轻健，今年数梦飞。”

【輕粉】　薄粉。王贞白《白牡丹》：“异香开玉合，轻粉泥银盘。”刘兼《秋夕书怀》之二：“轻粉覆霜凝夜砌，乱金铺菊织秋篱。”

【輕浮】　轻薄浮躁。寒山《诗三百三首》之七三：“轻浮耽挟弹，跕蹋拈抹弦。”亦指轻薄浮躁之人。贯休《行路难》之一：“浅近轻浮莫与交，地卑只解生荆棘。”

【輕流】　细流，细小的水流。聂夷中《题贾氏林泉》：“轻流逗密蓧，直干入宽空。”

【輕浪】　微小的波浪。李咸用《送黄宾于赴举》：“澄潭跃鲤摇轻浪，落日飞凫趁远樯。”吴融《和座主尚书春日郊居》：“檐外暖丝兼絮堕，槛前轻浪带鸥来。”韦庄《渔塘十六韵》：“晚风轻浪叠，暮雨湿烟凝。”徐铉《秋日泛舟赋蘋花》：“远烟分的的，轻浪泛悠悠。”

【輕容】　亦作“輕褣”。一种极为轻薄的丝织品。王建《宫词一百首》之九五：“缣罗不着索轻容，对面教人染退红。”李贺《恼公》：“蜀烟飞重锦，峡雨溅轻容。”白居易《元九以绿丝布白轻褣见寄制成衣服以诗报知》：“绿丝文布素轻褣，珍重京华手自封。”

【輕屐】　轻小的木屐。王维《春园即事》：“宿雨乘轻屐，春寒着弊袍。”

【輕盈】　❶形容女子姿态纤柔，动作轻快。殷尧藩《赠歌人郭婉二首》之一：“云满衣裳月满身，轻盈归步过流尘。”姚鹄《风不鸣条》：“大王初溥畅，少女正轻盈。”李群玉《长沙九日登东楼观舞》之一：“南国有佳人，轻盈绿腰舞。”方干《赠美人四首》之二：“含歌媚盼如桃叶，妙舞轻盈似柳条。”❷泛称事物轻巧便捷。郭震《莲花》：“脸腻香薰似有情，世间何物比轻盈。”刘禹锡《洛中早春赠乐天》：“韶嫩冰后木，轻盈烟际林。”杜牧《梅》：“轻盈照溪水，掩敛下瑶台。”韩偓《深院》：“鹅儿唼啑栀黄觜，凤子轻盈腻粉腰。”

【輕陰】　❶淡云，薄云。刘禹锡《秋江早发》：“轻阴迎晓日，霞霁秋江明。”李程《观庆云图》：“渥彩看犹在，轻阴望已无。”❷疏淡的树荫。李商隐《题小松》：“怜君孤秀植庭中，细叶轻阴满座风。”薛能《折杨柳十首》之一：“谁见轻阴是良夜，瀑泉声畔月明中。”❸微阴的天色。张旭《山行留客》：“山光物态弄春辉，莫为轻阴便拟归。”李憕《奉和圣制从蓬莱向兴庆阁道中留春雨中春望之作应制》：“云飞北阙轻阴散，雨歇南山积翠来。”韩愈《同水部张员外籍曲江春游寄白二十二舍人》：“漠漠轻阴晚自开，青天白日映楼台。”温庭筠《牡丹二首》之一：“轻阴隔翠帏，宿雨泣晴晖。”

【輕紗】　轻薄的细绢。借指轻薄的细绢织品。罗虬《比红儿诗》之八六：“天碧轻纱只六铢，宛如含露透肌肤。”

【輕黄】　淡黄。张嗣初《春色满皇州》：“轻黄垂辇道，微绿映天津。”李商隐《柳》：“江南江北雪初消，漠漠轻黄惹嫩条。”

【輕捷】　轻健敏捷。孟云卿《行行且游猎篇》：“俯身逐南北，轻捷固难俦。”和凝《宫词百首》之七七：“要对君王逞轻捷，御楼时拟上鸡竿。”

【輕梭】　灵巧的织梭。高宗《七夕宴悬圃二首》之二：“轻梭聊驻织，掩泪独悲伤。”

【輕軟】　轻细柔软。高骈《平流园席上》：“画舸摇烟水满塘，柳丝轻软小桃香。”

【輕帷】　轻飘的帐帷。李商隐《燕台四首·夏》：“绫扇唤风阊阖天，轻帷翠幕波渊旋。”

【輕動】　❶轻举妄动。白居易《南阳小将张彦硖口镇税人场射虎歌》：“忠良效顺势亦然，一剑猜狂敢轻动。”❷轻轻地飘动。温庭筠《菩萨蛮》词之十四：“竹风轻动庭除冷，珠帘月上玲珑影。”

【輕售】　谓轻易出仕。韦应物《赠冯著》：“善蕴岂轻售，怀才希国工。”

【輕猛】　轻捷勇猛。贯休《战城南二首》之二：“轻猛李陵心，摧残苏武节。”

【輕舸】　小船。张九龄《南还以诗代书赠京师旧僚》：“层崖夹洞浦，轻舸泛澄漪。”

【輕淺】　浅淡，不深浓。吴融《买带花樱桃》：“粉红轻浅靓妆新，和露和烟别近邻。”

【輕凉】　轻松凉爽。李群玉《静夜相思》：“山空天籁寂，水榭延轻凉。”又《校书叔遗暑服》：“便著清江明月夜，轻凉与挂一身风。”

【輕淡】　亦作“輕澹”。浅淡。罗隐《金陵夜泊》：“冷烟轻澹傍衰丛，此夕秦淮驻断蓬。”吴融《东归次瀛上》：“暖烟轻淡草霏霏，一片晴山衬夕晖。”

【輕欺】　轻视欺侮。元稹《赠崔元儒》：“最爱轻欺杏园客，也曾辜负酒家胡。”姚合《寄王度居士》：“天公与贫病，时辈复轻欺。”

【輕揚】　亦作“輕颺”。❶轻浮不正。李咸用《庐山》：“轻扬闻旧俗，端用镇元元。”❷轻轻飘扬。杜牧《题禅院》：“今日鬓丝禅榻畔，茶烟轻飏落花风。”❸轻快的飞翔。韩溉《鹊》：“才见离巢羽翼开，尽能轻飏出尘埃。”

【輕棹】　轻舟，小船。杨夔《送杜郎中入茶山修贡》：“一道澄澜彻底清，仙郎轻棹出重城。”

【輕雲】　❶淡云。曹邺《霁后作》：“微照露花影，轻云浮麦阴。”张祜《观杨瑗柘枝》：“看看舞罢轻云起，却赴襄王梦里期。”❷喻薄纱。聂夷中《大垂手》：“金刀剪轻云，盘用黄金缕。”杜牧《咏袜》：“钿尺裁量减四分，纤纤玉笋裹轻云。”

【輕量】　（—liáng）轻视，小看。徐夤《寄华山司空侍郎二首》之二：“非云非鹤不从容，谁敢轻量傲世踪。”

【輕策】　指手杖。王维《蓝田山石门精舍》：“舍舟理轻策，果然惬所适。”权德舆《奉送韦起居老舅百日假满归嵩阳旧居》：“轻策逗萝径，幅巾凌翠烟。”白居易《舟行阻风寄李十一舍人》：“扁舟厌泊烟波上，轻策闲寻浦屿间。”李商隐《赠宗鲁筇竹杖》：“大夏资轻策，全溪赠所思。”

【輕痾】　小病。贾岛《早起》：“耽玩余恬爽，顾盼轻痾力。”

【輕寒】　微寒。卢象《奉和张使君宴加朝散》：“爽气凌秋笛，轻寒散暝砧。”元稹《遣春十首》之一：“暗芳飘露气，轻寒生柳风。”李商隐《效徐陵体赠更衣》：“轻寒衣省夜，金斗熨沉香。”陆龟蒙《闻袭美有亲迎之期因以寄贺》：“梁鸿夫妇欲双飞，细雨轻寒拂雉衣。”

【輕疎】　轻细疏松。张祜《庚子岁寓游扬州赠崔荆四十韵》：“冷滑连心簟，轻疏着体缯。”

【輕裝】　简单的行装。权德舆《送清洨上人谒信州陆员外》：“暂辞长老去随缘，候晓轻装寄客船。”

【輕絮】　轻盈的柳絮。李商隐《江东》：“今日春光太漂荡，谢家轻絮沈郎钱。”温庭筠《菩萨蛮》词之一一：“南园满地堆轻絮，愁闻一霎清明雨。”亦喻指雪。徐铉《进雪诗》：“欲使新正识有年，故飘轻絮伴春还。”

【輕絲】　细丝。多指柳丝。李适《奉和春日幸望春宫应制》：“轻丝半拂朱门柳，细缬全披画阁梅。”吴融《情》：“依依脉脉两如何，细似轻丝渺似波。”徐铉

《柳枝词十首》之四:"龙舟欲过偏留恋,万缕轻丝拂御桥。"刘兼《春宴河亭》:"柳摆轻丝拂嫩黄,槛前流水满池塘。"

【輕蓋】 指车盖。杨师道《春朝闲步》:"何须命轻盖,桃李自成阴。"宋之问《饯中书侍郎来济》:"暧暧去尘昏灞岸,飞飞轻盖指河梁。"高适《同马太守听九思法师讲金刚经》:"招提何清净,良牧驻轻盖。"

【輕楫】 见"輕檝"。

【輕裘】 轻暖的皮衣。韩翃《送高别驾归汴州》:"信陵门下识君偏,骏马轻裘正少年。"白居易《闲适》:"肥马轻裘还且有,粗歌薄酒亦相随。"于濆《沙场夜》:"轻裘两都客,洞房愁宿别。"姚偓《南源山》:"修径投幽隐,轻裘怯暮寒。"

【輕雷】 声响不大的雷;隐隐的雷声。高适《陪窦侍御灵云南亭宴诗得雷字》:"新秋归远树,残雨拥轻雷。"李商隐《无题四首》之二:"飒飒东风细雨来,芙蓉塘外有轻雷。"

【輕虜】 轻捷凶猛的敌人。卢纶《送史兵曹判官赴楼烦》:"中有重臣承霈泽,外无轻虏犯旌旗。"

【輕暖】 微暖。王贞白《少年行二首》之一:"花时轻暖酒,春服薄装绵。"

【輕罩】 轻小的鱼罩。皮日休《奉和鲁望渔具十五咏·罩》:"芒鞋下葑中,步步沉轻罩。"

【輕微】 ❶卑微。韩愈《春雪间早梅》:"愿得长辉映,轻微敢自珍。"刘商《赠严四草屦》:"轻微菅蒯将何用,容足偷安事颇同。"❷指微薄。借指微薄之力。骆宾王《尘灰》:"愿言心未翳,终冀效轻微。"

【輕徭】 减轻徭役。王维《送元中丞转运江淮》:"薄赋归天府,轻徭赖使臣。"

【輕新】 清新,新颖。元稹《见人咏韩舍人新律诗因有戏赠》:"轻新便妓唱,凝妙入僧禅。"

【輕煙】 轻淡的烟雾。卢象《赠怀素》:"初疑轻烟淡古松,又似山开万仞峰。"王周《过武宁县》:"细草浓蓝泼,轻烟匹练拖。"员南溟《禁中春松》:"雅韵风来起,轻烟霁后新。"

【輕漣】 轻细的涟漪。王棨《上巳日曲江锡宴群臣》:"轻涟摇彩舰,芳草映华轩。"方干《山井》:"不知测穴通潮信,却讶轻涟动镜心。"王鉴《赋得玉水记方流》:"乍似轻涟合,还疑骇浪收。"

【輕裯】 薄的被单。徐夤《自咏十韵》:"寒益轻裯饶美寝,出乘车马免徒行。"

【輕綃】 一种透明而有花纹的丝织品。李颀《鲛人歌》:"轻绡文彩不可识,夜夜澄波连月色。"李贺《南园十三首》之一二:"谁遣虞卿裁道帔,轻绡一匹染朝霞。"杜牧《宫词二首》之一:"蝉翼轻绡傅体红,玉肤如醉向春风。"徐铉《代钟答》:"一幅轻绡寄海滨,越姑长感昔时恩。"

【輕絺】 轻柔的细葛布。借指葛布衣。司空曙《杂言》:"伏余西景移,风雨洒轻絺。"

【輕綌】 单薄的粗葛布。王建《早发金堤驿》:"离家尚苦热,衣服唯轻绤。"

【輕碧】 浅绿。张泌《浣溪沙》词之七:"小槛日斜风悄悄,隔帘零落杏花阴,断香轻碧锁愁深。"

【輕輕】 ❶物体重量很小。陆龟蒙《奉和袭美太湖诗二十首·毛公坛》:"身如碧凤凰,羽翼披轻轻。"吴融《和韩致光侍郎无题三首十四韵》:"舞转轻轻雪,歌霏漠漠尘。"花蕊夫人徐氏《宫词》之八:"立春日进内园花,红蕊轻轻嫩浅霞。"邵谒《轻薄行》:"薄薄身上衣,轻轻浮云质。"❷动作很轻,用力很小。储光羲《江南曲四首》之二:"为惜鸳鸯鸟,轻轻动画桡。"李群玉《初月二首》之二:"轻轻摇远水,脉脉下春烟。"南唐后主李煜《蝶恋花》词:"谁在秋千,笑里语轻轻。"贯休《律师》:"薝卜花红径草青,雪肤冰骨步轻轻。"❸颜色很浅。王建《唐昌观玉蕊花》:"一树笼松玉刻成,飘廊点地色轻轻。"

【輕輕緩緩】 动作轻而缓慢。刘叉《雪车》:"小小细细如尘间,轻轻缓缓成朴簌。"

【輕暢】 轻松畅快。韩愈、孟郊《城南联句》:"鲜意竦轻畅,连辉照琼莹。"

【輕幘】 一种软帽。柳宗元《旦携谢山人至愚池》:"新沐换轻帻,晓池风露清。"

【輕箑】 轻小的扇子。白居易《不出门》:"轻箑白鸟羽,新簟青箭笏。"

【輕銀】 一种很薄的银粉泥。李贺《兰香神女庙》:"舞珮剪鸾翼,帐带涂轻银。"

【輕颭】 轻扬。李家明《咏皖公山》:"龙舟轻飐锦帆风,正值宸游望远空。"

【輕語】 轻声说话。罗隐《题延和阁》:"延和高阁势凌云,轻语犹疑太一闻。"

【輕誚】 轻视讥笑。贯休《乞食僧》:"行人莫轻诮,古佛尽如斯。"

【輕塵】 尘土。尘土质轻,易于飘飞,故名。王绩《益州城西张超亭观妓》:"江前飞暮雨,梁上下轻尘。"温庭筠《题李处士幽居》:"水玉簪头白角巾,瑶琴寂历拂轻尘。"又《水仙谣》:"轻尘不起雨新霁,万里孤光含碧虚。"

【輕漚】 浮在水面的水泡。元稹《哭小女降真》:"雨点轻沤风复惊,偶来何事去何情。"

【輕慢】 对人轻视,态度傲慢。钟离权《赠吕洞宾》:"莫怪频发此言辞,轻慢必有阴司折。"

【輕翠】 嫩绿。薛昭蕴《浣溪沙》词之五:"帘外三间出寺墙,满街垂柳绿阴长,嫩红轻翠间浓妆。"

【輕緑】 嫩绿，浅绿。刘禹锡《杨枝词二首》之一："迎得春光先到来，浅黄轻绿映楼台。"

【輕輦】 轻车，愉快的车子。姚崇《奉和圣制夏日游石淙山》："别有祥烟伴佳气，能随轻辇共葱葱。"李白《宫中行乐词八首》之四："后庭朝未入，轻辇夜相过。"

【輕壒】 微尘，微小的沙尘。韩愈、孟郊《秋雨联句》："白日悬大野，幽泥化轻壒。"

【輕賤】 ❶卑下低贱。乔知之《弃妾篇》："此物虽轻贱，不用使人嗤。"白居易《浔阳三题·湓浦竹》："胡为取轻贱，生此西江曲。"❷轻视。王梵志《诗》之十八："有莫相亲戝，无时始认他。"

【輕劍】 短剑。杜荀鹤《塞上》："独作书生疑不稳，软弓轻剑也随身。"

【輕敵】 藐视敌方。高适《燕歌行》："身当恩遇恒轻敌，力尽关山未解围。"窦巩《老将行》："轻敌心空在，弯弓手不开。"周昙《咏史诗·六朝门·又吟苻坚》："无谋拒谏仍轻敌，国破身擒将奈何。"贯休《古塞下曲四首》之四："狼烟在阵云，匈奴爱轻敌。"

【輕褣】 见"輕容"。

【輕嫩】 轻细柔嫩。李群玉《龙山人惠石廪方及团茶》："碾成黄金粉，轻嫩如松花。"汪遵《杨柳》："攀折赠君还有意，翠眉轻嫩怕春风。"

【輕薄】 ❶轻佻浮薄。孟郊《灞上轻薄行》："自叹方拙身，忽随轻薄伦。"张碧《游春引三首》之二："五陵年少轻薄客，蛮锦花多春袖窄。"李廓《长安少年行》之二："追逐轻薄伴，闲游不着绯。"杜牧《九日》："还有玉楼轻薄女，笑他寒燕一双双。"❷指轻佻浮薄之人。杜甫《戏为六绝句》之二："杨王卢骆当时体，轻薄为文哂未休。"又《贫交行》："翻手作云覆手雨，纷纷轻薄何须数。"陆龟蒙《村夜二篇》之二："只效刍牧言，谁防轻薄骂。"❸指物体分量轻，厚度薄。太宗《咏兴国寺佛殿前幡》："念兹轻薄质，无翅强摇空。"杜甫《绝句漫兴九首》之五："颠狂柳絮随风去，轻薄桃花逐水流。"白居易《寄生衣与微之因题封上》："莫嫌轻薄但知著，犹恐通州热杀君。"韩偓《偶见背面是夕兼梦》："酥凝背胛玉搓肩，轻薄红绡覆白莲。"❹轻视，不看重。成彦雄《柳枝辞九首》之六："牡丹不用相轻薄，自有清阴覆得人。"❺轻微，微小。李绅《宿瓜州》："官冷旧谙唯旅馆，岁阴轻薄是凉飙。"❻轻盈纤弱。罗虬《比红儿诗》之九四："金粟妆成扼臂环，舞腰轻薄瑞云间。"

【輕薄子】 犹轻薄儿。崔国辅《襄阳曲二首》之二："城中轻薄子，知妾解秦筝。"李颀《缓歌行》："结交杜陵轻薄子，谓言可生复可死。"

【輕薄行】 （—xíng）❶指散播詈言的行径。孟郊《秋怀》之十一："哀哉轻薄行，终日与驷驰。"❷乐府《杂曲歌辞》名。邵谒和齐己有《轻薄行》。

【輕薄兒】 轻佻浮薄的年轻人。李白《江夏行》："不如轻薄儿，旦暮长相随。"杜甫《佳人》："夫婿轻薄儿，新人已如玉。"施肩吾《代征妇怨》："寒窗羞见影相随，嫁得五陵轻薄儿。"李中《广陵寒食夜》："明日踏青兴，输他轻薄儿。"

【輕薄篇】 乐府《杂曲歌辞》名。李益有《轻薄篇》。贯休有《轻薄篇》二首。

【輕翰】 毛笔。杨师道《咏砚》："圆池类璧水，轻翰染烟华。"

【輕櫜】 简单的行礼。韩翃《鲁中送从事归荥阳》："轻櫜归时鲁缟薄，寒衣缝处郑绵多。"

【輕橈】 轻舟，小船。桡，浆。戴叔伦《送观察李判官巡郴州》："轻桡上桂水，大艑下扬州。"

【輕舉】 ❶飞升，登仙。韩愈《谢自然诗》："须臾自轻举，飘若风中烟。"孟郊《寻裴处士》："曾是欲轻举，谁言空隐沦。"方干《赠上虞胡少府百篇》："求仙不在炼金丹，轻举由来别有门。"❷高飞。崔融《吴中好风景》："无因生羽翼，轻举托还飙。"孟郊《湖州取解述情》："白鹤未轻举，众鸟争浮沉。"卢仝《萧宅二三子赠答诗二十首·井请客》："我愿拔黄泉，轻举随君去。"

【輕軀】 使身躯轻盈。徐夤《酒胡子》："当歌谁擐袖，应节渐轻躯。"

【輕澹】 见"清淡"。

【輕轂】 轻车，轻快的车。韦应物《始除尚书郎别善福精舍》："俯仰垂华缨，飘摇翔轻毂。"

【輕檝】 轻舟，小船。亦作"輕楫"。杨衡《经端溪峡中》："有客溯轻楫，阅胜匪羁程。"胡权《济川用舟楫》："孤舟辞曲岸，轻楫济长川。"贾岛《送董正字常州觐省》："轻楫浮吴国，繁霜下楚空。"

【輕霜】 微霜。杜审言《旅寓安南》："积雨生昏雾，轻霜下震雷。"

【輕霞】 淡云。王维《酬诸公见过》："山鸟群飞，日隐轻霞。"

【輕矯】 远走高飞。韩愈《同冠峡》："羁旅感和鸣，因拘念轻矫。"

【輕鴻】 ❶轻盈快捷的鸿鹄。李白《古风》之二八："不及广成子，乘云驾轻鸿。"❷曹植《洛神赋》谓洛神"其形也，翩若惊鸿，婉若游龙。"故以指舞女。刘禹锡《酬乐天衫酒见寄》："动摇浮蚁香浓甚，装束轻鸿意度生。"

【輕鴻毛】 语出汉司马迁《报任少卿书》："人固有一死，死有重于泰山，或轻于鸿毛，用之所趋异也。"后遂以喻指非常轻微。李白《结袜子》："感君恩重许君命，太山一掷轻鸿毛。"

【輕翼】 ❶轻捷的翅膀。崔湜《杂诗》："喈喈多好音，矫矫奋轻翼。"❷借指飞鸟。颜真卿、颜粲《竹山连句题潘氏书堂》:"檐宇驯轻翼,簪裾染众芳。"

【輕鬆】 轻软蓬松。白居易《如梦令》词之二:"鬟鬓弹轻松,凝了一双秋水。"

【輕騎】 ❶轻装的骑兵。虞世南《拟饮马长城窟》:"轻骑犹衔勒,疑兵尚解鞍。"杜甫《寄董卿嘉荣十韵》:"落日思轻骑,高天忆射雕。"卢纶《和张仆射塞下曲》之三:"欲将轻骑逐,大雪满弓刀。"杜牧《题茶山》:"拜章期沃日,轻骑疾奔雷。"❷单骑。王维《送熊九赴任安阳》:"送车盈灞上,轻骑出关东。"

【輕颺】 见"輕揚"。

【輕觴】 小酒杯。陆龟蒙《和袭美寒夜文宴润卿有期不至》:"细雨轻觞玉漏终,上清词句落吟中。"

【輕趫】 轻捷矫健。高适《睢阳酬别畅大判官》:"军中多宴乐,马上何轻趫。"李白《行行游且猎篇》:"边城儿,生年不读一字书,但将游猎夸轻趫。"

【輕蘋】 轻飘的蘋草。李端《送宋校书赴宣州幕》:"夜潮冲老树,晓雨破轻蘋。"

【輕麗】 轻靡绮丽。张复元《风光草际浮》:"浅深浮嫩绿,轻丽拂余香。"

【輕蟻】 浮在酒面上的泡沫。陆龟蒙《和袭美友人许惠酒以诗征之》:"冻醪初漉嫩如春,轻蚁漂漂杂蕊尘。"

【輕羅】 质地较薄的丝织品。王涯《秋夜曲》:"桂魄初生秋露微,轻罗已薄未更衣。"杜牧《秋夕》:"红烛秋光冷画屏,轻罗小扇扑流萤。"唐彦谦《无题十首》之七:"夜合庭前花正开,轻罗小扇为谁裁。"李暇《拟古东飞伯劳歌》:"琼窗半上金镂幃,轻罗掩面不遮羞。"

【輕稳】 轻捷而沉稳。李咸用《公无渡河》:"刳松轻稳琅玕长,连呼急榜庸何妨。"

【輕躁】 轻率浮躁。李贺《春归昌谷》:"狭行天廓落,壮士徒轻躁。"

【輕幰】 轻飘的车帷。借指轻车。李商隐《哀筝》:"轻幰长无道,哀筝不出门。"

【輕飆】 微风。司空图《寓笔》:"撩乱一场人更恨,春风谁道胜轻飙。"罗隐《轻飙》:"轻飙掠晚莎,秋物惨关河。"韦庄《早秋夜作》:"翠簟初清暑半销,撇帘松韵送轻飙。"

【輕賫】 ❶携带少量钱财。李白《赋武十七谔》:"君为我致之,经赍涉淮原。"❷携带的钱财用完。杜甫《水宿遣兴奉呈群公》:"余波期救涸,费日苦轻赍。"

【輕鷁】 轻舟,小船。鷁,借指船。因船头刻有鷁形,故名。张子容《泛永嘉江日暮回舟》:"无云天欲暮,轻鷁大江清。"

【輕蘿】 一名松萝,地衣类植物,生深山中,体呈丝状,常自树梢悬垂。高适《赴彭州山行之作》:"怪石时侵径,轻萝乍拂衣。"

【輕鷗】 轻捷的鸥鸟。徐铉《又题白鹭洲江鸥送陈君》:"白鹭洲边江路斜,轻鸥接翼满平沙。"

【輕籠】 轻轻笼罩。成彦雄《柳枝辞九首》之一:"轻笼小径近谁家,玉马追风翠影斜。"

【輕靄】 淡云。刘祎之《酬郑沁州》:"寒山敛轻霭,霁野澄初旭。"皮日休《公斋四咏·新竹》:"槭槭微风度,漠漠轻霭生。"徐铉《春日紫岩山期客不至》:"浅莎藏鸭戏,轻霭隔鸡啼。"

【輕鬟】 蓬松的鬟发。张籍《倡女词》:"轻鬟丛梳阔扫眉,为嫌风日下楼稀。"温庭筠《过华清宫二十二韵》:"卷衣轻鬟懒,窥镜澹蛾羞。"

【輕顰】 微微皱眉。南唐后主李煜《长相思》词:"云一涡,玉一梭,澹澹衫儿薄薄罗,轻颦双黛螺。"

【輕豔】 轻靡艳丽。李益《莲塘驿》:"女歌本轻艳,客行多怨思。"

【輕鸞】 轻盈飞翔的鸾鸟。喻指仙女。李商隐《拟沈下贤》:"千二百轻鸾,春衫瘦著宽。"

輷 〔tián《广韵》徒年切,平先,定。〕喜悦。见"輷輷"。

【輷輷】 喜悦貌。皮日休《鲁望昨以五百言见贻因成一千言上述吾唐文物之盛次叙亦迭和之微旨也》:"日宴朝不罢,龙姿欢钖钖。"

輓 〔wǎn《广韵》無遠切,上阮,微,又無販切,去願,微。〕❶车运,运输。见"輓粟"。❷拉,牵引。韩愈《赠刘元十八协律六首》之二:"或师绝学贤,不以艺自輓。"《谣·神鸡童谣》(卷八七八):"父死长安千里外,差夫治道輓丧车。"❸借指车轮。李贺《出城别张又新酬李汉》:"腊春戏草苑,玉輓鸣辘辚。"❹哀悼死者。白居易《輓歌词》:"萧条九月天,哀輓出重城。"

【輓粟】 运送粮食。孟郊《感怀》:"太行险阻高,輓粟输连营。"刘景复《梦为吴泰伯作胜儿歌》:"河湟咫尺不能收,輓粟推车徒兀兀。"刘驾《唐乐府十首·输者讴》:"輓粟上高山,高山若平地。"

【輓歌】 哀悼死者的丧歌。亦为乐府相和歌辞旧题。唐赵微明、于鹄、孟云卿、白居易等均有此作,见《全唐诗》卷十九《相和歌辞》。于皓《輓歌二首》之一:"阴风吹黄蒿,輓歌渡秋水。"

【輓漕】 漕运。皮日休《正乐府十篇·农父谣》:"如何江淮粟,輓漕输咸京。"

【輓辭】 哀悼死者的言辞。南唐后主李煜有《輓辭》二首。

八 画

輤 〔qiàn《广韵》倉甸切，去霰，清。〕柩车。见“輤車”。

【輤車】 柩车。权德舆有《张工部至薄寒山下有书无由驰报辅车之至倍切悲怀》。

輦 〔niǎn《广韵》力展切，上獮，來。〕❶人拉的车。秦汉后专指帝王后妃所乘之车。王昌龄《驾幸河东》：“下辇回三象，题碑任六龙。”杜甫《哀江头》：“辇前才人带弓箭，白马嚼啮黄金勒。”李益《汉宫词》：“君王昨日移仙仗，玉辇将迎入汉中。”温延筠《齐宫》：“白马杂金饰，言从雕辇回。”❷拉车，用车运载。韩愈、李翱《远游联句》：“江生行既乐，躬辇自相戮。”李商隐《井泥四十韵》：“工人三五辈，辇出土与泥。”皮日休《七爱诗·元鲁山》：“辇母运之官，宰邑无玷疵。”

【輦下】 ❶帝王车辇之下。李益《赋得垣衣》：“昭阳辇下草，应笑此生非。”❷“辇毂下”的省称。犹言在皇帝车舆之下。代指京城。杜牧《冬至日遇京使发寄舍弟》：“辇下唯能忆弟兄，旅馆夜忧姜被冷。”郑谷有《辇下冬暮咏怀》。徐夤有《辇下赠屯田何员外》。

【輦郎】 宫廷中引御辇的官。汉刘向字子政，曾为此官。杜牧《偶题》：“甘罗昔作秦丞相，子政曾为汉辇郎。”

【輦道】 义同“辇路”。李白《效古二首》之一：“青山映辇道，碧树摇苍空。”韦元旦《兴庆池侍宴应制》：“夹岸旌旗疏辇道，中流箫鼓振楼船。”张嗣初《春色满皇州》：“轻黄垂辇道，微绿映天津。”张籍《楚宫行》：“江头骑火照辇道，君王夜从云梦归。”

【輦路】 可乘辇往来的宫中道路；天子车驾所经的道路。文宗《宫中题》：“辇路生春草，上林花发时。”常衮《早秋望华清宫树因以成咏》：“色润灵泉近，阴清辇路通。”张祜《华清宫和杜舍人》：“近侍烟尘隔，前踪辇路荒。”王贞白《折杨柳三首》之二：“如今万乘多巡狩，辇路无阴绿草长。”

【輦輅】 （—lù）皇帝的车舆。郭汭《同崔员外温泉宫即事》：“辇辂移双阙，宸游整六师。”

【輦轂】 皇帝的车舆。亦代指皇帝和京城等。沈佺期《饯唐永昌》：“洛阳旧有神明宰，辇毂由来天地中。”钱起《广德初銮驾出关后登高愁望二首》之一：“辇毂混戎夷，山河空表里。”黄滔《酬徐正字夤》：“匹马有期归辇毂，故山无计恋桑麻。”

輣 见“輣”。

輩 〔bèi《广韵》補妹切，去隊，幫。〕❶同一类群的人、事、物。李白《纪南陵题五松山》：“当时版筑辈，岂知傅说情。”白居易《读汉书》：“痛矣萧京辈，终令陷祸机。”陆龟蒙《江湖散人歌》：“当时只效乌鹊辈，岂是有意陈尊卑。”杜荀鹤《和吴太守罢郡山村偶题二首》之二：“快活田翁辈，常言化育时。”❷代词词尾。附着于代词后表示多数。李白《南陵别儿童入京》：“仰天大笑出门去，我辈岂是蓬蒿人。”沈千运《感怀弟妹》：“唯念得尔辈，时看慰朝夕。”白居易《郡中闲独寄微之及崔湖州》：“少年宾旅非吾辈，晚岁簪缨束我身。”又《咏兴五首·四月池水满》：“况吾与尔辈，本非蛟龙匹。”❸行辈，辈分。杜甫《八哀诗·赠秘书江夏李公邕》：“古人不可见，前辈复谁继。”刘禹锡《与歌者米嘉荣》：“近来时世轻先辈，好染髭须事后生。”❹唐代进士称呼用语。唐代同时考中进士的互称先辈，称进士及第者为前辈。李商隐有《和韦潘前辈七朋十二日夜泊池州城下先寄上李使君》。郑谷有《送许棠先辈之官泾县》和《高蟾先辈以诗笔相示抒成寄酬》。❺比并，比类。徐铉《将去广陵别史员外南斋》：“家声曾与金张辈，官署今居何宋间。”❻量词。(1)个。多指人。白居易《高仆射》：“遑遑名利客，白首千百辈。”(2)艘。陆龟蒙《奉和袭美太湖诗二十首·练渎》：“战舰百万辈，浮宫三十余。”

【輩流】 流辈，同辈。韩愈《八月十五夜赠张功曹》：“同时辈流多上道，天路幽险难追攀。”周昙《咏史诗·春秋战国门·冯谖》：“兔窟穿成主再兴，辈流狐伏敢骄矜。”齐己《送二友生归宜阳》：“二生俱我友，清苦辈流稀。”吕岩《赠江州太平观道士》：“不知甚么汉，一任辈流嗤。”

輘 〔léng《广韵》魯登切，平登，來。〕象声词。状车声。见“輷輘”。

輝 〔huī《广韵》許歸切，平微，曉。〕❶光。高宗《太子纳纪太平公主出降》：“艳日浓妆影，低星降婺辉。”赵嘏《送卢缄归扬州》：“曾向雷塘寄掩扉，荀家灯火有余辉。”王镕《哭赵州和尚二首》之二：“佛日西倾祖印隳，珠沉丹沼月沉辉。”❷照耀，辉映。李峤《田假限疾不获还庄率成短韵用写长怀赠杜幽素》：“野花何处落，山月几秋辉。”李白《陪族叔刑部侍郎晔及中书贾舍人至游洞庭五首》之四：“洞庭湖西秋月辉，潇湘江北早鸿飞。”王建《荆南赠别李肇著作转韵诗》：“辉天复耀地，再为歌咏始。”❸光彩。钱起《寄袁州李嘉祐员外》：“容辉常在目，离别任经年。”亦指产生光彩。刘沧《赠颛项山人》：“浩气含真玉片辉，著书精义入玄微。”亦指风范。李白《古风》之一：“我志在删述，垂辉映千春。”❹风景，景致。杜审言《赠苏味道》：

“方期来献凯，歌舞共春辉。”岑参《送蒲秀才擢第归蜀》：“向南风候暖，腊月见春辉。”沈亚之《春色满皇州》：“何处春辉好，偏宜在雍州。”❺光明，灿烂。贾至《送夏侯参军赴广州》：“勉哉孙楚吏，彩服正光辉。”张祜《塞上闻笛》：“一夜梅花笛里飞，冷沙晴槛月光辉。”

【輝山】 光耀丘山。语出陆机《文赋》：“石韫玉而山辉，水怀珠而川媚。”借指美玉。浩虚舟《赋得琢玉成器》：“辉山方可重，散璞乍堪惊。”李咸用《和友人喜相遇十首》之六：“润屋必能知早散，辉山应是不轻沽。”

【輝用】 李粲字。李粲，唐末人。僧鸾有《赠李粲秀才》，诗题下注：“字辉用。”

【輝光】 ❶光彩，光辉。卢象《赠张均员外》：“神仙余气色，列宿动辉光。”皇甫冉《送康判官往新安赋得江路西南永》：“何须愁旅泊，使者有辉光。”白居易《文柏床》：“刮削露节目，拂拭生辉光。”❷明亮。郑谷《荆渚八月十五夜值雨寄同年李屿》：“共待辉光夜，翻成黯澹秋。”❸映照，映射。白居易《三谣·素屏谣》：“我心久养浩然气，亦欲与尔表里相辉光。”❹荣耀，有光彩。杜甫《遣兴五首》之五：“朝逢富家葬，前后皆辉光。”裴度、行式《西池送白二十二东归兼寄令狐相公联句》：“谢公深眷眄，商皓信辉光。”李绅《逾岭峤止荒陬抵高要》：“汉日傅臣终委弃，如今衰叟重辉光。”

【輝映】 照耀；映射。顾况《长安窦明府后亭》：“鸟飞青苔院，水木相辉映。”刘禹锡《杨柳枝词九首》之三：“御沟春水相辉映，狂杀长安年少儿。”杜牧《长安杂题长句六首》之五：“祥云辉映汉宫紫，春光绣画秦川明。”徐光溥《题黄居宷秋山图》：“秋山秀兮秋江静，江光山色相辉映。”

【輝華】 ❶光华，光彩。僧鸾《苦热行》：“扶桑老叶蔽不得，辉华直欲凌苍空。”郑谷《京兆府试残月如新月》：“水木辉华别，诗家比象难。”❷辉煌亮洁。范传质《荐冰》：“洁朗寒光彻，辉华素彩明。”温庭皓《观山灯献徐尚书》：“辉华侵月影，历乱写星躔。”

【輝容】 光辉的容仪。李商隐《李肱所遗画松诗书两纸得四十韵》：“视久眩目睛，倏忽变辉容。”李群玉《广州重别方处士之封川》之二：“七年一云雨，常恨辉容隔。”

【輝焕】 光辉，光彩。杨廉《奉和九月九日登慈恩寺浮图应制》：“天文将瑞色，辉焕满寰中。”

【輝飾】 装饰得很漂亮。韦应物《杂体五首》之一：“南金既雕错，鞶带共辉饰。”

【輝赫】 显赫，不同凡响。李白《古风》之二四：“路逢斗鸡者，冠盖何辉赫。”杜甫《送李校书二十六韵》：“十九授校书，二十声辉赫。”白居易《和梦游春诗一百韵》：“夜醪倾百斛，亲宾盛辉赫。”韩偓《及第过堂日作》：“百辟敛容开路看，片时辉赫胜图形。”

【輝輝】 ❶明亮，光彩夺目。李颀《宿香山寺石楼》：“霭霭花出雾，辉辉星映川。”韩愈《感春五首》之五：“清晨辉辉烛霞日，薄暮耿耿和烟埃。”白居易《菩提寺上方晚望香山寺寄舒员外》：“反照转楼台，辉辉似图画。”郑谷《黄莺》：“春云薄薄日辉辉，宫树烟深隔水飞。”❷亮光。杜甫《见萤火》：“却绕井阑添个个，偶经花蕊弄辉辉。”❸显赫。白居易《因梦有悟》：“初见韦尚书，金紫何辉辉。”❹文采彬彬貌。韩愈《寄崔二十六立之》：“文家锐气在，辉辉见旌麾。”

【輝遲】 《诗·豳风·七月》：“春日迟迟，采蘩祁祁。”故后遂以指迟日，即春日迟迟。谓春天白日渐长。李商隐《燕台四首·春》：“暖蔼辉迟桃树西，高鬟立共桃鬟齐。”

輠 〔guǒ《广韵》古火切，上果，見。又胡果切，上果，匣。〕古代车上贮盛脂膏的器具。元稹《献荥阳公诗五十韵》：“空虚惭炙輠，点窜许怀铅。”

輞 〔wǎng《广韵》文兩切，上養，微。〕❶车轮的外框。见“辋川”。❷见“辋口”“辋川”“辋水”。

【輞口】 地名。唐诗人王维蓝田别业所在地。裴迪有《辋口遇雨忆终南山因献王维》。王维有《答裴迪辋口遇雨忆终南山之作》。

【輞川】 水名。即辋谷水。诸水会合如车辋环凑，故名。在今陕西蓝田县南，源出秦岭北麓，北流至县南汇入灞水。唐诗人王维曾置别业于此，与裴迪游憩其中。王维有《辋川闲居赠裴秀才迪》。岑参《首春渭西郊行呈蓝田张二主簿》：“闻道辋川多胜事，玉壶春酒正堪携。”李端《雨后游辋川》：“骤雨归山尽，颓阳入辋川。”元稹《山竹枝》：“还投辋川水，从作老龙回。”

【輞川集】 唐诗人王维和其友人裴迪诗作之合集。王维《辋川集》序：“余别业在辋川山谷，其游止有孟城坳、华子冈、文杏馆、斤竹岭、鹿柴、木兰柴、茱萸沜、宫槐陌、临湖亭、南垞、欹湖、柳浪、栾家濑、金屑泉、白石滩、北垞、竹里馆、辛夷坞、漆园、椒园等，与裴迪闲暇各赋绝句云。”王维和裴迪诗各见《全唐诗》卷一二八、卷一二九。

【輞水】 即辋川。裴迪《辋口遇雨忆终南山因献王维》：“辋水去悠悠，南山复何在。”耿湋《题清源寺》：“孟城今寂寞，辋水自纡余。”

【輞溪】 即辋水。白居易《宿清源寺》：“往谪浔阳去，夜憩辋溪曲。”

輗 〔ní《广韵》五稽切，平齊，疑。〕❶大车辕端与横木相接处的活销。见“輗軏❶”。❷指车子。见“輗軏❷”。

【輗軏】 ❶輨与轨的并称。亦喻事物的关键。

韩愈《送文畅师北游》:"已穷佛根源,粗识事輗軏。"❷指车子。薛能《将赴镇过太康县有题》:"十万旌旗移巨镇,几多輗軏负孤庄。"

輪 〔lún《广韵》力迍切,平諄,來。〕❶车轮。骆宾王《畴昔篇》:"惊魂闻叶落,危魂逐轮埋。"韦应物《任洛阳丞请告一首》:"方凿不受圆,直木不为轮。"刘长卿《送侯御赴黔中充判官》:"须令荒徼外,亦解惧埋轮。"虞羽客《结客少年场行》:"出没骛征旃,蒙轮恒顾敌。"❷借指车。卢纶《寄赠库部王郎中》:"五营俱益灶,千里不停轮。"白居易《酬皇甫宾客》:"闲官兼慢使,著处易停轮。"张祜《大酺乐二首》之二:"双鬟笑说楼前鼓,两仗争轮好落花。"李商隐《井泥四十韵》:"茫茫此群品,不定轮与蹄。"❸收卷钓线的转轮。皮日休《鲁望以轮钩相示缅怀高致三篇》之一:"角柄孤轮细腻轻,翠篷十载伴君行。"又《鲁望以轮钩相示缅怀高致三篇》之三:"尽日悠然舴艋轻,小轮声细雨溟溟。"陆龟蒙《渔具诗·钓车》:"溪上持只轮,溪边指茅屋。"❹古代制作车轮的工匠。见"輪輿"。❺树的横枝。《楚辞·淮南小山〈招隐士〉》:"树轮相纠兮,林木茷骫。"朱熹集注:"轮,横枝也。"见"輪枝"。❻指月亮。太宗《辽城望月》:"魄满桂枝圆,轮亏镜彩缺。"杜甫《八月十五夜月二首》之二:"气沉全浦暗,轮仄半楼明。"韩愈《和崔舍人咏月二十韵》:"过隅惊桂侧,当午觉轮停。"元稹《八月十四日夜玩月》:"犹欠一宵轮未满,紫霞红衬碧云端。"❼指日,太阳。独孤铉《日南长至》:"轮辉犹惜短,圭影此偏长。"陶拱《秋日悬清光》:"烟霞轮乍透,葵藿影初生。"❽面积的纵度。《周礼·地官·大司徒》:"以天下土地之图,周知九州之地域广轮之数。"贾公彦疏引马融曰:"东西为广,南北为轮。"李华《云母泉诗》序:"自墨山西北至石门,东南至东陵,广轮二十里,尽生云母,墙阶道路,炯炯如列星。"❾高大貌。《礼记·檀弓下》:"晋献文子成室,晋大夫发焉。张老曰:'美哉轮焉!美哉奂焉!'"郑玄注:"轮,轮囷,高大也。"丘光庭《补新宫》之二:"奂奂新宫,既奂而轮。"参见"輪奂"。❿边缘,外围。见"輪郭"。⓫转动。参见"輪甲""輪珠"。⓬轮流,依次更替。参见"輪環""輪轉"。⓭量词。多用于圆形之物,如日、月。杜甫《越王楼歌》:"楼下长江百丈清,山头落日半轮明。"朱庆余《叙吟》:"遥天一轮月,几夜见西沉。"良乂《答卢邺》:"当户一轮惟晓月,挂檐数片是秋云。"⓮姓。春秋有轮扁。

【輪王】 佛教语。即转轮王。宋之问《游法华寺》:"果渐轮王族,缘超梵帝家。"贯休《送卢舍人三首》之三:"轮王释梵作何因,只是弘隆大乘福。"释元康《与讲师互谑》:"轮王千个子,巷伯勿孙儿。"

【輪甲】 轮动手指。张祜《箜篌》:"向月轻轮甲,迎风重纫条。"

【輪光】 日光。太宗《山阁晚秋》:"历览情无极,咫尺轮光暮。"

【輪回】 见"輪迴"。

【輪奂】 亦作"輪煥"。形容屋宇高大众多。语出《礼记·檀弓下》:"晋献文子成室,晋大夫发焉。张老曰:'美哉轮焉!美哉奂焉!'"郑玄注:"轮,轮囷,言高大;奂,言众多。"亦借指高大的房屋。赵彦昭《安乐公主移入新宅侍宴应制同用开字》:"一窥轮奂毕,惭恧栋梁材。"陈元光《落成会咏一首》:"轮奂云霄望,晶华日月通。"白居易《和微之诗二十三首·和望晓》:"星河稍隅落,宫阙方轮焕。"韦瓘《留题桂州碧浔亭》:"轮奂未成绳墨在,规模已壮闳闳高。"

【輪枝】 树木的横枝。张乔《对月二首》之二:"何人种丹桂,不长出轮枝。"

【輪囷】 屈曲貌,盘绕回旋貌。韩愈《送惠师》:"怪气或紫赤,敲磨光轮囷。"元稹《代曲江老人百韵》:"万方来合杂,五色瑞轮囷。"牛僧孺《李苏州遗太湖石因题二十韵呈梦得乐天》:"嵘嵂微寒早,轮囷数片横。"秦韬玉《桧树》:"翠云交干瘦轮囷,啸雨吟风几百春。"

【輪迴】 亦作"輪回"。❶循环。吕岩《七言》之六二:"功满自然居物外,人间寒暑任轮回。"❷佛教语。梵语意译。佛教认为众生各依善恶业因,在天道、人道、阿修罗道、地狱道、饿鬼道、畜生道等六道中生死交替,如同轮之旋转,故云。寒山《诗三百三首》之二一三:"可畏轮回苦,往复似翻尘。"又之二六一:"生死如旋火,轮回似麻稻。"白居易《和梦游春诗一百韵》:"水荡无明波,轮回死生辐。"徐夤《题名琉璃院》:"三卷贝多金粟语,可能长诵免轮回。"

【輪風】 佛教语。即风轮,为构成大千世界的四轮之一。在水轮之下,空轮之上。李白《赠僧崖公》:"大地了镜彻,回旋寄轮风。"

【輪郭】 钱的内外边缘。外圆为轮,内方为郭。卢肇《金钱花》:"轮郭休夸四字书,红窠写出对庭除。"

【輪扁】 亦作"輪邊"。春秋时齐国著名的造车工匠。卢照邻《赤谷安禅师塔》:"古人有糟粕,轮扁情未分。"元稹《八骏图诗》:"车无轮扁斫,辔无王良把。"

【輪珠】 转动念珠。谓诵佛或念经。李洞《冬日题觉公牛头兰若》:"石室开禅后,轮珠谢圣君。"

【輪煥】 见"輪奂"。

【輪彩】 指月亮。许浑《鹤林寺中秋玩月》:"轮彩渐移金殿外,镜光犹挂玉楼前。"

【輪軸】 车轮与车轴。白居易《杏园中枣树》:"君若作大车,轮轴材须此。"

【輪鉤】 钓竿上装有小轮以收卷钓丝的钓具。皮日休有《鲁望以轮钩相示缅怀高致因作三篇》。

【輪臺】 ❶古地名。在今新疆轮台县南。本仑头国(一作轮台国)，汉武帝时为李广利所灭，置使者校尉，屯田于此。后并入龟兹。岑参《送李副使赴碛西官军》："知君惯度祁连城，岂能愁见轮台月。"李商隐《汉南书事》："文吏何曾重刀笔，将军犹自舞轮台。"❷古县名。唐贞观置。治所当在今新疆乌鲁木齐市米东区。岑参《北庭西郊候封大夫受降回军献上》："胡地苜蓿美，轮台征马肥。"又《赴北庭度陇思家》："西向轮台万里余，也知乡信日应疏。"郑锡《千里思》："渭水通胡宛，轮台望汉关。"陈陶《水调词十首》之十："万里轮台音信稀，传闻移帐护金微。"❸泛指边疆，边塞。郑愔《秋闺》："征客向轮台，幽闺寂不开。"牛峤《更漏子》词之一："星渐稀，漏频转，何处轮台声怨。"

【輪蹄】 车轮与马蹄。代称车马。韩愈《南内朝贺归呈同官》："绿槐十二街，涣散驰轮蹄。"李绅《赠毛仙翁》："穆王粗识神仙事，八极轮蹄方逞志。"杜荀鹤《山居寄同志》："茅斋深僻绝轮蹄，门径缘莎细接溪。"曹松《九江暮春书事》："杨柳城初锁，轮蹄息去踪。"

【輪燈】 佛前悬挂的灯。皎然《酬李侍御萼题看心道场赋以眉毛肠心牙等五字》："定起轮灯缺，宵分印月斜。"

【輪環】 循环。韦庄《上春词》："四时轮环终又始，百年不见南山摧。"

【輪轅】 指车辆。亦喻指经世可用之材。骆宾王《浮槎》序："观其根底盘曲，枝干扶疏，大则有栋梁舟楫之材，小则有轮辕榱桷之用。"戴叔伦《酬赠张众甫》："出处宁知命，轮辕岂自媒。"权德舆《奉和李相公偶书所怀奉呈门下相公中书相公》："斧藻归全德，轮辕适众材。"

【輪輿】 ❶指轮人和舆人。古代造车的工匠。韩愈《符读书城南》："木之就规矩，在梓匠轮舆。"❷指车轮，车舆。赵冬曦《灉湖作》："盈虚用舍轮舆旋，勿学灵均远问天。"

【輪轉】 (—zhuàn)轮流；循环。卢仝《感古四首》之一："轮转夏殷周，时复犹一人。"白居易《新乐府·陵园妾》："愿令轮转直陵园，三岁一来均苦乐。"又《花前有感兼呈崔相公刘郎中》："四时轮转春常少，百刻支分夜苦长。"

輣 〔péng《广韵》薄庚切，平庚，並。又薄萌切，平耕，並。〕輣车，古代有望楼的战车。韩愈、孟郊《城南联句》："庆流蠲瘥疠，威畅捐幢輣。"

輨 〔guǎn《广韵》古满切，上缓，見。〕包在车毂头上的金属套。《说文·车部》："輨，毂端锴也。"段玉裁注："毂孔之里，以金裹之曰釭；毂孔之外，以金表之曰輨。輨之言管也。"借指车。司空图《诗品二十四则·流动》："若纳水輨，如转丸珠。"

輟 〔chuò《广韵》陟劣切，入薛，知。又陟衛切，去祭，知。〕❶中途停止；中断。李白《梁甫吟》："入门不拜骋雄辩，两女辍洗来趋风。"权德舆《和王侍郎病中领度支烦迫之余过西园书堂闲望》："凭槛辍繁务，晴光烟树分。"白居易《六年寒食洛下宴游赠冯李二少尹》："听吟歌暂辍，看舞杯徐行。"李洞《送卢郎中赴金州》："云明天岭高，刺郡辍仙曹。"❷让，让出。权德舆《送黔中裴中丞阁老赴任》："五谏留中禁，双旌辍上才。"❸通"綴"。见"輟史""輟書"。❹通"掇"。取。见"輟贈"。

【輟才】 选才。权德舆《酬崔舍人阁老冬至日宿直省中奉简两掖阁老并见示》："辍才时所重，分命秩皆真。"

【輟己】 舍己。拾得《诗》之十八："辍己惠于人，方可名为施。"

【輟史】 展开史书。谓研读史书。"輟"通"綴"。张谔《送李著作倅杭州》："辍史空三署，题舆佐一方。"

【輟書】 展开书卷，谓研读书籍。"輟"通"綴"。权德舆《送张阁老中丞持节册吊回鹘》："分职南台知礼重，辍书东观见才难。"

【輟棋】 停止下棋。刘禹锡《海阳湖别浩初师》："爱泉移席近，闻石辍棋看。"

【輟棹】 亦作"輟櫂"。骆宾王《送郭少府探得忧字》："开筵枕德水，辍棹舣仙舟。"岑参《晚过盘石寺礼郑和尚》："谈禅未得去，辍棹且踟蹰。"卢仝《孟夫子生生亭赋》："玉川子沿孟冬之寒流兮，辍棹上登生生亭。"徐铉《邵伯埭下寄高邮陈郎中》："顾我饮冰难辍棹，感君扶病为开筵。"

【輟飲】 停止饮酒。陆龟蒙《奉酬袭美苦雨见寄》："唯君浩叹非庸人，分衣辍饮来相亲。"

【輟榜】 停船。高适《自淇涉黄河途中作十三首》之十三："辍榜聊问之，答言尽终始。"

【輟餚】 停止饮食。许敬宗《奉和执契静三边应诏》："辍肴观化宇，栖籞萃条支。"

【輟膳】 停止饮食。太宗《赋尚书》："辍膳玩三坟，晖灯披五典。"

【輟櫂】 见"輟棹"。

【輟贈】 取物赠人。"輟"，通"掇"。李白《赠黄山胡公求白鹇》："胡公能辍赠，笼寄野人还。"

輜 〔zī《广韵》侧持切，平之，莊。又楚持切，平之，初。〕❶古代的一种有帷盖的载重车。见"輜軿"。❷障蔽。见"輜塵"。❸辎重。见"輜重"。

【輜車】 古代有帷盖的车子。既可载物，又可作卧车。无名氏《吕氏宅妖誓师词》："辎车直入无回翔，六甲次第不乖行。”

【輜重】（—zhòng）外出时携载的物质，常指军用物资。罗隐《江南》：“玉树歌声泽国春，累累辎重忆亡陈。”

【輜軿】辎车和軿车的合称。后泛指四面有屏蔽的车子。李嘉祐《润州杨别驾宅送蒋九侍御收兵归扬州》：“人对辎軿醉，花垂睥睨残。”韩愈《华山女》：“扫除众寺人迹绝，骅骝塞路连辎軿。”白居易《梦仙》：“空山三十载，日望辎軿迎。”

【輜塵】障蔽尘土。包融《酬忠公林亭》：“自言解尘事，咫尺能辎尘。”

九　画

輻〔fú《广韵》方六切，入屋，非。又方副切，去宥，非。〕车轮中凑集于中心毂上的直木。《诗·魏风·伐檀》：“坎坎伐辐兮，寘之河之侧兮。”朱熹集传：“辐，车辐也。伐木以为辐也。”阎防《百丈溪新理茅茨读书》：“不学东周儒，俟时劳伐辐。”亦借指车轮。用如动词，如车轮之转动。白居易《和梦游春诗一百韵》：“水荡无明波，轮回死生辐。”

【輻湊】集中；聚集。权德舆《广陵诗》：“八方称辐凑，五达如砥平。”韩愈《南山诗》：“或散若瓦解，或赴若辐凑。”

輯〔jí《广韵》秦入切，入緝，從。〕❶和悦，和睦。《后汉书·刘焉传》：“璈因人情不辑，乃阴结州中大姓。”李贤注：“辑，和也。”见“輯睦”。❷安定；使安定。陈子昂《送著作佐郎崔融等从梁王东征》序：“古者凉风至，白露下，天子命将帅训甲兵，将以外威荒戎，内辑中夏，时义运矣。”皇甫澈《赋四相诗·门下侍郎平章事王缙》：“北征戮骄悍，东守辑携贰。”李峤有《安辑岭表事平罢归》。❸统摄。玄宗《端午三殿宴群臣探得神字》序：“朕宵衣旰食，辑声教于万方，卜战行师，总兵钤于四海。”❹聚集。王湾《秋夜寓直即事怀赠萧令公裴侍郎兼通简南省诸友人》：“赋简流亡辑，农安政理凭。”

【輯睦】和睦。杜甫《舟中苦热遣怀奉呈阳中丞通简台省诸公》：“士卒既辑睦，启行促精悍。”《郊庙歌辞·享太庙乐章·崇德舞》：“天地交泰，华夷辑睦。”

輵〔yà《集韵》乙辖切，入黠，影。〕车声。《文选·扬雄〈羽猎赋〉》：“皇车幽輵，光纯天地。”李善注引李奇曰：“幽輵，车声也。”韩愈《岳阳楼别窦司直》：“声音一何宏，轰輵车万辆。”

輴〔chūn《广韵》丑倫切，平諄，徹。〕❶古代载柩车。姚合《敬宗皇帝挽词三首》之三：“灵輴万国护，仪殿百神朝。”❷古代用于泥泞道路上的交通工具。见“輴欙”。

【輴欙】古代用于泥泞路上和登山的交通工具。韩愈《奉和杜相公太清宫纪事陈诚上李相公十六韵》：“耒耜兴姬国，輴欙建夏家。”

輸〔shū《广韵》式朱切，平虞，書。又傷遇切，去遇，書。〕❶输送，转运。许敬宗《奉和执契静三边应诏》：“驼鹿输珍贶，树羽飨来仪。”韦应物《睢阳感怀》：“穷年方绝输，邻援皆携贰。”白居易《羸骏》：“输彼军厩中，化作驽骀肉。”皮日休《正乐府十篇·农父谣》：“如何江淮粟，挽漕输咸京。”❷交出；献纳。王维《赠刘蓝田》：“岁晏输井税，山村人夜归。”刘长卿《送徐大夫赴广州》：“当令输贡赋，不使外夷骄。”白居易《秦中吟十首·重赋》：“昨日输残税，因窥官库门。”杜牧《冬至日寄小侄阿宜诗》：“税钱未输足，得米不敢尝。”❸报效；贡献。沈佺期《赦到不得归题江上石》：“自幼输丹恳，何尝玷白圭。”杜甫《秋日荆南送石首薛明府辞满告别奉寄薛尚书颂德叙怀斐然之作三十韵》：“努力输肝胆，休烦独起予。”白居易《江州赴忠州至江陵已来舟中示舍弟五十韵》：“且昧随时义，徒输报国诚。”舒元舆《桥山怀古》：“知勇神天不自大，风后力牧输长筹。”❹书写；倾吐。韩愈《赠崔立之评事》：“崔侯文章苦捷敏，高浪驾天输不尽。”韩愈、侯喜等《石鼎联句》：“不值输写处，焉知怀抱清。”❺流泻。杜甫《秋野五首》之四：“潜鳞输骇浪，归翼会高风。”又《大历三年春漂泊凡四十韵》：“摆阖盘涡沸，欹斜激浪输。”孟郊《石淙》之四：“输去虽有恨，躁气一何颠。”❻负，失败。同“赢”相对。杜甫《今夕行》：“君莫笑刘毅从来布衣愿，家无儋石输百万。”裴说《棋》：“人心无算处，国手有输时。”廖凝《十岁咏棋》：“满汀沤不散，一局黑全输。”贯休《古塞上曲七首》之一：“幽并儿百万，百战未曾输。”❼逊色；差；少。孟郊《旅次湘沅有怀灵均》：“吟泽洁其身，忠节宁见输。”白居易《书事咏怀》：“金多输陆贾，酒足胜陶潜。”殷尧藩《过友人幽居》：“一贫曾累我，此兴未输人。”杜荀鹤《读张仆射诗》：“双美总输张太守，二南章句六钧弓。”

【輸心】表示真心。杜甫《莫相疑行》：“晚将末契托年少，当面输心背面笑。”

【輸失】失败，不胜。李商隐《骄儿诗》：“阶前逢阿姊，六甲颇输失。”

【輸兵】输送粮食给部队。陆龟蒙《奉酬袭美苦雨见寄》：“去岁王师东下急，输兵粟尽民相泣。”

【輸肝剖膽】比喻对人极其忠诚。李白《行路难三首》之二：“剧辛乐毅感恩分，输肝剖胆效英才。”

【輸忠】献纳中心。高适《信安王幕府诗》：“乐善旌深德，输忠格上玄。”韦应物《送崔押衙相州》：“万方如已静，何处欲输忠。”卢仝《感古四首》之二：“竭节遇刀割，输忠遭祸缠。"《郊庙歌辞·周朝飨乐章·福顺》："圣皇端拱，多士输忠。"

【輸委】 ❶将地方积聚的财货随时输送到中央。杜牧《感怀诗一首》："九庙仗神灵，四海为输委。"❷指水流汇合。骆宾王《在江南赠宋五之问》："沧波通地穴，输委下归塘。"韩愈、孟郊《城南联句》："潇碧远输委，湖嵌费携擎。"

【輸官】 向官府缴纳。王建《当窗织》："输官上顶有零落，姑未得衣身不着。"

【輸送】 运送。元稹《旱灾自咎贻七县宰同州时》："轧轧输送车，无乃使不伦。"

【輸效】 报效。高适《同诸公登慈恩寺浮图》："输效独无因，斯焉可游放。"

【輸納】 缴纳。韩愈《县斋有怀》："官租日输纳，村酒时邀迓。"

【輸款】 犹投诚。贯休《寿春进祝圣七首·从谏如流》："北狄皆输款，南夷尽贡琛。"

【輸粟】 运送谷物。白居易《渭村退居寄礼部崔侍郎翰林钱舍人诗一百韵》："纳租看县贴，输粟问军仓。"

【輸税】 缴纳租税。王维《酬诸公见过》："岁晏输税，以奉粢盛。"顾况《酬信州刘侍郎兄》："愿为南州民，输税事锄犁。"柳宗元《田家三首》之二："蚕丝尽输税，机杼空倚壁。"白居易《观刈麦》："家田输税尽，拾此充饥肠。"

【輸誠】 ❶归顺；降服。刘长卿《至德三年春五十韵》："鬼神潜释愤，夷狄远输诚。"❷献纳诚心。张九龄《将发还乡示诸弟》："负德良不赀，输诚靡所惜。"玄宗《送张说巡边》："尽节恢时佐，输诚御寇场。"

【輸贏】 胜负。张建封《竞渡歌》："只将输赢分罚赏，两岸十舟五来往。"白居易《江州赴忠州至江陵已来舟中示舍弟五十韵》："如汤探冷热，似博斗输赢。"方干《采莲》："画桡轻拨蒲根月，兰舟尺速有输赢。"徐铉《棋赌赋诗输刘起居》："本图忘物我，何必计输赢。"

輷 〔hōng《广韵》呼宏切，平耕，曉。又呼迸切，去諍，曉。〕象声词。状车声。见"輷輘"。

【輷輘】 车声。韩愈《读东方朔杂事》："偷入雷电室，輷輘掉狂车。"

輶 〔yóu《广韵》以周切，平尤，以。又與久切，上有，以。又余救切，去宥，以。〕❶轻车。韩愈、孟郊《远游联句》："驰深鼓利楫，趋险惊蜚輶。"❷轻，薄。柳宗元《游南亭夜还叙志七十韵》："内顾乃无有，德輶甚鸿毛。"

【輶軒】 古代使臣乘坐的一种轻车。亦代称使臣。卢照邻《绵州官池赠别同赋湾字》："輶轩遵上国，仙佩下灵关。"岑参《梁园歌送河南王判官》："輶轩若过梁园道，应傍琴台闻政声。"柳宗元《哭连州凌员外司马》："輶轩下东越，列郡苏疲羸。"罗隐《早春送张坤归大梁》："萧萧羸马正尘埃，又送輶轩向吹台。"

輮 〔róu 又读 rǒu《广韵》人九切，上有，日。又人又切，去宥，日。〕通"煣"。用火烤木材使之弯曲。引申为歪曲，曲解。萧颖士《江有归舟三章》序："学也者，非云征辨说，摭文字，以扇夫谈端，輮厥词意，其于识也，必鄙而近矣，所务乎宪章典法，膏腴德义而已。"

十 画

轀 〔wēn《广韵》烏渾切，平魂，影。〕辒车。古代一种卧车。亦用作丧车。权德舆《奉和郑宾客相公摄官丰陵扈从之作》："五辂导灵辒，千夫象缭垣。"见"轀輬"。

【轀輬】 丧车。元稹《顺宗至德大圣大安孝皇帝挽歌词三首》之三："羽仪经巷内，辒辌转城闉。"

轅 〔yuán《广韵》雨元切，平元，云。〕❶车前驾牲品用的直木。骆宾王《早秋出塞寄东台详正学士》："南图终铩翮，北上遽摧辕。"韩愈《陆浑山火和皇甫湜用其韵》："鬃其肉皮通髀臀，颓胸垤腹车掀辕。"白居易《养拙》："铁柔不为剑，木曲不为辕。"李德裕《近于伊川卜山居聊赋此诗兼寄上浙东元相公大夫使求青田胎化鹤》："邛杖堪扶老，黄牛已服辕。"❷借指车。孟郊《去妇》："安知御轮士，今日翻回辕。"白居易《秦中吟十首·立碑》："攀辕不得归，留葬此江湄。"鲍溶《悲哉行》："黄土塞生路，悲风送回辕。"李敬方《题黄山汤院》："胜地非无栋，征途遽改辕。"❸使车辕向某一方向；驾车行驶。杜甫《别蔡十四著作》："若凭南辕吏，书札到天垠。"又《自京赴奉先县咏怀五百字》："北辕就泾渭，官渡又改辙。"白居易《立部伎》："欲望凤来百兽舞，何异北辕将适楚。"❹指军营。见"轅門❶"。❺指官署。见"轅門❷"。

【轅下駒】 指车辕下不惯驾车的幼马。比喻经验不足、器局不大之人。杜甫《别苏徯》："赠尔秦人策，莫鞭辕下驹。"亦省作"轅駒"。杜甫《大历三年春四十韵》："出尘皆野鹤，历块匪辕驹。"孟郊《立德新居》之六："品子懒读书，辕驹难服犁。"

【轅門】 ❶古代行军扎营，以我车环列四周，在出入口竖两战车之辕，使之相向如门，故称辕门。后即以称军营之门。王昌龄《从军行七首》之五："大漠风尘日色昏，红旗半卷出辕门。"刘长卿《送侯中丞流康州》："辕门画角三军思，驿路青山万里心。"欧阳詹《许州送张中丞出临颍镇》："心诵阴符口不言，风驱千骑出辕门。"许浑《登蒜山观发军》:"羽檄征兵急,辕门选将雄。"❷地方高级官署的外门。刘长卿《送秦侍御外甥张篆之福州谒鲍大夫秦侍御与大夫有旧》:"辕门拜首儒衣弊,貌似牢之岂不怜。"李嘉祐《送樊兵曹潭州谒韦大夫》:"修刺辕门里,多怜尔为亲。"耿湋《送大谷高少府》:"应知史笔思循吏,莫料辕门笑鲁儒。"卢纶《送崔郊拾遗》:"今日攀车复何者,辕门垂白一愚夫。"

【轅馬】 驾车之马。韩愈《此日足可惜赠张籍》:"辕马蹢躅鸣,左右泣童仆。"

【轅軛】 车前驾牲口的直木和套在牲口脖子上的曲木。借指车子。李白《草创大还赠柳官迪》:"姹女乘河车,黄金充辕軏。"

【轅駒】 见"轅下駒"。

【轅輪】 车辕和车轮。代指车。皇甫冉《上礼部杨侍郎》:"郢匠抡材日,辕轮必尽呈。"

轂〔gǔ《广韵》古禄切,入屋,見。〕❶车轮的中心部位,周围与车辐的一端相接,中有圆孔,用以插轴。见"轂擊"。❷借指车轮。曹邺《读李斯传》:"一车致三毂,本图行地速。"李山甫《沧浪峡》:"走毂飞蹄过此傍,几人留意问沧浪。"韦庄《杂体联锦》:"玉辔声断续,钿轴鸣双毂。"❸借指车。高适《画马篇》:"终未如他枥上骢,载华毂,骋飞鸿。"张碧《游春引三首》之二:"酌桂鸣金玩物华,星蹄绣毂填香陌。"汪遵《函谷关》:"脱祸东奔壮气摧,马如飞电毂如雷。"韦庄《下第题青龙寺僧房》:"千蹄万毂一枝芳,要路无媒果自伤。"❹通"穀"。见"轂陽"。❺用同"軲"。见"轂轆❶"。

【轂下】 辇毂之下。指京城。柳宗元《古东门行》:"羌胡毂下一朝起,敌国舟中非所拟。"

【轂陽】 谷雨时节的艳阳天。毂,通"穀"。李端《晚春过夏侯校书值其沉醉戏赠》:"人逢毂阳望,春似永和年。"

【轂轓】 车轮和车帷。韩愈《陆浑山火和皇甫湜用其韵》:"缇颜靺股豹两鞬,霞车虹靷日毂轓。"

【轂轂】 象声词。状波浪撞击山崖声。皮日休《吴中苦雨因书一百韵寄鲁望》:"怒鲸瞪相向,吹浪山毂毂。"

【轂轅】 车轮和车辕。代指车。姚合《答窦知言》:"独我赴省期,冒此驰毂辕。"

【轂擊】 车子来往,其毂相击。形容车辆众多,交往频繁。权德舆《徐孺亭马上口号》序:"而通馗在侧,平湖在下,波流毂击,日月无穹。"

【轂轉】 (一zhuàn)车轮转动。李白《西岳云台歌送丹丘子》:"黄河万里触山动,盘涡毂转秦地雷。"

【轂轆】 ❶车轮子。毂,用同"軲"。车的前胡。谭用之《贻费道人》:"碧玉蜉蝣迎客酒,黄金毂辘钓鱼车。"❷象声词。谭用之《寄左先辈》:"翩翾蛮横薰晴浦,毂辘鱼车响夜船。"

輿〔yú《广韵》以諸切,平魚,以。又羊洳切,去御,以。〕❶本义为车厢,后多指车。太宗《帝京篇十首》之三:"移步出词林,停舆欣武宴。"戴叔伦《宿天竺寺晓发罗源》:"迢递罗源路,轻舆候晓行。"柳宗元《茅檐下始栽竹》:"江风忽云暮,舆曳还相追。"杨发《小园秋兴》:"昔日扬雄宅,还无卿相舆。"❷指载柩车。刘言史《北原情三首》之一:"铭旌下官道,葬舆去辚辚。"❸轿子。见"輿竿"。❹制作车箱的工匠。韩愈《符读书城南》:"木之就规矩,在梓匠轮舆。"❺乘,载。元稹《哭女樊四十韵》:"翠凤舆真女,红蕖捧化生。"❻古代职位低贱的役吏。《左传·昭公七年》:"故王臣公,公臣大夫,大夫臣士,士臣皁,皁臣舆,舆臣隶,隶臣僚,僚臣仆,仆臣台。"见"輿臺"。❼大地。魏征《五郊乐章·肃和》:"眇眇方舆,苍苍圜盖。"❽众,多。见"輿人""輿頌"。

【輿人】 众人。储光羲《狱中贻姚张薛李郑柳诸公》:"舆人是非怪,西子言有咎。"独孤及《代书寄上李广州》:"独有舆人歌,隔云声险聒。"赵嘏《陪韦中丞宴扈都头花园》:"分明听得舆人语,愿及行春更一年。"

【輿竿】 抬肩舆的竹竿。皮日休《南阳润卿将归雷平因而有赠》:"竹屏风扇抄遗事,柘步舆竿系隐书。"

【輿馬】 车马。白居易《秋游平泉赠韦处士闲禅师》:"杖藜舍舆马,十里与僧期。"又《三谣·朱藤谣》:"松门石磴,不通舆马。"

【輿皁】 古代十等人两个低微等级的名称。因借以指贱役。陈陶《旅次铜山途中先寄温州韩使君》:"跻攀寡俦侣,扶接念舆皁。"

【輿情】 民情,群情。李中《献乔侍郎》:"格论思名士,舆情渴直臣。"

【輿輅】 (一lù)指乘舆。詹琲《永嘉乱衣冠南渡流落南泉作忆昔吟》:"衣冠坠涂炭,舆辂染腥膻。"

【輿頌】 民众的议论。独孤及《送马郑州诗》:"当使仁风动,遥听舆颂喧。"

【輿臺】 古代十等人中两个低微等级的名称。泛指操贱役者。杜甫《后出塞五首》之四:"越罗与楚练,照耀舆台躯。"高适《宋中送族侄式颜》:"部曲尽公侯,舆台亦朱紫。"

【輿圖】 疆土,版图。郑愔《奉和幸上官昭容院献诗四首》之四:"愿奉舆图泰,长开锦翰裁。"

【輿輦】 车驾。多指天子所乘。刘宪《奉和人日清晖阁宴群臣遇雪应制》:"舆辇乘人日,登临上凤京。"

【輿駕】 帝后所乘之车驾。杜审言《赠苏味道》:"舆驾还京邑,朋游满帝畿。"

【輿薪】 满车的柴。比喻大而易见的事物。语出《孟子·梁惠王上》:"明足以察秋毫之末,而不见舆薪。"李商隐《五松驿》:"独下长亭念过秦,五松不见见舆薪。"

【輿縣】 古县名。西汉元封五年(前106)置,治所在今江苏仪征市北。温庭筠《经故秘书崔监扬州南塘旧居》:"乘舟觅吏经舆县,为酒求官得步兵。"

【輿隸】 古代十等人中两个低微等级的名称。因用以泛称操贱役者。李涉《六叹》之三:"堂上英髦沈白刃,门前舆隶乘朱轮。"皮日休《鲁望作以五百言见贻因成一千言上述吾唐文物之盛次叙相得之欢亦迭和之微旨也》:"或为舆隶唱,或被儿童怜。"

轄 〔xiá《广韵》胡瞎切,入鎋,匣。又苦蓋切,去泰,溪。〕❶车轴两头的金属键,用以挡住车轮,不使脱落。李峤《车》:"丹凤栖金辖,非熊载宝轩。"郭良《题李将军山亭》:"凤辖将军位,龙门司隶家。"高适《陪窦侍御泛灵云池》:"乘兴宜投辖,邀欢莫避骢。"白居易《李卢二中丞各创山居偶题十五韵聊戏二君》:"脂辖复裹粮,心力颇劳止。"亦指鱼竿钓轮轴端的金属键。沈佺期《钓竿篇》:"湍危不理辖,潭静欲留船。"❷借指车。韩愈《答张彻》:"日驾此回辖,金神所司刑。"《郊庙歌辞·汉宗庙乐舞辞·章庆舞》:"玉斝牺樽潋滟,龙旂凤辖逡巡。"❸管辖;管束。柳宗元《弘农公以硕德伟材屈于诬枉谨献诗五十韵以毕微志》:"右言盈简策,左辖备条纲。"来鹄《早春》:"偏憎杨柳难钤辖,又惹东风意绪来。"罗隐《投寄韦右丞》:"官资参令仆,曹署辖星辰。"

輾 〔niǎn《集韵》尼展切,上獮,娘。〕滚压。王建《伤堕水鸟》:"眼见行人车辗过,不妨同伴各东西。"白居易《新乐府·卖炭翁》:"夜来城上一尺雪,晓驾炭车辗冰辙。"贾岛《送友人如边》:"行车辗秋岳,落叶坠寒霜。"章碣《对月》:"琼轮正辗丹霄去,银箭休催皓露凝。"

【輾雷】 雷车辗动。韩愈《咏雪赠张籍》:"碛迥疑浮地,云平想辗雷。"

十一画

轉1 〔zhuǎn《广韵》陟兖切,上獮,知。〕❶车运;转运。杜甫《复愁十二首》之九:"任转江淮粟,休添苑囿兵。"参见"轉運"。❷翻转;转动。李白《忆旧游寄谯郡元参军》:"迴山转海不作难,倾情倒意无所惜。"孟浩然《送卢少府使入秦》:"州县勤王事,山河转使车。"王建《白纻歌二首》之一:"低鬟转面掩双袖,玉钗浮动秋风生。"❸移动。太宗《仪鸾殿早秋》:"松阴背日转,竹影避风移。"权德舆《夜泊有怀》:"转枕眼未熟,拥衾泪已濡。"白居易《晓寝》:"转枕重安寝,回头一欠伸。"张乔《送友人游湖南》:"春生南岳早,日转大荒迟。"❹变化;改变。王昌龄《过华阴》:"羁人感幽栖,窅映转奇绝。"李端《问张山人疾》:"先生沉病意何如,蓬艾门前客转疏。"白居易《咏家酝十韵》:"能销忙事成闲事,转得忧人作乐人。"李绅《开元寺》:"难保尔形终不转,莫令偷拂六铢衣。"❺摇动;飘荡;吹拂。刘宪《奉和立春日内出彩花树应制》:"禁苑韶年此日归,东郊道上转青旂。"刘长卿《喜晴》:"晓日西风转,秋天万里明。"戴叔伦《早春曲》:"青楼昨夜东风转,锦帐凝寒觉春浅。"权德舆《和王侍郎病中领度支烦迫之余过西园书堂闲望》:"满径风转蕙,卷帘山出云。"❻转向。李益《古别离》:"江回汉转两不见,云交雨合知何年。"白居易《和春深二十首》之一三:"余波落何处,江转富阳斜。"赵嘏《浙东陪元相公游云寺》:"归来吹尽岩城角,路转横塘乱水东。"黄滔《和王舍人崔补阙题天王寺》:"冈转泉根滑,门升薛级危。"❼围绕。杜甫《早发射洪县南途中作》:"寒日出雾迟,清江转山急。"刘长卿《奉送从兄罢官之淮南》:"溪路漫冈转,夕阳归鸟斜。"❽转调。在某调乐的中途转入他调。白居易《听歌六绝句·听都子歌》:"都子新歌有性灵,一声格转已堪听。"❾转交,把一方之物传送到另一方。白居易《张十八员外以新诗二十五首见寄因题卷后寄微之》:"坐到天明吟未足,重封转寄与微之。"❿诵,读。见"轉經"。⓫迁职。卢纶《送抚州周使君》:"若转弘农守,萧咸事不如。"白居易《重到城七绝句·张十八》:"谏垣几见迁遗补,宪府频闻转殿监。"郑谷有《转正郎后寄献集贤相公》。李洞《贺昭国从叔员外转本曹郎中》:"粟征山县欠,官转水曹重。"⓬量词。道家炼丹的次数叫转。骆宾王《代女道士王灵妃赠道士李荣》:"漫道烧丹止七飞,空传化石曾三转。"韦渠牟《步虚词十九首》之一一:"九转风烟合,千年井灶余。"王建《赠太清卢道士》:"书卖八分通字学,丹烧九转定人年。"白居易《天坛峰下赠杜录事》:"河车九转宜精炼,火候三年在好看。"⓭副词。(1)反而,反倒。孟浩然《岁除夜有怀》:"渐与骨肉远,转于奴仆亲。"杜甫《去蜀》:"如何关塞阻,转作潇湘游。"白居易《蜀道石妇》:"夫行竟不归,妇德转光明。"温庭筠《河传》词:"小娘,转令人意伤。"(2)渐渐;更加。殷遥《春晚山行》:"俗人犹语此,余亦转忘归。"司空曙《过宝庆寺》:"禅宫亦销歇,尘世转堪哀。"白居易《有木诗八首》之一:"渐密阴自庇,转高梢四垂。"皮日休《泰伯庙》:"一庙争祠两让君,几千年后转清芬。"⓮通"囀"。婉转发声歌唱。储光羲《苏十三瞻登玉泉寺峰入寺中见赠作》:"涧净绿萝深,岩暄新鸟转。"郑愔《咏黄莺儿》:"欲转声犹涩,将飞羽未调。"元稹《酬周从事望海亭见寄》:"衣袖长堪舞,喉咙转解歌。"

轉² 〔zhuàn《广韵》知戀切,去線,知。〕❶旋转。韩愈、孟郊《远游联句》:"别肠车轮转,一日一万周。"于鄴《天南怀故人》:"独行千里尘,轧轧转征轮。"❷量词。绕一圈叫绕一转。王维《自大散以往深林密竹磴道盘曲四五十里至黄牛岭见黄花川》:"危径几万转,数里将三休。"李白《寻高凤石门山中元丹丘》:"未穷三四山,已历千万转。"

【轉丸】 转动圆球。喻指做事顺易。杜甫《送从弟亚赴安西判官》:"应对如转丸,疏通略文字。"

【轉日回天】 形容力量巨大,可以挽回难以挽回的局面。卢照邻《长安古意》:"别有豪华称将相,转日回天不相让。"

【轉水】 汲水。李端《题元注林园》:"桔槔转水兼通药,方丈留僧共听琴。"

【轉化】 改变,变易。刘禹锡《贾客词》:"锥刀既无弃,转化日已盈。"

【轉目】 转动眼珠。韩愈《送诸葛觉往随州读书》:"送行过浐水,东望不转目。"

【轉延】 ❶变化延长。韦应物《除日》:"淑景方转延,朝朝自难度。"❷悠长。韦应物《晚出沣上赠崔都水》:"临流一舒啸,望山意转延。"❸曲折绵延。韩愈《送灵师》:"灵师不挂怀,冒涉道转延。"

【轉角】 (—jué)转变乐调的角音。李贺《许公子郑姬歌》:"长翻蜀纸卷明君,转角含商破碧云。"

【轉易】 改变。孟郊《答友人》:"碧山无转易,青松难倾移。"

【轉念】 思量。皇甫冉《出塞》:"转念关山长,行看风景异。"

【轉官】 升迁官职。白居易《和令狐相公寄刘郎中兼见示长句》:"碧幢千里空移镇,赤笔三年未转官。"

【轉盼】 目光流转,转动目光。崔颢《古游侠呈军中诸将》:"腰间带两绶,转盼生光辉。"元稹《何满子歌》:"翠蛾转盼摇雀钗,碧袖歌垂翻鹤卵。"温庭筠《南歌子》词之六:"转盼如波眼,娉婷似柳腰。"

【轉致】 ❶运送。杜甫《除草》:"转致水中央,岂无双钓舟。"❷谓商贩经营赢利。杜甫《盐井》:"自公斗三百,转致斛六千。"

【轉規】 ❶转动圆形器物。喻事情发展顺利。吕温《同舍弟恭岁暮寄晋州李六协律三十韵》:"事去类绝弦,时来如转轨。"❷旋转。胡直钧《太常观阅骠国新乐》:"转规回绣面,曲折度文身。"

【轉移】 迁移,移动。崔颢《孟门行》:"北园新栽桃李枝,根株未固何转移。"

【轉眼】 转动眼珠。韩偓《秋千》:"无语兼动所思愁,转眼看天一长吐。"

【轉動】 转身活动。白居易《简简吟》:"殊姿异态不可状,忽忽转动如有光。"

【轉側】 ❶来去,往返。齐己《观李琼处士画海涛》:"巨鳌转侧长鳍翻,狂涛颠浪高漫漫。"❷移换方位。白居易《新乐府·缭绫》:"异彩奇文相隐映,转侧看花花不定。"

【轉₂動】 物体以一点为中心或以一直线为轴作圆周运动。柳宗元《龟背戏》:"投变转动玄机卑,星流霞破相参差。"

【轉徙】 辗转迁徙。白居易《同微之赠别郭虚舟炼师五十韵》:"转徙今安在,越峤吴江湄。"皮日休《二游诗·徐诗》:"转徙入吴都,纵横碍门阈。"又《三羞诗三首》之三序:"丙戌岁,淮右蝗旱,日休寓小墅于州东,下第后,归之。见颍民转徙者,盈途塞陌。"吴融《祝风三十二韵》:"中又值干戈,遑遑常转徙。"亦借指漂泊的流浪之人。皮日休《三羞诗三首》之三:"就中颍之汭,转徙何累累。"

【轉達】 转送;送达。李频《寄范评事》:"梦即重寻熟,书常转达迟。"

【轉₂軸撥弦】 将琵琶上缠绕弦的轴拧动,以调音定调。白居易《琵琶引》:"转轴拨弦三两声,未成曲调先有情。"

【轉喉】 犹言引吭歌唱。许浑《秋夕宴李侍御宅》:"转喉云旋合,垂手露徐来。"杜牧《分司东都寓居履道星叨承川尹刘侍郎大夫恩知上四十韵》:"转喉空婀娜,垂手自娉婷。"薛能《赠歌者》:"一字新声一颗珠,转喉疑是击珊瑚。"

【轉面】 转动面部。吴融《春词》:"羞多转面语,妒极定睛看。"

【轉郵】 邮亭转递文书,言其迅速。杜牧《牧陪昭应卢郎中在江西宣州佐今吏部沈公幕罢府周岁公宰昭应牧在淮南縻职叙旧因成二十二韵用以投寄》:"聚散真漂梗,光阴极转邮。"

【轉益】 ❶更加。杜甫《李鄠县丈人胡马行》:"一闻说尽急难材,转益愁向驽骀辈。"❷谓博取自益。杜甫《戏为六绝句》之六:"别裁伪体亲风雅,转益多师是汝师。"

【轉運】 指转运使。又称诸道转运使。开元间始设,称江淮转运使,掌东南各道谷物财货的运输出纳。王维有《送元中丞转运江淮》。孟郊有《赠转运陆中丞》。

【轉蓬】 随风飘转的蓬草。常用以喻人生飘浮不定。李白《效古二首》之一:"光景不可留,生世如转蓬。"朱湾《平陵寓居再逢寒食》:"几回江上泣途穷,每逢良辰叹转蓬。"李远《赠潼关不下山僧》:"香茗一瓯从此别,转蓬流水几时还。"徐夤《忙》:"兵还失路旌旗乱，惊起红尘似转蓬。”

【轉輇】 转动车轮。喻做事顺遂。皮日休《鲁望昨以五百言见贻因成一千言述吾唐文物之盛次叙相得之欢亦迭和之微旨也》：“猗与子美思，不尽如转辁。”

【轉牒】 下达牒文。柳宗元有《南省转牒欲具江国图令尽通风俗故事》。

【轉嫁】 把自己应承受的负担、损失、罪名等加在别人身上。周昙《咏史诗·春秋战国门·范蠡》：“西子能令转嫁吴，会稽知尔啄姑苏。”

【轉經】 佛教语。唱诵佛经。王建《题诜法师院》：“僧院不求诸处好，转经唯有一窗明。”张籍《题玉像堂》：“入夜无烟灯更好，堂中唯有转经人。”顾非熊《哭韩将军》：“功勋客问求为志，服玩僧收与转经。”

【轉對】 唐宋时百官按日轮奏政事之得失。郑谷有《忝官谏垣明日转对》。又《谷初忝谏垣今宪长薛公方在西阁知奖隆异以四韵代迷荣感》：“道自琐闱言下振，恩从仙殿对回深。”自注：“谷累陪舍人转对，偶免乖仪，舍人深以知奖。”

【轉語】 转告。孙光宪《生查子》词之五：“半醉倚红妆，转语传青鸟。”

【轉穀】 贩运粮食。丁仙芝《赠朱中书》：“东邻转谷五之利，西邻贩缯日已贵。”

【轉$_2$輪王】 梵语意译。印度神话中的国王。据称，此王即位时，自天感得轮宝，转动轮宝，则威服四方。亦泛指有威德的国王。寒山《诗三百三首》之二六〇：“我见转轮王，千子常围绕。”崔颢《赠怀一上人》：“帝作转轮王，师为持戒尊。”

【轉遷】 迁升官职。罗隐《寄侯博士》：“久贫还往少，孤立转迁难。”

【轉輸】 运输。指运输粮草。韩愈《东都遇春》：“转输非不勤，稽逋有军令。”

【轉頭】 转动头部。韩愈《复偶见三绝》：“半身映竹轻闻语，一手揭帘微转头。”李咸用《石版》：“山僧若转头，如逢旧相识。”

【轉戰】 连续在不同战场作战。太宗《经破薛举战地》：“移锋惊电起，转战长河决。”刘湾《李陵别苏武》：“转战单于庭，身随汉军没。”权德舆《赠志将》：“辘轳剑折虬须白，转战功多独不侯。”温庭筠《病中书怀呈友人》：“蛇予犹转战，鱼服自囚拘。”

【轉$_2$圜】 转动圆形器物。常用以指代便易迅速之事。陆龟蒙《奉和袭美二游诗·徐诗》：“贼卓乱王室，君臣如转圜。”

【轉轂】 车轮转动，指行车。储光羲《晦日任桥池亭》：“西道苦转毂，北堤疲行舟。”白居易《放言五首》之二：“祸福回还车转毂，荣枯反覆手藏钩。”亦指飞转的车轮，喻指行进迅速。贾岛《古意》：“碌碌复碌碌，百年双转毂。”

【轉眄】 ❶犹转眼。喻时间短促。杜甫《晓发公安》：“出门转眄已陈迹，药饵扶吾随所之。”又《大历三年春四十韵》：“前闻辨陶牧，转眄拂宜都。”❷左右斜视。形容意气高傲，目中无人。李颀《别梁锽》：“回头转眄似雕鹗，有志飞鸣人岂知。”

【轉應詞】 词牌名。一名《调笑令》。词为单调三十二字，四仄韵，两平韵，又两叠韵，按“仄平仄”次序递转。而且第六、第七两句二言叠句，每将第五句六言之末二字倒转重叠，故名。今存韦应物二首，王建四首，戴叔伦一首。见《全唐诗》卷八九〇。

【轉燭】 风摇烛火。喻世事变幻无常。杜甫《佳人》：“世情恶衰歇，万事随转烛。”又《写怀二首》之一：“鄙夫到巫峡，三岁如转烛。”元稹《遭风二十韵》：“自叹生涯看转烛，更悲商旅哭沉财。”南唐后主李煜《浣溪沙》词之二：“转烛飘蓬一梦归，欲寻陈迹怅人非，天教心愿与身违。”

【轉轉】 （—zhuǎn）逐渐，渐渐。寒山《诗三百三首》之八九：“不肯信受寒山语，转转倍加业汩汩。”张籍《夜怀》：“穷居积远念，转转迷所归。”又《使至蓝溪寄太常王丞》：“独上七盘去，峰峦转转稠。”郑谷《锦二首》之一：“舞衣转转求新样，不问流离桑柘残。”

【轉讀】 诵读佛经。南朝梁慧皎《高僧传·经师传论》：“天竺方俗：凡是歌咏法言，皆称为呗。至于此土，咏经则称为转读，歌赞则号为梵呗。”张籍《题渭北寺上方》：“十余年后人多别，喜见当时转读僧。”

轆

〔lù《广韵》盧谷切，入屋，來。〕❶见“轆轆”。❷见“轆轤”。

【轆轆】 象声词。状车声。元稹《田家词》：“六十年来兵簇簇，月月食粮车辘辘。”

【轆轤】 ❶井上所架绞绳吸水的工具。王昌龄《行路难》：“双丝作绠系银瓶，百尺寒泉辘轳上。”顾况《悲歌》之三：“我心皎洁君不知，辘轳一转一惆怅。”孟郊《济源寒食》之四：“莓苔井上空相忆，辘轳索断无消息。”殷尧藩《新昌井》：“辘轳千转劳筋力，待得甘泉渴杀人。”李沇《方响歌》：“宝瓶下井辘轳急，小娃弄索伤清冰。”❷指辘轳剑。常建《张公子行》：“侠客白云中，腰间悬辘轳。”白居易《东南行一百韵》：“赋力凌鹦鹉，词锋敌辘轳。”刘沧《边思》：“汉将边方背辘轳，受降城北是单于。”韦庄《平陵老将》：“白羽金仆姑，腰悬双辘轳。”❸比喻之词。以辘轳之上下运转，喻变化无常。修雅《闻诵法华经歌》：“合聪不聪，合明不明，辘轳上下，浪死虚生。”

【轆轤劍】 剑名。剑首以玉饰以辘轳形，故名。皇甫曾《赠老将》：“辘轳剑轩虬髯白，转战功多独不侯。”韩翃《赠张建》：“传看辘轳剑，醉脱骕骦裘。”

轇 〔jiāo《广韵》古肴切，平肴，見。〕见“轇轕”。

【轇轕】 广大深远貌。陆龟蒙《奉酬袭美先辈吴中苦雨一百韵》：“杂若碎渊沦，高如破轇轕”。

十二画

轒 〔fén《广韵》符分切，平文，奉。又房吻切，止吻，奉。〕见“轒轀”。

【轒轀】 古代的战车。用于攻城。《孙子·谋攻》：“修橹轒辒，具器械，三月而后成。”杜牧注：“轒辒，四轮车，排大木为之，上蒙以生牛皮，下可容十人，往来运土填堑，木石所不能伤，今所谓木驴是也。”沈佺期《塞北二首》之一：“朔风吹汗漫，飘砾洒轒辒。”一说指古代北方少数民族所用的战车。《文选·扬雄〈长杨赋〉》：“碎轒辒，破穹庐。”李善注引应劭曰：“轒辒，匈奴车也。”裴潍《奉和御制平胡》：“一举轒辒灭，再麾沙漠空。”

轕 〔gé《集韵》居曷切，入曷，見。〕见“轇轕”。

轓 〔fān《广韵》孚袁切，平元，敷。又甫煩切。平元，非。〕❶古代车厢两旁用以遮蔽尘土的屏障。韩愈《陆浑山火和皇甫湜用其韵》：“缇颜靺股豹两鞬，霞车虹靷日毂轓。”独孤及《送马郑州》：“使君朱两轓，春日整东辕。”元稹《贻蜀五首·病马诗寄上李尚书》：“尚有高悬双镜眼，何由并驾两朱轓。”李商隐《行次西郊作一百韵》：“大妇抱儿哭，小妇攀车轓。”❷车。羊士谔《赴资阳经嶓冢山》：“宁辞旧路驾朱轓，重使疲人感汉恩。”李景让《寄华州周侍郎秋日奉诏察岳诗》：“朱轓入庙威仪肃，玉佩升坛步武回。”孟翔《奉和郎中游仙山四瀑布兼寄李吏部包秘监判官》：“萝茑罥紫绶，岩隈驻朱轓。”

轈 〔chōng《广韵》尺容切，平鍾昌。又直絳切，去絳，澄。〕古代冲城陷阵的战车。见“轈棚”。

【轈棚】 轈车和楼车。泛指战车。韩愈、孟郊《城南联句》：“庆流鹈瘥疠，威畅捐轈棚。”

轍 〔zhé《广韵》直列切，入薛，澄。〕❶车轮碾过的痕迹。杜甫《北征》：“菊垂今秋花，石戴古车辙。”韩愈《赠侯喜》：“温水微茫绝又流，深如车辙阔容辀。”白居易《新乐府·卖炭翁》：“夜来城上一尺雪，晓驾炭车碾冰辙。”鲍溶《送萧世秀才》：“从此无人访穷病，马蹄车辙草青青。”亦喻指类似车辙般的事物。李绅《登禹庙回降雪五言二十韵》：“海使迷奔辙，江涛认暗雷。”此指急驶的船只留下的白色水花。❷道路。杜甫《自京赴奉先县咏怀五百字》：“北辕就泾渭，官渡又改辙。”羊士谔《郡中端居有怀袁州王员外使君》：“风波移故辙，符守忽离居。”又《乾元初严黄门自京兆少尹贬牧巴郡乃赋诗十四韵刻于石壁》：“轩裳遵往辙，风景憩中林。”林宽《关下早行》：“轧轧推危辙，听鸡独早行。”❸踪迹。皎然《答黎士曹黎生前适越后之楚》：“一上萧然峰，拟踪幽人辙。”❹规范，法则。韦应物《对雪赠徐秀才》：“无为掩扉卧，独守袁生辙。”白居易《赠王山人》：“言长本对短，未离生死辙。”陆龟蒙《奉酬袭美先辈吴中苦雨一百韵》：“仰咏尧舜言，俯遵周孔辙。”

【轍中魚】 义同“辙鲋”。寒山《诗三百三首》之一一一：“谁能借斗水，活取辙中鱼。”窦常《酬舍弟牟秋日洛阳官舍弟寄怀十韵》：“思凌天际鹤，言甚辙中鱼。”亦作“轍中鱗”。杜甫《奉赠萧十二使君》：“监河受贷粟，一起辙中鳞。”

【轍中鱗】 见“轍中魚”。

【轍迹】 亦作“轍跡”。❶车子行驶的痕迹。李峤《奉和天枢成宴夷夏群僚应制》：“辙迹光西崦，勋庸纪北燕。”刘禹锡《德宗神武孝文皇帝挽歌二首》之一：“瑶池无辙迹，谁见属车尘。”林宽《寄何绍余》：“住在闲坊无辙迹。别来何寺有泉声。”杜光庭《题鹤鸣山》：“花拥石坛何寂寞，草平辙迹自分明。”❷车辙马迹。太宗《帝京篇十首》之五：“何如肆辙迹，万里赏瑶池。”刘宪《兴庆池侍宴应制》：“自然东海神仙处，何用西昆辙迹疲。”赵彦伯《苑中遇雪应制》：“即此神仙对琼圃，何烦辙迹向瑶池。”杜甫《奉同郭给事汤东灵湫作》：“阊风入辙迹，旷原延冥搜。”❸痕迹，踪迹。储光羲《刘先生闲居》：“善行无辙迹，吾亦安能穷。”

【轍跡】 见“轍迹”。

【轍鮒】 《庄子·外物》：“庄周家贫，故往贷粟于监河侯。监河侯曰：‘诺。我将得邑金，将贷子三百金，可乎？’庄周忿然作色曰：‘周昨来，有中道而呼者。周顾视车辙中，有鲋鱼焉。周问之曰：鲋鱼来，子何为者邪？对曰：我，东海之波臣也。君岂有斗升之水而活我哉？周曰：诺。我且南游吴越之王，激西江之水而迎子，可乎？鲋鱼忿然作色曰：吾失我常与，我无所处。吾得斗升之水然活耳，君乃言此，曾不如早索我于枯鱼之肆！’”后遂以喻身处困境，急待救援之人。杜甫《奉赠李八丈判官》：“真成穷辙鲋，或似丧家狗。”刘禹锡、王起《秋霖即事联句三十韵》：“井蛙争入户，辙鲋乱归泉。”孟郊《新卜清罗幽居奉献陆大夫》：“笼禽得高巢，辙鲋还层澜。”

轔 〔lín《广韵》力珍切，平真，來。〕象声词。状车声、雷声、鼓声等。温庭筠《寒食节日寄楚望二首》之二："青葱建杨宅，隐辚端门鼓。"陆龟蒙、皮日休《开元寺楼看雨联句》："残雷隐辚尽，反照依微见。"参见"轔轔"。

【轔菌】 弯曲下垂貌。白居易《三谣·蟠木谣》："下拥肿而上辚菌，桷不桷兮轮不轮。"

【轔轔】 象声词。(1)状车声。杜甫《兵车行》："车辚辚，马萧萧，行人弓箭各在腰。"孟郊《寄张籍》："无眼犹有耳隔墙，时闻天子车辚辚。"刘言史《北原情三首》之一："铭旌下官道，葬舆去辚辚。"韦庄《长安春》："长安二月多香尘，六街车马声辚辚。"(2)状音乐声。见"轢轢轔轔"。

十三画

轗 〔kǎn《广韵》苦感切，上感，溪。又苦紺切，去勘，溪。〕见"轗軻"。

【轗軻】 坎坷，道路不平。喻困顿不得志。杜甫《寄司马山人十二韵》："望云悲轗轲，毕景羡冲融。"冯著《行路难》："男儿轗轲徒搔首，入市脱衣且沽酒。"李端《得山中道友书斋寄苗钱二员外》："有谋皆轗轲，非病亦迟回。"郑谷《投时相十韵》："此生多轗轲，半世足漂离。"

轘 〔huán《广韵》户關切，平删，匣。〕❶回环曲折。见"轘轅❶"。❷见"轘轅❷"。

【轘嵩】 指轘辕山。太宗《出猎》："岂若困农暇，阅武出轘嵩。"

【轘轅】 ❶盘旋往还。形容道路环曲。亦指环曲险要的山路。皎然《同杨使君白蘋洲送陆侍御士付佳入朝》："旋师闻杕杜，归路忆轘辕。"温庭筠《过孔北海墓二十韵》："轘辕近沂水，何事恋明庭。"❷山名。亦关名。在今河南偃师市东南。东汉何进所置八关之一。刘孝标《早发成皋望河》："清晨发岩邑，车马走轘辕。"独孤及《李冬自嵩山赴洛道中作》："西上轘辕山，丘陵横今古。"李德裕《春暮思平泉杂咏二十首·书楼晴望》："残红映巩树，斜日照轘辕。"皮日休《太湖诗》序："咸通九年，自京东游，复得宿太华，乐荆山，赏女几，度轘辕，穷嵩高，入京索，浮汴渠至扬州。"

十四画

轟 〔hōng《广韵》呼宏切，平耕，曉。又呼迸切，去諍，曉。〕❶群车行进声。见"轟輵""轟轟砰砰"。❷鸣响。元稹《书异》："奔浑驰暴雨，骤鼓轰雷霆。"刘禹锡《踏潮歌》："轰如鞭石矻且摇，亘空欲驾鼋鼍桥。"又《城西行》："中使提刀出禁来，九衢车马轰如雷。"韩愈、孟郊《城南联句》："蜀雄李杜拔，岳力雷车轰。"❸轰击，冲击。元稹《放言五首》之三："霆轰电焱数声频，不奈狂夫不藉身。"吕岩《七言》之一八："电激离门光海岳，雷轰震户动婆娑。"❹引申指演奏。元稹《连昌宫词》："逡巡大遍凉州彻，色色龟兹轰录续。"❺轰鸣声。徐浩《宝林寺作》："照耀珠吐月，铿轰钟隐雷。"韩愈《燕河南府秀才》："怒起簸羽翮，引吭吐铿轰。"参见"轟訇""轟豗""轟然""轟轟"。

【轟訇】 象声词。形容巨大而嘈杂的声音。卢仝《月蚀诗》："御辔执索相爬钩，推荡轰訇入汝喉。"

【轟豗】 形容各种声音喧阗嘈杂。韩愈《元和圣德诗》："众乐惊作，轰豗融冶。"

【轟然】 形容声音大而嘈杂。柳宗元《唐铙歌鼓吹曲十二篇·东蛮》："轰然自天坠，乃信神武功。"刘禹锡《竞渡曲》："扬枹击节雷阗阗，乱流齐进声轰然。"贾岛《颂德上贾常侍》："边臣说使朝天子，发语轰然激夏雷。"

【轟雷】 响雷。徐夤《春入鲤湖》："湖头鲤去轰雷在，树杪猿啼落日低。"

【轟暍雷】 鸣热雷。暍，暑热。孟郊《雪》："为尔作非夫，忍耻轰暍雷。"

【轟霆】 响雷。杜牧《感怀诗一首》："勃云走轰霆，河南一平荡。"司空图《狂题十八首》之八："轰霆搅破蛟龙窟，也被狂风卷出山。"

【轟輵】 象声词。形容车声。韩愈《岳阳楼别窦司直》："声音一何宏，轰輵车万辆。"

【轟轟】 象声词。形容大声连续作响。韩愈《此日足可惜赠张籍》："饮食岂知味，丝竹徒轰轰。"又《贞女峡》："悬流轰轰射水府，一泻百里翻云涛。"吕岩《七言》之一七："从教犊驾轰轰转，尽使羊车轧轧鸣。"

【轟轟砰砰】 象声词。形容车声巨大。顾云《天威行》："轰轰砰砰雷车转，霹雳一声天地战。"

【轟轟崐崐】 象声词。形容声音巨大。韦庄《秦妇吟》："轰轰崐崐乾坤动，万马雷声从地涌。"

轜 〔ér《集韵》人之切，乎之，日。〕见"輀"。

轣 〔yǐn《广韵》於謹切，上隱，影。〕见"轣轔"。

【轣轔】 象声词。状行车声。李贺《出城别张又新酬李汉》："腊春戏草苑，玉輓鸣轣辚。"

十五画

轢〔lì《广韵》郎擊切，入錫，來。又盧各切，入鐸，來。又虚達切，入曷，來。〕❶车轮辗轧。韩愈、孟郊《城南联句》："春游轹靃靡，彩伴飒嫈嫇。"❷践踏，欺凌。岑参《西蜀旅舍春叹寄朝中故人呈狄评事》："回瞻后来者，皆欲肆辚轹。"❸超过。储光羲《苏十三瞻登玉泉寺峰入寺中见赠作》："天籁激微风，阳光轹奔箭。"皮日休《鲁望读襄阳耆旧传见赠五百言次韵》："巨德耸神鬼，宏才轹前后。"

【轢轢轔轔】　象声词。状清脆而急速的声音。白居易《小童薛阳陶吹觱栗歌》："轹轹辚辚似珠贯，缓声展引长有条。"

轡〔pèi《广韵》兵媚切，去至，幫。〕❶驾驭马的缰绳。袁瓘《鸿门行》："宝马青丝辔，狐裘貂鼠服。"杜甫《送从弟亚赴安西判官》："孤峰石戴驿，快马金缠辔。"李益《来从窦车骑行》："追兵赴边急，络马黄金辔。"李洞《河阳道中》："冲风仍蹑冻，提辔手频呵。"❷借指马。杜甫《冬狩行》："喜君士卒甚整肃，为我回辔擒西戎。"韦应物《因省风俗与从侄成绪游山不中道先归寄示》："一操临流袂，上耸干云辔。"白居易《朝回游城南》："回辔城南去，郊野正清凉。"贾岛《斋中》："低扉碍轩辔，寡德谢接诺。"❸驾驭。韦牟渠《步虚词十九首》之十九："辔鹤复骖鸾，全家去不难。"❹量词。用于马，相当于"匹"。黄滔《放榜日》："白马嘶风三十辔，朱门秉烛一千家。"

【轡頭】　马笼头。杜甫《前出塞九首》之二："走马脱辔头，手中挑青丝。"

十六画

轤〔lú《广韵》落胡切，平模，來。〕见"轆轤"。

十九画

轥〔lìn《广韵》良刃切，去震，來。〕❶车轮碾过。引申为践踏。见"轥轢❶"。❷象声词。车行声。《玉篇·車部》："辚，车声。"见"轥轢❷"。

【轥轢】　❶践踏，欺凌。岑参《西蜀旅舍春叹寄韩中故人呈狄评事》："回瞻后来者，皆欲肆辚轹。"❷象声词。状车行声。陆龟蒙《奉和袭美二游诗·任诗》："出门向城路，车马声躏跞。"

辛 部

辛〔xīn《广韵》息鄰切,平真,心。〕❶五味之一。辣味。权德舆《多病戏书因示长孺》:"甘辛败六藏,冰炭交七情。"白居易《咏家酝》:"瓮揭开时香酷烈,瓶封贮后味甘辛。"❷借指葱蒜等含有辣味的菜蔬。姚合《庄居即事》:"因寻岳寺荤辛断,自到王城礼数生。"❸辛苦,困苦。李白《陈情赠友人》:"英豪未豹变,自古多艰辛。"戴叔伦《屯田词》:"艰辛历尽谁得知,望断天南泪如雨。"元稹《忆云之》:"为鱼实爱泉,食辛宁避蓼。"❹酸痛。白居易《秦中吟十首》之二:"悲喘与寒气,并入鼻中辛。"姚合《杨给事师皋哭亡爱姬英英因而继和》:"真珠为土玉为尘,未识遥闻鼻亦辛。"❺辛酸,悲痛。李白《中山孺子妾歌》:"戚姬髡发入舂市,万古共悲辛。"杜甫《别蔡十四著作》:"流涕洒丹极,万乘为酸辛。"又《奉赠韦左丞丈二十二韵》:"残杯与冷炙,到处潜悲辛。"又《奉赠鲜于京兆二十韵》:"微生沾忌刻,万事益酸辛。"❻天干的第八位。杜牧《和李鼎》:"鹏鸟飞来庚子直,谪去日蚀辛卯年。"李商隐有《辛未七夕》。韦庄有《辛丑年》。❼姓。李贺《自昌谷到洛后门》:"东家名廖者,乡曲传姓辛。"按,辛廖,春秋晋大夫,善卜。唐诗人有辛弘智等。

【辛大】 ❶辛丘度,曾官右补阙、内供奉、飞骑尉、工部员外郎。元稹有《病减逢春期白二十二辛大不至十韵》。❷辛谔。孟浩然有《夏日南亭怀辛大》《送辛大之鄂渚不及》和《西山寻辛谔》。

【辛大夫】 辛京杲。曾官潭州刺史、御史大夫、湖南观察使等,见《旧唐书·代宗纪》和常衮《授辛杲京湖南观察使制》(《全唐文》卷四一三)。按,题中"杲京"为"京杲"之倒置。刘长卿有《晦日陪辛大夫宴南亭》和《湖南使还留辞辛大夫》。

【辛弘】 唐诗人。事迹不详。《全唐诗》卷七八〇录其《白珪无玷》诗一首。

【辛弘智】 唐诗人。高宗时为国子祭酒。《全唐诗》卷七七三录其《赋诗》等诗三首。

【辛夷】 植物名。指辛夷树或它的花。辛夷树属木兰科,落叶乔木,高数丈,木有香气。花俗称木笔。又呼为玉兰。今多以"辛夷"为木兰的别称。杜甫《逼仄行赠毕曜》一:"辛夷始花亦已落,况我与子非壮年。"韩愈《感春五首》之一:"辛夷高花最先开,青天露坐始此回。"白居易《洪州逢熊孺登》:"靖安院里辛夷下,醉笑狂吟气最粗。"徐铉《游蒋山题辛夷花寄陈奉礼》:"今岁游山已恨迟,山中仍喜见辛夷。"

【辛夷塢】 唐诗人王维别墅"辋川山庄"胜景之一。坞上植有辛夷,故名。辋川,在今陕西蓝田县。王维有《辋川集·辛夷坞》。裴迪有《辋川集二十首·辛夷坞》。

【辛苦】 ❶辛勤劳苦。杜甫《赠李十五丈别》:"且为辛苦行,盖被生事牵。"李端《奉送宋中丞使河源》:"辛苦逢炎热,何时及汉军。"权德舆《祗役江西路上以诗代书寄内》:"辛苦事行役,风波倦晨暮。"皮日休《正乐府十篇·农父谣》:"农父冤辛苦,向我述其情。"❷穷苦,困厄。李白《秋浦寄内》:"虽不同辛苦,怆离各自居。"杜甫《寄柏学士林居》:"盗贼纵横甚密迩,形神寂寞甘辛苦。"卢仝《走笔谢孟谏议寄新茶》:"安得知百万亿苍生命,堕在巅崖受辛苦。"

【辛昇之】 杜甫友人。陕西狄道(今甘肃临洮县)人。历官祠部员外郎、司勋员外郎、眉州别驾、都官郎中。杜甫有《江亭送眉州辛别驾昇之》。

【辛兖州】 辛巢父。大历中为兖州刺史。戴叔伦有《暮春游长沙东湖赠辛兖州巢父》《同辛兖州巢父卢副端岳相思献酬之作因抒旧怀兼呈辛魏二院长》。

【辛居士】 即辛大,名谔。孟浩然《都下送辛大之鄂》:"南国辛居士,言归旧竹林。"

【辛毗】 三国魏颍川阳翟(县治在今河南禹州市)人。字佐治,魏文帝时任侍中,以直言敢谏著称。为徙民事曾牵文帝衣裾强为直谏。见《三国志·魏志·辛毗传》。白居易《代书诗一百韵寄微之》:"理冤多定国,切谏甚辛毗。"贯休《送谏官南迁》:"不知千万里,谁复识辛毗。"又《寿春节进》:"梦中逢傅说,殿上见辛毗。"李瀚《蒙求》:"樊哙排闼,辛毗引裾。"

【辛癸】 商纣、夏桀的并称。商纣名帝辛,夏桀名履癸,均为暴君。元稹《有酒十章》之三:"辛癸虐耶,汤武革耶。"

【辛員外】 疑为辛丘度。曾官工部员外郎。薛涛有《酬辛员外折花见遗》。

【辛庾】 指辛丘度和庾敬休。辛为元稹科第同年。庾元和元年(806)登进士第,又中宏词科,曾任起居舍人等职。元稹《台中鞫狱忆开元观旧事呈损之兼赠周兄四十韵》:"因言辛庾辈,亦愿放羸屠。"

【辛庚李】　辛丘度、庚敬休和李宗闵。元稹《台中鞠狱忆开元观旧事臣兼赠周兄四十韵》："还招辛庚李，静处杯巡环。"

【辛常伯】　唐诗人。与骆宾王为同时人。《全唐诗》卷六三录其《军中行路难》一首。

【辛巢父】　戴叔伦友人。大历中为兖州刺史。戴叔伦有《暮春游长沙东湖赠辛兖州巢父》二首，又有《同辛兖州巢父卢副端岳相思献酬之作因纾归怀兼呈辛魏二院长杨长宁》。

【辛替否】　唐诗人。字协时，京兆万年（县治所长安城，今陕西西安市西北）人。中宗景龙中为左拾遗，以直谏著名。《全唐诗》卷一百五录其《奉和九月九日登慈恩寺浮图应制》一首。

【辛勤】　亦作"辛懃"。❶辛苦勤劳。胡皓《大漠行》："山嶂绵连那可极，路远辛勤梦颜色。"王涯《塞下曲二首》之一："辛勤几出黄花戍，迢递初随细柳营。"李群玉《嘲卖药翁》："劚尽春山土，辛勤卖药翁。"王贞白《古悔从军行》："辛懃功业在，麟阁志犹违。"❷艰难困苦。王梵志《诗》之八三："若人苦悭惜，却却受辛懃。"韩愈《寄卢仝》："辛勤奉养十余人，上有慈亲下妻子。"白居易《劝酒十四首·不如来饮酒七首》之四："莫事长征去，辛勤难具论。"杜牧《过骊山作》："削平天下实辛勤，却为道傍穷百姓。"❸殷勤。指情意恳切深厚。高适《同韩四薛三东亭玩月》："款曲故人意，辛勤清夜言。"徐铉《亚元舍人不替深知猥贻佳作三篇因为长歌庶资一笑耳》："乍申拜起已开眉，却问辛勤还执手。"

【辛酸】　伤心，痛苦悲伤。高适《东平留赠狄司马》："将军既坎壈，使者亦辛酸。"杜甫《垂老别》："投杖出门去，同行为辛酸。"元稹《和乐天别弟后月夜作》："吟为别弟操，闻者为辛酸。"韩偓《荐福寺讲筵偶见又别》："两情含眷恋，一饷致辛酸。"

【辛渐】　王昌龄友人。事迹不详。王昌龄有《芙蓉楼送辛渐二首》。

【辛盤】　旧俗农历正月初一，用葱韭等五种味道辛辣的菜蔬置盘中供食，取迎新之意。颜真卿、张荐《三言重拟五杂组联句》："五杂组，五辛盘。往复还，马上鞍。"

【辛學士】　疑当作"薛學士"，即薛收。"辛"，或当为"薛"之残字之讹。武德四年(621)破窦建德，其年十月，秦王开文学馆，以僚属杜如晦等十八人为学士，无辛姓者，而薛收在其中。王绩有《建德破后入长安咏秋蓬示辛学士》。《全唐诗》卷七八三载辛学士《答王无功入长安咏秋蓬见示》，此"辛学士"亦当为"薛学士"。

【辛諤】　孟浩然友人，行大。孟浩然有《西山寻辛谔》《夏日南亭怀辛大》和《送辛大之鄂渚不及》。

【辛螫】　❶毒虫螫人。元稹《虫豸诗》序："丛秽卑褊，烝瘴阴郁，燄为虫蛇，备有辛螫。"又《虫豸诗·虻》："辛螫终非久，炎凉本递兴。"❷喻荼毒，虐害。陈子昂《送著作佐郎崔融等从梁王东征》序："皇帝哀北鄙之人，罹其辛螫，以东征之义，降彼偏裨。"

【辛懃】　见"辛勤"。

【辛屬國】　指西汉辛庆忌。庆忌为西汉破羌将军辛武贤之子，曾为侍郎、迁校尉。见《汉书·辛庆忌传》。刘禹锡《送浑大夫赴丰州》："故吏来辞辛属国，精兵愿逐李轻车。"按，辛庆忌未为典属国，此称"辛属国"，未知何据。

【辛霽】　钱起友人。钱起有《哭辛霁》。

五　画

辜　〔gū《广韵》古胡切，平模，見。〕❶罪，罪过。王维《哭祖六自虚》："何辜铩鸾翮，底事碎龙泉。"李白《古风》三七："而我竟何辜，远身金殿傍。"杜甫《草堂》："唱和作威福，孰肯辨无辜。"白居易《寄卢少尹》："苍寿有何德，回夭有何辜。"亦指罪人。《郊庙歌辞·中宗祀昊天乐章·太和》："恒思解网，每轸泣辜。"❷辜负，对不住。崔颂《和张荆州九龄晨出郡舍林下》："坐啸应无欲，宁辜济物情。"杜甫《后出塞五首》之五："跃马二十年，恐辜明主恩。"白居易《闲游》："欲笑随情酒逐身，此身虽老未辜春。"鲍溶《述德上太原严尚书绶》："岂令群荒外，尚有辜帝恩。"❸灾害，祸害。许敬宗《奉和执契静三边应诏》："窜苗犹有孽，戮负自贻辜。"

【辜負】　亏负，对不住。岑参《初授官题高冠草堂》："只缘五斗米，辜负一渔竿。"吕温《友人邀听歌有感》："辜负壮心羞欲死，劳君贵买断肠声。"徐凝《正月十五夜呈幕中诸公》："步月游山俱不得，可怜辜负白头春。"赵嘏《旅次商山》："一枝甘已失，辜负故园春。"

六　画

辟1　〔pì《广韵》芳辟切，入昔，滂。又房益切，入昔，並。〕❶开，打开。《书·舜典》："舜格于文祖，询于四岳，辟四门，明四目，达四聪。"旧题汉孔安国传："开辟四方之门未开者，广致众贤。"孙逖《奉和御制登鸳鸯楼即目应制》："方巡五年狩，更辟四门聪。"❷守御。见"辟宫"。❸偏僻，幽僻。张祜《中秋夜玩月》："鬼愁缘辟照，人爱为高明。"

辟[2] 〔bì《广韵》必益切，入昔，帮。〕❶天子，君主。亦指诸侯、诸王百官。李峤《奉和幸荐福寺应制》："桂舆朝群辟，兰宫列四禅。"张籍《董公诗》："百辟贺明主，皇风恩赐重。"赵光逢《梁郊祀乐章·庆和》："天惟佑德，辟乃奉天。"《郊庙歌辞·周朝飨乐章·忠顺》："明君当宁，列辟奉觞。"❷征召；荐举。杜甫《秋日夔府咏怀奉寄郑监李宾客一百韵》："幕府初交辟，郎官幸备员。"皎然《送吉判官还京赴崔尹幕》："见说王都尹，山阳辟一贤。"王建《赠王侍御》："三受主人辟，方出咸阳城。"许棠《寄庐山贾处士》："穷经休望辟，饵术止期仙。"❸除去；消除。寒山《诗三百三首》之七七："桃枝将辟秽，蒜殼取为璎。"李峤《宝剑篇》："除灾辟患宜君王，益寿延龄后天地。"赵彦昭《奉和九日幸临渭亭登高应制》："紫菊宜新寿，丹萸辟旧邪。"薛能《送人归上党》："若到长平战场地，为求遗镞辟魔邪。"❹通"璧"。见"辟₂雍""辟₂雝"。❺通"臂"。手臂。贾岛《送殷侍御赴同州》："犹来交辟士，事别偃林扃。"

【辟₂士】 征召、任用贤士。白居易《元十八从事南海欲出庐山临别旧居有恋泉声之什因以投和兼伸别情》："贤侯辟士礼从容，莫恋泉声问所从。"

【辟山】 地名。《旧唐书·地理志》载渝州有璧山县。《宋史》作辟山，隶属重庆府。杜甫《雨二首》之二："群盗下辟山，总戎备强敌。"

【辟支】 佛教语。辟支迦佛陀的省称。张说《滍湖山寺》："杨袂指辟支，睩眄相斗阋。"

【辟支迦】 佛陀名。三乘中的中乘圣者。贯休《遇五天僧入五台五首》之四："辟支迦状貌，刹利帝家儿。"

【辟支佛】 梵语辟支迦佛陀的略称。三乘中的中乘圣者。李商隐《安平公诗》："长者子来辄献盖，辟支佛去空留靴。"欧阳炯《贯休应梦罗汉歌》："瓦棺寺里维摩诘，舍卫城中辟支佛。"

【辟₂公】 诸侯。《诗·周颂·烈文》："烈文辟公，锡兹祉福。"朱熹集传："辟公，诸侯也。"借指王、公。李纾《让皇帝庙乐章·亚献终献》："孝感藩后，相维辟公。"

【辟₂召】 征召。贾岛《哭卢仝》："天子未辟召，地府谁来追。"

【辟₂邪】 ❶古代传说中的神兽。似鹿而尾长，两角。林宽《曲江》："琼镌狒狖绕觥舞，金蹙辟邪拏拨鸣。"陆龟蒙《奉和袭美太湖诗二十首·入林屋洞》："魁堆辟邪辈，左右专备守。"秦韬玉《豪家》："地衣镇角香狮子，帘额侵钩绣辟邪。"廖融《梦仙谣》："琪木扶疏系辟邪，麻姑夜宴紫皇家。"❷避除邪祟。刘宪《奉和九月九日圣制登慈恩寺浮图应制》："辟邪将献寿，兹日奉千秋。"赵彦伯《奉和九日幸临渭亭登高应制得花字》："所愿同微物，年年共辟邪。"王建《送严大夫赴桂州》："辟邪犀角重，解酒荔枝甘。"❸异香名。异国所献。唐苏鹗《杜阳杂编》下："同昌公主出降……四面缀五色香囊，囊中贮辟寒香、辟邪香、瑞麟香、金凤香。此香异国所献也。"徐夤《牡丹花二首》之一："不随寒令同时放，倍种双松与辟邪。"

【辟₂邪伎】 古代装扮成辟邪兽形的舞伎。李白《雉子斑》："辟邪伎作鼓吹惊，雉子班之奏曲成。"

【辟₂邪旗】 绣有辟邪神兽的旗帜。古代仪卫旗仗之一种。刘禹锡《寄唐州杨八归厚》："浅草遥迎鹔鹴马，春风乱飐辟邪旗。"杜牧《杜秋娘》："红粉羽林仗，独赐辟邪旗。"

【辟₂易】 ❶退避；避开。李白《行行游且猎篇》："海边观者皆辟易，猛气英风振沙碛。"杜甫《王兵马使二角鹰》："杉鸡竹兔不自惜，溪虎野羊俱辟易。"顾况《从军行二首》之二："怒目时一呼，万骑皆辟易。"韩翃《送孙泼赴云中》："黄骢少年舞双戟，目视旁人皆辟易。"❷拜服，倾倒。杜甫《夜听许十损诵诗爱而有作》："诵诗浑游衍，四座皆辟易。"

【辟₂命】 征召，任命。李颀《赠别高三十五》："忽然辟命下，众谓趋丹墀。"韦应物《送章八元秀才擢第往上都应制》："决胜文场战已酣，行应辟命复才堪。"李中《送孙霁书记赴寿阳辟命》："辟命羡君赴，其如怆别情。"刘兼《寄高书记》："声价五侯争辟命，文章一代振风骚。"

【辟咡】 指耳语。周繇《嘲段成式》："促坐疑辟咡，衔杯强朵颐。"

【辟宫】 即守宫。壁虎。《汉书·东方朔传》："上尝使诸数家射覆，置守宫盂下，射之，皆不能中"唐颜师古注："守宫，虫名也。术家云以器养之，食以丹砂，满七斤，捣治万杵，以点女人体，终身不灭，若有房室之事，则灭矣。言可以防闲淫逸，故谓之守宫也。今俗呼为辟宫，避亦御扞之义耳。"杜牧《宫词二首》之一："深宫锁闭犹疑惑，更取丹沙试辟宫。"

【辟₂書】 征召的文书。韦应物《送李侍御益赴幽州幕》："辟书五府至，名为四海闻。"张籍《送侯判官赴广州从军》："辟书远到开呈客，公服新成着谢恩。"朱庆余《送韦繇校书赴浙东幕》："丞相辟书新，秋关独去人。"曹松《送左协律京西从事》："辟书来几日，遂喜就嘉招。"

【辟陽侯】 西汉吕后时左丞相审食其的封号。审食其，吕后时为舍人，为吕后所宠幸，擢为左丞相。高祖称帝，封为辟阳侯。辟阳，在今河北冀州市东南。罗颖《题汉祖庙》："项羽英雄犹不惧，可怜容得辟阳侯。"

【辟陽城】 指并阳城。故址在今河南内黄县西南。高适有《辟阳城》。

【辟$_2$恶】　祛邪避灾。郭震《子夜四时歌·秋歌》："辟恶茱萸囊，延年菊花酒。"张说《岳州守岁二首》之二："桃枝堪辟恶，爆竹好惊眠。"

【辟$_2$恶酒】　即椒柏酒。饮之可辟恶气、消疫疾。李颀《九月九日刘十八东堂集》："菊花辟恶酒，汤饼茱萸香。"

【辟$_2$雍】　西周天子所设大学。辟，通"璧"。校址圆形，围以水池，前门外有便桥。东汉以后，历代均有之。汉班固《白虎通·辟雍》："天子立辟雍何？所以行礼乐宣德化也。辟者，璧也，象璧圆，又以法天，于雍水侧，象教化流行也。"刘禹锡《酬杨司业巨源见寄》："辟雍流水近灵台，中有诗篇绝世才。"

【辟$_2$寒】　驱除寒气。李商隐《碧城三首》之一："碧城十二曲阑干，犀辟尘埃玉辟寒。"黄滔《书崔少府君》："前峰亦曾宿，知有辟寒方。"

【辟$_2$寒金】　据晋王嘉《拾遗记·魏》载，三国魏明帝时，昆明国进贡嗽金鸟，鸟吐金屑如粟。宫人争相以鸟吐之金屑饰钗珮，谓之"辟寒金"。许浑《赠萧炼师》："还磨照宝镜，犹插辟寒金。"赵嘏《宫乌栖》："香辇不回花自落，春来空佩辟寒金。"

【辟$_2$聘】　征聘；征召。陆龟蒙《读襄阳耆旧传因作五百言寄皮袭美》："庞公乐幽隐，辟聘无所就。"

【辟彊】　韦应物甥赵辟强。韦应物有《同越琅琊山》，题注："赵氏生辟强。"又《永定寺喜辟强夜至》。

【辟$_2$穀】　不食五谷。道教的一种修炼术。辟谷时，仍食药物，并须兼做导引等工夫。《史记·留侯世家》："乃学辟谷，道引轻身。"王维《春日上方即事》："好读高僧传，时看辟谷方。"白居易《梦仙》："徒传辟谷法，虚受烧丹经。"又《裴侍中晋公以诗三十六韵见赠辄广为五百言以伸酬献》："乘舟范蠡惧，辟谷留侯饥。"

【辟$_2$蕩】　屏除涤荡。李宣古《听蜀道士琴歌》："有如驱逐太古来，邪淫辟荡贞心开。"

【辟$_2$廱】　即辟雍。温翁念《五言同韦子游神泉诗》："朋来想辟廱，日去疑濛汜。"

【辟疆】　❶指辟疆园。张南史《陆胜宅秋雨暮雨中探韵同作》："同人永日自相将，深竹闲园偶辟疆。"❷人名。张辟疆，张良之子。汉惠帝时，官侍中。惠帝崩，辟疆年方十五，为丞相王陵、陈平画策，请封诸吕以安吕太后。见《史记·吕太后本纪》。严维《剡中赠张卿侍御》："辟疆年正少，公子贵初还。"亦作"辟彊"。韦庄《勉儿子》："辟疆为上相，何必待从师。"

【辟疆園】　东晋时吴郡（治所在今苏州市）人顾辟疆有园林著名当时，名士王徽之曾不通报主人径自往游。见南朝宋刘义庆《世说新语·简傲》。后遂以作为称美园林佳胜的典故。李白《留别龚处士》："柳深陶令宅，竹暗辟疆园。"楼颖《东郊纳凉忆左威卫李录事收昆季太原崔参军三首》之一："今知季伦沼，旧是辟疆园。"独孤及《萧文学山池宴集》："檀栾千亩绿，知是辟疆园。"吴融《春晚书怀》："落尽红芳春意阑，绿芜空锁辟疆园。"

【辟$_2$魘】　辟除梦魇。吴融《个人三十韵》："炷香龙荐脑，辟魇虎输精。"

九　画

辦　〔bàn《广韵》蒲莧切，去襉，並。〕❶办理，处治。玄宗《端午三殿宴群臣探得神字》序："所赖济济朝廷，视成鹓鹭；桓桓边塞，责办熊罴。"韩愈《崔十六少府摄伊阳以诗及书见投因酬三十韵》："我时亦新居，触事苦难办。"罗虬《比红儿诗》之六十："任伊孙武心如铁，不办军前杀此人。"❷置办，筹措。王维《郑果州相过》："中厨办粗饭，当恕阮家贫。"杜甫《拨闷》："已办青钱防雇直，当令美味入吾唇。"韩翃《赠兖州孟都督》："不见双亲办丰膳，能留五马尽佳期。"杨莱儿《和赵光远题壁》："多情多病年应促，早办名香为返魂。"❸打算，准备。独孤及《得李滁州书以玉潭庄见托因书春思以诗代答》："知同百口累，曷日办抽簪。"张籍《寄梅处士》："君今独得居山乐，应喜多时未办归。"司空图《白菊杂书四首》之三："侯印几人封万户，侬家只办买孤峰。"

辨　〔biàn《广韵》符蹇切，上獮，並。〕❶辨别；区分。王维《苑舍人能书梵字兼达梵音皆曲尽其妙戏为之赠》："楚词共许胜班马，梵字何人辨鲁日。"李白《玉真公主别馆苦雨赠卫尉张卿二首》之二："泥沙塞中途，牛马不可辨。"韩愈《长安交游者赠孟郊》："何以辨荣悴，且欲分贤愚。"姚合《赠卢沙弥小师》："两教大体同，无处辨是非。"❷察看，辨识。沈佺期《移禁司刑》："持劾每相驱，埋剑谁当辨。"岑参《澧头送蒋侯》："两村辨乔木，五里闻鸣鸡。"杜甫《山寺》："前佛不复辨，百身一莓苔。"柳公绰《和武相锦楼玩月得浓字》："近看江水浅，遥辨雪山重。"❸知晓，觉察。王维《桃源行》："春来遍是桃花水，不辨仙源何处寻。"皎然《冬至日陪裴端公使君清水堂集》："推往知时训，书祥辨政和。"李绅《逾岭峤荒陬抵高要》："西日眼明看少长，北风身醒辨寒温。"司空图《诗品二十四则·疏野》："但知旦暮，不辨何时。"❹通"辩"。(1)辩论。杨巨源《和卢谏议朝回书情即事寄两省阁老兼呈二起居谏院诸院长》："全仁气逾劲，大辨言甚徐。"韦庄《李氏小池亭十二韵》："语窗鸡逞辨，舐鼎犬偏馋。"(2)分说；辩解。骆宾王《早秋出塞寄东台详正学士》："汲冢宁详蠹，秦牢讵辨冤。"杜甫《草堂》："唱和作威福，孰肯辨无辜。"戴叔伦《赴抚州对酬崔法曹夜雨滴空阶五首》之三："谤议不自辨，亲朋那得知。"(3)聪慧。张说《时乐鸟篇》序："今此鸟本南海贡来，与鹦鹉状同，而毛尾全异；其心聪性辨，护主报恩，固非凡禽。"郑嵎《津阳门诗》："象床尘凝罨飒被，画檐虫网颇梨碑。"原注："太真养白鹦鹉，西国所贡，辨惠多辞，上尤爱之。"❺通"辦"。置办。王维《李判官赴东江》："遥知辨璧吏，恩到泣珠人。"

【辨才】 唐诗僧。唐初人。俗姓袁，居越州永钦寺，为王羲之七世孙智永的弟子。《全唐诗》卷八〇八录其《设缸面酒款萧翼探得来字》一首。

【辨口】 利口，利嘴。辨，通"辯"。韩愈《石鼓歌》："安能以此上论列，愿借辨口似悬河。"罗隐《酬黄从事怀旧见寄》："长绳系日虽难绊，辨口谈天不易穷。"齐己《酬尚颜尚人》："鲁鼎寂寥休辨口，劫灰销变莫宣心。"

【辨方】 辨别四方。窦常《奉送职方崔员外摄中丞新罗册使》："辨方知木德，开国有金家。"

【辨色】 犹黎明。谓天色将明，能辨清东西的时候。《礼记·玉藻》："朝，辨色始入。"郑玄注："辨犹正也，别也。"权德舆《国子柳博士兼领太常博士辄申贺赠》："朝衣辨色处，双绶更宜看。"严巨川《太清宫闻漏露》："渐知催辨色，复听续余声。"

【辨析】 辨别分析。皇甫湜《石佛谷》："文人留纪述，时事可辨析。"

【辨别】 分辨区别。元稹《哭子十首》之二："才能辨别东西位，未解分明管带身。"赵抟《琴歌》："七弦脆断虫丝朽，辨别不曾逢好手。"

【辨囿】 辩士组成的圈子，言论界。辨，通"辯"。温庭筠《过孔北海墓二十韵》："发言惊辨囿，抟翰动文星。"

【辨琴】 分辨不同琴弦发出的声音。汉末蔡邕之女蔡琰幼能辨琴，六岁时即能听出其父弹琴所断之弦。见《艺文类聚》卷四四引《蔡琰列传》。后因用作咏通晓音律的典故。李瀚《蒙求》："蔡琰辨琴，王粲覆棋。"

【辨説】 论辩。辨，通"辯"。萧颖士《江有归舟三章》序："学也者，非云征辨说，摭文字，以扇夫谈端，辕厥词意，其于识也，必鄙而近矣，所务乎宪章典法，膏腴德义而已。"胡曾《咏史诗·番禺》："不是大夫多辨说，尉他争肯筑朝台。"

【辨識】 辨认识别。姚合《买太湖石》："贵我辨识精，取价复不多。"

【辨覺寺】 庐山僧寺。王维有《登辨觉寺》。

十二画

辭〔cí《广韵》似兹切，平之，邪。〕❶诉讼的供词。亦借指诉讼。骆宾王《畴昔篇》："慎罚宁凭两造辞，严科直挂三章律。"权德舆《奉和许阁老酬淮南崔十七端公见寄》："交辟尝推重，单辞忽受诬。"白居易《和微之诗二十三首·和三月三十日四十韵》："两衙少辞牒，四境稀书疏。"李商隐《有感二首》之一："证逮符证密，辞连性命惧。"❷申说，辩解。韩愈《出门》："古人虽已死，书上有其辞。"白居易《寄唐生》："功高虞人箴，痛甚骚人辞。"李商隐《韩碑》："帝曰汝度功第一，汝从事愈宜为辞。"❸说，言说。元结《与党侍御》："今将问茂宗，茂宗欲何辞。"❹告别；辞别。李白《早发白帝城》："朝辞白帝彩云间，千里江陵一日还。"李端《游终南山因寄苏奉礼土尊师苗员外》："依稀醉后拜，恍惚梦中辞。"皮日休《七爱诗·白太傅》："高吟辞两掖，清啸罢三川。"贯休《春晚闲居寄陈嵩伯》："一梦辞旧山，四邻有新哭。"❺推辞，辞谢。独孤实《奉陪武相公西亭夜宴陆郎中》："寥落东方曙，无辞尽玉杯。"陈羽《梓州与温商夜别》："客舍莫辞先买酒，相门曾忝共登龙。"白居易《酬裴相公题兴化小池见招长句》："敢辞课拙酬高韵，一勺争禁万顷陂。"张祜《送客归湘楚》："无辞一杯酒，昔日与君深。"❻辞去，辞却。李颀《赠别高三十五》："小县情未惬，折腰君莫辞。"韦应物《郡内闲居》："何事能为累，宠辱岂要辞。"白居易《晚归早出》："几时辞府印，却作自由身。"灵一《林公》："幸辞天子诏，复览名臣疏。"❼脱离，离开。孟郊《送殷秀才南游》："风叶乱辞木，雪猿清叫山。"白居易《过元家履信宅》："落花不语空辞树，流水无情自入池。"又《雨后秋凉》："困扇先辞手，生衣不著身。"黄滔《落花》："落花辞高树，最是愁人处。"❽回避，躲避。卢仝《门箴》："有是有此予敢辞，无是无此予之师。"李绅《寿阳罢郡日·肥河维舟阻冻祇待敕命》："食蘗苦心甘处困，饮冰持操敢辞寒。"姚合《下第》："闭门辞杂客，开篋读生书。"程长文《狱中书情上使君》："血溅罗衣终不恨，疮黏锦袖亦何辞。"❾责备，抱怨。杜甫《大雨》："敢辞茅苇漏，已喜黍豆高。"❿古代的一种文体。武元衡《德宗皇帝挽歌辞三首》之三："岁岁秋风辞，兆人歌不足。"⓫指户曹。晋人羊祜为都督荆州诸军事，有德政，卒，荆州人为祜讳名，屋室户皆称门，改户曹为辞曹，见《晋书·羊祜传》。

【辭人】 辞赋作家。亦泛指擅长作诗文者；文学家。欧阳询《道失》："已惑孔贵嫔，又被辞人侮。"玄宗《端午三殿宴群臣探得神字》序："岂独汉武之殿，盛朝士之连章；魏文之台，壮辞人之并作云尔。"白居易《宣武令狐相公以诗寄赠聊奉短草用申酬谢》:“辞人命薄多无位,战将功高少有文。”

【辭天】 辞别君王。钱起《重送陆侍御使日本》:“辞天使星远,临水涧霜秋。”又《送毕侍御谪居》:“沧浪之水见心清,楚客辞天泪满缨。”

【辭老】 以年老为理由辞官。玄宗《送贺知章归四明》:“遗荣期入道,辞老竟抽簪。”

【辭曲】 (—qǔ)谓词藻。陆龟蒙《和过张祜处士丹阳故居》序:“张祜,字承吉。元和中,作宫体小诗,辞曲艳发。”

【辭臣】 文学侍臣。徐铉《柳枝词十首》之一:“金马辞臣赋小诗,梨园弟子唱新词。”

【辭車】 不再用车。借指辞官。晋萧广济《孝子传》:“萧芝至孝,除尚书郎,有雉数十头,饮啄宿止。当上直,送至歧路,下直入门,飞鸣车侧。”钱起《过孙员外蓝田山居》:“去幄兰将老,辞车雉亦闲。”

【辭别】 告别;分别。韩愈《送惠师》:“离合自古然,辞别安足珍。”元稹《过东都别乐天二首》之一:“君应怪我留连久,我欲与君辞别难。”

【辭伯】 诗文宗伯。钱起《奉和中书常舍人晚秋集贤院即事寄徐薛二侍郎》:“文星垂太虚,辞伯综群书。”

【辭免】 请求辞官免职。韩愈《酬裴十六功曹巡府西驿途中见寄》:“辞免期匪远,行行及山春。”

【辭林】 ❶辞别林木。薛能《一叶落》:“变色黄应近,辞林绿尚稠。”❷文苑。杜荀鹤《献长沙王侍郎》:“天泽逼来逢圣主,辞林盛去得书生。”

【辭金】 辞受金钱。《孔子家语·致思》载,端木赐,字子贡。鲁国之法,赎人臣妾于诸侯者,皆取金于府。子贡赎之,辞而不取金。孔子闻之曰:“赐失之矣……赎人受金,则为不廉,则何以相赎乎?自今以后,鲁国不复赎人于诸侯。”李瀚《蒙求》:“端木辞金,钟离委珠。”

【辭金魚】 金鱼,指鱼钥。指离别官署,亦即辞去官职。李贺《还自会稽歌》:“脉脉辞金鱼,羁臣守迍贱。”

【辭命】 辞去君王所授的官职。无作《谢武肃王》:“衔恩虽入国,辞命却归山。”

【辭昏去亂】 除去昏乱之君。周昙《咏史诗·春秋战国门·王孙满》:“九牧金熔物像成,辞昏去乱祚休明。”

【辭房】 谓死亡。杜甫《得舍弟消息》:“汝书犹在壁,汝妾已辞房。”

【辭官】 辞去官职。白居易《酬别周从事二首》之一:“辞官归去缘衰病,莫作陶潜范蠡看。”李商隐《楚泽》:“刘桢元抱病,虞寄数辞官。”杜牧《九日》:“金英繁乱拂阑香,明府辞官酒满缸。”齐己《赠卢明府闲居》:“鬓霜垂七十,江国久辞官。”

【辭客】 文人,诗人。杜甫《寄彭州高三十五使君适虢州岑二十七长史参三十韵》:“物情尤可见,辞客未能忘。”韦应物《答李浣三首》之三:“楚俗饶辞客,何人最往还。”元稹《寄赠薛涛》:“纷纷辞客多停笔,个个公卿欲梦刀。”韦庄《东阳赠别》:“大抵行人难诉酒,就中辞客易沾衣。”

【辭華】 华美的辞采。杜甫《赠特进汝阳王二十韵》:“学业醇儒富,辞华哲匠能。”

【辭恩】 辞别君王的恩宠。李林甫《送贺监归四明应制》:“入道求真侣,辞恩访列仙。”

【辭秩】 辞官。韦应物《善福精舍答韩司录清都馆会宴见忆》:“之子亦辞秩,高踪罢驰驱。”王贞白《送马明府归山》:“辞秩入匡庐,重修靖节居。”

【辭疾】 以身体有疾病为由辞去官职或不做某件事情。李商隐《即目》:“单栖应分定,辞疾索谁忧。”司空图有《乙巳岁愚春秋四十九辞疾拜章将免左掖重阳独登上方》。司马札《美刘太保》:“藏名向宠节,辞疾去公务。”

【辭家】 离别家园。刘沧《春日旅游》:“玄发辞家事远游,春风归雁一声愁。”于渍《沙场夜》:“何况远辞家,生死犹未决。”韦庄《出关》:“正是灞陵春酬绿,仲宣何事独辞家。”亦指与家人话别。张籍《将军行》:“当朝受诏不辞家,夜向咸阳原上宿。”

【辭國】 离别国都或自己的国家。于武陵《秋夜达萧关》:“辞国几经岁,望乡空见山。”

【辭第】 辞去所赐的第宅。典出《汉书·霍去病传》:“上为治第,令视之,对曰:‘匈奴不灭,无以家为也。’由此上益重爱之。”后遂用作为国忘家之典。李峤《宅》:“孟母迁邻罢,将军辞第初。”又《奉和幸望春宫送朔方总管张仁亶》:“投醪还结士,辞第本忘身。”杜甫《奉和严中丞西城晚眺十韵》:“辞第输高义,观图忆古人。”李瀚《蒙求》:“卫青拜幕,去病辞第。”

【辭訣】 辞别,诀别。韩愈《读东方朔杂事》:“一旦不辞诀,摄身凌苍霞。”

【辭章】 指诗文。白居易《履道新居二十韵》:“辞章留凤阁,班籍寄龙楼。”

【辭訟】 诉讼,打官司。陆余庆之子《嘲父》:“一朝受辞讼,十日判不竟。”

【辭粟】 商朝时孤竹国君之子伯夷、叔齐,在周灭商后,耻食周粟,饿死于首阳山。见《史记·伯夷列传》。李白《月下独酌四首》之四:“辞粟卧首阳,屡空饥颜回。”

【辭勞】 因畏惧辛劳而推却。杜甫《王十五司马弟出郭相访兼遗营茅屋赀》:“他乡唯表弟,还往莫辞劳。”白居易《江楼宴别》:“尊酒未空欢未尽,舞腰歌袖莫辞劳。”宣宗《四面寺瀑布》:“穿山度石不辞劳,到底还他地步高。”徐铉《玉笥山留题》:“征传莫辞劳,玉峰聊一息。”

【辭聘】 拒绝聘任。晋皇甫谧《高士传》卷中载,战国时齐人陈仲子携妻隐居于楚之于陵,自号于陵仲子,楚王闻其贤欲聘以为相,于陵仲子却逃走为人灌园。李瀚《蒙求》:“干木富义,于陵辞聘。”

【辭牒】 诉讼与符牒。白居易《和微之诗二十三首·和三月三十日四十韵》:“两衙少辞牒,四境稀书疏。”

【辭義】 文词和文义。丘光庭《补新宫》序:“惟此新宫,则辞义俱失。”

【辭滿】 指官吏任期届满,自求解退。李颀《送刘四》:“辞满如脱屣,立言无否臧。”李栖筠《张公洞》:“稽首谢真侣,辞满归崆峒。”杜甫《北邻》:“明府岂辞满,藏身方告劳。”温庭筠《赠考功卢郎中》:“白首方辞满,荆扉对渚田。”

【辭榮】 逃避富贵荣华的生活。谓辞官归隐。玄宗《送贺知章归四明》序:“天宝三年,太子宾客贺知章,鉴止足之分,抗归老之疏,解组辞荣,志期入道。”

【辭輦】 典出《汉书·外戚传下·孝成班倢伃传》:“成帝游于后庭,尝欲与倢伃同辇载,倢伃辞曰:‘观古图画,圣贤之君皆有名臣在侧,三代末主乃有嬖女,今欲同辇,得无近似之乎?’上善其言而止。”后遂以为歌颂后妃之德的典实。郑愔《奉和幸上官昭容院献诗四首》之三:“不言辞辇地,更有结庐欢。”卢纶《天长久词》之三:“辞辇复当熊,倾心奉六宫。”罗虬《比红儿诗》之八二:“辞辇当时意可知,宠深还恐宠先衰。”李瀚《蒙求》:“冯媛当熊,班女辞辇。”

【辭醉】 称醉而不再饮。白居易《张常侍池凉夜闲宴赠诸公》:“清凉属吾徒,相逢勿辞醉。”姚合《宴光禄田卿宅》:“久坐难辞醉,衰年亦暂狂。”

【辭賦】 文体名。战国时屈原有《离骚》,荀卿有《赋篇》,为赋之先河。至汉赋体而大盛,名屈原等所作为《楚辞》。常以辞赋并称。辞赋讲求声调,以抒情为主,注意排比铺陈。其后以行文骈散之异分为骈赋、文赋。钱起《宴崔驸马玉山别业》:“满朝辞赋客,尽是入林人。”柳宗元《寄韦珩》:“君今矻矻又窜逐,辞赋已复穷诗骚。”杜牧《朱坡绝句三首》之一:“贾生辞赋恨流落,只向长沙住岁余。”杜荀鹤《读诸家诗》:“辞赋文章能者稀,难中难者莫过诗。”

【辭廟】 告别祖庙。指帝王被俘,家国沦亡。南唐后主李煜《破阵子》词:“最是苍黄辞庙日,教坊独奏别离歌。”

【辭翰】 文章,著述。亦借指文章作手。皮日休《七爱诗·白太傅》:“谁谓辞翰器,乃是经纶贤。”

【辭親】 辞别双亲。王维《送秘书晁监还日本国》序:“晁司马结发游圣,负笈辞亲,问礼于老聃,学诗于子夏。”朱庆余《送顾非熊下第归》:“知从本府荐,秋晚又辞亲。”

【辭職】 辞去官职。戴叔伦《酬袁太祝长卿小湖村山居书怀见寄》:“背江居隙地,辞职作遗人。”

【辭闕】 京官外放,赴任前朝见皇帝。杨巨源《送裴中丞出使》:“辞阙天威和雨露,出关春色避风霜。”刘禹锡《送令狐相公自仆射出镇南梁》:“沾襟辞阙泪,回首别乡情。”

【辭嚴義密】 文辞严正,文义隐秘。韩愈《石鼓歌》:“辞严义密读难晓,字体不类隶与科。”

【辭寵】 辞谢宠幸。卢纶《雪谤后书事上皇甫大夫》:“业就难辞宠,朝回更授兵。”

【辭寶】 辞受宝玉。《左传·襄公十五年》载,宋人得玉,献诸司城子罕,子罕弗受。献者曰:“以示玉人,玉人以为宝也,故敢献之。”子罕曰:“我以不贪为宝,尔以玉为宝。若以与我,皆丧宝也。”后因以表示廉洁守分。李瀚《蒙求》:“澹台毁璧,子罕辞宝。”

【辭讓】 谦虚推让。李白《陈情赠友人》:“临财不苟取,推分固辞让。”

十四画

辯 〔biàn《广韵》符蹇切,上獮,並。〕❶辩论,争辩。李白《送王屋山人魏万还王屋》:“辩折田巴生,心齐鲁连子。”卢仝《寄赠含曦上人》:“破锁推玄关,高辩果难揣。”唐彦谦《送樊琯司业归朝》:“辩急如无敌,飞腾固自强。”齐己《送胤公归阙》:“关令莫疑非马辩,道安还跨赤驴行。”❷巧言,会说话。❸通“辨”。辨别,区分。皎然《咏史》:“卞子去不归,何人辩荆玉。”杨巨源《上刘侍中》:“城远迷玄兔,川明辩白狼。”刘禹锡《赠澧州高大夫司马霞寓》:“残兵疑鹤唳,空垒辩乌声。”温庭筠《病中书怀呈友人》:“有气干牛斗,无人辩辘轳。”

【辯士】 能言善辩之士。寒山《诗三百三首》之一七五:“辩士来劝余,速令受金璧。”杜甫《西山三首》之三:“辩士安边策,元戎决胜威。”贾岛《辩士》:“辩士多毁訾,不闻谈己非。”

【辯才】 佛教谓善于说法之才。苏味道《和武三思于天中寺寻复礼上人之作》:“敏学推多艺,高谈属辩才。”李白《陪族叔当涂宰游化城寺升公清风亭》:“升公湖上秀,粲然有辩才。”权德舆《送文畅上人东游》:“桑门许辩才,外学接宗雷。”

【辯捷】 能言善辩,才思敏捷。吕岩《窑头坯歌》:“修完外礼在何边,辩捷语言终不实。”

【辩慧】 聪明而富有辩才。白居易《红鹦鹉》:“文章辩慧皆如此,笼槛何年出得身。”

【辩鋒】 辩论的锋芒。李峤《夏晚九成宫呈同僚》:“枚藻清词律,邹谈耀辩锋。”

辰 部

辰 〔chén《广韵》植鄰切，平真，禪。〕❶地支的第五位。(1)在太岁纪年法中与天干相配，用以计年。李商隐有《戊辰会静中出贻同志二十韵》。齐己有《戊辰岁湘中寄郑谷郎中》和《戊辰岁江南感怀》。(2)用以纪日。白居易《新乐府・七德舞》："魏征梦见子夜泣，张谨哀闻辰日哭。"(3)用以纪时，为十二时辰之一。指午前七时至九时。白居易《自喜》："布被辰时起，柴门午后开。"又《游坊口悬泉偶题石上》："相与澹忘归，自辰将及酉。"❷时候，时日，时光。李峤《田》："贡禹怀书日，张衡作赋辰。"戴叔伦《暮春游长沙赠辛兖州巢父二首》之二："莫恨长沙远，他年忆此辰。"元稹《感梦》："前经新政县，今夕复明辰。"王毂《刺桐花》："南国清和烟雨辰，刺桐夹道花开新。"❸星宿名。指二十八宿中的心宿。又称大火。顾况《游子吟》："夜静星河出，耿耿辰与参。"王建《山中寄及第故人》："既为参与辰，各愿不相望。"

【辰州】 唐州名。治所在沅陵(今湖南沅陵县)。韩翃《李中丞宅夜送丘侍御赴江东便往辰州》："辰州佳兴在，他日寄新诗。"戎昱《辰州闻大驾还宫》："自惭出守辰州畔，不得亲随日月旗。"又《寄郑炼师》："平生金石友，沦落向辰州。"

【辰位】 即辰星，亦即房星。《晋书・天文志上》："房四星，为明堂，天子布政之宫也，亦四辅也。"《郊庙歌辞・昭德皇后庙乐章・凯安》："辰位列四星，帝功参十乱。"

【辰角】 星宿名。即角星，为东方宿。故亦借指东方。韩愈《和李相公摄事南郊览物兴怀呈一二知旧》："灿灿辰角曙，亭亭寒露朝。"

【辰星】 ❶即商星。为商丘始封之君阏伯所祀。高适《宋中别司功叔各赋一物得商丘》："地与辰星在，城将大路迁。"❷即尾宿。《淮南子・览冥》："此傅说之所以骑辰尾也。"高诱注："[傅说]为高祖成八十一符，致中兴也，死托精于辰尾之星。"李白《酬张卿夜宿南陵见赠》："万古骑辰星，光辉照天下。"

【辰旂】 古代画有日、月、星的旌旗。许敬宗《奉和登陕州城楼应制》："辰旂翻丽景，星盖曳雕虹。"

【辰象】 天象。指日、月、星。徐安贞《奉和圣制答二相出雀鼠谷》："颂声先奉御，辰象复回天。"亦指龙旗上日、月、星等图象。虞世南《奉和幸江都应诏》："龙旂焕辰象，凤吹溢川途。"李商隐《谢往桂林至彤庭窃咏》："辰象森罗正，句陈翊卫宽。"

【辰陽】 唐县名。战国时属楚地。唐属辰州。在今湖南辰溪县西南。王昌龄《留别司马太守》："辰阳太守念王孙，远谪沅溪何可论。"又《送吴十九往沅陵》："沅江流水到辰阳，溪口逢君驿路长。"张谓有《辰阳即事》。戎昱《辰州建中四年多怀》："荒徼辰阳远，穷秋瘴雨深。"

【辰極】 北斗。孙佺《奉和九月九日登慈恩寺浮图应制》："龙旗焕辰极，凤驾俨香阊。"吴筠《游仙二十四首》之二十："扬盖造辰极，乘烟游阆风。"温庭筠《台城晓朝曲》："大江斂势避辰极，两阙深严烟翠浓。"

【辰溪】 水名。即辰水，又名锦水、锦江，自贵州铜仁市东流入湖南麻阳县界，又东北流入辰溪县南入沅江。权德舆《送黔中裴中丞阁老赴任》："辰溪分浩森，僰道接萦回。"

三 画

辱 〔rǔ《广韵》而蜀切，入燭，日。〕❶耻辱。刘长卿《游四窗》："对此脱尘鞅，顿忘荣与辱。"戎昱《闻颜尚书陷贼中》："同荣不同辱，今日负将军。"白居易《新乐府・西凉伎》："泣罢斂手白将军，主忧臣辱昔所闻。"韦庄《三用韵》："莫问荣兼辱，宁论古与今。"❷玷污；辜负。钱起《县内水亭晨兴听讼》："磨铅辱利用，策蹇愁前程。"杜牧《感怀诗一首》："韬舌辱壮心，叫阍无助声。"黄滔《贫居冬杪》："年长惭昭代，才微辱至公。"❸侮辱。戴叔伦《行路难》："淮阴不免恶少辱，阮生亦作穷途悲。"❹受耻辱。白居易《读史五首》之二："当彼戮辱时，奋飞无翅羽。"杜牧《寄浙东韩八评事》："鬓衰酒减欲谁泥，迹辱魂惭好自尤。"李商隐《行次西郊作一百韵》："公卿辱嘲叱，唾弃如粪丸。"❺谦词。犹承蒙。刘长卿《罢摄官后将还旧居留辞李侍御》："累辱群公荐，频沾一尉微。"韩愈《答张彻》："辱赠不知报，我歌尔其聆。"白居易《寄献北都留守裴令公》序："况辱知音，敢不先唱。"詹敦仁《复留侯从效问南汉刘岩改名龑字音义》："废学愧未弘，来问辱不弃。"

【辱命】 辜负使命。薛逢《北亭醉后叙旧赠东川陈书记》:“谋身喜断韩鸡尾,辱命羞携楚鹊笼。”

【辱莫】 辱没,玷污。司空图《耐辱居士歌》:“若曰尔何能,答言耐辱莫。”

六 画

農 〔nóng《广韵》奴冬切,平冬,泥。〕❶耕种。皮日休《正乐府十篇·农父谣》:“三川岂不农,三辅岂不耕。”翁承赞《题景祥院》:“农罢树阴黄犊卧,斋时山下白衣来。”❷农夫,农民。张继《郑邹判官往陈留》:“女停襄邑杼,农废汶阳耕。”钱起《南溪春耕》:“日长农有暇,悔不带经来。”张籍《野老歌》:“老农家贫在山住,耕种山田三四亩。”白居易《夏旱》:“嗷嗷万族中,唯农最辛苦。”❸农事;农业。太宗《过旧宅二首》之二:“架海波澄镜,韬戈器反农。”韦应物《寓居永定精舍》:“野寺霜露月,农兴羁旅情。”周昙《咏史诗·三代门·后稷》:“人惟邦本本由农,旷古谁高后稷功。”❹指农作物。齐己《夏雨》:“著物声虽暴,滋农润即长。”

【農人】 务农的人,农民。吕温《宗礼欲往桂州苦雨因以戏赠》:“农人辛苦绿苗齐,正爱梅天水满堤。”白居易《观稼》:“言动任天真,未觉农人恶。”马戴《经咸阳北原》:“野狖穴孤坟,农人耕废苑。”

【農力】 农耕的劳力。白居易《赠友五首》之三:“钱力日已重,农力日已殚。”

【農夫】 务农的人,农民。储光羲《晚霁中园喜赦作》:“落日烧霞明,农夫知雨止。”杜甫《秋雨叹三首》之二:“禾头生耳黍穗黑,农夫田妇无消息。”李绅《古风二首》之一:“四海无闲田,农夫犹饿死。”杜荀鹤《自江西归九华》:“无衣织女桑犹小,阙食农夫麦未黄。”

【農牛】 耕牛。白居易《偶作二首》之一:“战马春放归,农牛冬歇息。”

【農父】 农夫,农人。白居易《新乐府·骠国乐》:“时有击壤老农父,暗测君心闲独语。”皮日休《正乐府十篇·农父谣》:“农父冤辛苦,向我述其情。”

【農月】 农事繁忙的月份。王维《新晴野望》:“农月无闲人,倾家事南亩。”杜甫《赠王二十四侍御契四十韵》:“农月须知课,田家敢忘勤。”

【農收】 农作物的收获。元稹《茅舍》:“农收次邑居,先室后台榭。”胡曾《咏史诗·射熊馆》:“汉帝荒唐不解忧,大夸田猎废农收。”钱珝《江行无题一百首》之三九:“渐安无旷土,姜芋当农收。”

【農功】 农事。李峤《扈从还洛呈侍从群官》:“孟冬霜霰下,是月农功毕。”薛存诚《膏泽多丰年》:“候时劝稼穑,击壤乐农功。”吴融《祝风三十二韵》:“田畯不胜荒,农功皆废弛。”

【農田】 耕种的田地。李郢《渡淮后却泗川秦处士》:“野鹭独飞仙嶂绿,农田□植晚苗青。”齐己《江上值春雨》:“农田淹寝尽,客棹往来难。”

【農臣】 管理农务的官。元结《系乐府十二首·农臣怨》:“农臣何所怨,乃欲干人主。”

【農作】 耕作,农事。白居易《观稼》:“自惭禄仕者,曾不营农作。”

【農者】 农人,农民。张籍《西州》:“嗟我五陵间,农者罢耘耕。”白居易《村居苦寒》:“乃知大寒岁,农者尤苦辛。”又《老热》:“仕者拘职役,农者劳田畴。”

【農事】 ❶指农业生产活动。王维《偶然作六首》之二:“有时农事闲,斗酒呼邻里。”元稹《竞舟》:“一时欢呼罢,三月农事休。”顾非熊《题永福寺临淮亭》:“常来劝农事,赖此近郊垧。”崔道融《春墅》:“蛙声近过社,农事忽已忙。”❷指村庄。杜甫《宿青草湖》:“宿桨依农事,邮签报水程。”

【農具】 农业生产活动中所使用的器具。元结《漫歌八曲·将牛何处去二首》之二:“叔闲修农具,直者伴我耕。”李商隐《行次西郊作一百韵》:“农具弃道旁,饥牛死空墩。”

【農官】 古代主管农业的官员。卢纶《和太常王卿立秋日即事》:“田雨农官问,林风苑吏惊。”

【農政】 犹农事。李白《白鸠辞》:“食不咽,性安驯,首农政,鸣阳春。”

【農皇】 即神农氏。传说神农氏尝百草而辨药。王绩《采药》:“行披葛仙经,坐检农皇帙。”

【農叟】 农家老者。韩偓《深村》:“隔篱农叟遥相贺,□□□□膏雨来。”

【農耕】 农业耕种。王维《赠房卢氏琯》:“浮人日已归,但坐事农耕。”

【農時】 适宜农事活动的时节。王维《赠裴十迪》:“请君理还策,取告将农时。”杜牧《题池州弄水亭》:“农时贵伏腊,簪瑱事礼赂。”

【農師】 掌管农业的官吏。李绅《登禹庙回降雪五言二十韵》:“剑客休矜利,农师正念摧。”

【農畝】 指农田。薛能《黄河》:“润可资农亩,清能表帝恩。”令狐峘《硖州旅舍奉怀苏州韦郎中》:“羡彼农亩人,白首亲友并。”

【農祥】 星宿名。即房星。《国语·周语上》:“古者太史顺时觇土,阳瘅愤盈,土气震发,农祥晨正。”韦昭注:“农祥,房星也。农事之候,故曰农祥。”王棨《省题诗二十二首·农祥晨正》:“玉律方移候,农祥已向晨。”温庭筠《会昌丙寅丰岁歌》:“喜气自能成岁丰,农祥尔物来争功。”

【農圃】 ❶农田园圃。李白《古风》之十四:“且悲就行役，安得营农圃。”白居易《孟夏思渭村旧居寄舍弟》：“诗书课弟侄，农圃资童仆。”❷种田种菜者。王维《寄荆州张丞相》：“方将与农圃，艺植老丘园。”李白《答从弟幼成过西园见寄》：“上陈樵渔事，下叙农圃言。”❸指农家。柳宗元《溪居》：“闲依农圃邻，偶似山林客。”

【農家】 ❶田家，耕种之家。颜仁郁《农家》：“时人不识农家苦，将谓田中谷自生。”崔道融有《过农家》。❷战国时期学派之一。主张劝农桑，以足衣食。陆龟蒙《彼农二章》之一：“彼农家流，犹存厥初。”

【農家子】 农人，农民。崔道融《过农家》：“欲羡农家子，秋新看刈禾。”

【農書】 关于农业生产方面的书籍。权德舆《郊居岁暮因书所怀》：“散发对农书，斋心看道记。”韩愈、李正封《晚秋郾城夜会联句》：“农书乍讨论，马法长悬格。”白居易《酬郑侍御多雨春空过诗三十韵》：“祀典修咸秩，农书振满床。”

【農桑】 ❶农耕与蚕桑。泛指农事。玄宗《赐诸州刺史以题座右》：“讲学试诵论，阡陌劝农桑。”崔颢《结定襄郡狱郊陶体》：“是时三月暮，遍野农桑起。”白居易《观刈麦》：“今我何功德，曾不事农桑。”章孝标《送张使君赴饶州》：“饶阳因富得州名，不独农桑别有营。”❷指农作物和桑树。杜牧《华清宫三十韵》：“一千年际会，三万里农桑。”又《郡斋独酌》：“生人但眠食，寿域富农桑。”齐己《春雨》：“霡霂农桑野，冥濛杨柳台。”

【農務】 农事。杜甫《春日江村五首》之一：“农务村村急，春流岸岸深。”

【農教】 (—jiào)关于农业方面的教育。陈叔达《州城西园入斋祠社》：“农教先八政，阳和秩四时。”

【農晨】 农作时节。卢藏用《奉和立春游苑迎春应制》：“幸预柏台称献寿，愿陪千亩及农晨。”

【農情】 犹农事。郑谷《咸通十四年府试木向荣》：“山川应物候，皋壤起农情。”

【農扈】 亦作“農鳸”。古时各种农官的总称。语本《左传·昭公十七年》：“九扈为九农正。”杜预注：“扈有九种也……行扈唶唶，宵扈啧啧，桑扈窃脂，老扈鷃鷃。以九扈为九农之号，各随其宜以教民事。”后遂借指农事。宋之问《龙门应制》：“吾皇不事瑶池乐，时雨来观农扈春。”陈子昂《奉和皇帝上礼抚事述怀应制》：“愿罢瑶池宴，来观农扈春。”李白《古风》之四八：“但求蓬岛药，岂思农鳸春。”

【農畯】 农夫。储光羲《同诸公秋日游昆明池思古》：“农畯尽颠沛，顾望稼穑悲。”

【農道】 书名。老子弟子亢仓子撰。陆龟蒙《村夜二篇》之二：“伊人著农道，我亦赋田舍。”自注：“亢仓子有《农道篇》。”

【農閒】 农事较少的时节。钱起《蓝溪休沐寄赵八给事》：“虫鸣归旧里，田野秋农闲。”

【農隙】 农事闲暇时候。李频《镜湖夜泊有怀》：“自从版筑兴农隙，长与耕耘致岁丰。”

【農歲】 谓年成，收成。韦庄《耒阳县浮山神庙》：“为霖自可成农岁，何用兴师远伐邢。”

【農業】 指栽培农作物和饲养牲畜的生产事业。白居易《赠友五首》之二：“南人弃农业，求之多苦辛。”

【農暇】 农事闲暇。太宗《出猎》：“岂若因农暇，阅武出镮嵩。”韦应物《酬阎员外陟》：“谦集观农暇，笙歌听讼余。”

【農節】 农耕时节。张九龄《奉和圣制瑞雪篇》：“朝冕旒兮载悦，想笞笠兮农节。”刘禹锡《和河南府裴尹侍郎宿斋天平寺诣九龙祠祈雨二十韵》：“朱明盛农节，膏泽方愆期。”

【農鳸】 见“農扈”。

【農稼】 指农业生产。柳宗元《同刘二十八院长述旧言怀感时书事通赠二君子》：“即事观农稼，因时展物华。”

【農談】 指农人的言谈。柳宗元《田家三首》：“篱落隔烟火，农谈四邻夕。”亦指与农人的言谈。萧颖士《山庄月夜作》：“更惬野人意，农谈朝竟昏。”

【農器】 农具，农用器具。元稹《说剑》：“曾经铸农器，利用剪稂莠。”张祜《悲纳铁》：“谁谓今来正耕垦，却销农器作戈矛。”来鹄《题庐山双剑峰》：“若使火云烧得动，始应农器满人间。”李山甫《兵后寻边三首》之一：“新成剑戟皆农器，旧著衣裳尽血痕。”

【農蠶】 农桑。泛指农事。李频《之任建安渌溪亭偶作二首》之一：“入境当春务，农蚕事正殷。”

辵 部

三 画

迂 〔yū《广韵》羽俱切，平虞，云。又憶俱切，平虞，影。又於武切，上麌，影。〕❶迂回；曲折。耿㵆《晚投江泽浦即事呈柳兵曹泥》：“断岸迂来客，连波漾去槎。”贯休《寄天台道友》：“紫府程非远，清溪径不迂。”❷迂腐，不明事理。皎然《酬薛员外谊见戏一首》：“浅才迂且拙，虚誉喜还疑。”权德舆《建除诗》：“定远功那比，平津策乃迂。”白居易《村居寄张殷衡》：“金氏村中一病夫，生涯濩落性灵迂。”薛能《柳枝四首》之三：“县依陶令想嫌迂，营畔将军即大粗。”❸缓慢。李贺《河南府试十二月乐词·闰月》：“王母移桃献天子，羲氏和氏迂龙辔。”❹敬词。犹谓劳神或枉屈尊长。陈希烈《奉和圣制三月三日》：“上巳迂龙驾，中流泛羽觞。”钱起《重赠赵给事》：“能迂驺驭寻蜗舍，不惜瑶华报木桃。”

【迂回】 见“迂迴”。

【迂步】 缓步。张祜《观楚州韦舍人新筑河堤兼建两闸门》：“红袖退行鞍上语，白眉迂步马前迎。”

【迂拙】 迂阔笨拙。白居易《晚归香山寺因咏所怀》：“吾道本迂拙，世途多险艰。”

【迂叟】 迂阔的老者。白居易别号迂叟。白居易《迂叟》：“初时被目为迂叟，近日蒙呼作隐人。”又《闲居偶吟招郑庶子皇甫郎中》：“自哂此迂叟，少迂老更迂。”

【迂迴】 亦作“迂回”。曲折回旋。汪遵《屈祠》：“不肯迂回入醉乡，乍吞忠梗没沧浪。”罗隐《尚父偶建小楼三首》之三：“阑槛初成愧楚才，不知星彩尚迂迴。”

【迂疏】 迂远疏阔。权德舆《自杨子归丹阳呈惠公》：“蹇浅逢机少，迂疏应物难。”殷尧藩《郊居作》：“相逢谓我迂疏甚，欲辨还憎恐失言。”姚合《酬光禄田卿六韵见寄》：“以病辞朝谒，迂疏种药翁。”郑谷《咏怀》：“迂疏虽可欺，心路甚男儿。”

【迂閒】 迂腐无用。白居易《酬裴相公见寄二绝》之二：“总是迂闲物，争堪伴相君。”

【迂結】 郁结不舒。贯休《经古战场》：“驻马四顾，气候迂结。”

【迂愚】 迂腐笨拙。元稹《献荥阳公诗五十韵》：“拙劣仍非速，迂愚且异专。”

【迂路】 绕路，绕着道路。张说《奉酬韦祭酒自汤还都经龙门北溪庄见贻之作》：“桃花迂路转，杨柳间门深”。

【迂談】 迂阔的言谈。贯休《闻无相道人顺世五首》之三：“迂谈无世味，夜深山木僵。”

【迂闊】 不切实际。秦韬玉《吹笙歌》：“管中藏著轻轻语，好笑襄王大迂阔。”徐夤《蝴蝶二首》之二：“鸣蝉性分殊迂阔，空解三秋噪夕阳。”徐铉《送高舍人使岭南》：“陆贾真迂阔，终童久寂寥。”又《酬郭先辈》：“吁嗟吾道薄，与世长迂阔。”

迄 〔qì《广韵》許訖切，入迄，曉。〕❶至，到。《诗·大雅·生民》：“后稷肇祀，庶无罪悔，以迄于今。”毛传：“迄，至也。”刘禹锡、白居易《乐天是月长斋联句》：“往事应如昨，余欢迄至今。”❷终于。詹敦仁《复留侯从效问南汉刘岩改龑字音义》：“私制迄无取，古音实相类。”

迅 〔xùn《广韵》息晋切，去震。又私閏切，去稕，心。〕快，迅速。徐彦伯《比干墓》：“锋剑剿遗孽，报复一何迅。”王昌龄《出郴山口至叠石湾野人室中寄张十一》：“旦夕望吾友，如何迅孤舟。”韦应物《九日沣上作寄崔主簿倬二李端系》：“川寒流愈迅，霜交物初委。”李绅《题法华寺五言二十韵》：“坐严狮子迅，幢饰网珠悬。”

【迅流】 疾速的水流。徐彦伯《拟古三首》之三：“颓光无淹晷，逝水有迅流。”

【迅征】 迅速前进。白居易《江州赴忠州至江陵已来舟中示舍弟五十韵》：“云展帆高挂，飙驰棹迅征。”

【迅波】 谓快速的流水。刘禹锡《请告东归发霸桥却寄诸僚友》：“行车无停轨，流景同迅波。”

【迅羽】 指疾飞之鸟。权德舆《酬崔舍人阁老见示》：“层霄翔迅羽，广陌驻归轮。”张籍《新桃行》：“青蝉不来鸣，安得迅羽过。”

【迅風】 疾风。韦应物《始除尚书郎别善福精舍》：“迅风飘野路，回首不遑宿。”

【迅疾】 犹迅速。贾岛《病鹘吟》：“迅疾月边捎玉兔，迟回日里拂金鸡。”陆龟蒙《渔具诗·钓筒》：“须臾中芳饵，迅疾如飞翼。”

【迅飛】 疾飞。徐夤《泉》：“迸滴几山穿破石，迅飞层峤喷开云。”

【迅湍】 急湍。岑参《冬夜宿仙游寺南凉堂呈谦道人》：“乱流争迅湍，喷薄如雷风。”又《与鲜于庶子同行至利州道中作》：“栈道笼迅湍，行人贯层崖。”又《东归发犍为至泥溪舟中作》：“一道鸣迅湍，两边走连峰。”

【迅雷】 疾雷。白居易《和答诗十首·和古社》：“昨夜云雨合，烈风驱迅雷。”

【迅節】 谓奔驰的时光。张九龄《岁初巡属县登高安南楼言怀》：“美化犹寂蔑，迅节徒飞奔。”

【迅激】 迅猛激烈。李沇《巫山高》：“江涛迅激如相助，十二狞龙怒行雨。”

迟 “起”的古字。韩愈《赠侯喜》：“吾党侯生字叔迟，呼我持竿钓温水。”

巡 〔xún《广韵》許遵切，平諄，邪。〕❶巡阅；巡行。张谓《邵陵作》：“已道一朝辞北阙，何须五月更南巡。”陈羽《湘妃怨》：“舜欲省蛮陬，南巡非逸游。”高骈《湘妃庙》：“帝舜南巡去不还，二妃幽怨水云间。”韦庄《合欢莲花》：“虞舜南巡去不归，二妃相誓死江滨。”❷逐个，依次。王建《夜看美人宫棋》：“巡拾玉沙天汉晓，犹残织女两三星。”亦指依次斟饮。司空图《丙午岁旦》：“梅花浮寿酒，莫笑又移巡。”

【巡守】 亦作“巡狩”。天子出行，视察邦国州郡。杜甫《望岳》：“巡守何寂寥，有虞今则亡。”贾岛《送蔡京》：“登封多泰岳，巡狩遍沧溟。”

【巡幸】 皇帝巡游驾幸。王无竞《驾幸长安奉使先往检察》：“宸扆阔临御，巡幸顺讴思。”

【巡狩】 见“巡守”。

【巡省】 (—xǐng) 巡行视察。玄宗《巡省途次上党旧宫赋》序：“爰因巡省，途次旧居。”张说有《奉和圣制爰因巡省途次旧居应制》。

【巡簷】 来往于檐前。杜甫《舍弟观赴蓝田取妻子到江陵喜寄三首》之二：“巡檐索共梅花笑，冷蕊疏枝半不禁。”

【巡邊】 巡视边防。宋璟有《奉和圣制送张说巡边》。张说有《巡边在河北作》。

四 画

迓 〔yà《广韵》吾駕切，去禡，疑。〕迎接。任华《寄李白》：“且向东山为外臣，诸侯交迓驰朱轮。”韩愈《县斋有怀》：“官租日输纳，村酒时邀迓。”元稹《酬孝甫见赠十首》之三：“野诗良辅偏怜假，长借金鞍迓酒胡。”杨衡《夷陵郡内叙别》：“将迓空未立，就赘意难任。”

迍 〔zhūn《广韵》陟倫切，平諄，知。〕❶行走艰难貌。见“迍邅❶”。❷困顿坎坷。白居易《白口阻风十日》：“洪涛白浪塞江津，处处邅回事事迍。”薛能《春日使府寓怀二首》之二：“孤心好直迍犹强，病发慵梳痒更搔。”贾岛《落第东归逢僧伯阳》：“见僧心暂静，从俗事多迍。”又《黄子陂上韩吏部》：“曾是令勤道，非惟恤在迍。”❸通“屯”。《易》卦名。高适《遇崔二有别》：“颐颔尚丰盈，毛骨未合迍。”参见“迍否”“迍蒙”。

【迍否】 (—pǐ) 屯、否为《易》二卦名。迍，通“屯”。屯谓艰难，否谓隔塞。故以“迍否”指困顿不利。无名氏《秋日非所书情》(外编上)：“为客已遭迍否事，不知何计得还家。”

【迍蒙】 屯、蒙为《易》二卦名。迍，通“屯”。屯谓艰难，蒙谓进退两难。故用“迍蒙”指困难不利。无名氏《青海卧疾之作》之二(外编上)：“邂逅遇迍蒙，人情讵见通。”

【迍賤】 困顿贫贱。李贺《还自会稽歌》：“脉脉辞金鱼，羁臣守迍贱。”

【迍邅】 ❶难行貌。高适《涟上题樊氏水亭》：“异县少朋从，我行复迍邅。”杜甫《秋日夔府咏怀奉寄郑监李宾客一百韵》：“生涯已寥落，国步乃迍邅。”元稹《酬乐天江楼夜吟稹诗因成三十韵》：“隼猜鸿蓄缩，虎横犬迍邅。”❷困顿坎坷；处境不利。崔国辅《杂诗》：“后余在关下，作事多迍邅。”刘商《合肥至日愁中寄郑明府》：“迍邅羞薄命，恩惠费余光。”白居易《江楼夜吟元九律诗成三十韵》：“天教声烜赫，理合命迍邅。”陆龟蒙《奉和袭美二游诗·徐诗》：“自从秦火后，历代逢迍邅。”

【迍難】 祸乱。独孤及《癸卯岁赴南丰道中闻京师失守寄权士繇韩幼深》：“但令迍难康，不负沧洲期。”

迕 〔wǔ《广韵》五故切，去暮，疑。〕❶违反。杜甫《雨》：“尫羸愁应接，俄顷恐违迕。”皎然《南池杂咏五首·虚舟》：“触物知无迕，为梁幸见遗。”❷冒犯。杜甫《秦州杂诗二十首》之十八：“西戎外甥国，何得迕天威。”

近 〔jìn《广韵》巨靳切，去焮，羣。又其謹切，上隱，羣。〕❶距离小。司马扎《近别》：“谁堪近别苦，远别犹有期。”❷历时短；距今不远。韩愈《感春四首》之二：“近怜李杜无检束，烂漫长醉多文辞。”❸接近；靠近。李商隐《乐游原》：“夕阳无限好，只是近黄昏。”赵彦昭《奉和圣制登骊山高顶寓目应制》:"路若随天转,人疑近日来。"李贺《巫山高》:"古祠近月蟾桂寒,椒花坠红湿云间。"❹亲近,亲密。指帝王亲近的人。见"近臣""近密"。

【近天】 天边,极远之处。杜甫《送人从军》:"弱水应无地,阳关已近天。"

【近日】 ❶本指近在十日之内。《礼记·曲礼上》:"凡卜筮日,旬之外曰远某日,旬之内曰近某日,丧事先远日,吉事先近日。"后指最近过去的几日;近来。白居易《赠僧五首·清闲上人》:"梓潼眷属何年别,长寿坛场近日开。"李绅《杭州天竺灵隐二寺》之二:"近日尤闻重雕饰,世人遥礼二檀林。"刘沧《秋日夜怀》:"近日每思归少室,故人遥忆隔潇湘。"❷接近太阳。赵彦昭《奉和圣制登骊山高顶寓目应制》:"路若随天转,人疑近日来。"太宗《咏乌》:"近日毛虽暖,闻弦心已惊。"❸指接近帝王。徐安贞《书殿赐宴应制》:"校文常近日,赐宴忽升天。"许棠《东归留辞沈侍郎》:"依门非近日,不虑旧恩移。"

【近火】 烤火。曹松《送僧入蜀过夏》:"五月峨眉须近火,木皮领重只如冬。"

【近世】 近代。沈千运《感怀弟妹》:"近世多夭伤,喜见鬓发白。"李德裕《北固怀古》:"近世二千石,毕公宣化厚。"

【近代】 离现代不远之时代。白居易《赠友五首》之五:"近代多离乱,婚姻多过期。"李频《赠长城庾将军》:"初年三十拜将军,近代英雄独未闻。"罗隐《薛阳陶觱篥歌》:"功高近代竟谁知,艺小似君犹不弃。"贯休《送卢舍人三首》之三:"君不见近代韦裴蒋与萧,文房书府师百僚。"

【近地】 近畿之地。白居易《赠吴丹》:"主恩信难报,近地徒久留。"张祜《公子行》:"近地独游三五骑,等闲行傍曲江池。"

【近臣】 指君王旁边的亲近之臣。杜审言《重九日宴江阴》:"高兴要长寿,卑栖隔近臣。"韦应物《答史馆张学士段柳庶子学士集贤院看花见寄兼呈柳学士》:"似雪飘闾阖,从风点近臣。"薛据《古兴》:"鸣佩初罢朝,自言皆近臣。"温庭筠《郭处士击瓯歌》:"宫中近臣抱扇立,侍女低鬟落翠花。"

【近年】 指过去不远的数年。李商隐《行次西郊作一百韵》:"近年牛医儿,城社更扳援。"

【近名】 好名,追求名誉。张九龄《秋晚登楼望南江入始兴郡路》:"物生贵得性,身累由近名。"宋之问《入泷州江》:"违隐乖求志,披荒为近名。"刘长卿《冬夜宿扬州开元寺烈公房送李侍御之江东》:"此去尔何恨,近名予未能。"又《奉使新安寄使院诸公》:"牵役徒自劳,近名非所向。"

【近甸】 指都城近郊。刘长卿《湖南使还留辞辛大夫》:"王师劳近甸,兵食仰诸侯。"

【近别】 路程不远的离别。司马扎《近别》:"谁堪近别苦,远别犹有期。"

【近事】 浅鄙之事。张蠙《下第述怀》:"名从近事方知险,诗到穷玄更觉难。"

【近來】 指过去不久到现在的一段时间。柳浑《牡丹》:"近来无奈牡丹何,数十千钱买一颗。"许棠《长安书情》:"近来惊白发,方解惜青春。"陆龟蒙《袭美见题郊居十首因次韵酬之以伸荣谢》:"近来唯乐静,移傍故城居。"曹松《己亥岁二首》之二:"谁道沧江总无事,近来长共血争流。"

【近制】 近来的诗作。齐己《得李推官近寄怀》:"荆门前岁使乎回,求得星郎近制来。"

【近侍】 ❶谓对帝王新近侍奉。王湾《哭补阙亡友綦毋学士》:"崇仪希上德,近侍接元台。"杜甫《忆昔二首》之一:"我昔近侍叨奉引,出兵整肃不可当。"❷指亲近帝王的侍从之人。刘宪《饯唐永昌》:"始见郎官拜洛阳,旋闻近侍发雕章。"赵彦伯《从宴桃花园咏桃花应制》:"长年愿奉西王宴,近侍惭无东朔才。"赵嘏《和令狐补阙春日独游西街》:"左掖初辞近侍班,马嘶寻得过街闲。"韦庄《含香》:"却去金銮为近侍,便辞鸥鸟不归来。"

【近陂】 近旁的水池。白居易《新池》:"数日自开凿,引泉来近陂。"

【近封】 指京城周围地区。郑谷《叙事感恩上狄右丞》:"首荐叨殊礼,全家寓近封。"

【近戚】 血统关系较近的亲戚。李玖《噴玉泉冥会诗八首·白衣叟述甘棠馆西楹诗》:"白昼叫阍无近戚,缟衣饮气只门生。"

【近郊】 古指城外五十里之内的地方。后泛指城市周围。李商隐《茂陵》:"汉家天马出蒲梢,苜蓿榴花遍近郊。"

【近海】 靠近海边。刘秩《过芜湖》:"近海鱼盐富,濒淮粟麦饶。"

【近接】 接近。陈翥《曲江亭望慈恩寺杏园花发》:"曲江晴望好,近接梵王家。"则天皇后《游石淙诗》序:"尔其近接嵩岭,府届箕峰。"

【近郭】 犹近郊。李商隐《西溪》:"近郭西溪好,谁堪共酒壶。"

【近密】 指接近皇帝的官职。白居易《寄元九》:"身为近密拘,心为名检缚。"又《咏怀》:"昔虽居近密,终日多忧惕。"

【近習】 亲近。陈子昂《感遇诗三十八首》之一二:"世情甘近习,荣耀纷如何。"

【近遠】 远近的程度。远处和近处。刘长卿《赴楚州次自田途中阻浅问张南史》:"楚城今近远,积靄寒塘暮。"贾至《初至巴陵与李十二白裴九同泛洞庭湖三首》之二："乘兴轻舟无近远，白云明月吊湘娥。"贾岛《阮籍啸台》："地接苏门山近远，荒台突兀抵高峰。"

【近試】　临近考试。朱庆余有《近试上张籍水部》。

【近鄰】　邻近的国家，亦指邻居。成彦雄《新燕》："才离海岛宿江滨，应梦笙歌作近邻。"谭用之《秋夜同友人话旧》："何当归去重携手，依旧红霞作近邻。"李频《送人归吴》："帝里求相识，山家即近邻。"徐铉《和集贤钟郎中》："龙池树色供清景，浴殿香风接近邻。"

【近縣】　邻近之县。孙逖《奉和李右相赏会昌林亭》："作京雄近县，开阁宠平津。"岑参《南楼吴卫凭》："近县多过客，似君诚亦稀。"韩翃《送蓚县刘主簿楚》："花深近县宿河阳，竹映春舟渡淇水。"

【近親】　指关系最近的亲属。裴淑《答微之》："不是悲殊命，唯愁别近亲。"

【近關】　❶离都城近的边关。《左传·襄公十四年》："〔蘧伯玉〕遂行，从近关出。"孔颖达疏："卫都不当境中，其界有远有近，欲速出境，故从近关出也。"后用以指出奔避难所经之处。李白《南奔书怀》："草草出近关，行行昧前算。"❷指远行途中的第一关。王维《留别丘为》："一步一回首，迟迟向近关。"

【近屬】　血统关系较近的亲属。杜甫《章梓州水亭》："近属淮王至，高门蓟子过。"

返

〔fǎn《广韵》府遠反，上阮，非。〕❶返回；回归。李白《金陵江上逢蓬池隐者》："罗浮麻姑台，此去或未返。"刘言史《初下东周赠孟校》："修文返正风，刊字齐古经。"张祜《乌夜啼》："忽忽南飞返，危丝共怨凄。"李中《魏夫人坛》："绛节何年返，白云终日生。"❷还原；归还。寒山《诗三百三首》之一〇〇："水结即成冰，冰销返成水。"李益《华山南庙》："常闻坑儒后，此地返秦壁。"❸犹反。反而。太宗《登三台言志》："念劳惭逸己，居旷返劳神。"高适《辟阳城》："何得英雄主，返令儿女欺。"刘长卿《湖上遇郑田》："旧业今已芜，还乡返为客。"卢纶《客舍苦雨即事寄钱起郎士元二员外》："蓁盛终无实，槎枯返有荑。"

【返正】　帝王复位。李白《登金陵冶城西北谢安墩》："皇运有返正，丑虏无遗魂。"独孤及《贾员外处见巴陵诗集览之怀旧代书寄赠》："大驾今返正，熊罴扈鸣銮。"郑谷《入阁》："秘殿临轩日，和銮返正年。"崔居俭《后唐宗庙乐舞辞》："艰难王业，返正皇唐。"

【返本】　复归本真。吴筠《步虚词十首》之四："忘心符元宗，返本协自然。"

【返本還元】　恢复本元。吕岩《七言》之九："返本还元道气平，虚非行质转分明。"

【返朴】　归于质朴。薛能《升平词十首》之十："文章惟返朴，戈甲尽生尘。"齐己《寄诗友》："返朴遗时态，关门度岁阴。"吕岩《题桐柏山黄先生庵门》："千朝炼就紫金身，乃致全神归返朴。"

【返形】　托以形体。吴筠《高士咏·项橐》："禀量合太初，返形寄童幼。"

【返返】　形容往复不停。司空图《诗品二十四则·流动》："超超神明，返返冥无。"

【返初服】　语本《楚辞·离骚》："进不入以离尤兮，退将复修吾初服。"后以谓辞官归隐。李白《朝下过卢郎中叙旧游》："何由返初服，田野醉芳樽。"

【返真】　返回到本来的自然天真之态。司空图《诗品二十四则·洗炼》："体素储洁，乘月返真。"

【返耕】　归耕陇亩。周贺《寺居寄杨侍御》："终欲返耕甘性拙，久惭他事与身忙。"

【返旆】　回师。韩休《奉和圣制送张说巡边》："东辕迟返旆，归奏谒承明。"刘长卿《赋得》："为问元戎窦车骑，何时返旆勒燕然。"

【返虛入渾】　谓诗意空灵，入于浑然之境。司空图《诗品二十四则·雄浑》："返虚入浑，积健为雄。"

【返期】　归期。李冶《感兴》："朝云暮雨镇相随，去雁来人有返期。"

【返景】　夕照，傍晚的阳光。王维《辋川集·鹿柴》："返景入深林，复照青苔上。"李颀《晚归东园》："回云覆阴谷，返景照霜梨。"綦毋潜《题沈东美员外山池》："归客衡门外，仍怜返景幽。"李端《送友人游江东》："返景斜连草，回潮暗动蘋。"

【返復】　重复多次。吕岩《百字碑》："阴阳生返复，普化一声雷。"

【返葬】　谓死在外地者归葬故乡。张九龄《故徐州刺史赠吏部侍郎苏公挽歌词三首》之三："返葬长安陌，秋风箫鼓悲。"王维《送殷四葬》："送君返葬石楼山，松柏苍苍宾驭还。"

【返照】　❶夕阳，落日。骆宾王《夏日游山家同夏少府》："返照下层岑，物外狎相寻。"元稹《生春二十首》之三："远林横返照，高树亚东风。"李频《江上居寄山中客》："残云收树末，返照落江源。"张乔《荆楚道中》："返照行人急，荒郊去鸟迟。"❷傍晚的阳光。孟浩然《登江中孤屿赠白云先生王迥》："夕阳开返照，中坐兴非一。"耿湋《赠张将军》："寥落军城暮，重门返照间。"李商隐《写意》："日向花间留返照，云从城上结层阴。"陆龟蒙《和袭美初冬偶作寄南阳润卿次韵》："窗怜返照缘书小，庭喜新霜为桔红。"❸反射；照射。孟浩然《题终南翠微寺空上人房》："翠微终南里，雨后宜返照。"白居易《南湖早春》："风回云断雨初晴，返照湖边暖复明。"李郢《邵博士溪亭》："野茶无限春风叶，溪水千重返照波。”

【返魂】 ❶回生;复活。温庭筠《马嵬驿》:“返魂无验青烟灭,埋血空生碧草愁。”❷指一年再开的梅花。韩偓《湖南梅花一冬再发偶题于花援》:“玉为通体依稀见,香号返魂容易回。”无名释《古梅》:“东风未肯随寒暑,又蘖清香与返魂。”

【返魂香】 即返生香。传说中能令死人复生的一种香。张祜《南宫叹亦述玄宗追恨太真妃事》:“何劳却睡草,不验返魂香。”

【返魂術】 传说中一种起死回生的本领。京兆韦氏子《悼妓诗》序引《唐阙史》:“韦尝纳一妓于洛,颜色明秀,尤善音律,工书……年二十一卒。韦情痛,有嵩山任处士得返魂术,用一经身金缕裙导其魂,招之,果映帏而出。”

【返駕】 车驾回程;返回。白居易《游坊口悬泉偶题石上》:“公门欲返驾,溪路犹回首。”罗邺《春过白遥岭》:“返驾王尊何足叹,哭途阮籍谩无聊。”徐铉《题画石山》:“返驾归尘里,留情向此中。”

【返顧】 回头看。李白《北上行》:“前行无归日,返顾思旧乡。”钱起《自终南山晚归》:“沮溺时返顾,牛羊自相引。”

迎 〔yíng《广韵》語京切,平庚,疑。〕❶迎接。刘长卿《酬屈突陕》:“藜杖懒迎征骑客,菊花能醉去官人。”白居易《又答贺客》:“银章暂假为专城,贺客来多懒起迎。”韦庄《纪村事》:“酿酒迎新社,遥砧送暮晖。”黄损《句》:“扫地待明月,踏花迎野僧。”❷迎合,逢迎。见“迎和”。❸面对着;正对着。见“迎風”。❹遭逢,遇。李商隐《曲池》:“迎忧急鼓疏钟断,分隔休灯灭烛时。”

【迎人】 ❶迎接来人。韩偓《倒押前韵》:“佩声犹隔箔,香气已迎人。”❷迎宾者。朱庆余《送李侍御入蕃》:“移帐依泉宿,迎人带雪来。”

【迎生】 面对活生生的人。张文成《游仙窟诗·又赠十娘》:“巧儿旧来携未得,画匠迎生模不成。”

【迎仙曲】 (曲 qǔ) 歌唱以迎接神仙的歌曲。刘长卿《湘中纪行十首·湘妃庙》:“莫唱迎仙曲,空山不可闻。”

【迎仙樓】 楼名。在今江苏扬州市。罗隐有《淮南高骈所造迎仙楼》。

【迎代邸】 汉文帝刘恒原为代王,经周勃等自代邸迎入未央宫,即位为文帝。见《汉书·文帝纪》,后以为典实。杜甫《赠李八秘书别三十韵》:“事殊迎代邸,喜异赏朱虚。”

【迎冬】 入冬。李商隐《陈后宫》:“侵夜鸾开镜,迎冬雉献裘。”

【迎光】 迎接日光。白居易《白牡丹》:“留景夜不暝,迎光曙先明。”

【迎車雉】 《艺文类聚》卷九〇引晋萧广济《孝子传》:“萧芝至孝,除尚书郎,有雉数十头,饮啄宿止。当上直,送止歧路,下直入门,飞鸣车侧。”后用以为称颂郎官的典故。钱起《酬苗发员外宿龙池寺见寄》:“暂别迎车雉,还随护法龙。”

【迎步】 散步。郑谷《野步》:“翠岚迎步兴何长,笑领渔翁入醉乡。”

【迎吠】 犬迎人而吠,后指奸邪。司空图《偶书五首》之五:“掩谤知迎吠,欺心见强颜。”

【迎延】 延请,接纳。张籍《病中寄白学士拾遗》:“尘欢久消委,华念独迎延。”

【迎和】 迎合,适应。徐铉《赋得彩缕》:“缕彩成飞燕,迎和启蛰时。”

【迎使】 迎接来使。白居易《喜罢郡》:“樽前免被催迎使,枕上休闻报坐衙。”

【迎門】 迎候于门。崔融《哭蒋詹事俨》:“置榻恩逾重,迎门礼自卑。”

【迎奏】 谓奏乐迎神。于邵《释奠武成王乐章·迎神》:“迎奏嘉至,感而遂通。”

【迎春】 ❶迎候春天。白居易《代梦得吟》:“不见山苗与林叶,迎春先绿亦先枯。”白居易《闲卧寄同州》:“伴老琴长在,迎春酒不空。”姚合《迎春》:“半年留醉待花开,晓去迎春夜始回。”严郾《赋百舌鸟》:“星未没河先报晓,柳犹粘雪便迎春。”❷花名。落叶灌木,枝条细长成拱形,小枝有棱角,花单生,黄色,早春先叶开放,故名。白居易《对新家酝玩自种花》:“迎春报酒熟,垂老看花开。”

【迎春亭】 亭名。在骊山华清宫内。郑嵎《津阳门诗》:“飞霜殿前月悄悄,迎春亭下风飕飕。”

【迎春閣】 阁名。在今四川成都市。刘驾有《晓登迎春阁》。

【迎拜】 迎见礼拜。卢纶《送王录事赴任苏州》:“古堤迎拜路,万里一帆前。”许浑《中秋夕寄大梁刘尚书》:“汴人迎拜洛人留,虎豹旌旗拥碧油。”

【迎秋】 古代祭礼之一。古人以秋和五方之西、五色之白相配应,故于立秋日,天子率百官出西郊祭白帝,迎接秋季到来。白居易《雨中招张司业宿》:“过夏衣香润,迎秋簟色鲜。”颜真卿《与耿湋水亭咏风联句》:“度弦方解愠,临水已迎秋。”

【迎風】 逆风,对着风。太宗《望雪》:“入牖千重碎,迎风一半斜。”刘禹锡《吐绶鸟词》:“湖烟始开山日高,迎风吐绶盘花绦。”于濆《季夏逢朝客》:“避路回绮罗,迎风嘶騕褭。”张蠙《送友人及第归》:“远声鱼呷浪,层气蜃迎风。”

【迎姜】 周文王出猎卜卦,卦称“所获非龙非彨,非熊非罴，所获霸王之辅”，果于渭滨得姜太公，载与俱归，立为国师。见《史记·齐太公世家》。后用以为典，称颂君王善用贤才。许敬宗《奉和执契静三边应诏》：“迎姜已创图，命力方论道。”

【迎客】 迎接客人。岑参《汉川山行呈成少尹》：“山店云迎客，江村犬吠船。”谭用之《贻费道人》：“碧玉蜉蝣迎客酒，黄金毂辘钓鱼车。”

【迎神】 迎接神灵来降，以祈多福免灾的活动。李嘉祐《夜闻江南人家赛神因题即事》：“听此迎神送神曲，携觞欲吊屈原祠。”皇甫冉《送李使君赴邵州》：“城池春雨足，风俗夜迎神。”李商隐《张恶子庙》：“下马捧椒浆，迎神白玉堂。”

【迎郎曲】 （曲 qǔ） 迎拜竹王时所唱的歌曲。薛涛《题竹郎庙》：“何处江村有笛声，声声尽是迎郎曲。”

【迎神曲】 （曲 qǔ） 迎神时所唱的歌曲。李嘉祐《夜闻江南人家赛神因题即事》：“南方淫祀古风俗，楚妪解唱迎神曲。”

【迎候】 先期出迎，等候到来。韩愈《同次李二十八夜次襄城》：“欲知迎候盛，骑火万星攒。”又《次潼关先寄张十二阁老使君》：“刺史莫辞迎候远，相公亲破蔡州回。”元稹《遣行十首》之九：“迎候人应少，平安火莫惊。”

【迎送】 迎来送往。王维《送高适弟耽归临淮作》：“山东诸侯国，迎送纷交驰。”元稹《直台》：“仍教百余日，迎送直厅前。”谭铢《题九华山》：“罢职池阳时，复遭迎送牵。”崔涂《送友人》：“登高迎送远，春恨并依依。”

【迎逆】 迎接。寒山《诗三百三首》之二七五：“君王分辇坐，诸侯拜迎逆。”

【迎祥】 迎纳吉祥。沈佺期《三日独坐驩州思忆旧游》：“濯秽怜清浅，迎祥乐献酬。”张濯《迎春东郊》：“考历明三统，迎祥受万人。”

【迎接】 先期前往等候客人到来。白居易《酬郑二司录与李六郎中寒食日相过同宴见赠》：“迎接须矜疏傅老，只供莫笑阮家贫。”萧项《赠翁承赞漆林书堂诗》：“入门邻里喧迎接，列坐儿童见等威。”李中《渔父二首》之一：“渔家开户相迎接，稚子争窥犬吠声。”

【迎貓】 古八蜡之一。于腊月农事完毕后，迎猫神而祭之，以祈消灭田鼠，保护庄稼。李端《长安感事呈卢纶》：“扪虱欣时泰，迎猫达岁丰。”

【迎祭】 迎而祭之。语出《礼记·郊特牲》：“古之君子使之必报之。迎猫，为其食田鼠也；迎虎，为其食田豕也。迎而祭之也。”柳宗元《掩役夫张进骸》：“猫虎获迎祭，犬马有盖帷。”

【迎新】 ❶指新谷登场。柳宗元《田家三首》之二：“迎新在此岁，唯恐踵前迹。”❷迎接新年、新春。韦元旦《奉和立春游苑迎春应制》：“灞涘长安恒近日，殷正腊月早迎新。”徐铉《陈夜》：“寒灯耿耿漏迟迟，送故迎新了不欺。”尚颜《除夜》：“青帝今应老，迎新见几回。”

【迎賓】 迎接宾客。李商隐《行次西郊作一百韵》：“存者皆面啼，无衣可迎宾。”

【迎駕】 迎接天子车驾。和凝《宫词百首》之七九：“袍袴宫人走迎驾，东风吹送御香来。”

【迎歸】 迎接归人。李商隐《离亭赋得折杨柳二首》之二：“为报行人休尽折，半留相送半迎归。”

【迎歡】 寻欢。黄滔《送人往苏州觐其兄》：“迎欢酒醒山当枕，咏古诗成月在楼。”亦谓逢迎。李益《汉宫少年行》：“分曹陆博快一掷，迎欢先意笑语喧。”

迒 〔háng《广韵》胡郎切，平唐，匣。又古郎切，平唐，見。〕兽迹。汉扬雄《太玄·居》：“见豕在堂，狗系之迒。”司马光集注：“迒，兽迹也。”见“迒蹊”。

【迒蹊】 布满兽蹄迹印的小路。杜牧《皇风》：“迒蹊巢穴尽窒塞，礼乐刑政皆弛张。”

五 画

述 〔shù《广韵》食聿切，入術，船。〕❶遵循，继承。《说文·辵部》：“述，循也”。引申为仿效。杜甫《寄李十四员外布十二韵》：“名参汉望苑，职述景题舆。”❷阐述前人成说。寒山《诗三百三首》之六六：“默默永无言，后生何所述。”参见“述作”。❸叙说；表述。苏颋《奉和姚令公温汤旧馆永怀故人卢公之作》：“新恸情莫遣，旧游词更述。”李白《自梁园至敬亭山见会公谈陵阳山水兼期同游因有此赠》：“为余话幽栖，且述陵阳美。”杜甫《八哀诗·赠司空王公思礼》：“昔观文苑传，岂述廉蔺绩。”皮日休《正乐府十篇·农父谣》：“农父冤辛苦，向我述其情。”

【述作】 语出《论语·述而》：“述而不作，信而好古。”朱熹集注：“述，传旧而已，作，则创始也。”后以称撰述，亦指著作、作品。褚亮《伤始平李少府正己》：“述作纷无已，言谈妙入神。”刘升《奉和圣制送张说上集贤学士赐宴》：“网罗穷象系，述作究天人。”杜甫《秋日荆南送石首薛明府辞满告别奉寄薛尚书颂德叙怀三十韵》：“向来披述作，重此忆吹嘘。”李商隐《韩碑》：“汤盘孔鼎有述作，今无其器存其辞。”

【述聖】 称述先圣之美德。钱起《奉和中书常舍人晚秋集贤院即事寄徐薛二侍御》：“述圣鲁宣父，通经汉仲舒。”

【述職】 诸侯向天子陈述职守。语出《孟子·梁惠王下》："诸侯朝于天子曰述职。述职者，述所职也。"清昼、汤衡《讲德联句》："二南敷化，四岳述职。"亦泛称外任官员向朝廷陈述职守。杨炯《和刘长史答十九兄》："来朝拜休命，述职下梁岷。"孟浩然《送韩使君除洪州都曹》："述职抚荆衡，分符袭宠荣。"元晦《越亭二十韵》："未闻述职效，偶脱嚣烦趣。"

【述懷】　陈述情怀，抒发志向。太宗有《还陕述怀》和《初春登楼即目观作述怀》。李峤有《皇帝上礼抚事述怀》。张蠙有《下第述怀》。

迪　〔dí《广韵》徒歷切，入錫，定。〕进献。见"迪嘗"。

【迪嘗】　进尝，进食。《汉书·礼乐志》："登成甫田，百鬼迪尝。"颜师古注："迪，进也。尝谓歆飨之也。"李纾《唐德明兴圣庙乐章·兴圣酌献》："震澹存诚，庶几迪尝。"

迥　〔jiǒng《广韵》户頂切，上迥，匣。〕❶亦作"逈"。遥远；僻远。刘长卿《酬皇甫侍御见寄时前相国姑臧公初临郡》："路遥云共水，砧迥月如霜。"杜甫《赤谷》："悄然村墟迥，烟火何由追。"张祜《题南陵隐静寺》："润壁鸟音迥，泉源僧步闲。"曹邺《送友人入塞》："鸟雀寒不下，山川迥相对。"亦指僻远之处。李商隐《行次西郊作一百韵》："常恐值荒迥，此辈还射人。"❷高。李峤《刘侍读见和山邸十篇重申此赠》："檐迥松萝映，窗高石镜临。"皇甫冉《登玄元庙》："古庙川原迥，重门禁籞连。"孟郊《独宿岘首忆长安故人》："月迥无隐物，况复大江秋。"刘沧《题巫山庙》："天高木落楚人思，山迥月残神女归。"❸差别大。见"迥别"。❹卓越。见"迥然"。❺副词。表示程度深。有"全""甚"等义。卢鸿一《嵩山十志十首·涤烦矶》序："涤烦矶者，盖穷谷峻崖，发地盘石，飞流攒激，积漱成渠，澡性涤烦，迥有幽致。"杜甫《冬日洛城谒玄元皇帝庙》："翠柏深留景，红梨迥得霜。"善生《送玉禅师》："飘然无定迹，迥与律乘违。"孙光宪《生查子》词之六："戴上玉钗时，迥与凡花异。"

【迥出】　❶高耸貌。高适《同诸公登慈恩寺浮图》："言是羽翼生，迥出虚空上。"武元衡《八月十五夜与诸公锦楼望月得中字》："玉轮初满空，迥出锦城东。"王涯《宫词三十首》之二一："迥出芙蓉阁上头，九天悬处正当秋。"❷高出；超过。杜甫《赠李十五丈别》："沂公制方隅，迥出诸侯先。"张濛《晓过南宫闻太常清乐》："迥出重城里，傍闻九陌中。"王建《上武元衡相公》："孤情迥出鸾皇远，健思潜搜海岳空。"

【迥立】　昂头卓立。杜甫《丹青引赠曹将军霸》："是日牵来赤墀下，迥立阊阖生长风。"又《秦州杂诗二十首》之五："哀鸣思战斗，迥立向苍苍。"

【迥步】　高步。顾况《步虚词》："迥步游三洞，清心礼七真。"

【迥別】　大不相同。吕岩《寄白龙洞刘道人》："点丹阳，事迥别，须向坎中求赤血。"

【迥林】　亦作"逈林"。远处森林。李端《寄上舍人叔》："残雨开斜日，新蝉发迥林。"畅诸《登观鹊楼》："逈林飞鸟上，高榭代人间。"

【迥拔】　❶高耸挺拔。裴次元《题望京山》："积高依郡城，迥拔凌霄汉。"❷高超特出。元稹《酬翰林白学士代书一百韵》："八人称迥拔，两郡滥相知。"自注："同年八人，乐天拔萃登科，予平判入等。"

【迥空】　（—kōng）　高空。元稹《春六十韵》："宿露清余霭，晴烟塞迥空。"许棠《汝州郡楼望嵩山》："不共众山同，岧峣出迥空。"

【迥飛】　高飞。谭用之《秋日圃田送人随计》："向日迥飞驹皎皎，临风谁和鹿呦呦。"

【迥野】　旷远的原野。司空曙《送魏季羔游长沙觐兄》："鹤高看迥野，蝉远入中流。"张籍《夏日可畏》："火威驰迥野，畏景铄遥途。"李体仁《飞鸿响远音》："清声流迥野，高韵入寥空。"孙頠《宿烟含白露》："迥野遥凝素，空林望已秋。"

【迥條】　犹高枝。陆敬《巫山高》："白云抱危石，玄猿挂迥条。"

【迥然】　❶卓越不群貌。岑参《虢中酬陕西甄判官赠》："夫子廊庙器，迥然青冥姿。"郭夔《九华山》："岩翠凌云出迥然，岧峣万丈倚秋天。"❷突然。杜甫《白沙渡》："迥然洗愁辛，多病一疏散。"杜荀鹤《赠张员外儿》："唤物舌头犹未稳，诵诗心孔迥然开。"

【迥翥】　高飞。李频《省试振鹭》："迥翥宜高咏，群栖入静看。"

【迥漢】　指高远的天空。汉，银河，代指天空。马戴《过故人所迁新居》："迥汉衔天阙，遥泉响御沟。"

【迥閣】　高阁。李商隐《哭遂州萧侍郎二十四韵》："迥阁伤神峻，长江极望翻。"

【迥徹】　高远清澈。刘禹锡《中秋夜临镜湖望月》："迥彻轮初满，孤明魄未侵。"白居易、刘禹锡《喜晴联句》："迥彻来双目，昏烦去四支。"

【迥臨】　远而相对。戎昱《早梅》："一树寒梅白玉条，迥临村路傍溪桥。"张祜《题苏州思益寺》："四面山形断，楼台此迥临。"武元衡《奉酬中书李相公早朝于中书候传点偶书所怀》："北极星遥拱，南山阙迥临。"汤洙《登云梯》："迥临天路广，俯眺夕阳低。"

【迥曠】　旷远。岑参《登嘉州凌云寺作》："迥旷烟景豁，阴森棕楠稠。"

迭　〔dié《广韵》徒結切，入屑，定。〕❶更递；轮流。胡浩《奉和圣制送张尚书巡边》："衮旒垂翰墨，缨蕤迭赋诗。"陈子昂《感遇诗三十八首》之十六："骄荣贵工巧，势利迭相干。"韩愈《幽怀》："但悲时易失，四序迭相侵，"刘禹锡《有僧言罗浮事因为诗以写之》："阴阳迭用事，乃俾夜作晨。"❷屡次；一个接一个。韩愈《荐士》："况承归与张，二公迭嗟悼。"徐夤《依御史温飞卿华清宫二十二韵》："五王更入帐，七贵迭封侯。"

【迭和】（—hè）互相唱和。陆龟蒙《顷自桐江得一钓车以袭美乐烟波之思因出以为玩俄辱三篇复抒酬答》之二："相呼野饭依芳草，迭和山歌逗远林。"

【迭宕】　谓性格豪迈，不受约束。储光羲《秋庭贻马九》："迭宕孔文举，风流石季伦。"

【迭奏】　交替或轮流奏乐。《郊庙歌辞·梁太庙乐舞辞·昭德舞》："笙镛迭奏，礼物荧煌。"

迮　〔zé《广韵》側迫切，入陌，莊。又則落切，入鐸，精。〕同"窄"。狭窄。杜甫《溪上》："古苔生迮地，秋竹隐疏花。"李屿《过洞庭》："势翻荆口迮，声拥岳阳浮。"

迤[1]　〔yǐ《集韵》演爾切，上紙，以。〕斜行貌。刘禹锡《韩十八侍御见示诗因令属和重以自述故足成六十二韵》："火星忽南见，月硖方东迤。"

迤[2]　〔yí《集韵》余支切，平支，以。〕见"逶迤"。

迤[3]　〔tuó《集韵》唐何切，平戈，定。〕见"迤₃迤"。

【迤延】　曲折绵延貌。张九龄《奉和圣制龙池篇》："天启神龙生碧泉，泉水灵源浸迤延。"

【迤₃迤】（—tuó）　相连貌。杜牧《赴京初入汴口晓景即事先寄兵部李郎中》："樯形栉栉斜，浪态迤迤好。"

【迤逶】　辽远貌。元结《招陶别驾家华阳作》："引望见何处，迤逶陇北川。"

【迤邐】　❶曲折连绵貌。卢鸿一《嵩山十志十首·期仙磴》："霏微阴壑兮气腾虹，迤逦危磴兮上凌空。"裴迪《青龙寺昙壁上人院集》："迤逦峰岫列，参差闾井兮。"李建勋《新竹》："参差仙子仗，迤逦羽林枪。"孟贯《江边闲步》："闲来南渡口，迤逦看江枫。"❷延伸貌。崔珏《门前柳》："将谓只栽郡楼下，不知迤逦连南津。"

迫　〔pò《广韵》博陌切，入陌，幫。〕❶逼近；接近。《郊庙歌辞·蜡百神乐章·肃和》："序迫岁阴，日躔星纪。"皎然《苕溪草堂四十三韵》："为与胜悟冥，不忧颓龄迫。"韩愈《永真行》："郎官清要为世称，荒郡迫野嗟可矜。"李绅《早渡扬子江》："地分吴楚星辰内，水迫沧溟宇宙间。"❷逼迫；强迫。杜甫《发同谷县》："奈何迫物累，一岁四行役。"孟郊《乙酉岁舍弟扶侍归兴义庄居后独止舍待替人》："兰交早已谢，榆景徒相迫。"白居易《自觉二首》之一："畏老老转迫，忧病病弥缚。"许棠《夏州道中》："不耐饥寒迫，终谁至此行。"❸催促。杜甫《戏题画山水图歌》："能事不受相促迫，王宰始肯留真迹。"白居易《秦中吟十首·重赋》："里胥迫我纳，不许暂逡巡。"又《自叹》："岂独年相迫，兼为病所侵。"❹紧急；急迫。刘长卿《李侍御河北使至东京相访》："王程遽尔迫，别恋从此始。"白居易《续古诗十首》之一："所恨薄命身，嫁迟别日迫。"❺狭小。刘长卿《送郭六侍从之武陵郡》："空怜世界迫，孤负桃源心。"参见"迫迮""迫阨"。❻困厄；窘迫。张九龄《始兴南山下有林泉尝卜居焉荆州卧病有怀此地》："幸无迫贱事，聊可袪迷襟。"李白《颍阳别元丹丘之淮阳》："尝恨迫世网，铭意俱未伸。"韦应物《郡楼春燕》："聊假一杯欢，暂忘终日迫。"白居易《续古诗十首》之八："心亦无所迫，身亦无所拘。"

【迫阨】　狭隘。韦表微《池州夫子庙麟台》诗："墙仞迫阨，崎岖阙里。"

【迫迮】　狭窄。韩愈、孟郊《秋雨联句》："蛩穴何迫迮，蝉枝扫鸣哕。"

【迫促】　❶急切。司空曙《杜鹃行》："口干垂血转迫促，似欲上诉于苍穹。"❷短促。赵冬曦《奉和张燕公早雾南楼》："雅尚骚人文，怀沙何迫促。"元结《春陵行》："更无宽大恩，但有迫促期。"

【迫脅】　威胁，威逼。李白《经乱离后天恩流夜郎赠江夏韦太守良宰》："空名适自误，迫胁上楼船。"韩愈、孟郊《征蜀联句》："迫胁闻杂驱，咿呦叫冤足跳。"

【迫蹙】　急促。李绅《姑苏台杂句》："野寺经过惧悔尤，公程迫蹙悲秋馆。"

迦　〔jiā《广韵》居伽切，平戈，見。又古牙切，平麻，見。〕见"迦葉"。

【迦陵】　"迦陵频伽"的省称。鸟名。佛经中言其声音美妙。元稹《度门寺》："佛诗迦陵说，僧行猛虎从。"

【迦葉】　❶释迦弟子以迦叶为名者五人，其摩诃迦叶波即大迦叶，最为年高德劭。释迦殁后佛教结集三藏时，他是召集人兼首座。中国禅宗以他为传承佛法的第一代祖师，西土二十八祖之始祖。王维《与胡居士皆病寄此诗兼示学人二首》之二："植福祠迦叶，求仁笑孔丘。"白居易《游悟真寺诗》："云昔迦叶佛，此地坐涅槃。"贯休《闻无相道人顺世五首》之五:"所以那老人,密传与迦叶。"❷指佛教禅宗。因迦叶被认为中国禅宗始祖,故称。杜甫《秋日夔府咏怀奉寄郑监李宾客一百韵》:"本自依迦叶,何曾藉偓佺。"

【迦旃延】 即迦旃延。古印度阿槃提国婆罗门之子,姓"大迦旃延",名"那罗陀"。原出家学外道,后从释迦出家,为其十大弟子之一。能分别诸经,善说法相,有"议论第一"之称。顾况《归阳萧寺有丁行者担水施僧况归命稽首作诗》:"阿若憍陈如,迦叶迦旃延。"

【迦摄】 印度佛僧字,为刹帝利族性。刘言史《送婆罗门归本国》:"刹利王孙字迦摄,竹锥横写叱萝叶。"

迢 〔tiáo《广韵》徒聊切,平萧,定。〕见"迢迢""迢遰"。

【迢迢】 ❶高貌。孟浩然《他乡七夕》:"谁忍窥河汉,迢迢问斗牛。"顾况《和翰林吴舍人兄弟西斋》:"迢迢蔑华嵩,乌飞晴云灭。"白居易《北亭》:"宅北倚高冈,迢迢数千尺。"曹邺《泸川寄进士刘驾》:"美人望不见,迢迢云中月。"❷道路遥远貌。杜甫《前出塞九首》之四:"迢迢万余里,领我赴三军。"权德舆《送密秀才吏部驳放后归蜀应崔大理序》:"迢迢三千里,返驾一羸车。"元稹《哀病骢呈致用》:"枥上病骢啼褭褭,江边废宅路迢迢。"裴说《喜友人再面》:"一别几寒暄,迢迢隔塞垣。"❸时间久长貌。白居易《城上对月期友人不至》:"况此迢迢夜,明月满西楼。"李频《陕下怀归》:"独夜悬归思,迢迢永漏中。"皮日休《病中美景颇阻追游因寄鲁望》:"瘿床闲卧昼迢迢,唯把真如慰寂寥。"徐铉《蒙恩赐酒旨令醉进诗以谢》:"明光殿里夜迢迢,多病逢秋自寂寥。"❹水深或水绵长貌。鲍溶《采珠行》:"擘波下去忘此身,迢迢谓海无灵神。"杜牧《寄扬州韩绰判官》:"青山隐隐水迢迢,秋尽江南草木凋。"李涉《六叹》之二:"迢迢碧甃千余尺,竟日倚阑空叹息。"❺草木深绿貌。杜牧《代人寄远六言二首》之二:"剩肯新年归否,江南绿草迢迢。"钱珝《春恨三首》之一:"负罪将军在北朝,秦淮芳草绿迢迢。"徐夤《回文诗二首》之二:"晴日海霞红霭霭,晓天江树绿迢迢。"❻愁思悠深貌。刘长卿《送常十九归嵩少故林》:"迢迢此恨杳无涯,楚泽嵩丘千里赊。"姚合《过无可僧院》:"忆师眠复起,永夜思迢迢。"李频《鄂州头陀寺上方》:"高寺上方无不见,天涯行客思迢迢。"❼舞动貌。元稹《舞腰》:"裙裾旋旋手迢迢,不趁音声自趁娇。"

【迢远】 遥远。孟云卿《古别离》:"君行本迢远,苦乐良难保。"

【迢遥】 ❶遥远貌。高适《和贺兰判官望北海作》:"迢遥溟海际,旷望沧波开。"武元衡《长安叙怀寄崔十五》:"迢遥隔山水,怅望思游子。"鲍溶《萧史图歌》:"仙路迢遥烟几重,女衣清净云三素。"李中《献乔侍郎》:"慷慨辞朝阙,迢遥涉路尘。"❷时间久长貌。张籍《献从兄》:"虚怀日迢遥,荣辱常保纯。"白居易《劝酒》:"天地迢遥自长久,白兔赤乌相趁走。"❸深;悠深。苏源明《秋夜小洞庭离谦诗》:"浮涨湖兮莽迢遥,川后礼兮扈予桡。"皎然《夏日集李司直纵溪斋》:"疏涤府中雾,迢遥湖上心。"

【迢遰】 ❶高貌。张九龄《登荆州城楼》:"层楼百余尺,迢递在西隅。"皇甫冉《送蒋评事往福州》:"登山怨迢递,临水惜芳菲。"蔡京《咏子规》:"肠断楚词归不得,剑门迢递蜀江深。"刘沧《汶阳客舍》:"迢递旧山伊水畔,破斋荒径破烟萝。"❷远貌。寒山《诗三百三首》之六:"乡国何迢递,同鱼寄水流。"孟浩然《赴京途中遇雪》:"迢递秦京道,苍茫岁暮天。"白居易《续古诗十首》之一:"伶俜独居妾,迢递长征客。"许棠《将过单于》:"并州去路殊迢递,风雨何当达近畿。"❸时间久长貌。韦应物《春宵燕万年吉少府南馆》:"河汉上纵横,春城夜迢递。"元稹《古决绝词》之三:"有此迢递期,不如死生别。"姚合《秋夜寄默然上人》:"秋深夜迢递,年长意萧疏。"温庭筠《更漏子》词之一:"柳丝长,春雨细,花外漏声迢递。"❹曲折貌。张九龄《忝官二十年尽在内职及为郡尝积恋因赋诗焉》:"白水生迢递,清风寄潇洒。"王建《早发汾南》:"青山斜不断,迢递故乡来。"许浑《留别裴秀才》:"关河迢递秋风急,望见乡山不到家。"❺连绵不断貌。李百药《秋晚登古城》:"萧森灌木上,迢递孤烟生。"武元衡《夜坐闻雨寄严十少府》:"迢递三秋梦,殷勤独夜心。"❻深;悠深。贾至《闲居秋怀寄阳翟陆赞府封丘高少府》:"舣舟临清川,迢递愁思长。"卢纶《送郭判官赴振武》:"凄凉金管思,迢递玉人愁。"姚合《送家兄赴任昭义》:"别离浮世事,迢递长年情。"刘沧《寄远》:"蕙心迢递湘云暮,兰思萦回楚水流。"

迨 〔dài《广韵》徒亥切,上海,定。〕及、赶上;到达。崔知贤《三月三日宴王明府山亭》序:"岂若天地交泰,朝野欢娱,元巳迨辰。"韦应物《春月观省属城始憩东西林精舍》:"因时省风俗,布惠迨高年。"白居易《读张籍古乐府》:"始从青衿岁,迨此白发新。"王贞白《春日咏梅花》:"靓妆才罢粉痕新,迨晓风回散玉尘。"

【迨及】 等到。《永淳中童谣》:"迨及八九月,狗吠空垣墙。"

【迨今】 至今。张九龄《酬周判官见贻之作兼呈耿广州》:"唯昔迁乐土,迨今已重世。"权德舆《拜昭陵过咸阳墅》:"乃葺场圃事,迨今三四年。"柳宗元《构法华寺西亭》:"弃逐久枯槁,迨今始开颜。"白居易《烹葵》:“忆昔荣遇日,迨今穷退时。”

【迨此】　至此时或至此地。陈子昂《同宋参军之问梦赵六赠卢陈二子之作》:“前期许幽报,迨此尚茫茫。”储光羲《题辛道士房》:“迨此远南楚,遂令思北游。”孟浩然《家园卧疾毕太祝曜见寻》:“平生重交结,迨此令人疑。”白居易《高仆射》:“清风久销歇,迨此向千载。”

【迨兹】　至此时或至此地。张九龄《奉和圣制谒玄元皇帝庙斋》:“迨兹事追远,轮奂复增鲜。”韦应物《登郡寄京师诸季淮南子弟》:“迨兹闻雁后,重忆别离秋。”又《复理西斋寄丘员外》:“迨兹已一周,怅望临春风。”孟郊《南阳公请东樱桃亭子春讌》:“常恐遗秀志,迨兹广讌陈。”

六　画

迺　〔nǎi《广韵》奴亥切,上海,泥。〕❶用于判断句子,相当于“是”。韦应物《送陆侍御》:“英声颇籍甚,交辟迺时珍。”❷连词。表承接。于是。顾况《上古之什补亡训传十三章·燕于巢一章》:“胤迺征之,彝伦九畴。”柳宗元《视民诗》:“迺定天子,迺定万国。”詹敦仁《柳堤诗》序:“既当收敛暇余,迺且呼童削其繁冗,伐其朽蠹。”❸助词。无义。王勃《倬彼我系》之一:“迺武迺文,或公或侯。”魏征《五郊乐章·雍和》:“迺诚迺敬,载享载禋。”韦应物《答令狐侍郎》:“一凶迺一吉,一是复一非。”《郊庙歌辞·周宗庙乐舞辞·明德舞》:“迺圣迺神,知微知彰。”

迴　〔huí《广韵》户恢切,平灰,匣。又胡對切,去隊,匣。〕❶返回;掉转。宗楚客《奉和幸上阳宫侍宴应制》:“向夕迴雕辇,佳气满岩泉。”杨凝《送别》:“暂下云峰能几日,却迴烟驾驭春风。”韩愈《广宣上人频见过》:“学道穷年何所得,吟诗竟日未能迴。”刘沧《秋夕山斋即事》:“雁飞关塞霜初落,书寄乡闾人未迴。”❷旋转;翻转。杜审言《奉和七夕侍宴两仪殿应制》:“天迴兔欲落,河旷鹊停飞。”王翰《饮马长城窟行》:“壮士挥戈迴白日,单于濺血染朱轮。”李白《独酌清溪江石上寄权昭夷》:“举杯向天笑,天迴日西照。”又《长门怨二首》之一:“天迴北斗挂西楼,金屋无人萤火流。”❸运转;循环。见“迴環❶”。❹环绕;围绕。柳中庸《春思赠人》:“绮罗迴锦陌,弦管入花江。”崔峒《宿禅智寺上方演大师院》:“竹窗迴翠壁,苔径入寒松。”段文昌《晚夏登张仪楼呈院中诸公》:“远岫林端出,清波城下迴。”李观《御沟新柳》:“御沟迴广陌,芳柳对行人。”❺迂回,曲折。李白《金陵三首》之二:“地拥金陵势,城迴江水流。”岑参《白雪歌送武判官归京》:“山迴路转不见君,雪上空留马行处。”杜甫《野老》:“野老篱前江岸迴,柴门不正逐江开。”徐铉《泰州道中却寄东京故人》:“风紧雨凄凄,川迴岸渐低。”❻避让。于濆《季夏逢朝客》:“避路迴绮罗,迎风嘶騕袅。”❼改易;转变。孟郊《惜古》:“名迴不敢辨,心转实是难。”❽量词。表示动作的次数。梁锽《天长节》:“日月生天久,年年庆一迴。”王之涣《凉州词二首》之二:“单于北望拂云堆,杀马登坛祭几迴。”元稹《放言五首》之五:“两迴左降须知命,数度登朝何处荣。”罗隐《裴庶子除太仆卿因贺》:“应笑马安虚巧宦,四迴迁转始为卿。”

【迴天】　旧以皇帝为天,故喻谏止皇帝改变意志。白居易《和答诗十首·和思归乐》:“虽有迴天力,挠之终不倾。”

【迴日】　归来之日。郎士元《送李骑曹之灵武宁侍》:“新鸿引寒色,迴日满京城。”张祜《江南作》:“客泪收迴日,乡心寄落潮。”温庭筠《苏武庙》:“迴日楼台非甲帐,去时冠剑是丁年。”河北士人《寄内诗》:“试留青黛著,迴日画眉看。”

【迴中】　道路名。即关中平原通往陇东高原的交通要道。南起千河河谷,北出萧关,抵清水河谷,途经古回中宫。西汉元封四年(前 107)武帝自雍县经回中道北出萧关。胡曾《咏史诗·迴中》诗即咏此事。

【迴水】　倒流之水。鲍溶《李夫人歌》:“爱之欲其生又死,东流万代无迴水。”

【迴手】　反掌。杜牧《华清宫三十韵》:“玩兵师汉武,迴手倒干将。”

【迴文】　❶指编织物上回旋曲折的纹理。鲍溶《夏日怀杜悰驸马》:“迴文地簟龙鳞浪,交锁天窗蝉翼纱。”张友正《锦带佩吴钩》:“彩缕迴文出,雄芒练影浮。”❷指回文诗。王维《达奚侍郎夫人寇氏挽词二首》之一:“遗挂空留壁,迴文日覆尘。”窦巩《从军别家》:“如今便是征人妇,好织迴文寄窦滔。”李绅《过梅里七首·忆西湖双鸂鶒》:“东家少妇机中语,剪断迴文泣机杼。”皮日休《临顿宅将有归于之日鲁望以诗见贻因抒怀酬之》:“共老林泉忍暂分,此生应不识迴文。”

【迴文詩】　十六国时前秦窦滔久戍不归,其妻苏蕙思夫心切,织锦为《回文旋图诗》以赠。凡 840 字,纵横反复皆成章句,词甚哀惋。见《晋书·列女传·窦滔妻苏氏》。后用以指抒发别情,怀念远人的诗作。徐铉《梦游三首》之三:“因思别后闲窗下,织得迴文几首诗。”亦指以一定形式排列,回环往复均可诵读之诗。徐夤有《迴文诗二首》。

【迴文錦】　织有回文诗的锦。元稹《春别》:“肠断迴文锦,春深独自看。”参见“迴文詩”。

【迴心】　回头,改变心意。寒山《诗三百三首》之二一二:“回心即是佛,莫向外头看。”成都醉道士《示胡二郎歌》卷八六二:“感君恩义言方苦,火急迴心求出路。”

【迴去】 从别处到原来的地方去。徐铉《送彭秀才》:“满袖新诗好迴去,莫随骚客醉林泉。”皮日休《访寂上人不遇》:“须将二百签迴去,得得支公恐隔年。”曹松《九江暮春书事》:“明朝迴去雁,谁向北郊逢。”

【迴互】 回环交错。高适《自淇涉黄河途中作十三首》之六:“归意方浩然,云沙更迴互。”杜甫《宿花石戍》:“四序本平分,气候何迴互。”元稹《秋堂夕》:“炎凉正迴互,金火郁相乘。”温庭筠《感旧陈情五十韵献淮南李仆射》:“缇幕深迴互,朱门暗接连。”又《题友人池亭》:“月榭风亭绕曲池,粉垣迴互瓦参差。”

【迴生】 使死人复活。李商隐《寓怀》:“草为迴生种,香缘却死熏。”

【迴汀】 曲折的州渚。李商隐《细雨》:“萧洒傍迴汀,依微过短亭。”韦庄《思归》:“红垂野岸樱还熟,绿染迴汀草又芳。”陆龟蒙《和胥口即事》:“目送迴汀隐隐,心随挂鹿摇摇。”许浑《朱坡故少保杜公池亭》:“杜陵池馆绮城东,孤岛回汀路不穷。”

【迴帆】 归舟,乘船返回。杜甫《回棹》:“顺浪翻堪倚,迴帆又省牵。”

【迴年】 归来之年。周贺《送杨岳归巴陵》:“悲君唯此别,不肯话迴年。”

【迴向】 佛教语。谓回转自己的功德,趋向众生和佛果。寒山《诗三百三首》之一五九:“我法妙难思,天龙尽迴向。”

【迴合】 ❶聚合;汇合。刘希夷《公子行》:“马声迴合青云外,人影动摇绿波里。”李端《巫山高》:“迴合云藏月,霏微雨带风。”❷环绕;迂回曲折。席豫《江行纪事二首》之一:“飘飖任舟楫,迴合傍江津。”元结《游石溪示学者》:“长山势迴合,井邑相萦带。”元结《暮秋》:“看著墙西日又沉,步廊迴合戟门深。”

【迴舟】 犹回船。徐安贞《题襄阳图》:“岘山思驻马,汉水忆迴舟。”包何《婺州留别邓使君》:“迴舟映沙屿,未远剩相思。”

【迴車】 掉转车头。李白《赠宣城宇文太守兼呈崔侍御》:“回车避朝歌,掩口去盗泉。”白居易《偶题邓公》:“偶因携酒寻村客,聊复回车访薜萝。”陆龟蒙《奉酬袭美苦雨四声重寄三十二句·平去声》:“回车诛群奸,自散万籁怒。”

【迴步】 回转脚步,回去。李端《雨后游辋川》:“自知无路去,回步就人烟。”

【迴岑】 曲折回环的小山。李贺《溪晚凉》:“层岫回岑复叠龙,苦篁对客吟歌筒。”

【迴身】 转身。李白《送长沙陈太守二首》之二:“定王垂舞袖,地窄不迴身。”

【迴厓】 曲折的山崖。李白《庐山谣寄卢侍御虚舟》:“香炉瀑布遥相望,迴厓沓嶂凌苍苍。”

【迴來】 归来。刘希夷《死马赋》:“愿君迴来乡山道,道傍青青饶美草。”

【迴金】 犹点石成金。王建《照镜》:“摇白方多错,迴金法不全。”

【迴波詞】 亦作“迴波樂”。乐府曲名。每句六言,第一句用“迴波尔时”四字起,故名。后亦为舞曲。《全唐诗》卷八六九载杨廷玉和中宗朝优人《迴波词》各一首。亦省作“迴波”。李希仲《东皇太一词》:“迴波送神曲,云雨满潇湘。”

【迴奏】 回来呈奏。孙頠《送薛大夫和蕃》:“当书外垣传,迴奏赤墀前。”

【迴面】 转脸。白居易《裴常侍以题蔷薇架十八韵见示因广为三十韵以和之》:“乍见疑迴面,遥看误断肠。”

【迴迴】 每次。杜牧《寄远人》:“终日求人卜,迴迴道好音。”

【迴星】 回旋运转的星。李贺《天上谣》:“天河夜转漂迴星,银浦流云学水声。”

【迴思】 ❶改变想法。包融《和陈校书省中玩雪》:“能令草玄者,迴思入流风。”❷回想。袁皓《及第后作》:“蓬莱乍接神仙侣,江海迴思耕钓人。”

【迴看】 回过头来看。李绅《姑苏台杂句》:“江浦迴看鸥鸟没,碧峰斜见鹭鸶飞。”无可《赋得望远山送客归》:“归客秋风里,迴看伤别情。”刘长卿《从军六首》之一:“迴看虏骑合,城下汉兵稀。”梁琼《昭君怨》:“迴看父母国,生死异胡尘。”

【迴風】 旋风。岑参《首春渭西郊行呈蓝田张二主簿》:“迴风度雨渭城西,细草新花踏作泥。”郎士元《湘夫人二首》之二:“桂酒神降时,迴风江上秋。”李绅《宿瓜州》:“冲浦迴风翻宿浪,照沙低月敛残潮。”吴融《御沟十六韵》:“迴风还潋潋,和月更悠悠。”

【迴首】 ❶回头;回头看。杜甫《送陵州路使君赴任》:“秋天正摇落,迴首大江滨。”郑锡《陇头别》:“登陇人迴首,临关马顾群。”陆龟蒙《奉和袭美太湖诗二十首·入林屋洞》:“眷恋玉碣文,行行但迴首。”钱珝《江行无题一百首》之二:“岘山迴首望,如别故乡人。”❷回想;回忆。独孤及《庚子岁避地至玉山酬韩司马所赠》:“枉君灞陵什,迴首徒酸辛。”姚合《寄安陆友人》:“想君登此兴,迴首念飘蓬。”

【迴軍】 调动军队。李嘉祐《和袁郎中破贼后经剡县山水上太尉》:“剪寇人皆贺,迴军马自嘶。”

【迴紇】 (—hé)亦作“迴鶻”。我国古代北方少数民族名。匈奴之别支。戎昱《所杜山人弹胡笳》:

“迴鹘数年收洛阳，洛阳士女皆驱将。”白居易《新乐府·阴山道》：“藕丝蛛网三丈余，回纥诉称无用处。”贯休《寿春进祝圣七首·守在四夷》：“阇婆香似雪，迴鹘马如林。”

【迴馬】 打马回头。张蠙《赠别山友》：“旧山迴马见，寒瀑别家闻。”

【迴换】 改易，变换。顾况《悲歌一》：“今人昔人共长叹，四气相催节迴换。”

【迴軒】 犹回车。窦庠《金山行》：“琼楼菌阁纷明媚，曲槛回轩深且邃。”玄宗《春台望》：“周庐徼道纵横转，飞阁迴轩左右长。”李商隐《明禅师院酬从兄见寄》：“斯游傥为胜，九折幸迴轩。”顾非熊《铜雀妓》：“迴轩叶正落，寂寞听秋风。”

【迴恩】 转施恩宠。元稹《将进酒》：“愿主迴恩归主母，遣妾如此由主父。”

【迴針】 弯针，曲针。无名氏《杂诗》之四（卷七八五）：“迴针刺到双飞处，忆著征夫泪数行。”

【迴舫】 驾舟返回。白居易有《杭州迴舫》。

【迴席】 让席示敬。刘长卿《献淮宁军节度使李相公》：“渔阳老将多迴席，鲁国诸生半在门。”欧阳詹《咏德上韦检察》：“英豪愿迴席，蛮貊皆屈膝。”

【迴旆】 回师。杨凭《寄别》：“回旆转舟行数里，歌声犹自逐清湘。”

【迴流】 ❶倒流。白居易《浔阳春三首·春去》：“百川未有迴流水，一老终无却少人。”李昌符《赠别》：“莫道江波话离别，江波一去不回流。”吕岩《别诗二首》之二：“三宫自有迴流法，万物那无连用方。”❷回旋或倒流的水流。孙逖《江行有怀》：“飞席乘风势，迴流荡日晖。”张祜《题虎丘寺》：“轻棹驻迴流，门登西虎丘。”

【迴梯】 迂回曲折的楼梯。韦庄《秦妇吟》：“须臾四面火光来，欲下迴梯梯又摧。”

【迴雪】 雪花回旋飞舞。喻女子舞姿轻盈优美。张子容《九日陪润州邵使君登北固山》：“凌云词客语，迴雪舞人娇。”白居易《新乐府·胡旋女》：“弦鼓一声双袖举，迴雪飘飖转蓬舞。”温庭筠《郭处士击瓯歌》：“兰钗委坠垂云发，小响丁当逐迴雪。”公乘亿《春风扇微和》：“舞席潜迴雪，歌筵暗起尘。”

【迴眸】 ❶转动眼珠，流盼。杨衡《长门怨》：“望望昭阳信不来，迴眸独掩红巾泣。”又《白纻歌二首》之二：“芳姿艳态妖且妍，迴眸转袖暗催弦。”杜牧《旧游》：“盼眄迴眸远，纤衫整髻迟。”陆龟蒙《奉和袭美太湖诗二十首·缥缈峰》：“举首隔青冥，迴眸聊下视。”❷回顾。元稹《阳城驿》：“送我不出户，决我不迴眸。”李洞《出山睹春榜》：“迴眸旧行侣，免使负嵩樵。”

【迴略】 迂回包抄。杜甫《塞芦子》：“迴略大荒来，崤函盖虚尔。”

【迴船】 掉转船头，驾船返回。崔国辅《中流曲》：“渡口水流急，回船不自由。”杜甫《与鄠县源大少府宴渼陂》：“无计迴船下，空愁避酒难。”

【迴旋】 ❶盘旋；转动。赵冬曦《灉湖作》：“适来飞棹共迴旋，已复扬鞭恣行乐。”卢纶《宴席赋得姚美人拍筝歌》：“忽然高张应繁节，玉指迴旋若飞雪。”白居易《游悟真寺诗》：“拂檐虹霏微，绕栋云迴旋。”李咸用《升天行》：“空中龙驾时迴旋，左云右鹤翔翩联。”❷回转，回来。李白《赠宣城宇文太守兼呈崔侍御》：“含笑问使君，日晚可迴旋。”

【迴望】 回头远望。李绅《宿瓜州》：“烟昏水郭津亭晚，迴望金陵若动摇。”李商隐《偶成转韵七十二句赠四同舍》：“韩公堆上跋马时，迴望秦川树如荠。”刘沧《赠天台隐者》：“迴望一巢悬木末，独寻危石坐岩中。”李郢《送人之岭南》：“迴望长安五千里，刺桐花下莫淹留。”

【迴眷】 回头看。引申为眷顾，看重。李白《江夏寄汉阳辅录事》：“报国有壮心，龙颜不迴眷。”

【迴渚】 曲折的水中小洲。房琯《题汉州西湖》：“结宇依迴渚，水中信可居。”

【迴视】 回头看。白居易《杏园中枣树》：“寄言游春客，乞君一回视。”李商隐《戊辰会静中出胎同志二十韵》：“三山诚迴视，九州扬一尘。”

【迴寄】 寄回。齐己《送卢说乱后投知己》：“舟中有新作，迴寄示慵疏。”

【迴期】 归期。朱庆余《韩协律相送精舍读书四韵奉寄呈陆补阙》：“到处无闲日，迴期已隔年。”

【迴散】 回旋飘散。玄宗《温汤对雪》：“白雪乍迴散，同云何惨烈。”

【迴棹】 驾船返回。张祜《送刘韶秀才江陵归宁》：“出告游方是素辞，喜君迴棹不逾时。”

【迴雁】 ❶飞归之雁。刘长卿《送李秘书却赴南中》：“独逢迴雁去，犹作旧行飞。”又《送舍弟之鄱阳居》：“南去逢迴雁，应怜相背飞。”李绅《寿阳罢郡日有诗十首与追怀不殊今编于后兼纪瑞物·入淮至盱眙》：“寄谢云帆疾飞鸟，莫夸迴雁卷轻毛。”❷指回雁峰。李商隐《送千牛李将军赴阙五十韵》：“异县期迴雁，登时已饭鲭。”

【迴雁峯】 衡山七十二峰之一。峰势如雁回转，又传雁至此而止，遇春而回。元稹《哭吕衡州六首》之五：“迴雁峰前雁，春回迟却回。”李绅《逾岭峤止荒陬抵高要》：“衡山截断炎方北，迴雁峰南瘴烟黑。”衡州舟子《吟》：“堪嗟迴雁峰前过，望断家山一字无。”齐己有《迴雁峰》。

【迴雁處】 指迴雁峰。刘长卿《自江西归至旧任官舍赠袁赞府》："湘路来过迴雁处，江城卧听捣衣时。"

【迴雲】 行云。钱起《晚次宿预馆》："迴云随去雁，寒露滴鸣蛩。"

【迴跋】 转向；往回走。元稹《望云骓马歌》："人人共恶难迴跋，潜遣飞龙减刍秣。"曹唐《小游仙诗九十八首》之五："白龙蹀躞难迴跋，争下红绡碧玉鞭。"

【迴遑】 眩惑而恐惧。孟郊《赠别崔纯亮》："君心与我怀，离别俱迴遑。"张籍《祭退之》："来候不得宿，出门每迴遑。"

【迴策】 回鞭，掉转马头。张九龄《登南岳事毕谒司马道士》："将命祈灵岳，迴策诣真士。"

【迴廊】 回环曲折的走廊。钱起《静夜酬通上人问疾》："惊蝉出暗柳，微月隐迴廊。"张继《游灵岩》："风满迴廊飘坠叶，水流绝涧泛秋花。"李正封《夏游招隐寺暴雨晚晴》："山僧引清梵，幡盖绕迴廊。"李商隐《日射》："迴廊四合掩寂寞，碧鹦鹉对红蔷薇。"

【迴翔】 ❶盘旋飞翔；回旋。李白《拟古十二首》之二："行人皆踯躅，栖鸟起迴翔。"韦应物《汉武帝杂歌三首》之一："欲来不来夜未央，殿前青鸟先迴翔。"崔枢《齐优开笼飞去所献楚王鹄》："惠心先巧辩，戢羽见迴翔。"陈陶《和容南韦中丞题瑞亭白燕白鼠六眸龟嘉莲》："迴翔雪侣窥檐处，照映红巢出水时。"❷喻指任职或施展才华。白居易《和梦得》："郎署迴翔何水部，江湖留滞谢宣城。"无可《寄殿院薛侍御》："迴翔历清院，弹奏迥离班。"

【迴湍】 回旋的急流。李冶《从萧叔子听弹琴赋得三峡流泉歌》："迴湍曲濑势将尽，时复滴沥平沙中。"

【迴落】 谓草木春夏回生繁荣，秋冬衰落枯萎。李端《鲜于少府宅看花》："迴落报荣衰，交关斗红紫。"

【迴遠】 曲折悠远。于兴宗《夏杪登越王楼临涪江望雪山寄朝中知友》："山乱江迴远，川清树欲秋。"

【迴塘】 ❶曲折的水池。韦应物《南塘泛舟会元六昆季》："端居倦时燠，轻舟泛迴塘。"朱庆余《南湖》："湖上微风小槛凉，翻翻菱荇满迴塘。"李绅《忆登栖霞寺峰》："迴塘彩鹢来，落景标林嵥。"刘兼《梦归故园》之二："旧馆秋寒夜梦长，水帘疏影入迴塘。"❷曲折的堤岸。李绅《新楼诗二十首·灵妃桥》："灵妃桥边多感伤，分明湖派绕迴塘。"

【迴想】 回想，想过去的事。卢纶《七夕诗》："迴想敛余睇，人天俱是愁。"

【迴照】 ❶反照。李商隐《灯》："固应留半焰，迴照下帏羞。"马戴《府试水始冰》："暗沾霜稍厚，迴照日还轻。"❷夕照。郑昉《人不易知》："无令见瞻后，迴照复云疲。"

【迴遝】 回环杂遝。李渤《南溪诗》序："其玉池井岚，飘迴遝交错。"

【迴艇】 驾船返回。孟浩然《登鹿门山》："探讨意未穷，回艇夕阳晚。"

【迴腰】 舞曲名。元稹《舞腰》："未必诸郎知曲误，一时偷眼为《迴腰》。"

【迴腸】 ❶喻愁苦、悲痛之情郁结于内，辗转不解。李商隐《初起》："想像咸池日欲光，五更钟后更迴肠。"又《留赠畏之》："中禁词臣寻引领，左川归客自迴肠。"许浑《题愁》："聚散竟无形，迴肠百结成。"薛能《行路难》："对面如千里，迴肠似七盘。"❷形容歌舞、文章等十分感人。韩愈《刘生诗》："妖歌慢舞烂不收，倒心迴肠为青眸。"

【迴溪】 回曲的溪流。李白《送温处士归黄山白鹅峰旧居》："迴溪十六度，碧嶂尽晴空。"崔备《清溪路中寄诸公》："偏郡隔云岑，迴溪路更深。"

【迴斡】 ❶回旋。孟郊《连州吟》之三："斗水正迴斡，倒流安可禁。"❷变化。陆龟蒙《奉酬袭美先辈吴中苦雨一百韵》："甘心付天壤，委分任迴斡。"

【迴塵】 回归。黄滔《喜翁文尧员外病起》："迴尘却惆怅，归阙难迟迟。"

【迴輪】 犹回车。李端《关山月》："迴轮照海远，分彩上楼长。"

【迴影】 回转身影。李端《题郑少府林园》："枥马方迴影，池鹅正理毛。"

【迴潮】 指回落的潮水。马戴《楚江怀古三首》之三："阴霓侵晚景，海树入回潮。"王贞白《随计》："归期无定日，乡思羡回潮。"

【迴駕】 谓车马回行。皇甫冉《奉和独孤中丞游法华寺》："苍生望已久，迴驾独依然。"鲍溶《怀仙二首》之一："虞宫礼成后，迴驾仙风顺。"李建勋《宫词》："君王一去不迴驾，皓齿青峨空断肠。"

【迴橈】 （—ráo） 掉转船头，改变航向。钱起《游襄阳泉石晚归》："游目随山胜，迴桡爱浦长。"李商隐《五言述德抒情诗一首四十韵献上杜七兄仆射相公》："移席牵缃蔓，迴桡扑绛英。"

【迴頭】 ❶把头转向后方。皇甫冉《渔子沟寄赵员外裴补阙》："相望知不见，终是屡迴头。"白居易《春游》："迴头问妻子，应怪春游频。"李商隐《曲池》："张盖欲判江滟滟，迴头更望柳丝丝。"又《槿花二首》之二："迴头问残照，残照更空虚。"❷回来，回转。张祜《将之会稽先寄越中知友》："三年此路却迴头，认得湖山是旧游。"

【迴遷】 回来。王湾《晚春诣苏州敬赠武员外》："迴迁翊元圣，入拜伫惟良。"

【迴踵】 回归。张祜《投魏博李相国三十二韵》：

"发号方迴踵,归农务散兵。"

【迴邅】 ❶徘徊不进。陆敬《游隋故都》:"彷徨不忍去,杖策屡迴邅。"❷回旋,环绕。赵冬曦《奉酬燕公见归田赋垂赠之作》:"楚云何掩郁,湘水亦迴邅。"

【迴憶】 回想。苏味道《始背洛城秋郊瞩目奉怀台中诸侍御》:"回忆披书地,劳歌谢所钦。"

【迴縈】 回旋萦绕。李白《忆旧游寄谯郡元参军》:"三十六曲水迴萦,一溪初入千花明。"

【迴燈】 重新掌灯。白居易《琵琶引》:"移船相近邀相见,添酒迴灯重开宴。"

【迴薄】 ❶循环变化。骆宾王《畴昔篇》:"意气风云倏如昨,岁月春秋屡迴薄。"刘允济《经庐岳回望江州想洛川有作》:"宏阜自郁盘,高标复迴薄。"柳宗元《游朝阳岩遂登西亭二十韵》:"开旷延阳景,迴薄攒林梢。"❷萦绕。李白《寻阳紫极宫感秋作》:"迴薄万古心,揽之不盈掬。"

【迴環】 ❶周而复始;循环。韩愈《刘生诗》:"天星迴环数才周,文学穰穰囷仓稠。"李贺《河南府试十二月乐词·闰月》:"帝重光,年重时,七十二候迴环推。"❷回旋;旋转。孟郊《过分水岭》:"十步九举辔,迴环失西东。"李商隐《燕台四首·秋》:"但闻北斗声迴环,不见长河水清浅。"❸反复;来回。白居易《醉后赠人》:"香球趁拍迴环匼,花盏抛巡取次飞。"皮日休《太湖诗·桃花坞》:"将洞任迴环,把云恣披拂。"❹环绕。白居易《题岐王旧山池石壁》:"树深藤老竹迴环,石壁重重锦翠斑。"张祜《入潼关》:"都城三百里,雄险此迴环。"李朋《奉酬绵州中丞以江山小图远垂赐及兼寄诗》:"巴江与雪山,井邑共迴环。"

【迴轄】 回车。韩愈《答张彻》:"日驾此迴辖,金神所司刑。"

【迴輿】 回车。李白《流夜郎半道承恩放还兼欣克复之美书怀示息秀才》:"迴舆入咸京,席卷六合通。"苗晋卿《奉和圣制早登太行山中言志》:"喜气迴舆合,祥风入旆轻。"

【迴臉】 转过脸。元稹《代九九》:"迴脸莲初破,低蛾柳并垂。"

【迴避】 避让;躲开。白居易《和微之诗二十三首·和知非》:"劝君虽老大,逢酒莫迴避。"薛能《平阳寓怀》:"墙花此日休迴避,不是当时恶少年。"陆龟蒙《偶作》:"也知愁病堪迴避,争奈流莺唤起来。"郑谷《郊野戏题》:"唯忧野叟相迴避,莫道侬家是汉郎。"

【迴燭】 掌灯。张正元《冬日可爱》:"余辉如可就,迴烛幸无私。"

【迴騎】 返回的车骑。无名氏《送薛大夫和蕃》卷七八七:"秋杪迎迴骑,无劳枉梦魂。"

【迴櫂】 即回棹。驾船返回。杜甫有《迴棹》。白居易《杭州迴舫》:"欲将此意凭迴棹,报与西湖风月知。"

【迴轉】 ❶环绕。萧颖士《□□□赵载同游焦湖夜归作》:"遥岫逢应接,连塘乍迴转。"❷循环变化;运转。元稹《乐府古题·人道短》:"天道昼夜迴转不曾住,春秋冬夏忙。"贾岛《寄丘儒》:"此心镇悬悬,天象固迴转。"❸辗转。唐彦谦《汉代》:"鲜明临晓日,迴转度春宵。"

【迴瞻】 犹回望。寒山《诗三百三首》之二一九:"迴瞻郊郭外,古墓犁为田。"卢纶《宿石瓮寺》:"迴瞻相好因垂泪,苦海波涛何日平。"韦应物《酒肆行》:"迴瞻丹凤阙,直视乐游苑。"无名氏《至墨斋海奉怀郭煌知己》:"迴瞻云岭外,挥涕独咨嗟。"

【迴歸】 返回。司空曙《送王尊师归湖州》:"莫学辽东华表上,千年始欲一回归。"

【迴簷】 曲折的廊檐。萧颖士《有竹一篇七章》之三:"迴檐幽砌,如翼如齿。"

【迴飄】 回旋飘散。罗隐《中元夜泊淮口》:"木叶迴飘水面平,偶因孤棹已三更。"

【迴巒】 曲折的山峦。颜真卿《刻清远道士诗因而继作》:"中岭分双树,迴峦绝四邻。"

【迴飆】 旋转的狂风。李颀《弹棋歌》:"迴飙转指速飞电,拂四取五旋风花。"李白《与诸公送陈郎将归衡阳》:"迴飙吹散五峰雪,往往飞花落洞庭。"韦应物《感梦》:"绵思霭流月,惊魂飒迴飙。"又《慈恩伽蓝清会》:"平荷随波泛,迴飙激林响。"

【迴鶻】 见"迴紇"。

【迴顧】 回头;回头看。郭震《子夜四时歌六首·秋歌》:"邀欢宽伫立,望美频迴顾。"裴迪《辋川集二十首·文杏馆》:"南岭与北湖,前看复迴顾。"白居易《西楼独立》:"路人迴顾应相怪,十一年来见此翁。"李商隐《回中牡丹为雨所败二首》之二:"前溪舞罢君迴顾,并觉今朝粉态新。"王贞白《洛阳道》:"唯恐著鞭迟,谁能更迴顾。"

【迴灘】 曲折流急的河道。岑参《早上五盘岭》:"松疏露孤驿,花密藏迴滩。"

【迴鑣】 犹回马。镳,用以钳马口,古称勒,俗称嚼子。许棠《题甘露寺》:"浮生自多事,无计免迴镳。"亦指返归的车驾。权德舆《酬冯监拜昭陵回途中遇雨见示》:"曙霞迎夙驾,零雨湿迴镳。"

【迴觀】 环视。四顾。皮日休《太湖诗》序:"尔后以文事造请,于是南浮至二别,涉洞庭,迴观敷浅源,登庐阜,济九江,由天柱抵霍岳。"

【迴鑾】 指帝王或后妃车驾外出返回。萧华《扈从回銮应制》:"仍开旧驰道,不记昔迴銮。"李商隐《次陕州先寄源从事》:"迴銮佛寺高多少,望尽黄河一曲无。”

追¹ 〔zhuī《广韵》陟隹切，平脂，知。〕❶追逐；追赶。王维《瓜园诗》：“携手追凉风，放心望乾坤。”戴叔伦《敬报孙常州二首》之一：“衰病苦奔走，未尝追旧游。”刘禹锡《和陈许王尚书酬白少傅侍郎长句因通简汝洛旧游之什》：“寥廓高翔不可追，风云失路暂相随。”白居易《早冬游王屋偶吟成章寄温谷周尊师中书李相公》：“飘然世尘外，鸾鹤如可追。”❷跟随；追随。孟浩然《彭蠡湖中望庐山》：“久欲追尚子，况兹怀远公。”刘禹锡《送韦秀才道冲赴制举》：“故侣不可追，凉风日已寒。”独孤良弼《上巳接清明游宴》：“上巳欢初罢，清明赏又追。”亦用以指效仿。钱起《送张五员外东归楚州》：“他日诏书下，梁鸿安可追。”白居易《酬裴相公题兴化小池见招长句》：“山公倒载无妨学，范蠡扁舟未要追。”❸赶得上；比配。苏颋《赠司徒豆卢府君挽词》：“宠赠追胡广，亲临比贺循。”李商隐《韩碑》：“公之斯文不示后，曷与三五相攀追。”周昙《咏史诗·六朝门·梁武帝》：“不求贤德追尧舜，翻作忧囚一病翁。”❹回忆；追念。张荐《享文恭太子庙乐章》：“追劳表德，罢享宾天。”武元衡《酬李十一尚书西亭暇日书怀见寄十二韵之作》：“方追故山事，岂谓台阶留。”翁承赞《文明殿受册封闽王》：“吟寄短篇追往事，留文功业不寻常。”❺追悔；后悔。王建《公无渡河》：“妇人无力挽断衣，舟沉身死悔难追。”孟郊《秋怀》之十一：“将死始前悔，前悔不可追。”刘叉《勿执固寄韩潮州》：“来恨不可遏，去悔何足追。”❻补救；挽回。张九龄《郡舍南有园畦杂树聊以永日》：“却步园畦里，追吾野逸心。”韩愈《东都遇春》：“既去焉能追，有来犹莫骋。”吕温《道州南楼换柱》：“蚁入不足恤，柱倾何可追。”白居易《和答诗十首·和阳城驿》：“道州既已矣，往者不可追。”❼事后补行。窦叔向《贞懿皇后挽歌三首》之一：“礼逊生前贵，恩追殁后荣。”于鹄《饯司农宋卿立太尉碑了还江东》：“追立新碑日，怜君苦一身。”❽寻求；追求。太宗《帝京篇十首》之五：“芳辰追逸趣，禁苑信多奇。”朱庆余《和刘补阙秋园寓兴之什十首》之一：“闲园清气满，新兴日堪追。”❾索取。无名氏《五言诗》之五：“追车即与车，须马即与马。”❿召见。杜审言《泛舟送郑卿入京》：“帝坐蓬莱殿，恩追社稷臣。”

追² 〔duī《集韵》都回切，平灰，端。〕通“雕”。雕琢。见“追₂琢”。

【追兵】 谓征召、调集军队。陈子昂《赠赵六贞固二首》之一：“回中烽火入，塞上追兵起。”刘希夷《将军行》：“黄尘塞路起，走马追兵急。”

【追昔】 追忆往事。李德裕《清冷池怀古》：“追昔赋文雅，从容游上才。”

【追招】 追随和招引。张籍《祭退之》：“追招不隔日，继践公之堂。”

【追奔】 ❶追击逃敌。卢照邻《结客少年场行》：“追奔瀚海北，战罢阴山空。”王贞白《少年行二首》之二：“追奔铁马走，杀虏宝刀讹。”❷追赶，追逐。韩愈《秋怀诗十一首》之八：“鸣声若有意，颠倒相追奔。”又《和侯协律咏笋》：“深潜如避逐，远去若追奔。”

【追和】 （—hè） 后人和前人的诗作。刘禹锡《吐绶鸟词》序：“滑州牧尚书李公以吐绶鸟词见示，兼命继声。盖尚书前为御史时所作，有翰林二学士同赋之，今所谓追和也。”李德裕有《追和太师颜公同清远道士游虎丘寺》。皮日休有《追和虎丘寺清远道士诗》和《追和幽独君诗次韵》。徐夤有《追和白舍人咏白牡丹》。

【追念】 回忆。王绩《薛记室收过庄见寻率题古意以赠》：“追念甫如昨，奄忽成空虚。”

【追服】 丧期过后补行服丧。于鹄《哭刘夫子》：“痛心曾受业，追服恨无亲。”

【追赴】 犹追赶。戴叔伦有《岁除日奉推事使牒追赴抚州辨对同赋人字口号》。

【追風】 ❶骏马名。晋崔豹《古今注·鸟禽》：“秦始皇有七名马：追风、白兔、蹑景、犇电、飞翮、铜爵、神凫。”亦泛指名马。韩翃《送田仓曹汴州觐省》：“玉杯分湛露，金勒借追风。”刘禹锡《裴令公见示诮乐天寄奴买马绝句斐言仰和且戏乐天》：“常奴安得似方回，争望追风绝足来。”张祜《爱妾换马》：“绮阁香销华厩空，忍将行雨换追风。”罗虬《比红儿诗》之二六：“莫言一匹追风马，天骥牵来也不看。”❷形容马行疾速。杜甫《遣兴五首》之二：“此日千里鸣，追风可君意。”曹唐《病马五首呈郑校书章三吴十五先辈》之五：“王良若许相抬策，千里追风也不难。”张随《敕赐三相马》：“顾主声犹发，追风力正全。”毛文锡《接贤宾》词：“信穿花，从拂柳，向九陌追风。”❸追随前人的风尚。牛峤《登陈拾遗书台览杜工部留题慨然成咏》：“逸足拟追风，祥鸾已铩翮。”

【追風驃】 骏马名。马黄白色曰骠。杜甫《徒步归行》：“妻子山中哭向天，须公枥上追风骠。”参见“追風❶”。

【追飛】 谓禽鸟相逐而飞。许敬宗《冬日宴于庶子宅各赋一字得归》：“倦游嗟落拓，短翮慕追飞。”钱起《病鹤篇》：“何时白雾卷青天，接影追飞太液前。”温宪《春鸠》：“行乐花时节，追飞见亦频。”

【追思】 追念，回想。韩愈《岳阳楼别窦司直》：“追思南渡时，鱼腹甘所葬。”李绅《南梁行》：“追思感叹郤昏迷，霜鬓愁吟到晓鸡。”孟宾于《潘溪怀古》：“谁更怀韬术，追思古渡头。”

【追討】　犹追寻。杜牧《赴京初入汴口晓景即事先寄兵部李郎中》："什伍持津梁，澒涌争追讨。"

【追悔】　犹后悔。李白《悲歌行》："秦家李斯早追悔，虚名拨向身之外。"白居易《戊申岁暮咏怀三首》之三："万一差池似前事，又应追悔不抽簪。"同谷子《五子之歌》："五子既歌邦已失，一场前事悔难追。"

【追敍】　对往事的述说。徐铉《奉和宫傅相公怀旧见寄四十韵》："尽日凝思殊怅望，一章追叙信精研。"

【追牽】　追逼。李山甫《山中病后作》："时序追牵从鬓改，蝉声酸急是谁催。"

【追惜】　追忆往事而叹惜。舒元舆《八月五日中部官舍读唐历天宝已来追怆故事》："正当天宝末，抚事坐追惜。"

【追涼】　乘凉，纳凉。李吉甫《夏夜北园节事寄门下武相公》："避暑依南庑，追凉在北轩。"杜甫《羌村》："忆昔好追凉，故绕池边树。"白居易《何处堪避暑》："何处好追凉，池上随风舟。"白居易《宴散》："小宴追凉散，平桥步月回。"

【追陪】　追随，伴随。韩愈《奉酬卢给事荷花行见寄并呈上钱七兄阁老张十八助教》："上界真人足官府，岂如散仙鞭笞鸾凤终日相追陪。"元稹《酬白太傅》："官冷且无事，追陪慎莫忘。"吴融《酬僧》："闻说近郊寒尚绿，登临应待一追陪。"水神《霅溪夜宴诗》之六："自怜休退五湖客，何幸追陪百谷王。"

【追逐】　❶追赶；追击。张九龄《和黄门卢监望秦始皇陵》："黔首无寄命，赭衣相追逐。"王维《冬日游览》："鸡鸣咸阳中，冠盖相追逐。"刘禹锡《同乐天和微之深春二十首》之十五："追逐同游伴，平章贵价车。"白居易《秋日与张宾客舒著作同游龙门醉中狂歌凡二百三十八字》："商岭老人自追逐，蓬丘逸士相逢迎。"❷跟随；追随。鱼玄机《暮春即事》："安能追逐人间事，万里身同不系舟。"白居易《洛中春游呈诸亲友》："经过旧邻里，追逐好交亲。"李廓《长安少年行》之二："追逐轻薄伴，闲游不著绯。"花蕊夫人徐氏《宫词》之二四："内家追逐采莲时，惊起沙鸥两岸飞。"❸追求。齐己《送玉泉道者回山寺》："应悲尘土里，追逐利名僧。"

【追$_2$琢】　雕琢；雕刻。追，通"雕"。《诗·大雅·棫朴》："追琢其章，金玉其相。"毛传："追，雕也。金曰雕，玉曰琢。"皎然《灵澈上人何山寺七贤石诗》："集质患追琢，表顽用磷缁。"引申为培养、造就。韩愈、孟郊《纳凉联句》："此志且何如，希君为追琢。"贾岛《寄李钧侍郎》："追琢垂今后，敦庞得古初。"

【追朝】　（—cháo）　跟随朝谒。白居易《连雨》："仍闻蕃客见，明日欲追朝。"

【追復】　犹恢复。元结《补乐歌十首》序："今国家追复纯古，列祠往帝。"

【追尊】　为死者追加尊号。丘光庭《补新宫》序："武王克殷之后，谥之曰文，追尊为王。"

【追悲】　追忆往事而悲伤。孟郊《品松》："追悲谢灵运，不得殊常封。"

【追尋】　❶跟踪寻找。崔峒《寄上礼部李侍郎》："追寻恨无路，唯有梦中思。"张籍《送杨州判官》："应得烟霞出俗心，茅山道士共追寻。"李远《失鹤》："碧落有情应怅望，青天无路可追寻。"王仁裕《放猿》："放尔丁宁复故林，旧来行处好追寻。"❷追逐游玩。刘禹锡《洛中早春赠乐天》："期君当此时，与我恣追寻。"❸追忆，回想。元稹《寄乐天》："闲夜思君坐到明，追寻往事倍伤情。"李群玉《送处士自番禺东游便归苏台别业》："归屿未云寂，还家应追寻。"

【追閒】　追逐游玩。杜牧《偶游石盎僧舍》："任㬅偶追闲，逢幽果遭适。"

【追想】　犹回想。刘禹锡《和杨师皋给事伤小姬英英》："见学胡琴见艺成，今朝追想几伤情。"卢汝弼《薄命妾》："君恩已断尽成空，追想娇欢恨莫穷。"齐己《乱中闻郑谷吴延保下世》："长安已涂炭，追想更凄然。"

【追電】　追赶电光。喻疾速。曹唐《病马五首呈郑校书章三吴十五》之四："追电有心犹款段，逢人相骨强嘶号。"

【追感】　回忆往事而产生感想。李德裕有《重过列子庙追感顷年自淮服与居守王仆射同题于庙壁因书四韵奉寄》。

【追游】　❶追随游览；寻胜而游。韦应物《再游西郊渡》："水曲一追游，游人重怀恋。"白居易《秦中吟十首·歌舞》："所营唯第宅，所务在追游。"宣宗《幸华严寺》："今日追游何所似，莫惭汉武赏汾中。"罗隐《秋日汴河客舍酬友人》："梁宋追游早岁同，偶然违别事皆空。"❷追随游宦。顾况《酬漳州张九使君》："无阶承明庭，高步相追游。"杜牧《送刘三复郎中赴阙》："横溪辞寂寞，金马去追游。"

【追遠】　祭祀尽虔诚。以追念先人。语出《论语·学而》："慎终追远。"邢昺疏："追远者，远谓亲终既葬，日月已远也，孝子感时念亲，追而祭之，尽其敬也。"张九龄《奉和圣制谒玄元皇帝庙斋》："追兹事追远，轮奂复增鲜。"

【追愴】　回忆往事而悲怆。舒元舆有《八月五日中部官舍读唐历天宝已来追怆故事》。

【追榮】　为死者追赠恩荣。权德舆《哭刘四尚书》："命赐龙泉重，追荣密印陈。"

【追賞】　追随游赏。德宗《九月十八赐百僚追赏因书所怀》："懿此秋节时，更延追赏情。"长孙佐辅《闻韦驸马使君迁拜台州》："旌旆拥追赏，歌钟催献酬。"朱庆余《省试晦日与同志昆明池泛舟》："自省曾追赏，无如此日情。"郑蕡《春台晴望》："追赏层台迥，登临四望频。"

【追歎】 追溯往事而感叹。张九龄《秋晚登楼望南江入始兴郡路》："内顾觉今是，追叹何时平。"

【追錫】 死后封赐。权德舆《伏蒙十六叔寄示喜庆感怀三十韵因献之》："命书备追锡，迹远道不伸。"

【追餞】 追送饯行。张九龄《初发道中赠王司马兼寄诸公》："追饯扶江介，光辉烛里闾。"杜甫《涪江泛舟送韦班归京》："追饯同舟日，伤春一水间。"

【追憶】 回忆，回想。李商隐《锦瑟》："此情可待成追忆，只是当时已惘然。"

【追隨】 跟随。王昌龄《留别岑参兄弟》："追随探灵怪，岂不骄王侯。"杜甫《送顾八分文学适洪吉州》："追随二十载，浩荡长安醉。"白居易《独树浦雨夜寄李六郎中》："忽忆两家同里巷，何曾一处不追随。"杜荀鹤《题田翁家》："州县供输罢，追随鼓笛喧。"

【追蹤】 追随，效法。柳宗元《法华寺石门精舍三十韵》："蓄志徒为劳，追踪将焉仿。"丘丹《奉使过石门瀑布》序："虽不足克绍祖德，追踪昔贤，盖造奇怀感之志也。"

【追攀】 ❶追随牵挽。(1)形容惜别。杜甫《遣兴五首》之五："昔在洛阳时，亲友相追攀。"韦应物《送令狐岫宰恩阳》："贤豪争追攀，饮饯出西京。"又《答崔都水》："卜居又依仁，日夕正追攀。"(2)表示哀悼。韩愈《大行皇太后挽歌词三首》之三："追攀万国来，警卫百神陪。"孟郊《吊卢殷》之一："羞见入地时，无人叫追攀。"❷追随攀登。李白《游泰山六首》之三："踌躇忽不见，浩荡难追攀。"杜甫《秋日荆南送石首薛明府辞满告别奉寄薛尚书颂德叙怀斐然之作三十韵》："降集翻翔凤，追攀绝众狙。"韩愈《八月十五夜赠张功曹》："同时辈流多上道，天路幽险难追攀。"李翱《赠毛仙翁》："从此便教尘骨贵，九霄云路愿追攀。"❸追随，跟随。孟浩然《广陵别薛八》："风帆明日远，何处更追攀。"阎防《夕次鹿门山作》："庞公嘉遁所，浪迹难追攀。"赵嘏《华州座中献卢给事》："自是追攀认知己，青云不假送迎人。"郑谷《次韵和秀上人长安寺居言怀寄渚宫禅者》："唯恐兴来飞锡去，老郎无路更追攀。"

【追攜】 追随，相携。韦庄《信州西三十里山名仙人余因行役过其下聊赋是诗》："岩峦互吞吐，岭岫相追携。"

【追懷】 回忆，追念。李绅《悲善才》："惆怅追怀万事空，雍门感慨徒为尔。"又《上家山》："况复白头人，追怀空望望。"羊士谔《乾元初赋诗十四韵刻于石壁》："追怀王谢侣，更似会稽岑。"

【追歡】 犹寻欢。杜甫《九日登梓州城》："追欢筋力异，望远岁时同。"窦巩《江陵遇元九李六二侍御纪事书情呈十二韵》："梦想何曾间，追欢未省违。"李益《与宣供奉携瘿尊归杏溪园聊句》："追欢君适性，独饮我空口。"白居易《追欢偶作》："追欢逐乐少闲时，补贴平生得事迟。"

迴

见"廻"。

逅

〔hòu《广韵》胡遘切，去候，匣。〕不期而遇。见"邂逅"。

逃

〔táo《广韵》徒刀切，平豪，定。〕❶逃亡；逃跑。戴叔伦《桂阳北岭偶过野人所居聊书即事呈王永州邕李道州圻》："不记逃乡里，居然长子孙。"白居易《新乐府·缚戎人》："蕃候严兵鸟不飞，脱身冒死奔逃归。"温庭筠《病中书怀呈友人》："顽童逃广柳，羸马卧平芜。"许棠《秋日陪校书游玉泉》："尘间喧与闷，须向此中逃。"❷逃避，躲避。杜甫《飞仙阁》："浮生有定分，饥饱岂可逃。"韩愈《送灵师》："齐民逃赋役，高士著幽禅。"孟郊《寒地百姓吟》："霜吹破四壁，苦痛不可逃。"齐己《咏影》："万物患有象，不能逃大明。"❸离开；背离。韦应物《答令狐侍郎》："孰能逃斯理，亮在识其微。"

【逃亡】 逃走流亡。亦指逃走流亡之人。高适《过卢明府有赠》："奸猾唯闭户，逃亡归种田。"聂夷中《咏田家》："不照绮罗筵，只照逃亡屋。"

【逃户】 逃亡外地的住户。薛能有《题逃户》。

【逃名】 逃避声名。李白《雉子斑》："善卷让天子，务光亦逃名。"戎昱《赠韦况征君》："身欲逃名名自随，凤衔丹诏降茅茨。"白居易《重题》之三："匡庐便是逃名地，司马仍为送老官。"李玖《喷玉泉冥会诗八首·白衣叟途中吟二首》之二："厌世逃名者，谁能答姓名。"

【逃兵】 逃避兵灾。唐彦谦《题证道寺》："记得逃兵日，门多贵客车。"

【逃相】 (—xiàng) 战国时齐於陵仲子居楚，楚王闻其贤，欲聘为相，仲子不从，偕妻逃去，为人灌园为生。事见晋皇甫谧《高士传·陈仲子》。后因以为不仕之典。张九龄《九月九日登龙山》："灌园亦何为，于陵乃逃相。"李德裕《近于伊川卜山居聊赋此诗兼寄上浙东元相公大夫使求青田胎化鹤》："既非逃相地，乃是故侯园。"

【逃俗】 避离尘俗。孟郊《石淙》之七："搜胜有闻见，逃俗无踪蹊。"

【逃秦】　避秦。泛称避乱。麹信陵《移居洞庭》："重林将叠嶂，此处可逃秦。"

【逃逝】　逃跑。韦应物《始至郡》："斯民本乐生，逃逝竟何为。"

【逃殺】　逃避殺戮。陆龟蒙《奉酬袭美先辈吴中苦雨一百韵》："天地如有知，微妖岂逃杀。"

【逃席】　宴会中途不辞而去。元稹《黄明府诗》序："有一人后至，频犯语令，连飞十二觥，不胜其困，逃席而去。"又《酬翰林白学士代书一百韵》："逃席冲门出，归倡借马骑。"张祜《投常州从兄中丞》："邀妓思逃席，留宾命倒缸。"

【逃移】　逃离。吕岩《七言》之三六："摆动乾坤知道力，逃移生死见功程。"

【逃情】　隐瞒真实情况。仲子陵《秦镜》："妍媸定可识，何处更逃情。"

【逃堯】　谓隐居不仕。典出晋皇甫谧《高士传·许由》："尧让天下于许由……不受而逃去。啮缺遇许由曰：'子将奚之？'曰：'将逃尧。'"钱起《题温处士山居》："颍上逃尧者，如何此养真。"严维《赠别刘长卿时赴河南严中丞幕府》："匡时知已老，圣代耻逃尧。"李商隐《览古》："回头一吊箕山客，始信逃尧不为名。"

【逃暑飲】　即避暑饮。意谓夏日醉酒，以避一日之暑。见《初学记》卷三引三国魏曹丕《典论》："大驾都许，使光禄大夫刘松北镇袁绍军，与绍子弟日共宴饮，常以三伏之际，昼夜酣饮，极醉，至于无知。云以避一时之暑，故河朔有避暑饮。"后指醉饮。玄宗《端午三殿宴群臣探得神字》序："厨人尝散热之馔，酒正行逃暑之饮。"

【逃遁】　逃亡遁逸。吴筠《高士咏·韩康》："逃遁从所尚，萧萧绝尘轨。"

【逃暑】　避暑；消暑。孟浩然《张七及辛大见寻南亭醉作》："纳凉风飒至，逃暑日将倾。"玄宗《端午三殿宴群臣探得神字》序："厨人尝散热之馔，酒正行逃暑之饮。"

【逃禍】　避难。杨巨源《赠侯侍御》："逃祸栖蜗舍，因醒解豸簪。"

【逃亂】　逃难。李峤《宝剑篇》："避灾朝穿晋帝屋，逃乱夜入楚王城。"

【逃學】　逃避学习。韦庄《下邽感旧》："曾为看花偷出郭，也因逃学暂登楼。"

【逃禪】　❶逃出禅戒。杜甫《饮中八仙歌》："苏晋长斋绣佛前，醉中往往学逃禅。"❷遁世而参禅。牟融《题寺壁》："闻道此中堪遁迹，肯容一榻学逃禅。"

【逃難】　（一nàn）　避难，逃避灾难、祸害等。司空图《重阳山居》："此身逃难入乡关，八度重阳在旧山。"又《歌者十二首》之五："十年逃难别云林，暂辍狂歌且听琴。"胡曾《咏史诗·圯桥》："庙算张良独有余，少年逃难下邳初。"韦庄《自孟津舟西上雨中作》："百口寄安沧海上，一身逃难绿林中。"

迹　〔jì《广韵》資昔切，入昔，精。〕亦作"跡""蹟"。❶脚印，足迹。杜甫《赠李白》："苦乏大药资，山林迹如扫。"陈润《送骆征君》："马留苔藓迹，人脱薜萝衣。"❷形迹。杜甫《寄岳州贾司马六丈巴州严八使君两阁老五十韵》："陇外翻投迹，渔阳复控弦。"又《屏跡三首》之三："衰颜甘屏迹，幽事供高卧。"善生《送玉禅师》："飘然无定迹，迥与律乘违。"白居易《对酒五首》之三："丹砂见火去无迹，白发泥人来不休。"❸回忆。裴大章《恩赐魏文贞公诸孙旧第以导直臣》："迹往伤遗事，恩深感直声。"

迸　〔bèng《广韵》北諍切，去諍，幫。〕❶逃逸。元稹《春分投简阳明洞天作》："驯鸥眠浅濑，惊雉迸平芜。"陆龟蒙《读〈阴符经〉寄鹿门子》："五贼忽迸逸，万物争崩奔。"❷涌出；喷射。杨凝《送客归湖南》："情来偏似醉，泪迸不成流。"白居易《琵琶引》："银瓶乍破水浆迸，铁骑突出刀枪鸣。"王毂《暑日题道边树》："火轮迸焰烧长空，浮埃扑面愁朦朦。"刘瑶《暗别离》："翠轩辗云轻遥遥，燕脂泪迸红线条。"❸冒出；顶破。李颀《篱笋》："迸出依青嶂，攒生伴绿池。"白居易《春末夏初闲游江郭二首》之一："林迸穿篱笋，藤飘落水花。"贾岛《田将军书院》："笋迸邻家还长竹，地经山雨几层苔。"杜荀鹤《游茅山》："石面迸出水，松头穿破云。"❹蹦；跳。顾非熊《天河阁到啼猿阁即事》："岩狖牵垂果，湍禽接迸鱼。"朱庆余《看涛》："风雨驱寒玉，鱼龙迸上波。"温庭筠《和沈参军招友生观芙蓉池》："珠坠鱼迸浅，影多凫泛迟。"韦庄《泛波阳湖》："迸鲤似棱投远浪，小舟如叶傍斜晖。"❺飘；飞。刘禹锡《酬乐天小亭寒夜有怀》："斜风闪灯影，迸雪打窗声。"白居易《游悟真寺诗》："雪迸起白鹭，锦跳惊红鳝。"孟郊《寒溪》："篙工槌玉星，一路随迸萤。"

【迸水】　❶奔腾的水流。骆宾王《晚渡黄河》："通波连马颊，迸水急龙门。"杜审言《度石门山》："石门千仞断，迸水落遥空。"亦指涌出的泉水。王维《过乘如禅师萧居士嵩丘兰若》："迸水定侵香案湿，雨花应共石床平。"❷从高处泻落的水。杜牧《华清宫三十韵》："迸水倾瑶砌，疏风罅玉房。"

【迸火】　飞溅的火星。孟郊《酬郑毗踯躅咏》："迸火烧闲地，红星堕青天。"杨衡《宿陟岵寺云律师院》："宿禽讵相保，迸火烟欲失。"

【迸竹】　猛长的竹子。白居易《别桥上竹》："穿桥迸竹不依行，恐碍行人被损伤。"许棠《重归江南》："回潮迷古渡，迸竹过邻墙。"

【迸泉】　喷涌的泉水。李颀《听董大弹胡笳声兼寄语弄房给事》:“迸泉飒飒飞木末,野鹿呦呦走堂下。”杜甫《杜鹃》:“身病不能拜,泪下如迸泉。”皎然《观李中丞洪二美人唱歌轧筝歌》:“美人矜名曲不误,蹙响时时如迸泉。”周贺《赠道人》:“布褐高眠石窦春,迸泉多溅黑纱巾。”

【迸空】 洒向空中。杜甫《白帝城最高楼》:“杖藜叹世者谁子,泣血迸空回白头。”

【迸星】 飞起的火星。温庭筠《烧歌》:“迸星拂霞外,飞烬落阶前。”

【迸珠喷玉】 喷洒珠玉。喻泉水喷溅。贯休《春游凉泉寺》:“一到凉泉未拟归,迸珠喷玉落阶墀。”

【迸射】 指急速连射之箭。孟郊《寄洺州李大夫》:“鸟巢忧迸射,鹿耳骇惊闻。”

【迸流】 喷涌流淌。张昭《夜吟窦巩集追思夷门题处已三稔矣凄然感兴书之》:“浮生瞥电人何在,怀旧伤心泪迸流。”

【迸泪】 泪水奔涌。贾宗《旅泊江津言怀》:“自然堪迸泪,非是泣途穷。”亦指奔涌的泪水。杜牧《为人题赠二首》之二:“避人匀迸泪,拖袖倚残晖。”

【迸落】 ❶散落。王建《酬柏侍御闻与韦处士同游灵台寺见寄》:“瀑布当寺门,迸落衣裳秋。”牛殳《琵琶行》:“一弹决破真珠囊,迸落金盘声断续。”❷连续落下。李白《行行游且猎篇》:“弓弯满月不虚发,双鸧迸落连飞髇。”鲁收《怀素上人草书歌》:“风声吼烈随手起,龙蛇迸落空壁飞。”杜甫《醉为马坠诸公携酒相看》:“骑马忽忆少年时,散蹄迸落瞿塘石。”

【迸筍】 破土猛长的竹笋。岑参《范公丛竹歌》:“为君成阴将蔽日,迸笋穿阶踏还出。”刘禹锡《和牛相公南溪醉歌见寄》:“渚蒲抽芽剑脊动,岸荻迸笋锥头铦。”姚合《题宣义池亭》:“迸笋揎阶起,垂藤压树偏。”罗隐《杜处士新居》:“迸笋穿行径,饥雏出坏巢。”

【迸濕】 指下微雨。薛能《春雨》:“迸湿消尘虑,吹风触疾颜。”

【迸溜】 (—liù) 雨水奔泻貌。姚合《酬任畴协律夏中苦雨见寄》:“散空烟漠漠,迸溜竹修修。”

【迸濺】 向四周飞溅。吕岩《七言》之三六:“红炉迸溅炼金英,一点灵珠透室明。”

【迸點】 溅落的雨点。张籍《和李仆射雨中寄卢严二给事》:“迸点时穿牖,浮沤欲上阶。”

【迸瀉】 水流奔泻。王毂《吹笙引》:“水泉迸泻急相续,一束宫商裂寒玉。”

【迸籜】 谓笋破壳而长成竹。柳宗元《巽公院五咏·苦竹桥》:“迸箨分苦节,轻筠抱虚心。”

【迸灑】 散落。刘商《姑苏怀古送秀才下第归江南》:“兴来下笔到奇景,瑶盘迸洒蛟人珠。”

送 〔sòng《广韵》蘇弄切,去送,心。〕❶送行,送别。耿湋《送王闰》:“相送临汉水,怆然望故关。”戴叔伦《柳花歌送客往桂阳》:“夹岸纷纷送君去,鸣棹孤寻到何处。”白居易《听歌六绝句·离别难》:“绿杨陌上送行人,马去车回一望尘。”李郢《画鼓》:“尝闻画鼓动欢情,及送离人恨鼓声。”❷输送;递送。韦承庆《凌朝浮江旅思》:“天晴上初日,春水送孤舟。”刘禹锡《酬令狐相公六言见寄》:“今日便令歌者,唱兄诗送一杯。”白居易《听歌六绝句·想夫怜》:“玉管朱弦莫急催,容听歌送十分杯。”李涉《再宿武关》:“关门不锁寒溪水,一夜潺湲送客愁。”❸传送。赵嘏《风蝉》:“风蝉旦夕鸣,伴夜送秋声。”李昌符《赠春游侣》:“密林多暗香,轻吹送余芳。”鱼玄机《暮春即事》:“香飘罗绮谁家席,风送歌声何处楼。”和凝《临江仙》词之二:“肌骨细匀红玉软,脸波微送春心。”❹推荐。杜甫《古柏行》:“不露文章世已惊,未辞剪伐谁能送。”❺推送,自后使物向前。韩愈《赠刘师服》:“匙抄烂饭稳送之,合口软嚼如牛呞。”❻打发,排遣。杜甫《水槛遣心二首》之一:“浅把涓涓酒,深凭送此生。”又《江畔独步寻花七绝句》之三:“报答春光知有处,应须美酒送生涯。”❼馈赠。杜甫《春日江村五首》之四:“邻家送鱼鳖,问我数能来。”

【送古迎今】 送走古代迎接现代。欧阳澥《咏燕上主司郑愚》:“翩翩双燕画堂开,送古迎今几万回。”

【送目】 远眺。李嘉祐《蒋山开善寺》:“看心兼送目,葭菼自依依。”黄滔《送陈樵下第东归》:“送目红蕉外,来期已杳然。”

【送老】 养老。杜甫《秦州杂诗二十首》之十四:“何时一茅屋,送老白云边。”白居易《花酒》:“为报洛城花酒道,莫辞送老二三年。”又《春来频与李二宾客郭外同游因赠长句》:“风光引步酒开颜,送老消春嵩洛间。”李商隐《杜工部蜀中离席》:“美酒成都堪送老,当垆仍是卓文君。”

【送似】 送与、送给。韩愈《谁氏子》:“谁其亲友能哀怜,写吾此诗持送似。”

【送行】 (—xíng) ❶送人离去。杜甫《新安吏》:“送行勿泣血,仆射如父兄。”❷饯行。薛能《送从兄之太原副使》:“都门送行处,青紫骑纷纷。”

【送車】 送行之车。王维《送熊九赴任安阳》:“送车盈灞上,轻骑出关东。”

【送別】 送行。崔国辅《今别离》:“送别未能旋,相望连水口。”皎然《送大宝上人归楚山》:“厌上乌桥送别频,湖光烂熳望行人。”白居易《劝酒十四首·何处难忘酒七首》之六:“何处难忘酒,青门送别多。”徐铉《送钟德林郎中赴东府诗·得酒》:“今朝将送别,他日是忘忧。”

【送迎】 送往迎来。刘禹锡《乐天少傅五月长斋广延缁徒谢绝文友坐成睽间因以戏之》:“五月长斋戒,深居绝送迎。”牟融《写意二首》之二:“萧萧华发满头生,深远蓬门倦送迎。”姚合《题长安薛员外水阁》:“政暇招闲客,唯将酒送迎。”赵嘏《华州座中献卢给事》:“送迎皆到三峰下,满面烟霜满马尘。”

【送春】 送别春天。苏味道《单于川对雨二首》之二:“飞雨欲迎旬,浮云已送春。”白居易《送春归》:“杜鹃花落子规啼,送春何处西江西。”杜牧《残春独来南亭因寄张祜》:“高枝百舌犹欺鸟,带叶梨花独送春。”

【送故迎新】 指送旧岁,迎新年。徐铉《除夜》:“寒灯耿耿漏迟迟,送故迎新了不欺。”

【送秋】 送别秋天。戴叔伦《送郎士元》:“黄叶蝉吟晚,沧江雁送秋。”

【送客】 送别亲故。王维《哭祖六自虚》:“送客哀难进,征途泥复前。”杜甫《遣兴五首》之五:“送客东郊道,遨游宿南山。”姚合《武功县中作三十首》之九:“秋凉送客远,夜静咏诗多。”

【送神】 古代祭神,祭毕送之使去,谓之“送神”。李希仲《东皇太一词》:“迴波送神曲,云雨满潇湘。”李嘉祐《夜闻江南人家赛神因题即事》:“听此迎神送神曲,携觞欲吊屈原祠。”包佶有《祀雨师乐章·送神》。

【送酒】 典出《宋书·陶潜传》:“〔潜〕尝九月九日无酒,出宅边菊丛中坐久,值〔王〕弘送酒至,即便就酌,醉而后归。”后作为重阳典实。岑参《行军九日思长安故园》:“强欲登高去,无人送酒来。”李嘉祐《答泉州薛播使君重阳日赠酒》:“共知不是浔阳郡,那得王弘送酒来。”

【送終】 长辈亲属临终,晚辈在其身旁照料。亦泛称为死者办理丧事。寒山《诗三百三首》之八:“庄子说送终,天地为棺椁。”韦应物有《送终》。任翻《哭友人》:“送终时有雪,归葬处无云。”

【送款】 传送情意。语出南朝梁王僧孺《咏姬人》:“何因送款款,半饮杯中醁。”骆宾王《代女道士王灵妃赠道士李荣》:“许辈多情偏送款,为问春花几时满。”

【送喜】 报喜。杜甫《奉贺阳城郡王太夫人》:“卫幕衔恩重,潘舆送喜频。”薛能《鄜州进白野鹊》:“不忧云路填河远,为对天颜送喜忙。”

【送葬】 送死者遗体下葬。王建《送阿史那将军安西迎旧使灵榇》:“单于送葬还垂泪,部曲招魂亦道名。”白居易《元相公挽歌词三首》之三:“送葬万人皆惨澹,反虞驷马亦悲鸣。”刘言史《北原情三首》之三:“卜地起孤坟,全家送葬去。”杜牧《哭韩绰》:“平明送葬上都门,绋翣交横逐去魂。”

【送鈎】 古代一种游戏。又称藏钩。李商隐《无题二首》之一:“隔座送钩春酒暖,分曹射覆蜡灯红。”

【送遠】 送别远去的亲故。刘长卿《重阳日鄂城楼送屈突司直》:“登高复送远,惆怅洞庭秋。”钱起《送张员外出牧岳州》:“台上鸳鸾争送远,岳阳云树待行春。”

【送窮】 古代驱送穷鬼(穷神)的一种风俗。其时日多有不同。有以正月晦日为送穷日者。见韩愈《送穷文》(《全唐文》卷七八七)。姚合《晦日送穷三首》之一:“万户千门看,无人不送穷。”

【送還】 归还。王梵志《诗》之三八:“借物莫交索,用了送还他。”

【送餞】 饯行。李商隐《及第东归次灞上却寄同年》:“下苑经过劳相像,东门送饯又差池。”

迷

〔mí《广韵》莫兮切,平齊,明。〕❶迷惑,辨别不清。《说文·辵部》:“迷,或也。”杜甫《无家别》:“近行止一身,远去终转迷。”岑参《宿铁关西馆》:“塞迥心常怯,乡遥梦亦迷。”白居易《新乐府·凶宅》:“我今题此诗,欲悟迷者胸。”黄滔《忆庐山旧游》:“纵有重游日,烟霞会恐迷。”❷昏沉;昏迷。钱起《崔十四宅问候》:“晓日早莺啼,江城旅思迷。”权德舆《中书夜直寄赠》:“通籍在金闺,怀君百虑迷。”李绅《新楼诗二十首·望海亭》:“夕岚明灭江帆小,烟树苍茫客思迷。”胡权《济川》:“心迷沧海上,目断白云边。”❸沉醉;沉迷;迷恋。殷遥《友人山亭》:“一见桃花发,能令秦汉迷。”窦牟《史馆候别蒋拾遗不遇》:“千门万户迷,伫立月华西。”许棠《投徐端公》:“穷吴迷钓业,大汉事贫游。”韦庄《信州西三十里山名仙人城下有月岩聊赋是诗》:“玉皇恣游览,到此神应迷。”❹媚惑,使迷恋。卢象《戏赠邵使君张郎》:“能迷张公子,不许时相见。”参见“迷邦”。❺迷失道路;辨不清方向。《韩非子·解老》:“凡失其所欲之路而妄行者之谓迷,迷则不能至于所欲至矣。”刘长卿《秦系家事获谤诗以赠之》:“初迷武陵路,复出孟尝门。”戴叔伦《边城曲》:“尘沙晴天迷道路,河水悠悠向东去。”吕温《同舍弟恭岁暮寄晋州李六协律三十韵》:“几年困方枘,一旦迷多岐。”赵嘏《平戎》:“冰横晓渡胡兵合,雪满穷沙汉骑迷。”❻丧失,丢失。齐己《春草》:“金谷园应没,夫差国已迷。”温庭筠《春江花月夜词》:“蛮弦代写曲如语,一醉昏昏天下迷。”❼通“彌”。弥漫;布满;遮掩。杜甫《送灵州李判官》:“血战乾坤赤,氛迷日月黄。”戴叔伦《吊畅当》:“朔雪恐迷新冢草,秋风愁老故山薇。”周贺《入静隐寺途中作》:“乱云迷远寺,入路认青松。”温庭筠《过华清宫二十二韵》:“御案迷萱草,天袍妒石榴。”

【迷人】 ❶迷途之人;糊涂人。寒山《诗三百三首》之八三："时时方丈内，将用指迷人。"雍陶《送契玄上人南游》："病客思留药，迷人待说禅。"萼岭书生《示边洞元》："拟将剑法亲传授，却为迷人未有缘。"❷迷惑人；使人分辨不清。白居易《新乐府·古冢狐》："假色迷人犹若是，真色迷人应过此。"李商隐《无愁果有愁曲北齐歌》："白杨别屋鬼迷人，空留暗记如蚕纸。"❸令人迷恋。李商隐《寄恼韩同年二首》之二："龙山晴雪凤楼霞，洞里迷人有几家。"温庭筠《偶题》："微风和暖日鲜明，草色迷人向渭城。"伊梦昌《题攸县司空观仙台》："惟有松杉空弄月，更无云鹤暗迷人。"

【迷下蔡】　战国楚宋玉《登徒子好色赋》："东家之女，增之一分则太长，减之一分则太短；著粉则太白，施珠则太赤；眉如翠羽，肌如白雪，腰如束素，齿如含贝；嫣然一笑，惑阳城，迷下蔡。"后以状写女子美貌。吴融《即席十韵》："城堪迷下蔡，台合上姑苏。"温庭筠《春暮宴罢寄宋寿先辈》："苏小风姿迷下蔡，马卿才调似临邛。"

【迷川】　犹迷津。李白《春日归山寄孟浩然》："金绳开觉路，宝筏度迷川。"

【迷方】　❶迷失方向。语出南朝梁刘勰《文心雕龙·哀吊》："虽有通才，迷方告控。"周振甫注："唐写本'告'作'失'。迷失方向，失去控制。"祖咏《扈从御宿池》："谁念迷方客，长怀魏阙情。"储光羲《敬酬陈掾亲家翁秋夜有赠》："昼游还荆吴，迷方客咸秦。"钱起《登复州南楼》："行李迷方久，归期涉岁赊。"韩愈《秋怀诗十一首》之六："丧怀若迷方，浮念剧含梗。"❷佛教语。指令人迷惑的某种境界；迷津。李白《秋日登扬州西灵塔》："玉毫如可见，于此照迷方。"皎然《晚春寻桃源观》："全觉此身离俗境，玄机亦可照迷方。"

【迷心】　迷惑的心。孟浩然《陪姚使君题惠上人房》："迷心应觉悟，客思未遑宁。"

【迷失】　辨不清方向，走错道路。张祜《过金陵》："生前此路已迷失，寂寞孤魂何处游。"

【迷花】　迷恋花草。李白《赠孟浩然》："醉月频中圣，迷花不事君。"又《梦游天姥吟留别》："千岩万转路不定，迷花倚石忽已暝。"

【迷邪】　迷误邪妄。寒山《诗三百三首》之二〇四："只为主人不了绝，遂招迁谢逐迷邪。"

【迷邦】　《论语·阳货》："怀其宝而迷其邦，可谓仁乎？"何宴集解引马融曰："言孔子不仕，是怀其宝也；知国不治而不为政，是迷邦也。"后以指隐居不仕。孟浩然《送席大》："惜尔怀其宝，迷邦倦客游。"贾岛《送令狐绹相公》："困坂思回顾，迷邦辄问津。"

【迷舟】　迷失方向的船只。孟郊《分水岭别夜示从弟寂》："别泉万余曲，迷舟独难行。"

【迷津】　❶迷失津渡；迷路。孟浩然《南还舟中寄袁太祝》："桃源何处是，游子正迷津。"戎昱《晚次荆江》："雨暗迷津时，云生望乡处。"吕温《孟冬蒲津关河亭作》："息驾非穷途，未济岂迷津。"罗隐《过废江宁县》："我亦有心无处说，等闲停棹似迷津。"❷佛教语。指迷妄的境界。拾得《诗》之八："嗟见世间人，永劫在迷津。"王维《与胡居士皆病寄此诗兼示学人二首》之一："洗心讵悬解，悟道正迷津。"贯休《题大安寺通禅师院》："寄语迷津者，来兹问不妨。"齐己《竟陵遇昼公》："无言即相别，此处不迷津。"❸泛指迷失人生方向或生活道路。李涉《怀古》："尼父未适鲁，屡屡倦迷津。"许浑《贻终南山隐者》："独有迷津客，东西南北愁。"薛逢《伏闻令公疾愈对见延英因有贺诗远封投献》："陪臣自讶迷津久，愿识方舟济巨川。"徐铉《和江西萧少卿见寄二首》之二："金印不须辞入幕，麻衣曾此叹迷津。"

【迷真】　❶犹乱真。韦应物《咏徐正字画青蝇》："误点能成物，迷真许一时。"吴融《古锦裾六韵》："绿衣犹偪画，丹顶尚迷真。"❷迷失真性。吕岩《敲爻歌》："如鼎沸，永沉沦，失道迷真业所根。"

【迷途】　亦作"迷塗"。❶迷失道路。郑绍《游越溪》："访泊随烟火，迷途视斗牛。"白居易《江州赴忠州至江陵已来舟中示舍弟五十韵》："险路应须避，迷途莫共争。"徐夤《泪》："已闻抱玉沾衣湿，见说迷途满目流。"❷佛教语。犹迷津。独孤及《诣开悟禅师问心法次第寄韩郎中》："浊劫相从惯，迷途自谓安。"白居易《重修香山寺毕题二十二韵以纪之》："觉路随方乐，迷塗到老愁。"李商隐《送臻师二首》之二："苦海迷途去未因，东方过此几微尘。"

【迷冥】　迷茫昏暗。陆龟蒙《战秋辞》："可堑溺颠陷，可夭札迷冥。"

【迷著】　（—zhuó）　迷恋执著。杜荀鹤《题著禅师》："人皆迷著此，师独悟如何。"

【迷執】　迷惑执著。白居易《和梦游春诗一百韵》："觉悟因傍喻，迷执由当局。"

【迷羣】　失群，离开群体。独孤申叔《终南精舍月中闻磬》："羁人方罢梦，独雁忽迷群。"

【迷巢鳥】　迷失归巢方向的鸟。韩愈《春雪》："暝见迷巢鸟，朝逢失辙车。"

【迷惑】　迷惘而不辨方向；糊涂不辨是非。刘商《胡笳十八拍·第十六拍》："平沙四顾自迷惑，远近悠悠随雁行。"韩愈《送文畅师北游》："下开迷惑胸，窙豁劚株橛。"李绅《过荆门》："愚夫祸福自迷惑，魍魉凭何通百灵。"又《过梅里七首·忆西湖双鸂鶒》："缭绕追随不迷惑，云间上下同栖息。"

【迷復】　语出《易·复》："上六，迷复，凶……象曰：迷复之凶，反君道也。"孔颖达疏："以其迷闇不复，而反违于君道，故象云：‘迷复之凶，反君道也。’”后用以指迷失而不改过。张九龄《骊山下逍遥公旧居游集》：“轩盖有迷复，丘壑无磷缁。”又《南阳道中作》：“迷复期非远，归欤赏农隙。”

【迷魂】 ❶迷惑的灵魂。李贺《致酒行》：“我有迷魂招不得，雄鸡一声天下白。”罗隐《送汝州李中丞十二韵》：“破胆期来复，迷魂想待醒。”亦指灵魂无所归依。李商隐《楚宫》：“湘波如泪色漻漻，楚厉迷魂逐恨遥。”❷形容令人陶醉而神魂颠倒。韩愈《李花赠张十一署》：“迷魂乱眼看不得，照耀万树繁如堆。”

【迷蒙】 （—méng） 蒙昧不明事理。白居易《闻庾七左降因咏所怀》：“后心诮前意，所见何迷蒙。”

【迷路】 ❶迷失道路。太宗《秋日即目》：“散岫飘云叶，迷路飞烟鸿。”舒元舆《桥山怀古》：“襄城迷路问童子，帝乡归去无人留。”李商隐《中元作》：“曾省惊眠闻雨过，不知迷路为花开。”郑谷《沙苑》：“苑吏犹迷路，江人莫问程。”❷喻失去人生方向。白居易《刑部尚书致仕》：“迷路心回因向佛，官途事了是悬车。”❸犹满路。温庭筠《送洛南李主簿》：“槲叶晓迷路，枳花春满庭。”

【迷蛱蝶】 见“迷蝴蝶”。

【迷塗】 见“迷途”。

【迷誤】 迷惑谬误。王维《蓝田山石门精舍》：“再寻畏迷误，明发更登历。”韩愈《寄崔二十六立之》：“子宁独迷误，缀缀意益弥。”元晦《越亭二十韵》：“南服颁诏条，东林证迷误。”

【迷樓】 楼名。隋炀帝所建。故址在今江苏扬州市西北郊。唐冯贽《南部烟花记·迷楼》：“迷楼凡役夫数万，经岁而成。楼阁高下，轩窗掩映，幽房曲室，玉栏朱楯，互相连属。帝大喜，顾左右曰：‘使真仙游其中，亦当自迷也。’故云。”白居易《新乐府·隋堤柳》：“紫髯郎将护锦缆，青娥御史直迷楼。”李绅《宿扬州》：“今日市朝风俗变，不须开口问迷楼。”许浑《汴河亭》：“四海义师归有道，迷楼还似景阳楼。”汪遵《汴河》：“还待春风锦帆暖，柳阴相送到迷楼。”

【迷蝴蝶】 典出《庄子·齐物论》：“昔者庄周梦为胡蝶，栩栩然胡蝶也。自喻适志与，不知周也。俄然觉，则蘧蘧然周也。不知周之梦为胡蝶与，胡蝶之梦为周与？”后遂以为梦境。李商隐《锦瑟》：“庄生晓梦迷蝴蝶，望帝春心托杜鹃。”亦作“迷蛱蝶”。杜牧《寄浙东韩八评事》：“梦寐几回迷蛱蝶，文章应解伴牢愁。”

【迷頭】 缩头。白居易《简简吟》：“十三行坐事调品，不肯迷头白地藏。”

【迷錯】 迷惑错误。王梵志《诗》之七五：“但之依道行，万里无迷错。”

【迷濁】 佛家指不明佛道、昏迷污浊的心性。薛能《圣灯》：“莽莽空中稍稍灯，坐看迷浊变清澄。”

【迷藏】 （—cáng） 一种游戏。即捉迷藏。以布蒙目相互捉戏或寻躲藏者。杜牧《扬州三首》之一：“炀帝雷塘土，迷藏有旧楼。”吴融《湖州朝阳楼》：“十二亭亭占晓光，隋家浪说有迷藏。”花蕊夫人徐氏《宫词》之一三三：“内人深夜学迷藏，遍绕花丛水岸傍。”

【迷歸】 迷失归途。孟郊《梦泽中行》：“楚路饶回惑，旅人有迷归。”

【迷癡】 痴迷。方干《清源标公》：“此地堪终老，迷癡自不知。”

【迷襟】 迷乱的胸襟。张九龄《始兴南山下有林泉尝卜居焉荆州卧病有怀此地》：“幸无迫贱事，聊可祛迷襟。”

【迷轍】 迷路。孟郊《答韩愈李观别因献张徐州》：“有客步大方，驱车独迷辙。”

逆 〔nì《广韵》宜戟切，入陌，疑。〕❶迎接。张九龄《巡按自漓水南行》：“目因诡容逆，心与清晖涤。”参见“逆旅”。❷倒向；反向。李峤《军师凯旋自邕州顺流舟中》：“岸回帆影疾，风逆鼓声迟。”贾岛《宿山寺》：“流星透疏木，走月逆行云。”张蠙《过黄牛峡》：“盘涡逆入嵌空地，断壁高分缭绕天。”李洞《下第送张霞归覲江南》：“树沉孤鸟远，风逆蹇驴迟。”❸违背；拂逆。杜甫《八哀诗·赠司空王公思礼》：“胡马缠伊洛，中原气甚逆。”皎然《苕溪草堂四十三韵》：“吾师逆流教，禅隐殊古昔。”亦指违逆之事。孟郊《择友》：“好人常直道，不顺世间逆。”❹背叛；作乱。亦指叛逆者或作乱者。储光羲《留别安庆李太守》：“丘家如讨逆，敢以庶盘溪。”韩愈《征蜀联句》：“逆颈尽徽索，仇头恣髡鬝。”亦指叛逆的行为。杜甫《送重表侄王砅评事使南海》：“往者胡作逆，乾坤沸嗷嗷。”又《承闻河北诸道节度使入朝欢喜口号绝句十二首》之一：“禄山作逆降天诛，更有思明亦已无。”❺预先。王绩《游仙四首》之三：“逆愁归旧里，萧条访子孙。”❻回旋。见“逆折”。

【逆子】 叛逆者的女儿。杜牧《感怀诗一首》：“逆子嫁虏孙，西邻聘东里。”

【逆水】 ❶倒流的水。顾况《送韦秀才赴举》：“洛桥浮逆水，关树接非烟。”❷与水流方向相反。殷遥《友人山亭》：“游鱼逆水上，宿鸟向风栖。”

【逆行】 （—xíng） ❶倒行，不按正常规律运行。孟郊《贫女词寄从叔先辈简》：“时令自逆行，造化岂不仁。”❷逆水而行。杜甫《上水遣怀》：“峭崒清湘石，逆行杂林薮。”

【逆折】 水流回旋貌。李白《蜀道难》：“上有六龙回日之高标，下有冲波逆折之回川。”

【逆命】　叛逆者的生命。卢仝《月蚀诗》："食天之眼养逆命，安得上帝请汝刘。"

【逆波】　顶着波浪。姚合《送仁畹评事赴沂海》："必当展长画，逆波斩鲸鳌。"

【逆狀】　叛逆的情状。郑嵎《津阳门诗》："忠臣张公识逆状，日日切谏上弗疑。"原注："张曲江先识其必反逆状，数数言于上，上曰：'卿勿以王夷甫识石勒而误疑禄山耳。'"

【逆風】　顶风；迎风。苏味道《和武三思于天中寺寻复礼上人之作》："味同甘露洒，香似逆风来。"王建《水夫谣》："逆风上水万斛重，前驿迢迢后淼淼。"周贺《送韩评事》："离岸游鱼逢浪返，望巢寒鸟逆风飞。"章碣《变体诗》："鸥鹭不嫌斜两岸，波涛欺得逆风船。"

【逆氣】　指腥膻等不正的气味。李贺《吕将军歌》："北方逆气污青天，剑龙夜叫将军闲。"

【逆徒】　叛逆者。临淄县主《与独孤穆冥会诗》(卷八六六)："逆徒自外至，半夜开重城。"

【逆旅】　❶旅馆；客舍。李白《拟古十二首》之九："天地一逆旅，同悲万古尘。"杨巨源《送李虞仲秀才归东都因寄元李二友》："顾我于逆旅，与君发光仪。"司马扎《自渭南晚次华州》："逆旅何人寻，行客暗中往。"皮日休《旅舍除夜》："晚来辞逆旅，雪涕野槐天。"❷旅居他乡。王维《送张舍人佐江州同薛璩十韵》："逆旅到三湘，长途应百舍。"岑参《送王著作赴淮西幕府》："逆旅悲寒蝉，客梦惊飞鸿。"白居易《有感三首》之一："第宅非吾庐，逆旅暂留止。"马戴《送柳秀才往连州看弟》："离人非逆旅，有弟谪连州。"

【逆浪】　顶着波浪。储光羲《渔父词》："逆浪还极浦，信潮下沧洲。"杜甫《雨不绝》："眼边江舸何匆促，未待安流逆浪归。"孔德绍《赋得涉江采芙蓉》："沿流渡楫易，逆浪取花难。"

【逆常】　违背常规。储光羲《同诸公送李云南伐蛮》："昆明滨滇池，蠢尔敢逆常。"

【逆族】　逆党。韩愈、李正封《晚秋郾城夜会联句》："凶徒更蹈藉，逆族相啖嚼。"

【逆順】　逆与顺。指顺从与叛逆，顺境与逆境等。杜甫《往在》："主将晓逆顺，元元归始终。"吕岩《敲爻歌》："纵横逆顺没遮栏，静则无为动是色。"

【逆道】　违背道义。李白《日出行》："逆道违天，矫诬实多。"

【逆虜】　对叛逆者的蔑称。王维《送韦大夫东京留守》："穷人业已宁，逆虏遗之擒。"

【逆遣】　拒绝。张籍《祭退之》："门仆皆逆遣，独我到寝房。"

【逆節】　❶叛逆的念头或行为。柳宗元《韦道安》："横溃非所壅，逆节非所婴。"白居易《赠樊著作》："从史萌逆节，隐心潜负恩。"❷指叛逆者。杜甫《咏怀二首》之一："胡雏逼神器，逆节同所归。"又《晚登瀼上堂》："黎民困逆节，天子渴垂拱。"

【逆賊】　对叛逆的蔑称。王维有《菩提寺禁裴迪来相看说逆贼等凝碧池上作音乐私成口号诵示裴迪》。

【逆亂】　叛乱。元结《与瀼溪邻里》："昔年苦逆乱，举族来南奔。"又《喻瀼溪乡旧游》："况曾经逆乱，日厌闻战争。"

【逆孽】　叛乱者。钱镠《青史楼引宾从同登》："志仗四征平逆孽，力扶三帝有褒崇。"

退　〔tuì《广韵》他内切，去隊，透。〕❶退却；后退。韩愈《秋怀诗十一首》之八："退坐西壁下，读诗尽数编。"白居易《宿紫阁山北村》："主人退后立，敛手反如宾。"杜牧《李甘诗》："当庭裂诏书，退立须鼎俎。"亦指使后退。储光羲《同张侍御宴北楼》："不分开襟悲楚奏，愿言吹笛退胡兵。"❷从某地离开。张籍《和裴仆射朝回寄韩吏部》："从容朝早退，萧洒客常通。"白居易《舒员外游香山寺数日不归走笔题长句以赠之》："白头老尹府中坐，早衙才退暮衙催。"陆龟蒙《迎潮送潮辞·送潮》："大几望兮微将晦翳，睆瀛溶兮敛然而退。"❸引退。王绩《赠梁公》："功成皆能退，在昔淮灭亡。"李嘉祐《送房明府罢长宁令湖州客舍》："未满先求退，归闲不厌贫。"刘禹锡《和令狐相公寻白阁老见留小饮因赠》："宦达翻思退，名高却不夸。"白居易《初到洛下闲游》："汉庭重少身宜退，洛下闲居迹可逃。"❹减退；消失。白居易《秋池二首》之二："暑退早凉归，池边好时节。"又《新秋喜凉因寄兵部杨侍郎》："外强火未退，中锐金方战。"张祜《退宫人二首》之二："歌喉渐退出宫闱，泣话伶官上许归。"❺恬退貌。见"退然"。❻返归；回至原处。李商隐《韩碑》："公退斋戒坐小阁，濡染大笔何淋漓。"❼通"褪"。脱落。雍陶《和河南白尹西池北新葺水斋招赏十二韵》："鱼戏摇红尾，鸥闲退白翎。"贾岛《落第东归逢僧伯阳》："逸足思奔骥，随群且退鳞。"皮日休《三羞诗》之一："蹇蹄可再奔，退羽可后歇。"

【退之】　唐韩愈字。皇甫湜《题浯溪石》："退之全而神，上与千载对。"孟郊《招文士饮》："退之如放逐，李白自矜夸。"又《戏赠无本》之一："诗骨耸东野，诗涛涌退之。"

【退公】　❶公余休息。刘长卿《送严维尉诸暨》："退公兼色养，临下带乡情。"令狐楚《郡斋左偏栽竹百余竿日夕相对颇有翛然之趣》："老子忆山心暂缓，退公闲坐对婵娟。"白居易《秋寄微之十二韵》："清旦方堆案，黄昏始退公。"徐铉《自题山亭三首》之二："退公聊自足，争敢望长闲。"❷退休家居。刘禹锡《南海马大夫见惠著述三通诗以谢之》:"味道轻鼎食,退公犹笔耕。"

【退老】 退休养老。白居易《池上篇》序:"西闬北垣第一第,即白氏叟乐天退老之所。"

【退休】 辞官休息。武元衡《酬李十一尚书西亭暇日书怀见寄十二韵之作》:"时景屡迁易,兹言期退休。"司空图《华下》:"不用名山访真诀,退休便是养生方。"

【退身】 引退;隐居。刘长卿《汉阳献李相公》:"退身高卧楚城幽,独掩闲门汉水头。"刘禹锡《尉迟郎中见示自南迁牵复却至洛城东旧居之作因以和之》:"留作功成退身地,如今只是暂时闲。"李绅《七年初到洛阳寓居宣教里时已春暮而四老俱在洛中分司》:"圣朝寡罪容衰齿,愚叟多惭未退身。"司马扎《美刘太保》:"常爱鲁仲连,退身得其趣。"

【退谷】 山谷名。在今湖北武汉市武昌区樊山、郎亭山之间。唐元结隐于此,时武昌令孟彦深与元结友善,常游此谷,并名此谷为退谷。元结《招孟武昌》:"退谷正可游,杯湖任来泛。"

【退谷銘】 篇名。唐元结作。元结,自称漫叟。元结《招孟武昌》序:"漫叟作退谷铭,指曰:'干进之客,不得游之。'"

【退舍】 退却;退避。窦常《谒诸葛武侯庙》:"角立一方初退舍,拟称三汉更图王。"

【退居】 辞官家居。李德裕《郊外即事寄侍郎大尹》:"高秋惭非隐,闲林喜退居。"姚合《和李绅助教不赴看花》:"笑辞聘礼深坊住,门馆长闲似退居。"杜牧《许七侍郎弃官东归高秋企望题诗寄赠十韵》:"天子绣衣吏,东吴美退居。"司空图《乙巳岁重阳独登上方》:"退居还有旨,荣路免妨贤。"

【退省】 (—xǐng) 反省。语本《论语·为政》:"子曰:'吾与回言终日,不违,如愚。退而省其私,亦足以发。"徐牧《省试临渊羡鱼》:"退省时频改,谋身岁屡沉。"

【退食】 ❶语出《诗·召南·羔羊》:"退食自公,委蛇委蛇。"郑玄笺:"退食,谓减膳也。自,从也;从于公,谓正真顺于事也。"朱熹集传:"退食,退朝而食于家也。自公,从公门而出也。"后因以指官吏节俭奉公。杜甫《八哀诗·故右仆射相国张公九龄》:"退食吟大庭,何心记榛梗。"❷退朝回家吃饭或休闲。宋之问《奉和韦嗣立山庄侍宴应制》:"入朝荣剑履,退食偶琴书。"李白《赠从孙义兴宰铭》:"退食无外事,琴堂向山开。"羊士谔《春日罢朝呈台中寮友》:"退食鹓行振羽仪,九霄双阙迥参差。"李商隐《戏题枢言草阁三十二韵》:"政静筹画简,退食多相携。"❸归隐。清昼、崔逵《重联句一首》:"自公退食,升堂草玄。"方干《与桐庐郑明府》:"莫道耕田全种秫,兼闻退食亦逢星。"

【退紅】 粉红色。王建《题所赁宅牡丹花》:"粉光深紫腻,肉色退红娇。"又《宫词一百首》之九七:"缣罗不著索轻容,对面对人染退红。"薛能《吴姬十首》之五:"退红香汗湿轻纱,高卷蚊厨独卧斜。"

【退耕】 辞官务农。王维《奉送六舅归陆浑》:"君言不得意,退耕东皋田。"刘长卿《至德三年春正月五十韵》:"懒慢羞趋府,驱驰忆退耕。"刘商《题刘偃庄》:"何事退耕沧海畔,闲看富贵白云飞。"郑谷《下第退居二首》之二:"只有退耕耕不得,茫然村落水吹残。"

【退魚】 《史记·循吏列传》:"公仪休者,鲁博士也,以高第为鲁相。奉法循理,无所变更,百官自正。使食禄者不得与下民争利,受大者不得取小。客有遗相鱼者,相不受。客曰:'闻君嗜鱼,遗君鱼,何故不受也?'相曰:'以嗜鱼,故不受也。今为相,能自给鱼;今受鱼而免,谁复给我鱼者,吾故不受也。'"后以为拒贿之典。周昙《咏史诗·春秋战国门·郑相》:"退鱼留得终身禄,禄在何忧不得鱼。"

【退朝】 ❶朝见皇帝后退归。钱起《太子李舍人城东别业》:"丹阙退朝回,白云迎赏至。"冯伉《和权载之离合诗》:"车马退朝后,聿怀在文友。"白居易《秦中吟十首·歌舞》:"雪中退朝者,朱紫尽公侯。"罗隐《寄苏拾遗》:"退朝观稿草,能望马相如。"❷皇帝办事毕离开朝廷。玄宗《为赵法师别造精院过院赋诗》序:"退朝之后,历西上阳,入清虚院,则法师所居之地也。"德宗《元日退朝观军仗归营》:"彩仗宿华殿,退朝归禁营。"

【退然】 恬退貌。权德舆《奉酬从兄南仲见示十九韵》:"耕凿汝山下,退然安困蒙。"

【退渾】 "吐谷浑"的急读。《资治通鉴·后晋高祖天福五年》"吐浴浑帅部千余帐自五台来奔"胡三省注引宋宋白曰:"吐谷浑谓之退浑,盖语急而然。"吕温《蕃中答退浑词二首》之一:"退浑儿,退浑儿,朔风长在气何衰。"

【退閒】 退职家中闲居。白居易《偶作二首》之一:"我今悟已晚,六十方退闲。"又《哭刘尚书梦得二首》之一:"同贫同病退闲日,一死一生临老头。"又《偶吟》:"老自退闲非世尘,贫蒙强健是天怜。"吴融《得京中亲友书讶久无音耗以诗代谢》:"退闲何事不忘机,况限溪云静掩扉。"徐夤《退居》:"笑他范蠡贪婪甚,相罢金多始退闲。"

【退飛】 鸟高飞遇风而退。《春秋·僖公十六年》:"六鹢退飞过宋都。"杜预注:"鹢,水鸟,高飞遇风而退。"因以比喻落榜不中。李山甫《下第献所知三首》之三:"退飞莺谷春零落,倒卓龙门路渺茫。"郑谷

《叙事感恩上狄右丞》："庾公垂顾遇，王粲许从容。"自注："顷年庾给事崇出守同州，右丞在幕席，谷退飞游谒，始受奖知。"

【退想】 回想。李续《和绵州于中丞登越王楼见寄》："早年登此楼，退想不胜愁。"

【退跡】 退身隐迹，归隐。蔡希寂《同家兄题渭南王公别业》："好闲知在家，退迹何必深。"

【退衙】 官吏公毕退出衙署。白居易《晚归早出》："退衙归逼夜，拜表出侵晨。"

【退還】 返回。刘言史《登甘露台》："身心未寂终为累，非想天中独退还。"

【退藏】 (一cáng) ❶躲藏。杜甫《七月三日亭午戏呈二十一曹长》："退藏恨雨师，健步闻旱魃。"❷隐居藏身。白居易《元十八从事南海有恋泉声之什因以投和兼伸别情》："我正退藏君变化，一杯可易得相逢。"齐己《村居寄怀》："风雨如尧代，何心欲退藏。"

【退隱】 辞官隐居。刘沧《题桃源处士山居留寄》："白云深处葺茅庐，退隐衡门与俗疏。"

【退鷁】 退飞之鹢。鹢一种水鸟，形如鹭而大。羽色苍白，善高飞。语本《春秋·僖公十六年》："六鹢退飞而过宋都。"董思恭《咏风》："相乌正举翼，退鹢已惊飞。"钱起《沭阳古渡作》："牧牛避田烧，退鹢随潮风。"李咸用《途中作》："退鹢风虽急，攀龙志已坚。"冯戡《赠柳棠及第》："桃花浪里成龙去，竹叶山头退鹢飞。"亦喻身处逆境不得志。许棠《献独狐尚书》："退鹢已经三十载，登龙曾见一千人。"

七　画

逝 〔shì《广韵》時制切，去祭，禪。〕❶去；往。李白《答高山人兼呈权顾二侯》："彷徨庭阙下，叹息光阴逝。"杜甫《舟出江陵南浦奉寄郑少尹》："南征问悬榻，东逝想乘桴。"《郊庙歌辞·祭神州乐章·送神》："送乐有章，灵轩其逝。"参见"逝川❶""逝水❶""逝波❶"。❷流，淌。杜淹《寄赠齐公》："泪随沟水逝，心逐晓旌悬。"❸飞。韦应物《广陵遇孟九云卿》："明月满淮海，哀鸿逝长天。"吴筠《高士咏·司马季主》："终秉鸾凤心，翛然已遐逝。"❹死，死亡。张继《河间献王墓》："雅乐未兴人已逝，雄歌依旧大风传。"元稹《表夏十首》之十："逝者良自苦，今人反为欢。"白居易《和微之诗二十三首·和晨兴因报问龟儿》："不如溘然逝，安用半活为。"又《夜哭李夷道》："逝者绝影响，空庭朝复昏。"❺消失。陈通方《金谷园怀古》："昔人随水逝，旧树逐春繁。"薛存诚《太学创置石经》："永与乾坤期，不逐日月逝。"李商隐《览古》："长乐瓦飞随水逝，景阳钟堕失天明。"❻通"誓"。表决心之词。《诗·魏风·硕鼠》："逝将去女，适彼乐土。"高适《自武威赴临洮谒大夫不及因书即事寄河西陇右幕下诸公》："我本江海游，逝将心利逃。"

【逝川】 ❶指一去不复返的流水。语本《论语·子罕》："子在川上曰：'逝者如斯夫！不舍昼夜。'"包咸注："逝往也，言凡往也者，如川之流也。"寒山《诗三百三首》之一七〇："日月如逝川，光阴石中火。"李白《古风》之十一："逝川与流光，飘忽不相待。"鲍溶《古意》："皎日不留景，良辰如逝川。"温庭筠《苏武庙》："茂陵不见封侯印，空向秋波哭逝川。"❷喻光阴。吴融《子规》："举国繁华委逝川，羽毛漂荡一年年。"❸谓年华如水之消失，即死亡。王维《过沈居士山居哭之》："逝川嗟尔使，丘井叹吾身。"储光羲《陆著作挽歌》之一："昔为昼锦游，今成逝川路。"郑立之《哭林杰》："才高未及贾生年，何事孤魂逐逝川。"李商隐《和人题真娘墓》："虎丘山下剑池边，长遣游人叹逝川。"齐己《乱中闻郑谷吴延保下世》："小谏才埋玉，星郎亦逝川。"

【逝止】 流动与停止。意为去留。《文选·陆机〈文赋〉》："虽逝止之无常，固崎锜而难便。"李善注："逝止，由去留也。"骆宾王《浮槎》序："一坠泉谷，万里飘沦，与波沉沦，随时逝止。"

【逝水】 ❶指一去不复返的流水。杜甫《又上后园山脚》："逝水自朝宗，镇名各其方。"窦常《酬舍弟牟秋日洛阳官舍寄怀十韵》："逝水犹呜咽，祥云自卷舒。"孟郊《达士》："四时如逝水，百川皆东流。"许浑《重游练湖怀旧》："荣枯尽寄浮云外，哀乐犹惊逝水前。"❷谓年华如水之消失，即死亡。杜甫《哭李尚书》："漳滨与蒿里，逝水竟同年。"刘长卿《故女道士婉仪太原郭氏挽歌词》之二："逝水年无限，佳城日易曛。"又《哭魏兼遂》："一门同逝水，万事共浮云。"原题下注："公及孀妻幼子与僮数人，相次亡殁，葬于丹阳。"皎然《哭觉上人》："昨得耶溪信，翻为逝水悲。"元稹《江陵三梦》之三："逝水良已矣，行云安在哉。"

【逝波】 ❶指一去不复返的流水。拾得《诗》之四六："日月如逝波，光阴石中火。"白居易《和东川杨慕巢尚书府中独坐感戚在怀见寄十四韵》："东蜀欢殊渥，西江叹逝波。"贾岛《送玄岩上人归西蜀》："去腊催今夏，流光等逝波。"❷喻指光阴。钱起《故相国苗公》："盛业留青史，浮荣逐逝波。"李商隐《过伊仆射旧宅》："朱邸方酬力战功，华筵俄叹逝波穷。"亦借指死亡。郑谷《渠江旅思》："流落复蹉跎，交亲半逝波。"

逑 〔qiú《广韵》巨鳩切，平尤，羣。〕❶配偶。《诗·周南·关雎》："窈窕淑女，君子好逑。"毛传："逑，匹也。"元稹《有鸟二十章》之四："飞飞渐上高高阁，百鸟不猜称好逑。"权德舆《酬南园新亭宴会璩新第慰庆之作时任宾客》："好逑蕴明识，内顾多惭色。"❷相匹敌者。元稹《阳城驿》："平生附我者，诗人称好逑。"

逋 〔bū《广韵》博孤切，平模，幫〕❶逃亡；逃窜。许敬宗《奉和执契静三边应诏》："疏网妖鲵漏，盘薮怪禽逋。"韩愈《东都遇春》："转输非不勤，稽逋有军令。"参见"逋民""逋逃""逋叛"。❷隐逸。见"逋客❷"。❸指赋、税等的拖延、积欠。韦应物《始至郡》："旱岁属荒歉，旧逋积如坻。"又《再游西山》："积逋诚待责，寻山亦有余。"又《答崔都水》："责逋甘首免，岁晏当归田。"元结《舂陵行》："逋缓违诏令，蒙责固其宜。"

【逋人】 逃亡在外之人。戴叔伦《送前上饶严明府摄玉山》："更将旧政化邻邑，遥见逋人相逐还。"

【逋民】 逃亡在外的百姓。杜荀鹤《献池州牧》："纵有逋民归未得，远闻仁政旋还乡。"王贞白《送芮尊师》："他年控鲤升天去，庐岳逋民愿从行。"齐己《寄澧阳吴使君》："去兽未胜除狡吏，还珠争似复逋民。"

【逋逃】 ❶逃亡。元稹《和李校书新题乐府十二首·阴山道》："税户逋逃例摊配，官司折纳仍贪冒。"苏广文《夜归华川因寄幕府》："嵇康懒慢仍耽酒，范蠡逋逃又拂衣。"❷指逃亡者。杜甫《遣遇》："奈何黠吏徒，渔夺成逋逃。"高适《奉寄平原颜太守》："豪富已低首，逋逃还力农。"

【逋叛】 叛逃。亦指叛逃者。清昼、潘述《讲德联句》："威怀逋叛，扑灭蝥贼。"

【逋客】 ❶逃离者。白居易《春忆二林寺旧游因寄郎满晦三上人》："头陀会里为逋客，供奉班中作老臣。"❷隐逸者。宋之问《答田征君》："何当遂远游，物色候逋客。"耿湋《赠韦山人》："失意成逋客，终年独掩扉。"白居易《游丰乐招提佛光三寺》："汉容黄绮为逋客，尧放巢由作外臣。"韦庄《对雨独酌》："荷锸醉翁真达者，卧云逋客竟悠哉。"❸漂泊者；失意者。白居易《读李杜诗集因题卷后》："暮年逋客恨，浮世谪仙悲。"韦庄《和李秀才郊墅早春吟兴十韵》："酒市多逋客，渔家足夜航。"

【逋租】 欠租。温庭筠《题贺知章故居叠韵作》："老媪饱藁草，愚儒输逋租。"

【逋翁】 唐顾况别号。贯休《读顾况歌行》："忽睹逋翁一轴歌，始觉诗魔辜负我。"自注："〔逋翁〕况别号。"

【逋寇】 逃寇。韩愈《送张侍郎》："两府元臣今转密，一方逋寇不难平。"

【逋税】 欠交的租税。韦应物《月晦忆去年与亲友曲水游宴》："凋氓积逋税，华鬓集新秋。"

【逋诛】 逃避诛罚。元稹《酬乐天东南行诗一百韵》："拔家逃力役，连锁责逋诛。"

連[1] 〔lián《广韵》力延切，平仙，來。〕❶连接。李适《七月十五日题章敬寺》："招提迩皇邑，复道连重城。"余延寿《折杨柳》："大道连国门，东西种杨柳。"薛能《长安道》："汲汲复营营，东西连两京。"贯休《古出塞曲三首》之三："回首陇头水，连天草木秋。"❷遍，满。李颀《古从军行》："野云万里无城郭，雨雪纷纷连大漠。"李白《少年行》："遮莫姻亲连帝城，不如当身自簪缨。"李希仲《杂曲歌辞·蓟门行》："一身救边速，烽火连蓟门。"❸连续。刘禹锡《壮士行》："徐行出烧地，连吼入黄茅。"参见"連日""連年""連延""連波"。❹连绵。见"連山❶""連霏""連綿""連闕"。❺连缀。谓写作。见"連章""連詞""連藻"。❻古州名。见"連州"。❼通"漣"。流泪貌。见"連速❷"。❽通"蓮"。见"連宇"。❾通"憐"。怜悯。杜甫《喜闻官军已临贼境二十韵》："喜觉都城动，悲连子女号。"

連[2] 〔liǎn《集韵》力展切，上獮，來。〕艰难。《易·蹇》："往蹇来连。"王弼注："往则无应，来则乘刚，往来皆难，故曰往蹇来连。"孔颖达疏引马融曰："连亦难也。"柳宗元《植灵寿木》："蹇连易衰朽，方刚谢经营。"

【連山】 ❶连绵的山岭。宋之问《下桂江县黎壁》："放溜觌前溆，连山分上干。"王维《终南山》："太乙近天都，连山接海隅。"玄宗《校猎义成喜逢大雪率题九韵以示群官》："触地银獐出，连山缟鹿见。"许敬宗《奉和喜雪应制》："连山分掩翠，绵霄远韬碧。"❷满山。卢纶《春日卧病示赵季黄》："黄埃满市图书贱，黑雾连山虎豹尊。"

【連總】 字会川，闽县(治年今福建福州市)人，咸通九年(868)进士，终官峄阳尉。见《登科记考》卷二三。欧阳玭有《新岭临眺寄连总进士》。

【連山眉】 远山眉。形容女子秀丽之眉。典出《西京杂记》卷二："文君姣好，眉色如望远山，脸际常若芙蓉。"温庭筠《醉歌》："临邛美人连山眉，低抱琵琶含怨思。"

【連天】 ❶满天。韩愈《李花二首》之二："谁将平地万堆雪，剪刻作此连天花。"❷与天际相连。王维《出塞》："居延城外猎天骄，白草连天野火烧。"李白《梦游天姥吟留别》："天姥连天向天横，势拔五岳掩赤城。"胡权《济川用舟楫》："渺渺水连天，归程想几千。"温庭筠《达摩支曲》："万古春归梦不归，邺城风雨连天草。"❸连日，接连几天。温庭筠《春江花月夜词》："百幅锦帆风力满，连天展尽金芙蓉。"

【連木】 编木。将树木编连在一起。张籍《江南行》："土地卑湿饶虫蛇，连木为牌入江住。"

【連日】 接连几天。韩愈《归彭城》:“连日或不语,终朝见相欺。”李廓《长安少年行十首》之七:“戟门连日闭,苦饮惜残春。”

【連牛】 旧以斗宿、牛宿连称斗牛,故以“连牛”隐指斗宿。骆宾王《久客临海有怀》:“练光摇乱马,剑气上连牛。”

【連地】 遍地。张籍《横吹曲辞·关山月》:“溪水连地霜草平,野驼寻水碛中鸣。”

【連光】 光耀相连。李白《出自蓟北门行》:“羽书速惊电,烽火昼连光。”

【連年】 接连多年。郑遂初《别离怨》:“荡子戍辽东,连年信不通。”赵嘏《昔昔盐二十首·一去无还意》:“独抱千重恨,连年未解颜。”鲍溶《苦哉远征人》:“忆昔从此路,连年征鬼方。”

【連延】 ❶连续,绵延。玄宗《春台望》:“甘泉逶迤亘明光,五柞连延接未央。”韦应物《长安道》:“汉家宫殿含云烟,两宫十里相连延。”元稹《竞舟》:“连延数十日,作业不复忧。”❷结交。李白《叙旧赠江阳宰陆调》:“我昔斗鸡徒,连延五陵豪。”

【連行】 ❶(—xíng) 相连而行。耿沣《送绛州郭参军》:“连行曲水阁,独入议中兵。”❷(—háng)相连成行。白居易《和杜录事题红叶》:“连行排绛帐,乱落剪红巾。”

【連行接翼】 (行 háng) 相连成行,比翼而飞。李白《鸣雁行》:“一一衔芦枝,南飞散落天地间,连行接翼往复还。”

【連州】 隋开皇十年(590)置,治所在桂阳县(今广东连州市),以州西南有黄连岭得名。大业初改为熙平郡。唐武德四年(621)复名连州,天宝元年(742)又改为连山郡,乾元元年(758)复为连州。韩愈《送惠师》:“自来连州寺,曾未造城闉。”

【連池】 满池。姚合《闲居遣怀十首》之一:“萍任连池绿,苔从匝地斑。”

【連宇】 犹莲宇。连,通“莲”。指佛寺。刘长卿《冬夜宿扬州开元寺烈公房送李侍御之江东》:“寂寂连宇下,爱君心自弘。”

【連宅】 谓住宅相连。徐铉《寄饶州王郎中效李白体》:“芜湖连宅住,楚塞并车游。”

【連形】 谓形体相连。喻关系密切,不可分离。长孙佐辅《关山月》:“去岁照同行,比翼复连形。”

【連村】 满村,遍村。李洞《乱后龙州送郑郎中兼寄郑侍御》:“县清江入峡,楼静雪连村。”

【連步】 ❶同行。张籍《同将作韦二少监赠水部李郎中》:“忆得当时亦连步,如今独在读书堂。”姚合《寄华州李中丞》:“省署尝连步,江皋欲独耕。”❷犹言快步。刘商《题禅居废寺》:“凋残精舍在,连步访缁衣。”

【連枝】 两树的枝条连生一起。喻恩爱夫妇。和凝《麦秀两岐》词:“树连枝,鱼比目,掌上腰如束。”

【連枝花】 并蒂花。张说《节义太子杨妃挽歌二首》之二:“绣腰长命绮,隐髻连枝花。”

【連枝樹】 枝叶相连之树。喻夫妇恩爱。鲍溶《秋思三首》之二:“风折连枝树,水翻无蒂萍。”

【連乹】 见“連乾”。

【連明連夜】 谓通宵达旦。白居易《水堂醉卧问杜三十一》:“那似此堂帘幕底,连明连夜碧波湲。”

【連昌宮】 唐宫殿名。高宗显庆三年(658)建,故址在今河南宜阳县。元稹《连昌宫词》:“连昌宫中满宫竹,岁久无人森似束。”

【連夜】 彻夜,夜以继日。宋之问《广州朱长史座观妓》:“歌舞须连夜,神仙莫放归。”

【連波】 连绵起伏的波浪。耿沣《晚投江泽浦即事呈柳兵曹泥》:“断岸迂来客,连波漾去槎。”

【連空】 (—kōng) 与天空相连接。张九龄《晚霁登王六东阁》:“连空青翠合,向晚白云生。”李端《巫山高》:“猿声寒过涧,树色暮连空。”韩愈、李正封《晚秋郾城夜会联句》:“连空隳雉堞,照夜焚城郭。”

【連門】 门挨门。谓邻近。韩愈《答张彻》:“浚郊避兵乱,睢岸连门停。”

【連牀】 并榻或同床而卧。谓感情笃厚。白居易《奉送三兄》:“杭州暮醉连床卧,吴郡春游并马行。”

【連春】 整个春天,一春。白居易《风雨晚泊》:“青苔扑地连春雨,白浪掀天尽日风。”杜荀鹤《寄临海姚中丞》:“寻花洞里连春醉,望海楼中彻晓吟。”

【連城】 《史记·廉颇蔺相如列传》:“赵惠文王时,得楚和氏璧,秦昭王闻之,使之遗赵王书,愿以十五城请易璧。”后以“連城”指和氏璧或珍贵之物。李峤《玉》:“映石先过魏,连城欲向秦。”杜甫《送赵十七明府之县》:“连城为保重,茂宰得才新。”刘商《殷秀才求诗》:“连城犹隐石,唯有卞和知。”叶季良《赋得琢玉成器》:“因知君有用,高价伫连城。”亦指宝物价值昂贵。元稹《出门行》:“在楚裂地封,入赵连城贵。”

【連城白璧】 即连城璧。喻贵重之物或非凡的人才。李白《鞠歌行》:“楚国青蝇何太多,连城白璧遭谗毁。”

【連城珍】 指价值连城的宝物。李白《赠崔司户文昆季》:“双珠出海底,俱是连城珍。”

【連價】 价值连城。形容珍贵难得。韩愈《县斋有怀》:“谁为倾国谋,自许连城价。”

【連城璧】 价值连城之璧玉。指战国赵国之和氏璧。杨炯《夜送赵纵》:“赵氏连城璧,由来天下传。”陈子昂《答洛阳主人》:“再取连城璧,三陟平津侯。”参见“連城”。

【連城寳】　价值连城的宝物。元稹《赋得玉卮无当》：“共惜连城宝，翻成无当卮。”

【連茹】　语本《易·泰》：“拔茅茹以其汇，征吉。”王弼注：“茅之为物，拔其根而相牵引者也。茹，相牵引之貌也。”后遂以为典，表示擢用一人而连带起用他人。刘长卿《落第赠杨侍御兼拜员外仍充安大夫判官赴范阳》：“念旧追连茹，谋生任转蓬。”权德舆《奉酬张监阁老雪后见赠加两韵简南省僚旧》：“常时望连茹，今日剧悬旌。”又《酬崔舍人阁老冬至日宿直省中奉简两掖阁老并见示》：“左掖期连茹，南宫愧积薪。”吴融《得京中亲友书讶久无音耗以诗代谢》：“无才敢更期连茹，有意兼思学采薇。”

【連洲】　连延的沙洲。骆宾王《在江南赠宋五之问》：“别岛笼朝蜃，连洲拥夕涨。”

【連屋】　❶连及屋顶。极言众多。杜甫《陪郑广文游何将军山林十首》之九：“床上书连屋，阶前树拂云。”❷成片的房屋。韩愈《汴州乱二首》之一：“健儿争夸杀留后，连屋累栋烧成灰。”

【連袂】　犹联袂。衣袖相连。储光羲《蔷薇》：“连袂踏歌从此去，风吹香气逐人归。”

【連珠】　连成串的珠子。杜甫《江边星月二首》之一：“映物连珠断，缘空一镜升。”

【連莖】　连枝。茎枝相连。孟简《嘉禾合颖》：“共秀芳何远，连茎瑞且多。”

【連根】　植物之根相连。韩愈《和侯协律咏笋》：“纵横公占地，罗列暗连根。”

【連連】　❶接连不断。王翰《古蛾眉怨》：“君不见宜春苑中九华殿，飞客连连直如发。”❷犹涟涟。酒肆布衣《醉吟》：“一旦形羸又发白，旧游空使泪连连。”

【連拳】　拳曲不伸貌。刘禹锡《西山兰若试茶歌》：“新芽连拳半未舒，自摘至煎俄顷余。”

【連案】　食案相连。谓关系密切。白居易《谓村退居寄礼部崔侍郎翰林钱舍人诗一百韵》：“昼食恒连案，宵眠每并床。”

【連娟】　弯曲而纤细。语出《史记·司马相如列传》：“长眉连娟，微睇绵藐。”司马贞索隐引郭璞曰：“连娟，眉曲细也。”温庭筠《江南曲》：“连娟眉绕山，依约腰如杵。”

【連通】　通连。相通。张籍《沈千运旧居》：“土木被丘墟，溪路不连通。”

【連理】　异根草木，枝干连生。古以为吉祥之兆，亦喻结为夫妇或男女欢爱。白居易《长相思》：“愿作深山木，枝枝连理生。”牛希济《生查子》词之二：“两朵隔墙花，早晚成连理。”孙光宪《南歌子》词之二：“愿如连理合欢枝，不似五陵狂荡薄情儿。”

【連理木】　枝条连生一起的两棵树。古以为祥瑞。亦喻恩爱的夫妻或象征坚贞的爱情。白居易《和梦游春诗一百韵》：“笼委独栖禽，剑分连理木。”

【連理分枝】　（分 fēn）　喻夫妻分离。孙光宪《清平乐》词之一：“连理分枝鸾失伴，又是一场离散。”

【連理杯】　古人结婚时新夫妇合饮的酒杯。喻结为夫妻或夫妻情笃。李白《去妇词》：“悔倾连理杯，虚作同心结。”

【連理枝】　两棵树枝条相连。喻恩爱的夫妻。白居易《潜别离》：“深笼夜锁独栖鸟，利剑春断连理枝。”又《长恨歌》：“在天愿作比翼鸟，在地愿为连理枝。”和凝《江城子》词之四：“迎得郎来入绣闱，语相思，连理枝。”

【連理襦】　绣有连理枝的短上衣。许景先《折柳篇》：“宝钗新梳倭堕髻，锦带交垂连理襦。”

【連理帶】　绣有连理枝的带子。象征坚贞的爱情。施肩吾《夜起来》：“香销连理带，尘覆合欢杯。”

【連章】　连缀词章。谓写作。李百药《安德山池宴集》：“上才同振藻，小技谬连章。”

【連乾】　（—qián）　亦作“連軋”。马饰物。段成式《戏高侍御七首》之七：“豹钱骢子能擎举，兼著连乾许换无。”吴融《寒食洛阳道》：“连軋驰宝马，历禄斗香车。”

【連野】　遍野。则天皇后《从驾幸少林寺》：“昔遇焚芝火，山红连野飞。”朱庆余《早发庐江涂中遇雪寄李侍御》：“芦苇声多雁满坡，湿云连野见山稀。”韩偓《冬日》：“愁处雪烟连野起，静时风竹过墙来。”

【連筰】　（—zuó）　一种两岸连接竹索，上铺竹木而成的桥。杜甫《桔柏渡》：“连筰动袅娜，征衣飒飘飖。”

【連牽】　连续，接连不断。李端《晚秋旅舍寄苗员外》：“争途苦不前，贫病遂连牵。”

【連萼】　亦作“連蕚”。❶花萼相连。钱起《紫参歌》序：“五葩连萼，状飞禽羽举，俗名之五鸟花。”❷喻兄弟间亲密关系。张大安《奉和别越王》：“盛藩资右戚，连蕚重皇情。”

【連蒂】　并蒂。花蒂相连。黄滔《催妆》：“烟树迥垂连蒂杏，彩童交捧合欢杯。”

【連棟】　一幢接一幢的房屋。王勃《散关晨度》：“重门临巨壑，连栋起崇隈。”

【連軫】　车后横木相接。形容车多。韩愈《赠崔立之评事》：“曾从关外来上都，随身卷轴车连轸。”

【連朝】　（—zhāo）　连日，接连几日。杜甫《奉赠卢五丈参谋》：“说诗能累夜，醉酒或连朝。”

【連雲】　与天空之云相连接。宣宗《题泾县水西寺》：“大殿连云接爽溪，钟声还与鼓声齐。”白居易《李白墓》："采石江边李白坟，绕田无限草连云。"

【連策】　谓骑马并行。策，马鞭。司空曙《送曹三同猗游山寺》："何时得连策，此夜更闻琴。"

【連筒】　以竹筒缚于水车，旋转而引水。杜甫《春水》："接缕垂芳饵，连筒灌小园。"

【連營】　扎营相连。亦指连绵的营寨。虞世南《从军行二首》之二："烽火发金微，连营出武威。"李白《闻李太尉大举秦兵百万出征东南》："函谷绝飞鸟，武关获连营。"戴叔伦《关山月二首》之二："一雁过连营，繁霜覆古城。"

【連詞】　缀辞。谓写作。张说《奉酬韦祭酒自汤还都经龙门北溪庄见贻之作》："来藻敷幽思，连词报所钦。"崔日知《奉酬韦祭酒示弟淑并呈诸大僚之作》："连词谢家子，同欢冀野宾。"

【連署】　❶连名，联合署名。白居易《渭村退居寄礼部崔侍郎翰林钱舍人诗一百韵》："差肩承诏旨，连署进封章。"❷同一官署。《唐律·名例五·同职犯公坐》："诸同职犯公坐者"唐长孙无忌疏议："同职者，谓连署之官。"张籍《题韦郎中新亭》："成名同日官连署，此处经过有几人。"

【連楹】　楹柱相连。形容建筑物宽敞华丽。李绅《新楼诗二十首·东武亭》："绿波春水湖光满，丹槛连楹碧嶂遥。"

【連蕚】　见"連萼"。

【連甍】　连绵的屋栋。太宗《帝京篇十首》之一："连甍遥接汉，飞观迥凌虚。"

【連霏】　连绵密集的云气。李峤《晚秋喜雨》："聚靄笼仙阙，连霏绕画楼。"

【連旗】　旗帜相连。多形容军容之壮。李白《出自蓟北门行》："推毂出猛将，连旗登战场。"

【連漢】　连接霄汉。骆宾王《游灵公观》："玉殿斜连汉，金堂迥架烟。"

【連綿】　接连不断。司空曙《送永阳崔明府》："连绵江上雨，稠叠楚南山。"李珣《酒泉子》词之三："秋雨连绵，声散白荷丛里，那堪深夜枕前听，酒初醒。"

【連蝶】　并飞之蝶。喻指飞雪。令狐楚《省中值夜对雪寄李师素侍郎》："杂花飞烂漫，连蝶舞徘徊。"

【連艘】　连舟，连接不断的船只。柳宗元《游南亭夜还叙志七十韵》："徘徊遂昏黑，远火明连艘。"

【連輝】　光辉相连。韩愈、孟郊《城南联句》："鲜意竦轻畅，连辉照琼莹。"

【連曉】　通宵达晓。姚合《和李十二舍人裴四二舍人两阁老酬白少傅见骑》："萧条雨夜吟连晓，撩乱花时看尽春。"

【連蹄】　马蹄相连。形容车马通行频繁。杜牧《昔事文皇帝三十二韵》："接棹隋河溢，连蹄蜀栈刓。"

【連錢馬】　马名。即连钱骢。顾况《春游曲二首》之二："柘弹连钱马，银钩妥堕鬟。"

【連錢】　❶花纹、形状似相连的铜钱。韩偓《即目二首》之二："溪涨浪花如积石，雨晴云叶似连钱。"❷马名。《尔雅·释畜》"清骊驎騨"晋郭璞注："色有深浅，班驳隐粼，今之连钱骢。"纪唐夫《骢马曲》："连钱出塞蹋沙蓬，岂比当时御史骢。"虞羽客《结客少年场行》："幽并侠少年，金络控连钱。"❸连钱障泥的代称。即带有钱纹花饰的马鞍垫，上饰花纹如连钱。卢照邻《长安古意》："妖童宝马铁连钱，娼妇盘龙金屈膝。"

【連錢貴】　南朝宋刘义庆《世说新语·术解》："王武子善解马性。尝乘一马，著连钱障泥。前有水，终日不肯渡。王云：'此必是惜障泥。'使人解去，便径渡。"遂以为典，颂马性之良。霍总《骢马》："岂独连钱贵，酬恩更代劳。"

【連$_2$蹇】　亦作"連蹇"。行走艰难貌。语本《易·蹇》："往蹇来连。"王弼注："往来皆难。"卢照邻《怀仙引》："山坱轧，磴连蹇。"

【連環】　连结成串的玉环。韩愈《送张道士》："昨宵梦倚门，手取连环持。"杜牧《少年行》之二："连环羁玉声光碎，绿锦蔽泥虬卷高。"温庭筠《蕃女怨》词之二："玉连环，金镞箭，年年征战。"徐铉《晚归》："风清飘短袂，马健弄连环。"

【連檣】　桅杆相连。形容船多。杜甫《舟中》："结缆排鱼网，连樯并米船。"刘禹锡《采菱行》："家家竹楼临广陌，下有连樯多估客。"

【連嶽】　布满山岳。杜荀鹤《送友人宰浔阳》："钓艇满江鱼贱菜，纸窑连岳楮多桑。"

【連鴻】　排列飞行的鸿雁。元稹《闲二首》之二："连鸿尽南去，双鲤本东流。"

【連鎖】　锁链，链子。元稹《酬乐天东南行诗一百韵》："拔家逃力役，连锁责逋诛。"

【連鎖甲】　即锁子甲。甲五环相互，一环受镞，诸环拱卫，使箭不能入。李贺《贵主征行乐》："奚骑黄铜连锁甲，罗旗香干金画叶。"

【連雞】　缚在一起的群鸡。战国时秦惠王曾用连鸡比喻诸侯不能统一行动，谓"诸侯不可一，犹连鸡之不能俱上于栖之明矣。"见《战国策·秦策一》。后遂以喻指各行其是而又互相牵制的地方势力或军事力量。韩偓《隰州新驿》："掷鼠须防误，连鸡莫惮惊。"

【連闕】　连绵的城阙。李洞《雪》："迢迢来极塞，连阙谓风吹。"

【連璧】　❶并列的美玉。《艺文类聚》卷一引《周易·坤灵图》："至德之明，日月若连璧。"遂以为称颂帝王之美德之典。武元衡《德宗皇帝挽歌词三首》之一："日月光连璧，烟尘屏大风。"❷南朝宋刘义庆《世说新语·容止》："潘安仁、夏侯湛并有美容，喜同行，时之谓之连璧。"后遂以称并美的人物。柳宗元《答刘连州邦字》："连璧本难双，分符刺小邦。"又《同刘二十八院长述旧言怀感时书事奉寄澧州张员外使君五十二韵之作因其韵增至八十通赠二君子》："慕友难连璧，言姻喜附葭。"段成式《和徐商贺卢员外赐绯》："连璧座中斜日满，贯珠歌里落水频。"

【連藻】 连缀词藻。谓写作。张说《扈从幸韦嗣立山庄应制》："菲才叨侍从，连藻愧应徐。"

【連簷】 屋檐。朱景玄《双槠亭》："连簷对双树，冬翠夏无尘。"

【連鰲】《列子·汤问》，渤海之东，有一深壑，中有神仙所居蓬莱等五仙山。然山浮于海，随波而动。天帝遂命巨鳌十五，分作三批，轮流负山，五山始屹立不动。"而龙伯之国有大人，举足不盈数步而暨五山之所，一钓而连六鳌，合负而趣归其国，灼其骨以数焉。"后遂以为善钓之典。李商隐《异俗二首》之二："点对连鳌饵，搜求缚虎符。"

【連巖】 连绵的山岩。蔡文恭《奉和夏日游山应制》："连岩耸百仞，绝壑临千丈。"

【連轡】 并马而行。张说《赠崔公》："一朝驱驷马，连辔入龙楼。"

【連觀】 (—guān) 互相连接的楼台。元稹《清都夜境》："夜久连观静，斜月何晶荧。"

【連纚】 (—lǐ) 连绵不断。吴融《祝风三十二韵》："环涂为之区，积葑相连缅。"

【連羣】 成群。卢纶《送信州姚使君》："铜铅满穴山能富，鸿雁连群地亦寒。"

速 〔sù《广韵》桑谷切，入屋，心。〕❶迅速，快。崔颢《古游侠呈军中诸将》："还家行且猎，弓矢速如飞。"杜甫《塞芦子》："谁能叫帝阍，胡行速如鬼。"白居易《新乐府·李夫人》："去何速兮来何迟，是耶非耶两不知。"章孝标《道者与金丹开合已失因为二首再有投掷》之二："惆怅流年速，看成白首翁。"❷使快，加快。王昌龄《酬鸿胪裴主簿雨后北楼见赠》："不叹携手稀，常思著鞭速。"李颀《送相里造入京》："春官含笑待，驱马速前程。"李白《答裴侍御先行至石头驿以书见招期月满泛洞庭》："开缄识远意，速此南行舟。"李商隐《商于新开路》："更谁开捷径，速拟上青云。"❸急切；急迫。杜甫《发阆中》："女病妻忧归意速，秋花锦石谁复数。"吕温《宗礼欲往桂州苦雨因以戏赠》："知汝使车行意速，但令骢马著鄣泥。"❹催促。岑参《饯王岑判官赴襄阳道》："暂得青门醉，斜光速去程。"❺召，请。《诗·小雅·伐木》："既有肥羜，以速诸父。"郑玄笺："速，召也。"贾至《闲居秋怀寄阳翟陆赞府封丘高少府》："信台草创时，秦阶速贤良。"❻招致。《诗·召南·行露》："谁谓女无家，何以速我狱?"朱熹集传："速，召致也。"刘叉《莫问卜》："莫问卜，人生吉凶皆自速。"元稹《梦游春七十韵》："时来既若飞，祸速当如鹜。"白居易《和微之诗二十三首·和我年三首》之三："昔尝速官谤，恩大而惩小。"周昙《咏史诗·秦门·赵高》："赵高胡亥速天诛，率土兴兵怨毒痡。"

【速亡】 迅速灭亡。王绩《过汉故城》："奥位匪虚校，贪天竟速亡。"

【速朽】 语出《礼记·檀弓上》："昔者夫子居于宋，见桓司马自为石椁，三年而不成，夫子曰：'若是其靡也，死不如速朽之愈也。'死之欲速朽，为桓司马言之也。"谓尸骨迅速腐朽。杜甫《前出塞九首》之三："功名图骐驎，战骨当速朽。"

【速死具】 加速死亡之物。曹邺《蓟北门行》："乃知七尺躯，却是速死具。"

【速貧】 招致贫困。鲍溶《倚瑟行》："与世无情在速贫，弃尸于野由斯葬。"

【速禄飒拉】 象声词。状风雨声。任华《怀素上人草书歌》："飘风骤雨相击射，速禄飒拉动檐隙。"

逗 〔dòu《广韵》田候切，去候，定。又持遇切，去遇，澄。〕❶停留；逗留。张九龄《使还湘水》："夕逗烟村宿，朝缘浦树行。"张谓《早春陪崔中丞浣花溪宴得暄字》："红亭移酒席，画鹢逗江村。"韩愈《南山诗》："或罗若星离，或蓊若云逗。"陆龟蒙《奉和袭美太湖诗二十首·晓次神景宫》："晓帆逗碕岸，高步入神景。"❷临，到。张九龄《彭蠡湖上》："决晨趋北渚，逗浦已西日。"李敬方《题黄山汤院》："谢屐缘危磴，戎装逗远村。"薛能《中秋旅舍》："云卷庭虚月逗空，一方秋草尽鸣虫。"❸趁，赶。李嘉祐《白鹭》："江南渌水多，顾影逗轻波。"陆龟蒙《晚渡》："各样莲船逗村去，笠檐蓑袂有残声。"方干《将归湖上留别陈宰》："归去春山逗晚晴，萦回树石罅中行。"❹穿过，通过。聂夷中《题贾氏林泉》："轻流逗密篠，直干入宽空。"唐廪《杨岐山》："逗竹穿花越几村，还从旧路入云门。"齐己《潇湘》："流古递今空作岛，逗山冲壁自为潭。"❺透露，显露。李贺《感讽五首》之五："桂露对仙娥，星星下云逗。"薛能《黄河》："勇逗三峰坼，雄标四渎尊。"❻吐放。阎选《临江仙》词："雨停荷芰逗浓香，岸边蝉噪垂杨。"❼投射。元稹《开元观闲居酬吴士矩侍御三十韵》："箫声吟茂竹，虹影逗虚檐。"❽引，疏导。杜甫《怀锦水居止二首》之一："朝朝巫峡水，远逗锦江波。"❾引起，触动。李贺《李凭箜篌引》："女娲炼石补天处，石破天惊逗秋雨。"

【逗留】 见"逗遛"。

【逗遛】 亦作"逗留"。❶停留。杜甫《送重表侄王砅评事使南海》:"逗留热尔肠,十里却呼号。"卢仝《月蚀诗》:"玉川子笑答,或请听逗留。"❷停顿。寒山《诗三百三首》之二六八:"寄语食肉汉,食时无逗遛。"

【逗撓】 因怯阵而避敌。李商隐《失题弘农尚书幕》:"逗挠官军乱,优容败将频。"韦庄《和郑拾遗秋日感事一百韵》:"军威徒逗挠,我武自维扬。"

逕 〔jìng《广韵》古定切,去徑,見。〕❶步道;小路。杨师道《春早闲步》:"野迳香恒满,山阶笋屡侵。"柳宗元《江雪》:"千山鸟飞绝,万迳人踪灭。"雍陶《和河南白尹西池北新葺水斋招赏十二韵》:"乱流深竹迳,分绕小花汀。"曹松《访山友》:"一逕通高屋,重云翳两原。"❷直接。岑参有《送永寿王赞府迳归县》诗。

逌 〔yóu《玉篇》余周切。〕同"攸"。见"逌爾"。

【逌爾】 长叹息貌。刘禹锡《金陵五题》序:"适有客以金陵五题相示,逌尔生思,欻然有得。"

逍 〔xiāo《广韵》相邀切,平宵,心。〕见"逍遥"。

【逍遥】 ❶微步缓行貌。韦应物《贾常侍林亭燕集》:"朝旦气候佳,逍遥写烦忧。"王武陵《宿慧山寺》序:"是时山林始秋,高兴在木,凉风白云,起于座隅,逍遥于长松之下,偃息于磐石之上。"孟郊《赠黔府王中丞楚》:"逍遥物景胜,视听空旷并。"陆龟蒙《和袭美冬晓章上人院》:"从此逍遥知有地,更乘清月伴君过。"❷优游自得;安闲自在。寒山《诗三百三首》之二四六:"无为无事人,逍遥实快乐。"皎然《春夜期裴都曹济集心人院不至》:"逍遥方外侣,荏苒府中情。"孟郊《寿安西渡奉别郑相公》之二:"乃知减闻见,始遂情逍遥。"白居易《逍遥咏》:"无恋亦无厌,始是逍遥人。"❸指《庄子》篇名《逍遥游》。司空曙《送僧无言归山》:"自昔闻多学,逍遥注一篇。"白居易《赠苏炼师》:"犹嫌庄子多词句,只读逍遥六七篇。"温庭筠《却经商山寄昔同行人》:"曾道逍遥第一篇,尔来无处不恬然。"齐己《湘江渔父》:"曾受蒙庄子,逍遥一卷经。"

【逍遥公】 唐韦嗣立神龙中为修文馆大学士,与其兄承庆代相,尝于骊山构筑别业,中宗临幸,令从官赋诗,自为制序,因封为逍遥公。见《新唐书·韦嗣立传》。又,韦嗣立先人北周韦夐志尚夷简,养高不仕,明帝赐逍遥公。见《周书·韦夐传》。张九龄有《骊山下逍遥公旧居游集》。杜甫《公安送韦二少府匡赞》:"逍遥公后世多贤,送尔维舟惜此筵。"原注:"后周韦夐,号逍遥公,唐嗣立,号小逍遥公。"亦借指退隐不仕、徜徉山水、不受羁束之士。皮日休《奉献致政裴秘监》:"既为逍遥公,又作鸱夷子。"

【逍遥自在】 见"逍遥自得"。

【逍遥自得】 谓不受羁束,自由自在。语本《庄子·让王》:"日出而作,日入而息,逍遥于天地之间,而心意自得。"岑参《南溪别业》:"逍遥自得意,鼓腹醉中游。"亦作"逍遥自在"。赵彦昭《奉和圣制幸韦嗣立山庄应制》:"逍遥自在蒙庄子,汉主徒言河上公。"

【逍遥遊】 《庄子》篇名。篇中通过大鹏与小鸠、大椿与朝菌的比喻,说明任何事物小大虽殊但均不能超越自己本性和客观环境,主张物任其性,放弃一切大小、荣辱、死生、寿夭的差别观念。后用以指自由而不受拘束的游玩。陆龟蒙《补沈恭子诗》:"虽非放旷怀,雅奉逍遥游。"

【逍遥樓】 楼观名。(1)在唐蒲州(治所在今山西临猗县西南)。玄宗有《登蒲州逍遥楼》。苏颋有《奉和圣制登蒲州逍遥楼应制》。(2)在唐桂州(治所在今广西桂林市)。宋之问《登逍遥楼》:"逍遥楼上望乡关,绿水泓澄云雾间。"又有《桂州陪王都督晦日宴逍遥楼》。

【逍遥篇】 指《逍遥游》。《庄子》篇名。宋之问《湖中别鉴上人》:"愿与道林近,在意逍遥篇。"权德舆《酬李二十二兄主簿马迹山见寄》:"中有冥寂人,闲读逍遥篇。"白居易《和答诗十首·和思归乐》:"身委逍遥篇,心付头陀经。"陆龟蒙《孤雁》:"漆园逍遥篇,中亦载斥鷃。"参见"逍遥遊"。

逞 〔chěng《广韵》丑郢切,上静,徹。〕❶快心,称意,满意。《后汉书·杨震传》:"今城外之苑已有五六,可以逞情意,顺四节也。"李贤注:"逞,快也。"孟郊《春集越州皇甫秀才山亭》:"何以逞高志,为君吟秋天。"杜牧《嘲妓》:"盘古当时有远孙,尚令今日逞家门。"温庭筠《和周繇》:"齐马驰千驷,卢姬逞十三。"亦引申为达到目的。柳宗元《韦道安》:"揭来事儒术,十载所能逞。"❷显示,显露;夸耀。寒山《诗三百三首》之六十:"洛阳多女儿,春日逞华丽。"叶季良《省试吴宫教美人战》:"自可威邻国,何劳逞战功。"张祜《猎》:"归来呈余勇,儿子乱弯弓。"王毂《玉树曲》:"陈宫内宴明朝日,玉树新妆逞娇逸。"❸放纵,肆行。白居易《和答诗十首·和大觜乌》:"群雏又成长,众嘴逞残凶。"亦指笔势或笔力纵横恣肆。任华《怀素上人草书歌》:"狂僧有绝艺,非数仞高墙不足以逞其笔势。"孟郊《赠郑夫子鲂》:"宋玉逞大句,李白飞狂才。"《西轩诗》之四:"顾云已往罗隐耄,更有何人逞笔端。"❹舒展。张夫人《拜新月》:"昔年拜月逞容辉,如今拜月双泪垂。"

【逞才】 纵情展示才华。李泌《咏方圆动静》："动如逞才，静如遂意。"

【逞巧】 显示自己的技艺。杜甫《上水遣怀》："篙工密逞巧，气若酣杯酒。"

【逞志】 遂志。张九龄《郢城西北有大古冢故行路尽知之》："楚子初逞志，樊妃尝献箴。"韩愈《送文畅师北游》："庇身指蓬茅，逞志纵猃猲。"李绅《赠毛仙翁》："穆王粗识神仙事，八极轮蹄方逞志。"

【逞怪】 显示怪异。元稹《遭风二十韵》："罔象睢盱频逞怪，石龙翻动忽成灾。"

【逞捷】 炫耀行动敏捷。路德延《小儿诗》："平岛夸趫上，层崖逞捷缘。"

【逞詞】 放言。李涉《题清溪鬼谷先生旧居》："二子才不同，逞词过尺度。"

【逞辨】 见"逞辩"。

【逞辯】 亦作"逞辨"。雄辩。罗隐《送姚安之赴任秋浦》："江夏黄童徒逞辩，广都庞令恐非才。"韦庄《李氏小池亭十二韵》："语窗鸡逞辨，舐鼎犬偏馋。"

【逞豔】 争艳。王贞白《太湖石》："不同花逞艳，多愧竹垂阴。"

造[1] 〔zào《广韵》七到切，去号，清。〕❶到；去。蔡希寂《登福先寺上方然公禅室》："步登诸劫尽，忽造浮云端。"李白《寻高凤石门山中元丹丘》："遂造穷谷间，始知静者闲。"孟郊《列仙文·安度明》："回我神霄辇，遂造岭玉阿。"张祜《游天台山》："但造不死乡，前劳何足数。"❷造访。李白《送王屋山人魏万还王屋》："五月造我语，知非佁儗人。"李贺《自昌谷到洛后门》："杖头非饮酒，吾请造其人。"

造[2] 〔zào《广韵》昨早切，上晧，從。〕❶制作，制造。郑愔《奉和幸三会寺应制》："造书臣颉往，观迹帝羲来。"吴人《咏痴》："榆儿复榆妇，造屋兼造车。"李贺《相劝酒》："蓐收既断翠柳，青帝又造红兰。"❷建造。白居易《新乐府·杏为梁》："开府之堂将军宅，造未成时头已白。"❸开始，起始。参见"造₂端"。❹产生，出现。杜甫《送长孙九侍御赴武威判官》："此行收遗甿，风俗方再造。"

【造₂化】 自然界的创造者。亦指自然、天地等。杜审言《度石门山》："有异登临赏，徒为造化功。"高适《苦雨寄房四昆季》："安得造化功，旷然一扫除。"朱庆余《看涛》："要路横天堑，其如造化何。"聂夷中《杂兴》："扰扰造化内，茫茫天地中。"

【造₂父】 古之善御者。《史记·赵世家》："造父幸于周缪王……缪王使造父御，西巡狩，见西王母，乐之忘归。……乃赐造父以赵城，由此为赵氏。"韩愈《驽骥》："王良执其辔，造父挟其辀。"

【造次】 ❶匆忙。语出《论语·里仁》："君子无终食之间违仁。造次必于是，颠沛必于是。"欧阳詹《有所恨二章》序："今人既往，所赠又造次而亡之，二恨也。"白居易《代书诗一百韵寄微之》："造次行于是，平生志在兹。"李商隐《骄儿诗》："门有长者来，造次请先出。"❷轻率；随便。杜甫《送顾八分文学造洪吉州》："御札早流传，揄扬非造次。"韩愈《和虞部卢四酬翰林钱七赤藤杖歌》："绳桥拄过免倾堕，性命造次蒙扶持。"又《学诸进士作精卫衔石填海》："人皆讥造次，我独赏专精。"刘禹锡、白居易《乐天是月长斋鄙夫此时焉敢惊禅》："笑言诚莫逆，造次必相箴。"

【造₂作】 ❶建造。韩愈《奉和李相公题萧家林亭》："山公自是林园主，叹惜前贤造作时。"❷制作，作成。韩愈《射训狐》："安然大唤谁畏忌，造作百怪非无须。"❸伪造。寒山《诗三百三首》之二四二："人面禽兽心，造作何时歇。"

【造₂物】 指创造万物的神。独孤及《观海》："谁尸造物功，凿此天池源。"韩愈《南山诗》："还疑造物意，固护蓄精祐。"柳宗元《巽公院五咏·芙蓉亭》："尝闻色空喻，造物谁为工。"

【造₂建】 建造。寒山《诗三百三首》之一七二："造建僧伽蓝，信心归佛理。"

【造₂業】 佛教语。指做坏事。拾得《诗》之一："造业大如山，岂解怀忧怕。"

【造₂端】 起始，发端。李峤《赋》："造端长体物，无复大夫名。"柳宗元《咏荆轲》："造端何其锐，临事竟趦趄。"

【造境】 ❶到达地境。郑谷《峨眉山》："造境知僧熟，归林认鹤林。"❷达到某种境界。皎然《奉应颜尚书真卿观玄真子置酒张乐舞破阵画洞庭三山歌》："盼睐方知造境难，象忘神遇非笔端。"

【造適】 寻访。段成式《游长安诸寺联句》序："当时造适乐事，邈不可追。"

【造請】 登门晋见。陆龟蒙《奉和袭美太湖诗二十首·三宿神景宫》："岂独冷衣襟，便堪遗造请。"

透 〔tòu《广韵》他候切，去候，透。〕❶跳跃。刘允济《经庐岳回望江州想洛川有作》："惊猵透烟霞，腾猿乱枝格。"杜甫《泥功山》："哀猿透却坠，死鹿力所穷。"❷通过；穿过；透过。刘方平《夜月》："今夜偏知春气暖，虫声新透绿窗纱。"刘禹锡《和乐天诮失婢榜者》："鸳鸯拂瓦去，鹦鹉透笼飞。"张祜《黄蜀葵花》："名花八叶嫩黄金，色照书窗透竹林。"贯休《鄂渚赠祥公》："松烟青透壁，雪气细吹灯。"亦指超过。贯休《送僧入马头山》："情无刚强，气透今古。"南唐后主李煜《浣溪沙》词之一："红日已高三丈透，金炉次第添香兽。"❸显露；显现。韦庄《伤灼灼》："桃脸曼长横绿水，玉肌香腻透红纱。"陶拱《秋日悬清光》："烟霞轮乍透，葵藿影初生。”花蕊夫人徐氏《宫词》之八六：“薄罗衫子透肌肤，夏日初长板阁虚。”齐己《谢人惠丹药》：“肌肤红色透，髭发黑光生。”❹遍布；弥漫。王维《奉和圣制十五夜然灯继以酺宴应制》：“九衢陈广乐，百福透名香。”黄巢《不第后赋菊》：“冲天香阵透长安，满城尽带黄金甲。”

【透明巖】 山岩名。在唐之蓬州（治所在四川仪陇县南）。亦名栖真岩。李九龄《透明岩》：“乍脱尘埃梦寐安，透明岩上一开颜。”清远居士有《题透明岩安禄山题记后》。

【透撞兒】 游荡少年。张说《邕湖山寺》：“险哉透撞儿，千金赌一掷。”

【透徹】 透明亮彻。卢纶《栖岩寺隋文帝马脑盏歌》：“规形环影相透彻，乱雪繁花千万重。”杜牧《题白蘋洲》：“溪光初透彻，秋色正清华。”

【透穎錐】 用毛遂自荐典。《史记·平原君虞卿列传》：“秦之围邯郸，赵使平原君求救，合从于楚，约与食客门下有勇力文武备具者二十人偕……门下有毛遂者，前，自赞于平原君曰：‘遂闻君将合从于楚，约与食客门下二十人偕，不外索。今少一人，愿君即以遂备员而行矣。’平原君曰：‘先生处胜之门下几年于此矣？’毛遂曰：‘三年于此矣。’平原君曰：‘夫贤士之处世也，譬若锥之处囊中，其末立见。今先生处胜之门下三年于此矣，左右未有所称诵，胜未有所闻，是先生无所有也。先生不能，先生留。’毛遂曰：‘臣乃今日请处囊中耳。使遂蚤得处囊中，乃颖脱而出，非特其末见而已。’”后遂以喻志向非凡。元稹《酬翰林白学士代书一百韵》：“叶怯穿杨箭，囊藏透颖锥。”

【透額羅】 一种专用裹发的轻罗。元稹《赠刘采春》：“新妆巧样画双蛾，谩里常州透额罗。”

【透露】 显露。温庭筠《和道溪君别业》：“花房透露红珠落，蛱蝶双飞护粉尘。”

途 〔tú《广韵》同者切，平模，定。〕❶道路。王维《青溪》：“随山将万转，趣途无百里。”张籍《忆远曲》：“途荒人行少，马迹犹可寻。”张峤《偶诗》：“顷刻万邦皆遍到，途中曾未一人逢。”❷途径，路子。韩愈《赠崔立之评事》：“窃料二途必处一，岂比恒人长蠢蠢。”白居易《和微之诗二十三首·和知非》：“不然即学禅，两途同一致。”❸端，方面。王维《哭殷遥》：“负尔非一途，恸哭返柴荆。”杜荀鹤《空闲二公递以禅律相鄙因而解之》：“一教谁云辟二途，律禅禅律智归愚。”❹仕途。元稹《寄吴士矩端公五十韵》：“时辈多得途，亲朋屡相救。”

【途次】 途中住宿。玄宗有《途次陕州》和《巡省途次上党旧宫赋》。

【途程】 路程，道路。姚鹄《送黄颇归袁》：“文章声价从来重，霄汉途程此去长。”贾岛《送李余及第归蜀》：“津渡逢清夜，途程尽翠微。”许棠《送李频之南陵主簿》：“赴县是还乡，途程岂觉长。”刘兼《自遣》：“鹍鹏鳞翼途程在，九万风云海浪深。”

【途窮】 喻走投无路或处境困窘。杜甫《送率府程录事还乡》：“途穷见交态，世梗悲路涩。”刘禹锡《赠眼医婆罗门僧》：“三秋伤望眼，终日哭途穷。”牟融《有感》：“途穷悲阮籍，病久忆相如。”周昙《咏史诗·前汉门·刘圣公》：“伤哉乱帝途穷处，何必当时僭福先。”

【途經】 路过。玄宗有《行次成皋途经先圣擒建德之所缅思功业感而赋诗》和《途经华岳》。刘长卿《送王端公入奏上都》：“途经百战后，客过二陵稀。”高骈有《赴西川途经虢县作》。杨齐哲《过函谷关》：“地险峭函北，途经分陕东。”

逖 〔tì《广韵》他歷切，入錫，透。〕远。《书·牧誓》：“逖矣，西土之人。”孔传：“逖，远也。”李元嘉《奉和同太子监守违恋》：“逖矣凌周诵，遥哉掩汉庄。”参见“逖睇”“逖聽”。

【逖睇】 远眺。吴筠《游倚帝山二首》之一：“迩临烟霞积，逖睇宇宙廓。”

【逖聽】 在远处听闻。储光羲《苏十三瞻登玉泉寺峰入寺中见赠作》：“逖听多时友，招邀及浮贱。”

逢¹ 〔féng《广韵》符容切，平鍾，奉。〕相逢；遇到。太宗《帝京篇十首》之八：“欢乐难再逢，芳辰良可惜。”戴叔伦《山行》：“回首天将暝，逢僧话未归。”白居易《闲出》：“被花留便住，逢酒醉方归。”陆龟蒙《江南秋怀寄华阳山人》：“逢山即堪隐，何路可图荣。”

逢² 〔péng《广韵》蒲蒙切，平東，並。〕见“逢₂逢”。

逢³ 〔páng《广韵》薄江切，平東，並。〕姓，古有逢蒙。见《孟子·离娄下》。后汉有逢萌，见《后汉书·逢萌传》。后字作“逄”。

【逢屯】 （—zhūn） 遇到艰苦困顿。屯，卦名。《易·屯》：“彖曰：‘屯，刚柔始交而难生。’”姚月华《怨诗效徐淑体》：“妾生兮不辰，盛年兮逢屯。”

【逢見】 遇见，碰到。贯休《梦游仙四首》之一：“逢见一道士，称是李八伯。”

【逢迎】 ❶接待；迎接。王维《与卢象集朱家》：“主人能爱客，终日有逢迎。”严维《题鲍行军小阁》：“谈笑兵家法，逢迎幕府宾。”张籍《夏日闲居》：“多病逢迎少，闲居又一年。”徐铉《和司门郎中陈彦》：“衡门寂寂逢迎少，不见仙郎向五旬。”❷相逢，相遇。权德舆《送李城门罢官归嵩阳》：“启闭千门静，逢迎两掖通。”吴融《和韩致光侍郎无题三首十四韵》之二：“逢迎大堤晚，离别洞庭春。”李洞《山居喜友人见访》：“入云晴劚茯苓还，日暮逢迎木石间。”

【逢春】　遇上春天。杜甫《和裴迪登蜀州东亭送客逢早梅相忆见寄》：“此时对雪遥相忆，送客逢春可自由。”戴叔伦《除夜宿石头驿》：“愁颜与衰发，明日又逢春。”韦庄《春愁》：“寓思本多伤，逢春恨更长。”袁求贤《早春送郎官出宰》：“趋程犹犯雪，行县正逢春。”

【逢時】　❶赶上时机。李白《梁甫吟》：“宁羞白发照清水，逢时吐气思经纶。”高适《别韦兵曹》：“逢时当自取，看尔欲先鞭。”罗立言《赋得沽美玉》：“成器终期达，逢时岂见诬。”刘驾《皎皎词》：“皎皎复皎皎，逢时即为好。”❷交上好运。权德舆《奉和张仆射朝天行》：“逢时自是山出云，献可还同石投水。”

【逢恩】　逢上恩知。虞世南《门有车马客》：“逢恩出毛羽，失路委泥沙。”

【逢殷】　赶上盛世。王建《上李吉甫相公》：“圣朝齐贺说逢殷，霄汉无云日月真。”

【逢$_2$逢】　（—péng）　象声词。状鼓声。韩愈《病中赠张十八》：“不蹋晓鼓朝，安眠听逢逢。”李贺《上之回》：“蚩尤死，鼓逢逢。”

【逢著】　逢上，碰上。著，语助。崔国辅《杂诗》：“逢著平乐儿，论交鞍马前。”张元一《嘲武懿宗》：“忽然逢著贼，骑猪向南趣。”李商隐《江上忆严五广休》：“逢著澄江不敢咏，镇西留与谢功曹。”

【逢$_3$萌】　后汉逢萌家贫，在县供职为亭长。县尉过亭，萌迎候拜谒，既而掷楯叹曰：“大丈夫安能为人役哉！”遂至长安求学，通《春秋经》。时王莽杀其子王宇，萌谓友人曰：“三纲绝矣！不去，祸将及人。”即解冠挂东都城门，携家至辽东避乱。见《后汉书·逢萌传》。李瀚《蒙求》：“逢萌挂冠，胡昭投簪。”

【逢掖】　❶宽大的衣袖。《礼记·儒行》：“丘少居鲁，衣逢掖之衣，长居宋，冠章甫之冠。”因指儒生所穿之衣。无名氏《国学新修五经壁歌》记：“由京师而风天下，覃及九译，咸知宗师，非止服逢掖者钻仰而已。”李瀚《蒙求》：“邹阳长裾，王符逢掖。”❷指儒业或儒学。刘禹锡《游桃源一百韵》：“纷吾本孤贱，世叶在逢掖。”

【逢遇】　遇上，遭逢。薛曜《舞马篇》：“一朝逢遇升平代，伏皂衔图事帝王。”

【逢閏】　赶上闰年。李频《游蜀回简友人》：“不是因逢闰，还应是隔年。”

【逢$_3$蒙】　古之善射者。《孟子·离娄下》：“逢蒙学射于羿，尽羿之道，思天下惟羿愈己，于是杀羿。”张贲《奉和袭美醉中即席见赠次韵》：“共许逢蒙快弓箭，再穿杨叶在明年。”

這　〔zhè《增韵》止也切，上馬。〕指示代词，指示比较近的人或物。杨汝士《戏柳棠》：“今日梓州张社会，应须遭這老尚书。”李和风《题敬爱诗后》：“高唐不是這高塘，淮畔荆南各异方。”吕岩《七言》之三四：“时来试问尘中叟，這个玄机世有无。”又《沁园春》词之三：“這道本无情，不亲富贵，不疏贫贱，只要心坚。”

【這回】　亦作“這迴”。这次，这一次。卢仝《送好约法师归江南》：“为报江南三二日，這回应见雪中人。”白居易《商山路驿桐树昔与微之前后题名处》：“笑问中庭老桐树，這回归去免来无。”罗隐《帝幸蜀》：“泉下阿蛮应有语，這迴休更怨杨妃。”张保胤《示妓榜子》：“叉手向前咨大使，這迴不敢恼儿郎。”

【這迴】　见“這回”。

通　〔tōng《广韵》他紅切，平東，透。〕❶到达；通到。杜甫《秦州杂诗二十首》之一四：“万古仇池穴，潜通小有天。”朱庆余《题寄王秘书》：“断篱通野径，高树荫邻扉。”许棠《忆宛陵旧居》：“岛径通山市，汀扉上海潮。”韦庄《渔塘十六韵》：“莹澈通三岛，岩梧积万层。”❷通行；没有阻塞可以通过。高适《登垄》：“浅才登一命，孤剑通万里。”白居易《和微之春日投简阳明洞天五十韵》：“堰限舟航路，堤通车马途。”朱庆余《和处州韦使君新开南溪》：“跻险难通屐，攀栖称抱琴。”齐己《金山寺》：“槛外扬州树，船通建业僧。”❸流通，交换。韩愈《送郑尚书赴南海》：“货通师子国，乐奏武王台。”柳宗元《视民诗》：“迺学与仕，迺播与食，迺器与用，迺货与通。”❹往来；交好。王维《送秘书晁监还日本国》序：“孔丘遂适于宗周，郑献缟衣；季札始通于上国，名成太学。”常衮《和考功员外杪秋忆终南旧宅之作》：“欢荣来自间，羸贱尝曾通。”张籍《和李仆射西园》：“印在休通客，山晴好卷帘。”广宣《降诞日内庭献寿应制》：“庆寿千龄远，敷仁万国通。”❺连接；连通。杜甫《戏题画山水图歌》：“巴陵洞庭日本东，赤岸水与银河通。”姚合《寄题蔡州蒋亭兼简田使君》：“树宿山禽静，池通野水遥。”李商隐《无题二首》之一：“身无彩凤双飞翼，心有灵犀一点通。”李频《越中行》：“湖通诸浦白，日隐乱峰明。”❻畅通；畅达。刘长卿《赠元容州》：“政传通岁贡，才惜过年华。”刘济《出塞曲》：“将军在重围，音信绝不通。”李端《宿深上人院听远泉》：“断续来方尽，潺湲咽又通。”❼通报；传达。李嘉祐《送窦拾遗赴朝因寄中书十七弟》：“凭尔将书通令弟，唯论华发愧头巾。”刘鲁风《江西投谒所知为典客所阻因赋》：“无钱乞与韩知客，名纸毛生不肯通。”贾岛《送人南游》：“雁飞难度岭，书信若为通？”❽亨通；显达。孟浩然《书怀贻京邑同好》：“三十既成立，嗟吁命不通。”武元衡《戏赠韩二秀才》：

“名高折桂方年少，心苦为文命未通。”刘禹锡《和苏十郎中谢病闲居时严常侍萧给事同过访叹初有二毛之作》：“菱花照后容虽改，蓍草占来命已通。”黄滔《贫居冬杪》：“数塞未求通，吾非学养蒙。”❾精通；通晓。卢象《赠程秘书》：“圣人借颜色，言事无不通。”鲁收《怀素上人草书歌》：“身上艺能无不通，就中草圣最天纵。”窦巩《江陵遇元九李六二侍御纪事书情呈十二韵》：“学深通古字，心直触危机。”韩愈《答张彻》：“初味犹啖蔗，遂通斯建瓴。”❿通家，世交。岑参《送王著作赴淮西幕府》：“怜君心相亲，与我家又通。”⓫合计；总计。参见“通計”“通算”。⓬量词。(1)击鼓的一个段落。温庭筠《寄渚宫遗民弘里生》：“城头五通鼓，窗外万家砧。”(2)用于文章等。杜甫《可叹》：“群书万卷常暗诵，《孝经》一通看在手。”刘禹锡《酬令狐留守巡内至集贤院见寄》：“为兄手写殷勤句，遍历三台各一通。”⓭人名。李文通。唐寿州团练使。李商隐《韩碑》：“愬武古通作牙爪，仪曹外郎载笔随。”

【通人】　学识渊博通达的人。贾岛《即事》：“心被通人见，文叨大匠称。”

【通才】　学识渊博有多种才能的人。宋之问《酬李丹徒见赠之作》：“镇吴称奥里，试剧仰通才。”

【通川】　❶流通的河川。《文选·司马相如〈上林赋〉》：“醴泉涌于清室，通川过于中庭。”李善注：“通流为川而过中庭。”卢照邻《怀仙引》：“回行遵故道，通川遍流潦。”骆宾王《游灵公观》：“玉殿斜连汉，金堂迥架烟。”皇甫冉《和朝郎中扬子玩雪寄山阴严维》：“凝阴晦长箔，积雪满通川。”❷地名。唐郡名。或称通州，属山南西道，治所在通川县（今四川达州市达川区）。元稹《见人咏韩舍人新律诗因有戏赠》：“殷勤闲太祝，好去老通川。”白居易《梦微之》：“晨起临风一惆怅，通川湓水断相闻。”又《江楼夜吟元九律诗成三十韵》：“相悲今若此，湓浦与通川。”郑谷有《通川客舍》。

【通夕】　通宵，整夜。崔备《和武相公中秋锦楼玩月》之一：“竟天多雁过，通夕少人眠。”白居易《咏怀》：“饱食坐终朝，长歌醉通夕。”唐彦谦《春残》：“风雨曾通夕，莓苔有众芳。”晁采《子夜歌十八首》之十五：“寒风响枯木，通夕不得卧。”

【通子】　晋陶潜小儿的乳名。语出陶潜《责子》诗：“通子垂九龄，但觅梨与栗。”后用为咏子之典。韩翃《寄赠虢州张参军》：“好栗分通子，名香赠莫愁。”李端《长安感事呈卢纶》：“梨教通子守，酒是远师供。”白居易《余思未尽加为六韵重寄微之》：“各有文姬才稚齿，俱无通子继余尘。”

【通天】　❶上通于天。形容极高。杜甫《望岳》：“车箱入谷无归路，箭栝通天有一门。”❷谓本领高强。孟郊《送草书献上人归庐山》：“狂僧不为酒，狂笔自通天。”❸“通天犀”的省称。元稹《和李校书新题乐府十二首·驯犀》：“行地无疆费传驿，通天异物罹幽枉。”

【通天班】　直属皇帝的班列。即指节度使的官阶职权。李商隐《行次西郊作一百韵》：“临门送节制，以锡通天班。”

【通天臺】　台名。汉代建筑，取义于台高通天。在今陕西淳化县黄花山故甘泉宫中。韦应物《汉武帝杂歌三首》之二：“通天台上月初出，承露盘中珠正圆。”郑澣《赠毛仙翁》：“通天台上，有见常人。”

【通天犀】　一种上下贯通的犀牛角。亦指长有此种角的犀牛。白居易《杂兴三首》之三：“冠垂明月珠，带束通天犀。”又《新乐府·驯犀》：“驯犀驯犀通天犀，躯貌骇人角骇鸡。”亦省称“通犀”。白居易《和春深二十首》之四：“通犀排带胯，瑞鹘勘袍花。”段成式《戏高侍御七首》之六：“不独邯郸新嫁女，四枝鬟上插通犀。”

【通中枕】　（中 zhōng）　空心枕头。白居易《冬夜与钱员外同直禁中》：“连铺青缣被，封置通中枕。”又《禁中秋宿》：“风翻朱里幕，雨冷通中枕。”

【通化門】　唐都城长安（今陕西西安市）东城最北门。张九龄有《通化门外送别》。王建《赠华州郑大夫》：“此官出入凤池头，通化门前第一州。”

【通方】　通晓道术。《汉书·韩安国传》：“通方之士，不可以文乱。”颜师古注：“方，道也。”后亦指通晓为政之道。李白《赠从孙义兴宰铭》：“峻节贯云霄，通方堪远大。”又《答长安崔少府叔封游终南翠微寺太宗皇帝金沙泉见寄》：“小物昧远图，宁知通方士。”

【通玄】　通晓玄妙之理。戴叔伦《晖上人独坐亭》：“性空长入定，心悟自通玄。”张籍《罔象得玄珠》：“离娄徒肆目，罔象乃通玄。”

【通玄真人】　唐代对文子的追号。《旧唐书·玄宗纪下》：“〔天宝元年〕庄子号为南华真人，文子号为通玄真人，列子号为冲虚真人，庚桑子号为洞虚真人。其四子所著书改为真经。”按，文子，据传为老子弟子辛钘，道家谓其造道经十二卷，唐天宝元年(742)，诏号为《通玄真经》。吴筠有《高士吟·通玄真人》。

【通舟】　通行船只。孟郊《车遥遥》：“路喜到江尽，江上又通舟。”

【通州】　唐州名。西魏废帝二年(553)以万州改名，治所在石城县（即今四川达州市通川区）。唐武德元年(618)复为通州，天宝初又改为通川郡，乾元初仍改为通州。元稹《见乐天诗》：“通州到日日平西，江馆无人虎印泥。”白居易《雨夜忆元九》：“一种雨中君最苦，偏梁阁道向通州。”又《竹枝词四首》之四：“怪来调苦缘词苦，多是通州司马诗。”

【通阡】　四通八达的道路。张祜《题宿州城西宋征君林亭》："不妨成隐显，长日步通阡。"

【通邑】 大城镇。温庭筠《登卢氏台》："胜地当通邑，前山有故居。"

【通谷】 谷名。在洛阳城南五十里。三国魏曹植《洛神赋》："经通谷，陵景山……容与乎阳林，流眄乎洛川。"李商隐《涉洛川》："通谷阳林不见人，我来遗恨古时春。"

【通計】 总计。白居易《对酒》："人生一百岁，通计三万日。"又《春晚咏怀赠皇甫朗之》："一岁平分春日少，百年通计老时多。"

【通事舍人】 官名。唐时主管朝见引纳。高适《酬秘书弟兼寄幕下诸公》序："乙亥岁，适征诣长安，时侍御杨公任通事舍人，诗书起予，盖终日矣。"

【通明】 通彻明亮。薛逢《石膏枕》："表里通明不假雕，冷于春雪白于瑶。"

【通和】 开朗平和。元结《送孟校书往南海》序："材业次山不如云卿，词赋次山不如云卿，通和次山不如云卿。"

【通夜】 通宵。柳宗元《种仙灵毗》："晨起自采曝，杵臼通夜喧。"灵一《酬陈明府舟中见赠》："长溪通夜静，素舸与人闲。"

【通波】 ❶流水。骆宾王《夏日游德州赠高四》："积水带吴门，通波连禹穴。"又《晚泊河曲》："通波竹箭水，轻舸木兰桡。"皮日休《汴河怀古二首》之二："尽道隋亡为此河，至今千里赖通波。"❷谓水流相通。《文选·班固〈西都赋〉》："控引淮湖，与海通波。"李善注："与海通其波澜。"钱珝《江行无题一百首》之八八："平湖五百里，江水想通波。"

【通門】 豪华之门。上官仪《酬薛舍人万年宫晚景寓直怀友》："金狄掩通门，雕鞍归骑喧。"储光羲《述华清宫五首》之四："正月开阳和，通门缉元化。"

【通狀】 旧时下级向上级呈报的一种公文。怀濬有《上归州刺史代通状二首》。

【通陌】 畅通的道路。李绅《过吴门二十四韵》："候火分通陌，前旌驻外邮。"

【通泉】 唐县名。隋开皇十六年(596)置，治所在今山西临猗县西南临晋。唐天宝十二年(753)改为临晋县。杜甫《观薛稷少保书画壁》："不知百载后，谁复来通泉？"又《陈拾遗故宅》："彦昭超玉价，郭振起通泉。"又《通泉县署屋壁后薛少保画鹤》。

【通泉驛】 驿站名。在通泉县南十五里。杜甫有《通泉驿南去通泉县十五里山水作》。

【通侯】 爵位名。本名彻侯。秦统一后所建立的二十级军功爵中的最高级。汉初因袭之，多授予有功的异姓大臣，受爵者还能以县立国。后避武帝讳改称通侯或列侯。新莽时废。亦借指高官。皮日休《二游诗·徐诗》："重于通侯印，贵却全师节。"又《太湖诗·太湖石》："'通侯一以眄'，贵却骊龙珠。"齐己《贺行军太傅得〈白氏东林集〉》："常闻荆渚通侯论，果遂吴都使者传。"

【通律】 谓精通诗律。元稹《酬乐天江楼夜吟稹诗因成三十韵》："思鄙宁通律，声清遂扣玄。"

【通津】 ❶四通八达的渡口。岑参《暮秋山行》："疲马卧长坡，夕阳下通津。"耿湋《送友人游江南》："远别悠悠白发新，江潭何处是通津。"白居易《开龙门八节石滩诗二首》之二："七十三翁旦暮身，誓开险路作通津。"马戴《送顾非熊下第归江南》："残云挂绝岛，迥树入通津。"❷喻显要的职位。司空图《榜下》："三十功名志未伸，初将文字竞通津。"

【通神】 ❶通于神灵。则天皇后《唐明堂乐章·皇嗣出入升降》："至人光俗，大孝通神。"吕岩《忆江南》词之九："五行四象在人身，明了自通神。"齐己《谢人惠药》："久餐应换骨，一服已通神。"❷由神灵主宰。吴融《赠广利大师歌》："但日新，又日新，李太白，非通神。"孙元晏《咏史诗·晋·郭璞脱襦》："吟坐因思郭景纯，每言穷达似通神。"❸形容本领高强，手段非凡。薛逢《贺杨收作相》："威凤偶时因瑞圣，应龙无水谩通神。"李商隐《王昭君》："毛延寿画欲通神，忍为黄金不顾人。"亚栖《对御书后一绝》："通神笔法得玄门，亲入长安谒至尊。"

【通神鼓】 古代祭祀天神时所用的雷鼓，亦称八面鼓。《周礼·地官·鼓人》："以雷鼓鼓神祀。"郑玄注："雷鼓，八面鼓也。神祀，祀天神也。"李商隐《昭肃皇帝挽歌辞三首》之二："门咽通神鼓，楼凝警夜钟。"

【通幽】 通往幽胜之处。常建《题破山寺后禅院》："竹径通幽处，禅房花木深。"

【通班】 文武班行。谓显要的官职。李商隐《送从翁东川弘农尚书幕》："建议庸何所，通班昔滥臻。"郑谷《丞相孟夏祇荐南郊纪献十韵》："外肃通班序，中严锡庆优。"

【通財】 谓朋友间互通财物。李咸用《古意论交》："通财能几何，闻善宁相告。"

【通透】 通彻透亮。韩愈《南山诗》："蒸岚相澒洞，表里忽通透。"

【通途】 畅通的大道。韩愈《寄崔二十六立之》："回首卿相位，通途无他岐。"

【通宵】 彻夜；整夜。丁仙芝《京中守岁》："守岁多然烛，通宵莫掩扉。"权德舆《杂言和常州李员外副使春日戏题十首》之七："不遣通宵尽醉，定知辜负风烟。"白居易《赠苏炼师》："携将道士通宵语，忘却花时尽日眠。"唐彦谦《七夕》："倚阑殿北斜楼上，多少通宵不寐人。"

【通家】 世交。卢照邻《哭明堂裴主簿》:“缔欢三十载,通家数百年。”孟浩然《岁除夜会乐城张少府宅》:“畴昔通家好,相知无间然。”钱起《春夜宴任六昆季宅》:“自接通家好,应知待士心。”柳宗元《弘农公以硕德伟材屈于诬枉献诗五十韵以毕微志》:“通家殊孔李,旧好即潘杨。”

【通理】 ❶统辖治理。刘兼《再见从弟舍人》:“愿君通理须还早,拜庆慈亲几杖前。”❷连通的纹理。白居易《云居寺孤桐》:“四面无附枝,中心有通理。”

【通逵】 四通八达的道路。李义府《在巂州遥叙封禅》:“沸鼓喧平陆,凝跸静通逵。”严维《忆长安·五月》:“竞处高明台榭,槐阴柳色通逵。”权德舆《古离别》:“鸡鸣东方曙,夙驾临通逵。”郑嵎《津阳门诗》:“津阳门北临通逵,雪风猎猎飘酒旗。”

【通莊】 来往的大路。骆宾王《秋日饯陆道士陈文林》序:“陆道士将游西辅,通庄指浮气之关;陈文林言返东吴,修途走落星之浦。”李峤《送沙门泓景道俊玄奘还荆州应制》:“三乘归净域,万骑饯通庄。”麹信陵《长安道》:“朱门映绿杨,双阙抵通庄。”权德舆《早夏青龙寺致斋凭眺感物因书十四韵》:“通庄走声利,结驷乃旁午。”

【通晨】 报晓。张文琮《同潘屯田冬日早朝》:“通晨禁门启,冠盖趋朝谒。”

【通貨】 流通的商货。刘禹锡《令狐相公见示河中杨少尹赠答兼命继之》:“四面诸侯瞻节制,八方通货溢河渠。”

【通脱】 放达不拘小节。孟简《咏欧阳行周事》:“丈夫卑通脱,巧笑安能干。”

【通馗】 四通八达的道路。权德舆《徐孺亭马上口号》序:“而通馗在侧,平湖在下。”

【通商】 互易商货。皎然《讲德联句》:“以利通商,以溉嘉谷。”

【通情】 传达情意。韩偓《春闷偶成十二韵》:“有意通情处,无言拢鬓时。”

【通問】 互通音讯。王昌龄《武陵开元观黄炼师院三首》之二:“闻道秦时避地人,至今不与人通问。”

【通習】 普遍。坎曼尔《忆学字》:“李杜诗坛吾欣赏,迄今皆通习为之。”

【通參】 修道,参佛。光威裒《联句》:“独结香绡偷饷送,暗垂檀袖学通参。”

【通達】 沟通传达。李贺《秋凉诗寄正字十二兄》:“弟兄谁念虑,笺翰既通达。”

【通貴】 通达显贵。杜甫《奉寄李十五秘书二首》之二:“班秩兼通贵,公侯出异人。”

【通運】 谓通航运输船只。卢仝《冬行三首》之二:“通运隔南溟,债利拄北斗。”

【通犀】 见“通天犀”。

【通塘】 塘名。在今江西九江市西。李白《和卢侍御通塘曲》:“通塘在何处,远在寻阳西。”

【通經】 通晓经典。钱起《奉和中书常舍人晚秋集贤院即事寄徐薛二侍御》:“述圣鲁宣父,通经汉仲舒。”李商隐《今月二日以诗一首四十韵献上亦诗人咏叹不足之义也》:“处剧张京兆,通经戴侍中。”李频《送寿昌曹明府》:“惠人须宰邑,为政贵通经。”

【通會】 相通而领会。鲍溶《题吴征君岩居》:“天文若通会,星影应离离。”

【通微】 洞察细微的事物。《郊庙歌辞·夕月乐章·肃和》:“测妙为神,通微曰圣。”

【通溝】 畅通的沟渠。王维《奉和圣制暮春送朝集使归郡应制》:“杨花飞上路,槐色荫通沟。”武平一《幸梨园观打球应制》:“骖驔回上苑,蹀躞绕通沟。”

【通塞】 ❶谓人生境遇之顺逆。杜甫《过津口》:“物微限通塞,恻隐仁者心。”白居易《醉后走笔酬刘五主簿长句之赠兼简张大贾二十四先辈昆季》:“须知通塞寻常事,莫叹浮沉先后时。”李商隐《酬别令狐补阙》:“人生有通塞,公等系安危。”刘兼《中春登楼》之二:“古今通塞莫咨嗟,谩把霜髯敌岁华。”❷谓通畅与阻塞。杜甫《归梦》:“道路时通塞,江山日寂寥。”司空曙《分流水》:“通塞两不见,波澜各自起。”

【通算】 总计。元稹《估客乐》:“通算衣食费,不计远近程。”

【通窮】 指处境的顺逆。武元衡《安邑里中秋怀寄高员外》:“守道识通穷,达命齐荣辱。”

【通儒】 指博古通今、学识渊博的儒者。皇甫冉《送归中丞使新罗》:“异俗知文教,通儒有令名。”李频《喜友人厉图南及第》:“未有通儒术,明时道不行。”

【通禪】 与佛禅相通。姚合《送僧默然》:“出家侍母前,至孝自通禅。”李洞《赠道微禅师》:“通禅五天日,照祖几朝灯。”

【通舊】 故旧。颜萱《过张祜处士丹阳故居》序:“萱与故张处士祜,世家通旧。”

【通濟里】 长安里坊名。在城南,近终南山。刘得仁有《夏日通济里居酬诸先辈见访》和《通济里酬卢肇见寻不遇》。曹邺《下第寄知己》:“归来通济里,开户山鼠出。”

【通濟渠】 即汴河。罗隐《席上歌水调》:“余声宛宛拂庭梅,通济渠边去又回。”

【通連】 相通连接。薛能《闻官军破吉浪戎小而固虑史氏遗忽因记为二章》之一:“通连无旧穴,要害有新城。”

【通隱】 旷达的隐士。灵一《自大林与韩明府归郭中精舍》:“禅门有通隐,喧寂共忘机。”

【通簡】 通刺，出示名片以求延见。亦指以诗文示人以求评鉴。骆宾王有《幽縶书情通简知己》。权德舆有《奉和张舍人阁老阁中直夜思闻雅琴因以书事通简僚友》。

【通辭】 传达话语。元稹《卢十九子蒙吟卢七员外洛川怀古六韵命余和》："寓目终无限，通辞未有因。"

【通籌】 全面筹划。欧阳詹《咏德上韦检察》："并力革夷心，通筹整师律。"

【通籍】 ❶记名于门籍，可以进出宫门。《汉书·元帝纪》："令从官给事宫司马中者，得为大父母父母兄弟通籍。"颜师古注引应劭曰："籍者，为二尺竹牒，记其年纪名字物色，县之宫门，案省相应，乃得入也。"虞世南《凌晨早朝》："重门应启路，通籍引王侯。"钱起《送李谏议归荆州》："禁掖曾通籍，江城旧列侯。"窦群《雪中遇直》："明晨阻通籍，独卧挂朝衣。"李商隐《公子》："外戚封侯自有恩，平明通籍九华门。"❷指初入仕途。意谓朝中已有名籍。杜甫《夜雨》："通籍恨多病，为郎忝薄游。"权德舆《寓兴》："昭代未通籍，丰年犹食贫。"朱庆余《送窦秀才》："通籍名高年又少，回头应笑晚从军。"郑谷《寄赠蓝田韦少府先辈》："自此升通籍，清华日近身。"

【通歡】 往来交好。钟谟《献周世宗》："南北通欢永无事，谢恩归去老陪臣。"

【通體】 全身，浑身。李商隐《柳》："倾国宜通体，谁来独赏眉。"韩偓《湖南梅花一冬再发偶题于花援》："玉为通体依稀见，香号返魂容易回。"又《寒食日沙县雨中看蔷薇》："通体全无力，酡颜不自持。"黄损《零陵总记》："傍水野禽通体白，饤盘山菓半边红。"

【通鑒】 共通的鉴定。窦常《求自试》："沉冥求自试，通鉴果蒙收。"

【通變】 变通，不拘常格。刘长卿《洛阳主簿叔知和驿承恩赴选伏辞一首》："则知无不可，通变有余地。"

【通靈】 ❶通于神灵。萧颖士《仰答韦司业垂访五首》之二："一逢盛明代，应见通灵心。"钱起《贞懿皇后挽词》："通灵深眷想，青鸟独飞来。"陆龟蒙《奉和袭美太湖诗二十首·包山祠》："自非通灵才，敢陟群仙峰。"吕岩《七言》之二："通灵一颗正金丹，不在天涯地角安。"❷台名。汉武帝为其妃钩弋夫人所建。《三辅黄图·甘泉宫》引汉王褒《云阳宫记》："钩弋夫人从至甘泉而卒，尸香闻十余里，葬云阳。武帝思之，起通灵台于甘泉宫。"李商隐《汉宫》："通灵夜醮达清晨，承露盘晞甲帐春。"

【通衢】 四通八达的道路。王维《登楼歌》："俯十二兮通衢，绿槐参差兮车马。"杜甫《遣怀》："邑中九万家，高栋照通衢。"孟郊《立德新居》之一："胜引即纡道，幽行岂通衢。"杜荀鹤《将过湖南经马当山庙因书三绝》之一："人说马当波浪险，我经波浪似通衢。"

逡 〔qūn《广韵》七倫切，平諄，清。〕见"逡巡"。

【逡巡】 ❶恭顺貌。陆龟蒙《袭美先辈以龟蒙所献五百言既和复示荣唱再抒鄙怀用伸酬谢》："少小不好弄，逡巡奉弓箕。"❷退避；退让。任华《寄杜拾遗》："曹刘俯仰惭大敌，沈谢逡巡称小儿。"❸徘徊不前。滞留。刘希夷《将军行》："诸将欲言事，逡巡不敢入。"❹迟缓；怠慢。高适《答侯少府》："诏书下柴门，天命敢逡巡。"孙钦善校注："逡巡，迟缓，怠慢。"杜甫《寄薛三郎中》："余病不能起，健者勿逡巡。"❺拖延。白居易《秦中吟十首·重赋》："里胥迫我纳，不许暂逡巡。"柳宗元《种白蘘荷》："钱刀恐贾害，饥至益逡巡。"白居易《郡斋旬假始命宴呈座客示郡寮》："众宾勿遽起，群寮且逡巡。"姚合《种苇》："坐中寻竹客，将去更逡巡。"亦指停止。白居易《赠友五首》之四："如何尹京者，迁次不逡巡。"❻长久。白居易《咏拙》："从兹知命薄，摧落不逡巡。"邵谒《妓女》："炫耀一时间，逡巡九泉里。"❼疾速；极短时间。杜甫《丽人行》："后来鞍马何逡巡，当轩下马入锦茵。"张祜《偶作》："遍识青霄路上人，相逢只是语逡巡。"李商隐《戊辰会静中出贻同志二十韵》："丹泥因未控，万劫犹逡巡。"章碣《春日经湖上友人别业》："一年一电逡巡事，不合花前不醉游。"

【逡巡酒】 亦称"顷刻酒"。传为神仙所造，顷刻告成。韩湘《言志》："解造逡巡酒，能开顷刻花。"

八　画

逵 〔kuí《广韵》渠追切，平脂，羣。〕四通八达的道路。王维《送高适弟耽归临淮作》："君王苍龙阙，九门十二逵。"严维《忆长安·五月》："竞处高明台榭，槐阴柳色通逵。"耿湋《岳祠送薛近贬官》："枯松老柏仙山下，白帝祠堂枕古逵。"郑嵎《津阳门诗》："津阳门北临通逵，雪风猎猎飘酒旗。"

【逵枿】 路上树桩。卢仝《月蚀诗》："头戴井冠高逵枿，月蚀鸟宫十三度。"

【逵路】 四通八达的道路。储光羲《群鸦咏》："朝阳照羽仪，清吹肃逵路。"

過 〔guò《广韵》古卧切，去過，見。又古禾切，平戈，見。〕❶经过。杜甫《送蔡希曾都尉》："身轻一鸟過，情急万人呼。"李绅《過梅里·忆题惠山寺书堂》："松下壮心年少去，池边衰影老人過。"刘沧《八月十五日夜玩月》："此夜空亭闻木落，蒹葭霜碛雁初過。"韦庄《過当涂县》："客過当涂县，停车访旧游。”❷渡过。韩愈《此日足可惜赠张籍》：“黄昏次汜水，欲過无舟航。”姚合《谢韬光上人赠百龄藤杖》：“闲来杖此向何处，過水缘山只访僧。”李商隐《月》：“過水穿楼触处明，藏人带树远含清。”司空图《诗品二十四则·自然》：“幽人空山，過水采蘋。”❸过去。杜甫《阻雨不得归瀼西甘林》：“三伏适已過，骄阳化为霖。”又《绝句二首》之二：“今春看又過，何日是归年。“刘禹锡《和乐天春词依忆江南曲拍为句》之二：“春過也，笑惜艳阳年。”白居易《重答汝州李六使君见和忆吴中旧游五首》：“由来事過多堪惜，何况苏州胜汝州。”❹传递。元稹《自述》：“天子下帘亲考试，宫人手里過茶汤。”❺冲刷。崔峒《送薛仲方归扬州》：“绿杨新過雨，芳草待君来。”❻过分；太甚。张九龄《骊山下逍遥公旧居游集》：“已云宠禄過，况在华发衰。”戎昱《上桂州李大夫》：“感深翻有泪，仁過曲怜愚。”薛能《嘲赵璘》：“第一莫教娇太過，缘人衣带上人头。”元稹《奉和浙西李大夫李德裕述梦四十韵次本韵》：“渥泽深难报，危心過自操。”❼超过；超越。孟浩然《送告八从军》：“好勇方過我，多才便起予。”严维《奉试水精环》：“无瑕胜玉美，至洁過冰清。”韩愈《赠郑兵曹》：“杯行到君莫停手，破除万事无過酒。”杜荀鹤《读诸家诗》：“辞赋文章能者稀，难中难者莫過诗。”❽交往；相互造访、问候。岑参《阌乡送上官秀才归关西别业》：“相去关城近，何时更肯過。”刘眘虚《送韩平兼寄郭微》：“上客夜相過，小童能酤酒。”耿湋《春日即事二首》之一：“浅谋堪自笑，穷巷忆谁過。”白居易《郊陶潜体十六首》之八：“云是南村叟，挈榼来相過。”❾到达；前往。刘长卿《和中丞出使恩命過终南别业》：“不過林园久，多因宠遇偏。”耿湋《送张侍御赴郴州别驾》：“一帆随远水，百口過长沙。”刘禹锡《海门潮别浩初师》：“前日過萧寺，看师上讲筵。”韩愈《過襄城》：“郾城辞罢過襄城，颍水嵩山刮眼明。”❿过错；过失。吕温《道州夏日郡内北桥新亭书怀赠何元二处士》：“守道穷非過，先时动是灾。”王贞白《长门怨二首》之一：“从来非妾過，偶尔失君恩。”周昙《咏史诗·三代门·成王》：“成王有過伯禽笞，圣惠能新日自奇。”贯休《续姚梁公坐右铭》：“非莫非于饰非，過莫過于文過。”⓫度过；过活。耿湋《题杨著别业》：“如何守儒行，寂寞過年华。”姚合《秋夕遣怀》：“只拟随麋鹿，悠悠過一生”。朱庆余《春日旅次》：“故里遥千里，青春過数春。”杜荀鹤《题所居村舍》：“衣食旋营犹可過，赋输长急不堪闻。”⓬量词。次，遍。骆宾王《代女道士王灵妃赠道士李荣》：“千回鸟信说众诸，百過莺啼说长短。”韦应物《学仙二首》之二：“读多七過可乞言，为子心精得神仙。”孟郊《长安羁旅行》：“三旬九過饮，每食唯旧贫。”元稹《和乐天赠吴丹》：“万過黄庭经，一食青精稻。”

【過日】 度日。杜甫《赠别郑炼赴襄阳》：“把君诗過日，念此别惊神。”白居易《闲忙》：“闲忙俱過日，忙校不如闲。”又《旱热二首》之二：“持此聊過日，焉知畏景长。”许浑《酬殷尧藩》：“独愁忧過日，多病不如人。”

【過水】 越过江河。杜甫《即事》：“黄莺過水翻回去，燕子衔泥湿不妨。”卢纶《秋中過独孤郊居》：“开园過水到郊居，共引家童拾野蔬。”

【過分】 （—fèn） 超越本分。白居易《自问此心呈诸老伴》：“心未曾求過分事，身常少有不安时。”

【過去】 ❶现在以前的时期。张说《送考功武员外学士使嵩山署舍利塔》：“我念過去微尘劫，与子禅门同正法。”白居易《自觉二首》之二：“但受過去报，不结将来因。”郑冠卿《句》：“不缘過去行方便，安得今朝会碧虚。”❷离开所在地或经过某地走向另一地点。白居易《游悟真寺诗》：“云有過去师，坐得无生禅。”韦庄《丙辰年鄜州遇寒食城外醉吟五首》之四：“马骄风疾玉鞭长，過去唯留一阵香。”李郢《送涧水陕东二十里自江南来作》：“過去多应不相待，殷勤重掬洒西风。”❸某一时间已经消逝。王梵志《兀然无事》：“過去已過去，未来何用算。”

【過失】 失误，因疏忽而犯的错误。白居易《杂感》：“伯禽鞭见血，過失由成王。”

【過冬】 度过冬季。白居易《狂言示诸侄》：“一裘暖過冬，一饭饱终日。”

【過半】 超过一半；大多数。韩愈《寄崔二十六立之》：“過半黑头死，阴虫食枯骴。”

【過江】 专指过长江。东晋偏安江南，祖逖志在恢复中原，主动要求渡江作战，渡至江中，尝击楫而誓曰：“祖逖不能清中原而复济者，有如大江。”见《晋书·祖逖传》。李白《南奔书怀》：“過江誓流水，志在清中原。”

【過求】 过分的要求。白居易《老热》：“何乃有余适，只缘无過求。”

【過社】 谓逢到春社这一天。白居易《春村》：“牛马因风远，鸡豚過社稀。”徐铉《寒食日作》：“過社纷纷燕，新晴淡淡霞。”

【過來】 从另一个地点向说话人（或叙述的对象）所在地来。韦应物《西楼》：“烟尘拥函谷，秋雁過来稀。”王建《赠索暹将军》：“浑身着箭瘢犹在，万槊千刀总過来。”姚合《送元绪上人游商山》：“過来心已悟，未到行弥精。”

【過咎】 过失，错误。拾得《诗》之十三：“一朝有乖张，過咎全归你。”

【過門】 登门。姚合《闲居》：“過门无马迹，满宅是蝉声。”李商隐《哭遂州萧侍郎二十四韵》:“有女悲初寡,无男泣過门。”

【過秋】 度过秋季。常衮《逢南中使寄岭外故人》:“過秋天更暖,边海日长阴。”

【過後】 以后,后来。刘禹锡《重寄表臣二首》之二:“世间人事有何穷,過后思量尽是空。”

【過卻】 过去。冯延巳《思越人》词:“酒醒情怀恶,金缕褪,玉肌如削,寒食過却,海棠零落。”

【過客】 旅客;过路的客人。储光羲《留别安庆李太守》:“過客来自北,大军居在西。”李白《拟古十二首》之九:“生者为過客,死者为归人。”白居易《南院》:“只应如過客,病去老迎来。”许棠《過故洛城》:“去来皆過客,何处问遗宫。”

【過馬】 谓皇帝乘骑,由宦官备马并牵来交献。韩偓《苑中》:“外使调鹰初得按,中官過马不教嘶。”自注:“上每乘马,必阉官驭以进,谓之過马。”

【過秦】 ❶指责秦朝的过失。韩偓《八月六日作四首》之四:“袁安坠睫寻忧汉,贾谊濡毫但過秦。”❷《过秦论》的省称。李商隐《五松驿》:“独下长亭念過秦,五松不见见舆薪。”

【過秦篇】 见“過秦論”。

【過秦論】 亦作“過秦篇”。汉贾谊著。分上、中、下三篇。以秦得天下与失天下的事实对比,指明秦失天下的根本原因。张九龄《和黄门卢监望秦始皇陵》:“一闻過秦论,载怀空杼轴。”孟郊《寄崔纯亮》:“时读過秦篇,为君涕滂沱。”

【過夏】 度过夏天,避暑。杜牧《大梦上人自庐峰回》:“开门满院空秋色,新向庐峰過夏归。”亦指过了夏天。白居易《雨中招张司业宿》:“過夏衣香润,迎秋簟色鲜。”

【過時】 超过时限。刘长卿《入百丈涧见桃花晚开》:“百丈深涧里,過时花欲妍。”王建《初冬旅游》:“为客悠悠十月尽,庄头栽竹已過时。”孟郊《罗氏花下奉招陈侍御》:“万物尽如此,過时非所珍。”李商隐《行次西郊作一百韵》:“馈饷多過时,高估铜与铅。”

【過庭】 《论语·季氏》:“鲤趋而过庭,曰:‘学《诗》乎?’对曰:‘未也。’‘不学《诗》,无以言。’鲤退而学《诗》,他日又独立,鲤趋而过庭,曰:‘学《礼》乎?’对曰:‘未也。’‘不学《礼》,无以立。’鲤退而学《礼》。”后因以指承受父训或径指父训。李商隐《五言述德抒情诗献上杜七兄仆射相公》:“過庭多令子,乞墅有名甥。”薛奇童《和李起居秋夜之作》:“過庭闻礼日,趋侍记言回。”陆龟蒙《送羊振文先辈往桂阳归觐》:“风雅先生去一麾,過庭才子趣归期。”

【過酒】 宴饮中传杯劝酒。白居易《奉和汴州令狐令公二十二韵》:“回灯花簇簇,過酒玉纤纤。”

【過堂】 唐代进士及第后,须由主司带领至都堂谒见宰相,称为过堂。韩偓有《及第過堂日作》。

【過從】 互相往来;交往。令狐楚《南宫夜值宿见李给事封题其所下制敕知奏直在东省因以诗寄》:“在朝君最旧,休瀚许過从。”刘禹锡《和仆射牛相公见示长句》:“流辈尽来多叹息,官班高后少過从。”朱庆余《题章正字道正新居》:“近来渐觉青莎巷,车马過从已有尘。”徐铉《九月十一日寄陈郎中》:“我多吏事君多病,寂绝過从又几旬。”

【過逢】 遭逢。杜甫《简吴郎司法》:“却为姻娅過逢地,许坐曾轩数散愁。”

【過望】 超过自己原来的希望。白居易《春日闲居三首》之三:“所得皆過望,省躬良可愧。”

【過宿】 (—sù) 过夜。元稹《酬孝甫见赠十首》之九:“经旬不解来過宿,忍见空妆夜夜眠。”

【過期】 超过期限。白居易《赠友五首》之五:“近代多离乱,婚姻多過期。”孟简《咏欧阳行周事》序:“生竟以蹇连不克如约,過期,命甲遣乘,密往迎妓。”

【過雲】 ❶在云雾中穿行。陆龟蒙《四明山诗》序:“山中有云不绝者二十里,民皆家云之南北,每相从,谓之過云。”❷飞过的云。杜甫《雨四首》之二:“暮秋沾物冷,今日過云迟。”

【過雲雨】 小阵雨。雨随云至,云过雨止,故云。元稹《闲二首》之一:“江喧過云雨,船泊打头风。”

【過景】 落晖。李颀《少室雪晴送王宁》:“過景斜临不可道,白云欲尽难为客。”

【過等】 超过自己的等第。许浑《酬钱汝州》序:“汝州钱中丞以浑赴郢城,见寄佳什,恩怜過等,宠饰逾深。”

【過尋】 寻访。裴度《雪中讶诸公不相访》:“忆昨雨多泥又深,犹能携妓远過寻。”

【過跡】 过去的足迹。元稹《遣病》:“前身为過跡,来世即前程。”

【過與】 交给。孟郊《自惜》:“倾尽眼中力,抄诗過与人。”

【過隙】 喻时间短暂,光阴易逝。语出《礼记·三年问》:“三年之丧,二十五月而毕,若驷之過隙。”张九龄《始兴南山下有林泉尝卜居焉荆州卧病有怀此地》:“浮生如過隙,先达已吾箴。”窦常《谒诸葛武侯庙》:“人同過隙无留影,石在穷沙尚启行。”薛逢《酬牛秀才登楼见示》:“年光同過隙,人事且随流。”徐夤《吊赤水李光生》:“三年悲過隙,一室类销冰。”

【過隙駒】 比喻光阴易逝,人生短促。语本《庄子·知北游》:“人生天地之间,若白驹之過郤,忽然而已。”陆德明释文:“郤,本亦作隙。隙,孔也。”温庭筠《病中书怀呈友人》:“年华過隙驹,衔恩空抱影。”

【過愆】 过失。王梵志《诗》之六一:"见事如不见,终身无過愆。"

【過榮】 过分的荣宠。陈子良《赞德上越国公杨素》:"滥此叨书记,何以谢過荣。"

【過憩】 进去休息。孟浩然《疾愈過龙泉寺精舍呈易业二公》:"竹房思旧游,過憩终永日。"李白《夜泛洞庭寻裴侍御清酌》:"過憩裴逸人,岩居陵丹梯。"

【過摩】 切磋琢磨。李商隐《安平公诗》:"府中从事杜与李,麟角虎翅相過摩。"

【過舉】 误加擢用。张九龄《岁初巡属县登高安南楼言怀》:"不才叨過举,唯力酬明恩。"又《酬周判官巡至始兴会改秘书少监见贻之作兼呈耿广州》:"過举及小人,便蕃在中岁。"

【過謙】 谓过分狭小。姚合《和座主相公西亭秋日即事》:"夫子墙还峻,鄭侯宅過谦。"

【過齋】 吃斋。张籍《题清彻上人院》:"過斋长不出,坐卧一绳床。"

【過翼】 经过的飞鸟。杜甫《夜二首》之二:"城郭悲笳暮,村墟過翼稀。"

【過臘】 过了腊日,汉代以冬至后第三个戌日为腊日,后改为农历十二月初八,俗称腊八。羊士谔《郡斋感物寄长安亲友》:"晴天春意并无穷,過腊江楼日日风。"

【過籌】 计算酒筹。王昌龄《箜篌引》:"为君百战如過筹,静扫阴山无鸟投。"

【過聽】 错误地听取别人意见。薛昭纬《华州榜寄诸门生》:"时君過听委平衡,粉署华灯到晓明。"

逶

〔wēi《广韵》於爲切,平支,影。〕曲折连绵貌。见"逶迤"。

【逶迤】 ❶曲折绵延貌。王翰《赋得明星玉女坛送廉察尉华阴》:"上有明星玉女祠,祠坛高眇路逶迤。"李白《荆门浮舟望蜀江》:"逶迤巴山尽,摇曳楚云行。"韩愈《送李翱》:"广州万里途,山重江逶迤。"张籍《别于鹄》:"出门两相顾,青山路逶迤。"❷曲折行进貌。谢偃《踏歌词三首》之二:"逶迤度香阁,顾步出兰闺。"刘长卿《送李校书适越谒杜中丞》:"相见耶溪路,逶迤入薜萝。"高适《过卢明府有赠》:"明日复行春,逶迤出郊坛。"❸游移徘徊貌;徐行貌。卢照邻《登封大酺歌四首》之三:"翠凤逶迤登介丘,仙鹤裴回天上游。"白居易《舒员外游香山寺走笔题长句以赠之》:"轩骑逶迟棹容与,留连三日不能回。"徐凝《浙东故孟尚书种柳》:"孟家种柳东城去,临水逶迤思故人。"❹舒展自如貌;飘拂貌。陈子昂《鸳鸯篇》:"音容相眷恋,羽翮两逶迤。"孟浩然《宴张记室宅》:"妓堂花映发,书阁柳逶迤。"独孤及《伤春赠远》:"杨柳逶迤愁远道,鹧鸪啁哳怨南枝。"白居易《行次夏口先寄李大夫》:"连山断处大江流,红旆逶迤镇上游。"❺从容自得貌。杜甫《九日寄岑参》:"君子强逶迤,小人困驰骤。"萧涤非注:"逶迤,犹委蛇,从容自得的样子。"高适《真定即事奉赠韦使君二十八韵》:"隐轸推公望,逶迤协帝俞。"❻形容歌声婉转;舞姿、体态优美。储光羲《同王十三维偶然作十首》之六:"逶迤歌舞座,婉娈芙蓉闺。"杜甫《陪王侍御同登东山最高顶宴姚通泉晚携酒泛江》:"笛声愤怨哀中流,妙舞逶迤夜未休。"严维《剡中赠张卿侍御》:"逶迤天乐下,照耀剡溪间。"❼坎坷不得志。白居易《哭崔常侍晦叔》:"逶迤二十年,与世同浮沉。"❽衰败貌。陈子昂《修竹篇》序:"每以永叹,思古人,常恐逶迤颓靡,风雅不作,以耿耿也。"韩愈《谢自然诗》:"逶迤不复振,后世恣欺谩。"又《荐士》:"逶迤抵晋宋,气象日凋耗。"❾众多貌。高适《题尉迟将军新庙》:"父子俱血食,轩车每逶迤。"又《观李九少府翥树宓子贱神祠碑》:"宾从何逶迤,二十四老翁。"杜甫《太子张舍人遗织成褥段》:"逶迤罗水族,琐细不足名。"卢纶《冬日登城楼有怀因赠程腾》:"郭南郭北无数山,万井逶迤流水间。"❿明亮貌。张谔《百子池》:"旧闻百子汉家池,汉家渌水今逶迤。"邵偃《赋得春风扇微和》:"逶迤云彩曙,嘹唳鸟声频。"刘禹锡《春日寄杨八唐州二首》之一:"淮西春草长,淮水逶迤光。"白居易《代书诗一百韵寄微之》:"早光红照耀,新溜碧逶迤。"张又新《孤屿》:"碧水逶迤浮翠巘,绿萝蒙密媚晴江。"

【逶陀】 盘曲蛇行貌。韩愈《元和圣德诗》:"赤麟黄龙,逶陀结纠。"

【逶逶】 安详从容貌。来鹄《圣政纪颂》:"瞠瞠而视,逶逶而窭。"

【逶隨】 从容自得貌。韩愈《辞唱歌》:"声自肉中出,使人能逶随。"

【逶遲】 ❶遥远貌。王维《送高适弟耽归临淮作》:"都门谢亲故,行路日逶迟。"刘太冲《送萧颖士赴东府得浅字》:"逶迟东州路,春草深复浅。"韦应物《往富平伤怀》:"单车路萧条,回首长逶迟。"❷徐行貌。独孤及《癸卯岁赴南丰道中闻京师失守寄权士繇韩幼深》:"不逢眼中人,调苦车逶迟。"刘禹锡《伤秦姝行》:"马蹄逶迟心荡漾,高楼已远犹频望。"柳宗元《平淮夷雅表·方城》:"蔡人行歌,我步逶迟。"❸颓废衰弱貌。韦应物《送令狐岫宰恩阳》:"逶迟岁已穷,当造巴子城。"

進

〔jìn《广韵》即刃切,去震,精。〕❶前进;向前。崔融《西征军行遇风》:"马烦莫敢进,人急未遑食。"王维《哭祖六自虚》:"送客哀难进,征途泥复前。"刘长卿《京口怀洛阳旧居兼寄广陵二三知己》:"孤帆候风进,夜色带江白。"韩愈《送侯参谋赴河中幕》："河北兵未进，蔡州帅新薨。"❷长进，进步。杜甫《送十五弟侍御使蜀》："喜弟文章进，添余别兴牵。"❸晋升；提拔。韦应物《高陵书情寄三原卢少府》："直方难为进，守此微贱班。"戴叔伦《同兖州张秀才过王侍御参谋宅赋十韵》："十年官不进，敛迹无怨咎。"❹推荐；引进。玄宗《赐诸州刺史以题座右》："贤能既俟进，黎献实伫康。"周昙《咏史诗·春秋战国门·樊姬》："当时不有樊姬问，令尹何由进叔敖。"❺进奉；奉献。王维《和贾舍人早朝大明宫之作》："绛帻鸡人送晓筹，尚衣方进翠云裘。"王建《宫词一百首》之七九："更筑歌台起妆殿，明朝先进画图来。"白居易《六年秋重题白莲》："本是吴州供进藕，今为伊水寄生莲。"和凝《宫词百首》之五二："夜来霜坠梧桐叶，诸殿平明进御衣。"❻进食。李益《秋晚溪中寄怀大理齐司直》："昆仑进琪树，飞舞下瑶池。"❼显示，显现。苏味道《咏霜》："带日浮寒影，乘风进晚威。"

【進士】　科举时代称殿式考取的人。唐代对参加科举考试的人也称进士。李白《醉后赠从甥高镇》："君为进士不得进，我被秋霜生旅鬓。"萧颖士《江有归舟三章》序："且后进而余师者，自贾邕、卢冀之后，比岁举进士登科，名与实皆相望腾迁，凡数子。"韩愈《送进士刘师服东归》："仆本亦进士，颇尝究根源。"姚合《从军行》："滥得进士名，才用苦不长。"

【進士科】　隋唐科举制度取士的科目之一。始于隋炀帝，至唐特受重视。以后其他科目多仅存空名，无足轻重，进士科成为科举制度的唯一科目。刘禹锡《伤丘中丞》序："何南丘绛有词藻，与余同升进士科。"

【進士第】　科举时代考选进士，录取时按成绩排列的等第。范质《诫儿侄八百字》："凡登进士第，四选升校雠。"

【進士舉】　进士科考试。孟浩然有《送洗然弟进士举》。

【進止】　举止，行动。元稹《乐府古题·忆远曲》："况妾事姑姑进止，身去门前同万里。"

【進火】　生火煮饭。吕岩《沁园春》词："虎龙交媾，进火功夫牛斗危。"

【進瓜】　进献甘瓜。王建《华清宫》："内园分得温汤水，二月中旬已进瓜。"

【進求】　追求。寒山《诗三百三首》之一七八："报汝修道者，进求虚劳神。"

【進身】　谓入仕做官。姚合《山中寄友人》："未有进身处，忍教抛薜萝。"

【進取】　努力向上；立志有所作为。元稹《台中鞫狱忆开元观旧事呈损之兼赠周兄四十韵》："进取果由命，不由趋险艰。"李咸用《秋日送严湘侍御归京》："虽道危时难进取，到逢清世又如何。"罗隐《城西作》："道薄交游少，才疏进取乖。"孙元晏《咏史诗·齐·王僧虔》："不学常流争进取，却忧门有二台司。"

【進來】　从外面到里面来。王建《赠王枢密》："脱下御衣先赐著，进来龙马每教骑。"白居易《新乐府·西凉伎》："应似凉州未陷日，安西都护进来时。"

【進狀】　进呈文书。王建《和胡将军寓直》："进状直穿金戟槊，探更先傍玉钩栏。"

【進修】　进德修业。范质《诫儿侄八百字》："伊余奉家训，孜孜务进修。"

【進食】　进奉食物。元稹《连昌宫词》："宫边老翁为余泣，少年进食曾因入。"

【進軍】　军队向目的地进发。王季友《古塞曲》："进军飞狐北，穷寇势将变。"

【進旅】　谓队列步调一致地前进。孟简《享惠昭太子乐章》："缑山遗响昔所闻，庙庭进旅今攸设。"

【進酒】　❶斟酒劝饮。权德舆《古意》："家人强进酒，酒后能忘情。"❷饮酒。张说《奉和圣制过宁宅应制》："进酒忘忧观，箫韶喜降临。"

【進退】　❶前进与后退。储光羲《同诸公秋日游昆明池思古》："坐作河汉倾，进退楼船飞。"韩愈《元和圣德诗》："崇文奉诏，进退规矩。"薛能《龙门八韵》："人看翻进退，鸟性断西东。"赵光逢《梁郊祀乐章·庆顺》："进退必肃，陟降是祗。"❷举止行动。杜牧《寄内兄和州崔员外十二韵》："进退无非道，徊翔必有名。"❸出仕和退隐。岑参《初至西虢官舍南池呈左右省及南宫诸故人》："早年迷进退，晚节悟行藏。"杜甫《述古三首》之一："贤人识定分，进退固其宜。"白居易《奉和裴令公新成午桥庄绿野堂即事》："千年落公便，进退处中央。"又《杨六尚书频寄新诗因书鄙意报而谕之》："进退是非俱是梦，丘中阙下亦何殊。"❹录用与罢黜。白居易《诏下》："进退者谁非我事，世间宠辱常纷纷。"❺损益变化。杜甫《月三首》之二："必验升沉体，如知进退情。"白居易《对酒闲吟赠同老者》："饥饱进退食，寒暄加减衣。"❻犹进止，行为之限度。王昌龄《宿灞上寄侍御玙弟》："佐邑由东南，岂不知进退。"❼指挥，使之进退。王建《赠王侍御》："或人居饥寒，进退陈中情。"❽进退两难，犹豫不决。杜甫《客堂》："形骸今若是，进退委行色。"韩愈《卢郎中云夫寄示送盘谷子诗两章歌以和之》："我今进退几时决，十年蠢蠢随朝行。"黄滔《下第东归留辞刑部郑郎中诚》："去违知己住违亲，欲发羸蹄进退频。"

【進善】　进呈善言。张祜《戊午年寓兴二十韵》："征贤宁乏诏，进善岂无旌。"参见"進善旌"。

【進善旌】　上古专为进呈善言发表意见而设置的一种标志旗帜。《史记·孝文本纪》："古之治天下，朝有进善之旌，诽谤之木，所以通治道而来谏者。”裴骃集解：“应劭曰：‘旌，幡也。尧设之五达之道，令民进善也。’如淳曰：‘欲有进善者，立于旌下言之。’”司空图《丁巳元日》：“累降搜贤诏，兼持进善旌。”

【進善懲奸】　进用贤善之人，惩治奸恶之人。周昙《咏史诗·唐虞门·虞舜》：“进善惩奸立帝功，功成揖让益思恭。”

【進艇】　即小划子。杜甫有《进艇》。

【進綬】　进升官阶。绶，丝带，用以系印环或玉佩。古时常用不同的颜色丝带标识官吏的身分和等级。源乾曜《奉和圣制乾曜与张说宋璟同日上官命宴都堂赐诗》：“进绶怀三少，承光尽百身。”

【進賢】　❶谓进荐贤能之士。白居易《和答诗十首·和阳城驿》：“进贤不知倦，去邪勿复疑。”❷指进贤冠。权德舆《省中春晚戏书所怀因寄两浙亲故杂言》：“去年簪进贤，赞导法宫前。”杜牧《分司东都叨承川尹刘侍郎大夫恩知上四十韵》：“进贤光日月，诛恶助雷霆。”

【進德】　❶增进道德。李山甫《司天台》：“景公进德星曾退，汉帝推诚日为回。”❷庙乐名。中宗为韦后立褒德祖考庙，祭祀时，登歌仪式用《进德》乐。《全唐诗》卷十五载有《郊庙歌辞·褒德庙乐章·进德》。

【進德修業】　谓增进道德与建功立业。语出《易·乾》：“君子进德修业。”孔颖达疏：“德谓德行，业谓功业。九三所以终日乾乾者，欲进益道德，脩营功业，故终日乾乾匪懈也。”玄宗《为赵法师别造精院过院赋诗》序：“以怡神洗雪，进德修业，何必斋心累月，远在顺风，因而赋诗。”

【進膳】　进呈食物。严维《忆长安·五月》：“进膳甘瓜朱李，续命芳兰彩丝。”

【進謁】　拜见。孟彦深《元次山居武昌之樊山新春大雪以诗问之》：“怀君欲进谒，溪滑渡舟难。”

【進趨】　求取，追求。杜牧《题桐叶》：“哆侈不劳文似锦，进趋何必利如锥。”吴融《祝风三十二韵》：“余仍辘轲者，进趋年二纪。”

【進獻】　进呈。白居易《贺雨》：“乃命罢进献，乃命赈饥穷。”

【進賢冠】　（冠 guān）　古时朝见皇帝的一种礼帽。原为儒者所戴，唐时百官皆戴用。《新唐书·车服志》：“进贤冠者，文官朝参、三老五更之服也。”杜甫《丹青引赠曹将军霸》：“良相头上进贤冠，猛将腰间大羽箭。”韩愈《朝归》：“峨峨进贤冠，耿耿水苍佩。”

週　〔zhōu《玉篇》職由切。〕同“周”。❶周围。见“週迴”。❷满。谓满一个周期。嵩岳诸仙《嫁女诗》之四：“人间甲子週千岁，灵境杯觞初一巡。”

【週迴】　周围。曹松《广州贻匡绪法师》：“週迴海树侵阶疾，迢递江潮应井迟。”

【週歲】　一整年。崔涂《七夕》：“自是人间一週岁，何妨天上只黄昏。”

逸　〔yì《广韵》夷質切，入質，以。〕❶奔跑。白居易《不能忘情吟》：“衔橛之下，不惊不逸。”❷逃跑。韦应物《广陵行》：“日宴方云罢，人逸马萧萧。”❸疾速。严维《奉和刘祭酒伤白马》：“性柔君子德，足逸大王风。”❹散失；亡失。元结《系乐府十二首·欸乃曲》：“遗曲今何在，逸为渔父行。”唐彦谦《感物二首》之一：“豪鲸逸其穴，尺水成沧溟。”❺隐逸。李绅《泛五湖》：“范子蜕冠履，扁舟逸霄汉。”❻指隐逸者。李峤《扈从还洛呈侍从群官》：“邑罕悬磬贫，山无挂瓢逸。”李白《夜泊黄山闻殷十四吴吟》：“朝来果是沧洲逸，酤酒醍盘饭霜栗。”孟郊《病起言怀》：“高闲思楚逸，澹泊厌齐儿。”❼超过；超越。沈东美《奉和苑舍人宿直晓玩新池寄南省友》：“兴逸潘仁赋，名高谢朓篇。”刘禹锡《和乐天宴李周美中丞宅池上赏樱桃花》：“杯行勿遽辞，好醉逸三年。”张诂《又陪楚州韦舍人阊门游宴次韵北阊门》：“宦情周上智，美论逸诸曹。”陆龟蒙《奉和袭美新秋言怀三十韵次韵》：“山衣轻斧藻，天籁逸弦匏。”❽超逸；飘逸。孟浩然《晚春卧病寄张八》：“贾谊才空逸，安仁鬓欲丝。”任华《寄李白》：“至于他作多不拘常律，振摆超腾，既俊且逸。”孟浩然《题张野人园庐》：“耕钓方自逸，壶觞趣不空。”孟郊《游枋口》：“老逸不自限，病狂不可周。”❾闲适；安逸。玄宗《春台望》：“须念作劳居者逸，勿言我后焉能恤。”李峤《皇帝上礼抚事述怀》：“恭己忘自逸，因人体至公。”陆龟蒙《奉和袭美新秋言怀三十韵次韵》：“山衣轻斧藻，天籁逸弦匏。”❿放纵。白居易《早春独游曲江》：“酒狂怜性逸，药效喜身轻。”⓫美丽。陈去疾《忆山中》：“岩罗云貌逸，竹抱水容妍。”

【逸人】　犹逸民。宋之问《初到陆浑山庄》：“归齐逸人趣，日觉秋琴闲。”高瑾《三月三日宴王明府山亭》：“逸人谈发，仙御舟来。”李端《赠道士》：“姓氏不书高士传，形神自得逸人风。”杜荀鹤《自叙》：“平生肺腑无言处，白发吾唐一逸人。”

【逸士】　节行高逸之士，隐逸者。白居易《秋日与张宾客舒著作同游龙门醉中狂歌》：“商岭老人自追逐，蓬丘逸士相逢迎。”陈陶《竹十一首》之七：“一溪云母间灵花，似到封侯逸士家。”贯休《上冯使君山水障子》：“柴棚坐逸士，露茗煮红泉。”

【逸才】　出众的人才或才能。李峤《羊》：“绝饮惩浇俗，行驱梦逸才。”杜甫《醉时歌》：“相如逸才亲涤器，子云识字终投阁。”皮日休《七爱诗·李翰林》：“权臣妒逸才，心如斗筲窄。”

【逸世】 超世，出众。韦应物《奉和张大夫戏示青山郎》："天生逸世姿，竹马不曾骑。"

【逸目】 谓眼中所见景色令人愉悦。李贺《春归昌谷》："逸目骈甘华，羁心如荼蓼。"

【逸史】 散失、隐没的史籍或正史以外的史事。皎然《湖南草堂读书招李少府》："有时招逸史，来饭野中蔬。"

【逸句】 谓风格超逸的诗句。韦应物《李博士弟枉诗见问聊以为答》："冥搜企前哲，逸句陈往迹。"

【逸民】 遁世隐居之人。皎然《白云歌寄陆中丞使君长源》："逸民对云效高致，禅子逢云增道意。"权德舆《严陵钓台下作》："我行访遗台，仰古怀逸民。"张祜《寓言》："行登逸民舟，坐愧长者车。"皮日休《太湖诗》序："抑古圣人所谓独行之性乎？逸民之流乎？"

【逸老】 养老。徐铉《哭刑部侍郎乔公诗》："逸老诚云福，遗形未免贫。"

【逸名】 美好的名声。皮日休《七爱诗·卢征君鸿》："万世唐书中，逸名不可比。"曹松《吊李翰林》："李白虽然成异物，逸名犹与万方传。"

【逸志】 ❶超逸脱俗之志。韩愈《送灵师》："逸志不拘教，轩腾断牵挛。"李商隐《大卤平后移家到永乐县居书怀十韵寄刘韦二前辈二公尝于此县寄居》："逸志忘鸿鹄，清香披蕙兰。"❷纵欲放荡之志。李群玉《穆天子》："穆满恣逸志，而轻天下君。"

【逸步】 快步，疾步。李咸用《和彭进士秋日游靖居山寺》："自笑未曾同逸步，终非宗炳社中人。"杨巨源《上刘侍中》："英姿凌虎视，逸步压龙骧。"

【逸足】 ❶疾足。岑参《冀州客舍酒酣贻王绮寄题南楼》："逸足何骎骎，美声实风流。"韦庄《同和薛先辈见寄初秋寓怀即事之作二十韵》："壮心徒戚戚，逸足自骎骎。"温庭筠《病中抒怀呈友人》："逸足皆先路，穷郊独向隅。"❷借指快马。高适《奉酬睢阳李太守》："逸足横千里，高谈注九流。"裴度《答白居易求马》："君若有心求逸足，我还留意在名姝。"❸喻出众的人才。刘长卿《灞东晚晴简同行薛弃朱训》："二贤诚逸足，千里陪征驾。"

【逸抱】 谓行走中人的怀抱。孟郊《擢第后东归书怀献座主吕侍御》："行襟海日曙，逸抱江风入。"

【逸妻】 指有遁世隐居之志的妻室。秦系《山中奉寄钱起员外兼简苗发员外》："稚子唯能觅梨栗，逸妻相共老烟霞。"耿湋《岐阳客舍呈张明府》："逸妻稚子应沟壑，归路茫茫东去遥。"钱起《题温处士山居》："逸妻看种药，稚子伴垂纶。"

【逸性】 超脱不俗的性情。李频《长安书情投知己》："毕竟良图在，何妨逸性便。"

【逸軌】 高洁的轨范。刘禹锡《韩十八侍御见示岳阳楼别窦司直诗因令属和重以自述故足成六十二韵》："徒欲仰高山，焉能追逸轨。"

【逸思】 超逸的思想。孟浩然《和贾主簿弁九日登岘山》："逸思高秋发，欢情落景催。"高适《同观陈十六史兴碑》："伊人今独步，逸思能间发。"钱起《春夜过长孙绎别业》："含毫凝逸思，酌水话幽心。"

【逸品】 技艺或艺术品达到超众脱俗的品第。刘禹锡《酬乐天醉后狂吟十韵》："诗家登逸品，释氏悟真筌。"

【逸客】 超逸高雅的客人。上官昭容《游长宁公主流杯池二十五首》之十四："攀藤招逸客，偃桂协幽情。"刘禹锡《和乐天秋凉闲卧》："高僧扫室请，逸客登楼待。"白居易《戏招诸客》："谁道洛中多逸客，不将书唤不曾来。"温庭筠《原隰荑绿柳》："预恐狂夫折，迎牵逸客迷。"

【逸格】 ❶超逸的格调。李中《怀王道者》："闲思王道者，逸格世难群。"❷围棋术语。贯休《观棋》："逸格格难及，半先相遇稀。"

【逸致】 闲适安逸的性致。白居易《新昌新居书事四十韵》："逸致因心得，幽期遇境牵。"

【逸氣】 超凡脱俗的气概、气度。李颀《放歌行答从弟墨卿》："兴来逸气如涛涌，千里长江归海时。"权德舆《酬别蔡十二见赠》："中饮见逸气，纵谈见化元。"刘禹锡《冬夜宴河中李相公中堂命筝歌送酒》："酌我莫忧狂，老来无逸气。"徐铉《咏梅子真送郭先辈》："郭生负逸气，百代继遗尘。"

【逸迹】 亦作"逸蹟""逸跡"。❶犹遁迹。指隐居。皮日休《七爱诗·卢徵君》："高名无阶级，逸迹绝涯涘。"❷高超的书法作品。司空图《月下留丹灶》序："某年中，廉帅上闻，且命镌其逸跡，藏于郡廨。"贯休《䛒光大师草书歌》："看师逸蹟两相宜，高适歌行李白诗。"

【逸流】 急奔的河流。元结《闵荒诗》："封陨下泽中，作山防逸流。"

【逸書】 泛指散佚失传的书籍。皎然《妙喜寺达公禅斋寄李司直公孙房都曹德裕从事方舟颜武康士骋四十二韵》："方舟颇周览，逸书亦备阅。"

【逸詠】 谓超逸的诗作。曹松《岭南道中》："但有壶觞资逸咏，尽交风景入清机。"

【逸景】 指快马。李白《天马歌》："不逢寒风子，谁采逸景孙。"

【逸詞】 美丽的词藻。司马逸客《雅琴篇》："还将逸词赏幽心，不觉繁声论远意。"高适《宋中别周梁李三子》："周子负高价，梁生多逸词。"

【逸遊】 纵情游乐。虞世南《奉和至寿春应令》："瑶山盛风乐，南巡务逸游。"陈羽《湘妃怨》："舜欲省蛮陬，南巡非逸游。”

【逸發】 神情超逸而容光焕发。李白《与诸公送陈郎将归衡阳》序：“陈郎将义风凛然，英思逸发。”

【逸勢】 奔腾或飞翔之势。钱起《美杨侍御清文见示》：“层峰与清流，逸势竞奔蹙。”吴筠《过天门山怀友》：“举帆遇风劲，逸势如飞奔。”方干《上杭州杜中丞》：“掠天逸势应非久，一鹗那栖众鸟群。”

【逸照】 灿烂的光辉。苏味道《咏虹》：“逸照含良玉，神花藻瑞金。”

【逸跡】 见“逸迹”。

【逸詩】 指《诗经》未收的古代诗歌。见于先秦经传诸子中的约有数十处，多为零篇残句。崔国辅《奉和圣制上巳祓禊应制》：“逸诗何足对，窅作掩东周。”

【逸羣】 超群；出众。杜甫《沙苑行》：“逸群绝足信殊杰，倜傥权奇难具论。”韦应物《答裴处士》：“况子逸群士，栖息蓬蒿间。”张祜《访许用晦》：“酒兴曾无敌，诗情旧逸群。”孙岘《送钟员外》：“万物中萧洒，修篁独逸群。”

【逸僧】 游方僧。皎然《戛铜碗为龙吟歌》：“逸僧戛碗为龙吟，世上未曾闻此音。”又《晦夜李侍御萼宅集招潘述汤衡海上人饮茶赋》：“墙东隐者在，淇上逸僧来。”

【逸態】 超逸的姿态。杜甫《骢马行》：“雄姿逸态何崷崒，顾影骄嘶自矜宠。”徐仁嗣《天骥呈材》：“效材矜逸态，绝影表殊名。”

【逸趣】 超凡脱俗的情趣。太宗《帝京篇十首》之五：“芳辰追逸趣，禁苑信多奇。”李白《题元丹丘颍阳山居》：“之子合逸趣，而我钦清芬。”钱起《和范郎中宿直中书晓玩清池赠南省同僚两垣遗补》：“司言兼逸趣，鼓兴接知音。”

【逸蕩】 超脱旷达。皎然《读张曲江集》：“逸荡子山匹，经奇文畅俦。”

【逸調】 (—diào) 超脱世俗的格调。卢纶《畅博士当感怀前踪有五十韵见寄辄有所酬以申悲旧》：“拾遗兴难侔，逸调旷无程。”陆龟蒙《独夜有怀因作吴体寄袭美》：“云虬涧鹿真逸调，刀名锥利非良图。”韩偓《荷花》：“逸调无人唱，秋塘每夜空。”

【逸豫】 安乐。语出《诗·小雅·白驹》：“尔公尔侯，逸豫无期。”元结《二风诗·乱风诗五篇·至荒》序：“古有荒王，忘戒慎道，以逸豫失国。”

【逸翰】 ❶强健善飞的鸟翅。亦指疾飞之鸟。张九龄《晨坐斋中偶而成咏》：“仰霄谢逸翰，临路嗟疲足。”李白《鲁中送二从弟赴举之西京》：“平衢骋高足，逸翰凌长风。”高适《睢阳酬别畅大判官》；“高才擅白雪，逸翰怀青霄。”濮阳瓘《出笼鹘》：“摇心长捧日，逸翰镇生风。”❷谓高超的书法。白居易《酬思黯相公晚夏雨后感秋见赠》：“两幅彩笺挥逸翰，一声寒玉振清辞。”李商隐《自桂林奉使江陵途中感怀寄献尚书》：“逸翰应藏法，高辞肯浪吟。”

【逸翮】 指鸟强健善飞的翅膀。亦指疾飞之鸟。岑参《虢州郡斋南池幽兴因与阎二侍御道别》：“故人佐戎轩，逸翮凌云霓。”刘长卿《杂咏八首上礼部李侍郎·白鹭》：“幽姿闲自媚，逸翮思一骋。”独孤及《送何员外使湖南》：“上田无晚熟，逸翮果先飞。”薛涛《酬李校书》：“自顾漳滨多病后，空瞻逸翮舞青云。”

【逸興】 (—xìng) 超逸豪放的意兴。李白《宣州谢朓楼饯别校书叔云》：“俱怀逸兴壮思飞，欲上青天览日月。”牟融《题李昭训山水》：“风月谩劳酬逸兴，渔樵随处度流年。”皮日休《太湖诗·桃花坞》：“穷深到兹坞，逸兴转超忽。”司空图《漫题》：“无宦无名拘逸兴，有歌有酒任他乡。”

【逸禮】 失传的礼仪。耿湋《连句多暇赠陆三山人》：“野中求逸礼，江上访遗编。”元稹《献荥阳公诗五十韵》：“逸礼多心匠，焚书旧口传。”

【逸藝】 高超的技艺。欧阳炯《贯休应梦罗汉画歌》：“休公休公逸艺无人加，声誉喧喧遍海涯。”

【逸蹟】 见“逸迹”。

【逸藻】 华丽的辞藻。李白《陈情赠友人》：“多君骋逸藻，掩映当时人。”

【逸韻】 ❶美妙动听的声音。李百药《火凤词二首》之二：“娇嚬眉际敛，逸韵口中香。”❷高超的诗作。李白《与南陵常赞府游五松山》：“逸韵动海上，高情出人间。”钱起《奉和张荆州巡农晚望》：“宣城传逸韵，千载谁此响。”白居易《酬皇甫郎中对新菊花见忆》：“爱菊高人吟逸韵，悲秋病客感衰怀。”许浑《寄郴州李相公》：“高楼王与谢，逸韵比南金。”

【逸懷】 高雅飘逸的情怀。伍乔《僻居谢何明府见访》：“公退琴堂动逸怀，闲披烟霭访微才。”

【逸寵】 过分的宠幸。张说《岳州行郡竹篱》：“苟非小勤瘁，安得期逸宠。”

【逸躅】 逸迹，遗踪。权德舆《送信安刘少府》：“襟情无俗虑，谈笑成逸躅。”温庭筠《鸿胪寺有开元中锡宴堂楼台池沼雅为胜绝荒凉遗址仅有存者偶成四十韵》：“沉机发雷电，逸躅陵尧汤。”

【逸響】 动听的乐音。孟浩然《寻香山湛上人》：“松泉多逸响，苔壁饶古意。”

【逸辯】 雄辩。李峤《经》：“谁知怀逸辩，重席冠群英。”

【逸轡】 疾驰的马车。韦嗣立《自汤还都经龙门北溪赠张左丞崔礼部崔光禄》序：“逸辔放驱，清尘徒企。”孟郊《献襄阳于大夫》：“愿言从逸辔，暇日凌清溪。”

【逸驤】　善奔的骏马。杜牧《走笔送杜十三归京》：“烟鸿上汉声声远，逸驤寻云步步高。”

【逸豔】　美丽。秦韬玉《吹笙歌》：“逸艳初因醉态见，浓春可是韶光与。”

逭　〔huàn《广韵》胡玩切，去换，匣。〕逃避。温庭筠《病中书怀赠友人》：“欲就欺人事，何能逭鬼诛。”陆龟蒙《彼农二章》之一：“所谓饥寒，汝何逭欤。”

逮　〔dài《广韵》徒耐切，去代，定。又特計切，去霽，定。〕❶赶上；追上。杜甫《独坐二首》之二：“亦知行不逮，苦恨耳多聋。”刘长卿《早春赠别赵居士还江左时长卿下第归嵩阳旧居》：“素愿徒自勤，清机本难逮。”沈东美《奉和苑舍人宿直晓玩新池寄省友》：“青云仰不逮，白雪和难牵。”韩愈《答张彻》：“省选逮投足，乡宾尚摧翎。”❷及；及至。张九龄《骊山下逍遥公旧居游集》：“我心希硕人，逮此问元龟。”韩愈《陆浑山火和皇甫湜用其韵》：“三光弛隳不复暾，虎熊麋猪逮猴猿。”孟郊《从卢虔端公守复州》：“忽挂触邪冠，逮逐南飞鸿。”李德裕《东郡怀古二首·王京兆》：“逮我守东郡，凄然怀所钦。”❸逮捕。李商隐《有感二首》之一：“证逮符书密，辞连性命俱。”

【逮及】　及至，等到。元稹《竞渡》：“延绵复几岁，逮及羲与轩。”

【逮今】　如今，至今。李商隐《戏题枢言草阁三十二韵》：“逮今两携手，对若床下鞋。”

【逮此】　趁此，及此。王湾《晚夏马嵬卿叔池亭即事寄京都一二知己》：“逮此乘务闲，因而访幽叟。”孟郊《吊卢殷》之六：“平生与君说，逮此俱云云。”元稹《含风夕》：“炎昏倦烦久，逮此含风夕。”

【逮兹】　及此，至此。杨于陵《郡斋有紫薇因诗纪述》：“逮兹三伏候，息驾万里途。”孟郊《石淙》之二：“久迷向方理，逮兹耸前踪。”欧阳詹《李评事公进示文集因赠之》：“逮兹觌清扬，幸睹青琅编。”

逯　〔lù《广韵》力玉切，入燭，來。〕姓。见“逯仁傑”。

【逯仁傑】　武后时河阳（今河南孟州市）人，自地官令史出尚书，改天下帐式。见唐张鷟《朝野佥载》卷四。张元一《叙可笑事》：“朱前疑着绿，逯仁杰着朱。”

九　画

達　〔dá《广韵》唐割切，入曷，定。〕❶到，到达；达到。崔颢《渭城少年行》：“念此使人归更早，三月便达长安道。”韦应物《饯雍聿之潞州谒李中丞》：“丝竹促飞觞，夜宴达晨星。”卢纶《夜中得循州赵司马侍郎书因寄回使》：“瘴海寄双鱼，中宵达我居。”张道古《上蜀王》：“封章才达冕旒前，黜诏俄离玉座端。”权德舆《题沈黎城》：“迹恨事乃立，功达名遂休。”❷相通。《郊庙歌辞·太清宫乐章·香初上》：“至感潜达，灵心暗通。”❸通晓；明白。李白《送岑征君归鸣皋山》：“至人达机兆，高揖九州伯。”杜甫《八哀诗·赠司空王公思礼》：“晓达兵家流，饱闻春秋癖。”庞蕴《杂诗》之二：“如能达此理，不动出深坑。”聂夷中《住京寄同志》：“自嫌性如石，不达荣辱理。”❹显贵；荣达。韦应物《休暇东斋》：“荣达颇知疏，恬然自成度。”卢纶《冬日登城楼有怀因赠程鹏》：“穷达皆为身外名，公侯可废刀头取。”王建《寄杜侍御》：“今日总来归圣代，丈人先达幸相怜。”杜荀鹤《读友人诗》：“莫以孤寒耻，孤寒达更荣。”❺达观；旷达。崔国辅《对酒吟》：“古人不达酒不足，遗恨精灵传此曲。”参见“達人❷”。❻推荐。韩愈《赠唐衢》：“胡不上书自荐达，坐令四海如虞唐。”❼表达。白居易《新乐府·采诗官》：“欲开壅蔽达人情，先向歌诗求讽刺。”

【達人】　❶通达事理之人。储光羲《贻王侍御出台掾丹阳》：“达人无不可，壮志且驰骛。”卢纶《酬孙侍御春日见寄》：“始悟达人志，患名非患贫。”张籍《南归》：“达人有常志，愚夫劳所营。”齐己《言诗》：“达人皆一贯，迷者自多岐。”❷旷达豪放之人。李颂《行路难》：“鲁连所以蹈东海，古往今来称达人。”权德舆《广陵诗》：“曲士守文墨，达人随性情。”白居易《效陶潜体诗十六首》之一五：“是以达人观，万化同一途。”唐彦谦《感物二首》之一：“物理有翕张，达人同废兴。”

【達士】　达观一切、不为世俗的名利所囿的人。岑参《因假归白阁西草堂》：“早闻达士语，偶与心相通。”戎昱《送僧法和》：“达士心无滞，他乡总是家。”白居易《读谢灵运诗》：“吾闻达士道，穷通顺冥数。”郑谷《倦客》：“达士由来知道在，昔贤何必哭途穷。”

【達公】　惠达。湖州乌程县（今浙江湖州市）杼山妙喜寺僧人。颜真卿《湖州乌程县杼山妙喜寺碑铭》：“时杼山大德僧皎然工于文什，惠达、灵煜味于禅诵。”皎然有《妙喜寺达公禅斋寄李司直公孙房都曹德裕从事方舟颜武康士骋四十二韵》。

【達本】　通达事物的本源。宋之问《浣纱篇赠陆上人》：“达本知空寂，弃彼犹泥沙。”

【達生】　❶洞达人生，不为外物所累的处世态度。语出《庄子·达生》：“达生之情者，不务生之所无以为。”郭象注：“生之所无以为者，分外物也。”李白《行路难三首》之三：“君不见吴中张翰称达生，秋风忽忆江东行。”皇甫冉《寄刘方平》：“达生遗自适，良愿固无负。”卢仝《冬行三首》之一：“达生何足云，偶然苦乐经其身。”李建勋《春阴》：“寄语达生人，须知酒胜药。”❷《庄子》篇名。李群玉《杜门》：“达生书一卷，名利付春冰。”

【達奚吏部】　达奚珣。曾官吏部侍郎，见《千唐志斋藏志》八四四《唐故广平郡太守恒王府长史上谷寇府君墓志铭》。李颀有《达奚吏部夫人寇氏挽歌》。

【達志】　遂志。实现了愿望。韩愈、李正封《晚秋郾城夜会联句》：“喜颜非忸怩，达志无陨获。”

【達者】　❶通达事理之人。杜甫《又示宗武》：“曾参与游夏，达者得升堂。”吕岩《七言》之二五：“迷途争与轻轻泄，此理须凭达者论。”❷旷达豪放之人。刘长卿《和灵一上人新泉》：“动静皆无意，唯应达者知。”皎然《杂寓兴》：“至乐享爰居，惭贻达者尤。”白居易《金銮子晬日》：“惭非达者怀，未免俗情怜。”赵嘏《重游楚国寺》：“庄叟著书真达者，贾生挥涕信悠哉。”❸显达之人。卢纶《寄夏侯侍御审侯仓曹钊》：“偶为达者知，扬我于王廷。”

【達官】　高官，大官。杜甫《岁晏行》：“高马达官厌酒肉，此辈杼轴茅茨空。”又《哀王孙》：“又向人家啄大屋，屋底达官走避胡。”无名氏《占辞·树稼谚》：“树稼，达官怕。”

【達命】　知天命。王昌龄《长歌行》：“人生须达命，有酒且长歌。”阎防《百丈溪新理茅次读书》：“养闲度人事，达命知止足。”武元衡《安邑里中秋怀寄高员外》：“守道识通穷，达命齐荣辱。”张蠙《将之京师留别亲友》：“达命何劳问，西游且自期。”

【達官子】　子官。无名氏《五言白话诗》之四(外编上)：“出语觜头高，诈作达官子。”

【達官兒】　大官。无名氏《五言白话诗》之一二(外编上)：“本是达官儿，名作郎君子。”

【達枿】　高峻貌。韩愈《南山诗》：“旋归道回睨，达枿壮复奏。”

【達奚侍郎】　达奚珣。曾官吏部侍郎。见《金石萃编》卷八七《宴济渎序》。王维有《达奚侍郎夫人寇氏挽词二首》。

【達理】　通达事理。元稹《张旧蚊帱》：“达理强开怀，梦啼还过臆。”张蠙《边庭送别》：“一生虽达理，远别亦相悲。”

【達晨】　直到早晨。羊士谔《腊夜对酒》：“自顾行将老，何辞坐达晨。”白居易《朱陈村》：“朝忧卧至暮，夕哭坐达晨。”又《新制布裘》：“朝拥坐至暮，夜覆眠达晨。”又《苦热》：“头痛汗巾湿，连宵复达晨。”

【達道】　明达道理。杜甫《遣兴五首》之三：“陶潜避俗翁，未必能达道。”白居易《把酒》：“是故达道人，去彼而取此。”

【達節】　高节，高尚的节义。李白《陈情赠友人》：“懦夫感达节，壮士激青衿。”

【達德】　极高的道德。吴圆《答李曜》：“曳履优容日日欢，须言达德倍汍澜。”

【達摩支曲】　唐健舞曲名。一名《泛兰丛》。羽调曲。温庭筠有《达摩支曲》。

【達曉】　直到拂晓。李商隐《赋得月照冰池》：“独怜游玩意，达晓不知疲。”李群玉《乌夜啼》：“有鸟在其间，达晓自悲吟。”司马扎《蚕女》：“鸣梭夜达晓，犹恐不及时。”

【達曙】　直到天亮。钱起《宴郁林观张道士房》：“仙侣披云集，霞杯达曙倾。”李德裕《峡山亭月夜独宿对樱桃花有怀伊川别墅》：“愁人惜春夜，达曙想岩扉。”许浑《鹤林寺中秋夜玩月》：“莫辞达曙殷勤望，一堕西岩又隔年。”

【達識】　富于才识。韦应物《寄柳州韩司户》：“达识与昧机，智殊迹同静。”姚合《和门下李相饯西蜀相公》：“燮和皆达识，出入并登庸。”

【達觀】　一切听其自然，随遇而安。李白《莹禅师房观山海图》：“真僧闭精宇，灭迹含达观。”元稹《遣病》：“吟此可达观，世言何足听。”李群玉《规公业在净名走笔此篇以屈瞻礼》：“五浊之世尘冥冥，达观栖心于此经。”

逼

〔bī《广韵》彼侧切，入職，幫。〕❶迫近；靠近。孟浩然《岁暮归南山》：“白发催年老，青阳逼岁除。”岑参《登总持阁》：“高阁逼诸天，登临近日边。”皎然《陇头水二首》之一：“日落天边望，逶迤入塞云。”黄滔《送翁员外承赞》：“风旋北阙虚丹穴，星复南宫逼紫微。”❷逼迫；威迫。岑参《虢州西亭陪端公宴集》：“为逼霜台使，重裘也觉寒。”杜甫《别赞上人》：“天长关塞寒，岁暮饥冻逼。”白居易《寄元九》：“自念因念君，俱为老所逼。”贯休《寄澜公二首》之一：“烧逼鸿行侧，风干雪朕清。”❸急迫；急切。孙逖《宴越府陈法曹西亭》：“江南归思逼，春雁不堪闻。”刘长卿《对雨赠济阴马少府考城蒋少府兼献成武五兄南华二兄》：“乡梦寒更频，虫声夜相逼。”孟浩然《唐城馆中早发寄杨使君》：“旅馆归心逼，荒村客思盈。”❹似，相似。杜甫《李潮八分小篆歌》：“况潮小篆逼秦相，快剑长戟森相向。”又《赠虞十五司马》：“形像丹青逼，家声器宇存。”殷尧藩《酬雍秀才二首》之二：“兴来聊赋咏，清婉逼阴何。”罗隐《蝶》：“汉王刀笔精，写尔逼天生。”亦引申为逼真、真实。清昼、汤衡《讲古文联句》：“拟之信工，似而不逼。”❺侵袭。颜粲《白露为霜》：“气逼襦衣薄，寒侵宵梦长。”白居易《伤唐衢二首》之一：“自我心存道，外物少能逼。”元稹《寄吴士矩端公五十韵》：“荒狂岁云久，名利心潜逼。”

【逼人】　❶接近人。章碣《送谢晋士还闽》：“雷霆入地建溪险，星斗逼人梨岭高。”李郢《鹅儿》：“无事群鸣遮水际，争来引颈逼人前。”❷侵袭肌体。岑参《热海行送崔侍御还京》：“柏台霜威寒逼人，热海炎气为之薄。”元稹《春月》：“不似秋冬色，逼人寒带霜。”唐彦谦《咏葡萄》：“胜游记得当年景，清气逼人毛骨冷。”

【逼天】 迫近云天。极言其高。颜真卿《赠僧皎然》：“俯砌披水容，逼天扫峰翠。”

【逼肖】 极其相似。鲍溶《采葛行》：“镜湖女儿嫁鲛人，鲛绡逼肖也不分。”

【逼身】 ❶近身。于濆《述己叹》：“不长不成人，及长老逼身。”贯休《送姚洎拾遗自江陵幕赴京》：“莫使身侵贵，无矜贵逼身。”❷侵害身体。李中《维舟秋浦逢故人张矩同泊》：“共惊别后霜侵鬓，互说年来疾逼身。”

【逼迫】 紧紧地催促；用压力催使。寒山《诗三百三首》之三二：“白更何所愁，愁见日逼迫。”韩愈《寄崔二十六立之》：“逼迫走巴蛮，恩爱座上离。”元稹《有鸟二十章》之六：“皆曾偷食渌池鱼，前去后来更逼迫。”李咸用《悲哉行》：“用却春风力几多，微霜逼迫何容易。”

【逼真】 ❶极像真的。李峤《立春日侍宴内殿出剪彩花应制》：“缀绿奇能似，裁红巧逼真。”韩愈《春雪间早梅》：“那是俱疑似，须知两逼真。”白居易《画竹歌》：“萧郎下笔独逼真，丹青以来唯一人。”韩偓《倒押前韵》：“纵有才难咏，宁无画逼真。”❷为人真实无虚。廖匡图《和人赠沈彬》：“逼真但使心无着，混俗何妨手强抄。”

【逼側】 逼近，拥挤。高适《同群公题中山寺》：“超遥尽巘崿，逼侧仍岖嵚。”韩愈《岳阳楼别窦司直》：“新恩移府庭，逼侧厕诸将。”

【逼試】 接近礼部所举行的科举考试时间。罗隐有《逼试投所知》。

【逼歲】 临近岁除。岑参《岁暮碛外寄元㧑》：“别家逢逼岁，出塞独离群。”

【逼曉】 天快亮时。许棠《边城晚望》：“日堕回沙中，逼晓人移帐。”

【逼觀】 （—guān）近看。白居易《游悟真寺诗》：“逼观拟鬼功，其迹非雕镌。”

逭 同“侦”。探伺。皮日休《补周礼九夏系文·九夏歌九篇·章夏之歌》：“王有掌讶，逭尔疆理。”

遇 〔yù《广韵》牛具切，去遇，疑。〕❶相逢；不期而会。元稹《酬杨司业十二兄早秋述情见寄》：“昨来遇弥苦，已复云离巘。”董损《句》：“忽遇南迁客，若为西入心。”孙元晏《咏史诗·梁·勍敌》：“今日方惊遇勍敌，此人元自北朝来。”❷遭受；遇到。则天皇后《从驾幸少林寺》：“昔遇焚芝火，山红连野飞。”张谔《东封山下宴群臣》：“万里扈封峦，群公遇此欢。”韦庄《含香》：“遇物旋添芳草句，逢春宁滞碧云才。”❸求得；到得。李颀《与诸公游济渎泛舟》：“兹境信难遇，为欢殊未终。”韩愈《赠崔立之评事》：“知音自古称难遇，世俗乍见那妨哂。”白居易《曲江有感》：“遇酒逢花还且醉，若论惆怅事何穷。”李商隐《咏怀寄秘阁旧僚二十六韵》：“遇炙谁先啖，逢齑即便吹。”❹得志；见赏。薛业《晚秋赠张折冲》：“冯唐真不遇，叹息鬓毛斑。“杜甫《过郭代公故宅》：“豪杰初未遇，其迹或脱略。”钱起《同邬戴关中旅寓》：“文士皆求遇，今人谁至公。”薛据《怀哉行》：“夫君何不遇，为泣黄金台。”❺际遇；知遇；恩遇。崔颢《赠轻车》：“平生少相遇，未得展怀抱。”孟郊《吊元鲁山》：“君臣贵深遇，天地有灵橐。”白居易《薛中丞》：“百人无一直，百直无一遇。”曹邺《蓟北门行》：“但恐筋力尽，敢惮将军遇。”

【遇柳尋花】 谓游赏风景。李咸用《依韵修睦上人山居十首》之一：“生身便在乱离间，遇柳寻花作么看。”

【遇赦】 遇到大赦。韩愈《从潮州量移袁州张韶州端公以诗相贺因酬之》：“明时远逐事何如，遇赦移官罪未除。”

【遇逢】 遇上。元稹《褒城驿二首》之二：“忆昔万株梨映竹，遇逢黄令醉残春。”

遏 〔è《广韵》烏葛切，入曷，影。〕❶抑制；阻止。李白《登金陵冶城西北谢安墩》：“谈笑遏横流，苍生望斯存。”戎昱《开元观陪杜大夫中元日观乐》：“舞态疑回紫阳女，歌声似遏彩云仙。”白居易《达理二首》之二：“时来不可遏，命去焉能取。”陆龟蒙《杂讽九首》之一：“社鬼苟有灵，谁能遏秋恸。”❷掩盖；遮蔽。孟郊《投所知》：“尽美固可扬，片善亦不遏。”❸抵御；抗击。李白《忆旧游寄谯郡文参军》：“君家严君勇貔虎，作尹并州遏戎虏。”孟郊《秋怀》之十二：“集耳不可遏，噎神不可逃。”李商隐《戊辰会静中出贻同志二十韵》：“科车遏故气，侍香传灵氛。”贯休《寿春节进大蜀皇帝五首》之一：“文经武纬包三古，日角龙颜遏四夷。”

【遏行雲】 见“遏雲”。

【遏流雲】 见“遏雲”。

【遏雲】 使云停止不前。形容歌声响亮动听。李商隐《歌舞》：“遏云歌响清，回雪舞腰轻。”许浑《闻歌》：“新秋弦管清，时转遏云声。”胡曾《咏史诗·铜雀台》：“遏云声绝悲风起，翻向樽前泣翠娥。”罗隐《春思》：“蜀国暖回溪峡浪，卫娘清转遏云歌。”亦作“遏行雲”“遏流雲”。李白《南都行》：“清歌遏流云，艳舞有余闲。”权德舆《三妇诗》：“小妇无所作，娇歌遏行云。”

【遏密】 ❶指帝王等死后停止举乐。《书·舜典》:“帝乃殂落,百姓如丧考妣,三载,四海遏密八音。”孔传:“遏,绝;密,静也。”武元衡《顺宗至德大圣皇帝挽歌词三首》之二:“乌号龙驭远,遏密凤声哀。”❷指为皇帝居丧期间。元稹《顺宗至德大圣大安孝皇帝挽歌词三首》之一:“讴歌同戴启,遏密共思尧。”赵嘏有《今年新先辈以遏密之际每有谦集必资清谈书此奉贺》。

遄 〔chuán《广韵》市缘切,平仙,禅。〕疾速。李峤《奉教追赴九成宫途中口号》:“委质承仙翰,祗命遄遥策。”

【遄死】 速死。贯休《行路难》之五:“若如此,不遄死兮更何俟。”

【遄征】 急行。宋之问《发藤州》:“朝夕苦遄征,孤魂长自惊。”

【遄飛】 疾速飞扬。《郊庙歌辞·郊天旧乐章·豫和》:“送乐有阕,灵驭遄飞。”

【遄速】 疾速。陈子昂《赠别冀侍御崔司议》序:“王事靡盬,驿骑遄速。”

【遄邁】 急速行走。裴耀卿《敬酬张九龄当涂界留赠之作》:“遄迈嗟于役,离忧空自情。”

遑 〔huáng《广韵》胡光切,平唐,匣。〕闲暇;余裕。《诗·小雅·四牡》:“王事靡盬,不遑启处。”毛传:“遑,暇。”苑咸《送大理正摄御史判凉州别驾》:“天子念西疆,咨君去不遑。”独孤及《自东都还濠州奉酬王八谏议见赠》:“未遑少留骤远别,况值旅雁鸣秋天。”李涉《题青溪鬼谷先生旧居》:“未遑炼金鼎,日觉容光暮。”薛逢《镊白曲》:“虽盖长安一片瓦,未遑卒岁容宁居。”

【遑安】 安逸。白居易《酬李少府曹长官舍见赠》:“低腰复敛手,心体不遑安。”

【遑息】 空闲休息。独孤及《三月三日自京到华阴于水亭独酌寄裴六薛八》:“祗役匪遑息,经时客三秦。”高适《和贺兰判官望北海作》:“四牡未遑息,三山安在哉。”

【遑暇】 空闲。韦应物《云阳馆怀谷口》:“吏役岂遑暇,幽怀复朝昏。”

【遑遑】 惊恐匆忙,心神不定。王勃《别薛华》:“送送多穷路,遑遑独问津。”白居易《高仆射》:“遑遑名利客,白首千百辈。”鲍溶《山行经樵翁》:“遑遑问身事,师友难为言。”吴融《祝风三十韵》:“中又值干戈,遑遑常转徙。”

【遑寧】 安宁。刘驾《唐乐府十首·输者讴》:“去者不遑宁,归者唱歌行。”

遁 〔dùn《广韵》徒困切,去慁,定。又徒损切,上混定。〕亦作“遯”。❶跑,逃跑。韩愈《送僧澄观》:“影沉潭底龙惊遁,当昼无云跨虚碧。”韦庄《睹军回戈》:“昨日屯军还夜遁,满车空载洛神归。”❷隐居。李白《赠张公洲革处士》:“革侯遁南浦,常恐楚人闻。”高适《酬李少府》:“将从崖谷遁,且与沉浮绝。”温庭筠《洞户二十二韵》:“若为南遁客,犹作卧龙吟。”韦庄《冬日长安感志寄献虢州崔郎中二十韵》:“雾雨十年同隐遁,风雷何日振沉潜。”参见“遁跡”。❸藏匿;躲避。柳宗元《游南亭夜还叙志七十韵》:“永遁刀笔吏,宁期簿书曹。”参见“遁遺”。

【遁世】 避世隐居。王武陵《宿慧山寺》序:“丹列有遁世之志,遐景有尘外之心。”

【遁世無悶】 《易·乾》:“不成乎名,遯世无闷。”孔颖达疏:“谓逃遯避世,虽逢无道,心无所闷。”白居易《刑部尚书致仕》:“全家遁世曾无闷,半俸资身亦有余。”

【遁甲】 古代方士术数之一。以天干的乙、丙、丁为三奇,以戊、己、庚、辛、壬、癸为六仪。三奇六仪,分置九宫,而以甲统之,视其加临吉凶,以为趋避,故称。起于《易纬乾凿度》太乙行九宫法,盛于南北朝。杨炯《和辅先辈入昊天观星瞻》:“遁甲爰皇里,星占太乙宫。”贯休《古塞下曲七首》之一:“下营依遁甲,分帅把河隍。”按,一说“遁甲”当云“循甲”,以六甲循环推数,遁即“循”字,说见宋赵彦卫《云麓漫钞》卷九。

【遁形】 隐藏形体。窦庠《酬韩愈侍郎登岳阳楼见赠》:“万象皆归掌,三光岂遁形。”

【遁叟】 隐居的老翁。唐陆希声自号。陆希声《山居即事二首》之二:“君阳遁叟何为乐,一炷清香两卷经。”

【遁逃】 逃走。杜甫《近闻》:“近闻犬戎远遁逃,牧马不敢侵临洮。”卢纶《和张仆射塞下曲》之三:“月黑雁飞高,单于夜遁逃。”白居易《初领郡政衙退登东楼作》:“烦襟与滞念,一望皆遁逃。”罗隐《严陵滩》:“中都九鼎勤英髦,渔钓牛蓑且遁逃。”

【遁棲】 隐居。田游岩《弘农清岩曲有磐石可坐宋十一每拂拭待余寄诗赠之》:“信彼称灵石,居然狎遁栖。”

【遁跡】 亦作“遁迹”“遯跡”。隐居。吴筠《高士咏·臧丈人》:“功成遂不处,遁跡符冲玄。”张浑《七老会诗》:“遁跡岂劳登远岫,垂丝何必坐溪磻。”牟融《题寺壁》:“闻道此中堪遁跡,肯容一榻学逃禅。”罗隐《遁跡》:“遁跡知安住,沾襟欲奈何。”王维《济上四贤咏·崔录事》:“遯跡东山下,因家沧海隅。”许浑《泛溪》:“遯迹驱鸡吏,冥以失马翁。”

【遁遺】 隐匿和遗漏。白居易《裴侍中晋公以集贤林亭即事诗见赠辄广为五百言以伸酬献》:“灵襟一搜索,胜概无遁遗。”

【遁避】 逃避。唐彦谦《六月十三日上陈微博士》之三:“麾驱非吾任,遁避亦无术。”

逾 〔yú《广韵》羊朱切,平虞,以。〕❶越过;经过。杜甫《大历三年春四十韵》:“滟滪险相迫,沧浪深可逾。”韩愈《赴江陵途中寄三学士》:“逾岭到所任,低颜奉君侯。”又《丰陵行》:“逾梁下坂笳鼓咽,嵽嵲遂走玄宫间。”❷超过。拾得《诗》之五一:“未逾七十秋,冰消瓦解去。”杜淹《寄赠齐公》:“去去逾千里,悠悠隔九天。”耿湋《得替后书怀上第五相公》:“应逾骨肉分,敢忘死生期。”白居易《残春咏怀赠杨慕巢侍郎》:“位逾三品日,年过六旬时。”❸久远。见“逾邈”。❹更,更加。苏颋《夜发三泉即事》:“憧憧往复还,心注思逾切。”韦应物《郡斋赠王卿》:“濩落人皆笑,幽独岁逾赊。”柳宗元《种白蘘荷》:“窜伏常战慄,怀故逾悲辛。”储嗣宗《题云阳高少府衙斋》:“吏散山逾静,庭闲鸟自来。”

【逾分】 (fèn) 超越本分;过分。韦应物《晚归沣川》:“名秩斯逾分,廉退愧不全。”周朴《题玄公院》:“是事不逾分,只应明德同。”郑谷《谷比岁受同年丈人故川守李侍郎教谕遂以章句自贻》:“孤单所得皆逾分,归种敷溪一亩春。”

【逾月】 时间超过一月。李建勋《送人》:“相见未逾月,堪悲远别离。”

【逾旬】 时间超过十天。周贺《投江州张郎中》:“借山年涉闰,寝郡月逾旬。”

【逾时】 超过规定的时间。张祜《送刘韬秀才江陵归宁》:“出告游方是素辞,喜君回棹不逾时。”

【逾邈】 谓时间久远。薛存诚《东都父老望幸》:“望幸诚逾邈,怀来意不穷。”

遊 〔yóu《广韵》以周切,平尤,以。〕❶游览;云游。杜甫《赠李白》:“亦有梁宋遊,方期拾瑶草。”郎士元《送李遂之越》:“未习风波事,初为东越遊。”耿湋《与清江上人及诸公宿李八昆季宅》:“更过三张价,东遊愧陆机。”许棠《陈情献江西李常侍五首》之一:“二十二三年,遊秦复滞燕。”❷游玩;游乐。太宗《帝京篇十首》之六:“飞盖去芳园,兰桡遊翠渚。”孟浩然《晚春卧病寄张八》:“林园久不遊,草木一何盛。”韩翃《送海州姚别驾》:“坐觉千闾静,闲随五马遊。”白居易《赠元稹》:“花下鞍马遊,雪中杯酒观。”❸遨游。卢照邻《过东山谷口》:“多谢青溪客,去去赤松遊。”李白《赠卢征君昆弟》:“沧州即此地,观化遊无穷。”又《古风》之四一:“云卧遊八极,玉颜已千霜。”韦庄《咸通》:“诸郎宴罢银灯合,仙子遊回璧月斜。”❹古代帝王春天巡行。戎昱《湘南曲》:“虞帝南遊不复还,翠蛾幽怨水云间。”❺冶游。张祜《到广陵》:“一年江海恣狂遊,夜宿倡家晓上楼。”张琰《春词二首》之二:“荡子遊不归,春来泪如雨。”❻游观的场所。韩愈《游城南十六首·赠张十八助教》:“喜君眸子重清朗,携手城南历旧遊。”又《秋字》:“莫以宜春远,江山多胜遊。”刘沧《及第后宴曲江》:“及第新春选胜遊,杏园初宴曲江头。”❼交游;交结。崔颢《赠怀一上人》:“传灯遍都邑,杖锡遊王公。”高适《酬裴员外》:“脱略身外事,交遊天下才。”韩愈《长安交遊者赠孟郊》:“长安交遊者,贫富各有途。”白居易《酬梦得以予五月长斋见戏十韵》:“交遊诸长老,师事古先生。”❽结识的朋友。杜审言《赠崔融二十韵》:“人事盈虚改,交遊宠辱妨。”严维《送少微上人东南游》:“旧遊多不见,师在翟公门。”刘禹锡《赠乐天》:“一别旧遊尽,相逢俱涕零。”孟郊《疾愈过龙泉寺精舍》:“竹房思旧遊,过憩终永日。”❾求学。亦指求仕,求职。储光羲《酬李处士山中见赠》:“厥初遊太学,相与极周旋。”高适《酬庞十兵曹》:“忆昔遊京华,自言生羽翼。”韦应物《赠旧识》:“少年遊太学,负气蔑诸生。”张继《洛阳作》:“贫贱非吾事,西遊思自强。”❿研习;研讨。储光羲《同王十三维哭殷遥》:“遊道虽未深,举世莫能贤。”严维《剡中赠张卿侍御》:“自贱遊章句,空为衰草颜。”⓫游说。李白《留别曹南郡官之江南》:“时来不关人,谈笑遊轩皇。”⓬飞,飞翔。杜甫《晦日寻崔戢李封》:“草牙既青出,蜂声亦暖遊。”窦常《求自试》:“仙禁祥云合,高梧彩凤遊。”韩愈《海水》:“风波无所苦,还作鲸鹏遊。”刘禹锡《飞鸢操》:“遊鹍翔雁出其下,庆云清景相回旋。”亦指飘浮。韦应物《温泉行》:“玉林瑶雪满寒山,上升玄阁遊绛烟。”⓭虚浮不实,无根据。见“遊詞”。⓮游泳;潜水浮行。骆宾王《艳情代郭氏答卢照邻》:“芳沼徒遊比目鱼,幽径还生拔心草。”元结《漫歌八曲·大回中》:“回中鱼好遊,回中多钓舟。”张继《题严陵钓台》:“鸟向乔枝聚,鱼依浅濑遊。”杨衡《采莲曲》:“鱼遊乍散藻,露重稍欹红。”

【遊人】 ❶离开故乡、漂泊在外之人。王昌龄《途中作》:“遊人愁岁晏,早起遵王畿。”顾况《樱桃曲》:“百舌犹来上苑花,遊人独自忆京华。”韦庄《菩萨蛮》词之二:“人人尽说江南好,遊人只合江南老。”❷游玩的人。李嘉祐《送陆士伦宰义兴》:“长吏多愁罢,遊人讵肯还。”杜牧《怀钟陵旧游四首》之四:“城头晚鼓雷霆后,桥上遊人笑语多。”李昌符《赠春游侣》:“啼鸟愁春尽,遊人喜日长。”

【遊士】 古代从事游说以谋职位者。李百药《寄杨公》:“分庭接遊士,虚馆待时英。”韦应物《广陵遇孟九云卿》:“雄藩本帝都,遊士多俊贤。”

【遊山弄水】 游山玩水。到有山水景观的地方游玩。白居易《忆晦叔》:“遊山弄水携诗卷,看月寻花把酒杯。”

【遊女】 出游的妇女。李白《岘山怀古》:“弄珠见遊女,醉酒怀山公。”元稹《襄阳为卢窦纪事》:“帝下真符召玉真,偶逢遊女暂相亲。”杜牧《洛阳长句二首》之二:“桥边遊女珮环委,波底上阳金碧明。”张敬徽《采莲曲》:“遊女泛江晴,莲红水复清。”

【遊子】 指离家远游或寓居他乡之人。褚亮《晚别乐记室彦》:“他乡有岐路,遊子欲何之。”李白《赠徐安宜》:“遊子滞安邑,怀恩未忍辞。”畅当《宿潭上二首》之一:“嘉宾爱明月,遊子惊秋风。”李中《子规》:“带月莫啼江畔树,酒醒遊子在离亭。”

【遊刃】 谓技艺精纯。语出《庄子·养生主》:“今臣之刀十九年矣,所解数千牛矣,而刀刃若新发于硎。彼节者有间,而刀刃者无厚,以无厚入有间,恢恢乎其于游刃,必有余地矣。”骆宾王《秋日山行简梁大官》:“得性虚遊刃,忘言已弃筌。”

【遊止】 游玩和休息。王维《留别山中温古上人兄并示舍弟缙》:“宿昔同遊止,致身云霞末。”张鷟《莺出谷》:“遊止知难屈,翻飞在此伸。”温庭筠有《赠郑征君家匡山首春与丞相赞皇公遊止》。

【遊方】 ❶游览;云游。高适《送萧十八与房侍御回还》:“故交在梁宋,遊方出庭户。”杜甫《将适吴楚留别章使君留后兼幕府诸公得柳字》:“既无遊方恋,行止复何有。”❷谓僧云游四方。李白《赠僧崖公》:“说法动海岳,遊方化公卿。”于武陵《访道者不遇》:“及户无行迹,遊方应未归。”齐己《寄山中诸友》:“只待遊方遍,还来扫树根。”

【遊心】 留心,心神倾注于某一事物。李群玉《湘中别成威阇黎》:“遊心杳何境,宴坐入冥默。”罗邺《春夜赤水驿旅怀》:“一星残烛照离堂,失计遊心归渺茫。”贯休《遇五天僧入五台五首》之四:“结印魔应哭,遊心圣不知。”

【遊目】 放眼,纵目。储光羲《京口题崇上人山亭》:“花林开宿雾,遊目清宵极。”乔侃《人日登高》:“登高一游目,始觉柳条新。”杜甫《阆州东楼筵奉送十一舅往青城县得昏字》:“遊目俯大江,列筵慰别魂。”高宗《谒慈恩寺题奘法师房》:“停轩观福殿,遊目眺皇畿。”

【遊仙】 游历仙境。王勃有《忽梦遊仙》。广宣《安国寺随驾幸兴唐观应制》:“万乘遊仙宗有道,三车引路本无尘。”白居易《和微之诗二十三首·和送刘道士游天台》:“闻君梦遊仙,轻举超世雰。”雍陶《春行武关作》:“风香春暖展归程,全胜遊仙入洞情。”

【遊仙子】 指道士。白居易《与诸道者同游二室至九龙潭作》:“喜逢二室遊仙子,厌作三川守土臣。”

【遊仙詩】 歌咏得道成仙或游历仙境的诗篇。白居易《出山吟》:“朝咏遊仙诗,暮歌采薇曲。”

【遊市】 游览集市。李廓《长安少年行》之九:“遊市慵骑马,随姬入坐车。”

【遊伎】 出游的伎女。苏味道《正月十五夜》:“遊伎皆秾李,行歌尽落梅。”

【遊光】 闪烁的光。刘禹锡《春日退朝》:“瑞气转绡縠,游光泛波澜。”

【遊行】 游览;游玩。白居易《苏州柳》:“老来处处遊行遍,不似苏州柳最多。”又《老来生计》:“老来生计君看取,白日遊行夜醉吟。”又《闲适》:“风光暖助遊行处,雨雪寒供饮宴时。”

【遊俠窟】 游侠集聚处。李益《从军有苦乐行》:“讵驰遊侠窟,非结才年场。”刘禹锡《和董庶中古散调词赠尹果毅》:“借名遊侠窟,结客幽并儿。”

【遊巡】 游目巡视;游玩。戎昱《秋望兴庆宫》:“先皇歌舞地,今日未遊巡。”韩愈《送惠师》:“凌江诣庐岳,浩荡极遊巡。”吕岩《七言》:“垂袖腾腾傲世尘,葫芦携却数遊巡。”

【遊花宴月】 游宴于花月下。白居易《送舒著作重授省郎赴阙》:“三岁相依在洛都,遊花宴月饱欢娱。”

【遊車】 远行的车子。李白《对雪奉饯任城六父秩满归京》:“征马百度嘶,遊车动行尘。”

【遊步】 信步,随意行走。韦应物《谢栎阳令归西郊赠别诸友生》:“遊步清都宫,迎风嘉树侧。”又《游开元精舍》:“夏衣始轻体,遊步爱僧居。”皎然《奉和薛员外谊赠汤评事衡反招隐之迹兼见寄十二韵》:“诮兹长往志,纡彼独遊步。”又《别山诗》:“自许战胜心,弥高独遊步。”

【遊氛】 游动的云气。张九龄《贺给事尝诣蔡起居郊馆有诗因命同作》:“前岭遊氛灭,中林芳气和。”李峤《早发苦竹馆》:“行看远星稀,渐觉遊氛少。”

【遊伴】 游玩的伴侣。白居易《老夫》:“七八年来遊洛都,三分遊伴二分无。”李涉《寄荆娘写真》:“上清仙女征游伴,欲从湘灵住河汉。”孙光宪《玉胡蝶》词:“鲜飙暖,牵遊伴,飞去立残芳。”

【遊兑】 向西行进。兑,八卦之一。古以八卦配八方,兑为西方。唐诗中,特指吐蕃。唐远悊《奉和送金城公主适西蕃应制》:“少女风遊兑,姮娥月去秦。”

【遊冶】 ❶游荡娱乐。李白《君马黄》:“共作遊冶盘,双行洛阳陌。”❷追求声色,寻求欢乐。欧阳詹《汝川行》:“相欢谁是遊冶郎,蚕休不得岐路旁。”刘叉《狂夫》:“狂夫遊冶归,端坐仍作色。”白居易《衰病》:“老辞遊冶寻花伴,病别荒狂旧酒徒。”

【遊玩】 游逛;游戏。张说《奉酬韦祭酒嗣立偶游龙门北溪之作》:“尽室兹遊玩,盈门几乐哉。”万齐融《三日绿潭篇》:“公子王孙恣遊玩,沙阳水曲情无厌。”李商隐《赋得月照冰池》:“独怜遊玩意,达晓不知疲。”皮日休《太湖诗》序:“道之不行者,有困辱危殆,志之可适者,有山水遊玩,则休戚不孤矣。”

【遊幸】 谓帝王出游。韦应物《温泉行》:“北风惨惨投温泉,忽忆先皇遊幸年。”又《骊山行》:“太平遊幸今可待,汤泉岚岭还氛氲。”刘禹锡《翠微寺有感》:“吾王昔遊幸,离宫云际开。”花蕊夫人徐氏《宫词》之四三:“君王避暑来遊幸,风月横秋气象新。”

【遊眄】 游逛观览。权德舆《杂言和常州李员外副使春日戏题十首》之十:“归心劳梦寐,远目伤游眄。”

【遊放】 游玩。高适《同诸公登慈恩寺浮图》:“输效独无因,斯焉可遊放。”

【遊泛】 泛舟游玩。李峤有《清明日龙门遊泛》。白居易《三月三日祓禊洛滨》序:“尽风光之赏,极遊泛之娱。”

【遊泳】 人或动物在水中游行。白居易《春日闲居三首》之二:“广池春水平,群鱼恣遊泳。”皮日休《奉和鲁望渔具十五咏·叉鱼》:“照见遊泳鱼,一一如清昼。”朱休《春水绿波》:“归雁追飞尽,纤鳞遊泳多。”

【遊宕】 游荡。杜牧《宣州留赠》:“为报眼波须稳当,五陵遊宕莫知闻。”

【遊空】 (—kōng) 在空中浮游,飘荡。王维《纳凉》:“涟漪涵白沙,素鲔如遊空。”顾况《郑女弹筝歌》:“郑女出参丈人时,落花惹断遊空丝。”王涯《春闺思》:“愁见遊空百尺丝,春风挽断更伤离。”

【遊春】 游览春景。沈佺期《夜游》:“今夕重门启,遊春得夜芳。”白居易《杏园中枣树》:“寄言遊春客,乞君一回视。”姚合《游春十二首》之五:“同伴无辞困,遊春贵在先。”王驾《乱后曲江》:“遊春人尽空池在,直至春深不似春。”

【遊畋】 游逸田猎。张说《奉和圣制幸凤汤泉应制》:“温润宜冬幸,遊畋乐岁成。”苏拯《渔人》:“长畏不得闲,几度避遊畋。”

【遊俠】 ❶轻生重义、乐于救人之难的行为。孟浩然《同储十二洛阳道中作》:“珠弹繁华子,金羁遊侠人。”李白《行行遊且猎篇》:“儒生不及遊侠人,白首下帷复何益。”马戴《赠别北客》:“君生遊侠地,感激气何高。”司空图《冯燕歌》:“魏中义士有冯燕,遊侠幽并最少年。”❷指行侠重义之人。许子良《游侠篇》:“洛阳丽春色,遊侠骋轻肥。”参见“遊侠窟”。

【遊俠子】 即游侠。轻生重义、乐于救人急难之人。韦应物《拟古诗十二首》之二:“自惜桃李年,误身遊侠子。”

【遊俠兒】 即游侠。轻生重义、乐于救难之人。戎昱《出军》:“中军一队三千骑,尽是并州遊侠儿。”李行言《成南宴》:“斗鸡走马□□□,乐煞长安遊侠儿。”李山甫有《遊侠儿》。

【遊衍】 ❶畅游。宋之问《郡宅中斋》:“王子事黄老,独乐恣遊衍。”储光羲《苏十三瞻登玉泉寺峰入寺中见赠作》:“峰峦若登陟,水木以遊衍。”萧颖士《□□□赵载同游焦湖夜归作》:“仙尉俯胜境,轻桡恣遊衍。”❷从容貌。杜甫《夜听许十损诵诗爱而有作》:“诵诗浑遊衍,四座皆辟易。”

【遊奕】 巡逻。韦庄《秦妇吟》:“路旁时见遊奕军,坡下寂无迎送客。”

【遊軍】 流动出击作战的部队。李约《从军行三首》之三:“遊军藏汉帜,降骑说蕃情。”

【遊神】 迷信者谓精神脱离肉体而出游。赵中虚《游清都观寻沈道士得芳字》:“寓目虽灵宇,遊神乃帝乡。”

【遊涉】 见“遊陟”。

【遊秦】 指入京。长安在秦故都咸阳西,原属秦也,故唐人多用“秦”来称长安。李贺《始为奉礼忆昌谷山居》:“犬书曾去洛,鹤病悔遊秦。”

【遊氣】 浮动的云气。许敬宗《奉和执契静三边应诏》:“日羽廓遊气,天阵清华野。”刘禹锡《洞庭秋月行》:“孤轮徐转光不定,遊气濛濛隔寒镜。”吴筠《步虚词十首》之一:“八威清遊气,十绝舞祥风。”

【遊息】 游玩和休息。李白《酬坊州王司马与阎正字对雪见赠》:“宁期此相遇,华馆陪遊息。”顾况《上古之什补亡训传十三章·十月之郊一章》:“噎其蔚兮,不可以遊息。”卢纶《和赵给事白蝇拂歌》:“群蝇青苍恣遊息,广庖万品无颜色。”刘得仁《初夏题段郎中修竹里南园》:“高人遊息处,与此曲池连。”

【遊討】 游览探胜。张说《酬崔光禄冬日述怀赠答》序:“太极殿众君子,分司洛城,自春涉秋,日有遊讨。”白居易《除官去未间》:“除官去未间,半月恣遊讨。”

【遊旅】 旅人,游子。雍陶《明月照高楼》:“时节屡已移,遊旅杳不还。”杜牧《题吴兴消暑楼十二韵》:“暮角凄遊旅,清歌惨泬寥。”

【遊陟】 亦作“遊涉”。犹遊历。骆宾王《代女道士王灵妃赠道士李荣》:“双童绰约时遊陟,三鸟联翩报消息。”宋务光《海上作》:“汉主探灵怪,秦王恣遊陟。”无名氏《晚秋羁情》:“常时遊涉事文华,今日羁缧困戎敌。”

【遊宴】 亦作“遊讌”。游乐宴饮。韩愈《陪杜侍御游湘西两寺独宿有题一首因献杨常侍》:“经营诚少暇,遊宴固已歉。”白居易《张常侍池凉夜闲宴赠诸公》:“朝忙少遊宴,夕困多眠睡。”杜牧《骕骦骏》:“瑶池罢遊宴,良乐委尘沙。”王贞白《少年行二首》之一:“遊谦不知厌,杜陵狂少年。”

【遊宦】 离家在外为官。王维《送崔兴宗》:“君王未西顾,遊宦尽东归。”岑参《与鲜于庶子自梓州成都少尹自褒城同行至利州道中作》:“数公各遊宦,千里皆辞家。”白居易《卜居》:“遊宦京都二十春,贫中无处可安贫。”赵嘏《答友人》:“诗家才子酒家仙,遊宦曾依积水边。”

【遊客】 ❶游人,游览之人。白居易《和刘郎中曲江春望见示》:“芳景多遊客,衰翁独在家。”姚合《偶题》:“偶逢遊客同倾酒,自有前驺耻见山。”韦庄《寄园林主人》:“晓莺闲自啭,遊客暮空回。”❷游子,离家飘泊在外者。李峤《寒食清明日早赴王门率成》:“遊客趋梁邸,朝光入楚台。”李澄之《秋庭夜月有怀》:“遊客三江外,单栖百虑违。”张继《送窦十九判官使江南》:“遊客淹星纪,裁诗炼土风。”张祜《送杨秀才遊蜀》:“鄂渚逢遊客,瞿塘上去船。”

【遊娱】 游戏娱乐。苏颋《奉和圣制登蒲州逍遥楼应制》:“岂如汾水上,箫鼓事遊娱。”

【遊處】 (—chǔ) 游憩。韩思彦《酬贺遂亮》:“累日同游处,通宵款素诚。”张说《岳州行郡竹篱》:“始果遊处心,终日成闲拱。”储光羲《贻丁主簿仙芝别》:“既别复遊处,道深情更殷。”

【遊眺】 游览。李白《与元丹丘方城寺谈玄作》:“怡然青莲宫,永愿恣遊眺。”又《翰林读书言怀呈集贤诸学士》:“云天属清朗,林壑忆游眺。”韦应物《酬刘侍郎使君》:“高闲庶务理,遊眺景物新。”

【遊從】 ❶相随同游。储光羲《献华阴罗丞别》:“昔余在天目,总角奉遊从。”萧颖士《江有枫一篇十章》之一:“我友自东,于以遊从。”皎然《兵马曹季良宅夜集》:“出处名则异,遊从迹何疏。”❷朋友。戴叔伦《留别宋处士》:“乡里遊从旧,儿童内外亲。”

【遊魚】 游动的鱼,鱼。孟浩然《京还赠张维》:“因向智者说,遊鱼思旧潭。”耿湋《上巳日》:“不及遊鱼乐,裴回莲叶东。”周贺《送韩评事》:“离岸遊鱼逢浪返,望巢寒鸟逆风飞。”许棠《题沂湖二首》之二:“遊鱼来复去,浴鸟出还沉。”

【遊望】 放眼眺望。赵冬曦《陪燕公游灉湖上寺》:“所怀非此地,遊望亦裴回。”杨炯《送李庶子致仕还洛》:“原野烟氛匝,关河遊望赊。”

【遊棲】 出游和栖止。姚合《送张宗原》:“谁开蹇踬门,日日同遊栖。”

【遊雲】 浮动的云。喻指行踪不定的人。李白《观博平王志安少府山水粉图》:“遊云不知归,日见白鸥在。”又《自代内赠》:“遊云落何山,一往不见归。”刘希夷《死马赋》:“云中想见遊云影,月下思闻飞鹊声。”

【遊傲】 见“遊遨”。

【遊僧】 游云僧人。张籍《闲游》:“今朝暂共遊僧语,更恨趋时别旧山。”李郢《放鹧鸪》:“秦地遊僧一弹指,楚城迁客重思归。”和凝《洋川》:“官闲最好遊僧舍,江近应须买钓船。”

【遊集】 聚集游玩。漫庭筠《秋日》:“佳节足丰穰,良朋阻遊集。”

【遊禽】 飞鸟,鸟。韦应物《月溪与幼遐君贶同遊》:“浅石方凌乱,遊禽时出没。”

【遊鳳】 典出《吕氏春秋・古乐》:“昔黄帝令伶伦作为律。伶伦自大夏之西,乃之阮隃之阴……以之阮隃之下,听凤皇之鸣,以别十二律。”故后以指知音。罗隐《大梁见乔诩》:“晋沼寻遊凤,秦冠竟叹鹦。”

【遊詠】 游览歌咏。韦应物《寄皎然上人》:“何当一遊咏,倚阁吟踌躇。”李乂《兴庆池侍宴应制》:“潭鱼在藻供遊咏,谷鸟含樱入赋歌。”

【遊詞】 无根据之言词。舒元舆《坊州按狱》:“及此督簿书,遊词出狴牢。”

【遊童】 游玩的儿童。骆宾王《过故宋》:“云浮非隐帝,日举类遊童。”顾况《春游曲二首》:“遊童苏合带,倡女蒲葵扇。”

【遊寓】 ❶寓居他乡。杜审言《春日京中有怀》:“今年遊寓独遊秦,愁思看春不当春。”高适《自淇涉黄河途中作十三首》之六:“乘闲喜临眺,感物伤遊寓。”❷犹游览。皎然《妙喜寺达公禅斋寄李司直公孙房都曹德裕从事方舟颜武康士骋四十二韵》:“与君北岩侣,遊寓日常昳。”韦应物《游龙门香山泉》:“还当候圆月,携手重遊寓。”

【遊絲】 ❶飘荡在空中的蛛丝等。岑参《送史司马赴崔相公幕》:“珍禽在罗网,微命若遊丝。”钱起《寄永嘉王十二》:“花倾晓露垂如泪,莺拂遊丝断若弦。”韩愈《次同冠峡》:“落英千尺堕,遊丝百丈飘。”徐铉《依韵和令公大王蔷薇诗》:“有情萦舞袖,无力罥遊丝。”❷喻指缭绕的炉烟。杜甫《宣政殿退朝晚出左掖》:“宫草微微承委佩,炉烟细细驻遊丝。”

【遊遨】 亦作“遊傲”。遨遊,漫游。独孤及《喜辱韩十四郎中书兼封近诗示代书题赠》:“各牵于役间遊遨,独坐相思正郁陶,”白居易《权摄昭应早秋书事寄元拾遗兼呈李司录》:“相去半日程,不得同遊遨。”张祜《途次杨州赠崔荆二十韵》:“北邙终寂寞,南国且遊傲。”孟贯《秋江送客》:“秋风楚江上,送子话遊遨。”

【遊聖】 语出《孟子・尽心上》:“孔子登东山而小鲁,登泰山而小天下,故观于海者难为水,遊于圣人之门者难为言。”故以谓游于圣人之门。刘祎之《九成宫秋初应诏》:“舜海词波发,空惊游圣难。”骆宾王《四月八日题七级》:“二帝曾遊圣,三卿是偶贤。”刘允济《经庐岳回望江州想洛川有作》:“遊圣挹衢尊,邻畿恭木铎。”王维《送秘书晁监还日本国》序:“晁司马结发遊圣,负笈辞亲,问礼于老聃,学诗于子夏。”

【遊魂】 迷信者指离开人体浮散游荡的灵魂。虞世南《出塞》:“山西多勇气,塞北有遊魂。”李白《赠宣城赵太守悦》:“伊昔簪白笔,幽都逐遊魂。”贾岛《子规》:“遊魂自相叫,宁复记前身。”虎丘山石壁鬼《诗二首》之二:“神仙不可学,形化空遊魂。”

【遊睢】 典出《文选·陈琳〈为曹洪与魏文帝书〉》:“盖闻过高唐者,效王豹之讴;遊睢涣者,学藻缋之彩。”李善注:“《陈留记》曰:襄邑,涣水出其南,睢水经其北。《传》云:睢涣之间出文章,故其黼黻絺绣,日月华虫,以奉于宗庙御服焉。”李周瀚注:“睢涣,二水名。其处人能织藻绵绮,有游于此者,亦将学其风土所为也。”后以谓学藻绘之彩。杜甫《夔府书怀四十韵》:“衣冠迷适越,藻绘忆遊睢。”自注:“襄邑南有睢、涣二水,能出文章。”

【遊蜂】 飞动的蜂子。韦应物《与卢陟同游永定寺北池僧斋》:“晴蝶飘兰径,遊蜂绕花心。”独孤及《答李滁州题庭前石竹花见寄》:“遊蜂怜色好,思妇感年催。”元稹《芳树》:“遊蜂竞钻刺,斗雀亦纷拏。”姚合《武功县中作三十首》之二一:“惊蝶遗花蕊,遊蜂带蜜香。”

【遊説】 (—shuì) 古代说客奔走各国向人君宣传自己的政治主张。萧颖士《仰答韦司业垂访五首》之四:“彭阳昔遊说,愿谒南郢都。”海顺《三不为篇》之二:“纵任才辩,游说君王。”

【遊塵】 指浮游的尘土。李正封《贡院楼北新栽小松》:“近楼依北户,隐砌净遊尘。”唐彦谦《舟中望紫岩》:“初疑风雨集,冉冉遊尘黄。”

【遊蕩】 游乐。白居易《中隐》:“君若爱遊荡,城东有春园。”李绅《过梅里七首·早梅桥》:“梅边一树伤离别,游荡行人莫攀折。”

【遊賞】 游览观赏。太宗《于北平作》:“兹焉可遊赏,何必襄城外。”白居易《和答诗十首·和思归乐》:“谁谓谴谪去,未妨遊赏行。”姚合《扬州春词三首》之二:“可怜遊赏地,炀帝国倾亡。”毛文锡《西溪子》:“昨夜西溪遊赏,芳树奇花千样。”

【遊踐】 遊历。虞世南《奉和至寿春应令》:“眷言昔遊践,回驾且淹流。”钱起《仲春晚寻覆釜山》:“况我爱青山,涉趣皆遊践。”孟郊《和皇甫判官游瑯琊溪》:“客来暂遊践,意欲忘簪珪。”

【遊盤】 游乐。孟浩然《题云门山寄越府包户曹徐起居》:“久负独往愿,今来恣遊盘。”韦应物《再游龙门怀旧侣》:“邈矣二三子,兹焉屡遊盘。”张籍《寄韩愈》:“戎府草章记,阻我此遊盘。”韩偓《大庆堂赐宴元珰而有诗呈吴越王》:“非为亲贤展绮筵,恒常宁敢恣遊盘。”

【遊翱】 飞翔。皎然《奉酬于中丞使君郡斋卧病见示一首》:“群物如凫鹥,游翱爰清深。”

【遊演】 畅游。张说《赠赵侍御》:“并辔踊郊郭,方舟玩游演。”

【遊豫】 游乐。语出《孟子·梁惠王下》:“吾王不遊,吾何以休?吾王不豫,吾何以助?一遊一豫,为诸侯度。”赵岐注:“豫亦遊也。”宋之问《奉和荐福寺应制》:“梵筵光圣邸,遊豫览宏规。”姚崇《故洛阳城侍宴应制》:“遊豫停仙跸,登临对晚晴。”李白《九日登巴陵置酒望洞庭水军》:“忆昔传遊豫,楼船壮横汾。”白居易《和微之诗二十三首·和三月三十日四十韵》:“仙亭日登眺,虎丘时遊豫。”

【遊嬉】 游玩嬉戏。白居易《杂兴三首》之二:“四月芰荷发,越王日遊嬉。”

【遊樂】 (—lè)游览玩乐。刘希夷《代秦女赠行人》:“遥想行歌共遊乐,迎前含笑着春衣。”皎然《赠李中丞洪一首》:“宴息与遊乐,不将衣褐乖。”白居易《杂兴三首》之一:“不有此遊乐,三载断鲜肥。”又《和柳公权登齐云楼》:“佳时莫起兴亡恨,遊乐今逢四海清。”

【遊燕】 飞翔的燕子。储光羲《哥舒大夫颂德》:“遊燕非骐骥,踯躅思长鸣。”

【遊歷】 游览。白居易《游石门涧》:“自从东晋后,无复人遊历。”慧宣《秋日游东山寺寻殊昙二法师》:“奚用写烦忧,山泉恣遊历。”

【遊憩】 游玩和休息。沈佺期《绍隆寺》序:“绍隆寺江岭最奇,去驩州城二十五里,将北客毕日游憩,随例施香。”李白《赠嵩山焦炼师》:“八极恣遊憩,九垓长周旋。”

【遊龍】 游动的龙。喻姿态婀娜。《文选·曹植〈洛神赋〉》:“其形也,翩若惊鸿,婉若游龙。”李善注:“翩翩然若鸿雁之惊,婉婉然如游龙之升。”权德舆《杂诗五首》之二:“朝云与遊龙,变化千万状。”李绅《新楼诗二十首·东武亭》:“斗拟斑虎归三岛,散作遊龙上九霄。”唐彦谦《洛神》:“惊鸿瞥过游龙去,漫恼陈王一事无。”贯休《古意九首》之三:“美人如遊龙,被服金鸳鸯。”

【遊舊】 昔日友人。卢藏用有《宋主簿鸣皋梦赵六予未及报而陈子云亡今追为此诗答宋兼贻平昔遊旧》。李商隐《秋日晚思》:“平生有遊旧,一一在烟霞。”

【遊擊將軍】 (—jiāng)官名。汉有游击将军,统兵专征,职权颇重。唐时成为武官的官阶,从五品下。李白《历阳壮士勤将军名思齐歌》序:“历阳壮士勤将军，神力出于百夫。则天太后召见奇之，授遊击将军，赐锦袍玉带，朝野荣之。”

【遊戲】　遨游，游逛。骆宾王《畴昔篇》：“川平烟雾开，遊戏锦城隈。”韦应物《送洛阳韩丞东游》：“徘徊洛阳中，遊戏清川浔。”孟郊《品松》：“霏微岚浪际，遊戏颢兴浓。”贯休《了仙谣》：“遊戏多骑白骐𬴊，须发如银未曾老。”

【遊禮】　施礼。沈彬《麻姑山》：“我来遊礼酬心愿，欲共怡神契自然。”

【遊騎】　❶行进中的马。亦指骑马的人。崔知贤《上元夜效小庾体》：“月下多遊骑，灯前绕看人。”白居易《和春深二十首》之一六：“碧草追遊骑，红尘拜扫车。”谭用之《寄许下前管记王侍御》：“花怜遊骑红随辔，草恋征车碧绕轮。”❷流动突袭的骑兵。李益《登夏州城观送行人赋得六州胡儿歌》：“沙头牧马孤雁飞，汉军遊骑貂锦衣。”雍陶《晴诗》：“行子喜闻无战伐，闲看遊骑猎秋原。”孙光宪《定西番》词：“鸡禄山前遊骑，边草白，朔天明，马蹄轻。”

【遊藝】　指修习学问或某种技艺。语出《论语·述而》：“子曰：志于道，据于义，依于仁，遊于艺。”皇甫冉《送陆鸿渐赴越》序：“尚书郎鲍侯，知子爱子者，将推食解衣以拯其极，讲德遊艺以凌其深，岂徒尝镜水之鱼，宿耶溪之月而已。”阎济美《下第献座主张谓》：“转令遊艺士，更惜至公年。”

【遊藩】　谓游学某人门下。语出《庄子·大宗师》：“意而子曰：‘虽然，吾愿游于其藩。’”王先谦集解引宣颖曰：“言虽不能遵途，愿涉其藩篱。”权德舆《奉和于司空即事书情奉献兼呈李裴相公》：“巴人宁敢和，空此愧遊藩。”裴度、白居易《刘二十八自汝赴左冯途经洛中相见联句》：“遊藩荣已久，捧袂惜将分。”

【遊霧】　❶游行于雾中。杨炯《和郑雠校内省眺瞩思乡怀友》：“遊雾千金字，飞云五色笺。”❷浮动的雾。岑文本《奉述飞白书势》：“凤举崩云绝，鸾惊遊雾疏。”

【遊曠】　游览。韦应物《赠丘员外二首》之一：“久跼思遊旷，穷惨遇阳舒。”

【遊邊】　在边境游历。郑谷和李昌符皆有《送人遊边》。

【遊颺】　轻盈飘动貌。耿湋《寒蜂采菊蕊》：“遊飏下晴空，寻芳到菊丛。”

【遊獵】　出游打猎。寒山《诗三百三首》之一〇一：“寻思少年日，遊猎向平陵。”李白《幽州胡马客歌》：“双双掉鞭行，遊猎向楼兰。”又《行行游且猎篇》：“边城儿，生年不读一字书，但将遊猎夸轻趫。”书庄《观浙西府相畋遊》：“十里旌旗十万兵，等闲遊猎出军城。”

【遊鶯】　飞翔的黄莺。太宗《采芙蓉》：“遊莺无定曲，惊凫有乱行。”

【遊覽】　游历观赏。韩愈《酬司门卢四兄云夫院长望秋作》：“归来得便即遊览，暂似壮马脱重衔。”刘驾《读史》：“他人厌遊览，身独恋轩冕。”胡曾《咏史诗·沙丘》：“年年遊览不曾停，天下山川欲遍经。”韦庄《信州西三十里山名仙人城余因行役过其下聊赋是诗》：“玉皇恣遊览，到此神应迷。”

【遊韁】　马韁绳。因其能松能紧，如游动般牵引，故名。温庭筠《江南曲》：“岸傍骑马郎，乌帽紫遊缰。”

【遊鱗】　游鱼，鱼。王维《戏赠张五諲三首》之三：“设置守毚兔，垂钓伺游鳞。”郎士元《郢城西楼吟》：“朱栏直下一百丈，日暖遊鳞自相向。”姚康《赋得巨鱼纵大壑》：“掉尾方穷乐，遊鳞每自舒。”费冠卿《枕流石》：“往往惊遊鳞，尚疑垂钓日。”

【遊讌】　见“遊宴”。

【遊觀】　游历观览。令狐楚《夏至日衡阳郡斋书怀》：“褰帷罕遊观，闭阁多沉眠。”白居易《续古诗十首》之九：“揽衣出门行，遊观绕林渠。”李德裕《追和太师颜公同清远道士游虎丘寺》：“茂苑有灵峰，嗟余未遊观。”

【遊矚】　游观。玄宗有《春日出苑遊瞩》。韦应物《始除尚书郎别善福精舍》：“社腊会高年，山川恣遊瞩。”白居易《孟夏思渭村旧居寄舍弟》：“前年当此时，与尔同遊瞩。”

遒　〔qiú《广韵》自秋切，平尤，從。又即由切，平尤，精。〕❶劲健；强劲。太宗《冬宵各为四韵》：“云起将歌发，风停与管遒。”李怀远《凝碧池侍宴看竞渡应制》：“湍高棹影没，岸近榜歌遒。”《郊庙歌辞·享太庙乐章·歆和》：“洁诚斯展，钟石方遒。”❷终竟；完尽。张九龄《江上》：“感激空如此，芳时屡已遒。”韩愈《赴江陵途中寄赠三学士》：“空怀焉能果，但见岁已遒。”

【遒人】　古代帝王派出去了解民情的使臣。元稹《和李校书新题乐府十二首·骠国乐》：“又遣遒人持木铎，遍采讴谣天下过。”

【遒上】　超逸不群。陈政《赠窦蔡二纪室入蜀》：“逸翮独不群，清才复遒上。”

【遒文】　笔力雄健的文章。张说《山湖寄赵冬曦》：“窘步同行乐，遒文互屡看。”玄宗《端午三殿宴群臣探得神字》：“进对一言重，遒文六义陈。”

【遒采】　很高的文彩。陆龟蒙《奉和袭美初夏游楞伽精舍次韵》：“多君富遒采，识度两清恪。”

【遒緊】　指声调音节急迫短促。韩愈《赠崔立之评事》：“朝为百赋犹郁怒，暮作千诗转遒紧。”

道[1] 〔dǎo《广韵》徒晧切，上晧，定。〕❶道路。杜淹《咏寒食斗鸡应秦王教》："寒食东郊道，扬鞲竞出笼。"李白《行路难三首》之二："大道如青天，我独不得出。"韩愈《宿曾江口示侄孙湘二首》之二："舟行忘故道，屈曲高林间。"孟郊《感别送从叔校书简再登科东归》："长安车马道，高槐结浮阴。"❷行程；路程。耿湋《关山月》："苍苍万里道，戚戚十年悲。"王建《新开望山处》："应移千里道，犹自数峰偏。"孟郊《征妇怨》之二："渔阳千里道，近如中门限。"❸行辈。《仪礼·丧服》："其夫属乎父道者，妻皆母道也；其夫属乎子道者，妻皆妇道也。"郑玄注："道，犹行也。"罗隐《谒文宣王庙》："傥使小儒名稍立，岂教吾道受栖迟。"❹方法；途径。席豫《奉和圣制送张说巡边》："经略图方远，怀柔道更全。"元结《二风诗·治风诗五篇·至正》："为君之道，何以为明。"刘禹锡《武陵观火诗》："御之失其道，敲石弥天隅。"白居易《和答诗十首·答四皓庙》："竟杂霸者道，徒称帝者师。"亦特指某种处世方法。皇甫冉《题高云客舍》："阮公道在醉，庄子生常养。"❺技艺。李商隐《偶成转韵七十二句赠四同舍》："武威将军使中侠，少年箭道惊杨叶。"杜甫《贻华阳柳少府》："文章一小技，于道未为尊。"❻道理。孟郊《劝学》："人学始知道，不学非自然。"❼自然界变化规律。孟郊《感怀》之六："四时更变化，天道有亏盈。"❽某种政治主张或思想体系。陆长源《答东野夷门雪》："好丹与素道不同，失意得途事皆别。"权德舆《放歌行》："拂衣西笑出东山，君臣道合俄顷间。"刘禹锡《学阮公体三首》之一："少年负志气，信道不从时。"韦庄《寓言》："为儒逢世乱，吾道欲何之。"❾好的政治措施或政治局面。李商隐《水斋》："多病欣依有道邦，南塘晏起想秋江。"亦泛称政治措施。骆宾王《尘灰》："洛川流雅韵，秦道擅苛威。"❿道德；道义。孟浩然《赠萧少府》："上德如流水，安仁道若山。"严维《留别邹绍刘长卿》："道在甘微禄，时难耻息机。"韦应物《送端东行》："从官俱守道，归来共闭门。"白居易《赠樊著作》："凡此士与女，其道天下闻。"许浑《寄小弟》："道存空倚命，身贱未归乡。"⓫指道家学派。王维《济州过赵叟家宴》："道言庄叟事，儒行鲁人余。"参见"道家❶"。⓬指仙术；方术。严维《游灞陵山》："此道人不悟，坐鸣松下琴。"钱起《药堂秋暮》："隐来未得道，岁去愧云松。"李端《赠道者》："窗中忽有鹤飞声，方士因知道欲成。"⓭指道教或道士。王维《终南山》："中岁颇好道，晚家南山陲。"于鹄《宿西山修下元斋咏》："学道能苦心，自古无不成。"王建《照镜》："老来真爱道，所恨觉还迟。"韦庄《婺州和陆谏议将赴阙怀阳羡山居》："道开烧药鼎，僧寄卧云衣。"亦指道家或道教的思想、学说。岑参《自潘陵尖还少室居止秋夕凭眺》："况本无宦情，誓将依道风。"高适《金城北楼》："垂竿已谢磻溪老，体道犹思塞上翁。"⓮指佛教；佛教的学说、思想等。皇甫曾《题赠吴门邕上人》："身寂心成道，花闲鸟自啼。"卢纶《宿澄上人院》："性昏知道晚，学浅喜言同。"李端《病后游青龙寺》："境静闻神远，身羸向道深。"贾岛《赠庄上人》："不语焚香坐，心知道已成。"⓯说；讲述。李白《春日独坐寄郑明府》："情人道来竟不来，何人共醉新丰酒。"韩愈《游城南十六首·楸树二首》之二："傍人不解寻根本，却道新花胜旧花。"刘禹锡《酬乐天咏老见示》："莫道桑榆晚，微霞尚满天。"吴融《简人三十韵》："见人还道姓，羞客不称名。"亦引申为读，念。李白《对酒》："青黛画眉红锦靴，道字不正娇唱歌。"⓰料想。杜甫《承闻河北诸道节度入朝欢喜口号绝句十二首》之四："不道诸公无表来，茫然庶事遣人猜。"李益《效古促促曲为河上思妇作》："不道君心不如石，那教妾貌长如玉。"元稹《雉媒》："信君决无疑，不道君相覆。"⓱知道；知晓。李白《幽州胡马客歌》："虽居燕支山，不道朔雪寒。"李商隐《赠歌妓二首》之二："只知解道春来瘦，不道春来独自多。"徐铉《附书与钟郎中因寄京妓越宾》："不道诸郎少欢笑，经年相别忆侬无。"⓲管，顾。王昌龄《送姚司法归吴》："但令意远扁舟近，不道沧江百丈深。"李白《长干行二首》之一："相迎不道远，直至长风沙。"冯延巳《更漏子》词："梧桐树，三更雨，不道离情正苦。"章碣《观锡宴》："不道楼台无锦绣，只愁尘土扑神仙。"⓳是。白居易《南湖早春》："不道江南春不好，年年衰病减心情。"⓴助词。相当于"得"。白居易《和高仆射罢节度让尚书授少保分司喜遂游山水之作》："鞍辔闹装光满路，何人信道是书生。"㉑古代行政区划名。唐初分全国为十道，后增至十五道。李白《猛虎行》："旌旗缤纷两河道，战鼓惊山欲颠倒。"㉒量词。(1)用于条形物。骆宾王《秋日山行简梁大官》："百重含翠色，一道落飞泉。"王昌龄《塞上曲》："五道分兵去，孤军百战场。"杜甫《佐还山后寄三首》之三："几道泉浇圃，交横落幔坡。"元稹《相忆泪》："西江流水到江州，闻道分成九道流。"(2)用于景物，犹片。欧阳詹《小苑春望宫池柳色》："媚作千门秀，连为一道春。"元稹《使东川·望喜驿》："子规惊觉灯又灭，一道月光横枕前。"白居易《武丘寺路》："好住湖堤上，长留一道春。"杜牧《汴人舟行答张祜》："春风野岸名花发，一道帆樯画柳烟。"

道[2] 〔dǎo《集韵》大到切，去号，定。〕引导。李白《九日登山》："赤鲤涌琴高，白龟道冯夷。"

【道人】 ❶有道之人，有德之人。韩愈《岣嵝山》："事严迹秘鬼莫窥，道人独上偶见之。"牟融《题朱庆余闲居四首》之一："道人能爱静，诸事近清枯。"❷

道士；道教徒。杜荀鹤《游茅山》："道人星月下，相次礼茅君。"刘昭禹《忆天台山》："常记游灵境，道人情不低。"花蕊夫人徐氏《宫词》之一三〇："老大初教学道人，鹿皮冠子澹黄裙。"❸和尚；佛教徒。李白《送通禅师还南陵隐静寺》："道人制猛虎，振锡还孤峰。"岑参有《秋夜宿仙游寺南凉堂呈谦道人》。韦应物《蓝岭精舍》："道人上方至，清夜还独往。"韩愈《送僧澄观》："借问经营本何人，道人澄观名籍籍。"

【道力】 因修道而得的功力。吕岩《敲爻歌》："得者须由道力人，道力人，真散汉。"

【道士】 道教徒。李白《对酒忆贺监二首》之二："独客归四明，山阴道士迎。"韩翃《别李明府》："罗山道士请人送，林邑使臣调象骑。"刘禹锡《再游玄都观》："种桃道士归何处，前度刘郎今又来。"陆龟蒙《新秋月夕客有自远相寻者作吴体二首以赠》之一："云门老僧定未起，白阁道士遥相迎。"

【道士牛】 青牛。相传老子骑青牛过函谷关，为关令尹喜著《道德经》五千言。事见《关令内传》。雍裕之《四色》之二："道士牛已至，仙家鸟亦来。"

【道士觀】 （觀 guàn） 道教的庙宇。包何有《同阎伯均宿道士观有述》。钱起有《夕游覆釜山道士观因登玄元庙》。

【道士鵝】 晋大书法家王羲之爱鹅，曾写《道德经》，与山阴道士换鹅。见《晋书·王羲之传》。后因以为典。孟浩然《寻梅道士》："彭泽先生柳，山阴道士鹅。"

【道不拾遺】 路途有失物，无人拾取。谓法律严峻或民风淳朴。语出《韩非子·外储说左上》："子产退而为政，五年，国无盗贼，道不拾遗。"《歌·吴人歌》："朝判长洲暮判吴，道不拾遗人不孤。"

【道友】 ❶一同修道的朋友。王维《同崔兴宗送衡岳瑗公南归》序："初，给事中房公，谪居宜春，与上人风土相接，因为道友，伏腊往来。"卢纶《大梵山寺院奉呈趣上人赵中丞》："月中随道友，夜夜坐空山。"白居易有《予与故刑部李侍郎早结道友以药术为事》。齐己有《寄武陵道友》。❷志同道合的朋友。陈子昂《赠别冀侍御崔司议》序："一世之逸人，寄千里之道友。"

【道中】 （—zhōng） 途中，路上。刘长卿有《自鄱阳还道中寄褚征君》。

【道心】 ❶天理，义理。陈子昂《赠赵六贞固二首》之二："道心固微密，神用无留连。"❷崇尚自然之心。王维《送权二》："一见如旧识，一言知道心。"韦应物《答冯鲁秀才》："仿佛谢尘迹，逍遥舒道心。"鲍溶《感兴》："童发慕道心，壮年堕尘机。"❸佛教语。悟道之心。王维《蓝田山石门精舍》："道心及牧童，世事问樵客。"韦应物《经少林精舍寄都邑亲友》："鸣钟生道心，暮磬空云烟。"喻凫《冬日题无可上人院》："入户道心生，茶间踏叶行。"郑谷《赠泗口苗居士》："岁晏乐园林，维摩契道心。"

【道化】 道德风化。马令《早春陪敕使麻先生祭岳》："我皇盛文物，道化天地先。"

【道$_2$引圖】 道引，一种传统的养生方法。运用呼吸俯仰、肢体屈伸、意念活动或局部按摩等使体内血气畅通，促进身体健康。道引图，当指一种道引挂图，人们可按图正确进行导引练习。薛能《送赵道士归天目旧山》："道引图看足，参同注解精。"

【道光】 高尚的品德被传颂。刘威《赠欧阳秀才》："桐上知音日下身，道光谁不仰清尘。"

【道行】 （—xíng） 政治主张得以实行。张九龄《叙怀二首》之一："志合岂兄弟，道行无贱贫。"卢仝《叹昨日三首》之三："自古贤圣无奈何，道行不得皆白骨。"白居易《和杨尚书》："道行无喜退无忧，舒转如云得自由。"

【道州】 唐州名。贞观八年(634)改南营州置，治所在营道县(今湖南道县西)。乾元初复为道州。刘长卿有《送刘萱之道州谒崔大夫》。元结《舂陵行》序："癸卯岁，漫叟授道州刺史。道州旧四万余户，经贼已来，不满四千，大半不胜赋税。"元稹《阳城驿》："终为道州去，天道竟悠悠。"白居易《新乐府·道州民》："道州民，多侏儒，长者不过三尺余。"

【道芬上人】 会稽(今浙江绍兴市)僧人，工山水画，见唐张彦远《历代名画记》卷十。顾况《嵇山道芬上人画山水歌》："镜中真僧白道芬，不服朱审李将军。"窦巩有《赠道芬上人》。

【道衣】 僧道所穿之衣。缪岛云《石人峰》："风生松柏喧天乐，山隐云霞挂道衣。"郑谷《浔阳姚宰厅作》："足得招棋侣，可妨着道衣。"

【道里】 道路；路程。杜甫《别董颋》："士子甘旨阙，不知道里寒。"李端《送乐平苗明府得家字》："本自求彭泽，谁云道里赊。"韩愈《北极赠李观》："谁言道里远，感激疾如神。"白居易《浔阳三题·庐山桂》："庐山去咸阳，道里三四千。"

【道别】 离别。张文成《游仙窟诗·别十娘》："忽然闻道别，愁来不自禁。"

【道希法師】 齐州历城(治所今山东济南市)人。梵名室利提婆，住庵摩罗跋国。见义净《大唐西域求法高僧传》卷上。义净有《道希法师求法西域终于庵摩罗跋国伤其不幸聊题一绝》。

【道言】 佛教或道教的学说、经典。王维《济州过赵叟家宴》："道言庄叟事，儒行鲁人余。"韦应物《起度律师同居东斋院》："安居同僧夏，清夜讽道言。"

【道者】 修道之人，如和尚、道士等。钱起《登覆釜山遇道人二首》之二："道者带经出，洞中携我游。"皇甫冉《送普门上人》："花宫难久别，道者忆千灯。"王周《西塞山二首》："千寻铁锁无由问，石壁空存道者形。"齐己有《山寺喜道者至》。参见"道人""道士"。

【道林】 指道林寺。杜甫《岳麓山道林二寺行》："玉泉之南麓山殊，道林林壑争盘纡。"

【道林寺】 在今湖南长沙市西岳麓山下。齐己有《湘西道林寺陶太尉井》。

【道具】 佛教语。指僧众所用的衣物器具。严维《送桃岩成上人归本寺》："道具门人捧，斋粮谷鸟衔。"刘禹锡《和浙西李大夫伊川卜居》："按经修道具，依样买山村。"

【道服】 僧道的服装。亦指家居穿的道袍。花蕊夫人徐氏《宫词》之七七："欲试淡妆兼道服，面前宜与唾盂家。"

【道果】 佛教正果。夏鸿《和赠和龙妙空禅师》："道果已圆名已遂，即看千匝绕香筵。"

【道侣】 僧道指一起修行、修炼的友人。钱起《夕游覆釜山道士观因登玄元庙》："孤烟出深竹，道侣正焚香。"白居易《眼病二首》之二："医师尽劝先停酒，道侣多教早罢官。"许浑《酬报先上人登楼见寄》："天台多道侣，何惜更南游。"刘沧《晚春宿僧院》："白日闲吟为道侣，青山遥指是生涯。"

【道周】 路旁，路边。杜甫《送韦十六评事充同谷郡防御判官》："且复恋良友，握手步道周。"又《后出塞五首》之一："闾里送我行，亲戚拥道周。"李德裕《东郡怀古二首·阳给事》："毕命左旗下，僵尸横道周。"

【道帙】 道教书籍。李白《赠清漳明府侄聿》："讼息鸟下阶，高卧披道帙。"

【道帔】 ❶道士服。刘威《赠道者》："道帔轻裾三岛云，绿髯长占镜中春。"又《送元秀入道》："明月满时开道帔，俗尘飘处脱儒衣。"❷儒服。李贺《南园十三首》之十二："谁遣虞卿裁道帔，轻绡一匹染朝霞。"

【道性】 出家修道的心性。王昌龄《送东林廉上人归庐山》："道性深寂寞，世情多是非。"阎宽《春宵览月》："耳目静无哗，神超道性深。"白居易《留别吴七正字》："唯是尘心殊道性，秋蓬常转水长闲。"张祜《题灵隐寺师一上人十韵》："道性终能遣，人情少不乖。"

【道法】 佛法。魏璞《寻鸟窠迹》："道法传驯鹊，禅机显化螺。"

【道宗】 自然之道的根本。储光羲《献八舅东归》："帝鸿思道宗，臣彭亦长年。"

【道門】 ❶指道家或道教。王维《过太乙观贾生房》："谬以道门子，征为骖御臣。"顾云《华清词》："道门弟子山中客，长向山中礼空碧。"❷僧庙道观。王维《沈十四拾遗新竹生读经处同诸公之作》："何如道门里，青翠拂仙坛。"崔曙《缑山庙》："步随仙路远，意入道门深。"韦应物《听嘉陵江水声寄深上人》："贻之道门旧，了此物我情。"薛据《题鹤林寺》："道门隐形胜，向背临法桥。"

【道契】 ❶思想政治主张契合一致。骆宾王《夏日游德州赠高四》序："虽交因气合，资得意以敦交，道契言忘，少寄言而筌道。"王珪《咏淮阴侯》："道契君臣合，时来名位彰。"❷谓与佛、道有缘分。司空图《诗品二十四则·超诣》："少有道契，终与俗违。"

【道要】 ❶道义之精要。杜甫《贻阮隐居》："清诗近道要，识子用心苦。"❷道教的要义。钱起《送李栖桐道举擢第还乡省侍》："几年深道要，一举过贤关。"

【道南宅】 三国吴周瑜住宅。李白《赠友三首》之三："但苦山北寒，谁知道南宅。"

【道骨】 修道者的气质。王昌龄《就道士问周易参同契》："嗟余无道骨，发我入太行。"

【道保】 元稹子。即道护。白居易《唐故武昌军节度处置等使元公墓志铭》："子曰道护，三岁。"白居易有《和微之道保生三日》。

【道俊】 枝江碧涧寺僧，武后时，与弘景、玄奘等被召入京，景龙三年(709)二月还荆州。中宗赋诗送行，李峤、李乂等有《送沙门弘景道俊玄奘还荆州应制》。

【道風】 ❶倾慕儒学之风。窦牟《元日喜闻大礼寄上翰林四学士中书六舍人二十韵》："道风黄阁静，祥景紫垣阴。"❷修炼道学之风。李白《题嵩山逸人元丹丘山居》："家本紫云山，道风未沦落。"❸佛教之教义及其实践活动。阎防《宿岸道人精舍》："早岁参道风，放情入寥廓。"

【道彦】 唐诗僧。《全唐诗逸》卷中录其断句四联。

【道室】 寺观。亦指修道者专用于修道的房间。贾岛《赠温观主》："弊庐道室虽邻近，自乐冬阳炙背闲。"陆龟蒙有《四月十五日道室书事寄袭美》。

【道宫】 ❶道观。储光羲《述降圣观》："一山尽天苑，一峰开道宫。"韦渠牟《步虚词十九首》之八："道宫琼作想，真帝玉为名。"❷僧院。杨汝士《和段相公登武担寺西台》："清净此道宫，层台复倚空。"

【道客】 道士。张籍《和左司元郎中秋居十首》之八："尽得仙家法，多随道者斋。"皮日休《五贶诗·华顶杖》："金庭仙树枝，道客自携持。"

【道冠】 道士戴的帽子。徐铉《晚憩白鹤庙寄句容张少府》："拂榻安棋局，焚香戴道冠。"

【道郡奴】 道州矮奴。蒋贻恭《咏王给事》："厥父元非道郡奴，允光何事太侏儒。”

【道泰】　道义通畅。杜审言《大酺》：“火德云官逢道泰，天长地久属年丰。”李益《府试古镜》：“应祥知道泰，鉴物觉神通。”杜牧《遣怀》：“道泰时还泰，时来命不来。”

【道根】　道家学派的思想根本。白居易《养拙》：“始知不才者，可以探道根。”

【道氣】　❶修炼道教的氛围。钱起《过瑞龙观道士》：“灵山含道气，物性皆自然。”李商隐《郑州献从叔舍人褎》：“茅君奕世仙曹宝，许掾全家道气浓。”❷僧道修行的功夫。白居易《予与故刑部李侍郎早结道友》：“从哭李来伤道气，自亡元后减诗情。”❸超凡脱欲的气质。杜甫《早发射洪县南途中作》：“鄙人寡道气，在困无独立。”又《过南邻朱山人水亭》：“看君多道气，从此数追随。”

【道倫】　佛道一流人物。寒山《诗三百三首》之二七八：“本志慕道伦，道伦常获亲。”

【道途】　亦作“道塗”。道路；路程。杜甫《北征》：“挥涕恋行在，道途犹恍惚。”韩愈《酬裴十六功曹巡府西驿塗中见寄》：“四海日富庶，道途隘蹄轮。”元稹《思归乐》：“江陵道塗近，楚俗云水清。”李群玉《将之番禺留别湖南府幕》：“溟涨道途远，荆吴云雪愁。”

【道記】　道教的书籍。张说《道家四首奉敕撰》之四：“道记开中箓，真官表上清。”权德舆《郊居岁暮因书所怀》：“散发对农书，斋心看道记。”

【道旁】　见“道傍”。

【道流】　❶指道家。杜甫《幽人》：“内惧非道流，幽人见瑕疵。”又《寄张十二山人彪三十韵》：“早通交契密，晚接道流新。”❷道士、和尚之属。孟浩然《梅道士水亭》：“傲吏非凡吏，名流即道流。”韦应物《答崔主簿问兼简温上人》：“缘情生众累，晚悟依道流。”薛能《夏日青龙寺寻僧二首》之二：“笑向权门客，应难见道流。”杜荀鹤《献钱塘县罗著作判官》：“猩袍懒着辞公宴，鹤氅闲披访道流。”

【道家】　❶战国时期形成的以老庄为代表的学术派别，崇尚自然，有辩证法的因素和无神论的倾向，但主张清静无为，反对斗争。张九龄《杂诗五首》之五：“道家贵至柔，儒生何固穷。”徐铉《哭刑部侍郎乔公诗》：“襟怀道家侣，标格古时人。”❷道教。玄宗《送赵法师还蜀因名山奠简》：“道家奠灵简，自昔仰神仙。”鱼玄机《愁思》：“长者车音门外有，道家书卷枕前多。”陆龟蒙《四月十五日道室书事寄袭美》：“乌饭新炊芼臛香，道家斋日以为常。”罗隐《代文宣王答》：“释氏宝楼侵碧汉，道家宫殿拂青云。”

【道袍】　道士所穿的袍服。吕岩《七言》之二四：“道袍薜带应慵挂，隐帽皮冠尚懒簪。”

【道書】　佛道的典籍。李白《早秋单父南楼酬窦公衡》：“我闭南楼看道书，幽帘清寂在仙居。”皇甫冉《和郑少尹祭中岳寺北访萧居士越上方》：“晚节持僧律，他年著道书。”孟郊《隐士》：“君子隐石壁，道书为我邻。”曹唐《赠南岳冯处士二首》之一：“乌啼深树劚灵药，花落闲窗看道书。”

【道院】　道士所居之所。亦指居士居住的地方。项斯有《李处士道院南楼》。郑谷《献大京兆薛常侍能》：“一炷香新开道院，数坊人聚避朝车。”王周《道院》：“白日人稀到，帘垂道院深。”齐己《谢王秀才见示诗卷》：“道院春苔径，僧楼夏竹林。”

【道理】　❶事情；事理。白居易《效陶潜体诗十六首》之十三：“彼忧而此乐，道理甚分明。”又《重咏》：“徇俗心情少，休官道理长。”又《哭崔常侍晦叔》：“道理使之然，从古非独今。”❷处世法则。孟郊《吊元鲁山》之四：“贤人多自霾，道理与俗乖。”❸理由；根据。寒山《诗三百三首》之九五：“徐六语破堆，始知没道理。”又《诗三百三首》之一八六：“客难寒山子，君诗无道理。”又《诗三百三首》之二四七：“余乃返穷之，推寻勿道理。”

【道恭】　唐诗僧。苏州（今属江苏）人。贞观二十二年(648)与慧宣同被召入东都洛阳，太宗召见。《全唐诗》卷八〇八录其《出赐玄奘衲袈裟衣应制》一首。

【道術】　❶治国之术。岑参《西蜀旅舍春叹寄朝中故人呈狄评事》：“声华同道术，世业通往昔。”❷佛道法术学说。李峤《桂》：“愿君期道术，攀折可淹流。”杜甫《寄司马山人十二韵》：“道术曾留意，先生早击蒙。”严维《僧房避暑》：“明月谈空坐，怡然道术忘。”杜荀鹤《赠休粮僧》：“徒有至人传道术，更无斋客到禅房。”

【道經】　指《道德经》等道家或道教的经典。王维《送秘书晁监还日本国》序：“金简玉字，传道经于绝域之人；方鼎彝尊，致分器于异姓之国。”高适《赠别晋三处士》：“手持道经注已毕，心知内篇口不言。”白居易《偶吟二首》之一：“静念道经深闭目，闲迎禅客小低头。”罗邺《冬夕江上言事五首》之一：“几时抛得归山去，松下看云读道经。”

【道情】　❶道义，情理。韦庄《江上村居》：“本无踪迹恋柴扃，世乱须教识道情。”❷修道者脱俗的情操。杨巨源《送李舍人归兰陵里》：“唯有道情常自足，启期天地易知恩。”陆龟蒙《奉和袭美赠魏处士五贶诗·乌龙养和》：“养和名字好，偏寄道情深。”曹唐《三年冬大礼五首》之二：“歌压钧天闲梦尽，诏归秋水道情深。”❸修道者之间的友情。元稹《伴僧行》：“春来求事百无成，因向愁中识道情。”

【道鄉】　修道之地。杜荀鹤《送友人宰浔阳》："有时猿鸟来公署，到处烟霞是道乡。"

【道場】　❶佛教礼拜、诵经和行道等场所。王昌龄《诸官游招隐寺》："回指岩树花，如闻道场鼓。"韦应物《紫阁东林居士叔缄赐松英丸献诗代启》："道场斋戒今初服，人事荤羶已觉非。"顾况《独游青龙寺》："大通智胜佛，几劫道场现。"白居易《病中看经赠诸道侣》："无子同居草庵下，有妻偕老道场中。"❷寺院。崔曙《宿大通和尚塔敬赠如上人兼呈常孙二山人》："更有真僧来，道场救诸苦。"张籍《题晖师影堂》："道场今独到，惆怅影堂前。"吴融《禅院弈棋偶题》："裛尘丝雨送微凉，偶出樊笼入道场。"曹松《僧院松》："何当抛一干，作盖道场前。"

【道達】　表达。元结《刘侍御月夜宴会》序："诸公尝欲变时俗之淫靡，为后生之规范，今夕岂不能道达情性，成一时之美乎？"

【道雄】　僧徒中杰出者。崔颢《赠怀一上人》："自此照群蒙，卓然为道雄。"

【道傍】　亦作"道旁"。道边，道路旁边。杜甫《兵车行》："道傍过者问行人，行人但云点行频。"吕岩《过水坪》："林下支锅炊饭客，道旁背笼贩盐人。"

【道傍苦李】　王戎六岁，与群儿在道傍游戏，见道傍李树结果累累，群儿争往攀摘，戎独不往。人问其故，戎曰："树在道旁而多子，必苦李也。"摘而尝之，果如其言。见《晋书·王戎传》。后用以为典。许浑《和淮南王相公与宾僚同游瓜洲别业题旧书斋》："道傍苦李犹垂实，城外甘棠已布阴。"

【道勝】　富有道义。王维《留别山中温古上人兄并示舍弟缙》："理齐小狎隐，道胜宁外物。"薛能《早春书事》："何年道胜苏群物，尽室天涯是旅人。"

【道業】　美德善行。杜荀鹤《友人赠舍弟依韵戏和》："吾家此弟有何知，多愧君开道业基。"又《经严陵钓台》："唯将道业为芳饵，钓得高名直至今。"

【道路】　❶供人和车马等行进的路径。杜甫《遣兴三首》之二："老弱哭道路，愿闻甲兵休。"白居易《贺雨》："奔腾道路人，伛偻田野翁。"李群玉《送萧绾之桂林》："流光销道路，以此生嗟辛。"周昙《咏史诗·后汉门·废帝》："夜逐萤光寻道路，汉家天子步归时。"❷路途；路程。张谓《送李著作倅杭州》："水陆风烟隔，秦吴道路长。"贾至《送李侍郎赴常州》："雪晴云散北风寒，楚水吴山道路难。"刘沧《深愁喜友人至》："不避驱羸道路长，青山同喜惜年光。"徐铉《送高舍人使岭南》："西掖官曹近，南溟道路长。"

【道會】　唐诗僧。俗姓史，犍为武阳（今四川眉山市彭山区）人。初居益州严远寺，后居眉州圣种寺。《全唐诗》卷八〇八录其《别三辅诸僧》一首。

【道該】　苏州开元寺辩秀弟子，有词华。见《全唐文》卷九一八清昼《唐苏州开元寺律和尚坟铭》。顾况有《道该上人院石竹花歌》。

【道義】　道德义理。杜审言《赠崔融二十韵》："抚躬衔道义，携手恋辉光。"郑愕《送萧颖士赴东府得往字》："风尘岂不劳，道义成心赏。"李山甫《酬刘书记一二知己见寄》："自喜幽栖僻，唯惭道义亏。"徐铉《和歙州陈使君见寄》："织络文章丽，矜严道义尊。"

【道源】　谓佛道教。释道二教信徒以他们的经义为事物的本源，故称。王昌龄《武陵开元观黄炼师院三首》之三："暂因问俗到真镜，便欲投诚依道源。"

【道塗】　见"道途"。

【道經】　道教经典。刘长卿《过包尊师山院》："道经今为写，不虑惜鹅群。"亦特指《道德经》。杜甫《桥陵诗三十韵因呈县内诸官》："孝理敦国政，神凝推道经。"

【道静院】　道观名。李商隐有《题道静院院在中条山故王颜中丞所置虢州刺史舍官居此今写真存焉》。

【道趣】　修道的情趣。张南史《秋夜闻雁寄南十五兼呈空和尚》："晚节闻君道趣深，结茅栽树近东林。"

【道標上人】　南岳高僧，富阳（今属浙江）人。道行精深，兼善诗章。事迹见任华《送标和尚归南岳便赴上都序》（《全唐文》卷三七六）和《宋高僧传》卷一五《唐杭州灵隐山道标传》。刘长卿有《送道标上人归南岳》。

【道樞】　道家思想之枢要。白居易《和微之春日投简阳明洞天五十韵》："髻里传僧宝，环中得道枢。"

【道德】　❶一种社会意识形态，是人们共同生活及其行为的准则和规范。寒山《诗三百三首》二七五："上上高节者，鬼神钦道德。"顾况《乐府》："道德关河固，刑章日月明。"皎然《同杨使君白蘋洲送陆侍御士佳入朝》："久爱吴兴客，来依道德藩。"罗隐《华清宫》："也知道德胜尧舜，争奈杨妃解笑何。"❷即老子所著《道德经》。李峤《经》："五千道德阐，三百礼仪成。"王绩《赠李征君大寿》："看书唯道德，开教止农桑。"玄宗《经河上公庙》："迹与尘嚣隔，讵以天地累。"杜甫《冬日洛城北谒玄元皇帝庙》："世家遗旧史，道德付今王。"

【道德經】　书名。战国时老子著。《史记·老子韩非列传》："关令尹喜曰，子将隐也，强为我著书。于是老子乃著书上下篇，言道德之意五千余言而去。"汉河上公作《老子章句》，为八十一章，以前三十七章为《道经》，后四十四章为《德经》，故名《道德经》。但1973年长沙马王堆三号汉墓出土的《老子》抄写本，

《道经》在《德经》之后。是道家和道教的主要经典之一。白居易有《读道德经》。

【道德篇】 即《道德经》。赵彦昭《奉和幸白鹿观应制》:"一睹光华旦,欣承道德篇。"

【道論】 道家的理论。李白《古风》之十三:"寂寞缀道论,空帘闭幽情。"

【道駕】 仙人之车驾。沈佺期《嵩山石淙侍宴应制》:"自惜汾阳纡道驾,无如太室览真图。"

【道機】 ❶佛道学说的玄机。崔融《和梁王众传张光禄是王子晋后身》:"汉主存仙要,淮南爱道机。"刘长卿《齐一和尚影堂》:"昔余精念访禅扉,常接微言清道机。"❷修道的灵机。独孤及《酬皇甫侍御望天灊山见示之作》:"思免物累牵,敢令道机退。"刘禹锡《裴祭酒尚书见示寄王左丞高侍郎之什命同作》:"早宦阅人事,晚怀生道机。"❸谓触发其领悟某种道理的因由。

【道器法師】 诗僧,与令狐楚、李涉有交往。李涉有《赠道器法师》。

【道齋】 道士居处。皮日休《寒食书斋即事三首》之一:"将近道斋先衣褐,欲清诗思更焚香。"

【道舊】 叙旧。韩愈、李正封《晚秋郾城夜会联句》:"道旧生感激,当歌发酬酢。"

【道諺】 皎然有《早秋桐庐思归示道谚上人》,当从校作"道该"。道该,苏州开元寺辩秀弟子。见"道該"。

【道濟】 人名。南朝宋檀道济。道济功高震主,为朝廷所忌,惨遭陷害,临死谓文帝曰:"乃复坏汝万里之长城!"见《宋书·檀道济传》。张九龄《饯王尚书出边》:"树比公孙大,城如道济长。"

【道藝】 ❶道德技艺。范质《诫儿侄八百字》:"戒尔学干禄,莫若勤道艺。"❷指道士修炼之术。刘长卿《故女道士婉仪太原郭氏挽歌词》之一:"作范宫闱睦,归真道艺深。"

【道邊】 道路旁边。李白《笑歌行》:"君不见直如弦,古人知尔死道边。"杜甫《君不见简苏徯》:"君不见道边废弃池,君不见前者摧折桐。"韩愈《此日足可惜赠张籍》:"道边草木花,红紫相低昂。"

【道籙】 道教的符箓。道教规定入道必受道箓。《隋书·经籍志四》:"受道之法,初受《五千文箓》,次受《三洞箓》,次受《洞玄箓》,次受《上清箓》。箓皆素书,纪诸天曹官属佐吏之名有多少,又有诸符,错在其间,文章诡怪,世所不识……弟子得箓,缄而佩之。"李白有《奉饯高尊师如贵道士传道箓毕归北海》。

【道觀】 (—guàn)道士观。白居易有《首夏同诸校正游开元观因宿玩月》。

遂〔suì《广韵》徐醉切,去至,邪。〕❶完成;实现;成功。李华《云母泉诗》:"云泉不可忘,何日遂躬耕。"钱起《晚归蓝田旧居》:"才微甘引退,应得遂霞栖。"孟郊《自商行谒复州卢使君虔》:"未遂东吴归,暂出西京尘。"吴融《和诸学士秋夕禁直偶雪》:"正遂攀稽愿,翻追访戴欢。"❷生长;养育。段文昌《享太庙乐章》:"生物咸遂,群盗灭息。"权德舆《郊居岁暮因书所怀》:"元和畅万物,动植咸使遂。"❸顺应;符合。李白《雉子斑》:"天地至广大,何惜遂物情。"杜甫《遣遇》:"自喜遂生理,花时甘缊袍。"白居易《赠友五首》之一:"由兹六气顺,以遂万物性。"姚合《山居寄友人》:"独在山阿里,朝朝遂性情。"韦应物《寄冯著》:"偃仰遂真性,所求唯斗储。"❹如愿;顺从。杜甫《羌村》之一:"世乱遭飘荡,生还偶然遂。"韦应物《授衣还田里》:"公门悬甲令,澣濯遂其私。"元稹《梦游春七十韵》:"梦入深洞中,果遂平生趣。"皮日休《奉和鲁望渔具十五咏·舴艋》:"若遣遂平生,艅艎不如是。"❺副词。于是;就。太宗《过旧宅二首》之一:"一朝辞此地,四海遂为家。"刘长卿《题王少府尧山隐处简陆鄱阳》:"因收溪上约,遂接林中酌。"白居易《贺雨》:"遂下罪己诏,殷勤告万邦。"李商隐《病中闻河东公乐营置酒口占寄上》:"缘忧武昌柳,遂忆洛阳花。"❻介词。自;自从。杜甫《玉台观》:"遂有冯夷来击鼓,始知嬴女善吹箫。"又《夔府书怀四十韵》:"遂阻云台宿,常怀湛露诗。"又《过故斛斯校书庄二首》之二:"遂有山阳作,多惭鲍叔知。"

【遂心】 称心。贾岛《寄友人》:"但存舌在口,当冀身遂心。"

【遂令】 就使得。储光羲《题辛道士房》:"迨此远南楚,遂令思北游。"刘长卿《至德三年五十韵》:"遂令辞短褐,仍欲请长缨。"刘禹锡《游桃源一百韵》:"遂令多夭伤,犹喜见斑白。"符子珪《芳树》:"遂令秾李儿,折取簪花钿。"

【遂州】 北周闵帝元年(557)置,治所在石山郡方义县(今四川遂宁市)。唐武德元年(618)复为遂州。后曾改为遂宁郡,乾元初复为遂州。杜甫《去秋行》:"遂州城中汉节在,遂州城外巴人稀。"贾岛有《处州李使君改任遂州因寄赠》。郑谷有《将之泸郡旅次遂州因寄二首》。

【遂因】 因此,于是。《与独孤穆冥会诗》(卷八六六):"白刃污黄屋,邦家遂因倾。"

【遂初】 遂其初愿。谓去官隐居。卢纶《和李中丞因以寄上房与李早年同居此观》:"积学早成道,感恩难遂初。"罗隐《新安投所知》:"云埋野艇吟归去,草没山田赋遂初。"

【遂使】 于是;使得。杜甫《后出塞五首》之三:

"遂使貔虎士，奋身勇所闻。"刘长卿《入百丈涧见桃花晚开》："应缘地势下，遂使春风偏。"白居易《青冢》："遂使君眼中，西施作嫫母。"皮日休《奉和添酒中六咏·酒龙》："遂使铜雀台，香消野花落。"

【遂性】 ❶顺应本性。王维《鱼山神女祠歌·白鼋涡》："王人之仁兮，不网不钓，得遂性以生成。"钱起《巨鱼纵大壑》："巨鱼纵大壑，遂性似乘时。"白居易《犬鸢》："见彼物遂性，我亦心适然。"又《题海图屏风》："鳞介无小大，遂性各沉浮。"❷顺适性情。杜甫《回棹》："遂性同渔父，成名异鲁连。"窦常《奉贺太保岐公承恩致政》："山泉遂性休称疾，子弟能官各受词。"卢纶《过司空曙村居》："遂性在耕稼，所交唯贱贫。"王毂《赠苍溪王明府》："水云真遂性，龟鹤足齐年。"

【遂約】 践约。卢纶《早春游樊川野居却寄李端校书兼呈崔峒补阙司空曙主簿耿沣拾遗》："卜邻空遂约，问卦独无征。"

【遂意】 遂心。合自己的心意。李泌《咏方圆动静》："动如逞才，静如遂意。"刘得仁《陈情上李景让大夫》："此生如遂意，誓死报知音。"

運 〔yùn《广韵》王問切，去問，云。〕❶移动；搬运。元稹《酬段丞与诸棋流会宿弊居见赠二十四韵》："运石疑填海，争筹忆坐帷。"陆龟蒙《奉和袭美太湖诗二十首·毛公坛》："回眸盼七炁，运足驰疏星。"参见"運甓"。❷运转；转动；旋转。李白《长歌行》："大力运天地，羲和无停鞭。"岑参《苗侍中挽歌二首》之一："笔端通造化，掌内运乾坤。"权德舆《马秀才草书歌》："白眉年少未弱冠，落纸纷纷运纤腕。"无名氏《谶记·景震剑文》："扐雷霆，运玄星。摧凶恶，亨利贞。"❸运载；搬运。杜甫《入奏行赠西山检察使窦侍御》："运粮绳桥壮士喜，斩木火井穷猿呼。"孟郊《赠转运陆中丞》："掌运职既大，摧邪名更雄。"刘叉《雪车》："远戍久乏粮，太仓谁为运红粟。"❹挥动；使用。太宗《于太原召侍臣赐宴守岁》："四时运灰琯，一夕变冬春。"杜甫《送顾八分文学适洪吉州》："顾侯运炉锤，笔力破余地。"玄宗《春中兴庆宫酺宴》序："诗以言志，思吟《湛露》之篇；乐以忘忧，惭运临汾之笔。"陆龟蒙《和袭美江南道中怀茅山广文南阳博士三道次韵》之二："丹台已运阴阳火，碧简须雕次第仙。"❺运用。杜审言《和李大夫嗣真奉使存抚河东》："不宰神功运，无为大象悬。"李白《古风》之三四："白日曜紫微，三公运权衡。"文宗《题程修己竹障》："良工运精思，巧极似有神。"刘禹锡《观八阵图》："轩皇传上略，蜀相运神机。"❻世运；国运。苏颋《奉和圣制过晋阳宫应制》："隋运与天绝，生灵厌氛昏。"李岑《玄元皇帝应见贺圣祚无疆》："运表南山祚，神通北极尊。"李益《北至太原》："玄命久已集，抚运良乃艰。"贯休《闻王慥常侍卒三首》之二："宗社运微衰，山摧甘井枯。"❼命运；气数。高适《宋中遇刘书记有别》："几载困常调，一朝时运催。"李郢《即目》："运去非关拙，时来不在忙。"罗隐《筹笔驿》："时来天地皆同力，运去英雄不自由。"孙光宪《浣溪沙》词之一九："满眼利名浑信运，一生狂荡恐难休，且陪烟月醉红楼。"❽时机；机遇。王珪《咏汉高祖》："汉祖起丰沛，乘运以跃鳞。"李白《古风》之一："群才属休明，乘运共跃鳞。"王绰《迎春东郊》："銮舆应宝运，天仗出佳辰。"元稹《表夏十首》之七："当时客自适，运去谁能矫。"

【運寸】 指直径一寸。元稹《奉和权相公行次临阙驿逢郑仆射相公归朝俄顷分途因以奉赠诗十四韵》："别路环山雪，离章运寸珠。"

【運手】 挥手。方干《失题》："十六声中运手轻，一声声似自然声。"

【運斗樞】（斗 dǒu） 谓北斗星的运行。喻扭转乾坤。斗枢，北斗七星的第一星，亦泛指北斗。崔日用《奉和圣制龙池篇》："龙兴白水汉兴符，圣主时乘运斗枢。"

【運用】 指计谋、打算。吕岩《七言》之三一："运用须凭龙与虎，抽添全藉坎兼离。"

【運行】（—xíng） ❶周而复始地运转。孟云卿《苦雨》："安知浮云外，日月不运行。"钱起《广德初銮驾出关后登高愁望二首》之二："乾坤暂运行，品物遗覆载。"韩愈《秋怀诗十一首》之二："运行无穷期，禀受气苦异。"方干《早春》："运行元化不参差，四极中华共一时。"❷谓命运。齐己《渚宫莫问诗一十五首》之五："已过知命岁，休把运行推。"

【運改】 谓世事巨变。太宗《幸武功庆善宫》："弱龄逢运改，提剑郁匡时。"

【運使】 官名。水陆运使、转运使、盐铁使等的简称。王周有《和杜运使巴峡地暖节物与中土异黯然有感诗三首》。

【運命】 命运，指命中注定的生死、贫富和一切遭遇。张九龄《杂诗五首》之二："运命虽为宰，寒暑自回薄。"李康成《句》："运命倘不谐，隔壁无津梁。"罗隐《大梁见乔诩》："运命从难合，光阴奈不饶。"孙元晏《咏史诗·宋·羊玄保》："运命将来各有期，好官才阙即思之。"

【運思】 运用心思。吕温《登少陵原望秦中诸川太原王至德妙用有水术因用感叹》："发机回地势，运思与天通。"

【運星】 运动中的星星。骆宾王《夏日游德州赠高四》序："庶瞻雅韵，伫辱报章，则紫耀运星，开龙文于剑匣，素辉亏月，领骊颔于珠胎云尔。"

【運度】（—duó） 用心测度。韩愈、李正封《晚秋郾城夜会联句》："五白气争呼，六奇心运度。"

【運祚】 犹言国运祚福。《郊庙歌辞·后唐宗庙乐舞辞·章庆舞》："赤伏荧灵未泯，玄圭运祚重新。"徐振《雷塘》："诗名占得风流在，酒兴催教运祚亡。"齐己《送谭三藏入京》："持咒力须资运祚，度人心要似虚空。"

【運租】 运送租税的船只。晋袁宏有逸才，年轻时父死家贫，以船输送租税为生，夜泊牛渚，诵其《咏史》诗，谢尚闻之，迎之上船相谈，达旦未寐，袁宏从此声名大振。见《晋书·袁宏传》。诗人引此典入诗。钱珝《江行无题一百首》之三三："夜凉谁咏史，空泊运租船。"

【運流】 运行流转。太宗《度秋》："运流方可叹，含毫属微理。"韦应物《答库部韩郎中》："逍遥观运流，谁复识端倪。"

【運動】 施展。黄损《句》："机关才运动，胜败便相随。"

【運偶】 幸运，巧合。李峤《宝剑篇》："一朝运偶逢大仙，虎吼龙鸣腾上天。"刘禹锡《德宗神武孝文皇帝挽歌二首》之一："运偶升天日，哀深率土人。"

【運船】 载运物资的船只。王建《水运行》："西江运船立红帜，万棹千帆绕江水。"

【運極數殘】（数 shù）命运气数衰残终尽。韦表微《池州夫子庙麟台》："运极数残，德至时否。"

【運智】 运用才智。元稹《酬翰林白学士代书一百韵》："还醇凭酎酒，运智托围棋。"

【運策】 运用计谋、计策。法振《送韩侍御自使幕巡海北》："幕中运策心应苦，马上吟诗卷已成。"

【運爲】（—wéi） 作为。施肩吾《春日美新绿词》："天公不语能运为，驱遣羲和染新绿。"

【運載】（—zài） 装载和运送。白居易《新乐府·青石》："青石出自蓝田山，兼车运载来长安。"

【運會】 时运际会。王绩《古意六首》之三："一朝失运会，刳肠血流死。"王昌龄《代扶风主人答》："少年与运会，何事发悲端。"刘知几《读汉书作》："一朝逢运会，南面皆王公。"

【運衡】 指运转的玉衡星。《文选·张衡〈东京赋〉》："摄提运衡，徐至于射宫。"薛综注："玉衡，北斗中星，主回转。"《郊庙歌辞·祀九宫贵神乐章·豫和》："摄提运衡，招摇移轮。"

【運數】（—shǔ） 命运、气数。白居易《薛中丞》："况闻善人命，长短系运数。"

【運甓】 搬砖。晋陶侃为励志勤力，每天清晨运百甓于斋外，暮运于斋内。见《晋书·陶侃传》。诗人引此典入诗。元稹《纪怀赠李六户曹崔二十功曹五十韵》："运甓调辛苦，闻鸡屡寝兴。"白居易《渭村退居寄礼部崔侍郎翰林钱舍人诗一百韵》："眼为看书损，肱因运甓伤。"

【運轉】（—shuàn） 遵行一定的轨道运行。李益《和丘员外题湛长史旧居》："运转春华至，岁来山草绿。"

【運籌】 制定策略；谋划。孟浩然《送告八从军》："运筹将入幕，养拙就闲居。"韦应物《酬豆卢仓曹题库壁见示》："运筹知决胜，聚米似论边。"独孤及《自东都还濠州奉酬王八谏议见赠》："洛阳居守寄酂侯，君着貂冠参运筹。"吴筠《览古十四首》之八："运筹康汉业，凭轼下齐城。"

【運籌帷幄】 谓在后方决定作战方针、策略。中宗、宗楚客等《十月诞辰内殿宴群臣效柏梁体联句》："运筹帷幄荷时来，职掌图籍滥蓬莱。"玄宗《春中兴庆宫酺宴》序："作扞四方，折冲万里，可运筹帷幄者，我于是乎悬重禄以待之。"

遍 〔biàn《广韵》方見切，去線。幫。〕❶普遍；全部。孙逖《晦日湖塘》："吉日初成晦，方塘遍是春。"刘长卿《至德三年春寄上浙西节度李侍郎中丞行营五十韵》："负恩殊鸟兽，流毒遍黎氓。"武元衡《韦常侍以宾客致仕同诸公题壁》："孤云永日自徘徊，岩馆苍苍遍绿苔。"林宽《送僧游太白峰》："云深游太白，莫惜遍探奇。"❷量词。表动量。谓某一动作从始至终的全过程。戴叔伦《听韩使君美人歌》："仙人此夜忽凌波，更唱瑶台一遍歌。"卢纶《题兴善寺后池》："月照何年树，花逢几遍人。"白居易《冬日早起闲咏》："晚坐拂琴尘，秋思弹一遍。"❸称曲调。唐大曲系按一定顺序连结若干小而成，又称大遍。其中各小曲亦称"遍"的。张祜《观杭州柘枝》："看着遍头双袖褶，粉屏香帕又重偎。"

【遍布】 遍及各处。许棠《讲德陈情上淮南李仆射八首》之三："风威遍布江山静，教化高同日月明。"

【遍地】 满地；到处。刘兼《春霁》："苔钱遍地知多少，买得花枝不落无。"

【遍自】 周身。欧阳炯《题景焕画应天寺壁天王歌》："遍身蛇虺乱纵横，绕领髑髅乾孑裂。"

【遍遊】 到处游览。李德裕《春暮思平泉杂咏二十首·自叙》："五岳径虽深，遍游心已荡。"

【遍遍】 每次。花蕊夫人徐氏《宫词》之二二："上棚知是官家认，遍遍长赢第一筹。"

【遍覩】 遍观。李适《汾阴后土祠作》："昔予读旧史，遍覩汉世君。"

【遍覽】 普遍阅读。白居易《和刘郎中望终南山秋雪》："遍览古今集，都无秋雪诗。"

【遍疊】 指大型套曲中的乐曲次序。王建《送宫人入道》："弟子抄将歌遍叠，宫人分散舞衣裳。"

【遍讀】 普遍阅读。李涉《杪春再游庐山》："巡廊阅众院，遍读新旧诗。"

【遍體】 周身。刘兼《宣赐锦袍设上赠诸郡客》："将同玉蝶侵肌冷，也遣金鹏遍体飞。"

【遍觀】 观览周遍。孟浩然《陪独孤使君同与萧员外证登万山亭》："遍观云梦野，自爱江城楼。"

遐 〔xiá《广韵》胡加切，平麻，匣。〕❶辽远；高远。刘长卿《奉送从兄罢官之淮南》："玄发他乡换，沧洲此路遐。"李白《越中秋怀》："路遐迫西照，岁晚悲东流。"韩愈《感春四首》之一："我所思兮在何所，情多地遐兮遍处处。"参见"遐舉"。❷久远；绵长。顾况《上古之什补亡训传十三章·上古一章》："遐哉上古，生弃与柱。"贾岛《纪汤泉》："遐哉哲人逝，此水真吾师。"

【遐人】 远方之人。于濆《南越谣》："天意苟如此，遐人谁肯怜。"

【遐川】 远水。宣宗《幸华严寺》："帐殿出空登碧汉，遐川俯望色蓝笼。"

【遐水】 边远之地的水流。温庭筠《遐水谣》："天兵九月渡遐水，马踏沙鸣惊雁起。"

【遐方】 远方。储光羲《述韦昭应画犀牛》："遐方献文犀，万里随南金。"顾况《严公钓台作》："灵芝产遐方，威凤家重霄。"白居易《题郡中荔枝诗》："已教生暑月，又使阻遐方。"韩偓《荔枝三首》之一："遐方不许贡珍奇，密诏唯教进荔枝。"

【遐心】 谓避世隐居之心。张九龄《在郡秋怀二首》之二："庭芜生白露，岁候感遐心。"王维《送韦大夫东京留守》："人外遗世虑，空端结遐心。"吴筠《高士咏·韩康》："伯休抱遐心，隐括自为美。"权德舆《奉和张舍人阁老阁中直夜思闻雅琴因以书事通简僚友》："珠露销暑气，玉徽结遐心。"

【遐布】 远布，传播至远方。纥干讽《新阳改故阴》："有截知遐布，无私荷照临。"

【遐年】 久远的年代。陆龟蒙《补沈恭子诗》："灵质贯轩昊，遐年越商周。"

【遐圻】 遥远的地方。无名氏《观剑南献捷》(卷七八七)："遐圻新破虏，名将旧登坛。"

【遐步】 远行。柳宗元《弘农公以硕德伟材屈于诬枉》："挺生推豹蔚，遐步仰龙骧。"

【遐長】 (一cháng) 辽远。洛川仙女《答张郁歌》："久留深不可，蓬岛路遐长。"

【遐抱】 远大的抱负。武元衡《秋日台中寄怀简同僚》："忧悔耿遐抱，尘埃缁素襟。"

【遐昌】 永远昌盛。蜀太后徐氏《丹景山至德寺》："虔爇六铢宜铸祝，唯祈圣祉保遐昌。"

【遐征】 远行。张九龄《秋晚登楼望南江入始兴郡路》："枥马苦踡跼，笼禽念遐征。"皇甫冉《送陆鸿渐赴越》序："余兴未尽，告去遐征。"牟融《送僧》："梵王生别思，之子事遐征。"吴筠《高士咏·老莱夫妻》："禄位非所重，拂衣遂遐征。"

【遐服】 荒远之地。亦指边地的民族。刘禹锡《登司马错古城》："将军将秦师，西南奠遐服。"

【遐阻】 遥相间隔。姚係《送周愿判官归岭南》："往复念遐阻，淹留慕平生。"

【遐軌】 古人之遗迹。萧颖士《蒙山作》："子尚捐俗纷，季随蹑遐轨。"

【遐思】 ❶远思。王勃《倬彼我系》之九："静言遐思，中心是愧。"李群玉《汉阳春晚》："遐思祢衡才，令人怨黄祖。"❷深长的思念。唐彦谦《索虾》："衔杯动遐思，哆口涎空流。"

【遐俗】 边远之地。薛能《升平词十首》之七："赐历通遐俗，移关入半胡。"

【遐宣】 远扬。曹松《送胡中丞使日东》："渥泽遐宣后，归期抵万金。"

【遐陋】 僻远荒陋。白居易《过昭君村》："亦如彼姝子，生此遐陋村。"

【遐荒】 边远荒僻之地。徐坚《奉和圣制送张说巡边》："至德抚遐荒，神兵赴朔方。"太宗《正日临朝》："晨宵怀至理，终愧抚遐荒。"李白《流夜郎闻酺不预》："北阙圣人歌太康，南冠君子窜遐荒。"卢从愿《奉和圣制送张说巡边》："时文仰雄伯，耀武震遐荒。"

【遐朗】 高爽明亮。韦应物《慈恩伽蓝清会》："重门相洞达，高宇亦遐朗。"

【遐區】 边远之地。则天皇后《唐大飨拜洛乐章·德和》："绝壤飞冠盖，遐区丽山水。"

【遐異】 怪异；古怪。宋之问《灵隐寺》："夙龄尚遐异，搜对涤烦嚣。"

【遐略】 远大的谋略。孟郊《献襄阳于大夫》："渊清有遐略，高躅无近蹊。"

【遐情】 对远方之人的思念之情。武元衡《酬谈校书长安秋夜对月寄诸故旧》："故园千里渺遐情，黄叶萧条白露生。"羊士谔《酬吏部窦郎中直夜见寄》："兹夕南宫咏，遐情愧不忘。"

【遐寂】 遥远偏僻。张祜《游仙》："顾我踪鹿蹄，去游遐寂境。"

【遐視】 谓目光深远。吕温《顺宗至德皇帝挽歌词三首》之一："遐视轻神宝，传归属圣猷。"

【遐飛】 远飞。李咸作《送人》："可堪长与乌鸢噪，是宜摩碧汉以遐飞。"

【遐陬】 边远一隅。顾况《酬漳州张九使君》："心安处处安，处处思遐陬。"刘禹锡《读张曲江集作》

序："嗟夫，身出于遐陬，一失意而不能堪。"

【遐搜】 穷究。韦应物《因省风俗与从侄成绪游山水中道先归寄示》："始造双林寂，遐搜洞府秘。"

【遐眖】 远赠。李义府《在嶲州遥叙封禅》："三始贻遐眖，万岁受重釐。"

【遐睎】 远视。韩愈《南山诗》："苍黄忘遐睎，所瞩才左右。"韩愈、孟郊《城南联句》："奇虑恣回转，遐睎纵逢迎。"

【遐棄】 远相离弃。储光羲《敬酬陈掾亲家翁秋夜有赠》："琼瑶不遐弃，寤寐如日新。"李白《雪谗诗赠友人》："不我遐弃，庶昭忠诚。"钱起《闲居酬张起居见赠》："良知不遐弃，新咏独相闻。"

【遐禄】 边远之地的官职。沈佺期《饯远》："任子徇遐禄，结友开旧襟。"

【遐想】 ❶悠远地想象或思索。顾况《上古之什补亡训传十三章·陵霜之华一章》："遐想三五。黄帝登云。"元稹《思归乐》："遐想玉泉寺，久闻岘山亭。"殷文圭《中秋自宛陵寄池阳太守》："郡楼遐想刘琨啸，相阁方窥谢傅棋。"❷超越现实境界的想法。李白《夕霁杜陵登楼寄韦繇》："蹈海寄遐想，还山迷旧踪。"杜甫《八哀诗·故著作郎贬台州司户荥阳郑公虔》："操纸终夕酣，时物集遐想。"权德舆《酬崔千牛四郎早秋见寄》："感此时物变，悠然遐想通。"皎然《答豆卢居士春夜游东园见怀》："开襟寄清景，遐想属空门。"

【遐遠】 遥远。亦指遥远之地。陈子昂《感遇诗三十八首》之二三："岂不在遐远，虞罗忽见寻。"韦应物《对韩少尹所赠砚有怀》："故人谪遐远，留砚宠斯文。"刘禹锡《苦雨行》："天人信遐远，时节易蹉跎。"韦庄《和郑拾遗秋日感事一百韵》："霍庙神遐远，圯桥路杳茫。"

【遐睠】 眷念遥远的过去。皎然《兵后早春登古鄣南楼》："新阳故楼上，眇眇伤遐睠。"

【遐路】 远路；长途。韦应物《同长源归南徐寄子西子烈有道》："东洛何萧条，相思邈遐路。"皎然《奉送袁高使君诏征赴行在效曹刘体》："遐路渺天末，繁笳思河边。"权德舆《送别沅泛》："遐路各自爱，大来行可期。"

【遐跡】 远去的足迹。皎然《妙喜寺高房期灵澈上人不至重招之一首》："松声畅幽情，山意导遐跡。"

【遐愁】 深长的愁绪。长孙佐辅《闻韦驸马使君迁拜台州》："跻山望百城，目尽增遐愁。"

【遐裔】 遥远的边地。李白《答高山人兼呈权顾二侯》："太微廓金镜，端拱清遐裔。"岑参《优钵罗花歌》序："尔不生于中土，僻在遐裔，使牡丹价重，芙蓉誉高，惜哉！"冯涯《太学创置石经》："从此理化成，恩光遍遐裔。"张衮《梁郊祀乐章·庆融》："服遐裔兮敷质文，格苗扈兮息烟尘。"

【遐魅】 远处不开化之民。亦指边远蛮荒之地。沈佺期《赦到不得归题江上石》："承言窜遐魅，雪枉间深狴。"

【遐僻】 边远偏僻之地。高适《酬裴员外以诗代书》："那能访遐僻，还复寄琼环。"

【遐障】 遥相隔阂。指障碍。孟郊《吊元鲁山》："冰心镜衰古，霜议清遐障。"

【遐舉】 高飞。亦喻高洁的举动。萧颖士《菊荣一篇五章》之三："企彼高人，色斯遐举。"宋华《蝉鸣一篇五章》之四："何斯违斯，倏尔遐举。"白居易《送王处士》："王生独拂衣，遐举如云鹄。"

【遐徼】 边远之地。元稹《酬乐天东南行诗一百韵》："迢递投遐徼，苍黄出奥区。"又《哭女樊四十韵》："去伴投遐徼，来随梦险程。"李频《哭贾岛》："一宦终遐徼，千山隔旅坟。"

【遐賮】 远方的贡品。太宗《正日临朝》："百蛮奉遐赆，万国朝未央。"

【遐險】 高峻险要。贺朝《孤兴》："君子在遐险，蕙心谁见珍。"

【遐邇】 远近之地。金真德《太平诗》："和风凝宇宙，遐迩竞呈祥。"《郊庙歌辞·享太庙乐章·宁和》："景化覃遐迩，深仁洽翔泳。"

【遐瞰】 远望。韦应物《拟古诗十二首》之八："神州高爽地，遐瞰靡不通。"又《登高望洛城作》："高台造云端，遐瞰周四垠。"

【遐瞻】 远望。皮日休《太湖诗·晓次神景宫》："遐瞻但徙倚，欲上先矍铄。"

【遐曠】 ❶广阔；辽远。陈子昂《赠赵六贞固二首》之二："美人岂遐旷，之子乃前贤。"李白《闻丹丘子于城北营石门幽居因叙旧以寄之》："高风起遐旷，幽人迹复存。"司空曙《为李魏公赋谢汧公》："谁言路遐旷，宫徵暗相通。"❷谓胸怀宽广。吴筠《步虚词十首》之八："天人诚遐旷，欢泰不可量。"

【遐襟】 广阔的胸襟。卢鸿一《嵩山十志十首·倒景台》序："超逸真，荡遐襟，此其所绝也。"

【遐蹤】 远去的踪迹。李华《寄赵七侍御》："吾师度门教，投弁蹑遐踪。"

【遐謫】 贬谪至远处。许棠《寄建州姚员外》："诬谮遭遐谪，明君即自知。"

【遐壤】 边远之地。柳宗元《法华寺石门精舍三十韵》："淹留值颓暮，眷恋睇遐壤。"

【遐齡】 高龄，长寿。赵蕃《老人星》："既能符圣祚，从此表遐龄。"

【遐躅】 远去的足迹。权德舆《数名诗》："七人称作者，杳杳有遐躅。"

【遐籟】 能远传的声音。指风。陆龟蒙《杂讽九首》之七："天之发遐籁，大小随万窍。"

【遐觀】 纵观。韩愈《元和圣德诗》："博问遐观，以置左右。"

【遐矚】 远望，远眺。赵冬曦《奉和张燕公早霁南楼》："方曙跻南楼，凭轩肆遐瞩。"孟郊《送谏议十六叔至孝义渡后奉寄》："伊洛去未回，遐瞩空寂寥。"吴融《绵竹山四十韵》："何如当此境，终朝旷遐瞩。"

違1 〔wéi《广韵》雨非切，平微，云。〕❶离开；离别。孟浩然《留别王侍御维》："欲寻芳草去，惜与故人违。"韩愈《鸣雁》："裴回反顾群侣违，哀鸣欲下洲渚非。"白居易《新乐府·李夫人》："背灯隔帐不得语，安用暂来还见违。"李群玉《自澧浦东游江表途出巴丘投员外从公虞》："尘生脱粟甑，万里违高堂。"❷违背。储光羲《田家即事》："老农要看此，贵不违天时。"耿沣《哭张融》："早岁能文客，中年与世违。"韩愈《元和圣德诗》："亿载万年，敢有违者。"王贞白《忆张处士》："古乐知音少，名言与俗违。"❸避开。张籍《宴客词》："上客不用顾金羁，主人有酒君莫违。"白居易《送春》："兵刀与水火，尽可违之去。"郑嵎《津阳门诗》："平明酒醒便分首，今夕一樽翁莫违。"❹不顺心；不如意。孟浩然《闲园怀苏子》："林园虽少事，幽独自多违。"窦巩《岁晚喜远兄弟至书情》："几年沧海别，相见竟多违。"卢纶《太白西峰凭眺书怀即事寄呈凤翔齐员外张侍御》："书此欲沾衣，平生事每违。"李商隐《赠从兄阆之》："怅望人间万事远，私书幽梦约忘机。"

違2 〔huí《集韵》胡隈切，平灰，匣。〕通"回"。返回。韩愈《遣疟鬼》："赠汝以好辞，咄汝去莫违。"

【違天】 违背天意。李贺《公无出门》："颜回非血衰，鲍焦不违天。"薛逢《送西川梁常侍之新筑龙山城并锡赉两州刺史及部落酋长等》："用命期开国，违天必衅磋。"

【違拒】 违抗。韩愈《元和圣德诗》："皇帝即阼，物无违拒。"

【違忤】 违背，不服从。元稹《捉捕歌》："不悟还更歌，谁能恐违忤。"

【違别】 离别。罗隐《咏月》："隔年违别成何事，半夜相看似故人。"

【違迕】 义同"違忤"。杜甫《雨》："尫羸愁应接，俄顷恐违迕。"

【違命】 违背命令。杨乘《甲子岁书事》："违命固天亡，恃险乖长策。"金真德《太平诗》："外夷违命者，翦覆被大殃。"

【違背】 背离。寒山《诗三百三首》之二八九："口转心不转，心口相违背。"

【違鄉】 离别家乡。刘长卿《移使鄂州次岘阳馆怀旧居》："旧游成远道，此去更违乡。"

【違越】 背离。韩愈《元和圣德诗》序："海内怖骇，不敢违越。"

【違程】 耽误行程。刘禹锡《和仆射牛相公春日闲坐见怀》："阶蚁相逢如偶语，园蜂速去恐违程。"

【違意】 违背意志。无名氏《非所寄王都护姨夫》(外编上)："戎庭事事皆违意，虏口朝朝计苦辛。"

【違遠】 别离。李商隐《送从翁东川弘农尚书幕》："苍黄传国玺，违远属车尘。"

【違親】 不侍奉父母。祖咏《清明宴司勋刘郎中别业》："田家复近臣，行乐不违亲。"卢纶《送恒操上人归江外觐省》："依佛不违亲，高堂与寺邻。"

【違離】 离别。卢仝《寄男抱孙》："别来三得书，书道违离久。"

【違禮】 违背礼仪。薛逢《邻相反行》："春秋伏腊长在家，不许妻奴暂违礼。"

【違隱】 与隐逸相违。宋之问《入泷州江》："违隐乖求志，披荒为近名。"

十　画

遨 〔áo《广韵》五劳切，平豪，疑。〕游。元稹《奉和浙西大夫李德裕述梦四十韵次本韵》："分阻杯盘会，闲随寺观遨。"李德裕《述梦诗四十韵》："屡换青春直，闲随上苑遨。"

【遨遊】 ❶游乐；嬉游。李端《送客赴江陵寄郢州郎士元》："沅湘莫留滞，宛洛好遨游。"李贺《昌谷诗》："晚鳞自遨游，瘦鹄瞑单跱。"于武陵《早春日山居寄城郭知己》："虽有眼前诗酒兴，遨游争得称闲心。"❷游历；漫游。王维《送高适弟耽归临淮作》："遨游向燕赵，结客过临缁。"李白《飞龙引二首》之一："登鸾车，侍轩辕，遨游青天中，其乐不可言。"郑谷《寄赠杨夔处士》："三江胜景遨游遍，百氏群书讲贯来。"李中《赠蒯亮处士》："著得新书义更幽，负琴何处不遨游。"

【遨嬉】 游玩；玩耍。韩愈《杂诗》："遨嬉未云几，下已亿万年。"

遘 〔gòu《广韵》古候切，去候，見。〕❶遇，遭遇。苏味道《单于川对雨二首》之一："崇朝遘行雨，薄晚屯密云。"骆宾王《幽絷书情通简知己》："不言劳倚伏，忽此遘邅回。"白居易《和答诗十首·答四皓庙》："秦皇肆暴虐，二世遘乱离。"李商隐《行次西郊作一百韵》："诚知开辟久，遘此云雷屯。"❷通"構"。构成，造成。韩愈《赴江陵途中寄赠翰林三学士》："疠疫忽潜遘，十家无一瘳。"

【遘屯】 (—zhūn)遇屯卦。屯卦为难，故指遭难。权德舆《卦名诗》："天地今交泰，云雷背遘屯。"

遠1 〔yuǎn《广韵》雲阮切，上阮，云。〕❶遥远，距离长。钱起《送郭秀才制举下第南游》："出关尘渐远，过郢兴弥清。"戴叔伦《送别钱起》："归梦吴山远，离情楚水分。"姚合《哭费拾遗征君》："空山流水远，故国白云深。"刘沧《江行夜泊》："岳阳秋霁寺钟远，渡口月明渔火残。"❷久远。经历时间长。韩愈《此日足可惜赠张籍》："孔丘殁已远，仁义路久荒。"张乔《送友人游蜀》："巴山开国远，剑道入天微。"广宣《降诞日内庭献寿应制》："庆寿千龄远，敷仁万国通。"❸多。差距大。白居易《秦中吟十首·议婚》："颜色非相远，贫富则有殊。"❹深远。席豫《奉和圣制送张说巡边》："经略图方远，怀柔道更全。"王维《戏赠张五弟諲三首》之一："吾弟东山时，心尚一何远。"杜甫《丽人行》："态浓意远淑且真，肌理细腻骨肉匀。"元稹《酬杨司业十二兄早秋述情见寄》："白发故人少，相逢意弥远。"❺远大。李白《江上寄元六林宗》："幽赏颇自得，兴远与谁豁。"❻指血统关系疏远。参见"遠孫""遠裔"。

遠2 〔yuàn《广韵》于願切，去願，云。〕❶离开；避开。韩愈《君子法天运》："焉能使我心，皎皎远忧疑。"白居易《想东游五十韵》："蛾须远灯烛，兔勿近置罘。"牟融《题孙君山亭》："长年乐道远尘氛，静筑藏修学隐沦。"❷疏远；不接近。储光羲《同王十三维偶然作十首》之四："故乡满亲戚，道远情日疏。"陆龟蒙《祝牛宫辞》："上缔蓬茅，下远官府。"❸边远之人。林宽《送李员外频之建州》："远人思化切，休上武夷峰。"

【遠人】 远行之人；远游之人。杜牧《偶题二首》之一："深夜悬双泪，短亭思远人。"李群玉《送客往涔阳》："春与春愁逐日长，远人天畔远思乡。"陆龟蒙《木兰堂》："洞庭波浪渺无津，日日征帆送远人。"徐铉《又听霓裳羽衣曲送陈君》："清商一曲远人行，桃叶津头月正明。"

【遠上人】 僧自远。白居易有《赠僧五首·自远禅师》《对小潭寄远上人》。

【遠大】 高远弘大。徐铉《赠泰州掾令狐克己》："旧德在人终远大，扁舟为吏莫推辞。"

【遠大師】 慧远。晋代高僧。李中有《题庐山东寺远大师影堂》。

【遠山】 ❶远处的山峰。刘言史《冬日峡中旅泊》："一声钟出远山里，暗想雪窗僧起寒。"陆龟蒙《和袭美褚家林亭》："孤岛待寒凝片月，远山终日送余霞。"杜荀鹤《秋夜晚泊》："远山临落日，归鸟度平川。"徐铉《过东都留守周公筵上赠座客》："明旦江头倍惆怅，远山芳草映残霞。"❷形容女子秀丽之眉。崔仲容《赠歌妓》："皓齿乍分寒玉细，黛眉轻蹙远山微。"

【遠山色】 喻眉。白居易《新乐府·井底引银瓶》："婵娟两鬓秋蝉翼，宛转双蛾远山色。"参见"遠山眉"。

【遠山眉】 形容女子秀丽之眉。典出晋葛洪《西京杂记》卷二："文君姣好，眉色如望远山，脸际常若芙蓉。"韦庄《荷叶杯》词之一："一双愁黛远山眉，不忍更思唯。"亦指美女。杜牧《少年行》："豪持出塞节，笑别远山眉。"

【遠山眉黛】 指秀美之眉。用黛色画眉，色如远山，故谓。旧题汉刘伶玄《赵飞燕外传》："合德新沐，膏九回沉水香为卷发，号新髻；为薄眉，号远山黛；施小朱，号慵来妆。"韦庄《谒金门》词之二："闲抱琵琶寻旧曲，远山眉黛绿。"

【遠天】 ❶遥远的天空；高远的天空。李白《拟古十二首》之一一："佳人彩云里，欲赠隔远天。"贾岛《秋暮寄友人》："远天垂地外，寒日下峰西。"刘邺《翰林作》："已觉远天秋色动，不堪闲夜雨声频。"❷遥远的天边。谓极远处。马戴《远水》："荡漾空沙际，虚明入远天。"许棠《汴上暮秋》："日临秋草广，山接远天微。"

【遠水】 远处的水面。郑谷《别同志》："相看临远水，独自上孤舟。"刘沧《匡城寻薛闵秀才不遇》："路长草色秋山绿，川阔晴光远水连。"孟贯《秋江送客》："远水宿何处，孤舟春夜涛。"

【遠方】 远处。玄宗《送张说巡边》："端拱复垂裳，长怀御远方。"孙逖《送张环摄御史监南选》："汉使得张纲，威名摄远方。"白居易《续古诗十首》之六："栖栖远方士，读书三十年。"

【遠心】 深远的心机。孟郊《寻裴处士》："远心寄白月，华发回青春。"裴夷直《省中题新植双松》："端坐高宫起远心，云高水阔共幽沉。"郑巢《秋日陪姚郎中登郡中南亭》："云水生寒色，高亭发远心。"杜牧《金陵》："始发碧江口，旷然谐远心。"

【遠$_2$世】 远离尘世。韦应物《与友生野饮效陶体》："聊舒远世踪，坐望还山云。"

【遠目】 远望。亦指远望的目光。李白《夕霁杜陵登楼寄韦繇》："登楼送远目，伏槛观群峰。"李益《同崔邠登鹳雀楼》："风烟并起思归望，远目非春亦自伤。"权德舆《嘉兴九日寄丹阳亲故》："独谣看坠叶，远目遍秋光。"薛能《天际识归舟》："同人在何处，远目认归舟。"

【遠地】 遥远的地方。刘禹锡《送唐舍人出镇闽中》："山川远地由来好，富贵当年别有情。"许棠《宿同州厉评事旧业寄华下》："从戎依远地，无日见家山。"罗隐《送溪州使君》："官职不须轻远地，生灵只是计临时。"

【遠₂刑】　不作刑。蔡桢《扬雄山》："草玄今已矣，千载想远刑。"

【遠臣】　远方之臣。薛存诚《观南郊回仗》："多惭远臣贱，不得礼容陪。"

【遠戎】　指边远地区的少数民族。张九龄《酬赵二侍御使西军赠两省旧僚之作》："顾己尘华省，欣君震远戎。"周存《西戎献马》："天马从东道，皇威被远戎。"

【遠戍】　边境的军营、城堡。戎昱《从军行》："远戍报烽火，孤城严鼓鼙。"张祜《富阳道中送王正夫》："孤帆天外出，远戍日中昏。"姚合《送独孤焕评事赴丰州》："烟生远戍侵云色，冰叠黄河长雪声。"翁绶《关山月》："笳吹远戍孤烽灭，雁下平沙万里秋。"

【遠光】　远处的亮光。韦庄《登汉高庙闲眺》："一带远光何处水，钓舟闲系夕阳滩。"

【遠帆】　远行之船。许浑《瓜洲留别李诩》："孤馆宿时风带雨，远帆归处水连云。"

【遠行】　出远门。戴叔伦《边城曲》："人生莫作远行客，远行莫戍黄沙碛。"白居易《老病相仍以诗自解》："还似远行装束了，迟回且住亦何妨。"徐铉《又题白鹭洲江鸥送陈君》："吾徒来送远行客，停舟为尔长叹息。"

【遠色】　远天的颜色。薛能《黄河》："横沟通海上，远色尽山根。"王周《泊姑熟口》："远色千樯岸，愁声一笛村。"陈祐《风光草际浮》："浮烟倾绿野，远色澹晴空。"

【遠名】　远播的名声。张祜《投陈许李司空二十韵》："勇冠临危貌，勋崇定远名。"

【遠安寺】　寺名。在今湖北公安县西北，元稹有《公安县远安寺水亭见展公题壁漂然泪流因书四韵》。

【遠志】　远大的志向。太宗《入潼关》："弃繻怀远志，封泥负壮情。"

【遠芳】　散播得很远的香气。白居易《赋得古原草送别》："远芳侵古道，晴翠接荒城。"

【遠村】　远处的村庄。李德裕《春暮思平泉杂咏二十首·望伊川》："远村寒食后，细雨度川来。"刘沧《秋日山寺怀友人》："云尽独看晴塞雁，月明遥听远村砧。"许棠《题郑侍郎岩隐十韵》："树藏幽洞黑，花照远村明。"

【遠岑】　远山。刘禹锡、白居易《乐天是月长斋》联句："舍下环流水，窗中列远岑。"李中《献徐舍人》："下直无他事，开门对远岑。"

【遠步】　至远处徒步旅游。杜甫《西枝村寻置草堂》："怡然共携手，恣意同远步。"

【遠别】　离别至远处。杜甫《远怀舍弟颖观等》："积年仍远别，多难不安居。"白居易《青毡帐二十韵》："远别关山外，初安庭户前。"李涉《再宿武关》："远别秦城万里游，乱山高下出商州。"牟融《楼城叙别》："屈指年华嗟远别，对床风雨话离愁。"

【遠近】　❶远方和近处。韩翃《送赵评事赴洪州使幕》："孤舟行远近，一路过湘东。"皎然《送乾封李成》："羽檄飞未息，离情远近同。"李洞《寄翠微无可上人》："远近众心归，居然占翠微。"孙元晏《咏史诗·吴·太史慈》："圣德招贤远近知，曹公心计却成欺。"❷指路程的距离。严维、贾弇《一字至九字诗联句》："乘兴不知山路远近，缘情莫问日过高低。"

【遠林】　远处的森林。蔡京《咏子规》："十年冤魄化为禽，永逐悲风叫远林。"

【遠抱】　远大的抱负。韩愈《龊龊》："大贤事业异，远抱非俗观。"

【遠岸】　远处堤岸。刘兼《莲塘霁望》："远岸牧童吹短笛，蓼花深处信牛行。"

【遠岫】　远处的峰峦。白居易《宣州崔大夫阁老忽以近诗见示因成长句寄题郡斋》："无复新诗题壁上，虚教远岫列窗间。"李昌符《题友人屋》："松底诗人宅，闲门远岫孤。"汤悦《奉和圣制送邓王牧宣城》："江上浮光宜雨后，郡中远岫列窗前。"

【遠岳】　见"遠嶽"。

【遠使】　远出的使者。徐铉《奉命南使经彭泽》："远使程途未一分，离心常要醉醺醺。"

【遠征】　出征远方；远道出征。戴叔伦《送崔融》："王者应无敌，天兵动远征。"李商隐《行次西郊作一百韵》："生儿不远征，生女事四邻。"

【遠命】　远方来的命令。韩愈、孟郊《会合联句》："忽尔衔远命，归欤舞新宠。"

【遠服】　王畿以外之处。刘禹锡《送李策秀才还湖南因寄幕中亲故兼简衡州吕八郎中》："圣功奠远服，神物拥休祯。"

【遠庖】　远离厨房。语出《礼记·玉藻》："君子远庖厨，凡有血气之类，弗身践也。"杜甫《题新津北桥楼》："池水观为政，厨烟觉远庖。"

【遠郊】　本指城邑外百里之地。后泛指离城市较远的郊区。长孙佐辅《山行书事》："日落风飕飕，驱车行远郊。"徐铉《送薛少卿赴青阳》："携朋出远郊，酌酒藉平沙。"

【遠春】　韵华满目、一望无垠的春光。司空图《诗品二十四则·纤秾》："采采流水，蓬蓬远春。"

【遠封】　指来自远方的书信。张籍《酬浙东元尚书见寄素绫》："越地缯纱纹样新，远封来寄学曹人。"

【遠思】 ❶对远处他方亲人的思念。牟融《寄永平友人》之一："故人千里隔天涯，几度临风动远思。"❷高远的情趣；深远的思虑。白居易《画竹歌》："幽姿远思少人别，与君相顾空长叹。"雍陶《秋怀》："南国望中生远思，一行新雁去汀洲。"陆龟蒙《又酬袭美早春病中次韵》："从来多远思，尤向静中生。"高蟾《秋日北固晚望二首》之一："风含远思翛翛晚，日照高情的的秋。"

【遠盼】 远眺。亦指远眺的目光。宋之问《自湘源至潭州衡山县》："浮湘沿迅湍，逗浦凝远盼。"

【遠俗】 边远地区的风俗。郑谷《题张衡庙》："远俗只凭淫祀切，多年平子固悠悠。"徐铉《送黄梅江明府》："书生胆气人谁信，远俗歌谣主不闻。"

【遠$_2$俗】 远离世俗。李白《送长沙陈太守二首》之二："莫小二千石，当安远俗人。"

【遠信】 远方的书信。元稹《哭女樊四十韵》："解怪还家晚，长将远信呈。"

【遠風】 远处吹来的风。白居易《菩提寺上方晚眺》："飞鸟灭时宜极目，远风来处好开襟。"于武陵《友人亭松》："何处有明月，访君听远风。"刘兼《新蝉》："翅翻晚鬓寻香露，声引秋丝逐远风。"

【遠恨】 指远离家乡所产生的惆怅怨恨之情。孟郊《江邑春霖奉赠陈侍御》："天涯多远恨，雪涕盈芳辰。"唐彦谦《柳》："游客寂寥缄远恨，暮莺啼叫惜芳时。"

【遠宦】 在远地为官。钱起《送沈少府还江宁》："远宦碧云外，此行佳兴牵。"皮日休《送李明府之任海南》："一事与君消远宦，乳蕉花发讼庭前。"

【遠客】 远方的来客。韦承庆《南行别弟》："澹澹长江水，悠悠远客情。"刘长卿《步登夏口古城作》："平芜连古堞，远客此沾衣。"刘言史《闻崔倚旅葬》："远客那能返故庐，苍梧埋骨痛何如。"赵嘏《宿僧舍》："高僧夜滴芙蓉漏，远客窗含杨柳风。"

【遠祖】 许多代以前的祖先。《公羊传·庄公四年》："远祖者，几世乎，九世矣。"刘长卿《夏口送长宁杨明府归荆南因寄幕府诸公》："身承远祖遗，才出众人群。"陈陶《题僧院紫竹》："远祖赐鷫鹏，遗芳遍南陆。"

【遠砧】 远处的捣衣声。刘沧《洛阳月夜书怀》："一声边雁塞门雪，几处远砧河汉风。"

【遠峯】 远处山峰。陆龟蒙《和袭美江南书情二十韵次韵》："雨余幽沼净，霞散远峰巉。"查文徽《寄麻姑仙坛道士》："别后相思鹤信稀，郡楼南望远峰迷。"

【遠射】 远处投射。张祜《观泗州李常侍打毬》："远射门斜入，深排马迴通。"

【遠師】 自远。白居易有《赠僧五首·自远禅师》和《问远师》。

【遠途】 ❶长途。李商隐《今月二日复五言四十韵诗献上亦诗人咏叹不足之义也》："远途哀跛鳖，薄艺奖雕虫。"❷远大的前途。罗隐《寄钟常侍》："峻节不由人学得，远途终是自将来。"

【遠$_2$害】 避免祸害。齐己《蝴蝶》："远害终防雀，争先不避蜂。"

【遠書】 送往远方或远方送来的书信。李商隐《端居》："远书归梦两悠悠，只有空床敌素秋。"贾岛《寄远》："鱼飞向北海，可以寄远书。"杜牧《秋岸》："曾入相思梦，因凭附远书。"

【遠孫】 犹远裔。杜牧《嘲妓》："盘古当时有远孙，尚令今日逞家门。"

【遠戚】 远亲。杜甫《郑典设自施州归》："中宵惬良会，裴郑非远亲。"

【遠處】 (一chù)距离很远的地方。张籍《赠僧道》："两朝侍从当时贵，五字声名远处传。"

【遠眺】 向远处看。刘长卿有《秋日登吴公台上寺远眺》。

【遠眸】 远目。放眼远望。亦指远望的目光。吕岩《印山亭即事》："鱼游过影知空相，人到惊云动远眸。"

【遠異】 远方珍异之物。孟郊《立德新居》："何必尚远异，忧劳满行襟。"

【遠略】 谓经略远方。南唐后主李煜《句》："冷笑秦皇经远略，静怜姬满苦时巡。"

【遠過】 超过。杜甫《奉先刘少府新画山水障歌》："岂但祁丘与郑虔，笔迹远过杨契丹。"

【遠情】 深情；悠远的情思。张九龄《秋晚登楼望南江入始兴郡路》："伏槛一长眺，津途多远情。"包融《酬忠公林亭》："尘念到门尽，远情对君深。"孙顾《清露被皋兰》："的皪添幽兴，芊绵动远情。"严维《晚霁登王六东阁》："俊美要殊观，萧条见远情。"

【遠鄉】 远方。李频《寄远》："槐今落叶已将尽，君向远乡犹未归。"卢延让《冬除夜书情》："数星深夜火，一个远乡人。"

【遠遠】 报远。寒山《诗三百三首》之二六二："远远望何极，研研势相迎。"李商隐《离席》："依依向余照，远远隔芳尘。"许昼《江南行》："客棹深深过，人家远远移。"

【遠期】 遥远的日期。赵嘏《昔昔盐二十首·花飞桃李蹊》："远期难可托，桃李自依依。"

【遠揚】 谓向上扬起的枝条。语出《诗·豳风·七月》："蚕月条桑，取彼斧斨，以伐远扬，猗彼女桑。"朱熹集传："远扬，远枝扬起者也。"王维《春中田园作》："持斧伐远扬，荷锄觇泉脉。"

【遠程】 遥远的路程。李昌符《送人游边》:"愁指萧关外,风沙人远程。"唐求《晓发》:"旅馆候天曙,整车趋远程。"

【遠道】 远路。遥远的道路。徐凝《春陪相公看花宴会二首》之二:"木兰花谢可怜条,远道音书转寂寥。"李商隐《戏赠张书记》:"危弦伤远道,明镜惜红颜。"贾岛《送贺兰上人》:"远道擎空钵,深山蹋落花。"许棠《春暮途次华山下》:"远道行非易,无图住自难。"

【遠勞】 对人远途来访或请人外出办事的客气话。韩愈《赠别元十八协律六首》之二:"远劳从事贤,来吊逐臣色。"

【遠遊】 至远方游历。崔曙《登水门楼见亡友诗因以感兴》:"严子好真隐,谢公耽远遊。"戴叔伦《从军行》:"丈夫四方志,结发事远遊。"白居易《风雪中作》:"忽思远遊客,复想早朝士。"牟融《处厚游杭作诗寄之》:"江村摇落暂逢秋,况是闻君独远遊。"

【遠遊履】 古代履名。李白《江上送女道士褚三清游南岳》:"足下远游履,凌波生素尘。"

【遠勢】 远物的气势、姿态。方干《东山瀑布》:"挂岩远势穿松岛,击石残声注稻畦。"

【遠夢】 思念远方人的梦。李白《忆襄阳旧游》:"归心结远梦,落日悬春愁。"颜真卿、耿沣《与耿沣水亭咏风联句》:"周回随远梦,骚屑满离忧。"曹邺《四怨三愁五情诗十二首·其一愁》:"远梦如水急,白发如草新。"

【遠跡】 踪迹远离尘世。俞简《行不由径》:"讵应留远迹,方欲料前程。"王炎《赋得行不由径》:"远迹如违险,修仁在履平。"

【遠賈】 (—gǔ) 从远方来或到远方去的商贾。韩愈《南山诗》:"巨灵与夸蛾,远贾期必售。"

【遠路】 遥远的道路。李商隐《春雨》:"远路应悲春畹晚,残宵犹得梦依稀。"

【遠愁】 悠远的愁思。刘沧《寄远》:"西园杨柳暗惊秋,宝瑟朱弦结远愁。"于武陵《远水》:"悔作望南浦,望中生远愁。"

【遠裔】 ❶后世子孙。陆龟蒙《补沈恭子诗》:"自然失远裔,安得怨寡俦。"❷边远地区。曹松《观华夷图》:"中华属贵分,远裔占何星。"

【遠意】 ❶远方人的心意。李白《答裴侍御见招期月满泛洞庭》:"开缄识远意,速此南行舟。"❷高远的意趣。贾岛《送集文上人游方》:"分首芳草时,远意青天外。"

【遠猷】 远大的谋略。权德舆《奉和许阁老酬淮南崖十七端公见寄》:"远猷来象魏,霈泽过番禺。"

【遠煙】 远处的云烟。于武陵《斜谷道》:"远烟当叶敛,骤雨逐风多。"无名氏《焚裘》:"火随余烬灭,气逐远烟浮。"

【遠源】 犹远祖。薛能《送浙东王大夫》:"远源过晋史,甲族本缑笙。"

【遠塞】 (—sài) 边塞,刘沧《旅馆书怀》:"云低远塞鸣寒雁,雨歇空山噪暮蝉。"

【遠嫁】 嫁至远处。刘宪《奉和送金城公主人西蕃应制》:"和亲悲远嫁,忍爱泣将离。"无名氏《王昭君怨诸词人连句》:"九重恩爱应长谢,万里关山愁远嫁。"

【遠境】 远处景致。崔国辅《石头滩作》:"因高见远境,尽此数州内。"

【遠墟】 远荒之地。玄宗《饯王晙巡边》:"振武威荒服,扬文肃远墟。"

【遠圖】 深远的谋划。张说《送郭大夫元振再使吐蕃》:"远图待才智,苦节输筋力。"李白《答长安崔少府叔封游终南翠微寺太宗皇帝金沙泉见寄》:"小物昧远图,宁知通方士。"温庭筠《病中书怀呈友人》:"经济怀良画,行藏识远图。"周昙《咏史诗·晋门·再吟晋武帝》:"经国远图无所问,何曾言指一何神。"

【遠適】 远行。杜甫《晓发公安》:"舟楫眇然自此去,江湖远适无前期。"

【遠₂慢】 疏远轻忽。白居易《郡斋暇日辱常州陈郎中使君早春晚坐水西馆书事诗十六韵见示见寄亦以十六韵酬之》:"敢辞官远慢,且贵身安妥。"

【遠遷】 迁徒至远处。张籍《送南迁客》:"去去远迁客,瘴中衰病身。"

【遠慮】 深远的计虑。胡曾《咏史诗·会稽山》:"何事夫差无远虑,更开罗网放鲸鲵?"杜荀鹤《送福昌周繇少府归宁兼谋隐》:"少见古人无远虑,如君真得古人情。"陈陔《景阳台怀古》:"酒浓沉远虑,花好失前机。"

【遠黎】 远方百姓。沈佺期《则天门赦改年》:"歌舞将金帛,汪洋被远黎。"

【遠徼】 遥远的边境。韦应物《送别覃孝廉》:"秭归通远徼,巫峡注惊波。"

【遠嶼】 远处的岛屿。李涉《六叹》序:"清江、白云、孤山、远屿,皆得时之人吟咏性情耳。"

【遠燒】 (—shào) 远处的野火。王维《河南严尹弟见宿弊庐》:"古壁苍苔黑,寒山远烧红。"陆龟蒙《樵人十咏·樵火》:"深炉与远烧,此夜仍交光。"

【遠憶】 念忆远方之人。李白《塞下曲六首》之四:"那堪愁苦节,远忆边城儿。"

【遠邇】 远近。远方和近处。储光羲《奉别长史庾公太守徐公应召》:"明王朝太阶,远迩望嘉言。"刘禹锡《韩十八侍御见示诗因令属和重以自述故足成六十二韵》:"归往无旦夕,包含通远迩。"

【遠嶽】 亦作“遠岳”。远方的山岳。贾岛《二月晦日留别鄂中友人》:“鞭羸去暮色,远嶽起烟岚。”刘沧《留别崔澣秀才昆仲》:“川分远岳秋光静,云尽遥天霁色空。”

【遠舊】 故旧。韩愈《南山诗》:“威容丧萧爽,近新迷远旧。”

【遠謨】 做长远的打算。周昙《咏史诗·春秋战国门·庄公》:“鱼丽三鼓微曹刿,肉食安能暇远谟。”

【遠蹠】 远行,出远门。刘禹锡《游桃源一百韵》:“渊明著前志,子骥思远蹠。”

【遠邊】 边远地区。李逢吉《望京楼上寄令狐华州》:“中叶成文教,德威清远边。”孙頠《送薛大夫和藩》:“亚相独推贤,乘轺向远边。”

【遠離】 远远地离开。王梵志《诗》之四九:“恶人相远离,善者近相知。”张祜《叙诗》:“五言起李陵,其什伤远离。”无名氏《五言诗》之四:“钱是害人物,智者当远离。”

【遠謫】 贬官至边远之处。李白《流夜郎赠辛判官》:“我愁远谪夜郎去,何日金鸡放赦回。”李德裕《汨罗》:“远谪南荒一病身,停舟暂吊汨罗人。”

【遠懷】 ❶远大的抱负。张九龄《登郡城南楼》:“远怀我不同,孤兴与谁悉。”❷深切的怀念。周贺《赠朱庆余校书》:“越信楚城得,远怀中夜兴。”陆龟蒙《江南秋怀寄华阳山人》:“远怀魂易黯,幽愤骨堪惊。”

【遠關】 远处之关。杜甫《自瀼西荆扉且移居东屯茅屋四首》之四:“幽独移佳境,清深隔远关。”

【遠鐘】 远处传来的钟声。韦应物《月下会徐十一草堂》:“远钟高枕后,清露卷帘时。”钱起《药堂秋暮》:“潭静宜孤鹤,山深绝远钟。”朱庆余《宿陈处士书斋》:“向炉新茗色,隔雪远钟声。”

【遠識】 渊博的知识。皎然《赠和评事判官》:“学究天人知远识,权分盐铁许良筹。”

【遠驛】 远方的驿站。张籍《留别江陵王少府》:“寒林远路驿,晚烧过荒陂。”

遣 〔qiǎn《广韵》去演切,上獮,溪。〕❶派遣,差遣,命令。王维《早朝》:“仍闻遣方士,东海访蓬瀛。”姚合《酬薛奉礼见赠之作》:“栖栖沧海一耕人,诏遣江边作使君。”和凝《宫词百首》之六五:“先遣五坊排猎骑,为民除害出神京。”法振《丹阳浦送客之海上》:“如君岂得空高枕,只益天书遣远求。”❷排除,消除,排遣。张说《赠赵侍御》:“请从三已心,荣辱两都遣。”韦承庆《凌朝浮江旅思》:“羁望伤千里,长歌遣四愁。”杜甫《白水县崔少府十九翁高斋三十韵》:“始知贤主人,赠此遣愁寂。”徐凝《春饮》:“不是春来偏爱酒,应须得酒遣春愁。”❸抒发。太宗《望送魏征葬》:“无复昔时人,芳春共谁遣。”李中《海上从事秋日书怀》:“唯有搜吟遣怀抱,凉风时复上高台。”❹打发,消遣。王维《重酬苑郎中》:“扬子解嘲徒自遣,冯唐已老复何论。”白居易《和答诗十首》序:“意者欲足下在途讽读,且以遣日时,消忧懑。”韦庄《曲池作》:“若无诗自遣,谁奈寂寥春。”❺运用,使用。参见“遣辭”。❻使,让,叫。李嘉祐《送王卿赴朝》:“独遣吴州客,平陵结梦思。”白居易《和微之诗二十三首·和酬郑侍御东阳春闷放怀追越游见寄》:“此诗勿遣闲人见,见恐与他为笑资。”李昌符《绿珠咏》:“谁遣当年坠楼死,无人巧笑破孙家。”李中《寄黄鹦秀才》:“预愁花片落,不遣酒壶空。”

【遣戍】 放逐罪人至边地、军台戍守。贺知章《奉和圣制送张说巡边》:“遣戍征周牒,恢边重汉功。”席豫《奉和圣制送张说巡边》:“已勒封山记,犹闻遣戍篇。”

【遣决】 处理,解决。李颀《送马录事赴永阳》:“手持三尺令,遣决如流泉。”

【遣使】 派遣使者。王维《送秘书晁监还日本国》序:“亦由呼耶来朝,舍于葡萄之馆。卑弥遣使,报以蛟龙之锦。”

【遣乘】 (—shèng)　派车。孟简《咏欧阳行周事》序:“过期,命甲遣乘,密往迎妓。”

【遣情】 排遣情思。清昼《建安寺夜会对雨怀皇甫侍御曾联句》:“相思非是远,风雨遣情多。”孙光宪《思帝乡》词:“如何,遣情情更多。”

【遣問】 传语问候。晁采《子夜歌十八首》之十五:“早起遣问郎,昨宵何以过。”

【遣悶】 (—mèn)　排解烦闷。元稹《指巡胡》:“遣闷多凭酒,公心只仰胡。”李群玉《旅泊》:“短篇才遣闷,小酿不供愁。”胡曾《赠渔者》:“自为钓竿能遣闷,不因萱草解销忧。”

【遣憂】 排除忧愁。白居易《续古诗十首》之九:“出游欲遣忧,孰知忧有余。”

【遣慮】 排除思虑。韦应物《夏日》:“悟澹将遣虑,学空庶遗境。”

【遣意】 抒发情思。李颀《同张员外諲酬答之作》:“鹖冠葛屦无名位,博弈赋诗聊遣意。”

【遣興】 (—xìng)抒发情感,解闷散心。杜甫《至后》:“愁极本凭诗遣兴,诗成吟咏转凄凉。”又《可惜》:“宽心应是酒,遣兴莫过诗。”

【遣辭】 运用词语。杜甫《桥陵诗三十韵因呈县内诸官》:“遣辞必中律,利物常发硎。”

【遣懷】 犹遣兴。杜甫有《遣怀》二首。

遝 〔tà《广韵》徒合切,入合,定。〕通“沓”。众多积聚貌。《汉书·刘向传》:“及至周文,开基西郊,杂遝众贤,罔不肃和。”颜师古注:“杂遝，聚积之貌。”杜甫《丽人行》：“箫鼓哀吟感鬼神，宾从杂遝实要津。”顾况《从军行二首》之一：“笳奏遝以哀，肃肃趣严程。”

遞〔dì《广韵》徒禮切，上薺，定。又特計切，去霽，定。〕❶交替；轮流。杜甫《宿青草湖》：“寒冰争倚薄，云月递微明。”❷顺次，一个接着一个。王绩《古意六首》之三：“渔人递往还，网罟相萦藟。”李端《奉赠苗员外》：“八龙承庆重，三虎递朝归。”白居易《夜闻贾常州崔湖州茶山境会因寄此诗》：“青娥递舞应争妙，紫笋齐尝各斗新。”李煜《句》：“倾碗更为寿，深卮递酬宾。”❸传送；传递。崔备《奉陪武相公西亭夜宴陆郎中》：“宾阁玳筵开，通宵递玉杯。”柳宗元《与崔策登西山》：“驰景泛颓波，遥风递寒筱。”许棠《题郑侍郎岩隐十韵》：“海石分湖路，风泉递雨声。”子兰《与道侣同于水陆寺会宿》：“风递远声秋涧水，竹穿深色夜房灯。”❹押送。储光羲《观范阳递俘》：“方思壮军实，远近递生俘。”❺驿站。参见“遞夫”。

【遞夫】 指驿站的役卒。白居易《想东游五十韵》：“递夫交烈火，候吏次鸣驺。”

【遞互】 交替。寒山《诗三百三首》之八二：“冬夏递互用，长年只这是。”又之二二七：“递互相食噉，宂宂痴肉团。”白居易《余思未尽加为六韵重寄微之》：“走笔往来盈卷轴，除官递互掌丝纶。”

【遞升】 依次兴起。魏征《享太庙乐章·大明舞》：“五纪更运，三正递升。”

【遞相】 （—xiāng） 互相。元结《夜宴石鱼湖作》：“醉人疑舫影，呼指递相惊。”刘禹锡《踏歌词四首》之三：“新词宛转递相传，振袖倾鬟风露前。”白居易《一叶落》：“寒温与盛衰，递相为表里。”戴休珽《古意》：“关塞何苍茫，遥烽递相望。”

【遞問】 顺次询问、慰问。李峤《扈从还洛呈侍从群官》：“行存名岳礼，递问高年疾。”

【遞遷】 依次升官。源乾曜《奉和御制乾曜与张说宋璟同日上官命宴都堂赐诗》：“递迁俱荷泽，同拜忽为邻。”

【遞興】 （—xīng） 依次兴起，元稹《虫豸诗·虻》：“辛螫终非久，炎凉本递兴。”

遥〔yáo《广韵》餘昭切，平宵，以。〕❶指空间距离远。太宗《帝京篇十首》之一：“连甍遥接汉，飞观迥凌虚。”刘长卿《湖上遇郑田》：“回首人已遥，南看楚天隔。”卢纶《题念济寺晕上人院》：“泉响竹潇潇，潜公居处遥。”曹松《送陈樵校书归泉州》：“关遥秦雁断，家近瘴云低。”❷指时间长。张九龄《和吏部李侍郎见示之什其卒章有前后行之戏因命仆继作》：“名数虽云隔，风期幸未遥。”刘禹锡《七夕二首》之二：“非是人间世，还悲后会遥。”张祜《枫桥》：“长洲苑外草萧萧，却算游城岁月遥。”郑畋《题缑山王子晋庙》：“亡国原陵古，宾天岁月遥。”❸通“摇”。参见“遥曳”“遥遥❸”。

【遥山】 远山。廖匡图《九日陪董内召登高》：“遥山带日应连越，孤雁来时想别秦。”孟贯《早秋吟眺》：“新秋初雨后，独立对遥山。”无名氏《空水共澄鲜》（卷七八四）：“落日浮光满，遥山翠色同。”

【遥天】 长空。太宗《望终南山》：“重峦俯渭水，碧嶂插遥天。”牟融《赠浙西李相公》：“长庚烈烈独遥天，盛世应知降谪仙。”朱庆余《叙吟》：“遥天一轮月，几夜见西沉。”刘沧《留别崔澣秀才昆仲》：“川分远岳秋光静，云尽遥天霁色空。”

【遥水】 远水，远处的水面。陈昌言《白日丽江皋》：“迟景临遥水，晴空似不高。”

【遥曳】 犹摇荡。遥，通“摇”。骆宾王《秋晨同淄川毛司马秋九咏·秋雁》：“联翩辞海曲，遥曳指江干。”

【遥見】 远远望见。白居易《和答诗十首·和大觜乌》：“云此非凡鸟，遥见起敬恭。”薛能《升平词十首》之二：“辛勤自不到，遥见似前程。”

【遥吹】 （—chuì） 犹运风。吹，风。陆龟蒙《奉酬袭美先辈初夏见寄次韵》：“蘋蘅增遥吹，枕席分余清。”又《蔷薇》：“清香往往生狂吹，狂蔓看看及四邻。”

【遥岑】 远山。韩愈、孟郊《城南联句》：“遥岑出寸碧，远目增双明。”戴叔伦《草堂一上人》：“一公持一钵，相复度遥岑。”

【遥知】 在远处知晓情况。王维《九月九日忆山东兄弟》：“遥知兄弟登高处，遍插茱萸少一人。”权德舆《送梁道士谒寿州崔大夫》：“遥知小山桂，五马待邀欢。”于武陵《咏蝉》：“听此高林上，遥知故国秋。”陆龟蒙《南征》：“遥知贼胆纵横破，绕帐生犀一万株。”

【遥夜】 长夜。耿沣《雨中宿义兴寺》：“遥夜宿东林，虫声阶草深。”武元衡《酬严维秋夜见寄》：“遥夜思悠悠，闻钟远梦休。”陆龟蒙《寄怀华阳道士》：“遥夜独栖还有梦，昔年相见便忘形。”韦庄《章台夜思》：“清瑟怨遥夜，绕弦风雨哀。”

【遥空】 长空。李群玉《石潴》：“迥野煤飞乱，遥空爆响闻。”李频《回山后寄范酂先辈》：“遥空江不极，绝顶日难曛。”钟蒨《别诸同志》：“随阳来万里，点点度遥空。”濮阳瓘《出笼鹘》：“以君能惠好，不敢没遥空。”

【遥指】 遥对；指向远处。李远《赠潼关不下山僧》：“窗中遥指三千界，枕上遥看百二关。”刘长卿《清明后登城眺望》：“长安在何处，遥指夕阳边。”杨汝士《题画山水》：“太华峰前是故乡，路人遥指读书堂。”刘沧《晚春宿僧院》：“白日闲吟为道侣，青山遥指是生涯。”

【遥思】 思念远方之人。李德裕《早秋龙兴寺江亭闲眺忆龙门山居寄崔张旧从事》：“遥思伊川水，北渡龙门岘。”

【遥看】 远观，遥望。李白《望庐山瀑布水二首》之二：“日照香炉生紫烟，遥看瀑布挂前川。”刘长卿《晚次苦竹馆却忆干越旧游》：“遥看落日尽，独向远山迟。”许浑《白云潭禅院》：“山僧不语卷帘坐，遥看世间如梦中。”

【遥衍】 向远处扩展。张九龄《临泛东湖》：“晚秀复芬敷，秋光更遥衍。”

【遥望】 往远处看。拾得《诗》之五四：“遥望城隍处，唯闻闹喧喧。”李端《千里思》：“凉州风月美，遥望居延路。”李商隐《隋宫守岁》：“遥望露盘疑是月，远闻鼍鼓欲惊雷。”皮日休《添鱼具诗·蓑衣》：“隔溪遥望见，疑是绿毛翁。”

【遥峯】 远处的山峰。许棠《日暮江上》：“孤帆收广岸，落照在遥峰。”陆龟蒙《四明山诗·云北》：“一半遥峰雨，三条古井烟。”

【遥烽】 远处的烽燧。戴休珽《古意》：“关塞何苍茫，遥烽递相望。”

【遥遥】 ❶形容距离远。陈子昂《度荆门望楚》：“遥遥去巫峡，望望下章台。”袁瓘《鸿门行》：“始从灞陵下，遥遥度朔野。”皎然《冬日梅溪送裴方舟宣州》：“日短天寒愁送客，楚山无限路遥遥。”王若岩《试越裳贡白雉》：“素翟宛昭彰，遥遥自越裳。”❷形容时间长。《行路难》：“夜夜遥遥徒相思，年年望望情不歇。”❸形容摇摆不定的样子。《楚辞·九章·悲回风》：“漂翻翻其上下兮，翼遥遥其左右。”孙逖《和上巳连寒食有怀京洛》：“天津御柳碧遥遥，轩骑相从半下朝。”张籍《车遥遥》：“征人遥遥出古城，双轮齐动驷马鸣。”顾云《天威行》：“车遥遥，马阗阗，平如砥，直如弦。”皎然《奉同颜使君真卿送李侍御萼赋得荻塘路》：“落日车遥遥，客心在归路。”

【遥羡】 对远处事物的向往。宋之问《游法华寺》：“薄游京都日，遥羡稽山名。”岑参《临河客舍呈狄明府兄留题县南楼》：“邑中雨雪偏着时，隔河东郡人遥羡。”徐铉《题画石山》：“回瞻画图畔，遥羡面山翁。”

【遥遠】 很远。张说《唐享太庙乐章·景云舞》：“笙镛遥远，俎豆虚无。”

【遥想】 悠远地思索或想象；回想。许敬宗《奉和登陕州城楼应制》：“眷念三阶静，遥想二南风。”郑絪《寒夜闻霜钟》：“遥想千山外，泠泠何处寻。”李德裕《又二绝》之二：“遥想春山明月曙，玉坛清磬步虚归。”皮日休《江南道中怀茅山广文南阳博士三首》之一：“寒岚依约认华阳，遥想高人卧草堂。”

【遥傳】 （—chuán） 从远处传出。卢景亮《寒夜闻霜钟》：“暗入繁霜切，遥传古寺深。”

【遥裔】 遥远。苏味道《咏雾》：“氤氲起洞壑，遥裔匝平畴。”徐彦伯《拟古三首》之一：“遥裔烟屿鸿，双影旦夕同。”骆客王《从军中行路难二首》之一：“剑门遥裔俯灵丘，邛关九折无平路。”李昂《从军行》：“塞沙飞淅沥，遥裔连穷碛。”

【遥聞】 ❶从远处听到。刘禹锡《和乐天南园试小乐》：“闲步南园烟雨晴，遥闻丝竹出墙声。”白居易《宅西偶题五绝句》之四：“应是遥闻胜近听，行人欲过尽回头。”刘元叔《妾薄命》：“自从离别守空闺，遥闻征战起云梯。”❷在远处嗅。韩愈《游城南十六首·风折花枝》：“浮艳侵天难就看，清香扑地只遥闻。”

【遥駐】 指在远处停泊。柳宗元《酬曹侍御过象县见寄》：“破额山前碧玉流，骚人遥驻木兰舟。”

【遥憶】 回忆。杜甫《与任城许主簿游南池》：“晨朝降白露，遥忆旧青毡。”李德裕《近腊对雪有怀林居》：“遥忆平皋望，溪烟已发春。”韦镒《经望湖驿》：“遥忆代王城，俯临恒山后。”

【遥臨】 远对。刘沧《题龙门僧房》：“静室遥临伊水东，寂寥谁与此身同。”

【遥禮】 遥拜。李绅《杭州天竺灵隐二首顷岁亦布衣一游二首》之二：“近日尤闻重雕饰，世人遥礼二檀林。”

【遥瞻】 遥望。刘公兴《望凌烟阁》：“画阁凌虚构，遥瞻在九天。”

【遥囑】 远远地嘱咐。陆龟蒙《和袭美寒日书斋即事三首》之一：“余杭山酒犹封在，遥嘱高人未肯尝。”

【遥矚】 遥望。柳宗元《法华寺石门精舍三十韵》：“探奇极遥瞩，穷妙阅清响。”

遛 〔liù《字彙》力救切。〕缓步行进。皮日休《二游诗·任诗》：“魂从清景遛，衣任烟霞裛。”

遡 〔sù《广韵》桑故切，去暮，心。〕本为逆流而上。引申为面对、对着。刘禹锡《观柘枝舞二首》之一：“翘袖中繁鼓，倾眸遡华榱。”参见“遡風”。

【遡空】 （—kōng） 腾空。李群玉《长沙九日登东楼观舞》之二：“坠珥时流盻，修裾欲遡空。”

逊 〔xùn《广韵》蘚困切，去慁，心。〕❶逃避；逃遁。见“遜遁”。❷辞让；退让。窦叔向《贞懿皇后挽歌三首》之一：“礼逊生前贵，恩追殁后荣。”张祜《华清宫和杜舍人》：“北阙尊明主，南宫逊上皇。”项斯《舜城怀古》：“禅禹逊尧聪，巍巍盛此中。”❸人名。何逊，南朝梁人，曾任尚书水部郎。朱庆余《贺张水部员外拜命》:“前代佳名逊,当时重姓张。”曹松《陪湖南李中丞宴隐溪》:“酒边旧侣真何逊,云里新声是莫愁。”

【遜國】 将治国权力让给别人。虚中《善卷坛》:“大舜欲逊国,先生空敛眉。”

【遜遁】 退避,退隐。元稹《和李校书新题乐府十二首·骠国乐》:“古时陶尧作天子,逊遁亲听康衢歌。”

十一画

薖 〔kē《广韵》苦禾切,平戈,溪。〕饥饿。《诗·卫风·考槃》:“考槃在阿,硕人之薖。”郑玄笺:“薖,饥意。”一说,为宽大貌,见毛传。《文选·王融〈三月三日曲水诗序〉》:“沉冥之怨既缺,薖轴之疾已消。”李善注:“谓贤人隐居而离困病也。”吕延济注:“沉冥、薖轴,皆疾病也。”储光羲《奉酬张五丈垂赠》:“情言间薖轴,惠念及沧浪。”

遭 〔zāo《广韵》作曹切,平豪,精。〕❶逢,遇到。杜甫有《遭田父泥饮美严中丞》。元稹《分水岭》:“有时遭孔穴,变作呜咽声。”白居易《寄献北部留守裴令公》:“盛德终难过,明时岂易遭。”❷际遇,遇到好的机遇。孟浩然《秦中苦雨思归赠袁左丞贺侍郎》:“用贤遭圣日,羁旅属秋霖。”杜甫《大历三年四十韵》:“此生遭圣代,谁分哭穷途。”刘禹锡《浙西李大夫述梦四十韵并浙东元相公酬和斐然继声》:“位是才能取,时因际会遭。”徐夤《骄侈》:“石家恃富身还灭,颜子非贫道不遭。”❸遭受,受到。骆宾王《畴昔篇》:“人事谢光阴,俄遭霜露侵。”杜甫《丹青引赠曹将军霸》:“途穷反遭俗眼白,世上未有如公贫。”卢仝《常州孟谏议座上有感五首》之三:“何事遭朝贬,知何被不容。”元稹《酬翰林白学士代书一百韵》:“几遭朝士笑,兼任巷童随。”❹量词。(1)周,圈。孟郊《寒地百姓吟》:“华膏隔仙罗,虚绕千万遭。”姚合《咏盆池》:“浮萍重叠水团圆,客绕千遭屐齿痕。”(2)次,回。李洞《宿书僧院》:“书成百个字,庭转几遭灯。”

【遭時】 遇到好时势。元稹《和李校书新题乐府十二首·蛮子朝》:“益州大将韦令公,顷实遭时定汧陇。”又《三月三十日程氏馆饯杜十四归京》:“处困方明命,遭时不在才。”杜牧《寄浙西李判官》:“直道莫抛男子业,遭时还与故人书。”

【遭逢】 ❶遇到。韩愈《雨中寄孟刑部几道联句》:“念初相遭逢,幸免因媒介。”白居易《六年春赠分司东都诸公》:“忝擢恩已多,遭逢幸非一。”李中《哭柴郎中》:“昔岁遭逢在海城,曾容孤迹奉双旌。”❷际遇,逢到好的机遇。贾至《闲居秋怀寄阳翟陆赞府封丘高少府》:“一言顿遭逢,片善蒙恩光。”胡曾《咏史诗·葛陂》:“莫道神仙难顿学,嵇生自是不遭逢。”吴融《中秋陪熙用学士禁中玩月》:“遭逢陪侍辇,归去忆抽簪。”

【遭遇】 ❶相遇,相逢。吕岩《勉牛生夏侯生》:“中华国里亲遭遇,仰面观天笑眼开。”❷际遇,遇到好的机遇。张九龄《南阳道中作》:“遭遇感风云,哀变空草泽。”白居易《山中五绝句·石上苔》:“路傍凡草荣遭遇,曾得七香车辗来。”杜牧《骕骦骏》:“遭遇不遭遇,盐车与鼓车。”李中《献徐舍人》:“此日重遭遇,心期出陆沉。”❸犹言对待。李益《游子吟》:“遭遇同众流,低回愧相见。”❹遇到不幸。薛能《洛下寓怀》:“胡为遭遇孰为官,朝野君亲各自欢。”

【遭亂】 遭遇动乱。杜甫《南池》:“平生江海兴,遭乱身局促。”又《寄题江外草堂》:“遭乱到蜀江,卧疴遣所便。”

【遭罹】 ❶遭遇困扰。《文选·班固〈幽通赋〉》:“斡流迁其不济兮,故遭罹而赢缩。”李善注引项岱曰:“遭,遇也;罹,忧也。”韦庄《和郑拾遗秋日感事》:“窜逐同天宝,遭罹异建康。”❷经历。清远道士《同沈恭子游虎丘寺有作》:“我本长殷周,遭罹历秦汉。”

遯 同“遁”。❶隐居。寒山《诗三百三首》之三〇一:“我自遯寒岩,快活长歌笑。”杜甫《大云寺赞公房四首》之四:“艰难世事迫,隐遯佳期后。”阎防《夕次鹿门山》:“庞公嘉遯所,浪迹难追攀。”❷躲避;回避。张说《赠崔公》:“昔遯高皇去,今从太子游。”

【遯士】 隐士。权德舆《送崔谕德致政东归》:“懿此嘉遯士,蒲车赴丘中。”

【遯世】 避世隐居。陆龟蒙《丁隐君歌》序:“予始嘉其遯世,又闻其老而益精,又悦其治心修身之说,孔子所谓乐而寿者,斯人也欤?”又《忆袭美洞庭观步奉和次韵》:“探幽非遯世,寻胜肯迷邦。”

【遯肥】 即肥遯,隐居避世。语出《易·遯》:“上九:肥遯,无不利。”孔颖达疏:“肥,饶裕也……惟上九最在外极,无应于内,心无疑顾,是遯之最优,故曰肥遯。”李峤《田假限疾不获还庄率成短韵用写长怀赠杜幽素》:“及此承休告,聊将狎遯肥。”

【遯迹】 见“遯跡”。

【遯跡】 亦作“遯迹”。隐居;隐迹。王维《济上四贤咏·崔录事》:“遯跡东山下,因家沧海隅。”李颀《题璿公山池》:“远公遯跡庐山岑,开士幽居只树林。”许浑《泛溪》:“遯迹驱鸡吏,冥心失马翁。”

遮 〔zhē《广韵》正奢切,平麻,章。〕❶遏止;阻拦。杜甫《遭田父泥饮美严中丞》:“月出遮我留,仍嗔问升斗。”韩愈《感春四首》之四:“我恨不如江头人,长网横江遮紫鳞。”元稹《古筑城曲五解》

之二:“筑城须努力,城高遮得贼。”罗珦《行县至浮查寺》:“野老竞遮官道拜,沙鸥遥避隼旟飞。”❷谓一物体处在另一物体的某一方位,使后者不显露。孟浩然《东京留别诸公》:“树绕温泉绿,尘遮晚日红。”白居易《人定》:“翠屏遮烛影,红袖下帘声。”朱庆余《题仙游寺》:“石抱龙堂薛石干,山遮白日寺门寒。”曹松《荆南道中》:“高柳莫遮寒月落,空桑不放夜风回。”❸掩护;防护。韩愈《月蚀诗效玉川子作》:“乌龟怯奸,怕寒缩颈,以壳自遮。”

【遮回】 拦阻使回。翁承赞《对雨述怀示弟承检》:“晓势遮回朝客马,夜声滴破旅人心。”

【遮門】 拦门;当门。韩愈《谁氏子》:“白头老母遮门啼,挽断衫袖留不止。”方干《书吴道隐林亭》:“稚子遮门留熟客,惊蝉入座避游禽。”

【遮面】 遮住脸面。白居易《琵琶引》:“千呼万唤始出来,犹抱琵琶半遮面。”常理《妾薄命》:“乍啼罗袖娇遮面,不忍看君莫惜颜。”

【遮風】 挡风。白居易《何处春光到》:“就日移轻榻,遮风展小屏。”李绅《忆春日曲江宴后许至芙蓉园》:“绿丝垂柳遮风暗,红药低丛拂砌繁。”

【遮羞】 感到害羞,把脸面遮盖起来。薛能《戏瞻相》:“失意蹉跎到旧游,见吹杨柳便遮羞。”吴融《败帘六韵》:“伴灯微掩梦,兼扇劣遮羞。”李暇《拟古东飞伯劳歌》:“琼窗半上金镂幬,轻罗掩面不遮羞。”

【遮莫】 ❶任凭;尽管。杜甫《书堂饮既夜复邀李尚书下马月下赋绝句》:“久判野鹤如霜鬓,遮莫邻鸡下五更。”张籍《寒食忆归》:“遮莫杏园胜别处,亦须归看傍村花。”罗邺《长安惜春》:“公子不能留落日,南山遮莫倚高台。”裴翛然《夜醉卧街》:“遮莫冬冬动,须倾满满杯。”❷不论;不管。岑参《原头送范侍御》:“别君只有相思梦,遮莫千山与万山。”❸即使;假如。李白《少年行》:“遮莫枝根长百丈,不如当代多还往。遮莫姻亲连帝城,不如当身自簪缨。”❹莫要;不必。张文成《游仙窟·诗一首》:“径须刚捉着,遮莫造精神。”❺什么。李白《寒如吟》:“下堂辞君去,去后悔遮莫。”

【遮掩】 遮蔽;掩盖。王建《新嫁娘词三首》之二:“锦幛两边横,遮掩侍娘行。”李商隐《代董秀才却扇》:“莫将画扇出帷来,遮掩春山滞上才。”陆龟蒙《和袭美初冬偶作》:“小炉低幌还遮面,酒滴灰香似去年。”

【遮渠】 尽他,随他。贺知章《答朝士》:“乡曲近来佳此味,遮渠不道是吴儿。”白居易《答州民》:“唯拟腾腾作闲事,遮渠不道使君愚。”元稹《放言五首》之五:“乞我杯中松叶满,遮渠肘上柳枝生。”

【遮路】 拦路。白居易《秦中吟十首·立碑》:“百姓遮路岐,攀辕不得归。”赵嘏《今年新先辈以遏密之际每有宴集必资清谈书此奉贺》:“满怀春色向人动,遮路乱花迎马红。”路德延《小儿诗》:“匿窗眉乍曲,遮路臂相连。”

【遮道】 拦路。胡曾《咏史诗·首阳山》:“孤竹夷齐耻战争,望尘遮道请休兵。”高骈《赴西川途经虢县作》:“红额少年遮道拜,殷勤认得旧将军。”

【遮虜】 阻拦敌虏。皇甫冉《送王相公之幽州》:“遮虏关山静,防秋鼓角雄。”戎昱《泾州观元戎出师》:“遮虏黄云断,烧羌白草空。”姚合《塞下曲》:“印马秋遮虏,蒸沙夜筑城。”

【遮截】 遮拦。陆龟蒙《樵人十咏·樵径》:“方愁山缭绕,更值云遮截。”

【遮歐】 阻止殴打。歐,通“毆”。李绅《拜宣武军节度使》序:“留台御史杜牧使台吏遮欧百姓,令其废祖帐。”

【遮藏】 (—cáng) 遮蔽掩藏,使不外露。郑谷《中台五题·牡丹》:“却得蓬蒿力,遮藏见太平。”

【遮羅】 拦截捕捉。韩愈《石鼓歌》:“蒐于岐阳骋雄俊,万里禽兽皆遮罗。”

【遮欄】 阻拦。鱼玄机《打球作》:“无滞碍时从拨弄,有遮栏处任钩留。”吕岩《敲爻歌》:“纵横逆顺没遮栏,静则无为动是色。”

適 〔shì《广韵》施隻切,入昔,書。又之石切,入昔,章。又都歷切,入錫,端。〕❶去,往。李白《送祝八之江东赋得浣纱石》:“君去西秦适东越,碧山青江几超忽。”薛据《初去郡斋书怀》:“从此适乐土,东归知几年。”李涉《怀古》:“尼父未适鲁,屡屡倦迷津。”❷女子出嫁。李峤有《奉和送金城公主适西蕃应制》。参见“適人”。❸适合;符合。杜甫《甘林》:“青刍适马性,好鸟知人归。”沈千运《感怀弟妹》:“平生兹已矣,此外尽非适。”韩愈《示儿》:“主妇治北堂,膳服适戚疏。”白居易《闲题家池寄王屋张道士》:“有食适吾口,有酒酡吾颜。”❹悦乐;满足。元季川《登云中》:“穷览颇有适,不极趣无幽。”张籍《野居》:“贫贱易为适,荒郊亦安居。”白居易《晏起》:“彼此各自适,不知谁是非。”❺安逸;闲适。韦应物《东林精舍寄呈阎澧州冯少府》:“方婴存殁感,岂暇林泉适。”岑参《渔父》:“世人那得识深意,此翁取适非取鱼。”姚伦《过章秀才洛阳客舍》:“达人心自适,旅舍当闲居。”白居易《首夏》:“自问一何世,身闲官不轻。”❻舒服;舒畅。白居易《仲夏斋居偶题八韵寄微之及崔湖州》:“体适通宵人坐,头慵隔日梳。”又《三适赠道友》:“足适已忘履,身适已忘衣。况我心又适,兼忘是与非。”❼正好;恰好。李白《淮阴书怀寄王宗成》:“飞凫从西来,适与佳兴并。”高适《淇上送韦司仓往滑台》:“饮酒莫辞醉,醉多适不愁。”柳宗元《雨后晓行独至愚溪北池》："予心适无事，偶此成宾主。"白居易《悲哉行》："可怜少壮日，适在穷贱时。"❽偶然。李白《窜夜郎于乌江留别宗十六璟》："适遭云罗解，翻谪夜郎悲。"❾刚才；方才。杜甫《草堂》："今我归草堂，成都适无虞。"岑参《送张秘书充刘相公通汴河判官便赴江外觐省》："新登麒麟阁，适脱獬豸冠。"韩愈《此日足可惜赠张籍》："驱驰公事退，闻子适及城。"❿连词。如果；假若。王昌龄《淇上酬薛据兼寄郭微》："吾谋适可用，天道岂辽廓。"岑参《优钵罗花歌》序："适此花不遭小吏，终委诸山谷，亦何异怀才之士，未会明主，摈于林薮邪。"

【適人】 女子出嫁。曹邺《怨歌行》："中妹寻适人，生女亦嫁夫。"

【適口】 适合口味。杜甫《病橘》："纷然不适口，岂只存其皮。"刘禹锡《伤我马辞》："青菰寒菽非适口，病闻北风犹举首。"

【適心】 使心情舒畅快乐。温庭筠《春尽与友人入裴氏林探渔竿》："适心在所好，非必寻湘沅。"

【適足】 充足适度而不过分。周昙《咏史诗·春秋战国门·鬻拳》："双刖忍行留痛恨，惟君适足见忠诚。"

【適來】 ❶往来，来到。李端《送皎然上人归山》："适来世上岂缘名，适去人间岂为情。"刘禹锡《代靖安佳人怨二首》之一："适来行哭里门外，昨夜华堂歌舞人。"❷刚才，方才。李华《咏史十一首》之一一："适来鸣佩者，复是谁家女。"曹邺《吴宫宴》："适来歌舞处，未知身是鬼。"❸近来。李白《江夏行》："适来往南浦，欲问西江船。"高适《宋中别周梁李三子》："曾是不得意，适来兼别离。"卢仝《忆金鹅山沈山人二首》之一："君家山头松树风，适来入我竹林里。"贯休《少年行》之三："马上黄金鞍，适来新赌得。"

【適性】 ❶称心，合意。白居易《晏起》："厚薄被适性，高低枕得宜。"罗隐《东归别常修》："浮世到头须适性，男儿何必尽成功。"❷适合物性。裴迪《青雀歌》："动息自适性，不曾妄与燕雀群。"白居易《山雉》："适性遂其生，时哉山梁雉。"

【適時】 ❶迎合时宜。元结《春陵行》："亦云贵守官，不爱能适时。"❷适应时令。韩愈《秋怀诗十一首》之二："适时各得所，松柏不必贵。"

【適值】 恰好遇到。白居易《和微之诗二十三首·和寄问刘白》："适值此诗来，欢喜君知否。"

【適逢】 恰好遇到。独孤及《贾员外处见中书贾舍人巴陵诗集览之怀旧代书寄赠》："适逢阮始平，立马问长安。"

【適從】 ❶依从。杜甫《早发》："贱子欲适从，疑误此二柄。"汪遵《南阳》："陆困泥蟠未适从，岂防耕稼隐高踪。"❷方从。韦应物《相逢行》："适从东方来，又欲谒明主。"

【適情】 顺适性情。白居易《谕亲友》："适情处处皆安乐，大抵园林胜市朝。"

【適遇】 恰好遇上。岑参《春遇南使贻赵知音》："适遇江海信，聊与南客论。"杜甫《洗兵马》："征起适遇风云会，扶颠始知筹策良。"白居易《初授拾遗》："岂不思匪躬，适遇时无事。"

【適然】 闲适貌。白居易《犬鸢》："见彼物遂性，我亦心适然。"皮日休有《所居首夏水木尤清适然有作》。

【適會】 适逢。独孤及《送陈兼应辟兼寄高适贾至》："适会傅岩人，虚舟济川时。"韩愈《赴江陵途中赠三学士》："适会除御史，诚当得言秋。"

【適意】 ❶称心，合意。刘长卿《泛曲阿后湖简同游诸公》："为客难适意，逢君方暂游。"陈羽《赠人》："或棹孤舟或杖藜，寻常适意钓长溪。"白居易《再授宾客分司》："但问适意无，岂论官冷热。"徐锴《同家兄哭乔侍郎》："生前适意无过酒，身后遗言只要诗。"❷舒适。楼颖《东郊纳凉三首》之三："林间求适意，池上得清飙。"❸顺应性情。司空图《诗品二十四则·疏野》："倘然适意，岂必有为。"

【適興】 （一xìng）遣兴。张说《行从方秀川与刘评事文同宿》："寓言情思惬，适兴真意坦。"

十二画

遶 〔rǎo《广韵》而沼切，上小，日。〕围绕，环绕。谢偃《乐府新歌应教》："紫燕欲飞先遶栋，黄莺始哢即娇人。"戴叔伦《将至道州寄李使君》："九疑深路遶山回，木落天清猿昼哀。"陈羽《喜雪上窦相公》："光添曙色连天远，轻逐春风遶玉楼。"储嗣宗《圣女祠》："石屏苔色凉，流水遶祠堂。"

【遶牙】 砳牙。牙受坚硬物碰撞。李频《及第后还家过岘岭》："石斑鱼鲊香冲鼻，浅水沙田饭遶牙。"

【遶身】 ❶将盛装金银或钱币的布袋缠绕腰间。王建《远将归》："但令在舍相对贫，不向天涯金遶身。"❷围绕身体；环绕身旁。权德舆《上巳日以二绝句申赠》之一："老夫留滞何由往，珉玉相和正遶身。"白居易《寒食日寄杨东川》："蛮旗似火行随马，蜀妓如花坐遶身。"鲍溶《霓裳羽衣歌》："眼前意是三清客，星宿离离遶身白。"

【遶牀】 环绕几案。晋刘毅摴蒱掷得雉大喜，褰衣绕床，叫谓同坐曰："非不能卢，不事此耳。"见《晋书·刘毅传》。李白《猛虎行》："有时六博快壮心，遶床三匝呼一掷。"

【邌指柔】 谓金属物件柔软得可以缠绕在手指头上。《文选·刘琨〈重赠卢谌〉》:“何意百炼钢,化为邌指柔。”吕延济注:“百炼之铁坚刚,而今可邌指。自喻经破败而至柔弱也。”后泛指物之柔软者。钱起《赋得池上双丁香树》:“得地移根远,交柯邌指柔。”

【邌郭】 环绕城郭。许浑《送人归吴兴》:“箬叶沉溪暖,蘋花邌郭香。”李频《送许棠归泾县作尉》:“邌郭看秧插,寻街听茧缫。”

【邌梁】 亦作“邌畫梁”。典出《列子·汤问》:“昔韩娥东之齐,匮粮,过雍门,鬻歌假食,既去而余音邌梁欐,三日不绝,左右以其人弗去。”后因以形容歌声优美,令人难忘。章孝标《贻美人》:“轻轻舞汗初沾袖,细细歌声欲邌梁。”许浑《听歌鹧鸪辞》:“南国多情多艳词,鹧鸪清怨邌梁飞。”温庭筠《鸿胪寺偶成四十韵》:“萦盈舞回雪,宛转歌邌梁。”罗隐《中元夜泊淮口》:“欹枕正牵题柱思,隔楼谁转邌梁声。”花蕊夫人徐氏《宫词》之一一三:“宫娥小小艳红妆,唱得歌声邌画梁。”

【邌畫】 依据画面。《白孔六帖·图画》:“曹不兴误点屏风,因就画为蝇,孙权谓是真,以手弹之。”李峤《墨》:“邌画蝇初落,含滋绶更深。”

【邌畫梁】 见“邌梁”。

【邌邌】 盘旋貌。寒山《诗三百三首》之二三五:“终日行邌邌,不离其盆中。”

邁 〔mài《广韵》莫話切,去夬,明。〕❶远行;行进。杜甫《寒峡》:“行迈日悄悄,山谷势多端。”高适《赠别王十七管记》:“折剑留赠人,严装遂云迈。”殷尧藩《送沈亚之尉南康》:“行迈南康路,客心离怨多。”裴潾《前相国赞皇公作镇浙右辄抒怀四言十四首奉寄》之十二:“公昔南迈,我不及睹。”❷巡行。《诗·周颂·时迈》:“时迈其邦,昊天其子之。”郑玄笺:“武王既定天下,时出行其邦国,谓巡守也。”张说《奉和圣制爰因巡省途次旧居应制》:“岁卜銮舆迈,农祠雁政敷。”❸谓时光流逝。陈子昂《喜马参军相遇醉歌》序:“日月云迈,蟋蟀谓何?”❹超越,越出。高适《别韦参军》:“国风冲融迈三五,朝廷欢乐弥寰宇。”杜甫《别蔡十四著作》:“安知蔡夫子,高义迈等伦。”权德舆《奉酬从兄南仲见示十九韵》:“荐贤比文举,理郡迈文翁。”贯休《寿春节进》:“迈五方云大,超三始见奇。”

【邁古】 超越前古。魏征《奉和正日临朝应诏》:“岂如今睿哲,迈古独光前。”陆龟蒙《次追和清远道士诗韵》:“况兹迈古士,复历苍崖窜。”

【邁世】 超越世俗。韦应物《酬李儋》:“迈世超高躅,寻流得真源。”

【邁俗】 超越世俗。皎然《送沙弥长文游京》:“迈俗多真气,传家有素风。”

【邁種】 (—zhòng) 勉力。语出《书·大禹谟》:“皋陶迈种德。”杜光庭《纪道德》:“曾未若轩后顺风兮清静自化,曾未若皋陶迈种兮温恭允塞。”

【邁德】 勉力树德。语出《书·大禹谟》:“皋陶迈种德。”褚亮《伤始平李少府正己》:“迈德惟家宝,生才谅国珍。”

遷 〔qiān《广韵》七然切,平仙,清。〕❶登;上升。《诗·小雅·伐木》:“出自幽谷,迁于乔木。”郑玄笺:“迁,徙也。谓乡时之鸟,出从深谷,今移处高木。”朱熹集传:“迁,升。”张说《再使蜀道》:“鱼游恋深水,鸟迁恋乔木。”参见“遷鶯❶”。❷迁移;搬动。陈元光《落成会咏一首》:“盘庚迁美土,陶侃效兼庸。”李峤《晚秋喜雨》:“御车迁玉殿,荐菲撤琼羞。”姚合《题宣义池亭》:“寻芳行不困,逐胜坐还迁。”韦庄《夏夜》:“傍水迁书榻,开襟纳夜凉。”❸变更;变化;变迁。李白《赠宣城宇文太守兼呈崔侍御》:“受气有本性,不为外物迁。”独孤及《江宁酬郑县刘少府兄赠别作》:“事迁时既往,年长迹逾暌。”孟郊《山老吟》:“讵知文字力,莫记日月迁。”李涉《逢旧二首》之一:“不期陵谷迁朝市,今日辽东特地逢。”❹升官。胡皓《同蔡孚起居咏鹦鹉》:“贾谊才方达,扬雄老未迁。”韦应物《岁日寄京师诸季端武等》:“为政无异术,当责岂望迁。”元结《与党评事》:“自顾无功劳,一岁官再迁。”张籍《送邵州林使君》:“知君不作家私计,迁日还同到日贫。”亦指调官。韦应物《送唐明府赴溧水》:“只叹官如旧,旋闻邑屡迁。”❺贬谪;降职。张谓《同孙构免官后登蓟楼》:“北别伤士卒,南迁死炎瘴。”韩翃《赠兖州孟都督》:“少年亲事冠军侯,中岁仍迁北兖州。”韩愈《赴江陵途中寄赠三学士》:“谓言即施设,乃反迁炎州。”李商隐《哭刘司户蕡》:“空闻迁贾谊,不待相孙弘。”❻流放;放逐。韩愈《八月十五夜赠张功曹》:“迁者追回流者还,涤瑕荡垢清朝班。”萧颖士《羽山》:“夏祖何屯圮,迁殛此山限。”❼离散。裴次元《南至日隔仗望含元殿炉香》:“始看浮阙在,稍见逐风迁。”

【遷人】 指被贬斥的官吏。王昌龄《江上闻笛》:“羸马望北走,迁人悲越吟。”李白《赠闾丘宿松》:“飞鸟还旧巢,迁人返躬耕。”贾岛《题长江》:“若任迁人去,西溪与剡通。”

【遷木】 迁于乔木。谓登第或升官。语出《诗·小雅·伐木》:“出自幽谷,迁于乔木。”韦元旦《饯唐州高使君赴任》:“鸣皋夜鹤在,迁木早莺求。”孟守《和主司王起》:“群莺共喜新迁木,双凤皆当即入池。”

【遷斥】 贬斥,放逐。杜甫《两当县吴十侍御江上宅》:“上官权许与,失意见迁斥。”刘禹锡《游桃源一百韵》:“王正降雷雨,环玦赐迁斥。”

【遷臣】 贬斥远地的官吏。白居易《闲卧有所思二首》之一:“偶因明月清风夜,忽想迁臣逐客心。”

【遷延】 ❶拖延,耽搁。李商隐《行次西郊作一百韵》:“破者以族灭,存者尚迁延。”王铎《罢都统守镇滑州作》:“用军何事敢迁延,恩重才轻分使然。”路德延《小儿诗》:“倦书饶娅姹,憎药巧迁延。”❷退却。韩愈《孟生诗》:“迁延乍却走,惊怪靡自任。”韩偓《奉和峡州孙舍人肇荆南重围中寄诸朝士二篇》之二:“征途安敢更迁延,冒入重围势使然。”

【遷次】 ❶移居,从一处搬至另一处。杜甫《人宅三首》之一:“客居愧迁次,春酒渐多添。”又《王十五司马弟出郭相访兼遗营茅屋赀》:“客里何迁次,江边正寂寥。”❷变迁;变化。韩愈《赠徐州族侄》:“岁时易迁次,身命多厄穷。”白居易《苦热喜凉》:“潜知寒燠间,迁次如乘传。”又《感秋咏意》:“炎凉迁次速如飞,又脱生衣着熟衣。”

【遷改】 ❶变易,改变。李白《对酒行》:“天地无彫换,容颜有迁改。”❷指改迁贬谪之地。戎昱《赠别张驸马》:“冠冕凄凉几迁改,眼看桑田变成海。”

【遷别】 改变。王昌龄《过华阴》:“何意昨来心,遇物遂迁别。”

【遷谷】 语出《诗・小雅・伐木》:“出自幽谷,迁于乔木。”后用以指地位上升。孟浩然《南还舟中寄袁太祝》:“忽闻迁谷鸟,来报五陵春。”杜牧《贻友人》:“傥无迁谷分,归去养天真。”

【遷固】 汉司马迁和班固的连称。崔湜《景龙二年春日赴襄阳途中言志》:“人掌迁固笔,出参枚马同。”

【遷易】 变化;变换。李颀《送刘四》:“尔来屡迁易,三度尉洛阳。”武元衡《酬李十一尚书西亭暇日书怀见寄十二韵之作》:“时景屡迁易,兹言期退休。”刘禹锡《游桃源一百韵》:“一气无死生,三光自迁易。”白居易《寄杨六》:“岂无旧交结,久别或迁易。”

【遷放】 流放。张九龄《九月九日登龙山》:“为邦复多幸,去国殊迁放。”司空曙《酬崔峒见寄》:“趋陪禁掖雁行随,迁放江潭鹤发垂。”

【遷官】 ❶升官。李颀《送司农崔丞》:“宰臣应记识,明主必迁官。”❷贬官。吴融《南迁途中作七首・〈登七盘岭二首〉之一》:“才非贾傅亦迁官,五月驱羸上七盘。”

【遷居】 搬家。杜甫《移居夔州郭》:“伏枕云安县,迁居白帝城。”齐己有《贺孙支使郎中迁居》。

【遷革】 变化,变革。刘禹锡《游桃源一百韵》:“绵绵五百载,市朝几迁革。”

【遷客】 指遭贬斥放逐之人。王昌龄《箜篌引》:“有一迁客登高楼,不言不寐弹箜篌。”李白《与史郎中钦听黄鹤楼上吹笛》:“一为迁客去长沙,西望长安不见家。”白居易《彭蠡湖晚归》:“何必为迁客,无劳是病身。”郑谷《寄南浦谪官》:“白首为迁客,青山绕万州。”

【遷捐】 迁移变化而捐弃旧好。王昌龄《行路难》:“人生意气好迁捐,只重狂花不重贤。”

【遷家】 搬家。皮日休《寄琼州杨舍人》:“行遇竹王因设奠,居逢木客又迁家。”

【遷飛】 向高处飞。喻登科。王昌龄《送刘昚虚归取宏词解》:“迁飞在礼仪,岂复泪如霰。”

【遷逐】 贬斥放逐。李白《流夜郎半道承恩放还兼欣克复之美书怀示息秀才》:“遭逢二明主,前后两迁逐。”又《与诸公送陈郎将归衡阳》序:“况仆之不肖者,而迁逐枯槁,固非其宜。”司空曙《闻春雷》:“自怜迁逐者,犹滞蛰藏余。”

【遷移】 变迁,变化。李白《感时留别从兄徐王延年从弟延陵》:“列戟十八年,未曾辄迁移。”杜甫《偶题》:“缘情慰漂荡,抱疾屡迁移。”孟郊《感怀》之三:“四时互迁移,万物何时春。”张籍《献从兄》:“诏书近迁移,组绶未及身。”

【遷徙】 迁移。李绅《新楼诗二十首・橘园》:“惧同枳棘愁迁徙,每抱馨香委照临。”

【遷落】 衰落。寒山《诗三百三首》之五五:“朝朝花迁落,岁岁人移改。”

【遷喬】 ❶谓鸟从低处迁往高处。语出《诗・小雅・伐木》:“出自幽谷,迁于乔木。”李峤《莺》:“写啭清弦里,迁乔暗木中。”孙昌胤《清明》:“不及林间鸟,迁乔并羽仪。”孙处玄《咏黄莺》:“高风不借便,何处得迁乔。”钱可复《莺出谷》:“求友心何切,迁乔幸有因。”❷喻登第或升官。柳宗元《同刘二十八院长之作因其韵增至八十通赠二君子》:“未竟迁乔乐,俄成失路嗟。”刘禹锡《寄唐州杨八归厚》:“何况迁乔旧同伴,一双先入凤凰池。”白居易《叙德书情四十韵上宣歙翟中丞》:“射策端心术,迁乔整羽仪。”卢肇《除歙州途中寄座主王侍郎》:“忽忝专城奉六条,自怜出谷屡迁乔。”

【遷貿】 变迁。骆宾王《在江南赠宋五之问》:“炎凉几迁贸,川陆疲臻凑。”

【遷鼎】 易代;亡国。相传夏禹铸九鼎,历商至周,为传国的重器。后遂以九鼎指代国家政权和帝王。故以“遷鼎”指易代、亡国。韦庄《湘中作》:“臣心未肯教迁鼎,天道还应欲止戈。”

【遷鄰】 迁居择邻。孟轲母为使其受到好的教育和影响,曾三次迁居择邻。事见汉刘向《列女传・邹孟轲母》。宋峤《宅》:“孟母迁邻罢,将军辞第初。”

【遷榮】 荣升。刘怀一《赠右台监察邓茂迁左台殿中》:“入仕光三命,迁荣历二台。”孟浩然《送张郎中迁京》:“碧溪常共赏,朱邸忽迁荣。”

【遷滿】　谓官员秩满迁升。韩愈《送侯参谋赴河中幕》："迁满一已异，乖离坐难凭。"

【遷播】　迁徙流离。卢僎《十月梅花书赠》："自从迁播落黔巴，三见江上开新花。"刘长卿《送侯中丞流康州》："迁播共知臣道枉，猜谗却为主恩深。"

【遷謝】　❶衰退败落。骆宾王《夕次旧吴》："文物俄迁谢，英灵有盛衰。"吴筠《游仙二十四首》之三："愍俗从迁谢，录仙去沦没。"汤悦《鼎臣学士侍郎楚金舍人学士以再伤庭梅诗同垂宠和因成四十字陈谢》："人物同迁谢，重成念旧悲。"❷谓身心衰老。寒山《诗三百三首》之二〇四："只为主人不了绝，遂招迁谢逐迷邪。"

【遷職】　升职。杜审言《赠崔融二十韵》："高选俄迁职，严程已饬装。"

【遷轉】　(—zhuǎn)谓官员升级。杜甫《奉送蜀州柏二别驾》："迁转五州防御使，起居八座太夫人。"罗隐《裴庶子除太仆卿因贺》："应笑马安虚巧宦，四回迁转始为卿。"石惠泰《与李全交诗》："待君迁转后，此职还到余。"

【遷謫】　谓官吏因罪降职并流放。苏颋《晓发兴州入陈平路》："旧史饶迁谪，恒情厌苦辛。"王昌龄《留别武陵袁丞》："皇恩暂迁谪，待罪逢知己。"白居易《商山路驿桐树昔与微之前后题名处》："与君前后多迁谪，五度经过此路隅。"

【遷竄】　迁逐流放。宋之问《自洪府舟行直书其事》："问余何奇剥，迁窜极炎鄙。"

【遷騰】　指官职连连迁升。韩愈《奉酬振武胡十二丈大夫》："倾朝共羡宠光频，半岁迁腾作虎臣。"

【遷鶯】　❶黄莺飞迁高树。元稹《春晚寄杨十二兼呈赵八》："迁莺恋嘉木，求友多好音。"李商隐《思归》："旧居连上苑，时节正迁莺。"❷指迁升飞翔的黄莺。皇甫冉《东郊迎春》："遥观上林树，今日遇迁莺。"窦巩《江陵遇元九李六二侍御纪事书情呈十二韵》："美玉方齐价，迁莺尚怯飞。"许浑《李秀才近自涂口迁居新安适枉缄书见宽悲戚因以此答》："东堂望绝迁莺起，南国哀余候雁飞。"张鹭《莺出谷》："弱柳随俦匹，迁莺正及春。"❸喻登第。钱起《送李秀才落第游荆楚》："翠羽虽成梦，迁莺尚后群。"李商隐《喜舍弟羲叟及第上礼部魏公》："朝满迁莺侣，门多吐凤才。"又《咏怀寄秘阁旧僚二十六韵》："悔逐迁莺伴，谁观择虱时。"❹喻升官。苏味道《使岭南闻崔马二御史并拜台郎》："振鹭齐飞日，迁莺远听闻。"骆宾王《同辛簿简仰酬思玄上人林泉四首》之三："客有迁莺处，人无结驷来。"喻坦之《陈情献中丞》："五言非琢玉，十载看迁莺。"

【遷變】　变迁。韦应物《休沐东还胄贵里示端》："存没恻私怀，迁变伤里间。"李群玉《秣陵怀古》："市朝迁变秋芜绿，坟冢高低落照红。"苏拯《世迷》："所以多迁变，宁合天地情。"

遼　〔liáo《广韵》落萧切，平萧，來。〕❶遥远。岑参《使交河郡献封大夫》："铁关控天涯，万里何辽哉。"韩愈《泷吏》："岭南大抵同，官去道苦辽。"❷开阔；远大。萧祜《游石堂观》："劝君学道此时来，结茅独宿何辽哉。"白居易《截树》："开怀东南望，目远心辽然。"❸区域名。指辽东或辽西。顾况《送从兄使新罗》："扬威轻破虏，柔服耻征辽。"韦庄《汴堤行》："才闻破虏将休马，又道征辽再出师。"❹水名。王维《出塞》："护羌校尉朝乘障，破虏将军夜渡辽。"李白《永王东巡歌十一首》之八："我王楼舰轻秦汉，却似文皇欲渡辽。"张仲素《塞下曲五首》之一："三戍渔阳再渡辽，骍弓在臂剑横腰。"

【遼天】　远天。张正元《冬日可爱》："寒日临清昼，辽天一望时。"白居易《戏和微之答窦七行军之作》："夔龙来要地，鹓鹭下辽天。"陆龟蒙《新秋杂题六首·坐》："偶避蝉声来隙地，忽随鸿影入辽天。"周朴《塞上行》："辽天望乡者，回首尽沾巾。"

【遼天鶴】　指辽东人丁令威得仙化鹤归里事。李白《题许宣平庵壁》："应化辽天鹤，归当千岁余。"马戴《送宗密上人》："近放辽天鹤，曾为南岳人。"参见"遼東鶴"。

【遼水】　即辽河。陈子昂《感遇诗三十八首》之二四："故乡三千里，辽水复悠悠。"韦应物《鼙鼓行》："又如虏骑截辽水，胡马不食仰朔天。"张籍《征妇怨》："九月匈奴杀边将，汉军全没辽水上。"贯休《边上作三首》之二："阵云忽向沙中起，探得胡兵过辽水。"

【遼左】　即辽东。许敬宗有《辽左雪中登楼》。

【遼西】　古郡名。辽河以西的地区，今辽宁的西部。隋唐时已无此郡。许景先《阳春怨》："藁砧当此日，行役向辽西。"郑锡《度关山》："仍闻数骑将，更欲出辽西。"赵嘏《昔昔盐二十首·倦寝听晨鸡》："功成应自恨，早晚发辽西。"崔道融《春闺二首》之一："佳人持锦字，无雁寄辽西。"

【遼西鶴】　指辽人丁令威得仙化鹤归里事。王勃《八仙径》："代北鸾骖至，辽西鹤骑旋。"参见"遼東鶴"。

【遼甸】　指辽水一带。高适《信安王幕府诗》："振玉登辽甸，扒金历蓟壖。"

【遼豕】　《后汉书·朱浮传》："往时辽东有豕，生子白头，异而献之，行至河东，见群豕皆白，怀惭而还。若以子之功论于朝廷，则为辽东豕也。"后以"遼豕"指知识浅薄，少见多怪。张九龄《南阳道中作》："岂暇墨突黔，空持辽豕白。"

【遼東】 郡名。秦置，在今辽宁东南部辽河以东之地，治所在今辽宁辽阳市西北。唐太宗尝于其地置辽州，寻废为安东都护府辖地。李峤《饯薛大夫护边》："登山窥代北，屈指计辽东。"李白《留别广陵诸公》："卧海不关人，租税辽东田。"李涉《逢旧二首》之一："不期陵谷迁朝市，今日辽东特地逢。"孔德绍《赋得华亭鹤》："何言斯物变，翻覆似辽东。"

【遼東白鶴】 指辽东人丁令威得仙化鹤归里事。陈陶《钱塘对酒曲》："炎荒翡翠九门去，辽东白鹤无归期，"参见"遼東鶴"。

【遼東老鶴】 指辽东人丁令威得仙化鹤归里事。曹唐《小游仙诗九十八首》之四六："辽东老鹤应慵惰，教探桑田便不回。"参见"遼東鶴"。

【遼東華表】 晋陶潜《搜神后记》卷一："丁令威，本辽东人，学道于灵虚山。后化鹤归辽，集城门华表柱。时有少年，举弓欲射之。鹤乃飞，徘徊空中而言曰：'有鸟有鸟丁令威，去家千年今始归。城郭如故人民非，何不学仙冢垒垒。'遂高上冲天。"后因以称久别的故乡。司空曙《送王尊师归湖州》："莫学辽东华表上，千年始欲一回归。"白居易《九老图诗》："雪作须眉云作衣，辽东华表鹤双归。"

【遼東鶴】 指传说中的辽东人丁令威修道成仙，化鹤归飞之事。晋陶潜《搜神后记》卷一："丁令威，本辽东人，学道于灵虚山。后化鹤归辽，集城门华表柱。时有少年，举弓欲射之。鹤乃飞，徘徊空中而言曰：'有鸟有鸟丁令威，去家千年今始归。城郭如故人民非，何不学仙冢垒垒。'遂高上冲天。"杜甫《卜居》："归羡辽东鹤，吟同楚执珪。"白居易《吴七郎中山人待制班中偶赠绝句》："第三松树非华表，那得辽东鹤下来。"唐彦谦《贺李昌时禁苑新命》："尘中旧侣无音信，知道辽东鹤姓丁。"陈陶《豫章江楼望西山有怀》："时人未识辽东鹤，吾祖曾传宝鼎书。"

【遼東舊事】 指辽东人丁令威得仙化鹤归里事。皮日休《悼鹤》："辽东旧事今千古，却向人间葬令威。"参见"遼東鶴"。

【遼河】 水名。即今辽河。有东西二源，东辽河发源于今吉林省境内；西辽河发源于内蒙古自治区，在今辽宁省昌图县汇合，南流经盘山入渤海。杜之松《和卫尉寺柳》："汉将本屯营，辽河有戍城。"

【遼空】 (—kōng) 辽阔的天空。蜀太后徐氏《三学山夜看圣灯》："玉香焚静夜，银烛炫辽空。"

【遼荒】 辽远荒凉之地。齐己《送错公栖公南游》："威仪本是朝天士，暂向辽荒住得无。"

【遼城】 辽东都城。即今辽宁省辽阳市。李白《寓言三首》之三："相思不相见，托梦辽城东。"司空曙《杂兴》："月没辽城暗出师，双龙金角晓天悲。"杨巨源《纪事》："三刀梦益州，一箭取辽城。"杜牧《寄远》："功名待寄凌烟阁，力尽辽城不肯回。"

【遼城鶴】 指辽东人丁令威得仙化鹤归里事。王维《送张道士归山》："当作辽城鹤，仙歌使尔闻。"李贺《嘲雪》："久别辽城鹤，毛衣已应故。"参见"遼東鶴"。

【遼海】 ❶辽东。泛指辽河以东沿海地区。李白《春怨》："白马金羁辽海东，罗帷绣被卧春风。"刘方平《梅花落》："莫将辽海雪，来比后庭中。"李贺《南园十三首》之六："不见年年辽海上，文章何处哭秋风。"许浑《郑侍御厅玩鹤》："缑山去远云霄迥，辽海归迟岁月多。"❷指渤海辽东湾。杜甫《后出塞五首》之四："云帆转辽海，粳稻来东吴。"

【遼海鶴】 指辽东人丁令威得仙化鹤归里事。范传正《谢真人还旧山》："岂唯辽海鹤，空叹令威还。"参见"遼東鶴"。

【遼陽】 州名。即唐羁縻州中的辽州，贞观十九年(645)置，治所在辽东城(今辽宁省辽阳市)，属安东都护府。辽州是汉代辽阳县地，故称辽阳。张九龄《饯王尚书出边》："夏云登陇首，秋露泫辽阳。"窦巩《少妇词》："坐惜年光变，辽阳信未通。"王涯《闺人赠远五首》之一："为报辽阳客，流芳不待人。"李中《春闺辞二首》之二："不得辽阳信，春心何以安。"

【遼落】 ❶冷落。耿沣《听早蝉歌》："依婆娑之古树，思辽落之荒城。"❷疏远，冷漠。萧颖士《仰答韦司业垂访五首》之三："辽落缅岁时，辛勤历江岛。"

【遼雁】 远来的鸿雁。李益《春日晋祠同声会集得疏字韵》："中州有辽雁，好为系边书。"

【遼遠】 遥远。骆宾王《在江南赠宋五之问》："漳滨已辽远，江潭未旋返。"

【遼亂】 缭乱。温庭筠《题西明寺僧院》："新雁参差云碧处，寒鸦辽乱叶红时。"马云奇《白云歌》："望白云，白云辽乱满空山，高低赋象非情欲。"

【遼廓】 ❶辽阔广大貌。亦指辽阔广大处。王仁裕《题斗山观》："三清谁信路岐遥，八景云烟事早朝。"白居易《答裴相公乞鹤》："终宜向辽廓，不称在泥涂。"❷遥远。王昌龄《淇上酬薛据兼寄郭微》："吾谋适可用，天道岂辽廓。"

【遼塞】 (—sài) 遥远的边塞。顾敻《遐方怨》词："凤箫歇，镜尘生，辽塞音书绝，梦魂长暗惊。"

【遼碣】 辽东和碣石都临近渤海，故并称。太宗《辽城望月》："玄兔月初明，澄辉照辽碣。"陈子昂《送著作佐郎崔融等从梁王东征》序："酒中乐酣，拔剑起舞，则已气横辽碣，志扫獯戎。"独孤及《海上寄萧立》："驿楼见万里，延首望辽碣。"

【遼敻】 ❶遥远貌。王周《志峡船具诗·梢》：

“既能济险难，何畏涉辽夐。”❷艰辛貌。陆龟蒙《村夜二篇》之一：“吾家在田野，家事苦辽夐。”

【遼闊】 ❶辽远。李商隐《东下三旬苦于风土马上戏作》：“天池辽阔谁相待，日日虚乘九万风。”❷指相去甚远，相差很大。韦应物《寇季膺古刀歌》：“世人所好殊辽阔，千金买铅徒一割。”

【遼曠】 辽阔广大。张说《岳州西城》：“水国何辽旷，风波遂极天。”

【遼鶴】 指辽东人丁令威得仙化鹤归里事。韦应物《送丘员外还山》：“灵芝非庭草，辽鹤委池鹜。”张祜《偶登苏州重玄阁》：“何事越王侵敌国，不妨辽鹤唁人寰。”皮日休《虎丘寺殿前有古杉一本遂赋三百言以见志》：“品格齐辽鹤，年龄等宝龟。”罗隐《期徐道者不至》：“辽鹤虚空语，冥鸿未易亲。”参见“遼東鶴”。

暹 〔xiān《广韵》息廉切，平鹽，心。〕太阳升起。《广韵·平盐》：“暹，日光进也。”花蕊夫人徐氏《宫词》之四二：“翠华香重玉炉添，双凤楼头晓日暹。”

遺[1] 〔yí《广韵》以追切，平脂，以。〕❶遗失；丢失。王建《白纻歌二首》之二：“美人醉起无次第，堕钗遗佩满中庭。”韩愈《南山诗》：“或行而不辍，或遗而不收。”曹邺《山中效陶》：“西山忽然暮，往往遗巾屦。”❷遗漏。秦系《张建封大夫奏系为校书郎因寄此作》：“不知芸阁上，遗校几多书。”白居易《羸骏》：“相马失于瘦，遂遗千里足。”李频《贻友人喻坦之》：“不信升平代，终遗草泽才。”❸遗弃；舍弃。孟浩然《山中逢道士云公》：“奈何偶昌运，独见遗草泽。”包佶《寄杨侍御》：“一官何幸得同时，十载无媒独见遗。”钱起《锄药咏》：“岂无萱草树阶墀，惜尔幽芳世所遗。”杜甫《瘦马行》：“细看六印带官字，众道三军遗路旁。”❹被遗弃的人与事。杜甫《幽人》：“天高无消息，弃我忽若遗。”韩愈《刘生诗》：“弃家如遗来远游，东走梁宋暨扬州。”陆龟蒙《奉和袭美酬前进士崔潞盛制见寄因赠至一百四十言》：“搜得万古遗，裁成十编书。”❺遗忘。李白《题嵩山逸人元丹丘山居》：“灭迹遗纷嚣，终言本峰壑。”独孤及《同徐侍郎五云溪新庭重阳宴集作》：“骋望傲千古，当歌遗四愁。”孟郊《列仙文·清虚真人》：“遗我积世忧，释此千载叹。”齐己《寄诗友》：“返朴遗时态，关门度岁阴。”❻遗留。崔国辅《漂母岸》：“事迹遗在此，空伤千载魂。”刘长卿《疲兵篇》：“只恨汉家多苦战，徒遗金镞满长城。”白居易《赠内》：“君家有贻训，清白遗子孙。”❼堕；落下。王昌龄《留别武陵袁丞》：“桃花遗古岸，金涧流春水。”❽离开；脱离。参见“遺孤”“遺挂”。❾专指死人留下的。见“遺世”。

遺[2] 〔wèi《广韵》以醉切，去至，以。〕给予；赠予。孟浩然《春意》：“照水空自爱，折花将遗谁。”杜甫《太子张舍人遗织成褥段》：“客从西北来，遗我翠织成。”王毂《梦仙谣三首》之一：“有人遗我五色丹，一粒吞之后天老。”贯休《古意代友人投所之》：“客从远方来，遗我古铜镜。”

【遺人】 ❶劫后幸存者。元结《舂陵行》：“州小经乱亡，遗人实困疲。”❷遗世之人；隐士。戴叔伦《酬袁太祝长卿小湖村山居书怀见寄》：“背江居隙地，辞职作遗人。”

【遺土】 未开垦利用的土地。许棠《题秦州城》：“大荒收虏帐，遗土复秦风。”

【遺士】 未被发现的才德之士；隐士。皮日休《正乐府十篇·贪官怨》：“吾闻古圣王，天下无遗士。”

【遺才】 亦作“遺材”。❶谓荐举、科举遗漏人才；埋没人材。卢象《送綦毋潜》：“如何天覆物，还遣世遗才。”贾岛《送沈秀才下第东归》：“下第子不耻，遗才人耻之。”❷未被发现或未受重视的人才。李颀《送从弟游江淮兼谒鄱阳刘太守》：“须知圣代举贤良，不使遗才滞一方。”梁锽《天长节》：“愿持金殿镜，处处照遗才。”元结《题孟中丞茅阁》：“公欲举遗材，如此佳木欤。”

【遺子】 ❶留给子孙。张九龄《骊山下逍遥公旧居游集》：“遗子后黄金，作歌先紫芝。”❷产子；产卵。吴融《句》：“暖漾鱼遗子，晴游鹿引麛。”

【遺弓】 《吕氏春秋·贵公》：“荆人有遗弓者，而不肯索，曰：‘荆人遗之，荆人得之，又何索焉。’”后用以为典，喻遭遗弃。李商隐《李肱所遗画松诗书两纸得四十韵》：“悲哉堕世网，去之若遗弓。”

【遺弓劍】 北魏郦道元《水经注·河水三》：“阳周县故城南桥山……王莽更名上陵畤，山上有黄帝冢故也。帝崩，惟弓剑存焉，故世称黄帝仙矣。”后以为帝王死亡的委婉语。杜牧《河湟》：“旋见衣冠就东市，忽遗弓剑不西巡。”

【遺文】 ❶古人或死者留下的诗文。韦应物《送颜司议使蜀访图书》：“无为久留滞，圣主待遗文。”郑巢《哭虚海上人》：“朗吟声不倦，高传有遗文。”白居易《游襄阳怀孟浩然》：“今我讽遗文，思人至其乡。”❷散逸的诗文。苏颋《送贾起居奉使入洛取图书因便拜觐》：“遗文征阙简，还思采芳兰。”

【遺功】 犹遗巧。未尽其巧；精美的技艺有所保留，没有完全发挥出来。孟郊《擢第后东归书怀献座主吕侍御》：“至运本遗功，轻生各自立。”曹邺《庭草》：“庭草根自浅，造化无遗功。”

【遺₂布】 《后汉书·独行传·王烈》：“乡里有盗牛者，主得之，盗请罪曰：‘刑戮是甘，乞不使王彦方知也。'烈闻而使人谢之，遗布一端。或问其故，烈曰：'盗惧吾闻其过，是有耻恶之心，既怀耻恶，必能改善，故以此激之。"后用以指对盗贼宽容不惩，使其受到感化而弃恶从善。元稹《阳城驿》："公亦不遗布，人自不盗牛。"

【遗世】 超脱尘世；避世隐居。綦毋潜《登天竺寺》："因物成真悟，遗世在兹岑。"王维《赠从弟司库员外绿》："浩然出东林，发我遗世意。"白居易《题杨颖士西亭》："即此可遗世，何必蓬壶峰。"

【遗生】 忘却自我的存在。李咸用《吴处士寄香兼劝入道》："须知十极皆臣妾，岂止遗生奉混茫。"

【遗失】 ❶丢失。吕岩《修身诀》："既得一，勿遗失，失了永求无一物。"❷失误；过失。杜甫《北征》："虽乏谏诤姿，恐君有遗失。"

【遗令】 临终前的告诫、嘱咐。宋之问《铜雀台》："一旦雄图尽，千秋遗令开。"

【遗用】 具有才能而未发挥作用。元结《系乐府十二首·古遗叹》："所遗非遗用，所遗在遗之。"

【遗句】 亡者的诗文。柳宗元《韩漳州书报彻上人亡因寄二绝》之二："频把琼书出袖中，独吟遗句立秋风。"

【遗民】 ❶亡国之民；前朝留下的百姓。白居易《新乐府·西凉伎》："遗民肠断在凉州，将卒相看无意收。"又《赠康叟》："再三怜汝非他意，天宝遗民见渐稀。"殷尧藩《送韦侍御报使西蕃》："旅宿关河逢暮雨，春耕亭障识遗民。"❷后裔；后代。白居易《不出门》："祖跣此窗斗，葛天之遗民。"❸隐士。张登《招客游寺》："招取遗民赴僧社，竹堂分坐静看心。"白居易《狂吟七言十四韵》："但恐人间为长物，不如林下作遗民。"❹人名。刘遗民，东林十八贤之一。晋慧远法师与刘遗民等十八人发起结白莲社于庐山东林寺。裴谟《和舍弟寄题东林寺》："今日香炉峰下过，方欣物外有遗民。"裴坦《与大愿和尚诗》："竟辞圣主宫中诏，来赴遗民社内期。"

【遗孕】 父死后所生子女。陆龟蒙《和过张祜处士丹阳故居》序："死未二十年，而故姬遗孕，冻馁不暇。"颜萱《过张祜处士丹阳故居》序："处士有四男一女，男曰椿儿、桂子、椅儿、杞儿。问之，三已物故，唯杞为遗孕，与其女尚存。"

【遗寺】 废旧的佛寺。司空曙《闲居寄苗发》："支公有遗寺，重与谢安过。"

【遗老】 ❶年老谙事者。孙逖《长洲苑》："揽涕问遗老，繁华安在哉？"储光羲《田家杂兴八首》之六："楚山有高士，梁国有遗老。"李白《与南陵常赞府游五松上》："征古绝遗老，因名五松山。"方干《送汶上王明府之任》："遗老应相贺，知君不下堂。"❷指先帝旧臣。王维《故太子太师徐公挽歌四首》之一："就第优遗老，来朝诏不名。"刘禹锡《文宗元圣对昭献孝皇帝挽歌三首》之三："周南有遗老，掩泪望秦川。"白居易《咏身》："周南留滞称遗老，汉上羸残号半人。"❸谓延年却老。宋之问《入崖口五渡寄李适》："碧潭可遗老，丹砂堪学仙。"岑参《太一石鳖崖口潭旧庐招王学士》："此地可遗老，劝君来考槃。"皇甫冉《登玄元庙》："物外将遗老，区中誓绝缘。"马戴《送吕郎中牧东海郡》："山乡足遗老，伫听荐贤书。"

【遗死】 忘死，置死亡于不顾。孟郊《忆江南弟》："不然死后耻，遗死亦有终。"

【遗曲】 (—qǔ) 前代留下来的乐曲。白居易《嵩阳观夜奏霓裳》："开元遗曲自凄凉，况近秋天调是商。"

【遗名】 ❶遗弃名利。李商隐《所居》："前贤无不谓，容易即遗名。"❷留传名声。陆龟蒙《奉和袭美赠魏处士五贶诗·五泻舟》："尚应嫌越相，遗祸不遗名。"方干《山井》："辘轳用智终何益，抱瓮遗名亦至今。"

【遗字】 死者生前的题字、文稿等。孟郊有《李少府厅吊李远宾遗字》。

【遗形】 超脱形骸，精神进入忘我境界。李白《至陵阳山登天柱石酬韩侍御见招隐黄山》："何日可携手，遗形入无穷。"权德舆《跌伤伏枕有劝醵酒者暂忘所苦因有一绝》："暂得遗形处，陶然在醉乡。"徐铉《哭刑部侍郎乔公诗》："逸老诚云福，遗形未免贫。"

【遗形忘性】 超脱形骸，舍弃心性，进入忘我的精神境界。杜光庭《山居百韵》："返朴还淳皆至理，遗形忘性尽真铨。"

【遗址】 指年久被毁的建筑物所在的地方。温庭筠《过孔北海墓二十韵》："兰蕙荒遗址，榛芜蔽旧垌。"袁皓《重归宜春经过萍川题梵林寺》："梵林遗址在松萝，四十年来两度过。"

【遗芬】 喻前人留下的美德盛名。沈佺期《神龙初废逐南荒途出郴口北望苏耽山》："不才予窜迹，羽化子遗芬。"

【遗芳】 ❶遗留下来的芳香。严维《经兰亭故池联句》："曲水邀欢处，遗芳尚宛然。"❷喻前人留下的盛德美名。李商隐《题道静院》："独坐遗芳成故事，褰帷旧貌似元君。"吴仁璧《金钱花》："堪疑刘宠遗芳在，不许山阴父老贫。"

【遗材】 见"遗才"。

【遗邑】 前代留下来的城邑。崔湜《江楼夕望》："公子留遗邑，夫人有旧城。"

【遗秀】 指残存的花草。孟郊《哀孟云卿嵩阳荒居》："残芳亦可饵，遗秀谁忍除。"

【遺身】 超然物外;隐居避世。孟郊《送超上人归天台》:“遗身独得身,笑我牵名华。”

【遺言】 ❶留传下来的话;古词语。李白《荆州贼平临洞庭言怀作》:“积骨成巴陵,遗言闻楚老。”邵谒《下第有感》:“古人有遗言,天地如掌阔。”周仲美《书壁》:“永诀泗之滨,遗言空在耳。”❷临终之语。李咸用《铜雀台》:“有虞曾不有遗言,滴尽湘妃眼中血。”唐彦谦《拜越公墓因游定水寺有怀源老》:“我与源公旧相识,遗言潇洒有人传。”徐锴《同家兄哭乔侍郎》:“生前适意无过酒,身后遗言只要诗。”

【遺忘】 忘记。李德裕《述梦诗四十韵》序:“初觉尚忆其半,经时悉已遗忘。”

【遺美】 ❶前代或前人留传下来的美好事物。司马扎《筑台》:“汉文有遗美,对此清飙生。”广利王女《与崔渥冥会杂诗》之四:“遗美代移刊勒绝,唯闻留得泪痕斑。”❷指遗留下来的美好风尚、德行等。张说《东都酺宴四首》序:“斯固雅颂之余波,政教之遗美。”

【遺玩】 指不为人知的游赏胜境。孟郊《石淙》:“圣朝搜岩谷,此地多遗玩。”

【遺杯】 余杯,残酒。陆龟蒙《秘色越器》:“好向中宵盛沆瀣,共嵇中散斗遗杯。”

【遺事】 ❶往昔之事。张继《河间献王墓》:“汉家宗室独称贤,遗事闲中见旧编。”柳公权《砥柱》:“旧碑文字在,遗事可追寻。”许浑《陈宫怨二首》之一:“风暖江城白日迟,昔人遗事后人悲。”谭用之《寄徐拾遗》:“好向明庭拾遗事,莫教玄豹老泉林。❷被人遗忘之事。元结《题孟中丞茅阁》:“乃知四海中,遗事谁谓无。”❸过失之事。卢纶《送卫司法河中觐省》:“年少无遗事,官闲有政声。”

【遺典】 前代遗留下来的典册。储光羲《送沈校书吴中搜书》:“秦阁多遗典,吴台访阙文。”

【遺侶】 漏网的同伙。韩愈《元和圣德诗》:“尽逐群奸,靡有遗侣。”

【遺帙】 残缺的书套。李白《翰林读书言怀呈集贤诸学士》:“观书散遗帙,探古穷至妙。”

【遺制】 前代留传下来的典章制度或成规。白居易《新乐府·二王后》:“备威仪,助郊祭,高祖太宗之遗制。”张又新《青屿山》:“今朝亭馆无遗制,积水沧浪一望中。”

【遺物】 被遗忘之事物。清江《早春书情寄河南崔少府》:“宇宙成遗物,光阴促幻身。”

【遺兒】 孤儿。无名氏《五言诗》之二:“遗儿我受苦,慈母不须生。”

【遺佩】 亦作“遗珮”。❶丢弃佩物。语本《楚辞·九歌·湘君》:“捐余玦兮江中,遗余佩兮醴浦。”后用以代称分离,分手。王初《书秋》:“潘赋登山魂易断,楚歌遗佩怨何穷。”李群玉《将之京国赠薛员外》:“澧浦一遗佩,郢南再悲秋。”❷郑交甫于汉皋台下遇二位神女,二位神女解佩相赠。分手回望时,二女已不见。事见汉刘向《列仙传·江妃二女》。后用为典实。牟融《山寺律僧画兰竹图》:“离花影度湘江月,遗珮香生洛浦风。”

【遺念】 以死者遗物作纪念。韦庄《独吟》:“开箧每寻遗念物,倚楼空缀悼亡诗。”

【遺彦】 指未发现或未任用的才德之士。李咸用《煌煌京洛行》:“百司旧分当玉殿,太平官属无遗彦。”

【遺孤】 死者遗留下来的孤儿。卢纶《送李方东归》:“此去何堪远,遗孤在旧邻。”白居易《元相公挽歌词三首》之三:“琴书剑珮谁收拾,三岁遗孤新学行。”郑谷《哭进士李洞二首》之一:“旅葬新坟小,遗孤远俗轻。”徐夤《经故广平员外旧宅》:“门巷萧条引涕洟,遗孤三岁着麻衣。”

【遺居】 前人留下的居所。刘言史《右军墨池》:“永嘉人事尽归空,逸少遗居蔓草中。”

【遺垣】 断墙残壁。唐彦谦《克复后登安国寺阁》:“千门万户鞠蒿藜,断烬遗垣一望迷。”

【遺挂】 死者遗物,指可以悬挂的服饰之类。《文选·潘岳〈悼亡诗〉之一》:“流芳未及歇,遗挂犹在壁。”吕延济注:“遗挂,谓平生玩用之物尚在于壁。”王维《达奚侍郎夫人寇氏挽词二首》之一:“遗挂空留壁,回文日覆尘。”

【遺草】 遗稿。刘昚虚《寄江滔求孟六遗文》:“相如有遗草,一为问家人。”刘禹锡《哭吕衡州》:“遗草一函归太史,旅坟三尺近要离。”陈羽《观朱舍人归葬吴中》:“几处州人临水哭,共看遗草有王言。”皮日休《庚寅岁十一月新罗弘惠上人与本国同书请日休为灵鹫山周禅师碑将还以诗送之》:“勒铭虽即多遗草,越海还能抵万金。”

【遺則】 指前代留传下来的法则。李白《商山四皓》:“飞声塞天衢,万古仰遗则。”

【遺骨】 遗骸。汪遵《杞梁墓》:“一叫长城万仞摧,杞梁遗骨逐妻回。”

【遺香】 指残花。陆龟蒙《秋荷》:“盈盈一水不得渡,冷翠遗香愁向人。”

【遺俗】 古代淳朴的民风。高适《真定即事奉赠韦使君二十八韵》:“始泉遗俗近,活水战场无。”

【遺後】 即死后。杜甫《哭严仆射归榇》:“一哀三峡暮,遗后见君情。”

【遺風】 ❶前代或前人留下的风俗教化。张九龄《商洛山行怀古》:“故事昔尝览,遗风今岂讹。”钱起《送兴平王少府游梁》:“梁国遗风重词赋,诸侯应念马卿贫。”武元衡《酬崔使君寄麈尾》：“贤人嘉尚同，今制古遗风。”白居易《冀城北原作》：“世变无遗风，焉能知其初。”❷前代留下来的音乐。张九龄《骊山下逍遥公旧居游集》：“松涧聆遗风，兰林览余滋。”❸留下来的风范。温庭筠《秘书刘尚书挽歌词二首》之一：“遗风丽清韵，萧散九原松。”张祎《题击瓯楼》：“驻旌元帅遗风在，击缶高人逸兴酣。”罗隐《寄酬邺王罗令公五首》之三：“湘浦烟波无旧迹，邺都兰菊有遗风。”

【遺音】 ❶留下来的声音。吕从庆《过金鸡石》：“遗音此寂然，千秋意何限。”李昂《睢阳送韦参军还汾上》：“预知汾水上，一雁有遗音。❷不绝之余音。形容音乐或诗歌极其美好。羊士谔《书楼怀古》：“泉云无旧辙，骚雅有遗音。”李玖《噀玉泉冥会诗八首·四丈夫同赋》之一：“文章高韵传流水，丝管遗音托草虫。”陆龟蒙《自遣诗三十首》之十九：“月淡花闲夜已深，宋家微咏若遗音。”李縠《浙东罢府西归酬别张广文皮先辈陆秀才》：“兰亭旧趾虽曾见，柯笛遗音更不传。”❸前朝留传下来的音乐。陈季《湘灵鼓瑟》：“遗音如可赏，试奏为君听。”王毂《吹笙引》：“娲皇遗音寄玉笙，双成传得何凄清。”❹留下来的风范。张祜《咏史二首》之二：“留名鲁连去，于世绝遗音。”❺哀声。《易·小过》“飞鸟遗之音”唐孔颖达疏：“遗，失也。鸟之失声，必是穷迫未得安处。《论语》曰：‘鸟之将死，其鸣也哀。’故知遗音即哀声也。”李商隐《哭遂州萧侍郎二十四韵》：“遗音和蜀魄，易箦对巴猿。”

【遺卻】 ❶遗失，丢失。崔国辅《长乐少年行》：“遗却珊瑚鞭，白马骄不行。”王建《送山人二首》之二：“山客狂来跨白驴，袖中遗却颍阳书。”花蕊夫人徐氏《宫词》之一三七：“众中遗却金钗子，拾得从他要赎么。”❷犹言不经意。孟郊《赠城郭道士》：“望里失却山，听中遗却泉。”

【遺恨】 至死还感到遗憾、悔恨。杜甫《八阵图》：“江流石不转，遗恨失吞吴。”李德裕《忆平泉山居赠沈吏部一首》：“殁世有遗恨，精诚何所如。”张祜《太真香囊子》：“谁为君王重解得，一生遗恨系心肠。”赵嘏《华清宫和杜舍人》：“益知迷宠佞，遗恨丧贤良。”

【遺宫】 古代留下来的宫室殿宇。许棠《过故洛城》：“去来皆过客，何处问遗宫。”

【遺約】 死者生前的约言。张籍《祭退之》：“公比欲为书，遗约有修章。”

【遺珠】 遗失珍珠。语出《庄子·天地》：“黄帝游乎赤水之北，登乎昆仑之丘，而南望还归，遗其玄珠。”牟融《赠殷以道》：“肯信白圭终在璞，谁怜沧海竟遗珠。”亦指遗失的珍珠。张籍《罔象得玄珠》：“赤水今何处，遗珠已渺然。”

【遺烈】 前人或死者遗留下来的业迹。许景先《征君宅》：“皇恩竟已矣，遗烈庶不泯。”徐铉《文献太子挽歌词五首》之一：“清风来望苑，遗烈在东藩。”

【遺匿】 遗才，隐士。沈千运《濮中言怀》：“圣朝优贤良，草泽无遗匿。”

【遺記】 先前遗留下来的书籍或记载。颜真卿《赠僧皎然》：“徒想嵊顶期，于今没遗记。”

【遺笑】 被人笑话。胡曾《咏史诗·广武山》：“仓皇斗智成何语，遗笑当时广武山。”

【遺訓】 前人留下的有教育意义的话。孟浩然《书怀贻京邑同好》：“诗礼袭遗训，趋庭沾末躬。”元稹《和乐天赠樊著作》：“信哉作遗训，职在圣与贤。”白居易《饮后戏示弟子》：“孔门有遗训，复坐吾告尔。”鲍溶《岐路》：“古人有遗训，饱食非亲荣。”

【遺祥】 留下祥瑞。皮日休《开元寺佛钵诗》序：“俄有佛像见于外，渔者始为异，意滬渎二圣之遗祥也。”

【遺冤】 留下的委屈。齐己《读贾岛集》：“遗篇三百首，首首是遗冤。”

【遺基】 遗址。吴融《宋玉宅》：“草白烟寒半野陂，临江旧宅指遗基。”又《过渑池书事》：“渑池城郭半遗基，无限春愁挂落晖。”

【遺教】 （—jiào） 留下教诲。思讬《五言伤大和上传灯逝》：“神飞生死表，遗教法门中。”

【遺略】 遗脱；疏漏。段成式《游长安诸寺联句》序：“会假日，游大兴善寺。因问两京新记及游目记，多所遗略，乃约一旬录两传街寺，以街东兴善为首，二记所不具，则别录之。”

【遺情】 留下情思。曹唐《玉女杜兰香下嫁于张硕》：“遗情更说何珍重，擘破云鬟金凤凰。”亦指留下的情思。王无竞《铜雀台》：“长袖拂玉尘，遗情结罗幕。”

【遺寄】 死者临终时嘱咐身后寄交某人之物。孟简《咏欧阳行周事》：“拉泪取遗寄，深诚祈为传。”

【遺逸】 ❶隐居。张籍《赠姚合少府》：“阙下今遗逸，谁瞻隐士星。”❷隐士；遗才。韦应物《送李十四山东游》：“圣朝有遗逸，披胆谒至尊。”韩愈《荐士》：“圣皇索遗逸，髦士日登造。”李咸用《题陈处士山居》：“未逢皇泽搜遗逸，赢得青山避乱离。”陈陶《寄兵部任畹郎中》：“好向昌时荐遗逸，莫教千古吊灵均。”

【遺組】 遗弃官印。谓不就官职。陈子昂《感遇诗三十八首》之十六：“鲁连让齐爵，遗组去邯郸。”

【遺巢】 指劫后残余的房舍。王昌龄《失题》：“赤风荡中原，烈火无遗巢。”

【遺堞】 残存的城堞。沈佺期《初冬从幸汉故青门应制》：“故基仍岳立，遗堞尚云屯。”

【遺落】 ❶丢失，遗失。张萧远《观灯》“宝钗骤马多遗落，依旧明朝在路傍。”殷尧藩《上巳日赠都上人》之二：“绮罗人走马，遗落凤凰钗。”❷散失流落。元稹《桐花》：“遗落在人世，光华那复深。”陆龟蒙《读襄阳耆旧传因作诗五百言寄皮袭美》：“幽埋力须掘，遗落赀必购。”

【遺棠】 典出《诗·召南·甘棠》：“蔽芾甘棠，勿剪勿伐，召伯所茇。”郑玄笺：“茇，草舍也。召伯听男女之讼，不重烦劳，百姓止舍小棠之下听断焉，国人被其德，说其化，思其人，敬其树。”后以指召伯留下的盛德美政。蔡希寂《陕中作》：“川原余让畔，歌吹忆遗棠。”

【遺殘】 遗留，剩余。高适《东平留赠狄司马》：“练兵日精锐，杀敌无遗残。”

【遺集】 前人留下的诗文集子。齐己《寄匡阜诸公二首》之一：“争学忘言住幽胜，吾师遗集尽清吟。”

【遺策】 失策，失算。钱起《送郑书记》：“决胜无遗策，辞天便请缨。”韩愈《感春五首》之三：“朝廷未省有遗策，肯不垂意瓶与罍。”白居易《大社观献捷诗》：“庙算无遗策，天兵不战功。”

【遺舄】 亦作“遺鞋”。❶遗弃不用的破旧鞋子。李白《宣州九日寄崔侍御二首》之一：“咫尺不可亲，弃我如遗舄。”贞素《哭日本国内供奉大德灵仙和尚诗》：“明朝倘问沧波客，的说遗鞋白足还。”❷谓留下赤玉舄。汉刘向《列仙传》载，安期生卖药于东海，秦始皇东游，与其语三日三夜，赐金千万。安期生不受，留下书信一封，赤玉舄一双以为酬谢。王昌龄《观江淮名胜图》：“安期始遗舄，千古谢荣耀。”

【遺詠】 前人留传下来的诗歌。崔融《登东阳沈隐侯八咏楼》：“隐侯有遗咏，落简尚余芳。”白居易《想东游五十韵》：“余芳认兰泽，遗咏思蘋洲。”

【遺詔】 皇帝临终时所下的诏书。白居易《德宗皇帝挽歌词四首》之四：“因山有遗诏，如葬汉文时。”

【遺補】 唐代拾遗、补阙二官之并称。李嘉祐有《晚发咸阳寄同院遗补》。韩愈《寒食日出游》题下自注：“张十一院长见示病中忆花九篇，寒食日出游夜归，因以投赠。张十一，即功曹署，外郎遗补相呼为院长。”白居易《重到城七绝句·张十八》：“谏垣几见迁遗补，宪府频闻转殿监。”无名氏《语·谏院台省语》：“遗补相惜，御史相憎，郎官相轻。”

【遺禍】 避祸。陆龟蒙《奉和袭美赠魏处士五贶诗·五泻舟》：“尚应嫌越相，遗祸不遗名。”

【遺範】 前人留下的风范。元稹《去杭州》：“君名师范欲何范，君之烈祖遗范存。”

【遺魂】 亡魂，亡灵。罗隐《燕昭王墓》：“强停别骑山花晓，欲吊遗魂野草深。”徐仲雅《赠齐己》：“清塞清江却有灵，遗魂泣对荒郊月。”

【遺想】 俗念，杂念。王昌龄《裴六书堂》：“窗下长啸客，区中无遗想。”

【遺業】 前人留下的产业。温庭筠《寄卢生》：“遗业荒凉近故都，门前堤路枕平湖。”

【遺照】 ❶谓遗漏未遍照。孟郊《答韩愈李观别因献张徐州》：“高情无遗照，朗抱开晓月。”❷指未发现的景物。王昌龄《观江淮名胜图》：“而我高其风，披图得遗照。”

【遺路】 黄泉路。张乔《吊造微上人》：“至人随化往，遗路自堪伤。”

【遺跡】 亦作“遺蹟”。❶指留下的脚印。柳宗元《巽公院五咏·禅堂》：“心境本洞如，鸟飞无遗跡。”颜真卿、韦介《登岘山观李左相石尊联句》：“迟回向遗跡，离别益伤魂。”❷前代人或事物遗留下来的痕迹。孙逖《寻龙湍》：“仙穴寻遗跡，轻舟受水乡。”戴叔伦《同赋龙沙墅》：“因君访遗跡，此日见真龙。”裴夷直《江上见月怀古》：“月上江平夜不风，伏波遗跡半成空。”胡传美《武康碧落观》：“仙宫碧落太微书，遗蹟依然掩故居。”❸谓忘乎形迹。白居易《高仆射》：“二疏独能行，遗跡东门外。”

【遺嗣】 指死后留下的子孙。亦泛称后代。鲍溶《代楚老酬主人》：“曾伤无遗嗣，纵有复何益。”

【遺蹟】 见“遺跡”。

【遺經】 古代留传下来的经书。韩愈《寄卢仝》：“春秋三传束高阁，独抱遗经穷终始。”

【遺愛】 ❶遗留仁爱于后世。张说《至尉氏》：“吾兄昔兹邑，遗爱称贤宰。”戴叔伦《临流送顾东阳》：“海上独归惭不及，邑中遗爱定无双。”元稹《代杭人作使君一朝去二首》之一：“使君一朝去，遗爱在人口。”白居易《寄题余杭郡楼兼呈裴使君》：“不敢言遗爱，空知念旧游。”❷留于后人的美德、恩惠等。崔融《哭蒋詹事俨》：“遗爱犹如在，残编尚可窥。”孟浩然《送韩使君除洪州都曹》：“召父多遗爱，羊公有令名。”刘禹锡《故相国燕国公于司空挽歌二首》之二：“至今有遗爱，日暮人凄凄。”杜牧《池州李使君没后十一日处州新命始到感而成诗》：“多少四年遗爱事，乡闾生子李为名。”

【遺愛寺】 寺名。在庐山北峰香炉峰下。白居易《重题》之二：“遗爱寺钟欹枕听，香炉峰雪拨帘看。”白居易有《遗爱寺》。

【遺愛草堂】 ❶白居易在庐山所构筑的草堂，其址在香炉峰和遗爱寺之间。白居易《草堂记》：“匡庐奇秀，甲天下山，北峰曰香炉峰，北寺曰遗爱寺，介峰寺间，其境胜绝，又甲庐山。元和十一年秋，太原人白乐天见而爱之，若远行客过故乡，恋恋不能去，因面峰腋寺，作为草堂。”白居易有《题别遗爱草堂兼呈李十使君》。❷唐侍御史郑弘宪所构建的草堂。其址不详。韦应物有《题郑弘宪侍御遗爱草堂》。

【遺意】　❶死者生前或临终时的意见、愿望。李商隐《自南山北归经分水岭》:“犹余遗意在,许刻镇南勋。”❷前人或古代事物遗留下的意味、旨趣。张祜《听岳州徐员外弹琴》:“尽日南风似遗意,九疑猿鸟满山吟。”

【遺裔】　后裔;后代。陆龟蒙《渔具诗·篸》:“春冰忽融冶,尽取无遗裔。”又《奉和袭美酒中十咏·酒乡》:“三杯闻古乐,伯雅逢遗裔。”

【遺殿】　古代留下来的宫殿。李商隐《蝀》:“西子寻遗殿,昭君觅故村。”

【遺墟】　废墟。高适《东平旅游奉赠薛太守二十四韵》:“遗墟当少昊,悬象逼奎娄。”又《古大梁行》:“高台曲池无复存,遗墟但见狐狸迹。”戎昱《云梦故城秋望》:“故国遗墟在,登临想旧游。”

【遺境】　遗忘万物。韦应物《夏日》:“悟澹将遗虑,学空庶遗境。”

【遺像】　指死者画像、塑像。张说《奉和圣制经河上公庙应制》:“灵庙观遗像,仙歌入至真。”刘禹锡《经伏波神祠》:“怀人敬遗像,阅世指东流。”王起《贡举人谒先师闻雅乐》:“鞠躬遗像在,稽首雅歌闻。”吴融《华清宫四首》之四:“别殿和云锁翠微,太真遗像梦依依。”

【遺碣】　前代留下来的碑碣。张蠙《送卢尚书赴灵武》:“新地进图移汉界,古城遗碣见蕃书。”

【遺構】　前代留下的建筑物。杜甫《玉华宫》:“不知何王殿,遗构绝壁下。”

【遺語】　前人留下的言论。皮日休《奉和鲁望寄南阳广文次韵》:“八会旧文多搭写,七真遗语剩思量。”

【遺誨】　前人的教诲。王勃《忽梦游仙》:“寥廓沉遐想,周遑奉遗诲。”

【遺塵】　❶前人行动所留下的痕迹。宋之问《过史正议宅》:“旧交此零落,雨泣访遗尘。”刘长卿《郧上送韦司士归上都旧业》:“前朝旧业想遗尘,今日他乡独尔身。”杜牧《史将军二首》之二:“河湟非内地,安史有遗尘。”徐铉《咏梅子真送郭先辈》:“郭生负逸气,百代继遗尘。”❷遗弃的灰尘。喻轻微之人或物。李白《陈情赠友人》:“薄德中见捐,忽之如遗尘。”罗隐《书淮阴侯传》:“寒灯挑尽见遗尘,试沥椒浆合有神。”❸遗弃尘俗。张乔《题玄哲禅师影堂》:“吾师视化身,一念即遗尘。”

【遺榮】　❶抛弃荣华富贵;超脱尘世。玄宗《经河上公庙》:“昔闻有耆叟,河上独遗荣。”钱起《赠汉阳隐者》:“乐道复安土,遗荣长隐身。”皮日休《七爱诗·白太傅》:“处世似孤鹤,遗荣同脱蝉。”❷留下身后荣誉。崔国辅《石头滩作》:“寻远迹已穷,遗荣事多昧。”

【遺漏】　因疏忽将应该提到或列入的事物而未提到或列入。白居易《不二门》:“至今金阙籍,名姓独遗漏。”又《首夏》:“天和遗漏处,而我独枯槁。”

【遺緒】　遗迹。刘长卿《送崔升归上都》:“旧寺寻遗绪,归心逐去尘。”

【遺趣】　前人的旨趣。包融《阮公啸台》:“逝者共已远,升攀想遗趣。”

【遺鞋】　见“遺舄”。

【遺歎】　前人留下的歌咏或感叹。陈子昂《蓟丘览古赠卢居士藏用七首·乐生》:“雄图竟中夭,遗叹寄阿衡。”元结《系乐府十二首·古遗叹》:“古昔有遗叹,所叹何所为。”

【遺骸】　遗体,骸骨。白居易《新乐府·七德舞》:“亡卒遗骸散帛收,饥人卖子分金赎。”

【遺賢】　❶弃置未用的贤才。张九龄《奉和圣制早发三乡山行》:“遗贤一一皆羁致,犹欲高深访隐沦。”武少仪《和权载之离合诗》:“傅野绝遗贤,人希有盛迁。”郎士元《送崔侍御往容州宣慰》:“奉诏不言空问俗,清时因得访遗贤。”陆龟蒙《村夜二篇》之二:“自古有遗贤,吾容偏称谢。”❷弃置贤才。岑参《送孟孺卿落第归济阳》:“圣朝徒侧席,济上独遗贤。”

【遺黎】　亡国之民。唐彦谦《邓艾庙》:“昭烈遗黎死尚羞,挥刀斫石恨谯周。”亦泛称百姓。严维《送薛尚书入蜀》:“几许遗黎泣,同怀父母恩。”

【遺德】　留下德泽。颜真卿、张荐《登岘山观李左相石尊联句》:“叔子尚遗德,山公此回轩。”

【遺篇】　❶前人留下来的诗文。褚亮《伤始平李少府正己》:“虚座怜王述,遗篇恸景纯。”曹松《吊李翰林》:“山木易高迷故垄,国风长在见遗篇。”张蠙《费征君旧居》:“遗篇补乐府,旧籍隶仙家。”❷侥幸留存的典籍。陆龟蒙《奉和袭美二游诗·徐诗》:“兵威忽破碎,焚爇无遗篇。”

【遺廟】　古庙。杜甫《武侯庙》:“遗庙丹青落,空山草木长。”李德裕《重过列子庙因书四韵奉寄》:“白首过遗庙,朱轮入故城。”

【遺樂】　(—lè)　留传下来的娱乐方式。刘言史《观绳伎》:“泰陵遗乐何最珍,彩绳冉冉天仙人。”

【遺緬】　谓忘却其远。韦应物《自蒲塘驿回驾经历山水》:“性惬形岂劳,境殊路遗缅。”

【遺編】　❶前人留下的著作。杜甫《陈拾遗故宅》:“终古立忠义,感遇有遗编。”陆龟蒙《夏日闲居作四声诗寄袭美·平声》:“为书凌遗编,调弦夸新声。”罗隐《薛阳陶觱篥歌》:“伊水林泉今已矣,因取遗编认前事。”❷指散佚的典籍。高适《秦中送李九赴越》:

"谢家征故事，禹穴访遗编。"耿湋《连句多暇赠陆三山人》："野中求逸礼，江上访遗编。"陆龟蒙《药名离合夏日即事三首》之三："青箱有意终须续，断简遗编一半通。"

【遺器】 指死者留下的器物。韦应物《过昭国里故第》："缄室在东厢，遗器不忍觌。"

【遺錦】 典出晋常璩《华阳国志·汉中士女》："〔阎宪〕为绵竹令，以礼让为化，民莫敢犯。男子杜威夜行，得遗物一囊，中有锦二十五匹，求其主还之曰：'县有明君，何敢负其化。'"后以为称颂官员德政之典。骆宾王《饯郑安阳入蜀》诗："遗锦非前邑，鸣琴即旧台。"

【遺懇】 死后尚存的款款忠情。薛逢《题筹笔驿》："出师表上留遗恳，犹自千年激壮夫。"

【遺恨】 悔恨。杜甫《敬赠郑谏议十韵》："毫发无遗恨，波澜独老成。"

【遺聲】 余音。李白《凤凰曲》："影灭彩云断，遗声落西秦。"刘沧《题王母庙》："寂寥珠翠想遗声，门掩烟微水殿清。"胡曾《咏史诗·凤凰台》："空有玉箫千载后，遗声时到世间来。"唐尧客《大梁行》："版筑有陈迹，歌吹无遗声。"

【遺穗】 收获庄稼时遗漏下来的谷穗。杜甫《行官张望补稻畦水归》："遗穗及众多，我仓戒滋蔓。"白居易《观刈麦》："右手秉遗穗，左臂悬敝筐。"

【遺嬰】 指死了亲人的婴儿。孟郊《吊元鲁山》之十："遗婴尽雏乳，何况骨肉枝。"

【遺蹤】 遗迹。崔兴宗《同王右丞送瑗公南归》："常愿入灵岳，藏经访遗踪。"岑参《冬夜宿仙游寺南凉堂呈谦道人》："箫声不可闻，此地留遗踪。"张继《宿白马寺》："白马驮经事已空，断碑残刹见遗踪。"刘沧《题四皓庙》："石壁苍苔翠霭浓，驱车商洛想遗踪。"

【遺簡】 前代留下来的典籍简册。韦应物《送褚校书归旧山歌》："汉箧亡书已暗传，嵩丘遗简还能识。"

【遺孽】 残余的坏人。陈子昂《送著作佐郎崔融等从梁王东征》序："而林胡遗孽，渎乱边甿。"徐彦伯《比干墓》："锋剑剿遗孽，报复一何迅。"

【遺轍】 留下的车辙。刘驾《古出塞》："古来犬羊地，巡狩无遗辙。"

【遺燼】 指燃烧后剩下的灰烬。元稹《茅舍》："遗烬一星里，连延祸相嫁。"

【遺籍】 散佚的典籍。卢纶《送耿拾遗湋充括图书使往江淮》："传令收遗籍，诸儒喜饯君。"

【遺韻】 ❶前人留下的诗歌。权德舆《早夏青龙寺致斋凭眺感物因书十四韵》："遗韵留壁间，凄然感东武。"丘丹《经湛长史草堂》序："余登兹山，以睹三篇，列于石壁，仰览遗韵，若穆清风。"陈昌言《白日丽江皋》："何年谢公赏，遗韵在江皋。"齐己《酬元员外见寄八韵》："时惭大雅客，遗韵许相承。"❷余音。韦应物《楼中阅清管》："山阳遗韵在，林端横吹惊。"

【遺響】 余音。李白《古风》之二一："郢客吟白雪，遗响飞青天。"孟简《享惠昭太子庙乐章》："缑山遗响昔所闻，庙庭进旅今攸设。"

【遺躅】 犹遗迹。指前代的人或事物遗留下来的痕迹。耿湋《奉和元承杪秋忆终南旧居》："恭侯有遗躅，何事学泉明。"何儒亮《亚父碎玉斗》："嬴女昔解网，楚王有遗躅。"

【遺簪】 ❶遗失簪子。徐夤《岳州端午日送人游郴连》："竞渡岸傍人挂锦，采芳城上女遗簪。"❷喻旧物或故情。朱放《九日陪刘中丞宴昌乐寺送梁廷评》："不弃遗簪旧，宁辞落帽还。"温庭筠《感旧陈情五十韵献淮南李仆射》："折简能荣瘁，遗簪莫弃捐。"又《晚坐寄友人》："遗簪可惜三秋白，蜡烛犹残一寸红。"参见"遗簪堕屦"。

【遺簪墮珥】 《史记·滑稽列传》："若乃州闾之会，男女杂坐，行酒稽留，六博投壶，相引为曹，握手无罚，目眙不禁，前有堕珥，后有遗簪，髡窃乐此，饮可八斗而醉二参。"后因以形容欢饮而不拘形迹。虞世南《门有车马客》："危弦促柱奏巴渝，遗簪堕珥解罗襦。"

【遺簪墮屨】 《韩诗外传》卷九："孔子出游少原之野，有妇人中泽而哭，其音甚哀。孔子怪之，使弟子问焉，曰：'夫人何哭之哀？'妇人曰：'乡者刈蓍薪而亡吾蓍簪，吾是以哀也。'弟子曰：'刈蓍薪而亡蓍簪，有何悲焉？'妇人曰：'非伤亡簪也，吾所以悲者，盖不忘故也。'"汉贾谊《新书·谕诚》："昔楚昭王与吴人战，楚军败，昭王走，屦决眦而行失之，行三十步，复旋取屦。及至于隋，左右问曰：'王何曾惜一踦屦乎？'昭王曰：'楚国虽贫，岂爱一踦屦哉？思与偕反也。'自是之后，楚国之俗无相弃者。"后以二事合为"遗簪堕屦"，喻旧物或故情。罗隐《得宣州窦尚书书因投寄二首》之二："遗簪堕履应留念，门客如今只下僚。"

【遺顧】 皇帝临终前托孤于某大臣的遗诏。李华《杂诗六首》之五："绛侯与博陆，忠朴受遗顾。"

【遺靈】 前贤的神灵。卢照邻《七日登乐游故墓》："汉寝眷遗灵，秦江想余吊。"又《文翁讲堂》："良哉二千石，江汉表遗灵。"

【遺甿】 ❶劫后余生的百姓。杜甫《送长孙九侍御赴武威判官》："此行收遗甿，风俗方再造。"耿湋《甘泉诗》序："甘泉，美良牧也。覃怀旧水咸卤，人多被患，天憖遗甿，是生王公。"❷遗裔，后人。沈佺期《度安海入龙编》："邑屋遗甿在，鱼盐旧产传。"

遵〔zūn《广韵》將倫切，平諄，精。〕❶顺着；沿着。王昌龄《途中作》："游人愁岁晏，早起遵王畿。"王翰《赠唐祖二子》："鸿飞遵枉渚，鹿鸣思故群。"孟郊《旅次湘沅有怀灵均》："分拙多感激，久游遵长途。"元稹《庙之神》："返吾驾而遵吾道，庙之木兮山之花。"❷遵照；依照。则天皇后《唐享昊天乐·第九》："有截资先化，无为遵旧矩。"韩愈《送惠师》："吾言子当去，子道非吾遵。"白居易《赠友五首》之四："九州雍为首，群牧之所遵。"皮日休《三羞诗三首》之一："宪司遵故典，分道播南越。"

【遵行】（—xíng）　遵照执行。周昙《咏史诗·春秋战国门·孙武》："理国无难以理兵，兵家法令贵遵行。"

【遵時】　按时。薛存诚《观南郊回仗》："候刻移宸辇，遵时集观台。"

【遵途】　谓遵循道路前进。权德舆《奉使宜春遇风雨作》："遵途稍已近，候吏来相续。"俞简《行不由径》："一示遵途意，微衷益自精。"

【遵渚】　语出《诗·豳风·九罭》："鸿飞遵渚，公归无所。"谓鸿雁循着水中小洲飞翔。后用以形容鸿飞。骆宾王《月夜有怀简诸同病》："栖枝犹绕鹊，遵渚未来鸿。"阎防《百丈溪新理茅茨读书》："栖迟乐遵渚，恬旷寡所欲。"孟郊《暮秋感思》之二："优哉遵渚鸿，自得养身旨。"

【遵養晦时】　本作"遵養时晦"。谓顺应时势积蓄力量以待时机。《诗·周颂·酌》："于铄王师，遵养时晦。"朱熹集传："此亦颂武王之诗，言其初有于铄之师而不用，退自循养，与时皆晦。"陈子昂《感遇诗三十八首》之十一："浮荣不足贵，遵养晦时文。"

【遵鴻】　指顺渚而飞的鸿雁。语出《诗·豳风·九罭》："鸿飞遵渚，公归无所。"上官仪《奉和颍川公秋夜》："涸浦落遵鸿，长飙送巢燕。"

遲[1]〔chí《广韵》直尼切，平脂，澄。〕❶徐行。见"遲遲❶"。❷缓慢。太宗《初秋夜坐》："塞冷鸿飞疾，园秋蝉噪迟。"韩愈《镇州路上谨酬裴司空相公重见寄》："衔命山东抚乱师，日驰三百自嫌迟。"元稹《有鸟二十章》之二："有鸟有鸟毛似鹤，行步虽迟性灵恶。"杜荀鹤《马上行》："日将家渐远，犹恨马行迟。"❸晚。岑参《行军诗二首》之二："功业今已迟，览镜悲白须。"王建《原上新居十三首》之五："借牛耕地晚，卖树纳钱迟。"白居易《赠友五首》之五："嫁娶既不早，生育常苦迟。"周昙《咏史诗·春秋战国门·庄辛》："见兔必能知顾犬，亡羊补栈未为迟。"❹迟疑，犹豫。卢纶《雪谤后逢李叔度》："见少情难尽，愁深语自迟。"白居易《琵琶引》："寻声暗问弹者谁，琵琶声停欲语迟。"❺长；久。张登《上巳泛舟得迟字》："杜渚潮新上，残春日正迟。"欧阳詹《早秋登慈恩寺塔》："地迥风弥紧，天长日久迟。"元稹《春余遣兴》："春去日渐迟，庭空草偏长。"❻栖迟；逗留。刘长卿《送荀八过山阴旧县兼寄剡中诸官》："晚景千峰乱，晴江一鸟迟。"韦应物《李博士弟枉诗见问聊以为答》："从来迟高驾，自顾无物役。"严维《陪皇甫大夫谒禹庙》："夕阳陪醉止，塘上鸟咸迟。"刘沧《长安冬夜书情》："上国栖迟岁欲终，此情多寄寂寥中。"

遲[2]〔zhì《广韵》直利切，去至，澄。〕等待。储光羲《酬李处士山中见赠》："引领迟芳信，果枉瑶华篇。"窦庠《奉和王侍郎之什》："华馆迟嘉宾，逢迎淑景新。"韩愈《燕河南府秀才得生字》："勉哉戒徒驭，家国迟子荣。"刘禹锡《酬留守牛相公宫城早秋寓言见寄》："挥毫成逸韵，开阁迟来宾。"

【遲久】　长久。鲍溶《夏日华山别韩博士愈》："夏日可畏时，望山易迟久。"陆龟蒙《奉和袭美太湖诗二十首·入林屋洞》："真君不可见，焚盥空迟久。"

【遲日】　语出《诗·豳风·七月》："春日迟迟。"后因以指春日。亦指春天的太阳。张九龄《武司功初有幽庭春暄见贻以诗报焉》："迟日曒高照，高斋澹复虚。"皇甫冉《送钱唐路少府赴制举》："迟日未能销野雪，晴花偏自犯江寒。"刘言史《偶题》："迟日新妆游冶娘，盈盈彩艇白莲塘。"姚合《偶题》："迟日逍遥芸草长，圣朝清净谏臣闲。"

【遲夷】　停留不前貌。苏源明《秋夜小洞庭离宴诗》序："入小洞庭，迟夷徬徨，眇缅旷样。"

【遲光】　春光。卢藏用《奉和立春游苑迎春应制》："天游龙辇驻城闉，上苑迟光晚更新。"李商隐《俳谐》："短顾何由遂，迟光且莫惊。"

【遲回】　见"遲迴"。

【遲延】　拖延。白居易《思旧》："唯予不服食，老命反迟延。"

【遲步】　慢步。玄宗《春台望》："佳气满通沟，迟步入绮楼。"

【遲佇】　踌躇。王翰《赋得明星玉女坛送廉察尉华阴》："含情迟伫惜韶年，愿侍君边复中旋。"

【遲$_2$明】　天快亮时，黎明。张九龄《洪州西山祈雨是日辄应因赋诗言事》："迟明申藻荐，先夕旅岩扉。"曹汾《早发灵芝望九华寄杜员外使君》："戴月早辞三秀馆，迟明初识九华峰。"黄滔《秋夕贫居》："迟明亦如晦，鸡唱徒为尔。"

【遲迴】　亦作"遲回"。❶徘徊。孟浩然《送丁大凤进士赴举呈张九龄》："故人今在位，岐路莫迟回。"杜甫《奉寄李十五秘书二首》之一："竹枝歌未好，画舸莫迟回。"皇甫冉《秋日东郊作》："浅薄将何称献纳，临岐终日自迟迴。"唐扶《使南海道长沙题道林岳麓寺》：

“迟回虽得上白舫，羁泄不敢言绿尊。”❷迟疑，犹豫不决。高适《宋中遇刘书记有别》：“男儿争富贵，劝尔莫迟迴。”秦系《春日闲居三首》之三：“中年曾屡辟，多病复迟迴。”白居易《自喜》：“身慵难勉强，性拙易迟迴。”雍陶《人问应举》：“莫惊西上独迟迴，只为衡门未有媒。”

【遲₂客】 等待客人。钱起《寄袁州李嘉祐员外》：“行春莺几啭，迟客月频圆。”严维《九日登高》：“诗家九日怜芳菊，迟客高斋瞰浙江。”羊士谔《早春对雨》：“含情非迟客，悬榻但生尘。”赵嘏《越中寺居》：“迟客疏林下，斜溪小艇通。”

【遲速】 快慢。郑薰《赠巩畴》：“迟速不相阂，后先徒起争。”方干《采莲》：“兰舟迟速有输赢，先到河湾赌何物？”

【遲留】 停留；逗留。刘长卿《杪秋洞庭中怀亡道士谢太虚》：“故园复何许，江海徒迟留。”戴叔伦《题横山寺》：“自缘归思促，不得更迟留。”李群玉《洞庭驿楼雪夜宴集奉赠前湘州张员外》：“童儿待郭伋，竹马空迟留。”

【遲晚】 迟延而落后。项斯《荆州夜与友亲相遇》：“趋名易迟晚，此去莫经时。”罗隐《登高咏菊尽》：“篱畔霜前偶得存，苦教迟晚避兰荪。”

【遲景】 ❶春景。张九龄《折杨柳》：“迟景那能久，芳菲不及新。”陈昌言《白日丽江皋》：“迟景临遥水，晴空似不高。”武元衡《私杨弘微春日曲江南望》：“迟景霭悠悠，伤春南陌头。”❷迟暮的景象。特指夕阳。韦述《春日山庄》：“晚晴摇水态，迟景荡山光。”刘禹锡《观棋歌送儇师西游》：“因君临局看斗智，不觉迟景沉西墙。”白居易、刘禹锡《仆射来示有三春向晚四者难并之说》：“分阴当爱惜，迟景好逢迎。”

【遲暉】 春光。骆宾王《代女道士王灵妃赠道士李荣》：“朝云旭日照青楼，迟晖丽色满皇州。”李德裕《又二绝》之二：“独寻兰渚玩迟晖，闲倚松窗望翠微。”

【遲暮】 傍晚，天快黑时。喻人生晚年。任希古《和李公七夕》：“履化悲流易，临川怨迟暮。”杜甫《羌村》之二：“如今足斟酌，且用慰迟暮。”权德舆《与故人夜坐道旧》：“清羸还对月，迟暮更逢秋。”白居易《春晚咏怀赠皇甫朗之》：“艳阳时节又蹉跎，迟暮光阴复若何。”

【遲疑】 犹豫，拿不定主意。王建《赠王侍御》：“迟疑非自崇，将显求贤名。”白居易《早饮醉中除河南尹敕到》：“厚俸自来诚忝滥，老身欲起尚迟疑。”刘得仁《送车涛罢举归山》：“怜君明此理，休去不迟疑。”司空图《冯燕歌》：“凭君抚剑即迟疑，自顾平生心不欺。”

【遲緩】 缓慢。韩愈《游青龙寺赠崔大补阙》：“当忧复被冰雪埋，汲汲来窥戒迟缓。”

【遲遲】 ❶徐行貌。《诗·邶风·谷风》：“行道迟迟，中心有违。”毛传：“迟迟，舒行貌。”张九龄《感遇十二首》之十二：“胡越方杳杳，车马何迟迟。”司空曙《送皋法师》：“江草知寒柳半衰，行吟怨别独迟迟。”杨巨源《奉酬窦郎中早入省苦寒见寄》：“羸骖苦迟迟，单仆怨切切。”南唐后主李煜《送邓王二十弟从益牧宣城》：“且维轻舸更迟迟，别酒重倾惜解携。”❷阳光温暖、光线充足貌。《诗·豳风·七月》：“春日迟迟，采蘩祁祁。”朱熹集传：“迟迟，日长而暄也。”李颀《送东阳王太守》：“江皋杜蘅绿，芳草日迟迟。”张荐《和潘孟阳春日雪回文绝句》：“迟迟日气暖，漫漫雪天春。”白居易《新乐府·骊宫高》：“迟迟兮春日，玉甃暖兮温泉溢。”唐彦谦《无题十首》之一：“细草铺茵绿满堤，燕飞晴日正迟迟。”❸渐渐地；慢慢地。陈子昂《感遇诗三十八首》之二：“迟迟白日晚，袅袅秋风生。”李端《送客赋得巴江夜猿》：“迟迟云外尽，杳杳树中生。”刘禹锡《百舌吟》：“东方朝日迟迟升，迎风弄景如自矜。”徐夤《曲江宴日呈诸同年》：“天知惜日迟迟暮，春为催花旋旋红。”❹舒缓；从容不迫。皎然《答裴济从事》：“迟迟云鹤意，奋翅知有期。”王建《荆南赠别李肇著作转韵诗》：“迟迟就公食，怆怆别野裘。”张乔《孤云》：“舒卷因风何所之，碧天孤影势迟迟。”贯休《还举人歌行卷》：“珮入龙宫步迟迟，绣帘银殿何参差。”❺晚；迟延。储光羲《巩城东庄道中作》：“霭霭长路暖，迟迟狭路归。”常浩《寄远》：“春风不知信，轩盖独迟迟。”黄滔《游东林寺》：“莫怪迟迟不归去，童年已梦绕林行。”司空图《僧舍贻友》：“旧山归有阻，不是故迟迟。”❻久，长久。孟简《咏欧阳行周事》：“使者回复命，迟迟蓄悲酸。”白居易《新秋晓兴》：“还有惆怅事，迟迟未能忘。”❼眷念貌；依恋貌。司空曙《咏古寺花》：“迟迟欲去犹回望，覆地无人满寺风。”张籍《使回留别襄阳李司空》：“迟迟恋恩德，役役限公程。”杜牧《杜秋娘诗》：“觚棱拂斗极，回首尚迟迟。”子兰《秋日思旧山》：“欲去不去迟迟，未展平生所伫。”

【遲歸】 晚归，晚回。林宽《苦雨》：“叶底迟归蝶，林中滞出莺。”

選1 〔xuǎn《广韵》思兖切，上獮，心。又息絹切，去線，心。〕❶选择；挑选。李白《怨歌行》：“君王选玉色，侍寝金屏中。”白居易《悲哉行》：“平封还酒债，堆金选蛾眉。”李商隐《行次昭应县道上送户部李郎中充昭义攻讨》：“将军大旆扫狂童，诏选名贤赞武功。”孙元晏《咏史诗·陈·狎客》：“选得十人为狎客，有谁能解谏君王。”❷量才授官，铨选。萧嵩《奉和御制左丞相说右丞相璟太子少傅乾曜同日上官命宴都堂赐诗》：“历选台庭旧，来熙帝业昌。”杜甫《哭王彭州抡》：“北部初高选，东堂早见招。”韩愈《寄崔二十六立之》：“不脱吏部选，可见偶与奇。”白居易《酬卢秘书二十韵》："谬历文场选，惭非翰苑才。"❸被选拔出来的人才。亦指杰出的人或事物。张说《右侍郎集贤院学士徐公挽词二首》之二："叹息书林友，才华天下选。"又《岳阳石门墨山二山相连有禅堂观天下绝境》："药妙灵仙宝，境华岩壑选。"

選² 〔suàn《集韵》损管切，上緩，心。〕清点，计算。见"選₂徒"。

【選人】 唐代称候补、候选的官员。张籍《答刘竞》："刘君久被时抛掷，老向城中作选人。"白居易《醉后走笔酬刘五主簿长句之赠兼简张大贾二十四先辈昆季》："君同鸾凤栖荆棘，犹着青袍作选人。"无名氏《语·吏部旧语》："长名以前，选人属侍郎；长名以后，侍郎属选人。"

【選士】 ❶原为周代选拔人才的一种制度。录取乡人中德业有成者。后泛称选拔人才。韦应物《始除尚书郎别善福精舍》："明世方选士，中朝悬美禄。"皎然《送陈秀才赴举》："诸侯惧削地，选士皆不羁。"许棠《陈情献江西李常侍五首》之四："选士疑长阻，伤时自不宁。"❷挑选士兵。亦指挑选出来的士兵。韩休《奉和御制平胡》："玉符征选士，金钺拜将军。"

【選才】 选拔人才。卢尚卿《东归诗》："九重丹诏下尘埃，深锁文闱罢选才。"魏兼恕《送张兵曹赴营田》："选才当重委，足食乃深功。"

【選地】 选择地点。孟浩然《冬至后过吴张二子檀溪别业》："直与南山对，非关选地偏。"楼颖《东郊纳凉忆左威卫李录事收昆季太原崔参军三首》之二："纳凉每选地，近是青门东。"

【選色】 挑选美女。李白《感时留别从兄徐王延年从弟延陵》："君王一顾盼，选色献蛾眉。"

【選車】 经过挑选的战车。贺知章《奉和圣制送张说巡边》："选车命元宰，授律取文雄。"

【選佛場】 唐代天然禅师初习儒业，将入长安应举，途逢禅僧，谓选官不如"选佛"，"今江西马大师出世，是选佛之场，仁者可往"。天然改儒习禅。后因以指开堂、设戒、度僧之地。亦泛指佛寺。戴叔伦《题净居寺》："玉壶山下云居寺，六百年来选佛场。"庞蕴《杂诗》之六："此是选佛场，心空及第归。"

【選妓】 选择艺妓。李白《宫中行乐词八首》之二："选妓随雕辇，征歌出洞房。"

【選牀】 南朝宋刘义庆《世说新语·雅量》："郗太傅在京口，遣门生与王丞相书，求女婿。丞相语郗信：'君往东厢，任意选之。'门生归白郗曰：'王家诸郎亦皆可嘉，闻来觅婿，咸自矜持，唯有一郎在东床上坦腹卧，如不闻。'郗公云：'正此好！'访之，乃是逸少，因嫁女与焉。"后用以为典，用以称颂别人女婿，亦用以称颂某人洒脱倜傥。赵嘏《送薛耽先辈归谒汉南》："手持碧落新攀桂，月在东轩旧选床。"

【選耎】 怯懦不前。選，通"巽"。《汉书·西南夷传》："恐议者选耎，复守和解。"颜师古注："选耎，怯不前之意也。"周繇《嘲段成式》："报仇惭选耎，存想恨逶迟。"

【選₂徒】 清点车辆士卒。王翰《奉和圣制送张尚书巡边》："选徒军有政，誓卒尔无哗。"

【選書】 唐代应举者在考试前将所作诗文投送朝中显贵，以求赏识和推荐。孟郊《初于洛中选》："青云不我与，白首方选书。"亦指应举者于考试前呈献于显贵的诗文。张籍《哭胡十八遇》："幼子见生才满月，选书知写未呈人。"

【選納】 选取。袁高《茶山诗》："选纳无昼夜，捣声昏继晨。"

【選曹】 官署名。掌铨选官吏事宜。孙逖《送张环摄御史监南选》："恩沾柱下史，荣比选曹郎。"刘长卿《客舍赠别韦九建赴任河南韦十七造赴任郑县就便觐省》："顷者游上国，独能光选曹。"杜甫《送魏二十四司直充岭南掌选崔郎中判官兼寄韦韶州》："选曹分五岭，使者历三湘。"

【選勝】 寻游名胜之地。窦庠《东都嘉量亭献留守韩仆射》："度材垂后俭，选胜掩前功。"张籍《赠商州王使君》："选胜相留开客馆，寻幽更引到僧房。"刘沧《及第后宴曲江》："及第新春选胜游，杏园初宴曲江头。"韩偓《惜春》："愿言未偶非高卧，多病无憀选胜游。"

【選詞】 所选之词牌。元稹《赠刘采春》："更有恼人断肠处，选词能唱望夫歌。"

【選補】 补选官吏。卢僎有《季冬送户部郎中使黔府选补》。

【選試】 为选拔官吏所进行的考试。韩愈《此日足可惜赠张籍》："州家举进士，选试缪所当。"

【選賢用能】 选拔任用贤能之人。贯休《大蜀皇帝寿春节进尧铭舜颂二首·舜颂》："临下有赫，选贤用能。"

【選賢】 选用贤能之人。李绅《趋翰苑遭诬构四十六韵》："选贤方去智，招谏忽升愚。"

【選擇】 挑选，选择。柳宗元《哭连州凌员外司马》："进身齐选择，失路同瑕疵。"

十三画

遽 〔jù《广韵》其據切，去御，羣。〕❶赶快；疾速。王维《和宋中丞夏日游福贤观天长寺之作》："桃源勿遽返，再访恐君迷。"韩愈《听颖师弹琴》:“推手遽止之,湿衣泪滂滂。”白居易《醉后走笔酬刘五主簿长句之赠兼简张大贾二十四先辈昆季》:“始辞秘阁吏王畿,遽列谏垣升禁闱。”于濆《恨从军》:“早知遽相别,何用假光辉。”❷急切;匆忙。杨师道《咏琴》:“嘉客勿遽反,繁弦曲未成。”皇甫冉《酬裴十四》:“邻鸡莫遽唱,共惜良夜晏。”白居易《郡斋旬假始命宴呈座客示郡僚》:“众宾勿遽起,群寮且逡巡。”卢纶《东潭宴饯河南赵少府》:“方将贺荣爵,遽乃怆离尊。”❸一下子,突然。岑参《韩员外夫人清河县君崔氏挽歌二首》之二:“遽闻伤别剑,忽复叹藏舟。”韦应物《雨夜感怀》:“独惊长簟冷,遽觉愁鬓换。”李商隐《安平公诗》:“五月至止六月病,遽颓泰山惊逝波。”水神《霅溪夜宴诗》之一一:“吴讴越舞兮欢未极,遽军城晓鼓之冬冬。”❹通“詎”。岂。韦述《晚渡伊水》:“回瞻洛阳苑,遽有长山隔。”韩愈《泷吏》:“官今行自到,那遽妄问为。”白居易《贺雨》:“顾惟眇眇德,遽有巍巍功。”姚合《题凤翔西郭新亭》:“向野惟贪静,临空遽觉危。”❺尽。王翰《赋得明星玉女坛送廉察尉华阴》:“仙俗途殊两情遽,感君无尽辞君去。”❻遂;于是。太宗《巡省途次上党旧宫赋》序:“洎大横入兆,出处斯易,一挥宝剑,遽履瑶图。”

【遽切】 急切。骆宾王《远使海曲春夜多怀》:“未安胡蝶梦,遽切鲁禽情。”

【遽爾】 急切;迅速。骆宾王《夏日游德州赠高四》:“将欢促席赏,遽尔又归别。”刘长卿《李侍御河北使回至东京相访》:“王程遽尔迫,别恋从此始。”

還1 〔huán《广韵》户關切,平删,匣。〕❶返回。皇甫冉《酬权器》:“闻君静坐转耽书,种树葺茅还旧居。”又《酬卢十一过宿》:“乞还方未遂,日夕望云林。”姚合《游杏溪兰若》:“踏得度溪湾,晨游暮不还。”朱庆余《与石昼秀才过普照寺》:“潭黑龙应在,巢空鹤未还。”❷偿还;支付。张籍《送杨少尹赴凤翔》:“得钱只了还书铺,借宅常时事药栏。”刘得仁《和郑先辈谢秩闲居寓书所怀》:“把笔还诗债,将琴当酒资。”皮日休《更次来韵寄鲁望》:“从此问君还酒债,颜延之送几钱来。”司空图《偶书五首》之五:“有名人易困,无契债难还。”❸恢复;还原。白居易《赠友五首》之三:“兵兴一变法,兵息遂不还。”见“還元”“還淳”。❹来,至。王梵志《诗》之九五:“不是惜那汉,恐畏还到我。”宗楚客《奉和人日清晖阁宴群臣遇雪应制》:“九重中叶启,七日早春还。”杜甫《夏日杨长宁宅送崔侍御常正字入京》:“不堪垂老鬓,还对欲分襟。”张登《重阳宴集同用寒字》:“还宵须命烛,举首谢三官。”❺归还。吴人《咏痴》:“十七八九夜,还书复借书。”❻回报,报答。刘湾《李陵别苏武》:“誓欲还国恩,不为匈奴屈。”❼回头。高适《酬陆少府》:“朝临淇水岸,还望卫人邑。”❽环绕。贾岛《永福湖和杨郑州》:“积水还平岸,春来引郑溪。”❾连词。表假设关系。如果、假使。岑参《终南山双峰草堂作》:“昼还草堂卧,但与双峰对。”韩愈《送文畅师北游》:“僧还相访来,山药煮可掘。”

還2 〔xuán《广韵》似宣切,平仙,邪。〕很快,随即。李益《置酒行》:“胡为劳我形,已须还复白。”韩愈《短灯檠歌》:“一朝富贵还自恣,长檠高张照珠翠。”

還3 〔hái《广韵》户關切,平删,匣,〕副词。❶表示现象继续存在或行为继续进行。相当于“仍旧”。綦毋潜《送章彝下第》:“三十名未立,君还惜寸阴。”刘长卿《秋日夏口涉汉阳献李相公》:“偶乘青雀舫,还在白鸥群。”皇甫冉《送窦叔向》:“卜地会为邻,还依仲长室。”许棠《题汧湖二首》之一:“吟游终不厌,还似曲江头。”❷表示转折。却,反而。李嘉祐《暮春宜阳郡斋愁坐忽枉刘七侍御新诗因以酬答》:“芳草伴人还易老,落花随水亦东流。”戎昱《苦哉行五首》之二:“吞声不许哭,还遣衣罗绮。”徐夤《辇下赠屯田何员外》:“厨非寒食还无火,菊待重阳拟泛茶。”❸表示时间。已经;终于。李白《忆东山二首》之一:“白云还自散,明月落谁家。”陈羽《古意》:“看郎强健能几时,年过六十还枯槁。”杜荀鹤《下第东归将及故园有作》:“上国献诗还不遇,故园经乱又空归。”❹表示程度。更,更加。李白《醉后答丁十八以诗讥余槌碎黄鹤楼》:“神明太守再雕饰,新图粉壁还芳菲。”韦应物《听江笛送陆侍御》:“还愁独宿夜,更向郡斋闻。”又《秋夜二首》之一:“庭树转萧萧,阴虫还戚戚。”❺表示几种情况同时存在。复,又。高适《同李太守北池泛舟宴高平郑太守》:“每揖龚黄事,还陪李郭舟。”钱起《过曹钧隐居》:“之子秉高节,攻文还守真。”李贺《有所思》:“自从孤馆深锁窗,桂花几度圆还缺。”李冶《湖上卧病喜陆鸿渐至》:“强劝陶家酒,还吟谢客诗。”姚合《罢武功县将入城》之二:“亦知官罢贫还甚,且喜闲来睡得多。”❻表示范围小、数量有限。仅,只。孙光宪《谒金门》词:“却羡彩鸳三十六,孤鸾还一只。”❼尚且。邬载《送萧颖士赴东府得君字》:“薄俸还自急,此言那足云。”

【還山】 谓致仕归隐于山。李白《送岑征君归鸣皋山》:“蹈海宁受赏,还山非问津。”

【還元】 恢复元气。吕岩《渔父词一十八首·炼质》:“运本还元于此寻,周流金鼎虎龙吟。”

【還丹】 ❶一种仙丹。道家合九转丹与朱砂再次提炼而成,谓服食后可即刻成仙。窦参《登潜山观》:“闻道葛夫子,此中炼还丹。”❷指炼制这种仙丹。王维《赠东岳焦炼师》:“自有还丹术,时论太素初。”李白《江上望皖公山》:“待吾还丹成,投迹归此地。”皇甫冉《卖药人处得南阳朱山人书》:“已报还丹效,全将世事疏。”

【還去】 回去。赵嘏《重寄卢中丞》:“贱子来还去,何人伴使君。”

【還世】 转世。王鲁复《故白岩禅师院》:“能师还世名还在,空闭禅堂满院苔。”

【還生】 ❶复生,重新生长。孟浩然《春中喜王九相寻》:“林花扫更落,径草踏还生。”李白《自代内赠》:“扫尽更还生,萋萋满行迹。”亦喻事情有了好的转机。王建《看棋》:“彼此抽先局势平,傍人道死的还生。”❷再度产生、出现。皇甫冉《送郑判官赴徐州》:“莫听关山曲,还生出塞愁。”李郢《偶作》:“一杯正发吟哦兴,两盏还生去住愁。”

【還年】 恢复年轻。卢鸿一《嵩山十志十首·期仙磴》:“想像闻此兮欲升烟,铸月炼液兮伫还年。”

【還返】 指还丹。吕岩《渔父词一十八首·神异》:“还返初成立变童,瑞莲开处色鲜红。”

【還如】 ❶依旧如。岑参《与鲜于庶子自梓州成都少尹自褒城同行至利州道中作》:“言笑忘羁旅,还如在京华。”又《临河客舍呈狄明府兄题县南楼》:“邺都唯见古时丘,漳水还如旧日流。”韦应物《对芳树》:“对此伤人心,还如故时绿。”韩翃《送中兄典邵州》:“他日新诗应见报,还如宣远在安城。”❷恰如;正如。李白《拟古十二首》之三:“石火无留光,还如世中人。”杜甫《和裴迪登蜀州东亭送客逢早梅相忆见寄》:“东阁官梅动诗兴,还如何逊在扬州。”裴守真《奉和太子纳妃太平公主出降三首》之一:“还如桃李发,更似凤凰飞。”南唐后主李煜《菩萨蛮》词之四:“往事已成空,还如一梦中。”

【還羽】 指归鸟。孟郊《送晓公归庭山》:“枯巢无还羽,新木有争飞。”

【還來】 ❶回来。杜甫《课小竖锄斫舍北果林枝蔓荒秽净讫移床三首》之三:“日斜鱼更食,客散鸟还来。”❷原本来自。李白《将游衡岳过汉阳双松亭留别族弟浮屠谈皓》:“本是楚家玉,还来荆山中。”

【還往】 ❶往来;交往。杜甫《王十五司马弟出郭相访兼遗营茅屋赀》:“他乡唯表弟,还往莫辞遥。”姚合《过张邯郸庄》:“与子还往熟,坐卧恣所宜。”贾岛《郊居即事》:“自然还往里,多是爱烟霞。”❷交往之人。指亲朋故旧。李白《少年行》:“遮莫枝根长百丈,不如当代多还往。”

【還波】 回波;回流。杜甫《送殿中杨监赴蜀见相公》:“去水绝还波,泄云无定姿。”

【還是】 表示假设。如果是,要是。齐己《谢武陵徐巡官远寄五七字诗集》:“还是灵龟巢得稳,要须仙子驾方行。”

【還$_3$是】 ❶表示现象继续存在或动作继续进行。仍然是,依旧是。皇甫冉《上礼部杨侍郎》:“劳歌终此曲,还是苦辛行。”杜牧《牧陪昭应卢郎中在江西宣州佐今吏部沈公幕叙旧成二十二韵用以投寄》:“可怜千里梦,还是一年秋。”张为《秋醉歌》:“金风飒已起,还是招渔翁。”牛峤《更漏子》词之二:“闺草碧,望归客,还是不知消息。”❷表示行为动作的一贯性。总是。戎昱《上湖南崔中丞》:“莫道书生无感激,寸心还是报恩人。”❸表示对某种事物没想到如此,而居然如此。竟然是。高适《同朱五题卢使君义井》:“宁知凿井处,还是饮冰余。”

【還俗】 僧尼或出家的道士恢复俗人的身份。李端有《闻吉道士还俗因而有赠》。杜牧有《还俗老僧》。吴融有《还俗尼》。

【還京樂】 (樂 yuè) 乐曲名。唐段安节《乐府杂录·夜半乐》:“玄宗自潞州入平内难,正夜半,斩长乐门关,领兵入宫剪逆人。后撰此曲,名《还京乐》。”罗隐《中元甲子以辛丑驾幸蜀四首》之三:“可怜一曲还京乐,重对红蕉教蜀儿。”

【還袂】 回归,与“分袂”相对。崔湜《边愁》:“殷勤凤楼上,还袂及春晖。”孟浩然《江上别流人》:“不知从此分,还袂何时把。”

【還珠】 指为官清廉,政绩显赫。东汉孟尝任合浦太守。其地盛产蚌珠,由于前任贪秽,采求不已,致使蚌珠移徙,人民困苦不堪。孟尝到任后,革易前弊,为政清廉,曾未逾岁,去珠复还,流民返里。见《后汉书·孟尝传》。包何《送泉州李使君之任》:“执玉来朝远,还珠入贡频。”钱起《送李四擢第觐省》:“独揽还珠美,宁唯问绢情。”齐己《寄澧阳吴使君》:“去兽未胜除狡吏,还珠争似复逋民。”李瀚《蒙求》:“孟尝还珠,刘昆反火。”

【還珠守】 指廉洁爱民的地方官。杜牧《春日言怀寄虢州李常侍十韵》:“今日还珠守,何年执戟郎。”参见“還珠”。

【還珠浦】 唐合浦郡(旧属广东,现属广西壮族自治区)。借指官吏廉洁,百姓富庶之地。刘禹锡《奉和中书崔舍人八月十五日夜玩月二十韵》:“水是还珠浦,山成种玉田。”

【還都】 返回京城。韦应物《因省风俗与从侄成绪游山水中道先归寄示》:“赖尔还都期,方将登楼迟。”

【還師】 回师。袁傪《喜陆侍御破石埭草寇东峰亭赋诗》:“战罢言归马,还师赋出车。”

【還家】 归家,回家。韩愈《送进士刘师服东归》:“还家虽阙短,把日亲晨飧。”杜荀鹤《馆舍秋夕》:

“出门便作还家计，直至如今计未成。”

【還淳】　恢复原先的淳朴状态。许敬宗《奉和元日应制》：“德辉覃率土，相贺奉还淳。”玄宗《端午三殿宴群臣探得神字》：“股肱良足咏，风化可还淳。”孙鲂《主人司空后亭牡丹》：“虽非能伐性，争免碍还淳。”

【還淳反朴】　恢复到原先的淳厚朴实的状态。李咸用《和友人喜相遇十首》之八：“还淳反朴已难期，依德依仁敢暂违。”

【還鄉】　返回家乡。卢纶《逢病军人》：“行多有病住无粮，万里还乡未到乡。”白居易《劝酒十四首·何处难忘酒七首》之五：“还乡随露布，半路授旌旄。”司马扎《宿寿安甘棠馆》：“行人方倦役，到此似还乡。”章碣《送谢进士还闽》：“百越风烟接巨鳌，还乡心壮不知劳。”

【還期】　返回的日期。韦应物《送别覃孝廉》：“州举年年事，还期复几何。”《答裴丞说归京所献》：“还期在岁晏，何以慰吾怀。”张籍《别段生》：“还期在新年，勿怨欢会迟。”周郭藩《潭子池》：“二十入山林，一去无还期。”

【還策】　策杖而归。亦指返归时所需携带手杖等行装。王维《赠裴十迪》：“请君理还策，敢告将农时。”

【還復】　❶返回。韦应物《园林晏起寄昭应韩明府卢主簿》：“还复茅檐下，对酒思数贤。”又《东郊》：“依丛适自憩，缘涧还复去。”❷副词。依旧；又。岑参《渔父》：“歌竟还复歌，手持一竿竹。”高适《酬裴员外以诗代书》：“那能访遐僻，还复寄琼瑰。”元结《漫阳亭作》：“外物自相扰，渊渊还复休。”张白《哭陆先生》：“六亲恸哭还复苏，我笑先生泪个无。”

【還舼】　回归的小船。舼，小船。贺知章《晓发》：“江皋闻曙钟，轻枻理还舼。”

【還童】　恢复青春。李白《答族侄僧中孚赠玉泉仙人掌茶》序：“而此茗清香滑熟，异于他者，所以能还童振枯，扶人寿也。”

【還魂】　迷信者谓人死而复活。杜牧《华清宫三十韵》：“倾国留无路，还魂怨有香。”

【還路】　返回的道路。李端《慈恩寺怀旧》：“凄其履还路，莽苍云林暮。”

【還嵩】　还山。谓归隐。王昌龄《赵十四兄见访》：“晚来常读易，顷者欲还嵩。”

【還源】　❶回归本源。齐己《寄哭西川坛长广济大师》：“还源未化火，举国葬全真。”❷佛家称由迷误而转入醒悟。柳宗元《巽上人以竹闲自采新茶见赠酬之以诗》：“涤虑发真照，还源荡昏邪。”

【還轅】　回车。李贺《送沈亚之歌》：“请君待旦事长鞭，他日还辕及秋律。”

【還歸】　返回。李迥秀《夜宴安乐公主宅》：“莫惊侧弁还归路，只为平阳歌舞催。”李白《赠别王山人归布山》：“还归布山隐，兴入天云高。”又《见京兆韦参军量移东阳二首》之一：“潮水还归海，流人却到吴。”刘长卿《南湖送徐二十七西上》：“独将湖上月，相逐去还归。”

【還₂飆】　旋风。崔融《吴中好风景》：“无因生羽翼，轻举托还飙。”李益《答郭黄中孤云首章见赠》：“帝乡日已远，苍梧无还飙。”

【還邊】　返回边塞。李益有《送韩将军还边》。

邀　〔yāo《广韵》於霄切，平宵，影。又古尧切，平萧，见。〕❶阻拦；截击。卢纶《赠李果毅》：“上城邀贼语，走马截雕飞。”无名氏《安禄山古谶》：“两角女子绿衣裳，端坐太行邀君王。”❷请求；谋取。王维《送陆员外》：“无为费中国，更欲邀奇功。”李白《秋夜独坐怀故山》：“但奉紫霄顾，非邀青史名。”孟郊《山中送从叔简》：“莫以手中琼，言邀世上名。”周贺《寄宁海李明府》：“梦灵邀客解，剑古拣人呈。”❸招；邀请。孟浩然《过故人庄》：“故人具鸡黍，邀我至田家。”秦系《春日闲居三首》之二：“邀取渔家叟，花间把酒卮。”姚合《夜宴太仆田卿宅》：“故人九寺长，邀我此同欢。”韦庄《南邻公子》：“醉凭马鬃扶不起，更邀红袖出门迎。”❹约定。袁瓘《鸿门行》：“胡马秋正肥，相邀夜合围。”栖白《送圆仁三藏归本国》：“已入闽王梦，香花境外邀。”

【邀功】　求取功劳。陈子昂《东征答朝臣相送》：“捘绳当系虏，单马岂邀功。”

【邀名】　求取名声。太宗《还陕述怀》：“慨然抚长剑，济世岂邀名。”

【邀迓】　邀请。韩愈《县斋有怀》：“官租日输纳，村酒时邀迓。”

【邀命】　邀请。曹唐《穆王宴王母于九光流霞馆》：“桑叶扶疏闭日华，穆王邀命宴流霞。”

【邀約】　相约；邀请。钱珝《江行无题一百首》之九十：“未敢相邀约，劳生只自怜。”欧阳炯《巫山一段云》词之二：“去时邀约早回轮，及去又何曾。”

【邀恩】　谋取恩赏。罗虬《比红儿诗》之五三：“逗玉溅盆冬殿开，邀恩先赐夜明苔。”

【邀留】　拦阻挽留。张籍《祭退之》：“公既相邀留，坐语于阶楹。”

【邀勒】　强逼。骆宾王《代女道士王灵妃赠道士李荣》：“珮中邀勒经时序，箫里寻思复几年。”李山甫《牡丹》：“邀勒春风不早开，众芳飘后上楼台。”毛文锡《赞成功》词：“似含羞态，邀勒春风，蜂来蝶去，任绕芳丛。”

【邀陪】　邀请作陪。元稹《一字至七字诗·茶》：

“夜后邀陪明月，晨前命对朝霞。”

【邀禍】 招致祸害。陆龟蒙《京口与友生话别》：“惜佩终邀祸，辞环好激贪。”

【邀福】 祈求赐福。宋昱《题石窟》：“邀福功虽在，兴王代久非。”刘禹锡《贾客词》：“邀福祷波神，施财游化城。”清远居士《题透明岩安禄山题记后》：“千载业缘磨不尽，却来邀福向金仙。”

【邀遮】 拦阻。李白《秦休女行》：“直上西山去，关吏相邀遮。”又《秋猎孟诸夜归置酒单父东楼观妓》：“邀遮相驰逐，遂出城东田。”又《叙旧赠江阳宰陆调》：“邀遮相组织，呵吓来煎熬。”元稹《酬翰林白学士代书一百韵》：“散漫纷长薄，邀遮守隘岐。”

【邀請】 请人到自己的地方来或到约定的地方去。卢纶《浑赞善东斋戏赠陈归》：“公子无雠可邀请，侯嬴此坐是何人。”

【邀勳】 求取功勋。王维《送张判官赴河西》：“单车曾出塞，报国敢邀勋。”钱起《送李大夫赴广州》：“忠臣感圣君，徇义不邀勋。”王涯《塞下曲二首》之二：“年少辞家从冠军，金妆宝剑去邀勋。”杜荀鹤《题所居村舍》：“如此数州谁会得，杀民将尽更邀勋。”

【邀歡】 寻求欢乐。宋之问《春日宴宋主簿山亭得寒字》：“公子正邀欢，林亭春未兰。”贺兰进明《行路难五首》之一：“寒夜邀欢须秉烛，岂得常思花柳年。”权德舆《送梁道士谒寿州崔大夫》：“遥知小山林，五马待邀欢。”姚合《同诸公会太府韩卿宅》：“九寺名卿才思雄，邀欢笔下与杯中。”

【邀顧】 谋求顾盼。韩愈《刘生诗》：“千金邀顾不可酬，乃独遇之尽绸缪。”

邂 〔xiè《广韵》胡懈切，去卦，匣。〕邂逅。不期而遇。见“邂逅❶”。

【邂逅】 ❶不期而遇。高适《宋中遇林虑杨十七山人因而有别》：“邂逅逢尔曹，说君彼岩栖。”韦应物《单父逢邓司仓覆仓库因而有赠》：“邂逅得相逢，欢言至夕阳。”韩愈《落叶送陈羽》：“飘飖终自异，邂逅暂相依。”白居易《和答诗十首》序：“五年春，微之从东台来，不数日又左转为江陵士曹掾。诏下日，会予下内直归，而微之已即路，邂逅相遇于街衢。”❷偶然，意外。孟郊《伤时》：“男儿得路即荣名，邂逅失途成不调。”❸交媾。史凤《迷香洞》：“自从邂逅芙蓉帐，不数桃花流水溪。”

邅 〔zhān《广韵》張連切，平仙，知。又持碾切，線，澄。又除善切，上獮，澄。〕❶难行不进貌，见“邅迴❶”。❷转变行进方向。韩愈《杂诗四首》之三：“昆仑高万里，岁尽道苦邅。”❸盘旋曲折。张说《岳阳早霁南楼》：“歌闻枉渚邅，舞见长沙促。”

【邅迍】 困顿，受挫折。李续《和绵州于中丞登越王楼见寄》：“邅迍多失路，华皓任虚舟。”

【邅回】 见“邅迴”。

【邅迴】 亦作“邅回”。❶难行貌。孟浩然《溯江至武昌》：“客心徒欲速，江路苦邅回。”钱起《穷秋对雨》：“晦日连苦雨，动息更邅迴。”顾况《酬信州刘侍郎兄》：“胡为走不止，风雨惊邅迴。”陈陶《宿岛径夷山舍》：“百里遵岛径，蓬征信邅迴。”❷旋绕，盘结。薛据《西陵口观海》：“林屿几邅迴，亭皋时偃仰。”❸受挫折，困顿不得志。徐浩《宝林寺作》：“揆余久缨弁，末路遭邅迴。”刘禹锡《将之官留辞裴令公留守》：“重叠受恩久，邅回如命何。”元稹《梦游春七十韵》：“宠荣非不早，邅迴亦云屡。”苏拯《颂鲁》：“礼乐行未足，邅迴厄于陈。”

避 〔bì《广韵》毗義切，去寘，亚。〕❶躲避；回避。上官昭容《游长宁公主流杯池二十五首》之十二：“漱流清意府，隐几避嚣氛。”刘禹锡《刘驸马水亭避暑》：“尽日逍遥避烦暑，再三珍重主人翁。”白居易《送春》：“唯有老到来，人间无避处。”周昙《咏史诗·春秋战国门·孙武》：“行刑不避君王宠，一笑随刀八阵成。”❷避免。见“避灾”。❸让，谦让。见“避賢”。❹躲藏。见“避匿”。

【避人】 ❶躲避行人。雍陶《送徐山人归睦州旧隐》：“初归山犬翻惊主，久别江鸥却避人。”方干《睦州吕郎中郡中环溪亭》：“闲花半落犹迷蝶，白鸟双飞不避人。”❷避世隐居。吴融《偶书》：“只此无心便无事，避人何必武陵源。”

【避弋】 躲避弓箭。王初《自和书秋》：“陇首斜飞避弋鸿，颓云萧索见层空。”齐己《闻雁》：“丹心劳避弋，万里念随阳。”

【避丸】 典出《左传·宣公二年》：“晋灵公不君，厚敛以雕墙；从台上弹人，而观避丸也。”后以为暴君虐民之典。李峤《弹》：“避丸深可诮，求炙遂难忘。”

【避日】 躲避阳光。白居易《池上即事》：“移床避日依松竹，解带当风挂薜萝。”

【避仇】 见“避讐”。

【避世】 躲避尘世而隐居。卢象《寒食》：“子推言避世，山火遂焚身。”韩愈《送石洪处士赴河阳幕得起字》：“长把种树书，人云避世士。”李德裕《思归赤松村呈松阳子》：“昔人思避世，惟恐不深幽。”崔涂《樵者》：“避世嫌山浅，逢人说姓稀。”

【避地】 ❶迁居以避难。王维《桃源行》：“初因避地去人间，及至成仙遂不还。”杜甫《发阆中》：“别家三月一得书，避地何时免愁苦。”戎昱《寄梁淑》：“悔学秦人南避地，武陵原上又征师。”吴融《和峡州冯使题所居》："唯怀避地逃多难，不羡朝天卧直庐。"❷避世隐居。储光羲《贻王处士子文》："避地歌三乐，游山赋九吟。"张南史《早春书事奉寄中书李舍人》："戎马生郊日，贤人避地初。"刘禹锡《寄杨虢州与之旧姻》："避地江湖知几春，今来本郡拥朱轮。"齐己《赠仰上人》："避地依真境，安闲似旧溪。"

【避名】 逃名，隐姓埋名。司空图《长安赠王注》："正下搜贤诏，多君独避名。"

【避兵】 躲避战乱。刘叉《冰柱》："有客避兵奔游僻，跋履险厄至三巴。"唐彦谦《毗陵道中》："百年只有百清明，狼狈今年又避兵。"

【避役】 逃避奴役。元稹《春分投简阳明洞天作》："跣足沿流妇，丫头避役奴。"

【避忌】 回避和顾忌。白居易《和微之诗二十三首·和知非》："重礼足滋彰，养神多避忌。"

【避災】 避免灾祸。李峤《宝剑篇》："避灾朝穿晋帝屋，逃乱夜入楚王城。"

【避事】 躲避职事。李端《长安书事寄卢纶》："趋途非要路，避事乐空林。"杜牧《许七侍御弃官东归题诗寄赠十韵》："有园同庾信，避事学相如。"

【避雨】 躲避天雨。徐铉《北苑侍宴杂咏诗·松》："繁阴堪避雨，效用待东风。"

【避雨陵】 指殽山北陵，即东殽山。《左传·僖公三十二年》："蹇叔之子与师，哭而送之曰：'晋人御师必于殽。殽有二陵焉：其南陵，夏后皋之墓也；其北陵，文王之所避风雨也。'"骆宾王《北眺春陵》："既出泥封谷，还过避雨陵。"唐彦谦《蒲津河亭》："烟横博望乘槎水，日上文王避雨陵。"

【避俗】 避世隐居。杨凭《千叶桃花》："若教避俗秦人见，知向河源旧侣夸。"储嗣宗《入浮石山》："自惭非避俗，不敢问迷津。"章碣《寄江东道友》："野亭歌罢指西秦，避俗争名兴各新。"

【避風】 躲避风吹。项斯《龙州与韩将军夜会》："见月鹊啼树，避风云满帘。"

【避風臺】 相传汉赵飞燕身轻不胜风，成帝为其筑七宝避风台。其台旧址在西汉都城长安之太液池。贾至《赠薛瑶英》："方知汉成帝，虚筑避风台。"

【避秦】 典出晋陶潜《桃花源记》："自云先世避秦时乱，率妻子邑人，来此绝境，不复出焉。"后以指避世隐居。李益《寻纪道士偶会诸叟》："见说桃源洞，如今犹避秦。"储嗣宗《春游望仙谷》："鸡犬疑沾药，耕桑似避秦。"亦指躲避战乱。韦庄《江上别李秀才》："前年相送灞陵春，今日天涯各避秦。"

【避馬】 见"避驄馬"。

【避匿】 躲藏。韦庄《秦妇吟》："我今愧恧拙为神，且向山中深避匿。"

【避時】 逃避时世。姚合《赠刘叉》："避时曾变姓，救难似嫌身。"韦庄《和郑拾遗秋日感事一百韵》："避时难驻足，感事易回肠。"

【避席】 古人席地而坐，避席即避坐，离席起立，以示敬意。李峤《席》："避席承宣父，重筵揖戴公。"元稹《献荥阳公诗五十韵》："戴冯遥避席，祖逖后施鞭。"赵嘏《回于道中寄舒州李珏相公》："都无鄙吝隔尘埃，昨日丘门避席来。"

【避病】 避免生病。秦系《赠乌程杨苹明府》："当年潘子貌，避病沈侯诗。"

【避酒】 躲避饮酒。窦巩《江陵遇元九李六二侍御纪事书情呈十二韵》："看花怜后到，避酒许先归。"姚合《秋夕遣怀》："临书爱真迹，避酒怕狂名。"

【避宴】 躲避宴请。朱庆余《赠韩协律》："岭寺听猿频独宿，湖亭避宴动经年。"

【避堂】 即避正堂。谓让出正厅，供人居住，以示恭敬。语出《汉书·曹参传》："闻胶西有盖公，善治黄老言，使人厚币请之。既见盖公，盖公为言治道贵清静而民自定，推此类具言之。参于是避正堂，舍盖公焉。"苏颋《奉和崔尚书赠大理陆卿鸿胪刘卿见示之作》："避堂贻后政，扫第发前几。"

【避寇】 躲避盗寇。杜甫《遣兴五首》之三："避寇一分散，饥寒永相望。"

【避暑】 炎热之际到凉爽的地方去住。李嶷《读前汉外戚传》："凿池通渭水，避暑借明光。"杜甫《寄薛三郎中》："君山可避暑，况足采白蘋。"姚合《夏日登楼晚望》："避暑高楼上，平芜望不穷。"孟贯《山中夏日》："深山宜避暑，门户映岚光。"

【避喧】 躲避喧闹的尘世。韦应物《起度律师同居东斋院》："释子喜相偶，幽林俱避喧。"秦系《山中赠张正则评事》："终年常避喧，师事五千言。"

【避道】 让路。旧时礼节，遇尊长于道，须避退一旁，以示敬畏。王梵志《诗》之四五："逢人须敛手，避道莫前荡。"

【避寒】 御寒。韦应物《趋府候晓呈两县僚友》："立马频惊曙，垂帘却避寒。"

【避賊】 避寇。杜甫《彭衙行》："忆昔避贼初，北走经险艰。"

【避路】 让路。白居易《秦中吟十首·伤友》："蹇驴避路立，肥马当风嘶。"贾岛《原居即事言怀赠孙员外》："避路来华省，抄诗上彩笺。"无名氏《谣·辽述律后谣》："青牛妪，曾避路。"

【避歲】 避开太岁的方位。古人认为太岁之神在地，与天上岁星相应而行，兴建土木必须避开太岁的方位，以免遭受祸害。白居易《禽虫十二章》之一："燕违戊巳鹊避岁，兹事因何羽族知。"

【避愁】 摆脱愁苦。韦庄《愁》:"避愁愁又至,愁至事难忘。"

【避塵】 避开尘世。罗隐《投寄韦右丞》:"禁树曾擒藻,台乌旧避尘。"

【避寢損膳】 古代国家遇天灾或天象变异时,帝王常以避殿、素服、减膳、撤乐等表示自责,以期消灾除难。李峤《晚秋喜雨》序:"天子虑深求瘼,念在责躬,避寝损膳,录冤弛役。"

【避網】 躲避罗网。李昭象《寄献山中顾公员外》:"祥麟避网虽山野,丹凤衔书即薜萝。"

【避賢】 让贤。李适之《罢相作》:"避贤初罢相,乐圣且衔杯。"包佶《酬于侍郎湖南见寄十四韵》:"避贤方有日,非敢爱微躬。"

【避頭】 民间俗语。犹逃避、躲避。头,语助词,无义。无名氏《五言白话诗》之十九(外编上):"我今避头去,抛却空闲舍。"

【避諱】 封建时代说书或写文章时对君主和尊亲的名字不直接说出或写出。元稹《元和五年思怆曩游因投五十韵》:"寓直劳送迎,上堂烦避讳。"

【避賢郵】 驿站名。即阳城驿。在商山(今陕西商洛市商州区东南)。元稹为避谏议大夫、道州刺史阳城讳改名。元稹《阳城驿》:"我愿避公讳,名为避贤邮。"亦作"避賢驛"。白居易《和答诗十首·和阳城驿》:"改为避贤驿,大署于门楣。"

【避賢驛】 见"避賢郵"。

【避難】 (—nàn)躲避灾难。韦庄《秦妇吟》:"神在山中犹避难,何须责望东诸侯。"来鹄有《山中避难作》。

【避驄】 见"避驄馬"。

【避驄馬】 《后汉书·桓典传》:"是时宦官秉权,典执政无所回避。常乘驄馬,京师畏惮,为之语曰:'行行且止,避驄馬御史。"后因以指回避侍御史。孟浩然《与黄侍御北津泛舟》:"本欲避驄馬,何如同鹢舟。"亦省作"避馬""避驄"。孙逖《送杜侍御赴上都》:"避马台中贵,登车岭外遥。"韦应物《路逢崔元二侍御避马见招以诗见赠》:"俱是攀龙客,空为避马人。"刘长卿《落第赠杨侍御兼拜员外仍充安大夫判官司赴范阳》:"黠吏偏惊隼,贪夫辄避驄。"白居易《见萧侍御忆旧山草堂诗因以继和》:"晚起慵冠豸,闲行厌避驄。"

【避權】 躲避权贵。元稹《阳城驿》:"避权如避虎,冠豸如冠猴。"罗隐《投宣武郑尚书二十韵》:"避权辞宪署,仗节出南宫。"

【避讎】 亦作"避仇"。躲避仇敌。韩愈《东都遇春》:"深居疑避仇,默卧如当暝。"李涉《春山三竭来》之一:"昔人避世兼避雠,暮栖云外朝悠悠。"司空图《冯燕歌》:"避雠偶作滑台客,嘶风跃马来翩翩。"

十四画

邇 〔ěr《广韵》兒氏切,上紙,日。〕❶近。储光羲《晚霁中园喜赦作》:"五月黄梅时,阴气蔽远迩。"白居易《王夫子》:"命苟未来且求食,官无卑高及远迩。"李中《悼亡》:"室迩人何处,花残月又西。"吴叔达《言行相顾》:"千里犹能应,何云迩者焉。"❷接近。德宗《七月十五日题章敬寺》:"招提迩皇邑,复道连重城。"萧颖士《菊荣一篇五章》之三:"阴槐翳柳,迩楹近宇。"钱起《东阳郡斋中诣南山招韦十》:"良会何迟迟,清扬瞻则迩。"孔德绍《登白马山护明寺》:"层台耸灵鹫,高殿迩阳乌。"

【邇來】 ❶近来。沈千运《山中作》:"迩来归山林,庶事皆吾身。"韩愈《寒食日出游》:"迩来又见桃与梨,交开红白如争竞。"白居易《秦中吟十首·伤友》:"曩者胶漆契,迩来云雨睽。"陆龟蒙《奉酬袭美先辈吴中苦雨一百韵》:"迩来增号呼,得以恣唐突。"❷从那以来。李端《赠康洽》:"迩来七十遂无机,空是咸阳一布衣。"白居易《念金銮子二首》之二:"忽然又不见,迩来三四春。"陆龟蒙《奉和袭美太湖诗二十首·毛公坛》:"迩来向千祀,云峤空峥嵘。"吴融《题兖州泗河中石床》:"迩来多少登临客,千载谁将胜事论。"

【邇遐】 遐迩,远近。刘叉《冰柱》:"特禀朝澈气,洁然自许靡间其迩遐。"

邈 〔miǎo《广韵》莫角切,入覺,明。〕❶遥远。张九龄《南还以诗代书赠京师旧僚》:"故园从海上,良友邈天涯。"王维《宋进马哀词》:"邈穷天兮不返,疑有日兮来归。"刘长卿《初至洞庭怀灞陵别业》:"长安邈千里,日夕怀双阙。"又《别陈留诸官》:"上国邈千里,夷门难再期。"❷久远,长久。于邵《释奠武成王乐章·奠币登歌》:"四维张,百度立,绵亿载,邈难挹。"蒋冽《经埋轮地》:"时代邈已远,共谢洛阳秋。"杜牧《感怀诗一首》:"邈矣远太平,萧然尽烦费。"❸渺茫,模糊不清。韩愈《送惠师》:"幽踪邈难得,圣路嗟长堙。"皎然《杼山禅居寄赠东溪吴处士冯一首》:"悠然遗尘想,邈矣达性说。"白居易、刘禹锡《秋霖即事联句》:"趋风诚有恋,披雾邈无缘。"郑馥《东都父老望幸》:"望幸诚逾邈,怀来意不穷。"❹高卓,高远。储光羲《奉和韦判官献侍郎叔除河东采访使》:"恬淡轻黜陟,优游邈千载。"又《秦中初霁献给事二首》之一:"君子耸高驾,英声邈今昔。"吴筠《高士吟·柏成子高》:"伛伛耕不顾,斯情邈难俦。"

【邈志】 远大的志向。则天皇后《唐大飨拜洛乐章·咸和》:"肃礼恭禋载展,翘襟邈志逾殷。"

【邈峻】 高远。张祜《游天台山》:"邈峻极天门,覼深窥地户。”

【邈然】 ❶遥远貌。白居易《寄行简》:“相去六千里,地绝天邈然。”❷超凡脱俗貌。李白《南都行》:“此地多英豪,邈然不可攀。”赵铎《玄元皇帝应见贺圣祚无疆》:“声教唯皇矣,英威固邈然。”❸茫然。白居易《池上作》:“泛然独游邈然坐,坐念行心思古今。”

【邈爾】 遥远貌。李白《古风》之五:“去天三百里,邈尔与世绝。”温庭筠《感旧陈情五十韵献淮南李仆射》:“转蓬犹邈尔,怀橘更潸然。”

【邈邈】 杰出貌。吴筠《高士咏·河上公》:“邈邈河上叟,无名契虚中。”白居易《效陶潜体诗十六首》之七:“我有同心人,邈邈崔与钱。”

邃 〔suì《广韵》雖遂切,去至,心。〕❶深;深远。李峤《秋山望月酬李骑曹》:“谷邃凉阴静,山空夜响哀。”杜甫《题衡山县文宣王庙新学堂呈陆宰》:“下可容百人,墙隅亦深邃。”窦庠《金山行》:“琼楼菌阁纷明媚,曲槛回轩深且邃。”杨巨源《奉酬窦郎中早入省苦寒见寄》:“端闱仙阶邃,广陌冻桥滑。”亦指深邃之处。唐彦谦《夏日访友》:“孤舟唤野渡,村疃入幽邃。”❷深奥,精深。参见“邃義”。❸精通。刘禹锡《送裴处士应制举诗》序:“晋人裴昌禹读书数千卷,于周官、小戴礼尤邃。”

【邃古】 远古。裴守真《奉和太子纳妃太平公主出降三首》之三:“太平超邃古,万寿乐无疆。”李峤《云》:“官名光邃古,盖影耿轻埃。”陆龟蒙《袭美先辈以龟蒙所献五百言再抒鄙怀用伸酬谢》:“邃古派泛滥,皇朝光赫曦。”

【邃宇】 深广的屋宇。卢纶《奉和户曹叔夏夜寓直寄呈同曹诸公并见示》:“暮尘归众骑,邃宇舍诸司。”

【邃幕】 厚重的帷幕。喻指深沉的暮色。韦应物《冬至夜寄京师诸弟兼怀崔都水》:“邃幕沉空宇,孤灯照床单。”

【邃旒】 帝王冠冕前后悬垂的玉串。亦借指皇帝。欧阳詹《元日陪早朝》:“斗柄东回岁又新,邃旒南面挹来宾。”

【邃義】 深邃的意蕴。贾岛《送蔡京》:“易折芳条桂,难穷邃义经。”

【邃閣】 幽深的楼阁。太宗《元日》:“高轩暖春色,邃阁媚朝光。”

【邃僻】 幽深僻静。方干《赠式上人》:“纵居辇角喧阗处,亦共云溪邃僻同。”

十五画

邊 〔biān《广韵》布玄切,平先,幫。〕❶边境;边地。李白《古风》之三四:“喧呼救边急,群鸟皆夜鸣。”李端《赠故将军》:“平生在边日,鞍马若星流。”刘言史《苦妇词》:“临江卧黄砂,二子死在边。”吴商浩《塞上即事》:“战士殁边魂尚哭,单于猎处火犹红。”亦指边事。❷旁边;附近。戎昱《苦哉行五首》之四:“妾家清河边,七叶承貂蝉。”韩愈《祖席》:“祖席洛桥边,亲交共黯然。”刘禹锡《答乐天临都驿见赠》:“北固山边波浪,东都城里风尘。”贾岛《题李凝幽居》:“鸟宿池边树,僧敲月下门。”❸接近;临近。李端《宿淮浦忆司空文明》:“诸溪近海潮皆应,独树边淮叶尽流。”张祜《题丘山寺》:“地平边海处,江出上山时。”❹止境;尽头。杜甫《登高》:“无边落木萧萧下,不尽长江衮衮来。”孟郊《乱离》:“怨草岂有边,恨水岂有涯。”❺事物的部分、方面。柳公绰《题梓州牛头寺》:“一出西城第二桥,两边山木晚萧萧。”元稹《虫豸诗·蜘蛛》序:“巴蜘蛛大而毒,其甚者,身边数寸而踦长数倍其身。”刘言史《观绳伎》:“两边丸剑渐相迎,侧身交步何轻盈。”李咸用《春日》:“危城三面水,古树一边春。”❻中;范围内。岑参《夜过盘石隔河望永乐寄闺中效齐梁体》:“波上思罗袜,鱼边忆素书。”又《晚发五渡》:“江村片雨外,野寺夕阳边。”高适《信安王幕府诗》:“大漠风沙里,长城雨雪边。”牟融《山中有怀李十二》:“客边秋兴悲张翰,病里春情笑沈郎。”❼犹言处,处所。刘希夷《代悲白头翁》:“一朝卧病无相识,三春行乐在谁边。”李白《相逢行》:“万户垂杨里,君家阿那边。”岑参《燉煌太守后庭歌》:“醉坐藏钩红烛前,不知钩在若个边。”杜甫《哭李尚书》:“秋色凋春草,王孙若个边?”❽姓。汉有边韶。见“邊韶晝眠”“邊讓”。❾方位词的后缀。刘禹锡《竹枝词二首》之一:“东边日出西边雨,道是无晴却有晴。”吴融《华清宫二首》之一:“绿树碧檐相掩映,无人知道外边寒。”

【邊人】 ❶边民,边地百姓。张籍《陇头行》:“驱我边人胡中去,散放牛羊食禾黍。”许棠《银州北书事》:“因共边人熟,行行起战心。”❷指驻守边境的官员、士兵等。王建《送人》:“蜀客多积货,边人易封侯。”

【邊土】 边地。司马扎《古边卒思归》:“边土无膏腴,闲地何必争。”

【邊士】 边民。曹邺《送进士李殷下第游汾河》:“边士不好礼,全家住军城。”

【邊上】 边境。耿湋《送河中张胄曹往太原计会回》:“遥听边上信,远计朔南程。”

【邊方】 边地。高骈有《边方春兴》。

【邊心】 ❶边人思乡之情。胡皓《大漠行》:“崆峒北国谁能托,萧索边心常不乐。”杜甫《白帝楼》:“去年梅柳意,还欲搅边心。”皇甫冉《送孔巢父赴河南军》:“边心杳杳乡人绝,塞草青青战马多。”薛能《麟中寓居寄蒲中友人》:“边心生落日,乡思羡归云。”❷筹划边事的心境。杜甫《千秋节有感二首》之二:“圣主他年贵,边心此日劳。”

【邊功】 守卫边境时所立的功勋。李颀《塞下曲》:“直爱出身早,边功沙漠垂。”岑参《送王著作赴淮西幕府》:“昨者从淮西,归来奏边功。”白居易《新乐府·新丰折臂翁》:“又不闻天宝宰相杨国忠,欲求恩幸立边功。”李频《朔中即事》:“自古边功何不立,汉家中外自相疑。”

【邊地】 边塞之地。杨炯《析杨柳》:“边地遥无极,征人去不还。”李峤《倡妇行》:“十年倡家妇,三秋边地人。”姚合《武功县中作三十首》之十一:“路当边地去,村入郭门来。”

【邊吏】 边境的官吏。储光羲《同诸公送李云南伐蛮》:“边吏静县道,新书行纪纲。”

【邊戎】 边地战事。张蠙《过萧关》:“边戎莫相忌,非是霍家亲。”徐夤《明妃》:“不用牵心恨画工,帝家无策及边戎。”

【邊戍】 ❶在边地戍守。李义府《招谕有怀赠同行人》:“春去辞国门,秋还在边戍。”苏拯《古塞下》:“早得用蛾眉,免陷边戍卒。”刘商《胡笳十八拍·第十三拍》:“山川万里复边戍,背面无由得消息。”❷边界。孟郊《古意》:“荡子守边戍,佳人莫相从。”

【邊曲】 (—qǔ)边地曲调。张乔《河湟旧卒》:“十万汉军零落尽,独吹边曲向残阳。”

【邊臣】 驻守边疆的官员。贾岛《颂德上贾常侍》:“边臣说使朝天子,发语轰然激夏雷。”

【邊色】 边地的风光景色。李白《关山月》:“戍客望边色,思归多苦颜。”高适《陪窦侍御泛灵云池》:“夕阳连积水,边色满秋空。”刘长卿《从军六首》之四:“单于古台下,边色寒苍然。”郑巢《送边使》:“关河度几重,边色上离容。”

【邊州】 靠近边界的州邑。泛指边境地区。王勃《陇上行》:“负羽到边州,鸣笳度陇头。”张谓《送卢举使河源》:“故人行役向边州,匹马今朝不少留。”马戴《雪中送青州薛评事》:“怜君急王事,走马赴边州。”

【邊防】 边境防守之地。白居易《新乐府·西凉伎》:“平时安西万里疆,今日边防在凤翔。”

【邊村】 边地村庄。王维《凉州郊外游望》:“野老才三户,边村少四邻。”

【邊邑】 边地城邑。李白《古风》之十四:“荒城空大漠,边邑无遗堵。”子兰《登楼》:“边邑鸿声一例秋,大波平日绕山流。”

【邊兵】 守边的兵卒。杜甫《塞芦子》:“边兵尽东征,城内空荆杞。”姚合《庄居野行》:“边兵索衣食,此物同泥土。”许棠《塞下二首》之一:“胡虏偏狂悍,边兵不敢闲。”张蠙《登单于台》:“边兵春尽回,独上单于台。”

【邊吹】 (—chuì)边地所用的吹奏乐器。韩休《奉和御制平胡》:“叠鼓摇边吹,连旌暗朔云。”许景先《奉和圣制送张尚书巡边》:“郊云驻旌羽,边吹引金钲。”亦指这类乐器奏出的声音。马戴《答太原从军杨员外送别》:“衰柳摇边吹,寒云冒古城。”

【邊角】 边地的画角。亦指画角声。白居易《赋得边城角》:“边角两三枝,霜天陇上儿。”李商隐《杨本胜说于长安见小男阿衮》:“语罢休边角,青灯两鬓丝。”杜牧《并州道中》:“戍楼春带雪,边角暮吹云。”温庭筠《病中书怀呈友人》:“塞歌伤督护,边角思单于。”

【邊沙】 ❶边地的沙砾。高骈《边城听角》:“席箕风起雁声秋,陇水边沙满目愁。”朱庆余《白萧关望临洮》:“玉关西路出临洮,风卷边沙入马毛。”❷借指边地。杜甫《投赠哥舒开府二十韵》:“受命边沙远,归来御席同。”黄滔《逢友人》:“瘴岭行冲夏,边沙住隔冬。”

【邊封】 边境。韩愈《赴江陵途中寄赠三学士》:“伫继贞观烈,边封脱兜鍪。”

【邊事】 ❶边防事务。耿湋《送王将军出塞》:“汉家边事重,窦宪出临戎。”王建《朝天词十首寄上魏博田侍中》之八:“老臣一表求高卧,边事从今欲问谁。”雍陶《罢还边将》:“白须虏将话边事,自失公权怨语多。”贾岛《送李傅侍郎剑南行营》:“走马从边事,新恩受外台。”❷特指边境上的战事或争端。钱起《送张管书记》:“边事多劳役,儒衣逐鼓鼙。”李昌符有《书边事》。张蠙《塞下曲》:“边事多更变,天心亦为忧。”李洞《蕃寇侵逼南归道中》:“无处论边事,归溪夜结罾。”

【邊使】 ❶来自边地的使者。杜甫《甘园》:“结子随边使,开笼近至尊。”张籍《望行人》:“无因见边使,空待寄寒衣。”陆龟蒙《乐府杂咏六首·孤烛怨》:“前回边使至,闻道交河战。”❷前往边地的使者。郑愔《折杨柳》:“忽闻边使出,枝叶为郡攀。”储嗣宗有《随边使过五原》。

【邊服】 指王畿以外的边远之地。边,边地;服,要服。李峤《奉使筑朔方六州城率尔而作》:“奉诏受边服,总徒筑朔方。”玄宗《旋师喜捷》:“边服胡尘起,长安汉将飞。”又《送张说巡边》:“命将绥边服,雄图出庙堂。”

【邊卒】 守边的兵卒。司马扎有《古边卒思归》。

张蠙《边将》:"由来边卒皆如此,只是君门合杀身。"

【邊郊】 边地郊野。李乂《奉和幸望春宫送朔方军大总管张仁亶》:"边郊草具腓,河塞有兵机。"

【邊氓】 边民。储光羲《次天元十载华阴发兵作时有郎官点发》:"阏氏为女奴,单于作边氓。"

【邊城】 ❶边地城市。韦承庆《折杨柳》:"万里边城地,三春杨柳节。"戴叔伦《闺怨》:"不识玉门关外路,梦中昨夜到边城。"赵嘏《昔昔监二十首·倦寝听晨鸡》:"去去边城骑,愁眠掩夜闺。"刘沧《送友人罢举赴蓟门从事》:"晚云辽水疏残雨,寒角边城怨落晖。"❷与某地邻接的城邑。边,相近,相接。陈子昂《晚次乐乡县》:"川原迷旧国,道路入边城。"

【邊垠】 边际。贯休《寄大愿和尚》:"微人昔为门下人,扣玄佩惠无边垠。"

【邊草】 边地之草。贺知章《送人之军》:"陇云晴半雨,边草夏先秋。"刘长卿《鄂渚听杜别驾弹胡琴》:"声随边草动,意入陇云深。"刘商《胡笳十八拍·第十六拍》:"征途未尽马蹄尽,不见行人边草黄。"马戴《旅次寄贾岛兼简无可上人》:"相思边草长,回望水连空。"

【邊荒】 边远荒凉。亦指边远荒凉之地。张易之《出塞》:"詧闻传羽檄,驰突救边荒。"则天皇后《唐享昊天乐·第九》:"庙略静边荒,天兵曜神武。"

【邊柝】 边地军营中巡夜打更的木梆和竹梆声。李商隐《井络》:"阵图东聚燕江石,边柝西悬雪岭松。"

【邊柳】 边地的柳树。岑参《武威春暮闻宇文判官西使还已到晋昌》:"塞花飘客泪,边柳挂乡愁。"孟郊《新平歌送许问》:"边柳三四尺,暮春离别歌。"

【邊威】 守边的威势。郑愔《奉和幸望春宫送朔方大总管张仁亶》:"睿曲风云动,边威鼓吹喧。"

【邊思】 ❶边人的乡思。杜审言《春日江津游望》:"旅客摇边思,春江弄晚情。"朱庆余《送于中丞入蕃册立》:"上马生边思,戎装别众僚。"翁绶《陇头吟》:"马嘶斜日朔风急,雁过寒云边思长。"❷对边地或守边之人的思念。杜牧《秋梦》:"残梦夜魂断,美人边思深。"李频《赋得长城斑竹杖》:"细看生古意,闲倚动边思。"陆龟蒙《鸣雁行》:"闺中有边思,玉箸此时横。"欧阳瑾《折杨柳》:"年华枝上见,边思曲中来。"

【邊秋】 边塞的秋天。王勃《陇上行》:"云黄知塞近,草白见边秋。"杜甫《月夜忆舍弟》:"戍鼓断人行,边秋一雁声。"

【邊信】 边地的书信。长孙佐辅有《答边信》。卢纶《至德中赠内兄刘赞》:"惆怅多边信,青山共有期。"

【邊食】 边饷。王建《水运行》:"远征海稻供边食,岂如多种边头地。"

【邊急】 边疆危急的形势。李白《出自蓟北门行》:"虎竹救边急,戎车森已行。"

【邊風】 边地之风。虞世南《出塞》:"凛凛边风急,萧萧征马烦。"张继《奉送王相公赴幽州》:"塞草连天暮,边风动地愁。"王涯《塞上曲二首》之一:"塞虏常为敌,边风已报秋。"贯休《胡无人》:"边风萧萧,榆叶初落。"

【邊亭】 ❶边境的驿亭。陈子昂《还至张掖古城闻东军告捷赠韦五虚己》:"孟秋首归路,仲月旅边亭。"❷边燧,报警的烽火台。贺朝《从军行》:"烽沉灶减静边亭,海晏山空肃已宁。"王勃《早春野望》:"他乡临睨极,花柳映边亭。"

【邊庭】 边地。孟浩然《送莫甥兼诸昆弟从韩司马入西军》:"饰装辞故里,谋策赴边庭。"李益《夜发军中》:"今日边庭战,缘赏不缘名。"罗隐《送秦州从事》:"若到边庭有来使,试批书尾话梁州。"毛文锡《醉花间》词之一:"偏忆戍楼人,久绝边庭信。"

【邊宦】 边官,边地官吏。戎昱《辰州建中四年多怀》:"主恩堪洒血,边宦更何心。"

【邊客】 旅居边地的人。武元衡《汴河闻笳》:"何处金笳月里悲,悠悠边客梦先知。"司空曙《关山月》:"野幕冷胡霜,关楼宿边客。"

【邊軍】 边防部队。周贺《送分定归灵夏》:"却到禅斋后,边军识衲衣。"

【邊郡】 靠近边境的郡邑。泛指边境地区。张九龄《咏史》:"轻既长沙傅,重亦边郡徙。"刘兼《重阳感怀》之一:"黄茅莽莽连边郡,红叶纷纷落钓舟。"

【邊馬】 边地之马。李义府《和边城秋气早》:"边马秋声急,征鸿晓阵斜。"

【邊埃】 边地尘埃。借指边境。沈佺期《北塞二首》之二:"胡骑犯边埃,风从丑上来。"

【邊畔】 边际。吕岩《渔父词一十八首·入定》:"无边畔,迥朦胧,玄景观来尽觉空。"

【邊氣】 ❶边地的烟雾。骆宾王《边庭落日》:"野昏边气合,烽迥戍烟通。"谭用之《塞上》之二:"猎骑静逢边气合,戍楼寒对暮烟微。"❷边地萧索的气氛。丁仙芝《剡溪馆闻笛》:"草木生边气,城池泛夕凉。"唐彦谦《毗陵道中》:"禾麻地废生边气,草木春寒起战声。"

【邊候】 ❶边地节候。岑参《武威送刘单判官赴安西行营便呈高开府》:"孟夏边候迟,胡国草木长。"❷即边堠。古代设置于边地以探望敌情的土堡。候,"堠"的古字。长孙佐辅《陇西行》:"早晚边候空,归来养羸卒。"

【邊海】 海边,海边之地。卢纶《逢南中使寄岭外故人》:"过秋天更暖,边海日长阴。"武元衡《送严绅游兰溪》："剡岭穷边海，君游别岭西。"张乔《望巫山》："边海故园荒后卖，入关玄发夜来衰。"

【邊峯】　边地山峰。高适《自武威赴临洮谒大夫不及因事即事案河西陇右幕下诸公》："远戍际天末，边峰连贼壕。"

【邊朔】　北方边地。陈子昂《赠赵六贞固二首》之一："此时边朔寒，登陇思君子。"郑愔《胡笳曲》："汉将留边朔，遥遥岁序深。"陆龟蒙《战秋辞》："扰践边朔，歼伤蝥夷。"

【邊酒】　边地酒筵。杜甫《送杨六判官使西蕃》："边酒排金盏，夷歌捧玉盘。"

【邊書】　❶来自边地的书信。长孙佐辅《答边信》："征人去年戍辽水，夜得边书字盈纸。"❷有关边地的军事文书。朱庆余《羽林郎》："酒后引兵围百草，风前驻旆领边书。"

【邊陲】　边境。玄宗《春晚宴两相及礼官丽正殿学探得风字》序："乃命将士，擐介胄，砺矢石，审山川之向背，应岁月之孤虚，所以静边陲也。"岑参《北庭西郊候封大夫受降回军献上》："侧身佐戎幕，敛衽事边陲。"许棠《秦中遇友人》："远梦亦羞归海徼，贫游多是滞边陲。"唐求《边将》："三千护塞儿，独自滞边陲。"

【邊務】　边防事务。刘希夷《入塞》："将军陷虏围，边务息戎机。"

【邊雪】　边地之雪。白居易《青冢》："茫茫边雪里，一掬沙培塿。"许棠《送李左丞巡边》："走马冲边雪，鸣鞭动塞山。"陆龟蒙《归雁》："似悲边雪音犹苦，初背岳云行未高。"

【邊帳】　边地军营中的帷帐。张籍《出塞》："月冷边帐湿，沙昏夜探迟。"

【邊笛】　边地笛声。舒之舆《八月五日中部官舍读唐历天宝已来追怆故事》："况当近塞地，哀吹起边笛。"

【邊笳】　即胡笳。古代北方民族的一种类似笛子的乐器。马戴《边馆逢贺秀才》："不堪吟断边笳晓，叶落东西客又分。"

【邊情】　边人思乡之情。卢纶《和太常王卿立秋日即事》："别弦添楚思，牧马动边情。"李益《登夏州城观送行人赋得六州胡儿歌》："蕃音虏曲一难分，似说边情向塞云。"朱湾《寒城晚角》："羁人此夜寐不成，万里边情枕上生。"

【邊烽】　❶边地报警的烽火。李峤《送骆奉礼从军》："玉塞边烽举，金坛庙略申。"李端《赠岐山姜明府》："牧竖寒骑马，边烽晚立旗。"刘禹锡《重酬前寄》："边烽寂寂尽收兵，宫树苍苍静掩扃。"李洞《段秀才溪居送从弟游泾陇》："朔雪痕侵雍，边烽焰照泾。"❷借指战争。徐夤《寄华山司空侍郎二首》之一："清论尽应书国史，静筹皆可息边烽。"

【邊將】　（—jiàng）守边的将领。白居易《新乐府·城盐州》："如今边将非无策，心笑韩公筑城壁。"李商隐《行次西郊一百韵》："晋公忌此事，多录边将勋。"项斯《送殷中丞游边》："还须见边将，谁拟静尘沙。"于濆《陇头水》："杀成边将名，名著生灵灭。"

【邊策】　安边的策略。杜审言《送和西蕃使》："圣朝尚边策，诏谕兵戈偃。"刘长卿《落第赠杨侍御兼拜员外仍充安大夫判官赴范阳》："使车遥肃物，边策远和戎。"

【邊備】　边防。李敬方《闻高侍御卒贬所》："走马论边备，飞声感庙谟。"

【邊隅】　边境，边地。宜芬公主《虚池驿题屏风》："沙塞容颜尽，边隅粉黛残。"杜甫《观兵》："精锐旧无敌，边隅今若何。"颜粲《吴宫教美人战》："至今孙子术，犹可静边隅。"无名氏《和剂方补骨脂丸方诗》："三年时节向边隅，人信方知药力殊。"

【邊詞】　反映边塞生活风情的诗作。张敬忠有《边词》。

【邊遊】　游历边地。张乔《江上送友人南游》："潇湘见来雁，应念独边游。"于濆有《边游录戍卒言》。

【邊寇】　犯边的敌寇。许浑《破北虏太和公主归宫阙》："定是庙谟倾种落，必知边寇畏骁雄。"罗隐《秋日怀贾随进士》："边寇日骚动，故人音信稀。"

【邊愁】　❶边人的愁苦之情。王昌龄《从军行七首》之二："撩乱边愁听不尽，高高秋月照长城。"刘长卿《赠别于群投笔赴安西》："边愁殊浩荡，离思空断续。"皇甫冉《曾东游以诗寄之》："落日孤云还，边愁迷楚关。"王涯《塞下曲二首》之一："塞晚每愁残月苦，边愁更逐断蓬惊。"❷对边事的忧愁。杜甫《秋兴八首》之六："花萼夹城通御气，芙蓉小苑入边愁。"钱起《广德初銮驾出关后登高愁望二首》之一："长安不可望，远处边愁起。"

【邊鄙】　过境，边疆。张说《送李侍郎迥秀薛长史季昶同赋得水字》："薛公善筹画，李相威边鄙。"杜甫《沙苑行》："食之豪健西域无，每岁攻驹冠边鄙。"元结《贼退示官吏》序："明年，贼又攻永破郡，不犯此州边鄙而退。"费冠卿《答萧建》："边鄙筹贤相，黔黎托圣躬。"

【邊塞】　（—sài）边疆之要塞。亦泛称边疆。孟浩然《同张明府清镜叹》："寄语边塞人，如何久离别。"欧阳詹《塞上行》："骁雄已许将军用，边塞无劳天子忧。"于濆《戍卒伤春》："连年戍边塞，过却芳菲节。"周朴《边思》："夜色蓟门火，秋声边塞风。"

【邊際】　边缘，界限。孟浩然《洛中送奚三还扬州》："水国无边际，舟行共使风。"

【邊歌】　歌咏边塞生活的歌。张籍《关山月》："关山秋来雨雪多，行人见月唱边歌。"

【邊韶晝眠】　《后汉书·文苑传上·边韶》："韶口辩，曾昼假卧，弟子私嘲之曰：'边孝先，腹便便。懒读书，但欲眠。'韶潜闻之，应时对曰：'边为姓，孝为字。腹便便，《五经》笥。但欲眠，思经事。寐与周公通梦，静与孔子同意。师而可嘲，出何典记？'嘲者大惭。"后用以为典。李端《晚春过夏侯校书值其沉醉戏赠》："姚馥清时醉，边韶白日眠。"卢纶《秋暮中夜独坐因书即事呈同院诸公》："书此更何问，边韶唯昼眠。"

【邊韶經笥】　谓学问渊博。李瀚《蒙求》："樗里智囊，边韶经笥。"参见"邊韶晝眠"。

【邊塵】　❶边地尘土。高适《塞上》："边尘涨北溟，虏骑正南驱。"岑参《虢州送天平何丞入京市马》："习战边尘黑，防秋塞草黄。"❷指边境。张九龄《折杨柳》："更愁征戍客，容鬓老边尘。"李频《太和公主还宫》："天骄发使犯边尘，汉将推功遂夺亲。"❸借指边境战争。苏味道《单于川对雨二首》之二："伐邢知有属，已见静边尘。"岑参《轮台歌奉送封大夫出师西征》："亚相勤王甘苦辛，誓将报主静边尘。"戴叔伦《送耿十三沣复往辽海》："野迥边尘息，烽消戍垒空。"徐铉《送朱先辈尉庐陵》："平生心气在，终任静边尘。"

【邊緒】　思边的情绪。张九龄《酬王六霁后书怀见示》："炎氛霁后灭，边绪望中来。"

【邊鋪】　（一pù）边地驿站。王建《送裴相公上太原》："边铺警巡旗尽换，山城候馆壁重修。"

【邊機】　边防机宜。王建《赠王枢密》："长承密旨归家少，独奏边机出殿迟。"

【邊頭】　❶边疆，边地。王昌龄《塞下曲四首》之四："边头何惨惨，已葬霍将军。"岑参《奉陪封大夫九日登高》："边头幸无事，醉舞荷吾君。"元稹《和李校书新题乐府十二首·缚戎人》："边头大将差健卒，入抄禽生快于鹘。"姚合《送僧游边》："师向边头去，边人业障轻。"❷偏远处。薛能《折杨柳十首》之七："唯向边头不堪望，一株憔悴少人行。"南唐后主李煜《采桑子》词之一："琼窗春断双蛾皱，回首边头，欲寄鳞游，九曲寒波不泝流。"

【邊遽】　边驿，边地的驿车。李商隐《城上》："边遽稽天讨，军需竭地征。"

【邊館】　边地的驿馆。马戴有《边馆逢贺秀才》。

【邊緣】　沿边的部分，边沿。元稹《茅舍》："边缘堤岸斜，诘屈檐楹亚。"

【邊徼】　边境。李峤《城》："何辞一万里，边徼捍匈奴。"李昂《从军行》："匈奴未灭不言家，驱逐行行边徼赊。"杜甫《次空灵岸》："毒瘴未足忧，兵戈满边徼。"耿沣《关山月》："月明边徼静，戍客望乡时。"

【邊聲】　指马嘶、雁鸣、号角等边塞上特有的声音。王昌龄《从军行二首》之一："边声摇白草，海气生黄雾。"戴叔伦《关山月二首》之二："胡笳在何处，半夜起边声。"许棠《题汧湖二首》之一："边声风下雁，楚思浪移舟。"翁洮《赠进士王雄》："笳吹古堞边声远，岳倚晴空楚色高。"

【邊儲】　边防储备。岑参《玉门关盖将军歌》："我来塞外按边储，为君取醉酒剩沽。"

【邊雁】　边塞的鸿雁。白居易《寄献北都留守裴令公》："胡兵惊赤帜，边雁避乌号。"刘沧《洛阳月夜书怀》："一声边雁塞门雪，几处远砧河汉风。"

【邊騎】　守卫边疆的骑兵。权德舆《送张将军归东都旧业》："白草辞边骑，青门别故侯。"

【邊鴻】　边地的鸿雁。韩愈《岐山下二首》之一："揭来岐山下，日暮边鸿惊。"何象《赋得御制句朔野阵云飞》："塞日穿痕断，边鸿背影飞。"齐己《过西塞山》："边鸿渡汉口，楚树出吴头。"

【邊孽】　边寇。苏颋《夜发三泉即事》："京坻有岁饶，亭障无边孽。"

【邊關】　边境上的关口。王勃《陇西行》之九："古人薄军旅，千载谨边关。"

【邊疆】　靠近国界的领土。杜甫《夏夜叹》："念彼荷戈士，穷年守边疆。"又《又上后园山脚》："于时国用富，足以守边疆。"刘驾《唐乐府十首·献贺觞》："莫但取河湟，河湟非边疆。"无名氏《观剑南献捷》（卷七八七）："边疆氛已息，矛戟血犹残。"

【邊讓】　汉代人，字文礼，少辩博，善属文。为议郎蔡邕所赏识，曾荐于何进。李贺《南园诗十三首》之十："边让今朝忆蔡邕，无心裁曲卧春风。"

【邊釁】　边境上的争端。顾况《塞上曲》："酣战祈成功，于焉罢边衅。"

【邊鸞】　唐画家。少攻丹青，最长于花鸟。白居易《三谣·素屏谣》："边鸾之花鸟，张璪之松石。"

十九画

邐〔lǐ《广韵》力紙切，上紙，來。〕❶曲折连绵貌。见"邐迤❶""邐逶❷"。❷接连不断，一个接一个。见"邐迤❷"。❸轻。温庭筠《长安寺》："云栱承跗逦，羽葆背花重。"

【邐速】　连绵不断貌。权德舆《奉和礼部尚书酬杨著作竹亭歌》："直城朱户相逦连，九逵丹毂声阗阗。"

【邐逶】　曲折连绵貌。陈子昂《与东方左史虬修竹篇》序："思古人，常恐逦逶颓靡，风雅不作，以耿耿也。"

【邐迤】 ❶曲折连绵貌。韦应物《沣上西斋寄诸友》:"清川下逦迤,茅栋上岧峣。"元稹《黄明府诗》:"逦迤七盘路,坡陀数丈城。"韦应《山墅闲题》:"逦迤前冈厌后冈,一川桑柘好残阳。"❷接连不断,一个接一个。储光羲《同诸公登慈恩寺塔》:"宫室低逦迤,群山小参差。"元稹《奉和权相公诗十四韵》:"贯鱼行逦迤,交马语踟蹰。"白居易《长恨歌》:"揽衣推枕起裴回,珠箔银屏逦迤开。"李商隐《安平公诗》:"陈留阮家诸侄秀,逦迤出拜何骈罗。"

邏 〔luó《广韵》郎佐切,去箇,來。〕❶巡逻。见"邏人"。❷山溪的边缘。许浑《岁暮自广江至新兴往复中题峡山寺四首》之四:"海虚争翡翠,溪逻斗芙蓉。"

【邏人】 巡逻之人。李白《秋浦歌十七首》之十一:"逻人横鸟道,江祖出鱼梁。"

【邏逤】 见"邏娑❶"。

【邏娑】 亦作"邏逤""邏些"。❶唐时吐蕃都城,即今西藏自治区拉萨市。李颀《听董大弹胡笳声兼寄语弄房给事》:"乌孙部落家乡远,逻娑沙尘哀怨生。"高适《九曲词三首》之三:"铁骑横行铁岭头,西看逻逤取封侯。"杜甫《柳司马至》:"设备邯郸道,和亲逻些城。"周繇《送入蕃使》:"滹沱河冻军回探,逻逤孤城雁著行。"❷指用逻娑檀木制作的琵琶。刘景复《梦为吴泰伯作胜儿歌》:"繁弦已停杂吹歇,胜儿调弄逻娑拨。"

【邏些】 见"邏娑❶"。

邑　部

邑〔yì《广韵》於汲切，入缉，影。〕❶京城，国都。杜甫《哀王孙》："豺狼在邑龙在野，王孙善保千金躯。"孟郊《擢第后东归书怀献座主吕侍御》："擢第谢灵台，牵衣出皇邑。"许棠《寄华阴刘拾遗》："寄邑虽行化，眠云似去年。"❷人民聚居之处。大曰都，小曰邑。泛指村落、城镇。张祜《登广武原》："远树千门邑，高樯万里船。"任翻《葛仙井》："味甘传邑内，脉冷应山心。"卢纶《秋夜宴集陈翃郎中圃亭美校书郎张正元》："为谢邑中少，无惊池上鸥。"❸县的别称。王昌龄《奉赠张荆州》："邑西有路缘石壁，我欲从之卧穹嵌。"岑参《送李郎尉武康》："不须嫌邑小，莫即耻家贫。"韦应物《寄李儋元锡》："身多疾病思田里，邑有流亡愧俸钱。"李频《赠同官苏明府》："山中畿内邑，别觉大夫清。"❹建筑城邑。孙逖《扬子江楼》："扬子何年邑，雄图作楚关。"❺通"悒"。忧郁貌。见"邑邑"。

【邑人】　乡人，同乡之人。张九龄《登郡城南楼》："邑人半舻舰，津树多枫橘。"刘长卿《谪官后却归故村将过虎丘怅然有作》："邑人怜白发，庭树长新柯。"白居易《蜀路石妇》："十五嫁邑人，十六妇征行。"许浑《赠萧兵曹先辈》："闻说携琴兼载酒，邑人争识马相如。"

【邑子】　乡人，同乡之人。杜甫《大觉高僧兰若》："飞锡去年啼邑子，献花何日许门徒。"

【邑中遗爱】（中 zhōng）指地方官留下的仁爱。戴叔伦《临流送顾东阳》："海上独归惭不及，邑中遗爱定无双。"参见"邑中黔"。

【邑中黔】　春秋宋国贤大夫司城子罕肤黑，家住邑中，时人称之为"邑中之黔"。故后用"邑中黔"为循吏恤民之典。韦庄《冬日长安感志寄献虢州崔郎中二十韵》："济物便同川上楫，慰心还似邑中黔。"

【邑囚】　地方上的囚犯。韩愈《陆浑山火和皇甫湜用其韵》："助汝五龙从九鲲，溺厥邑囚之昆仑。"

【邑令】　县令。韦应物有《城中卧疾知阎薛二子屡从邑令饮因以赠之》。李昉《寄孟宾于》："长为邑令情终屈，纵处曹郎志未甘。"

【邑司】　唐代管理公主事务的机关。张籍《送和藩公主》："邑司犹属宗卿寺，册号还同虏帐人。"

【邑吏】　地方官府的小吏。元稹《赛神》："邑吏齐进说，幸勿祸乡原。"

【邑里】　乡里。包融《登翅头山题俨公石壁》："暾日衔东郊，朝光生邑里。"李嘉祐《赠王八衢》："渚田分邑里，山桂树罘罳。"常衮《代员将战罢后归故里》："独行过邑里，多病对农桑。"吴筠《别章叟》："平昔同邑里，经年不相思。"

【邑邑】　忧郁不乐貌。刘禹锡《谪居悼往二首》之一："邑邑何邑邑，长沙地卑湿。"

【邑君】　地方官。鲍溶《送王炼师》："圣母祠堂药树香，邑君承命荐椒浆。"

【邑居】　里邑住宅。上官昭容《过长宁公主流杯池二十五首》之九："结驷填街术，闾閈满邑居。"岑参《石犀》："向无尔石犀，安得有邑居。"张籍《三原李氏园宴集》："暮春天早热，邑居苦嚣烦。"白居易《秋霖中过尹纵之仙游山居》："邑居尚愁寂，况乃在山林。"

【邑封】　犹言乡里。杜牧《九华山》："昔年幽赏快疏慵，每喜佳山在邑封。"

【邑郛】　城郭。元稹《后湖》："荆有泥泞水，在荆之邑郛。"

【邑客】　居住在城镇者。白居易《醉后狂言酬赠萧殷二协律》："余杭邑客多羁贫，其间甚者萧与殷。"费冠卿《酬范中丞见》："捧将束帛山僮喜，传示银钩邑客惊。"

【邑宰】　县令。孟浩然《与白明府游江》："故人严自远，邑宰复初临。"张谓《夜同宴用人字》："邑宰陶元亮，山家郑子真。"李频《送许棠归泾县作尉》："县人齐下拜，邑宰共分曹。"

【邑尉】　县尉。岑参《题永乐韦少府厅壁》："故人是邑尉，过客驻征轩。"

【邑號】　❶县名，县的名号。欧阳詹《赠鲁山李明府》："若将邑号称贤宰，又是皇唐元鲁山。"❷唐代六品以上官吏之妻的封号。白居易《妻初授邑号告身》："我转官阶常自愧，君加邑号有何功。"无名氏《潜书七言四句》："邑号尽封元谅母，郡君变作士和妻。"

【邑聚】　村落。储光羲《贻王侍御出台掾丹阳》："余辉方焜耀，可以欢邑聚。"

【邑僚】　县府同僚。韦应物有《西郊游宴寄赠邑僚李巽》。

三　画

邛　〔qióng《广韵》渠容切，平鍾，羣。〕❶古代少数民族国名。见"邛笮"。❷古州名。杜甫《草堂》："西取邛南兵，北断剑阁隅。"无可《送李少府之任临邛》："邛南方作尉，调补一何卑。"皇甫冉《送魏六侍御葬》："谁知长卿疾，歌赋不还邛。"李洞《赠唐山人》："邛蜀路无限，往来琴独携。"参见"邛州"。

【邛竹】　❶竹名。邛山所出，中实而节高，可作手杖。卢纶《送张郎中还蜀歌》："邛竹笋长椒瘴起，荔枝花发杜鹃鸣。"章孝标《蜀中上王尚书》："丁香风里飞笺草，邛竹烟中动酒钩。"❷亦指邛竹杖。徐铉《和张先辈见寄二首》之二："清时沦放在山州，邛竹纱巾处处游。"

【邛州】　南朝梁置，治所在蒲阳县（西魏改依政县，今四川邛崃市东南）。隋大业初废。唐武德元年（618）复置，显庆三年（658）移治临邛县（今邛崃市）。杜甫《寄邛州崔录事》："邛州崔录事，闻在果园坊。"唐求有《送友人归邛州》。齐己《谢人惠柱杖》："邛州灵境产修篁，九节材应表九阳。"

【邛杖】　邛竹杖，邛竹制成的手杖。白居易《东城晚归》："一条邛杖悬龟榼，双角吴童控马衔。"

【邛笮】　汉时西南夷邛都、笮都的并称。约在今四川西昌、汉源一带。皮日休《初夏游伽精舍》："揭去山南岭，其险如邛笮。"

【邛鄉蒟】　邛都所产的蒟酱。李义府《招谕有怀赠同行人》："不求绥岭桃，宁美邛乡蒟。"

【邛葛】　邛地所产的葛布。邛都以产葛缔著称。白居易《病中逢秋招客夜酌》："卧簟蕲竹冷，风襟邛葛疏。"

【邛僰】　汉代临邛、僰道的并称。在今四川邛崃、宜宾一带。后借指西南边远地区。骆宾王《畴昔篇》："萦辔西南使邛僰，玉垒铜梁不易攀。"薛逢《送西川梁常侍之新筑龙山城并锡赉两州刺史及部落蕞长等》："鸟道经邛僰，星躔过觜参。"贯休《送吏部刘相公除东川》："旌幢山色湿，邛僰鸟啼新。"

【邛關】　邛崃城关。辛常伯《军中行路难》："邛关九折无平路，江水双源有急流。"

邗　〔hán《广韵》胡安切，平寒，匣。又古寒切，平寒，見。〕❶古地名。见"邗城"。❷水名。见"邗溝"。

【邗城】　春秋吴地。在今江苏扬州市西北。亦借指扬州。皎然《春日又送潘述之扬州》："别渚望邗城，岐路春日遍。"

【邗溝】　古运河名。亦称"邗江"。春秋吴王夫差十年（前486）始凿，故道自今江苏扬州市。隋大业元年（605）重加疏浚，此后江、淮间运道，即由扬州直达淮安。虞世南《奉和出颍至淮应令》："邗沟非复远，怅望悦宸襟。"刘商《送杨行元赴举》："晚渡邗沟惜别离，渐看烽火马行迟。"刘斌《和许给事伤牛尚书》："归魂藐修路，征櫂舣邗沟。"亦借指扬州。崔颢《维扬送友还苏州》："长安南下几程途，得到邗沟吊绿芜。"

邘　〔yú《广韵》羽俱切，平虞，云。〕地名。当在今陕西商县。白居易《东南行一百韵》："秦岭驰三驿，商山上二邘。"原注："商山险道，中有东西二邘。"元稹《酬乐天东南行诗一百韵》："舟败罂浮汉，骖疲杖过邘。"

邙　〔máng《广韵》莫郎切，平唐，明。又武方切，平陽，微。〕山名。即北邙山。参见"邙山"。

【邙山】　即北邙山。在今河南洛阳市东北。汉魏以降，为王侯公卿归葬之处。李白《忆崔郎中宗之游南阳遗吾孔子琴抚之潸然感旧》："谁传广陵散，但哭邙山骨。"张祜《洛阳感遇》："洛水暮烟横莽苍，邙山秋日露崔嵬。"皮日休《洛中寒食二首》之二："欲知豪贵堪愁处，请看邙山晚照斜。"齐己《谢高辇先辈寄新唱和集》："洛浦精神慑，邙山鬼魅愁。"

【邙風】　指乐府诗《北邙行》。悼念死者的哀歌。孟郊《吊卢殷》："邙风噫孟郊，嵩秋葬卢殷。"

邕　〔yōng《广韵》於容切，平鍾，影。〕❶古州名，在今广西南宁一带。见"邕州"。❷通"雍"。和乐，和平。褚亮《祭方丘乐章·舒和》："一德唯宁两仪泰，三材保合四时邕。"韦应物《同德寺阁集眺》："周览思自奋，行当遇时邕。"

【邕州】　唐贞观六年（632）以南晋州改名，治所在宣化县（今广西南宁市南郁江南岸）。天宝元年改为朗宁郡。乾元元年（758）复改为邕州。李峤有《军师凯旋自邕州顺流舟中》。

【邕言】　和婉之言。李峤《皇帝上礼抚事述怀》："圣道昭永锡，邕言让在躬。"

【邕邕】　和乐貌。则天皇后《唐享昊天乐·第十》："肃肃祀典，邕邕礼秩。"玄宗《鹡鸰颂》序："每听政之后，延入宫掖，中友于之志，咏常棣之诗，邕邕如，怡怡如，展天伦之爱也。"《郊庙歌辞·享节愍太子庙乐章·送文舞出迎武舞入》："邕邕阐化凭武德，赫赫宣威藉武功。"

四　画

邢　〔xíng《广韵》户經切，平青，匣。〕❶古诸侯国名。故地在今河北省邢台市境。周公之子封于此，春秋时为卫所灭。苏味道《草于川对雨二首》之二："声过鲸海滨，伐邢知有属。"皮日休《茶中杂咏·茶瓯》："邢客与越人，皆能造兹器。"韦庄《耒阳县浮山神庙》："为霖自可成农岁，何用兴师远伐邢。"❷姓。唐诗人有邢群、邢象玉等。

【邢巨】　唐诗人。扬州（今江苏扬州市）人。曾两任监察御史。《全唐诗》卷一〇七录其《游春》等二首。

【邢武】　邢巨、武平一连称。杜伟《句》："忽睹邢武辞，泠其金石备。"

【邢桂州】　邢济。济曾为桂州刺史。王维有《送邢桂州》。

【邢州】　隋开皇十六年（596）置，治所在龙冈县（北宋未改为邢台县，今河北邢台市）。大业初改为襄国郡。唐武德元年（618）复为邢州。窦牟有《奉使至邢州赠李八使君》。

【邢象玉】　唐诗人。生平事迹不详。《全唐诗》卷七七七录其《古意》一首。

【邢鳳】　唐诗人。《全唐诗》卷八六八录其《梦中美人歌》一首。

【邢端公】　邢济。皎然有《酬邢端公济春日苏台有呈袁州李使君兼书并寄辛阳王三侍御》和《因游支硎寺寄邢端公》。清昼有《与邢端公李台庭石联句》。按，李台，疑当为"李台州"之夺。李台州，李嘉祐。

【邢羣】　（800—844）唐诗人。字涣思，河间（今属河北）人。大和三年（829）进士。历任大理评事、监察御史、歙州刺史等职。《全唐诗》卷五四六录其《郡中有怀寄睦州员外杜十三兄》一首。

邨　同"鄖"。周时诸侯国名。春秋时为楚所灭。故地在今湖北安陆市。司空图有《邨乡北归》。

邪[1]　〔xié《广韵》似嗟切，平麻，邪。〕❶不正；不正派。高祖《嘲苏世长》："名长意短，曰正心邪。"韩愈《李花二首》之二："清寒莹骨肝胆醒，一生思虑无由邪。"白居易《寄明州于驸马使君三绝句》之二："吴越声邪无法用，莫教偷人管弦中。"修雅《闻颂法华经歌》："能使迷者醒，狂者定，垢者净，邪者正，凡者圣。"❷指邪佞之人。孟浩然《赠萧少府》："去诈人无谄，除邪吏息奸。"元结《二风诗·乱风诗五篇·至惑》："宠邪信惑，近佞好谀，废嫡立庶，忍为祸谟。"陆龟蒙《读襄阳耆旧传因作诗五百言寄皮袭美》："或喜掉直舌，或乐斩邪头。"❸中医学上指一切致病因素为邪，如风寒暑湿之气等。上官昭容《九月九日上幸慈恩寺登浮图群臣上菊花寿酒》："却邪萸入佩，献寿菊花杯。"赵彦昭《奉和九日幸临渭亭登高应制》："紫菊宜新寿，丹萸辟旧邪。"包佶《抱疾谢李吏部赠诃黎勒叶》："茗饮暂调气，梧凡喜伐邪。"耿湋《甘泉诗》序："既蠲诸邪，亦愈群瘵，岂止夫宜盥漱之用，增烹饪之味。"❹偏斜；不直。杜甫《客居》："葱青众木梢，邪竖杂石痕。"

邪[2]　〔yé《广韵》以遮切，平麻，以。〕语气助词。表示感叹。岑参《优钵罗花歌》序："适此花不遭小吏，经委诸山谷，亦何异怀才之士未会明主摈于林薮邪。"苏源明《秋夜小洞庭离宴诗》："曲阙，袁子曰，君公行当挥翰右垣，岂止典骨米廪邪。"

【邪人】　心术不正之人。李白《送杨少府赴选》："群贤无邪人，朗鉴穷情深。"

【邪山】　佛教语。喻谬论。刘禹锡《赠长沙赞头陀》："外道邪山千万重，真言一发尽摧锋。"又送《送慧则法师归上都因呈广宣上人》引："行而宣教者，摧破邪山之支也。"

【邪心】　邪恶的念头。韩愈《利剑》："利剑光耿耿，佩之使我无邪心。"廖莹中辑注引方世举曰："《古今注》：'吴大帝有宝剑六，三曰辟邪。'"元稹《赛神》："主人邪心起，气焰日夜繁。"

【邪正】　邪恶与正直。皎然《戏赠吴冯》："予读古人书，遂识古人面。不是识古人，邪正心自见。"韩愈《荐士》："孟轲分邪正，眸子看瞭眊。"

【邪臣】　奸佞的权臣。白居易《读汉书》："不然尽忠信，早绝邪臣窥。"

【邪行】　（—xíng）邪僻的行为。元稹《代九九》："僻性嗔来见，邪行醉后知。"

【邪佞】　奸邪伪善。亦指奸邪伪善之人。孟郊《古意赠梁肃补阙》："曲木忌日影，谗人畏贤明。自然照烛间，不受邪佞轻。"杜牧《商山富水驿》："邪佞每思当面唾，清贫长欠一杯钱。"来鹄《古剑池》："不决浮云斩邪佞，直成龙去欲何为。"唐彦谦《楚世家》："偏信由来惑是非，一言邪佞脱危机。"

【邪宗】　旁门左道。齐已《送中观进公归巴陵》："不知从此去，何处挫邪宗。"

【邪津】　佛教语。指邪见之所在。慧净《杂言》："扰扰三界溺邪津，浑浑万品忘真匠。"

【邪氣】　不正当的风气或行为。李华《杂诗》之一："邪气悖正声，郑卫生其间。"罗隐《中元甲子以辛丑驾幸蜀四首》之三："邪气奔屯瑞气移，清平过尽到艰危。"

【邪徑】 喻不正的行径。韩愈、孟郊《纳凉联句》:“直路败邪径,拙谋伤巧诼。”王炎《赋得行不由径》:“邪径趋时捷,端心恶此名。”

【邪戛】 斜持戈矛。谓邪击。韩愈、孟郊《征蜀联句》:“飞猱无整阵,翩鹘有邪戛。”

【邪淫】 亦作“邪婬”。❶邪恶纵逸。李宣古《听蜀道士琴》:“有如驱逐太古来,邪淫辟荡贞心开。”❷奸淫;下流的行为。王梵志《诗》之七五:“邪婬及妄语,知非惣勿作。”

【邪婬】 见“邪淫”。

【邪路】 ❶较正路近便的小路。储光羲《野田黄雀行》:“邪路岂不捷,渚田岂不肥。”喻不正当的途径。王建《寄崔列中丞》:“我爱古人道,师君直且温。贪泉誓不饮,邪路誓不奔。”

【邪亂】 邪恶荒乱。白居易《新乐府·法曲》:“法曲法曲合夷歌,夷声邪乱华声和。”又《偶然二首》之一:“楚怀邪乱灵均直,放弃合宜何恻恻。”

【邪$_2$溪】 即若耶溪。宋之问《游禹穴回出若邪》:“禹穴今朝到,邪溪此路通。”

【邪説】 荒谬的言论。罗隐《咏史》:“未必片言资国计,只应邪说动人心。”

【邪謀】 阴谋,邪恶的计谋。白居易《薛中丞》:“直道渐光明,邪谋难盖覆。”

【邪魔】 妖魔。玄宗《佛教梵文崦字唐玄宗书并读》:“正觉印同真圣道,邪魔交秘绝踪由。”

【邪譎】 邪恶诡诈。吴筠《览古士四首》之一四:“汉氏方版荡,群阉恣邪谲。”

【邪赢】 用欺骗的方式获取财利。《文选·张衡〈西京赋〉》:“何必昏于作劳?邪赢优而足恃。”薛综注:“昏,勉也;邪,伪也;优,饶也。言何必当勉力作勤劳之事乎?欺伪之利,自饶自恃也。”杜甫《述古三首》之二:“所务穀为本,邪赢无乃劳。”

邦 〔bāng《广韵》博江切,症江,幫。〕❶古代诸侯的封国。后泛指国家。宋璟《奉和御制都堂赐晏诗应制》:“丞相邦之重,非贤谅不居。”李白《酬裴侍御对雨感时见赠》:“楚邦有壮士,鄢郢翻扫荡。”杜甫《送顾八分文学适洪吉州》:“邦以民为本,鱼饥费香饵。”白居易《凶宅》:“因小以明大,借家可喻邦。”❷政区,地区。苏颋《蜀城哭台州乐安少府》:“万里隔三载,此邦余重来。”杜甫《郑典设从施州归》:“听子话此邦,令我心悦怿。”张祜《投常州从兄中丞》:“扁舟何所往,言入善人邦。”许棠《送刘校书游东鲁》:“内阁劳雠校,东邦忽纵游。”

【邦人】 国人;乡人。储光羲《同诸公送李云南代蛮》:“邦人颂灵旗,侧听何洋洋。”刘禹锡《答东阳于令寒碧图诗》:“化得邦人解吟咏,如今县令亦风流。”

【邦土】 国土。周昙《咏史诗·三代门·平王》:“犬戎西集杀幽王,邦土何由不便亡。”

【邦本】 国家的根本。《书·五子之歌》:“民惟邦本,本固邦宁。”孔传:“言人君当固民以安国。”孔颖达疏:“民惟邦国之本,本固则邦宁。”后以“邦本”指人民。杜甫《入衡州》:“凋弊惜邦本,哀矜存事常。”邵谒《送徐群宰望江》:“大贤重邦本,屈迹官武城。劝民勤机杼,自然国用并。”周昙《咏史诗·三代门·后稷》:“人唯邦本本由农,旷古谁高后稷功。”

【邦守】 地方长官。指州刺史。袁高《茶山诗》:“顾省忝邦守,又惭复因循。”

【邦邑】 地区,政区。孟郊《同溧阳宰送孙秀才》:“牵苦强为赠,邦邑光峨峨。”

【邦伯】 州牧。唐指州刺史。李白《猛虎行》:“三吴邦伯皆顾盼,四海雄侠两追随。”高适《宓公琴台诗三首》之二:“邦伯感遗事,慨然建琴台。”杜甫《同元使君春陵行》序:“得结辈十数公,落落然参错天下为邦伯,万物吐气,天下稍安可得矣。”

【邦君】 指刺史等地方官。韩翃《鲁中送从事归荥阳》:“万人都督鸣驺达,百里邦君枉骑过。”戴叔伦《奉陪李大夫九日宴龙沙》:“邦君采菊地,近接旅人居。”权德舆《奉和李大夫题郑评事江楼》:“邦君驻千骑,清论时间酌。”韩愈《合江亭》:“维昔经营初,邦君实王佐。”

【邦牧】 唐指州刺史。张九龄《临泾东湖》:“羁孤忝邦牧,顾己非时选。”储光羲《送丘健至州敕放作时任下邽县》:“邦牧新下车,德礼彼甿讴。”李嘉祐《冬夜饶州使堂饯相公五叔赴歙州》:“丞相过邦牧,清弦送羽觞。”高适《单父逢邓司仓覆仓库因而有赠》:“邦牧今坐啸,群贤趋纪纲。”

【邦政】 国家大政。张九龄《巡属县道中作》:“岂伊念邦政,尔实在时清。”《郊庙歌辞·享太庙乐章·宁和》:“英猷被寰宇,懿躅隆邦政。”

【邦典】 本指治理邦国的六典。《周礼·秋官·大司寇》:“凡诸侯之狱讼,以邦典定之。”郑玄注:“邦典,六典也。”后泛称国家法典。孙逖《赵评事摄御史监军岭南》:“议狱持邦典,临戎假宪威。”

【邦柄】 国家权柄。白居易《赠友五首》之一:“谁能救其失,待君佐邦柄。”

【邦計】 国家大计。薛逢《题剑门衔寄上西蜀杜司徒》:“梯航百货通邦计,键闭诸蛮屏帝都。”

【邦彦】 国家的优异人才。刘长卿《至德三年春正月五十韵》:“八使推邦彦,中司案国程。”

【邦家】 国家。宋之问《鲁忠王挽词三首》之二:“邦家锡宠光,存没贵忠良。”许景先《奉和御制春台望》:“邦家已荷圣谟新,犹闻俭陋惜中人。”杜甫《送殿中杨监赴蜀见相公》:"豪俊贵勋业,邦家频出师。"白居易《虾蟆》:"嘉鱼荐宗庙,灵龟贡邦家。"

【邦城】 国家领域。杜荀鹤《献郑给事》:"化行邦域二年春,樵歌渔唱日日新。"

【邦國】 国家。《诗·大雅·瞻卬》:"人之云亡,邦国殄瘁。"王无竞《北使长城》:"仁义寝邦国,狙暴行始终。"杜甫《自京赴奉先县咏怀五百字》:"圣人筐篚恩,实欲邦国活。"白居易《思往喜今》:"谪居终带乡关思,领郡犹分邦国忧。"周昙《咏史诗·前汉门·周苛纪信》:"后来邦国论心义,谁是君王出热人。"

【邦族】 国家宗族。王维《同卢拾遗过韦给事东山别业二十韵》:"闺风首邦族,庭训延乡村。"亦指宗族之人。储光羲《贻丁主簿仙芝别》:"亲知送河门,邦族迎江澨。"

【邦楨】 国家支柱 。韩愈《燕河南府秀才得生字》:"诈闻诏书下,权公作邦桢。"原注:"权德舆为相。"

【邦傑】 国中杰出人才。语本《诗·卫风·伯兮》:"伯兮朅兮,邦之桀兮。"郑玄笺:"桀,英桀,言贤也。"孔颖达疏:"傑者,俊秀之名人。"宋之问《范阳王挽词二首》之一:"贤相称邦傑,清流举代推。"岑参《故仆射裴公挽歌三首》之一:"盛德资邦傑,嘉谟作世程。"

【邦頌】 国人的称颂。韦应物《赠李判官》:"决狱兴邦颂,高文秉天机。"

【邦選】 国家的优秀人选。储光羲《苏十三瞻登玉泉寺峰入寺中见赠作》:"贞信发天姿,文明叶邦选。"

【邦憲】《诗·小雅·六月》:"文武吉甫,万邦为宪。"毛传:"宪,法也。"后因以"邦憲"指国家大法。高适《酬秘书弟兼寄幕下诸公》:"侍御执邦宪,清词焕春丛。"

【邦儲】 国库。李峤《晚秋喜雨》:"济窘邦储发,蠲穷井赋优。"

【邦績】 为国家所建立的功绩。李乂《哭仆射鄂公杨再思》:"端揆凝邦绩,台阶阐国猷。"

邠〔bīn《广韵》府巾切,平真,幫。〕❶同"豳"。古代诸侯国名。周后稷的曾子公刘由邰迁居于此。在今陕西省彬县。见"邠土"。❷古州县名。汉晋新平郡,西魏于郡置豳州,唐置邠州,历代因之。今改称彬县。杜甫《北征》:"邠郊入地底,泾水中荡潏。"李端《边头作》:"邠郊泉脉动,落日上城楼。"

【邠二十五郎】 元稹《连昌宫词》诗注云:"邠二十五郎。"《文苑英华》卷三四三、《唐文粹》卷十四均作"邠王二十五郎",当为邠王李守礼子。守礼唐隆元年(710)进封邠王,有子六十余人,无可称者,见《新唐书·李守礼传》。

【邠土】 指邠地。温庭筠《题翠微寺二十二韵》:"邠土初成邑,虞宾竟让王。"

【邠王】 指嗣邠王李承宁。元稹《连昌宫词》:"二十五郎吹笛逐"自注:"玄宗遣高力士呼于楼上曰,欲遣念奴唱歌,邠二十五郎吹小管逐。"邠二十五郎即李承宁,善吹小管。张祜有《邠王小管》。

【邠州】 唐州名。开元十三年(725)以豳州改名,治所在新平县(今陕西彬县)。天宝元年(742)改置新平郡,乾元元年(758)复为邠州。李白有《书怀寄从弟邠州长史昭》。耿沣有《邠州留别》。李涉有《邠州词献高尚书三首》。

【邠城】 邠州城。在今陕西彬县。李涉《邠州词献高尚书三首》之三:"朔方忠义旧来闻,尽是邠城父子军。"

【邠寧】 唐方镇名。乾元二年(759)置,治所在邠州(今陕西彬县)。大历三年(768)废,十四年复置。李益有《赴邠宁留别》。欧阳詹有《送张骠骑邠宁行营》。喻凫有《送武瑴之邠宁》。马戴有《夕发邠宁寄从弟》。

邨 同"村"。王建《南中》:"野市依蛮姓,山邨逐水名。"顾非熊《陈情上郑主司》:"朝乏新知己,邨荒旧业田。"杜牧《经阖闾城》:"孤烟邨戍远,乱雨海门秋。"韦庄《江南送李明府入关》:"雨花烟柳傍江邨,流落天涯酒一罇。"

那¹〔nuó《广韵》諾何切,平歌,泥。〕"奈何"的合音。《左传·宣公二年》:"牛则有皮,犀兕尚多,弃甲则那?"杜预注:"那,犹何也。"李白《长干行二首》之二:"那作商人妇,愁水复愁风。"杜甫《季秋苏五弟缨江楼夜宴崔十三评事韦少府侄三首》之三:"对月那无酒,登楼况有江。"张籍《宿天竺寺寄灵隐寺僧》:"月明石上堪同宿,那作山南山北人。"元稹《饮致用神曲酒三十韵》:"每耻穷途器,今那客泪零。"

那²〔nǎ《广韵》奴可切,上哿,泥。〕疑问代词。今作"哪"。❶如何,怎么。王绩《古意六首》之六:"问凤那远飞,贤君坐相望。"韦应物《赠丘员外二首》之二:"迹与孤云远,心将野鹤俱。那同石氏子,每到府门趋。"戴叔伦《旅次寄湖南张郎中》:"闭门茅低偶为邻,北院那怜南院贫。"贯休《怀诸葛珏二首》之二:"囊草无非刺,魏人那识公。"❷何方,哪里。见"那₂方"。

那³〔nà〕指示代词。与"这"相对。戴叔伦《忆原上人》:"一两棕鞋八尺藤,广陵行遍又金陵。不知竹雨竹风夜,吟对秋山那寺灯。"杜牧

《寄远人》:"那时离别后,入梦到如今。"又《偶呈郑先辈》:"西京才子旁看取,何似乔家那窈娘。"李昌符《婢仆诗》之一:"春娘爱上酒家楼,不怕归迟总不忧。推道寻娘子卧,且留教住待梳头。"

那4 〔nuò《广韵》奴箇,去箇,泥。〕语助词。表感叹。萧颖《有竹一篇七章》之七:"彼美公之姓兮,那欤应积积庆兮。"《歌·得体歌》:"得体纥那也,纥囊得体那。"

【那$_2$方】 何方,哪里。《歌·挽歌》(卷八七四):"红轮决定沉西去,未委魂灵往那方。"

【那$_2$比】 哪能相比。权德舆《建除诗》:"定远功那比,平津策乃迁。"杨巨源《月宫词》:"若共心赏风月夜,那比高高太液前。"

【那用】 因此。韩愈《调张籍》:"李杜文章在,光焰万丈长。不知群儿愚,那用故谤伤。"

【那$_2$可】 哪能够;岂可以。王绩《古意六首》之五:"赤心许君时,此意那可忘。"李白《横江词六首》之三:"白浪如山那可渡,狂风愁杀峭帆人。"窦牟《秋夕闲居对雨赠别卢七侍御坦》:"悟主一言那可学,从军五首竟徒为。"贾岛《寄令狐相公》:"长江那可到,行客替生愁。"

【那$_2$必】 哪里一定。王勃《采莲曲》:"今已暮,采莲花,渠今那必尽娼家。"

【那何】 奈何。齐己《放鹭鸶》:"洁白虽堪爱,腥膻不那可。"

【那$_2$言】 岂知,岂料。窦庠《太原送穆质南游》:"那言苦行役,值此远徂征。"元稹《古社》:"那言空山烧,夜随风马奔。"雍裕之《折柳赠行人》:"那言柳乱垂,尽日任风吹。"鲍溶《寓兴》:"那言阮家子,更作穷途恸。"

【那$_2$知】 哪里知道,岂知。岑参《秋思》:"那知芳岁晚,坐见寒叶堕。"杜甫《阆山歌》:"那知根无鬼神会,已觉气与嵩华敌。"赵嘏《昔昔盐二十首·飞花桃李蹊》:"欲折枝枝送,那知归不归。"韩偓《懒御头》:"那知本未眠,背面偷垂泪。"

【那$_2$畔】 那边。裴诚《新添声杨柳枝词》:"愿作琵琶槽那畔,得他长抱在胸前。"齐己《道林寓居》:"青嶂这边来已熟,红尘那畔去应疏。"

【那$_2$能】 哪里能够;岂能。韦应物《淮上遇洛李主簿》:"日夕逢归客,那能忘旧游。"钱起《送褚大落第东归》:"念此那能不羡归,长杨谏猎事皆违。"刘长卿《南湖送徐二十七西上》:"家在横塘曲,那能万里违。"周昙《咏史诗·春秋战国门·侯嬴朱亥》:"当时不是二君计,匹马那能解赵围。"

【那得】 哪里能够。孟浩然《除夜有怀》:"守岁家家应未卧,相思那得梦魂来。"钱起《送李秀才落第游荆楚》:"离君见新月,那得不思君。"戴叔伦《赴抚州对酬崔法曹夜雨滴空阶五首》之三:"谤议不自辨,亲月那得知。"赵嘏《昔昔盐二十首·风月守空闺》:"尚自无消息,锦衾那得同。"

【那$_2$堪】 ❶怎堪,怎能禁受。杜审言《奉和七夕侍宴两仪殿应制》:"那堪尽此夜,复往弄残机。"窦常《故秘监丹阳郡公延陵包公挽歌词》:"那堪归葬日,哭渡柳杨津。"李端《溪行遇雨寄柳中庸》:"那堪两处宿,共听一声猿。"刘沧《秋日过昭陵》:"那堪独立斜阳里,碧落秋光烟树残。"❷犹言兼之,何况。王建《凉州行》:"养蚕缫茧成匹帛,那堪绕帐作旌旗。"高骈《宴犒蕃军有感》:"满眼由来是旧人,那堪更奏梁州曲。"成彦雄《除夜》:"吟鬓就中专拟白,那堪更被二更催。"

【那無】 奈何没有。杜甫《北征》:"那无囊中帛,救汝寒凛慄。"耿沣《秋夜会宿李永宅忆江南旧游》:"那无此良会,惜在谢家稀。"

【那$_2$復】 哪能又。元稹《桐花》:"遗落在人间,光华那复深。"白居易《送王十八归山寄题仙游寺》:"惆怅旧游那复到,菊花时节羡君回。"李商隐《自桂林奉使江陵途中感怀寄献尚书》:"未尝贪偃息,那复议登临。"

【那$_3$箇】 哪个。齐己《月下作》:"满空垂列宿,那个是文星?"吕岩《知路》:"那个仙经述此方,参同大易显阴阳。"

【那$_3$邊】 那一边。蜀后主王衍《醉妆词》:"者边走,那边走,只是寻花柳;那边走,者边走,莫厌金杯酒。"

五　画

邯 〔hán《广韵》胡安切,木寒,匣。〕见"邯鄲"。

【邯鄲】 春秋晋地,战国赵国都,在今河北邯郸市西南。王昌龄《江上闻笛》:"不知谁家子,复奏邯郸音。"权德舆《薄命篇》:"昔住邯郸年尚少,只是娇羞弄花鸟。"白居易《杂感》:"鲁酒薄如水,邯郸开战场。"周昙《咏史诗·春秋战国门·郭开》:"秦袭邯郸岁月深,何人沾赠郭开金。"

【邯鄲女】 邯郸美女。储光羲《同王十三维偶然作十首》之六:"妾本邯郸女,生长在丛台。"李白《寒女吟》:"一拜五郎官,便索邯郸女。"曹邺《东武吟》:"何曾听我言,贪谄邯郸女。"

【邯鄲少年行】 乐府诗题。《乐府诗集》卷六六编入《杂曲歌辞》中。高适和郑锡有此作。

【邯鄲伎】 邯郸郭公的伎俩。温庭筠《邯郸郭公词》："言是邯郸伎，不见郸城人。"见"邯郸郭公"。

【邯郸匍匐】 喻盲目效仿而失去自己本有的长处。见《庄子·秋水》。元稹《酬乐天东南行诗一百韵》："邯郸笑匍匐，燕蒯受揶揄。"

【邯郸客】 指赵简子。借指放生的人。殷文圭《鹦鹉》："应缘是我邯郸客，相顾咬咬别有情。"参见"邯郸鸠"。

【邯郸倡】 亦作"邯郸娼"。邯郸歌伎。语出古《相逢行》："黄金为君门，白玉为君堂。堂上置樽酒，作使邯郸倡。"王维《济上四贤咏·成文学》："身为平原客，家有邯郸娼。"李贺《荣华乐》："玉堂调笑金楼子，台下戏学邯郸倡。"温庭筠《鸿胪寺偶成四十韵》："双琼京兆博，七鼓邯郸娼。"

【邯郸娼】 见"邯郸倡"。

【邯郸郭公】 北齐后主高纬，雅好傀儡，时谓之郭公。后为北周所虏。及将败，营邯郸，故称"邯郸郭公"。温庭筠有《邯郸郭公辞》。

【邯郸梦】 卢生在邯郸客舍遇道士吕翁，卢自叹穷困，吕授卢一瓷枕。卢枕此枕酣睡，享尽荣华富贵。及醒，店家所炊黄粱犹未熟。见唐沈既济《枕中记》。后以"邯郸梦"为典喻虚幻之事。郑士良《游九鲤湖》："我来不乞邯郸梦，取醉聊乘郑国风。"

【邯郸鸠】 为放生之典。见《列子·说符》。柳宗元《放鹧鸪词》："齐王不忍觳觫牛，简子亦放邯郸鸠。"

【邯郸道】 《汉书·张释之传》："时慎夫人从，上指视慎夫人新丰道，曰：'此走邯郸道也。'"张晏注："慎夫人，邯郸人。"诗人用以为典，借指长安一带正在加强战备。杜甫《柳司马至》："设备邯郸道，和亲逻些城。"

【邯郸蝨】 《韩非子·内储说上》："应侯谓秦王曰：'王得宛、叶、蓝田、阳夏，断河内，困梁郑，所以未王者，赵未服也。弛上党在一而已，以临东阳，则邯郸口中虱也。'"后以"邯郸蝨"喻形势危急。温庭筠《过华清宫》："不料邯郸虱，俄成即墨牛。"

邸 〔dǐ《广韵》都禮切，上薺，端。〕❶战国时诸侯国客馆，汉诸郡王侯为朝见国君而设在京都的房舍。王维《别綦毋潜》："诏刊延阁书，高议平津邸。"耿湋《春日书情寄元校书伯和相国元子》："数岁平津邸，诸生出门时。"郎士元《题刘相公三湘图》："昔别醉衡霍，迩来忆南州。"李绅《初秋忽奉诏除浙东观察使校检右貂》："疏受杜门期脱屣，买臣归邸忽乘轺。"❷王侯府第；私第。戎昱《下第留辞顾侍郎》："绮陌彤彤花照尘，王门侯邸尽朱轮。"杨凝《唐昌观王蕊花》："时控彩鸾过旧邸，摘花持献玉皇前。"张光朝《天门街观荣王聘妃》："仙媛来朱邸，名山出紫微。"❸旅店，客舍。李德裕《近于伊川卜山居聊赋此诗兼寄上浙东元相公大夫使求青田胎化鹤》："怀章过越邸，建旆守吴门。"姚合《送崔玄亮赴果州冬夜宴韩卿宅》："泠泠唯自适，郡邸有谁闻。"唐彦谦《寄友三首》之一："别来客邸空翘首，细雨春风忆往年。"

【邸第】 达官贵人的府第。沈佺期《龙池篇》："邸第楼台多气色，君王凫雁有光辉。"孟浩然《姚开府山池》："主人新邸第，相国旧池台。"杨巨源《长安春游》："桂壁朱门新邸第，汉家恩泽问酂侯。"薛能《柘枝词三首》之三："楼台新邸地，歌舞小婵娟。"元稹《开元观闲居酬吴士矩侍御三十韵》："邸第过从隔，蓬壶梦寐瞻。"

邵 〔shào《广韵》寔照切，去笑，禪。〕❶古地名。指邵州。今之湖南邵阳市。元结《贼退示官吏》序："癸卯岁，西原贼入道州，焚烧杀掠，几尽而去。明年，贼又攻破邵，不犯此州边鄙而退。"❷姓。汉有邵平。唐诗人有邵谒等。

【邵二】 邵楚苌。欧阳詹乡人，贞元十五年(799)及第。欧阳詹有《九日广陵登高怀邵二先辈》。

【邵大震】 唐诗人。字令远。安阳(今属河南)人。与王勃、卢照邻同时，有唱和。《全唐诗》卷六三录其《九日登玄武山旅眺》一首。

【邵公】 见"邵伯"。

【邵平】 秦遗老。秦亡后，种瓜于长安城东。见《史记·萧相国世家》。后以"邵平"作咏隐士或咏瓜的典故。杨炯《送李庶子致仕还洛》："亭逢李广骑，门接邵平瓜。"沈佺期《初冬从幸青门应制》："荒凉萧相阙，芜没邵平园。"孟浩然《南山下老甫期种瓜》："邵平能就我，开径剪蓬麻。"温庭筠《赠郑处士》："醉收陶令菊，贫卖邵平瓜。"

【邵州】 隋长沙郡之邵阳县。唐武德四年(621)置南梁州，贞观十年(636)改名邵州。治所在邵阳县(今湖南邵阳市)。领邵阳、武冈等县。韩翃有《送中兄典邵州》。皇甫冉有《送李使君赴邵州》。姚合有《送林使郡赴邵州》。朱庆余有《送邵州林使君》。

【邵州判官】 刘长卿有《送邵州判官往南》，诗题当从皇甫冉作《送邹判官赴河南》。邹判官即邹绍先。

【邵安石】 连州(治所今广东连州市)人。乾符四年(877)进士及第。曹松有《送邵安石及第归连州觐省》。

【邵伯】 即召伯，也即召公姬奭。周武时与周公分陕而治，有善政，甚受世人拥戴。诗文中常借以美称地方长官。姚鹄《和陕州参军李通微首夏书怀呈同僚张裳段郡二先辈》："公门何事更相牵，邵伯优贤任养闲。"亦作"邵公"。马戴《路傍树》："樵童不须剪，聊起邵公思。"

【邵拙】 南唐诗人。字拙之，宣城（今属安徽），一作雁门（今山西代县）人。性孤高倔强，博通经史。归宋后，应制科试，未放榜而卒。《全唐诗》卷七九五录其“万国不得雨，孤云犹在山”断句一联。

【邵昇】 唐诗人。汝南（今河南鲁山县）人。久视元年（700）为万年尉，开元中为润州刺史。开元十三年（725），为台州刺史。终官都官郎中。《全唐诗》卷六九录其《奉和初春幸太平公主南庄应制》一首。

【邵使君】 邵昇。昇曾为润州刺史。张子容有《九日陪润州邵使君登北固山》。

【邵校書】 （校 jiào）邵楚苌，字待伦，闽县（治所今福建福州市）人。贞元十五年（799）及第。陈翊有《寄邵校书楚苌》。

【邵真】 唐诗人。成德军节度使李宝世判官、检校司封郎中兼御史中丞。建中二年（781）宝世卒，其子惟岳叛，真切谏，次年为惟岳所杀。朝廷嘉其行，赠户部尚书。《全唐诗》卷三一三录其《寻人偶题》一首。

【邵偃】 唐诗人。贞元中进士。《全唐诗》卷三四七录其《赋得春风扇微和》一首。《全唐诗外编》（下）录其《河出荣光》一首。

【邵景】 （？—716）唐诗人。本名炅，从宋人讳改。安阳（今属河南）人，徙居汝南（今属河南）。武后大足元年（701）举拔萃出类科，授汾阴尉，迁歙州司仓。玄宗朝，任右台监察御史、考功员外郎。《全唐诗》卷八六九录其《嘲韦铿》一首。

【邵謁】 唐诗人。韶州翁源县（今属广东）人。《全唐诗》录其诗一卷，三十余首。

六 画

邽 〔guī《广韵》古攜切，平齊，見。〕❶古地名。春秋秦邑，武公十年（前688）置邽县，汉名上邽县。属陇西郡。在今甘肃天水市西南。又，秦又置下邽县，治所在今陕西渭南县境。白居易《九日寄行简》：“下邽田地平如掌，何处登高望梓州。”❷山名。见“邽山”。

【邽山】 山名。在今甘肃天水市西北。吕岩《秦州北山观留诗》：“一到邽山宫阙内，销闲澄虑七弦琴。”《谶记·王承检掘得墓铭》：“车道之北，邽山之阳，深深葬玉，郁郁埋香。”

郁 〔yù《广韵》於六切，入屋，影。〕❶文采盛貌。韩愈、孟郊《城南联句》：“皋区扶帝壤，瓌蕴郁天京。”参见“郁郁❶”。❷香气浓郁貌。《文选·司马相如〈上林赋〉》：“芬芳沤郁，酷烈淑郁。”郭璞注：“香气盛也。”韩愈、孟郊《城南联句》：“鼻偷困淑郁，眼剽强盯睲。”吴融《绵竹山四十韵》：“勒铭燕然山，万代垂芬郁。”无名氏《霜菊》：“华滋尚照灼，幽气含纷郁。”❸通“鬱”。今为“鬱”的简化字。（1）忧虑、气愤等在心里积聚未获得发泄。参见“郁快”“郁陶”。（2）沉密貌。《郊庙歌辞·祀九宫贵神乐章·豫和》：“神之降兮，卿云郁兮。”❹通“燠”。温暖。《文选·刘孝标〈广绝交论〉》：“叙温郁则寒谷成暄，论严苦则春丛零叶。”李善注：“郁与燠，古字通也。”吴秘《风光草际浮》：“轻明摇不散，郁昱丽仍浮。”

【郁上人】 僧文郁。贾岛有《酬慈恩寺文郁上人》和《寄慈恩寺郁上人》。

【郁郁】 ❶文采盛貌。罗让《梢云》：“梢梢含树彩，郁郁动霞文。”马异《送皇甫湜赴举》：“主人有崔李，郁郁为朝德。”唐尧臣《金陵怀古》：“礼乐何煌煌，文章纷郁郁。”❷盛美貌。李峤《云》：“英英大梁国，郁郁秘书台。”❸浓厚貌。贾至《闲居秋怀寄阳翟陆赞府封丘高少府》：“郁郁被庆云，昭昭翼太阳。”❹清澈貌。无名氏《夏中忽见飞雪之作》：“青溪虽郁郁，白雪尚皑皑。”

【郁快】 抑郁不乐。无名氏《感蘘草初生》：“春色纵芳菲，片心终郁快。”

【郁烈】 香气浓烈。《文选·曹植〈洛神赋〉》：“践椒涂之郁烈，步蘅薄而流芳。”李善注：“郁烈，香气之甚。”温庭筠《鸿胪寺有开元中锡宴堂偶成四十韵》：“婵娟得神艳，郁烈闻国香。”孙光宪《渔歌子》词之二：“杜若洲，香郁烈，一声宿雁霜时节。”

【郁穆】 和美貌。《文选·刘琨〈答卢谌〉诗》：“郁穆旧姻，嬿婉新婚。”吕延济注：“郁穆，嬿婉，和美貌。”徐彦伯《赠刘舍人古意》：“郁穆师言重，荧煌台座深。”

【郁陶】 （—yáo）忧思积聚貌。无名氏《夜渡赤岭怀诸知己》：“回首望知己，思君心郁陶。”又《春宵有怀》：“独坐春宵月见高，月下思君心郁陶。”

【郁縮】 收缩貌。韩愈、孟郊《征蜀联句》：“跧梁排郁缩，闯窦揳窋窡。”

【郁郁紛紛】 ❶云气浓盛貌。彭伉《青云干吕》：“祥辉上干吕，郁郁又纷纷。”❷香气浓烈貌。陈子昂《庆云章》：“丛芳烂熳，郁郁纷纷。”

郅 〔zhì《广韵》之日切，入質，章。〕❶见“郅支”。❷姓。汉有郅都。

【郅支】 匈奴单于。名呼屠吾斯，呼韩邪单于之兄。汉宣帝五凤二年（前56）自封为单于。后叛汉，被斩。后以“郅支”代称外政。张束之《出塞》：“手擒郅支长，面缚谷蠡王。”李白《胡无人》：“十万羽林儿，临洮破郅支。”李益《临滹沱见藩使列名》：“万里山关今不用，汉家频许郅支和。”陈陶《水调词十首》之八：“仍闻万乘尊犹屈，装束千娇嫁郅支。”

【郅都】　西汉河东大阳（治所在今山西洪洞县西南平陆城）人。景帝时为中郎将，敢直谏，迁中尉，执法不畏权贵，有“苍鹰”之誉。见《汉书》本传。卢纶《宫中乐二首》之一：“塞垣万里无飞鸟，可是边城用郅都。”李商隐《赠别前蔚州契苾使君》：“日晚鹖鹈泉畔猎，路人遥识郅都鹰。”

郃　〔hé《广韵》侯閤切，入合，匣。又古沓切，入台，見。〕❶郃阳，旧县名，在今陕西省中部，今称合阳。见“郃水”。❷水名。见“郃水”。

【郃水】　水名。在今陕西省合阳县。赵彦昭《奉和幸韦嗣立山庄侍燕应制》：“地在兹山曲，家临郃水阳。”

郄　见“郄昂”“郄拾遗”。

【郄昂】　当作郗昂。郗昂，郗纯。《旧唐书·郗士美传》：“父纯，字高卿……登朝历拾遗、补阙、员外、郎中、谏议大夫、中书舍人。”纯以安禄山伪官贬歙县尉，再贬清化，与李白遇于江南。李白有《送郄昂谪巴中》。

【郄拾遗】　即郗纯。羊士谔有《题郡南山光福寺寺即严黄门所置州门有去思碑即郄拾遗之词也》。

【郄縠】　亦作“郤縠”。春秋晋人。赵衰推荐他为元帅，称赞他“说礼而敦诗书”。见《左传·僖公二十七年》。姚合《送杨尚书赴东川》：“郤縠诗书将，衔恩赴梓州。”杜牧《题永崇西平王宅太尉愬院六韵》：“矫矫云长勇，恂恂郄縠风。”

【郄彝素】　当即郄惟素，道士。德宗降诞日，内殿三教讲论，以僧覃延对道士郄惟素。卢纶有《送道士郄彝素归内道场》。

郇　〔xún《广韵》相倫切，平諄，心。〕古国名。周文王之子封于此，春秋属晋。鲁桓公五年（前606），为曲沃所灭。故址在今山西临猗县西南。见“郇瑕”。

【郇瑕】　泛指山西临猗一带晋国故地。见《左传·成公六年》。杜甫《哭韦大夫之晋》：“凄怆郇瑕邑，差池弱冠年。”又《奉酬寇十侍御锡见寄四韵复寄寇》：“往别郇瑕地，于今四十年。”

郊　〔jiāo《广韵》古肴切，平肴，見。〕❶周制距国都百里或五十里、三十里、十里之地。根据国之大小而定。亦泛指城外，野外。郑愔《塞外三首》之二：“荒垒三秋夕，穷郊万里平。”韦应物《沣上精舍答赵氏外生伉》：“云开夏郊绿，景晏青山沉。”张祜《晚秋潼关西门作》：“日落寒郊烟物清，古槐阴黑少行人。”赵延寿《塞上》：“黄沙风卷半空抛，云动阴山雪满郊。”❷古代帝王祭祀天地。韩愈《元和圣德诗》：“乃以上辛，于郊用牡。”参见“郊社”“郊祀”。

【郊天】　祭天。吕温《同舍弟恭岁暮寄晋州李六协律三十韵》：“明年郊天后，庆泽负华滋。”

【郊丘】　古代天子郊祭天地于圆丘。崔备有《奉酬中书相公至日行事合于中书宿直移止于集贤院叙情见寄之什》。

【郊外】　指距都城百里之外的地方。亦泛指城外。李德裕《忆平泉杂咏·忆春耕》：“郊外杏花坼，林间布谷鸣。”刘禹锡《晚步扬子南塘望沙尾》：“郊外绿杨阴，江中沙屿明。”唐彦谦《忆孟浩然》：“郊外凌兢西复东，雪晴驴背兴无穷。”孙元晏《咏史诗·齐·何氏小山》：“显达何曾肯系心，筑居郊外好园林。”

【郊次】　出居郊外。亦指郊外。鲍溶《羽林行》：“箫笳整部曲，幢盖动郊次。”

【郊圻】　郊野，郊外。李白《感时留别从兄徐王延年从弟延陵》：“策马摇凉月，通宵出郊圻。”高适《同陈留崔司户早春宴蓬池》：“同官载酒出郊圻，晴日东驰雁北飞。”

【郊邑】　郊野。卢纶《送吉中孚校书归楚州旧山》：“下淮风自急，树杪分郊邑。”

【郊岐】　郊外大路的岔道。崔禹锡《奉和圣制送张说巡边》：“关塞重门下，郊岐禁苑旁。”亦泛称郊野。李白《赠徐安宜》：“浮人若云归，耕种满郊岐。”

【郊甸】　❶城邑外百里及二百里之地。泛指郊畿。魏征《五郊乐章·舒和》：“御征乘宫出郊甸，安歌率舞递将迎。”王维《哭祖六自虚》：“旌车出郊甸，乡国隐云天。”❷泛称城外郊区。高适《别韦五》：“夏云满郊甸，明月照河洲。”

【郊迎】　古代出郊迎宾，以示隆重、尊敬。王昌龄《塞下曲四首》之三：“朝廷备礼出，郡国豫郊迎。”李颀《春送从叔游襄阳》：“同人应馆縠，刺史在郊迎。”

【郊社】　古代祭祀天之外。白居易《大社观献捷诗》：“班师郊社内，操袂凯歌中。”

【郊祀】　❶古代于郊外祭祀天，南郊祭天，北郊祀地。玄宗《春中兴宫酺宴》序：“往以仲冬建子，南至初阳，爰诏司存，式陈郊祀，挹夷夏之诚请，答人神之厚睠。”元稹《和李校书新题乐府十二首·立部伎》：“顷向圆丘见郊祀，亦曾正月亲朝贺。”周昙《咏史诗·三代门·后稷》：“人唯邦本本由农，旷古谁高后稷功。百穀且繁三曜在，牲牢祭祀信无穷。”❷《郊祀歌》的省称。乐府歌曲名。元稹《乐府古题序》：“乐府等题，除铙吹、横吹、郊祀、清商等词在乐志者，其余木兰、仲卿、四愁、七哀之辈，亦未必尽播于管弦明矣。”

【郊坰】　泛指郊外。高适《送蔡少府赴登州推事》：“公才征郡邑，诏使出郊坰。”刘开扬注：“邑外曰郊，远野为坰。”刘禹锡《寄和东川杨尚书慕巢兼寄西川继之》：“太华莲峰降岳灵，两川棠树接郊坰。”杜牧《分司东都四十韵》：“松筠侵巷陌，禾黍接郊坰。”韦庄《虢州涧东村居作》：“东南骑马出郊坰，回首寒烟出郊坰。”

【郊居】　郊外的住所。刘长卿有《过前安宜张明府郊居》。司空曙《酬张芬有赦后见赠》：“建水风烟收客泪，杜陵花竹梦郊居。”刘沧有《访友人郊居》。皮日休有《秋晚留题鲁望郊居二首》。

【郊居赋】　篇名。梁沈约作。皎然《送沈居士还太原》：“名重郊居赋，才高独酌谣。”

【郊陌】　郊野的道路。孟郊《酬友人见寄新文》：“郊陌绝行人，原隰多飞蓬。”

【郊畋】　田猎。张说《奉和圣制义成校猎喜雪应制》：“文教资武功，郊畋阅邦政。”

【郊亭】　郊外驿亭。薛能《郊亭》：“郊亭宴罢欲回车，满郭传呼调角初。”又《重游通波亭》：“此日郊亭心乍喜，败榆芳草似还家。”

【郊宫】　天子祭天地的处所。杜牧《念昔游》：“曾奉郊宫为近侍，分明摋摋羽林枪。”

【郊畛】　郊界，郊野。孙逖《奉和李右相赏会昌林亭》：“百泉萦草木，万井布郊畛。”

【郊郭】　城外，郊外。寒山《诗三百三首》之二一九：“回瞻郊郭外，古墓犁为田。”王维《丁寓田家有赠》：“新晴望郊郭，日映桑榆暮。”王无竞《君子有所思行》：“践山划郊郭，濬流固墉隍。”白居易《大水》：“浔阳郊郭外，大水岁一至。”

【郊原】　原野。祖咏《田家即事》：“欢娱始披拂，惬意在郊原。”张籍《和李仆射雨中寄卢严二给事》：“郊原飞雨至，城阙湿云埋。”姚合《庄恪太子挽词二首》之一：“云晦郊原色，风连霰雪声。”刘沧《晚秋野望》：“秋尽郊原情自哀，菊花寂寞晚仍开。”

【郊桑】　本指西郊桑田，供后、夫人采桑养蚕。后亦指郊野的桑树。沈佺期《有所思》：“园槿绽红艳，郊桑柔绿滋。”

【郊畤】　古代祭天地神灵之处。刘禹锡《伤独孤舍人》引：“贞元中，余以御史监祠事，河南独孤生始仕为奉礼郎，有事宗庙郊畤，必与之俱，繇是甚熟。”

【郊野】　周代距王城百里谓之郊，三百里谓之野，统称“郊野”。后用以泛称城邑之外的地方。白居易《闲游即事》：“郊野游行热，村园次第过。”李商隐《句》：“郊野鹅毛满，江湖雁影空。”马戴《校猎曲》：“楚子畋郊野，布罟笼天涯。”

【郊筵】　在郊外设宴饯行。苏晋《奉和圣制送张说巡边》：“皇情调关旆，诏饯列郊筵。”沈佺期《饯唐郎中洛阳令》：“郊筵乘落景，亭传理残秋。”

【郊祭】　犹郊祀。祭祀天地。白居易《新乐府·二王後》：“备威仪，助郊祭，高祖太宗之遗制。”

【郊劳】　到郊外迎接并慰劳。权德舆《徐孺亭马上口号》序：“贞元初，余为是邦从事，每将迎郊劳，多经是间。”

【郊扉】　郊外居宅的门户。亦指郊外住宅。刘长卿《孙权故城下怀古兼送友人归建业》：“野径春草中，郊扉夕阳后。”皇甫冉《送袁郎中破贼北归》：“万里长闻随战角，十年不得掩郊扉。”许浑《怀旧居》：“兵书一箧老无功，故国郊扉在梦中。”

【郊園】　城外的园林。韦应物《答端》：“郊园夏雨歇，闲院绿阴生。”李吉甫《怀伊川赋》：“正是北州梨枣熟，梦魂秋日到郊园。”白居易《闲园独赏》：“午后郊园静，晴来景物新。”司空图《借居》：“借居闻园久，仍逢夏景新。”

【郊禋】　古代帝王升烟祭祀天地的大礼。《郊庙歌辞·中宗祀昊天乐章·亚献》：“虔敷藻奠，敬展郊禋。”刘晃《祭汾阴乐章》：“大君出震，有事郊禋。”

【郊墟】　郊外。韩愈《符读书城南》：“时秋积雨霁，新凉入郊墟。”左匡政《白龟城》：“楼台侵汉宇，鼓角动郊墟。”

【郊墅】　郊外农舍。皮日休有《临顿为吴中偏胜之地陆鲁望居之不出郛郭旷苦郊墅奉题屋壁》。

【郊畿】　京城郊外王畿之地。许景先《奉和御制春台望》：“文物照光辉，郊畿郁葱葱。”王棨《甸服耆旧望籍千亩》：“郊畿春又至，父老颈空延。”白居易《和微之诗二十三首·和酬郑侍御东阳春闷放怀追越游见寄》：“红尘三条界阡陌，碧草千里铺郊畿。”李商隐《过故府中武威公交城旧庄感事》：“信陵亭馆接郊畿，幽象遥通晋水祠。”

【郊廟】　❶古代帝王祭天地的郊宫和祭祖先的宗庙。白居易《新乐府〈七德舞〉序》：“贞观初，太宗重制破陈乐舞图，诏魏征、虞世南等为之歌词，名七德舞，自龙朔已后，诏郊庙享宴。”❷古代祭祀天地和祖庙的音乐。白居易《新乐府·采诗官》：“郊庙登歌赞君美，乐府艳词悦君意。”

【郊壇】　古代为祭祀在南郊所筑的土坛。《郊庙歌辞·中宗祀昊天乐章·雍和》：“郊坛展敬，严祀因心。”高适《过卢明府有赠》：“明日复行春，逶迤出郊坛。”窦牟《元日喜闻大礼二十韵》：“有事郊坛毕，无私日朋临。”

【郊鄽】　郊野与市廛。泛称城内外。杜审言《和李大夫嗣真奉使存抚河东》：“拜迎弥道路，舞咏溢郊鄽。”王勃《三月曲水宴得烟字》：“萦回亘津渡，出没控郊鄽。”

【郊禮】　天子祭祀天地的大礼。张籍《贺秘书王丞南郊摄将军》："正初天子亲郊礼，诏摄将军领卫兵。"司马扎有《观郊礼》。

【郊闉】 城郭之门。杨嗣复《丁巳岁八月祭武侯祠堂因题临淮公旧碑》："斋庄修祀事，旌旆出郊闉。"

【郊藪】 效野草泽之地。许敬宗《奉和宴中山应制》："塞门朱雁入，郊薮紫鳞游。"杨嗣复《仪凤》："郊薮今翔集，河图意等伦。"李绅《拜三川守》："风变市儿惊偃草，雨晴郊薮谬随车。"

【郊衢】 城外的大道。胡皓《奉和圣制同二相以下群官乐游园宴》："绮罗含草树，丝竹吐郊衢。"

郎 〔láng《广韵》鲁當切，平唐，來。〕❶官名。李憕《和户部杨员外伯成寓直》："落日弥纶地，公才画省郎。"李端《喜皇甫郎中拜谕德兼集贤学士》："为郎三载后，宠命一朝新。"元稹《酬哥舍大少府寄同年科第》："赖得官闲且疏散，到君花下忆诸郎。"林宽《送李员外频之建州》："为郎久不见，出守暂相逢。"参见"郎中""郎官"。❷青少年男子的通称。杜甫《少年行》："马上谁家白面郎，临轩下马坐人床。"韦应物《横塘行》："妾家住横塘，夫婿郗家郎。"陈羽《公子行》："金羁白面郎，何处踏青来。"杜牧《赤壁》："东风不与周郎便，铜雀春深锁二乔。"❸对他人之子的敬称。王维《送李员外贤郎》："借问阿戎父，知为童子郎。"❹旧时妇女对丈夫或情人的昵称。李白《长干行二首》之一："郎骑竹马来，绕床弄青梅。"刘禹锡《竹枝词九首》之二："花红易衰似郎意，水流无限似侬愁。"刘言史《偶题》："掬水远湿岸边郎，红绡缕中玉钏光。"牛峤《杨柳枝五首》之二："不愤钱塘苏小小，引郎松下结同心。"❺对男子的敬称。杜甫《短歌行赠王郎司直》："王郎酒酣拔剑斫地歌莫哀，我能拔尔抑塞磊落之奇才。"权德舆《卧病喜惠上人李炼师茅处士见访因以赠》："支郎有佳文，新句凌碧云。"令狐楚《寄礼部刘郎中》："除书每下皆先看，唯有刘郎无姓名。"白居易《赠朱道士》："仪容白皙上仙郎，方寸清虚内道场。"亦用作自称。刘禹锡《元和十一年自朗州承诏至京戏赠看花诸君子》："玄都观里桃千树，尽是刘郎去后栽。"元稹《和乐天示杨琼》："去年十月过苏州，琼来拜问郎不识。"❻姓。唐诗人有郎士元。

【郎士元】 唐诗人。字君胄，定州（今河北定县）人。天宝十五载（756）进士。初仕渭南县尉。后入朝为拾遗、补阙、员外郎，出为郢州刺史。《全唐诗》录其诗一卷，七十余首，《全唐诗外编》录其诗一首。

【郎大家宋氏】 唐女诗人。天宝前在世，善作乐府诗，曾收入李康成《玉台后集》。《全唐诗》卷十九、卷二一、卷二三、卷二五分别录其《采桑》《朝云引》等诗。

【郎中】 （一zhōng）官名。始于战国，担任国尹警卫工作。秦汉沿置，属于光禄勋。晋至南北朝，为尚书曹长的长官。自隋唐至清，各部均沿置郎中，分掌各司事务，为尚书、侍郎、丞以下的高级部员。杜甫《赤甲》："笑接郎中评事饮，病从深酌道吾真。"戎昱《赠岑郎中》："童年未解读书时，诵得郎中数首诗。"白居易《令狐相公拜尚书后有喜从镇归朝之作刘郎中光和因以继之》："尚书首唱郎中和，不计官资只计才。"姚合《和元八郎中》："圣代无为化，郎中似散仙。"

【郎中四兄】 刘宴，行四，曾官夏县令、度支郎中、侍御史、余杭太守，见新旧《唐书》本传。李颀有《送刘四赴夏县》。刘长卿有《奉饯郎中四兄罢余杭太守承恩加侍御史充行军司马赴汝南行营》。

【郎四校書】 郎士元。钱起有《东皋早春寄郎四校书》。

【郎四補闕】 郎士元。钱起有《送郎四补阙东归》。

【郎主】 旧时奴婢对主人的称呼。李贺《江楼曲》："萧骚浪白云差池，黄粉油衫寄郎主。"李商隐《景阳宫井双桐》："天更阔于江，孙枝觅郎主。"

【郎君】 ❶汉制，二千石以上官员得任其子为郎，后来门生故吏因称长官或师门子弟为郎君。后亦指贵家子弟。岑参《送张卿郎君赴硖石尉》："卿家送爱子，愁见灞头春。"杜甫《题柏大兄弟山居屋壁二首》之一："叔父朱门贵，郎君玉树高。"卢纶有《送李尚书郎君昆季侍从归觐滑州》。窦梁宾《喜卢郎及第》："手把红笺书一纸，上头名字有郎君。"❷称尚书郎。李商隐《留赠畏之》之一："郎君下笔惊鹦鹉，侍女吹笙弄凤凰。"❸称自己的儿子。杨汝士《贺筵占赠营妓》："郎君得意及青春，蜀国将军又不贫。一曲高歌红一匹，两头娘子谢夫人。"❹女子称夫。冯延巳《薄命妾》词："一愿郎君千岁，二愿妾身长健，三愿如同梁上燕，岁岁长相见。"

【郎吏】 郎官。耿湋《春日题苗发竹亭》："春亭及策上，郎吏谢玄晖。"卢纶《元日朝回中夜书情寄南宫二故人》："凤城春欲晚，郎吏忆同游。"刘禹锡《送李二十九兄员外赴邠宁使幕》："南宫通籍新郎吏，西候从戎旧主人。"杜牧《李侍郎于阳羡里有泉石因献长句四韵》："紫绶公卿今放旷，白头郎吏尚留连。"

【郎伯】 古代女人对丈夫的一种称呼。杜甫《元日寄韦氏妹》："郎伯殊方镇，京华旧国移。"

【郎使君】 郎士元。士元建中初官郢州刺史。张继有《褚主簿宅会毕庶子钱员外郎使君》和《送郢州郎使君》。司空曙有《送郎使君赴郢州》。

【郎官】 谓侍郎、郎中等职。秦置郎中令，东汉有尚书郎，隋分郎官为侍郎与郎。唐六部郎官，郎中之外，更置员外郎。李颀《同张员外諲酬答之作》："闻道郎官问生事，肯令鬓发老柴门。”高适《酬裴员外以诗代书》：“自从拜郎官，列宿焕天街。”王建《贺杨巨源博士拜虞部员外》：“两省郎官开道路，九州山泽属曹司。”徐铉《寄歙州吕判官》：“南国自来堆胜境，故人此地作郎官。”

【郎官星】 为郎官的美称。见《后汉书·明帝纪》。卢照邻《同崔录事哭郑员外》：“文学秋天远，郎官星位尊。”

【郎官湖】 湖名。在今湖北汉阳。本名南湖，李白应尚书郎张谓之请，名曰郎官湖。李白《泛沔州城南郎官湖》序：“乾元岁秋八月，白迁于夜郎，遇故人尚书郎张谓出使夏口，沔州牧杜公、汉阳宰王公觞于江城之南湖，乐天下之再平也。方夜水月如练，清光可掇。张公殊有胜概，四望超然，乃顾白曰：此湖古来贤豪游者非一，而枉践佳景，寂寥无闻。夫子可为我标之嘉名，以传不朽。白因举酒酹水，号之曰郎官湖，亦由郑国之有仆射陂也。”

【郎省】 犹郎署。郎官的公署。黄滔《寄年卢员外》：“龙门在地从人上，郎省连天须鹤游。”

【郎亭】 山名。亦称郎山。在今武昌樊山南。元结《樊上漫作》：“漫家郎亭下，复在樊水边。”

【郎员外】 郎士元。卢纶有《客舍苦雨寄钱起郎士元二员外》。钱起有《郎员外见寻不遇》。

【郎著作】 郎余令。郑愔有《哭郎著作》。按余令曾为著作佐郎。见《旧唐书》本传。

【郎將】 武官名。秦置，主宿卫、车骑，即郎中令所辖三署的五官中郎将、左中郎将、右中郎将。汉沿秦制，属光禄勋。唐宋于中郎将外，复置郎将。李白《与诸公送陈郎将归衡阳》：“气清岳秀有如此，郎将一家拖金紫。”岑参有《送刘郎将归河东》。白居易《新乐府·隋堤柳》：“紫髯郎将护锦缆，青娥御史直迷楼。”

【郎曹】 指郎中。郑谷《省中偶作》：“三转郎曹自勉旃，莎阶吟步想前贤。”

【郎署】 ❶本指汉时宿卫侍从官的公署。后多指郎官的公署。沈佺期《酬杨给事兼见赠台中》：“顾我叨郎署，惭无草奏功。”韦应物《始除尚书郎别善福精舍》：“愧忝郎署迹，谬蒙君子录。”白居易《和梦得》：“郎署回翔何水部，江湖留滞谢宣城。”李群玉《送秦炼师归岑公山》：“北省谏书藏旧草，南宫郎署握新兰。”❷借指郎官。杜甫《奉送王信州崟山归》：“下诏选郎署，传声能典州。”

【郎罷】 方言。闽人称父。顾况《上古之什补亡训传十三章·囝一章》：“郎罢别囝，吾悔生汝……囝别郎罢，心摧血下。”原注：“囝音蹇。闽俗呼子为囝，父为郎罢。”

【郎餘令】 唐诗人。字元休，定州新乐（今属河北）人。博学知名，兼善画。擢进士第。初授霍王元轨府参军，改著作佐郎。《全唐诗》卷七二录其《晦日宴高氏林亭》一首。

七 画

郏 〔jiá《广韵》古洽切，入洽，見。〕周朝的东部。在今河南洛阳市。《左传·桓公七年》：“秋，郑人、齐人、卫人伐盟向，王迁盟、向之于民郏。”见“郏鄏”。

【郏鄏】 周代东都。今河南洛阳市。白居易《和梦游春诗一百韵》：“怀策八崤函，驱东辞郏鄏。”陈陶《经徐稺墓》：“郏鄏妖兴炎汉衰，先生南国卧明夷。”褚载《定鼎门》：“郏鄏城高门倚天，九重踪迹尚依然。”

郢 〔yǐng《广韵》以整切，上静，以。〕古邑名。春秋战国人楚国都城。今湖北江陵县纪南城。亦代称楚国、楚地。王维《林园即事寄舍弟紞》：“后沔通河渭，前山包鄢郢。”钱起《送郭秀才制举下第南游》：“出关尘渐远，过郢兴弥清。”柳宗元《别舍弟宗一》：“欲知此后相思梦，长在荆门郢树烟。”李群玉《送萧十二校书赴郢州婚姻》：“马穿暮雨荆山远，人宿寒灯郢梦长。”

【郢人】 借指歌者、歌手。綦毋潜《送郑务拜伯父》：“旧国问郧子，劳歌过郢人。”钱起《题陈秀壁》：“郢人何苦调，饮水仍布衾。”陆龟蒙《樵人十咏·樵歌》：“但取天壤情，何求郢人称。”黄滔《翁文尧员外拥册礼之归一路有诗名昼锦集光将寄示因书五十六字》：“一轴郢人歌处雪，两重朱氏著来衣。”

【郢人斤斲】 喻纯熟、高超的写作技艺。刘禹锡《翰林白二十二学士见寄诗一百篇因以答贶》：“郢人斤斲无痕迹，仙人衣裳弃刀尺。”

【郢上】 即郢。上，用在地名后表示一定的处所或范围。郢为战国时楚国都城，即今湖北江陵县西北纪南城。耿湋有《送郭正字归郢上》。刘禹锡《送周使君罢渝州归郢州别墅》：“君思郢上吟归去，故自渝南掷郡章。”李涉《寄荆娘写真》：“教坊大使久知名，郢上词人歌不足。”

【郢上曲】 （曲 qǔ）喻高雅的诗作。李损之《都堂试贡士日庆春雪》：“应知郢上曲，高歌出东堂。”

【郢刃】 斧削，修改。齐己《山中春怀》：“所得或忧逢郢刃。凡言皆欲夺天机。”

【郢中】 （—zhōng）郢都。借指古楚地。李峤《歌》：“郢中歌白雪，梁上绕飞尘。”储光羲《酬李处士山中见赠》：“始信郢中人，乃能歌白雪。”卢纶《送郎士元使君赴郢州》：“赐衣兼授节，行日郢中闻。”

【郢中白雪】 战国楚宋玉《对楚王问》：“客有歌

于郢中者，其始曰《下里巴人》，国中属而和者数千人；其为《阳阿》《薤露》，国中属而和者数百人；其为《阳春白雪》，国中属而和者不过数十人……是其曲弥高，其和弥寡。”后用以为典，指高雅的乐曲、诗文等艺术作品。李白《白纻辞三首》之二：“垂罗舞縠扬哀音，郢中白雪且莫吟。”许浑《酬副使郑端公见寄》：“郢中白雪惭新唱，涂上青山忆旧游。”亦省作“郢中雪”“郢雪”。鲍溶《送僧东游》：“独唱郢中雪，还游天际霞。”李咸用《送人》：“有客为儒二十霜，酣歌郢雪时飘扬。”又《览文僧卷》：“调高排郢雪，思静碍箕飘。”

【郢中曲】 喻高雅的诗文。独孤及《自东都还濠州奉酬王八谏议见赠》：“赖君赠我郢中曲，别后相思被管弦。”

【郢中吟】 喻高雅的诗文。高适《同郭十题杨主簿新厅》：“多君有知己，一和郢中吟。”

【郢中律】 对人诗文的美称。杜荀鹤《和高秘书早春对雪登楼见寄之什》：“因酬郢中律，霜鬓数茎新。”

【郢中客】 见“郢客”。

【郢中唱】 见“郢唱”。

【郢中雪】 见“郢中白雪”。

【郢中詞】 对诗人诗作的美称。张九龄《酬王六寒朝见贻》：“渔为江上曲，雪作郢中词。”刘长卿《奉酬辛大夫喜湖南腊月连日降雪见示之作》：“闾里何人不相庆，万家同唱郢中词。”亦作“郢詞”。方干《叙雪献员外》：“谢守来吟才更逸，郢词先至彩毫端。”

【郢中歌】 ❶指《下里巴人》。刘禹锡《插田歌》：“齐唱郢中歌，嘤咛如竹枝。”❷指《阳春白雪》。清昼、崔子向《建安寺夜会对雨怀皇甫侍御曾联句》：“时称洛下咏，人许郢中歌。”

【郢中篇】 指楚客所歌《阳春白雪》。借指高雅的诗作。李群玉《送友人之峡》：“彩毫飞白云，不减郢中篇。”

【郢中質】 郢地有巧匠名石者，能用斧头削除人鼻端的白粉而不伤其鼻。宋元君闻之，召匠石以试。匠石曰，臣则尝能斲之。虽然，臣之质死久矣。自夫子之死也，吾无以为质矣，吾无以言之矣。见《庄子·徐无鬼》。后以喻契合无间的知音。李白《古风》之三五：“安得郢中质，一挥成风斤。”

【郢市】 郢都。元稹《楚歌十首》之三：“岂料吴奔士，鞭尸郢市门。”

【郢市歌】 高雅精美的乐歌。李商隐《镜槛》：“隐忍阳城笑，喧传郢市歌。”

【郢匠】 ❶楚郢中的巧匠，名石。见《庄子·徐无鬼》。后以借指文学巨匠。骆宾王《夏日游德州赠高四》：“成风郢匠斫，流水伯牙弦。”❷喻指衡文取士的考官或砥砺切磋的师友。皇甫冉《上礼部杨侍郎》：“郢匠抡材日，辕轮必尽呈。”罗隐《投所思》：“雕琢只应劳郢匠，膏肓只恐误秦医。”卢士衡《松》：“如逢郢匠垂搜采，为栋为梁力不轻。”徐夤《尚书命题瓦砚》：“远向端溪得，皆因郢匠成。”

【郢匠斤】 《庄子·徐无鬼》载，匠石挥斧削去郢人涂在鼻翼上的白粉，而不伤郢人之鼻。后因以喻成熟、高超的技术或艺术技巧。杜甫《奉赠鲜于京兆二十韵》：“奋飞起等级，容易失沉沦。脱略磻溪钓，操持郢匠斤。”

【郢曲】 语出宋玉《对楚王问》。后泛指美妙的乐曲和精美的诗文作品。李白《对雪奉饯任城六父秩满归京》：“燕歌落胡雁，郢曲回阳春。”钱起《送万兵曹赴广陵》：“楚城将坐啸，郢曲有余悲。”杨巨源《郊居秋日酬奚赞府见寄》：“若为酬郢曲，从此愧璠玙。”李群玉《洞庭驿楼雪夜宴集奉赠前湘州张员外》：“掷笔落郢曲，巴人不能酬。”

【郢曲文】 指高雅的诗文。孟郊《酬友人寄新文》：“览君郢曲文，词彩何冲融。”

【郢州】 州名。西魏置，北周改曰石城郡。唐复置郢州，后改为富水郡，寻复州名。韩翃有《送郢州郎使君》。武元衡有《酬陆员外歙州许员外郢州二使君》。白居易有《登郢州白雪楼》。李群玉有《送萧十二校书赴郢州婚姻》。

【郢郎白雪】 指高雅优美的诗文。李频《长安寓居寄柏侍郎》：“秦女红妆空觅伴，郢郎白雪少知音。”参见“郢中白雪”。

【郢門】 郢都。亦借指楚地。骆宾王《宿山庄》：“露积吴台草，风入郢门秋。”孟浩然《归至郢中》：“愁随江路尽，喜入郢门多。”韩翃《寄武陵李少府》：“郢门千里外，莫怪尺书迟。”郎士元《题刘相三湘图》：“稍辨郢门树，依然芳杜洲。”

【郢門山】 亦名荆门山、楚门山。在今湖北宜都县西北长江西南。温庭筠《送人东游》：“高风汉阳渡，初日郢门山。”

【郢城】 郢都。王维《送友人南归》：“连天汉水广，孤客郢城归。”刘长卿《送袁处士》：“万里空江菼，孤舟过郢城。”武元衡《鄂渚送友》：“云帆森森巴陵渡，烟树苍故郢城。”刘得仁《送周钺往江夏》：“郢城帆过夜，汉水月方秋。”

【郢城篇】 喻高雅的诗文。李群玉《送郑京昭之去安》：“送君扬檝去，愁绝郢城篇。”

【郢客】 战国楚宋玉《对楚王问》谓“客有歌于郢中者”，其所歌愈高级，属和者愈寡。后以“郢客”借指歌手、诗人。李白《古风》之二一：“郢客吟白雪，遗响飞青天。”杜甫《陪郑广文游何将军山林十首》之八：

“刺船思郢客，解水乞吴儿。”姚合《咏雪》：“飞随郢客歌声远，散逐宫娥舞袖回。”杜牧《陵阳送客》：“南楼送郢客，西郭望荆门。”亦作“郢中客”。孟浩然《和张二自穰县还途中遇雪》：“歌疑郢中客，态比洛川神。”

【郢都】 春秋战国时楚国都城。故址在今湖北江陵县纪南城。李白《中丞宋公脱余之囚参谋幕府因赠之》：“组练明秋浦，楼船入郢都。”萧颖士《仰答韦司业垂访五首》：“彭阳昔游说，愿谒南郢都。”

【郢雪】 见“郢中白雪”。

【郢唱】 指高雅的诗文。孟郊《题韦承总吴王故城下幽居》：“郢唱一声发，吴花千片春。”韦庄《和薛先辈见寄初秋寓怀即事之作二十韵·三用韵》：“铮锹闻郢唱，次第发巴音。”齐己《对雪寄荆幕知己》：“郢唱转高谁敢和，巴歌相顾自销声。”亦作“郢中唱”。张九龄《九月九日登龙山》：“且泛篱下菊，还聆郢中唱。”钱起《同严逸人东溪泛舟》：“已接方外好，仍陪郢中唱。”孟郊《赠姚怤别》：“闻君郢中唱，始觉知音难。”

【郢國】 指楚地。张祜《送刘韶秀才江陵归宁》：“荆门幕指连山远，郢国春归上水迟。”

【郢詞】 见“郢中詞”。

【郢路】 通往郢都的道路。喻指歌坛文场。孙逖《送苏郎中绾出佐荆州》：“不见河梁别，空销郢路魂。”孟浩然《途次望乡》：“雪深迷郢路，云暗失阳台。”李白《荆州贼平临洞庭言怀作》：“郢路方兵墟，章华亦倾倒。”李商隐《赠柳》：“章台从掩映，郢路更参差。”

【郢歌】 指高雅的诗文。张九龄《和姚令公从幸温汤喜雪》：“还闻吉甫颂，不共郢歌俦。”钱起《诏许昌崔明府拜补阙》：“才子贵难见，郢歌空复传。”又《省中对雪寄元判官拾遗昆季》：“今朝谢家兴，几处郢歌传。”许浑《酬杜补阙初春雨中舟次横江喜裴郎中相迎见寄》：“郢歌莫问青山吏，鱼在深池鸟在笼。”

【郢調】 指楚地的歌曲。骆宾王《久戍边城有怀京邑》：“边愁伤郢调，乡思绕吴歈。”

【郢樹】 指楚地的树木。令狐楚《秋怀寄钱侍郎》：“燕鸿一声叫，郢树尽青青。”柳宗元《别舍弟宗一》：“欲知此后相思梦，长在荆门郢树烟。”郑谷《江行》：“夜雨荆江涨，春云郢树深。”

【郢聲】 美称他人的诗文。皎然《杼山禅居寄赠东溪吴处士冯一首》：“身当青山秀，文体多郢声。”

郜 〔gào《广韵》古到切，去號，見。又古沃切，入沃，見。〕古国名，姬姓，初封者为文王之子，春秋时为宋所灭。境在今山东省武成县东南。参见“郜鼎”。

【郜鼎】 春秋郜国所造的宗庙祭器，视为国宝。后为宋所取，宋又将此鼎贿赂鲁桓公，桓公献于太庙。韩愈《石鼓歌》：“荐诸太庙比郜鼎，光价岂止百倍过。”

郗 〔xī《广韵》丑飢切，平脂，徹。〕姓。见“郗詹事”。

【郗詹事】 郗昂，即郗纯。纯以太子詹事致仕，见《旧唐书·郗士美传》。韦应物有《送郗詹事》。

郤[1] 同“卻”。❶副词。(1)表示转折。曹松《曲江暮春雪霁》：“如何多别地，郤得醉汀洲。”(2)便，就。刘沧《浙江晚渡怀古》：“此来一见垂纶者，郤忆旧居明月溪。”❷介词。于。曹松《吊贾岛二首》之一：“旅坟低郤草，稚子哭胜猿。”

郤[2] 〔xī《广韵》綺戟切，入陌，溪。〕姓。同“郄”。

郛 〔fú《广韵》芳無切，平虞，敷。〕外城。元稹《酬乐天东南行诗一百韵》：“江郛船添店，山城木竖郛。”白居易《东南行一百韵》：“岭徼云成栈，江郊水当郛。”卢肇《汉堤诗》序：“上元年秋，汉水大溢，齧襄堤以入，既沉汉郛，遂灭岘趾。”无名氏《歌·汴州人歌》：“浊流洋洋，有阚其郛。”

【郛郭】 外城。赵冬曦《陪张燕公行郡竹篱》：“郛郭从彝曲，州闾荷德声。”薛逢《早发剡山》：“南岩气爽横郛郭，天姥云晴拂寺楼。”

【郛閈】 城郭邑里。元稹《虫豸诗》序：“风雨会而寒暑时，出川正而原野平衍，然后郛闬屋室以州之人之宜。”

郡 〔jùn《广韵》渠運切，去問，羣。〕古代地方行政区划名。周代县大郡小，战国时逐渐变郡大于县。秦建立郡县制，以郡统县。汉因之。隋唐后，州郡互称。唐代的州，实则秦汉的“郡”，唯区划更小。张九龄《郡舍南有园畦杂树聊以永日》：“为郡久无补，越乡空复深。”岑参《送杨录事充潼关判官》：“关西望第一，郡内政无双。”羊士谔《九月十日郡楼独酌》：“掾史当授衣，郡中稀物役。”李商隐《随师东》：“可惜前朝玄菟郡，积骸成莽阵云深。”

【郡印】 即郡章。刘兼《初至郡界》：“郡印已分炎瘴地，朝衣犹惹御炉香。”

【郡佐】 郡守的佐贰。唐州刺史佐贰之官为别驾、长史、司马。常建《潭州留别》：“宿帆谒郡佐，怅别依禅林。”

【郡邸】 诸郡设在京城的办事处。李颀《答高三十五留别便呈于十一》：“怀章不便郡邸惊，待诏初从阙庭至。”

【郡吏】 郡守的的属吏。张谓《西亭子言怀》：“攀树玄猿呼郡吏，旁溪白鸟应家禽。”皇甫冉《逢庄纳因赠》：“郡吏名何晚，沙鸥道自同。”白居易《谪居》：“面瘦头斑四十四，远谪江州为郡吏。”

【郡宇】 郡府的屋宇。刘长卿《同郭参谋咏崔仆射淮南节度使厅前竹》:“蔼蔼军容静,萧萧郡宇宽。”卢纶《送信州姚使君》:“朱幡徐转候群官,猿鸟无声郡宇宽。”

【郡守】 郡的长官,主一郡之政事。唐之郡守,即州刺史。孟浩然《韩大使东斋会岳上人诸学士》:“郡守虚陈榻,林间召楚材。”窦冀《怀素上人草书歌》:“偏看能事转新奇,郡守王公同赋诗。”白居易《冯李睦州访徐凝山人》:“郡守轻诗客,乡人薄钓翁。”皮日休《夏景冲澹偶然作二首》之一:“红印寄泉惭郡守,青筐与笋愧僧家。”

【郡丞】 郡守的副贰。指州司马。白居易《北亭招客》:“疏散郡丞同野客,幽闲官舍抵山家。”又《送刘五司马赴任硖州兼寄崔使君》:“郡丞自合当优礼,何况夷陵太守贤。”

【郡邑】 府县。王维《渡河到清河作》:“天波忽开拆,郡邑千万家。”郭受《寄杜员外》:“郡邑地卑饶雾雨,江湖天阔足风涛。”郑巢《郑魏校书赴夏口从事》:“郡邑多岩窦,何方便学仙。”罗隐《送汝州李中丞十二韵》:“黄巾攻郡邑,白梃掠生灵。”

【郡君】 古代妇女的封号。唐封四品官之妻为郡君。权德舆有《冬至宿斋时郡君南内朝谒因寄》。

【郡府】 郡守的官署。孙逖《和崔司马登称心山寺》:“郡府乘休日,王城访道初。”王昌龄《送韦十二兵曹》:“平时趋郡府,不得展故人。”严维《留别邹绍刘长卿》:“晨趋本郡府,昼掩故山扉。”戴叔伦《张评事涉秦居士系见访郡斋即同赋中字》:“轺车忽枉辙,郡府自生风。”

【郡城】 ❶郡治的城垣。元结《题孟中丞茅阁》:“小山为郡城,随水能萦纡。”❷郡治所在地。王昌龄《潞府客亭寄崔凤台》:“萧条郡城闭,旅馆空寒烟。”羊士谔《登楼》:“槐柳萧疏绕郡城,夜添山雨作江声。”李德裕《登崖州城作》:“青山似欲留人住,百匝千遭绕郡城。”杜牧《走笔送杜十三归京》:“应笑内兄年六十,郡城闲坐养霜毛。”

【郡政】 郡中政事。张九龄《在洪州答綦毋学士》:“尔无言郡政,吾岂欲天欺。”岑参《送任郎中出守明州》:“郡政傍连楚,朝恩独借吴。”戎昱《抚州处士湖泛舟送北回两指此南昌县查溪兰若别》:“郡政我何有,别情君独深。”

【郡侯】 一郡之长,州刺史。皮日休《题惠山泉》之一:“丞相长思煮泉时,郡侯催发只忧迟。”郑谷有《送人之九州谒郡侯苗员外绅》。杜荀鹤《旅泊遇郡中叛乱示同志》:“郡侯逐出浑闲事,正是銮舆幸蜀年。”齐己《和岷公送李评事往宜春》:“郡侯开宴处,桃李照歌尘。”

【郡郭】 ❶郡城的郊野。张继《阊门即事》:“试上吴门窥郡郭,清明几处有新烟。”❷郡城。白居易《长庆二年七月路次蓝溪作》:“余杭乃名郡,郡郭临江汜。”张又新《谢池》:“郡郭东南积縠山,谢公曾是此跻攀。”张祜《酬张权宣州新桥秋夜对月见寄》:“风定远帆依郡郭,夜深夜笛起江楼。”陆龟蒙《奉和袭美初夏游楞伽精舍次韵》:“吴都涵汀洲,碧液浸郡郭。”

【郡庭】 郡署的公堂。张九龄《九月九日登龙山》:“郡庭常窘束,凉野求昭旷。”白居易《题报恩寺》:“自惭容鬓上,犹带郡庭尘。”

【郡曹】 郡吏。舒文舆《坊州按狱》:“寄谢守土臣,努力清郡曹。”

【郡國】 郡和国的并称。汉初,兼采封建和郡县制度,分天下为郡与国。郡直属中央,国分封诸王、侯,封王之国称王国,封侯之国称侯国。南北朝仍沿郡、国并置之制。至隋废国存郡。后亦以泛指地方行政区划。崔融《关山月》:“汉兵开郡国,胡马窥亭障。”杜甫《野望》:“纳纳乾坤大,行行郡国遥。”韩愈《燕河南府秀才得生字》:“诏下诸郡国,岁贡乡曲英。”赵嘏《舒州献李相公》:“野人留得五湖船,丞相兴歌郡国年。”

【郡符】 郡太守的符玺。亦借指郡太守。韦应物《示全真元常》:“余辞郡符去,尔为外事牵。”张籍《送从弟濛赴饶州》:“三领郡符新寄重,再登科第旧名高。”又《寄令狐宾客》:“还带郡符经几处,暂辞台座已三年。”白居易《东南行一百韵》:“博望移门籍,浔阳佐郡符。”

【郡章】 郡太守的印玺。刘禹锡《送湘阳熊判官孺登府罢归钟陵因寄呈江西裴中丞二十三兄》:“临轩弄郡章,得人方付此。”又《送周使君罢渝州归郢州别墅》:“君思郢上吟归去,故自渝南掷郡章。”

【郡閤】 见“郡阁”。

【郡閣】 亦作“郡閤”。借指郡守的府院。白居易《郡亭》:“唯兹郡阁中,嚣青得中间。”朱庆余《酬萧员外见寄》:“麦风吹雨正徘徊,忽报书从郡阁来。”杜牧《送赵十二赴举》:“秋风郡阁残花在,别后何人更一杯。”郑谷《送祠部曹郎中邺出守洋州》:“郡阁清吟夜,寒星识望郎。”

【郡樓】 郡城城楼。顾况《酬房杭州》:“郡楼何其旷,亭亭广而深。”刘禹锡《插田歌》引:“连州城下,俯接村墟,偶登郡楼,适有所感。”刘璐《洋州于中丞顷牧左绵题诗越王楼上朝贤和轧课四韵》:“雅韵征朝客,清词写郡楼。”刘兼《春晚寓怀》:“一承兑泽莅方州,八度春光照郡楼。”

【郡課】 本指郡对属县官吏的政绩考核,后亦指基层地方官的治绩。韩愈《题合江亭寄刺史邹君》:

"初如遗宦情,终乃最郡课。"

【郡縣】 郡和县的并称。郡县之名,始见于周。秦汉以来郡县为基本行政单位。唐贞观时有州(郡)三百五十八。有县一千五百五十一。徐安贞《送丹阳采访》:"郡县分南国,皇华出圣朝。"张籍《西州》:"郡县发丁役,丈夫各征行。"白居易《游丰乐招提佛光三寺》:"昨日制书临郡县,不该愚谷醉乡人。"

【郡廨】 郡府。司空图《月下留丹灶》序:"诗题五首,乃真仙之词也……某年中,廉帅上闻,且命镌其逸迹,藏于郡廨。"

【郡掾】 郡守属吏。张九龄《巡属县道中作》:"途中却郡掾,村下召村氓。"

【郡齋】 郡守起居之处。刘长卿《送柳使君赴袁州》:"唯有郡斋窗里岫,朝朝空对谢玄晖。"张建封《竞渡歌》:"使君未出郡斋外,江上早闻齐和声。"白居易《和刘汝州酬侍中见寄长句因书集贤坊胜事戏而问之》:"闻道郡斋还有酒,花前月下对何人。"马戴《同州冬日陪吴常侍闲宴》:"中天白云散,集客郡斋时。"

【郡職】 郡中官职。薛能《平阳寓怀》:"曾为郡职随分竹,亦作歌词乞采莲。"

八 画

都¹ 〔dū《广韵》當孤切,平模,端。〕❶国都,京城。杜审言《泛舟送郑卿入京》:"相宅开基地,倾都送别人。"魏万《金陵酬李翰林谪仙子》:"金陵百万户,六代帝王都。"权德舆《奉和太府韦卿阁老左藏库中假山之作》:"都内今朝似方外,仍传丽曲寄云台。"白居易《吾庐》:"莫道两都空有宅,林泉风月是家资。"❷建都。薛奇童《云中行》:"忆昔魏家都此方,凉风观前朝百王。"刘叉《天津桥》:"谁令汉祖都秦关,从此奸雄转相炽。"亦指作为国都。王翰《饮马长城窟行》:"一朝祸起萧墙内,渭水咸阳不复都。"❸城市;城邑。李白《泛沔州城南郎官湖》:"当时秋月好,不减武昌都。"杜甫《清明》:"此都好游湘西寺,诸将亦自军中至。"白居易《送令狐相公赴太原》:"此都莫作多时计,再为苍生入紫微。"❹统领,统率。陆龟蒙《江湖散人歌》:"大君年小丞相少,当轴自请都旌旗。"❺美好;闲雅。《诗·郑风·有女同车》:"彼美孟姜,洵美且都。"毛传:"都,闲也。"朱熹集传:"都,闲雅也。"岑参《玉门关盖将军歌》:"美人一双闭且都,朱唇翠眉映明眸。"元结《演兴四首·招太灵》:"望太灵兮俨而安,澹油溶兮都清闲。"卢纶《送太常李主簿归觐省》:"粲粲美仍都,清闲一贵儒。"杨于陵《郡斋有紫薇因诗纪述》:"炎沴昼方铄,幽姿闲且都。"❻总,总共。卢仝《解闷》:"人生都几日,一半是离忧。"元稹《蚊子》之三:"徙市竟何意,生涯都几时。"又《悟禅三首寄胡果》之二:"百年都几日,何事苦嚣然?"白居易《喜友至留宿》:"人生开口笑,百年都几回。"

都² 〔dōu《广韵》當孤切,平模,端。〕副词。❶表示总括。均,全,悉、尽。孟浩然《云门寺西六七里闻符公兰若最幽与薛八同往》:"上人亦何闻,尘念都已舍。"韦应物《答长安丞裴说》:"举头见秋山,万事都若遗。"白居易《闲居贫活计》:"俭薄身都惯,营为力不任。"韦庄《对酒赋友人》:"浮生都是梦,叹叹不如吟。"❷表示强调语气。岑参《故仆射裴公挽歌三首》之三:"锦衣都未着,丹旐忽先飞。"白居易《思往喜今》:"争似如今作宾客,都无一念到心头。"韩偓《厌花落》:"但得鸳鸯枕臂眠,也任时光都一瞬。"

【都人】 京都的人。杜甫《悲陈陶》:"都人回面向北啼,日夜更望官军至。"张籍《废居行》:"胡马崩腾满阡陌,都人避乱唯空宅。"吴融《和集贤相公西溪侍宴观竞渡》:"都人同盛观,不觉同盛观。"齐己《送刘蜕秀才赴举》:"都人看春榜,韩字在谁前?"

【都下】 京都。下,用在名词后表处所。孟浩然有《都下送辛大之鄂》。司空图《丑年冬》:"醉日昔闻都下酒,何如今喜折新茶。"

【都大】 本自,本来。元稹《有所教》:"人人总解争时势,都大须看各自宜。"杜牧《云》:"尽日看云首不回,无心都大似无才。"来鹄《鄂渚清明日登头陀山》:"都大此时深怅望,岂堪高处更逡巡。"杜荀鹤《别四明钟尚书》:"都大人生有离别,且将诗句代离歌。"

【都子】 白居易所蓄歌妓。白居易《听歌六绝句·听都子歌》:"都子新歌有性灵,一声格转已堪听。"

【都中紙貴】 晋左思作《三都赋》,豪贵之家争相传抄,致使洛阳为之纸贵。见《晋书·左思传》。后以之赞誉文藻优美。元稹《和王侍郎酬广宣上人观放榜后相贺》:"都中纸贵流传后,海外全填姓字时。"

【都水】 官名。即都水监使者。唐都监置都水使者二人,正五品上,为该监长官。掌川泽、津梁、渠堰、陂池之事。杜甫有《奉送崔都水翁下峡》。韦应物有《答崔都水》。

【都市】 ❶都城,都城中的集市。杜甫《悲陈陶》:"群胡归来血洗箭,仍唱胡歌饮都市。"元结《系乐府十二首·农臣怨》:"一朝哭都市,泪尽归田亩。"白居易《杂感》:"吕安兄不道,都市杀嵇康。"❷城市。李白《送当涂赵少府赴长芦》:"我来扬都市,送客回轻舠。"杜甫《溪涨》:"我游都市间,晚憩必村墟。"戴叔伦《女耕田行》:"去年灾疫牛囤空,截绢买刀都市中。"李涉《春山三扬来》之三:"都市广长开大铺,疾来求者多相误。"

【都邑】　城市。亦特指京城。张说《邺都引》："都邑缭绕西山阳，桑榆汗漫漳河曲。"杜甫《骢马行》："近闻下诏喧都邑，肯使骐驎地上行。"韩愈《寄卢仝》："况又时当长养节，都邑未可猛政理。"顾非熊《下第后晓坐》："远客滞都邑，老惊时节催。"

【都來】　❶统统，完全。罗隐《晚眺》："天如镜面都来静，地似人心总不平。"秦韬玉《寄李处士》："世途必竟皆应定，人事都来不在忙。"李贞白《咏狗蚤》："与虱都来不较多，擗挑筋斗太喽罗。"❷总共，共有。寒山《诗三百三首》之二七〇："三字二十一，都来六百首。"吕岩《百字碑》："都来二十句，端的上天梯。"❸算来。胡宿《次韵徐爽见寄》："侏儒自是长三尺，瓣统都来直几金。"罗隐《送顾云下第》："百岁都来多几日，不堪相别又伤春。"❹总是，老是。秦韬玉《问古》："都来总向人间看，直到皇天可是平。"

【都知】　旧时妓院中的班头，分管诸妓。卢嗣业《致孙状元诉醵罚钱》："未识都知面，频输复分钱。"题下引《北里志》："曲内妓之头角者为都知，分管诸妓。"孙偓《致李深之》："任尔风流兼蕴藉，天生不似郑都知。"原注："曲内妓之头角者为都知。"

【都使】　节度使或观察使。元结《欸乃曲三首》序："大历丁未中，漫叟结为道州刺史。以军事诣都使，还州。"李白有《赠刘都使》。

【都府】　大都会。张说《奉和圣制赐崔日知往潞州应制》："增戟雄都府，高车转太常。"

【都官】　唐时指刑部尚书。亦借指刑部。李嘉祐有《和都官苗员外秋夜省直对雨简诸知己》。刘长卿有《岁日见新历因寄都官裴郎中》。章八元有《寄都官刘员外》。《谣·两京童谣》："无钱求案典，生死任都官。"

【都官員外】　即刑部员外郎。唐置刑部员外郎二员，从六品上。李嘉祐有《和都官苗员外秋夜省直对雨简诸知己》。

【都官郎中】　即刑部郎中。唐置刑部郎中二员，从五品上。羊士谔有《和李都官郎中经宫人斜 》。郑谷有《故许昌薛尚书能尝为都官郎中》。

【都門】　京都城门。古时宴送离京官员多在此地。王维《观别者》："都门账饮毕，从此谢亲宾。"韩愈《赠侯喜》："平明鞭马出都门，尽日行行荆棘里。"白居易《青门柳》："为近都门多送别，长条折尽减春风。"刘驾《送李殷游边》："孟夏出都门，红尘客衣热。"

【都城】　国都，京城。张鼎《邺城引》："隐隐都城紫陌开，迢迢分野黄星见。"白居易《寄隐者》："卖药向都城，行憩青门树。"钟辂《缑山月夜闻王子晋吹笙》："唯愁音响绝，晓色出都城。"罗邺《野花》："结根毕竟输桃李，长近都城紫陌间。"

【都亭】　都邑中传舍。秦法，十里一亭。郡县治所则置都亭。寒山《诗三百三首》之二一八："养子不经师，不及都亭鼠。"李端《都亭驿送郭判官之幽州幕府》："都亭使者出，杯酒故人违。"唐彦谦《留别四首》之二："鼓吹翻新调，都亭酒正酣。"

【都堂】　官署名。唐制，尚书省署居中，东有吏、户、礼三部办公厅，西有兵、刑、工三部办公厅。尚书省的左右仆射、左右司郎中、员外郎等官总辖各部，均称为都省，故总办公处称为都堂。宋璟有《奉和御制璟与张说源乾曜同日上官命宴都堂赐诗应制》。李华有《尚书都堂瓦松》。韦承贻《策试夜潜纪长句于都堂西南隅》："褒衣博带满尘埃，独自都堂纳卷回。"张乔《送庞百篇之任青阳县尉》："都堂公试日，词翰独超群。"

【都尉】　官名。❶战国时始置，职位略低于将军。西汉景帝时改郡尉为都尉，辅佐郡守并管全郡的军事。武帝以后，都尉或为皇帝近侍官员，如奉车、轻车、驸马、骑都尉等；或为职事官员，如中央官职中的水衡、搜粟、治粟等；或为郡国官员，如郡都尉，属国都尉。三国何晏始以公主丈夫拜驸马都尉，后代皇帝女婿照例加此称号，故亦以"都尉"指驸马。李峤《诗》："都尉仙凫远，梁王驷马来。"李端《赠郭驸马》之二："青春都尉最风流，二十功成使拜侯。"白居易《寄明州于驸马使君三绝句》之二："平阳音乐随都尉，留滞三年在浙东。"姚合《题大理崔少卿驸马林亭》："每来归意懒，都尉似仙人。"❷唐行府兵制，每府置折冲都尉一人，左、右果毅都尉各一人，为统兵官。又据《新唐书·百官一》，唐又有上轻车都尉、轻车都尉、上骑都尉、骑都尉等，均为勋爵。薛业《晚秋赠张折冲》："都尉今无事，时清但闭关。"王昌龄有《留别伊阙张少府郭大都尉》。徐铉《从兄龙武将军没于边戍过旧营宅作》："前年都尉没边城，帐下何人领旧兵。"

【都統】　官名。晋太元中，前秦苻坚攻晋，曾设少年都统。为带领青年兵的将官。都统官名，始于此。唐后期讨伐藩镇和镇压农民起义，设诸道行营都统，为各道出兵的统帅。韩愈有《次潼关上都统相公》。李商隐《韩碑》："腰悬相印作都统，阴风惨澹天王旗。"王铎有《罢都统守镇滑州作》。高骈有《闻河中王铎加都统》。

【都會】　都市。杜甫《成都府》："喧然名都会，吹箫间笙簧。"武元衡《送邓州潘使君赴任》："川陆一都会，旌旗千里舒。"李频《望南郡城》："楚地八千里，槃槃此都会。"

【都監】　（—jiàn）道教职称名。韩熙载《赠陈郎》："幸有葛巾与藜杖，从呼宫观老都监。"

【都督】　官名。唐于各州，按其大小，置大、中、小都督府，各设都督，为州的地方军政长官。中叶以后，节度使、观察使为地方最高长官。都督之名遂废。张说有《广州萧都督入朝过岳州宴饯得冬字》。王维有《送赵都督赴代州得青字》。孟浩然有《和张判官登万山亭因赠洪府都督韩公》。崔颢有《赠梁州张都督》。

【都畿】 京畿。国都所在地及其行政官署所管辖的地区。杜审言《扈从出长安应制》："分野都畿列，时乘六御均。"武元衡《兵行褒斜谷作》："注意奏凯赴都畿，速令提兵还石坂。"

【都盧】 ❶古国名。在南海一带。国人善爬竿之技。亦指都卢国人。元稹《再酬复言》："顾我才小同培塿，知君险斗敌都卢。"❷统统。卢仝《守岁诗》："不及儿童日，都卢不解愁。"白居易《赠邻里往来》："骨肉都卢无十口，粮储依约有三年。"齐己《观李琼处士画海涛》："李琼夺得造化本，都卢缩在秋毫端。"❸不过。薛涛《斛石山书事》："王家山水画图中，意思都卢粉墨容。"

【都盧尋橦】 古代爬竿杂戏名。古都卢人善爬竿之技，因称爬竿杂戏为"都盧尋橦"。郑嵎《津阳门诗》："都卢寻橦诚龌龊，公孙剑伎方神奇。"

【都護】 官名。即总监。汉宣帝时，设西域都护，督护西域各国，并护南北道，故名。本为加官。其后废置不常。唐自太宗至武后时，先后设置安西、安北、单于、安东、安南、北庭等六个大都督府。每府有大都护、副大都护(或副都护)，管理辖境的边防、行政和各族事务。权任与汉时同，且为实职。虞世南《拟饮马长城窟行》："前逢锦车使，都护在楼兰。"岑参《灭胡曲》："都护新灭胡，士马气亦粗。"张籍《渔阳将》："塞深沙草白，都护领燕丘。"贯休《古塞曲三首》之一："单于烽火动，都护去天涯。"

鄀 〔ruò《广韵》而灼切，入藥，日。〕春秋列国名。有上鄀、下鄀之分。上鄀在今湖北宜城市东南，后灭于楚，春秋后期为楚都。下鄀在今河南省淅川县西南。刘允济《经庐岳回望江州想洛川有作》："云霞散吴会，风波惊郏鄀。"

郴 〔chēn《广韵》丑林切，平侵，徹。〕春秋楚地名。秦置县，属长沙郡。唐称郴州，今湖南郴州市。参见"郴州"。

【郴口】 在湖南郴州，郴江与耒江汇合处。沈佺期有《神龙初废逐南荒途出郴口北望苏耽山》。韩愈有《郴口又赠二首》。

【郴山】 在郴州，今湖南郴州市。王昌龄有《出郴山口至叠石湾野人室中寄张十一》。

【郴永】 郴州和永州。永州，治所在今湖南永州市零陵区。戴叔伦有《将巡郴永途中作》。

【郴州】 隋开皇九年(589)置，治所在郴县(今湖南郴州市)大业初改为桂阳郡。唐武德四年(621)复为郴州。天宝初改为桂阳郡，乾元初又复名郴州。刘长卿有《洞庭驿逢郴州使还寄李汤司马》。权德舆有《郴州换印缄遣之际率成三韵因寄李二兄员外使君》。韩愈有《郴州祈雨》。许浑有《闻韶州李相公移拜郴州因寄》。

【郴連】 郴州和连州。连州，治所在今广东连州市。徐寅有《岳州端午送人游郴连》。

【郴縣】 秦置，治所即今湖南郴州市，汉属桂阳群，唐属郴州，为州治所。郎士元有《送郴县裴明府之任兼充宣慰》。

郪 〔qī《广韵》七稽切，平齊，清。又取私切，平脂，清。〕古县名。在今四川省三台县南。刘驾有《郪中感怀》。刘蜕《览陈拾遗文集》："郪中好事人，家藏君十轴。"

【郪城】 郪县县城。故址在今四川省三台县南。杜甫有《郪城西原送李判官兄武判官弟赴成都府》。

【郪縣】 古县名。西汉置。唐为梓州治所。故址在今四川省三台县南。杜甫《九日》："去年登高郪县北，今日重在涪江滨。"

郵 〔yóu《广韵》羽求切，平游，云。〕❶驿站。古代设于路途，供来往行人及传送文书的小吏等歇宿的馆舍。王维《送祢郎中》："孤莺吟远墅，野杏发山郵。"元稹《感梦》："荒郵屋舍坏，新雨田地泥。"又《阳城驿》："我愿避公讳，名为避贤郵。"皮日休《正乐府十篇·路臣恨》："日行六七郵，瞥若鹰无踪。"❷传送文书之人。张九龄《送使广州》："心逐书郵去，形随世网婴。"韩偓《午寝梦江外兄弟》："如何水陆三千里，几月书郵始一来。"❸传送。见"郵書"。

【郵夫】 驿卒。张籍《伤歌行》："邮夫防吏急喧驱，往往惊堕马蹄下。"

【郵吏】 邮传驿站的小官。白居易《醉封诗筒寄微之》："为向两州邮吏道，莫辞来去递诗筒。"方干《漳州于使君罢郡如之任漳南去上国二十四州使君无非亲故》："泊岸旗幡邮吏拜，连山风雨探人行。"蒋吉《大庾驿有怀》："一囊书重百余斤，邮吏宁知去计贫。"

【郵舍】 驿站，馆驿。李中《邮亭早起》："邮舍残灯在，村林鸡唱频。"

【郵亭】 驿馆；递送公文、书信者投止之处。杨凝《送别》："樽酒邮亭别，云帆驿使归。"白居易《和答诗十首·和思归乐》："请看元侍御，亦宿此邮亭。"赵嘏《沙溪馆》："行人莫羡邮亭吏，生向此中今白头。"褚载《投节度邢公》："西风昨夜坠红兰，一宿邮亭事万般。"

【郵書】 传递的文书。吕从庆《贼警》："城阙兼旬闭，邮书彻旦通。”

【郵童】 驿卒。苏味道《九江口南济北接蕲春南与浔阳岸》：“津吏挥桡疾，邮童整传催。”戴叔伦《赴抚州对酬崔法曹夜雨滴空阶五首》之四：“方为对吏人，敢望邮童探。”刘商《重阳日寄上饶李明府》：“旅馆但知闻蟋蟀，邮童不解献茱萸。”刘禹锡《马嵬行》：“邮童爱踪迹，私手解鞶结。”

【郵遞】 邮寄。亦指邮寄的书信。李涉《庐山得元侍御书》：“正着白衣寻古寺，忽然邮递到元峰。”

【郵傳】 传舍，驿馆。借指居止于驿馆的传递公文的人员。白居易《权摄昭应早秋书来寄元拾遗兼呈李司录》：“邮传拥两驿，簿书堆六曹。”詹敦仁《劝王氏入贡宠予以官作辞命篇》：“往来宾主如邮传，胜负我似局棋。”

【郵鈴】 古时邮人用以表示邮递信号的铃铎。唐彦谦《夜坐》：“不眠惊戍鼓，久客厌邮铃。”

【郵驛】 驿站，驿馆。传送文书，步递曰邮，马递曰置、曰驿。薛宜僚《别青州妓段东美》：“经年邮驿许安栖，一会他乡别恨迷。”

【郵籤】 驿馆、驿船等夜间报的更筹。杜甫《宿青草湖》：“宿桨依农事，邮籤报水程。”

郫 〔pí《广韵》符羈切，平支，並。又薄佳切，平佳，並。〕县名。秦置，汉因之，属蜀郡。隋置濛州，大业省为郫县。唐属成都府。今为四川郫县。见“郫筒”。

【郫筒】 ❶竹制盛酒器。李商隐《因书》：“海石分棋子，郫筒当酒缸。”❷酒名。相传晋山涛为郫令，用竹筒酿酒，兼旬方开，香闻百步，俗称“郫筒酒”。杜甫《将赴成都草堂途中有作选寄严郑公五首》之一：“鱼知丙穴由来美，酒忆郫筒不用沽。”

部 〔bù《广韵》裴古切，上姥。並。〕❶统率，率领。参见“部领”。❷部队，部伍。参见“部伍”。❸衙署，有关主管部门。韦应物有《对雨寄韩库部协》。武元衡《送邓州潘使君赴任》：“春风行部日，应驻士元车。”白居易《答崔十八见寄》：“君乞曹州刺史替，我抛刑部侍郎归。”郑谷有《次韵和礼部卢郎中江上秋夜寓怀》。❹部分；部位。陈子昂《送著作佐郎崔融等从梁王东征》：“海气侵南部，边风扫北平。”窦牟《奉使至邢州赠李八使君》：“独占龙冈部，深持虎节居。”❺门类；类别。元稹《和李校书新题乐府十二首·立部伎》序：“李传云：太常坐部伎，无性识者退入立部伎；又选立部伎，无性识者退入雅部，则雅乐可知矣。”❻犹队，唐教坊教习歌舞技艺的机构。元稹《和李校书新题乐府十二首·五弦弹》：“众乐虽同第一部，德宗皇帝常偏召。”白居易《琵琶引》：“十三学得琵琶成，名属教坊第一部。”❼量词。用于书籍、乐曲等。刘禹锡《和乐天南园试小乐》：“欲抛丹笔三川去，先教清商一部成。”元稹《思归乐》：“闲穷四声韵，闷阅九部经。”李九龄《写庄子》：“闲中亦有闲中计，写得南华一部经。”

【部曲】 (一qū)❶古代军队的编制单位。大将军营五部，校尉一人；部有曲，曲有军候一人。见《后汉书·百官志一》。亦泛称军队，部队。杜甫《去秋行》：“到今不知白骨处，部曲有去皆无归。”法振《送常大夫赴朔方》：“大汉嫖姚入，乌孙部曲随。”鲍溶《羽林行》：“箫笳整部曲，幢盖动郊次。”陆龟蒙《闲书》：“南国羽书催部曲，东山毛褐傲羲皇。”❷部属，部下。高适《赐别王十七管记》：“勿辞部曲勋，不藉将军势。”元结《喻旧部曲》：“漫游樊水阴，忽见旧部曲。”张籍《伤歌行》：“出门天复部曲随，亲戚相逢不容语。”贾岛《代旧将》：“战场几处在，部曲一人无。”

【部伍】 本指军队的编制单位。亦泛称军队，部队。杜甫《后出塞五首》之二：“平沙列万幕，部伍各见招。”顾光《塞上曲》：“点军三十千，部伍严以整。”白居易《小童薛阳陶次觱栗歌》：“众音覼缕不落道，有如部伍随将军。”许棠《寄睦州陆郎中》：“海涛通越分，部伍杂闽音。”

【部秩】 部帙。指书函。王建《送司空神童》：“暗写五经收部秩，初年七岁着衫衣。”

【部落】 由几个血缘相近的宗族、氏族结合而成的集体。李颀《听董大弹胡笳声兼寄语武弄房给事》：“乌孙部落家乡远，逻娑沙尘哀怨生。”卢纶《送饯从叔辞丰州幕归嵩阳旧居》：“丰州闻说似凉州，沙塞晴明部落稠。”韦蟾《岳麓道林寺》：“北方部落檀香朔，西国文书贝叶书。”顾云《天威行》：“云南八国万部落，皆知此路来朝天。”

【部落曲】 (曲 qǔ)乐府诗题。高适有《部落曲》。

【部領】 统辖率领。杜甫《大麦行》：“岂无蜀兵三千人，部领辛苦江山长。”

【部頭】 教坊属下各部的头目。王建《宫词一百首》之四七：“移来女乐部头边，新赐花檀木五弦。”

郭 〔guō《广韵》古博切，入鐸，見。〕❶外城，古代在城的外围加筑的一道城墙。李白《自广平乘醉走马六十里至邯郸登城楼览古书怀》：“入郭登高楼，山川与云平。”卢纶《冬日登城楼有怀因赠程腾》：“郭南郭北无数山，万井逶迤流水间。”白居易《早发赴洞庭舟中作》：“山郭已行十五里，唯消一曲慢《霓裳》。”李频《送许棠归泾县作尉》：“绕郭看秧插，寻街听茧缫。”❷泛指城郭，城邑。刘禹锡《唐侍御寄游道林岳麓二寺诗并沈中丞姚员外所和见征继作》：“橘洲泛浮金实动，水郭缭绕朱楼骞。”元稹《酬乐天东南行一百韵》：“江郭船添店，山城木竖郛。”许浑《赠萧兵曹先辈》:“潮生水郭蒹葭响,雨过山城橘柚疏。”亦指城市,城镇。韩愈《别赵子》:“不谓小郭中,有子可与娱。”❸姓。唐诗人有郭震、郭良等。

【郭子儀】 唐大将。华州郑县(今陕西渭南市华州区)人。以武举高第,累迁天德军使、安北都府使兼九原太守。安禄山叛乱时,任朔方节度使。在河北击败史思明,功居第一。累加兵部尚书、同中书门下平章事、关内河东副元帅,官至中书令,封汾阳郡王。事玄宗、肃宗、代宗、德宗四朝。德宗时赐号“尚父”,进位太尉。《全唐诗》卷一〇九录其诗二首。

【郭巨將坑】 (將 jiāng)传说,有孝子郭巨为减轻生活负担,更好侍奉母亲,准备活埋儿子。当其挖坑时,发现天锡黄金。见晋干宝《搜神记》卷一一。李瀚《蒙求》:“郭巨将坑,董永自卖。”

【郭中丞】 郭英乂。英乂至德初以将门子特见任用,迁陇右节度使,兼御史中丞,见《旧唐书》本传。杜甫有《奉送郭中丞兼太仆卿陇右节度使三十韵》。

【郭丹】 东汉人。字少卿,南阳穰(今河南邓州市)。入函谷关,立志乘使者车方出关,十二年后果如愿以偿。见《后汉书》本传。后遂以为立志干进之典。岑参《函谷关歌送刘评事使关西》:“故人万乘使者车,吾知郭丹却不知。”李瀚《蒙求》:“郭丹约关,祖逖誓江。”

【郭仁表】 五代时吴人。春坊吏。《全唐诗》卷八六八录其《梦中辞》一首。

【郭代公】 郭元振。封代国公,见《旧唐书》本传。白居易《龙花寺主家小尼》诗题注:“郭代公爱姬薛氏,幼尝为尼,小名仙人子。”

【郭文遊山】 郭文,字文举,河内轵(今河南济源市南)人。酷爱山水,游则弥旬忘返。父母终,服毕,辞家游名山。曾入余杭大辟山中穷谷无人之地,倚木而居。见《晋书》本传。李瀚《蒙求》:“郭文游山,袁宏泊渚。”

【郭正一】 唐诗人。定州彭城(今河北晋州市)人。历任中书舍人、秘书少监、晋州刺史等职。《全唐诗》卷四〇录其《奉和太子纳妃公主出降》一首。

【郭令公】 郭子仪。子仪乾元元年(758)七月,破贼河上,进中书令。永泰元年(765)都统河南道节度行营,出镇河中,见《旧唐书》本传。耿沣有《过三郊驿却寄杨评事时此子郭令公欲有表荐》。韩翃有《送刘侍御赴令公行营》诗,此令公亦指郭子仪。

【郭司徒】 郭子仪。子仪曾官司徒,封代国公,见《旧唐书》本传。钱起有《郭司徒厅夜宴》。

【郭廷謂】 (919—972)五代诗人。字信臣,彭城(今江苏徐州市)。初仕南唐,后降周,入宋后知亳州,改泽州防御史。寻知梓州。《全唐诗》卷七九五录其《哭陈子昂》断句一联。

【郭先辈】 郭贲。南唐进士。徐铉有《酬郭先辈》和《咏梅子送郭先辈》。

【郭向】 唐诗人。曾任太子尉。《全唐诗》卷二〇三录其《途中口号》一首。

【郭求】 唐诗人。京兆(今陕西西安市)人。历任蓝田尉、左拾遗、婺王府司马等职。《全唐诗》卷七七九录其《日暖万年枝》一首。

【郭邑】 城邑。韦庄《袁州作》:“烟霞尽入新诗卷,郭邑闲开古画图。”又《汉州》:“比侬初到汉州城,郭邑楼台触目惊。”

【郭利貞】 唐诗人。神龙中为吏部员外郎。赋上元灯会诗,与苏味道、崔液并为绝唱。《全唐诗》卷一〇一录其《上元》一首。

【郭汭】 当作郭纳。唐诗人。曾官给事中,陈留采访使。见《元和姓纂》卷十颍川郭氏。《全唐诗》全七七七录其《同崔员外温泉宫即事》一首。同王维有交往。王维有《赠郭给事》。

【郭汾寧】 疑为郭旼。开成三年(838)十月,以金吾将军郭旼为邠宁庆节度使,见《旧唐书·文宗纪下》。李商隐有《十字水期韦潘侍御同年不至时韦寓居故水次故郭汾宁宅》。

【郭良】 唐诗人。天宝三载(744)前曾官金部员外郎。《全唐诗》卷二三录其《题李将军山亭》等二首。《全唐诗外编》录其诗一首。

【郭良輔】 李端友人,曾撰《武李经》一卷。见《新唐书·艺文志三》。李端有《送郭良辅下第东归》。

【郭良驥】 唐诗人。元和以后人。《全唐诗》卷五〇五录其诗二首。

【郭知運】 唐西凉府都督。曾进宫调曲《凉州》。《乐府诗集·近代曲辞·凉州》:“《乐苑》曰:‘《凉州》,宫调曲。开元中,西京府都督郭知运进。’”《全唐诗》卷二七《杂曲歌辞》收《凉州》六首。

【郭舍人】 西汉人。武帝时善投壶者,每为武帝投壶,受赐金帛。见旧题葛洪《西京杂记》卷五。后遂为咏技艺之士的典故。杜甫《能画》:“能画毛延寿,投壶郭舍人。”

【郭侍郎】 郭承嘏。曾官刑部侍郎,见《新唐书·郭子仪传》。姚合有《题郭侍郎亲仁里幽居》。

【郭尚父】 郭子仪。《旧唐书》本传:“德宗即位,诏还朝,摄冢宰,充山陵使,赐号‘尚父’。”贯休《句》:“郭尚父休夸塞北,裴中令莫说淮西。”

【郭使君】 郭行余。大和初,累官至楚州刺史,见《旧唐书》本传。刘禹锡有《罢郡归洛次山阳留辞郭中丞使君》。白居易有《赠楚州郭使君》和《郭使君题枸杞》。

【郭周藩】 唐诗人。河东(今山西永济市)人。登元和六年(811)第。《全唐诗》卷四八八录其《谭子池》一首。

【郭受】 唐诗人。大历初,为湖南观察使判官。与杜甫相友善,有唱酬。《全唐诗》卷二六一录其《寄杜员外》一首,杜甫有《酬郭十五受判官》酬之。

【郭門】 外城的门。寒山《诗三百三首》之九四:“须看郭门外,垒垒松柏下。”崔融《韦长史挽词》:“郭门从此去,荆棘渐蒙笼。”白居易《效陶潜体诗十六首》之十一:“不见郭门外,垒垒坟与丘。”许浑《题青山馆》:“白水半塘岸,青山横郭门。”

【郭思】 宋人。字得之,河阳(今河南孟州市)人。名画家郭熙之子。宋神宗元丰年间进士及第,历官通议大夫、徽猷阁待制等。《全唐诗》卷七五九录其《白石镇古城》断句一联。

【郭奕心醉】 三国魏人。元帝时任相国主簿,他对名士阮咸异常佩服,“见之心醉,不觉叹服”。见《世说新语·赏誉》“山公举阮咸为天部郎”条刘孝标引《名士传》。李瀚《蒙求》:“何宴神服,郭奕心醉。”

【郭泰】 (128—169)东汉贤士。字林宗。太原介休(今属山西)人。东汉末为太学生首领,不就官府征召,有名于世。游洛阳,见河南尹李膺,膺大奇之,遂相友善,于是名震京师。后归乡里,诸儒送行的有车数千辆。林宗与李膺同济而济,众宾望之,以为神仙。见《后汉书·郭太传》。李白《赠宣宇文太守兼呈崔侍御》:“敢献饶朝策,思同郭泰船。”李商隐《哭遂州萧侍郎二十四韵》:“登舟惭郭泰,解榻愧陈蕃。”

【郭泰碑銘】 东汉名士郭泰死后,四方之士千余人来会葬,大书法家蔡邕为其撰写碑文,并称:“吾为碑铭多矣,皆有惭德,唯郭有道无惭色耳。”见《后汉书·郭太传》。罗隐《圉城偶作》:“只从郭泰碑铭后,只见黄金不见文。”

【郭都護】 郭子仪。《旧唐书》本传:“天宝八载,于木剌山置横塞军及安北都护府,命子仪领其使。”李华有《奉使朔方赠郭都护》。

【郭黄中】 建中元年(780)登孝弟力田闻于乡闾科。见《唐会要》卷七。李益有《答郭黄中孤云首章见赠》。

【郭恭】 唐诗人。《全唐诗》卷七九六录其《秋池一枝莲》诗一首。

【郭索】 蟹躁动貌,一说蟹多足貌。语出汉扬雄《太玄·锐》。后借指蟹。陆龟蒙《酬袭美见寄海蟹》:“自是扬雄知郭索,且非何胤敢怅惶。”

【郭家】 郭子仪家。杜甫《韦讽录事宅观曹将军画马图》:“昔日太宗拳毛騧,近时郭家师子花。”

【郭邕】 唐诗人。开元十九年(731)进士。《全唐诗》卷七八〇录其《洛出书》一首。

【郭納】 唐诗人。颍川(今河南许昌市)人。纳,《全唐诗》误作“讷”。开元二十六年(738)中文辞雅丽科。历官司封员久郎、给事中。天宝末,任河南采访使,陈留郡太守。后为安史判军所俘,授以伪职,两京收复后自尽。《全唐诗》卷七七七录其《同崔员外温泉宫即事》一首。

【郭常侍】 ❶郭晞。子仪第三子,永泰二年(766),检校左散骑常侍,见《旧唐书·郭子仪传》。钱起有《奉陪郭常侍宴浐川山池》和《陪郭常侍令公东亭宴集》。❷郭铨。罗邺有《留献彭门郭常侍》。

【郭從義】 五代诗人。其先沙陀部人。父绍古,事后唐武皇,赐姓李氏,从义补内职。晋天福初复姓郭,历事四朝。周世宗时,以功加检校太师,兼中书令。《全唐诗外编》录其《赠梦英大师》一首。

【郭密之】 唐诗人。天宝中任诸暨令,有政绩。曾使永嘉,经石门山作诗刻石。《全唐诗》卷八八七录其《永嘉经谢公石门山作》一首。《全唐诗外编》录其《永嘉怀古》一首。

【郭庶子】 郭求。元和二年(807)举贤良方正能言直谏科,历官蓝田县尉、史馆修撰、左拾遗、太子左庶子等 。白居易《吟四虽》:“家虽贫,犹富于郭庶子。”自注:“分司同官中……郭庶子求贫苦最甚。”

【郭隗】 战国时燕国谋士。燕昭王欲报齐仇,欲招揽人才,向他问计。他说“请先自隗始”。昭王于是为其筑黄金台并师事之,乐毅、邹衍等人相继而至。见《史记·燕召公世家》。后遂作礼聘贤才之典。卢照邻《送幽州陈参军赴任寄呈乡曲父老》:“郭隗池台处,昭王尊酒前。”秦系《山中枉皇甫温大夫见招书》:“卧多共栖嵇康病,才劣虚同郭隗尊。”杜牧《往年随故府吴兴公夜泊芜湖口今赴官西去再宿芜湖因成十六韵》:“郭隗黄金峻,虞卿白璧鲜。”吴仁璧《投谢钱武肃》:“东门上相好知音,数尽台前郭隗金。”

【郭細侯】 后汉郭伋字细侯,扶风茂陵(今陕西兴平市东北)人,历任渔阳太守、颍川太守、太中大夫等职,治理州郡和防御匈奴均声名卓异。见《后汉书·郭伋传》。后遂以借指有政声的高官。韩翃《送刘侍御赴令公行营》:“上客刘公干,元戎郭细侯。”司空曙《送卢彻之太原谒马尚书》:“翩翩羽骑双旌后,上客亲随郭细侯。”

【郭紹蘭】 唐女诗人。长安(今陕西西安市)豪民郭行先之女,世商任宗之妻。《全唐诗》卷七九九录其《寄夫》一首,诗题下注:“任宗贾湘中,数年不归。绍兰作诗,系于燕足。时宗在荆州,燕忽泊其间,邮足系书。解视之,乃妻所寄也。感泣而归。”

【郭最】 春秋齐臣。齐庄公称赞郭最是“募人之雄”。晋州绰说在齐晋平阴之战中，曾俘虏过郭最。见《左传·襄公二十一年》。后遂用以指败军之将。李端《长安感事呈卢纶》：“王陵固似戆，郭最遂非雄。”

【郭郧】 唐诗人。大历、贞元间人，籍毗陵（今江苏常州市）。《全唐诗》卷三〇九录其《寒食寄李补阙》一首。

【郭欽】 晋人。武帝时为侍御史。太康元年(280)曾上疏，建议“渐徙内郡杂胡于边地，竣四夷出入之防，明先王荒服之制，此万世之长策也。”见《资治通鉴》卷八一。杜甫《暮秋枉裴道州手札率尔遣兴寄近呈苏涣侍御》：“郭钦上书见大计，刘毅答诏惊群臣。”

【郭道士】 郭虚舟。白居易有《同微之赠别郭虚舟炼师不遇》，诗谓“我为江司马，君为荆判司，俱当愁悴日是，始识虚舟师。”又有《寻郭道不遇》。元稹有《和乐天别郭虚舟炼师五十韵》。

【郭槐自屈】 晋车骑将军、尚书令贾充之后妻。性妒忌，往视贾充前妻李氏时，为李氏气度所折服，情不自禁地屈身下拜。见《晋书·贾充传》。李瀚《蒙求》：“郭槐自出，南郡犹怜。”

【郭賀露冕】 郭贺，东汉人。明帝时任荆州刺史，以政绩突出皇帝赐冕旒嘉奖，并受敕于行部时悬起车上帷幕，供百姓见其冕旒。见《后汉书·郭贺传》。李瀚《蒙主》：“贾琮褰帷，郭贺露冕。”

【郭圓】 唐诗人。曾任仓部员外郎。开成至会昌间，李固言为剑南酬节度使，圆以检校司马员外郎入幕为从事。后曾任泗州刺史。《全唐诗》卷五四《咏韦皋》一首。

【郭解】 西汉游侠。字翁伯，河内轵（今河南济源市）人。以“任侠”闻名，常藏匿亡命，乐于救人之危，为世人所称道。见《史记·郭解传》。后亦用以泛指侠客。卢照邻《结客少年场行》：“孙宾遥见待，郭解暗相通。”元稹《代曲江老人百韵》：“探丸依郭解，投辖伴陈遵。”

【郭給事】 （給 jǐ）郭纳。曾官给事中。见《元和姓纂》卷十颍川郭氏。王维有《赠郭给事》。杜甫有《奉同郭给事汤东灵湫作》。

【郭監】 郭幼明。郭子仪之母弟，曾官大卿监，见《旧唐书·郭子仪传》。卢纶有《冬日宴郭监林亭》。

【郭僕射】 （射 yè）郭英乂。英乂曾官尚书左仆射、成都尹、御史大夫，充剑南节度使，见《旧唐书·代宗纪》。岑参有《送郭仆射节制剑南》。

【郭微】 曾任县尉，与高适、刘眘虚、祖咏有诗文交往。高适有《淇上酬薛三据兼寄郭少府微》。刘眘虚有《送韩平兼寄郭微》。祖咏有《家园夜坐寄郭微》。

【郭駙馬】 ❶郭暖。尚代宗第四女升平公主。见《旧唐书·郭子仪传》。李端有《赠郭驸马》。❷郭钬。汾阳王郭子仪孙。《旧唐书》本传：“顺宗在东宫，以女德阳郡主尚钬。”羊士谔有《游郭驸马大安山池》。吕温有《春日游郭驸马大安亭子》。

【郭震】 (656—713)唐诗人。字元振，魏州贵乡（今河北大名县东南）人。历任凉州都督、安西大都护、兵部尚书、饶州司马等职。《全唐诗》录其诗一卷，二十余首。

【郭遵】 唐诗人。贞元进士。《全唐诗》卷三四七录其《南至日隔仗望含元殿香炉》等二首。

【郭璞】 (276—324)东晋文学家、训诂学家。字景纯。河东闻喜（今属山西）人。博学多识，精通天文、卜筮之术。曾任著作佐郎、尚书郎。擅长诗赋，所作《游仙诗》文采清逸，表现出忧生避祸的心情和轻视富贵的思想。钱起《登覆釜山遇道人二首》之一：“郭璞赋游仙，始愿今可就。”

【郭薛】 郭震与薛稷的并称。杜甫《观薛稷少保书画壁》：“此行叠壮观，郭薛俱才贤。”

【郭澹】 唐诗人。天宝、大历间人。永泰元年(765)在宣州，与袁傪、刘太真等唱和。《全唐诗》卷二五二录其《东峰亭各赋一物得临轩桂》等二首。

【郭夔】 唐诗人。大中时江南进士。夔，一作虁。《全唐诗》卷五六六录其《九华山》一首。

九 画

郾 〔yǎn《广韵》於幰切，上阮，影。又於健切，去願，影。〕地名。在今河南漯河市郾城区。柳宗元《奉平淮夷雅表·皇武》：“进次于郾，彼昏卒狂。”原注：“许州郾城县，与蔡州为邻。”

【郾城】 县名。隋开皇初置，治所在今河南漯河市郾城区。杜甫《观公孙大娘弟子舞剑器行》序：“开元五载，余尚童稚，记于郾城观公孙氏舞剑器浑脱，浏漓顿挫，独出冠时。”韩愈《过襄城》：“郾城辞罢过襄城，颍水嵩山刮眼光。”韩愈、李正封有《晚秋郾城联句》。

鄂 〔è《广韵》五各切，入鐸，疑。〕地名。楚地。在今湖北武昌。李白《寄王汉阳》：“笛声喧沔鄂，歌曲上云霄。”元稹《后湖》：“答云潭及广，以至鄂与吴。”

【鄂公】 尉迟敬德。贞观十一年(637)封鄂国公，见《旧唐书》本传。白居易有《读鄂公传》。

【鄂州】 隋开皇九年(589)改郢州置，治所在江夏（今湖北武汉市武昌区）。韩翃有《送客知鄂州》。刘得仁《赠江夏卢使君》：“好是能骑马，相逢见鄂州。”李频有《鄂州头陀寺上方》。罗隐有《鄂州》。

【鄂渚】《楚辞·九歌·涉江》："乘鄂渚而反顾兮，欸秋冬之绪风。"相传其地在今湖北武汉市黄鹤山以西长江中。隋置鄂州于今武汉武昌，世称鄂州为鄂渚。张说《寄姚司马》："偶逢西风使，因之寄鄂渚。"王昌龄《送人归江夏》："晓夕双帆归鄂渚，愁将孤月梦中寻。"顾况《哭从兄苌》："洞庭违鄂渚，嫋嫋秋风时。"刘禹锡《将赴汝州途出浚下留辞李相公》："长安旧游四十载，鄂渚一别十四年。"

【鄂岳】鄂州和岳州。唐皆属江南西道。唐于诸道置观察使，李程曾任鄂岳观察使。韩愈有《除官赴阙至江州寄鄂岳李大夫》。

【鄂城】武昌城。刘长卿有《重阳日鄂城楼送屈突司直》。

【鄂相】（—xiàng）指元稹。稹曾任宰相，故称。薛能《褒城驿有故元相公旧题诗因柳叹而作》："鄂相顷题应好池，题云万竹与千梨。"

郿〔méi《广韵》武悲切，平脂，明。又明祕切，去至，明。〕地名。春秋周地，西汉置郿县，治所在今陕西眉县东渭河北岸。北魏太平真君六年(445)改名平阳县。隋大业二年(606)渭滨县为郿县，治所未变。唐武德三年(620)移治今眉县。参见"郿塢"。

【郿塢】坞，小型城堡。东汉初平三年(192)，董卓筑坞于郿，高厚七丈，号曰"万岁坞"。坞中广聚珍宝，积谷为三十年储。谓"事成，雄据天下；不成，守此足以终老"。见《后汉书·董卓传》。后因以为典，用以指奸佞藏财享乐终老之所。杜甫《郑驸马池台喜遇郑广文同饮》："然脐郿坞败，握节汉臣回。"李商隐《行次西郊作一百韵》："郿坞抵陈仓，此地忌黄昏。"唐彦谦《送樊琯司业归朝》："红粟填郿坞，青袍过寿阳。"

鄉〔xiāng《广韵》許良切，平陽，曉。〕❶基层行政区划名。周制，一万二千五百家为乡；唐制，百户为里，五里为乡。元结《舂陵行》："州小经乱亡，遗人实困疲。大乡无十家，大族命单赢。"参见"鄉貢郎""鄉閭""鄉薦"。❷区域；地方。崔融《登东阳沈隐侯八咏楼》："此地实东阳，由来山水乡。"杜甫《垂老别》："何乡为乐土，安敢尚盘桓。"令狐楚《九日言怀》："近来逢此日，多是在他乡。"项斯《晓发昭应》："行人见雪愁，初作帝乡游。"❸农村。参见"鄉户""鄉寺""鄉陌"。❹某种境界；情况。王勃《忽梦游仙》："流俗非我乡，何当释尘昧。"储光羲《题慎言法师故房》："精庐不住子，自有无生乡。"聂夷中《饮酒乐》："安得阮步兵，同人醉乡游。"水神《霅溪夜晏诗》之六："酒酣独泛扁舟去，笑人琴高不死乡。"❺乡里，家乡。贺知章《回乡偶书二首》之一："少小离乡老大回，乡音不改鬓毛衰。"钱起《送李栖桐道举擢第还乡省侍》："名与玄珠出，乡宜昼锦还。"吕温《衡州早春二首》之二："唯惊望乡处，犹自隔长沙。"刘沧《江行夜泊》："乡遥楚国生归思，欲曙山光上木兰。"

【鄉人】同乡之人，家乡之人。王梵志《诗》之六二："虽悉乡人意，终身无害灾。"皇甫冉《送孔巢父赴河南军》："边心杳杳乡人绝，塞草青青战马多。"白居易《丘中有一士二首》之二："乡人化其风，熏如兰在林。"于濆《富农诗》："长闻乡人语，此家胜良贾。"

【鄉土】家乡，故土。李白《江夏行》："自从为夫妻，何曾在乡土。"白居易《感白莲花》："已忘乡土恋，岂念君亲恩。"李远《听王氏话归州昭君庙》："自古行人多怨恨，至今乡土尽风流。"项斯《日本病僧》："已无乡土信，起塔寺门前。"

【鄉山】家乡的山。亦借指故乡。杨浚《广陵怀古》："乡山遥可见，西顾泪盈睫。"皇甫冉《酬张二仲彝》："屈宗乡山古，荆衡烟雨深。"马戴《长安书怀》："谷口田应废，乡山草又春。"张乔《哭陈陶》："遗文禅东岳，留语葬乡山。"

【鄉井】家乡。崔峒《酬李补阙雨中见寄》："白发还乡井，微官有子孙。"白居易《新乐府·缚戎人》："凉原乡井不得见，胡地妻儿虚弃捐。"刘得仁《送新罗人归本国》："眼穿乡井树，头白渺弥程。"唐彦谦《绯桃》："尽日更无乡井念，此时何必见秦人。"

【鄉户】村庄住户。周繇《送江州薛尚书》："郡斋多岳客，乡户半渔樵。"

【鄉心】思念家乡的心情。宋之问《新年作》："乡心新岁切，天畔独潸然。"刘长卿《上巳日越中与鲍侍郎泛舟耶溪》："永和春色千年在，曲水乡心万里赊。"张祜《江南作》："客泪收回日，乡心寄落潮。"吴融《灵池县见早梅》："小园晴日见早梅，一寸乡心万里回。"

【鄉友】同乡友人。齐己有《缝乡友》。

【鄉寺】乡中寺庙。元稹《饮致用神麹酒三十韵》："遥城传漏箭，乡寺响风铃。"

【鄉老】乡里中德高望重的老者。李贺《南园》："郑公乡老开酒尊，坐泛楚奏吟招魂。"张祜《晚夏归别业》："相逢尽乡老，无复话时机。"皮日休《奉和鲁望秋赋有期次韵》："郡侯闻誉亲邀得，乡老知名不放还。"李郢《试日上主司郎中》："闭关偶多乡老誉，读书精到圣人言。"

【鄉吏】乡中官吏。王建《羽林行》："九衢一日消息定，乡吏籍中重改姓。"司马扎《助草怨》："邻翁醉陶陶，乡吏不到门。"

【鄉曲】（曲 qū）❶家乡，故里。孟浩然《田园作》："乡曲无知己，朝端乏亲故。"韩愈《燕河南府秀才得生字》："诏下诸郡国，岁贡乡曲英。"白居易《种桃杏》："路远谁能念乡曲，年深兼欲忘京华。"袁皓《重归宜春偶成十六韵寄朝中知己》："乡曲多耆旧，逢迎尽仗藜。"❷指村野鄙陋之人。李端《赠道士》："懒说岁年齐绛老，甘为乡曲号涪翁。"

【鄉村】 ❶村庄。刘禹锡《梁国祠》："梁国三郎威德尊，女巫箫鼓走乡村。"白居易《新乐府·杜陵叟》："昨日里胥方到门，手持尺牒榜乡村。"韦庄《秦妇吟》："旋教魇鬼傍乡村，诛剥生灵过朝夕。"❷乡里，家乡。王维《同卢拾遗过韦给事东山别业二十韵》："闺风首邦族，庭训延乡村。"

【鄉里】 家乡，故里。李颀《行路难》："一朝谢病归乡里，穷巷苍苔绝知己。"岑参《渔父》："不自道乡里，无人知姓名。"白居易《答元郎中杨员外喜乌见寄》："疑乌报消息，望我归乡里。"许浑《赠裴处士》："为儒白发生，乡里早闻名。"

【鄉男】 谓乡里男子。于濆《子从军》："男作乡中丁，女作乡男妇。"

【鄉邑】 ❶乡镇。钱起《适楚次徐城》："行迈改乡邑，苦辛淹晦明。"❷家乡，故里。韩愈《桃源图》："初来犹自念乡邑，岁久此地还成家。"

【鄉兵】 古代地方武装。始于西魏、北周，由大都督或仪同统领，居于本乡。杜荀鹤《时世吟》："因供寨木无桑柘，为点乡兵绝子孙。"韦庄《悯耕者》："如今暴骨多于土，犹点乡兵作戍兵。"

【鄉社】 乡里。李频《寄辛明府》："不任啼鸟思，乡社欲桑蚕。"

【鄉味】 指家乡特有的食品。元稹《春分投简阳明洞天作》："乡味尤珍蛤，家神爱事乌。"白居易《和微之春分投简阳明洞天五十韵》："乡味珍蟛蚏，时鲜贵鹧鸪。"贾岛《巴兴作》："乡味朔山林果别，北归期挂海帆孤。"

【鄉思】 思念故乡的情绪。魏征《暮秋言怀》："沉沉蓬莱阁，日夕乡思多。"李白《秋夕旅怀》："凉风度秋海，吹我乡思飞。"白居易《新小滩》："江南客见生乡思，道似严陵七里滩。"贯休《遇五天僧入五台五首》之一："白头乡思在，回首一销魂。"

【鄉念】 对家乡的思念情绪。张说《蜀路二首》之二："徭蜀时未改，别家乡念盈。"

【鄉俗】 乡土风俗。韩偓《信笔》："石崖采芝叟，乡俗摘茶歌。"亦借指家乡。张蠙《送友人及第归》："乡俗稀攀桂，争来问月宫。"

【鄉信】 ❶家乡来的信使。岑参《临洮客舍鎕辊祁四》："三年绝家信，六月未春衣。"许浑《塞下》："朝来有乡信，犹自寄征衣。"张乔《江村》："贫游天定所，乡信转难逢。"❷故乡的信息。岑参《送人归江宁》："楚客忆乡信，向家湖水长。"❸家乡人或家人来的书信。周贺《送杨岳归巴蜀》："何处得乡信，告行当雨天。"方干《酬故人陈乂都》："半年乡信到，两地赤心知。"❹寄回家乡的书信。杨凝《初次巴陵》："乡信为凭谁寄去，汀洲燕雁渐来多。"

【鄉風】 乡俗，地方风俗。方干《上杭州姚郎中》："能除疾瘼似良医，一郡乡风当日移。"郑渥《塞上》："早晚回鞭复南去，大衣高盖汉乡风。"

【鄉亭】 乡间驿亭。储光羲《贻王侍御出台掾丹阳》："乡亭茱萸津，先后非疏附。"又《陆著作挽歌》之一："乡亭春水绿，昌阁寒光暮。"蔡希寂《同家兄题渭南王公别业》："川涘将钓玉，乡亭期散金。"

【鄉音】 家乡的方音。贺知章《回乡偶书》："少小离家老大回，乡音不改鬓毛衰。"元稹《和李校书新题乐府十二首·缚戎人》："常教孙子学乡音，犹话平时好城阙。"章孝标《初及第归酬孟元翊见赠》："每登公宴思来日，渐听乡音认本身。"司空图《漫书五首》之一："逢人渐觉乡音异，即恨莺声似故山。"

【鄉陌】 乡间道路。高适《真定即事奉赠韦使君二十八韵》："月换思乡陌，星回记斗枢。"

【鄉貢郎】 唐代不经学馆考试而由州县推荐应科举的士子。孟郊《送淡公》之五："笑伊乡贡郎，踏土称风流。"

【鄉耆】 乡里中年高德劭者。苏颋《奉和圣制途次旧居应制》："府吏趋宸扆，乡耆捧帝车。"

【鄉校】 地方学校。杜牧《题池州弄水亭》："乡校富华礼，征行产强弩。"

【鄉原】 犹乡土。元稹《赛神》："邑吏齐进说，幸勿祸乡原。"又《代曲江老人一百韵》："蛮貊同车轨，乡原尽里仁。"白居易《东南行一百韵》："渐觉乡原异，深知土产殊。"王周《和程刑部三首·公会亭》："均赋乡愿肃，详刑郡邑康。"

【鄉家】 家乡。王勃《始平晚息》："客行朝复夕，无处是乡家。"

【鄉書】 ❶家信。李颀《送卢少府赴延陵》："回首东门外，乡书不可无。"白居易《九日登巴台》："旅鬓寻已白，乡书久不来。"贾岛《雨夜见马戴》："乡书沧海绝，隐路翠微通。"崔涂《途中感怀寄青城李明府》："并闻寒雨多因夜，不得乡书又到秋。"❷周制，乡学三年大比，乡老、乡大夫、群吏献贤能之书于王。见《周礼·地官·乡大夫》。后因以指乡试中试者。李端《元丞宅送濬及第东归觐省》："月中逢海客，浪里得乡书。"鲍溶《送王损之秀才赴举》："名在乡书贡，心期月殿游。"

【鄉國】 ❶故国。张籍《送新罗使》："悠悠到乡国，还望海西天。"❷家乡。王维《哭祖六自虚》："旌车出郊甸，乡国隐云天。"韦建《泊舟盱眙》："乡国云霄外，谁堪羁旅情。”李德裕《早秋龙兴寺江亭闲眺寄崔张旧从事》：“故人在乡国，岁晏路悠缅。”许棠《冬梢归陵阳别业五首》之四：“乡国乱离后，交亲半旅游。”

【鄉情】 思念家乡的情绪。张九龄《饯陈学士还江南同用微字》：“风土乡情接，云山客念凭。”权德舆《送裴秀才贡举》：“临流惜暮景，话别起乡情。”刘沧《春晚旅次有怀》：“晚山关河绿野平，依依云树动乡情。”韦庄《建昌渡暝吟》：“月照临官渡，乡情独浩然。”

【鄉淚】 思乡的泪水。杨炯《途中》：“客心殊未乐，乡泪独无从。”卢拱《江亭寓目》：“哀猿自相叫，乡泪好无端。”杨牢《赠舍弟》：“千时硌 心难寄梦，两行乡泪为君流。”刘兼《重阳感怀》：“万叠故山云总隔，两行乡泪血和流。”

【鄉貫】 籍贯，家乡。白居易《新乐府·缚戎人》：“自云乡管本凉原，大历年中没落蕃。”管，一作贯。

【鄉耋】 同“鄉耆”。六十曰耆，八十曰耋。权德舆《拜昭陵过咸阳墅》：“适因昭陵拜，得抵咸阳田。田夫竞致辞，乡耋争来前。”

【鄉程】 返乡路程。张籍《旧宫人》：“全家没蕃籍，无处问乡程。”刘言史《病僧二首》之一：“竺国乡程算不回，病中衣锡遍浮埃。”许棠《陈情献江西李常侍五首》之三：“乡程长恨远，旅梦亦愁贫。”

【鄉飲】 指乡饮酒礼。古代嘉礼之一。周制，乡学三年业成大比，考校德行道艺优异者，荐于诸侯。将行，由乡大夫设酒宴以礼宾相待，谓之“乡饮酒礼”。黎瓘《赠漳州崔使君乡饮翻韵诗》：“无端触忤王衙押，不得今朝看饮乡。”

【鄉夢】 思乡之梦。宋之问《别之望后独宿蓝田山庄》：“愁至愿甘寝，其如乡梦何。”牟融《送客之行》：“风清听漏惊乡梦，灯下闻歌乱别愁。”刘沧《晚春宿僧院》：“微微一点寒灯在，乡梦不成闻曙鸦。”李中《送人南游》：“越鸟惊乡梦，蛮风解宿醒。”

【鄉路】 返乡的路程。崔颢《晚入汴水》：“客愁能几日，乡路渐无多。”刘长卿《和州留别穆郎中》：“世交黄叶散，乡路白云重。”白居易《郡中》：“乡路音信断，山城日月迟。”刘沧《晚秋洛阳客舍》：“未成归计关河阻，全望白云乡路赊。”

【鄉園】 故乡，家园。韦应物《拟古诗十二首》之一：“驱车背乡园，朔风卷行迹。”李德裕《忆晚眺》：“不及乡园叟，悠悠尽日闲。”白居易《六年立春日人日作》：“乡园节岁应堪重，亲故欢游莫厌频。”吴融《春归次金陵》：“迹疏冠盖兼无梦，地近乡园自有情。”

【鄉愁】 思乡的愁苦。杜甫《和裴迪登蜀州东亭送客逢早梅相忆见寄》：“幸不折来伤岁暮，若为看去乱乡愁。”张祜《庚子岁寓游扬州赠崔荆四十韵》：“旅望孤烟起，乡愁远水澄。”欧阳玭《榆溪道上》：“乡愁梦里失，马色泽中迷。”孟贯《冬日登江楼》：“亲老未归去，乡愁徒自兴。”

【鄉試】 不经学馆考试而由州县推荐应科举考试。卢蒙有《乡试后自巩还田家因谢邻友见过之作》。参见“鄉貢郎”。

【鄉墟】 乡里。储光羲《同王十三维偶然作十首》之三：“不复问乡墟，相见但依然。”

【鄉歌】 村歌，民歌。张籍《车遥遥》：“惊麏游兔在我旁，独唱乡歌对僮仆。”

【鄉語】 家乡话。章八元《归桐庐旧居寄严长史》：“近闻江老传乡语，遥见家山减旅愁。”李绅《过吴门二十四韵》：“里吟传绮唱，乡语认歈讴。”

【鄉豪】 乡里富豪或横行乡里者。刘禹锡《武陵书事五十韵》：“户算资渔猎，乡豪资子孙。”

【鄉賓】 唐代由州县推荐应科举的士子。因乡贡的士子参加乡饮酒礼，故称。韩愈《答张彻》：“省选逮投足，乡宾尚推翎。”

【鄉鄰】 同乡。鲍溶《客途逢友人旋别》：“一宿独何恋，何况旧乡邻。”

【鄉閭】 ❶古以二十五家为闾，一万二千五百家为乡，因以乡闾指民众聚居之处。白居易《和微之诗二十三首·和除夜作》：“我掌四曹局，君管十乡闾。”❷家乡，故里。岑参《故仆射裴公挽歌三首》之三：“富贵徒言久，乡闾殁后归。”韦应物《赠丘员外二首》之一：“高词弃浮靡，贞行表乡闾。”李绅《却入泗口》：“望深江汉连天远，思起乡闾满眼愁。”徐铉《和歙州陈使君见寄》：“簪履陪游盛，乡闾俗化敦。”❸乡人，乡亲。郭周藩《谭子池》：“父母忆念深，乡闾立为祠。”杜牧《池州李使君没后十一日处州新命始到感而成诗》：“多少四年遗爱事，乡闾生子李为名。”

【鄉賦】 犹乡贡。沈佺期《移禁司刑》：“畴昔参乡赋，中年忝吏途。”杜甫《奉赠鲜于京兆二十韵》：“学诗犹孺子，乡赋念嘉宾。”耿沣《送郭秀才赴举》：“乡赋鹿鸣篇，君为贡士先。”

【鄉縣】 ❶故乡所在之县。亦泛称故乡。王维《桃源行》：“不疑灵境难闻见，尘心未尽思乡县。”高适《自武威赴临洮谒大夫不及因事即事案河西陇右幕下诸公》：“浩荡去乡县，飘漂谨防旄。”刘禹锡《桃源行》：“翻然恐失乡县处，一息不肯桃源住。”❷乡和县。县乡两级行政区划。宋之问《王端州驿见题壁慨然成咏》：“岂意南中岐路多，千山万水分乡县。”储光羲《苏十三瞻玉泉寺峰入寺中见赠作》：“百花照阡陌，万木森乡县。”张乔《江楼作》：“山水分乡县，干戈足别离。”郑谷《巴江》：“诏书罪己方哀痛，乡县征兵尚苦辛。”

【鄉薦】 唐宋应试进士，由州县荐举，称为乡荐。

姚合《寄杨茂卿校书》:"惭辱乡荐书,忽欲自受刑。"温庭筠《感旧陈情五十韵献淮南李仆射》:"稷下期方至,漳州病未痊。"原注:"一年抱疾,不赴乡荐,试有司。"

【鄉樹】 乡野间的树木。罗隐《送丁明府赴紫溪任》:"栾公社在怜乡树,潘令花繁贺版舆。"

【鄉頭】 乡间小吏。无名氏《五言白话诗》之一(外编上):"村头语户主,乡头无处得。"

【鄉親】 同乡之人。王昌龄《代扶风主人答》:"乡亲悉零落,冢墓亦摧残。"皇甫冉《寄郑二侍御归新郑无碍寺所居》:"云山随伴侣,伏腊见乡亲。"韩翃《送王少府归杭州》:"吴郡陆机称地主,钱塘苏小是乡亲。"方干《收两京后还上都兼访一二亲故》:"天涯将野服,阙下见乡亲。"

【鄉關】 乡里,故乡。宋之问《登逍遥楼》:"逍遥楼上望乡关,绿水泓澄云雾开。"岑参《暮春虢州东亭送李司马归扶风别庐》:"西望乡关肠欲断,对君衫袖泪痕斑。"戴叔伦《对酒示申屠学士》:"且向白云求一醉,莫教愁梦到乡关。"李绅《趋翰苑遭诬构四十六韵》:"穷老乡关远,羁愁骨肉无。"

【鄉黨】 ❶泛称家乡。《论语·乡党》:"孔子之于乡党,恂恂如也。"周制,一万二千五百家为乡,五百家为党。皮日休《二游诗·任诗》:"归来乡党内,却与亲朋洽。"王贞白《句》:"改贯永留乡党额,减租重感郡侯恩。"❷同乡;乡亲。杜甫《远怀舍弟颖观等》:"旧时元日会,乡党羡吾庐。"又《壮游》:"坐深乡党敬,日觉死生忙。"杜牧《梁秀才以早春旅次见赠二十韵走笔依韵》:"世途皆扰扰,乡党尽循循。"

【鄉儺】 《论语·乡党》:"乡人傩,朝服而立于阼阶。"何晏集解:"傩,驱逐疫鬼。"后以"鄉儺"指驱鬼迎神的民俗。徐铉《除夜》:"预惭岁酒难先饮,更对乡傩羡小儿。"

鄆 〔yùn《广韵》王問切,去問,云。〕古州名。参见"鄆州"。

【鄆州】 隋开皇十年(590)置,治所在万安(今山东郓城县东)。唐贞观八年(634)移治所于须昌县(在今山东东平县东)。韩翃有《赠郓州马使君》。韩愈有《郓州溪堂诗》。李商隐有《灵山阁晚眺寄郓州韦评事》。

十 画

鄏 〔rǔ《广韵》而蜀切,入燭,日。〕古地名用字。参见"郏鄏"。

鄖 〔yún《广韵》玉分工发,平文,云。〕古国名。刘长卿《郧上送韦司士归上都旧业》:"郧地国除为过客,杜陵家在有何人。"

【鄖城】 即今湖北安陆市。春秋时为郧国国都,故名。赵嘏《登安陆西楼》:"无由并写春风恨,欲下郧城首重回。"罗隐《安陆赠徐砺》:"还把余杯重相劝,不堪秋色背郧城。"

【鄖國】 古国名。春秋时,为楚所灭。在今湖北安陆市。王维《送友人南归》:"郧国稻苗秀,楚人菰米肥。"

【鄖溪】 水名。在今湖北安陆、随县一带。罗隐《重过随州故兵部李侍郎恩知因抒长句》:"鸥翻汉浦风波急,雁下郧溪雾雨深。"

鄔 〔wū《广韵》哀都切,平尢,莊。〕姓。唐诗人有邬载。

【鄔三】 邬载。与钱起友善。钱起有《送邬三落第还乡》。

【鄔載】 行三,萧颖士弟子。天宝十三载(754)登进士。与刘长卿、钱起有交往酬唱。刘长卿有《过邬三湖上书斋》。钱起有《同邬载关中旅寓》和《送邬三落第还乡》。《全唐诗》卷二〇九录其《送萧颖士赴东府得君字》一首。

鄒 〔zōu《广韵》側鳩切,平尤,莊。〕❶地名。春秋邾国。曹姓,子爵。武王始受封。战国时鲁穆公改为邹。秦置县,治所在今山东邹城市东南。储光羲《晚第东亭献郑州宋使君文》:"自初宾上国,乃到邹人乡。"罗隐《雪中怀友人》:"未知邹孟子,何以奉梁王。"❷姓。汉有邹阳。参见"鄒陽"。

【鄒十八侍御】 邹儒立。曾官殿中侍御使。见《册府元龟》卷五二〇。武元衡有《酬陆三与邹十八侍御》。

【鄒子】 指战国齐人邹衍。其描述世界,谓有九组"九州"各环以海,其外又环以大瀛海。见《史记·邹衍传》。陈子昂《蓟丘览古赠卢居士藏用·邹衍》:"邹子何寥廓,漫说九瀛垂。"

【鄒氏律】 见"鄒律"。

【鄒生】 指战国齐人邹衍。袁郊《霜》:"古今何事不思量,尽信邹生感彼苍。"参见"鄒衍"。

【鄒判官】 邹绍先。皇甫冉《送邹判官赴河南》。张继有《送邹判官往陈留》。严维有《留别邹绍刘少卿》。

【鄒君】 邹儒立,衡州刺史,见《元和姓纂》卷五南阳邹氏。韩愈《合江亭》题下注:"诸本作题合江亭寄刺史邹君,亭在衡州负郭。"

【鄒衍】 战国末哲学家。齐国人。为阴阳五行派代表人物。历游魏、燕、赵等国，并受诸侯“尊礼”。其“五德始终”说，把“五行”附会到王朝兴替上，成为后来两汉谶纬说的基石。据传，邹衍事燕惠王尽忠而遭谗系狱，“夏五月，天为之下霜”。见《初学记》卷二引《淮南子》佚文。骆宾王《畴昔篇》：“邹衍衔悲系燕狱，李斯抱怨拘秦桎。”

【鄒律】 相传战国齐人邹衍精于音律吹律令禾黍滋生。后以“鄒律”喻能带来温暖与生机的事物。罗隐《东归别所知》：“邹律有风吹不变，郗枝无分住应难。”陈元兴《漳州新城秋宴》：“秦箫吹引凤，邹律奏生春。”亦作“鄒氏律”。杨知至《覆落后呈同年》：“寒谷漫劳邹氏律，长天独与宋都风。”

【鄒家】 指战国齐人邹衍。李山甫《秋》：“邹家不用遍吹律，到底荣枯也自均。”

【鄒書】 指邹阳《狱中上梁王书》。柳宗元《弘农公以硕德伟才屈于诬枉谨献诗五十韵以毕微志》：“贾赋愁单阏，邹书怯大梁。”

【鄒蒙先】 唐诗人。邓州新野(今河南新野县)人。开元二十三年(735)进士。与萧颖士同年生。曾任临涣尉。《全唐诗》卷二五七录其《寄萧颖士补正字》一首。

【鄒紹】 严维有《留别邹绍刘长卿》。邹绍，即邹绍先，题夺“先”字。刘长卿有《毗陵送邹结先赴河南充判官》。“结”乃“绍”之讹。

【鄒紹先】 唐诗人。邓州新野(今河南新野县)人。曾任何南租庸判官。见《元和姓纂》卷五南阳邹氏。与刘长卿、严维、张继相友善。严维有《留别邹绍先刘长卿》。张继有《洪州送邹绍先充河南租庸判官》。《全唐诗》卷二一五录其《湘夫人》。

【鄒陽】 西汉文学家。临淄(今山东淄博市)人。为梁孝王门客时被谗下狱，他在狱中上书梁王，由而获救。见《史记·鲁仲连邹阳列传》。甘露寺鬼《西轩诗》之一：“赵台能为赋，邹阳解献书。”

【鄒魯】 邹国和鲁国的并称。邹、鲁两地，分别为孟子和孔子故乡，后因以指文化昌盛、崇尚礼义之邦。孟浩然《书贻京邑同好》：“维先自邹鲁，家世重儒风。”杜甫《上韦左相二十韵》：“巫咸不可问，邹鲁莫容身。”郎士元《送裴补阙入河南幕》：“邹鲁诗书国，应无鼙鼓喧。”李咸用《惜别》：“俱为邹鲁士，何处免尘埃。”

【鄒談】 战国齐人邹衍喜言天事而善辩，时人称之为“談天衍”。后遂以“鄒談”指健谈善辩。李峤《夏晚九成宫呈同僚》：“枚藻清词律，邹谈耀辩锋。”

十一画

鄢 〔yān《广韵》於乾切，平仙，影。又於幰切，上阮，影。又於建切，去願，影。〕古邑名。春秋楚国的别都。在今湖北宜城市西南。见“鄢郢”。

【鄢郢】 春秋楚文王定都于郢，惠王之初曾迁都于鄢，仍号郢。因以“鄢郢”指楚都。亦泛指今湖北江陵、襄阳一带。李百药《郢城怀古》：“鄢郢遂丘墟，风尘俄惨黩。”李白《酬裴侍郎对雨感时见赠》：“楚邦有壮士，鄢郢翻扫荡。”许浑《送从弟豫贬远州》：“水与荆巫接，山通鄢郢长。”许浑《酬绵州于中丞使君见寄》：“荆巫夜隔巴西月，鄢郢春连汉上花。”

【鄢陵】 战国楚地。曾为鄢陵封邑，在今河南漯河市郾城区东南。张祜《送周尚书赴滑台》：“多病无由酬一顾，鄢陵千骑去翩翩。”周昙《咏史诗·春秋战国门·庄辛》：“庄辛正谏谓妖词，兵及鄢陵始悔思。”

鄠 〔hù《广韵》侯古切，上姥，匣。〕汉县名。故治在今陕西省户县西。郑谷《寄膳部李郎中昌符》：“鄠郊陪野步，早岁偶因诗。”参见“鄠杜”。

【鄠杜】 鄠县与杜陵。杜陵，汉宣帝陵墓，在今陕西西安市东北。许景先《奉和御制春台望》：“鼓钟西接咸阳观，苑囿南通鄠杜用。”杜甫《冬晚送长孙渐舍人归州》：“南客潇湘外，西戎鄠杜旁。”许浑《别刘秀才》：“孤帆夜别潇湘雨，广陌春期鄠杜花。”韦庄《和薛先辈见寄初秋寓怀即事之作二十韵》：“潇湘期钓侣，鄠杜别家林。”

【鄠陂】 (—bēi)指渼陂。渼陂，在今陕西省户县西。或说以所产鱼味美得名。张籍《寄徐晦》：“鄠陂鱼美酒偏浓，不出琴斋见雪峰。”

【鄠縣】 西汉置，治所在今陕西户县北。隋大业十年(614)移治今户县。鄠，今作“户”。岑参有《与鄠县源少府泛渼陂》。白居易《朝归书寄之八》：“瓶中鄠县酒，墙上终南山。”施肩吾有《鄠县村居》。马戴有《赠鄠县尉李先辈二首》。

鄙 〔bǐ《广韵》方美切，上旨，幫。〕❶边邑，边境。《公羊传·庄公十九年》：“冬，齐人、宋人、陈人伐我西鄙。”何休注：“鄙者，边垂之辞。”韩愈《次邓州界》：“商颜暮雪逢人少，邓鄙春泥见驿赊。”又《元和圣德诗》：“负鄙为艰，纵则不可。”白居易《新乐府·西凉伎》：“自从天宝兵戈起，大戎日夜侵西鄙。”许棠《送杜仓曹往沧州觐叔常侍》：“东鄙云霞广，高林间水天。”❷狭小。《孟子·万章下》：“闻柳下惠之风者，鄙夫宽，薄夫敦。”赵岐注：“鄙，狭。”见“鄙夫”

“鄙吝”。❸低贱;鄙陋。储光羲《杂诗二首》之二:“鄙哉楚襄王,独好阳云台。”白居易《归田三首》之二:“学农未为鄙,亲友勿笑余。”姚合《谢汾州田大夫寄茸毡葡萄》:“衾衣疏不称,梨栗鄙难高。”孙鲂《主人司空见和未开牡丹辄却奉和》:“已惊常言多鄙,遽捧高吟愧可知。”❹轻视,鄙视。卢鸿一《嵩山十志十首·樾馆》序:“及荡者鄙其隘阒。苟事宏洒,乖其宾矣。”元稹《感梦》:“吹嘘莫我先,顽陋不我鄙。”杜牧《长安杂题长句六首》之一:“舐笔和铅欺贾马,赞功论道鄙萧曹。”顾云《池阳醉歌赠匡庐处士姚岩杰》:“呵叱潘陆鄙琐屑,提携扬孟归孔门。”❺以为羞耻。韩愈《东都遇春》:“为生鄙计算,盐米告屡罄。”姚合《酬杨汝士尚书喜入移居》:“酬章深自鄙,欲寄复踌躇。”❻鄙人。谦称自己。马戴《赠禅师》:“赤城何日上,鄙愿从师游。”詹敦仁《复留侯从效问南汉刘岩改名龑字音义》:“因诵鄙所闻,敢布诸下吏。”❼用于名词,用以谦称自己或与自己有关的事物。参见“鄙思”“鄙意”。

【鄙人】 鄙俗之人。多用作谦称。杜甫《湘江宴饯裴二端公赴道州》:“鄙人奉末眷,佩服自早年。”韦应物《答贡士黎逢》:“鄙人徒区区,称叹亦何为。”曹松《林下书怀寄建州李频员外》:“吾道不当路,鄙人甘入林。”薛能《送判官赴京》:“君子是行应柏署,鄙人何望即柴扉。”

【鄙下】 低下,品格不高。孙鲂《甘露寺紫薇花》:“蜀葵鄙下兼全落,菡萏清高且未开。”

【鄙夫】 ❶庸俗浅陋之人。语出《论语·子罕》:“有鄙夫问于我,空空如也。”权德舆《晓发武阳馆即事抒情》:“哲士务缨弁,鄙夫恋蓬藜。”❷谦称自己。储光羲《使过弹筝峡作》:“达士忧世务,鄙夫念王程。”杜甫《写怀二首》之一:“鄙夫到巫峡,三岁如转烛。”李端《赠薛戴》:“机非鄙夫正,懒是平生性。”白居易《答张籍因以代书》:“怜君马瘦衣裘薄,许到江东访鄙夫。”

【鄙介】 质仆耿介。白居易《折剑头》:“我有鄙介性,好刚不好柔。”

【鄙分】 (—fèn)谦称自己的名分。元结《系乐府十二首·谢大邑》:“顺和固鄙分,全守真常规。”

【鄙吝】 ❶狭窄的心胸,郁闷的心情。高适《苦雨寄房四昆季》:“携手风流在,开襟鄙吝祛。”张南史《早春书事奉寄中书李舍人》:“不见神仙久,无由鄙吝祛。”卢仝《感古四首》之三:“鄙吝不识分,有心占阳春。”白居易《祗骆口驿因寄八韵》:“使我灵府中,鄙吝不得生。”❷吝啬。徐寅《牡丹花二首》之一:“天纵秾华刳鄙吝,春教娇艳毒豪奢。”

【鄙拙】 鄙陋愚拙。刘得仁《哭翰林丁侍郎》:“每见云霄侣,多扬鄙拙身。”

【鄙陋】 庸俗浅薄。皮日休《奉和鲁望樵人十咏·樵歌》:“若遇采诗人,无辞收鄙陋。”

【鄙思】 谦称自己的文思。李嘉祐《送吉弟》:“老兄鄙思难俦匹,令弟清词堪比量。”

【鄙俗】 ❶鄙陋庸俗。用作谦词。李端《酬丘拱外甥览余旧文见寄》:“鄙俗那劳似,龙钟却要怜。”❷鄙陋的习俗。齐己《明月峰》:“颇乱无私理,徒惊鄙俗情。”

【鄙詞】 鄙俚之词。卢纶《送饯从叔辞丰州幕归嵩阳旧居》:“鄙词何所拟,请自边城始。”

【鄙意】 谦辞,意即自己的意思。王维有《既蒙宥罪旋复拜官伏感圣恩窃书鄙意兼奉简新除使君等诸公》。

【鄙語】 俗语。白居易《放鹰》:“鄙语不可弃,吾闻诸猎师。”

【鄙嫚】 轻浮而不庄重。权德舆《书绅诗》:“当令念虑端,鄙嫚不能萌。”

【鄙賤】 鄙微下贱。多用为谦词。白居易《答故人》:“我本蓬荜人,鄙贱剧泥沙。”

【鄙儉】 俭朴。韦应物《拟古诗十二首》之八:“汾沮何鄙俭,考槃何退穷。”

【鄙懷】 谦称自己的心愿。陆龟蒙有《袭美先辈以龟蒙所献五百言既蒙见和复示荣唱再抒鄙怀用伸酬谢》。

鄣 〔zhàng〕同“障”。阻隔,遮蔽。睿宗《石淙》:“树影蒙茏鄣叠岫,波深汹涌落悬潭。”

【鄣泥】 马鞯。垫于鞍下,垂于马背两旁以挡尘土,故称。吕温《宗礼欲往桂州苦雨因以戏赠》:“知汝使车行意远,但令骢马著鄣泥。”

鄜 〔fū《广韵》芳無切,平虞,敷。〕❶地名。今陕西富县。杜牧《李甘诗》:“适属命鄜将,昨之传者误。”❷姓。见“鄜定進”。

【鄜延】 鄜州和延州。延州治所在今陕西延安市城东延河东岸。黄滔《遇罗员外衮》:“可忘自初相识地,秋风明月客鄜延。”

【鄜州】 古州名。西魏废帝三年(554)以北华州改名,治所在杏城(今陕西黄陵县西南故邑)。隋大业三年(607)移治洛交县(今陕西富县),改为鄜城郡。唐武德元年(618)复为鄜州,仍治洛交县,天宝元年(742)改置洛交郡,乾元元年(758)复为鄜州。杜甫《月夜》:“今夜鄜州月,闺中只独看。”杨凝有《送客往鄜州》。白居易《新乐府·城盐州》:“鄜州驿路好马来,长安药肆黄蓍贱。”韦庄有《鄜州留别张员外》。

【鄜坊】 鄜州和坊州。坊州治所在今陕西黄陵县西南故邑。唐上元元年(674)置渭北鄜坊节度使,治坊州。许浑有《献坊州丘常侍》。

【鄜城公】 权荣。权德舆《伏蒙十六叔寄示喜庆感怀三十韵因献之》自注："八代祖周宜昌公，七代祖隋鄜城公，六代祖，皇朝封平凉公，皆以勋庸受爵土也。"

【鄜畤】 鄜州的别称。畤，古时帝王祭祀天地五帝的场所。鄜畤，即鄜地的祭坛。贺知章《奉和御制春台望》："尚有灵蛇下鄜畤，还征瑞宝入陈仓。"杜甫《北征》："坡陀望鄜畤，岩谷互出没。"杨凝《送客往鄜州》："回中地近风常急，鄜畤年多草自生。"《郊庙歌辞·汉宗庙乐舞辞·显仁舞》："礼神鄜畤馆，布政未央宫。"

十二画

鄿 〔tán《广韵》徒含切，平覃，定。〕古国名。故址在今山东省济南市东南。陆龟蒙《京口与友生话别》："宠鹤空无术，占乌未见鄿。"

鄱 〔pō《广韵》薄波切，平戈，並。〕见"鄱陽"。

【鄱水】 即鄱江。刘长卿《负谪后登干越亭作》："杳杳钟陵暮，悠悠鄱水春。"又《归弋阳山居留别卢邵二侍御》："久依鄱水住，频税越人田。"李嘉祐《承恩量移宰江邑临鄱江怅然之作》："四年谪宦滞江城，未厌门前鄱水清。"

【鄱江】 即古番水。上游有二源，其一出江西婺源，曰婺江，西南流至江西乐平，为乐安江。其一出安徽祁门，曰大共水，西南流至江西浮梁以下，为昌江。二水至鄱阳县合流，为鄱江，入鄱阳湖。李嘉祐有《承恩量移宰江邑临鄱江怅然之作》。无可《送韩校书赴江西》："鄱江连郡府，高兴寄何人。"

【鄱陽】 ❶地名。春秋楚番县，秦置番县，汉改鄱阳县。东汉建安十五年(210)孙权分豫章置郡，治所在鄱阳县。唐武德四年(621)改为饶州，领鄱阳等县。天宝元年(742)复为鄱阳郡，乾元元年(758)复称饶州。李颀《送从弟游江淮兼谒鄱阳刘太守》："应见鄱阳虎符守，思归共指白云乡。"王建《送吴谏议上饶州》："鄱阳太守是真人，琴在床头箓在身。"雍陶《哭饶州吴谏议使君》："忽闻身谢满朝惊，俄感翻阳置市情。"贯休《上卢使君二首》之一："鄱阳黎庶还堪羡，头有重天足有氂。"❷指鄱阳湖。程长文《狱中书情上使君》："妾家本住鄱阳曲，一片真心比孤竹。"贯休《鄱阳道中作》："鄱是古岸边，无一树无蝉。"

【鄱陽坑】 指饶州之银矿。白居易《新乐府·昆明春》："吴兴山中罢榷茗，鄱阳坑里休封银。"

【鄱阳湖】 我国最大的淡水湖。在今江西省北部。为赣江、修水、鄱江、信江等河的总汇。北宋以后通称为彭蠡。贯休有《春过鄱阳湖》。徐铉《移饶州别周使君》："更向鄱阳湖上去，青衫憔悴泪交流。"

【鄱陽郡】 东汉建安十五年(210)孙权分豫章郡置，治所在鄱阳县(今江西鄱阳县东北)。晋太康元年(280)移治广晋县(今鄱阳县北)。南朝齐时仍移治鄱阳县(今鄱阳县)。隋开皇中改为饶州，大业三年(607)复为鄱阳郡。唐时称饶州，时为鄱阳郡。贯休《寄韩团练》："行至鄱阳郡，又见谢安石。"

【鄱湖】 鄱阳湖的省称。顾况有《题鄱湖萧寺》。

【鄱溪】 即鄱江。白居易《赠友五首》之二："银生楚山曲，金生鄱溪滨。"周贺《寄姚合郎中》："鄱溪卧疾久，未获后乘骚。"

鄬 〔wéi《广韵》道支切，平支，云。又韋委切，上紙，云。〕古县名。秦置。春秋属郑。在今河南省鲁山县境。刘允济《经庐岳回望江州想洛川有作》："云霞散吴会，风波惊郏鄬。"

鄰 〔lín《广韵》力珍切，平真，來。〕❶古代行政单位。或曰五家为邻，或曰八家为邻，或曰四家。据《旧唐书·职官志》，唐"四家为邻，五邻为保"。引申为邻居、邻境等。元结《漫问相里黄州》："东邻有渔父，西邻有山僧。"顾况《送友人失意南归》："邻荒收酒幔，居古布苔茵。"元稹《酬乐天喜邻郡》："符竹偶因成对岸，文章虚被配为邻。"亦指为邻，成结邻居。刘昚虚《寄阎防》："青冥南山口，君与缁锡邻。"❷靠近；接近。许敬宗《奉和过慈恩寺应制》："凤阙邻金地，龙旂拂宝台。"皎然《顾渚行寄裴方舟》："我有云泉邻渚山，山中茶事颇相关。"朱庆余《赠道者》："潜教问弟子，居处与谁邻。"赵嘏《题开元寺水阁》："年来独向北游频，谢氏青山与寺邻。"❸古称君主的近臣为邻。杜审言《重九日宴江阴》："龙沙即此地，旧俗坐为邻。"❹亲近。亦指亲近之人。孟浩然《上巳日涧南园期王山人陈七诸公不至》："坐歌空有待，行乐恨无邻。"❺比拟，比较。杜甫《谒先王庙》："应天才不小，得土契无邻。"又《通泉县署屋壁后薛少保画鹤》："威迟白凤态，非是仓庚邻。"❻相似，相仿。戴叔伦《奉天酬别郑谏议云逵卢拾遗景亮见别之作》："宽饶狂自比，汲黯直为邻。"

【鄰人】 邻居，住家邻近的人。吴融《废宅》："风飘碧瓦雨摧垣，却有邻人与锁门。"贯休《上留田》："邻人歌，邻人歌，古风清，清风生。"

【鄰女】 邻家之女。白居易《偶吟》："醉来狂发咏，邻女映篱听。"皮日休《贫女秋日》："尽室未寒衣，机声羡邻女。"周濆《逢邻女》："日高邻女笑相迎，慢束罗裙半露胸。莫向秋池照绿水，参差羞杀白芙蓉。"杨泰师《夜听捣衣诗》："厌坐片霄愁欲死，忽闻邻女捣衣声。”

【鄰比】　比邻,近邻。贾岛《哭卢仝》:“空令古鬼哭,更得新邻比。”

【鄰友】　邻近友人。卢象有《乡试后自巩还家因谢邻友见过之作》之诗。

【鄰曲】　(—qū)邻居,邻人。唐彦谦《和陶渊明贫士诗七首》之七:“作诗劳邻曲,有倡谁与酬?”

【鄰伍】　邻居,邻人。五家为伍。张谓《代北州老翁答》:“尽将田宅借邻伍,且复伶俜去乡圭。”

【鄰光】　喻他人给的恩惠。见《战国策·秦策二》。刘兼《玉烛花》:“夜深斜倚朱栏外,拟把春光借与谁?”

【鄰近】　接近。杜甫《咏怀古迹五首》之四:“武侯祠屋常邻近,一体君臣祭祀同。”贾岛《赠温观主》:“弊庐道室虽邻近,自乐冬阳炙背闲。”

【鄰交】　邻居故交。张说《和魏仆射还乡》:“故老空悬剑,邻交日散金。”

【鄰州】　相邻的州郡。韩愈《送灵师》:“邻州竟招请,书札何翩翩。”周贺《送僧还南岳》:“自说深居后,邻州亦不行。”

【鄰好】　(—hǎo)谓睦邻友好国家。刘禹锡《送工部张侍郎入蕃吊祭》:“饰终邻好重,锡命礼容全。”

【鄰坊】　邻居街坊。许棠《和薛侍御题兴善寺松》:“半寺阴常匝,邻坊景亦清。”

【鄰村】　邻近的村庄。陆龟蒙《和胥口即事》之一:“断岸沉鱼罶罶,邻村送客舭舺。”

【鄰里】　邻居;同一乡里之人。乔知之《倡女行》:“莫吹羌惊邻里,不用琵琶喧洞房。”杜甫《乾元中寓居同谷县作歌七首》之:“呜呼二歌兮歌始放,邻里为我色惆怅。”元稹《赛神》:“主人集邻里,各各持酒樽。”陆龟蒙《读襄阳耆旧传因作诗五百言寄皮袭美》:“既被邻里轻,亦为妻子陋。”

【鄰邑】　邻县。戴叔伦《送前上绕严明府》:“更将旧政化邻邑,遥见逋人相逐还。”

【鄰舍】　邻居。钱起《题陈季壁》:“前庭小乔木,邻舍闻新禽。”白居易《自题新昌居止因招杨郎中小饮》:“宿雨长齐邻舍柳,晴光照出夹城花。”贾岛《双鱼谣》:“见令馋舌短,烹绕邻舍香。”周朴《客州赁居寄萧郎中》:“邻舍见愁赊酒与,主人知去索钱来。”

【鄰並】　邻居。贾岛《题李凝幽居》:“闲居少邻并,草径入荒园。”李咸用《寄题从兄坤载村居》:“邻并无非樵钓者,庄生物论宛然齐。”

【鄰房】　邻居的房屋。项斯《题永忻寺影堂》:“发心依止后,借住有邻房。”

【鄰居】　住家接近的人或人家。张籍《送从弟彻东归》:“早晚得为朝署拜,闲坊买宅作邻居。”李涉《赠田玉卿》:“长安里巷旧邻居,未解梳头五岁余。”薛能《赠苗端公二首》之一:“沈碑若果去,一为访邻居。”齐己《送惠空上人归》:“应有吟僧在,邻居树影间。”

【鄰封】　邻国。陆龟蒙《奉和袭美酒中十咏·酒乡》:“广莫是邻封,华胥为附丽。”

【鄰叟】　邻居老翁。李昌符《远归别墅》:“乍归犹似客,邻叟亦相过。”

【鄰客】　邻近的客人。吕从庆《春日书怀》:“醉罢浊醪邻客散,一番清楚又蘧蘧。”

【鄰翁】　邻居老翁。张碧《山居雨霁即事》:“邻翁夜相访,缓酌聊跛石。”姚合《寄题尉池少卿郊居》:“无能相近住,终日羡邻翁。”薛能《留题汾上旧居》:“尚胜邻翁常寂寞,敢嫌裘马未轻肥。”司马札《锄草怨》:“亭午霁日明,邻翁醉陶陶。”

【鄰家】　邻居,邻舍。徐安贞《闻邻家理筝》:“忽闻画阁秦筝逸,知是邻家赵女弹。”刘长卿《余干旅舍》:“渡口月初上,邻家渔未归。”权德舆《杂言和常州李员外副使戏题十首》之九:“春衣试出当轩立,定被邻家暗断肠。”王驾《雨晴》:“蛱蝶飞来过墙去,却疑春色在邻家。”

【鄰接】　邻近,接近。李商隐《送从翁从东川弘农尚书幕》:“锦里差邻接,云台闭寂寥。”

【鄰國】　接壤或国土邻近的国家。房琯《题汉州西湖》:“同人千里驾,邻国五马车。”叶季良《省试吴宫教美人战》:“自可威邻国,何劳逞战功。”李商隐《今月二日不自量度以诗一首干渎尊严辄复五言四十韵诗献上亦诗人咏叹不足之义也》:“疲民呼杜母,邻国仰羊公。”高鹤林《因使日本愿谒鉴真和尚既灭度不觐尊颜嗟而述怀》:“上方传佛灯,名僧号鉴真。怀藏通邻国,真如转付民。”

【鄰笛】　为伤逝怀旧之典。见晋向秀《思旧赋》序。孔绍安《伤顾学士》:“何言陵谷迁,翻惊邻笛悲。”耿湋《哭苒垂》:“月斜邻笛尽,车马出山阳。”钱起《哭曹钧》:“一声邻笛残阳里,酹酒空堂泪满衣。”白居易《闻乐感怜》:“尚书宅畔悲邻笛,廷尉门前叹雀罗。”

【鄰側】　邻近。齐己《寄楚萍上人》:“何峰是邻侧,片石许相安。”

【鄰境】　邻近的地域。李绅《却到浙西》序:“是岁王璠不奏饥旱,反怒邻境所救,以为卖己。”齐己《和岷公送李评事往宜春》:“兵火销邻境,龙沙有去人。”

【鄰壁】　邻家,邻居。李商隐《自喜》:“慢行成酩酊,邻壁有松醪。”

鄭　〔zhèng《广韵》直正切,去劲,澄。〕❶春秋国名。姬姓。本西周畿内地,周宣王封弟友于此。在今陕西渭南市华州区西北。太宗《帝京篇十首》之四:“去兹郑卫声,雅乐方可悦。”❷指郑国民间音乐。司空曙《同张参军喜李尚书寄新琴》："正声消郑卫，古状掩笙簧。"鲍溶《子规》："古风失中和，衰代因郑卫。"李山甫《赠弹琴李处士》："致身不似笙竽巧，悦耳宁如郑卫淫。"❸姓。唐诗人有郑仁表、郑审、郑谷等。

【鄭二】　郑俞。白居易同年，曾官司录、长水县令。白居易有《酬郑二司录与李六郎中寒食日相遇同宴见赠》。

【鄭八丈南史】　郑南史。曾官司封员郎和司勋郎中，《郎官石柱题名新著录》司封员外郎第八行有郑南史，司勋郎中第七行亦有郑南史。杜甫有《曲江陪郑八丈南史饮》。

【鄭士良】　见"鄭良士"。

【鄭大】　郑畋，字台文，行大。父郑亚，贬循州刺史。见《旧唐书》本传。李商隐有《送郑大台文南觐》和《送郑大有隐居》。

【鄭大夫】　❶郑权。权于元和十二年(817)官华州刺史。见《旧唐书》本传。王建有《赠华州郑大夫》。❷郑祗德。曾官浙东观察使，检校礼部尚书，带御史大夫衔。李频有《浙东献郑大夫》。

【鄭小駟】　泛称马。见《左传·僖公十五年》。韩翃《送管城李少府》："还乘郑小驷，蹬蹀县城阴。"

【鄭王】　李煜。封郑王，改封吴王，拜尚书令，知政事。见马令《南唐书·后主传》。徐铉有《陪郑王相公赋筵前垂冰应教依韵》。

【鄭太守】　❶郑史。字惟真，开成元年(836)进士，为易学博士，历官永州太守。蒋肱有《永州陪郑太守登舟夜宴席上各赋诗》。❷郑仁规。乾符初，任湖州刺史。陆龟蒙《记事》："吴兴郑太守，文律颇清壮。"

【鄭少師】　❶郑余庆。元和十四年(819)，余庆兼太子少师，检校司空，见《旧唐书》本传。杨巨源有《和郑少师相公题慈恩禅院》。❷郑薰。以太子少师致仕，见《新唐书·本传》。张乔有《隐岩陪郑少师夜坐》。

【鄭中丞】　❶郑炅之。刘长卿有《奉陪郑中丞自宣州解印与诸侄宴余干后溪》。❷郑骞。五代后梁开平二年(908)遭贬，见《资治通鉴》卷二六六。贯休有《到蜀与郑中丞相遇》。

【鄭牛觸墻成八字】　古谚语。形容郑玄学识渊博，其饲养之家畜亦受其影响。白居易《双鹦鹉》："郑牛识字吾常叹，丁鹤能歌尔亦知。"自注："郑玄家牛触墙成八字。"

【鄭仁表】　唐诗人。字休范，荥阳(今属河南)人。武宗朝宰相郑肃之孙。咸通九年进士及第。任华州、河中掌书记，入拜起居郎。《全唐诗》卷六〇七录其诗二首，断句一联，卷七八〇录其诗一首。

【鄭公】　❶严武。武封郑国公，见《旧唐书》本传。杜甫有《陪郑公晚秋北池临眺》。❷郑余庆。余庆于元和十四年(819)兼太子少师，检校司空，封棠阳郡公，见《旧唐书》本传。元稹有《荥阳郑公以稹寓居严茅有池塘之胜寄诗四首因有意献》。❸郑绥。出为荆南节度使，封郑国公，见《新唐书》本传。元稹《遣病十首》之二："弃置何所任，郑公怜我病。"❹郑亚。曾官给事中、桂州刺史、御史中丞、桂管防御观察等使，见《旧唐书·宣宗纪》。李商隐《席上作》题下注："予为桂州从事，故府郑公出家妓。"❺刘长卿《郧上送韦司士归上都旧业》题下注："司士即郑公之孙。"按，旧史韦姓无封郑国公者。诗云："郧地国除为过客，杜陵家在有何人。"知"鄭"乃"郧"之讹。郧公，韦安石。安石神龙初代张柬之为中书令，封郧国公，见《旧唐书》本传。

【鄭公里】　见"鄭公鄉"。

【鄭公鄉】　称誉他人之乡里。见《后汉书·郑玄传》。皇甫冉《馆陶李丞旧居》："词藻时传平子赋，园林人比郑公乡。"李群玉《经费拾遗所居呈封员外》："唯应孔北海，为立郑公乡。"亦作"鄭公里"。丘丹《奉酬韦使君送归山之作》："愧非郑公里，归扫蒙笼室。"

【鄭丹】　唐诗人。大历间人。宝应元年(762)献二帝、两后挽歌三十首，朝廷嘉之，授蕲(一作蓟)州录事参军。《全唐诗》二七二录其《玄宗帝挽歌》等二首。

【鄭方回】　即郑容。与皎然相友善。皎然有《答郑方回》。参见"鄭容"。

【鄭尹】　郑澣。开成元年(836)四月，以河南尹郑澣为左函，见《旧唐书·文宗纪下》。白居易有《和河南郑尹新岁对雪》。

【鄭玉】　唐诗人。世次生平不详。《全唐诗》卷七七二录其《苇谷》一首。

【鄭正則】　荥阳(今属河南)人。贞元十六年(800)前后为郢州刺史。李嘉祐有《送郑正则汉阳迎妇》。郎士元有《送郑正则徐州行营》。

【鄭世翼】　唐诗人。因避太宗讳，又作郑代翼。郑州荥阳(今属河南)人。历任万年丞、扬州录事参军等职。新旧《唐书》有传。《全唐诗》卷三八录其诗五首。

【鄭史】　唐诗人。字惟直，宜春(今属江西)人。郑谷之父。开成元年(836)登进士第。大中末咸通初为永州刺史，入为国子博士。《全唐诗》卷五四二录其诗三首。

【鄭史君】　见"鄭使君❷"。

【鄭左丞】　郑璘，字华圣，曾官考功员外郎、史馆修撰。韩偓有《余寓汀洲沙县病中闻前郑左丞璘随外镇举荐赴洛》。

【鄭生】 ❶指汉郑子真。见“鄭生谷”。❷指战国韩国水工郑国。韩国为使秦国无暇伐韩，派郑国劝说秦国大兴水利，建成郑国渠。见《史记·河渠书》。李华《咏史十一首》之十：“郑生为韩计，且欲疲秦人。”

【鄭生谷】 同“鄭谷”。岑参《终南山双峰草堂作》：“缅怀郑生谷，频忆严子濑。”

【鄭瓜州】 杜甫《解闷十二首》之三：“今日南湖彩薇蕨，何人为寻郑瓜州。”“瓜”下原校：“一作‘袁’。”按，郑袁州，郑审。审曾官袁州刺史，见《旧唐书·郑繇传》。

【鄭主司】 郑瀚。瀚官礼部侍郎、典贡举二年。顾非熊有《陈情上郑主司》。

【鄭立之】 唐诗人。《太平广记》卷一七五《闽川名士传》作郑立，会昌、大历间曾官福建观察副使，与林杰有往还。《全唐诗》卷四七二录其《哭林杰》一首。

【鄭玄】 东汉末著名经学家、教育家。字康成。北海高密(今属山东)人。初在太学，习今文《易》《公羊学》，又从张恭祖学古文《尚书》《周礼》《左传》等；从马融学古文经。年四十聚徒讲学，弟子多达数千。因党锢被禁，潜心著述，以古文经说为主，兼采今文经说，遍注群经，成为汉代经学集大成者，世称“郑学”。著述丰富，今通行本《十三经注疏》中《毛诗》《三礼》注，即采用郑注。另注《周易》《论语》和纬书，著有《六艺论》《驳许慎五经异议》等。黄滔《奉和翁文尧员外文秀光贤昼锦之什》之二：“山简愧兼诸郡命，郑玄惭秉六经权。”

【鄭司户】 郑虔。虔曾贬官台州司户参军事，见《新唐书》本传。杜甫有《有怀台州郑十八司户》《哭台州司户苏少监》《八哀诗·故著作郎贬台州司户荥阳郑公虔》。

【鄭司空】 郑愚。咸通三年(862)至四年为岭南西道节度使，咸通九年(868)至十二年为岭南东道节度使。曹松有《南海陪郑司空游荔园》。

【鄭司直】 疑为郑甫。甫曾官大理司直、监察御史、营田使判官。刘长卿有《送郑司直归上都》和《送营田判官郑侍御赴上都》。

【鄭司徒】 郑余庆。穆宗登位，以师傅之旧，进位检校司徒，见《旧唐书》本传。白居易《题道宗上人十韵》序：“普洛寺律大德宗上人法堂中，有故相国郑司徒归尚书、陆刑部、元少尹及今吏部郑相、中书韦相、钱左丞诗。”

【鄭司農】 指汉经学家郑众。因其曾官大司农，故称。后亦用以称誉博学者。高适《酬秘书弟兼寄幕下诸公》：“多才陆平原，硕学郑司农。”

【鄭台文】 郑畋字。其父郑亚，大中二年(848)贬循州刺史，见《旧唐书》本传。李商隐有《送郑大台文南觐》。

【鄭吉】 西汉人。曾任都护西域骑都尉，“拊循外蛮，宣明威信”，“功效茂著”，封安远侯。见《汉书》本传。后遂以“鄭吉”借指有边功的将领。崔湜《大漠行》：“韩君拜节偏知远，郑吉出旌坐见迎。”

【鄭式瞻】 德宗朝宰相郑余庆之堂弟，曾官衡州刺史。见《新唐书·宰相世系表五上》。李益有《自朔方还与郑式瞻崔称郑子周岑赞同会法门寺三门避暑》。

【鄭行人】 (行 xīng)指春秋郑国著名外交官公孙挥。挥字子羽，善于辞令。见《左传·襄公三十一年》和《昭公元年》。后遂以“鄭行人”借指过往的使臣。韩翃《别汜水县尉》：“赋诗或送郑行人，举酒常陪魏公子。”

【鄭行軍】 (行 xíng)郑儋。儋曾官河东郡司马。欧阳詹有《陪太原郑行军中丞登汾上阁》。

【鄭合】 见“鄭合敬”。

【鄭合敬】 《全唐诗》卷六六七载郑合《及第后宿平康里》诗，“郑合”下注：“一作郑合敬。”所录与《唐诗纪事》之郑合敬同。据《唐诗纪事》，郑合敬为乾符三年(876)进士，终谏议大夫。另据《新唐书》卷七七五《宰相世系表》郑合敬为涯子，谏议大夫，时代亦合，当为同一人。则《全唐诗》宜作郑合敬为是。

【鄭谷】 ❶汉郑子真隐居谷口。见《汉书·王贡两龚鲍传序》。后因以郑谷指隐居地。杜甫《郑驸马宅宴闲中》：“自是秦楼压郑谷，时闻杂佩声珊珊。”❷唐诗人。字守愚，袁州宜春(今江西宜春市)人。咸通、乾符间，屡举进士不第。与许棠、张乔等唱酬，名噪一时，世称“咸通十哲”。广明元年(880)十二月，黄巢义军攻入长安，谷避难巴蜀，首尾六年。元启三年登进士，乾宁元年(894)，释褐鄠县尉，寻兼摄京兆府参军，又迁右拾遗。三年，迁左补阙；四年，迁都官郎中。约天复三年(903)归隐宜春仰山。《全唐诗》六七四至六七七编其诗四卷。

【鄭良士】 (856—930)唐诗人。原名昌士，君梦，仙游(今属福建)人。良士，一作士良，误。《新唐书》卷六十《艺文志》《唐才子传》卷十、《十国春秋》卷九十五、《仙溪志》卷四皆作郑良士。良士咸通中累举不第，景复二年(893)献诗五百诗，授补阙，累迁康、恩二州刺史，兼御史中丞。天复元年(901)弃官还乡。后梁乾化五年(915)，赴闽王审知辟命，任建州判官，位终左散骑常侍兼御史大夫。《全唐诗》卷七二六录其诗三首。

【鄭長水】 (長 cháng)郑俞，长水县令。白居易《吟四虽》：“年虽老，犹少于韦长史；命虽薄，犹胜于郑长水。”自注：“予为河南尹时，见同年郑俞始受长水县令。"

【鄭長史】（長 zhǎng）贾岛有《郑长史之岭南》，校："一本作《送郑史》。"当从校。郑史，开成元年登第，见《唐诗纪要》卷五六。贾岛送诗谓"擢第荣南去，晨昏近九疑"，乃送郑擢第南归，非赴官也。

【鄭述誠】唐诗人。曾应省试。大历初在湖州，与刺史卢幼平、诗僧皎然等泛舟联句。《全唐诗》卷七八二录其《华林园早梅》一首。

【鄭尚書】❶郑儋。贞元十六年(800)曾官工部尚书、太原尹，兼御史大夫、北都留守。权德舆有《太原郑尚书远寄新诗走笔酬赠因代书贺》。❷郑权。长庆三年(823)四月，工部尚书郑权，家多妻妾，禄薄不能赡，因郑注通于王守澄以求节镇，遂以权为岭南节度使，见《资治通鉴》卷二四二。王建有《送郑权尚书南海》诗，"南海"前似脱一"赴"字。韩愈有《送郑尚书权赴南海》。张籍有《送郑尚书镇南海》。❸郑澣。开成二年(837)十一月，以刑部尚书郑澣为山南西道节度使，见《旧唐书·文宗纪下》。姚合有《送郑尚书赴兴元》。❹郑复。开成四年(839)九月为剑南东川节度使，见《旧唐书·文宗纪下》。到任后，在梓州郪县(东川节度使治所，今四川三台)开涪江新江，开成五年峻工，见《全唐文》卷七九四孙樵《梓潼移江记》。贾岛有《郑尚书新开涪江二首》。❺疑为郑畋。庞勋平，以户部侍郎进学士承旨，贬梧州刺史。僖宗立，内徙郴、绛二州。见《新唐书》本传。韦庄有《绛州过夏留献郑尚书》。

【鄭明府】疑为郑方乔。杜审言有《秋夜宴临津郑明府宅》。

【鄭昉】唐诗人。累官监察御史、主客和仓部员外郎、户部和吏部二部郎中等职。《全唐诗》卷七八一录其《人不易知》一首。

【鄭昈】(700—777)唐诗人。荥阳(今属河南)人。进士及第。历郾城尉、登州司马、屯田员外郎，淄莱沂三州刺史等职。与王昌龄、王之涣、崔国辅等唱和，著有《思旧游诗》百篇，佚。《全唐诗》卷二七二录其《落花》一首。

【鄭侍郎】❶郑澣。大和二年(828)迁礼部侍郎，典贡举二年，转兵部侍郎，见《旧唐书》本传。郑澣有《中书相公任兵部侍郎日后阁置四松逾数年澣忝此官因献拙什》。刘禹锡有《和兵部郑侍郎省中四松十韵》。唐扶和雍陶皆有《和兵部郑侍郎省中四松》。❷郑薰。曾官工部侍郎、礼部侍郎、河南尹、宣歙察使。薛能有《寄河南郑侍郎》。❸郑凝绩。中和三年(883)七月，由兵部侍郎出为检校礼部尚书、壁州刺史。李洞有《锦江陪兵部郑侍郎话诗著棋》。

【鄭侍御】❶郑甫。曾官营田使判官、监察御史。刘长卿有《送营田判官郑侍御赴上都》。❷郑鲂，字嘉鱼，曾官侍御史。白居易《和酬郑侍御东阳春闷放怀追越游见寄》："君得嘉鱼置宾席，乐如南有嘉鱼时。"又有《和微之诗二十三首·和酬郑侍御东阳春闷放怀追越游见寄》。❸郑常。曾官殿中侍御史，见《旧唐书·吴少微传》。韦应物有《东林精舍见殿中郑侍御题诗追旧书情因寄泮州冯少府》。❹郑姓高邮令，名未详。皇甫曾有《酬郑侍御秋夜见寄》。

【鄭使君】❶郑昈。昈曾官徐州刺史，见白居易《故滁州刺史赠刑部尚书荥阳郑公(郑昈)墓志铭》(《全唐诗》卷六七九)。韩翃有《赠徐州郑使君》。❷薛能有《蜀州郑史君寄鸟觜茶以赠答八韵》。"史"当为"使"之讹。郑使君，疑为郑允谟。允谟以荫累官台省，历蜀、彭、濠、晋四州刺史，见《旧唐书》本传。

【鄭放】唐诗人。官太仆少卿。玄宗自择良刺史十一人，特擢放为定州刺史，诏宰相诸王以祖送洛滨。治官以治最闻。《全唐诗外编下》录其《秋祭恒岳晨望有怀》，此诗《全唐诗》卷八八七作李复诗，诗题无"秋祭"二字。

【鄭郊】唐诗人。河北人。下第游陈蔡间，过一冢，上有竹二竿，青翠可爱，久不能续。据传有鬼续之。事见《全唐诗》卷八六六《续郑郊吟》题下注。

【鄭注】绛州翼城(今山西翼城县东)人。本姓鱼(冒姓郑氏)，出身寒微。初为江湖医生，以医术结识襄阳节度使李愬，任衙推。后随监军王守澄入京，经贿赂，擢为右神策判官，后升为翰林学士、工部尚书。他勾结王守澄诬陷宰相宋申锡图谋拥立漳王李凑为帝。以此漳王被贬，宋申锡亦贬死。甘露之变时，他带兵入京，中途闻李训事败，乃退兵，为监军使张仲清所杀。杜牧《杜秋娘诗》序："郑注用事，诬丞相欲去异己者，指王为振。"

【鄭居中】宝历初曾官御史东台，后除中书舍人未就。白居易《三月三日祓禊洛滨》序："令公明日召太子少傅白居易……前中书舍人郑居中……等一十五人，合宴于舟中。"

【鄭軌】初唐诗人。生平事迹无考。《全唐诗》卷七六九录其《观兄弟同夜成婚》。

【鄭南金】唐诗人。中宗时曾官司勋员外郎。《全唐诗》卷一〇四录其《奉和九日幸临渭亭登高应制日字》一首。

【鄭拾遺】郑谷。乾宁初自鄠县尉迁右拾遗。王贞白有《秋日旅怀寄右省郑拾遗》。

【鄭相】(—xiàng)❶郑余庆。曾官国子祭酒，河南尹，奏孟郊为水陆运从事，试协律郎，见《旧唐书·宪宗纪上》《全唐文》卷五六四韩愈《贞曜先生(孟郊)墓志铭》。孟郊《寒地百姓吟》自注："为郑相，其年居河南，畿内百姓，大蒙矜恤。”孟郊《立德新居》之十注：“冬至日郑相至门。”❷郑絪。相宪宗，长庆四年(824)六月，以兵部尚书郑絪为吏部尚书，见《旧唐书·敬宗纪》。白居易《题道宗上人十韵》序：“普洛寺律大德宗上人法堂中，有故相国郑司徒、归尚书、陆刑部、元少尹及今吏部郑相、中书韦相、钱左孙诗。”❸郑朗。大中十年(856)正月御史大夫郑朗守工部尚书，同中书门下平章事，见《新唐书·宰相表下》。李群玉有《同郑相并歌妓小饮戏赠》。

【鄭相公】 (相 xiàng)❶郑覃。大和九年(835)十一月，尚书右仆射同中书门下平章事，开成四年(839)五月，覃罢为尚书左仆射，见《新唐书·宰相表下》。刘禹锡有《奉和郑相公以考功十弟山姜花俯赐篇咏》。❷郑余庆。贞元十四年(798)拜中书侍郎、同中书门下平章事，元和九年(814)三月出为山南西道节度使，见《旧唐书》本传及《宪宗纪》。韩愈有《山南郑相公樊员外酬答为诗依赋十四韵以献》诗，题下注：“郑余庆、樊宗师也。”熊孺登有《奉和兴元郑相公早春送杨侍郎》。❸郑从谠。广明元年(880)三月，以门下侍郎、同平章事郑从谠同平章事，充河东节度使，见《资治通鉴》卷二五三。李山甫有《送职方王郎中吏部刘员外自太原郑相公幕继奉征书归省署》。

【鄭畋】 (824—882)唐诗人。字台文，荥阳(今属河南)人。历任宣武推官、刑部员外郎、户部郎中、太子太保等职。《全唐诗》卷五七七录其诗十七首，《全唐诗外编上》录其《白鹤观水阁题诗》一首。

【鄭俞】 唐诗人。贞元十六年(800)进士及第，大和四年(830)官至侍御史，五年官长水县令，与白居易同年。《全唐诗》卷四六四录其《赋得玉水记方流》一首。

【鄭風】 指郑公风。传说中得神助之风。骆宾王《夕次旧吴》：“郑风遥可托，关月渺难依。”

【鄭洪業】 唐诗人。咸通八年(867)以第一人擢进士第。《全唐诗》卷六〇〇录其《诏放云南子弟还国》一首。

【鄭泊】 郑肃子。咸通中累官尚书郎，出为刺史，见《旧唐书·郑肃传》。孟迟有《怀郑泊》。

【鄭洵】 字洵，荥阳(治所在今河南荥阳市东北)人。弱冠精三礼，经明擢第，释褐补华阴郡参军、太常协律、新繁县令、周至县令、监察御史、沅江县尉等。刘长卿有《巡去岳阳却归鄂州使院留别郑洵侍御先曾谪居于此州》。

【鄭宥】 大历时琴师，从师董庭兰，尤善泛声、祝声。见李肇《国史补》卷下。李端有《送郑宥入蜀迎亲》。

【鄭冠卿】 唐诗人。生平事迹未考。《全唐诗》卷八六二录其断句一联。

【鄭起】 宋人，官殿中侍御史。杨徽之有《寒食中寄郑起侍郎》。“郎”乃“御”之误。当为宋诗。

【鄭都知】 指歌妓郑举举。《北里志》：“曲内妓之头角者为都知。”左史刘崇鲁及第年惑于举举。刘崇鲁《席上吟》：“任有风流兼蕴藉，无生不似郑都知。”

【鄭都官】 郑谷。谷曾官都官郎中，郑谷有《故许吕薛尚书尝为都官郎中后数载故建州李员外频自宪府内弹拜都官员外八座外郎皆一时骚雅宗师则都官三曹振盛于此予早年请益实受新知今忝此官复是正秩遂赋自贺》。虚中有《献郑都官》。

【鄭莊】 西汉郑当时字庄。杜甫《暮春泛舟》：“郑庄宾客地，衰白远来过。”参见“鄭驛”。

【鄭校書】 (校 jiào)郑希颜。天复元年(901)诏授太子校书。曹松有《钟陵寒食与同年裴颜李先辈郑校书郊外闲游》。

【鄭虔】 (？—764)唐诗人。字弱齐，郑州荥阳(今属河南)人。开元末，曾官协律郎，坐私撰国史，贬官十年。还京师，玄宗爱其才，为置广文馆，为博士，时号郑广文。后迁著作郎。安禄反，伪授水部郎中。肃宗还京后虔被囚，寻贬台州司户参军，卒于任所。善画，尤工山水，天宝中曾自书其诗并画取献，玄宗署曰“郑虔三绝”。《全唐诗》卷二五五录其《闺情》一首。

【鄭員外】 ❶郑荛。乾符三年(876)十一月，以司门员外郎郑荛为池州刺史，见《旧唐书·僖宗纪》。罗隐有《寄池州郑员外》。杜荀鹤有《下第寄池州郑员外》。❷郑仁规，乾符三年(876)自考功员外郎授湖州刺史。罗隐有《送霅川郑员外》。吴融有《高霅溪感事献郑员外》。

【鄭師冉】 唐诗人。生平事迹不详。《全唐诗逸》卷中录其《题戴李廉别业》一联。

【鄭師貞】 唐诗人。郡望荥阳(今属河南)元和间(806—820)邕管经略招讨使李位之婿。曾与王约、郭求等人同应进士试。《全唐诗》卷七七九录其省试诗《日暖万年枝》一首。

【鄭倉曹】 郑损。李肇《国史补》卷上：“大历初……荥阳人郑损……卢藏用外甥，乡里号曰云居先生。”卢纶有《同赵进马元阳春日登长春宫古城望河中因寄郑损仓曹》《首冬寄河东昭德里书事寄郑损仓曹》和《得耿沣司法书因叙长安故有零落对书增叹因呈河中郑仓曹畅参军昆季》。

【鄭卿】 疑为郑愔。郑愔曾任太常少卿兼检校吏部侍郎同中书门下平章事。见《旧唐书·中宗纪》宋之问有《冬日郑协律山亭陪宴饯郑卿同用楼字》。杜审言有《泛舟送郑卿入京》。

【鄭衮】 唐诗人。郡望荥阳(今属河南)，父昂曾官成武县尉。曾应进士试。德宗朝曾历官监察御史，出为金乡丞。《全唐诗》卷七八二录《好鸟鸣高枝》一首。

【鄭容】　皎然友人。隐居不士。皎然有《饮茶歌送郑容》《郑容全成蛟形本机歌》《题郑容江畔桐斋》等。

【鄭袖】　战国楚怀王夫人。怀王内惑于郑袖，外欺于张仪，疏屈原而信任上官大夫、令尹子兰。见《史记·屈原贾生列传》。李贺《许公子郑姬歌》："桂开客花名郑袖，入洛闻香鼎门口。"杜牧《题武关》："郑袖娇娆酣似醉，屈原憔悴去如蓬。"

【鄭曹獨孤李】　郑，郑茂林，开成二年(837)登进士第，四迁太常博士，后为兵部员外郎、吏部郎中，终秘书监。曹，曹确。开成二年登进士第，为侍御史，以工部员外郎知制诰，转郎中，入内署为学士，拜中书舍人。独孤，独孤云，字公远，吏部侍郎。李商隐有《寄在朝郑曹独孤李四同年》。

【鄭常】　(？—787)唐诗人。事见《旧唐书·吴少诚传》《新唐书·德宗纪》。《全唐书》卷三一一录其诗三首，《全唐诗外编下》录其《谪居汉阳白沙石阻风因题驿亭》一首。

【鄭常侍】　❶郑祗德。曾官江西观察使、太子宾客、散骑常侍。许浑有《江西郑常侍赴镇之日有寄因唱和》。❷郑覃。文宗即位，改左散骑常侍，见《旧唐书》本传。贾岛有《题郑常侍厅前竹》。

【鄭國夫人】　武攸止妻杨氏，其女为玄宗贞顺皇后。杨氏封郑国夫人，见《旧唐书·玄宗贞顺皇后武氏传》。赵良器有《郑国夫人挽歌词》。

【鄭國詩】　指《诗·郑风》之《溱洧》篇。其诗有"赠之以芍药"之语。张九龄《苏侍郎紫薇亭各赋一物得芍药》："名见桐君箓，香闻郑国诗。"

【鄭符】　唐诗人。与段成式、张希复同时，曾官校书郎。《全唐诗》卷八九一录其《闲中好》词一首；《全唐诗》卷七九二录其与段成式等《圣柱联句》等联句数联。

【鄭從事】　郑鲂，字嘉鱼，长庆、宝历中从元稹浙东幕，见《全唐文》卷七四〇郑鲂《禹穴碑铭序》。元稹有《酬郑从事四年九月宴望海亭次用旧韵》。

【鄭惟忠】　(？—722)唐诗人。宋州宋城(今河南商丘市)人。仪凤中，举进士，释褐井陉尉。后历任水部员外郎、黄门侍郎、礼部尚书告示职。新旧《唐书》有传。《全唐诗》卷四五录其《送苏尚书赴益州》一首。

【鄭啟】　唐诗人。郑谷兄。袁州宜春(今江西宜春)人。《全唐诗》卷六六七录其诗三首。

【鄭紹】　唐诗人。天宝三载(744)以前曾任武进尉。后改金乡丞。《全唐诗》卷二〇三录其《游越溪》一首。

【鄭巢】　唐诗人。钱塘(今浙江杭州)人。大和八九年间，曾向杭州刺史姚合献诗，受到赏识。多与两浙名僧酬唱。大中时曾至京师应进士举，又曾在台州、江陵等地滞留。终身未仕。见《唐才子传》卷八。《全唐诗》卷五〇四录其诗一卷，二十九首。

【鄭雲從】　后蜀诗人。秀才。《全唐诗外编下》录其《咏人祀圣君诗》一首。

【鄭嵎】　唐诗人。字宾光，一作宾先。大中五年(851)擢进士。《全唐诗》卷五六七录其《津阳门诗》一首。

【鄭衆不拜】　东汉和帝时，给事中郑众奉使匈奴，不惧逼迫，坚决不向匈奴单于下拜。见《后汉书·郑众传》。李瀚《蒙求》："苏武持节，郑众不拜。"

【鄭評事】　郑涉。熊孺登有《八月十五夜卧疾》诗，《古今岁时杂吟》卷二九收录，题为《中秋夜卧疾思陆太祝崔法曹登郑评事涉西楼因寄》。权德舆有《奉和李大夫题郑评事江楼》。陆羽、崔载华贞元三四年同在洪州，且权时在李兼幕，故知此郑评事即郑涉。

【鄭愕】　唐诗人。萧颖士弟子。曾居吴越。天宝十二载(753)擢进士第。《全唐诗》卷二〇九录其《送萧颖士赴东府得住字》一首。

【鄭愔】　(？—710)唐诗人。字文靖，沧州(今属河北)人。历任殿中侍御使、中书舍人、吏部侍郎、汴州刺史等职。《全唐诗》卷一〇六录其诗一卷，二十四首。

【鄭遂初】　唐诗人。万岁通天元年(696)登进士第。《全唐诗》卷一〇〇录其《别离怨》一首。

【鄭温琦】　曾任司封员外郎、司封郎中。据《册元龟府》卷六七一，开元十三年(725)以礼部侍郎为邠州刺史。玄宗《赐诸州刺史以题座右》注："开元十六年，帝自择廷臣为诸州刺史，许景先虢州，源光裕郑州，寇泚宋州，郑温琦邠州。"

【鄭渥】　晚唐诗人。生平事迹未详。有诗一卷，已佚。《全唐诗》卷七七四录其《塞上》等二首。

【鄭補闕】　郑谷。谷曾官右拾遗、右补阙。其《顺动后蓝田偶作》云："小谏升中谏，三年侍玉除。"小谏为拾遗，中谏为补阙。李洞有《郑补阙山居》。

【鄭絪】　(752—829)唐诗人。字文明，荥阳(今属河南)人。擢进士，又举宏词。历任翰林学士、中书侍郎、太子主傅等职。《全唐诗》卷三一八录其诗五首，断句二联。

【鄭遨】　(约869—942)唐诗人。字云叟，滑州(今河南滑县)白马人。咸通中应举不第，入少室山为道士。后居华阴，隐居不仕。唐明宗、晋高祖均以高官征之，不赴。赐号逍遥先生。新旧《唐书》有传。《全唐诗》卷八五五录其诗十七首，《外编下》录其断句一联。

【鄭損】 唐诗人。字庆远，祖籍荥阳（今属河南）。郑絪孙，郑处冲子。初为推官，僖宗时为中书舍人。光启二年（886），沙陀军攻陷长安，损随僖宗避难兴元，以中书舍人权知礼部贡举。后官至礼部尚书。《全唐诗》卷六六七录其诗六首。

【鄭愚】 唐诗人。番禺（今广东广州市）人。咸通中历官商州刺史、桂管观察使、岭南西道节度使。八年（867）为礼部侍郎，次年出为广州刺史、岭南东道节度使。官终尚书右仆射。《全唐诗》卷五九七录其诗二首，卷八七〇录其谐谑二首，《外编下》录《泛石岐海》一首。

【鄭詳】 唐诗人。纵情诗酒，至庐江谒郡守，留连吟计，因题赠妓诗。《全唐诗外编下》录其《赠妓》一首。

【鄭適】 唐诗人。其鬼魂吟诗赠张珽事，见《太平广记》卷四〇一引《潇湘录》。《全唐诗》卷八六五录其《赠张珽》诗，诗题后注："咸通末，珽过圃田，遇金杯、玉带、枯树三精。邀至一儒流家，云是二十年前死者郑适秀才也。适命笔写诗一首赠珽。珽回顾，唯见一坏冢。"

【鄭義真】 唐诗人。高宗时人。生平事迹无考。《全唐诗》卷四四录其《奉和圣制过温汤》一首。

【鄭溧陽】 郑晏。李白《溧阳濑水贞义女碑铭》（《全唐文》卷三五〇）谓："邑宰荥阳郑公名宴，家康成之学，世子产之才。"李白有《戏赠郑溧阳》。

【鄭準】 唐诗人。字不欺。郡望荥阳（今属河南），一云莆田（今属福建）。唐昭宗乾宁年间（894—898）进士。荆南节度使成汭辟为从事，后为汭所害。《全唐诗》卷六九四录其诗五首。

【鄭瓊羅】 唐女诗人。受辱自经，死后鬼魂诉冤作诗事，见《酉阳杂俎》续集卷三。《全唐诗》卷八六五录其《叙幽冤》一首。

【鄭模】 里贯未详。以大理司直出为余姚县令。张祜有《酬余姚郑模明府见赠长句四韵》和《酬郑模司直》。

【鄭概】 唐诗人。贞元时人。《全唐诗》卷三〇七录其诗二首。

【鄭願】 唐诗人。玄宗开元间曾官习勋员外郎、金部郎中。《全唐诗外编》录其诗二首。

【鄭僑】 即公孙侨。春秋郑国相，名侨字子产，自郑简公开始执政，历定公、献公、声公三朝，对郑国的生存起了很大作用。事见《左传·襄公二十九年》《襄公三十年》《史记·郑世家》。杜甫《奉赠卢五丈参谋》："入幕知孙楚，披襟得郑侨。"

【鄭説】 五代梁诗人。曾官太常寺奉礼部。后梁太祖乾化（911—912）年间南游访高僧鸿静，至杭州龙兴寺遇僧人鸿楚，作诗相赠。《全唐诗》卷七九五录其《赠温州大云寺僧鸿楚》诗（句）。郑说又参与皇甫曾等《建元寺画公与崔秀才见过联句与郑奉礼说同年》《建元寺西院寄李员外纵联句》，见《全唐诗》卷七八九。

【鄭廣文】 郑虔。杜甫《九日五首》之三："旧与苏司业，兼随郑广文。"又有《郑驸马池台喜遇郑广文同饮》。

【鄭賓客】 郑余庆。贞元元年（785）五月，左丞、同平章事郑余庆为太子宾客、罢知政事。见《旧唐书·宪宗纪上》。权德舆有《奉和郑宾客相公摄官丰陵扈从之作》。

【鄭綮】 （？—899）唐诗人。字蕴武，行五。进士及第。历官监察御史、尚书郎、庐州刺史、左散骑常侍。《全唐诗》卷五九七录其诗四首，卷八〇八、卷八七〇各录残句一联。

【鄭蕡】 唐诗人。荥阳（今属河南）人，咸通三年（862）进士。事见《新唐书·宰相世系表五上》。《全唐诗》卷七八〇录其《春台晴望》等二首。

【鄭還古】 唐诗人。号谷神子，家青、齐间（今山东中部），徙居洛阳（今属河南）。元和间中进士，曾任河中从事，贬吉州掾曹。会昌中选为国子博士，寻卒。《全唐诗》卷四九一录其诗三首。

【鄭德玄】 唐诗人。江陵（今属湖北）人。隋陟州刺史郑海之子。唐初任蓝田令。见《新唐书·宰相世系表五》。《全唐诗》卷七七七录其《晚至乡亭》一首。

【鄭衛】 春秋战国时郑国和卫国。《论语·卫灵公》谓"郑聲淫"。故以"鄭衛"指郑卫之音乐，借指淫靡的音乐或不健康的文艺作品。太宗《帝京篇十首》之四："去兹郑卫声，雅乐方可悦。"司空曙《同张参军喜李尚书寄新琴》："正声消郑卫，古状掩笙簧。"鲍溶《子规》："古风失中和，衰代因郑卫。"李山甫《赠弹琴李处士》："致身不似笙竽巧，悦耳宁知郑卫淫。"

【鄭駙馬】 郑乾曜。乾曜尚临晋长公主，历太仆、光禄卿，见《新唐书》本传。杜甫有《郑驸马宅宴洞中》《郑驸马池台喜遇郑广文同饮》和《奉陪郑驸马韦曲二首》。

【鄭魴】 鲂，字嘉鱼。曾为元稹浙东幕府从事，曾官侍御史、仓部郎中。孟郊有《赠郑夫子鲂》。白居易《和酬郑侍御东阳春闷放怀追越游见寄》："君得嘉鱼置宾席，乐如南有嘉鱼时。"按，前"嘉鱼"即指郑鲂。

【鄭賓】 唐诗人。字贡华，吴（今江苏苏州市）

人。刑部尚书裴瓒婿。乾符四年(877)举进士。曾任西京留守判官。《全唐诗》卷七九五录其题经藏句一联。

【鄭頲】 唐诗人。荥阳(今属河南)人。隋末,佐李密起兵,为左司马。后为王世充所获,任御史大夫,常称病不任事。武德四年(621),李世民围世充于洛阳,颋求弃官为僧,被杀。临刑赋诗,言笑自若。事见《旧唐书·李密传》《新唐书·王世充传》和《资治通鉴》卷一八八。《全唐诗》卷七三三录其《临刑诗》一首。

【鄭餘慶】 (746—821)唐诗人。字居业。荥阳(今属河南)人。大历中举进士。历任兵部员外郎、翰林学士、尚书左仆射等职。卒谥贞。新旧《唐书》有传。《全唐诗》卷三一六录其诗一首。

【鄭審】 唐诗人。郑州荥阳(今属河南)人,一说阌乡(今河南灵宝市西)人。开元、天宝中历官监察御史、殿中侍御史、司勋员外郎、吏部员外郎、吏部郎中、谏议大夫。乾元中出刺袁州,大历中为秘书监,贬江陵府少尹。《全唐诗》卷三一一录其诗二首。

【鄭穀】 张蠙有《郑毂补阙山松》,郑毂,当即郑谷。郑谷曾右拾遗、右补阙。其《顺动后蓝田偶作》:"小谏升中谏,三年侍玉除。"小谏为拾遗,中谏为补阙。

【鄭據】 唐诗人。郡望荥阳(今属河南)。曾为右龙武军长史。晚年居洛阳。会昌五年(845)三月与白居易等结为"七老会",复结"九老会"。事见白居易《七老会诗序》《新唐书·白居易传》《唐诗纪事》卷四九。《全唐诗》卷四六三录其《七老会诗》一首。

【鄭監】 郑审。杜甫《秋日夔府咏怀奉寄郑监李宾客一百韵》序:"郑审官秘书少监,时贬江陵。李之芳留吐番归,拜礼部尚书,改太子宾客。"杜甫又有《秋日寄题郑监湖上亭三首》和《宇文晁尚书之甥崔彧司业之孙尚书之子重泛郑监前湖》。元稹《去杭州》:"柳阳覆岸郑监水,李花压树韦公园。"

【鄭翺】 唐诗人。郡望荥阳(今属河南),其父为历城县令。翱于元和六年(811)任徐州摄支度巡官。《全唐诗》卷七九五录其《下第东归》断句一联。

【鄭錫】 唐诗人。宝应二年(763)中进士。宝历间为礼部员外郎,与李嘉祐、司空曙、李端有交往唱酬。见《登科记》卷十、《唐诗纪事》卷二八等。李嘉祐有《与郑锡游春》。《全唐诗》卷二六二录其诗十首。

【鄭諫議】 郑云逵。云逵于建中三年(782)七月,以卢龙军节度掌书记、检校祠部员外郎为谏议大夫,见《册府元龟》卷一六五。戴叔伦有《奉天酬别郑谏议云逵卢拾遗景亮见别之作》。

【鄭誠郎中】 郑诚曾官主客郎中、金部郎中、户部郎中和刑部郎中,见《旧唐书·懿宗纪》。林宽有《陪郑诚郎中假日省中寓直》。

【鄭澣】 (776—839)唐诗人。郑余庆之子,本名涵,以与文宗藩邸时名同,改名澣。贞元十年(794)进士及第。历任洛阳尉、考功员外郎、中书舍人、尚书右丞等职。卒谥宣。新旧《唐书》有传。《全唐诗》卷三六八录其诗六首,断句二联,其中《赠毛仙翁》一诗当为道徒所伪托。

【鄭繟】 唐诗人。事迹不详。《全唐诗》卷七七六录其《咏浮沤为辛明府作》《莺》二首。

【鄭薰】 唐诗人。字子溥,晚号七松处士。大和二年(828)进士及第。历任户部员外郎、中书舍人、吏部侍郎、礼部贡举等职。《全唐诗》卷五四七录其《赠巩畴》一首,断句一联。《外编下》录《桐柏观》一首。

【鄭環】 春秋时晋韩宣子有玉环,其一在郑国商人手中,宣子向郑伯请环,子产弗与。事见《左传·昭公十六年》。后遂以"郑環"泛称贵重之玉器。张惟俭《赋得西戎献血玉环》:"自将荆璞比,不与郑环同。"

【鄭轅】 唐诗人。大历九年(774)东都举进士及第。建中元年(780)登文词清丽科。曾官监察御史。《全唐诗》卷二八一录其《清明日赐百僚新火》一首。

【鄭繇】 唐诗人。郑州荥阳(今属河南)人。嗣圣元年(684)进士及第。历任监察御史、湖州刺史、金部郎中等职。《全唐诗》卷一一〇录其《失白鹰》等二首。

【鄭璧】 唐诗人。江南进士。咸通中,在苏州与皮日休、陆龟蒙、张贲、魏朴等人有诗唱和。事见《唐诗纪事》卷六四。《全唐诗》卷六三一录其诗四首。

【鄭翬華】 唐诗人。大历(766—779)中与于强求同登进士第。见《文苑英华》卷一八八。《全唐诗》卷二七二录其省试诗《赋得生刍一束》一首。

【鄭馥】 唐诗人。生平事迹不详。《全唐诗》卷七八一录其《东都父老望幸》一首。

【鄭韞玉】 唐诗人。郡望荥阳(今属河南)。德宗朝宰相郑恂瑜从兄。见《新唐书·宰相世系表五上》。《全唐诗外编上》录其《送陈先生还嵩山》一首。

【鄭顥】 (?—860)唐诗人。字养正,荥阳(今属河南)人,郑絪孙,会昌二年(842)进士。以起居郎尚宣宗女万寿公主,拜驸马都尉,擢中书舍人、礼部侍郎、吏部侍郎,终官检校礼部书、河南尹。《全唐诗》卷五六录其《续梦中十韵》一首。

【鄭巖】 唐诗人。生平事迹不详。《全唐诗》卷七七六录其《送韦员外赴朔方》一首。

【鄭露】 字思叟,号南湖。五代梁、陈间诗人。其先人自荥阳迁闽,露与兄弟居莆田,陈朝时曾官太府卿。《全唐诗》卷八八七录其《彻云洞》一首。

【鄭瓘】《新唐书·宰相世系表》郑氏有郑瓘，官登州卢曹参军。杜牧有《郑瓘协律》，疑即此人。

【鄭驛】西汉郑当时，字庄，有名于梁楚间，喜结交，于长安四郊置驿马，存问故交，接待宾客。见《史记·汲郑列传》。后遂以"鄭驛"作为称美主人热情接待宾客的典故。杜甫《赠王二十四侍御契四十韵》："山阳无俗物，郑驿正留宾。"又《舟出江陵南浦奉寄郑少尹》："经过忆郑驿，斟酌旅情孤。"杨巨源《上刘侍中》："佳景燕台上，清辉郑驿傍。"李商隐《自南山北归经分水岭》："郑驿来虽及，燕台哭不闻。"

【鄭灊】即郑潜。字无闷，郑州荥泽（今河南郑州市西北）人。德宗时宰相郑列瑜之子，宣宗时宰相郑朗之弟，进士及第。见《旧唐书·郑朗传》。张祜有《送郑灊判官归冬宁》。

鄧〔dēng《广韵》徒亘切，去嶝，定。〕❶地名。战国楚地，秦置邓县，隋置邓州，治所在穰县（今河南邓州市），唐因之。王维《送李太守赴上洛》："商山包楚邓，积翠蔼沉沉。"高适《酬裴员外以诗代书》："登顿宛叶下，栖遑襄邓隈。"李商隐《归墅》："楚芝应遍紫，邓橘未全黄。"❷姓。汉有邓通，晋有邓攸。唐诗人有邓陟、邓倚。

【鄧子陽】即邓思瓘。李邕《唐东京福唐观邓天师谒》："师讳思瓘，家于临川，隐于麻姑山……开元二十三载，皇上下明诏，求方士闻，本郡别乘李行袆以尊师应辟焉……明年春二月甲子，复命称旨意，敕度为道士，名曰紫阳。"玄宗有《赐道士邓紫阳》。

【鄧王】南唐后主李煜二十弟李从益。初封舒公，进邓王。南唐后主李煜有《送邓王二十弟从益牧宣城》。徐铉有《御筵送邓王》。汤悦有《奉和圣制送邓王牧宣城》。

【鄧艾】（197—264）三国时魏将。义阳棘阳（今河南新野县东北）人。少有大志，"每见高山大津，辄规度指画军营处所"，后果以善于用兵著称。见《三国志·魏志》本传。杨巨源《赠史开封》："天低荒草誓师坛，邓艾心知战地宽。"李瀚《蒙求》："桓温奇骨，邓艾大志。"

【鄧攸】（？—326）东晋大臣。字伯通。襄陵（今山西临汾市）人。西晋时，任河东太守，永嘉中，为石勒所俘，后逃至江南，元帝任为吴郡守。后官至尚书右仆射。在南逃途中，舍己子而保全亡弟之子，卒无子嗣。时人义而哀之，为之语曰："天道无知，使邓伯通无儿。"见《晋书》本传。后遂以借指无子嗣之贤士。元稹《阳城驿》："有鸟哭杨震，无儿悲邓攸。"又《哭子十首》之七："往年鬓已同潘岳，垂老年教作邓攸。"白居易《哭崔儿》："怀抱又空天默默，依前重作邓攸身。"李玖《四丈夫同》之一："李固有冤藏蠹简，邓攸无子续清风。"

【鄧州】隋开皇七年（587）改荆州置，治所在穰县（今河南邓州市）。大业初改置南阳郡。唐武德初复置邓州，天宝初又改南阳郡，乾元初复为邓州。属山南东道。卢纶有《送邓州崔长史》。武元衡有《送邓州潘使君赴任》。韩愈有《次邓州界》。白居易有《邓州路中》。

【鄧茂】当作邓茂林。即邓森。森曾任右台监察御史里行，万岁通天二年（697），改授左台监察御史。圣历二年（698），改授殿中侍御史。刘怀一有《赠右台监察邓茂迁左台殿中》。

【鄧林】古代传说中的树林，亦泛称树林。见《山海经·海外北经》。顾况《寄上兵部韩侍郎奉呈李户部卢刑部杜三侍郎》："鹓鸿翔邓林，沙鸨飞吴田。"韩愈《海水》："海水非不广，邓林岂无枝。"吕温《风咏》："北走摧邓林，东去落扶桑。"杜牧《中丞业深韬略志在功名再奉长句一篇兼有咨劝》："樯似邓林江拍天，越香巴锦万千千。"

【鄧使君】邓珽。珽曾为婺州刺史。见《旧唐书·窦参传》。包何有《婺州留别邓使君》。

【鄧城】战国楚地，属故邓侯国，在今河南省邓州市。胡曾有《咏史诗·邓城》。

【鄧城县】秦置，治所在今湖北襄阳市西北。南朝梁废。唐贞观二十年（805）复置。吴融有《过邓城县作》。

【鄧禹】（2—58）东汉初将领。字仲华。南阳新野（今河南新野县南）。从刘秀起事，为前将军，"中分麾下精兵二万人"。刘秀即位后，任大司徒，封酂侯。见《后汉书》本传。诗文中常作咏将领的典故。苏颋《践赵尚书摄御史大夫赴朔方军》："赵尧宁易印，邓禹即分麾。"

【鄧洵美】五代诗人。洵，一作"恂"。连州（今广东连州市）人，一说郴县（今湖南郴州市）人。后汉乾祐元年（948）进士及第。《全唐诗》卷七三四录其《答同年李昉见赠次韵》一首。

【鄧陟】唐诗人。生平事迹不详。《全唐诗》卷七八〇录其《珠还合浦》一首。

【鄧倚】唐诗人。德宗贞元间与焦郁、裴澄同时应进士试。《全唐诗》卷七七九录其《春云》诗一首。

【鄧家】指晋邓攸家。白居易《老来生计》："陶令有田唯种黍，邓家无子不留家。"

【鄧通】西汉巨富。蜀郡南安（今四川乐山市）人。文帝时得宠幸，官至上大夫。景帝即位，免官，抄没家产，饥贫而死。见《汉书》本传。杜牧《杜秋娘诗》："苏武却生返，邓通终死饥。"许碏《题南岳招仙观壁上》："邓通饿死严陵贫，帝王岂是无人力。"

【鄧曼】 春秋时楚武王夫人。武王将伐随，心跳。邓曼说，武王寿禄将尽。武王果然死于征途。见《左传·庄公四年》。元稹《楚歌十首》之四："惧盈因邓曼，罢猎为樊姬。"

【鄧鄙】 邓州边界。韩愈《次邓州界》："商颜暮雪逢人少，邓鄙春泥见驿赊。"

十三画

鄶 〔kuài《广韵》古外切，去泰，見。〕古国名。妘姓。传为祝融之后。周初封国，后为郑武公所灭。故址在今河南郑州市南。王维《奉和圣制送不蒙都护兼鸿胪卿归安西应制》："杂虏尽朝周，诸胡皆自郐。"韩愈、孟郊《秋雨联句》："吾人犹在陈，僮仆诚自郐。"清昼、汤述《讲古文联句》："吁此以还，有固斯郐。"

鄴 〔yè《广韵》魚怯切，入業，疑。〕古都邑名。春秋齐桓公始筑，战国魏文侯都于此。秦置县。汉后为魏郡治所。东汉末年又光后为冀州、相州治所。建安十八年(213)，曹操为魏王，都于此。其子曹丕代汉，定都洛阳，邺仍为五都之一。晋避愍帝司马邺讳，改名临漳。有二城，北城曹魏因旧城增筑，周二十余里，旧址在今河北临漳县西南。南城始筑于东魏初年，较北城大，今属河南安阳市境。唐为相州州治。见"鄴城"。

【鄴下】 即邺城。王维《老将行》："射杀中山白额虎，肯数邺下黄须儿。"王建《酬赵侍御》："年少同为邺下游，闲寻野寺醉登楼。"刘禹锡《伤丘中丞》引："河南丘绛有词藻，与余同升进士科，从事邺下，不幸遇害，故为伤词。"陆龟蒙《袭美先辈以龟蒙所献五百言既蒙见和复示荣唱再抒鄙怀用伸酬谢》："邺下曹父子，猎贤甚熊罴。"

【鄴下才】 指东汉建安中的孔融、陈琳、王粲、徐幹、阮瑀、应玚、刘桢等七人。七人同时以文学齐名，皆与魏太子丕友善，人称邺中七子。后用以称美有文才的人。贾曾《奉和春日出苑瞩目应令》："招贤已得商山老，托每次还征邺下才。"

【鄴下名】 邺中七子的才名。皇甫冉《闲居作》："学谢淹中术，诗无邺下名。"

【鄴中】 (—zhōng)指三国魏的都城邺。故址在今河北临漳县西南邺镇东。后多以之代称曹魏。皎然《答苏州韦应物郎中》："何必邺中作，可为千载程。"刘长卿《铜雀台》："君不见邺中万事非昔时，古人不在今人悲。"杨巨源《送李虞中秀才归东都因寄之李二友》："邺中多上才，耿耿丹霞姿。"张祜《邺中怀古》："邺中城下漳河水，日夜东流莫记春。"

【鄴地】 曹魏的故都邺下，在今河北临漳县境。曹邺《寄监察从兄》："我祖居邺地，邺人识文星。"

【鄴城】 三国魏都城。本战国时魏国都邑，建安十八年(213)曹操为魏王，定都于此。北周大象二年(580)相州总管尉迟迥在此与杨坚大战，城遂被毁。故址在今河北临漳县一带。又，东魏始筑南邺城，在今河南安阳市境，唐时属相州。岑参《登古邺城》："下马登邺城，城空复何见。"杜甫《洗兵马》："只残邺城不日得，独任朔方无限功。"温庭筠《达摩支曲》："万古春归梦不归，邺城风雨连天草。"司马扎《筑台》："月照白露寒，苍苍故邺城。"

【鄴侯】 指唐李泌。韩愈《送诸葛觉往随州读书》："邺侯家多书，插架三万轴。"参见"鄴侯書"。

【鄴侯書】 唐李泌，字长源。七岁知为文。贞元三年(787)，拜中书侍郎，同中书门下平章事，封邺县侯。家富藏书，插架三万卷。后以"鄴侯書"美称藏书丰富。牟融《题朱庆余闲居四首》之三："黄金都散尽，收得邺侯书。"

【鄴宫】 指邺都宫殿。王维《送魏郡李太守赴任》："古木官渡平，秋城邺宫故。"皎然《短歌行》："邺宫梁苑徒有名，春草秋风伤我情。"陆龟蒙《添酒中六咏·酒龙》："潜倾邺宫酒，忽作商庭禁。"吴融《陈琳墓》："冀州飞檄傲英雄，却把文辞事邺宫。"

【鄴都】 指邺城。战国魏文侯、三国魏曹操，均建都于此，故称。旧址在今河北临漳县西南。张说有《邺都引》。岑参《临河客舍呈狄明府兄留题县南楼》："邺都唯见古时丘，漳水还如旧日流。"李嘉祐《古兴》："君看魏帝邺都里，唯有铜台漳水流。"罗隐《寄酬邺王罗令公五首》之三："湘浦烟波无旧迹，邺都兰菊有遗风。"

【鄴臺】 曹操为魏王，在邺起冰井、铜雀、金虎三台，其中以铜雀台最为有名。旧址在今河北临漳县西南。郑愔《铜雀妓》："日斜漳浦望，风起邺台寒。"

【鄴縣】 战国魏置，治所在今河北临漳县西南邺镇。北周大象二年(580)移治安阳城(今河南安阳市)。杜甫《观公孙大娘弟子舞剑器行》序："往者吴人张旭，善草书书帖，数常于邺县见公孙大娘舞西河剑器，自此草书长进，豪荡感激，即公孙可知也。"

【鄴魏】 邺地和魏地。大约在今河北临漳、大名等县一带。贯休《闻大愿和尚顺世三首》之二："邺魏松杉外，芝兰季孟间。"

十四画

鄺 同"鄺"。

鄹 〔zou《广韵》侧鸠切，平尤，莊。〕古邑名。春秋鲁国地。孔子家乡。在今山东曲阜市东南。玄宗《经邹鲁祭孔子而叹之》："地犹鄹氏邑，宅即鲁王宫。"

十五画

鄽 〔chán《广韵》直速切，平仙，澄。〕亦作"廛"。罗隐《题润州妙善寺前石羊》："还有市鄽沽酒客，雀喧鸠聚话蹄涔。"亦指城市，街市。王勃《三月曲水宴得烟字》："萦回亘津渡，出没控郊鄽。"韦应物《春月观省属城始憩东林精舍》："今我蒙朝寄，教化敷里鄽。"韦应物《温泉行》："平明羽卫朝万国，车马合沓四鄽。"

【鄽井】 亦作"廛井"。市井。喻世俗。贾岛《延寿里精舍寓居》："耳目乃鄽井，肺肝即岩峰。"

【鄽闤】 城市，街市。李白《南都行》："万商罗鄽闤，高楼对紫陌。"

十七画

酃 〔líng《广韵》郎丁切，平青，來。〕古县名。故地在今湖南衡阳市。又湖名。在今湖南衡阳市东。见"酃酒"。

【酃酒】 古代名酒。用湘东地区酃湖之水酿的酒。皮日休、陆龟蒙《寒夜文宴联句》："酃酒分中绿，巴笺擘处殷。"

【酃醁】 即酃酒。皮日休《春夕酒醒》："四弦才罢醉蛮奴，酃醁余音在翠炉。"

十八画

酆 〔fēng《广韵》敷空切，平东，敷。〕同"豐"。古地名。本为商崇侯虎邑，周文王灭崇后曾都于此。后为周武王弟之封国。故地在今陕西户县北。玄宗《幸武功庆善宫》："寿捕唯旧迹，酆邑乃前基。"许敬宗《奉和过旧宅应制》："岐凤鸣层阁，酆雀贺雕梁。"《郊庙歌辞·祀圆丘乐章·凯安》："酆郊赤乌见，邙山黑云上。"

【酆匣】 丰城狱中掘得的剑匣。元稹《酬乐天东南行一百韵》："秦台纳红旭，酆匣洗黄垆。"

【酆城】 县名。西晋太康元年(280)以富城县改名，治所在今江西丰城市南。唐永徽初徙治今县址，天祐中改名吴皋县。杜甫《可叹》："丈夫正色动引经，酆城客子王季友。"

【酆城狱】 丰城县狱。白居易《和梦游春诗一百韵》："车摧太行路，剑落酆城狱。"

【酆城劍】 晋张华与雷焕于丰城所得之剑。事见《晋书·张华传》。元稹《景申秋八首》之八："鲛绽酆城剑，虫凋鬼火书。"

【酆宫】 道教语。指冥狱。陆龟蒙《次追和清远道士诗韵》："吾闻酆宫内，日月自昏旦。"

【酆都】 本谓罗酆山洞天六宫为鬼神治事之所，后用以附会重庆市丰都县。皮日休《伤进士严子重诗》："知君精爽应天尽，必在酆都颂帝晨。"陆龟蒙《和袭美悼鹤》："酆都香稻字重思，遥想飞魂去未饥。"张巡《铁笔歌》："我乃唐之张巡，与许远兮同时，在东岳兮押案，都统使兮阴司，事蓬莱兮殿直，任酆都兮狱推。"

【酆獄】 酆城狱。韦庄《和薛先辈见寄初秋寓怀即事之作》之二："但埋酆狱气，未发爨桐音。"

【酆鎬】 即丰镐。周的旧都。文王邑丰，在今陕西西安市西南丰水以西。武王迁镐，在丰水以东。其后周公虽营洛邑，丰镐仍为当时政治、经济、文化中心。后用以借指周朝，亦借指国都。宋若宪《奉和御制麟德殿宴百官》："酆镐谁将敌，横纷未可方。"储光羲《奉别长史庾公太守徐公应召》："酆镐顷霾晦，云龙召我贤。"

酅 〔xī《广韵》户圭切，平齊，匣。〕古地名。一为春秋纪邑，在今山东临淄东。见"酅公"。

【酅公】 唐高祖封隋恭帝杨侑为酅国公，卒，无后，族子行基袭爵。其后子孙世代袭爵。顾况有《酅公合祔挽歌》。白居易《新乐府·二王后》："二王后，彼何人？介公酅公为国宾，周武隋文之子孙。"又《隋堤柳》："炀天子，自言福祚长无穷，岂知皇子封酅公。"

十九画

酈 〔lì《广韵》郎擊切，入錫，來。〕姓。汉有郦食其。唐有郦定进。

【酈定進】 骑将，曾擒刘辟于成都府西洋灌田，后官左神策大将军，见《旧唐书·韦皋传》《新唐书·宪宗纪》。卢仝《月蚀诗》："恒州阵斩郦定进，项骨脆甚青蔓菁。"

酇1 〔zàn《广韵》則旰切，去翰，精。又在九切，平桓，從。又作管切，上緩，精。〕古县名。在今湖北老河口市西北。汉属南阳郡。参见"酇國"。

酇2 〔cuó《集韻》才何切，平戈，從。〕古县名，汉时属沛郡。在今河南省永城市西。参见"酇₂臺"。

【酇國】 西汉以酇县封置，治所在今湖北老河口市西北。东汉复为县。刘禹锡《送华阴尉张苕赴邕府使幕》："酇国嗣侯绝，韦卿世业贫。"

【酇$_2$臺】 酇县之台。李白《忆旧游寄谯郡元参军》："渭桥南头一遇君，酇台之北又离群。"

酉 部

酉 〔yǒu《广韵》與久切，上有，以。〕❶饱。皮日休《奉和鲁望闲居杂题五首·醒闻桧》："解洗余酲晨半酉，星星仙吹起云门。"❷十二地支的第十位。(1)与天干相配，用以纪年。孟郊有《乙酉岁舍弟扶侍归兴义庄居后独止舍待替人》。李洞有《乙酉岁自蜀随计趁试不及》。(2)用以纪日。白居易《尝黄醅新酎忆微之》："爰向卯时谋洽乐，亦曾酉日放粗狂。"(3)用以纪时。即十七时至十九时。元稹《酬乐天东南行诗一百韵》："通宵但云雾，未酉即桑榆。"

二 画

酊 〔dǐng《广韵》都挺切，上迥，端。〕见"酩酊"。

酋 〔qiú《广韵》自秋切，平尤，從。〕❶古代少数民族部落。亦称其部落首领。韩愈、孟郊《征蜀联句》："天刀封未坼，酋胆慑前揠。"参见"酋豪""酋长"。❷高貌。见"酋酋"。❸通"遒"。近，短。见"酋矛"。

【酋矛】 古代兵器名。一种短柄的矛。《周礼·考工记·庐人》："酋矛常有四尺，夷矛三寻。"郑玄注："八尺曰寻，倍寻曰常。酋、夷，长短名。酋之言'遒'也。酋，近；夷，长矣。"柳宗元《奉平淮夷雅表·方城》："长戟酋矛，粲其绥章。"

【酋長】 (—zhǎng)部落的首领。薛逢有《送西川梁常侍之新筑龙山城并锡赉两州刺史及部落酋长等》。

【酋帥】 叛乱者的首领。柳宗元《韦道安》："一矢毙酋帅，余党号且惊。"

【酋酋】 高貌。杜牧《洛中送冀处士东游》："坛宇宽贴贴，符彩高酋酋。"

【酋豪】 古代少数民族部落首领。高适《睢阳酬别畅大判官》："酋豪尽俘馘，子弟输征徭。"刘禹锡《送浑大夫赴丰州》："毡裘君长迎风驭，锦带酋豪踏雪衙。"

三 画

酎 〔zhòu《广韵》直祐切，去宥，澄。〕❶反复多次酿成的醇酒。《礼记·月令》："〔孟夏之月〕天子饮酎。"郑玄注："酎之言醇也。谓重酿之酒也。"张说《行从方秀川与刘评事文同宿》："开炉命温酎，中夜发清管。"杜甫《九日寄岑参》："岑生多新诗，性亦嗜醇酎。"韩愈《南山诗》："岩峦虽嵂崒，软弱类含酎。"白居易《舟行阻风寄李十一舍人》："今日料君朝退后，迎寒新酎暖开颜。"❷献。见"酎金"。

【酎金】 汉代诸侯献给朝廷供祭祀之用的贡金。《史记·平准书》："至酎，少府省金，而列侯坐酎金失侯者百余人。"裴骃集解引如淳曰："《汉仪注》：王子为侯，侯岁以户口酎黄金于汉庙，皇帝临受献金以助祭。"元稹《代曲江老人百韵》："酹金光照耀，奠璧彩璘玢。"按，"酹"，《元氏长庆集》卷十作"酎"，是。

【酎酒】 反复多次酿成的醇酒。元稹《酬翰林白学士代书一百韵》："还醇凭酎酒，运智托围棋。"

酌 〔zhuó《广韵》之若切，入藥，章。〕❶斟酒。张说《唐封泰山乐章·寿和》："躬酌郁鬯，跪奠明神。"刘禹锡《冬夜宴河中李相公中堂命筝歌送酒》："酌我莫忧狂，老来无逸气。"白居易《不能忘情吟》："我姑酌彼金罍，我与尔归醉乡去来。"张碧《惜花三首》之一："一窖闲愁驱不去，殷勤对尔酌金杯。"❷饮酒；喝酒。王缙《与卢员外象过崔处士兴宗林亭》："林中独酌邻家酒，门外时闻长者车。"李白《酬岑勋见寻就元丹丘对酒相待以诗见招》："开颜酌美酒，乐极忽成醉。"白居易《残春咏怀赠杨慕巢侍郎》："兴来池上酌，醉出袖中诗。"唐求《题郑处士隐居》："酌尽一尊酒，病夫颜亦红。"❸酒。《礼记·曲礼下》："酒曰清酌。"王勃《圣泉宴》："兰气熏山酌，松声韵野弦。"白居易《和自劝二首》之二："身饮数杯妻一盏，余酌分张与儿女。"无可《中秋夜南楼寄友人》："他乡此夜客，对酌经多愁。"张蠙《遇道者》："聊看杏花酌，便似换颜容。"❹酒杯。李白《寻鲁城北范居士失道落苍耳中见范置酒摘苍耳作》："还倾四五酌，自咏猛虎词。"白居易《初授秘监拜赐金紫闲吟小酌偶写所怀》："闲倾三数酌，醉咏十余声。"朱庆余《送陈摽》："满酌劝童仆，好随郎马蹄。”❺舀起。刘禹锡《西山若兰试茶歌》：“斯须炒成满室香，便酌砌下金沙水。”❻择取。杨巨源《赠侯侍御》：“敦诗扬大雅，映古酌高音。”❼揣测，估量。卢仝《与马异结交诗》：“卢仝见马异文章，酌得马异胸中事。”

【酌水】❶饮水以当酒。形容生活清贫。钱起《春夜过长孙绎别业》：“含毫凝逸思，酌水话幽心。”又《赠李十六》：“酌水即嘉宴，新知甚故情。”❷《隋书·循吏传·赵轨》：“征轨入朝。父老相送者，各挥涕曰：‘别驾在官，水火不与百姓交，是以不敢以壶酒相送。公清若水，请酌一杯水奉饯。’轨受而饮之。”后遂以为典，称颂官吏廉洁。贾岛《送郑少府》：“夕阳行带月，酌水少留君。”

【酌言】斟酒；饮酒。言，助词。语出《诗·小雅·瓠叶》：“君子有酒，酌言献之。”吕温《河南府试赎帖赋得乡饮酒诗》：“酌言修旧典，刘楚始登堂。”

【酌茗】饮茶。陆龟蒙《袭美先辈以龟蒙所献五百言既蒙见和复示荣唱再抒鄙怀用伸酬谢》：“抽书乱签帙，酌茗烦瓯犧。”

【酌度】(—duó)酌量，度量。齐己《遣怀》：“既兆未萌闲酌度，不如中抱是寻思。”

【酌挹】舀取。孟简《惜分阴》：“九流难酌挹，四海易清沉。”

【酌桂】斟上或喝上桂花浸制的酒。玄宗《巡省途次上党旧宫赋》序：“虽迹异汉皇，而地如丰邑，击筑慷慨，酌桂留连，空想大风，题兹短什。”皇甫冉《祭张公词二首》之一：“沐兰只扫地，酌桂伫灵仙。”李群玉《将离澧浦置酒野屿奉怀沈正字昆弟三人联登高第》：“酌桂烟屿晚，鸩鸣江草深。”

【酌酒】❶斟酒。王维《酌酒与裴迪》：“酌酒与君君自宽，人情翻覆似波澜。”❷饮酒。王贞白《洗竹》：“道院竹繁教略洗，鸣琴酌酒看扶疏。”洛中举子《赠妓茂英》：“弹弦酌酒话前事，零落碧云生暮愁。”徐铉《和明上人除夜见寄》：“酌酒围炉久，愁襟默自增。”又《送薛少卿赴青阳》：“携朋出远郊，酌酒藉平沙。”

【酌海】❶以蠡(瓠瓢)测海。喻见识浅薄。杜审言《望春亭侍游应诏》：“小臣同酌海，歌颂答无为。”一说，“酌海”即饮酒。❷煮海水为盐。许棠《送李员外知扬子州留务》：“冶例开山铸，民多酌海煎。”

【酌飲】饮酒。元结《石鱼湖上醉歌》：“我持长瓢坐巴丘，酌饮四坐以散愁。”

【酌貪泉】《晋书·良吏传·吴隐之》：“朝廷欲革岭南之弊，隆安中，以隐之为龙骧将军、广州刺史、假节，领平越中郎将。未至州二十里，地名石门，有水曰贪泉，饮者怀无厌之欲。隐之既至，语其亲人曰：‘不见可欲，使心不乱。越岭丧清，吾知之矣。’乃至泉所，酌而饮之，因赋诗曰：‘古人云此水，一歃怀千金。试使夷齐饮，终当不易心。’及在州，清操逾厉，常食不过菜及干鱼而已，帷帐器服皆付外库，时人颇谓其矫，然亦终始不易。”后遂以为磨砺节操之典。韦应物《送冯著受李广州署为录事》：“所愿酌贪泉，心不为磷缁。”

【酌量】(—liáng)本指计量米酒，后泛指斟酌估量。张籍《祭退之》：“搜穷古今书，事事相酌量。”李山甫《代孔明哭先主》：“酌量诸夏须平取，期刻群雄待遍锄。”陆龟蒙《袭美以公斋小宴见招因代书寄之》：“自与酌量煎药水，别教安置晒书床。”李咸用《投知》：“酌量才地心虽动，点检囊装意又阑。”

【酌霞】酌饮流霞。流霞，仙酒，据传每饮一杯，数月不饥。见汉王充《论衡·道虚》。孟浩然《与王昌龄宴王道士房》：“酌霞复对此，宛似入蓬壶。”

【酌蟻】饮酒。蚁，酒上面的浮沫，代指酒。贾彦璋《苏著作山池》：“酌蚁开春瓮，观鱼凭海查。”

【酌醴】酌酒，饮酒。刘孝标《游清都观寻沈道士得仙字》：“横琴对危石，酌醴临寒泉。”宋之问《送永昌萧赞府》：“弄琴宽别意，酌醴醉春愁。”王维《奉送六舅归陆浑》：“酌醴赋归去，共知陶令贤。”储光羲《敬酬陈掾亲家翁秋夜有赠》：“曳裾朝赤墀，酌醴侍紫宸。”

【酌醴焚枯魚】《文选·应璩〈百一诗〉》之一：“前者隳官去，有人适我闾。田家无所有，酌醴焚枯鱼。”李善注：“蔡邕《与袁公书》曰：‘酌麦醴，燔干鱼，欣然乐在其中矣。’”后遂以为典，表现山居生活的闲情逸致。杨炯《和石侍御山庄》：“萧然隔城市，酌醴焚枯鱼。”

酒〔jiǔ《广韵》子酉切，上有，精。〕❶一种用粮食、水果等含淀粉或糖的物质发酵制成的含乙醇的饮料。李白《月下独酌四首》之二：“天若不爱酒，酒星不在天。”姚合《闲居》：“近来难得酒，无计奈愁何。”李频《送人归吴》：“未饮青门酒，先如醉梦身。”王毂《赠苍溪王明府有文在手曰长生》：“但以酒养气，何言命在天。”❷饮酒。元结《演兴四首·初祀》：“荐天鲟兮酒阳泉，献水芸兮饭霜秞，与太灵兮千万年。”白居易《首夏》：“食饱惭伯夷，酒足愧渊明。”李商隐《北楼》：“花犹曾敛夕，酒竟不知寒。”李频《春日鄜州赠裴居言》：“灯前春睡足，酒后夜寒余。”

【酒力】酒的醉人力量。刘禹锡《酬乐天斋满日裴令公置宴席上戏赠》：“酒力半酣愁已散，文锋未钝老犹争。”韩偓《效崔国辅体四首》之三：“酒力滋睡眸，卤莽闻街鼓。”杜荀鹤《途中春》：“酒力不能久，愁根无可医。”

【酒中仙】美称善饮酒者。杜甫《饮中八仙歌》：“天子呼来不上船，自称臣是酒中仙。”张祜《题弋阳徐明府水亭》："无因长寄此，吟和酒中仙。"

【酒中蛇】 汉应劭《风俗通义·怪神·世间多有见怪惊怖以自伤者》："予之祖父郴为汲令，以夏至日见主簿杜宣，赐酒。时北壁上有悬赤弩，照于杯中，其形如蛇。宣畏恶之，然不敢不饮，其日便得胸腹痛切，妨损饮食，大用羸露，攻治万端，不为愈。后郴因事过至宣家，窥视，问其变故，云畏此蛇，蛇入腹中。郴还听事，思惟良久，顾见悬弩，必是也……因谓宣：'此壁上弩影耳，非有他怪。'宣意遂解，甚夷怿，由是瘳平，官至尚书，历四郡，有威名焉。"又《晋书·乐广传》亦载有乐广见杯中蛇影而生病事。后遂用作咏叹因疑虑而引起疾病的典故。包佶《答窦拾遗卧病见寄》："送客屡闻帘外鹊，销愁已辨酒中蛇。"

【酒中趣】 饮酒的乐趣。孟浩然《洗然弟竹亭》："达是酒中趣，琴上偶然音。"李白《月下独酌四首》之二："但得酒中趣，勿为醒者传。"

【酒升】 量酒具。白居易《寄两银榼与裴侍郎因题两绝句》之二："小器不知容几许，襄阳米贱酒升宽。"

【酒分】 (—fèn)饮酒的缘分。白居易《雪夜喜李郎中见访兼酬所赠》："对此欲留君便宿，诗情酒分合相亲。"

【酒户】 ❶酒量，饮酒的能力。元稹《春游》："酒户年年减，山行渐渐难。"又《酬白太傅》："渐能高酒户，始是入诗狂。"姚合《送狄兼暮下第归故山》："爱花高酒户，煮药污茶铛。"又《武功县中作三十首》之十一："酒户愁偏长，诗情病不开。"❷经营酒业的户主。冯道幕客《题酒户修孔庙状》："却教酒户重修庙，觅我惭惶也不难。"

【酒正】 《周礼》官名。掌酒政，为酒官之长。后用以指朝廷的酒官。玄宗《端午三殿宴群臣探得神字》序："厨人尝散热之馔，酒正行逃暑之饮。"徐安贞《书殿赐宴应制》："酒正传杯至，饔人捧案前。"

【酒功】 酒的功效。孟郊《酒德》："酒功如此多，酒屈亦以深。"

【酒仙】 嗜酒的仙人。多用于对酷爱饮酒者的美称。崔成甫《赠李十二白》："天外常求太白老，金陵捉得酒仙人。"白居易《令狐尚书过弊居先赠长句》："应将笔砚随诗主，定有笙歌伴酒仙。"韩偓《花时与钱尊师同醉因成二十字》："酒仙同避世，何用厌长沙。"韦庄《洪州送西明寺省上人游福建》："新春阙下应相见，红杏花中觅酒仙。"

【酒卮】 盛酒的器皿。卢象《送赵都护赴安西》："汉使开宾幕，胡笳送酒卮。"秦系《春日闲居三首》之二："邀取渔家叟，花间把酒卮。"韩愈《寄崔二十六立之》："摧肠与戚容，能复持酒卮。"徐铉《秋日雨中与萧赞善访殷舍人于翰林座中作》："银台钥入须归去，不惜余欢尽酒卮。"

【酒令】 古代饮酒时的一种游戏。推一人为令官，饮者听其号令，应答不合要求，便强令其饮酒。其令官所道之语，是为酒令。花蕊夫人徐氏《宫词》之一二二："新翻酒令著词章，侍宴初闻忆却忙。"《全唐诗》卷八七九录《龙朔中酒令》等十三首。

【酒市】 酒店，酒肆。沈彬《结客少年场行》："片心惆怅清平世，酒市无人问布衣。"韦庄《和李秀才郊墅早春吟兴十韵》："酒市多逋客，渔家足夜航。"罗隐《黄鹤驿寓题》："高歌酒市非狂者，大嚼屠门亦偶然。"

【酒肉】 酒和肉。泛指好的菜肴。陈裕《咏大慈寺斋头鲜于阇梨》："酒肉终朝没阙时，高堂大舍养肥尸。"曹邺《将赴天平职书怀寄翰林从兄》："开口啖酒肉，将何报相知。"

【酒席】 宴席。张谓《早春陪崔中丞浣花溪宴得暄字》："红亭移酒席，画鹢逗江村。"白居易《奉和裴令公新成午桥庄绿野堂即事》："游丝飘酒席，瀑布溅琴床。"又《病中数会张道士见讥以此答之》："病即药窗眠尽日，兴来酒席坐通宵。"韩愈、李正封《晚秋郾城夜会联句》："诙谐酒席展，慷慨戎装著。"

【酒衣】 以镌镂金银为饰的酒杯。司空图《长亭》："梅雨和乡泪，终年共酒衣。"

【酒池】 谓以酒为池。《史记·殷本纪》：[帝纣]以酒为池，悬肉为林，使男女裸相逐其间，为长夜之饮。陆龟蒙有《添酒中六咏·酒池》。皮日休有《奉和添酒中六咏·酒池》。卢注《酒胡子》："刘伶虚向酒中死，不得酒池中拍浮。"

【酒色】 ❶酒和女色。指放纵不拘的生活。周谷子《五子之歌》之二："酒色声禽号四荒，那堪峻宇又雕墙。"❷酒容，醉态。卢仝《除夜》之二："傩声方去病，酒色已迎春。"❸酒的颜色。岑参《虢州西亭陪端公宴集》："开瓶酒色嫩，踏地叶声干。"

【酒如渑】 《左传·昭公十二年》："齐侯举矢曰：'有酒如渑，有肉如陵。寡人中此，与君代兴。'"后遂以作为歌咏酒宴的典故。杜甫《寄刘峡州伯华使君四十韵》："展怀诗诵鲁，割爱酒如渑。"耿湋《早春宴高陵滑少府》："且宽沈簿领，应赖酒如渑。"

【酒巡】 饮酒的遍数。李益《重阳夜集兰陵居与宣上人联句》："酒巡明刻烛，篱菊暗寻芳。"徐夤《陈》："兵戈半渡前江水，狎客犹闻争酒巡。"

【酒坊】 ❶官置造酒的作坊。皮日休《新秋即事三首》之一："酒坊吏到常先见，鹤料符来每探支。"❷酒店。姚合《呼僧云端讲经》："远近持斋来谛听，酒坊鱼市尽无人。"

【酒花】 浮在酒面上的泡沫。孟郊《送殷秀才南游》:"诗句临离袂,酒花薰别颜。"李群玉《望月怀友》:"酒花荡漾金尊里,棹影飘飖玉浪中。"

【酒材】 制酒的材料。张蠙《醉吟三首》之一:"去岁无田种,今春乏酒材。"

【酒村】 有酒店的村庄。罗邺《南行》:"鱼市酒村相识遍,短船歌月醉方归。"

【酒兵】 《南史·陈暄传》:"故江咨议有言:'酒犹兵也,兵可千日而不用,不可一日而不备,酒可千日而不饮,不可一饮而不醉。'"后遂谓酒为"酒兵"。唐彦谦《无题十首》之八:"忆别悠悠岁月长,酒兵无计敌愁肠。"

【酒伶】 劝酒的歌妓。孟郊《晚雪吟》:"甘为酒伶摈,坐耻歌女娇。"

【酒伴】 在一起喝酒的朋友。白居易《叹春风兼赠李二十侍郎二绝》之二:"道场斋戒今初毕,酒伴欢娱久不同。"杜牧《自宣州赴官入京路逢裴坦判官归宣州因题赠》:"江湖酒伴如相问,终老烟波不计程。"来鹄《病起》:"在舍浑如远乡客,诗僧酒伴镇相寻。"

【酒狂】 纵酒使气。白居易《晚春欲携酒寻沈四著作先以六韵寄之》:"顾我酒狂久,负君诗债多。"司空图《狂题二首》之一:"惆怅故山归未得,酒狂叫断暮天云。"周繇《和段成式》之一:"回簪转黛喜猜防,粉署裁诗助酒狂。"杜荀鹤《送李镡游新安》:"邯郸李镡才峥嵘,酒狂诗逸难干名。"

【酒妓】 侍酒的艺妓。冯衮有《戏酒妓》。

【酒盂】 酒杯。白居易《醉送李协律赴湖南辟命因寄沈八中丞》:"富阳山底樟亭畔,立马停舟飞酒盂。"

【酒杯】 亦作"酒盃"。孟浩然《宴崔明府宅夜观妓》:"调移筝柱促,欢会酒杯频。"权德舆《春日雪酬潘孟阳回文》:"酒杯春醉好,飞雪晚庭闲。"牟融《有感二首》之二:"有兴不愁诗韵险,无聊只怕酒杯干。"郑谷《渼陂》:"漕然四顾难消遣,只有佯狂泥酒盃。"

【酒味】 酒的味道。白居易《池上篇》序:"先是颍川陈孝山与酿法,酒味甚佳;博陵崔晦叔与琴,韵甚清。"

【酒舍】 酒家,酒店。刘禹锡《堤上行三首》之三:"春堤缭绕水徘徊,酒舍旗亭次第开。"

【酒肴】 酒和菜肴。韩愈《龊龊》:"酒肴虽日陈,感激宁为欢。"皮日休《新秋言怀寄鲁望三十韵》:"度日忘冠带,经时忆酒肴。"陆龟蒙《奉和袭美新秋言怀三十韵次韵》:"沈约便图籍,扬雄重酒肴。"

【酒瓮】 见"酒甕"。

【酒炙】 酒和肉。元稹《泛江玩月十二韵》序:"六月十四日,张季友、李景俭二侍御,王文仲司录、王众仲判官两昆季,为予载酒炙,选声音,自府城之南桥,乘月泛舟。"

【酒店】 酒肆。卖酒并供人饮酒处。贺朝《赠酒店胡姬》:"胡姬春酒店,弦管夜锵锵。"

【酒性】 酒的性质。白居易《晚起》:"酒性温无毒,琴声淡不悲。"

【酒法】 ❶酿酒的方法。王建《酬柏侍御答酒》:"茱萸酒法大家同,好是盛来白碗中。"刘禹锡《酬乐天衫酒见寄》:"酒法众传吴米好,舞衣偏尚越罗轻。"❷关于酒的法令。韦庄《官庄》序:"江南富民悉以犯酒没家产,因以此诗讽之。浙帅遂改酒法,不入财产。"

【酒帘】 酒店所用的幌子。用布缀竿,悬于门首,用以招徕酒客。李中《江边吟》:"闪闪酒帘招醉客,深深绿树隐啼莺。"

【酒牀】 榨酒的榨床。皮日休有《酒中十咏·酒床》。陆龟蒙有《奉和袭美酒中十咏·酒床》。

【酒限】 饮酒时的限量。晋陶侃,母湛氏,贤明有法。侃每饮酒有定限,常欢有余而酒限已竭。佐吏殷浩等劝更少进,侃答曰:"年少曾有酒失,亡亲见约,故不敢逾。"见《晋书》本传。李瀚《蒙求》:"陈遗饭感,陶侃酒限。"

【酒纠】 饮酒时,司劝酒和监酒令的人。洛中举子《又赠妓茂英》题注:"举子时谒节帅,留连数月,宴饮既频,茂英为酒纠,谐戏颇洽。"

【酒毒】 谓酒醉。王绩《食后》:"葛花消酒毒,萸蒂发羹香。"

【酒城】 喻指可供畅饮之地。皮日休有《酒中十咏·酒城》。陆龟蒙有《奉和袭美酒中十咏·酒城》。

【酒胡】 ❶酒家胡,酒店里当垆侍酒的胡姬。元稹《酬孝甫见赠十首》之三:"野诗良辅偏怜爱,长借金鞍迓酒胡。"参见"酒家胡"。❷酒席上用于佐酒的一种木偶戏具。刻为人形,置之盘中,左右欹侧如舞,久之乃倒,视其传筹所至或倒时所指向者饮酒。亦作"酒胡子"。卢注《酒胡子》:"同心相遇思同欢,擎出酒胡当玉盘……徇客随时自圆转,酒胡五藏属他人。"徐夤有《酒胡子》。

【酒胡子】 见"酒胡❷"。

【酒盃】 见"酒杯"。

【酒面】 ❶指杯内酒的表面。皮日休《奉和鲁望早春雪中作吴体见寄》:"竹根乍烧玉节快,酒面新泼金膏寒。"❷饮酒后的面色。白居易《赠晦叔忆梦得》:"酒面浮花应是喜,歌眉敛黛不关愁。"

【酒星】 ❶古星名。亦指酒旗星。《晋书·天文志上》:"轩辕右角南三星曰酒旗,酒官之旗也,主宴飨饮食。"李白《月下独酌四首》之二:"天若不爱酒,酒星不在天。"韦应物《拟古诗十二首》之七:"酒星非所酌,月桂不为食。"李贺《秦王饮酒》:"龙头泻酒邀酒星,金槽琵琶夜枨枨。”郑谷《读李白集》：“何事文星与酒星，一时钟在李先生。”❷指善饮酒者。裴说《怀素台歌》：“杜甫李白与怀素，文星酒星草书星。”李益《答窦二曹长留酒还榼》：“榼小非由榼，星郎是酒星。”李群玉《广州重别方处士之封川》之一：“大笑相逢日，天边作酒星。”

【酒思】 想饮酒的情思。亦指酒后的情思。元稹《生春二十首》之一四：“暗入心情懒，先添酒思融。”白居易《雪朝乘兴欲诣李司徒留守先以五韵戏之》：“夜寒生酒思，晓雪引诗情。”姚合《酬任畴协律夏中苦雨见寄》：“酒思凄方罢，诗情耿始抽。”李群玉《与三山人夜话》：“酒思弹琴夜，茶芳向火天。”

【酒缸】 盛酒的缸。杜牧《独酌》：“窗外正风雪，拥炉开酒缸。”秦韬玉《题竹》：“斜对酒缸偏觉好，静笼棋局最多情。”李商隐《因书》：“海石分棋子，郫筒当酒缸。”

【酒香】 酒的香气。白居易《寒食日过枣团店》：“酒香留客住，莺语和人诗。”杨徽之《留宿廖融山》：“谷鸟随柯转，庭花奈酒香。”

【酒氣】 ❶酒的气味。沈佺期《奉和春日幸望春宫应制》：“林香酒气之相入，鸟啭歌声各自成。”钱起《过山人所居因寄诸遗补》：“厨烟住峭壁，酒气出重林。”许浑《村舍二首》之二：“花间酒气春风暖，竹里棋声暮雨寒。”贯休《送胡处士》：“头巾多酒气，竹杖有苔文。”❷谓借酒使气。李白《白马篇》：“归来使酒气，未肯拜萧曹。”

【酒保】 酒店的伙计。韩偓《欲明》：“岳僧互乞新诗去，酒保频征旧债来。”

【酒信】 关于饮酒的信息。陆龟蒙《偶作》：“酒信巧为缲病绪，花音长作嫁愁媒。”

【酒律】 行酒令的规章。王周《公居》：“无秋千酒律，有句入诗评。”韩偓《送人弃官入道》：“酒律应难忘，诗魔未肯徂。”

【酒食】 酒与饭菜。韩愈《雪后寄崔二十六丞公》诗：“秩卑俸薄食口众，岂有酒食开容颜。”白居易《饮后戏示弟子》：“先生馔酒食，弟子服劳止。”

【酒盆】 盛酒的盆。《晋书·阮咸传》：“诸阮皆饮酒，咸至，宗人间共集，不复用杯觞斟酌，以大盆盛酒，圆坐相向，大酌更饮。”后遂作咏嗜酒豪饮的典故。杜牧《哭韩绰》：“归来冷笑悲身事，唤妇呼儿索酒盆。”

【酒亭】 设有酒座的亭子。郑蕡《天骥呈材》：“酒亭留去迹，吴坂认嘶声。”

【酒客】 好饮酒的人。李白《寻鲁城北范居士见范置酒摘苍耳》：“酒客爱秋蔬，山盘荐霜梨。”

【酒軍】 谓与友人角饮。如两军对垒。白居易《和令狐相公寄刘郎中兼见示长句》：“酒军诗敌如相遇，临老犹能一据鞍。”

【酒泉】 ❶古郡名。西汉元狩二年（前121）置，治所在禄福县（今甘肃酒泉市）。北魏废，孝昌中复置。隋开皇三年（583）废。唐天宝元年（742）复置。乾元元年（758）改为肃州。郭震《塞上》：“仍闻酒泉郡，已合数重围。”王维《陇西行》：“都护军书至，匈奴围酒泉。”岑参《过燕支寄杜位》：“燕支山西酒泉道，北风吹沙卷白草。”杨巨源《卢龙塞行送韦掌记二首》之二：“陈琳书记本翩翩，料敌能兵夺酒泉。”❷泉名。在今甘肃酒泉县城东泉湖公园中。皮日休《酒中十咏·酒泉》：“我愿葬兹泉，醉魂似凫跃。”陆龟蒙有《奉和袭美酒中十咏·酒泉》。

【酒泉子】 唐教坊曲名，后用作词牌。《全唐诗》卷八九一录温庭筠《酒泉子》词四首。

【酒舫】 供客人饮酒游乐的船。元结《夜宴石鱼湖作》：“何故有双鱼，随吾酒舫行。”又《宴湖上亭作》：“远水入帘幕，淅沥吹酒舫。”又《石渔湖上作》：“座中令酒舫，空去复满来。”

【酒徒】 嗜酒者。李白《草书歌行》：“八月九月天气凉，酒徒词客满高堂。”卢纶《赠韩山人》：“更叹无家又无药，往来唯在酒徒间。”白居易《衰病》：“老辞游冶寻花伴，病别荒狂旧酒徒。”皮日休《新秋即事三首》之二：“堪笑高阳病酒徒，幅巾潇洒在东吴。”

【酒席】 宴席。请客或聚餐用的酒和整桌的菜肴。张祜《庚子岁寓游扬州赠崔荆四十韵》：“暗归逃酒席，私语结钩朋。”

【酒庫】 藏酒或造酒之处。白居易《自题酒库》：“此翁何处当，酒库不曾空。”又《长句呈谢》：“妓房匣镜满红埃，酒库封瓶生绿苔。”花蕊夫人徐氏《宫词》之六四：“酒库新修近水傍，泼醅初熟五云浆。”

【酒旆】 即酒旗。杜牧《自宣州赴官入京路逢裴坦判官归宣州因题赠》：“萦风酒旆挂朱阁，半醉游人闻弄笙。”又《赠沈学士张歌人》：“吴苑春风起，河桥酒旆悬。”又《代人寄远六言二首》之一：“河桥酒旆风软，候馆梅花雪娇。”冯延巳《采桑子》词之二：“马嘶人语春风岸，芳草绵绵，杨柳桥边，落日高楼酒旆悬。”

【酒病】 病酒，因饮酒过量而生病。李商隐《所居》：“水风醒酒病，霜日曝衣轻。”赵嘏《经无锡县醉后吟》：“京洛衣尘在，江湖酒病深。”皮日休《初冬偶作》：“酒病校来无一事，鹤亡松老似经年。”司空图《暮春对柳二首》之一：“恼得闲人作酒病，刚须又扑越溪茶。”

【酒瓶】 亦作“酒缾”。盛酒的瓶子。皎然《九月十日》：“宿简邀诗伴，余花在酒瓶。”白居易《十二月二十三日作兼呈晦叔》：“床下酒瓶虽不满，犹应醉得两三场。”又《桥亭卯饮》：“就荷叶上包鱼鲊，当石渠中浸酒瓶。”陆龟蒙《寄怀华阳道士》：“分张火力烧金灶，拂拭苔痕洗酒瓶。”

【酒家】 酒店，酒肆。杜甫《饮中八仙歌》：“李白一斗诗百篇，长安市上酒家眠。”刘昚虚《茂葵花歌》：“请君有钱向酒家，君不见茂葵花。”白居易《早冬》：“此时却羡闲人醉，五马无由入酒家。”杜牧《泊秦淮》：“烟笼寒水月笼沙，夜泊秦淮近酒家。”

【酒家胡】 原指酒家当垆侍酒的胡姬。后亦泛指酒家侍者或卖酒妇女。语出汉辛延年《羽林郎》：“昔有霍家奴，姓冯名子都。依倚将军势，调笑酒家胡。胡姬年十五，春日独当垆。”王维《过崔驸马山池》：“画楼吹笛妓，金碗酒家胡。”元稹《赠崔元儒》：“最爱轻欺杏园客，也曾辜负酒家胡。”

【酒務】 有关榷酒沽酒的事务。陆龟蒙《奉和袭美醉中偶作见寄次韵》：“初呈酒务求专判，合祷山祠请自差。”

【酒堂】 供造酒的屋堂。元结《窊尊诗》：“酒堂贮酿器，户牖皆罂瓶。”

【酒船】 ❶供游客饮酒游乐的船。羊士谔《林馆避暑》：“池岛清阴里，无人泛酒船。”秦系《奉寄画公》：“篓笠双童傍酒船，湖山相引到房前。”皮日休《醉中即席赠润卿博士》：“茅山顶上携书簏，笠泽心中漾酒船。”成彦雄《柳枝辞九首》之四：“至今不改当时色，留与王孙系酒船。”❷船形酒杯。李商隐《夜饮》：“烛分歌扇泪，雨送酒船香。”

【酒痕】 酒滴的痕迹。岑参《奉送贾侍御使江外》：“荆南渭北难相见，莫惜衫襟着酒痕。”

【酒逸】 指饮酒时安闲自在的情态。韩偓《拂水蔷薇》：“且将浊酒伴清吟，酒逸吟狂轻宇宙。”

【酒情】 饮酒的情致。曹唐《长安舍客叙邵陵旧宴寄永州萧使君五首》之四：“木鱼金钥锁春城，夜上红楼纵酒情。”

【酒鄉】 犹醉乡。指醉酒后神志不清的境界。皮日休有《酒中十咏·酒乡》。陆龟蒙有《奉和酒中十咏·酒乡》。无可《送姚宰任吉州安福县》：“落絮满衣裳，携琴问酒乡。”

【酒場】 ❶酒店，酒肆。杜牧《大雨行》：“尽召邑中豪健者，阔展朱盘开酒场。”❷酒会。韩愈《送文畅师北游》：“酒场舞闺姝，猎骑围边月。”

【酒壺】 盛酒的壶。杜甫《水阁朝霁奉简严云安》：“呼婢取酒壶，续儿诵文选。”白居易《东归》：“膝上展诗卷，竿头悬酒壶。”李商隐《西溪》：“近郭西溪好，谁堪共酒壶。”李中《寄黄鄂秀才》：“预愁花片落，不遣酒壶空。”

【酒酣】 谓酒喝得尽兴、畅快。杜甫《短歌行赠王郎司直》：“王郎酒酣拔剑斫地歌莫哀，我能拔尔抑塞磊落之奇才。”白居易《吟四虽》：“酒酣后，歌歇时。”李商隐《偶成转韵七十二句赠四同舍》：“征东同舍鸳与鸾，酒酣劝我悬征鞍。”周昙《咏史诗·三代门·太康》：“酒酣禽色方为乐，讵肯闲听五子歌。”

【酒惡】 （—è）中酒。因饮酒过度致使身体不适。南唐后主李煜《浣溪沙》词之一：“佳人舞点金钗溜，酒恶时拈花蕊嗅。”

【酒悲】 酒后伤怀而悲泣。白居易《答劝酒》：“谁料平生狂酒客，如今变作酒悲人。”

【酒量】 （—liàng）喝酒的能力。唐彦谦《春日偶成》：“纂筝箫管和琵琶，兴满金尊酒量赊。”

【酒缾】 见“酒瓶”。

【酒筒】 酒杯。皮日休《病中书情寄上崔谏议》：“虫丝度日萦琴荐，蛀粉经时落酒筒。”

【酒筵】 酒席。王维《三月三日勤政楼侍宴应制》：“酒筵嫌落絮，舞袖怯春风。”李白《陪侍郎叔游洞庭醉后三首》之二：“白鸥闲不去，争拂酒筵飞。”

【酒渴】 酒后口渴。许浑《病中二首》之一：“三年婴酒渴，高卧似袁安。”皮日休《友人以人参见惠因以诗谢之》：“名士寄来消酒渴，野人煎处撇泉华。”郑谷《峡中尝茶》：“鹿门病客不归去，酒渴更知春味长。”韦庄《酒渴爱江清》：“酒渴何方疗，江波一掬清。”

【酒尊】 见“酒樽”。

【酒禍】 因饮酒过量而造成的祸害。皮日休《酒中十咏》序：“夫圣人之诫酒祸也大矣，在书为沉湎，在诗为童羖，在礼为豢豕，在史为狂药。”

【酒聖】 ❶典出《三国志·魏志·徐邈传》：“平日醉客，谓酒清者为圣人，浊者为贤人。”后遂以指清酒，亦泛称酒。杨巨源《上刘侍中》：“消忧期酒圣，乘兴任诗狂。”杜牧《题桐叶》：“钱神任尔知无敌，酒圣于吾亦庶几。”韦庄《遣兴》：“乱来知酒圣，贫去觉钱神。”❷谓豪饮者。李白《月下独酌四首》之四：“所以知酒圣，酒酣心自开。”

【酒肆】 酒店。拾得《诗》之一三：“终日傍街衢，不离诸酒肆。”李白《少年行二首》之二：“落花踏尽游何处，笑入胡姬酒肆中。”高适《淇上酬薛三据兼寄郭少府微》：“酒肆或淹留，渔潭屡栖泊。”白居易《咏怀》：“酒肆夜深归，僧房日高睡。”

【酒盞】 亦作“酒醆”。小酒杯。杜甫《酬孟云卿》：“但恐天河落，宁辞酒盏空。”白居易《送常秀才下第东归》：“到处公卿席，无辞酒盏深。”薛逢《老去也》：“老去也，争奈何，敲酒盏，唱短歌。”罗隐《遣兴》：“老恐医方误，穷忧酒盏空。”

【酒暈】 饮酒后脸上泛起的红晕。詹敦仁《余连泉山城留侯招游郡圃作此》：“柳腰舞罢香风度，花脸妆匀酒晕生。”

【酒債】 因饮酒所欠酒家的债。杜甫《曲江二首》之二:“酒债寻常行处有,人生七十古来稀。”皮日休《更次来韵寄鲁望》:“从此问君还酒债,颜延之送几钱来。”

【酒魁】 领头饮酒之人。崔道融《寓吟集》:“醉来已共身安约,让却诗人作酒魁。”

【酒鉤】 古代饮酒时的一种游戏,人分成两队,钩藏在几个人手中,而让别人猜,以较输赢。白居易《房家夜宴喜雪戏赠主人》:“酒钩送盏推莲子,烛泪黏盘垒蒲萄。”

【酒腸】 代指酒量。韩愈、孟郊《同宿联句》:“为君开酒肠,颠倒舞相饮。”韦蟾《和柯古穷居苦日喜雨》:“玉律诗调正,琼卮酒肠窄。”李群玉《重经马丘追感》:“诗句乱随青草发,酒肠俱逐洞庭宽。”

【酒觥】 酒杯。李贺《屏风曲》:“沉香火暖茱萸烟,酒觥绾带新承欢。”

【酒意】 饮酒的意趣。韩愈《醉赠张秘书》:“此诚得酒意,余外徒缤纷。”

【酒道】 有关酒和饮酒的事理。皮日休《酒中十咏》序:“天随子深于酒道,寄而请之和。”

【酒貲】 酒钱。白居易《自城东至以诗代书戏招李六拾遗崔二十六先辈》:“尚残半月芸香俸,不作归粮作酒赀。”

【酒榼】 古代贮酒器,可提携。岑参《早秋与诸子登虢州西亭观眺》:“酒榼缘青壁,瓜田傍绿溪。”皎然《寒栖子歌》:“今日惠然来访我,酒榼书囊肩背荷。”白居易《秋寄微之十二韵》:“忙多对酒榼,兴少阅诗筒。”又《想东游五十韵》:“客迎携酒榼,僧待置茶瓯。”

【酒牓】 酒店的招牌、匾额。常请名家书写以广招徕。皎然《张伯英草书歌》:“长安酒牓醉后书,此日骋君千里步。”

【酒幔】 酒店门前所挂的布招子。顾况《送友失意南归》:“邻荒收酒幔,屋古布苔茵。”窦叔向《夏夜宿表兄话旧》:“明朝又是孤舟别,愁见河桥酒幔青。”许浑《送人归吴兴》:“春桥悬酒幔,夜栅集茶樯。”李群玉《和杨中丞早春即事》:“戍客烽楼迥,文君酒幔斜。”

【酒酲】 酒后残余的醉意病态。郑谷《敷溪高士》:“眠窗日暖添幽梦,步野风清散酒酲。”曹邺《寄监察从兄》:“言罢眼无泪,心中如酒酲。”

【酒語】 酒后失常之语。严维、刘蕃、鲍防《酒语联句各分一字》:“山简酣歌倒接轮屩,看朱成碧无所知。”

【酒誤蛇】 谓生病。卫蒙《伤李端》:“人去门栖屩,灾成酒误蛇。”参见“酒中蛇”。

【酒旗】 ❶酒帘。酒家所用的布招。陶岘《西塞山下回舟作》:“从此舍舟何所诣,酒旗歌扇正相迎。”窦巩《南阳道中作》:“彩雉斗时频驻马,酒旗翻处亦留钱。”滕迈《杨柳枝词》:“三条陌上拂金羁,万里桥边映酒旗。”李建勋《柳花寄朱明府》:“破石黏虫网,高楼扑酒旗。”❷星座名。在轩辕星南。《晋书·天文志上》:“轩辕右角南三星曰酒旗。酒官之旗也,主宴飨饮食。五星守酒旗,天下大酺。”皮日休《酒中十咏·酒星》:“谁遣酒旗耀,天文列其位。”

【酒齊】 (—jì)酒曲。亦指酿酒。杜牧《雪中书怀》:“行当腊欲破,酒齐不可迟。”

【酒槽】 榨酒时用以盛酒的容器。张籍《和左司元郎中秋居十首》之四:“就石安琴枕,穿松压酒槽。”

【酒樓】 有楼座的酒店。李白《猛虎行》:“溧阳酒楼三月春,杨花茫茫愁杀人。”严维《同王征君湘中有怀》:“不用开书帙,偏宜上酒楼。”杜牧《润州二首》之一:“青苔寺里无马迹,绿水桥边多酒楼。”郑准《寄进士崔鲁范》:“会待路宁归得去,酒楼渔浦重相期。”

【酒醆】 见“酒盏”。

【酒醅】 酿成而未漉的酒。刘禹锡《酬乐天晚夏闲居欲相访先以诗见寄》:“酒醅晴易熟,药圃夏频薅。”白居易《赠皇甫庶子》:“妻知年老添衣絮,婢报天寒拨酒醅。”李中《思九江旧居三首》之一:“静临窗下开琴匣,闷向床头泼酒醅。”

【酒賦】 汉邹阳受梁孝王之命作《酒赋》,咏饮酒之乐。见旧题晋葛洪《西京杂记》卷四。后遂用作嗜酒的典故。杜甫《夔府书怀四十韵》:“拙被林泉滞,生逢酒赋欺。”

【酒影】 指酒面的浮光或酒中的倒影。元稹《酬乐天得微之诗知通州事因成四首》之一:“暗蛊有时迷酒影,浮尘向日似波流。”姚合《宴光禄田卿宅》:“春风酒影动,晴日乐声长。”

【酒幟】 酒旗,酒帘。陆龟蒙《奉酬袭美先辈吴中苦雨一百韵》:“酒帜风外戗,茶枪露中撷。”

【酒賢】 《艺文类聚》卷七二引《魏略》:“太祖禁酒,而人窃饮之,故难言酒,以白酒为贤者,清酒为圣人。”故因以指浊酒。独孤及《初晴抱琴登马退山对酒望远醉后作》:“今日羁愁破,始知浊酒贤。”

【酒價】 酒的价格。郑谷《辇下冬暮咏怀》:“烟含紫禁花期近,雪满长安酒价高。”

【酒德】 晋刘伶撰《酒德颂》,极称饮酒之乐。后遂以泛指饮酒的旨趣与品德。杜甫《殿中杨监见示张旭草书图》:“念昔挥毫端,不独观酒德。”元稹《酬乐天劝醉》:“刘伶称酒德,所称良未多。”皮日休《奉和鲁望看压新醅》:“酒德有神多客颂,醉乡无货没人争。”

【酒漿】 泛指酒类。杜甫《赠卫八处士》:“问答犹未已,儿女罗酒浆。”常衮《奉和圣制麟德殿燕百僚应制》:“台鼎资庖膳,天星奉酒浆。”韩愈《三星行》:“牛不见服箱,斗不挹酒浆。”白居易《分司洛中偶成十韵因招梦得宾客兼呈思黯奇章公》："老岂无谈笑，贫犹有酒浆。"

【酒樂】（—lè）饮酒之乐。张说《扈从幸韦嗣立山庄应制》："地幽天赏洽，酒乐御筵初。"

【酒樽】亦作"酒尊""酒罇"。古代盛酒器。寒山《诗三百三首》之一一九："杂杂排山果，疏疏围酒罇。"张碧《题祖山人池上怪石》："我来池上倾酒尊，半酣书破青烟痕。"李群玉《移松竹》："待取满庭苍翠合，酒尊书案闭门休。"亦指酒樽状物。元结《石鱼湖上作》："鱼背有酒樽，绕鱼是湖水。"

【酒瓢】盛酒的瓢。泛指酒具。姚合《酬田卿书斋即事见寄》："不是相寻懒，烦君举酒瓢。"张蠙《次韵和友人冬月书斋》："象版签书帙，蛮藤络酒瓢。"

【酒醒】醉酒后醒过来。徐铉《邵伯埭下寄高邮陈郎中》："欲识酒醒魂断处，谢公祠畔客亭前。"许棠《讲德陈情上淮南李仆射八首》之一："凉夜酒醒多对月，晓庭公退半吟诗。"

【酒器】盛酒或饮酒的器具。陈羽《古意》："雕盘酒器常不干，晓入中厨妾先起。"王建《送人》："河亭收酒器，语尽各西东。"

【酒篘】用竹子编成的漉酒具。皮日休《奉和鲁望新夏东郊闲泛》："碧莎裳下携诗草，黄篾楼中挂酒篘。"皮日休又有《酒中十咏·酒篘》。陆龟蒙有《奉和袭美酒中十咏·酒篘》。

【酒興】（—xìng）饮酒的兴致。白居易《咏怀》："白发满头归得也，诗情酒兴渐阑珊。"张祜《访许用晦》："酒兴曾无敌，诗情旧逸群。"韩偓《旧馆》："前欢往恨分明在，酒兴诗情大半亡。"徐振《雷塘》："诗名占得风流在，酒兴催教运祚亡。"

【酒钱】买酒的钱。白居易《送陈许高仆射赴镇》："商皓老狂唯爱醉，时时能寄酒钱无。"又《偶吟》："韦荆南去留春服，王侍中来乞酒钱。"又《奉酬淮南牛相公思黯见寄二十四韵》："远讯惊魔物，深情寄酒钱。"又《与梦得沽酒闲饮且约后期》："少时犹不忧生计，老后谁能惜酒钱。"

【酒龍】❶谓豪饮者。陆龟蒙《自遣诗三十首》之八："思量北海徐刘辈，枉向人间号酒龙。"又《正月十五惜春寄袭美》："花匠凝寒应束手，酒龙多病尚垂头。"❷一种龙形储酒器。魏洛阳南宫太极殿，前有铜龙，长二丈，铜樽容四十斛，正旦大会群臣，龙从腹内受酒，口吐之于樽内。见晋戴祚《西征记》。陆龟蒙有《添酒中六咏·酒龙》。皮日休有《奉和添酒中六咏·酒龙》。

【酒劑】以酒调制的药剂。陆龟蒙《奉和袭美所居首夏水木尤清适然有作次韵》："闲分酒剂多还少，自记书签白间红。"

【酒螺】用螺壳做成的酒杯。亦泛指酒杯。白居易《酬梦得见喜疾瘳》："暖卧摩绵褥，晨倾药酒螺。"

【酒鎗】（—chēng）古时一种三足温酒器。陆龟蒙《添酒中六咏》序："徐景山有酒铊，嵇叔夜有酒杯，皆传于后代，可谓二高矣。"其《添酒中六咏》有《酒铊》。皮日休有《奉和添酒中六咏·酒铊》。

【酒甀】酒坛子。皮日休《奉和鲁望秋日遣怀次韵》："酒甀香竹院，鱼笼挂茅檐。"

【酒甕】亦作"酒瓮"。盛酒的坛瓮。岑参《太白东溪张老舍即事寄舍弟侄等》："石泉饭香粳，酒甕开新槽。"元结《宿丹崖翁宅》："儿孙棹船抱酒甕，醉里长歌挥钓车。"白居易《卧疾来早晚》："酒甕全生醭，歌筵半委尘。"杜荀鹤《自叙》："酒甕琴书伴病身，熟谙时事乐于贫。"

【酒禮】有关饮酒的礼节。包佶《酬兵部李侍郎晚过东厅之作》："酒礼惭先祭，刑书已旷官。"

【酒闌】谓酒筵将尽。杜甫《魏将军歌》："吾为子起歌都护，酒阑插剑肝胆露。"又《九日》："酒阑却忆十年事，肠断骊山清路尘。"独孤及《壬辰岁过旧居》："酒阑击筑语，及此离会因。"

【酒罇】见"酒樽"。

【酒觴】酒杯。翁承赞《汉上登舟忆闽》："久客自怜归路近，算程不怕酒觞空。"

【酒癖】嗜酒的癖性。白居易《喜裴涛使君携诗见访醉中戏赠》："共放诗狂同酒癖，与君别是一亲情。"皮日休《又寄次前韵》："妻仍嫌酒癖，医只禁诗情。"

【酒醪】汁滓混合的酒。泛称酒。韩愈、孟郊《征蜀联句》："杯盂酬酒醪，箱箧馈巾帨。"又《纳凉联句》："车马获同驱，酒醪欣共敕。"徐铉《送元帅书记高郎中去为婺源建威军使》："惟有杯盘思上国，酒醪甜淡菜蔬甘。"

【酒壚】亦作"酒罏"。卖酒处放置酒瓮的砌台。亦借指酒店、酒肆。皎然《张伯英草书歌》："黄公酒垆兴偏入，阮籍不嗔嵇亦顾。"李商隐《梓潼望长卿山至巴西复怀谯秀》："梓潼不见马相如，更欲南行问酒垆。"罗隐《仿玉台体》："晚梦通帘柙，春寒逼酒𬬻。"胡宿《感旧》："粉壁已沉题凤字，酒垆犹记姓黄人。"

【酒颠】酒后颠狂。亦指酒后颠狂者。刘禹锡《春日书怀寄东洛白二十二杨八二庶子》："心知洛下闲才子，不作诗魔即酒颠。"姚合《武功县作三十首》之十七："还往嫌诗僻，亲情怪酒颠。"白居易《十年三月三十日别微之于沣上十四年三月十一日夜遇微之于峡中因赋十七韵》："别来只是成诗僻，老去何曾更酒颠。"

【酒蟻】酒面上的浮沫。萧翼《答辨才探得招字》："酒蚁倾还泛，心猿躁似调。"罗邺《冬日寄献庾员外》："争欢酒蚁浮金爵，从听歌尘扑翠蝉。"

【酒籌】 饮酒时用于记数或行令的筹子。白居易《同李十一醉忆元九》："花时同醉破春愁，醉折花枝当酒筹。"

【酒鐺】 古代一种三足温酒器。刘禹锡《乐天少府五月长斋广延缁徒谢绝文友坐成睽间因以戏之》："暗网笼歌扇，流尘晦酒铛。"

【酒魔】 传说中的酒虫。唐冯贽《云仙杂录·酒魔》："常元载不饮，群僚百种强之，辞以鼻闻酒气已醉，其中一人谓可用术治之，即取针挑元载鼻尖，出一青虫如小蛇，曰：'此酒魔也，闻酒即畏之；此去何患！'元载是日已饮一斗，五百倍是。"后遂用为不善饮之典。白居易《斋戒》："酒魔降伏终须尽，诗债填还亦欲平。"又《寄题庐山旧草堂兼呈二林寺道侣》："渐伏酒魔休放醉，犹残口业未抛诗。"

【酒爐】 即酒垆。皮日休《奉和鲁望闲居杂题五首·晚秋吟》："火满酒炉诗在口，今人无计奈侬何。"

【酒權】 称酒的秤。元稹《酬窦校书二十韵》："尘土抛书卷，枪筹弄酒权。"

【酒罍】 盛酒器。方干《金州客舍》："此情偏耐醉，难遣酒罍闲。"

【酒罏】 见"酒壚"。

【酒釅】 酒味浓厚。贯休《书陈处士屋壁二首》之二："吟狂鬼神走，酒酽天地黑。"

配 〔pèi《广韵》滂佩切，去隊，滂。〕❶配合。顾况《酬信州刘侍郎兄》："鸟陵嶂合沓，月配波徘徊。"韩愈《东方半明》："东方半明大星没，独有太白配残月。"柳宗元《贞符》序："推古瑞物以配受命，其言类淫巫瞽史，诳乱后代，不足以知圣人立极之本，显至德，扬大功，甚失厥趣。"孙鲂《柳》之一一："深绿依依配浅黄，两般颜色一般香。"❷对应。李峤《筝》："钿装模六律，柱列配三才。"玄宗《途经华岳》："四方皆石壁，五位配金天。"杜甫《望岳》："南岳配朱鸟，秩礼自百王。"❸婚配，成婚。储光羲《敬酬陈掾亲家翁秋夜有赠》："大姬配胡公，位乃三恪宾。"李白《感兴六首》之五："安得配君子，共乘双飞鸾。"周昙《咏史诗·后汉门·周郁妻》："绿水双鸳一已沉，皇天更欲配何禽。"冯待征《虞姬怨》："年华灼灼艳桃李，结发簪花配君子。"❹配享。褚亮《明堂乐章·肃和》："宗禋展敬，大孝以振。"元稹《书异》："座配五天帝，荐用百品珍。"萧倣《享太庙乐章》："神降上哲，维天配长。"张衮《梁郊祀乐章·庆熙》："严祀惟寅，皇祖以配。"❺陪伴。李白《白毫子歌》："余配白毫子，独酌流霞杯。"杜甫《四松》："我生无根带，配尔亦茫茫。"皎然《灵澈上人何山寺七贤石诗》："七石配七贤，隐僧山上移。"❻匹配，匹敌。孙逖《故程将军妻南阳郡夫人樊氏挽歌》："德配程休甫，名高鲁季姜。"元稹《酬乐天喜邻郡》："符竹偶因成对岸，文章虚被配为邻。"❼分配；摊派。白居易《新乐府·上阳白发人》："妒令潜配上阳宫，一生遂向空房宿。"花蕊夫人徐氏《宫词》之七九："自从配与夫人后，不使寻花乱入船。"❽补齐，补足。元稹《旱灾自咎贻七县宰》："官分市井户，迭配水陆珍。"罗邺《谢友人遗华阳巾》："野客爱留笼鹤发，溪翁争乞配渔竿。"❾够得上，有资格。张聿《余瑞麦》："圣德应多稔，皇家配有年。"❿发配，流放。王昌龄《箜篌引》："疮病驱来配边州，仍披漠北羔羊裘。"杜甫《敬寄族弟唐十八使君》："除名配清江，厥土巫峡邻。"白居易《新乐府·缚戎人》："配向东南卑湿地，定无存恤空防备。"又《陵园妾》："忆昔宫中被妒猜，因谗得罪配陵来。"

【配天】 ❶古帝王祭天时以先祖配祭。张说《唐封泰山乐章·肃和》："奠祖配天，承天享帝。"《郊庙歌辞·享太庙乐章·同和》："唯圣配天敷盛礼，唯天为大阐洪名。"❷谓受天命为天子。魏征《享太庙乐章·长发舞》："配天载德，就日重光。"张九龄《奉和圣制南郊礼毕酺宴》："配天昭圣业，率土庆辉光。"

【配地】 古帝王祭祀以先祖配祭天，以先妣配祭地。韩愈《大行皇太后挽歌词三首》之二："配地行新祭，因山托故封。"

【配合】 谓结成夫妇。洞庭龙君《宴柳毅诗》之二："上天配合兮生死有途，此不当妇兮彼不当夫。"

【配宅】 发配地之住宅。沈佺期《赦到不得归题江上石》："配宅邻州廨，斑苗接野畦。"

【配别】 分别，区别。元稹《乐府古题序》："后之文人，达乐者少，不复如是配别，但遇兴纪题，往往兼以句读短长，为歌诗之异。"

【配命】 应顺天命。语出《诗·大雅·文王》："永言配命，自求多福。"魏征《郊庙歌辞·享太庙乐章·永和》："永言配命，子孙保之。"褚亮《祭方丘乐章·肃和》："永言配命，长保无亏。"

【配享】 亦作"配饗"。合祭；袝祀。古帝王祭天，以先祖配祭。张说《唐封泰山乐章·寿和》："皇祖严配，配享皇天。"《郊庙歌辞·玄宗祀圜丘乐章·寿和》："郊天配享，德合无疆。"则天皇后有《唐明堂乐章·配飨》。

【配偶】 指丈夫或妻子。白居易《青冢》："同侪倾宠幸，异类为配偶。"

【配極】 配享于宗庙。李峤《皇帝上礼抚事述怀》："配极辉光远，承天顾托隆。"贺知章《唐禅社首乐章·太和》："曾孙继绪，享神配极。"杜甫《冬日洛城北谒玄元皇帝庙》："配极玄都闷，凭虚禁御长。"

【配樂】（—yuè）给诗配上音乐。元稹《乐府古题序》："后之审乐者，往往采取其词，度为歌曲，盖选词以配乐，非由乐以定词也。"

【配禮】配享之礼。权德舆《大行皇太后挽歌词三首》之二："配礼归清庙，灵仪出直城。"

【配饗】见"配享"。

四　画

酕〔máo《广韵》莫袍切，平豪，明。〕见"酕醄"。

【酕醄】大醉貌。姚合《闲居遣怀十首》之六："遇酒酕醄饮，逢花烂漫看。"李中《思旧游有感》："长忆衔杯处，酕醄尚未阑。"

酘〔dòu《广韵》徒候切，去候，定。〕酒再酿。亦指多次酿造的酒。元稹《代曲江老人百韵》："万钱才下箸，五酘未称醇。"

酖〔zhèn《字彙》直禁切。〕毒酒。亦指用毒酒杀人。元稹《乐府古题·将进酒》："将进酒，将进酒，酒中有毒酖主父。"

五　画

酣〔hān《广韵》胡甘切，平談，匣。〕❶饮酒尽兴；半醉。李白《月下独酌四首》之四："所以知酒圣，酒酣心自开。"杜甫《醉歌行赠公安颜少府请顾八题壁》："酒酣耳热忘头白，感君意气无所惜。"白居易《琴酒》："耳根得听琴初畅，心地忘机酒半酣。"韦庄《古离别》："晴烟漠漠柳毵毵，不那离情酒半酣。"❷沉湎于酒，乐酒。薛逢《镊白曲》："山妻稚女悉迎到，时列绿樽酣酒歌。"❸畅快，舒畅。白居易《秦中吟十首·歌舞》："欢酣促密坐，醉暖脱重裘。"❹形容事物发展的激烈程度。李白《江上吟》："兴酣落笔摇五岳，诗成笑傲凌沧洲。"韦应物《送章八元秀才擢第往上都应制》："决胜文场战已酣，行应辟命复才堪。"王涯《秋思赠远二首》之二："走马台边人不见，拂云堆畔战初酣。"刘禹锡《罢郡归洛途次山阳留辞郭中丞使君》："管弦正合看书院，语笑方酣各咏诗。"❺睡浓，睡得香甜。杜牧《偶游石盎僧舍》："梅颣暖眠酣，风绪和无力。"李频《寄辛明府》："晓鼓愁方乱，春山睡正酣。"顾敻《酒泉子》之五："银灯背帐梦方酣，雁飞南。"❻清爽。李贺《南园十三首》之二："宫北田塍晓气酣，黄桑饮露窣宫帘。"

【酣春】谓春意浓烈。李贺《河南府试十二月乐词·二月》："蒲如交剑风如薰，劳劳胡燕怨酣春。"

【酣思】深思。姚合《闲居遣怀十首》之十："被酒长酣思，无愁可上颜。"

【酣酌】畅饮。钱起《送襄阳卢判官奏开河事》："紫殿赐衣出，青门酣酌同。"

【酣竟】宴罢。王昌龄《宴南亭》："酣竟日入山，暝来云归穴。"

【酣酣】❶饮酒酣畅貌。白居易《劝酒十四首·不如来饮酒七首》之三："不如来饮酒，仰面醉酣酣。"❷旺盛貌。崔融《和宋之问寒食题黄梅临江驿》："遥思故园陌，桃李正酣酣。"

【酣賞】饮酒游赏。羊士谔《林塘腊候》："忘言亦何事，酣赏步清辉。"

【酣飲】畅饮；痛饮。皮日休《奉和添酒中六咏·酒铃》："唯将煮浊醪，用以资酣饮。"又《酬鲁望见迎绿罽次韵》："成后料君无别事，只应酣饮咏离骚。"

【酣飫】醉饱。喻贪婪地学习知识。皮日休《二游诗》序："余假其书数千卷，未一年，悉偿夙志，酣饫经史，或日晏忘饮食。"

【酣夢】甜蜜的睡梦。亦指进入甜蜜的梦境。史凤《神鸡枕》："与郎酣梦浑忘晓，鸡亦留连不肯啼。"

【酣睡】熟睡。路德延《小儿诗》："恼客初酣睡，惊僧半入禅。"

【酣然】饮酒尽兴貌。皇甫松《劝僧酒》："酣然万象灭，不动心印闲。"

【酣謔】欢饮调笑。卢鸿一《嵩山十志十首·〈幂翠庭〉序》："及喧者游之，则酣谑永日，汩清薄厚。"

【酣歌】尽情高歌。宋之问《寒食还陆浑别业》："野老不知尧舜力，酣歌一曲太平人。"李白《九日登巴陵置酒望洞庭水军》："酣歌激壮士，可以摧妖氛。"白居易《洛中春游呈诸亲友》："笑语销闲日，酣歌送老身。"马戴《留别定襄卢军事》："酣歌击宝剑，跃马上金堤。"

【酣暢】❶畅饮。皮日休《太湖诗·晓次神景宫》："金醴可酣畅，玉豉堪咀嚼。"❷畅快，舒适。吴筠《同刘主簿承介建昌江泛舟作》："酣畅迷夜久，迟迟方告旋。"刘禹锡《酬牛相公独饮偶醉寓言见示》："主人启酡颜，酣畅浃肌发。"白居易《效陶潜体诗十六首》之四："连延四五酌，酣畅入四肢。"

【酣寢】酣睡，熟睡。韦应物《郡内闲居》："永日一酣寝，起坐兀无思。"

【酣態】醉态。卢僎《稍秋晓坐阁遇舟东下扬州即事寄上族父江阳令》："高情薄云汉，酣态坐芳舟。"刘商《姑苏怀古送秀才下第归江南》："宫娃酣态舞娉婷，香飙四飒青城坠。"

【酣醉】大醉，沉醉。王昌龄《大梁途中作》："当时每酣醉，不觉行路难。"杨发《春园醉醒闲卧小斋》：

“酣醉送余春，醒来恨更频。”唐彦谦《兴元沈氏庄》：“异乡一笑因酣醉，忘却愁来鬓发斑。”韩偓《大庆堂赐宴元珰而有诗呈吴越王》：“笙歌风紧人酣醉，却绕珍丛烂熳看。”

【酣戰】 激战。杜甫《丹青引赠曹将军霸》：“褒公鄂公毛发动，英姿飒爽来酣战。”顾况《塞上曲》：“酣战祈成功，于焉罢边衅。”李商隐《寄太原卢司空三十韵》：“酣战仍挥日，降妖亦斗霆。”李咸用《和殷衙推春霖即事》：“阵急如酣战，点粗成乱沤。”

【酣興】（—xìng）畅饮的兴致。元结《宴湖上亭作》：“酣兴思共醉，促酒更相向。”玄宗《春中兴庆宫酺宴》：“曲终酣兴晚，须有醉归人。”

【酣藉】 沉酣而卧其上。陆龟蒙《村夜二篇》之二：“上诵周孔书，沉溟至酣藉。”

【酣歡】 恣意欢乐。韩愈、孟郊《城南联句》：“酣欢杂弁珥，繁价流金琼。”

酤 〔gū《广韵》古胡切，平模，見。又侯古切，上姥，匣。又古暮切，去暮，見。〕❶一夜酿成的酒。《诗·小雅·伐木》：“无酒酤我。”毛传：“酤，一宿酒也。”亦泛指酒。许敬宗《奉和宴中山应制》：“中山献仙酤，赵媛发清讴。”韦庄《对酒赋友人》：“白雪篇篇丽，清酤盏盏深。”《郊庙歌辞·周宗庙乐舞辞·福顺》：“清酤特满，嘉玉腾光。”❷买酒。崔国辅《杂诗》：“与酤一斗酒，恰用十千钱。”白居易《马上作》：“吴中多诗人，亦不少酒酤。”罗隐《寄徐济进士》：“霜压楚莲秋后折，雨催蛮酒夜深酤。”吕岩《长短句》：“卖得钱，不算度，酤美酒，自斟酌。”❸取。杜甫《引水》：“云安酤水奴仆悲，鱼复移居心力省。”

【酤酒】 买酒。杜甫《入奏行赠西山检察使窦侍御》：“为君酤酒满眼酤，与奴白饭马青刍。”刘昚虚《送韩平兼寄郭微》：“上客夜相过，小童能酤酒。”皎然《招韩武康章》：“山僧虽不饮，酤酒引陶潜。”白居易《送王处士》：“扣门与我别，酤酒留君宿。”

酢[1] 〔zuò《广韵》在各切，入鐸，從。〕谢神之礼。《书·顾命》：“秉璋以酢。”孔传：“报祭曰酢。”孔颖达疏：“酢训报也，故报祭曰酢。”皮日休《补九周礼九夏系文·九夏歌九篇》：“既酭既酢，爰朄爰舞。”陆龟蒙《奉和袭美初夏游楞伽精舍次韵》：“自取海鸥知，何烦尹祝酢。”

酢[2] 〔cù《集韵》倉故切，去莫，清。〕同“醋”。见“酢₂醅”。

【酢₂醅】 即醋酒，苦酒。元稹《酬乐天东南行诗一百韵》：“酢醅荷裹卖，醨酒水淋沽。”

酥 〔sū《广韵》素姑切，平模，心。〕❶酪类。用牛羊乳制成的食品。韩愈《早春呈水部张十八员外二首》之一：“天街小雨润如酥，草色遥看近却无。”白居易《晚起》：“融雪煎香茗，调酥煮乳糜。”皮日休《送润卿博士还华阳》：“仙市鹿胎如锦嫩，阴宫燕肉似酥肥。”吕岩《警世》：“二八佳人体似酥，腰间仗剑斩凡夫。”❷喻指物之洁白柔软而滑腻。参见“酥乳”“酥胸”。

【酥油】 泛指牛奶或羊奶内提炼出来的脂肪。薛能《影灯夜二首》之二：“十万军城百万灯，酥油香暖夜如蒸。”

【酥乳】 洁白润泽的乳房。赵鸾鸾有《酥乳》。

【酥胸】 洁白润泽的胸脯。李商隐《咏桃》：“酥胸酣暖日，玉脸笑春风。”

【酥萼】 指梅花。詹敦仁《介庵赠古墨梅酬以一篇》：“墨散余香点酥萼，月留残影照窗纱。”

【酥酪】 以牛羊乳精制成的食品。杜牧《和裴杰秀才新樱桃》：“忍用烹酥酪，从将玩玉盘。”

【酥嫩】 润泽柔嫩。李洞《赠庞炼师》：“两脸酒醺红杏妒，半胸酥嫩白云饶。”

【酥融】 润泽柔软。阎选《谒金门》词：“水溅青丝珠断续，酥融香透肉。”赵鸾鸾《酥乳》：“粉香汗湿瑶琴轸，春逗酥融绵雨膏。”

酗 同“酗”。酒醉后发怒。参见“酗醟”。

【酗醟】 酗酒。皮日休《鲁望昨以五百言见贻因成一千言上述吾唐文物之盛次叙相得之欢亦迭和之微旨也》：“流之为酗醟，变之为游畋。”

酡 〔tuó《广韵》徒河切，平歌，定。〕饮酒脸红貌。李白《前有一樽酒行二首》之一：“落花纷纷稍觉多，美人欲醉朱颜酡。”武元衡《晨兴寄赠窦使君》：“为予歌苦寒，酌酒朱颜酡。”白居易《闲题家池寄王屋张道士》：“有食适吾口，有酒酡吾颜。”刘象《早春池亭独游三首》之三：“知音新句苦，窥沼醉颜酡。”

【酡酥】 即酥酡。古印度酪制食品名。岑参《玉门关盖将军歌》：“灯前侍婢泻玉壶，金铛乱点野酡酥。”

【酡顔】 饮酒脸红貌。刘禹锡《酬牛相公独饮偶醉寓言见示》：“主人启酡颜，酣畅浃肌发。”樊宗师《蜀绵州越王楼诗》：“昔人创为逝，所适酡颜红。”白居易《醉中戏赠郑使君》：“密座移红毯，酡颜照渌杯。”又《与诸客空腹饮》：“促膝才飞白，酡颜已渥丹。”亦泛称脸红。韩偓《寒食日沙县雨中看蔷薇》：“通体全无力，酡颜不自持。”

六　画

酩〔mǐng《广韵》莫迥切，上迥，明。〕见“酩酊”。

【酩酊】　大醉貌。李白《九日登山》：“扬袂挥四座，酩酊安所知。”独孤及《陪王员外北楼宴待月》：“伫看晴月澄澄影，来照江楼酩酊时。”白居易《效陶潜体诗十六首》之四：“是时连夕雨，酩酊无所知。”陆龟蒙《奉酬袭美病中见寄》：“春恨与谁同酩酊，玄言何处问逍遥。”

酪〔lào《广韵》盧各切，入鐸，來。〕❶用牛羊马等的乳汁提炼成的食品，有干湿二种，干者成块，湿者为浆。包佶《顾著作宅赋诗》：“已觉不嫌羊酪，谁能长守兔罝。”李贺《长平箭头歌》：“左魂右魄啼肌瘦，酪瓶倒尽将羊炙。”杨发《南野逢田客》：“杏色满林羊酪熟，麦凉浮垄雉媒低。”吕岩《七言》之一六：“九三鼎内烹如酪，六一炉中结似霞。”❷用果子或果子的仁做的粥状食品。崔橹《春日即事》：“杏酪渐香邻舍粥，榆烟将变旧炉灰。”和凝《宫词百首》之一九：“含笑试弹红蕊调，君王宣赐酪樱桃。”

【酪漿】　❶牛羊等动物的乳汁。韩偓《湖南绝少含桃偶有人以新摘者见惠感事伤怀因成四韵》：“苦笋恐难同象匕，酪浆无复莹蠙珠。”❷指酒。白居易《二年三月五日斋毕开素当食偶吟赠妻弘农郡君》：“稻饭红似花，调沃新酪浆。”

酬〔chóu《广韵》市流切，平尤，禪。〕亦作“醻”。❶劝酒，敬酒。《诗·小雅·楚茨》：“为宾为客，献醻交错。”郑玄注：“主人又自饮酌宾曰醻。”杜甫《舍弟观赴蓝田取妻子到江陵喜寄三首》之三：“比年病酒开涓滴，弟劝兄酬何怨嗟。”朱湾《奉使设宴戏掷笼筹》：“献酬君有礼，赏罚我无私。”韩愈《送刘师服》：“草草具盘馔，不待酒献酬。”陈陶《海昌望月》：“蚌蛤乘大运，含珠相对醻。”❷报答。郭震《寄刘校书》：“才微易向风尘老，身贱难酬知己恩。”韦应物《寄别李儋》：“名在相公幕，丘山恩未酬。”武元衡《酬李十一尚书西亭暇日书怀见寄十二韵之作》：“任重功无立，力微恩未酬。”朱庆余《宿山居》：“山店灯前客，醻身未有媒。”薛能《和曹侍御除夜有怀》：“醻知必拟共，勿使浪踌躇。”张蠙《送成州牧》：“素望知难惬，新恩且用酬。”❸应对；对答。孟浩然《梅道士水亭》：“隐居不可见，高论莫能酬。”朱湾《过宣上人湖上兰若》：“未道姓名童子识，不酬言语上人知。”牟融《禁烟作》：“尊酒临风酬令节，越罗衣薄觉春寒。”姚合《春日闲居》：“檐燕酬莺语，邻花杂絮飘。”❹实现；实行。綦毋潜《祇园寺》：“雁塔酬前愿，王身更后来。”刘长卿《送崔使君赴寿州》：“仲华遇主年犹少，公瑾论功位已酬。”韩愈《刘生诗》：“千金邀顾不可酬，乃独遇之尽绸缪。”沈彬《麻姑山》：“我来游礼酬心愿，欲共怡神契自然。”❺偿付。韩愈《赴江陵途中寄赠翰林三学士》：“持男易斗粟，掉臂莫肯酬。”又《送无本师归范阳》：“欲以金帛酬，举室常颇颔。”崔珏《和人听歌》之二：“莫辞更送刘郎酒，百斛明珠异日酬。”孙光宪《浣溪沙》词之一九：“未曾行处不风流，好花长与万金酬。”❻赏赐，奖赏。储光羲《观范阳递俘》：“四履封元戎，百金酬勇夫。”高适《奉酬睢阳李太守》：“赋得黄金赐，言皆白璧酬。”❼报复。白居易《反鲍明远白头吟》：“岂能泥尘下，区区酬怨憎。”❽诗文赠答。韦应物《答刘西曹》：“空惭文璧赠，日夕不能酬。”顾况《酬漳州张九使君》：“短题自兹简，华篇讵能酬？”姚合《酬任畴协律夏中苦雨见寄》：“劳君寄新什，终日不能酬。”贾岛《酬姚合校书》：“美酒易倾尽，好诗难卒酬。”亦泛指写作。姚合《闲居遣怀十首》之九：“好酒盈杯酌，闲诗任笔酬。”❾酹祭，祭奠。李益《大礼毕皇帝御丹凤门改元建中大赦》：“昊穹景命即已至，王事乃可酬乾坤。”

【酬文】　酬答的诗文。李峤《刘侍读见和山邸十篇重申此赠》：“奖价逾珍石，酬文重振金。”

【酬功】　奖赏立功者。韦应物《送孙征赴云中》：“匈奴破尽看君归，金印酬功如斗大。”韩愈《元和圣德诗》：“施令酬功，急疾如火。”

【酬句】　指酬答的诗作。张籍《送浙西周判官》：“常吟卷里新酬句，自话湖中旧住山。”

【酬志】　实现志愿。伍乔《庐山书堂送祝秀才还乡》：“莫使蹉跎恋疏野，男儿酬志在当年。”熊皎《九华望庐山》：“只待丹霄酬志了，白云深处是归程。”

【酬别】　酬人诗作，兼以告别。严武有《酬别杜二》。皎然有《酬别襄阳诗僧少微》。韩愈有《酬别留后侍郎》。白居易有《酬别周从事二首》。李商隐有《酬别令狐补阙》。

【酬身】　实现自身价值。王毂《送友人归闽》：“莫恋家乡住，酬身在少年。”褚载《晓发》：“朝朝陌上侵星去，待得酬身了便回。”

【酬直】　价格。白居易《秦中吟十首·买花》：“贵贱无常价，酬直看花数。”

【酬知】　酬谢知己。皮日休《谏议以罢郡将归以六韵赐示因伫酬献》：“佐理能无取，酬知力甚微。”

【酬和】　（一hè）以诗文相酬答。窦牟《缑氏拜陵回道中呈李舍人少尹》：“却愁新咏发，酬和不相如。”杨于陵《和权载之离合诗》：“信兹酬和美，言与芝兰比。”白居易《感旧诗卷》：“二十年前旧诗卷，十人酬和九人无。”亦指酬和之作。孙偓《答门生王涣李德邻赵光胤王拯长句》："何事老夫犹赋咏，欲将酬和永留传。"

【酬郢】 指酬答佳作。郢人有高雅之曲《阳春白雪》，故云。郑余庆《和黄门相公诏还题石门洞》："琬琰攀酬郢，微言鼎饪情。"

【酬恩】 报答恩惠或恩德。钱起《省中春暮酬嵩阳焦道士见招》："垂老遇知己，酬恩看寸阴。"耿沣《奉和第五相公登鄱阳郡城西楼》："家贫仍受赐，身老未酬恩。"李商隐《自桂林奉使江陵途中感怀寄献尚书》："投刺虽伤晚，酬恩岂在今。"李洞《投献吏部张侍郎十韵》："贡艺披沙细，酬恩戴岳轻。"

【酬恩報義】 报答恩义。贯休《续姚梁公坐右铭》："嫉人之恶，酬恩报义。"

【酬唱】 以诗词相互赠答。郑澣《和李德裕游汉州房公湖二首》之一："祗言酬唱美，良史记王箴。"皮日休《吴中苦雨因书一百韵寄鲁望》："半年得酬唱，一日屡往复。"郑谷《右省补阙张茂枢同在谏垣因抒酬寄》："积雪巷深酬唱夜，落花墙隔笑言时。"亦指酬答之作。齐己《寄孙辟呈郑谷郎中》："淹留才半月，酬唱颇盈箱。"

【酬章】 酬答的诗章。姚合《酬杨汝士尚书喜人移居》："酬章深自鄙，欲寄复踌躇。"

【酬寄】 寄赠。郑谷有《右省补阙张茂枢同在谏垣因抒酬寄》。

【酬酢】 ❶应对。皮日休《初夏游楞伽精舍》："既不暇供应，将何以酬酢。"❷诗文唱和。韩愈、李正封《晚秋郾城夜会联句》："道旧生感激，当歌发酬酢。"

【酬答】 诗文唱和。亦指唱和之诗文。潘孟阳《和权载之离合诗》："咏歌有离合，永夜观酬答。"无可《奉和段著作山居呈诸同志三首次本韵》之三："只见僧酬答，新归绝壑书。"陆龟蒙《顷自桐江得一钓车以袭美乐烟波之思因出以为玩俄辱三篇复抒酬答》。

【酬對】 应对；对答。武元衡《旬假南亭寄熊郎中》："酬对龙象侣，灌注清泠泉。"灵一《安公》："秦王轻与举，习生重酬对。"

【酬犒】 酬劳犒赏。元稹《和李校书新题乐府十二首・阴山道》："元和天子念女工，内出金银代酬犒。"

【酬德】 报答恩德。陈彦博《恩赐魏文贞公诸孙旧第以导直臣》："天意能酬德，云孙喜庇身。"温庭筠《病中书怀呈友人》："衔恩空抱影，酬德未捐躯。"罗隐《重送朗州张员外》："酬德酬恩两无路，谩劳惆怅凤城东。"

【酬價】 偿付代价。崔萱《豪家子》："马作蹬蹀宁酬价，人不婵娟肯动心。"

【酬償】 报偿，偿还。元稹《旱灾自咎贻七县宰》："还填折粟税，酬偿贯麦邻。"

【酬謝】 表示谢意；报谢。齐己《荆州新秋寺居写怀诗五首上南平王》之二："满印白檀灯一盏，可能酬谢得聪明。"陆龟蒙有《袭美以沙巾见惠继以雅音因次韵酬谢》。

【酬賽】 报答。白居易《谈氏外孙生三日喜是男偶吟成篇兼戏呈梦得》："明日贫翁具鸡黍，应须酬赛引雏诗。"

【酬藻】 酬答之作。韦应物《同德精舍养疾寄河南兵曹东厅掾》："缄书问所如，酬藻当芬绚。"

【酬贈】 诗词唱和。李白《酬王补阙惠翼庄庙宋丞泚赠别》："酬赠非炯诫，永言铭佩绅。"权德舆有《太原郑尚书远寄新诗走笔酬赠因代书贺》。元稹《酬乐天吟张员外诗见寄因思上京每与乐天于居敬兄升平里咏张新诗》："杯酒与他年少隔，不相酬赠欲何之。"姚合《和太仆田卿酬殷尧藩侍御见寄》："往还知分熟，酬赠思同新。"

【酬獻】 酬答献赠。白居易有《裴侍中晋公以集贤林亭即事诗三十六韵见赠猥蒙征和才拙词繁辄广为五百言以伸酬献》。皮日休有《谏议以罢郡将归以六韵赐示因伫酬献》。

七 画

酺 〔pú《广韵》薄胡切，平模，並。〕❶古指国有喜庆，特赐臣民聚会饮宴。苏颋《广达楼下夜侍酺宴应制》："酺来万舞群臣醉，喜戴千年圣主明。"李白《流夜郎闻酺不预》："汉酺闻奏钧天乐，愿得风吹到夜郎。"崔沔《奉和圣制同二相已下群官乐游园宴》："五日酺才毕，千年乐未央。"白居易《东南行一百韵》："柏殿行陪宴，花楼走看酺。"❷通"餔"。吃。张祜《途次扬州赠崔荆二十韵》："尾生从抱柱，颜子也酺糟。"

【酺飲】 酺宴。苏颋《奉和恩赐乐游园宴应制》："乐游光地选，酺饮庆天从。"

【酺宴】 聚会饮宴。古代天子赐臣民会饮为乐的酺宴。张说《东都酺宴四首》。张说《东都酺宴四首》序："先天元祀孟冬十月，东都留守章公，夤奉圣朝，述宣嘉旨，乃合洛京之五省，招河伊之二县，将吏成集，佩章有序，锵锵济济，侃侃訚訚，供张于兴教之门，式酺宴也。"王昌龄有《夏月花萼楼酺宴应制》。王翰《奉和圣制同二相已下群官乐游园宴》："仍嫌酺宴促，复宠乐游行。"

【酺會】 聚会饮宴。宋璟《奉和圣制同二相已以下群官乐游园宴》："侍饮终酺会，承恩续胜游。"

【酺禮】 酺宴之礼仪。元稹《代曲江老人百韵》："佳节修酺礼，非时宴侍臣。"

【酺醵】 聚会饮宴。出钱为醵，出食为酺。王季友《皇帝移晦日为中和节》:“历象千年正,醋醵四海多。”韩愈、李正封《晚秋郾城夜会联句》:“穷天贡琛异,匝海赐酺醵。”

醒 〔chéng《广韵》直貞切,平清,澄。〕病酒。酒醉后神志不清。窦常《和裴端公枢芜城秋夕简远近亲知》:“宿醒因夜歇,佳句得愁新。”白居易《长斋月戏赠梦得》:“乘兴还同访戴客,解醒仍对姓刘人。”李商隐《五言述德抒情诗一首四十韵献上杜七兄仆射相公》:“清啸频疏俗,高谈屡析醒。”李中《晚春客次偶吟》:“落花风急宿醒解,芳草雨昏春梦寒。”

酷 〔kù《广韵》苦沃切,入沃,溪。〕❶酒性猛烈。温庭筠《病中书怀呈友人》:“蕊多劳蝶翅,香酷坠蜂须。”❷残暴。苏拯《雉兔者》:“所猎一何酷,终年耗林麓。”参见“酷吏”。❸悲惨;痛苦。杜甫《病后遇王倚饮赠歌》:“酷见冻馁不足耻,多病沉年苦无健。”韩愈《谴疟鬼》:“灸师施艾炷,酷若猎火围。”皮日休《吴中苦雨因书一百韵寄鲁望》:“须权元化柄,用拯中夏酷。”❹严厉。白居易《和梦游春诗一百韵》:“饮过君子争,令甚将军酷。”❺浓烈。李商隐《送千牛李将军赴阙五十韵》:“别馆兰薰酷,深宫蜡焰明。”❻副词。表示程度。相当于极;甚。李山甫《公子家二首》之一:“麻衣酷献平生业,醉倚春风不点头。”杜荀鹤《题汪氏茅亭》:“君今酷爱人间事,争得安闲老在兹。”张泌《寄人》之二:“酷怜风月为多情,还到春时别恨生。”

【酷吏】 指滥用刑法残害无辜的官吏。高适《奉酬北海李太守丈人夏日平阴亭》:“谏官莫敢议,酷吏方专刑。”张籍《寒食书事二首》之一:“为政多孱懦,应无酷吏名。”杜牧《早秋》:“大热去酷吏,清风来故人。”贯休《拟君子有所思二首》之二:“散为酷吏家,使无贪残心。”

【酷似】 极像,极似。卢纶《赴池州拜觐舅氏留上考功郎中舅》:“孤贱易蹉跎,其如酷似何。”权德舆《奉和崔评事寄外甥刘同州并呈杜宾客许给事王侍郎昆弟杨少尹李侍御并见寄之作》:“酷似仰牢之,雄词挹亭伯。”许浑《余谢病东归王秀才见寄今潘秀才南棹奉酬》:“酷似牢之玉不如,落星山下白云居。”贯休《上卢使君》:“自怜酷似随阳雁,霜打风飘到日边。”

【酷旱】 极其干旱。张祜《苦旱》:“河上劳兵地,江南酷旱天。”

【酷毒】 指暑热。齐己《夏雨》:“当时消酷毒,随处有清凉。”

【酷恨】 非常厌恨。李中《落花》:“酷恨西园雨,生憎南陌风。”

【酷烈】 浓烈。王琚《美女篇》:“玉台龙镜洞彻光,金炉沉烟酷烈芳。”白居易《咏家酝十韵》:“瓮揭开时香酷烈,瓶封贮后味甘辛。”薛能《海棠》:“酷烈复离披,玄功莫我知。”

【酷暑】 极热的夏天。李洞《题竹溪禅院》:“鸟触翠微湿,人居酷暑寒。”

酴 〔tú《广韵》同都切,平模,定。〕❶酒酿。许浑《天竺寺题葛洪井》:“仍闻酿仙酒,此水过琼酴。”❷见“酴醾”。

【酴醾】 ❶酒名。一种经几次复酿而成的甜米酒。阎朝隐《奉和圣制春日幸望春宫应制》:“彩胜年年逢七日,酴醾岁岁满千钟。”贾至《春思二首》之二:“红粉当垆弱柳垂,金花腊酒解酴醾。”❷花名。因其花颜色似酴醾酒,故名。崇圣寺鬼《题壁》之一:“禁烟佳节同游此,正值酴醾夹岸香。”

酹 〔lèi《广韵》盧對切,去隊,來。又郎外切,去泰,來。〕以酒浇地,表示祭奠。李白《山人劝酒》:“举觞酹巢由,洗耳何独清。”孟云卿《邺城怀古》:“斗酒将酹君,悲风白杨树。”李绅《过荆门》:“月低山晓问行客,已酹椒浆拜荒陌。”杜荀鹤《哭方干》:“天下未宁吾道丧,更谁将酒酹吟魂。”

【酹金】 见“酎金”。

【酹酒】 以酒浇地,表示祭奠。钱起《哭曹钧》:“一声邻笛残阳里,酹酒空堂泪满衣。”又《过温逸人旧居》:“酹酒片阳微,空山想埋照。”卢纶《送杨皞东归》:“日里扬帆闻戍鼓,舟中酹酒见山祠。”黄滔《寄蒋先辈》:“冢上题诗苏小见,江头酹酒伍员来。”

酸 〔suān《广韵》素官切,平桓,心。〕❶醋。《楚辞·招魂》:“大苦鹹酸,辛甘行些。”朱熹集注:“酸,酢也。”韩愈《初南食贻元十八协律》:“调以咸与酸,芼以椒与橙。”❷泛指像醋一样的气味或味道。杜甫《病后遇王倚饮赠歌》:“长安冬菹酸且绿,金城土酥静如练。”韦应物《答郑骑曹青橘绝句》:“怜君卧病思新橘,试摘犹酸亦未黄。”韩愈《崔十六少府摄伊阳以诗及书见投因酬三十韵》:“上言酒味酸,冬衣竟未擐。”❸悲伤;凄凉。孟云卿《古别离》:“含酸欲谁诉,展转伤怀抱。”孟郊《秋夕贫居述怀》:“卧冷无远梦,听秋酸别情。”姚合《心怀霜》:“思劲凄孤韵,声酸激冷吟。”贾岛《病蝉》:“拆翼犹能薄,酸吟尚极清。”

【酸辛】 辛酸,悲苦。杜甫《别蔡十四著作》:“流涕洒丹极,万乘为酸辛。”孟郊《感怀》之三:“徘徊不能寐,耿耿含酸辛。”张籍《送远曲》:“行人行处求知亲,送君去去徒酸辛。”罗隐《王夷甫》:“把得闲书坐水滨,读来前事亦酸辛。”

【酸苦】 辛酸痛苦。韩愈《鸣雁》:“风霜酸苦稻粱微,毛羽摧落身不肥。”僧鸾《赠李粲秀才》:“鞭驰造化绕笔转,灿烂不为酸苦吟。”

【酸呻】 痛苦呻吟。孟郊《秋怀》之五："病骨可刳物，酸呻亦成文。"

【酸骨】 酸痛刺骨。韦应物《往富平伤怀》："衔恨已酸骨，何况苦寒时。"韩愈《答张彻》："愁狖酸骨死，怪花醉魂馨。"

【酸風】 刺人的寒风。李贺《金铜仙人辞汉歌》："魏官牵车指千里，东关酸风射眸子。"

【酸急】 声音悲凉而急促。李山甫《山中病后作》："时序追牵从鬓改，蝉声酸急是谁催。"

【酸甜】 又酸又甜。白居易《与沈杨二舍人阁老同食敕赐樱桃玩物感恩因成十四韵》："琼液酸甜足，金丸大小匀。"

【酸悽】 悲痛凄楚。元结《系乐府十二首·贫妇词》："请君听其词，能不为酸悽。"

【酸棗】 ❶木名。亦称棘。枝上有刺，叶长椭圆形。开黄绿花，果实如枣而小，味酸。李白《寻鲁城北范居士失道见范置酒摘苍耳作》："酸枣垂北郭，寒瓜蔓东篱。"❷县名，秦置，治所在今河南延津县西南。唐属滑州。韩翃《赠别太常李博士兼寄两省旧游》："玉镫初回酸枣馆，金钿正舞石榴裙。"张祜有《题酸枣驿前碑》。

【酸寒】 寒酸。韩愈《荐士》："酸寒溧阳尉，五十几何耄。"刘叉《答孟东野》："酸寒孟夫子，苦爱老叉诗。"白居易《自题小草亭》："龌龊豪家笑，酸寒富室欺。"司空图《力疾山下吴村看杏花十九首》之一五："还有酸寒堪笑处，拟夸朱绂更峥嵘。"

【酸楚】 悲苦凄楚。李白《望木瓜山》："客心自酸楚，况对木瓜山。"孟郊《离思》："回织别离字，机声有酸楚。"

【酸傷】 悲伤。卢肇《汉堤诗》："酸伤顾望，若践丘墟。"

【酸鼻】 鼻酸。谓悲痛欲泣。语出《文选·宋玉〈高唐赋〉》："孤子寡妇，寒心酸鼻。"李善注："酸鼻，鼻辛酸，泪欲出也。"王季友《代贺若令誉赠沈千运》："举声酸鼻问同年，十人六七归下泉。"元稹《和李校书新题乐府十二首·上阳白发人》："我悲此曲将彻骨，更想深冤复酸鼻。"

【酸醋】 即醋。因醋味酸，故云。张祜《戏赠村妇》："二升酸醋瓦瓶盛，请得姑嫜十日程。"

【酸樝】 酸的樝子。樝子，落叶小灌木，实圆，色微黄，甚酸。柳宗元《同刘二十八院长述旧言怀感时书事通赠二君子》："俚儿供苦笋，伧父馈酸樝。"

【酸嘶】 ❶酸痛剧烈之貌。孟郊《寒溪》之三："独立欲何语，默念心酸嘶。"❷哀鸣；悲叹。沈佺期《赦到不得归题江上石》："谁能竟此曲，曲尽气酸嘶。"李白《豳歌行上新平长史兄粲》："哀鸿酸嘶暮声急，愁云苍惨寒气多。"杜甫《无家别》："生我不得力，终身两酸嘶。"宝月《行路难》："孤雁关外发，酸嘶度杨越。"

【酸鹹】 酸味和咸味。陆龟蒙《江湖散人歌》："衣散单复便，食散酸咸宜。"

【酸澀】 又酸又涩。杜甫《病橘》："惜哉结实小，酸涩如棠梨。"李涉《题苏仙宅枯松》："不如酸涩棠梨树，却占高城独放花。"

八 画

醋 〔cù《广韵》倉故切，去暮，清。〕一种酸味的液体调料。多以粮食经发酵酿制而成。亦借指酸味。颜真卿《三言拟五杂组二首》之二："五杂组，甘咸醋。"白居易《东院》："老去齿衰嫌橘醋，病来肺渴觉茶香。"

【醋溝】 地名。不详。或谓在今新疆罗布泊与甘肃敦煌玉门关之间。岑参《北庭作》："雁塞通盐泽，龙堆接醋沟。"

醆 〔zhǎn《广韵》阻限切，上産，莊，又旨善切，上獮，章。〕❶同"盏"。酒杯。《诗·大雅·行苇》："或献或酢，洗爵奠斝。"毛传："夏曰醆，殷曰斝，周曰爵。"杜甫《酬孟云卿》："但恐天河落，宁辞酒醆空。"又《送杨六判官使西蕃》："边酒排金醆，夷歌捧玉盘。"白居易《题周皓大夫新亭子二十二韵》："锦额帘高卷，银花醆慢巡。"亦指其他饮器。白居易《想东游五十韵》："圆醆飞莲子，长裾曳石榴。"❷量词。用于盛器、灯等。杜甫《拨闷》："闻道云安曲米春，才倾一醆既醺人。"白居易《闲居》："空腹一醆粥，饥食有余味。"鱼玄机《送别》："睡觉莫言云去处，残灯一醆野蛾飞。"齐己《荆州新秋寺居写怀诗五首上南平王》之二："满印白檀灯一醆，可能酬谢得聪明。"

【醆斝】 酒器。《礼记·礼运》："醆斝及尸君，非礼也。"郑玄注："醆斝，先王之爵也……夏曰醆，殷曰斝，周曰爵。"陆龟蒙《奉酬袭美先辈吴中苦雨一百韵》："醆斝既屡倾，钱刀亦随爇。"

【醆鄒】 象声词。吞食声。卢仝《月蚀诗》："红鳞焰鸟烧口快，翎鬣倒侧声醆邹。"

醇 〔chún《广韵》常倫切，平諄，禪。〕❶酒味醇厚。卢象《句》："书名会粹才偏逸，酒号屠苏味更醇。"元稹《代曲江老人一百韵》："万钱才下箸，五酘未称醇。"❷味道淳正浓厚的酒。独孤及《三月三日自京到华阴于水亭独酌寄裴六薛八》："呼儿命长瓢，独酌湘吴醇。"欧阳詹《李评事公进示文集因赠之》："泠泠中山醇，片片昆丘璠。"❸纯粹，纯一不杂。参见"醇儒"。❹指道德风尚的淳厚质朴。权德舆《奉和圣制中和节赐百官宴集因示所怀》："赓歌武弁侧，永荷玄化醇。”又《严陵钓台下作》：“潜驱东汉风，日使薄者醇。”韩愈《送惠师》：“吾非西方教，怜子狂且醇。”元稹《酬翰林白学士代书一百韵》：“还醇凭酎酒，运智托围棋。”

【醇酎】　味厚的美酒。杜甫《九日寄岑参》：“岑生多新诗，性亦嗜醇酎。”窦牟《洛下闲居夜晴观雪寄四远诸兄弟》：“荆楚岁时知染翰，湘吴醇酎忆衔杯。”皮日休《鲁望读襄阳耆旧传见赠五百言次韵》：“继彼欲为三，如醨如醇酎。”陆龟蒙《读襄阳耆旧传因作诗五百言寄皮袭美》：“执热濯清风，忘忧饮醇酎。”

【醇仁】　淳厚仁爱。权德舆《徐孺亭马上口号》序：“且以其尚贤好生，皆醇仁之首也，因叹不得与二贤同时，论文变损益。”

【醇酒】　味厚的美酒。张九龄《谢公楼》：“谢公楼上好醇酒，三百青蚨买一斗。”韩翃《送中兄典邵州》：“零陵过赠石香溪，洞口人来饮醇酒。”

【醇儒】　学识精粹纯正的儒者。杜甫《赠特进汝阳王二十韵》：“学业醇儒富，辞华哲匠能。”

【醇醨】　厚酒与薄酒，酒味的厚与薄。皮日休《奉和添酒中六咏·酒杯》：“但取性淡泊，不知味醇醨。”陆龟蒙《江湖散人歌》：“书散浑真草，酒散甘醇醨。”亦喻指教化、风俗等的敦厚与浇薄。陆龟蒙《袭美先辈以龟蒙所献五百言既蒙见和复示荣唱再抒鄙怀用伸酬谢》：“倏以中利病，且非混醇醨。”

【醇醪】　味厚的美酒。高适《宋中遇林虑杨十七山人因而有别》：“檐前举醇醪，灶下烹只鸡。”白居易《负冬日》：“初似饮醇醪，又如蛰者苏。”

【醇醲】　酒味浓厚甘美。韦应物《酒肆行》：“深门潜酝客来稀，终岁醇醲味不移。”

醉　〔zuì《广韵》將遂切，去至，精。〕❶饮酒适量。见“醉德”。❷饮酒过量，神志不清。贾至《春思二首》之二：“笙歌日暮能留客，醉杀长安轻薄儿。”白居易《残春咏怀赠杨慕巢侍郎》：“兴来池上酌，醉出袖中诗。”李商隐《陈后宫》：“夜来江令醉，别诏宿临春。”罗隐《自遣》：“今朝有酒今朝醉，明日愁来明日愁。”❸沉醉，陶醉。姚合《杨柳枝词五首》之一：“游客见时心自醉，无因得见谢家楼。”杜牧《长安杂题长句六首》之六：“白鹿原头回猎骑，紫云楼下醉江花。”苏拯《思妇吟》：“可堪日日醉宠荣，不说思君令人老。”

【醉人】　喝醉酒的人。王驾《社日》：“桑柘影斜春社散，家家扶得醉人归。”

【醉兀兀】　沉醉貌。白居易《对酒》：“所以刘阮辈，终年醉兀兀。”

【醉止】　即醉。止，语助。贾曾《祭汾阴乐章》：“神其醉止，欣欣乐康。”苏颋《恩制尚书省僚宴昆明池同用尧字》：“饱恩皆醉止，合舞共歌尧。”权德舆《奉和圣制重阳日中外同欢以诗言志因示百僚》：“百辟皆醉止，万方今宴如。”

【醉公子】　❶唐教坊曲，玄宗开元间人作。五言，四句，二十字，三平韵。《全唐诗》卷二七《杂曲歌辞》载无名氏《醉公子》一首。❷本唐教坊曲。后用为词牌名。五言，八句，四十字，两仄韵，两平韵。《全唐诗》卷八九四录薛昭蕴《醉公子》词一首，顾敻《醉公子》词二首。

【醉月】　对月酣饮。李白《赠孟浩然》：“醉月频中圣，迷花不事君。”

【醉心】　酒醉时的心理状态。白居易《晚春酒醒寻梦得》：“醉心忘老易，醒眼别春难。”

【醉玉】　典出南朝宋刘义庆《世说新语·容止》：“嵇叔夜之为人也，岩岩若孤松之独立；其醉也，傀俄若玉山之将崩。”后遂以形容男子风姿挺秀，酒后醉倒的风彩。齐己《寄答武陵幕中何支使二首》之一：“骚雅锵金掷，风流醉玉颓。”

【醉石】　庐山名胜名。相传为晋诗人陶渊明酒醉后常卧的一块大石头。陈光有《题陶渊明醉石》。徐铉《送孟宾于员外还新淦》：“双涧水边欹醉石，九仙台下听风松。”

【醉仙】　酒仙。嗜酒的仙友。亦用于对嗜酒者的美称。白居易《戏和微之答窦七行军之作》：“赭汗骑骄马，青娥舞醉仙。”吕岩《七言》之五十：“修修修得到乾乾，方号人间一醉仙。”

【醉弁】　醉酒时所戴的帽子。裴度、白居易《度自到洛中与乐天为文酒之会联句》：“醉弁无妨侧，词锋不可摧。”

【醉似泥】　见“醉如泥”。

【醉如泥】　亦作“醉似泥”。烂醉貌。李商隐《戏题枢言草阁三十二韵》：“我虽不能饮，君时醉如泥。”韩偓《苑中》：“笙歌锦绣云霄里，独许词臣醉似泥。”又《赠孙仁本尊师》：“齿如冰雪发如黳，几百年来醉似泥。”吴仁璧《读度人经寄郑仁表》：“二午九斋余日在，请君相伴醉如泥。”

【醉花間】　原本唐教坊曲名，后为词牌名。双调，有两体：一体双调四十一字，上片三仄韵又一叠韵，下片三仄韵，《全唐诗》卷八九三载毛文锡《醉花间》二首，属此。一体双调五十字，上片三仄韵，下片四仄韵，《全唐诗》卷载八九八冯延巳《醉花间》二首，属此。

【醉吟】　醉后吟诗。白居易《老来生计》：“老来生计君看取，白日游行夜醉吟。”刘沧《深愁喜友人至》：“灯前话旧阶草夜，月下醉吟溪树霜。”皮日休《润卿鲁望寒夜见访各惜其志遂成一绝》：“世外为交不是亲，醉吟俱岸白纶巾。”徐铉《送史馆高员外使岭南》：“春江多好景，莫使醉吟疏。”

【醉伴】 酒友。元稹《病醉》：“醉伴见侬因病酒，道侬无酒不相窥。”白居易《吴秘监每有美酒独酌独醉》：“赖有伯伦为醉伴，何愁不解傲松乔。”

【醉妓】 醉酒的歌妓。白居易《喜刘苏州恩赐金紫遥想贺宴以诗庆之》：“贺宾喜色欺杯酒，醉妓欢声遏管弦。”

【醉妆】 ❶醉态。白居易《新乐府·牡丹芳》：“映叶多情隐羞面，卧丛无力含醉妆。”❷醉态的装束。罗虬《比红儿诗》之九五：“君看红儿学醉妆，夸裁宫襕砑裙长。”

【醉妆詞】 词牌名。前蜀后主王衍创此调。一段，六句，二十二字，三仄韵。词见《全唐诗》卷八八九。

【醉卧】 酒醉而卧。白居易《咏兴五首·小庭亦有月》：“客散有余兴，醉卧独吟哦。”又《秋日与张宾客舒著作同游龙门醉中狂歌凡二百三十八字》：“不如展眉开口笑，龙门醉卧香山行。”张祜《戊午年感事书怀二百韵》：“醉卧扪云扃，狂歌上钓舡。”

【醉侣】 酒友。皮日休《偶成小酌招鲁望不至以诗为解因次韵酬之》：“醉侣相邀爱早阳，小筵催办不胜忙。”

【醉泥】 指酒。杜甫《孟仓曹步趾领新酒酱二物满器见遗老夫》：“饭粝添香味，朋来有醉泥。”杜牧《醉后题僧院》：“离心忽忽复凄凄，雨晦倾瓶取醉泥。”

【醉草】 草书。陆龟蒙《寄淮南郑宝书记》：“清词醉草无因见，但钓寒江半尺鲈。”

【醉侯】 对好酒善饮者的美称。皮日休《夏景冲澹偶然作二首》之二：“他年谒帝言何事，请赠刘伶作醉侯。”

【醉客】 醉酒者或嗜酒者。岑参《送襄州任别驾》：“高阳诸醉客，唯见古时丘。”白居易《雪后早过天津桥偶呈诸客》：“犹赖洛中饶醉客，时时泥我唤笙歌。”李绅《南梁行》：“此时醉客纵横书，公言可荐承明庐。”赵嘏《宛陵寓居上沈大夫二首》之一：“幽云高鸟俱无事，晚伴西风醉客还。”

【醉眠】 醉后睡眠。白居易《白发》：“其余便被春收拾，不作闲游即醉眠。”又《初致仕戏酬留守牛相公并呈分司诸寮友》：“炮笋烹鱼饱餐后，拥袍枕臂醉眠时。”李频《酬姚覃》：“醉眠春草长，吟坐夜灯销。”王贞白《赠彭蟾处士》：“退隐斸山药，醉眠凭酒缸。”

【醉倒】 (—dǎo)酒醉倒地。岑参《凉州馆中与诸判官夜集》：“一生大笑能几回，斗酒相逢须醉倒。”又《喜韩樽相过》：“三月灞陵春已老，故人相逢耐醉倒。”陆龟蒙《和袭美春夕酒醒》：“几年无事傍江湖，醉倒黄公旧酒垆。”齐己《寄江居耿处士》：“醉倒芦花白，吟缘蓼岸红。”

【醉翁】 嗜酒的老人。白居易《病中诗十五首·别柳枝》：“两枝杨柳小楼中，袅袅多年伴醉翁。”郑谷《倦客》：“闲烹芦笋炊菰米，会向源乡作醉翁。”韦庄《对雨独酌》：“荷锸醉翁真达者，卧云逋客竟悠哉。”

【醉酒】 饮酒过量。刘禹锡《同乐天和微之深春二十首》之十：“醉酒一千日，贮书三十车。”

【醉書】 醉帖，即草书。唐怀素善草书，常作醉帖。陈子昂《喜马参军相遇醉歌》序：“时醉书散洒，乃昏见清庙台令，知此有蜀云气也。”皎然《送顾处士歌》：“醉书在箧称绝伦，神画开厨怕飞出。”

【醉陶陶】 酒醉快乐貌。白居易《劝酒十四首·不如来饮酒七首》之七：“不如来饮酒，稳卧醉陶陶。”司马扎《锄草怨》：“亭午霁日明，邻翁醉陶陶。”

【醉眼】 酒醉后迷糊的眼睛。杜甫《九日登梓州城》：“弟妹悲歌里，朝廷醉眼中。”白居易《三月三日祓禊洛滨》：“水引春心荡，花牵醉眼迷。”方干《牡丹》：“醉眼若为抛去得，狂心更拟折来看。”刘兼《再看光福寺牡丹》：“当筵芬馥歌唇动，倚槛娇羞醉眼斜。”

【醉尉】 典出《史记·李将军列传》：“尝夜从一骑出，从人田间饮。还至霸陵亭。霸陵尉醉，呵止广。广骑曰：‘故李将军。’尉曰：‘今将军尚不得夜行，何乃故也！’止广宿亭下。”后遂以指称势利小人。长孙无忌《灞桥侍李将军》：“霸陵无醉尉，谁滞李将军。”杜甫《南极》：“乱离多醉尉，愁杀李将军。”

【醉鄉】 指醉酒后神志不清的境界。权德舆《酬赵尚书城南看花日晚先归见寄》：“日暮归鞍不相待，与君同是醉乡人。”白居易《醉别程秀才》：“何必更游京国去，不如且入醉乡来。”李群玉《哭郴州王使君》：“瑶树忽倾沧海里，醉乡翻在夜台中。”聂夷中《劝酒二首》之一：“与君入醉乡，醉乡乐天和。”

【醉筆】 谓酒酣使笔吟诗。赵嘏《舒州献李相公》：“醉笔倚风飘涧雪，静襟披月坐楼天。”刘兼《郡斋寓兴》：“醉笔语狂挥粉壁，歌梁尘乱拂花钿。”

【醉遊】 见“醉游”。

【醉游】 亦作“醉遊”。醉后游览。白居易《早春持斋答皇甫十见赠》：“正月晴和风气新，纷纷已有醉遊人。”雍陶《寄题岘亭》：“却想醉游如梦见，直疑元本不曾来。”赵嘏《经汉武泉》：“竹间驻马题诗去，物外何人识醉遊”。

【醉魂】 嗜酒者的魂魄。皮日休《酒中十咏·酒泉》：“我愿葬兹泉，醉魂似凫跃。”

【醉夢】 谓人糊涂如醉如梦。李涉《题鹤林寺僧舍》：“终日昏昏醉梦间，忽闻春尽强登山。”李频《送人归吴》：“未饮青门酒，先如醉梦身。”牛希济《中兴乐》词：“红蕊凋来，醉梦还稀。”南唐后主李煜《阮郎归》

词："落花狼藉酒阑珊，笙歌醉梦间。"

【醉暖】 酒后身上发热。白居易《秦中吟十首·歌舞》："欢酣促密坐，醉暖脱重裘。"

【醉睡】 酒醉而睡。郑谷《浯溪》："渔翁醉睡又醒睡，谁道皇天最惜闲。"

【醉飽】 酒食过度。语出《左传·昭公十二年》："形民之力，而无醉饱之心。"孔颖达疏："食充其腹谓饱，酒卒其量谓之醉。醉饱者，是酒食餍足过度之名也。"白居易《春寒》："省躬念前哲，醉饱多惭忸。"温庭筠《中书令裴公挽歌词二首》之一："从今虚醉饱，无复污车茵。"

【醉歌】 醉后高歌。李白《送殷淑三首》之三："醉歌惊白鹭，半夜起沙滩。"杜甫《苏端薛复筵简薛华醉歌》："坐中薛华善醉歌，歌辞自作风格老。"刘长卿《江州重别薛六柳八二员外》："生涯岂料承优诏，世事空知学醉歌。"

【醉舞】 狂舞。李白《豳歌行上新平长史兄粲》："赵女长歌入彩云，燕姬醉舞娇红烛。"

【醉舞狂歌】 谓沉溺于声色歌舞中。白居易《戏问牛司徒》："不知诏下悬车后，醉舞狂歌有例无。"

【醉僧】 指唐代书法家怀素。苏涣《赠零陵僧》："琅诵□句三百字，何似醉僧颠复狂。"

【醉魄】 嗜酒者的魂魄。皮日休《七爱诗·李翰林》："竟遭腐胁疾，醉魄归八极。"

【醉貌】 酒醉后的面貌。白居易《醉中对红叶》："醉貌如霜叶，虽红不是春。"

【醉語】 酒醉后之语，胡话。卢纶《无题》："高歌犹爱思归引，醉语惟夸漉酒巾。"韩偓《无题》："吉音闻诡计，醉语近天真。"颜真卿、刘全白有《七言醉语联句》。

【醉態】 醉后的神态。白居易《早春西湖闲游》："野情遗世累，醉态任天真。"罗虬《比红儿诗》之七："斜凭栏杆醉态新，敛眉微盼不胜春。"罗邺《蝉》："不傍管弦拘醉态，偏依杨柳挠离情。"徐铉《依韵和令公大王蔷薇诗》："芳心向谁许，醉态不能支。"

【醉德】《诗·大雅·既醉》："既醉以酒，既饱以德。"又序："既醉，太平也。醉酒饱德，人有士君子之行焉。"后遂以用为酬谢主人宴饮之辞。赵冬曦《奉和圣制送张说上集贤学士赐宴赋得莲字》："史臣知醉德，欲记升中年。"

【醉醒】 酒醒，醉后醒来。刘禹锡《送僧仲剬东游兼寄呈灵澈上人》："高筵谈柄一麾拂，讲下门徒如醉醒。"李廓《长安少年行》之十："小妇教鹦鹉，头边唤醉醒。"贾岛《送李登少府》："伊阳耽酒尉，朗咏醉醒新。"杜荀鹤《别从叔》："立马不忍上，醉醒天气寒。"

【醉墨】 醉中所作之诗画。陆龟蒙《奉和袭美醉中偶作见寄次韵》："怜君醉墨风流甚，几度题诗小谢斋。"又《怀杨台文杨鼎文二秀才》："重思醉墨纵横甚，书破羊欣白练裙。"

【醉顏】 醉后的面色。白居易《浔阳宴别》："暮景牵行色，春寒散醉颜。"

【醉騰騰】 酒醉貌。白居易《劝酒十四首·不如来饮酒七首》之五："不如来饮酒，任性醉腾腾。"

【醉醺醺】 半醉貌。岑参《送羽林长生将军赴歙州》："青门酒楼上，欲别醉醺醺。"白居易《劝酒十四首·不如来饮酒七首》之五："不如来饮酒，闲坐醉醺醺。"杜牧《并州道中》："如何遣公子，高卧醉醺醺。"皮日休《鲁望示广文先生吴门二章次韵属和存于诗编鲁望之命也》之一："朝廷未无事，争任醉醺醺。"

【醉醺】 酒醉貌。褚载《句》："相逢多是醉醺然，应有囊中子母钱。"

【醉纈】 一种彩色缯帛。李贺《恼公》："醉缬抛红网，单罗挂绿蒙。"

【醉豔】 令人陶醉的花色。姚合《和李补阙曲江看莲花》："醉艳酣千朵，愁红思一川。"又《和王郎中召看牡丹》："妍姿朝景里，醉艳晚烟中。"

醅 〔pēi《广韵》芳杯切，平灰，滂。又匹尤切，平尤，滂。〕未滤去糟的酒。亦泛指酒。杜甫《客至》："盘餐市远无兼味，樽酒家贫只旧醅。"白居易《答韦八》："春尽绿醅老，雨多红萼稀。"殷尧藩《九日病起》："紫蟹霜肥秋纵好，绿醅蚁滑晚慵斟。"李商隐《子初全溪作》："全溪不可到，况复尽余醅。"

【醅酎】 美酒。薛能《柳枝词五首》序："乾符五年，许州刺史薛能于郡阁与幕中谈宾酣饮醅酎，因令部妓少女作杨柳枝健舞。"

【醅酒】 未滤去糟的酒。白居易《问刘十九》："绿蚁新醅酒，红泥小火垆。"又《对酒》："唯将绿醅酒，且替紫河车。"又《尝黄醅新酎忆微之》："世间好物黄醅酒，天下闲人白侍郎。"又《冬初酒熟二首》之一："一瓮新醅酒，萍浮春水波。"

醁 〔lù《广韵》力玉切，入燭，來。〕美酒。李白《叙旧赠江阳宰陆调》："多沽新丰醁，满载剡溪船。"元稹《寒》："复此满尊醁，但嗟谁与欢。"李群玉《江楼独酌怀从叔》："酣歌金尊醁，送此清风愁。"温庭筠《夜宴谣》："裂管萦弦共繁曲，芳樽细浪倾春醁。"

【醁酒】 美酒。尹鹗《拨棹子》词之二："银台蜡烛滴红泪，醁酒劝人教半醉。"

【醁醅】 美酒。胡曾《咏史诗·姑苏台》："吴王恃霸弃雄才，贪向姑苏醉醁醅。"

【醁醽】 美酒名。李贺《示弟》："醁醽今为酒，细帙去时书。"卢仝《走笔追王内丘》:"余对醁醽不能斟,君且来,余之瞻望以悠哉。"

九 画

醎 〔xián《广韵》胡谗切,平咸,匣。〕同"鹹"。味不淡,特指像盐的味道。许浑《行次虎头岩酬寄路中丞》:"石梯迎雨滑,沙井落潮醎。"

醐 〔hú《广韵》户吴切,平模,匣。〕见"醍醐"。

醍 〔tí《广韵》杜奚切,平齊,定。〕见"醍醐"。

【醍盎】 酒瓶。《郊庙歌辞·汉宗庙乐舞辞·积善舞》:"陶匏在御,醍盎惟精。"

【醍齊】 (—jì)红酒。陆龟蒙《添酒中六咏·酒池》:"残霞入醍齐,远岸澄白酂。"

【醍醐】 ❶从酥酪中提制出来的油。寒山《诗三百三首》之二一:"醍醐与石蜜,至死不能尝。"白居易《答皇甫十郎中秋深酒熟见忆》:"醍醐惭气味,琥珀让晶光。"又《早饮湖州酒寄崔使君》:"手中稀琥珀,舌上冷醍醐。"皮日休《木兰后池三咏·白莲》:"但恐醍醐难并洁,只应薝卜可齐香。"❷佛教以醍醐灌人之顶,用以比喻以智慧灌于人,使人彻悟,故常以"醍醐"喻指佛性。杜甫《大云寺赞公房四首》之一:"醍醐长发性,饮食过扶衰。"卢纶《送契玄法师赴内道场》:"昏昏醉老夫,灌顶遇醍醐。"羊士谔《郡斋读经》:"息阴惭蔽芾,讲义得醍醐。"皇甫湜《出世篇》:"颜如芙蓉,顶为醍醐。"❸喻指美酒。元稹《酬乐天江楼夜吟稹诗因成三十韵》:"甘蔗销残醉,醍醐醒早眠。"白居易《将归一绝》:"更怜家酝迎春熟,一瓮醍醐待我归。"皮日休《酒中十咏·酒樽》:"少恐消醍醐,满拟烘琥珀。"韩偓《偶见》:"秋千打困解罗裙,指点醍醐索一尊。"❹喻指甘露。成彦雄《露》:"银河昨夜降醍醐,洒遍坤维万象苏。"

醖 〔yùn《广韵》於問切,去問,影。又於粉切,上吻,影。〕❶酿造。多指酿酒。刘禹锡《和令狐相公谢太原李侍中寄蒲桃》:"酝成十日酒,味敌五云浆。"徐夤《谢主人惠绿酒白鱼》:"不曾垂钓兼亲酝,堪愧金台醉饱身。"徐铉《和陈洗马山庄新泉》:"何日煎茶酝香酒,沙边同听暝猿吟。"❷酒。孟浩然《裴司士员司户见寻》:"府僚能枉驾,家酝复新开。"权德舆《奉和张仆射朝天行》:"仙酝尝分玉斝浓,御闲更辍金羁骏。"白居易《酬思黯相公见过弊居戏赠》:"家酝不敢惜,待君来即开。"和凝《宫词百首》之五一:"白玉阶前菊蕊香,金杯仙酝赏重阳。"

【醖酎】 醇酒。《郊庙歌辞·中宗祀昊天乐章·肃和》:"珪璧是奠,酝酎斯盈。"

【醖酒】 酿酒。白居易《效陶潜体诗十六首》之四:"而我独何幸,酝酒本无期。"又《赠皇甫六张十五李二十三宾客》:"家未苦贫常酝酒,身虽衰病尚吟诗。"张光朝《获塘西庄赠房元垂》:"酝酒寒正熟,养鱼长食鲜。"

【醖釀】 造酒的发酵过程。借指酿酒。陆龟蒙《记事》:"近闻天子诏,复许私酝酿。"

醒 〔xǐng《广韵》蘇挺切,上迥,心。又桑經切,平青,心。又蘇佞切,去徑,心。〕❶酒醉消除,恢复常态。太宗《赐魏征诗》:"千日醉不醒,十年味不败。"杜甫《叹庭前甘菊花》:"明日萧条醉尽醒,残花烂漫开何益。"杨衡《春日偶题》:"冻花开未得,冷酒酌难醒。"贯休《陈宫词》:"大臣来朝酒未醒,酒醒忠谏多不听。"❷睡眠状态结束或尚未睡着。杜甫《早发》:"烦促瘴岂侵,颓倚睡未醒。"戴叔伦《早春曲》:"玉颊啼红梦初醒,羞见青鸾镜中影。"❸动物由蛰伏而活动。周匡物《自题读书堂》:"黄昏不欲留人宿,云起风生龙虎醒。"❹清醒,觉悟。刘长卿《谪居登干越亭作》:"独醒翻引笑,直道不容身。"窦庠《酬韩愈侍郎登岳阳楼见赠》:"莫辞今日醉,长恨古人醒。"杨巨源《赠侯侍御》:"逃祸栖蜗舍,因醒解豸簪。"孟郊《退居》:"众听喜巴唱,独醒愁楚颜。"亦指使人清醒,觉悟。寒山《诗三百三首》之二五三:"迷汝即吐雾,醒汝即吹风。"皮日休《太湖诗·孤园寺》:"磬韵醒闲心,茶香凝皓齿。"❺爽朗,清新。韩愈《岳阳楼别窦司直》:"涤濯神魂醒,幽怀舒以畅。"白居易《松斋偶兴》:"耳烦闻晓角,眼醒见秋山。"郑损《泛香亭》:"莫怪坐中难得醉,醒人心骨有潺湲。"齐己《新秋雨后》:"静引闲机发,凉吹远思醒。"

【醒心】 神志清醒。韩愈《奉和虢州刘给事使君三堂新题二十一咏·北湖》:"应留醒心处,准拟醉时来。"韩偓《天鉴》:"猛虎十年摇尾立,苍鹰一旦醒心飞。"

【醒狂】 谓狂放傲世。语本《汉书·盖宽饶传》:"宽饶曰:'无多酌我,我乃酒狂。'丞相魏侯笑曰:'次公醒而狂,何必酒也。'"李绅《州中小饮便别牛相》:"耻矜学步贻身患,岂慕醒狂蹑祸阶。"

【醒客】 清醒者。李商隐《杜工部蜀中离席》:"座中醉客延醒客,江上晴云杂雨云。"

【醒素】 清醒。元稹《酬乐天东南行诗一百韵》:"耽眠稀醒素,凭醉少嗟吁。"

【醒酒】 使由醉而醒,恢复常态。杜甫《晚秋陪严郑公摩诃池泛舟》:"湍驶风醒酒,船回雾起堤。"白居易《湖上夜饮》:"郊外迎人月,湖边醒酒风。"姚合《寻僧不遇》:"花落煎茶水,松生醒酒风。"徐铉《早春句假独直寄江舍人》："远思风醒酒，余寒雨湿衣。"

【醒眼】 清醒的眼光。白居易《晚春酒醒寻梦得》："醉心忘老易，醒眼别春难。"齐己《对菊》："莫嫌醒眼相看过，却是真心爱澹黄。"

【醒睡】 假寐，打瞌睡。李洞《对棋》："侧楸敲醒睡，片石夹吟诗。"郑谷《浯溪》："渔翁醉睡又醒睡，谁道皇天最怜闲。"

【醒寤】 睡醒。元稹《出门行》："一朝龙醒寤，本问偷珠事。"

【醒醉】 酒醒和酒醉。袁朗《和洗掾登城南坂望京邑》："醒醉各相扶，讴歌从圣主。"权德舆《早发杭州泛富春江寄陆三十一公佐》："唯应杯中物，醒醉为穷通。"徐铉《将去广陵别史员外南斋》："鸳鸾终日同醒醉，萝薜常时共往还。"

【醒醒】 ❶清醒，清楚。白居易《欢喜二偈》之二："眼暗头旋耳重听，唯余心口尚醒醒。"雍陶《寄题岘亭》："岘亭留恨为伤杯，未得醒醒看便回。"段成式《醉中吟》："只爱糟床滴滴声，长愁声绝又醒醒。"司空图《力疾山下吴村看杏花十九首》之一一："客来须共醒醒看，碾尽明昌几角茶。"❷聪明。寒山《诗三百三首》之二二四："钝物丰财宝，醒醒汉无钱。"

【醒黠】 清醒聪明。白居易《家酿新熟每尝辄醉固成长句以谕之》："六十三翁头雪白，假如醒黠欲何为。"

醜 〔chǒu《广韵》昌九切，上有，昌。〕❶凶，邪恶。《诗·小雅·十月之交》："十月之交，朔月辛卯，日有食之，亦孔之醜。"毛传："醜，恶也。"顾况《上古之什补亡训传十三章·燕于巢一章》："彼日之差，亦孔斯醜。"❷坏，不好。杜牧《留海曹师等诗》："万物有醜好，各一姿状分。"亦指坏人。储光羲《同诸公送李云南伐蛮》："余醜隐弭河，啁啾乱行藏。"❸形貌醜陋，样子难看。刘长卿《温汤客舍》："且喜礼闱秦镜在，还将妍醜付春官。"白居易《青冢》："祸福安可知，美颜不如醜。"雍陶《感兴》："贫女貌非醜，要须缘嫁迟。"刘驾《邻女》："君嫌邻女醜，取妇他乡县。"亦借指丑女。张南容《静女歌》："为照齐王门下醜，何如汉帝掌中轻。"❹羞耻，不光彩。亦指不光彩之人。储光羲《狱中贻姚张薛李郑柳诸公》："诬善不足悲，失听一何醜。"卢仝《冬行三首》之二："利令子罕言，我诚孔门醜。"韦镒《经望湖驿》："身殁国遂亡，此立人君醜。"❺厌恶，憎恶。见"醜正""醜直"。❻众。《诗·小雅·出车》："执讯获醜，薄言还归。"郑玄笺："醜，众也。"韩愈《元和圣德诗》："出师三千，各选尔醜。"❼相类，相比。孟郊《生生亭》："浩言无愧同，愧同忍醜醒。"

【醜士】 谓下贱之人。李白《赠宣城赵太守悦》："憔悴成醜士，风云何足论。"沈徽《古兴二首》之二："攀云无醜士，唾地尽成珠。"

【醜女】 丑陋的女子。李白《古风》之三五："醜女来效颦，还家惊四邻。"又《玉壶吟》："西施宜笑复亦颦，醜女效之徒累身。"李咸用《览友生古风》："金多醜女妍，木朽良工拙。"

【醜正】 谓嫉害正直之人。《左传·昭公二十八年》："叔敖曰：《郑书》有之：'恶直醜正，实蕃有徒。'"杨伯峻注："恶、醜同义，直、正同义，恶直即醜正，同义复语。言嫉害正直者。"储光羲《奉和韦判官献侍郎叔除河东采访使》："醜正在权臣，建旃千里外。"韩偓《感事三十四韵》："嗾獒翻醜正，养虎欲求全。"

【醜老】 丑陋衰老。白居易《以镜赠别》："我惭貌醜老，绕鬓斑斑雪。"又《赠写真者》："子骋丹青日，予当醜老时。"

【醜地】 苦恶地。常指远荒之地。刘禹锡《读张曲江集作》序："嗟夫！身出于遐陬，一失意而不能堪；矧华人士族而必致醜地，然后快意哉！"

【醜戎】 对西方少数民族的蔑称。白敏中《贺收复秦原诸州诗》："一诏皇城四海颁，醜戎无数束身还。"

【醜直】 谓嫉害正真的人。王周《自喻》："奴颜与婢膝，醜直从谁媚。"

【醜怪】 丑陋怪异。皮日休有《虎丘寺殿前有古杉一本形状醜怪图之不尽遂赋三百言以见志》。

【醜婦】 丑陋的妇女。储光羲《上长史王公责躬》："大贤荐时文，醜妇用蛾眉。"刘叉《古意》："君莫嫌醜妇，醜妇死守贞。"司空图《效陈拾遗子昂》："醜妇竞簪花，花多映愈醜。"

【醜詞】 恶语。孟郊《寒江吟》："一言纵醜词，万响无善应。"

【醜虜】 对敌人的蔑称。许天正《和陈元光平潮寇诗》："气昂无醜虏，策妙诎群雄。"李白《赠张相镐二首》之一："醜虏安足纪，可贻帼与巾。"又《登金陵冶城西北谢安墩》："皇运有返正，醜虏无遗魂。"顾况《从军行二首》之二："醜虏何足清，天山坐宁谧。"

【醜聲】 不好的名声。韩愈《合江亭》："胜事谁复论，醜声日已播。"又《题杜工部坟》："坟空饫死已传闻，千古醜声竟谁洗。"

【醜類】 同类。韩愈《答张彻》："岂独出醜类，方当动朝廷。"元稹《和李校书新题乐府十二首·蛮子朝》："椎头醜类除忧患，肿足役夫劳汹涌。"

醑 〔xǔ《广韵》私吕切，上語，心。〕❶酒；美酒。李白《送别》："惜别倾壶醑，临分赠马鞭。"白居易《风雨中寻李十一因题船上》："小榼酤清醑，行厨煮白鳞。"裴夷直《奉和大梁相公重九日军中宴会之什》："陶公缘绿醑，谢傅为苍生。"皎然《送李丞使宣州》："聊持剡山茗，以代宜城醑。"❷滤酒去滓。皮日休《补周礼九夏系文·九夏歌九篇·昭夏》："既醑既酢，爰𣚍爰舞。"

十　画

醢 〔hǎi《广韵》呼改切，上海，曉。〕❶肉酱。亦指剁为肉酱。李白《经乱离后天恩流夜郎忆旧游书怀赠江夏韦太守良宰》："公卿如犬羊，忠谠醢与菹。"杜甫《北征》："奸臣竟菹醢，同恶随荡析。"韩愈、孟郊《斗鸡联句》："妒肠务生敌，贼性专相醢。"《郊庙歌辞·五郊乐章·赤郊迎神》："虡列钟磬，筵陈脯醢。"❷古代酷刑。将人剁成肉酱。参见"醢醢"。

【醢醢】 剁成肉酱。李白《万愤词投魏郎中》："子胥鸱夷，彭越醢醢。"

醨 〔lí《广韵》吕支切，平支，來。〕❶薄酒。韩愈《感春四首》之二："屈原离骚二十五，不肯餔啜糟与醨。"皮日休《鲁望读襄阳耆旧传见赠五百言次韵》："继彼欲为三，如醨如醇酎。"❷酒味薄。陈子昂《赠别冀侍御崔司议》序："蜀国酒醨，无以娱客。"❸淡薄。韩愈、孟郊《秋雨联句》："氛醨稍疏映，雺乱还拥荟。"欧阳詹《李评事公进示文集因赠之》："往来更后人，浇荡醨前源。"

【醨酒】 薄酒。元稹《酬乐天东南行诗一百韵》："酢醅荷裹卖，醨酒水淋沽。"

醟 〔yòng《广韵》爲命切，去映，云。又休正切，去勁，曉。〕醉酒。朱鹄《圣政纪颂》："穆宗怃然，若疾若醟。"参见"酗醟"。

十一画

醥 〔piǎo《广韵》敷沼切，上小，滂。《集韵》匹沼切，上小，滂。〕清酒。王维《河南严尹弟宿弊庐访别人赋十韵》："花醥和松屑，茶香透竹丛。"杜甫《聂耒阳以仆阻书收致酒肉》："礼过宰肥羊，愁当置青醥。"

醫 〔yī《广韵》於其切，平之，影。〕❶治病的人。王维《宋进马哀词》序："宋进马者，中书舍人宋公之子也……文则有种，德亦惟肖。忽疾倏逝，医不及视。"张籍《卧病》："今来问良医，乃知病所生。"周贺《赠神遘上人》："夏满寻医还出寺，晴来晒疏暂开门。"韦庄《贼中与萧韦二秀才同卧重疾因有题》："纵有秦医在，怀乡亦泪流。"❷医治，治疗。孟郊《路病》："欲饮井泉竭，欲医囊用单。"姚合《赠张籍太祝》："贫须君子救，病合国家医。"司空图《村西杏花二首》之一："东风狂不惜，西子病难医。"齐己《荆门病中寄怀贯微上人》："除泥安禅力，难医必死根。"❸粥加曲蘖酿成的甜酒。《周礼·天官·酒正》："辨四饮之物，一曰清，二曰医，三曰浆，四曰酏。"贾公彦疏："二曰医者，谓酿粥为醴则为医。"皮日休《茶中杂咏》序："又浆人之职，共王之六饮，水浆醴凉医酏，入于酒府。"

【醫人】 医生。王建《题元郎中新宅》："铺设暖房迎道士，支分闲院著医人。"白居易《卧疾来早晚》："婢能寻本草，犬不吠医人。"

【醫王】 医术极高者。多用以喻诸佛或高僧等。沈佺期《九真山净居寺谒无碍上人》："弟子哀无识，医王惜未谈。"皇甫冉《问正上人疾》："医王犹有疾，妙理竟难穷。"白居易《病中诗十五首·病中五绝句》之四："身作医王心是药，不劳和扁到门前。"王继勋《赠和龙妙空禅师》："谁知今日秋江畔，独步医王阐法筵。"

【醫方】 ❶医书；医疗处方。李嘉祐《夜闻江南人家赛神因题即事》："韩康灵药不复求，扁鹊医方曾莫睹。"严武《寄题杜拾遗锦江野亭》："腹中书籍幽时晒，肘后医方静处看。"罗隐《遣兴》："老恐医方误，穷忧酒盏空。"❷指医术。权德舆《贞元七年蒙恩除太常博士自江东来朝因代书却寄》："医方验桐君，道术依竺乾。"

【醫巫】 治病的人。古代医生治病往往兼用巫术，故云。白居易《得微之到官后书备知通州之事怅然有感因成四章》之三："人稀地僻医巫少，夏旱秋霖瘴疟多。"

【醫治】 治疗，诊治。吴融《游华州飞泉亭》："万事已为春弃置，百忧须赖酒医治。"

【醫門】 犹医家。李敬方《题黄山汤院》："洁斋齐物主，疗病夺医门。"罗隐《丁亥岁作》："病想医门渴望梅，十年心地仅成灰。"

【醫師】 医生。韩愈《谴疟鬼》："医师加百毒，熏灌无停机。"白居易《眼病二首》之二："医师尽劝先停酒，道侣多教早罢官。"

【醫病】 治病。诊治疾病。伍唐珪《山中卧病寄卢郎中》："野僧采药来医病，樵客携觞为解颜。"

【醫術】 医疗技术。白居易《二月一日作赠韦七庶子》："去冬病疮痏，将养遵医术。"

【醫僧】 善医的僧人。元稹《哭女樊四十韵》："乳媪闲于社，医僧婗似酲。"韩偓《腾腾》："乌帽素餐兼施药，前生多恐是医僧。"

醬 〔jiàng《广韵》子亮切，去漾，精。〕用盐醋等调料腌制而成的肉酱。寒山《诗三百三首》之二一六："蒸豚揾蒜酱，炙鸭点椒盐。"杜甫《孟仓曹步趾领新酒酱二物满器见遗老夫》："藉糟分汁滓，瓮酱落提携。"唐彦谦《蟹》："充盘煮熟堆琳琅，橙膏酱渫调堪尝。"《酒令·方干李主薄改令》："措大吃酒点盐，将军吃酒点酱。"

【醬瓿】《汉书·杨雄传下》："时有好事者载酒肴从游学，而钜鹿侯芭常从雄居，受其《太玄》《法言》焉。刘歆亦尝观之，谓雄曰：'空自苦！今学者有禄利，然尚不能明《易》，又如《玄》何？吾恐后人用覆酱瓿也。'""酱瓿"原系盛酱之器，后用为"覆酱瓿"之省，喻著作无价值只能用来盖酱瓿而已。陆龟蒙《袭美见题郊居十首因次韵酬之以伸荣谢》之八："莫问盐车骏，谁看酱瓿玄。"

醪〔láo《广韵》鲁刀切，平豪，來。〕❶汁渣混合的酒，故亦称浊酒、醪糟。高适《同河南李少尹毕员外宅夜饮时洛阳告捷遂作春酒歌》："故人美酒胜浊醪，故人清词合风骚。"杜甫《泛溪》："浊醪自初熟，东城多鼓鼙。"又《夏日李公见访》："墙头过浊醪，展席俯长流。"皎然《陈氏童子草书歌》："主人高歌兴不至，浊醪不饮嫌昏沉。"❷泛指酒。秦系《山中枉张宙员外书期访衡门》："时果连枝熟，春醪满瓮香。"白居易《代书诗一百韵寄微之》："白醪充夜酌，红粟备晨炊。"裴夷直《和刑郎中病中重阳强游乐游园》："何必销忧凭外物，只将清韵敌春醪。"李郢《南池》："小男供饵妇搓丝，溢榼香醪倒接䍦。"

【醪觥】酒杯。钱镠《功臣堂》："今夕虽非丰沛酒，醪觥同醉洽吾乡。"

【醪餌】犹言酒食。张籍《祭退之》："衣器陈下帐，醪饵奠堂皇。"

十二画

醭〔bú《广韵》普木切，入屋，滂。〕酒、酱、醋之属因败坏而生的白霉。亦泛指一切东西受潮而表面出现霉斑。顾况《焙茶坞》："新茶已上焙，旧架忧生醭。"白居易《卧疾来早晚》："酒瓮全生醭，歌筵半委尘。"白居易、王起《秋霖即事联句三十韵》："廪米陈生醭，庖薪湿起烟。"亦指生醭。皮日休《吴中苦雨因书一百韵寄鲁望》："着处纻衣裂，戴次纱帽醭。"

醮〔jiào《广韵》子肖切，去笑，精。〕❶祭神。多指道士设坛祈祷。顾况《步虚词》："飞符超羽翼，焚火醮星辰。"李贺《白虎行》："玉坛设醮思冲天，一世二世当万年。"李郢《紫极宫上元斋次呈诸道流》："明朝醮罢羽客散，尘土满城空世人。"马戴《宿王屋天坛》："绝顶醮回人不见，深林磬度鸟应闻。"❷指女子嫁人。李瀚《蒙求》："买妻耻醮，泽室犯斋。"

【醮祭】设坛祈祷；祭奠。卢仝《忆金鹅山沈山人二首》之二："夜叉守门昼不启，夜半醮祭夜半开。"

【醮壇】道士祭神的坛场。戎昱《送王明府》："轻雪笼纱帽，孤猿傍醮坛。"白居易《赠朱道士》："醮坛北向宵占斗，寝室东开早纳阳。"李商隐《天平公座中呈令狐公时蔡京在坐京曾为僧徒故有第五句》："罢执霓旌上醮坛，慢妆娇树水晶盘。"徐铉《步虚词五首》之五："佩响流虚殿，炉烟在醮坛。"

【醮詞】道教徒斋醮时祭告天帝的词章。李沇有《醮词》。

【醮録】即醮词。刘叉《修养》："世上道人多忤人，披图醮录益乱神。"

醯〔xī《广韵》呼雞切，平齊，曉。〕醋。崔护《山鸡舞石镜》："应笑翰音者，终朝饮败醯。"

【醯雞】即蠛蠓。古人认为蠛蠓为酒醋上的白霉生成。语出《庄子·田子方》："丘之于道也，其犹醯鸡与。"郭象注："醯鸡者，瓮中之蠛蠓也。"李白《留别西河刘少府》："世人若醯鸡，安可识梅生。"杜甫《奉赠太常张卿二十韵》："谬知终画虎，微分是醯鸡。"刘禹锡《有僧言罗浮事因为诗以写之》："醯鸡仰瓮口，亦谓云汉津。"卢肇《射策后作》："晴怜断雁侵云去，暖见醯鸡傍酒来。"

醱〔pō《集韵》普活切，入沫，滂。〕酒再酿。见"醱醅"。

【醱醅】重酿未滤的酒。李白《襄阳歌》："遥看汉水鸭头绿，恰似葡萄初酦醅。"杜甫《晚晴与吴郎见过北舍》："明日重阳酒，相近自酦醅。"白居易《对新家酝玩自种花》："红蜡半合萼，绿油新酦醅。"

十三画

醵〔jù《广韵》其據切，去御，羣。又其虐切，入藥，羣。又强魚切，平魚，羣。〕凑钱聚饮。泛指会集宴饮。韦应物《军中冬燕》："单醪昔所感，大醵况国忻。"卢嗣业有《致孙状元诉醵罚钱》。

【醵宴】聚集饮宴。元稹《酬翰林白学士代书一百韵》："僧餐月灯阁，醵宴劫灰池。"郑谷《贺进士骆用锡登第》："题名登塔喜，醵宴为花忙。"

醴〔lǐ《广韵》盧啟切，上薺，來。〕❶甜酒。《诗·周颂·丰年》："为酒为醴，蒸畀祖妣。"高亨注："醴，甜酒。"李峤《刘侍读见和山邸十篇重申此赠》："穆生时泛醴，邹子或调琴。"白居易《寄献北都留守裴令公》："为穆先陈醴，招刘共藉糟。"又《三月三日祓禊洛滨》："舟同李膺泛，醴为穆生携。"袁皓《重归宜春偶成十六韵寄朝中知己》："水香甘似醴，知是人袁溪。"❷泛指酒。刘孝孙《游清都观寻沈道士得仙字》:“横琴对危石,酌醴临寒泉。”李白《拟古十二首》之五:“吹箫舞彩凤,酌醴鲙神鱼。”白居易《题周皓大夫新亭子二十二韵》:“置醴宁三爵,加笾过八珍。”徐铉《和方泰州见寄》:“置醴筵空情岂尽,投湘文就思如凝。”

【醴泉】 ❶甘泉,甜美的泉水。杜甫《凤凰台》:“血以当醴泉,岂徒比清流。”韩愈《驽骥》:“饥食玉山禾,渴饮醴泉流。”鲍溶《题吴征君岩居》:“地脉发醴泉,岩根生灵芝。”❷县名。唐属京兆府,治所在今陕西礼泉县北。岑参有《醴泉东溪送程皓元镜微入蜀》和《夏初醴泉南楼送太康颜少府》。

【醴酒】 甜酒。元稹《饮致用神麹酒三十韵》:“感君澄醴酒,不遣渭和泾。”

【醴陵】 唐县名。东汉始置。治所即今湖南醴陵市。隋废,唐武德四年(621)复置,属潭州。李群玉有《醴陵道中》。护国有《题醴陵玉仙观歌》。

【醴酪】 酒浆。韩愈、李正封《晚秋郾城夜会联句》:“群孙轻绮纨,下客丰醴酪。”

【醴齊】 (—jì)醴酒,甜酒。语出《周礼·天官·酒正》:“辨五齐之名,一曰泛齐,二曰醴齐,三曰盎齐,四曰缇齐,五曰沈齐。”郑玄注:“醴,犹体也,成而汁滓相将,如今恬酒矣。”崔邠《享文恭太子庙乐章》:“醴齐泛樽彝,轩县动干戚。”

醲 〔nóng《广韵》女容切,平鍾,娘。〕❶味浓的酒。亦指酒味浓厚。李峤《夏晚九成宫呈同僚》:“野席兰琴奏,山台桂酒醲。”韦应物《酒肆行》:“初醲后薄为大偷,饮者知名不知味。”令狐楚《南宫夜直宿回以诗寄》:“玉树春枝动,金樽腊酿醲。”李商隐《裴明府居止》:“明日还相见,桥南贳酒醲。”❷浓厚,纯朴。苏颋《奉和圣制行次成皋途经先圣擒建德之所感而成诗应制》:“用武三川震,归淳六代醲。”元稹《元和五年五十韵》:“未有花草时,先醲晓窗睡。”

【醲酒】 厚酒。杜荀鹤《入关寄九华友人》:“醲酒却输耽睡客,好山翻对不吟人。”

醷 〔yì《广韵》於力切,入職,影。又於擬切,上止,影。〕梅汁,梅浆。《礼记·内则》:“或以酏为醴、黍酏、醷、滥。”郑玄注:“梅浆。”皮日休《酒中十咏·酒垆》:“火作缥醪香,灰为冬醷气。”

十四画

醻 〔chóu《广韵》市流切,平尤,禪。〕同“酬”。参见“醻勳”。

【醻勳】 对有功人员给以爵位等奖赏。裴漼《奉和御制平胡》:“饮至明军礼,醻勋锡武功。”

醺 〔xūn《广韵》許云切,平文,曉。〕❶醉。韩愈《送陆畅归江南》:“感慨都门别,丈夫酒方醺。”白居易《醉后戏题》:“今夜酒醺罗绮暖,被君融尽玉壶冰。”李群玉《同郑相并歌姬小饮戏赠》:“胸前瑞雪灯斜照,眼底桃花酒半醺。”李郢《醉刘谷除夜见寄》:“灞上家殊远,炉前酒暂醺。”❷熏染,浸染。皮日休《奉和添酒中六咏·酒池》:“醺应烂地轴,浸可柔天壤。”李洞《赠庞炼师》:“两脸酒醺红杏妒,半胸酥嫩白云饶。”

【醺酣】 酣醉貌。杜牧《郡斋独酌》:“醺酣更唱太平曲,仁圣天子寿无疆。”陆龟蒙《京口与友生话别》:“风云劳梦想,天地人醺酣。”韩偓《寄友人》:“长拟醺酣遗世事,若为局促向生涯。”吕岩《七言》之五三:“尽日无人话消息,一壶春酒且醺酣。”

【醺醺】 酣醉貌。岑参《送羽林长孙将军赴歙州》:“青门酒楼上,欲别醉醺醺。”戴叔伦《山居》:“山中无外事,终日醉醺醺。”白居易《偶吟》:“三盏醺醺四体融,妓亭檐下夕阳中。”徐铉《送刘司直出宰》:“贤人多静理,未爽醉醺醺。”

醶 〔jì《广韵》在詣切,去霽,從。〕酒名。《郊庙歌辞·夕日乐章·雍和》:“有醶斯旨,有牲斯硕。”《郊庙歌辞·梁太庙乐舞辞·开平舞》:“黍稷馨,醴醶清。”

十六画

醼 〔yàn《广韵》於甸切,去霰,影。〕同“宴”。聚饮。韦应物《饯奉聿之温州谒李中丞》:“丝竹促飞觞,夜醼达晨星。”又《留别洛京亲友》:“丽日坐高阁,清觞醼华池。”白居易《过元家履信宅》:“风荡醼船初破漏,雨淋歌阁欲倾欹。”方干《上杭州姚郎中》:“春游下马皆成醼,吏散看山即有诗。”

十七画

醽 〔líng《广韵》郎丁切,平青,來。〕美酒。窦庠《奉酬侍御家兄东洛闲居夜晴观雪之什》:“绿醽乍熟堪聊酌,黄竹篇成好命题。”纪唐春《送温庭筠尉方城》:“且尽绿醽销积恨,莫辞黄绶拂行尘。”韦庄《耒阳县浮山神庙》:“山曾尧代浮洪水,地有唐臣奠绿醽。”

【醽醁】 美酒名。太宗《赐魏征诗》:“醽醁胜兰生,翠涛过玉薤。”诗题下注:“魏征善治酒,有名曰醽醁,曰翠涛,世所未有。”皮日休《吴中苦雨因书一百韵寄鲁望》:“十分煎皋卢,半榼挽醽醁。”陆龟蒙《袭美病中闻余游颜家园见寄次韵酬之》:“佳酒旋倾醽醁嫩,短船闲弄木兰香。"

釀 〔liàng《广韵》女亮切,去漾,娘。〕❶酿酒。张籍《祭退之》:"为文先见草,酿熟偕同觞。"元稹《任醉》:"窦家能酿销愁酒,但是愁人便与销。"许浑《天竺寺题葛洪井》:"仍闻酿仙酒,此水过琼酴。"韦庄《对面独酌》:"榴花新酿绿于苔,对雨闲倾满满杯。"❷酒。韩愈《岳阳楼别窦司直》:"开筵交履舄,烂漫倒家酿。"孟郊《吊卢殷》之七:"醉啜二杯酿,名郁一县香。"

【釀瓮】 酒瓮。张祜《江南杂题三十首》之二十:"定葬槽丘下,须沉酿瓮中。"

【釀法】 酿酒之法。白居易《池上篇》序:"先是颍川陈孝山与酿法,酒味甚佳。"

【釀酒】 造酒。顾况《黄菊湾》:"仙人酿酒熟,醉里飞空山。"刘禹锡《和令狐相公初归京国赋诗言怀》:"口不言功心自适,吟诗酿酒待花开。"姚合《赠卢大夫将军》:"酿酒邀闲客,吟诗直禁营。"韦庄《纪村事》:"酿酒迎新社,遥砧送暮晖。"

【釀黍】 ❶用糯米酿酒。杜甫《遣意二首》之一:"衰老催酿黍,细雨更移橙。"薛能《江上寄情》:"酿黍气香村欲社,斫桑春尽野无风。"❷指酒。刘长卿《酬滁州李十六使君见赠》:"懒任垂竿老,狂因酿黍春。"

【釀器】 酿酒的器具。元结《窊尊诗》:"酒堂贮酿器,户牖皆罂瓶。"

【釀糯】 用糯米酿酒。白居易《家酝十韵》:"酿糯岂劳炊范黍,撇篘何假漉陶巾。"

醿 〔mí《广韵》靡爲切,平支,明。〕同"醾"。见"酴醾"。

十九画

釁 〔xìn《广韵》计覲切,去震,曉。〕❶血祭。谓杀生取血涂物以祭。《周礼·春官·天府》:"上春衅宝镇及宝器。"郑玄注:"衅,谓杀牲以血血之。"贺朝《从军行》:"衔珠浴铁向桑乾,衅旗膏剑指乌丸。"参见"釁碪""釁鐘"。❷缝隙;间隙。引伸为机会。皮日休《鲁望读襄阳耆旧传见赠五百方次韵》:"奸幸却乘衅,播迁遂终寿。"吴筠《览古十四首》之九:"奸臣负旧隙,乘衅谋相危。"❸事端,祸乱。顾况《塞上曲》:"酣战祈成功,于焉罢边衅。"卢仝《月蚀诗》:"眯目衅成就,害我光明王。"李德裕《清冷池怀古》:"牛祸衅将发,羊孙谋始回。"❹仇隙。见"釁讐"。

【釁碪】 以血涂砧石。指被诛灭。薛逢《送西川梁常侍之新筑龙山城并锡赉两州刺史及部落酋长等》:"用命期开国,违天必衅碪。"

【釁鐘】 古代杀牲以血涂钟行祭。《孟子·梁惠王上》:"王坐于堂上,有牵牛而过堂下者,王见之,曰:'牛何之?'对曰:'将以衅钟。'"赵岐注:"新铸钟,杀牲以血涂其衅郄,因以祭之曰衅。"柳宗元《游南亭夜还叙志七十韵》:"问牛悲衅钟,说彘惊临牢。"

【釁讐】 仇隙。李白《古风》之一八:"黄犬空叹息,绿珠成衅讐。"

釃 〔shī 又读 shāi《广韵》所宜切,平支,生。又所葅切,平魚生。又所綺切,上紙,生。〕❶斟。陆龟蒙《奉和太湖诗二十首·晓次神景宫》:"饭荐七白蔬,杯釃九光杏。"❷分流;疏导。丘丹《经湛长史草堂》序:"时有释若冰者,踪迹兹山,修念之余,凿嵌注壑,釃入诸界,无非金碧,钵帽之资,悉偿工费。"

釅 〔yàn《广韵》魚欠切,去釅,疑。〕❶指酒、茶等饮料味厚。贯休《书陈处士屋壁二首》之二:"吟狂鬼神走,酒酽天地黑。"又《江边道士》:"酒酽竹屋烂,符收山鬼仁。"❷指色彩深。戴叔伦《赠慧上人》:"云霞色酽禅房衲,星月光涵古殿灯。"

采 部

采[1] 〔cǎi《广韵》倉宰切，上海，清。〕❶摘取。贾至《寓言二首》之一：“悠哉千里心，欲采商山芝。”白居易《和答诗十首·答四皓庙》：“先生相随去，商岭采紫芝。”殷尧藩《楚江怀古》：“欲采蘋花去，沧州隔暮云。”朱庆余《商州王中丞留吃枳壳》：“若交尽乞人人与，采尽商山枳壳花。”❷采集；收集。李峤《扈从还洛呈侍从群官》：“登原采讴诵，俯谷求才术。”元结《系乐府十二首·农臣怨》：“谣颂若采之，此言当可取。”孟郊《送任戴齐古二秀才自洞庭游宣城》：“扣奇知浩淼，采异访穹崇。”白居易《新乐府》序：“其事覈而实，使采之者传信也。”❸采择；选取。张说《岳州九日宴道观西阁》：“鱼以嘉名采，木为美材侵。”苑咸《酬王维》序：“然王兄当代诗匠，又精禅理，枉采知音，形于雅作，辄走笔以酬焉。”白居易《新乐府·紫毫笔》：“宣城之人采为笔，千万毛中拣一毫。”❹开采。李白《入彭蠡经松门观石镜缅怀谢康乐题诗书游览之志》：“水碧或可采，金精秘莫论。”韦应物《采玉行》：“官府征白丁，言采蓝溪玉。”❺色彩。肃宗《延英殿玉灵芝诗三章》之二：“紫微间采，白蕣呈色。”权德舆《送韦起居老舅百日假满归嵩阳旧居》：“奇采与幽姿，缥缈皆自然。”令狐楚《汉苑行》：“云霞五采浮天阔，梅柳千般夹御沟。”❻通“睬”。理睬。杜荀鹤《登灵山水阁贻钓者》：“未胜渔父闲垂钓，独背斜阳不采人。”吕岩《敲爻歌》：“堆金积玉满山川，神仙冷笑应不采。”张白《武陵春色》：“是非都不采，名利混然休。”

采[2] 〔cài《集韵》倉代切，去代，清。〕采地，古代卿大夫的封邑。参见“采₂地”。

【采山】 采伐山上的树木。借指隐居。韦应物《长安遇冯著》：“问客何为来，采山因买斧。”王季友《杂诗》：“采山仍采隐，在山不在深。”

【采女】 ❶本为汉代六宫的一种称号，因其选自民间，故名。后用作宫女的通称。鲍溶《姑苏宫行》：“越王采女能水戏，仙舟如龙旌曳翠。”❷仙女。曹唐《小游仙诗九十八首》之四九：“采女平明受事回，暗交丹契锦囊开。”

【采石】 地名。指采石矶。在今安徽马鞍山市长江东岸，为牛渚山北部突出江面而成，江面狭窄，形势险要，自古为江防重镇。相传唐大诗人李白醉酒捉月溺死于此。白居易《李白墓》：“采石江边李白坟，绕田无限草连云。”刘禹锡《历阳书事七十韵》：“采石风传柝，新林暮击钲。”杜荀鹤《哭陈陶》：“耒阳山下伤工部，采石江边吊翰林。”韦庄《过当涂县》：“采石花空发，乌江水自流。”

【采用】 选择使用。白居易《寓意诗五首》之一：“不悲焚烧苦，但悲采用迟。”

【采₂地】 指古代卿大夫的封地。《汉书·刑法志》：“此卿大夫采地之大者也。”颜师古注：“采，官也。因官食地，故曰采地。”王维《同卢拾遗过韦给事东山别业二十韵》：“采地包山河，树井竟川原。”温庭筠《病中书怀呈友人》：“采地荒遗野，爰田失故都。”

【采芑】 《诗·小雅》篇名。反映周宣王时周族与荆蛮之间的战争。柳宗元《奉平淮夷雅表》序：“南征北伐，则六月、采芑。”

【采弄】 采摘、玩弄。白居易《题山石榴花》：“争及此花檐户下，任人采弄尽人看。”

【采折】 采摘，摘取。颜真卿《谢陆处士杼山折青桂花见寄之什》：“绿荑含素萼，采折自逋客。”

【采芝】 《乐府诗集》四皓《采芝操》解题：“《琴集》曰：‘《采芝操》，四皓所作也。’《古今乐录》曰：‘南山四皓隐居，高祖聘之，四皓不甘，仰天叹而作歌。’”其词云：“皓天嗟嗟，深谷逶迤。树木莫莫，高山崔嵬。岩居穴处，以为幄茵。晔晔紫芝，可以疗饥。唐虞往矣，吾当安归。”后因以指隐居生活。陈子昂《感遇诗三十八首》之二十：“去去行采芝，勿为尘所欺。”许浑《李生弃官入道因寄》：“西岩一径通，知学采芝翁。”刘驾《冯叟居》：“溪南有微径，时遇采芝客。”

【采取】 犹谋取。寒山《诗三百三首》之二五九：“无食自采取，莫共羊谋羞。”

【采苓】 ❶采掇甘草。参见“采苓什”。❷采掇茯苓。借指隐逸。钱起《登秦岭半岩遇雨》：“临水美荷衣，不得采苓去。”又《自终南山晚归》：“采苓日往还，得性非樵隐。”

【采苓什】 指《诗·唐风·采苓》篇。《诗·唐风·采苓》：“采苓采苓，首阳之巅。”毛传：“苓，大苦也。”按，大苦，即甘草。是篇劝人不要听信谗言。吴筠《览古十四首》之五：“吾观采苓什，复感青蝇诗。”

【采采】 ❶茂盛，众多貌。《诗·秦风·蒹葭》：

“蒹葭采采，白露未已。”毛传：“采采，犹萋萋也。”萧颖士《菊荣一篇五章》之一：“采采者菊，芬其荣斯。”皎然《送张彝归长沙》：“兰苕行采采，桂棹思悠悠。”❷采掇，采摘。贺兰进明《古意二首》之二：“采采欲为赠，何人是同心。”袁高《茶山诗》：“甿辍耕农耒，采采实苦辛。”刘禹锡《西山兰若试茶歌》：“僧言灵味宜幽寂，采采翘英为嘉客。”❸华饰貌。《诗·曹风·蜉蝣》：“蜉蝣之翼，采采衣服。”朱熹传：“采采，华饰也。”司空图《诗品二十四则·纤秾》：“采采流水，蓬蓬远春。”❹形容美妙的乐声。孟郊《清东曲》：“采采清都曲，明眸艳珪玉。”

【采香徑】 古迹名。在今江苏苏州市西南灵岩山前。宋范成大《吴郡志·古迹一》：“采香径，在香山之傍小溪也。吴王种香于香山，使美人泛舟于溪以采香。今自灵岩山望之，一水直如矢，故俗又名箭泾。”刘禹锡《馆娃宫二章》之二：“唯余采香径，一带绕山斜。”罗隐《吴门晚泊寄句曲道友》。“采香径在人不留，采香径下停叶舟。”

【采真】 道教语。谓顺乎天性，放任自然。语出《庄子·天运》：“古之至人，假道于仁，托宿于义，以游逍遥之虚，食于苟简之田，立于不贷之圃……古者谓是采真之游。”成玄英疏：“谓是神采真实而无假伪，逍遥任适而随化遨游也。”韩翃《送客归江州》：“东归复得采真游，江水迎君日夜流。”

【采造家】 采伐木材为官府建筑房屋的人员。白居易《宿紫阁山北村》：“口称采造家，身属神策军。”

【采桑】 ❶采摘桑叶。王周《采桑女二首》之一：“渡水采桑女，蚕老催上机。”❷古乐曲名。晋清商西曲。羽调。《全唐诗》有两首《采桑》，歌采桑本事的一首收入相和歌辞（卷十九），咏叹战争的收入杂曲歌辞（卷二七）。参见“采桑子”。

【采菱】 ❶采掇菱角。陆龟蒙《南塘曲》：“闲临烟水望，认得采菱船。”❷古代歌曲名。《楚辞·招魂》：“《涉江》《采菱》发《扬荷》些。”王逸注：“楚人歌曲也。”李商隐《又效江南曲》：“莫以采菱唱，欲羡秦台箫。”

【采菱行】 （行 xíng）乐府古题。《乐府诗集》编入相和歌辞。刘禹锡有《采菱行》。参见“采菱❷”。

【采菱曲】 （曲 qǔ）乐府古题。《乐府诗集》编入相和歌辞。储光羲有《相和歌辞·采菱曲》。参见“采菱❷”。

【采菊】 晋陶潜《饮酒》诗之五：“采菊东篱下，悠然见南山。”后因以咏隐逸生活。戴叔伦《九日与敬处士左学士同赋采菊上东山便为首句》：“采菊上东山，山高路非远。”

【采章】 华美的诗文。权德舆《奉和崔评事见寄之作》：“藻思成采章，雅音闻皦绎。”

【采組】 彩色丝带。权德舆《元和元年蒙恩感庆兼怀聊申贺赠》：“珩璜联采组，琴瑟谐宫徵。”

【采葑菲】 《诗·邶风·谷风》：“采葑采菲，无以下体。”郑玄笺：“此二菜者，蔓菁与葍之类也，皆上下可食，然而其根有美时，有恶时，采之者不可以根恶时并弃其叶。”后因以作为被人赏识器重的谦词。刘长卿《罢摄官后将还旧居留辞李侍御》：“去缘焚玉石，来为采葑菲。”

【采掇】 采摘，摘取。杜甫《七月三日戏呈元二十一曹长》：“园蔬抱金玉，无以供采掇。”白居易《有木诗八首》之五：“岂徒悔封植，兼亦误采掇。”李群玉《龙山人惠石廪方及团茶》：“自云凌烟露，采掇春山茶。”崔橹《村路菊花》：“神仙谁采掇，烟雨惜凋残。”

【采雲】 彩云，绚丽的云彩。施肩吾《海边远望》：“偶看仙女上青天，鸾鹤无多采云少。”

【采畫】 彩色图案、图画。王维《题友人云母障子》：“自有山泉入，非因采画来。”

【采桑子】 唐教坊大曲有《杨下采桑》，《采桑子》曲名始就大曲摘取“遍”单行而来，后为词牌。词为双调，四十四字、六平韵。南唐后主李煜有《采桑子》词二首。和凝和冯延巳皆有《采桑子》词。

【采蓮】 ❶采摘莲子。徐凝《乐府新诗》：“不羡越溪歌者苦，采莲归去绿窗眠。”冯待征《虞姬怨》：“妾本江南采莲女，君是江都学剑人。”❷指《采莲曲》。孟浩然《夜渡湘水》：“露气闻香杜，歌声识采莲。”岑参《田使君美人舞如莲花北旋歌》：“始是诸曲不可比，采莲落梅徒聒耳。”参见“采蓮曲”。

【采蓮女】 乐府诗题。《乐府诗集》列入相和歌辞。阎朝隐有《采莲女》。

【采蓮子】 唐教坊曲名。为七言四句带有和声的声诗。后为词牌。皇甫松有《采莲子》词二首。

【采蓮曲】 （曲 qǔ）乐府诗题。《乐府诗集》列入相和歌辞。由梁武帝创制，是他所作的乐府《江南弄》七曲之一。至唐为教坊曲名，为七言四句带有和声的声诗。后用为词牌。崔国辅、徐彦伯、戎昱、鲍溶等均有《采莲曲》。

【采蓮歸】 乐府诗题。《乐府诗集》列入相和歌辞。王勃有《采莲归》。

【采甄】 选拔录用。赵冬羲《奉和圣制送张说上集贤学士赐宴得莲字》：“良辅膺休命，微生谬采甄。”

【采鳳】 彩凤。即凤凰。无名氏《弄玉》：“采凤飞来到禁闱，便随王母驻瑶池。”

【采詩】 收集民间歌谣。古代有专门采诗机构，为治国者观民风、知得失的一项政治措施。杜甫《题衡山文宣王庙新学堂呈陆宰》：“采诗倦跋涉，载笔尚可记。”刘禹锡《插田歌》序：“遂书其事为俚歌，以俟采诗者。”孟郊《读张碧集》：“谁作采诗官，忍之不发挥。”白居易《新乐府·采诗官》：“采诗官，采诗听歌导人言。”

【采綬垂艾】《后汉书·舆服志下》：“诸国贵人、相国皆绿绶，三采，绿紫绀。”《后汉书·张鱼传》：“吾前后仕进，十要银艾。”李贤注：“银印绿绶也，以艾草染之，故曰艾也。”按，“绶”为古代系官印的丝带。绶带颜色不同。艾绶即绿绶，是高官印环所系。后遂成为咏高官的典故。柳宗元《弘农公以硕德伟材屈于诬枉谨献诗五十韵以毕微志》：“采绶还垂艾，华簪更截肪。”

【采摘】 摘取。李颀《采莲》：“嬉游向何处，采摘且同船。”又《魏仓曹宅各赋一物得当轩石竹》：“芳菲看不厌，采摘愿来兹。”

【采旗】 彩旗。彩色的旗子。古用作仪仗。刘孝标《游灵山寺》：“临风画角愤，耀日采旗翻。”

【采翠】 色彩明绿。顾况《安仁港口望仙人城》：“楼台采翠远分明，闻说仙家在此城。”

【采蕨】 义同“采薇”。寒山《诗三百三首》之七八：“已甘休万事，采蕨度残年。”钱起《奉使采箭簳竹谷中晨兴赴岭》：“入山非买山，采竹异采蕨。”韩愈《河之水二首寄子侄老成》：“采蕨于山，缗鱼于渊。”

【采橈】 饰彩的船浆。徐凝《汴河览古》：“炀帝龙舟向此行，三千宫女采桡轻。”

【采樵】 打柴。古代传说，晋王质入山采樵遇仙，归时斧柄已烂。见旧题南朝梁任昉《述异记》卷上。裴迪《辋川集二十首·北垞》：“每欲采樵去，扁舟出菰蒲。”孟浩然《山中逢道士云公》：“采樵过此谷，卖药来西村。”崔颢《江畔老人愁》：“采樵屡入历阳上，刘稻常过新林浦。”刘禹锡《罢郡姑苏北归渡扬子津》之二：“昔年雕辇路，唯有采樵歌。”

【采擇】 选取。白居易《新乐府·上阳白发人》：“同时采择百余人，零落年深残此身。”

【采薇】 伯夷、叔齐反对周王灭殷，逃入首阳山中，以采薇为生，以示不食周粟，终于饿死。见《史记·伯夷列传》。后因以作咏隐居生活之典。李颀《登首阳山谒夷齐庙》：“苍苔归地骨，皓首采薇歌。”杜甫《别董颋》：“当念着白帽，采薇青云端。”钱起《忆山中寄旧友》：“数岁白云里，与君同采薇。”孟郊《感怀》：“举才天道亲，首阳谁采薇。”

【采隱】 以入山伐木作为隐逸途径。王季友《杂诗》：“采山仍采隐，在山不在深。”

【采藥】 采集药物。亦指隐居避世或求仙修道。孟浩然《登鹿门山》：“昔闻庞德公，采药遂不返。”杜甫《秦州杂诗二十首》之一六：“采药吾将老，儿童未遣闻。”徐铉《送孟宾于员外还新淦》：“题诗翠壁称逋客，采药春畦狎老农。”

【采擷】 采摘，摘取。王维《相思》：“愿君多采撷，此物最相思。”杜甫《叹庭前甘菊花》：“篱边野外多众芳，采撷细琐升中堂。”无可《兰》：“灵均曾采撷，纫珮挂荷裳。”徐铉《和门下殷侍郎新茶二十韵》：“采撷唯忧晚，营求不计钱。”

【采蘋】 采集浮萍。语出《诗·召南·采苹》：“于以采苹？南涧之滨。”钱珝《江行无题一百首》之一三：“雨余虽更绿，不是采蘋时。”

【采蘇】 砍柴。韦庄《得故人书》：“正向溪头自采苏，青云忽得故人书。”

【采斲】 开采雕琢。罗立言《赋得沽美玉》：“采斫资良匠，无令瑕掩瑜。”

【采蘩祀】 采蘩，为《诗·召周》篇名。其诗序云：“《采蘩》，夫人不失职也，夫人可以奉祭祀，则不失职也。”后因以作为咏贵夫人的典故。鲍溶《古意》：“恭承采蘩祀，敢效同车贤。”

【采蘭】 ❶《文选·束皙〈补亡诗·南陔〉》：“循彼南陔，言采其兰。”李善注：“采兰，以自芬香也。循陔以采芳草者，将以供养其父母，喻人求珍异以归。”后因以谓供养父母之事。岑参《送陶洗弃举荆南觐省》：“采兰度汉水，问绢过荆州。”钱起《送陈供奉恩敕放归觐省》：“采兰兼衣锦，何似买臣还。”韩愈《孟生诗》：“采兰起幽念，眇然望东南。”白居易《思归》：“冬积温席恋，春违采兰期。”❷指晋束皙的《补亡诗·南陔》。韩愈《送汴州监军俱文珍诗》：“晓日驱征骑，春风咏采兰。”

十三画

釋[1]

〔shì《广韵》施隻切，入昔，書。〕❶消溶。寒山《诗三百三首》之九：“夏天冰未释，日出雾朦胧。”韦应物《奉和张大夫戏示青山郎》：“览卷冰将释，援毫露欲垂。”白居易《早春》：“雪消冰又释，景和风复暄。”周贺《冬日山居思乡》：“背日收窗雪，开炉释砚冰。”❷解开。《诗·郑风·大叔于田》：“抑释掤忌，抑鬯弓忌。”朱熹集传：“释，解也。”元稹《庙之神》：“我马烦兮释我车，神之庙兮山之阿。”❸放下。陈子昂《酬晖上人夏日林泉》：“方释尘事劳，从君袭兰杜。”张九龄《岁初巡属县登高安南楼言怀》：“拂衣释簿领，伏槛遗纷喧。”杜甫《前苦寒行二首》之一：“玄冥祝融气或交，手持白羽未敢释。”❹解除，消除。王勃《忽梦游仙》：“流俗非我乡，何当释尘昧。”息夫牧《冬夜宴萧十丈因饯殷郭二子西上》序：“夫子以家君政事，百里无事，命门弟子赋诗鸣琴，亦以释仳离之怨焉。"李敬伯《奉陪段相公晚夏登张仪楼》:"望雪烦襟释,当欢远思来。"殷尧藩《宫人入道》:"绿鬢女伴含愁别,释尽当年妒宠私。"❺脱掉。杜甫《白水县崔少府十九翁高斋三十韵》:"东郊何时开,带甲且来释。"引申为抽象的解脱。岑参《自潘陵尖还少室居止秋夕凭眺》:"兴幽鱼鸟通,稀微了自释。"❻放弃。孙魴《题梅岭泉》:"释此何堪玩,深冬更可怜。"❼放,释放。刘言史《苦妇词》:"游畋复释麛,羔兔尚免鹳。"❽赦免。韩愈《路旁堠》:"臣愚幸可哀,臣罪庶可释。"李涉《硖石遇赦》:"天网初开释楚囚,残骸已废自知休。"❾释迦牟尼的简称。亦借指佛教、佛学、佛典、僧徒等。卢纶《敦颜鲁公送挺赟归翠微寺》:"挺赟惠学该儒释,袖有颜徐真草迹。"王建《寄杜侍御》:"学通儒释三千卷,身拥旌旗二十年。"李益、广宣《与宣供奉携癭尊归杏溪园联句》:"儒释事虽殊,文章意多偶。"无名氏《海阳湖》:"兹境多所尚,亲邻道与释。"

釋[2] 〔yì《字汇补》羊益切〕通"懌"。喜悦。刘禹锡《吟白乐天哭崔儿二篇怆然寄赠》:"四望车中心未释,千秋亭下赋初成。"

【釋子】 僧徒的通称。取释迦弟子之意。储光羲《题虬上人房》:"禅宫分两地,释子一为心。"刘禹锡《送僧仲剬东游兼寄呈灵彻上人》:"释子道成神气闲,住持曾上清凉山。"姚合《过灵泉寺》:"释子游何处,空堂日渐曛。"贾岛《夜集姚合宅期可公不至》:"释子乖来约,泉西寒磬音。"

【釋氏】 佛姓释迦的略称。借指佛、佛教或僧徒。韦应物《天长寺上方别子西有道》:"聊登释氏居,携手恋兹晨。"卢纶《和徐法曹赠崔洛阳斑竹杖以诗见答》:"采拂稽山曲,因依释氏居。"李节《赠释疏言还道林寺诗》序:"会昌季年,武宗大翦释氏。"罗隐《代文宣王答》:"释氏宝楼侵碧汉,道家宫殿拂青云。"

【釋旨】 佛旨,佛学宗旨。张蠙《赠闻一上人》:"玄谈穷释旨,清思掩诗流。"

【釋耒】 放下农具,停止耕作。借指就任官职。唐彦谦《和陶渊明贫士诗七首》之五:"德成禄自至,释耒列王官。"

【釋事】 ❶放下手头之事。皎然《和杨明府早秋游法华寺》:"释事出县阁,初闻兹山灵。"❷佛事。宋之问《游称心寺》:"释事怀三隐,清襟谒四禅。"皎然《奉酬颜使君真卿王员外圆宿寺兼送员外使回》:"释事情已高,依禅境无扰。"

【釋宗】 佛教宗师。权德舆《与道者同守庚申》:"释宗称定慧,儒师著诚明。"

【釋門】 佛门。杜甫《别赞上人》:"赞公释门老,放逐来上国。"韦应物《再游西山》:"中有释门子,种果结茅庐。"张祜《秋夜宿灵隐寺师上人》:"贫知交道薄,老信释门空。"

【釋律】 佛教戒律。许棠《送省玄上人归江东》:"释律周儒礼,严持用戒身。"

【釋祠】 寺庙。李节《赠释疏言还道林寺诗》序:"有释疏言,警辨有谋。独曰,太原府国家旧都,多释祠。"

【釋梵】 ❶指释迦。借指佛教。白居易《病中诗十五首》序:"余早栖心释梵,浪迹老庄。"❷帝释和梵天。佛经中天的名称。贯休《送卢舍人三首》之三:"君不见释梵诸天寿亿垓,天上人间去复来。"

【釋悶】 (一mèn)解闷。杜甫有《释闷》。皎然《伏日就汤评事衡湖上避暑》:"释闷命雅瑟,放情思乱流。"

【釋奠】 古代学校设置酒食以祭奠先圣先师的一种典礼。令狐峘有《释奠日国学观礼闻雅颂》。《郊庙歌辞》有《释奠文宣王乐章》。刘禹锡有《和李六侍御文宣王庙释奠作》。

【釋經】 佛经。李节《赠释疏言还道林寺诗》序:"未几,凡得释经五千四十八卷,以大中九年秋八月,辇自河东而归于湘焉。"

【釋種】 (一zhǒng)佛教创始人释迦牟尼是古印度释迦族人,简称"釋種"。后亦泛称僧徒。刘禹锡《送僧元暠东游》序:"虽万姓归佛,尽为释种,如河入海,无复水名。"

【釋網】 脱网。骆宾王《畴昔篇》:"涸鳞去辙还游海,幽禽释网便翔空。"

【釋褐】 脱去平民衣服。指始任官职。亦指进士及第授官。郑谷《结绶鄠郊縻摄府署偶有自咏》:"莺离寒谷士逢春,释褐来年暂种芸。"张蠙《送缙云尉》:"释褐从仙尉,之官兴若何。"

【釋憤】 排遣愤懑。刘长卿《至德三年寄上浙西节度李侍郎五十韵》:"鬼神潜释愤,夷狄远输诚。"

【釋憾】 排除憾事。白居易《洛中偶作》:"笔下成释憾,卷中同补亡。"

【釋難】 (一nàn)解除危难。王绩《晚年叙志示翟处士》:"解纷曾霸越,释难颇存周。"吴筠《高士咏·鲁仲连》:"仲连秉奇节,释难含道情。"

【釋塵外】 韦渠牟。颜真卿、释尘外等有《登岘山观李左相石尊联句》。

里　部

里〔lǐ《广韵》良士切，上止，來。〕❶人聚居之所。(1)乡村的庐舍、宅院。后泛指乡村居民村落。李峤《奉和幸三会寺应制》："故台苍颉里，新邑紫泉居。"杜甫《无家别》："我里百余家，世乱各东西。"刘禹锡《马嵬行》："乃问里中儿，皆言幸蜀时。"(2)城邑中的市廛、街坊。孙逖《故右丞相赠太师燕文贞公挽词二首》之二："已成冠盖里，更有凤凰楼。"戎昱《苦哉行五首》之二："官军收洛阳，家住洛阳里。"白居易《池上篇》序："都城风土水木之胜，在东南偏。东南之胜，在履道里。里之胜在西北隅。"刘沧《经曲阜城》："行经阙里自堪伤，曾叹东流逝水长。"❷指故乡。王维《济上四贤咏·崔录事》："解印归田里，贤哉此丈夫。"❸居住；为邻。见"里仁"。❹古代地方行政组织。自周始，后代皆沿袭之，但其制不一，有二十五家为一里者，有五十家为一里者，有七十二家为一里者，有八十家为一里者，有一百家为一里者，有一百一十家为一里。见"里正""里胥"。❺长度单位。古以三百步为一里，后亦以三百六十步为一里。刘长卿《新安奉送穆谕德归朝赋得行字》："九重宣室召，万里建溪行。"白居易《和答诗十首·和分水岭》："朝宗远不及，去海三千里。"张祜《题杭州灵隐寺》："五更楼下月，十里郭中烟。"贯休《送谏官南迁》："不知千万里，谁复谁辛毗。"❻邻居，邻里。戴叔伦《赠康老人洽》："南邻北里日经过，处处淹留乐事多。"吴融《山居即事四首》之四："无邻无里不成村，水曲云重掩石门。"❼俚俗。见"里吟""里俗"。❽指四皓中的角里先生。白居易《途中作》："但恐绮与里，只如吾气味。"

【里人】 ❶同里之人，邻里。姚合《寄贾岛浪仙》："颓篱里人度，败壁邻灯入。"❷里中主事者。韦庄《饶州余干县琵琶洲有故韩宾客宣城裴尚书修行李侍郎旧居遗址犹存客有过之感旧因以和吟》："戟户尽移天上去，里人空说旧簪缨。"

【里中】 (—zhōng)乡里之中。亦指同乡之人。韦应物《社日寄崔都水及诸弟群属》："遥思里中会，心绪怅微微。"储嗣宗《送人归故园》："里中耕稼者，应笑读书非。"于濆有《里中女》。

【里仁】 谓居住在仁者所居之里；与仁人为邻。语出《论语·里仁》："里仁为美。"何晏集解引郑玄曰："里者，仁之所居。居于仁者之里，是为美。"陆德明释文："里，犹邻也。言君子择邻而居，居于仁者之里。"权德舆《奉和新卜城南郊居得与右丞邻舍因赋诗寄赠》："上宰坐论道，郊居仍里仁。"又《过张监阁老宅对酒奉酬见赠》："里仁无外事，徐步一开颜。"元稹《代曲江老人百韵》："蛮貊同车轨，乡原尽里仁。"

【里正】 里长。古时乡官。春秋时，以里中能治事者为里正。《通典·食货三》："诸户以百户为里，五里为乡，四家为邻，五家为保。每里置正一人。掌按比户口，课植农桑，检察非违，催驱赋役。"杜甫《兵车行》："去时里正与裹头，归来头白还戍边。"

【里民】 里人，里中百姓。皮日休《五贶诗》序："是乎，里民不得以师之；非乎，里民不得以訾之。"

【里吟】 乡里歌谣。李绅《过吴门二十四韵》："里吟传绮唱，乡语认歈讴。"

【里言】 犹俗语，俚俗之言。李绅《拜三川守》序："又里巷比多恶少，皆免帽散衣，聚为群斗，或差肩追绕击大毬，里言谓之打棍谙论，士庶苦之。"

【里社】 古代里中祭祀土地神的处所。借指乡里。王维《凉州郊外游望》："婆娑依里社，箫鼓赛田神。"皇甫冉《太常魏博士远出贼庭江外相逢因叙其事》："里社枌榆毁，宫城骑吏非。"权德舆《拜昭陵出城与张秘监阁老同里临行别承在史馆未归寻辱请辞辄酬之》："还期才浃日，里社酒同斟。"李绅《却到浙西》："临平水竭蒹葭死，里社萧条旅馆秋。"

【里相使君】 相里造。曾任河南少尹、礼部郎中、杭州刺史等职。刘长卿有《朱放自杭州与故里相使君立碑回因以奉简吏部杨侍郎制文》。按，据岑仲勉《读全唐诗札记》，应为"相里使君"之误。包何有《相里使君第七男生日》。严维有《相里使君宅听澄上人吹小管》。

【里舍】 私人第宅。亦借指乡里、家乡。李绅《初秋忽奉诏除浙江观察使检校右貂》："飞诏宠荣欢里舍，岂徒斑白与垂髫。"又《过梅里七首·忆东郭居》："旌旄光里舍，骑服欢妻嫂。"

【里門】 闾里的门。古代同里的人家聚居一处，设有里门。韦应物《送丘员外还山》："终当署里门，一表高阳族。"韩愈《奉酬振武胡十二丈大夫》："戎旆暂停辞社树，里门先下敬乡人。"权德舆《湖南观察使故相国袁公挽歌二首》之二："常闻平楚狱，为报里门高。”

【里巷】 ❶街巷。崔颢《结定襄郡狱效陶体》：“里巷鸣春鸠，田园引流水。”白居易《残春晚起伴客笑谈》：“策杖强行过里巷，引杯闲酌伴亲宾。”张乔《宿昭应》：“夜忆开元寺，凄凉里巷间。”贯休《上顾大夫》：“洪民亦何幸，里巷清如扫。”❷指乡邻，邻居。杜甫《自京赴奉先县咏怀五百字》：“吾宁舍一哀，里巷亦呜咽。”郭澹《喜陆侍御破石埭草寇东峰亭赋诗》：“喜色烟霞改，欢忻里巷同。”熊孺登《至日荷李常侍过郊居》：“礼异江河动，欢殊里巷惊。”徐夤《自咏十韵》：“钱财尽是侯王惠，骨肉偕承里巷荣。”

【里俗】 乡里风俗。李贺《昌谷诗》：“珍壤割绣段，里俗祖风义。”

【里胥】 古时乡官。里正，里长。韩愈《谢自然诗》：“里胥上其事，郡守惊且叹。”白居易《秦中吟十首·重赋》：“里胥迫我纳，不许暂逡巡。”皮日休《吴中苦雨因书一百韵寄鲁望》：“皆希尉吏旨，尽怕里胥录。”唐彦谦《采桑女》：“愁听门外催里胥，官家二月收新丝。”

【里校】 学校。《郊庙歌辞·享孔子庙乐章·送神》：“里校覃福，胄筵承祐。”

【里第】 ❶里中第宅。多指豪富的私宅。贯休《古塞曲三首》之二：“终辞修里第，从此出皇州。”❷犹乡里。卢纶《送菊潭王明府》：“组绶掩衰颜，辉光里第间。”

【里閈】 ❶指里门。张子容《永嘉即事寄赣县袁少府瓘》：“山绕楼台出，溪通里闬斜。”❷里间，乡里。李峤《晚秋喜雨》序：“朝廷公卿，相趋动色；里闬甿庶，讴吟成响。”中宗《登骊山高顶寓目》：“闾阖雄里闬，城阙壮规模。”岑参《陪狄员外早秋登府西楼因呈院中诸公》：“车马隘百井，里闬盘二江。”

【里閭】 ❶里巷；乡里。赵冬曦《奉和圣制同二相已下群官乐游园宴》：“喜气流云物，欢声浃里间。”高适《送虞城刘明府谒魏郡苗太守》：“魏郡十万家，歌钟喧里间。”白居易《小宅》：“小宅里间接，疏篱鸡犬通。”方干《送李恬及第后还贝州》：“若到清潭畔，儒风变里间。”❷乡里友人，同乡之人。玄宗《过晋阳宫》：“习俗问黎人，亲巡慰里间。”白居易《阿崔》：“里间多庆贺，亲戚共欢娱。”李绅《忆登栖霞寺峰》：“却数共游者，凋落非里间。”顾非熊《送喻凫春归江南》：“里间争庆贺，亲戚共光辉。”❸泛指民间。郑谷《顺动后蓝田偶作》：“宫阙飞灰烬，嫔嫱落里间。”

【里儒】 乡里儒生。韩愈、孟郊《城南联句》：“里儒拳足拜，土怪闪眸侦。”

【里鄽】 古代城邑居住区的通称。韦应物《春日观省属城始憩东西林精舍》：“今我蒙朝寄，教化敷里鄽。”

二 画

重[1] 〔zhòng《广韵》柱用切，去用，澄。又直隴切，上腫，澄。〕❶重量；分量。元稹《春分投简阳明洞天作》：“果实经千岁，衣裳重六铢。”郑薰《赠巩畴》：“镜照分妍丑，秤称分重轻。”参见“重輕❶”。❷分量重。与“轻”相对。王维《黎拾遗昕裴秀才迪见过秋夜对雨之作》：“促织鸣已急，轻衣行向重。”王良士《奉陪武相公西亭夜宴陆郎中》：“仍闻言赠处，一字重琅玕。”白居易《新制布裘》：“布重绵且厚，为裘有余温。”韩雄《奉和元相公家园即事寄王相公》：“题诗更相忆，一字重千金。”❸浓厚；浓重。骆宾王《在狱咏蝉》：“露重飞难进，风多响易沉。”羊士谔《夜听琵琶三首》之二：“一曲徘徊星汉稀，夜兰幽怨重依依。”白居易《长恨歌》：“鸳鸯瓦冷霜华重，翡翠衾寒谁与共。”姚合《寄主客刘员外》：“蝉稀虫唧唧，露重思悠悠。”❹酣沉。指睡得香甜。元稹《解秋十首》之六：“簟凉朝睡重，梦觉茶香熟。”鲍溶《采珠行》：“海宫正当龙睡重，昨夜孤光今得弄。”温庭筠《春愁曲》：“凉簪坠发春眠重，玉兔煴香柳如梦。”❺指重要人物。宋璟《奉和御制应制》：“丞相邦之重，非贤谅不居。”❻看重；重视。梁锽《赠李中华》：“不如朝魏阙，天子重贤臣。”杜甫《戏为双松图歌》：“我有一匹好东绢，重之不减锦绣段。”戎昱《桂州岁暮》：“重谊人愁别，惊栖鹊恋枝。”权德舆《奉和韦谏议奉送水部家兄上后书情寄诸兄弟仍通简南宫亲旧并呈两省阁老院长》：“人望皆同照乘宝，家风不重满籝金。”❼崇尚；推崇。李白《送杨山人归天台》：“诗人多见重，官烛未曾然。”韩翃《赠别崔司直赴江东兼简常州独孤使君》：“官重法家流，名高墨曹吏。”白居易《长恨歌》：“遂令天下父母心，不重生男重生女。”霍总《塞下曲》：“岂要铭燕石，平生重武威。”❽尊；尊贵。玄宗《左丞相说右丞相璟太子少傅乾曜同日上官命宴东堂赐诗》：“由来丞相重，分掌国之钧。”王湾《秋夜寓直即事怀赠萧令公裴侍郎兼通简南省诸友人》：“位重恩宁滥，才轻慑不胜。”韦应物《送郑端公弟移院常州》：“时瞻宪臣重，礼为内兄全。”白居易《效陶潜体诗十六首》之一五：“答云君不知，位重多忧虞。”❾尊敬；尊重。李嘉祐《晚春送吉校书归楚州》：“高名乡曲重，少事道流稀。”张荐《奉酬礼部阁老转韵离合见赠》：“弘雅重当朝，弓旌早见招。”白居易《读史五首》之五：“富贵家人重，贫贱妻子欺。”杜荀鹤《送友游吴越》：“此中偏重客，君去必经年。”❿繁重；沉重。白居易《洛桥寒食日作十韵》：“宿醉头仍重，晨游眼乍明。”于濆《田翁叹》：“频年徭役重，尽属富家郎。”⓫增加，加重。孟浩然《初秋》：“不觉初秋夜渐长，清风习习重凄凉。”徐铉《赠维扬故人》：“一事无成空放逐，故人相见重凄凉。”⓬贵重。白居易《浔阳三题·溢浦竹》：“吾闻汾晋间，竹少重如玉。”⓭稳重。李郢《秋晚寄题陆勋校书义兴禅居时淮南从事》：“骨清须贵达，神重有威仪。”⓮犹大。白居易《凶宅》：“权重持难久，位高势易穷。”翁承赞《御命归乡蒙赐锦衣》：“德音耳聆君恩重，金印腰悬已力微。”李频《送刘山人归洞庭》：“秋尽虫声急，夜深山雨重。”⓯紧急。耿湋《送王将军出塞》：“汉家边事重，窦宪出临戎。”⓰难，难于。王绩《赠李征君大寿》：“管宁存祭礼，王霸重朝章。”⓱价高；昂贵。罗立言《赋得沽美玉》：“宝同珠照乘，价重剑论都。”孟郊《答友人赠炭》：“青山白屋有仁人，赠炭价重双乌银。”韦庄《乞彩笺歌》：“也知价重连城壁，一纸万金犹不惜。”

重^{2}〔chóng《广韵》直容切，平鍾，澄。〕❶重叠；重复。杜甫《北征》：“前登寒山重，屡得饮马窟。”皎然《冬日遥和卢使君幼平綦毋居士游法华寺高顶临湖亭》：“城中归路远，湖上碧山重。”姚合《谢秦校书与无可上人见访》：“向晚分归路，莓苔行迹重。”苏拯《猎犬行》：“骨长毛衣重，烧残烟草薄。”❷两，二。杜甫《解闷十二首》之一二：“云壑布衣鲐背死，劳生重马翠眉须。”白居易《和微之诗二十三首·和李势女》：“自言重不幸，家破身未亡。”❸多。李贺《新夏歌》：“野家麦畦上新垅，长畛裴回桑柘重。”黄滔《送友人游边》：“虏酒不能浓，纵倾愁亦重。”❹副词。(1)表示动作行为的重复。相当于“再”“又”“重新”等。杜甫《范二员外邈吴十侍御郁特枉驾阙展待聊寄此》：“论文或不愧，肯重款柴扉。”武元衡《塞上春怀》：“愁至独登高处望，蔼然云树重伤魂。”张又新《赠广陵妓》：“今来头白重相见，还上襄王玳瑁筵。”李绅《逾岭止峤荒陬抵高要》：“汉日傅臣终委弃，如今衰叟重辉光。”亦指重逢，重新团圆。南唐后主李煜《相见欢》词之一：“胭脂泪，相留醉，几时重。”(2)表示程度。很，甚。张九龄《冬中至玉泉山寺故有此作》：“灵境信幽绝，芳时重暄妍。”杜甫《十二月一日》之三：“他日一杯难强进，重嗟筋力故山违。”白居易《渭村雨归》：“复兹夕阴起，野色重萧条。”李商隐《春日寄怀》：“世间荣落重逡巡，我独丘园坐四春。”(3)更，仍旧。杜甫《九日》：“去年登高郪县北，今日重在涪江滨。”又《桃竹杖引赠章留后》：“重为告曰：杖兮杖兮，尔之生也正直，慎勿见水踊跃学变化为龙。”韦应物《对萱草》：“本是忘忧物，今日重生忧。”韩愈《庭楸》：“我已自顽钝，重遭五楸牵。”❺量词。(1)层；道。李白《江上答崔宣城》：“问我将何事，湍波历几重。”杜甫《茅屋为秋风所破歌》：“八月秋高风怒号，卷我屋上三重茅。”张祜《江西道中作三首》之一：“日落江村远，烟云度几重。”张为《秋醉歌》：“三留对上帝，玉楼十二重。”(2)种；件。岑参《送张献心充副使归河西杂句》：“箧中赐衣十重余，案上军书十二卷。”白居易《听琵琶妓弹略略》：“四弦千遍语，一曲万重情。”齐己《东林寄别修睦上人》：“囊中自欠诗千首，身外谁知事几重。”❻姓。参见“重$_2$安寂”“重$_2$道者”。

【重$_2$九】　指农历九月初九日。又称重阳。韦应物《重九登滁城楼怀旧》：“今日重九宴，去岁在京师。”白居易《咏家酝十咏》：“井泉王相资重九，麴蘖精灵用上寅。”赵嘏《重阳》：“节逢重九海门外，家在五湖烟水东。”

【重士】　看重士人。白居易《和微之春日投简阳明洞天五十韵》：“重士过三哺，轻财抵一铢。”又《送陈许高仆射赴镇》：“敦诗说礼中军帅，重士轻财大丈夫。”

【重才】　❶重视人才。姚崇《题大梁临汴驿》：“近日侯门不重才，莫将文艺拟为媒。”❷犹大才。罗隐《春日叶秀才曲江》：“安排贱迹无良策，裨补明时望重才。”

【重寸陰】　语出《淮南子·原道训》：“故圣人不贵尺之璧，而重寸之阴。”指珍惜点滴时间。太宗《帝京篇十首》之八：“得志重寸阴，忘怀轻尺璧。”

【重$_2$午】　即重五。农历五月初五日。即端午节。李商隐《缺题》：“重午云阴日正长，佳辰早至浴兰汤。”

【重$_2$刊】　谓书籍重新刻板印行。陆龟蒙《奉和袭美赠魏处士五贶诗·太湖砚》：“不知新博物，何处拟重刊。”

【重$_2$世】　累世。张九龄《酬周判官巡至始兴会改秘书少监见贻之作兼呈耿广州》：“惟昔迁乐土，迄今已重世。”

【重$_2$生】　再生，复活。鱼玄机《题任处士创资福寺》：“凿池泉自出，开径草重生。”曹邺《寄监察从兄》：“古风既无根，千载难重生。”

【重$_2$玄】　指深奥的道理。陈子昂《赠严仓曹乞推命录》：“九宫探万象，三算极重玄。”王维《送韦大夫东京留守》：“君子从相访，重玄其可寻。”李白《娥眉山月歌送蜀僧晏入中京》：“黄金狮子乘高座，白玉麈尾谈重玄。”

【重$_2$玄寺】　在今江苏苏州市。《吴郡志·府郭寺》：“能仁禅寺，在长洲县西北二里，即梁重玄寺，入国朝为承天寺。”韦应物有《登重玄寺阁》。皮日休有《重玄寺双矮桧》。陆龟蒙有《和袭美重玄寺双矮桧》。参见“重$_2$玄阁”。

【重$_2$玄阁】　即重玄寺阁。《吴地记》：“重玄寺，梁卫尉卿陆僧瓒，天监二年，旦暮见住宅有瑞云重重覆之，遂奏请舍宅为重云诗。台省误写为重玄，赐额大梁广德重玄寺。”李嘉祐有《同皇甫冉登重玄阁》。张祜有《偶登苏州重玄阁》和《题重玄阁八韵》。

【重地】　重要的地方。刘允济《经庐岳回望江州想洛川有作》：“重地资出守，英藩谅求瘼。”

【重耳墓】　重耳，即晋文公，献公之子，有贤名。出亡十九年，后由秦送回即位，继齐桓公成为诸侯的盟主。墓在绛州正平县（今山西新绛县）。岑参《骊姬墓下作》题下注：“夷吾、重耳墓，隔河相去十三里。”

【重臣】　国家倚重的、有崇高声望的大臣。杜审言《岁夜安乐公主满月侍宴应制》：“戚里生昌胤，天杯宴重臣。”卢纶《送史兵曹判官赴楼烦》：“中有重臣承霈泽，外无轻虏犯旌旗。”李端《慈恩寺怀旧》：“上智本全真，郄公况重臣。”喻凫《龙翔寺居夏日寄献王尚书》：“那期高旆下，得遇重臣知。”曹松《荐福寺赠应制白公》：“讲升高座懒，书答重臣迟。”

【重$_2$光】　❶比喻累世盛德，辉光相承。语出《书·顾命》：“昔君文王、武王，宣重光。”孔传：“言昔先君文武，布其重光累圣之德。”魏征《享太庙乐章·长发舞》：“配天载德，就日重光。”王晙《祭汾阳乐章·太和》：“于穆圣皇，六叶重光。”萧华《扈从回銮应制》：“纂圣德重光，建元功载刊。”李贺《河南府试十二月乐词·闰月》：“帝重光，年重时，七十二候回环推。”❷指日冕或日珥现象。古以为瑞应。卢照邻《登封大酺歌四首》之一：“明君封禅日重光，天子垂衣历数长。”❸殿名。在前蜀都城成都（今四川成都市）。《十国春秋·前蜀后主纪》：“乾德三年夏五月，命宣华苑内延袤十里构重光、太清、延昌、会真之殿。”花蕊夫人徐氏《宫词》之五：“殿名新立号重光，岛上亭台尽改张。”

【重任】　❶重担；重负。白居易《有木诗八首》之八：“重任虽大过，直心终不曲。”❷重大责任；重要职务。白居易《和高仆射罢节度让尚书授少保分司喜遂游山水之作》：“能以忠贞酬重任，不将富贵碍高情。”

【重$_2$行】　（—xíng）重走一趟。周贺《留别南徐故人》：“他日南徐道，缘君又重行。”

【重危】　病重危险。张籍《祭退之》：“自是将重危，车马候纵横。”

【重名】　盛名，很高的名望或很大的名气。裴翻《和主司王起》：“常将公道选群生，犹被春闱屈重名。”周墀《贺王仆射放榜》：“文场三化鲁儒生，三十余年振重名。”

【重色】　爱好女色。白居易《长恨歌》：“汉皇重色思倾国，御宇多年求不得。”谭铢《真娘墓》：“何事世人偏重色，真娘墓上独题诗。”

【重$_2$衣】　❶衣上加衣。孟郊《上河阳李大夫》：“三军当严冬，一抚胜重衣。”姚合《街西居三首》之二：“日出穷巷喜，温然胜重衣。”❷层层花苞。司空曙《长林令卫象饧丝结歌》：“仰坼重衣倾万蕊，又如合欢交乱枝。”

【重$_2$江】　两重江。亦指二江或诸江合流。杜甫《舍弟观归蓝田迎新妇送示两篇》之二：“满峡重江水，开帆八月舟。”李端《送何兆下第还蜀》：“重江不可涉，孤客莫晨装。”权德舆《酬陆三十二参浙东见寄》：“茫茫重江外，杳杳一枝琼。”朱庆余《送饶州张使君》：“馆依高岭分樟叶，路出重江见苇花。”

【重$_2$安寂】　庐山道士。《全唐文》卷八八八徐锴《茅山道门威仪郭先生碑》有“庐山道副重安寂”。李中有《赠安寂道者》。参见“重$_2$道者”。

【重$_2$坎】　《易·坎》：“习坎，重险也。”高亨注：“习，重也；坎，险也。”《坎》卦象为二坎相重，故云。后遂以喻指艰难险阻之境地。孟郊《上达奚舍人》：“贫士在重坎，食梅有酸肠。”

【重$_2$見】　重新见到，再次见到。刘兼《再见从弟舍人》：“分飞淮甸雁行断，重见江楼蟾影圆。”

【重$_2$别】　再次分别。王贞白《戏赠乡人》：“明日春风动行色，唯愁重别故林花。”

【重兵】　实力雄厚的部队。李商隐《行次西郊作一百韵》：“是时正忘战，重兵多在边。”

【重言】　为世人所推重之言。方干《献王大夫》：“不信重言通造化，须臾便可变荣衰。”罗隐《感旧》：“重言虚有位，孤立竟无成。”

【重$_2$阻】　重重险阻。欧阳詹《李评事公进示文集因赠之》：“昔日越重阻，侧聆沧海传。”杜牧《将出关宿层峰驿却寄李谏议》：“孤驿在重阻，云根掩柴扉。”

【重$_2$林】　层林。层层树林。苏源明《小洞庭洄源亭宴四郡太守诗》序：“若夫阶抱孤峤，轩飞庱潭，阻残暑于重林，递高秋于绝壑，其盘何有。”郑絪《寒夜闻霜钟》：“霜钟初应律，寂寂出重林。”麹信陵《移居洞庭》：“重林将叠嶂，此处可逃秦。”姚合《酬任畴协律夏中苦雨见寄》：“远色重林暮，繁声回壁秋。”

【重$_2$來】　再来，复来。杜甫《赤谷》：“岂但岁月暮，重来未有期。”杜牧《九华山》：“江上重来六七载，云间略见两三峰。”徐铉《留题仙观》：“为报移文不须勒，未曾游处待重来。”张立《又咏蜀都城上芙蓉花》：“今日重来旧游处，此花憔悴不如初。”

【重$_2$昌】　重新昌盛。夏侯孜《享太庙乐章》：“于铄令主，圣祚重昌。”

【重$_2$明】　两重光明。谓光明相继不已。《离》为火、为日；重卦《离》为下离上离，故称。《易·离》：“重明以丽乎正，乃化成天下……明两作，离，大人以继明照于四方。”后因以喻指太子。《郊庙歌辞·享节愍太子庙乐章·登歌酌鬯》:"灼灼重明,仰承元首。"

【重₂沓】　重迭,重复。司空曙《长林令卫象饧丝结歌》:"乃言假使饧为之,八珍重沓失颜色。"杨衡《游峡山寺》:"高居何重沓,登览自夷犹。"

【重₂阜】　高而重叠的山冈。霍总《九华楼》:"层基接重阜,一览山水周。"

【重₂昏】　❶谓思绪非常昏乱。王维《宋进马哀辞》:"忽思瘵兮城南,心瞀乱兮重昏。"❷十分昏暗。王镕《哭赵州和尚二首》之一:"一灯乍灭波旬喜,双眼重昏道侣愁。"

【重₂房】　指内室。沈亚之《湘中怨》:"顾室荑与处萼兮,潜重房以饰姿。"

【重₂門】　❶一道道的门。郭振《寄刘校书》:"回首汉家丞相府,昨来谁得扫重门。"刘庭琦《奉和圣制瑞雪篇》:"紫宸飞雪晓裴回,层阁重门雪照开。"武元衡《夏日寄陆三达陆四逢并王念八仲周》:"闻说重门方隐相,古槐高柳夏阴清。"许浑《寄袁校书》:"广陌埃尘远,重门管吹深。"❷宫门。虞世南《凌晨早朝》:"重门应启路,通籍引王侯。"莫宣卿《百官乘月早朝听残漏》:"建礼俨朝冠,重门耿夜阑。"高蟾《华清宫》:"重门深锁禁钟后,月满骊山宫树秋。"❸犹重关。喻指边防要塞。吴融《出潼关》:"重门随地险,一径入天开。"

【重姓】　大姓。朱庆余《贺张水部员外拜命》:"前代佳名逊,当时重姓张。"

【重₂奏】　重新演奏。温庭筠《瓜洲留别李诩》:"悲歌曲尽休重奏,心绕关河不忍闻。"

【重₂封】　❶加封两爵号。李商隐《少年》:"外戚平羌第一功,生年二十有重封。"❷信封内另有信封。元稹《酬乐天吟张员外诗见寄因思上京每与乐天于居敬兄升平里咏张新诗》:"乐天书内重封到,居敬堂前共读时。"

【重₂城】　❶古代城市于外城中又建内城,故称。亦泛指城市。德宗《七月十五日题章敬寺》:"招提迩皇邑,复道连重城。"耿沣《赠兴平郑明府》:"遥夜重城掩,清宵片月新。"白居易《挽歌词》:"萧条九月天,哀挽出重城。"顾非熊《寄陆隐君》:"相思迢递隔重城,鸟散阶前竹坞清。"❷指皇城,京城。陈嘉言《上元夜效小庾体》:"重门自不掩,出向小平津。"戴叔伦《寄中书李舍人纾》:"复入重城里,频看百草滋。"李绅《奉酬乐天立秋夕有怀见寄》:"重城宵正分,号鼓互相望。"吴融《府试雨夜帝里闻猿声》:"直疑游万里,不觉在重城。"❸指城墙,城阙。李峤《楼》:"百尺重城际,千寻大道隈。"李商隐《夕阳楼》:"花明柳暗绕天愁,上尽重城更上楼。"刘沧《题书斋》:"高木宿禽来远岳,古原残雨隔重城。"

【重₂茵】　指双层的坐卧垫褥。元稹《竹簟》:"竹簟衬重茵,未忍都令卷。"

【重骨】　指世俗的骨肉。齐己《怀轩辕先生》:"欲学孤云去,其如重骨留。"

【重₂思】　重庆丰都县所产稻名。米如石榴子,粒稍大,味如菱。见唐段成式《酉阳杂俎·玉格》。陆龟蒙《和袭美悼鹤》:"酆都香稻字重思,遥想飞魂去未饥。"

【重₂拜】　再拜。冯延巳《寿山曲》:"侍臣舞蹈重拜,圣寿南山永同。"

【重科】　犹高科。指进士科。张蠙《哭建州李员外》:"捷到重科早,官终一郡卑。"

【重₂重】　(—chóng)❶犹层层。张说《同赵侍御望归舟》:"山庭迥迥面长川,江树重重极远烟。"皎然《述梦》:"寺北禅冈犹记得,梦归长见山重重。"白居易《题岐王旧山池石壁》:"树深藤老竹回环,石壁重重锦翠斑。"贯休《大蜀皇帝潜龙日述圣德诗五首》之三:"浩浩歌谣闻禁掖,重重襦袴满樵渔。"❷形容事物繁多、浓密。赵嘏《送沈单作尉江都》:"焰焰花枝官舍晚,重重云影寺墙连。"项斯《宿山寺》:"栗叶重重复翠微,黄昏溪上语人稀。"贾岛《题韦云叟草堂》:"白茅草苫重重密,爱此秋天夜雨淙。"❸反复;屡屡。王建《镜听词》:"重重摩挲嫁时镜,夫婿远行凭镜听。"张籍《秋山》:"草堂不闭石床静,叶间坠露声重重。"

【重₂重疊疊】　(—chóng)相同的东西层层相积。形容非常多。吕岩《七言》之一一:"提挈灵童山上望,重重叠叠是金钱。"

【重₂泉】　❶深渊。杜元颖《赋得玉水记方流》:"重泉生美玉,积水异常流。"李群玉《龟》:"静养千年寿,重泉自隐居。"周昙《咏史诗·后汉门·曹娥》:"不入重泉寻水底,此生安得见沉魂。"❷九泉。指死者所归之处。韩愈《梁国惠康公主挽歌二首》之一:"河汉重泉夜,梧桐半树春。"白居易《寒食野望吟》:"冥寞重泉哭不闻,萧萧暮雨人归去。"杜牧《见宋拾遗题名处感而成诗》:"怜君更抱重泉恨,不见崇山谪去时。"罗隐《题杜工部集》:"忍交孙武重泉下,不见时人说用兵。"亦指死亡。罗隐《钱塘见芮逢》:"所喜故人犹会面,不堪良牧已重泉。"❸汉县名。在今陕西蒲城县。西晋后废。东汉王阜为重泉令,天大旱,阜抑夺豪强,天降霖雨,有鸾鸟集于学宫。事见《东观汉记》。骆宾王《饯祝阿王明府》:"洛川真气上,重泉惠政融。"

【重₂修】　重新修缮。裴休《题铜官山庙》:"若到千年后,重修事宛然。"无名氏《谶记·玄元观栋桁记》:"山水谁无言,元年有福重修。"

【重₂屋】　❶明堂建筑,上圆下方,上层祭天,下层有五室,故云重屋。崔曙《奉试明堂火珠》:"正位开重屋,凌空出火珠。"❷指高楼。戴叔伦《又酬晓灯离暗室五首》之二:“寒灯扬晓焰,重屋惊春雨。”李商隐《河阳诗》:“百尺相风插重屋,侧近嫣红伴柔绿。”

【重₂華】 对虞舜的美称。《书·舜典》:“曰若稽古帝舜,曰重华,协于帝。”孔传:“华,谓文德。言其光文重合于尧,俱圣明。”一说,舜目重瞳,故名。后亦用以代称帝王。张说《东都酺宴四首》之一:“重华升宝历,轩帝眇闲居。”李群玉《湖中古愁三首》之三:“南云哭重华,水死悲二女。”李咸用《水仙操》:“峄阳散木虚且轻,重华斧下知其声。”徐夤《闻长安庚子岁事》:“唐尧纵禅乾坤位,不是重华莫谩求。”

【重₂軒】 层层栏干。借以泛指高屋。钱起《奉和圣制登朝元阁》:“六合纡玄览,重轩启上清。”窦群《贞元末夏日即事因寄四韵》:“重轩深似谷,列柏镇含烟。”

【重₂借】 再借。东汉寇恂历任河内太守、颍川太守,后以执金吾从光武帝南征,途经颍川,百姓遮道曰:“愿从陛下复借寇君一年。”遂留恂为颍川太守。后遂以为地方长官深得民心之典。陆龟蒙《谨和谏议罢郡叙怀六韵》:“江上思重借,朝端望载饥。”

【重₂衾】 两层被子。韦应物《拟古诗十二首》之六:“商飙一夕至,独宿怀重衾。”亦指盖两层被子。王建《幽州送申稷评事归平卢》:“蓟亭虽苦寒,春夕勿重衾。”

【重₂逢】 重新相见。孟贯《送江为归岭南》:“此别各多事,重逢是几时。”

【重₂席】 ❶层叠的坐席。古人席地而坐,以坐席层叠的多少表示身分的贵贱。元稹《和李校书新题乐府十二首·缚戎人》:“华茵重席卧腥臊,病犬愁鸪声咽嘔。”❷东汉戴凭,博学通经。时诏公卿大会,群臣皆就席,凭独立。光武问其意,凭对曰:“博士说经皆不如臣,而坐居臣上,是以不得就席。”正旦朝贺,百僚毕会,帝令群臣能说经者更相难诘,义有不通,辄夺其席以益通者,凭遂重坐十余席。故京师为之语曰:“解经不尽戴侍中。”见《后汉书·戴凭传》。后遂以借指学问渊博的学者。李峤《经》:“谁知怀逸辩,重席冠群英。”李瀚《蒙求》:“郄诜一枝,戴冯重席。”

【重₂陳】 重复叙述,再次陈说。张九龄《叙怀二首》之二:“去去勿重陈,归来茹芝术。”辛常伯《军中行路难》:“弃置勿重陈,重陈多辛苦。”白居易《寓意诗五首》之一:“已矣勿重陈,重陈令人悲。”和凝《菩萨蛮》词:“离恨又迎春,相思难重陈。”

【重₂陰】 ❶指云层密布的阴天。顾况《在滁苦雨归桃花崦伤亲友略尽》:“丽景变重阴,洞山空木表。”刘商《胡笳十八拍·第十六拍》:“重阴白日落何处,秋雁所向应南方。”李商隐《留赠畏之》之三:“户外重阴黯不开,含羞迎夜复临台。”又《回中牡丹为雨所败二首》之二:“万里重阴非旧圃,一年生意属流尘。”❷犹浓阴。王维《与卢员外象过崔处士兴宗林亭》:“绿树重阴盖四邻,青苔日厚自无尘。”郑澣《中书相公任兵部侍郎日后阁植四松愈数年澣忝此官因献拙什》:“重阴罗武库,细响静山台。”李绅《南梁行》:“杂英飞尽空昼景,绿杨重阴官舍静。”

【重₂孫】 曾孙。鲍溶《山行经樵翁》:“下念草木年,坐家见重孙。”

【重₂推】 ❶重新审理。刘长卿有《恩敕重推使牒追赴苏州次前溪馆作》和《重推后却赴岭外待进止寄元侍郎》。❷重新推行。孟浩然《送韩使君除洪州都曹》:“重推江汉理,旋改豫章行。”

【重₂累】 (—lěi)犹重叠。李端《鲜于少府宅看花》:“孤光杂新故,众色更重累。”

【重₂唱】 重新唱起。白居易《听歌六绝句·想夫怜》:“长爱夫怜第二句,请君重唱夕阳开。”题下原注:“王维右丞词云,秦川一半夕阳开。此句尤佳。”

【重₂欷累歎】 一再叹息。王维《酬诸公见过》:“还复幽独,重欷累叹。”

【重₂淚】 双行眼泪。李绅《淮阳罢郡曰·肥河维舟阻冻祗待敕命》之二:“珍重八公山下叟,不劳重泪更追攀。”

【重寄】 重大的托付。李白《赠升州王使君忠臣》:“贤人当重寄,天子借高名。”张籍《送令狐尚书赴东都留守》:“朝廷重寄在关东,共说从前选上公。”

【重狴】 幽深的牢狱。刘禹锡《白太守行》:“朱户非不崇,我心如重狴。”

【重廊】 层层廊庑。张祜《题重居寺》:“重廊标板榜,高殿锁金环。”许浑《再游姑苏玉芝观》:“高梧一叶下秋初,迢递重廊旧寄居。”花蕊夫人徐氏《宫词》之五二:“重廊屈折连三殿,密上真珠百宝灯。”

【重₂結】 谓郁结之甚。韦庄《和郑拾遗秋日感事一百韵》:“话别心重结,伤时泪一滂。”

【重₂陽】 ❶节日名。古代以九为阳数之极。九月九日故称“重九”或“重陽”。魏晋后,习俗以绛囊盛茱萸,登高山,饮菊酒,谓可以避邪免灾。杜甫《九日登梓州城》:“共赏重阳节,言寻戏马游。”白居易《九日宴集醉题郡楼兼呈周殷二判官》:“一日日知添老病,一年年觉惜重阳。”姚合《咏新菊》:“若待重阳日,何曾异众人。”李群玉《重阳日上渚宫杨尚书》:“落帽台边菊半黄,行人惆怅对重阳。”❷人名。指崔播,韦应物外甥。韦应物《答倜奴重阳二甥》题下自注:“倜奴,赵氏甥伉;重阳,崔氏甥播。”播当即崔倬之子。韦应物有《闲居寄端及重阳》《答重阳》。

【重₂陽酒】 旧俗于重阳节登高饮菊花酒,谓之重阳酒。杜甫《晚晴吴郎见过北舍》:“明日重阳酒,相迎自酸醅。”杜牧《晚秋早发新定》:“解印书千轴,重阳酒百缸。”郑谷《漂泊》：“黄花催促重阳近，何处登高望二京。”

【重₂陽落帽】《晋书·孟嘉传》：“[孟嘉]后为征西桓温参军，温甚重之。九月九日，温燕龙山，僚佐毕集。时佐吏并着戎服，有风至，吹嘉帽坠落，嘉不之觉。温使左右勿言，欲观其举止。嘉良久如厕，温令取还之，命孙盛作文嘲嘉，著嘉坐处。嘉还见，即答之，其文甚美，四座嗟叹。”后遂以为重阳宴饮之典。权德舆《腊日龙沙会绝句》：“宁知腊日龙沙会，却胜重阳落帽时。”

【重₂揚】重新传扬。王湾《晚春诣苏州敬赠武员外》：“嘉郡位先进，鸿儒名重扬。”

【重₂雲】❶重叠的云层。韩愈《重云李观疾赠之》：“重云闭白日，炎燠成寒凉。”❷犹“重霄”。高空。王绩《古意六首》之六：“罗张大泽已，凤入重云飏。”

【重₂幃】层层帷幔。孟浩然《寒夜》：“理琴开宝匣，就枕卧重帏。”李商隐《如有》：“良宵一寸焰，回首是重帏。”

【重₂圍】层层的包围。皇甫冉《同温丹徒登万岁楼》：“闻道王师犹转战，谁能谈笑解重围。”刘湾《出塞曲》：“将军在重围，音信绝不通。”许浑《赠梁将军》：“曾经黑山虏，一剑出重围。”韦庄《闻官军继至未睹凯旋》：“嫖姚何日破重围，秋草深来战马肥。”

【重₂筵】即重席。用东汉戴凭典。李峤《席》：“避席承宣父，重筵揖戴公。”参见“重₂席”。

【重₂復】见“重複”。

【重₂然】重新燃烧。张祜《戊午年感事书怀二百韵》：“拥炉香旋爇，剪烛艳重然。”

【重₂然灰】《史记·韩长孺列传》：“其后安国坐法抵罪，蒙狱吏田甲辱安国。安国曰：‘死灰独不复然乎？’田甲曰：‘然即溺之。’居无何，梁内史缺，汉使使者拜安国为梁内史，起徒中为二千石。田甲亡走。”后遂以喻指失势后重新得势的官员。袁朗《和洗掾登城南坂望京邑》：“讵岂韩长孺，无复重然灰。”

【重₂遊】再次游览。白居易《忆江南词三首》之二：“山寺月中寻桂子，郡亭枕上看潮头，何日更重游。”又《重答汝州李六使君见和忆吴中旧游五首》：“洛下林园终共住，江南风月会重游。”贾岛《寄无可上人》：“僻寺多高树，凉天忆重游。”许棠《赠天台僧》：“重游空有梦，再隐定无缘。”

【重₂道者】重安寂。庐山道副。住庐山白云峰院、简寂观等处。李中《宿庐山白云峰重道者院》《思简寂观旧游寄重道者》和《赠重安寂道者》。

【重₂湖】❶洞庭湖的别称。湖南洞庭湖南与青草湖相通，故名。韩偓有《雪中过重湖信笔偶题》。郭绍兰《寄夫》：“我婿去重湖，临窗泣血书。”❷指鄱阳湖。分南北两部分，南名宫亭湖，北曰落星湖，故称。钱珝《江行无题一百首》之七三：“光阔重湖水，低斜远雁行。”李咸用《庐山》：“势受重湖让，形难七泽吞。”

【重₂扉】犹重门，一道道的门。柳宗元《夏夜苦热登西楼》：“探汤汲阴井，炀灶开重扉。”郑畋《初秋寓直三首》之二：“宿鸟翩翩落照微，石台楼阁琐重扉。”

【重祿】厚禄，高薪。刘兼《去年今日》：“圣主若容辞重禄，便归烟水狎群鸥。”丘光庭《补茅鸱》序：“茅鸱，刺食禄而无礼也。在位之人，有重禄而无礼度，君子以为茅鸱之不若。”周昙《咏史诗·春秋战国门·叔向》：“重禄存家不敢言，小臣忧祸亦如然。”

【重₂過】再次相访。杜甫《陪李北海宴历下亭》：“贵贱俱物役，从公难重过。”赵嘏《虎丘寺赠渔处士》：“兰若云深处，前年客重过。”

【重遠】重远贱近的节语。田饶事鲁哀公而不受重用，曾用鸡与黄鹄作比，讽哀公重远（鹄）而贱近（鸡）。见《韩诗外传》卷二。长孙佐辅《古宫怨》：“重远岂能惭沼鹄，弃前方见泣船鱼。”

【重裘】厚重皮衣。宋之问《上阳宫侍宴应制得林字》：“广乐张前殿，重裘感圣心。”岑参《虢州西亭陪端公宴集》：“为逼霜台使，重裘也觉寒。”白居易《岁暮》：“夹帽长覆耳，重裘宽裹身。”马戴《雪中送青州薛评事》：“惭无斗酒泻，敢望御重裘。”

【重₂圓】指天。《郊庙歌辞·太清宫乐章·紫极舞》：“至道生元气，重圆法混成。”又《郊庙歌辞·太清宫乐章·第二奏》：“百灵朝太上，万法祖重圆。”

【重₂傷】重创，再次杀伤。储光羲《同诸公送李云南伐蛮》：“君子恶薄险，王师耻重伤。”

【重₂試】重新考试。褚载有《贺赵观文重试及第》。

【重義】重视道义，以道义为重。储光羲《敬酬陈掾亲家翁秋夜有赠》：“惟贤惠重义，男女期嘉姻。”李华《咏史十一首》之五：“咸称太子仁，重义亦尊道。”罗邺《赠东川梓桐县韦德孙长官》：“前代高门今宰邑，怀才重义古来无。”

【重義輕生】看重道义而轻视生命。辛常伯《军中行路难》：“重义轻生怀一顾，东伐西征凡几度。”沈彬《结客少年场行》：“重义轻生一剑知，白虹贯日报仇归。”

【重₂溟】指海。吴融《燕雏》：“未识重溟远，先愁一叶飞。”

【重₂臺】复瓣的花。方干《牡丹》：“红砌不须夸芍药，白蘋何用逞重台。”韩偓《妒媒》：“好鸟岂劳兼比翼，异华何必更重台。”毛文锡《月宫春》词：“红芳金蕊绣重台，低倾玛瑙杯。”

【重₂臺蓮】即并蒂莲。李建勋有《重台莲》。

【重₂臺履】古代妇女穿的高底鞋。元稹《梦游春七十韵》："丛梳百叶髻，金蹙重台屦。"

【重₂熙】 谓君主累世圣明。白居易《新乐府·法曲》："法曲法曲歌大定，积德重熙有余庆。"张绍《冲佑观》："功崇下武，德茂重熙。"亦指时世清明乐和。陈元光《太母魏氏半径题石》："昭题明岳渎，展墓庆重熙。"

【重₂熙累葉】 谓前后功绩相继，累世升平。刘晏《享太庙乐章》："重熙累叶，景命是膺。"

【重輕】 ❶指轻重与高下。郑薰《赠巩畴》："镜明分妍丑，秤称分重轻。"温庭筠《余昔自西滨得兰数本遂寄情于此》："吾常有流浅，外物无重轻。"❷犹浓淡。太宗《初夏》："阴阳深浅叶，晓夕重轻烟。"

【重₂閣】 重重楼阁。宗楚客《奉和幸安乐公主山庄应制》："水边重阁含飞动，云里孤峰类削成。"

【重榮】 厚荣，殊荣。孟郊《和钱侍郎甘露》："侧听飞中使，重荣华德门。"

【重複】 亦作"重復"。❶谓相同的事物又一次出现。柳宗元《植灵寿木》："前趋问长老，重復欣嘉名。"徐铉《和陈表用员外求酒》："暑天频雨亦频晴，帘外闲云重復轻。"❷谓山重水复。宋之问《温泉庄卧病寄杨七炯》："伊洛何悠漫，川原信重複。"张说《再使蜀道》："烟壑争晦深，云山共重複。"顾况《寄江南鹤林寺石冰上人》："山川重複出，心地阇相逢。"唐尧臣《金陵怀古》："金陵实形胜，关山固重複。"

【重₂翟】 古代皇后祭祀时所乘的车子。亦泛称皇后所乘的车子。《旧唐书·祝钦明传》："重翟者，后从王祭先王、先公所乘也。"徐铉《又三绝》之一："时平物茂岁功成，重翟排云到玉京。"

【重₂樓】 层楼，高楼。杜甫《夔州歌十绝句》之四："枫林橘树丹青合，复道重楼锦绣悬。"武元衡《听歌》："月上重楼丝管秋，佳人夜唱古梁州。"李商隐《无题》："黄金堪作屋，何不作重楼。"吕岩《七言》之三十："才吞一粒便安然，十二重楼九曲连。"

【重₂樓複殿】 重复连绵的高楼宫殿。王涯《宫词三十首》之十二："鸦飞深在禁城墙，多绕重楼复殿傍。"

【重₂輪】 日月外围所出现的光圈。古以为祥瑞之象。晋崔豹《古今注·音乐》："汉明帝为太子，乐人作歌诗四章，以赞太子之德，其一曰《日重光》，其二曰《月重轮》，其三曰《星重辉》，其四曰《海重润》……天子之德，光明如日，规轮如月，众辉如星，沾润如海，太子皆比德焉，故云重尔。"故后多以之称颂太子之德。薛元超《奉和同太子监守违恋》："欲应重轮曲，锵洋韵九韶。"骆宾王《和王记室从赵王春日游陀山寺》："祥河疏叠涧，慧日皎重轮。"权德舆《惠昭皇太子挽歌词二首》之一："今夜西园月，重轮更寂寥。"裴度《享惠昭太子庙乐章》："重轮始发祥，齿胄方兴学。"

【重₂霄】 九霄，云霄。指天空高处。顾况《严公钓台作》："灵芝产遐方，威凤家重霄。"许浑《赠郑处士》："道傍年少莫矜夸，心在重霄鬓未华。"又《送段觉之西蜀结婚》："时人若问西游客，心在重霄鬓欲斑。"温庭筠《过华清宫二十二韵》："朱阁重霄近，苍崖万古愁。"

【重₂賞】 重新欣赏。徐铉《表弟包颖见寄》："料得此生强健在，会须重赏昔年春。"

【重賦嚴刑】 苛重的赋税，严酷的刑法。周昙《咏史诗·前汉门·再吟王莽》："重赋严刑作祸胎，岂知由此乱离媒。"

【重黎】 重和黎。据传二人为上古司天和司地之官，羲、和二氏之祖先。《书·吕刑》："乃命重黎，绝地天通，罔有降格。"孔传："重即羲，黎即和。尧命羲和世掌天地四时之官，使人神不扰，各得其序。"王维《座上走笔赠薛璩慕容损》："分地依后稷，用天信重黎。"

【重價】 高价。李白《赠从弟冽》："楚人不识凤，重价求山鸡。"李德裕《述梦诗四十韵》："重价连悬璧，英词淬宝刀。"李群玉《始忝四座奏状闻荐言怀纪事呈同馆诸公二十四韵》："群贤垂重价，省已增磨砻。"辛宏《白珪无玷》："昆山标重价，垂棘振香名。"

【重德】 大德，高尚的品德。方干《上杭州杜中丞》："昔用雄才登上第，今将重德合明君。"罗隐《病中上钱尚父》："深恩重德无言处，回首浮生泪泫然。"又《投宣武郑尚书二十韵》："物情须重德，时论在明公。"

【重諾】 信守诺言。颜真卿、潘述《水堂送诸文士戏赠潘丞联句》："弱质幸见容，菲才诚重诺。"

【重₂險】 层层险阻的地势。袁朗《和洗掾登城南坂望京邑》："奥区称富贵，重险擅雄强。"岑参《题金城临河驿楼》："古戍依重险，高楼见五凉。"杜甫《桥陵诗三十韵因呈县内诸官》："即事壮重险，论功超五丁。"

【重₂整】 重新整理。牟融《春日山亭》："醉来重整华阳巾，搔首惊看白发新。"

【重₂醞】 指醇厚的酒。张祜《江南杂题三十首》之一九："幸因重酝热，聊作醉乡游。"

【重₂興】 重新兴起、兴旺。刘得仁《送智玄首座归蜀中旧山》："像教得重兴，因师说大乘。"汪遵《桐江》："光武重兴四海宁，汉臣无不受浮荣。"

【重₂錦】 指精美的丝织品。《左传·闵公二年》："归夫人鱼轩重锦三十两。"杜预注："重锦，锦之熟细者。"耿沣《入塞曲》："将军带十围，重锦制戎衣。"李贺《恼公》："蜀烟飞重锦，峡雨溅轻容。"羊士谔《斋中有兽皮茵偶成咏》："青毡持与藉，重锦裁为饰。"

【重₂館】 重重的馆舍。指明堂。褚亮《明堂乐章·舒和》："御扆合宫承宝历，席图重馆奉明灵。"

【重₂親】　亲上加亲。唐太宗以文成公主嫁于吐蕃赞普松赞干布，唐中宗又以金城公主嫁与吐蕃赞普，故云。阎朝隐《奉和送金城公主适西蕃应制》："甥舅重亲地，君臣厚义乡。"

【重₂燃】　重新燃烧。马云奇《同前以诗代书》："且随浮俗贪趋世，肯料寒灰亦重燃。"

【重₂潤】　汉明帝时乐曲名。见晋崔豹《古今注》卷中。虞世南《奉和献岁宴宫臣》："肆夏喧金奏，重润响朱弦。"

【重₂閽】　重重宫门。陆龟蒙《奉和袭美太湖诗二十首·以毛公泉献大谏清河公》："我愿得一掬，攀天叫重阍。"

【重₂壁】　指城墙。许敬宗《奉和初春登楼即目应诏》："旭日临重壁，天眷极中京。"

【重₂緣】　重新镶边。齐己《谢重缘旧山水障子》："敢望重缘饰，微茫洞壑春。"

【重₂瞳】　❶重瞳子。《史记·项羽本纪》："吾闻之周生曰舜目盖重瞳子，又闻项羽亦重瞳子。"卢仝《月蚀诗》："黄帝有二目，帝舜重瞳明。"陆龟蒙《杂讽九首》之四："非是既相参，重瞳亦为瞽。"又《江南秋怀寄华阳山人》："项岂重瞳圣，夔犹一足疑。"徐夤《偶书》："高皇冷笑重瞳客，盖世拔山何所为。"亦特指帝舜。李白《远别离》："九疑联绵皆相似，重瞳孤坟竟何是。"❷借指君王之眼。温庭筠《过华清宫三十二韵》："重瞳分渭曲，纤手指神州。"李咸用《春宫词》："眼光滴滴心振振，重瞳不转忧生民。"和凝《宫词百首》之六三："锵锵济济赴延英，渐近重瞳目转明。"徐光溥《题黄居寀秋山图》："天与黄筌艺奇绝，笔精回感重瞳悦。"

【重₂闉】　指几重城门。杨炯《和刘长史答十九兄》："鼓鼙鸣九域，风火集重闉。"刘言史《北原情三首》之一："错莫天色愁，挽歌出重闉。"

【重₂闈】　重重宫围。张文恭《七夕》："含情向华幄，流态入重闱。"

【重鎮】　军事上有重要地位的城镇。刘长卿《至德三年春正月寄上浙西节度李侍郎中函行营五十韵》："吴山依重镇，江月带行营。"贾至《燕歌行》："国之重镇惟幽都，东威九夷北制胡。"朱庆余《上宣州沈大夫》："帝命几曾移重镇，时清犹望领春闱。"薛能《送浙东王大夫》："众谈称重镇，公意念疲甿。"

【重₂璧】　❶堆垒璧玉。许敬宗《奉和喜雪应制》："飘河共泻银，委树还重璧。"❷古台名。《穆天子传》卷六："天子乃为之台，是曰重璧之台。"郭璞注："言台状如垒璧。"白居易《新乐府·李夫人》："君不见穆王三日哭，重璧台前伤盛姬。"元稹《梦游春七十韵》："重璧盛姬台，青冢明妃墓。"

【重嚴】　庄严。无名氏《国学新修五经壁歌》序："国庠重严，过者必式。"

【重₂簾】　层层帘幕。卢纶《萧常侍瘿柏亭歌》："重帘不动自飘香，似到瀛洲白玉堂。"李商隐《楚宫》："复壁交青琐，重帘挂紫绳。"

【重₂關】　❶层层的宫殿门或屋门。徐安贞《闻邻家理筝》："银锁重关听未辟，不如眠去梦中看。"李端《秋日忆暕上人》："雨前缝百衲，叶下闭重关。"李嘉祐《送陆士伦宰义兴》："知君日清净，无事掩重关。"杜牧《中秋日即事十六韵献居守相国崔公兼呈工部刘公》："鸳鸿随半仗，貔虎护重关。"❷数道门闩。代指门。李绅《莺莺歌》："门掩重关萧寺中，芳草花时不曾出。"❸指重深的关塞。虞世南《从军行二首》之一："马冻重关冷，轮摧九折危。"徐贤妃《秋风函谷应诏》："低云愁广隰，落日惨重关。"张乔《北山书事》："黄河一曲山，天半锁重关。"

【重₂譯】　❶辗转翻译。颜师古《奉和正日临朝》："天涯致重译，日域献奇珍。"窦群《黔中书事》："言语多重译，壶觞每独谣。"薛能《升平词十首》之一："会合皆重译，潺湲近八流。"❷翻译者。指译使。刘卿《送韦赞善使岭南》："岁贡随重译，年芳遍四时。"权德舆《送韦中丞奉使新罗》："计书重译至，锡命双旌往。"柳宗元《柳州峒氓》："愁向公庭问重译，欲投章甫作文身。"❸指要经过好几道翻译才能进行交流的荒远之地。杜甫《奉赠太常张卿二十韵》："能事闻重译，嘉谋及远黎。"

【重₂纊】　厚丝绵。亦借指用厚丝绵制的衣被。元稹《六年春遣怀八首》之一："重纩犹存孤枕在，春衫无复旧裁缝。"苏颋《夜发三泉即事》："重纩濡莫解，悬旌冻犹揭。"

【重₂疊】　❶相同的东西层层叠积。形容多。谢偃《踏歌词三首》之一："春叶参差吐，新花重叠开。"韦应物《答崔都水》："甿税况重叠，公门极熬煎。"薛能《吴姬十首》之八："楼台重叠满天云，殷殷鸣鼍世上闻。"李中《暮春怀故人》："池馆寂寥三月尽，落花重叠盖莓苔。"❷反复，重复。元稹《赛神》："主人中罢舞，许我重叠论。"又《除夜》："今宵祝文上，重叠叙新年。"刘禹锡《将之官留辞裴令公留守》："重叠受恩久，邅回如命何。"李商隐《碧瓦》："他时未知意，重叠赠娇饶。"❸折叠。元稹《鱼中素》："重叠鱼中素，幽缄手自开。"

【重聽】　听觉迟钝或失灵。白居易《欢喜二偈》之二："眼暗头旋耳重听，唯余心口尚醒醒。"

【重₂巖】　重叠的山岩。多指高峻、连绵的山崖。寒山《诗三百三首》之二："重岩我卜居，鸟道绝人迹。"卫光一《经太华》："太华五千寻，重岩合沓起。"张籍

《董逃行》："重岩为屋椽为食，丁男夜行候消息。"

【重₂巒】 重叠的山峦。太宗《望终南山》："重峦俯渭水，碧嶂插遥天。"杜牧《过华清宫绝句三首》之三："云中乱拍禄山舞，风过重峦下笑声。"

【重₂巒疊嶂】 形容山重叠连绵。徐光溥《题黄居寀秋山图》："高低向背无遗势，重峦叠嶂何孱颜。"

【重₂巘】 重叠的山峰。杜牧《分司东都寓居履道上四十韵》："隐豹窥重巘，潜虬避浊泾。"

【重₂釀】 再次酿造。亦指味道醇厚的酒。韩偓《无题》之二："麟脯随重酿，霜华间八珍。"

【重豔】 浓艳的花。指嘉莲。温庭筠《和太常杜少卿东都修行里有嘉莲》："应为临川多丽句，故持重艳向西风。"

四 画

野 〔yě《广韵》羊者切，上馬，以。又承與切，上語，禪。〕❶郊外，离城市较远的地方。李白《留别于十一兄逖裴十三游塞垣》："于公白首大梁野，使人怅望何可论。"司空曙《晦日益州北池陪宴》："野闻歌管思，水静绮罗香。"李德裕《秋日美晴郡楼闲眺寄荆南张书记》："秋声向野去，爽气自山来。"参见"野外""野地"。❷原野；旷野。太宗《执契静三边》："霜野韬莲剑，关城罢月弓。"韦应物《骊山行》："千乘万骑被原野，云霞草木相辉光。"卢纶《同王员外雨后登开元寺南楼因寄西岩警上人》："寒蝉噪暮野无日，古树伤秋天有风。"姚合《游春十二首》之十："晴野花侵路，春陂水上桥。"❸特指田野。太宗《春日望海》："洪涛经变野，翠岛屡成桑。"元结《补乐歌十首·大夏》："国有安乂兮，野有封疆。"元稹《桐花》："剑士还农野，丝人归织纴。"李德裕《思山居十一首·春日独坐思归》："无谋堪适野，何力可拘原。"亦泛指村野。参见"野服""野店"。❹范围；区域。玄宗《过晋阳宫》："俯察伊晋野，仰观乃参虚。"❺野生的。张浑《七老会诗》："风吹野柳垂罗带，日照庭花落绮纨。"庄南杰《阳春曲》："野桃红艳烧春空，芳草绵延锁平地。"李郢《邵博士溪亭》："野茶无限春风叶，溪水千重返照波。"❻民间，在民间。指不为官。皎然《题山壁示道维上人》："身野长无事，心冥自不言。"郑启《严塘经乱书事》："在野傅岩君不梦，乘轩卫懿鹤何功。"❼质朴，不浮华。与"文"相对。丘丹《经湛长史草堂》序："故南平王刘铄有过湛长史历山草堂诗，湛有酬和，其文野而兴。"清昼《讲古文联句》："土衡安仁，不史不野。"吴筠《高士传·汉阴丈人》："野哉汉阴叟，好古遂忘机。"❽不受约束；放浪不羁。皎然《戏呈薛彝》："山僧不厌野，才子会须狂。"皮日休《吴中苦雨因书一百韵寄鲁望》："疏如松间篁，野甚麋对鹿。"❾非正式的，不合法的。见"野鴛鴦"。❿谦词。见"野人❹""野僧"。

【野巾】 供平民所使用的头巾。王维《酬贺四赠葛巾之作》："野巾传惠好，兹贶重兼金。"

【野人】 ❶上古谓居国城之郊野的人。后泛指村乡之人，农夫。李白《古风》之五十："宋国梧台东，野人得燕石。"杜甫《秦州杂诗二十首》之一六："野人矜险绝，水竹会平分。"于鹄《醉后寄山中友人》："昨日山家春酒浓，野人相劝久从容。"焦郁《春雪》之二："春雪空濛帘外斜，霏微半入野人家。"❷借指隐逸者。寒山《诗三百三首》之二七："茅栋野人居，门前车马疏。"戎昱《题严氏竹亭》："子陵栖遁处，堪系野人心。"储嗣宗《和顾非熊题茅山处士闲居》："浊酒自怜终日醉，古风时得野人言。"皮日休《太湖诗·明月湾》："野人波涛上，白屋幽深间。"❸无官职者；平民。白居易《访陈二》："出去为朝客，归来是野人。"张祜《江上旅泊呈杜员外》："野人未必非毛遂，太守还须是孟尝。"❹士人自谦之称。杜甫《赠李白》："野人对膻腥，蔬食常不饱。"鲍溶《寄海陵韩长官》："野人为此多东望，云雨仍从海上来。"殷尧藩《旅行》："烟树寒林半有无，野人行李更萧疏。"

【野人舟】 亦作"野人船"。晋人郭翻不应征聘，对邀自己登大船的安西将军庾翼说，自己所乘的船是"野人之舟"，谓："使君不以鄙贱而辱临之，此固野人之舟也。"见《晋书·郭翻传》。后遂以指小船，并用作咏在野之士的典故。陈子昂《江上暂别萧四刘三旋欣接遇》："终愧神仙友，来接野人舟。"骆宾王《夏日游德州赠高四》："言投爵里刺，来泛野人船。"孟浩然《送张祥之房陵》："我家南渡头，惯习野人舟。"

【野人船】 见"野人舟"。

【野干】 兽名。似狐，死后皈佛，帝释拜之为师，见《未曾有经》。贯休《经普化禅师影院》："曾蒙金印印，得异野干儿。"

【野才】 草野之才。用作谦称。张蠙《投翰林萧侍郎》："九仞墙边绝路岐，野才非合自求知。"

【野叉】 梵文音译，亦夜叉、药叉，佛经中恶鬼名。顾况《归阳萧寺有丁行者能修无生忍担水施僧况归命稽首作诗》："野叉罗刹鬼，亦赦尘垢缠。"

【野王】 晋桓伊小字。《晋书·桓伊传》载，伊善音乐，为江左第一。王徽之泊舟青溪侧，伊于岸上过，船中客称伊小字曰："此桓野王也。"徽之便令人谓伊："闻君善吹笛，试为我一奏。"伊时已贵显，素闻徽之名，便下车，踞胡床，为作三调，弄毕，上车去，客主不交一言。徐铉《送魏舍人仲甫为蕲州判官》："如闻郡阁吹横笛，时望青溪忆野王。"

【野夫】 ❶草野之人，农夫。张籍《忆故州》：“垒石为山伴野夫，自收灵药读仙书。”亦用作自己的谦称。于鹄《种树》：“一树新栽益四邻，野夫如到旧山春。”白居易《香炉峰下新置草堂即事咏怀题于石上》：“言我本野夫，误为世网牵。”❷指隐者。黄滔《严陵钓台》：“终向烟霞作野夫，一竿竹不换簪裾。”

【野日】 原野的太阳。卢纶《早春归盩厔旧居却寄耿拾遗沣李校书端》：“野日初晴麦垄分，竹园相接鹿成群。”徐铉《和张先辈见寄二首》之二：“野日苍茫悲鹏舍，水风阴湿弊貂裘。”

【野水】 野外的水流。刘长卿《送袁处士》：“种荷依野水，移柳待山莺。”司空曙《寄胡居士》：“伯劳相逐行人别，岐路空归野水流。”杜牧《夏州崔常侍自少常亚列出领麾幢十韵》：“野水差新燕，芳郊哢夏莺。”齐己《赠卢明府闲居》：“闲居当野水，幽鸟宿渔竿。”

【野文】 指描写山野景色的诗文。武三思《宴龙泓》：“泛兰清兴洽，折桂野文遒。”

【野火】 ❶野外焚烧草木所放的火。白居易《赋得古原草送别》：“野火烧不尽，春风吹又生。”项斯《经李白墓》：“身没犹何罪，遗坟野火燃。”周繇《甘露寺北轩》：“少静沙痕出，烟消野火平。”贯休《偶作五首》之五：“君不见金陵风台月榭烟霞光，如今五里十里野火烧茫茫。”❷磷火。俗称鬼火。岑参《登古邺城》：“东风吹野火，暮入飞云殿。”

【野心】 闲散恬淡的性情。王绩《黄颊山》：“野心长寂寞，山径本幽回。”刘希夷《孤松篇》：“松子卧仙岑，寂听疑野心。”钱起《岁暇题茅茨》：“谷口逃名客，归来遂野心。”白居易《诏授同州刺史病不赴任因咏所怀》：“野心惟怕闹，家口莫愁饥。”

【野田】 田野。王维《偶然作六首》之二：“得意苟为乐，野田安足鄙。”张籍《车遥遥》：“野田人稀秋草绿，日暮放马车中宿。”姚合《庄居野行》：“客行野田间，皆屋皆闭户。”罗隐《罗敷水》：“雉声角角野田春，试驻征车问水滨。”

【野田黄雀行】 （行 xíng）乐府古题。属相和歌辞。李白、储光羲、贯休、齐己等均有此作。

【野生】 动植物在野外自然生长而非经人工驯养或培植。白居易《庭松》：“有如野生物，不知何人栽。”

【野史】 旧指私人著述的史书。与“正史”相对而言。李敬方《闻高侍御卒贬所》：“寂寞他年后，名编野史无。”陆龟蒙《奉酬袭美苦雨见寄》：“自爱垂名野史中，宁论抱困荒城侧。”

【野外】 郊外；人烟稀少的地方。杜甫《叹庭前甘菊花》：“篱边野外多众芳，采撷细琐升中堂。”于逖《野外行》：“幸以朽钝姿，野外老风霜。”李中《春日野望怀故人》：“野外登临望，苍苍烟景昏。”

【野市】 乡市集市。耿沣《登钟山馆》：“野市鱼盐隘，江村竹苇深。”王建《南中》：“野市依蛮姓，山村逐水名。”

【野寺】 山野寺庙。杜甫《谒文公上方》：“野寺隐乔木，山僧高下居。”李绅《姑苏台杂句》：“野寺经过惧悔尤，公程迫蹙悲秋馆。”项斯《送殷中丞游边》：“野寺门多闭，羌楼酒不赊。”陆龟蒙《奉和袭美吴中书事寄汉南裴尚书》：“云藏野寺分金刹，月在江楼倚玉箫。”

【野老】 村野老人。包何《和程员外春日东郊即事》：“郎官休浣怜迟日，野老欢娱为有年。”刘禹锡《阳山庙观赛神》：“荆巫脉脉传神语，野老娑娑起醉颜。”李德裕《忆平泉杂咏·忆春耕》：“野老荷蓑至，和风吹草轻。”罗炯《行县至浮查山寺》：“野老竞遮官道拜，沙鸥遥避隼旟飞。”

【野地】 犹郊野。贾岛《送张校书季霞》：“饯君到野地，秋凉满山坡。”又《送郑少府》：“野地初烧草，荒山过雪云。”

【野戍】 指野外驻防之处。陈子昂《晚次乐乡县》：“野戍荒烟断，深山古木平。”岑参《使君席夜送严河南赴长水》：“春城月出人皆醉，野戍花深马去迟。”卢纶《送宋校书赴宣州幕》：“南想宣城郡，清江野戍闲。”温庭筠《送人东游》：“荒戍落黄叶，浩然离故关。”

【野死】 死于野外。语出《礼记·祭法》：“舜勤众事而野死。”李白《远别离》：“或言尧幽囚，舜野死，九疑联绵皆相似。”

【野伏】 伏藏于山野。韩愈《送区弘南归》：“蜃沉海底气升霏，彩雉野伏朝扇翚。”

【野行】 （—xíng）在野外行走。陆龟蒙《奉和袭美茶具十咏·茶坞》：“茗地曲隈回，野行多缭绕。”

【野彴】 野外小桥。刘禹锡《裴祭酒尚书见示春归城南青松坞别墅之什命同作》：“野彴度春水，山花映岩扉。”

【野色】 原野或郊野的景色。李白《安陆白兆山桃花岩寄刘侍御绾》：“芳草换野色，飞萝摇春烟。”白居易《冀城北原作》：“野色何莽苍，秋声亦萧疏。”姚合《过杜氏江亭》：“野色吞山尽，江烟衬水流。”翁洮《上子男寿昌宰》：“高楼野色迎襟袖，比屋歌声远鼓鼙。”

【野次】 郊外止宿之处。玄宗有《野次喜雪》。雍陶《送于中丞使北蕃》：“野次依泉宿，沙中望火行。”

【野花】 野生植物的花。沈佺期《三日梨园侍宴》：“野花飘御座，河柳拂天杯。”杨巨源《宫燕词》：“几处野花留不得，双双飞向御炉前。”杜牧《商山麻涧》：“秀眉老父对樽酒，蒨袖女儿簪野花。”罗隐《雪溪晚泊寄裴庶子》：“杯酒疏狂非曩日，野花狼藉似当时。”

【野芳】 野花。戴叔伦《南野》：“野芳绿可采，泉美清可掬。"陆龟蒙《奉和袭美酬前进士崔潞盛制见寄因赠至一百四十言》:"唱既野芳坼,酬还天籁疏。"

【野步】 郊外散步。耿沣《奉和第五相公登鄱阳郡城西楼》:"野步渔声溢,荒祠鼓舞喧。"姚合《春日江次》:"野步出茆斋,闲行坐石台。"贾岛《偶作》:"野步随吾意,那知是与非。"郑谷《寄怀元秀上人》:"高秋期野步,积雨放趋朝。"

【野吹】 指野风。释明解《遗画工诗》:"松林惊野吹,荒隧落寒霜。"

【野吟】 野外吟诗。许棠《野步》:"闲赏步易远,野吟声自高。"杜荀鹤《春日山居寄友人》:"野吟何处最相宜,春景暄和好入诗。"

【野谷】 山谷。高适《寄宿田家》:"门前种柳深成巷,野谷流泉添入池。"杜甫《赠比部萧郎中十兄》:"中散山阳锻,愚公野谷村。"

【野言】 隐者之语。鲍溶《秋晚铜山道中宿隐者》:"野言得真风,山貌宜古服。"

【野陂】 (—bēi)野外山坡。崔峒《送韦员外还京》:"野陂看独树,关路逐残莺。"

【野苹】 原野中的藾蒿。语出《诗·小雅·鹿鸣》:"呦呦鹿鸣,食野之苹。"李德裕《思平泉树石杂咏一十首·似鹿石》:"乍似依岩桂,还疑食野苹。"

【野苑】 鹿野苑。佛教地名。佛成道后始来此说法。亦借指佛寺。王建《原上新居十三首》之一一:"送经还野苑,移石入幽林。"

【野抱】 谓隐居不仕的怀抱。皮日休、陆龟蒙《北禅院避暑联句》:"天书既屡降,野抱难自适。"

【野事】 野外风情。钱起《赠柏岩老人》:"林栖古崖曲,野事佳春后。"贾岛《长孙霞李溟自紫阁白阁见访》:"所论唯野事,招作住云邻。"

【野果】 野树的果实。杜甫《彭衙行》:"竟日数里间,野果充糇粮。"无可《书马如文石门居》:"野果谁来拾,山禽独卧听。"方干《题澄圣塔院上方》:"远泉势曲犹须引,野果枝低可要攀。"

【野岸】 野外水流的涯岸。杜甫《寄柏学士林居》:"赤叶枫林百舌鸣,黄泥野岸天鸡舞。"徐铉《和张先辈见寄二首》之一:"几处垂钩依野岸,有时披褐到邻家。"

【野物】 指粗野之人或轻贱之物。白居易《中书寓直》:"自嫌野物将何用,土木形骸麋鹿心。"刘言史《葛巾歌》:"鲁性将他类此身,还拈野物赠傍人。"

【野氛】 野外的烟雾。张九龄《送窦校书见饯得云中辨江树》:"江水天连色,天涯净野氛。"

【野服】 村野贫民所着的服装。李颀《谒张果先生》:"餐霞断火粒,野服兼荷制。"顾况《送使君》:"山亭倾别酒,野服间朝衣。"权德舆《奉和韦曲庄言怀贻东曲外族诸弟》:"燕居平外土,野服参华虫。"马戴《寄广州杨参军》:"身方脱野服,冠未系朝簪。"

【野店】 指乡村旅店。刘长卿《茱萸湾北答崔载华问》:"荒凉野店绝,迢递人烟远。"牟融《送罗约》:"月明野店闻鸡早,花暗关城匹马迟。"朱庆余《送僧往太原谒李司空》:"中时过野店,后夜宿寒林。"齐己《过荆门》:"野店丛蒿短,烟村簇树齐。"

【野郊】 郊野。董思恭《感怀》:"野郊怆新别,河桥非旧饯。"

【野性】 ❶难以驯服的生性。韦应物《述园鹿》:"野性本难畜,玩习亦逾年。"❷喜爱山水自然,乐居田园生活的性情。钱起《幽居春暮书怀》:"自哂鄙夫多野性,贫居数亩半临湍。"陆畅《新晴爱月》:"野性平生惟爱月,新晴半夜睹婵娟。"李咸用《游寺》:"幽情怜水石,野性任萍蓬。"韬光《谢白乐天招》:"山僧野性好林泉,每向岩阿倚石眠。"

【野泥】 污泥。杜甫《陪郑公秋晚北池临眺》:"采菱寒刺上,蹋藕野泥中。"韩偓《曲江秋日》:"斜烟缕缕鹭鸶栖,藕叶枯香折野泥。"

【野居】 ❶居住于郊野,村居。白居易《叹常生》:"时我病多暇,与之同野居。"曹邺有《城南野居寄知己》。❷指郊外居住处。戴叔伦《南轩》:"野居何处是,轩外一横塘。"卢纶《得耿沣司法书因呈河中郑仓曹畅参军昆季》:"幸接野居宜屣步,冀君清夜一申哀。"吴融《秋兴》:"微雨过菰苇,野居生早凉。"

【野狐】 即狐狸。贯休《偶作五首》之五:"铜台老树作精魅,金谷野狐多子孙。"

【野狐泉】 泉名。有两处,一在今山西闻喜县北。元稹《野狐泉柳林》:"去日野狐泉上柳,紫牙初绽拂眉低。"一在今江西宜春市奉新县百丈山后。罗隐有《野狐泉》。

【野狐涎】 传说是一种迷惑人的东西,用野狐口涎渍肉制成。后因以指迷惑人的话。杨德辉《征青州长老嘲僧门》:"说法谩称狮子吼,魅人多使野狐涎。"

【野草】 野生的草。皎然《兵后余不亭重送卢孟明游江西》:"饥鼯号空亭,野草生故辙。"苏拯《凡草诫》:"野草凡不凡,亦应生和生。"熊皎《游嵩山》:"深逢野草皆疑药,静见樵人恐是仙。"

【野思】 闲散自适的心思。李嘉祐《送严维归越州》:"乡心缘绿草,野思看青枫。"姚康《奉陪段相公晚夏登张仪楼》:"登览值晴开,诗从野思来。"姚合《和友人新居园上》:"新居多野思,不似在京城。"

【野叟】 野翁,村野老人。白居易《秋池独泛》:"皮上有野叟,手中持酒卮。"许棠《冬杪归陵阳别业五首》之三:"时因寻野叟,狂醉复狂歌。"杜荀鹤《乱后山居》:"野叟并田锄暮雨,溪禽同石立寒烟。"齐己《赠白处士》:"衣衫同野叟,指趣似禅师。"

【野食】 在野外进食。杜甫《寄刘峡州伯华使君四十韵》:"林居看蚁穴,野食行鱼罾。"白居易《洛阳有愚叟》:"野食或烹鲜,寓眠多拥褐。"又《酬李二十侍郎》:"行掇木芽供野食,坐牵萝蔓挂朝衣。"

【野風】 原野的风。王勃《焦岸早行和陆四》:"猿吟山漏晓,萤散野风秋。"白居易《江南喜逢萧九彻戏赠五十韵》:"野风吹蟋蟀,湖水浸菰蒋。"马戴《楚江怀古三首》之三:"野风吹蕙带,骤雨滴兰桡。"吴融《野庙》:"日暮鸟归人散尽,野风吹起纸钱灰。"

【野亭】 野外供人休息的亭子。杜甫《奉先刘少府新画山水障歌》:"野亭春还杂花远,渔翁暝蹋孤舟立。"又《暂如临邑至嵴山湖亭奉怀李员外率尔成兴》:"野亭逼湖水,歇马高林间。"又《严中丞枉驾见过》:"元戎小队出郊坰,问柳寻花到野亭。"

【野庭】 ❶乡野庭院。姚合《送友人游蜀》:"送君一壶酒,相别野庭边。"❷田野。孟宾于《公子行》:"锦衣红夺彩霞明,侵晓春游向野庭。"

【野室】 山野居室。王勃《山扉夜坐》:"抱琴开野室,携酒对情人。"

【野屋】 农舍。司空图《诗品二十四则·沉着》:"绿杉野屋,落日气清。"

【野客】 乡野之人。多借指隐逸者。杜甫《楠树为风雨所拔叹》:"野客频留惧雪霜,行人不过听竽籁。"张籍《和左司元郎中秋居十首》之一:"野客留方去,山童取药归。"姚合《寄张徯》:"山僧封茗寄,野客乞诗归。"徐夤《新屋》:"性逸且图称野客,才难非敢傲明君。"

【野馬】 ❶指野性不驯的马。韩愈《招杨之罘》:"野马不识人,难以驾车盖。"❷指野外蒸腾的水气。语出《庄子·逍遥游》:"野马也,尘埃也。生物之以息相吹也。"郭象注:"野马者,游气也。"成玄英疏:"此言青春之时,阳气发动,遥望薮泽之中,犹加奔马,故谓之野马也。"一说,野马即尘埃。白居易、王起《喜晴联句》:"舞去商羊速,飞来野马迟。"韩偓《安贫》:"窗里日光飞野马,案头筠管长蒲卢。"罗隐《南园题》:"小窗奔野马,闲瓮养醯鸡。"吴融《梅雨》:"扑地暗来飞野马,舞风斜去散醯鸡。"

【野馬岡】 地名。在今河北临漳县西南。韩翃《送李湜下第归卫州便游河北》:"仙人矶近茱萸涧,铜雀台临野马冈。"

【野莧】 野生的苋菜,即细苋,多作饲料。杜甫《种莴苣》:"野苋迷汝来,宗生实于此。"

【野格】 天然不羁之格致。郑谷《失鹭鸶》:"野格由来倦小池,惊飞却下碧江涯。"

【野酌】 在郊外饮酒。李白《赠闾丘处士》:"野酌劝芳酒,园蔬烹露葵。"雍裕之《春晦送客》:"野酌乱无巡,送君兼送春。"

【野原】 原野。平原旷野。吴融《登途怀友人》:"日落野原秀,雨余云物闲。"

【野逕】 见"野徑"。

【野郵】 郊驿,郊野驿站。卢纶《送马尚书郎君侍从归觐太原》:"从赏野邮静,献新秋果鲜。"

【野氣】 ❶野外的气象。刘希夷《晚憩南阳旅馆》:"日照蓬阴转,风微野气和。"❷野外的雾霭。李峤《刘侍读见和山邸申篇重申此赠》:"惊吹助猿吟,野气迷凉燠。"李商隐《戏赠张书记》:"池光不受月,野气欲沉山。"

【野徑】 亦作"野逕"。村野小路。王勃《山亭夜宴》:"森沉野径寒,肃穆岩扉静。"刘禹锡《同乐天和微之深春二十首》之一七:"野迳宜行乐,游人尽驻车。"李绅《过荆门》:"青青麦陇啼飞鸦,寂寞野径棠梨花。"刘沧《江城晚望》:"一望江城思有余,遥分野迳入樵渔。"

【野舫】 指农家小船。陆龟蒙《和袭美江南书情次韵》:"钓家随野舫,仙蕴逐雕函。"

【野航】 指农家小船。杜甫《南邻》:"秋水才深四五尺,野航恰受两三人。"

【野翁】 野老,乡野老翁。白居易《偶吟》:"人生变改故无穷,昔是朝官今野翁。"曹邺《北郭闲思》:"每思骨肉在天畔,来看野翁怜子孙。"

【野烟】 见"野煙"。

【野家】 乡野人家。李贺《新夏歌》:"野家麦畦上新垅,长畛裴回桑柘重。"

【野屐】 古人出游时所穿的木底鞋。郑谷《为户部李郎中与令季端公寓止渠州江寺偶作寄献》:"轻舟共泛花边水,野屐同登竹外山。"

【野菜】 可以做成蔬菜或供人充饥的野生植物。白居易《和微之春日投简阳明洞天五十韵》:"暄和生野菜,卑湿长街芜。"长孙佐辅《寻山家》:"主人闻语未开门,绕篱野菜飞黄蝶。"贾岛《寄贺兰朋吉》:"野菜连寒水,古株簇古坟。"杜荀鹤《山中寡妇》:"时挑野菜和根煮,旋斫生柴带叶烧。"

【野梅】 野生的梅树或梅花。皮日休有《行次野梅》。陆龟蒙有《奉和袭美行次野梅次韵》。韦庄《春日》:"忽觉东风景渐迟,野梅山杏暗芳菲。"

【野堂】 村居中的堂屋。杜甫《醉为马坠诸公携酒相看》:"江村野堂争入眼,垂鞭亸鞚凌紫陌。"又《晚登瀼上堂》:"开襟野堂豁,系马林花动。"

【野畦】 指野外的田地。沈佺期《赦到不得归题江上石》:"配宅邻州廨,斑苗接野畦。"杜甫《陪王使君晦日泛江就黄家亭子二首》之二:"野畦连蛱蝶,江槛俯鸳鸯。"

【野鳥】 野生的鸟。姚系《杨参军庄送宇文邈》："秋云冒原隰，野鸟满林声。"雍裕之《宫人斜》："几多红粉委黄泥，野鸟如歌又似啼。"于武陵《早春山行》："异乡那久客，野鸟尚思归。"皮日休《陪江西裴公游襄州延庆寺》："不署前驱惊野鸟，唯将后乘载诗人。"

【野船】 指农家小船。杜甫《登白马潭》："水生春缆没，日出野船开。"白居易《闲居自题戏招宿客》："解绶收朝佩，褰裳出野船。"郑谷《将之泸郡旅次遂州遇裴晤员外谪居于此话旧凄凉因寄二首》之一："云遮列宿离华省，树荫澄江入野船。"皮日休《奉和鲁望樵人十咏·樵风》："野船渡樵客，来往平波中。"

【野逸】 ❶纯朴闲逸。张九龄《郡舍南有园畦杂树聊以永日》："却步园畦里，追吾野逸心。"杜甫《寄李十二白二十韵》："剧谈怜野逸，嗜酒见天真。"徐铉《奉和宫傅相公怀旧见寄四十韵》："不遣前驺妨野逸，别寻逋客互招延。"❷指隐逸者或隐逸生活。徐夤《岚似屏风》："宦达到头思野逸，才多未必笑清平。"贯休《寿春节进》："山河方有截，野逸诏无遗。"

【野鹿】 野生的鹿。秦二世时，丞相赵高曾指鹿为马，以测试群臣是否愿意跟他一起颠倒黑白，为其篡位卖力。李端《杂歌》："秦庭野鹿忽为马，巧伪乱真君试思。"

【野望】 在野外远望。王勃有《早春野望》。杜甫有《野望》。羊士谔《野望二首》之一："萋萋麦陇杏花风，好是行春野望中。"朱庆余《送僧》："野望携金策，禅栖寄石楼。"

【野情】 不受世事人情拘束的闲逸心情，喜爱山野的情致。张说《和尹懋秋夜游㶚湖》："坐啸人事闲，佳游野情发。"李嘉祐《送从侄端之东都》："闻笛添归思，看山惬野情。"姚合《忆山》："闲处无人到，乖疏称野情。"杜荀鹤《送项山人归天台》："不教日月拘身事，自与烟萝结野情。"

【野葛】 即钩吻。常绿灌木，缠绕茎。根、茎、叶均有剧毒。白居易《有木诗八首》之五："试问识药人，始知名野葛。"罗隐《宿纪南驿》："不知无忌奸邪骨，又作何山野葛苗。"

【野菊】 又称野菊花。多年生草本植物，叶互生，秋季开小黄花，野生在路边荒地。花及全草均可入药，性微寒，味苦辛，能清热解毒，主治疮疡肿毒等症。花有降低血压作用，亦可配制农药。李商隐有《野菊》。刘沧《秋夕山斋即事》："衡门无事闭苍苔，篱下萧疏野菊开。"

【野莊】 野外村庄。郎士元《冯翊西楼》："近郭乱山横古渡，野庄乔木带新烟。"

【野棹】 借指野船。杜甫《赠王二十四侍御契四十韵》："名园当翠巘，野棹没青蘋。"

【野酡酥】 当作"野駞酥"。用野驼峰烹制的松脆食品。岑参《玉门关盖将军歌》："灯前侍婢泻玉壶，金铛乱点野酡酥。"

【野雲】 原野的云彩。司空曙《送况上人还荆州因寄卫侍御象》："对鸥沙草畔，洗足野云间。"卢纶《途中遇雨马上口号留别张刘二端公》："阴雷慢转野云长，骏马双嘶受雨凉。"罗隐《送刘校书之新安寄吴常侍》："野云如火照行尘，会绩溪边去问津。"韦庄《山墅闲题》："静极却嫌流水闹，闲多翻笑野云忙。"

【野棠】 即棠梨，二月开白花，结实如小楝子，霜后可食。储光羲《送姚六昆客任会稽何大蹇任孟县》："野棠春未发，田雀暮成群。"

【野景】 野外的景致。许棠《题李昌符丰乐幽居》："诗家依阙下，野景似山中。"吕岩《七言》之二四："强居此境绝知音，野景虽多不合吟。"

【野程】 山野的道路。刘禹锡《和李相公初归平泉过龙门南岭遥望山居即事》："新墅烟火起，野程泉石开。"

【野禽】 野生的鸟类。李德裕《忆平泉杂咏·忆寒梅》："遥思清景暮，还有野禽来。"姚合《武功县中作三十首》之一："马随山鹿放，鸡杂野禽栖。"黄损《句》："傍水野禽通体白，饤盘山果半边红。"

【野艇】 野船，乡村小船。刘长卿《送张十八归桐庐》："归人乘野艇，带月过江村。"许浑《赠茅山高拾遗》："山斋留客扫红叶，野艇送僧披绿莎。"赵嘏《赠陈正字》："野艇几曾寻水去，故山从此与云疏。"郑谷《深居》："书满闲窗下，琴横野艇中。"

【野飯】 ❶粗淡的农家饭食。亦泛指粗淡的饭食。严维《赠别至弘上人》："衲衣求坏帛，野饭拾春蔬。"马戴《送僧归闽中旧寺》："钟声催野饭，秋色落寒潮。"❷野餐。刘长卿《送顾长》："晨床林月在，野饭浦沙寒。"陆龟蒙《顷自桐江得一钓车以袭美乐烟波之思因出以为玩俄辱三篇复抒酬答》之二："相呼野饭依芳草，迭和山歌逗远林。"张蠙《送缙云尉》："野饭楼中迥，晴峰案上多。"

【野童】 村野的儿童。苏味道《始背洛城秋郊瞩目奉怀台中诸侍郎》："野童来捃拾，田叟去讴吟。"杜甫《送杨六判官使西蕃》："儒衣山鸟怪，汉节野童看。"韦庄有《赠野童》。

【野尊】 借指村酒。张九龄《和裴侍中承恩拜扫旋辔途中有怀寄州县官僚乡国亲故》："野尊延故老，朝服见儿童。"

【野渡】 村野的渡口。韦应物《滁州西涧》："春潮带雨晚来急，野渡无人舟自横。"周贺《早春越中留故人》："野渡人初过，前山云未开。"许浑《赠李伊阙》："舟横野渡寒风急，门掩荒山夜雪深。"韦庄《夜雪泛舟游南溪》："因寻野渡逢渔舍，更泊前湾上酒家。"

【野扉】　山居的门扇。借指隐居之地。白居易《将归一绝》："欲去公门返野扉，预思泉竹已依依。"

【野塘】　野外的池塘或湖泊。元稹《酬乐天早春闲游西湖》："懒将闲气力，争斗野塘春。"李商隐《酬崔八早梅有赠兼示之作》："知访寒梅过野塘，久留金勒为回肠。"赵嘏《重阳日示舍弟》："多少乡心入酒杯，野塘今日菊花开。"罗虬《比红儿诗》之三三："何物把来堪比并，野塘初绽一枝莲。"韩偓《乱后春日途经野塘》："世乱他乡见落梅，野塘晴暖独裴回。"

【野蔓】　野生的蔓草。陆龟蒙《四明山诗·鞠侯》："野蔓垂缨细，寒泉佩玉清。"

【野蒿】　艾蒿的别名。许浑《骊山》："贵妃没后巡游少，瓦落宫墙见野蒿。"温庭筠《送客偶作》："石路荒凉接野蒿，西风吹马利如刀。"皮日休《酬鲁望见迎绿罽次韵》："轻裁鸭绿任金刀，不怕西风断野蒿。"又《襄州汉阳王故宅》："戟户野蒿生翠瓦，舞楼栖鸽污雕梁。"

【野路】　村野间道路。储嗣宗《送人归故园》："野路正风雪，还乡犹布衣。"

【野蜋】　野生的蜣蜋。权龙褒《秋日述怀》："饱食房里侧，家粪集野蜋。"

【野雉】　野鸡。韦应物《宴别幼遐与君贶兄弟》："群水含时泽，野雉鸣朝阳。"

【野�】

【野煙】　亦作"野烟"。野外的烟雾。张旭《桃花溪》："隐隐飞桥隔野煙，石矶西畔问渔船。"白居易《县西郊秋寄赠马造》："紫阁峰西清渭东，野煙深处夕阳中。"刘沧《经古行宫》："胡蝶翅翻残露滴，子规声尽野煙深。"陆龟蒙《松江秋书》："风度野烟侵醉帽，雨来秋浪溅吟衣。"

【野詩】　粗鄙不文的诗。元稹《酬孝甫见赠十首》之三："野诗良辅偏怜假，长借金鞍迓酒胡。"

【野意】　山野意趣。皎然《题周谏别业》："昂藏独鹤闲心远，寂历秋花野意多。"雍陶《寄襄阳章孝标》："闻说小斋多野意，枳花阴里麝香眠。"贾岛《郊居即事》："叶书传野意，檐溜煮胡茶。"

【野墅】　村舍。元稹《生春二十首》之七："何处生春早，春生野墅中。"

【野僧】　山僧，山野僧人。张籍《赠王秘书》："身屈只闻词客说，家贫多见野僧招。"白居易《和裴相公傍水闲行绝句》："为报野僧岩客道，偷闲气味胜长闲。"贾岛《送贺兰上人》："野僧来别我，略坐傍泉沙。"齐己《新栽松》："野僧教种法，苒苒出蓬蒿。"

【野魅】　山野中的鬼魅。王泠然《汴堤柳》："驿骑征帆损更多，山精野魅藏应老。"刘禹锡《磨镜篇》："山神妖气沮，野魅真形出。"

【野語】　俚语；俗语。皮日休《茶中杂咏·茶鼎》："此时勺复茗，野语知逾清。"陆龟蒙《夏日闲居作四声诗寄袭美·平上声》："渔童惊狂歌，艇子喜野语。"

【野駝】　野生的骆驼。亦借指野驼峰，古人认为是食物中的珍品。岑参《酒泉太守席上醉后作》："浑炙犁牛烹野驼，交河美酒归叵罗。"张籍《关山月》："溪水连天霜草平，野驼寻水碛中鸣。"

【野趣】　山野的情趣。王湾《奉使登终南山》："峰在野趣繁，尘飘宦情涩。"杜甫《重过何氏五首》之四："颇怪朝参懒，应耽野趣长。"刘禹锡《和牛相公游南庄醉后寓言戏赠乐天兼见示》："城外园林初夏天，就中野趣在西偏。"齐己《金江寓居》："野趣今何似，诗题旧不如。"

【野蕨】　野生的蕨菜。王维《游化感寺》："绕篱生野蕨，空馆发山樱。"许棠《送李频之南陵主簿》："野蕨生公署，闲云拂印床。"

【野蕪】　野外丛生的草。元季川《泉上雨后作》："谁是畹与畦，漭漫连野芜。"

【野蔬】　野菜；山间野地所产的蔬菜。王维《济州过赵叟家宴》："上客摇芳翰，中厨馈野蔬。"卢纶《郊居对雨寄赵涓给事包佶郎中》："萧飒宜新竹，龙钟拾野蔬。"元稹《遣悲怀三首》之一："野蔬充膳甘长藿，落叶添薪仰古槐。"周贺《赠僧》："松吹入堂资讲力，野蔬供饭爽禅身。"

【野賤】　村野贱名。多为自谦之词。王建《寄上韩愈侍郎》："不以雄名疏野贱，唯将直气折王侯。"方干《出山寄苏从事》："多谢元瑜怜野贱，时回车马发光辉。"

【野調】　（—diào）乡野曲调。陆龟蒙《晚度》："半波风雨半波晴，渔曲飘秋野调清。"

【野薪】　指郊野草木。唐彦谦《过清凉寺王导墓下》："永思陵下犹凄切，废屋寒风吹野薪。"

【野樹】　生于郊外的树木。李峤《王屋山第之侧杂构小亭暇日与群公同游》："席上山花落，帘前野树低。"卢殷《雨霁登北岸寄友人》："稻黄扑扑黍油油，野树连山涧自流。"储嗣宗《早春》："野树花初发，空山独见时。"

【野橋】　村野的桥梁。刘长卿《碧涧别墅喜皇甫侍御相访》："野桥经雨断，涧水向田分。"李商隐《柳》："清明带雨临官道，晚日含风拂野桥。"赵嘏《越中寺居》："野桥连寺月，高竹半楼风。"齐己《送人游塞》："槐柳野桥边，行尘暗马前。"

【野醖】　村酒。权德舆《刘绍相访夜话因书即事》："山僮漉野酝，稚子褰书帷。"

【野鴨】　禽名。状同家鸭，野生，能飞善游，捕食鱼虾，也吃贝类及植物的种子、果实等。齐己《野鸭》："野鸭殊家鸭，离群忽远飞。"赵武建《刺左右膊诗》："野鸭滩头宿，朝朝被鹘梢。"

【野戰】　交战于旷野。李白《战城南》："野战格斗死，败马号鸣向天悲。"戴叔伦《赠史开府》："野战频年沙朔外，旌竿高与雪峰齐。"皎然《武源行赠丘卿岑》："野战攻城尽如此，即今谁是霍嫖姚。"

【野興】　（—xìng）对自然景物的情趣或对郊游的兴致。杜审言《和韦承庆过义阳公主山池五首》之一："野兴城中发，朝英物外求。"姚合《郡中书事寄歎然上人》："郡中饶野兴，过客亦淹留。"朱庆余《同卢校书游新兴寺》："岂不思公府，其如野兴何。"秦韬玉《题刑部李郎中山亭》："不是主人多野兴，肯开青眼重渔师。"

【野鼠】　生活在田野中的鼠类，种类繁多，如黄鼠、田鼠、鼢鼠等。皮毛多为褐色、褐黄色或灰色。一般对农作物有害，有的能传播鼠疫。贾岛《送崔约秀才》："野鼠独偷高树果，前山渐见短禾苗。"陆龟蒙《奉酬袭美先辈初夏见寄次韵》："愁鸱占枯枿，野鼠趋前楹。"张蠙《和友人许棠题宣平里古藤》："嫩条悬野鼠，枯节叫秋蛩。"

【野餞】　饯别于郊野。席豫《奉和圣制送张说巡边》："朝荣承睿札，野饯转行旃。"司空曙《送卢堪》："酒醒余恨在，野饯暂游同。"

【野館】　乡村旅社。张籍《寄韩愈》："野馆非我室，新居未能安。"朱庆余《送元处士游天台》："空山雉雊禾苗短，野馆风来竹气清。"赵嘏《题横水驿双峰院松》："故园溪上雪中别，野馆门前云外逢。"

【野膳】　在野外吃的饭食。畅当《军中醉饮寄沈八刘叟》："野膳随行帐，华音发从伶。"卢纶《送李尚书郎君昆季侍从归觐滑州》："金鼎对筵调野膳，玉鞭齐骑引行轩。"

【野鴛鴦】　喻非正式的匹偶。杜甫《数陪李梓州泛江有女乐在诸舫戏为艳曲二首赠李》之二："使君自有妇，莫学野鸳鸯。"

【野燒】　（—shāo）野火。严维《荆溪馆呈丘义兴》："野烧明山郭，寒更出县楼。"白居易《和微之春日投简阳明洞天五十韵》："林风新竹折，野烧老桑枯。"贾岛《送觉兴上人归中条山兼谒河中李司空》："暮磬潭泉冻，荒林野烧移。"刘沧《长洲怀古》："野烧原空尽荻灰，吴王此地有楼台。"

【野燎】　野火。卢纶《和金吾裴将军使往河北因访张氏昆季旧居兼寄赵侍郎赵卿拜陵未回》："古原收野燎，寒笛怨空邻。"

【野營】　❶在野外住宿用的营帐。杜甫《去秋行》："战场冤魂每夜哭，空令野营猛士悲。"薛能《相国陇西公南征能以留务独宿府城作》："高墉撼铎思巴栈，老木嗥风念野营。"曹唐《送康祭酒赴轮台》："断碛簇烟山似米，野营轩地鼓如雷。"❷在野外搭营帐住宿。张祜《塞下》："万里配长征，连年惯野营。"

【野澤】　山野草泽。刘禹锡《台城怀古》："宫墙隐嶙围野泽，鹳鸦夜鸣秋色深。"

【野麇】　即獐。王绩《食后》："胡麻山麨样，楚豆野麇方。"王建《陇头水》："陇东陇西多屈曲，野麇饮水长簇簇。"刘言史《初下东周赠孟郊》："言词野麇态，出口多累形。"白居易《游悟真寺诗》："野麇断羁绊，行走无拘挛。"

【野雞】　雉之别名。秦穆公时，陈仓人掘地得异物，道逢二童子，告之曰："此名为媪，常在地食死人脑。"媪曰："彼二童子名为陈宝，得雄者王，得雌者伯。"陈仓人追二童子，童子化为雉，飞入平林。见晋干宝《搜神记》卷八。郑繇《失白鹰》："梁苑惊池鹜，陈仓拂野鸡。"元稹《有鸟诗二十章》之五："有鸟有鸟名野鸡，天姿耿介行步齐。"李商隐《西南行却寄相送者》："明朝惊破还乡梦，定是陈仓碧野鸡。"

【野癖】　谓甘于乡野生活的癖好。齐己《寄江居耿处士》："野癖虽相似，生涯即不同。"

【野獸】　家畜以外的兽类。孟彦深《元次山居武昌之樊山新春大雪以诗问之》："林莺却不语，野兽翻有踪。"杜荀鹤《和吴太守罢郡山村偶题二首》之一："野兽眠低草，池禽浴动荷。"

【野觴】　村野之酒。王绩《尝春酒》："野觞浮郑酌，山酒漉陶巾。"

【野廬】　田间房舍。韦应物《晚归沣川》："野庐不锄理，翳翳起荒烟。"

【野饋】　村野的食物。陆龟蒙《江南秋怀寄华阳山人》："野馈夸菰饭，江商贾蔗饧。"

【野饌】　野餐。方干《送郑台处士归绛岩》："惯采药苗供野馔，曾书蕉叶寄新题。"

【野鶴】　鹤居林野，性孤傲，常喻隐士。刘长卿《送方外上人》："孤云将野鹤，岂向人间住。"白居易《池鹤八绝句·鹤答鸡》："不可遣他天下眼，却轻野鹤重家鸡。"李群玉《酬崔表仁》："昨日朱门一见君，忽惊野鹤在鸡群。"徐铉《送孟宾孟员外还新淦》："野鹤乘轩云出岫，不知何日再相逢。"

【野竈】　山野人家的炊灶。陆龟蒙《樵人十咏·樵家》："山棚日才下，野灶烟初起。"

【野蠶】　野生蚕的统称。许浑《凌歊台送韦秀才》："野蚕成茧桑柘尽，溪鸟引雏蒲稗深。"于渍《野蚕》："野蚕食青桑，吐丝亦成茧。"

【野靄】　野外的烟雾。皎然《送郑孝廉淮西觐省》："野霭湿衣彩，江鸿增客情。"

【野豔】　山野间的花卉。韩愈《答张彻》："乘枯摘野艳，沉细抽潜腥。”

五 画

量[1] 〔liàng《广韵》力讓切，去漾，來。〕❶限度，容量。李白《咏山樽二首》之二：“愧无江海量，偃蹇在君门。”韦应物《扈亭西陂燕赏》：“有酒今满盈，愿君尽弘量。”❷气度，气量。孟郊《寄陕府邓给事》：“自谓古诗量，异将新学偏。”李德裕《北固怀古》：“丞相量纳川，平阳气冲牛。”孙元晏《咏史诗·齐·小儿执烛》：“谢公情量已难量，忠宋心诚岂暂忘。”吴越后王钱俶《宫中作》：“谢公未是深沉量，犹把输赢局上夸。”❸（或读 liáng）衡量，估计。李颀《郑樱桃歌》：“自言富贵不可量，女为公主男为王。”庄若讷《湘灵鼓瑟》：“神理诚难测，幽情讵可量。”元稹《村花晚》：“天公此意何可量，长教尔辈时节长。”薛能《华清宫和杜舍人》：“外戚心殊迫，中原事可量。”亦指思虑、考虑。白居易《赠梦得》：“心中万事不思量，坐倚屏风卧向阳。”

量[2] 〔liáng《广韵》吕張切，平陽，來。〕❶用特定的标准工具，测定事物的长短、轻重、多少或其他性质。韦应物《送丘员外归山居》：“为君量革履，且愿住蓝舆。”韩愈《河南令舍池台》：“欲将层级压篱落，未许波澜量斗石。”李群玉《雨夜呈长官》：“请量东海水，看取浅深愁。”韦庄《题许浑诗卷》：“十斛明珠量不尽，惠休虚作碧云词。”

【量入以爲出】（爲 wéi）根据国家收入数额来确定支出数额的财政原则。始于周，历代因之。后并应用于企业、家庭以至个人。白居易《赠友五首》之三：“量入以为出，上足下亦安。”

【量力】 衡量人的力量和能力。宋之问《景龙二年言志》：“徇禄期代耕，受任亦量力。”畅当《南充谢郡客游澧州留赠宇文中丞》：“量力颇及早，谢归今即已。”白居易《题海图屏风》：“或者不量力，谓兹鳌可求。”罗隐《酬丘光庭》：“懦夫早岁不量力，策蹇仰北高崔嵬。”

【量分】（—fèn）思量自己的本分。韩愈《寄崔二十六立之》：“老翁不量分，累月笞其儿。”元稹《有鸟二十章》之五：“当时何不早量分，莫遣辉光深照泥。”

【量$_2$舟】 称量舟中物体之轻重。用曹冲称象典。《三国志·曹冲传》载，曹冲少聪慧，时孙权曾致巨象，太祖欲知其斤重，访之群下，咸莫能出其理。冲曰：“置象大船之上，而刻其水痕所至，称物以载之，则校可知矣。”李峤《象》：“执燧奔吴战，量舟入魏墟。”

【量材】 衡量才能。元稹《奉和浙西大夫李德裕述梦四十韵次本韵》：“量材分用处，终不学滔滔。”

【量决】 酌量裁决。李翱《断僧通状》：“量决十下，牒出东界。”

【量度】（—duó）审度。罗隐《送丁明府赴紫溪任》：“县谱莫辞留旧本，异时量度更何如？”

【量$_2$度】（—duó）测量，测定。曹松《天台瀑布》：“休拟宝尺难量度，直恐金刀易剪裁。”

【量移】 指官吏因罪远谪，遇赦酌情调迁近处任职。李白有《见京兆韦参军量移东阳二首》。李嘉祐有《承恩量移宰江邑临鄱江怅然之作》。韩愈有《从潮州量移袁州张韶州以诗相贺因酬之》。白居易《自题》：“一旦失恩先左降，三年随例未量移。”

十一画

釐[1] 〔lí《广韵》里之切，平之，來。〕❶治理，处理。钱起《送蒋尚书居守东都》：“肃肃保釐处，水流宫苑清。”窦牟《天津晓望因寄呈分司一二省郎》：“保釐才半仗，容卫尽空庐。”白居易《初致仕戏酬留守牛相公并呈分司诸寮友》：“报君一语君应笑，兼亦无心羡保釐。”❷数量单位。用于长度，为尺的千分之一。引申为微小。杜牧《和野人殷潜之题筹笔驿十四韵》：“艰难同草创，得失计毫厘。”

釐[2] 〔xī《集韵》虚其切，平之，曉。〕❶福。柳宗元《奉平淮夷雅表·皇武》：“师是蔡人，以宥以釐。”❷胙肉，祭鬼神后的福食。《郊庙歌辞·明皇祀圜丘乐章·寿和》：“受釐合祉，宝祚维新。”李纾《让皇帝庙乐章·迎俎》：“受釐归胙，既戒而平。”张昭《汉宗庙乐舞辞》：“受釐饮酒皇欢洽，仰俟余灵泰九区。”

【釐$_2$事】 指祭祀之事。《汉书·贾谊传》：“文帝思谊，征之。至，入见。上方受釐，坐宣室。上因感鬼神事，而问鬼神之本。谊具道所以然之故。”柳宗元《闻籍田有感》：“宣室无由问釐事，周南何处托成书。”

【釐降】（—jiàng）本谓尧女嫁舜事。《书·尧典》：“釐降二女于妫汭，嫔于虞。”孔传：“降，下嫔妇也，舜为匹夫，能以义理下帝女之心。”后指帝王之女下嫁。吴兢《永泰公主挽歌二首》之一：“秾华从妇道，釐降适诸侯。”

部首目录

国家出版基金项目
NATIONAL PUBLICATION FOUNDATION

全唐诗词语通释

第三卷

《全唐诗词语通释》编纂组 编著

北京师范大学出版集团
BEIJING NORMAL UNIVERSITY PUBLISHING GROUP
安徽大学出版社

第三卷　部首表

第三卷　部首检字表

九画

十画

十一画

十二画

十三画

十四画

十五画

十六画

十七画

十九画

二十画

二十三画

2393
欠部

二画

四画

六画

七画

八画

十画

十一画

十二画

十三画

十四画

十五画

十六画

十七画

十八画

十九画

二十一画

二十二画

二十三画

二十四画

二十八画

日　部

日〔rì《广韵》人質切，人質，日。〕❶太阳。王勃《咏风》："日落山水静，为君起松声。"杜甫《醉歌行》："风吹客衣日杲杲，树搅离思花冥冥。"刘沧《赠天台隐者》："天开宿雾海生日，水泛落花山有风。"❷白天。玄宗《端午》："端午临中夏，时清日复长。"杜甫《至后》："冬至至后日初长，远在剑南思洛阳。"权德舆《奉和李给事省中书情寄刘苗崔三曹长因呈许陈二阁老》："五夜漏清天欲曙，万年枝暖日初长。"❸地球自转一周的时间，一昼夜。孟浩然《宴包二融宅》："五日休沐归，相携竹林下。"白居易《贺雨》："诏下才七日，和气生冲融。"李郢《酬王舍人雪中见寄》："三日柴门拥不开，阶庭平满白皑皑。"李频《寄远》："槐欲成阴分袂时，君期十日复金扉。"❹每天；常常。李白《望终南山寄紫阁隐者》："秀色难为名，苍翠日在眼。"岑参《与鄠县源少府泛渼陂》："怜君公事后，陂上日娱宾。"钱起《山斋读书寄时校书杜叟》："日爱蘅茅下，闲观山海图。"戴叔伦《赠康老人洽》："南邻北里日经过，处处淹留乐事多。"齐己《期友人》："早晚逐兹来，闲门日为开。"❺一天天，日渐。郭元振《相和歌辞·王昭君三首》之一："容颜日憔悴，有甚画图时。"王维《燕子龛禅师》："山木日阴阴，结跏归旧林。"卢象《八月十五日象自江东止田园移庄庆会未几归汶上小弟幼妹尤嗟其别兼赋是诗三首》之二："两妹日长成，双鬟将及人。"韩愈《秋怀诗十一首》之十一："西风蛰龙蛇，众木日凋槁。"白居易《杂兴三首》之三："吴王心日侈，服玩尽奇瑰。"❻往日。刘长卿《归沛县道中晚泊留侯城》："蔓草日已积，长松日已摧。"韩愈《征蜀联句》："日王忿违傲，有命事诛拔。"又《酬司门卢四兄云夫院长望秋作》："日来省我不肯去，论诗说赋相喃喃。"亦指早，很早。孟郊《感怀》之二："豺狼日已多，草木日已霜。"韦庄《刘得仁墓》："冥寞知春否，坟蒿日已深。"❼记历的单位。特指某月的某一天。卢照邻《九月九日登玄武山》："九月九日眺山川，归心归望积风烟。"白居易《新乐府·百炼镜》："江心波上舟中铸，五月五日日午时。"❽时期，时候。杜甫《奉赠韦左丞丈二十二韵》："甫昔少年日，早充观国宾。"戎昱《送吉州阎使君入道二首》之一："余当从宦日，君是弃官时。"萧华《扈从回銮应制》："粤在秦京日，议乎封禅难。"李商隐《寄远》："何日桑田俱变了，不教伊水向东流。"❾时代。李峤《钱》："汉日五铢建，姬年九府流。"李白《送杨燕之东鲁》："关西杨伯起，汉日旧称贤。"韦应物《奉和圣制重阳日赐宴》："复睹开元日，臣愚献颂声。"严武《酬别杜二》："独逢尧典日，再睹汉官时。"白居易《读史五首》之三："汉日大将军，少为乞食子。"❿日子，日期。李白《宣州谢朓楼饯别校书叔云》："弃我去者昨日之日不可留，乱我心者今日之日多烦忧。"杜甫《悲陈陶》："野旷天清无战声，四万义军同日死。"刘长卿《入白沙渚夤缘二十五里至石窟山下怀天台陆山人》："归人不计日，流水闲相随。"元稹《褒城驿二首》之一："今日重看满衫泪，可怜名字已前生。"刘沧《秋日夜怀》："近日每思归少室，故人遥忆隔潇湘。"⓫喻指人君。皇甫冉《华清宫》："温泉曾浴日，华馆旧迎风。"李德裕《奉和圣制南郊礼毕诗》："三臣皆就日，万国望如云。"李绅《趋翰苑遭诬构四十六韵》："捧日恩光别，抽毫顾问殊。"姚合《文宗皇帝挽词三首》之一："千官方就日，四海忽无天。"

【日三秋】　即一日三秋。形容对人思念殷切。见《诗·王风·采葛》。独孤及《将赴京答李纾赠别》："思君带将缓，岂直日三秋。"

【日下】　❶太阳西下。李峤《奉教追赴九成宫途中口号》："雨余林气静，日下山光夕。"李白《秋日与张少府楚城韦公藏书高斋作》："日下空庭暮，城荒古迹余。"徐夤《西》："密云郊外已回秋，日下崦嵫景懒收。"❷指京都。古代以帝王比日，因以皇帝所在地为"日下"。见南朝宋刘义庆《世说新语·排调》。刘长卿《按覆后归睦州赠苗侍御》："日下人谁忆，天涯客独行。"戎昱《秋日感怀》："日下未驰千里足，天涯徒泛五湖舟。"李商隐《杨本胜说于长安见小男阿衮》："闻君来日下，见我最娇儿。"❸传说中的东方古国名。见《尔雅·释地》。亦指极东方。卢肇《题甘露寺》："曙色烟中灭，潮声日下来。"亦指日本国。

【日夕】　❶傍晚。孟浩然《和宋太史北楼新亭》："返耕意未遂，日夕登城隅。"钱起《送严士良侍奉詹事南游》："日夕望荆楚，莺鸣芳杜新。"皎然《浮云三章》之三："高春濛濛，日夕之容。"刘禹锡《送蕲州李郎中赴任》："楚关蕲水路非赊，东望云山日夕佳。"❷早晚，日夜。魏征《暮秋言怀》："沉沉蓬莱阁，日夕乡思多。"杜甫《新安吏》："我军取相州，日夕望其平。"李端《送韩绅卿》:“荣枯催日夕,去住皆须老。”孟郊、韩愈《有所思联句》:“相思绕我心,日夕千万重。”

【日不暇給】 形容事务繁忙,没有闲时。陆龟蒙《奉和袭美二游诗·徐诗》:“日既不暇给,坟索何由专?”

【日日】 天天;每天。羊士谔《在郡三年今秋见白发聊以书事》:“日日山城守,淹留岩桂丛。”刘禹锡《伤愚溪三首》之三:“柳门竹巷依依在,野草青苔日日多。”陆龟蒙《木兰堂》:“洞庭波浪渺无津,日日征帆送远人。”贯休《富贵曲二首》之二:“宁知耘田车水翁,日日炙背欲裂。”

【日中】 ❶正午,中午。白居易《秦中吟十首·歌舞》:“日中为一乐,夜半不能休。”薛逢《追昔行》:“日中扶杖憩树阴,仿佛形容认相识。”皮日休《奉酬鲁望惜春见寄》:“十五日中春日好,可怜沉痼冷如灰。”❷太阳正中。徐夤《汉宫新宠》:“日中月满可能久,花落色衰殊未忧。”

【日中烏】 日乌,太阳。李商隐《东南》:“东南一望日中乌,欲逐羲和去得无。”参见“日烏”。

【日午】 日中;正午。柳宗元《夏昼偶作》:“日午独觉无余声,山童隔竹敲茶臼。”贾岛《赠圆上人》:“古塔月高闻咒水,新坛日午见烧灯。”翁洮《赠进士李德新接海棠梨》:“高轩日午争浓艳,小径风移旋落英。”

【日月】 ❶太阳和月亮。杜甫《陈拾遗故宅》:“公生扬马后,名与日月悬。”韩愈《秋怀诗十一首》之一:“羲和驱日月,疾急不可恃。”许棠《题青山馆》:“遗文齐日月,旧井照烟霞。”黄滔《投刑部裴郎中》:“已齐日月悬千古,肯误风尘使陆沉。”❷每日每月。张南容《静女歌》:“日月淇上游,笑人不逾阈。”❸时光;岁月。秦系《送王道士》:“一去何时见,仙家日月长。”白居易《喜罢郡》:“自此光阴为己有,从前日月属官家。”李商隐《念远》:“日月淹秦甸,江湖动越吟。”李宏皋《题桃源》:“当时避世乾坤窄,此地安家日月长。”❹犹天地。郑畋《马嵬坡》:“玄宗回马杨妃死,云雨虽亡日月新。”高骈《遣兴》:“醉乡日月终须觅,去作先生号白云。”牛希济《奉诏赋蜀主降唐》:“唐主再悬新日月,蜀王难保旧山川。”❺亦指帝王。李白《杂曲歌辞·秦女卷衣》:“微身奉日月,飘若萤火光。”黄滔《投翰长赵侍郎》:“手扶日月重轮起,数是乾坤正气钟。”亦指帝位。灵一《项王庙》:“弓断阵前争日月,血流垓下定龙蛇。”

【日月宫】 仙宫。杨嗣复《赠毛仙翁》:“日月宫中便是家,下视昆仑何突兀。”

【日月旗】 古代帝王仪仗队中绘有日月图像的旗。借指御驾。韦应物《酬郑户曹骊山感怀》:“翻翻日月旗,殷殷鼙鼓声。”戎昱《辰州闻大驾还宫》:“自惭出守辰州畔,不得亲随日月旗。”陈陶《塞下曲》之二:“鸟啄豺狼将,沙埋日月旗。”贯休《读〈玄宗幸蜀记〉》:“泣溻乾坤色,飘零日月旗。”

【日月精】 太阳和月亮的精华。皎然《问遥山禅老》:“天与松子寿,独饮日月精。”杨衡《赠罗浮易炼师》:“荣卫冰雪姿,咽嚼日月精。”徐铉《以端溪砚酬张员外水精珠兼和来篇》:“自得山川秀,能分日月精。”

【日正】 正午。韩愈《元和圣德诗》:“帝车回来,日正当午。”戴叔伦《女耕田行》:“日正南冈下饷归,可怜朝雉扰惊飞。”

【日本】 日本国。杜甫《戏题画山水图歌》:“巴陵洞庭日本东,赤岸水与银河通。”李白《哭晁卿衡》:“日本晁卿辞帝都,征帆一片绕蓬壶。”

【日本國】 即日本。赵骅有《送晁补阙归日本国》,见《全唐诗》卷一二九。方干有《送人游日本国》,见《全唐诗》卷六四九。吴融有《送僧归日本国》,见《全唐诗》卷六八四。

【日北】 泛指北方边地。孟郊《送卢汀侍御归天德幕》:“旌旗防日北,道路上云巅。”

【日兄】 日,喻天子。故天子之弟、妹称天子为“日兄”。陆畅《云安公主下降奉诏作催妆诗》:“天母亲调粉,日兄怜赐花。”

【日用】 ❶日常饮食。解彦融《雁塔》:“餐和裨日用,味道懿天明。”❷日常;平时。齐己《题明公房》:“自然高日用,何要出人群。”又《喻吟》:“日用是何专,吟疲即坐禅。”❸日常应用的器物。

【日永】 白天长。韦应物《立夏日忆京师诸弟》:“改序念芳辰,烦襟倦日永。”徐铉《早春左省寓直》:“时清政事少,日永直官闲。”

【日出】 太阳升起。王维《桃源行》:“月明松下房栊静,日出云中鸡犬喧。”白居易《答微之夸越州州宅》:“日出旌旗生气色,月明楼阁在空虚。”李商隐《代赠二首》之二:“东南日出照高楼,楼上离人唱石州。”

【日出三竿】 太阳出来已有三根竹竿高。形容日出已久,时间不早。刘禹锡《杂曲歌辞·竹枝》之四:“日出三竿春雾消,江头蜀客驻兰桡。”

【日出而作】 泛指淳朴的劳动生活。贯休《甘雨应祈》:“日出而作兮日入归,如彼草木兮雨露肥。”

【日出行】 一作《日出入行》。乐府《相和曲》名。李白有《相和歌辞·日出行》。李贺有《相和歌辞·日出行》,见《全唐诗》卷十九。

【日出兩竿】 义同“日出三竿”。李郢《南池》:“日出两竿鱼正食,一家欢笑在南池。”

【日西】 太阳西下。指傍晚时。韩愈《此日足可惜赠张籍》:“日西入军门,羸马颠且僵。”李商隐《相思》:“肠断秦台吹管客,日西春尽到来迟。”刘沧《游上方石窟寺》:“雪下石龛僧在定,日西山木鸟成群。”

【日光】 ❶太阳发出的光。王维《愚公谷三首》之二:“不随云色暗,只待日光明。”李商隐《青陵台》:“青陵台畔日光斜,万古贞魂倚暮霞。”李郢《冬至后西湖泛舟看断冰偶成长句》:“山影浅中留瓦砾,日光寒外送涟漪。”王贞白《芦苇》:“嫩喜日光薄,疏忧雨点粗。”❷指太阳。骆宾王《陪润州薛司空丹徒桂明府游招隐寺》:“金绳倘留客,为系日光斜。”

【日早】 指早晨。吕岩《鄂渚悟道歌》:“晓来日早才看毕,不觉自醉如恍惚。”

【日行】 ❶太阳运行。孟浩然《陪张丞相自松滋江东泊渚宫》:“晚来风稍急,冬至日行迟。”❷每日行走。韩愈《元和圣德诗》:“日行三十,徐壁其右,辟党聚谋,鹿头是守。”李商隐《瑶池》:“八骏日行三万里,穆王何事不重来。”

【日色】 ❶太阳的颜色。杜甫《喜雨》:“春旱天地昏,日色赤如血。”曹唐《哭陷边许兵马使》:“北风裂地黯边霜,战败桑干日色黄。”吴融《彭门用兵后经汴路三首》之二:“秋声暗促河声急,野色遥连日色黄。”❷日光。李峤《菱》:“日色翻池上,潭花发镜中。”杜甫《发秦州》:“日色隐孤戍,乌啼满城头。”李廓《夏日途中》:“日色欺清镜,槐膏点白衣。”赵嘏《赠天卿寺神亮上人》:“迎秋日色檐前见,入夜钟声竹外闻。”❸犹天色。指时间。陈叔达《州城西园入斋祠社》:“达气风霜积,登光日色迟。”张蠙《边将二首》之一:“角怨星芒动,尘愁日色微。”

【日宇】 ❶太阳所居之处。亦借指太阳。薛稷《慈恩寺九日应制》:“日宇开初景,天词掩大风。”❷喻指帝王的宫阙。太宗《登三台言志》:“岂如家四海,日宇罄朝伦。”李峤《三月奉教作》:“韶光爱日宇,淑气满风蹊。”马怀素《奉和人日宴大明宫恩赐彩缕人胜应制》:“日宇千门平旦开,天容万象列昭回。”

【日羽】 日乌的羽毛。李峤《奉和杜员外扈从教阅》:“云区坠日羽,星苑毙天狼。”或指太阳。太宗《还陕述怀》:“星旂纷电举,日羽肃天行。”许敬宗《奉和执契静三边应诏》:“日羽廓游气,天阵清华野。”辛常伯《军中行路难》:“绛节红旗分日羽,丹心白刃酬明主。”参见“暘”。

【日車】 ❶太阳乘的车驾。古代神话谓日乘六龙驾的车,羲和御之。后因以“日車”借指太阳。杜甫《瞿塘两崖》:“羲和冬驭近,愁畏日车翻。”韩愈《县斋有怀》:“湖波翻日车,岭石坼天罅。”元稹《有酒十章》之二:“胡不日车杲杲昼夜行,胡为月轮灭缺星䵷盯。”陆龟蒙《奉和袭美太湖诗二十首·上真观》:“松盖荫日车,泉绅垂天罅。”引申为时光。李贺《感讽五首》之二:“奇俊无少年,日车何躃躃!”参见“日御❶”“日驭❶”。❷喻指帝王的车驾。张九龄《奉和圣制初出洛城》:“十月回星斗,千官捧日车。”

【日辰】 指日月星辰。白居易《新乐府·百炼镜》:“百炼镜,镕范非常规,日辰处所灵且祇。江心波上舟中铸。”

【日旰】 日暮;天色晚。徐彦伯《同韦舍人元旦早朝》:“愿言乘日旰,携手即云峰。”李绅《泛五湖》:“举棹未宵分,维舟方日旰。”盛小丛《突厥三台》:“日旰山西逢驿使,殷勤南北送征衣。”

【日足】 同“日脚”。李白《经乱后将避地剡中留赠崔宣城》:“赤霞动金光,日足森海峤。”

【日角】 ❶额骨中央隆起,形状如日。古代相术家认为有大贵之相。见《后汉书·光武帝纪上》。李贤注引郑玄《尚书中候》曰:“日角,谓庭中骨起,状如日。”贯休《观李翰林真二首》之一:“日角浮紫气,凛然尘外清。”❷喻指帝王。李商隐《隋宫》:“玉玺不缘归日角,锦帆应是到天涯。”郑谷《回銮》:“庙灵安国步,日角动天颜。”

【日角龍颜】 额骨隆起,天庭饱满。古代谓有帝王相。贯休《寿春节进大蜀皇帝五首》之一:“文经武纬包三古,日角龙颜遏四夷。”参见“日角”。

【日君】 太阳。喻天子。韩愈《元和圣德诗》:“日君月妃,焕赫媟妮。”

【日長】 ❶白天长。贾至《西亭春望》:“日长风暖柳青青,北雁归飞入窅冥。”杜甫《春远》:“日长唯鸟雀,春远独柴荆。”钱起《南溪春耕》:“日长农有暇,悔不带经来。”又《避暑纳凉》:“木槿花开畏日长,时摇轻扇倚绳床。”❷日夜长。刘沧《过铸鼎原》:“仙界日长青鸟度,御衣香散紫霞飘。”

【日者】 ❶指古代以占候卜筮为业的人。见《史记·日者列传》。贾岛《逢博陵故人彭兵曹》:“偶逢日者教求禄,终傍泉声拟置家。”孟宾于《句》:“因逢日者教重应,忍被云僧劝却归。”❷近日。薛能《送赵道士归天目旧山》:“日者闻高躅,时人盖强名。”

【日來月往】 参见“日往月來”。

【日東】 即日本国。沈颂有《送金文学还日东》,见《全唐诗》卷二〇二。项斯有《日东病僧》,见《全唐诗》卷五五四。司空图有《赠日东鉴禅师》,见《全唐诗》卷六三三。

【日昃】 日偏西,下午二时左右。钱起《东城初陷与薛员外王补阙暝投南山佛寺》:“日昃石门里,松声山寺寒。”邵真《寻人偶题》:“日昃不复午,落花难归树。”皎然《浮云三章》之二:“咸池微微,日昃之时;匪日之昃,浮云之惑。”

【日和風暖】 风和日丽,天气晴暖。和凝《宫词百首》之四:“日和风暖御楼时,万姓齐瞻八彩眉。”

【日往月來】 一作“日來月往”。形容岁月不断逝去。见《易·系辞下》。刘商《琴曲歌辞·胡笳十八拍》:"日来月往相推迁,迢迢星岁欲周天。"薛逢《醉春风》:"日往月来何草草,今年又校三年老。"

【日昏】　黄昏,天黑。韩愈《示爽》:"日昏不能散,起坐相引牵。"

【日夜】　日日夜夜;白天黑夜。李白《寄远十一首》之六:"相思无日夜,浩荡若流波。"戴叔伦《湘南即事》:"沅湘日夜东流去,不为愁人住少时。"鱼玄机《江陵愁望寄子安》:"忆君心似西江水,日夜东流无歇时。"陆龟蒙《新秋月夕客有自远相寻者作吴体二首以赠》之一:"日闻羽檄日夜急,掉臂欲归岩下行。"

【日波】　谓日光。张祜《送沈下贤谪尉南康》:"山高云绪断,浦迥日波颓。"

【日居月諸】　居、诸,语气助词。语出《诗·北风·日月》。指岁月流逝。白居易《和微之诗二十三首·和祝苍华》:"日居复月诸,环回照下土。"

【日南】　郡名。西汉置。治所在西卷县(今越南广治省甘露河与广治河合流处)。隋大业三年(607年)以驩州改置,治所在九德县(今越南义安省荣市)。贞观元年(627年)又改名驩州。天宝元年(742年)复改驩州为日南郡。沈佺期《题椰子树》:"日南椰子树,香袅出风尘。"李白《黄葛篇》:"缝为绝国衣,远寄日南客。"独孤及《海上寄萧立》:"日南望中尽,唯见飞鸟灭。"张籍《送南客》:"来时旧相识,谁向日南游。"

【日南珠】　一种产于南方的名贵珍珠。李白《见京兆韦参军量移东阳二首》之一:"相逢问愁苦,泪尽日南珠。"

【日映】　日光照耀。王维《故南阳夫人樊氏挽歌》:"叠鼓秋城动,悬旌寒日映。"刘禹锡《魏宫词二首》之二:"日映西陵松柏枝,下台相顾一相思。"

【日星周】　指一周年。白居易《想东游五十韵》:"一吟江月别,七见日星周。"

【日虹】　即虹。李贺《贾公闾贵婿曲》:"燕语踏帘钩,日虹屏中碧。"

【日計】　每天所考虑的。白居易《书绅》:"岁计莫如谷,饱则不干人;日计莫如醉,醉则兼忘身。"又《想东游五十韵》:"饱餐为日计,稳睡是身谋。"

【日度】　犹日行。卢照邻《乐府杂曲·鼓吹曲辞·芳树》:"风归花历乱,日度影参差。"

【日宫】　❶日天子的宫殿。佛教谓日天子住在太阳中,太阳为日天子的宫殿。窦庠《金山行》:"居人相顾非人间,如到日宫经月窟。"萧建《代书问费征君九华亭》:"见说九华峰上寺,日宫犹在下方开。"郑畋《题缑山王子晋庙》:"衣从星渚浣,丹就日宫烧。"❷借指佛寺。高宗《谒大慈恩寺》:"日宫开万仞,月殿耸千寻。"则天皇后《从驾幸少林寺》:"日宫疏涧户,月殿启岩扉。"周利用《奉和九月九日登慈恩寺浮图应制》:"山豫乘金节,飞文焕日宫。"❸借指皇宫。高蟾《长信宫二首》之一:"天上梦魂何杳杳,日宫消息太沈沈。"

【日珠】　太阳。皇甫湜《出世篇》:"西摩月镜,东弄日珠。"

【日華】　❶太阳的光芒。耿沣《朝下寄韩舍人》:"瑞气迥浮青玉案,日华遥上赤霜袍。"张籍《泗水行》:"春冰销散日华满,行舟往来浮桥断。"李德裕《临海太守惠予赤城石报以是诗》:"潭上倒虹影,波中摇日华。"顾云《苔歌》:"山光日华乱相射,静缕蓝鬖匀襞积。"❷道教指太阳的精华。见汉刘向《列仙传·关令尹喜》。皎然《赠张道士》:"玉京真子名太一,因服日华心如日。"颜萱《送圆载上人》:"料得还乡无别利,只应先见日华生。"曹唐《三年冬大礼五首》之一:"银箭水残河势断,玉炉烟尽日华生。"❸长安宫殿殿门名,在宣政殿东。杜甫《奉答岑参补阙见赠》:"君随丞相后,我往日华东。"

【日時】　日子,时间。白居易《和答诗十首》序:"意者欲足下在途讽读,且以遣日时,消忧懑,又有以张直气而扶壮心也。"又《新乐府·鸦九剑》:"鸦九铸剑吴山中,天与日时神借功。"

【日晏】　❶傍晚,黄昏。杨贲《时兴》:"平明登紫阁,日晏下彤闱。"杜甫《同诸公登慈恩寺塔》:"惜哉瑶池饮,日晏昆仑丘。"❷日头已高,天已不早。刘禹锡《三阁辞四首》之一:"贵人三阁上,日晏未梳头。"

【日氣】　日光散发的热气。杜审言《夏日过郑七山斋》:"日气含残雨,云阴送晚雷。"王建《早登西禅寺阁》:"上方台殿第三层,朝壁红窗日气凝。"姚合《寄杨工部闻毗陵舍弟自罨溪入茶山》:"色是春光染,香惊日气侵。"李洞《叙旧游寄栖白》:"晓炙冻盂原日气,夜挑莲碗禁灯光。"

【日烏】　古代传说有三足乌栖于日中。代指太阳。见《史记·龟策列传》。赵牧《对酒》:"云翁耕扶桑,种黍养日乌。"陆龟蒙《古别离》:"仙人左手把长箭,欲射日乌乌不栖。"方干《感时三首》之二:"日乌往返无休息,朝出扶桑暮却回。"杜光庭《招友人游春》:"难把长绳系日乌,芳时偷取醉功夫。"

【日旂】　参见"日旗"。

【日浪】　即日光。太宗《春日登陕州城楼俯眺原野回丹碧缀烟霞密翠斑红芳菲花柳即目川岫聊以命篇》:"烟峰高下翠,日浪浅深明。"

【日域】　❶日出处。喻极东之地。褚亮《祭神州乐章·肃和》:"大矣坤仪,至哉神县,包含日域,牢笼月竁。"陈子昂《送著作佐郎崔融等从梁王东征》序:"彷徨赤山,巡御日域。"韦应物《送冯著受李广州署为录事》:"建邦临日域,温燠御四时。"杜光庭《句》:"驭景必能趋日域，骑箕终拟蹑星躔。”❷天宫，仙界。陆龟蒙《奉和袭美古杉三十韵》：“蟠桃标日域，珠草侍仙墀。”❸日所照之处。指天下。卢照邻《中和乐九章·歌东军第三》：“风丘拂箨，日域清尘。”

【日晡】　午后四时左右。李频《宛陵东峰亭与友人话别》：“坐举天涯目，停杯语日晡。”吕岩《绝句》之二七：“闭门清昼读书罢，扫地焚香到日晡。”

【日晚】　天色晚；傍晚。钱起《陪考功王员外城东池亭宴》：“日晚催归骑，钟声下夕阳。”严维《丹阳送韦参军》：“日晚江南望江北，寒鸦飞尽水悠悠。”李商隐《赠别前蔚州契苾使君》：“日晚鸊鹈泉畔猎，路人遥识郅都鹰。”

【日斜】　太阳西斜。王勃《三月曲水宴得烟字》：“日斜真趣远，幽思梦凉蝉。”王维《田家乐七首》之三：“采菱渡头风急，策杖林西日斜。”刘禹锡《金陵怀古》：“潮满冶城渚，日斜征虏亭。”杜牧《登九峰楼》：“牛歌鱼笛山月上，鹭渚鹭梁溪日斜。”

【日彩】　太阳的光彩。太宗《帝京篇十首》之六：“萍间日彩乱，荷处香风举。”皎然《还丹可成诗联句》：“浮光含日彩，圆质焕云英。”杜牧《和宣州沈大夫登北楼书怀》：“香连日彩浮绡幕，溪逐歌声绕画楼。”吕价《浊水求珠》：“日彩逢高鉴，星光讵暗投。”

【日脚】　穿过云隙下射的日光。岑参《送李司谏归京》：“雨过风头黑，云开日脚黄。”杜甫《羌村》：“峥嵘赤云西，日脚下平地。”刘禹锡《张郎中籍远寄长句开缄之日已及新秋因举目前仰酬高韵》：“云衔日脚成山雨，风驾潮头入渚田。”韦庄《清河县楼作》：“盘雕迥印天心没，远水斜牵日脚流。”无名氏《夏》：“彤彤日脚烧冰井，古陌尘飞野烟静。”

【日痕】　指日光。杜牧《朱坡》：“日痕絙翠巘，陂影堕晴霓。”

【日陽】　太阳光。白居易《白发》：“今朝日阳里，梳落数茎丝。”又《病中诗十五首·就暖偶酌戏诸诗酒旧侣》：“低屏软褥卧藤床，舁向前轩就日阳。”曹松《岳阳晚泊》：“湖影撼山朵，日阳烧野愁。”

【日貫虹】　即白虹贯日。白色的长虹穿日而过。古代人认为这种天象变化是将要发生非常之事的预兆。李白《杂曲歌辞·结客少年场行》：“羞道易水寒，从令日贯虹。”

【日馭】　❶同“日御❶”。李白《避地司空原言怀》：“弄景奔日驭，攀星戏河津。”韦庄《立春》：“青帝东来日驭迟，暖烟轻逐晓风吹。”齐己《苦热行》：“离宫划开赤帝怒，喝出六龙奔日驭。”❷同“日御❷”。则天皇后《唐享昊天乐·第十二》：“回日驭，动云衣。”杜甫《秋日荆南述怀三十韵》：“扬镳随日驭，折槛出云台。”钱起《温泉宫礼见》：“云暖龙行处，山明日驭前。”又《奉和圣制登朝元阁》：“翠微回日驭，丹巘驻天行。”杜牧《奉和白相公长句四韵》：“应须日驭西巡狩，不假星弧北射狼。”

【日萼】　阳光下的花萼。韩愈《苦寒》：“日萼行铄铄，风条坐襜襜。”

【日落】　太阳西下。王维《送邢桂州》：“日落江湖白，潮来天地青。”刘禹锡《阳山庙观赛神》：“日落风生庙门外，几人连踏竹歌还。”李商隐《过故府中武威公交城旧庄感事》：“日落高门喧燕雀，风飘大树撼熊罴。”

【日晴】　天晴；晴天。杜牧《醉倒》：“日晴空乐下仙云，俱在凉亭送使君。”

【日晶】　即太阳。柳宗元《舞曲歌辞·白纻歌》：“天高地迥凝日晶，羽觞荡漾何事倾。”

【日晷】　日影。晷，古代测日影定时刻的仪器。方干《赠上虞胡少府百篇》：“日晷未移三十刻，风骚已及四千言。”

【日景】　❶(—jǐng)日光。独孤及《初晴抱琴登马退山对酒望远醉后作》：“寒泉得日景，吐雷鸣湔湔。”陶拱《秋日悬清光》：“秋至云容敛，天中日景清。”❷(—yǐng)日影。亦指白天的时间。景，“影”的古字。韩愈《秋怀诗十一首》之六：“今晨不成起，端坐尽日景。”

【日短】　白天短。杜甫《公安送韦二少府匡赞》：“时危兵甲黄尘里，日短江湖白发前。”

【日程】　指太阳在黄道上的行程。唐求《酬友生早秋》：“雾散九霄近，日程三伏愁。”

【日御】　❶即羲和。古代神话中日车的御者。见《楚辞·屈原〈离骚〉》。借指太阳。陈子昂《卧病家园》：“还丹奔日御，却老饵云芽。”耿湋《送归中丞使新罗》：“昏明看日御，灵怪问舟人。”窦庠《酬韩愈侍郎登岳阳楼见赠》：“月车才碾浪，日御已翻溟。”韩偓《寄禅师》：“劫灰聚散铢锱黑，日御奔驰茧栗红。”❷喻指帝王的车驾。张九龄《奉和圣制早登太行山率尔言志》：“日御驰中道，风师卷太清。”梁升卿《奉和圣制答张说扈从南出雀鼠谷》：“日御仙途远，山灵寿域长。”

【日就月將】　日有所就，月有所进，形容学习不断进步。见《诗·周颂·敬之》。杜牧《冬至日寄小侄阿宜诗》：“一似小儿学，日就复月将。”

【日道】　太阳运动的轨道。古人谓太阳运行之路。马怀素《奉和九月九日登慈恩寺浮图应制》：“御旗横日道，仙塔俨云庄。”段成式《河出荣光》：“近带关云紫，遥连日道黄。”

【日給】　每日供给的军粮。杜甫《咏怀二首》之一：“日给在军储，上官督有司。”又《写怀二首》之一：“朝班及暮齿，日给还脱粟。”

【日絲】 太阳光线。李贺《洛姝真珠》:“八骢笼晃脸差移,日丝繁散曛罗洞。”

【日魂】 道教语。阳神。亦指太阳。皮日休《早春以橘子寄鲁望》:“剖似日魂初破后,弄如星髓未销前。”

【日暖風恬】 义同“日和風暖”。钱起《山中酬杨补阙见过》:“日暖风恬种药时,红泉翠壁薜萝垂。”

【日暉】 日光照耀。李绅《拜宣武军节度使》:“日晖红旆分如电,人拥青门动若雷。”

【日照】 阳光照射。杨衡《春梦》:“空庭日照花如锦,红妆美人当昼寝。”薛能《升平词十首》之二:“鸳瓦霜消湿,虫丝日照明。”周朴《升山寺》:“岩边折树泉冲落,顶上浮云日照开。”

【日路】 喻通往京城长安之路。李峤《乌》:“日路朝飞急,霜台夕影寒。”骆宾王《秋日送尹大赴京》序:“白云在天,望长安于日路,人之情也,能不悲乎?”

【日腳】 参见“日脚”。

【日裏】 白天。姚鹄《旱鱼词上苗相公》:“日里腮犹湿,泥中目未昏。”

【日新】 日日更新;天天有变化。储光羲《敬酬陈掾亲家翁秋夜有赠》:“琼瑶不遐弃,寤寐如日新。”吴融《赠广利大师歌》:“莫轻河边羖羱,飞作天上麒麟,但日新,又日新。”杜荀鹤《经青山吊李翰林》:“何为先生死,先生道日新。”

【日窟】 ❶传说中日之居处。顾况《独游青龙寺》:“凤城腾日窟,龙首横天堰。”❷喻指京城。齐己《依韵酬谢尊师见赠二首》之二:“明年窥日窟,仙桂露霏微。”自注:“师欲调举。”

【日際】 指极远之地。许康佐《日暮碧云合》:“日际愁阴生,天涯暮云碧。”

【日暮】 ❶傍晚;天色晚。刘长卿《逢雪宿芙蓉山主人》:“日暮苍山远,天寒白屋贫。”白居易《凶宅》:“苍苔黄叶地,日暮多旋风。”李商隐《访隐者不遇成二绝》之二:“沧江白日樵渔路,日暮归来雨满衣。”徐铉《回至瓜洲献侍中》:“日暮瓜洲江北岸,两行清泪滴西风。”❷喻指暮年、晚年。张九龄《感遇十二首》之十:“白云在南山,日暮长太息。”

【日暮塗遠】 天色已晚而路程尚远。喻世路艰难。贯休《行路难》之四:“行路难,行路难,日暮途远空悲叹。”

【日暮塗窮】 亦作“日暮窮塗”。天色已晚,路已走到尽头。比喻处境困窘,无路可走。杜甫《投赠哥舒开府二十韵》:“几年春草歇,今日暮途穷。”钱起《七盘岭阻寇闻李端公先到南楚》:“日暮穷途泪满襟,云天南望羡飞禽。”

【日暮窮塗】 参见“日暮塗窮”。

【日蝕】 日食。在朔日,月球运行到地球和太阳的中间,遮蔽了太阳,便发生日食。日食有全食、偏食、环食三种。杜牧《李和鼎》:“鹏鸟飞来庚子直,谪去日蚀辛卯年。”孟迟《发蕙风馆遇阴不见九华山有作》:“譬如天之有日蚀,使我昏沉犹不明。”

【日瘦】 形容日光暗淡微弱。杜甫《无家别》:“人行见空巷,日瘦气惨凄。”

【日旗】 亦作“日旂”。绘有太阳图像的旗。苏颋《奉和圣制途次旧居应制》:“约川星罕驻,扶道日旂舒。”杜牧《云梦泽》:“日旗龙旆想飘扬,一索功高缚楚王。”参见“日月旗”。

【日精】 ❶太阳的精华。宋之问《相和歌辞·王子乔》:“白虎摇瑟凤吹笙,乘骑云气吸日精。”卢仝《蜻蜓歌》:“吸日精,撼若木之英,纷而零。使地上学仙之子,得而食之皆长生。”皮日休《奉和鲁望寄南阳广文次韵》:“春彩融融释冻塘,日精闲咽坐岩房。”吕岩《绝句》之七:“日精自与月华合,有个明珠走上来。”❷指太阳。陈子良《赞德上越国公杨素》:“拔剑倚天外,蒙犀辉日精。”

【日槿】 即木槿。落叶灌木,夏秋开花,朝开夕落。陆敬《游清都观寻沈道士得都字》:“宫槐散绿穗,日槿落青柎。”

【日輪】 ❶古代神话传说,日乘六龙驾的车,羲和御之。后以“日轮”借指太阳。鲍溶《夏日华山别韩博士愈》:“天晴捧日轮,月夕弄星斗。”吕岩《七言》之二〇:“马踏日轮红露卷,凤衔月角擘云飞。”参见“日御❶”“日馭❶”。❷喻指帝王的车驾。亦借指帝王。元稹《酬翰林白学士代书一百韵》:“日轮光照耀,龙服瑞葳蕤。”鲍溶《读淮南李相行营至楚州诗》:“来年二月登封礼,去望台星扈日轮。”参见“日御❷”“日馭❷”。

【日影】 ❶太阳。苏颋《秋社日崇让园宴得新字》:“树缺池光近,云开日影新。”❷日光;日光之影。孟郊《古意赠梁肃补阙》:“曲木忌日影,谗人畏贤明。”白居易《任老》:“不愁陌上春光尽,亦任庭前日影斜。”钱俶《宫中作》:“界开日影怜窗纸,穿破苔痕恶笋芽。”❸喻皇帝的恩惠。王昌龄《相和歌辞·长信怨》:“玉颜不及寒鸦色,犹带昭阳日影来。”聂夷中《过比干墓》:“日影不入地,下埋冤死魂。”

【日銷月鑠】 一天天地销蚀磨损。韩愈《石鼓歌》:“日销月铄就埋没,六年西顾空吟哦。”

【日駕】 即日车。韩愈《答张彻》:“日驾此回辖,金神所司刑。”

【日薄】 日光暗淡。韩愈《晚寄张十八助教周郎博士》:“日薄风景旷,出归偃前檐。”一说日将落,傍晚。李商隐《壬申七夕》:“风轻惟响佩,日薄不嫣花。”

【日頭】 太阳。寒山《诗三百三首》之一七六："午时庵内坐，始觉日头暾。"权龙褒《喜雨》："日头赫赤出，地上绿氤氲。"一钵和尚《一钵歌》："只知黄叶上啼哭，不觉黑云遮日头。"

【日曉】 天晓，天亮。杜牧《茶山下作》："春风最窈窕，日晓柳村西。"

【日暾】 初日；日出。韩愈《和侯协律咏笋》："属和才将竭，呻吟至日暾。"杜牧《昔事文皇帝三十二韵》："凤阙觚棱影，仙盘晓日暾。"

【日轂】 太阳。韩愈《陆浑山火和皇甫湜用其韵》："霞车虹靷日毂幡，丹蕤缥盖绯繙帑。"

【日曛】 天色昏暗；天色晚。杜甫《信行远修水筒》："日曛惊未餐，貌赤愧相对。"李商隐《夜出西溪》："东府忧春尽，西溪许日曛。"赵嘏《长洲》："明发还驱马，关城见日曛。"

【日邊人】 指京官。李梦符《答常学士》："到老不疏林里鹿，平生难见日边人。"

【日邊】 ❶太阳边。岑参《登总持阁》："高阁逼诸天，登临近日边。"❷犹天边。指极远的地方。李白《自巴东舟行经瞿塘峡登巫山最高峰晚还题壁》："日边攀垂萝，霞外倚穹石。"钱起《登复州南楼》："客心湖上雁，归思日边花。"孟浩然《经七里滩》："猿饮石下潭，鸟还日边树。"戎昱《晚次荆江》："秋色湖上山，归心日边树。"韦庄《东游远归》："江上欲寻渔父醉，日边时得故人书。"❸喻京都附近或帝王左右。李白《永王东巡歌十一首》之十一："南风一扫胡尘静，西入长安到日边。"杜甫《十二月一日三首》之一："明光起草人所羡，肺病几时朝日边。"殷尧藩《李节度平虏诗》："百万王师下日边，将军雄略可图全。"高蟾《下第后上永崇高侍郎》："天上碧桃和露种，日边红杏倚云栽。"

【日鏡】 指太阳。太宗《执契静三边》："玉彩辉关烛，金华流日镜。"

【日霽】 雨止天晴。骆宾王《秋日饯陆道士陈文林》："日霁崤陵雨，尘起洛阳风。"岑羲《奉和春日幸望春宫应制》："云披日霁俯皇川，南山近献仙杯上。"

【日觀】 泰山峰名。为著名的观日出之处。许敬宗《奉和元日应制》："天正开初节，日观上重轮。"李白《游泰山六首》之三："平明登日观，举手开云关。"杜甫《又上后园山脚》："穷秋立日观，矫首望八荒。"韩偓《晓日》："直须日观三更后，首送金乌上碧空。"

【日靈】 日神。即羲和。薛曜《舞马篇》："承云嘈囋骇日灵，调露铿鈜动天驷。"参见"羲和"。

一 画

旦〔dàn《广韵》得按切，去翰，端。〕❶天亮。元结《刘侍御月夜宴会》："未醉恐天旦，更歌促繁弦。"钱起《秋夜作》："窗中问谈鸡，长夜何时旦？"李益《登天坛夜见海》："九州下视杳未旦，一半浮生皆梦中。"徐夤《夜》："愁人莫道何时旦，自有钟鸣漏滴催。"徐铉《和张先辈见寄二首》之二："鸡鸣候旦宁辞晦，松节凌霜几换秋。"❷清晨；早晨。魏征《郊庙歌辞·五郊乐章·青帝角音》："鹤云旦起，鸟星昏集。"白居易《东南行一百韵》："气序凉还热，光阴旦复晡。"又《池上篇》序："水香莲开之旦，露清鹤唳之夕。"修雅《闻诵〈法华经〉歌》："诵白莲经，从旦至夕。"❸日；天。张说《钦州守岁》："故岁今宵尽，新年明旦来。"韩愈《杏花》："今旦胡为忽惆怅，万片飘泊随西东。"白居易《对酒示行简》："今旦一尊酒，欢畅何怡怡。"❹某天；某日。白居易《有木诗八首》之七："一旦树摧倒，独立暂飘飖。"廖融《退宫妓》："一旦色衰归故里，月明犹梦按梁州。"袁高《茶山诗》："一夫旦当役，尽室皆同臻。"❺特指农历正月初一。杜牧有《岁旦朝回口号》，见《全唐诗》卷五二四。❻明亮。张说《赦归在道中作》："何幸光华旦，流人归上京。"卢纶《陈翃郎中北亭送侯钊侍御赋得带冰流歌》："溪中鸟鸣春景旦，一派寒冰忽开散。"

【旦夕】 ❶早与晚。张巡《闻笛》："旦夕更楼上，遥闻横笛音。"权德舆《侍从游后湖宴坐》："烟霞旦夕生，泛览诚可娱。"杜牧《题宣州开元寺》："阅景无旦夕，凭阑有今古。"许棠《宿灵山兰若》："旦夕闻清磬，唯应是钓翁。"❷早早晚晚；每天。谓时间长。元结《游石溪示学者》："岂忘二三子，旦夕相勉励。"皇甫冉《杂言湖山歌送许鸣谦》："空山寂寂兮颍阳人，旦夕孤云随一身。"项斯《题赠宣州亢拾遗》："谁为旦夕侣，深寺数僧来。"吴融《李周弹筝歌》："旦夕君王继此声，不要停弦泪如雨。"李中《暮春吟怀寄姚端先辈》："无奈诗魔旦夕生，更堪芳草满长汀。"❸旦夕间，不久。谓时间短。韦应物《沣上寄幼遐》："壮图非旦夕，君子勤令名。"许浑《与裴三十秀才自越西归望亭阻冻登虎丘山寺精舍》："春草越吴间，心期旦夕还。"陆龟蒙《惜花》："其间风雨至，旦夕旋为尘。"贯休《上孙使君》："具瞻从密勿，旦夕调鼎鼐。"

【旦日】 ❶次日；明日。孟简《咏欧阳行周事》："襟情一夕空，精爽旦日残。"❷天亮时；清晨。崔元翰有《奉和圣制重阳旦日百寮曲江宴示怀》。

【旦旦】 天天。皇甫湜《出世篇》："旦旦狎玉皇，夜夜御天姝。"

【旦彩】 朝霞。许敬宗《侍宴莎册宫应制》:“暖日晨光浅,飞烟旦彩轻。”

【旦雲】 朝云。许敬宗《奉和圣制登三台言志应制》:“旦云生玉舄,初月上银钩。”参见“朝雲”。

【旦評】 即“月旦評”。谓品评人物。薛能《送浙东王大夫》:“旧业怀昏作,微班负旦评。”

【旦發】 天亮时出发。张轸有《舟行旦发》。

【旦暮】 ❶日与夜;晨与昏。宋之问《新年作》:“岭猿同旦暮,江柳共风烟。”皎然《界石守风望天竺灵隐二寺》:“山顶东西寺,江中旦暮潮。”徐凝《香炉峰》:“尽是玲珑石,时生旦暮烟。”罗虬《比红儿诗》:“千里长江旦暮潮,吴都风俗尚纤腰。”❷朝朝暮暮;整日。白居易《白牡丹》:“城中看花客,旦暮走营营。”许棠《秦中遇友人》:“旦暮唯闻语征战,看看已欲废吟诗。”❸早晚间。谓时间短。元稹《幽栖》:“壶中天地乾坤外,梦里身名旦暮间。”白居易《薛中丞》:“以我惜贤心,五年如旦暮。”李冶《道意寄崔侍郎》:“百年齐旦暮,前事尽虚盈。”杜牧《春日古道傍作》:“万古荣华旦暮齐,楼台春尽草萋萋。”

【旦暮身】 指风烛残年。见《史记·晋世家》。白居易《开龙门八节石滩诗二首》之二:“七十三翁旦暮身,誓开险路作通津。”

【旦暝】 早晚间。谓时间短促。白居易《和微之诗二十三首·和雨中花》:“何异花开旦暝间,未落仍遭风雨横。”

【旦奭】 周初功臣周公旦和召公奭的合称。李峤《扈从还洛呈侍从群官》:“宗枝旦奭辅,侍从王刘匹。”贯休《大蜀高祖潜龙日献陈情偈颂》:“富人侯王,旦奭摩诘。”参见“周公”“召公”。

二 画

早 〔zǎo《广韵》子晧切,上晧,精。〕❶早晨,早上。储光羲《效古二首》之一:“老幼相别离,哭泣无昏早。”白居易《喜杨六侍御同宿》:“二三月里饶春睡,七八年来不早朝。”李绅《过梅里七首·忆东郭居》:“曳娄一缝掖,出处劳昏早。”❷在一定时间以前。陈润《东都所居寒食下作》:“江南寒食早,二月杜鹃鸣。”牟融《送罗约》:“月明野店闻鸡早,花暗关城匹马迟。”李频《鄂渚湖上即事》:“多慵空好道,少贱早凋颜。”杜荀鹤《春闺怨》:“不悲花落早,悲妾似花身。”❸副词。很早;早已。岑参《行军诗二首》之二:“早知逢世乱,少小谩读书。”苑咸《酬王维》:“莲花梵字本从天,华省仙郎早悟禅。”严维《相里使君宅听澄上人吹小管》:“秦僧吹竹闭秋城,早在梨园称主情。”张叔卿《空灵岸》:“早知名是幻,不敢绣为衣。”赵嘏《李侍御归山同宿华严寺》:“家有青山近玉京,风流柱史早知名。”

【早日】 往昔,以前。韩愈《送李六协律归荆南》:“早日羁游所,春风送客归。”李商隐《送从翁从东川弘农尚书幕》:“为言公玉季,早日弃渔樵。”

【早世】 ❶过早地去世。钱起《经李蒙颍阳旧居》:“同心而早世,天道亦何论。”又《过李侍御宅》:“马卿何早世,汉主欲登封。”❷早年。白居易《夭老》:“早世身如风里烛,暮年发似镜中丝。”

【早成】 早早功成名就。元稹《哭子十首》之五:“节量梨栗愁生疾,教示诗书望早成。”

【早早】 很早,比往时早。杜甫《南楚》:“南楚青春异,暄寒早早分。”张籍《晚春过崔驸马东园》:“早早诗名远,长长酒性同。”刘禹锡《淮阴行五首》之三:“早早使风来,沙头一眼认。”

【早年】 ❶年轻时。岑参《初至西虢官舍南池呈左右省及南宫诸故人》:“早年迷进退,晚节悟行藏。”皇甫冉《泮水送郑丰鄠县读书》:“早年江海谢浮名,此路云山惬尔情。”皎然《早春书怀寄李少府仲宣》:“早年初问法,因悟目中花。”白居易《闲咏》:“早年诗思苦,晚岁道情深。”❷多年以前。储光羲《游茅山五首》之二:“家近华阳洞,早年深此情。”徐铉《送蒯司录归京》:“早年闻有蒯先生,二十余年道不行。”赵嘏《山阳即席献裴中丞》:“早年天上见清尘,今日楼中醉一春。”

【早行】 清晨出发远行。杜甫《早发》:“早行篙师怠,席挂风不正。”章碣《旅舍早起》:“门前早行子,敲镫唱离忧。”林宽有《关下早行》。

【早芳】 早春发芽、开花的花木。段成式《折杨柳七首》之二:“水殿年年占早芳,柔条偏惹御炉香。”无名氏《幽人折芳桂》:“曙鸟啼余翠,幽人爱早芳。”

【早春】 初春。宗楚客《奉和人日清晖阁宴群臣遇雪应制》:“九重中叶启,七日早春还。”白居易《早春持斋答皇甫十见赠》:“帝城花笑长斋客,三十年来负早春。”李涉《过招隐寺》:“每忆中林访惠持,今来正遇早春时。”齐己《和岷公送李评事往宜春》:“雪湛将残腊,霞明向早春。”

【早是】 已是。王勃《秋江送别二首》之一:“早是他乡值早秋,江亭明月带江流。”孙光宪《浣溪沙》词之五:“早是销魂残烛影,更愁闻着品弦声,杳无消息若为情。”张泌《浣溪沙》词之二:“早是出门长带月,可堪分袂又经秋,晚风斜日不胜愁。”又《江城子》词:“早是自家无气力,更被你,恶怜人。”

【早秋】 初秋。王勃《秋江送别二首》之一:“早是他乡值早秋,江亭明月带江流。”储光羲《题陆山人楼》:“暮声杂初雁,夜色涵早秋。”皎然《赋得夜雨滴空阶送陆羽归龙山》:"气令烦虑散,时与早秋同。"孔德绍《落叶》:"早秋惊叶落,飘零似客心。"

【早爲】(—wéi)已是。李珣《浣溪沙》词之三:"早为不逢巫峡梦,那堪虚度锦江春,遇花倾酒莫辞频。"

【早起】很早起床。白居易《早出晚归》:"早起或因携酒出,晚归多是看花回。"徐铉《和明道人宿山寺》:"羡师闲未得,早起逐班行。"李商隐有《早起》。

【早夏】初夏。白居易《春尽日天津桥醉吟偶呈李尹侍郎》:"初晴迎早夏,落照送残春。"

【早時】往时。杜甫《诸将五首》之一:"昨日玉鱼蒙葬地,早时金碗出人间。"张祜《赋得福州白竹扇子》:"犹赖早时君不弃,每怜初作合欢名。"

【早晏】早与迟。许浑《早行》:"闻鸡凭早晏,占斗认西东。"

【早晨】指从天亮到七八点钟一段时间。顾况《李供奉弹箜篌歌》:"早晨有敕鸳鸯殿,夜静遂歌明月楼。"

【早陽】初升的太阳。吕敞《潘安仁戴星看河阳花发》:"秀色沾轻露,鲜辉丽早阳。"韦济《奉和圣制次琼岳应制》:"陆海披晴雪,千旗猎早阳。"

【早達】年轻时即获得高位。李白《效古二首》之一:"早达胜晚遇,羞比垂钓翁。"

【早朝】❶(—cháo)早上朝会或朝参。杨浚《赠李郎中》:"仙郎早朝退,直省卧南轩。"钱起《寻司勋李郎中不遇》:"唯有早朝趋凤阁,朝时怜羽接鸳行。"白居易《长恨歌》:"春宵苦短日高起,从此君王不早朝。"李商隐《为有》:"无端嫁得金龟婿,辜负香衾事早朝。"❷(—zhāo)清晨。齐己《招乾昼上人宿话》:"语默邻寒漏,窗扉向早朝。"

【早景】早晨的景色。许浑《陪宣城大夫崔公泛后池兼北楼宴二首》之二:"云外轩窗通早景,风前箫鼓送残晖。"

【早飯】一日三餐,早晨的一餐曰早饭。白居易《履道西门二首》之一:"行灶朝香炊早饭,小园春暖掇新蔬。"

【早發】谓清晨出发远行。李白有《早发白帝城》。司马扎有《道中早发》。于濆有《早发》。许棠有《泗上早发》。

【早歲】早年;年轻时。岑参《送王七录事赴虢州》:"早岁即相知,嗟君最后时。"阎防《宿岸道人精舍》:"早岁参道风,放情入寥廓。"黄滔《下第》:"辞家从早岁,落第在初场。"

【早暉】朝阳的光辉。韦承庆《寒食应制》:"凤城春色晚,龙禁早晖通。"

【早衙】官府坐衙治事。分早晚两次。早衙在卯时。白居易《舒员外游香山寺数日不归兼辱尺书走笔题长句以赠之》:"白头老尹府中坐,早衙才退暮衙催。"张说有《相州冬日早衙》,见《全唐诗》卷八八。

【早暮】朝夕,早晚。薛逢《邻相反行》:"东家自云虽苦辛,躬耕早暮及所亲。"徐夤《题泗洲塔》:"十年前事已悠哉,旋被钟声早暮催。"

【早箇】早已,早该。罗邺《过王濬墓》:"当时若使无功业,早个耕桑到此坟。"

【早輪】朝阳。郑愔《人日重宴大明宫恩赐彩缕人胜应制》:"琼殿含光映早轮,玉鸾严跸望初晨。"

【早稻】一种成熟较早的稻谷。白居易《春题湖上》:"碧毯线头抽早稻,青罗裙带展新蒲。"又《和微之春日投简阳明洞天五十韵》:"绿科秧早稻,紫笋折新芦。"陆龟蒙《五歌·刈获》:"自春徂秋天弗雨,廉廉早稻才遮亩。"

【早潮】早晨上涨的潮水。刘言史《越井台望》:"晚潮未至早潮落,井邑暂依沙上头。"杜牧《题吴兴消暑楼十二韵》:"燕任随秋叶,人空集早潮。"陆龟蒙《樵人十咏·樵风》:"朝随早潮去,暮带残阳返。"

【早餐】早饭。陆龟蒙《五歌·食鱼》:"且作吴羹助早餐,饱卧晴檐曝寒背。"

【早霞】朝霞。储光羲《贻刘高士别》:"夙驾出东城,城傍早霞散。"杜甫《冬深》:"早霞随类影,寒水各依痕。"无名氏《嘉禾合颖》:"气转腾佳色,云披映早霞。"

【早鶯】指初春时的黄鹂鸟。王维《谒璿上人》:"高柳早莺啼,长廊春雨响。"刘长卿《送崔升归上都》:"早莺何处客,古木几家人。"曹著《曲江亭望慈恩寺杏园花发》:"未教游妓折,乍听早莺喧。"韩溉《柳》:"雪尽青门弄影微,暖风迟日早莺归。"

旨

〔zhǐ《广韵》職雉切,上旨,章。〕❶美味;味美。张说《唐享太庙乐章·肃和》:"臭以达旨,声以求阳。奉时烝尝,永代不忘。"张九龄《园中时蔬尽皆锄理唯秋兰数本委而不顾彼虽一物有足悲者遂赋二章》之一:"旨异菁为蓄,甘非蔗有浆。"萧颖士《有竹一篇七章》之六:"有旨者酒,欢其且矣。"息夫牧《冬夜宴萧十丈因饯殷郭二子西上》:"烘煁有炜,酒醴惟旨。"❷指味美的食品,或食物。杜甫《别董颋》:"士子甘旨阙,不知道里寒。"韩愈《嗟哉董生行》:"入厨具甘旨,上堂问起居。"温庭筠《病中书怀呈友人》:"苦辛随艺殖,甘旨仰樵苏。"张乔《送友人进士许棠》:"何处营甘旨,潮涛浸薄田。"❸思想;道理。姚合《听僧云端讲经》:"无生深旨诚难解,唯是师言得正真。"陆希声《阳羡杂咏十九首·观妙庵》:"妙理难观旨甚深,欲知无欲是无心。"张蠙《宿开照寺光泽上人院》:"静室谭玄旨,清宵独细听。"吕岩《敲爻歌》:"附耳低言玄妙旨，提上蓬莱第一峰。”❹主旨，主题。韦应物《答王郎中》：“卧阁枉芳藻，览旨怅秋晨。”杜荀鹤《自叙》：“诗旨未能忘救物，世情奈值不容真。”齐己《寄还阙下高辇先辈卷》：“趣极僧迷旨，功深鬼不知。”❺旨趣，意思。王维《哭祖六自虚》：“谬合同人旨，而将玉树连。”欧阳詹《赋得秋河曙耿耿送郭秀才应举》：“夜来陪饯欧阳子，偶坐通宵见深旨。”陆龟蒙《南泾渔父》：“吾嘉渔父旨，雅叶贤哲操。”无名氏《题取经诗》：“后贤如未谙斯旨，往往将经容易看。”❻天子的诏书，命令。殷尧藩《宫人入道》：“锡名近奉君王旨，佩箓新参老氏师。”李商隐《谢往桂林至彤庭窃咏》：“凤凰传诏旨，獬廌冠朝端。”翁承赞《御命归乡蒙赐锦衣》：“九重宣旨下丹墀，面对天颜赐锦衣。”亦指天子的旨意。王贞白《送韩从事归本道》：“论边多称旨，许国誓亡身。”❼指尊长者的指示。张祜《题招隐寺》：“未得高僧旨，烟霞空暂游。”

【旨甘】 美味食品。刘得仁《别王山人》：“旨甘虽自足，未是禄荣亲。”

【旨酒】 美酒。张九龄《南山下旧居闲放》：“兴来命旨酒，临罢阅仙书。”顾况《十月之郊一章》：“绘事告毕，宾筵秩秩，乃命旨酒琴瑟。”白居易《寄卢少尹》：“嘉肴与旨酒，信是腐肠膏。”贯休《古离别》：“离恨如旨酒，古今饮皆醉。”

【旨蓄】 贮藏的美好食品。见《诗·邶风·谷风》。张九龄《园中时蔬尽皆锄理唯秋兰数本委而不顾彼虽一物有足悲者遂赋二章》之二：“无心羡旨蓄，岂欲近名园。”白居易《春寒》：“助酌有枯鱼，佐餐兼旨蓄。”

【旨意】 宗旨；意图。顾况《千松岭》：“问渠何旨意，恐落凡人耳。”皇甫松《古松感兴》：“我家世道德，旨意匡文明。”

【旨趣】 主旨；兴趣。郑谷《蔡处士》：“旨趣陶山相，诗篇沈隐侯。”徐铉《奉和右省仆射西亭高卧作》：“对酒襟怀旷，围棋旨趣迟。”贯休《古意九首》之九：“种薤煮白石，旨趣如婴儿。”又《山居诗二十四首》之二一：“蒙庄环外知音少，阮籍途穷旨趣低。”

旬

〔xún《广韵》詳遵切，平諄，邪。〕❶十天。陈子昂《合州津口别舍弟至东阳峡步趁不及眷然有忆作以示之》：“念别疑三月，经游未一旬。”杜甫《投简成华两县诸子》：“饥卧动即向一旬，敝裘何啻联百结。”独狐及《夏中酬于逖毕耀问病见赠》：“闭关涉两旬，羁思浩无穷。”齐己《还族弟卷》：“闲斋舒复卷，留滞忽经旬。”❷十年；十岁。岑参《送颜平原》：“为郡岂淹旬，政成应未秋。”白居易《戊申岁暮咏怀三首》之二：“唯生一女才十二，只欠三年未六旬。”又《残春咏怀赠杨慕巢侍郎》：“位逾三品日，年过六旬时。”李宗闵《赠毛仙翁》：“不知仙客占青春，肌骨才教称两旬。”❸满，足。见“旬歲”。❹通“巡”。周遍。孟浩然《上巳日涧南园期王山人陈七诸公不至》：“上巳期三月，浮杯兴十旬。”❺通“徇”。从，跟从。朱庆余《上翰林蒋防舍人》：“看花在处多随驾，召宴无时不及旬。”

【旬日】 十天。亦泛指较短的时日。韩愈《孟东野失子》：“此独何罪辜，生死旬日间。”李建勋《醉中惜花更书与诸从事》：“未经旬日唯忧落，算有开时不合归。”

【旬月】 一个月。元稹《酬乐天闻李尚书拜相以诗见贺》：“尚书入用虽旬月，司马銜冤已十年。”白居易《初授拾遗》：“受命已旬月，饱食随班次。”

【旬休】 旬假。武元衡《旬假南亭寄熊郎中》：“旬休屏戎事，凉雨北窗眠。”元稹《和李校书新题乐府十二首·五弦弹》：“旬休节假暂归来，一声狂杀长安少。”许棠《送厉校书从事凤翔》：“旬休随大旆，应到九成宫。”李建勋《蔷薇二首》之一：“彩笺蛮榼旬休日，欲召亲宾看一场。”

【旬時】 十天。元稹《表夏十首》之二：“旬时得休浣，高卧阅清景。”白居易《常乐里闲居偶题十六韵》：“旬时阻谈笑，旦夕望轩车。”李商隐《归墅》：“行里逾南极，旬时到旧乡。”方干《送永嘉王令之任二首》之二：“字人若用非常术，唯要旬时便立功。”

【旬朔】 十天或一个月。亦泛指不长的时日。卢仝《月蚀诗》：“蚩尤簸旗弄旬朔，始捶天鼓鸣珰琅。”

【旬宴】 天子于旬假时赐宴群臣，称“旬宴”。张说《三月二十日诏宴乐游园赋得风字》：“皇恩贷芳月，旬宴美成功。”张九龄有《龙门旬宴得月字韵》，见《全唐诗》卷四七。又有《天津桥东旬宴得歌字韵》，见《全唐诗》卷四八。

【旬假】 唐宋时官员每十天一休假，称“旬假”。徐铉《九月三十夜雨寄故人》：“寂寥旬假日，萧飒夜长时。”又《和张少监晚菊》：“今朝旬假犹无事，更好登临泛一杯。”武元衡有《旬假南亭寄熊郎中》，见《全唐诗》卷三一六。

【旬液】 犹时雨。褚亮《雩祀乐章·肃和》：“礼备怀柔，功宣舞咏。旬液应序，年祥协庆。”

【旬期】 （—jī）十天。韦应物《途中寄杨邈裴绪示褒子》：“当睽一酌恨，况此两旬期。”

【旬歲】 一周年。权德舆《送黔中裴中丞阁老赴任》：“行看旬岁诏，传庆在公台。”

【旬暇】 指旬假之中。刘太真《顾十二况左迁过韦苏州房杭州韦睦州三使君皆有郡中燕集诗鄙夫之所仰慕因亦成篇以继三君子之风焉》：“夙兴谅无补，旬暇焉敢休。”

旭 〔xù《广韵》許玉切,入燭,曉。〕❶日出;日出光明貌。顾况《乌啼曲二首》之一:“夜听羽人弹此曲,东方曈曈赤日旭。”薛能《重游德星亭感事》:“残阳照树明于旭,犹向池边把酒杯。”❷初出的太阳。杜甫《水阁朝霁奉简严云安》:“崔嵬晨云白,朝旭射芳甸。”刘禹锡《海阳十咏·棼丝瀑》:“含晕迎初旭,翻光破夕曛。”元稹《八月六日与僧如展前松滋主簿韦戴同游碧涧寺》:“穿廊玉涧喷红旭,踊塔金轮拆翠微。”白居易《宿东亭晓兴》:“窗声度残漏,帘影浮初旭。”❸天亮;清晨。孟浩然《早发渔浦潭》:“东旭早光芒,渚禽已惊聒。”李白《豳歌行上新平长史兄粲》:“吾兄行乐穷曛旭,满堂有美颜如玉。”李益《闻鸡赠主人》:“胶胶司晨鸣,报尔东方旭。”王季文《九华山谣》:“灵光爽气曛复旭,晴天倒影西江渌。”❹指书法家张旭。李咸用《谢友生遗端溪砚瓦》:“草颠终近旭,懒癖必无嵇。”

【旭川】 县名。贞观元年(627年)置。治所即今四川荣县。刘兼《郡斋寓兴》:“依约樊川似旭川,郡斋风物尽萧然。”又有《旭川祁宰思家而卒因述意呈秦川知己》。

【旭日】 初升的太阳。许敬宗《奉和初春登楼即目应诏》:“旭日临重壁,天眷极中京。”韦应物《秋郊作》:“清露澄境远,旭日照林初。”元稹《会真诗三十韵》:“华光犹冉冉,旭日渐曈曈。”陈陶《蒲门戍观海作》:“登楼礼东君,旭日生扶桑。”

【旭旦】 指日出时。崔湜《襄阳早秋寄岑侍郎》:“江城秋气早,旭旦坐南闱。”骆宾王《畴昔篇》:“昨夜琴声奏悲调,旭旦含颦不成笑。”韦应物《酬李儋》:“开门临广陌,旭旦车驾喧。”权德舆《送崔谕德致政东归》:“旭旦出国门,轻装若秋蓬。”

【旭景】 朝阳。李德裕《秋日美晴郡楼闲眺寄荆南张书记》:“高槛凉风起,清川旭景开。”徐铉《早春左省寓直》:“旭景鸾台上,微云象阙间。”又《和门下殷侍郎新茶二十韵》:“荷杖青林下,携筐旭景前。”原注:“采茶须在日未出前。”

【旭霽】 清晨雨后天晴。韦应物《送刘评事》:“旭霁开郡阁,宠饯集文人。”又《和吴舍人早春归沐西亭言志》:“阳春美时泽,旭霁望山晖。”

三 画

旰 〔gàn《广韵》古案切,去翰,見。〕晚;迟。张说《奉和圣制幸白鹿观应制》:“洞府寒山曲,天游日旰回。”储光羲《田家杂兴八首》之七:“日旰懒耕锄,登高望川陆。”罗隐《塞外》:“塞外偷儿塞内兵,圣君宵旰望升平。”盛小丛《突厥三台》:“日旰山西逢驿使,殷勤南北送征衣。”

【旰食】 晚食。多用于颂扬帝王勤于政事。杜甫《送樊二十三侍御赴汉中判官》:“至尊方旰食,仗尔布嘉惠。”钱起《秋霖曲》:“君不见圣主旰食忧元元,秋风苦雨暗九门。”杨乘《甲子岁书事》:“竖子未鼎烹,大君尚旰食。”罗隐《中元甲子以辛丑驾幸蜀四首》之一:“已闻旰食思真将,会待畋游致假王。”

【旰食宵衣】 天已晚才吃饭,天未亮就穿衣起床。多用于形容帝王勤于政务。陈鸿《长恨歌传》:“明皇在位岁久,倦于旰食宵衣,政无大小,始委于右丞相。”

旱 〔hàn《广韵》胡笴切,上旱,匣。〕❶久不下雨;干旱。杜甫《喜雨》:“春旱天地昏,日色赤如血。”白居易《月夜登阁避暑》:“旱久炎气盛,中人若燔烧。”陆龟蒙《水国诗》:“水国不堪旱,斯民生甚微。”周昙《咏史诗·春秋战国门·韩昭侯》:“去年秦伐我宜阳,今岁天灾旱且荒。”❷旱灾;旱年。孟浩然《同独孤使君东斋作》:“襄土岁频旱,随车雨再流。”刘禹锡《历阳书事七十韵》:“比屋惸嫠辈,连年水旱并。”殷尧藩《关中伤乱后》:“去岁干戈险,今年蝗旱忧。”殷文圭《九华贺雨吟》:“陶公焦思念生灵,变旱为丰合杳冥。”

【旱天】 久不降雨的日子。白居易《和答诗十首·答四皓庙》:“如彼旱天云,一雨百谷滋。”又《题平泉薛家雪堆庄》:“赤日旱天长看雨,玄阴腊月亦闻雷。”徐铉《常州驿中喜雨》:“飒飒旱天雨,凉风一夕回。”

【旱日】 旱天的太阳。白居易《夏旱》:“旱日与炎风,枯焦我田亩。”

【旱火】 形容旱天的火热。李贺《沙路曲》:“沙路归来闻好语,旱火不光天下雨。”

【旱田】 主要靠雨水才能插上秧的耕地。白居易《别州民》:“税重多贫户,农饥足旱田。”

【旱地】 水源不足,不能栽秧,只能种高粱、玉米、番薯等旱粮的坡地。白居易《木莲树生巴峡山谷间元和十四年夏命道士毋丘元志写惜其遐僻因题三绝句》之一:“如折芙蓉栽旱地,似抛芍药挂高枝。”

【旱沙】 干沙。周贺《送分定归灵夏》:“带河衰草断,映日旱沙飞。”

【旱苗】 久旱缺水的禾苗。朱庆余《送唐中丞开淘西湖夏日游泛因书示郡人》:“共知浸润同雷泽,何虑川源有旱苗。”于渍《拟古讽》:“旱苗当垄死,流水资嘉致。”袁郊《露》:“菅茅丰草皆沾润,不道良田有旱苗。”

【旱鬼】 同“旱魃”。齐己《夏云曲》:“红嵯峨,烁晚波,乖龙慵卧旱鬼多。爞爞万里压天堑,飐雷电光空闪闪。”

【旱風】 干旱的风。白居易《新乐府·杜陵叟》：“三月无雨旱风起，麦苗不秀多黄死。”

【旱氣】 干旱的气候；旱灾。韩愈《郴州祈雨》：“旱气期销荡，阴官想骏奔。”陆龟蒙《彼农二章》之二：“今夏南亩，旱气赤地。遭其丰凶，概敛无二。”

【旱塊】 旱地的土块。元稹《田家词》：“牛吒吒，田确确，旱块敲牛蹄趵趵。”

【旱雲】 旱天无雨的云。李贺《春归昌谷》：“旱云二三月，岑岫相颠倒。”司空图《华下》：“日炙旱云裂，迸为千道血。”陈沆《题水》：“点入旱云千国仰，力浮尘世一毫轻。”

【旱暑】 谓暑天干旱炎热。王驾《夏雨》：“非惟消旱暑，且喜救生民。”

【旱蓮】 药草名。韩偓《偶见》：“千金莫惜旱莲生，一笑从教下蔡倾。”参阅《本草纲目·草五·鳢肠》。

【旱雷】 旱天雷，晴天雷。其声特别响亮。亦喻弓弦震烈之声。李贺《荣华乐》：“天长一矢贯双虎，云弝绝骋聒旱雷。”王琦注：“旱雷，谓弓弦震烈之声。”

【旱魃】 传说中引起旱灾的精怪。语出《诗·大雅·云汉》。杜甫《七月三日》：“退藏恨雨师，健步闻旱魃。”白居易《酬郑侍御多雨春空过诗三十韵》：“却思逢旱魃，谁喜见商羊。”陆龟蒙《奉酬袭美先辈吴中苦雨一百韵》：“耕父蠹齐民，农夫思旱魃。”袁郊《云》：“楚甸尝闻旱魃侵，从龙应合解为霖。”

【旱塵】 旱天飞扬的尘土。白居易《旱热二首》之二：“勃勃旱尘气，炎炎赤日光。”

【旱暵】 无雨干热。齐已《夏雨》：“下叶黎甿望，高袪旱暵光。”

旳 〔dì《集韵》丁歷切，入錫，端。〕明显；鲜艳。“的”的古字。《说文·日部》：“的，明也。从日，勺声。《易》曰：‘为旳颡。’”见“旳旳”。

【旳旳】 鲜艳貌。胡皓《春悲行》：“旳旳韶阳萼，迢迢佳丽人。”

四 画

旺 〔wàng《广韵》于放切，去漾，云。〕旺盛；使旺盛。见“旺興”。

【旺興】 (—xìng)使兴致浓厚。牛僧孺《李苏州遗太湖石奇状绝伦因题二十韵》：“旺兴添魔力，消烦破宿酲。”

昊 〔hào《广韵》胡老切，上晧，匣。〕❶昊天；广漠的天宇。杜甫《苏端薛复筵简薛华醉歌》：“安得健步移远梅，乱插繁花向晴昊。”见“昊天❶”。❷通“皞”。见“太昊”“少昊”。

【昊天】 ❶苍天。李白《雪谗诗赠友人》：“如或妄谈，昊天是殛。”杜甫《夏夜叹》：“昊天出华月，茂林延疏光。”❷亦指秋天的天空。杜甫《北征》：“昊天积霜露，正气有肃杀。”

【昊天觀】 又名“昊天玄都观”。在唐京城长安保宁坊内。杨炯有《和辅先入昊天观星瞻》，见《全唐诗》卷五十。姚合有《游昊天玄都观》，见《全唐诗》卷五〇〇。刘得仁有《昊天观新栽竹》，见《全唐诗》卷五四四。

【昊穹】 苍天。则天皇后《唐享昊天乐·第九》：“祯符降昊穹，大业光寰宇。”李白《赠张相镐二首》之一：“昊穹降元宰，君子方经纶。”李益《大礼毕皇帝御丹凤门改元建中大赦》：“昊穹景命即已至，王事乃可酬乾坤。”

【昊宫】 天宫；仙宫。亦喻指皇宫。白敏中《至日上公献寿酒》：“日色临仙纛，龙颜对昊宫。”

【昊蒼】 ❶苍天。《郊庙歌辞·中宗祀昊天乐章·豫和》：“天之历数归睿唐，顾惟菲德钦昊苍。”吴筠《游倚帝山二首》之二：“兹山何独秀，万仞倚昊苍。”李华《寄赵七侍御》：“势排昊苍上，气压吴越雄。”王季文《九华山谣》：“峻极遥看戛昊苍，挺生岂得无才杰。”陈陶《圣帝击壤歌四十声》：“炼石医元气，屠鳌正昊苍。”❷喻指帝王。韦庄《和郑拾遗秋日感事一百韵》：“小孽乖躔次，中兴系昊苍。”

昔 〔xī《广韵》思積切，入昔，心。〕❶从前。太宗《登三台言志》：“未央初壮汉，阿房昔侈秦。”李白《古风》之二：“萧萧长门宫，昔是今已非。”羊士谔《乱后曲江》：“忆昔曾游曲水滨，春来长有探春人。”司马扎《筑台》：“魏国昔强盛，宫中金玉多。”❷过去，以往。韦应物《东林精舍见故殿中郑侍御题诗追旧书情涕泗横集因寄呈阎澧州冯少府》：“平生忽如梦，百事皆成昔。”刘禹锡《请告东归发灞桥却寄诸僚友》：“前欢渐成昔，感叹益劳歌。”

【昔人】 古人，前人。崔颢《黄鹤楼》：“昔人已乘白云去，此地空余黄鹤楼。”刘言史《潇湘游》：“昔人幽恨此地遗，绿芳红艳含怨姿。”姚合《拾得古砚》：“念此黄河中，应有昔人宅。”许棠《青山晚望》：“昔人怀感处，此地倍魂消。”

【昔日】 往日；从前。李峤《汾阴行》：“昔时青楼对歌舞，今日黄埃聚荆棘。”寒山《诗三百三首》之二四四：“昔日极贫苦，夜夜数他宝。”黄滔《灵均》：“莫问灵均昔日游，江蓠春尽岸枫秋。”

【昔邪】（—yé）即乌韭。生长在墙垣上的苔类。见明李时珍《本草纲目·草十·垣衣》。温庭筠《洞户二十二韵》："昔邪看寄迹，栀子咏同心。"皮日休《重玄寺元达年逾八十好种名药余奇而访之因题二章》之二："香蔓蒙茏覆昔邪，桂烟杉露湿袈裟。"

【昔年】往年；从前。太宗《经破薛举战地》："昔年怀壮气，提戈初仗节。"李绅《忆过润州》："昔年从宦干戈地，黄绶青春一鲁儒。"杜牧《往年随故府吴兴公夜泊芜湖口今赴官西去再宿芜湖感旧伤怀因成十六韵》："南指陵阳路，东流似昔年。"许棠《汴河十二韵》："昔年开汴水，元应别有由。"

【昔事】往事。杜甫《秋日夔府咏怀奉寄郑监李宾客一百韵》："共谁论昔事，几处有新阡。"李绅《过梅里七首·上家山》："青山不可上，昔事还惆怅。"

【昔時】往日；从前。太宗《望送魏征葬》："无复昔时人，芳春共谁遣。"白居易《长乐亭留别》："昔时蹙促为迁客，今日从容自去官。"刘沧《邺都怀古》："昔时霸业何萧索，古木唯多鸟雀声。"

【昔歲】往年；早年。杜甫《寄刘峡州伯华使君四十韵》："昔岁文为理，群公价尽增。"皎然《奉酬李员外使君嘉祐苏台屏营居春首有怀》："昔岁为邦初未识，今朝休沐始相亲。"李德裕《思在山居日偶成此咏邀松阳子同作》："闲思昔岁事，忽忽念伊川。"李商隐《寄在朝郑曹独孤李四同年》："昔岁陪游旧迹多，风光今日两蹉跎。"

【昔賢】古代贤人。苏味道《咏虹》："独留长剑彩，终负昔贤心。"牟融《赠浙西李相公》："文章政事追先达，冠盖声华羡昔贤。"陆龟蒙《村夜二篇》之一："有志扶荀孟，守道希昔贤。"王揆《长沙六快诗》："昔贤官是邦，仁泽流丰沃。"

【昔賢風】古代贤人的流风遗泽。陆龟蒙《奉和袭美病中书情寄上崔谏议次韵》："或偃虚斋或在公，蔼然林下昔贤风。"

昃〔zè《集韵》札色切，入職，莊。〕❶指日月西斜。王昌龄《朝来曲》："月昃鸣珂动，花连绣户春。"李白《君子有所思行》："圆光过满缺，太阳移中昃。"韦应物《送李儋》："日昃不留宴，严车出崇墉。"独孤及《奉和李大夫同吕评事太行苦热行》："王程无留驾，日昃未遑歇。"❷斜；倾斜。杜甫《白帝城最高楼》："城尖径昃旌旆愁，独立缥缈之飞楼。"皮日休《以纱巾寄鲁望因而有作》："今朝定见看花昃，明日应闻漉酒香。"方干《陪王大夫泛湖》："蜜炬烧残银汉昃，羽觞飞急玉山倾。"

【昃景】（—yǐng）日影西斜。景，日影。阎防《晚秋石门礼拜》："踯躅淹昃景，夷犹望新弦。"

昆〔kūn《广韵》古渾切，平魂，見。〕❶兄。陈元光《落成会咏一首》："昆俊歌常棣，民和教即戎。"王维《和陈监四郎秋雨中思从弟据》："平原思令弟，康乐谢贤昆。"杜甫《别李义》："道国泊舒国，督唯亲弟昆。"李嘉祐《送杜御史还广陵》："惭君从弱岁，顾我比诸昆。"❷后代。韩愈《陆浑山火和皇甫湜用其韵》："一朝结仇奈后昆，时行当反慎藏蹲。"

【昆山玉】指科举中第。见《晋书·郤诜传》。刘禹锡《送李中丞赴楚州》："忆君初得昆山玉，同向扬州携手行。"

【昆山】即昆仑山。传说昆仑山出产美玉。李贺《李凭箜篌引》："昆山玉碎凤凰叫，芙蓉泣露香兰笑。"

【昆友】兄弟和朋友。韦应物《自尚书郎出为滁州刺史》："徘徊亲交恋，怆恨昆友情。"

【昆侖善才】昆仑，即康昆仑，贞元时琵琶第一高手。善才，本乃唐时对琵琶师之通称，亦指曹保之子善才，精琵琶。元稹《琵琶歌》："自后流传指拨衰，昆仑善才徒尔为。"

【昆戎】昆夷、犬戎的并称。泛指我国古代西北部族。杜甫《塞芦子》："岐有薛大夫，旁制山贼起。近闻昆戎徒，为退三百里。"仇兆鳌注："昆夷、犬戎。"

【昆邪】汉时匈奴的王号。武帝时，昆邪王率众四万降汉，减轻了汉朝北方的边患。见《汉书·匈奴传上》。王维《送宇文三赴河西充行军司马》："当令犬戎国，朝聘学昆邪。"

【昆仲】兄弟。兄曰昆，次曰仲。刘沧有《留别崔澣秀才昆仲》，见《全唐诗》卷五八六。

【昆池】昆明池的省称。宋之问《登禅定寺阁》："函谷青山外，昆池落日边。"王维《恭懿太子挽歌五首》之五："西望昆池阔，东瞻下杜平。"韦应物《途中书情寄沣上两弟因送二甥却还》："回首昆池上，更羡尔同归。"

【昆池换劫灰】同"昆明灰"。李商隐《子初全溪作》："汉苑生春水，昆池换劫灰。"

【昆吾】❶山名。见《山海经·中山经》。崔融《咏宝剑》："宝剑出昆吾，龟龙夹采珠。"❷用昆吾铜或昆吾石冶炼成铁而制成的刀剑。见《云笈七签》卷二六。李华《寄赵七侍御》："纬卿陷非罪，折我昆吾锋。"温庭筠《病中书怀呈友人》："草肥牧騕褭，苔涩淬昆吾。"吕岩《七言》之三五："一条拄杖撑天地，三尺昆吾斩鬼神。"❸古代官名。掌冶铸之事。见《逸周书·大聚》。郭震《古剑篇》："君不见昆吾铁冶飞炎烟，红光紫气俱赫然。"❹古丘名。传说是太阳正午所经之处。见《淮南子·天文训》。孟郊《旅次湘沅有怀灵均》："巾车徇前侣，白日犹昆吾。"❺地名。在长安城南，汉代属上林苑。杜甫《秋兴八首》之八："昆吾御宿自逶迤，紫阁峰阴入渼陂。"

【昆吾金】 出产于昆吾山上的赤铜。司马逸客《雅琴篇》："文以楚山玉，错以昆吾金。"参见"昆吾❶"。

【昆吾劍】 同"昆吾❷"。李峤《剑》："我有昆吾剑，求趋夫子庭。"

【昆弟】 兄弟。崔湜《景龙二年余自门下平章事削阶授江州员外司马春日赴襄阳途中言志》："慈亲不忍诀，昆弟默相顾。"元希声《赠皇甫侍御赴都八首》之六："好洽昆弟，官联州县。"韦应物《送云阳邹儒立少府侍奉还京师》："昆弟俱时秀，长衢当自伸。"独孤及《酬梁二十宋中所赠兼留别梁少府》："爱君如金锡，昆弟皆茂异。"

【昆明】 ❶指昆明池。许敬宗《奉和秋日即目应制》："昆明秋景淡，岐岫落霞然。"德宗《九日绝句》："禁苑秋来爽气多，昆明风动起沧波。"韩愈《奉酬卢给事云夫四兄曲江荷花行见寄》："撑舟昆明度云锦，脚敲两舷叫吴歌。"李频《送薛能少府任盩厔》："相送昆明岸，同看太白峰。"参见"昆明池"。❷我国古代西南部族名。见《史记·西南夷列传》。沈佺期《昆明池侍宴应制》："武帝伐昆明，穿池习五兵。"储光羲《同诸公送李云南伐蛮》："昆明滨滇池，蠢尔敢逆常。"韦应物《弹棋歌》："岂如昆明与碣石，一箭飞中隔远天。"张蠙《送友尉蜀中》："水向昆明阔，山通大夏深。"

【昆明灰】 劫火的余灰。喻指战乱，或用作咏昆明池的典故。见《三辅黄图》卷四。刘宪《奉和幸三会寺应制》："林披馆陶榜，水浸昆明灰。"

【昆明池】 湖沼名。在长安西南二十里。宋以后逐渐变为田地。杜甫《秋兴八首》之七："昆明池水汉时功，武帝旌旗在眼中。"韩愈《南山诗》："昆明大池北，去觌偶晴昼。"太宗有《冬日临昆明池》。李百药有《和许侍郎游昆明池》。

【昆明劫火】 同"昆明灰"。元稹《奉和浙西大夫李德裕述梦四十韵》："瀣海沧波减，昆明劫火熬。"

【昆季】 兄弟。长为昆，幼为季。玄宗《鹡鸰颂》序："秋九月辛酉，有鹡鸰千数，栖集于麟德殿之庭树，竟旬焉。飞鸣行摇，得在原之趣。昆季相乐，纵目而观者久之。"孟浩然有《送王五昆季省觐》。韦应物有《南塘泛舟会元六昆季》。

【昆岳】 即昆仑山。我国西北大山名。海拔六千多米，最高峰达七七一九米。古代神话谓昆仑山上有悬圃、瑶池、增城、阆苑等仙境，为天帝之下都。贯休《寿春节进大蜀皇帝五首》之三："西逾昆岳东连海，谁不梯山贺圣明。"

【昆蚑】 昆虫。见《文选·张协〈七命〉》。韦承庆《直中书省》："昆蚑皆含养，驽骀亦驱驰。"

【昆陽】 地名。在今河南叶县。西汉末，王莽篡位后，刘秀于南阳举事。王莽派王邑、王寻发兵四十二万围昆阳，刘秀将兵数千救之，于昆阳城下大败王莽军。见《汉书·王莽传下》。刘希夷《谒汉世祖庙》："宛城剑鸣匣，昆阳镝应弦。"李白《赠张相镐二首》之一："庶同昆阳举，再睹汉仪新。"罗隐《经故洛阳城》："千载昆阳好功业，与君门下作恩威。"韦庄《和郑拾遗秋日感事一百韵》："熊罴驱涿鹿，犀象走昆阳。"

【昆劍】 即昆吾剑。李咸用《谢友生遗端溪砚瓦》："娲天补剩石，昆剑切来泥。"

【昆彌】 亦作"昆莫"。汉时西域国乌孙王的名号，犹匈奴之单于。自汉宣帝甘露元年起，乌孙有大小二昆弥，均受汉王朝册封。见《汉书·西域传下·乌孙国》。亦借指乌孙国。辛常伯《军中行路难》："交阯枕南荒，昆弥临北户。"

【昆蟲】 虫类的统称。张说《东都酺宴》："道畅昆虫乐，恩深朽蠹荣。"沈佺期《赦到不得归题江上石》："百卉杂殊怪，昆虫理赖睽。"许景先《奉和御制春台望》："昆虫不夭在春蒐，稼穑常艰重农术。"元结《系乐府十二首·农臣怨》："将论草木患，欲说昆虫苦。"

昌

〔chāng《广韵》尺良切，平陽，昌。〕❶善，美。见"昌言""昌胤"。❷兴盛，昌盛。太宗《元日》："穆矣熏风茂，康哉帝道昌。"杜甫《洗兵马》："青袍白马更何有，后汉今周喜再昌。"元稹《人道短》："尧舜有圣德，天不能遣，寿命永昌。"李群玉《自澧浦东游江表途出巴丘投员外从公虞》："孤醒立众醉，古道何由昌。"❸通"菖"。见"昌歜"。

【昌年】 犹盛世。阎朝隐《夜宴安乐公主新宅》："凤凰鸣舞乐昌年，蜡炬开花夜管弦。"王湾《丽正殿赐宴同勒天前烟年四韵应制》："酒酣空忭舞，何以答昌年。"

【昌延】 昌隆不衰。玄宗《惟此温泉是称愈疾岂予独受其福思与兆人共之乘暇巡游乃言其志》："愿言将亿兆，同此共昌延。"

【昌辰】 昌隆兴盛的时代。权德舆《伏蒙十六叔寄示喜庆感怀三十韵因献之》："小生谅无似，积庆遭昌辰。"

【昌谷】 地名。在今河南宜阳县西。李贺居于此。李贺《昌谷诗》："昌谷五月稻，细青满平水。"又《题归梦》："长安风雨夜，书客梦昌谷。"

【昌言】 ❶善言；美言。杨炯《奉和上元酺宴应诏》："公卿论至道，天子拜昌言。"陈子昂《观荆玉篇》序："夏四月……因为乔公昌言其能。"❷直言敢谏。张九龄《和崔尚书喜雨》："惠泽成丰岁，昌言发上才。"高适《三君咏·狄梁公》："昌言太后朝，潜运储君策。"

权德舆《送崔谕德致政东归》:“直道侍太子,昌言沃宸聪。”

【昌松】 县名。治所在今甘肃武威东南。唐乾元后废。高适有《入昌松东界山行》,见《全唐诗》卷二一四。

【昌昌】 众多貌。李商隐《春风》:“春风虽自好,春物太昌昌。”

【昌胄】 昌盛的后嗣。张说《唐享太庙乐章·文舞》:“庆集昌胄,符开帝先。”

【昌胤】 美好的后嗣。杜审言《岁夜安乐公主满月侍宴应制》:“戚里生昌胤,天杯宴重臣。”

【昌亭旅食】 指寄人篱下。见《史记·淮阴侯列传》。王勃《白下驿饯唐少府》:“下驿穷交日,昌亭旅食年。”

【昌庭】 大庭,广庭。胡皓《奉和圣制同二相以下群官乐游园宴》:“广座鹓鸿满,昌庭驷马趋。”

【昌時】 犹盛世。李益《兰陵僻居联句》:“生幸逢唐运,昌时奉帝尧。”

【昌基】 昌盛的基业。郑愔《奉和幸大荐福寺》:“雁塔昌基远,鹦林睿藻抽。”张绍《冲佑观》:“明明我后,允协昌基。”

【昌期】 犹太平盛世。卢照邻《登封大酺歌四首》之四:“千年圣主应昌期,万国淳风王化基。”张说《奉和圣制过晋阳宫应制》:“六合启昌期,再兴广圣踪。”刘禹锡《武陵书怀五十韵》:“御历昌期远,传家宝祚蕃。”贯休《寿春节进》:“八蛮须稽颡,四海仰昌期。”

【昌運】 兴隆昌盛的国运。岑文本《奉和正日临朝》:“时雍表昌运,日正叶灵符。”李泌《奉和圣制重阳赐会聊示所怀》:“大唐造昌运,品物荷时成。”孟浩然《山中逢道士云公》:“奈何偶昌运,独见遗草泽。”李德裕《奉和圣制南郊礼毕诗》:“昌运岁今会,王猷从此新。”

【昌會】 盛会。宋之问《谒禹庙》:“先驱总昌会,后至伏灵诛。”

【昌圖】 预示帝业昌盛的图谶。则天皇后《唐大飨拜洛乐章·显和》:“汜水初呈秘象,温洛荐表昌图。”

【昌籙】 义同“昌圖”。籙,所谓天赐的符命之书。沈佺期《移禁司刑》:“天子开昌箓,群生偶大炉。”

【昌黎】 即韩愈。河南河阳(今河南孟州)人。自谓郡望昌黎,故世称韩昌黎。皮日休《鲁望昨以五百言见贻过有褒美内揣庸陋弥增愧悚因成一千言》:“昌黎道未著,文教如欲骞。”

【昌樂郡】 郡名。后魏孝文帝于汉旧昌乐城置。治所在今河南南乐县西北。周武帝改属魏郡,隋罢郡,改属魏州。唐置昌乐县。治所在今南乐县。沈佺期有《自昌乐郡溯流至白石岭下行入郴州》,见《全唐诗》卷九五。

【昌曆】 昌盛兴隆的时代。《舞曲歌辞·凯乐歌辞·君臣同庆乐》:“主圣开昌历,臣忠奉大猷。”

【昌歜】 菖蒲根的腌制品。昌,通“菖”。借指所偏嗜之物。韩愈《送无本师归范阳》:“来寻吾何能?无殊嗜昌歜。”

昇

〔shēng《广韵》識蒸切,平蒸,書。〕同“升”。❶升起,上升。张九龄《与生公游石窟山》:“犹希咽玉液,从此升云空。”耿湋《早春宴高陵滑少府》:“春夜霜犹下,东城月未升。”刘禹锡《酬令狐相公见寄》:“何时得把浮丘袖,白日将升第九天。”焦郁《白云向空尽》:“白云升远岫,摇曳入晴空。”❷攀登。孟郊《石淙》之七:“入深得奇趣,升险为良跻。”李中《春日书怀》:“霄汉路歧升未得,花时空拂满衣尘。”殷琮《登云梯》:“碧落远澄澄,青山路可升。”❸登上。李白《安陆白兆山桃花岩寄刘侍御绾》:“时升翠微上,邈若罗浮巅。”韩愈《南山诗》:“尝升崇丘望,戢戢见相凑。”陆龟蒙《奉和袭美太湖诗二十首·上真观》:“尝闻升三清,真有上中下。”徐夤《明妃》:“香魂若得升明月,夜夜还应照汉宫。”❹升官,晋级。赵良器《郑国夫人挽歌词》:“桂宫男掌仆,兰殿女升嫔。”❺发扬,提倡。太宗《执契静三边》:“戢武耀七德,升文辉九功。”

【昇山】 山名。在今福建福州市西北。旧名飞山,因临海人任敦曾于此升仙,唐天宝六年改名为升山。见《太平寰宇记》一〇〇“福州”。周朴《升山寺》:“升山自古道飞来,此是神功不可猜。”

【昇天】 ❶上升天界。元结《欸乃曲》之五:“下泷船似入深渊,上泷船似欲升天。”❷指得道仙去。崔元略《赠毛仙翁》:“度世无劳大稻米,升天只用半刀圭。”司空图《李居士》:“万里无云惟一鹤,乡中同看却升天。”王贞白《送芮尊师》:“他年控鲤升天去,庐岳逋民愿从行。”无名氏《鹤鸣九皋》:“升天如有应,飞舞出蓬蒿。”❸称人死亡的婉辞。顾况《李湖州孺人弹筝歌》:“武帝升天留法曲,凄情掩抑弦柱促。”

【昇天行】 ❶古乐府名。李白《春日行》:“春风吹落君王耳,此曲乃是升天行。”齐己有《升天行》。❷谓上升天界。李白《古风》之十九:“霓裳曳广带,飘拂升天行。”柳宗元《游石角过小岭至长乌村》:“久忘上封事,复笑升天行。”

【昇元閣】 寺名。原址在今江苏南京市西南。北宋时被毁。高阁临江,为登高游览胜处。李建勋有《登升元阁》,见《全唐诗》卷七三九。唐仁杰有《登升元阁》,见《全唐诗续补遗》卷十五。

【昇平】 ❶太平盛世。宋之问《扈从登封告成颂》:“万方俱下拜,相与乐升平。”顾况《乐府》:“野人同鸟兽，率舞感升平。”张祐《宪宗皇帝挽歌词》：“呜咽上攀龙，升平不易逢。”左偃《寄韩侍郎》：“今日况闻搜草泽，独悲憔悴卧升平。”❷即“升平里”。白居易《题新居寄元八》：“莫羡升平元八宅，自思买用几多钱。”又《予与故刑部李侍郎早结道友以药术为事与故京兆元尹晚为诗侣周岁之间二君长逝李住曲江北元居升平西追感旧游因贻同志》：“月夜若为游曲水，花时那忍到升平。”❸即“升平乐”。张祜《元日仗》：“文武千官岁仗兵，万方同轨奏升平。”

【昇平代】 太平时代。薛曜《舞马篇》：“一朝逢遇升平代，伏皂衔图事帝王。”白居易《奉和晋公侍中蒙除留守行及洛师感悦发中斐然成咏之作》：“致成尧舜升平代，收得夔龙强健身。”李频《贻友人喻坦之》：“不信升平代，终遗草泽才。”

【昇平里】 唐代长安里坊名。在朱雀门街东第四街。见清徐松《唐两京城坊考》卷三。曹邺《登岳阳楼有怀寄座主相公》：“不见升平里，千山树如草。”许棠有《题张乔升平里居》，见《全唐诗》卷六〇三。杨巨源有《和元员外题升平里新斋》，见《全唐诗》卷三三三。

【昇平樂】 乐府近代曲辞名。商调。薛能有《杂曲歌辞·升平乐》词十首，见《全唐诗》卷二八。

【昇仙】 ❶得道成仙。白居易《杨六尚书新授东川节度使代妻戏贺兄嫂二绝》之一：“刘纲与妇共升仙，弄玉随夫亦上天。”朱景玄《溪东岑望天都山》：“昔贤此升仙，结构穷耸深。”❷喻进士及第。姚合《送无可上人游越》：“懒读经文求作佛，愿攻诗句觅升仙。”❸称人死亡的婉辞。韦庄《洛阳吟》：“胡骑北来空进主，汉皇西去竟升仙。”

【昇仙橋】 桥名。在今四川省成都市北。相传为秦李冰所建。见晋常璩《华阳国志·蜀志》。岑参《升仙桥》：“长桥题柱去，犹是未达时。”汪遵《升仙桥》：“题桥贵欲露先诚，此日人皆笑率情。”

【昇州】 唐乾元元年以江宁郡改置，治所在上元县(今江苏南京市)。上元二年废，光启三年复置，南唐时改为江宁府。李白有《赠升州王使君忠臣》，见《全唐诗》卷一六九。皇甫冉有《独孤中丞筵陪饯韦君赴升州》，见《全唐诗》卷二四九。

【昇沈】 亦作“升沉”。❶指仕官升降。杨巨源《上刘侍中》：“升沉门下意，谁道在苍苍。”❷指人生的得失和世道的盛衰。牛僧孺《席上赠刘梦得》：“休论世上升沉事，且斗樽前见在身。”刘威《三闾大夫》：“再引离骚见微旨，肯教渔父会升沉。”黄滔《寄林宽》：“终始前儒道，升沉尽一般。”

【昇科】 指进士及第。贾岛《送雍陶及第归成都宁亲》：“同日升科士，谁同膝下荣。”

【昇堂】 比喻学问技艺已经入门。见《论语·先进》。齐己《寄文浩百法》：“入室偶闻传绝唱，升堂客谩恃多才。”

【昇第】 指进士及第。黄滔《酬徐正字夤》：“名从两榜考升第，官自三台追起家。”

【昇雲】 指得道成仙。齐己《读〈阴符经〉》：“清虚可保升云易，嗜欲终知入圣难。”

【昇喬鳥】 指黄莺。黄滔《壶公山》：“谷语升乔鸟，陂开共蒂莲。”

【昇道】 唐代长安里坊名。在朱雀门街东第五街，即皇城东第三街。见清徐松《唐两京城坊考》卷三。贾岛有《升道精舍南台对月寄姚合》，见《全唐诗》卷五七二。林宽有《送升道靖恭相公分司》，见《全唐诗》卷六百六。

【昇道相公】 指郑畋。乾符五年五月，罢太子宾客分司东都，有宅在升道坛。见《新唐书·宰相表下》和《唐两亭城坊考》卷三“升道坊”。林宽有《送升道靖恭相公分司》。

【昇遐】 升天。称帝王死亡的婉辞。嵩岳诸仙《嫁女诗》之七：“月照骊山露泣花，似悲先帝早升遐。”

【昇壇】 指登坛拜将。刘希夷《谒汉世祖庙》：“升坛九城陌，端拱千秋年。”高适《信安王幕府诗》：“盘石藩维固，升坛礼乐先。”

【昇攀】 谓攀登。指游山。张祜《赠薛鼎臣侍御》：“不堪曾倚棹，犹复梦升攀。”

【昇騰】 ❶指仕宦升迁。元稹《酬翰林白学士代书一百韵》：“谬辱良由此，升腾亦在斯。”❷指得道仙逝。孟宾于《题梅仙馆》：“后来岂合言淹滞，一尉升腾道最高。”❸指波涛汹涌。李屿《过洞庭》：“升腾人莫测，安稳路何忧。”

昕 〔xīn《广韵》許斤切，平欣，曉。〕❶拂晓。李舒《让皇帝庙乐章·送神》：“奠献已事，昏昕载分。”❷明亮。见“昕昕”。

【昕昕】 明亮貌。刘禹锡《八月十五日夜桃源玩月》：“金霞昕昕渐东上，轮欹影促犹频望。”又《有僧言罗浮事因为诗以写之》：“咿喔天鸡鸣，扶桑色昕昕。”

明 〔míng《广韵》武兵切，平庚，明。《集韵》眉兵切，平庚，明。〕❶光，火光。《广韵·庚韵》：“明，光也。”杜甫《遣兴五首》之三：“漆有用而割，膏以明自煎。”孟郊《吊元鲁山》之五：“血誓竟讹谬，膏明易煎蒸。”李涉《赠廖道士》：“膏已明煎信矣哉，二年人世不归来。”❷照亮；映照。李颀《送郝判官》：“枫林带水驿，夜火明山县。”李白《杜陵绝句》：“秋水明落日，流光灭远山。”柳宗元《酬徐二中丞普宁郡内池馆即事见寄》：“落日明朱槛，繁花照羽觞。”王毂《春草碧色》：“微香动水滨，金塘明夕照。”❸点燃。

刘禹锡《送惟良上人》："灯明香满室，月午霜凝地。"❹光明；明亮。王维《既蒙宥罪旋复拜官伏感圣恩窃书鄙意兼奉简新除使君等诸公》："日比皇明犹自暗，天齐圣寿未云多。"严维《答刘长卿蛇浦桥月下重送》："月色今宵最明，庭闲夜久天清。"元稹《西明寺牡丹》："自从天女盘中见，直至今朝眼更明。"吴融《分水岭》："紫溪旧隐还如此，清夜梁山月更明。"❺天明；黎明。王建《宿长安县后斋》："喜欢得伴山僧宿，看雪吟诗直到明。"刘禹锡《酬令狐相公六言见寄》之一："愁吟月落犹望，忆梦天明未回。"张祜《读曲歌五首》之一："愁见蜘蛛织，寻思直到明。"杜牧《赠别二首》之二："蜡烛有心还惜别，替人垂泪到天明。"❻白天。孟浩然《岁除夜会乐城张少府宅》："续明催画烛，守岁接长筵。"姚合《题田将军宅》："栖禽恋竹明犹在，闲客观花夜未休。"郑准《代寄边人》："君去不来久，悠悠昏又明。"❼明丽；艳丽。李白《寄远十一首》之五："远忆巫山阳，花明绿江暖。"钱起《玛瑙杯歌》："良工雕饰明且鲜，得成珍器入芳筵。"武元衡《摩诃池送李侍御之凤翔》："柳暗花明池上山，高楼歌酒换离颜。"郑锽《春台晴望》："草长秦城夕，花明汉苑春。"❽特指松明。柳宗元《商山临路有孤松往来斫以为明好事者怜之编竹成楥遂其生植感而赋诗》："不以险自防，遂为明所误。"❾清澈；透明。王维《清如玉壶冰》："抱明中不隐，含净外疑虚。"李白《荆门浮舟望蜀江》："江色绿且明，茫茫与天平。"钱起《片玉篇》："美人之鉴明且彻，玉指提携叹奇绝。"杜荀鹤《清溪来明府出二子请诗因遗一绝》："珠明玉润尽惊人，不称寒门不称贫。"❿明智，明察。卢从愿《祭汾阴乐章》："神歆禋祀，后德惟明。"白居易《贺雨》："君以明为圣，臣以直为忠。"⓫圣明；贤明。储光羲《贻丁主簿仙芝别》："赫赫明天子，翘翘群秀才。"元结《二风诗·治风诗五篇·至正》："为君之道，何以为明？功不滥赏，罪不滥刑。"白居易《新乐府·驯犀》："海蛮闻有明天子，驱犀乘传来万里。"陆龟蒙《奉酬袭美先辈吴中苦雨一百韵》："三吴明太守，左右皆儒哲。"⓬智慧。孟郊《西斋养病夜怀多感因呈上从叔子云》："方全君子拙，耻学小人明。"白居易《寓意诗五首》之三："乃知择交难，须有知人明。"⓭昌明。李白《纪南陵题五松山》："三年帝道明，委质终辅翼。"⓮清楚；明白。刘长卿《按覆后归睦州赠苗侍御》："直氏偷金枉，于家决狱明。"韩愈《琴操十首·残形操》："其身孔明兮，而头不知。"白居易《和答诗十首·答四皓庙》："先生道甚明，夫子犹或非。"李商隐《无题》："锦长书郑重，眉细恨分明。"⓯通晓；明了。王维《送高适弟耽归临淮作》："深明戴家礼，颇学毛公诗。"杜甫《寄裴施州》："尧有四岳明至理，汉二千石真分忧。"高适《送蔡山人》："东山布衣明古今，自言独未逢知音。"亦谓精通。李绅《到宣武三十韵》："龙节双油重，蛇矛百练明。"⓰显示；彰明。太宗《初春登楼即目观作述怀》："明非独材力，终藉栋梁深。"韦应物《拟古诗十二首》之十一："弦以明直道，漆以固交深。"韩愈《谒衡岳庙遂宿岳寺题门楼》："升阶伛偻荐脯酒，欲以菲薄明其衷。"白居易《永崇里观居》："何以明吾志，周易在床头。"⓱说明；表明。杜甫《梦李白二首》之一："故人入我梦，明我长相忆。"元稹《会真诗三十韵》："赠环明运合，留结表心同。"白居易《凶宅》："因小以明大，借家可喻邦。"寇埴《题莹上人院》："是明捐俗网，何独在山林。"⓲分辨，辩说。元稹《苦乐相倚曲》："呼天抚地将自明，不悟寻时暗销骨。"⓳眼睛，视力。刘禹锡《古词二首》之一："轩后初冠冕，前旒为蔽明。"卢仝《月蚀诗》："又孔子师老子云，五色令人目盲。吾恐天似人，好色即丧明。"⓴聪明。杜甫《奉先刘少府新画山水障歌》："大儿聪明到，能添老树巅崖里。"刘禹锡《和乐天鹦鹉》："谁遣聪明好颜色，事须安置入深笼。"㉑神灵。刘禹锡《国学新修五经壁歌》："以疑来质，决若蓍蔡。"㉒人世间。白居易《读史五首》之四："明则有刑辟，幽则有神祇。"刘禹锡《令狐仆射与余投分素深纵山川阻修然音问相继今年十一月仆射疾不起》："忽叹幽明异，俄惊岁月除。"㉓明明；一定。张彪《古别离》："纵知明当返，一息千万思。"㉔今之次。如明日，明年。刘禹锡《送鸿举游江西》引："时而言，有初中后之分；日而言，有今昨明之称。"㉕指明州。许浑有《陪越中使院诸公镜波馆饯明台裴郑二使君》，见《全唐诗》卷五三〇。㉖同"名"。孟郊《吊元鲁山》之七："名位苟虚旷，声明自销铄。"见"明流❷"。㉗通"勉"。见"明明❺"。

【明卜】　即占卜。王绩《古意六首》之三："余灵寄明卜，复来钦所履。"

【明了】　清楚地了解，懂得。齐己《闭门》："中心自明了，一句祖师言。"吕岩《忆江南》词之九："长生药，不用问他人。八卦九宫看掌上，五行四象在人身，明了自通神。"

【明弓】　喻新月。李贺《春怀引》："蟾蜍碾玉挂明弓，捍拨装金打仙凤。"

【明王】　圣明的君王。李义府《宣正殿芝草》："明王敦孝感，宝殿秀灵芝。"杜甫《蕃剑》："风尘苦未息，持汝奉明王。"崔峒《奉和给事寓直》："知去丹墀近，明王许荐贤。"刘得仁《送姚处士归亳州》："明王下征诏，应就碧峰开。"

【明王梦】　指殷高宗武丁梦见傅说事。见《史记·殷本纪》。又见《孟子·告子下》《楚辞·离骚》《韩非子·难言》《吕氏春秋·求人》《书·说命》。李义《奉和幸韦嗣立山庄侍宴应制》："只应感发明王梦，遂得邀迎圣帝游。”

【明日】 明天。权德舆《冬至宿斋时郡君南内朝谒因寄》：“明日一阳生百福，不辞相望阻寒宵。”刘言史《江陵客舍留别樊尚书》：“明日秋关外，单车风雨随。”许浑《途中寒食》：“清明明日是，甘负故园期。”曹邺《去不返》：“亲情未识面，明日便东西。”

【明公】 对有名位者的尊称。杜甫《奉赠严八阁老》：“扈圣登黄阁，明公独妙年。”皎然《赠李中丞洪一首》：“明公仗忠节，一言感万夫。”杜牧《李侍郎于阳羡里富有泉石牧亦于阳羡粗有薄产叙旧述怀因献长句四韵》：“欲与明公操履杖，愿闻休去是何年。”罗隐《投宣武郑尚书二十韵》：“物情须重德，时论在明公。”

【明月】 ❶圆月；满月。李白《关山月》：“明月出天山，苍茫云海间。”戴叔伦《巫山高》：“含愁对明月，明月空自圆。”周贺《秋宿洞庭》：“明月天涯夜，青山江上秋。”刘沧《经曲阜城》：“萧索风高洙泗上，秋山明月夜苍苍。”❷夜光珠；明珠。李白《古风》之十：“明月出海底，一朝开光曜。”皎然《赠李中丞洪一首》：“海底取明月，鲸波不可度。”李贺《大堤曲》：“青云教绾头上髻，明月与作耳边珰。”李群玉《赠回雪》：“如能买一笑，满斗量明月。”亦借以称美品德优秀才华出众的人。李白《赠崔司户文昆季》：“明月两特达，余辉傍照人。”又《哭晁卿衡》：“明月不归沉碧海，白云愁色满苍梧。”❸喻泪珠。孟郊《连州吟》之三：“开缄白云断，明月堕衣襟。”白居易《夜闻歌者》：“夜泪如真珠，双双堕明月。”❹借指一个月。邵谒《经安容先生旧居》：“一泉岩下水，几度换明月。”❺喻拉满之弓。李白《送白利从金吾董将军西征》：“剑决浮云气，弓弯明月辉。”元稹《小胡笳引》：“何时窄袖短貂裘，胭脂山下弯明月。”❻喻琵琶。刘禹锡《泰娘歌》：“低鬟缓视抱明月，纤指破拨生胡风。”❼明月山的省称。贾岛《明月山怀独孤崇鱼琢》：“明月长在目，明月长在心。”齐己《寄明月山僧》：“山称明月好，月出遍山明。”

【明月山】 在今四川蓬溪县涪江之西。两山对峙，下临涪水，相映而明。贾岛有《明月山怀独孤崇鱼琢》，见《全唐诗》卷五七一。又有《送独孤马二秀才居明月山读书》，见《全唐诗》卷五七三。齐己有《寄明月山僧》，见《全唐诗》卷八三九。

【明月弓】 弓名。亦作“明月弦”。李白《送梁公昌从信安北征》：“起舞莲花剑，行歌明月弓。”虞世南《结客少年场行》：“绿沉明月弦，金络浮云辔。”

【明月弦】 参见“明月弓”。

【明月珠】 即夜光珠。韦元旦《奉和幸安乐公主山庄应制》：“琼箫暂下钧天乐，绮缀长悬明月珠。”王昌龄《素上人影塔》：“物化同枯木，希夷明月珠。”韩愈《别赵子》：“婆娑海水南，簸弄明月珠。”白居易《杂兴三首》之三：“冠垂明月珠，带束通天犀。”参见“明月❷”。

【明月峡】 在今四川巴县东。峡前南岸崖壁高四十丈，上有圆孔，形如满月，故名。阎立本《巫山高》：“绿树春娇明月峡，红花朝覆白云台。”孟浩然《入峡寄弟》：“泪沾明月峡，心断鹡鸰原。”李白《窜夜郎于乌江留别宗十六璟》：“遥瞻明月峡，西去益相思。”白居易《酬严中丞晚眺黔江见寄》：“磨围山下色，明月峡中声。”

【明月峯】 即明月山。齐己《明月峰》：“明月峰头石，曾闻学月明。”

【明月清風】 形容优美的景物，悠闲的生活。寒山《诗三百三首》之一九七：“三界横眠闲无事，明月清风是我家。”白居易《闲卧有所思二首》之一：“偶因明月清风夜，忽想迁臣逐客心。”牟融《写意二首》之一：“高山流水琴三弄，明月清风酒一樽。”贯休《归东阳临岐上杜使君七首》之七：“犹期明月清风夜，来作西园第八人。”

【明月湖】 湖名。在今湖北武汉市武昌区。薛逢有《夏夜宴明月湖》，见《全唐诗》卷五四八。无名氏有《明月湖醉后蔷薇花歌》，见《全唐诗》卷七八五。

【明月暗投】 同“明珠暗投”。刘戬《夏弹琴》：“予欲娱世人，明月难暗投。”

【明月樓】 ❶月光中的楼阁。上官仪《春日》：“飞云阁上春应至，明月楼中夜未央。”张若虚《春江花月夜》：“谁家今夜扁舟子，何处相思明月楼。”王偃《夜夜曲》：“青槐陌上行人绝，明月楼前乌夜啼。”❷楼阁名。李白《对雪醉后赠王历阳》：“清晨鼓棹过江去，千里相思明月楼。”王琦注：“吴均诗：相思自有处，春风明月楼。《太平寰宇记》：江陵县湘东苑有明月楼。颜之推诗云：‘屡陪明月宴。’将军扈羲所造。”

【明月觀】 （一guàn）道教庙宇名。在今江苏南京鸡鸣山南古台城内。陆龟蒙《奉和袭美太湖诗二十首·明月湾》：“昔闻明月观，只伤荒野基。”

【明月灣】 水湾名。在今江苏苏州市西南太湖洞庭西山下。刘长卿《明月湾寻贺九不遇》：“故人川上复何之，明月湾南空所思。”陆龟蒙《奉和袭美太湖诗二十首·明月湾》：“今逢明月湾，不值三五时。”皮日休《太湖诗·明月湾》：“试问最幽处，号为明月湾。”

【明文】 有明确的文字记载；或指法令、通告、规章等见于文字者。白居易《秦中吟十首·不致仕》：“七十而致仕，礼法有明文。”郑谷《题汝州从事厅》：“壁看旧记官多达，榜挂明文吏莫违。”

【明火】 明亮的火光。白居易《和春深二十首》之六：“蜡炬开明火，银台赐物车。”

【明水】 古代祭祀用的净水。薛逢《汉武宫辞》：

"汉武清斋夜筑坛,自斟明水醮仙官。"

【明玉】 ❶色泽晶莹的玉。刘言史《赠童尼》:"旧时艳质如明玉,今日空心是冷灰。"❷喻清泉。李益《入华山访隐者经仙人石坛》:"隔世闻丹经,悬泉注明玉。"

【明世】 政治清明的时代。韦应物《园林晏起寄昭应韩明府卢主簿》:"上非遇明世,庶以道自全。"

【明旦】 明晨。祖咏《七夕》:"不知谁得巧,明旦试相看。"钱起《长安旅宿》:"明旦北门外,归途堪白发。"许浑《下第送宋秀才游岐下杨秀才还江东》:"明旦各分首,更听梁甫吟。"徐铉《还过东都留守周公筵上赠座客》:"明旦江头倍惆怅,远山芳草映残霞。"

【明目】 使眼睛明亮。王维《赠东岳焦炼师》:"竦身空里语,明目夜中书。"杜甫《秋日夔府咏怀奉寄郑监李宾客一百韵》:"开襟驱瘴疠,明目扫云烟。"

【明四目】 ❶指广闻远视四方情况。王维《奉和圣制御春明楼临右相园亭赋乐贤诗应制》:"褰旒明四目,伏槛纡三顾。"越殿成注:"《尚书》:'明四目,达四聪。'孔安国传:'广视听于四方,使天下无壅塞也。'"❷谓眺望四方。刘长卿《游四窗》:"玲珑开户牖,落落明四目。"

【明代】 圣明的时代。王湾《晚春诣苏州敬赠武员外》:"贵门生礼乐,明代秉文章。"萧颖士《答邹象先》:"壮图悲岁月,明代耻贫贱。"王建《寄崔列中丞》:"从今遇明代,善恶亦须论。"张蠙《伤贾岛》:"生为明代苦吟身,死作长江一逐臣。"

【明白】 清楚;明确。杜甫《惜别行送刘仆射判官》:"梁公富贵于身疏,号令明白人安居。"元稹《四皓庙》:"出处贵明白,故吾今有云。"

【明主】 英明的君主。张九龄《酬周判官巡至始兴会改秘书少监见贻之作兼呈耿广州》:"所仗有神道,况承明主惠。"崔峒《送韦员外还京》:"前殿朝明主,应怜白发生。"白居易《答马侍御见赠》:"蟠木讵堪明主用,笼禽徒与故人疏。"赵嘏《华清宫和杜舍人》:"北阙尊明主,南宫逊上皇。"

【明夷】 《周易》卦名。卦形为䷣,即离下坤上。离为火,坤为地,故卦形象征日没地中。比喻天下昏乱,贤人遭遇困厄。王昌龄《咏史》:"明夷方遘患,顾我徒崩奔。"

【明光】 ❶铠甲名。铁铠。韩翃《送刘将军》:"明光细甲照錏鍜,昨日承恩拜虎牙。"❷明光宫的省称。宗楚客《正月晦日侍宴浐水应制赋得长字》:"御辇出明光,乘流泛羽觞。"崔国辅《清水西别李参》:"凿池通渭水,避暑借明光。"杜甫《十二月一日三首》之一:"明光起草人所羡,肺病几时朝日边。"王建《秋夜曲二首》之二:"秋灯向壁掩洞房,良人此夜直明光。"❸明光殿的省称。张谓《赠吏部孙员外济》:"明光朝半下,建礼直初回。"权德舆《奉和李给事省中书情寄刘苗崔三曹长因呈许陈二阁老》:"常寮几处伏明光,新诏联翩夕拜郎。"刘禹锡《同乐天送令狐相公赴东都留守》:"尚书剑履出明光,居守旌旗赴洛阳。"李商隐《留赠畏之》之一:"清时无事奏明光,不遣当关报早霜。"❹即《楚明光》。古琴曲名。王绩《古意六首》之一:"前弹广陵罢,后以明光续。"阎朝隐《明月歌》:"挥玉指,拂罗裳,为君一奏楚明光。"参见"楚明光"。❺南唐诗僧,即谦明。嗜酒,好为诗,独居一室,每日煮肉数斤,醇酒一壶,旋割旋饮,以此为常。《全唐诗外编》(下)录其《中秋咏月》一首。按,《全唐诗外编》(下)"明光"名下亦有《中秋咏月》一首,除首句文字不同外,其余三句文字均同,实为一诗。"明光"之名为南宋时之别传,而非另有其人。

【明光宫】 汉宫名。见《三辅黄图·甘泉宫》、《汉书·元后传》。唐时借指大明宫等宫殿。王维《燕支行》:"汉家天将才且雄,来时谒帝明光宫。"李白《鲁中送二从弟赴举之西京》:"霜凋逐臣发,日忆明光宫。"高适《塞下曲》:"画图麒麟阁,入朝明光宫。"刘禹锡《送裴处士应制举诗》:"忽然结束如秋蓬,自称对策明光宫。"

【明光殿】 汉代宫殿名。见《三辅黄图·汉宫》。唐时多借指大明宫。杜审言《望春亭侍游应诏》:"帝出明光殿,天临太液池。"岑参《河西太守杜公挽歌四首》之三:"忆昨明光殿,新承天子恩。"韩翃《赠别太常李博士兼寄两省旧游》:"两年戴武弁,趋侍明光殿。"李德裕《南梁行和二十二兄》:"元和列侍明光殿,谏草初焚市朝变。"

【明早】 明天早晨。王氏妇《与李章武赠答诗》之七:"萧条明早分岐路,知更相逢何岁年。"

【明年】 今年的下一年。王维《送别》:"春草明年绿,王孙归不归。"韩愈《杏花》:"明年更发应更好,道人莫忘邻家翁。"陆龟蒙《小雪后书事》:"邻翁意绪相安慰,多说明年是稔年。"韩仪《记知闻近过关试》:"今日便称前进士,好留春色与明年。"

【明廷】 圣明的朝廷。李商隐《寄太原卢司空三十韵》:"乃心防暗室,华发称明廷。"翁洮《赠进士王雄》:"何事明廷有徐庶,总教三径卧蓬蒿。"

【明休】 幸福,福气。颜真卿、陆涓《与耿沣水亭咏风联句》:"王风今若此,谁不荷明休。"

【明州】 州名。唐开元二十六年置,治所在鄮县(今浙江宁波市南)。天宝元年改名余姚郡,乾元元年复为明州。綦毋潜《送贾恒明府兼寄温张二司户》:"明州报两掾,相忆二毛生。"刘禹锡《赠同年陈长史员外》:"明州长史外台郎,忆昔同年翰墨场。"白居易《同诸客题于家公主旧宅》:“闻道至今萧史在,髭须雪白向明州。”

【明冰】 供祭祀用的冰块。富嘉谟《明冰篇》:“明冰时出御至尊,彤庭赫赫九仪备。”

【明妃】 即汉元帝宫人王昭君。晋人避司马昭讳,改称明妃。入宫数岁,不得见御,乃自请远嫁南匈奴呼韩邪单于。陈子昂《居延海树闻莺同作》:“明妃失汉宠,蔡女没胡尘。”顾况《刘禅奴弹琵琶歌》:“明妃愁中汉使回,蔡琰愁处胡笳哀。”杜牧《题木兰庙》:“几度思归还把酒,拂云堆上祝明妃。”韦庄《绥州作》:“明妃去日花应笑,蔡琰归时鬓已秋。”参见“昭君”。

【明妆】 艳妆。韩愈《李花二首》之二:“静濯明妆有所奉,顾我未肯置齿牙。”

【明秀】 明净秀美。柳宗元《酬贾鹏山人郡内新栽松寓兴见赠二首》之一:“积雪表明秀,寒花助葱茏。”

【明言】 明确的诺言。韩偓《无题》之二:“明言终未实,暗祝始应真。”

【明快】 明白爽快。吴融《赠广利大师歌》:“近来兼解作歌诗,言语明快有气骨。”

【明良】 明君与良臣。唐彦谦《留别四首》之三:“起喜赓歌日,明良际会时。”

【明祀】 对国家重大祭祀的美称。储光羲《荐玄德公庙》:“表微在营道,明祀将祈年。”于邵《释奠武成王乐章·送神》:“明祀方终,备乐斯阕。”权德舆《早夏青龙寺致斋凭眺感物因书十四韵》:“洁斋奉明祀,凭览伤夐古。”

【明君】 ❶即王昭君。名嫱。汉元帝时为和亲而出嫁匈奴。晋时因避文帝司马昭讳,改称明君。常建《塞下曲四首》之二:“北海阴风动地来,明君祠上望龙堆。”孟浩然《凉州词》之一:“胡地迢迢三万里,那堪马上送明君。”王偃《明君词》:“北望单于日半斜,明君马上泣胡沙。”❷贤明的君主。《郊庙歌辞·享龙池乐章·第一章》:“恭闻帝里生灵沼,应报明君鼎业新。”王维《初出济州别城中故人》:“执政方持法,明君照此心。”刘长卿《送李挚赴延陵令》:“明君加印绶,廉使托惸嫠。”徐夤《伤进士谢庭皓》:“献书犹未达明君,何事先游岱岳云。”❸即《明君怨》。李贺《许公子郑姬歌》:“长翻蜀纸卷明君,转角含商破碧云。”王琦注引邱秀贞曰:“长翻蜀纸乃录曲也,卷《明君》书于册内,盖以《明君》为乐府《相和歌》,《吟叹》四曲中《王明君》之曲。”

【明妙】 清楚美妙。郑薰《赠巩畴》序:“理致明妙,神骨超爽,自谓一时之遇。”

【明两】 指太子。见《易·离》。《郊庙歌辞·享章怀太子庙乐章·迎俎酌献》:“通三锡胤,明两承英。”《郊庙歌辞·享懿德太子庙乐章·登歌酌鬯》:“誉阐元储,寄崇明两。”

【明昌】 州名。开元十七年(729)置。治所蒙山县,在今四川雅安县南。司空图《力疾山下吴村看杏花十九首》之十一:“客来须共醒醒看,碾尽明昌几角茶。”

【明明代】 政治贤明的时代。白居易《哭孔戡》:“人言明明代,合置在朝端。”

【明明】 ❶指天子或神灵。见《诗·大雅·江汉》。李绅《莺莺歌》之二:“明明飞诏五云下,将选金门兵悉罢。”❷明智、明察。见《诗·大雅·常武》。王翰《飞燕篇》:“明明天子咸戒之,赫赫宗周褒姒灭。”薛逢《送司徒相公赴阙》:“莫愁中土无人识,自有明明圣主知。”张绍《冲佑观》:“明明我后,允协昌基。”❸光明貌;光亮貌。魏征《享太庙乐章·大成舞》:“明明盛德,穆穆齐芬。”李白《代美人愁镜二首》之一:“明明金鹊镜,了了玉台前。”孟郊《感怀》:“火云流素月,三五何明明。”王鲁复《吊灵均》:“明明唐日月,应见楚臣心。”崔萱《古意》:“明明天上月,蟾缺圆复光。”❹清楚明白。皎然《杂兴六首》之一:“请从象外推,至论尤明明。”陆龟蒙《黄金二首》之二:“恰莫持千万,明明买祸胎。”僧鸾《苦热行》:“明明夜西朝又东,古来有道仍再中。”吕岩《七言》之二八:“明明道在堪消息,日月滩头去又还。”❺勉力,勤勉。见《诗·鲁颂·有駜》。赵惠宗《遗简诗》之二:“明明我众,及我门人。伪道养形,真道养神。懋哉懋哉,余无所陈。”

【明明赫赫】 明智、明察貌。见《诗·大雅·常武》。贯休《上荆南府主三让德政碑》:“明明赫赫中兴主,动纳诸隍冠前古。”

【明典】 祀典。祭祀的礼仪法度。王昌龄《小敷谷龙潭祠作》:“吾闻被明典,盛德惟世及。”《郊庙歌辞·享隐太子庙乐章·雍和》:“明典肃陈,神居邃启。”

【明知】 明明知道。周昙《咏史诗·春秋战国门·再吟》:“明知秦是虎狼国,更忍车轮独向西。”子兰《诫贪》:“明知贪者心,求荣不求辱。”

【明牧】 贤明的郡守、太守。刘允济《经庐岳回望江州想洛川有作》:“明牧振雄词,棣华殊灼灼。”钱起《奉和张荆州巡农晚望》:“明牧行春令,仁风助升长。”皎然《奉和陆使君长源夏月游太湖》:“峭蒨瞩仙岭,超遥随明牧。”

【明命】 ❶圣明的命令。李回《郊庙歌辞·享太庙乐章·大定舞》:“受天明命,敷佑下土。”郑絪《享太庙乐章》:“于穆时文,受天明命。允恭玄默,化成理定。”❷天子的诏令。

【明昏】 明暗;阴晴。韩愈《南山诗》:“明昏无停态，顷刻异状候。”

【明府】　唐人对县令的尊称。李颀《送刘四赴夏县》：“一朝出宰汾河间，明府下车人吏闲。”岑参《送郭义杂言》：“中山明府待君来，须计行程及早回。”顾况《长安窦明府后亭》：“欲识明府贤，邑中多百姓。”司空曙《春送郭大之官》：“明府之官官舍春，春风辞我两三人。”

【明夜】　❶月明之夜。李频《吴门别主人》：“不知明夜谁家见，应照离人隔楚江。”❷明日之夜。陈季卿《别妻》：“明夜相思处，秋风吹半衾。”

【明河】　即银河。宋之问《明河篇》：“坐见明河渐微没，已能舒卷任浮云。”杜牧《赴京初入汴口晓景即事先寄兵部李郎中》：“初旭红可染，明河澹如扫。”方干《浅井》：“夜入明河星似少，曙摇澄碧扇风翻。”胡宿《雪》：“天上明河银作水，海中仙树玉为林。”

【明星】　❶启明星。即金星。王维《早朝》：“皎洁明星高，苍茫远天曙。”杜甫《晓发公安》：“北城击柝复欲罢，东方明星亦不迟。”李德裕《早入中书行公主册礼事毕登集贤阁成咏》：“明星入东陌，灿灿光层宙。”许浑《天街晓望》：“明星低未央，莲阙回苍苍。”❷传说中的华山仙女名。李白《古风》之十九：“西岳莲花山，迢迢见明星。”王琦注：“《太平广记》：明星玉女者，居华山，服玉浆，白日升天。”又《西岳云台歌送丹丘子》：“明星玉女备洒扫，麻姑搔背指爪轻。”王翰《赋得明星玉女坛送廉察尉华阴》：“上有明星玉女祠，祠坛高眇路逶迤。”

【明幽】　人间与阴间。韩愈《赴江陵途中寄赠王二十补阙李十一拾遗李二十六员外翰林三学士》：“病妹卧床褥，分知隔明幽。”

【明科】　明文规定的法令条规。太宗《帝京篇十首》之十：“纳善察忠谏，明科慎刑赏。”

【明信】　贤明而诚信。元结《寄源休》：“谁为明信者，能辨此劳畏。”

【明皇】　即唐玄宗。元稹《和李校书新题乐府十二首·法曲》：“明皇度曲多新态，宛转侵淫易沉着。”温庭筠《鸿胪寺有开元中锡宴堂楼台池沼雅为胜绝荒凉遗址仅有存者偶成四十韵》：“明皇昔御极，神圣垂耿光。”陆龟蒙《袭美先辈以龟蒙所献五百言既蒙见和复示荣唱再抒鄙怀用伸酬谢》：“明皇践中日，墨客肩参差。”钱珝《蜀国偶题》：“忽忆明皇西幸时，暗伤潜恨竟谁知。”

【明庭】　❶天子祭祀神灵的地方。储光羲《述华清宫五首》之五：“上林神君宫，此地即明庭。”❷圣明的朝廷。刘禹锡《和李相公初归平泉过龙门南岭遥望山居即事》：“暂别明庭去，初随优诏还。”姚合《送杨尚书祭西岳》：“报功严祀典，宠诏下明庭。”杜牧《李甘诗》：“森森明庭士，缩缩循墙鼠。”温庭筠《过孔北海墓二十韵》：“镮辕近沂水，何事恋明庭。”

【明神】　神灵。李峤《萍》：“屡逐明神荐，常随旅客游。”储光羲《猛虎行》：“人肉岂不甘，所恶伤明神。”李商隐《明神》：“明神司过岂令冤，暗室由来有祸门。莫为无人欺一物，他时须虑石能言。”马戴《楚江怀古三首》之三：“欲折寒芳荐，明神讵可招。”

【明祇】　圣明的神灵。则天皇后《唐大飨拜洛乐章·显和》：“顾德有惭虚菲，明祇屡降祯符。”《郊庙歌辞·蜡百神乐章·雍和》：“蕙馥雕俎，兰芬玉酎。大享明祇，永绥多祐。”

【明祠】　神祠。王昌龄《别皇甫五》：“明祠灵响期昭应，天泽俱从此路还。”高适《题尉迟将军新庙》：“良牧怀深仁，与君建明祠。”

【明珠】　❶光泽晶莹的珍珠。李颀《龙门送裴侍御监五岭选》：“明珠尉佗国，翠羽夜郎洲。”张籍《节妇吟寄东平李司空师道》：“君知妾有夫，赠妾双明珠。”王损之《赋得浊水求珠》：“积水非澄彻，明珠不易求。”崔珏《和人听歌》之二：“莫辞更送刘郎酒，百斛明珠异日酬。”❷形容光泽晶莹之物，如满月等。胡皓《奉和圣制同二相以下群官乐游园宴》：“南山临皓雪，北阙对明珠。”张谔《满月》：“今夜明珠色，当随满月开。”❸形容诗文文字精美。韩愈《奉酬卢给事云夫四兄曲江荷花行见寄并呈上钱七兄阁老张十八助教》：“遗我明珠九十六，寒光映骨睡骊目。”韦庄《题许浑诗卷》：“江南才子许浑诗，字字清新句句奇。十斛明珠量不尽，惠休虚作碧云词。”❹比喻珍贵的事物。李白《赠宣州灵源寺仲濬公》：“观心同水月，解领得明珠。”王琦注：“明珠，喻菩提大道也。”寒山《诗三百三首》之一九八：“贾客却归门内去，明珠元在我心头。”崔珏《道林寺》：“明珠大贝采欲尽，蚌蛤空满赤沙湖。今我题诗亦无味，怀贤览古成长吁。”❺同“明珠报恩”。白居易《放鱼》：“不须泥沙底，辛苦觅明珠。”

【明珠袍】　饰有珠玑一类宝物的袍。李白《白马篇》：“秋霜切玉剑，落日明珠袍。”又《叙旧赠江阳宰陆调》：“腰间延陵剑，玉带明珠袍。”

【明珠報恩】　为咏报恩的典故。见晋干宝《搜神记》卷二十。王昌龄《留别司马太守》：“黄鹤青云当一举，明珠吐著报君恩。”刘禹锡《吐绶鸟词》：“鹤吐明珠暂报恩，鹊衔金印空为瑞。”

【明珠暗投】　为咏怀才不遇的典故。见《史记·鲁仲连邹阳列传》。李白《留别贾舍人至二首》之一：“远客谢主人，明珠难暗投。”高适《送魏八》：“此路无知己，明珠莫暗投。”

【明珠殿】　唐代宫殿名。在骊山长生殿之东南。杜牧《华清宫三十韵》：“绣岭明珠殿，层峦下缭墙。”冯集梧注:“《长安志》:明珠殿,长生殿之南近东也。”

【明真】 纯真;淳朴。刘叉《修养》:“惜哉自有不自亲,明真汩没随埃尘。”

【明哲】 ❶聪明睿智。杜甫《寄薛三郎中》:“上有明哲君,下有行化臣。”又《北征》:“周汉获再兴,宣光果明哲。”李绅《却过淮阴吊韩信庙》:“徒用千金酬一饭,不知明哲重防身。”❷聪明睿智的人。吴筠《酬叶县刘明府避地庐山言怀诒郑录事昆季荀尊师兼见赠之》:“明哲良罕遇,遇君辄思齐。”储光羲《酬李处士山中见赠》:“跂予北堂夜,摇笔酬明哲。”独孤及《奉和李大夫同吕评事太行苦热行兼寄院中诸公》:“赵魏方俶扰,安危俟明哲。”卢肇《汉堤诗》:“惟汝元寮,佥举明哲。我公用谐,苴茅杖节。”

【明時】 圣明的时代。岑参《送杜佐下第归陆浑别业》:“夫子且归去,明时方爱才。还须及秋赋,莫即隐嵩莱。”严维《送房元直赴北京》:“常欲激昂论上策,不应憔悴老明时。”朱庆余《赠江夏卢使君》:“白发虽求退,明时合见收。”李频《喜友人厉图南及第》:“未有通儒术,明时道不行。”

【明恩】 谓圣明天子的恩惠。郑愔《奉和幸望春宫送朔方大总管张仁亶》:“坐帷将阃外,俱是报明恩。”杜牧《昔事文皇帝三十二韵》:“奏章为得地,齰齿负明恩。”

【明訓】 明确的训诫。张祜《送郑灊判官归冬宁》:“鲤庭趋日通明训,郑曲归时美盛宗。”又《投宛陵裴尚书二十韵》:“洁俭遵明训,清通轨令图。”

【明流】 ❶清澈的水流。裴迪《辋川集二十首·斤竹岭》:“明流纡且直,绿筱密复深。”❷名流,名士之辈。麴崇裕《送司功入京》:“崇裕有幸会,得遇明流行。”

【明家】 指家僧。周繇《题金陵栖霞寺赠月公》:“明家不要买山钱,施作清池种白莲。”

【明恕】 贤明宽厚。元结《二风诗·乱风诗五篇·至虐》:“夫为君上兮,慈顺明恕,可以化人。”

【明敕】 ❶天子诏书。王昌龄《从军行七首》之六:“明敕星驰封宝剑,辞君一夜取楼兰。”❷明白地告诫。白居易《秦中吟十首·重赋》:“厥初防其淫,明敕内外臣。税外加一物,皆以枉法论。”

【明盛】 谓太平盛世。高适《留别郑三韦九兼洛下诸公》:“幸逢明盛多招隐,高山大泽征求尽。”韦应物《谢栎阳令归西郊赠别诸友生》:“幸遭明盛日,万物蒙生植。”皎然《妙喜寺达公禅斋寄李司直公孙房都曹德裕从事方舟颜武康士骋四十二韵》:“四子遭明盛,裒然皆秀杰。”

【明堂】 ❶古代天子宣明政教的处所。凡朝会、祭祀、选士、庆赏等大典,都在此举行。卢照邻《中和乐九章·歌明堂第二》:“穆穆圣皇,雍雍明堂。”韩愈《石鼓歌》:“大开明堂受朝贺,诸侯剑佩鸣相磨。”白居易《新乐府·八骏图》:“璧台南与盛姬游,明堂不复朝诸侯。”温庭筠《鸿胪寺有开元中锡宴堂楼台池沼雅为胜绝荒凉遗址仅有存者偶成四十韵》:“群生到寿域,百辟趋明堂。”❷县名。治所在今陕西西安市城南。长安三年(703)废。卢照邻有《哭明堂裴主簿》。

【明眼人】 见识高明的人。寒山《诗三百三首》之三〇三:“忽遇明眼人,即自流天下。”

【明眸】 ❶明亮的眼珠;美目。杜甫《哀江头》:“明眸皓齿今何在,血污游魂归不得。”崔珏《美人尝茶行》:“明眸渐开横秋水,手拨丝簧醉心起。”韦庄《闺怨》:“戚戚彼何人,明眸利于月。”❷敏锐的眼光。项斯《浊水求珠》:“是宝终知贵,唯恩且用酬。如能在公掌,的不负明眸。”

【明晦】 昼夜,早晚。刘长卿《早春赠别赵居士还江左时长卿下第归嵩阳旧居》:“别君日已远,离念无明晦。”苏涣《变律》之一:“一开复一闭,明晦无休息。”李益《华阴东泉同张处士诣藏律诗兼简县内同官因寄齐中书》:“苍崖抱寒泉,沦照洞金碧。潜鳞孕明晦,山灵闷幽赜。”曹邺《贺雪寄本府尚书》:“雨雪不顺时,阴阳失明晦。”

【明略】 高明的谋略。刘长卿《奉和李大夫同吕评事太行苦热行兼寄院中诸公仍呈王员外》:“九重今旰食,万里传明略。”方干《赠功成将》:“定难在明略,何曾劳战争。”

【明絜】 同“明潔”。则天皇后《唐明堂乐章·配飨》:“孝思期有感,明絜庶无违。”

【明朝】 ❶明天。李白《夜泊牛渚怀古》:“明朝挂帆席,枫叶落纷纷。”杜甫《杜位宅守岁》:“四十明朝过,飞腾暮景斜。”欧阳詹《除夜侍酒呈诸兄示舍弟》:“莫叹明朝又一春,相看堪共贵兹身。”李山甫《送蕲州裴员外》:“明朝无路寻归处,禁树参差隔紫云。”❷明天清晨。清江《七夕》:“惟愁更漏促,离别在明朝。”李商隐《西南行却寄相送者》:“明朝惊破还乡梦,定是陈仓碧野鸡。”皮日休《夏首病愈因招鲁望》:“明朝早起非无事,买得莼丝待陆机。”李郢《紫极宫上元斋次呈诸道流》:“明朝醮罢羽客散,尘土满城空世人。”齐己《除夜》:“明朝待晴旭,池上看春冰。”❸圣明时代。徐铉《和集贤钟郎中》:“石渠册府神仙署,当用明朝第一人。”

【明揚】 举用;选拔。见《书·尧典》。沈佺期《答魑魅代书寄家人》:“宰臣更献纳,郡守各明扬。”钱起《送褚大落第东归》:“汉家侧席明扬久,岂意遗贤在林薮。”

【明景】 艳丽的景色。司马扎《送进士苗纵归紫逻山居》："今朝抛我去，春物伤明景。怅望相送还，微阳在东岭。"

【明詔】　对皇帝诏书的颂词。孙逖《送魏骑曹充宇文侍御判官分按山南》："观风布明诏，更是汉南春。"储光羲《大酺得长字韵时任安宜尉》："明诏始端午，初筵当履霜。"赵嘏《送张又新除温州》："却愁明诏征非晚，不得秋来见海槎。"黄滔《书事》："飞章奏西蜀，明诏与殊功。"

【明道】　阐明、宣传治世之道。吴筠《览古十四首》之一："圣人重周济，明道欲救时。"储光羲《陆著作挽歌》之三："明道俟良佐，惟贤初薄游。"殷潜之《题筹笔驿》："报德兼明道，长留识者知。"

【明粢】　古代祭祀用的谷物。褚亮《明堂乐章·雍和》："神涤备全，明粢丰衍。载絜彝俎。陈诚以荐。"

【明湖】　明净的湖泊。王昌龄《次汝中寄河南陈赞府》："明湖春草遍，秋桂白花发。"李白《庐山谣寄卢侍御虚舟》："影落明湖青黛光，金阙前开二峰长。"

【明滑】　谓光芒闪烁。薛能《关中秋夕》："簟湿秋庭岳在烟，露光明滑竹苍然。"

【明窗塵】　道教形容丹药的形状。谓其状氤氲闪烁，如明窗隙缝间日光中的飞尘。李白《草创大还赠柳官迪》："仿佛明窗尘，死灰同至寂。"

【明媚】　鲜明艳丽。温庭筠《春日野行》："野岸明媚山芍药，水田叫噪官虾蟆。"周朴《桃花》："桃花春色暖先开，明媚谁人不看来。"罗虬《比红儿诗》之二三："明媚何曾让玉环，破瓜年几百花颜。"

【明發】　❶拂晓，黎明。王昌龄《宿京江口期刘昚虚不至》："明发不能寐，徒盈江上尊。"孟浩然《庭橘》："明发览群物，万木何阴森。"杜甫《遣兴五首》之二："长陵锐头儿，出猎待明发。"杜牧《偶题二首》之二："夜阑终耿耿，明发竟迟迟。"❷明天清晨。王维《春夜竹亭赠钱少府归蓝田》："羡君明发去，采蕨轻轩冕。"朱庆余《秋宵宴别卢侍御》："明发青山道，谁逢去马尘。"项斯《送客归新罗》："明发千樯下，应无更远人。"张蠙《南康夜宴东溪留别郡守陆郎中》："明发别愁何处去，片帆天际酒醒时。"❸清晨出发。陈子昂《万州晓发放舟乘涨还寄蜀中亲朋》："啸旅乘明发，奔桡骛断矶。"孟浩然《彭蠡湖中望庐山》："挂席候明发，眇漫平湖中。"林璠《季夏入北山》："整驾俟明发，逶迤历险途。"

【明聖】　❶英明圣哲的君主。魏征《享太庙乐章·肃和》："大哉至德，允兹明圣。"张九龄《荆州作二首》之二："明圣不世出，翼亮非苟安。"韦应物《观早朝》："辉辉睹明圣，济济行俊贤。"薛能《除夜作》："祝寿思明圣，驱傩看鬼神。"❷清明圣哲的时代。方干《赠赵崇侍御》："贵达合逢明圣日，风流又及少年时。"

【明歲】　明年。万齐融《赠别江头》："计程频破月，数别屡开年。明岁浔阳水，相思寄采莲。"

【明當】　犹明日。王维《宿郑州》："明当渡京水，昨晚犹金谷。"韦应物《酬李儋》："明当策疲马，与子同笑言。"张彪《古别离》："纵知明当返，一息千万思。"

【明暉】　光辉。蓝采和《踏歌》："长景明晖在空际，金银宫阙高嵯峨。"

【明照】　照耀，映照。缪岛云《汤泉》："紫气晓笼烟色澹，紫霞明照火光浮。"

【明節】　谓保持亮节。王昌龄《途中作》："羁旅悲壮发，别离念征衣。永图岂劳止，明节期所归。"

【明試】　谓考试，考验。刘长卿《洛阳主簿叔知和驿承恩赴选伏辞一首》："天府留香名，铨闱就明试。"又《送裴四判官赴河西军试》："武士伫明试，皇华难久留。"

【明誠】　真诚；坦诚。郑谷《故少师从翁隐岩别墅乱后榛芜感旧怆怀遂有追纪》："密行称闺阃，明诚动搢绅。"

【明慎】　明察，审慎。虞世南《赋得慎罚》："明慎全无枉，哀矜在好生。"

【明義】　犹言正义，道义。储光羲《上长史王公责躬》："自咎失明义，宁由贝锦诗。"杜甫《两当县吴十侍御江上宅》："于公负明义，惆怅头更白。"钱起《长安客舍赠李行父明府》："但恐酬明义，蹉跎芳岁阑。"皎然《妙喜寺达公禅斋寄李司直公孙房都曹德裕从事方舟颜武康士骋四十二韵》："古人比明义，清士愿交结。"

【明滅】　❶忽明忽暗，形容光线闪烁不定。韦应物《自巩洛舟行入黄河即事寄府县僚友》："寒树依微远天外，夕阳明灭乱流中。"钱起《赋得浦口望斜月送皇甫判官》："动摇生浅浪，明灭照寒沙。"孟郊《浮石亭》："翠潋递明灭，清潈泻欹危。"白居易《湖亭晚望残水》："清渟得早霜，明灭浮残日。"❷谓忽隐忽现。宋之问《见南山夕阳召监师不至》："夕阳黯晴碧，山翠互明灭。"李白《梦游天姥吟留别》："越人语天姥，云霓明灭或可睹。"刘禹锡《和窦中丞晚入容江作》："珠浦远明灭，金沙晴动摇。"白居易《菩提寺上方晚望香山寺寄舒员外》："冰浮水明灭，雪压松偃亚。"❸隐匿，消失。元稹《古决绝词》之三："曙色渐曈曈，华星欲明灭。"

【明禋】　谓明洁诚敬的献享。祝钦明《郊庙歌辞·仪坤庙乐章·永和》："式昭纂庆，方融嗣徽。明禋是享，神保聿归。"李峤《奉和拜洛应制》："殷荐三神享，明禋万国陪。"

【明經】　❶唐代科举取士之一科。其考试的时间与考试机构，都与进士科相同。韦应物《送五经赵随登科授广德尉》："明经有清秩，当在石渠中。"齐己《送吴先辈赴京》："烟霄已遂明经第，江汉重来问苦吟。"❷通晓经术。王绩《晚年叙志示翟处士》："明经思待诏，学剑觅封侯。"

【明臺】 相传为上古黄帝的听政之所。见《管子·桓公问》。后借指天子议政之处。则天皇后《唐大飨拜洛乐章·昭和》："奉成先旨，明台毕功。"王羡门《都中闲居》："君王巡海内，北阙下明台。"

【明誥】 天子的诏告。陆龟蒙《奉和袭美太湖诗二十首·投龙潭》："持来展明诰，敬以投嘉瑞。"

【明膏】 点灯的油脂。储光羲《同王十三维偶然作十首》之九："卧览床头书，睡看机中织。想见明膏煎，中夜起唧唧。"孟郊《杏殇》之六："班班落地英，点点如明膏。"

【明漪】 清清的涟漪。司空图《诗品二十四则·精神》："明漪绝底，奇花初胎。"

【明慧】 聪明；聪慧。李曜《赠吴圆》序："有酒录事名媚川，明慧。"

【明質】 诚信。李益《秋晚溪中寄怀大理齐司直》："明质鹜高景，飘飖服缨绥。"

【明德】 贤明之德；美德。魏征《效庙歌辞·享太庙乐章·舒和》："严禋克配鸿基远，明德惟馨凤历昌。"独孤及《夏中酬于逖毕耀问病见赠》："愿君崇明德，岁暮如青松。"白居易《送毛仙翁》："赋诗叙明德，永续步虚篇。"周昙《咏史诗·三代门·文王》："昭然明德报天休，礿祭惟馨胜杀牛。"

【明德宫】 唐东都洛阳宫名。隋时曰显仁宫。见清徐松《唐两京城坊考》卷五。张继有《明德宫》，见《全唐诗》卷二四二。

【明徵】 明显的征验。杜甫《入衡州》："福善理颠倒，明征天莽茫。"卢纶《奉陪侍中春日过武安君庙》："元臣达幽契，祝史告明征。"

【明膠】 喻澄净而醇浓的酒。李贺《许公子郑姬歌》："许史世家外亲贵，宫锦千端买沉醉。铜驼酒熟烘明胶，古堤大柳烟中翠。"王琦注引邱季贞曰："明胶，酒色莹彻而厚也。"

【明論】 明白地说明。杜甫《石笋行》："古来相传是海眼，苔藓蚀尽波涛痕。雨多往往得瑟瑟，此事恍惚难明论。"

【明潔】 明净，洁净。孟郊《投所知》："炼金索坚贞，洗玉求明洁。"

【明璣】 明珠。李德裕《惠泉》："明玑难秘彩，美玉讵潜珍。"

【明曉】 明天拂晓。贾岛《二月晦日留别鄠中友人》："明晓日初一，今年月又三。"

【明鏡】 ❶明亮的铜镜。岑参《武威春暮闻宇文判官西使还已到晋昌》："白发悲明镜，青春换敝裘。"刘长卿《正朝览镜作》："朝来明镜里，不忍白头人。"李涉《六叹》之二："惆怅不来照明镜，却掩洞房抱寂寂。"喻凫《句》："颜凋明镜觉，思苦白云知。"❷喻月亮。李白《长门怨二首》之二："夜悬明镜青天上，独照长门宫里人。"杜甫《八月十五夜月二首》之一："满目飞明镜，归心折大刀。"唐彦谦《咏葡萄》："笑呼明镜上遥天，醉倚银床弄秋影。"❸喻水平如镜的水面。孟郊《送谏议十六叔至孝义渡后奉寄》："晓渡明镜中，霞衣相飘飖。"吕温《道州途中即事》："舟移明镜里，路入画屏中。"❹指仁寿镜。见《太平御览》卷七一七引晋陆机《与弟云书》。李商隐《拟意》："仁寿遗明镜，陈仓拂彩球。"❺以明镜高悬喻官吏执法严明，断案公正。见《西京杂记》卷三。赵抟《废长行》："何当化局为明镜，挂在高堂辨邪正。"

【明鏡臺】 嵌有明镜的梳妆台。亦指明镜。徐安期《催妆》："传闻烛下调红粉，明镜台前别作春。"

【明燈】 明亮的灯光。刘禹锡《游桃源一百韵》："明灯坐遥夜，幽籁听淅沥。"

【明璫】 ❶以珠玉串成的耳饰或服饰。董思恭《三妇艳》："大妇裁纨素，中妇弄明珰。"刘昚虚《江南曲》："玉手欲有赠，裴回双明珰。"皎然《读张曲江集》："曜耳代明珰，袭衣同芳杜。"张籍《楚宫行》："巴姬起舞向君王，回身垂手结明珰。"

【明霞】 ❶灿烂的云霞。陆龟蒙《石竹花咏》："曾看南朝画国娃，古萝衣上碎明霞。"曹唐《小游仙诗九十八首》之八八："不知昨夜谁先醉，书破明霞八幅裙。"❷明霞馆的省称。李益《置酒行》："明霞发金丹，阴洞潜水碧。"

【明霞館】 道教传说中的仙宫。吴筠《游仙二十四首》之十四："予升至阳元，欲憩明霞馆。"

【明鮮】 鲜明。韦应物《夏花明》："夏条绿已密，朱萼缀明鲜。"

【明燭】 明亮的烛光。杜甫《毒热寄简崔评事十六弟》："炎宵恶明烛，况乃怀旧丘。"又《向夕》："琴书散明烛，长夜始堪终。"刘禹锡《苦雨行》："洞房有明烛，无乃酣且歌。"

【明燭燭】 明亮貌。韦庄《捣练篇》："月华吐艳明烛烛，青楼妇唱捣衣曲。"

【明黠】 聪明而狡黠。元稹《估客乐》："客心本明黠，闻语心已惊。"又《酬乐天春寄微之》："鹦心明黠雀幽蒙，何事相将尽入笼。"

【明離】 指太子。见《易·离》。徐九皋《咏史》："圣主称三杰，明离保四贤。"

【明斷】 英明的决断。李白《古风》之三："明断自天启，大略驾群才。”杜甫《舟中苦热遣怀奉呈阳中丞通简台省诸公》：“怜好彼克修，天机自明断。”

【明麗】　明媚艳丽。韦应物《登重玄寺阁》：“山川表明丽，湖海吞大荒。”刘禹锡《和令狐相公郡斋对紫薇花》：“明丽碧天霞，丰茸紫绶花。”张胜之《山出云》：“飘飖经绿野，明丽照晴春。”李商隐《七月二十八日夜与王郑二秀才听雨后梦作》：“初梦龙宫宝焰然，瑞霞明丽满晴天。”

【明證】　明确的证据。阎朝隐《鹦鹉猫儿篇》序：“实以为惠可以伏不惠，仁可以伏不仁，亦太平非常之明证。”刘禹锡《谒柱山会禅师》：“觉路明证入，便门通忏悔。”

【明鑒】　参见“明鑑”。

【明鑑】　❶明察。《郊庙歌辞·朝日乐章·送神》：“明鉴万宇，照临兆人。”❷明察事物的人。李勋《泗滨得石磬》：“何为值明鉴，适得难幽沉。自兹入清庙，无复泥沙侵。”

【明靈】　圣明的神灵。魏征《郊庙歌辞·五郊乐章·舒和》：“七德九功咸已畅，明灵降福具穰穰。”褚亮《明堂乐章·舒和》：“御扆合宫承宝历，席图重馆奉明灵。”张说《唐封泰山乐章·豫和六首》之六：“明灵降止，感此诚敬。”李益《华山南庙》：“明灵达精意，仿佛如不隔。”

【明豔】　❶鲜明美丽。李白《送祝八之江东赋得浣纱石》：“西施越溪女，明艳光云海。”刘禹锡《和郴州杨侍郎玩郡斋紫薇花十四韵》：“绿阴交广除，明艳透萧屏。”徐凝《玩花五首》之五：“花到蔷薇明艳绝，燕支颗破麦风秋。”❷形容人姿容光彩照人。张籍《酬朱庆余》：“越女新妆出镜心，自知明艳更沉吟。”昭宗《巫山一段云》词之一：“袖罗斜举动埃尘，明艳不胜春。”

昏1　〔hūn《广韵》呼昆切，平魂，曉。〕❶黄昏；傍晚。魏征《五郊乐章·青帝角音》：“鹤云旦起，鸟星昏集。”孟浩然《岁暮海上作》：“昏见斗柄回，方知岁星改。”孟郊《送远吟》：“河水昏复晨，河边相送频。”李商隐《槿花》：“风露凄凄秋景繁，可怜荣落在朝昏。”❷阴暗；昏暗无光。太宗《帝京篇十首》之七：“落日双阙昏，回舆九重暮。”杜甫《前出塞九首》之八：“单于寇我垒，百里风尘昏。”元稹《送王十一南行》：“远戍宗侣泊，暮烟洲渚昏。”韦庄《即事》：“乱世时偏促，阴天日易昏。”亦指使昏暗无光。储光羲《哥舒大夫颂德》：“枯草被西陆，烈风昏太清。”刘禹锡《赠别君素上人诗》：“水为风生浪，珠非尘可昏。”朱庆余《题开元寺》：“长廊画剥僧形影，石壁尘昏客姓名。”吴融《武牢关遇雨》：“带雾昏河浪，和尘重客衣。”❸昏庸，昏聩。高适《登百丈峰二首》之二：“晋武轻后事，惠皇终已昏。”❹迷乱。陈子昂《感遇诗三十八首》之十九：“夸愚适增累，矜智道逾昏。”皎然《酬薛员外谊苦热行见寄》：“炎曦烁肌肤，毒雾昏性情。”又《苕溪草堂自大历三年夏新营洎秋及春弥觉境胜因纪其事》：“智以动念昏，功由无心积。”❺使世道混乱、黑暗。韦庄《中渡晚眺》：“妖气欲昏唐社稷，夕阳空照汉山川。”❻指沉睡。韩愈《东都遇春》：“朝曦入牖来，鸟唤昏不醒。”❼眼昏花；目不明。元稹《郡务稍简因得整比旧诗并连缀焚削封章繁委箧笥仅逾百轴偶成自叹因寄乐天》：“书得眼昏朱似碧，用来心破发如丝。”白居易《酬别周从事二首》之一：“腰痛拜迎人客倦，眼昏勾押簿书难。”孟简《咏欧阳行周事》：“惊离肠千结，滴泪眼双昏。”杜荀鹤《寄温州崔博士》：“眼昏经史天何在，心尽英雄国未宁。”

昏2　〔mǐn〕亦作“昬”。通“暋”。勉力，尽力。《书·盘庚上》：“惰农自安，不昏作劳。”孔颖达疏：“郑玄读昏为暋，训为勉也。”见“昏$_2$作”。

【昏王】　昏庸的君王。元结《闵荒诗》：“奈何昏王心，不觉此怨尤。”贯休《比干传》：“昏王亡国岂堪陈，只见明诚不见身。”

【昏日】　夕阳。张祜《题弋阳馆》：“一叶飘然下弋阳，残霞昏日树苍苍。”

【昏旦】　❶傍晚和早晨。岑参《酬成少尹骆谷行见呈》：“深林迷昏旦，栈道凌空虚。”钱起《送包何东游》：“湖山远近色，昏旦烟霞时。”崔公信《和太原张相公山亭怀古》：“清辉在昏旦，岂异东山游。”❷从黄昏到天明；从早到晚。李绅《南梁行》：“刍狗无由学圣贤，空持感激终昏旦。”陆龟蒙《次追和清远道士诗韵》：“吾闻酆宫内，日月自昏旦。”司空图《下方》：“昏旦松轩下，怡然对一瓢。”❸指时光。元结《漫酬贾沔州》：“出入四五年，忧劳忘昏旦。”白居易《重题别东楼》：“东楼胜事我偏知，气象多随昏旦移。”❹早晚间。形容时间短暂。杜甫《舟中苦热遣怀呈阳中丞通简台省诸公》：“痛彼道边人，形骸改昏旦。”

【昏主】　亦作“昬主”。昏庸的君主。太宗《赋尚书》：“纵情昏主多，克己明君鲜。”刘兼《蜀都道中》：“季年必不延昏主，薄赏那堪激懦兵。”

【昏早】　早晚；早早晚晚。储光羲《效古二首》之一：“老幼相别离，哭泣无昏早。”李绅《过梅里七首·忆东郭居》：“曳娄一缝掖，出处劳昏早。”

【昏旭】　❶黄昏和清晨。韦应物《同元锡题琅琊寺》：“昏旭穷陟降，幽显尽披阅。”李绅《逾岭峤止荒陬抵高要》：“百处溪滩异雨晴，四时雷电迷昏旭。”❷从早到晚。形容时间长。韦应物《西郊养疾闻畅校书有新什见赠久伫不至先寄此诗》：“仰子游群英，吐词如兰馥。还闻枉嘉藻，伫望延昏旭。”

【昏花】 眼花;视力模糊。白居易《病中看经赠诸道侣》:“右眼昏花左足风,金篦石水用无功。”

【昏$_2$作】 勤勉劳作。薛能《送浙东王大夫》:“旧业怀昏作,微班负旦评。”

【昏狂】 昏乱狂悖。王建《送张籍归江东》:“清泉浣尘缁,灵药释昏狂。”

【昏昕】 早晚。指时光,时日。权德舆《伏蒙十六叔寄示喜庆感怀》:“侍坐驰梦寐,结怀积昏昕。”

【昏明】 黑夜与白天;早晚。任翻《长安冬夜书事》:“十二门车马,昏明各自忙。”

【昏昏】 ❶昏暗,阴暗。崔融《西征军行遇风》:“飒飒吹万里,昏昏同一色。”元结《酬孟武昌苦雪》:“出门望天地,天地皆昏昏。”李绅《涉沅潇》:“波白水黑山隐见,汨罗之上遥昏昏。”徐铉《文献太子挽歌词五首》之一:“天高不可问,烟霭共昏昏。”❷愚昧,糊涂。拾得《诗》之三十五:“常饮三毒酒,昏昏都不知。”喻凫《献知己》:“昏昏过朝夕,应念苦吟人。”司空图《自诫》:“众人皆察察,而我独昏昏。”徐夤《陈》:“三惑昏昏中紫宸,万机抛却醉临春。”❸昏沉,昏迷。杜甫《昼梦》:“二月饶睡昏昏然,不独夜短昼分眠。”白居易《劝酒十四首·不如来饮酒七首》之四:“不如来饮酒,合眼醉昏昏。”温庭筠《春江花月夜词》:“蛮弦代写曲如语,一醉昏昏天下迷。”裴说《冬日后作》:“寂寞掩荆扉,昏昏坐欲痴。”❹眼花,视觉模糊。白居易《老病幽独偶吟所怀》:“眼渐昏昏耳渐聋,满头霜雪半身风。”郑谷《奔避》:“愁鬓霜飒飒,病眼泪昏昏。”❺寂静无为。语见《庄子·在宥》。吕岩《七言》:“周行独力出群伦,默默昏昏亘古存。”

【昏昏默默】 寂静无为。白居易《松斋自题》:“昏昏复默默,非智亦非愚。”参见“昏昏❺”。

【昏定】 古代子女侍奉父母的日常礼节。晚间安排床衽,服侍就寝。见《礼记·曲礼上》。孟浩然《送洗然弟进士举》:“昏定须温席,寒多未授衣。”

【昏虐】 昏庸暴虐。陈子昂《感遇诗三十八首》之十七:“尧禹道已昧,昏虐势方行。”玄宗《行次成皋途经先圣擒建德之所缅思功业感而赋诗》:“有隋政昏虐,群雄已交争。”张良璞《览史》:“昏虐不务德,百代无芳声。”

【昏昧】 愚昧;糊涂。刘禹锡《谒柱山会禅师》:“曈曈揭智烛,照使出昏昧。”

【昏眠】 沉睡,酣睡。韩愈《朝归》:“抵暮但昏眠,不成歌慷慨。”

【昏恣】 愚昧;放肆。元结《二风诗·乱风诗五篇·至虐》:“忍行昏恣,独乐其身。一徇所欲,万方悲哀。”

【昏黄】 黄昏。韩偓《曲江晚思》:“水凉鹭鸶立,烟月愁昏黄。”

【昏昼】 黑夜与白天。杜甫《九日寄岑参》:“沉吟坐西轩,饮食错昏昼。”

【昏替】 犹衰亡。李益《北至太原》:“炎祚昔昏替,皇基此郁盘。”

【昏黑】 ❶天色黑暗;黑夜。柳宗元《田家三首》之三:“行人迷去住,野鸟竞栖宿。田翁笑相念,昏黑慎原陆。”白居易《伤唐衢二首》之一:“日西并马头,语别至昏黑。”于鹄《过凌霄洞天谒张先生祠》:“断崖昼昏黑,槎臬横只椽。”李群玉《湘中别成威阁黎》:“群迷行大夜,浩浩一昏黑。”❷光线黑暗。张祜《游仙》:“顾我纵鹿蹄,去游遐寂境。洞门出昏黑,却望如侧井。”❸指黑暗混乱的时局。李商隐《送千牛李将军赴阙五十韵》:“流离几南渡,仓卒得西平。神鬼收昏黑,奸凶首满盈。”

【昏浑】 晦暗。形容雾霭弥漫,光线阴暗。杜甫《阻雨不得归瀼西甘林》:“昏浑衣裳外,旷绝同层阴。”

【昏寐】 瞌睡。皎然《饮茶歌诮崔石使君》:“一饮涤昏寐,情来朗爽满天地;再饮清我神,忽如飞雨洒轻尘。”李群玉《龙山人惠石廪方及团茶》:“凝澄坐晓灯,病眼如蒙纱。一瓯拂昏寐,襟鬲开烦拏。”

【昏蒙】 ❶昏庸。李山甫《望思台》:“君父昏蒙死不回,谩将平地筑高台。九层黄土是何物,销得向前冤恨来。”周昙《咏史诗·秦秋战国门·再吟》:“昏蒙愚主听谗说,公子云亡国亦亡。”❷愚昧,糊涂。刘兼《昼寝》:“玉液未能消气魄,牙签方可涤昏蒙。”

【昏睡】 瞌睡。白居易《隐几赠客》:“书将引昏睡,酒用扶衰朽。”

【昏暗】 ❶暗淡无光泽。水神《霅溪夜宴诗》(卷八六四):“既瑞器而无庸兮,宜昏暗之相微。”❷昏庸,愚昧。贯休《经吴宫》:“夫差昏暗霸图倾,千古凄凉地不灵。”

【昏烦】 烦闷。白居易《松声》:“一闻涤炎暑,再听破昏烦。”又《官舍内新凿小池》:“清浅可狎弄,昏烦聊漱涤。”白居易、刘禹锡《喜晴联句》:“迥彻来双目,昏烦去四支。”

【昏垫】 ❶指困于水患。见《书·益稷》。孟浩然《秦中苦雨思归赠袁左丞贺侍郎》:“岂直昏垫苦,亦为权势沉。”李白《玉真公主别馆苦雨赠卫尉张卿二首》之一:“翳翳昏垫苦,沉沉忧恨催。”高适《东平路中遇大水》:“天灾自古有,昏垫弥今秋。霖霪溢川原,澒洞涵田畴。”元稹《江边四十韵》:“何计逃昏垫,移文报旧交。”❷指精神迷惘无所适从。韩愈《喜侯喜至赠张籍张彻》:“碍目不忍窥,忽忽坐昏垫。”

【昏鸦】 傍晚归巢之鸦。杜甫《对雪》:“无人竭浮蚁,有待至昏鸦。”

【昏晓】 ❶早晚。李益《自朔方还与郑式瞻崔称郑子周岑赞同会法云寺三门避暑》："参差互明灭，彩翠竟昏晓。"吴融《绵竹山四十韵》："兹山昏晓开，一一在人目。"韩愈、孟郊《秋雨联句》："地镜时昏晓，池星竞漂沛。"❷暗和明。杜甫《望岳》："造化钟神秀，阴阳割昏晓。"

【昏曀】 昏暗，阴暗。陈子昂《感遇诗三十八首》之二九："昏曀无昼夜，羽檄复相惊。"

【昏濁】 污秽，不洁净。姚合《过张邯郸庄》："堂前水交流，堂下树交枝。两门延风凉，洗我昏浊肌。"

【昏翳】 指雾气。李贺《昌谷诗》："日脚扫昏翳，新云启华闼。"

【昏霧】 晦暗的雾霭。杜审言《旅寓安南》："积雨生昏雾，轻霜下震雷。"

【昏嚚】 愚昧而顽固。柳宗元《奉平淮夷雅表·皇武》："狡众昏嚚，甚毒于酲；狂奔叫呶，以干大刑。"

【昏孽】 愚昧不肖之子。吴筠《览古十四首》之十四："鲧腰诞英睿，唐虞育昏孽。"

【昏鏡】 模糊不清的铜镜。刘禹锡《昏镜词》："昏镜非美金，漠然丧其晶。"

【昏鐘】 黄昏时的钟声。白居易《和答诗十首·和大觜乌》："晓去先晨鼓，暮归后昏钟。"

【昏霾】 阴暗；昏暗。杜甫《七月三日亭午已后较热退晚加小凉稳睡有诗因论壮年乐事戏呈元二十一曹长》："洒落唯清秋，昏霾一空阔。"刘禹锡《卧病闻常山旋师策勋宥过王泽大洽因寄李六侍郎》："南国异气候，火旻尚昏霾。"元稹《痁卧闻幕中诸公征乐会饮因有戏呈三十韵》："耳鸣疑暮角，眼暗助昏霾。"

【昏靄】 薄暮时的雾霭。李华《寄赵七侍御》："白日破昏霭，灵山出其东。"卢纶《宿石瓮寺》："昏霭雾中悲世界，曙霞光里见王城。"

易 〔yì《广韵》羊益切，入昔，以。又以豉切，去寘，以。〕❶交换。韩愈《赴江陵途中寄赠王二十补阙李十一拾遗李二十六员外翰林三学士》："持男易斗粟，掉臂莫肯酬。"李贺《勉爱行二首送小季之庐山》之二："欲将千里别，持我易斗粟。"白居易《采地黄者》："愿易马残粟，救此苦饥肠。"陆龟蒙《奉酬袭美先辈吴中苦雨一百韵》："方当卖罾罩，尽以易纸札。"皮日休《三羞诗三首》之三："一金易芦卜，一缣换凫茈。"❷改变；更换。杜甫《自京赴奉先县咏怀五百字》："终愧巢与由，未能易其节。"皇甫冉《酬裴十四》："素心终不易，玄发何须变。"卢纶《送李纵别驾加员外郎却赴常州幕》："暂欢同赐被，不待易朝衣。"李程《赋得竹箭有筠》："方持不易操，对此欲观身。"元稹《分水岭》："易时不易性，改邑不改名。"❸容易。杜甫《梦李白二首》之二："告归常局促，苦道来不易。"权德舆《祗役江西路上以诗代书寄内》："怪石不易跻，急湍那可溯。"白居易《同崔十八寄元浙东王陕州》："镜湖水远何由泛，棠树枝高不易攀。"赵嘏《书斋雪后》："乡遥路难越，道蹇时易失。"❹轻视；轻忽。韩愈《郑群赠簟》："法曹贫贱众所易，腰腹空大何能为。"❺愉悦。顾况《上古之什补亡训传十三章·上古一章》："东人利百，西人利百，有匪我心，胡为不易。"张籍《远别离》："谁言远别心不易，天星坠地能为石。"❻书名。即《周易》。又称《易经》。儒家经典之一。王维《上张令公》："学易思求我，言诗或起予。"卢纶《偶宿山中忆畅当》："读易罢三卷，弹琴当五更。"张籍《逢王建有赠》："使君座下朝听易，处士庭中夜会诗。"韦庄《和陆谏议避地寄东阳进退未决见寄》："读易草玄人不会，忧君心是致君心。"❼副词。已，已经。杜甫《八哀诗·赠太子太师汝阳郡王琎》："旧游易磨灭，衰谢增酸辛。"又《寄题江外草堂》："尚念四小松，蔓草易拘缠。"钱起《赋得青城山歌送杨杜二郎中赴蜀军》："锦屏云起易成霞，玉洞花明不知夕。"牟融《秋夜醉归有感而赋》："衔杯谁道易更阑，沉醉归来不自欢。"唐彦谦《小院》："清宵易惆怅，不必有离情。"❽姓。唐诗人有易思、易重。

【易卜】 指精通《周易》卜筮之术。王维有《故人张谭工诗善易卜兼能丹青草隶顷以诗见赠聊获酬之》，韩偓有《赠易卜崔江处士》。

【易子】 参见"易子食"。

【易子食】 亦省称"易子"。互换子女烹食充饥。极言天灾人祸所造成的惨状。杜甫《别唐十五诫因寄礼部贾侍郎》："饥有易子食，兽犹畏虞罗。"耿湋《宋中》："百战无军食，孤城陷虏尘。为伤多易子，翻吊浅为臣。"吴融《祝风三十二韵》："只是疲羸苦，才饥须易子。"

【易牙】 ❶更换牙齿。借喻科举及第。见晋葛洪《抱朴子·内篇·金丹》。黄滔《喜陈先辈及第》："飞离海浪从烧尾，咽却金丹定易牙。"❷人名。又作狄牙、雍巫。春秋时齐桓公宠臣。长于调味，善逢迎。见《管子·戒篇》《左传·僖公十八年》《公羊传·僖公十八年》《战国策·魏策》。李瀚《蒙求》："符朗皂白，易牙淄渑。"

【易爻】 《周易》的爻与爻辞。《周易》每卦有六爻，每爻有六个高低不同的等次，象征事物发展过程中所处的不同地位。皮日休《鲁望读襄阳耆旧传见赠五百言次韵》："思变如易爻，才通似玄首。"又《新秋言怀寄鲁望三十韵》："兴欲添玄测，狂将换易爻。"

【易水】 ❶水名。源出河北省西部易县。战国时荆轲入秦刺秦王，燕太子丹饯荆轲于此水旁。见《战国策·燕策三》。李白《自广平乘醉走马六十里至邯郸登城楼览古书怀》："歌酣易水动，鼓震丛台倾。"张继《奉送王相公赴幽州》："双旌过易水，千骑入幽州。"柳宗元《咏荆轲》："怒目辞燕都，朔风动易水。"贾岛《壮士吟》："如何易水上，未歌先泪垂。"❷即《易水歌》。鲍溶《杂曲歌辞·壮士行》："心知报恩处，对酒歌易水。"又《秋思三首》之二："燕歌易水怨，剑舞蛟龙腥。"贾岛有《听乐山人弹易水歌》。

【易水歌】　古歌名。见《战国策·燕策三》。骆宾王《夏日游德州赠高四》："白雪梁山曲，寒风易水歌。"李咸用《猛虎行》："须知易水歌，至死无悔吝。"

【易地】　❶改换地点。刘禹锡《令狐相公见示新栽蕙兰二草之什兼命同作》："朱门虽易地，玉树有余阴。"温庭筠《余昔自西滨得兰数本移艺于庭亦既逾岁而芃然蕃殖》："易地无赤株，丽土亦同荣。"韦庄《和郑拾遗秋日感事一百韵》："窜身奚可保，易地喜相将。"❷指改换任职地点。元稹《奉和权相公行次临阙驿逢郑仆射相公归朝俄顷分途因以奉赠诗十四韵》："昔怜三易地，今讶两分途。"

【易州】　州名。隋开皇元年改南营州置，治所即今河北易县。唐天宝元年改为上谷郡，乾元元年复为易州。贾岛有《易州登龙兴寺楼望郡北高峰》，见《全唐诗》卷五七一。

【易封】　《易》的卦象。卢仝《观放鱼歌》："礼重一草木，易封称中孚。"

【易思】　唐诗人。一作易偲。袁州（今江西宜春）人。进士出身，咸通初与袁州刺史卫景温有往来。《全唐诗》卷七七五录其《郡城放猿献卫使君》等诗四首。

【易重】　唐诗人。字鼎臣，宜春（今属江西）人。会昌五年进士。《全唐诗》卷五五七录其《寄宜阳兄弟》一首。

【易俗】　改变习俗风气。玄宗《赐崔日知往潞州》："扬风非赠扇，易俗是张琴。"岑参《送颜平原》："易俗去猛虎，化人似驯鸥。"

【易换】　改变，更换。谓更换君位。周昙《咏史诗·六朝门·三废帝》："已叹一年三易换，更嗟殴辱下东廊。"

【易象】　《周易》中的卦形和卦爻辞。亦指《周易》的卜筮义理。吴筠《高士咏·东方曼倩》："东方禀易象，玩世隐廊庙。"权德舆《和九日从杨氏姊游》："易象家人吉，闺门女士贤。"又《奉和圣制中春麟德殿会百寮观新乐》："正声迈咸濩，易象含羲文。"陆龟蒙《孤雁》："骚人夸蕙芷，易象取陆苋。"

【易陽】　县名。西汉置，治所在今河北永年县东南。北魏移治所至今河北永年县。唐时为邯郸县。王勃有《易阳早发》，见《全唐诗》卷五六。

【易道】　《周易》之义理。齐己《题明公房》："近年精易道，疑者晓纷纷。"

【易簀】　更换寝席。簀，华美的竹席。曾子临终前不愿睡在华美的竹席上，要求更换。见《礼记·檀弓上》。后因称人病重将死为"易簀"。李商隐《哭遂州萧侍郎二十四韵》："遗音和蜀魄，易簀对巴猿。"

【易遷】　仙人所居宫名。见南朝梁陶弘景《冥通记》卷二。郑璧《文燕润卿不至》："应是易迁明月好，玉皇留看舞双成。"

昂〔áng《广韵》五刚切，平唐，疑。〕❶高。与"低"相对。杜甫《观公孙大娘弟子舞剑器行》："观者如山色沮丧，天地为之久低昂。"任华《寄杜拾遗》："半醉起舞捋髭须，乍低乍昂傍若无。"韩愈《此日足可惜赠张籍》："道边草木花，红紫相低昂。"刘禹锡《秋萤引》："天生有光非自炫，远近低昂暗中见。"❷抬起，仰起头。刘禹锡《淮阴行五首》之五："隔浦望行船，头昂尾惋惋。"李群玉《七月十五夜看月》："竟夕瞻光彩，昂头把白醪。"和凝《宫词百首》之六〇："昂头步步金鞍稳，掌扇花前御路中。"❸昂扬；轩昂。许天正《和陈元光平潮寇诗》："气昂无丑虏，策妙诎群雄。"韩愈《斗鸡联句》："大鸡昂然来，小鸡竦而待。"白居易《想东游五十韵》："精神昂老鹤，姿彩媚潜虬。"

【昂昂】　❶超群出众貌。岑参《玉门关盖将军歌》："枥上昂昂皆骏驹，桃花叱拨价最殊。"孙昌胤《遇旅鹤》："灵鹤产绝境，昂昂无与俦。"❷器宇轩昂貌。韦应物《上东门会送李幼举南游徐方》："令姿何昂昂，良马远游冠。"李渤《喜弟淑再至为长歌》："第三之兄更奇异，昂昂独负青云志。"

【昂藏大步】　犹昂首阔步。冯涓《蜀驮引》之一："昂藏大步蚕丛国，曲颈微伸高九尺。"

【昂藏】　❶气度轩昂不凡。卢照邻《赠益府群官》："昂藏多古貌，哀怨有新曲。"李颀《别梁锽》："忽然遣跃紫骝马，还是昂藏一丈夫。"李白《赠潘侍御论钱少阳》："绣衣柱史何昂藏，铁冠白笔横秋霜。"李泌《长歌行》："焉能不贵复不去，空作昂藏一丈夫。"❷超群出众貌。王维《偶然作六首》之五："客舍有儒生，昂藏出邹鲁。"高适《自淇涉黄河途中作十三首》之二："黄鹄何处来，昂藏寡俦侣。"李华《咏史十一首》之一："昂藏獬豸兽，出自太平年。"刘长卿《题冤句宋少府厅留别》："洞澈万顷陂，昂藏千里骥。"白居易《病中对病鹤》："但作悲吟和嘹唳，难将俗貌对昂藏。"❸形容鹤昂首远视，不同凡鸟。宋之问《咏省壁画鹤》："粉壁图仙鹤，昂藏真气多。"皎然《题周谏别业》："昂藏独鹤闲心远，寂历秋花野意多。"刘商《泛舒城南溪赋得沙鹤歌》："紫顶昂藏肯狎人，一声嘹亮冲天阙。"韩偓《失鹤》："正怜标格出华亭，况是昂藏入相经。"贯休《上孙使君》："昂藏海峤鹤，冷碧仙庭桧。"

【昂黛】　高挑的黛眉。唐代妇女的一种妆饰。白居易《渭村退居寄礼部崔侍郎翰林钱舍人诗一百韵》："洼银中贵带，昂黛内人妆。"

旻〔mín《广韵》，武巾切，平真，明。《集韵》眉貧切，平真，明。〕天；天空。张说《奉和圣制千秋节宴应制》："禊杖洗清景，磬管凝秋旻。"杜甫《暇日小园散病将种秋菜督勒耕牛兼书触目》："鸾皇不相待，侧颈诉高旻。"刘禹锡《送张盥赴举诗》："永怀同年友，追想出谷晨。三十二君子，齐飞凌烟旻。"李商隐《行次西郊作一百韵》："指顾动白日，暖热回苍旻。"

【旻序】　秋季。秋为旻天，故称。李峤《八月奉教作》："清尊对旻序，高宴有余欢。"

【明道人】　德明道人，庐山东林寺僧人。徐铉有《和明道人宿山寺》和《明道人归西林求题院额作此送之》。

五　画

春〔chūn《广韵》昌脣切，平諄，昌。〕❶春季；春天。魏征《五郊乐章・肃和》："玄鸟司春，苍龙登岁。节物变柳，光风转蕙。"王维《桃源行》："春来遍是桃花水，不辨仙源何处寻。"李德裕《岭外守岁》："冬逐更筹尽，春随斗柄回。"韦庄《晚春》："万物不如酒，四时唯爱春。"❷春意，春色。戴叔伦《旅次寄湖南张郎中》："却是梅花无世态，隔墙分送一枝春。"刘禹锡《城东闲游》："斜阳众客散，空锁一园春。"李频《题栖云寺立上人院》："树老风终夜，山寒雪见春。"钱众仲《贡院楼北新栽小松》："爱此凌霜操，移来独占春。"❸指春天花木的生长、开放；充满生机。楼颖《西施石》："一去姑苏不复返，岸旁桃李为谁春。"张籍《江陵孝女》："江头闻哭处，寂寂楚花春。"白居易《自咏》："老龟岂羡牺牲饱，蟠木宁争桃李春。"高骈《寄题罗浮别业》："带日长江好归信，博罗山下碧桃春。"❹形容年轻或女子的年轻貌美。李白《月下独酌四首》之一："暂伴月将影，行乐须及春。"又《感遇四首》之一："金骨既不毁，玉颜长自春。"武元衡《昭德皇后挽歌词》："剑没川空冷，菱寒镜不春。"孟郊《古意》："人颜不再春，桃色有再浓。"❺形容温暖和煦。李白《赠从弟南平太守之遥二首》之一："天门九重谒圣人，龙颜一解四海春。"杜甫《有感五首》之三："日闻红粟腐，寒待翠华春。"权德舆《敕赐长寿酒因口号以赠》："满酌共君醉，一杯千万春。"白居易《贺雨》："昼夜三日雨，凄凄复濛濛。万心春熙熙，百谷青芃芃。"❻形容繁华，繁荣。杜甫《奉赠韦左丞丈二十二韵》："骑驴三十载，旅食京华春。"李益《隋宫燕》："燕语如伤旧国春，宫花一落已成尘。"德宗宫人《题花叶诗》："一入深宫里，无由得见春。"❼春情；情欲。牛希济《临江仙》词之六："弄珠游女，微笑自含春。"顾敻《虞美人》词之一："佳期堪恨再难寻，绿芜满院柳成阴，负春心。"❽年；岁。孟浩然《除夜乐城逢张少府》："平生复能几，一别十余春。"窦庠《敕目至家兄蒙淮南仆射杜公奏授秘校兼节度参谋同书寄上》："朝市三千里，园庐二十春。"陆畅《宿陕府北楼奉酬崔大夫二首》之二："一别朱门三四春，再来应笑尚风尘。"赵嘏《叙事献同州侍御三首》之一："登龙不及三千士，虚度膺门二十春。"❾唐人呼酒为春。李白《哭宣城善酿纪叟》："纪叟黄泉里，还应酿老春。夜台无晓日，沽酒与何人。"王琦注："唐人名酒多带春字。"杜甫《拨闷》："闻道云安麴米春，才倾一盏即醺人。"刘长卿《酬滁州李十六使君见赠》："懒任垂竿老，狂因酿黍春。"韩翃《田仓曹东亭夏夜饮得春字》："玉佩迎初夜，金壶醉老春。"刘禹锡《洛中送韩七中丞之吴兴口号五首》之四："骆驼桥上蘋风急，鹦鹉杯中箬下春。"❿游春的人。王勃《落花落》："落花春正满，春人归不归。"

【春力】　春天催发万物生长的力量。司空图《杂题》："地融春力润，花泛晓光鲜。"又《南至四首》之一："却恨早梅添旅思，强偷春力报年华。"贯休《寿春节进大蜀皇帝五首》之四："春力遍时皆甲拆(坼)，王言闻者尽光辉。"

【春工】　指春天造化万物的自然力量。张碧《游春引三首》之三："万汇俱含造化恩，见我春工无私理。"陆龟蒙《奉和袭美古杉三十韵》："真宰诚求梦，春工幸可医。"吴融《赋雪十韵》："腊候何曾爽，春工是所资。"

【春山】　❶春天之山。杨师道《奉和圣制春日望海》："春山临渤海，征旅辍晨装。"李群玉《长沙春望寄涔阳故人》："湖畔春山烟黯黯，云中远树黑离离。"又《送隐者归罗浮》："春山杳杳日迟迟，路入云峰白犬随。"陆龟蒙《自遣诗三十首》之十八："幽人带病慵朝起，只向春山尽日欹。"❷春日山中。李华《春行寄兴》："芳树无人花自落，春山一路鸟空啼。"钱起《山中酬杨补阙见过》："青琐同心多逸兴，春山载酒远相随。"孟贯《山中答友人》："偶爱春山住，因循值暑时。"❸春山黛青，喻指女人之画眉。李商隐《代赠二首》之二："总把春山扫眉黛，不知供得几多愁。"又《代董秀才却扇》："莫将画扇出帷来，遮掩春山滞上才。"

【春女】　怀春之女。韦庄《河传》词之三："锦浦，春女，绣衣金缕，雾薄云轻。"王翰有《春女行》，见《全唐诗》卷一五七。朱绛有《春女怨》，见《全唐诗》卷七六九。

【春天】 ❶春日。李商隐《与同年李定言曲水闲话戏作》："相携花下非秦赘，对泣春天类楚囚。"纥干著《灞上》："都傍柳阴回首望，春天楼阁五云中。"❷春季。白居易《早春忆苏州寄梦得》："吴苑四时风景好，就中偏好是春天。"李频《述怀》："望月疑无得桂缘，春天又待到秋天。"

【春日】 ❶春季；春天。寒山《诗三百三首》之六〇："洛阳多女儿，春日逞华丽。"白居易《春晚咏怀赠皇甫朗之》："一岁平分春日少，百年通计老时多。"李商隐《天涯》："春日在天涯，天涯日又斜。"罗虬《比红儿诗》之九〇："宿雨初晴春日长，入帘花气静难忘。"❷春天的太阳。白居易《过故洛城》："故城门前春日斜，故城门里无人家。"刘禹锡《浪淘沙九首》之二："洛水桥边春日斜，碧流轻浅见琼砂。"邵谒《长安寒食》："春日照九衢，春风媚罗绮。"刘兼《春宵》："春云春日共朦胧，满院梨花半夜风。"❸立春之日。张继《人日代客子是日立春》："人日兼春日，长怀复短怀。"李商隐《骄儿诗》："请爷书春胜，春胜宜春日。"韦庄《江外思乡》："年年春日异乡悲，杜曲黄莺可得知。"

【春中】 （—zhòg）仲春，农历二月。玄宗有《春中兴庆宫酺宴》，见《全唐诗》卷三。张说有《奉和圣制春中兴庆宫酺宴应制》，见《全唐诗》卷八八。

【春牛】 ❶春耕之牛。贯休《送僧之湖南》："宿雨和花落，春牛拥雾耕。"❷以泥土制成的牛（后或以木、苇等制成），即土牛。在立春前一日制成，以象征春耕的开始。卢肇《谪连州书春牛榜子》："不得职田饥欲死，儿侬何事打春牛。"

【春分】 我国农历二十四节气之一。每年公历三月二十日或二十一日，是日太阳直射赤道，昼夜长短相等，又正当春季九十日之半，故称。崔融《和宋之问寒食题黄梅临江驿》："春分自淮北，寒食渡江南。"钱起《赋得巢燕送客》："含情别故侣，花月惜春分。"权德舆《二月二十七日社兼春分端居有怀简所思者》："社日双飞燕，春分百啭莺。"白居易《郡中春宴因赠诸客》："是时岁二月，玉历布春分。"

【春心】 ❶春日的情怀。杜甫《送贾阁老出汝州》："艰难归故里，去住损春心。"贾至《西亭春望》："岳阳城上闻吹笛，能使春心满洞庭。"钱起《省中春暮酬嵩阳焦道士见招》："朝花飞暝林，对酒伤春心。"胡宿《次韵和朱况雨中之什》："夕梦将成还滴滴，春心欲断正霏霏。"❷男女之间相思的恋情。郑愔《折杨柳》："舞腰愁欲断，春心望不还。"李白《江夏行》："忆昔娇小姿，春心亦自持。"李商隐《无题四首》之二："春心莫共花争发，一寸相思一寸灰。"李中《春闺辞二首》之二："不得辽阳信，春心何以安。"

【春水】 ❶春天的水流。韦庄《菩萨蛮》词："春水碧于天，画船听雨眠。"白居易《春池上戏赠李郎中》："满池春水何人爱，唯我回看指似君。"许浑《别张秀才》："风卷暮沙和雪起，日融春水带冰流。"韩偓《吴郡怀古》："人亡建业空城在，花落西江春水平。"❷喻女子明亮的眼睛。崔珏《有赠》之二："两脸夭桃从镜发，一眸春水照人寒。"温庭筠《巫山神女庙》："晓峰眉上色，春水脸前波。"

【春申】 即春申君。李白《送薛九被谗去鲁》："春申一何愚，刎首为李园。"杜牧《春申君》："烈士思酬国士恩，春申谁与快冤魂。"

【春申君】 战国楚人黄歇的封号。考烈王元年出为相，封春申君，相楚二十五年。有食客三千人。后为李园所杀。事见《史记·春申君列传》。张继有《春申君祠》。

【春田】 春天的田亩。王维《辋川别业》："不到东山向一年，归来才及种春田。"陆龟蒙《自遣诗三十首》之二〇："南岸春田手自农，往来横截半江风。"郑谷《中年》："苔色满墙寻故第，雨声一夜忆春田。"

【春仗】 天子春日行幸的仪仗。苏颋《扈从温泉同紫微黄门群公泛渭川得齐字》："虹旗映绿荑，春仗汉丰西。"沈佺期《昆明池侍宴应制》："春仗过鲸沼，云旗出凤城。"

【春令】 ❶春季的节令；春季。包佶《祀风师乐章·送神》："永望翠盖逐流云，自兹率土调春令。"权德舆《和张秘监阁老献岁过蒋大拾遗因呈两省诸公并见示》："庆赐行春令，从兹伫九迁。"温庭筠《元日》："雨旸春令煦，裘冕晬容尊。"郑谷《咸通十四年府试木向荣》："欣欣春令早，蔼蔼日华轻。"❷仁厚的政令。钱起《奉和张荆州巡农晚望》："明牧行春令，仁风助升长。"皎然《奉酬于中丞使君郡斋卧病见示一首》："仁公施春令，和风来泽我。"

【春司】 指礼部主试官。张籍《喜王起侍郎放牒》："共贺春司能鉴识，今年定合有公卿。"

【春灰】 ❶指春天的节候。古代置芦苇灰于表示十二律的玉管内，每当某节气至，其相应管内芦苇灰自行飞出，以之占验时序。耿湋《立春日宴高陵任明府宅》："春灰今变候，密雪又霏霏。"❷指春天的石灰水。李贺《奉和二兄罢使遣马归延州》："笛愁翻陇水，酒喜沥春灰。"

【春光】 ❶春天的风光，景致。杜甫《伤春五首》之一："天下兵虽满，春光日自浓。"皇甫冉《送云阳少府》："渭曲春光无远近，池阳谷口倍芳菲。"杜牧《长安杂题长句六首》之五："祥云辉映汉宫紫，春光绣画秦川明。"王周《和杜运使巴峡地暖节物与中土异黯然有感诗三首》之一："春光是处伤离思，何况归期未有涯。”❷春季；春天；春日。杜甫《春日戏题恼郝使君兄》：“东流江水西飞燕，可惜春光不相见。”元稹《杏花》：“常年出入右银台，每怪春光例早回。”张碧《美人梳头》：“玉堂花院小枝红，绿窗一片春光晓。”杜荀鹤《出关投孙侍御》：“每岁春光九十日，一生年少几多时。”❸指青春岁月。鲍溶《秋思三首》之一：“燕国有佳丽，蛾眉富春光。”

【春光好】　词牌名。和凝有《春光好》词二首，见《全唐诗》卷八九三。欧阳炯有《春光好》词九首，见《全唐诗》卷八九六。

【春竹葉】　酒名。即竹叶春。明胡震亨《唐音癸签·诂笺五》：“东坡云：唐人酒多以春名，今具列一二：金陵春、竹叶春、麴米春、抛青春、梨水春……”白居易《忆江南词三首》之三：“吴酒一杯春竹叶，吴娃双舞醉芙蓉，早晚复相逢。”

【春色】　❶春天的景色。王维《送沈子归江东》：“唯有相思似春色，江南江北送君归。”刘禹锡《乐天寄忆旧游因作报白君以答》：“江南春色何处好，燕子双飞故官道。”朱庆余《与庞复言携酒望洞庭》：“南湖春色通平远，贪记诗情忘酒杯。”韦庄《古离别》：“更把玉鞭云外指，断肠春色在江南。”❷喻美女或娇美的容颜。杜审言《妾薄命》：“自怜春色罢，团扇复迎秋。”纥干著《古仙词》：“不向人间恋春色，桃花自满紫阳宫。”❸借指春天的花柳。李白《折杨柳》：“攀条折春色，远寄龙庭前。”司马扎《卖花者》：“当春卖春色，来往经几代。”❹喻喜色，喜讯。韩仪《记知闻近过关试》：“今日便称前进士，好留春色与明年。”

【春衣】　春季穿的衣服。宋之问《军中人日登高赠房明府》：“长安昨夜寄春衣，短翮登兹一望归。”张继《送张中丞归使幕》：“玉壶分御酒，金殿赐春衣。”白居易《无梦》：“老眼花前暗，春衣雨后寒。”李商隐《即日》：“小苑试春衣，高楼倚暮晖。”

【春江】　春天的江流。陈子昂《望荆门》：“漾舟水云里，日暮春江绿。”刘长卿《送路少府使东京便应制举》：“旧国无来信，春江独送君。”李群玉《初月二首》之二：“别后春江上，随人何处圆。”杨夔《送郑谷》：“春江溦溦清且急，春雨濛濛密复疏。”

【春江曲】　乐府杂曲歌辞歌曲名。作者有郭元震、王涯、张仲素等，见《全唐诗》卷二六。

【春江花月夜】　乐府吴声歌曲名。南朝陈后主(陈叔宝)作。见《旧唐书·音乐志二》。原词已佚，今存曲词，为张若虚、张子容、温庭筠等拟题之作。见《全唐诗》卷二一。

【春冰】　❶春天的冰，薄而易裂。李群玉《杜门》：“达生书一卷，名利付春冰。”李宠皋《铜柱辞》：“五溪之众不足平，我师轻蹑如春冰。”❷《书·君牙》：“心之忧危，若蹈虎尾，涉于春冰。”后因以“春冰”喻危险之境地。张祜《庚子岁寓游扬州赠崔荆四十韵》：“足忧行夜露，心惧履春冰。”

【春坊】　❶太子宫的别称。韦庄《和郑拾遗秋日感事一百韵》：“晓烟生帝里，夜火入春坊。”❷唐太子宫所属官署名。置太子詹事府，以统众务；置左右春坊，以领诸局。唐诗中“春坊”，多指隶左春坊的校书、正字的司经局。储光羲《洛中贻朝校书衡朝即日本人也》：“吾生美无度，高驾仕春坊。”李贺《春坊正字剑子歌》：“直是荆轲一片心，莫教照见春坊字。”元稹《代杭民答乐天》：“春坊幸无事，何惜借三年。”罗隐《送姚安之赴任秋浦》：“官罢春坊地象雷，片帆高指贵池开。”

【春花】　❶春天的花。刘驾《山中有招》：“春花虽无种，枕席芙蓉馨。”❷喻青春年少的姿容。赵嘏《昔昔盐二十首·彩凤逐帷低》：“春花那见照，暮色已频欺。”

【春花秋月】　比喻美好的岁月。南唐后主李煜《虞美人》词：“春花秋月何时了？往事知多少。”

【春芳】　❶春天的花草。太宗《春日望海》：“披襟眺沧海，凭轼玩春芳。”王维《山居秋暝》：“随意春芳歇，王孙自可留。”李白《自汉阳病酒归寄王明府》：“莫惜连船沽美酒，千金一掷买春芳。”柳宗元《送叔平学士知青州》：“水际春芳盛，尊中客醞浮。”❷春花之香。李白《惧谗》：“众女妒蛾眉，双花竞春芳。”

【春旱】　春季干旱。杜甫《喜雨》：“春旱天地昏，日色赤如血。”

【春妆】　女子春日装扮。孟浩然《春情》：“青楼晓日珠帘映，红粉春妆宝镜催。”王维《扶南曲歌词五首》之五：“同心勿遽游，幸待春妆竟。”孟郊《摇柳》：“时邀咏花女，笑辍春妆镜。”

【春伯】　礼部长官的别称。掌礼法、祭祀。《郊庙歌辞·享隐太子庙乐章·雍和》：“明典肃陈，神居邃启。春伯联事，秋官相礼。”

【春谷】　春天的山谷。杜甫《登牛头山亭子》：“江城孤照日，山谷远含风。”刘沧《龙门留别道友》：“春谷终期吹羽翼，萍身不定逐波澜。”廖融《赠天台逸人》：“云白寒风晚，鸟歌春谷晴。”

【春序】　❶序，时序。指春天。韦应物《复理西斋寄丘员外》：“海隅雨雪霁，春序风景融。”❷春光，春天的景象。韩愈《感春三首》之二：“春序一如此，汝颜安足赖。”

【春社】　古代祭祀名。祭祀土地神，以祈丰收。王驾《社日村居》：“桑柘影斜春社散，家家扶得醉人归。”

【春英】　春花。孟郊《汴州留别韩愈》：“远客独憔悴，春英落婆娑。”

【春苑】 春天的囿苑。李节《赠释疏言还道林寺诗》之三:"湘川超忽兮落日晼晼,松覆秋亭兮兰被春苑。"韦庄《中渡晚眺》:"千重碧树笼春苑,万缕红霞衬碧天。"

【春事】 ❶春耕劳作之事。孟浩然《东陂遇雨率尔贻谢南池》:"田家春事起,丁壮就东陂。"李白《赠崔秋浦三首》之二:"东皋春事起,种黍早归田。"钱起《酬陶六辞秩归旧居见柬》:"田畴春事起,里巷相寻稀。"❷泛指归隐耕作。王勃《羁春》:"客心千里倦,春事一朝归。"高适《途中酬李少府赠别之作》:"或期遇春事,与尔复周旋。"❸春色,春景。徐晶《同蔡孚五亭咏》:"幽栖可怜处,春事满林扉。"张又新《郡斋三月下旬作》:"春事日已歇,池塘旷幽寻。"吴融《和张舍人》:"玉女盆边雪未销,正多春事莫无憀。"韦庄《和元秀才别业书事》:"僻居春事好,水曲乱花阴。"冯延巳《酒泉子》词之二:"庭下花飞,月照妆楼春事晚。"

【春雨】 春天的雨。白居易《利仁北街作》:"草色斑斑春雨晴,利仁坊北面西行。"陆龟蒙《自遣诗三十首》之三〇:"春雨能膏草木肥,就中林野碧含滋。"杨夔《送郑谷》:"春江潋潋清且急,春雨濛濛密复疏。"

【春味】 指春茶之味。薛能《题汉州西湖》:"尝茶春味渴,断酒晚怀清。"郑谷《峡中尝茶》:"鹿门病客不归去,酒渴更知春味长。"

【春明門】 唐长安外郭城东面三门之正中一门。徐松《两京城坊考》卷二:"东面三门:北,通化门;中,春明门;南,延兴门。"唐人离长安东行,多出春明门,故为送别之所。唐诗中言青门、青绮门、灞城门者,即指春明门。储光羲《夏日寻蓝田唐丞登高宴集》:"东望春明门,驾言聊出游。"王建《寄广文张博士》:"春明门外作卑官,病友经年不得看。"张籍《赠别王侍御赴任陕州司马》:"今日春明门外别,更无因得到街西。"陈标《句》:"春明门外襄阳路,落日秋风送客归。"

【春明樓】 即春明门楼。王维有《奉和圣制御春明楼临右相园亭赋乐贤诗应制》。参见"春明門"。

【春典】 春季祭祀的大典。苏颋《奉和圣制途次旧居应制》:"东陆行春典,南阳即旧居。"

【春物】 春天的景物。李颀《送康洽入京进乐府歌》:"长安春物旧相宜,小苑蒲萄花满枝。"贾岛《送李余往湖南》:"今来从辟命,春物遍涔阳。"李商隐《西溪》:"不惊春物少,只觉夕阳多。"吴融《杏花》:"春物竞相妒,杏花应最娇。"

【春服】 ❶春天的服装。沈佺期《三日独坐驩州思忆旧游》:"童子成春服,宫人罢射鞴。"韩翃《送李明府赴连州》:"春服橦花细,初筵木槿芳。"熊孺登《赠侯山人》:"来时玉女裁春服,剪破湘山几片云。"王贞白《少年行二首》之一:"花时轻暖酒,春服薄装绵。"❷指身穿春装的人。王维《三月三日曲江侍宴应制》:"画旗摇浦溆,春服满汀洲。"温庭筠《送陈嘏之侯官兼简李常侍》:"春服照尘连草色,夜船闻雨滴芦花。"

【春昏】 春夜。李贺《感讽六首》之六:"芊蒙梨花满,春昏弄长啸。"王琦注:"春昏,春夜也。"

【春府】 犹春闱。唐代礼部春季举行科举考试之处。皎然《送穆寂赴举》:"春府搜才日,高科得一人。"

【春泥】 春天的湿泥。白居易《钱塘湖春行》:"几处早莺争暖树,谁家新燕啄春泥。"薛能《寄李频》:"环檐消旧雪,晴气满春泥。"唐彦谦《春雨》:"庾郎盘马地,却怕有春泥。"刘兼《春燕》:"花间舞蝶和香趁,江畔春泥带雨衔。"

【春波】 ❶春水的波澜。张泌《春晚谣》:"萧关梦断无寻处,万叠春波起南浦。"❷春水。雍陶《送人归吴》:"远爱春波正满湖,羡君东去是归途。"杜牧《送张判官归兼谒鄂州大夫》:"江雨春波阔,园林客梦催。"

【春官】 ❶唐高宗时曾改礼部为春官,后以"春官"为礼部的别称。陈标《赠元和十三年登第进士》:"春官南院粉墙东,地色初分月色红。"赵嘏《题陈正字》:"鲁儒今日意何如,名挂春官选籍初。"和凝《宫词百首》之六四:"春官进榜莺离谷,月殿香残桂魄枝。"王周《自喻》:"乞荐乡老书,幸会春官试。"❷指礼部长官。李颀《送相里造入京》:"春官含笑待,驱马速前程。"刘长卿《温汤客舍》:"且喜礼闱秦镜在,还将妍丑付春官。"白居易《新乐府·采诗官》:"夕郎所贺皆德音,春官每奏唯祥瑞。"杜荀鹤《入关因别舍弟》:"莫愁寒族无人荐,但愿春官把卷看。"

【春官試】 即礼部试。王周《自喻》:"乞荐乡老书,幸会春官试。"参见"春闈"。

【春空】 春天的天空。温庭筠《晓仙谣》:"玉妃唤月归海宫,月色澹白涵春空。"张贲《悼鹤和袭美》:"无端日暮东风起,飘散春空一片云。"

【春衫】 春衣。岑参《送魏四落第还乡》:"腊酒饮未尽,春衫缝已成。"钱起《故王维右丞堂前芍药花开凄然感怀》:"芍药花开出旧栏,春衫掩泪再来看。"韩愈《送郑十校理得洛字》:"寿觞佳节过,归骑春衫薄。"李商隐《饮席代官妓赠两从事》:"新人桥上著春衫,旧主江边侧帽檐。"

【春陌】 春天田间的小路。李端《春游乐》之二:"摘桑春陌上,踏草夕阳间。"温庭筠《张静婉采莲歌》:"麒麟公子朝天客,珂马珰珰度春陌。"韦庄《下第题青龙寺僧房》:"马嘶春陌金羁闹,鸟睡花林绣羽香。"

【春城】 特指春天的京城。韩翃《寒食》:"春城无处不飞花,寒食东风御柳斜。"姚合《下第》:"归路羞人问，春城赁舍居。”刘驾《上巳日》：“何事欢娱中，易觉春城暮。”韦庄《北原闲眺》：“春城回首树重重，立马平原夕照中。”郑谷《早入谏院二首》之二：“紫云重叠抱春城，廊下人稀唱漏声。”

【春草】 ❶春天的草。王维《送别》：“春草明年绿，王孙归不归。”白居易《续古诗十首》之二：“化作路傍土，年年春草生。”杜牧《题安州浮云寺楼寄湖州张郎中》：“恨如春草多，事与孤鸿去。”于濆《青楼曲》：“所思终不来，极目伤春草。”❷白居易姬樊素之别名。刘禹锡《酬喜相遇同州与乐天替代》自注：“前章所言春草，白居之舞妓也，故有此答。”又《寄赠小樊》：“终须买取名春草，处处将行步步随。”白居易《喜见刘同州梦得》：“应须为春草，五马少踟蹰。”❸喻卑微。杜甫《赠翰林张四学士》：“此生任春草，垂老独漂萍。”仇兆鳌注：“春草，叹卑微。”

【春茶】 春季制作的新茶。刘叉《冰柱》：“不为双井水，满瓯泛泛烹春茶。”

【春荒】 春季青黄不接时的饥荒。吴融《李周弹筝歌》：“近来一事还惆怅，故里春荒烟草平。”

【春盃】 酒杯，亦借指酒。罗邺《巴南旅舍言怀》：“红泪罢窥连晓烛，碧波休引向春杯。”

【春思】 ❶春天的情思。沈佺期《送陆侍御余庆北使》：“朔途际辽海，春思绕镮辕。”张旭《柳》：“濯濯烟条拂地垂，城边楼畔结春思。”许浑《和友人送僧归桂州灵岩寺》：“碧云千里暮愁合，白雪一声春思长。”唐彦谦《柳》：“春思春愁一万枝，远村遥岸寄相思。”❷指男女间的思恋。赵嘏《和杜侍郎题禅智寺南楼》：“谁知野寺遗钿处，尽在相如春思中。”皮日休《奉酬鲁望见答鱼笺之什》：“若用莫将闲处去，好题春思赠江妃。”曹唐《小游仙诗九十八首》之五九：“西妃少女多春思，斜倚彤云尽日吟。”

【春香】 春天花草之香。李商隐《回中牡丹为雨所败二首》之一：“水亭暮雨寒犹在，罗荐春香暖不知。”孟迟《闺情》：“蘼芜亦是王孙草，莫送春香入客衣。”韦庄《南省伴直》：“星分夜彩寒侵帐，兰惹春香绿映袍。”

【春秋】 ❶春季与秋季。王绩《古意六首》之三：“溱洧源流狭，春秋不濡轨。”杜甫《沙苑行》：“骕骦一骨独当御，春秋二时归至尊。”元稹《春蝉》：“春秋两相似，虫豸百种鸣。”❷春社与秋社；春秋两季的祭祀。韩愈《南溪始泛三首》之二：“愿为同社人，鸡豚燕春秋。”❸泛指四时。韩愈《双鸟诗》：“不停两鸟鸣，自此无春秋。”杜周士《闰月定四时》：“寒暑功前定，春秋气可推。”❹光阴，岁月。寒山《诗三百三首》之二八二：“倏尔过春秋，寂然无尘累。”无名氏《汤周山》：“风俗因兴庙，春秋不记年。”❺年岁。杜甫《送韦讽上阆州录事参军》：“韦生富春秋，洞彻有清识。”韦应物《汉武帝杂歌三首》之三：“春秋方壮雄武才，弯弧叱浪连山开。”寒山《诗三百三首》之五四：“春秋未三十，才艺百般能。”温庭筠《过华清宫二十二韵》：“贵妃专宠幸，天子富春秋。”❻书名。指编年体《春秋》。它是孔子据鲁国史官所编《春秋》改订而成。起于鲁隐公元年，终于鲁哀公十四年年，计二百四十二年。为儒家经典之一。韩翃《赠兖州孟都督》：“露冕宁夸汉车服，下帷常讨鲁春秋。”卢仝《月蚀诗》：“或问玉川子，孔子修春秋。”刘禹锡《奉和裴侍中将赴汉南留别座上诸公》：“暂辍洪炉观剑戟，还将大笔注春秋。”陆龟蒙《奉和袭美初夏游楞伽精舍次韵》：“宣尼名位达，未必春秋作。”❼泛指史书。王维《三月三日曲江侍宴应制》：“从今亿万岁，天宝纪春秋。”❽时代名。因编年史《春秋》而得名。从周平王元年至周敬王四十四年。杜牧《彭门偶题》：“直到春秋诸列国，拥旄才子也应无。”郑谷《宗人作尉唐昌官署幽胜而又博学精富得以言谈将欲他之留书屋壁》：“宗党相亲离乱世，春秋闲论战争年。”

【春秋笔】 指据事直书的史笔。皮日休《奉和鲁望读〈阴符经〉见寄》：“高挥春秋笔，不可刊一字。”

【春秋傳】 书名。《春秋左氏经传集解》的省称。为晋杜预对《春秋左传》的注释。李颀《送皇甫曾游襄阳山水兼谒韦太守》：“元凯春秋传，昭明文选堂。”

【春秋繁露】 书名。汉董仲舒著。凡十七卷，八十二篇(佚亡三篇)。全书主要内容是结合阴阳五行学说，发挥《春秋公羊传》“春秋大一统”“天人感应”等思想。杨凭《送客往荆州》：“若爱春秋繁露学，正逢元凯镇南荆。”

【春秋癖】 晋杜预有春秋癖，后为称道他人酷爱经籍的典实。见《晋书・杜预传》。杜甫《八哀诗・赠司空王公思礼》：“晓达兵家流，饱闻春秋癖。”元稹《哭吕衡州六首》之六：“杜预春秋癖，扬雄著述精。”

【春信】 春天的信息。皎然《拟长安春词》：“春信在河源，春风荡妾魂。”郑谷《梅》：“江国正寒春信稳，岭头枝上雪飘飘。”

【春皇】 司春之神。邢巨《游春》：“海岳三峰古，春皇二月寒。”

【春泉】 春天的泉水。陆龟蒙《谢山泉》：“决决春泉出洞霞，石坛封寄野人家。”皮日休《奉和鲁望樵人十咏・樵家》：“衣服濯春泉，盘餐烹野花。”司马扎《宫怨》：“年年花落无人见，空逐春泉出御沟。”罗虬《比红儿诗》之三七：“谁向深山识大仙，劝人山上引春泉。”

【春律】 春天的节令。施肩吾《早春残雪》：“伫逢春律后，阴谷始堪看。”

【春風】 ❶春天的微风。王维《赠裴十迪》:“春风动百草,兰蕙生我篱。”李绅《新楼诗二十首·杜鹃楼》:“繁艳向人啼宿露,落英飘砌怨春风。”刘沧《晚春宿僧院》:“萧寺春风正落花,淹留数宿惠休家。”温宪《郊居》:“寂寞春风里,吟酣信马行。”❷借指春天。白居易《和裴令公一日日一年年杂言见赠》:“一日日,作老翁。一年年,过春风。”周弘亮《故乡除夜》:“何处夜歌销腊酒,谁家高烛候春风。”独孤良弼《上巳接清明游宴》:“细雨莺飞重,春风酒酝迟。”郑谷《自适》:“春风只有九十日,可合花前半日醒。”❸喻指年轻女子的美丽颜容,或喻指美丽的年轻女子。杜甫《咏怀古迹五首》之三:“画图省识春风面,环佩空归月夜魂。”杜牧《赠别二首》之一:“春风十里扬州路,卷上珠帘总不如。”王炎《葬西施挽歌》:“春风无处所,凄恨不胜怀。”李郢《张郎中宅戏赠二首》之二:“谢家青妓邃重关,谁省春风见玉颜。”❹形容丝管歌舞筵席上的欢乐气氛。李绅《忆被牛相留醉州中时无他宾牛公夜出真珠辈数人》:“银烛坐隅听子夜,宝筝筵上起春风。”刘言史《乐府杂词三首》之一:“城里万家闻不见,君王试舞郑樱桃。”

【春風得意】 形容科举登第的得意情态。孟郊《登科后》:“春风得意马蹄疾,一日看尽长安花。”

【春怨】 春日女子的怨情。王昌龄有《春怨》,见《全唐诗》卷一四三。刘方平有《春怨》,见《全唐诗》卷二五一。

【春帝】 即春神。陈陶《冬夜吟》:“八埏蝼蚁厌寒栖,早晚青旗引春帝。”参见“春神”。

【春恨】 ❶春愁。李商隐《暮秋独游曲江》:“荷叶生时春恨生,荷叶枯时秋恨成。”陆龟蒙《奉酬袭美病中见寄》:“春恨与谁同酩酊,玄言何处问逍遥。”崔涂《送友人》:“登高迎送远,春恨并依依。”韦庄《题袁州谢秀才所居》:“但将竹叶消春恨,莫遣杨花上客衣。”❷春日女子的怨情。杨炯《梅花落》:“行人断消息,春恨几裴回。”白居易《酬刘和州戏赠》:“不似刘郎无景行,长抛春恨在天台。”杜牧《不饮赠官妓》:“谁怜佳丽地,春恨却凄凄。”李郢《醉送》:“无限柳条多少雪,一将春恨付刘郎。”

【春宫】 ❶仙宫。传说为东方青帝所居。见《楚辞·离骚》。李咸用《绯桃花歌》:“上帝春宫思丽绝,夭桃变态求新悦。”❷即东宫,太子宫。亦指代太子。王建《送振武张尚书》:“回天转地是将军,扶助春宫上五云。”白居易《分司初到洛中偶题六韵兼戏呈冯尹》:“相府念多病,春宫容不才。”❸礼部的别称。李峤《槐》:“暮律移寒火,春宫长旧栽。”翁洮《赠方干先生》:“不爱春宫分桂树,欲教天子枉蒲轮。”

【春神】 司春之神。阎朝隐《奉和圣制春日幸望春宫应制》:“句芒人面乘两龙,道是春神卫九重。”

【春祠】 ❶春季的祭祀。古代宗庙四时祭祀之一。韦应物《白沙亭逢吴叟歌》:“冬狩春祠无一事,欢游洽宴多颁赐。”❷春天的祠庙。李益《同萧炼师宿太乙庙》:“微月空山曙,春祠谒少君。”

【春眉】 女子的黛眉。韩偓《信笔》:“睡髻休频拢,春眉忍更长。”

【春娃】 少女。白居易《洛中春游呈诸亲友》:“春娃无气力,春马有精神。”

【春紅】 春天的花。李白《怨歌行》:“十五入汉宫,花颜笑春红。”罗邺《牡丹》:“落尽春红始著花,花时比屋事豪奢。”吴融《送杜鹃花》:“春红始谢又秋红,息国亡来入楚宫。”

【春耕】 春天的耕作。张九龄《奉和圣制送十道采访使及朝集使》:“行矣当自强,春耕庶秋获。”皎然《送皇甫侍御曾还丹阳别业》:“云阳别夜忆春耕,花发菱湖问去程。”李郢《浙河馆》:“何处樵渔将远饷,故园田土忆春耕。”吴融《途中》:“湖岸春耕废,江城战鼓喧。”

【春華】 ❶春天的花朵。李白《闻丹丘子于城北营石门幽居中有高凤遗迹仆离群远怀亦有栖遁之志因叙旧以寄之》:“春华沧江月,秋色碧海云。”岑参《春半与群公同游元处士别业》:“胜概忽相引,春华今正浓。”白居易《读史五首》之三:“春华何炜晔,园中发桃李。”陆龟蒙《杂兴》:“桃李傍檐楹,无人赏春华。”❷喻青春年华或年轻美好的容颜。张祜《江南杂题三十首》之二九:“佳期楚云外,寂寞是春华。”许浑《寓怀》:“春华坐销落,未忍泣蘼芜。”韩琮《秋晚信州推院亲友或责无书即事寄答》:“商吹移砧调,春华改镜容。”司马扎《古思》:“春华惜妾态,秋草念妾心。”

【春桂】 ❶树名。即山矾。王绩《春桂问答二首》之一:“问春桂,桃李正芬华。年光随处满,何事独无花?”陆龟蒙《奉和袭美茶具十咏·茶灶》:“奇香袭春桂,嫩色凌秋菊。”❷用为科举中第的典故。见《晋书·郤诜传》。白居易《梦得前所酬篇有炼尽美少年之句因思往事兼咏今怀重以长句答之》:“昔饶春桂长先折,今伴寒松取后凋。”郑谷《擢第后入蜀经罗村路见海棠盛开偶有题咏》:“手中已有新春桂,多谢烟香更入衣。”

【春條】 春天花木的枝条。高适《苦雪四首》之四:“穷巷独无成,春条只盈把。”白居易《樟亭双樱树》:“南馆西轩两树樱,春条长足夏阴成。”

【春酎】 春酒。酎,醇酒。顾云《池阳醉歌赠匡庐处士姚岩杰》:“春酎香浓枝盏黏,一醉有时三日病。”韦庄《对酒》:“何用岩栖隐姓名,一壶春酎可忘形。”

【春眠】 春天的睡眠。孟浩然《春晓》:“春眠不觉晓,处处闻啼鸟。”王维《扶南曲歌词五首》之一:“翠羽流苏帐,春眠曙不开。”温庭筠《感旧陈情五十韵献淮南李仆射》:“懒多成宿疢,愁甚似春眠。”李暇《怨诗三首》之一:“月落始归船,春眠恒著晓。”

【春氣】 ❶春天的阳和之气。刘方平《夜月》:“今夜偏知春气暖,虫声新透绿窗纱。”姚合《过杨处士幽居》:“惟愁春气暖,松下雪和泥。”方干《谢王大夫奏表》:“如剖夜光归暗室,似驱春气入寒枝。”周朴《春中途中寄南巴崔使君》:“旅人游汲汲,春气又融融。”❷春天的气象。孙逖《奉和崔司马游云门寺》:“系马清溪树,禅门春气浓。”杜甫《宿白沙驿》:“万象皆春气,孤槎自客星。”❸春天的气候。白居易《春寒》:“今朝春气寒,自问何所欲。”齐己《南归舟中二首》之二:“长江春气寒,客况棹声闲。”

【春候】 春天的物候。刘长卿《至德三年春正月闻王师收二京因书事寄上浙西节度李侍郎中丞行营五十韵》:“烟水宜春候,褰关值晚晴。”崔元翰《清明节郭侍御偶与李侍御孔校书王秀才游开化寺卧病不得同游赋得十韵》:“乘闲息边事,探异怜春候。”杜牧《雪中书怀》:“且想春候暖,瓮间倾一卮。”吴融《渚宫立春书怀》:“春候侵残腊,江芜绿已齐。”

【春卿】 礼部长官的别称。刘长卿《至德三年春正月闻王师收二京因书事寄上浙西节度李侍郎中丞行营五十韵》:“池塘催谢客,花木待春卿。”耿湋《奉送蒋尚书兼御史大夫东都留守》:“副相威名重,春卿礼乐崇。”陆龟蒙《和袭美送孙发百篇游天台》:“去把彩毫挥下国,归参黄绶别春卿。”参见“春官”。

【春卿署】 礼部的别称。孙逖《和左司张员外自洛使入京中路先赴长安逢立春日赠韦侍御等诸公》:“秋宪府中高唱入,春卿署里和歌来。”

【春旆】 酒旗。古代酒店挂青旗为标志。亦借指酒。李商隐《病中闻河东公乐营置酒口占寄上》:“闻驻行春旆,中途赏物华。”

【春瓶】 春酒之瓶,酒瓶。罗隐《湖州裴郎中赴阙后投简寄友生》:“祢衡酒醒春瓶倒,柳恽诗成海月圆。”

【春酒】 冬酿春熟之酒。亦指春酿秋熟之酒。李商隐《无题二首》之一:“隔座送钩春酒暖,分曹射覆蜡灯红。”温庭筠《醉歌》:“锦袍公子陈杯觞,拨醅百瓮春酒香。”韦庄《袁州作》:“正是江村春酒熟,更闻春鸟劝提壶。”李昭象《题顾正字溪居》:“春酒夜棋难放客,短篱疏竹不遮山。”

【春流】 春天的水流。杨续《安德山池宴集》:“花蝶辞风影,苹藻含春流。”王维《晦日游大理韦卿城南别业四声依次用各六韵》之三:“冬中余雪在,墟上春流驶。”陆龟蒙《自遣诗三十首》之二一:“前溪一夜春流急,已学严滩下钓筒。”

【春宵】 春夜。白居易《长恨歌》:“春宵苦短日高起,从此君王不早朝。”李商隐《为有》:“为有云屏无限娇,凤城寒尽怕春宵。”张乔《荆楚道中》:“春宵多旅梦,夏闰远秋期。”韩偓《妒媒》:“已嫌刻蜡春宵短,最恨鸣珂晓鼓催。”

【春容】 ❶春天的景象。温庭筠《寄山中人》:“素琴入爽籁,山酒和春容。”齐己《南归舟中二首》之一:“春容含众岫,雨气泛平芜。”❷青春的容貌。李白《古风》之十一:“春容舍我去,秋发已衰改。”温庭筠《苏小小歌》:“酒里春容抱离恨,水中莲子怀芳心。”罗虬《比红儿诗》之二七:“槛外花低瑞露浓,梦魂惊觉晕春容。”

【春袍】 青袍。李商隐《春游》:“庾郎年最少,青草妒春袍。”

【春書】 农历春节撰写的帖子词。多为五、七言绝句。张子容《除日》:“拾樵供岁火,帖牖作春书。”

【春陵】 春申君与信陵君的并称。李白《扶风豪士歌》:“原尝春陵六国时,开心写意君所知。”

【春陰】 ❶春季的阴天。杜甫《归雁二首》之二:“塞北春阴暮,江南日色曛。”柳中庸《寒食戏赠》:“春暮越江边,春阴寒食天。”❷春季天阴时的阴云雾霭。李商隐《即日》:“山色正来衔小苑,春阴只欲傍高楼。”吴融《春归次金陵》:“春阴漠漠覆江城,南国归桡趁晚程。”❸春天的光阴。郑谷《水轩》:“杨花满床席,搔首度春阴。”❹春日花木之荫。杜甫《假山》:“慈竹春阴覆,香炉晓势分。”

【春娥】 年青的美女。刘言史《偶题二首》之一:“春娥慢笑无愁色,别向人家舞柘枝。”

【春雪】 ❶春天下的雪。李德裕《早春至言禅公法堂忆平泉别业》:“松盖低春雪,藤轮倚暮山。”贾岛《别徐明府》:“地寒春雪盛,山浅夕风轻。”张乔《江楼作》:“晚天帆去疾,春雪燕来迟。”郑谷《定水寺行香》:“丞相未来春雪密,暂偷闲卧老僧床。”❷比喻白色的绢或花等物。许浑《酬河中杜侍御重寄》:“春雪预呈霜简白,晓霞先染绣衣红。”韦庄《春陌二首》之一:“肠断东风各回首,一枝春雪冻梅花。”

【春晚】 ❶春暮。白居易《病后寒食》:“抖擞弊袍春晚后,摩挲病脚日阳前。”刘禹锡《柳花词三首》之一:“故取花落时,悠扬占春晚。”❷春天的夜晚。刘禹锡《海阳十咏·月窟》:“岩曲月斜照,林寒春晚煦。”

【春畦】 ❶春天的田园。鲍溶《答客》:“劳问圃人终岁事,橘槔声里雨春畦。”赵嘏《下第寄宣城幕中诸公》:“九月霜中随计吏,十年江上灌春畦。”徐铉《送孟宾于员外还新淦》:“题诗翠壁称逋客,采药春畦狎老农。”❷指春天田园中的菜蔬。郑谷《潼关道中》：“何年归故社，披雨剪春畦。”

【春彩】 春天的阳光。皮日休《奉和鲁望寄南阳广文次韵》：“春彩融融释冻塘，日精闲咽坐岩房。”

【春鳥】 春天的啼鸟。司空图《冯燕歌》：“树间春鸟知人意，的的心期暗与传。”张乔《兴善寺贝多树》：“带月啼春鸟，连空噪暝蜩。”韦庄《酬吴秀才霅川相送》：“离心不忍闻春鸟，病眼何堪送落晖。”

【春設】 为迎春而举行的歌舞或杂耍。设，指歌舞或杂耍。见《初刻拍案惊奇》卷二九。王建《宫词》之八四：“春设殿前多队舞，朋头各自请衣裳。”白居易《和春深二十首》之四：“戎装拜春设，左握宝刀斜。”

【春情】 ❶春日的意兴，情思。太宗《月晦》：“披襟欢眺望，极目畅春情。”长孙氏《春游曲》：“上苑桃花朝日明，兰闺艳妾动春情。”李群玉《感春》：“春情不可状，艳艳令人醉。”李频《春日思归》：“春情不断若连环，一夕思归鬓欲斑。”❷男女恋情。孟浩然《春意》：“春情多艳逸，春意倍相思。”翁承赞《柳》之五：“缠绕春情卒未休，秦娥萧史两相求。”张琰《春词二首》之一：“春情不可耐，愁杀闺中妇。”卓英英《理笙》：“频倚银屏理凤笙，调中幽意起春情。”

【春渚】 ❶春日水边。杜甫《昼梦》：“桃花气暖眼自醉，春渚日落梦相牵。”徐铉《送宣州丘判官》：“相迎在春渚，暂别莫咨嗟。”❷春日的池塘。陈子昂《鸳鸯篇》：“蘋萍戏春渚，霜霰绕寒池。”

【春淺】 形容早春时春意浅淡。张说《晦日》：“晦日嫌春浅，江浦看湔衣。”戴叔伦《早春曲》：“青楼昨夜东风转，锦帐凝寒觉春浅。”

【春深】 春意浓郁；或指暮春时节。储光羲《杂咏五首·钓鱼湾》：“垂钓绿湾春，春深杏花乱。”王维《早朝》：“柳暗百花明，春深五凤城。”白居易《认春戏呈冯少尹李郎中陈主簿》：“知君未别阳和意，直待春深始拟游。”刘禹锡《送周使君罢渝州归郢州别墅》：“池荷雨后衣香起，庭草春深绶带长。”

【春晝】 春日，春天白昼。杜牧《旧游》：“重寻春昼梦，笑把浅花枝。”韦庄《抚盈歌》：“玉庭兮春昼，金屋兮秋宵。”

【春陽】 ❶春天的阳光。司空曙《送程秀才》：“东风催节换，焰焰春阳散。”陆龟蒙《袭美以公斋小宴见招因代书寄之》：“早云才破漏春阳，野客晨兴喜又忙。”❷喻皇帝的恩泽。刘长卿《和袁郎中破贼后军行过剡中山水谨上太尉》：“赦罪春阳发，收兵太白低。”❸即《阳春曲》。德宗贞元间舞曲。为民间踏歌之一种。邢凤《梦中美人歌》：“长安少女踏春阳，何处春阳不断肠。”

【春場】 （—chǎng）春季郊外为狩猎而整理出的空地。李商隐《公子》：“春场铺艾帐，下马雉媒娇。”

【春期】 ❶春季。李商隐《及第东归次灞上却寄同年》：“芳桂当年各一枝，行期未分压春期。”又《赠句芒神》：“佳期不定春期赊，春物夭阏兴咨嗟。”高蟾《晚思》：“虞泉冬恨由来短，杨叶春期分外长。”❷男女约会或夫妻相会之期。皎然《拟长安春词》：“春期不可定，春曲懒新翻。”李商隐《三月十日流杯亭》：“身属中军少得归，木兰花尽失春期。”

【春葩】 春花。白居易《裴侍中晋公以集贤林亭即事诗三十六韵见赠猬蒙征和才拙词繁辄广为五百言以伸酬献》：“春葩雪漠漠，夏果珠离离。”

【春蒐】 天子春季射猎。见《左传·隐公五年》。杜甫《冬狩行》：“春蒐冬狩侯得同，使君五马一马骢。”苗晋卿《奉和圣制早登太行山中言志》：“月令农先急，春蒐礼复行。”

【春葱】 喻女子白嫩的手指。白居易《筝》：“双眸剪秋水，十指剥春葱。”方干《采莲》：“指剥春葱腕似雪，画桡轻拨蒲根月。”

【春朝】 春天的早晨。亦指春天。郑愔《春怨》：“春朝物候妍，愁妇镜台前。”元稹《酬乐天三月三日见寄》：“独倚破帘闲怅望，可怜虚度好春朝。”秦韬玉《春雪》：“云重寒空思寂寥，玉尘如糁满春朝。”无名氏《失题》：“春朝散微雨，庭树开芸绿。”

【春雲】 ❶春天的云。权德舆《与沈十九拾遗同游栖霞寺上方于亮上人院会宿二首》：“岩花点寒溜，石磴扫春云。”韦庄《春云》：“春云春水两溶溶，倚郭楼台晚翠浓。”李叔卿《江南曲》：“西山暮雨过江来，北渚春云沿海尽。”刘兼《春宵》：“春云春日共朦胧，满院梨花半夜风。”❷喻女子的美发。李贺《胡蝶飞》：“杨花扑帐春云热，龟甲屏风醉眼缬。”

【春景】 ❶春天的景色。周弘亮《曲江亭望慈恩寺杏园花发》：“古寺迟春景，新花发杏园。”马戴《寄广州杨参军》：“南方春景好，念子缓归心。”李群玉《人日梅花病中作》：“洛阳桃李渐撩乱，回首行宫春景长。”❷春天的阳光。景，同“影”。李群玉《桂州经佳人故居琪树》：“满院雀声暮，半庭春景斜。”❸春天。卢纶《陈翃郎中北亭送侯钊侍御赋得带冰流歌》：“溪中鸟鸣春景旦，一派寒冰忽开散。”刘言史《买花谣》：“幽艳凝华春景曙，林夫移得将何处。”

【春税】 春天的赋税。卢象《乡试后自巩还田家因谢邻友见过之作》：“且问春税苦，兼陈行路难。”

【春筍】 ❶春天的竹笋。陆龟蒙《丁隐君歌》：“盘烧天竺春笋肥，琴倚洞庭秋石瘦。”郑谷《自遣》：“窥砚晚莺临砌树，迸阶春笋隔篱根。”❷喻年轻女子的手指。南唐后主李煜《捣练子》词：“斜托香腮春笋懒，为谁和泪倚阑干。”

【春禽】 春鸟。白居易《首夏》："春禽余哢在，夏木新阴成。"李商隐《戏题友人壁》："花径逶迤柳巷深，小阑亭午啭春禽。"韦庄《幽居春思》："闭门尽日无人到，翠羽春禽满树喧。"张蠙《送董卿赴台州》："夜蚌侵灯影，春禽杂橹声。"

【春勝】 胜，古代妇女的首饰。古代于立春日，妇女用五色绸剪成燕形，戴在头上，贴上"宜春"二字，以庆祝春天的来临。南朝梁宗懔《荆楚岁时记》："立春之日，悉剪彩为燕戴之，贴'宜春'二字。"李商隐《骄儿诗》："请爷书春胜，春胜宜春日。"

【春遊】 ❶春日出游。李频《留题姚氏山斋》："春游何处尽，欲别几迟回。"徐夤《春入鲤湖》："到来峭壁白云齐，载酒春游渡九溪。"❷特指天子春日巡行。李峤《奉和初春幸太平公主南庄应制》："主家山第接云开，天子春游动地来。"崔翘《奉和圣制答张说南出雀鼠谷》："嘉颂推英宰，春游扈圣君。"韩偓《御制春游长句》："天意分明道已光，春游嘉景胜仙乡。"

【春遊曲】 乐府杂曲歌辞歌曲名。作者有张仲素等。见《全唐诗》卷二六。

【春遊吟】 乐府杂曲歌辞歌曲名。作者有李章等。见《全唐诗》卷二六。

【春遊樂】 乐府杂曲歌辞歌曲名。作者有施肩吾、李端等。见《全唐诗》卷二六。

【春魂】 ❶少女之魂。雍裕之《宫人斜》："应有春魂化为燕，年来飞入未央栖。"❷犹言春日的情怀。鲍溶《送萧世秀才》："心交别我西京去，愁满春魂不易醒。"

【春塘】 春天的池塘。白居易《池上早夏》："水积春塘晚，阴交夏木繁。"温庭筠《照影曲》："桥上衣多抱彩云，金鳞不动春塘满。"韦庄《题姑苏凌处士庄》："花深远岸黄莺闹，雨急春塘白鹭闲。"谭用之《再游韦曲山寺》："鹊岩烟断玉巢攲，罨画春塘太白低。"

【春夢】 ❶春夜之梦。包融《送国子张主簿》："春梦随我心，悠扬逐君去。"皎然《拟长安春词》："春歌杂鵾鸡，春梦绕辘轳。"温庭筠《春野行》："含羞更问卫公子，月到枕前春梦长。"皮日休《病后春思》："牢愁有度应如月，春梦无心只似云。"❷喻人生世事如同梦幻。钱起《送钟评事应宏词下第东归》："世事悠扬春梦里，年光寂寞旅愁中。"白居易《对酒闲吟赠同老者》："远行将尽路，春梦欲觉时。"李群玉《请告出春明门》："鹿裘藜杖且归去，富贵荣华春梦中。"卢延让《哭李郢端公》："诗侣酒徒消散尽，一场春梦越王城。"

【春雷】 ❶春天的雷。卢象《送綦毋潜》："离筵对寒食，别雨乘春雷。"元稹《芳树》："春雷一声发，惊燕亦惊蛇。"贾岛《义雀行和朱评事》："玄鸟雄雌俱，春雷惊蛰余。"❷形容声音震响。元稹《八骏图诗》："鼻息吼春雷，蹄声裂寒瓦。"齐己《过西山施肩吾旧居》："床前倒秋壑，枕上过春雷。"刘景复《梦为吴泰伯作胜儿歌》："倒腕斜挑掣流电，春雷直戛腾秋鹘。"

【春叢】 春天丛生的花木。贾至《对酒曲二首》之二："春来酒味浓，举酒对春丛。"李商隐《偶题二首》之二："春丛定见饶栖鸟，饮罢莫持红烛行。"罗隐《菊》："春丛莫轻薄，彼此有行藏。"谭用之《春日期巢湖旧事》："不知多少开元事，露泣春丛向日低。"

【春煦】 春天和煦的阳光。李中《己未岁冬捧宣头离下蔡》："诏下如春煦，巢南志不违。"

【春暉】 ❶春天的阳光。李峤《雁》："春晖满朔方，归雁发衡阳。"皎然《奉陪陆使君长源诸公游支硎寺》："春晖遍众草，寒色留高松。"灵一《自大林与韩明府归郭中精舍》："孤烟生暮景，远岫带春晖。"许浑《孤雁》："昔年双颉颃，池上霭春晖。"❷春日的风光。陈子良《赋得妓》："何必桃将李，别有待春晖。"李白《醉后答丁十八以诗讥余捶碎黄鹤楼》："待取明朝酒醒罢，与君烂漫寻春晖。"戴叔伦《过柳溪道院》："溪上谁家掩竹扉，鸟啼浑似惜春晖。"❸喻天子或慈母的恩惠。刘宪《奉和立春日内出彩花树应制》："欲识王游布阳气，为观天藻竞春晖。"孟郊《游子吟》："谁言寸草心，报得三春晖。"李景《都堂试贡士日庆春雪》："春晖早相照，莫滞九衢芳。"

【春照】 春天的阳光。卢照邻《七日登乐游故墓》："柳色摇岁华，冰文荡春照。"

【春農】 ❶指春耕播种等农事。杜甫《诸将五首》之三："稍喜临边王相国，肯销金甲事春农。"薛能《桃花》："风光新社燕，时节旧春农。"❷春耕的农民。薛能《闻官军破吉浪戎小而固虑史氏遗忽因记为二章》之一："昼卒烽前寝，春农界上耕。"

【春裝】 春天的服装。白居易《戏和微之答窦七行军之作》："春装秋未寄，谩道有闲钱。"李山甫《蜀中寓怀》："春装宝阙重重树，日照仙州万万楼。"

【春愁】 春天的愁绪。白居易《除夜言怀兼赠张常侍》："加添雪兴凭毡帐，消杀春愁付酒杯。"杜牧《伤友人悼吹箫妓》："玉箫声断没流年，满目春愁陇树烟。"韦庄《春愁》："自有春愁正断魂，不堪芳草思王孙。"唐彦谦《柳》："春思春愁一万枝，远村遥岸寄相思。"

【春節】 节日名。即农历正月初一。王琚《美女篇》："二八三五闺心切，褰帘卷幔迎春节。"

【春鳩】 即鸤鸠。俗称布谷鸟。崔颢《结定襄郡狱效陶体》："里巷鸣春鸠，田园引流水。"王维《春中田园作》："屋上春鸠鸣，村边杏花白。"元稹《春鸠》："春鸠与百舌，音响讵同年。"李德裕《忆平泉杂咏·忆春雨》："春鸠鸣野树，细雨入池塘。"

【春意】 ❶春天的气象、景象。孙逖《和常州崔使君咏后庭梅二首》之一："闻唱梅花落，江南春意深。"钱起《题郎士元半日吴村别业兼呈李长官》："愁人昨夜相思苦，闰月今年春意赊。"吴融《春晚书怀》："落尽红芳春意阑，绿芜空锁辟疆园。"南唐后主李煜《浪淘沙》："帘外雨潺潺，春意阑珊。"❷指春天催发万物生长的力量。温庭筠《春初对暮雨》："瞑姿看远树，春意入尘根。"司空图《杨柳枝寿杯词十八首》之十："看取明年春意动，更于何处最先知。"❸指男女恋情。孟浩然《春意》："春情多艳逸，春意倍相思。"

【春煙】 指春天的雾霭。李白《安陆白兆山桃花岩寄刘侍御绾》："芳草换野色，飞萝摇春烟。"李商隐《燕台四首·春》："衣带无情有宽窄，春烟自碧秋霜白。"唐彦谦《和陶渊明贫士诗七首》之二："薤菘郁朝露，桑柘浮春烟。"又《玫瑰》："无力春烟里，多愁暮雨中。"

【春溜】 (—liù)春水。李峤《菱》："钜野韶光暮，东平春溜通。"弓嗣初《晦日重宴》："年华蔼芳隰，春溜满新池。"白居易《溪中早春》："西涧冰已消，春溜含新碧。"

【春溟】 指东海。宋之问《景龙四年春祠海》："肃事祠春溟，宵斋洗蒙虑。"

【春禊】 即上巳节。古代风俗，三月上巳，人们都到水边洗濯以除不祥。魏晋以后，改为三月三日。唐时又成为人们到水边宴饮游春的节日。高球《三月三日宴王(明)府山亭》："洛城春禊，元巳芳年。"王维《奉和圣制与太子诸王三月三日龙池春禊应制》："故事修春禊，新宫展豫游。"

【春殿】 ❶指天子宫殿。杜牧《除官赴阙商山道中绝句》："水叠鸣珂树如帐，长杨春殿九门珂。"贾岛《送安南惟鉴法师》："讲经春殿里，花绕御床飞。"牛殳《琵琶行》："伤心忆得陈后主，春殿半酣细腰舞。"❷太子居住的宫殿。白居易《和集贤刘学士早朝作》："暂留春殿多称屈，合入纶闱即可知。"

【春碧】 春天碧绿色的景物。或指春草、春水、春山。李贺《难忘曲》："蜂语绕妆镜，拂蛾学春碧。"温庭筠《谢公墅歌》："朱雀航南绕香陌，谢郎东墅连春碧。"吴融《新安道中玩流水》："一渠春碧弄潺潺，密竹繁花掩映间。"张泌《思越人》："东风澹荡慵无力，黛眉愁聚春碧。"

【春臺】 春日登临览胜之台。张说《十五日夜御前口号踏歌词二首》之二："帝宫三五戏春台，行雨流风莫妒来。"杜甫《又送》："双峰寂寂对春台，万竹青青照客杯。"钱起《蓝田溪杂咏二十二首·登台》："望山登春台，目尽趣难极。"张泌《所思》："休向春台更回望，销魂自古因惆怅。"

【春熙】 春天的光辉。李峤《人日侍宴大明宫恩赐彩缕人胜应制》："鱼猜水冻行犹涩，莺喜春熙弄欲娇。"

【春榜】 春季科举考试后公布的进士榜，即进士及第者的名单。唐代放榜的地点在尚书省南面的礼部南院。许浑《赠桐庐房明府先辈》："帝城春榜谪灵仙，四海声华二十年。"李频《即席送许□之曹南省兄》："待看春榜来江外，名占蓬莱第几仙。"郑谷《贺进士骆用锡登第》："春榜到春晚，一家荣一乡。"徐夤《经故翰林杨左丞池亭》："春榜几深门下客，乐章多取集中诗。"

【春歌】 ❶歌唱春天；春天的歌。杜甫《壮游》："春歌丛台上，冬猎青丘旁。"皎然《拟长安春词》："春歌杂鶗鴂，春梦绕镮辕。"❷情歌。李珣《酒泉子》词之二："雨渍花零，红散香凋池两岸。别情遥，春歌断，掩银屏。"❸乐府清商曲辞之一。《子夜曲时歌》(一作《子夜吴歌》)中有《春歌》，见《全唐诗》卷二一。

【春閨】 女子闺房。亦借指闺中女子。李白《紫骝马》："挥鞭万里去，安得念春闺。"李德裕《鸳鸯篇》："亦有少妇破瓜年，春闺无伴独婵娟。"温庭筠《原隰荑绿柳》："腰肢弄寒吹，眉意入春闺。"陈陶《陇西行四首》之二："可怜无定河边骨，犹是春闺梦里人。"

【春團】 春天的团茶。薛能《谢刘相寄天柱茶》："两串春团敌夜光，名题天柱印维扬。"

【春牓】 同"春榜"。杜荀鹤《出山》："病眼看春牓，文场公道开。"曹松《览春榜喜孙鄠成名》："门外报春牓，喜君天子知。"齐己《送刘蜕秀才赴举》："都人看春牓，韩字在谁前。"

【春膏】 指春雨。李咸用《春晴》："檐滴春膏绝，凭栏晚吹生。"

【春旗】 青旗。苏颋《奉和圣制过晋阳宫应制》："高殿彩云合，春旗祥风翻。"储光羲《述降圣观》："玉殿俯玄水，春旗摇素风。"杜甫《晚出左掖》："昼刻传呼浅，春旗簇仗齐。"

【春慵】 春天困倦慵懒之态。韩偓《后魏时相州人作李波小妹歌疑其未备因补之》："难教牵引知酒味，因令怅望成春慵。"刘兼《昼寝》："花落青苔锦数重，书淫不觉避春慵。"

【春榮】 春花。喻青春时期。李白《邺中赠王大》："富贵吾自取，建功及春荣。"

【春漏】 春日的更漏。亦借指春夜。韦应物《听莺曲》："还栖碧树锁千门，春漏方残一声晓。"吴融《上阳宫辞》："景阳春漏无人报，太液秋波有雁来。"顾夐《诉衷情》之一："香灭帘垂春漏永，整鸳衾，罗带重。"

【春漲】 春水上涨。司空图《光启四年春戊申》："孤屿池痕春涨满，小阑花韵午晴初。"杜荀鹤《送人归淝上》："巢湖春涨喻溪深，才过东关见故林。"

【春態】　春天的景象。杜牧《丹水》："恨身随梦去，春态逐云来。"韩琮《霞》："应是行云未拟归，变成春态媚晴晖。"皎然《与崔子向泛舟自招橘经箬里宿天居寺忆李侍御崿渚山春游后期不及联一十六韵以寄之》："晴日春态深，寄游恣所适。"贯休《轻薄篇二首》之一："绣林锦野，春态相压。"

【春綠】　指春草。李章《春游吟》："美人摘新英，步步玩春绿。"

【春穀】　参见"春穀鳥"。

【春穀泉】　即"春穀谿"。皎然《送李丞使宣州》："梦里春谷泉，愁中洞庭雨。"

【春穀鳥】　亦省作"春穀"。即布谷鸟。白居易《秋寄微之十二韵》："饥啼春谷鸟，寒怨络丝虫。"韩翃《送齐明府赴东阳》："万里移家背春谷，一官行府向东阳。"

【春穀谿】　即春穀水。在今安徽繁昌县西北。汉时属春穀县境。王维《送张五諲归宣城》："渔浦南陵郭，人家春谷溪。"

【春蕪】　春草。刘长卿《登迁仁楼酬子婿李穆》："春芜生楚国，古树过隋朝。"杜甫《大历三年春白帝城放船出瞿塘峡久居夔府将适江陵漂泊有诗凡四十韵》："乾坤霾涨海，雨露洗春芜。"温庭筠《雉场歌》："城头却望几含情，青亩春芜连石苑。"

【春蔬】　春天的菜蔬。陆龟蒙《江边》："无因得似灌园翁，十亩春蔬一藜杖。"吴融《和座主尚书春日郊居》："春蔬已为高僧掇，腊酝还因熟客开。"郑谷《闻进士许彬罢举归睦州怅然怀寄》："烟舟撑晚浦，雨屐剪春蔬。"

【春樓】　❶春天的楼阁。严维《晦日宴游》："晦日湔裾俗，春楼致酒时。"❷女子所居的楼阁。李益《江南曲》："春楼不闭葳蕤锁，绿水回连宛转桥。"唐彦谦《春雨》："绮陌夜来雨，春楼寒望迷。"韩偓《六言三首》之一："春楼处子倾城，金陵狎客多情。"

【春醅】　春酒。刘言史《葛巾歌》："草堂窗底漉春醅，山寺门前逢暮雨。"

【春醁】　春酒。温庭筠《夜宴谣》："裂管萦弦共繁曲，芳樽细浪倾春醁。"

【春輝】　❶春天的阳光。岑参《送蒲秀才擢第归蜀》："向南风候暖，腊月见春辉。"姚合《寄张徯》："明年取前字，杯酒赛春辉。"赵嘏《送韦中丞》："二年恩意是春辉，清净胸襟似者希。"林滋《人日》："春辉新入碧烟开，芳院初将穆景来。"❷春天的风光、景致。张旭《山行留客》："山光物态弄春辉，莫为轻阴便拟归。"崔仲容《赠歌姬》："水剪双眸雾剪衣，当筵一曲媚春辉。"

【春賞】　指春景，春色。李乂《奉和晦日幸昆明池应制》："玉辂寻春赏，金堤重晦游。"张九龄《上阳水窗旬宴得移字韵》："春赏时将换，皇恩岁不移。"郑谷《次韵酬张补阙因寒食见寄之什》："朝稀且莫轻春赏，胜事由来在帝乡。"

【春嶠】　春山。李频《送寿昌曹明府》："涨江晴渐渌，春峤烧还青。"

【春幡】　古代于立春日，剪绢做成小幡，插在头上或挂在树枝下为戏，以示迎春之意。牛峤《菩萨蛮》："玉钗风动春幡急，交枝红杏笼烟泣。"又温庭筠有《咏春幡》，见《全唐诗》卷五七七。

【春盤】　古代风俗，在立春日取韭黄、芹菜、果品、饼、糖等置于盘中为食，或馈赠亲友。皇帝亦于立春前一日，以春盘及酒赐与近臣。沈佺期《岁夜安乐公主满月侍宴》："岁炬常然桂，春盘预折梅。"岑参《送杨千牛趁岁赴汝南郡觐省便成婚》："汝南遥倚望，早去及春盘。"白居易《岁日家宴戏示弟侄等兼呈张侍御二十八丈殷判官二十三兄》："岁盏后推蓝尾酒，春盘先劝胶牙饧。"唐彦谦《夏日访友》："春盘擘紫虾，冰鲤斫银鲙。"

【春潮】　春天的潮水。钱起《送沈少府还江宁》："斜日背乡树，春潮迎客船。"许浑《瓜洲留别李诩》："柳堤惜别春潮落，花榭留欢夜漏分。"崔涂《春日登吴门》："春潮映杨柳，细雨入楼台。"方干《怀桐江旧居》："春潮撼动莺花郭，秋雨闲藏砧杵村。"

【春嬌】　形容女子娇美之态，亦借指美女。梁锽《狷氏子》："忆事临妆笑，春娇满镜台。"元稹《连昌宫词》："春娇满眼睡红绡，掠削云鬟旋装束。"白居易《把酒思闲事二首》之二："把酒思闲事，春娇何处多。"

【春耨】　春耕。方干《出山寄苏从事》："隔岸鸡鸣春耨去，邻家犬吠夜渔归。"

【春薦】　春季祭祀名。以果品等物进献宗庙。王维《敕赐百官樱桃》："才是寝园春荐后，非关御苑鸟衔残。"

【春融】　春气融和。罗隐《春日湘中题岳麓寺僧舍》："春融只待乾坤醉，水阔深知世界浮。"韩偓《春昼》："春融艳艳，大醉陶陶。"

【春霖】　春天的绵绵细雨。薛能《吴姬十首》之三："滴滴春霖透荔枝，笔题笺动手中垂。"又《雨后早发永宁》："春霖朝罢客西东，雨足泥声路未通。"李建勋《春雨二首》之一："春霖未免妨游赏，唯到诗家自有情。"贯休《春晚闲居寄陈嵩伯》："春霖闭门久，春色聚庭木。"

【春興】　春游的意兴。皇甫冉《奉和对山僧》："远心驰北阙，春兴寄东山。"张蠙《和崔监丞春游郑仆射东园》："春兴随花尽，东园自养闲。"

【春錦】　形容烂漫如锦的春花。苏味道《咏井》：

"桐落秋蛙散，桃舒春锦芳。"章孝标《玄都观栽桃十韵》："拜星春锦上，服食晚霞中。"

【春瘴】　春季发生的瘴疠。白居易《十二年冬江西温暖喜元八寄金石棱到因题此诗》："欲将何药防春瘴，只有元家金石棱。"

【春龍】　春笋。陆龟蒙《奉和袭美闻开元寺开笋园寄章上人》："春龙争地养檀栾，况是双林雨后看。"

【春燈】　春夜之灯光。王维《同比部杨员外十五夜游有怀静者季》："由来月明如白日，共道春灯胜百花。"杜甫《船下夔州郭宿雨湿不得上岸别王十二判官》："风起春灯乱，江鸣夜雨悬。"李群玉《长沙紫极宫雨夜愁坐》："春灯含思静相伴，夜雨滴愁更向深。"

【春闈】　❶唐代礼部举行的科举考试。因在二月间举行，故称春闱。白居易《劝酒》："春闱未了冬登科，九万抟风谁与继。"姚合《别胡逸》："记得春闱同席试，逡巡何啻十年余。"许棠《陈情献江西李常侍五首》之四："春闱久已滞，秋赋又逢停。"刘兼《玉烛花》："正当晚槛初开处，却似春闱就试时。"❷借指主持春季科举考试的礼部。权德舆《贡院对雪以绝句代八行奉寄崔阁老》："寓宿春闱岁欲除，严风密雪绝双鱼。"王涯《广宣上人以诗贺放榜和谢》："延英面奉入春闱，亦选功夫亦选奇。"姚合《成名后留别从兄》："几年秋赋唯知病，昨日春闱偶有名。"徐夤《尚书命题瓦砚》："春闱携就处，军幕载将行。"❸指礼部。张荐《奉酬礼部阁老转韵离合见赠》："间阔向春闱，日复想光仪。"姚合《赠任士曹》："宪皇十一祀，共得春闱书。"

【春闈榜】　即春榜。薛涛《酬祝十三秀才》："诗家利器驰声久，何用春闱榜下看。"

【春黛】　指女子的黛眉。白居易《赠同座》："春黛双蛾嫩，秋蓬两鬓侵。"

【春繭】　春天的蚕茧。亦指用春茧丝制作的衣衫。皮日休《和鲁望风人诗三首》之一："莫言春茧薄，犹有万重思。"

【春醪】　春酒。杜甫《喜闻官军已临贼境二十韵》："家家卖钗钏，只待献春醪。"钱起《夏日陪史郎中宴杜郎中果园》："何事重逢迎，春醪晚更清。"李山甫《下第献所知三首》之二："自怜心计今如此，凭仗春醪为解颐。"陆龟蒙《和袭美钓侣二章》之一："一艇轻撑看晓涛，接䍦抛下漉春醪。"

【春藻】　春天的花草。借指华丽的文词或诗作。许敬宗《奉和执契静三边应诏》："充庭延饮至，绚简敷春藻。"权德舆《奉和圣制九月十八日赐百寮追赏因书所怀》："春藻下中天，湛恩阐文明。"

【春關】　唐代科学考试及第后再应吏部考试，叫关试。关试及格后，再授予官职。关试因在春天举行，故称"春关"。姚合《答韩湘》："昨闻过春关，名系吏部籍。"无可《送邵锡及第归湖州》："春关鸟罢啼，归庆浙烟西。"黄滔《送人明经及第东归》："亦从南院看新榜，旋束春关归故乡。"齐己《送人赴举》："明年从月里，满握度春关。"

【春羅】　一种丝织品名。李贺《神仙曲》："春罗书字邀王母，共宴红楼最深处。"薛能《吴姬十首》之一："偏怜不怕傍人笑，自把春罗等舞衫。"

【春蘭】　多年生草本植物。兰科，叶丛生。春季开花者称春兰。无可《菊》："不共春兰并，悠扬远蝶来。"周墀《贺王仆射放榜》："虽欣月桂居先折，更羡春兰最后荣。"

【春蘭秋菊】　春天的兰花和秋天的菊花。比喻皆一时之秀。石贯《和主司王起》："绛帐青衿同日贵，春兰秋菊异时荣。"

【春鶯囀】　曲调名。唐崔令钦《教坊记》："《春莺啭》，高宗晓声律，晨坐闻莺声，命乐工白明达写之，遂有此曲。"张祜《春莺啭》："内人已唱春莺啭，花下傞傞软舞来。"

【春釀】　（—niàng）春酒。王绩《赠学仙者》："春酿煎松叶，秋杯浸菊花。"赵嘏《春酿》："春酿正风流，梨花莫问愁。"

【春靄】　春天的雾霭。卢纶《同赵进马元阳春日登长春宫古城望河中因寄郑损仓曹》："城头春霭晓濛濛，指望关桥满袖风。"吴融《微雨》："自随春霭乱，还放夕阳明。"杜荀鹤《送吴蜕下第入蜀》："鸟径盘春霭，龙湫发夜雷。"

【春蠶】　春季饲养的蚕。李白《古风》之二二："昔视秋蛾飞，今见春蚕生。"薛能《吴姬十首》之六："年来寄与乡中伴，杀尽春蚕税亦无。"李商隐《无题》："春蚕到死丝方尽，蜡炬成灰泪始干。"邵谒《自叹》："春蚕未成茧，已贺箱笼实。"

【春豔】　春花。蔡京《咏子规》："愁血滴花春艳死，月明飘浪冷光沉。"温庭筠《定西番》词："双鬓翠霞金缕，一枝春艳浓。"

昧　〔mèi《广韵》莫佩切，去队，明。〕❶暗，昏暗。邵谒《览孟东野集》："不知天地间，白日几时昧。"❷愚昧，糊涂。李白《拟古十二首》之八："金丹宁误俗，昧者难精讨。"皎然《同薛员外谊久旱感怀寄兼呈上杨使君》："皇天鉴不昧，愊想何亢极。"韩愈《谢自然诗》："感伤遂成诗，昧者宜书绅。"刘禹锡《聚蚊谣》："喧腾鼓舞喜昏黑，昧者不分听者惑。"孟郊《湘弦怨》："昧者理芳草，蒿兰同一锄。"❸惑乱；迷乱。骆宾王《在狱咏蝉》序："有目斯开，不以道昏而昧其视。"高适《塞下曲》："古人昧此道，往往成老翁。"皎然《杂寓兴》："燕昭昧往事，嬴政亡前筹。"刘禹锡《和董庶中古散调词赠尹果毅》："翻然悟世途，抚己昧所宜。”❹蔽，掩盖。杜甫《回棹》：“吾家碑不昧，王氏井依然。”又《牵牛织女》：“虽无姑舅事，敢昧织作功。”独孤及《夏中酬于逖毕耀问病见赠》：“救物智所昧，学仙愿未从。”❺不知；不了解。骆宾王《在江南赠宋五之问》：“揆拙迷三省，劳生昧两忘。”储光羲《哥舒大夫颂德》：“戎人昧正朔，我有轩辕兵。”王建《赠王侍御》：“愚者昧邪正，贵将平道行。”刘商《合肥至日愁中寄郑明府》：“不能随世俗，应是昧行藏。”孙光宪《浣溪沙》之五：“半踏长裾宛约行，晚帘疏处见分明，此时堪恨昧平生。”❻分辨不清。皎然《苕溪草堂自大历三年夏新营泊秋及春弥觉境胜因纪其事简潘丞述汤评事衡四十三韵》：“俗情封浅近，至理昧尧跖。”韦应物《沣上精舍答赵氏外生伉》：“隐拙在冲默，经世昧古今。”皮日休《二游诗·徐诗》：“苟昧古与今，何殊喑共聩。”❼冒犯。王维《哭祖六自虚》：“福善闻前录，歼良昧上玄。”❽违背。李白《南奔书怀》：“草草出近关，行行昧前算。”

【昧旦】 拂晓。王维《同卢拾遗过韦给事东山别业二十韵》：“托身侍云陛，昧旦趋华轩。”

【昧死】 冒昧而犯死罪。表示敬畏之意。古代臣下上书帝王的习语。柳宗元《奉平淮夷雅表》序：“谨撰平淮夷雅二篇，虽不及尹吉甫、召穆公等，庶施诸后代，有以佐唐之光明。谨昧死再拜以献。”元稹《和李校书新题乐府十二首·阴山道》：“臣有一言昧死进，死生甘分答恩焘。”李商隐《韩碑》：“表曰臣愈昧死上，咏神圣功书之碑。”

【昧谷】 古代传说西方日入之处。见《书·尧典》。许敬宗《奉和执契静三边应诏》：“玄塞隔阴戎，朱光分昧谷。”

【昧陋】 愚昧浅陋。多用作自谦词。元稹《旱灾自咎贻七县宰》：“区区昧陋积，祷祝非不勤。”

【昧理】 不懂事理。权德舆《祗役江西路上以诗代书寄内》：“伊予多昧理，初不涉世务。”

【昧爽】 拂晓，黎明。韦应物《骊山行》：“下元昧爽漏恒秩，登山朝礼玄元室。”

【昧道】 不明道理。耿湋《寻觉公因寄李二端司空十四曙》：“少年尝昧道，无事日悠悠。”

【昧鄙】 愚昧浅陋。卢纶《太白西峰偶宿车祝二尊师石室晨登前巘凭眺书怀即事》：“弱龄诚昧鄙，遇胜惟求止。”

【昧履】 昏暗难行。姚合《寄贾岛浪仙》：“世途已昧履，生计复乖缉。”

【昧機】 指不明时机的人。韦应物《寄柳州韩司户郎中》：“达识与昧机，智殊迹同静。”

是 〔shì《广韵》承紙切，上紙，禪。〕❶正，直。裴迪《辋川集二十首·宫槐陌》：“门前宫槐陌，是向欹湖道。”❷对，正确。与“非”相对。李白《古风》之二：“萧萧长门宫，昔是今已非。”韦应物《答令狐侍郎》：“一凶乃一吉，一是复一非。”窦巩《岁晚喜远兄弟至书情》：“人事那堪问，无言是与非。”陆龟蒙《自遣诗三十首》之十七：“我为余粮春未去，到头谁是复谁非。”❸认为正确。张九龄《咏史》：“大德始无颇，中智是所是。”高适《崔司录宅燕大理李卿》：“路傍观者徒唧唧，我公不以为是非。”白居易《官舍小亭闲望》：“人心各自是，我是良在兹。”贯休《偶作因怀山中道侣》：“是是非非竟不真，桃花流水送青春。”❹判断词。(1)表示肯定。李白《春思》：“当君怀归日，是妾断肠时。”姚伦《过章秀才洛阳客舍》：“尽是忘言客，听君诵子虚。”杜荀鹤《再经胡城县》：“今来县宰加朱绂，便是生灵血染成。”韦庄《对酒赋友人》：“浮生都是梦，浩叹不如吟。”(2)表示存在，相当于“在”。孟浩然《陪张丞相自松滋江东泊渚宫》：“渚宫何处是，川暝欲安之。”刘长卿《送丘为赴上都》：“帝乡何处是，岐路空垂泣。”白居易《江上对酒二首》之一：“家乡安处是，那独在神京。”唐求《涂次偶作》：“前程何处是，一望又迢迢。”❺代词。(1)相当于“这”“此”。李白《避地司空原言怀》：“我则异于是，潜光皖水滨。”权德舆《奉和李大夫题郑评事江楼》：“心源齐彼是，人境胜岩壑。”白居易《赠元稹》：“之子异于是，久处誓不谖。”王揆《长沙六快诗》：“今贤官是邦，刳唉人脂肉。”(2)表示确指。把宾语提在谓语之前。刘晏《享太庙乐章》：“重熙累叶，景命是膺。”李白《雪谗诗赠友人》：“如或妄谈，昊天是殛。”顾况《上古之什补亡训传十三章·燕于巢一章》：“尔莫我从，维来者是冀。”韩愈《元和圣德诗》：“辟党聚谋，鹿头是守。”《郊庙歌辞·后唐宗庙乐舞辞·应天舞》：“皇天无亲，惟德是辅。”❻表示加重或加强语气。戴叔伦《哭朱放》：“最是不堪回首处，九泉烟冷树苍苍。”韩愈《早春呈水部张十八员外二首》之一：“最是一年春好处，绝胜烟柳满皇都。”黄滔《落花》：“落花辞高树，最是愁人处。”齐己《看金陵图》：“六朝图画战争多，最是陈宫计数讹。”❼凡是；任何。项斯《送僧》：“逢寺暂投宿，是山皆独寻。”贾岛《送孙逸人》：“是药皆谙性，令人渐信仙。”刘兼《春夕寓兴》：“忘忧何必在庭萱，是事悠悠竟可宽。”齐己《居道林寺书怀》：“是事皆能讳，唯诗未懒言。”❽有。杜甫《寄彭州高三十五使君适虢州岑二十七长史参三十韵》：“男儿行处是，客子斗身强。”白居易《狂吟七言十四韵》：“是客相逢皆故旧，无僧每见不殷勤。”姚合《赠张籍太祝》：“古风无手敌，新语是人知。”昭宗《菩萨蛮》：“何处是英雄，迎侬归故宫。”❾似，若。皇甫冉《泊丹阳与诸人同舟至马林溪遇雨》："共载人皆客，离家春是秋。"白居易《早冬》："老柘叶黄如嫩树，寒樱枝白是狂花。"薛能《升平词十首》："何期于此地，见说是神工。"⑩连词。表因果关系，相当于"因为""由于"。孟浩然《秋登兰山寄张五》："愁因薄暮起，兴是清秋发。"施肩吾《定情乐》之一："敢嗟君不怜，自是命不谐。"张碧《贫女》："自是生寒门，良媒不相识。"胡曾《咏史诗·东海》："自是祖龙先下世，不关无路到蓬莱。"⑪用同"甚"。什么；怎么。见"是甚"。

【是日】 这一天。孙逖《和左司张员外自洛使入京中路先赴长安逢立春日赠韦侍御等诸公》："此中睽益友，是日多诗兴。"崔颢《赠卢八象》："是日风波霁，高堂雨半收。"韩愈《赠侯喜》："是日侯生与韩子，良久叹息相看悲。"李郢《茶山贡焙歌》："使君是日忧思多，客亦无言征绮罗。"

【是以】 连词。所以，因此。骆宾王《夏日游德州赠高四》序："是以轻投木李，以代疏麻……伫辱报章。"杜甫《送顾八分文学适洪吉州》："玄宗妙其书，是以数子至。"元结《贼退示官吏》："城小贼不屠，人贫伤可怜，是以陷邻境，此州独见全。"皇甫冉《送陆鸿渐赴越》序："吾是以无闻，劝其晨装。"

【是事】 事事，凡事。韩愈《戏题牡丹》："长年是事皆抛尽，今日栏边暂眼明。"张籍《祭退之》："是事赖拯扶，如屋有栋梁。"陆龟蒙《记事》："都缘新卜筑，是事皆草创。"任翻《桐柏观》："不得多时住，门开是事忙。"修睦《秋日闲居》："是事不相关，谁人似此闲。"

【是非】 ❶正确与错误；正确与错误的标准。杜甫《戏作俳谐体遣闷二首》之二："是非何处定，高枕笑浮生。"元结《宿洄溪翁宅》："时俗是非何足道，得似老翁吾即休。"韩愈《辛卯年雪》："生平未曾见，何暇议是非。"卢注《酒胡子》："有眼不能分黼黻，有口不能明是非。"❷褒贬；评论。孟郊《听蓝溪僧为元居士说维摩经》："山木自曲直，道人无是非。"白居易《归履道宅》："眼下有衣食，耳边无是非。"于武陵《东门路》："从来名利地，皆起是非心。"罗隐《望思台》："可怜高祖清平业，留与闲人作是非。"❸纷争。李白《感兴六首》之三："不惜他人开，但恐生是非。"储光羲《杂诗二首》之一："混沌本无象，末路多是非。"孟云卿《悲哉行》："飘飘万余里，贫贱多是非。"司马扎《隐者》："终日不冠带，空山无是非。"徐铉《寄歙州吕判官》："莫忆班行重回首，是非多处是长安。"

【是物】 凡物；万物。杜甫《归雁》："是物关兵气，何时免客愁。"项斯《晓发昭应》："是物寒无色，汤泉正自流。"林宽《哭造微禅师》："是物皆磨灭，唯师出死生。"陆龟蒙《五歌·刈获》："凶年是物即为灾，百阵野凫千穴鼠。"

【是甚】 (—shén)什么。吕岩《劝世》："算是甚命，问什么卜。"

【是故】 连词。因此，所以。玄宗《春中兴庆宫酺宴》序："是故外无金革之虞，朝有搢绅之盛。"白居易《把酒》："是故达道人，去彼而取此。"又《逸老》："是故临老心，冥然合玄造。"

【是時】 这时。韦述《晚渡伊水》："是时春向深，两岸草如积。"白居易《新乐府·新丰折臂翁》："是时翁年二十四，兵部牒中有名字。"李商隐《行次西郊作一百韵》："是时正忘战，重兵多在边。"周昙《咏史诗·春秋战国门·陈蔡君》："楚聘宣尼欲道光，是时陈蔡畏邻强。"

【是處】 处处。顾非熊《暮春早起》："鶗鴂数声花渐落，园林是处总残春。"罗隐《初秋寄友人》："是处堪终老，新秋又未归。"方干《赠处州段郎中》："寒潭是处清连底，宾席何心望食鱼。"张乔《长安书事》："有景终年住，无机是处闲。"王周《和杜运使巴峡地暖节物与中土异濶然有感诗三首》之一："春光是处伤离思，何况归期未有涯。"

【是箇】 这个。张碧《林书记蔷薇》："东风折尽诸花卉，是个亭台冷如水。"

昞

〔bǐng《广韵》兵永切，上梗，幫。〕同"炳"。明；明亮。元稹《梦井》："寻环意无极，坐见天将昞。"

映

〔yìng《广韵》於敬切，去映，影。〕❶照，照耀。李白《古风》之一："我志在删述，垂辉映千春。"戴叔伦《江行》："芦洲隐遥嶂，露日映孤城。"又《奉酬卢端公饮后赠诸公见示之作》："风吹杨柳渐拂地，日映楼台欲下山。"白居易《春早秋初因时即事兼寄浙东李侍郎》："理曲管弦闻后院，熨衣灯火映深房。"韦庄《和薛先辈见寄初秋寓怀即事之作二十韵》："晚树连秋坞，斜阳映暮岑。"❷映衬，映射。钱起《行路难》："君不见明星映空月，太阳朝升光尽歇。"权德舆《酬赵尚书杏园花下醉后见寄》："鹤发杏花相映好，羡君终日醉如泥。"崔护《题都城南庄》："去年今日此门中，人面桃花相映红。"元稹《离思五首》之二："山泉散漫绕阶流，万树桃花映小楼。"杜牧《江南春绝句》："千里莺啼绿映红，水村山郭酒旗风。"❸掩映；遮。岑参《寻巩县南李处士别业》："桑叶隐村户，芦花映钓船。"杜甫《蜀相》："映阶碧草自春色，隔叶黄鹂空好音。"刘禹锡《重至衡阳伤柳仪曹》："我马映林嘶，君帆转山灭。"卢纶《寻贾尊师》："玉洞秦时客，焚香映绿萝。"王建《铜雀台》："含啼映双袖，不忍看西陵。"❹日光。杜甫《忆昔行》："落日初霞闪余映，倏忽东西无不可。"

【映書】 ❶用为勤学苦读之典。事见《晋书·车胤传》和《世说新语·识鉴》。护国《伤蔡处士》:"箧中遗草是琅玕,对此空令洒泪看。三径尚余行迹在,数萤犹是映书残。"❷义同"映雪"。李商隐《四年冬以退居蒲之永乐渴然有农夫望岁之志遂作忆雪又作残雪诗各一百言以寄情于游旧·忆雪》:"映书孤志业,披氅阻神仙。"

【映帶】 景物相互映衬。高适《自淇涉黄河途中作十三首》之五:"山河相映带,深浅未可测。"刘长卿《泛曲阿后湖简同游诸公》:"春风万顷绿,映带至徐州。"李频《句》:"巍峨数里城,远水相映带。"齐己《禅庭芦竹十二韵呈郑谷郎中》:"映带兼苔石,参差近画楹。"

【映雪】 参见"映雪讀書"。

【映雪讀書】 为勤学苦读之典。见《初学记》卷二。权德舆《旅馆雪晴又睹新月众兴所感因成杂言》:"丈夫富贵自有期,映雪读书徒白首。"亦省作"映雪"。李渤《喜弟淑再至为长歌》:"次兄一生能苦节,夏聚流萤冬映雪。"

【映發】 ❶辉映。张说《巴丘春作》:"江涔相映发,卉木共纷华。"❷谓花开放、相互映衬。孟浩然《宴张记室宅》:"妓堂花映发,书阁柳逶迤。"杜甫《送何侍御归朝》:"山花相映发,水鸟自孤飞。"

【映蔚】 苍翠蔚郁。权德舆《从事淮南府过亡友杨校书旧厅感念愀然》:"松竹逾映蔚,芝兰自消亡。"

【映隱】 阴影。李绅《庆云见》:"卷风变彩霏微薄,照日笼光映隐重。"

【映鬱】 苍郁。李白《题元丹丘颍阳山居》序:"其地北倚马岭,连峰嵩丘,南瞻鹿台,极目汝海,云岩映郁,有佳致焉。"

星 〔xīng《广韵》桑經切,平青,心。〕❶夜空中发光的天体。李白《古风》之一:"文质相炳焕,众星罗秋旻。"张建封《酬韩校书愈打球歌》:"杖移鬃底拂尾后,星从月下流中场。"孟郊《酬郑毗踯躅咏》:"迸火烧闲地,红星堕青天。"李商隐《夜出西溪》:"月澄新涨水,星见欲销云。"❷星宿名。二十八宿之一。南方朱鸟七宿的第四宿。魏征《五郊乐章·青帝角音》:"鹤云旦起,鸟星昏集。"又泛指二十八宿。见"星迴"。❸天文;星象。王绩《晚年叙志示翟处士》:"望气登重阁,占星上小楼。"❹指各星宿所对应的地域。贾岛《送蔡京》:"跃蹄归鲁日,带漏别秦星。"❺指鬓发斑白。元稹《酬乐天秋兴见赠本句云莫怪独吟秋兴苦比君校近二毛年》:"劝君休作悲秋赋,白发如星也任垂。"❻银河。见"星渚""星槎"。❼流星。见"星馳""星飛""星奔"。❽星使。孟浩然《岘山饯房琯崔宗之》:"方期九日聚,还待二星回。"刘长卿《哭张员外继》:"二星来不返,双剑没相随。"权德舆《送袁中丞持节册南诏五韵》:"西南使星去,远彻通朝聘。"见"星使"。❾将星。见《史记·天官书》及张守节正义。高适《信安王幕府诗》:"云纪轩皇代,星高太白年。"钱起《奉送刘相公江淮催转运》:"拥传星还去,过池凤不留。"刘长卿《瓜洲驿奉饯张侍御公拜膳部郎中却复宪台充贺兰大夫留后淮南幕府》:"月罢名卿署,星悬上将坛。"❿小火点,火星。李群玉《仙明洲口号》:"半浦夜歌闻荡桨,一星幽火照叉鱼。"李郢《题惠山》:"黄昏飞尽白蝙蝠,茶火数星山寂然。"⓫珠一类的饰物。太宗《帝京篇十首》之九:"佩移星正动,扇掩月初圆。无劳上悬圃,即此对神仙。"高适《咏马鞭》:"珠重重,星连连。"⓬秤杆上标记斤、两、钱的小点。拾得《诗》之二六:"银星钉称衡,绿丝作称纽,买人推向前,卖人推向后。"贾岛《赠牛山人》:"凿石养蜂休买蜜,坐山秤药不争星。"⓭古代妇女颊上涂染的装饰物。褚亮《咏花烛》:"靥星临夜烛,眉月隐轻纱。"

【星丸霜劍】 即丸剑。古代杂技表演时使用的铃与剑。陆龟蒙《开元杂题十首·杂伎》:"拜象驯犀角抵豪,星丸霜剑出花高。"

【星分】 ❶古代以天上的星宿来划分地上的区域,名曰"星分"。亦指某一地域相对应的星宿。李敬伯《奉陪段相公晚夏登张仪楼》:"文锋摧八阵,星分应三台。"❷谓分散,不统一。李白《万愤词投魏郎中》:"九土星分,嗷嗷栖栖。"

【星月】 ❶星星和月亮。许浑《重游飞泉观题故梁道士宿龙池》:"云开星月浮山殿,雨过风雷绕石坛。"薛能《赠禅师》:"相寻偶同宿,星月坐忘眠。"刘沧《题王母庙》:"武帝无名在仙籍,玉坛星月夜空明。"司马扎《山斋会别》:"星月半山尽,天鸡出海迟。"杜荀鹤《怀紫阁隐者》:"焚香赋诗罢,星月冷遥天。"❷犹言星使。赵嘏《送滕迈郎中赴睦州》:"星月去随新诏动,旌旗遥映故山明。"参见"星使"。

【星文】 ❶星象。张文琮《赋桥》:"星文遥写汉,虹势尚凌虚。"李白《侍从游宿温泉宫作》:"羽林十二将,罗列应星文。"皎然《答裴集阳伯明二贤各垂赠二十韵今以一章用酬两作》:"星文齐七政,天轴明二斗。"沈彬《入塞二首》之二:"苦战沙门卧箭痕,戍楼闲上望星文。"❷因宝剑上刻有七星花纹,故又借指剑,或佩剑者。王维《老将行》:"试拂铁衣如雪色,聊持宝剑动星文。"刘长川《宝剑篇》:"匣里星文动,环边月影残。"刘禹锡《酬杨八庶子喜韩吴兴与余同迁见赠》:"星文辞北极,旗影度东辽。"

【星火】 ❶古代星名。即二十八宿中的心宿。李白《过汪氏别业二首》之二:"星火五月中,景风从南来。"❷流星的火光。喻形势紧迫。李白《南奔书怀》:"南奔剧星火,北寇无涯畔。"武元衡《塞下曲》:"走檄召都尉，星火剿羌狄。”❸灯火；小火花。包佶《发襄阳后却寄公安人》：“还同星火去，马上别江春。”张祜《题金陵渡》：“潮落夜江斜月里，两三星火是瓜州。”薛能《洛下寓怀》：“冰霜谷口晨樵远，星火炉边夜坐寒。”

【星斗】 ❶对星的泛称。钱珝《江行无题一百首》之五七：“舟航依浦定，星斗满江寒。”刘禹锡《八月十五日夜桃源玩月》：“云轿欲下星斗动，天乐一声肌骨寒。”陆龟蒙《和袭美寄题玉霄峰叶涵象尊师所居》：“永夜只知星斗大，深秋犹见海山微。”李洞《送龙州田使君旧诗家》：“江灯混星斗，山木乱枪旗。”❷特指北斗星。张九龄《奉和圣制初出洛城》：“十月回星斗，千官捧日车。”白居易《和春深二十首》之十九：“催妆诗未了，星斗渐倾斜。”李商隐《一片》：“榆荚散来星斗转，桂花寻去月轮移。”高蟾《秋思》：“不堪星斗柄，犹把岁寒量。”

【星石】 陨石。贯休《䛒光大师草书歌》：“江楼曾见落星石，几回试发将军炮。”

【星芒】 ❶星的光芒。李白《塞下曲六首》之三：“阵解星芒尽，营空海雾消。”张祜《华清宫和杜舍人》：“马头开夜照，鹰眼利星芒。”许棠《中秋夜对月》：“影蔽星芒尽，光分物状全。”亦指光芒。李峤《弩》：“机张惊雉雊，玉彩耀星芒。”❷指彗星。李峤《饯薛大夫护边》：“授律星芒动，分兵月晕空。”司空曙《塞下曲》：“幕营随月魄，兵气长星芒。”张蠙《边将二首》之一：“角怨星芒动，尘愁日色微。”

【星光】 ❶星星的光辉。李贺《送秦光禄北征》：“天远星光没，沙平草叶齐。”李商隐《乱石》：“虎踞龙蹲纵复横，星光渐减雨痕生。”吕敞《潘安仁戴星看河阳花发》：“秀色沾轻露，鲜辉丽早阳。”❷借指明珠。吕价《浊水求珠》：“日彩逢高鉴，星光讵暗投。”

【星妃】 即古代神话传说中的织女。王初《银河》：“犹残仙媛湔裙水，几见星妃度袜尘。”李商隐《燕台四首·夏》：“直教银汉堕怀中，未遣星妃镇来去。”

【星花】 星星。鲍溶《窃览都官李郎中和李舍人益酬张舍人弘静夏夜寓直思闻雅琴见寄》：“松吹暑中冷，星花池上深。”

【星杓】 北斗星的斗柄，即玉衡、开阳、摇光三星。吕岩《真人行巴陵市太守怒其不避使案吏具其罪真人顷忽失之但留诗曰》：“身居北斗星杓下，剑挂南宫月角头。”

【星車】 使者所乘之车。徐坚《饯许州宋司马赴任》：“旧许星车转，神京祖帐开。”储嗣宗《随边使过五原》：“偶逐星车犯虏尘，故乡常恐到无因。”参见“星使”。

【星辰】 ❶星的通称。李白《古风》之五：“太白何苍苍，星辰上森列。”皇甫冉《温泉即事》：“天仗星辰转，霜冬景气和。”韩愈《送惠师》：“夜宿最高顶，举头看星辰。”罗虬《比红儿诗》之八四：“波平楚泽浸星辰，台上君王宴早春。”❷喻指郎官。卢象《奉和张使君宴加朝散》：“佐理星辰贵，分荣涣汗深。”李建勋《和致仕沈郎中》：“谬应星辰居四辅，终期冠褐作闲人。”参见“星郎”。❸指岁月。孟郊《感怀》之三：“中夜登高楼，忆我旧星辰。”❹喻指灯光。杜甫《奉送魏六丈佑少府之交广》：“新欢继明烛，梁栋星辰飞。”仇兆鳌注：“星辰，指梁上之灯。”

【星坐】 参见“星座”。

【星言】 谓早发。见《诗·鄘风·定之方中》。按：言，虚词。储光羲《望幸亭》：“天意知如此，星言归洛师。”

【星罕】 即罕旗。古代天子的仪仗之旗。苏颋《奉和圣制途次旧居应制》：“约川星罕驻，扶道日旂舒。”许敬宗《奉和登陕州城楼应制》：“辰旂翻丽景，星罕曳雕虹。”按，罕，一作“盖”，误。

【星坼】 参见“星拆”。

【星苑】 即天苑。星名，共十六星，如环状，在毕星南。参见《史记·天官书》。李义府《在嶲州遥叙封禅》：“肃驾移星苑，扬罕驭风司。”李峤《奉和杜员外扈从教阅》：“云区坠日羽，星苑毙天狼。”

【星奔】 如流星奔驰。形容疾速。杜甫《客居》：“西南失大将，商旅自星奔。”又《喜闻盗贼蕃寇总退口号五首》之三：“逆气数年吹路断，蕃人闻道渐星奔。”吕岩《绝句》之二九：“剑起星奔万里诛，风雷时逐雨声粗。”

【星拆】 一作“星坼”。天星坠落。喻名人死亡。杜甫《奉送苏州李二十五长史丈之任》：“星拆台衡地，曾为人所怜。”按：拆，《杜诗详注》作“坼”。罗隐《江都》：“惆怅晋阳星拆后，世间兵革地荒芜。”

【星門】 皇宫大门。指朝廷。杨炯《送刘校书从军》：“天将下三宫，星门召五戎。”

【星使】 指使臣。见《后汉书·方术传·李郃传》。许敬宗《游清都观寻沈道士得清字》：“风衢通阆苑，星使下层城。”孙逖《送周判官往台州》：“星使行看入，云仙意转催。”刘长卿《贾侍郎自会稽使回篇什盈卷兼蒙见寄一首与余有挂冠之期因书数事率成十韵》：“江上逢星使，南来自会稽。”卢渥《题嘉祥驿》：“星使自天丹诏下，雕鞍照地数程中。”

【星河】 银河。杜审言《南海乱石山作》：“乍将云岛极，还与星河次。”皇甫冉《同李三月夜作》：“处处砧声发，星河秋夜深。”刘商《胡笳十八拍·第八拍》：“朔风萧萧寒日暮，星河寥落胡天晓。”贾岛《题刘华书斋》：“露滴星河水，巢重草木薪。”

【星沼】 分散的池沼。吴融《池上双凫二首》之二:“不在笼栏夜仍好,月汀星沼剩裴回。”

【星官】　天官,天神。万齐融《仗剑行》:“昨夜星官动紫微,今年天子用武威。”卢肇《谪后再书一绝》:“坠堕阎浮南斗下,不知何事犯星官。”

【星空】　繁星闪烁的夜空。齐己《游三觉山》:“孤峰擎像阁,万木蔽星空。”

【星郎】　指郎官。见《后汉书·明帝纪》。李颀《送东阳王太守》:“桧楫今何去,星郎出守时。”韦执中《陪韩退之窦贻周同寻刘尊师不遇得师字》:“星郎同访道,羽客杳何之。”顾非熊《送李相公昭义平复起彼宣慰员外副行》:“晓驰云骑穿花去,夜与星郎带月行。”李频《五月一日蒙替本官不得随例入阙感怀献送相公》:“含香已去星郎位,衣锦惟思婺女邻。”吴融《送于员外归隐蓝田》:“曾吟工部两峰寒,今日星郎得挂冠。”

【星居】　❶分散居住。刘长卿《送州人孙沅自本州却归句章新营所居》:“火种山田薄,星居海岛寒。”刘禹锡《莫瑶歌》:“星居占泉眼,火种开山脊。”白居易《新乐府·蛮子朝》:“六诏星居初琐碎,合为一诏渐强大。”❷犹分离。方干《别喻凫》:“自此星居后,音书岂厌频。”

【星弧】　即弧矢星。又名天弓。在天狼星东南。共九星,八星如弓形,外一星象矢,故名。杜牧《奉和白相公圣德和平致兹休运岁终功就合咏盛长句四韵》:“应须日驭西巡狩,不假星弧北射狼。”

【星星】　❶泛指夜空中的星。亦指高远的星空。李贺《感讽五首》之五:“桂露对仙娥,星星下云逗。”刘禹锡《杂歌谣辞·步虚词》之二:“星星仙语人听尽,却向五云翻翅飞。”皮日休《奉和鲁望闲居杂题五首·醒闻桧》:“解洗余酲晨半酉,星星仙吹起云门。”❷头发花白貌。严维《书情献相公》:“年来白发欲星星,误却生涯是一经。”白居易《求分司东都寄牛相公十韵》:“忽忽心如梦,星星鬓似丝。”姚合《秋日书事寄秘书窦少监》:“秋气日骚骚,星星双鬓毛。”杜荀鹤《田翁》:“白发星星筋力衰,种田犹自伴孙儿。”❸犹点点。岑参《冬夜宿仙游寺南凉堂呈谦道人》:“昨夜山北时,星星闻此钟。”

【星昴】　即昴星。二十八宿之一。白虎七宿的第四宿。古代认为昴宿有星五颗(其实为七颗),后转化为五老。故用为祝颂之词。《书·尧典》:“日短星昴,以正仲冬。”孔安国传:“昴,白虎之中星。”张说《安乐郡主花烛行》:“星昴殷冬献吉日,夭桃秾李遥相匹。”参见“昴星”。

【星虹】　星宿虹霓。李白《元丹丘歌》:“长周旋,蹑星虹,身骑飞龙耳生风,横河跨海与天通。”王琦注:“(星虹),指星宿虹霓。”又《访道安陵遇盖还为余造真箓临别留赠》:“七元洞豁落,八角辉星虹。”

【星迴】　星宿运动回复原位。谓一年将尽。见《礼记·月令》。高适《真定即事奉赠韦使君二十八韵》:“月换思乡陌,星回记斗枢。”

【星迴節】　亦省作“星迴”。古代南诏节日名。或谓“火把节”。南诏骠信《星回节游避风台与清平官赋》:“不觉岁云暮,感极星回节。”按,唐元和后,南诏君自称骠信。清平官,犹唐之宰相。赵叔达《星回节避风台骠信命赋》:“法驾避星回,波罗毗勇猜。”注:“波罗,虎也。毗勇,野马也。骠信昔年幸此,曾射野马并虎也。”

【星缸】　指灯。“缸”应作“釭”,形近而讹。张光朝《天门街西观荣王聘妃》:“霜仗迎秋色,星缸满夜辉。”

【星律】　星,指二十八宿;律,指十二律。星律一周,指一周年。亦以“星律”指岁月。罗隐《薛阳陶觱篥歌》:“人间至艺难得主,怀抱差池恨星律。”

【星俎】　古代祭祀时盛牛羊的礼器。因上有星形图案,故名。《郊庙歌辞·汉宗庙乐舞辞·显仁舞》:“云轩临降久,星俎荐陈丰。”张昭《郊庙歌辞·汉宗庙乐舞辞·观德舞》:“星俎云罍兼鲁礼,朱干象箾杂巴渝。”

【星度】　星辰运行的度数。陆龟蒙《南阳广文博士还雷平后寄》:“芝台晓用金铛煮,星度闲将玉铪量。”

【星洲】　小沙洲。卢照邻《晚渡渭桥寄示京邑游好》:“长虹掩钓浦,落雁下星洲。”

【星津】　即银河,天河。骆宾王《秋日送尹大赴京》序:“闻吴会于星津,白云在天。”李频《镜湖夜泊有怀》:“涨接星津流荡漾,宽浮云岫动虚空。”陆龟蒙《和袭美寒日书斋即事三首》之二:“已上星津八月槎,文通犹自学丹砂。”罗虬《比红儿诗》之四十:“京口喧喧百万人,竞传河鼓谢星津。”

【星宫】　天宫;仙宫。或借指佛寺。武三思《奉和春日游龙门应制》:“星宫含雨气,月殿抱春辉。”杜甫《寄韩谏议》:“星宫之君醉琼浆,羽人稀少不在旁。”吕岩《七言》之七八:“金槌袖里居元宅,玉户星宫降上玄。”徐涵《题灵泉寺》:“宝刹临香地,星宫隐翠微。”

【星冠】　(—guān)道士的冠帽。包佶《宿庐山赠白鹤观刘尊师》:“渐恨流年筋力少,惟思露冕事星冠。”戴叔伦《汉宫人入道》:“萧萧白发出宫门,羽服星冠道意存。”韩偓《朝退书怀》:“鹤帔星冠羽客装,寝楼西畔坐书堂。”欧阳炯《巫山一段云》之一:“月帐朝霞薄,星冠玉蕊攒。”

【星飛】　谓流星。形容疾速。张继《金谷园》:“彩楼歌馆正融融,一骑星飞锦帐空。”刘禹锡《元和癸巳岁仲秋诏发江陵偏师问罪蛮徼后命宣慰释兵归降凯旋之辰率尔成咏寄荆南严司空》:"汉使星飞入,夷心草偃同。"曹邺《将赴天平职书怀寄翰林从兄》:"方得一侍座,单车又星飞。"

【星紀】 ❶星次名。十二次之一。与十二辰之丑对应,二十八宿中之斗、牛二宿属之。元稹《春分投简阳明洞天作》:"冈蹋翻星纪,章飞动帝枢。"❷岁月。张继《送窦十九判官使江南》:"游客淹星纪,裁诗炼土风。"杨巨源《秋夜闲居即事寄庐山郑员外蜀郡符处士》:"引领迟佳音,星纪屡以周。"

【星珠】 指星辰。李绅《忆登栖霞寺峰》:"星珠错落耀,月宇参差虚。"

【星班】 犹朝班。章碣《送韦岫郎中典泗州》:"玉皇恩诏别星班,去压徐方分野间。"

【星軒】 即轩辕星。古代以为女主之象征。见《文选·颜延之〈宋文皇帝元皇后哀策文〉》。张说《奉和圣制过晋阳宫应制》:"星轩三晋躔,土乐二尧封。"

【星狼】 本指天狼星。借指狼。玄宗《校猎义成喜逢大雪率题九韵以示群官》:"月兔落高矰,星狼下急箭。"

【星座】 亦作"星坐"。古代天文学家把星空划分成许多区域,每一区域叫一个星座。或指某一星群。杜牧《道一大尹存之庭美二学士简于圣明自致霄汉因成长句四韵呈上三君子》:"星座通霄狼鬣暗,戍楼吹笛虎牙闲。"项斯《长安退将》:"上高楼阁看星坐,著白衣裳把剑行。"黄损《出山吟》:"昨夜细看云色里,进贤星座甚分明。"张泌《送容州中丞赴镇》:"交趾同星坐,龙泉佩斗文。"

【星旆】 绘有星辰的旆。亦泛指旌旗。见《文选·扬雄〈甘泉赋〉》。李商隐《送从翁东川弘农尚书幕》:"日驭难淹蜀,星旆要定秦。"

【星旂】 同"星旗"。太宗《还陕述怀》:"星旂纷电举,日羽肃天行。"

【星浦】 银河。夏侯楚《秋霁望庐山瀑布》:"星浦虹初下,炉峰烟未收。"

【星流】 谓如陨星流逝。形容疾速。岑参《初过陇山途中呈宇文判官》:"一驿过一驿,驿骑如星流。"陈陶《小笛弄》:"绮席鸳鸯冷朱翠,星流霹雳谁驱使。"

【星陳】 谓队列如星宿之罗列有序。许敬宗《奉和入潼关》:"曦驭循黄道,星陈引翠旗。"

【星娥】 即古代神话传说中的织女。李商隐《海客》:"海客乘槎上紫氛,星娥罢织一相闻。"又《圣女祠》:"星娥一去后,月姊更来无。"唐彦谦《紫薇花》:"还似星娥织,初临五彩机。"

【星曹】 星官,星神。张碧《鸿沟》:"蛇枯老媪啼泪痕,星曹定秤秤王孙。"

【星眸】 明亮的目光。多用以形容鹰的眼睛。章孝标《鹰》:"星眸未放瞥秋毫,频掣金铃试雪毛。"高越《咏鹰》:"雪爪星眸世所稀,摩天专待振毛衣。"濮阳瓘《出笼鹘》:"星眸随狡兔,霜爪落飞鸿。"

【星毬】 绣球灯。花蕊夫人徐氏《宫词》之五三:"一点星球垂绛阙,五云仙仗下蓬山。"

【星彩】 星星的光彩。贾岛《送朱兵曹回越》:"星彩练中见,澄江岂有泥。"杜荀鹤《旅舍遇雨》:"月华星彩坐来收,岳色江声暗结愁。"罗隐《送陆郎中赴阙》:"三署履声通建礼,九霄星彩映明光。"又《送章碣赴举》:"苹鹿歌中别酒催,粉闱星彩动昭回。"亦指星星。方愚《读孝经》:"星彩满天朝北极,源流是处赴东溟。"

【星象】 指星体的位置及光线的明暗等。古人常以之占测人事的吉凶祸福。骆宾王《夏日游德州赠高四》:"风烟通地轴,星象正天枢。"杜甫《承闻河北诸道节度入朝欢喜口号绝句十二首》之九:"东逾辽水北滹沱,星象风云喜共和。"刘禹锡《和浙西尚书闻常州杨给事制新楼因寄之作》:"文昌星象尽东来,油幕朱门次第开。"李建勋《登升元阁》:"九天星象帘前见,六代城池直下观。"

【星渚】 ❶银河中的小洲。王建《七夕曲》:"流苏翠帐星渚间,环珮无声灯寂寂。"李德裕《重忆山居六首·巫山石》:"必是归星渚,先求历斗牛。"陆龟蒙《上云乐》:"便浮天汉泊星渚,回首笑君承露盘。"❷借指银河。苏味道《咏虹》:"纡余带星渚,窈窕架天浔。"刘禹锡《同乐天和微之深春二十首》之二:"桥峻通星渚,楼暄近日车。"郑畋《题缑山王子晋庙》:"衣从星渚浣,丹就日宫烧。"

【星宿】 (一xiù)二十八宿的泛称。亦指列星。李颀《欲之新乡答崔颢綦毋潜》:"铜炉将炙相欢饮,星宿纵横露华白。"王建《七夕曲》:"河边独自看星宿,夜织天丝难接续。"张萧远《观灯》:"星宿别从天畔出,莲花不向水中芳。"和凝《宫词百首》之五八:"昨夜仰观垂象正,拱辰星宿转分明。"

【星宿壇】 道士施法之坛。孟郊《送无怀道士游富春山水》:"煮金阴阳火,囚怪星宿坛。"

【星散】 分散;四散。杜甫《送樊二十三侍御赴汉中判官》:"使者纷星散,王纲尚旒缀。"孟郊《寿安西渡奉别郑相公》:"百宵华灯宴,一旦星散人。"白居易《霓裳羽衣歌》:"便除庶子抛却来,闻道如今各星散。"杜荀鹤《乱后逢村叟》:"至于鸡犬皆星散,日落前山独倚门。"

【星軺】 使者所乘之车。亦借指使者。宋之问《奉和梁王宴龙泓应教得微字》:"水府沦幽壑,星轺下紫微。"张谓《别韦郎中》:"星轺计日赴岷峨,云树连天阻笑歌。”钱起《送裴頔侍御使蜀》：“朝天绣服乘恩贵，出使星轺满路光。”翁承赞《御命归乡蒙赐锦衣》：“更待临轩陈鼓吹，星轺便指故乡归。”

【星飯】 至星夜方用餐。形容进食迟。李白《答长安崔少府叔封游终南翠微寺太宗皇帝金沙泉见寄》：“拂琴听霜猿，灭烛乃星饭。”

【星馳】 如流星飞驰。多形容使者行走疾速。韦应物《途中寄杨邈裴绪示褒子》：“上宰领淮右，下国属星驰。”薛能《褒斜道中》：“行吟却笑公车役，夜发星驰半不逢。”

【星勢】 犹星光。李商隐《谢先辈防记念拙诗甚多异日偶有此寄》：“星势寒垂地，河声晓上天。”

【星榆】 ❶指繁星。见《玉台新咏·古乐府·陇西行》。刘宪《奉和圣制登骊山高顶寓目应制》：“直城如斗柄，官树似星榆。”王初《即夕》：“风幌凉生白袷衣，星榆才乱绛河低。”❷指白榆。刘禹锡《和兵部郑侍郎省中四松诗十韵》：“月桂花遥烛，星榆叶对开。”王初《雪霁》：“星榆叶叶昼离披，云粉千重凝不飞。”

【星槎】 传说中往来于天河的木筏。见晋张华《博物志》卷十。宋之问《宴安乐公主宅得空字》：“宾至星槎落，仙来月宇空。”刘禹锡《逢王十二学士入翰林因以诗赠》：“厩马翩翩禁外逢，星槎上汉杳难从。”白居易《和微之春日投简阳明洞天五十韵》：“洞穴何因凿，星槎谁与刳。”吴融《汴上观》：“殷勤莫碍星槎路，从看天津弄杼回。”

【星歲】 ❶岁月。乔知之《和李侍郎古意》：“调丝独弹声未移，感君行坐星岁迟。”韦应物《送褚校书归旧山歌》：“故山可往薇可采，一自人间星岁改。”姚合《和李十二舍人裴四二舍人两阁老酬白少傅见寄》：“罢草王言星岁久，嵩高山色日相亲。”李商隐《哭刘司户二首》之二：“离居星岁易，失望死生分。”❷谓岁星。韦应物《白沙亭逢吴叟歌》：“星岁再周十二辰，尔来不语今为君。”刘商《胡笳十八拍·第十一拍》：“日来月往相催迁，迢迢星岁欲周天。”张说《行从方秀川与刘评事文同宿》：“风送关山长，气遒星岁短。”

【星傳】 使者之车。权德舆《送崔端公赴度支江陵院三韵》：“星传指湘江，瑶琴多楚调。”

【星臺】 指尚书省。钱起《赋得青城山歌送杨杜二郎中赴蜀军》：“星台二妙逐王师，阮瑀军书王粲诗。”

【星旗】 ❶绘有星形图纹的旌旗。张碧《鸿沟》：“星旗羽镞强者尊，黑风白雨东西屯。”❷指太白金星。萧楚材《奉和展礼岱宗涂经濮济》：“拂汉星旗转，分霄日羽明。”

【星精】 星之精气。王维《故太子太师徐公挽歌四首》之一：“轩皇用风后，传说是星精。”卢纶《杂曲歌辞·皇帝感词》之一：“禁花呈瑞色，国老见星精。”徐敞《虹藏不见》：“玉气徒成象，星精不散光。”李商隐《送千牛李将军赴阙五十韵》：“长刀悬月魄，快马骇星精。”

【星漢】 银河。李白《上皇西巡南京歌十首》之八：“秦开蜀道置金牛，汉水元通星汉流。”戴叔伦《赠韩道士》：“桃源寂寂烟霞闭，天路悠悠星汉斜。”长孙佐辅《闻韦驸马使君迁拜台州》：“海逼日月近，天高星汉秋。”于邺《秋夕闻雁》：“星汉欲沈尽，谁家砧未休。”

【星漢使】 指汉张骞。见宋周密《癸辛杂识前集·乘槎》。后用为咏银河的典故。王泠然《古木卧平沙》：“不逢星汉使，谁辨是灵槎。”钱珝《江行无题一百首》之四九：“难逢星汉使，乌鹊日乘槎。”

【星綱】 谓星的行列。元稹《开元观闲居酬吴士矩侍御三十韵》：“禹步星纲动，焚符灶鬼詹。”

【星樓】 ❶即落星楼。在今江苏南京市东北。骆宾王《送费六还蜀》：“星楼望蜀道，月峡指吴门。”又《久客临海有怀》：“天涯非日观，地屺望星楼。”❷星空中仙界的楼宇。刘威《七夕》：“云收喜气星楼晓，香拂轻尘玉殿空。”

【星輝】 即星光。窦叔向《寒食日恩赐火》：“电影随中使，星辉拂路人。”

【星箭】 指流星。太宗《秋日即目》：“落野飞星箭，弦虚半月弓。”

【星劍】 即七星剑。古宝剑名。因其有七星图纹，故名。杜甫《暝》：“正枕当星剑，收书动玉琴。”杜牧《和宣州沈大夫登北楼书怀》：“兵符严重辞金马，星剑光芒射斗牛。”

【星駕】 星夜驾车而行。谓早发。见《诗·鄘风·定之方中》。武平一《奉和幸新丰温泉宫应制》：“我皇顺时豫，星驾动轩辕。”杜甫《八哀诗·赠秘书监江夏李公邕》：“荣枯走不暇，星驾无安税。”

【星壇】 道士施法之坛。陶翰《望太华赠卢司仓》：“葱茏记星坛，明灭数云嶂。”牟融《寄羽士》：“乐道无时忘鹤伴，谈玄何日到星坛。”李昭象《学仙词寄顾云》：“仙人恩重何由报，焚尽星坛午夜香。”陆禹臣《赠吴生》：“星坛鸾鹤舞，丹灶虎龙蟠。”

【星橋】 ❶神话传说中由星星搭成的桥。见唐韩鄂《岁华纪丽》卷三引汉应劭《风俗通义》。张文恭《七夕》：“星桥百枝动，云路七香飞。”李商隐《七夕》：“鸾扇斜分凤幄开，星桥横过鹊飞回。”韦庄《诉衷情》词：“鸳梦隔星桥，迢迢。”❷指四川成都市内的七星桥。相传为秦时李冰所造。上应七星，故称。李白《上皇西巡南京歌十首》之七：“锦水东流绕锦城，星桥北挂象天星。”王琦注引《华阳国志》曰：“长老传言，李冰造七桥，上应七星。”按，七星，谓金、木、水、火、土、日、月等七星。七星桥，则指长星、圆星、玑星、夷星、尾星、冲星、曲星等七座桥。后亦借指成都。杜甫《赠王二十四侍御契四十韵》："一别星桥夜，三移斗柄春。"钱起《送薛判官赴蜀》："星桥过客稀，火井蒸云热。"

【星機】 指神话传说中织女的织布机。李商隐《寓怀》："星机抛密绪，月杵散灵氛。"韩偓《南安寓止》："岂知卜肆严夫子，潜指星机认海槎。"

【星曆】 天文历法。刘禹锡《和令狐相公寻白阁老见留小饮因赠》："文章管星历，情兴占年华。"

【星螢】 指萤火虫。许棠《陪友人夏夜对月》："蝉雀飞多误，星萤出自迷。"

【星燈】 即灯火。星，形容其微小。韦庄《宿山家》："山行侵夜到，云窦一星灯。"

【星霜】 ❶岁月；年岁。孟浩然《彭蠡湖中望庐山》："淮海途将半，星霜岁欲穷。"郎士元《赠韦司直》："客来吴地星霜久，家在平陵音信疏。"白居易《岁晚旅望》："朝来暮去星霜换，阴惨阳舒气序牵。"刘得仁《送新罗人归本国》："到彼星霜换，唐家语却生。"温庭筠《寄崔先生》："星霜荏苒无音信，烟水微茫变姓名。"❷鬓发斑白貌。耿湋《雨中宿义兴寺》："家国身犹负，星霜鬓已侵。"又《岐阳客舍呈张明府》："星霜渐见侵华发，生长虚闻在圣朝。"李绅《过梅里七首家今列题于后·忆东郭居》："倏忽变星霜，悲伤满衷抱。"翁洮《和方干题李频庄》："犹凭律吕传心曲，岂虑星霜到鬓根。"❸星辰霜露。或指霜露之夜。孟浩然《宿扬子津寄润州长山刘隐士》："不见少微星，星霜劳夜吟。"鲍溶《秋思三首》之一："昔奉千日书，抚心怨星霜。"

【星蹕】 帝王的车驾。赵彦昭《奉和幸白鹿观应制》："云骖驱半景，星跸坐中天。"

【星點】 谓繁星点点。韩愈《陪杜侍御游湘西两寺独宿有题一首因献杨常侍》："山楼黑无月，渔火灿星点。"李涉《题水月台》："水似晴天天似水，两重星点碧琉璃。"贾岛《题戴胜》："星点花冠道士衣，紫阳宫女化身飞。"

【星輿】 帝王的车驾。萧至忠《奉和九月九日登慈恩寺浮图应制》："天跸三乘启，星舆六辔行。"

【星離雨散】 四散，散失。李白《忆旧游寄谯郡元参军》："当筵意气凌九霄，星离雨散不终朝。"

【星離】 ❶星辰散布。形容众多。韦应物《寇季膺古刀歌》："求之时代不可知，千痕万穴如星离。"❷谓离散。李白《古风》之五九："张陈竟火灭，萧朱亦星离。"又《上崔相百忧章》："星离一门，草掷二孩。"

【星關】 天关。喻宫禁。李商隐《重有感》："昼号夜哭兼幽显，早晚星关雪涕收。"

【星羅】 谓天空繁星罗布。孟浩然《夜泊牛渚趁薛八船不及》："星罗牛渚夕，风退鹢舟迟。"刘禹锡《武陵观火诗》："众烬合星罗，游氛铄人肤。"

【星躔】 日月星辰运行的度次。杜审言《度石门山》："星躔牛斗北，地脉象牙东。"柳宗元《行路难三首》之三："星躔奔走不得止，奄忽双燕栖虹梁。"刘禹锡《洞庭秋月行》："势高夜久阴力全，金气肃肃开星躔。"韩偓《感事三十四韵》："腐儒亲帝座，太史认星躔。"

【星龕】 谓如列星般排列的佛龛。宋之问《龙门应制》："雁塔遥遥绿波上，星龛奕奕翠微边。"

【星靨】 酒窝。杜审言《奉和七夕侍宴两仪殿应制》："敛泪开星靥，微步动云衣。"许敬宗《七夕赋咏成篇》："情催巧笑开星靥，不惜呈露解云衣。"和凝《山花子》词之一："星靥笑偎霞脸畔，蹙金开襜衬银泥。"

【星變】 指星象有异常变化。古代占星家认为将有凶灾。司空图《丁巳元日》："星变当移幸，人心喜奉迎。"

【星鬢】 花白的鬓发。卢照邻《和王奭秋夜有所思》："劳歌欲有和，星鬓已将垂。"又《赠益府裴录事》："耿耿离忧积，空令星鬓侵。"

昳 〔dié《广韵》徒結切，入屑，定。〕❶日西斜；日落。皎然《妙喜寺达公禅斋寄李司直公孙房都曹德裕从事方舟颜武康士骋四十二韵》："与君北岩侣，游寓日常昳。"❷光艳。杜甫《乐游园歌》："阊阖晴开昳荡荡，曲江翠幕排银榜。"❸昏暗。见"昳眏"。

【昳眏】 （—jué）深暗貌。皮日休《太湖诗·入林屋洞》："洞气黑昳眏，苔发红鬖髿。"

昨 〔zuó《广韵》在各切，入鐸，從。〕❶昨天，前一天。孟浩然《九日怀襄阳》："去国似如昨，倏然经杪秋。"钱起《谷口书斋寄杨补阙》："家童扫萝径，昨与故人期。"司空曙《寄准上人》："昨闻归旧寺，暂别欲经年。"羊士谔《州民有献杏者瑰丽溢目因感花未几聊以成咏》："南郭东风赏杏坛，几株芳树昨留欢。"❷从前；过去。张说《出湖寄赵冬曦》："川途倏忽间，风景依如昨。"岑参《卫节度赤骠马歌》："忆昨看君朝未央，鸣珂拥盖满路香。"杜甫《北征》："忆昨狼狈初，事与古先别。"又《昔游》："晨溪向虚駃，归径行已昨。"柳宗元《郊居岁暮》："默默谅何为，徒成今与昨。"

【昨日】 ❶今天的前一天。孟浩然《登江中孤屿赠白云先生王迥》："忆与君别时，泛舟如昨日。"顾非熊《会中赋得新年》："万古如昨日，一年加一晨。"李渤《喜弟淑再至为长歌》："昨日亭前乌鹊喜，果得今朝尔来此。"陆龟蒙《寒日古人名》："昨日登楼望江色，鱼梁鸿雁几多来。"❷昔日。王昌龄《郑县宿陶太公馆中赠冯六元二》："昨日辞石门，五年变秋露。"李频《寄友人》："路岐如昨日，来往梦分明。"

【昨来】 近来。王昌龄《过华阴》："何意昨来心，遇物遂迁别。"岑参《河西春暮忆秦中》："别后乡梦数，昨来家信稀。"刘禹锡《插田歌》："昨来补卫士，唯用筒竹布。"

【昨夜】 昨天夜里。白居易《梦刘二十八因诗问之》："昨夜梦梦得，初觉思踟蹰。"李商隐《无题二首》之一："昨夜星辰昨夜风，画楼西畔桂堂东。"皮日休《卧病感春寄鲁望》："昨夜眠时稀似鹤，今朝餐数减于僧。"王周《夔州病中》："郡楼昨夜西风急，一一更筹到枕前。"

【昨宵】 昨夜。陆畅《宿陕府北楼奉酬崔大夫二首》之二："昨宵唯有楼前月，识是谢公诗酒人。"徐铉《赠陶使君求梨》："昨宵宴罢醉如泥，惟忆张公大谷梨。"

【昨朝】 （—zhāo）昨天；昨晨。高适《同群公秋登琴台》："静然顾遗尘，千载如昨朝。"皮日休《三羞诗三首》之二："昨朝残卒回，千门万户哭。"徐铉《北苑侍宴杂咏诗·风》："昨朝才解冻，今日又开花。"

昴 〔mǎo《广韵》莫飽切，上巧，明。〕星宿名。二十八宿之一。李白《南奔书怀》："太白夜食昴，长虹日中贯。"

【昴降】 （—jiàng）为称颂之词。见《初学记》卷一引《春秋纬·佐助期》。韦庄《饶州余干县琵琶洲有故韩宾客宣城裴尚书修行因以和吟》："已觉地灵因昴降，更闻川媚有珠生。"

【昴星】 ❶即昴宿。李益《罢秩后入华山采茯苓逢道者》："或闻樵人语，飞去入昴星。"❷传说汉相萧何为昴星精转世，故用为颂人之词。徐夤《尚书荣拜恩命夤疾中辄课恶诗二首以申攀赞》："昴星人杰当王佐，黄石仙翁识帝师。"又《府主仆射王抟生日》："李树影笼周柱史，昴星光照汉酂侯。"参见"昴降"。

【昴宿】 星宿名。二十八宿之一。白虎七宿的第四宿。传说汉相萧何为昴星精转世，故用为祝颂之词。吕岩《七言》之一〇二："箕星昴宿下长天，凡景宁教不愕然。"参见"昴降"。

昶 〔chǎng《广韵》丑兩切，上養，徹。又丑亮切，去漾，徹。〕古代南诏王对卿的称呼。见《新唐书·南蛮传上·南诏上》。南诏骠信《星回节游避风台与清平官赋》："不觉岁云暮，感极星回节。元昶同一心，子孙堪贻厥。"

昵 〔nì《广韵》尼質切，入質，娘。〕同"暱"。亲；亲昵。贯休《送崔使君》："释谓缘因，久昵清尘。"

【昵昵】 亲密貌。韩愈《听颖师弹琴》："昵昵儿女语，恩怨相尔汝。"

【昵谀】 谗佞。吴筠《览古十四首》之四："昵谀方自圣，不悟祸灭身。"

昭 〔zhāo《广韵》止遥切，平宵，章。〕❶光；光辉。李峤《皇帝上礼抚事述怀》："圣道昭永锡，邕言让在躬。"贾至《闲居秋怀寄阳翟陆赞府封丘高少府》："郁郁被庆云，昭昭翼太阳。"❷光明；明亮。德宗《中春麟德殿会百僚观新乐诗一章章十六句》："乾坤既昭泰，烟景含氤氲。"刘禹锡《韩十八侍御见示岳阳楼别窦司直诗因令属和重以自述故足成六十二韵》："曙色未昭晰，露华遥斐亹。"贯休《上孙使君》："恭惟岳精粹，多出于昭代。"❸光耀，照耀。羊士谔《和武相早朝中书候传点书怀奉呈》："三台昭建极，一德庆垂衣。"温庭筠《过孔北海墓二十韵》："揭日昭东夏，抟风滞北溟。"金真德《太平诗》："三五咸一德，昭我皇家唐。"❹显著；明显。则天皇后《唐明堂乐章·配飨》："笙镛间玉宇，文物昭清辉。"❺彰明；显扬。卢鸿一《嵩山十志·草堂》序："草堂者，盖因自然之溪阜。前当墉洫，资人力之缔构；后加茅茨，将以避燥湿，成栋宇之用。昭简易，叶乾坤之德。"李益《大礼毕皇帝御丹凤门改元建中大赦》："升中告成答玄贶，泥金检玉昭鸿恩。"韦表微《池州夫子庙麟台》："吁嗟麟兮，克昭符命，圣与时合，化行位尊。"司空图《丁巳元日》："作睿由稽古，昭仁事措刑。"❻清晰。韦应物《答杨奉礼》："烟波见栖旅，景物具昭陈。"又《善福阁对雨寄李儋幼遐》："圣朝无隐才，品物俱昭形。"❼清楚；明白。见"昭昭❹""昭告"。❽古代宗法制度。宗庙次序为始祖居中，二世、三世、六世居左，称昭；四世、五世、七世居右，称穆。又坟地葬位的左右次序亦如此，祭祀时，子孙也按昭穆，左右排列行礼。玄宗《春晚宴两相及礼官丽正殿学士探得风字》序："乃命礼官，考制度，稽典则，序文昭武穆，享天地神祇。"❾地名。昭州的简称。李商隐《偶成转韵七十二句赠四同舍》："明年赴辟下昭桂，东郊恸哭辞兄弟。"

【昭世】 即昭代。政治清明的时代。王维《送綦毋秘书弃官还江东》："无庸客昭世，衰鬓日如蓬。"皎然《哭吴县房耸明府》："昭世既合并，吾君藉陶甄。"

【昭丘】 春秋楚昭王之墓。在今湖北当阳县东南。王维《送贺遂员外外甥》："苍茫葭菼外，云水与昭丘。"刘长卿《夏口送长宁杨明府归荆南因寄幕府诸公》："草覆昭丘绿，江从夏口分。"李益《送襄阳李尚书》："风烟临岘首，云水接昭丘。"温庭筠《过华清宫二十二韵》："早梅悲蜀道，高树隔昭丘。"

【昭代】 政治清明的时代。褚亮《伤始平李少府正己》："声华满昭代，形影委穷尘。"宋之问《故赵王属赠黄门侍郎上官公挽词二首》之一："冥漠辞昭代，空怜赋子虚。”杜甫《奉留赠集贤院崔于二学士》：“昭代将垂白，途穷乃叫阍。”权德舆《冩兴》：“昭代未通籍，丰年犹食贫。”黄滔《贫居冬杪》：“年长惭昭代，才微辱至公。”

【昭成寺】 长安寺庙名。在朱雀门西第四街休祥坊内。建于隋大业元年(605)，原名慈和寺。玄宗先天二年(713)为昭成皇后追福，改为昭成寺。见清徐松《唐两京城坊考》卷四。孟郊有《与王二十一员外涯游昭成寺》，见《全唐诗》卷三七六。

【昭州】 唐代州名。贞观八年(643)以乐州改名，治所在平乐县(今广西平乐县西北乐溪北岸)。天宝元年(742)改为平乐郡，乾元元年(758)复名为昭州。薛逢《送韩绛归淮南寄韩绰先辈》：“相逢且问昭州事，曾鼓庄盆对逝川。”

【昭告】 明白地告知。王维《华岳》：“上帝伫昭告，金天思奉迎。”

【昭祀】 谓虔诚地祭祀。《郊庙歌辞·五郊乐章·送神》：“昭祀有应，冥期不爽。送乐张音，惟灵之往。”

【昭君】 即西汉元帝宫人王嫱，字昭君。远嫁南匈奴呼韩邪单于。终老于塞外。屈同仙《燕歌行》：“昭君远嫁已年多，戎狄无厌不复和。”卢仝《听萧君姬人弹琴》：“昭君可惜嫁单于，沙场不远只眼前。”李商隐《蝶》：“西子寻遗殿，昭君觅故村。”陆龟蒙《宫人斜》：“须知一种埋香骨，犹胜昭君作虏尘。”

【昭君宅】 即昭君故居。在今湖北兴山县南宝坪村。唐时，昭君故宅犹存。杜甫《大历三年春白帝城放船出瞿塘峡久居夔府将适有诗凡四十韵》：“神女峰娟妙，昭君宅有无。”仇兆鳌注：“《寰宇记》：归州巴东，有王昭君宅。”又崔涂有《过昭君故宅》，见《全唐诗》卷六七九。

【昭君村】 在今湖北兴山县南宝坪村。杜甫《咏怀古迹五首》之三：“群山万壑赴荆门，生长明妃尚有村。”又《负薪行》：“若道巫山女粗丑，何得此有昭君村？”白居易《题峡中石上》：“巫女庙花红似粉，昭君村柳翠于眉。”

【昭君怨】 乐府曲名。相传是汉王为昭君所作。《乐府诗集·琴曲歌辞三·昭君怨》郭茂倩题解引《乐府解题》：“昭君恨帝始不见遇，乃作怨思之歌。”卢照邻、董思恭、东方虬皆有《昭君怨》词。

【昭君冢】 即昭君墓。蒋吉有《昭君冢》，见《全唐诗》卷七七一。

【昭君詞】 即《昭君怨》词。戴叔伦、李端均有《昭君词》，见《全唐诗》卷二七四与卷二八六。参见《昭君怨》。

【昭君墓】 在今内蒙古自治区呼和浩特市南九公里大黑河南岸。相传其上草色常青，故名青冢，见《太平寰宇记》卷三八。白居易《青冢》：“传是昭君墓，埋闭蛾眉久。”无名氏《黄金台》：“去年八月幽州道，昭君墓前哭秋草。”常建有《昭君墓》，见《全唐诗》卷一四四。

【昭君溪】 即香溪。在昭君村附近。李涉《竹枝词》之三：“昭君溪上年年月，独自婵娟色最浓。”

【昭武軍】 ❶唐、五代方镇名。乾宁四年(897)以感义军改名，治所在凤州(今陕西凤县东北凤州镇)。❷五代方镇名。吴置。治所在抚州(今江西抚州市)。李中有《依韵和智谦上人送李相公赴昭武军》，见《全唐诗》卷七四七。

【昭事】 指祭祀。见《诗·大雅·大明》。魏征《郊庙歌辞·享太庙乐章·雍和》：“乐以感灵，礼以昭事。”《郊庙歌辞·昭德皇后庙乐章·永和》：“昭事终，幽享余，移月御，返仙居。”《郊庙歌辞·周郊祀乐章·禋顺乐》：“既修昭事，潜达明诚。”《郊庙歌辞·梁太庙乐舞辞·登歌》：“昭事上帝，欢心万国。”

【昭明】 ❶光明。见《诗·大雅·既醉》。郭子仪《郊庙歌辞·享太庙乐章·广运舞》：“于赫皇祖，昭明有融。”权德舆《书绅诗》：“和理通性术，悠久方昭明。”武元衡《酬严维秋夜见寄》：“昭明逢圣代，羁旅别沧洲。”陆龟蒙《袭美先辈以龟蒙所献五百言既蒙见和复示荣唱再抒鄙怀用伸酬谢》：“因知昭明前，剖石呈清琪。”❷南朝梁武帝长子萧统的谥号。武帝天监元年立为太子，未及即位而卒。曾招聚文士编集《文选》三十卷，选录自先秦至梁诗文辞赋，为我国现存最早的诗文选集。见《梁书·昭明太子统传》。陆龟蒙《寒夜文宴得惊字》：“千里建康衰草外，含毫谁是忆昭明。”罗隐《昭明太子庙》：“秋浦昭明庙，乾坤一白眉。”❸指《昭明文选》。皮日休《寒夜文宴联句》：“一会文章草，昭明不可删。”

【昭垂】 谓垂示后代。陈元光《太母魏氏半径题石》：“鸿濛山暝启，骏彩德昭垂。”

【昭享】 享受祭祀。韦应物《杂体五首》之四：“人神既昭享，凤鸟亦下来。”

【昭昭】 ❶明亮貌。董思恭《咏星》：“历历东井舍，昭昭右掖垣。”皎然《宿道士观》：“影殿山寂寂，寥天月昭昭。”张籍《庄陵挽歌词三首》之一：“白日已昭昭，干戈亦渐消。”张祜《寄迁客》：“但能坚志义，白日甚昭昭。”李咸用《鸡鸣曲》：“患乱忠臣欺宝刀，霜浓月薄星昭昭。”❷光明；光明灿烂貌。魏征《郊庙歌辞·五郊乐章·雍和》：“昭昭丹陆，奕奕炎方。”贺知章《郊庙歌辞·禅社首乐章·太和》：“昭昭有唐，天俾万国。”皇甫松《古松感兴》：“昭昭大化光，共此遗芳馨。”刘叉《自古无长生劝姚合酒》：“若问长生人，昭昭孔丘籍。”贯休《大蜀皇帝寿春节进尧铭舜颂二首·尧铭》：“金册昭昭，列圣孤标。”❸喻德行光明伟大。则天皇后《唐享昊天乐·第六》：“昭昭上帝，穆穆下临。”《郊庙歌辞·明皇祀圜丘乐章·豫和》：“眇眇阊阖，昭昭上玄。”李白《古风》之十二：“昭昭严子陵，垂钓沧波间。”贯休《塞上曲二首》之一：“单于右臂何须断，天子昭昭本如日。”❹明白；显著。丁泽《上元日梦王母献白玉环》：“仙圣非相远，昭昭寤寐间。”白居易《谪居》：“遭时荣悴一时间，岂是昭昭上天意。”吴融《和严谏议萧山庙十韵》：“默默虽难测，昭昭本至平。”贯休《避地毗陵上王慥使君》：“至理至昭昭，心通即不遥。”

【昭迴】　❶谓银河星辰光照运转于天。见《诗·大雅·云汉》。韦应物《秋夜二首》之二：“霜露已凄凄，星汉复昭回。”崔元翰《奉和圣制三日书怀因以示百寮》：“天文信昭回，皇道颇敷陈。”❷天河。吴筠《秋日彭蠡湖中观庐山》：“绝巅凌大漠，悬流泻昭回。”李白《赠从孙义兴宰铭》：“所恨不见之，犹如仰昭回。”皮日休《太湖诗·缥缈峰》：“捽为一雪山，欲与昭回通。”❸天空；天宇。《郊庙歌辞·祀九宫贵神乐章·凯安》：“风云交律候，日月丽昭回。”权德舆《奉和太府韦卿阁老左藏库中假山之作》：“忽向庭中摹峻极，如从洞里见昭回。”胡曾《咏史诗·金义岭》：“凿开山岭引湘波，上去昭回不较多。”❹指日月，或日月星辰。沈佺期《乐府杂曲·鼓吹曲辞·巫山高二首》之一：“巫山峰十二，环合隐昭回。”李群玉《浔阳观水》：“直至沧溟涵贮尽，深沉不动浸昭回。”李山甫《司天台》：“拂云朱槛捧昭回，静对铜浑水镜开。”❺比喻帝王。薛稷、宋之问《十月诞辰内殿宴群臣效柏梁体联句》：“宗伯秩礼天地开，帝歌难续仰昭回。”上官婉儿《九月九日上幸慈恩寺登浮图群臣上菊花寿酒》：“睿词悬日月，长得仰昭回。”赵彦昭《奉和圣制登骊山高顶寓目应制》：“皇情遍九垓，御辇驻昭回。”权德舆《奉和圣制中春麟德殿会百寮观新乐》：“赓歌仰昭回，窃比华封人。”刘禹锡《和兵部郑侍郎省中四松诗十韵》：“终须似鸡树，荣茂近昭回。”

【昭宣】　显扬；宣扬。张九龄《奉和圣制送李尚书入蜀》：“皇心在勤恤，德泽委昭宣。”又《奉和圣制谒玄元皇帝庙斋》：“赓歌徒有作，微薄谢昭宣。”张祜《读西汉书十四韵》：“冲融当魏邴，覜衍自昭宣。”《郊庙歌辞·晋朝飨乐章·举酒》：“君臣庆会，礼乐昭宣。”

【昭華琯】　参见“昭華管”。

【昭華管】　亦作“昭華琯”。古代传说中的管乐器名。见晋葛洪《西京杂记》卷三。杜牧《出宫人二首》之一：“闲吹玉殿昭华管，醉折梨园缥蒂花。”李商隐《昭肃皇帝挽歌辞三首》之三：“莫验昭华琯，虚传甲帐神。”

【昭格】　降临；来临。李逢吉《享惠昭太子庙乐章》：“肃将震念，昭格储灵。”《郊庙歌辞·褒德庙乐章·昭德》：“灵应昭格，神其戾止。”

【昭配】　古代帝王祭祀天地山川，以先祖配祭，曰昭配。韩休《郊庙歌辞·祭汾阴乐章·南吕羽》：“肃事昭配，永言孝思。”独孤及《酬皇甫侍御望天灊山见示之作》：“汉皇南游日，望秩此昭配。”

【昭容】　❶妃嫔，女官名。南朝宋孝武帝始置。齐、梁、陈皆沿置。唐代昭容仍为九嫔之一。《唐会要》卷三“内职”：“旧制：皇后之下有贵妃、淑妃、德妃、贤妃各一人，为夫人，正一品；昭仪、昭容、昭媛、修仪、修容、修媛、充仪、充容、充媛各一人，为九嫔，正二品。”杜甫《紫宸殿退朝口号》：“户外昭容紫袖垂，双瞻御座引朝仪。”❷指上官婉儿。事见《旧唐书·后妃传上·上官昭容》。吕温《上官昭容书楼歌》：“汉家婕妤唐昭容，工诗能赋千载同。”

【昭陵】　❶唐太宗陵墓名。在今陕西省礼泉县。权德舆《拜昭陵过咸阳墅》：“适因昭陵拜，得抵咸阳田。”杜牧《将赴吴兴登乐游原一绝》：“欲把一麾江海去，乐游原上望昭陵。”❷指唐太宗。司空图《与都统参谋书有感》：“带病深山犹草檄，昭陵应识老臣心。”

【昭陵石馬】　即昭陵前的六块浮雕石刻。刻于贞观十年。六匹骏马名为“什伐赤”“青骓”“白蹄乌”“特勒骠”“飒露紫”“拳毛䯄”。见唐姚汝能《安禄山事迹》卷下。李商隐《复京》：“虏骑胡兵一战摧，万灵回首贺轩台。天教李令心如日，可要昭陵石马来。”韦庄《闻再幸梁洋》：“兴庆玉龙寒自跃，昭陵石马夜空嘶。”

【昭陵慟哭】　李洞《句》：“公道此时如不得，昭陵恸哭一生休。”按，宋赵与虤《娱书堂诗话》曰：“唐制，有冤者哭昭陵下。”

【昭國】　即昭国里。白居易有《昭国闲居》，见《全唐诗》卷四二九。

【昭國里】　又省作“昭国”。长安里坊名。在朱雀门街东第三街。见清徐松《唐两京城坊考》卷三。白居易《朝归书寄元八》：“归来昭国里，人卧马歇鞍。”按，白居易于元和九年冬至元和十年八月，曾住在昭国里，并有《昭国闲居》。韦应物亦有《过昭国里故第》。李商隐有《过昭国李家南园》。李洞有《贺昭国从叔员外转本曹郎中》。

【昭假】　谓虔诚之心达于上天。见《诗·大雅·云汉》。《郊庙歌辞·祭汾阴乐章·舒和》：“禋宗于地，昭假于天。”

【昭陽】　❶同“昭陽殿”。戎昱《闺情》：“昭阳今再入，宁敢恨长门。”刘皂《长门怨三首》之一：“雨滴长门秋夜长，愁心和雨到昭阳。”李商隐《隋宫守岁》：“昭阳第一倾城客，不踏金莲不肯来。”于武陵《长信宫二首》之二:"长信翠蛾老,昭阳红粉新。"❷借指唐代宫殿。贺知章《奉和御制春台望》:"晓色遍昭阳,晴云卷建章。"卢纶《宿定陵寺》:"谁悟威灵同寂灭,更堪砧杵发昭阳。"王建《宫词一百首》之六十:"避暑昭阳不掷卢,井边含水喷鸦雏。"❸借指皇帝、朝廷。杨衡《长门怨》:"望望昭阳信不来,回眸独掩红巾泣。"韩琮《京西即事》:"昭阳亦待平安火,谁握旌旗不见勋。"

【昭陽殿】　汉代宫殿。见《三辅黄图·未央宫》和《汉书·外戚传》。太宗《帝京篇十首》之九:"罗绮昭阳殿,芬芳玳瑁筵。"王翰《飞燕篇》:"紫房彩女不得见,专荣固宠昭阳殿。"白居易《长恨歌》:"昭阳殿里恩爱绝,蓬莱宫中日月长。"刘云《婕妤怨》:"莫言朝花不复落,娇容几夺昭阳殿。"

【昭報】　明白地向神灵表示酬报。则天皇后《唐享昊天乐·第三》:"圜坛敢申昭报,方璧冀展虔情。"尉迟汾《府尹王侍郎准制拜岳因状嵩高灵胜寄呈三十韵》:"明朝虔昭报,颁祀岁严恭。"

【昭晰】　❶清楚;明白。吴筠《览古十四首》之十四:"道遐理微茫,谁为我昭晰。"权德舆《奉和新卜城南郊居得与卫右丞邻舍因赋诗寄赠》"六符既昭晰,万象随陶钧。"许孟容《享文恭太子庙乐章》:"祝道寅恭,神仪昭晰。"陈昌言《白日丽江皋》:"清明开晓镜,昭晰辨秋毫。"❷光显;光耀。《郊庙歌辞·隐太子庙乐章·送神》:"钟鼓铿锵,羽旄昭晰。"张九龄《奉和圣制送十道采访使及朝集使》:"昭晰动天文,殷勤在人瘼。"皎然《兵后余不亭重送卢孟明游江西》:"佳士持操高,扬才日昭晰。"

【昭答】　犹酬答。刘禹锡《送僧元暠东游》序:"妙音奋迅,愿力昭答。"

【昭備】　指祭祀完备。《郊庙歌辞·享太庙乐章·永和》:"荐享昭备,虔恭在兹。"

【昭然】　明白貌。罗隐《送李右丞分司》:"分漕得洛川,谠议更昭然。"周昙《咏史诗·前汉门·王莽》:"权归诸吕牝鸡鸣,殷鉴昭然讵可轻。"齐己《荆门勉怀寄道林寺诸友》:"荣枯得失理昭然,准斅离骚更问天。"

【昭嗣】　南卓字,大中间曾官黔南观察使,见《新唐书·艺文志二》。沈亚之《湘中怨》注:"元和十三年,余闻之朋中,因悉补其词,题之曰《湘中怨》,盖欲使南昭嗣《烟中志》为偶倡也。"

【昭彰】　❶昭著;显著。储光羲《晚次东亭献郑州宋使君文》:"大明潜照耀,淑慝自昭彰。"郭子仪《享太庙乐章·保大舞》:"于穆文考,圣神昭章。"白居易《杂感》:"斯人死已久,其事甚昭彰。"《郊庙歌辞·梁太庙乐舞辞·象功舞》:"天地合德,睿圣昭彰。"❷光耀。白居易《酬郑侍御多雨春空过诗三十韵》:"丹诚期恳苦,白日会昭彰。"赵蕃《老人星》:"灼烁依狼地,昭彰近帝庭。"独孤铉《日南长至》:"更升台上望,云物已昭彰。"王若岩《试越裳贡白雉》:"素翟宛昭彰,遥遥自越裳。"

【昭儀】　❶妃嫔,女官名。汉元帝始置。见《汉书·外戚传上》。唐昭仪为九嫔之一,正二品。参见《旧唐书·后妃传》。曹邺《恃宠》:"二月树色好,昭仪正骄奢。"花蕊夫人徐氏《宫词》之六七:"昭仪侍宴足精神,玉烛抽看记饮巡。"❷指班婕妤。李峤《熊》:"昭仪忠汉日,太傅翊周年。"参见《汉书·外戚传下·孝成班婕妤》。

【昭德】　❶彰明美德。《郊庙歌辞·享章怀太子庙乐章·登歌酌鬯》:"寝门昭德,驰道为程。"❷即昭德舞。

【昭德皇后】　德宗皇后。德宗即位,册为淑妃,贞元二年(786)册为皇后,见《旧唐书·后妃传下》。包佶、武元衡、权德舆和白居易均有《昭德皇后挽歌词》。

【昭德舞】　❶汉代雅舞名。见《汉书·礼乐志》。❷唐褒德庙乐舞名。见《旧唐书·音乐四》。辞见《全唐诗》卷十五。❸五代梁太庙乐舞名。见《乐府诗集·郊庙歌辞十二·梁太庙乐舞辞》。辞见《全唐诗》卷十六。❹五代后唐宗庙乐舞名。见《乐府诗集·郊庙歌辞十二·后唐宗庙乐舞辞》。辞见《全唐诗》卷十六。❺五代晋雅舞名。见《乐府诗集·舞曲歌辞一·晋昭德成功舞歌》。辞见《全唐诗》卷十六。

【昭潭】　又名湘州潭。在今湖南长沙县南昭山下。相传其下无底,为湘水最深处。或云周昭王南征而不复,没于此潭,因以为名。见《水经注·湘水》和《初学记》卷八"江南道"引南朝宋郭仲产《湘州记》。杜易简《湘川新曲二首》之一:"昭潭深无底,橘洲浅而浮。"刘禹锡《赠长沙谶头陀》:"有时明月无人夜,独向昭潭制恶龙。"《昭潭谚》(卷八七七):"昭潭无底橘洲浮。"

【昭融】　❶光大发扬。见《诗·大雅·既醉》。则天皇后《唐享昊天乐·第四》:"微诚讵幽感,景命忽昭融。"❷显扬;光耀。玄宗《巡省途次上党旧宫赋》:"存贞期历试,佐贰伫昭融。"《郊庙歌辞·昭德皇后庙乐章·舒和》:"谐音遍响合明意,万类昭融灵应多。"温庭筠《鸿胪寺有开元中锡宴堂楼台池沼雅为胜绝荒凉遗址仅有存者偶成四十韵》:"昭融廓日月,妥帖安纪纲。"❸借指上天。杜甫《投赠哥舒开府二十韵》:"策行遗战伐,契合动昭融。"杨伦《杜诗镜铨》(卷二):"二句言策命之行,自有独契天心处,不徒以战功显也。"李商隐《武侯庙古柏》:"谁将出师表,一为问昭融。"冯浩《玉溪生诗集笺注》(卷二):"道源曰:昭融,天也。”

【昭義】 ❶县名。永泰元年置。姚合有《送家兄赴任昭义》,见《全唐诗》卷四九六。❷即昭义军。唐五代方镇名。李商隐有《行次昭应县道上送户部李郎中充昭义攻讨》及《寄和水部马郎中题兴德驿时昭义已平》,见《全唐诗》卷五四一。

【昭臨】 光临,来临。包佶《郊庙歌辞·祀风师乐章·迎俎酌献》:“德盛昭临,迎拜巽方。”《郊庙歌辞·太清宫乐章·冲和》:“礼殊祼鬯,义感昭临。”

【昭應】 ❶应验。王昌龄《别皇甫五》:“明祠灵响期昭应,天泽俱从此路还。”❷唐县名。天宝七年以会昌县改名。治所在今陕西临潼县。顾况有《宿昭应》,白居易有《权摄昭应早秋书事寄元拾遗兼呈李司录》,沈亚之有《宿后自华阳行次昭应寄王直方》。

【昭曠】 光明,宽广。赵冬曦《酬燕公出湖见寄》:“鸾翮非常戢,鹏天会昭旷。”孟郊《酬李侍御书记秋夕雨中病假见寄》:“洗涤烦浊尽,视听昭旷生。”

【昭蘇】 ❶苏醒。见《礼记·乐记》。薛能《升平词十首》之七:“品物尽昭苏,神功复帝谟。”❷使宇宙万物重获生机之德。宋之问《谒禹庙》:“运遥日崇丽,业盛答昭苏。”《后唐宗庙乐舞辞·永平舞》:“千秋万祀,永荷昭苏。”❸开朗,省悟。杜甫《大历三年春白帝城放船出瞿塘峡有诗凡四十韵》:“劳心依憩息,朗咏划昭苏。”

【昭關】 地名。在今安徽含山县北,小岘山西。春秋时为吴、楚界地,是交通要冲,楚伍子胥奔吴,曾经此道。李贺《潞州张大宅病酒遇江使寄上十四兄》:“秋至昭关后,当知赵国寒。”

【昭饗】 指享用祭品。褚亮《雩祀乐章·肃和》:“大帝昭飨,群生展敬。”李舒《让皇帝庙乐章·迎神》:“神其降灵,昭飨祀事。”

【昭爛】 光明灿烂。崔元翰《奉和登玄武楼观射即事书怀赐孟涉应制》:“复如观太清,昭烂垂芳辰。”

六 画

時 〔shí《广韵》市之切,平之,禪。〕❶季节。王勃《林泉独饮》:“丘壑经涂赏,花柳遇时春。”王维《不遇咏》:“北阙献书寝不报,南山种田时不登。”刘长卿《入百丈涧见桃花晚开》:“百丈深涧里,过时花欲妍。”韩愈《感春五首》之三:“春田可耕时已催,王师北讨何当回。”❷季度。戎昱《客堂秋夕》:“四时不得一日乐,以此方悲客游恶。”柳公绰《赠毛仙翁》:“桃源千里远,花洞四时春。”雍裕之《山中桂》:“八树拂丹霄,四时青不凋。”❸时间;时候。杜甫《垂老别》:“势异邺城下,纵死时犹宽。”陈润《宿北乐馆》:“庭木萧萧落叶时,溪声雨声听不辨。”杨衡《卢十五竹亭送侄偁归山》:“正是忆山时,复送归山客。”陆龟蒙《奉酬袭美先辈吴中苦雨一百韵》:“其时心力愤,益使气息惙。”❹时辰。杜甫《垂白》:“江喧长少睡,楼迥独移时。”又《崔评事弟许相迎不到应虑老夫见泥雨怯出必愆佳期走笔戏简》:“江阁要宾许马迎,午时起坐自天明。”❺泛指光阴,岁月。陈元光《示珦》:“勤劳思命重,戏谑逐时空。”韩愈《秋怀诗十一首》之八:“作者非今士,相去时已千。”❻当时;那时。贾至《自蜀奉册命往朔方途中呈韦左相文部房尚书门下崔侍郎》:“太皇时内禅,神器付嗣君。”韩愈《崔十六少府摄伊阳以诗及书见投因酬三十韵》:“我时亦新居,触事苦难办。”白居易《春日闲居三首》之二:“时我亦潇洒,适无累与病。”黄滔《入关旅次言怀》:“月晦时风雨,秋深日别离。”亦指当时的人。杜甫《遣兴五首》之三:“赫赫萧京兆,今为时所怜。”白居易《秦中吟十首·议婚》:“贫为时所弃,富为时所趋。”❼时机;机会。李白《赠张相镐二首》之一:“圣智不失时,建功及良辰。”刘长卿《送裴四判官赴河西军试》:“逢时将骋骥,临事无全牛。”杜牧《遣怀》:“道泰时还泰,时来命不来。”皮日休《鲁望昨以五百言见贻过有褒美内揣庸陋弥增愧悚因成一千言》:“惜哉不得时,将奋犹拘挛。”❽时运。王珪《咏淮阴侯》:“道契君臣合,时来名位彰。”韦承庆《直中书省》:“命将时共泰,言与行俱危。”白居易《叹鲁二首》之二:“自古无奈何,命为时所屈。”长孙佐辅《楚州盐壒古墙望海》:“时来会云翔,道蹇即津游。”❾时代,时世。德宗《送徐州张建封还镇》:“牧守寄所重,才贤生为时。”白居易《初授拾遗》:“岂不思匪躬,适遇时无事。”长孙佐辅《山居雨霁即事》:“有待时未知,非关慕沮溺。”杜牧《和野人殷潜之题筹笔驿十四韵》:“慷慨匡时略,从容问罪师。”❿时局,时势。杜甫《春望》:“感时花溅泪,恨别鸟惊心。”刘长卿《奉使至申州伤经陷没》:“独怜浉水上,时乱亦能清。”崔峒《宿江西窦主簿厅》:“时艰难会合,年长重亲知。”吴融《新秋》:“无机因事发,有涕为时流。”⓫时尚,时俗。刘禹锡《学阮公体三首》之一:“少年负志气,信道不从时。”朱庆余《近试上张籍水部》:“妆罢低声问夫婿,画眉深浅入时无。”⓬常常,经常。王维《戏赠张五弟諲三首》之二:“宛是野人野,时从渔父渔。”李泌《奉和圣制中和节曲江宴百僚》:“风俗时有变,中和节惟新。”钱起《题秘书王迪城北池亭》:“晚沐常多暇,春醪时独斟。”白居易《和微之春日投简阳明洞天五十韵》:“佐饮时炮鳖,蠲酲数鲙鲈。”刘沧《赠隐者》:“临水静闻灵鹤语,隔原时有至人来。”⓭有时。刘长卿《奉使新安自桐庐县经严陵钓台宿七里滩下寄使院诸公》:“悠然钓台下,怀古时一望。”窦常《奉使西还早发小涧馆寄卢滁州迈》:

"清风时偃草，久旱或为霖。"白居易《游悟真寺诗》："幽鸟时一声，闻之似寒蝉。"刘沧《秋日登醴泉县楼》："闲上高楼时一望，绿芜寒野静中分。"⑭或，或者。卢象《寄河上段十六》："为见行舟试借问，客中时有洛阳人。"李颀《崔五六图屏风各赋一物得乌孙佩刀》："回头瞪目时一看，使予心在江湖上。"司空曙《望水》："永无人迹到，时有鸟行过。"⑮语气词，表示停顿。相当于"呵"。韩愈《同水部张员外籍曲江春游寄白二十二舍人》："曲江水满花千树，有底忙时不肯来。"⑯通"世"。白居易《画竹歌》引："协律郎萧悦善画竹，举时无伦。"⑰通"是"。李益《立春日宁州行营因赋朔风吹飞雪》："非时妒桃李，自是舞阳台。"

【時俊】 时代的俊杰。王湾《晚夏马嵬卿叔池亭即事寄京都一二知己》："忝职畿甸淹，滥陪时俊后。"

【時人】 当时的人；同时代的人。李颀《送刘十》："三十不官亦不娶，时人焉识道高下。"刘长卿《题魏万成江亭》："才出时人右，家贫湘水头。"张祜《读老庄》："等闲缉缀闲言语，夸向时人唤作诗。"杜荀鹤《小松》："时人不识凌云木，直待凌云始道高。"

【時下】 一时；即时。张道古《咏雨》："一点不斜去，极多时下成。"

【時屯】 (—zhūn)时世艰难。李百药《郢城怀古》："运圮属驰驱，时屯恣敲朴。"韦应物《伤逝》："提携属时屯，契阔忧患灾。"

【時日】 日子，天。韩愈《送文畅师北游》："风尘一出门，时日多如发。"

【時中】 犹中庸。儒家提倡的立身处世之道。意谓立身行事，合乎时宜，无过无不及。见《易·蒙》和《礼记·中庸》。柳宗元《弘农公以硕德伟材屈于诬枉左官三年复为大僚》："知命儒为贵，时中圣所臧。"

【時分】 时候，时间。朱庆余《送韦校书佐灵州幕》："共知行处乐，犹惜此时分。"

【時文】 ❶指礼乐制度。张说《享太庙乐章·太和》："时文圣后，清庙肃邕。"《郊庙歌辞·祀九宫贵神乐章·寿和》："时文哲后，肃事严禋。"《郊庙歌辞·祀九宫贵神乐章·豫和》："谁其飨之，时文对扬。"❷对科举应试文体的通称。储光羲《上长史王公责躬》："大贤荐时文，丑妇用蛾眉。"孟郊《擢第后东归书怀献座主吕侍郎》："宝镜无私光，时文有新习。"

【時世】 时代，当代。元结《贼退示官吏》："谁能绝人命，以作时世贤。"李商隐《安平公诗》："呜呼大贤苦不寿，时世方士无灵砂。"陆龟蒙《秋日遣怀十六韵寄道侣》："共知时世薄，宁恨岁华淹。"李中《冬日书怀寄惟真大师》："扰扰悲时世，悠悠役梦途。"

【時世妝】 唐代流行的一种妇女装饰。白居易《新乐府·时世妆》："时世妆，时世妆，出自城中传四方。"又《新乐府·上阳白发人》："外人不见见应笑，天宝末年时世妆。"参见《新唐书·车服志》。

【時世儉梳妝】 同"时世妆"。俭，通"险"，怪异。秦韬玉《贫女》："谁爱风流高格调，共怜时世俭梳妆。"

【時平】 ❶时世太平。太宗《咏司马彪续汉志》："政宣竹律和，时平玉条备。"梁锽《天长节》："时平祥不去，寿远节长来。"戎昱《八月十五日》："年少逢胡乱，时平似梦中。"王建《夜看扬州市》："如今不似时平日，犹自笙歌彻晓闻。"❷时令平和，风调雨顺。高适《过卢明府有赠》："时平俯鹊巢，岁熟多人烟。"

【時代】 ❶指历史上的某一朝代或某一时期。卢照邻《羁卧山中》："卧壑迷时代，行歌任死生。"蒋冽《经埋轮地》："时代邈已远，共谢洛阳秋。"皮日休《奉和鲁望读〈阴符经〉见寄》："时代更复改，刑政崩且陊。"韦庄《咸通》："咸通时代物情奢，欢杀金张许史家。"❷代代，世代。高适《酬马八效古见赠》："时代种桃李，无人顾此君。"

【時令】 节候，季节。敬括《省试七月流火》："礼标时令爽，诗兴国风幽。"德宗《丰年多庆九日示怀》："爽气肃时令，早衣闻朔鸿。"席夔《霜菊》："时令忽已变，行看被霜菊。"白居易《赠友五首》之一："时令一反常，生灵受其病。"

【時用】 为世所有。白居易《太湖石》："天姿信为异，时用非所任。"亦指治世之才。李德裕《忆平泉山居赠沈吏部一首》："嗟予寡时用，夙志在林间。"

【時光】 时间，光阴。李白《赠王汉阳》："果惬麻姑言，时光速流电。"白居易《送王卿使君赴任苏州》："一别苏州十八载，时光人事随年改。"喻凫《龙翔寺寄李频》："人事因循过，时光荏苒销。"韦庄《关河道中》："但见时光流似箭，岂知天道曲如弓。"

【時危】 时世危难之时。岑参《西蜀旅舍春叹寄朝中故人呈狄评事》："时危任舒卷，身退知损益。"杜甫《题壁画马歌》："时危安得真致此，与人同生亦同死。"刘长卿《送行军张司马罢使回》："时危身赴敌，事往任浮沉。"张继《赠章八元》："俗薄交游尽，时危出处难。"

【時名】 当时的声名、声望。戴叔伦《暮春感怀》："悠悠往事杯中物，赫赫时名扇外尘。"丁棱《和主司王起》："同升翰苑时名重，遍历朝端主意深。"张蠙《上所知》："初向众中留姓氏，敢期言下致时名。"齐己《送胤公归阙》："忍惜文章便闲得，看他趋竞取时名。"

【時巡】 天子按时巡狩。见《书·周官》。储光羲《秋庭贻马九》："大君幸东岳，世哲扈时巡。"鲍溶《读李相心中乐》："负海狂鲸纵巨鳞，四朝天子阻时巡。"

【時芳】 ❶应时而开放的花卉。沈佺期《览镜》：

"时芳固相夺，俗态岂恒坚。"崔颢《舟行入剡》："多惭越中好，流恨阅时芳。"韦应物《叹杨花》："人意有悲欢，时芳独如故。"李端《长安书事寄薛戴》："时芳一憔悴，暮序何萧索。"❷喻青春美好之时。崔国辅《古意》："时芳不待妾，玉珮无处夸。"白居易《洛城东花下作》："无因重年少，何计驻时芳。"

【時妝】 当时流行的妇女装饰。韩偓《御制春游长句》："比屋管弦呈妙曲，连营罗绮斗时妆。"

【時序】 ❶四时运行的次序。杜甫《春日江村五首》之一："乾坤万里眼，时序百年心。"❷节候，时节。李益《合源溪期张计不至》："霜露肃时序，缅然方独寻。"权德舆《感寓》："残雨倦欹枕，病中时序分。"❸时间，光阴。韦应物《寄柳州韩司户郎中》："怅望城阙遥，幽居时序永。"

【時英】 时代的俊杰。李百药《寄杨公》："分庭接游士，虚馆待时英。"张说《岳州赠广平公宋大夫》："亚相本时英，归来复国桢。"钱起《陪郭常侍令公东亭宴集》："珥貂为相子，开阁引时英。"李商隐《送千牛李将军赴阙五十韵》："中郎推贵婿，定远重时英。"

【時事】 ❶指当时的政事与局势。贾至《巴陵早秋寄荆州崔司马吏部阎功曹舍人》："我同长沙行，时事加百忧。"李白《嘲鲁儒》："时事且未达，归耕汶水滨。"韦应物《游西山》："时事方扰扰，幽赏独悠悠。"白居易《寄唐生》："贾谊哭时事，阮籍哭路岐。"❷世事，人情世态。骆宾王《叙寄员半千》："长揖谢时事，独往访林泉。"白居易《晚夏闲居绝无宾客欲寻梦得先寄此诗》："老更谙时事，闲多见物情。"杜荀鹤《自叙》："酒瓮琴书伴病身，熟谙时事乐于贫。"李山甫《遣怀》："古道贵拙直，时事不足言。"❸历史，当时的史实。白居易《过温尚书旧庄》："村人都不知时事，犹自呼为处士庄。"贾岛《易水怀古》："我叹方寸心，谁论一时事。"

【時雨】 应时之雨。宋之问《夏日仙萼亭应制》："野含时雨润，山杂夏云多。"李德裕《北固怀古》："三贤若时雨，所至跻仁寿。"白居易《旅次华州赠袁右丞》："德星降人福，时雨助岁功。"贾岛《偶作》："稔年时雨足，闰月暮蝉稀。"

【時門】 春秋时郑国城门名。韩愈《此日足可惜赠张籍》："甲午憩时门，临泉窥斗龙。"

【時物】 应时之景物。沈佺期《和户部岑尚书参迹枢揆》："庙堂喜容与，时物递芳菲。"宋之问《幸未央宫应制》："登高省时物，怀古发宸聪。"刘长卿《洛阳主簿叔知和驿承恩赴选伏辞一首》："此行季春月，时物正鲜媚。"权德舆《酬崔千牛四郎早秋见寄》："感此时物变，悠然遐想通。"

【時和】 天时和顺。杜甫《伤春五首》之五："君臣重修德，犹足见时和。"元结《酬孟武昌苦雪》："知公惜春物，岂非爱时和。"崔铉《进宣宗收复河湟诗》："共遇圣明千载运，更观俗阜与时和。"

【時命】 时机；命运。綦毋潜《早发上东门》："时命不将明主合，布衣空染洛阳尘。"李白《经乱离后天恩流夜郎忆旧游书怀赠江夏韦太守良宰》："时命乃大谬，弃之海上行。"钱起《送郇三落第还乡》："郢客文章绝世稀，常嗟时命与心违。"白居易《咏怀》："遑遑干世者，多苦时命塞。"

【時服】 时装，不同季节的服装。张籍《酬浙东元尚书见寄绫素》："便令裁制为时服，顿觉光荣上病身。"

【時刻】 时辰，时间。吕岩《敲爻歌》："黄婆匹配得团圆，时刻无差口付传。"

【時宗】 为当世所尊崇的人。王丘《奉和圣制送张尚书巡边》："德业蕴时宗，幽符梦象通。"

【時珍】 当代的精英。韦应物《送陆侍御还越》："英声颇籍甚，交辟乃时珍。"

【時政】 当时的政治措施。白居易《新乐府·华原磬》："始知乐与时政通，岂听铿锵而已矣。"

【時柄】 当世的权柄。王周《志峡船具诗·梢》："有如提吏笔，有如执时柄。"

【時相】 当朝宰相。郑谷有《投时相十韵》。

【時背】 背时。谓言行与时乖违。白居易《雪夜小饮赠梦得》："久将时背成遗老，多被人呼作散仙。"皮日休《奉和鲁望秋日遣怀次韵》："高蹈为时背，幽怀是事兼。"

【時俗】 ❶世俗。王昌龄《淇上酬薛据兼寄郭微》："皇情念淳古，时俗何浮薄。"杜甫《有怀台州郑十八司户》："夫子嵇阮流，更被时俗恶。"张籍《哭于鹄》："野性疏时俗，再拜乃从军。"陆龟蒙《村夜二篇》之一："讵知时俗性，浮虚多徇势。"❷流俗，当时的风俗、习俗。刘长卿《三月李明府后亭泛舟》："壶觞须就陶彭泽，时俗犹传晋永和。"赵嘏《宿何书记先辈延福新居》："因君抚掌问时俗，紫阁堆檐不举头。"罗虬《比红儿诗》之八三："三吴时俗重风光，未见红儿一面妆。"❸世间。韩愈《岐山下二首》之二："闻者亦何事，但知时俗康。"白居易《适意二首》之二："早岁从旅游，颇谙时俗意。"又《丘中有一士二首》之一："岂是爱贫贱，深知时俗情。"

【時皇】 当今皇上。褚亮《祈谷乐章·肃和》："式事严禋，聿怀嘉庆，惟帝永锡，时皇休命。"来鹄《圣政纪颂》："炯哉时皇，言必成章，德宜五帝，道奥三皇。"

【時風】 时代的社会风气。韦应物《答故人见谕》："时风重书札，物情敦货遗。"权德舆《丙寅岁苦贫戏题》："奈何时风扇，使我正性衰。"元稹《送林复梦赴韦令辟》:"野性便荒饮,时风忌酒徒。"

【時彦】 当时的俊杰之士。韦应物《善福精舍答韩司录清都观会宴见忆》:"皦皦仰时彦,闷闷独为愚。"武少仪《和权载之离合诗》:"少年慕时彦,小悟文多变。"张仲方《赋得竹箭有筠》:"爱此守坚贞,含歌属时彦。"唐彦谦《自咏》:"强仕非时彦,无闻惜昔贤。"

【時泰】 时世太平。厍狄履温《夏晚初霁南省寓直用余字》:"薄宦因时泰,凉宵寓直初。"独孤及《酬皇甫侍御望天灊山见示之作》:"万殊喜阳和,余亦荷时泰。"白居易《对酒劝令公开春游宴》:"时泰岁丰无事日,功成名遂自由身。"许棠《寄庐山贾处士》:"时泰亦高眠,人皆谓不然。"

【時哲】 时代的贤达。王维《留别山中温古上人兄并示舍弟缙》:"解薜登天朝,去师偶时哲。"钱起《海上卧病寄王临》:"之子良史才,华簪偶时哲。"

【時時】 常常。苏颋《奉和初春幸太平公主南庄应制》:"往往花间逢彩石,时时竹里见红泉。"王维《杂诗》:"小小能织绮,时时出浣纱。"张籍《和李仆射秋日病中作》:"独倚红藤杖,时时阶上行。"曹唐《刘晨阮肇游天台》:"往往鸡鸣岩下月,时时犬吠洞中春。"

【時氣】 气候,天气。元稹《春蝉》:"安得天上雨,奔浑河海倾。荡涤反时气,然后好晴明。"

【時候】 气候,季节。李颀《登首阳山谒夷齐庙》:"我来入遗庙,时候微清和。"刘长卿《睢阳赠李司仓》:"白露变时候,蛩声暮啾啾。"白居易《别毡帐火炉》:"无奈时候迁,岂是恩情绝。"陆龟蒙《小雪后书事》:"时候频过小雪天,江南寒色未曾偏。"

【時倫】 同辈。韦应物《寄令狐侍郎》:"群公共然诺,声问迈时伦。"卢纶《新移北厅因贻同院诸公兼呈畅博士》:"华轩迩台座,顾影忝时伦。"

【時訓】 先王遗教。见《文选·王融〈三月三日曲水诗序〉》。皎然《冬至日陪裴端公使君清水堂集》:"推往知时训,书祥辨政和。"

【時疾】 时疫,流行病。刘禹锡《牛相公见示新什谨依本韵次用以抒下情》:"已老无时疾,长贫望岁登。"自注:"时洛中时疠,多伤少年。"

【時流】 ❶同辈。雍陶《赠玉芝观王尊师》:"时流见说无人在,年纪唯应有鹤知。"刘威《送元秀才入道》:"只携仙籍还金洞,便与时流隔翠微。"韦庄《绛州过夏留献郑尚书》:"因循每被时流诮,奋发须由国士怜。"❷世俗之辈。秦系《寄浙东皇甫中丞》:"注书不向时流说,种药空令道者知。"皇甫冉《送志弥师往淮南》:"长老偏摩顶,时流尚诵经。"

【時宰】 当朝宰相。贺知章《奉和圣制送张说上集贤学士赐宴赋得谟字》:"天光烛武殿,时宰集鸿都。"

【時陰】 光阴,时间。释明解《遗画工诗》:"痛矣时阴短,悲哉泉路长。"

【時務】 ❶时下之国家大事。杜荀鹤《秋日山中寄李处士》:"言论关时务,篇章见国风。"❷指当时之农事。薛能《彭门解嘲二首》之二:"耽吟乍可妨时务,浅饮无因致宿酲。"

【時邕】 同"時雍"。褚亮《祈谷乐章·舒和》:"庶俾亿龄禔景福,长欣万宇洽时邕。"韦应物《同德寺阁集眺》:"周览思自奋,行当遇时邕。"白居易《贺雨》:"上思答天戒,下思致时邕。"

【時理】 指治理政务。李益《华阴东泉同张处士诣藏律师兼简县内同官因寄齐中书》:"我因赞时理,书寄西飞翮。"白居易《王夫子》:"近将徇禄给一家,远则行道佐时理。"

【時常】 经常,常常。张南史《早春书事奉寄中书李舍人》:"铜漏时常静,金门步转徐。"李频《送友人游太原》:"此去勤书札,时常中路传。"

【時移】 时代变迁。贾至《燕歌行》:"时移道革天下平,白环入贡沧海清。"薛据《初去郡斋书怀》:"时移多谗巧,大道竟谁传。"

【時鳥】 应季节而出现的鸟。崔知贤《晦日宴高氏林亭》:"绵蛮变时鸟,照曜起春霞。"张说《别灉湖》:"露花香欲醉,时鸟啭余音。"又《和张监游终南》:"春烟生古石,时鸟戏幽松。"

【時魚】 指银鱼袋。银制之鱼形佩饰。为唐时五品以上官进出宫廷之符信。杜甫《复愁十二首》之十二:"莫看江总老,犹被赏时鱼。"仇兆鳌注:"赏时鱼,谓当时所赏之鱼袋。"

【時康】 时世太平。太宗《执契静三边》:"循躬思励己,抚俗愧时康。"崔沔《奉和圣制同二相已下群官乐游园宴》:"酒酣同抃跃,歌舞咏时康。"白居易《渭村退居寄礼部崔侍郎翰林钱舍人诗一百韵》:"不才甘命舛,多幸遇时康。"陈陶《种兰》:"举头愧青天,鼓腹咏时康。"

【時望】 当时的声望。贾至《自蜀奉册命往朔方途中呈韦左相文部房尚书门下崔侍郎》:"时望挹侍郎,公才标缙绅。"

【時情】 世俗人情。李群玉《杜门》:"世路变陵谷,时情验友朋。"陆龟蒙《五歌·水鸟》:"我与时情大乖刺,只是江禽有毛发。"罗隐《广陵秋夜读进士常修三篇因题》:"景物也知输健笔,时情谁不许高枝。"杜荀鹤《乱后逢李昭象叙别》:"也知不是男儿事,争奈时情贱布衣。"

【時清】 时世清平。宋璟《蒲津迎驾》:"省方知化洽,察俗觉时清。"杜甫《戏赠阌乡秦少公短歌》:"今日时清两京道,相逢苦觉人情好。"司空图《丁巳元日》:“献陵三百里,寤寐祷时清。”徐铉《早春左省寓直》:“时清政事少,日永直官闲。”

【時雄】 时代英雄。李百药《谒汉高庙》:“抑扬驾人杰,叱咤掩时雄。”

【時景】 ❶应季之景。李白《古风》之二八:“容颜若飞电,时景如飘风。”白居易《答元八宗简同游曲江后明日见赠》:“时景不重来,赏心难再并。”权德舆《酬陆四十楚源春夜宿虎丘山对月寄梁四敬之兼见贻之作》:“东风变蘅薄,时景日妍和。”刘商《送王永二首》之二;“绵衣似热夹衣寒,时景虽和春已阑。”❷时光;景色。许康佐《日暮碧云合》:“时景讵能留,几思轻尺璧。”郑谷《蜀中三首》之一:“堤月桥灯好时景,汉庭无事不征蛮。”

【時貴】 当时的权贵。司空图《华下》:“久无书去干时贵,时有僧来自故乡。”

【時傑】 义同“時俊”。羊士谔《题郡南山光福寺寺即严黄门所置时自给事中京兆少尹出守》:“少壮称时杰,功名惜岁华。”

【時復】 犹时常。崔国辅《宿法华寺》:“松雨时复滴,寺门清且凉。”杜甫《溪上》:“西江使船至,时复问京华。”独孤及《得柳员外书封寄近诗书中兼报新主行营兵马因代书戏答》:“遥知抵掌论皇道,时复吟诗向白云。”王建《题崔秀才里居》:“时复打门无别事,铺头来索买残书。”

【時禽】 同“時鳥”。张九龄《巡属县道中作》:“矧逢阳节献,默听时禽鸣。”李商隐《安平公诗》:“时禽得伴戏新木,其声尖咽如鸣梭。”

【時運】 犹运气,指命运逢上时机。李密《淮阳感怀》:“樊哙市井徒,萧何刀笔吏。一朝时运会,千古传名谥。”宋华《蝉鸣一篇五章》之四:“蝉鸣伊何,时运未与。”

【時勢】 ❶当时天下的形势。陆龟蒙《袭美见题郊居十首因次韵酬之以伸荣谢》之十:“疏慵真有素,时势尽无能。”❷犹言时髦。指当时的社会风尚。元稹《有所教》:“人人总解争时势,都大须看各自宜。”❸即时之妆。权德舆《杂兴五首》之一:“丛鬓愁眉时势新,初笄绝代北方人。”

【時歲】 岁月。孟郊《憩淮上观公法堂》:“动觉日月短,静知时岁长。”白居易《酬张太祝晚秋卧病见寄》:“上叹言笑阻,下嗟时岁侵。”

【時節】 ❶四时之中的节日,如元旦、清明、寒食、重阳等。白居易《七年元日对酒五首》之一:“不因时节日,岂觉此身羸。”李群玉《湖寺清明夜遣怀》:“久向饥寒抛弟妹,每因时节忆团圆。”崔橹《重阳日次荆南路经武宁驿》:“莫看时节年年好,暗送搔头逐手霜。”吴融《寒食洛阳道》:“路岐无乐处,时节倍思家。”❷季节;节令。杜甫《春夜喜雨》:“好雨知时节,当春乃发生。”杜牧《除官归京睦州雨霁》:“溪山侵两越,时节到重阳。”李频《长安书情投知己》:“江山阻迢递,时节暗推迁。”❸时光;时候。杜甫《咏怀二首》之二:“逆行少吉日,时节空复度。”王建《荆南赠别李肇著作转韵诗》:“关山足重叠,会合何时节。”刘沧《秋夕山斋即事》:“独坐高窗此时节,一弹瑶瑟自成哀。”袁皓《及第后作》:“升平时节逢公道,不觉龙门是崄津。”

【時新】 应时的鲜美食品。司空曙《御制雨后出城观览敕朝臣已下属和》:“时新荐玄祖,岁足富苍生。”王建《宫词一百首》之四四:“御厨不食索时新,每见花开即苦春。”姚合《过张云峰院宿》:“家酝香醪嫩,时新异果鲜。”和凝《宫词百首》之三四:“进食门前水陆陈,大官斋洁贡时新。”

【時雍】 指时世太平。见《书·尧典》。魏征《五郊乐章·肃和》:“气调四序,风和万籁。祚我明德,时雍道泰。”钱起《汉武出猎》:“汉家无事乐时雍,羽猎年年出九重。”白居易《题赠郑秘书征君石沟溪隐居》:“大君贞元初,求贤致时雍。”罗隐《淮南送李司空朝觐》:“圣君宵旰望时雍,丹诏西来雨露浓。”

【時髦】 ❶时代的俊杰。刘长卿《送贾三北游》:“顾予他日仰时髦,不堪此别相思劳。”钱起《重赠赵给事》:“久飞鸳掖出时髦,耻负平生稽古劳。”耿沣《登沃州山》:“沃州初望海,携手尽时髦。”❷当时的社会风尚。钱起《晚归蓝田旧居》:“兴与时髦背,年将野老齐。”

【時豪】 时代的豪杰。张籍《和左司元郎中秋居十首》之四:“自知清静好,不要问时豪。”

【時態】 当代的人情世态。赵嘏《自遣》:“久客转谙时态薄,多情只共酒淹留。”袁皓《重归宜春偶成十六韵寄朝中知己》:“直言干忌讳,权路耻依栖。拙学趋时态,闲思与牧齐。”罗隐《宿彭蠡馆》:“病里见时态,醉中思旧游。”郑谷《次韵酬张补阙因寒食见寄之什》:“时态懒随人上下,花心甘被蝶分张。”

【時網】 世網。比喻人世间礼教、功名、风俗及一切传统思想对人的束缚。白居易《游悟真寺诗》:“我本山中人,误为时网牵。”

【時邁】 天子按时巡行。见《诗·周颂·时迈》。徐彦伯《奉和幸新丰温泉宫应制》:“姬典歌时迈,虞篇记省方。”

【時賢】 当代的贤才。皇甫冉《寄江东李判官》:“时贤几殂谢,摛藻继风流。”韩愈《示爽》:“今从府公召,府公又时贤。”李咸用《途中作》:“路人休莫笑,百里有时贤。”孙偓《答门生王涣李德邻赵光胤王拯长句》:“谬持文柄得时贤,粉署清华次第迁。”

【時輩】 ❶犹同辈。岑参《送薛彦伟擢第东归》:

"时辈似君稀，青春战胜归。"权德舆《马秀才草书歌》："初闻之子十岁余，当时时辈皆不如。"罗隐《寄苏拾遗》："格高时辈伏，言数宦情疏。"❷当时的名人。郑谷《端居》："乱离时辈少，风月夜吟孤。"

【時稼】 应时的作物。王维《宿郑州》："主人东皋上，时稼绕茅屋。"刘长卿《题独孤使君湖上林亭》："老农持锸拜，时稼卷帘看。"欧阳詹《益昌行》："人烟遍余田，时稼无闲坡。"

【時範】 当代的楷模。李商隐《赠送前刘五经映三十四韵》："凝邈为时范，虚空作士常。"

【時論】 当时的舆论；评论。杜甫《寄刘峡州伯华使君四十韵》："家声同令闻，时论以儒称。"韩愈、张籍《会合联句》："君才诚倜傥，时论方汹溶。"罗隐《投宣武郑尚书二十韵》："物情须重德，时论在明公。"齐己《寄李洞秀才》："到处听时论，知君屈最深。"

【時選】 ❶当时天子选拔的人才，指所任之职。张九龄《临泛东湖》："羁孤忝邦牧，顾己非时选。"❷岁举之常选，指秀才、明经、进士等取士科目。高适《酬别薛三蔡大留简韩十四主簿》："薛侯怀直道，德业应时选。"

【時豫】 皇帝秋天巡遊。虞世南《奉和幸江都应诏》："肆觐遵时豫，顺动悦来苏。"武平一《奉和幸新丰温泉宫应制》："我皇顺时豫，星驾动轩辕。"许敬宗《奉和九月九日应制》："爽气申时豫，临秋肆武功。"

【時機】 时宜，机会。薛能《僧窗》："不悟时机滞有余，近来为事更乖疏。"杜荀鹤《寄从叔》："为儒皆可立，自是拙时机。"齐己《村居寄怀》："道挫时机尽，禅留话路长。"

【時霖】 时雨。贾岛《积雪》："昔属时霖滞，今逢腊雪多。"

【時龍】 骏马。见《文选・班固〈东都赋〉》。张说《舞马词六首》之三："彩旄八佾成行，时龙五色因方。"李白《天马歌》："曾陪时龙蹑天衢，羁金络月照皇都。"

【時燠】 气候暖和。见《书・洪范》。韦应物《南塘泛舟会元六昆季》："端居倦时燠，轻舟泛回塘。"

【時澤】 犹时雨。韦应物《和吴舍人早春归沐西亭言志》："阳春美时泽，旭霁望山晖。"又《宴别幼遐与君贶兄弟》："群水含时泽，野雉鸣朝阳。"

【時憲】 当代的法制教令。见《书・说命中》。储光羲《哥舒大夫颂德》："直道济时宪，天邦遂轻刑。"

【時謠】 当时流行的民谣。元结《别何员外》："吾欲探时谣，为公伏奏书。"

【時難】 时世的危难。元结《漫酬贾沔州》："往年壮心在，尝欲济时难。奉诏举州兵，令得诛暴叛。"

【時議】 当时的舆论。杜甫《北征》："圣心颇虚伫，时议气欲夺。"刘长卿《送薛据宰涉县》："雄辞变文名，高价喧时议。"

【時變】 ❶气候季节的变化。白居易《新乐府・司天台》："天文时变两如斯，九重天子不得知。"李绅《逾岭峤止荒陬抵高要》："云蒸地热无霜霰，桃李冬华匪时变。"❷时代的变化。吴筠《元日言怀因以自励诒诸同志》："安用感时变，当期升九天。"

晉 〔jìn《广韵》即刃切，去震，精。〕❶春秋诸侯国名。姬姓。开国君主为周成王弟唐叔虞，地在今山西西南部，都于翼（今山西翼城）。献公时迁都于绛（今山西翼城东），景公时又迁都于新田（今山西曲沃西南）。后为其大夫赵、魏、韩三家所分。李白《古风》之五三："赵倚两虎斗，晋为六卿分。"萧颖士《仰答韦司业垂访五首》之四："岂知晋叔向，无罪婴囚拘。"柳宗元《敌戒》："晋败楚鄢，范文为患。"元稹《春六十韵》："晋悲焚介子，鲁愿浴沂童。"徐夤《依韵赠南安方处士五首》之五："晋楚忙忙起战尘，龚黄门外有高人。"❷朝代名。司马炎代魏称帝（晋武帝），国号晋。都洛阳（今河南洛阳市）。太康元年灭吴，统一全国。建兴四年为前赵所灭，史称西晋。建武元年司马睿（晋元帝）在建康重建晋朝，都建康（今江苏南京市），史称东晋。元熙二年为刘裕所灭。两晋共历一百五十六年。李白《赠友人三首》之三："蜀主思孔明，晋家望安石。"张继《城西虎跑寺》："寺开梁殿阁，坟掩晋衣冠。"卢纶《送从侄滁州觐省》："书从外氏学，竹自晋时栽。"李洞《乱后龙州送郑郎中兼寄郑侍御》："莫隐匡山社，机云受晋恩。"❸地域名。指今山西、河北省南部，古代晋国领域。玄宗《过晋阳宫》："俯察伊晋野，仰观乃参虚。"王丘《奉和圣制答张说扈从南出鼠雀谷之作》："代云开晋岭，江雁入汾河。"元稹《答姨兄胡灵之见寄五十韵》："吏晋资材枉，留秦岁序更。"自注："时灵之作吏平阳，予酬校祕阁，自兹分散。"许棠《送友人北游》："无青山拥晋，半浊水通汾。"

【晉山】 ❶太行山的泛称。高适《哭单父梁九少府》："晋山徒峨峨，斯人已冥冥。"韦应物《送榆次林明府》："邑传榆石在，路绕晋山微。"刘长卿《送薛据宰涉县》："县前漳水绿，郭外晋山翠。"贾岛《送惟一游清凉寺》："瓶残秦地水，锡入晋山云。"❷指介山。在今山西介休县东南。春秋时介子推隐居于此山，故亦借指介子推。杜甫《送李卿晔》："晋山虽自弃，魏阙尚含情。"

【晉水】 水名。源于今山西太原市西南之悬瓮山，东流入汾水。王昌龄《驾幸河东》："晋水千庐合，汾桥万国从。"玄宗《饯裴宽为太原尹》："德比代云布，心如晋水清。"鱼玄机《情书》："饮冰食檗志无功，晋水壶关在梦中。"詹琲《癸卯闽乱从弟监察御史敬凝迎仕别作》："一别几经春，栖迟晋水滨。"

【晋代】 同"晋朝"。李白《登金陵凤凰台》："吴宫花草埋幽径，晋代衣冠成古丘。"萧颖士《仰答韦司业垂访五首》之三："晋代有儒臣，当年富词藻。"

【晋公】 ❶指李林甫。林甫曾官尚书左仆射，又曾封晋国公。见《新唐书·宰相表中》和《旧唐书》本传。王维有《和仆射晋公扈从温汤》。❷指韩滉。滉贞元元年七月，拜检校左仆射、同平章事。二年春，特封晋国公，见《旧唐书》本传。顾况有《相国晋公挽歌二首》和《晋公魏国夫人柳氏挽歌》。❸指裴度。元和十二年十二月，赐裴度上柱国、晋国公，见《旧唐书·宪宗纪下》。韩愈有《桃林夜贺晋公》。刘禹锡《庙庭偃松诗》序："侍中后阁前有小松，不待年而偃，丞相晋公为赋诗。"

【晋臣】 ❶晋代臣民。吴筠《建业怀古》："衔璧入洛阳，委躬为晋臣。"❷指陶渊明。颜真卿《咏陶渊明》："呜呼陶渊明，奕叶为晋臣。"陈讽《赋得冬日可爱》："晋臣曾比德，谢客昔言诗。"

【晋江】 水名。原名南安江。上游分西溪与安溪二水，至今福建南安西北双溪口合流，东流入泉州湾。詹敦仁《留侯受南唐节度使知郡事辟予为属以诗谢之》："晋江江畔趁春风，耕破云山几万重。"

【晋州】 唐武德元年以平阳郡改置，治所在临汾县(今山西临汾市西南)。罗隐《途中献晋州孟中丞》："不及政成应入拜，晋州何足展清通。"

【晋安】 唐县名。治所即今福建南安县东丰乡。马戴《送李侍御福建从事》："晋安来越国，蔓草故宫迷。"

【晋昌】 ❶唐郡名。天宝、至德时以瓜州改置。治所在晋昌(今甘肃安西县东南锁阳城)。岑参有《武威春暮闻宇文判官西使还已到晋昌》。❷唐京城长安里坊名，见清徐松《唐西京城坊考》。李商隐有《晋昌晚归马上赠》。

【晋沼】 即凤凰池的别称。罗隐《大梁见乔诩》："晋沼寻游凤，秦冠竟叹鹑。"参见"鳳凰池"。

【晋城】 即晋阳城。刘禹锡《送河南皇甫少尹赴绛州》："祖帐临周道，前旌指晋城。"又《和白侍郎送令狐相公镇太原》："十万天兵貂锦衣，晋城风日斗生辉。"

【晋洞】 指桃花源洞。胡曾《早发潜水驿谒郎中员外》："青野雾销凝晋洞，碧山烟散避秦溪。"参见"桃花源。"

【晋室】 ❶指春秋时代的晋国。元稹《有鸟二十章》之二十："尧年值雪度关山，晋室闻琴下寥廓。"❷指司马氏所建之晋代。李白《登金陵冶城西北谢安墩》："晋室昔横溃，永嘉遂南奔。"杜甫《送元二适江左》："晋室丹阳尹，公孙白帝城。"卢肇《题甘露寺》："隋宫凋绿草，晋室散黄埃。"周昙《咏史诗·晋门·郭钦》："晋室既无明圣主，果为胡虏乱中原。"

【晋客】 指陶渊明《桃花源记》中晋太元年间的渔人。杜牧《酬王秀才桃花园见寄》："此花不逐溪流出，晋客无因入洞来。"参见"桃花源"。

【晋祠】 在今山西太原市西南悬瓮山下晋水发源处。始建于北魏前，为纪念周武王之子叔虞而建。叔虞封于唐，子燮因晋水更国号为晋，后人因以名祠。为全国重点文物保护单位之一。李白《忆旧游寄谯郡元参军》："时时出向城西曲，晋祠流水如碧玉。"严维《送房元直赴北京》："遥知到日逢寒食，彩笔长裾会晋祠。"权德舆《太原郑尚书远寄新诗走笔酬赠因代书贺》："晋祠汾水古并州，千骑双旌居上头。"元稹《悟禅三首寄胡果》之三："春游晋祠水，晴上霍山岑。"

【晋绛】 晋州与绛州的合称。唐时同属河东道。晋州治所在白马城(今山西临汾县)，绛州治所在正平(今山西新绛县)。岑参有《虢州后亭送李判官使赴晋绛》，见《全唐诗》卷二百一。

【晋國】 ❶指春秋时晋国。欧阳詹《和太原郑中丞登龙兴寺阁》："晋国颓墉生草树，皇家瑞气在楼台。"❷义同"晋代"。蒋冽《经埋轮地》："汉家张御史，晋国绿珠楼。"❸指山西太原一带，先秦时晋国的故址。柳中庸《河阳桥送别》："黄河流出有浮桥，晋国归人此路遥。"薛能《平阳寓怀》："晋国风流阻洳川，家家弦管路岐边。"❹指唐代政治家裴度。元和十二年裴度督师平定淮西之乱，以功封晋国公。见《新唐书·裴度传》。白居易《寄献北都留守裴令公》："晋国封疆阔，并州士马豪。"❺指李林甫。林甫封晋国公。钱起有《奉送户部李郎中充晋国副使出塞》。

【晋陵】 ❶唐郡名。属江南道。治所在今江苏常州市。韦应物《奉送从兄宰晋陵》："依微吴苑树，迢递晋陵城。"杜审言有《和晋陵陆丞早春游望》，权德舆有《送三十叔赴任晋陵》。❷晋代陵墓。温庭筠《送僧东游》："鸥飞吴市外，麟卧晋陵前。"

【晋朝】 朝代名。指司马氏所建立的西晋与东晋。温庭筠《法云寺双桧》："晋朝名辈此离群，想对浓阴去住分。"司空图《洛阳咏古》："晋朝不是王夷甫，大智何由得预知。"韦庄《赠峨嵋山弹琴李处士》："晋朝叔夜旧相知，蜀郡文君小来识。"谭用之《约张处士游梁》："晋朝灭后无中散，韩国亡来绝上卿。"

【晉陽】 地名。唐时为并州治所，即今山西太原市。《郊庙歌辞·晋昭德成功舞歌·武功舞歌二首》之一："拨乱资英主，开基自晋阳。"杜甫《八哀诗·故司徒李公光弼》："司徒天宝末，北收晋阳甲。"周昙《咏史诗·春秋战国门·智伯》："三国连兵敌就擒，晋阳城下碧波深。”

【晉陽秋】 晋史书名。孙盛撰，见《晋书·孙盛传》。书今已佚。亦借指史书。高适《奉酬睢阳李太守》：“系高周柱史，名重晋阳秋。”

【晉陽宫】 宫名。在晋阳（今山西太原）西北。耿沣《题童子寺》：“朝朝日将暮，长对晋阳宫。”玄宗有《过晋阳宫》。

【晉陽關】 古关名。在今山西太原市。贺朝《从军行》：“自从一戍燕支山，春光几度晋阳关。”

【晉豎】 言病魔。见《左传·成公十年》。韦庄《赋中与萧韦二秀才同卧重疾恍惚之中因有题》：“胸中疑晋竖，耳下斗殷牛。”又《和郑拾遗秋日感事一百韵》：“殷牛常在耳，晋竖欲潜肓。”

【晉賢】 指竹林七贤。薛涛《酬人雨后玩竹》：“多留晋贤醉，早伴舜妃怨。”参见“竹林七子”。

【晉饑】 战国时期，晋连年歉收，遣使乞籴于秦。见《左传·僖公十三年》。后以“晋饑”指天灾，饥民待赈。韩愈《雨中寄张博士籍侯主簿喜》：“岁晚偏萧索，谁当救晋饥。”

晅 〔xuān《集韵》許元切，平元，曉。〕太阳；日光。许敬宗《奉和执契静三边应诏》：“升晅光西夜，驰恩溢东泻。”

晃 〔huǎng《广韵》胡廣切，上蕩，匣。〕❶闪耀；照耀。太宗《初晴落景》：“日晃百花色，风动千林翠。”岑参《和祠部王员外雪后早朝即事》：“色借玉珂迷晓骑，光添银烛晃朝衣。”卢纶《宝泉寺送李益端公归邠宁幕》：“参差岩障东，云日晃龙宫。”李贺《昌谷诗》：“岑光晃縠襟，孤景拂繁事。”和凝《宫词百首》之一六：“金殿夜深银烛晃，宫嫔来奏月重轮。”❷日光。李贺《洛姝真珠》：“八聰笼晃脸差移，日丝繁散曛罗洞。”

【晃朗】 ❶明亮；闪耀。韦应物《咏晓》：“军中始吹角，城上河初落。深沉犹隐帷，晃朗先分阁。”薛据《登秦望山》：“朝阳半荡漾，晃朗天水红。”李咸用《览友生古风》：“皴皵老松根，晃朗骊龙窟。”吴融《雪十韵》：“四野苍茫际，千家晃朗中。”❷空阔，高远。李群玉《将游罗浮登广陵楞伽台别羽客》：“清远登高台，晃朗纵览历。濯泉唤仙风，于此荡灵魄。”

【晃盪】 形容声音摇曳。张说《山夜闻钟》：“夜卧闻夜钟，夜静山更响。霜风吹寒月，窈窕虚中上。前声既春容，后声复晃荡。听之如可见，寻之定无像。”

【晃曜】 照耀；闪耀。石殷士《日华川上动》：“晃曜层潭上，悠扬极浦前。”蜀太后徐氏《丹景山至德寺》：“晴日晓升金晃曜，寒泉夜落玉丁当。”

晌 〔shǎng《篇海》始兩切。〕片刻，一会儿。南唐后主李煜《浪淘沙》之一：“梦里不知身是客，一晌贪欢。”

晏 〔yàn《广韵》烏澗切，去諫，影。又烏旰切，去翰，影。〕❶清明，晴朗。杜甫《赠蜀僧闾丘师兄》：“景晏步修廊，而无车马喧。”韦应物《襄武馆游眺》：“澹泊风景晏，缭绕云树幽。”柳宗元《游石角过小岭至长乌村》：“磴回茂树断，景晏寒川明。”❷安然；平静。萧颖士《山庄月夜作》：“蚕罢里闾晏，麦秋田野喧。”吕温《风咏》：“悠然返空寂，晏海通舟航。”赵嘏《淮信贺滕迈台州》：“遥知到郡沧波晏，三岛离离一望中。”❸太平。李峤《皇帝上礼抚事述怀》：“垂旒沧海晏，解网法星空。”韦应物《京师叛乱寄诸弟》：“何当四海晏，甘与齐民耕。”又《军中冬燕》：“沧海已云晏，皇恩犹念勤。”❹晚；迟。李适《汾阴后土祠作》：“我行岁方晏，极望山河分。”高适《送田少府贬苍梧》：“念兹斗酒成暌间，停舟叹君日将晏。”陆龟蒙《村夜二篇》之二：“日晏腹未充，霜繁体犹裸。”❺姓。

【晏如】 ❶恬适安然。孟浩然《西山寻辛谔》：“回也一瓢饮，贤哉常晏如。”张谓《过从弟制疑官舍竹斋》：“羡尔方为吏，衡门独晏如。”韦应物《寄皎然上人》：“诗名徒自振，道心长晏如。”钱起《送沈仲》：“天朴非外假，至人常晏如。”❷安定，安宁。高适《送虞城刘明府谒魏郡苗太守》：“传道贤君至，闭关常晏如。”杜甫《谒文公上方》：“长者自布金，禅龛只晏如。”贾岛《寄李辀侍郎》：“宾幕谁嫌静，公门但晏如。”❸指天下太平。高适《古歌行》：“天子垂衣方晏如，庙堂拱手无余议。”杜甫《赠李八秘书别三十韵》：“寇盗方归顺，乾坤欲晏如。”

【晏車】 指天子灵柩。权德舆《德宗神武孝文皇帝挽歌词三首》之二：“晏车悲卤簿，广乐遏箫韶。”参见“晏駕❷”。

【晏坐】 安坐，闲坐。白居易《神照禅师同宿》：“晏坐自相对，密语谁得知。”又《卧小斋》：“朝起视事毕，晏坐饱食终。”

【晏居】 闲居。寇坦《同张少府和厍狄员外夏晚初霁南省寓直时兼充节度判官之作》：“晏居当夏晚，寓直会晴初。”

【晏俗淳風】 社会风俗淳朴。《郊庙歌辞·中宗祀昊天乐章·舒和》：“璇图宝历欣宁谧，晏俗淳风乐太平。”

【晏眠】 ❶安眠。杜甫《遣兴三首》之一：“安得廉耻将，三军同晏眠。”❷睡得很迟才起床。曹松《长安春日》：“尘中一丈日，谁是晏眠人。”王贞白《田舍曲》：“至老不离家，一生常晏眠。”徐铉《奉和宫傅相公怀旧见寄四十韵》：“东山妓乐供闲步，北牖风凉足晏眠。”

【晏息】 安息，休息。吴筠《晚到湖口见庐山作呈诸故人》：“故人在云峤，乃复同晏息。”

【晏梳】 闲梳。齐己《寄归州马判官》：“晏梳秋鬓白，闲坐暮山青。”

【晏朝】 谓退朝很迟。杜甫《寄董卿嘉荣十韵》：“海内久戎服，京师今晏朝。”仇兆鳌注：“乱后事冗，故日晏退朝。”杨於陵《郡斋有紫薇双本自朱明接于徂暑其花芳馥数旬因诗记述》：“晏朝受明命，继夏走天衢。”

【晏然】 ❶安定，安宁。白居易《题裴晋公女几山刻石诗后》：“一从贼垒平，陈蔡民晏然。”薛能《升平词十首》之五：“一物至周天，洪纤尽晏然。”郑谷《忝官谏垣明日转对》：“吾君英睿相君贤，其那寰区未晏然。”❷安然恬适。白居易《夜雨有念》：“以道治心气，终岁得晏然。”又《三谣·素屏谣》：“贵豪待此方悦目，晏然寝卧乎其中。”

【晏温】 天晴转暖。见《史记·孝武本纪》。《史记·封禅书》作“曣嗢”。一说形容云霭垂覆之状。羊士谔《息舟荆溪入阳羡南山游善权寺呈李功曹巨》：“晏温值初霁，去绕山河长。”柳宗元《饮酒》：“连山变幽晦，绿水函晏温。”温庭筠《元日》：“神耀破氛昏，新阳入晏温。”

【晏寧】 安宁，安然。曹松《观华夷图》：“落笔胜缩地，展图当晏宁。”

【晏寢】 晚睡。元稹《冬白纻》：“朝珮枞玉王晏寝，寝醒阁报门无事。”

【晏駕】 ❶车驾晚出。古代称帝王死亡的讳词。杜甫《桥陵诗三十韵因呈县内诸官》：“先帝昔晏驾，兹山朝百灵。”戎昱《赠别张駙马》：“泰去否来何足论，宫中晏驾人事翻。”白居易《新乐府·隋堤柳》：“萧墙祸生人事变，晏驾不得归秦中。”❷指天子灵柩。白居易《开成大行皇帝挽歌词四首奉敕撰进》之二：“晏驾辞双阙，灵仪出九衢。”

七 画

晡 〔bū《广韵》博孤切，平模，幫。〕❶申时。即下午三时至五时。杜甫《徐步》：“整履步青芜，荒庭日欲晡。”赵嘏《十无诗寄桂府杨中丞》之六：“望断南云日已晡，便应凭梦过重湖。”韦庄《雨霁晚眺》：“入谷路萦纡，岩巅日欲晡。”贯休《寄天台道友》：“大是清虚地，高吟到日晡。”❷傍晚；夕。王翰《古蛾眉怨》：“朝晡泣对麒麟树，树下苍苔日渐斑。”白居易《东南行一百韵》：“气序凉还热，光阴旦复晡。”罗隐《自贻》：“衰老应难更进趋，药畦经卷自朝晡。”

【晡時】 申时。下午三时至五时。韩愈《赠侯喜》：“晡时坚坐到黄昏，手倦目劳方一起。”

【晡餐】 晚餐。高适《李云南征蛮诗》：“野食掘田鼠，晡餐兼僰僮。”崔峒《客舍有怀因呈诸在事》：“暮雪犹驱马，晡餐又寄人。”章孝标《次韵和光禄钱卿二首》之二：“晨起萤穿竹，晡餐鸟下苔。”

晤 〔wù《广韵》五故切，去暮，疑。〕❶面对；对谈。王勃《长柳》：“客行无与晤，赖此释愁颜。”宋之问《旅宿淮阳亭口号》：“兴来谁与语，劳者自为歌。”元稹《梦游春七十韵》：“努力去江陵，笑言谁与晤。”权德舆《祗役西江路上以诗代书寄内》：“枕席有余清，壶觞无与晤。”❷会面。骆宾王《冬日野望》：“故人无与晤，安步陟山椒。”韩愈《玩月喜张十八员外以王六秘书至》：“君来晤我时，风露渺无涯。”❸通“寤”。醒，觉悟。韦应物《晚出府舍与独孤兵曹令狐士曹南寻朱雀街归里第》：“出入虽见牵，忘身缘所晤。”

【晤言】 会面交谈。陈子昂《同宋参军之问梦赵六赠卢陈二子之作》：“前期许幽报，迨此尚茫茫。晤言既已失，感叹情何一。”权德舆《感寓》：“虚室对摇落，晤言无与群。”韩愈《送侯参谋赴河中幕》：“策马谁可适，晤言谁为应。”白居易《效陶潜体诗十六首》之七：“安得明月下，四人来晤言。”

【晤語】 对面交谈。杜甫《大云寺赞公房四首》之四：“晤语契深心，那能总箝口。”刘长卿《秋夜雨中诸公过灵光寺所居》：“晤语青莲社，重门闭夕阴。”李德裕《夏晚有怀平泉林居》：“矧余窜炎裔，日夕谁晤语。”刘得仁《冬夜与蔡校书宿无可上人院》：“忘机于世久，晤语到天明。”

晨 〔chén《广韵》植鄰切，平真，禪。又食鄰切，平真，船〕❶天明，早晨。杜甫《赤谷》：“晨发赤谷亭，险艰方自兹。”孟郊《送远吟》：“河水昏复晨，河边相送频。”曹邺《贺雪寄本府尚书》：“宿鸟晨不飞，犹疑月光在。”翁承赞《晨兴》：“晨起竹轩外，逍遥清兴多。”❷鸡鸣报晓。柳宗元《梅雨》：“愁深楚猿夜，梦断越鸡晨。”徐夤《龙蛰二首》之二：“逐日莫矜驽马步，司晨谁要牝鸡鸣。”❸通“辰”。时，日。温庭筠《送北阳袁明府》：“楚乡千里路，君去及良晨。”

【晨夕】 旦暮，早晚。皎然《奉和薛员外谊赠汤评事衡反招隐之迹》：“艰难亲稼穑，晨夕苦烟雾。”王建《古宫怨》：“乳乌哑哑飞复啼，城头晨夕宫中栖。”子兰《夜直》：“万方瞻仰处，晨夕面吾皇。”

【晨光】 曙光；清晨的阳光。许敬宗《侍宴莎栅宫应制得情字》：“暖日晨光浅，飞烟旦彩轻。”杜甫《夜宿西阁晓呈元二十一曹长》：“门鹊晨光起，墙乌宿处飞。”白居易《奉和思黯自题南庄见示兼呈梦得》：“晓月漸沈桥脚底，晨光初照屋梁时。”刘得仁《病中晨起即事寄场中往还》：“虚牖晨光白，幽园晓气清。”

【晨妝】　女子清晨妆饰。韩愈《东都遇春》：“川原晓服鲜，桃李晨妆靓。”韦庄《上春词》：“金楼美人花屏开，晨妆未罢车声催。”

【晨昏】　❶“昏定晨省”的略语。古代子女侍奉双亲的礼节。晨，指早晨省视请安；昏，指晚上服侍就寝。语本《礼记·典礼》：“凡为人子之礼，冬温而夏清，昏定而晨省。”卢纶《同耿拾遗春中题第四郎新修书院》：“学就晨昏外，欢生礼乐中。”杨牢《赠舍弟》：“秦云蜀浪两堪愁，尔养晨昏我远游。”杜荀鹤《入关历阳道中却寄舍弟》：“晨昏知汝道，诗酒卫吾身。”❷早晚。独孤及《送李宾客荆南迎亲》：“恩渥霑行李，晨昏在路岐。”白居易《蜀路石妇》：“晨昏问起居，恭顺发心诚。”

【晨炊】　做早餐，早餐。泛指饭食，用餐。见《史记·淮阴侯列传》。杜甫《行官张望补稻畦水归》：“玉粒足晨炊，红鲜任霞散。”韦应物《鼙鼓行》：“何况鳏孤火绝无晨炊，独妇夜泣官有期。”权德舆《丙寅岁苦贫戏题》：“家人来告予，今日无晨炊。”陆龟蒙《袭美先辈以龟蒙所献五百言既蒙见和复示荣唱再抒鄙怀用伸酬谢》：“穷年只败袍，积日无晨炊。”

【晨門】　古代隐者。见《论语·宪向》。吴筠《高士咏·荷蓧晨门》：“荷蓧隐耕艺，晨门潜抱关。”

【晨省】　义同“晨昏”。孙逖《送李给事归徐州觐省》：“共言晨省日，便是昼游归。”

【晨風】　❶鸟名。即鹯，一种猛禽，似鹞鹰。见《诗·秦风·晨风》。韦应物《善福阁对雨寄李儋幼遐》：“我车夙已驾，将逐晨风征。”皎然《答黎士曹黎生前适越后之楚》：“岂乏晨风翼，翻飞到日边。”❷清晨的风。柳宗元《巽公院五咏·芙蓉亭》：“清香晨风远，溽彩寒露浓。”

【晨裝】　清晨整治行装。亦指行装。皇甫冉《之京留别刘方平》：“客子慕俦侣，含凄整晨装。”李端《送何兆下第还蜀》：“重江不可涉，孤客莫晨装。”权德舆《贞元七年蒙恩除太常博士自江东来朝时与郡君同行西岳庙停车祝谒》：“拜恩理晨装，诏使来骈阗。”白居易《江南喜逢萧九彻因话长安旧游戏赠五十韵》：“离筵开夕宴，别骑促晨装。”

【晨朝】　（—zhāo）清晨。李白《闻谢杨儿吟猛虎词因此有赠》：“晨朝来借问，知是谢杨儿。”杜甫《与任城许主簿游南池》：“晨朝降白露，遥忆旧青毡。”韩愈《盆池五首》之三：“瓦沼晨朝水自清，小虫无数不知名。”

【晨宵】　昼夜。太宗《正日临朝》：“晨宵怀至理，终愧抚遐荒。”

【晨景】　朝阳。李虞仲《初日照凤楼》：“曈昽晨景里，明灭晓光初。”徐铉《奉和宫傅相公怀旧见寄四十韵》：“多谢天波垂赤管，敢教晨景过华砖。”

【晨鼓】　长安城坊警夜之鼓。白居易《和答诗·和大觜乌》：“晓去先晨鼓，暮归后昏钟。”

【晨輝】　亦作“晨暉”。朝阳的光辉。白居易《续古诗十首》之十：“春旦日初出，曈曈耀晨辉。”白居易刘禹锡《喜晴联句》：“洞户晨晖入，空庭宿雾披。”

【晨煙】　❶晨雾。耿湋《连句多暇赠陆三山人》：“禁门闻曙漏，顾渚入晨烟。”❷清晨的炊烟。韦应物《园林晏起寄昭应韩明府卢主簿》：“田家已耕作，井屋起晨烟。”

【晨肇】　刘晨和阮肇的连称。王涣《惆怅诗十二首》之十：“晨肇重来路已迷，碧桃花谢武陵溪。”参见“劉阮”。

【晨趨】　清晨趋行。谓朝参。李峤《龙》：“希逢圣人步，庭阙正晨趋。”厍狄履温《夏晚初霁南省寓直用余字》：“晨趋当及早，复此戒朝车。”皇甫冉《酬李补阙》：“夕宿灵台伴烟月，晨趋建礼逐衣裳。”韦庄《和郑拾遗秋日感事一百韵》：“晨趋鸣铁骑，夜舞挹琼觞。”

【晨撾】　即晨鼓。韩愈《奉和杜相公太清宫纪事陈诚上李相公十六韵》：“噌吰宫夜辟，嘈囐鼓晨挝。”

【晨餐】　早餐。韦应物《送张侍御秘书江左觐省》：“晨餐亦可荐，名利欲何如。”皇甫冉《刘侍御朝命许停官归侍》：“采芝供上药，拾槿奉晨餐。”姚合《寄默然上人》：“晨餐夜复眠，日与月相连。”徐铉《送史馆高员外使岭南》：“桂蠹晨餐罢，贪泉访古初。”

【晨興】　早起。张九龄《晨出郡舍林下》：“晨兴步北林，萧散一开襟。”李白《自溧水道哭王炎三首》之一：“晨兴见晓月，更似发云阳。”韦应物《李博士弟以余罢官居同德精舍枉诗见问》：“晨兴涉清洛，访子高阳宅。”李德裕《西岭望鸣皋山》：“晨兴采薇蕨，向暮归蓬荜。”

【晨霞】　朝霞。韦应物《长安道》：“晨霞出没弄丹阙，春雨依微自甘泉。”李德裕《寒食日三殿侍宴奉进诗一首》：“春露明仙掌，晨霞照御袍。”又《春暮思平泉杂咏二十首·柏》：“晨霞与落日，相照在岩中。”陆龟蒙《奉和袭美太湖诗·三宿神景宫》：“频窥宿羽丽，三吸晨霞盛。”

【晨齋】　僧尼早餐。法照《送无著禅师归新罗》：“夜宿依云色，晨斋就水声。”齐己《题真州精舍》：“晨斋来海客，夜磬到渔家。”

【晨雞】　报晓的雄鸡。陈叔达《后渚置酒》：“严关犹未遂，此夕待晨鸡。”崔日用《奉和立春游苑迎春应制》：“瑶筐彩燕先呈瑞，金缕晨鸡未学鸣。”钱起《春宵寓直》：“未央春漏促，残梦谢晨鸡。”李频《中秋对月》："他夕无相类，晨鸡不可听。"

【晨曦】 朝阳。皎然《效古》："日出天地正，煌煌辟晨曦。"

【晨鐘】 清晨的钟声。杜甫《游龙门奉先寺》："欲觉闻晨钟，令人发深省。"司马扎《宿寿安甘棠馆》之一："坐恐晨钟动，天涯道路长。"

【晨飆】 清晨的风。权德舆《惠昭皇太子挽歌词二首》之一："前星落庆霄，薤露逐晨飙。"白居易《池上清晨候皇甫郎中》："晓景丽未热，晨飚鲜且凉。"

晛 〔xiàn《广韵》胡典切，上銑，匣。又奴甸切，去霰，泥。〕日气。元稹《赋得春雪映早梅》："抟风飘不散，见晛忽偏摧。"

晦 〔huì《广韵》荒内切，去隊，曉。〕❶农历每月的最后一日。张子容《除日》："腊月今知晦，流年此夕除。"王维《晦日游大理韦卿城南别业》之四："弦望忽已晦，后期洲应绿。"白居易《春雪》："月晦寒食天，天阴夜飞雪。"❷指晦节。长孙正隐《晦日宴高氏林亭》："晦晚属烟霞，遨游重岁华。"孙逖《晦日湖塘》："吉日初成晦，方塘遍是春。"皎然《晦日陪颜使君白蘋洲集》："时晦佳游促，高歌听未终。"白居易《春寝》："是时正月晦，假日无公事。"❸夜。白居易《酬卢秘书二十韵》："晦厌鸣鸡雨，春惊震蛰雷。"徐铉《和张先辈见寄二首》之二："鸡鸣候旦宁辞晦，松节凌霜几换秋。"❹昏暗。王维《别弟缙后登青龙寺望蓝田山》："陌上新离别，苍茫四郊晦。"李白《登黄山凌歊台送族弟溧阳尉济充泛舟赴华阴》："日入牛渚晦，苍然夕烟迷。"卢仝《感古四首》之一："日月异又蚀，天地晦如墨。"曹邺《送友人入塞》："惊风忽然起，白日黯已晦。"❺掩蔽，遮蔽。太宗《出猎》："长烟晦落景，灌木振严风。"王维《宿郑州》："宛洛望不见，秋霖晦平陆。"刘禹锡《登司马错古城》："故垒清江上，苍烟晦乔木。"❻隐晦。杜甫《天河》："常时任显晦，秋至辄分明。"白居易《江州赴忠州至江陵已来舟中示舍弟五十韵》："晦即全身药，明为伐性兵。"杜牧《东都送郑处诲校书归上都》："此别无多语，期君晦盛名。"罗隐《投浙东王大夫二十韵》："盛名韬不得，雄略晦弥彰。"❼指隐居。储光羲《同房宪部应旋》："养正不因晦，得中宁患旅。"权德舆《严陵钓台下作》："绝顶耸苍翠，清湍石磷磷。先生晦其中，天子不得臣。"又《送山人归旧隐》："会被公车荐，知君久晦难。"❽衰谢，凋零。王昌龄《宿灞上寄侍御玙弟》："长云骤落日，桑枣寂已晦。"李白《江西送友人之罗浮》："素色愁明湖，秋渚晦寒姿。"

【晦日】 农历每月最后一天。为古代节日名。唐德宗贞元五年定农历二月一日为"中和节"，以代"晦节"。见《唐会要》卷二九"节日"。张说《晦日诏宴永穆公主亭子赋得流字》："堂邑山林美，朝恩晦日游。"杜甫《陪王使君晦日泛江就黄家亭子二首》之一："非君爱人客，晦日更添愁。"严维《晦日宴游》："晦日湔裾俗，春楼致酒时。"顾况《奉和韩晋公晦日呈诸判官》："江南无处不闻歌，晦日中军乐更多。"李端《晦日同苗员外游曲江》："晦日同携手，临流一望春。"

【晦明】 ❶指昼夜。钱起《适楚次徐城》："行迈改乡邑，苦辛淹晦明。"权德舆《古兴》："晦明乌兔相推迁，雪霜渐到双鬓边。"又《酬穆七侍郎早登使院西楼感怀》："一气鼓万殊，晦明相推迁。"方干《送僧归日本》："四极虽云共二仪，晦明前后即难知。"❷明暗。高适《同敬八卢五泛河间清河》："云树共晦明，井邑相逶迤。"李华《仙游寺》："万壑移晦明，千峰转前后。"刘长卿《陪元侍御游支硎山寺》："密竹藏晦明，群峰争向背。"❸阴晴。宋之问《景龙四年春祠海》："暖气物象来，周游晦明互。"

【晦夜】 晦日之夜。皎然《晦夜李侍御萼宅集招潘述汤衡海上人饮茶赋》："晦夜不生月，琴轩犹为开。"

【晦昧】 昏暗，阴暗。韩愈《谒衡岳庙遂宿岳寺题门楼》："我来正逢秋雨节，阴气晦昧无清风。"

【晦冥】 昏暗。李白《梁甫吟》："倏烁晦冥起风雨，阊阖九门不可通。"杜甫《骢马行》："时俗造次那得致，云雾晦冥方降精。"吕温《成皋铭》："昔在秦亡，雷雨晦冥。"

【晦朔】 从初一到月末，谓农历一个月。孟浩然《赴京途中遇雪》："迢递秦京道，苍茫岁暮天。穷阴连晦朔，积雪满山川。"储光羲《晚霁中园喜赦作》："浓云连晦朔，菰菜生邻里。"

【晦節】 ❶同"晦日"。宋之问《桂州陪王都督晦日宴逍遥楼》："晦节高楼望，山川一半春。"郎余令《晦日宴高氏林亭》："三春休晦节，九谷泛年华。"解琬《晦日宴高氏林亭》："欢娱属晦节，酩酊未还家。"岑参《晦日陪侍御泛北池》："春池满复宽，晦节耐邀欢。"❷隐晦节操。卢纶《东潭宴饯河南赵少府》："松篁难晦节，雨露不私恩。"

【晦跡】 参见"晦迹"。

【晦迹】 亦作"晦跡"。谓隐居匿迹。吴筠《览古十四首》之一一："晦迹一何晚，天年夭当时。"李白《题元丹丘颍阳山居》："卜地初晦迹，兴言且成文。"杜甫《岳麓山道林二寺行》："昔遭衰世皆晦迹，今幸乐国养微躯。"湛贲《伏览吕侍郎丘员外旧题十三代祖历山草堂诗因书记事》："名遂贵知己，道胜方晦迹。"李山甫《酬刘书记一二知己见寄》："晦迹全无累，安贫自得宜。"

【晦暝】 同"晦冥"。储光羲《田家杂兴八首》之二："山泽时晦暝，归家暂闲居。"周贺《寄新头陀》："相逢竹坞晦暝夜，一别苕溪多少年。"方干《题龙瑞观兼呈徐尊师》："远壑度年如晦暝，阴溪入夏有凌澌。"卢士衡《灵溪老松歌》："有时风雨晦暝，摆撼若黑龙之腾跃。"

【晦魄】 晦节之月。即正月的月亮。太宗《月晦》："晦魄移中律，凝暄起丽城。"周彦晖《晦日宴高氏林亭》："砌蓂收晦魄，津柳竞年华。"

【晦賞】 晦节宴赏。韦应物《月晦忆去年与亲友曲水游宴》："晦赏念前岁，京国结良俦。"

【晦翳】 阴暗。陆龟蒙《迎潮送潮辞·送潮》："大几望兮微将晦翳，睨瀛溶兮敛然而退。"

【晦藏】 埋藏，隐藏。权德舆《丰城剑池驿感题》："龙剑昔未发，泥沙相晦藏。"

晞 〔xī《广韵》香衣切，平微，曉。〕❶干，干燥。杜甫《甘林》："晨光映远岫，夕露见日晞。"韩愈《送区弘南归》："开书拆衣泪痕晞，虽不敕还情庶几。"罗隐《莺声》："井上梧桐暗，花间雾露晞。"和凝《宫词百首》之二三："黄金槛外螭头活，日照红兰露未晞。"❷曝，晒。柳宗元《行路难三首》之三："美人四向回明珰，雪山冰谷晞太阳。"❸沐浴。张九龄《奉和圣制南郊礼毕酺宴》："幸奏承云乐，同晞湛露阳。"

【晞陽】 ❶沐浴阳光。郑愔《人日重宴大明宫恩赐彩缕人胜应制》："良时荷泽皆迎胜，穷谷晞阳犹未春。"张九龄《恩赐乐游园宴应制》："晞阳人似露，解愠物从风。朝庆千龄始，年华二月中。"❷朝阳；日出。董思恭《咏露》："芦渚花初白，葵园叶尚青。晞阳一洒惠，方愿益沧溟。"钱起《奉和圣制登朝元阁》："拂曙銮舆上，晞阳瑞雪晴。"徐铉《赋得风光草际浮》："风轻不尽偃，日早未晞阳。"

【晞髮】 沐浴后晒发。语出《楚辞·九歌·少司命》："与女沐兮咸池，晞女发兮阳之阿。"李白《安州应城玉女汤作》："濯濯气清泚，晞发弄潺湲。"韦应物《寄黄刘二尊师》："矫掌白云表，晞发阳和初。"

【晞露】 ❶晨露。成彦雄《晓》："列宿回元朝北极，爽神晞露滴楼台。"❷喻沐受恩德。王棨《省题诗二十一首·上巳日曲江锡宴群臣》："池散暮春景，君垂晞露恩。"

晚 〔wǎn《广韵》無遠切，上阮，微。〕❶日暮；黄昏。卢象《峡中作》："晚见江山霁，宵闻风雨来。"刘长卿《却归睦州至七里滩下作》："江树临洲晚，沙禽对水寒。"白居易《早出晚归》："早起或因携酒出，晚归多是看花回。"刘沧《晚秋洛阳客舍》："庭叶霜浓悲远客，宫城日晚度寒鸦。"❷夜；夜晚。沈佺期《七夕曝衣篇》："朝霞散彩羞衣架，晚月分光劣镜台。"刘禹锡《赠别君素上人诗》引："晚读佛书，见大雄念佛之普级宝山而梯之。"李商隐《县中恼饮席》："晚醉题诗赠物华，罢吟还醉忘归家。"李建勋《正月晦日》："晚来重作雪，翻为杏花愁。"❸迟。杜甫《寄刘峡州伯华使君四十韵》："放蹄知赤骥，捩翅服苍鹰。卷轴来何晚，襟怀庶可凭。"秦系《山中枉张宙员外书期访衡门》："常恨相知晚，朝来枉数行。"白居易《赠同座》："谋欢身太晚，恨老意弥深。"韦庄《延兴门外作》："王孙归去晚，宫树欲栖鸦。"❹接近终了；一个时期的最后一段。杜审言《送和西蕃使》："使出凤皇池，京师阳春晚。"孟浩然《晚春题远上人南亭》："春晚群木秀，间关黄鸟歌。"崔曙《登水门楼见亡友张贞期题望黄河诗因以感兴》："流落年将晚，悲凉物已秋。"牟融《客中作》："异乡岁晚怅离怀，游子驱驰愧不才。"❺晚年。王维《饭覆釜山僧》："晚知清净理，日与人群疏。"李白《古风》之八："子云不晓事，晚献长杨辞。赋达身已老，草玄鬓若丝。"杜甫《水阁朝霁奉简严云安》："晚交严明府，矧此数相见。"

【晚下】 傍晚。韦应物《三台二首》之二："朝来门阁无事，晚下高斋有情。"

【晚日】 日暮；夕阳。吴筠《秋日望倚帝山》："秋天已晴朗，晚日更澄霁。"元稹《别后西陵晚眺》："晚日未抛诗笔砚，夕阳空望郡楼台。"李商隐《柳》："清明带雨临官道，晚日含风拂野桥。"王毂《红蔷薇歌》："晚日春风夺眼明，蜀机锦彩浑疑黗。"

【晚成】 谓年岁大才有大成就。崔颢《赠怀一上人》："早悔业至浅，晚成计可寻。"刘湾《即席赋露中菊》："晚成犹有分，欲采未过时。"欧阳詹《徐十八晦落第》："嘉谷不夏熟，大器当晚成。"杜荀鹤《寄李溥》："如我如君者，不妨身晚成。"

【晚光】 夕阳的余光。董思恭《咏虹》："梁前朝影出，桥上晚光舒。"刘长卿《送蒋侍御入秦》："晚光临仗奏，春色共西归。"裴虔余《早春残雪》："梅飘余片积，日堕晚光残。"胡曾《题周瑜将军庙》："庭际雨余春草长，庙前风起晚光残。"

【晚年】 暮年，年老之时。王维《酬张少府》："晚年唯好静，万事不关心。"高适《答侯少府》："常日好读书，晚年学垂纶。"李嘉祐《送从叔阳冰祗召赴都》："见主承休命，为郎贵晚年。"杜荀鹤《送韦书记归京》："朝客半修前辈礼，古人多重晚年荣。"

【晚色】 傍晚的天色。杜甫《曲江对雨》："城上春云覆苑墙，江亭晚色静年芳。"皇甫曾《送郑秀才贡举》："晚色寒芜远，秋声候雁多。"叶季良《赋得琢玉成器》："冰映寒光动，虹开晚色明。"

【晚志】 晚年的志向。储光羲《秦中初霁献给事二首》之一："夙心幸清鉴，晚志欣良觌。"

【晚花】 迟开的花。刘长卿《送裴四判官赴河西军试》："晚花对古戍，春雪含边州。"许浑《寄阳陵处士》："谢公楼上晚花盛，扬子宅前春草深。"蔡文恭《奉和夏日游山应制》："照灼晚花鲜，潺湲夕流响。"

【晚芳】 迟开的花。常衮《咏冬瑰花》："独鹤寄烟霜，双鸾思晚芳。"

【晚步】 傍晚的散步。杜牧《秋晚与沈十七舍人期游樊川不至》："杜村连潏水，晚步见垂钩。"

【晚吹】 (—chuì)晚风。李峤《送骆奉礼从军》："笛梅含晚吹，营柳带余春。"刘长卿《观校猎上淮西相公》："笳随晚吹吟边草，箭没寒云落塞鸿。"杜牧《伤猿》："无端晚吹惊高树，似袅长枝欲下来。"李咸用《春晴》："檐滴春膏绝，凭栏晚吹生。"

【晚秀】 迟开的花。张九龄《临泛东湖》："晚秀复芬敷，秋光更遥衍。"

【晚春】 指农历三月。沈佺期《和上巳连寒食有怀京洛》："行乐光辉寒食借，太平歌舞晚春饶。"孟浩然《上巳日涧南园期王山人陈七诸公不至》："摇艇候明发，花源弄晚春。"贯休《送友人下第游边》："失意穷边去，孤城值晚春。"

【晚夏】 指农历六月，夏季最后一月。骆宾王《晚泊江镇》："荷香销晚夏，菊气入新秋。"杜审言《和韦承庆过义阳公主山池五首》之一："雨余清晚夏，共坐北岩幽。"

【晚途】 晚年。孟浩然《还山贻湛法师》："晚途归旧壑，偶与支公邻。"李白《读诸葛武侯传书怀赠长安崔少府叔封昆季》："晚途值子玉，华发同衰荣。"

【晚陽】 夕阳。钱起《送襄阳卢判官奏开河事》："晚阳过微雨，秋水见新鸿。"罗邺《柳絮》："处处东风扑晚阳，轻轻醉粉落无香。"又《秋蝶二首》之二："似厌栖寒菊，翩翩占晚阳。"

【晚達】 晚年显达。杜甫《续得观书迎就当阳止正月中旬定出三峡》："冯唐虽晚达，终觊在皇都。"刘禹锡《赠乐天》："在人虽晚达，于树似冬青。"杜荀鹤《贻里中同志》："古人犹晚达，况未鬓霜侵。"方干《贻钱塘县路明府》："前贤多晚达，莫怕鬓霜侵。"

【晚晴】 傍晚晴朗的天色。姚崇《故洛阳城侍宴应制》："游豫停仙跸，登临对晚晴。"韦述《春日山庄》："晚晴摇水态，迟景荡山光。"李商隐《晚晴》："天意怜幽草，人间重晚晴。"吴融《富春》："水送山迎入富春，一川如画晚晴新。"

【晚遇】 晚年显达。李白《效古二首》之一："早达胜晚遇，羞比垂钓翁。"白居易《曲江感秋二首》之一："晚遇何足言，白发映朱绂。"

【晚景】 ❶傍晚的景色。于逖《野外行》："寒鸦噪晚景，乔木思故乡。"李绅《杜鹃楼》："杜鹃如火千房拆，丹槛低看晚景中。"王周《西山晚景》："公局长清淡，池亭晚景中。"狄焕《咏南岳径松》："客吟晚景停孤棹，僧踏清阴彻上方。"❷夜景。司空曙《晚思》："晚景凄我衣，秋风入庭树。"

【晚歲】 晚年。许景先《征君宅》："上虞佳山水，晚岁耽隐沦。"岑参《行军雪后月夜宴王卿家》："晚岁宦情薄，行军欢宴疏。"白居易《秦中吟十首·不致仕》："少时共嗤诮，晚岁多因循。"曹邺《对酒》："晚岁无此物，何由住田野。"

【晚暉】 夕阳；落日的余辉。权德舆《从叔将军宅蔷薇花开太府韦卿有题壁长句因以和作》："莺藏密叶宜新霁，蝶绕低枝爱晚晖。"吴融《新雁》："数声飘去和秋色，一字横来背晚晖。"

【晚照】 夕阳；落日的余辉。杜甫《秋野五首》之四："远岸秋沙白，连山晚照红。"白居易《五凤楼晚望》："晴阳晚照湿烟销，五凤楼高天泬寥。"皮日休《洛中寒食二首》之二："欲知豪贵堪愁处，请看邙山晚照斜。"韩偓《边上看猎赠元戎》："军回野静秋天白，角怨城遥晚照黄。"

【晚節】 ❶晚年。张九龄《叙怀二首》之二："晚节从卑秩，岐路良非一。"岑参《初至西虢官舍南池呈左右省及南宫诸故人》："早年迷进退，晚节悟行藏。"杜甫《寄常征君》："白水青山空复春，征君晚节傍风尘。"张南史《秋夜闻雁寄南十五兼呈空和尚》："晚节闻君道趣深，结茅栽树近东林。"❷晚年的节操。白居易《栽松二首》之二："爱君抱晚节，怜君含直文。"

【晚衙】 古代官府早晨卯时坐衙治事称"早衙"，傍晚申时坐衙治事称"晚衙"。白居易《夜归》："逐胜移朝宴，留欢放晚衙。"又《自罢河南已换七尹每一入府怅然旧游因宿内厅偶题西壁》："暖阁谋宵宴，寒庭放晚衙。"

【晚髮】 白发。张子容《永嘉作》："未应悲晚发，炎瘴苦华年。"杜牧《李给事中敏二首》之二："晚发闷还梳，忆君秋醉余。"

【晚暮】 傍晚。刘长卿《酬张夏雪夜赴州访别途中苦寒作》："晚暮相依分，江潮欲别情。"卢殷《仲夏寄江南》："晚暮时看槿，悲酸不食梅。"

【晚榮】 ❶迟开的花朵。陈叔达《咏菊》："但令逢采摘，宁辞独晚荣。"令狐峘《硖州旅舍奉怀苏州韦郎中》："江山入秋气，草木凋晚荣。"❷晚年显荣。聂夷中《客有追叹后时者作诗勉之》："后达多晚荣，速得多疾倾。"

【晚翠】 傍晚苍翠的景色。高蟾《金陵晚望》："曾伴浮云归晚翠，犹陪落日泛秋声。"韦庄《春云》："春云春水两溶溶，倚郭楼台晚翠浓。"柴宿《初日照华清宫》："鲜飙收晚翠，佳气满晴空。"

【晚稻】 一种插秧期较晚或生长期较长的稻子。一般在霜降前后收割。白居易《太和戊申岁大有年诏赐百寮出城观稼谨书盛事以俟采诗》："早禾黄错落，晚稻绿扶疏。"薛逢《五峰隐者》："高斋既许陪云宿，晚稻何妨为客舂。"唐彦谦《蟹》："湖田十月清霜堕，晚稻初香蟹如虎。"

【晚潮】 傍晚上涨的潮水。刘言史《越井台望》："晚潮未至早潮落，井邑暂依沙上头。"

【晚燒】 晚霞；日落时的火烧云。司空曙《送李嘉祐正字括图书兼往扬州覲省》："晚烧平芜外，朝阳叠浪东。"张籍《留别江陵王少府》："寒林远路驿，晚烧过荒陂。"

【晚霞】 日落时的彩霞。太宗《初晴落景》："晚霞聊自怡，初晴弥可喜。"卢照邻《长安古意》："龙衔宝盖承朝日，凤吐流苏带晚霞。"唐彦谦《曲江春望》："杏艳桃光夺晚霞，乐游无庙有年华。"吴融《关西驿亭即事》："晚霞零落雨初收，关上危阑独怅留。"

【晚豔】 迟开的花朵。王建《野菊》："晚艳出荒篱，冷香著秋水。"

晝 〔zhòu《广韵》陟救切，去宥，知。〕❶白天。张说《邺都引》："昼携壮士破坚阵，夜接词人赋华屋。"李德裕《洛中士君子多以平泉见呼愧获方外之名》："径荒寒未扫，门设昼长关。"白居易《雪夜喜李郎中见访兼酬所赠》："红蜡烛前明似昼，青毡帐里暖如春。"韦庄《夏夜》："星繁愁昼热，露重觉荷香。"❷明。孟郊《章仇将军良弃功守贫》："进则万景昼，退则群物阴。"鲍溶《秋晚铜山道中宿隐者》："迟迟清夜昼，幽路出深竹。"❸中午。权德舆《昼》："安流日正昼，净绿天无风。"杜牧《春思》："自是求佳梦，何须讶昼眠。"

【晝上人】 指清昼，即皎然。孟郊有《答昼上人止谗之作》和《同昼上人送郭秀才江南寻兄弟》。于頔有《郡斋卧疾赠昼上人》。

【晝日】 白天。刘驾《牧童》："昼日驱牛归，前溪风雨恶。"

【晝分】 正午。杜甫《昼梦》："二月饶睡昏昏然，不独夜短昼分眠。"

【晝公】 ❶指清昼，即皎然。清昼有《秋日潘述自长城至霅上与昼公汤评事游集累日时司直李公瑕往苏州有阻良会因与二公联句以寄之》。李瑕，当李纵之误。秦系有《奉寄昼公》。❷指乾昼。庐山僧人。与齐己友善。齐己有《忆别匡山寄彭泽乾昼上人》《再逢昼公》和《又寄彭泽昼公》。

【晝光】 白天的时光。无名氏《冬》："苍茫枯碛阴云满，古木号空昼光短。"

【晝色】 即日色。沈佺期《夜游》："月华连昼色，灯影杂星光。"张碧《野田行》："风昏昼色飞斜雨，冤骨千堆髑髅语。"

【晝夜】 日夜。萧祜《游石堂观》："半岩有洞顶有池，出入灵怪潜蛟螭。我去不得昼夜思，梦游曾信南风吹。"白居易《酬南洛阳早春见赠》："物华春意尚迟回，赖有东风昼夜催。"曹邺《奉命齐州推事毕寄本府尚书》："恐孤食恩地，昼夜心不遑。"陆龟蒙《奉酬袭美先辈吴中苦雨一百韵》："今来值霖雨，昼夜无暂歇。"

【晝刻】 借指白天的时间。刻，即漏壶，因在插入漏壶的标上刻符号以表时间，故称。杜甫《晚出左掖》："昼刻传呼浅，春旗簇仗齐。"羊士谔《春日朝罢呈台中寮友》："雲披彩仗春风度，日暖香阶昼刻移。"白居易《昼寝》："暑风微变候，昼刻渐加数。"

【晝居】 白天闲居。白居易《续古诗十首》之五："昼居不逾阈，夜行常秉烛。"

【晝陰】 指浮云遮蔽太阳。王维《赋得秋日悬清光》："昼阴殊众木，斜影下危楼。"许浑《紫藤》："秋色寄高树，昼阴笼远山。"

【晝晷】 白天。晷，日影。韦应物《夏至避暑北池》："昼晷已云极，宵漏自此长。"

【晝景】 太阳。李峤《夏晚九成宫呈同僚》："一枰移昼景，六著尽宵钟。"独孤及《奉和李大夫同吕评事太行苦热行》："昼景赩可畏，凉飙何由发。"白行简《金在熔》："焰热晴云变，烟浮昼景阴。"

【晝遊】 同"晝錦"。苏颋《奉和魏仆射秋日还乡有怀之作》："南宫夙拜罢，东道昼游初。"孙逖《送李给事归徐州覲省》："共言晨省日，便是昼游归。"储光羲《敬酬陈掾亲家翁秋夜有赠》："昼游还荆吴，迷方客咸秦。"钱起《送外甥范勉赴任常州长史兼覲省》："就养仍荣禄，还乡即昼游。"

【晝寢】 白昼寝寐；午睡。褚亮《奉和咏日午》："昼寝惭经笥，暂解入朝衣。"韦应物《夏日》："无人不昼寝，独坐山中静。"方干《寄台州孙从事百篇》："昼寝不知山雪积，春游应趁夜潮归。"李玉箫《宫词》："鸳鸯瓦上瞥然声，昼寝宫娥梦里惊。"

【晝漏】 漏，漏壶，古代利用滴水多寡来计时的器具。昼漏，多借指白天的时间。权德舆《奉和陈阁老寒食初假当直》："昼漏沈沈倦琐闱，西垣东观阅芳菲。"元稹《春六十韵》："昼漏频加箭，宵晖欲半弓。"皮日休《吴中苦雨因书一百韵寄鲁望》："高谈繄无尽，昼漏何太促。"

【晝興】 天亮。卢纶《题杨虢县竹亭》："夜宿密公室，话余将昼兴。"

【晝錦】 《史记·项羽本纪》有"富贵不归故乡，如衣绣夜行，谁知之者"语。《汉书·项籍传》："衣绣夜行"作"衣锦夜行"。后遂称富贵还乡为"衣锦昼行"，或作"晝錦還鄉""晝錦"。王维《送秘书晁监还日本国》序：“游宦三年，愿以君羹遗母。不居一国，欲其昼锦还乡。”钱起《送李栖桐道举擢第还乡省侍》：“名与玄珠出，乡宜昼锦还。”刘禹锡《赠致仕滕庶子先辈》：“朝服归来昼锦荣，登科记上更无兄。”

【晝錦還鄉】 参见“晝錦”。

【晝燈】 即长明灯。佛像前的供灯，因昼夜不灭，故名。雍裕之《赠苦行僧》：“古殿长鸣磬，低头礼昼灯。”

【晝歸】 义同“晝錦”。钱起《送冷朝阳擢第后归金陵觐省》：“莱子昼归今始好，潘园景色夏偏浓。”

八 画

晴 〔qíng《广韵》疾盈切，平清，從。〕雨止云散，天晴。太宗《初晴落景》：“晚霞聊自怡，初晴弥可喜。”韦应物《奉和圣制重阳日赐宴》：“恩属重阳节，雨应此时晴。”司空曙《九日洛东亭》：“柳散新霜下，天晴早雁还。”姚合《武功县中作三十首》之二〇：“晴月销灯色，寒天挫笔锋。”

【晴川】 ❶晴天下的水流。裴夷直《同乐天中秋夜洛河玩月二首》之二：“不热不寒三五夕，晴川明月正相临。”温庭筠《东归有怀》：“晴川通野陂，此地昔伤离。”罗隐《狄浦》：“晴川倚落晖，极目思依依。”石殷土《日华川上动》：“曙霞攒旭日，浮景弄晴川。”❷晴天下的原野。李绅《建元寺》序：“诗人郭云曾赋寒食诗赠吏部先兄。诗云：兰陵士女满晴川，郊外纷纷拜古埏。”

【晴天】 ❶晴朗的天空。李涉《题水月台》：“水似晴天天似水，两重星点碧琉璃。”李商隐《七月二十八日夜与王郑二秀才听雨后梦作》：“初梦龙宫宝焰然，瑞霞明丽满晴天。”王季文《九华山谣》：“灵光爽气曛复旭，晴天倒影西江渌。”杜荀鹤《春日登楼遇雨》：“忽地晴天作雨天，全无暑气似秋间。”❷天晴的日子。戴叔伦《边城曲》：“尘沙晴天迷道路，河水悠悠向东去。”许棠《送李频之南陵主簿》：“晴天调膳外，垂钓有池塘。”

【晴日】 ❶晴天。苏颋《奉和春日幸望春宫应制》：“东望望春春可怜，更逢晴日柳含烟。”白居易《久雨闲闷对酒偶吟》：“自夏及秋晴日少，从朝至暮闷时多。”姚合《宴光禄田卿宅》：“春风酒影动，晴日乐声长。”唐彦谦《无题十首》之一：“细草铺茵绿满堤，燕飞晴日正迟迟。”❷晴天的太阳。徐商《贺襄阳副使节判同加章绶》：“晴日照旗红灼烁，韶光入队影玢璘。”司空图《杨柳枝寿杯词十八首》之四：“绿帐远笼清珮响，更曛晴日上龙旗。”徐铉《和钟大监泛舟同游见示》：“孤棹乱流偏有兴，满川晴日弄微波。”

【晴光】 犹阳光。杜审言《和晋陵陆丞早春游望》：“淑气催黄鸟，晴光转绿蘋。”李白《安州般若寺水阁纳凉喜遇薛员外乂》：“翛然金园赏，远近含晴光。”白居易《自题新昌居止因招杨郎中小饮》：“宿雨长齐邻舍柳，晴光照出夹城花。”贾彦璋《晚霁登汝南大云阁》：“邑树晴光起，川苗佳气深。”

【晴旭】 初日，朝阳。齐己《除夜》：“明朝待晴旭，池上看春冰。”

【晴色】 晴朗的天色。温庭筠《堂堂曲》：“钱唐岸上春如织，森森寒潮带晴色。”薛逢《送李蕴赴郑州因献卢郎中》：“仆射陂西想到时，满川晴色见旌旗。”李郢《江边柳》：“东风晴色挂阑干，眉叶初晴畏晓寒。”

【晴明】 晴朗；明朗。宋之问《雨从箕山来》：“晴明西峰日，绿缛南溪树。”张旭《山行留客》：“纵使晴明无雨色，入云深处亦沾衣。”卢纶《春日登楼有怀》：“年来笑伴皆归去，今日晴明独上楼。”李商隐《思归》：“岭云春沮洳，江月夜晴明。”

【晴和】 （—hé）天气晴朗和暖。元稹《春六十韵》：“震动风千变，晴和鹤一冲。”白居易《早春雪后赠洛阳李长官长水郑明府二同年》：“献岁晴和风景新，铜驼街郭暖无尘。”又《早春持斋答皇甫十见赠》：“正月晴和风气新，纷纷已有醉游人。”

【晴河】 明朗的银河。刘禹锡《和汴州令狐相公到镇改月偶书所怀》：“花树当朱阁，晴河逼翠帘。”杜光庭《初月》：“定无列宿敢争耀，好伴晴河相映流。”

【晴空】 晴朗的天空。寒山《诗三百三首》之二〇一：“寒山顶上月轮孤，照见晴空一物无。”白居易《秋思》：“夕照红于烧，晴空碧胜蓝。”陈昌言《白日丽江皋》：“迟景临遥水，晴空似不高。”翁洮《赠进士王雄》：“笳吹古堞边声远，岳倚晴空楚色高。”

【晴虹】 指彩虹。钱起《登玉山诸峰偶至悟真寺》：“玉气交晴虹，桂花留曙月。”李绅《宿扬州水馆》：“舟依浅岸参差合，桥映晴虹上下连。”按，此喻水中桥影。

【晴氣】 晴朗的天气。李群玉《春日寄友》：“晴气熏樱蕊，丰蒙雪满林。”温庭筠《敬答李先生》：“绿昏晴气春风岸，红漾轻纶野水天。”

【晴朗】 天气晴爽清朗。吴筠《秋日望倚帝山》：“秋天已晴朗，晚日更澄霁。”

【晴陽】 晴朗的阳光。白居易《五凤楼晚望》：“晴阳晚照湿烟销，五凤楼高天沉寥。”温庭筠《过华清宫二十二韵》：“涩浪和琼甃，晴阳上彩斿。”曹邺《杏园即席上同年》：“晴阳照花影，落絮浮野翠。”韩偓《早起五言三韵》：“依依官渡头，晴阳照行旅。”

【晴雲】 晴空的云彩。白行简《金在熔》：“焰热晴云变，烟浮昼景阴。”杜牧《长安杂题长句六首》之二："晴云似絮惹低空，紫陌微微弄袖风。"刘沧《从郑郎中高州游东潭》："一溪寒水涵清浅，几处晴云度翠微。"司空图《携仙箓九首》之一："岳北秋空渭北川，晴云渐薄薄如烟。"

【晴景】 晴朗的景色。陶翰《南楚怀古》："倚棹下晴景，回舟随晚涛。"司空曙《同张参军喜李尚书寄新琴》："新琴传凤凰，晴景称高张。"刘言史《过春秋峡》："峭壁苍苍苔色新，无风晴景自胜春。"

【晴岚】 晴日山中的雾气。白居易《代春赠》："山吐晴岚水放光，辛夷花白柳梢黄。"徐铉《题碧岩亭赠孙尊师》："丹霞披翠巘，白鸟带晴岚。"

【晴雷】 喻指鼓声。杜牧《怀钟陵旧游四首》之二："滕阁中春绮席开，柘枝蛮鼓殷晴雷。"李咸用《长歌行》："鼓腕腾棍晴雷收，舞腰困袅垂杨柔。"

【晴暖】 晴朗和暖。李商隐《和李秀才落花有感》："晴暖感余芳，红苞杂绛房。"贾岛《早春题友人湖上新居二首》之一："每逢晴暖日，惟见乞花栽。"司空图《偶题三首》之三："永日无人新睡觉，小窗晴暖蛸虫飞。"

【晴晖】 阳光。温庭筠《牡丹二首》之一："轻阴隔翠帏，宿雨泣晴晖。"韩琮《霞》："应是行云未拟归，变成春态媚晴晖。"郑畋《下直早出》："偏觉石台清贵处，榜悬金字射晴晖。"

【晴照】 晴朗的阳光。皮日休《吴中言怀寄南海二同年》："铜鼓夜敲溪上月，布帆晴照海边霞。"郑谷《峨眉山》："夏消江峡满，晴照蜀楼寒。"

【晴煙】 晴天的烟霭或云彩。宗楚客《奉和幸上阳宫侍宴应制》："水光摇落日，树色带晴烟。"钱起《酬长孙绎蓝溪寄杏》："清香和宿雨，佳色出晴烟。"裴澄《春云》："旭日消寒翠，晴烟点净容。"司马札《送归客》："晴烟独鸟没，野渡乱花飞。"

【晴碧】 碧蓝的晴空。宋之问《见南山夕阳召监师不至》："夕阳黯晴碧，山翠互明灭。"庄南杰《阳春曲》："沙鸥白羽剪晴碧，野桃红艳烧春空。"温庭筠《郭处士击瓯歌》："晴碧烟滋重叠山，罗屏半掩桃花月。"李沇《秋霖歌》："恨无长剑一千仞，划断顽云看晴碧。"

【晴蜺】 参见"晴霓"。

【晴熏】 参见"晴曛"。

【晴翠】 草木受阳光照射而呈现出的一片碧绿颜色。权德舆《送孔江州》："秋光连瀑布，晴翠辨香炉。"白居易《赋得古原草送别》："远芳侵古道，晴翠接荒城。"温庭筠《太液池歌》："叠澜不定照天井，倒影荡摇晴翠长。"

【晴霓】 亦作"晴蜺"。彩虹。宋之问《发端州初入西江》："翠微悬宿雨，丹壑饮晴霓。"曹松《岭南道中》："半川阴雾藏高木，一道晴蜺杂落晖。"

【晴霞】 晴天的云霞。李绅《新楼诗二十首·海榴亭》："海榴亭早开繁蕊，光照晴霞破碧烟。"李白《姑熟十咏·天门山》："参差远天际，缥缈晴霞外。"李商隐《和郑愚赠汝阳王孙家筝妓二十韵》："荒郊白鳞断，别浦晴霞委。"无名氏《斑竹簟》："一片晴霞冻不飞，深沉尽讶蛟人立。"

【晴鲜】 清明鲜洁。张说《蜀路二首》之一："云埃夜澄廓，山日晓晴鲜。"

【晴曛】 又作"晴熏"。阳光照射。杜甫《宣政殿退朝晚出左掖》："天门日射黄金榜，春殿晴曛赤羽旗。"又《寄岳州贾司马六丈巴州严八使君两阁老五十韵》："阴散陈仓北，晴熏太白巅。"

【晴霽】 雨过天晴。和凝《宫词百首》之二四："清旦司天台进状，夜来晴霁泰阶平。"

【晴靄】 晴天的雾霭。贾至《岳阳楼宴王员外贬长沙》："楚山晴霭碧，湘水暮流深。"李咸用《富贵曲》："画藻雕山金碧彩，鸳鸯叠翠眠晴霭。"李山甫《曲江二首》之二："江色沈天万草齐，暖烟晴霭自相迷。"

晳 〔xī《广韵》先擊切，入錫，心。〕本作"皙"，指人肤色白。李颀《送刘方平》："童颜且白皙，佩德如瑶琼。"王维《送崔五太守》："使君年纪三十余，少年白皙专城居。"李白《越女词五首》之二："吴儿多白皙，好为荡舟剧。"刘禹锡《游桃源一百韵》："霓裳可飘飖，童颜洁白皙。"

晰 〔xī《集韵》先的切，入錫，心。〕❶光亮。《郊庙歌辞·享节愍太子庙乐章·迎神》："仙袂云会，灵旗电晰。煌煌而来，礼物攸设。"❷清晰；清楚。刘禹锡《韩十八侍御见示岳阳楼别窦司直诗因令属和重以自述故足成六十二韵》："曙色未昭晰，露华遥斐亹。"

【晰晰】 光亮貌。权德舆《祗役江西路上以诗代书寄内》："晰晰窥晓星，涂涂践朝露。"白居易《三年除夜》："晰晰燎火光，氲氲腊酒香。"

晻 〔àn《广韵》烏紺切，去勘，影。〕❶昏暗貌。见"晻暧❶""晻霭"。❷盛貌。见"晻暧❸"。

【晻淡】 暗淡。元稹《江陵三梦》："依稀旧妆服，晻淡昔容仪。"又《生春二十首》之一："笼葱闲著水，晻淡欲随风。"

【晻晻】 昏暗貌。储光羲《晚次东亭献郑州宋使君文》："霏霏渠门色，晻晻制岩光。"于鹄《早上凌霄第六峰入紫溪礼白鹤观祠》："乃到紫石溪，晻晻已天明。"

【晻澹】 同"晻淡"。元稹《闲二首》之一："晻澹洲烟白，篱筛日脚红。"又《春六十韵》："燧改鲜妍火，阴繁晻澹桐。"

【晻暧】 ❶昏暗貌。多指暝色。温庭筠《苦楝花》："晻暧迷青琐，氤氲向画图。"❷暗淡。贾岛《就峰公宿》："残月华晻暧，远水响玲珑。"❸盛貌。王维《送友人归山歌二首》之二："树晻暧兮氛氲，猿不见兮空闻。"

【晻霭】 昏暗貌。岑参《天山雪歌送萧治归京》："晻霭寒氛万里凝，阑干阴崖千丈冰。"

暑 〔shǔ《广韵》舒吕切，上語，書。〕❶暑天；盛夏。高宗《太子纳妃太平公主出降》："暑阑炎气息，凉早吹疏频。"严维《送舍弟》："时暑嗟于迈，家贫念聚粮。"白居易《昼寝》："暑风微变候，昼刻渐加数。"张蠙《蓟北书事》："暑过燕僧出，时平虏客通。"❷热，炎热；盛夏的热气。李峤《五月奉教作》："欲逃三伏暑，还泛十旬觞。"柳宗元《茅檐下始栽竹》："瘴茅葺为宇，溽暑常侵肌。"周贺《早秋过郭涯书堂》："暑消冈舍清，闲语有余情。"韦庄《早秋夜作》："翠簟初清暑半销，撇帘松韵送轻飙。"

【暑夕】 盛夏之夜。韩愈《答张彻》："暄晨蹑露舄，暑夕眠风櫺。"

【暑天】 夏天；夏季炎热的日子。杜甫《万丈潭》："何事暑天过，快意风雨会。"韦处厚《盛山十二诗·竹岩》："不资冬日秀，为作暑天寒。"姚合《夏日书事寄丘亢处士》："暑天难可度，岂复更持觞。"杜荀鹤《夏日登友人书斋林亭》："暑天长似秋天冷，带郭林亭画不如。"

【暑日】 夏季的白天；夏天。张籍《祭退之》："日来相与嬉，不知暑日长。"白居易《李十一舍人松园饮小酎酒得元八侍御诗叙云在台中推院有鞫狱之苦因酬四韵》："早夏我当逃暑日，晚衙君是虑囚时。"

【暑月】 夏月。相当于农历六月前后小暑、大暑之时。白居易《新昌闲居招杨郎中兄弟》："暑月贫家何所有，客来唯赠北窗风。"姚合《同裴起居厉侍御放朝游曲江》："暑月放朝频，青槐路绝尘。"李山甫《别墅》："玩奇心自乐，暑月听蝉声。"齐己《夏日城中作二首》之二："竹低莎浅雨濛濛，水槛幽窗暑月中。"

【暑衣】 夏衣。李咸用《游寺》："秋觉暑衣薄，老知尘世空。"杜荀鹤《秋日泊浦江》："照云烽火惊离抱，剪叶风霜逼暑衣。"张乔《延福里秋怀》："病携秋卷重，闲著暑衣轻。"

【暑雨】 夏天的雨；暴雨。白居易《七月一日作》："林间暑雨歇，池上凉风起。"杨衡《南海苦雨寄赠王四侍御》："炎风杂海气，暑雨每成霖。"皮日休《胥口即事六言二首》之二："拂钓清风细丽，飘蓑暑雨霏微。"韩偓《雨后月中玉堂闲坐》："银台直北金銮外，暑雨初晴皓月中。"

【暑服】 夏衣。李白《黄葛篇》："苍梧大火落，暑服莫轻掷。"刘禹锡《秋中暑退赠乐天》："暑服宜秋著，清琴入夜弹。"白居易《晚夏闲居绝无宾客欲寻梦得先寄此诗》："鱼笋朝餐饱，蕉纱暑服轻。"

【暑夏】 盛夏。李商隐《李肱所遗画松诗书两纸得四十韵》："是时方暑夏，座内若严冬。"

【暑氣】 盛夏时的热气。虞世南《奉和月夜观星应令》："早秋炎景暮，初弦月彩新。清风涤暑气，零露净嚣尘。"王涯《秋思二首》之二："宫连太液见沧波，暑气微消秋意多。"白居易《春尽日》："芳景销残暑气生，感时思事坐含情。"李中《夏日书依上人壁》："门外尘飞暑气浓，院中萧索似山中。"杜荀鹤《春日登楼遇雨》："忽地晴天作雨天，全无暑气似秋间。"

【暑候】 季节，节候。田章《和于中丞夏杪登越王楼望雪山见寄》："暑候虽云夏，江声已似秋。"

【暑溼】 参见"暑濕"。

【暑酷月】 指盛夏。王周《金盘草诗》："世云暑酷月，郁有神物看。"

【暑濕】 炎热潮湿。杜甫《台上》："云行遗暑湿，山谷进风凉。"韩愈《郑群赠簟》："自从五月困暑湿，如坐深甑遭蒸炊。"

晶 〔jīng《广韵》子盈切，平清，精。〕❶光亮；光鲜。乔备《出塞》："阴云暮下雪，寒日昼无晶。"柳宗元《浑鸿胪宅闻歌效白纻》："天高地迥凝日晶，羽觞荡漾何事倾。"刘禹锡《昏镜词》："昏镜非美金，漠然丧其晶。"白居易《和答诗·答桐花》："当君正殿栽，花叶生光晶。"❷晴明，晴朗。张九龄《秋晚登楼望南江入始兴郡路》："潦收沙衍出，霜降天宇晶。"杜甫《八哀诗·赠左仆射郑国公严公武》："郑公瑚琏器，华岳金天晶。"孟郊《和钱侍郎甘露》："嘉昼色更晶，仁慈久乃存。"

【晶光】 ❶光辉。高适《单父逢邓司仓覆仓库因而有赠》："炎炎伏热时，草木无晶光。"岑参《至大梁却寄匡城主人》："四郊阴气闭，万里无晶光。"白居易《山石榴花十二韵》："风来添意态，日出助晶光。"徐铉《奉和七夕应令》："今宵星汉共晶光，应笑罗敷嫁侍郎。"❷喻神采。杜甫《瘦马行》："见人惨澹若哀诉，失主错莫无晶光。"

【晶英】 光辉。刘禹锡《八月十五日夜玩月》："星辰让光彩，风露发晶英。"

【晶明】 明亮；晴朗。张九龄《临泛东湖》："晶明画不逮，阴影镜无辨。"王维《赋得秋日悬清光》："寥廓凉天静，晶明白日秋。"刘禹锡《客有为余话登天坛遇雨之状因以赋之》："山顶自晶明，人间已滂沛。"张良器《河出荣光》："隐映浮中国，晶明助太阳。"

【晶華】 光华；光彩。陈元光《落成会咏一首》："轮奂云霄望，晶华日月通。"白居易《与沈杨二舍人总阁老同食勑赐樱桃玩物感恩因成十四韵》:“荧惑晶华赤,醍醐气味真。”

【晶晃】　指闪烁的亮光。蒋防《秋月悬清辉》:“晶晃浮轻露,裴回映薄帷。”郑缙《咏浮沤为辛明府作》:“晶晃明苔砌,参差绕芥舟。”

【晶彩】　光彩。杨巨源《和汴州令狐相公白菊》:“凝晖侵桂魄,晶彩夺萤光。”

【晶晶】　光亮闪烁貌。欧阳詹《智达上人水精念珠歌》:“皎晶晶,彰煌煌,陆离电烻纷不常。”刘禹锡《海阳十咏·飞练瀑》:“晶晶掷岩端,洁光如可把。”李缜《奉和郎中游仙岩四瀑布》:“晶晶含古色,飕飕引晨寒。”

【晶熒】　明亮清澈。元稹《清都夜境》:“夜久连观静,斜月何晶荧。”卢钧《荐冰》:“不改晶荧质,能彰雨露情。”李频《中秋对月》:“秋分一夜停,阴魄最晶荧。”贯休《蜀王入大慈寺听讲》:“六条消息心常苦,一剑晶荧敌尽摧。”

【晶輝】　光辉。杜甫《前苦寒行二首》之二:“楚人四时皆麻衣,楚天万里无晶辉。”白居易《和微之诗·和晨兴因报问龟儿》:“冬旦寒惨澹,云日无晶辉。”

【晶瑩】　同“晶荧”。窦庠《金山行》:“欻然风生波出没,濯濩晶莹无定物。”

【晶耀】　银光耀目。宋之问《洞庭湖》:“晶耀目何在,滢荧心欲无。”

智　〔zhì《广韵》知義切,去寘,知。〕❶智慧。卢象《送赵都护赴安西》:“智同天所授,恩共日相随。”沈千运《山中作》:“何者为形骸,谁是智与仁。”李益《来从窦车骑行》:“读书良有感,学剑惭非智。”韩愈《咏雪赠张籍》:“雕刻文刀利,搜求智网恢。”❷智慧之人。白居易《丘中有一士二首》:“智愚与强弱,不忍相欺侵。”又《和微之春日投简阳明洞天五十韵》:“若不中贤圣,何由外智愚。”❸计谋。太宗《伤辽东战亡》:“防身岂乏智,殉命有余忠。”崔融《哭蒋詹事俨》:“汲黯言当直,陈平智本奇。”李绅《到宣武三十韵》:“善师忘任智,中略在推诚。”李商隐《韩碑》:“行军司马智且勇,十四万众犹虎貔。”

【智人】　智慧出众的人。王维《与胡居士皆病寄此诗兼示学人二首》之二:“无乘及乘者,所谓智人舟。”

【智力】　才智。戴叔伦《将赴湖南留别东阳旧僚兼示吏人》:“智力苦不足,黎甿殊未安。”白居易《新乐府·西凉伎》:“纵无智力未能收,忍取西凉弄为戏。”方干《侯郎中新置西湖》:“远近利民因智力,周回润物像心源。”

【智士】　智慧出众的人;谋士。孟郊《百忧》:“智士日千虑,愚夫唯四愁。”白居易《春游二林寺》:“智士劳思谋,戎臣苦征役。”许浑《送林处士自闽中道越由霅抵两川》:“智士役千虑,达人经百忧。”周昙《咏史诗·秦门·范增》:“智士宁为暗主谟,范公曾不读兵书。”

【智水】　对水的美称。语本《论语·雍也》:“智者乐水,仁者乐山。”陈陶《种兰》:“智水润其根,仁锄护其芳。”

【智巧】　才智巧思。白居易《与僧智如夜话》:“忧劳缘智巧,自喜百无能。”

【智玄】　即知玄。彭州丹景山僧人。事迹见《宋高僧传》卷六。刘得仁有《送智玄首坐归蜀中旧山》。

【智者】　聪明才智之人。寒山《诗三百三首》之二五:“智者君抛我,愚者我抛君。”皎然《咏小瀑布》:“初因智者赏,果会幽人迹。”

【智計】　思虑,谋划。唐彦谦《和陶渊明贫士诗七首》之二:“以兹乱心曲,智计无他奸。”

【智珠】　参见“智惠珠”。

【智能】　智慧才能。武少仪《诸葛丞相庙》:“欲尽智能倾僭盗,善持忠节转庸昏。”

【智訣】　犹智能。张九龄《登南岳事毕谒司马道士》:“诱我弃智诀,追兹长生理。”

【智謀】　才智谋略。姚合《寄狄拾遗时为魏州从事》:“愚虽乏智谋,愿陈一夫力。”

【智惠】　同“智慧❶”。方干《项洙处士画水墨钓台》:“虽云智惠生灵府,要且功夫在笔端。”

【智惠珠】　又作“智珠”。佛教语。谓智慧遍照,明达事理。李涉《酬举生许遇山居》:“琉璃潭上新秋月,清净泉中智惠珠。”

【智慧】　❶聪明才智。韩愈《感春四首》之四:“今者无端读书史,智慧只足劳精神。”白居易《不如来饮酒七首》之六:“自贤夸智慧,相纠斗功能。”又《雪中晏起偶咏所怀》:“非贤非愚非智慧,不贵不富不贱贫。”❷梵语“般若”的意译。佛教指明了一切事理、灭绝诱惑、具备把握真理的能力。寒山《诗三百三首》之一五九:“众生作依怙,智慧身金刚。”顾况《归阳萧寺有丁行者能修无生忍担水施僧况归命稽首作诗》:“智慧舍利佛,神通自乾连。”欧阳詹《同诸公过福先寺律院宣上人房》:“千灯智慧心,片玉清羸颜。”

【智慧劍】　佛教语。比喻能断除烦恼的智慧。寒山《诗三百三首》之一五六“常持智慧剑,拟破烦恼贼。”

【智慮】　计谋。孟郊《赠别崔纯亮》:“小人智虑险,平地生太行。”

【智窮計屈】　计谋穷尽。冯待征《虞姬怨》:“天时人事有兴灭,智穷计屈心摧折。”

【智燈】 佛教语。谓智慧之光。韩偓《僧影》:“智灯已灭余空烬,犹自光明照十方。”

【智禪師】 即智满。庐山东林僧人。白居易有《正月十五日夜东林寺学禅偶怀蓝田杨主簿因呈智禅师》。

【智燭】 佛教语。义同“智燈”。刘禹锡《谒柱山会禅师》:“曈曈揭智烛,照使出昏昧。”

【智識】 才智,见识。薛据《泊震泽口》:“行藏空自秉,智识仍未周。”陆龟蒙《奉和袭美太湖诗二十首·雨中游包山精舍》:“此时空寂心,可以遗智识。”

【智囊】 指足智多谋的人。见《史记·樗里子列传》。独孤及《送相里郎中赴江西》:“曷月还朝天,及时开智囊。”元稹《答姨兄胡灵之见寄五十韵》:“智囊推有在,勇爵敢徒争。”刘禹锡《和思黯忆南庄见示》:“丞相新家伊水头,智囊心匠日增修。”

景1

〔jǐng《广韵》居影切,上梗,見。〕❶日光。王昌龄《过华阴》:“东峰始含景,了了见松雪。”独孤及《初晴抱琴登马退山对酒望远醉后作》:“寒泉得日景,吐霤鸣湔湔。”白居易《小池二首》之一:“映林余景没,近水微凉生。”亦指天色。韦应物《观田家》:“归来景常晏,饮犊西涧水。”❷太阳。李白《赠宣城赵太守悦》:“愿借羲皇景,为人照覆盆。”贾棱《御沟新柳》:“轻云度斜景,多露滴行尘。”孟郊《与王二十一员外涯游枋口柳溪》:“共疑落镜中,坐泛红景低。”白居易《和微之诗·和新楼北园偶集从孙公度周巡官韩秀才卢秀才范处士小饮》:“初筵日未高,中饮景已斜。”❸岁月;时光。杜甫《秋日夔府咏怀奉寄郑监李宾客一百韵》:“披拂云宁在,淹留景不延。”韦应物《慈恩精舍南池作》:“积喧忻物旷,耽玩觉景驰。”❹景色,景物。戴叔伦《怀素上人草书歌》:“始从破体变风姿,一一花开春景迟。”刘禹锡《始闻蝉有怀白宾客去岁白有闻蝉见寄诗云只应催我老兼遣报君知之句》:“人含不平意,景值欲秋时。”姚合《春晚雨中》:“傍砌木初长,眠花景渐阑。”牟融《沈存尚林亭夜宴》:“草堂寂寂景偏幽,到此令人一纵眸。”❺大。褚亮《宗庙九德之歌辞》:“神贶景福,遐哉永年。”陆龟蒙《杂讽九首》之五:“贡贤当上赏,景福视所履。”❻仰慕。张说《赠崔公》:“平生钦淳德,慷慨景前修。”❼通“丙”。天宝十五载,唐人避唐高祖李渊父李昞之讳,改“丙”为“景”。岑参《优钵罗花歌》序:“天宝庚申岁,参忝大理评事,摄监察御史,领伊西北庭度支副使。”元稹有《景申秋八首》。

景2

〔yǐng《集韵》於境切,上梗,影。〕影子,阴影。耿湋《春寻柳先生》:“疏云披远水,景动石床前。”姚康《奉陪段相公晚夏登张仪楼》:“池景摇中座,山光接上台。”韦庄《夏夜》:“正吟秋兴赋,桐景下西墙。”

【景光】 ❶祥光。李峤《汾阴行》:“金鼎发色正焜煌,灵祇炜烨摅景光。”李白《驾去温泉后赠杨山人》:“忽蒙白日回景光,直上青云生羽翼。”武元衡《奉和圣制重阳日即事》:“神都自蔼蔼,佳气助葱葱。律吕阴阳畅,景光天地通。”❷景色,景致。韦应物《登重玄寺阁》:“时暇陟云构,晨霁澄景光。”又《庄严精舍游集》:“新林泛景光,丛绿含露濡。”鲍溶《秋夜对月怀李正封》:“美人远于月,徒望空景光。”

【景先神力】 指许景先和郑神力。神力,曾为侍御史。见《新唐书·宰相世系五上》。张说有《相州前池别许郑二判官景先神力》。

【景行】 (xíng)高尚的行为。白居易《酬刘和州戏赠》:“不似刘郎无景行,长抛春恨在天台。”

【景色】 景致。李峤《人日侍宴大明宫恩赐彩缕人胜应制》:“凤城景色已含韶,人日风光倍觉饶。”韦元旦《奉和圣制春日幸望春宫应制》:“景色欢娱长若此,承恩不醉不还家。”贾至《对酒曲二首》之一:“当歌怜景色,对酒惜芳菲。”喻凫《元日即事》:“年光悲掷旧,景色喜呈新。”

【景狀】 景象。韩偓《冬日》:“景状入诗兼入画,言情不尽恨无才。”

【景物】 风景,景象。刘允济《经庐岳回望江州想洛川有作》:“景物观淮海,云霄望河洛。”顾况《湖南客中春望》:“故里音书应望绝,异乡景物又更新。”白居易《闲园独赏》:“午后郊园静,晴来景物新。”杜荀鹤《送蜀客游维扬》:“见说西川景物繁,维扬景物胜西川。”

【景命】 大命。古代称上天授于帝王之位的命令。魏征《享太庙乐章·肃和》:“神其降止,式隆景命。”沈佺期《扈从出长安应制》:“汉宅规模壮,周都景命隆。”源乾曜《奉和御制乾曜与张说宋璟同日上官命宴都堂赐诗》:“道合徽音畅,芳辰景命新。”李益《大礼毕皇帝御丹凤门改元建中大赦》:“昊穹景命即已至,王事乃可酬乾坤。”

【景星】 德星,瑞星。古代认为有道之国则景星现。贯休《蜀王入大慈寺听讲》:“木铎声中天降福,景星光里地无灾。”

【景風】 ❶祥和之风。魏征《五郊乐章·肃和》:“峰云暮起,景风晨扇。”❷南风。见《史记·律书》。李白《过汪氏别业二首》之二:“星火五月中,景风从南来。”❸指农历夏至,五月间。杜审言《南海乱石山作》:“昔去景风涉,今来姑洗至。”(姑洗,农历三月)。

【景祐】 洪福。则天皇后《唐大飨拜洛乐章·归和》:“腾绛霄兮垂景祐,翘丹悬兮荷休征。”

【景祚】 大福,洪福。许敬宗《奉和元日应制》:

"百灵滋景祚，万玉庆惟新。"

【景致】 风景；景象。白居易《题周皓大夫新亭子二十二韵》："规模何日创，景致一时新。"高骈《途次内黄马病寄僧舍呈诸友人》："红叶寺多诗景致，白衣人尽酒交游。"

【景晏】 傍晚，黄昏。王维《济州过赵叟家宴》："夫君第高饮，景晏出林间。"杜甫《赠蜀僧闾丘师兄》："景晏步修廊，而无车马喧。"又《昔游》："景晏楚山深，水鹤去低回。"韦应物《沣上精舍答赵氏外生伉》："云开夏郊绿，景晏青山沉。"

【景氣】 景色，气象。杜审言《泛舟送郑卿入京》："酒助欢娱洽，风催景气新。"孟浩然《同张明府碧溪赠答》："秩满休闲日，春余景气和。"权德舆《星名诗》："风秋景气爽，叶落井径出。"孙元晏《咏史诗·晋·庾悦鹅炙》："春暖江南景气新，子鹅炙美就中珍。"

【景候】 景色，物候。白居易《题天竺南院赠闲元旻清四上人》："山深景候晚，四月有余春。"栖白《寿昌节赋得红云表夏日》："景候融融阴气潜，如峰云共火相兼。"李沇《闲宵望月》："行愁景候变，坐恐流芳歇。"

【景陵】 唐宪宗陵墓。在今陕西乾县。李商隐有《过景陵》。

【景純】 晋郭璞之字。褚亮《伤始平李少府正己》："虚座怜王述，遗篇恸景纯。"

【景逵】 当作"景達"。李景达。南唐嗣主李璟有《保大五年元日大雪同太弟景遂汪王景逷齐王景达进士李建勋中书徐铉勤政殿学士张义方登楼赋》。

【景$_2$從】 如影随形。比喻紧紧追随。杜审言《扈从出长安应制》："岁晚天行吉，年丰景从亲。"

【景象】 景色，情景。魏扶《和白敏中圣德和平致兹休运岁终功就合咏盛明呈上》："萧关新复旧山川，古戍秦原景象鲜。"刘得仁《别山居》："万壑千岩景象开，登临未足又须回。"于武陵《早春日山居寄城郭知己》："阳和潜发荡寒阴，便使川原景象新。"和凝《宫词百首》之十六："真珠帘外静无尘，耿耿凉天景象新。"

【景望】 仰慕。陈子昂《晦日宴高氏林亭》："主第簪缨满，皇州景望华。"

【景陽井】 南朝陈景阳殿之井。故址在今江苏省南京市玄武湖侧。又作"景陽宫井"。为咏南朝史事的典实。李白《金陵歌送别范宣》："天子龙沈景阳井，谁歌玉树后庭花。"李商隐《景阳井》："景阳宫井剩堪悲，不尽龙鸾誓死期。"郑畋《马嵬坡》："终是圣明天子事，景阳宫井又何人。"

【景陽妝】 义同"景陽鐘"。韩琮《牡丹》："云凝巫峡梦，帘闭景阳妆。"温庭筠《照影曲》："景阳妆罢琼窗暖，欲照澄明香步懒。"徐夤《尚书会仙亭咏蔷薇寅坐中联四韵晚归补缉所联因成一篇》："景阳妆赴严钟出，楚峡神教暮雨晴。"

【景陽宫井】 参见"景陽井"。

【景陽臺】 南朝齐宫名。故址在今江苏南京市。储嗣宗《春怀寄秣陵知友》："借问景阳台下客，谢家谁更卧东山。"徐铉《景阳台怀古》："后主忘家不悔，江南异代长春。今日景阳台上，闲人何用伤神。"参见"景陽鐘"。

【景陽樓】 义同"景陽鐘"。刘禹锡《奉送浙西李仆射相公赴镇》："诏下初辞温室树，梦中先到景阳楼。"张祜《折杨柳枝二首》之二："凝碧池边敛翠眉，景阳楼下绾青丝。"司空图《南北史感遇十首》之九："景阳楼下花钿镜，玄武湖边锦绣旗。"

【景陽鐘】 为怀古与歌咏宫廷或后妃的典故。见《南齐书·皇后传·武穆裴皇后》。李贺《追赋画江潭苑四首》之四："今朝画眉早，不待景阳钟。"李商隐《览古》："长乐瓦飞随水逝，景阳钟堕失天明。"刘邺《待漏院吟》："闲听景阳钟尽后，两莺飞上万年枝。"皮日休《古宫词三首》之一："宫花半夜发，不待景阳钟。"

【景雲】 ❶显示祥瑞的云彩。见《文选·应贞〈晋武帝华林园集诗〉》。许敬宗《奉和行经破薛举战地应制》："战地甘泉涌，阵处景云生。"崔融《则天皇后挽歌二首》之二："空余天子孝，松上景云飞。"独孤及《季冬自嵩山赴洛道中作》："宝鼎歆景云，明堂舞干羽。"杨巨源《春日奉献圣寿无疆词十首》之九："景云随御辇，颢气在宸襟。"❷佛寺名。故址在今河南巩义西南。岑参有《偃师东与韩樽同诣景云晖上人即事》。❸唐睿宗年号。严含质《题壁》："下浊界，景云元纪升太一。"

【景遂】 指李景遂。字退身，徐州(今属江苏)人。南唐嗣主李璟有《保大五年元日大雪同太弟景遂汪王景逷齐王景逵进士李建勋中书徐铉勤政殿学士张义方登楼赋》。

【景福】 洪福；大福。褚亮《祈谷乐章·舒和》："庶俾亿龄禔景福，长欣万宇洽时邕。"权德舆《仲秋朝拜昭陵》："吾皇弘孝理，率土蒙景福。"白居易《江州赴忠州至江陵已来舟中示舍弟五十韵》："多知非景福，少语是元亨。"翁承赞《题莒潭安闽院》："景福滋闽壤，芳名亘古今。"

【景慕】 仰慕。柳宗元《零陵春望》："凝情空景慕，万里苍梧阴。"

【景趣】 对景物的情趣。韩愈《河南令舍池台》："规摹虽巧何足夸，景趣不远真可惜。"司空图《喜山鹊初归三首》之三："赖尔林塘添景趣，剩留山果引教归。”

【景龍】 ❶唐中宗年号。王维《同卢拾遗过韦给事东山别业二十韵》:“侧闻景龙际,亲降南面尊。”❷指唐中宗李显。皇甫澈《中书令钟绍京》:“景龙仙驾远,中禁奸衅结。”陈陶《续古二十九首》之二八:“景龙临太极,五凤当庭舞。”

【景輿】 大驾。称对方的敬词。罗隐《题玄同先生草堂三首》之一:“景舆留不得,毛节去应闲。”

【景鐘】 钟名。为春秋晋景公所铸,故名。见《国语·晋语七》。后以“景鐘”为褒功的典实。独孤及《代书寄上裴六冀刘二颍》:“及时当树勋,高悬景钟铭。”柳宗元《同刘二十八哭吕衡州兼寄江陵李元二侍御》:“只令文字传青简,不使功名上景钟。”李群玉《始忝四座奏状闻荐蒙恩授官旋进歌诗延英宣赐言怀纪事呈同馆诸公二十四韵》:“日见帝道升,谋猷垂景钟。”

【景霽】 雨后天晴。权德舆《送黔中裴中丞阁老赴任》:“景霁山川迥,风清雾露开。”

晷 〔guǐ《广韵》居洧切,上旨,見。〕❶日影,日光。孟简《惜分阴》:“对景嗟移晷,窥园讵改阴。”❷时间;光阴。徐彦伯《拟古三首》之三:“颓光无淹晷,逝水有迅流。”亦指一日或一时。吴融《祝风三十二韵》:“余仍轗轲者,进趋年二纪。秋不安一食,春不闲一晷。”❸指日晷。测度日影以确定时节、季节的仪器。韦应物《夏至避暑北池》:“昼晷已云极,宵漏自此长。”裴度《至日登乐游园》:“晷移长日至,雾敛远霄清。”

【晷刻】 日晷与刻漏。古代计时器。后借指时间。❶时间。韩愈《苦寒》:“啾啾窗间雀,不知已微纤。举头仰天鸣,所愿晷刻淹。”白居易《和微之诗二十三首·和望晓》:“鹓行候晷刻,龙尾登霄汉。”❷谓片刻。元稹《感梦》:“指言他日贵,晷刻似不移。”

【晷度】 在日晷上投射的日影长短的度数。一年之内,夏至日影最短;一日之内,正午日影最短。独孤铉《日南长至》:“玉历颁新律,凝阴发一阳。轮辉犹惜短,圭影此偏长。晷度经南斗,流晶尽北堂。”

【晷景】 晷表之投影。亦借指时间、光阴。韩愈《秋怀诗十一首》之九:“忧愁费晷景,日月如跳丸。”

【晷漏】 晷与漏。古代计时器。亦借指时光。张说《奉和御制与宋璟源乾曜同日上官命宴东堂赐诗应制》:“宝历休明盛,颓年晷漏衰。”

晬 〔zuì《广韵》子對切,去隊,精。〕❶周年。又特指婴儿周岁或满百日。李商隐《骄儿诗》:“文葆未周晬,固已知六七。”❷通“晬”。润泽貌。则天皇后《唐明堂乐章·配飨》:“晬影临芳奠,休光下太微。”

【晬日】 婴儿满周岁。戴叔伦《少女生日感怀》:“五逢晬日今方见,置尔怀中自惘然。”白居易有《金銮子晬日》。

【晬容】 容貌温和润泽。温庭筠《元日》:“雨旸春令煦,裘冕晬容尊。”

普 〔pǔ《广韵》滂古切,上姥,滂。〕❶遍,普遍。《郊庙歌辞·明皇祀圜丘乐章·雍和》:“烂云普洽,律风无外。”韩愈《次邓州界》:“早晚王师收海岳,普将雷雨发萌芽。”可止《雪十二韵》:“润比江河普,明将日月齐。”❷广大。韦庄《和郑拾遗秋日感事一百韵》:“法尧功已普,罪己德非凉。”

【普上人】 即普门。皇甫曾有《送普上人还阳羡》,《文苑英华》卷二一九作《送普门上人还阳羡》。严维有《酬普选二上人期相会见寄》。选上人,不详。

【普天】 天下,遍天下。许敬宗《奉和行经破薛举战地应制》:“普天沾凯泽,相携欣颂平。”沈佺期《寒食》:“普天皆灭焰,匝地尽藏烟。”杜甫《三川观水涨二十韵》:“普天无川梁,欲济愿水缩。”顾况《八月五日歌》:“率土普天无不乐,河清海晏穷寥廓。”

【普化】 谓普遍化育万物。吕岩《百字碑》:“阴阳生返复,普化一声雷。”

【普州】 北周建德四年置,治所在安岳县(即今四川安岳县)。隋大业初废。唐武德二年复置,天宝初改为安岳郡,乾元初复改为普州。贾岛《访鉴玄师侄》:“维摩青石讲初休,缘访亲宗到普州。”姚合有《寄贾岛时任普州司仓》。方干有《寄普州贾司仓岛》。

【普安】 郡名。西魏以南安郡改名,治所在普安县(今四川剑阁县)。隋开皇初废,武德元年改名始州,先天二年,又改名剑州,天宝五年改为普安郡,乾元元年复为剑州。王勃有《普安建阴题壁》。

【普門上人】 江南僧。刘长卿有《秋夜肃公房喜普门上人自阳羡山至》。

【普通】 普遍流通。陈元光《示珦》:“百粤雾纷满,诸戎泽普通。”

【普遍】 犹全面。郭周藩《谭子池》:“普遍拯疲俗,丁宁告亲知。”

【普照寺】 佛寺名。在今浙江富阳县北。朱庆余有《与石昼秀才过普照寺》。

【普寧郡】 唐天宝元年置,治所在北流县(今广西北流县)。柳宗元有《酬徐二中丞普宁郡内池馆即事见寄》。

【普賢】 佛教菩萨名。亦称“遍吉”。与文殊菩萨并称为释迦牟尼佛之二胁士。寺院塑像则侍立于释迦牟尼之右,手执如意,乘白象,尊号为“大行普贤”,其道场为四川峨眉山。顾况《归阳萧寺有丁行者能修无生忍担水施僧》:“左右二菩萨,文殊并普贤。”

【普濟寺】　佛寺名。在长安朱雀门街之东第五街曲江之南。刘德仁有《宿普济寺》，见《全唐诗》卷五四五。广宣有《贺幸普济寺应制》，见《全唐诗》卷八二二。

【普耀寺】　佛寺名。在长安青龙坊东南隅。宋之问有《秋晚游普耀寺》，见《全唐诗》卷五二。

晼　〔wǎn《广韵》於阮切，上阮，影。〕❶日西斜；日暮。见“晼晚❶”“晼晼”。❷时节将暮。见“晼晚❷”。❸岁暮。见“晼晚❸”。

【晼晚】　❶日将暮；日暮。贾曾《和宋之问下山歌》：“良游晼晚兮月呈光，锦路逶迤兮山路长。”储光羲《同王十三维偶然作十首》之二：“暂过伊阙间，晼晚三伏时。”无名氏《落日山照曜》：“裴回空山下，晼晚残阳落。”❷时节将暮。柳宗元《酬娄秀才将之淮南见赠之什》：“晼晚惊移律，睽携忽此辰。”刘禹锡《百花行》：“时节易晼晚，清阴覆池阁。”吴融《高侍御话及皮博士池中白莲因成一章寄博士兼奉呈》：“已被乱蝉催晼晚，更禁凉雨动褵褷。”李商隐《春雨》：“远路应悲春晼晚，残宵犹得梦依稀。”❸岁暮。张九龄《秋晚登楼望南江入始兴郡路》：“岁阴向晼晚，日夕空屏营。”刘禹锡《始闻蝉有怀白宾客去岁白有闻蝉见寄》：“此岁方晼晚，谁家无别离。”

【晼晼】　日暮；日西斜。《霅溪夜宴诗》（卷八六四）之九：“日晼晼兮川云收，棹四起兮悲风幽。”

九　画

暘　〔yáng《广韵》與章切，平陽，以。〕❶太阳；阳光。元稹《送王十一南行》：“夏水漾天末，晚旸依岸村。”又《酬独孤二十六送归通州》：“宁爱寒切烈，不爱旸温暾。”❷晴。韩愈《元和圣德诗》：“皇帝即阼，物无违拒。曰旸而旸，曰雨而雨。”温庭筠《元日》：“雨旸春令煦，裘冕晬容尊。”

【暘山】　山名。在今陕西西安市东。卢照邻《七日登乐游故墓》：“绿野变初黄，旸山开晓眺。”

【暘谷】　古代指日出处。见《书·尧典》。李贺《日出行》：“旸谷耳曾闻，若木眼不见。”裴次元《南至日隔仗望含元殿炉香》：“旸谷初移日，金炉渐起烟。”唐尧臣《金陵怀古》：“胡月蚀中原，白日升旸谷。”吕岩《赠刘方处士》：“玄洲旸谷悉可居，地寿天龄永相保。”

暍　〔yē《广韵》於歇切，入月，影。又語葛切，入曷，曉。〕❶伤暑；中暑。杜甫《多病执热奉怀李尚书》：“思沾道暍黄梅雨，敢望宫恩玉井冰。”韩愈《送文畅师北游》：“僧时不听莹，若饮水救暍。”陆龟蒙《奉酬袭美先辈吴中苦雨一百韵》：“有力即扶危，怀仁过救暍。”❷热，暑热。杜甫《雷》：“气暍肠胃融，汗滋衣裳污。”❸通“褐”。褐色。顾况《宜城放琴客歌》：“巴猿啾啾峡泉咽，泪落罗衣颜色暍。”

【暍死】　热死，中暑而死。杜甫《贻华阳柳少府》：“老少多暍死，汗逾水浆翻。”僧鸾《苦热行》：“废田暍死非吾属，库有黄金仓有粟。”

【暍雷】　暑天的震雷。孟郊《雪》：“为尔作非夫，忍耻轰暍雷。”

暖[1]　〔nuǎn《广韵》乃管切，上緩，泥。〕❶温暖；暖和。钱起《题萧丞小池》：“春泉滋药暖，晴日度花迟。”元稹《遣兴十首》之二：“欲识短复长，君看寒又暖。”于武陵《南游》：“露繁山草湿，洲暖水花开。”李商隐《二月二日》：“二月二日江上行，东风日暖闻吹笙。”❷使温暖。司空曙《送曹同椅》：“楚田晴下雁，江日暖游鱼。”王建《照镜》：“暖手揉双目，看图引四肢。”孟郊《答友人赠炭》：“吹霞弄日光不定，暖得曲身成直身。”李郢《酬刘谷立春日吏隐亭见寄》：“野田青牧马，幽竹暖鸣禽。”❸温暖的气候；温暖的气息。白居易《和答诗十首·答桐花》：“是时三月天，春暖山雨晴。”姚合《题宣义池亭》：“春入池亭好，风光暖更鲜。”裴夷直《寓言》：“秋树却逢暖，未凋能几时。”李商隐《赠郑谠处士》：“寒归山观随棋局，暖入汀洲逐钓轮。”❹用同“软”。李贺《追赋画江潭苑四首》之二：“角暖盘弓易，靴长上马难。”❺备礼祝贺他人新居落成或迁入新居。见“暖房”“暖新堂”。

暖[2]　〔xuān《集韵》許元切，平元，曉。〕见“暖$_2$暖”。

【暖川】　春天的河流。亦泛指河流。李益《暖川》：“胡风冻合鸊鹈泉，牧马千群逐暖川。”赵嘏《江上与兄别》：“楚国湘江两渺㳽，暖川晴雁背帆飞。”

【暖日】　春天的阳光；春天的太阳。许敬宗《侍宴莎栅宫应制得情字》：“暖日晨光浅，飞烟旦彩轻。”

【暖灰】　❶指炉中灰烬。杜牧《池州送孟迟先辈》：“暖灰重拥瓶，晓粥还分钵。”❷指焚烧田里草木后的灰烬，以作作物的肥料。刘禹锡《畬田行》：“下种暖灰中，乘阳拆牙孽。”参见“畬田”。

【暖色】　温暖的色调感。姚合《游春十二首》之十：“尘埃生暖色，药草长新苗。”温庭筠《鸡鸣埭曲》：“芊绵平绿台城基，暖色春容荒古陂。”又《遐水谣》：“犀带鼠裘无暖色，清光炯冷黄金鞍。”

【暖池】　指温泉池。嵩岳诸仙《嫁女诗》之八：“妆匣尚留金翡翠，暖池犹浸玉芙蓉。”

【暖芳】　指盛开的花朵。杨发《残花》：“暖芳随日薄，残片逐风回。”

【暖房】　古代备礼贺人乔迁的礼俗。花蕊夫人徐氏《宫词》之一四七：“大仪前日暖房来，嘱向朝阳乞药栽。”

【暖香】 带有温暖气息的香味。李商隐《骊山有感》：“骊岫飞泉泛暖香，九龙呵护玉莲房。”罗隐《芳树》：“细萼慢逐风，暖香闲破鼻。”

【暖泉】 温泉。喻凫有《游暖泉精舍》，见《全唐诗》卷五四三。

【暖泉宫】 即温泉宫。即今陕西临潼县东南骊山北麓之华清池。吴融《浐水席上献座主侍郎》：“暖泉宫里告虔回，略避红尘小宴开。”

【暖律】 ❶指温暖的节候。律，律管。古代占测气候，先将苇膜烧成灰，置于律管中，放密室内。某一节候到，其相应律管中的灰即飞出。见《梦溪笔谈·象数一》。罗隐《岁除夜》：“厌寒思暖律，畏老惜残更。”韦庄《和李秀才郊墅早春吟兴十韵》：“暖律变寒光，东君景渐长。”❷谓吹律使之温暖。见《列子·汤问》。袁郊《霜》：“但想燕山吹暖律，炎天岂不解飞霜。”韦庄《铜仪》：“铜仪一夜变葭灰，暖律还吹岭上梅。已喜汉官今再睹，更惊尧历又重开。”徐仲雅《赠齐己》：“意何新，织女星机挑白云。真宰夜来调暖律，声声吹出嫩青春。”

【暖風】 春风。韩愈《奉和兵部张侍郎贾酬郓州马尚书祇召途中见寄》：“暖风抽宿麦，清雨卷归旗。”刘禹锡《同乐天和微之深春二十首》之一：“旌旗暖风里，猎猎向西斜。”杜牧《寓言》：“暖风迟日柳初含，顾影看身又自惭。”韩溉《柳》：“雪尽青门弄影微，暖风迟日早莺归。”

【暖活】 犹温暖。白居易《早春招张宾客》：“虽当冷落衰残日，还有阳和暖活身。”

【暖室】 向阳或备有炉炕等用以取暖的房间。白居易《春葺新居》：“移花夹暖室，徙竹覆寒池。”

【暖紅】 指春天的花朵。杜荀鹤《赠友人罢举赴辟命》：“渔依岸柳眠圆影，鸟傍岩花戏暖红。”

【暖氣】 和暖之气。徐安贞《从驾温泉宫》：“暖气随明主，恩波浃近臣。”孟浩然《家园卧疾毕太祝见寻》：“冰室无暖气，炎云空赫曦。”温庭筠《走马楼三更曲》：“春姿暖气昏神沼，李树拳枝紫芽小。”吴融《雪十韵》：“高爱危峰积，低愁暖气融。”

【暖流】 温泉。李贞《奉和圣制过温汤》：“坎德疏温液，山隈派暖流。”

【暖眼】 谓亲热对待。与“冷眼”相对。杜甫《与严二郎奉礼别》：“别君谁暖眼，将老病缠身。”

【暖帳】 用以御寒挡风的床帐。白居易《三年冬随事铺设小堂寝处稍似稳暖因念衰病偶吟所怀》：“暖帐迎冬设，温炉向夜施。”

【暖笙】 笙，吹奏乐器。笙中之簧，必须经火烘焙，方声清，称“暖笙”。见宋周密《齐东野语·笙炭》。亦指经过烘焙的笙。秦韬玉《吹笙歌》：“纤纤软玉捧暖笙，深思香风吹不去。”

【暖雲】 春天的云气。杜牧《残春独来南亭因寄张祜》：“暖云如粉草如茵，独步长堤不见人。”罗隐《寄渭北徐从事》：“暖云慵堕柳垂条，骢马徐郎过渭桥。”

【暖景】 ❶春暖时的景色。韩愈《苦寒歌》：“填窗塞户慎勿出，暄风暖景明年日。”❷春暖时的阳光。齐己《杨花》：“暖景照悠悠，遮空势渐稠。”

【暖寒】 指寒冬饮酒驱寒暖身。白居易《戏和贾常州醉中二绝句》之二：“越调管吹留客曲，吴吟诗送暖寒杯。”

【暖絲】 春暖时新绿的柳条。吴融《和座主尚书春日郊居》：“檐外暖丝兼絮堕，槛前轻浪带鸥来。”韦庄《思归》：“暖丝无力自悠扬，牵引东风断客肠。”

【暖$_2$暖】 （—nuān）柔婉貌。元稹《表夏十首》之一：“夏风多暖暖，树木有繁阴。”

【暖新堂】 备礼祝贺他人新居落成或迁入新居。白居易《早夏晓兴赠梦得》：“一部清商一壶酒，与君明日暖新堂。”参见“暖房”。

【暖煙】 指春天的雾霭。郑谷《曲江春草》：“花落江堤簇暖烟，雨余草色远相连。”

【暖閣】 ❶与大屋子相隔而又相通的可设炉取暖的小房间。白居易《别春炉》：“暖阁春初入，温炉兴稍阑。”又《早寒》：“半卷寒檐幕，斜开暖阁门。”许浑《同韦少尹伤故卫尉李少卿》：“香街宝马嘶残月，暖阁佳人哭晓风。”❷官署大堂设案之阁。白居易《自罢河南已换七尹每一入府怅然旧游因宿内厅偶题西壁》：“暖阁谋宵宴，寒庭放晚衙。”

【暖熱】 温暖。顾况《宜城放琴客歌》：“南山阑干千丈雪，七十非人不暖热。”元稹《苦乐相倚曲》：“未有因由相决绝，犹得半年佯暖热。”白居易《对酒五首》之三：“赖有酒仙相暖热，松乔醉即到前头。”

【暖樹】 春天新绿的树。白居易《钱唐湖春行》：“几处早莺争暖树，谁家新燕啄春泥。”

【暖鴻】 春天的大雁。杜牧《早春寄岳州李使君李善棋爱酒情地闲雅》：“朔漠暖鸿去，潇湘春水来。”

【暖霧】 春暖时的雾气。李贺《河南府试十二月乐词·三月》：“光风转蕙百余里，暖雾驱云扑天地。”

【暖藹】 指春天温暖的阳光。李商隐《燕台四首·春》：“暖蔼辉迟桃树西，高鬟立共桃鬟齐。”

【暖爐】 取暖的火炉。白居易《岁除夜对酒》：“醉依香枕坐，慵傍暖炉眠。”

【暖豔】 暖和艳丽。韦庄《放榜日作》：“邹阳暖艳催花发，太皞春光簇马归。”亦指春天艳丽的花朵。李建勋《落花》：“暖艳动随莺翅落，冷香愁杂燕泥干。”

暡〔cōng《玉篇》七公切。〕亦作“膿”。见“曨暡”。

暗〔àn《广韵》烏紺切，去勘，影。〕❶光线不足；昏暗。钱起《秋霖曲》：“君不见圣主旰食忧元元，秋风苦雨暗九门。”张叔卿《空灵岸》：“雾积川原暗，山多郡县稀。”鱼玄机《访赵炼师不遇》：“画壁灯光暗，幡竿日影斜。”刘沧《题吴宫苑》：“芦叶长侵洲渚暗，蘋花开尽水烟平。”❷天黑；夜。韦应物《夕次盱眙县》：“人归山郭暗，雁下芦洲白。”韩愈《秋怀诗十一首》之七：“秋夜不可晨，秋日苦易暗。”❸蔽，遮蔽。李白《古风》之二四：“大车扬飞尘，亭午暗阡陌。”李端《送乐平苗明府得家字》：“暮色随枫树，阴云暗荻花。”元稹《人道短》：“颠风暴雨电雷狂，晴被阴暗，月夺日光。”黄滔《关中言怀》：“花当落第眼，雨暗出城天。”❹幽深。戴叔伦《重游长真寺》：“鸟啼花竹暗，人散户庭空。”武元衡《摩诃池送李侍御之凤翔》：“柳暗花明池上山，高楼歌酒换离颜。”雍陶《塞上宿野寺》：“远烟平似水，高树暗如山。”韦庄《秋日早行》：“烟外驿楼红隐隐，渚边云树暗苍苍。”❺无光泽。杜甫《瘦马行》：“皮干剥落杂泥滓，毛暗萧条连雪霜。”陈去疾《送韩将军之雁门》：“荒塞峰烟百道驰，雁门风色暗旌旗。”❻昏庸；糊涂。见“暗主”，“暗昧”。❼秘密；私下。姚崇《夜渡江》：“听草遥寻岸，闻香暗识莲。”陆贽《晓过南宫闻太常清乐》：“烟霭遥迷处，丝桐暗辨名。”白居易《答微之夸越州州宅》：“知君暗数江南郡，除却余杭尽不如。”韩偓《无题》之二：“明言终未实，暗祝始应真。”❽悄悄地，不知不觉地。杜甫《戏作俳谐体遣闷二首》之一：“旧识能为态，新知已暗疏。”卢纶《雨中酬友人》：“空林细雨暗无声，唯有愁心两相见。”张嗣初《春色满皇州》：“韶阳潜应律，草木暗迎春。”姚合《题田将军宅》：“好是暗移城里宅，清凉浑得似江头。”李频《长安书情投知己》：“江山阻迢递，时节暗推迁。”❾黑暗。比喻社会动荡。岑参《虢州郡斋南池幽兴因与阎二侍御道别》：“胡尘暗河洛，二陕震鼓鼙。”杜甫《愁》：“十年戎马暗万国，异域宾客老孤城。”又《草堂》：“贱子且奔走，三年望东吴。弧矢暗江海，难为游五湖。”❿指视力衰弱。刘长卿《奉寄婺州李使君舍人》：“眼暗经难受，身闲剑懒磨。”刘禹锡《赠眼医婆罗门僧》：“两目今先暗，中年似老翁。”白居易《悲哉行》：“读书眼欲暗，秉笔手生胝。”

【暗中】　私下，暗地里。李颀《绝缨歌》：“君王赦过不之罪，暗中珠翠鸣珊珊。”储光羲《杂咏五首·幽人居》：“滑处莓苔湿，暗中萝薜深。”赵嘏《昔昔盐二十首·长垂双玉啼》：“双双红泪堕，度日暗中啼。”

【暗主】　昏庸的君主。周昙《咏史诗·秦门·范增》：“智士宁为暗主谟，范公曾不读兵书。”

【暗投】　义同“明珠暗投”。钱起《新丰主人》：“明代少知己，夜光频暗投。”李频《投京兆府试官任文学先辈》：“应当明试日，不比暗投时。”储嗣宗《赠别》：“直道岂易枉，暗投谁不疑。”崔藩《暗投明珠》：“有泪甘瑕弃，无媒自暗投。”

【暗雨】　夜雨。储光羲《苏十三瞻登玉泉寺峰入寺中见赠作》：“碧云暗雨来，旧原芳色变。”白居易《新乐府·上阳白发人》：“耿耿残灯背壁影，萧萧暗雨打窗声。”

【暗泣】　低声哭泣。张祜《爱妾换马》：“恩劳未尽情先尽，暗泣嘶风两意同。”卢绛《梦白衣妇人歌词》：“背灯惟暗泣，甚处砧声急。”

【暗昧】　糊涂，愚昧。储光羲《上长史王公责躬》：“顾己独暗昧，所居成蒺藜。”

【暗思】　暗暗地寻思。白居易《新乐府·缚戎人》：“暗思幸有残筋力，更恐年衰归不得。”姚合《夏日登楼晚望》：“暗思多少事，懒话与芝翁。”

【暗香】　幽香。牟融《过蠡湖》：“风外暗香飘落粉，月中清影舞离鸾。”罗邺《题沧浪峡》：“暗香惹步涧花发，晚景逼檐溪鸟回。”

【暗泉】　潜伏而流的泉水。李颀《宿香山寺石楼》：“夜宿翠微半，高楼闻暗泉。”张籍《山中秋夜》：“冷露湿茅屋，暗泉冲竹篱。”雍陶《韦处士郊居》：“满庭诗境飘红叶，绕砌琴声滴暗泉。”方干《山中》：“暗泉出石飞仍咽，小径通桥直复斜。”

【暗室】　❶幽暗的内室。方干《谢王大夫奏表》：“如剖夜光归暗室，似驱春气入寒枝。”喻指阴暗之处。皎然《寒食日同陆处士行报德寺宿解公房》：“世间多暗室，白日为谁悬。”❷即暗室不欺。形容人光明磊落，即使在别人看不见的地方也不做亏心事。戴叔伦《抚州被推昭雪答陆太祝三首》之二：“从古以来何限枉，惭知暗室不曾欺。”李商隐《咏怀寄秘阁旧僚二十六韵》：“敢忘垂堂戒，宁将暗室欺。”郑谷《投时相十韵》：“薄冰安可履，暗室岂能欺？”

【暗笑】　暗中讥笑。姚合《喜贾岛至》：“军吏衣裳窄，还应暗笑余。”

【暗記】　秘密的记号。李商隐《无愁果有愁曲北齐歌》：“白杨别屋鬼迷人，空留暗记如蚕纸。”

【暗流】　❶伏流，潜流。王勃《焦岸早行和陆四》：“复嶂迷晴色，虚岩辨暗流。”李群玉《引水行》：“十里暗流声不断，行人头上过潺湲。”❷谓水悄然流动。元稹《欲曙》：“江堤阅暗流，漏鼓急残筹。”杜牧《猿》：“月白烟青水暗流，孤猿衔恨叫中秋。”

【暗淡】　同“暗澹”。杜牧《初春雨中舟次和州横江》：“辞客倚风吟暗淡，使君回马湿旌旗。”孙光宪《虞美人》词："红窗寂寂无人语，暗淡梨花雨。"

【暗暗】 ❶形容光线微弱暗淡。杜牧《罢钟陵幕吏十三年来泊湓浦感旧为诗》："摇摇远堤柳，暗暗十程烟。"❷幽静貌。吴融《还俗尼》："空门付与悠悠梦，宝帐迎回暗暗春。"

【暗暗淡淡】 义同"暗淡"。李商隐《菊》："暗暗淡淡紫，融融冶冶黄。"

【暗算】 私下计算。陆畅《望毛女峰》："今朝暗算当时事，已是人间七万年。"杜荀鹤《旅寓》："暗算乡程隔数州，欲归无计泪空流。"

【暗魄】 新月，月牙儿。张夫人《拜新月》："暗魄初笼桂，虚弓未引弦。"

【暗塵】 犹尘埃。苏味道《正月十五夜》："暗尘随马去，明月逐人来。"于武陵《长信宫二首》之二："一失辇前恩，绮罗生暗尘。"卢纶《过玉真公主影殿》："夕照临窗起暗尘，青松绕殿不知春。"

【暗澹】 光线不鲜艳或不明亮。元稹《桐花》："可惜暗澹色，无人知此心。"薛涛《寄旧诗与元微之》："月下咏花怜暗澹，雨朝题柳为攲垂。"杜牧《江上雨寄崔碣》："暗澹遮山远，空濛著柳多。"

【暗蟲】 幽暗之处的昆虫。张仲素《秋夜曲》："秋壁暗虫通夕响，寒衣未寄莫飞霜。"刘言史《病中客散复言怀》："华发离披卧满头，暗虫衰草入乡愁。"李商隐《水斋》："卷帘飞燕还拂水，开户暗虫犹打窗。"孙鲂《题梅岭泉》："暗虫依砌响，明月逗帘圆。"

【暗露】 夜露。温庭筠《夜宴谣》："亭亭蜡泪香珠残，暗露晓风罗幕寒。"

暄 〔xuān《广韵》况袁切，平元，曉。〕❶温暖。骆宾王《早秋出塞寄东台详正学士》："山川殊物候，风壤异凉暄。"王维《同卢拾遗过韦给事东山别业二十韵》："是时阳和节，清昼犹未暄。"韦应物《四禅精舍登览悲旧寄朝宗巨川兄弟》："春风日已暄，百草亦复生。"白居易《早春》："雪消冰又释，景和风复暄。"❷春；春末。见"暄柳""暄景""暄鳥"。

【暄妍】 天气暖和，景色妍艳。张九龄《冬中至玉泉山寺属穷阴冰闭崖谷无色及仲春行县复往焉故有此作》："灵境信幽绝，芳时重暄妍。"刘禹锡《和乐天宴李周美中丞宅池上赏樱桃花》："宿露发清香，初阳动暄妍。"李德裕《春暮思平泉杂咏·芳荪》："叶抽清浅水，花照暄妍节。"

【暄明】 暖和而明亮。李商隐《灯》："冷暗黄茅驿，暄明紫桂楼。"

【暄和】 暖和。杜甫《晓望白帝城盐山》："日出清江望，暄和散旅愁。"白居易《花下对酒二首》之一："冷澹病心情，暄和好时节。"李群玉《自遣》："一壶浊酒暄和景，谁会陶然失马翁。"杜荀鹤《春日山居寄友人》："野吟何处最相宜，春景暄和好入诗。"

【暄風】 暖风；春风。韦应物《西亭》："亭宇丽朝景，帘牖散暄风。"皎然《春日陪颜使君真卿皇甫曾西亭重会韵海诸生》："暄风众木变，清景片云无。"杨凝《送客归淮南》："画舫照河堤，暄风百草齐。"韩愈《苦寒歌》："填窗塞户慎勿出，暄风暖景明年日。"

【暄鳥】 春鸟。李颀《送窦参军》："暄鸟迎风啭，春衣度雨寒。"

【暄涼】 冷暖，寒暑。韦应物《端居感怀》："暄凉同寡趣，朗晦俱无理。"张蠙《送南海僧游蜀》："真修绝故乡，一衲度暄凉。"

【暄景】 春天的太阳。王维《晦日游大理韦卿城南别业》之一："平野照暄景，上天垂春云。"

【暄寒】 ❶寒暑。亦指年岁。高宗《守岁》："送迎交两节，暄寒变一辰。"杜甫《南楚》："南楚青春异，暄寒早早分。"❷寒暄。见面谈天气冷暖及饮食起居之类的应酬话。徐凝《奉和鹦鹉》："毛羽曾经剪处残，学人言语道暄寒。"

【暄暖】 温暖。杜甫《岳麓山道林二寺行》："暮年且喜经行近，春日兼蒙暄暖扶。"元稹《寄庾敬休》："今日江风好暄暖，可怜春尽古湘州。"

【暄煦】 暖和。薛能《桃花》："有影宜暄煦，无言自冶容。"

【暄節】 春天温暖的季节。韦应物《西郊游瞩》："新禽哢暄节，晴光泛嘉木。"

暉 〔huī《广韵》許歸切，平微，曉。〕❶同"輝"。光辉；日光或月光。杨濬《送刘散员赋得陈思王诗明月照高楼》："高楼一何绮，素月复流明。重轩望不极，余晖揽讵盈。"钱起《登秦岭半岩遇雨》："屏翳忽腾气，浮阳惨无晖。"刘禹锡《九华山歌》："云含幽兮月添冷，月凝晖兮江漾影。"韦庄《纪村事》："酿酒迎新社，遥砧送暮晖。"❷照耀；辉映。李颀《送刘四赴夏县》："赤县繁词满剧曹，白云孤峰晖永日。"岑参《和祠部王员外雪后早朝即事》："长安雪后似春归，积素凝华连曙晖。"拾得《诗》之四七："瀑布悬如练，月影落潭晖。"毛文锡《更漏子》："宵雾散，晓霞晖，梁间双燕飞。"

【暉上人】 初唐开元寺僧人。与陈子昂有交往。陈子昂有《晖上人房饯齐少府使入京府序》（《全唐文》卷二一四）。陈子昂有《同王员外雨后登开元寺南楼因酬晖上人独坐山亭有赠》。

【暉光】 犹光辉。魏征《享太庙乐章·寿和》："宝祚惟永，晖光日新。"

【暉映】 光彩映射。皎然《答郑方回》："词贞思且逸，琼彩何晖映。"

【暉景】 日影。指白天。景，同"影"。韩愈《游青龙寺赠崔大补阙》："秋灰初吹季月管，日出卯南晖景短。"

【暉暉】 光线映射貌。杜甫《寒食》："汀烟轻冉冉，竹日静晖晖。"韩愈《赠崔立之评事》："晖晖檐日暖且鲜，摵摵井梧疏更殒。"又《人日城南登高》："霭霭野浮阳，晖晖水披冻。"崔橹《闻笛》："银河漾漾月晖晖，楼碍星边织女机。"

【暉燈】 指灯光。太宗《赋尚书》："辍膳玩三坟，晖灯披五典。"

暈　〔yùn《广韵》王問切，去問，云。〕❶日、月周围的光圈。李白《横江词六首》之六："月晕天风雾不开，海鲸东蹙百川回。"刘禹锡《秋晚新晴夜月如练有怀乐天》："月高微晕散，云薄细鳞生。"张祜《中秋夜杭州玩月》："历历华星远，霏霏薄晕萦。"李商隐《正月崇让宅》："先知风起月含晕，尚自露寒花未开。"❷光影，色泽模糊的部分。韩愈《宿龙宫滩》："梦觉灯生晕，宵残雨送凉。"刘禹锡《磨镜篇》："萍开绿池满，晕尽金波溢。"❸昏眩；视觉模糊。姚合《闲居》："头风春饮苦，眼晕夜书多。"皮日休《早春病中书事寄鲁望》："眼晕见云母，耳虚闻海涛。"陆龟蒙《奉酬袭美先辈吴中苦雨一百韵》："看花虽眼晕，见酒忘肺渴。"韩偓《甲子岁夏五月自长沙抵醴陵赋诗四韵聊寄知心》："浅色晕成宫里锦，浓香染著洞中霞。"❹晕染；抹妆。裴谐《观修处士画桃花图歌》："勾芒若见应羞杀，晕绿匀红渐分别。堪怜彩笔似东风，一朵一枝随手发。"元稹《恨妆成》："凝翠晕蛾眉，轻红拂花脸。"韩偓《闺怨》："时光潜去暗凄凉，懒对菱花晕晓妆。"❺浸润，泛起。白居易《新乐府・时世妆》："圆鬟无鬓堆髻样，斜红不晕赭面状。"

【暈目】 耀眼。欧阳詹《智达上人水精念珠歌》："皎晶晶，彰煌煌，陆离电烶纷不常，凌眸晕目生光芒。"

暇[1]　〔xiá《广韵》胡駕切，去禡，匣。〕❶空闲。高适《武威同诸公过杨七山人得藤字》："幕府日多暇，田家岁复登。"刘长卿《陪王明府泛舟》："花县弹琴暇，樵风载酒时。"姚合《病僧》："无暇频相访，秋风寂寞怀。"赵嘏《上令狐相公》："不知机务时多暇，犹许诗家属和无。"❷闲散；闲暇。白居易《北院》："性拙身多暇，心慵事少缘。"杜牧《李甘诗》："公私各闲暇，追游日相伍。"❸从容，悠闲。韩愈《汴泗交流赠张仆射》："超遥散漫两闲暇，挥霍纷纭争变化。"❹及，来得及。刘长卿《李侍御河北使回至东京相访》："浊酒未暇斟，清文颇垂示。"刘禹锡《武陵观火诗》："操绠不暇汲，循墙还避逾。"白居易《答皇甫十郎中秋深酒熟见忆》："未暇倾巾漉，还应染指尝。"姚合《题山寺》："未暇寻僧院，先看置寺碑。"皮日休《吴中苦雨因书一百韵寄鲁望》："奔命既不暇，乞降但相续。"❺得；能。元结《酬裴云客》："纵能有相招，岂暇来山林。"王建《酬柏侍御闻与韦处士同游灵台寺见寄》："赛神贺得雨，岂暇多停留。"白居易《酬郑侍御多雨春空过诗三十韵》："且当营岁事，宁暇惜年芳。"赵嘏《十无诗寄桂府杨中丞》之一："不知贵拥旌旗后，犹暇怜诗爱酒无。"

暇[2]　〔jiǎ〕❶借，借助。李峤《楼》："销忧聊暇日，谁识仲宣才。"孟浩然《登安阳城楼》："才子乘春来骋望，群公暇日坐销忧。"周昙《咏史诗・春秋战国门・庄公》："鱼丽三鼓微曹刿，肉食安能暇远谟。"❷须，须要。李峤《梅》："若能遥止渴，何暇泛琼浆。"李白《梁园吟》："人生达命岂暇愁，且饮美酒登高楼。"阎防《与永乐诸公夜泛黄河作》："无暇然官烛，中流有望舒。"李德裕《题寄商山石》："自知来处所，何暇问严遵。"

【暇日】 休息的时间；空闲的日子。玄宗《过大哥宅探得歌字韵》："冕旒丰暇日，乘景暂经过。"杜甫《北征》："维时遭艰虞，朝野少暇日。"白居易《和钱员外答卢员外早春独游曲江见寄长句》："醉思诗侣有同年，春叹翰林无暇日。"李昌符《行思》："人间无暇日，马上又秋风。"司空图《寄赠诗僧秀公》："好句未停无暇日，旧山归老有东林。"

【暇景】 空闲的时光。太宗《咏司马彪续汉志》："粤予承暇景，谈丛引泉秘。"玄宗《春台望》："暇景属三春，高台聊四望。"又《春晚宴两相及礼官丽正殿学士探得风字》："冕旒多暇景，诗酒会春风。"

【暇餘】 闲时。韦应物《寄黄刘二尊师》："道尊不可屈，符守岂暇余？"

【暇豫】 闲暇，空闲的时间。刘孝孙《游清都观寻沈道士得仙字》："纷吾因暇豫，行乐极留连。"张九龄《陪王司马登薛公逍遥台》："府中因暇豫，江上幸招寻。"

【暇懶】 闲散怠惰。杜甫《晦日寻崔戢李封》："兴来不暇懒，今晨梳我头。"

暐　〔wěi《广韵》于鬼切，上尾，云。〕光盛貌。《集韵・上尾》："㫂，光盛皃。"见"暐耀""暐曄"。

【暐曄】 ❶光彩夺目貌。白居易《读史五首》之三："春华何晔晔，园中发桃李。"❷显赫貌。权德舆《数名诗》："五侯诚晔晔，荣甚或为辱。"

【暐耀】 光彩闪耀。钱起《送李四擢第归觐省》："梁城下熊轼，朱戟何晔耀。"

暌　〔kuí《玉篇》去圭切。〕离，分离；违，违背。李峤《三月奉教作》："芳春随意晚，佳赏日无暌。"王湾《晚春诣苏州敬赠武员外》："万里行驥足，十年暌凤翔。”权德舆《晓发武阳馆即事书情》：“行将骑吏亲，日与情爱暌。”喻坦之《留别友人书斋》：“相见不相暌，一留日已西。”

【暌阻】 分离；阻隔。无可《晚秋酬姚合见寄》：“萧条人外寺，暌阻又经年。”喻凫《送武榖之邠宁》：“悠然一暌阻，山叠虏云重。”

【暌間】 隔离。高适《送田少府贬苍梧》：“念兹斗酒成暌间，停舟叹君日将晏。”

【暌違】 离别。姚合《寄陕府内兄郭冏端公》：“暌违逾十年，一会豁素诚。”

【暌離】 分离。韩愈《纳凉联句》：“与子昔暌离，嗟余苦屯剥。”侯氏《绣龟形诗》：“暌离已是十秋强，对镜那堪重理妆。”

【暌攜】 离别。高适《送裴别将之安西》：“风尘经跋涉，摇落怨暌携。”柳宗元《酬娄秀才将之淮南见赠之什》：“畹晚惊移律，暌携忽此辰。”

十　画

曄〔yè《广韵》筠辄切，入葉，云。又爲切，入缉，云。〕❶闪光，光耀。李白《酬殷明佐见赠五云裘歌》：“粉图珍裘五云色，晔如晴天散彩虹。”顾况《上古之什补亡训传十三章·苏方一章》：“朱紫烂兮，传瑞晔兮，相唐虞之维百兮。”徐夤《依御史温飞卿华清宫二十二韵》：“夕雨鸣鸳瓦，朝阳晔柘裘。”❷光彩；盛美。刘禹锡《韩十八侍御见示岳阳楼别窦司直诗因令属和重以自述故足成六十二韵》：“晔若观五色，欢然臻四美。”清昼、潘述《讲古文联句》：“词晔春华，思清冬冰。”

【曄煜】 盛美貌。白居易《和梦游春诗一百韵》：“亲宾盛辉赫，妓乐纷晔煜。”

【曄曄】 ❶盛美貌；光盛貌。王绩《阶前石竹》：“萋萋结绿枝，晔晔垂朱英。”张说《唐享太庙乐章·崇德舞》：“戎歌陈武，晔晔震震。”白居易《山石榴花十二韵》：“晔晔复煌煌，花中无比方。”陈陶《将归钟陵留赠南海李尚书》：“晔晔文昌公，英灵世间稀。”❷光芒闪烁貌。吴筠《游仙二十四首》之十四：“飘飘琼轮举，晔晔金景散。”寒山《诗三百三首》之一四四：“夕阳赫西山，草木光晔晔。”

暮〔mù《广韵》莫故切，去暮，明。〕❶日落时；傍晚。袁瓘《鸿门行》：“晨过剧孟游，暮投咸阳宿。”贾至《送友人使河源》：“萧条千里暮，日落黄云秋。”李绅《闻里谣效古歌》：“父渔子猎日归暮，月明处处舂黄粱。”郑德玄《晚至乡亭》：“长亭日已暮，驻马暂盘桓。”❷夜。韦元甫《木兰歌》：“朝屯雪山下，暮宿青海傍。”白居易《悲哉行》：“朝从博徒饮，暮有倡楼期。”又《宿紫阁山北村》：“晨游紫阁峰，暮宿山下村。”❸在一定时间之后，将迟。王勃《送卢主簿》：“东岩富松竹，岁暮幸同归。”韦应物《除日》：“思怀耿如昨，季月已云暮。”戴叔伦《寄孟郊》：“石上幽期春又暮，何时载酒听高歌。”徐夤《酒醒》：“天暖天寒三月暮，溪南溪北两村名。”❹晚；迟。王勃《相和歌辞·采莲归》：“塞外征夫犹未还，江南采莲今已暮。”储光羲《敬酬陈掾亲家翁秋夜有赠》：“岂不畏时暮，坎壈无与邻。”张子容《赠司勋萧郎中》：“吏部来何暮，王言念在兹。”韩愈《合江亭》：“老郎来何暮，高唱久乃和。”❺喻指年老，衰老。王维《晚春严少尹与诸公见过》：“自怜黄发暮，一倍惜年华。”李白《酬谈少府》：“老夫当暮矣，蹀足惧骅骝。”李涉《题清溪鬼谷先生旧居》：“未遑炼金鼎，日觉容光暮。”于武陵《送客东归》：“共惊年已暮，俱向客中多。”❻昏暗；暮色。太宗《山阁晚秋》：“历览情无极，咫尺轮光暮。”杜甫《数陪李梓州泛江有女乐在诸舫戏为艳曲二首赠李》之二：“立马千山暮，回舟一水香。”司空曙《和王卿立秋即事》：“换衣防竹暮，沈果讶泉寒。”

【暮山】 薄暮时的山峰。朱庆余《重过惟贞上人院》：“窗西暮山色，依旧入诗情。”赵嘏《风蝉》：“噪轩高树合，惊枕暮山横。”公乘亿《赋得临江迟来客》：“暮山期共眺，寒渚待同临。”

【暮天】 ❶傍晚的天空。刘沧《春日游嘉陵江》：“曲岸危樯移渡影，暮天栖鸟入山光。”许棠《秋江霁望》：“山高孤戍断，野极暮天平。”❷傍晚。李涉《润州听暮角》：“惊起暮天沙上雁，海门斜去两三行。”赵嘏《遣兴二首》之二；“读彻残书弄水回，暮天何处笛声哀。”贾岛《寄孟协律》：“挥泪洒暮天，滴著桂树枝。”杜荀鹤《秋夜晚泊》：“一望一苍然，萧骚起暮天。远山横落日，归鸟度平川。”

【暮心】 晚年的情怀。耿湋《发绵津驿》：“孤舟北去暮心伤，细雨东风春草长。”

【暮去朝來】 谓时光流逝。白居易《琵琶引》：“弟走从军阿姨死，暮去朝来颜色故。”又《酬思黯相公晚夏雨后感秋见赠》：“暮去朝来无歇期，炎凉暗向雨中移。”

【暮冬】 冬末。《初学记》卷三引梁元帝《纂要》：“十二月季冬，亦曰暮冬。”杜甫《晚晴》：“高唐暮冬雪壮哉，旧瘴无复似尘埃。”

【暮年】 晚年，老年。杜甫《咏怀古迹五首》之一：“庾信平生最萧瑟，暮年诗赋动江关。”耿湋《送友贬岭南》：“暮年从远谪，落日别交亲。”白居易《夭老》：“早世身如风里烛，暮年发似镜中丝。”郑谷《寄题方干处士》：“暮年诗力在，新句更幽微。”

【暮色】 薄暮时的天色。太宗《秋日即目》：“芳菲夕雾起，暮色满房栊。”皎然《送崔判官还扬子》：“秋声满杨柳，暮色绕郊坰。”徐凝《荆巫梦思》：“楚水白波风袅袅，荆门暮色雨萧萧。”罗隐《北固亭东望寄默师》：“高亭暮色中，往事更谁同。”

【暮更】（一gēng）借指夜晚时间。更，古代夜间计时单位。一更约两小时，一夜分为五更。薛逢《追昔行》：“朝光如飞犹尚可，暮更如箭不容卧。”

【暮角】（一jiǎo）傍晚时的号角声。刘长卿《长沙馆中与郭夏对雨》：“润上春衣冷，声连暮角愁。”戎昱《同辛兖州巢父虚副端岳相思献酬之作因抒归怀》：“暮角发高城，情人坐中起。”刘禹锡《洞庭秋月行》：“岳阳楼头暮角绝，荡漾已过君山东。”李郢《早秋书怀》：“虚村暮角催残日，近寺归僧寄野泉。”

【暮序】岁暮。序，一岁之序。李峤《十一月奉教作》：“凝阴结暮序，严气肃长飙。”杜甫《九日登梓州城》：“客心惊暮序，宾雁下襄州。”李端《长安书事寄薛戴》：“时芳一憔悴，暮序何萧索。”

【暮雨】❶傍晚的雨。卢照邻《益州城西张超亭观妓》：“江前飞暮雨，梁上下轻尘。”刘言史《葛巾歌》：“草堂窗底漉春醅，山寺门前逢暮雨。”刘沧《江行书事》：“空江独树楚山背，暮雨一舟吴苑来。”谭用之《秋宿湘江遇雨》：“秋风万里芙蓉国，暮雨千家薜荔村。”❷同“暮雨朝雲”。李商隐《楚宫二首》之二：“暮雨自归山悄悄，秋河不动夜厌厌。”袁皓《寄岳阳严使君》：“也知暮雨生巫峡，争奈朝云属楚王。”徐铉《抛球乐辞二首》之二：“借势因期克，巫山暮雨归。”

【暮雨朝雲】借指美女。见战国楚宋玉《高唐赋》。杨凭《春情》：“暮雨朝云几日归，如丝如雾湿人衣。”

【暮氛】黄昏时的霭。潘佑《送人往宣城》：“江畔送行人，千山生暮氛。”

【暮春】春末。《初学记》卷三引梁元帝《纂要》：“三月季春，亦曰暮春。”杜甫《杂曲歌辞·丽人行》：“绣罗衣裳照暮春，蹙金孔雀银麒麟。”薛能《牡丹四首》：“去春零落暮春时，泪湿红笺怨别离。”姚合《送马戴下第客游》：“鸟啼寒食雨，花落暮春风。”韦庄《奉和左司郎中春物暗度感而成章》：“才喜新春已暮春，夕阳吟杀倚楼人。”

【暮春天】晚春天气。白居易《会昌春连宴即事》：“元年寒食日，上巳暮春天。”卢殷《维扬郡西亭赠友人》：“萍飒风池香满船，杨花漠漠暮春天。”薛能《晚春》：“赖指清和樱笋熟，不然愁杀暮春天。”

【暮秋】秋末。王维《赠祖三咏》：“仲秋虽未归，暮秋以为期。”韦庄《送人游并汾》：“风雨萧萧欲暮秋，独携孤剑寒垣游。”黄滔《南海幕和段先辈送韦侍御赴阙》：“树色川光入暮秋，使车西发不胜愁。”刘兼《重阳感怀》之一：“重阳不忍上高楼，寒菊年年照暮秋。”

【暮律】古代以黄钟、大吕等十二律（即古乐十二调）与十二月相对应，暮律指暮冬。苏味道《咏霜》：“金祇暮律尽，玉女暝氛归。”李峤《槐》：“暮律移寒火，春宫长旧栽。”刘长卿《吴中闻潼关失守因奉寄淮南萧判官》：“一雁飞吴天，羁人伤暮律。”

【暮紀】岁暮。太宗《除夜》：“岁阴穷暮纪，献节启新芳。”

【暮砧】傍晚时捣衣的砧声。杜甫《秋兴八首》之一：“寒衣处处催刀尺，白帝城高急暮砧。”张乔《吴江旅次》：“旷野鸣流水，空山响暮砧。”

【暮途】傍晚时的路程。亦比喻困境或晚年。徐珩《日暮望泾水》：“独有迷津客，怀归轸暮途。”杜甫《桥陵诗三十韵因呈县内诸官》：“荒岁儿女瘦，暮途涕泗零。”

【暮笳】傍晚时的笳声。刘长卿《代边将有怀》：“暮笳吹塞月，晓甲带胡霜。”

【暮雲】傍晚时的云霞。白居易《五凤楼晚望》：“野绿全经朝雨洗，林红半被暮云烧。”皮日休《茶中杂咏·茶鼎》：“草堂暮云阴，松窗残雪明。”荆叔《题慈恩塔》：“暮云千里色，无处不伤心。”孟贯《怀友人》：“吟里落秋叶，望中生暮云。”

【暮景】❶傍晚的景色。灵一《自大林与韩明府归郭中精舍》：“孤烟生暮景，远岫带春晖。”杜牧《后池泛舟送王十》：“相送西郊暮景和，青苍竹外绕寒波。”张泌《秋晚过洞庭》：“征帆初挂酒初酣，暮景离情两不堪。千里晚霞云梦北，一洲霜橘洞庭南。”❷指夕阳。景，日光。太宗《守岁》：“暮景斜芳殿，年华丽绮宫。”杜甫《一室》：“一室他乡远，空林暮景悬。”李德裕《忆平泉杂咏·忆药栏》：“始畎春泉入，惟愁暮景斜。”李商隐《陆发荆南始至商洛》：“四海秋风阔，千岩暮景迟。”❸喻人生晚年。薛逢《元日田家》：“相逢但祝新正寿，对举那愁暮景催。”

【暮寒】春天和秋天傍晚时的寒气。祖咏《终南望余雪》：“林表明霁色，城中增暮寒。”杜甫《暮寒》：“沈沈春色静，惨惨暮寒多。”郑谷《江上阻风》：“水天春暗暮寒浓，船闭篷窗细雨中。”卢纶《梦白衣妇人歌词》：“眉黛小山攒，芭蕉生暮寒。”

【暮鼓】黄昏后城中鼓楼报时的鼓声。王贞白《长安道》：“晓鼓人已行，暮鼓人未息。”

【暮歲】岁暮。一年将尽之时。王遘、李纵等《冬日建安寺西院喜昼公自吴兴至联句一首》：“相寻当暮岁，行李犯寒风。”

【暮暉】落日的余辉。储光羲《临江亭五咏》之三：“城头落暮晖，城外捣秋衣。”李商隐《即日》：“小苑试春衣，高楼倚暮晖。”韦庄《纪村事》：“酿酒迎新社，遥砧送暮晖。”

【暮節】 ❶重阳节。薛稷《九日幸临渭亭登高应制得历字》:“暮节乘原野,宜游俯崖壁。”司空图《重阳山居》:“诗人自古恨难穷,暮节登临且喜同。”又《重阳》:“亦应知暮节,不比惜残春。”❷指暮春时节。韦应物《三月三日寄诸弟兼怀崔都水》:“暮节看已谢,兹晨愈可惜。”皇甫冉《上礼部杨侍郎》:“关门惊暮节,林壑废春耕。”❸指暮秋时节。岑参《暮秋山行》:“千念集暮节,万籁悲萧晨。”独孤及《海上寄萧立》:“朔风剪塞草,寒露日夜结。行行到瀛壖,归思生暮节。”❹指暮冬时节。杜正伦《冬日宴于庶子宅各赋一字得节》:“寒云暧落景,朔风凄暮节。”张南史《雪》:“雪,雪。花片,玉屑。结阴风,凝暮节。高岭虚晶,平原广洁。”❺晚年。郑愔《贬降至汝州广城驿》:“夙年追騄骥,暮节仰鹓鸾。”

【暮衙】 古代官府早晚坐衙治事,傍晚的一次称“暮衙”。白居易《舒员外游香山寺数日不归兼辱尺书大夸胜事时正值坐衙虑囚之际走笔题长句以赠之》:“白头老尹府中坐,早衙才退暮衙催。”

【暮煙】 傍晚的烟霭。刘沧《秋日望西阳》:“风入蒹葭秋色动,雨余杨柳暮烟凝。”张蠙《边庭送别》:“暮烟传戍起,寒日隔沙垂。”谭用之《塞上》:“猎骑静逢边气薄,戍楼寒对暮烟微。”

【暮暮】 每天傍晚。刘长卿《步登夏口古城作》:“但见荒郊外,寒鸦暮暮飞。”许浑《南亭夜坐贻开元禅定二道者》:“暮暮焚香何处宿,西岩一室映疏藤。”

【暮樓】 傍晚时的鼓楼。李商隐《潭州》:“潭州官舍暮楼空,今古无端入望中。”

【暮鴉】 日暮的归鸦。李绅《忆至巩县河宿待家累追怀》:“弓开后骑低初月,鹗驻前旌拂暮鸦。”蒋吉《出塞》:“瘦马羸童行背秦,暮鸦撩乱入残云。”

【暮齒】 暮年,晚年。王维《叹白发》:“宿昔朱颜成暮齿,须臾白发变垂髫。”韩愈《奉使常山早次太原呈副使吴郎中》:“暮齿良多感,无事涕垂颐。”白居易《新岁赠梦得》:“暮齿忽将及,同心私自怜。”方干《示乡叟》:“暮齿甘衰谢,逢人惜别离。”

【暮顔】 衰老的面容。杜甫《早发》:“仆夫问盥栉,暮颜觍青镜。”

【暮潮】 傍晚时上涨的潮水。孙逖《江行有怀》:“不知何岁月,一似暮潮归。”白居易《答微之泊西陵驿见寄》:“知在台边望不见,暮潮空送渡船回。”王沂《送钟员外》:“猛势资新雁,寒声伴暮潮。”

【暮磬】 傍晚时寺院的击磬声。贾岛《送觉兴上人归中条山兼谒河中李司空》:“暮磬潭泉冻,荒林野烧移。”刘沧《夏日登慈恩寺》:“尘机消尽话玄理,暮磬出林疏韵澄。”

【暮霞】 晚霞。刘禹锡《和令狐相公晚泛汉江书怀寄洋州崔侍郎阆州高舍人二曹长》:“雨过远山出,江澄暮霞生。”李商隐《闲游》:“强下西楼去,西楼倚暮霞。”又《无题》:“白道萦回入暮霞,斑骓嘶断七香车。”

【暮曛】 夕阳。岑参《送薛播擢第归河东》:“雨气醒别酒,城阴低暮曛。”

【暮蟬】 傍晚的鸣蝉。刘沧《旅馆书怀》:“云低远塞鸣寒雁,雨歇空山噪暮蝉。”徐铉《邵伯埭下寄高邮陈郎中》:“河湾水浅翘秋鹭,柳岸风微噪暮蝉。”翁宏《春残》:“那堪向愁夕,萧飒暮蝉辉。”

【暮鐘】 傍晚的钟声。杜甫《惠义寺送王少尹赴成都》:“骑马行春径,衣冠起暮钟。”韦应物《赋得暮雨送李胄》:“楚江微雨里,建业暮钟时。”张蠙《龟山寺晚望》:“四面湖光绝路岐,鹔鹈飞起暮钟时。”

【暮鼙】 暮鼓。杨夔《题甘露寺》:“虚阁延秋磬,澄江响暮鼙。”

【暮靄】 傍晚时的雾霭。郑巢《送灵溪李侍郎》:“牛羊下暮霭,鼓角调寒云。”杜牧《题扬州禅智寺》:“暮霭生深树,斜阳下小楼。”项斯《游头陀寺上方》:“暮霭连沙积,余霞遍槛开。”

暢 〔chàng《广韵》丑亮切,去漾,彻。〕❶通畅;通达。包佶《郊庙歌辞·祀雨师乐章·送神》:“气和草木发萌芽,德畅禽鱼遂翔泳。”权德舆《奉和圣制丰年多庆九日示怀》:“声明畅八表,宴喜陶九功。”薛存诚《闻击壤》:“气平闲易畅,声贺作难分。”❷表达;抒发;舒展。李义府《在嶲州遥叙封禅》:“帝猷符广运,玄范畅文思。”骆宾王《秋日饯陆道士陈文林》序:“各赋一言,同为四韵,庶几别后,有畅离忧云尔。”范传正《范成君击洞阴磬》:“澹伫人间听,铿锵古曲成。何须百兽舞,自畅九天情。”白居易《裴侍中晋公以集贤林亭即事诗三十六韵见赠猥蒙征和才拙词繁辄广为五百言以伸酬献》:“一咏清两耳,一酣畅四肢。”潘存实《赋得玉声如乐》:“不独藏虹气,犹能畅物情。”❸发扬;发挥。魏征《郊庙歌辞·五郊乐章·舒和》:“七德九功咸已畅,明灵降福具穰穰。”骆宾王《夕次旧吴》:“黄池通霸迹,赤壁畅戎威。”权德舆《送张曹长工部大夫奉使西番》:“吊祠将渥命,导驿畅皇风。”❹舒畅;欢快。王翰《奉和圣制同二相已下群官乐游园宴》:“未极人心畅,如何帝道明。”崔宗之《赠李十二白》:“耿耿意不畅,捎捎风叶声。”韩愈《岳阳楼别窦司直》:“涤濯神魂醒,幽怀舒以畅。”李群玉《将之京国赠薛员外》:“翻然羡鱼鸟,畅矣山川游。”❺响亮。元稹《桐花》:“人安角声畅,人困斗不任。”白居易《琴酒》:“耳根得听琴初畅,心地忘机酒半酣。”亦指畅快弹奏。姚合《游春十二首》之五:“暖风浑酒色,晴日畅琴弦。”❻姓。如畅当。

【暢目】　谓纵目远眺。卢纶《秋晚霁后野望忆夏侯审》："天晴禾黍平，畅目亦伤情。"

【暢武】　犹扬威。发扬武威。太宗《重幸武功》："积善忻余庆，畅武悦成功。"

【暢逸】　畅快舒适。拾得《诗》之三九："虽然身畅逸，却念世间人。"

【暢襟】　心胸畅快。郑史《秋日零陵与幕下诸宾游河夜饮》："湘月蘋风乍畅襟，烛前江水练千寻。"

暡　〔wěng《广韵》烏孔切，上董，影。〕见"暡曖"。

【暡曖】　昏暗。寒山《诗三百三首》之四四："室中虽暡暧，心里绝喧嚣。"

暝1　〔míng《广韵》莫經切，平青，明。〕暗，昏暗。孟浩然《宿业师山房期丁大不至》："夕阳度西岭，群壑倏已暝。"白居易《白牡丹》："留景夜不暝，迎光曙先明。"牟融《题李昭训山水》："半岩松暝时藏鹤，一枕秋声夜听泉。"许浑《广陵道中》："山暝牛羊少，水寒凫雁多。"裴说《寄曹松》："山暝云横处，星沉月侧时。"

暝2　〔mìng《广韵》莫定切，去徑，明。〕日暮；夜晚。太宗《喜雪》："碧昏朝合雾，丹卷暝韬霞。"李白《梦游天姥吟留别》："千岩万转路不定，迷花倚石忽已暝。"白居易《东楼南望八韵》："送秋千里雁，报暝一声猿。"皮日休《太湖诗·初入太湖》："渐暝无处泊，挽帆从所适。"韦庄《同旧韵》："暮角迎风急，孤钟向暝沉。"

【暝色】　傍晚的天色。温庭皓《观山灯献徐尚书》之三："春山收暝色，爝火集余辉。"

【暝₂色】　暮色；夜色。张九龄《自湘水南行》："暝色生前浦，清晖发近山。"权德舆《奉陪李大夫九日龙沙宴会》："烟芜敛暝色，霜菊发寒姿。"白居易《十年三月三十日别微之于沣上十四年三月十一日夜遇微之于峡中停舟夷陵三宿而别言不尽者以诗终之因赋七言十七韵以赠》："风凄暝色愁杨柳，月吊宵声哭杜鹃。"

【暝陰】　暗，阴暗。王湾《秋夜寓直即事怀赠萧令公裴侍郎兼通简南省诸友人》："阊阖暝阴散，钩陈爽气凝。"武元衡《夏日别卢太卿》："汀草结春怨，山云连暝阴。"牟融《题陈侯竹亭》："漠漠暝阴笼砌月，盈盈寒翠动湘云。"唐彦谦《春阴》："春云更觉愁于我，闲盖低村作暝阴。"

【暝₂猿吟】　日暮时或夜晚的猿鸣声。李群玉《辱绵州于中丞书信》："他日纵陪池上酌，已应难到暝猿吟。"徐铉《和陈洗马山庄新泉》："何日煎茶酝香酒，沙边同听暝猿吟。"又《右省仆射相公垂览和诗复贻长句辄次来韵》："西院春归道思深，披衣闲听暝猿吟。"

【暝槿】　即木槿。木槿花朝开夕落，故名。白居易《偶咏》："暝槿无风落，秋虫欲雨鸣。"

暨　〔jì《广韵》其冀切，去至，羣。〕❶至；到。清昼、汤衡《讲古文联句》："暨于江表，其文郁兴。"来鹄《圣政纪颂》："暨乎后相图身，天子专问。我独以言，史不得近。"❷连词。和；与；及。韩愈《刘生诗》："弃家如遗来远游，东走梁宋暨扬州。"刘禹锡《国学新修五经壁歌》记："于是学官陈师正等暨生徒凡四百二十有八人，请金石刻。"❸市镇泊船处。杜甫《秋日夔府咏怀奉寄郑监李宾客一百韵》："阵图沙北岸，市暨瀼西巅。"原注："峡人目市井处曰市暨。"

【暨羅女】　即西施。相传西施生于诸暨市之苧罗乡，故名。李商隐《李肱所遗画松诗书两纸得四十韵》："亦若暨罗女，平旦妆颜容。"

十一画

暵　〔hàn《广韵》呼旰切，去翰，曉。又呼旱切，上旱，曉。〕❶干旱。顾况《上古之什补亡训传十三章·上古一章》："浸兮暵兮，申有螽兮。惟馨祀是患，岂上馁与寒。"潘滔《文斤山》："天旱暵兮从云龙，洒膏雨兮九谷丰，庶黎歌兮乐时雍。"❷热。见"暵赫"。

【暵赫】　谓热气灼人。沈佺期《被弹》："是时盛夏中，暵赫多瘵疾。"

暫　〔zàn《广韵》藏濫切，去闞，從。〕❶须臾。短时间。太宗《赋得白日半西山》："红轮不暂驻，乌飞岂复停。"辛常伯《军中行路难》："漂梗飞蓬不暂安，扪萝引葛陟危峦。"崔翘《送友人使夷陵》："复道从兹去，思君不暂忘。"元结《别何员外》："黜官二十年，未曾暂崎岖。"白居易《邓鲂张彻落第》："春风十二街，轩骑不暂停。"❷副词。(1)忽然；突然。席豫《江行纪事二首》之二："津途赏无限，征客暂忘归。"刘长卿《出丰县界寄韩明府》："音容想在眼，暂若升琴堂。"韩愈《远游联句》："魍魅暂出没，蛟螭互蟠蟉。"元稹《琵琶歌》："月寒一声深殿磬，骤弹曲破音繁并。百万金铃旋玉盘，醉客满船皆暂醒。"(2)初；始。韦应物《陪王郎中寻孔征君》："暮馆花微落，春城雨暂寒。"李嘉祐《古兴》："蛾眉暂一见，可直千金余。"钱起《送杨著作归东海》："酒酣暂轻别，路远始相思。"韩翃《宿石邑山中》："晓月暂飞高树里，秋河隔在数峰西。"(3)刚刚，才。王维《听宫莺》："忽惊啼暂断，移处弄还长。"刘长卿《湖上遇郑田》："三十犹布衣，怜君头已白。谁言此相见，暂得话畴昔。"韩愈《秋怀诗十一首》之二："寒蝉暂寂寞，蟋蟀鸣自恣。"白居易《和高仆射罢节度让尚书授少保分司喜遂游山水之作》:“暂辞八座罢双旌,便作登山临水行。”南唐后主李煜《一斛珠》词:“一曲清歌,暂引樱桃破。”(4)且,暂且。崔颢《长干曲四首》之一:“停船暂借问,或恐是同乡。”李白《月下独酌四首》之一:“暂伴月将影,行乐须及春。”戴叔伦《江行》:“聊复于时顾,暂欲解尘缨。驱驰非吾愿,虚怀浩已盈。”李商隐《离亭赋得折杨柳二首》之一:“暂凭樽酒送无憀,莫损愁眉与细腰。”(5)暂。卢象《送綦毋潜》:“出处暂为耳,沈浮安系哉。”刘长卿《北归次秋浦界清溪馆》:“万里猿啼断,孤村客暂依。”权德舆《暮春闲居示同志》:“稍与清境会,暂无尘事烦。”白居易《和答诗十首·和思归乐》:“人生百岁内,天地暂寓形。”李商隐《属疾》:“秋蝶无端丽,寒花只暂香。”(6)偶,偶然。杜甫《秋日寄题郑监湖上亭三首》之三:“暂阻蓬莱阁,终为江海人。”刘长卿《题虎丘寺》:“暂因惬所适,果得损外虑。”韩愈《游城南十六首》:“暂出城门蹋青草,远于林下见春山。”白居易《闲咏》:“夜学禅多坐,秋牵兴暂吟。”韦庄《赠戍兵》:“汉皇无事暂游汾,底事狐狸啸作群。”(7)便,就,即。崔融《塞上寄内》:“旅魂惊塞北,归望断河西。春风若可寄,暂为绕兰闺。”刘禹锡《秋日题窦员外崇德里新居》:“长爱街西风景闲,到君居处暂开颜。”李商隐《行次昭应县道上送户部李郎中充昭义攻讨》:“暂逐虎牙临故绛,远含鸡舌过新丰。”温庭筠《题僧泰恭院二首》之二:“出门还有泪,看竹暂忘机。”许棠《陈情献江西李常侍五首》之二:“不因趋大旆,谁肯暂提携。”(8)犹一。杜甫《曲江对雨》:“何时诏此金钱会,暂醉佳人锦瑟旁。”孟郊《秋怀》之十一:“幽苦日日盛,老力步步微。常恐暂下床,至门不复归。”白居易《和答诗十首·和雉媒》:“稻粱暂入口,性已随人迁。”赵嘏《赠曹处士幽居》:“中山暂醉一千日,南苑往来三百年。”郑谷《自适》:“浮蚁满杯难暂舍,贯珠一曲莫辞听。”(9)适,恰好。牟融《处厚游杭作诗寄之》:“江村摇落暂逢秋,况是闻君独远游。”❸连词。却。杜甫《云安九日郑十八携酒陪诸公宴》:“旧摘人频异,轻香酒暂随。”钱起《紫参歌》:“贝叶经前无住色,莲花会里暂留香。”韩愈《答孟郊》:“名声暂膻腥,肠肚镇煎焰。古心虽自鞭,世路终难拗。”

【暂似】 ❶犹如;忽如。徐彦伯《上巳日祓禊渭滨应制》:“皆言侍跸横汾宴,暂似乘槎天汉游。”韩愈《酬司门卢四兄云夫院长望秋作》:“归来得便即游览,暂似壮马脱重衔。”刘禹锡《和乐天烧药不成命酒独醉》:“却顾空丹灶,回心向酒卮。醺然耳热后,暂似少年时。”❷且如,暂且。骆宾王《同崔驸马晓初登楼思京》:“唯余西向笑,暂似当长安。”

【暂劳】 一时劳苦。崔日用《奉和圣制送张说巡边》:“暂劳期永逸,赫矣振天声。”

【暫來】 ❶暂时来到。张仲方《赠毛仙翁》:“定是烟霞列仙侣,暂来尘俗救危苦。”❷屈驾一行;枉驾一来。白居易《答张籍因以代书》:“今日正闲天又暖,可能扶病暂来无。”

【暫時】 一时。短时间。贺兰进明《行路难五首》之二:“君不见门前柳,荣耀暂时萧索久。”元稹《牡丹二首》之二:“风光一抬举,犹得暂时看。”许浑《晚泊七里滩》:“荣华暂时事,谁识子陵心。”

【暂息】 ❶暂时停止。刘禹锡《和李相公以平泉新墅获方外之名因为诗以报洛中士君子兼见寄之什》:“垂天虽暂息,一举出人寰。”徐凝《庐山瀑布》:“虚空落泉千仞直,雷奔入江不暂息。”杜牧《行经庐山东林寺》:“紫陌事多难暂息,青山长在好闲眠。”韦曾《谒天柱山真君祠》:“暂息三峰前,还逐九霄外。”❷暂时休息。赵嘏《早发剡中石城寺》:“暂息劳生树色间,平明机虑又相关。”

【暂留】 ❶犹暂停。牟融《送客之杭》:“西风吹冷透貂裘,行色匆匆不暂留。”杨衡《游峡山寺》:“奔驷非久耀,驰波肯暂留。”项斯《巴中逢故人》:“以分难相舍,将行且暂留。”刘沧《过沧浪峡》:“如何地近东西路,马足车轮不暂留。”❷指暂时任职。白居易《和集贤刘学士早朝作》:“暂留春殿多称屈,合入纶闱即可知。”

【暂停】 暂时停止。杜牧《江上逢友人》:“故国归人酒一杯,暂停兰棹共裴回。”王周《巫庙》:“名利有所役,舟楫无暂停。”钱镠《筑塘》:“天分浙水应东溟,日夜波涛不暂停。”

【暂寄】 犹暂停。刘禹锡《赴连州途经洛阳诸公置酒相送张员外贾以诗见赠率尔酬之》:“如今暂寄樽前笑,明日辞君步步愁。”

【暂喜】 ❶惊喜。骆宾王《和孙长史秋日卧病》:“还因承雅曲,暂喜跃沈鳃。”白居易《得行简书闻欲下峡先以诗寄》:“朝来又得东川信,欲取春初发梓州。书报九江闻暂喜,路经三峡想还愁。”❷且喜。王勃《春日宴乐游园赋韵得接字》:“清尊湛不空,暂喜平生接。”清江《喜皇甫大夫同宿大梁驿》:“也知行李别,暂喜话言同。”韩愈《自袁州还京行次安陆先寄随州周员外》:“行行指汉东,暂喜笑言同。”

【暂駐】 暂停。孟浩然《家园卧疾毕太祝曜见寻》:“隙驹不暂驻,日听凉蝉悲。”刘禹锡《夜燕福建卢侍郎宅因送之镇》:“暂驻旌旗洛水堤,绮筵红烛醉兰闺。”杨衡《送公孙器自桂林归蜀》:“将乘触物舟,暂驻飞空锡。”

【暫驚】 犹大吃一惊。李宗闵《赠毛仙翁》:“俗眼暂惊相见日,疑心未测几时人。”薛能《蔡州蒋亭》:

“恨无优俸买，来得暂时闲。”

暴1 〔bào《广韵》薄報切，去号，並。〕❶凶恶残暴。杜甫《三绝句》之三：“殿前兵马虽骁雄，纵暴略与羌浑同，闻道杀人汉水上，妇女多在官军中。”白居易《读张藉古乐府》：“读君董公诗，可诲贪暴臣。”李商隐《赠送前刘五经映三十四韵》：“叔孙谗易得，盗跖暴难当。”周昙《咏史诗·六朝门·傅昭》：“人能善政兽何暴，焉用劳人以槛为。”❷暴乱；暴乱者。太宗《执契静三边》：“剪暴兴先废，除凶存昔亡。”裴漼《奉和御制平胡》：“直将威禁暴，非用武为雄。”❸欺凌；凌辱。潘存实《藏剑铭》：“直不可媚，善不可害，仁不可暴。”❹损害；糟蹋；践踏。孟云卿《行行且游猎篇》：“岂唯务驰骋，猗尔暴田畴。”韩愈《元和圣德诗》：“爰命崇文，分卒禁御。有安其驱，无暴我野。”陆龟蒙《南泾渔父》：“孜孜戒吾属，天物不可暴。”❺祸患；灾害。卢肇《汉堤诗》：“阴沴奸阳，来暴于襄。洎入大郛，波端若铓。”❻猛烈；急骤。陈陶《草木言》：“愿天雨无暴，愿地风无狂。”齐己《夏雨》：“著物声虽暴，滋农润即长。”又《暮春久雨作》：“檐溜声何暴，邻僧影亦沈。”施肩吾《句》：“空岩雨暴泉声乱，幽径苔深鸟迹重。”❼猝然；突然。张祜《经咸阳城》：“何事暴成还暴废，祖龙须死项须摧。”贯休《古意九首》之六：“今交如暴流，倏忽生尘埃。”

暴2 〔pù《广韵》蒲木切，入屋，並。又薄報切，去号，並。〕❶晒。王绩《食后》：“始暴松皮脯，新添杜若浆。”耿湋《废庆宝寺》：“池晴龟出暴，松暝鹤飞回。”元稹《酬乐天得微之诗知通州事因成四首》之四：“饥摇困尾丧家狗，热暴枯鳞失水鱼。”❷显露；暴露。见“暴泥”。

【暴下】　急性腹泻。韩愈《病中赠张十八》：“中虚得暴下，避冷卧北窗。”

【暴亡】　暴病死亡。卢延让《哭李郢端公》：“军门半掩槐花宅，每过犹闻哭临声。北固暴亡兼在路，东都权葬未归茔。”

【暴夭】　突然夭折。白居易《思旧》：“或疾或暴夭，悉不过中年。”

【暴光】　闪电。皮日休《太湖诗·缥缈峰》：“暴光隔云闪，仿佛亘天龙。”

【暴₂巫尫】　参见“暴₂尫”。

【暴₂尫】　亦作“暴巫尫”。上古曝晒病者以求雨的仪式。见《礼记·檀弓下》。张祜《忧旱吟》：“引领望甘雨，倾城祷林桑。匹夫动天地，奚俟暴巫尫。浃旬竟弗验，神灵果茫茫。”

【暴兵】　凶残不义之师。元结《忝官引》：“忽逢暴兵起，闾巷见军阵。”

【暴₂兵】　谓动用军队。王无竞《北使长城》：“暴兵四十万，兴工九千里。”

【暴雨】　大雨，急雨。姚合《酬光禄田卿末伏见寄》：“惊飙坠邻果，暴雨落江鱼。”许棠《出塞门》：“暴雨声同瀑，奔沙势异尘。”皮日休《吴中苦雨因书一百韵寄鲁望》：“又建横海纛，化之为暴雨。”亦用以形容打击乐器急促的乐声。牛殳《方响歌》：“缓击急击曲未终，暴雨飘飘生坐上。”

【暴虎】　凶猛的老虎。吕岩《七言》之九八：“蛟龙斩处翻沧海，暴虎除时拔远山。”

【暴物】　残害万物。李绅《寿阳罢郡日有诗十首不殊今编于后兼纪瑞物·虎不食人》：“渡河岂适他邦害，据谷终无暴物非。”

【暴卒】　凶暴的士卒。白居易《宿紫阁山北村》：“举杯未及饮，暴卒来入门。”亦指残暴的敌人。元稹《代曲江老人百韵》：“王师才业业，暴卒已誓誓。”

【暴泥】　义同“曝鳃”。姚康《赋得巨鱼纵大壑》：“水府乘闲望，圆波息跃鱼。从来暴泥久，今日脱泉初。”参见“曝鳃”。

【暴殄】　任意糟蹋。韩偓《再思》：“暴殄犹来是片时，无人向此略迟疑。”

【暴殄天物】　残害灭绝万物。见《书·武成》。杜甫《又观打鱼》：“干戈兵革斗未止，凤凰麒麟安在哉！吾徒胡为纵此乐，暴殄天物圣所哀。”

【暴虐】　❶肆虐，凶残。白居易《和答诗十首·答四皓庙》：“秦皇肆暴虐，二世遘乱离。”❷凶狠残暴的人。韩愈、李正封《晚秋郾城夜会联句》：“凭轼谕昏迷，执殳征暴虐。”周昙《咏史诗·三代门·夷齐》：“将除暴虐诚能阻，何异崎岖助纣来。”

【暴₂骨】　尸骨暴露于郊野。亦指暴露的尸骨。陈子昂《感遇诗三十八首》之三：“亭堠何摧兀，暴骨无全躯。”陆龟蒙《江湖散人歌》：“四方贼垒犹占地，死者暴骨生寒饥。”韦庄《悯耕者》：“如今暴骨多于土，犹点乡兵作戍兵。”

【暴客】　强盗；盗贼。皎然《赠乌程李明府伯宜沈兵曹仲昌》：“野人同鸟巢，暴客若蜂聚。”韦庄《赠云阳裴明府》：“暴客至今犹战鹤，故人何处尚驱鸡。”殷文圭《寄广南刘仆射》：“暴客卸戈归惠政，史官调笔待儒勋。”

【暴秦】　残暴的秦朝统治者。陈标《饮马长城窟》：“金鞍玉勒无颜色，泪满征衣怨暴秦。”陆龟蒙《读襄阳耆旧传因作诗五百言寄皮袭美》：“暴秦之前人，灰灭不可究。”王毂《鸿门宴》：“殊不知人心去暴秦，天意归明主。”周昙《咏史诗·春秋战国门·韩惠王》：“韩惠开渠止暴秦，营田万顷饱秦人。”

【暴租】　苛重的租税。卢仝《观放鱼歌》：“衣冠兴废礼，百姓减暴租。”

【暴流】 暴发的洪水。贯休《古意九首》之六："古交如真金，百炼色不回；今交如暴流，悠忽生尘埃。"

【暴淫】 残暴荒淫。元结《二风诗·乱风诗五篇·至乱》："暴淫虐惑，无思不为。"

【暴龍】 沙石浅滩名。在今湖南省常德市境。刘禹锡《游桃源一百韵》："香蔓垂绿潭，暴龙照孤碛。"自注："山下潭名绿萝，碛名暴龙。"

【暴嬴】 指残暴的秦国统治者。嬴，秦王之姓。因秦国国君姓嬴，故称。苏颋《奉和圣制春台望应制》："暴嬴国此尝图霸，霸业后仁先以诈。"

【暴彊】 （—qiáng）残暴强横。亦指残暴强横的人。元稹《和李校书新题乐府十二首·五弦弹》："三贤事汉灭暴强，四贤镇岳宁边徼。"

曏 〔xiàng《广韵》許亮切，去漾，曉。又許兩切，上養，曉。又式亮切，去漾，書。〕往日；以前。刘禹锡《庙庭偃松诗》序："曏之跧蹙，化为奇古，故虽袤丈而有偃号焉。"

十二画

曉 〔xiǎo《广韵》馨皛切，上篠，曉。〕❶明亮。特指天亮。杜甫《望岳》："造化钟神秀，阴阳割昏晓。"王缙《别辋川别业》："山月晓仍在，林风凉不绝。"卢纶《关口逢徐迈》："关城夜有雪，冰渡晓无人。"李绅《过荆门》："月低山晓问行客，已酹椒浆拜荒陌。"张蠙《登单于台》："欲向阴关度，阴关晓不开。"❷明白，了解；精通。李白《古风》之八："子云不晓事，晚献长杨辞。"杜甫《八哀诗·赠司空王公思礼》："晓达兵家流，饱闻春秋癖。"又《渼陂行》："咫尺但愁雷雨至，苍茫不晓神灵意。"

【曉了】 明白，明了。贾岛《送僧》："晓了莲经义，堪任宝盖迎。"

【曉夕】 早晚。李冶《寄朱放》："相思无晓夕，相望经年月。"陆龟蒙《五歌·食鱼》："争如晓夕讴吟样，好伴沧洲白鸟群。"

【曉天】 拂晓时的天色，天亮。陈子昂《春夜别友人二首》之一："明月隐高树，长河没晓天。"牛丛《题朝阳岩》："蹑石攀萝路不迷，晓天风好浪花低。"李郢《晓井》："越女携瓶下金索，晓天初放辘轳声。"陆龟蒙《风人诗四首》之二："晓天窥落宿，谁识独醒人。"

【曉日】 朝阳。刘长卿《喜晴》："晓日西风转，秋天万里明。"卢真《七老会诗》："千朵嫩桃迎晓日，万株垂柳逐和风。"杜牧《李甘诗》："君门晓日开，赭案横霞布。"韩偓《及第过堂日作》："龙尾楼台迎晓日，鳌头宫殿入青冥。"

【曉月】 拂晓时的残月。杨衡《卢十五竹亭送侄偁归山》："殷勤一尊酒，晓月当窗白。"许浑《送僧归敬亭山寺》："晓月下黔峡，秋风归敬亭。"方干《贻高说》："西陵晓月中秋色，北固军鼙半夜声。"

【曉仗】 早朝时皇帝的仪仗。顾况《宫词五首》之三："玉阶容卫宿千官，风猎青旂晓仗寒。"

【曉戍】 清晨的戍楼。贾岛《送友人游塞》："夜泉行客火，晓戍向京烟。"张蠙《过萧关》："晓戍残烽火，晴原起猎尘。"

【曉光】 清晨的阳光。李虞仲《初日照凤楼》："曈昽晨景里，明灭晓光初。"李商隐《九成宫》："吴岳晓光连翠巘，甘泉晚景上丹梯。"司空图《杂题》："地融春力润，花泛晓光鲜。"

【曉色】 曙光，晨曦。贺知章《奉和御制春台望》："晓色遍昭阳，晴云卷建章。"权德舆《杂言和常州李员外副使春日戏题十首》之三："檐前晓色惊双燕，户外春风舞百花。"薛存诚《谒见日将至双阙》："晓色临双阙，微臣礼位陪。"王贞白《晓泊汉阳渡》："残灯明市井，晓色辨楼台。"

【曉妝】 晨妆。沈佺期《李员外秦援宅观妓》："巧落梅庭里，斜光映晓妆。"杜甫《北征》："瘦妻面复光，痴女头自栉。学母无不为，晓妆随手抹。"韩偓《闺怨》："时光潜去暗凄凉，懒对菱花晕晓妆。"

【曉吹】 晨风。张昔《小苑春望宫池柳色》："深浅残阳变，高低晓吹轻。"姚鹄《风不鸣条》："晓吹何曾歇，柔条自不鸣。"

【曉角】 拂晓的号角声。戎昱《桂州腊夜》："晓角分残漏，孤灯落碎花。"姚合《九日忆砚山旧居》："晓角惊眠起，秋风引病来。"贾岛《送邹明府游灵武》："灵州听晓角，客馆未开扉。"薛能《赠苗端公二首》之二："晓角秋砧外，清云白月初。"

【曉來】 天亮时。杜甫《偪仄行赠毕曜》："晓来急雨春风颠，睡美不闻钟鼓传。"陆龟蒙《自遣诗三十首》之十六："一夜逆风愁四散，晓来零落傍衣巾。"胡宿《残花》："雨压残红一夜凋，晓来帘外正飘摇。"

【曉河】 拂晓时的银河。李商隐《板桥晓别》："回望高城落晓河，长亭窗户压微波。"罗泰《暗投明珠》："月临幽室朗，星没晓河倾。"

【曉奏】 皇帝早朝时的乐奏。见《唐会要》卷三二"雅乐上"。沈佺期《和韦舍人早朝》："长乐宵钟尽，明光晓奏催。"刘长卿《送营田判官郑侍御赴上都》："晓奏趋双阙，秋成报万箱。"又《夏口送徐郎中归朝》："九重思晓奏，万里见春归。"

【曉風】 晨风。许浑《早行》："褰湿知行露，衣单觉晓风。"韩琮《露》："几处花枝抱离恨，晓风残月正潸然。"韦庄《立春》："青帝东来日驭迟，暖烟轻逐晓风吹。”吴商浩《巫峡听猿》：“孤枕破残梦，三声随晓风。”

【曉氣】 晨雾。李百药《渡汉江》：“溜阔霞光近，川长晓气高。”姚合《和卢给事酬裴员外》：“南山雪色彻皇州，钟鼓声交晓气浮。”赵嘏《浙东陪元相公游云门寺》：“溪云乍敛幽岩雨，晓气初高大旆风。”卫万《吴宫怨》：“晓气晴来双阙间，潮声夜落千门里。”

【曉唱】 犹报晓。王岳录《闻漏》：“徐闻传凤诏，晓唱辨鸡人。”罗邺《岁仗》：“玉帛朝元万国来，鸡人晓唱五门开。”

【曉景】 清晨的景色。丁位《小苑春望宫池柳色》：“小苑宜春望，宫池柳色轻。低昂含晓景，萦转带新晴。”白居易《池上清晨候皇甫郎中》：“晓景丽未热，晨飙鲜且凉。”皮日休《太湖诗·明月湾》：“晓景澹无际，孤舟恣回环。”陆龟蒙《春晓》：“春庭晓景别，清露花逦迤。”

【曉嵐】 拂晓时山林中的雾霭。白居易《逢张十八员外籍》：“晓岚林叶暗，秋露草花香。”崔道融《镜湖雪霁贻方干》：“天外晓岚和雪望，月中归棹带冰行。”

【曉鼓】 报晓的鼓声。白居易《晓别》：“晓鼓声已半，离筵坐难久。”褚载《晓感》：“晓鼓冬冬星汉微，佩金鸣玉斗光辉。”李旭《及第后呈朝中知己》：“凌晨晓鼓奏嘉音，雷拥龙迎出陆沈。”

【曉夢】 拂晓的梦。钱起《闲居寄包何》：“林眠多晓梦，鸦散惊初阳。”李商隐《咏史》：“三百年间同晓梦，钟山何处有龙盘。”许浑《赠河东虞押衙二首》之二：“万里山川分晓梦，四邻歌管送春愁。”温庭筠《秋日旅舍寄义山李侍御》：“自为林泉牵晓梦，不关砧杵报秋声。”

【曉煙】 拂晓时的烟霭；晨雾。刘沧《题桃源处士山居留寄》：“一洞晓烟留水上，满庭春露落花初。”陆龟蒙《和袭美重题后池》：“晓烟清露暗相和，浴雁浮鸥意绪多。”谭用之《寄孟进士》：“吟望晓烟思桂渚，醉依残月梦余杭。”孙頠《宿烟含白露》：“露含疏月净，光与晓烟浮。”

【曉暝】 早晚。白居易《官舍内新凿小池》：“最爱晓暝时，一片秋天碧。”

【曉魄】 拂晓时的残月。任希古《和东观群贤七夕临泛昆明池》：“岸珠沦晓魄，池灰敛曙烟。”骆宾王《晚憩田家》：“雾岩沦晓魄，风溆涨寒沙。”

【曉漏】 拂晓时铜制漏壶的滴漏声。杜审言《秋夜宴临津郑明府宅》：“露白宵钟彻，风清晓漏闻。”司空曙《长安晓望寄程补阙》：“风吹晓漏经长乐，柳带晴烟出禁城。”张少博《雪夜观象阙待漏》：“九门传晓漏，五夜候晨扃。”马逢《宫词二首》之二：“月影殿开闻晓漏，水晶帘卷近秋河。”

【曉翠】 拂晓时山峦或树木的苍翠之色。白居易《窗中列远岫》：“天静秋山好，窗开晓翠通。”齐己《留题仰山大师塔院》：“岚光叠杳冥，晓翠湿窗明。”

【曉髮】 白发。罗隐《冬暮寄裴郎中》：“晓发星星入镜宜，早年容易近年悲。”

【曉箭】 指晓漏。箭，漏壶中的立箭，箭上划分一百刻。箭受蓄水逐渐上升，露出刻度，以表示时间。王维《冬晚对雪忆胡居士家》：“寒更传晓箭，清镜览衰颜。”杜甫《奉和贾至舍人早朝大明宫》：“五夜漏声催晓箭，九重春色醉仙桃。”薛逢《元日楼前观仗》之一：“千门曙色锁寒梅，五夜疏钟晓箭催。”

【曉暾】 朝阳。殷尧藩《金陵上李公垂侍郎》：“海国微茫散晓暾，郁葱佳气满乾坤。”

【曉聲】 清晨自然界的各种声响。❶指晓鼓声。李贺《官街鼓》：“晓声隆隆催转日，暮声隆隆呼月出。”❷指风声。萧祜《游石堂观》：“天风微微夕露委，松梢飕飕晓声起。”

【曉霜】 拂晓时的霜。贺敳《奉和九月九日应制》：“晓霜惊断雁，晨吹结栖乌。”李商隐《李夫人三首》之三：“不知瘦骨类冰井，更许夜帘通晓霜。”

【曉霞】 早霞。李白《姑熟十咏·姑孰溪》：“波翻晓霞影，岸叠春山色。”陆畅《云安公主下降奉诏作催妆诗》：“借问妆成未，东方欲晓霞。”秦韬玉《奉和春日玩雪》：“北阙同云掩晓霞，东风春雪满山家。”刘兼《中春宴游》：“歌黛入颦春袖敛，舞衣新绣晓霞鲜。”

【曉雞】 ❶报晓的雄鸡。孟浩然《寒夜张明府宅宴》：“醉来方欲卧，不觉晓鸡鸣。”李商隐《幽居冬暮》：“晓鸡惊树雪，寒鹜守冰池。”皮日休《古函关》：“破落古关城，犹能扼帝京。今朝行客过，不待晓鸡鸣。”❷雄鸡报晓。李德裕《南梁行》：“追思感叹却昏迷，霜鬓愁吟到晓鸡。”

【曉鏡】 明镜。杜牧《代吴兴妓春初寄薛军事》：“自悲临晓镜，谁与惜流年。”李商隐《无题》：“晓镜但愁云鬓改，夜吟应觉月光寒。”王季友《玉壶冰》：“分形同晓镜，照物掩宵灯。”

【曉籌】 报晓的更筹(竹签)。王维《和贾舍人早朝大明宫之作》：“绛帻鸡人送晓筹，尚衣方进翠云裘。”李商隐《马嵬二首》之二：“空闻虎旅传宵柝，无复鸡人报晓筹。”

【曉鐘】 报晓的钟声。沈佺期《和中书侍郎杨再思春夜宿直》：“千庐宵驾合，五夜晓钟稀。”贾岛《三月晦日赠刘评事》：“共君今夜不须睡，未到晓钟犹是春。”徐知证《东林寺天祚二年联句》：“林间野鸟惊朝梵，岭上孤猿听晓钟。”

【曉露】 清晨的露水。陆龟蒙《奉和袭美酬前进士崔潞盛制见寄因赠至一百四十言》：“轻波掠翡翠，晓露披芙渠。”曹唐《仙子洞中有怀刘阮》：“晓露风灯零落尽，此生无处访刘郎。”韦庄《和郑拾遗秋日感事一百韵》：“夜灯银耿耿，晓露玉瀼瀼。”吴象之《阳春歌》：“帘低晓露湿，帘卷莺声急。”

【曉霽】 拂晓时雨止天晴。权德舆《南亭晓坐因以示琥》：“隐几日无事，风交松桂枝。园庐含晓霁，草木发华姿。”又《奉使宜春夜渡新淦江陆路至黄蘗馆路上遇风雨作》：“晓霁心始安，林端见初旭。”

【曉籟】 拂晓时自然界的各种声音。权德舆《晚秋陪崔阁老张秘监阁老苗斐然酬和有愧芜音》：“步虚清晓籁，隐几吸晨晖。”杨衡《赠罗浮易炼师》：“晓籁息尘响，天鸡叱幽声。”

曀 〔yì《广韵》於計切，去霽，影。〕茂盛。顾况《上古之什补亡训传十三章·十月之郊一章》：“曀其蔚兮，不可以游息。”

曆 〔lì《广韵》郎擊切，入錫，來。〕❶推算日月星辰之运行以定岁时节气的方法。亦指日月星辰的运行。杜甫《送樊二十三侍御赴汉中判官》：“生知七曜历，手画三军势。”张濯《迎春东郊》：“考历明三统，迎祥受万人。”王良士《南至日隔霜仗望含元殿炉烟》：“一阳今在历，生植仰陶甄。”❷历书。王维《春中田园作》：“归燕识故巢，旧人看新历。”刘长卿《岁日作》：“建寅回北斗，看历占春风。”王建《上崔相公》：“开阁覆看祥瑞历，封名直进薜萝人。”元稹《贞元历》：“象魏才颁历，龙镳已御天。犹看后元历，新署永贞年。”❸历运。或指帝业。王勃《倬彼我系》之二：“晋历崩坼，衣冠扰弊。”张九龄《奉和圣制幸晋阳宫》：“盗移未改命，历在终履端。”殷寅《玄元皇帝应见贺圣祚无疆》：“应历生周日，修祠表汉年。”刘禹锡《敬宗睿武昭愍孝皇帝挽歌三首》之一：“宝历方无限，仙期忽有涯。”❹引申指日月年数；年寿。鲍溶《苦哉远征人》：“忆昔从此路，连年征鬼方。久行迷汉历，三死毡衣裳。”方干《闰春》：“自兹延圣历，谁不驻年光？”赵蕃《老人星》：“增辉延宝历，发曜起祥经。”陆龟蒙《京口与友生话别》：“历自尧阶数，书因禹穴探。”

【曆日】 历书；日历。元稹《长庆历》：“年历复年历，卷尽悲且惜。历日何足悲，但悲年运易。”姚合《寄旧山隐者》：“别君须臾间，历日两度新。”司空图《重阳山居》：“年随历日三分尽，醉伴浮生一片闲。”

【曆官】 掌管历法的官员。鲍溶《荐冰》：“历官分气候，天子荐精诚。”

【曆草】 即蓂荚。传说尧时生长的一种瑞草。见《竹书纪年·帝尧陶唐氏》。鲍溶《忆郊天》：“浓暖气中生历草，是非烟里爱瑶浆。”

【曆象】 ❶推算观测天体的运行。员南溟《玉烛》：“历象璿玑正，休征玉烛明。”❷历法；天文星象。吕渭《皇帝移晦日为中和节》：“历象千年正，酺醵四海多。”权德舆《朔旦冬至摄职南郊因书即事》：“文轨尽同尧历象，斋祠忝备汉公卿。”许稷《闰月定四时》：“月桂亏还正，阶蓂落复滋。从斯分历象，共仰定毫厘。”

【曆陽】 唐县名。治所即今安徽和县。天宝初置历阳郡，为郡之治所。卢纶有《送申屠正字往湖南迎亲兼谒赵和州因呈上侍郎使君并戏简前历阳李明府》，见《全唐诗》卷二七六。

【曆數】 ❶岁时节候的次序。王绩《薛记室收过庄见寻率题古意以赠》：“伊昔逢丧乱，历数闰当余。”杜审言《和李大夫嗣真奉使存抚河东》：“六位乾坤动，三微历数迁。”马湘《登杭州秦望山》：“太乙初分何处寻，空留历数变人心。”❷推算岁时节候的方法。李瀚《蒙求》：“优旃滑稽，落下历数。”❸指帝位继承的次序。古代认为帝位继承和天象运行的次序相应。玄宗《春晚宴两相及礼官丽正殿学士探得风字》序：“朕以薄德，祗膺历数。正天柱之将倾，纫地维之已绝。”❹引申指王朝的气数，命运。王绩《过汉故城》：“何其赫隆盛，自谓保灵长。历数有时尽，哀平嗟不昌。”李白《南奔书怀》：“历数方未迁，云雷屡多难。”杜甫《谒先主庙》：“霸气西南歇，雄图历数屯。”孙元晏《咏史诗·吴·青盖》：“历数将终势已摧，不修君德更堪哀。”❺引申指朝代。刘希夷《谒汉世祖庙》：“怀古江山在，惟新历数迁。”殷潜之《题筹笔驿》：“若归新历数，谁复顾衰危。”

曇 〔tán《广韵》徒含切，平覃，定。〕❶译音用字。见“曇花”。❷昙摩。意为法，佛法。多用作僧人之名。

【曇上人】 指长安青龙寺昙壁和尚。李端有《青龙寺题故昙上人房》。裴迪有《青龙寺昙壁上人院集》。

【曇花】 亦作“优昙花”。常绿灌木，常于夜间开一种白花，时间很短，可供观赏。牟融《游淮云寺》：“松径风清闻鹤唳，昙花香暝见僧还。”贯休《闲居拟齐梁四首》之一：“道人优昙花，迢迢远山绿。”又《闻无相道人顺世五首》之四：“莫比优昙花，斯人更难遇。”

【曇壁上人】 长安青龙寺僧人。佛学精深，善文辞。王维有《青龙寺昙壁上人兄院集》。裴迪有《青龙寺昙壁上人院集》。王缙有《同王昌龄裴迪游青龙寺昙壁上人兄院集和兄维》。

曌 〔zhào《集韵》之笑切，去笑，章。〕同“照”。武则天为自己名字造的字。《集韵·去笑》：“照，《说文》：‘明也。’唐武后作‘曌’。”詹敦仁《复留侯从效问南汉刘岩改名龑字音义》：“大唐有天下，武后拥神器……缶圀及曌岚，作史难详备。”

暾 〔tūn《广韵》他昆切，平魂，透。〕❶太阳。李白《登金陵冶城西北谢安墩》："白鹭映春洲，青龙见朝暾。"岑参《潼关镇国军句覆使院早春寄王同州》："卷帘见西岳，仙掌明朝暾。"杜甫《贻华阳柳少府》："火云洗月露，绝壁上朝暾。"❷阳光。李咸用《庐山》："黑岩藏昼电，紫雾泛朝暾。"❸日出。韦应物《听莺曲》："须臾风暖朝日暾，流音变作百鸟喧。"韩愈《和侯协律咏笋》："侯生来慰我，诗句读惊魂。属和才将竭，呻吟至日暾。"唐扶《使南海道长沙题道林岳麓寺》："主人念我尘眼昏，半夜号令期至暾。"拾得《诗》之二二："借问松禅客，日轮何处暾。"❹和暖；温暖。张九龄《奉使自蓝田玉山南行》："阴泉夏犹冻，阳景昼方暾。"储光羲《题崔山人别业》："溪冷惧秋晏，室寒欣景暾。"寒山《诗三百三首》之一七六："午时庵内坐，始觉日头暾。"❺明亮。韩愈《陆浑山火和皇甫湜用其韵》："三光弛隳不复暾，虎熊麋猪逮猴猿。"❻初升的太阳。包融《登翅头山题俨公石壁》："暾日衔东郊，朝光生邑里。"萧颖士《越江秋曙》："暾日浪中出，榜歌天际闻。"

【暾暾】 ❶明亮貌。卢纶《晚次新丰北野老家书事呈赠韩质明府》："机鸣春响日暾暾，鸡犬相和汉古村。"❷和暖貌。岑参《春寻河阳陶处士别业》："风暖日暾暾，黄鹂飞近村。"王建《春来曲》："光风暾暾蝶宛宛，绕树气匝枝柯软。"

曈 〔tóng《广韵》徒紅切，平東，定。又他紅切，平東，透。又他孔切，上董，透。〕见"曈曈""曈曨""曈曚"。

【曈曈】 ❶日初升渐明貌。刘长卿《夜宴洛阳程九主簿宅送杨三山人往天台寻智者禅师隐居》："遥倚赤城上，曈曈初日圆。"元稹《会真诗三十韵》："华光犹冉冉，旭日渐曈曈。"薛逢《元日楼前观仗》之二："曈曈初日照楼台，漠漠祥云雉扇开。"贾彦璋《宿香山阁》："一闻鸡唱晓，已见日曈曈。"亦指初升的太阳。鲍溶《代楚老酬主人》："曈曈衔山景，渺渺翔云迹。"❷光盛貌。顾况《乌夜啼二首》之一："良夜羽人弹此曲，东方曈曈赤日旭。"张籍《董逃行》："洛阳城头火曈曈，乱兵烧我天子宫。"白居易《短歌行》："曈曈太阳如火色，上行千里下一刻。"杜牧《感怀诗一首》："荡荡乾坤大，曈曈日月明。"❸明亮貌。顾况《从江西至彭蠡入浙西淮南界道中寄齐相公》："晚霞烧回潮，千里光曈曈。"元稹《古决绝词》之三："曙色渐曈曈，华星欲明灭。"刘禹锡《谒柱山会禅师》："曈曈揭智烛，照使出昏昧。"❹光彩艳丽貌。符子珪《芳树》："芳树宜三月，曈曈艳绮年。"

【曈曚】 日初升渐明貌。陈陶《冬夜吟》："展转城乌啼紫天，曈曚千骑衙楼前。"

【曈曨】 ❶日初升渐明貌；明亮貌。权德舆《奉和韦曲庄言怀贻东曲外族诸弟》："驺驭出国门，晨曦正曈昽。"元稹《春六十韵》："静街乘旷荡，初日接曈昽。"韦庄《上春词》："曈昽赫日东方来，禁城烟暖蒸青苔。"和凝《宫词百首》之六一："晓日曈昽瞻玉案，丁冬环珮满彤墀。"❷朦胧微明貌。李涉《寄荆娘写真》："青楼曈昽曙光蚤，梨花满巷莺新啼。卢纶《王评事驸马花烛诗》之四："平明却入天泉里，日气曈昽五色光。"李虞仲《初日照凤楼》："曈昽晨景里，明灭晓光初。"❸光彩艳丽貌。綦毋潜《送储十二还庄城》："寂历道傍树，曈昽原上霞。"陈陶《朝元引四首》之三："万宇灵祥拥帝居，东华元老荐屠苏。龙池遥望非烟拜，五色曈昽在玉壶。"

十三画

曚 〔méng《广韵》莫孔切，上董，明。《集韵》謨蓬切，平東，明。〕见"曚曨"。

【曚曚】 细雨飘飞貌。马云奇《白云歌》："雷殷殷兮雨曚曚，成阴润兮云之功。"

【曚曨】 朦胧微明貌。杜甫《西枝村寻置草堂地夜宿赞公土室二首》之二："晨光稍曚昽，更越西南顶。"李咸用《陇头行》："薄日曚昽秋，怨气阴云结。"

曙 〔shǔ《广韵》常恕切，去御，禅。〕❶拂晓，天亮。岑参《早上五盘岭》："苍翠烟景曙，森沉云树寒。"钱起《冬夜题旅馆》："孤烛思何深，寒窗坐难曙。"独孤实《奉陪武相公西亭夜宴陆郎中》："寥落东方曙，无辞尽玉杯。"许棠《春夜同厉文学先辈会宿》："无眠将及曙，多是说山阴。"❷白，雪白。李吉甫《癸巳岁吉甫圜丘摄事合于中书后阁宿斋因叙所怀奉寄相公兼呈集贤院诸学士》："粉壁连霜曙，冰池对月圆。"李绅《南梁行》："故箧岁深开断简，秋堂月曙掩遗题。"薛能《升平词十首》之四："曙质绝埃氛，彤庭列禁军。"

【曙天】 ❶黎明时的天空。骆宾王《海曲书情》："白云照春海，青山横曙天。"戴叔伦《渐至涪州先寄王员外使君纵》："毒瘴含秋气，阴岸蔽曙天。"❷黎明，天亮。李建勋《寺居陆处士相访感怀却寄二三友人》："炉烟向冷孤灯下，唯有寒吟到曙天。"

【曙日】 朝阳。陈子昂《万州晓发放舟乘涨还寄蜀中亲朋》："远岸孤烟出，遥峰曙日微。"

【曙月】 晓月。王维《过沈居士山居哭之》："曙月孤莺啭，空山五柳春。"钱起《江宁春夜裴使君席送萧员外》："曙月稀星里，春烟紫禁余。"权德舆《江城夜泊寄所思》："远钟和暗杵，曙月照晴霜。"李商隐《清夜怨》:“曙月当窗满,征云出塞遥。”

【曙火】 拂晓时的灯火。张说《相州冬日早衙》:“城外宵钟敛,闺中曙火残。”元稹《生春二十首》之四:“何处生春早,春生曙火中。”

【曙斗】 (—dǒu)晨星。钱起《奉和宣城张太守南亭秋夕怀友》:“片云悬曙斗,数雁过秋城。”

【曙光】 黎明时的日光。太宗《除夜》:“对此欢终宴,倾壶待曙光。”王维《听宫莺》:“春树绕宫墙,宫莺啭曙光。”李涉《寄荆娘写真》:“青楼曈昽曙光蚤,梨花满巷莺新啼。”于濆《早发》:“绿野含曙光,东北云如茜。”

【曙色】 拂晓时的天色。玄宗《初入秦川路逢寒食》:“去年余闰今春早,曙色和风著花草。”杜甫《客亭》:“秋窗犹曙色,落木更天风。”陈羽《喜雪上窦相公》:“光添曙色连天远,轻逐春风绕玉楼。”许浑《对雪》:“帘帷增曙色,珠翠发寒光。”

【曙更】 ❶黎明前的更声。祖咏《宿陈留李少府揆厅》:“旅泊倦愁卧,堂空闻曙更。”郑絪《寒夜闻霜钟》:“净兼寒漏彻,闲畏曙更侵。”❷借指黎明,天亮。钱起《夏日陪史郎中宴杜郎中果园》:“引满不辞醉,风来待曙更。”段成式《句》:“虱暴妨归梦,虫喧彻曙更。”

【曙角】 拂晓时的号角声。杜甫《乘雨入行军六弟宅》:“曙角凌云罢,春城带雨长。”陆龟蒙《怀杨台文杨鼎文二秀才》:“寒花独自愁中见,曙角多同醒后闻。”

【曙河】 拂晓时的银河。韦应物《同德寺雨后寄元侍御李博士》:“相望曙河远,高斋坐超忽。”温庭筠《经故秘书崔监扬州南塘旧居》:“西掖曙河横漏响,北山秋月照江声。”

【曙星】 拂晓时的残星。亦指启明星。张少博《雪夜观象阙待漏》:“北斗横斜汉,东方落曙星。”方干《送婺州许录事》:“曙星没尽提纲去,暝角吹残锁印归。”

【曙風】 晓风。金厚载《风不鸣条》:“寂寂曙风生,迟迟散野轻。”

【曙華】 曙光。宋之问《宿云门寺》:“永夜岂云寐,曙华忽葱茏。”卢纶《和崔侍郎游万固寺》:“闻说中方高树林,曙华先照啭春禽。”杨巨源《上刘侍中》:“曙华分碣石,秋色入衡阳。”罗虬《比红儿诗》之六二:“吴兴皇后欲辞家,泽国重台展曙华。”

【曙雪】 白雪。项斯《汉南遇友人》:“积云开去路,曙雪叠前峰。”

【曙雲】 朝云。孙逖《酬万八贺九云门下归溪中作》:“晚从灵境出,林壑曙云飞。”许浑《自楞伽寺晨起泛舟道中有怀》:“一声山鸟曙云外,万点水萤秋草中。”赵嘏《书斋雪后》:“树暖高鸟来,窗闲曙云出。”李搏《贺裴廷裕蜀中登第诗》:“铜梁千里曙云开,仙箓新从紫府来。”

【曙景】 拂晓时的景色。许敬宗《侍宴莎册宫应制得情字》:“三星希曙景,万骑翊天行。”徐铉《春雪应制》:“繁阴连曙景,瑞雪洒芳辰。”

【曙暉】 朝阳的光辉。岑参《和祠部王员外雪后早朝即事》:“长安雪后似春归,积素凝华连曙晖。”又《西掖省即事》:“西掖重云开曙晖,北山疏雨点朝衣。”

【曙煙】 ❶拂晓时的烟霭。刘希夷《洛中晴月送殷四入关》:“微云一点曙烟起,南陌憧憧遍行子。”周贺《送忍禅师归庐岳》:“泉水带冰寒溜涩,薜萝新雨曙烟腥。”陆龟蒙《奉和袭美公斋四咏次韵·新竹》:“晴月窈窕入,曙烟霏微生。”郭求《日暖万年枝》:“旭日升溟海,芳枝散曙烟。”❷借指凌晨。汤悦《奉和圣制送邓王牧宣城》:“曙烟已别黄金殿,晚照重登白玉筵。”

【曙鴉】 拂晓时的乌鸦。刘沧《晚春宿僧院》:“微微一点寒灯在,乡梦不成闻曙鸦。”吴商浩《秋塘晓望》:“钟尽疏桐散曙鸦,故山烟树隔天涯。”

【曙燈】 拂晓时的灯光。元稹《襄阳为卢窦纪事》之三:“莺声撩乱曙灯残,暗觅金钗动晓寒。”

【曙霞】 朝霞。沈佺期《苑中遇雪应制》:“北阙彤云掩曙霞,东方吹雪舞仙家。”白居易《杭州春望》:“望海楼明照曙霞,护江堤白蹋晴沙。”李商隐《和孙朴韦蟾孔雀咏》:“曙霞星斗外,凉月露盘西。”温庭筠《陈宫词》:“淅沥湘风外,红轮映曙霞。”

【曙雞】 雄鸡的报晓声。沈佺期《夜宿七盘岭》:“浮客空留听,褒城闻曙鸡。”卢纶《送浑别驾赴舒州》:“绕郭覆晴雪,满船闻曙鸡。”李商隐《漫成五章》之二:“集仙殿与金銮殿,可是苍蝇惑曙鸡。”唐彦谦《夜蝉》:“清夜更长应未已,远烟寻断莫频嘶。羁人此夕如三岁,不整寒衾待曙鸡。”

【曙鐘】 ❶拂晓时的钟声。王维《同崔员外秋宵寓直》:“九门寒漏彻,万井曙钟多。”殷尧藩《早朝》:“曙钟催入紫宸朝,列炬流虹映绛绡。”马戴《早发故园》:“曙钟寒出岳,残月迥凝霜。”❷借指拂晓。孟浩然《李少府与杨九再来》:“烟火临寒食,笙歌达曙钟。”

【曙鶯】 凌晨时的啼莺。钱起《酬王维春夜竹亭赠别》:“惆怅曙莺啼,孤云还绝巘。”徐夤《尚书会仙亭咏蔷薇寅坐中联四韵晚归补缉所联因成一篇》:“丛高恐碍含泥燕,架隐宜栖报曙莺。”

曖 〔ài《广韵》烏代切,去代,影。〕❶昏暗。权德舆《苏小小墓》:“蔓草映寒水,空郊暧夕阴。”❷朦胧;弥漫。陈子昂《同宋参军之问梦赵六赠卢陈二子之作》:“白云失处所,梦想暧容光。”颜真卿、王纯《登岘山观李左相石尊联句》:“余烈暧林野,众芳揖兰荪。”郭遵《赋得春风扇微和》:“暧空看早辨，映日度逾频。”毛文锡《喜迁莺》词：“芳春景，暧晴烟，乔木见莺迁。”❸遮蔽；遮盖。元结《招陶别驾家阳华作》：“岩高暧华阳，飞溜何潺潺。”顾况《独游青龙寺》：“积翠暧遥原，杂英纷似霰。”❹温暖；温润。太宗《元日》：“高轩暧春色，邃阁媚朝光。”韦应物《西郊游宴寄赠邑僚李巽》：“升阳暧春物，置酒临芳席。”又《寒食日寄诸弟》：“禁火暧佳辰，念离独伤抱。”❺盛貌。刘斌《和谒孔子庙》：“及门思往烈，入室想前修。寂寞荒阶暮，摧残古木秋。遗风暧如此，聊以慰蒸求。”

【暧昧】　❶昏暗；模糊。李群玉《穆天子》：“桥山葬弓剑，暧昧竟难分。”❷糊涂，不明。李端《慈恩寺怀旧》：“彼苍何暧昧，薄劣翻居后。”

【暧景】　朦胧的景色。虞世南《奉和幸江都应诏》：“冬律初飞管，阳乌正衔芦。严飙肃林薄，暧景澹江湖。”

【暧然】　❶繁茂貌。蒋防《日暖万年枝》：“谁道凌寒质，从兹不暧然。”❷昏暗不明貌。沈佺期《饯远》：“暧然青轩暮，浩思非所任。”

【暧態】　迷蒙隐约貌。齐己《将归旧山留别错公》：“云含暧态晴犹在，鹤养闲神昼不飞。”

【暧暧】　❶昏暗不明貌。太宗《饯中书侍郎来济》：“暧暧去尘昏灞岸，飞飞轻盖指河梁。”成彦雄《村行》：“暧暧村烟暮，牧童出深坞。”❷迷蒙隐约貌。李峤《帘》：“暧暧笼铃阁，纤纤上玉钩。”李元操《和从叔禄愔元日早朝》：“瑷暧城霞旦，隐隐禁门开。”韦应物《再游西山》：“测测石泉冷，暧暧烟谷虚。”❸温润温暖貌。王昌龄《送欧阳会稽之任》：“万室霁朝雨，千峰迎夕阳。辉辉远洲映，暧暧澄湖光。”王维《和使君五郎西楼望远思归》：“悠悠长路人，暧暧远郊日。”又《赠裴十迪》：“暧暧日暖闺，田家来致词。”范传正《赋得春风扇微和》：“暧暧当迟日，微微扇好风。”❹茂盛貌。孟郊《献襄阳于大夫》：“物色增暧暧，寒芳更萋萋。”温庭筠《春尽与友人入裴氏林探渔竿》：“晴阳入荒竹，暧暧如春园。”

曬　〔shài《改併四声篇海》引《俗字背篇》，所戎切。〕同“曬”。王建《簇蚕辞》：“场宽地高风日多，不向中庭曬蒿草。”白居易《自到郡斋仅经旬日方专公务未及宴游偷闲走笔题二十四韵》：“暑遣烧神酎，晴教曬舞茵。”司空曙《杂题九首》之四：“曬书因阅画，封药偶和丹。”

【曬曝】　晒，曝晒。王建《秋日后》：“住处近山常足雨，闻晴曬曝旧芳茵。”

十四画

曛　〔xūn《广韵》許雲切，平文，曉。〕❶傍晚；黄昏。张说《游洞庭湖湘》：“玩幽轻雾阻，讨异忘曛逼。”张谔《九日》：“将曛陌树频惊鸟，半醉归途数问人。”王季文《九华山谣》：“灵光爽气曛复旭，晴天倒影西江渌。”❷日落。卢照邻《赤谷安禅师塔》：“水华竞秋色，山翠含夕曛。”杜甫《题柏大兄弟山居屋壁二首》之二：“笔架沾窗雨，书签映隙曛。”刘禹锡《梦丝瀑》：“含晕迎初旭，翻光破夕曛。”陈去疾《送林刺史简言之漳州》：“江树欲含曛，清歌一送君。”❸暗，昏暗。长孙无忌《灞桥待李将军》：“飒飒风叶下，遥遥烟景曛。”包融《登翅头山题俨公石壁》：“晨登翅头山，山曛黄雾起。”孟郊《楚竹吟酬卢虔端公见和湘弦怨》：“江花匪秋落，山日当昼曛。”❹夕阳的余辉。卢照邻《狱中学骚体》：“思公子兮日将曛，林已暮兮鸟群飞。”权德舆《题柳郎中茅山故居》：“下马荒阶日欲曛，潺潺石溜静中闻。”李绅《悲善才》：“日曛尘暗车马散，为惜新声有余叹。”方干《题长洲陈明府小亭》：“坐看孤峭却劳神，还是微吟到日曛。”❺同“醺”。酒醉。许浑《春醉》：“客坐长先饮，公闲半已曛。”皎然《戏题二首》之一：“看饮逢歌日屡曛，我身何似系浮云。”❻用同“熏”。熏炙。白居易《闲眠》：“暖床斜卧日曛腰，一觉闲眠百病销。”罗虬《比红儿诗》之四十二：“绣帐鸳鸯对刺纹，博山微暖麝微曛。”

【曛旭】　早晚；朝夕。谓时间长。李白《豳歌行上新平长史兄粲》：“吾兄行乐穷曛旭，满堂有美颜如玉。”

【曛黑】　日暮天黑。杜甫《彭衙行》：“延客已曛黑，张灯启重门。”又《课小竖锄斫舍北果林枝蔓荒秽净讫移床三首》之三：“天涯稍曛黑，倚杖更裴回。”韩偓《曛黑》：“古木侵天日已沉，露华凉冷润衣襟。江城曛黑人行绝，唯有啼乌伴夜砧。”

【曛曛】　昏黑貌。张祜《访许用晦》：“远郭日曛曛，停桡一访君。”

曠　〔kuàng《广韵》苦謗切，去宕，溪。〕❶空旷；开阔。孟浩然《宿建德江》：“野旷天低树，江清月近人。”张籍《祭退之》：“黄子陂岸曲，地旷气色清。”刘禹锡《有僧言罗浮事因为诗以写之》：“夜宿最高峰，瞻望浩无邻。海黑天宇旷，星辰来逼人。”张祜《早春钱塘湖晚眺》：“仰视天宇旷，俯登云树重。”杜牧《早秋》：“疏雨洗空旷，秋标惊意新。”❷扩大；大。杜甫《除草》：“自兹藩篱旷，更觉松竹幽。”萧颖士《蒙山作》：“蕴真道弥旷，怀古情未已。”苏涣《变律》之一：“居然六合外，旷哉天地德。”贾岛《寓兴》：“旷哉颍阳风，千载无其他。”❸开朗；豁达；旷达。韦应物《扈亭西陂燕赏》：“公堂日为倦，幽襟自兹旷。”李益《自朔方还与郑式瞻崔称郑子周岑赞同会法云寺三门避暑》：“英英二三彦，襟旷去烦扰。”刘禹锡《和牛相公南溪醉歌见寄》：“唯公出处得自在，决就放旷辞炎炎。”白居易《山中问月》：“借助秋怀旷，留连夜卧迟。”吴融《赠方干处士歌》：“不识朝，不识市。旷逍遥，闲徙倚。一杯酒，无万事。”❹远；遥远。白居易《登城东古台》：“凭高视听旷，向远胸襟开。”亦指邈远。贾至《寓言二首》之一：“春草纷碧色，佳人旷无期。”杨巨源《送李虞仲秀才归东都因寄元李二友》：“高翼闲未倦，孤云旷无期。”❺远离，远隔。孟浩然《家园卧疾毕太祝曜见寻》：“伏枕旧游旷，笙簧劳梦思。”钱起《独往覆釜山寄郎士元》：“谁言世缘绝，更惜知音旷。”元稹《张旧蚊帱》：“逾年间生死，千里旷南北。”❻久，长久。苏颋《蜀城哭台州乐安少府》：“音容旷不睹，梦寐殊悠哉。”韦应物《答冯鲁秀才》：“簿书劳应对，篇翰旷不寻。”薛据《出青门往南山下别业》：“怀抱旷莫伸，相知阻胡越。”卢纶《新移北厅因贻同院诸公兼呈畅博士》：“弱质偃弥旷，清风来亦频。”❼荒废。顾况《上古之什补亡训传十三章·苏方一章》：“我土旷兮，我居阒兮，我衣不白兮。”❽缺，缺少。杜甫《大历三年春白帝城放船出瞿塘峡久居夔府将适江陵漂泊有诗凡四十韵》：“五云高太甲，六月旷抟扶。”韦应物《简恒璨》：“简书日云旷，文墨谁复持。”皎然《春日又送潘述之扬州》：“文房旷佳士，禅室阻清盼。”羊士谔《郡中玩月寄江南李少尹虞部孟员外三首》之三：“圆景旷佳宾，徘徊夜漏频。”白居易、刘禹锡《秋霖即事联句三十韵》：“律候今秋矣，欢娱久旷焉。”❾未，没有。韦应物《答贡士黎逢》：“弥月旷不接，公门但驱驰。”武元衡《秋日台中寄怀简诸僚》：“物情牵跼促，友道旷招寻。”白居易《和梦游春诗一百韵》：“竟日坐官曹，经旬旷休沐。”❿失；耽误。李白《赠闾丘处士》：“且耽田家乐，遂旷林中期。”白居易《久不见韩侍郎戏题四韵以寄之》：“静吟乖月夜，闲醉旷花时。”⓫空，徒然。沈佺期《乐府杂曲·鼓吹曲辞·有所思》：“美人旷延伫，万里浮云思。”

【曠士】　襟怀豁达之士。李白《雉子班》：“所贵旷士怀，朗然合太清。”杜甫《同诸公登慈恩寺塔》：“自非旷士怀，登兹翻百忧。”

【曠土】　荒地。钱珝《江行无题一百首》之三九：“渐安无旷土，姜芋当农收。”顾况《酬信州刘侍郎兄》：“南州管灵山，可惜旷土栖。”

【曠日】　闲时。来鹄《圣政纪颂》：“殿无闲时，廷无旷日。”

【曠世】　绝世；自古至今。韩愈《驽骥》：“问谁能为御，旷世不可求。”

【曠古】　❶远古；古代。鲍溶《感怀》：“旷古川上怀，东流几时息。”❷从古到今。李沇《醮词》：“旷古雨露恩，安得惜沾施。”周昙《咏史诗·三代门·后稷》：“人惟邦本本由农，旷古谁高后稷功。”

【曠志】　旷达的志趣。柳宗元《法华寺石门精舍三十韵》：“拘情病幽郁，旷志寄高爽。”

【曠劫】　佛教语。久远之劫。亦指长期，自古至今。李白《赠僧崖公》：“授余金仙道，旷劫未始闻。”又《庐山东林寺夜怀》：“湛然冥真心，旷劫断出没。”

【曠别】　久别。裴耀卿《敬酬张九龄当涂界留赠之作》：“旷别心弥轸，宏规义转倾。”元稹《古决绝词》之二：“一日不见，比一日于三年，况三年之旷别。”

【曠抱】　旷达的襟怀。杨巨源《和卢谏议朝回书情即事寄两省阁老兼呈二起居谏院诸院长》：“危言直且庄，旷抱郁以摅。”

【曠官】　空居官位。犹言不称职。见《书·皋陶谟》。包佶《酬兵部李侍郎晚过东厅之作》：“酒礼惭先祭，刑书已旷官。”

【曠思】　高远之思。权德舆《寄临海郡崔稚璋》：“新诗寒玉韵，旷思孤云秋。”

【曠度】　阔大的气度。权德舆《奉和张仆射朝天行》：“雄词乐职波涛阔，旷度交欢云雾披。”

【曠莽】　辽阔苍茫。元结《引极三首·思元极》：“天旷莽兮杳泱茫，气浩浩兮色苍苍。”

【曠晃】　海水摇晃貌。赵居贞《云门山投龙诗刻》：“太阳未出海，旷晃半天赤。”

【曠海】　大海。薛能《下第后夷门乘舟至永城驿题》：“唯思旷海为休处，忽喜孤舟似去时。”

【曠朗】　❶开朗，明朗。韦应物《答畅参军》：“凄清露华动，旷朗景气浮。”杜牧《题池州弄水亭》：“旷朗半秋晓，萧瑟好风露。”❷心胸开朗。韩愈《同宿联句》：“纷葩欢屡填，旷朗忧早渗。”

【曠野】　空阔的原野。杜甫《白水县崔少府十九翁高斋三十韵》：“崇冈相枕带，旷野怀咫尺。”白居易《寒食野望吟》：“风吹旷野纸钱飞，古墓累累春草绿。”黄滔《塞上》：“使发西都耸，尘空北岳横。长河涉有路，旷野宿无程。”

【曠望】　极目远望。许敬宗《奉和行经破薛举战地应制》：“周游寻曩迹，旷望动天情。”李白《姑孰十咏·陵歊台》：“旷望登古台，台高极人目。叠嶂列远空，杂花间平陆。”元稹《酬郑从事四年九月宴望海亭次用旧韵》：“湖山四面争气色，旷望不与人间同。”温庭筠《过潼关》：“麈尾角巾应旷望，更嗟芳霭隔秦楼。”贯休《晚望》：“旷望危桥上，微吟落照前。”

【曠達】　豁达，不受拘束。皎然《因游支硎寺寄邢端公》：“旷达机何有，深沉器莫量。”白居易《秋日与张宾客舒著作同游龙门醉中狂歌凡二百三十八字》："开怀旷达无所系，触目胜绝不可名。"杜牧《润州二首》之一："大抵南朝皆旷达，可怜东晋最风流。"

【曠然】 ❶广大辽阔貌。崔湜《冀北春望》："旷然万里余，际海不见山。"李白《游泰山六首》之一："旷然小宇宙，弃世何悠哉！"德宗《中和节赐百官燕集因示所怀》："庶洽朝野意，旷然天地均。"白居易《阴雨》："旷然寰宇清风满，救旱功高暑气凉。"❷开阔貌。王维《晦日游大理韦卿城南别业四声依次用各六韵》之四："高馆临澄陂，旷然荡心目。"岑参《早上五盘岭》："平旦驱驷马，旷然出五盘。江回两崖斗，日隐群峰攒。"权德舆《和兵部李尚书东亭诗》："三接履声退，东亭斯旷然。"杜牧《金陵》："始发碧江口，旷然谐远心。"❸遥远貌。岑参《与鲜于庶子自梓州成都少尹自褒城同行至利州道中作》："前日登七盘，旷然见三巴。"刘长卿《题萧郎中开元寺新构幽寂亭》："旷然见沧洲，自远来清风。"韦应物《沣上寄幼遐》："旷然西南望，一极山水情。"❹超脱旷达貌。储光羲《同房宪部应旋》："旷然长虚闲，即理寄行补。"王武陵《宿慧山寺》："旷然出尘境，忧虑澹已忘。"萧祜《游石堂观》："荫松散发逢异人，寂寞旷然口不言。"

【曠遐】 长久，久远。吴筠《秋日彭蠡湖中观庐山》："董氏出六合，王君升九垓。谁言旷遐祀，庶可相追陪。"

【曠絕】 绝无仅有。杜甫《雨》："拘闷出门游，旷绝经目趣。"又《奉赠萧二十使君》："旷绝含香舍，稽留伏枕辰。"元稹《古决绝词》之二："有美一人，于焉旷绝。"

【曠遠】 豁达，超逸。皎然《奉和陆使君长源夏月游太湖》："庾公心旷远，府事局耳目。"

【曠歲】 经岁。谓长期。韦应物《雨夜宿清都观》："旷岁恨殊迹，兹夕一披襟。"又《简寂观西涧瀑布下作》："旷岁怀兹赏，行春始重寻。"

【曠跡】 谓行为旷达。权德舆《卧病喜惠上人李炼师茅处士见访因以赠》："清言出象系，旷迹逃玄纁。"

【曠誅】 未能诛灭。柳宗元《奉平淮夷雅表·皇武》之二："皇咨于度，惟汝一德，旷诛四纪，其徯汝克。"

【曠廓】 犹空廓。白居易《和微之诗二十三首·和知非》："不如学禅定，中有甚深味。旷廓了如空，澄凝胜于睡。"

【曠蕩】 ❶辽阔貌。高适《蓟门不遇王之涣郭密之因以留赠》："旷荡阻云海，萧条带风雪。"❷旷达不拘。杜甫《去矣行》："野人旷荡无靦颜，岂可久在王侯间。"刘兼《秋夕书事》："郢客岂能陪下里，皋禽争肯恋樊笼！此心旷荡谁相会，尽在南华十卷中。"❸犹游荡。元稹《春六十韵》："静街乘旷荡，初日接曈昽。"

【曠漾】 水面宽阔无涯貌。漾，通"漾"。苏源明《秋夜小洞庭离谦诗》序："入小洞庭，迟夷徬徨，眇缅旷样。"

【曠職】 旷废职守。杜甫《客堂》："主忧岂济时，身远弥旷职。"韦应物《移疾会诗客元生与释子法朗因贻诸祠曹》："抱瘵知旷职，淹旬非乐闲。"又《假中对雨呈县中僚友》："自然忧旷职，缄此谢良朋。"权德舆《伏蒙十六叔寄示喜庆感怀三十韵因献之》："九年西掖忝，五转南宫频。司理因旷职，曲台仍礼神。"

【曠曠】 明亮，开朗。韩愈、孟郊《城南联句》："扫净豁旷旷，骋遥略苹苹。"

【曠襟】 宽大胸怀。李绅《忆登栖霞寺峰》："顾眺匪恣适，旷襟怀卷舒。"

【曠懷】 豁达的胸怀。权德舆《酬李二十二兄主簿马迹山见寄》："不嫌予步蹇，但恐君行膻。如能固旷怀，谷口期穷年。"白居易《酬杨八》："君以旷怀宜静境，我因蹇步称闲官。"司空图《永夜》："旷怀休戚外，孤迹是非间。"韩偓《隰州新驿赠刺史》："高义尽招秦逐客，旷怀偏接鲁诸生。"

曜 〔yào《广韵》弋照切，去笑，以。〕❶阳光；光辉。太宗《咏雪》："洁野凝晨曜，装墀带夕晖。"孟郊《感怀》之六："火云流素月，三五何明明。光曜侵白日，贤愚迷至精。"赵蕃《老人星》："增辉延宝历，发曜起祥经。"刘乙《山中早起》："阔云霞并曜，高日月争辉。"❷照耀；辉映。太宗《元日》："彤庭飞彩旆，翠幌曜明珰。"李白、韦权舆《改九子山为九华山联句》："积雪曜阴壑，飞流喷阳崖。"韩愈《寄卢仝》："买羊沽酒谢不敏，偶逢明月曜桃李。"贯休《秋尽途中作》："残阳曜极野，黑水浸空坟。"❸闪耀。皎然《奉酬于中丞使君郡斋卧病见示一首》："抉得骊龙珠，光彩曜掌握。"刘禹锡《葡萄歌》："马乳带轻霜，龙鳞曜初旭。"❹炫耀；显耀。则天皇后《唐享昊天乐·第九》："庙略静边荒，天兵曜神武。"吴筠《高士咏·壶丘子》："季咸曜浅术，御寇初深疑。"❺指日、月。吕岩《寄白龙洞刘道人》："玉走金飞两曜忙，始闻花发又秋霜。"

【曜日】 映日。刘商《金井歌》："薤草披沙石窦开，生金曜日明金井。"

【曜曜】 光明显赫貌。储光羲《敬酬陈掾亲家翁秋夜有赠》："曜曜趋宫廷，洸洸迈徐陈。"

【曜靈】 太阳。见《楚辞·天问》。李峤《太平公主山亭侍宴应制》："遽惜欢娱歌吹晚，挥戈更却曜灵回。"储光羲《效古二首》之一："曜灵何赫烈，四野无青草。"又《同诸公秋霁曲江俯见南山》："岚气浮渚宫，孤光随曜灵。"

十五画

曝 〔pù《广韵》蒲木切，入屋，並。又薄報切，去号，並。〕❶晒。王维《济州过赵叟家宴》："荷锄修药圃，散帙曝农书。"顾况《弋阳溪中望仙人城》："晚禽曝霜羽，寒鱼依石发。"柳宗元《种仙灵毗》："晨起自采曝，杵臼通夜喧。"❷露，暴露。卢纶《奉陪侍中游石笋溪十二韵》："猿群曝阳岭，龙穴腥阴壑。"杜牧《春日言怀寄虢州李常侍十韵》："论吐开冰室，诗陈曝锦张。"李群玉《洞庭风雨二首》之二："阳乌犹曝翅，真恐湿蟠桃。"

【曝衣】 ❶晒衣服。储光羲《樵父词》："清涧日濯足，乔木时曝衣。"司空曙《闲园即事寄暕公》："近水方同梅市隐，曝衣多笑阮家贫。"项斯《送僧游衡岳》："船里犹鸣磬，溪头自曝衣。"李商隐《所居》："水风醒酒病，霜日曝衣轻。"❷古代七月七日有曝衣之俗，因借以咏七夕。沈佺期《七夕曝衣篇》："曝衣何许曛半黄，宫中彩女提玉箱。"杜甫《牵牛织女》："曝衣遍天下，曳月扬微风。"

【曝衣楼】 皇宫中七月七日帝后曝衣之处。沈佺期《七夕曝衣篇》："宫中扰扰曝衣楼，天上娥娥红粉席。"司空曙《晚秋西省寄上李韩二舍人》："昼漏传清唱，天恩禁旅秋。雁亲承露掌，砧隔曝衣楼。"刘禹锡《秋萤引》："曝衣楼上拂香裙，承露台前转仙掌。"李贺《七夕》："鹊辞穿线月，花入曝衣楼。"

【曝背】 即"炙背"。形容乡农之乐。见三国魏嵇康《与山巨源绝交书》。李颀《野老曝背》："百岁老翁不种田，惟知曝背乐残年。"卢仝《叹昨日三首》之三："何时出得禁酒国，满瓮酿酒曝背眠。"白居易《和微之诗二十三首·和自劝二首》之一："屋中有一曝背翁，委置形骸如土木。"贯休《田家作》："只向阶前曝背眠，赤桑大叶时时落。"

【曝腮】 同"曝鳃"。骆宾王《幽縶书情通简知己》："入阱先摇尾，迷津正曝腮。"钱起《穷秋对雨》："翟门悲暝雀，墨灶上寒苔。始信宣城守，乘流畏曝腮。"许浑《晚登龙门驿楼》："风云有路皆烧尾，波浪无程尽曝腮。"

【曝褌】 嗜酒放诞的典故。见南朝宋刘义庆《世说新语·任诞》。李端《晚春过夏侯校书值其沉醉戏赠》："曝裈还当屋，张幕便成天。"

【曝鰓】 喻困顿，挫折。见《后汉书·郡国志五》。张九龄《江上遇疾风》："投林鸟铩羽，入浦鱼曝鳃。"孟浩然《荆门上张丞相》："日下瞻归翼，沙边厌曝鳃。"李搏《贺裴廷裕蜀中登第诗》："应笑戎藩刀笔吏，至今泥滓曝鱼鳃。"裴度、刘禹锡《度自洛中与乐天为文酒之会时时构咏梦得亦分司至止欢惬可知因为联句》："他日登龙路，应知免曝鳃。"

【曝露】 显露在外，毫无遮蔽。杜甫《通泉县署屋壁后薛少保画鹤》："曝露墙壁外，终嗟风雨频。"戎昱《汉阴吊崔员外坟》："曝露不复问，高名亦何为。"

十六画

曨 〔lóng《广韵》盧紅切，平東，來。又力董切，上董，來。〕见"曨曨""曨曈"。

【曨曈】 微明貌。李群玉《晓宴》："晓华昽曈闻调笙，一点残灯隔罗幕。"

【曨曨】 微明貌。崔曙《早发交崖山还太室作》："萧萧过颍上，昽昽辨少阳。"皎然《春夜赋得漉水囊歌送郑明府》："夕望东峰思漱盥，昽昽斜月悬灯纱。"白居易《早发楚城驿》："昽昽烟树色，十里始天明。"张祜《车遥遥》："东方昽昽车轧轧，地色不分新去辙。"

曦 〔xī《广韵》許羈切，平支，曉。〕❶日，太阳；阳光。《郊庙歌辞·享太庙乐章·钧天舞》："舜风攸偃，尧曦先就。"则天皇后《唐享昊天乐·第一》："扪天遂启极，梦日乃升曦。"韩愈《南山诗》："新曦照危峨，亿丈恒高袤。"又《南内朝贺归呈同官》："薄云蔽秋曦，清雨不成泥。"❷热，炎热。韩愈《郑群赠簟》："倒身甘寝百疾愈，却愿天日恒炎曦。"❸通"羲"。见"曦車""曦馭""曦輪"。

【曦光】 阳光。韩愈《同宿联句》："曦光霁曙物，景曜铄宵祲。"

【曦車】 羲和所驭之车。指太阳。虞世南《奉和咏日午》："高天净秋色，长汉转曦车。"褚亮《奉和咏日午》："曦车日亭午，浮箭未移晖。"李咸用《绯桃花歌》："野树滴残龙战血，曦车碾下朝霞屑。"参见"羲和"。

【曦馭】 羲和驭车。指太阳运行。许敬宗《奉和入潼关》："曦驭循黄道，星陈引翠旗。"参见"羲和"。

【曦赫】 日光煊赫。指白天。吴融《平望蚊子二十六韵》："如何正曦赫，吞噬当通衢。"

【曦輪】 日轮，太阳。中宗《立春日游苑迎春》："迎春正启流霞席，暂嘱曦轮勿遽斜。"《郊庙歌辞·朝日乐章·送神》："永流洪庆，式动曦轮。"薛涛《斛石山晓望寄吕侍御》："曦轮初转照仙扃，旋擘烟岚上窅冥。"参见"羲和"。

十七画

曩 〔nǎng《广韵》奴朗切，上蕩，泥。〕先时；从前。杜甫《题衡山县文宣王庙新学堂呈陆宰》："讲堂非曩构，大屋加涂塈。"白居易《秦中吟十首·伤友》："曩者胶漆契，迩来云雨睽。"刘禹锡《送张盥赴举诗》序："曩吾见尔之始生，以老成为祝；今吾见尔之成人，以未立为忧。"陈陶《寄元孚道人》："曩事五岳游，金衣曳祥烟。"

【曩日】 往日；以前。李绅《新楼诗二十首·龙宫寺》序："曩日所言，必当镇此，修寺之讬，幸不见忘。"罗隐《霅溪晚泊寄裴庶子》："杯酒疏狂非曩日，野花狼藉似当时。"又《途中送人东游有寄》："岁月易抛非曩日，酒杯难得是同人。"

【曩分】 （—fèn）往日的情分。罗隐《送裴饶归会稽》："家通曩分心空在，世逼横流眼未开。"

【曩古】 往古，古代。李白《赠饶阳张司户燧》："慕蔺岂曩古，攀嵇是当年。"

【曩年】 往年；以前。贾岛《夜集田卿宅》："曩年曾宿此，亦值五陵寒。"

【曩昔】 往日；从前。水神《霅溪夜宴诗》（《全唐诗》卷八六四）："向使甘言盛行于曩昔，岂今日居君王之座头。"

【曩哲】 先哲，先贤。杜甫《八哀诗·故右仆射相国张公九龄》："骨惊畏曩哲，鬒变负人境。"

【曩時】 往时；以前。骆宾王《在狱咏蝉》序："岂人心异于曩时，将虫响悲于前听。"刘禹锡《赠别约师》引："夫闻为见因，今日之来，曩时之因耳。"贾岛《寄河中杨少尹》："非惟咎曩时，投刺诣门迟。"

【曩遊】 旧交；故友。杜甫《早发射洪县南途中作》："空慰所尚怀，终非曩游集。"沈千运《赠史修文》："曩游尽骞翥，与君仍布衣。"

【曩歲】 往年。刘禹锡有《途次大梁雪中奉天平令狐相公书问兼示新什因思曩岁从此拜辞形于短篇以申仰谢》，见《全唐诗》卷三五八。

【曩賢】 前贤。张嘉贞《奉和早登太行山中言志应制》："徯后逢今圣，登台谢曩贤。"高适《赠别王十七管记》："晚节踪曩贤，雄词冠当世。"杜甫《解忧》："百虑视安危，分明曩贤计。"清昼、潘述《讲古文联句》："有会必惬，无惭曩贤。"

【曩懷】 往日的抱负、情怀。杜甫《上水遣怀》："穷迫挫曩怀，常如中风走。"孟郊《秋怀》之十："曩怀沉遥江，衰思结秋嵩。"

十九画

曬 〔shài《广韵》所賣切，去卦，生。又所寄切，去寘，生。〕❶曝晒；晒干。张继《山家》："莫嗔焙茶烟暗，却喜晒谷天晴。"元稹《六年春遣怀八首》之四："婢仆晒君余服用，娇痴稚女绕床行。"李远《闲居》："买药经年晒，留僧尽日棋。"齐己《酬元员外》："闲来晒朱绂，泪滴旧朝恩。"❷放射；照耀。韩愈《朝归》："长风吹天墟，秋日万里晒。"白居易《山枇杷》："火树风来翻绛焰，琼枝日出晒红纱。"周贺《寻北冈韩处士》："逆风沈寺磬，初日晒邻桑。"韦庄《夜雪泛舟游南溪》："两岸严风吹玉树，一滩明月晒银砂。"

【曬書牀】 晒书的架子。陆龟蒙《袭美以公斋小宴见招因代书寄之》："自与酌量煎药水，别教安置晒书床。"

【曬暴】 暴晒；晒干。元稹《村花晚》："田翁蚕老迷臭香，晒暴敝欺熏衣裳。"

【曬藥牀】 晒药草的架子。张籍《夏日闲居》："闲对临书案，看移晒药床。"

【曬藥】 晒暴药草。杜甫《秦州杂诗二十首》之二〇："晒药能无妇，应门幸有儿。"许浑《寻戴处士》："晒药竹斋暖，捣茶松院深。"刘驾《冯叟居》："晒药上小峰，庭深无日色。"

【曬藥臺】 晒药的平台。白居易《游悟真寺诗》："其西晒药台，犹对芝术田。"

【曬犢鼻】 为咏七夕或咏贫而豁达之典。见南朝宋刘义庆《世说新语·任诞》。李商隐《七夕偶题》："明朝晒犊鼻，方信阮家贫。"

二十画

曭 〔tǎng《广韵》他朗切，上蕩，透。〕晦暗；不明。见"曭朗"。

【曭朗】 晦昏貌。储光羲《晚霁中园喜赦作》："曭朗天宇开，家族跃以喜。"

曰 部

曰 〔yuē《广韵》王伐切，入曰，云。〕❶说；说道。李白《古风》之三一："秦人相谓曰，吾属可去矣。"杜甫《送从弟亚赴安西判官》："帝曰大布衣，藉卿佐元帅。"韩愈《元和圣德诗》："曰旸而旸，曰雨而雨。"司空图《题休休亭》："若曰尔何能，答言耐辱莫。"❷叫做；称为。李商隐《韩碑》："帝得圣相相曰度，贼斫不死神扶持。"皮日休《太湖诗·孤园寺》："可怜陶侍读，身列丹台位。雅号曰胜力，亦闻师佛氏。"❸是；为；认为。储光羲《同诸公秋日游昆明池思古》："吁哉蒸人苦，始曰征伐非。"沈千运《赠史修文》："岂曰无其才，命理应有时。"杜牧《李甘诗》："时当秋夜月，日值曰庚午。"卢言《上安禄山》："象曰云雷屯，大君理经纶。"❹语气助词。用于句首或句中。储光羲《舟中别武金坛》："曰予轻皎洁，坦率宾混元。"李群玉《送魏珪觐省》："曰余吞声地，举足伤瓦砾。"司空图《诗品二十四则·冲淡》："阅音修篁，美曰载归。"

二 画

曲[1] 〔qū《广韵》丘玉切，入燭，溪。〕❶弯曲；不直。寒山《诗三百三首》之一二二："未能端似箭，且莫曲如钩。"张籍《怀别》："古道随水曲，悠悠绕荒村。"白居易《和刘郎中曲江春望见示》："寺路随江曲，宫墙夹道斜。"刘沧《下第后怀旧居》："蘋花覆水曲溪暮，独坐钓舟歌月明。"亦谓使弯曲。见"曲肱"。❷邪僻；不正派。《战国策·秦策五》："赵王之臣有韩仓者，以曲合于赵王。"高诱注："曲，邪。"王建《舞曲歌辞·独漉歌》："乌日中，鹤露宿，黄河水直人心曲。"褚载《晓感》："大道不应由曲取，浮生还要略知机。"韦庄《关河道中》："但见时光流似箭，岂知天道曲如弓。"❸弯曲之处。苏味道《九江口南济北接蕲春南与浔阳岸》："近漱湓城曲，斜吹蠡泽隈。"刘长卿《早春赠别赵居士还江左时长卿下第归嵩阳旧居》："深居凤城曲，日预龙华会。"白居易《赠友五首》之二："银生楚山曲，金生鄱溪滨。"李绅《悲善才》："穆王夜幸蓬池曲，金銮殿开高秉烛。"黄滔《关中言怀》："迹寓枯槐曲，业芜芳草川。"❹小巷。刘长卿《客舍喜郑三见寄》："寂寞垂杨映深曲，长安日暮灵台宿。"元稹《和乐天刘家花》："闲坊静曲同消日，泪草伤花不为春。"❺理屈，不合正道。孟郊《罪松》："彼曲既在斯，我正实在兹。"元稹《和李校书新题乐府十二首·胡旋女》："君言似曲屈为钩，君言好直舒为箭。"❻委屈自己而奉承别人。白居易《和答诗十首·和思归乐》："退不苟免难，进不曲求荣。"❼表敬之词。表示自己高攀。骆宾王《伤祝阿王明府》序："某昔承嘉惠，曲荷恩光，留连啸歌，从容风月，抚心陈迹，泣血涟如。"❽量词。孙逖《寻龙湍》："溪流一曲尽，山路九峰长。"王武陵《秋暮登北楼》："一川红树迎霜老，数曲清溪绕寺深。"孟郊《远愁曲》："水涉七八曲，山登千万重。"皮日休《奉和鲁望药名离合夏月即事三首》之二："数曲急溪冲细竹，叶舟来往尽能通。"

曲[2] 〔qǔ《玉篇》丘玉切。〕❶乐曲；歌谱。李白《春日醉起言志》："浩歌待明月，曲尽已忘情。"钱起《省试湘灵鼓瑟》："曲终人不见，江上数峰青。"元稹《听庾及之弹乌夜啼引》："感君此曲有深意，昨日乌啼桐叶坠。"李绅《忆被牛相留醉州中时无他宾牛公夜出真珠辈数人》："酒征旧对惭衰质，曲换新词感上宫。"王毂《吹笙引》："旖旎香风绕指生，千声妙尽神仙曲。"❷一种韵文形式。广义的曲包括秦汉以来各种可以入乐的乐曲，如汉及唐的大曲、民间小调等。吕岩《沁园春》词："诗曲文章，任汝空留，数千万篇。"❸量词。用于计歌曲或乐曲。韦应物《上东门会送李幼举南游徐方》："听我歌一曲，南徐在云端。"刘长卿《戏赠干越尼子歌》："人听吴音歌一曲，杳然如在诸天宿。"张籍《酬朱庆余》："齐纨未是人间贵，一曲菱歌敌万金。"白居易《赠诸少年》："少年莫笑我蹉跎，听我狂翁一曲歌。"

【曲几】 曲木几。古人席地而坐时倚靠的器具。白居易《琴》："置琴曲几上，慵坐但含情。"

【曲几書留】 晋书法家王羲之曾随手在别人家木桌面上写字，其字被视为珍品。见《晋书·王羲之传》。后用以称颂书法之典。王维《同崔傅答贤弟》："曲几书留小史家，草堂棋赌山阴野。"

【曲士】 乡曲之士。谓孤陋寡闻之人。见《庄子·秋水》。权德舆《广陵诗》："曲士守文墨，达人随性情。"

【曲$_2$子】 乐曲；歌曲。花蕊夫人徐氏《宫词》之十一："御制新翻曲子成，六宫才唱未知名。"

【曲木】 屈曲的树木。孟郊《古意赠梁肃补阙》："曲木忌日影，谗人畏贤明。"白居易《丘中有一士二首》之二："不饮浊泉水，不息曲木阴。"

【曲尺】 木工用来求直角的尺，用木或金属制成，像直角三角形的勾股二边，通常在较长的一边上有刻度。白居易《雨夜赠元十八》："把酒循环饮，移床曲尺眠。"王周《石首山》："空闻别有回山力，却见长江曲尺流。"

【曲水】 ❶曲折的水流。贾至《对酒曲二首》之一："曲水浮花气，流风散舞衣。"羊士谔《郡中端居有怀袁州王员外使君》："前山临紫阁，曲水眺红蕖。"姚合《迎春》："风暖慢行寻曲水，天晴远望立高台。"❷古代风俗，于农历三月上巳日（上旬的巳日，魏晋以后固定为三月三日）在水滨宴饮，认为可去除不祥，后人因引水环曲成渠，流觞取饮，相与为乐，称为曲水流觞。刘长卿《上巳日越中与鲍侍郎泛舟耶溪》："永和春色千年在，曲水乡心万里赊。"白居易《三月三日登庾楼寄庾三十二》："三日欢游辞曲水，二年愁卧在长沙。"司马扎《上巳日曲江有感》："万花明曲水，车马动秦川。"❸即"曲江池"。韦应物《早春对雪寄前殿中元侍御》："几日东城陌，何时曲水滨。"李贺《杂曲歌辞·十二月乐辞·三月》："曲水漂香去不归，梨花落尽成秋苑。"李商隐《寄成都高苗二从事》："家近红蕖曲水滨，全家罗袜起秋尘。"李郢《春晚与诸同舍出城迎座主侍郎》："东风柳絮轻如雪，应有偷游曲水人。"

【曲水宴】 农历三月上巳日（上旬的巳日，魏晋以后始固定为三月三日）设于水滨的宴饮。卢照邻有《三月曲水宴得尊字》。参见"曲水❷"。

【曲曲灣灣】 形容很弯曲。刘禹锡《梦扬州乐妓和诗》："夜深曲曲湾湾月，万里随君一寸肠。"

【曲₂名】 乐曲的名称。李端《赠李龟年》："遍识才人字，多知旧曲名。"元稹《何满子歌》："便将何满为曲名，御谱亲题乐府纂。"白居易《不能忘情吟》序："妓有樊素者，年二十余，绰绰有歌舞态，善唱《杨枝》。人多以曲名名之。"

【曲江】 ❶即"曲江池"。宋璟《奉和圣制同二相已下群官乐游园宴》："曲江新溜暖，上苑杂花稠。"白居易《杏园中枣树》："二月曲江头，杂英红旖旎。"贯休《送李铏赴举》："明年相贺日，应到曲江滨。"详"曲江池"。❷县名。汉置。唐属韶州，今属广东韶关市。开元名相张九龄为曲江人，故亦借指张九龄。权德舆《徐孺亭马上口号》："曲江北海今何处，尽逐东流去不回。"徐夤《开元即事》："曲江真宰国中讹，寻奏渔阳忽荷戈。"齐己《韶阳微公》："曲江晴影石千株，吾子思归梦断初。"

【曲江池】 在今陕西省西安市东南。因水流曲折，故称。隋文帝以曲名不正，更名芙蓉园。唐复名曲江。唐末水涸池废。李白《上皇西巡南京歌十首》之五："万国同风共一时，锦江何谢曲江池。"王建《寄贾岛》："曲江池畔时时到，为爱鸬鹚雨后飞。"张祜《公子行》："近地独游三五骑，等闲行傍曲江池。"曹松《立春日》："赏心无处说，怅望曲江池。"

【曲江亭】 在曲江池，今陕西西安市东南。唐人进士及第往往大宴于此，天子赐宴群臣亦往往在此。德宗有《重阳日赐宴曲江亭赋六韵诗闲清字》。沈亚之有《曲江亭望慈恩杏花发》。

【曲江宴】 考中的进士放榜后，大宴于曲江亭，谓之曲江宴。李绅《悲善才》："静听深奏楚月光，忆昔初闻曲江宴。"

【曲池】 ❶曲折回绕的水池。封行高《冬日宴于庶子宅各赋一字得色》："水结曲池冰，日暖平亭色。"孙逖《登越州城》："赠言王逸少，已见曲池平。"赵光远《咏手二首》之一："唤人急拍临前槛，摘杏高揎近曲池。"冯延巳《抛球乐》词之三："曲池波晚冰还合，芳草迎船绿未成。"❷即曲江池。崔日用《奉和人日重宴大明宫恩赐彩缕人胜应制》："曲池苔色冰前液，上苑梅香雪里娇。"权德舆《奉和圣制九日言怀赐中书门下及百寮》："筵开曲池上，望尽终南端。"李商隐有《曲池》。叶葱奇注："曲池即曲江池。唐人诗中或称曲江，或称曲池，或称曲水。"又李商隐《即目》："小鼎煎茶面曲池，白须道士竹间棋。"

【曲如鈎】 《后汉书·五行志一》："顺帝之末，京都童谣曰：'直如弦，死道边。曲如钩，反封侯。'"后用作典实，表示奸佞得势或阿谀求宠。李白《笑歌行》："君不见曲如钩，古人知尔封公侯。"寒山《诗三百三首》之一二二："未能端似箭，且莫曲如钩。"

【曲折】 （—zhé）弯曲。乔琳《绵州越王楼即事》："滩声曲折涪州水，云影低衔富乐山。"杜甫《西枝村寻置草堂地夜宿赞公土室二首》之一："溪行一流水，曲折方屡渡。"顾况《石窦泉》："吹沙复喷石，曲折仍圆旋。"

【曲私】 偏私。王维《献始兴公》："感激有公议，曲私非所求。"

【曲角】 （—jiǎo）拐角。周贺《玉芝观王道士》："蠹根停雪水，曲角积茶烟。"

【曲言】 婉言。贾岛《送沈秀才下第东归》："曲言恶者谁，悦耳如弹丝。"

【曲沃】 县名。权德舆《酬冯绛州早秋绛台感怀见寄》："叶落径庭树，人归曲沃烟。"

【曲阿】 （—ē）❶屋的曲角。见《文选·陆机〈吴趋行〉》。魏璞《寻鸟窠迹》："为访名僧迹，言寻小曲阿。"❷地名。战国云阳邑，秦始皇以其地有天子气，凿北冈败其势，截直道使阿曲，因名曲阿县。汉因之。三国吴嘉禾三年改名云阳，晋太康二年复称曲阿，唐天宝元年改名丹阳。即今江苏丹阳市。刘长卿有《曲阿对月别岑况徐说》《题曲阿三昧王佛殿前孤灯》。陆龟蒙《和过张祜处士丹阳故居》序："以曲阿地古澹，有南朝之遗风，遂筑室种树而家焉。"❸湖名，即练湖。在丹阳县城北。刘长卿有《泛曲阿后湖简同游诸公》。

【曲直】 ❶弯曲和平直。顾况《上古之什补亡训传十三章·十月之郊一章》："乃繇彼曲直，匠氏度思。"刘禹锡《令狐相公见示赠竹二十韵仍命继和》："规摹起心匠，洗涤在颐指。曲直既了然，孤高何卓尔。"孟郊《湘弦怨》："狂飙怒秋林，曲直同一枯。"❷是非。刘禹锡《早夏郡中书事》："言下辨曲直，笔端破交争。"元稹《和乐天赠樊著作》："由心书曲直，不使当世观。"

【曲枝】 弯曲的树枝。孟郊《赠苏州韦郎中使君》："嘉木依性植，曲枝亦不生。"

【曲岸】 曲折的堤岸。权德舆《送湖南李侍御赴本使赋采菱亭诗》："曲岸萦湘叶，荒阶上白波。"王公亮《鱼上冰》："乍喜东风至，来看曲岸初。"刘沧《春日游嘉陵江》："曲岸危樯移渡影，暮天栖鸟入山光。"胡权《济川用舟楫》："孤舟辞曲岸，轻楫济长川。"

【曲阜】 县名。周武王封弟周公旦于曲阜，为鲁国都。以城中有阜，故名。汉置鲁县，隋开皇十六年改为曲阜县。故城在今山东曲阜市西北。孔子故里。王维《哭祖六自虚》："鹏起长沙赋，麟终曲阜编。"程弥纶《怀鲁》："曲阜国，尼丘山，周公邈难问，夫子犹启关。"韩翃《送故人归鲁》："秋草灵光殿，寒云曲阜城。"张祜《歌》："一夜列三清，闻歌曲阜城。"

【曲肱枕】 谓弯曲胳膊作枕头。见《论语·述而》。后以"曲肱枕"作为安贫乐道之典。权德舆《多病戏书因示长孺》："唯思曲肱枕，搔首掷华缨。"

【曲河驿】 驿站名。在唐邓州穰县，今河南邓县。韩愈《食曲河驿》："晨及曲河驿，凄然自伤情。"

【曲沼】 曲折迂回的池塘。杜审言《和韦承庆过义阳公主山池五首》之三："杜若幽庭草，芙蓉曲沼花。"沈回《小苑春望宫池柳色》："分行临曲沼，先发媚重城。"李贺《贵公子夜阑曲》："曲沼芙蓉波，腰围白玉冷。"李商隐《闲游》："危亭题竹粉，曲沼嗅荷花。"

【曲房】 内室，密室。乔知之《相和歌辞·从军行》："曲房理针线，平砧捣文练。"岑参《敦煌太守后庭歌》："城头月出星满天，曲房置酒张锦筵。"李商隐《偶题二首》之二："清月依微香露轻，曲房小院多逢迎。"陆龟蒙《问吴宫辞》："宴曲房兮上初日，月落星稀兮歌酣未毕。"

【曲陌】 弯曲的道路。王维《寓言二首》之一："曲陌车骑盛，高堂珠翠繁。"李贺《恼公》："使君居曲陌，园令住临邛。"李商隐《落花》："参差连曲陌，迢递送斜晖。"

【曲巷】 偏僻的小巷。李白《宴陶家亭子》："曲巷幽人宅，高门大士家。"

【曲砌】 弯曲的台阶。太宗《赋得临池竹》："贞条障曲砌，翠叶贯寒霜。"卢纶《郊居对雨寄赵涓给事包佶郎中》："乱沤浮曲砌，悬溜响前除。"

【曲度】 （一dù）歌曲的节拍、音调。借指歌曲、歌声。李白《春日陪杨江宁及诸官宴北湖感古作》："曲度绕云汉，听者皆欢娱。"又《秋日鲁郡尧祠亭上宴别杜补阙范侍御》："歌鼓川上亭，曲度神飙吹。"又《自代内赠》："曲度入紫云，啼无眼中人。"韦庄《村笛》："箫韶九奏韵凄锵，曲度虽高调不伤。"

【曲洛】 弯曲的洛水。白居易《和春深二十首》之十五："兰亭席上酒，曲洛岸边花。"

【曲突】 烟囱。元稹《江边四十韵》："当户网蟏蛸，曲突翻成沼。"

【曲突徙薪】 比喻事先采取措施，防患于未然。见《艺文类聚》卷八十引汉桓谭《新论》。杜牧《李给事中敏二首》之一："曲突徙薪人不会，海边今作钓鱼翁。"周昙《咏史诗·春秋战国门·再吟淳于髡》："曲突徙薪不谓贤，焦头烂额飨盘筵。"徐铉《送萧尚书致仕归庐陵》："主忧臣辱谁非我，曲突徙薪唯有君。"

【曲躬】 弯腰。李商隐《骄儿诗》："曲躬牵窗网，衉唾拭琴漆。"

【曲徑】 弯曲的小路。陈元光《晓发佛潭桥》："去雁长空没，飞花曲径深。"牟融《题赵支》："林间曲径掩衡茅，绕屋青青翡翠梢。"又《访请上人》："曲径绕丛林，钟声杂梵音。"

【曲針】 弯曲之针。元稹《相和歌辞·董逃行》："缝缀难成裁破易，何况曲针不能伸巧指。"李商隐《自桂林奉使江陵途中感怀寄献尚书》："彼美回清镜，其谁受曲针？"

【曲島】 偏僻的岛屿。孟浩然《同张明府碧溪赠答》："曲岛寻花药，回潭折芰荷。"又《宴张记室宅》："曲岛浮觞酌，前山入咏歌。"温庭筠《利州南渡》："澹然空水对斜晖，曲岛苍茫接翠微。"

【曲$_2$高和寡】 （和 hè）本指曲调越高雅，能应和的人就越少。见《文选·宋玉〈对楚王问〉》。后用作称美诗作高雅之典，也用以自指清高自赏。张说《酬崔光禄冬日述怀赠答》："曲高弥寡和，主善代为师。"郎士元《酬萧二十七侍御初秋言怀》："曲高惭和者，惆怅闭寒城。"

【曲拳】 鞠躬行礼。见《庄子·人世间》。皮日休《鲁望昨以五百言见贻因成一千言上述吾唐文物之盛次叙相得之欢亦迭和之微旨也》："忽穷一两首，反顾唯曲拳。”

【曲浦】 弯曲的水边。戴叔伦《暮春游长沙东湖赠辛兖州巢父二首》之一：“湘流分曲浦，缭绕古城东。”

【曲宴】 私宴。多指宫中之宴。见三国魏曹植《赠丁翼》。李贺《秦宫诗》：“楼头曲宴仙人语，帐底吹笙香雾浓。”

【曲笠】 曲柄斗笠。南朝宋谢灵运喜戴曲柄笠，故隐士孔淳之讥笑他未能忘情轩冕；谢则引《庄子》以反嘲。事见《世说新语·言语》。李瀚《蒙求》：“灵运曲笠，林宗折巾。”

【曲₂章】 乐章。白居易《九日寄微之》：“怕飞杯酒多分数，厌听笙歌旧曲章。”方干有《李户曹小妓天得善击越器以成曲章》。

【曲渚】 ❶弯曲的水中小块陆地。刘商《泛舒城南溪赋得沙鹤歌奉饯张侍御赴河南元博士赴扬州拜觐仆射》：“惊谓汀洲白蘋发，又疑曲渚前年雪。”欧阳詹《赋得秋河曙耿耿送郭秀才应举》：“鸡唱漏尽东方作，曲渚苍苍晓霜落。”石殷士《日华川上动》：“早暄依曲渚，微动触轻涟。”魏承班《木兰花》词：“迟迟好景烟花媚，曲渚鸳鸯眠锦翅。”❷指曲江池。李商隐《宿晋昌亭闻惊禽》：“飞来曲渚烟方合，过尽南塘树更深。”叶葱奇注：“曲渚，即曲江池，距晋昌坊很近。”崔元翰《奉和圣制重阳旦日百寮曲江宴示怀》：“平皋行雁下，曲渚双凫出。”

【曲梁】 弯曲的梁栋。王毂《燕》：“海燕双飞意若何，曲梁呕嘎语声多。”

【曲陽】 唐县名。战国越地，因在太行山之南而得名。汉为曲阳县，属常山郡。隋改为恒阳。唐元和十五年避穆宗李恒讳，改曲阳，属定州。在今河北定州市境。贾岛《逢博陵故人彭兵曹》：“曲阳分散会京华，见说三年住海涯。”

【曲限】 曲折的山限。陆龟蒙《奉和袭美茶具十咏·茶坞》：“茗地曲限回，野行多缭绕。”

【曲項】 犹曲颈。周昙《咏史诗·六朝门·简文帝》：“曲项琵琶催酒处，不图为乐向谁云。”

【曲塢】 曲折的谷地。施肩吾《春游乐》：“草迷曲坞花满园，东家少年西家出。”

【曲落】 村庄。司空曙《九日洛东亭》：“风息斜阳尽，游人曲落间。”

【曲鉤】 弯曲的鱼钩。鲍溶《思琴高》：“我持曲钩思白鱼，仙溪绿尽含空虚。”亦用以喻弦月。霍总《九华楼》：“危峰曳游云，岭月悬曲钩。”

【曲溆】 弯曲的水边。苏源明《小洞庭洄源亭宴四郡太守诗》：“泊中湖兮澹而闲，并曲溆兮怅而还。”

【曲蓋】 仪仗用的曲柄伞。见晋崔豹《古今注·舆服》。皇甫冉《送卢郎中使君赴京》：“曲盖遵长道，油幢憩短亭。”

【曲業】 简陋的房舍。牟融《水西草堂》：“萝径萧然曲业存，闲云流水四无邻。”

【曲節】 屈节。谓屈己于下人，降身相从。韩愈《病中赠张十八》：“扶几导之言，曲节初摐摐。”

【曲腰】 ❶弯腰。李白《笑歌行》：“男儿穷通当有时，曲腰向君君不知。”❷指弯曲的树干。李白有《鲁城北郭曲腰桑下送张子还嵩阳》。

【曲₂解】 歌词分章节，谓之曲解。解，乐节。泛称乐曲。王建《寻橦歌》：“斯须改变曲解新，贵欲欢他平地人。”

【曲臺】 秦汉宫殿名。见《汉书·邹阳传》。后亦指有关礼制的著作，亦泛称著述校书之事。皇甫曾《国子柳博士兼领太常博士辄申贺赠》：“临风曲台净，对月碧池寒。”权德舆《太原郑尚书远寄新诗走笔酬赠因代书贺》：“曲台分季奉斋祠，直笔系年陪侍从。”刘禹锡《送湘阳熊判官孺登府罢归钟陵因寄呈江西裴中丞二十三兄》：“束简下曲台，佩韃来历阳。”张蠙《贻曹郎中》：“所作高前古，封章自曲台。”

【曲閣】 曲折的楼阁。刘宪《奉和幸安乐公主山庄应制》：“沓石悬流平地起，危楼曲阁半天开。”

【曲踊】 跳跃。形容奋厉的气概。陆龟蒙《江南秋怀寄华阳山人》：“匹夫能曲踊，万骑可横行。”

【曲盡】 委曲而详尽。许浑《瓜洲留别李诩》：“悲歌曲尽莫重奏，心绕关河不忍闻。”

【曲盡其態】 谓将某种情态委曲而详尽地表达出来。郑嵎《津阳门诗》：“马知舞彻下床榻，人惜曲终更羽衣。”

【曲調】 （—diào）歌曲的调子。白居易《琵琶引》：“转轴拨弦三两声，未成曲调先有情。”又《张十八员外以新诗二十五首见寄因题卷后封寄微之》：“阳春曲调高难和，淡水交情老始知。”

【曲憐】 曲意周全加以怜恤。戎昱《上桂州李大夫》：“感深翻有泪，仁过曲怜愚。”

【曲頭】 巷头；街头。刘禹锡《伤秦姝行》：“南宫仙郎下朝晚，曲头驻马闻新声。”

【曲頸】 弯曲的颈子。冯涓《蜀驮引》之一：“昂藏大步蚕丛国，曲颈微伸高九尺。”

【曲嶼】 偏僻的岛屿。李绅《渡西陵十六韵》：“浦程通曲屿，海色媚重城。”

【曲牆】 迂曲的垣墙。张籍《废居行》：“鸱枭养子庭树上，曲墙空屋多旋风。”

【曲瓊】 玉钩。琼，美玉。见《楚辞·招魂》。温庭筠《咏寒宵》：“曲琼垂翡翠，斜月到罘罳。”

【曲藝】 小技。古多指医卜及书画之类的技能。

见《礼记·文王世子》。柳宗元《杨尚书寄郴笔知是小生本样令更商榷使尽其功辄献长句》:"曲艺岂能裨损益,微辞只欲播芳馨。"元稹《代曲江老人百韵》:"曲艺争工巧,雕机变组紃。"李商隐《咏怀寄秘阁旧僚二十六韵》:"曲艺垂麟角,浮名状虎皮。"

【曲檻】（—jiàn)曲折的槛栏。古代房屋建筑往往在轩斋四面房基之上围绕木栏,上承屋角,下临阶砌,称槛;又由于木栏本身多随建筑物曲折环绕,故称曲槛。裴虔余《早春残雪》:"曲槛霜凝砌,疏篁玉碎竿。"南唐后主李煜《梅花》:"殷勤移植地,曲槛小栏边。"李珣《菩萨蛮》词之二:"曲槛日初斜,杜鹃啼落花。"

【曲₂譜】乐谱。张祜《李谟笛》:"无奈李谟偷曲谱,酒楼吹笛是新声。"周繇《嘲段成式》:"请君看曲谱,不负少年期。"

曳〔yè《广韵》餘製切,去祭,以。〕❶牵引;拖。李白《古风》之十九:"霓裳曳广带,飘拂升天行。"权德舆《酬别蔡十二见赠》:"浩歌曳柴车,讵羡丹毂尊。"白居易《步东坡》:"闲携斑竹杖,徐曳黄麻屦。"崔道融《病起二首》之一:"病起春已晚,曳筇伤绿苔。"亦引申为带着。方干《题睦州郡中千峰榭》:"曳响露蝉穿树去,斜行沙鸟向池来。"见"曳月"。❷穿着。见《诗·唐风·山有枢》。王翰《蛾眉怨》:"长乐彤庭宴华寝,三千美人曳光锦。"白居易《故衫》:"暗淡绯衫称老身,半披半曳出朱门。"李德裕《述梦诗四十韵》:"龟顾垂金钮,鸾飞曳锦袍。"崔澹《赠王福娘》:"怪得清风送异香,娉婷仙子曳霓裳。"徐铉《得浙西郝判官书未及报闻燕王移镇京口因寄此诗问方判官田书记消息》:"今日京吴建朱邸,问君谁共曳长裾。"❸飘动;掀动。李白《送内寻庐山女道士李腾空二首》之二:"素手掬青霭,罗衣曳紫烟。"陈陶《寄元孚道人》:"曩事五岳游,金衣曳祥烟。"贯休《和韦相公见示闲卧》:"童收庭树果,风曳案头笺。"

【曳土】拖在地上。白居易《新乐府·缭绫》:"汗沾粉污不再著,曳土蹋泥无惜心。"

【曳月】带月;乘月。杜甫《牵牛织女》:"曝衣遍天下,曳月扬微风。"褚载《赠道士》:"簪星曳月下蓬壶,曾见东皋种白榆。"

【曳地】拖至地面。皎然《述祖德赠湖上诸沈》:"饱用黄金无所求,长裾曳地干王侯。"

【曳曳】❶飘动貌。孟浩然《行至汝坟寄卢征君》:"曳曳半空里,明明五色分。"❷舒缓貌。罗隐《浮云》:"溶溶曳曳自舒张,不向苍梧即帝乡。"

【曳足】拖着足。韩愈《元和圣德诗》:"婉婉弱子,赤立伛偻。牵头曳足,先断腰膂。"

【曳尾】喻与其扬名于庙堂之上而毁身灭性,不如过贫贱的隐居生活而得到逍遥全身。见《庄子·秋水》。白居易《奉和裴令公见示之作》:"鹏背负天龟曳尾,云泥不可得同游。"李群玉《龟》:"曳尾辞泥后,支床得水初。"胡曾《咏史诗·濮水》:"正见涂中龟曳尾,令人特地感庄周。"齐己《刳肠龟》:"刳肠徒自屠,曳尾复何累。"

【曳尾龜】喻甘于贫贱而隐居者。白居易《九年十一月二十一日感事而作》:"麒麟作脯龙为醢,何似泥中曳尾龟。"徐铉《明道人归西林求题院额作此送之》:"曳尾龟应乐,乘轩鹤谩肥。"参见"曳尾"。

【曳婁】（—lǚ)犹穿戴。见《诗·唐风·山有枢》。李绅《过梅里七首·忆东郭居》:"曳娄一缝掖,出处劳昏早。"

【曳組】犹佩印。古代佩印用组绶,因以曳组为佩印的代称。皎然《奉陪陆使君长源裴端公枢春游东西武丘寺》:"曳组探诡怪,停骢访幽奇。"韦庄《和郑拾遗秋日感事一百韵》:"但闻争曳组,讵见学垂缨。"

【曳煙】拖带着云烟。李贺《巫山高》:"碧丛丛,高插天,大江翻澜神曳烟。"吴融《绵竹山四十韵》:"合有羽衣人,飘摇曳烟躅。"

【曳塗】谓龟曳尾于污泥之中。白居易《新乐府·昆明春》:"往年因旱池枯竭,龟尾曳涂鱼煦沫。"参见"曳尾"。

【曳裾】❶拖着衣襟。裾,衣服的大襟。王绩《薛记室收过庄见寻率题古意以赠》:"曳裾出门迎,握手登前除。"白居易《归田三首》之二:"安得放慵惰,拱手而曳裾。"❷"曳裾王門"之省称。储光羲《敬酬陈掾亲家翁秋夜有赠》:"曳裾朝赤墀,酌醴侍紫宸。"杜甫《追酬故高蜀州人日见寄》:"鼓瑟至今悲帝子,曳裾何处觅王门。"曹唐《赠南岳冯处士二首》之一:"支颐冷笑缘名出,终日王门强曳裾。"

【曳裾王門】比喻在王侯权贵门下作食客。见《汉书·邹阳传》。李白《杂曲歌辞·行路难三首》之二:"弹剑作歌奏苦声,曳裾王门不称情。"

【曳影】摇影,影子晃动。玄宗《春中兴庆宫酺宴》:"舞衣云曳影,歌扇月开轮。"

【曳箭】拖着箭。张蠙《云朔逢山友》:"战马分旗牧,惊禽曳箭飞。"

【曳履】拖着鞋子。形容闲暇、从容。见《汉书·郑崇传》。崔融《户部尚书崔公挽歌》:"举杯常有劝,曳履忽无声。"权德舆《春日同诸公过兵部王尚书林园》:"休沐君相近,时容曳履过。"刘禹锡《和令狐相公初归京国赋诗言怀》:"殿庭捧日影缨入,阁道看山曳履回。"朱庆余《杭州卢录事山亭》:"曳履庭芜近,当身树叶飘。"

【曳練】铺开的白绢。多用以喻白色的云气或江水。陈希烈《省试白云起封中》:"素光非曳练,灵贶是从龙。”白居易《和春深二十首》之十三：“曳练驰千马，惊雷走万车。”

【曳踵】 拖着脚后跟，小步行走。见《礼记·玉藻》。柳宗元《种仙灵毗》：“杖藜下庭际，曳踵不及门。”

【曳羅】 穿着罗衣。梁锽《名姝咏》：“怕重愁拈镜，怜轻喜曳罗。”

三 画

更[1] 〔gēng《广韵》古行切，平庚，見。〕❶改正；改变。董思恭《咏日》：“更也人皆仰，无待挥戈正。”李贺《神弦》：“神嗔神喜师更颜，送神万骑还青山。”❷调换；替代。元结《喻常吾直》：“近年更长吏，数月未为速。”项斯《旧宫人》：“自出先皇玉殿中，衣裳不更染深红。”❸轮流，轮番。孟郊《感怀》之六：“四时更变化，天道有盈亏。”❹为官更替之期，任期。见“更五年”。❺指更鼓。见《文选·张衡〈西京赋〉》。钱起《夏日陪史郎中宴杜郎中果园》：“引满不辞醉，风来待曙更。”王涯《秋思二首》之一：“网轩凉吹动轻衣，夜听更长玉漏稀。”杨衡《夷陵郡内叙别》：“候更促徒侣，先晓彻夜禽。”李洞《宿长安苏雍主簿厅》：“听更池上鹤，伴值岳阳人。”❻经过，经历。见《楚辞·九章·悲回风》。武元衡《桃源行送友人》：“可怜不知若为名，君往从之多所更。”李商隐《井泥四十韵》：“我恐更万世，此事愈云为。”❼量词。用于夜间计时。一夜分为五更，每更约两小时。李白《雨后望月》：“为惜如团扇，长吟到五更。”杜甫《漫成一绝》：“江月去人只数尺，风灯照夜欲三更。”姚合《除夜二首》之一：“旧国当千里，新年隔数更。”杜荀鹤《宿栾城驿却寄常山张书记》：“一更更尽到三更，吟破离心句不成。”

更[2] 〔gèng《广韵》古孟切，去映，見。〕❶副词。(1)再；又。王维《新秦郡松树歌》：“青青山上松，数里不见今更逢。”韩愈《感春五首》之一：“已呼孺人戛鸣瑟，更遣稚子传清杯。”朱庆余《留别卢玄休归荆门》：“更作来年约，阳台许伴寻。”徐夤《依御史温飞卿华清宫二十二韵》：“五王更入帐，七贵迭封侯。”(2)更加，愈加。李颀《望鸣皋山白云寄洛阳卢主簿》：“远映村更失，孤高鹤来傍。”戴叔伦《奉天酬别郑谏议云逵卢拾遗景亮见别之作》：“泥积辙更深，木冰花不发。”白居易《寄微之三首》之二：“此去更相思，江西少亲故。”翁承赞《蒙闽王改赐乡里》：“归阙路遥心更切，不嫌扶病倚旌旃。”(3)反而，却。李白《永王东巡歌十一首》之五：“诸侯不救河南地，更喜贤王远道来。”吕温《衡州夜后把火看花留客》：“红芳暗落碧池头，把火遥看且少留。半夜忽然风更起，明朝不复上南楼。”白居易《谕亲友》：“烦闹荣华犹易过，优闲福禄更难销。”姚合《游春十二首》之十一：“身被春光引，经时更不归。”(4)岂，难道。杜甫《新安吏》：“借问新安吏，县小更无丁？”刘长卿《登润州万岁楼》：“闻道王师犹转战，更能谈笑解重围。”耿湋《会凤翔张少尹南亭》：“更料重关外，群僚候启扉。”陆龟蒙《江城夜泊》：“漏移寒箭丁丁急，月桂虚弓霭霭明。此夜离魂堪射断，更须江笛两三声！”(5)即使。元稹《月暗》：“君王掌上容一人，更有轻身何处立。”(6)绝。表示程度。岑参《潼关使院怀王七季友》：“忽觉莲花峰，别来更如长。”郎士元《闻吹杨叶者二首》之二：“天生一艺更无伦，寥亮幽音妙入神。”李商隐《王十二兄与畏之员外相访因寄》：“更无人处帘垂地，欲拂尘时簟竟床。”(7)尚，还。杜甫《舟中夜雪有怀卢十四侍御弟》：“不识山阴道，听鸡更忆君。”戎昱《桂城早秋》：“满庭惟有月，空馆更何人。”姚合《偶然书怀》：“汉有冯唐唐有我，老为郎吏更何人？”齐己《乱中闻郑谷吴延保下世》：“长安已涂炭，追想更凄然。”(8)就，便。张籍《重平驿作》：“日暮未知投宿处，逢人更问向前程。”陆龟蒙《奉酬袭美先辈吴中苦雨一百韵》：“抽毫更唱和，剑戟相磨戛。”李九龄《夜与张舒话别》：“愁听南楼角又吹，晓鸡啼后更分离。”冯少吉《山寺见杨少卿书壁因题其尾》：“少卿真迹满僧居，只恐钟王也不如。为报远公须爱惜，此书书后更无书。”❷连词。和，与。皇甫冉《杂言月洲歌送赵冽还襄阳》：“流聒聒兮湍与濑，草青青兮春更秋。”韩愈《嗟哉董生行》：“门外惟有吏，日来征租更索钱。”

【更人】 打更巡夜的人。黄麟《郡中客舍》：“虫响乱啾啾，更人正数筹。”皎然《奉酬袁使君送陆灞却回期道寺院》：“更人莫报夜，禅阁本无关。”

【更五年】 指任期五年。岑参《敦煌太守后庭歌》：“敦煌耆旧鬓皓然，愿留太守更五年。”

【更生】 新生；重新获得生命。无名氏《诗》之九七(外编上)：“死去虽更生，回来尽不记。”

【更代】 替换。寒山《诗三百三首》之一五一：“有无更代事，劝汝熟思量。”

【更主】 改换主人。张嫔《和友人许裳题宣平里古藤》：“历代频更主，盘空渐变龙。”

【更戍】 轮番戍守。徐九皋《送部四镇人往单于别知故》：“忝驱更戍卒，方远送边庭。”

【更名】 改换名字。方干《经旷禅师旧院》：“更名变貌难休息，去去来来第几生。”

【更衣】 ❶换衣。崔颢《邯郸宫人怨》：“瑶房侍寝世莫知，金屋更衣人不见。”王涯《秋夜曲》：“桂魄初生秋露微，轻罗已薄未更衣。”韩偓《半睡》：“抬镜仍嫌重，更衣又怕寒。”陈陶《西川座上听金五云唱歌》：“曲终皙起更衣过，还向南行座头坐。”❷指换衣休息之处。王维《早朝》：“始闻高阁声，莫辨更衣处。”❸谓宫女被皇帝召幸。元稹《和李校书新题乐府十二首·上阳白发人》：“十中有一得更衣，永配深宫作宫婢。”

【更改】 改变，更换。贯休《偶作五首》之五：“几许繁华几更改，唯有尧舜周召丘轲似长在。”

【更卒】 古时轮番服役的兵卒。见《汉书·食货志上》。元稹《和李校书新题乐府十二首·西凉伎》：“乡人不识离别苦，更卒多为沉滞游。”

【更始】 重新开始；除旧布新。《郊庙歌辞·忠顺》：“岁迎更始，节及朝元。”唐彦谦《樊登见寄四首》之二：“轻黄著柳条，新春喜更始。”

【更换】 变换。徐夤《忆长安行》：“钟鼓煎催人自急，侯王更换恨难胜。”

【更堂】 更楼。裴夷直《省中题新植双松》：“更堂寓直将谁语，自种双松伴夜吟。”

【更深人静】 夜深而无人声。杨鸾《即事》：“每到更深人静后，定来头上咬杨鸾。”

【更深】 夜深。杜甫《火》：“流汗卧江亭，更深气如缕。”刘方平《夜月》：“更深月色半人家，北斗阑干南斗斜。”元稹《会真诗三十韵》：“更深人悄悄，晨会雨濛濛。”蜀高祖王建《赠别唐太师道袭》：“更深犹尚立案前，敷奏柔和不伤物。”

【更張】 重新张设。储光羲《晚次东亭献郑州宋使君文》：“褰帷乃仍旧，坐啸非更张。”白居易《江南喜逢萧九彻因话长安旧游戏赠五十韵》：“急管停还奏，繁弦慢更张。”

【更替】 更换。王建《舞曲歌辞·霓裳辞十首》之九：“宫女月中更替立，黄金梯滑并行难。”

【更殘】 更深，夜深。张碧《古意》：“銮舆不碾香尘灭，更残三十六宫月。”

【更番】 轮流替换。王建《霓裳词十首》之三：“自直梨园得出稀，更番上曲不教归。”

【更號】 （—hāo）变更旧的，号召、倡导新的。韩愈《荐士》：“周诗三百篇，雅丽理训诰……五言出汉时，苏李首更号。”

【更新】 革新，除旧布新。寒山《诗三百三首》之三三：“月尽愁难尽，年新愁更新。”贾岛《元日女道士受箓》：“元日更新夜，斋身称净衣。”

【更僕】 ❶更番相代。杜甫《行官张望补稻畦水归》：“更仆往方塘，决渠当断岸。”❷形容多，数不胜数。杜甫《暮秋枉裴道州手札率尔遣兴寄近呈苏涣侍御》：“他日更仆语不浅，明公论兵气益振。”

【更漏】 ❶漏壶。计时器。用于计时，夜间凭漏刻传更，故称。许敬宗《七夕赋咏成篇》：“所叹却随更漏尽，掩泣还弄昨宵机。”张仲素《宫中乐五首》之二：“妆成只畏晓，更漏促春宵。”黄滔《催妆》：“虽言天上光阴别，且被人间更漏催。”❷指晚上的时间。戎昱《长安秋夕》：“八月更漏长，愁人起常早。”又《成都暮雨秋》：“不知更漏意，惟向客边长。”

【更漏子】 词牌名。因温庭筠词中多咏更漏而得名。双调四十六字，上阕两仄韵，两平韵；下阕三仄韵，两平韵。《全唐诗》卷八九一载温庭筠《更漏子》词六首。

【更漏轉】 （轉 zhǔn）夜尽天晓。李贺《春昼》：“朱城报春更漏转，光风催兰吹小殿。”王琦集注：“更漏转，言夜漏尽而天晓也。”

【更樓】 古时放置更鼓用于报更的楼。张巡《闻笛》：“旦夕更楼上，遥闻横笛音。”钱起《郭司徒厅夜宴》：“霜堞鸟声苦，更楼月色寒。”

【更踐】 轮番任职。张九龄《送赵都护赴安西》：“将相有更践，简心良独难。”

【更箭】 浮在刻漏上指示时间的箭头。杜甫《湖城东遇孟云卿》：“岂知驱车复同轨，可惜刻漏随更箭。”

【更聲】 更鼓之声。杨衡《赋得夜雨滴空阶送魏秀才》：“始兼泉向细，稍杂更声促。”于濆《沙场夜》：“城上更声发，城下杵声歇。”韦庄《冬日长安感志寄献虢州崔郎中二十韵》：“吁嗟每被更声引，歌咏还因酒思添。”

【更闌】 更尽夜残。李郢《送李判官》：“津市停桡送别难，荧荧蜡炬照更阑。”花蕊夫人徐氏《宫词》之六二：“蕙炷香销烛影残，御衣熏尽辄更阑。”

【更點】 指更鼓之声。薛能《上盐铁尚书》：“城绝鼓钟更点后，雨凉烟树月华新。”

【更籌】 ❶古代夜间报更用的计时竹签。郭震《十月乐游诗》：“银箭更筹缓，金炉香气来。”杜甫《不寐》：“瞿塘夜水黑，城内改更筹。”许浑《秋日早朝》：“宵衣应待绝更筹，环佩锵锵月下楼。”韩偓《横塘》：“风飘乱点更筹转，拍送繁弦曲破长。”❷指时间。李福业《岭外守岁》：“冬去更筹尽，春随斗柄回。”《还渭南感旧二首》（卷八六六）：“常时华室静，笑语度更筹。”

【更變】 更换，改变。张乔《青鸟泉》：“山河几更变，幽咽到唐朝。”张蠙《塞下曲》：“边事多更变，天心亦为忧。”

五 画

曷 〔hé《广韵》胡葛切，入曷，匣。〕❶代词。表示疑问。（1）相当于“何”“什么”。刘太冲《送萧颖士赴东府得浅字》：“日远夫子门，中心曷由展？”杜甫《望岳》：“三叹问府主，曷以赞我皇?”来鹄《圣政纪颂》:“曷以致此?史文不张。”(2)怎么。阎宽《晓入宜都渚》:“伫应舟楫用,曷务归闲心?”高适《自淇涉黄河途中作十三首》之十二:“力争固难恃,骄战曷能久?”韩愈《古风》:“今日曷不乐,幸时不用兵。”权彻《题沈黎城》:“久戍曷辞苦,数战期封侯。”❷副词。表示反问,相当于“何不”“岂”“难道”。陈子昂《感遇诗三十八首》之五:“曷见玄真子,观世玉壶中。”萧颖士《江有归舟三章》序:“余弗敏,曷云当乎?而莫之让。”裴潾《前相国赞皇公早葺平泉山居暂还憩旋起赴诏命作镇浙右辄抒怀赋四言诗十四首奉寄》之十二:“离忧莫写,欢好曷叙?”

【曷日】 何日,什么时候。独孤及《下弋阳江舟中代书寄裴侍御》:“洞庭有深涉,曷日期归旋?”顾况《上古之什补亡训传十三章·燕于巢一章》:“曷日于雨,乃曰庚午。”

【曷月】 何月,什么时候。独孤及《海上寄萧立》:“索居动经秋,再笑知曷月?”又《送相里郎中赴江西》:“曷月还朝天,及时开智囊。”

【曷由】 何由,通过什么办法、途径等。萧颖士《舟中遇陆棣兄西归数日得广陵二三子书知迟晚次沙埜西岸作》:“信宿千里余,佳期曷由遇?”皎然《晚冬废溪东寺怀李司直纵》:“耿耿已及旦,曷由开此襟?”

【曷用】 何用,用什么。德宗《中和节日宴百僚赐诗》:“惭非熏风唱,曷用慰吾人?”

【曷足】 何足,怎么值得。杜甫《陈拾遗故宅》:“位下曷足伤,所贵者圣贤。”周昙《咏史诗·三国门·再吟蜀先主》:“一家区宇忽三分,龌龊车书曷足论。”

【曷若】 何若。反问语气,表示不如。孟郊《生生亭》:“徒夸远方岫,曷若中峰灵?”王叡《牡丹》:“曷若东园桃与李,果成无语自成阴。”

【曷爲】 (wéi)何为,为什么。高适《苦雨寄房四昆季》:“曾是力井税,曷为无斗储?”

【曷從】 何从,凭借什么。杜甫《桃竹杖引赠章留后》:“噫,风尘澒洞兮豹虎咬人,忽失双杖兮吾将曷从。”

六 画

書 〔shū《广韵》傷魚切,平魚,書。〕❶书写。李白《王右军》:“书罢笼鹅去,何曾别主人。”李益《逢归信偶寄》:“无事将心寄柳条,等闲书字满芭蕉。”白居易《高仆射》:“故作仆射诗,书之于大带。”李商隐《韩碑》:“文成破体书在纸,清晨再拜铺丹墀。”❷字,文字。亦指字体。李峤《奉和幸三会寺应制》:“龙形虽近刹,鸟迹尚留书。”秦系《秋日过僧惟则故院》:“科斗书空古,栴檀钵自香。”李贺《感讽五首》之一:“怀中一方板,板上数行书。”❸书法。杜甫《丹青引赠曹将军霸》:“学书初学卫夫人,但恨无过王右军。”又《李潮八分小篆歌》:“苦县光和尚骨立,书贵瘦硬方通神。”许浑《赠桐庐房明府先辈》:“阙下书功无后辈,卷中文字掩前贤。”郑畋《酬隐珪舍人寄红烛》:“今来并得三般事,灵运诗篇逸少书。”❹书籍;装订成册的著作。太宗《帝京篇十首》之七:“搴幌玩琴书,开轩引云雾。”李白《翰林读书言怀呈集贤诸学士》:“观书散遗帙,探古穷至妙。”卢纶《送史寀滑州谒贾仆射》:“朱门洞启俨行车,金鐍装囊半是书。”刘沧《赠颛顼山人》:“浩气含真玉片辉,著书精义入玄微。”亦特指某种专著。包佶《岭下卧疾寄刘长卿员外》:“丧马思开卦,占鹏懒发书。”❺文书。王绩《赠李征君大寿》:“九征书未已,十辟誉弥彰。”❻文体名。用以陈述对政事的见解、意见。骆宾王《夏日游德州赠高四》序:“虽文阙三冬,而书劳十上。”郑昉《人不易知》:“入秦书十上,投楚岁三移。”❼书信。权德舆《张工部至薄寒山下有书无由驰报辖车之至倍切悲怀》:“书来远自薄寒山,缭绕洮河出古关。”曹邺《相思极》:“三年得一书,犹在湘之滨。”齐己《寄王振拾遗》:“分明知在处,难寄乱离书。”❽指《尚书》。李商隐《赠送前刘五经映三十四韵》:“诗书资破冢,法制困探囊。”❾指洛书。传夏禹治水时,有神龟出于洛水,背有裂文,纹如文字,禹取法而作《尚书·洪范》,即洛书。张继《会稽秋晚奉呈于太守》:“禹穴探书罢,天台作赋游。”耿湋《常州留别》:“万里南天外,求书禹穴间。”

【書札】 书信。李白《自梁园至敬亭山见会公谈陵阳山水兼期同游因有此赠》:“且寄一书札,令予解愁颜。”独孤及《送游员外赴淮西》:“莫道无书札,他年怀袖空。”周贺《寄韩司兵》:“若为此别终期老,书札何因寄北军。”徐铉《和张先辈见寄二首》之一:“故人书札频相慰,谁道西京道路赊。”

【書目】 ❶书题或书的名称。姚合《武功县中作三十首》之九:“就架题书目,寻栏记药窠。”又《和座主相公西亭秋日即事》:“海图装玉轴,书目记牙签。”❷泛称书籍。白居易、刘禹锡《喜晴联句》:“推林出书目,倾笥上衣椸。”李洞《和曹监春晴见寄》:“兰台架列排书目,顾渚香浮瀹茗花。”

【書史】 经史。萧颖士《蒙山作》:“顾予尚牵缠,家业重书史。”韩愈《送灵师》:“少小涉书史,早能缀文篇。”柳宗元《读书》:“书史足自悦,安用勤与劬。”苏拯《雉兔者》:“尝闻猎书史,可以鉴荣辱。”

【書生咏】 “洛下书生咏”的略语。为一种带鼻音的吟咏法。东晋名士谢安精于此法。后用作咏诗之典。刘长卿《寄万州崔使君》:“自解书生咏,愁猿莫夜吟。”

【書生】 读书人。杨炯《从军行》:“宁为百夫长,胜作一书生。”岑参《与独孤渐道别长句兼呈严八侍御》:“怜君白面一书生,读书千卷未成名。”白居易《戏醉客》:“莫言鲁国书生懦,莫把杭州刺史欺。”唐彦谦《和陶渊明贫士诗七首》之七:“今年渐向熟,庶几民不流。书生自无田,与众同喜忧。”

【書仙】 指造诣极高的书法家。任生《投曹文姬诗》:“玉皇前殿掌书仙,一染尘心下九天。”

【書司】 书吏。李贺《官不来题皇甫湜先辈厅》:“书司曹佐走如牛,叠声问佐官来不?”

【書灰】 在灰烬中写字。许浑《山居冬夜喜魏扶见访因赠》:“遣贫相劝酒,忆字共书灰。”李群玉《火炉前坐》:“多少关心事,书灰到夜深。”

【書名】 书写姓名。司空曙《过终南柳处士》:“书名一为别,还路已堪伤。”张籍《赠赵将军》:“会取安西将报国,凌烟阁上大书名。”

【書衣】 书籍的外套。皎然《送裴秀才往会稽山读书》:“砚滴穿池小,书衣种楮多。”又《答苏州韦应物郎中》:“书衣流埃积,砚石驳藓生。”

【書池】 即墨池。东汉书法家张芝临池学书,以水为黑,故称墨池。李峤《墨》:“别有张芝学,书池幸见临。”

【書字】 ❶写字。赵光远《咏手二首》之二:“慢笼彩笔闲书字,斜指瑶阶笑打钱。”亦指所写之字。裴夷直《晚望》:“白鸟一行飞,联联粉书字。”亦指如字之物,如纹络等。李商隐《复至裴明府所居》:“柱上雕虫对书字,槽中瘦马仰听琴。”❷即“書空”。杜甫《寄刘峡州伯华使君四十韵》:“咄咄宁书字,冥冥欲避矰。”参见“書空”。

【書坊】 唐代朝省藏书的馆院。亦为校书、修书之所。郭震《同徐员外除太子舍人寓直之作》:“除荣辞会府,直宿总书坊。”韦述《奉和圣制送张说上集贤学士赐宴》:“台座征人杰,书坊应国华。”

【書志】 泛称书籍。王周《自喻》:“五岁禀慈训,愤悱读书志。”

【書車】 运送书籍的车子。皎然《岘山送崔子向之宣州谒裴使君》:“琴匣应将往,书车亦共行。”

【書判】 指书法和文理。寒山《诗三百三首》之一一三:“书判全非弱,嫌身不得官。”元稹《重酬乐天》:“百篇书判从饶白,八米诗章未伏卢。”山东野客《长楫诗》:“莫怪邵南书判好,他家自有景监亲。”

【書尾】 书信的末尾或书籍的末尾。罗隐《送秦州从事》:“若到边庭有来使,试批书尾话梁州。”

【書事】 书写事情。刘得仁有《书事寄万年厉员外》。李商隐有《汉南书事》。张乔有《长安书事》。

【書牀】 书架。白居易《东南行一百韵》:“书床鸣蟋蟀,琴匣网蜘蛛。”方干《陆处士别业》:“夜深回钓楫,月影出书床。”

【書帖】 (—tiě)❶书写简帖。杜甫《观公孙大娘弟子舞剑器行》序:“往者吴人张旭,善草书帖,数常于邺县见公孙大娘舞西河剑器,自此草书长进。”❷书札;柬帖。温庭筠《洞户二十二韵》:“画图惊走兽,书帖得来禽。”

【書帙】 书的外套。亦借指书籍。张谓《同王征君湘中有怀》:“不用开书帙,偏宜上酒楼。”杜甫《西郊》:“傍架齐书帙,看题减药囊。”马戴《题章野人山居》:“闲花散落填书帙,戏鸟低飞碍柳条。”李中《书蔡隐士壁》:“蠹侵书帙损,尘覆酒樽空。”

【書侣】 在一起读书的朋友。杜牧有《卜居招书侣》。

【書命】 帝王诏书。晋石虎以五色纸作诏书衔木凤口中以宣示臣僚。见《十六国春秋》。张昭《郊庙歌辞·汉宗庙乐舞辞》:“巢阿丹凤衔书命,入昴飞星献宝符。”

【書府】 指中书省或秘书省。源乾曜《奉和圣制送张说上集贤学士赐宴》:“盛业光书府,征人尽国英。”刘禹锡《游桃源一百韵》:“书府蚤怀铅,射宫曾发的。”皮日休《奉献致政裴秘监》:“移官在书府,方乐鸳池贵。”

【書卷】 (—juàn)书籍。古书多为卷轴装,故称。韦应物《假中枉卢二十二书亦称卧疾兼讶李二久不访问以诗答书因亦戏李二》:“花里棋盘憎鸟污,枕边书卷讶风开。”张籍《酬孙洛阳》:“独坐看书卷,闲行著褐衣。”白居易《不出门》:“书卷展时逢古人,自静其心延寿命。”贯休《寄匡山纪公》:“书卷须求旨,须根易得银。”

【書空】 (—kōng)喻身遭废黜,心中愤懑,用手在空中写字。见南朝宋刘义庆《世说新语·黜免》。王维《登楼歌》:“舍人下兮青宫,据胡床兮书空。”杜甫《清明二首》之二:“寂寂系舟双下泪,悠悠伏枕左书空。”卢纶《题苗员外竹间亭》:“步暖先逢日,书空远见邻。”郑谷《乘慵》:“远僧来扣寂,小吏笑书空。”

【書郎】 犹书生。郎,少年之通称。白居易《重过秘书旧房因题长句》:“昔为白面书郎去,今作苍须赞善来。”

【書房】 书室,家中读书写作的房间。姚合《买太湖石》:“置之书房前,晓雾常纷罗。”

【書姓名】 《史记·项羽本纪》:“项籍少时,学书不成,去,学剑又不成。项梁怒之。籍曰:‘书,足以记姓名而已,剑一人敌,不足学,学万人敌!’”后用以为典。李白《杂曲歌辞·悲歌行》:“剑是一夫用,书能知姓名。”

【書函】　书札。张祜《高闲上人》:"卷轴朝廷饯,书函内库收。"

【書契】　文字。清昼《讲古文联句》:"爰有书契,乃立典谟。"李咸用《苍颉台》:"自有书契来,争及结绳理。"

【書奏】　书简、奏章等。苏颋《奉和圣制登太行山中言志应制》:"愿以封书奏,回銮禅肃然。"韦述《广陵送别宋员外佐越郑舍人还京》:"文章南渡越,书奏北归朝。"韦应物《送李十四山东游》:"权豪非所便,书奏寝禁门。"又《送郗詹事》:"书奏蒙省察,命驾乃东征。"

【書草】　文稿。郑愔《哭郎著作》:"书草藏天阁,琴声入夜台。"

【書軌同】　指国中所用文字相同,车轨统一。亦借指统一。裴漼《奉和御制平胡》:"玄漠圣恩通,由来书轨同。"《郊庙歌辞·汉宗庙舞辞·显仁舞》:"尊祖咸韶备,贻孙书轨同。"法轮《观大驾出叙事寄怀》:"得奉衣冠盛,仍观书轨同。"

【書省】　(—shěng)宫人职名。韩偓《感事三十四韵》:"宫司持玉研,书省擘香笺。"原注:"宫司、书省,皆宫人职名。"

【書笈】　小书箱。陈孙《移耶溪旧居呈陈元初校书》:"书笈将非重,荷衣著甚轻。"李贺《送沈亚之歌》:"白藤交穿织书笈,短策齐裁如梵夹。"王琦汇解:"书笈,书箱也。"

【書信】　信,信札。王昌龄《寄穆侍御出幽州》:"莫道蓟门书信少,雁飞犹得到衡阳。"杜甫《寄韦有夏郎中》:"省郎忧病士,书信有柴胡。"白居易《谢杨东川寄衣服》:"年年衰老交游少,处处萧条书信稀。"王驾《古意》:"一行书信千行泪,寒到君边衣到无。"

【書迹】　字迹。孟郊《和钱侍郎甘露》:"忽见垂书迹,还惊涌澧源。"温庭筠《感旧陈情五十韵献淮南李仆射》:"书迹临汤鼎,吟声接舜弦。"

【書客】　书生。张籍《和左司元郎中秋居十首》之五:"书客多呈帖,琴僧与合弦。"李贺《秋来》:"思牵今夜肠应直,雨冷香魂吊书客。"又《题归梦》:"长安风雨夜,书客梦昌谷。"皮日休《鲁望以竹夹膝见寄因次韵酬谢》:"大胜书客裁成柬,颇赛溪翁截作筒。"

【書屋】　书房,供读书藏书的房子。王建《书赠旧浑二曹长》:"替饮觥筹知户小,助成书屋见家贫。"李商隐《自贶》:"陶令弃官后,仰眠书屋中。"莫宣卿《答问读书居》:"书屋倚麒麟,不同牛马路。"

【書院】　❶唐代中书省修书或侍讲的机构。玄宗开元六年,改乾元院为丽正修书院,十三年又改丽正修书院为集贤殿书院。玄宗《集贤书院成送张说上集贤学士赐宴得珍字》:"广学开书院,崇儒引席珍。"李益有《书院无历日以诗代书问路侍御六月大小》。❷即书房。刘禹锡《罢郡归洛途次山阳留辞郭中丞使君》:"自到山阳不许辞,高斋日夜有佳期。管弦正合看书院,语笑方酣各咏诗。"许浑《疾后与郡中群公宴李秀才》:"书院欲开虫网户,讼庭犹掩雀罗门。"李中《石棋局献时宰》:"公退启枰书院静,日斜收子竹阴移。"

【書架】　放书的架子。若虚《怀庐山旧隐》:"书架想遭苔藓裹,石窗应被薜萝缠。"

【書素】　书信。权德舆《同陆太祝鸿渐崔法曹载华见萧侍御留后说得卫抚州报推事使张侍御却回前刺史戴员外无事喜而有作三首》之一:"专城书素至留台,忽报张纲揽辔回。"又《九华观宴饯崔十七叔判官赴义武幕兼呈书记萧校书》:"记室有门人,因君达书素。"

【書郵】　❶邮递信件之人。见《晋书·殷浩传》。杜甫《晚秋长沙蔡五侍御饮筵送殷六参军归澧州觐省》:"甘从投辖饮,肯作置书邮。"韩偓《午寝梦江外兄弟》:"如何水陆三千里,几月书邮始一来?"❷书信。张九龄《送使广州》:"心逐书邮去,形随世网婴。"卢纶《卧病因题十四韵寄冯生并赠乔尊师》:"步迟乘羽客,起晏滞书邮。"

【書記】　从事公文、书信工作的幕僚。陈子良《赞德上越公杨素》:"滥此叨书记,何以谢过荣。"杜甫《送韦书记赴安西》:"书记赴三捷,公车留二年。"白居易《送令狐相公赴太原》:"青衫书记何年去,红旆将军昨日归。"李频《送姚侍御充渭北掌书记》:"书记才偏称,朝廷意更亲。"

【書記翩翩】　翩翩,美好貌。三国魏阮瑀,字元瑜,工书札,所作书稿,曹操难以增删。见《三国志·魏志·阮瑀传》和《三国志·魏志·陈琳传》。后用以为典,称颂善写奏记书檄之幕僚。杜审言《赠苏绾书记》:"知君书记本翩翩,为许从戎赴朔边。"高适《别冯判官》:"遥知幕府下,书记日翩翩。"钱起《卢龙塞行送韦掌记》:"陈琳书记本翩翩,料敌张兵夺酒泉。"朱湾《送李司直归浙东幕兼寄鲍将军持节大夫初拜乐平郡王》:"翩翩书记早曾闻,二十年来愿见君。"

【書庫】　藏书的房屋。白居易《池上篇》序:"虽有子弟,无书不能训也,乃作池北书库。"

【書流】　书法家之流。刘禹锡《洛中寺北楼见贺监草书题诗》:"中国书流尚皇象,北朝文士重徐陵。"

【書家】　书法家,善书者。皎然《陈氏童子草书歌》:"书家孺子有奇名,天然大草令人惊。"王建《霓裳辞十首》之四:"宜与书家分手写,中官走马赐功臣。"

【書案】　❶公文案卷。刘禹锡《白侍郎大尹自河南寄示池北新葺水斋即事招宾十四韵兼命同作》:"酒瓶常不罄，书案任成堆。”❷书桌。张籍《寄昭应王中丞》：“独凭藤书案，空悬竹酒钩。”白居易《偶眠》：“放杯书案上，枕臂火炉前。”李群玉《移松竹》：“待取满庭苍翠合，酒尊书案闭门休。”周繇《咏萤》：“旧曾书案上，频把作囊悬。”杜荀鹤《题弟侄书堂》：“窗竹影摇书案上，野泉声入砚池中。”

【書扇】 晋书法家王献之给桓温画扇，误落墨于扇面，即就势画成白花母牛，甚妙。见《晋书·王献之传》。后以“书扇”作为书法之典。卢纶《早春游樊川野居却寄李端校书兼呈崔峒补阙司空曙主簿耿沣拾遗》：“舐笔求书扇，张屏看画蝇。”

【書帶】 ❶束书的带子。李白《题江夏修静寺》：“书带留青草，琴堂幂素尘。”刘禹锡《酬令狐留守巡内至集贤院见寄》：“墨池半在颓垣下，书带犹生蔓草中。”白居易《江亭玩春》：“水蒲渐展书带叶，山榴半含琴轸房。”薛逢《送衢州崔员外》：“风茅向暖抽书带，露竹迎风舞钓丝。”参见“書帶草”。❷犹书绅。白居易《叙德书情四十韵》：“佩德潜书带，铭仁暗勒肌。”

【書帶草】 为咏儒者居处的典故。见《后汉书·郡国志四》。李群玉《经费拾遗所居呈封员外》：“空余书带草，日日上阶长。”

【書堂】 书房。周瑀《潘司马别业》：“萧然有高士，清思满书堂。”张籍《寄元员外》：“外郎直罢无余事，扫洒书堂试药炉。”许浑《过鲍溶宅有感》：“古苔残墨沼，深竹旧书堂。”李洞《送包处士》：“闻说石门君旧隐，寒峰溅瀑坏书堂。”

【書問】 犹书信。贾岛有《卧疾走笔酬韩愈书问》。

【書帳】 书斋。骆宾王《冬日过故人任处士书斋》：“雪明书帐冷，水静墨池寒。”孟彦深《元次山居武昌之樊山新春大雪以诗问之》：“皓气凝书帐，清著钓鱼竿。”白居易《睡觉》：“转枕频伸书帐下，披裘箕踞火炉前。”

【書帷】 书斋的帷帐。亦借指书斋。岑文本《安德山池宴集》：“书帷通竹径，琴台枕槿篱。”钱起《酬刘起居卧病见寄》：“缭垣多画戟，远岫入书帷。”刘禹锡《和董庶中古散调词赠尹果毅》：“寂寞草玄徒，长吟下书帷。”陆龟蒙《奉和袭美暇日独处见寄》：“谢府殷楼少暇时，又抛清宴入书帷。”

【書袋】 装书的口袋。平曾《谒李相不遇》：“诗卷却抛书袋里，正如闲看华山来。”

【書從外氏學】 南朝宋周颙，少从外氏家得卫恒散隶书法，学书颇有成就。见《南史·周颙传》。后用作咏书法的典故。卢纶《送从侄滁州觐省》：“书从外氏学，竹自晋时栽。”

【書情】 书写情怀。骆宾王有《海曲书情》。刘长卿有《赴巴南书情寄故人》。皮日休有《病中书情寄上崔谏议》。陆龟蒙有《和袭美江南书情二十韵次韵》。

【書淫傳癖】 （傳 zhuàn）指嗜书成癖、好学不倦之人。皮日休《奉和鲁望早秋吴体次韵》：“书淫传癖穷欲死，谗谗何必频相仍。”按，晋皇甫谧和梁刘峻尝被人称为“书淫”。

【書紳】 书于绅，把要牢记的话写在绅带上。后亦称牢记他人的要言为书绅。见《论语·卫灵公》。杜甫《八哀诗·赠太子太师汝阳郡王琎》：“温温昔风味，少壮已书绅。”韩愈《谢自然诗》：“感伤遂成诗，昧者宜书绅。”李频《长安书情投知己》：“书绅相戒语，藏箧赠行篇。”贯休《笔》：“莫讶书绅苦，功成在一毫。”

【書葉】 用以书写的树叶。孟郊《赠转运陆中丞》：“衣花野菡萏，书叶山梧桐。”

【書棚】 书室，书房。韩愈、孟郊《城南联句》：“白蛾飞舞地，幽蠹落书棚。”陆龟蒙《江南秋怀寄华阳山人》：“饿乌窥食案，斗鼠落书棚。”

【書雲】 古人观天象以附会人事，每逢二分（春分、秋分）、二至（夏至、冬至）和四立（立春、立夏、立秋、立冬）之日，观察云气，加以记录，谓之书云。见《左传·僖公五年》。裴度《至日登乐游园》：“验炭论时政，书云受岁盈。”

【書筒】 古代盛装书信的筒子。李白《酬宇文少府见赠桃竹书筒》：“桃竹书筒绮绣文，良工巧妙称绝群。”

【書詞】 书信。储光羲《狱中贻姚张薛李郑柳诸公》：“书词苦人吏，馈食劳交友。”

【書窗】 书房的窗户。钱起《送元评事归山居》：“遥羡书窗下，千峰出翠微。”权德舆《卧病喜惠上人李炼师茅处士见访因以赠》：“沉疴结繁虑，卧见书窗曙。”孟郊《杏殇》之九：“空遗旧日影，怨彼小书窗。”王贞白《赠彭蟾处士》：“年年搜草泽，未便老书窗。”

【書裙】 晋书法家王羲之逢少年羊欣昼寝，于羊欣着新绢裙上书写数幅，羊欣书法水平由是大进。见《宋书·羊欣传》。后以“书裙”作为称颂书法之典。徐夤《山阴故事》：“爱竹只应怜直节，书裙多是为奇童。”

【書畫】 书法和绘画。杜甫《观薛稷少保书画壁》：“惜哉功名忤，但见书画传。”欧阳炯《贯休应梦罗汉画歌》：“若将书画比休公，只恐当时浪生死。”

【書疏】 信札。杜甫《魏十四侍御就弊庐相别》：“时应念衰疾，书疏及沧浪。”又《潭州送韦员外牧韶州》：“洞庭无过雁，书疏莫相忘。”

【書瑞】 记录祥瑞的现象。曹唐《升平词五首》之四：“史笔惟书瑞，天台绝见妖。”

【書幌】 书帷。亦指书房。宋之问《别之望后独宿蓝田山庄》:"药栏听蝉噪,书幌见禽过。"孟浩然《与王昌龄宴王道士房》:"书幌神仙箓,画屏山海图。"权德舆《题亡友江畔旧居》:"松盖欹书幌,苔衣上酒缸。"唐彦谦《红叶》:"薜荔垂书幌,梧桐坠井床。"

【書像】 指佛书和佛像。李节《赠释疏言还道林寺诗》序:"而自湖已南,远人畏法,不能酌朝廷之体,前时焚撤书像,殆无遗者。"

【書腹】 谓腹中饱学。贯休《送郑阁赴闽辟》:"便便书腹德无邻,健笔从知又入闽。"

【書殿】 指集贤院。陆坚《奉和圣制送张说上集贤学士赐宴》:"书殿荣光满,儒门喜气临。"徐安贞有《书殿赐宴应制》。刘禹锡《郡内书情献裴侍中留守》:"兵符今奉黄公略,书殿曾随翠凤翔。"白居易《酬集贤刘郎中对月见寄兼怀元浙东》:"思远镜亭上,光深书殿里。"

【書經】 ❶指佛学经典。王梵志《诗》之八八:"寻常勤念善,昼夜受书经。"❷抄写道教经典。卢纶《宴赵氏昆季书院因与会文并率尔投赠》:"咏雪因饶妹,书经为爱鹅。"

【書榻】 书案。榻,几案。韦庄《夏夜》:"傍水迁书榻,开襟纳夜凉。"

【書閤】 参见"書閣"。

【書閣】 亦作"書閤"。收藏书籍的地方。杜审言《和韦承庆过义阳公主山池五首》之一:"海燕巢书阁,山鸡舞画楼。"姚合《和李舍人秋日卧疾言怀》:"药餈开静室,书阁出丛篁。"李商隐《蝇蝶鸡麝鸾凤等成篇》:"玳瑁明书阁,琉璃冰酒缸。"李群玉《请告南归留别同馆》:"书阁乍离情黯黯,彤庭回望肃沈沈。"

【書篋】 书箱。韩偓《再和》:"散后便依书篋寐,渴来潜想玉壶寒。"

【書僮】 协助抄写或从事杂务的少年。席元明《三月三日宴王明府山亭》:"书僮橐笔,膳夫行炰。"

【書齋】 书房。王勃《赠李十四四首》之四:"直当花院里,书斋望晓开。"窦巩《从军别家》:"自笑儒生著战袍,书斋壁上挂弓刀。"杜牧《留题李侍御书斋》:"曾话平生志,书斋几见留。"贯休《和毛学士舍人早春》:"书斋山帚撅,盘馔药花甘。"

【書樓】 藏书、读书的楼房。包佶《奉和常阁老晚秋集贤院即事寄赠徐薛二侍郎》:"秘殿掖垣西,书楼苑树齐。"王建《寄上韩愈侍郎》:"清俸探将还酒债,黄金旋得起书楼。"白居易《池上闲咏》:"青莎台上起书楼,绿藻潭中系钓舟。"张蠙《贻曹郎中》:"省印寻僧锁,书楼领鹤开。"

【書題】 书信。岑参《祁四再赴江南别诗》:"怜君不解说,相忆在书题。"李商隐《荆门西下》:"骨肉书题安绝徼,蕙兰蹊径失佳期。"叶葱奇注:"'书题',即书信。"方干《送陈秀才将游雪上便议北归》:"诗句因余更孤峭,书题不合忘江东。"

【書劍】 ❶书和剑。古文人以读书、舞剑为日常课业。故用书、剑指文人生涯。储光羲《山居贻裴十二迪》:"远怀青冥士,书剑常相依。"杜甫《暮春题瀼西新赁草屋五首》之四:"壮年学书剑,他日委泥沙。"薛能《送李倍秀才》:"书剑伴身离泗上,雪风吹面立船中。"李昉《寄孟宾于》:"初携书剑别湘潭,金榜标名第十三。"❷学书学剑。犹言学文学武。孟浩然《自洛之越》:"皇皇三十载,书剑两无成。"高适《人日寄杜二拾遗》:"一卧东山三十春,岂知书剑老风尘。"元稹《答姨兄胡灵之见寄五十韵》:"糟浆闻渐足,书剑讶无成。"许浑《与郑秀才叔侄会送杨秀才昆仲东归》:"书剑功迟白发新,异乡仍送故乡人。"

【書課】 登记官吏考绩。包佶《立春后休沐》:"定知书课日,优诏许辞归。"

【書論】 古代两种文体名。即书与论。晋嵇康有《与山巨源绝交书》和《养生论》。卢纶《送李缃》:"嵇康书论多归兴,谢氏家风有学名。"

【書額】 题写匾额。王勃《题九江英烈庙》:"帝重亲书额,臣钦相篆碑。"

【書翰】 指书法。苏涣《赠零陵僧》:"亚相书翰凌献之,见君绝意必深知。"

【書勳】 记功。徐夤《魏》:"伐罪书勋令不常,争教为帝与为王。"

【書聲】 读书之声。牟融《题朱庆余闲居四首》之四:"草色凝陈榻,书声出董帷。"

【書檄】 书简和檄文。亦泛指文书。许浑《吴门送振武李从事》:"嫖姚若许传书檄,坐筑三城看受降。"李中《送朐山孙明府赴寿阳幕府辟命》:"好向尊罍陈妙画,定应书檄播雄才。"

【書臨雪彩】 《艺文类聚》卷二:"孙康家贫,常映雪读书。"后以"書臨雪彩"喻刻苦攻读。海顺《三不为篇》之二:"我欲刺股锥刃,悬头屋梁,书临雪彩,牒映萤光。"

【書簏】 ❶竹书箱。李商隐《自桂林奉使江陵途中感怀寄献尚书》:"假寐凭书簏,哀吟叩剑镡。"皮日休《醉中即席赠润卿博士》:"茅山顶上携书簏,笠泽心中漾酒船。"陆龟蒙《奉和袭美新秋言怀三十韵次韵》:"道随书簏古,时共钓轮抛。"❷谓饱学而拙于实用者。李商隐《咏怀寄秘阁旧僚二十六韵》:"自哂成书簏,终当咒酒卮。"

【書櫃】 放置书籍的柜子。白居易《题文集柜》:"破柏作书柜,柜牢柏复坚。"

【書癖】 嗜书成癖;嗜书成癖者。高适《古乐府飞龙曲留上陈左相》："公才山吏部，书癖杜荆州。"鲍溶《夏日怀杜悰驸马》："仍闻圣主知书癖，凤阁烧香对五车。"许浑《旅夜怀远客》："病起惭书癖，贫家负酒名。"

【書簽】　参见"書籤❶"。

【書懷】　书写情怀。杜牧有《雪中书怀》。刘沧有《旅馆书怀》。吴融有《春晚书怀》。齐己有《居道林寺书怀》。

【書籍】　泛称图书。王维《故人张湮工诗善易卜兼能丹青草隶顷以诗见赠聊获酬之》："自想蔡邕今已老，更将书籍与何人？"杜甫《赠虞十五司马》："书籍终相与，青山隔故园。"严武《寄题杜拾遗锦江野亭》："腹中书籍幽时晒，肘后医方静处看。"耿湋《题杨著别业》："农桑子云业，书籍蔡邕家。"

【書籍相與】　为称颂他人才华之典。见《三国志·魏志·王粲传》。杜甫《赠虞十五司马》："书籍终相与，青山隔故园。"

【書魔】　谓嗜书成迷。白居易《白发》："书魔昏两眼，酒病沈四肢。"

【書囊】　装书籍、文稿的袋子。岑参《送李别将摄伊吾令充使赴武威便寄崔员外》："词赋满书囊，胡为在战场？"陆龟蒙《自遣诗三十首》之七："病来前约分明在，药鼎书囊便是家。"

【書體】　字体。许浑《赠河东虞押衙二首》之一："旧精鸟篆谙书体，新授龙韬识战机。"

【書籤】　亦作"書簽"。❶悬于卷轴一端或贴于封面的署有书名的竹片、牙片、纸或绢条。杜甫《将赴成都草堂途中有作先寄严郑公五首》之三："书签药裹封蛛网，野店山桥送马蹄。"王建《题元郎中新宅》："近移松树初栽药，经帙书签一切新。"姚合《题李频新居》："劝僧尝药酒，教仆辨书签"。陆龟蒙《奉和袭美所居首夏水木尤清适然有作次韵》："闲分酒剂多还少，自记书签白间红。"❷借指书籍。李商隐《哭刘司户二首》之一："酒瓮凝余桂，书签冷旧芸。"

【書蠹】　书被蠹蛀。包佶《客自江南话过亡友朱司议故宅》："海翻移里巷，书蠹积埃尘。"武元衡《送许著作分司东都》："署分刊竹简，书蠹护芸香。"

七　画

曹　〔cáo《广韵》昨劳切，平豪，從。〕❶成群；群集。杜甫《催宗文树鸡栅》："织笼曹其内，令人不得掷。"仇兆鳌注："曹，群处也。"元结《演兴四首·讼木魅》："思聚义以为曹，令敷扶以相胜。"❷相偶；相匹。孟郊《秋怀》之十二："蹇行散余郁，幽坐谁与曹？"❸等辈；侪辈；同类。李颀《送陈章甫》："东门酤酒饮我曹，心轻万事皆鸿毛。"杜甫《曲江三章章五句》之一："白石素沙亦相荡，哀鸿独叫求其曹。"韩愈《示儿》："诗以示儿曹，其无迷厥初。"汪遵《渑池》："西秦北赵各称高，池上张筵列我曹。"❹古代分科办事的官署或部门。杜甫《遣遇》："石间采蕨女，鬻菜输官曹。"张籍《咏怀》："都无作官意，赖得在闲曹。"姚合《酬光禄田卿末伏见寄》："贵寺虽同秩，闲曹只管书。"李洞《送知己赴濮州》："苔长空州狱，花开梦省曹。"❺对郡县属官的称呼。岑参《题李士曹厅壁画度雨云歌》："掾曹有时不敢归，谓言雨过湿人衣。"❻州名。刘商《春日行营即事》："风引双旌马首齐，曹南战胜日平西。"参见"曹州"。❼姓。唐诗人有曹唐、曹邺。

【曹王】　指李皋。事迹见《旧唐书》本传。钱起有《宴曹王宅》。司空曙有《送高胜重谒曹王》。皎然有《送李喻之处士洪州谒曹王》。

【曹文姬】　当为南朝宋人。《全唐诗》卷七八三录任生《投曹文姬诗》一首，诗题下注："文姬，长安中娼女，王翰墨，时号书仙。"而任生为宋人，与曹文姬结为夫妇，相传于宋庆历初双双升仙。《全唐诗》卷八〇一录曹文姬《题梅仙山丹井》断句一联。

【曹司】　官署。王建《贺杨巨源博士拜虞部员外》："两省郎官开道路，九州山泽属曹司。"白居易《初授赞善大夫早朝寄李二十助教》："寂寞曹司非热地，萧条风雪是寒天。"又《喜张十八博士除水部员外郎》："无复篇章传道路，空留风月在曹司。"李商隐《寄令狐学士》："秘殿崔嵬拂彩霓，曹司今在殿东西。"

【曹吏】　属吏。李中《赠朐山孙明府》："闲抚素琴曹吏散，自烹新茗海僧来。"

【曹州】　春秋曹国。隋为济阴郡。武德四年改为曹州。在今山东荷泽一带。白居易《答崔十八见寄》："君乞曹州刺史替，我抛刑部侍郎归。"《谣·僖宗时童谣》："金色虾蟆争努眼，翻却曹州天下反。"

【曹佐】　指县尉属下的小官吏。李贺《官不来题皇甫湜先辈厅》："书司曹佐走如牛，叠声问佐官来不？"

【曹汾】　唐诗人。字道谦，河南（今河南洛阳）人。开成四年进士。累官户部郎中、知制诰，正拜中书舍人。《全唐诗》卷五四六录其《早发灵芝望九华寄杜员外使君》一首。

【曹局】　官署。王建《寒食忆归》："京中曹局无多事，寒食贫儿要在家。"张祜《投魏博田司空二十韵》："吏改新曹局，民耕旧战场。"

【曹長】　（—zhǎng）唐人好以他名标榜官称，尚书丞部、郎中相呼为"曹长"。见唐李肇《唐国史补》卷下。杜甫有《遣闷戏呈路十九曹长》。韩愈有《奉和库部卢四兄曹长元日朝回》。白居易《六年寒食洛下宴游赠冯李二少尹》:“殷勤二曹长,各捧一银觥。”姚合有《秋晚夜坐寄院中诸曹长》。

【曹松】 ❶唐诗人。字梦征,舒州(今安徽潜山)人。《全唐诗》录其诗二卷,一百三十余首。❷五代诗人。衡阳(今属湖南)人。《全唐诗外编》(下)录其断句三联。

【曹事】 曹务。职官治事分科称曹。无名氏《五言白话诗》之十二:“长大人中官,当衙判曹事。”

【曹盱】 指曹娥父。溺水死。权德舆《送上虞丞》:“因寻黄绢字,为我吊曹盱。”

【曹使君】 指曹圭。光化元年闰十月,钱镠以其将曹圭为苏州制置使,见《资治通鉴》卷二六一。罗隐有《秋日有寄姑苏曹使君》《姑苏城南湖陪曹使君游》和《送魏校书兼呈曹使君》。

【曹官】 属官。柳宗元《哭连州凌员外司马》:“徒隶肃曹官,征赋参有司。”

【曹郎中】 指曹邺。事迹见《唐才子传》卷九。郑谷有《送祠部郎中邺出守洋州》和《送吏部曹郎中罢官南归》。张蠙有《贻曹郎中》。李洞有《送曹郎中南归时南中用军》和《赠曹郎中崇贤所居》。

【曹南】 曹州的通称。李白有《留别曹南群官之江南》。

【曹風】 指曹操的头风病。见《三国志·蜀志·诸葛亮传》。李峤《檄》:“曹风虽觉愈,陈草始知名。”元稹《酬乐天江楼夜吟稹诗因成三十韵》:“魏拙虚教出,曹风敢望痊。”

【曹剛】 乐艺曹保保之子,曹善才之孙,善弹琵琶,“曹刚善运拨,若风雨而不事扣弦”。刘禹锡有《曹刚》。

【曹脩古】 南朝宋人。字述之。祥符元年登进士第。曾任京官和地方官。《全唐诗》卷七七〇,误其为唐人,录其《池上》一首。

【曹卿】 指春秋时曹国大夫釐负羁。晋公子重耳流亡曹国时,曾受到他的礼遇。见《左传·僖公二十三年》。后遂作为济人危难的典故。张说《南中别王陵成崇》:“曹卿礼公子,楚媪馈王孙。”

【曹唐】 唐诗人。桂州(今广州桂林市)人。一作郴州(治今湖南郴州)人。初为道士,后还俗。以善写游仙诗著称。《全唐诗》录其诗三卷,近二百首。

【曹娥】 东汉孝女,会稽上虞(今属浙江)人。为殉父投江而死。三国魏邯郸淳为其作曹娥碑,蔡邕于碑后题“黄绢”等八字隐语,赞为绝妙好辞。见南朝宋刘义庆《世说新语·捷悟》之“魏武尝过曹娥碑下”。刘长卿《送崔处士先适越》:“越鸟闻花里,曹娥想镜中。”又《送荀八过山阴旧县兼寄剡中诸官》:“旧石曹娥篆,空山夏禹祠。”又《无锡东郭送友人游越》:“碑缺曹娥宅,林荒逸少居。”李白《送王屋山人魏万还王屋》:“笑读曹娥碑,沉吟黄绢语。”

【曹國麻衣】 语出《诗·曹风·蜉蝣》,为咏雪之典。胡宿《雪》:“色欺曹国麻衣浅,寒入荆王翠被深。”

【曹將軍】 (将 jiāng)指曹霸。霸曾官左武卫将军,见《历代名画记》卷九。杜甫有《韦讽录事宅观曹将军画马图》和《丹青引赠曹将军霸》。

【曹参酒】 曹参为汉初大臣、政治家。沛县(今属江苏)人。曾为沛县狱吏。后从刘邦起兵,战功卓著,封平阳侯。继萧何为汉惠帝丞相后,一切依照旧章,终日饮酒,对欲进言的来访官吏,也以酒灌醉。见《史记·曹相国世家》。李商隐《五言述德抒情诗献上杜七兄仆射相公》:“后饮曹参酒,先和傅说羹。”齐己《荆州新秋寺居写怀诗五首》之四:“尊罍岂识曹参酒,宾客还亲宋玉风。”

【曹参趣装】 曹参闻丞相萧何卒,预知自己将代萧何为相,就催促属吏为其准备赴任的行装。见《史记·曹相国世家》。李瀚《蒙求》:“于公高门,曹参趣装。”

【曹植】 三国魏杰出诗人。字子建,沛国谯(今安徽亳州)。曹操第三子。封陈王,世称陈思王。少有文才,为曹操所宠爱,一度欲立为太子。后曹丕、曹睿相继称帝,他备受猜忌,郁郁而死。见《三国志·魏志·陈思王植传》。李峤《萱》:“还依北堂下,曹植动文雄。”杜甫《追酬故高蜀州人日见寄》:“文章曹植波澜阔,服食刘安德业尊。”又《赠特进汝阳王二十韵》:“已忝归曹植,何知对李膺。”

【曹掾】 州县官府的属吏,胥吏。姚合《赠任士曹》:“宪皇十一祀,共得春闱书。道直淹曹掾,命通侍玉除。”

【曹署】 官署。白居易《初除主客郎中知制诰与王十一李七元九三舍人中书同宿话旧感怀》:“紫垣曹署荣华地,白发郎官老丑时。”罗隐《投寄韦右丞》:“官资参令仆,曹署辖星辰。”又《送光禄崔卿赴阙》:“鵷侣寂寥曹署冷,更堪呜咽问田园。”安锜《题贾岛墓》:“司仓旧曹署,一见一心忡。”

【曹溪】 ❶水名。在今广东省韶关市东南双峰山下。杨炯《送杨处士反初卜居曲江》:“萧寺休为客,曹溪便寄家。”许浑《盈上人》:“借问曹溪路,山多路几层。”❷禅宗南宗别号。以六祖慧能在曹溪宝林寺讲法而得名。善生《送玉禅师》:“洞了曹溪旨,宁输俗者机。”栖蟾《赠南岳玄泰布衲》:“曹溪入室人,终老甚难群。”李山甫《禅林寺作寄刘书记》:“天竺老师留一句,曹溪行者答全篇。”

【曹劌】 春秋时鲁国武士。齐攻鲁,他主动求见庄公，认为庄公取信于民，得到人民的支持，可以一战。至战时，又建议在“齐人三鼓”后适时出击，果然取胜。见《左传·庄公十年》。后遂以为典，借指精通作战之道的谋士。陆龟蒙《杂讽九首》之八：“何妨秦堇勇，又有曹刿说。”

【曹鄴】 唐诗人。字邺之，桂州阳朔（今属广西）人。大中四年进士。《全唐诗》录其诗二卷，一百三十余首。

【曹劉】 东汉建安时期曹植和刘桢的连称。杜甫《壮游》：“气劘屈贾垒，目短曹刘墙。”任华《寄杜拾遗》：“曹刘俯仰惭大敌，沈谢逡巡称小儿。”武元衡《酬严维秋夜见寄》：“神仙惭李郭，词赋谢曹刘。”齐己《送刘秀才往东洛》：“烟霄有兄弟，事业尽曹刘。”

【曹戳】 唐诗人。《全唐诗逸》录其断句五联。

【曹霸】 三国魏曹髦之后，其画称于后代。官至左武卫将军。见张彦远《历代名画记》卷九。杜甫有《丹青引赠曹将军霸》。

曼 〔màn《广韵》無販切，去願，微。又母官切，平桓，明。〕❶长；远。见“曼长”“曼曼”“曼壽人”“曼聲”。❷美。岑参《梁园歌送河南王说判官》：“君不见孝梁王修竹园，颓墙隐辚势仍存。娇娥曼脸成草蔓，罗帷珠帘空竹根。”

【曼陀羅】 植物名。为一年生有毒草木。可入药。在印度被视为神圣的植物，特栽种于寺院。意译为悦意花。卢仝《观放鱼歌》：“天雨曼陀罗花深没膝，四十千真珠璎珞堆高楼。”

【曼長】 （—cháng）谓脸柔美而长。韦庄《伤灼灼》：“桃脸曼长横绿水，玉肌香腻透红纱。”

【曼曼】 指时间长久。韩愈《秋怀诗十一首》之三：“彼时何卒卒，我志何曼曼。”

【曼壽】 长寿。李纾《唐德明兴圣庙乐章·亚献终献》：“庆彰曼寿，胙撤嘉荐。”

【曼態】 美态。罗隐《金陵思古》：“杜秋在时花解言，杜秋死后花更繁。柔姿曼态葬何处，天红腻白愁荒原。”

【曼聲】 拉长声音；舒缓的长声。王湾《观搊筝》：“晓怨凝繁手，春娇入曼声。”毕耀《情人玉清歌》：“黄金阁上晚妆成，云和曲中为曼声。”顾况《朝上清歌》：“曼声流睇，和清歌些。”

八　画

替 〔tì《广韵》他計切，去霽，透。〕❶废弃。见《书·大诰》。杜甫《解忧》：“兹理庶可广，拳拳期勿替。”柳宗元《贞符》：“咨尔皇灵，无替厥符。”杜牧《感怀诗一首》：“署纸日替名，分财赏称赐。”❷停止。李频《长安书怀投知己》：“与善应无替，垂恩本有终。”黄滔《书崔少府居》：“世乱怜官替，家贫值岁荒。”❸改变。皮日休《寄同年韦校书》：“唯有故人怜未替，欲封干鲙寄终南。”❹消灭；泯灭。薛存诚《太学创置石经》：“圣唐复古制，德义功无替。”罗隐《思归行》：“交亲亦相薄，知己恩潜替。”❺衰微；衰落。白居易《新乐府·立部伎》：“雅音替坏一至此，长令尔辈调宫徵。”又《新乐府·司天台》：“昔闻西汉元成间，上陵下替谪见天。”范质《诫儿侄八百字》：“物盛必有衰，有隆还有替。”❻代替。顾况《酬杨州白塔寺永上人》：“松枝当麈尾，柳絮替蚕绵。”姚合《秋日有怀》：“菊色欲经露，虫声渐替蝉。”崔橹《述怀》：“白首成何事，无欢可替悲。”❼介词。(1)为；给。拾得《诗》之十三：“为他作保见，替他说道理。”王建《赠华州郑大夫》：“自来不说双旌贵，恐替长教百姓愁。”李涉《寄荆娘写真》：“五铢香帔结同心，三寸红笺替传语。”杜牧《赠别二首》之二：“蜡烛有心还惜别，替人垂泪到天明。”(2)对。李商隐《即目》：“更替林鸦恨，惊频去不休。”

【替代】 代替。寒山《诗三百三首》之二八九：“但且自省躬，莫觅他替代。”刘禹锡《酬乐天醉后狂吟十韵》：“鱼书曾替代，香火有因缘。”无名氏《五言白话诗》之六（外编下）：“我老妻亦老，替代不得住。”

【替壞】 衰败。白居易《新乐府·立部伎》：“雅音替坏一至此，长令尔辈调宫徵。”

最 〔zuì《广韵》祖外切，去泰，精。〕❶古代考核政绩或军功时划分的等级，以上等为最。跟“殿”相对。张九龄《奉和圣制送十道采访使及朝集使》：“课最力已陈，赏延恩复博。”杜甫《信行远修水筒》：“于斯答恭谨，足以殊殿最。”韩愈《合江亭》：“初如遗宦情，终乃最郡课。”❷居于首要地位的人或事物。李颀《龙门送裴侍御监五岭选》：“举善必称最，持奸当去尤。”韩愈、孟郊《秋雨联句》：“搜心思有效，抽策期称最。”司马札《卖花者》：“良金不惜费，竞取园中最。”陆龟蒙《和过张祜处士丹阳故居》序：“张祜，字承吉……短章大篇，往往间出；谏讽怨谲，时与六义相左右；善题目佳境，言不可刊置别处。此为才子之最也。”❸多。杜甫《万丈潭》：“告归遗恨多，将老斯游最。”又《追酬故高蜀州人日见寄》：“边塞西蕃最充斥，衣冠南渡多崩奔。”❹副词。(1)表示某种属性超过所有同类的人或事物。刘宪《奉和春日幸望春宫应制》：“暮春春色最便妍，苑里花开列御筵。”杨巨源《赠张将军》：“年少功高人最羡，汉家坛树月苍苍。”白居易《登天宫阁》：“洛下多闲客，其中我最闲。”李郢《阳羡春歌》：“风光何处最可怜，邵家高楼白日边。”齐己《送人游湘湖》：“有兴寻僧否？湘西寺最灵。”(2)正；恰。杜甫《解闷十二首》之八:“不见高人王右丞,蓝田丘壑漫寒藤。最传秀句寰区满,未绝风流相国能。”芮挺章《江南弄》:“春江可怜事,最在美人家。”张籍《题渭北寺上方》:“昔祭郊坛今谒陵,寺中高处最来登。”

【最好】 极好。韩偓《三月》:“四时最好是三月,一去不回唯少年。”

【最能】 最擅长。杜甫《最能行》:“瞿塘漫天虎须怒,归州长年行最能。”

曾^{1} 〔zēng《广韵》作滕切,平登,精。〕❶副词。(1)乃;竟。王泠然《汴堤柳》:“今日摧残何用道,数里曾无一枝好。”崔敏童《宴城东庄》:“一年始有一年春,百岁曾无百岁人。”齐己《春日西湖作》:“曾无长者辙,枉此问衰老。”(2)一直;从来。韩翃《鲁中送从事归荥阳》:“累路尽逢知己在,曾无对酒不高歌。”(3)则,表示相承。见“曾何”。❷代词。表示疑问。相当于“何”“怎”。杜甫《大历三年春白帝城放船出瞿塘峡久居夔府将适江陵漂泊有诗凡四十韵》:“丘壑曾忘返,文章敢自诬。”❸重。指中间隔两代的亲属。见“曾玄”“曾孫”。❹姓。唐诗人有曾麻幾、曾弼等。

曾^{2} 〔céng《广韵》昨棱切,平登,從。〕❶副词。(1)尝,曾经。李白《姑熟杂咏·灵墟山》:“不知曾化鹤,辽海归几度?”武元衡《秋日经潼关感寓》:“昔年曾逐汉征东,三授兵符百战中。”白居易《忆江南词三首》之一:“江南好,风景旧曾谙。”李商隐《柳》:“曾逐东风拂舞筵,乐游春苑断肠天。”许棠《讲德陈情上淮南李仆射八首》之二:“楚王已曾分卞玉,膺门依旧是龙门。”(2)还;再;重。白居易《端居咏怀》:“胸襟曾贮匡时策,怀袖犹残谏猎书。”(3)昔,从前。钱起《送李谏议归荆州》:“禁掖曾通籍,江城旧列侯。”白居易《昭德皇后挽歌词》:“凤引曾辞辇,蚕休昔采桑。”❷通“层”。(1)重叠。见“曾$_2$冰”。(2)高。见“曾$_2$空”“曾$_2$穹”。

【曾口寺】 在唐巴州曾口县,今四川巴中县东南。段文昌有《题曾口寺》。齐己有《寄怀曾口寺文英大师》。

【曾子】 即曾参。李白《送赵判官赴黔府中丞叔幕》:“君为鲁曾子,拜揖高堂里。”姚合《送王龟处士》:“唯修曾子行,不着老莱衣。”

【曾不】 乃不;竟不。储光羲《同王十三维偶然作十首》之四:“见人乃恭敬,曾不问贤愚。”窦群《草堂夜坐》:“勿谓相去远,壮心曾不停。”李商隐《拟沈下贤》:“河阳看花过,曾不问潘安。”

【曾未】 ❶竟未。孟浩然《登望楚山最高顶》:“最高唯望楚,曾未一攀跻。”韩愈《送惠师》:“自来连州寺,曾未造城闉。”孟郊《和丁助教塞上吟》:“江南万里寒,曾未及如此。”❷尚未。李白《姑熟杂咏·桓公井》:“桓公名已古,废井曾未竭。”又《姑孰十咏·慈姥竹》:“龙吟曾未听,凤曲吹应好。”

【曾玄】 曾孙和玄孙。亦泛称后代。权德舆《河南崔尹即安喜从兄宜于家室四十余岁一昨寓书病传永写告身既枉善祝因成绝句》:“尊崇善祝今如此,共待曾玄捧翟衣。”

【曾江】 即增江。在今广东境。韩愈有《宿曾江口示侄孙湘二首》。

【曾$_2$冰】 重叠之冰;厚冰。李邕《登历下古城员外孙新亭》:“形制开古迹,曾冰延乐方。”杜甫《高都护骢马行》:“腕促蹄高如踣铁,交河几蹴曾冰裂。”又《前出塞九首》之七:“径危抱寒石,指落曾冰间。”又《白水县崔少府十九翁高斋三十韵》:“危阶根青冥,曾冰生淅沥。”

【曾何】 犹则何,那么为什么。卢鸿一《嵩山十志十首·倒景台》:“云可朋兮霞可吸,曾何荣兮辱之所及。”杜甫《除草》:“草有害于人,曾何生阻修。”

【曾$_2$青】 矿产名。色青。李白《求崔山人百丈崖瀑布图》:“石黛刷幽草,曾青泽古苔。”

【曾$_2$林】 深林。张祜《送蜀客》:“行行三峡夜,十二峰顶月。哀猿别曾林,忽忽声断咽。”

【曾$_2$波】 大波。杜甫《石柜阁》:“石柜曾波上,临虚荡高壁。”

【曾$_2$空】 高空。杜甫《往在》:“解瓦飞十里,繐帷纷曾空。”又《牵牛织女》:“亭亭新妆立,龙驾具曾空。”

【曾$_2$穹】 高空。吴筠《览古十四首》之十三:“晚节希鸾鹄,长飞戾曾穹。”

【曾$_2$城】 高大的城楼。许敬宗《奉和九月九日应制》:“太液荣光发,曾城佳气融。”杜甫《阆州东楼筵奉送十一舅往青城县得昏字》:“曾城有高楼,制古丹雘存。”刘长卿《闻奉迎皇太后使沈判官至因有此作》:“万方臣妾同瞻望,疑在曾城阿母家。”张籍《寄韩愈》:“出林望曾城,君子在其间。”

【曾是】 乃是;竟是。杜甫《写怀二首》之一:“非关故安排,曾是顺幽独。”萧涤非注:“曾是,犹乃是。”颜真卿《题杼山癸亭得暮字》:“及兹纡胜引,曾是美无度。”郭澹《喜陆侍御破石埭草寇东峰亭赋诗》:“忽闻飞简报,曾是坐筹功。”权德舆《酬李二十二兄主簿马迹山见寄》:“如何战未胜,曾是教所牵。”

【曾$_2$是】 曾经是。张谓《读后汉逸人传二首》之一:“尝闻汉皇帝,曾是旷周旋。”高适《途中酬李少府赠别之作》:“曾是趋藻镜,不应翻弃捐。”韩翃《梁城赠一二同幕》:“曾是信陵门下客,雨回相吊不胜悲。”张祜《感王将军柘枝妓殁》:“今来坐上偏惆怅,曾是堂前教彻时。”

【曾₂宫】 高大的宫殿。杜甫《九成宫》："曾宫凭风回，岌嶪土囊口。"

【曾祖叔】 曾祖父之弟。此指权若讷。曾官桂、歙、梓三州刺史。见《新唐书·宰相世系五下》。权德舆《伏蒙十六叔寄示喜庆感怀三十韵因献之》："握兰中台并，折桂东堂春。"注："曾祖叔，梓州府君，长安府君，同以进士居甲科，载在《登科记》之内也。"

【曾軒】 指高大的房屋。杜甫《七月一日题终明府水楼二首》之一："高栋曾轩已自凉，秋风此日洒衣裳。"又《简吴郎司法》："却为姻娅过逢地，许坐曾轩数散愁。"

【曾峰館】 即层峰驿。在今陕西商洛市。元稹有《三月二十四日宿曾峰馆夜对桐花寄乐天》。又《桐孙诗》序："元和五年，予贬掾江陵，三月二十四日，宿曾峰馆。"

【曾家子】 指曾参。沈佺期《枉系二首》之一："吾怜曾家子，昔有投杼疑。"

【曾家】 指曾参家。白居易《思子台有感二首》之一："曾家机上闻投杼，尹氏园中见掇蜂。"

【曾₂陰】 重叠的阴云。杜甫《通泉驿南去通泉县十五里山水作》："登顿生曾阴，欹倾出高岸。"又《野望》："清秋望不极，迢递起曾阴。"

【曾孫】 ❶孙之子。亦指曾孙以下之后代。贺知章《唐禅社首乐章·太和》："曾孙继绪，享神配极。"杜甫《狄明府》："梁公曾孙我姨弟，不见十年官济济。"殷寅《玄元皇帝应见贺圣祚无疆》："睿祖光元始，曾孙体又玄。"刘禹锡《赠致仕滕庶子先辈》："寿觞每使曾孙献，胜境长携众妓行。"白居易《六十六》："交游成拱木，婢仆见曾孙。"❷谓乡人。李商隐《武夷山》："武夷洞里生毛竹，老尽曾孙更不来。"叶葱奇注引《明一统志》："幔亭峰在武夷山中……武夷君置酒会乡人于此……呼乡人为曾孙。"

【曾崇範妻】 南唐人。《全唐诗》卷八六八录其《梦中语》，诗题下注："南唐曾崇範，其妻先许聘数人，皆死。后梦人得语云：'此是汝夫'。果嫁于曾也。"

【曾庶幾】 五代时隐士、诗人。吉州吉水人(今属江西)。中原各朝累有征召，均不赴。庶，《全唐诗》作"麻"，误。《全唐诗》卷七八六录其《放猿》一首。

【曾麻幾】 "曾庶幾"之误。参见"曾庶幾"。

【曾參】 (—shēn)春秋儒者，字子舆。鲁国武城(今山东费县)人。孔子弟子。以孝著称，曾撰《孝经》。后遂作为称颂孝行的典故。钱起《送严士良侍奉詹事南游》："疏傅独知止，曾参善爱亲。"耿湋《题孝子陵》："何必曾参传，千年至行稀。"白居易《慈乌夜啼》："慈乌复慈乌，乌中之曾参。"

【曾參殺人】 (参 shēn)曾参母连续听到三个人误传曾参杀人时，信以为真，投抒逾墙而走。见《战国策·秦策二》。李端《杂歌》："伯奇掇蜂贤父逐，曾参杀人慈母疑。"

【曾₂雲】 层云。重叠的云。杜甫《彭衙行》："故人有孙宰，高义薄曾云。"又《望岳》："荡胸生曾云，决眥入归鸟。"

【曾弼】 五代诗人。长沙(今湖南长沙市)人。与王元为诗友。《全唐诗外编》(下)录其断句两联。

【曾₂幹】 高大的树干。孙慎行《三月三日宴王明府山亭》序："曾干霞骞，烛城阴于翠鹢；浮梁雾绝，写川态于文虹。"

【曾₂經】 ❶表示从前经历过或有过某种行为或情况。裴迪《西塔寺陆羽茶泉》："竟陵西塔寺，踪迹尚空虚。不独支公住，曾经陆羽居。"顾况《临海所居三首》之一："此是昔年征战处，曾经永日绝人行。"陆畅《题独孤少府园林》："年年洞口桃花发，不记曾经迷几人。"❷曾经路过。杜荀鹤《再经胡城县》："去岁曾经此县城，县民无口不冤声。今来县宰加朱绂，便是生灵血染成。"

【曾₂經滄海】 语出《孟子·尽心上》："故观于海者难为水。"喻曾经经历过大场面，眼界开阔，经验丰富。元稹《离思五首》之四："曾经沧海难为水，除却巫山不是云。"

【曾₂臺】 高台。杜甫《雨二首》之一："殊俗状巢居，曾台俯风渚。"温庭筠《寒食节日寄楚望二首》之一："旷望恋曾台，离忧集环堵。"

【曾₂標】 高标。喻高高的风姿。曾，通"層"。李白《赠宣城宇文太守兼呈崔侍御》："曾标横浮云，下抚谢朓肩。"王琦注引萧士赟曰："曾标言其标致之高也。"

【曾₂瀾】 巨大的波澜。刘禹锡《韩十八侍御见示岳阳楼别窦司直诗因令属和重以自述故足成六十二韵》："楚望何苍然，曾澜七百里。"

九　画

會[1] 〔huì《广韵》黄外切，去泰，匣。〕❶会合；聚会。苏源明《小洞庭洄源亭宴四郡太守首诗》序："繁丝疏管，纷尔自会；雅舞清唱，倏然同引。"韩愈《合江亭》："红亭枕湘江，蒸水会其左。"李商隐《送千牛李将军赴阙五十韵》："会与秦楼凤，俱听汉苑莺。"王毂《鸿门谯》："寰海沸兮争战苦，风云愁兮会龙虎。"❷符合；相合。岑参《奉陪封大夫九日登高》："九日黄花酒，登高会昔闻。"常衮《题金吾郭将军石狀茅堂》："潇洒延清赏，周流会素襟。"❸会见；会面。钱起《题萧丞小池》："此会无辞醉，良辰难再追。"

韩愈《送侯参谋赴河中幕》:"信知后会时,日月屡环緪。"元稹《公安县远安寺水亭见展公题壁漂然泪流因书四韵》:"碧涧去年会,与师三两人。"张蠙《寄友人》:"相思不我会,明月几盈虚。"❹特指宴请。李白《拟古十二首》之三:"提壶莫辞贫,取酒会四邻。"白居易《秦中吟十首·议婚》:"主人会良媒,置酒满玉壶。"又《酬郑二司录与李六郎中寒食日相过同宴见赠》:"偶因冷节会嘉宾,况是平生心所亲。"❺城市,都会。杜甫《成都府》:"喧然名都会,吹箫间笙簧。"❻时机;机会。王绩《古意六首》之三:"一朝失运会,刳肠血流死。"李白《鲁中送二从弟赴举之西京》:"送君日千里,良会何由同。"❼音节,节奏。王建《捣衣曲》:"高楼敲玉节会成,家家不睡皆起听。"❽领悟;理解。白居易《感所见》:"谁人会我心中事,冷笑时时一掉头。"李群玉《自遣》:"一壶浊酒暄和景,谁会陶然失马翁。"韩偓《思录旧诗于卷上凄然有感因成一章》:"自吟自泣无人会,肠断蓬山第一流。"南唐后主李煜《感怀》之二:"凭阑惆怅人谁会,不觉潸然泪眼低。"❾善于;熟习。刘长卿《送崔载华张起之闽中》:"旅食过夷落,方言会越音。"姚合《武功县作三十首》之四:"簿书多不会,薄俸亦难销。"❿表示有可能实现。窦威《出塞》:"会勒燕然石,方传车骑名。"李白《行路难三首》之一:"长风破浪会有时,直挂云帆济沧海。"戎昱《送吉州阎使君人道二首》之一:"他年会相访,莫作烂柯棋。"权德舆《送山人归旧隐》:"会被公车荐,知君久晦难。"⓫某些团体或组织。窦庠《醉中赠符载》:"白社会中尝共醉,青云路上未相逢。"李涉《游西林寺》:"如今再结林中社,可羡当年会里人。"齐己《送相里秀才赴举》:"曾逢少海尊前客,旧是神仙会里人。"⓬犹回、遍。曹唐《长安客舍叙邵陵旧宴寄永州萧使君五首》之一:"残漏五更传海月,清笳三会揭天风。"尹鹗《菩萨蛮》词之二:"呜呜晓角调如语,画楼三会喧雷鼓。"⓭副词。(1)恰巧;适逢。寇坦《同张少府和厍狄员外夏晚初霁南省寓直时兼充节度判官之作》:"晏居当夏晚,寓直会晴初。"武元衡《台中题壁》:"会脱簪缨去,故山瑶草芳。"韩愈《赴江陵途中寄赠三学士》:"适会除御史,诚当得言秋。"郑准《代寄边人》:"圣泽如垂饵,沙场会息兵。"(2)应当;总会。杜甫《望岳》:"会当凌绝顶,一览众山小。"柳宗元《觉衰》:"久知老会至,不谓便见侵。"刘禹锡《将赴汝州途出浚下留辞李相公》:"功成名遂会归老,请向东山为近邻。"杜牧《寄题甘露寺北轩》:"他年会著荷衣去,不向山僧道姓名。"

會[2]　〔kuài《广韵》古外切,去泰,見。〕❶古时天子大会诸侯,论功行赏。见"會₂計""會₂稽"。❷缝隙。见《周礼·夏官·弁师》。杜甫《秦州见敕目三十韵》:"法驾初还日,群公若会星。"

【會友】　与朋友相会。徐铉《谪居舒州累得韩高二舍人书作此寄之》:"会友少于分袂日,谪居多却在朝时。"成彦雄有《会友不至》。

【會文】　文人相聚谈艺。语出《论语·颜渊》:"君子以文会友。"严维《九日陪崔郎中北山宴》:"上客南台至,重阳此会文。"戴叔伦《同兖州张秀才过王侍御参谋宅赋十韵》:"意惬时会文,夜长聊饮酒。"

【會心】　❶领悟;领会。李白《翰林读书言怀呈集贤诸学士》:"片言苟会心,掩卷忽而笑。"皎然《哭吴县房耸明府》:"抚迹若疏旷,会心极精研。"李商隐《明禅师酬从兄见寄》:"贞吝嫌兹世,会心驰本原。"❷知心,情意相合。杜甫《晦日寻崔戢李封》:"晚定崔李交,会心真罕俦。"

【會心侣】　知心伴侣。特指妻室。杜甫《寄题江外草堂》:"虽有会心侣,数能同钓船。"

【會同】　❶古代诸侯朝见天子的通称。《诗·小雅·车攻》:"赤芾金舄,会同有绎。"毛传:"时见曰会,殷见曰同。"后泛指朝会。白居易《江南遇天宝乐叟》:"千官起居环珮合,万国会同车马奔。"玄宗《春晚宴两相及礼官的正殿学士探得风字》序:"居海内之尊,处域中之大,然后祖述尧典,宪章禹绩,敦睦九族,会同四海。"❷聚会;会见。张说《唐享太庙乐章·大明舞》:"黄旗举义,三灵会同。"独孤及《奉和李大夫同吕评事太行苦热行兼寄院中诸公》:"会同传檄至,疑议立谈决。"吕温《登少陵原望秦中诸川太原王至德妙用有水术因用感叹》:"泾灞徒络绎,漆沮虚会同。"杨衡《送彻公》:"会同尘外友,斋沐奉威仪。"

【會合】　❶聚集;聚合。李沛《四水合流》:"萦回过凤阙,会合出皇州。"白居易《喜杨六侍御同宿》:"浊水清尘难会合,高鹏低鷃各逍遥。"孟简《咏欧阳行周事》:"双魂终会合,两剑遂蜿蜒。"曹唐《升平词五首》之一:"会合兼重译,潺湲近八流。"❷相逢,见面。杜甫《湖城东遇孟云卿复归刘颢宅宿宴饮散因为醉歌》:"人生会合不可常,庭树鸡鸣泪如线。"崔峒《宿江西窦主簿厅》:"时艰难会合,年长重亲知。"孟郊《汴州离乱后忆韩愈李翱》:"会合一时哭,别离三断肠。"唐彦谦《七夕》:"会合无由叹久违,一年一度是缘非。"❸遇合。犹相得。白居易《东南行一百韵》:"风云皆会合,雨露各沾濡。"齐己《送人下第东归再谒旧主人》:"男儿艺若是,会合值明公。"

【會并】　犹会集。韦应物《善福阁对雨寄李儋幼遐》:"寸心东北驰,思与一会并。"

【會見】　犹言可以看见。杨炯《出塞》:"丈夫皆有志,会见立功勋。"杜甫《严郑公宅同咏竹》:"但令无剪伐,会见拂云长。"

【會吟】 在一起吟诗。李群玉《送处士自番禺东游便归苏台别业》:“莼菜动归兴,忽然闻会吟。”

【會别】 饯别。张登《冬至夜郡斋宴别前华阴卢主簿》序:“时日南至,登与宾客僚吏,会别于郡斋。”司马扎有《山斋会别》。

【會昌】 ❶谓会当兴盛隆昌。杨炯《奉和上元酺宴应诏》:“下武发祯祥,平阶属会昌。”段成式《河出荣光》:“符命自陶唐,吾君应会昌。”❷县名。唐天宝二年分新丰、万年置会昌县。七年更为宝应县。今陕西西安市临潼区。李商隐《偶成转韵七十二句赠四同舍》:“忆昔公为会昌宰,我时入谒虚怀待。”郑嵎《津阳门诗》:“朝元阁成老君见,会昌县以新丰移。”❸唐武宗李炎年号。白居易《喜入新年自咏》:“大历年中骑竹马,几人得见会昌春。”郑嵎《津阳门诗》:“会昌御宇斥内典,去留二教分黄缁。”温庭筠有《会昌丙寅丰岁歌》。

【會昌山】 即骊山。在今陕西西安市临潼区境内。唐天宝元年更骊山曰会昌山。孙逖和钱起均有《奉和圣制登会昌山应制》。

【會$_2$阜】 即会稽山。萧楚材《奉和展礼岱宗途经濮济》:“将追会阜迹,更勒岱宗铭。”

【會府】 ❶尚书省之别称。沈佺期《送韦商州弼》:“会府应文昌,商山镇国阳。”皀夫牧《冬夜宴萧丈因饯殷郭二子西上》序:“冬十有二月,家君宰邑许下,夫子问津颍上,二贤将驰会府,皆适兹土。”刘禹锡《寄和东川杨尚书慕巢兼寄西川继之二公因成是诗》:“杨叶百穿荣会府,芝泥五色耀天庭。”武元衡《赠别崔起居》:“三十年前会府同,红颜销尽两成翁。”❷节度使之别称。杜甫《八哀诗·赠左仆射郑国公严公武》:“四登会府地,三掌华阳兵。”仇兆鳌注:“唐时巡属诸州,以节度使为大府,亦谓之会府。”

【會宴】 相聚宴饮。李峤有《奉和七夕两仪殿会宴应制》。

【會面】 见面,相会。钱起《送崔十三东游》:“千里有同心,十年一会面。”沈千运《赠史修文》:“故人阻千里,会面非别期。”姚合《寄主客刘郎中》:“仰德多时方会面,拜兄何暇更论年。”方干《赠许牍山人》:“何时应会面,梦里是潇湘。”

【會待】 等待。王维《皇甫岳云溪杂题五首·萍池》:“春池深且广,会待轻舟回。”卢纶《贼中与严越卿曲江看花》:“会待长风吹落尽,始能开眼向青山。”刘禹锡《答柳子厚》:“会待休车骑,相随出罻罗。”李贺《感讽五首》之一:“会待春日晏,丝车方掷掉。”

【會計】 古时天子大会诸侯,论功行赏。皎然《同诸公奉侍祭岳渎使大理卢幼平自会稽回经平望将赴于朝廷期过故林不至》:“紫泥领会计,玄酒荐芳馨。”刘禹锡《九华山歌》:“轩皇封禅登云亭,大禹会计临东溟。”

【會客】 会宴宾客。元稹《竞舟》:“君侯馔良吉,会客陈膳羞。”

【會真】 ❶与仙人相会。张说《唐封泰山乐章·豫和六首》之五:“玉帛非盛,聪明会真。”花蕊夫人徐氏《宫词》之二:“会真广殿约宫墙,楼阁相扶倚太阳。”《全唐诗》卷八六三《会真诗》序载五女仙,名杨敬真、马信真、徐湛真、郭修真、夏守真,“真”均为“仙”意。❷与情人相会。唐诗中多称情人或妓女为“真”。元稹有《会真诗三十韵》。其中“真”即指情人崔莺莺。

【會得】 理会,懂得。元稹《使东川嘉陵驿二首》之二:“无人会得此时意,一夜独眠西畔廊。”

【會宿】 共宿。戴叔伦《江馆会别》:“离亭一会宿,能有几人同。”元稹《纪怀赠李六户曹崔二十功曹五十韵》:“会宿形骸远,论交意气增。”姚合《和厉玄侍御无可上人会宿见寄》:“九衢难会宿,况复是寒天。”贾岛《寄贺兰朋吉》:“会宿曾论道,登高省议文。”

【會朝】 诸侯或群臣朝会盟主或天子。储光羲《秋次霸亭寄申大》:“会朝幸岁正,校猎从新猕。”韩愈《天星送杨凝郎中贺正》:“会朝元正无不至,受命上宰须及期。”

【會集】 聚集。卢纶《宴赵氏昆季书院因与会文并率尔投赠》:“琴尊方会集,珠玉忽骈罗。”

【會須】 应须;定要。杜甫《三绝句》之三:“会须上番看成竹,客至从嗔不出迎。”吕温《风叹》:“西驰南走有何事,会须一决百年中。”裴夷直《南诏朱藤杖》:“会须将入深山去,倚看云泉作老夫。”项斯《山友赠藓花冠》:“会须寻道士,簪去绕霜坛。”

【會葬】 送葬;参加葬礼。岑参《苗侍中挽歌二首》之二:“优贤几杖在,会葬市朝空。”李商隐《过故崔兖海宅与崔明秀才话旧因寄旧僚杜赵李三掾》:“诸生空会葬,旧掾已华簪。”马戴《哭京兆庞尹》:“从来受知者,会葬汉陵东。”

【會盟】 古代诸侯相会结盟。吴筠《高士咏·周丰》:“莅人在忠悫,疑叛由会盟。”

【會遇】 相会,相遇。姚系《秋夕会友》:“会遇更何时,持杯重殷勤。”郑谷《颜惠詹事即孤侄舅氏谪官黔巫舟中相遇怆然有寄》:“巴山偶会遇,江浦共悲凉。”

【會當】 (—dāng)应当;定要。杜甫《望岳》:“会当凌绝顶,一览众山小。”郑锡《出塞曲》:“会当系取天骄入,不使军书夜刺闺。”张祜《题苏州思益寺》:“会当来结社,长日为僧吟。”贾岛《送玄岩上人归西蜀》:“会当依粪扫,五岳遍头陀。”

【會筵】 宴会。杜审言《和李大夫嗣真奉使存抚河东》:“国有大臣器,朝加小会筵。”

【會稽】 (今读 guì)❶山名。在今浙江绍兴东南。相传夏禹大会诸侯于此计功，故名。刘长卿《寄灵一上人初还云门》："仿佛知心处，高峰是会稽。"刘驾《姑苏台》："难将甬东地，更学会稽栖。"贾岛《送朱兵曹回越》："会稽半侵海，涛白禹祠溪。"于濆《越溪女》："会稽山上云，化作越溪人。"❷郡名。秦置。今江苏东部及浙江西部。唐天宝元年(742)改越州为会稽郡；乾元元年(758)，复为越州。治所在会稽县(今浙江绍兴市)。领会稽、山阴等五县。李白《和卢侍御通塘曲》："梁鸿德耀会稽日，宁知此中乐事多。"刘长卿《送李校书赴东浙幕府》："方从大夫后，南去会稽行。"元稹《送王协律游杭越十韵》："去去莫凄凄，余杭接会稽。"鲍溶《上巳寄孟中丞》："今日会稽王内史，好将宾客醉兰亭。"罗隐《薛阳陶觱篥歌》："乌江太守会稽侯，相次三篇皆俊逸。"

【會₂稽山】　在今浙江绍兴县东南。相传大禹大会诸侯于此为诸侯计功，故名。陈羽《小江驿送陆侍御归湖上山》："今夜渡江何处宿，会稽山在月明中。"胡曾有《咏史诗·会稽山》。欧阳炯《题景焕画应天寺壁天王歌》："白眉长老重名公，曾识会稽山处士。"

【會₂稽竹】　會稽之地所产之箭竹，可作箭杆。白居易《和答诗十首·和大觜乌》："弦续会稽竹，丸铸荆山铜。"苏仲翔注引《尔雅》："东南之美者有会稽之竹箭焉。"

【會₂稽恥】　春秋时吴王夫差发兵围越都会稽，越王句践称臣请和，夫差乃罢兵而归。越即以此为会稽之耻。二十余年后，终于灭吴雪耻。见《史记·越王句践世家》。后泛称国耻。李白《赠从孙义兴宰铭》："誓雪会稽耻，将奔宛陵道。"又《闻李太尉大举秦兵百万出征东南留别金陵崔侍御十九韵》："愿雪会稽耻，将斯报恩荣。"

【會₂稽邸】　会稽郡之官邸。汉朱买臣拜会稽太守，曾衣故衣，与故人会稽守邸者于此共食。见《汉书·朱买臣传》。王维《送缙云苗太守》："方从会稽邸，更发汝南骑。"参见"會₂稽章"。

【會₂稽侯】　指元稹。稹曾为越州刺史。罗隐《薛阳陶觱篥歌》："乌江太守会稽侯，相次三篇皆俊逸。"

【會₂稽章】　会稽太守的印章。汉朱买臣，诏拜会稽太守，怀其印绶，步归郡邸，与故人会稽守邸者共饮。故人见其印章，乃知其为会稽太守，大惊骇。事见《汉书·朱买臣传》。后用以为典。羊士谔《郡中言怀寄西川萧员外》："身外尽归天竺偈，腰间唯有会稽章。"独孤及《暮春于山谷寺上方遇恩命加官赐服酬皇甫侍御见贺之作》："还登建礼署，犹忝会稽章。"

【會₂稽置樵】　为咏叹隐士之典。见《汉书》本传。王绩《赠李征君大寿》："会稽置樵处，兰陵卖药行。"

【會₂稽頌】　指秦始皇登会稽山祭大禹所立的石刻。见《史记·秦始皇本纪》。陆龟蒙《袭美先辈以龟蒙所献五百言既蒙见和复示荣唱再抒鄙怀用伸酬谢》："南勒会稽颂，北恢胡亥胝。"

【會₂稽樵】　汉朱买臣故事。见《汉书·朱买臣传》。表示生活穷困。秦系《会稽山居寄薛播侍郎袁高给事高参舍人》："宁知买臣困，犹负会稽樵。"

【會₂稽霞舉】　东晋废帝司马奕时，会稽王司马昱上朝，神采飞扬，给人以朝霞映暗室之感。见南朝宋刘义庆《世说新语·容止》。李瀚《蒙求》："周侯山嶷，会稽霞举。"

【會₂稽嶺】　即会稽山。在今浙江绍兴市。李白《古风》之三："铭功会稽岭，骋望瑯琊台。"

【會餐】　聚餐。郑谷《题汝州从事厅》："惊燕拂帘闲睡觉，落花沾砚会餐归。"

【會擬】　打算。元稹《僧如展及韦载同游碧涧寺徒以四韵为识》："会拟一来身塔下，无因共绕寺廊行。"白居易《寄山僧》："会拟抽身去，当风斗擞衣。"

【會應】　(—yìng)犹会当。丁仙芝《赠朱中书》："会应怜尔居素约，可即长年守贫贱。"刘昚虚《赠乔琳》："丈夫会应有知己，世上悠悠何足论。"麹信陵《吴门送客》："千里会应到，一尊谁共持。"白居易《郡斋暇日忆庐山草堂兼寄二林僧社三十韵多叙贬官已来出处之意》："会应归去在，松菊莫教荒。"

【會獵】　犹会战。战争双方在一定地区和时间进行的决战。孙元晏《咏史诗·吴·赤壁》："会猎书来举国惊，只应周鲁不教迎。"

【會解】　领悟。周贺《赠姚合郎中》："道从会解唯求静，诗造玄微不趁新。"郑谷《峡中》："独吟谁会解，多病自淹留。"

【會詩】　在一起写诗。张籍《逢王建有赠》："使君座下朝听易，处士庭中夜会诗。"

【會意】　会心；领悟。李群玉《古词》："碧波如会意，却与向西流。"

【會源】　指水流汇合之处。李商隐《哭刘司户二首》之二："溢浦应分派，荆江有会源。"

【會靜】　领会清静之道。包融《酬忠公林亭》："为道岂庐霍，会静由吾心。"

【會聚】　聚会。朱庆余《与贾岛顾非熊无可上人宿万年姚少府宅》："莫厌通宵坐，贫中会聚难。"

【會舞】　会聚于一处拜舞或跳舞。魏征《五郊乐章·舒和》："鸣鞞奏管芳羞荐，会舞安歌葆眊扬。"王维《同卢拾遗过韦给事东山别业二十韵》："会舞何飒沓，击钟弥朝昏。"

十 画

朅 〔qiè《广韵》丘竭切，入薛，溪。〕❶离去。见“朅來❶”“朅去”。❷助词。见“朅來❹”❸通“曷”。何。见“朅來❺”❹通“盍”。何不。见“朅來❻”。

【朅去】 去。皮日休《初夏游楞伽精舍》：“朅去山南岭，其险如邛笮。”

【朅來】 ❶犹言去。《后汉书·张衡传》：“回志朅来从玄淇，获我所求夫何思！”李贤注：“朅，去也。”李白《送王屋山人魏万还王屋》：“朅来游嵩峰，羽客何双双。”又《禅房怀友人岑伦》：“朅来已永久，颓思如循环。”韦应物《大梁亭会李四栖梧作》：“富贵良可取，朅来西入秦。”李涉《春山三朅来》之一：“钓鱼朅来春日暖，沿溪不厌舟行缓。”❷犹言来；归来；来到。《文选·陆机〈吊魏文帝文〉》：“咏归途以反旆，登淆渑而朅来。”吕延济注：“朅来，言归去来也。”张九龄《岁初巡属县登高安南楼言怀》：“朅来彭蠡泽，载经敷浅原。”颜真卿《刻清远道士诗因而继作》：“朅来从旧赏，林壑宛相亲。”徐浩《谒禹庙》：“负责故乡近，朅来申俎羞。”韩愈《岐山下二首》之一：“朅来岐山下，日暮边鸿惊。”❸犹言尔来或尔时以来。柳宗元《韦道安》：“朅来事儒术，十载所能逞。”❹助词。陈子昂《感遇诗三十八首》之三十：“朅来豪游子，势利祸之门。”张九龄《奉和吏部崔尚书雨后大明朝堂望南山》：“朅来青绮外，高在翠微先。”李益《自朔方还法云寺三门避暑》：“予本疏放士，朅来非外矫。”❺何来。朅，通“曷”。李白《古风》之三六：“朅来荆山客，谁为珉玉兮。”❻何不来。朅，通“盍”。李白《酬王补阙惠翼庄庙宋丞泚赠别》：“勿踏荒波坡，朅来浩然津。”高适《和崔二少府登楚丘城作》：“圣心思贤才，朅来刘葵藿。”李商隐《井泥四十韵》：“我欲秉钓者，朅来与我偕。”

月　部

月〔yuè《广韵》魚厥切，入月，疑。〕❶月亮。卢照邻《送郑司仓入蜀》："陇云朝结阵，江月夜临空。"孟浩然《夏日南亭怀辛大》："山光忽西落，池月渐东上。"戴叔伦《白苎词》："馆娃宫中露华冷，月落啼鸦散金井。"刘沧《题吴宫苑》："吴苑荒凉故国名，吴山月上照江明。"❷月光；月色。王勃《寒夜怀友杂体二首》之一："北山烟雾始茫茫，南津霜月正苍苍。"王维《奉和杨驸马六郎秋夜即事》："高楼月似霜，秋夜郁金堂。"李吉甫《夏夜北园即事寄门下武相公》："烟霞霄外静，草露月中繁。"杜牧《秋夜与友人宿》："寒城欲晓闻吹笛，犹卧东轩月满床。"❸形容形状如月亮的事物。李白《天马歌》："曾陪时龙蹑天衢，羁金络月照皇都。"王琦注："《庄子》：'齐元以月题。'陆德明注：'月题，马额上当颅如月形者也。'"李益《府试古镜》："龙盘初挂月，凤舞欲生风。"韩愈《别赵子》："婆娑海水南，簸弄明月珠。"❹计时单位。一年分十二月。王勃《蜀中九日》："九月九日望乡台，他席他乡送客杯。"孟云卿《寒食》："二月江南花满枝，他乡寒食远堪悲。"元稹《顺宗至德大圣大安孝皇帝挽歌词三首》之三："七月悲风起，凄凉万国人。"李商隐《二月二日》："二月二日江上行，东风日暖闻吹笙。"❺特指月卿。刘长卿《瓜洲驿奉饯张侍御公拜膳部郎中却复宪台充贺兰大夫留后》："月罢名卿署，星悬上将坛。"见"月卿"。

【月上】 ❶佛教传说毘摩罗诘(旧译维摩诘)之女。因出生时身上光明胜于月照，故名。后转身为男子，称月上菩萨。见《月上女经》。白居易《病中看经赠诸道侣》："何烦更请僧为侣，月上新归伴病翁。"原注："时适谈氏女子自太原初归，维摩诘有女，名月上也。"❷月亮升起。刘禹锡《洞庭秋月行》："是时白露三秋中，湖平月上天地空。"又《步出武陵东亭临江寓望》："月上彩霞收，渔歌远相续。"刘沧《春日旅游》："花开忽忆故山树，月上自登临水楼。"翁承赞《寄舍弟承裕员外》："长江月上鱼翻鬣，荒圃人稀獭印蹄。"

【月下】 月光之下。王勃《寒夜思友三首》之一："月下调鸣琴，相思此何极。"白居易《和刘汝州酬侍中见寄长句因书集贤坊胜事戏而问之》："闻道郡斋还有酒，花前月下对何人。"杜牧《青冢》："蛾眉一坠穷泉路，夜夜孤魂月下愁。"

【月夕】 月夜。韦应物《白沙亭逢吴叟歌》："尝陪月夕竹宫斋，每返温泉灞陵醉。"杜牧《赠渔父》："芦花深泽静垂纶，月夕烟朝几十春。"

【月弓】 弓弦，泛指武备兵器。太宗《执契静三边》："霜野韬莲剑，关城罢月弓。"

【月井】 天井。李商隐《烧香曲》："露庭月井大红气，轻衫薄细当君意。"刘学锴、余恕诚《李商隐集解》引道源注曰："殿前广庭曰露庭，四周有屋中空曰月井。"

【月夫人】 指传说中的月中嫦娥。皮日休《太湖诗·石板》："召取月夫人，啸歌于上头。"又《寒夜文宴润卿有期不至》："料得焚香无别事，存心应降月夫人。"

【月支】 即月氏。岑参《北庭西郊候封大夫受降回军献上》："前年斩楼兰，去岁平月支。"张籍《没蕃故人》："前年伐月支，城上没全师。"郑嵎《津阳门诗》："戎王北走弃青冢，虏马西奔空月支。"贯休《遇五天僧入五台五首》之二："河横于阗北，日落月支西。"

【月支窟】 指大月氏国。李白《天马歌》："天马来出月支窟，背为虎文龙翼骨。"

【月中仙】 月中仙子，指嫦娥。❶喻指美女。白居易《戏答思黯》："何时得见十三弦，待取无云有月天。愿得金波明似镜，镜中照出月中仙。"自注："思黯又能筝者，以此戏之。"❷喻指科举登第的举子。张贲《奉和袭美醉中即席见赠次韵》："桂枝新下月中仙，学海词锋誉蔼然。"

【月中伐桂】 段成式《酉阳杂俎·天咫》："旧言月中有桂，有蟾蜍，故异书言月桂高五百丈，下有一人常斫之，树创随合。人姓吴名刚，西河人，学仙有过，谪令伐树。"后成为咏月的典故。皎然《杂兴六首》之二："月中伐桂人是谁，翻使年年不衰老。"

【月中桂】 ❶指神话传说中的月中桂树。李白《赠崔司户文昆季》："欲折月中桂，持为寒者薪。"参见"月桂❶"。❷喻科举或科举登第。许浑《下第贻友人》："人心高下月中桂，客思往来波上萍。"吴融《题画柏》："不得月中桂，转思陵上柏。"参见"折桂"。

【月中烏】 指农历七月七日填河之乌鹊。宋陈元靓《岁时广记》卷二六引《淮南子》曰："乌鹊填河成桥而渡织女。"白居易《游小洞庭》："风动绿蘋天上浪，鸟栖寒照月中乌。"

【月午】 月至午夜。即半夜。刘禹锡《送惟良上人》："灯明香满室，月午霜凝地。"李贺《感讽五首》之三："袅袅青栎道，月午树无影。"王琦汇解："月午，谓月至中天当午位上。"韩偓《想得》："两重门里玉堂前，寒食花枝月午天。"

【月氏】 古部族名。秦汉之际游牧于今甘肃省敦煌与祁连山之间，汉文帝前元三至四年间遭匈奴攻击，大部分西迁至新疆伊犁河流域一带，称"大月氏"。少数没有西迁的月氏人，向南进入祁连山地，称"小月氏"。唐代多借指西域各部族。王维《送平澹然判官》："须令外国使，知饮月氏头。"李白《塞下曲六首》之二："何当破月氏，然后方高枕。"又《寄远十一首》之十："鲁缟如玉霜，笔题月氏书。"

【月末】 农历每月的最后几天。白居易《戊申岁暮咏怀三首》之一："穷冬月末两三日，半百年过六七时。"

【月旦】 即"月旦評"。陈子昂《春台引》："星台秀士，月旦诸子。"权德舆《哭刘四尚书》："笑言成月旦，风韵挹天真。"又《送许著作分司东都》："月旦继平舆，风流仕石渠。"李瀚《蒙求》："王衍风鉴，许劭月旦。"

【月旦評】 谓品评人物。《后汉书·许劭传》："初，劭与靖俱有高名，好共覈论乡党人物，每月辄更其品题，故汝南俗有'月旦评'焉。"陆龟蒙《袭美先辈以龟蒙所献五百言既蒙见和复示荣唱再抒鄙怀用伸酬谢》："纵有月旦评，未能天下知。"

【月令】 《礼记》篇名。为秦、汉间人抄合《吕氏春秋》十二纪的首章而成。记述农历十二个月的时令、行政及相关事物。后或指农历某月的气候和物候。庾光先《奉和刘采访缙云南岭作》："鸟讶山经传不尽，花随月令数仍稀。"苗晋卿《奉和圣制早登太行山中言志》："月令农先急，春蒐礼复行。"德宗《中和节赐群臣宴赋七韵》："中知纪月令，方与天地长。"

【月光】 ❶月亮的光辉。卢照邻《江中望月》："江水向涔阳，澄澄写月光。"王维《沈十四拾遗新竹生读经处同诸公之作》："细枝风响乱，疏影月光寒。"刘言史《乐府杂词三首》之二："月光如雪金阶上，迸却颇梨义甲声。"赵嘏《江楼感旧》："独上江楼思渺然，月光如水水如天。"❷指月亮。刘言史《处州月夜穆中丞席和主人》："羌竹繁弦银烛红，月光初出柳城东。"

【月光子】 佛经中人名。古印度摩揭陀国舍城人。其父申日作火坑欲害佛，月光子谏之不听。后佛至，化火坑为七宝紫绀池，中生莲花。其父悔责而皈依佛教。后月光子受经法而得道。见《月光童子经》《法苑珠林》卷九六。李白《送王屋山人魏万还王屋》："朝携月光子，暮宿玉女窗。"王琦注引《艺文类聚》曰："《仙经》云：'嵩高山东南大岩下石孔，方圆一丈，西方，北入五六里，有大室，高三十余丈，周围三百步，自然明烛，相见如日月无异。中有十六仙人。云月光童子常在天台，时亦往来此中，人非有道，不得望见。'"

【月朵】 白菊花的别称。陆龟蒙《重忆白菊》："月朵暮开无绝艳，风茎时动有奇香。"

【月色】 月光。骆宾王《夏日游山家同夏少府》："谷静风声彻，山空月色深。"贾至《别裴九弟》："月色更添春色好，芦风似胜竹风幽。"严维《答刘长卿蛇浦桥月下重送》："月色今宵最明，庭间夜久天清。"李频《长安书情投知己》："秋思几秦蝉，月色千楼满。"

【月宇】 ❶月宫。亦以喻宫殿。宋之问《宴安乐公主宅得空字》："宾至星槎落，仙来月宇空。"❷指月光；月亮。李峤《甘露殿侍宴应制》："月宇临丹地，云窗网碧纱。"杜甫《石镜》："独有伤心石，埋轮月宇间。"仇兆鳌注："独有山留片石，长映月光而已。"李绅《忆登栖霞寺峰》："星珠错落耀，月宇参差虚。"❸佛殿，佛寺。钱起《柏崖老人号无名先生男削发女黄冠自以云泉独乐命予赋诗》："长男栖月宇，少女炫霓裳。"

【月妃】 ❶喻指皇后。语本《礼记·昏义》："故天子之与后，犹日之与月。"韩愈《元和圣德诗》："日君月妃，焕赫婐姽。"方世举注："《记·礼器》：'大明生于东，月生于西，此阴阳之分，夫妇之位也。'"❷指月中仙子，嫦娥。皮日休《送润卿博士还华阳》："逍遥只恐逢云将，恬淡真应降月妃。"

【月羽】 即月旗。羽，旗帜。李义府《在巂州遥叙封禅》："汶阳驰月羽，蒙阴警电麾。"参见"月旗"。

【月杖】 古代马球运动用的击球杖。因头端形如偃月，故名。鱼玄机《打球作》："坚圆净滑一星流，月杖争敲未拟休。"

【月車】 神话传说中的月亮所乘之车。窦庠《酬韩愈侍郎登岳阳楼见赠》："月车才碾浪，日御已翻溟。"

【月角】 指新月，峨眉月。吕岩《七言》之七："马踏日轮红露卷，凤衔月角擘云飞。"

【月姊】 指传说中的月中嫦娥。李商隐《圣女祠》："星娥一去后，月姊更来无。"又《楚宫二首》之二："月姊曾逢下彩蟾，倾城消息隔重帘。"司空图《游仙二首》之二："月姊殷勤留不住，碧空遗下水精钗。"

【月杵】 神话传说中月宫中的捣药之杵。王初《送陈校勘入宿》："银台级级连清汉，桂子香浓月杵低。"李商隐《寓怀》："星机抛密绪，月杵散灵氛。"按，月宫捣药有两说，一为白兔捣药。晋傅玄《拟天问》："月中何有？白兔捣药。"李白《把酒问月》："白兔捣药秋复春，嫦娥孤栖与谁邻。"一为嫦娥捣药。李商隐《寄远》："姮娥捣药无时已，玉女投壶未肯休。"陈陶《海昌望月》："孀居应寒冷，捣药青冥愁。"参见"月兔"。

【月明】 ❶月光明朗。王维《同比部杨员外十五夜游有怀静者季》："由来月明如白日，共道春灯胜百花。"刘长卿《夜中对雪赠秦系时秦初与谢氏离婚谢氏在越》："月明花满地，君自忆山阴。"牟融《送罗约》："月明野店闻鸡早，花暗关城匹马迟。"刘沧《江行夜泊》："岳阳秋霁寺钟远，渡口月明渔火残。"❷指月亮；月光。王勃《杂曲歌辞·秋夜长》："秋夜长，殊未央，月明白露澄清光。"王昌龄《洛阳尉刘晏与府掾诸公茶集天宫寺岸道上人房》："良友呼我宿，月明悬天宫。"李益《从军北征》："碛里征人三十万，一时回向月明看。"刘禹锡《堤上行三首》之二："桃叶传情竹枝怨，水流无限月明多。"

【月帔】 指仙女披在肩背上的服饰。寒山《诗三百三首》之二四七："星冠月帔横，尽云居山水。"杨凭《赠马炼师》："心嫌碧落更何从，月帔花冠冰雪容。"权德舆《戏赠张炼师》："月帔飘飖摘杏花，相邀洞口劝流霞。"韦庄《天仙子》词之五："金似衣裳玉似身，眼如秋水鬓如云。霞裙月帔一群群。"

【月狖】 月下之猿。狖，长尾猿。孟郊《送无怀道士游富春山水》："风猿虚空飞，月狖叫啸酸。"黄滔《赠宿松杨明府》："月狖声和琴调咽，烟村景接柳条春。"

【月府】 即月宫。唐彦谦《叙别》："蟠挐对月吸深杯，月府清虚玉兔吼。"

【月夜】 有月光的夜晚。王勃《江亭夜月送别二首》之一："津亭秋月夜，谁见泣离群？"骆宾王《夏日夜忆张二》："讵堪孤月夜，流水入鸣琴。"王维《哭祖六自虚》："花时金谷饮，月夜竹林眠。"刘禹锡《春有情篇》："纵令无月夜，芳兴暗中深。"

【月波】 形容似水的月光。李群玉《湘西寺霁夜》："月波荡如水，气爽星朗灭。"

【月兔】 ❶古代传说中的月中白兔。借指月亮。李白《拟古十二首》之九："月兔空捣药，扶桑已成薪。"杜荀鹤《与友人话别》："月兔走入海，日乌飞出山。"❷指白兔。亦泛指兔。玄宗《校猎义成喜逢大雪率题九韵以示群官》："月兔落高矰，星狼下急箭。"李白《观猎》："箭逐云鸿落，鹰随月兔飞。"姚合《省直书事》："蜀笺金屑腻，月兔笔毫精。"

【月弦】 ❶指弦月，半边月。陆龟蒙有《月成弦》。❷喻指拉满成圆月形的弓弦。苏颋《御箭连中双兔》："影射含霜草，魂消向月弦。"

【月陂】 水泊名。一在东京洛阳。见《太平御览》卷七三引《河南图津》、《新唐书·李适之传》。李洞《废寺闲居寄怀一二罢举知己》："槐省老郎蒙主弃，月陂孤客望谁怜。"一在西京长安禁苑内。见清徐松《唐两京城坊考》卷一。坡与"陂"通。王建《宫词一百首》之九三："忽地金舆向月陂，内人接著便相随。"

【月城楼】 即瓮城城楼。瓮城，城门外所建以加强防御的半圆形小城。岑参有《陕州月城楼送辛判官入奏》。

【月亮】 月的亮光。李益《奉酬崔员外副使携琴宿使院见示》："庭木已衰空月亮，城砧自急对霜繁。"按，清李光庭《乡人解颐·月》："月者，太阴之精。然举世乡言无谓太阴者，通谓之月亮。唐李益诗：'庭木已衰空月亮，城砧自急对霜繁。'以'繁'对'亮'，言其光也。相习不察，遂若成月之名矣。"

【月宫】 ❶古代神话传说中的月中宫殿。为嫦娥所居。顾况《石伞峰铭》："石伞山东，山衔日宫；石伞山西，山衔月宫。"刘禹锡《怀妓》之四："青鸟去时云路断，姮娥归处月宫深。"白居易《东城桂三首》之三："月宫幸有闲田地，何不中央种两株。"韦庄《贵公子》："瑶池宴罢归来醉，笑说君王在月宫。"❷佛寺名。卢肇《登祝融寺兰若》："行到月宫霞外寺，白云相伴两三僧。"

【月眉】 像一弯新月的眉毛。李贺《昌谷诗》："泉尊陶宰酒，月眉谢郎妓。"王琦汇解："梁武帝诗：'容色玉耀眉如月。'谓眉之湾环，状如初月也。"罗虬《比红儿诗》之十："诏下人间觅好花，月眉云髻选人家。"

【月珠】 即明月珠。李绅《悲善才》："秋吹动摇神女佩，月珠敲击水晶盘。"

【月桂】 ❶神话传说中的月中桂树。见《初学记》卷一引晋虞喜《安天论》。骆宾王《夏日游德州赠高四》："霜松贞雅节，月桂朗冲襟。"韦应物《拟古诗十二首》之七："酒星非所酌，月桂不为食。"吕岩《七言》之八二："姮娥月桂花先吐，王母仙桃子渐成。"佚名《句》："天河虽有浪，月桂不闻香。"❷月亮。刘禹锡《和兵部郑侍郎省中四松诗十韵》："月桂花遥烛，星榆叶对开。"❸比喻科举或科举登第。赵嘏《今年新先辈以遏密之际每有宴集必资清谈书此奉贺》："天上高高月桂丛，分明三十一枝风。"李潜《和主司王起》："恩波旧是仙舟客，德宇新添月桂名。"周墀《贺王仆射放榜》："虽欣月桂居先折，更羡春兰最后荣。"方干《题赠李校书》："名场失手一年年，月桂尝闻到手边。"参见"折桂"。❹树木名。褚朝阳《登圣善寺阁》："飞阁青霞里，先秋独早凉。天花映窗近，月桂拂檐香。"白居易《留题天竺灵隐两寺》："宿因月桂落，醉为海榴开。"

【月真】 南唐广陵女歌舞艺人。徐铉《月真歌》："扬州胜地多丽人，其间丽者名月真。"自注："月真，广陵妓女。"

【月峡】 明月峡的省称。在今四川巴中市巴州区东。峡首南岸有石壁，壁高四十丈，壁上有圆孔，形如满月，因故得名。骆宾王《送费六还蜀》："星楼望蜀道，月峡指吴门。"李白《荆门浮舟望蜀江》："春水月峡来，浮舟望安极。"杜甫《奉赠射洪李四丈》："东征下月峡，挂席穷海岛。”又《得广州张判官叔卿书使还以诗代意》：“忽得炎州信，遥从月峡传。”

【月俸】　官吏每月的俸禄。白居易《王夫子》：“道途虽远位虽卑，月俸犹堪活妻子。”姚合《武功县中作三十首》之二九：“月俸寻常请，无妨乏斗储。”

【月徑】　月光下的小路。王勃《赠李十四四首》之四：“风筵调桂轸，月径引藤杯。”

【月卿】　列卿。见《书·洪范》。高适《送柴司户充刘卿判官之岭外》：“月卿临幕府，星使出词曹。”严维《剡中赠张卿侍御》：“早列月卿位，新参柱史班。”顾况《送大理张卿》：“春色依依惜解携，月卿今夜泊隋堤。”

【月浦】　❶月光下的水边。李峤《江》：“霞津锦浪动，月浦练花开。”❷月光下的河流入口处。李绅《移九江》：“漾漾隐波亭，悠悠通月浦。”

【月浪】　指月光。李商隐《燕台四首·秋》：“月浪冲天天宇湿，凉蟾落尽疏星入。”

【月朔】　农历每月初一日。亦特指正月初一日。王昌龄《放歌行》：“明堂坐天子，月朔朝诸侯。”刘禹锡《武陵书怀五十韵》：“王正会夷夏，月朔盛旗幡。”

【月扇】　汉班婕妤《怨歌行》：“裁为合欢扇，团团似明月。”后因称团扇为“月扇”。李峤《素》：“妙夺鲛绡色，光腾月扇辉。”鲍溶《闻蝉》：“星井欲望河，月扇看藏笥。”李商隐《拟意》：“云屏不取暖，月扇未遮羞。”

【月娥】　❶指传说中的月中嫦娥。王初《青帝》：“青帝邀春隔岁还，月娥孀独夜漫漫。”李商隐《和韩录事送宫人入道》：“凤女颠狂成久别，月娥孀独好同游。”陆龟蒙《自遣诗三十首》之十五：“月娥如有相思泪，只待方诸寄两行。”❷比喻美貌的女子。李郢《中元夜》：“江南水寺中元夜，金粟栏边见月娥。红烛影回仙态近，翠鬟光动看人多。”牛希济《临江仙》词之四：“箫鼓声稀香烬冷，月娥敛尽弯环，风流皆道胜人间。”阎选《虞美人》词之二：“月蛾星眼笑微频，柳夭桃艳不胜春。”无名氏《小苏家》：“堂内月娥横剪波，倚门肠断虾须隔。”

【月荚】　传说中的一种瑞草。见《竹书纪年》卷上。许敬宗《奉和秋暮言志应制》：“月荚生还落，云枝似复非。”

【月晦】　多指农历每月的最后一日。刘长卿《晦日陪辛大夫宴南亭》：“月晦逢休澣，年光逐宴移。”白居易《春雪》：“月晦寒食天，天阴夜飞雪。”

【月帳】　月宫仙女的帷帐。罗隐《七夕》：“月帐星房次第开，两情惟恐曙光催。”欧阳炯《巫山一段云》词之一：“月帐朝霞薄，星冠玉蕊攒。”

【月彩】　❶月光。虞世南《奉和月夜观星应令》：“早秋炎景暮，初弦月彩新。”许棠《冬夜怀真里友人会宿》：“漏永星河没，堂寒月彩深。”吴商浩《宿山驿》：“露华凝夜渚莲尽，月彩满轮山驿孤。”❷指月亮。崔信明《送金竟陵入蜀》：“猿声出峡断，月彩落江寒。”丁泽《上元日梦王母献白玉环》：“似见霜姿白，如看月彩弯。”陈羽《中秋夜临镜湖望月》：“镜里秋宵望，湖平月彩深。”杜牧《奉和仆射相公春泽稍愆圣君轸虑嘉雪忽降品汇昭苏即事书成四韵》：“昭阳殿下风回急，承露盘中月彩圆。”

【月毫】　以月中兔毫所制之笔。极言笔之珍贵。韩愈《晚秋郾城夜会联句》：“摛文挥月毫，讲剑淬霜锷。”参见“月兔”。

【月液】　形容泉水。皮日休《太湖诗·以毛公泉一瓶献上谏议因寄》：“汲时月液动，担处玉浆旋。”陆龟蒙《夏日闲居作四声诗寄袭美·平入声》：“如蒙清音酬，若渴吸月液。”

【月將】　（—jiāng）谓每月皆有长进。见《诗·周颂·敬之》。杜牧《冬至日寄小侄阿宜诗》：“一似小儿学，日就复月将。勤勤不自已，二十能文章。”

【月華】　❶月光。卢照邻《赠益府裴录事》：“青山云路深，丹壑月华临。”李白《峨眉山月歌送蜀僧晏入中京》：“黄鹤楼前月华白，此中忽见峨眉客。”韩翃《酬程延秋夜即事见赠》：“长簟迎风早，空城淡月华。”李叔卿《江南曲》：“含情为君再理曲，月华照出澄江时。”❷月亮。李绅《移九江》：“异乡秋思苦，江皋月华吐。”薛能《上盐铁尚书》：“城绝鼓钟更点后，雨凉烟树月华新。”韦庄《捣练篇》：“月华吐艳明烛烛，青楼妇唱捣衣曲。”章碣《上元夜建元寺观灯呈智通上人》：“无限喧阗留不得，月华西下露华凝。”

【月硤】　同“月峡”。刘禹锡《韩十八侍御见示岳阳楼别窦司直诗因令属和重以自述故足成六十二韵》：“火星忽南见，月硖方东迤。”

【月黑】　没有月光的黑夜。卢纶《和张仆射塞下曲》之三：“月黑雁飞高，单于夜遁逃。”

【月鈎】　月牙儿，新月。张祜《和岳州徐员外云梦新亭二十韵》：“接鉴凌星斗，褰帘就月钩。”

【月暈】　❶由于光线折射而在月亮周围生成的光圈。为天气变化起风的征兆。孟浩然《彭蠡湖中望庐山》：“太虚生月晕，舟子知天风。”李白《横江词六首》之六：“月晕天风雾不开，海鲸东蹙百川回。”❷形容合兵围攻。李峤《饯薛大夫护边》：“授律星芒动，分兵月晕空。”张巡《守睢阳作》：“接战春来苦，孤城日渐危。合围侔月晕，分守若鱼丽。”

【月幌】　月光照耀的帷幔。王维《冬夜寓直麟阁》：“月幌花虚馥，风窗竹暗喧。”李商隐《摇落》：“水亭吟断续，月幌梦飞沈。”

【月裏嫦娥】　月中仙子。神话传说嫦娥偷后羿长生不老药奔月中。见《初学记》卷一引《淮南子》。无名氏《艳歌》："月里嫦娥不画眉，只将云雾作罗衣。"

【月遊】　每月奉先帝衣冠出游的仪式。见《史记·刘敬叔孙通列传》。刘禹锡《敬宗睿武昭愍孝皇帝挽歌三首》之二："惟有衣冠在，年年怆月游。"

【月窟】　❶传说中月亮的归宿处。后借以形容西方极远之地。张说《送赵顺直郎中赴安西副大都督》："月窟穷天远，河源入塞清。"李白《上云乐》："金天之西，白日所没。康老胡雏，生彼月窟。"王琦注："《长杨赋》：'西压月窟。'月窟，谓近西月没之处，盖指西域极远之地而言。"岑参《北庭贻宗学士道别》："荷戈月窟外，擐甲昆仑东。"刘禹锡《送工部张侍郎入蕃吊祭》："月窟宾诸夏，云官降九天。"❷月宫。窦庠《金山行》："居人相顾非人间，如到日宫经月窟。"皮日休《吴中苦雨因书一百韵寄鲁望》："如将月窟写，似把天河扑。"王贞白《赠刘台处士》："月窟常留丹桂在，家山贪卧白云重。"齐己《酬微上人》："搜难穷月窟，琢苦尽天机。"❸喻科举或科举登第。徐铉《酬郭先辈》："弱龄负世誉，一举游月窟。"参见"月宫"。❹池潭名。刘禹锡有《海阳十咏·月窟》。见《全唐诗》卷三五五。

【月殿】　❶月宫。陆龟蒙《开元杂题七首·雪衣女》："嫩红钩曲雪花攒，月殿栖时片影残。"李咸用《雪》："高楼四望吟魂敛，却忆明皇月殿归。"❷唐代称进士及第为"折桂"。因传说月宫中有桂树，故又称进士及第为游"月殿"。鲍溶《送王损之秀才赴举》："名在乡书贡，心期月殿游。"参见"月桂"。❸比喻宫殿。刘禹锡《馆娃宫在旧郡西南砚石山前瞰姑苏台傍有采香径梁天监中置佛寺曰灵岩即故宫也信为绝境因赋二章》之二："月殿移椒壁，天花代舜华。"唐彦谦《骊山道中》："月殿真妃下彩烟，渔阳追虏及汤泉。"❹月下的佛寺殿宇。则天皇后《从驾幸少林寺》："日宫疏涧户，月殿启岩扉。"王维《和宋中丞夏日游福贤观天长寺寺即陈左相宅所施之作》："钓矶开月殿，筑道出云梯。"张祜《扬州法云寺双桧》："高临月殿秋云影，静入风檐夜雨声。"刘得仁《宿普济寺》："月光笼月殿，莲气入莲宫。"

【月魂】　❶指月光；月亮。皮日休《添鱼具诗·箬笠》："圆似写月魂，轻如织烟翠。"又《茶中杂咏·茶瓯》："圆似月魂堕，轻如云魄起。"❷道教传说月中的五夫人。陆龟蒙《奉和袭美太湖诗二十首·以毛公泉献大谏清河公》："四面蹙山骨，中心含月魂。"

【月榭】　月光中之台榭；亦泛指台榭。李商隐《银河吹笙》："月榭故香因雨发，粉帘残烛隔霜清。"温庭筠《题友人池亭》："月榭风亭绕曲池，粉垣回互瓦参差。"李玖《喷玉泉冥会诗八首·白衣叟喷玉泉感旧游书怀》："鼠穿月榭荆榛合，草掩花园畦垄平。"刘兼《初至郡界》："莲塘小饮香随艇，月榭高吟水压天。"

【月團】　❶月满，月圆。骆宾王《咏怀》："十步庭芳敛，三秋陇月团。"❷团茶的一种。卢仝《走笔谢孟谏议寄新茶》："开缄宛见谏议面，手阅月团三百片。"

【月諸】　《诗·邶风·日月》："日居月诸，照临下土。"毛传："日乎月乎，照临之也。"后以"日居""月诸"指岁月流逝。或以"月诸"指月亮。白居易《和微之诗二十三首·和祝苍华》："日居复月诸，环回照下土。"

【月蝕】　❶月望日，地球运行到太阳与月球之间，射到月球上的日光被地球遮住，月面变黑，称"月蚀"。卢仝《月蚀诗》："二百四十年，月蚀尽不收。"朱昼《赠友人古镜》："蛟龙犹泥蟠，魑魅幸月蚀。"牛殳《琵琶行》："若似长安月蚀时，满城敲鼓声嘷嘷。"❷形容玉环中空，如月被蚀。韦应物《行路难》："月蚀中央镜心穿，故人赠妾初相结。"❸月黑。即黑夜。李白《送外甥郑灌从军三首》之三："月蚀西方破敌时，及瓜归日未应迟。"

【月旗】　旗名。旗上绘有月亮的图案，故名。古代夜里行军用以指挥军队。陆龟蒙《开元杂题七首·照夜白》："雪虬轻骏步如飞，一练腾光透月旗。"

【月樓】　月光中的楼阁。李商隐《汴上送李郢之苏州》："烟幌自应怜白纻，月楼谁伴咏黄昏。"

【月輪】　❶圆月。亦泛指月亮。王昌龄《春宫曲》："昨夜风开露井桃，未央前殿月轮高。"独孤及《寒夜溪行舟中作》："月轮大如盘，金波入空谷。"李宣古《杜司空席上赋》："红灯初上月轮高，照见堂前万朵桃。"贯休《道情偈三首》之一："独坐松根石头上，四溟无限月轮孤。"❷月光。花蕊夫人徐氏《宫词》之三六："漏永禁宫三十六，燕回争踏月轮归。"❸借指时光。白居易、刘禹锡《仆射来示有三春向晚四者难并之说诚哉是言辄引起题重为联句》："月轮行似箭，时物始如倾。"❹比喻圆月形的物体。李商隐《破镜》："玉匣清光不复持，菱花散乱月轮亏。"陆龟蒙《移石盆》："移得龙泓潋滟寒，月轮初下白云端。"韦庄《信州西三十里山名仙人城下有月岩山其状秀拔中有山门如满月之状余因行役过其下聊赋是诗》："岩峦互吞吐，岭岫相追携。中有月轮满，皎洁如圆珪。"

【月影】　❶指隐于云中的月亮。杨师道《奉和咏弓》："霜重麟胶劲，风高月影圆。"亦指映于水中或酒中的月亮影子。刘禹锡《罢郡归洛途次山阳留辞郭中丞使君》："银汉雪晴褰翠幕，清淮月影落金卮。"❷月光。卢照邻《晚渡滹沱敬赠魏大》："澄波泛月影，激浪聚沙文。"白居易《南池》："秋声依树色，月影在蒲根。"李商隐《夜冷》："树绕池宽月影多，树砧坞笛隔风萝。"徐铉《又题白鹭洲江鸥送陈君》："酒旗渔艇两无猜，月影芦花镇相得。"

【月魄】 ❶指月亮圆而始缺时不明亮的部分。亦指新月。高适《塞下曲》："日轮驻霜戈，月魄悬雕弓。"陆龟蒙、皮日休等《寒夜联句》："河光正如剑，月魄方似玦。"❷泛指月亮、月光。刘长卿《湖上遇郑田》："杯中忽复醉，湖上生月魄。"刘商《姑苏怀古送秀才下第归江南》："海潮秋打罗刹石，月魄夜当彭蠡湖。"李商隐《无题二首》之一："扇裁月魄羞难掩，车走雷声语未通。"吴融《僧舍白牡丹二首》之一："月魄照来空见影，露华凝后更多香。"王贞白《白牡舟》："晓贮露华湿，宵倾月魄寒。"

【月潭】 池潭。因池形如月，故称。薛能《赠隐者》："月潭云影断，山叶雨声齐。"

【月練】 洁白如练的月光。陈元裕《送德林郎中学士赴东府》："泛去星槎远，澄来月练浮。"

【月樹】 指月中桂树。李峤《乌》："联翩依月树，迢递绕风竿。"参见"月桂❶"。

【月頭】 农历月初。花蕊夫人徐氏《宫词》之八八："月头支给买花钱，满殿宫人近数千。"

【月館】 泛指楼阁亭馆。鲍溶《隋帝陵下》："白露沾衣隋主宫，云亭月馆楚淮东。"

【月窿】 月窟，月宫。借指月光普照的广大区域。褚亮《祭神州乐章·肃知》："包含日域，牢笼月窿。"

【月鏡】 月亮。刘宪《奉和七夕宴两仪殿应制》："更深移月镜，河浅度云軿。"李峤《八月奉教作》："月镜如开匣，云缨似缀冠。"皇甫湜《出世篇》："西摩月镜，东弄日珠。上括天之门，直指帝所居。"

【月鐘】 神话传说中的钟名。因形如偃月，故名。李商隐《李肱所遗画松诗书两纸得四十韵》："美人昔清兴，重之犹月钟。"

【月露】 月夜之露水。刘禹锡《秋夜安国观闻笙》："月露满庭人寂寂，霓裳一曲在高楼。"李商隐《无题二首》之二："风波不信菱枝弱，月露谁教桂叶香。"薛能《送赵道士归天目旧山》："符叱风雷恶，朝修月露清。"

【月觀】 （—guàn）犹月榭。赵嘏《送韩绛归淮南寄韩绰先辈》："江帆自落鸟飞外，月观静依春色边。"

二　画

有[1] 〔yǒu《广韵》云久切，上有，云。〕❶拥有。《明皇祀圜丘乐章·寿和》："底定万国，奄有四方。"《郊庙歌辞·梁太庙乐舞辞·昭德舞》："奄有四海，超彼百王。"❷占有；据有。柳宗元《敌戒》："秦有六国，兢兢以强。"韩愈《元和圣德诗》："蜀可全有，此不当受。"❸具有；怀有。骆宾王《帝京篇》："始见田窦相移夺，俄闻卫霍有功勋。"杜甫《送韦讽上阆州录事参军》："韦生富春秋，洞彻有清识。"白居易《新昌闲居招杨郎中兄弟》："暑月贫家何所有，客来唯赠北窗风。"刘沧《赠颛顼山人》："知君济世有长策，莫问沧浪隐钓矶。"❹在。李贺《苦昼短》："神君何在，太一安有。"白居易《吟元郎中白须诗兼饮雪水茶因题壁上》："城中展眉处，只是有元家。"或表示存在。王勃《乐府杂曲·鼓吹曲辞·临高台》："复有青楼大道中，绣户文窗雕绮栊。"元稹《邮竹》："庭有萧萧竹，门有阒阒骑。"李商隐《桂林》："东南通绝域，西北有高楼。"❺谓出现、发生或呈现某种情状。卢照邻《奉使益州至长安发钟阳驿》："耳目多异赏，风烟有奇状。"韦夏卿《和丘员外题湛长史旧居》："徒有昔王过，竟遗青史载。"刘禹锡《乐天寄重和晚达冬青一篇因成再答》："东隅有失谁能免，北叟之言岂便无。"❻多。李白《古风》之二三："人心若波澜，世路有屈曲。"杜甫《寄刘峡州伯华使君四十韵》："江湖多白鸟，天地有青蝇。"❼丰收。见"有年""有秋""有望"。❽犹；若。李白《鲁郡尧祠送张十四游河北》："有如张公子，骯脏在风尘。"杜甫《枯棕》："嗟尔江汉人，生成复何有。有同枯棕木，使我沈叹久。"韩愈《赠崔立之评事》："可怜无益费精神，有似黄金掷虚牝。"刘禹锡《观云篇》："晴来意态行，有若功成归。"❾助词。无义，作词头用。张说《唐封泰山乐章·雍和》："俎豆有馥，粢盛洁丰。"萧颖士《江有归舟三章》之三："有彬伊父，匪学不彰。"韩愈《剥啄行》："我为子谋，有万其全。"陆龟蒙《奉和袭美二游诗·徐诗》："目云西斋书，有过东皋田。"❿佛教语。见"有往""有爲法""有相无相"。

有[2] 〔yòu《集韵》尤救切，去宥，云。〕通"又"。用于整数与零数之间。孟郊《和蔷薇花歌》："仙机札札织凤皇，花开七十有二行。"李商隐《韩碑》："传之七十有二代，以为封禅玉检明堂基。"

【有日】 ❶多日。刘禹锡《送周鲁儒赴举诗》引："由是始列于宾籍，临觞而司斟，观博而审言，有日矣。"❷不久；有期。王维《宋进马哀词》："邈穷天兮不返，疑有日兮来归。"❸有太阳。形容光明正大。张蠙《将之京师留别亲友》："至公如有日，知我岂无时。"

【有分】 ❶有缘分；有情分。骆宾王《艳情代郭氏答卢照邻》："掷果河阳君有分，货酒成都妾亦然。"刘禹锡《洛中送杨处厚入关便游蜀》："早识卧龙应有分，不妨从此蹑丹梯。"李商隐《华岳下题西王母庙》："神仙有分岂关情，八马虚随落日行。"❷本质；本分；有位分。戴叔伦《孤石》："贞坚自有分，不乱和氏璧。"韩愈《孟东野失子》："且物各有分，孰能使之然。有子与无子，祸福未可原。"郑谷《宣义里舍冬暮自贻》："名如有分终须立，道若离心岂易宽。"

【有心】 ❶有意;有某种想法。杜牧《送赵十二赴举》:“省事却因多事力,无心翻似有心来。”李商隐《七月二十九日崇让宅宴作》:“岂到白头长只尔,嵩阳松雪有心期。”罗隐《芳树》:“青帝固有心,时时漏天意。”韦庄《长年》:“大盗不将炉冶去,有心重筑太平基。”❷有情意。杜牧《赠别二首》之二:“蜡烛有心还惜别,替人垂泪到天明。”鱼玄机《赠邻女》:“易求无价宝,难得有心郎。”崔涯《侠士诗》:“一朝若遇有心人,出门便与妻儿别。”任氏《书桐叶》:“天下有心人,尽解相思死;天下负心人,不识相思字。”❸一心;专心专意。漳郡守《梦康仙示诗》:“有心只恋琵琶坂,无意更登山上山。”周昙《咏史诗·春秋战国门·荆轲》:“有心为报怀权略,可在于期与地图。”

【有以】 有原因。高适《秦中送李九赴越》:“适越虽有以,出关终耿然。”韩愈《寄卢仝》:“先生受屈未曾语,忽此来告良有以。”白居易《续古诗十首》之八:“不舒良有以,同心久离居。”刘禹锡《令狐相公见示赠竹二十韵仍命继和》:“高人必爱竹,寄兴良有以。”

【有生】 有生命,犹言在世。张九龄《感遇十二首》之三:“有生岂不化,所感奚若斯。”李公佐仆《留诗》:“我有衣中珠,不嫌衣上尘;我有长生理,不厌有生身。”

【有主】 谓女子已有未婚夫。李商隐《蝇蜨鸡麝鸾凤等成篇》:“画楼多有主,鸾凤各双双。”

【有司】 官吏。官员分职,各有专司,故称。杜甫《咏怀二首》之一:“日给在军储,上官督有司。”元结《舂陵行》:“军国多所需,切责在有司。”韩愈《赴江陵途中寄赠王二十补阙李十一拾遗李二十六员外翰林三学士》:“有司恤经费,未免烦征求。”贾岛《送雍陶及第归成都宁亲》:“半应阴骘与,全赖有司平。”

【有成】 有成就;成功。李咸用《送谭孝廉赴举》:“也知贵贱皆前定,未见疏慵遂有成。”崔涂《问卜》:“自小非无志,何年即有成。”

【有年】 ❶丰年。王维《奉和圣制重阳节宰臣及群官上寿应制》:“四海方无事,三秋大有年。”包何《和程员外春日东郊即事》:“郎官休浣怜迟日,野老欢娱为有年。”殷尧藩《郊行逢社日》:“酒熟送迎便,村村庆有年。”郑谷《放朝偶作》:“拥褐同休假,吟诗贺有年。”❷多年。刘禹锡《赠别约师》引:“贫道昔浮湘川,会柳仪曹谪零陵,宅于佛寺,幸联栋而居者有年。”❸高寿。刘禹锡《元日乐天见过因举酒为贺》:“渐入有年数,喜逢新岁来。”卢肇《嘲小儿》:“昨日见来骑竹马,今朝早是有年人。”

【有似】 犹如,如同。韩愈《送刘师服》:“士生为名累,有似鱼中钩。”白居易《紫藤》:“先柔后为害,有似谀佞徒。”

【有行】 指出嫁。韦应物《送杨氏女》:“女子今有行,大江溯轻舟。”

【有旨】 有意味;有意趣。司空图《乙巳岁愚春秋四十九辞疾拜章将免左掖重阳独登上方》:“退居还有旨,荣路免妨贤。”

【有名】 ❶出名。岑参《梁州对雨怀麹二秀才便呈麹大判官时疾赠余新诗》:“兄弟早有名,甲科皆秀才。”司空图《偶书五首》之五:“有名人易困,无契债难还。”❷有姓名。刘禹锡《游桃源一百韵》:“列仙徒有名,世人非目击。”

【有如】 ❶犹如;好像。李白《之广陵宿常二南郭幽居》:“绿水接柴门,有如桃花源。”钱起《京兆尹厅前甘棠树降甘露》:“济旱露为兆,有如埙应篪。”韩愈《秋怀诗十一首》之七:“有如乘风船,一纵不可缆。”司马扎《自渭南晚次华州》:“有如无窠鸟,触热不得住。”❷古人誓词中的常用语。苏源明《秋夜小洞庭离宴诗》序:“源明醉,曰:‘所不与君子及四三贤同恐惧安乐,有如秋水。’”

【有志】 有志气;有志向。杨炯《出塞》:“丈夫皆有志,会见立功勋。”骆宾王《久戍边城有怀京邑》:“有志惭雕朽,无庸类散樗。”长孙佐辅《闻韦驸马使君迁拜台州》:“无阶异渐鸿,有志惭驯鸥。”陆龟蒙《奉和袭美太湖诗二十首·上真观》:“无情走声利,有志依闲暇。”

【有時】 ❶有时候。王维《偶然作六首》之二:“有时农事闲,斗酒呼邻里。”崔峒《书情寄上苏州韦使君兼呈吴县李明府》:“云外有时逢寺宿,日西无事傍江行。”刘言史《葛巾歌》:“有时醉倒长松侧,酒醒不见心还忆。”杜牧《自宣州赴官入京路逢裴坦判官归宣州因题赠》:“画堂檀板秋拍碎,一引有时联十觥。”❷谓有如愿之时。李白《行路难三首》之一:“长风破浪会有时,直挂云帆济沧海。”刘云《婕妤怨》:“秋扇尚有时,妾身永微贱。”

【有作】 ❶有所作;有所行动。许敬宗《奉和初春登楼即目应诏》:“创规虽有作,凝拱遂无营。”杜荀鹤《空闲二公递以禅律相鄙因以解之》:“象外空分空外象,无中有作有中无。”❷指写作诗歌。张九龄《奉和圣制谒玄元皇帝庙斋》:“赓歌徒有作,微薄谢昭宣。”多用作诗题,如刘禹锡有《吟乐天自问怆然有作》,见《全唐诗》卷三六五;李商隐有《崇让宅东亭醉后沔然有作》,见《全唐诗》卷五四〇。

【有住】 佛教语。人的认识凝固不变,曰“有住”。刘禹锡《宿诚禅师山房题赠二首》之二:“中宵问真偈,有住是吾忧。”

【有位】 ❶有适宜的位置。息夫牧《冬夜宴萧十丈因饯殷郭二子西上》序:“列座有位,尊卑俨如。”杜牧《送沈士赴苏州李中丞招以诗赠行》："桷榱与栋梁，施之皆有位。"

【有若】 犹若；如同。储光羲《同诸公秋霁曲江俯见南山》："有若蓬莱下，浅深见澄瀛。"孟浩然《同张明府清镜叹》："自从生尘埃，有若雾中月。"元结《宿丹崖翁宅》："泉流掩映在木杪，有若白鸟飞林间。"刘禹锡《平蔡州三首》之一："贼徒崩腾望旗拜，有若群蛰惊春雷。"

【有苗】 上古时代居于我国南方的部族。王维《送秘书晁监还日本国》序："舜觐群后，有苗不格。"李白《古风》之三四："如何舞干戚，一使有苗平。"李商隐《人日即事》："舜格有苗旬太远，周称流火月难穷。"

【有事】 指战争。亦指祭祀等。高适《信安王幕府诗》序："开元二十年，国家有事林胡，诏礼部尚书信安王总戎大举。"窦牟《元日喜闻大礼寄上翰林四学士中书六舍人二十韵》："有事郊坛毕，无私日月临。"刘禹锡《和河南裴尹侍郎宿斋天平寺诣九龙祠祈雨二十韵》："有事九龙庙，洁斋梵王祠。"

【有味】 ❶有兴致。杜牧《初上船留寄》："此时还有味，必卧日从西。"司空图《书怀》："闲知有味心难肯，道贵谋安迹易平。"❷有意味；有情趣。杜牧《将赴吴兴登乐游原一绝》："清时有味是无能，闲爱孤云静爱僧。"司空图《歌者十二首》之五："转觉淡交言有味，此声知是古人心。"

【有物】 庄子哲学名词。庄子认为物质世界产生于道，万物的本原就是虚无。见《庄子·齐物论》。宋之问《伤王七秘书监寄呈扬州陆长史通简府僚广陵以广好事》："传心晤有物，秉化游无穷。"许景先《征君宅》："了心悟有物，乘化游无垠。"王维《宋进马哀词》："客有吊之者曰：观未始兮有物，同委蜕兮胡悲？"

【有所思】 ❶古乐府篇名。沈佺期、孟郊、卢仝、韦应物、刘云均有《有所思》，见《全唐诗》卷十七。❷谓有感触，有所思念。刘禹锡《再授连州至衡阳酬柳柳州赠别》："桂江东过连山下，相望长吟有所思。"多用作诗题。如卢照邻有《望宅中树有所思》。骆宾王有《望月有所思》。

【有命】 ❶由命运主宰。孟浩然《晚春卧病寄张八》："穷通若有命，欲向论中推。"❷有诏命。韩愈《征蜀联句》："日王忿违傲，有命事诛拔。"

【有周】 周代。有，词头。王勃《倬彼我系》之一："倬彼我系，出自有周。"

【有底】 为何；有何。王维《田园乐七首》之一："官府鸣珂有底，崆峒散发何人。"杜甫《可惜》："花飞有底急，老去愿春迟。"韩愈《同水部张员外籍曲江春游寄白二十二舍人》："曲江水满花千树，有底忙时不肯来。"李商隐《赠子直花下》："并马更吟去，寻思有底忙。"杜荀鹤《山居自遣》："此中一日过一日，有底闲愁得到心。"

【有限】 有限度。杜甫《前出塞九首》之六："杀人亦有限，列国自有疆。"元稹《会真诗三十韵》："留连时有限，缱绻意难终。"罗隐《大梁见乔诩》："千年非有限，一醉解无聊。"

【有限身】 佛教语。因人的生命有限，故称有限身。寒山《诗三百三首》之十九："生为有限身，死作无名鬼。"鲍溶《与峨眉山道士期尽日不至》："顾惭有限身，易老白日光。"

【有相】 ❶有富贵之相。白居易《自咏》："形容瘦薄诗情苦，岂是人间有相人。"❷佛教语。指可见可知的事物。佛教认为一切有相都是虚幻不实的。参见"有相無相"。

【有相無相】 佛教语。指世间一切有形与无形的事物。佛教认为这一切都是虚幻之物。姚合《过钦上人院》："有相无相身，唯师说始真。"

【有垠】 有边际。裴度、刘禹锡等《刘二十八自汝赴左冯涂经洛中相见联句》："万顷徒称量，沧溟讵有垠。"

【有是夫】 犹言如此。叹词，表示感慨或赞叹。杜甫《哭台州郑司户苏少监》："流恸嗟何及，衔冤有是夫。"元结《别何员外》："吾见何君饶，为人有是夫。"

【有秋】 丰年，丰收。孟浩然《同独孤使君东斋作》："廨宇宜新霁，田家贺有秋。"齐己《龙潭作》："四面耕桑者，先闻贺有秋。"

【有便】 得便，有机会。孔德绍《送蔡君知入蜀二首》之二："灵关九折险，蜀道二星遥。乘槎若有便，希泛广陵潮。"

【有待】 ❶有所期待。孟浩然《岁暮海上作》："虚舟任所适，垂钓非有待。"又《上巳日涧南园期王山人陈七诸公不至》："坐歌空有待，行乐恨无邻。"❷佛教语。谓人须有衣食等才能生活。骆宾王《帝京篇》："相顾百龄皆有待，居然万化咸应改。"

【有美】 赞美词，赞美人或事物。有，助词。太宗《执契静三边》："无为宇宙清，有美璇玑正。"卢照邻《三月曲水宴得尊字》："有美光时彦，养德坐山樊。"李商隐《哭刘司户二首》之二："有美扶皇运，无谁荐直言。"贯休《善哉行》："有美一人兮，婉如青扬。"

【有神】 ❶神灵。有，助词。张籍《答开州韦使君寄车前子》："开州午日车前子，作药人皆道有神。"❷谓有神功。杜甫《奉赠韦左丞丈二十二韵》："读书破万卷，下笔如有神。"又《丹青引赠曹将军霸》："将军画善盖有神，必逢佳士亦写真。"岑参《送张献心充副使归河西杂句》："看君谋智若有神，爱君词句皆清新。"顾云《池阳醉歌赠匡庐处士姚岩杰》："文锋斡破造化窟，心刃掘出兴亡根。经疾史恙万片恨，墨炙笔针如有神。”❸有生气，有精神。张乔《终南山》：“洞远皆通岳，川多更有神。”

【有爲】 ❶有作为。白居易《和微之诗二十三首·和我年三首》之二：“因读管萧书，窃慕大有为。”❷有所为；有缘故。朱庆余《送僧》：“客行皆有为，师去是闲游。”于渍《拟古讽》：“草木本无情，此时如有为。”吴融《和皮博士赴上京观中修灵斋赠威仪尊师兼见寄》：“精诚有为天应感，章奏无私鬼怕闻。”司空图《诗品二十四则·疏野》：“倘然适意，岂必有为。”❸佛教语。指有为法。寒山《诗三百三首》之一七一：“虽乃得如斯，有为多患累。”寇坦《同皇甫兵曹天官寺浴室新成招友人赏会》：“共听无漏法，兼濯有为尘。”利涉《讥韦玎吟以韦字为韵》：“我之佛法是无为，何故今朝得有为。”

【有爲法】 佛教语。泛指世间一切相互联系、生灭变化的现象。王贞白《云居长老》：“不说有为法，非传无尽灯。”

【有娀】 古国名。故址在今山西永济市。李商隐《中元作》：“有娀未抵瀛洲远，青雀如何鸩鸟媒。”

【有素】 ❶素来就有；素来就是。王维《偶然作六首》之三：“家贫禄既薄，储蓄非有素。”陆龟蒙《袭美见题郊居十首因次韵酬之以伸荣谢》之十：“疏慵真有素，时势尽无能。”李建勋《溪斋》：“乖慵自有素，不是忽簪裾。”❷谓如同往时。张九龄《晨坐斋中偶而成咏》：“休闲倘有素，岂负南山曲。”

【有耻】 ❶知耻。高适《自淇涉黄河途中作十三首》之十三：“皤皤河滨叟，相遇似有耻。”韩愈《秋怀诗十一首》之五：“名浮犹有耻，味薄真自幸。”刘禹锡《韩十八侍御见示岳阳楼别窦司直诗因令属和重以自述故足成六十二韵》：“蘧瑗亦屡化，左丘犹有耻。”❷遭遇耻辱。贾岛《石门陂留辞从叔谟》：“有耻长为客，无成又入关。”

【有夏氏】 指夏代。有，词头。元结《补乐歌十首·大夏》序：“大夏，有夏氏之乐歌也。”

【有倫】 ❶有伦理道德。韩愈《谢自然诗》：“人生有常理，男女各有伦。”❷有条理次序。薛能《升平词十首》之十：“谏纸应无用，朝纲自有伦。”

【有殷氏】 指殷商，商代。有，词头。元结《补乐歌十首·大濩》序：“大濩，有殷氏之乐歌也。”

【有唐】 指唐朝。有，词头。贺知章《唐禅社首乐章·太和》：“昭昭有唐，天俾万国。”徐仲雅《赠齐己》：“闷见有唐风雅缺，敲破冰天飞白雪。”

【有得】 有所收获；有所领悟。韩愈《赠侯喜》：“举竿引线忽有得，一寸才分鳞与鬐。”刘禹锡《赠别君素上人诗》引：“素以道眼视予，予以所视视之，不由陛级，携手智地。居数日，告有得而行。”又《金陵五题》序：“适有客以金陵五题相示，逌尔生思，欻然有得。”

【有象】 同“有相❷”。张九龄《登临沮楼》：“有象言虽具，无端思转多。”又《奉和圣制赐诸州刺史以题座右》：“容光无不照，有象必为言。”

【有望】 有希望。崔道融《溪上遇雨二首》之一：“耕蓑钓笠取未暇，秋田有望从淋漓。”

【有情】 ❶有情感。白居易《夜调琴忆崔少卿》：“今夜调琴忽有情，欲弹惆怅忆崔卿。”李商隐《二月二日》：“花须柳眼各无赖，紫蝶黄蜂俱有情。”温庭筠《过分水岭》：“溪水无情似有情，入山三日得同行。”罗隐《南康道中》：“丹桂竟多故，白云空有情。”❷有情义。孟浩然《美人分香》：“艳色本倾城，分香更有情。”刘禹锡《出鄂州界怀表臣二首》之一：“迟迟有情处，却恨江帆驶。”李商隐《送千牛李将军赴阙五十韵》：“庾信生多感，杨朱死有情。”

【有情人】 ❶指情人，恋人。李德裕《鸳鸯篇》：“愿作鸳鸯被，长覆有情人。”吴融《倒次元韵》：“生憎无赖客，死忆有情人。”❷指友人。皎然《春夜集陆处士居玩月》：“欲赏芳菲肯待辰，忘情人访有情人。”李益、广宣等《宣上人病中相寻联句》：“闲收无效药，遍寄有情人。”

【有涯】 有限；有边际。王维《奉和圣制幸玉真公主山庄因题石壁十韵之作应制》：“大道今无外，长生讵有涯。”刘禹锡《敬宗睿武昭愍孝皇帝挽歌三首》之一：“宝历方无限，仙期忽有涯。”薛逢《九日嘉州发军亭即事》：“不愁故国归无日，却恨浮名苦有涯。”韦庄《出关》：“危时只合身无着，白日那堪事有涯。”

【有寄】 有所寄托。张九龄《与生公游石窟山》：“造物良有寄，嬉游迺惬衷。”亦多用作诗题。杜牧有《有寄》，见《全唐诗》卷五二三。于武陵有《友人南游不回因而有寄》，见《全唐诗》卷五九五。皮日休有《闻鲁望游颜家林园病中有寄》，见《全唐诗》卷六一三。

【有隋】 指隋代。有，词头。玄宗《行次成皋途经先圣擒建德之所缅思功业感而赋诗》：“有隋政昏虐，群雄已交争。”

【有巢氏】 传说中上古构木为巢的发明人。见《韩非子·五蠹》。陆龟蒙《江湖散人歌》：“因而称曰有巢氏，民共敬贵如君师。”

【有期】 ❶有期约。杜牧《将赴湖州留题亭菊》：“陶菊手自种，楚兰心有期。”李商隐《赠宗鲁筇竹杖》：“鹤怨朝还望，僧闲暮有期。”❷有期限。许浑《送陆拾遗东归》：“文章报主非无意，书剑还家素有期。”又《京口闲居寄京洛友人》：“聚散有期云北去，浮沈无计水东流。”

【有無】 ❶有或无。韩愈《桃源图》：“神仙有无何渺茫，桃源之说诚荒唐。”皎然《吊灵均词》：“昧天道兮有无，听汩渚兮踌躇。”李绅《新楼诗二十首·龙宫寺》：“真相有无因色界，化城兴灭在莲基。”温庭筠《病中书怀呈友人》：“正使猜奔竞，何尝计有无。”❷或有或无；似有似无。王维《汉江临泛》：“江流天地外，山色有无中。”李贺《神弦》：“终南日色低平湾，神兮长在有无间。”元稹《杂忆五首》之五：“春冰消尽碧波湖，漾影残霞似有无。”❸有吗。无，疑问词。白居易《河南王尹初到以诗代书先问之》：“鬓上斑多少，杯前兴有无。”杜牧《对花微疾不饮呈坐中诸公》：“花前虽病亦提壶，数调持觞兴有无。”❹所有。杜牧《送沈士赴苏州李中丞招以诗赠行》：“尽我所有无，惟公之指使。”❺佛教语。佛教认为一切有与无都属虚幻。李白《赠宣州灵源寺仲濬公》：“今日逢支遁，高谈出有无。”耿湋《宿万固寺因寄严补阙》：“钟梵已休初入定，有无皆离本难名。”杜牧《洛阳长句二首》之一：“草色人心相与闲，是非名利有无间。”杜荀鹤《空闲二公递以禅律相鄙因而解之》：“有无无有师穷取，山到平来海亦枯。”

【有愧】　惭愧。李白《下途归石门旧居》：“此心郁怅谁能论，有愧叨承国士恩。”王棨《省题诗二十一首·文不加点》：“有愧当明试，含毫到日斜。”

【有道】　❶道德高尚。杜甫《醉时歌》：“先生有道出羲皇，先生有才过屈宋。”❷谓政治清明。张绍《冲佑观》：“天下有道，谁非圣人。”李商隐《水斋》：“多病欣依有道邦，南塘晏起想秋江。”许浑《汴河亭》：“四海义师归有道，迷楼还似景阳楼。”薛能《献仆射相公》：“朝廷有道青春好，门馆无私白日闲。”❸谓君主圣哲贤明。刘长卿《长沙过贾谊宅》：“汉文有道恩犹薄，湘水无情吊岂知。”李岑《玄元皇帝应见贺圣祚无疆》：“皇纲归有道，帝系祖玄元。”

【有隙】　有缝隙。韩愈《和侯协律咏笋》：“攒生犹有隙，散布忽无垠。”

【有感】　有所感触。张九龄《奉和圣制谒玄元皇帝庙斋》：“兴运昔有感，建祠北山巅。”亦多用作诗题。杜牧有《过鲍溶宅有感》。见《全唐诗》卷五二六；李商隐有《故驿迎吊故桂府常侍有感》。见《全唐诗》卷五四〇。

【有虞】　有虞氏的省称。崔日用《奉和圣制龙池篇》：“操环昔闻迎夏启，发匣先来瑞有虞。”杜甫《望岳》：“巡守何寂寥，有虞今则亡。”鲍溶《湘妃列女操》：“有虞夫人哭虞后，淑女何事又伤离。”李咸用《铜雀台》：“有虞曾不有遗言，滴尽湘妃眼中血。”

【有虞氏】　传说中的古部落名。其首领舜接受尧禅，都蒲坂，故址在今山西省永济市蒲州镇。亦指其首领舜。元结《补乐歌十首·大韶》序：“大韶，有虞氏之乐歌也。”

【有虞琴】　《礼记·乐记》：“昔者舜作五弦之琴以歌南风。”后以“有虞琴”泛指琴。李商隐《自桂林奉使江陵途中感怀寄献尚书》：“泷通伏波柱，帘对有虞琴。”

【有意】　❶有意图；有愿望。郑惟忠《送苏尚书赴益州》：“庭花如有意，留艳待人开。”李泌《长歌行》：“天覆吾，地载吾，天地生吾有意无。”韩愈《秋怀诗十一首》之八：“卷卷落地叶，随风走前轩。鸣声若有意，颠倒相追奔。”吴融《得京中亲友书讶久无音耗以诗代谢》：“无才敢更期连茹，有意兼思学采薇。”❷犹有志。项斯《病鹤》：“青云有意力犹微，岂料低回得所依。”❸故意。韦庄《鸡公帻》：“不鸣非有意，为怕客奔齐。”钱珝《江行无题一百首》之十七：“柳拂斜开路，篱边数户村。可能还有意，不掩向江门。”

【有截】　整齐貌。李峤《奉使筑朔方六州城率尔而作》：“雄视沙漠垂，有截北海阳。”后又割取“有截”代指九有，天下。杜牧《奉和门下相公送西川相公兼领相印出镇全蜀诗十八韵》：“无私天雨露，有截舜衣裳。”《中宗祀昊天乐章·凯安》：“风猷被有截，声教覃无外。”《郊庙歌辞·祀九宫贵神乐章·肃和》：“事光祀典，福覃有截。”

【有種】　谓世代相传。见《史记·陈涉世家》。王维《宋进马哀词》序：“宋进马者，中书舍人宋公之子也。公无弟兄，子一而已，文则有种，德亦惟肖。”

【有漏】　佛教语。指世间导致烦恼的一切事物。宋之问《自衡阳至韶州谒能禅师》：“愿以有漏躯，聿薰无生慧。”李白《安州般若寺水阁纳凉喜遇薛员外乂》：“而我遗有漏，与君用无方。”

【有熊】　传说中黄帝的国号。陈陶《飞龙引》：“有熊之君好神仙，餐霞炼石三千年。一旦黄龙下九天，骑龙枿枿升紫烟。”

【有趣】　有兴味；有趣味。张九龄《出为豫章郡途次庐山东岩下》：“有趣逢樵客，忘怀狎野禽。”王贞白《芦苇》：“朗吟应有趣，潇洒十余株。”

【有德】　有高尚品行，有道德。韩愈《驽骥》：“有能必见用，有德必见收。”亦指有高尚品行、有道德的人。李商隐《赠送前刘五经映三十四韵》：“片辞褒有德，一字贬无良。”

【有徵】　有征伐之事。宋璟《奉和圣制送张说巡边》：“帝道薄存兵，王师尚有征。”源乾曜《奉和圣制送张尚书巡边》：“有征视矛戟，制胜唯樽俎。”

【有餘】　❶有剩余。超过足够的程度。韩愈《驽骥》：“嘶鸣当大路，志气若有余。”白居易《送陕州王司马建赴任》：“陕州司马去何如，养静资贫两有余。”牟融《题朱庆余闲居四首》之三：“按剑心犹壮，琴书乐有余。”刘沧《江城晚望》：“一望江城思有余，遥分野径入樵渔。”❷多；多余。戴叔伦《怀素上人草书歌》：“楚僧怀素工草书，古法尽能新有余。”韩愈《三星行》：“名声相乘除，得少失有余。”刘禹锡《酬宣州崔大夫见寄》：“中郎南镇权方重，内史高斋兴有余。”李商隐《木兰》：“弄粉知伤重，调红或有余。”

【有緣】 有缘分。刘得仁《和范校书赠造微上人》：“他生有缘会，君子亦应同。”薛能《送赵道士归天目旧山》：“有缘终自鄙，何计逐师行。”孙鲂《题梅岭泉》：“孤贱今何幸，跻攀奈有缘。”

【有懷】 ❶有所感触。贺知章《唐禅社首乐章·寿和》：“惟以明发，有怀载殷。”亦多用作诗题。孟浩然有《岁除夜有怀》，见《全唐诗》卷一六〇。❷怀念；思念。有，助词。萧颖士《江有归舟三章》序：“彼吴之丘，曾是昔游，必乎往矣，有怀伊阻。”李商隐《十字水期韦潘侍御同年不至时韦寓居水次故郭汾宁宅》：“顾我有怀同大梦，期君不至更沈忧。”又《肠》：“有怀非惜恨，不奈寸肠何。”亦多用作诗题。刘禹锡有《秋晚新晴夜月如练有怀乐天》，见《全唐诗》卷三五八；李商隐有《有怀在蒙飞卿》，见《全唐诗》卷五四一；曹邺有《登岳阳楼有怀寄座主相公》，见《全唐诗》卷五九二。

【有類】 ❶指有不同的类别。刘禹锡《飞鸢操》：“天生众禽各有类，威凤文章在仁义。”❷有如，如同。韩愈《崔十六少府摄伊阳以诗及书见投因酬三十韵》：“寄诗杂诙俳，有类说鹏鷃。”又《示儿》：“山鸟旦夕鸣，有类涧谷居。”又《和虞部卢四酬翰林钱七赤藤杖歌》：“南宫清深禁闱密，唱和有类吹埙篪。”

【有屬】 托付；委托。韩愈《龊龊》：“天意固有属，谁能诘其端。”刘禹锡《葡萄歌》：“扬翘向庭柯，意思如有属。”

【有靈】 ❶有神灵。王勃《忽梦游仙》：“寤寐霄汉间，居然有灵对。”杨炯《西陵峡》：“江山若有灵，千载伸知己。”徐仲雅《赠齐己》：“清塞清江却有灵，遗魂泣对荒郊月。”❷有灵气，有精气。刘禹锡《楚州开元寺北院枸杞临井繁茂可观群贤赋诗因以继和》：“僧房药树依寒井，井有香泉树有灵。”李群玉《规公业在净名得甚深义仆近获顾长康月宫真影对戴安道所画文殊走笔此篇以屈瞻礼》：“生公吐辩真无敌，顾氏传神实有灵。”

四　画

朏 〔pí《广韵》房脂切，平脂，並。〕牛、羊等反刍类动物的重瓣胃。亦比喻胸臆。李商隐《戏题枢言草阁三十二韵》：“徒令真珠朏，裛入珊瑚腮。”

服[1] 〔fú《广韵》房六切，入屋，奉。〕❶食用，饮用。李白《答族侄僧中孚赠玉泉仙人掌茶》：“根柯洒芳津，采服润肌骨。”秦系《题赠张道士山居》：“松间寂寂无烟火，应服朝来一片霞。”柳宗元《种仙灵毗》：“及言有灵药，近在湘西原。服之不盈旬，蹩躠皆腾骞。”陈陶《悲哉行》：“中岳仇先生，遗余饵松方。服之一千日，肢体生异香。”❷从事，致力。姚合《庄居野行》：“官家不税商，税农服作苦。”亦指历，经历。张宣明《使至三姓咽面》：“岂不服艰险，只思清国仇。”❸招认。张衮《梁郊祀乐章·庆休》：“七旬罪已服，六月师方克。”❹顺从；降服。杜甫《哀王孙》：“窃闻天子已传位，圣德北服南单于。”顾况《送从兄使新罗》：“扬威轻破虏，柔服耻征辽。”元稹《宪宗章武孝皇帝挽歌词三首》之二：“始服沙陀虏，方吞逻逤戎。”张衮《梁郊祀乐章·庆融》：“服遐裔兮敷质文，格苗扈兮息烟尘。”❺遵循。王维《送秘书晁监还日本国》序：“海东国，日本为大，服圣人之训，有君子之风。”❻佩服；信服。杜甫《北征》：“此辈少为贵，四方服勇决。”刘长卿《赠别于群投笔赴安西》：“心镜万象生，文锋众人服。”顾况《稽山道芬上人画山水歌》：“镜中真僧白道芬，不服朱审李将军。”吕温《上官昭容书楼歌》：“汉家婕妤唐昭容，工诗能赋千载同。自言才艺是天真，不服丈夫胜妇人。”❼驾。李益《秋晚溪中寄怀大理齐司直》：“明质鹜高景，飘飖服缨绥。”王建《赛神曲》：“青天无风水复碧，龙马上鞍牛服轭。”孟郊《立德新居》之六：“品子懒读书，辕驹难服犂。”元稹《贻蜀五首·病马诗寄上李尚书》：“遥看云路心空在，久服盐车力渐烦。”❽穿戴；穿。陈叔达《州城西园入斋祠社》：“祈年服垂冕，告币动褰帷。”赵居贞《云门山投龙诗》：“披展送龙仪，宁安服狐白。”白居易《新乐府·缚戎人》：“唯许正朝服汉仪，敛衣整巾潜泪垂。”黄崇嘏《辞蜀相妻女诗》：“自服蓝衫居郡掾，永抛鸾镜画蛾眉。”❾佩戴。元结《游潓泉示泉上学者》：“此中若可安，不服铜虎符。”❿衣服。李峤《罗》：“若珍三代服，同擅绮纨名。”萧昕《临风舒锦》：“还乡将制服，从此表亨通。”陈羽《古意》：“人言此是嫁时服，含笑不刺双鸳鸯。”聂夷中《赠农》：“劝尔无伐桑，减尔身上服。”⓫指京畿之外的边远之地。李峤《晚秋喜雨》：“炎威振皇服，歊景暴神州。”王维《奉和圣制天长节赐宰臣歌应制》：“尽九服兮皆四邻，乾降瑞兮坤降珍。”元稹《哭女樊四十韵》：“迢递离荒服，提携到近京。”刘禹锡《送李策秀才还湖南因寄幕中亲故兼简衡州吕八郎中》：“圣功奠远服，神物拥休祯。”⓬通“鵩”。见“服鳥”。

服[2]〔fù《集韵》扶缶切，上有，奉。〕❶负载。见"服₂箱"。❷量词。一剂中药称一服。齐己《谢人惠药》："久餐应换骨，一服已通神。"

【服田】　耕种田亩。薛能《升平乐》之五："奇技皆归朴，征夫亦服田。"

【服用】　衣服器用。元稹《六年春遣怀八首》之四："婢仆晒君余服用，娇痴稚女绕床行。"

【服役】　服劳役。韩愈《送区弘南归》："服役不辱言不讥，从我荆州来京畿。"王贞白《仙岩二首》之二："风呼山鬼服役，月照衡薇结花。"

【服玩】　指服饰器用玩好之物。白居易《杂兴三首》之三："吴王心日侈，服玩尽奇瑰。"又《感情》："中庭晒服玩，忽见故乡履。"顾非熊《哭韩将军》："功勋客问求为志，服玩僧收与转经。"

【服事】　❶指在幕下或部下担任公职。杜甫《八哀诗·赠司空王公思礼》："服事哥舒翰，意无流沙碛。"丘光庭《补新宫》序："文王身有圣德，当殷纣之代，三分天下之众，二分归周，而文王犹服事纣。"❷犹言服侍，侍候。王维《投道一师兰若宿》："岂唯暂留宿，服事将穷年。"

【服柏】　服食柏实。道教养生延年之术。见汉刘向《列仙传》卷下。于鹄《题服柏先生》："服柏不飞炼，闲眠闭草堂。"

【服食】　❶服用丹药。道教的养生延年之术。陈子昂《观荆玉篇》序："予家世好服食，昔常饵之。"李白《嵩山采菖蒲者》："我来采菖蒲，服食可延年。"白居易《戒药》："暮齿又贪生，服食求不死。"王贞白《送芮尊师》："石上菖蒲节节灵，先生服食得长生。"❷衣服；食物。王维《送秘书晁监还日本国》序："亦由呼耶来朝，舍于葡萄之馆。卑弥遣使，报以蛟龙之锦。牺牲玉帛，以将厚意，服食器用，不宝远物。"❸食用。韦应物《饵黄精》："灵药出西山，服食采其根。"

【服食方】　服食丹药之术。鲍溶《与峨眉山道士期尽日不至》："往闻清修箓，未究服食方。"

【服匿】　小口大腹的盛酒器。见《汉书·苏武传》。皮日休《太湖诗·入林屋洞》："有时若服匿，偪仄如见绷。"

【服氣】　呼吸吐纳。道教的养生延年之术。白居易《赠王山人》："玉芝观里王居士，服气餐霞善养身。"又《感事》："服气崔常侍，烧丹郑舍人。"吕岩《寄白龙洞刘道人》："却云服气与休粮，别有门庭道路长。"

【服從】　顺从，遵从。柳宗元《唐铙歌鼓吹曲十二篇·东蛮第十二》："无思不服从，唐业如山崇。百辟拜稽首，咸愿图形容。"

【服鳥】　鸟名。即鹏鸟。服，通"鹏"。似鸮，古代人视为不祥之鸟。李群玉《读贾谊传》："已齐生死理，鹏鸟莫为灾。"

【服章】　表示官阶身份的各种服饰。太宗《正日临朝》："赫奕俨冠盖，纷纶盛服章。"韩愈《朝归》："峨峨进贤冠，耿耿水苍佩。服章岂不好，不与德相对。"白居易《闻行简恩赐章服喜成长句寄之》："吾年五十加朝散，尔亦今年赐服章。"

【服散】　(—sǎn)服食五石散。五石散又名寒食散。一种以钟乳石、紫石英、白石英、赤石脂、硫黄等配制成的药剂。魏晋时方士文人炼五石散服食，以求长生。陆龟蒙《奉和袭美怀华阳润卿博士三首》之二："谈玄麈尾抛云底，服散龙胎在酒中。"

【服御】　服饰车马。白居易《悲哉行》："春来日日出，服御何轻肥。"

【服勤】　指执役勤苦劳辱之事。见《礼记·檀弓上》。韦应物《谢栎阳令归西郊赠别诸友生》："自乐陶唐人，服勤在微力。"牟融《赠欧阳詹》："服勤因念劬劳重，思养徒怀感慨深。"

【服飾】　❶衣服及各种装饰物。杜甫《太子张舍人遗织成褥段》："服饰定尊卑，大哉万古程。"❷谓打扮修饰。阎朝隐《薛王花烛行》："楚王宫里能服饰，顾盼倾城复倾国。"

【服義】　服膺正义。苏颋《蜀城哭台州乐安少府》："服义题书箧，邀欢泛酒杯。"储光羲《朝邑蔡主簿期不会二首》之二："服义大如志，交欢数尽年。"

【服裳】　穿衣。李商隐《赠送前刘五经映三十四韵》："海鸟悲钟鼓，狙公畏服裳。"

【服餌】　即服食丹药。柳宗元《种术》："守闲事服饵，采术东山阿。"李建勋《采菊》："盈筐时采得，服饵近知门。"

【服綵】　身穿彩色之衣。见《艺文类聚》卷二十引汉刘向《列女传》。后以"服綵"为孝亲的典故。皎然《送颜处士还长沙觐省》："服彩将侍膳，撷芳思满襟。"

【服₂箱】　犹言驾车。服，负。箱，车箱。见《诗·小雅·大东》。韩愈《三星行》："牛不见服箱，斗不挹酒浆。"李商隐《今月二日不自量度辄以诗一首四十韵干渎尊严伏蒙仁恩俯赐披览辄复五言四十韵诗》："服箱青海马，入兆渭川熊。"

【服緦】　服丧。缌，指丧服。苏颋《赠司徒豆卢府君挽词》："几闻投剑客，多会服缌人。"

【服轅】　驾车。李贺《出城别张又新酬李汉》："地理阳无正，快马逐服辕。"

【服膺】　❶衷心信服。王湾《秋夜寓直即事怀赠萧令公裴侍郎兼通简南省诸友人》："彼此虽流盼，规模转服膺。”杜甫《寄刘峡州伯华使君四十韵》：“政术甘疏诞，词场愧服膺。”皇甫澈《赋四相诗·门下侍郎平章事王缙》：“舟楫济巨川，山河资秀气。服膺究儒业，屈指取高位。”❷铭记在心。韦应物《自尚书郎出为滁州刺史》：“一朝从此去，服膺理庶甿。”❸服侍；侍奉。杜甫《棕拂子》：“吾老抱疾病，家贫卧炎蒸。咂肤倦扑灭，赖尔甘服膺。”

【服禮】遵循礼法。杜甫《赠特进汝阳王二十韵》：“服礼求毫发，惟忠亡寝兴。”

【服藥】服食丹药。道教的养生延年之术。李白《题雍丘崔明府丹灶》：“美人为政本忘机，服药求仙事不违。”王建《寄杜侍御》：“何须服药觅升天，粉阁为郎即是仙。”张籍《春日行》：“不用积金著青天，不用服药求神仙。”谭用之《送丁道士归南中》：“服药几年期碧落，验符何处咒丹毫。”

朋〔péng《广韵》步崩切，平登，並。〕❶朋友。杜甫《孟仓曹步趾领新酒酱二物满器见遗老夫》：“饭糁添香味，朋来有醉泥。”韦应物《酬韩质舟行阻冻》：“殷勤宣中意，庶用达吾朋。”韩愈《永贞行》：“四门肃穆贤俊登，数君匪亲岂其朋。”李咸用《古意论交》：“多为势利朋，少有岁寒操。”❷同类。陆龟蒙《奉和袭美古杉三十韵》：“类既区中寡，朋当物外推。”唐彦谦《片石》：“山客劳携笈，幽人自得朋。”❸游戏或竞赛时组成的队列或集体。王建《宫词一百首》之七七：“分朋闲坐赌樱桃，收却投壶玉腕劳。”薛逢《观竞渡》：“疮眉血首争不定，输岸一朋心似烧。”见“朋頭”。❹群；众。见“朋山”。

【朋人】朋友，朋辈。杜荀鹤《出山》：“朋人登第尽，白发出山来。”

【朋山】群山。詹琲《癸卯闽乱从弟监察御史敬凝迎仕别作》：“五斗嫌腰折，朋山刺眼新。”

【朋友】指志同道合友谊深厚的人。杜甫《忆昔二首》之二：“宫中圣人奏云门，天下朋友皆胶漆。”韦应物《酬刘侍郎使君》：“朋友亦远集，燕酌在佳辰。”刘禹锡《答乐天见忆》：“偏伤朋友尽，移兴子孙间。”顾非熊《送李廓侍御赴剑南》：“图书借朋友，吟咏入戈铤。”

【朋匹】朋友。韩愈《南山有高树行赠李宗闵》：“汝岂无朋匹，有口莫肯开。”

【朋老】老友，年长的朋友。韩愈、孟郊《纳凉联句》：“谁言摈朋老，犹自将心学。”

【朋好】好友。杜甫《陪郑广文游何将军山林十首》之十：“只应与朋好，风雨亦来过。”

【朋知】朋友，知己。孙昌胤《清明》：“沉冥惭岁物，欢宴阻朋知。”

【朋侣】同伴，朋友。寒山《诗三百三首》之二一八：“为染在薰莸，应须择朋侣。”白居易《东南行一百韵》：“万里抛朋侣，三年隔友于。”

【朋故】朋友，故交。卢照邻《赠益府裴录事》：“停弦变霜露，对酒怀朋故。”

【朋徒】朋友。戎昱《冬夜宴梁十三厅》：“家为朋徒罄，心缘翰墨劳。”李绅《趋翰苑遭诬构四十六韵》：“辨疑分黑白，举直抵朋徒。”

【朋席】朋友欢聚之宴席。李峤《送光禄刘主簿之洛》：“朋席余欢尽，文房旧侣空。”

【朋酒】❶两樽酒。见《诗·豳风·七月》。后泛指酒，酒壶。独孤及《江宁酬郑县刘少府兄赠别作》：“仙山不用买，朋酒日相携。”❷亲友宴饮。杜甫《和江陵宋大少府暮春雨后同诸公及舍弟宴书斋》：“朋酒日欢会，老夫今始知。”

【朋扇】（—shān）相互勾结煽动。韩愈《射训狐》：“聚鬼征妖自朋扇，摆掉栱桷颓墍涂。”

【朋執】朋友。清昼、韩章等《春日对雨联句一首》：“却欲学神仙，空思谢朋执。”于瑰《和绵州于中丞登越王楼作二首》之一：“郢曲思朋执，轻纱画胜游。”

【朋曹】朋辈；朋友。杜甫《雨》：“针灸阻朋曹，糠籺对童孺。”元稹《酬刘猛见送》：“任气有愎戆，容身寡朋曹。”

【朋從】（—cóng）朋友；朋辈。贺知章《晓发》：“故乡杳无际，明发怀朋从。”孟浩然《李少府与杨九再来》：“喧喧斗鸡道，行乐羡朋从。”高适《涟上题樊氏水亭》：“异县少朋从，我行复迍邅。”慧净《和琳法师初春法集之作》：“高才掞雅什，顾己滥朋从。”

【朋情】友谊。杜审言《赠崔融二十韵》：“思极欢娱至，朋情讵可忘。”

【朋遊】朋友。杜审言《赠苏味道》：“舆驾还京邑，朋游满帝畿。”戴叔伦《送萧二》：“又闻故里朋游尽，到日知逢何处人。”杜牧《张好好诗》：“朋游今在否，落拓更能无。”

【朋愛】朋友，知交。张说《送李问政河北简兵》：“斗酒贻朋爱，踌躇出御沟。”

【朋僚】同僚。沈佺期《自考功员外授给事中》：“案牍遗常礼，朋僚隔等威。”白居易《闲意》：“北省朋僚音信断，东林长老往还频。”

【朋頭】游戏竞赛中两队的首领。王建《宫词一百首》之八四：“春设殿前多队舞，朋头各自请衣裳。”

【朋儔】朋友。唐彦谦《和陶渊明贫士诗七首》之七：“去年秋事荒，贩籴仰邻州。健者道路间，什百成朋俦。”

【朋儕】朋友，朋辈。窦昉《嘲许子儒》：“岁暮良工毕，言是越朋侪。”

【朋親】朋友，亲人。韩愈《送惠师》：“惠师浮屠者，乃是不羁人。十五爱山水，超然谢朋亲。”贾岛《望山》："冒雨时立望，望之如朋亲。"

【朋舊】 朋友，故交。王绩《在京思故园见乡人问》："殷勤访朋旧，屈曲问童孩。"张说《饯唐州高使君》："常时好闲独，朋旧少相过。"

【朋戲】 相聚嬉戏。李商隐《骄儿诗》："青春妍和月，朋戏浑甥侄。"

【朋簪】 指朋友，朋辈。戴叔伦《卧病》："沧洲诗社散，无梦盍朋簪。"

【朋識】 朋友与相识。王维《哭祖六自虚》："公卿尽虚左，朋识共推先。"

【朋類】 指同类事物。韩愈《答柳柳州食虾蟆》："叵堪朋类多，沸耳作惊爆。"

【朋黨】 相互勾结成党派。张籍《祭退之》："由兹类朋党，骨肉无以当。"

五　画

朏 〔fěi《广韵》敷尾切，上尾，敷。又滂佩切，去队，滂。〕❶新月初现貌。见"朏魄"。❷黎明。见"朏晨"。

【朏晨】 黎明。《郊庙歌辞·夕月乐章·雍和》："朏晨争举，天宗礼辟。"

【朏魄】 新月。刘禹锡《有僧言罗浮事因为诗以写之》："是时当朏魄，阴物恣腾振。"

六　画

朕 〔zhèn《广韵》直稔切，上寝，澄。〕❶预兆；迹象。吴筠《高士咏·壶丘子》："太冲杳无朕，元化谁能知。"元结《补乐歌十首·大韶》："欲闻朕初兮，玄封冥冥。"白居易《和答诗十首·答四皓庙》："由来圣人道，无朕不可窥。"吕温《道州南楼换柱》："鸿灾起无朕，有见非前知。"贯休《寄澜公二首》之一："烧逼鸿行侧，风干雪朕清。"❷帝王的自称之词。始于秦始皇。《史记·秦始皇本纪》："天子自称曰'朕'。"玄宗《春晚宴两相及礼官丽正殿学士探得风字》序："朕以薄德，祗膺历数。"德宗《重阳日赐宴曲江亭赋六韵诗用清字》序："朕在位仅将十载，实赖忠贤左右，克致小康。"

【朕兆】 征兆；预兆。贯休《寿春节进》："氛祲根株尽，浇讹朕兆隳。"吕岩《三字诀》："地天泰，为朕兆。"

【朕跡】 征兆，痕迹。元稹《望云骓马歌》："掣开流电有辉光，突过浮云无朕跡。"

朔 〔shuò《广韵》所角切，入覺，生。〕❶农历每月初一。此日，月亮运行到地球与太阳之间，地面上见不到月光，称"朔"。张九龄《奉和圣制幸晋阳宫》："一月朔巡狩，群后陪清銮。"孟浩然《赴京途中遇雪》："穷阴连晦朔，积雪满山川。"元稹《月三十韵》："蓂叶标新朔，霜豪引细辉。"刘禹锡《武陵书怀五十韵》："王正会夷夏，月朔盛旗幡。"亦指历法。杨炯《奉和上元酺宴应诏》："匈奴穷地角，本自远正朔。"王维《送秘书晁监还日本国》序："正朔本乎夏时，衣裳同乎汉制。"❷北方。权德舆《大言》："华嵩为佩河为带，南交北朔跬步内。"李贺《感讽六首》之二："苦风吹朔寒，沙惊秦木折。"贾岛《送李骑曹》："朔色晴天北，河源落日东。"❸地名。在今河套一带。王维《不遇咏》："身投河朔饮君酒，家在茂陵平安否。"

【朔土】 北方地区。李益《从军夜次六胡北饮马磨剑石为祝殇辞》："乃分司空授朔土，拥以玉节临诸侯。"鲍防《元日早朝行》："玄冥无事归朔土，青帝放身入朱宫。"

【朔山】 北地之山。贾岛《巴兴作》："乡味朔山林果别，北归期挂海帆孤。"

【朔月】 月朔。指农历每月初一。卢仝《月蚀诗》："望日蚀月月光灭，朔月掩日日光缺。"

【朔方】 ❶郡名。隋大业三年置。唐初改为夏州，天宝元年复改为朔方郡。治所在岩绿县(今陕西靖边县东北白城子)。李峤《雁》："春晖满朔方，归雁发衡阳。"贾至《长沙别李六侍御》："云归帝乡远，雁报朔方寒。"李益《从军有苦乐行》："秉笔参帷帟，从军至朔方。"王贞白《从军行》："从军朔方久，未省用干戈。"❷朔方军的省称。杜甫《哀王孙》："朔方健儿好身手，昔何勇锐今何愚。"又《诸将五首》之二："岂谓尽烦回纥马，翻然远救朔方兵。"

【朔方軍】 唐、五代方镇名。唐开元九年置，治所在灵州(今宁夏灵武市西南)。李适有《奉和幸望春宫送朔方军大总管张仁亶》。苏颋有《饯赵尚书摄御史大夫赴朔方军》。

【朔旦】 农历每月初一日。亦特指正月初一日。权德舆《朔旦冬至摄职南郊因书即事》："大明南至庆天正，朔旦圆丘乐六成。"

【朔吹】 指北风。太宗《饮马长城窟行》："寒沙连骑迹，朔吹断边声。"丁仙芝《渡扬子江》："海尽边阴静，江寒朔吹生。"李益《赴邠宁留别》："黄云断朔吹，白雪拥沙城。"马戴《旅次夏州》："怅望胡沙晓，惊蓬朔吹催。"

【朔門】 指北方边境。王丘《奉和圣制送张尚书巡边》："朔门正炎月，兵气已秋风。"

【朔河】 指河套地区。王昌龄《箜篌引》："怜爱苍生比蚍蜉，朔河屯兵须渐抽。”

【朔空】 指朔方。骆宾王《咏云酒》：“朔空曾纪历，带地旧疏泉。”

【朔胡】 指北方胡人。贺朝《从军行》：“朔胡乘月寇边城，军书插羽刺中京。”

【朔風】 ❶北风；寒风。杜正伦《冬日宴于庶子宅各赋一字得节》：“寒云暧落景，朔风凄暮节。”高适《送萧十八与房侍御回还》：“匹马鸣朔风，一身济河浒。”牟融《寄永平友人》之二：“朔风猎猎惨寒沙，关月寥寥咽暮笳。”吴融《金桥感事》：“太行和雪叠晴空，二月春郊尚朔风。”❷指北方的乐调。李德裕《句》：“忽闻歌管吟朔风，精魂想在幽岩中。”

【朔音】 指北方边地的乐曲。温庭筠《观舞妓》：“朔音悲嘒管，瑶踏动芳尘。”

【朔客】 指驻守北方边地的将领。李贺《申胡子觱篥歌》序：“申胡子，朔客之苍头也。朔客李氏，本亦世家子，得祀江夏王庙，当年践履失序，遂奉官北郡。”王琦汇解：“朔客，盖为北方边地之将者。”

【朔氣】 寒气。上官仪《咏雪应诏》：“禁园凝朔气，瑞雪掩晨曦。”屈同仙《燕歌行》：“云和朔气连天黑，蓬杂惊沙散野飞。”郎士元《送粲上人兼寄梁镇员外》：“连空朔气横秦苑，满目寒云隔灞陵。”李洞《冬日送凉州刺史》：“地远终峰尽，天寒朔气凝。”

【朔海】 指北方沙漠地区。权德舆《伏蒙十六叔寄示喜庆感怀三十韵因献之》：“秦吴路杳杳，朔海望沄沄。”

【朔雪】 ❶指北地之雪。李白《古风》之二二：“胡马顾朔雪，躞蹀长嘶鸣。”戴叔伦《吊畅当》：“朔雪恐迷新冢草，秋风愁老故山薇。”李商隐《喜雪》：“朔雪自龙沙，呈祥势可嘉。”陆龟蒙《江南秋怀寄华阳山人》：“朔雪埋烽燧，寒笳裂旆旌。”❷借指北方之地。杜甫《诸将五首》之四：“炎风朔雪天王地，只在忠臣翊圣朝。”

【朔野】 ❶指北方荒野之地。袁瓘《鸿门行》：“始从灞陵下，遥遥度朔野。”李频《送友人游塞北》：“朔野正秋风，前程见碛鸿。”王涣《惆怅诗十二首》之十一：“少卿降北子卿还，朔野离觞惨别颜。”张蠙《边情》：“草枯朔野春难发，冰结河源夏半销。”❷指北方边陲。玄宗《送张说巡边》：“三军临朔野，驷马即戎行。”王光庭《奉和圣制送张说巡边》：“寇息军容偃，尘销朔野空。”戎昱《泾州观元戎出师》：“朔野长城闭，河源旧路通。”李昌符《书边事》：“朔野烟尘起，天军又举戈。”

【朔望】 朔日与望日。农历每月初一和十五日。李绅《初秋忽奉诏除浙东观察使检校右貂》：“龙楼寄引簪裾客，凤阙陪趋朔望朝。”

【朔將】 指北方边地的将领。雍陶《送于中丞使北蕃》：“朔将引双旌，山遥碛雪平。”

【朔雁】 北地之雁。元稹《酬卢秘书》：“夜伴吴牛喘，春惊朔雁回。”李商隐《及第东归次灞上却寄同年》：“江鱼朔雁长相忆，秦树嵩云自不知。”刘沧《与僧话旧》：“此时相见又相别，即是关河朔雁飞。”吴融《和座主尚书春日郊居》：“海燕初归朔雁回，静眠深掩百花台。”

【朔雲】 北方边地的云层。李白《酬崔五郎中》：“朔云横高天，万里起秋色。”严武《军城早秋》：“昨夜秋风入汉关，朔云边月满西山。”武元衡《秋日将赴江上杨弘微时任凤翔寄诗别》：“燕惊沧海远，鸿避朔云深。”羊士谔《夜听琵琶三首》之一：“掩抑危弦咽又通，朔云边月想朦胧。”

【朔煙】 北地的烟尘。李贺《摩多楼子》：“晓气朔烟上，趢趗胡马蹄。”

【朔漠】 ❶指北方沙漠地区。杜甫《咏怀古迹五首》之三：“一去紫台连朔漠，独留青冢向黄昏。”李商隐《寄和水部马郎中题兴德驿时昭义已平》：“水色潇湘阔，沙程朔漠深。”韦庄《鄜州留别张员外》：“江南相送君山下，塞北相逢朔漠中。”❷指北方边陲；北方部族政权。殷尧藩《李节度平虏诗》：“燕警无烽清朔漠，秦文有宝进蓝田。”厉玄《送黄晔明府岳州湘阴赴任》：“贡名频向书闱失，飞檄曾传朔漠空。”杨夔《送张相公出征》：“去知清朔漠，行不费陶甄。”贯休《胡无人》：“霍嫖姚，赵充国，天子将之平朔漠。”

【朔塞】 （—sài）北方边塞。杜审言《和李大夫嗣真奉使存抚河东》：“缅邈朝廷问，周流朔塞旋。”李峤《旌》：“影丽天山雪，光摇朔塞风。”王昌龄《宿灞上寄侍御玙弟》：“昨闻羽书飞，兵气连朔塞。”刘禹锡《早秋集贤院即事》：“商飙从朔塞，爽气入神州。”

【朔管】 指羌笛。温庭筠《边笳曲》：“朔管迎秋动，雕阴雁来早。”又《春日》：“屏上吴山远，楼中朔管悲。”

【朔霧】 北方边地的战争烟尘。王无竞《灭胡》：“黄云塞沙落，白刃断交衢。朔雾围未解，凿山泉尚枯。”

【朔邊】 北方边境。杜审言《赠苏绾书记》：“知君书记本翩翩，为许从戎赴朔边。”

朗

〔lǎng《广韵》盧黨切，上蕩，來。〕❶明亮。李白《上崔相百忧章》：“台星再朗，天网重恢。”郑絪《奉酬宣上人九月十五日东亭望月见赠因怀紫阁旧游》：“松斋月朗星初散，苔砌霜繁夜欲分。”孟郊《寄张籍》：“清汉徒自朗，浊河终无澄。”黄滔《明月照高楼》：“月满长空朗，楼侵碧落横。”亦谓照亮。孟郊《列仙文·清虚真人》：“惠风振丹旌，明烛朗八焕。”❷谓声音响亮。鲍溶《夏日华山别韩博士愈》：“青霄上何阶，别剑空朗扣。”❸高。吕炅《贡举人谒先师闻雅乐》：“调朗能谐竹，声微又契丝。”

【朗日】 明亮的太阳。太宗《经破薛举战地》：“心随朗日高，志与秋霜洁。”

【朗月】 明月。张渐《朗月行》：“朗月照帘幌，清夜有余姿。”雍陶《明月照高楼》：“朗月何高高，楼中帘影寒。”刘沧《八月十五日夜玩月》：“中秋朗月静天河，乌鹊南飞客恨多。”陆翱《赵氏北楼》：“朗月生东海，仙娥在北楼。”

【朗玉】 洁白之玉。柴宿《瑜不掩瑕》：“朗玉微瑕在，分明异璞瑜。”

【朗江】 水名。在今湖南常德市境。李白《博平郑太守自庐山千里相寻入江夏北市门见访却之武陵立马赠别》：“相思无终极，肠断朗江猿。”武元衡《同苗郎中送严侍御赴黔中因访仙源之事》：“武陵源在朗江东，流水飞花仙洞中。”

【朗吟】 放声吟诵。刘禹锡《秋江早发》：“凝睇万象起，朗吟孤愤平。”姚合《闲居遣怀十首》之七：“朗吟销白日，沉醉度青春。”李群玉《中秋夜南楼寄友人》：“朗吟无渌酒，贱价买清秋。”张贲《奉和袭美题褚家林亭》：“疏野林亭震泽西，朗吟闲步喜相携。”

【朗抱】 开朗的襟怀。孟郊《答韩愈李观别因献张徐州》：“高情无遗照，朗抱开晓月。”

【朗咏】 放声吟诵。李白《劳劳亭歌》：“我乘素舸同康乐，朗咏清川飞夜霜。”李嘉祐《入睦州分水路忆刘长卿》：“回看严子濑，朗咏谢安文。”刘禹锡《和宣武令狐相公郡斋对新竹》：“欹枕闲看知自适，含毫朗咏与谁同。”陆龟蒙《读阴符经寄鹿门子》：“清晨整冠坐，朗咏三百言。”

【朗客】 襟怀坦荡之人。孟郊《答卢仝》：“潜仙不足言，朗客无隐肠。”

【朗悟】 颖悟。綦毋潜《祇园寺》：“加持将暝合，朗悟豁然开。”

【朗朗】 ❶明亮貌。鲍溶《秋怀五首》之五：“翩翩日敛照，朗朗月系夕。”贾岛《酬栖上人》：“新月有微辉，朗朗空庭间。”刘驾《山中有招》：“朗朗山月出，尘中事由生。”曹邺《早秋宿田舍》：“涧草疏疏萤火光，山月朗朗枫树长。”❷形容声音清晰或嘹亮。韩愈《奉使常山早次太原呈副使吴郎中》：“朗朗闻街鼓，晨起似朝时。”刘禹锡《冬夜宴河中李相公中堂命筝歌送酒》：“朗朗鹍鸡弦，华堂夜多思。”鲍溶《悲哉行》：“朗朗哭前歌，绛旌引幽魂。”

【朗陵】 县名。唐时为朗山县，治所在今河南省确山县。李白《赠僧崖公》：“昔在朗陵东，学禅白眉空。”刘长卿《送元八游汝南》：“迢递朗陵道，怅望都门夕。”张乔《送南陵尉李频》：“晚雾看春毂，晴天见朗陵。”

【朗陵公】 晋傅咸《赠何劭王济诗序》：“朗陵公何敬祖(即何劭)，咸之从内兄也。”后遂以朗陵公指内兄，或借以称美何姓友人。皇甫冉《适荆州途次南阳赠何明府》：“言过细阳令，一遇朗陵公。”法振《送人游闽越》：“道游玄度宅，身寄朗陵公。”

【朗陵伯】 同“朗陵公”。韩翃《寄雍丘窦明府》：“入里亲过朗陵伯，出门高视颍川儿。”

【朗陵翁】 同“朗陵公”。李益《赠内兄卢纶》：“却将悲与病，来对朗陵翁。”

【朗爽】 爽朗。皎然《饮茶歌诮崔石使君》：“一饮涤昏寐，情来朗爽满天地。”

【朗然】 光明貌。李白《雉子班》：“所贵旷士怀，朗然合太清。”

【朗鼓】 声音洪亮之鼓。李白《白鸠辞》：“铿鸣钟，考朗鼓，歌白鸠，引拂舞。”

【朗照】 ❶明亮的阳光。杜牧《昔事文皇帝三十二韵》：“重云开朗照，九地雪幽冤。”❷明亮照射。吴筠《步虚词十首》之三：“三宫发明景，朗照同郁仪。”

【朗滅】 忽明忽灭。李群玉《湘西寺霁夜》：“月波荡如水，气爽星朗灭。”

【朗嘯】 高声吟啸。殷尧藩《下第东归作》：“身贱自惭贫骨相，朗啸东归学钓鱼。”

【朗練】 明朗凝练。陈子昂《与东方左史虬修竹篇》书：“见明公咏孤桐篇，骨气端翔，音情顿挫，光英朗练。”

【朗懷】 开朗的胸怀。张祜《题泗州刘中丞郡中新楼》：“一槛构庭中，临川望益崇。朗怀披夏日，高啸得清风。”

【朗鑒】 ❶明镜。李白《送杨少府赴选》：“群贤无邪人，朗鉴穷情深。”刘禹锡《送李策秀才还湖南因寄幕中亲故兼简衡州吕八郎中》：“饰容遇朗鉴，肝鬲可以呈。”马戴《摅情留别并州从事》：“雕虫羞朗鉴，干禄贵明时。”❷对有识鉴之人的美称。齐己《贺行军太傅得白氏东林集》：“仰贺斯文归朗鉴，永资声政入薰弦。”

七画

望 〔wàng《广韵》巫放切，去漾，微。又武方切，平陽，微。〕❶遥望；眺望。王勃《杜少府之任蜀州》：“城阙辅三秦，风烟望五津。”贾至《巴陵早秋寄荆州崔司马吏部阎功曹舍人》：“登高望旧国，胡马满东周。”韩愈《送惠师》：“遂登天台望，众壑皆嶙峋。”翁承赞《华下霁后晓眺》：“千嶂华山云外秀，万重乡思望中深。”❷古代祭祀名。见“望祀”。❸瞻视；景仰。李白《送张遥之寿阳幕府》：“投躯紫髯将，千里望风颜。”韩愈《元和圣德诗》序：“臣蒙被恩泽，日与群臣序立紫宸殿陛下，亲望穆穆之光。”❹声望；威望。岑参《送杨录事充潼关判官》：“关西望第一，郡内政无双。”白居易《和微之道保生三日》：“且有承家望，谁论得力时。”罗隐《暇日投钱尚父》：“望高汉相东西阁，名重淮王大小山。”许棠《讲德陈情上淮南李仆射八首》之三：“未领春闱望早清，况联戎阃控强兵。”❺视野。玄宗《同刘晃喜雨》：“悬知花叶意，朝夕望中新。”权德舆《送薛十九丈授将作主簿分司东都赋得春草》：“愁处映微波，望中连净绿。”李商隐《潭州》：“潭州官舍暮楼空，今古无端入望中。”❻期望；希望。李白《题元丹丘颍阳山居》：“忽遗苍生望，独与洪崖群。”岑参《送严黄门拜御史大夫再镇蜀川兼觐省》：“苍生望已久，来去不应迟。”刘禹锡《奉送裴司徒令公自东都留守再命太原》：“其如天下望，旦夕咏清风。”齐己《夏雨》：“下叶黎甿望，高袪旱暵光。”❼期待；盼望。杜甫《送李校书二十六韵》：“倚门固有望，敛衽就行役。”张籍《怀友》：“空知为良田，秋望禾黍熟。”白居易《与诸公同出城观稼》：“岁望千箱积，秋怜五谷分。”陆龟蒙《樵人十咏·樵子》：“日暮不归来，柴扉有人望。”❽理想；抱负。韩愈《谒衡岳庙遂宿岳寺题门楼》：“侯王将相望久绝，神纵欲福难为功。”元稹《青云驿》：“怀此青云望，安能复久稽。”❾指族望。刘禹望《赠刘景擢第》：“湘中才子是刘郎，望在长沙住桂阳。”❿月圆。通常指农历每月十五日。《释名·释天》：“望，月满之名也。月大十六日，小十五日，日在东，月在西，遥相望也。”王维《晦日游大理韦卿城南别业四声依次用各六韵》之四：“弦望忽已晦，后期洲应绿。”吕岩《窑头坯歌》：“弦而望，明而晦，消长盈虚相匹配。”⓫向；往。王昌龄《江上闻笛》：“赢马望北走，迁人悲越吟。”元稹《恭王故太妃挽歌词二首》之二：“雪云埋陇合，箫鼓望城还。”喻坦之《晚泊富春寄友人》：“江钟寒夕微，江鸟望巢飞。”

【望山】　名山，大山。刘禹锡《送周鲁儒赴举诗》引：“与之言，能言其得姓因家之所自，暨县道乡亭之风俗，望山名水之概状。”

【望夫山】　古代传说中的山名。具体地址所指不一。寓盼望远出的丈夫归家之意。李白《别内赴征三首》之一：“白玉高楼看不见，相思须上望夫山。”李嘉祐《送郑正则汉阳迎妇》：“望夫山上花犹发，新妇江边莺未稀。”慎氏《感夫诗》：“便是孤帆从此去，不堪重上望夫山。”卢汝弼《和李秀才边庭四时怨》之一：“少妇不知归不得，朝朝应上望夫山。”

【望夫石】　指望夫山上的石人。李绅《过荆门》：“惆怅忠贞徒自持，谁祭山头望夫石？”武元衡、唐彦谦均有《望夫石》，见《全唐诗》卷三一六、卷六七一。参见“望夫山”。

【望夫臺】　即望夫山。骆宾王《艳情代郭氏答卢照邻》：“思君欲上望夫台，端居懒听将雏曲。”李白《长干行二首》之一：“常存抱柱信，岂上望夫台？”参见“望夫山”。

【望日】　❶指农历每月十五日。此日月亮最圆。赵宗儒《和黄门武相公诏还题石门洞》：“望日朝天阙，披云过蜀山。”卢仝《月蚀诗》：“望日蚀月月光灭，朔月掩日日光缺。”❷仰望太阳。谓思念帝都。骆宾王《杂曲歌辞·从军中行路难二首》：“无复归云凭短翰，望日想长安。”辛常伯《军中行路难》：“无复归云凭短翰，空余望日想长安。”参见“日邊”。❸面向天子。日，喻天子。刘禹锡等《西池送白二十二东归兼寄令狐相公联句》：“披云见居守，望日拜封章。”

【望仙臺】　宫观名。汉武帝所建。故址在今陕西华阴市。杜甫《巴山》：“天寒邵伯树，地阔望仙台。”窦常《过宋氏五女旧居》：“一宅柳花今似雪，乡人拟筑望仙台。”顾非熊《武宗挽歌词二首》之一：“龙髯不可附，空见望仙台。”

【望仙樓】　❶骊山华清宫楼名。元稹《连昌宫词》：“上皇正在望仙楼，太真同凭阑干立。”❷楼名。在长安南郊。见《旧唐书·武帝本纪》。薛逢《宫词》：“十二楼中尽晓妆，望仙楼上望君王。”❸楼名。故址在今重庆铜梁县。为唐刺史赵延之所建。无名氏有《望仙楼》，见《全唐诗》续补遗卷二一。

【望外】　出乎意外。顾非熊《陈情上郑主司》：“受恩期望外，效死誓生前。”贾岛《送令狐绹相公》：“数行望外札，绝句握中珍。”

【望市樓】　楼阁名。唐时为苏州名胜之一。元稹《戏赠乐天复言》：“弄涛船更曾观否，望市楼还有会无？”原注：“望市楼，苏之胜地也。”

【望夷宫】　秦代宫名。故址在今陕西咸阳市东北。因东北临泾水以望北夷，故名。白居易《凶宅》：“一兴八百年，一死望夷宫。”于濆《秦原览古》：“昔日望夷宫，是处寻桑谷。”胡曾《咏史诗·咸阳》：“唯有渭川流不尽，至今犹绕望夷宫。”

【望江南】　唐教坊曲名，后用为词牌。《乐府杂录》谓此调本为《谢秋娘》，系唐李德裕为亡姬谢秋娘作，后改此名。但玄宗时，教坊已有此曲。白居易依其调作《忆江南词》，始名《忆江南》。又名《梦江南》《江南好》等。分单调、双调两体。单调二十七字，双调五十四字，皆平韵。光、威、裒《联句》：“看见风光零落尽，弦声犹逐望江南。”

【望江怨】　词牌名。单调三十五字，仄韵。牛峤有《望江怨》词，见《全唐诗》卷八九二。

【望江縣】　唐代县名。治所即今安徽望江县。白居易《秦中吟十首·立碑》："我闻望江县，麴令抚茕嫠。"

【望見】　看见。顾况《临海所居三首》之二："此去临溪不是遥，楼中望见赤城标。"李商隐《偶成转韵七十二句赠四同舍》："旧山万仞青霞外，望见扶桑出东海。"皮日休《太湖诗·明月湾》："半岩翡翠巢，望见不可攀。"花蕊夫人徐氏《宫词》之八十："认得圣颜遥望见，碧阑干映赭黄袍。"

【望祀】　遥祭山川地祇。见《周礼·地官·牧人》郑玄注。杨炯《西陵峡》："楚都昔全盛，高丘烜望祀。"

【望幸】　盼望帝王临幸。杜甫《骊山》："骊山绝望幸，花萼罢登临。"皇甫曾《萼岭四望》："野老至今犹望幸，离宫秋树独苍苍。"杜牧《月》："唯应独伴陈皇后，照见长门望幸心。"李商隐《谢往桂林至彤庭窃咏》："甘泉犹望幸，早晚冠呼韩。"

【望苑】　苑囿名。即博望苑。汉置。故址在今陕西西安市北。见《汉书·戾太子传》。后用作咏太子宫苑的典故。杜甫《寄李十四员外布十二韵》："名参汉望苑，职述景题舆。"李端《喜皇甫郎中拜谕德兼集贤学士》："望苑迁词客，儒林拜丈人。"刘禹锡《遥贺白宾客分司初到洛中戏呈冯尹》："西辞望苑去，东占洛阳才。"武元衡《韦常侍以宾客致仕同诸公题壁》："望苑忽惊新诏下，彩鸾归处玉笼开。"徐铉《和尉迟赞善病中见寄》："望苑恩深期勿药，青云岐路未蹉跎。"

【望苑驛】　驿名。唐置。即博望苑旧址。故址在今陕西兴平县西。温庭筠有《题望苑驿》，见《全唐诗》卷五七八。参见"望苑"。

【望京臺】　泛指登高可以眺望京城之台。李逢吉《望京楼上寄令狐华州》："闲上望京台，万山蔽其前。"

【望京樓】　❶泛指登之可以眺望京都之楼。李益《献刘济》："感恩知有地，不上望京楼。"❷楼名。故址在今河南开封市。令狐绹《登望京楼赋》："因上此楼望京国，便名楼作望京楼。"按，令狐绹实为"令狐楚"之讹。

【望郎】　官名。唐时对郎中的别称。李商隐《酬令狐郎中见寄》："望郎临古郡，佳句洒丹青。"司空图《赠步寄李员外》："更喜谐招隐，诗家有望郎。"郑谷《送祠部曹郎中郱出守洋州》："郡阁清吟夜，寒星识望郎。"

【望春門】　即望春宫之门。王建《宫词一百首》之四八："今日踏青归校晚，传声留著望春门。"

【望春亭】　亭名。在望春宫内。王维有《奉和圣制上巳于望春亭观禊饮应制》。崔日用《奉和圣制春日幸望春宫应制》："凤阁斜通平乐观，龙旂直逼望春亭。"

【望春宫】　宫殿名。故址在今陕西省西安市。见《新唐书·地理志》。萧至忠《陪游上苑遇雪》："龙骖晓入望春宫，正逢春雪舞春风。"崔湜有《奉和春日幸望春宫》，见《全唐诗》卷五四。刘宪有《奉和春日幸望宫应制》，见《全唐诗》卷七一。李峤、李适并有《奉和幸望春宫送朔方军大总管张仁亶》，见《全唐诗》卷六一、卷七〇。

【望思臺】　古台名。汉武帝筑。故址在今河南灵宝县西北。王维《恭懿太子挽歌五首》之四："心悲阳禄馆，目断望思台。"权德舆《盘豆驿》："盘豆绿云上古驿，望思台下使人愁。"胡曾《咏史诗·望思台》："太子衔冤去不回，临皋从筑望思台。"

【望拜】　遥远望见即行叩拜。形容极其恭敬。曹唐《暮春戏赠吴端公》："年少英雄好丈夫，大家望拜执金吾。"

【望看】　眺望；遥望。崔峒《江南回逢赵曜因送任十一赴交城主簿》："江上长相忆，因高北望看。"顾云《天威行》："风定云开始望看，万里青山分两片。"吴融《雪后过昭应》："灞川南北真图画，更待残阳一望看。"

【望重】　（—zhòng）名望大。亦指名望大的人。周贺《赠姚合郎中》："望重来为守土臣，清高还似武功贫。"

【望風】　听到风声，声音。韩愈《相和歌辞·猛虎行》："群行深谷间，百兽望风低。"

【望帝】　杜鹃鸟的别名。见晋阚骃《十三州志》。杜甫《秋日荆南述怀三十韵》："望帝传应实，昭王问不回。"司空曙《杜鹃行》："古时杜宇称望帝，魂作杜鹃何微细。"李商隐《锦瑟》："庄生晓梦迷蝴蝶，望帝春心托杜鹃。"

【望氣】　❶观察云气以预测吉凶。古代方士的一种占候术。元稹《乐府古题·出门行》："吊客青蝇至，楚有望气人。"❷观察云气的变化。王绩《晚年叙志示翟处士》："望气登重阁，占星上小楼。"李山甫《送刘将军入关讨贼》："指星忧国计，望气识天风。"

【望秩】　望，望祭；秩，等级。谓按等级遥祭山川。见《书·舜典》。孟浩然《陪张丞相祠紫盖山途经玉泉寺》："望秩宣王命，斋心待漏行。"独孤及《酬皇甫侍御望天灊山见示之作》："汉皇南游日，望秩此昭配。"

【望海亭】　亭名。故址在今浙江绍兴市卧龙山顶。元稹有《酬郑从事四年九月宴望海亭次用旧韵》，见《全唐诗》卷四二一。李绅有《新楼诗二十首·望海亭》。题下自注："在卧龙山顶上，越中最高处。"

【望海樓】 ❶又名东楼。在杭州凤凰山杭州刺史治所内。白居易《杭州春望》："望海楼明照曙霞，护江堤白蹋晴沙。"又《想东游五十韵》："预扫题诗壁，先开望海楼。"无名氏《杂诗》之十九："浙江轻浪去悠悠，望海楼吹望海愁。"❷楼名。故址在今江苏苏州市虎丘寺内。刘禹锡《发苏州后登武丘寺望海楼》："独宿望海楼，夜深珍木冷。"

【望陵臺】 即铜雀台。建安十五年冬曹操筑。故址在今河北临漳县境。见《邺中记》。孙逖《途中口号》："邺城东北望陵台，珠翠繁华去不回。"岑参《登古邺城》："城隅南对望陵台，漳水东流不复回。"胡曾《咏史诗·铜雀台》："魏武龙舆逐逝波，高台空按望陵歌。"

【望梅】 比喻以空想相宽慰。见南朝宋刘义庆《世说新语·假谲》。崔备《清溪路中寄诸公》："少留攀桂树，长渴望梅林。"白居易《每见吕南二郎中新文辄窃有所叹惜因成长句以咏所怀》："望梅阁老无妨渴，画饼尚书不救饥。"李山甫《山中依韵答刘书记见赠》："思君览章句，还复如望梅。"罗隐《丁亥岁作》："病想医门渴望梅，十年心地仅成灰。"

【望望】 望而又望。❶瞻望貌；眺望貌。陈子昂《度荆门望楚》："遥遥去巫峡，望望下章台。"孟浩然《秋宵月下有怀》："佳期旷何许，望望空伫立。"韦应物《九日沣上作寄崔主簿倬二李端系》："凄凄感时节，望望临沣涘。翠岭明华秋，高天澄遥滓。"❷依恋貌。见《礼记·问丧》。太宗《望送魏征葬》："望望情何极，浪浪泪空泫。"李白《金乡送韦八之西京》："望望不见君，连山起烟雾。"邵谒《望行人》："嗟为楼上人，望望不相近。"王沂《送钟员外》："今日烟江上，征帆望望遥。"❸失望貌。见《孟子·公孙丑上》。唐彦谦《感物二首》之一："岂无鱼鳖交，望望为所憎。"

【望鄉】 眺望家乡。岑文本《冬日宴于庶子宅各赋一字得平》："既欣投辖赏，暂缓望乡情。"鲍君徽《关山月》："征人望乡思，战马闻鼙惊。"温庭筠《锦城曲》："树成寄与望乡人，白帝荒城五千里。"李昌符《送人入新罗使》："望乡当落日，怀阙羡回潮。"于邺《秋夜达萧关》："辞国几经岁，望乡空见山。"

【望鄉臺】 ❶古台名。故址在今四川省成都市北。王勃《蜀中九日》："九月九日望乡台，他席他乡送客杯。"杜甫《云山》："神交作赋客，力尽望乡台。"李商隐《晋昌晚归马上赠》："征南予更远，吟断望乡台。"❷泛指登高望乡之处。武元衡《送柳郎中裴起居》："望乡台上秦人在，学射山中杜魄哀。"许浑《晨起白云楼寄龙兴江准上人兼呈窦秀才》："兹楼今是望乡台，乡信全稀晓雁哀。"李郢《重阳日寄浙东诸从事》："红旆纷纷碧江暮，知君醉下望乡台。"吴融《海上秋怀》："昨夜秋风已摇落，那堪更上望乡台。"

【望鄉樓】 指可登高望远之楼。李益《行舟》："闻道风光满扬子，天晴共上望乡楼。"

【望喜樓】 望喜驿中之楼。李商隐《望喜驿别嘉陵江水二绝》之一："嘉陵江水此东流，望喜楼中忆阆州。"参见"望喜驛"。

【望喜驛】 驿名。故址在今四川嘉陵县境。李商隐有《望喜驿别嘉陵江水二绝》。冯浩注："广元县志：南去有望喜驿，今废。按，香山《酬元九东川路诗》中有嘉陵县望驿台，即望喜驿也。"元稹有《使东川·望喜驿》，见《全唐诗》卷四一二。薛能有《雨霁宿望喜驿》，见《全唐诗》卷五六〇。

【望雲】 ❶为对天子的颂扬之词。见《史记·五帝本纪》。王维《游悟真寺》："望云思圣主，披雾隐群贤。"薛存诚《闻击壤》："耕凿方随日，恩威比望云。"❷谓思念故乡。杜甫《客堂》："老马终望云，南雁意在北。"

【望雲亭】 ❶亭名。在长安宫禁之内。杜甫《赠翰林张四学士》："赋诗拾翠殿，佐酒望云亭。"❷亭名。具体地址不详。朱庆余有《登望云亭招友》，见《全唐诗》卷五一四。

【望雲騅】 名马名。元稹《望云骓马歌》序："德宗皇帝以八马幸蜀，七马道毙，唯望云骓来往不顿。"

【望舒】 代指月亮。钱起《寄郢州郎士元使君》："望舒三五夜，思尽谢玄晖。"耿湋《喜侯十七校书见访》："谁为须张烛，凉空有望舒。"阎防《与永乐诸公夜泛黄河作》："无暇然官烛，中流有望舒。"韩愈《秋怀诗十一首》之九："谓是夜气灭，望舒賨其团。"

【望遠行】 唐教坊曲名，后用为词牌。有令词、慢词之别。令词五十五字或六十字，慢词一百零六字，皆双调仄韵。韦庄、南唐后主李煜、李珣均有《望远行》词。见《全唐诗》卷八九二、卷八八九、卷八九六。

【望楚山】 又名楚山。在今湖北襄阳西南。相传昔日秦与齐、韩、魏攻楚，登此山以望楚，故名。孟浩然《登望楚山最高顶》："最高唯望楚，曾未一攀跻。"

【望歲】 盼望丰收。褚亮《享先农乐章·舒和》："望岁祈农神所听，延祥介福岂云虚。"权德舆《送张仆射朝见毕归镇》："共看三接欲为霖，却念百城同望岁。"白居易《夏旱》："悯然望岁者，出门何所睹。"黄滔《书事》："望岁心空切，耕夫尽把弓。"

【望園】 即望苑。裴守真《奉和太子纳妃太平公主出降三首》之二："望园嘉宴洽，主第欢娱盛。"参见"望苑"。

【望嵩樓】 楼阁名。故址在今河南临汝县城内。

刘禹锡《送廖参谋东游二首》之一："望嵩楼上忽相见，看过花开花落时。"

【望塵】 ❶望见车尘。胡曾《咏史诗·首阳山》："孤竹夷齐耻战争，望尘遮道请休兵。"❷候望贵客的谦词。形容极其尊敬仰慕。韦应物《寄洪州幕府卢二十一侍御》："同时趋府客，此日望尘迎。"❸即"望尘而拜"。王昌龄《放歌行》："望尘非吾事，入赋且迟留。"

【望塵而拜】 望见权贵的车尘，即行叩拜。形容趋附权贵卑躬屈膝的神态。见《晋书·潘岳传》。白居易《送王处士》："望尘而拜者，朝夕走碌碌。"

【望賢】 驿名。驿中置望贤宫，故名。杜牧《华清宫三十韵》："望贤余故老，花萼旧池塘。"李商隐《思贤顿》："宸襟他日泪，薄暮望贤西。"

【望賢頓】 即望贤驿。顿，安顿过客之所。郑嵎《津阳门诗》："两君相见望贤顿，君臣鼓舞皆歔欷。"

【望諸君】 战国时乐毅的封号。见《史记·乐毅列传》。柳宗元《咏史》："燕有黄金台，远致望诸君。"

【望潮樓】 楼名。故址在今浙江杭州市。章孝标《钱塘赠武翊黄》："时伴庾公看海月，好吟诗断望潮楼。"

【望履】 求见的谦词。见《庄子·盗跖》。李贺《荣华乐》："马如飞，人如水，九卿六官皆望履。"

【望濤樓】 即望海楼。故址在今浙江杭州市凤凰山。白居易《岁暮枉衢州张使君书并诗因以长句报之》："浮石潭边停五马，望涛楼上得双鱼。"又《寄题余杭郡楼兼呈裴使君》："凭君吟此句，题向望涛楼。"参见"望海樓❶"。

【望闕】 遥望宫阙。喻思念天子。卢纶《九日奉陪侍郎登白楼》："碧霄孤鹤发清音，上宰因添望阙心。"杨巨源《寄江州白司马》："题诗岁晏离鸿断，望阙天遥病鹤孤。"

【望斷】 望到尽头。孟浩然《田园作》："望断金马门，劳歌采樵路。"刘商《胡笳十八拍·第十二拍》："破瓶落井空永沉，故乡望断无归心。"刘叉《观八骏图》："五云望断阿母宫，归来落得新白发。"李商隐《写意》："燕雁迢迢隔上林，高秋望断正长吟。"赵嘏《十无诗寄桂府杨中丞》之六："望断南云日已晡，便应凭梦过重湖。"

【望驛臺】 即望喜驿。元稹《使东川·望驿台》："可怜三月三旬足，怅望江边望驿台。"参见"望喜驛"。

八　画

期[1] 〔qī《广韵》渠之切，平之，羣。〕❶相合；会合。岑参《尹相公京兆府中棠树降甘露诗》："忽惊政化理，暗与神物期。"戴叔伦《寄中书李舍人纾》："萍翻蓬自卷，不共本心期。"李益《送韩将军还边》："独将轻骑出，暗与伏兵期。"姚合《题郑驸马林亭》："东园连宅起，胜事与心期。"李商隐《幽居冬暮》："如何匡国分，不与夙心期。"❷约会。杜甫《醉时歌》："日籴太仓五升米，时赴郑老同襟期。"戴叔伦《同辛兖州巢父卢副端岳相思献酬之作因抒归怀》："虽有明日期，离心若千里。"白居易《李十一舍人松园饮小酎酒得元八侍御诗即事书怀因酬四韵》："唯应清夜无公事，新草亭中好一期。"卢殷《七夕》："河耿月凉时，牵牛织女期。"❸约；约定。虞世南《结客少年场行》："结交一言重，相期千里至。"孟浩然《宿业师山房期丁大不至》："之子期宿来，孤琴候萝径。"司空曙《深上人见访忆李端》："仍忆东林友，相期久不还。"牟融《游报本寺》："山房寂寂荜门开，此日相期社友来。"皮日休《鲁望春日多寻野景日休抱疾杜门因有是寄》："野侣相逢不待期，半缘幽事半缘诗。"❹誓约；誓言。孙逖《故程将军妻南阳郡夫人樊氏挽歌》："白日期偕老，幽泉忽悼亡。"权德舆《县君赴兴庆宫朝贺载之奉行册礼因书即事》："相期偕老宜家处，鹤发鱼轩更可怜。"又《新月与儿女夜坐听琴举酒》："方结偕老期，岂惮华发侵。"元稹《梦井》："岂无同穴期，生期谅绵永。"❺希望；企求。李峤《茅》："方期大君锡，不惧小巫捐。"高适《独孤判官部送兵》："亦是封侯地，期君早着鞭。"元稹《和乐天感鹤》："期君常善救，勿令终弃捐。"徐夤《送卢拾遗归华山》："门前旧客期相荐，犹望飞书及主文。"❻心愿；愿望。骆宾王《畴昔篇》："年来岁去成销铄，怀抱心期渐寥落。"羊士谔《和萧侍御监祭白帝城西村寺斋沐览镜有怀吏部孟员外并见赠》："轩裳烦吏职，风物动心期。"李商隐《陆发荆南始至商洛》："向来忧际会，犹有五湖期。"❼预料。王维《送高适弟耽归临淮作》："纬萧或卖药，出处安能期。"白居易《九年十一月二十一日感事而作》："祸福茫茫不可期，大都早退似先知。"杜牧《题乌江亭》："胜败兵家事不期，包羞忍耻是男儿。"❽预定的时间。韦应物《九日》："明年九日知何处，世难还家未有期。"张籍《留别江陵王少府》："别后空回首，相逢未有期。"白居易《赠友五首》之五："近代多离乱，婚姻多过期。"唐求《边将》："却被交亲笑，封侯未有期。"❾时候；时期。贺朝《赋得春莺送友人》："流莺拂绣羽，二月上林期。"李颀《题卢五旧居》："物在人亡无见期，闲庭系马不胜悲。"岑参《敷水歌送窦渐入京》："此水东流无尽期，水声还似旧来时。"白居易《燕诗示刘叟》："青虫不易捕，黄口无饱期。"刘沧《题古寺》："古寺萧条偶宿期，更深霜压竹枝低。"❿期限。高适《封丘作》："只言小邑无所为，公门百事皆有期。"李白《江夏行》："只言期一载，谁谓历三秋。"韦应物《鼙鼓行》："何况鳏孤火绝无晨炊，独妇夜泣官有期。”卢纶《酬灵澈上人》：“军人奉役本无期，落叶花开总不知。”⓫决定；必；将。孟浩然《湖中旅泊寄阎九司户防》：“桂水通百越，扁舟期晓发。”李端《长安书事寄卢纶》：“勿以朱颜好，而忘白发侵。终期入灵洞，相与炼黄金。”刘禹锡《赠乐天》：“终期抛印绶，共占少微星。”李郢《茶山贡焙歌》：“吴民吴民莫憔悴，使君作相期苏尔。”⓬等待。司空曙《寄胡居士》：“遍地寻僧同看雪，谁期载酒共登楼。”李商隐《十字水期韦潘待御同年不至时韦寓居水次故郭汾宁宅》：“顾我有怀同大梦，期君不至更沈忧。”温庭筠《病中书怀呈友人》：“适与群英集，将期善价沽。”徐夤《自咏十韵》：“多栽桃李期春色，阔凿池塘许月明。”⓭机运；际会。韩翃《送韦秀才》：“好忆金门步，功名自有期。”⓮百岁曰期。见《书·大禹谟》。亦泛指高寿。白居易《感时》：“虽有七十期，十人无一二。”刘禹锡《游桃源一百韵》：“暂然此生中，善祝期满百。”薛存诚《太学创置石经》：“永与乾坤期，不逐日月逝。”陆龟蒙《惜花》：“人寿期满百，花开唯一春。”

期[2] 〔jī《广韵》居之切，平之，見。〕❶时间周而复始。指一周年，或一整月，或一整日。苏颋《饯潞州陆长史再守汾州》：“河尹政成期，为汾昔所推。”见“期₂年”“期₂月”。❷通“其”。语气助词。刘长卿《登扬州栖灵寺塔》：“向暮期下来，谁堪复行役。”朱庆余《送僧游温州》：“石门期独往，谢守有遗篇。”

【期日】 预定的时间。刘禹锡《游桃源一百韵》：“道芽期日就，尘虑乃冰释。”

【期₂月】 一周年。见《论语·子路》。李绅《宿越州天王寺》：“海隅布政惭期月，江上沾巾愧万人。”又《到宣武三十韵》：“期月终迷化，三年讵有成。”

【期₂年】 一年。刘宪《饯唐永昌》：“绪言已勖期年政，绮字当生满路光。”李德裕《思平泉树石杂咏一十首·海鱼骨》：“昔日任公子，期年钓此鱼。”许棠《讲德陈情上淮南李仆射八首》之三：“东南自此全无事，只为期年政已成。”汤悦《奉和圣制送邓王牧宣城》：“天心待报期年政，留与工师播管弦。”

【期刻】 指规定期限。李山甫《代孔明哭先主》：“酌量诸夏须平取，期刻群雄待遍锄。”

【期限】 限定的时间。特指生命的最后时限。元稹《赠乐天》：“垂老相逢渐难别，白头期限各无多。”

【期契】 誓约。骆宾王《艳情代郭氏答卢照邻》：“无那短封即疏索，不在长情守期契。”

【期信】 犹约期。骆宾王《代女道士王灵妃赠道士李荣》：“只言柱下留期信，好欲将心学松䕨。”

【期約】 约会；约期。刘禹锡《答乐天见忆》：“与老无期约，到来如等闲。”毛熙震《浣溪沙》词之六：“暗想欢娱何计好，岂堪期约有时乖，日高深院正忘怀。”

【期尅】 犹克期。规定期限。袁皓《寄岳阳严使君》：“万恨只凭期克手，寸心唯系别离肠。”曹唐《和周侍御买剑》：“见说夜深星斗畔，等闲期克月支头。”

【期程】 时间和路程。张说《蜀道后期》：“客心争日月，来往预期程。”

朞 同“期₂❶”。见“期₂月”。

【朞年】 一整年。白居易《初下汉江舟中作寄两省给舍》：“期年庶报政，三年当退身。”皮日休《鲁望读襄阳耆旧传见赠五百言予次而赞之因而寄答亦诗人无言不酬之义也次韵》：“化之未朞年，民安而国富。”

朝[1] 〔zhāo《广韵》陟遥切，平宵，知。〕❶早晨。王勃《滕王阁》：“画栋朝飞南浦云，珠帘暮卷西山雨。”戴叔伦《南野》：“披云朝出耕，带月夜归读。”李商隐《戏题枢言草阁三十二韵》：“夜归碣石馆，朝上黄金台。”❷日；天。杜甫《去矣行》：“未试囊中餐玉法，明朝且入蓝田山。”戎昱《成都元十八侍御》：“不见元生已数朝，浣花溪路去非遥。”王建《宫词一百首》之五九：“圣人生日明朝是，私地教人属内监。”李郢《酬王舍人雪中见寄》：“今朝踏作琼瑶迹，为有诗从凤沼来。”

朝[2] 〔cháo《广韵》直遥切，平宵，澄。〕❶诸侯、属国朝见天子。太宗《正日临朝》：“百蛮奉遐赆，万国朝未央。”李峤《汾阴行》：“汉家五叶才且雄，宾延万灵朝九戎。”权德舆《朝元阁》：“缭垣复道上层霄，十月离宫万国朝。”刘沧《过铸鼎原》：“黄帝修真万国朝，鼎成龙驾上丹霄。”❷臣下朝见天子。李白《古风》之十八：“衣冠照云日，朝下散皇州。”王建《春词》：“良人朝早半夜起，樱桃如珠露如水。”白居易《秦中吟十首·伤友》：“正逢下朝归，轩骑五门西。”❸使来朝见。太宗《幸武功庆善宫》：“端扆朝四岳，无为任百司。”萧华《扈从回銮应制》：“声名朝万国，玉帛礼三坛。”李商隐《韩碑》：“誓将上雪列圣耻，坐法宫中朝四夷。”❹朝廷。王维《丁寓田家有赠》：“在朝每为言，解印果成趣。”钱起《宴崔驸马玉山别业》：“满朝辞赋客，尽是入林人。”武元衡《送李秀才赴滑州诣大夫舅》：“知己满朝留不住，贵臣河上拥旌旗。”张籍《董公诗》：“在朝四十年，天下诵其功。”李商隐《喜舍弟羲叟及第上礼部魏公》：“朝满迁莺侣，门多吐凤才。”❺参拜；礼拜。郑絪《奉和武相公省中宿斋酬李相公见寄》：“沐兰朝太一，种竹咏华胥。”张籍《灵都观李道士》：“泥灶煮灵液，扫坛朝玉真。”元稹《天坛上境》：“万里洞中朝玉帝，九光霞外宿天坛。”法振《河源破贼后赠袁将军》：“欲朝王母殿，前路驻高旌。”❻小水注入大水。元稹《楚歌十首(江陵时作)》之七:"宣明徒有号,江汉不相朝。"又《苦雨》:"百川朝巨海,六龙蹋亨衢。"刘禹锡《衢州徐员外使君遗以缟纻兼竹书箱因成一篇用答佳贶》:"水朝沧海何时去,兰在幽林亦自芳。"❼朝代。指同一帝王世系的统治时期。刘禹锡《台城怀古》:"清江悠悠王气沉,六朝遗事何处寻。"杜牧《题宣州开元寺水阁阁下宛溪夹溪居人》:"六朝文物草连空,天淡云闲今古同。"❽代,世。指某一帝王统治时期。崔颢《江畔老人愁》:"两朝出将复入相,五世叠鼓乘朱轮。"杜甫《奉济驿重送严公四韵》:"列郡讴歌惜,三朝出入荣。"李华《咏史十一首》之二:"文物此朝盛,君臣何穆清。"刘禹锡《平齐行二首》之一:"地形十二虏意骄,恩泽含容历四朝。"齐己《寄哭西川坛长广济大师》:"千万僧中宝,三朝帝宠身。"

朝[3]

〔zhū《集韵》追輸切,平虞,知。〕见"朝$_3$那"。

【朝$_2$人】 参加早朝的朝廷之臣。贾岛《积雪》:"隐者迷樵道,朝人冷玉珂。"

【朝三】 朝三暮四,借指不悟佛理。见《庄子·齐物论》。沈佺期《九真山净居寺谒无碍上人》:"机疑闻不二,蒙昧即朝三。"

【朝$_2$士】 朝廷之臣。杜甫《徒步归行》:"青袍朝士最困者,白头拾遗徒步归。"韩愈《广宣上人频见过》:"久惭朝士无裨补,空愧高僧数往来。"刘禹锡《听旧宫中乐人穆氏唱歌》:"曾随织女渡天河,记得云间第一歌。休唱贞元供奉曲,当时朝士已无多。"许棠《闻蝉十二韵》:"朝士严冠饰,宫嫔逞鬓名。"

【朝$_2$士班】 即朝班。元稹《台中鞫狱忆开元观旧事呈损之兼赠周兄四十韵》:"推我亦上道,再联朝士班。"参见"朝$_2$班"。

【朝$_2$士籍】 即朝籍,在朝官员的名册。白居易《马上作》:"一列朝士籍,遂为世网拘。"又《分司洛中多暇数与诸客宴游醉后狂吟偶成十韵》:"寄名朝士籍,寓兴少年场。"

【朝$_2$大夫】 古代官名。后泛称朝中大夫之官职。李颀《夏宴张兵曹东堂》:"主人三十朝大夫,满座森然见矛戟。"韩翃《送江陵元司录》:"新领州从事,曾为朝大夫。"白居易《马上作》:"勋为上柱国,爵乃朝大夫。"

【朝夕】 ❶早晨与晚上。李峤《雁》:"往还倦南北,朝夕苦风霜。"骆宾王《丹阳刺史挽词三首》之二:"唯余松柏垄,朝夕起寒烟。"崔国辅《石头滩作》:"且泛朝夕潮,荷衣蕙为带。"孟郊《秋怀》之七:"老病多异虑,朝夕非一心。"❷早早晚晚;天天。形容长时间。王维《和仆射晋公扈从温汤》:"长吟吉甫颂,朝夕仰清风。"杜甫《第五弟丰独在江左近三四载寂无消息觅使寄此二首》之一:"十年朝夕泪,衣袖不曾干。"刘禹锡《松江送处州奚使君》:"吴越古今路,沧波朝夕流。"白居易《送王处士》:"望尘而拜者,朝夕走碌碌。"❸时时;经常。太宗《入潼关》:"冠盖往来合,风尘朝夕惊。"寒山《诗三百三首》之二:"美人朝夕弄,出入在庭帏。"梁德裕《感寓二首》:"左右美人弄,朝夕春风吹。"魏氏《赠外》:"朝夕倦床枕,形体耻巾栉。"❹即将;不久。形容短时间。李峤《东飞伯劳歌》:"庭前芳树朝夕改,空驻妍华欲谁待。"孟浩然《洛中送奚三还扬州》:"羡君从此去,朝夕见乡中。"韦应物《送渑池崔主簿》:"东西殊不远,朝夕待佳声。"李延陵《自紫阳观至华阳洞宿侯尊师草堂简同游》:"青鸟来去闲,红霞朝夕变。"❺光阴;时日。寒山《诗三百三首》之二三四:"兀兀过朝夕,都不别贤良。"杨巨源《失题》:"何事慰朝夕,不逾诗酒情。"❻泛指将来某一时候。刘元淑《妾薄命》:"愿君朝夕燕山至,好作明年杨柳春。"❼指度日之需。韩愈《丰陵行》:"设官置卫锁嫔妓,供养朝夕象平居。"

【朝$_2$天】 ❶朝见天子。王维《菩提寺禁裴迪来相看说逆贼等凝碧池上作音乐供奉人等举声便一时泪下私成口号诵示裴迪》:"万户伤心生野烟,百僚何日更朝天。"崔峒《奉和给事寓直》:"夜闲方步月,漏尽欲朝天。"权德舆《放歌行》:"未央钟漏醉中闻,联骑朝天曙色分。"吴融《和峡州冯使君题所居》:"唯怀避地逃多难,不羡朝天卧直庐。"❷朝见天帝。李白《相和歌辞·凤吹笙曲》:"仙人十五爱吹笙,学得昆丘彩凤鸣。始闻炼气餐金液,复道朝天赴玉京。"吕岩《七言》之四三:"还丹功满未朝天,且向人间度有缘。"

【朝天阙】 谓朝见天子。赵宗儒《和黄门武相公诏还题石门洞》:"望日朝天阙,披云过蜀山。"周繇《送人蕃使》:"早终册礼朝天阙,莫遣虬髭染塞霜。"

【朝$_2$元】 ❶诸侯、藩属国国君或使臣与群臣在农历正月元日朝见庆贺天子,称"朝元"。杨巨源《寄昭应王丞》:"武皇金辂辗香尘,每岁朝元及此辰。"无可《送田中丞使西戎》:"朝元下赤墀,玉节使西夷。"罗邺《岁仗》:"玉帛朝元万国来,鸡人晓唱五门开。"《郊庙歌辞·周朝飨乐章·忠顺》:"岁迎更始,节及朝元。"❷道教徒朝拜老子。因唐初追号老子李耳为太上玄元皇帝,故称。白居易《寻郭道士不遇》:"郡中乞假来相访,洞里朝元去不逢。"姚鹄《玉真观寻赵尊师不遇》:"羽客朝元昼掩扉,林中一径雪中微。"吕岩《宿州天庆观殿门留赠符离道士》:"云迷鹤驾何方去,仙洞朝元失我期。"❸朝元阁的省称。王建《华清宫感旧》:"尘到朝元边使急,千官夜发六龙回。"白居易《江南遇天宝乐叟》:"是时天下太平久,年年十月坐朝元。千官起居环佩合,万国会同车马奔。"徐夤《依御史温飞卿华清宫二十二韵》："朝元雕翠阁，乞巧绣琼楼。"❹道教养生法。道教谓使五脏之气汇集于天元（脐）为"朝元"。吕岩《别诗二首》之一："朝朝炼液归琼垄，夜夜朝元养玉英。"

【朝₂元正】　同"朝₂元❶"。王建《元日早朝》："大国礼乐备，万邦朝元正。东方色未动，冠剑门已盈。"参见"朝₂元❶""朝₂正"。

【朝₂元閣】　唐代宫阁名。故址在今陕西西安市临潼区骊山上。张继《华清宫》："朝元阁峻临秦岭，羯鼓楼高俯渭河。"王建《温泉宫行》："朝元阁向山上起，城绕青山龙暖水。"杜牧《华清宫》："行云不下朝元阁，一曲淋铃泪数行。"崔橹《华清宫三首》之二："珠帘一闭朝元阁，不见人归见燕归。"

【朝日】　初升的太阳。崔国辅《魏宫词》："朝日照红妆，拟上铜雀台。"皎然《晨登乐游原望终南积雪》："曜彩含朝日，摇光夺寸眸。"刘禹锡《百舌吟》："东方朝日迟迟升，迎风弄景如自矜。"王毂《玉树曲》："陈宫内宴明朝日，玉树新妆逞娇逸。"

【朝₂中】　朝廷之中。指封建中央政府。贾至《岳阳楼宴王员外贬长沙》："忽与朝中旧，同为泽畔吟。"郭受《寄杜员外》："新诗海内流传久，旧德朝中属望劳。"白居易《洛下闲居寄山南令狐相公》："支分门内余生计，谢绝朝中旧往还。"杜荀鹤《投从叔补阙》："空有篇章传海内，更无亲族在朝中。"

【朝₂正】　同"朝₂元❶"。一般在正月元旦举行。杜甫《元日寄韦氏妹》："不见朝正使，啼痕满面垂。"

【朝₂右】　位列朝班之右。指朝廷大臣。崔元翰《清明节郭侍御偶与李侍御孔校书王秀才游开化寺卧病不得同游赋得十韵》："道情亲法侣，时望登朝右。"刘禹锡《送唐舍人出镇闽中》："了却人间婚嫁事，复归朝右作公卿。"

【朝旦】　早晨。韦应物《贾常侍林亭燕集》："朝旦气候佳，逍遥写烦忧。"皇甫曙《立春日呈宫傅侍郎》："朝旦微风吹晓霞，散为和气满家家。"

【朝₂市】　❶朝廷和集市。刘长卿《瓜洲驿奉饯张侍御公拜膳部郎中却复宪台充贺兰大夫留后》："国怜朝市易，人怨虎狼残。"戴叔伦《抚州对事后送外生宋垓归饶州觐侍呈上姊夫》："谤书喧朝市，抚己惭浅昧。"李涉《逢旧二首》之一："不期陵谷迁朝市，今日辽东特地逢。"❷古代都城的布局。前为朝廷，后为市。后泛指都城或城市。李白《赠张相镐二首》之二："衣冠陷锋镝，戎虏盈朝市。"高适《古大梁行》："忆昨雄都旧朝市，轩车照耀歌钟起。"刘长卿《至德三年春正月时谬蒙差摄海监令闻王师收二京因书事》："朝市成芜没，干戈起战争。"白居易《青龙寺早夏》："胡为恋朝市，不去归烟萝。"韦庄《杂感》："行客不劳频怅望，古来朝市叹衰荣。"❸指朝廷。李白《书怀赠南陵常赞府》："一去麒麟阁，遂将朝市乖。"窦庠《敕目至家兄蒙淮南仆射杜公奏授秘校兼节度参谋同书寄上》："朝市三千里，园庐二十春。"权德舆《奉送韦起居老舅百日假满归嵩阳旧居》："振衣去朝市，赐告归林泉。"朱湾《寻隐者韦九山人于东溪草堂》："路傍樵客何须问，朝市如今不是秦。"❹指尘世；世间。孟浩然《涧南即事贻皎上人》："左右林野旷，不闻朝市喧。"韦应物《送褚校书归旧山歌》："春风饮饯灞陵原，莫厌归来朝市喧。"白居易《养拙》："身去缰锁累，耳辞朝市喧。"雍裕之《不了语》："浮名世利知多少，朝市喧喧尘扰扰。"陆畅《下第后病中》："笑看朝市趋名者，不病那知在病中。"

【朝臣】　朝廷之官，朝廷官员。陈希烈《奉和圣制三月三日》："野老歌无事，朝臣饮岁芳。"刘言史《山中喜崔补阙见寻》："鹿袖青藜鼠耳巾，潜夫岂解拜朝臣。"马逢《新乐府》："朝臣冠剑退，宫女管弦迎。"员南溟《禁中春松》："叶深栖语鹤，枝亚拂朝臣。"

【朝₂列】　❶群臣朝见君主时按官品排序的行列。张九龄《酬宋使君见诒》："朝列且云忝，君恩复若兹。"高适《东平旅游奉赠薛太守二十四韵》："肃肃趋朝列，雍雍引帝求。"李白《闻丹丘子于城北营石门幽居仆亦有栖遁之志因叙旧以寄之》："以兹谢朝列，长啸归故园。"储光羲《酬李处士山中见赠》："想像南山下，恬然谢朝列。"张籍《哭元九少府》："初作学官常共宿，晚登朝列暂同时。"❷借指朝廷官员。吴筠《高士咏·司马季主》："高谈哂朝列，洪辩不可际。"包何《和苗员外寓直中书》："朝列称多士，君家有二难。"赵嘏《寄浔阳赵校书》："不将行止问朝列，唯脱衣裳与钓翁。"郑严《送韦员外赴朔方》："出饯倾朝列，深功伫帝台。"

【朝光】　❶早晨的阳光。太宗《秋暮言志》："朝光浮烧野，霜华净碧空。"李峤《寒食清明日早赴王门率成》："游客趋梁邸，朝光入楚台。"元结《引东泉作》："宿雾含朝光，掩映如残虹。"长孙佐辅《山居》："阴气晚出谷，朝光先照山。"❷朝阳。刘长卿《步登夏口古城作》："高树朝光上，空城秋气归。"孟郊《寄张籍》："夜镜不照物，朝光何时升。"❸曙光；晨光。白居易《早夏晓兴赠梦得》："窗明帘薄透朝光，卧整巾簪起下床。"

【朝₂回】　亦作"朝迴"。朝见天子下朝回来。杜甫《曲江二首》之二："朝回日日典春衣，每日江头尽醉归。"卢纶《雪谤后书事上皇甫大夫》："业就难辞宠，朝回更授兵。"白居易《竹窗》："独此竹窗下，朝回解衣裳。"刘禹锡《洛中送韩七中丞之吴兴口号五首》之一："昔年意气结群英，几度朝回一字行。"许浑《贵游》："朝回佩马早凄凄，年少恩深卫霍齐。"

【朝$_2$廷】 ❶君主接受朝见与处理政事的地方。玄宗《端午三殿宴群臣探得神字》序："所赖济济朝廷，视成鹓鹭；桓桓边塞，责办熊罴。"杜甫《自京赴奉先县咏怀五百字》："多士盈朝廷，仁者宜战栗。"白居易《新乐府·采诗官》："不是章句无规刺，渐及朝廷绝讽议。"卢仝《常州孟谏议座上闻韩员外职方贬国子博士有感五首》之二："朝廷无谏议，谁是雪韩人。"❷指中央政府。任华《寄杜拾遗》："而我不飞不鸣亦何以，只待朝廷有知己。"韩愈《南内朝贺归呈同官》："问之朝廷事，略不知东西。"刘禹锡《伤段右丞》："江海多豪气，朝廷有直声。"皮日休《鲁望示广文先生吴门二章次韵属和存于诗编鲁望之命也》之一："朝廷未无事，争任醉醺醺。"❸借指天子。杜甫《述怀一首》："朝廷愍生还，亲故伤老丑。"元结《忝官引》："朝廷爱方直，明主嘉忠信。"李商隐《行次西郊作一百韵》："朝廷不暇给，辛苦无半年。"薛逢《送韩绛归淮南寄韩绰先辈》："门巷草生车辙在，朝廷恩及雁行联。"

【朝$_2$行】（—háng）犹朝列。亦指朝廷百官的行列。刘长卿《喜朱拾遗承恩拜命赴任上都》："阊阖九天通奏籍，华亭一鹤在朝行。"韩愈《卢郎中云夫寄示送盘谷子诗两章歌以和之》："我今进退几时决，十年蠢蠢随朝行。"元稹《再酬复言和前篇》："曾携酒伴无端宿，自入朝行便别春。"白居易《闲忙》："奔走朝行内，栖迟林墅间。"

【朝行】 清晨出行。卢照邻《晚渡滹沱敬赠魏大》："津谷朝行远，冰川夕望曛。"杜甫《泥功山》："朝行青泥上，暮在青泥中。"张祜《寄王尊师》："溪桥晚下玄龟出，草露朝行白鹿眠。"

【朝旭】 初升的太阳。杜甫《水阁朝霁奉简严云安》："崔嵬晨云白，朝旭射芳甸。"元晦《越亭二十韵》："西岩焕朝旭，深壑囊宿雾。"齐己《煌煌京洛行》："圣君垂衣裳，荡荡若朝旭。"

【朝$_2$旨】 朝廷的旨意。张祜《寄献萧相公》："谢安近日违朝旨，傅说当时允帝求。"

【朝$_2$衣】 ❶君臣上朝时穿的礼服。王维《酬郭给事》："强欲从君无那老，将因卧病解朝衣。"崔峒《初除拾遗酬丘二十二见寄》："江海久垂纶，朝衣忽挂身。"李德裕《长安秋夜》："万户千门皆寂寂，月中清露点朝衣。"赵嘏《送李给事》："脱却朝衣独归去，青云不及白云高。"❷借指朝廷官员。玄宗《首夏花萼楼观群臣宴宁王山亭回楼下又申之以赏乐赋诗》："九歌扬政要，六舞散朝衣。"

【朝$_2$次】 犹朝班。韦应物《寄职方刘郎中》："端服光朝次，群烈慕英声。"参见"朝$_2$班"。

【朝$_3$那】 县名。西汉置。治所在今宁夏固原县东南。李白《发白马》："扬兵猎月窟，转战略朝那。"

【朝$_2$車】 古代君臣上朝或宴饮时出入用车。厍狄履温《夏晚初霁南省寓直用余字》："晨趋当及早，复此戒朝车。"钱起《裴仆射东亭》："仙犬逐人静，朝车映竹闲。"于濆《古宴曲》："雉扇合蓬莱，朝车回紫陌。"郑谷《献大京兆薛常侍能》："一炷香新开道院，数坊人聚避朝车。"徐铉《寄江州萧给事》："朝车载酒过山寺，谏纸题诗寄野人。"

【朝$_2$見】 臣下朝见君主。玄宗《鹡鸰颂》序："朕之兄弟，唯有五人。比为方伯，岁一朝见。"刘长卿《送蒋侍御入秦》："朝见及芳菲，恩荣出紫微。"

【朝$_2$邑】 唐代县名。治所在今陕西大荔县东南朝邑镇。储光羲有《朝邑蔡主簿期不会二首》，见《全唐诗》卷一三八。卢纶有《送朝邑张明府》，见《全唐诗》卷二八〇。

【朝$_2$位】 官位；官职。姚合《送王嗣之典仪城》："日日思朝位，偷闲城外行。"

【朝$_2$序】 犹朝列。薛能《寄唐州杨郎中》："贫得俸钱还乍喜，晚登朝序却无荣。"参见"朝$_2$列"。

【朝$_2$英】 朝廷的英才。杜审言《和韦承庆过义阳公主山池五首》之一："野兴城中发，朝英物外求。"王湾《奉和贺监林月清酌》："华月当秋满，朝英假兴同。"李白《闻李太尉大举秦兵百万出征东南懦夫请缨冀申一割之用半道病还留别金陵崔侍御十九韵》："群公咸祖饯，四座罗朝英。"陆龟蒙《江南秋怀寄华阳山人》："凝神披夕秀，尽力取朝英。"

【朝$_2$直】 在禁省值宿。郑谷《朝直》："朝直叨居省阁间，由来疏退校安闲。"

【朝$_2$事】 犹国事。唐尧臣《金陵怀古》："出入三百年，朝事几翻覆。"

【朝雨】 晨雨。王维《渭城曲》："渭城朝雨浥轻尘，客舍青青柳色春。"刘禹锡《早秋雨后寄乐天》："夜云起河汉，朝雨洒高林。"白居易《五凤楼晚望》："野绿全经朝雨洗，林红半被暮云烧。"

【朝$_2$典】 朝廷的典章制度。来鹄《圣政纪颂》："故得粲粲朝典，落落廷謇。"

【朝氛】 清晨的雾霭。卢照邻《巫山高》："巫山望不极，望望下朝氛。"

【朝$_2$使】 朝廷派遣的使臣。张籍《送新罗使》："万里为朝使，离家今几年。"

【朝$_2$佩】 朝服上的配饰。李商隐《垂柳》："朝佩皆垂地，仙衣尽带风。"

【朝$_2$服】 ❶君臣在朝会或举行大典时穿的礼服。岑参《故河南尹岐国公赠工部尚书苏公挽歌二首》之一："唯余朝服在，金印已生尘。"刘长卿《送许拾遗还京》："故里惊朝服，高堂捧诏书。"白居易《早朝思退居》："唯惭老病披朝服，莫虑饥寒计俸钱。"李中《寄赠致仕沈彬郎中》："鹤氅换朝服，逍遥云水乡。"❷借指大臣。袁朗《赋饮马长城窟》："朝服践狼居，凯歌旋马邑。"

【朝₂周】 朝觐周朝。❶喻唐之藩属国。王维《奉和圣制送不蒙都护兼鸿胪卿归安西应制》："杂虏尽朝周，诸胡皆自郐。"刘长卿《同崔载华赠日本聘使》："怜君异域朝周远，积水连天何处通。"❷喻隋之藩属国。刘禹锡《后梁宣明二帝碑堂下作》："玉马朝周从此辞，园陵寂寞对丰碑。"

【朝昏】 ❶早晚。卢纶《客舍苦雨即事寄钱起郎士元二员外》："闾里欢将绝，朝昏望亦迷。"韩愈《和侯协律咏笋》："对吟忘膳饮，偶坐变朝昏。"姚合《题僧院引泉》："朝昏长绕看，护惜似持衣。"周仲美《书壁》："三载无朝昏，孤帏泪如洗。"❷日日；每天。郭震《寄刘校书》："俗吏三年何足论，每将荣辱在朝昏。"李白《登金陵冶城西北谢安墩》："沙尘何茫茫，龙虎斗朝昏。"卢纶《行药前轩呈董山人》："朝昏多病色，起坐有劳声。"白居易《效陶潜体诗十六首》之六："赖逢家酝熟，不觉过朝昏。"❸借指日子，生活。韩愈《东都遇春》："悠悠度朝昏，落落捐季孟。"卢纶《落第后归山下旧居留别刘起居昆季》："寂寞过朝昏，沈忧岂易论。"方干《阳亭言事献漳州于使君》："重叠山前对酒樽，腾腾兀兀度朝昏。"贯休《终南僧》："声利掀天竟不闻，草衣木食度朝昏。"

【朝₂京】 赴京，入京。韩愈《答张彻》："从赋始分手，朝京忽同舲。"

【朝₂享】 ❶天子祭祀宗庙。见《周礼·春官·司尊彝》。白居易《新乐府·二王后》："明堂太庙朝享时，引居宾位备威仪。"❷朝见太子。储光羲《望幸亭》："疏屏宜朝享，方塘堪水嬉。"

【朝₂宗】 ❶古代诸侯春、夏朝见天子。见《周礼·春官·大宗伯》。后泛称群臣或属国朝见天子。则天皇后《唐明堂乐章·迎送王公》："千官肃事，万国朝宗。"《郊庙歌辞·享太庙乐章·崇德舞》："皇合一德，朝宗百神。"张说《杂曲歌辞·舞马词》之一："万玉朝宗凤扆，千金率领龙媒。"崔轩《和主司王起》："国器旧知收片玉，朝宗转觉集登瀛。"灵一《远公》："钵帽绝朝宗，簪裾翻拜伏。"❷喻指小水汇入大水，东流入海。语出《书·禹贡》："江汉朝宗于海。"魏征《奉和正日临朝应诏》："声教溢四海，朝宗引百川。"张九龄《饯王司马入计同用洲字》："独叹湘江水，朝宗向北流。"王建《上武元衡相公》："长得萧何为国相，自西流水尽朝宗。"章碣《浙西送杜晦侍御入关》："捧日思驰仙掌外，朝宗势动海门中。"

【朝₂宗水】 奔流入海之水。亦泛称流水。刘禹锡《南中书来》："每羡朝宗水，门前尽日流。"薛能《送人自苏州之长沙县官》："茶煮朝宗水，船停调角州。"

【朝₂官】 朝廷的官员。张籍《送裴相公赴镇太原》："天子亲临楼上送，朝官齐出道傍辞。"白居易《白牡丹》："应似东宫白赞善，被人还唤作朝官。"又《偶吟》："人生变改故无穷，昔是朝官今野翁。"

【朝₂衫】 即朝服。韩愈《酬司门卢四兄云夫院长望秋作》："自知短浅无所补，从事久此穿朝衫。"

【朝奏】 早晨上呈天子的奏书。韩愈《左迁至蓝关示侄孙湘》："一封朝奏九重天，夕贬潮州路八千。"

【朝₂珂】 朝廷之臣上朝时所乘之马。珂，白色似玉的美石（一说，贝类），常用为马笼头上的饰物。因以借指马。李商隐《镜槛》："岂能抛断梦，听鼓事朝珂。"

【朝₂拱】 环绕拱卫。刘禹锡《唐侍御寄游道林岳麓二寺诗并沈中丞姚员外所和见征继作》："湘西古刹双蹲蹲，群峰朝拱如骏奔。"

【朝₂省】 （—shěng）禁省，朝廷官署。张籍《寄元员外》："朝省入频闲日少，可能同作旧游无。"又《和左司元郎中秋居十首》之一："非因入朝省，过此出门稀。"

【朝星】 晨星。刘禹锡《游桃源一百韵》："我来尘外躅，莹若朝星析。"

【朝虹】 清晨的虹。罗立言《赋得沽美玉》："浮彩朝虹满，悬光夜月孤。"

【朝₂拜】 谓参拜神佛。李商隐《中元作》："绛节飘飖宫国来，中元朝拜上清回。"

【朝₂食】 早晨进餐。韩愈《双鸟诗》："朝食千头龙，暮食千头牛。"李绅《寿阳罢郡日有诗十首与追怀不殊今编于后兼纪瑞物·肥河维舟阻冻祗待敕命》之一："夜灯空应渔家火，朝食还依雁宿滩。"卢士衡《再游紫阳洞重题小松》："仙家种此充朝食，叶叶枝枝造化力。"

【朝₂客】 指朝中官员。刘禹锡《刑部白侍郎谢病长告改宾客分司以诗赠别》："九霄路上辞朝客，四皓丛中作少年。"白居易《洛阳春赠刘李二宾客》："中有老朝客，华发映朱轩。"姚合《和李十二舍人直日放朝对雪》："今朝街鼓何人听，朝客开门对雪眠。"韦庄《不寐》："马嘶朝客过，知是禁门开。"

【朝₂冠】 君臣上朝时所戴之冠。韦应物《还阙首途寄精舍亲友》："严车候门侧，晨起正朝冠。"韩愈、孟郊《城南联句》："战服脱明介，朝冠飘彩纮。"莫宣卿《百官乘月早朝听残漏》："建礼俨朝冠，重门耿夜阑。"

【朝₂班】 ❶群臣朝见天子时按官品高低依次排序的队列。杜甫《自瀼西荆扉且移居东屯茅屋四首》之四："寒空见鸳鹭，回首忆朝班。"薛能《升平词十首》之二："寥泬敞延英，朝班立位横。"司空图《戏题试衫》："朝班尽说人宜紫，洞府应无鹤着绯。"花蕊夫人徐氏《宫词》之四六："别殿春风呼万岁，中丞新押散朝班。"❷泛称朝廷百官。韩愈《八月十五夜赠张功曹》："涤瑕荡垢清朝班，州家申名使家抑。"顾非熊《送从叔尉渑池》："虽有田园供海畔，且无宗党在朝班。"王易简《官左拾遗归隐作》："汩没朝班愧不才，谁能低折向尘埃。"许棠《陪郢州张员外宴白雪楼》："带帆分浪色，驻乐话朝班。"

【朝₂貢】 属国或外国使臣觐见天子所献贡品，曰"朝贡"。韦应物《酬郑户曹骊山感怀》："海内凑朝贡，贤愚共欢荣。"元稹《和李校书新题乐府十二首・骠国乐》："史馆书为朝贡传，太常编入鞮靺科。"

【朝₂真】 道教语。谓朝见真人。陆龟蒙《句曲山朝真词二首・送真》："朝真弟子悄无言，再拜碧杯添沆瀣。"吕岩《明胎息》："更修功业满，旌鹤引朝真。"

【朝₂軒】 朝车。李频《长安书情投知己》："每候朝轩出，常看列宿悬。"参见"朝₂車"。

【朝₂恩】 朝廷的恩泽。岑参《送任郎中出守明州》："郡政傍连楚，朝恩独借吴。"武元衡《饯裴行军赴朝命》："来时圣主假光辉，心恃朝恩计日归。"

【朝氣】 ❶早晨的清新之气。沈佺期《岳馆》："空濛朝气合，窈窕夕阳开。"❷指人在早晨时精神振作的气概。刘禹锡《途中早发》："行人朝气锐，宿鸟相辞去。"

【朝₂倫】 犹朝纲。太宗《登三台言志》："岂如家四海，日宇罄朝伦。"刘禹锡《送华阴尉张苕赴邕府使幕》："翊圣崇国本，像贤正朝伦。"参见"朝₂綱"。

【朝₂論】 朝廷上的议论。韩愈《感春五首》之一："选壮军兴不为用，坐狂朝论无由陪。"

【朝飢】 未进早餐前感到的饥饿。杜甫《述古三首》之一："竹花不结实，念子忍朝饥。"郑嵎《津阳门诗》："开垆引满相献酬，枯肠渴肺忘朝饥。"李郢《茶山贡焙歌》："朝饥暮匐谁兴哀，喧阗竞纳不盈掬。"

【朝烏夜兔】 旭日与夜月。王仁裕《与诸门生春日会饮繁台赋》："谩夸列鼎鸣钟贵，宁免朝乌夜兔催。"参见"日烏""月兔"。

【朝₂部】 犹"朝班"。李商隐《有感二首》之一："鬼箓分朝部，军烽照上都。"参见"朝₂班"。

【朝₂海】 犹"朝宗"。杜甫《秋日夔府咏怀奉寄郑监李宾客一百韵》："拂云霾楚气，朝海蹴吴天。"钱起《寄任山人》："行潦难朝海，散材空遇圣。"卢纶《奉陪浑侍中上巳日泛渭河》："舟楫方朝海，鲸鲵自曝腮。"参见"朝₂宗"。

【朝₂容】 ❶群臣朝见天子时的行列仪容。崔融《和梁王众传张光禄是王子晋后身》："天仗分旄节，朝容间羽衣。"李华《寄赵七侍御》："天波洗其瑕，朱衣备朝容。"卢纶《和常舍人晚秋集贤院即事十二韵寄赠江南徐薛二侍郎》："霜满朝容备，钟余漏唱传。"❷指天子的仪容。张莒《元日望含元殿御扇开合》："俯对朝容近，先知曙色分。"

【朝₂宰】 指宰相。李百药《安德山池宴集》："朝宰论思暇，高宴临方塘。"

【朝₂袍】 即朝服。齐己《寄朱拾遗》："研冰濡谏笔，赋雪拥朝袍。"

【朝₂陵】 天子拜扫祖先陵墓。韩愈《大行皇太后挽歌词三首》之三："只有朝陵日，妆奁一暂开。"

【朝₂務】 朝廷政务。张籍《和李仆射雨中寄卢严二给事》："从容朝务退，放旷掖曹乖。"

【朝菌】 一种生长期极短寄生于他物的菌类植物。见《庄子・逍遥游》。借喻极短的生命。骆宾王《乐大夫挽词五首》之四："一旦先朝菌，千秋掩夜台。"寒山《诗三百三首》之二五〇："何以长惆怅，人生似朝菌。"韩愈《枯树》："寄托惟朝菌，依投绝暮禽。"李绅《转寿春守太和庚戌岁二月祗命寿阳时替裴五墉终殁因视壁题》："点检遗编尽朝菌，应难求望一刀圭。"韩偓《小隐》："灵椿朝菌由来事，却笑庄生始欲齐。"

【朝梵】 早晨佛教徒进佛堂诵经。王维《蓝田山石门精舍》："朝梵林未曙，夜禅山更寂。"

【朝₂帶】 朝服所系的腰带。白居易《昨日复今辰》："解佩收朝带，抽簪换野巾。"

【朝₂堂】 汉代朝廷之左右治事处。后指朝廷。崔泰之《哭李峤诗》："此时罢欢笑，无复向朝堂。"

【朝₂野】 ❶朝廷与民间。崔湜《景龙二年余自门下平章事削阶授江州员外司马寻拜襄州刺史春日赴襄阳途中言志》："幸逢休明时，朝野两荐推。"杜甫《往在》："君臣节俭足，朝野欢呼同。"韦应物《送郗詹事》："朝野同称叹，园绮郁齐名。"李频《省试振鹭》："君臣将比洁，朝野共相欢。"❷国家；朝廷。李白《杂曲歌辞・君子有所思行》："朝野盛文物，衣冠何翕赩。"高适《送浑将军出塞》："子孙相承在朝野，至今部曲燕支下。"杜甫《北征》："维时遭艰虞，朝野少暇日。"杜荀鹤《送友人入关》："况当朝野搜贤日，正是孤寒取士时。"周昙《咏史诗・春秋战国门・平公》："鸿鹄轻腾万里高，何殊朝野得贤豪。"

【朝晡】 朝时（辰时，即七时至九时）至晡时（申时，即十五时至十七时）。泛称早晚，或从早到晚。王翰《蛾眉怨》："朝晡泣对麒麟树，树下苍苔日渐斑。"权德舆《夜泊有怀》："窅然风水上，寝食疲朝晡。"刘禹锡《墙阴歌》："白日左右浮天潢，朝晡影入东西墙。"罗隐《自贻》："衰老应难更进趋，药畦经卷自朝晡。"

【朝晚】 早晨与傍晚。卢照邻《赤谷安禅师塔》："烟霞朝晚聚，猿鸟岁时闻。"

【朝彩】 朝阳的光彩。李义府《咏乌》："日里飏朝彩，琴中伴夜啼。"李峤《和杜侍御太清台宿直旦有怀》："貂冠朝彩振，乌署晓光分。"

【朝$_2$章】 朝廷的典章。王绩《赠李征君大寿》："管宁存祭礼，王霸重朝章。"岑参《苗侍中挽歌二首》之一："摄政朝章重，持衡国相尊。"皎然《同诸公奉侍祭岳渎使大理卢幼平自会稽回经平望将赴于朝廷期过故林不至》："礼秩加新命，朝章笃理刑。"张籍《寄朱阚二山人》："为个朝章束此身，眼看东路去无因。"李绅《拜三川守》："恭承宠诏临伊洛，静守朝章化比闾。"

【朝望】 清晨眺望。刘禹锡《江陵严司空见示与成都武相公唱和因命同作》："彩云朝望青城起，锦浪秋经白帝来。"

【朝$_2$望】 在朝中的威望。钱起《送张中丞赴桂州》："寇恂朝望重，计日谒承明。"

【朝$_2$寄】 朝廷的委托。刘长卿《罢摄官后将还旧居留辞李侍御》："熊轼分朝寄，龙韬解贼围。"韦应物《春月观省属城始憩东西林精舍》："今我蒙朝寄，教化敷里鄽。"

【朝$_2$寀】 （—cǎi）朝廷的官员。沈佺期《夏日梁王席送张岐州》："天人开祖席，朝寀候征麾。"

【朝陽】 ❶山的东面。见《诗·大雅·卷阿》毛传。储光羲《敬酬陈掾亲家翁秋夜有赠》："梧桐生朝阳，鸊鹈鸣萧晨。"白居易《和答诗十首·和松树》："亭亭山上松，一一生朝阳。"❷初升的太阳。钱起《和范郎中宿直中书晓玩清池赠南省同僚两垣遗补》："丹地宜清泚，朝阳复照临。"白居易《新乐府·牡丹芳》："宿露轻盈泛紫艳，朝阳照耀生红光。"王约《日暖万年枝》："朝阳光照处，唯有近臣知。"❸即昭阳宫。张仲素《思君恩》："紫禁香如雾，青天月似霜。云韶何处奏，只是在朝阳。"花蕊夫人徐氏《宫词》之一四七："大仪前日暖房来，嘱向朝阳乞药栽。"参见"昭陽"。❹即"朝阳洞"。牛丛《题朝阳岩》："洞名独占朝阳号，应有梧桐待凤栖。"参见"朝陽洞"。

【朝陽洞】 岩洞名。在今湖南永州市零陵区。元结《朝阳岩下歌》："朝阳岩下湘水深，朝阳洞口寒泉清。"参见"朝陽巖"。

【朝陽鳴鳳】 喻指德才出众之人。见《诗·大雅·卷阿》。元稹《春蝉》："岂无朝阳凤，羞与微物争。"刘禹锡《鸊鹈吟》："朝阳有鸣凤，不闻千万祀。"又《伤秦姝行》："八鸾锵锵渡银汉，九雏威凤鸣朝阳。"

【朝陽鳳】 参见"朝陽鳴鳳"。

【朝$_2$陽樓】 楼名。故址在今浙江湖州市。吴融有《湖州朝阳楼》，见《全唐诗》卷六八五。

【朝$_2$陽巖】 在今湖南永州市零陵区。元结《朝阳岩下歌》："朝阳岩下湘水深，朝阳洞口寒泉清。"柳宗元有《游朝阳岩遂登西亭二十韵》，见《全唐诗》卷三五二。牛丛有《题朝阳岩》，见《全唐诗》卷五四二。

【朝$_2$隱】 谓虽居位朝中而恬淡如同隐士。见汉扬雄《法言·渊骞》。鲍溶《秋晚铜山道中宿隐者》："朝隐留此处，一点天边宿。"

【朝$_2$參】 （—cān）群臣上朝参拜君主。卢照邻《赠许左丞从驾万年宫》："朝参五城柳，夕宴柏梁杯。"杜甫《重过何氏五首》之四："颇怪朝参懒，应耽野趣长。"白居易《昭国闲居》："时暑放朝参，天阴少人客。"徐铉《病题二首》之一："性灵慵懒百无能，唯被朝参遣夙兴。"

【朝$_2$紱】 指朝官之印。绂，系官印的丝带。李德裕《怀山居邀松阳子同作》："我未及悬舆，今犹佩朝绂。"

【朝$_2$紳】 束朝服的大带。韩愈、孟郊《会合联句》："朝绅郁青绿，马饰曜珪珙。"

【朝$_2$散】 （—sǎn）朝散大夫的省称。白居易《闻行简恩赐章服喜成长句寄之》："吾年五十加朝散，尔亦今年赐服章。"卢象有《奉和张使君宴加朝散》，见《全唐诗》卷一二二。

【朝$_2$散大夫】 散官名。从五品下。白居易有《酬元郎中同制加朝散大夫书怀见赠》，见《全唐诗》卷四四二。参见《旧唐书·职官志一》。

【朝朝】 天天；每天。崔融《和梁王众传张光禄是王子晋后身》："朝朝缑氏鹤，长向洛城飞。"李颀《送从弟游江淮兼谒鄱阳刘太守》："都门柳色朝朝新，念尔今为江上人。"李益《江南词》："嫁得瞿塘贾，朝朝误妾期。"曹邺《四怨三愁五情诗十二首·其三愁》："朝朝临川望，灞水不入越。"

【朝朝暮暮】 天天；每天。王建《射虎行》："朝朝暮暮空手回，山下绿苗成道径。"杜牧《新柳》："东门门外多离别，愁杀朝朝暮暮人。"曹邺《四怨三愁五情诗十二首·其四怨》："手推呕哑车，朝朝暮暮耕。"韦庄《谒巫山庙》："朝朝暮暮阳台下，为雨为云楚国亡。"

【朝雲】 ❶同"朝雲暮雨❶"。陈子昂《感遇诗三十八首》之二七："朝云无处所，荆国亦沦亡。"李白《巫山枕障》："朝云夜入无行处，巴水横天更不流。"戴叔伦《经巴东岭》："旧栈歌难度，朝云湿未开。"于濆《巫山高》："何山无朝云，彼云亦悠扬。"❷指巫山神女。王勃《杂曲》："若向阳台荐枕，何啻得胜朝云。"李白《感兴六首》之一："瑶姬天帝女，精彩化朝云。"罗隐《姥山》："为逐朝云来此地，因随暮雨不归天。"❸借指美女。郑世翼《看新婚》："疑逐朝云去，翻随暮雨来。"皇甫冉《同李苏州伤美人》："阳台千万里，何处作朝云。"元稹《白衣裳二首》之二："闲倚屏风笑周昉，枉抛心力画朝云。"❹早晨之云。骆宾王《代女道士王灵妃赠道士李荣》："朝云旭日照青楼，迟晖丽色满皇州。"韩愈《鸣雁》："哀鸣欲下洲渚非，江南水阔朝云多。"石抱忠《始平谐诗》："库塔朝云上，晃池夜月明。"

【朝雲暮雨】 ❶为咏巫山的典故。见战国楚宋玉《〈高唐赋〉序》。张子容《巫山》："朝云暮雨连天暗，神女知来第几峰。"杜甫《奉使崔都水翁下峡》："白狗黄牛峡，朝云暮雨祠。"许浑《神女祠》："莫学阳台畔，朝云暮雨中。"李商隐《楚宫二首》之一："朝云暮雨长相接，犹自君王恨见稀。"❷借喻夫妻或男女间的恋情。孟郊《悼亡》："朝云暮雨成古墟，萧萧野竹风吹亚。"李冶《感兴》："朝云暮雨镇相随，去雁来人有返期。"崔素娥《别韦洵美诗》："神魂倘遇巫娥伴，犹逐朝云暮雨归。"谁氏女《题沙鹿门》："同来不得同归去，永负朝云暮雨情。"

【朝$_2$帽】 上朝时所戴之帽。柳宗元《同刘二十八院长述旧言怀感时书事奉寄澧州张员外使君五十二韵之作因其韵增至八十通赠二君子》："春衫裁白纻，朝帽挂乌纱。"

【朝嵐】 清晨山间的雾霭。白行简《贡院楼北新栽小松》："夜影看仍薄，朝岚色渐浓。"李商隐《题道静院院在中条山故王颜中丞所置虢州刺史舍官居此今写真存焉》："自怜筑室灵山下，徒望朝岚与夕曛。"

【朝$_2$集使】 各州郡每年元会前派遣使者赴京师朝集，谓之朝集使。朝集使须向户部报告州郡行政及财经情况。元日须向天子呈献贡物。王维有《奉和圣制暮春送朝集使归郡应制》。刘禹锡《历阳书事七十韵》："好令朝集使，结束赴新正。"

【朝飯】 早餐。白居易《在家出家》："夜眠身是投林鸟，朝饭心同乞食僧。"

【朝$_2$賀】 臣下入朝庆贺。张说《破阵乐》之一："正属四方朝贺，端知万舞皇威。"韩愈《石鼓歌》："大开明堂受朝贺，诸侯剑佩鸣相磨。"

【朝鼓】 朝廷早朝时所鸣之鼓。韩愈《酬蓝田崔丞立之咏雪见寄》："朝鼓矜凌起，山斋酩酊眠。"又《会合联句》："君胡眠安然，朝鼓声汹汹。"

【朝$_2$聘】 属国国君或派使者按期朝见天子。王维《送宇文三赴河西充行军司马》："当令犬戎国，朝聘学昆邪。"权德舆《送袁中丞持节册南诏五韵》："西南使星去，远彻通朝聘。"

【朝蜃】 早晨出现的蜃气。骆宾王《在江南赠宋五之问》："别岛笼朝蜃，连洲拥夕涨。"

【朝暉】 早晨的阳光。李白《古风》之二："蟾蜍入紫微，大明夷朝晖。"杜甫《秋兴八首》之三："千家山郭静朝晖，一日江楼坐翠微。"皎然《答豆卢次方》："贤士胜朝晖，温温无冬春。"

【朝$_2$路】 入朝的大路。亦喻入仕之途。李益《答广宣供奉问兰陵居》："居北有朝路，居南无住人。"姚合《题厉玄侍御所居》："朝路床前是，谁知晓起慵。"

【朝$_2$署】 犹"朝廷"。韩愈《送灵师》："耕桑日失隶，朝署时遗贤。"

【朝雊】 鸟名。通称野鸡。戴叔伦《女耕田行》："日正南冈下饷归，可怜朝雊扰惊飞。"刘禹锡《荆州歌二首》之一："渚宫杨柳暗，麦城朝雊飞。"

【朝衙】 官府上午卯时坐衙治事，称"朝衙"。白居易《城上》："城上冬冬鼓，朝衙复晚衙。"

【朝$_2$會】 ❶臣下及属国使者朝见天子。元结《系乐府十二首·颂东夷》："尝闻古天子，朝会张新乐。"李咸用《富贵曲》："空中汉转星移盖，火城拥出随朝会。"❷指群仙朝见天帝。司空图《月下留丹灶》："朝会初元盛，蓬瀛旧侣稀。"

【朝煙】 晨雾。太宗《咏雨》："新流添旧涧，宿雾足朝烟。"王维《田园乐七首》之六："桃红复含宿雨，柳绿更带朝烟。"

【朝$_2$裾】 朝服。裾，衣服前后襟。韩愈《示儿》："恩封高平君，子孙从朝裾。"

【朝$_2$經】 犹"朝纲"。高适《留上李右相》："钧衡持国柄，柱石总朝经。"又《奉酬睢阳李太守》："公族称王佐，朝经允帝求。"白居易《早祭风伯因怀李十一舍人》："远郡虽褊陋，时祀奉朝经。"参见"朝$_2$綱"。

【朝$_2$臺】 台名。故址在今广东佛山市南海区东北。汉高祖定天下，派陆贾出使南粤，立赵佗为王，赵佗遂称臣。并因冈作台，岁时朔望于此望汉朝拜，故曰"朝台"。刘禹锡《和杨侍郎初至郴州纪事书情题郡斋八韵》："旌节下朝台，分圭从北回。"许浑《晚自朝台津至韦隐居郊园》："秋来凫雁下方塘，系马朝台步夕阳。"胡曾《咏史诗·番禺》："不是大夫多辨说，尉他争肯筑朝台。"

【朝暮】 ❶犹早晚。寒山《诗三百三首》之二六九："褐衣随春冬，粝食供朝暮。"韩愈《庭楸》："朝暮无日时，我且八九旋。"刘禹锡《同白二十二赠王山人》："笑听咚咚朝暮鼓，只能催得市朝人。"欧阳玭《清晓卷帘》："秀色还朝暮，浮云自古今。"❷天天；时时。乔备《秋夜巫山》："江山空窈窕，朝暮自纷氲。"李益《塞下曲》之一："蕃州部落能结束，朝暮驰猎黄河曲。"薛涛《池上双鸟》："双栖绿池上，朝暮共飞还。"庄南杰《湘弦曲》："楚云铮铮戛秋露，巫云峡雨飞朝暮。"李播《见美人闻琴不听》："洛浦风流雪，阳台朝暮云。"❸不久；须臾。形容时间短。白居易《寄隐者》："由来君臣间，宠辱在朝暮。"陆龟蒙《五歌·刈获》："敢言一岁囷仓实，不了如今朝暮春。"

【朝歌】 ❶地名。殷商末年曾建都于此。故址在今河南淇县境。长孙无忌《新曲二首》之一："依阿家住朝歌下，早传名。”李白《赠宣城宇文太守兼呈崔侍御》：“回车避朝歌，掩口去盗泉。”岑参《送郭乂杂言》：“朝歌城边柳亸地，邯郸道上花扑人。”罗隐《江北》：“一种风流一种死，朝歌争得似扬州。”❷泛指歌声。骆宾王《伤祝阿王明府》序：“鹤鸣在阴，爰绊朝歌之骥。”

【朝酲】 早晨酒醒后仍困乏如病。刘禹锡《海阳十咏·云英潭》：“有时病朝酲，来此心神醒。”

【朝₂端】 ❶位列群臣朝见天子行列之首。李商隐《谢往桂林至彤庭窃咏》：“凤凰传诏旨，獬廌冠朝端。”❷指位列朝臣之首的大臣。王维《送丘为往唐州》：“朝端肯相送，天子绣衣臣。”源乾曜《奉和圣制送张尚书巡边》：“天子择英才，朝端出监抚。”杨巨源《上裴中丞》：“清威更助朝端重，圣泽曾随笔下多。”❸朝廷。孟浩然《题云门山寄越府包户曹徐起居》：“故国眇天末，良朋在朝端。”高适《送柴司户充刘卿判官之岭外》：“岭外资雄镇，朝端宠节旄。”严维《书情上李苏州》：“东土苗人尚有残，皇皇亚相出朝端。”武元衡《送张六谏议归朝》：“归去朝端如有问，玉关门外老班超。”白居易《哭孔戡》：“人言明明代，合置在朝端。”

【朝₂榮】 朝廷的恩宠。席豫《奉和圣制送张说巡边》：“朝荣承睿札，野饯转行旃。”

【朝₂漢臺】 即朝台。刘长卿《送裴二十端公使岭南》：“陆贾千年后，谁看朝汉台？”徐铉《庐陵别朱观先辈》：“新诗试为重高咏，朝汉台前不可闻。”参见“朝₂臺”。

【朝₂綱】 朝廷的纲纪。杨巨源《送裴中丞出使》：“一清淮甸假朝纲，金印初迎细柳黄。”元稹《酬乐天东南行诗一百韵》：“誓遣朝纲振，忠饶翰苑输。”李商隐《赠送前刘五经映三十四韵》：“从来以儒戏，安得振朝纲？”薛能《升平词十首》之十：“谏纸应无用，朝纲自有伦。”

【朝蕣】 木槿的别名。比喻年轻女子。元稹《梦游春七十韵》：“朝蕣玉佩迎，高松女萝附。”参见“朝槿”。

【朝槿】 即木槿，又名蕣。花朝开暮落。王维《积雨辋川庄作》：“山中习静观朝槿，松下清斋折露葵。”

【朝輝】 同“朝暉”。杜牧《杜秋娘诗》：“眉宇俨图画，神秀射朝辉。”

【朝₂儀】 朝廷的礼仪、仪式。杜甫《紫宸殿退朝口号》：“户外昭容紫袖垂，双瞻御座引朝仪。”秦系《寄浙东皇甫中丞》：“久带纱巾仍藉草，山中那得见朝仪。”戎昱《辰州闻大驾还宫》：“渭水战添亡虏血，秦人生睹旧朝仪。”张籍《赠王司马》：“白笏朱衫年少时，久登班列会朝仪”白居易《德宗皇帝挽歌词四首》之一：“宫仗辞天阙，朝仪出国门。”

【朝徹】 豁然贯通，洞达妙理。见《庄子·大宗师》。皎然《妙喜寺达公禅斋寄李司直公孙房都曹德裕从事方舟颜武康士骋四十二韵》：“我祖传六经，精义思朝彻。”

【朝盤】 早餐用的餐盘。戴叔伦《寄禅师寺华上人次韵三首》之一：“朝盘香积饭，夜瓮落花泉。”王建《原上新居十三首》之三：“乍得新蔬菜，朝盘忽觉奢。”

【朝₂請】 古代诸侯朝见天子，春曰朝，秋曰请。后泛称朝见天子为朝请。韩愈《秋怀诗十一首》之六：“尚须勉其顽，王事有朝请。”

【朝課】 早晨须做的事。白居易《朝课》：“从容朝课毕，方与客相见。”

【朝餐】 早饭。韩愈《崔十六少府摄伊阳以诗及书见投因酬三十韵》：“有时未朝餐，得米日已晏。”白居易《晚夏闲居绝无宾客欲寻梦得先寄此诗》：“鱼笋朝餐饱，蕉纱暑服轻。”吴融《送于员外归隐蓝田》：“若遇秦时雪髯客，紫芝兼可备朝餐。”

【朝暾】 ❶初升的太阳。王维《同卢拾遗过韦给事东山别业二十韵》：“鸣玉满春山，列筵先朝暾。”李白《登金陵冶城西北谢安墩》：“白鹭映春洲，青龙见朝暾。”孟郊《抒情因上郎中二十二叔监察十五叔兼呈李益端公柳缜评事》：“明明三飞鸾，照物如朝暾。”❷早晨的阳光。杜审言《南海乱石山作》：“朝暾艳丹紫，夜魄炯青翠。”张九龄《岁初巡属县登高安南楼言怀》：“余滋含宿雾，众妍在朝暾。”武元衡《出塞作》：“白羽矢飞先火炮，黄金甲耀夺朝暾。”李咸用《庐山》：“黑岩藏昼电，紫雾泛朝暾。”

【朝膳】 早餐。皮日休《太湖诗·雨中游包山精舍》：“施稀无夏屋，境僻乏朝膳。”

【朝₂謁】 ❶朝见天子。王维《送高适弟耽归临淮作》：“群公朝谒罢，冠剑下丹墀。”崔兴宗《和王维敕赐百官樱桃》：“未央朝谒正逶迤，天上樱桃锡此时。”李益《春行》：“侍臣朝谒罢，戚里自相过。”孟郊《济源寒食》之五：“可怜春物亦朝谒，唯我孤吟渭水边。”❷谓朝见太上老君。赵嘏《赠道者》：“华盖飘飘绿鬓翁，往来朝谒蕊珠宫。”❸参见尊长。清昼、王遘《建安寺西院喜王郎中遘恩命初至联句》：“住持良有愿，朝谒冗无缘。”郑谷《题水部李羽员外招国里居》：“不辞朝谒远，唯要近慈恩。”

【朝₂謁客】 指朝廷之臣。严巨川《太清宫闻滴漏》：“惭非朝谒客，空有振衣情。”

【朝隮】 早晨的虹。见《诗·鄘风·蝃蝀谊》。李峤《奉和春日游苑喜雨应制》：“叶向朝阹密，花含宿润开。”

【朝霞】 ❶太阳将升或初升时映照的云彩。骆宾王《畴昔篇》:"掩映飞轩乘落照,参差步障引朝霞。"李白、高霁《改九子山为九华山联句》:"层标遏迟日,半壁明朝霞。"李贺《南园十三首》之十二:"谁遣虞卿裁道帔,轻绡一匹染朝霞。"❷借指清晨。马戴《送韩校书江西从事》:"夕照临孤馆,朝霞发广津。"

【朝講】 佛教语。法师在晨参时讲经。无可《送契公自桂阳赴南海》:"中餐湘鸟下,朝讲海人来。"欧阳詹《同诸公过福先寺律院宣上人房》:"律座下朝讲,昼门犹掩关。"

【朝$_2$燭】 早朝时朝廷的照明之烛。杜甫《骊山》:"地下无朝烛,人间有赐金。"

【朝$_2$禮】 参拜;朝拜。韦应物《骊山行》:"下元昧爽漏恒秩,登山朝礼玄元室。"刘禹锡《游桃源一百韵》:"丹丘肃朝礼,玉札工细绎。"鲍溶《郊天回》:"始知报本终朝礼,旧典时巡只自难。"李咸用《吴处士寄香兼劝入道》:"谢寄精专一捻香,劝予朝礼仕虚皇。"方干《夜听步虚》:"寂寂永宫里,天师朝礼声。"

【朝$_2$覲】 臣下觐见君主。觐,见。杜甫《奉寄章十侍御》:"朝觐从容问幽仄,勿云江汉有垂纶。"罗隐《送内使周大夫自杭州朝贡》:"三接驾前朝觐礼,一函江表战征功。"贯休《送卢舍人朝觐》:"重德须朝觐,流年不可轻。"

【朝$_2$闕】 ❶宫阙。司空曙《和耿拾遗元日观早朝》:"元日争朝阙,奔流若会溟。"❷借指朝廷。韩愈、李正封《晚秋郾城夜会联句》:"声明动朝阙,光宠耀京洛。"❸朝向宫阙。谓思念朝廷。高骈《渭川秋望寄右军王特进》:"凭寄两行朝阙泪,愿随流入御沟泉。"

【朝曛】 ❶早晚。韩愈《醉赠张秘书》:"吾徒幸无事,庶以穷朝曛。"❷旭日的光辉。唐彦谦《望岳时贼据华夏》:"长路风埃隔楚氛,忽惊神岳映朝曛。"

【朝$_2$簪】 ❶朝廷官员的冠饰。钱起《春暮过石龟谷题温处士林园》:"揞颐笑来客,头上有朝簪。"姚合《寄陕州王司马》:"家寄秦城非本心,偶然头上有朝簪。"马戴《寄广州杨参军》:"身方脱野服,冠未系朝簪。"李昭象《寄献山中顾公员外》:"抽却朝簪着钓蓑,近来声迹转巍峨。"❷借指朝服。张说《襄州景空寺题融上人兰若》:"何由侣飞锡,从此脱朝簪。"羊士谔《酬卢司门晚夏过永宁里弊居林亭见寄》:"风蝉一清暑,应喜脱朝簪。"韦庄《和薛先辈见寄初秋寓怀即事之作二十韵》:"慚闻纡绿绶,即候挂朝簪。"齐己《杨花》:"软著朝簪去,狂随别骑游。"❸借指在朝之官。京官。张九龄《出为豫章郡途次庐山东岩下》:"纷吾婴世网,数载忝朝簪。"郑愔《同韦舍人早朝》:"才良寄天纻,趋拜侣朝簪。"朱庆余《和刘补阙秋园寓兴之什十首》之一:"不以朝簪贵,多将野客期。"

【朝$_2$幰】 朝廷大臣所乘的车辆。幰,车前的帷幔。唐制:六品以上官员可施车幰。见《新唐书·车服志》。褚亮《和御史韦大夫喜霁之作》:"白简光朝幰,彤驺出禁中。"亦借指朝廷大臣。元稹《酬杨司业十二兄早秋述情见寄》:"壮志日萧条,那能竞朝幰。"

【朝$_2$簿】 朝廷官员入朝次第名籍。宋王谠《唐语林·补遗四》:"吏察主院中入朝人次第名籍,谓之朝簿厅。"张籍《和左司元郎中秋居十首》之七:"夜后开朝簿,申前发省符。"白居易《晚起》:"北阙停朝簿,西方入社名。"

【朝曦】 初升的太阳;早晨的阳光。赵彦昭《奉和幸安乐公主山庄应制》:"六龙齐轸御朝曦,双鹢维舟下绿池。"韩愈《东都遇春》:"朝曦入牖来,鸟唤昏不醒。"白居易《裴侍中晋公以集贤林亭即事诗三十六韵见赠广为五百言以伸酬献》:"东岛号晨光,杲曜迎朝曦。"陈陶《独摇手》:"冶袖莺鸾拂朝曦,摩烟袅雪金碧遗。"

【朝$_2$籍】 在朝官员的名册。姚合《寄九华费冠卿》:"阙下无朝籍,林间有诏书。"

【朝饌】 早餐。韩愈、孟郊《城南联句》:"朝馔已百态,春醪又千名。"李商隐《访隐》:"薤白罗朝馔,松黄暖夜杯。"

【朝$_2$議】 谓在朝廷议政。白居易《初授拾遗》:"奉诏登左掖,束带参朝议。"

【朝露】 ❶清晨的露水。骆宾王《畴昔篇》:"丛竹凝朝露,孤山起暝烟。"广宣《九月菊花咏应制》:"爽气浮朝露,浓姿带夜霜。"李商隐《和郑愚赠汝阳王孙家筝妓二十韵》:"初花惨朝露,冷臂凄愁髓。"❷比喻存在的时间短促。王维《与胡居士皆病寄此诗兼示学人二首》之一:"一兴微尘念,横有朝露身。"孟浩然《伤岘山云表观主》:"岂意餐霞客,溘随朝露先。"唐廪《杨岐山》:"重来白首良堪喜,朝露浮生不足言。"殷益《看牡丹》:"艳色随朝露,馨香逐晚风。"

【朝覿】 早晨出现。见《左传·昭公四年》。范传质《荐冰》:"朝觌当西陆,桃弧每共行。"

【朝霽】 早晨雨止天晴。钱起《同严逸人东溪泛舟》:"朝霁收云物,垂纶独清旷。"

【朝$_2$纓】 朝冠。缨,系冠的带子。刘禹锡《酬马大夫登洭口戍见寄》:"新辞将印拂朝缨,临水登山四体轻。"又《寄朗州温右史曹长》:"史笔枉将书纸尾,朝缨不称濯沧浪。"杜牧《出关》:"朝缨初解佐江渍,麋鹿心知自有群。"

【朝靄】 早晨的雾霭。孙鲂《题梅岭泉》:"石根朝霭碧,帘际晚霞鲜。"

【朝爨】 犹晨炊。陆龟蒙《风人诗四首》之二:"破檗供朝爨,须怜是苦辛。"

九 画

膍 〔cōng《玉篇》七公切。〕亦作“膍”。微明。韩偓《归紫阁下》：“黄昏后见山田火，胧膍时闻县郭钟。”又《早归》：“去是黄昏后，归当胧膍时。”

【膍朧】 微明貌。柴宿《初日照华清宫》：“璇题生炯晃，珠缀引膍胧。”

十一画

膍 “膍”的异体字。见“膍朧”。

十二画

朣 〔tóng《集韵》徒東切，平東，定。〕见“朣朦”“朣朧”。

【朣朦】 月微明貌。卢纶《送申屠正字往湖南迎亲兼谒赵和州因呈上侍郎使君并戏简前历阳李明府》：“晓月朣朦映水关，水边因到历阳山。”

【朣朧】 ❶月初出貌；微明貌。韩愈《谒衡岳庙遂宿岳寺题门楼》：“夜投佛寺上高阁，星月掩映云朣胧。”卢仝《月蚀诗》：“天色绀滑凝不流，冰光交贯寒朣胧。”❷昏暗朦胧貌。薛据《泊震泽口》：“零落星欲尽，朣胧气渐收。”刘得仁《宿普济寺》：“待鸣晓钟后，万井复朣胧。”❸借指月亮。李群玉《望月怀友》：“浮云卷尽看朣胧，直出沧溟上碧空。”

羸 〔yíng《广韵》以成切，平清，以。〕❶满实。见“羸羸。”❷姓。秦姓羸。陈子昂《感遇诗三十八首》之一七：“三季沦周赧，七雄灭秦羸。”李白《自广平乘醉走马六十里至邯郸登城楼览古书怀》：“相如章华巅，猛气折秦羸。”❸指秦代。王勃《倬彼我系》之一：“居卫仕宋，臣羸相刘。”❹人名。指战国魏侯羸。王维《夷门歌》：“亥为屠肆鼓刀人，羸乃夷门抱关者。”

【羸女】 指春秋秦穆公之女弄玉。王无竞《凤台曲》：“凤台何逶迤，羸女管参差。”张昌宗《太平公主山亭侍宴》：“淮南有小山，羸女隐其间。”李白《凤凰曲》：“羸女吹玉箫，吟弄天上春。”沈颂《春旦歌》：“常闻羸女玉箫台，奏曲情深彩凤来。”杜甫《玉台观》：“遂有冯夷来击鼓，始知羸女善吹箫。”权德舆《八月十五日夜瑶台寺对月绝句》：“羸女乘鸾已上天，仁祠空在鼎湖边。”白居易《池上清晨候皇甫郎中》：“何人拟相访，羸女从萧郎。”又《酬严给事闻玉蕊花下有游仙绝句》：“羸女偷乘凤去时，洞中潜歇弄琼枝。”李群玉《升仙操》：“羸女去秦宫，琼笙飞碧空。”又《王内人琵琶引》：“羸女停吹降浦箫，嫦娥净掩空波瑟。”

【羸女儿】 指弄玉。李白《上元夫人》：“手提羸女儿，闲与凤吹箫。”

【羸氏】 指秦，秦姓羸氏。特指秦始皇。贾岛《听乐山人弹易水》：“羸氏归山陵已掘，声声犹带发冲冠。”李商隐《井泥四十韵》：“羸氏并六合，所来因不韦。”苏拯《长城》：“羸氏设防胡，烝沙筑冤垒。”

【羸氏女】 指秦穆公女弄玉。权德舆《杂诗五首》之一：“婉彼羸氏女，吹箫偶箫史。”

【羸政】 即秦始皇。始皇姓羸名政。李衍《过白卫岭和韩昭》：“轩皇尚自亲平寇，羸政徒劳爱学仙。”李岘《剑池》：“阖闾葬日劳人力，羸政穿来役鬼功。”李贺《苦昼短》：“刘彻茂陵多滞骨，羸政梓棺费鲍鱼。”鲍溶《读史》：“坑降羸政在，衣锦人望替。”皎然《杂寓兴》：“燕昭昧往事，羸政亡前筹。”

【羸秦】 即秦始皇。李正封《贡院楼北新栽小松》：“为梁资大厦，封爵耻羸秦。”

【羸祸】 指秦代暴政。陈子昂《感遇诗三十八首》之九：“长城备胡寇，羸祸发其亲。”

【羸臺】 即凤凰台。罗邺《题笙》：“缑岭独能征妙曲，羸台相共吹清音。”

【羸臺女】 同“羸女”。陈子昂《与东方左史虬修竹篇》：“结交羸台女，吟弄升天行。”

【羸劉】 羸政、刘邦之连称。二人皆为第一代开国皇帝。代指秦汉。清昼《讲德联句》：“暨于羸刘，乃创程式。”

【羸羸】 牢固满实貌。元结《补乐歌十首·六英》之二：“由六合兮，根底羸羸。”

十三画

朦 〔méng《广韵》莫紅切，平東，明。又莫孔切，上董，明。〕❶月初出貌。见“朦朧❶”。❷月光微明迷茫貌。见“朦朧❷”。❸微明貌。见“朦朧❸”。❹水气弥漫迷茫貌。见“朦朧❹”。❺光线昏暗貌。见“朦朧❺”“朦朦❶”。❻模糊不清貌。见“朦朧❻”。❼迷蒙貌。见“朦朧❼”。❽草木茂盛貌。见“朦朧❽”。❾睡觉或初醒时的神态迷糊貌。见“朦朧❾”。❿迷惘貌。见“朦朧❿”。

【朦朣】 朦胧不明貌。无可《中秋夜君山脚下看月》：“汹涌吹苍雾，朦朣吐玉盘。”

【朦朦】 ❶朦胧不明貌。吴融《寓言》：“非明非暗朦朦月，不暖不寒慢慢风。”❷迷惘，迷糊貌。王轂《暑日题道边树》：“火轮迸焰烧长空，浮埃扑面愁朦朦。”

【朦朧】 ❶月初出貌。李群玉《中秋维舟君山看月二首》之一：“汗漫铺澄碧，朦胧吐玉盘。”❷月光微明迷茫貌。窦巩《秋夕》：“护霜云映月朦胧，乌鹊争飞井上桐。”羊士谔《夜听琵琶三首》之一：“掩抑危弦咽又通，朔云边月想朦胧。”来鹄《寒食山馆书情》：“蜀魄啼来春寂寞，楚魂吟后月朦胧。”和凝《宫词百首》之七：“朦胧西月照池亭，初夜椒房掩画屏。”王周《自和》：“一片残阳景，朦胧淡月中。”❸微明貌。王建《谢李续主簿》：“衰卧朦胧晓，贫居冷落春。”李端《雪夜寻太白道士》：“雪路夜朦胧，寻师杏树东。”于濆《陇头水》：“薄日朦胧秋，怨气阴云结。”和凝《宫词百首》之六八：“玉殿朦胧散晓光，金龙高喷九天香。”❹水气弥漫迷茫貌。寒山《诗三百三首》之九：“夏天冰未释，日出雾朦胧。”卢纶《华清宫》之二：“水气朦胧满画梁，一回开殿满山香。”薛涛《试新服裁制初成三首》之一：“紫阳宫里赐红绡，仙雾朦胧隔海遥。”贾岛《易州登龙兴寺楼望郡北高峰》：“朦胧碧烟里，群岭若相附。”❺光线昏暗貌。杨衡《登紫霄峰赠黄仙师》：“世华徒熠耀，虚室自朦胧。”李群玉《湖中古愁三首》之二：“莫桂开古祠，朦胧入幽萝。”刘兼《春宵》：“春云春日共朦胧，满院梨花半夜风。”❻模糊不清貌。王昌龄《西宫春怨》：“斜抱云和深见月，朦胧树色隐昭阳。”卢纶《题贾山人园林》：“竹影朦胧松影长，素琴清簟好风凉。”贾岛《寄华山僧》：“遥知白石室，松柏隐朦胧。”❼迷蒙貌。李端《赠康洽》：“借问朦胧花树下，谁家畚插筑高台。”谭用之《渭城春晚》：“秦树朦胧春色微，香风烟暖树依依。”❽草木茂盛貌。寒山《诗三百三首》之一四四：“复有朦胧处，松萝相连接。”刘湾《虹县严孝子墓》：“前有松柏林，荆蓁结朦胧。”高适《同房侍御山园新亭与邢判官同游》：“隐隐春城外，朦胧陈迹深。”白居易《窗中列远岫》：“遥怜峰窈窕，不隔竹朦胧。”❾睡觉或初醒时的神志迷糊貌。梁锽《美人春卧》：“纵使朦胧觉，魂犹逐楚王。”白居易《卧听法曲霓裳》：“朦胧闲梦初成后，宛转柔声入破时。”鲍溶《途中旅思二首》之二：“星出方问宿，睡眼始朦胧。”温庭筠《禁火日》：“□愁闻百舌，残睡正朦胧。”又《寒食前有怀》：“残芳荏苒双飞蝶，晓睡朦胧百啭莺。”❿迷惘貌。吕岩《渔父词一十八首・入定》：“无边畔，迥朦胧，玄景观来觉尽空。”

十六画

朧 〔lóng《广韵》盧紅切，平東，來。〕❶月明貌；微明貌。见“朧月”“朧明”“朧朧❶”“朧朣”“朧腮”。❷昏暗貌。见“朧朧❷”。

【朧月】 明月。元稹《友封体》：“微风暗度香囊转，胧月斜穿隔子明。”又《桐花》：“胧月上山馆，紫桐垂好阴。”白居易《清明夜》：“好风胧月清明夜，碧砌红轩刺史家。”

【朧明】 形容月光微明。元稹《仁风李著作园醉后寄李十》：“胧明春月照花枝，花下音声是管儿。”白居易《人定》：“人定月胧明，香消枕簟清。”李九龄《荆溪夜泊》：“点点渔灯照浪清，水烟疏碧月胧明。”温庭筠《菩萨蛮》词之五：“灯在月胧明，觉来闻晓莺。”和凝《宫词百首》之二四：“楼西残月尚胧明，中禁鸡人报晓声。”

【朧腮】 参见“朧腮”。

【朧腮】 亦作“朧腮”。微明貌。李群玉《晓宴》：“晓华胧腮闻调笙，一点残灯隔罗幕。”韩偓《早归》：“去是黄昏后，归当胧腮时。”

【朧朣】 微明貌。姚月华《有期不至》：“月落星稀竟不来，烟柳胧朣鹊飞去。”

【朧朧】 ❶微明貌。元稹《月临花》：“临风飏飏花，透影胧胧月。”白居易《酬和元九东川路诗十二首・嘉陵夜有怀二首》之二：“不明不暗胧胧月，不暖不寒慢慢风。”施肩吾《收妆词》：“斜月胧胧照半床，茕茕孤妾懒收妆。”吴融《赋得欲晓看妆面》：“胧胧欲曙色，隐隐辨残妆。”❷昏暗貌。白居易《期不至》：“星稀月落竟不来，烟柳胧胧鹊飞去。”元稹《梦井》：“灯焰碧胧胧，泪光疑冏冏。”

木　部

木〔mù《广韵》莫卜切，入屋，明。〕❶树。孟浩然《晚春题远上人南亭》："春晚群木秀，间关黄鸟歌。"韦应物《立夏日忆京师诸弟》："夏木已成阴，公门昼恒静。"刘禹锡《酬乐天扬州初逢席上见赠》："沉舟侧畔千帆过，病树前头万木春。"刘沧《送李休秀才归岭中》："秋风汉水旅愁起，寒木楚山归思遥。"❷木料，木材。吴融有《木塔偶题》。何仲举《李皋试诗》："可怜两片木，夹却一枝花。"❸树叶。杜甫《登高》："无边落木萧萧下，不尽长江滚滚来。"李频《陕府上姚中丞》："天开吹角出，木落上楼高。"❹金、木、水、火、土五行之一。吕岩《七言》之十二："认得东西木与金，自然炉鼎虎龙吟。"希道《授炙毂子歌二首》之一："坎离运行宽无成，金木有数秦晋合。"❺木枷之类刑具。见"木索"。❻形容人迟钝、呆痴。见"木頭"。

【木人】❶木刻之神像。王维《凉州郊外游望》："洒酒浇刍狗，焚香拜木人。"❷以木制成之能歌舞的机械人。见《列子·汤问》。李端《杂歌》："犀烛江行见鬼神，木人登席呈歌舞。"

【木弓】以木制成之弓。曹松《商山》："木弓未得长离手，犹与官家射麝香。"

【木牛】三国蜀诸葛亮所创制之运载工具。章孝标《诸葛武侯庙》："木牛零落阵图残，山姥烧钱古柏寒。"

【木公】传说中之仙人名。见《太平广记》卷一引前蜀杜光庭《仙传拾遗·木公》。韦渠牟《步虚词》之十五："西海辞金母，东方拜木公。"

【木末】树梢，树头。杜甫《北征》："我行已水滨，我仆犹木末。"钱起《游襄阳泉石晚归》："木末看归翼，莲西失夕阳。"张祜《禅智寺》："画檐齐木末，香砌压云根。"刘沧《赠天台隐者》："回望一巢悬木末，独寻危石坐岩中。"

【木石】❶树木与石头。杜甫《石犀行》："终藉堤防出众力，高拥木石当清秋。"韩愈《谢自然诗》："木石生怪变，狐狸骋妖患。"❷喻无知觉之人。寒山《诗三百三首》之二三四："共语如木石，嫉妒似颠狂。"张荐《奉酬礼部阁老转韵离合见赠》："格言信难继，木石强为词。"

【木平和尚】指南唐僧善道。因其住袁州木平山，故称。见《景德传灯录》卷二十。文益有《睹木平和尚》。

【木瓜】❶植物名。落叶灌木，蔷薇科。权德舆有《奉和陈阁老寒食当直因过史馆看木瓜花》。王建《白纻歌二首》之二："馆娃宫中春日暮，荔枝木瓜花满树。"亦指木瓜树所结之果实。段成式《柔卿解籍戏呈飞卿三首》之一："良人为渍木瓜粉，遮却红腮交午痕。"❷《诗·卫风·木瓜》："投我以木瓜，报之以琼琚。"后因以喻指平凡的赠礼。张九龄《叙怀二首》之二："木瓜诚有报，玉楮论无实。"贾岛《投张太祝》："欲买双琼瑶，惭无一木瓜。"

【木瓜山】山名。在今湖南常德市东。一说在池州青阳(今安徽青阳)县木瓜铺。李白《望木瓜山》："客心自酸楚，况对木瓜山。"

【木主】供祭祀之神主牌。以木制成，上书受祭者之名姓。杜甫《往在》："疚心惜木主，一一灰悲风。"

【木玄虚】指晋木华。华，字玄虚。韦庄《桐庐县作》："此境只应词客爱，投文空吊木玄虚。"

【木奴】柑橘树果实之别名。见《三国志·吴志·孙休传》。钱起《九日宴浙江西亭》："西陵树色入秋窗，木奴向熟悬金实。"严维《送崔峒使往睦州兼寄薛司户》："木奴花映桐庐县，青雀舟随白露涛。"柳宗元《柳州城西北隅种柑树》："方同楚客怜皇树，不学荆州利木奴。"温庭筠《病中书怀呈友人》："机杼非桑女，林园异木奴。"

【木皮】树皮。元结《春陵行》："朝餐是草根，暮食仍木皮。"韩愈《去岁自刑部侍郎以罪贬潮州刺史小女道死蒙恩还朝过其墓留题驿梁》："数条藤束木皮棺，草殡荒山白骨寒。"

【木皮嶺】山名。在今甘肃成县东。为入陇之要隘。杜甫《木皮岭》："南登木皮岭，艰险不易论。"

【木母】指粗树。以其生有细小分枝，故称。元结《演兴四首·初祀》："山之乳兮葺太祠，木孙为桷兮木母榱。"

【木老人】雕刻成老人形之木偶。梁锽《咏木老人》："刻木牵丝作老翁，鸡皮鹤发与真同。"

【木冰】谓天寒树木遇雨雪、霜露等而结冰。见《春秋·成公十六年》。戴叔伦《奉天酬别郑谏议卢拾遗见别之作》："泥积辙更深，木冰花不发。"

【木芙蓉】亦称木莲。落叶灌木。可供观赏，亦可入药。赵彦昭有《秋朝木芙蓉》。柳宗元有《自衡阳移桂十余本植零陵所住精舍》。白居易《木芙蓉花下招客饮》:"莫怕秋无伴醉物,水莲花尽木莲开。"徐铉《题殷舍人宅木芙蓉》:"怜君庭下木芙蓉,袅袅纤枝淡淡红。"

【木芽】　植物之嫩芽。白居易《酬李二十侍郎》:"行掇木芽供野食,坐牵萝蔓挂朝衣。"

【木李】　果名。即榠樝。因《诗·卫风·木瓜》有"投我以木李,报之以琼玖"句,后因以"木李"代指馈赠酬答之礼物。亦指赠答之诗文。骆宾王《夏日游德州赠高四》序:"是以轻投木李,以代疏麻。章句繁芜,心神愧恧。"

【木雞】　❶喻身怀绝技而外表木然之人。见《庄子·达生》成玄英疏。张祜《送韦正字析贯赴制举》:"木鸡方备德,金马正求贤。"❷试题名。周墀《贺王仆射放榜》:"曾忝木鸡夸羽翼,又陪金马入蓬瀛。"自注:"墀初年《木鸡赋》及弟。"

【木表】　树头。树木之上端。顾况《在滁苦雨归桃花崦伤亲友略尽》:"丽景变重阴,洞山空木表。"

【木杪】　树梢。刘沧《江城晚望》:"静听潮声寒木杪,远看风色暮帆舒。"周镛《诸暨五泄山》:"凿径破崖来木杪,驾泉鸣竹落榱题。"

【木柹】　碎木片。李商隐《南朝》:"敌国军营漂木柹,前朝神庙锁烟煤。"

【木枕】　木制之枕头。韩愈《嘲鼾睡》:"木枕十字裂,镜面生痱瘟。"

【木斧】　伐木之斧。包佶《朝拜元陵》:"不见露盘迎晓日,唯闻木斧扣寒松。"

【木性】　❶树木、木材之特性。白居易《清夜琴兴》:"清泠由木性,恬澹随人心。"❷木讷之性情,厚朴之禀性。包佶《送日本国聘贺使晁巨卿东归》:"野情偏得礼,木性本含真。"

【木居士】　戏称木雕之神像。韩愈《题木居士二首》之一:"偶然题作木居士,便有无穷求福人。"

【木栅】　木头栅栏。周昙《咏史诗·六朝门·元帝》:"木栅江城困魏军,王褒横议遏谋臣。"

【木食】　以野树果实充饥。形容隐逸者之生活。陈子昂《秋日遇荆州府崔兵曹使宴》序:"使卿士大夫,倚轩裳而傲物;山栖木食,负林壑而骄人。未有能屈富贵于沈冥,杂薜萝于簪笏。"吕岩《赠罗浮道士》:"罗浮道士谁同流,草衣木食轻王侯。"

【木帝】　指太皞。传说太皞为木德之君、管理春天之神,故称"木帝"。李商隐《隋宫守岁》:"消息东郊木帝回,宫中行乐有新梅。"

【木津】　草木之汁液。希道《授炙毂子歌二首》之一:"木津天魂,金液地魄。"

【木突】　木屐;木制拖鞋。尚颜《赠村公》:"细衣木突此乡尊,白尽须眉眼未昏。"

【木客】　❶樵客;伐木之人。张祜《送韦整尉长沙》:"木客提蔬束,江乌接饭丸。"❷传说中之山居野人。皮日休《寄琼州杨舍人》:"行遇竹王因设奠,居逢木客又迁家。"

【木桃】　果名。一名樝子。似木瓜。因《诗·卫风·木瓜》有"投我以木桃,报之以琼瑶"句,后因以"木桃"借指投赠之物。钱起《重赠赵给事》:"能迂驺驭寻蜗舍,不惜瑶华报木桃。"

【木索】　木枷与绳索。代指刑具。杜牧《华清宫三十韵》:"北扉闲木索,南面富循良。"

【木氣】　五行说指金、木、水、火、土五气之一。谓可使草木生长旺盛之气。韩愈《咏雪赠张籍》:"水官夸杰黠,木气怯胚胎。"

【木屐】　木底之鞋。其底或有齿。寒山《诗三百三首》之二〇五:"桦巾木屐沿流步,布裘藜杖绕山回。"秦系《山中枉皇甫温大夫见招书》:"十年木屐步苔痕,石上松间水自喧。"欧阳炯《贯休应梦罗汉画歌》:"皮穿木屐不曾拖,笋织蒲团镇长坐。"贯休《思匡山贾匡》:"石膏黏木屐,崖蜜落冰池。"

【木陰】　树荫。温庭筠《题萧山庙》:"故道木阴浓,荒祠山影东。"

【木孫】　再生之木。亦指细木。元结《演兴四首·初祀》:"山之乳兮葺太祠,木孙为桷兮木母榱。"

【木梗】　木偶。常喻指漂泊者。孔德绍《王泽岭遭洪水》:"木梗诚无托,芦灰岂暇求。"参见"木偶❷"。

【木偶】　❶木雕之人像或神像。常以喻指木讷无用之人。韦承庆《直中书省》:"木偶翻为用,芝泥忽滥窥。"皮日休《新秋言怀寄鲁望三十韵》:"有心同木偶,无舌并金铙。"陈陶《游子吟》:"何者为木偶,何人侍金銮。"❷喻指漂泊流落之人。见《史记·孟尝君列传》。白居易《卜居》:"且求容立锥头地,免似漂流木偶人。"

【木魚】　❶佛教所用法器。司空图《上陌梯寺怀旧僧二首》之一:"松日明金像,山风向木鱼。"❷木质鱼形之符节。曹唐《长安客舍叙邵陵旧宴寄萧使君五首》之四:"木鱼金钥锁春城,夜上红楼纵酒情。"

【木葉】　树叶。李颀《放歌行答从弟墨卿》:"举头遥望鲁阳山,木叶纷纷向人落。"刘昚虚《暮秋扬子江寄孟浩然》:"木叶纷纷下,东南日烟霜。"郑巢《楚城秋夕》:"故苑多愁夕,西风木叶黄。"张蠙《白菊》:"秋天木叶干,犹有白花残。"

【木落】　指树叶凋落。孟浩然《早寒江上有怀》:"木落雁南度,北风江上寒。"戴叔伦《客舍秋怀呈骆正字士则》:"木落惊年长,门闲惜草衰。"朱庆余《观涛》:"木落霜飞天地清,空江百里见潮生。"刘沧《题巫山庙》："天高木落楚人思，山迥月残神女归。"

【木植】 木材，木料。寒山《诗三百三首》之一八二："墙壁分散尽，木植乱差横。"

【木棉】 亦作"木绵"。❶即攀枝花。亦名英雄树。落叶乔木，木棉科。张籍《送蜀客》："蜀客南行祭碧鸡，木绵花发锦江西。"熊孺登《曲池陪宴即事上窦中丞》："水自山阿绕坐来，珊瑚台上木绵开。"李商隐《李卫公》："今日致身歌舞地，木棉花暖鹧鸪飞。"章碣《送谢进士还闽》："却拥木绵吟丽句，便攀龙眼醉香醪。"❷指木棉果实中之白色纤维。元稹《送岭南崔侍御》："火布垢尘须火浣，木棉温软当绵衣。"白居易《早夏游宴》："未收木绵褥，已动蒲葵扇。"

【木雁】 衰木与雁鹅。喻有才与无才。见《庄子·山木》。刘禹锡《游桃源一百韵》："才能疑木雁，报施迷夷跖。"又《酬乐天醉后狂吟十韵》："处身于木雁，任世变桑田。"白居易《咏怀寄皇甫朗之》："与君别有相知分，同置身于木雁间。"

【木筆花】 即辛夷花。以其花苞形似毛笔，故称。白居易《营闲事》："暖变墙衣色，晴催木笔花。"卢肇《木笔花》："软如新竹管初齐，粉腻红轻样可携。"

【木隕】 谓树叶凋落。李益《入南山至全师兰若》："木陨水归壑，寂然无念心。"

【木蓮】 木芙蓉之别名。白居易《木芙蓉花下招客饮》："莫怕秋无伴醉物，水莲花尽木莲开。"

【木榻】 一种供坐卧用之低矮木床。陆龟蒙《奉酬袭美苦雨见寄》："横眠木榻忘华荐，对食露葵轻八珍。"

【木魅】 传说树木所恋之妖魅。李白《过四皓墓》："木魅风号去，山精雨啸旋。"元结《演兴四首·讼木魅》："犹恐众妖兮木魅，魍魉兮山精，上误惑于灵心，经给于言兮不听。"卢纶《慈恩寺石磬歌》："山精木魅不可听，落叶秋砧一时起。"皮日休《奉和鲁望樵人十咏·樵斧》："倒树去李父，倾巢啼木魅。"

【木槃】 参见"木盘"。

【木榮】 谓树木生长繁茂。张九龄《巡属县道中作》："华簪极身泰，衰鬓惭木荣。"

【木綿】 参见"木棉"。

【木蕨】 即蕨。野生植物，嫩芽可食。韩愈《卢郎中云夫寄示送盘谷子诗两章歌以和之》："东蹈燕川食旷野，有馈木蕨芽满筐。"

【木槿】 木名。落叶灌木。魏征《五郊乐章·肃和》："木槿初荣，含桃可荐。"李颀《别梁锽》："莫言富贵长可托，木槿朝看暮还落。"韩翃《送李明府赴连州》："春服橦花细，初筵木槿芳。"刘驾《励志》："后园植木槿，月照无余英。"

【木德】 ❶指春天长育万物之德，或指春天。见《礼记·月令》。储光羲《送丘健至州敕放作时任下邽县》："杀气变木德，凛凛如高秋。"高适《奉酬北海李太守丈人夏日平阴亭》："春野变木德，夏天临火星。"张汇《春风扇微和》："木德生和气，微微入曙风。"白行简《春从何处来》："欲识春生处，先从木德来。"❷古代五行说，以金、木、水、火、土五行与四季及方位相配应。如木，表东方，主春，故以"木德"指东方。窦常《奉送职方崔员外摄中丞新罗册使》："辨方知木德，开国有金家。"

【木盤】 亦作"木槃"。盛食物之木制盘子。韩愈《答道士寄树鸡》："软湿青黄状可猜，欲烹还唤木盘回。"韩愈、孟郊《城南联句》："赛馔木盘簇，靸妖藤索绷。"

【木瘤杯】 以树瘤剜制而成之酒杯。李梦符《渔父引二首》之二："椰榆杓子木瘤杯，烂煮鲈鱼满案堆。"

【木履】 木底鞋。冯涓《苦雨》："釜鱼化作池中物，木履浮为天际船。"

【木頭】 木料。喻指迟钝、呆痴之人。寒山《诗三百三首》之一三六："世有一等流，悠悠似木头。"

【木龍】 祈雨时所用木刻之龙。白居易《和三月三十日四十韵》："布泽木龙催，迎春土牛助。"

【木難】 宝珠名。见《文选·曹植〈美女篇〉》。司空曙《拟百劳歌》："木难作床牙作席，云母屏风光照壁。"

【木蘭】 ❶木名。即木兰花树。李白《江上吟》："木兰之枻沙棠舟，玉箫金管坐两头。"熊孺登《新成小亭月夜》："无人伴幽境，多取木兰栽。"卿云《秋日江居闲咏》："时复停书卷，锄莎种木兰。"亦指木兰树花。刘禹锡《西山兰若试茶歌》："木兰沾露香微似，瑶草临波色不如。"❷指木兰舟。权德舆《六府诗》："木兰泛方塘，桂酒启皓齿。"亦指木兰桨。施肩吾《少女词二首》之二："手执木兰犹未惯，今朝初上采菱船。"❸指北朝民歌《木兰诗》。元稹《乐府古题》序："其余《木兰》、仲卿、《四愁》《七哀》之辈，亦未必尽播于管弦明矣。"❹指北朝女子。或谓姓花，或谓姓朱，或谓姓木，均无确证。曾女扮男装，代父从军。见《乐府诗集》卷二五载古辞《木兰诗二首》。韦元甫《木兰歌》："木兰代父去，秣马备戎行。"无名氏有《怀木兰将军》，见《全唐诗外编》下。

【木蘭舟】 以木兰树材制作之船。柳宗元《酬曹侍御过象县见寄》："破额山前碧玉流，骚人遥驻木兰舟。"施肩吾《古曲五首》之一："摇荡木兰舟，双凫不成浴。"刘绮庄《扬州送人》："桂楫木兰舟，枫江竹箭流。"章碣《春日经湖上友人别业》："何处狂歌破积愁，携觞共下木兰舟。"

【木蘭花】 ❶花树名。落叶乔木。木材可以作舟。刘长卿有《题冥祐上人法华院木兰花》。孟郊《塘下行》:“徒将白羽扇,调妾木兰花。”欧阳炯《木兰花》词:“今年却忆去年春,同在木兰花下醉。”亦指木兰所开之花。王播《题木兰院二首》之一:“三十年前此院游,木兰花发院新修。”李商隐《三月十日流杯亭》:“身属中军少得归,木兰花尽失春期。”裴廷裕《偶题》:“微雨微风寒食节,半开半合木兰花。”❷唐教坊曲名,后为词牌名。双调,七言八句,五十六字,仄韵。温庭筠、李煜、欧阳炯均有《木兰花》词。

【木蘭英】 木兰树之花。白居易《六年寒食洛下宴游赠冯李二少尹》:“风拆海榴艳,露坠木兰英。”

【木蘭柴】 (柴 zhài)地名。在陕西蓝田。柴,通“寨”。王维有《辋川集·木兰柴》。

【木蘭船】 同“木蘭舟”。张籍《春别曲》:“江头橘树君自种,那不长系木兰船?”许浑《送沈卓少府任江都》:“炀帝都城春水边,笙歌夜上木兰船。”韦庄《送李秀才归荆溪》:“八月中秋月正圆,送君吟上木兰船。”张蠙《赠九江太守》:“江头暂驻木兰船,渔父来夸太守贤。”

【木蘭廟】 庙名。唐时在黄州黄冈(今湖北黄冈市)。杜牧有《题木兰庙》。

【木蘭橈】 以木兰树材制成之船桨。亦作船桨之美称。张籍《岸花》:“东风吹渡水,冲着木兰桡。”陆龟蒙《江南二首》之一:“待得江餮闲望足,日斜方动木兰桡。”

【木蘭檝】 同“木蘭櫂”。韩翃《送万巨》:“风帆木兰楫,水国莲花府。”

【木蘭櫂】 以木兰树材制成之船桨。白居易《官宅》:“移舟木兰棹,行酒石榴裙。”

【木鐸】 以木作舌之大铃。古代宣布新令皆摇铎以警众。武事用金铎,文事用木铎。张九龄《奉和圣制送十道采访使及朝集使》:“首路回竹符,分镳扬木铎。”刘允济《经庐岳回望江州想洛川有作》:“游圣挹衢尊,邻畿恭木铎。”武少仪《和权载之离合诗》:“木铎比群英,八方流德声。”贯休《蜀王入大慈寺听讲》:“木铎声中天降福,景星光里地无灾。”

【木鑽鑽盤石】 喻指刻苦修道。见南朝梁陶弘景《真诰·甄命授一》。木钻,木制之钻孔工具。章孝标《道者与金丹开合已失因为二首再有投掷》之一:“木钻钻盘石,辛勤四十年。”

一　画

未〔wèi《广韵》無沸切,去未,微。〕❶地支之一。为十二地支之第八位。古代配以天干,用以纪年或纪日。高适《酬裴员外以诗代书》:“乙未将星变,贼臣候天灾。”岑参《敬酬杜华淇上见赠兼呈熊曜》:“忆昨癸未岁,吾兄自江东。”吕岩《徽宗斋会》:“陛下问臣来日事,请看午未丙丁春。”亦以计时辰。古代一日分十二时辰,未时相当于今之十三至十五时。白居易《春寝》:“烂熳不能休,自午将及未。”❷不曾;还没有。窦庠《醉中赠符载》:“白社会中尝共醉,青云路上未相逢。”周贺《过僧竹院》:“一生爱竹自未有,每到此房归不能。”熊皎《山居》:“果熟秋先落,禽寒夜未栖。”❸不;并非。刘长卿《游南园偶见在阴墙下葵因以成咏》:“太阳偏不及,非是未倾心。”元稹《竹簟》:“竹簟衬重茵,未忍都令卷。”❹用于句尾,表示询问。王维《杂诗三首》之二:“来日绮窗前,寒梅著花未?”任华《寄李白》:“任生知有君,君也知有任生未?”秦系《赠乌程杨苹明府》:“杨梅今熟未,与我两三枝。”

【未卜】 未加占卜。引申指未料、不知。杜甫《成都府》:“但逢新人民,未卜见故乡。”

【未了】 ❶没有完了;没有结束。崔国辅《魏宫词》:“画眉犹未了,魏帝使人催。”王建《宫词》之七四:“敕赐一窠红踯躅,谢恩未了奏花开。”❷不断,无穷尽。杜甫《望岳》:“岱宗夫如何,齐鲁青未了。”

【未及】 ❶未来得及。白居易《问江南物》:“归来未及问生涯,先问江南物在耶?”曹邺《杏园即席上同年》:“故衣未及换,尚有去年泪。”❷未涉及。张泌《惆怅吟》:“江淹彩笔空留恨,庄叟玄谭未及情。”

【未已】 不停,未止。韩愈《天星送杨凝郎中贺正》:“正当穷冬寒未已,借问君子行安之?”白居易、刘禹锡《秋霖即事联句三十韵》:“空阶警夜眠,鹤鸣犹未已。”李商隐《鄠杜马上念汉书》:“英灵殊未已,丁傅渐华轩。”

【未云幾】 同“未幾”。不久。韩愈《此日足可惜赠张籍》:“岁时未云几,浩浩观湖江。”又《杂诗》:“遨嬉未云几,下已亿万年。”

【未牙】 未萌芽。亦指未产生。韩愈《奉和杜相公太清宫纪事陈诚上李相公十六韵》:“阳月时之首,阴泉气未牙。”

【未可】 不可;不能。杜甫《剑门》:“一夫怒临关,百万未可傍。”戴叔伦《戏留顾十一明府》:“未可动归桡,前程风浪急。”

【未央】 ❶未半。崔日用《夜宴安乐公主宅》:“主家盛时欢不极,才子能歌夜未央。”韦应物《汉武帝杂歌三首》之一:“欲来不来夜未央,殿前青鸟先回翔。”李益《月下喜邢校书至自洛》:“天河夜未央,漫漫复苍苍。”❷未尽,未止。陆长源《答东野夷门雪》:“东邻少年乐未央,南客思归肠欲绝。”清昼、严伯均、疾(失姓)《远意联句》:“槎客三千路未央,烛龙之地日无光。”亦指渺远无边。李颀《送皇甫曾游襄阳山水兼谒韦太守》：“旧国欲兹别，轻舟眇未央。”❸指未央宫。太宗《登三台言志》：“未央初壮汉，阿房昔侈秦。”刘长卿《昭阳曲》：“昨夜承恩宿未央，罗衣犹带御衣香。”鲍溶《汉宫词二首》之二：“月映东窗似玉轮，未央前殿绝声尘。”徐铉《柳枝词十首》之十：“侍从甘泉与未央，移舟偏要近垂杨。”亦泛指宫殿。王昌龄《风凉原上作》：“佳气盘未央，圣人在凝碧。”许浑《天街晓望》：“明星低未央，莲阙迥苍苍。”❹借指朝廷。太宗《正日临朝》：“百蛮奉遐赆，万国朝未央。”杜甫《忆昔二首》之一：“为留猛士守未央，致使岐雍防西羌。”翁绶《陇头吟》：“横行俱是封侯者，谁斩楼兰献未央？”

【未央宫】 宫殿名。故址在今陕西西安西北长安故城之西南角。王勃《临高台》：“东弥长乐观，西指未央宫。”王维《听百舌鸟》：“上兰门外草萋萋，未央宫中花里栖。”亦泛指皇宫。崔琮《长至日上公献寿》：“南山为圣寿，长对未央宫。”胡宿《天街晓望》：“长乐才闻一叩钟，百官初谒未央宫。”

【未央殿】 即未央宫。亦泛指天子听政之殿。陶翰《古塞下曲》：“射杀左贤王，归奏未央殿。”

【未央闕】 未央宫之宫阙。亦泛指帝王所居之宫阙。崔颢《江畔老人愁》：“兵戈乱入建康城，烟火连烧未央阙。”

【未必】 不一定。寒山《诗三百三首》之十四：“未必长如此，芙蓉不耐寒。”王维《敕借岐王九成宫避暑应教》：“仙家未必能胜此，何事吹笙向碧空？”崔峒《春日忆姚氏外甥》：“只缘行路远，未必寄书稀。”王希羽《赠杜荀鹤》：“九华山色高千尺，未必高于第八枝。”

【未必不爲福】 “塞翁失马，焉知非福”，谓祸福相倚，遭祸未必不是福。见《淮南子·人间训》。杜甫《戏赠友二首》之二：“劝君休叹恨，未必不为福。”

【未因】 无由。李商隐《送臻师二首》之二：“苦海迷途去未因，东方过此几微尘。”一说“未因”指过去未来之因。见冯浩《玉溪生诗集笺注》。

【未行】 （—xíng）未实行，未实现。于结《赋得生刍一束》：“孺子才虽远，公孙策未行。”

【未如】 ❶不如，比不上。岑参《观楚国寺璋上人写一切经院南有曲池深竹》：“此地日清净，诸天应未如。”高骈《依韵奉酬李迪》：“诗成斩将奇难敌，酒熟封侯快未如。”❷无可如何。耿湋《酬畅当》：“且对尊中酒，千般想未如。”

【未形】 谓尚未显现出先兆、迹象。权德舆《书绅诗》：“祸机生隐微，智者鉴未形。”

【未足】 不富足。高适《别董大二首》之二：“丈夫贫贱应未足，今日相逢无酒钱。”

【未免】 免不了，难免。李端《妾薄命三首》：“惟余坏粉泪，未免映衫匀。”韩愈《寄卢仝》：“彼皆刺口论世事，有力未免遭驱使。”褚载《南徐晚望》：“如今未免风尘役，宁敢匆匆便濯缨。”

【未決】 未定。于濆《沙场夜》：“何况远辞家，生死犹未决。”

【未妨】 不妨。谓其事并无不可。李商隐《无题二首》之二：“直道相思了无益，未妨惆怅是清狂。”

【未若】 不如，不及。李益《从军夜次六胡北饮马磨剑石为祝殇辞》：“秦坑赵卒四十万，未若格斗伤戎虏。”

【未來】 ❶未至，尚未到来。罗隐《湘妃庙》：“八族未来谁北拱，四凶犹在莫南巡。”❷佛教指来世。寒山《诗三百三首》之二六八：“今生过去种，未来今日修。”

【未來生】 佛教语。来生。刘禹锡《乐天少傅五月长斋广延缁徒谢绝文友坐成暌间因以戏之》：“精修无上道，结念未来生。”

【未來身】 佛教语。指来生。姚合《寄郁上人》：“此生修道浅，愁见未来身。”

【未明】 天未亮。白居易《风雪中作》：“踢冻侵夜行，凌寒未明起。”

【未知】 不知晓。李商隐《梦泽》：“未知歌舞能多少，虚减宫厨为细腰。”

【未定】 未确定；未决定。许棠《塞外书事》：“空怀钓鱼所，未定卜归年。”

【未始】 ❶未尝，未曾。张九龄《九月九日登龙山》：“自为本疏散，未始忘幽尚。”刘禹锡《赠别君素上人诗》序：“其所证入，如舟沿川，未始念于前而日远矣。”❷没有；未。萧颖士《江有归舟三章》序：“而太真元昆，前已甲科，未始间岁，翩其连举。”

【未省】 （—xǐng）未曾。王绩《看酿酒》：“从来作春酒，未省不经年。”白居易《寻春题诸家园林》：“平生身得所，未省似而今。”

【未秋】 未到秋季。岑参《送颜平原》：“为郡岂淹旬，政成应未秋。”牟融《寄范使君》：“未秋为别已终秋，咫尺娄江路阻修。”

【未便】 谓对某事物不适应。杜甫《寄赞上人》：“年侵腰脚衰，未便阴崖秋。”

【未冠】 （—guàn）未戴帽子。皮日休《贫居秋日》：“亭午头未冠，端坐独愁予。”

【未爲】 不能算是。白居易《反鲍明远白头吟》：“惩淫或应可，在道未为弘。”

【未畢】 未完，未结束。白居易《题西亭》：“多见朱门富贵人，林园未毕即无身。”

【未偶】 未受赏识重用。韩偓《惜春》：“愿言未偶非高卧，多病无憀选胜游。”

【未達】 未能显达。陆龟蒙《江南秋怀寄华阳山人》:"未达讥张翰,非才嫉祢衡。"

【未閑】 不闲逸,未有闲暇。许浑《送南陵李少府》:"高人亦未闲,来往楚云间。"

【未遑】 未来得及。崔融《西征军行遇风》:"马烦莫敢进,人急未遑食。"亦指没工夫顾及。孟浩然《陪姚使君题惠上人房》:"迷心应觉悟,客思未遑宁。"

【未須】 不须,不必。刘长卿《夏中崔中丞宅见海红摇落一花独开》:"共怜芳意晚,秋露未须团。"

【未勝蛙】 为咏田园野趣之典。见《南齐书·孔稚珪传》。罗隐《绝境》:"凡客从题凤,肤音未胜蛙。"

【未然】 ❶未形成事实。司空图《有感》:"国事皆须救未然,汉家高阁漫凌烟。"❷并不如此。张说《蜀路二首》之一:"客心久无绪,秋风殊未然。"

【未遂】 未实现;未如愿。刘沧《深愁喜友人至》:"此身未遂归休计,一半生涯寄岳阳。"许棠《冬杪归陵阳别业五首》之二:"眠云终未遂,策马暂休期。"李中《思九江旧居三首》之三:"别后再游心未遂,设屏惟画白蘋洲。"徐铉《奉和子龙大监与舍弟赠答之什》:"怀恩未遂林泉约,窃位空惭组绶悬。"

【未曾】 不曾;未尝。杜甫《遣兴五首》之二:"昔者庞德公,未曾入州府。"皎然《赠张道士》:"此心不许世人知,只向仙宫未曾出。"戴叔伦《新别离》:"手把杏花枝,未曾经别离。"罗隐《酬章处士见寄》:"中原甲马未曾安,今日逢君事万端。"

【未幾】 不久。王维《送綦毋潜落第还乡》:"行当浮桂棹,未几拂荆扉。"李白《去妇词》:"自从结发日未几,离君缅山川。"张籍《祭退之》:"未几享其资,遂忝南宫郎。"

【未酬】 尚未酬谢报答。刘沧《秋日山斋书怀》:"空将方寸荷知己,身寄烟萝恩未酬。"

【未歇】 未停。没有止歇。曹邺《蓟北门行》:"古来死未歇,白骨碍官路。"

【未嘗】 不曾,未曾。崔融《塞垣行》:"昔我事讨论,未尝怠经籍。"崔颢《结定襄郡狱效陶体》:"小大必以情,未尝施鞭箠。"任华《寄李白》:"平生傲岸其志不可测,数十年为客,未尝一日低颜色。"常浩《寄远》:"人心一往不复归,岁月来时未尝错。"

【未盡】 未穷尽;未完成。刘沧《秋日寓怀》:"如何未尽此行役,西入潼关云木秋。"

【未銷】 未耗尽。曹邺《姑苏台》:"南宫酒未销,又宴姑苏台。"

【未學孫吴】 为赞誉将军善战而不拘成规之典。见《史记·卫将军骠骑列传》。高适《送浑将军出塞》:"李广从来先将士,卫青未肯学孙吴。"

【未擬】 未打算,没有准备。许棠《投徐端公》:"霄汉期提引,龙钟未拟休。"又《陇州旅中书事寄李中丞》:"三伏客吟过,长安未拟还。"

【未應】 ❶应未;不当。揣想之词。王维《听宫莺》:"游人未应返,为此始思乡。"李白《关山月》:"高楼当此夜,叹息未应闲。"杜甫《题衡山县文宣王庙新学堂呈陆宰》:"周室宜中兴,孔门未应弃。"❷不为,不算。李白《梁园吟》:"东山高卧时起来,欲济苍生未应晚。"

【未濟】 《易》卦名。卦象为䷿,坎下离上。指不利之卦。白居易《对酒》:"未济卦中休卜命,参同契里莫劳心。"

【未識】 不知晓;未认识。罗泰《暗投明珠》:"媚川时未识,在掌共传名。"

末

〔mò《广韵》莫撥切,入末,明。〕❶树梢。李贺《河南府试十二月乐辞·七月》:"好花生木末,衰蕙愁空园。"鲍溶《周先生画洞庭歌》:"水文不浪烟不动,木末棱棱山碧重。"李频《江上居寄山中客》:"残云收树末,返照落江源。"❷端,头。王维《留别山中温古上人兄并示舍弟缙》:"宿昔同游止,致身云霞末。"李白《禅房怀友人岑伦》:"坐愁青天末,出望黄云蔽。"钱起《早发东阳》:"惆怅烟波末,佳期在碧霄。"周贺《赠厉玄侍御》:"塞雁去经华顶末,乡僧来自海涛东。"❸后面。太宗《赋尚书》:"既承百王末,战兢随岁转。"张籍《祭退之》:"令我署其末,以为后事程。"白居易《和答诗十首·和阳城驿》:"附于雅歌末,奏之白玉墀。"皮日休《鲁望读襄阳耆旧传见赠五百言次韵》:"予生二贤末,得作升木狖。"❹序列之末尾。指低下之地位。多用为自谦之词。李峤《奉和杜员外扈从教阅》:"幸陪仙驾末,欣采翰林芳。"息夫牧《冬夜宴萧十丈因饯殷郭二子西上》序:"小子不敏,忝居门人之末,敢不敬书其事?"郭澹《喜陆侍御破石埭草寇东峰亭赋诗》:"幸兹樽俎末,饮至又从公。"❺终;最后时期。杜甫《敬寄族弟唐十八使君》:"得罪永泰末,放之五溪滨。"郑启《邓表山》:"晋末几迁陵谷改,尘中空换子孙非。"《郊庙歌辞·五郊乐章·送神》:"春末冬暮,徂夏杪秋。"❻晚;迟暮。储光羲《秦中守岁》:"愿以桑榆末,常逢甲子新。"❼粉末;碎屑。李白《酬张司马赠墨》:"上党碧松烟,夷陵丹砂末。"白居易《谢李六郎中寄新蜀茶》:"汤添勺水煎鱼眼,末下刀圭搅麹尘。"❽细小、非根本之事。李商隐《行次西郊作一百韵》:"愧客问本末,愿客无因循。"❾指工商业。古代重农轻商,以农业为"本",工商为"末"。顾况《上古之什补亡训传十三章·上古一章》:"河水活活,万人逐末,俾尔之愉悦兮。"孟郊《新卜清罗幽居奉献陆大夫》:"静觉本相厚,动为末所残。"

【末上】 树梢上。牛峤《杨柳枝五首》词:"解冻风来末上青，解垂罗袖拜卿卿。”

【末世】 终身；永世。孟郊《杏殇》之四：“甘为堕地尘，不为末世芳。”

【末至】 参见“末至客”。

【末至客】 为咏宴饮文会之典。见南朝宋谢惠连《雪赋》。刘禹锡《和令狐相公谢太原李侍中寄蒲桃》：“惭非末至客，不得一枝尝。”亦省作“末至”。耿沣《陪谯湖州公堂》：“末至才仍短，难随白雪吟。”李商隐《送从翁从东川弘农尚书幕》：“末至谁能赋，中干欲病痟。”

【末光】 残余之光。皎然《赋得灯心送李侍御萼》：“别后空离室，何人借末光?”

【末曲】 终场之乐曲。喻指酬和诗中之末篇。徐锴《太傅相公与家兄梅花酬唱许缀末篇》：“论文叨接萼，末曲愧吹篪。”

【末年】 晚年；一个朝代或君主之最后时期。李华《咏史十一首》之十一：“六国韩最弱，末年尤畏秦。”

【末行】 （—háng）后列。指位居最后之列。卢纶《春日过李侍御》：“应怜末行吏，曾是鲁诸生。”

【末利花】 即茉莉花。皮日休《吴中言怀寄南海二同年》：“退公只傍苏劳竹，移宴多随末利花。”

【末事】 ❶细小之事。韩愈《县斋读书》：“萧条捐末事，邂逅得初心。”柳宗元《独觉》：“良游怨迟暮，末事惊纷扰。”❷犹末业。指不为重视之行业。张九龄《候使登石头驿楼作》：“渔商多末事，耕稼少良畴。”

【末契】 指长者对晚辈之交契。杜甫《莫相疑行》：“晚将末契托年少，当面输心背面笑。”又《八哀诗·赠秘书监江夏李公邕》：“伊昔临淄亭，酒酣托末契。”

【末俗】 末世之习俗；衰颓之习俗。郑愔《百舌》：“借问声何烦，末俗不尚默。”

【末後】 末了；后来。张又新《罗浮山》：“不知末后沧溟上，减却瀛洲第几峰?”

【末派】 ❶水之下游。李华《云母泉诗》序：“泉出石，引流分渠，周遍庭宇，发如乳湩，末派如淳浆。”元稹《赛神》：“阿胶在末派，罔象游上源。”❷喻指宗族世系之分支、后裔。罗隐《寄酬邺王罗令公五首》之二：“正忧末派沦沧海，忽见高枝拂绛霄。”

【末宦】 位居末等之官吏。亦泛指小官吏。高适《同诸公登慈恩寺浮图》：“盛时惭阮步，末宦知周防。”

【末客】 微贱之客。多用为自谦之词。皇甫冉《韦中丞西厅海榴》：“末客朝朝铃阁下，从公步履玩年华。”

【末班】 官班之末等。指职位低微之小官。刘长卿《恩敕重推使牒追赴苏州次前溪馆作》：“且喜怜非罪，何心恋末班?”权德舆《奉和韦谏议奉送水部家兄上后书情寄诸兄弟》：“何幸末班陪两地，阳春欲和意难任。”元稹《陪张湖南宴望岳楼》：“观象楼前奉末班，绛峰只似殿庭间。”

【末造】 最终攀登所达之处。多指山顶。陆龟蒙《奉和袭美太湖诗二十首·缥缈峰》：“频攀峻过斗，末造平如砥。”

【末秩】 官之品级等第居于末位。亦泛指小官。张籍《祭退之》：“念此委末秩，不能力自扬。”

【末席】 末座。座席之末位。常用为自谦之词，谓自身德薄位卑，只配居于末位。姚康《和段相公登武担寺西台》：“自惭陪末席，便与九霄通。”杨汝士《和段相公夏登张仪楼》：“远山标宿雪，末席本寒灰。”李商隐《寄太原卢司空三十韵》：“何由叨末席，还得叩玄扃。”

【末座】 末尾之座次。身份最低微者之座次。杨汝士《和段相公登武担寺西台》：“自怜荣末座，前日别池笼。”章碣《陪浙西王侍郎夜宴》：“小儒末座频倾耳，只怕城头画角催。”徐铉《右省仆射相公垂览和诗复贻长句辄次来韵》：“玉柄暂时疏末座，瑶华频复惠清音。”

【末涓】 细小的水流。韦嗣立《偶游龙门北溪》：“助岳无纤块，输溟谢末涓。”

【末流】 水之下游。喻事物发展之末尾。陆龟蒙《奉和袭美酬前进士崔潞盛制见寄》：“俪曲信寡和，末流难嗣初。”

【末调】 （—diào）低下之才调。多用为自谦之词。李缜《奉和郎中游仙岩四瀑布》：“末调亦何为?辄陪高唱难。”

【末眷】 称别人对自己之眷顾。韦嗣立《自汤还都经龙门北溪赠张左丞崔礼部崔光禄》：“末眷诚未易，佳游时更敦。”杜甫《湘江宴饯裴二端公赴道州》：“鄙人奉末眷，佩服自早年。”

【末策】 犹下策。韩偓《隰州新驿》：“本期将系虏，末策但婴城。”

【末歲】 指人的晚年。郑谷《哭建州李员外频》：“令终归故里，末岁道如初。”亦指皇帝在位之晚年。白居易《新乐府·上阳白发人》：“玄宗末岁初选入，入时十六今六十。”

【末照】 余光，余辉。李白《古风》之十：“却秦振英声，后世仰末照。”

【末路】 ❶犹末世。储光羲《杂诗二首》之一：“混沌本无象，末路多是非。”❷晚岁，暮年。薛据《出青门往南山下别业》：“末路期赤松，斯言庶不伐。”韩愈《送侯参谋赴河中幕》：“幸同学省官，末路再得朋。”❸终了；结局。高适《宋中送族侄式颜》：“当时有勋业，末路遭谗毁。”刘长卿《从军六首》之四：“末路成白首，功归天下人。”又《早春赠别赵居士还江左》：“累幸忝宾荐，末路逢沙汰。”❹犹穷途。比喻困顿之处境。徐浩《宝林寺作》：“揆余久缨弁，末路遭邅回。”窦牟《元日喜闻大礼寄上翰林四学士》：“末路甘贫病，流年苦滞淫。”李中《献中书潘舍人》：“良时空爱惜，末路每悲辛。”尚颜《送人归乡》：“多才与命违，末路忆柴扉。”

【末裔】　后裔，后代。陆龟蒙《奉酬袭美先辈初夏见寄次韵》：“末裔实渔者，敢怀干墨卿。”

【末暮】　晚年。韩愈、李正封《晚秋郾城夜会联句》：“平生耻论兵，末暮不轻诺。”

【末塵】　犹后尘。指随他人之后。罗隐《春晚寄钟尚书》：“宰府初开忝末尘，四年谈笑隔通津。”

【末篇】　篇章之末尾。亦指酬唱诗之续和诗。徐锴有《太傅相公与家兄酬唱许缀末篇》。

【末學】　浅薄无根底之学。多用为自谦之词。皇甫冉《上礼部杨侍郎》：“末学惭邹鲁，深仁录弟兄。”耿湋《赴许州留别洛中亲故》：“淳风今变俗，末学误为文。”司空曙《下第日书情寄上叔父》：“微才空觉滞京师，末学曾为叔父知。”

【末親】　远亲。杜甫《赠李十五丈别》：“孤陋忝末亲，等级敢比肩。”

本〔běn《广韵》布忖切，上混，幫。〕❶树木之根。见“本末❶”。❷草木之茎干。吕温《赠友人》：“南山双乔松，擢本皆千寻。”刘言史《僧檐前独竹咏》：“乱石田中寄孤本，亭亭不住凌虚引。”姚合《咏南池嘉莲》：“芙蓉池里叶田田，一本双花出碧泉。”吴融《松江晚泊》：“客是凄凉本，情为系滞枝。”❸喻指事物的基础、根本。杜甫《送顾八分文学适洪吉州》：“邦以民为本，鱼饥费香饵。”权德舆《奉和崔评事寄外甥刘同州并见寄之作》：“深陈名教本，谅以仁义积。”白居易《和答诗十首・答四皓庙》：“阖定天下本，遂安刘氏危。”吴叔达《言行相顾》：“立志言为本，修身行乃先。”❹指农业。古代以农业为本，工商业为末。杜甫《述古三首》之二：“所务谷为本，邪赢无乃劳。”孟郊《新卜清罗幽居奉献陆大夫》：“静觉本相厚，动为末所残。”柳宗元《闻黄鹂》：“王畿优本少赋役，务闲酒熟饶经过。”❺本原；根源。戴叔伦《抚州被推昭雪答陆太祝三首》之三：“已对铁冠穷事本，不知廷尉念冤无。”齐己《潇湘二十韵》：“疏凿谁穷本，澄鲜自有源。”❻本金；本钱。元稹《估客乐》：“子本频蕃息，货赂日兼并。”❼原来的。王季文《青出蓝》：“浸润加新气，光辉胜本青。”白居易《闻崔十八宿予新昌弊宅时予亦宿崔家依仁新亭因而成咏》：“何必本主人，两心聊自足。”❽依照，根据。王维《送秘书晁监还日本国》序：“海东国，日本为大。服圣人之训，有君子之风。正朔本乎夏时，衣裳同乎汉制。”❾书本；卷册。白居易《故衫》：“袖中吴郡新诗本，襟上杭州旧酒痕。”朱庆余《过孟浩然旧居》：“散尽诗篇本，长存道德碑。”李商隐《寄在朝郑曹独孤李四同年》：“不因醉本兰亭在，兼忘当年旧永和。”❿本人所在的。严维《留别邹绍刘长卿》：“晨趋本郡府，昼掩故山扉。”刘禹锡《送元上人归稽亭》：“远峰斜日影，本寺旧钟声。”⓫本宗族。见“本支”。⓬副词。原来，本来。陈叔达《听邻人琵琶》：“本是龙门桐，因妍入汉宫。”李颀《听安万善吹觱篥歌》：“南山截竹为觱篥，此乐本自龟兹出。”柳中庸《凉州曲二首》之一：“青海戍头空有月，黄沙碛里本无春。”许三畏《题菖蒲废观》：“本是安期烧药处，今来改作坐禅宫。”⓭量词。(1)犹棵、丛。用于竹木等。白居易《有木诗八首》之四：“四傍五六本，叶枝相交错。”张贲《奉和袭美题褚家林亭》：“百本败荷鱼不动，一枝寒菊蝶空迷。”(2)犹册、幅。用于字画书卷。李商隐《韩碑》：“愿书万本诵万过，口角流沫右手胝。”

【本土】　❶原来之土壤。张彪《敕移橘栽》：“枝条皆宛然，本土封其根。”❷故乡之土地。张籍《废居行》：“乱定几人还本土，唯有官家重作主。”

【本元】　即元气。指人的精神和体力。吕岩《五言》之十四：“万物皆生土，如人得本元。”

【本支】　本宗与支系。指家族之嫡系，庶出后裔。李白《感时留别从兄徐王延年从弟延陵》：“七叶运皇化，千龄光本支。”

【本分】　(—fèn)自己分内应摊的。白居易《答梦得秋日书怀见寄》：“幸免非常病，甘当本分衰。”

【本分官】　(分 fèn)适合自己命分之官。白居易《酬严十八郎中见示》：“忽惊鬓后苍浪发，未得心中本分官。”

【本心】　❶指人之自然天性。姚合《哭费拾遗征君》：“谁识先生事，无身是本心。”方干《汝南过访田评事》：“与物皆无累，终年惬本心。”❷本初之心愿；自己之意愿。刘长卿《寄会稽公徐侍郎》：“老鹤无衰貌，寒松有本心。”白居易《留别微之》：“干时久与本心违，悟道深知前事非。”郑谷《通川客舍》：“奔走失前计，淹留非本心。”❸真心。罗虬《比红儿诗》之四九：“月落潜奔暗解携，本心谁道独单栖。”王贞白《御沟水》：“朝宗本心切，愿向急流倾。”❹佛教指未受红尘污染的清净之心。拾得《诗》之三：“一向迷本心，终朝役名利。”

【本末】　❶树之根与梢，下部与上部。白居易《寓意诗五首》之一：“挺高二百尺，本末皆十围。”❷指事情或经历之始末原委。白居易《题裴晋公女几山刻石诗后》序：“欲使采诗者、修史者、后之往来观者，知公之功德本末前后也。”李商隐《行次西郊作一百韵》：“愧客问本末，愿客无因循。”❸指农业与工商业。孟郊《隐士》:“本末一相返,漂浮不还真。”

【本立】　指事物之根本、根基。孟郊《赠章仇将军》:“本立谁敢拔？飞文自难穷。”

【本自】　本是;本来就是。崔融《从军行》:“临海旧来闻骠骑,寻河本自有中郎。”司马逸客《雅琴篇》:“弹弦本自称仁祖,吹管由来许季长。”韦应物《喜园中茶生》:“此物信灵味,本自出山原。”刘禹锡《竞渡曲》:“百胜本自有前期,一飞由来无定所。”

【本行】　(—xíng)德行。因德行为人立身之本,故称。贾岛《送谭远上人》:“金光明本行,同侍出峨嵋。”

【本色】　本身之色;本来之色。卢肇《金钱花》:“时时买得佳人笑,本色金钱却不如。”

【本宅】　自己所守之区域。李白《草创大还赠柳官迪》:“朱鸟张炎威,白虎守本宅。”

【本志】　本来之志向、意愿。吕岩《七言》之九五:“本志不求名与利,元心只慕水兼霞。”

【本身】　犹自身。章孝标《初及第归酬孟元翊见赠》:“每登公宴思来日,渐听乡音认本身。”

【本初】　指汉袁绍。绍字本初。李商隐《有感二首》之一:“如何本初辈,自取屈牦诛。”胡曾《咏史诗・官渡》:“本初屈指定中华,官渡相持勒虎牙。”

【本枝】　❶同“本支”。同一家族之嫡系与旁系后代。亦泛指家族之后裔。杜甫《重送刘十弟判官》:“本枝凌岁晚,高义豁穷愁。”高适《奉酬睢阳李太守》:“本枝疆我李,盘石冠诸刘。”刘禹锡《游桃源一百韵》:“金阙传本枝,三函留宝历。”《郊庙歌辞・享太庙乐章・延和》:“本枝亿载,鼎祚逾长。”❷原来栖息之树枝。喻故居。杜甫《无家别》:“宿鸟恋本枝,安辞且穷栖。”

【本枝百代】　谓子孙后裔百代昌盛。魏征《享太庙乐章・长发舞》:“本枝百代,申锡无疆。”

【本來】　本初,原来。张说《安乐郡主花烛行》:“姬姜本来舅甥国,卜筮俱道凤皇飞。”陈羽《古意》:“知郎本来无岁寒,几回掩泪看花落。”朱庆余《秋宵宴别卢侍御》:“清班无意恋,素业本来贫。”司空图《丁未岁归王官谷》:“本来薄俗轻文字,却致中原动鼓鼙。”

【本來人】　佛教指保持原初清净之心未受红尘污染之人。寒山《诗三百三首》之二七八:“万机俱泯迹,方识本来人。”

【本事】　指文学或音乐创作所依据之本来事实或背景。窦弘余《广谪仙怨》序:“长卿遂撰其词,吹之为曲,意颇自得,盖亦不知本事。”

【本物】　原来之物。白居易《禽虫十二章》之九:“彼此假名非本物,其间何怨复何恩。”

【本使】　本人所任职之使府。权德舆有《送湖南李侍御赴本使赋采菱亭》。

【本命年】　与生年干支相同之年。每六十年一遇。白居易《七年元日对酒五首》之四:“梦得君知否,俱过本命年。”按,后亦有以生肖相同之年为本命年者,则每十二年一遇。

【本府】　本人所任职之官府。李频有《将赴黔州先寄本府中丞》。曹邺有《奉命齐州推事毕寄本府尚书》。

【本性】　天性;固有之性质、性情。李白《赠宣城宇文太守兼呈崔侍御》:“受气有本性,不为外物迁。”元稹《思归乐》:“万物有本性,况复人性灵。”陆龟蒙《引泉诗》:“本性乐凝淡,及来更虚玄。”

【本宗】　本族之祖宗。比喻事物之源头。吕岩《五言》之十一:“盗得乾坤祖,阴阳是本宗。”

【本官】　已任之官职。与兼官相对。刘禹锡有《送工部萧郎中刑部李郎中并以本官兼中丞分命充京西京北覆粮使》。

【本草】　《神农本草经》之省称。岑参《梁州对雨怀麹二秀才便呈麹大判官》:“终日看本草,药苗满前阶。”白居易《卧疾来早晚》:“婢能寻本草,犬不吠医人。”又《禽虫十二章》之十:“鸟兽不曾看本草,谙知药性是谁教?”参见“本草經”。

【本草經】　药书名。《神农本草经》之省称。传出自神农。南朝梁阮孝绪《七录》始有著录。明李时珍博采众说,纠缪补阙,成《本草纲目》,为本草集大成之作。韩愈《和水部张员外宣政衙赐百官樱桃诗》:“汉家旧种明光殿,炎帝还书本草经。”

【本音】　本来之口音;本族之语音。李端《胡腾儿》:“帐前跪作本音语,拾襟搅袖为君舞。”

【本根】　❶草木之根与主干。李华《杂诗六首》之四:“葛藟附柔木,繁阴蔽曾原。”吴融《壁画折竹杂言》:“不是从来无本根,画工取势教摧折。”❷喻事物之根本、基础。白居易《赠友五首》之四:“京师四方则,王化之本根。”亦比喻残余而可以重生之事物。柳宗元《唐铙歌鼓吹曲・吐谷浑》:“除恶务本根,况敢遗萌芽?”

【本師】　佛教徒称从之受戒的师父。亦为佛教徒对传戒师父的敬称。刘长卿《西陵寄一上人》:“东山访道成开士,南渡隋阳作本师。”皇甫冉《奉和待勤照上人不至》:“东洛居贤相,南方待本师。”杨巨源《送澹公归嵩山龙潭寺葬本师》:“莫恋本师金骨地,空门无处复无关。”许浑《送僧归敬亭山寺》:“十年剑中路,传尽本师经。”

【本家】　❶老家,祖籍。李白《赠张相镐二首》之二:“本家陇西人,先为汉边将。”❷出嫁女子之娘家。顾况《弃妇词》:“本家零落尽,恸哭来时路。”

【本國】　自己的国家。顾非熊《送朴处士归新罗》:"少年离本国,今去已成翁。"

【本领】 技能,本事。元稹《何满子歌》:"鱼家人内本领绝,叶氏有年声气短。"

【本族】 自身所属的民族。刘言史《苦妇词》:"况非本族音,肌露谁为怜?"

【本情】 本心;性情。刘言史《初下东周赠孟郊》:"正信非外沿,终始全本情。"

【本鄉】 故乡,本土。刘禹锡《竹枝词二首》之二:"楚水巴山江雨多,巴人能唱本乡歌。"

【本朝】 朝廷。司空图《偶书五首》之二:"只怜直上抽红蕊,似我丹心向本朝。"罗隐《得宣州窦尚书书因投寄二首》之二:"步兵校尉辞公府,车骑将军忆本朝。"亦特指本朝之朝廷。杜甫《渔阳》:"猛将飘然恐后时,本朝不入非高计。"顾况《相国晋公挽歌二首》之二:"本朝光汉代,从此扫胡关。"

【本道】 本人任职之监察区。道,唐代所设之监察区名。太宗分天下为十道,每道设巡察使统领。玄宗时增设京畿、都畿等道,共十五道。于皇甫曾有《送李中丞归本道》。

【本意】 ❶本来的意愿;原来的意思。太宗《春日望海》:"霓裳非本意,端拱且图王。"李颀《送綦毋三谒房给事》:"外物非本意,此生空澹如。"皇甫冉《酬包评事壁画山水见寄》:"一官知所傲,本意在云泉。"贾岛《别徐明府》:"抱琴非本意,生事偶相萦。"❷自己的意思、意愿;一定的意思、意愿。戴叔伦《酬赠张众甫》:"野人无本意,散木任天材。"李商隐《流莺》:"巧啭岂能无本意,良辰未必有佳期。"

【本源】 ❶水之源头。喻指事物之根源或原始状态。白居易《岁晚》:"冉冉岁将宴,物皆复本源。"陆龟蒙《袭美先辈以龟蒙所献五百言见和再抒鄙怀用伸酬谢》:"初开凿本源,渐乃疏旁支。"❷亦作"本原"。佛教指人之本来清净之心。寒山《诗三百三首》之二三三:"早须返本源,三界任缘起。"李商隐《明禅师院酬从兄见寄》:"贞吝嫌兹世,会心驰本原。"❸喻事物之根本。杜甫《信行远修水筒》:"秉心识本源,于事少滞碍。"

【本態】 原来之形态、容貌。白居易《时世妆》:"妍媸黑白失本态,妆成尽似含悲啼。"

【本闍黎】 僧人法名,全称不详。襄阳高僧。孟浩然有《来闍黎新亭作》,"来"下注:"一作本。"

朮

〔zhú《广韵》直律切,入術,澄。〕药草名。即山蓟。多年生草本,菊科。有白术、苍术等数种。其根茎可入药。王绩《采药》:"龟蛇采二苓,赤白寻双术。"王季友《滑中赠崔高士瑾》:"实腹以芝术,贱形乃刍狗。"孟郊《赠道月上人》:"饭术煮松柏,坐山敷云霞。"皮日休《重玄寺元达好种名药余奇而访之》:"白石静敲蒸术火,清泉闲洗种花泥。"

【朮花】 白术或紫术之花。皎然《晚秋宿李军道所居》:"术花生野径,柏实满寒条。"

【朮苗】 白术或紫术之苗。秦系《送王道士》:"霓裳云气润,石径术苗香。"卢纶《蓝溪期萧道士采药不至》:"春风生百药,几处术苗香。"李洞《过野叟居》:"雨余松子落,风过术苗香。"

【朮氣芝香】 术草与灵芝之香气。亦泛指药草之香气。贯休《上缙云段使君》:"术气芝香粘瓮榼,云痕翠点满旌旗。"

【朮煎】 中药名。指以生术煎制成之膏剂。皮日休《南阳广文欲于荆襄卜居因而有赠》:"度日竹书千万字,经冬术煎两三缸。"

【朮藥】 即术草。可入药,故称。贯休《闲居拟齐梁四首》之三:"山翁寄术药,幸得秋病可。"

札

〔zhá《广韵》側八切,入黠,莊。〕❶古代用以书写的薄木片。皎然《山居示灵澈上人》:"乍削柳枝聊代札,时窥云影学裁衣。"亦借指纸帛等书写之物。曹唐《王远宴麻姑蔡经宅》:"大篆龙蛇随笔札,小天星斗满衣裳。"❷书札,信函。杜甫《敬寄族弟唐十八使君》:"登陆将首途,笔札枉所申。"岑参《送王著作赴淮西幕府》:"言笑日无度,书札凡几封。"刘太真《顾十二况左迁过韦苏州皆有郡中燕集诗因亦成篇》:"飞札谢三守,斯篇希见酬。"元稹《陪诸公游故江西韦大夫通德湖旧居有感》:"尘壁暗埋悲旧札,风帘吹断落残珠。"❸指文书、诏令等。张说《羽林恩召观御书王太尉碑》:"陇首名公石,来承圣札归。"❹铠甲上之甲片。元稹《纪怀赠李六户曹崔二十功曹五十韵》:"弢弓思彻札,绊骥闷牵缰。"白居易《代书诗一百韵寄微之》:"策目穿如札,锋毫锐若锥。"❺镶嵌。贯休《题师颖和尚院》:"煮茗然枫枿,泥墙札祖碑。"

【札札】 ❶象声词。织机或农具等使用时之摩擦声。柳宗元《田家三首》之一:"札札耒耜声,飞飞来乌鸢。"白居易《朱陈村》:"机梭声札札,牛驴走纭纭。"温庭筠《七夕》:"鸣机札札停金梭,芙蓉澹荡生池波。"康翊仁《鲛人潜织》:"无因听札札,空想濯纤纤。"❷努力貌。寒山《诗三百三首》之九九:"闲居好作诗,札札用心力。"

【札吏】 书吏。草拟文书之官员。皮日休《二游诗·徐诗》:"札吏指欲胼,万通排未阕。"

【札瘥】 因灾疫而死。见《左传·昭公十九年》杜预注。皮日休《三羞诗三首》之三:"岁虽有札瘥,庖不废晨炊。"又《正乐府十篇·卒妻怨》:"况当札瘥年,米粒如琼瑰。"

【札翰】 信函,书札。高适《酬司空璲少府》:"江山满词赋，札翰起凉温。”杜甫《送韦十六评事充同谷郡防御判官》：“题诗得秀句，札翰时相投。”罗隐《暇日感怀因寄同院吴蜕拾遗》：“璧池清秩访燕台，曾捧瀛洲札翰来。”齐己《答知己自阙下寄书》：“故人劳札翰，千里寄荆台。”

二 画

朽〔xiǔ《广韵》許久切，上有，曉。〕❶腐烂；朽坏。杜甫《喜晴》：“其人骨已朽，此道谁疵瑕？”刘禹锡《伤我马词》：“金台已平骨空朽，投之龙渊从尔友。”卢仝《自咏三首》之二：“万卷堆胸朽，三光撮眼明。”李洞《叙事寄荐福栖白》：“净瓶光照客，拄杖朽生虫。”❷消失，灭亡。杜甫《将适吴楚留别章使君留后兼幕府诸公》：“健儿簸红旗，此乐或难朽。”雍陶《哭饶州吴谏议使君》：“遗爱永存今似古，高名不朽死如生。”韦镒《经望湖驿》：“功成行且薄，义立名不朽。”《郊庙歌辞·享节愍太子庙乐章·登歌酌鬯》：“惟孝虽遥，灵规不朽。”❸衰残；衰老。李贺《赠陈商》：“长安有男儿，二十心已朽。”齐己《示诸侄》：“莫问年将朽，加餐已不多。”又《谢重缘旧山水障子》：“已觉心中朽，犹怜四面新。”

【朽下】 喻能力低下无用。杜牧《雪中书怀》：“人才自朽下，弃去亦其宜。”

【朽木】 ❶枯朽腐烂之树木。寒山《诗三百三首》之六五：“乘兹朽木船，采彼纴婆子。”❷喻人之衰朽无能。白居易《长斋月满携酒赴令公之宴戏赠梦得》：“病心汤沃寒灰活，老面花生朽木春。”

【朽木不可雕】 喻人才质低劣，不堪造就。见《论语·公冶长》。王绩《薛记室收过庄见寻率题古意以赠》：“朽木不可雕，短翮将焉摅？”

【朽枿】 朽株。腐朽之树桩。韦应物《新理西斋》：“养条刊朽枿，护药锄秽芜。”

【朽骨】 白骨。亦借指已死之人。李绅《逾岭峤止荒陬抵高要》：“空愧驽骀异一毛，无令朽骨惭千载。”又《悲善才》：“闻道善才成朽骨，空余弟子奉音徽。”方干《谢王大夫奏表》：“死灰到底翻腾焰，朽骨随头却长肥。”

【朽株】 腐朽之树桩。杨衡《病中赴袁州次香馆》：“荒葛漫攲壁，幽禽啄朽株。”亦喻衰朽无用之人。白居易《又答贺客》：“似挂绯衫衣架上，朽株枯竹有何荣。”亦比喻衰老之身体。白居易《病中诗十五首·初病风》：“朽株难免蠹，空穴易来风。”

【朽索】 腐烂的绳索。李山甫《酬刘书记见赠》：“劳生同朽索，急景似倾波。”王周《志峡船具诗·百丈》：“长绳岂能系，朽索何足拟？”

【朽索六馬】 以腐烂的缰绳驾驭六马。比喻身临危境而心怀戒惧，不敢大意。见《书·五子之歌》。贯休《大蜀皇帝寿春节进尧铭舜颂二首·尧铭》：“吾皇则之，日新德盛。朽索六马，罔坠厥命。”

【朽殻】 坏烂之外壳。许棠《闻蝉十二韵》：“繁音人已厌，朽壳蚁犹争。”

【朽敗】 枯朽，腐败。罗隐《寄程尊师》：“未知朽败凡间骨，中授先生指教无？”

【朽貫錢】 穿钱之线已腐烂的钱串。形容钱多而储存过久。白居易《秦中吟十首·伤宅》：“厨有臭败肉，库有朽贯钱。”

【朽棧】 指破旧之车。韩愈《赠张籍》：“感荷君子德，恍若乘朽栈。”

【朽鈍】 衰朽，愚钝。于逖《野外行》：“幸以朽钝姿，野外老风霜。”

【朽滅】 朽烂，毁灭。李白《题瓜州新河饯族叔舍人贲》：“丰功利生人，天地同朽灭。”

【朽摧】 朽烂，毁灭。寒山《诗三百三首》之十七：“万物有代谢，九天无朽摧。”

【朽質】 衰朽低劣之资质。多为自谦之词。杜甫《宴王使君宅题二首》之一：“不材甘朽质，高卧岂泥蟠。”独孤及《暮春于山谷寺上方遇恩命酬皇甫侍御见贺之作》：“天书到法堂，朽质被荣光。”李宗闵《赠毛仙翁》：“残药倘能沾朽质，愿将霄汉永为邻。”南唐后主李煜《病起题山舍壁》：“暂约彭涓安朽质，终期宗远问无生。”

【朽廢】 朽烂废坏之物。吕温《道州南楼换柱》：“殚材事朽废，曷若新宏规。”

【朽藥】 陈腐变质之草药。耿沣《秋晚卧疾寄司空拾遗曙卢少府纶》：“老医迷旧疾，朽药误新方。”

【朽壞】 腐朽，烂坏。元稹《虫豸诗·蚁子》序：“巴蚁众而善攻榛栋，往往木容完具而心节朽坏。”

【朽關】 朽烂坏旧之门闩。薛能《题逃户》：“朽关生湿菌，倾屋照斜阳。”

【朽鐵】 锈烂之铁。鲍溶《长城》：“枯骨贯朽铁，砂中如有言。”司空图《狂题十八首》：“貔貅睡稳蛟龙渴，犹把烧残朽铁磨。”

【朽爛】 朽烂，破败。寒山《诗三百三首》之一八二：“砖瓦片片落，朽烂不堪停。”

【朽癰】 烂疮。皮日休《虎丘寺殿前有古杉一本形状丑怪遂赋三百言以见志》：“朽痈难可吮，枯瘴不堪治。”

【朽蠹】 腐朽虫蛀之木材。韩愈《题木居士二首》之二：“朽蠹不胜刀锯力，匠人虽巧欲何如？”亦指枯衰之树木。张说《东都酺宴》：“道畅昆虫乐，恩深朽蠹荣。”詹敦仁《柳堤诗》序：“迺且呼童削其繁冗，伐其朽蠹。”

朴[1] 〔pǔ《广韵》匹角切，入覺，滂。〕❶朴实，质朴无华。吴筠《览古十四首》之二：“三皇已散朴，五帝初尚贤。”张籍《送邵州林使君》：“山幽自足探微处，俗朴应无争竞人。”长孙辅佐《山行书事》：“性朴颇近古，其言无斗筲。”曹唐《升平词五首》之五：“文章唯返朴，戈甲尽生尘。”❷愚拙，粗疏。武元衡《行路难》：“休说编氓朴无耻，至竟终须合天理。”吕温《道州春游欧阳家林亭》：“主人虽朴甚有思，解留满地红桃花。”

朴[2] 〔piáo〕姓。尚颜有《送朴山人归新罗》。

【朴山人】 名不详。新罗(今朝鲜)人。开成、会昌间回国。无可有《送朴山人归日本》。马戴有《送朴山人归新罗》。按，无可与马戴交游甚密，二诗为同时之作。朴山人为新罗人，无可诗作“日本”，当有讹误；马戴诗一作尚颜诗，亦非。

【朴充】 新罗(今韩国)人。会昌间来唐，累迁监察御史。咸通中归国。张乔有《送朴充侍御归海东》。

【朴直】 朴实，憨直。张籍《祭退之》：“观我性朴直，乃言及平生。”姚合《寄旧山隐者》：“我性本朴直，词理安得文？”

【朴昂】 新罗(今朝鲜)人。元和、长庆间在唐，年老归国。顾非熊有《送樸处士归新罗》。按，“朴”作“樸”误。

【朴球】 新罗(今朝鲜)人。张乔有《送棋待诏朴球归新罗》。

【朴略】 朴实而粗略。权德舆《送崔谕德致政东归》：“褐衣入承明，朴略多古风。”孟郊《寿安西渡奉别郑相公》：“顾惭耕稼士，朴略气韵调。”齐己《赴郑谷郎中招游龙兴观因有十八韵》：“雄方垂朴略，后辈仰箴规。”

【朴散】 谓淳朴之风尚消散。李白《酬王补阙惠翼庄庙宋丞泚赠别》：“朴散不尚古，时讹皆失真。”

【朴蒙】 朴实，愚蒙。柳宗元《贞符》序：“孰称古初，朴蒙空侗而无争。”

【朴愚】 朴实，愚拙。贾岛《荒斋》：“朴愚犹本性，不是学忘机。”

【朴静】 朴实，宁静。姚合《寄主客张郎中》：“蹇拙公府弃，朴静高人知。”

【朴繩】 指远古记事之绳。来鹄《圣政纪颂》：“是知朴绳休结，正简斯若。”

朱 〔zhū《广韵》章俱切，平虞，章。〕❶正红色，大红色。则天皇后《如意娘》：“看朱成碧思纷纷，憔悴支离为忆君。”岑参《春日醴泉杜明府承恩五品宴席上赋诗》：“青袍移草色，朱绶夺花然。”刘禹锡《赠眼医婆罗门僧》：“两目今先暗，中年似老翁。看朱渐成碧，羞日不禁风。”❷红色之物。(1)指胭脂等。白居易《新乐府·时世妆》：“时世流行无远近，腮不施朱面无粉。”(2)指红色涂料。薛能《新竹》：“栏边匠去朱犹湿，溉后虫浮穴暗开。”(3)指用朱砂制成之朱墨。元稹《酬乐天东南行诗一百韵》：“是非浑并漆，词讼敢研朱。”又《献荥阳公诗五十韵》：“入雾长期闰，持朱本望研。”(4)指红色官服或绶带。张元一《叙可笑事》：“朱前疑著绿，逯仁杰著朱。”白居易《和微之春日投简阳明洞天五十韵》：“捧拥罗将绮，趋跄紫与朱。”❸施朱，涂红。权德舆《唐开州文编远寄新赋走笔代书聊书还答》：“故人朱两轓，出自尚书郎。”白居易《和微之诗二十三首·和李势女》：“不朱面若花，不粉肌如霜。”❹穿绯红官服或佩朱绶。白居易《初著绯戏赠元九》：“我朱君紫绶，犹未得差肩。”❺指南方。见“朱鳥”。

【朱二】 名不详。孟浩然有《高阳池送朱二》。

【朱二十】 名不详。方干有《送朱二十赴涟水》。

【朱干】 (一gān)红色之盾牌。古代武舞时执之。褚亮《雩祀乐章·舒和》：“彩旞云回昭睿德，朱干电发表神功。”王涯《宫词三十首》之十四：“风来竞看铜乌转，遥指朱干在半天。”张昭《汉宗庙乐舞辞·观德舞》：“星俎云罍兼鲁礼，朱干象箾杂巴渝。”

【朱干玉鏚】 (干 gān)红盾与玉斧。古人执以跳武舞。魏征《五郊乐章·舒和》：“执籥持羽初终曲，朱干玉鏚始分行。”

【朱大】 ❶指朱去非。孟浩然有《送朱大入秦》和《岘山送朱去非游巴东》。陶翰有《送朱大出关》。❷指朱庆余。李回有《天长路别朱大山路却寄》《寄酬朱大后亭夜坐留别》。❸名不详。张南史有《送朱大游塞》。

【朱口】 女子之红唇。陆龟蒙《子夜警歌二首》之二：“朱口发艳歌，玉指弄娇弦。”

【朱山人】 ❶指朱放。刘长卿有《送朱山人放越州贼退后归山阴别业》。皇甫冉有《卖药人处得南阳朱山人书》。戴叔伦有《早行寄朱山人放》。❷名不详。处士。杜甫有《过南邻朱山人水亭》。❸名不详。处士。张籍有《寄朱阚二山人》。

【朱千乘】 (乘 shèng)籍贯不详，寓居越州(今浙江绍兴)。元和元年春，日本僧空海自越州归国，作诗送之。空海所上书有《朱千乘诗》一卷，今佚。《全唐诗逸》卷中录其佚句一联。

【朱弓】 涂为红色之弓。张祜《观濠如田中丞出猎》：“马盘草上朱弓满，雁落云中白羽回。”

【朱子】 指朱升。孟浩然《夜登孔伯昭南楼时沈太清朱升在座》:“沈生隐侯胤,朱子买臣孙。”

【朱子奢】 苏州吴县(今江苏苏州市吴中区)人。事迹见新旧《唐书》本传。曾与孔颖达等撰《礼记正义》七十卷,又撰《文思博要》。《全唐诗》卷三八录其诗一首。

【朱夫子】 指朱观。徐铉《送朱先辈尉庐陵》:“我重朱夫子,依然见古人。”

【朱元】 籍贯不详。事迹见《唐诗纪事》卷八十。《全唐诗》卷七三二录其诗一首。按,《新唐书·宰相世系表四下》有朱元,乃贞元、元和间人,与此非一人。

【朱五】 名不详。高适有《同朱五题卢使君义井》。

【朱中舍】 宋中舍之讹。宋中舍,指宋昱。天宝中为中书舍人。李嘉祐有《送朱中舍游江东》,“朱”下注:“一作宋。”是。

【朱中书】 名不详。开元中为中书侍郎。丁仙芝有《赠朱中书》。

【朱丹】 ❶即丹砂。韩愈《送灵师》:“材调真可惜,朱丹在磨研。”❷红色涂料。参见“朱丹毂”。

【朱丹毂】 以朱丹为颜料涂饰之车。指华贵之车。苏颋《送常侍舒公归觐》:“朱丹华毂送,斑白绮筵舒。”陆龟蒙《渔具诗·钓车》:“闲乘风水便,敢议朱丹毂?”

【朱公】 ❶指春秋越大夫范蠡。范蠡辅句践灭吴王夫差后,去越入齐,变名易姓为鸱夷子皮。至陶,又称朱公。从商为巨富。后世皆称陶朱公。元稹《代曲江老人百韵》:“竟蓄朱公产,争藏邴氏缗。”❷指朱自勉。李翰《朱都知嘉禾屯田纪债诗》:“朱公莅之,展器授方。”

【朱公叔】 指汉朱穆。穆,字公叔。马异《答卢仝结交诗》:“我心不畏朱公叔,君意须防刘孝标。”

【朱氏】 指汉朱买臣。黄滔《翁文尧员外拥册礼之归一路有诗名昼锦集先将寄示因书五十六字》:“一轴郢人歌处雪,两重朱氏著来衣。”

【朱文】 绘于车上之红色花纹。王维《送崔五太守》:“长安厩吏来到门,朱文露网动行轩。”

【朱方】 地名。❶春秋吴之县邑。秦改称丹徒。唐为江南道润州丹徒县。旧治在今江苏镇江市丹徒区东南。萧颖士《江有归舟》序:“南条北固,朱方旧里。”皎然《因游支硎寺寄邢端公》:“谴深辞紫禁,恩在副朱方。”刘禹锡《重送浙西李相公顷领旧地新加旌旄》:“碧鸡白马回翔久,却忆朱方是乐郊。”罗隐《献尚父大王》:“今日朱方平殄后,虎符龙节十三州。”❷泛指南方。李峤《安辑岭表事平罢归》:“白简承朝宪,朱方抚夷落。”

【朱火】 ❶夏日之暑气。亦指夏季。陈子昂《感遇诗三十八首》之十三:“青春始萌达,朱火已满盈。”元稹《有鸟二十章》之十五:“五月炎光朱火盛,阳焰烧阴幽响绝。”❷火,红色之火。李白《安州应城玉女汤作》:“地底烁朱火,沙傍歊素烟。”又《金门答苏秀才》:“君还石门日,朱火始改木。”❸灯烛之光。曹邺《续幽愤》:“繁霜作阴起,朱火乘夕发。”

【朱户】 朱红色大门。本为帝王赏赐臣下的“九赐”之一,后亦泛指富贵人家。祖咏《赠苗发员外》:“朱户敞高扉,青槐碍落晖。”李绅《新楼诗二十首·新楼》:“戎容罢引旌旗卷,朱户褰开雉堞高。”温庭筠《题丰安里王相林亭二首》之一:“朱户雀罗设,黄门驭骑来。”刘兼《新回车院筵上作》:“黄金蜀柳笼朱户,碧玉湘筠映绮疏。”

【朱巨川】 字德源。苏州嘉兴(今属浙江)人。事迹见《元和姓纂》卷二。皎然有《听寒更寄朱兵曹巨川》。《全唐诗》卷七九四录有其与清昼等联句三首。

【朱可久】 朱庆余,名可久。见《新唐书·艺文志四》。贾岛有《送朱可久归越中》。

【朱可名】 越州(今浙江绍兴)人。当为可久之弟。会昌中进士及第。终长安县令。事迹见《唐诗纪事》卷五六。善诗。《全唐诗》卷五五七录其诗一首。

【朱司議】 名不详。肃、代间为太子司议郎。包佶有《客自江南话过亡友朱司议故宅》。

【朱幼恭】 籍贯不详。大和七年(833)吴士矩为江西观察使,其被辟为从事。刘禹锡有《吴方之见示听江西故吏朱幼恭歌三篇颇有怀故林之想吟讽不足因而和之》。

【朱存】 金陵(今江苏南京)人。事迹见《十国春秋》卷二九。《宋史·艺文志七》著录其《金陵览古诗》,已佚。《全唐诗》卷七五七录其诗一首。《全唐诗续补遗》卷十五录其诗九首。

【朱光】 ❶日光。杜甫《夏日叹》:“朱光彻厚地,郁蒸何由开?”❷红色之光。杨嗣复《仪凤》:“向日朱光动,迎风翠羽新。”❸指火德。因汉以火德兴,故亦借指汉朝。李益《府试古镜》:“石黛曾留殿,朱光适在宫。”

【朱光弼】 籍贯、生平均不详。《全唐诗》卷七七八录其诗二首,其中《宫词》为刘言史诗。

【朱朱白白】 形容繁多的红色白色花相互间杂映衬。韩愈《感春三首》之三:“晨游百花林,朱朱兼白白。”

【朱先輩】 指朱观。南唐进士。徐铉有《送荻栽与秀才朱观》《送朱先辈尉庐陵》《庐陵别朱观先辈》和《和钟郎中送朱先辈还京垂寄》。

【朱休】 剑南(今四川成都一带)人。文宗时人。为太学诸生,乡贡进士。贾岛有《送朱休归剑南》。

《全唐诗》卷七八〇录其省试诗一首。

【朱休之】 籍贯不详。五代后梁时人。《全唐诗续补遗》卷十四录其诗一首。

【朱仲】 房陵县(今湖北房县)人。相传为仙人。善种李。见《文选·潘岳〈闲居赋〉》。孟浩然《韩大使东斋会岳上人诸学士》:“徒攀朱仲李,谁荐和羹梅?”

【朱旭】 红色之日光。宋昱《题石窟寺》:“檐牖笼朱旭,房廊挹翠微。”

【朱衣】 ❶红色之官服。唐制文武官三品以上服紫,四品、五品服绯红。李华《寄赵七侍御》:“天波洗其瑕,朱衣备朝容。”朱庆余《林下招胡长官》:“语低清貌似休粮,称著朱衣入草堂。”崔涂《途中感怀寄青城李明府》:“如何只是三年别,君著朱衣我白头。”贯休《送杜使君朝觐》:“花舸冲烟湿,朱衣照浪红。”❷着红衣之官吏。李白《杂曲歌辞·长干行二首》:“北客真王公,朱衣满江中。”杜甫《巴西闻收宫阙送班司马入京》:“倾都看黄屋,正殿引朱衣。”张籍《新除水曹郎答白舍人见贺》:“黄纸开呈相府后,朱衣引入谢班中。”徐夤《司直巡官无诸移到玫瑰花》:“为报朱衣早邀客,莫教零落委苍苔。”

【朱衣吏】 大臣出使时担任前导之官吏。因身着红衣,故称。郑谷《献制诰杨舍人》:“随行已有朱衣吏,伴直多招紫阁僧。”

【朱衣鲋】 色红之鲋鱼。韩翃《送蓚县刘主簿楚》:“金盘晓鲙朱衣鲋,玉簟宵迎翠羽人。”李群玉《石门韦明府为致东阳潭石鲫鲙》:“太湖浪说朱衣鲋,汉浦休夸缩项鳊。”

【朱亥】 战国魏人。力士,隐于大梁。事迹见《史记·魏公子列传》。高适《古大梁行》:“侠客犹传朱亥名,行人尚识夷门道。”韩愈《斗鸡联句》:“毒手饱李阳,神槌困朱亥。”元稹《答姨兄胡灵之见寄五十韵》:“屠过隐朱亥,楼梦古秦嬴。”

【朱均】 南朝梁吴郡钱唐(今浙江杭州)人。事迹见《太平广记》卷三三六引《广异记》。《全唐诗》卷八六六录其诗一首。

【朱李】 果名。李子之一种。因色红,故称。杜甫《热三首》之三:“朱李沈不冷,雕胡炊屡新。”严维《忆长安·五月》:“君王避暑华池,进膳甘瓜朱李。”

【朱車】 涂为朱红色之车。指贵人所乘华丽之车。王昌龄《乌栖曲》:“白马逐朱车,黄昏入狭邪。”刘复《春游曲》:“裁衫催白纻,迎客走朱车。”

【朱邑】 字仲卿。汉庐江舒县(今安徽庐江县西南)人。事迹见《汉书》本传。吕温《郡内书怀寄刘连州窦夔州》:“朱邑何为者?桐乡有古祠。我心常所慕,二郡老人知。”

【朱秀】 籍贯、生平均不详。元和、长庆间人。章孝标有《题朱秀城南亭子》。按,朱秀似为朱秀才之夺。

【朱秀才】 ❶名不详。咸通、乾符间人。方干有《朱秀才庭际蔷薇》。❷名不详。闽(今福建)人。齐己有《送朱秀才归闽》。

【朱兵】 传说仙境中着红衣之天兵。孟郊《列仙文·金母飞空歌》:“龙群拂霄上,虎旗摄朱兵。”

【朱兵曹】 ❶指朱巨川。巨川永泰二年(766)为左卫率府兵曹参军。皎然有《听寒更寄朱兵曹巨川》。❷名不详。元和、长庆间为兵曹参军。贾岛有《送朱兵曹回越》。张祜有《题朱兵曹山居》。

【朱佐日】 苏州(今属江苏)人。武后时三为监察御史。武后尝吟《登鹳雀楼》,问是谁作,李峤对曰:“御史朱佐日诗也。”《全唐诗续补遗》卷一著录此诗。《全唐诗》卷二〇三作朱斌诗,又卷二五三作王之涣诗,皆误。

【朱延】 籍贯、生平均不详。《全唐诗》卷七七八录其诗一首。

【朱延龄】 籍贯、生平均不详。《全唐诗》卷七七九录其诗一首。

【朱判官】 指朱巨川。巨川大历中为鄂岳团练观察使判官。清江有《月夜有怀黄端公兼简朱孙二判官》。

【朱冲和】 杭州钱塘(今浙江杭州)人。明经及第。与张祜同时。好纵酒忤人,号为“宦途恶少”。《全唐诗》卷五〇五录其诗一首,又卷八七〇录其《嘲张祜》一首。

【朱坡】 地名。在唐京兆府万年县(今陕西西安之东部)南。杜牧有《朱坡绝句三首》。许浑有《朱坡故少保杜公池亭》。林宽《朱坡》:“朱坡坡上望,不似在秦京。”

【朱長山】 (長 cháng)李山长之讹。《全唐诗续补遗》卷十七录其佚句一联。

【朱長文】 (長 cháng)江南人。建中元年在湖州。事迹见《唐诗纪事》卷二八。《全唐诗》卷二七二录其诗六首。

【朱長史】 (長 zhǎng)指朱思贤。思贤景云中为广州长史。宋之问有《广州朱长史座观妓》。

【朱協律】 指朱庆余。庆余大和中为协律郎。方干有《过朱协律故山》。

【朱尚書】 ❶指朱叔夜。叔夜大和七年任泾原节度使、检校尚书。贾岛有《寄长武朱尚书》。❷指朱褒。褒中和三年为温州刺史,后加检校尚书。杜荀鹤有《寄温州朱尚书并呈军倅崔太博》。

【朱昇】 籍贯不详。开元十九年在越州。孟浩然有《夜登孔伯昭南楼时沈太清朱升在座》。

【朱明】 指夏季。《尸子》卷上："春为青阳，夏为朱明，秋为白藏，冬为玄英。"杜审言《度石门山》："未改朱明律，先含白露风。"包佶《祀雨师乐章·奠币登歌》："岁正朱明，礼布玄制。"刘禹锡《和河南裴尹侍郎诣九龙祠祈雨二十韵》："朱明盛农节，膏泽方愆期。"王孝廉《和坂岭客对月思乡之作》："寂寂朱明夜，团团白月轮。"

【朱昉】 朱放之讹。李冶有《寄朱放》，"放"下注："一作昉。"误。

【朱侍御】 ❶名不详。文宗时为监察御史。贾岛有《酬朱侍御望月见寄》。❷名不详。唐末为监察御史。齐己有《送朱侍御自洛阳归阆州宁覲》。

【朱使欣】 当作朱欣。"使"指出使，非名。籍贯不详。开元间曾出使岭南。与张说有唱酬。《全唐诗》卷九八录其诗一首，一作张说诗，误。据说另有《和朱使欣二首》。

【朱版】 房屋中之朱漆板壁。白居易《新乐府·杏为梁》："素泥朱版光未灭，今日官收别赐人。"

【朱兒】 即"朱砂"。皮日休《药名联句》："朱儿应作粉，云母讵成灰？"陆龟蒙《奉和袭美怀华阳润卿博士三首》之三："清斋若见茅司命，乞取朱儿十二斤。"

【朱舍人】 ❶指朱巨川。武元衡有《山中月夜寄朱张二舍人》《春暮郊居寄朱舍人》。陈羽有《观朱舍人归葬吴中》。❷名不详。南唐时为中书舍人。徐铉有《立秋后一日与朱舍人同直》《和印先辈及第后献座主朱舍人郊居之作》《锺诗人名汇共》。

【朱邸】 朱红大门之府第。汉诸侯府皆用朱门，故后以"朱邸"泛指贵官府第。骆宾王《帝京篇》："朱邸抗平台，黄扉通戚里。"孟浩然《送张郎中迁京》："碧溪常共赏，朱邸忽迁荣。"韩翃《赠王随》："青云自致晚应遥，朱邸新婚乐事饶。"韦蟾《和柯古穷居苦日喜雨》："几怀朱邸绶，颇旷金门藉。"

【朱衫】 指着朱衣之吏员。旧制大臣外出，例有朱衣官员前导。郑嵎《津阳门诗》："朱衫马前未满足，更驱武卒罗旌旗。"

【朱放】 字长通。襄阳（今属湖北）人。事迹见《唐诗纪事》卷二六、《唐才子传》卷五。与当时诗人李颀、皇甫冉、皇甫曾、皎然、灵澈、灵一、秦系、严维、李冶、刘长卿、顾况、戴叔伦等皆有交往、唱酬。《全唐诗》卷三一五录其诗一卷。

【朱炎】 指烈日。杜甫《白水县崔少府十九翁高斋三十韵》："旅食白日长，况当朱炎赫。"又《雨》："白谷变气候，朱炎安在哉？"

【朱泥】 朱砂调制之药丸。司空曙《酬卫长林岁日见呈》："朱泥一丸药，柏叶万年杯。"无名氏《却鬼丸》（外编下）："书生但恐寒为祟，不用朱泥却鬼丸。"

【朱門】 朱红大门。借指权贵人家。李适《奉和春日幸望春宫应制》："轻丝半拂朱门柳，细缬全披画阁梅。"杜甫《自京赴奉先县咏怀五百字》："朱门酒肉臭，路有冻死骨。"万彤云《献卢尚书》："荷衣拭泪几回穿，欲谒朱门抵上天。"韩溉《竹》："朱门处处多闲地，正好移阴覆翠苔。"

【朱弦】 参见"朱絃"。

【朱城】 宫城。李适《人日宴大明宫恩赐彩缕人胜应制》："朱城待凤韶年至，碧殿疏龙淑气来。"卢僎《岁晚还京台望城阙成口号先赠交亲》："紫陌开行树，朱城出晚霞。"郑愔《奉和春日幸望春宫》："晨跸凌高转翠旌，春楼望远背朱城。"李贺《春昼》："朱城报春更漏转，光风催兰吹小殿。"

【朱英】 ❶即"朱草"。孟郊《列仙文·金母飞空歌》："嘉会绛河内，相与乐朱英。"❷泛指红色之花。王绩《阶前石竹》："萋萋结绿枝，晔晔垂朱英。"

【朱拾遺】 ❶指朱放。放贞元二年(786)为右拾遗。刘长卿有《寄别朱拾遗》《喜朱拾遗承恩拜命赴任上都》。顾况有《关朱拾遗》佚句。❷名不详。唐末为拾遗。齐己有《寄朱拾遗》。

【朱砂】 亦名丹砂、朱丹。矿石名。色红，可作颜料，亦用为药。道教则用为炼丹之原料。白居易《自咏》："朱砂贱如土，不解烧为丹。"缪岛云《朱砂石》："寒岩万丈陟崔嵬，只恐朱砂势便颓。"又《汤泉》："暖泛朱砂石壁幽，轩皇曾浴上丹丘。"梁宝《与赵神德互嘲》："官里料朱砂，半眼供一国。"

【朱砂泉】 温泉名。亦名汤泉。在安徽黄山。传为黄帝取水炼丹处。今辟为温泉浴池。缪岛云《仙桥》："丹灶路穿云锦湿，朱砂泉迸锦霞深。轩辕去后虽然在，争奈凡流无处寻。"

【朱前疑】 武后时谀臣。因上书云"臣梦陛下八百岁""闻嵩山唱万岁声"，授拾遗，迁郎中，赐绯鱼袋。未入五品，于绿衫上带之，莫不怪笑。后放归丘园。见《朝野佥载》卷四。张元一《叙可笑事》："朱前疑著绿，逯仁杰著朱。"

【朱泚】 幽州昌平（今属北京）人。事迹见《旧唐书》本传、《新唐书·逆臣传》。元稹《望云骓马歌》："朱泚围兵抽未尽，怀光寇骑追行及。"白居易《新乐府·青石》："如观奋击朱泚日，似见叱诃希烈时。"又《寄唐生》："太尉击贼日，尚书叱盗时。"

【朱冠】 ❶红色帽子。李颀《杂兴》："乘车驾马往复旋，赤绂朱冠何伟然！"❷指鸡冠。张祜《晓别》："翠羽朱冠碧树鸡，未唱先下短墙啼。"刘兼《晨鸡》："朱冠金距彩毛身，昧爽高声已报晨。"

【朱草】 药草名。色红。旧以为太平之瑞。道教以之炼丹，谓服之可“乘虚而行云”。李德裕《春暮思平泉杂咏二十首·柏》：“珊瑚不生叶，朱草又无丛。”陆龟蒙《奉和袭美太湖诗二十首·上真观》：“风余撼朱草，云破生瑶榭。”又《引泉诗》：“曾闻瑶池溜，亦灌朱草田。”

【朱軒】 ❶朱漆之车。指公卿贵人所乘之车。王维《瓜园诗》：“鸣驺导骢马，常从夹朱轩。”韦应物《贾常侍林亭燕集》：“朱轩骛关右，池馆在东周。”韩翃《送中兄典邵州》：“官骑连西向楚云，朱轩出饯昼纷纷。”白居易《洛阳春赠刘李二宾客》：“中有老朝客，华发映朱轩。”❷漆有朱红栏板之檐廊。施肩吾《过桐庐场郑判官》：“有时退公兼退食，一尊长在朱轩侧。”❸栏板、窗户等漆为朱红色之楼阁屋宇。白居易《游悟真寺诗》：“回首寺门望，青崖夹朱轩。”张祜《投魏博李相国三十二韵》：“画幛朱轩设，蛮刀粉壁横。”刘暌《题越王楼寄献中丞使君》：“朱轩迥压碧烟州，昔岁贤王是胜游。”

【朱唇】 亦作“朱脣”。红色之嘴唇。王昌龄《题净眼师房》：“朱唇皓齿能诵经，吴音唤字更分明。”岑参《玉门关盖将军歌》：“朱唇翠眉映明胪，清歌一曲世所无。”李涉《听歌》：“飒飒先飞梁上尘，朱唇不动翠眉颦。”崔珏《美人尝茶行》：“朱唇啜破绿云时，咽入香喉爽红玉。”

【朱夏】 指夏季。因旧称夏为朱明，故云。杜甫《营屋》：“我有阴江竹，能令朱夏寒。”栖白《寿昌节赋得红云表夏日》：“行逐赤龙千岁出，明当朱夏万方瞻。”郑畋《五月一日紫宸候对因书六韵》：“朱夏五更后，步廊三里余。”陆龟蒙《奉和袭美太湖诗二十首·上真观》：“人间方大火，此境无朱夏。”

【朱特】 籍贯、生平均不详。大中、咸通间人。方干有《途中寄刘沆》，题一作《寄朱特》。

【朱殷】 殷红色。多指血色。杜牧《李给事中敏二首》之一：“纷纭白昼惊千古，铁锧朱殷几一空。”周昙《咏史诗·后汉门·周都妻》：“不将血涕随霜刃，谁见朱殷未死心？”

【朱翁】 指汉朱买臣。买臣，字翁子。李绅《却渡西陵别越中父老》：“惭非杜母临襄岘，自鄙朱翁别会稽。”

【朱訓】 籍贯、生平均不详。肃、代间人。刘长卿有《灞东晚晴简同行薛弃朱训》。按，《新唐书·宰相世系表四下》有“朱训”，文宗时人，与此人时代不合。

【朱高】 北魏朱世隆、高欢之连称。周昙《咏史诗·六朝门·三废帝》：“明庄节闵并罹殃，命在朱高二悖王。”

【朱旆】 红旗。许浑《酬杜补阙初春雨中舟次横江喜裴郎中相迎见寄》：“红桥迤逦春岩下，朱旆联翩晓树中。”

【朱粉】 脂粉。妇女化妆用之胭脂与铅粉。鲍溶《古意》：“翠袖皓朱粉，碧阶封绿钱。”杜牧《杜秋娘诗》：“京江水清滑，生女白如脂。其间杜秋者，不劳朱粉施。”又《早春赠军事薛判官》：“晴梅朱粉艳，嫩水碧罗光。”

【朱家】 ❶汉鲁国（今山东）人。侠士，事迹见《史记·游侠列传》《季布案布列传》《汉书·游侠传》《季布传》。李白《早秋赠裴十七仲堪》：“历抵海岱豪，结交鲁朱家。”又《江上赠窦长史》：“汉求季布鲁朱家，楚逐伍胥去章华。”❷指汉朱买臣。参见“朱家愧贫”。❸名不详。王维有《与卢象集朱家》。

【朱家脱急】 指汉豪侠朱家脱季布之厄难事。见《史记·游侠列传》。李瀚《蒙求》：“郭解借交，朱家脱急。”

【朱家愧贫】 指汉朱买臣妻羞愧家贫，而与买臣离异之事。见《汉书·朱买臣传》。刘长卿《见秦系离婚后出山居作》：“郗氏诚难负，朱家自愧贫。”

【朱宴】 籍贯、生平均不详。肃、代间人。刘长卿有《上湖田馆南楼忆朱宴》。

【朱宫】 红颜色之宫殿。鲍防《元日早朝行》：“玄冥无事归朔土，青帝放身入朱宫。”李群玉《洞庭干二首》之二：“朱宫紫贝阙，一旦作沙洲。”李频《黄雀行》：“朱宫晚树侵莺语，画阁香帘夺燕窠。”

【朱書】 以朱红色书写。道教符篆常用朱书。陆敬《游清都观寻沈道士得都字》：“缥帙桐君录，朱书王母符。”王建《隐者居》：“朱书护身咒，水噀断邪刀。”

【朱書記】 名不详。大中时为朔方节度使掌书记、监察御史。刘得仁有《送灵武朱书记》。

【朱斑】 红色斑纹。温庭筠《懊恼曲》：“庐江小吏朱斑轮，柳缕吐芽香玉春。”

【朱彬】 籍贯、生平均不详。大历、贞元间人。见《唐诗纪事》卷二九。《全唐诗》卷三一一录其诗一首。

【朱脣】 同“朱唇”。脣，“唇”之异体字。

【朱頂鶴】 即丹顶鹤。白居易《同微之赠别郭虚舟炼师五十韵》：“朱顶鹤一双，与师云间骑。”张祜《扬州法云寺双桧》：“朱顶鹤知深盖偃，白眉僧见小枝生。”

【朱虚】 指汉刘章。章吕后二年（前186）封朱虚侯。杜甫《赠李八秘书别三十韵》：“事殊迎代邸，喜异赏朱虚。”

【朱處士】 ❶指朱放。李颀有《寄镜湖朱处士》。杜牧《郡斋独酌》：“我爱朱处士，三吴当中央。”❷指朱贞白。徐铉有《朱处士相与有山水之愿见送至南康作此以别之》。❸名不详。咸通间处士。方干有《送饶州王司法之任兼寄朱处士》。

【朱常侍】 名不详。乾符间为刺史、检校散骑常侍。崔道融有《谢朱常侍寄贶蜀茶剡纸二首》。

【朱雀】 ❶指鸾凤。鲍溶《弄玉词二首》之二："琼箫碧月唤朱雀，携手上谒玉晨君。"《葬书语》(卷八八〇)："朱雀和鸣，子孙盛荣。"❷地名。即珠崖。汉设郡，唐改崖州，隶安南都护府。即今海南海口市。张谓《杜侍御送贡物戏赠》："铜柱朱崖道路难，伏波横海旧登坛。"杜甫《又上后园山脚》："朱崖著毫发，碧海吹衣裳。"贾至《送南给事贬崖州》："朱崖云梦三千里，欲别俱为恸哭时。"❸指李德裕。顾云《苏君厅观韩干马障歌》："朱崖谪掾从亡殁，更有何人鉴奇物?"

【朱雀門】 城门名。❶唐代京城长安(今陕西西安)皇城南三门之中间城门。花蕊夫人徐氏《宫词》之一二八："朱雀门高花外开，球场空阔净尘埃。"❷六朝都城建康(今江苏南京)之南城门。李白《宿白鹭洲寄杨江宁》："朝别朱雀门，暮栖白鹭洲。"

【朱雀航】 即朱雀桥。温庭筠《江南曲》："妾住金陵浦，门前朱雀航。"

【朱雀街】 街道名。指长安朱雀门至明德门之间的大街。街东属万年县，街西为长安县。因其北端正对皇城之朱雀门，故称。寒山《诗三百三首》之一二四："浪行朱雀街，踏破皮鞋底。"韦应物有《晚出府舍与独孤兵曹南寻朱雀街归里第》。白居易《新雪二首》之二："不思朱雀街东鼓，不忆青龙寺后钟。"唐彦谦《亲仁里闻猿》："朱雀街东半夜惊，楚魂湘梦两徒清。"

【朱雀橋】 浮桥名。在六朝都城建康(今江苏南京)南城门外秦淮河上。因城门名朱雀门，故称。东晋豪门王导、谢安等均居家于附近。韩翃《送客之江宁》："朱雀桥边看淮水，乌衣巷里问王家。"刘禹锡《金陵五题·乌衣巷》："朱雀桥边野草花，乌衣巷口夕阳斜。旧时王谢堂前燕，飞入寻常百姓家。"

【朱第】 朱红大门之府第。指权贵人家之府。张说《蜀路二首》之二："秦京开朱第，魏阙垂紫缨。"

【朱鳥】 ❶二十八宿中之南方七宿的总称。以七宿形似鸟，又南方属火，故称。杜甫《望岳》："南岳配朱鸟，秩礼自百王。"❷南方之神。吴筠《游仙诗》之九："赤帝跃火龙，炎官控朱鸟。"杜甫《八哀诗·故右仆射相国张公九龄》："千秋沧海南，名系朱鸟影。"刘禹锡《吐绶鸟词》："四明天姥神仙地，朱鸟星精钟异气。"❸指前方。见《礼记·曲礼上》。司马承祯《含象鉴文》："左龙右虎辟不祥，朱鸟玄武顺于旁，子孙富贵居中央。"❹指鸾凤。褚亮《雩祀乐章·肃和》："朱鸟开辰，苍龙启映。"贯休《古意九首》之三："何妨学羽翰，远逐朱鸟翔。"❺指火。李白《草创大还赠柳官迪》："朱鸟张炎威，白虎守本宅。"王琦注引俞琰曰："朱雀，火也。"

【朱鳥窗】 朝南之窗。王翰《相和歌辞·蛾眉怨》："白日全含朱鸟窗，流云半入苍龙阙。"

【朱袍】 官员所穿之绯袍。杜荀鹤《贺顾云侍御府主与子弟奏官》："青桂朱袍不贺兄，贺兄荣是见儿荣。"李洞《送安抚从兄夷偶中丞》："奉诏向军前，朱袍映雪鲜。"

【朱宿】 (764～?)字遐景。苏州嘉兴(今属浙江)人。巨川之子。《全唐诗》卷二七五录其诗二首。其二一作朱放诗，误。

【朱參軍】 米参军之讹。米参军，名不详，肃、代间为泽州法曹参军。韩翃有《和高平朱参军思归作》。"朱"下注："一作米。"按，诗称"髯参军"，"朱"当作"米"，米姓多为胡人，胡人多髯，故称。

【朱陵】 道教所说三十六洞天之一。即朱陵洞天。在湖南衡山。吴筠《游仙诗二十四首》之五："焉用过洞府，吾其越朱陵。"石恪《赠雷殿直》："公退只应无别事，朱陵后洞看神仙。"

【朱陳村】 村名。在唐河南道徐州丰县(今江苏丰县)东南深山中。因一村唯朱、陈二姓，世代联姻，故名。白居易有《朱陈村》。

【朱紱】 朱红色且绘有花纹之礼服。多代指官服，亦指做官者。杜审言《和韦承庆过义阳公主山池五首》之一："情悬朱绂望，契动赤泉游。"王维《寓言二首》之一："朱绂谁家子，无乃金张孙?"白居易《和杨六尚书喜两弟汉公转吴兴鲁士赐章服》："朱绂宠光新照地，彤襜喜气远凌云。"蒋肱《永州陪郑太守登舟夜宴席上各赋诗》："江头朱绂间青衿，岂是仙舟不可寻。"❷穿朱红色官服。唐制四品官着深绯官服，五品着浅绯官服，因以"朱绂"指官达五品以上。杜甫《寄高三十五书记》："闻君已朱绂，且得慰蹉跎。"罗隐《淮南送卢端公归台》："朱绂两参王俭府，绣衣三领杜林官。"

【朱絃】 亦作"朱弦"。❶练丝而成之琴弦。张籍《赠殷山人》："故裘余白领，废瑟断朱弦。"❷借指琴瑟等弦乐器。太宗《帝京篇十首》之四："急管韵朱弦，清歌凝白雪。"李华《咏史十一首》之八："白雪燕姬舞，朱弦赵女弹。"孟郊《与韩愈李翱张籍话别》："朱弦奏离别，华灯少光辉。"刘范《寄远》："西园杨柳暗惊秋，宝瑟朱弦结远愁。"❸指弓弦。李涉《看射柳枝》："玉弝朱弦敕赐弓，新加二斗得秋风。"

【朱琳】 籍贯、生平均不详。玄宗时人。见《唐诗纪事》卷二十。《全唐诗卷》七六九录其诗一首。按，《新唐书·宰相世系表四下》有朱琳，为唐末人，与此非一人。

【朱華】 ❶红色花朵。孟郊《峥嵘岭》："古树浮绿气，高门结朱华。”❷润州丹阳（今属江苏）人。元和、长庆间为楚州录事参军。事迹见《新唐书·宰相世系表四下》。《全唐诗》卷七七九录其诗一首。

【朱黄】 红、黄二色之墨。古人点校书籍时用以圈点，道教亦用以画符箓。罗隐《寄第五尊师》：“朱黄拣日囚尸鬼，青白临时注脑神。”

【朱越】 籍贯、生平均不详。开元时游幽州。王昌龄有《送朱越》。

【朱超】《全唐诗续补遗》卷十一录其《和于武陵夜泊湘江》一首。按，此为于武陵《客中》，唐无朱超其人。

【朱都知】 指朱自勉。自勉大历三年(768)以大理评事为嘉禾屯田都知。李翰有《朱都知嘉禾屯田纪绩诗》。

【朱逵】 朱遥之讹。朱遥，籍贯不详。处士。《全唐诗》卷二〇四录其《怀素上人草书歌》一首。

【朱₂提】 山名。在今云南昭通县境。汉于此置朱提县。唐初改安上县，后复为朱提县，隶属南诏。韩愈《寄崔二十六立之》：“我有双饮盏，其银得朱提。”

【朱雲】 字游。汉鲁国（今山东）人。事迹见《汉书》本传。李华《咏史十一首》之一：“尝闻断马剑，每壮朱云贤。”张祜《戊午年寓兴二十韵》：“朱云曾痛愤，刘向几吞声。”杜牧《商山富水驿》：“当时物议朱云小，后代声华白日悬。”徐铉《陈觉放还至泰州以诗见寄作此答之》：“朱云曾为汉家忧，不怕交亲作世仇。”

【朱戟】 ❶兵器名。红柄之戟。于鹄《出塞》之三：“空山朱戟影，寒碛铁衣声。”❷仪仗名。红色之木戟。多立于官署或富贵人家门前。钱起《奉和宣城张太守南亭秋夕怀友》：“月临朱戟静，河近画楼明。”武元衡《长安春望》：“绿杨中禁路，朱戟五侯家。”又《和杨弘微春日曲江南望》：“朱戟千门闭，黄鹂百啭愁。”

【朱紫】 ❶红色与紫色。顾况《上古之什补亡训传·苏方》：“我衣不白兮，朱紫烂兮。”元稹《赠别杨员外巨源》：“朱紫衣裳浮世重，苍黄岁序长年悲。”徐商《贺襄阳副使节判同加章绶》：“朱紫花前贺故人，兼荣此会颇关身。”❷红色与紫色官服。唐制三品以上服紫，四品、五品服绯红。故以朱紫指高官之服，亦借指高官显位。高适《宋中送族侄式颜》：“部曲尽公侯，舆台亦朱紫。”郑据《七老会诗》：“官班朱紫多相似，年纪高低次第匀。”元德昭《句》：“满堂罗绮兼朱紫，四代儿孙奉老翁。”

【朱堂】 红色之殿堂。亦指仙宫。曹唐《小游仙诗九十八首》之七九：“云陇琼花满地香，碧沙红水遍朱堂。”

【朱張二舍人】 朱舍人，朱巨川。参见“朱舍人”。张舍人，张蒇。见《道光赣州府志》卷六五《赠钟绍京子太傅诰》。武元衡有《山中月夜寄朱张二舍人》。

【朱景玄】 苏州（今属江苏）人。《新唐书·艺文志三》著录其《唐画断》三卷，今存；又《艺文志四》著录朱景元诗一卷，景元，即景玄，已佚。《全唐诗》卷五四七录其诗十五首。

【朱買臣】 字翁子。汉吴（今江苏苏州）人。家贫，负薪诵书于道。事迹见《汉书》本传。骆宾王《咏怀古意上裴侍郎》：“四十九仍入，年非朱买臣。”李白《笑歌行》：“宁武子，朱买臣，扣角行歌背负薪。”

【朱評事】 名不详。元和间为大理评事。贾岛有《义雀行和朱评事》。

【朱斌】 籍贯不详。玄宗时处士。《全唐诗》卷二〇三录其《登楼》一首。

【朱絳】 籍贯、生平均不详。宣宗以前人。见《唐诗纪事》卷二八。《全唐诗》卷七六九录其诗一首。

【朱絡】 红漆窗格。李贺《过华清宫》：“云生朱络暗，石断紫钱斜。”

【朱瑀】 籍贯不详。汉宦官。事迹见《后汉书·宦者传》。温庭筠《薛氏池垂钓》：“朱瑀空偷御沟水，锦鳞红尾属严光。”

【朱萬言】 名不详。顾非熊有《瓜洲送朱万言》。

【朱蕚】 亦作“朱萼”。红花。韦应物《夏花明》：“夏条绿已密，朱萼缀明鲜。”邵楚苌《题马侍中燧木香亭》：“淋漓玉露滴紫蕤，绵蛮黄鸟窥朱萼。”陈璀《风光草际浮》：“澹荡依朱萼，飘飖带玉沟。”

【朱輅】 天子所乘之车。因以朱红漆之，故名。王维《故太子太师徐公挽歌四首》之三：“犹思御朱辂，不惜污车茵。”

【朱軿】 红色帷幔之车。王翰《奉和圣制送张尚书巡边》：“紫绶尚书印，朱軿丞相车。”

【朱鉛】 脂粉。胭脂与铅粉。杜甫《北征》：“移时施朱铅，狼藉画眉阔。”

【朱傳】 (—zhuàn)朱漆驿车。褚亮《奉和禁苑饯别应令》：“暂以绿车重，言承朱传荣。”

【朱逸人】 指朱放。刘长卿有《东湖送朱逸人归》。皇甫冉有《送朱逸人》。

【朱補闕】 指朱巨川。巨川大历七年(772)为左补阙内供奉。武元衡有《秋怀奉寄朱补阙》。

【朱廊】 有朱漆廊柱与栏杆之廊庑。刘沧《题古寺》：“伤心可惜从前事，寥落朱廊堕粉泥。”

【朱道士】 ❶名不详。肃、代间江州道士。卢纶有《河口逢江州朱道士因听琴》。❷名不详。元和间柳州道士。柳宗元有《摘樱桃赠元居士时在望仙亭南楼与朱道士同处》。❸名不详。大和间长安道士。白居易有《赠朱道士》。

【朱道靈】 籍贯不详。寓居当涂(今属安徽)。杜牧有《赠朱道灵》。

【朱晝】 籍贯不详,或说广陵(今江苏扬州)人。事迹见《唐诗记事》卷四一、《唐才子传》卷五。《全唐诗》卷四九一录其诗三首。

【朱遐景】 即朱宿。窦群有《同王晦伯朱遐景宿慧山寺》。

【朱綠】 唐制四品、五品官服为绯红色,六品以下为绿色,故以"朱绿"指官服之颜色。李咸用《和友人喜相遇十首》之三:"自古经纶成世务,暂时朱绿比朝霞。"

【朱絲】 ❶熟丝制成之琴弦。张九龄《戏题春意》:"日守朱丝直,年催华发新。"杜甫《寄岳州贾司马六丈巴州严八两阁老五十韵》:"贝锦无停织,朱丝有断弦。"卢士政《奉陪武相公西亭夜宴陆郎中》:"舞转朱丝逐,歌余素扇回。"陆龟蒙《二遗诗》:"闲追金带徒劳恨,静格朱丝更可怜。"❷红色丝带。司空曙《拟百劳歌》:"朱丝纽弦金点杂,双蒂芙蓉共开合。"

【朱絲弦】 用熟丝制成之琴弦。杜甫《赠李十五丈别》:"清高金茎露,正直朱丝弦。"贾岛《听乐山人弹易水》:"朱丝弦底燕泉急,燕将云孙白日弹。"亦作"朱丝绳"。马异《送皇甫湜赴举》:"青铜镜必明,朱丝绳必直。"

【朱絲繩】 参见"朱丝弦"。

【朱蓋】 朱红色之幡盖。易思《题袁州龙兴寺》:"百尺古松松下寺,宝幡朱盖画珊珊。"

【朱鳶】 县名。汉建,属交趾郡。唐隶安南都护府。旧趾在今越南河内南。权德舆《送安南裴都护》:"回转朱鸢路,连飞翠羽群。"

【朱箔】 红漆之竹帘。后唐庄宗《一叶落》词:"一叶落,搴朱箔,此时景物正萧索。"

【朱遥】 参见"朱逵"。

【朱鳳】 传说中的祥瑞之鸟。一名朱雀。与青龙、白虎、玄武并称为天之四灵。杜甫《朱凤行》:"君不见潇湘之山衡山高,山颠朱凤声嗷嗷。"徐铉《步虚词五首》之四:"蔽景乘朱凤,排虚驾紫烟。"亦指凤凰。鲍溶《窃览都官李郎中和李舍人益酬张舍人弘静闻雅琴见寄》:"仙乐朱凤意,灵芝紫鸾心。"

【朱旗】 红旗。(1)指军旗。杜甫《诸将五首》之一:"见愁汗马西戎逼,曾闪朱旗北斗殷。"戴叔伦《蕲州行营作》:"朱旗半卷山川小,白马连嘶草树寒。"李绅《柳二首》之一:"陶令门前罥接篱,亚夫营里拂朱旗。"李山甫《下第献所知三首》之三:"十年磨镞事锋铓,始逐朱旗入战场。"(2)汉朝之旗。李贺《白虎行》:"朱旗卓地白虎死,汉皇知是真天子。"王琦集注:"朱旗,汉旗也。汉以赤帝子之祥,故旗帜皆尚赤。"

【朱閣】 朱红色之楼阁。顾况《悲歌》之四:"何处春风吹晓幕,江南渌水通朱阁。"李益《过马嵬二首》之一:"太真血染马蹄尽,朱阁影随天际空。"张祜《题重玄寺八韵》:"朱阁鳞虚构,环瞻极水乡。"路德延《小儿诗》:"排衙朱阁上,喝道画堂前。"

【朱翠】 ❶指由红绿服饰装扮之女子。崔道融《马嵬》:"万乘凄凉蜀路归,眼前朱翠与心违。"孙元晏《咏史诗·陈·结绮阁》:"一千朱翠同居此,争奈恩多属丽华。"❷指繁华富贵的物质享受。邵谒《显茂楼》:"繁华朱翠尽东流,唯有望楼对明月。"

【朱網】 红色之网状帘。悬于屋檐或车上,以防鸟雀。贾彦璋《宿香山阁》:"朱网防栖鸽,纱灯护夕虫。"温庭筠《台城晓朝曲》:"朱网龛鬖丞相车,晓随叠鼓朝天去。"

【朱綬】 红色绶带。以丝织成,用以系印或玉珮。钱起《送丁著作佐台郡》:"佐郡紫书下,过门朱绶新。"又《送河南陆少府》:"云间陆生美且奇,银章朱绶映金羁。"

【朱維】 指南方。韩愈《南山诗》:"朱维方烧日,阴霰纵腾糅。"钱仲联集释引徐震评释:"朱维,南方也。"

【朱徵君】 朱放。贞元二年诏拜右(一作左)拾遗赴京而未就,复归,终于广陵舟中。见《全唐文》梁肃《右拾遗吴郡朱君(放)集序》。陈润有《题山阴朱征君别业》。

【朱審】 吴兴(今浙江湖州市)人,工山水画。顾况《嵇山道芬上人画山水歌》:"镜中真僧白道芬,不服朱审李将军。"

【朱墀】 丹墀。宫殿前之红色台阶。郑嵎《津阳门诗》:"饮鹿泉边春露晞,粉梅檀杏飘朱墀。"

【朱槿】 即扶桑。一名佛桑、日及。叶卵形,花有红白二色,花期自二月至仲冬。为著名观赏植物。王维《瓜园诗》:"黄鹂啭深木,朱槿照中园。"皇甫松《古松感兴》:"寄言青松姿,岂羡朱槿荣?"白居易《种白莲》:"万里携归尔知否?红蕉朱槿不将来。"王毂《刺桐花》:"秾英斗火欺朱槿,栖鹤惊飞翅忧烬。"

【朱樓】 朱红色之楼阁。亦泛指富丽之楼阁。李峤《太平公主山亭侍宴应制》:"碧树青岑云外耸,朱楼画阁水中开。"李白《宫中行乐词八首》之六:"春风开紫殿,天乐下朱楼。"白居易《新乐府·骊宫高》:"高高骊山上有宫,朱楼紫殿三四重。"赵嘏《广陵答崔琛》:"朱楼映日重重晚,碧水含光滟滟长。"

【朱輪】 漆以朱红的车轮。借指显贵者所乘之车。储光羲《敬酬陈掾亲家翁秋夜有赠》:"镐京既赐第,门巷交朱轮。"羊士谔《早春对雨》:"轻寒消玉斝,幽赏滞朱轮。"任华《寄李白》:"且向东山为外臣,诸侯交迓驰朱轮。"陈陶《赠容南韦中丞》:"十二铜鱼尊画戟,三千犀甲拥朱轮。"

【朱輝】 红光。韩愈《李花赠张十一署》:"朱辉散射青霞开,迷魂乱眼看不得。"

【朱墨】 指公文。因古代官府文书用红黑二色,故称。刘禹锡《古词二首》之二:"吾观苏令绰,朱墨一何工。"

【朱盤】 红漆木盘。盛食物之器具。杜牧《大雨行》:"尽召邑中豪健者,阔展朱盘开酒场。"

【朱褒】 温州永嘉(今属浙江)人。善诗文,与杜荀鹤有交往。《全唐诗》卷七三四录其诗一首。

【朱慶餘】 名司久。越州(今浙江绍兴)人。宝历二年(826)进士及第。事迹见《唐诗纪事》卷四六、《唐才子传》卷六。《新唐书·艺文志四》著录其诗集一卷。《全唐诗》卷五一四、五一五录其诗二卷。

【朱實】 红色之果实。王维《山茱萸》:"朱实山下开,清香寒更发。"李绅《新楼诗二十首·橘园》:"朱实摘时天路近,素英飘处海云深。"许浑《夏日戏题郭别驾东堂》:"晚树垂朱实,春篁露粉竿。"韩偓《恩赐樱桃分寄朝士》:"蔗浆自透银杯冷,朱实相辉玉碗红。"

【朱履】 红色之鞋。窦庠《留守府酬皇甫曙侍御弹琴之什》:"有时趋绛纱,尽日随朱履。"裴淑《答微之》:"黄莺迁古木,朱履从清尘。"罗隐《春日忆湖南旧游寄卢校书》:"玳筵离隔将军幕,朱履频窥处士星。"齐己《荆渚病中因思匡庐逐成三百字寄梁先辈》:"每许亲朱履,多怜奉隼旟。"

【朱緦】 籍贯不详。南唐时人。《全唐诗》卷七九五录其佚句一联。

【朱蕚】 参见"朱萼"。

【朱壇】 籍贯、生平均不详。张祜有《戏简朱坛诗》。

【朱橋】 朱漆栏杆之桥。张祜《上牛相公》:"碧瓦方墙上,朱桥柳巷头。"郑谷《蜀中三首》之三:"朱桥直指金门路,粉堞高连玉垒云。"

【朱蹄】 赤红马蹄。亦指骏马。见《庄子·田子方》。杜甫《清明》:"渡头翠柳艳明眉,争道朱蹄骄啮膝。"

【朱幡】 红色旗幡。以长竿竖悬之长条旗。上或悬金玉片,风吹则撞击有声。王维《送方尊师归嵩山》:"仙官欲往九龙潭,旄节朱幡倚石龛。"李益《大礼毕皇帝御丹凤门改元建中大赦》:"灵鸡鼓舞承天赦,高翔百尺垂朱幡。"罗邺《赠东川梓桐县韦德孙长官》:"何年期拜朱幡贵,马上论诗在九衢。"亦作"朱旛"。顾云《华清词》:"绛节影来,朱幡响丁东。"

【朱篆】 ❶印章上之红色篆书。和凝《宫词百首》之七十:"欲封丹诏紫泥香,朱篆龙文御印光。"❷车毂端部缠有朱漆皮革之部分。借指显贵者之车。《诗·商颂·烈祖》:"约軧错衡。"毛传:"篆毂金饰错衡之车。"孔颖达疏:"以朱篆约其长毂之軧。"篆,毂约上所刻绘之花纹。薛能《送浙东王大夫》:"香夋扃凤诏,朱篆动龙坑。"

【朱錫珪】 籍贯、生平均不详。元和、长庆间人。贾岛有《寄朱锡珪》。

【朱餘慶】 朱庆余之讹倒。许浑有《再游越中伤朱余庆协律好直上人》,"余庆"下注:"一作庆余。"按,一作是。

【朱燈】 红灯。王维《冬夜书怀》:"丽服映颓颜,朱灯照华发。"

【朱澤】 籍贯不详。大中、咸通进士。《全唐诗》卷八七〇录其《嘲郭凝素》一首。

【朱審】 苏州(今属江苏)人,一说湖州(今属浙江)人。大历、建中间画家。工画山水。事迹见朱景玄《唐朝名画录·妙品上》、张彦远《历代名画记》卷十。顾况《嵇山道芬上人画山水歌》:"镜中真僧白道芬,不服朱审李将军。"柳公权《题朱审寺壁山水画》:"朱审偏能视夕岚,洞边深墨写秋潭。与君一顾西墙画,从此看山不向南。"许浑《送郭秀才游天台》序:"余尝与郭秀才同玩朱审画《天台山图》,秀才因游是山,题诗赠别。"

【朱轂】 有红漆车轮之车。指显贵者之车。于鹄《长安游》:"绣帘朱毂逢花住,锦幨银珂触雨游。"

【朱轂侯】 乘坐朱轮车之王侯。见《文选·杨恽〈报孙会宗书〉》。亦泛指显贵达官。陆龟蒙《奉和袭美太湖诗二十首·销夏湾》:"愿狎寒水怪,不封朱毂侯。"

【朱霞】 红霞。薛曜《奉和圣制夏日游石淙山》:"玉洞幽寻更是天,朱霞绿景镇韶年。"亦喻指成片之红花。徐凝《玩花五首》之三:"朱霞焰焰山枝动,绿野声声杜宇来。"

【朱點】 以红笔校阅圈点书籍。贾岛《宿赟上人房》:"朱点草书疏,雪平麻履踪。"

【朱鍊師】 名不详。开元间道士。王昌龄有《题朱炼师山房》。

【朱闌】 红漆栏杆。阑,同"栏"。卢宗回《登长安慈恩寺塔》:"渭水寒光摇藻井,玉峰晴色上朱阑。"杜牧《题安州浮云寺楼寄湖州张郎中》:"去夏疏雨余,同倚朱阑语。当时楼下水,今日到何处?"郑准《题宛陵北楼》:"雨来风静绿芜藓,凭著朱阑思浩然。"翁承赞《柳》之二:"高出营门远出墙,朱阑门闭绿成行。"

【朱縹】 指红漆梁柱与青绿色之琉璃瓦。借指华丽之宫阙。杜仁杰《至真观》:"莽劫灰,起天烧。摧栋宇,失朱缥。"

【朱槛】　红漆栏杆。卢纶《奉陪侍中登白楼》："高楼倚玉梯，朱槛与云齐。"白居易《西街渠中种莲垒石颇有幽致偶题小楼》："朱槛低墙上，清流小阁前。"赵嘏《题开元寺水阁》："朱槛夜飞溪路雪，碧林晴隔马蹄尘。"刘得仁《听歌》："朱槛满明月，美人歌落梅。"

【朱翘】　红尾。刘禹锡《踏潮歌》："介鲸得性方逍遥，仰鼻嘘吸扬朱翘。"

【朱雾】　红色之雾霭。祥云。公孙杲《五言赠诸法师》："驾鹤排朱雾，乘鸾入紫烟。"

【朱旛】　参见"朱幡"。

【朱颜】　❶朱红色。太宗《赋得樱桃》："朱颜含远日，翠色影长津。"❷红润健康之面色。李白《相和歌辞·蜀道难》："蜀道之难，难于上青天，使人听此凋朱颜。"张祜《处士隐居》："唯当饵仙术，坐作朱颜翁。"徐铉《进雪诗》："润逐麰麳铺绿野，暖随杯酒上朱颜。"❸指醉颜。孟浩然《崔明府宅夜观妓》："白日既云暮，朱颜亦已酡。"李白《杂曲歌辞·前有一尊酒行二首》之一："落花纷纷稍觉多，美人欲醉朱颜酡。"白居易《咏兴五首·小庭亦有月》："请客稍深酌，愿见朱颜酡。"❹指青春年少。王维《叹白发》："宿昔朱颜成暮齿，须臾白发变垂髫。"郎士元《闻蝉寄友人》："朱颜向华发，定是几年程？"孟郊《横吹曲辞·折杨柳》："朱颜与绿杨，并在别离期。"李群玉《雨夜呈长官》："朱颜与芳景，暗赴东波流。"❺特指青春女子之美好容颜。寒山《诗三百三首》之一六九："朱颜类神仙，香带氛氲气。"王丘《咏史》："伟哉谢安石，携妓入东山。云岩响金奏，空水滟朱颜。"白居易《劝酒》："昨与美人对尊酒，朱颜如花腰似柳。"亦借指青春女子。李白《惧谗》："魏姝信郑袖，掩袂对怀王。一惑巧言子，朱颜成死伤。"

【朱颜子】　面颜红润美好之人。指青春年少之人。李白《对酒》："昨日朱颜子，今日白发催。"

【朱阙】　红色之宫阙。亦借指宫殿、朝廷。陈子昂《宿空舲峡青树村浦》："虚闻事朱阙，结绶骛华轩。"

【朱藤】　红藤。亦名赤藤、紫藤、南藤。产于南诏。所制手杖为唐时朝士珍视之物。白居易《朱藤谣》："朱藤朱藤，温如红玉，直如朱绳。"许浑《途经敷水》："重寻绣带朱藤合，更认罗裙碧草长。"

【朱藤杖】　以紫藤制成之手杖。白居易《朱藤杖紫骢吟》："江州去日朱藤杖，忠州归日紫骢马。"参见"朱藤"。

【朱轓】　车两旁用以挡泥之红色藩屏。亦借指华贵之车。刘长卿《饯王相公出牧括州》："城对寒山开画戟，路飞秋叶转朱轓。"颜真卿、柳淡《登岘山观李左相石尊联句》："旌麾间翠幄，箫鼓来朱轓。"刘禹锡《和南海马大夫闻杨侍郎出守郴州作》："忽惊金印驾朱轓，遂别鸣珂听晓猿。"李景让《寄华州周侍郎立秋日奉诏祭岳诗》："朱轓入庙威仪肃，玉佩升坛步武回。"

【朱幰】　车上之红色帷幔。卢纶《奉陪侍中游石笋溪十二韵》："欹松倚朱幰，广石屯油幕。"

【朱簾】　红色帘子。韦縠《宫词三首》之一："闻道蕊宫三十六，美人争为卷朱帘。"

【朱绳】　朱丝弦。熟丝制成之琴弦。以其色红，故称。白居易《三谣·朱藤谣》："朱藤朱藤，温如红玉，直如朱绳。"又《叙德书情四十韵上宣歙翟中丞》："白玉惭温色，朱绳让直辞。"

【朱繹】　朱绛之讹。《全唐诗续补遗》卷十九录其《春女怨》，《全唐诗》卷七六九作朱绛诗，是。

【朱櫳】　红色窗棂。亦指红色之窗。李商隐《寓目》："新知他日好，锦瑟傍朱栊。"冯延巳《喜迁莺》词："残灯和烬闭朱栊，人语隔屏风。"

【朱曦】　指日光。李白《登黄山凌歊台送族弟赴华阴》："炎赫五月中，朱曦烁河堤。"

【朱蠟】　红烛。白居易《想东游五十韵》："稍催朱蜡炬，徐动碧牙筹。"

【朱樱】　即樱桃。王维《敕赐百官樱桃》："芙蓉阙下会千官，紫禁朱樱出上阑。"李端《宴伊东岸》："芳草留归骑，朱樱掷舞人。"柳宗元《摘樱桃赠元居士》："海上朱樱赠所思，楼居况是望仙时。"张籍《杂歌谣辞·吴楚歌词》："今朝社日停针线，起向朱樱树下行。"

【朱欄】　红色栏杆。郎士元《郢城西楼吟》："朱栏直下一百丈，日暖游鳞自相向。"刘言史《看山木瓜花二首》之二："柔枝湿艳亚朱栏，暂作庭芳便欲残。"刘兼《玉烛花》："夜深斜倚朱栏外，拟把邻光借与谁？"归仁《牡丹》："三春堪惜牡丹奇，半倚朱栏欲绽时。"

【朱鳖】　传说中一种色赤而能吐珠之鳖。亦称珠鳖。见《吕氏春秋·本珠》。张九龄《感遇十二首》之八："青鸟跂不至，朱鳖谁云浮？"

【朱鹭】　❶水禽名。亦称朱鹮，形似白鹭而羽毛与嘴脚均呈淡红色。顾况《送使君》："他日思朱鹭，知从小苑飞。"张籍《乐府杂曲·鼓吹曲辞·朱鹭》："翩翩兮朱鹭，来泛春塘兮栖绿树。"温庭筠《题西平王旧赐屏风》："朱鹭已随新卤簿，黄鹂犹湿旧池台。"皮日休《五贶诗·五泻舟》："短好随朱鹭，轻堪倚白莲。"❷曲名。李德裕《寒食日三殿侍宴奉进诗》："鸣笳《朱鹭》起，叠鼓紫骍豪。"参见"朱鹭曲"。

【朱鹭曲】　（曲 qǔ）乐曲名。杨衡《赋得直如朱丝弦》："幸传朱鹭曲，那止素丝名。"陆龟蒙《和袭美寄毗陵魏处士朴》："溪籁自吟《朱鹭曲》，沙云还作白鸥媒。"

【朱纓】 红色丝绳。(1)指帽带。窦牟《奉诚园闻笛》:“曾绝朱缨吐锦茵,欲披荒草访遗尘。”(2)指套于马颈上之绳。翁绶《白马》:“花明锦襜垂杨下,露湿朱缨细草中。”

【朱觀】 籍贯不详。南唐时进士及第,授庐陵县尉。徐铉有《送获栽与秀才朱观》《庐陵别朱观先辈》。

【朱灣】 字巨川,号沧洲子。籍贯不详。事迹见《唐诗纪事》卷四五、《唐才子传》卷三。工诗,尤工咏物。《新唐书·艺文志四》著录其诗集四卷,已佚。《全唐诗》卷三〇六录其诗一卷。

机 〔jī《广韵》居履切,上旨,見。又居夷切,平脂,見。〕同“几”。小桌。李贺《追和何谢铜雀妓》:“长裾压学台,泪眼春花机。”

【机案】 同“几案”。小桌为几,大桌为案。合而泛指桌子。孟郊《和宣州钱判官使院厅前石楠树》:“散彩饰机案,余辉盈盘盂。”

朵 〔duǒ《广韵》丁果切,上果,端。〕❶花朵。杜甫《题新津北桥楼》:“白花檐外朵,青柳槛前梢。”方干《对花》:“含风欲绽中心朵,似火应烧外面枝。”李咸用《同友生春夜闻雨》:“滴繁知在长条柳,点重愁看破朵花。”韦庄《和李秀才郊墅早春吟兴十韵》:“草根微吐翠,梅朵半含霜。”❷量词。(1)花朵之计量单位。杜甫《江畔独步寻花七绝句》之六:“黄四娘家花满蹊,千朵万朵压枝低。”章孝标《刘侍中宅盘花紫蔷薇》:“从开一朵朝衣色,免踏尘埃看杂花。”张安石《苦别》:“两行粉泪红阑干,一朵芙蕖带残露。”(2)云、烟等似花朵状物之计量单位。王建《故梁国公主池亭》:“平阳池馆枕秦川,门锁南山一朵烟。”徐凝《白人》:“泥郎为插珑璁钗,争教一朵牙云落。”杜荀鹤《隽阳道中》:“四五朵山妆雨色,两三行雁帖云秋。”

【朵頤】 ❶鼓腮大嚼貌。见《易·颐》。柳宗元《游南亭夜还叙志七十韵》:“朵颐进芰食,擢手持蟹螯。”刘禹锡《含辉洞述》:“元气颢然,观吾朵颐。”周繇《嘲段成式》:“促坐疑辟咡,衔杯强朵颐。”❷贪羡。陈子昂《感遇诗三十八首》之十:“深居观元化,悱然争朵颐。”权德舆《郊居岁暮因书所怀》:“求誉观朵颐,危身陷芳饵。”❸指鼓出如嚼食之腮帮。贾岛《颂德上贾常侍》:“自顾此身无所立,恭谈祖德朵颐开。”

三 画

杠 〔gāng《广韵》古雙切,平江,見。〕木或竹竿。韩愈《病中赠张十八》:“牛羊满田野,解旆束空杠。”又《征蜀联句》:“旆亡多空杠,轴折鲜联辖。”卢仝《萧宅二三子赠答诗二十首·石再请客》:“可得杠压我,使我头不出。”陆龟蒙《奉和袭美太湖诗二十首·练渎》:“凤押半鹤膝,锦杠杂肥胡。”

杜 〔dù《广韵》徒古切,上姥,定。〕❶树名。即棠梨。见“杜梨”“杕杜”。❷堵塞,关闭。见“杜門”。❸断绝;禁止。见“杜绝”。❹芳草名。指杜若、杜蘅等。岑参《感遇》之二:“北山有芳杜,靡靡花正发。”顾况《杂曲歌辞·游子吟》:“浩歌惜芳杜,散发轻华簪。”皮日休《奉和鲁望药名离合夏月即事三首》之一:“季春人病抛芳杜,仲夏溪波绕坏垣。”齐己《游橘洲》:“春日上芳洲,经春兰杜幽。”❺地名。古杜国旧地,即唐长安东南之杜陵一带。李商隐有《鄠杜马上念汉书》。❻指酒。因传酒为杜康所制,故称。白居易《酬梦得比萱草见赠》:“杜康能散闷,萱草解忘忧。借问萱逢杜,何如白见刘?”❼指杜如晦。杜与房玄龄于唐初共佐唐太宗理朝政,房善谋而杜善断,时称“房谋杜断”。柳宗元《视民诗》:“明翼者何?乃房乃杜。惟房与杜,实为民路。”❽指杜甫。李商隐《漫成五章》之二:“李杜操持事略齐,三才万象共端倪。”❾指杜元款。白居易《七年元日对酒五首》之五:“同岁崔何在?同年杜又无。”

【杜二】 即杜甫。李白有《鲁郡东石门送杜二甫》。严武有《巴岭答杜二见忆》。任华《寄杜拾遗》:“吾怪异奇特借问,果然称是杜二之所为。”司空图《力疾山下吴村看杏花十九首》之十五:“亦知王大是昌龄,杜二其如律韵清。”

【杜二十七】 即杜胜。李商隐有《彭城公薨后赠杜二十七胜李十七潘二君并与愚同出故尚书安平公门下》。

【杜十三】 即杜牧。李商隐有《赠司勋杜十三员外》。邢群有《郡中有怀寄上睦州员外杜十三兄》。杜牧有《走笔送杜十三归京》。岑仲勉《唐人行第录》曰:“对此诗之较合理解释,当是送者乃牡内兄之为郡守者,后人不求甚解,将此诗混入《樊川集》内也。”按,岑说是,此诗乃杜牧内兄和州刺史崔员外作,杜牧另有《寄内兄和州崔员外十二韵》。

【杜十五】 名不详。甫之从弟。大历元年(766)以监察御史使荆州、蜀。杜甫有《送十五弟侍御使蜀》。

【杜十四】 ❶指杜元颖。元和中为左拾遗,右补阙,见《旧唐书》本传。元稹《酬乐天东南行诗一百韵》注云:“本题云《寄澧州李十一舍人杜十四拾遗兼投吊席八舍人》。”杜十四拾遗即杜元颖。元稹又有《三月三十日程氏馆饯杜十四归京》。❷指杜晃。孟浩然有《送杜十四之江南》,一作《送杜晃进士之东吴》。

【杜七】 即杜悰。李商隐有《五言述德抒情一首四十韵献上杜七兄仆射相公》。

【杜三十一】 名不详。开成中，官蕲州录事参军。白居易有《水堂醉卧问杜三十一》。

【杜工部】 即杜甫。广德二年，严武荐甫为检校工部员外郎。李商隐有《河清与赵氏昆季宴集得拟杜工部》。薛能《荔枝诗》序："杜工部老居两蜀，不赋是诗，岂有意而不及欤？"郑谷《蜀中赏海棠》："浣花溪上堪惆怅，子美无心为发扬。"自注："杜工部居西蜀，诗集中无海棠之题。"牛峤有《登陈拾遗书台览杜工部留题慨然成咏》。

【杜工部集】 同"杜甫集"。贯休有《读杜工部集二首》。

【杜工部墓】 在衡州耒陽县(今属湖南)，见《太平寰宇记》卷一一五。元和八年，迁葬于河南偃师县。见元稹《唐工部员外郎杜君墓黎铭》。罗隐有《经耒阳杜工部墓》。孟宾于有《耒阳杜工部墓》。

【杜工部墳】 同"杜工部墓"。韩愈有《题杜工部坟》。裴说有《经杜工部坟》。齐己有《吊杜工部坟》。

【杜士瞻】 楚州(今江苏淮安)人。天宝间人。李嘉祐有《送杜士瞻楚州觐省》。一作殷遥诗，误。

【杜大夫】 指杜亚。亚大历初为谏议大夫。戎昱有《开元观陪杜大夫中元日观乐》。

【杜口】 闭口不言。柳宗元《相和歌辞·东门行》："凶徒侧耳潜惬心，悍臣破胆皆杜口。"白居易《哭崔常侍晦叔》："惠死庄杜口，钟殁师废琴。"郑谷《投时相十韵》："众中常杜口，梦里亦吟诗。"

【杜山人】 名不详。京兆杜陵(今陕西西安东南)人。肃、代间人。戎昱有《听杜山人弹胡笳》。

【杜子】 ❶即杜元颖。事迹见《旧唐书》本传。白居易《思旧》："杜子得丹诀，终日断腥膻。"❷名不详。官州刺史。与杜牧有交往。杜牧有《寄杜子二首》。

【杜子美】 即杜甫。甫字子美。薛能《海棠》序："蜀海棠有闻，而诗无闻。杜子美于斯，兴象靡出，没而有怀。"陆龟蒙《奉酬袭美苦雨见寄》："昔年尝过杜子美，亦得高歌破印纸。"

【杜元志】 字道宁。京兆(今陕西西安)人。事迹见《元和姓纂》卷六、《新唐书·宰相世系表二上》。《新唐书·艺文志四》著录其集十卷，已佚。沈佺期有《和杜麟台元志春情》。

【杜元帥】 指杜鸿渐。鸿渐大历元年为山南西道、剑南东川等道副元帅兼成都尹，仍充剑南西川节度使。岑参有《入剑门作寄杜杨二郎中时二公并为杜元帅判官》。

【杜元凱】 即晋杜预。预字元凯。丘光庭《补茅鸱》序："杜元凯曰：'《茅鸱》，逸诗，刺不敬也。'"

【杜元穎】 排行第十四。京兆杜陵(今陕西西安东南)人。事迹见新旧《唐书》本传。《新唐书·艺文志四》著录其《五题》一卷。书均佚。《全唐诗》卷四六四录其诗一首。

【杜太守】 指杜希望。希望曾官西河郡太守。王维有《故西河郡太守挽歌三首》。岑参有《河西太守杜公挽歌四首》，"河西"乃"西河"之倒文。

【杜太尉】 指杜鸿渐。鸿渐大历四年卒，赠太尉。李端有《奉和王元二相避暑怀杜太尉》。

【杜五】 ❶即杜审言。宋之问有《至端州驿见杜五审言沈三佺期阎王朝隐王二元竟题壁慨然成咏》。❷即杜丰。杜甫有《第五弟丰独在江左近三四载寂无消息觅使寄此二首》。

【杜少卿】 (少 shào)"杜"当为"段"之讹。段少卿，指段成式。成式咸通三年为太常少卿。温庭筠有《和太常杜少卿东都修行里有嘉莲》。《酉阳杂俎》序题"唐太常少卿段成式撰"。温庭筠又有《和段少常柯古》。盖段、杜音近相讹。

【杜中丞】 ❶指杜鸿渐。鸿渐上元元年为越州刺史兼御史中丞。刘长卿有《送李校书适越谒杜中丞》。❷指杜亚。亚大历十三年为御史中丞，充江西观察使。畅当有《奉送杜中丞赴洪州》。❸指杜兼。兼贞元十六年(800)为濠州刺史，以功加御史中丞。元和二年(807)为商州刺史、金商防御史。孟郊有《哭李丹员外并寄杜中丞》。权德舆有《送商州杜中丞赴任》。❹指杜胜。胜大中初为杭州刺史兼御史中丞。方干有《上杭州中丞》。❺指杜恽。恽大中末为江陵少尹兼御史中丞。李群玉有《腊夜雪寄丹彩交光开阁临轩竟睡不得命家仆吹笙数曲独引一壶奉寄江陵副使杜中丞》。❻名不详。肃、代间断州刺史。皇甫曾有《奉送杜侍御还京》，注："一作杜中丞。"按，诗有"郡化多遗爱""堕泪向旌麾"语，均指刺史，作中丞是。❼名不详。塞上某州刺史。王建有《杜中丞书院新移小竹》。❽名不详。山东某州刺史。杨巨源有《和杜中丞西禅院春花》。

【杜仁傑】 籍贯不详。事迹见《十国春秋》卷五七。《全唐诗续补遗》卷十七录其题壁诗一首。

【杜公】 ❶指晋杜预。张祜《副张权宜州新桥秋夜对目见寄》："长爱征南杜公意，不将余力碍春秋。"❷指杜如晦。窦巩有《陕府宾堂览房杜二公仁寿年中题纪手迹》。❸指杜希望。岑参有《河西太守杜公挽歌四首》，按，"河西"当作"西河"。❹指杜佑。窦庠有《敕目至家兄蒙淮南仆射杜公奏授秘校兼节度参谋同书寄上》。许浑有《朱坡故少保杜公池亭》。❺指杜悰。许浑《宴饯李员外》序："李群之员外从事荆南尚书杨公，诏征赴阙。俄为淮南相国杜公辟命，自汉上舟行至此郡。"❻指杜审言。郑谷有《梁烛处士辞金陵相国杜公归旧山因以寄赠》。❼名不详。乾元元年(759)在沔州任刺史。李白《泛沔州城南郎官湖》序:"乾元岁,秋八月,白迁于夜郎,遇故人尚书郎张谓出使夏口。沔州牧杜公、汉阳宰王公,觞于江城之南湖,乐天下之再平也。"

【杜六】 即杜位。杜甫有《乘雨入行军六弟宅》。

【杜之松】 京兆杜陵(今陕西西安东南)人,徙中山曲阳(今属河北)。事迹见《元和姓纂》卷六、《唐诗纪事》卷四。《旧唐书·经籍志下》《新唐书·艺文志四》均著录其集十卷,已佚。《全唐诗》卷三八录其诗一首。

【杜尹】 ❶指杜亚。亚贞元五年为东都留守、东都汝州防御使。东都为河南府所在地,故连带称尹。权德舆有《送杜尹赴东都》。❷指杜兼。兼元和三年(808)为河南尹。韩愈《感春五首》之四:"前随杜尹拜表回,笑言溢口何欢咍。"

【杜正倫】 相州洹水(今河北魏县西南)人。事迹见新旧《唐书》本传。《新唐书·艺文志上》著录其《春坊要录》四卷,《艺文志三》著录其《百行章》一卷,《艺文志四》著录其集十卷,佚。《全唐诗》卷三三录其诗二首。

【杜占】 京兆杜陵(今陕西西安东南)人,徙居襄州襄阳(今属湖北),生于河南巩县(今属河南)。杜甫有《舍弟占归草堂检校聊示此诗》。按,《新唐书·宰相世系表二上》有杜占,但与此非一人。

【杜主簿】 指杜审言。审言神龙二年为国子监主簿。苏颋有《和杜主簿春日有所思》。

【杜立】 京兆杜陵(今陕西西安东南)人。为益州司马。姚合有《送杜立归蜀》。

【杜司户】 参见"杜司空"。

【杜司空】 指杜悰。薛逢有《送西川杜司空赴镇》。李宣古有《杜司空席上赋》。

【杜司徒】 ❶指杜佑。贞元六年至十九年为淮南节度使,元和元年加司徒,七年十一月卒,见《旧唐书》本传。刘禹锡《送湘阳熊判官孺登府罢归钟陵因寄呈江西裴中丞二十三兄》自注:"厥后牧和州,节度使杜司徒以中丞材誉俱高,欲令军装以重戎府,故授以本州团练使,满座观腰鞬,礼成,欢甚,相视而笑。"❷指杜悰。大中初,出镇西川。俄复入相,加司空,继加司徒,见《旧唐书》本传。薛逢有《题剑门先寄上西蜀杜司徒》。

【杜司馬】 指杜立。立为益州司马。无可有《送杜司马再游蜀中》。

【杜司勳】 指杜牧。牧大中二年为司勋员外郎。李商隐《杜司勋》:"刻意伤春复伤别,人间惟有杜司勋。"

【杜幼公】 即汉杜延年。延年字幼公。韩翃《送赵评事赴洪州使幕》:"官属张廷尉,身随杜幼公。"

【杜式方】 字考元。京兆万年(今陕西西安南)人。佑之子,悰之父。事迹见新旧《唐书》本传。鲍溶有《留辞杜员外式方》。按,式方为尚书员外郎不可考。

【杜老】 指杜甫。何赞《书事》:"阔步文翁坊里月,闲寻杜老宅边松。"

【杜先生】 指杜光庭。字宾至,缙云(今属浙江),一曰长安(今陕西西安)人。孙偓有《杜先生》。

【杜先輩】 指杜荀鹤。殷文圭有《次韵九华杜先辈重阳寄投宛陵丞相》。

【杜光庭】 字宾至,一作宾圣、圣宾,均误。号华顶羽人。京兆杜陵(今陕西西安东南)人。事迹见《五代史补》卷一、《十国春秋》卷四七。一生著述甚丰,今所存者,有《墉城集仙录》《王氏神仙传》《神仙感遇传》《仙传拾遗》《道德真经广圣义》《道门科范大全集》《录异记》《道教灵验记》《历代崇道记》等三十余种。又有《广成集》十七卷。《全唐诗》卷八五四录其诗一卷。

【杜曲】 地名。在唐长安(今陕西西安)城南。因唐显姓杜氏世居于此,故名。杜甫《曲江三章》:"自断此生休问天,杜曲幸有桑麻田。"权德舆《奉和于司空新卜城南郊居兼呈李裴相公》:"沟塍连杜曲,茅土盛于门。"杜牧《冬至日寄小侄阿宜诗》:"大明帝宫阙,杜曲我池塘。"唐彦谦《长溪秋望》:"杜曲黄昏独自愁。"

【杜回】 春秋秦之力士。事迹见《左传·宣公十五年》。殷文圭《春草碧色》:"杜回如可结,誓作报恩身。"

【杜后】 指晋成帝杜皇后。杜氏有姿色,然长忧无齿,成帝迎之,一夜间口齿尽生。李瀚《蒙求》:"杜后生齿,灵王出髭。"

【杜邠公】 指杜悰。《旧唐书》本传:"加太傅、邠国公。"温庭筠有《题城南杜邠公林亭》。

【杜宇】 ❶即望帝。相传为上古蜀王。见《太平御览》卷一六六引汉扬雄《蜀王本纪》和晋常璩《华阳国志·蜀志》。司空曙《杜鹃行》:"古时杜宇称望帝,魂作杜鹃何微细。"一说杜宇死后,魂魄化为杜鹃,后因用以指杜鹃。顾况《子规》:"杜宇冤亡积有时,年年啼血动人悲。"李商隐《井络》:"堪叹故君成杜宇,可能先主是真龙。"潘佑《感怀》:"幽禽唤杜宇,宿蝶梦庄周。"参见"杜宇魂"。❷鸟名。即杜鹃。又名子规。李白《句》:"野禽啼杜宇,山蝶舞庄周。"李端《送夏侯审游蜀》:"石滑羊肠险,山空杜宇悲。"雍陶《蜀中战后感事》:"岁积苌弘怨,春深杜宇哀。"李中《献齐侍郎》:"杜宇声方切,江蓠色正新。"

【杜宇魂】 相传上古蜀王杜宇死后，魂魄化为杜鹃。见《文选·左思〈蜀都赋〉》。子规，即杜鹃。谭用之《忆南中》："林间竹有湘妃泪，窗外禽多杜宇魂。"亦作"杜魄"。武元衡《送柳郎中裴起居》："望乡台上秦人在，学射山中杜魄哀。"李远《送人入蜀》："杜魄呼名语，巴江作字流。"李频《送于生入蜀》："况又将冤抱，经春杜魄随。"参见"杜宇"。

【杜母】 即汉杜诗。诗为南阳太守，有惠政，百姓喻之为母。见《后汉书·杜诗传》和《北堂书钞》卷七四引谢承《后汉书》。岑参《入剑门作寄杜杨二郎中时二公并为杜元帅判官》："杜母来何迟，蜀人应更惜。"李绅《却渡西陵别越中父老》："惭非杜母临襄岘，自鄙朱翁别会稽。"白居易《寄李蕲州》："江郡讴谣夸杜母，洛城欢会忆车公。"李商隐《今月二日不自量度辄以诗一首四十韵干渎尊严辄复五言四十韵诗献上亦诗人咏叹不足之义也》："疲民呼杜母，邻国仰羊公。"

【杜村】 村名。在唐长安(今陕西西安)城东南之杜陵原。杜牧《秋晚与沈十七舍人期游樊川不至》："杜村连潏水，晚步见垂钩。"

【杜李】 指杜胜、李潘。二人大和八年均为兖海观察使崔戎从事。李商隐《安平公诗》："府中从事杜与李，麟角虎翅相过摩。"

【杜甫】 字子美，排行第二。自称杜陵布衣、少陵野老。其先祖为京兆杜陵(今陕西西安东南)人，徙属襄阳(今属湖北)，生于河南巩县(今属河南)。曾寓居长安城南少陵原。审言之孙。事迹见《旧唐书·文苑传下》《新唐书·文艺传上》。早年与李白齐名，时号"李杜"。所作之诗多关时事，世称"史诗"。后世称其为"诗圣"。《新唐诗·艺文志四》著录其诗集六十卷，此本已佚。《全唐诗》卷二一六至卷二三四录其诗十九卷。

【杜甫集】 杜甫撰。六十卷。《新唐书·艺文志四》著录。已佚。今存最早之本为宋王洙所编《杜工部集》，二十卷，已非原集。罗隐有《题杜甫集》。

【杜甫臺】 同"杜甫舊宅"。郑谷《蜀中三首》之二："扬雄宅在唯乔木，杜甫台荒绝旧邻。"

【杜甫墳】 同"杜工部墓"。郑谷《送田光》："耒阳江口春山绿，恸哭应寻杜甫坟。"

【杜甫舊宅】 在成都城西，今称杜甫草堂。殷陶有《经杜甫旧宅》。

【杜别駕】 ❶名不详。上元间为兖州别驾。李嘉祐有《送兖州杜别驾之任》。❷名不详。大历八年前后为鄂州别驾。刘长卿有《鄂渚听杜别驾弹胡琴》。

【杜秀才】 指杜观。马戴、贾岛均有《送杜秀才东游》。按，姚合有《送杜观罢举东游》，三人之诗作于同时。

【杜秀芝】 "杜秀才"之讹。杜秀才名不详。李白有《同吴王送杜秀芝赴举入京》。王琦注："诗题当是'送杜秀才赴举入京'，'芝'字疑讹。"

【杜佐】 ❶其先人为京兆杜陵(今陕西西安东南)人，徙居襄阳(今属湖北)，寓居河南偃师(今属河南)陆浑庄。甫之从子。天宝十二年赴举，不第。杜甫有《示侄佐》《佐还山后寄三首》。岑参有《送杜佐下第归陆浑别业》。❷字越江。京兆杜陵(今陕西西安东南)人，寓居睦州。元颖之父。官至大理正。见《新唐书·宰相世系表二上》。刘长卿有《送杜越江佐觐省往新安江》。❸杜位之讹。杜甫有《奉送蜀州柏二别驾将中丞命赴江陵起居卫尚书太夫人因示从弟行军司马佐》。

【杜延年】 字幼公。事迹见《汉书》本传。韩翃《寄上田仆射》："仆射临戎谢安石，大夫持宪杜延年。"

【杜位】 排行第六。其先人为京兆杜陵(今陕西西安东南)人，徙居襄阳(今属湖北)。甫之从弟，佑之兄，李林甫之婿。事迹见《新唐书·宰相世系表二上》。杜甫有《杜位宅守岁》《寄杜位》二首。岑参有《郊行寄杜位》《过燕支寄杜位》。

【杜判官】 名不详。大历中为荆南节度使判官。郎士元有《宿杜判官江楼》。

【杜君】 董君之误。董君为董庭兰。戎昱《听杜山人弹胡笳》："杜君少与山人友，山人没来今已久。"按，山人即杜山人。

【杜武庫】 即晋杜预。李商隐《五言述德抒情诗一首四十韵献上杜七兄仆射相公》："谁知杜武库，只见谢宣城。"

【杜亞】 字次公，一字少公。京兆万年(今陕西西安南)人。事迹见新旧《唐书》本传。杜甫有《送从弟亚赴安西判官》。安西一作河西，是。

【杜林】 字伯山。事迹见《后汉书》本传。罗隐《淮南送卢端公归台》："朱绂两参王俭府，绣衣三领杜林官。"

【杜林駁堯】 指汉杜林驳光武帝及公卿所议汉当郊祀尧而独主以郊祀高祖之事。李瀚《蒙求》："寿王议鼎，杜林驳尧。"

【杜易簡】 襄州襄阳(今属湖北)人。审言之从祖兄，岑文本之表弟。事迹见《旧唐书·文苑传上》《新唐书·文艺传上》。《新唐书·艺文志二》著录其《御史台杂注》五卷，《艺文志四》著录其集二十卷。均已佚。《全唐诗》卷四五录其诗一首。

【杜明府】 名不详。天宝十三年(754)为京兆醴泉县令。岑参有《春日醴泉杜明府承恩五品宴席上赋诗》。

【杜牧】 ❶字牧之，排行第十三。京兆万年(今陕西西安南)人。事迹见新旧《唐书》本传。好读书，有经伟才略；工诗文，所作之诗情致豪迈。时称“小杜”，以别于杜甫；又与李商隐齐名，世称“小李杜”。《新唐书·艺文志三》著录其《孙子注》三卷，《艺文志四》著录其《樊川集》二十卷，均存。《全唐诗》卷五二〇至卷五二七录其诗八卷。❷籍贯不详。南唐人。曾隐庐山。伍乔有《闻杜牧赴阙》。

【杜牧之】 即杜牧。牧字牧之。张祜有《和杜牧之齐山登高》。

【杜侍郎】 ❶指杜黄裳。黄裳贞元六年为刑部侍郎。顾况有《寄上兵部韩侍郎奉呈李户部卢刑部杜三侍郎》。❷指杜德祥。德祥天复元年为礼部侍郎，曹松有《及第敕下宴中献座主杜侍郎》。❸名不详。参见“杜侍御❾”。

【杜侍御】 ❶指杜审言。李峤有《和杜侍御太清台宿直旦有怀》。❷指杜牧。赵嘏有《杜陵贻杜牧侍御》，题一作《题杜侍御别业》。❸名不详。贞观间为监察御史。褚亮有《赠杜侍御》佚句。❹名不详。参见“杜十五”。❺名不详。永泰中为监察御史、岭南节度使从事。张谓有《杜侍御送贡物戏赠》《送杜侍御赴上都》，此诗一作孙逖诗，非。❻名不详。参见“杜中丞❻”。❼名不详。永贞元年为监察御史。韩愈有《陪杜侍御游湘西两寺独宿有题一首因献杨常侍》。❽名不详。长庆间为监察御史。李益有《惜春伤同幕故人孟郎中兼呈去年看花友》，一本“孟郎中”下有“杜侍御”三字。❾名不详。大和中为监察御史。王建有《将归故山留别杜侍御》，“御”下注：“一作郎。”按，诗有“愿君去丘坂，长使道路平”之句，一作误。王建又有《寄杜侍御》，即为同一人。❿名不详。约大中八年(854)为监察御史，河中节度使从事。许浑有《酬和杜侍御》《酬河中杜侍御重寄》。

【杜使君】 ❶指杜济。济宝应元年为绵州刺史。杜甫有《送严侍郎到绵州同登杜使君江楼》。❷指杜牧。牧会昌四年(844)为池州刺史。张祜有《和杜使君九华楼见寄》。❸指杜雄。雄中和三年为台州刺史。贯休有《送杜使君朝觐》《题弘式和尚院兼呈杜使君》《归东阳临岐上杜使君七首》。❹指杜孺休。乾符六年自户部郎中授湖州刺史，迁司勋郎中。见《嘉泰吴兴志》卷十四判史题名。贯休有《寄杜使君》《上杜使君》《夜对雪寄杜使君》和《送杜使君朝觐》。

【杜舍人】 ❶指杜元颖。元颖元和十五年为中书舍人。薛涛有《酬杜舍人》。❷指杜牧。牧大中六年为中书舍人。张祜有《华清宫和杜舍人》。薛能有《投杜舍人》。

【杜周】 汉南阳杜衍(今河南南阳西南)人。延年之父。事迹见《史记·酷吏列传》《汉书》本传。李瀚《蒙求》：“张汤巧诋，杜周深刻。”

【杜周士】 京兆杜陵(今陕西西安东南)人。贞元十七年进士及第。事迹见《新唐书·南蛮传下》。《新唐书·艺文志三》著录其《广人物志》三卷，《直斋书录解题》卷十作十卷，已佚。《全唐诗》卷七八〇录其诗一首。

【杜郎】 指杜唐儿。李贺《唐儿歌》：“头玉硗硗眉刷翠，杜郎生得真男子。”参见“杜康兒”。

【杜郎中】 ❶指杜亚。岑参有《入剑门作寄杜杨二郎中时二公并为杜元帅判官》。钱起有《赋得青城山歌送杨杜二郎中赴蜀军》。❷指杜孺休。孺休乾符六年以户部郎中为湖州刺史。杨夔有《送杜郎中入茶山修贡》。❸名不详。元和间以郎中为虔州刺史。杨巨源有《送杜郎中使君赴虔州》。王建有《十五夜望月寄杜郎中》。按，王建《秋日送杜虔州》，与杨巨源作于同年之秋，此诗亦作于是年秋。❹名不详。官尚书郎中、淮南节度使从事。钱起有《夏日陪史郎中宴杜郎中果园》。

【杜書】 指杜元颖。元颖元和五年为荆南节度使掌书记。王建有《道中寄杜书记》《江楼对雨寄杜书记》。

【杜門】 闭门。谓断绝与外界之往来。张子容《送孟八浩然归襄阳二首》之二：“杜门不欲出，久与世情疏。”高适《同群公题郑少府田家》：“劝君且杜门，勿叹人事隔。”阎防《宿岸道人精舍》：“敛迹辞人间，杜门守寂寞。”司空图《狂题十八首》之十一：“初时拄杖向邻村，渐到清明亦杜门。”

【杜城】 即杜曲。在长安城南。其地秦置杜县，晋改为杜城。耿沣《奉和元承杪秋忆终南旧居》：“乱树通秦苑，重原接杜城。”权德舆《酬赵尚书城南看花日晚先归见寄》：“杜城韦曲遍寻春，处处繁花满目新。”温庭筠《宿城南亡友别墅》：“水流花落叹浮生，又伴游人宿杜城。”唐彦谦《移莎》：“移从杜城曲，置在小斋东。”

【杜若】 植物名。一名竹叶莲、山姜。多年生草本。茎高一二尺，叶披针形，味辛香。夏日开花，花白色。实浆果状，黑绿色。多生于温湿处。王绩《食后》：“始暴松皮脯，新添杜若浆。”孟浩然《鹦鹉洲送王九之江左》：“月明全见芦花白，风起遥闻杜若香。”殷尧藩《春游》：“绿水满沟生杜若，暖云将雨湿泥沙。”李中《芳草》：“飘香是杜若，最忆楚江边。”

【杜若洲】 泛指生满芳草之洲。见《楚辞·九歌·湘君》。李怀远《凝碧池侍宴看竞渡应制》：“前对芙蓉沼，傍临杜若洲。”李商隐《拟意》：“濯锦桃花水，溅裙杜若洲。”赵嘏《曲江春望怀江南故人》：“杜若洲边人未归，水寒烟暖想柴扉。”徐铉《爱敬寺有老僧尝游长安因赠此诗》:“室倚桃花崦,门临杜若洲。”

【杜相公】(相 xiàng)❶指杜鸿渐。广德二年为相,见《新唐书·宰相表中》。见《旧唐书》本传。刘长卿有《奉和杜相公新移长兴宅呈元相公》。岑参有《奉和杜相公初发京城作》。岑参又有《奉和相公发益昌》,校云“和”下一作有“杜”字,此杜相公亦为杜鸿渐。李嘉祐有《奉和杜相公长兴新宅即事呈元相公》。杜甫《赠李八秘书别三十韵》“幕府筹频问”原注:“山剑元相杜相公初屈幕府参筹画,相公朝谒,今赴后期也。”❷指杜元颖。事迹见《旧唐书》本传。白居易有《昨以拙诗十首寄西川杜相公重以一章用伸答谢》。❸指杜悰。李商隐有《五言述德抒情诗一首四十韵献上杜七兄仆射相公》。

【杜相國】指杜如晦。皮日休有《七爱诗·房杜二相国》。

【杜荆州】指晋杜预。预咸宁四年为镇南大将军、都督荆州诸军事。高适《奉酬睢阳李太守》:“朝瞻孔北海,时用杜荆州。”又《古乐府飞龙曲留上陈左相》:“公才山吏部,书癖杜荆州。”贯休《送刘相公朝觐二首》之一:“唯杜荆州最惆怅,柳门回首落花时。”

【杜草】即杜若。诗文中常以之喻贤人。贾岛《清明日园林寄友人》:“杜草开三径,文章忆二贤。”

【杜荀鶴】字彦之,排行第十五,号九华山人。池州石埭(今安徽石台)人。事迹见《旧五代史》本传、《唐诗纪事》卷六五、《唐才子传》卷九。工草书,尤工诗。今传宋蜀刻本《杜荀鹤文集》三卷。《全唐诗》卷六九一至卷六九三录其诗三卷。

【杜校書】指杜牧。李远有《赠弘文杜校书》。

【杜拾遺】❶指杜甫。甫至德二年为左拾遗。岑参有《寄左省杜拾遗》。任华《寄杜拾遗》:“杜拾遗,名甫第二才甚奇。”严武有《寄题杜拾遗锦江野亭》。❷指杜元颖。元颖元和十一年为左拾遗。白居易有《东南行一百韵寄通州元九侍御杜十四拾遗李二十助教员外窦七校书》。

【杜根】字伯坚。汉颍川定陵(今河南舞阳北)人。事迹见《后汉书》本传。皮日休《酒中十咏·酒垆》:“倘得作杜根,佣保何足愧。”

【杜南】地名。即杜固。因与杜曲同处唐长安东郊之杜陵原南部,故称。杜曲亦称“北杜”,杜固亦称“南杜”。罗隐《寄洪正师》:“寄蹇浑成迹,经年滞杜南。”

【杜原】杜陵原之省称。在陕西西安东南。魏征《赋西汉》:“夜宴经柏谷,朝游出杜原。”

【杜秋】字仲阳,又称杜秋娘。金陵(今江苏南京)人。杜牧《杜秋娘诗》序:“杜秋,金陵女也。年十五为李锜妾。后锜叛灭,籍之入宫,有宠于景陵。穆宗即位,命秋为皇子傅姆。皇子壮,封漳王。郑注用事,诬丞相欲去已者,指王为根,王被罪废削,秋因赐归故乡。予过金陵,感其穷且老,为之赋诗。”张祜《赠司勋杜十三员外》:“杜牧司勋字牧之,清秋一首杜秋诗。”罗隐《金陵思古》:“杜秋在时花解言,杜秋死后花更繁。”

【杜秋娘】参见“杜秋”。

【杜重威】朔州(今山西朔县)人,徙太原(今属山西)。事迹见新旧《五代史》本传。《全唐诗》卷八七六有《杜重威引俚语》。

【杜侯】潮州判史杜孺休。贯休有《杜侯行》。

【杜侯兄弟】杜孺林及其兄杜述休。贯休《杜侯行》:“杜侯兄弟继之后,璞玉浑金美腾口。”

【杜弈】参见“杜奕”。

【杜奕】籍贯不详。天宝中,在长安。安禄山之乱,避地江南。事迹见《唐诗纪事》卷四七。《全唐诗》卷三〇七录其诗一首,又卷七八九录其与严维等联句一首,而名作杜弈,误。

【杜韋娘】歌妓名。后因用为唐教坊曲之名。见崔令钦《教坊记》。刘禹锡《赠李司空妓》:“高髻云鬟宫样妆,春风一曲《杜韦娘》。”

【杜建徽】字延光。杭州新城(今浙江富阳西南)人。事迹见《九国史》卷五、《十国春秋》卷八四。《全唐诗》卷七六三录其诗一首。

【杜紅兒】籍贯不详。为歌妓。善歌,貌美。事迹见《太平广记》卷二七三引《唐摭言》。罗虬《比红儿诗》序:“比红者,为雕阴官妓杜红儿作也。美貌年少,机智慧悟,不与群辈妓女等。余知红者,乃择古之美色灼然于史传三数十辈,优劣于章句间,遂题比红诗。”

【杜華】右补阙、太子洗马杜希彦之子。见《元和姓纂》卷六濮阳杜氏。岑参有《敬酬杜华淇上见赠兼呈熊曜》。

【杜校書】(校 jiào)即杜牧。《全唐文》卷七五四杜牧《自撰墓志》:“牧进士及第,制第登科,弘文馆校书郎。”李远有《赠弘文杜校书》。

【杜虔州】名不详。元和间以郎中为虔州刺史。王建有《秋日送杜虔州》。参见“杜郎中❸”。

【杜晃】籍贯不详。乡贡进士。孟浩然有《送杜十四之江南》,题一作《送杜晃进士之东吴》。

【杜員外】❶指杜审言。李峤有《奉和杜员外扈从教阅》。沈佺期有《遥同杜员外审言过岭》。❷指杜甫。甫广德二年为检校工部员外郎。韦迢有《潭州留别杜员外院长》《早发湘潭寄杜员外院长》。郭受有《寄杜员外》。❸即“杜式方”。见该条。❹指杜牧。牧为比部员外郎,会昌四年为池州刺史。六年,改睦州刺史。大中四年转吏部员外郎，乞守湖州刺史。张祐有《奉和池州杜员外南亭惜春》。许浑《酬邢杜二员外》序："新安邢员外怀洛下旧游，新定杜员外思关中故里，各蒙缄示。"曹汾有《早发灵芝望九华寄杜员外使君》。李郢有《和湖州杜员外冬至日白蘋洲见忆》。❺名不详。南唐时以尚书员外郎为舒州刺史。答铉有《寄舒州杜员外》。

【杜幽素】　籍贯及生平均不详。为李峤亲友。李峤有《田假限疾不获还庄载想田园兼思亲友率成短韵用写长怀赠杜幽素》。

【杜侯】　❶指杜雄。贯休《杜侯行》："杜侯兄弟继之后，璞玉浑金美腾口。"❷指杜四。名不详。宋之问有《使至嵩山寻杜四不遇慨然复伤田洗马韩观主因以题壁赠杜侯杜四》。

【杜叟】　名不详。隐士，好老庄之道。钱起有《山斋读书寄时校书杜叟》。卢纶有《春日题杜叟山下别业》。

【杜息】　字灵长，窦蒙第四弟，曾任范阳功曹、检校户部员外郎，官终都官郎中。有《述书赋》传世。事迹见窦蒙《述书赋语例字格》《元和姓纂》卷九、《历代名画记》卷二及卷三。窦蒙《题弟息述书赋》注："息官检校户部员外郎，富词藻、精草隶，尝创《述书赋》，论书家，起史籀迄唐至德一百九十八人，并及署证、印泥、征求、保玩等事，总七千六百四十言。"

【杜師義】　京兆（今陕西西安）人。事迹见《元和姓纂》卷六、《新唐书·宰相世系表二上》。姚合有《寄杜师义》。

【杜倉曹】　名不详。中立之从子。大中末为司仓参军。许棠有《送杜仓曹往沧州觐叔常侍》。

【杜唐兒】　即杜黄裳之子之小名。黄裳有二子：戴、胜。唐儿不知为何人之小名。李贺有《唐儿歌》。自注："杜幽公之子。"杜幽公即黄裳。

【杜酒】　杜氏之酒。亦泛指酒，传酒为杜康所作，故称。杜甫《题张氏隐居二首》之二："杜酒偏劳劝，张梨不外求。"一说指自酿之酒。见宋王楙《野客丛书·杜撰》。

【杜羔】　洹水（今河北魏县南）人。正伦之五世孙，兼之从弟。贞元五年进士及第。累迁尚书员外郎。元和四年(809)为万年县令。事迹见《新唐书》本传。《全唐诗》卷三一九录其诗一首。卷七八九录其与李益、广宣联句二首。

【杜兼】　字处弘。京兆（今陕西西安）人。正伦之五世孙，羔元从兄。建中元年进士及第。二年，为河东节度使马燧掌书记。累迁监察御史。事迹见新旧《唐书》本传。《全唐诗》卷八七三录其题语一首。

【杜常】　字正甫。宋卫州（今河南汲县）人。进士及第。累迁河东转运判官，提点河北刑狱。事迹见《宋史》本传。元丰三年过华清宫，作《华清宫》。宋周弼以为唐人，所编《唐三体诗》以此诗为压卷第一。而宋范镇《范蜀公集》有《手记》一卷，记其一时交游名流，"诗学"有杜常。宋孙升《孙以谈圃》亦以为是宋人。清厉鹗《宋诗纪事》卷二九录此诗。《全唐诗》卷七三一录其诗《华清宫》，谓"唐末人"，误，应删。

【杜晦】　籍贯不详。唐末为监察御史，浙西节度使从事。章碣有《浙西送杜晦侍御入关》。

【杜崇簡】　京兆杜陵（今陕西西安东南）人，徙居襄州襄阳。甫之从孙。官卫司仓参军。大历初在夔州。杜甫有《寄从孙崇简》《吾宗》，自注："卫仓曹崇简。"

【杜梨】　即棠梨。蔷薇科落叶乔木。枝有刺。叶卵形，尖端有锯齿。花白色。果园形，体小色褐，上有斑点，味酸。多野生。白居易《有木诗八首》之四："有木名杜梨，阴森覆丘壑。"

【杜偉】　京兆（今陕西西安）人。开元二十二年冬以殿中侍御史出为宣州司户。《全唐诗》卷七九五录其佚句一联。

【杜康】　相传为上古始作酒之人。见《初学记》卷二六引《世本》。亦代指酒。《文选·曹操〈短歌行〉》："何以忘忧，唯有杜康。"李善注引晋张华《博物志》曰："杜康作酒。"白居易《镜换杯》："不似杜康神用速，十分一盏便开眉。"又《酬梦得比萱草见赠》："杜康能散闷，萱草解忘忧。"皮日休《酒中十咏·酒床》："滴滴连有声，空疑杜康语。"

【杜康造酒】　相传上古人杜康最早酿酒。李瀚《蒙求》："杜康造酒，苍颉制字。"参见"杜康"。

【杜酒】　杜康所创之酒。杜甫《题张氏隐居二首》之二："杜酒偏劳劝，张梨不外求。"参见"杜康"。

【杜淹】　字执礼。京兆杜陵（今陕西西安东南）人。隋开皇中，与同郡韦福嗣共入太白山，扬言隐逸，以邀时誉。文帝恶之，谪戍江南。赦还，雍州司马高孝基表荐之，授承奉郎。迁侍御史。大业末，官至御史中丞。事迹见新旧《唐书》本传。《全唐诗》卷三十录其诗三首。

【杜悰】　字永裕。京兆万年（今陕西西安南）人。以门荫三迁太子司议郎。元和九年七月，尚岐阳公主，加银青光禄大夫、殿中少监、驸马都尉。大和初，为澧州刺史。在州三年，入为司农卿。五年八月，为京兆尹。六年六月，兼御史大夫。七年三月，检校礼部尚书，充凤翔、陇右节度使。事迹见新旧《唐书》本传。鲍溶有《夏日怀杜悰驸马》。

【杜將軍】　指晋杜歌。歌咸宁四年为镇南大将军、都督荆州诸军事。杨巨源《赠李傅》："莫被此心生晚计，镇南人忆杜将军。”

【杜陵】 ❶地名。在唐长安（今陕西西安）东南郊。古为杜伯国，秦置杜县，汉宣帝葬于此，因名杜陵。唐为大姓杜氏及权贵聚居之地。卢照邻《长安古意》：“挟弹飞鹰杜陵北，探丸借客渭桥西。”岑参《宿蒲关东店忆杜陵别业》：“长安二月归正好，杜陵树边纯是花。”戴叔伦《赠康老人洽》：“杜陵往往逢秋暮，望月临风攀古树。”刘驾《春夜二首》之一：“一别杜陵归未期，只凭魂梦接亲知。”❷汉宣帝陵名。宣帝刘询于初元元年葬于此。旧址在汉长安城南五十里。张说《韦谯公挽歌二首》之二：“安知杜陵下，碑版已相望。”

【杜陵布衣】 杜甫之自称。其先祖为京兆杜陵人。杜甫《自京赴奉先县咏怀五百字》：“杜陵有布衣，老大意转拙。”

【杜陵老】 参见“杜陵野老”。

【杜陵花】 指妓女。韩翃《赠张千牛》：“急管昼催平乐酒，春衣夜宿杜陵花。”

【杜陵野老】 杜甫之自称。其先祖为京兆杜陵人。杜甫《投简成华两县诸子》：“长安苦寒谁独悲，杜陵野老骨欲折。”亦称“杜陵老”。杜甫《醉歌行赠公安颜少府请顾八题壁》：“君不见东吴顾文学，君不见西汉杜陵老。”

【杜華】 濮州濮阳（今属河南）人。杜鸿渐之从子。见《元和姓纂》卷六、《新唐书·宰相世系表二上》。岑参有《敬酬杜华淇上见赠兼呈熊曜》。

【杜黄裳】 字遵素。京兆万年（今陕西西安南）人。胜之父，亚之从弟。宝应二年进士及第。又中博学宏词科，授县尉。大历中，朔方节度使郭子仪辟为从事。事迹见新旧《唐书》本传。钱起有《山园秋晚寄杜黄裳少府》。

【杜越江】 即杜佐。佐字越江。刘长卿有《送杜越江佐覲省往新安江》。

【杜掾】 指杜胜。胜大和八年为兖海观察使崔戎从事。李商隐有《过故崔兖海宅与崔明秀才话旧因寄旧僚杜赵李三掾》。

【杜雲卿】 名不详，云卿当为其字。李贺《五粒小松歌》序：“前谢秀才杜云卿，命予作五粒小松歌，予以选书多事，不治曲辞，经十日，聊道八句，以当命意。”

【杜紫微】 指杜牧。牧大中六年拜中书舍人，开元中称中书舍人为紫微舍人，故称。郑谷《高蟾先辈以诗笔相示抒成寄酬》：“张生故国三千里，知者唯应杜紫微。”

【杜紫微集】 即杜牧《樊川集》二十卷。牧之甥裴延翰编，见其《樊川文集序》。《新唐书·艺文志四》著录，今存。崔道融有《读杜紫微集》。参见“杜紫微”。

【杜喬】 字叔荣。今河南林县人。少好学，治《韩诗》《京氏易》《欧阳尚书》。为诸生，举孝廉。永宁元年，杨震为司徒，辟为掾。事迹见《后汉书》本传。罗隐《经故洛阳城》：“跋扈以成梁冀在，简书难问杜乔归。”

【杜勝】 字斌卿，排行第二十七。京兆万年（今陕西西安南）人。杜黄裳之子。宝历元年进士及第。大和八年为兖海观察使崔戎从事。开成初，杨嗣复数荐材堪谏官，宰相郑覃不用。大中二年在刑部员外郎任。事迹见新旧《唐书》本传。李商隐有《彭城公薨后赠杜二十七胜李十七潘二君并与愚同出故尚书安平公门下》。

【杜善賢】 陕郡（今河南三门峡西）人。高宗时官长安令。终绵州刺史。事迹见《元和姓纂》卷六。刘行敏有《嘲李叔慎贺兰曾伽杜善贤》。

【杜補闕】 ❶指杜牧。牧开成三年为左补阙。许浑有《酬杜补阙初春雨中舟次横江喜裴郎中相迎见寄》。❷名不详。天宝初为補闕。李白有《秋日鲁郡尧祠亭上宴别杜补阙范侍御》。

【杜楊二郎中】 杜郎中，杜亚，亚曾官吏部郎中；杨郎中，杨炎，曾官礼部郎中知制诰。均见《旧唐书·杜亚传》。岑参有《入剑门寄杜杨二郎中时二公并为杜元帅判官》。

【杜給事】 指杜兼。兼元和元年（806）为给事中。广宣有《九月十五日夜宿郑尚书细东亭望月寄杜给事》。

【杜當陽】 指晋杜预。预太康元年（280）五月封当阳侯。孙逖《送赵大夫护边》：“果持文武术，还继杜当阳。”

【杜詩】 杜甫之诗。杜牧《读韩杜集》：“杜诗韩集愁来读，似倩麻姑痒处抓。”崔珏《道林寺》：“我吟杜诗清入骨，灌顶何必须醍醐。”

【杜運使】 名不详。宋仁宗时为盐铁转运使。王周有《和杜运使巴峡地暖节物与中土异黯然有感诗三首》。按，王周为宋仁宗时人。

【杜預】 字元凯。京兆杜陵（今陕西西安东南）人。著有《春秋左氏经传集解》三十卷、《春秋释例》十五卷及《盟会图》《春秋长历》，编有总集《善文》五十卷，撰文集十八卷。事迹见《晋书》本传。徐夤《送刘常侍》：“杜预注通三十卷，汉皇枝绍几千年。”

【杜預春秋癖】 指晋杜预爱好《春秋左传》而成癖之事。见《晋书·杜预传》。元稹《哭吕衡州六首》之六：“杜预春秋癖，扬雄著述精。”

【杜預建橋】 指晋杜预力排众议，在富平津建河桥之事。见《艺文类聚》卷九引王隐《晋书》。李瀚《蒙求》:“杨仆移关,杜预建桥。”

【杜墅】 即杜陵。韩愈《南山诗》:“前寻径杜墅,岔蔽毕原陋。”钱仲联集释引孙汝听曰:“杜墅,即杜陵也。”

【杜趙李三掾】 杜胜、赵晳、李潘,分别为团练判官、观察判官、观察支使,见《全唐文》卷七七二李商隐《为安平公兖州奏杜胜等四人充判官状》。李商隐有《过故崔兖海宅与崔明秀才话旧因寄旧僚杜赵李三掾》,原注:“兖海,崔戎也。杜、赵、李三掾,即杜胜、赵晳、李潘。”

【杜賓客】 ❶指杜黄裳。黄裳贞元二十年(804)为太子宾客。权德舆有《奉和崔评事寄外甥刘同州并呈杜宾客许给事王侍郎昆弟杨少尹李侍御并见寄之作》。❷指杜元绛。元绛大和间为太子宾客。蒋防有《题杜宾客新丰里幽居》。

【杜魄】 即子规鸟。亦称杜鹃、望帝。传系古蜀王杜宇魂魄所化,故称。武元衡《送柳郎中裴起居》:“望乡台上秦人在,学射山中杜魄哀。”罗隐《送郎州张员外》:“旗飘岘首岚光重,酒奠湘江杜魄哀。”韦庄《岁晏同左生作》:“宝瑟湘灵怨,清砧杜魄啼。”

【杜綿州】 即杜济。济曾官绵州刺史,见颜真卿《京兆尹御史中丞梓遂杭三州刺史剑南东川节度使杜公(济)神道碑铭》(《全唐文》三四四)。杜甫有《陪王汉州留杜绵州泛房公西湖》。

【杜駙馬】 指杜悰。元和九年,尚岐阳公主,见《旧唐书·杜悰传》。鲍溶有《夏日怀杜悰驸马》,贾岛有《上杜驸马》。

【杜摯】 战国秦人。为大夫。事迹见《商君书·更法》《史记·商君列传》。温庭筠《病中书怀呈友人》:“爱憎防杜挚,悲叹似杨朱。”

【杜潁】 参见“杜穎”。

【杜頻】 参见“杜穎”。

【杜魄】 参见“杜宇魂”。

【杜頠】 河东(今山西永济西)人。开元十五年进士及第。官右补阙。事迹见《元和姓纂》卷六。《全唐诗》卷一四五录其诗二首。

【杜誦】 籍贯不详。大历间诗人。高仲武评其曰:“诗平调,不失文流。”见《中兴间气集》卷上、《唐诗纪事》卷二八。《全唐诗》卷二七二录其诗一首。一作杜甫诗,误。

【杜韶】 京兆杜陵(今陕西西安东南)人,徙襄州襄阳(今属湖北)。甫之从弟。大历初,为剑南西川节度使从事。杜甫有《季夏送乡弟韶陪黄门从叔朝谒》。

【杜穎】 其先祖为京兆杜陵(今陕西西安东南)人。徙襄州襄阳(今属湖北),生于河南巩县(今属河南)。甫之弟,观之兄。广德二年至成都。同年,官齐州临邑。杜甫有《送舍弟频赴齐州三首》。“频”下注:“一作颍,一作颖。”按,作颖是,频、颍皆误。又有《远怀舍弟颖观等》。

【杜學士】 ❶指杜审言。审言景龙二年为修文馆直学士。李峤有《和杜学士江南初霁羁怀》《和杜学士旅次淮口阻风》。❷指杜元颖。元颖元和十二年为翰林学士。白居易有《初到江州寄翰林张李杜三学士》。

【杜錄事】 名不详,排行第三十一。刘禹锡有《洛中春末送杜录事赴蕲州》。白居易有《和杜录事题红叶》《天坛峰下赠杜录事》。参见“杜三十一”。

【杜審言】 字必简,排行第五。其先祖为京兆杜陵(今陕西西安东南)人。徙襄州襄阳(今属湖北),父依艺为河南巩县令,遂居巩县(今属河南)。事迹见《旧唐书·文苑传上》《新唐书·文艺传上》。《新唐书·艺文志四》著录其集十五卷,已佚。《全唐诗》卷六二录其诗一卷。

【杜審權】 字殷衡。京兆(今陕西西安)人。元颖之从子。进士及第。拜江西观察使判官,又辟浙西观察使幕。事迹见新旧《唐书》本传。《全唐诗》卷八七六有《戏杜审权语》。

【杜鴻漸】 字之巽。濮州濮阳(今属河南)人。开元二十二年进士及第。拜褐王府参军。历扬州参军、华县尉,迁大理评事。事迹见新旧《唐书》本传。《全唐诗》卷七九五录其佚句一联。

【杜濟】 字应物。其先祖京兆杜陵(今陕西西安东南)人,徙襄州襄阳(今属湖北)。甫之从孙。杜甫有《示从孙济》。

【杜豐】 排行第五。其先祖京兆杜陵(今陕西西安东南)人,徙襄州襄阳(今属湖北),生于河南巩县(今属河南)。甫之弟,占之兄。广德二年,居山东。大历初,流寓抚州、越州间。杜甫有《第五弟丰独在江左近三四载寂无消息觅使寄此二首》。

【杜鵑】 ❶即杜鹃鸟。刘长卿《经漂母墓》:“渚蘋行客荐,山木杜鹃愁。”杜甫《杜鹃行》:“君不见昔日蜀天子,化作杜鹃似老乌。”陈润《东都所居寒食下作》:“江南寒食早,二月杜鹃鸣。”王嵒《山中有所思》:“莫怪杜鹃飞去尽,紫微花里有啼猿。”❷即杜鹃花。李绅《新楼诗二十首·杜鹃楼》:“杜鹃如火千房拆,丹槛低看晚景中。”又《遥知元九送王行周游越》:“低头绿草羞枚乘,刺眼红花笑杜鹃。”

【杜鵑花】 亦名映山红、红踯躅。半常绿或落叶灌木。叶互生,椭圆形。春季杜鹃鸟啼叫时开花。花红色。李白《泾溪东亭寄郑少府谔》:“杜鹃花开春已阑,归向陵阳钓鱼晚。”张祜《所居即事六首》之二:“杜鹃花发杜鹃叫,乌臼叶生乌臼啼。”韦庄《江上逢故人》："今日逢君越溪上，杜鹃花发鹧鸪啼。"吴融有《送杜鹃花》云："应是蜀冤啼不尽，更凭颜色诉西风。"

【杜鵑鳥】 鸟名。亦名杜宇、子规、望帝。古代传说谓系古蜀王魂魄所化，故常悲鸣以至啼血。元稹《青云驿》："已怪杜鹃鸟，先来山下啼。"

【杜翺】 籍贯不详。后唐时为永贞县尉。李中有《赠永真杜翱少府》，"真"下注："一作贞。"按，一作是。

【杜歸和】 河南巩县（今属河南）陆浑庄人。元和五年在东都与元稹等游。元稹有《韦氏馆与周隐客杜归和泛舟》《刘氏馆集隐客归和子元及之子蒙晦之》。又《同醉》自注："吕子元、庾及之、杜归和同隐客泛韦氏池。"

【杜顗】 字胜之。京兆万年（今陕西西安南）人，寓居下杜樊川。佑之孙，牧之弟。幼年多病，有目疾。年二十四始为文，遍传天下，进士崔岐赠其诗，有"贾马死来生杜颉，中间寥落一千年"之句。大和七年进士及第。授秘书省正字，匦使判官。八年，李德裕为浙西观察使，辟为巡官。事迹见《旧唐书·杜从郁传》《新唐书》本传。杜牧有《送杜颉赴润州幕》。

【杜蘅】 ❶植物名。多年生草本，马兜铃科。可入药。叶一二枚，生于茎端，似葵而香，形如马蹄，故又名马蹄香。或名土卤、土葵、土细辛。花暗紫色，籽黑褐色。多生于阴湿处。李颀《送东阳王太守》："江皋杜蘅绿，芳草日迟迟。"皇甫冉《江草歌送卢判官》："杂蘼芜兮杜蘅，作丛秀兮欲罗生。"陆龟蒙《江南秋怀寄华阳山人》："霜信催杨柳，烟容袅杜蘅。"一说即杜若之别名。见明李时珍《本草纲目·草三·杜若》引苏颂注。❷《楚辞·九歌·山鬼》有"被石兰兮带杜蘅，折芳馨兮遗所思"句，后因以寄杜蘅为怀远致书之典。钱起《送包何东游》："春鸿刷归翼，一寄杜蘅枝。"

【杜蘭香】 晋南阳（今属河南）人。相传为女仙。李商隐《重过圣女祠》："萼绿华来无定所，杜兰香去未移时。"李群玉《送郑子宽弃官东游便归女儿》："寄谢杜兰香，何年别张硕？"罗虬《比红儿诗》之十九："从到世人都不识，也应知有杜兰香。"

【杜霸】 杜陵与霸陵之并称。在唐长安东南郊。于季子《早春洛阳答杜审言》："梓泽年光往复来，杜霸游人去不回。"

【杜儼】 籍贯不详。天宝初为新安县丞。见《国秀集》目录。《全唐诗》卷二〇三录其诗一首。

【杜麟臺】 杜元志，字道宁。麟台，即秘书省。事迹见《新唐书·艺文志四》。崔湜有《酬杜麟台春思》。沈佺期有《和杜麟台元志春情》。

【杜觀】 ❶其先祖京兆杜陵（今陕西西安东南）人，徙襄州襄阳（今属湖北），生于河南巩县（今属河南）。甫之弟，丰之兄。杜甫有《舍弟归蓝田迎新妇送示两篇》《舍弟观赴蓝田取妻子到江陵喜寄三首》《续得观书迎就当阳居止正月中旬定出三峡》。❷籍贯不详。会昌间应举，不第。与姚合、贾岛、马戴等有交往。姚合有《送杜观罢举东游》。

材

〔cái《广韵》昨哉切，平咍，從。〕❶木材。寒山《诗三百三首》之十："可惜栋梁材，抛之在幽谷。"白居易《寓意诗五首》之一："天子建明堂，此材独中规。"刘禹锡《登清晖楼》："南望庐山千万仞，共夸新出栋梁材。"白居易《放言五首》之三："试玉要烧三日满，辨材须待七年期。"❷材料；原料。王绩《古意六首》之一："材抽峄山干，徽点昆丘玉。"李白《咏山樽二首》之一："樽成山岳势，材是栋梁余。"韦应物《任洛阳丞请告一首》："揆材各有用，反性生苦辛。"刘禹锡《武昌老人说笛歌》："往年镇戍到蕲州，楚山萧萧笛竹秋。当时买材恣搜索，典却身上乌貂裘。"❸材质；质性。杜甫《天育骠骑歌》："当时四十万匹马，张公叹其材尽下。"白居易《新乐府·涧底松》："谁喻苍苍造物意，但与之材不与地。"❹才能，才干。綦毋潜《送集贤学士伊阙史少府放归江东觐省》："墨客钟张侣，材高吴越珍。"韩愈《燕河南府秀才得生字》："群儒负己材，相贺简择精。"许浑《晚登龙门驿楼》："鱼龙多处凿门开，万古人知夏禹材。"亦喻指人才。王湾《哭补阙亡友綦毋学士》："忽遇乘轺客，云倾构厦材。"刘长卿《新安奉送穆谕德归朝赋得行字》："用材身复起，睹圣眼犹明。"

【材力】 才能，能力。杜甫《遣兴三首》之三："时来展材力，先后无丑好。"方干《献王大夫》："直缘材力头头赡，专被文星步步随。"

【材大難用】 指大木难用于小处，喻怀才不遇。见《庄子·逍遥游》。杜甫《古柏行》："志士幽人莫怨嗟，古来材大难为用。"

【材木】 木材。元稹《估客乐》："大儿贩材木，巧识梁栋形。"

【材地】 质地，材质。元稹《离思五首》之三："第一莫嫌材地弱，些些纰缦最宜人。"

【材性】 资质，秉性。陆龟蒙《孤雁》："汝惟材性下，嗜好不可谏。"

【材官】 骑射之官；低级侍从武官。杜甫《诸将五首》之一："多少材官守泾渭，将军且莫破愁颜。"李贺《舞曲歌辞·公莫舞歌》："材官小臣公莫舞，座上真人赤龙子。"

【材俊】 优秀人才，才能杰出之人。权德舆《奉和于司空新卜城南郊居兼呈李裴相公》："材俊依东阁，壶觞接后园。"

【材能】 才能。才智与能力。杜牧《送沈士赴苏州李中丞招以诗赠行》:“念君苞材能,百工在城垒。”

【材術】 才能;本领。皮日休《鲁望昨以五百言见贻因成一千言》:“元狩富材术,建安俨英贤。”

【材華】 才华。显露之才能。无名氏《题童氏画》卷七八六:“林下材华虽可尚,笔端人物更清妍。”

【材雄】 才能卓越之人。李白《送程刘二侍郎兼独孤判官赴安西幕府》:“安西幕府多材雄,喧喧惟道三数公。”

【材傑】 才能杰出之人。杜甫《投简成华两县诸子》:“赤县官曹拥材杰,软裘快马当冰雪。”

【材幹】 木材。王贞白《述松》:“远谷呈材干,何由入栋梁。”

【材調】 (—diào)犹才情。韩愈《送灵师》:“材调真可惜,朱丹在磨研。”

【材器】 才能器识。顾非熊《舒州酬别侍御》:“众惜君材器,何为滞所从。”

【材職】 才识。才能与见识。韩愈《晋公破贼回重拜台司以诗示幕中宾客愈奉和》:“长惭典午非材职,得就闲官即至公。”钱仲联集释引朱熹考异云:“职,或作‘识’。”

村 〔cūn《广韵》此尊切,平魂,清。〕❶村庄,村子。薛能《黄河》:“湾中秋景树,阔外夕阳村。”王季友《代贺若令誉赠沈千运》:“村南村西车马道,一宿通舟水浩浩。”韩愈《晚泊江口》:“郡城朝解缆,江岸暮依村。”赵嘏《晓发》:“去去渡南渚,村深人出稀。”❷泛指乡下、农村。张籍《书怀》:“老大登朝如梦里,贫穷作活似村中。”见“乡人”“乡田”。❸质朴,愚拙。见“村野”。❹粗糙。见“村飯”。

【村人】 乡村之人。白居易《登村东古冢》:“村人不爱花,多种栗与枣。”

【村口】 村庄之进出路口。皎然《往丹阳寻陆处士不遇》:“风翅山中思本寺,鱼竿村口望归船。”

【村女】 农村之女子。李端《送路司谏侍从叔赴洪州》:“村女解收鱼,津童能用楫。”王周《道中未开木杏花》:“村女浴蚕桑柘绿,枉将颜色忍春寒。”

【村谷】 犹乡野。李涉《牧童词》:“朝牧牛,牧牛下江曲。夜牧牛,牧牛度村谷。”

【村户】 乡村人家。岑参《寻巩县南李处士别业》:“桑叶隐村户,芦花映钓船。”

【村田】 农田。卢照邻《初夏日幽庄》:“钓渚青凫没,村田白鹭翔。”白居易《咏怀》:“如何办得归山计,两顷村田一亩宫。”罗隐《送顾云下第》:“年深旅舍衣裳敝,潮打村田活计贫。”

【村市】 村镇;村集。白居易《望亭驿酬别周判官》:“灯火穿村市,笙歌上驿楼。”

【村寺】 乡村之寺庙。李咸用《早行》:“发来经几堠?村寺远钟声。”

【村老】 村中之老人。白居易《宿紫阁山北村》:“村老见余喜,为余开一尊。”

【村戍】 村庄中戍守之处。贾岛《宿孤馆》:“落日投村戍,愁生为客途。”

【村行】 (—xíng)乡村漫行。多用为记述村景之诗题。成彦雄与姚揆均有《村行》。

【村宇】 乡村之屋宇。李洞《迁村居二首》之一:“移居入村宇,树阙见城隍。”

【村村】 犹言每村。李商隐《玄微先生》:“夜夜桂露湿,村村桃水香。”无名氏《五言语》之八:“如此更穷汉,村村一两枚。”

【村步】 村埠。村边泊船之处。司马扎《晓过伊水寄龙门僧》:“几家烟火依村步,何处渔歌似故乡。”

【村妓】 乡村之粗鄙歌妓。白居易《令公南庄花柳正盛欲偷一赏先寄二篇》之一:“拟提社酒携村妓,擅入朱门莫怪无。”又《酬思黯相公见过弊居戏赠》:“村妓不辞出,恐君冁然咍。”

【村巷】 村庄中之巷道。王维《田园乐七首》之四:“牛羊自归村巷,童稚不识衣冠。”

【村花】 村野之花。赵彦昭《奉和幸韦嗣立山庄侍燕应制》:“野竹池亭气,村花涧谷音。”杜甫《寄李十四员外布十二韵》:“渚柳元幽僻,村花不扫除。”白居易《醉后走笔酬刘五主簿长句之赠》:“武里村花落复开,流沟山色应如故。”

【村事】 犹农事。钱珝《江行无题一百首》之九八:“万木已清霜,江边村事忙。故溪黄稻熟,一夜梦中香。”

【村舍】 (—shè)乡村房舍。于濆《村居晏起》:“村舍少闻事,日高犹闭关。”司空图《浙上》之一:“山田渐广猿时到,村舍新添燕亦多。”方干《与乡人鉴休上人别》:“山夜猎徒多信犬,雨天村舍未摧蚕。”

【村店】 乡村之旅舍或酒店。欧阳詹《晨装行》:“村店月西出,山林鹎鵊声。”罗隐《送魏校书兼呈曹使君》:“村店酒旗沽竹叶,野桥梅雨泊芦花。”

【村社】 村里,村庄。王建《原上新居十三首》之十三:“新识邻里面,未谙村社情。”元稹《竞舟》:“朝饮村社酒,暮椎邻舍牛。”

【村郊】 乡村,郊野。唐彦谦《和陶渊明贫士诗七首》之六:“村郊多父老,面垢头如蓬。”

【村氓】 (—méng)村民,乡村之人。张九龄《巡属县道中作》:“途中却郡掾,秋下招村氓。”

【村沽】 村中自酿之酒。虚中《赠秀才》:“谁解伊人趣,村沽对郁陶。”

【村居】 ❶村舍。乡村之居室。薛能《老僧》:“清瘦形容八十余,匏悬篱落似村居。”❷居位于乡村。

于渍有《村居晏起》。

【村苗】 乡野之禾苗。薛能《送冯温往河外》："野日村苗熟，秋霜馆叶黄。"

【村郊】 乡村，村野。唐彦谦《和陶渊明贫士诗七首》之六："村郊多父老，面垢头如蓬。"

【村客】 旅居乡村之人。白居易《偶题邓公》："偶因携酒寻村客，聊复回车访薜萝。"又《渭村酬李二十见寄》："莫叹学官贫冷落，犹胜村客病支离。"

【村胥】 村正，村长。唐制里、坊、村皆设正，以司督察之责。白居易《渭村退居寄礼部崔侍郎翰林钱舍人诗一百韵》："犬吠村胥闹，蝉鸣织妇忙。"

【村娃】 乡村之女孩。陆龟蒙《丹阳道中寄友生》："海俗芦编室，村娃练束衣。"

【村陌】 乡间小路。李绅《入扬州郭》："堤绕门津喧井市，路交村陌混樵渔。"

【村砧】 村野石砧上之捣衣声。李商隐《夜冷》："树绕池宽月影多，村砧坞笛隔风萝。"

【村原】 村郊，郊原。韦应物《乘月过西郊渡》："已举候亭火，犹爱村原树。"

【村徑】 亦作"村逕"。乡间小路。杜甫《漫成二首》之一："渚蒲随地有，村径逐门成。"柳宗元《雨晴至江渡》："渡头水落村径成，撩乱浮槎在高树。"徐铉《和钟大监泛舟同游见示》："溪桥树映行人渡，村径风飘牧竖歌。"

【村翁】 乡村之老人。杜甫《咏怀古迹五首》之四："古庙杉松巢水鹤，岁时伏腊走村翁。"

【村烟】 参见"村煙"。煙，"烟"之异体字。

【村齋】 犹村舍。白居易《冬夜》："眼前无一人，独掩村斋卧。"

【村醪】 农家自酿之浊酒。司空图《柏东》："免教世路人相忌，逢著村醪亦不憎。"

【村酒】 乡村人家所酿之酒。张南史《春日道中寄孟侍御》："昨日已尝村酒熟，一杯思与孟嘉倾。"罗隐《自湘川东下登孙权城》："事往时移何足问，且凭村酒暖精神。"梁藻《南山池》："时沽村酒临轩酌，拟摘新茶靠石煎。"吕岩《七言》之二四："除此更无余个事，一壶村酒一张琴。"

【村家】 农家，乡村人家。白居易《麹生访宿》："村家何所有，茶果迎来客。"李山甫《迁居清溪和刘书记见示》："还似村家无宠禄，时将邻叟话幽栖。"方干《山中言事》："日与村家事渐同，烧松啜茗学邻翁。"杜荀鹤《和吴太守罢郡山村偶题二首》之一："罢郡饶山兴，村家不惜过。"

【村舂】 乡村用碓舂米之声。杜甫《村夜》："村舂雨外急，邻火夜深明。"李商隐《归墅》："渠浊村舂急，旗高社酒香。"

【村逕】 参见"村徑"。

【村野】 ❶乡村田野。唐彦谦《原上》："危桥横古渡，村野带平林。"❷农村，乡村。杜甫《寄薛三郎中》："虽为尚书郎，不及村野人。"慈觉《书妙圆塔院张道者屋壁》："成都有一张道者，五十年来住村野。"❸古拙质朴。杜甫《遭田父泥饮美严中丞》："指挥过无礼，未觉村野丑。"

【村毬】 村中蹴踘所用之球。以皮为之，实以毛，蹴踘之以为戏。薛能《寒食有怀》："村毬高过索，坟树绿和花。"

【村笛】 乡村简陋之笛。罗隐《江边有寄》："狂折野梅山店暖，醉吹村笛酒楼寒。"亦指乡间之笛声。白居易《琵琶行》："岂无山歌与村笛，呕哑嘲哳难为听。"

【村祭】 乡村之祭祀活动。皮日休《太湖诗·包山祠》："村祭足茗栅，水奠多桃浆。"

【村婦】 乡村妇女。白居易《寄内》："不如村妇知时节，解为田夫秋捣衣。"吕从庆《永丰桥闲坐》："村妇坐畦挑马齿，野童蹲涧采鸡头。"

【村童】 乡村之儿童。王维《宿郑州》："田父草际归，村童雨中牧。"白居易《过敷水》："村童店女仰头笑，今日使君真是愚。"颜胄《适思》："田竖鞭髑髅，村童扫精灵。"

【村扉】 乡村人家之门板。元稹《春分投简阳明洞天作》："村扉以白板，寺壁耀赪糊。"

【村塢】 犹村庄。杜甫《夏日李公见访》："贫居类村坞，僻近城南楼。"柳宗元《雨后晓行独至愚溪北池》："宿云散洲渚，晓日明村坞。"韦庄《秦妇吟》："自从洛下屯师旅，日夜巡兵入村坞。"徐光溥《题黄居寀秋山图》："幕烟幂幂锁村坞，一叶扁舟横野渡。"

【村落】 村庄；乡村。王绩《绩溪岭》："林深村落多依水，地少人耕半是山。"岑参《行军诗二首》之一："村落皆无人，萧条空桑枣。"皇甫冉《使往寿州淮路寄刘长卿》："榛草荒凉村落空，驱驰卒岁亦何功。"张乔《归旧山》："昔年山下结茅茨，村落重来野径移。"

【村業】 指农家耕织诸事。白居易《朱陈村》："家家守村业，头白不出门。"

【村園】 乡村田园。白居易《春村》："二月村园暖，桑间戴胜飞。"亦指村庄。雍陶《城西访友人别墅》："村园门巷多相似，处处春风枳壳花。"

【村園眼】 村俗眼。谓眼光不高。唐末朝士《睹野花思京师旧游》："如今变作村园眼，鼓子花开也喜欢。"

【村程】 犹村路。乡村之路。齐己《送孙逸人归庐山》："草绕村程绿，花盘石磴红。"

【村飯】 农家之饭食。吴融《送知古上人》："几程村饭添盂白，何处山花照衲红。”

【村煙】 亦作“村烟”。村中之烟霭、炊烟。崔国辅《宿范浦》：“村烟和海雾，舟火乱江星。”杜甫《陪王侍御宴通泉东山野亭》：“亭景临山水，村烟对浦沙。”成彦雄《村行》：“暧暧村烟暮，牧童出深坞。”卢肇《绿阴亭》：“人归别浦村烟敛，鱼跃寒波槛影沉。”

【村鄉】 乡村，农村。寒山《诗三百三首》之二八七：“我住在村乡，无爷亦无娘。”

【村墟】 村庄。高适《寄宿田家》：“村墟日落行人少，醉后无心怯路岐。”杜甫《季秋江村》：“乔木村墟古，疏篱野蔓悬。”钱起《田园雨后赠邻人》：“时鸟鸣村墟，新泉绕林圃。”皇甫冉《送王绪剡中》：“篱落云常聚，村墟水自通。”

【村歌】 民歌，乡村歌谣。白居易《咏兴五首·小庭亦有月》：“村歌与社舞，客哂主人夸。”罗隐《寄池州郑员外》：“陵阳百姓将何福，社舞村歌又一年。”

【村墅】 村舍。乡村房舍。祖咏《渡淮河寄平一》：“天色混波涛，岸阴匝村墅。”崔道融《村墅》：“正月二月村墅闲，余粮未乏人心宽。”无名氏《冬出敦煌郡入退浑国朝发马圈之作》：“野烟暝村墅，初日惨寒山。”

【村際】 村边。孟浩然《南归阻雪》：“孤烟村际起，归雁天边去。”

【村盤】 乡村宴席上之食盘。权德舆《拜昭陵过咸阳墅》：“村盘既罗列，鸡黍皆珍鲜。”

【村潭】 村边之水潭。方干《送叶秀才赴举兼呈吕少监》：“书回册市砧应绝，棹出村潭菊未衰。”

【村閭】 乡村之闾里。白居易《村居苦寒》：“回观村闾间，十室八九贫。”

【村鄰】 乡邻，乡居之邻人。白居易《叹常生》：“村邻无好客，所遇唯农夫。”

【村橋】 乡村小桥。张祜《闲居作五首》之六：“远郭浸烟波，村桥入薜萝。”

【村頭】 村口，村前。无名氏《五言诗》之五（《外编》下）：“里政被脚蹴，村头被拳搓。”

【村學生】 乡村私塾之学生。卢仝《寄男抱孙》：“莫学村学生，粗气强叫吼。”

【村疃】 村庄。唐彦谦《夏日访友》：“孤舟唤野渡，村疃入幽邃。”

【村館】 乡村之馆舍，旅店。王昌龄《沙苑南渡头》：“津人空守缆，村馆复临川。”

【村籬】 农家之篱笆。钱起《山路见梅感而有作》：“行客凄凉过，村篱冷落开。”

杕 〔dì《广韵》特計切，去霽，定。〕树木孤生特立貌。见“杕杜”。

【杕杜】 《诗·小雅》之篇名。内容系以孤生之棠梨起兴，写女子思念远戍丈夫之情。卢从愿《奉和圣制送张说巡边》：“伫闻歌杕杜，凯入系名王。”杜甫《收京三首》之三：“赏应歌杕杜，归及荐樱桃。”钱起《送萧常侍北使》：“明光朝即迩，杕杜早成歌。”皎然《同杨使君白蘋洲送陆侍御土佳入朝》：“旋师闻杕杜，归路忆镮辕。”

杖 〔zhàng《广韵》直兩切，上養，澄。〕❶手杖。护国《逢灵道士》：“一茎青竹以为杖，数颗仙桃仍未餐。”王维《谒璿上人》：“床下阮家屐，窗前筇竹杖。”周贺《送僧归江南》：“麻衣行岳色，竹杖带湘云。”赵嘏《重阳日寄韦舍人》：“节过重阳菊委尘，江边病起杖扶身。”❷打马球用之球棒。张建封《酬韩校书愈打球歌》：“杖移鬃底拂尾后，星从月下流中场。”杨巨源《观打球有作》：“欲令四海氛烟静，杖底纤尘不敢生。”韩愈《汴泗交流赠张仆射》：“球惊杖奋合且离，红牛缨绂黄金羁。”贾岛《上邠宁刑司徒》：“箭头破帖浑无敌，杖底敲球远有声。”❸鼓槌。张祜《邠娘羯鼓》：“冬儿指向贞贞说，一曲乾鸣两杖轻。”李郢《画鼓》：“两杖一挥行缆解，暮天空使别魂惊。”❹拄手杖。元稹《酬乐天东南行诗一百韵》：“舟败罂浮汉，骖疲杖过邛。”姚合《谢韬光上人赠百龄藤杖》：“闲来杖此向何处？过水缘山只访僧。”❺秉执，握持。李白《闻李太尉大举秦兵愞夫请缨半道病还留别金陵崔侍御》：“太尉杖旄钺，云旗绕彭城。”杜甫《又上后园山脚》：“忧来杖匣剑，更上林北岗。”❻刑法名。以棍棒捶击犯人。刘行敏《嘲崔生》：“杖迹胸前出，绳文腕后生。”

【杖於朝】 （朝 cháo）《礼记·王制》：“七十杖于国，八十杖于朝。”谓八十岁老人可享殊遇，拄杖出入朝廷。韩偓《乙丑岁九月在萧滩镇驻泊忽得杨迢员外书因书四十字》：“若为将朽质，犹拟杖于朝。”

【杖出泉】 为咏高僧之典故。见南朝梁·释慧皎《高僧传·晋庐山释慧远》。钱起《送赟法师往上都》：“到处花为雨，行时杖出泉。”

【杖屐】 拄手杖，穿木屐。姚合《酬任畴协律夏中苦雨见寄》：“下床先仗屐，汲井恐飘瓯。”

【杖筇】 拄竹手杖。韩偓《江岸闲步》：“一手携书一杖筇，出门何处觅情通。”无可《寄题庐山二林寺》：“翠窦欹攀乳，苔桥侧杖筇。”

【杖策】 ❶拄手杖。王绩《赠李征君大寿》：“幅巾朝帝罢，杖策去官忙。”王昌龄《咏史》：“荷畚至洛阳，杖策游北门。”汪万於《晚眺》：“杖策倚柴门，泉声隔岸闻。”韦庄《倚柴关》：“杖策无言独倚关，如痴如醉又如闲。”❷执马鞭。谓乘马。魏征《述怀·出关》：“策杖谒天子，驱马出关门。”

【杖鄉】 杖于乡。借指六十岁之老人。见《礼记·王制》。太宗《千秋节宴》:"处处祠田祖,年年宴杖乡。"

【杖鉢】 僧人随身所携之锡杖与食钵。常以借指僧人之行迹。宋之问《送沙门泓景道俊玄奘还荆州应制》:"荆南旋杖钵,渭北限津梁。"

【杖鉞】 执持斧钺。表示掌权。杜甫《江陵节度阳城郡王新楼成》:"杖钺褰帷瞻具美,投壶散帙有余清。"

【杖節】 执持符节。借指受命掌权。节,帝王任命官员或遣使时授以示信之符节、旌节。武元衡《秋日对酒》:"我乏济时略,杖节抚藩维。"卢肇《汉堤诗》:"我公用谐,直茅杖节。"

【杖劍】 执剑,拿着剑。陆龟蒙《别离》:"杖剑对尊酒,耻为游子颜。"

【杖履】 手杖与鞋子。刘得仁《吊草堂禅师》:"杖履疑师在,房关四壁蛩。"李郢《秋晚寄题陆勋校书义兴禅居》:"惠远烟霞在,方平杖履随。"

【杖頭】 ❶手杖之端部。参见"杖頭痕"。❷"杖头钱"之省称。李贺《自昌谷到洛后门》:"杖头非饮酒,吾请造其人。"❸打马球所用之球杖杖端。张祜《观宋州田大夫打球》:"晓冰蹄下裂,寒瓦杖头鸣。"

【杖頭痕】 以手杖拄行时留于地上之痕点。齐己《过陈陶处士旧居》:"闲庭除鹤迹,半是杖头痕。"

【杖頭錢】 指买酒之钱。见《晋书·阮修传》。王绩《戏题卜铺壁》:"不应长卖卜,须得杖头钱。"骆宾王《冬日宴》:"二三物外友,一百杖头钱。"贺兰进明《杂曲歌辞·行路难五首》之一:"但愿亲友长含笑,相逢莫吝杖头钱。"岑参《严君平卜肆》:"至今杖头钱,时时地上有。"

【杖擔】 (—dān)谓以杖担之。吕岩《七言》之六二:"堪笑时人问我家,杖担云物惹烟霞。"

【杖錫】 拄锡杖。指僧人云游。锡,锡杖,僧人云游时之随身法器。崔颢《赠怀一上人》:"传灯遍都邑,杖锡游王公。"刘长卿《送灵澈上人还越中》:"禅客无心杖锡还,沃洲深处草堂闲。"杜甫《宿赞公房》:"杖锡何来此,秋风已飒然。"李端《赠衡岳隐禅师》:"唯当与樵者,杖锡入天台。"

【杖錫客】 拄着锡杖之云游僧。白居易《游坊口悬泉偶题石上》:"时逢杖锡客,或值垂纶叟。"

【杖屨】 ❶手杖与鞋子。白居易《偶作二首》之二:"日西引杖屦,散步游林塘。"杨衡《南海苦雨寄赠王四侍御》:"涂泥亲杖屦,苔藓渍衣襟。"方干《游张公洞寄陶校书》:"下蒸阴气松萝湿,外制温风杖屦寒。"❷借指老人。多用为敬称。杜甫《咏怀二首》之二:"南为祝融客,勉强亲杖屦。"❸指扶杖着鞋而行。杜甫《祠南夕望》:"兴来犹杖屦,目断更云沙。"朱庆余《和刘补阙秋园寓兴之什十首》之三:"逍遥人事外,杖屦入杉萝。"❹"杖履相随"之略语。李商隐《赠华阳宋真人兼寄清都刘先生》:"不因杖屦逢周史,徐甲何曾有此身!"

【杖屨相依】 参见"杖屨相随"。

【杖屨相隨】 亦作"杖屦相依"。谓追随左右。朱庆余《与真上人一二禅师题玢寺主院》:"杖屦相随任处便,不唯空寄上方眠。"郑良士《题兴化高田院桥亭》:"何时脱尘役,杖履愿相依。"

【杖藜】 ❶拄着藜茎手杖。田游岩《弘农清岩曲有磐石可坐宋十一每拂拭待余》:"傥见山人至,簪蒿且杖藜。"杜甫《绝句漫兴九首》之五:"肠断春江欲尽头,杖藜徐步立芳洲。"姚合《咏道旁亭子》:"南陌游人回首去,东林道者杖藜归。"吴融《寄僧》:"柳拂池光一点清,紫方袍袖杖藜行。"❷用藜茎所制之手杖。护国《赠张驸马斑竹柱杖》:"此君与我在云溪,劲节奇文胜杖藜。"薛能《许州题德星亭》:"频来不似军从事,只戴纱巾曳杖藜。"周朴《董岭水》:"中有高人在,沙中曳杖藜。"❸借指老人。周镛《诸暨五泄山》:"当年老默无消息,犹有词堂一杖藜。"

【杖懸沽酒錢】 指晋阮修以铜钱挂杖头至酒店买酒酣饮事。王季友《酬李十六岐》:"朝饮杖悬沽酒钱,暮餐囊有松花饭。"参见"杖頭錢"。

杌 〔wù《广韵》五忽切,入没,疑。〕❶树木秃无枝叶。见"杌木"。❷人名。见"檮杌"。

【杌木】 秃木。无枝叶之树。寒山《诗三百三首》之一五四:"凋梅雪作花,杌木云充叶。"

杙 〔yì《广韵》與職切,入職,以。〕木桩。一端尖,可楔入地。柳宗元《行路难三首》之二:"虞衡斤斧罗千山,工命采斫杙与椽。"

杏 〔xìng《广韵》何梗切,上梗,匣。〕❶树名。落叶乔木。叶卵形。春季开花,花色粉红。果圆形,色橙黄,味甘酸,可食。杏仁可入药。张九龄《出为豫章郡途次庐山东岩下》:"攀崖犹昔境,种杏非旧林。"李颀《赠别高三十五》:"官舍柳林静,河梁杏叶滋。"钱起《酬长孙绎蓝溪寄杏》:"爱君蓝水上,种杏近成田。"王涯《春游曲二首》之一:"万树江边杏,新开一夜风。"❷杏子。杏树之果实。王维《送友人归山歌二首》之一:"神与枣兮如瓜,虎卖杏兮收谷。"杜甫《竖子至》:"楂梨且缀碧,梅杏半传黄。"齐己《夏日草堂作》:"园林坐清影,梅杏嚼红香。"❸杏花。刘长卿《春过裴虬郊园》:"郊原春欲暮,桃杏落纷纷。"白居易《南湖早春》:"乱点碎红山杏发,平铺新绿水蘋生。"齐己《折杨柳词四首》之四:"争似著行垂上苑,碧桃红杏对摇摇。"❹喻女子之小口。吴融《和韩致光侍郎无题三首》之一："杏小双圆压，山浓两点嚬。"❺指杏仁。见"杏粥"。

【杏子】　杏树之果实。形圆，色黄，味甘酸。参见"杏子眼孔""杏子粥"。

【杏子眼孔】　如杏状之眼睛。多以形容女子之圆眼。张元一《又嘲》："未见桃花面皮，漫作杏子眼孔。"

【杏子粥】　以杏仁捣碎煮成之粥。亦称杏酪粥。为古代寒食节食品之一种。曹松《钟陵寒食日郊外闲游》："可怜时节足风情，杏子粥香如冷饧。"或者作"杏粥"。韦应物《清明日忆诸弟》："杏粥犹堪食，榆羹已稍煎。"

【杏日】　杏花开放之时日。韩琮《牡丹》："桃时杏日不争浓，叶帐阴成始放红。"

【杏田】　为咏隐者之典故。见晋葛洪《神仙传·董奉》。李白《送二季之江东》："禹穴藏书地，匡山种杏田。"钱起《送宋征君让官还山》："魏阙辞花绶，春山有杏田。"

【杏花】　杏树所开之花。杜审言《晦日宴游》："日晦随蓂荚，春情著杏花。"丘为《对雨闻莺》："垂柳街头百丈丝，杏花林外度黄鹂。"陈翥《曲江亭望慈恩寺杏园花发》："十亩开金地，千林发杏花。"张祎《巴州寒食晚眺》："东望青天周与秦，杏花榆叶故园春。"

【杏花天】　杏花开放时节。指春天。李商隐《评事翁寄赐饧粥走笔为答》："粥香饧白杏花天，省对流莺坐绮筵。"温庭筠《阳春曲》："霏霏雾雨杏花天，帘外春威著罗幕。"

【杏花村】　❶村名。在今安徽池州。一说在今山西汾阳。杜牧《清明》："借问酒家何处有？牧童遥指杏花村。"❷泛指多杏花之村庄。许浑《下第归蒲城墅居》："薄烟杨柳路，微雨杏花村。"

【杏花風】　杏花开放时节之风。指春风。羊士谔《野望二首》之一："萋萋麦陇杏花风，好是行春野望中。"

【杏花壇】　参见"杏坛"。

【杏林】　杏树林。储光羲《田家即事答崔二东皋作四首》之一："玄鸟双双飞，杏林初发花。"权德舆《奉和许阁老慈恩寺杏园看花》："杏林微雨霁，灼灼满瑶华。"

【杏房】　犹杏花。房，花房，花冠。郑谷《乱后灞上》："柳丝牵水杏房红，烟岸人稀草色中。"

【杏苞】　杏花之花苞。韩偓《御制春游长句》："柳带似眉全展绿，杏苞如脸半开香。"

【杏梢】　杏树之枝梢。王周《早春西园》："雪敧梅蒂绿，春入杏梢红。"

【杏膏】　以杏子之果肉制成之膏。亦名杏油。李德裕《述梦诗四十韵》："麝气随兰泽，霜华入杏膏。"

【杏梁】　以银杏树材做成之屋梁。亦泛指华贵之屋梁。李峤《雀》："大厦初成日，嘉宾集杏梁。"钱起《赋得巢燕送客》："能栖杏梁际，不与黄雀群。"羊士谔《夜听琵琶三首》之三："潺湲陇水听难尽，并觉风沙绕杏梁。"和凝《宫词百首》之七五："杏梁烜赫晴霞展，时见空虚坠燕泥。"

【杏粥】　参见"杏子粥"。

【杏葉鞍】　即马鞍。以其状似杏叶，故称。白居易《出使在途所骑马死改乘肩舆偶咏旅怀寄太原李相公》："风光不见桃花骑，尘土空留杏叶鞍。"

【杏酪】　即杏仁粥。崔橹《春日即事》："杏酪渐香邻舍粥，榆烟将变旧炉灰。"李郢《春夜》："杏酪香浓寒食近，梨花影散夜风轻。"参见"杏子粥"。

【杏園】　❶园名。在唐长安西南之曲江（今陕西西安大雁塔南）。为唐新科进士庆贺宴饮之所。刘禹锡《同乐天和微之深春二十首》之十四："杏园抛曲处，挥袖向风斜。"曹著《曲江亭望慈恩寺杏园花发》："晚日分初地，东风发杏园。"卢尚卿《东归诗》："桂树放教遮月长，杏园终待隔年开。"杜荀鹤《下第出关投郑拾遗》："杏园人醉日，关路独归时。"❷泛指杏树之园。刘长卿《过郑山人所居》："寂寂孤莺啼杏园，寥寥一犬吠桃源。"牛峤《酒泉子》词："记得去年，烟暖杏园花正发。"❸地名。古黄河渡口，旧址在今河南汲县花园镇。唐时郭子仪曾自此渡河讨安庆绪。杜甫《垂老别》："土门壁甚坚，杏园度亦难。"

【杏園芳】　词牌名。双调。八句七韵，四十五字。上阙四句四平韵，二十二字；下阙四句三平韵，二十三字。尹鹗有《杏园芳》词。

【杏園客】　指新科进士。因唐及第进士皆于杏园赐宴，故称。韦庄《送范评事入关》："为报明年杏园客，与留绝艳待终军。"

【杏園宴】　新科进士之宴会。唐代新科进士皆于曲江杏园赐宴，故称。李远《陪新及第赴同年会》："今日杏园宴，当时天乐声。"

【杏溪】　指杏溪园。在唐长安兰陵坊。李益曾居于此。李益《赠宣大师》："看月忆来松寺宿，寻花思作杏溪期。"

【杏溪君】　李益自称。因李曾居长安兰陵坊杏溪园，故称。李益《乞宽禅师瘿山罍呈宣供奉》："谁留秦苑地，好赠杏溪君。"

【杏溪叟】　李益自称。因李曾居长安兰陵坊杏溪园，故称。李益《与宣供奉携瘿尊归杏溪园联句》："唯有沃洲僧，时过杏溪叟。"

【杏溪園】　园名。在唐长安兰陵坊。李益曾居住于此。李益有《与宣供奉携瘿尊师杏溪园联句》。

【杏殤】　谓杏花花苞未开而凋谢。孟郊有子早夭，以之为喻，作《杏殇》。其序云："杏觞，花乳也，霜剪而落。因悲昔婴，故作是诗。"王建《哭孟东野二首》之二："但是洛阳城里客，家传一本《杏殇》。"

【杏蕊桃心】　桃花杏花之花心。泛指桃花杏花。和凝《宫词百首》之三十："艳阳风景簇神州，杏蕊桃心照凤楼。"

【杏壇】　亦作"杏樹壇""杏花壇"。❶指孔子讲学之处。见《庄子·渔父》。王维《田园乐七首》之三："杏树坛边渔父，桃花源里人家。"冯道幕客《题酒户修孔庙状》(卷八七〇)："槐影参差覆杏坛，儒门弟子尽高官。"❷泛指老师传道授业之处。钱起《幽居春暮书怀》："更怜童子宜春服，花里寻师指杏坛。"王建《送司空神童》："杏花坛上授书时，不废中庭趁蝶飞。"吴融《赴职西川过便桥书怀寄同年》："不是伤春爱回首，杏坛恩重马迟迟。"❸传三国吴董奉居山为人治病，愈者使栽杏五株，久之得十万余株，郁然成林。奉在人间三百余年，一朝入云仙去，颜色如三十岁人。后因以"杏坛"指道教修炼之所。见《太平广记》卷十二引晋葛洪《神仙传》。白居易《春中与卢四周谅华阳观同居》："杏坛住僻虽宜病，芸阁官微不救贫。"又《寻王道士药堂因有题赠》："行行觅路缘松峤，步步寻花到杏坛。"曹唐《小游仙诗九十八首》之四七："昨夜相邀宴杏坛，等闲乘醉走青鸾。"熊皎《怀三茅道友》："杏坛仙侣应相笑，只为浮名未肯抛。"

【杏壇丈】　本指孔子，后亦泛指聚徒讲学之儒师。杜甫《八哀诗·故著作郎贬台州司户荥阳郑公虔》："空闻紫芝歌，不见杏坛丈。"

【杏樹】　果木名。蔷薇科落叶乔木。叶卵形。春日开花。崔融《太平兴隆寺》："杏树栽时久，莲花刻处微。"窦巩《游仙祠》："海上神山绿，溪边杏树红。"

【杏樹壇】　参见"杏壇"。

【杏籬】　以成排之杏树为篱障。韦庄《和元秀才别业书事》："绿钱榆贯重，红障杏篱深。"

束　〔shù《广韵》書玉切，入燭，書。〕❶捆扎；捆绑。韦应物《寄全椒山中道士》："涧底束荆薪，归来煮白石。"韩愈《小女道死留题驿梁》："数条藤束木皮棺，草殡荒山白骨寒。"陆龟蒙《樵人十咏·樵子》："薪和野花束，步带山词唱。"见"束缚❶"。❷缠绕。杜审言《度石门山》："道束悬崖半，桥欹绝涧中。"韩愈《病中赠张十八》："牛羊满田野，解旆束空杠。"吴融《和严谏议萧山庙十韵》："老狖寻危栋，秋蛇束画楹。"❸栓系；戴。杜甫《遣兴五首》之五："君看束练去，亦得归山冈。"白居易《杂兴三首》之三："冠垂明月珠，带束通天犀。"亦指紧密系连。聂夷中《题贾氏林泉》："市朝束名利，林泉系清通。"❹限制；约束。亦指被约束。李华《寄赵七侍御》："禽尚彼何人，胡为束樊笼?"白居易《郡中闲独寄微之及崔湖州》："少年宾旅非吾辈，晚岁簪缨束我身。"王贞白《送马明府归山》："免遭黑绶束，不与白云疏。"❺收敛。姚合《答窦知言》："飞鸟皆束翼，居人不开门。"喻坦之《长安雪后》："气凌禽翅束，冻入马蹄危。"❻逼控；夹束。戎昱《送苏参军》："舟移极浦城初掩，山束长江日早曛。"韩愈《贞女峡》："江盘峡束春湍豪，风雷战斗鱼龙逃。"杜牧《中秋日拜起居表晨渡天津桥即事》："楼齐云漠漠，桥束水潺潺。"❼犹围拢、环绕。白居易《晚寒》："暝催鸡翅敛，寒束树枝高。"姚合《寄安陆友人》："烟束远山碧，霞欹落照红。"黄滔《和王舍人崔补阙题天王寺》："粉垣千堵束，金塔九层支。"❽犹锁闭，封护。韩愈、李正封《晚秋郾城夜会联句》："魏阙横云汉，秦关束岩崿。"李贺《公莫舞歌》："铁枢铁楗重束关，大旗五丈撞双环。"张乔《华山》："澄凝临甸服，险固束神都。"❾犹言束之高阁。谓捆扎起来弃置不用。贯休《古出塞曲三首》之二："塞色干戈束，军容喜气屯。"见"束杖"。❿犹束素。形容女子之细腰。温庭筠《苏小小歌》："吴宫女儿腰似束，家在钱唐小江曲。"吴融《倒次元韵》："似束腰支细，如描发彩匀。"和凝《麦秀两岐》词："树连枝，鱼比目，掌上腰如束。"⓫指如被捆束状之物，或长条状物。司空图《杨柳枝寿杯词十八首》之十三："絮惹轻枝雪未飘，小溪烟束带危桥。"⓬量词。(1)计量捆扎成把状物。一束犹一捆、一扎。徐彦伯《题东山子李适碑阴二首》之二："何以赠下泉，生刍唯一束。"杜甫《桃竹杖引赠章留后》："梓潼使君开一束，满堂宾客皆叹息。"孟郊《大梁送柳淳先入关》："空携一束书，去去谁相亲?"白居易《东城桂三首》之二："长忧落在樵人手，卖作苏州一束柴。"(2)十物为一束。见"束帛""束脩"。(3)布五匹为一束。李白《送鲁郡刘长史迁弘农长史》："鲁缟如白烟，五缣不成束。"白居易《秦中吟十首·买花》："灼灼百朵红，戋戋五束素。"

【束刃】　捆束兵器；收起武器。柳宗元《乐府歌辞·鼓吹铙歌·吐谷浑》："束刃逾山徼，张翼纵漠沙。"

【束心】　收心。李白《留别于十一兄逖裴十三游塞垣》："既知朱亥为壮士，且愿束心秋毫里。"

【束手】　❶束缚起双手。(1)表示无力抵抗。张瀛《赠琴棋僧歌》："法怀斟下红霞丹，束手不敢争头角。"周昙《咏史诗·前汉门·再吟》："君臣束手平城里，三十万兵能忍饥。"(2)表示无计可施。陆龟蒙《正月十五惜春寄袭美》："六分春色一分休，满眼东波尽是愁。花匠凝寒应束手，酒龙多病尚垂头。"❷犹袖手。崔道融《羯鼓》："华清宫里打撩声，供奉丝簧束手听。”

【束水】 细小的水流。骆宾王《过故宋》：“池文敛束水，竹影漏寒丛。”陈熙晋笺注引颜注：“束水，束带之水也。”

【束竹】 竹捆。束成捆之竹。李贺《恼公》：“肠攒非束竹，胘急是张弓。”王琦汇解：“束竹即喻其攒聚。”

【束杖】 指捆束不用之刑具。表示政宽人和，措刑不用。皮日休《吴中苦雨因书一百韵寄鲁望》：“梅润侵束杖，和气生空狱。”

【束束】 受压抑、不舒展貌。元稹《通州丁溪馆夜别李景信三首》之一：“月濛濛兮山掩掩，束束别魂眉敛敛。”

【束身】 ❶约束自身。谓不敢违越礼法。徐彦伯《拟古三首》之二：“束身趋建礼，秉笔坐承明。”❷捆缚自身。表示降顺。白敏中《贺收复秦原诸州诗》：“一诏皇城四海颁，丑戎无数束身还。”

【束肘】 谓缠住手肘。陆龟蒙《奉和袭美太湖诗二十首·入林屋洞》：“石角忽支颐，藤根时束肘。”

【束長生】 指晋束皙为邑人请雨而邑人祝愿束皙长生之事。见《晋书·束皙传》。李商隐《所居永乐县久旱县宰祈祷得雨因赋诗》：“只怪闾阎喧鼓吹，邑人同报束长生。”

【束帛】 用为聘问之礼的一束帛。其数一束十端，总为五匹。吴筠《高士咏·颜阖》：“逃聘鄙束帛，凿坏欣茅茨。”岑参《送许拾遗恩归江宁拜亲》：“束帛仍赐衣，恩波涨沧流。”张籍《赠梅处士》：“天子如今议封禅，应将束帛请先生。”费冠卿《酬范中丞见》：“捧将束帛山僮喜，传示银钩邑客惊。”

【束挂】 捆束挂起。张乔《送何道士归山》：“身非绝粒本清羸，束挂仙经杖一枝。”

【束馬】 ❶用布帛等包裹起马足，以防滑跌。形容路险难行。骆宾王《畴昔篇》：“长途看束马，平水且沉牛。”❷控马，驭马。薛逢《送西川梁常侍之新筑龙山城》：“束马凌苍壁，扪萝上碧岑。”

【束馬懸車】 包裹起马足，悬吊紧车子，以防马滑车翻。形容路险难行。见《国语·齐语》。慧净《杂言》：“投针偶穴非同喻，束马悬车岂等程？”

【束柴】 成束之柴。形容身体枯瘦。孟郊《杏殇》之八：“病叟无子孙，独立犹束柴。”

【束脩】 一束十条之干肉。为古代入学拜师之薄礼。后亦泛指拜师之礼。萧颖士《江有归舟三章》序：“其他自京畿太学，踰于淮泗，行束脩以上，而未及门者，亦云倍之。”

【束高閣】 “束之高阁”的略语。谓弃置不用。韩愈《寄卢仝》：“春秋三传束高阁，独抱遗经究终始。”吴融《风雨吟》：“又岂忧文臣尽遭束高阁，文教从今日萧索。”

【束書】 谓带上书籍出门远行。李咸用《送人》：“不甘长在诸生下，束书携剑离家乡。”方干《送班主簿入谒荆南韦常侍》：“束书成远去，还计莫经春。”罗邺《自蜀入关》：“文战连输未息机，束书携剑定前非。”伍乔《送江少府授延陵后寄》：“束书西上谒明主，捧檄南归慰老亲。”

【束帶】 系带以束衣于腰。表示着装整饬。古制官服皆系带，官品不同，带亦有别。王维《送张舍人佐江州同薛璩十韵》：“束带趋承明，守官唯谒者。”孟浩然《京还赠张维》：“早朝非晚起，束带异抽簪。”韦应物《园林晏起寄昭应韩明府卢主簿》：“束带理官府，简牍盈目前。”赵嘏《赠李秘书》：“束带临风气调新，孔门才业独谁伦？”

【束帶士】 指穿官服之人。韦应物《休暇东斋》：“由来束带士，请谒无朝暮。”

【束筍】 捆扎成束之笋。喻众多之文稿诗卷。韩愈《赠崔立之评事》：“深藏篋笥时一发，戢戢已多如束笋。”

【束楚】 捆扎荆条成束。楚，荆柴。因《诗·唐风·绸缪》有“绸缪束楚，三星在户”句，用以歌咏新婚，后遂以“束楚”喻男女成婚。白居易《想东游五十韵》：“悬旌心宛转，束楚意绸缪。”

【束腰】 以带系腰。古代女子之装束。张籍《相和歌辞·采莲曲》：“白练束腰袖半卷，不插玉钗妆梳浅。”

【束煙】 犹笼雾，含烟。陆龟蒙《秋荷》：“蒲茸承露有佳色，茭叶束烟如效颦。”

【束裝】 整理行装。谓出门远行。魏氏《赠外》：“束装赴南郢，脂驾出西秦。”

【束蒿】 捆扎成束之艾草。韩愈《杂诗四首》之三：“束蒿以代之，小大不相权。”

【束皙】 字广微。晋阳平元城（今河北大名东北）人。少游国学，博士曹志誉其“好学不倦，人莫及也”。事迹见《晋书》本传。沈佺期《三日独坐驩州思忆旧游》：“束皙言谈妙，张华史汉遒。”张祜《叙诗》：“何意束皙徒，《补亡》辄继之。”丘光庭《补新宫》序：“三百之篇，孔子既已删定，子夏从而序之，其序不冠诸篇，别为编简，纵其辞寻逸，则厥义犹存，若南陔、白华之类，故束皙得以补之。”

【束皙竹簡】 指晋束皙独识汉明帝显节陵竹简之事。见《世说新语·雅量》刘峻注引晋张隐《文士传》。《晋书·束皙传》“科斗书”下有“传以相示，莫有知者”语。李瀚《蒙求》：“楚昭萍实，束皙竹简。”

【束髮】 古代男孩成童之时束扎头发为髻，后因以借指成童之年。崔融《登东阳沈隐侯八咏楼》:“粤余忝藩左,束发事文场。”李益《来从窦车骑行》:“束发逢世屯,怀恩抱明义。”李贺《春归昌谷》:“束发方读书,谋身苦不早。”李群玉《自澧浦东游江表途出巴丘投员外从公虞》:“小子书代耕,束发颇自强。”

【束縛】 ❶捆绑人。指拘囚。柳宗元《韦道安》:“麾令递束缚,缧索相拄撑。”❷捆扎或缠束。元稹《兔丝》:“翳荟生可耻,束缚死无名。”白居易《紫藤》:“下如蛇盘屈,上若绳萦纡。可邻中间树,束缚成枯株。”又《开龙门八节石滩诗二首》序:“船筏过此,例及破伤,舟人楫师,推挽束缚。大寒之月,裸跣水中。”❸约束,限制。多指在官场受拘束,不自由。杜甫《遣闷奉呈严公二十韵》:“束缚酬知己,蹉跎效小忠。”柳宗元《游南亭夜还叙志七十韵》:“踉跄辞束缚,悦怿换煎熬。”元稹《元和五年予官不了罚俸西归思怆曩游因投五十韵》:“台官相束缚,不许放情志。”曹汾《去东林寺诗》:“尘网分明知束缚,更须骑马别林泉。”

【束薪】 ❶柴捆,捆扎成束之柴。钱珝《江行无题一百首》之十二:“翳日多乔木,维舟取束薪。”❷指捆扎之篱架。杜甫《除架》:“束薪已零落,瓠叶转萧疏。”❸捆柴。皮日休《奉和鲁望樵人十咏·樵子》:“束薪白云湿,负担春日暮。”

【束簡】 犹束书。谓收拾简册出远门。刘禹锡《送湘阳熊判官孺登府罢归钟陵》:“束简下曲台,佩韃来历阳。”又《发华州留别张侍御》:“束简下延阁,买符驱短辕。”

【束溼】 捆扎湿物。因湿物易勒紧,故以之喻驭下级苛急严刻。储光羲《狱中贻姚张薛李郑柳诸公》:“束湿虽欲操,钩金庶无负。”

【束藴】 束扎乱麻为火把。刘禹锡《送义舟师却还黔南》:“黔之乡,在秦楚为争地。近世人多过言其幽荒以谈笑,闻者又从而张皇之,犹夫束蕴逐原燎。”

【束囊】 整理行囊,准备出行。欧阳詹《晨装行》:“旅灯彻夜席,束囊事晨征。”

杉〔shān《广韵》所咸切,平咸,生。〕树名。杉科,常绿乔木。高可达三十米以上。树形似塔。叶线状披针形,果球状,外部似披鳞,每一鳞片有种子三粒。木质细轻,色白或淡黄。为常用之优质木材。杜甫《柴门》:“石乱上云气,杉清延月华。”韦应物《送王校书》:“同宿高斋换时节,共看移石复栽杉。”贾岛《送崔约秀才》:“重入石头城下寺,南朝杉老未干燋。”刘廓《杨岐山》:“松杉寒更茂,岚霭昼还开。”

【杉子】 杉树之果实。皮日休《宿报恩寺水阁》:“往往竹梢摇翡翠,时时杉子掷莓苔。”

【杉月】 杉树林中之月光。皎然《和杨明府早秋游法华寺》:“秋赏石潭洁,夜嘉杉月清。”孟郊《送玄亮师》:“兰泉涤我襟,杉月栖我心。”

【杉松】 杉树与松树。刘长卿《送台州李使君兼寄题国清寺》:“晴江洲渚带春草,古寺杉松深暮猿。”严维《夏日纳凉》:“杉松交日影,枕簟上湖光。”张祜《题秀师影堂》:“阴阴古寺杉松下,记得长明一焰灯。”僧鸾《赠李粲秀才》:“苔地无尘到晓吟,杉松老叶风干起。”

【杉香】 杉树之香气。吕温《同恭夏日题寻真观李宽中秀才书院》:“微风但觉杉香满,烈日方知竹气寒。”

【杉桂】 杉树与桂树。皮日休《太湖诗·包山祠》:“炉灰寂不然,风送杉桂香。”

【杉陰】 杉树荫。朱庆余《宿陈处士书斋》:“菰叶寒塘晚,杉阴白石明。”

【杉梧】 杉树与梧桐树。马戴《宿无可上人房》:“河汉秋深夜,杉梧露滴时。”许棠《题李昌符丰乐幽居》:“兰菊俱含露,杉梧为奏风。”

【杉篁】 杉树与竹子。韩愈《南山诗》:“杉篁咤蒲苏,杲耀攒介胄。”刘昭禹《赠惠律大师》:“风月资吟笔,杉篁笼静居。”

【杉瘤】 杉树上所生之赘瘤。常用以雕制杯杓等器具。皮日休《二游诗·任诗》:“杯杓悉杉瘤,盘筵尽荷叶。”

【杉贅】 即杉瘤。皮日休《夜会问答十》之二:“瘿木杯,杉赘楠瘤刳得来。莫怪家人畔边笑,渠心只爱黄金罍。”

【杉檉】 杉树与柽柳。韩愈、孟郊《城南联句》:“祥色被文彦,良才插杉柽。”李建勋《东楼看雪》:“因思旧隐匡庐日,闲看杉柽掩石扃。”

【杉檜】 杉树与桧柏。韩愈《陪杜侍御游湘西两寺独宿献杨常侍》:“夜风一何喧,杉桧屡磨飐。”章孝标《题上皇观》:“楼台瑞气晴萧索,杉桧龙身老屈蟠。”

【杉雞】 鸟名。见《太平御览》卷九一八引三国吴沈莹《临海异物志》。杜甫《王兵马使二角鹰》:“杉鸡竹兔不自惜,溪虎野羊俱辟易。”

【杉蘿】 杉树与女萝。周贺《玉芝观王道士》:“四面杉萝合,空堂画老仙。”朱庆余《和刘补阙秋园寓兴之什十首》之三:“逍遥人事外,杖屦入杉萝。”陆龟蒙《奉和袭美太湖诗二十首·三宿神景宫》:“回头问栖所,稍下杉萝径。”

【杉籬】 成排或成片,犹如篱障之杉树。李商隐《复至裴明府所居》:“伊人卜筑自幽深,桂巷杉篱不可寻。”

杓[1] 〔sháo《广韵》市若切，入藥，禪。〕❶杓子。元稹《遣春十首》之九："坐看莺斗枝，轻花满尊杓。"白居易《郊陶潜体诗十六首》之六："清光入杯杓，白露生衣巾。"杜荀鹤《戏赠渔家》："葫芦杓酌春浓酒，舴艋舟流夜涨滩。"❷量词。白居易《立秋夕有怀梦得》："夜茶一两杓，秋吟三数声。"

杓[2] 〔biāo《广韵》甫遥切，平宵，幫。又撫招切，平宵，滂。〕❶北斗星之斗柄。即北斗七星之前三星。李商隐《送从翁从东川弘农尚书幕》："少减东城饮，时看北斗杓。"❷指唐李建。李建，字杓直，故称。白居易《东南行一百韵寄通州元九侍御等》："论笑杓胡律，谈怜巩嗫嚅。"

【杓子】 舀水等器物。前端碗状，后有柄。李梦符《渔父引二首》之二："椰榆杓子木瘤杯，烂煮鲈鱼满案堆。"

【杓直】 即李建。李建，字杓直。元稹有《贬江陵途中寄乐天杓直杓直以员外郎判盐铁乐天以拾遗在翰林》。白居易《商山路有感》："杓直泉埋玉，虞平烛过风。"又《感旧》："微之捐馆将一纪，杓直归丘二十春。"

李 〔lǐ《广韵》良士切，上止，來。〕❶果木名。蔷薇科落叶乔木。韩愈《李花赠张十一署》："江陵城西二月尾，花不见桃惟见李。"白居易《杂感》："犬啮桃树根，李树反见伤。"❷姓。高适《奉酬睢阳李太守》："本枝疆我李，盘石冠诸刘。"❸通"理"。李商隐《归墅》："行李逾南极，旬时到旧乡。"

【李二】 ❶指李嘉祐。韦应物有《开元观怀旧寄李二韩二裴四兼呈崔郎中严家令》《假中枉卢二十二书亦称卧疾兼讶李二久不访问以诗答书因亦戏李二》。❷指李端。皇甫冉有《李二侍御丹阳东去新亭》。戎昱有《途中寄李二》，一作李益诗。耿湋有《寻觉公因寄李二端司空十四曙》。❸指李纵。皇甫冉有《问李二司直所居云山》。❹参见"李户部"。❺指李十二，即李绅。白居易有《春来频与李二宾客郭外同游因赠长句》。❻名不详。李汤之兄。韦应物有《送李二归楚州》《将发楚州经宝应县访李二忽于州馆相遇月夜书事因简李宝应》。❼名不详。李贺之兄。李贺有《奉和二兄罢使遣马归延州》。

【李二十】 ❶指李逢吉。元稹《骆口驿二首》自注："东壁上有李二十员外逢吉、崔二十二侍御韶使云南题名处。"令狐楚有《将赴洛下旅次汉南献上相公二十兄言怀八韵》。❷指李文略。白居易有《期李二十文略王十八质夫不至独宿仙游寺》。

【李二十一】 指李程。刘禹锡有《鄂渚留别李二十一表臣大夫》。按，李程，字表臣，排行第二十六，此诗作"李二十一"，讹。参见"李二十六"。

【李二十二】 指李畅。权德舆《酬李二十二兄主簿马迹山见寄》序："族内兄畅，纯静而深，直方而文……贞元元年，兄以典校秘书，调补江陵松滋主簿，以地远不就职。"

【李二十八】 指李正封。韩愈有《同李二十八夜次襄城》《宿神龟招李二十八冯十七》。

【李二十九】 ❶指李晋肃。杜甫有《公安送李二十九弟晋肃入蜀余下沔鄂》。❷似指李友路。刘禹锡有《送李二十九兄员外赴邠宁使幕》。

【李二十五】 名不详。杜甫有《奉送苏州李二十五长史丈之任》。

【李二十四】 名不详。肃宗时人。刘长卿有《送李二十四移家之江州》。

【李十】 ❶指李直方。权德舆有《李十韶州寄途中绝句使者取报修书之际口号酬赠》。❷指李少安。权德舆有《献岁送李十兄赴黔中酒后绝句》。❸指李渤。白居易有《题别遗爱草堂兼呈李十使君》《重到城七绝句·刘家花》："刘家墙上花还发，李十门前草又春。"❹指李建。元稹有《仁风李著作园醉后寄李十》。按，"李十"为"李十一"之夺。参见"李十一❸"。❺名不详。开元时人。张说有《送岳州李十从军桂州》《南中别陈七李十》。❻名不详。文宗时人。李商隐有《病中早访招国李十将军遇挈家游曲江》。冯浩笺注初疑为李执方，继又谓"当别是一人"。张采田会笺以为"即为李执方"。

【李十一】 ❶指李衔。杜甫有《长沙送李十一》。❷指李夷简。武元衡有《酬李十一尚书西亭暇日书怀见寄十二韵之作》。❸指李建。韩愈有《赴江陵途中寄赠王二十补阙李十一拾遗李二十六员外翰林三学士》。元稹有《题李十一修行里居壁》。白居易有《别李十一后重寄》《闻李十一出牧澧州崔二十二出牧果州因寄绝句》。❹指李景信。元稹有《喜李十一景信到》《别李十一五绝》。❺指李景俭。元稹有《与李十一夜饮》和《赠李十一》。按，"李十一"为"李六"之讹。参见"李六❸"。❻名不详。肃、代间人。常建有《送李十一尉临溪》。❼名不详。元和间人。吕温有《衡州送李十一兵曹赴浙东》《夜后把火看花南园招李十一兵曹不至呈座上诸公》。

【李十二】 ❶指李白。王昌龄有《巴陵送李十二》。杜甫有《与李十二白同寻范十隐居》。贾至有《洞庭送李十二赴零陵》。崔宗之有《赠李十二白》。❷指李褒。姚合有《和李十二舍人冬至日》《和李十二舍人裴四二舍人两阁老酬白少傅见寄》《和李十二舍人直日放朝对雪》。❸指李绅。元稹有《赠李十二牡丹花片因以饯行》。按，"李十二"为"李二十"之倒。参见"李二十❷"。❹名不详。李贺之兄。李贺有《秋凉诗寄正字十二兄》。❺名不详。贞元、元和间人。牟融有《山中有怀李十二》。

【李十七舍人】 指李纾。纾,行十七。大历初,为左补阙,后迁中书舍人。两《唐书》有传。郎士元有《送彭偃房由赴朝因寄钱大郎中李十七舍人》。

【李十八】 刘长卿有《舟中送李十八》,题下注:"一作《送僧》。"按,诗云:"释子身心无有分,独将衣钵去人群。相思晚望西林寺,唯有钟声出白云。"全诗皆写僧人,一作是,无"李十八"其人。

【李十九】 ❶指李儋。韦应物有《将往江淮寄李十九儋》。❷指李播。白居易有《送蕲春李十九使君赴郡》《对酒有怀寄李十九郎中》。❸名不详。李嘉祐有《送评事十九叔入秦》。❹名不详。晚唐人。官尚书员外郎。韩偓有《以庭前海棠梨花一枚寄李十九员外》。

【李十三】 名不详。元和间人。白居易有《戏赠李十三判官》。

【李十五】 ❶指李邕。王昌龄有《送李十五》。❷指李文嶷。杜甫有《赠李十五丈别》《奉寄李十五秘书二首》。❸指李栖筠。岑参有《使院中新栽柏树子呈李十五栖筠》。❹名不详。岐之兄。王季友有《宿东溪李十五山亭》。

【李十五丈】 参见"李十五❶"。

【李十六】 ❶指李幼卿。刘长卿有《酬滁州李十六使君见赠》《宿双峰寺寄卢七李十六》。钱起有《赠李十六》。❷指李岐。王季友有《酬李十六岐》。

【李十七】 ❶指李越宾。王昌龄有《岳阳别李十七越宾》。❷指李纾。李嘉祐有《袁江口忆王司勋王吏部二郎中起居十七弟》。郎士元有《送彭偃房由赴朝因寄钱大郎中李十七舍人》。路应有《仙岩四瀑布即事寄上秘书包监侍郎七兄吏部李侍郎十七兄婺州赵中丞处州齐谏议明州李九郎十四韵》。❸名不详。河西(今甘肃武威)人。天宝间人。高适有《河西送李十七》。

【李十四】 ❶指李布。杜甫有《寄李十四员外布十二韵》。❷名不详。高宗时山人。王勃有《赠李十四四首》。❸名不详。开元时人。孟浩然有《题李十四庄兼赠綦毋校书》。《今唐诗人名汇考》疑为李颀。❹名不详。肃、代间人。韦应物有《送李十四山东游》。❺指李羽。隐士。大中、咸通间人。温庭筠有《春日访李十四处士》和《李羽处士寄新酝走笔戏酬》。❻名不详。李贺之兄。李贺有《潞州张大宅病酒遇江使寄上十四兄》。

【李十使君】 指李渤。渤,字濬之。曾官虔州刺史,迁江州刺史。见《新唐书》本传。王建有《题别遗爱草堂兼呈李十使君》。

【李七】 ❶指李勉。钱起有《李四劝为尉氏尉李七勉为开封尉》。❷指李宗闵。白居易有《梦与李七庾三十三同访元九》《庐山草堂夜雨独宿寄牛二李七庾三十二员外》《初除主客郎中知制诰与王十一李七元九三舍人中书同宿话旧感怀》。❸名不详。固之弟。杜甫有《陪李七司马皂江上观造竹桥即日成往来之人免冬寒八水聊题短作简李公二首》。❹名不详。肃宗时人。独孤及有《与韩侍御同寻李七舍人不遇题壁留赠》。❺名不详。德宗时人。刘长卿有《送李七之笮水谒张相公》。

【李七丈】 参见"李七❶"。

【李八】 ❶指李曛。杜甫有《奉赠李八丈判官》《赠李八秘书别三十韵》《送李八秘书赴杜相公幕》。❷指李康。窦牟有《奉使至邢州赠李八使君》。❸指李观。皇甫冉有《舟中送李观》。❹指李永。耿湋有《与清江上人及诸公宿李八昆季宅》。❺名不详。开元间人。高适有《宋中别李八》。

【李八丈】 参见"李八❶"。

【李八百】 相传为仙人之名。蜀(今四川)人,居金堂山。其所处时代,说法不一。或谓周朝人,历夏、商二朝,年八百岁。或谓三国吴时人,时号八百岁公。或谓晋李脱,妖术惑众,自言八百岁。唐时赐号紫阳真人。事迹见晋葛洪《抱扑子·道意》《神仙传》《晋书·周札传》。符载《题李八百洞》:"后世何人来飞升,紫阳真人李八百。"

【李乂】 原名尚真。赵州(今河北临城)人。永隆二年进士及第。事迹见新旧《唐书》本传。《旧唐书·经籍志下》著录其集五卷,《新唐书·艺文志四》著录其兄弟三人《李氏花萼集》二十卷,均已佚。《全唐诗》卷九二录其诗一卷。

【李九】 ❶指李翥。高适有《同李九士曹观壁画云作》《秦中送李九赴越》。❷指李缜。路应有《仙岩四瀑布即事寄上秘书包监侍郎七兄吏部李侍郎十七兄婺州赵中丞处州齐谏议明州李九郎十四韵》。❸指李渤。李涉有《奉和九弟渤见寄绝句》。按,渤排行第十,此诗"九"为"十"之讹。❹名不详。曾贬为南阳县令,复起为河北某州刺史。钱起有《送李九贬南阳》和《送李九归河北》。

【李九郎】 参见"李九❷"。

【李九郎】 即李岑。贞元六年前后为明州刺史,见《全唐文》卷七二一。路应有《仙岩四瀑布即事寄上明州李九郎十四韵》。

【李九龄】 洛阳(今属河南)人。《宋史·艺文志七》著录其诗集一卷,已佚。《全唐诗》卷七三〇录其诗一卷。

【李三】 ❶指李崇嗣。陈子昂有《题李三书斋》。

❷指李吉甫。武元衡有《闻相公三兄小园置宴以元衡寓直因寄上兼呈中书三兄》。"相公三兄"指吉甫。❸指李顾言。元稹有《与杨十二李三早入永寿寺看牡丹》。又《遣病》:"李三三十九,登朝有清声。"白居易有《哭李三》。又《忆微之伤仲远》:"李三埋地底,元九谪天涯。"自注:"李三仲远去年春丧。"仲远,顾言之字。❹名不详。端之弟。皇甫冉有《同李三月夜作》。❺名不详。为刺史。卢伦有《和李使君三郎早秋城北亭楼宴崔司士因寄关中弟张评事时遇》。一作吕温诗,似误。

【李三十】 指李观(字元宾)。欧阳詹有《睹亡友题诗处》,"亡友"下有"李三十观秭归镇壁"字。

【李三郎】 参见"李三❺"。

【李干】 字子渐。魏州顿丘(今河南清丰西)人。元和下年进士及第。为韩愈兄之孙女婿,故愈为其作墓志铭。马异有《暮春醉中寄李干秀才》。姚合有《寄李干》。

【李工部】 指李适。适景云三年为工部侍郎。张说有《李工部挽歌三首》。

【李士元】 籍贯不详。或云曾为僧,后还俗。《全唐诗》卷七七五录其诗二首。

【李士良】 籍贯不详。元和间在江州。善弹琵琶。白居易有《听李士良琵琶》。

【李士巽】 籍贯不详。贞元五年为河南县令。韦应物有《答河南李士巽题香山寺》。

【李士曹】 指李翥。高适有《同崔员外綦毋拾遗九日宴京兆府李士曹》。岑参有《题李士曹厅壁画度雨云歌》。钱起有《李士曹厅对雨》。

【李大】 名不详。元和元年在盩厔任职。白居易有《酬王十八李大见招游山》。

【李大夫】 ❶指李嗣真。嗣真永昌元年为右肃政御史中丞,知大夫事。杜审言有《和李大夫嗣真奉使存抚河东》。❷指李勉。勉大历二年为京兆尹兼御史大夫。三年,为岭南节度使。钱起有《送李大夫赴广州》。❸指李涵。涵大历六年为苏州刺史兼御史大夫。刘长卿有《奉和李大夫同吕评事太行苦热行兼寄院中诸公仍呈王员外》。独孤及有《奉和李大夫同吕评事太行苦热行兼寄院中诸公》。❹指李昌巙。巙大历八年为桂管防御观察使兼御史中丞,加御史大夫。戎昱有《再赴桂州先寄李大夫》《上桂州李大夫》。❺指李兼。兼贞元元年为江西都团练观察使兼御史大夫。戴叔伦有《奉陪李大夫九日宴龙沙》《送李大夫渡口阻风》。权德舆有《奉陪李大夫九日龙沙宴会》和《奉和李大夫题郑评事江楼》。❻指李元淳。元淳贞元四年为河阳怀州都团练使兼御史大夫。韩愈有《赠河阳李大夫》。孟郊有《上河阳李大夫》。❼指李光颜。光颜元和六年为洺州刺史兼御史大夫。孟郊有《寄洺州李大夫》。❽指李程。程元和十三年为鄂岳观察使兼御史大夫。韩愈有《除官赴阙至江州寄鄂岳李大夫》。白居易有《行次夏口先寄李大夫》《重赠李大夫》。❾指李景俭。景俭元和末为谏议大夫。白居易有《初到忠州赠李六》,注:"一作李大夫。"❿指李德裕。德裕长庆二年为浙西观察使兼御史大夫。刘禹锡有《浙西李大夫述梦四十韵并浙东元相公酬和斐然继声》。元稹有《寄浙西李大夫四首》。白居易有《奉和李大夫题新诗二首各六韵》。⓫指李当。当咸通八年为宣歙观察使兼御史大夫。李频有《宣州献从叔大夫》。⓬指李晦。晦乾符二年为福建都团练观察使兼御史大夫。薛能有《送福建李大夫》。

【李大都護】 指李光弼。光弼天宝十一年为单于副大都护。常建有《送李大都护》。

【李大壽】 陇西成纪(今甘肃)人。官至袁州参军。见《新唐书·宰相世系表二上》。王绩有《赠李征君大寿》。

【李大諫】 指李渤。渤长庆三年为谏议大夫。刘禹锡有《李贾二大谏拜命后寄杨八寿州》。

【李大賓】 籍贯不详。武后时人。《全唐诗补逸》卷三录其佚句一联。

【李丈人】 指李朋。郑谷《谷比岁受同年丈人故川守李侍郎教谕衰晏龙钟益用感叹遂以章句自贻》:"多感京河李丈人,童蒙受教便书绅。"

【李上謩】 籍贯、生平均不详。工诗赋。与李商隐有交往。李商隐有《题李上谟壁》。

【李山人】 ❶指李戡。张祜有《题李山人园林》。❷名不详。武后时人。张楚金有《逸人歌赠李山人》。❸名不详。开元间人。与王维有交往。王维有《游李山人所居因题屋壁》。❹名不详。肃、代间华山隐士,与钱起有交往。钱起有《赋得归云送李山人归华山》。❺名不详。肃、代间人。与皇甫冉有交往。皇甫冉有《送李山人还》。❻名不详。元和间人。与张籍有交往。张籍有《题李山人幽居》。❼名不详。元和间人。与张籍有交往。张籍有《题李山人幽居》。❽名不详。长庆间嵩山隐士。与白居易有交往。白居易有《舟中李山人访宿》。❾名不详。宝历间苏州隐士。与白居易有交往。白居易有《郡中夜听李山人弹三乐》。❿名不详。文宗时人。与陆畅有交往。陆畅有《送李山人归山》。⓫名不详。文宗时人。与施肩吾有交往。施肩吾有《遇李山人》。⓬名不详。大中时人。与司马扎有《夜听李山人弹琴》。⓭名不详。咸通、乾符间人。与张乔有交往。张乔有《赠别李山人》。⓮名不详。唐末汉水隐士,后居衡山。与黄滔有交往。黄滔有《送李山人往湘中》《贻李山人》。

【李山甫】 籍贯不详，寓居蜀（今四川）。事迹见《唐诗纪事》卷七十、《唐才子传》卷八。工诗、赋，同时诗人司空图称为“天才李山甫”。《新唐书·艺文志四》著录其诗一卷，赋二卷。《全唐诗》卷六四三录其诗一卷。

【李子】 ❶指李白。高适有《宋中别周梁李三子》。❷指李贺。李贺《出城别张又新酬李汉》：“李子别上国，南山崆峒春。”

【李子至】 即李适。适，字子至。见《新唐书》本传。沈佺期《伤王学士》序：“王君赦者，少小游洛阳，吾与君，陇西李子至为友。”

【李子安】 即李亿。亿，字子安。《北梦琐言》卷九：“唐女道士鱼玄机为李亿补阙执箕帚。”鱼玄机有《情书寄李子安》。

【李子昂】 籍贯、生平均不详。乡贡进士。《全唐诗》卷七八一录其省试诗一首。

【李子卿】 籍贯不详。大历十一年进士及第。《全唐诗》卷三〇五录其诗一首。

【李夫人】 汉中山（今河北定县）人。延年之妹。事迹见《汉书·外戚传》。李贺、鲍溶均有《李夫人歌》。李商隐《汉宫》：“王母不来方朔去，更须重见李夫人。”曹唐有《汉武帝思李夫人》。

【李元】 李建、元稹之连称。二人皆为白居易密友。白居易《效陶潜体诗十六首》之七：“我有同心人，邈邈崔与钱；我有忘形友，迢迢李与元。”又《病中诗十五首·病中五绝句》之三自注：“李元皆予执友也，杓直少予八岁，即世已九年；微之少予七年，薨已八年矣。”

【李元二侍御】 指李景俭和元稹。见《旧唐书·李景俭传》和《旧唐书》本传。柳宗元有《同刘二十八哭吕衡州兼寄江陵李元二侍御》。

【李元紘】 字大纲。本姓丙，曾祖粲隋末率众归附李渊，赐姓李。事迹见新旧《唐书》本传。《全唐诗》卷一〇八录其诗三首。

【李元规】 陕西成纪（今甘肃）人。进士及第。官至盩厔县尉。见《新唐书·宗室世系表上》。刘商有《送李元规昆季赴举》。

【李元爽】 洛阳（今属河南）人。白居易《九老图诗》序：“会昌五年三月，胡、吉、刘、郑、卢、张等六贤，于东都敝居履道坊合尚齿之会。其年夏，又有二老，年貌绝伦，同归故乡，亦来斯会。”自注：“二老谓洛中遗老李元爽，年一百三十六归洛；僧如满，年九十五岁。”

【李元嘉】 字元嘉。陇西成纪（今甘肃）人。高祖第十子。事迹见新旧《唐书》本传。《全唐诗》卷六录其诗一首。

【李元賓】 即李观。观，字元宾。孟郊有《李少府厅吊李元宾遗字》和《吊李元宾坟》。

【李元操】 名孝贞。赵郡柏人（今河北隆尧西）人。事迹见《北史》《隋书》本传。《旧唐书·经籍志下》《新唐书·艺文志四》均著录其集二十二卷，已佚。《全唐诗》卷一二四录其诗一首，并据《唐诗纪事》卷二十谓其为“开元初诗人”，误，当删。

【李元禮】 即汉李膺。膺，字元礼。楼颖《东郊纳凉忆左威卫李录事收昆季太原崔参军三首》之三：“不见李元礼，神仙何处要。”无名氏《人不易知》（卷七八七）：“太息李元礼，期君幸一知。”

【李支使】 ❶指李福。福咸通初为剑南西川节度支使。薛逢有《奉和仆射相公送东川李支使归使府夏侯相公》。按，“东川”为“西川”之讹。❷指李频。频咸通末为浙东观察支使。方干有《山中言事八韵寄李支使》《赠李支使》。

【李太白】 即李白。白，字太白。贯休《古意九首》之八：“常思李太白，仙笔驱造化。”齐己《吊杜工部坟》：“唯应李太白，魂魄往来疲。”

【李太玄】 蜀（今四川）人。相传前蜀乾德末游灵山，成仙。《全唐诗》卷八六二录其诗二首。

【李太守】 ❶指李少康。少康天宝元年为睢阳郡太守。高适有《同群公十月朝宴李太守宅》《奉酬睢阳李太守》。又《画马篇》自注：“同诸公宴睢阳李太守，各赋一物。”❷指李邕。邕天宝四年为北海郡太守。高适有《同李太守北池泛舟宴高平郑太守》《奉酬北海李太守丈人夏日平阴亭》。杜甫有《同李太守登历下古城员外新亭亭对鹊湖》。❸指李岘。岘天宝十二年为魏郡太守。王维有《送魏郡李太守赴任》。❹指李权。权天宝末为安康郡刺史。储光羲有《留别安庆李太守》。按，唐无安庆郡，当作安康，形似之误。❺指李正己。正己永泰元年为青州刺史。韩翃有《送王诞渤海使赴李太守行营》。❻指李直方。直方贞元二十年为韶州刺史。韩愈《送灵师》：“韶阳李太守，高步凌云烟。”❼名不详。天宝中为上洛郡太守。王维有《送李太守赴上洛》。❽名不详。大历末至建中间为沔州刺史。于鹄有《夜会李太守宅》和《赠李太守》。

【李太保】 指李光进。光进广德二年为太子太保兼御史大夫，封凉国公，充渭北节度使。岑参有《奉送李太保兼御史大夫充渭北节度使》，自注“即太尉光弼弟”。

【李太尉】 ❶指李光弼。光弼上元元年为太尉兼中书令。李白有《闻李太尉大举秦兵百万出征东南懦夫请缨冀申一割之用半道病还留别金陵崔侍御十九韵》。❷指李晟。晟贞元三年为太尉。皮日休《七爱诗·李太尉》：“吾爱李太尉，崛起定中原。”❸指李德裕。德裕会昌四年为太尉。薛涛有《棠梨花和李太尉》。姚合有《牧杭州谢李太尉德裕》。

【李太尉衛公】 指李德裕。官至太尉，进奉卫国公。皮日休《追和虎丘寺清远道士诗》序："李太尉卫公，钦清远之高致，慕鲁公之素尚，又次而和之。"

【李五】 ❶指李揆。李嘉祐有《冬夜饶州使堂饯相公五叔赴歙州》。❷名不详。嘉祐之弟。韦应物有《李五席送李主簿归西台》。

【李友路】 排行第二十九。籍贯不详。宰相之子。开成中以尚书员外郎为邠宁节度使从事。刘禹锡有《送李友路秀才赴举》。参见"李員外"。

【李少尹】 （少 shào）❶指李则。则乾元二年在河南少尹任。高适有《同河南李少尹毕员外宅夜饮时洛阳告捷遂作春酒歌》。❷指李益。益元和四年为河南少尹。羊士谔有《郡中玩月寄江南李少尹虞部孟员外三首》。❸名不详。贞元间为凤翔少尹。清江有《登楼望月寄凤翔李少尹》，一作戴叔伦，似误。❹名不详。大和六年为河南少尹。白居易有《六年寒食洛下宴游赠冯李二少尹》。

【李少君】 （少 shào）汉齐（今山东）人。事迹见《神仙传》。白居易《长恨歌》下载陈鸿《长恨歌传》："适有道士自蜀来，知上皇心念杨妃如是，自言有李少君之术，明皇大喜，命致其神，方士乃竭其术以索之。"京兆韦氏子《悼妓诗》："不教布施刚留得，浑似初逢李少君。"

【李少府】 （少 shào）❶指李正己。正己贞观中为始平县尉。褚亮有《伤始平李少府正己》。❷指李皓。皓开元二十七年为襄阳县尉。孟浩然有《重酬李少府见赠》《李少府与杨九再来》。❸指李揆。揆开元末为陈留县尉。祖咏有《宿陈留李少府揆厅》。❹指李翥。翥天宝三年为单父县尉。高适有《观李九少府翥树宓子贱神祠碑》。❺指李勉。勉天宝九年为开封县尉。高适有《途中酬李少府赠别之作》。❻指李仲宣。仲宣广德、永泰间为长城县尉。皎然有《早春书怀寄李少府仲宣》。❼指李旸。旸贞元十七年为密县尉。刘禹锡有《扬州春夜李端公益张侍御登段侍御平路密县李少府旸秘书张正字复元同会于水馆对酒联句因题诗于段君枕上以志其事》。❽指李廓。廓宝历间为鄠县尉。雍陶有《送前鄠县李少府》。按，贾岛有《净业寺与前鄠县李廓少府同宿》。姚合有《寄鄠县尉李廓少府》。❾名不详。开元初为韦城县尉。张九龄有《送韦城李少府》。❿名不详。开元五年为洛阳县尉。孙逖有《同洛阳李少府观永乐公主入蕃》。⓫名不详。开元中为松阳县尉。张子容有《自乐城赴永嘉枉路泛白湖寄松阳李少府》。⓬名不详。开元二十四年为钜鹿县尉。高适有《钜鹿赠李少府》《酬李少府》《送李少府时在客舍作》。⓭名不详。天宝间贬奉节县尉。高适有《送李少府贬峡中王少府贬长沙》。⓮名不详。肃、代间为武陵县尉。韩翃有《寄武陵李少府》。⓯名不详。肃、代间为管城县尉。韩翃有《送营城李少府》。"营"下注："一作管"。按，一作是。⓰名不详。肃、代间为蜀中某县尉。韩翃有《送长史李少府入蜀》。⓱名不详。肃、代间为河南某县尉。皇甫冉有《赴李少府庄失路》。⓲名不详。大历间为湖州某县尉。皎然有《湖南草堂读书招李少府》。⓳名不详。贞元十年为县尉。孟郊有《李少府厅吊李元宾遗字》。⓴名不详。元和元年为盩厔县尉。白居易有《酬李少府曹长官舍见赠》。㉑名不详。元和间为临邛县尉。无可有《送李少府之任临邛》。㉒名不详。元和间为文水县尉。施肩吾有《旅次文水县喜遇李少府》。㉓名不详。大和间为咸阳县尉。李远有《赠咸阳李少府》。㉔名不详。开成间为南陵县尉。许浑有《送南陵李少府》。㉕名不详。会昌、大中间为湘潭县尉。刘得仁有《早春送湘潭李少府之任》。㉖名不详。唐末为县尉。黄滔有《宿李少府园林》。㉗名不详。前蜀时为县尉。唐求有《题李少府别业》。

【李少帥】 指李夷简。夷简长庆二年为检校左仆射兼太子少师，分司东都。鲍溶有《寄宋申锡评事时从李少师移军回归》。

【李少卿】 （少 shào）指汉李陵。陵，字少卿。武元衡《石州城》："锦字窦车骑，胡笳李少卿。"

【李日知】 郑州荥阳（今属河南）人。进士及第。事迹见《旧唐书·孝友传》《新唐书》本传。《全唐诗》卷七九五录其佚句一联。

【李日新】 籍贯、生平均不详。《全唐诗》卷八七〇录其诗一首。

【李中】 字有中。陇西成纪（今甘肃）人，徙江州（今江西九江）。事迹见《唐才子传》卷十。有《碧云集》三卷，今存。《全唐诗》卷七四七至卷七五〇录其诗四卷。

【李中丞】 ❶指李抱真。抱真大历十二年为泽潞节度使留后兼御史中丞。韦应物有《饯雍聿之潞州谒李中丞》。❷指李道昌。道昌大历十三年为浙西都团练观察使兼御史中丞。皎然有《奉送李中丞道昌入朝》。❸指李昌巎。昌巎大历中为辰州刺史兼御史中丞。韩翃有《送李中丞赴辰州》和《李中丞宅夜宴送丘侍御赴江东便往辰州》。❹指李希烈。希烈大历十四年为淮西节度留后兼御史中丞。刘长卿有《献淮宁军节度使李相公》，一作《淮西将李中丞》。❺指李佐。佐贞元二年为商州刺史兼御史中丞。韩翃有《送李中丞赴商州》。❻指李说。说贞元初为御史中丞、汾州刺史。卢纶有《和李中丞酬万年房署少府过汾州景云观因以寄上房与李早年同居此观》。❼指李洪。洪贞元五年以前御史中丞为湖州长史。皎然有《赠李中丞洪一首》和《奉酬李中丞洪湖州西亭即事见寄兼呈吴冯处士时中丞量移湖州长史》。❽指李程。程贞元九年为剑南西川节度使行军司马兼御史中丞。元稹有《贻蜀五首·李中丞表臣》。❾指李谅。谅长庆二年为苏州刺史兼御史中丞。白居易有《苏州李中丞以元日郡斋感怀诗寄微之及予》。❿指李德脩。德脩太和五年为楚州刺史兼御史中丞。刘禹锡有《送李中丞赴楚州》。⓫指李仍叔。仍叔太和八年为湖南观察使兼御史中丞。白居易有《李卢二中丞各创山居俱夸胜绝然去城稍远来往颇劳弊居新泉实在宇下偶题十五韵聊戏二君》和《和李中丞与李给事山居雪夜同宿小酌》。⓬指李景让。景让开成三年为华州刺史、潼关防御、镇国军使兼御史中丞。姚合有《寄华州李中丞》《和王郎中题华州李中丞厅》。⓭指李道枢。道枢开成四年为浙东观察使兼御史中丞。白居易《会昌二年春题池西小楼》自注："苏庶子弘、李中丞道枢及陈、樊二妓，十余年皆楼中歌酒中伴，或殁或散，独予在焉。"⓮指李款。款开成四年为苏州刺史兼御史中丞。杜牧有《送沈处士赴苏州李中丞招以诗赠行》。⓯指李师稷。师稷开成四年为楚州刺史兼御史中丞。赵嘏有《下第后上李中丞》。⓰指李远。远约大中十一年为山南东道节度使从事兼御史中丞。温庭筠有《送襄州李中丞赴从事》。⓱指李璋。璋咸通四年为湖南观察使兼御史中丞。曹松有《陪湖南李中丞宴隐溪》。⓲名不详。肃宗时为观察使兼御史中丞。李嘉祐有《送李中丞杨判官》。⓳名不详。肃、代间为刺史兼御史中丞。皇甫曾有《送李中丞归本道》。⓴名不详。大历三年或稍早为御史中丞。杜甫有《暮春陪李尚书李中丞过郑监湖亭泛舟》。㉑名不详。大历末为沔州刺史兼御史中丞。刘长卿有《送李中丞之襄州》，一作《送李中丞归汉阳》。按，一作是。㉒名不详。贞元间为御史中丞。武元衡有《和李中丞题故将军林亭》。㉓名不详。贞元间为御史中丞。权德舆有《和李中丞慈恩寺清上人院牡丹花歌》。㉔名不详。大中间为御史中丞。项斯有《春日题李中丞樊川别墅》和《和李中丞醉中期王征君月夜同游浐水旧居》。㉕名不详。咸通间为陇州刺史兼御史中丞。许棠有《陇州旅中书事寄李中丞》。㉖名不详。光启中为汝州刺史兼御史中丞。罗隐有《送汝州李中丞十二韵》。㉗名不详。唐末为泾原节度使从事兼御史中丞。张蠙有《送友人赴泾州幕》，一作《送李中丞再赴虔州》。按，据诗，当是赴泾州。

【李中秀】　名不详。赵州（今河北赵县）人。与陆龟蒙友善。陆龟蒙《二遗诗》序："二遗者何？石枕材、琴荐也……太山羊振文得枕材，赵郡李中秀得琴荐，皆兹石也，咸以遗予。"

【李中舍人】　名不详。元和十二年为太子中舍人。与韩愈有交往。韩愈有《早赴街西行香赠卢李二中舍人》。

【李中郎】　参见"李郎中❸"。

【李中書】　指李吉甫。吉甫元和二年拜中书侍郎、同中书门下平章事。武元衡有《途次近蜀驿蒙恩赐宝刀及飞龙厩马使还奉寄中书李郑二公》，一作"李郑二中书"。柳宗元有《奉和杨尚书郴州追和故李中书夏日登北楼十韵之作依本诗韵次用》。刘禹锡《奉和淮南李相公早秋即事寄成都武相公》自注："李中书自扬州见示诗本，因命仰和。"

【李中敏】　字藏之。陇西成纪（今甘肃）人，徙居颍阳（今河南洛阳东南）。元和十五进士及第。事迹见新旧《唐书》本传。杜牧有《李给事中敏二首》《哭李给事中敏》。

【李中華】　籍贯不详。天宝时人。隐于嵩山。梁锽有《赠李中华》。

【李丹】　陇西成纪（今甘肃）人。孟郊有《哭李丹员外并寄杜中丞》。

【李丹徒】　名不详。武后时为丹徒县令。宋之问有《酬李丹徒见赠之作》。

【李仁肇】　籍贯不详。后蜀时为眉州判官。《全唐诗》卷七九三录其联句一首。

【李仍叔】　字周美，初名章甫。陇西成纪（今甘肃）人，宗室。元和五年进士及第。事迹见《新唐书·宗室世系表上》。白居易《三月三日祓禊洛滨》序："开成二年三月三日，河南尹李待价以人和岁稔，将禊于洛滨。前一日，启留守裴令公。令公明日召太子少傅白居易、太子宾客萧籍、李仍叔、刘禹锡……四门博士谈弘谟等一十五人，合宴于舟中。"

【李氏】　❶指李十四。孟浩然有《李氏园林卧疾》。❷指李穆。刘长卿有《别李氏女子》。❸指李唐宗室。钱处士有《李氏谶》。

【李公】　❶指李邕。权德舆《徐孺亭马上口号》序："钟陵东湖之南有亭，亭中有二碑，一则故曲江张公所制《徐征君碣》，一则北海李公所制《放生池碑》。"❷指李少康。高适《宓公琴台诗三首》序："次章美太守李公，能嗣子贱之政，再造琴台。"❸指李炎。杜甫有《夏日李公见访》。❹指李固之弟。杜甫有《陪李七司马皂江上观造竹桥即日成往来之人免冬寒入水聊题短作简李公二首》。❺指李适之。颜真卿《登岘山观李左相石尊联句》："李公登饮处，因石为洼尊。"❻指李嘉祐。独孤及有《李张皇甫阎权等数公并有送别之作见寄因答》。❼指李幼卿。刘长卿《酬滁州李十六使君见赠》自注："李公与予俱于阳羡山中新营别墅，以其同志，因有此作。"❽指李吉甫。武元衡有《甲午岁相国李公有北园寄赠之作吟玩历时屡促酬答机务不暇未及报章今古遽分寓哀冥寞以广遗韵云》《途次近蜀驿蒙恩赐宝刀及飞龙厩马使还奉寄中书李郑二公》。❾指李景俭。吕温有《衡州登楼望南馆临水花呈房戴段李诸公》。❿指李德裕。刘禹锡《吐绶鸟词》序："滑州牧尚书李公以《吐绶鸟词》见示，兼命继声，盖尚书前为御史时所作。"李绅《趋翰苑遭诬构四十六韵》自注："穆宗听政五日蒙恩除右拾遗，与淮南李公，召入翰林也。"⓫名不详。武后时人。任希古有《和李公七夕》。⓬名不详。开元二十年为太常寺鼓吹署丞。储光羲有《贻鼓吹李丞时信安王北伐李公王之所器者也》。⓭名不详。开元二十年为侍御史。高适《信安王幕府诗》序："时考功郎中王公、司勋郎中刘公、主客郎中魏公、侍御史李公、监察御史崔公咸在幕府，诗以颂美数公。"⓮名不详。天宝三年(744)稍前为县丞。楼颖《东郊纳凉忆左威卫李录事收昆季太原崔参军三首》序："仆三伏于通化门东北数里避暑之地，地即故倅天官顾公之旧林，今贰宰君李公之别业。"⓯名不详。至德间人。储光羲有《狱中贻姚张薛李郑柳诸公》。⓰名不详。肃、代为太常卿，卒赠礼部尚书。蒋涣有《故太常卿赠礼部尚书李公及夫人挽歌二首》。⓱名不详。后梁龙德二年为棣州刺史。恒超有《辞郡守李公恩命》。⓲指李唐宗室。《武后时谣》(卷八七八)："张公吃酒李公醉。"

【李公垂】　即李绅。绅，字公垂。元稹有《永贞二年正月二日上御丹凤楼赦天下予与李公垂庾顺之闲行曲江不及盛观》。殷尧藩有《金陵上李公垂侍郎》。

【李公佐僕】　名不详。元和间为李公佐仆夫。《全唐诗》卷八六二录其诗一首。

【李公孫】　李令從之讹。即李纵。纵，字令从。皎然有《妙喜寺达公禅斋寄李司直公孙房都曹德裕从事方舟颜武康士骋四十二韵》。

【李公進】　字德升。籍贯不详。累迁大理评事。贞元四年，任右卫兵曹参军，为剑南西川节度使韦皋从事。欧阳詹有《李评事公进示文集因赠之》。

【李六】　❶指李础。韩愈有《送李六协律归荆南》。❷指李谅。白居易有《独树浦雨夜寄李六郎中》。又《苏州李中丞以元日郡斋感怀诗寄微之及予辄依来篇七言八韵走笔奉答兼呈微之》："凭莺传语报李六，倩雁将书与元九。"❸指李景俭。窦巩有《江陵遇元九李六二侍御纪事书情呈十二韵》。刘禹锡有《和李六侍御文宣王庙释奠作》。元稹有《酬李六醉后见寄口号》。白居易有《初到忠州赠李六》。❹指李宣。白居易有《谢李六郎中寄新蜀茶》。❺名不详。肃、代间人。贾至有《长沙别李六侍御》。❻名不详。贞元十六年进士及第，与白居易同年。白居易有《同王十七庶子李六员外郑二侍御同年四人游龙门有感而作》《酬郑二司录与李六郎中寒食日相过同宴见赠》。❼名不详。元和间人。白居易有《京使回累得南省诸公书因以长句诗寄谢萧五刘二元八吴十一韦大陆郎中崔二十二牛二李七庾三十二李六李十杨三樊大杨十二员外》。

【李六户曹】　指李景俭。窦群为御史中丞，引景俭为监察御史。见《旧唐书》本传。元稹有《纪怀赠李六户曹崔二十功曹五十韵》。

【李文】　籍贯、生平均不详。大历间人。耿湋有《酬李文》，注："一作汶。"按，《全唐文》卷九九四有阙名《骑都尉李君墓志铭》，墓主李文，贞观时人；新旧《唐书》有李汶，大中时封唐王。均与此人不合。

【李文略】　排行第二十。元和元年为盩厔县吏。白居易有《期李二十文略王十八质夫不至独宿仙游寺》。

【李文明】　陇西成纪(今甘肃)人，宗室。见《新唐书·宗室世系表上》。许浑有《送李文明下第鄜州觐兄》。

【李文矩】　籍贯不详。郑谷有《寄察院李侍御文矩》。按，《新唐书·卢钧传》有李文矩，乃会昌时大将，与此人时代、身份均不合；又《辽史·太祖纪》有晋新州节度使李文矩，神州二年被裨将卢文进所杀，时在同光二年前，必有误。考《资治通鉴》卷二六九，卢文进所杀乃石存矩，《辽史》误。

【李文通】　陇西成纪(今甘肃)人。宗室。权之父。贞元十年，为昭义军从事。事迹见《新唐书·宗室世系表上》《藩镇·吴元济传》。贾岛《赠李文通》："营当万胜冈头下，誓立千年不朽功。天子手擎新钺斧，谏官请赠李文通。"李商隐《韩碑》："愬武古通作牙爪，仪曹外郎载笔随。"通即指文通。

【李文遠】　后改名说，字殷泽，僖宗朝宰相李蔚子，礼部侍郎李渥弟。见《北里志·俞洛真》。孙棨有《戏李文远》。

【李方】　赵州(今河北赵县)人。端之弟。元和十一年进士及第。卢纶有《送李方东归》，自注："即故李校书端亲弟"。

【李方陵】　参见"李方"。

【李之芳】　陇西成纪(今甘肃)人。太宗之玄孙。善五言诗。累迁监察御史。事迹见新旧《唐书》本传。《全唐诗》卷七八八录其与杜甫、崔彧联句一首。

【李之遥】　籍贯不详。乾元元年为南平郡太守。二年，因饮酒过渡，贬朗州。李白有《赠从弟南平太守之遥二首》。

【李户曹】 ❶指李景俭。景俭元和五年为江陵府户曹参军。元稹有《纪怀赠李六户曹崔二十功曹五十韵》。❷名不详。大中、咸通间为越州户曹参军。方干有《李户曹小妓天得善击越器以成曲章》。

【李户部】 ❶名不详。乾元元年为户部员外郎。贾至有《巴陵寄李二户部张十四礼部》。❷参见"李侍郎⓫"。

【李户部侍郎】 指李珏。珏大和九年五月为户部侍郎。开成元年，为河南尹。刘禹锡有《奉送李户部侍郎自河南尹再除本官归阙》。

【李尹】 ❶指李绅。绅开成元年三月为河南尹。白居易有《春尽日天津桥醉吟偶呈李尹侍郎》。❷指李珏。珏开成元年六月为河南尹。刘禹锡有《三月三日与乐天及河南李尹奉陪裴令公泛洛禊饮各赋十二韵》。白居易有《惜春赠李尹》。

【李玉箫】 籍贯不详。前蜀后主王衍宫人。事迹见《十国春秋》卷三八。《全唐诗》卷七九七录其《宫词》一首。一作王建诗，一作花蕊夫人诗。

【李正己】 籍贯不详。贞观中为始平县尉。褚亮有《伤始平李少府正己》。

【李正字】 ❶指李础。础元和五年以秘书省正字为湖南观察使判官。韩愈有《送湖南李正字归》，题一作《送李础判官归湖南》。❷名不详。贞元中为秘书省正字。武元衡有《送李正字之蜀》。

【李正封】 字中护，排行第二十八。陇西成纪(今甘肃)人。元和二年进士及第。事迹见《新唐书·宰相世系表二上》《唐诗纪事》卷四十。《全唐诗》卷三四七录其诗五首，又卷七九一录其与韩愈联句一首。

【李正辭】 排行第二。籍贯不详。《全唐诗》卷三一九录其省试诗一首。一作陈希烈诗，误。

【李功曹】 ❶指李巨。巨贞元三年为常州司功参军。羊士谔有《息舟荆溪入阳羡南山游善权寺呈李功曹巨》。❷名不详。开元中为扬州府功曹参军。张九龄有《送杨府李功曹》。❸名不详。永泰中，登博学宏辞科，授河南府功曹参军。韦应物有《赠别河南李功曹》，注："宏辞登科拜官。"❹名不详。大历元年为荆州府功曹参军。杜甫有《送李功曹之荆州充郑侍御判官重赠》。❺名不详。元和中为凤翔府功曹参军。杨巨源有《春晚东归留赠李功曹》。

【李甘】 字和鼎。籍贯不详。少与杜牧、李中敏等善。长庆四年进士及第。累迁侍御史。事迹见新旧《唐书》本传。杜牧有《李甘诗》述其事。《新唐书》艺文志四著录其文一卷，已佚。《全唐诗》卷五〇八录其诗一首。

【李巨】 陇西成纪(今甘肃)人。贞元三年任常州司功参军。元和中，累迁司勋员外郎。七年十一月，充皇太子诸王侍读。迁户部郎中。事迹见《新唐书·宰相世系表二上》。羊士谔有《息舟荆溪入阳羡南山游善权寺呈李功曹巨》。

【李左司】 名不详。僖、昭时为左司员外郎。崔道融有《寄李左司》。

【李左丞】 指李景让。景让大中五年为尚书左丞。许棠有《送李左丞巡边》。

【李左相】 (—xiàng)指李适之。适之天宝元年为左相。颜真卿有《登岘山观李左相右尊联句》。

【李右相】 (—xiàng)❶指李林甫。林甫开元二十二年为礼部尚书、同中书门下平章事。二十四年兼中书令。天宝元年改中书令为右相。孙逖有《奉和李右相中书壁画山水》和《奉和李右相赏会昌林亭》。高适有《留上李右相》，题一作《奉赠李右相林甫》。❷疑为李景温。李景让弟，累迁尚书右丞，见《新唐书·李景让传》。罗隐有《送李右丞分司》。

【李平】 本名杨讷。关西人。少为嵩山道士。后汉天福十二年为河中尹、护国节度使李守贞从事。事迹见马令《南唐书》卷十九。《全唐诗》卷七九五录其佚句二联。

【李北海】 即李邕。邕天宝四年为北海郡太守，世称"李北海"。李白《送王屋山人魏万还王屋》："路创李北海，岩开谢康乐。"杜甫有《陪李北海宴历下亭》。

【李史君】 李使君之讹。指李渤。渤长庆二年为江州刺史。朱庆余有《上江州李史君》。参见"李使君⓬"。

【李四】 ❶指李明甫。杜甫有《奉赠射洪李四丈》。❷指李栖梧。韦应物有《大梁亭会李四栖梧作》。❸指李劝。钱起有《送李四擢第归觐省》和《李四劝为尉氏尉李七勉为开封尉》。❹指李群玉。元孚有《送李四校书》。❺名不详。官苏州司仓参军。王昌龄有《李四仓曹宅夜饮》。❻名不详。李嘉祐之从父。李嘉祐有《送侍御史四叔归朝》。

【李四丈】 参见"李四❶"。

【李生】 ❶指李白。杜甫《不见》："不见李生久，佯狂真可哀。"❷指李昭象。杜荀鹤《乱后逢李昭象叙别》："李生李生何所之？家山窣云胡不归!"❸指李损之。元稹《台中鞫狱忆开元观旧事呈损之兼赠周兄四十韵》："李生隔墙住，隔墙如隔山。"

【李仙】 参见"李膺仙"。

【李白】 字太白，排行第十二，号青莲居士。事迹见《旧唐书·文苑传下》《新唐书·文艺传中》。与杜甫齐名，时号"李杜"。所作之诗飘逸浪漫，杜甫称其诗"笔落惊风雨，诗成泣鬼神"。《全唐诗》卷一六一至卷一八五录其诗二十五卷。

【李白墓】 在今安徽当涂青山。赵嘏《下第寄宣城幕中诸公》:“黄花李白墓前路,碧浪桓彝宅后溪。”许棠《宿青山馆》:“云藏李白墓,苔暗谢公诗。”郑谷《吊水部贾员外嵩》:“幽魂应自慰,李白墓相连。”亦作“李白墳”。张乔《吊前水部贾员外》:“李白坟前路,溪僧送入林”。郑谷《松》:“那堪寂寞悲风起,千树深藏李白坟。”

【李白墳】 参见“李白墓”。

【李白樓】 在宣城。南朝齐宣城太守谢朓建,故又称谢公楼。李白有《宣州谢朓楼饯别校书叔云》和《秋登宣城谢朓北楼》,故称。陆龟蒙《怀宛陵旧游》:“陵阳佳地昔年游,谢朓青山李白楼。”

【李白讀書山】 指匡山。在今四川江油。郑谷《蜀中三首》之一:“雪下文君沽酒市,云藏李白读书山。”

【李白體】 李白有《古风》五十九首,皆为五言古诗,后人因称“李白體”。徐铉有《寄饶州王郎中效李白体》。

【李迅】 陇西成纪(今甘肃)人。顾况《瑶草春》序:“陇西李迅者,纳别宅监奴,出。迅不喜,欲访故人,为刺史强而配焉。既归而不合,监奴投井而死,因作瑶草春歌以悲之。”

【李令】 ❶指李峤。峤神龙二年为中书令。卢僎有《奉和李令扈从温泉宫赐游骊山韦侍郎别业》。《全唐诗人名汇考》谓此李令为李林甫。❷指李晟。晟兴元元年为司徒、中书令。元稹《望云骓马歌》:“千官暖热李令闲,百马生狞望云老。”李商隐《复京》:“天教李令心如日,可要昭陵石马来。”罗隐《中元甲子以辛丑驾幸蜀四首》之三:“九庙有灵思李令,三川悲忆恨张仪。”参见“李令公”。❸名不详。大中、咸通间为鄠县令。郑愚有《拟权龙褒体赠鄠县李令及寄朝右》。❹名不详。江陵(今属湖北)人。晚唐时为延安县令。为人狡猾奸诈。事迹见《云溪友议》卷上。《全唐诗》卷八七〇录其诗一首。

【李令公】 指李晟。晟兴元元年为司徒、中书令。元稹《望云骓马歌》:“雄雄猛将李令公,收城杀贼豺狼空。”

【李令從】 即李纵。纵,字令从。《全唐诗》卷七九四录其与清昼联句一首。参见“李縱”。

【李令問】 号紫云仙。陇西成纪(今甘肃)人,徙居扬州(今属江苏)。开元二十二年在京兆参军任。李白有《秋夜宿龙门香山寺奉寄王方城十七丈奉国莹上人从弟幼成令问》。按,开元初有宋国公李令问,约卒于开元十六年,新旧《唐书》均有传,与此非一人。

【李外郎】 即李远。远曾官司门员外郎。见《全唐文》卷七六五李远《灵棋经序》。温庭筠有《寄岳州李外郎远》,注云:“一作‘肱’。”作肱误,李远善棋,著有《灵棋经》,而诗云“湖上残棋人散后”,正相合。

【李主簿】 ❶指李嘉祐。嘉祐天宝末为洛阳县主簿。韦应物有《对雨赠李主簿高秀才》《李五席送李主簿归西台》《淮上遇洛阳李主簿》。❷指李赞。赞大历末为太常寺主簿。卢纶有《送太常李主簿归觐省》和《和太常李主簿秋中山下别墅即事》。❸指李畅。畅贞元元年为松滋县主簿,不就。权德舆有《酬李二十二兄主簿马迹山见寄》,按序曰:“贞元元年,兄以典校秘书,调补江陵松滋主簿,以地远,不就职。”❹指李频。频大中十三年为南陵县主簿。曹松有《赠南陵李主簿》。❺指李瀚。瀚曾官洛阳主簿,见《千唐志斋藏志》九一六《大唐故东平郡钜野县令顿丘李府君(璀)墓志铭》,铭称“应物与瀚为道术骨肉”。韦应物有《对雨赠李主簿高秀才》。❻名不详。开元十五年为临安县主簿。孟浩然有《将适天台留别临安李主簿》。❼名不详。天宝十四年为长安县主簿。岑参有《玉关寄长安李主簿》。❽名不详。大中时为洛南县主簿。温庭筠有《送洛南李主簿》。❾名不详。后梁末、后唐初为岳阳主簿。齐己有《酬岳阳李主簿》。❿名不详。官主簿。《全唐诗》卷八〇一于李主簿姬下附其诗一首。

【李玄】 ❶籍贯不详。贞元、元和间道士。孟郊有《送李尊师玄》。❷籍贯不详。开成间居宣州。许浑有《竹林寺别友人》,题下注:“一作与德玄别,一作李玄。”

【李玄通】 京兆蓝田(今属陕西)人。事迹见新旧《唐书》本传。贯休《送刘相公朝觐二首》之二:“燮理久征殷傅说,谭真欲过李玄通。”

【李永】 赵郡(今河北赵县)人。肃宗时为饶州录事参军。李嘉祐有《送从弟永任饶州录事参军》。耿湋有《秋夜会宿李永宅忆江南旧游》和《冬夜寻李永因书事赠之》。

【李司户】 指李夔。夔武后时为汴州司户。宋之问有《答李司户夔》。

【李司兵】 ❶名不详。岑参之婿。广德元年为同州司兵参军。岑参有《冬宵家会饯李郎司兵赴同州》。❷名不详。大历初为州司兵参军。皇甫冉有《酬李司兵直夜见寄》。

【李司直】 ❶指李纵。纵永泰、大历间以大理司直为浙东、浙西从事。皇甫冉有《同李司直诸公暑夜南余馆》。朱长文有《送李司直归浙东幕兼寄鲍将军》。张众甫有《送李司直使吴》。皎然有《同李司直题武丘寺兼留诸公与陆羽之无锡》。❷名不详。建中、贞元间以大理司直为江西观察使从事。韩翃有

《送李司直赴江西使幕》。

【李司法】 名不详。高宗末、武后初为虢州司法参军。杨炯有《和酬虢州李司法》。

【李司空】 ❶指李光颜。光颜元和九年为检校司空、许州刺史、忠武军节度使。张籍有《送僧游五台兼谒李司空》。朱庆余有《送僧往太原谒李司空》。贾岛有《送慈恩寺霄韵法师谒太原李司空》。《全唐诗人名汇考》谓以上李司空为李听。❷指李师道。师道元和元为检校工部尚书。十一年，加检校司空。张籍有《节妇吟寄东平李司空师道》。❸指李愿。愿长庆元年为检校司空、汴州刺史，充宣武军节度使。张祜有《观徐州李司空猎》。❺指李逢吉。逢吉宝历二年为检校司空、同平章事兼襄州刺史，充山南东道节度使。张籍有《送李司空赴镇襄阳》和《使回留别襄阳李司空》。❻指李蔚。蔚咸通十一年为检校吏部尚书、扬州大都督府长史兼淮南节度副大使、知节度事。迁检校司空。罗隐有《和淮南李司空同转运员外》和《淮南送李司空朝觐》。❼名不详。刘禹锡有《赠李司空妓》。按，此诗首见于《云溪友议》卷中，"李司空"作"扬州大司马杜公鸿渐"；《本事诗·情感》作"李司空"，而无名；《太平广记》卷一七七引《本事诗》作李绅。而杜鸿渐卒于大历四年，时刘禹锡未出生，殊误。据《本事诗》，此诗作于大和二年罢和州刺史之后，五年任苏州刺史之前，时李绅方贬官在外，未作司空，守司空者为裴度。二书皆误。此诗不见于刘禹锡集，当为伪作。参阅岑仲勉《唐史余沈》卷三。

【李司馬】 ❶名不详。上元元年为虢州司马。岑参有《西亭子送李司马》和《暮春虢州东亭送李司马归扶风别庐》。❷名不详。上元二年为蜀州司马。杜甫有《陪李七司马皂江上观造竹桥即日成往来之人免冬寒入水聊题短作简李公二首》、《李司马桥了承高使君自成都回》。❸名不详，排行第七，固之弟。大历四年为绵州司马。岑参有《送绵州李司马秩满归京因呈李兵部》。

【李司徒】 ❶指李光颜。光颜曾任太原尹、河东节度使。无可有《送颢法师往太原讲兼呈李司徒》。❷指李程。程开成二年为检校司徒、襄州刺史。会昌元年为东都留守。刘禹锡有《分司东都蒙襄阳李司徒相公书问因以奉寄》。白居易有《雪朝乘兴欲诣李司徒留守先以五韵戏之》。

【李司徒相公】 ❶疑为李逢吉。逢吉大和八年三月征拜左仆射兼守司徒，终以司徒致仕，见《旧唐书》本传。杜牧《兵部尚书席上作》注："牧为御史，分务洛阳。时李司徒愿罢镇闲居，声伎豪侈，洛中名士咸谒之。"故《全唐诗人名汇考》认为李司徒为李逢吉。❷指李德裕。德裕会昌三年为司徒。刘禹锡《送湘阳熊判官孺登府罢归钟陵因寄呈江西裴中丞二十三兄》自注："厥后牧和州，节度使杜司徒以中丞材誉俱高，欲令军装以重戎府，故授以本州团练使。"

【李司倉】 ❶指李万。万天宝二年为睢阳郡司仓参军。刘长卿有《睢阳赠李司仓》。❷名不详。大历初为湖州司仓参军。皎然有《九日同卢使君幼平吴兴郊外送李司仓赴选》。

【李司錄】 名不详。元和元年为京兆府司录参军。白居易有《权摄昭应早秋书事寄元拾遗兼呈李司录》。

【李司勳】 ❶指李正封。曾官司勋员外郎，曾从裴度出征，任判官书记，见《旧唐书·宪宗纪下》。韩愈有《和李司勋过连昌宫》。❷李渎。渎曾官司勋员外郎，贬绣州刺史，卒于贬所，见《郎官石柱题名新著录》和《玉泉子》。

【李司諫】 岑参有《送李司谏归京》。诗云："别酒为谁香，春官驳正郎。"按，司谏，指左、右谏议大夫，分属门下、中书二省；春官则指礼部，属尚书省。且谏官或礼部郎均不符称"驳正郎"，据此则知诗题有误。《新唐书·百官志上》："司议郎二人，正六品，掌侍从规谏，驳正启奏。"故知"司谏"乃"司议"之讹，"春官"乃"春宫"之误，李某应是官太子司议郎者。见《全唐诗人名汇考》。

【李司隸】 指汉李膺。膺桓帝延熹间为司隶校尉。李华《咏史十一首》之七："何意李司隶，而当昏乱时！"

【李弘茂】 字子松。徐州(今属江苏)人。南唐元宗次子。事迹见马令《南唐书》卷七、陆游《南唐书》卷十三、《十国春秋》卷十九。《全唐诗》卷七九五录其佚句二联。

【李弘皋】 亦作宏皋。籍贯不详。事迹见《五代史补》卷四、《十国春秋》卷七四。《全唐诗》卷七六二录其诗二首。

【李幼成】 陇西成纪(今甘肃)人。生平不详。李白有《秋夜宿龙门香山寺奉寄王方城十七丈奉国莹上人从弟幼成令问》和《答从弟幼成过西园见赠》。

【李幼卿】 字长夫，排行第十六。陇西成纪(今甘肃)人。为萧颖士门人。累迁太子舍人。事迹见《唐诗纪事》卷二七。《全唐诗》卷三一二录其诗五首。

【李幼舉】 籍贯不详。建中、贞元时人。韦应物有《上东门会送李幼举南游徐方》。

【李匡】 籍贯不详。令狐楚有《立春后言怀招汴州李匡衙推》。一作窦常诗，误。

【李戎】 赵郡(今河北赵县)人。端之弟。见《新唐书·宰相世系表二上》。贾岛有《送李戎扶侍往寿安》。

【李式】 赵郡赞皇(今属河北)人。苏州录事孟宣之子。见《新唐书·宰相世系表二上》。郑巢有《送李式》。

【李吉甫】 字弘宪,排行第三。赵郡赞皇(今属河北)人。兴元元年,为太常博士。事迹见新旧《唐书》本传。一生著述达十种,一百三十余卷,仅《元和郡县志》存世。《新唐书·艺文志四》著录其集二十卷,又编总集《古今文集略》二十卷,均佚。《全唐诗》卷三一八录其诗四首。裴谈《回波乐》:"外边只有裴谈,内里无过李老。"

【李老君】 即老子。老子姓李,世称太上老君、老君。见《后汉书·孔融传》。罗隐《代文宣王答》:"若教颜闵英灵在,终不羞他李老君。"

【李考功】 指李昂。昂开元二十四年以考功员外郎知贡举。吴融《过丹阳》自注:"李考功于此知贡举。"

【李耳】 即老子。老子姓李名耳。刘叉《自古无长生劝姚合酒》:"只见李耳书,对之空脉脉。"

【李再榮】 端州(今广东肇庆)人。未仕。李绅《趋翰苑遭诬构四十六韵》自注:"余到端州,有红龟一,州人李再荣来献,称尝有里人言,言征也。"

【李吏部】 指李纾。纾贞元四年为吏部侍郎。包佶有《同李吏部伏日口号呈元庶子路中丞》和《抱疾谢李吏部赠诃黎勒叶》。李缜有《奉和郎中游仙岩四瀑布寄包秘监李吏部赵婺州中丞齐处州谏议十四韵》。戴公怀有《奉和郎中游仙山四瀑泉兼寄李吏部包秘监赵婺州齐处州》。孟翔有《奉和郎中游仙山四瀑布兼寄李吏部包秘监判官》。

【李西川】 指李夷简。夷简元和八年为检校户部尚书、成都尹、充剑南西川节度使。柳宗元有《李西川荐琴石》。

【李百藥】 字重规。定州安平(今属河北)人。幼时多病,故以百药为名。事迹见新旧《唐书》本传,又略见《隋书》本传。《旧唐书·经籍志下》《新唐书·艺文志四》均著录其集三十卷,已佚。《全唐诗》卷四三录其诗一卷。

【李成】 籍贯不详。大历间为乾封县令。皎然有《送乾封李成》。

【李夷偶】 即李夷遇,因字形相近而讹。李洞有《送安抚从兄夷偶中丞》。

【李夷道】 籍贯、生平均不详。贞元中卒。白居易有《夜哭李夷道》。按,《新唐书·宰相世系表二上》有李夷道,乃贞观时人。

【李夷遇】 陇西成纪(今甘肃)人。咸通中进士及第。累迁监察御史。薛能有《闻李夷遇下第东归因以寄赠》。郑谷有《李夷遇侍御久滞水乡因抒寄怀》。

【李夷鄴】 陇西成纪(今甘肃)人。事迹见马令《南唐书》卷十。《全唐诗补逸》卷十四录其诗一首。

【李夷簡】 字易之,排行第十一。贞元二年进士及第,调蓝田县尉。累迁监察御史。事迹见《新唐书》本传。《全唐诗》卷三〇九录其诗一首。

【李同年】 指李定言。定言开成二年进士及第,与李商隐为同年。李商隐有《寄在朝郑曹独孤李四同年》。

【李光宰】 赵郡(今河北赵县)人,徙洛阳(今属河南)。天宝时人。见《新唐书·宰相世系表一上》。刘长卿有《北归入至德州界偶逢洛阳邻家李光宰》。

【李光弼】 营州柳城(今辽宁朝阳)人。事迹见新旧《唐书》本传。杜甫有《八哀诗·故司徒李公光弼》。岑参《奉送李太保兼御史大夫充渭北节度使》自注:"即太尉光弼弟。"

【李光顔】 字光远。事迹见新旧《唐书》本传。杨巨源有《述旧纪勋寄太原李光颜侍中二首》。

【李回】 ❶魏州昌乐(今河南南乐)人。事迹见《新唐书·宰相世系表二上》。李颀有《双笋歌送李回兼呈刘四》和《送李回》。❷本名躔,字昭回。长庆元年,进士及第。事迹见新旧《唐书》本传。《全唐诗》卷五〇八录其诗三首。

【李收】 名一作牧,误。赵郡赞皇(今属河北)人。事迹见《国秀集》目录、《新唐书·宰相世系表二上》。楼颖有《东郊纳凉忆左威卫李录事收昆季太原崔参军三首》。《全唐诗》卷二〇三录其诗二首。

【李先生】 ❶指李白。郑谷《读李白集》:"何事文星与酒星,一时钟在李先生。"❷指李羽。温庭筠有《李先生别墅望僧舍宝刹因作双韵声》和《雨中与李先生期垂钓先后相失因作叠韵》《敬答李先生》。参见"李羽❶"。

【李先輩】 ❶指李蕴。赵嘏有《李先辈擢第东归有赠送》。一作薛逢诗,误。❷指李廓。马戴有《赠鄠县尉李先辈二首》。❸指李体仁。杜荀鹤有《江南逢李先辈》。❹名不详。光化四年进士及第。曹松有《钟陵寒食日与同年裴颜李先辈郑校书郊外闲游》。❺名不详。杜荀鹤有《送李先辈从知塞上》。

【李休烈】 赵州高邑(今属河北)人。开元二年在洛阳尉任。事迹见《新唐书·李至远传》。《全唐诗》卷一二〇录其诗一首,又卷八六九重出。

【李仲宣】 籍贯不详。广德、永泰间为长城县尉。皎然有《早春书怀寄李少府仲宣》。按,《新唐书·宰相世系表二上》有李仲宣,乃开元中德州刺史,与此非一人。

【李仲遠】 即李顾言。顾言字仲远。白居易有《忆徽之伤仲远》,自注:"李三仲远去年春丧。"

【李伊阙】 指李师晦。师晦会昌四年(844)为伊阙县令。许浑有《赠李伊阙》。

【李廷珪】 本姓奚。易州易县(乡属河北)人。事迹见《十国春秋》卷三二。《全唐诗》卷八八〇录有《李廷珪藏墨诀》一首。

【李廷璧】 字冠祥。陇西成纪(今甘肃)人。僖宗时,进士及第。曾为舒州从事。《全唐诗》卷六六七录其诗一首。

【李舟】 ❶陇西成纪(今甘肃)人,徙居郴州(今属湖南)。开元、天宝间为御史中丞。李白有《同王昌龄送族弟襄归桂阳二首》,题一作《同王昌龄崔国辅送李舟归郴州》。❷字公受。陇西成纪(今甘肃)人。事迹见《新唐书·宰相世系表二上》。《新唐书·艺文志一》著录其《切韵》十卷,已佚。杜甫《送李校书二十六韵》:"李舟名父子,清峻流辈伯。"

【李全交】 赵郡(今河北赵县)人。开元中累迁监察御史。终忠州司马。见《新唐书·宰相世系表二上》。石惠恭有《与李全交诗》。

【李行文】 籍贯不详。至德二年为长安县令。钱起有《长安客舍赠李行父明府》。

【李行言】 陇西成纪(今甘肃)人。神龙初为左司员外郎。景龙中,为给事中。事迹见《唐诗纪事》卷十一。《全唐诗》卷一〇一录其诗一首。

【李行敏】 赵郡赞皇(今属河北)人。叔度之子。见《新唐书·宰相世系表二上》。贞元十二年登博学宏词科。《全唐诗》卷三六八录其诗一首。

【李旭】 袁州宜春(今属江西)人。天复四年进士及第。事迹见《唐诗纪事》卷七一。《全唐诗》卷七一九录其诗一首。

【李充】 字弘度。晋江夏(今湖北安乐)人。事迹见《晋书·文苑传》。李瀚《蒙求》:"李充四部,井春五经。"

【李江州】 指李华。华大历初为江州刺史。程洛滨有《归李江州后寄别王氏》。

【李守微】 籍贯不详。道士,乡贡进士。韩屿有《赠进士李守微》。

【李安邑】 李邕之讹。李峤有《送李邕》,题一作《送李安邑》。

【李聿】 陇西成纪(今甘肃)人。白之侄。天宝十一年为清漳县令。迁尚书郎。李白有《赠清漳明府侄聿》。

【李丞】 ❶名不详。开元二十年为太常寺鼓吹署丞。储光羲有《贻鼓吹李丞时信安王北伐李公王之所器者也》。❷名不详。开元间为少府监丞。李颀有《题少府李丞山池》。❸名不详。大历间为太仆寺丞。耿沣有《送太仆寺李丞赴都到桃林塞》。❹名不详。大历间为洛阳丞。皎然有《白蘋洲送洛阳李丞使还》和《送李丞使宣州》。❺名不详。贞元初为洛阳丞。戴叔伦有《九日送洛阳李丞之任》。一作方干诗,误。

【李丞相】 ❶指李绅。绅会昌二年拜相。罗虬《比红儿诗》:"不似前时李丞相,枉抛才力为莺莺。"❷指李蔚。蔚乾符二年拜相。罗隐《寄陆龟蒙》:"龙楼李丞相,昔岁仰高文。"

【李如賓】 籍贯不详。事迹见《十国春秋》卷五三。《全唐诗续补遗》卷十七录其诗二首。

【李如暹】 籍贯不详。贞元十年,为延州刺史。元稹《和李校书新题乐府十二首·缚戎人》自注:"延州镇李如暹,蓬子将军之子也。尝没西蕃。及归,自云:'蕃法惟正岁一日,许唐人没蕃者服衣冠。如暹当此日,悲不自胜,遂与蕃妻密定归计。'"又见白居易《新乐府·缚戎人》自注。

【李如璧】 京兆(今属陕西)人。睿宗时累迁监察御史。事迹见《新唐书·宰相世系表二上》。《全唐诗》卷一〇一录其诗一首。

【李羽】 ❶籍贯不详。寓居杜城(今陕西西安南)。处士。温庭筠有《李羽处士寄新酝走笔戏酬》《李羽处士故里》和《登李羽士东楼》。按,后者漏"处"字。❷籍贯不详。郑谷有《题水部李羽员外招国里居》。❸庐州(今安徽合肥)人。事迹见《南唐近事》。《全唐诗》卷七五七录其诗一首。

【李玖】 李玫之讹。玫,籍贯不详。大中间赴举,不第。曾为歙州巡官。《新唐书·艺文志四》著录其《纂异记》一卷,《全唐诗》卷五六二录其诗八首。

【李赤】 原名不详。自谓"吾善为歌诗,诗类李白,故自号曰李赤"。苏州(今属江苏)人。贞元间乡贡进士。曾游宣州。以患狂疾而卒。柳宗元为其作传。《全唐诗》卷四七二录其诗十首,一作李白诗。

【李圻】 籍贯不详。大历中为道州刺史。戴叔伦有《留别道州李使君圻》和《桂阳北岭偶过野人所居聊书即事呈王永州邕李道州圻》。

【李均】 陇西成纪(今甘肃)人,徙郑州(今属河南)。见《新唐书·宰相世系表二上》。刘长卿有《见故人李均所借古镜恨其未获归府斯人已亡怆然有作》。

【李克恭】 本沙陀部落,姓朱邪氏。事迹见新旧《五代史》本传。《全唐诗》卷六六七录其诗一首。一作李允恭,误。

【李杜】 ❶汉李膺、杜密之连称。二人同遭党锢之祸入狱。杜牧《李甘诗》:"指名为锢党,状迹谁告诉?喜无李杜珠,敢惮髡钳苦。"❷李固、杜乔之连称。杜甫《长沙送李十一》:"李杜齐名真忝窃,朔云寒菊倍离忧。"按,此兼用汉李固、杜乔及李膺、杜密之典。❸

李白、杜甫之连称。韩愈《调张籍》:“李杜文章在,光焰万丈长。”李商隐《漫成五章》之二:“李杜操持事略齐,三才万象共端倪。”皮日休《鲁望昨以五百言见贻因成一千言上述吾唐文物之盛次叙相得之欢亦迭和之微旨也》:“当于李杜际,名辈或溯沿。”❹李休仁、杜荀鹤之连称。杜荀鹤《江南逢李先辈》:“李杜复李杜,彼时逢此时。”

【李杓直】　即李建。建,字杓直。白居易《感旧》序:“故李侍郎杓直,长庆元年春薨。”

【李助】　❶陇西成纪(今甘肃)人。为李章武道友。见《太平广记》卷三四〇引李景亮《李章武传》。《全唐诗》卷八六六“王氏妇”下附其诗一首。❷籍贯不详。宝历二年进士及第。大中时为江西观察副使。陈陶有《和西江李助副使早登开元寺阁》,“西江”下注:“一作江南。”按,西江、江南皆误,当作江西。

【李助教】　指李绅。绅元和元年806)进士及第。白居易有《初授赞善大夫早朝寄李二十助教》和《东南行一百韵寄通州元九侍御杜十四拾遗李二十助教员外窦七校书》。

【李别將】　(—jiàng)名不详。天宝末为北庭都护府别将,摄伊吾县令。岑参有《送李别将摄伊吾令充使赴武威便寄崔员外》。

【李别駕】　❶即李遑。独孤及有《送洪州李别驾还任序》(《全唐文》卷三八七)。序谓“别驾者尝宰之县,佐四郡”,“仕有余力,则寄傲于琴”,“人知其琴,不知其政”。郎士元有《送洪州李别驾之任》,诗云:“能将流水引,更入洞庭波。”知李别驾善琴。❷名不详。开元中为汴州别驾。祖咏有《酬汴州李别驾赠》。高适有《题李别驾壁》。❸名不详。文宗时为代州别驾。许浑有《送楼烦李别驾》。

【李岐】　排行第十六。赵郡(今河北赵县)人,徙扬州江都(今属江苏)。邕之次子。天宝六年,邕被李林甫所害。事迹见拓片《唐故江夏李府君墓志》。王季友有《酬李十六岐》。

【李岑】　籍贯不详。天宝四年进士及第。乾元元年,为宋州刺史。《全唐诗》卷二五二录其东峰亭所赋之诗一首,又卷二五八录其诗二首,其中《西河郡太原守张夫人挽歌》一作李岑诗,一作岑参诗。按,作岑参诗是。

【李秀才】　❶名不详。与刘希夷有交往。刘希夷有《饯李秀才赴举》。❷名不详。乡贡进士。与钱起有交往。钱起有《送李秀才落第游荆楚》。❸名不详。韩翃有《送李秀才归江南》,一作《送孙革及第归江南》。按,一作是。❹名不详。与皎然有交往。皎然有《送李秀才赴婺州招》。❺名不详。与顾况有交往。顾况有《送李秀才入京》和《送李秀才游嵩山》。❻名不详。与武元衡有交往。武元衡有《送李秀才赴滑州诣大夫舅》。“李”下注:“一作韦。”❼名不详。与孟郊有交往。孟郊有《喜与长文上人宿李秀才小山池亭》。❽指李传。乡贡进士。与姚合有交往。姚合有《送李秀才赴举》和《送李传秀才归宣州》。❾名不详。与杜牧有交往。杜牧有《赠李秀才》《初春雨中舟次和州横江裴使君见迎李赵二秀才同来因书四韵兼寄江南许浑先辈》。一作许浑诗,误。❿指李诩。许浑有《李秀才近自涂口迁居新安适枉缄书见宽悲戚因以此答》和《疾后与郡中群公宴李秀才》《题故李秀才居》。⓫名不详。与李山甫有交往。李山甫有《送李秀才入军》。⓬名不详。与韦庄有交往。韦庄有《送李秀才归荆溪》和《和李秀才郊墅早春吟兴十韵》《衢州江上别李秀才》。⓭名不详。与卢汝弼有交往。卢汝弼有《和李秀才边庭四时怨》。⓮指李频。贯休有《览李秀才卷》。⓯名不详。与齐己有交往。齐己有《书李秀才壁》和《送李秀才归湘中》。

【李兵馬使】　名不详。元和十一年前后为兵马使。白居易有《赠李兵马使》。

【李兵曹】　❶名不详。天宝间为兵曹参军。李颀有《李兵曹壁画山水各赋得桂水帆》。❷名不详。大历间为蒲州兵曹参军。钱起有《送李兵曹赴河中》。❸名不详,排行第十一。元和六年为衡州兵曹参军。吕温有《衡州送李十一兵曹赴浙东》和《夜后把火看花南园招李十一兵曹不至呈座上诸公》。

【李兵部】　指李进。进广德元年为兵部侍郎。岑参有《送绵州李司马秩满归京因呈李兵部》。

【李伯良】　籍贯、生平均不详。《全唐诗逸》卷中录其佚句一联。按,《新唐书·宗室世系表上》有武陵郡王伯良,贞观时人,未知是否同一人。

【李伯宜】　籍贯不详。大历初,为乌程县令,后征召入京。皎然有《感兴赠乌程李明府伯宜兼简诸秀才》。

【李伯魚】　临淄(今山东淄博)人。善为文。进士及第。授秘书省校书郎。终青州司功参军。事迹见《唐诗记事》卷十七。《全唐诗》卷九八录其诗一首。

【李伯康】　字士丰。陇西成纪(今甘肃)人。权德舆为其作墓志铭。卢纶有《赋得白鸥歌送李伯康归使》。

【李伯禽】　陇西成纪(今甘肃)人,迁绵州昌隆(今四川江油南),曾寓居兖州任城(今山东济宁)。李白《送萧三十一之鲁中兼问稚子伯禽》:“君行既识伯禽子,应驾小车骑白羊。”

【李延年】　❶汉中山(今河北定县)人。事迹见《史记·佞幸列传》《汉书·佞幸传》。骆宾王《帝京篇》:“延年女弟双凤入,罗敷使君千骑归。”梁锽《戏赠歌者》:"若逢汉武帝,还是李延年。"殷尧藩《汉宫词三首》之三:"骏马金鞍白玉鞭,宫中来取李延年。"❷陇西成纪(今陕西秦安西北)人,宗室。高祖五代孙,延凌之兄。事迹见新旧《唐书》本传。李白有《感时留别从兄徐王延年从弟延陵》。❸参见"李延陵❷"。

【李延陵】 ❶陇西成纪(今甘肃泰安西北)人。宗室。高祖之五代孙,延年之弟。李白有《感时留别从兄徐王延年从弟延陵》。❷指李挚。挚肃、代间为延陵县令。《全唐诗》卷七七〇录其诗一首,题为《自紫阳观至华阳洞宿侯尊师草堂简同游》。按,此诗实为刘长卿作,题为《自紫阳观至华阳洞宿侯尊师草堂简同游李延年》。"年"下注:"一作陵。"是。《全唐诗》编者以李白诗中有"从弟延陵"而将诗题中"李延陵"误为作者,可删。刘长卿又有《送李挚赴延陵令》《送陆羽之茅山寄李延陵》。

【李希仲】 赵郡(今河北赵县)人,徙洛阳(今属河南)。天宝初,为偃师县令。累迁吏部员外郎。事迹见《唐诗纪事》卷二八。《全唐诗》卷一五八录其诗三首。

【李希烈】 燕州辽西(今北京顺义西北)人。事迹见《旧唐书》本传、《新唐书·逆臣传中》。白居易《寄唐生》:"太尉击贼日,尚书叱盗时。"自注:"颜尚书叱李希烈。"颜尚书即真卿。

【李希遇】 齐州(今山东济南)人。生平不详。吕岩有《赐齐州李希遇诗》。

【李序】 定州安平(今属河北)人。百药之五世孙。贞元中,累迁殿中侍御史。官至御史大夫。事迹见《新唐书·宰相世系表二上》《太平广记》卷三〇八引《博异志》。《全唐诗》卷八六四录其神诗一首。

【李判官】 ❶指李栖筠。栖筠天宝十三年为安西大都护府判官。岑参有《敬酬李判官使院即事见呈》。❷名不详。天宝八年为安西大都护府判官。岑参有《碛西头送李判官入京》。❸名不详。天宝间为浙西观察判官。王维有《送李判官赴东江》,"东江"下注:"一作江东。"是。❹名不详。至德元年为朔方节度使判官。杜甫有《送灵州李判官》。❺名不详。肃宗时为浙西观察判官。刘长卿有《送李判官之润州行营》。❻名不详。上元元年为河中晋绛节度使判官。岑参有《虢州后亭送李判官使赴晋绛》。❼名不详。广德元年为剑南西川节度使判官。杜甫有《郪城西原送李判官兄武判官弟赴成都府》。❽名不详。肃、代时为节度使判官。韦应物有《赠李判官》。❾名不详。肃、代时为桂管经略使判官。钱起有《送李判官赴桂州幕》。❿名不详。大历时为节度使判官。韩翃有《送监军李判官》。⓫名不详。大历时为浙西观察判官。皇甫冉有《寄江东李判官》。⓬名不详。大历时为福建观察判官。皇甫冉有《酬李判官度梨岭见寄》。⓭名不详。大历时为湖南观察判官。戴叔伦有《送柳道时余北还》,一作《送观察李判官巡郴州》。⓮名不详。大历时为节度使判官。崔峒有《书怀寄杨郭李王判官》。⓯名不详。大历时为浙西观察判官。皎然有《同李侍御萼李判官集陆处士羽新宅》和《同袁高使君送李判官使回》《赋得吴王送女潮歌送李判官之河中府》。⓰名不详,排行第十三。元和十三年为江西观察判官、检校户部员外郎。白居易有《戏赠李十三判官》。又《戏赠户部李巡官》:"好去民曹李判官,少贪公事且谋欢。"⓱名不详。文宗时为浙西观察判官。杜牧有《寄浙西李判官》。⓲名不详。大中、咸通间为观察判官。李郢有《送李判官》。⓳名不详。唐末为观察判官。贯休有《和李判官见新榜为兄下第》。

【李沛】 籍贯不详。建中时,为相州司户参军。兴元元年,田绪为魏博节度使,辟为节度判官。《全唐诗》卷七八〇录其诗二首。

【李汶】 参见"李文"。

【李汶儒】 籍贯不详。大和五年进士及第。大中初,累迁礼部员外郎。事迹见《唐诗纪事》卷五三。《全唐诗》卷五六四录其诗一首。

【李沆】 赵郡(今河北赵县)人。卢纶有《题李沆林园》。李端有《题从叔沆林园》。

【李沈】 陇西成纪(今甘肃)人。白之族弟。生平不详。李白有《单父东楼秋夜送族弟沈之秦》。

【李沇】 字东济。扬州江都(今属江苏)人。事迹见新旧《唐书·李磎传》。《全唐诗》卷六八八录其诗八首。

【李冶】 "冶"一作"裕",误。字季兰。吴兴乌程(今浙江湖州)人。肃、代时,为女道士。与刘长卿、陆羽、皎然、朱放等有诗赠答。尤工诗律,刘长卿称为"女中诗豪"。《直斋诗录解题》卷十九著录其集一卷。《全唐诗》卷八〇五录其诗十六首,又卷八八八录其诗二首。

【李宏皋】 参见"李弘皋"。

【李良】 陇西成纪(今甘肃)人。开元末为杭州刺史。李白有《送侄良携二妓赴会稽戏有此赠》和《与从侄杭州刺史良游天竺寺》。

【李君】 ❶指李陵。徐夤《北》:"雪满湖天日影微,李君降虏失良时。"❷指李建。白居易《病中五绝句》之三:"李君墓上松应拱,元相池头竹尽枯。"❸指李播。白居易《对酒有怀寄李十九郎中》:"寂寞春来一杯酒,此情唯有李君知。"❹指李景俭。元稹《答姨兄胡灵之见寄五十韵》:"官曹三语掾,国器万寻桢。"

【李君何】 籍贯不详。贞元四年进士及第。《全唐诗》卷四六六录其省试诗一首。

【李君芳】 参见“李君房”。

【李君房】 一作君芳，非。陇西成纪（今甘肃）人，宗室。见《新唐书·宗室世系表上》。张建封之婿。贞元六年进士及第。《全唐诗》卷三一九录其省试诗一首。

【李妓】 名不详。江州乐妓。白居易有《醉后题李马二妓》。

【李允恭】 参见“李克恭”。

【李巡官】 名不详。元和十三年为江西观察巡官、检校户部员外郎。白居易有《戏赠户部李巡官》。

【李玭】 洮州临潭（今属甘肃）人。杜牧有《寄唐州李玭尚书》。“唐州”为“襄州”之讹，说见清吴廷燮《唐方镇年表》卷四。“玭”下注：“一作玼。”误。

【李長史】 （長 zhǎng）❶指李勉。勉宝应、广德间为洪州长史。钱起有《送弹琴李长史往洪州》。❷指李纵。纵建中时为湖州长史，迁常州长史。戴叔伦有《送李长史纵之任常州》。皎然有《自义亭驿送李长史纵夜泊临平东湖》。❸名不详，排行第二十五，适之之子。大历三年为苏州长史。杜甫有《奉送苏州李二十五长史丈之任》。❹名不详。武后时为长史。骆宾王有《春晚从李长史游开道林故山》。❺名不详。文宗时为涪州长史。张祜有《送李长史归涪州》。❻名不详。会昌时为长史。李远有《赠写御容李长史》。❼名不详。光启时为湖州长史。吴融有《赠李长史歌》。

【李長吉】 即李贺。贺字长吉。戴叔伦有《冬日有怀李贺长吉》。无可有《送李长吉之任东井》。李商隐有《效长吉》。

【李長官】 （長 zhǎng）❶名不详。宝应中为渭南县令。钱起有《题郎士元半日吴村别业兼呈李长官》。❷名不详，排行第六。大和初为洛阳县令。白居易有《早春雪后赠洛阳李长官长水郑明府二同年》。❸名不详。大中、咸通间为鄠县令。郑愚《拟权龙褒体赠鄠县李令及寄朝右》：“鄠县李长官，横琴膝上弄。”

【李表臣】 即李程。程，字表臣。刘禹锡有《鄂渚留别李二十一表臣大夫》。元稹有《贻蜀五首·李中丞表臣》。

【李青】 籍贯不详。道士。李白有《送李青归南叶阳川》。

【李垣】 籍贯不详。居少室山。进士及第。刘驾有《送李垣先辈归嵩少旧居》。

【李坤載】 陇西成纪（今甘肃）人。咸用之从兄。懿宗时人，未仕。李咸用有《送从兄坤载》和《寄题从兄坤载村居》。

【李花】 李树之花。色白，春季盛开。罗隐《吴门晚泊寄句曲道友》：“桃花李花斗红白，山鸟水鸟自献酬。”刘长卿、罗隐有《李花》。

【李花開】 籍贯不详。五代后汉伶人。《全唐诗》卷八七〇录其口号一首。

【李林甫】 小字哥奴，排行第十。陇西成纪（今甘肃）人。事迹见《旧唐书》本传、《新唐书·奸臣传上》。《全唐诗》卷一二一录其诗三首。

【李杭州】 指李幼公。幼公宝历中为杭州刺史。张籍有《赠李杭州》。

【李抱朴】 籍贯不详。号玄同真人。道士。玄宗有《送玄同真人李抱朴谒灊山仙祠》。

【李協】 籍贯、生平均不详。杨凝有《别李协》。按，《新唐书·宰相世系表二上》有李协，为温王府参军。乃中宗时人，与此非一人。

【李協律】 ❶指李础。础元和十年稍前为太常协律郎。韩愈有《送李六协律归荆南》。❷指李景俭。景俭贞元末为太常协律郎。吕温有《同舍弟恭岁暮寄晋州李六协律三十韵》。❸名不详。大历中为太常协律郎。钱起有《送李协律还东京》。❹名不详。长庆中为太常协律郎，四年为湖南观察使从事。白居易有《醉送李协律赴湖南辟命因寄沈八中丞》。❺名不详。开成、会昌间为太常协律郎。许浑有《戏代李协律松江有赠》。

【李叔度】 赵郡赞皇（今属河北）人。事迹见《新唐书·宰相世系表二上》。卢纶有《酬李叔度秋夜喜相遇因伤关东僚友丧逝见赠》和《雪谤后逢李叔度》。

【李叔卿】 字万。京兆万年（今陕西西安南）人。与李白有交往。李白有《同族弟金城尉叔卿烛照山水壁画歌》。《全唐诗》卷七七六录其诗二首。

【李叔雲】 赵郡（今河北赵县）人。天宝中进士及第，累迁监察御史。安禄山乱，避地襄阳、荆楚。大历初卒。见《太平广记》卷二七九、卷三三五引《广异记》，其名误作李叔霁。事迹见《新唐书·宰相世系表二上》。《全唐诗》卷八六五录其《死后诗》一首。亦作李叔霁。

【李叔慎】 赵郡（今河北赵县）人。高宗时官至刑部侍郎。《新唐书·宰相世系表二上》有李叔昚，即此人，慎与昚字同。刘行敏有《嘲李叔慎贺兰僧伽杜善贤》。

【李叔齊】 籍贯不详。乾元元年为叶县吏。岑参有《怀叶县关操姚旷韩涉李叔齐》。

【李叔霽】 参见“李叔雲”。

【李尚】 李尚书之夺。李尚书指李复。复贞元八年以检校工部尚书、广州刺史、岭南节度使召为宗正卿。杨衡有《广州石门寺重送李尚赴朝时兼宗正卿》。

【李尚書】 ❶指李日知。张九龄有《故刑部李尚书荆谷山集会》和《故刑部李尚书挽词三首》。❷指李乂。乂开元二年以紫微侍郎兼检校刑部尚书，三年，正拜刑部尚书。张九龄有《和姚令公哭李尚书乂》。❸指李尚隐。尚隐开元二十四年为益州长史、剑南节度采访使。张九龄有《奉和圣制送李尚书入蜀》。❹指李抱玉。抱玉广德元年年为兵部尚书。独孤及有《和李尚书画射虎图歌》。❺指李之芳。之芳广德二年为礼部尚书。杜甫有《夏夜李尚书筵送宇文石首赴县联句》《书堂饮既夜复邀李尚书下马月下赋绝句》《暮春陪李尚书李中丞过郑监湖亭泛舟》。❻指李勉。勉大历七年为工部尚书。八年，为滑州刺史，充永平军节度使。卢纶有《送李尚书郎君昆季侍从归觐滑州》。❼指李复。参见"李尚"。❽指李说。欧阳詹有《咏德上太原李尚书》。❾指李巽。巽元和二年为兵部尚书，充盐铁转运使。三年，为吏部尚书，仍充盐铁转运使。权德舆有《和兵部李尚书东亭诗》和《和王祭酒太社宿斋不得赴李尚书宅会戏书见寄》。❿指李夷简。夷简元和六年为检校礼部尚书、襄州大都督长史、山南东道节度使。八年，为检校户部尚书、成都尹、剑南西川节度使。十三年，为宰相。刘言史有《上巳日陪襄阳李尚书宴光风亭》。武元衡有《酬李十一尚书西亭暇日书怀见寄十二韵之作》。元稹有《贻蜀五首・病马诗寄上李尚书》。白居易有《闻李尚书拜相因以长句寄贺微之》。⓫指李逊。逊元和十年为检校工部尚书、襄州刺史。李益有《送襄阳李尚书》。韩愈有《送李尚书赴襄阳八韵得长字》。⓬指李德裕。德裕长庆二年为检校礼部尚书、润州刺史、浙西观察使。大和三年为检校户部尚书、滑州刺史、义成军节度使。四年，为检校兵部尚书、成都尹、剑南西川节度使。徐凝有《浙西李尚书奏毁淫昏庙》。刘禹锡有《和滑州李尚书上巳忆江南禊事》和《西州李尚书知愚与元武昌有旧远示二篇吟之泫然因以继和二首》。按，西州为西川之讹。⓭指李祐。祐大和二年十一月为检校户部尚书、沧州刺史、横海军节度使。贾岛有《寄沧州李尚书》。⓮指李绅。绅开成元年为检校礼部尚书、汴州刺史、宣武军节度使。白居易有《洛下雪中频与刘李二宾客宴集因寄汴州李尚书》。刘禹锡有《和乐天洛下雪中宴集寄汴州李尚书》。⓯指李行修。行修大中二年(848)为检校尚书、广州刺史、岭南节度使。陈陶有《将归钟陵留赠南海李尚书》。⓰指李玭。玭大中三年为凤翔节度使。杜牧《题永崇西平王宅太尉愬院六韵》:"陇山兵十万，嗣子握雕弓。"自注:"今凤翔李尚书，太尉长子。"⓱指李讷。讷大中六年为检校左散骑常侍、赵州刺史、浙江东道观察使。咸通初，为兵部尚书。崔元范有《李尚书命妓歌饯有作奉酬》。杨知至有《和李尚书命妓歌饯崔侍御》。卢溵、卢郇、封彦卿均有《和李尚书命妓饯崔侍御》。⓲指李福。福咸通四年为刑部尚书，充诸道盐铁转运使。薛能有《题盐铁李尚书泸州别业》。⓳名不详。大历、建中间为尚书。司空曙有《同张参军喜李尚书寄新琴》。⓴名不详。大和九年在尚书任。崔紫云有《临行献李尚书》。

【李果州】　名不详。广德元年为果州刺史。杜甫有《陪李梓州王阆州苏遂州李果州四使君登惠义寺》。

【李果毅】　名不详。大历间为梁果毅都尉。卢纶有《赠李果毅》。

【李昌峒】　李昌岠之讹。昌岠，陇西成纪(今甘肃)人。天宝九年为鄱阳郡司马。大历中，为海州刺史。事迹见《新唐书・宗室世系表上》。李白有《寻阳送弟昌峒鄱阳司马作》。

【李昌时】　即李拯。拯，字昌时。唐彦谦有《贺李昌时禁苑新命》二首。

【李昌符】　字岩梦，一作若梦，误。陇西成纪(今甘肃)人。程之曾孙。与许棠、张乔、郑谷等十人为"咸通十哲"。累赴举，不第。咸通十四年作《婢仆诗》五十首，京城盛传。是年登第。僖宗时累迁膳部员外郎，除膳部郎中。后谪官。事迹见《唐才子传》卷八。《直斋书录解题》著录其集一卷，已佚。《全唐诗》卷八七〇录其诗一卷。

【李昌鄴】　籍贯不详。唐末进士。见《唐诗纪事》卷六七。《全唐诗》卷七二六录其诗一首。

【李昪】　字云举。江夏(今湖北武昌)人。道士，百余岁卒。《全唐诗》卷八五二录其诗一首。

【李昪期】　陇西人。玄宗时曾任尚书工部郎中。玄宗《赐诸州刺史以题座右》注:"开元十六年，帝自择廷臣为诸州刺史，许景先虢州，源光裕郑州……李升期邢州。"

【李明府】　❶指李伯宜。伯宜大历初为乌程县令。皎然有《乌程李明府水堂同卢使君幼平送奘上人游五台》和《送乌程李明府得陟状赴京》。❷指李挚。挚贞元初为延陵县令。刘长卿有《九日登李明府北楼》和《留题李明府霅溪水堂》。参见"李延陵"。❸指李胄。胄贞元十二年为鲁山县令。欧阳詹有《赠鲁山李明府》。❹名不详。高宗后期为洛阳县令。骆宾王有《和李明府》。❺名不详。武后时为县令。陈子昂有《送梁李二明府》和《入东阳峡与李明府舟前后不相及》。❻名不详。至德元年为伊吾县令。岑参有《送郭司马赴伊吾郡请示李明府》。❼名不详。至德间为蓝田县令。钱起有《蓝上采石芥寄前李明府》和《送李明府去官》。❽名不详。至德间为义兴县令。皇甫冉有《三月三日义兴李明府后亭泛舟》，一作刘长卿诗，似误。❾名不详。肃宗时为县令。戎昱有《秋馆雨后得弟兄书即事呈李明府》。❿名不详。肃、代间为县令。戴叔伦有《送李明府之任》。⓫名不详。宝应、永泰间为县令。戴叔伦有《送李明府之任》。⓬名不详。大历十年为桐庐县令。崔峒有《题桐庐李明府官舍》。⓭名不详。大历十二年为历阳县令。卢纶有《送申屠正字往湖南迎亲兼谒赵和州因呈上侍郎使君并戏简前历阳李明府》。⓮名不详。大历间为上饶县令。刘商有《重阳日寄上饶李明府》。⓯名不详。建中时为白马县令。韩翃有《送李明府赴滑州》和《兖州送李明府使苏州便赴告期》,注:"一本题上无兖州二字。"按,一本是。⓰名不详。建中时为桂阳县令。韩翃有《别李明府》和《送李明府赴连州》。⓱名不详。贞元四年为吴县令。崔峒有《书情寄上苏州韦使君兼呈吴县李明府》。⓲名不详。贞元间为县令。于鹄有《送李明府归别业》。⓳名不详。贞元十五年为桐庐县令。孟郊有《桐庐山中赠李明府》。⓴名不详。元和间为缑氏县令。周贺有《缑氏韦明府厅》,"氏韦"下注:"一作山李。"未知孰是。㉑名不详。开成间为当涂县令。许浑有《晓过郁林寺戏呈李明府》和《将归姑苏南楼饯送李明府》,题一作《南楼送饯李明府归姑苏》,原题"姑苏"下注:"一作姑孰。"按,一作是,姑孰即当涂。㉒名不详。开成间为太平县令。许浑有《移摄太平寄前李明府》。㉓名不详。大中时为河池县令。刘得仁有《送河池李明府之任》。㉔名不详。大中、咸通间为华阳县令。曹松有《赠华阴李明府》。㉕名不详。咸通间为南海县令。皮日休有《送李明府之任海南》。按,"海南"为"南海"之倒。陆龟蒙有《奉和袭美送李明府之任南海》。㉖名不详。咸通间为宣城县令。来鹄有《宛陵送李明府罢任归江州》。㉗名不详。广明、中和间为县令。韦庄有《新正日商南道中作寄李明府》。㉘名不详。光启间为润州某县令。韦庄有《江南送李明府入关》。㉙名不详。昭宗时为青城县令。崔涂有《途中感怀寄青城李明府》。㉚名不详。昭宗时为青阳县令。杜荀鹤有《送青阳李明府》。㉛名不详。昭宗时为县令。齐己有《赠李明府》。

【李明遠】　籍贯不详。事迹见《唐诗纪事》卷五九。《全唐诗》卷五六三录其诗一首。

【李昂】　赵郡(今河北赵县)人,徙润州丹阳(今江苏丹徒)。事迹见《唐诗纪事》卷十七、《唐才子传》卷一。《全唐诗》卷一二〇录其诗三首,《补全唐诗》录其诗四首。

【李昉】　字明远。深州饶阳(今属河北)人。《全唐诗》卷七三八录其诗一首,《全唐诗补逸》卷十六录其诗三首。

【李固】　❶字子坚。汉汉中南郑(今陕西汉中)人。事迹见《后汉书》本传。李华《杂诗六首》之五:"孔光尊董贤,胡广惭李固。"李玖《噀玉泉冥会诗八首·四丈夫同赋》之一:"李固有冤藏蠹简,邓攸无子续清风。"❷蜀(今四川)人。李七之兄。广德间,在成都。杜甫有《观李固请司马弟山水图三首》。按,《新唐书·宰相世系表二上》有赵郡李固,字宋业,乃开元初人,与此非一人。

【李固言】　李顾言之讹。白居易有《村中留李三固言宿》。又《发商州》:"若比李三犹自胜,儿啼妇哭不闻声。"自注:"时李固言新殁。"

【李忠州】　指李宣。宣元和十一年为忠州刺史。元稹有《凭李忠州寄书乐天》。

【李岡】　号西岳山人。籍贯不详。隐者。岑参有《赠西岳山人李冈》。

【李知誨】　籍贯不详。咸通间为浙东观察使判官。方干有《雪中寄李知诲判官》。

【李牧】　❶战国赵人。为北边良将,常居雁门。事迹见《史记·廉颇蔺相如列传》。李白《古风》之一四:"李牧今不在,边人饲豺虎。"高适《睢阳酬别畅大判官》:"李牧制儋蓝,遗风岂寂寥。"雍陶《罢还边将》:"汉主岂劳思李牧,赵王犹是用廉颇。"周昙《咏史诗·春秋战国门·郭开》:"廉颇还国李牧在,安得赵王为尔擒。"❷参见"李收"。

【李和】　籍贯不详。鲍溶有《窃览都官李郎中和李舍人益酬张舍人弘静夏夜寓直思闻雅琴见寄》。

【李和風】　籍贯不详。代宗以前人。《全唐诗》卷八七一录其诗一首。

【李和鼎】　即李甘。甘,字和鼎。杜牧《李甘诗》:"予时与和鼎,官班各持斧。"自注:"李甘字。"又有《李和鼎》。

【李季何】　贞元十一年进士及第。见《唐诗纪事》卷三三。李绅《过吴门二十四韵》:"放歌随楚老,清宴奉诸侯。"注:"贞元中,余以布衣多游吴郡中,韦夏卿首为知遇,常陪宴席段平仲、李季何、刘从周……"《全唐诗》卷三六八录其诗一首。

【李季弟】　疑为李汤。刘长卿《张僧繇画僧记》(《全唐文》卷三四六)有"楚州刺史李汤"。韦应物有《送李二归楚州》,原注云:"时李季弟牧楚州,被讼赴急。"

【李季良】　籍贯不详。大历中,在湖州。皎然有《送李季良北归》。按,《新唐书·宗室世系表上》有李季良,乃贞观间人,与此非一人。

【李季華】　籍贯、生平均不详。《全唐诗》卷七七八录其诗一首。

【李季蘭】　即李冶。冶,字季兰。皎然有《答李季兰》。朱放有《别李季兰》。《全唐诗》卷二三录其诗一首。亦署为李季兰。

【李侍中】　指李光颜。光颜长庆二年为横海军节度使。刘禹锡有《和令狐相公谢太原李侍中寄蒲桃》。杜牧《郡斋独酌》:“我爱李侍中,标标七尺强。”

【李侍郎】　❶指李峤。乔知之有《和李侍郎古意》,题一作《古意和李侍郎峤》。❷指李迥秀。张说有《送李侍郎迥秀薛长史季昶同赋得水字》。❸指李适。适景云二年为工部侍郎。沈佺期有《同工部李侍郎适访司马子微》。❹指李朝隐。苏颋有《送吏部李侍郎东归得归字》。❺指李林甫。开元二十年为吏部侍郎。张九龄有《和吏部李侍郎见示秋夜望月忆诸侍郎之什其卒章有前后行之戏因命仆继作》。❻指李希言。希言至德二年为礼部侍郎、吴郡太守兼江南东路采访使。刘长卿有《至德三年春正月时谬蒙差摄海盐令闻王师收二京因书事寄上浙西节度李侍郎中丞行营五十韵》。参见“李侍御❶”。❼指李揆。揆乾元二年为中书侍郎。钱起有《乐游原晴望上中书李侍郎》。❽指李进。进广德元年为兵部侍郎。岑参有《秋夕读书幽兴献兵部李侍郎》。❾指李栖筠。栖筠广德二年为工部侍郎,永泰元年为常州刺史。贾至有《送李侍郎赴常州》,“郎”下注:“一作御。”按,一作误。❿指李纾。纾建中三年为礼部侍郎,兴元元年为兵部侍郎,贞元四年为吏部侍郎。刘长卿有《杂咏八首上礼部李侍郎·幽琴》。包佶有《酬兵部李侍郎晚过东厅之作》。顾况有《寄上兵部韩侍郎奉呈李户部卢刑部杜三侍郎》。路应有《仙岩四瀑布即事寄上秘书包监侍郎七兄吏部李侍郎十七兄婺州赵中丞处州齐谏议明州李九郎十四韵》。⓫指李巽。巽永贞元年以兵部侍郎充度支盐铁转运副使。元和二年三月,迁兵部尚书。权德舆有《奉和度支李侍郎早朝》。⓬指李景俭。刘禹锡有《卧病闻常山旋师策勋宥过王泽大洽因寄李六侍郎》,“郎”下注:“一作御。”按,一作是。景俭元和二年为监察御史,三年,贬为江陵户曹参军。参见“李侍御❷”。⓭指李建。建元和十五年由礼部侍郎迁刑部侍郎。长庆元年二月卒于官。白居易有《予与故刑部李侍郎早结道友以药术为事与故京兆元尹晚为诗侣有林泉之期周岁之间二君长逝追感旧游因贻同志》。又《感旧》序:“故李侍郎杓直,长庆元年春薨。”按,杓直,建之字。⓮指李绅。绅长庆三年为户部侍郎。大和七年为越州刺史,充浙东观察使。刘禹锡有《酬浙东李侍郎越州春晚即事长句》。白居易有《新亭病后独坐招李侍郎公垂》。公垂,绅之字。又《春早秋初因时即事兼寄浙东李侍郎》:“四时新景何人别,遥忆多情李侍郎。”⓯指李固言。固言大和六年为工部侍郎。八年,为吏部侍郎。王鲁复有《诣李侍郎》。⓰指李珏。珏大和九年为户部侍郎。开成二年复为户部侍郎。刘禹锡有《洛滨病卧户部李侍郎见惠药物谑以文星之句斐然仰谢》。白居易有《看梦得题答李侍郎诗诗中有文星之句因戏和之》。参见“李户部侍郎”。⓱指李褒。褒大中三年以礼部侍郎出为浙东观察使。杜牧有《李侍郎于阳羡里富有泉石牧亦于阳羡粗有薄产叙旧述怀因献长句四韵》。⓲指李朋。朋咸通间为侍郎,出为河南尹。郑谷有《谷比岁受同年丈人故川守李侍郎教谕衰晏龙钟益用感叹遂以章句自贻》。⓳李侍御之讹。指李龟祯。黄滔有《寄同年李侍郎龟正》。按,“龟正”当作龟祯,宋人避仁宗讳改。⓴参见“柳侍御”。㉑名不详。大和二年前为侍郎。李德裕有《寄题惠林李侍郎旧馆》。㉒名不详。郑巢有《送灵溪李侍郎》。按灵溪在台州,诗有“初佐汉元勋”之句,谓初以监察御史为台州从事,则“李侍郎”当作“李侍御”,时当在大和中。㉓名不详。咸通、乾符间以兵部侍郎为隋州刺史。罗隐有《重过随州故兵部李侍郎恩知因抒长句》。㉔名不详。光化中为侍郎。罗隐有《京口见李侍郎》。按诗有“披风常记是庚申”之句,“庚申”为光化二年。㉕名不详。晚唐时为侍郎。韦庄有《饶州余干县琵琶洲有故韩宾客宣城裴尚书修行李侍郎旧居遗址犹存客有过之感旧因以和吟》。

【李侍御】　❶李侍郎之讹。指李希言。希言至德二年为礼部侍郎、吴郡太守兼江南东路采访使。刘长卿有《罢摄官后将还旧居留辞李侍御》。参见“李侍郎❼”。❷指李嘉祐。嘉祐至德中为监察御史,贬鄱阳县令。刘长卿有《送李侍御贬鄱阳》。❸指李承昭。承昭上元二年以郎中为福州刺史兼侍御史。皇甫冉有《酬李郎中侍御秋夜登福州城楼见寄》。一作刘长卿诗,非。❹指李栖筠。参见“李侍郎❿”。❺指李汤。汤广德间为殿中侍御史。刘长卿有《送李侍御贬郴州》。❻指李萼。萼大历中为殿中侍御史,八年为湖州防御副使。皎然有《答李侍御问》和《奉酬袁使君西楼饯秦山人与昼同赴李侍御招三韵》。❼指李端。端大历、建中间为监察御史。皇甫冉有《李二侍御丹阳东去新亭》。❽指李益。益建中时为殿中侍御史,贞元初为幽州节度使从事。韦应物有《送李侍御益赴幽州幕》。❾指李元素。元素贞元初为监察御史、湖南观察使从事。权德舆有《送湖南李侍御赴本使赋采菱亭诗》。❿指李纾。顾况有《送李侍御路往吴兴》,题一作《送李侍郎从宣城取洞庭路往吴兴》。按一作是。纾贞元四年由兵部侍郎迁吏部侍郎。参见“李侍郎⓫”。⓫指李鄘。鄘贞元四年为山南东道节度使从事兼殿中侍御史。孟郊有《往河阳宿峡陵寄李侍御》。⓬指李翱。翱贞元末为节度监察御史、掌书记。孟郊有《酬李侍御书记秋夕雨中病假见寄》。⓭指李景俭。

景俭元和二年为监察御史。柳宗元有《同刘二十八哭吕衡州兼寄江陵李元二侍御》。元稹有《冬夜怀李侍御王太祝段丞》。又《答姨兄胡灵之见寄五十韵》序："余因次酬本韵，以答贯珠之赠焉。于吾兄不敢变例，复自城至生，凡次五十一字，灵之本题兼呈李六侍御，是以篇末有云。"白居易有《听竹枝赠李侍御》。⑭指李虚中。虚中元和初为剑南西川节度观察判官。武元衡有《同幕中诸公送李侍御归朝》。⑮指李锽。锽元和初为剑南西川节度使从事兼殿中侍御史。武元衡有《摩诃池送李侍御之凤翔》。⑯指李师晦。师晦长庆间为监察御史。许浑有《留题李侍御书斋》和《秋夕宴李侍御宅》。⑰指李廓。廓大和初为监察御史、朔方灵武军节度使从事。姚合有《送李侍御过夏州》。无可有《送灵武李侍御》。⑱指李躔，亦即李回。回大和初为淮南节度使掌书记兼殿中侍御史。朱庆余有《送李侍御入蕃》《将之上京别淮南书记李侍御》《早发庐江途中遇雪寄李侍御》。⑲指杜牧。牧大和七年为淮南节度判官、监察御史里行。转掌书记、监察御史。九年，真拜监察御史。赵嘏有《杜陵贻杜牧侍御》，题一作《题杜侍御别业》。⑳指李远。远开成五年为监察御史，又为福建观察使从事。马戴有《送李侍御福建从事》。温庭筠《病中书怀呈友人》序："开成五年秋，以抱疾郊野，不得与乡计偕至王府，将议遐适，隆冬自伤，因书怀奉寄殿院徐侍御、察院陈、李二侍御。回中苏端公、鄠县韦少府。兼呈袁郊、苗绅、李逸三友人一百韵。"㉑指李商隐。商隐大中三年为武宁军节度使判官兼侍御史。温庭筠有《秋日旅舍寄义山李侍御》。㉒指李频。频咸通十三年为侍御史。方干有《江州送李侍御归东洛》和《李侍御上虞别业》。㉓指李文矩。文矩光化前后为监察御史。郑谷有《寄察院李侍御文矩》。㉔名不详。武后时为监察御史。宋之问有《送李侍御》。㉕名不详。开元时为监察御史。孟浩然有《秋日陪李侍御渡松滋江》和《陪李侍御访聪上人禅居》。㉖名不详。开元时为监察御史。刘长卿有《李侍御河北使回至东京相访》。㉗名不详。开元、天宝间为监察御史。王昌龄有《赠李侍御》。㉘名不详。天宝中为监察御史。钱起有《津梁寺寻李侍御》。㉙名不详。天宝十一年为监察御史、安西大都护府从事。高适有《送李侍御赴安西》。㉚名不详。至德中为监察御史。刘长卿有《酬李侍御登岳阳见寄》和《寄李侍御》。㉛名不详，排行第六。乾元二年为监察御史、潭州从事。贾至有《送李侍御》和《长沙别李六侍御》。按二诗作于同时。㉜名不详。肃、代间为监察御史。张谓有《寄李侍御》。㉝名不详。代宗时为监察御史。张南史有《送李侍御入茅山采药》。㉞名不详。大历初为监察御史。刘长卿有《冬夜宿扬州开元寺烈公房送李侍御之江东》。㉟名不详。大历中为监察御史。钱起有《喜李侍御拜郎官入省》。㊱名不详。大历中为监察御史。钱起有《过李侍御宅》。㊲名不详。大历中为监察御史。卢纶有《春日过李侍御》，"御"下注："一作郎"。似非。㊳名不详。大历十年前后为监察御史、江西观察使从事。耿湋有《晚登虔州即事寄李侍御》。㊴名不详。大历末为殿中侍御史、宣歙观察副使。韩翃有《送李侍御归宣州使幕》和《东城水亭宴李侍御副使》。㊵名不详。建中时为监察御史。韩翃有《送李侍御赴徐州行营》。㊶名不详。贞元中为监察御史。崔元翰有《清明节郭侍御偶与李侍御孔校书王秀才游开化寺卧病不得同游赋得十韵兼呈马十八郎丞公》。㊷名不详。贞元十六年为监察御史。权德舆有《奉和崔评事寄外甥刘同州并呈杜宾客许给事王侍郎昆弟杨少尹李侍御并见寄之作》。㊸名不详。元和末为监察御史。施肩吾有《寄西台李侍御》。㊹李侍郎之讹。名不详。开成、会昌间以侍郎出为随州刺史。姚鹄有《随州献李侍御二首》。按诗有"曾专造化权""搜贤相"之语，知李曾为相。又诗有"再刖"之语，指作者第二次下第，时在会昌三年登第前。㊺名不详。会昌、大中间为监察御史。赵嘏有《李侍御归山同宿华严寺》和《李侍御归炭谷山居同宿华严寺》。按二诗相同，唯前诗为律诗，后诗为绝句。㊻名不详。咸通中为监察御史、汝州从事。许棠有《送前汝州李侍御罢归宣城》。㊼名不详。光化中为监察御史。卢延让有《寒食日戏赠李侍御》。㊽名不详。光化、天复中以监察御史为郑县令。黄滔有《寄郑县李侍御》。㊾名不详。南唐时为监察御史。徐铉有《送察院李侍御使庐陵因寄孟员外》。㊿名不详。晚唐五代人。《全唐诗逸》卷中录其佚句二联。

【李供奉】 ❶名不详。贞元中为太常寺太乐署供奉。顾况有《李供奉弹箜篌歌》。❷指李凭。杨巨源有《听李凭弹箜篌二首》。

【李使君】 ❶指李谦。谦至德、乾元中为梓州刺史。王维有《送梓州李使君》。❷指李丹。丹乾元元年为台州刺史。刘长卿有《送台州李使君兼寄题国清寺》。❸指李岵。岵宝应元年为梓州刺史。杜甫有《送梓州李使君之任》。❹指李承。承大历初为抚州刺史。皇甫冉有《送李使君赴抚州》。❺指李幼卿。幼卿大历六年为滁州刺史。刘长卿有《酬滁州李十六使君见赠》。❻指李嘉祐。嘉祐大历六年为袁州刺史。刘长卿有《送李员外使还苏州兼呈前袁州李使君赋得长字袁州即员外之从兄》。皎然有《酬邢端公济春日苏台有呈袁州李使君兼书并寄辛阳王三侍御》。❼指李纾。纾大历十二年为婺州刺史。刘长卿有《奉寄婺州李使君舍人》。❽指李圻。圻大历中为道州刺史。戴叔伦有《留别道州李使君圻》和《将至道州寄李使君》。❾指李康。康贞元十二年为邢州刺史。窦牟有《奉使至邢州赠李八使君》。❿指李景俭。景俭元和十三年为忠州刺史。白居易有《题东楼前李使君所种樱桃花》。又《初到忠州赠李六》："好在天涯李使君，江头相见日黄昏。"⓫指李繁。繁长庆二年为遂州刺史。贾岛有《处州李使君改任遂州因寄赠》。⓬指李渤。渤长庆二年为江州刺史。朱庆余有《陪江州李使君重阳宴百花亭》。白居易有《题别遗爱草堂兼呈李十使君》。参见"李史君"。⓭指李谅。谅宝历元年为汝州刺史。白居易有《重答汝州李六使君见和忆吴中旧游五首》。⓮指李播。播开成三年为蕲州刺史。白居易有《送蕲春李十九使君赴郡》。⓯指李款。款开成四年为苏州刺史。白居易有《送苏州李使君赴郡二绝句》。⓰指李珏。珏会昌元年为昭州刺史。裴夷直有《题江上柳寄李使君》。⓱指李方玄。方玄会昌元年为池州刺史。杜牧有《池州李使君没后十一日处州新命始到后见归妓感而成诗》。李商隐有《和韦潘前辈七月十二日夜泊池州城下先寄上李使君》。⓲指李褒。褒会昌二年为绛州刺史。姚合有《寄绛州李使君》。⓳指李远。远大中五年为岳州刺史。杜牧有《早春寄岳州李使君李善棋爱酒情地闲雅》。⓴指李体仁。体仁乾符元年为江州刺史。黄滔有《寓江州李使君》。㉑指李频。频乾符二年为建州刺史，次年卒于位。贯休《闻李频员外卒》："落叶平津岸，愁人李使君。"㉒名不详。开元初为郢州刺史。苏颋有《饯郢州李使君》。㉓名不详。乾元二年为鄂州刺史。李白有《江夏使君叔席上赠史郎中》。㉔名不详。肃、代间为州刺史。刘长卿有《送李将军》，题一作《送开府侄随故李使君旅亲却赴上都》。㉕名不详。肃、代间为邵州刺史。皇甫冉有《送李使君赴邵州》。㉖名不详。大历中为连州刺史。刘长卿有《送李使君贬连州》。㉗名不详。大历中为泉州刺史。包何有《送泉州李使君之任》。一作张循之诗，误。㉘名不详。排行第三。大历间为刺史。卢纶有《和李使君三郎早秋城北亭楼宴崔司士因寄关中弟张评事时遇》。一作吕温诗，误。㉙名不详。宝历、大和间为琼州刺史。无可有《送李使君赴琼州兼五州招讨使》。㉚名不详。大中、咸通间为眉州刺史。李频有《眉州别李使君》。

【李金州】 指李正辞。正辞元和十一年为金州刺史。贾岛有《赠李金州》。

【李金吾】 指李嗣业。嗣业天宝十四年在金吾大将军任。杜甫有《陪李金吾花下饮》。

【李舍人】 ❶指李峤。峤延载元年为凤阁舍人。沈佺期有《李舍人山园送庞邵》和《同李舍人冬日集安乐公主山池》。❷指李适。适景龙间为中书舍人。宋之问有《游陆浑南山自歇马岭到枫香林以诗代书答李舍人适》。❸指李幼卿。幼卿永泰、大历间为太子中书舍人。钱起有《太子李舍人城东别业》和《太子李舍人城东别业与二三文友逃暑》。❹指李纾。纾大历末为中书舍人。李端有《和李舍人直中书对月见寄》。司空曙有《晚秋西省寄上李韩二舍人》。卢纶有《奉和太常王卿酬中书李舍人中书寓直春夜对月见寄》。张南史有《早春书事奉寄中书李舍人》。❺指李益。益元和初为中书舍人。窦牟有《缑氏拜陵回道中呈李舍人少尹》。杨巨源有《送李舍人归兰陵里》。鲍溶有《窃览都官李郎中和李舍人益酬张舍人弘静夏夜寓直思闻雅琴见寄》。❻指李绛。绛元和四年以翰林学士加司勋员外郎、知制诰。五年，迁中书舍人。张籍有《春日李舍人宅见两省诸公唱和因书情即事》。❼指李建。建元和十年为兵部郎中、知制诰。知制诰例称中书舍人。白居易有《早祭风伯因怀李十一舍人》。又《秋日怀杓直》："忆与李舍人，曲江相近住。"❽指李宗闵。宗闵元和十五年为中书舍人。武元衡有《中春亭雪夜寄西邻韩李二舍人》。白居易有《初除主客郎中知制诰与王十一李七元九三舍人中书同宿话旧感怀》。❾指李绅。绅长庆元年以翰林学士加司勋员外郎、知制诰，二年，迁中书舍人。殷尧藩有《李舍人席上感遇》。朱庆余有《上翰林李舍人》。❿指李褒。褒开成五年以翰林学士加库部郎中、知制诰，会昌元年拜中书舍人。姚合有《和李十二舍人冬至日》和《和李舍人秋日卧疾言怀》。⓫指李贶。贶咸道三年以翰林学士加职方员外郎、知制诰。李频有《贺同年翰林从叔舍人知制诰》。⓬名不详，排行第七。乾元间为中书舍人。独孤及有《与韩侍御同寻李七舍人不遇题壁留赠》。⓭名不详。建中时为中书舍人。韩翃有《送李舍人携家归江东觐省》。⓮名不详。元和初为中书舍人。施肩吾有《秋吟献李舍人》。⓯名不详。唐末为知制诰。罗隐有《寄制诰李舍人》。

【李近仁】 赵郡(今河北赵县)人。累迁尚书员外郎，除度支郎中。咸通中为汝州刺史。事迹见《新唐书·宰相世系表二上》。鱼玄机有《迎李近仁员外》。

【李肱】 陇西成纪(今甘肃)人。宗室。开成二年状元及第。大中、咸通间为岳、齐二州刺史。善诗画。与李商隐有交往。李商隐有《李肱所遗画松诗书两纸得四十韵》。《全唐诗》卷五四二录其诗二首。

【李朋】 籍贯不详。开成元年进士及第。大中初，累迁侍御史内供奉。六年，迁刑部员外郎。转吏部员外郎。咸通中以侍郎出为河南尹。事迹见《唐诗纪事》卷五三。《全唐诗》卷五六四录其诗一首。

【李周】 籍贯不详。七八岁时，即知音律。僖宗、昭宗时，为太常寺太乐署供奉。吴融有《李周弹筝歌》。

【李周美】　即李仍叔。仍叔，字周美。刘禹锡有《和乐天宴李周美中丞宅池上赏樱桃花》。

【李京】　籍贯不详。后梁贞明六年进士及第。事迹见《唐诗纪事》卷七一。《全唐诗》卷七三四录其诗一首。

【李京兆】　指李勉。勉大历二年为京兆尹。钱起有《离居夜雨奉寄李京兆》。

【李庚】　李庾之讹。庾，字子虔。陇西成纪（今甘肃）人。宗室。大和九年进士及第。事迹见《新唐书・宗室世系表上》。刘禹锡有《送李庚先辈赴选》。

【李放】　籍贯不详。画家，善写真。元和初，曾为白居易写真。白居易《自题写真》："我貌不自识，李放写我真。"又《感旧写真》："李放写我真，写来二十载。"

【李冽】　陇西成纪（今甘肃）人。凝之兄。见《新唐书・宰相世系表二上》。李白有《赠从弟冽》。

【李法曹】　指李阳冰。阳冰大历中为湖州法曹参军。皎然有《同颜使君真卿岘山送李法曹阳冰西上献书时会有诏征赴京》。

【李波小妹】　北魏人，善射。参见"李雍容"。

【李泌】　字长源，小字顺。事迹见新旧《唐书》本传及其子繁所撰《邺侯家传》。《新唐书・艺文志四》著录其集二十卷，已佚。《全唐诗》卷一〇九录其诗五首。

【李宗閔】　字损之，排行第七。陇西成纪（今甘肃）人。宗室。贞元二十一年进士及第。事迹见新旧《唐书》本传。《全唐诗》卷四七三录其诗一首。

【李定言】　籍贯不详。开成二年进士及第。许浑有《送李定言南游》和《李定言自殿院衔命归阙拜员外郎迁右史因寄》。李商隐有《与同年李定言曲水闲话戏作》。

【李宓】　赵州（今河北临城）人。高适《李云南征蛮诗》序："天宝十一载，有诏伐西南夷。右相杨公兼节制之寄，乃奏前云南守李宓涉海自交趾击之。道路险艰，往复数万里，盖百王所未通也。十二年四月，至于长安，君子是以知庙堂使能，而李公效节。"

【李門】　参见"李膺門"。

【李居士】　指李白。白曾居绵州昌隆青莲乡，号青莲居士。谭用之《寄左先辈》："学取青莲李居士，一生杯酒在神仙。"

【李阿衮】　即李衮师，商隐之子。李商隐有《杨本胜说于长安见小男阿衮》。

【李阿婆】　指李敬玄。《李敬玄谣》（卷八七八）："洮河李阿婆，鄯州王伯母。"按，事见张鷟《朝野佥载》卷四。

【李珏】　字待价，排行第七。赵郡赞皇（今属河北）人，客居淮阴（今江苏淮安）。元和七年进士及第。事迹见新旧《唐书》本传。赵嘏有《回于道中寄舒州李珏相公》。

【李封】　赵郡（今河北赵县）人。官至左补阙。事迹见《新唐书・宰相世系表二上》。杜甫有《晦日寻崔戢李封》。

【李城門】　籍贯不详，寓居嵩山。贞元中为城门郎。权德舆有《送李城门罢官归嵩阳》。

【李南平】　指李德诚。德诚南唐升元元年封南平王。殷文圭有《贻李南平》。

【李若沖】　籍贯不详。后蜀时道士。孟蜀妃张太华有《谢李若冲》。

【李茂復】　籍贯不详。晚唐、五代时人。晚年为泗州刺史。《全唐诗》卷七六八录其诗二首。

【李拾遺】　❶指李建。建贞元二十一年为左拾遗，充翰林学士。韩愈有《赴江陵途中寄赠王二十补阙李十一拾遗李二十六员外翰林三学士》。❷指李谅。谅贞元二十一年为左拾遗。白居易有《华阳观桃花时招李六拾遗饮》和《自城东至以诗代书戏招李六拾遗崔二十六先辈》。❸名不详。中和、光启间为拾遗。崔道融有《悲李拾遗二首》。

【李拯】　字昌时。名一作极，字昌诗，均误。陇西成纪（今甘肃）人。咸通十二年进士及第。事迹见《旧唐书》本传、《新唐书・列女・李拯妻卢氏传》。《全唐诗》卷六〇〇录其诗一首。

【李相】　❶指李逢吉。逢吉元和十一年为门下侍郎、同中书门下平章事。令狐楚有《李相薨后题断金集》。一作裴夷直诗，误。❷指李夷简。夷简元和十三年为门下侍郎、同中书门下平章事。同年为检校左仆射、同平章事、淮南节度使。鲍溶有《淮南卧病闻李相夷简移军山阳以靖东寇感激之下因抒长句》《读淮南李相行营至楚州诗》《读李相心中乐》。❸指李固言。固言大和九年为门下侍郎、同中书门下平章事。开成二年为门下侍郎、同平章事、剑南西川节度使。平曾有《谒李相不遇》。❹指李德裕。德裕大和七年为兵部尚书、同中书门下平章事。开成五年为门下侍郎、同中书门下平章事。姚合有《和门下李相饯西蜀相公》。温庭筠《觱篥歌》自注："李相妓人吹。"

【李相公】　❶指李揆。揆乾元二年为中书侍郎、同中书门下平章事。刘长卿有《秋日夏口涉汉阳献李相公》和《汉阳献李相公》。❷指李希烈。希烈大历十四年为睢宁军节度使，建中二年加检校右仆射、同平章事。刘长卿有《献淮宁军节度使李相公》。❸指李勉。勉大历十四年为汴州刺史、永平军节度使。建中四年十二月，加司徒、平章事。戴叔伦有《和李相公勉晦日蓬池游宴》和《和汴州李相公勉人日喜春》《奉同汴州李相公勉送郭布殿中出巡》。❹指李吉甫。吉甫元和二年为中书侍郎、同中书门下平章事。三年，为检校兵部尚书兼中书侍郎、平章事、淮南节度使。武元衡有《西亭题壁寄中书李相公》。郑细有《奉和武相公省中宿斋酬李相公见寄》。窦巩有《登玉钩亭奉献淮南李相公》。❺指李藩。藩元和四年为门下侍郎、同中书门下平章事。权德舆有《奉和于司空二十五丈新卜城南郊居接司徒公别墅即事书情奉献兼呈李裴相公》。❻指李逢吉。逢吉元和十一年为门下侍郎、同中书门下平章事。十二年，为检校兵部尚书、剑南东川节度副大使、知节度事。宝历二年为检校司空、山南东道节度使。大和五年为检校司徒兼太子太师、东都留守。韩愈有《和李相公摄事南郊览物兴怀呈一二知旧》。元稹有《和东川李相公慈竹十二韵》。刘禹锡有《将赴苏州途出洛阳留守李相公累申宴饯宠行话旧形于篇章谨抒下情以申仰谢》。❼指李夷简。夷简元和十三年为门下侍郎、同中书门下平章事。同年为检校左仆射、同平章事、淮南节度使。鲍溶有《和淮南李相公夷简喜平淄青回军之作》。❽指李愬。愬元和十五年为检校尚书左仆射、同中书门下平章事、昭义军节度使。王建有《送魏州李相公》。❾指李光颜。光颜元和十四年为邠宁军节度使，十五年，加同中书门下平章事。长庆元年为忠武军节度使。令狐楚有《奉和仆射相公酬忠武李相公见寄之作》。李逢吉有《奉酬忠武李相公见寄》。❿指李程。程长庆四年为吏部侍郎、同中书门下平章事。宝历二年为检校兵部尚书、同平章事、太原尹、河东节度使。大和四年为检校左仆射、同平章事、河中节度使。七年，为检校司空、宣武军节度使。白居易有《寄太原李相公》和《出使在途所骑马死改乘肩舆将归长安偶咏旅怀寄太原李相公》。刘禹锡有《冬夜宴河中李相公中堂命筝歌送酒》和《将赴汝州途出浚下留辞李相公》。⓫指李宗闵。宗闵大和三年为吏部侍郎、同中书门下平章事。四年，为中书侍郎。白居易有《早冬游王屋自灵都抵阳台上方望天坛偶吟成章寄温谷周尊师中书李相公》和《寄李相公》。⓬指李德裕。德裕大和七年为兵部尚书、同中书门下平章事。八年，为检校右仆射、镇海军节度使、浙西观察使。开成二年为检校户部尚书、淮南节度使。刘禹锡有《重送浙西李相公顷廉问江南已经七载后历滑台剑南两镇遂入相今复领旧地新加旌旄》。牟融有《赠浙西李相公》。温庭筠有《题李相公敕赐锦屏风》。⓭指李珏。珏开成三年为户部侍郎、同中书门下平章事。五年，罢为太常卿。会昌元年贬为昭州刺史。六年，为郴州刺史。大中元年为舒州刺史。姚合有《和厉玄侍御题户部李相公庐山西林草堂》。刘禹锡有《奉和吏部杨尚书太常李卿二相公策免后即事述怀赠答十韵》。许浑有《闻韶州李相公移拜郴州因寄》。按，韶州为昭州之讹。赵嘏有《舒州献李相公》。⓮指李石。石大和九年为户部侍郎、判度支、同中书门下平章事。会昌五年为东都留守。白居易有《和李相公留守题漕上新桥六韵》。⓯指李让夷。让夷会昌二年为中书侍郎、同中书门下平章事。顾非熊有《送李相公昭义平复起彼宣慰员外副行》，按，“起”为“赴”之讹。⓰指李绅。绅会昌二年以检校尚书石仆射、淮南节度使为中书侍郎、同中书门下平章事。四年，复为检校尚书右仆射、同平章事、淮南节度使。章孝标有《淮南李相公绅席上赋春雪》和《及第后寄广陵故人》，题一作《寄淮南李相公绅》。赵嘏有《献淮南李相公》。按，或以李相公为德裕。据其诗“闻道国人思再入”句，当为绅，谓绅再次由淮南入相。⓱指李蔚。蔚乾符二年以吏部尚书为中书侍郎、同中书门下平章事。罗隐《寄陆龟蒙》自注：“李相公在淮南征陆龟蒙诗。”⓲指李思孝。思孝光启二年为检校司徒、同中书门下平章事、保大节度使。黄滔有《鄜畤李相公》。⓳指李建勋。建勋南唐升元元年为中书侍御、同中书门下平章事。保大元年，为昭武军节度使、镇抚州。李中有《依韵和智谦上人送李相公赴昭武军》。

【李相國】 ❶指李泌。泌贞元三年为中书侍郎、同中书门下平章事。孙叔向有《将赴东都上李相国》。一作刘长川诗，非。❷指李绛。绛元和六年为中书侍郎、同中书门下平章事。元和十年为检校户部尚书、华州刺史。长庆二年复为华州刺史。刘禹锡有《途次华州陪钱大夫登城北楼春望因睹李崔令狐三相国唱和之什翰林旧侣继踵华城山水清高鸾凤翔集皆忝宿眷遂题此诗》。❸指李愬。愬元和十五年为检校尚书左仆射、同中书门下平章事、昭义军节度使。张祜有《投魏博李相国三十二韵》。❹指李固言。固言会昌二年为检校司空兼太子少师、河中节度使。以疾，为太子少师。许浑有《陪少师李相国崔宾客宴居守狄仆射池亭》。按，许浑又有《贺少师相公致政》，盖固言以疾致仕，《旧唐书》本传失载，《新唐书》本传稍误。或谓“少师李相国”为李夷简，亦误，夷简长庆二年六月为检校左仆射兼太子少师，分司东都，九月卒，时代不相及。❺崔相国之讹。指崔珙。珙开成五年以刑部尚书为同中书门下平章事。累贬为恩州司马。会昌元年宣宗即位，召为太子宾客。许浑有《和李相国》。按，许浑又有《陪少师李相国崔宾客宴居守狄仆射池亭》《和宾客相国咏雪》，崔宾客即指珙。盖珙为太子宾客，分司东都。“吏部高尚书”为高元裕。元裕大中元年秋冬间自宣歙观察使召为吏部尚书。

【李咸】　陇西成纪(今甘肃)人。中宗时为弘文馆学士,官工部郎中。事迹见《新唐书·宰相世系表二上》。《全唐诗》卷一〇四录其诗一首。

【李咸用】　陇西成纪(今甘肃)人。徙袁州(今江西宜春)。懿宗时人。累赴举,不第。辟观察推官,后世称李推官。事迹见《唐才子传》卷十。《直斋书录解题》卷十九著录《李推官披沙集》六卷,今存。《全唐诗》卷六四四至卷六四六录其诗三卷。

【李郁】　泉州(今属福建)人。武宗时在世。《全唐诗》卷七九五录其佚句一联。

【李貞】　陇西成纪(今甘肃)人。太宗第八子。贞观五年二月,封汉王。事迹见新旧《唐书》本传。《全唐诗》卷六录其诗一首。

【李貞白】　朱贞白之讹。贞白,南唐芜湖、当涂(今均属安徽)一带人。不仕,为处士。善嘲咏,曲尽其妙,人多传诵。见《宋朝事实类苑》卷六三引《杨文公谈苑》。《诗话总龟》前集卷二十引误作李贞白。《全唐诗》卷八七〇录其诗六首。

【李冑】　赵郡(今河北赵县)人。兴元元年赴举。贞元十二年,在鲁山县令任。元和十二年为暨阳县令。累迁户部员外郎。官至比部郎中。事迹见《新唐书·宰相世系衰二上》。与韦应物有交往。韦应物有《赋得暮雨送李胄》。《全唐诗》卷七八二录其诗一首。

【李迪】　籍贯、生平均不详。咸通、乾符间人。高骈有《依韵奉酬李迪》。按《新唐书·宗室世系表上》《宗室世系表下》各有一李迪,均为肃、代以前之人;《宰相世系表二上》有二李迪,均为玄宗以前人,非此人。

【李昭】　陇西成纪(今甘肃)人。天宝四年为新平郡长史。乾元二年,为宣州长史。李白有《书情寄从弟邠州长史昭》《赠从弟宣州长史昭》《宣州长史弟昭赠余琴溪中双舞鹤诗以见志》。

【李昭訓】　籍贯不详。贞元、元和间处士。牟融有《题李昭训山水》。

【李昭象】　字化文。江陵(今属湖北)人。事迹见《唐诗纪事》卷六七。《全唐诗》卷六八九录其诗九首。

【李昪】　字正伦,小字彭奴。徐州(今属江苏)人。事迹见《旧五代史·僭伪传一》《新五代史·南唐世家》。《全唐诗》卷八录其诗一首。

【李思齊】　潭州(今湖南长沙)人。晚唐处士。韩偓有《赠湖南李思齐处士》。

【李思摩】　原姓阿史娜。突厥人。事迹见新旧《唐书·突厥传上》。白居易《新乐府·七德舞》:"含血吮创抚战士,思摩奋呼乞效死。"自注:"李思摩尝中矢,太宗亲为吮血。"

【李迥秀】　字茂之,一作茂实。雍州泾阳(今属陕西)人。事迹见新旧《唐书》本传。《全唐诗》卷一〇四录其诗四首。

【李重茂】　陇西成纪(今甘肃)人。事迹见《旧唐书》本传。《全唐诗》卷二录其与中宗等联句一首。

【李俌】　籍贯、生平均不详。大历、贞元间人。刘商有《寄李俌》。按,《新唐书·宰相世系表二上》有二李俌,但历官不详,一为玉山尉;又李商隐祖亦名俌,终邢州录事参军。时代均相近,未知孰是。

【李修源】　籍贯不详。文宗时为岳阳县尉。张祜有《赠李修源》。

【李侯】　❶指李白。高适《宋中别周梁李三子》:"李侯怀英雄,肮脏乃天资。"❷指李愿。韩愈《卢郎中云夫寄示送盘谷子诗两章歌以和之》:"又知李侯竟不顾,方冬独入崔嵬藏。"❸名不详。开元二十四年为巨鹿县尉。高适《矩鹿赠李少府》:"李侯虽薄宦,时誉何籍籍!"❹名不详,排行第六。乾元二年为监察御史、潭州从事。贾至《送李侍御》:"李侯忘情者,与我同疏懒。"❺名不详。肃、代间人。岑参有《春兴戏题赠李侯》。

【李郃】　字子玄,一作中玄,似非。延唐(今湖南宁远)人。大和元年状元及第。事迹见《旧唐书·文苑下·刘蕡传》《新唐书·刘蕡传》。《新唐书·艺文志三》著录其《骰子选格》三卷。《全唐诗续补遗》卷九录其诗四首。

【李待價】　即李珏。珏字待价。白居易《三月三日祓禊洛滨》序:"开成二年三月三日,河南尹李待价以人和岁稔,将禊于洛滨。"

【李風】　籍贯、生平均不详。肃、代间人。皇甫冉有《玄元观送李源李风还奉先华阴》。"源"下注:"一作深。""风"下注:"一作沨"。按,源、沨为李憕之子,憕天宝十四年为东京留守。十二月,安禄山陷东京,杀憕,沨同时遇害,源得脱,时年八岁。故源、沨二人不可能同时与皇甫冉有交往,一作似非。

【李度】　河南洛阳(今属河南)人。后周显德四年进士及第。事迹见《宋史》本传。《全唐诗续补遗》卷十四录其佚句一联。

【李彦暐】　参见"李彦遠"。

【李彦暉】　参见"李彦遠"。

【李彦遠】　一作彦玮,一作彦晖。籍贯不详。大历、贞元间人。事迹见《唐诗纪事》卷二九。《全唐诗》卷三一一录其诗一首。

【李恒】　籍贯不详。进士及第,为安阳县令。见《唐诗纪事》卷十二。《全唐诗》卷一〇五录其诗一首。

【李恬】　贝州(今河北清河西北)人。僖宗时进士及第。方干有《送李恬及第后还贝州》。

【李恂】　字叔英。汉安定临泾（今陕西）人。事迹见《后汉书》本传。李瀚《蒙求》："田豫俭素，李恂清约。"

【李美周】　李周美之讹，即李仍叔。仍叔，字周美。白居易《樱桃花下有感而作》："蔼蔼美周宅，樱繁春日斜。"自注："开成三年春季美周宾客南池者。""季美周"为李周美之讹。

【李洪】　籍贯不详。皎然有《宿山寺寄李中丞洪》《同李中丞洪水亭夜集》《观李中丞洪二美人唱歌轧筝歌》。

【李洞】　字才江。京兆（今陕西西安）人。事迹见《唐诗纪事》卷五八、《唐才子传》卷九。《新唐书·艺文志四》著录其诗一卷，集《贾岛句园》一卷。《宋史·艺文志七》著录其集三卷。《全唐诗》卷七二一至卷七二三录其诗三卷。

【李洗馬】　（洗 xiǎn）名不详。大历、贞元间为太子洗马。皎然有《同李洗马入余不溪经辛将军故城》。

【李宣古】　字垂后。澧州澧阳（今湖南澧县）人。宣远之兄。大和初，杜悰为澧州刺史，为门客。会昌三年进士及第，又中博学宏词。一生未仕，落魄而终。工文，有诗名。事迹见《唐诗纪事》卷五五、《唐才子传》卷七。《全唐诗》卷五五二录其诗五首，又卷八七〇录其诗一首。

【李宣遠】　澧州澧阳（今湖南澧县东南）人。进士及第。事迹见《唐诗纪事》卷四三、《唐才子传》卷七。《全唐诗》卷四六六录其诗二首。

【李宥】　籍贯不详。大历十二年在藁城县主簿任。刘长卿有《双峰下哭故人李宥》。

【李冠】　籍贯不详。南唐乡贡进士。善吹洞箫。事迹见马令《南唐书》卷二四、《十国春秋》卷三二。李建勋有《送李冠》，自注："冠善吹中管。"

【李軍道】　籍贯、生平均不详。大历、贞元间人。皎然有《晚秋宿李军道所居》。

【李建】　字杓直，小字获子，排行第十一。陇西成纪（今甘肃）人，世居荆州石首（今属湖北）。贞元十四年进士及第，授秘书省校书郎，判容州招讨事。事迹见新旧《唐书》本传。白居易有《寄李十一建》。

【李建州】　指李频。频乾符二年为建州刺史。罗隐《题方干诗》："中间李建州，夏汭偶同游。"

【李建業】　籍贯、生平均不详。《全唐诗》卷七七〇录其诗一首。

【李建樞】　籍贯、生平均不详。《全唐诗》卷七七五录其诗一首。

【李建勳】　字致尧。广陵（今江苏扬州）人。事迹见马令《南唐书》卷十。《宋史·艺文志七》著录其集二十卷，今佚。《全唐诗》卷七三九录其诗一卷。

【李飛將】　即汉李广。广曾为匈奴所擒，飞身逃脱，匈奴号为"飞将军"。事迹见《史记·李将军列传》。李白《古风》之六："谁怜李飞将，白首没三边。"

【李約】　字存博，排行第十。陇西成纪（今甘肃）人，宗室。事迹见《唐诗纽带》卷三一、《唐才子传》卷六。《宋史·艺文志七》著录其诗一卷，今佚。《全唐诗》卷三〇九录其诗八首。

【李玭】　参见"李玭"。

【李起居】　❶指李方玄。方玄开成末为起居郎。会昌元年为池州刺史。姚合有《送李起居赴池州》。❷指李殷衡。殷衡天复四年为起居舍人。韩偓有《奉和峡州孙舍人肇荆南重围中寄诸朝士二篇时李常侍洵尹谏议龟李起居殷衡李郎中冉皆有继和余久有是债今至湖南方暇牵课》。❸名不详。开元时为起居舍人。薛奇童有《和李起居秋夜之作》。❹名不详。肃、代间为起居舍人。钱起有《舟中寄李起居》。❺名不详。昭宗时为起居舍人。韦庄有《寄右省李起居》。

【李袁州】　指李嘉祐。嘉祐大历六年为袁州刺史。韩翃有《送王侍御赴江西兼寄李袁州》。郎士元有《寄李袁州桑落酒》。窦叔向有《酬李袁州嘉祐》。

【李栖桐】　籍贯不详。钱起有《送李栖桐道举擢第还乡省侍》。参见"李栖梧"。

【李栖梧】　排行第四。籍贯、生平均不详。肃、代间人。韦应物有《大梁亭会李四栖梧作》。

【李栖筠】　字贞一，原名卓，排行第十五。赵州赞皇（今属河北）人。吉甫之父，德裕之祖。天宝七年进士及第。事迹见《新唐书》本传。有文集，权德舆为作序，今佚。《全唐诗》卷二一五录其诗二首。

【李校書】　❶指李舟。舟乾元元年为弘文馆校书郎。杜甫有《送李校书二十六韵》。岑参有《送弘文李校书往汉南拜亲》。❷指李冶。冶上元二年为浙东观察使从事，授校书郎。刘长卿有《送李校书赴东浙幕府》和《送李校书适越谒杜中丞》。按冶为女子，所任校书郎当为观察使杜中丞鸿渐所授，非出自朝廷。❸指李端。端大历五年进士及第，授秘书省校书郎。卢纶有《送李校书赴东川幕》《早春归盩厔旧居却寄耿拾遗沣李校书端》《得耿沣司法书因叙长安故友零落兵部苗员外发秘省李校书端相次倾逝因呈河中郑仓曹畅参军昆季》。❹指李德裕。德裕元和元年以荫补秘书省校书郎。王起有《和李校书雨中自秘省见访知早入朝便入集贤不遇诗》。许浑有《寓崇圣寺怀李校书》。❺指李绅。绅元和四年为秘书省校书郎。元稹有《和李校书新题乐府十二首·上阳白发人》。❻指李频。频大中八年进士及第，授秘书省校书郎。方干有《题赠李校书》。❼指李群玉。群玉大中八年为弘文馆校书郎。李群玉《酬魏三十七》:"一吟丽可风流极,没得弘文李校书。"元孚有《送李四校书》。❽名不详。天宝末以校书郎为浙东观察使掌书记。张继有《酬李书记校书越城秋夜见赠》。❾名不详。元和十年或稍前为校书郎。元稹有《早春寻李校书》。❿名不详。元和、长庆间为校书郎。薛涛有《酬李校书》。⓫名不详。元和、长庆间为校书郎。贾岛有《送李校书赴吉期》。⓬名不详。长庆三年或稍前为校书郎。白居易有《送李校书趁寒食归义兴山居》。⓭名不详。咸通、乾符间为校书郎、黔南经略使从事。许棠有《寄黔南李校书》。⓮名不详。昭宗时为校书郎。黄滔有《寄李校书游简寂观》。

【李真】 ❶籍贯不详。画家。段成式、郑符《游长安诸寺联句·崇仁坊资圣寺·诸画联句》:"棱伽之力所疲殚,李真周昉优劣难。"❷相传为唐末仙人。见《蜀中名胜记》卷六。《全唐诗》卷八六一录其诗一首。

【李原均】 籍贯不详。徙居润州丹阳(今属江苏)。德宗时人。权德舆之从舅。权德舆《酬李二十二兄主簿马迹山见寄》序:"丹阳郭北四十里所,有马迹山,山有奇峰怪石,且多昔贤真仙之所游践。方外士殷涣然,通《易经》、老、严之旨,居于山下。从舅原均,探异好古,亦往来栖息其间。"

【李晋肃】 排行第二十九。陇西成纪(今甘肃)人。杜甫有《公安送李二十九弟晋肃入蜀余下沔鄂》。

【李郢】 字楚望。苏州吴县(今江苏苏州市吴中区)人。事迹见《唐诗记事》卷五八、《唐才子传》卷八。《新唐书·艺文志四》著录其诗一卷,《全唐诗》卷五九〇录其诗一卷,《全唐诗读补遗》卷十二亦录其诗一卷。

【李員外】 ❶指李秦援。秦援武后时为考功员外郎。沈佺期有《李员外秦援宅观妓》。❷指李之芳。之芳开元末为驾部员外郎。天宝四年为济南郡司马。杜甫有《暂如临邑至蜡山湖亭奉怀李员外率尔成兴》。❸指李咸忻。咸忻天宝中以尚书员外郎为合州刺史。王维有《送李员外贤郎》。❹指李布。布肃宗时为尚书员外郎。广德二年为司议郎兼万州别驾。杜甫有《寄李十四员外布十二韵》。❺指李嘉祐。嘉祐宝应、广德间为司勋员外郎,大历间为袁州刺史。司空曙有《和李员外与舍人咏玫瑰花寄徐侍郎》。皎然有《奉酬李员外使君嘉祐苏台屏营居春首有怀》。❻指李纾。纾大历中为司勋员外郎。刘长卿有《送李员外使还苏州兼呈前袁州李使君赋得长字袁州即员外之从兄》《酬李员外从崔录事载华宿三河戍先见寄》。❼指李纵。纵大历末为驾部员外郎,建中时为湖州从事、常州副使。皇甫曾有《建元寺西院寄李员外纵联句》。皎然有《春日杼山寄赠李员外纵》。权德舆有《杂言和常州李员外副使春日戏题十首》。❽指李丹。丹贞元中为尚书员外郎。孟郊有《答李员外小榼味》。❾指李伯康。伯康贞元中为检校工部员外郎,十九年为郴州刺史。权德舆有《郴州换印缄遣之际率成三韵因寄李二兄员外使君》。韩愈有《李员外寄纸笔》。❿指李程。程贞元二十年为翰林学士,二十一年加水部员外郎。韩愈有《赴江陵途中寄赠王二十补阙李十一拾遗李二十六员外翰林三学士》。⓫指李逢吉。逢吉元和初为工部员外郎。令狐楚有《三月晦日会李员外座中频以老大不醉见讥因有此赠》。元稹《使东川·骆口驿二首》序:"东壁上有李二十员外逢吉、崔二十二侍御韶使云南题名处。"⓬指李建。建元和初自兵部员外郎迁吏部员外郎。元稹《仁风李著作园醉后寄李十》:"却笑西京李员外,五更骑马趁朝时。"⓭指李绅。绅元和九年为国子助教,十二年为检校尚书员外郎。白居易有《东南行一百韵寄通州元九侍御澧州李十一舍人果州崔二十二使君开州韦大员外庾三十二补阙杜十四拾遗李二十助教员外窦七校书》。⓮指李正封。正封元和中为司勋员外郎,十二年为彰义军节度使裴度判官,从征淮西。韩愈有《送李员外院长分司东都》。⓯指李宗闵。宗闵元和十二年以礼部员外郎为彰义军节度使裴度判官,从征淮西,迁吏部员外郎。韩愈有《郾城晚饮奉赠副使马侍郎及冯李二员外》。白居易有《庐山草堂夜雨独宿寄牛二李七庾三十二员外》。⓰指李渤。勃元和十五年为考功员外郎,长庆二年为江州制史。白居易有《赠江州李十使君员外十二韵》。章孝标有《题东林寺寄江州李员外》。朱庆余有《上江州李史君》,"使君"下注:"一作员外。"⓱指李友路。友路开成中以尚书员外郎为邠宁节度使从事。刘禹锡有《送李二十九兄员外赴邠宁使幕》。⓲指李远。远大中三年为司勋员外郎;十年,为岳州从事;十二年,为杭州刺史。温庭筠有《春日寄岳州从事李员外二首》。方干有《送杭州李员外》。⓳指李群之。群之大中六年以尚员外郎为荆南节度使杨汉公从事;七年,为淮南节度使从事。许浑有《宴饯李员外》。⓴指李频。频咸通末为都官员外郎。林宽有《送李员外频之建州》。㉑名不详。神龙中为尚书员外郎。崔湜有《同李员外春闺》。㉒名不详。景龙中为库部员外郎。宋之问有《和库部李员外秋夜寓直之作》。㉓名不详。天宝十二年以尚书员外郎为河西节度行军司马。高适有《同李员外贺哥舒大夫破九曲之作》。㉔名不详。大历间为尚书员外郎。钱起有《卧病李员外题扉而去》《见上林春雁翔青云寄杨起居李员外》《和李员外扈驾幸温泉宫》。㉕名不详。代宗时为尚书员外郎。独孤及有《官渡柳歌送李员外承恩往扬州觐省》。㉖名不详。大和元年以尚书员外郎为吊祭副使。刘禹锡有《河南王少尹宅燕张常侍白舍人兼呈卢郎中李员外二副使》。㉗名不详，排行第六。大和初为尚书员外郎。白居易有《同王十七庶子李六员外郑二侍御同年四人游龙门有感而作》。㉘名不详。大和八年为礼部员外郎。姚合有《酬礼部李员外见寄》。㉙名不详。文宗对以尚书员外郎为浙东观察副使。赵嘏有《浙东赠李副使员外》。㉚名不详。咸通、乾符间以尚书员外郎为义成军节度副使。皮日休有《寄滑州李副使员外》。陆龟蒙有《奉和袭美寄滑州李副使员外》。㉛名不详。僖宗时为尚书员外郎。司空图有《赠步寄李员外》。㉜名不详。僖宗时以尚书员外郎为刺史。李山甫有《题李员外厅》。㉝名不详。昭宗时为职方员外郎。郑谷有《寄职方李员外》。㉞名不详，排行第十九。天复、天祐间为尚书员外郎。韩偓有《以庭前海棠梨花一枝寄李十九员外》。

【李峴】 陇西成纪（今甘肃）人。宗室，太宗玄孙。事迹见新旧《唐书》本传。《全唐诗》卷二一五录其诗一首。

【李峰】 参见“李岑”。

【李特】 字玄休。事迹见《晋书》载记、《华阳国志·李特雄期寿势志》。刘兼《蜀都道中》：“李特后来多二世，纳降归拟尽公卿。”

【李倫】 赵郡（今河北赵县）人。事迹见《新唐书·宰相世系表二上》。《全唐诗》卷七七〇录其诗一首。

【李倍】 蒲州永乐（今山西永济南）人。大中时为观察巡官。薛能有《送李倍秀才》《送李倍巡官归永乐旧居》。

【李皋】 即李弘皋。何仲举有《李皋试诗》。

【李師素】 陇西成纪（今革肃）人。宗室，师晦之兄。累迁殿中侍御史。事迹见《新唐书·宗室世系表上》。令狐楚有《省中直夜对雪寄李师素侍郎》。

【李師晦】 陇西成纪（今甘肃）人。宗室。师素之弟。长庆间，昭义节度使刘悟辟为从事兼监察御史。事迹见《新唐书·藩镇传五》。许浑有《晓发天井关寄李师晦》。又《赠李伊阙》序：“前伊阙李师晦侍御辞秩归山，过余所止，醉图二室于屋壁，亦招隐之旨也。”

【李師道】 高丽（今朝鲜）人。贞元中为密州刺史。事迹见《旧唐书》本传、《新唐书·藩镇传四》。张籍有《节妇吟寄东平李司空师道》。

【李徑】 ❶李树下之小路。李商隐《李花》：“李径独来数，愁情相与悬。”❷《乐府诗集·相和歌辞七·君子行》：“君子访未然，不处嫌疑间。瓜田不纳履，李下不整冠。”后因以“李径”指嫌疑之地。陆希声《阳羡杂咏十九首·李径》：“怜君尽向高枝发，应为行人要整冠。”

【李倉曹】 名不详。王昌龄有《李四仓曹宅夜饮》。

【李殷】 ❶魏郡顿丘（今河南清丰西）人。肃、代间进士及第。皎然有《寺院听胡笳送李殷》。❷籍贯不详，曾居洞庭。大中时乡贡进士，不第。薛能有《送李殷游京西》。刘驾有《送李殷游边》。曹邺有《送进士李殷下第游汾河》。

【李殷衡】 赵郡（今河北赵县）人。德裕之孙。事迹见《十国春秋》本传，又略见《新唐书·宰相世系表二上》。韩偓有《奉和峡州孙舍人肇荆南重围中寄诸朝士二篇时李常侍洵严谏议龟李起居殷衡李郎中冉皆有继和余久有是债今至湖南方暇牵课》。

【李勉】 字玄卿，排行第七。高祖之玄孙。事迹见新旧《唐书》本传。钱起有《李四劝为尉氏尉李七勉为开封尉》。

【李留守】 指李程。程会昌元年为东都留守。白居易有《李留守相公见过池上泛舟举酒话及翰林旧事因成四韵以献之》《雪朝乘兴欲诣李司徒留守先以五韵戏之》《和李相公留守题漕上新桥六韵》。

【李祐】 ❶籍贯不详。唐末道士。与贯休有交往。贯休有《赠李祐道人》。❷参见“李祐”。

【李神通】 陇西成纪（今甘肃）人。事迹见新旧《唐书》李传。《全唐诗》卷一录其与太宗等联句一句。

【李祕】 陇西成纪（今甘肃）人。宗室。元和间人。见《唐诗纪事》卷四八。《全唐诗》卷四七二录其诗一首。

【李祕書】 ❶指李文嶷。文嶷大历初为秘书监。杜甫有《别李秘书始兴寺所居》《奉寄李十五秘书二首》。❷指李曛。曛大历初为秘书郎，剑南西川节度使杜鸿渐从事。杜甫有《赠李八秘书别三十韵》和《送李八秘书赴杜相公幕》。❸指李中。中开宝中为秘书郎。左偃有《郊原晚望怀李秘书》。谭用之有《幽居寄李秘书》。❹名不详。大历中为秘书郎。韩翃有《题玉真观李秘书院》。❺名不详。大历中为秘书郎。刘长卿有《送李秘书却赴南中》。严维有《送李秘书往儋州》。❻名不详。大中时为秘书郎。赵嘏有《赠李秘书》。❼名不详。昭宗时为秘书郎。韦庄有《旅中感遇寄呈李秘书昆仲》。

【李衮】 排行第八。籍贯不详。贞元、元和间人。善歌，又善吹觱篥。白居易《小童薛阳陶吹觱栗歌》：“近来吹者谁得名，关璀老死李衮生。”

【李唐】 ❶指李唐王朝。唐代皇帝姓李，故称。周朴《吊李群玉》：“群玉诗名冠李唐，投诗换得校书郎。”❷籍贯不详。代宗时隐士。戴叔伦有《赠李唐山人》。

【李益】 字君虞，排行第十。陇西成纪（今甘肃）人。大历四年进士及第。事迹见《旧唐书》本传、《新唐书·文艺传下》。《直斋书录解题》卷十九录其诗三卷。《全唐诗》卷二八二、卷二八三录其诗二卷。

【李兼】 陇西成纪（今甘肃）人。贞元元年四月，为洪州刺史、江西都团练观察使。杜牧《冬至日寄小侄阿宜诗》："崔昭生崔芸，李兼生窟郎。"《全唐诗》卷八七三录其题语一首。

【李浦】 籍贯、事迹均不详。开元时人。王昌龄有《别李浦之京》。一本作李南浦，一本作李康浦，未知孰是。

【李浙西】 指李德裕。德裕长庆二年为润州刺史兼御史大夫、浙江西道都团练观察使。元稹有《酬李浙西先因从事见寄之作》。

【李浙東】 指李绅。绅大和七年为检校左散骑常侍、越州刺史、浙东观察使。白居易有《刘苏州寄酿酒糯米李浙东寄杨柳枝舞衫偶因尝酒试衫辄成长句寄谢之》《客有说》，自注："客即李浙东也，所说不能具录其事。"

【李涉】 自号清溪子。洛阳人。事迹见《唐诗记事》卷四六、《唐才子传》卷五。《新唐书·艺文志四》著录其诗一卷。《全唐诗》卷四七七录其诗一卷。

【李浩】 字太素。籍贯不详。唐末隐蜀青城山。作《大丹诗》百首行世。或传其举家仙去。见《历世真仙体道通鉴》卷四四。《全唐诗》卷八六一录其《大丹诗四首》。

【李浩弼】 籍贯不详。前蜀后主时为翰林学士。《全唐诗》卷七六〇录其诗一首。

【李洵】 陇西成纪（今甘肃）人。事迹见《旧唐书》本传、《新唐书·宰相世系表二上》。韩偓有《奉和峡州孙舍人肇荆南重围中寄诸朝士二篇时李常侍洵严谏议龟李起居殷衡李郎中冉皆有继和余久有是债今至湖南方暇牵课》。

【李家】 ❶指李执方。李商隐有《过招国李家南园二首》。❷名不详。善柘枝舞。张祜有《李家柘枝》。❸指李唐。李山甫《隋堤柳》："但经春色还秋色，不觉杨家是李家。"

【李家明】 庐州（今安徽合肥）人。南唐时人。事迹见马令《南唐书》卷二五、《十国春秋》卷三二。《全唐诗》卷七五七录其诗四首。

【李宰】 名不详。咸通中为富平县令。郑谷有《赠富平李宰》。

【李郎】 名不详。岑参之婿。肃宗时为武康县尉，广德元年为同州司兵参军。岑参有《送李郎尉武康》和《冬宵家会饯李郎司兵赴同州》。

【李郎中】 ❶指李承昭。承昭上元二年，以郎中为福州刺史兼侍御史。皇甫冉有《酬李郎中侍御秋夜登福州城楼见寄》。❷指李和。和元和四年为都官郎中。鲍溶有《窃览都官李郎中和李舍人益酬张舍人弘静夏夜寓直思闻雅琴见寄》。❸指李程。程元和十年以剑南西川节度行军司马入为兵部郎中。薛涛有《别李郎中》，"郎中"一作"中郎"，非。❹指李谅。谅元和十年在郎中任。白居易有《独树浦雨夜寄李六郎中》。❺指李宣。宣元和十一年以屯田郎中为忠州刺史。王建有《送吴郎中赴忠州》，"吴"下注："一作李。"按，一作是。白居易有《谢李六郎中寄新蜀茶》。❻指李勍。勍宝历、大和间为膳部郎中。姚合有《和膳部李郎中秋夕》。❼指李善白。善白大和九年以郎中为睦州刺史。白居易《凭李睦州访徐凝山人》："解怜徐处士，唯有李郎中。"❽指李播。播开成三年以郎中为蕲州刺史。刘禹锡有《送蕲州李郎中赴任》。白居易有《对酒有怀寄李十九郎中》。❾指李体仁。体仁咸通末以郎中为江州刺史。乾符元年召为右司郎中。杜荀鹤有《辞九江李郎中入关》。❿指李昌符。昌符僖宗时为膳部郎中。郑谷有《寄膳部李郎中昌符》。⓫指李冉。冉天复四年在虞部郎中任。韩偓有《访同年虞部李郎中》《春阴独酌寄同年虞部李郎中》《同年前虞部李郎中自长沙赴行在余以紫石砚赠之赋诗代书》。⓬名不详。开元中为郎中。杨浚有《赠李郎中》。⓭名不详。广德二年在司勋员外郎任。钱起有《寻司勋李郎中不遇》。⓮名不详。大历中为郎中。包何有《同李郎中净律院梡子树》。⓯名不详。元和间以郎中为昭应县令。王建有《昭应李郎中见贻佳作次韵奉酬》。⓰名不详。长庆、宝历间以郎中为湖州刺史。许浑有《伤故湖州李郎中》。⓱名不详。大和二年为水部郎中。刘禹锡有《酬严给事贺加五品兼简同制水部李郎中》。张籍有《同将作韦二少监赠水部郎中》。⓲名不详，排行第六。大和初为郎中。白居易有《酬郑二司录与李六郎中寒食日相过同宴见赠》。⓳名不详。大和五年为郎中。白居易有《认春戏呈冯少尹李郎中陈主簿》《雪夜喜李郎中见访兼酬所赠》。⓴名不详。大和八年为郎中。白居易有《春池上戏赠李郎中》。㉑名不详。大和九年以郎中充京北覆粮使兼御史中丞。刘禹锡有《送工部萧郎中刑部李郎中并以本官兼中丞分命充京西京北覆粮使》。㉒名不详。会昌三年以户部郎中充昭义攻讨使。李商隐有《行次昭应县道上送户部李郎中充昭义攻讨》。㉓名不详。方干有《将谒商州吕郎中道出楚州留献章中丞》。吕郎中为吕述，述会昌中以郎中为商州刺史。一作李郎中，非。㉔名不详。大中时为兵部郎中。杜牧有《赴京初入汴口晓景即事先寄兵部李郎中》。㉕名不详。咸通中以郎中为睦州刺史。方干有《陪李郎中夜宴》。

㉖名不详。僖宗时为刑部郎中。秦韬玉有《题刑部李郎中山亭》。㉗名不详。僖宗时为郎中。曹松有《李郎中林亭》。㉘名不详。光启二年在户部郎中任。郑谷有《为户部李郎中与令季端公寓止渠州江寺偶作寄献》。㉙名不详。昭宗时为司勋郎中。罗隐有《淮南送司勋李郎中赴阙》。㉚名不详。昭宗时以郎中为润州观察推官。齐己有《寄金陵幕中李郎中》。参见"李推官"。

【李書記】 ❶指李翱。翱贞元间官节度掌书记兼监察御史。孟郊有《酬李侍御书记秋夕雨中病假见寄》。❷名不详。天宝末以校书郎为浙东观察使掌书记。张继有《酬李书记校书越城秋夜见赠》。❸名不详。元和长庆间为剑南西川节度使掌书记。薛涛有《和李书记席上见赠》。❹名不详。乾宁中为节度掌书记。韦庄有《垣县山中寻李书记山居不遇留题河次店》。❺名不详。五代时为节度掌书记。齐己有《和李书记》。

【李娟】 宝历间苏州官妓。白居易《霓裳羽衣歌》:"李娟张态君莫嫌,亦拟随宜且教取。"自注:"娟、态,苏妓之名。""李娟"下注:"一作婵。"非。又《忆旧游》:"李娟张态一春梦,周五殷三归夜台。"自注:"娟、态,苏州妓名。"

【李娘】 生平不详。后用以指荡妇。温庭筠《三洲词》:"李娘十六青丝发,画带双花为君结。"又《春野行》:"花压李娘愁,饥蚕欲成茧。"

【李紛】 籍贯不详。大历间处士。卢纶有《赠别李纷》。

【李紓】 字仲舒,排行第十七。赵郡(今河北赵县)人。天宝末,为秘书省校书郎。安禄山反,避乱于苏州。永泰元年,李季卿为吏部侍郎,荐为左补阙。大历初,累迁司封员外郎。事迹见新旧《唐书》本传。《全唐诗》卷二五二录其诗十三首,名一作李舒,误。

【李邕】 字泰和,排行第十五。扬州江都(今江苏扬州)人。事迹见新旧《唐书》本传。《新唐书·艺文志四》著录其集七十卷,已佚。《全唐诗》卷一一五录其诗四首。

【李敖】 籍贯不详。大历中为湖南观察使掌书记。郎士元有《送李敖湖南书记》。

【李推官】 名不详。昭宗时以郎中为浙西观察推官。齐己有《赠浙西李推官》《怀金陵李推官僧自牧》《得李推官近寄怀》。参见"李郎中㉚"。

【李梓州】 章梓州之讹。章梓州指章彝。彝广德元年(763)为梓州刺史。杜甫有《数陪李梓州泛江有女乐在诸舫戏为艳曲二首赠李》,"李"下注:"一作章。"又有《陪李梓州王阆州苏遂州李果州四使君登惠义寺》,前一"李"下注:"一作章。"按,一作是。

【李專美】 字翊商。京兆万年(今陕西西安)人。事迹见《旧五代史》本传。韩昭裔有《与李专美》。

【李副使】 ❶名不详。天宝十年为安西节度副使。岑参有《送李副使赴碛西官军》。❷名不详。文宗时以尚书员外郎为浙东观察副使。赵嘏有《浙东赠李副使员外》。❸名不详。咸通、乾符间以尚书员外郎为义成军节度副使。皮日休有《寄滑州李副使员外》。陆龟蒙有《奉和袭美寄滑州李副使员外》。

【李莘】 籍贯、生平均不详。贞元间在云梦。欧阳詹有《荆南夏夜水楼怀昭丘直上人云梦李莘》。按,《唐郎官石柱题名》:"礼部员外郎"下有李莘,曾为九陇县令,肃、代间人,与此非一人。

【李處士】 ❶指李播。王绩有《山中别李处士》。❷指李颀。岑参有《寻巩县南李处士别业》。❸指李晦群。权德舆有《送李处士归弋阳山居》。❹指李象。灵澈有《闻李处士亡》。杨嗣复有《题李处士山居》。❺指李羽。温庭筠有《题李处士幽居》《经李处士杜城别业》。参见"李徵君❷"。❻指李镡。杜荀鹤有《秋日山中寄李处士》。❼名不详。玄宗时处士。王维有《李处士山居》,"李"下注:"一作石。"未知孰是。❽名不详。玄宗时处士。储光羲有《酬李处士山中见赠》。❾名不详。元和、长庆间处士。姚合有《过李处士山居》。❿名不详。文宗时处士。朱庆余有《酬李处士见赠》。⓫名不详。文宗时处士。杜牧有《赠李处士长句四韵》。⓬名不详。会昌、大中间处士。项斯有《咸阳别李处士》《李处士道院南楼》。⓭名不详。咸通间处士。皮日休有《秋晚访李处士所居》《李处士郊居》。⓮名不详。咸通、乾符间处士。李山甫有《赠弹琴李处士》访。⓯名不详。僖宗时处士。秦韬玉有《寄李处士》。⓰名不详。僖宗时处士。许彬有《送李处士归山》。⓱名不详。昭宗时处士。韦庄有《赠峨嵋山弹琴李处士》。⓲名不详。五代时处士。孟贯有《寄李处士》。一作曹松诗,非。⓳名不详。五代时处士。谭用之有《贻钓鱼李处士》。

【李常侍】 ❶指李峄。峄大历初为散骑常侍。杜甫有《哭李常侍峄二首》。❷指李晟。晟建中二年以功加检校左散骑常侍。戎昱有《上李常侍》。❸指李兼。兼建中三年为鄂、沔、岳三州观察防御使,以功加散骑常侍。熊孺登有《至日荷李常侍过郊居》。❹指李进贤。进贤元和末、长庆初为泗州刺史、检校散骑常侍。张祜有《观泗州李常侍打球》。元稹《喜五兄自泗州至》:"惭愧临淮李常侍,远教形影暂相随。"❺指李谅。谅宝历元年为汝州刺史、检校散骑常侍。白居易有《天寒晚起引酌咏怀寄许州王尚书汝州李常侍》。❻指李绅。绅大和七年为越州刺史、浙东观察使、检校左散骑常侍。白居易有《醉送李二十常侍赴镇浙东》。❼指李景让。景让会昌初为虢州刺史、检校右散骑常侍。周墀有《酬李常侍立秋日奉诏祭岳见寄》。杜牧有《春日言怀寄虢州李常侍十韵》。❽指李贻孙。贻孙大中五年为福州刺史、福建都团练观察使、检校散骑常侍。温庭筠有《送陈嘏之侯官兼简李常侍》。❾指李骘。骘咸通九年为洪州刺史、江西都团练观察使、检校左散骑常侍。许棠有《陈情献江西李常侍五首》。❿指李宽。宽咸通中为池州刺史、检校散骑常侍。杜荀鹤有《秋日山中寄池州李常侍》。⓫指李洵。洵天复四年在散骑常侍任。韩偓有《奉和峡州孙舍人肇荆南重围中寄诸朝士二篇时李常侍洵严谏议龟李起居殷衡李郎中冉皆有继和余久有是债今至湖南方暇牵课》。⓬名不详。长庆初为散骑常侍。白居易有《西省北院新构小亭种竹开窗东通骑省与李常侍隔窗小饮各题四韵》。⓭名不详。宝历、大和间为散骑常侍。无可有《李常侍书堂》。⓮名不详。昭宗时为散骑常侍。贯休有《别李常侍》。

【李晦群】 籍贯不详。未仕而早亡。权德舆有《哭李晦群崔季文二处士》。

【李將軍】 ❶指汉李广。广文帝、武帝时为将军。见《史记·李将军列传》。长孙无忌《灞桥待李将军》:“霸陵无醉尉,谁滞李将军。”高适《燕歌行》:“君不见沙场征战苦,至今犹忆李将军。”皎然《武源行赠丘卿岑》:“灞亭不重李将军,汉爵犹轻苏属国。”李商隐《旧将军》:“日暮灞陵原上猎,李将军是故将军。”❷指汉李典。典汉末历任裨将军、捕虏将军、破虏将军。见《三国志·魏志·李典传》。王维《送魏郡李太守赴任》:“遥思魏公子,复忆李将军。”❸指李思训。思训开元初为羽林大将军,转右武卫大将军。顾况《嵇山道芬上人画山水歌》:“镜中真僧白道芬,不服朱审李将军。”❹指李栾。栾贞元十年为朔方灵盐丰节度留后,十一年为节度副大使、知节度事。节度使可称将军。卢纶《送饯从叔辞丰州幕归嵩阳旧居》:“边城贵者李将军,战鼓遥疑天上闻。”❺名不详。玄宗时为诸卫将军。郭良有《题李将军山亭》。❻名不详。肃、代间为州刺史。州刺史亦可称将军。刘长卿有《过李将军南郑林园观妓》。又《送李将军》:“归去萧条灞陵上,几人看葬李将军。”按,此诗题一作《送开府侄随故李使君旅亲却赴上都》。❼名不详。肃、代间以诸卫将军为定州刺史。郎士元有《送李将军赴定州》。❽名不详。德宗时为龙武将军。王建有《早秋过龙武李将军书斋》。❾名不详。贞元时为诸卫将军。武元衡有《和李丞题李将军林园》。❿名不详,排行第十。开成初为诸卫将军。李商隐有《病中早访招国李十将军遇挈家游曲江》。⓫名不详。开成末为千牛卫将军。李商隐有《送千牛李将军赴阙五十韵》。⓬名不详。大中时为诸卫将军。温庭筠有《赠李将军》。⓭名不详。大中时为诸卫将军。李频有《赠李将军》。⓮名不详。咸通、乾符间为诸卫将军。李咸用有《别李将军》。⓯名不详。昭宗时为诸卫将军。李洞有《赠永崇李将军充襄阳制置使》。

【李將軍傳】 篇名。《史记》有《李将军列传》,为汉将军李广本传。崔道融有《题李将军传》。

【李崖州】 指李德裕。德裕大中二年贬为崖州司户参军,次年卒于位。广文诸生《诗》:“八百孤寒齐下泪,一时回首望崖州。”

【李崔】 李建、崔韶之连称。白居易《闻李十一出牧澧州崔二十二出牧果州因寄绝句》:“平生相见即眉开,静念无如李与崔。”

【李崙】 籍贯不详。玄宗时人。崔国辅有《渭水西别李仑》,注:“一作季崙。”未知孰是。

【李崇嗣】 排行第三。籍贯不详。武后时为许州参军。事迹见《唐诗纪事》卷六。《全唐诗》卷一〇〇录其诗三首。

【李偕】 籍贯不详。僖宗时为江南观察副使。陈陶有《赠江南李偕副使》。按,唐另有二李偕,一为玄宗之孙,封北平郡王;一为李晟之子,无禄早世,时代均早于此。

【李從事】 ❶指李商隐。商隐大中时为武宁军节度使从事。薛逢有《重送徐州李从事商隐》。❷名不详。长庆间为振武节度使从事。许浑有《吴门送振武李从事》。

【李從珂】 本姓王氏。镇州平山(今河北正定)人。后唐明宗养子。同光二年为卫州刺史。事迹见新旧《五代史》本纪。《全唐诗续补遗》卷十四录其诗一首。《全唐诗》七三七作韩昭裔诗。

【李從訓】 籍贯不详。大历中为州录事参军。戴叔伦有《暮春沐发晦日书怀寄韦功曹沨李录事从训王少府纯》。

【李從益】 “益”亦作镒,排行第二十。徐州(今属江苏)人。南唐元宗璟第八子,后主煜之弟。初封舒国公,改封蒋国公。事迹见马令《南唐书》卷七、《十国春秋》卷十九。南唐后主煜有《送邓王二十弟从益牧宣城》。

【李從貴】 籍贯不详。隐士。赵嘏有《赠李从贵》。

【李從善】 字子师。徐州(今属江苏)人。事迹见马令《南唐书》卷七、陆游《南唐书》卷十三、《十国春秋》卷十九、《宋史·世家一·南唐李氏传》。《全唐诗》卷八录其诗一首。

【李從遠】 赵州高邑(今属河北)人。事迹见新旧《唐书》本传。《全唐诗》卷一〇五录其诗一首。

【李從謙】 字可大。徐州(今属江苏)人。事迹见马令《南唐书》卷七、《十国春秋》卷十九、《宋史·世家一·南唐李氏传》。《全唐诗》卷八录其诗一首。

【李偉】 籍贯、生平均不详。《全唐诗续补遗》卷十九录其诗一首。

【李钜】 参见"李淮"。

【李得】 李益之讹。《全唐诗》卷七七〇录其诗一首,《全唐诗》卷二八三作李益诗。

【李逢吉】 字虚舟,排行第二十。陇西成纪(今甘肃)人。卒,赠太尉,谥曰成。事迹见新旧《唐书》本传。《新唐书·艺文志四》著录其与令狐楚唱和集《断金集》一卷,已佚。《全唐诗》卷四七三录其诗八首。

【李卿】 ❶指李晔。晔广德间为宗正卿,以罪贬岭南。杜甫有《送李卿晔》。贾至有《江南送李卿》。❷指李深源。深源元和初为寺卿。柳宗元有《零陵赠李卿元侍御简吴武陵》。❸指李仍叔。仍叔大和七年为宗正卿。白居易有《履信池樱桃岛上醉后走笔送别舒员外兼寄宗正李卿考功崔郎中》。❹指李珏。珏开成五年由宰相罢为太常卿。刘禹锡有《奉和吏部杨尚书太常李卿二相公策免后即事述怀赠答十韵》。❺名不详。天宝十一年为大理卿。高适有《崔司录宅燕大理李卿》。❻名不详。天宝中为寺卿。岑参有《送李卿赋得孤岛石》。❼名不详。肃宗时为寺卿。钱起有《赴章陵酬李卿赠别》《访李卿不遇》。❽名不详。广德、永泰间为太常卿。独孤及有《李卿东池夜宴得池字》。

【李祭酒】 名不详。李峤有《和同府李祭酒休沐田居》。

【李許】 籍贯、生平均不详。《全唐诗逸》卷中录其佚句一联。

【李郭】 ❶汉李膺、郭泰之连称。武元衡《酬严维秋夜见寄》:"神仙惭李郭,词赋谢曹刘。"参见"李郭仙舟"。❷李判官、郭判官之连称。崔峒《书怀寄杨郭李王判官》:"李郭应时望,王杨入幕频。"

【李郭仙舟】 指汉郭泰与李膺同舟共济,众宾望之以为神仙之事。见《后汉书·郭太传》。郭太即郭泰,范晔避其父讳而改。李瀚《蒙求》:"荀陈德星,李郭仙舟。"亦作"李郭舟""李郭仙"。高适《同李太守北池泛舟宴高平郑太守》:"每揖龚黄事,还陪李郭舟。"岑参《送郭司马赴伊吾郡请示李明府》:"江上舟中月,遥思李郭仙。"

【李庶子】 ❶指李幼卿。幼卿大历初为太子右庶子。卢纶有《春日陪李庶子遵善寺东院晓望》。❷名不详。曾为太子庶子。杨炯有《送李庶子致仕还洛》。

【李章】 籍贯不详。开元时人。李康成《玉台后集》曾录其诗。《全唐诗》卷七七三、《全唐诗续补遗》卷十九各录其诗一首。

【李章武】 字子飞,排行第十八。其先祖中山(今河北定县)人。贞元初进士及第。李师古为平卢节度使时辟为从事。事迹见《唐诗纪事》卷五九。《全唐诗》卷五一六录其诗一首,又卷八六六录其与王氏妇赠答诗四首。

【李康成】 籍贯不详。天宝中,续徐陵《玉台新咏》,上采南朝梁萧子范,下迄本朝张赴,并附以己作,凡二百零九人所作乐府歌诗六百七十首,成《玉台后集》十卷。大历十二年,奉使江东。刘长卿有《严陵钓台送李康成赴江东使》。《全唐诗》卷二〇三录其诗五首。

【李商隐】 唐诗人。事迹见《旧唐书·文苑传下》《新唐书·文艺传下》。有诗名,与杜牧齐名,世称"小李杜";又与温庭筠齐名,世称"温李"。《新唐书·艺文志四》著录其《樊南甲集》二十卷、《乙集》二十卷、《玉溪生韵》三卷,又赋一卷,文一卷。诗集自清代以来注本较多,集大成者为今人刘学锴、余恕诚之《李商隐诗歌集解》。《全唐诗》卷五三九至卷五四一录其诗三卷。

【李清】 籍贯不详。天宝十二年进士及第。见《唐诗纪事》卷二四。按唐代李清甚多,一为宪宗之孙,晚唐人;一为澄之子,贞元间人;一为鹤年之子,肃、代间人;一为崿之子,武后时人。唯鹤年之子时代相近,未知是否为一人。《全唐诗》卷二〇四录其诗一首。

【李淑】 洛阳(今属河南)人。李渤有《喜弟淑再至为长歌》。

【李淮】 籍贯、生平均不详。《全唐诗逸》卷中录其佚句一联,"淮"下注:"一作钜"。未知孰是。

【李深】 ❶字士达。籍贯不详。大历初为衢州刺史。迁兵部郎中。《全唐诗》卷三一二录其诗一首。❷参见"李源"。

【李深之】 籍贯不详。广明元年进士及第。刘崇鲁《席上吟》:"南行忽见李深之,手舞如蜚今不疑。"

【李寀】 赵郡(今河北赵县)人。天宝初,为卫县尉。九年,自浔阳郡太守为新定郡太守。事迹见《新唐书·宰相世系表二上》。高适有《东平别前卫县李寀少府》。

【李密】 ❶字玄邃,一字德主。辽东襄平(今辽宁辽阳)人,徙京兆长安(今陕西西安)。事迹见《隋书》及新旧《唐书》本传。《全唐诗》卷七三三录其诗一首。❷李宓之讹。白居易《新乐府·新丰折臂翁》自注:"云南有万人冢,即鲜于仲通、李密曾覆军之所也。"

【李晝】　字贞曜。陇西成纪（今甘肃）人，宗室。会昌六年进士及第。事迹见《旧唐书·李程传》、《新唐书·宗室世系表上》。张鲁封有《谑池亳二州宾佐兼寄宣武军掌书记李昼》。《全唐诗》卷八七一录其诗一首。

【李問政】　籍贯不详。开元初，累迁司勋员外郎，拜吏部郎中。张说有《送李问政河北简兵》。

【李尉】　名不详。大中初为忠州丰都县尉。李商隐有《送丰都李尉》。

【李通微】　籍贯不详。进士及第。会昌、大中间为陕州参军。姚鹄有《和陕州参军李通微首夏书怀呈同寮张裳段群二先辈》。

【李習】　籍贯、生平均不详。《全唐诗》卷七六九录其诗一首。

【李參軍】　❶指李崇嗣。崇嗣武后时为许州参军。陈子昂有《酬李参军崇嗣旅馆见赠》。❷名不详。卢照邻有《山行寄刘李二参军》。❸名不详。代宗时为参军。戎昱有《送李参军》。❹名不详。咸通、乾符间为参军。张乔有《别李参军》。

【李陵】　字少卿。汉陇西成纪（今甘肃）人。事迹见《史记·李将军列传》《汉书·李广传》。刘湾《李陵别苏武》："汉武爱边功，李陵提步卒。"杜甫《解闷十二首》之五："李陵苏武是吾师，孟子论文更不疑。"李涉《六叹》之三："丁年奉使白头归，泣尽李陵衣上血。"裴羽仙《哭夫二首》之一："李陵一战无归日，望断胡天哭塞云。"

【李陵初詩】　学术界历来认为汉李陵《与苏武诗三首》为五言诗之始。李瀚《蒙求》："李陵初诗，田横感歌。"亦作"李陵赋诗"。李峤《凫》："李陵赋诗罢，王乔曳舄来。"按，李陵之诗，实为后人伪托。

【李陵書】　指汉李陵与苏武之书信。贯休《灞陵战叟》："寻班超传空垂泪，读李陵书更断肠。"徐铉《闻查建州陷贼寄钟郎中》："皓首应全苏武节，故人谁得李陵书。"参见"李陵寄書"。

【李陵寄書】　相传汉李陵降匈奴后，寄书与苏武，表达内心痛苦之情。顾况《刘禅奴弹琵琶歌》："李陵寄书别苏武，自有生人无此苦。"按，李陵之书实为后人伪托。

【李陵賦詩】　参见"李陵初詩"。

【李紺】　籍贯、生平均不详。与雍陶为故交。雍陶有《酬李绀岁除送酒》。

【李紳】　字公垂，排行第二十。赵郡（今河北赵县）人，徙亳州谯县（今安徽亳州），复徙润州无锡（今属江苏）。事迹见新旧《唐书》本传。《新唐书·艺文志四》著录其《追昔游诗》三卷，《批答》一卷。已佚。《全唐诗》卷四八〇至卷四八三录其诗四卷。

【李琪】　字台秀。太原文水（今属山西）人，徙河西敦煌（今属甘肃）。事迹见新旧《五代史》本传。《宋史·艺文志七》著录其《金门集》十卷、《应用集》三卷，《艺文志八》著录其所编《玉堂遗范》三十卷，均佚。《全唐诗》卷七一五录其诗三首。

【李舒】　参见"李紓"。

【李嬋】　参见"李娟"。

【李琮】　籍贯、生平均不详。文宗时人。姚合有《送李琮归灵州觐省》。按，《新唐书·宰相世系表二上》有李琮，乃舞阳县尉铉之子。时代相近，未知是否一人。

【李朝士】　《全唐诗续补遗》卷十一录李朝士、李寿朋佚句一联。按，李朝士当作朝士，指朝中之士，非人名。《舆地纪胜》卷七十误，此亦沿其误，当删。

【李渢】　参见"李風"。

【李雲】　陇西成纪（今甘肃）人。天宝中为校书郎。李白有《饯校书叔云》和《宣州谢朓楼饯别校书叔云》，题一作《陪侍御叔华登楼歌》。

【李雲南】　指李宓。宓天宝十年为云南太守。储光羲有《同诸公送李云南伐蛮》。

【李壺關】　名不详。开元、天宝间为壶关县令。储光羲有《酬李壶关奉使行县忆诸公》。

【李越賓】　排行第十七。籍贯、生平均不详。玄宗时人。王昌龄有《岳阳别李十七越宾》。

【李惠】　籍贯、生平均不详。肃、代间人。郎士元有《赋得长洲苑送李惠》。

【李萒】　李蕚之讹。蕚，定州安平（今属河北）人。百药之五世孙。见《新唐书·宰相世系表二上》。大历、贞元间曾为缙云县令。《全唐诗续补遗》卷十九录其诗一首。《全唐诗》卷二六二作李阳冰诗，误。

【李尧】　剑州梓潼（今属四川）人。《宋史·艺文志七》著录其《梓潼集》二十卷，已佚。《全唐诗》卷七九五录其佚句三联。

【李揆】　字端卿，排行第五。陇西成纪（今甘肃）人，徙郑州荥阳（今属河南）。开元二十九年（741），进士及第。事迹见新旧《唐书》本传。《全唐诗补逸》卷五录其联句佚句四联。

【李貢】　陇西成纪（今甘肃）人。高宗之曾孙。事迹见《新唐书·宗室世系表下》。李白有《题瓜州新河饯族叔舍人贲》。

【李掾】　❶指李潘。潘大和八年为兖海观察使崔戎从事。李商隐有《过故崔兖海宅与崔明秀才话旧因寄旧僚杜赵李三掾》。❷名不详。广德中为剑南西川节度使功曹参军。岑参有《送蜀郡李掾》。

【李斯】　字通古。楚上蔡（今河南上蔡西南）人。事迹见《史记·李斯列传》。骆宾王《畴昔篇》："邹衍衔悲系燕狱，李斯抱怨拘秦桎。”韦应物《石鼓歌》：“秦家祖龙还刻石，碣石之罘李斯迹。”白居易《咏史》：“秦磨利刀斩李斯，齐烧沸鼎烹郦其。”胡曾《咏史诗·上蔡》：“上蔡东门狡兔肥，李斯何事忘南归。”

【李斯井】 秦李斯在故乡上蔡时所掘之井，唐时尚存。贾岛《李斯井》：“井存上蔡南门外，置此井时来相秦。”

【李斯黄犬】 指秦李斯临刑前忆与其子牵黄犬出上蔡东门逐狡兔之事。见《史记·李斯列传》。杜甫《八哀诗·故秘书少监武功苏公源明》：“范晔顾其儿，李斯忆黄犬。”李德裕《到恶溪夜泊芦岛》：“青蝇岂独悲虞氏，黄犬应闻笑李斯。”

【李斯上蔡門】 指秦李斯临刑前忆与其子牵黄犬出上蔡东门逐狡兔之事。李白《留别于十一兄逖裴十三游塞垣》：“太公渭川水，李斯上蔡门。”参见“李斯黄犬”。

【李斯鷹犬】 指秦李斯临刑前忆与其子牵黄犬出上蔡东门逐狡兔之事。见《史记·李斯列传》。李白《冬夜醉宿龙门觉起言志》：“傅说版筑臣，李斯鹰犬人。”

【李斯傳】 指《史记·李斯列传》。曹邺有《读李斯传》。韦庄有《题李斯传》。

【李斯溷鼠】 指秦李斯见厕所中之鼠而发感慨之事。见《史记·李斯列传》。薛逢《惊秋》：“长笑李斯称溷鼠，每多庄叟喻牺牛。”李咸用《物情》：“李斯溷鼠心应动，庄叟泥龟意已坚。”

【李植】 陇西成纪（今甘肃）人。逢吉从弟之子，逢吉无子，过继为嗣。元和、长庆间，累迁监察御史。文宗时，为司勋员外郎，迁户部郎中。姚合有《送李植侍御》。

【李博士】 ❶名不详。永泰间为博士。韦应物有《同德寺雨后寄元侍御李博士》《李博士弟以余罢官居同德精舍共有伊陆名山之期久而未去枉诗见问中云宋生昔登览末云那能顾蓬荜直寄鄙怀聊以为答》《寄酬李博士永宁主簿叔厅见待》。❷名不详。德宗时为太常博士。韩翃有《赠别太常李博士兼寄两省旧游》。

【李都】 籍贯不详。进士及第，为荆南节度使从事。咸通中，累迁左散骑常侍。《全唐诗》卷八七〇录其诗一首。

【李都官郎中】 指李益。益元和三年在都官郎中任。羊士谔有《和李都官郎中经宫人斜》。

【李都尉】 指汉李陵。陵武帝时为骑都尉。耿湋《陇西行》：“因思李都尉，毕竟不封侯。”白居易有《李都尉古剑》。白行简有《李都尉重阳日得苏属国书》。郑锡《入塞曲》：“还伤李都尉，独自没黄沙。”

【李都督】 名不详。上元二年为刺史。杜甫有《奉酬李都督表丈早春作》。

【李都護】 指李光进。光进元和五年为单于大都护。鲍溶有《寄李都护》。

【李華】 字遐叔，排行第三。赵郡赞皇（今属河北）人。开元二十三年进士及第。天宝二年，登博学宏词科。授南和县尉，擢秘书省校书郎。十一年，拜监察御史。事迹见《旧唐书·文苑传下》《新唐书·文艺传下》。《新唐书·艺文志四》著录其《前集》十卷、《中集》二十卷，独狐及为其作《中集序》，已佚。《全唐诗》卷一五三录其诗一卷。

【李貽】 李贻孙之讳省。贻孙，赵郡（今河北赵县）人。大和初，为福建团练副使。会昌初，为朗州刺史。《全唐诗补逸》卷十七录其《神女庙》佚句一句。

【李景】 陇西成纪（今甘肃）人。元和时乡贡进士。《全唐诗》卷五四二录其诗二首。

【李景先】 籍贯不详。姚合有《寄陆浑县尉李景先》。

【李景伯】 邢州柏仁（今河北）人。景龙初，累迁给事中。三年，迁谏议大夫。事迹见新旧《唐书》本传。贯休《读唐史》：“我爱李景伯，内宴执良规。”《全唐诗》卷一〇一录其诗一首。

【李景述】 籍贯不详。会昌四年，以同州解头进士及第。元稹《和王侍郎酬广宣上人观放榜后相贺》自注：“进士李景述以同判解头及第。”

【李景信】 排行第十一。陇西成纪（今甘肃）人。事迹见《旧唐书·李景俭传》《新唐书·宗宣世系表下》。元稹有《沣西别乐天博载樊宗宪李景信两秀才侄谷三月三十日相饯送》《通州丁溪馆夜别李景信三首》。

【李景参】 籍贯不详。天宝三年为睢阳郡从事。工书法。高适有《平台夜遇李景参有别》。

【李景儉】 字宽中，一字致用，排行第十一。陇西成纪（今甘肃）人。睿宗之五世孙，景信之兄。贞元十五年进士及第，授太常寺协律郎。事迹见新旧《唐书》本传。《全唐诗》卷七八九录其联句一首。

【李景讓】 字后己。太原文水（今山西）人。元和中，进士及第，授秘书省校书郎。长庆四年为右拾遗。事迹见《旧唐书·忠义传下》《新唐书》本传。《全唐诗》卷五六三录其诗二首。

【李景遏】 字宣远，小名仁寿。徐州（今江苏）人。昇之子，璟之弟。事迹见马令《南唐书》卷七、《十国春秋》卷十九。南唐嗣主璟有《保大五年元日大雪同太弟景遂汪王景遏齐王景逵进士李建勋中书徐铉勤政殿学士张义方登楼赋》。按“汪王”当作“江王”。又保大五年景遏尚未封江王，似题亦误。

【李景逵】 李景达之讹。景达，字子通，小名雨师。徐州(今属江苏)人。南唐升元元年十一月，封寿阳郡公。事迹见马令《南唐书》卷七、《十国春秋》卷十九。南唐嗣主璟有《保大五年元日大雪同太弟景遂汪王景遏齐王景逵进士李建勋中书徐铉勤政殿学士张义方登楼赋》。

【李景遂】 字退身。徐州(今属江苏)人。事迹见马令《南唐书》卷七、《十国春秋》卷十九。《全唐诗》卷七九五录其佚诗一联。

【李蕚】 参见"李崿"。

【李崿】 原名华，敕改名，字伯高。"崿"一作"蕚"，"崿"与"伯高"字义相属，作蕚误。赵郡(今河北赵县)人。天宝中，进士及第。事迹见《新唐书·卓行传》。皎然有《采实心竹杖寄赠李蕚侍御》。《全唐诗》卷七八八录其联句十四首。

【李開府】 指李锜。锜贞元十五年为镇海军节度使。白居易《新乐府·杏为梁》："杏为梁，桂为柱，何人堂室李开府。"

【李涗】 即李沇。"涗"为"沇"之异体。《全唐诗续补遗》卷十三录其《酬词》一首。按，此诗已见《全唐诗》卷六八八"李沇"下，题作《醮词》，此处可删。

【李喻之】 籍贯不详。居湖州(今属浙江)。建中、贞元间处士。皎然有《送李喻之处士洪州谒曹王》。

【李策】 ❶蜀(今四川)人。元和初乡贡进士。刘禹锡有《送李策秀才还湖南因寄幕中亲故兼简衡州吕八郎中》。❷李荣之讹。薛曜有《登绵州富乐山别李道士策》。参见"李榮"。

【李程】 字表臣，排行第二十六。陇西成纪(今甘肃)人。宗室。贞元十二年状元及第。同年登博学宏词科，为集贤殿正字。事迹见新旧《唐书》本传。《全唐诗》卷三六八录其诗五首。

【李傅】 ❶籍贯不详。贞元间曾为刺史。杨巨源有《赠李傅》。❷李廓之讹。贾岛有《送李傅侍郎剑南行营》，"郎"下注："一作御。"误。按，姚合有《送李廓侍御赴西川行营》，顾非熊有《送李廓侍御赴剑南》，皆为同时送行之作。

【李集】 籍贯不详。事迹见《北史·齐文宣帝纪》。周昙《咏史诗·六朝门·李集》："忠谏能坚信正臣，三沉三屈竟何云。每沉良久方能语，及语还呼桀纣君。"

【李進士】 李暹之讹。赵嘏有《哭李进士》。注："一作于邺。"按，此为于鹄诗，题作《哭李暹》。参见"李暹"。

【李復禮】 字拒非，排行第十一。籍贯不详。元稹《酬哥舒大少府寄同年科第》自注："同年科第，宏词：吕二炅、王十一起；拔萃：白二十二居易；平判：李十一复礼、吕四颍、崔十八玄亮逮不肖，八人皆奉荣养。"

【李舜弦】 其先祖为波斯(今伊朗)人，徙梓州(今四川三台)。前蜀后主王衍纳为昭仪。事迹见《十国春秋》卷三八。《全唐诗》卷七九七录其诗三首。

【李欽止】 籍贯、生平均不详。《全唐诗续补遗》卷十九据《永乐大典》卷二六〇四引《三秦记》录其诗一首。按，《三秦记》，作者辛氏当为南朝宋以前人，则李钦止时代更早，当删。

【李順興】 籍贯不详。北周道士。郑嵎《津阳门诗》自注："真人李顺兴，后周时修道北山。神尧皇帝受禅，真人潜告符契。至今山下有祠宇，宫中有七圣殿，自神尧至睿宗逮窦后皆立，衣兖衣……顺兴影堂、果老药室，亦在禁中也。"

【李象】 李元象之夺。元象即李演之字。"庐山四友"之一。杨衡有《哭李象》。

【李皓】 陇西成纪(今甘肃)人。开元二十七年为襄阳县尉。天宝十一年为临洺县令。李白有《赠从兄襄阳少府皓》《赠临洺县令皓弟》。

【李御史】 指李甘。甘大和中为侍御史。曹邺《续幽愤》自注："嵇康、吕安连罪赋此诗，邺纪李御史甘死封之事。"

【李善夷】 籍贯不详。僖宗时官至尚书。昭宗时贬为武陵县令。《新唐书·艺文志四》著录其《江南集》十卷，《宋史·艺文志七》著录其集六卷，均已佚。《全唐诗》卷五六三录其诗二首。又见《全唐诗》卷三六五作刘禹锡诗。

【李竦】 赵州(今河北赵县)人。大历二年，进士及第。事迹见《唐诗纪事》卷三二。《全唐诗》卷二八一录其诗一首。

【李評事】 ❶指李逢吉。逢吉贞元十年稍后为振武节度使判官、大理评事。杨巨源《答振武李逢吉判官》："唯有单于李评事，不将华发负春风。"❷指李公进。公进贞元中为大理评事。欧阳詹有《李评事公进示文集因赠之》。❸指李遂。遂元和、长庆间为大理评事。张籍有《送李评事游越》，一作郎士元诗，题作《送李遂之越》。按，此诗当为张籍诗。❹名不详。开元中为大理评事。王昌龄有《重别李评事》。❺名不详。大历中为大理评事、湖南观察使从事。钱起有《送李评事赴潭州使幕》。❻名不详。元和中为在理评事。王建有《送李评事使蜀》。❼名不详。昭宗时为大理评事。齐己有《和岷公送李评事往宜春》《送李评事往宜春》。

【李尊師】 ❶指李含光。含光代宗时道士。卢纶有《过楼观李尊师》。❷指李玄。玄贞元、元和间道士。孟郊有《送李尊师玄》。❸名不详。肃宗时玄都观道士。杜甫有《题李尊师松树障子歌》。❹名不详。肃、代间茅山道士。皇甫冉有《送张道士归茅山谒李尊师》。严维有《题茅山李尊师所居》。灵澈有《题李尊师堂》佚句。❺名不详。代宗时道士。奚贾有《谒李尊师》。❻名不详。文宗时玄都观道士。喻凫有《玄都观李尊师》。❼名不详。懿宗时道士。李咸用有《送李尊师归临川》。❽名不详。唐末五代道士。齐己有《舟中江上望玉梁山怀李尊师》《听李尊师弹琴》。

【李湖州】 ❶指李锜。锜贞元十三年为湖州刺史。张籍有《舟行寄李湖州》。❷指李词。词贞元十四年为湖州刺史。顾况有《李湖州孺人弹筝歌》。

【李渤】 字濬之，排行第十。洛阳(今属河南)人。事迹见新旧《唐书》本传。《全唐诗》卷四七三录其诗四首。

【李湯】 ❶籍贯不详。肃宗时为县尉。宝应元年，在嘉兴县令任。广德中，入为殿中侍御史。永泰中，为楚州刺史。事迹见新旧《唐书·李宗闵传》。韦蟾有《长乐驿谑李汤给事题名》。

【李湜】 卫州(今河南汲县)人。韩翃有《送李湜下第归卫州便游河北》。按，唐人名李湜者甚多，其中《新唐书·宰相世系表二上》所载嘉州刺史浚之弟及和州司马鹤年之子二人时代相近，未知孰是。

【李渥】 陇西成纪(今甘肃)人，徙郑州荥阳(今属河南)。大中时，乡贡进士。事迹见《旧唐书》本传。《全唐诗》卷五六四录其诗一首。

【李凑】 陇西成纪(今甘肃)人。善画，笔法效阎立本。见张彦远《历代名画记》卷九。刘长卿有《观李凑所画美人障子》。

【李湊】 参见"李凑"。

【李謂】 赵郡(今河北赵县)人。韦应物有《赋得暮雨送李胄》，"胄"下注："一作渭。"《全唐诗续补遗》卷十九录共佚句一联。

【李賀】 字长吉。陇西成纪(今甘肃)人，宗室，徙河南福昌(今河南宜阳)之昌谷，后世因称李昌谷。事迹见《旧唐书》本传、《新唐书·文艺传下》。齐己诗有"诗同李贺精通鬼"之句，当时文士从而效之，称"李长吉体"。后世称为"奇才""鬼才"。《新唐书·艺文志四》著录其集五卷。今有注本多种。《全唐诗》卷三九〇至卷三九四录其诗五卷。

【李登】 籍贯不详。元和、长庆间为伊阳县尉。贾岛有《送李登少府》。

【李婺州】 指李纾。纾大历十二年为婺州刺史。刘长卿有《奉和赵给事使君留赠李婺州舍人兼谢舍人别驾之什》。

【李給事】 ❶指李元素。元素贞元十五年为给事中。权德舆有《奉和李给事省中书情寄刘苗崔三曹长因呈许陈二阁老》。❷指李逢吉。逢吉元和六年为给事中。令狐楚有《南宫夜直宿见李给事封题其所下制敕知奏直在东省因以诗寄》。❸指李中敏。中敏开成四年为给事中，五年为婺州刺史。裴夷直有《寄婺州李给事二首》。杜牧有《李给事中敏二首》。许浑有《经李给事旧居》和《维舟秦淮过温州李给事宅》。❹名不详。开元中为给事中。孙逖有《送李给事归徐州觐省》。❺名不详。大和中为给事中。赵嘏有《送李给事》，题下注："一作《萧俛相公归山》。"❻名不详。会昌元年为给事中。白居易有《和李中丞与李给事山居雪夜同宿小酌》。❼名不详。昭宗时为给事中。杜荀鹤有《郊居即事投李给事》。

【李絳】 字深之，排行第三。赵郡赞皇(今属河北)人。贞元八年进士及第。九年，登博学宏词科。授秘书省校书郎。事迹见新旧《唐书》本传。有《李相国论事集》六卷，今存。《新唐书·艺文志四》著录其集二十卷，刘禹锡为其作集纪，今佚。《全唐诗》卷三一九录其诗二首，卷七九〇录其联句二首。

【李巽】 字令叔。赵郡赞皇(今属河北)人。事迹见新旧《唐书》本传。韦应物有《西郊游宴寄赠邑僚李巽》。

【李陽】 晋上党郡武乡(今属山西)人。事迹见《晋书·石勒载记下》。韩愈《斗鸡联句》："毒手饱李阳，神槌因朱亥。"

【李陽冰】 字少温。赵郡高邑(今河北)人。李白、李嘉祐称之为从叔。萧颖士之门人。乾元二年为缙云县令。宝应元年为当涂县令，李白往依之。《全唐诗》卷二六二录其诗一首，实为李萏作。

【李瑝】 初名沔。陇西成纪(今甘肃)人。宗室，玄宗之第二十三子。开元二十一年九月，封信王。事迹见新旧《唐书》本传。《全唐诗》卷三录其与肃宗等联句一首。

【李微】 李徵之讹。徵，陇西成纪(今甘肃)人。宗室，徙虢州(今河南灵宝)。《全唐诗》卷八六七录其诗一首。

【李瑕】 李纵之讹。清昼有《秋日潘述自长城至霅上与昼公汤评事游集累日时司直李公瑕往苏州有阻良会因与二公联句以寄之》联句。

【李勣】 本姓徐氏，名世勣，字懋功，永徽中，避太宗讳改。事迹见新旧《唐书》本传。白居易《新乐府·七德舞》："剪须烧药赐功臣，李勣呜咽思杀身。"自注："李勣尝疾，医云：'得龙须烧灰，方可疗之。'太宗自剪须烧灰赐之，服讫而愈。勣叩头泣涕而谢。"

【李瑒】 李汤之讹。韦蟾有《嘲李玚题名》。按，此诗已见《卢渥》下，题为《长乐驿谑李汤给事题名》。参见“李湯❷”。

【李堪】 李湛之讹。参见“李湛”。

【李湛】 湛，字兴宗。事迹见新旧《唐书》本传。《全唐诗逸》卷中录其佚句二联。

【李搏】 籍贯不详。乾符中进士及第。事迹见《唐诗纪事》卷六一。与裴廷裕有交往。裴廷裕有《蜀中登第答李搏六韵》。《全唐诗》卷六六七录其诗二首。

【李損之】 陇西成纪（今甘肃）人。宗室。元和时乡贡进士。官至给事中。事迹见《新唐书·宗室世系表上》。《全唐诗》卷五四二录其诗一首。

【李敬方】 字中虔。太原文水（今属山西）人。长庆三年进士及第。事迹见《旧五代史·李琪传》《唐诗纪事》卷五八、《唐才子传》卷七。大中十年，顾陶编《唐诗类选》，从其家集三百首中选诗，以为其诗“才力周备，兴比之间，独与前辈相近”。《新唐书·艺文志四》著录其诗一卷，今佚。《全唐诗》卷五〇八录其诗八首。

【李敬玄】 赵郡（今河北赵县）人，徙亳州谯县（今安徽亳州）。累迁西台舍人、弘文馆学士。事迹见新旧《唐书》本传。《全唐诗》卷四四录其诗二首。

【李敬伯】 籍贯不详。长庆元年，段文昌为剑南西川节度使，辟为观察巡官、试大理评事。事迹见《唐诗纪事》卷五十。《全唐诗》卷三三一录其诗二首。

【李著作】 ❶指李纵。纵贞元初为著作郎。皎然有《同李著作纵题尘外上人院》。❷樊著作之讹。元稹有《仁风李著作园醉后寄李十》。❸名不详。开元初以著作郎为杭州司马。张谔有《送李著作倅杭州》。

【李楫】 籍贯不详。天宝中，累迁司勋员外郎。十四年为延安太守。王维有《过李楫宅》《雪中忆李楫》。

【李萬】 赵郡（今河北赵县）人。天宝二年为睢阳郡司仓参军。徙莱州仓曹参军。事迹见《新唐书·宰相世系表二上》。皇甫冉有《同李万晚望南岳寺怀普门上人》。参见“李司倉❶”。

【李萬州】 名不详。肃宗时为万州刺史。皇甫冉有《送李万州赴饶州觐省》。

【李虞】 赵郡（今河北赵县）人。事迹见《旧唐书·李绅传》。《全唐诗》卷五〇七录其诗一首。

【李虞仲】 字见之。赵郡（今河北赵县）人。元和元年进士及第。事迹见新旧《唐书》本传。《新唐书·艺文志四》著录其《制集》四卷，已佚。《全唐诗》卷四七九录其诗一首。

【李睦州】 指李善白。善白大和九年为睦州刺史。白居易有《凭李睦州访徐凝山人》。

【李睢陽】 指李峘。峘天宝十二年为睢阳太守。王维有《送李睢阳》。

【李暇】 籍贯不详。开元时人。《全唐诗》卷七七三录其诗三首。

【李園】 战国赵人。事迹见《战国策·楚策四》《史记·春申君列传》。李白《送薛九被谗去鲁》：“春申一何愚，刎首为李园。”张祜《感春申君》：“春申还道三千客，寂寞无人杀李园。”杜牧《春申君》：“三千宾客总珠履，欲使何人杀李园。”

【李嗣宗】 李崇嗣之讹。《全唐诗》卷一〇〇李崇嗣《览镜》下注：“一作李嗣宗诗。”非。

【李嗣貞】 李嗣真之讹。白居易《新乐府·法曲》：“中宗肃宗复鸿业，唐祚中兴万万叶。”自注：“永隆元年，太常李嗣贞善审音律，能知兴衰，云：‘近者乐府有《堂堂之曲》。再言者，唐祚再兴之兆。’”

【李嗣真】 邢州（今河北）人。事迹见《旧唐书·方伎传》《新唐书》本传。《新唐书·艺文志》著录其《孝经指要》一卷、《明堂新礼》十卷、《书后品》一卷、《画后品》一卷、《诗品》一卷，皆佚。杜审言有《和李大夫嗣真奉使存抚河东》。

【李暠】 陇西成纪（今甘肃）人。事迹见新旧《唐书》本传。《全唐诗》卷一〇八录其诗一首。

【李粲】 ❶赵郡赞皇（今河北）人。事迹见《新唐书·宰相世系表二上》。李白有《豳歌行上新平长史兄粲》。❷字辉用。陇西成纪（今甘肃）人。咸通、乾符间乡贡进士。僧鸾有《赠李粲秀才》。

【李當】 陇西成纪（今甘肃）人。益之子。会昌五年为右补阙。事迹见《新唐书·宰相世系表二上》《全唐诗补逸》卷十三录其诗一首。

【李逸】 ❶陇西成纪（今甘肃）人。事迹见《九国志》卷二。温庭筠《病中书怀呈友人》序：“开成五年秋，以抱疾郊野，不得与乡计偕至王府。将议遐适，隆冬自伤，因书怀奉寄殿院徐侍御、察院陈李二侍御、回中苏端公、鄠县韦少府兼呈袁郊、苗绅、李逸三友人一百韵。”❷李益之讹。《全唐诗》卷七七〇录其诗一首，诗见《全唐诗》卷二八三“李益”下。

【李逸人】 指李暹。于鹄有《寻李逸人旧居》。

【李頎】 赵郡（今河北赵县）人。事迹见《唐诗纪事》卷二十、《唐才子传》卷二。《新唐书·艺文志四》著录其诗一卷，已佚。《全唐诗》卷一三二至卷一三四录其诗三卷。

【李傳】 宣州（今属安徽）人。姚合有《送李传秀才归宣州》。

【李靖】 本名药师。雍州三原（今陕西三原东北）人。事迹见新旧《唐书》本传。柳宗元有《唐铙歌鼓吹曲十二篇·李靖灭吐谷浑西海上为吐谷浑第十》《唐铙歌鼓吹曲十二篇·李靖灭高昌为高昌第十一》。

【李道士】 ❶指李荣。薛曜有《登绵州富乐山别李道士策》。按,“策”为“荣”之讹。❷名不详。开元末道士。岑参有《题井陉双溪李道士所居》。❸名不详。肃、代间道士。顾况有《送李道士》。❹名不详。大历间道士。崔峒有《送李道士归山》。❺名不详。大历、贞元间湖州道士。皎然有《送李道士》。❻名不详。元和间灵都观道士。张籍有《灵都观李道士》。❼名不详。元和间庐山道士。白居易有《寻李道士山居兼呈元明府》。❽名不详。文宗时华山道士。周贺有《赠道人》,注:“一作《赠李道士》。”❾名不详。唐末道士。贯休有《寄李道士》。❿名不详。南唐时道士。徐铉有《游方山宿李道士房》。

【李道州】 指李圻。圻大历中为道州刺史。戴叔伦有《桂阳北岭偶过野人所居聊书即事呈王永州邕李道州圻》。

【李道昌】 籍贯不详。大历十三年四月,以浙西观察留后为苏州刺史兼御史中丞,充浙西都团练观察使。事迹见《唐诗纪事》卷三四。皎然有《奉送李中丞道昌入朝》。

【李道實】 籍贯、生平均不详。张祜有《途中逢李道实游蔡州》。

【李道樞】 赵郡(今河北赵县)人。宝历二年在侍御史任。白居易《三月三日祓禊洛滨》序:“前一日,启留守裴令公。令公明日召太子少傅白居易、太子宾客萧籍、李仍叔、刘禹锡、前中书舍人郑居中、国子司业裴恽、河南少尹李道枢……四门博士谈弘谟等一十五人,合宴于舟中。”又《会昌二年春题池西小楼》自注:“苏庶子弘、李中丞道枢及陈、樊二妓,十余年皆楼中歌酒中伴,或殁或散,独予在焉。”

【李義】 陇西成纪(今甘肃)人。宗室。与杜甫为中表亲。杜甫有《别李义》。

【李義府】 瀛州饶阳(今河北)人。事迹见《旧唐书》本传、《新唐书·奸臣传上》。《新唐书·艺文志四》著录其集四十卷,已佚。白居易《新乐府·天可度》:“君不见李义府之辈笑欣欣,笑中有刀潜杀人。”《全唐诗》卷三五录其诗八首。

【李肇】 赵郡赞皇(今河北)人。事迹见《新唐书·宰相世系表二上》《艺文志二》。《艺文志二》著录其《国史补》三卷、《翰林志》一卷、《经史释题》二卷,前二书今存。王建有《荆南赠别李肇著作转韵诗》。

【李補闕】 ❶指李华。华天宝末为右补阙。刘长卿有《送李补阙之上都》。❷指李纾,纾永泰元年为左补阙。皇甫冉有《酬李补阙》。李嘉祐有《元日无衣冠入朝寄皇甫拾遗冉从弟孙阙纾》。皎然有《酬李补阙纾》。徐凝有《送李补阙归朝》。❸指李渤。渤元和十一年为右补阙。施肩吾有《寄李补阙》。❹指李绅。绅元和十五年为右补阙。姚合有《和李补阙曲江看莲花》。❺名不详。天宝初为补阙。五年为河西节度使王忠嗣判官。孙逖有《送李补阙摄御史充河西节度判官》。❻李绅之兄,名不详。大历中为补阙。郭郧有《寒食寄李补阙》。❼名不详。大历中为补阙。崔峒有《酬李补阙雨中寄赠》。❽名不详。昭宗时为补阙。黄滔有《上李补阙》《书崔少府居》,题一作《赠李补阙》。

【李裕】 籍贯不详。咸通中进士及第。授秘书省校书郎。广明元年为湖南观察使。周朴有《赠李裕先辈》。

【李詡】 籍贯不详,移居新安(今安徽歙县)。举进士,不第。许浑有《喜李诩秀才见访因赠》《瓜洲留别李诩》。

【李詢】 籍贯不详。南唐时人。《全唐诗》卷七五七录其诗一首。

【李遂】 籍贯不详。元和、长庆间为大理评事。郎士元有《送李遂之越》。一作张籍诗,题作《送李评事游越》。按,此诗当为张籍所作。

【李遂良】 籍贯不详,居京兆鄠县(今陕西户县)杜陵。大中、咸通间处士。高骈有《寄鄠杜李遂良处士》。

【李煜】 字重光。本名从嘉,号钟峰隐居。徐州(今属江苏)人。世称李后主。事迹见《新五代史·南唐世家》、马令《南唐书》卷五、《十国春秋》卷十七。善属文,工画,尤工墨竹;擅书,遒劲如寒松霜竹,谓之“金错刀”,世称“撮襟书”。《全唐诗》卷八录其诗十八首,卷八八九录其词三十四首。

【李滁州】 ❶指李幼卿。幼卿大历六年为滁州刺史。独孤及有《答李滁州题庭前石竹花见寄》《得李滁州书以玉潭庄见托因书春思以诗代答》《答李滁州忆玉潭新居见寄》。❷名不详。开成二年为滁州刺史。白居易有《送李滁州》。

【李溟】 籍贯不详。文宗时终南山白阁峰隐者。与当时诗人贾岛、薛能、许浑、姚合及诗僧栖白均有交往。以一首《无题》得名。见《唐诗纪事》卷五八。《全唐诗》卷四七〇录其诗一首。

【李暝】 李溟之讹。许浑有《送李溟秀才西行》,“溟”下注:“一作暝。”非。

【李溥】 籍贯不详。广明元年在刑部侍郎任。杜荀鹤有《寄李溥》。

【李源】 太原文水(今属山西)人。事迹见《旧唐书·忠义传下》《新唐书·忠义传上》。皇甫冉有《玄元观送李源李风还奉先华阴》。

【李羣之】　籍贯不详。大中初，累迁尚书员外郎。五年，杨汉公为荆南节度使，辟为从事。许浑《宴饯李员外》序："李群之员外从事荆南尚书杨公，诏征赴阙。俄为淮南相国杜公辟命，自汉上舟行至此郡，于云楼宴罢解缆，阻风却回，因赠。"

【李羣玉】　字文山，排行第四。澧州(今湖南澧县)人。周朴诗有"群玉诗名冠李唐"之句。《新唐诗·艺文志四》著录其诗三卷，后集五卷，已佚。《全唐诗》卷五六八至卷五七〇录其诗三卷。

【李雍容】　北魏广平(今河北永年东)人。韩偓《后魏时相州人作李波小妹歌疑其未备因补之》："李波小妹字雍容，窄衣短袖蛮锦红。"

【李遐周】　籍贯不详。道士。事迹见《太平广记》卷三一引《明皇杂录》。《全唐诗》卷八六〇录其题壁诗一首。

【李維深】　籍贯不详。开元八年为陇州司户参军。苏颋有《陈仓别陇州司户李维深》。

【李綰】　陇西成纪(今甘肃)人。天宝三年，为安西大都护府从事。李白有《送族弟绾从军安西》。按，新旧《唐书》有四李绾，一为义琛子，武后时吏部郎中；一为福王，德宗时人；一为皋之孙，大中、咸通间人；一为蔚之弟，僖宗时人，皆与此时代不合。

【李禕】　陇西成纪(今甘肃)人。宗室，太宗曾孙，岘之父。事迹见新旧《唐书》本传。《全唐诗》卷六录其诗一首。

【李臺卿】　陇西成纪(今甘肃)人。白之族弟。李白有《赠别舍人弟台卿之江南》。

【李趙公】　指李峤。峤景龙二年封赵国公。张说有《五君咏五首·李赵公峤》。

【李輕車】　指汉李蔡。蔡武帝元朔五年春为轻车将军，再以大将军卫青击匈奴，封乐安侯。后多用以指边将。王维有《送宇文三赴河西充行军司马》。韩翃《送刘将军》："胆大欲期姜伯约，功多不让李轻车。"刘禹锡《送浑大夫赴丰州》："故吏来辞辛属国，精兵愿逐李轻车。"许浑《灞东题司马郊园》："楚翁秦塞住，昔事李轻车。"参见"李蔡"。

【李嘉祐】　赵郡(今河北赵县)人。天宝七年进士及第。《新唐书·艺文志四》著录其诗集一卷，《郡斋读书志》卷十七著录为二卷。《全唐诗》卷二〇六至卷二〇八录其诗三卷。

【李蒙】　籍贯不详，徙居河南颍阳(今河南伊川东)。与钱起有交往。钱起有《经李蒙颍阳旧居》。

【李蒙叟】　籍贯、生平均不详。昭宗时人。杜荀鹤有《赠李蒙叟》。

【李蓀】　籍贯不详。唐末为金吾将军、散骑常侍。罗隐有《寄金吾李荪常侍》。

【李遠】　字求古。陇西成纪(今甘肃)人。约生于贞元末。大和五年进士及第。大和末，为当涂县尉。开成中，为当涂县令。五年，在监察御史任。事迹见《唐才子传》卷七。工诗。与当时诗人李商隐、许浑、段成式、温庭筠等均有交往。《新唐书·艺文志四》著录其诗集一卷。《全唐诗》卷五一九录其诗一卷。

【李愿】　❶陇西临洮(今青海)人。事迹见新旧《唐书》本传。《全唐诗》卷三一四录其诗二首。❷陇西成纪(今甘肃)人。与韩愈有交往。贞元中，隐于孟州济原县盘谷，因自号盘谷子。韩愈《卢郎中云夫寄示送盘谷子诗两章歌以和之》："昔寻李愿向盘谷，正见高崖巨壁争开张。"按，此诗作于元和六年。

【李夢符】　籍贯不详。事迹见《诗话总龟》前集卷三引《诗史》，又卷四六引《郡斋雅谈》。《全唐诗》卷八六一录其诗三首。

【李暢】　排行第二十二。籍贯不详。事迹见《嘉定镇江志》卷十八。权德舆《酬李二十二兄主簿马跡山见寄》序："族内兄畅，纯静而深，直方而文，与予同偶居丹阳。丹阳郭北四十里所，有马跡山。山有奇峰怪石，且多昔贤真仙之所游践……贞元元年，兄以典校秘书，调补江陵松滋主簿，以地远不就职。予以环卫冗秩，罢漕輓从事，且久家居食贫，里巷相接。其明年，兄命驾游此山。"按，《新唐书·宰相世系表二上》有李畅，乃武后时宰相峤之子，开元中相州刺史，与此非一人。

【李鄠縣】　名不详。乾元元年在鄠县令任。杜甫有《李鄠县丈人胡马行》。

【李鍘】　籍贯不详。昭宗时乡贡进士。贯休有《送李铡赴举》。

【李銘】　陇西成纪(今甘肃)人，宗室。乾元、上元间，为义兴县令。李白有《赠从孙义兴宰铭》。

【李僩】　籍贯、生平均不详。卢纶有《至德中途中书事却寄李僩》。按，肃宗第六子名僩，至德二年封兖王，宝应元年为李辅国所杀。时卢纶尚未成年，故与此非一人。诗题"至德中"三字当为衍文。

【李僕射】　(射 yè)❶指李愬。愬元和十三年为检校尚书左仆射、凤翔尹，充凤翔陇右节度使。张籍有《送李仆射愬赴镇凤翔》。❷指李绛。绛宝历元年为尚书左仆射。张籍有《和李仆射秋日病中作》《和李仆射雨中寄卢严二给事》《和李仆射西园》。❸指李德裕。德裕大和八年为检校尚书右仆射、润州刺史，充镇海军节度、浙江西道观察使。开成二年为检校户部尚书兼扬州大都督府长史，充淮南节度使；四年，加检校尚书左仆射。刘禹锡有《奉送浙西李仆射相公赴镇》。赵嘏有《献淮南李仆射》。❹指李绅。绅开成五年为检校尚书右仆射兼扬州大都督府长史，充淮南节度使。会昌四年复为检校尚书仆射、同平章事、淮南节度使。白居易有《予与山南王仆射起淮南李仆射绅事历五朝踰三纪海内年辈今唯三人荣路虽殊交情不替聊题长句寄举之公垂二相公》。温庭筠有《感旧陈情五十韵献淮南李仆射》。❺指李珏。珏大中三年为检校尚书右仆射兼扬州大都督府长史，充淮南节度使。许棠有《讲德陈情上淮南李仆射八首》。❻指李蔚。蔚咸通十一年为检校吏部尚书兼扬州大都督府长史，充淮南节度副大使知节度事，不久加尚书仆射。李嵘有《献淮南师》，题一作《献李仆射》。按一作是。罗隐有《广陵李仆射借示近诗因投献》。

【李管兒】 籍贯不详。贞元间人。善弹琵琶。元稹《仁风李著作园醉后寄李十》："胧明春月照花枝，花下音声是管儿。"

【李夐】 籍贯不详。开元以后人，曾任定州司马。《全唐诗》卷八八七录其诗一首。

【李端】 ❶字正己，排行第二。赵郡（今河北赵县）人。大历五年进士及第，授秘书省校书郎。《全唐诗》卷二八四至卷二八六录其诗三卷。❷籍贯不详。大中、咸通间人。周朴有《哭李端》。

【李端公】 ❶指李翰。翰至德二年为侍御史。刘长卿有《瓜洲道中送李端公南渡后归扬州道中寄》《送李端公赴东都》。❷指李益。钱起有《七盘岭阻寇闻李端公先到南楚》。卢纶有《酬李端公野寺病居见寄》。鲍溶有《秋暮山中怀李端公益》。❸指李郢。郢咸通中为侍御史。鱼玄机有《闻李端公垂钓回寄赠》。

【李端端】 籍贯不详。扬州善和坊妓。崔涯有《嘲李端端》。

【李廓】 陇西成纪（今甘肃）人，宗室。程之子，昼之父。元和十三年进士及第。与贾岛、姚合、无可等唱酬往还，贾、姚等诗今存。《直斋书录解题》卷十九著录其集一卷，今佚。《全唐诗》卷四七九录其诗十八首。

【李韶】 郴州（今属湖南）人。五代时人。与王元友善。王元有《哭李韶》。《全唐诗》卷七六二录其诗一首。

【李韶州】 指李直方。直方贞元二十年为韶州刺史。权德舆有《李十韶州寄途中绝句使者取报修书之际口号酬赠》《李韶州著书常论释氏之理贵州有能公遗跡诗以问之》。

【李榮】 号任真子。绵州巴西（今四川绵阳）人。道士。《旧唐书·经籍志下》著录其《老子道德经集解》四卷，已佚。又有《老子道德经注》，今存敦煌写本残卷。《全唐诗》卷八六九录其诗一首。

【李愬】 字元直。陇西临洮（今青海乐都）人。事迹见新旧《唐书》本传。王建有《赠李愬仆射》。《全唐诗续补遗》卷六录其诗一首。

【李賓】 籍贯，生平均不详。《全唐诗》卷七七六录其诗二首。

【李賓客】 ❶指李之芳。之芳永泰元年为太子宾客。杜甫有《秋日夔府咏怀奉寄郑监李宾客一百韵》。岑参有《奉送李宾客荆南迎亲》。独孤及有《送李宾客荆南迎亲》。❷指李绅。绅大和七年为太子宾客，分司东都。白居易有《赠皇甫六张十五李二十三宾客》《春来频与李二宾客郭外同游因赠长句》。❸指李仍叔。仍叔大和九年为太子宾客。白居易有《洛阳春赠刘李二宾客》《洛下雪中频与刘李二宾客宴集因寄汴州李尚书》。❹指李珏。珏开成四年为太子宾客，分司东都。许彬有《题故李宾客庐山草堂》。

【李寬中】 即李景俭。景俭，字宽中。吕温有《同恭夏日题寻真观李宽中秀才书院》。

【李寧】 籍贯不详。元和十五年在散骑常侍任。令狐楚有《发潭州寄李宁常侍》。

【李實】 陇西成纪（今甘肃）人。宗室。事迹见新旧《唐书》本传。杜甫《别李义》："神尧十八子，十七王其门。道国洎舒国，督唯亲弟昆。""督"下注："一作实。"按，一作是。

【李漢】 字南纪。陇西成纪（今甘肃）人。宗室。元和七年进士及第。事迹见新旧《唐书》本传。李贺有《出城别张又新酬李汉》。

【李衛公】 即李德裕。德裕会昌四年加太尉，进封卫国公。李商隐有《李卫公》。温庭筠有《题李卫公诗二首》。

【李德林】 字公辅。隋博陵安平（今属河北）人。事迹见《隋书》《北史》本传。有文集八十卷，隋末散佚，《旧唐书·经籍志下》著录为十卷。贯休《经栖白旧院二首》之二："国宝还亡一，时多李德林。"

【李羲叟】 陇西成纪（今甘肃）人，徙怀州河内（今河南沁阳），其祖父迁居郑州（今属河南）。大中元年进士及第，授秘书省校书郎。事迹见《旧唐书·文苑下·李商隐传》。李商隐有《喜舍弟羲叟及第上礼部魏公》。又《寄太原卢司空三十韵》自注："小弟羲叟，早蒙眷以嘉姻。"

【李闐之】 陇西成纪（今甘肃）人。商隐之从兄。生平不详。李商隐有《赠从兄阆之》。

【李賢】 字明台。陇西成纪（今甘肃）人。高宗之第六子。事迹见新旧《唐书》本传。《全唐诗》卷六录其诗一首。

【李蔚】 字茂林。陇西成纪（今甘肃）人。开成五年进士及第。事迹见新旧《唐书》本传。《全唐诗》卷七九五录其佚句一联。

【李翥】　排行第九。陇西成纪(今甘肃)人。天宝三年,在单父县尉任。十一年,在京兆士曹参军任。高适有《观李九少府翥树宓子贱神祠碑》。岑参有《送李翥游江外》。

【李播】　❶道号黄冠子。岐州雍县(今陕西凤翔)人。事迹见《旧唐书·李淳风传》《新唐书·方技、李淳风传》。《新唐书·艺文志三》著录其《天文大象赋》一卷,《艺文志四》著录其集三卷。已佚。《全唐诗》卷七七三录其诗一首。❷字子烈,排行第十九。赵郡(今河北赵县)人。元和中进士及第。累迁大理评事。事迹见《唐诗纪事》卷四七。杜牧有《寄李播评事》。《全唐诗》卷四九一录其诗一首。

【李摯】　❶籍贯不详。肃、代间为延陵县令。刘长卿有《送李挚赴延陵令》。参见"李延陵❷"。❷籍贯不详。贞元十二年登博学宏词科。事迹见《唐诗纪事》卷五十。《全唐诗》卷七九五录其佚句一联。

【李監】　指李令问。令问先天二年为殿中监。杜甫有《李监宅》。钱起有《陪南省诸公宴殿中李监宅》。

【李潁川】　指李嘉祐。戴叔伦有《夜发袁江寄李颍川刘侍御》。按,《唐诗纪事》卷二一谓"李颍川"即李嘉祐,颍川未知何指。此诗一作皇甫冉诗,题作《夜发沅江寄李颍川刘侍郎》,非。

【李樞】　籍贯、生平均不详。元和、长庆间人。周贺有《宿李枢书斋》。按,唐有数位李枢:一为"大郑王房"检校虞部员外郎兼侍御史,肃、代间人,工小篆。见《新唐书·宗室世系表上》;一为"让皇帝房"上邽县男、太原少尹,代宗时人,见《新唐书·宗室世系表下》;一为"曹王房",昭宗时人;一为均之曾孙,昭宗时进士及第。均与此时代不合。

【李標】　陇西成纪(今甘肃)人。宗室。咸通间乡贡进士。王苏苏有《和李标》,并附其原诗一首。

【李蔡】　❶汉陇西成纪(今甘肃)。事迹见《史记·李将军列传》《汉书·李广传》。翁绶《雨雪曲》:"一自塞垣无李蔡,何人为解北门忧?"❷秦李斯、汉蔡邕之连称。二人皆善篆书。杜甫《李潮八分小篆歌》:"惜哉李蔡不复得,吾甥李潮下笔亲。"

【李質】　字公干。襄州襄阳(今属湖北)人。乾符五年为洪州刺史、江西观察使。事迹见《唐诗纪事》卷六六。《全唐诗》卷五六三录其诗一首。

【李節】　籍贯不详。大中初进士及第。事迹见《唐诗纪事》卷六十。《全唐诗》卷五六六录其诗一首。

【李節度姬】　姓名不详。为李节度使宠姬。《全唐诗》卷八〇〇录其诗二首。

【李艎】　澧州(今湖南澧县)人。群玉之弟。生平不详。李群玉有《小弟艎南游近书来》。

【李億】　籍贯不详。大中十二年状元及第。累迁尚书员外郎。温庭筠有《送李亿东归》,"亿"下注:"一作忆。"非。又一作周贺诗,亦非。鱼玄机有《赠邻女》,题一作《寄李亿员外》。

【李憶】　参见"李億"。

【李儋】　字元锡,排行第十九。陇西成纪(今甘肃)人。累迁殿中侍御史。事迹见《新唐书·宰相世系表二上》。韦应物有《赠李儋》《雪中闻李儋过门不访聊以寄赠》《寄别李儋》。

【李範】　❶本名隆范,后避玄宗讳而改。陇西成纪(今甘肃)人。睿宗之第四子。事迹见新旧《唐书》本传。与阎朝隐、刘庭琦、张谔、郑繇等善,常饮酒赋诗唱和。《全唐诗逸》卷中录其佚句五联。❷赵郡(今河北赵县)人。事迹见《新唐书·宰相世系表二上》。顾况有《题元阳观旧读书房赠李范》。❸关中(今陕西西安一带)人。五代时人、善章句。事迹见《诗话总龟》卷十三引《摭言杂载》。《全唐诗》卷七九五录其佚司五联。

【李劍州】　指李昌巎。昌巎大历元年为剑州刺史。杜甫有《将赴荆南寄别李剑州》。

【李德】　❶李聽之讹。聽,愬之弟。杜牧《题永崇西平王宅太尉愬院六韵》:"家呼小太尉,国号大梁公。"自注:"太尉季弟司徒德,亦封梁国公。"❷籍贯不详。僖宗时乡贡进士。翁洮有《赠进士李德新接海棠梨》。

【李德成】　籍贯不详。吕岩有《赠李德成》。

【李德潤】　陇西成纪(今甘肃)人。南唐时人。生平不详。李中有《春晏寄从弟德润》。

【李德鄰】　字朋言。赵郡(今河北赵县)人。绛之孙。见《新唐书·宰相世系表二上》。大顺二年进士及第。孙偓有《答门生王涣李德邻赵光胤王拯长句》,注:"一作裴贽诗"。按,作裴贽是。裴贽有《答王涣》,即此诗。

【李德輿】　籍贯、生平均不详。贞元间人。陈羽有《送李德舆归穿石洞山居》。

【李德裕】　字文饶,自号上清玄郡大洞三景弟子,排行第九。赵郡(今河北赵县)人。事迹见新旧《唐书》本传。《新唐书·艺文志四》著录其《会昌一品集》二十卷,又著录其与刘禹锡唱和集《吴蜀集》一卷。《全唐诗》卷四七五录其诗一卷。

【李徵古】　袁州宜春(今属江西)人。南唐升元末,进士及第。事迹见马令《南唐书》卷二一、《十国春秋》卷二六。《全唐诗》卷七三八录其诗一首。

【李徵君】　❶指李大寿。大寿初为处士,后为袁州参军。王绩有《赠李征君大寿》。❷指李羽。羽为处士。温庭筠有《经李征君故居》。一作王建诗,题为

《李处士故居》,误。参见“李處士❺”。

【李褒】 排行第十二。陇西成纪(今甘肃)人,徙洛阳(今属河南)。进士及第。事迹见《旧五代史·晋书·李怿传》。李商隐有《郑州献从叔舍人褒》。

【李諒】 字复言,排行第六。陇西成纪(今甘肃)人,徙苏州(今属江苏)。贞元中进士及第。事迹见《唐诗纪事》卷四三。《全唐诗》卷四六三录其诗一首。

【李廞】 字宗子。晋江夏钟武(今河南信阳)人。好学,善草隶。事迹见《世说新语·栖逸》及刘峻注引《文字志》。李瀚《蒙求》:“李廞清贞,刘驎高率。”

【李廣】 汉陇西成纪(今甘肃)人。事迹见《史记·李将军列传》《汉书》本传。杜甫《曲江三章》章五句之三:“短衣匹马随李广,看射猛虎终残年。”元稹《奉和浙西大夫李德裕述梦四十韵次本韵》:“李广留飞箭,王祥得佩刀。”沈彬《塞下三首》之三:“贰师骨恨千夫壮,李广魂飞一剑长。”

【李廣未封侯】 指汉李广一生与匈奴大小七十余战,而竟不得封侯之事。见《史记·李将军列传》。李嘉祐《送马将军奏事毕归滑州使幕》:“自叹马卿常带病,还嗟李广未封侯。”亦作“李广不封侯”“李广不侯”。温庭筠《伤温德彝》:“侯印不闻封李广,他人丘垄似天山。”徐夤《赠杨著》:“李广不侯身渐老,子山操赋恨何深。”

【李廣不封侯】 参见“李廣未封侯”。

【李廣不侯】 参见“李廣未封侯”。

【李廣數奇】 指汉武帝以为李广运气不好,与匈奴战屡屡失利之事。见《史记·李将军列传》。王维《老将行》:“卫青不败由天幸,李广无功缘数奇。”

【李廣成蹊】 谓汉将军李广之为人如桃李,虽不言,仍会有许多人去观赏而在树下踏出蹊径。见《史记·李将军列传》。李瀚《蒙求》:“陈平多辙,李广成蹊。”

【李廣州】 指李勉。勉大历三年为广州刺史、岭南节度使。韦应物有《送冯著受李广州署为录事》。独孤及有《代书寄上李广州》。

【李福業】 籍贯不详。事迹见《新唐书·桓彦范传》《唐诗纪事》卷六。《全唐诗》卷四五录其诗一首,注:“一作李德裕诗。”非。

【李適】 字子至,自号东山子。雍州万年(今陕西西安)人。武后时进士及第。事迹见《旧唐书·文苑传中》《新唐书·文艺传中》。撰有《九经要句》。《旧唐书·经籍志下》著录其集二十卷,《新唐书·艺文志四》著录为十卷。已佚。《全唐诗》卷七十录其诗一卷。

【李適之】 本名昌,后改名。陇西成纪(今甘肃)人。太宗曾孙。事迹见新旧《唐书》本传。《全唐诗》卷一〇九录其诗二首。

【李憕】 太原文水(今属山西)人。开元元年为咸阳县尉。事迹见《旧唐书·忠义传下》《新唐书·忠义传上》。《全唐诗》卷一一五录其诗三首。

【李潮】 籍贯不详。肃、代间人。杜甫《李潮八分小篆歌》:“惜哉李蔡不复得,吾甥李潮下笔亲。”

【李澄之】 李登之之讹。登之,尉氏(今属河南)人。神龙中,为宋州参军。善五言诗。事迹见《旧唐书·文苑传中》。《唐诗纪事》卷十七作李澄之。《全唐诗》卷一〇一录其诗一首。

【李潛】 字德隐。扬州江都(今江苏扬州)人,徙袁州宜春(今属江西)。会昌三年进士及第。事迹见《唐诗纪事》卷五五。《全唐诗》卷五五二录其诗一首。

【李潭】 籍贯、生平均不详。《全唐诗逸》卷中录其佚句一联。

【李鄧公】 即李行休。行休开元中封邓国公。杜甫《骢马行》自注:“太常梁卿敕赐马也,李邓公爱而有之,命甫制诗。”

【李緗】 籍贯、生平均不详。大历间人。卢纶有《送李缃》。

【李縝】 排行第九。籍贯不详。贞元七年在明州刺史任。《全唐诗》卷八八七录其和路应诗一首。

【李澧州】 指李建。建元和十一年为澧州刺史。白居易有《和李澧州题韦开州经藏》。

【李澣】 郑澣之讹。《全唐诗》卷七七〇录其《房公旧竹亭闻琴》一首。按,此诗已见《全唐诗》卷三六八“郑澣”下。

【李審】 陇西成纪(今甘肃)人。大历间为陕府兵曹参军。见《新唐书·宗室世系表下》。戴叔伦有《送李审之桂州谒中丞叔》。

【李凝】 ❶陇西成纪(今甘肃)人。事迹见《新唐书·宰相世系表二上》。李白有《送族弟凝之滁求婚崔氏》和《送族弟凝至晏堌》《送族弟单父主簿凝摄宋城主簿至郭南月桥却回栖霞山留饮赠之》。❷籍贯不详。处士。贾岛有《题李凝幽居》。

【李諫議】 ❶指李岘。岘乾元二年贬为蜀州刺史、谏议大夫;宝应二年征为江陵尹、荆南节度使。钱起有《送李谏议归荆州》。❷指李福。福开成初以谏议大夫为商州刺史。杜牧有《将出关宿层峰驿却寄李谏议》。❸名不详。昭宗时为谏议大夫。吴融有《病中宜茯苓寄李谏议》。

【李憑】 籍贯不详。擅弹箜篌。杨巨源有《听李凭弹箜篌二首》。李贺《李凭箜篌引》:“江娥啼竹素女愁,李凭中国弹箜篌。”

【李龜正】 即李龜祯。龟祯,京兆(今陕西西安)人。乾宁二年进士及第。事迹见《十国春秋》卷四三。

黄滔有《寄同年李侍郎龟正》。按,“侍郎”当为“侍御”之讹,“龟正”为宋人避讳改。

【李龜年】 赵郡(今河北赵县)人。乐工,精音律。杜甫有《江南逢李龟年》。李端有《赠李龟年》。

【李學士】 ❶指李肇。肇元和十三年自监察御史充翰林学士。白居易有《初到江州寄翰林张李杜三学士》。❷名不详。大中、咸通间为学士。鱼玄机有《酬李学士寄簟》。❸名不详。中和间为史馆学士。韦庄有《江上逢史馆李学士》《题汧阳县马跑泉李学士别业》。

【李錡】 陇西成纪(今甘肃)人。宗室。累迁宗正少卿。事迹见《旧唐书》本传、《新唐书·叛臣传上》。李绅《忆过润州》序:“元和二年,余以前进士为镇海军书奏从事,秋九月兵乱,余以不从书奏飞檄之诈,遭庶人李锜暴怒,腰领不殊者再三。”白居易《贺雨》:“二年戮李锜,不战安江东。”杜牧《杜秋娘诗》序:“杜秋,金陵女也。年十五为李锜妾。后锜叛灭,籍之入宫,有宠于景陵。”

【李錄事】 ❶指李收。收天宝三年稍前为左威卫录事参军。楼颖有《东郊纳凉忆左威卫李录事收昆季太原崔参军三首》。❷指李从训。从训大历中为录事参军。戴叔伦有《暮春沐发晦日书怀寄韦功曹沨李录事从训王少府纯》。❸名不详。肃宗时为饶州录事参军。皇甫冉有《送李录事赴饶州》。❹名不详。广德、永泰间为山南东道录事参军。刘长卿有《送李录事兄归襄邓》。❺名不详。建中、贞元间为录事参军。韦应物有《燕李录事》。

【李餘】 蜀(今四川)人。长庆三年进士及第,归蜀。张籍、姚合、朱庆余、贾岛等皆有《送李余及第归蜀》。贾岛有《送李余往湖南》。工诗,尤工乐府。元和十二年在梁州,与刘猛各赋乐府数十首,其中一二十章有新意,元稹作《乐府古题》和之。其原诗已佚。《全唐诗》卷五〇八录其诗二首。

【李勳】 籍贯、生平均不详。乡贡进士。《全唐诗》卷七八〇录其省试诗一首。

【李穆】 淮南(今江苏扬州)人。大历初,刘长卿为转运使判官与之相识,长卿妻以长女。刘长卿有《送子婿崔真甫李穆往扬州四首》《登迁仁楼酬子婿李穆》及《送李穆归淮南》。《全唐诗》卷二一五录其诗一首,《全唐诗续补遗》卷五录其诗二首。

【李衡】 ❶字叔平。汉襄阳(今属湖北)人。事迹见《三国志·吴志·孙休传》及裴松之注。李端《送友人宰湘阴》:“唯须千树橘,暂救李衡贫。”刘禹锡《武陵书怀五十韵》:“沈约台榭故,李衡墟落存。”郑谷《漂泊》:“鲈鱼斫鲙输张翰,橘树呼奴羡李衡。”❷陇西成纪(今甘肃)人。宝应、广德间,为度支转运盐铁使刘晏从事。李端有《送友人关》,注:“一本题上有代从兄衡四字。”❸籍贯、生平均不详。唐末时人。任翻有《送李衡》。

【李衡奴】 三国吴李衡曾遣人在武陵龙阳汜洲筑宅,种柑橘千株,衡称之为“木奴”。后因用为柑橘典实。罗隐《秋日富春江行》:“紫鳞仙客驭,金颗李衡奴。”参见“李衡❶”。

【李衡州】 指李皋。皋大历五年为衡州刺史。权德舆有《寄李衡州》。

【李曄】 陇西成纪(今甘肃)人。宗室。天宝中,累迁监察御史。事迹见《新唐书·宗室世系表上》。《全唐诗》卷二一五录其诗一首。

【李暹】 籍贯不详。大历、贞元间隐士。于鹄有《寻李暹》《哭李暹》。按,《新唐书·宰相世系表二上》有“李暹,敬一之子”,当为开元间人,与此非一人。

【李頻】 字德新。睦州寿昌(今浙江建德西南)人。方干、郑仁规、陶详等为益友。事迹见《新唐书·文艺传下》。《新唐书·艺文志四》著录其集一卷,今存。《全唐诗》卷五八七至卷五八九录其诗三卷。

【李翰】 字子羽。赵郡赞皇(今属河北)人,徙深州安平(今属河北)。天宝五年进士及第。事迹见《旧唐书·文艺传下》《新唐书·文艺传下》。与刘长卿善,刘长卿有《喜李翰自越至》。《直斋书录解题》卷十四著录其《蒙求》三卷,今存。《全唐诗》卷八八一录《蒙求》一卷,以为李瀚撰,误;又《全唐诗续补遗》卷十六录其诗一首,以为五代人,亦误。

【李翰林】 ❶指李白。白天宝元年为翰林供奉。魏万有《金陵酬李翰林谪仙子》。薛能《寄符郎中》佚句:“我身若在开元日,争遣名为李翰林。”许彬有《经李翰林庐山屏风叠所居》。曹松有《吊李翰林》。❷指李磎。磎大顺中充翰林学士。吴融有《闻李翰林游池上有寄》。

【李翰林墓】 即“李白墓”。许浑有《途经李翰林墓》。殷文圭有《经李翰林墓》。

【李蕙】 籍贯、生平均不详。大历间人。皎然有《和阎士和李蕙冬夜重集》。

【李縠】 字德师。太原文水(今属山西)人,徙河西敦煌(今属甘肃)。事迹见《旧五代史·李珽传》《李琪传》《唐诗纪事》卷六四。与皮日休、陆龟蒙、张贲等友善,互有唱酬。《全唐诗》卷六三一录其诗四首。

【李璟】 字伯玉,本名景通,改名瑶,又改璟,后周显德中避讳改景。徐州(今属江苏)人。南唐烈祖昪之子,后主煜之父。事迹见《旧五代史·僭伪传》《新五代史·南唐世家》、马令《南唐书》卷二、《十国春秋》卷二。《全唐诗》卷八录其诗二首,卷八八九录词三首。

【李峄】 陇西成纪(今甘肃)人。宗室。事迹见《旧唐书》本传。杜甫有《哭李常侍峄二首》。

【李錞】 陇西成纪(今甘肃)人。白之族弟。官至河南府参军。事迹见《新唐书·宰相世系表二上》。李白有《泾川送族弟錞》。

【李潘】 字子及,排行第十七。陇西成纪(今甘肃)人。宗室。进士及第。事迹见《旧唐书·李汉传》。李商隐有《彭城公薨后赠杜二十七胜李十七潘二君并与愚同出故尚书安平公门下》。

【李璡】 初名嗣恭,又名淳。陇西成纪(今甘肃)人。宗室。开元中,封汝阳郡王,历太仆卿。事迹见新旧《唐书》本传。杜甫有《八哀诗·赠太子太师汝阳王琎》。

【李縞】 籍贯不详。唐末进士。事迹见《唐诗纪事》卷六七。《全唐诗》卷七二六录其和诗一首。

【李璬】 初名澐。陇西成纪(今甘肃)人。玄宗之第十三子。开元十三年三月,封颍王。事迹见新旧《唐书》本传。《全唐诗》卷四录其与肃宗等联句一首。

【李聰】 籍贯、生平均不详。《全唐诗》卷七七五录其诗一首。

【李擢】 李濯之讹。濯籍贯、生平均不详。开元时人。王昌龄有《送李擢游江东》。

【李巍】 赵郡(今河北赵县)人。开元十五年状元及第。官至右武卫录事参军。事迹见《新唐书·宰相世系表二上》《国秀集》目录。《全唐诗》卷一四五录其诗六首。

【李嶼】 字鲁珍。苏州吴县(今江苏苏州市吴中区)人。光启三年进士及第,与郑谷为同年。郑谷有《荆渚八月十五夜值雨寄同年李屿》。尤能诗,每一篇成,必脍炙人口。事迹见《唐诗纪事》卷五八、卷七一。《全唐诗》卷六六七录其诗一首。

【李嵘】 籍贯不详。咸通末,李蔚为淮南节度使,嵘在幕中献诗,谓国人望蔚入相。乾符元年,蔚果入相。见《唐诗纪事》卷六七。《全唐诗》卷五九七录其诗一首。

【李煉師】 ❶名不详。贞元间道士。权德舆有《卧病喜惠上人李炼师茅处士见访因以赠》。❷名不详。元和间道士。白居易有《酬赠李炼师见招》。❸名不详。咸通间华山道士。皮日休有《华山李炼师所居》。

【李鍠】 陇西成纪(今甘肃)人。天宝初乡贡进士。李白有《鲁中送二从弟赴举之西京》,题一作《送族弟锽》。

【李謨】 长安(今陕西西安)人,一说洛阳(今河南)人。善吹笛,精妙为天下第一。见《太平广记》卷二〇四。张祜有《李谟笛》。谟,亦作"謩"。元稹《连昌宫词》:"李谟擫笛傍宫墙,偷得新翻数般曲。"

【李膺】 字元礼。汉颍川襄城(今属河南)人。孟浩然《荆门上张丞相》:"坐登徐孺榻,频接李膺杯。"杜甫《赠特进汝阳王二十韵》:"已忝归曹植,何知对李膺。"李群玉《重经巴丘》:"昔年高接李膺欢,日泛仙舟醉碧澜。"周朴《赠李裕先辈》:"闲伴李膺红烛下,慢吟丝竹浅飞觞。"

【李膺仙】 指汉李膺与郭泰同舟共济,众宾望之以为神仙之事。羊士谔《郡中玩月寄江南李少尹虞部孟员外三首》之二:"桂华临洛浦,如挹李膺仙。"亦作"李仙"。骆宾王《在江南赠宋五之问》:"李仙非易托,苏鬼尚难因。"

【李膺舟】 指汉李膺与郭泰同舟共济,众宾望之以为神仙之事。见《后汉书·李膺传》。独孤及《同徐侍郎五云溪新庭重阳宴集作》:"临风孟嘉帽,乘兴李膺舟。"许浑《将为南行陪尚书崔公宴海榴堂》:"宾馆尽开徐稚榻,客帆空恋李膺舟。"李群玉《献王中丞》:"登仙望绝李膺舟,从此青蝇点遂稠。"参见"李郭仙舟"。

【李膺門】 指汉李膺有高名,士入其门,将其称为登龙门之事。见《后汉书·郭泰传》。杜牧《川守大夫刘公早岁寓居敦行里肆有题壁十韵今之置第乃获旧居洛下大僚因有唱和叹咏不足辄献此诗》:"昔为扬子宅,今是李膺门。"贯休《送友生入越投知己》:"知将刖足恨,去击李膺门。"亦作"李門"。杜正伦《冬日宴于庶子宅各赋一字得节》:"李门余妄进,徐榻君恒设。"

【李膺門客】 同"李膺門"。周朴《喜贺拔先辈衡阳除正字》:"李膺门客为闲客,梅福官衔改旧衔。"

【李膺門館】 同"李膺門"。王季友《酬李十六岐》:"于何车马日憧憧,李膺门馆争登龙。"

【李應】 赵郡(今河北赵县)人。贞元十一年进士及第。累迁户部员外郎。事迹见《新唐书·宰相世系表二上》《唐诗纪事》卷三三。《全唐诗》卷三六八录其诗一首。

【李濤】 ❶长沙(今属湖南)人。《全唐诗》卷七三七录其佚诗三联,《全唐诗补逸》卷十二录其诗一首。❷字信臣,小字社翁。陇西成纪(今甘肃成安西北)人。宗室。事迹见《宋史》本传。《全唐诗》卷七三七录其诗一首,卷八七〇、卷八七一各录其谐谑词一首。

【李濟】 赵郡(今河北赵县)人,徙润州丹阳(今属江苏)。李白有《登黄山凌歊台送族弟溧阳尉济充泛舟赴华阴》。

【李翼】 字则之。陇西成纪(今甘肃)人。宗室。事迹见《新唐书·宗室世系表上》。韩翃有《赠李翼》。

【李隐君】　名不详。开成、会昌间宣州泾县隐士。许浑有《秋夜棹舟访李隐君》《与张道士同访李隐君不遇》。

【李隐居】　❶参见“李隐君”。❷名不详。大中间钱塘隐士。李郢有《钱塘青山题李隐居西斋》。一作许浑诗，非。❸名不详。唐末隐士。杜荀鹤有《寄李隐居》。

【李隐者】　名不详。开元间王屋山隐士。岑参有《宿东溪王屋李隐者》。

【李魏公】　指李光弼。光弼至德二年封魏国公。司空曙有《为李魏公赋谢汧公》。按，“李魏公”为“张魏公”之误。

【李謨】　即李謩。张祜《李谟笛》：“无奈李谟偷曲谱，酒楼吹笛是新声。”参见“李謩”。

【李縱】　字令从，排行第二。赵郡（今河北赵县）人。大历初，为浙西观察使从事。事迹见《新唐书·掌相世系表二上》。与卢纶、皎然、刘长卿、权德舆等人善，与皎然联句唱酬尤多。《全唐诗》卷七九四录其与清昼等联句四首。参见“李令縱”。

【李騎曹】　❶指李琮。事迹见陶敏《全唐诗人名汇考》卷五八四。贾岛有《送李骑曹》，无可有《送李骑曹之武宁》。❷名不详。高宗末、武后初为诸卫骑曹参军。李峤有《秋山望月酬李骑曹》。❸名不详。开元初为右卫骑曹参军。孙逖有《和左卫武仓曹卫中对雨创韵赠右卫李骑曹》。❹名不详，灵武节度使李进贤之子。长庆间为威卫骑曹参军。张籍有《送李骑曹灵州归觐》。贾岛有《送李骑曹》。无可有《送李骑曹之武宁》，题一作《送威武李骑曹之灵武宁省》。按，一作是，“威武”当作“威卫”。此诗一作郎士元诗，非。

【李瓊】　籍贯不详。唐末、五代处士。善画。齐己有《观李琼处士画海涛》。

【李曜】　籍贯不详。中和间为歙州刺史。累迁尚书。事迹见《太平广记》卷二五二引《抒情诗》。《全唐诗》卷七六八录其诗一首。

【李翺】　字习之，排行第七。陇西成纪（今甘肃）人，徙陈留（今河南开封）。贞元十四年进士及第，授校书郎。事迹见新旧《唐书》本传。《全唐诗》卷三六九录其诗六首。

【李歸唐】　籍贯、生平均不详。《全唐诗》卷七七八录其诗一首。

【李謫仙】　即李白。白天宝四年为翰林供奉，贺知章一见，称为“天上谪仙人”。徐夤《咏写真》：“借将前辈真仪比，未愧金銮李谪仙。”

【李瀆】　籍贯不详。大中初乡贡进士。咸通中，累迁司勋员外郎。后贬绣州司户。卒于贬所。张祜有《题李渎山居玉潭》。唐彦谦有《闻李渎司勋下世》。

【李蘊】　籍贯不详。开成中，以中书舍人为郑州判史，代卢弘正。赵嘏有《送李蕴赴郑州因献卢郎中俶》。按“俶”字衍。一作薛逢诗，误。

【李蘄州】　指李播。曾官蕲州刺史。白居易有《寄李蕲州》。杜牧有《许秀才至辱李蕲州绝句问断酒之情因寄》。

【李藏器】　（藏 cáng）陇西成纪（今甘肃）人。宗室。大历间人。耿沣有《渭上送李藏器移家东都》。按，时有李藏用，上元元年为浙西节度副使。

【李贊】　籍贯不详。元和中，累迁监察御史。王建有《别李赞侍御》。按《新唐·宗室世系表下》有二李赞，一为济州司马钦业之孙，字子匡，约元和、长庆间人；一为宗正卿齐运之子，初名庠，官太常主簿，大历间人。前者时代相近，未知是否为一人。

【李贊府】　名不详。贞元间为县丞。于良史有《冬日野望寄李赞府》。

【李贊華】　原姓耶律氏，名倍，小字突欲。事迹见《辽史》本传。好学，通阴阳，精音律，尤擅画人物。曾译《阴符经》。《全唐诗》卷七三二录其诗一首。

【李鵬】　字至远。赵郡高邑（今属河北）人。事迹见新旧《唐书》本传。《全唐诗补逸》卷三录其诗一首。

【李譜】　字昌之。赵郡赞皇（今属河北）人，客居淮阴（今江苏淮安）。曾为兖海观察使从事。事迹见《新唐书·宰相世系表二上》。赵嘏有《别李谱》。

【李懷光】　本姓茹，其父以战功赐姓李。渤海靺鞨（今黑龙江东部）人，徙幽州（今北京）。事迹见《旧唐书》本传、《新唐书·叛臣传上》。元稹《望云骓马歌》：“朱泚围兵抽未尽，怀光寇骑追行及。”自注：“兴元元年二月，李怀光反。”

【李懷杲】　籍贯不详。五代前蜀道士。光业有《征李怀杲嘲道门》。

【李懷遠】　字广德。邢州柏仁（今河北隆尧西南）人。武后时，累迁司刑少卿。出为邢州刺史。事迹见新旧《唐书》本传。《全唐诗》卷四六、卷八八二各录其诗一首。

【李瀚】　❶李翰之讹。参见“李翰❶”。❷李澣之讹。澣，字日新。陇西纪成（今甘肃）人。事迹见《宋史》本传。《全唐诗》卷七三七录其诗一首。

【李疆】　李强之讹。强，字中君。汉杜陵（今陕西西安）人。见《汉书·王贡两龚鲍传序》。崔善为《答王无功冬夜载酒乡馆》：“处士同杨郑，邦君谢李疆。”

【李繹】　僧繹之讹。皎然有《送僧绎》，“僧”下注：“一作李。”非。

【李勸】　陇西成纪（今甘肃）人。高祖之玄孙。

排行第四。钱起有《李四劝为尉氏尉李七勉为开封尉》。

【李蘇州】 ❶指李希言。希言至德元年为苏州刺史。皇甫冉有《同李苏州伤美人》。❷指李涵。涵大历七年为苏州刺史。独孤及有《九月九日李苏州东楼宴》。❸指李谅。谅长庆二年为苏州刺史。白居易有《寄李苏州兼示杨琼》《初到郡斋寄钱湖州李苏州》《钱湖州以箬下酒李苏州以五酘酒相次寄到无因同饮聊咏所怀》。❹指李道枢。道枢开成二年为苏州刺史。牛僧孺有《李苏州遗太湖石奇状绝伦因题二十韵奉呈梦得乐天》。刘禹锡有《和牛相公题姑苏所寄太湖石兼寄李苏州》。❺疑为李丹。丹曾官苏州刺史兼御史中丞。皇甫冉有《同李苏州伤美人》。

【李獻仁】 籍贯不详。天宝中,与崔峒同为常山郡从事。崔峒有《初入集贤院献李献仁》。

【李叢】 陇西成纪(今甘肃)人。宗室。大中九年为万年县令。十二年二月,自蔡州刺史贬为邵州司马。咸通七年为桂管观察使、检校右散骑常侍。九年六月,为湖南观察使。事迹见《新唐书·宗室世系表上》。许浑有《东游留别李丛秀才》《闻两河用兵因贻友人》,题一作《将归茅山兼寄李丛时两河用兵》。

【李蠙】 本名虬,字懿川。陇西成纪(今甘肃)人。会昌元年进士及第。《全唐诗补逸》卷十三录其诗一首。

【李廳】 即李回。曾官监察御史。朱庆余有《酬李廳侍御》。

【李鐔】 洺州邯郸(今属河北)人。僖宗时处士。杜荀鹤有《赠李镡》《送李镡游新安》。

【李腾空】 陇西成纪(今甘肃)人。林甫之女。李白有《送内寻庐山女道士李腾空二首》。

【李寶臣】 字为辅。事迹见《旧唐书》本传、《新唐书·藩镇镇冀传》。《全唐诗》卷八七五有《田承嗣诳李宝臣伪谶》。

【李寶應】 名不详,排行第二。大历初为宝应县令。韦应物有《将发楚州经宝应县访李二忽于州馆相遇月夜书事因简李宝应》。

【李鷺】 陇西成纪(今甘肃)人,徙澧州(今湖南澧县)。《全唐诗》卷六〇七录其诗五首,《全唐诗续补遗》卷十二补其诗二首,序一首。

【李黯】 ❶陇西成纪(今甘肃)人。肃宗时为大理评事。李白有《同族侄评事黯游昌禅师山池二首》。❷籍贯不详。贞元间为将军。鲍溶有《赠李黯将军》。按《旧唐书·马燧传》有前锋将李黯,时为贞元元年,似为同一人。

【李黯將軍】 (將 jiāng)据《旧唐书·马燧传》,贞元元年有前峰将军李黯,疑即其人。鲍溶有《赠李黯将军》。

【李蘭】 陇西成纪(今甘肃)人。天宝十二年在鲁郡太守位。苏源明《小洞庭洄源亭宴四郡太守诗》序:"天宝十二载七月辛丑,东平太守扶风苏源明,觞濮阳太守清河崔公季重、鲁郡太守陇西李公兰、济南太守太原田公琦、济阳太守陇西李公俊于洄源亭,既尊封壤,乃密惠好。"

【李釋】 李耳与释迦牟尼之连称,李耳即老子。用以指道释二教。薛戎《游烂柯山》之四:"仙山习禅处,了知通李释。"

【李夔】 陇西成纪(今甘肃)人。武后时为汴州司户。事迹见《唐诗纪事》卷十三。与宋之问有唱酬。宋之问有《答李司户夔》。《全唐诗》卷六七录其诗一首。

【李顧】 籍贯不详。肃、代间处士,后隐庐山。顾况有《庐山瀑布歌送李顾》。

【李顧言】 字仲远,排行第三。籍贯不详,寓居长安(今陕西西安)。贞元中,与元稹、杨巨源等相识。元和元年,进士及第。累迁监察御史。元稹《遣病》:"李三三十九,登朝有清声。"自注:"监察御史顾言。"

【李屬】 小字枣郎。籍贯不详。元和间,以监察御史为河东节度使从事。杨巨源有《太原赠李属侍御》。

【李續】 ❶李绩之讹。绩籍贯不详。贞元四年为栎阳县尉。迁县主簿。韩弇有《呈李续》。按,《太平广记》卷三四〇引《河东纪》载此诗作者为李绩。王建有《谢李续主簿》,"续"下注:"一作绩。"是。❷赵郡(今河北赵县)人。元和中,为柳公绰从事。十二年,李逢吉为宰相,擢为拾遗。事迹见《新唐书·宰相世系表上》《唐诗纪事》卷五三。《全唐诗》卷五六四录其诗一首。

【李權】 陇西成纪(今甘肃)人。宗室。大中中,为泾州刺史、泾原节度使。《新唐书·宗室世系表上》漏载其历官。贾岛有《送李溟谒宥州李权使君》。

【李體仁】 赵郡(今河北赵县)人。咸通末,为江州刺史。乾符元年(874)十二月,为右司郎中。事迹见《新唐书·宰相世系表二上》。《全唐诗》卷五六四录其诗一首。

【李鹽鐵】 指李令问。令问开元初为盐铁转运使。杜甫有《李盐铁二首》。

【李衢】 籍贯不详。元和中乡贡进士,曾赴省试。大和二年六月,迁屯田郎中。开成三年四月,修成《皇唐玉牒》一百五十卷奏上。四年正月,敕修《皇后谱牒》。撰有《大唐皇室新谱》一卷,与林宝同修《唐皇室维城录》一卷。除《皇后谱牒》外,《新唐书·艺文志三》皆著录。《全唐诗》卷五四二录其诗一首。

【李觀】 ❶排行第八。赵郡(今河北赵县)人。大历中,累迁监察御史。事迹见《新唐书·宰相世系表二上》。皇甫冉有《重阳日酬李观》《舟中送李观》。张众甫有《送李观之宣州谒袁中丞赋得三州渡》。《全唐诗补逸》卷十七录其与颜真卿等联句一首。❷字元宾,排行第三十。陇西成纪(今甘肃)人,徙苏州(今属江苏)。《新唐书·艺文志四》著录其集三卷,今存。《全唐诗》卷三一九录其诗四首。

【李觀察】 (觀 guān)❶指李齐运。齐运建中二年为河中尹,充河中晋绛防御观察使。耿沣有《奉和李观察登河中白楼》《贺李观察祷河神降雨》。❷指李翱。翱大和八年为湖南观察使。舞柘枝女有《献李观察》。按此诗已见舒元舆下,题作《赠李翱》。❸名不详。代宗时为观察使。周万有《送沈芳谒李观察求仕进》。

【李豔】 谓李花艳丽。罗邺《东归》:"桃夭李艳清明近,惆怅当年意尽违。"

杈 〔chā《广韵》初牙切,平麻,初。又楚懈切,去卦,初。〕树之叉枝。见"杈枒"。

【杈枒】 枝杈。分叉之树枝。杜甫《王兵马使二角鹰》:"悲台萧飒石巃嵸,哀壑杈桠浩呼汹。"

杞 〔qǐ《广韵》墟里切,上止,溪。〕❶树木名。俗名枸杞。常以喻优秀人才。萧颖士《江有枫一篇十章》之六:"如松如杞,淑问不已。"见"杞梓""杞楠"。❷古国名。见"杞國"。

【杞天崩】 谓杞人忧天倾。杜甫《寄刘峡州伯华使君四十韵》:"但求椿寿永,莫虑杞天崩。"赵牧《对酒》:"杞天崩,雷腾腾,桀非尧是何足凭。"参见"杞国憂天傾"。

【杞妻】 同"杞梁妻"。李白《东海有勇妇》:"梁山感杞妻,恸哭为之倾。"

【杞兒】 张祐之子。颜萱《过张祜处士丹阳故居》序:"处士有四男一女,男曰椿儿、桂子、椅儿、杞儿、冋之,三已物故,唯杞为遗孕,与其女尚存。"

【杞楠】 杞树与楠树。俱为佳树,故常借指优秀人才。杜甫《楼上》:"恋阙劳肝肺,论材愧杞楠。"

【杞梓】 杞木与梓木。俱为佳木。故以喻指良才。崔日用《又赐宴自歌》:"东馆总是鹓鸾,南台自多杞梓。"杜甫《毒热寄简崔评事十六弟》:"楚材择杞梓,汉苑归骅骝。"吕温《道州敬酬何处士书情见赠》:"新识几人知杞梓,故园何岁长蓬蒿。"韩偓《和王舍人抚州饮席赠韦司空》:"席上弟兄皆杞梓,花前宾客尽鸳鸾。"

【杞國】 古国名。传周武王伐纣后,封夏之后代东楼公于杞,称杞国。故地在今河南杞县。见《史记·陈杞世家》。李峤《井》:"蜀都宵映火,杞国旦生云。"

【杞國憂】 同"杞國憂天傾"。刘禹锡《敬宗睿武昭愍孝皇帝挽歌三首》之二:"欲遂东人幸,宁虞杞国忧。"薛能《西县途中二十韵》:"杞国忧寻悟,临邛渴自加。"

【杞國憂天傾】 《列子·天瑞》:"杞国有人,忧天地崩坠,身亡所寄,废寝食者。"后因以"杞国忧天倾"指多余的无根据的担忧。李白《梁甫吟》:"白日不照吾精诚,杞国无事忧天倾。"

【杞梁】 名殖,一作植;杞,一作苍;梁,一作良。春秋齐国臣。事迹见《左传·襄公二十三年》。后世民间传说皆以杞梁为战国秦燕人,梁,一作良。筑长城而死。汪遵《杞梁墓》:"一叫长城万仞摧,杞梁遗骨逐妻回。"参见"杞梁妻"。

【杞梁妻】 春秋齐臣杞梁之妻,齐庄公四年(前550)伐莒,杞梁战死。相传哭其夫十日,都城为之崩,遂赴淄水死。至唐代,又称为孟姜,或谓其名仲姿。演变为秦始皇时人,杞梁筑长城而死,向城号哭,其城一时崩倒。见《孟子·告子下》和汉刘向《列女传·齐杞梁妻》及晋崔豹《古今注·音乐》等。李白《相和歌辞·白头吟》:"城崩杞梁妻,谁道土无心。"贯休《杂曲歌辞·杞梁妻》:"筑人筑土一万里,杞梁贞妇啼呜呜。"参见"杞梁"。

【杞梁墓】 在临淄东三里。见《清一统志》卷一七二。一说在郑州,见宋黄裳《新定九域志》卷一。汪遵有《杞梁墓》。

【杞婦】 同"杞梁妻"。皮日休《正乐府十篇·卒妻怨》:"处处鲁人髽,家家杞妇哀。"贾驰《复睹三乡题处留赠》:"杞妇哭夫时,城崩无此说。"

四　画

枉 〔wǎng《广韵》紆往切,上養,影。〕❶弯曲。亦指弯曲之物。顾况《上古之什补亡训传十三章·我行自东一章》:"我行自北,烛龙寡色,何枉不直。"柳宗元《法华寺石门精舍三十韵》:"寸进谅何营,寻直非所枉。"亦指迂曲。杜甫《八哀诗·故著作郎贬台州司户荥阳郑公虔》:"子云窥未遍,方朔谐太枉。"❷邪曲,与正直相对。储嗣宗《赠别》:"直道岂易枉,暗投谁不疑。"❸冤屈;冤枉。骆宾王《畴昔篇》:"霜威遥有厉,雪枉遂无阶。"沈佺期《赦到不得归题江上石》:"承言窜遐魅,雪枉间深狴。"戴叔伦《抚州被推昭雪答陆太祝三首》之二:"从古以来何限枉,惭知暗室不曾欺。"❹歪曲;违反。见"枉法"。❺敬词。犹屈,劳。用于敬称他人相访或惠寄书函等。张说

《寄天台司马道士》:“何时枉飞鹤,笙吹接人间。”崔兴宗《酬王维卢象见过林亭》:“今朝忽枉嵇生驾,倒屣开门遥解颜。”裴度《酬张秘书因寄马赠诗》:“代步本惭非逸足,缘情何幸枉高文。”韩愈《除官赴阙至江州寄鄂岳李大夫》:“不枉故人书,无因帆江水。”❻指绕道。皎然《陪颜使君饯宣谕萧常侍》:“恤民驱急传,访旧枉征舻。”见“枉道”。❼犹负,辜负。钱起《送褚大落第东归》:“酒熟宁孤芳杜春,诗成不枉青山色。”柳宗元《汨罗遇风》:“为报春风汨罗道,莫将波浪枉明时。”元稹《哭女樊四十韵》:“未容夸伎俩,唯恨枉聪明。”❽徒然,白白地。拾得《诗》之四五:“嗟见多知汉,终日枉用心。”李白《清平调词三首》之二:“一枝秾艳露凝香,云雨巫山枉断肠。”姚合《下第》:“枉为乡里举,射鹄艺浑疏。”薛能《并州寓怀》:“常恐此心无乐处,枉称年少在并州。”

【枉矢】　星名。《史记·天官书》:“枉矢,类大流星,蛇行而仓黑,望之如有毛羽然。”卢仝《月蚀诗》:“枉矢能蛇行,眊目森森张。”

【枉死】　屈死。不该死而冤死。卢仝《扬州送伯龄过江》:“节义士枉死,何异鸿毛轻。”白居易《偶然二首》之二:“乖龙藏在牛领中,雷击龙来牛枉死。”杜牧《李和鼎》:“由来枉死贤才事,消长相持势自然。”

【枉帆】　谓乘船绕道而行。刘长卿《送齐郎中典括州》:“石门康乐住,几里枉帆通。”严维《答刘长卿七里濑重送》:“新安非欲枉帆过,海内如君有几何。”权德舆《送湖南李侍御赴本使赋采菱亭诗》:“兰桡向莲府,一为枉帆过。”

【枉抛心力】　白费心力。元稹《白衣裳二首》之二:“闲倚屏风笑周昉,枉抛心力画朝云。”崔道融《读杜紫微集》:“还有枉抛心力处,多于五柳赋闲情。”

【枉車】　枉驾。谓屈尊绕道而过。王昌龄《送欧阳会稽之任》:“应须枉车歇,为我访荷裳。”

【枉步】　犹劳步。称他人步行过访之敬辞。权德舆《奉酬张监阁老雪后过中书见赠加两韵简南省僚旧》:“枉步欢方接,含毫思又萦。”

【枉沐】　枉受,白白地承蒙。对他人恩顾之敬词。杜甫《奉酬严公寄题野亭之作》:“枉沐旌麾出城府,草茅无径欲教锄。”

【枉法】　曲解、损害法律,违法。白居易《秦中吟十首·重赋》:“税外加一物,皆以枉法论。”

【枉辱】　敬词。犹辱蒙,承蒙。李贺《仁和里杂叙皇甫湜》:“枉辱称知犯君眼,排引才升强絙断。”

【枉殺】　❶犹辜负,白费。李白《醉后赠从甥高镇》:“江东风光不借人,枉杀落花空自春。”❷无辜杀害,屈杀。参见“枉殺无辜”。

【枉殺無辜】　冤屈杀害无罪之人。周昙《咏史诗·前汉门·夏贺良》:“赤精符谶诚非妄,枉杀无辜夏贺良。”

【枉書】　称他人书信之敬辞。韦应物《答故人见谕》:“省己已知非,枉书见深致。”

【枉乾】　(—gān)空干,徒然枯尽。张蠙《下第述怀》:“如何直道为身累,坐月眠霜思枉干。”

【枉智】　白费心智。韩愈《读皇甫湜公安园池诗书其后二首》之一:“枉智思掎摭,粪壤污秽岂有臧。”

【枉策】　犹枉驾。策,马鞭,借指马。皇甫冉《酬卢十一过宿》:“闭门公务散,枉策故情深。”

【枉筆】　歪曲事实之记述。沈佺期《被弹》:“事问拾虚证,理外存枉笔。”

【枉勞】　徒劳,枉费。许棠《野步》:“物外趣都别,尘中心枉劳。”

【枉渚】　❶地名。(1)在今湖南常德市东南。张说《岳阳早霁南楼》:“歌闻枉渚遭,舞见长沙促。”刘禹锡《朗州窦员外见示与澧州元郎中郡斋赠答长句二篇因以继和》:“应怜一罢金闺籍,枉渚逢春十度伤。”又《武陵书怀五十韵》:“茗折苍溪秀,蘋生枉渚暄。”(2)在今甘肃。杜甫《两当县吴十侍御江上宅》:“鹍鸡号枉渚,日色傍阡陌。”❷泛指弯曲之洲渚。徐彦伯《和李适答宋十一入崖口五渡见赠》:“结欣薄枉渚,撰念萦旧林。”王翰《赠唐祖二子》:“鸿飞遵枉渚,鹿鸣思故群。”欧阳詹《陪太原郑行军登汾上阁》:“城槐临枉渚,巷市接飞梁。”

【枉费】　白费;徒劳。韦应物《种瓜》:“田家笑枉费,日夕转空虚。”皮日休《苦雨杂言寄鲁望》:“乃知苦雨不复侵,枉费毕星无限力。”

【枉陷】　冤屈陷害。李山甫《风》:“能将尘土平欺客,爱把波澜枉陷人。”

【枉路】　❶绕道。指在往某地途中绕道过访他处。张子容有《自乐城赴永嘉枉路泛白湖寄松阳李少府》。戴叔伦有《永康孙明府颋秩满将归枉路访别》。❷弯曲之路。韦应物《晚出府舍与独孤兵曹令狐士曹南寻朱雀街归里第》:“寻草远无人,望山多枉路。”马戴《送韩校书江西从事》:“遥程随水阔,枉路倒帆频。”

【枉語】　(—yù)谓屈尊告之。韩愈《和裴仆射相公假山十一韵》:“枉语山中人,丐我涧侧石。”钱仲联集释引方崧卿曰:“枉,犹枉临、枉教之枉。”

【枉滞】　徒然滞留。卢士衡《灵溪老松歌》:“合生于象外峰峦,枉滞乎人间山岳。”

【枉道】　❶绕道相访。刘宪《奉和幸韦嗣立山庄侍宴应制》:“东山有谢安,枉道降鸣銮。”蔡希寂《同家兄题渭南王公别业》:“吾兄许微尚,枉道来相寻。”岑参《送卢郎中除杭州赴任》:“知君望乡处,枉道上姑苏。”❷休说,漫说。尚颜《秋夜吟》:“枉道一生无系着，湘南山水别人寻。”

【枉駕】　屈尊，屈驾。称人过访之敬辞。孟浩然《裴司士员司户见寻》：“府僚能枉驾，家酝复新开。”韦应物《善福精舍答韩司录清都观会宴见忆》：“枉驾怀前诺，引领岂斯须。”施肩吾《经桃花夫人庙》：“谁能枉驾入荒榛，随例形相土木身。”

【枉騎】　犹枉驾。戴叔伦《永康孙明府颋秩满将归枉路访别》：“非是还家路，宁知枉骑过。”

【枉轍】　犹枉驾。戴叔伦《张评事涉秦居士系见访郡斋即同赋中字》：“轺车忽枉辙，郡府自生风。”

【枉擊】　冤枉被拘囚。沈佺期有《枉系二首》云：“昔日公冶长，非罪遇缧绁。”

【枉顧】　谓屈驾来访。王昌龄《灞上闲居》：“轩冕无枉顾，清川照我门。”

林

〔lín《广韵》力寻切，平侵，來。〕❶树林。成片生长的竹、木。太宗《初春登楼即目观作述怀》：“绮峰含翠雾，照日蕊红林。”王昌龄《裴六书堂》：“闲堂闭空阴，竹林但清响。”皇甫冉《庐山歌送至弘法师兼呈薛江州》：“东林西林兮入何处，上方下方兮通石路。”欧阳炯《贯休应梦罗汉画歌》：“林间乱叶纷纷堕，一印残香断烟火。”亦指林中的。白居易《三月晦日晚闻鸟声》：“晚来林鸟语殷勤，似惜风光说向人。”贾岛《送邹明府游灵武》：“边雪藏行径，林风透卧衣。”❷簇聚如林者，喻众多。杜牧《池州送孟迟先辈》：“九衢林马揕，千门织车辙。”

【林十二】　指林衮。欧阳詹有《九日广陵同陈十五先辈登高怀林十二先辈》。

【林下】　❶林子里，树林下。张谓《九日》：“秋来林下不知春，一种佳游事也均。”刘长卿《寄龙山道士许法棱》：“林下昼焚香，桂花同寂寂。”郑谷《慈恩寺偶题》：“林下听经秋苑鹿，江边扫叶夕阳僧。”齐己《次韵酬郑谷郎中》：“林下高眠起，相招得句时。”❷指遁世隐居之地。韦应物《示从子河南尉班》：“不能林下去，只恋府廷恩。”严维、周颂《一字至九字诗联句》：“静听林下潺潺足湍濑，厌问城中喧喧多鼓鼙。”灵澈《东林寺酬韦丹刺史》：“相逢尽道休官好，林下何曾见一人。”❸乡野，草野。指隐居之地。参见“林居”“林野”。

【林下約】　归隐林野之约。岑参《春半与群公同游元处士别业》：“况有林下约，转怀方外踪。”亦作“林下期”。韦应物《寄酬李博士永宁主簿叔厅见待》：“晨策已云整，当同林下期。”刘得仁《冬夜寄白阁僧》：“林下期难遂，人间事旋生。”

【林下期】　参见“林下約”。

【林下意】　归隐林野之意。李白《安陆白兆山桃花岩寄刘侍御绾》：“独此林下意，杳无区中缘。”朱庆余《和刘补阙秋园寓兴之什十首》之十：“无穷林下意，真得古人风。”

【林上人】　即贯休。齐己有《送林上人归永嘉旧居》。“林下”注：“一作休”。按，一作是。

【林山人】　名不详。肃、代间常州义兴县人。刘长卿有《送处士归州因寄林山人》。

【林戈】　密集如林之戈矛。萧楚材《奉和展礼岱宗涂经濮济》：“林戈咽济岸，兽鼓震河庭。”

【林木】　树木；树林。崔元范《李尚书命妓歌饯有作奉酬》：“独向柏台为老吏，可怜林木响余声。”贾岛《口号》：“林木含白露，星斗在青天。”

【林木餘聲】　为咏歌声妙绝之典。见《列子·汤问》。崔元范《李尚书命妓歌饯有作奉酬》：“独向柏台为老吏，可怜林木响余声。”

【林中丞】　杜中丞之讹。皇甫曾有《奉送杜侍御还京》，题下注：“一作杜中丞，一作林中丞。”按，作杜中丞是。

【林中酒】　三国魏阮籍、阮咸叔侄与山涛、向秀等七人俱为名士，常游宴于竹林，时人号为“竹林七贤”。后因以“林中酒”为咏贤士宴集之典。权德舆《腊日龙沙会绝句》：“帘外寒江千里色，林中樽酒七人期。”姚合《送刘詹事赴寿州》：“世上诗难得，林中酒更高。”又用为咏叔侄关系之典。司空曙《下第日书情寄上叔父》：“雪里题诗偏见赏，林间饮酒独令随。”权德舆《送从弟谒员外叔父回归义兴》：“来酌林中酒，去耕湖上田。”

【林中期】　同“林下约”。岑参《潼关使院怀王七季友》：“不负林中期，终当出尘网。”

【林父】　即春秋晋卿荀林父。见《左传·室公十二年》。孙逖《和左卫武仓曹卫中对雨创韵赠右卫李骑曹》：“林父同官意，宣尼久敬交。”

【林公】　即晋僧支遁。支遁俗姓关，字道林，世称支公、林公。崔颢《舟行入剡》：“谢客文逾盛，林公未可忘。”灵一有《林公》。唐彦谦《咸通中始闻褚河南归葬阳翟是岁上平徐方大肆庆赏又诏八品锡其裔孙追叙风概因成二十韵》：“柱石林公远，缣缃故国饶。”亦用以指高僧。耿湋《题藏公院》：“古院林公住，疏篁近井桃。”武元衡《夏与熊王二秀才同宿僧院》：“一听林公法，灵嘉愿寄身。”皮日休《初冬偶作寄南阳润卿》：“唯待支硎最寒夜，共君披氅访林公。”

【林月】　树林中之月光。贾岛《宿悬泉驿》：“林月值云遮，山灯照愁寂。”

【林氏】　济南（今属山东）人。开元中隰城县丞薛元暧之妻。事迹见新旧《唐书·薛播传》。《全唐诗》卷七九九录其诗一首。

【林末】　树梢；林梢。姚合《游杏溪兰若》：“戏狖跳林末，高僧住石间。”

【林石】 树林与山石。刘得仁《访曲江胡处士》：“静还林石下，坐读养生篇。”

【林丘】 ❶山林。林木与丘峦。孟云卿《行行且游猎篇》：“迟迟平原上，狐兔奔林丘。”杜甫《奉同郭给事汤东灵湫作》：“初闻龙用壮，擘石摧林丘。”韦应物《游灵岩寺》：“吴岫分烟景，楚甸散林丘。”王仁裕《过平戎谷吊胡翙》：“立马荒郊满目愁，伊人何罪死林丘。”❷指隐居之处。岑参《宿关西客舍寄东山严许二山人》：“苍生今有望，飞诏下林丘。”白居易《赠吴丹》：“人间有闲地，何必隐林丘。”韦庄《宜君县比卜居不遂留题王秀才别墅二首》之一：“本期同此卧林丘，榾柮炉前拥布裘。”

【林光】 ❶透进树林之阳光或天光。许敬宗《奉和秋日即目应制》：“鹊度林光起，凫没水文圆。”❷犹林色。指林木反射出之光色。韦应物《精舍纳凉》：“夕风吹高殿，露叶散林光。”赵嘏《九日陪越州元相燕龟山寺》：“林光静带高城晚，湖色寒分半槛流。”徐铉《题伏龟山北隅》：“池影摇轻风，林光澹新霁。”

【林迴】 春秋假国贤人。晋灭假，百姓逃亡，乃弃白璧，负子而走。见《庄子·山木》。李白《赠武十七谔》：“林回弃白璧，千里阻同奔。”

【林旭】 林中之晨光。张九龄《晨坐斋中偶而成咏》：“人兹赏地偏，鸟亦爱林旭。”

【林色】 树色，林木之色。林滋《蠡泽旅怀》：“川光独鸟暮，林色落英迟。”温庭筠《月中宿云居寺上方》：“霭尽无林色，喧余有涧声。”

【林衣】 指树叶。宋之问《发藤州》：“石发缘溪蔓，林衣扫地轻。”

【林甫】 即李林甫。温庭筠《鸿胪寺有开元中锡宴堂楼台池沼雅为胜绝荒凉遗址仅存者偶成四十韵》：“禄山未封侯，林甫才为郎。”

【林冰】 林木上之霜冻。鲍溶《周先生画洞庭歌》：“林冰摇镜水拂簟，尽日独卧秋风清。”

【林邑】 地名。本汉日南郡之象林县。其地当在今越南之中南部。沈佺期《初达驩州》：“不知林邑地，犹隔道明天。”韩翃《别李明府》：“罗山道士请人送，林邑使臣调象骑。”柳宗元《得卢衡州书因以诗寄》：“林邑东回山似戟，牂牁南下水如汤。”白居易《新乐府·驯犀》：“君不见建中初，驯象生还放林邑。”

【林岑】 （—cén）林丘，山林。皮日休《太湖诗·投龙潭》：“晓来林岑静，狞色如怒日。”

【林秀】 林中之花木。元稹《酬乐天东南行诗一百韵》：“始悟摧林秀，因衔避缴芦。”

【林希劉】 宣州当涂（今属安徽）人。与黄滔相善。黄滔有《乌石村》，自注：“即林希刘故居。”

【林甸】 树林之郊。李峤《晚秋喜雨》：“草木委林甸，禾黍悴原畴。”

【林表】 林上；林梢。宋之问《谒禹庙》：“林表祠转茂，山阿井讵枯。”杜甫《信行远修水筒》：“云端水筒坼，林表山石碎。”韩翃《送崔秀才赴上元兼省叔父》：“烟开日上板桥南，吴岫青青出林表。”吴融《叶落》：“红影飘来翠影微，一辞林表不知归。”

【林坰】 林野，郊野。杜甫《桥陵诗三十韵因呈县内诸官》：“朝仪限霄汉，容思回林坰。”

【林巷】 生长树木之巷。指村巷。孟浩然《闻裴侍御朏自襄州司户除豫州司户因以投寄》：“昔余卧林巷，载酒过柴扉。”钱起《小园招隐》：“斑衣在林巷，始觉无羁束。”李群玉《始忝四座奏状闻荐蒙恩授官言怀纪事二十四韵》：“冥默楚江畔，萧条林巷空。”

【林花】 园林中的花。孟浩然《春中喜王九相寻》：“林花扫更落，径草踏还生。”杜甫《上白帝城二首》之二：“谷鸟鸣还过，林花落又开。”李商隐《即日》：“一岁林花即日休，江间亭下怅淹留。”南唐后主李煜《相见欢》词：“林花谢了春红，太匆匆。”

【林芳】 ❶林中之香花。张九龄《和崔尚书喜雨》：“池溜因添满，林芳为洒开。”❷林花开放。赵冬曦《奉和张燕公早霁南楼》：“川霁湘山孤，林芳楚郊缛。”

【林林】 众多貌。柳宗元《贞符》序：“惟人之初，总总而生，林林而群。”

【林卧】 卧眠于林野。岑参有《林卧》。钱起《仲春晚寻覆釜山》：“应嗤嵇叔夜，林卧方沉湎。”

【林杪】 林梢；林边。杜甫《白水县崔少府十九翁高斋三十韵》：“高斋坐林杪，信宿游衍阒。”柳宗元《与崔策登西山》：“连袂度危桥，萦回出林杪。”

【林披】 披亦作丕，字茂彦，一字茂则，号师道。宗州莆田（今属福建）人。事迹见《新唐书·儒学下·林蕴传》。《全唐诗》卷八八七录其诗一首。

【林刺史】 指林简言。事迹见《闽书》卷七九。陈去疾有《送林刺史简言之漳州》。

【林明府】 指林明。韦应物有《送榆次林明府》。

【林岸】 满布林木之水岸。李峤《和杜学士旅次淮口阻风》：“淼漫烟波阔，参差林岸遥。”

【林岫】 山林。树林与山岫。陈子昂《万州晓发放舟乘涨还寄蜀中亲朋》：“苍茫林岫转，络泽涨涛飞。”

【林幽】 林木之幽深处。李群玉《将之京国赠薛员外》：“平居岁华晏，络纬啼林幽。”

【林使君】 指林蕴，蕴元和中为邵州刺史。张籍有《送邵州林使君》。姚合有《送林使君赴邵州》。朱庆余有《送邵州林使君》。

【林狖】 山林之猿猴。白居易《和微之春日投简阳明洞天五十韵》："山魈啼稚子，林狖挂山都。"杨奇鲲《途中诗》："海鸥聚处窗前见，林狖啼时枕上听。"

【林沼】 树林与池沼。钱起《题萧丞小池》："林沼忘言处，鸳鸿养翮时。"

【林宗】 ❶即汉郭泰。泰，字林宗。高适《苦雨寄房四昆季》："知人想林宗，直道惭史鱼。"白居易《赠楚州郭使君》："当家美事堆身上，何啻林宗与细侯。"❷籍贯不详。肃、代间由华州县尉流配雷州。郎士元有《送林宗配雷州》。

【林宗折巾】 汉郭泰遇雨时所带之巾，时人效之，称为"林宗巾"。李瀚《蒙求》："灵运曲笠，林宗折巾。"

【林宗重黄生】 指汉郭泰善品人物尤器重黄宪之事。见《后汉书·郭泰传》。魏万《金陵酬李翰林谪仙子》："宣父敬项橐，林宗重黄生。"

【林居】 ❶山林乡野之居室。于武陵有《宿友生林居因怀贾区》。❷居于山林乡野。多指退隐或闲居。杜甫《寄刘峡州伯华使君四十韵》："林居看蚁穴，野食行鱼罾。"姚合《寄题尉迟少卿郊居》："卿仕在关东，林居思不穷。"

【林珍】 树林中之珍果。韩愈《纳凉联句》："篚实摘林珍，盘殽馈禽毂。"

【林英】 树林中的花。张九龄《岁初巡属县登高安南楼言怀》："江气偏宜早，林英粲已繁。"

【林苑】 养草木、禽兽以供观游打猎之处。许景先《折柳篇》："长杨西连建章路，汉家林苑纷无数。"吉皎《七老会诗》："休官罢任已闲居，林苑园亭兴有余。"

【林柯】 林木之枝。韩愈《南山诗》："林柯有脱叶，欲堕鸟惊救。"

【林胡】 古族名。唐时其地所居为契丹族，故唐之"林胡"多指契丹。亦泛指北方边塞外之部族。储光羲《观范阳递俘》："北河旄星陨，鬼方猕林胡。"杜甫《遣怀》："猛将收西域，长戟破林胡。"张谓《同孙构免官后登蓟楼》："犹希虏尘动，更取林胡帐。"陈陶《陇西行四首》之一："纵饶夺得林胡塞，碛地桑麻种不生。"

【林氣】 林梢之雾霭、水气。李白《北山独酌寄韦六》："川光昼昏凝，林气夕凄紧。"

【林泉】 ❶林木与水泉。亦泛指山水林野等自然风光。杜正伦《玄武门侍宴》："大君端扆暇，睿赏狎林泉。"李白《示金陵子》："谢公正要东山妓，携手林泉处处行。"钱起《寄任山人》："林泉春可游，羡尔得其性。"齐己《寄镜湖方干处士》："云门几回去，题遍好林泉。"❷指避世隐居之地。骆宾王《夏日游德州赠高四》："去去访林泉，空谷有遗贤。"刘长卿《归弋阳山居留别卢邵二侍御》："只应君少惯，又欲寄林泉。"姚合《题崔驸马宅》："心在林泉身在城，凤凰楼下得闲名。"何赞《书事》："到头须卜林泉隐，自愧无能继卧龙。"

【林泉民】 山野之平民。李白《杂曲歌辞·少年行三首》之三："衣冠半是征战士，穷儒浪作林泉民。"

【林泉寺】 寺名。在唐江南道池州秋浦县(今安徽池州)。杜牧有《池州废林泉寺》。

【林泉志】 隐居不出仕之志向。李商隐《灵仙阁晚眺寄郓州韦评事》："共誓林泉志，胡为尊俎间。"

【林泉約】 退隐林泉之约。徐铉《奉和子龙大监与舍弟赠答之什》："怀恩未遂林泉约，窃位空惭组绶悬。"

【林泉期】 归隐林野之期。白居易《昔与微之在朝日同蓄休退之心迨今十年追寻前约且结后期》："常于荣显日，已约林泉期。"

【林叟】 林居之老人。王维《终南别业》："偶然值林叟，谈笑无还期。"

【林亭】 园林亭舍。刘宪《侍宴长宁公主东庄》："公主林亭地，清晨降玉舆。"白居易《履道居三首》之一："莫嫌地窄林亭小，莫厌贫家活计微。"韩琮《题圭峰下长孙家林亭》："赵国林亭二百年，绿苔如毯葛如烟。"韦庄《题姑苏凌处士庄》："一簇林亭返照间，门当官道不曾关。"

【林洞】 "林屋洞"之省称。道教"十大洞天"之一。李商隐《戊辰会静中出贻同志二十韵》："林洞何其微，下仙不与群。"

【林扃】 犹林园。贾岛《送殷侍御赴同州》："犹来交辟士，事别偃林扃。"

【林屋】 ❶即林屋山洞。陆龟蒙《奉和袭美太湖诗二十首·入林屋洞》："知名十小天，林屋当第九。"吴融《绵竹山四十韵》："根虽限剑门，穴必通林屋"。❷参见"林屋洞"。林中之屋舍。牟融《沈存尚林亭夜宴》："近山红叶堆林屋，隔浦青帘拂画楼。"

【林屋洞】 山名。即包山。在唐江南道苏州吴县(今江苏苏州市)，今名洞庭西山。为道教所说"十大洞天"之第九洞天，名林屋山洞，号"龙神幽虚之洞天"。皎然有《奉同颜使君真卿清风楼赋得洞庭歌送吴炼师归林屋洞》。皮日休有《太湖诗·入林屋洞》。

【林珝】 籍贯、生平均不详。天宝以前人。《全唐诗》卷七七七录其诗一首。

【林棲子】 栖隐山林之人。韦应物《忆沣上幽居》："况我林栖子，朝服坐南宫。"

【林校書】 (校 jiào)指林藻。藻贞元七年进士及第，授秘书省校书郎。孟郊有《登华岩寺楼望终南山赠林校书兄弟》《题林校书花严寺书窗》。

【林校書兄弟】 (校 jiào)指林藻、林蕴兄弟。藻，贞元七年进士，曾官岭南节度副使，林披第六子；蕴，贞元四年明经及第，曾官邵州刺史，林披次子，见《登科记考》卷一二、《直斋书录题解》卷一六。按，孰兄孰弟，二书说法不一，后书谓蕴为藻之弟。孟郊有《登华岩寺楼望终南山赠林校书兄弟》。

【林圃】 林园。钱起《田园雨后赠邻人》："时鸟鸣村墟，新泉绕林圃。"

【林缺】 林子之间的空缺地带。苏源明《小洞庭洄源亭宴四郡太守诗》序："左拂蚕尾，右遵吾山。倒岭岫于波际，指梁岑于林缺。"

【林衮】 排行第十二。广陵（今江苏扬州）人。贞元间，累迁监察御史。事迹见《元和姓纂》卷五。刘商有《送林衮侍御东阳秩满赴上都》。

【林浪】 深林；树林。陆龟蒙《樵人十咏·樵径》："争推好林浪，共约归时节。"齐己《送人润州寻兄弟》："木落空林浪，秋残渐雪霜。"

【林宰】 名不详。肃、代间为江都县令。李嘉祐有《广陵送林宰》。

【林莽】 草木丛生之处。亦指丛生之林木、草丛。孟浩然《陪张丞相登嵩阳楼》："林莽北弥望，沮漳东会流。"杜甫《曲江三章章五句》之二："即事非今亦非古，长歌激越梢林莽。"岑参《阻戎泸间群盗》："南州林莽深，亡命聚其间。"

【林梢】 林头。林树之末梢。钱起《东皋早春寄郎四校书》："夜来霁山雪，阳气动林梢。"白居易《答梦得秋庭独坐见赠》："林梢隐映夕阳残，庭际萧疏夜气寒。"成彦雄《柳枝辞九首》之九："残照林梢袅数枝，能招醉客上金堤。"

【林處士】 名不详。闽（今福建）人。处士。元和间游蜀。许浑有《送林处士自闽中道越由霅抵两川》。

【林野】 ❶山林原野。韩休《奉和圣制送张说巡边》："车徒零雨送，林野夕阴生。"王纯《登岘山观李左相石尊联句》："余烈暧林野，众芳揖兰荪。"白居易《游丰乐招提佛光三寺》："竹鞋葵扇白绡巾，林野为家云是身。"陆龟蒙《自遣诗三十首》之三十："春雨能膏草木肥，就中林野碧含滋。"❷指隐居之地。聂夷中《燕台二首》之一："何必驰凤书，旁求向林野。"

【林逢】 籍贯、生平均不详。《新唐书·艺文志四》著录其《续掌记略》十卷。《全唐诗逸》录其《严大夫新开泉》佚句一联。

【林琨】 济南邹县（今属山东）人，徙三原（今属陕西）。大历中，累迁驾部员外郎。事迹见《元和姓纂》卷五。《全唐诗》卷七七七录其诗一首。

【林棲】 栖居山林。指隐居避世。吴筠《酬叶县刘明府避地庐山言怀兼见赠之》："庐岳镇江介，于焉惬林栖。"皎然《别山诗》："如何区中事，夺我林栖趣。"黄滔《上李补阙》："终恐林栖去，餐霞叶上升。"

【林筍】 林间竹笋。白居易《游平泉宴浥涧宿香山石楼赠座客》："紫鲜林笋嫩，红润园桃熟。"

【林傑】 字智周。福州侯官（今福建闽侯）人。事迹见《太平广记》卷一七五引《闽川名士传》《唐诗纪事》卷五九。《全唐诗》卷四七二录其诗三首。

【林複上人】 长安西明寺僧。昭宗时人。李洞有《题西明寺攻文僧林复上人房》。

【林複夢】 指林蕴。字复梦。西川节度使韦皋群推官，见《旧唐书》本传。元稹有《送林复梦赴韦令辟》。

【林渠】 林木与水渠。白居易《续古诗十首》之九："揽衣出门行，游观绕林渠。"

【林湍】 山林中之溪泉激流。孟浩然《题云门山寄越府包户曹徐起居》："台岭践磴石，耶溪溯林湍。"又《送张祥之房陵》："日夕弄清浅，林湍逆上流。"李白《题嵩山逸人元丹丘山居》："自矜林湍好，不羡朝市乐。"

【林滋】 字厚象，一作后象，非。福州闽县（今福建福州）人。事迹见《唐诗纪事》卷五五。《全唐诗》卷五五二录其诗六首。

【林隈】 林木曲深之处。花蕊夫人徐氏《宫词》之一二七："日晚宫人外按回，自牵骢马出林隈。"

【林塘】 林木池塘。亦泛指乡野。宗楚客《正月晦日侍宴浐水应制赋得长字》："日斜旌骑转，休气满林塘。"杜甫《水槛遣心二首》之二："叶润林塘密，衣干枕席清。"刘方平《秋夜泛舟》："林塘夜发舟，虫响荻飕飕。"赵嘏《送剡客》："两重江外片帆斜，数里林塘绕一家。"

【林幹】 林中之树干、木材。陆龟蒙《奉和袭美太湖诗二十首·孤园寺》："穷山林干尽，竭海珠玑聚。"

【林楚】 犹丛林。楚，丛生之木。张绍《冲佑观》："云生林楚，雷绕藩墙。"

【林楚才】 才，一作材。贺州富川（今广西钟山）人。事迹见《十国春秋》卷六五。《全唐诗续补遗》卷十八录其诗题一首。

【林楚材】 参见"林楚才"。

【林楚翹】 生平不详。《全唐诗》卷八九九录其词一首。

【林園】 园林；田园与林木。白居易《重戏答》："林园莫妒裴家好，憎故怜新岂是人。"温庭筠《病中书怀呈友人》："机杼非桑女，林园异木奴。"皮日休《襄阳闲居与友生夜会》："习隐悠悠世不知，林园幽事递相期。"

【林嵩】 字降臣。一作降神、雄飞，皆误。福州长溪(今福建霞浦)人。乾符二年进士。事迹见《唐才子传》卷九。善诗文,尤工赋。《新唐书·艺文志四》著录其赋一卷;《宋史·艺文志七》著录其诗一卷,皆佚。与黄滔友善,黄滔有《寄越从事林嵩侍御》。《全唐诗》卷六九〇录其诗一首。

【林番】 籍贯不详。南唐时朐山县令。李中有《对雨寄朐山林番明府》。

【林榭】 林木台榭。李群玉《三月五日陪裴大夫泛长沙东湖》:“林榭回葱蒨,笙歌转杳冥。”

【林嶂】 浓密似屏障之山林。钱起《过杨驸马亭子》:“歌钟芳月曙,林嶂碧云生。”

【林墅】 林野之田庐。白居易《闲忙》:“奔走朝行内,栖迟林墅间。”

【林篠】 亦作“篠篠”。竹名。叶薄而宽。李峤《四月奉教作》:“胜情多赏托,尊酒狎林篠。”李绅《忆登栖霞寺峰》:“回塘彩鹢来,落景标林篠。”

【林端】 林头,林树之端梢。孟浩然《寻香山湛上人》:“谷口闻钟声,林端识香气。”钱起《晚过横灞寄张蓝田》:“林端忽见南山色,马上还吟陶令诗。”刘昚虚《登庐山峰顶寺》:“天际南郡出,林端西江明。”韦应物《还阙首途寄精舍亲友》:“居人已不见,高阁在林端。”

【林寬】 福州侯官(今福建闽侯)人。中和、光启年间进士及第。与李频、许棠、郑诚等善;与黄滔相交四十余年。《直斋书录解题》卷十九著录其集一卷。《全唐诗》卷六〇六录其诗一卷。

【林樊】 树林;林边。元稹《竞渡》:“有熊竞心起,驱兽出林樊。”

【林慮】 唐代县名。属河北道相州。即今河南林县。高适有《宋中遇林虑杨十七山人因而有别》。

【林慮山】 山名。在唐河北道相州林虑县(今河南林县)西二十里。高适《宋中遇林虑杨十七山人因而有别》:“遥见林虑山,苍苍戛天倪。”皇甫冉有《送庐山人归林虑山》。

【林篁】 竹林;竹丛。宋之问《使过襄阳登凤林寺阁》:“林篁天际密,人世谷中违。”杜甫《入衡州》:“参错走洲渚,舂容转林篁。”严维《僧房避暑》:“支公好闲寂,庭宇爱林篁。”

【林閭】 村野之里门。亦借指乡野。张九龄《南山下旧居闲放》:“块然屏尘事,幽独坐林闾。”王维《济州过赵叟家宴》:“夫君第高饮,景晏出林闾。”孟浩然《南山下与老圃期种瓜》:“樵牧南山近,林闾北郭赊。”李德裕《忆平泉山居赠沈吏部一首》:“嗟予寡时用,夙志在林闾。”

【林檎】 果木名。即沙果树。落叶小乔木。所结果实亦称“林檎”,即沙果。又名花红。白居易《西省对花忆忠州东坡新花树因寄题东楼》:“最忆东坡红烂熳,野桃山杏水林檎。”

【林磬】 山林寺院之磬。马戴《宿无可上人房》:“风传林磬响,月掩草堂迟。”

【林樾】 密林;林荫。皎然《奉陪颜使君真卿登岘山送张侍御严归台》:“他晨有山信,一为访林樾。”朱宿《宿慧山寺》:“古寺隐秋山,登攀度林樾。”李德裕《怀山居邀松阳子同作》:“焉能逐麋鹿,便得游林樾。”皮日休《二游诗·徐诗》:“或携归廨宇,或把穿林樾。”

【林樸】 树林。朴,丛生之树木。赵氏《古兴》:“岁寒成咏歌,日暮栖林朴。”

【林嶼】 长有林木之岛屿。薛据《西陵口观海》:“林屿几邅回,亭皋时偃仰。”

【林齋】 山林中之书斋。张乔有《题友人林斋》。黄滔《题友人山斋》:“沙草泉经涩,林斋客集迟。”

【林璠】 济南邹县(今属山东)人。徙三原(今属陕西)。事迹见《元和姓纂》卷五。《全唐诗》卷七七六录其诗一首。

【林聲】 风撼林木之声。萧颖士《越江秋曙》:“林声寒动叶,水气曙连云。”

【林薄】 犹林莽。虞世南《奉和幸江都应诏》:“严飙肃林薄,暖景澹江湖。”辛常伯《军中行路难》:“杳杳丘陵出,苍苍林薄远。”窦群《时兴》:“夙心旷何许,日暮依林薄。”李夐《恒岳晨望有怀》:“郊原照初日,林薄委徂秋。”

【林據】 谓占据山林。陆龟蒙《读〈阴符经〉寄鹿门子》:“奸强自林据,仁弱无枝蹲。”

【林壑】 山林与山谷。泛指山野。崔颢《赠怀一上人》:“我法本无著,时来出林壑。”颜真卿《刻清远道士诗因而继作》:“竭来从旧赏,林壑宛相亲。”牟融《题孙君山亭》:“林壑能忘轩冕贵,白云黄鹤好相亲。”蔡文恭《奉和夏日游山应制》:“首夏林壑清,薄暮烟霞上。”

【林嶺】 山林;长有林木之山岭。皮日休《奉和鲁望樵人十咏·樵叟》:“家风是林岭,世禄为薇蕨。”

【林館】 林园馆舍。岑参《宿岐州北郭严给事别业》:“郭外山色暝,主人林馆秋。”韩愈《独钓四首》之一:“侯家林馆胜,偶入得垂竿。”

【林叢】 丛林。丛生之林木。太宗《出猎》:“所为除民瘼,非是悦林丛。”

【林簡言】 福州福康(今福建福清)人。大和四年进士及第。大中时,为漳州刺史。事迹见《淳熙三山志》卷二六。陈去疾有《送林刺史简言之漳州》。参见“林刺史”。

【林闕】 树木与宫阙。李元操《和从叔禄愔元日早朝》:“戈铤映林阙,歌管拂尘埃。”

【林蕴】 字复梦。济南邹县(今属山东)人。徙泉州莆田(今属福建)。事迹见《新唐书·儒学传下》。欧阳詹有《蜀门与林蕴分路后屡有山川似闽中因寄林蕴蕴亦闽人也》《与林蕴同之蜀途次嘉陵江认得越鸟声呈林林亦闽中人也》。

【林麓】 树林;山林。杜甫《客堂》:"舍舟复深山,窅窕一林麓。"皇甫曾《遇风雨作》:"传呼戒徒驭,振辔转林麓。"刘禹锡《步出武陵东亭临江寓望》:"鹰至感风候,霜余变林麓。"苏拯《雉兔者》:"所猎一何酷,终年耗林麓。"

【林薮】 丛林、湖泽。泛指乡野。长孙正隐《晦日宴高氏林亭》:"歌钟虽戚里,林薮是山家。"钱起《送褚大落第东归》:"汉家侧席明扬久,岂意遗贤在林薮。"刘禹锡《善卷坛下作》:"斯民既已治,我得安林薮。"

【林廬】 林中茅舍。多指隐居之处。钱起《客舍赠郑贲》:"嵇向林庐接,携手行将归。"卢纶《酬陈翃郎中冬至携柳郎窦郎归河中旧居见寄》:"三旬一休沐,清景满林庐。"权德舆《送密秀才吏部驳放后归蜀应崔大理序》:"此行无愠色,知尔恋林庐。"

【林藻】 字纬乾。济南邹县(今属山东)人,徙泉州浦田(今属福建)。贞元七年进士及第。《全唐诗》卷三一九录其诗三首。

【林巘】 犹山林。宋之问《游法华寺》:"林巘永栖业,岂伊佐一生。"

【林鐸】 籍贯不详。僖、昭时累举不第。黄滔有《贻林铎》。

【林巒】 林木与山峦。亦泛指山林乡野。护国《归山作》:"纵然在朝市,终不忘林峦。"王湾《秋夜寓直即事怀赠萧令公裴侍郎兼通简南省诸友人》:"林峦甘独往,疵贱苦相仍。"戴叔伦《小雪》:"花雪随风不厌看,更多还肯失林峦。"崔橹《句》:"云生柱础降龙地,露洗林峦放鹤天。"

【林籟】 风吹树林之声。李频《夏日过友人檀溪别业》:"暑天宜野宅,林籁爽泠泠。"

【林籞】 犹林园。籞,苑囿之篱墙。李敬玄《奉和别越王》:"关山通曙色,林籞遍春光。"

【林蘿】 树木与藤萝。卢鸿一《嵩山十志十首·幂翠庭》序:"盖崖巘积阴,林萝沓翠。"

【林靄】 林中之雾气。陆海《题龙门寺》:"窗灯林霭里,闻磬水声中。"李商隐《微雨》:"初随林霭动,稍共夜凉分。"郑良士《游九鲤湖》:"仄径倾崖不可通,湖岚林霭共溟蒙。"

枝 〔zhī《广韵》章移切,平支,章。〕❶植物主干上生出之枝条。太宗《仪鸾殿早秋》:"寒惊蓟门叶,秋发小山枝。"孟云卿《寒食》:"二月江南花满枝,他乡寒食远堪悲。"长孙佐辅《拟古咏河边枯树》:"野火烧枝水洗根,数围孤树半心存。"刘沧《秋日望西阳》:"野花似泣红妆泪,寒露满枝枝不胜。"❷喻指由主体派生出之分支、旁系。见"枝派""枝流"。❸指宗族之支系。嫡传以外之后裔。魏征《享太庙乐章·长发舞》:"本枝百代,申锡无疆。"《郊庙歌辞·享太庙乐章·延和》:"本枝亿载,鼎祚逾长。"❹支撑,支持。见"枝撑"。❺小木柱。见"枝梧"。❻量词。用于枝条或竿状之物。李白《过汪氏别业二首》之二:"数枝石榴发,一丈荷花开。"刘方平《琴曲歌辞·宛转歌二首》之一:"星参差,月二八,灯五枝。"白居易《感旧》:"四人先去我在后,一枝蒲柳衰残身。"颜令宾《临终召客》:"气余三五喘,花剩两三枝。"❼通"肢"。肢体。韩愈《元和圣德诗》:"腹败枝披,不敢保聚。"

【枝亞】 谓树枝低垂。员南溟《禁中春松》:"叶深栖语鹤,枝亚拂朝臣。"郑述诚《华林园早梅》:"蕊香沾紫陌,枝亚拂青苔。"

【枝枝】 每枝。李观《御沟新柳》:"翠色枝枝满,年光树树新。"贯休《相和歌辞·苦寒行》:"唯有吾庭前杉松树枝,枝枝健在。"又《还举人歌行卷》:"蜀机凤雏动鳖躠,珊瑚枝枝撑著月。"

【枝柯】 树之枝条。张籍《樵客吟》:"秋来野火烧栎林,枝柯已枯堪采取。"廖匡图《松》:"枝柯偃后龙蛇老,根脚盘来爪距粗。"刘得仁《题新栽小松》:"雪夜枝柯疑画出,月中长短共人齐。"

【枝派】 支流。喻指宗族之分支,后裔。杜甫《敬寄族弟唐十八使君》:"圣贤冠史籍,枝派罗源津。"

【枝格】 树之短枝与长条。泛指树枝。刘允济《经庐岳回望江州想洛川有作》:"惊猵透烟霞,腾猿乱枝格。"

【枝條】 ❶树枝。上官昭容《游长宁公主流杯池二十五首》之五:"枝条郁郁,文质彬彬。"元稹《第三岁日咏春风凭杨员外寄长安柳》:"殷勤为报长安柳,莫惜枝条动软声。"杨衡《乌啼曲》:"乌栖不定枝条弱,城头夜半声哑哑。"李商隐《李肱所遗画松诗书两纸得四十韵》:"枝条亮眇脆,灵气何由同。"❷喻指宗族之分支,后裔。元稹《和李校书新题乐府十二首·上阳白发人》:"隋炀枝条袭封邑,肃宗血胤无官位。"

【枝梧】 ❶斜抵之支柱。小柱为枝,斜柱为梧。引申指抵触,对抗。杜甫《夜听许十损诵诗爱而有作》"陶谢不枝梧,风骚共推激。"❷支撑,支持。齐己《病起二首》之一:"撑柱筇犹重,枝梧力未任。"

【枝梢】 竹木枝条之末端。白居易《游悟真寺诗》:"枝梢袅青翠,韵若风中弦。"薛能《行径》:"鞭节横妨户,枝梢动拂衣。"

【枝葉】 ❶树枝与树叶。白居易《和答诗十首·

和松树》："不愿亚枝叶，低随槐树行。"元稹《种竹》："失地颜色改，伤根枝叶残。"刘羲叟《同徐学士咏笋》："徐徐出土非人种，枝叶难投日月壶。"詹敦仁《柳堤诗》序："况是木删之则枝叶倍长，剪之则芽蘖滋多。"❷喻宗族之后裔、支系。邵谒《送从弟长安下第南归觐亲》："我家有棠阴，枝叶竟不繁。"❸喻事物之滋生发展。杜牧《李甘诗》："岂知祸乱根，枝叶潜滋莽。"

【枝榦】 树枝与树干。白居易《和答诗十首·和松树》："婆娑低覆地，枝干亦寻常。"陆龟蒙《次幽独君韵》："枯株不萧瑟，枝干虚崔嵬。"

【枝盞】 指花枝与杯盏。顾云《池阳醉歌赠匡庐处士姚岩杰》："许客酣歌露真性，春酎香浓枝盏黏。"

【枝蔓】 树枝与藤蔓。杜甫《解闷十二首》之十一："可怜先不异枝蔓，此物娟娟长远生。"白居易《泛溢水》："青萝与紫葛，枝蔓垂相樛。"

【枝節】 植物之枝与节。皮日休《太湖诗·上真观》："皮肤坼甲胄，枝节擒貔犴。"

【枝撑】 ❶建筑物中相撑之梁柱。杜甫《同诸公登慈恩寺塔》："仰穿龙蛇窟，始出枝撑幽。"又《自京赴奉先县咏怀五百字》："河梁幸未坼，枝撑声窸窣。"❷缚兽用之木棒。杜甫《遣兴五首》之四："雷吼徒咆哮，枝撑已在脚。"仇兆鳌注："枝撑，木柱。缚虎于此也。"

杯

〔bēi《广韵》布回切，平灰，幫。〕❶盛酒及羹汤之器。李白《嘲王历阳不肯饮酒》："笑杀陶渊明，不饮杯中酒。"杨巨源《上刘侍中》："杯净传鹦鹉，裘鲜照鹔鹴。"白居易《郡楼夜宴留客》："艳听竹枝曲，香传莲子杯。"翁承赞《喜弟承检登科》："花繁不怕寻香客，榜到应倾贺喜杯。"❷借指酒。亦指饮酒。杜甫《奉赠韦左丞丈二十二韵》："残杯与冷炙，到处潜悲辛。"韩翃《送客归广平》："晚杯狐腋暖，春雪马毛寒。"欧阳詹《江夏留别华二》："将何慰两端，互勉临岐杯。"殷尧藩《游山南寺二首》之二："朗陵莫讶来何晚，不忍听君话别杯。"❸量词。一杯，指一杯所容之量。玄宗《春中兴庆宫酺宴》序："歌一声而酒一杯，舞一曲而人一醉。"李白《山中与幽人对酌》："两人对酌山花开，一杯一杯复一杯。"韦应物《寄释子良史酒》："秋山僧冷病，聊寄三五杯。"李郢《偶作》："一杯正发吟哦兴，两盏还生去住愁。"❹指舟船。传晋高僧能乘木杯渡水，故称。李白《赠僧崖公》："何日更携手，乘杯向蓬瀛。"见"杯影"。

【杯中物】 指酒。孟浩然《自洛之越》："且乐杯中物，谁论世上名。"高适《赋得还山吟送沈四山人》："白云劝尽杯中物，明月相随何处眠。"杜甫《巴西驿亭观江涨呈窦使君二首》之一："赖有杯中物，还同海上鸥。"刘驾《效陶》："我有杯中物，可以消万虑。"亦称"杯里物""杯中神圣物"。白居易《和春深二十首》之十四："十分杯里物，五色眼前花。"又《久雨闲闷对酒偶吟》："赖有杯中神圣物，百忧无奈十分何。"

【杯中神聖物】 参见"杯中物"。

【杯中渌】 参见"杯中緑"。

【杯中緑】 指酒。酒中有醁醽，其色绿，故称。李白《对雪醉后赠王历阳》："子猷闻风动窗竹，相邀共醉杯中绿。"白居易《烧药不成命酒独醉》："赖有杯中绿，能为面上红。"亦作"杯中渌"。杜甫《醉为马坠诸公携酒相看》："共指西日不相贷，喧呼且覆杯中渌。"

【杯水】 一杯水。极言水少。刘禹锡《有僧言罗浮事因为诗以写之》："悠悠想大方，此乃杯水滨。"亦喻指微小、微薄。温庭筠《病中书怀呈友人》："兕觥增恐竦，杯水失锱铢。"

【杯行】 (xíng)。行杯。宴席中依次行酒劝饮。岑参《与鲜于庶子泛汉江》："急管更须吹，杯行莫遣迟。"

【杯池】 小池。李贺《感讽六首》之六："调歌送风转，杯池白鱼小。"王琦注："杯池，池之小者，极言其小，小仅似杯耳。"

【杯杓】 酒杯与勺子。饮酒工具。白居易《酬别微之》："醉收杯杓停灯语，寒展衾裯对枕眠。"皮日休《二游诗·任诗》："杯杓悉杉瘤，盘筵尽荷叶。"

【杯盂】 酒杯与盂。俱为酒器。盂，盛汤浆等之食器。韩愈《征蜀联句》："杯盂酬酒醪，箱箧馈巾帨。"白居易《马上作》："高声咏篇什，大笑飞杯盂。"皮日休《偶留羊振文先辈及一二文友小饮因成四韵》："久断杯盂华盖喜，忽闻歌吹谷神惊。"方干《秋晚林中寄宾幕》："杯盂未称尝生酒，砧杵先催试熟衣。"

【杯度】 参见"杯渡"。

【杯度寺】 寺名。传为杯渡所建，故名。在唐江南道台州(今浙江临海)。周贺《宿隐静寺上人》："一宿五峰杯度寺，虚廊中夜磬声分。"

【杯珓】 占卜用具。以两蚌壳掷地，视其俯仰以卜。后则以竹木斫削如蚌蛤以代之，故名。韩愈《谒衡岳庙遂宿岳寺题门楼》："手持杯珓导我掷，云此最吉余难同。"

【杯酌】 以杯酌饮。指饮酒。戴叔伦《奉陪李大夫九日宴龙沙》："莫怪沙边倒，偏沾杯酌余。"

【杯酒】 指饮酒，宴饮。崔颢《赠轻车》："今日杯酒间，见君交情好。"白居易《感事》："唯知趁杯酒，不解炼金银。"又《哭刘尚书梦得二首》之一："杯酒英雄君与操，文章微婉我知丘。"

【杯尊】 酒杯与酒樽。分别为饮酒与盛酒之器。借指酒。元结《雪中怀孟武昌》："客亦爱杯尊，思君共杯饮。"

【杯渡】 亦作"杯度"。晋宋时僧人。不知姓名，常乘木杯渡水，因而为号。事见南朝梁慧皎《高僧传·神异下·杯渡》。后多以指僧人出行，或用为咏高僧之典。杜甫《题玄武禅师屋壁》："锡飞常近鹤，杯度不惊鸥。"王建《题台州隐静寺》："隐静灵仙寺天凿，杯度飞来建岩壑。"

【杯渡松】 松树名。在唐江南道宣州南陵隐静寺。传为晋宋间高僧手植，故名。李白《送通禅师还南陵隐静寺》："岩种朗公橘，门深杯渡松。"

【杯盏】 酒杯。亦借指酒。元稹《琵琶歌》："逢人便请送杯盏，著尽工夫人不知。"又《酬友封话旧叙怀十二韵》："身名判作梦，杯盏莫相违。"

【杯裹物】 参见"杯中物"。

【杯影】 指船影。传晋宋间高僧有异术，能以木杯代舟，乘之渡水。后遂以"杯影"指僧人所乘之舟。许浑《送无梦道人先归甘露寺》："飘飘随晚浪，杯影入鸥群。"

【杯觥】 酒杯。觥，牛角形之酒杯。韩愈、孟郊《城南联句》："芒端转寒燠，神助溢杯觥。"陆龟蒙《奉和袭美太湖诗二十首·练渎》："弹射尽高鸟，杯觥醉潜鱼。"

【杯盘】 酒杯与食盘。借指酒肴，宴饮。元稹《遣病十首》之四："传语少年儿，杯盘莫回避。"吴士矩《饮后献时相》："一夕心期一种欢，那知疏散负杯盘。"

【杯盘狼藉】 酒杯菜盘放置得杂乱无章。形容饮宴过后之情景。杜甫《郑典设自施州归》："敕厨倍常羞，杯盘颇狼藉。"白居易《酬郑二司录与李六郎中寒食日相过同宴见赠》："杯盘狼藉宜侵夜，风景阑珊欲过春。"李中《酒醒》："杯盘狼藉人何处？聚散空惊似梦中。"

【杯瓢】 杯与瓢。指饮酒与饮水。朱庆余《和刘补阙秋园寓兴之什十首》之六："杯瓢闲寄咏，清绝是知音。"

【杯觞】 ❶酒杯。裴度《喜遇刘二十八》："笑语纵横作，杯觞络绎飞。"白居易《酬梦得以予五月长斋延僧徒绝宾友见戏十韵》："荤血还休食，杯觞亦罢倾。"姚合《酬卢汀谏议》："杯觞引满从衣湿，墙壁书多任手顽。"温庭筠《醉歌》："锦袍公子陈杯觞，拨醅百瓮春酒香。"❷指饮酒，宴饮。刘禹锡《和牛相公游南庄醉后寓言戏赠乐天兼见示》："白家唯有杯觞兴，欲把头盘打少年。"白居易《病入新正》："风月情犹在，杯觞兴渐阑。"

【杯羹】 犹酒肉。羹，带汤汁之肉。周昙《咏史诗·春秋战国门·乐羊》："杯羹忍啜得非忠，巧佞胡为惑主聪。"

【杯臠】 酒肉。寒山《诗三百三首》之一四〇："吃他杯脔者，何太冷心腹。"

枒

〔yā《广韵》五加切，平麻，疑。〕树之枝叉。亦指树枝纷繁歧出貌。杜甫《王兵马使二角鹰》："悲台萧飒石巃嵸，哀壑杈丫浩呼汹。"

枇

〔pí《广韵》房脂切，平脂，並。〕见"枇杷"。

【枇杷】 ❶果木名。蔷薇科，常绿小乔木。其野生者称山枇杷，花红色。杜甫《田舍》："榉柳枝枝弱，枇杷树树香。"元稹《山枇杷》："山枇杷，花似牡丹殷泼血。"白居易《山枇杷》："深山老去惜年华，况对东溪野枇杷。"❷指枇杷果。柳宗元《同刘二十八院长述旧言怀感时书事赠二君子》："寒初荣橘柚，夏首荐枇杷。"

【枇杷花】 枇杷树之花。王建《寄蜀中薛涛校书》："万里桥边女校书，枇杷花里闭门居。"

枑

〔hù《广韵》胡误切，去暮，匣。〕古时官府门前所设之木制遮护物。见"梐枑"。

杪

〔miǎo《广韵》亡沼切，上小，明。〕❶树木之末梢。崔尚《奉和圣制同二相已下群臣乐游园宴》："北阙云中见，南山树杪看。"元结《宿丹崖翁宅》："泉流掩映在木杪，有若白鸟飞林间。"杨汝士《和段相公登武担寺西台》："平视云端路，高临树杪风。"罗隐《闲居早秋》："槐杪清蝉烟雨余，萧萧凉叶堕衣裾。"❷泛指物体之末端，上头。任希古《奉和太子纳妃太平公主出降》："龙旌翻地杪，凤管飏天滨。"杜甫《天池》："百顷青云杪，层波白石中。"元稹《忆云之》："幽芳被兰径，安得寄天杪。"白居易《无可奈何歌》："俾吾为秋毫之杪，吾亦自足，不见其小。"❸某段时间之末尾，尽头。刘禹锡《将赴苏州途出洛阳留守李相公累申宴饯谨抒下情以申仰谢》："岁杪风物动，雪余宫苑晴。"黄滔《冬暮山舍喜标上人见访》："寂寞三冬杪，深居业尽抛。"

【杪冬】 冬末，暮冬。李峤《奉和杜员外扈从教阅》："杪冬严杀气，穷纪送颓光。"

【杪春】 暮春，春末。李端《送友人游江东》："江上花开尽，南行见杪春。"刘兼《春怨》："绝塞杪春悲汉月，长林深夜泣缃弦。"

【杪秋】 秋末，暮秋。魏征《暮秋言怀》："首夏别京辅，杪秋滞三河。"孟浩然《九日怀襄阳》："去国似如昨，倏然经杪秋。"耿湋《下邽客舍喜叔孙主簿郑少府见过》："良宵复杪秋，把酒说羁游。"柳宗元《秋晓行南谷经荒村》："杪秋霜露重，晨起行幽谷。"

杳

〔yǎo《广韵》烏皎切，上篠，影。〕❶幽暗。李益《登天坛夜见海》："九州下视杳未旦，一半浮生皆梦中。"韩愈《县斋有怀》："气象杳难测，声音吁可怕。"欧阳衮《和项斯游头陀寺上方》："峰回山意旷，林杳竹光迟。”❷深幽。深广。元稹《桐花》：“感尔桐花意，闲怨杳难禁。”章孝标《骆谷行》：“仰踏剑棱梯万仞，下缘冰岫杳千寻。”李群玉《送萧绾之桂林》：“万里阔分袂，相思杳难申。”❸渺茫，遥远。张九龄《九月九日登龙山》：“先贤杳不接，故老犹可访。”刘长卿《杪秋洞庭中怀亡道士谢太虚》：“千里杳难望，一身当独游。”戴叔伦《哭朱放》：“人世空传名耿耿，泉台杳隔路茫茫。”李章《春游吟》：“所思杳何处，宛在吴江曲。”❹高远。刘禹锡《逢王十二学士入翰林因以诗赠》：“厩马翩翩禁外逢，星槎上汉杳难从。”赵嘏《叙事献同州侍御三首》之二：“平生望断云层层，紫府杳是他人登。”李宾《登瓦官寺阁》：“杳无霄汉上，仰攀日月行。”亦指高超，单绝。李中《送相里秀才之匡山国子监》：“气秀情闲杳莫群，庐山游去志求文。”❺指时间旷远，长久。权德舆《送人使之江陵》：“后会杳何期，悠然劳梦想。”白居易《同微之赠别郭虚舟炼师五十韵》：“后会杳何许，前心日磷缁。”❻浩广，广漠。韩愈《李花赠张十一署》：“风揉雨练雪羞比，波涛翻空杳无涘。”许棠《边城晚望》：“广漠杳无穷，孤城四面空。”吴融《雪十韵》：“洒密蔽璇穹，霏霏杳莫穷。”❼渺茫，缥缈。耿湋《奉和李观察登河中白楼》：“玉树九重长在梦，云衢一望杳如迷。”吕温《上官昭容书楼歌》：“神仙杳何许，遗逸满人间。”白居易《奉酬淮南牛相公思黯见寄二十四韵》：“是非分未定，会合杳无缘。”又《病中诗十五首·枕上作》：“回思往事纷如梦，转觉余生杳若浮。”❽犹隐约，依稀，仿佛。李白《对酒忆贺监二首》之二：“念此杳如梦，凄然伤我情。”韦应物《寄中书刘舍人》：“应向横门度，环珮杳玲珑。”韩愈《送灵师》：“四座咸寂默，杳如奏湘弦。”❾声音袅袅回旋貌。欧阳衮《听郢客歌阳春白雪》：“调雅偏盈耳，声长杳入神。”❿消失无迹，不见踪迹。寒山《诗三百三首》之二五六：“时人寻云路，云路杳无踪。”牟融《题徐俞山居》：“老我不堪诗思杳，几回吟倚曲栏干。”卢贞《杂曲歌辞·杨柳枝》：“一树依依在永丰，两枝飞去杳无踪。”朱庆余《寻古观》：“仙观曾过知不远，花藏石室杳难寻。”

【杳妙】 杳眇。形容声音悠扬飘逸。张祜《箫》：“杳妙和云绝，依微向水沉。”

【杳杳】 ❶昏暗不明貌。韦应物《冬夜》：“杳杳日云夕，郁结谁为开。”畅当《宿报恩寺精舍》：“杳杳空寂舍，濛濛莲桂香。”熊孺登《日暮天无云》：“杳杳复苍然，无云日暮天。”皮日休《补周礼九夏系文·九夏歌九篇》：“杳杳阴竹，坎坎路鼓。”亦指迷迷濛濛。皮日休《胥口即事六言二首》之一：“波光杳杳不极，霁景澹澹初斜。”黄滔《襄州试白云归帝乡》：“杳杳复霏霏，应缘有所依。”❷邈远貌。杜甫《乾元中寓居同谷县作歌七首》之四：“扁舟欲往箭满眼，杳杳南国多旌旗。”武元衡《秋晚途次坊州界寄崔玉员外》：“望乡程杳杳，怀远思凄凄。”王元《登祝融峰》：“晴空聊纵目，杳杳极穷荒。”王周《泊姑熟口》：“杳杳金陵路，难禁欲断魂。”亦指幽深。❸犹渺茫。韦应物《过昭国里故第》：“冥冥独无语，杳杳将何适。”皇甫冉《送孔巢父赴河南军》：“边心杳杳乡人绝，塞草青青战马多。”许浑《韶州驿楼宴罢》：“檐外千帆背夕阳，归心杳杳鬓苍苍。”高蟾《长信宫二首》之一：“天上梦魂何杳杳，日宫消息太沉沉。”❹形容音迹无踪。顾况《黄鹄楼歌送独孤助》：“故人西去黄鹄楼，西江之水上天流。”贾岛《怀郑从志》：“音信两杳杳，谁云昔绸缪。”刘昭禹《怀华山隐者》：“先生入太华，杳杳绝良音。”无名氏《落日山照曜》（卷七八七）：“栖禽去杳杳，夕烟生漠漠。”❺音袅袅回旋貌。刘长卿《送灵澈上人》：“苍苍竹林寺，杳杳钟声晚。”司空曙《远寺钟》：“杳杳疏钟发，因风清复引。”鱼玄机《光威裒姊妹三人少孤而始妍乃有是作因次其韵》：“一曲艳歌琴杳杳，四弦轻拨语喃喃。”贯休《寿春节进》：“杳杳闻韵濩，重重降抚绥。”❻悠悠飘浮貌。戴叔伦《送崔拾遗峒江淮访图书》：“雁来云杳杳，木落浦萧萧。”杜牧《洛阳长句二首》之一：“芝盖不来云杳杳，仙舟何处水潺潺。”陈陶《续古二十九首》之六：“杳杳巫峡云，悠悠汉江水。”亦指轻轻飘摆。赵嘏《送从翁中丞奉使黠戛斯六首》之二：“旌旗杳杳雁萧萧，春尽穷沙雪未消。”❼犹隐约，依稀。刘长卿《夏口送长宁杨明府归荆南因寄幕府诸公》：“向烟帆杳杳，临水叶纷纷。”又《送李录事兄归襄邓》：“行人杳杳看西月，归马萧萧向北风。”潘存实《赋得玉声如乐》：“杳杳疑风送，泠泠似曲成。”皮日休《奉和鲁望上元日道室焚修》：“飙御有声时杳杳，宝衣无影自珊珊。”

【杳杳微微】 空濛杳茫。看不分明貌。韩偓《江楼二首》之一：“梦啼呜咽觉无语，杳杳微微望烟浦。”

【杳茫】 渺远；迷茫。牟融《山中有怀李十二》：“林前风景晚苍苍，林下怀人路杳茫。”韦庄《和郑拾遗秋日感事一百韵》：“霍庙神遐远，圯桥路杳茫。”

【杳眇】 亦作“杳渺”。❶邈远；渺茫。王丘《咏史》：“杳眇同天上，繁华非代间。”皎然《吊灵均词》：“若云冥冥兮雷霆怒，萧条杳眇兮余草莽。”权德舆《杂言和常州李员外副使春日戏题十首》之四：“试一望，魂杳渺。”刘言史《放萤怨》：“青云杳渺不可亲，开囊欲放增余怨。”❷犹幽深，深邃。萧颖士《重阳日陪元鲁山德秀登北城瞩对新霁因以赠别》：“绵连滍川回，杳渺鸦路深。”李白《西施》：“提携馆娃宫，杳渺讵可攀。”❸犹迷濛。白居易《过骆山人野居小池》：“拳石苔苍翠，尺波烟杳渺。”

【杳冥】 ❶昏暗，阴暗貌。杜甫《秦州见敕目薛三臡授司议郎远喜迁官兼述索居凡三十韵》："俗态犹猜忌，妖氛忽杳冥。"亦指幽暗之地下。许浑《题冲沼上人院》："劚石种松子，数根侵杳冥。"《郊庙歌辞·祀九宫贵神乐章·豫和》："上排闾阖，洞入杳冥。"或指阴暗之山洞。皮日休《太湖诗·入林屋洞》："却遵旧时道，半日出杳冥。"❷深幽、深邃貌。孔德绍《行经太华》："寥廓风尘远，杳冥川谷深。"❸旷廓，广远貌。刘允济《经庐岳回望江州想洛川有作》："咫尺穷杳冥，跬步皆恬漠。"王维《送高适弟耽归临淮作》："杳冥沧洲上，荡漭无人知。"孟浩然《同曹三御史行泛湖归越》："杳冥云外去，谁不羡鸿飞。"亦形容诗文之气象恢廓宏广。欧阳詹《李评事公进示文集因赠之》："希微嘉会章，杳冥河梁篇。"或用以形容心事浩茫。畅当《题沈八斋》："江斋一入何亭亭，因寄沧涟心杳冥。"❹模糊，隐约，不分明貌。张又新《三月五日陪大夫泛长沙东湖》："栖树回葱蒨，笙歌转杳冥。"陈陶《上建溪》："云树杳冥通上界，峰峦回合下闽川。"❺踪迹消失貌。皇甫冉《送志弥师往淮南》："眷属空相望，鸿飞已杳冥。"吴融《经存坚墓》："百里烟尘散杳冥，新平一隰草青青。"❻指天空。储光羲《同诸公登慈恩寺塔》："雷雨傍杳冥，鬼神中躨跜。"钱起《省试湘灵鼓瑟》："苦调凄金石，清音入杳冥。"李涉《题连云堡》："由来天地有关扃，断壑连山接杳冥。"蒋贻恭《题张道隐太山祠画龙》："威疑喷浪归沧海，势欲拏云上杳冥。"亦指天上仙境。宋之问《嵩山天门歌》："吾亦不知其灵怪如此，愿游杳冥兮见羽人。"陆龟蒙《寄怀华阳道士》："华阳门外五芝生，餐罢愁君入杳冥。"❼犹天帝，上苍。殷文圭《九华贺雨吟》："陶公焦思念生灵，变旱为丰合杳冥。"❽迷信，指死后之去处。或指阴间，或指天上。顾非熊《哭韩将军》："将军不复见仪形，笑语随风入杳冥。"汪遵《严陵台》："一钓凄凉在杳冥，故人飞诏入山扃。"陆龟蒙《和袭美伤开元观顾道士》："何事神超入杳冥，不骑孤鹤上三清。"❾犹梦乡。徐夤《梦》："月落灯前闭北堂，神魂交入杳冥乡。"

【杳窅】 深幽寥远。鲍溶《春日言怀》："杳窅青云望，无途同苦辛。"

【杳窕】 邈远。杜甫《白沙渡》："差池上舟楫，杳窕入云汉。"

【杳然】 ❶幽深貌。杜甫《题张氏隐居二首》之一："乘兴杳然迷出处，对君疑是泛虚舟。"❷渺远。李绅《却渡西陵别越中父老》："渐举云帆烟水阔，杳然凫雁各东西。"郑巢《送李式》："潇湘路杳然，清兴起秋前。"贾岛《送丹师归闽中》："波涛路杳然，衰柳落阳蝉。"❸形容踪迹消失，不见踪影。沈佺期《哭苏眉州崔司业二公》："陇树应秋矣，江帆故杳然。"钱起《送张五员外东归楚州》："杳然黄鹄去，未负白云期。"白居易《闲居偶吟招郑庶子皇甫郎中》："杳然爱不见，搔首方踟蹰。"黄滔《塞下》："陇头冤气无归处，化作阴云飞杳然。"❹依稀，恍惚。李白《当涂赵炎少府粉图山水歌》："讼庭无事罗众宾，杳然如在丹青里。"李绅《忆被牛相留醉州中时牛公夜出真珠辈数人》："淮海一从云雨散，杳然俱是梦魂中。"❺犹渺茫，茫然。李频《眉州别李使君》："回首雪峰前，朱门心杳然。"黄滔《送陈樵下第东归》："送目红蕉外，来期已杳然。"❻犹悠然，适意貌。鲍溶《采葛行》："衣亲玉体又何如，杳然独对秋风曙。"伍乔《晚秋同何秀才溪上》："闲步秋光思杳然，荷藜因共过林烟。"

【杳渺】 参见"杳眇"。

【杳邈】 邈远。胡传美《武康碧落观》："幢节不归天杳邈，烟霞空锁日幽虚。"

【杳暧】 日色昏暗貌。白居易《裴侍中晋公以集贤林亭即事诗见赠辄广为五百言以伸酬献》："西岭名夕阳，杳暧留落晖。"

【杳霭】 ❶烟云雾霭等飘荡浮动貌。韦应物《春月观省属城始憩东西林精舍》："嵚崎石门状，杳霭香炉烟。"戴叔伦《听霜钟》："悠扬来不已，杳霭去何从。"郭周藩《谭子池》："言讫辞冲虚，杳霭上玄微。"莫宣卿《百官乘月早朝听残漏》："杳霭祥光起，霏微瑞气攒。"❷雾霭，烟岚。韩翃《题荐福寺衡岳暕师房》："晚送门人出，钟声杳霭间。"皇甫冉《送段明府》："遥夜此何其，霜空残杳霭。"薛涛《寄词》："菌阁芝楼杳霭中，霞开深见玉皇宫。"徐夤《新月》："珠箔寄钩悬杳霭，白龙遗爪印穹苍。"❸犹深幽。谓深暗而看不分明。王昌龄《宴南亭》："城楼空杳霭，猿鸟备清切。"高适《同薛司直诸公秋霁曲江俯见南山作》："杳霭信难测，渊沦无暗投。"陈陶《题僧院紫竹》："杳霭万丈间，啸风清独速。"❹犹渺茫。林琨《晚望》："苍然平楚意，杳霭半秋阴。"❺树林茂盛貌。王昌龄《山中别庞十》："琼树方杳霭，凤兮保其贞。"

杲 〔gǎo《广韵》古老切，上晧，見。〕日出明亮貌。亦泛指明亮貌。张九龄《与生公寻幽居处》："岁晚林始敷，日晏崖方杲。"无可《寄题庐山二林寺》："江微匡俗路，日杲晋朝松。"见"杲杲""杲耀"。

【杲杲】 日出明亮貌。储光羲《秋次霸亭寄申大》："杲杲初景出，油油鲜云卷。"杜甫《醉歌行》："风吹客衣日杲杲，树搅离思花冥冥。"韦应物《拟古诗十二首》之四："绮楼何氛氲，朝日正杲杲。"贯休《怀张为周朴》："有时冥搜海山脑，珊瑚枝动日杲杲。"

【杲曜】 明亮辉耀。元稹《苦雨》："逡巡崔嵬日，杲曜东南隅。"亦作"杲耀"。韩愈《南山诗》："杉篁咤蒲苏，杲耀攒介胄。"

【杲耀】 参见“杲曜”。

果

〔guǒ《广韵》古火切，上果，見。〕❶树木所结之果实。萧颖士《山庄月夜作》：“陇瓜香早熟，庭果落初繁。”皇甫冉《题裴二十一新园》：“果熟任霜封，篱疏从水度。”姚合《秋日寄李支使》：“山静云初白，枝高果渐稀。”熊皎《山居》：“果熟秋先落，禽寒夜未栖。”❷果树。孟浩然《田园作》：“卜邻近三径，植果盈千树。”❸佛教语。(1)成果，正果。指修行佛法所达到之证悟境界。宋之问《游法华寺》：“果渐轮王族，缘超梵帝家。”贾岛《赠无怀禅师》：“身从劫劫修，果以此生周。”(2)后果，因果报应。指善恶祸福之因缘报应。宋之问《游法华寺》：“后果缠三足，前因感六牙。”拾得《诗》之五十：“不忧当来果，唯知造恶因。”❹犹完成，实现。张说《荆州亭入朝》：“不果朝宗愿，其如江汉何。”李白《夕霁杜陵登楼寄韦繇》：“徒然迫晚暮，未果谐心胸。”钱起《酬陶六辞秩归旧居见柬》：“毕娶愿已果，养恬志宁违。”白居易《郡斋暇日辱常州陈郎中水西馆书事诗见寄亦以十六韵酬之》：“良辰不易得，佳会无由果。”❺饱足。见“果然❶”❻果断，勇敢。见“果决”“果敢”。❼副词。(1)果真。谓不出所料。孙逖《送赵大夫护边》：“果持文武术，还继杜当阳。”钱起《新雨喜得王卿书问》：“果有相思字，银钩新月开。”郭周藩《谭子池》：“果获无穷宝，均融沾困危。”李搏《贺裴延裕蜀中登第诗》：“嘉祯果中君平卜，贺喜须斟卓氏杯。”(2)终于，终竟。高适《使青夷军入居庸三首》之三：“远行今若此，微禄果徒劳。”韦应物《逢杨开府》：“非才果不容，出守抚茕嫠。”韩翃《赠张五諲归濠州别业》：“常知罢官意，果与世人疏。”许彬《寻白石山人涧》：“路穷川岛上，果值古仙家。”(3)究竟。顾况《闲居自述》：“一樽朝暮醉，陶令果何人。”❽地名。指果州。在唐剑南道。即今四川南充。无名氏《蜀选人嘲韩昭》(卷八七二)：“果阆二州，侍郎自留。”

【果下馬】 亦称“果下骝”。一种矮马名。因可乘行于果树下，故称。李贺《马诗二十三首》之八：“吾闻果下马，羁策任蛮儿。”参见《太平御览》卷八九七引张华《博物志》。

【果下騮】 参见“果下马”。

【果上人】 法名全称不详。中宗时广胜寺僧。房融有《谪南海过始兴广胜寺果上人房》。

【果老】 即张果老。郑嵎《津阳门诗》：“真人影帐偏生草，果老药堂空掩扉。”

【果州】 唐代州名。在剑南道，唐武德四年置州，因果山而名。天宝元年改为南充郡。乾元元年复为果州。旧治在今四川南充。王维有《送杨长史赴果州》。韩愈《谢自然诗》：“果州南充县，寒女谢自然。”

【果子】 泛指糖食点心。杜荀鹤《贺顾云侍御府主与子弟奏官》：“戏把蓝袍包果子，娇将竹笏恼先生。”

【果決】 果断，坚决。吕岩《赠刘方处士》：“阴媱果决用心除，尸鬼因循为汝祸。”

【果林】 果树林。温庭筠《郊居秋日有怀一二知己》：“门带果林招邑吏，井分蔬圃属邻家。”

【果栗】 水果与栗子之类。杜甫《遭田父泥饮美严中丞》：“高声索果栗，欲起时被肘。”杜荀鹤《秋日山中寄李处士》：“儿童书懒读，果栗树将空。”

【果敢】 果决、勇敢。李咸用《猛虎行》：“爪牙欺白刃，果敢无前阵。”李中《献乔侍郎》：“谏疏纵横上，危言果敢陈。”

【果然】 ❶腹饱隆起貌。白居易《夏日作》：“饭讫盥漱已，扪腹方果然。”❷果真如此。谓不出所料。张潮《江风行》：“常恐游此方，果然不知还。”白居易《新乐府·华原磬》：“果然胡寇从燕起，武臣少肯封疆死。”张祜《伤迁客殁南中》：“远地身狼狈，穷途事果然。”❸兽名。一种长尾猿。《周礼·春官·巾车》：“然複髹饰”郑玄注：“然，果然也。”贾公彦疏：“果然，兽名。”元稹《和乐天送客游岭南二十韵》：“果然皮胜锦，吉了舌如人。”

【果園】 种植果树之林园。韦蟾《送卢潘尚书之灵武》：“贺兰山下果园成，塞北江南旧有名。”

【果園坊】 里坊名。在唐剑南道成都府(今四川成都)。杜甫《寄邛州崔录事》：“邛州崔录事，闻在果园坊。”

【果穀】 果子与谷类。柳宗元《贞符》序：“饥渴牝牡之欲驱其内，于是乃知噬禽兽，咀果谷。”

【果實】 果树所结之实。元稹《春分投简阳明洞天作》：“果实经千岁，衣裳重六铢。”

【果樹】 结果实可食之树。韩偓《厌花落》：“果树阴成燕翅齐，西园永日闲高阁。”

【果禪師】 法名全称不详。杨炯有《和旻上人伤果禅师》。

【果藥】 果子与草药；果树与药草。丁仙芝《和荐福寺英公新构禅堂》：“果药罗砌下，烟虹垂户前。”韦应物《昙智禅师院》：“时夏方新雨，果药发余荣。”又《题从侄成绪西林精舍书斋》：“果药杂芬敷，松筠疏蒨峭。”

【果斷】 果敢决断。《冯存澄为明皇占》(卷八八〇)：“始当果断，终得嗣天。”

東

〔dōng《广韵》德紅切，平東，端。〕❶方位名词。东方，日出之方向。李峤《马》：“天马本来东，嘶惊御史骢。”李白《春怨》：“白马金羁辽海东，罗帷绣被卧春风。”戴叔伦《边城曲》：“尘沙晴天迷道路，河水悠悠向东去。”徐铉《送客至城西望图山因寄浙西府中》：“君看逐客思乡处，犹在图山更向东。”❷向东，往东。李白《古风》之三：“收兵铸金人，函谷正东开。”戴叔伦《相思曲》：“落红乱逐东流水，一点芳心为君死。”李频《自黔中归新安》：“却将仙桂东归去，江月相随直到家。”杨夔《题宣州延庆寺益公院》：“幽径北连千嶂碧，虚窗东望一川平。”

【東人】 ❶本指西周时东方诸侯国之人。后泛指太行山以东某处之人。韩愈《酬裴十六功曹巡府西驿途中见寄》：“相公罢论道，聿至活东人。”刘禹锡《敬宗睿武昭愍孝皇帝挽歌三首》之二：“欲遂东人幸，宁虞杞国忧。”鲍溶《洛阳春望》：“东人犹忆时巡礼，愿觐元和日月光。”李商隐《旧顿》：“东人望幸久咨嗟，四海于今是一家。”❷东方之人。与“西人”并举。顾况《上古之什补亡训传十三章·上古一章》：“东人利百，西人利百。”

【東土】 指函谷关以东地区。或其中之某一区域。魏万《金陵酬李翰林谪仙子》：“去秋忽乘兴，命驾来东土。”钱起《送马使君赴郑州》：“东土忽无事，专城复任贤。”

【東土山】 假山名。亦名土山。在金陵(今江苏南京)东南三十里。东晋谢安居金陵时仿照会稽东山所筑。李白《东山吟》：“携妓东土山，怅然悲谢安。”

【東下】 指自西向东方出游。李商隐《送崔珏往西川》：“年少因何有旅愁，欲为东下更西游。”

【東上】 自东边升起。孟浩然《夏日南亭怀辛大》：“山光忽西落，池月渐东上。”

【東山】 ❶代指远征之地。见《诗·豳风·东山》。刘禹锡《秋萤引》：“行子东山起征思，中郎骑省悲秋气。”❷指晋太傅谢安早年隐居之东山。(1)在会稽山虞县西南。山有蔷薇洞，传为谢安携妓游宴之所。又余杭亦有东山，亦为谢安曾游憩之所。见王丘《咏史》。李白《忆东山二首》之一：“不向东山久，蔷薇几度花。”崔公信《和太原张相公山亭怀古》：“清辉在昏旦，岂异东山游。”罗虬《比红儿诗》之六一：“为问东山谢丞相，可能诸妓胜红儿。”(2)指金陵之东土山。谢安居金陵时比照会稽东山而筑。李白有《东山吟》云：“携妓东土山，怅然悲谢安。”参见“東土山”“東山妓”。❸因谢安曾栖隐东山，后因以“东山”代指归隐或栖息游宴之所。皎然《酬崔侍御见赠》：“买得东山后，逢君小隐时。”白居易《醉戏诸妓》：“不知明日休官后，逐我东山去是谁。”姚合《杭州郡斋南亭》：“符印悬腰下，东山不得归。”❹借指谢安。李白《登金陵冶城西北谢安墩》：“想像东山姿，缅怀右军言。”❺指骊山。在唐关内道京兆府昭应县(今陕西临潼)。因在长安之东，故称。王维有《同卢拾遗过韦给事东山别业二十韵》。杜甫《奉同郭给事汤东灵湫作》：“东山气鸿濛，宫殿居上头。”仇兆鳌注：“东山即骊山”。❻指河南嵩山。李白《题元丹丘山居》：“故人栖东山，自爱丘壑美。”钱起《经李蒙颍阳旧居》：“唯见东山月，人亡不去门。”

【東山人】 指隐居之人。李颀《寄镜湖朱处士》：“何时可为乐，梦里东山人。”白居易《马上作》：“矧予东山人，自惟朴且疏。”参见“東山❷”。

【東山子】 即李适。适自号东山子。徐彦伯《题东山子李适碑阴二首》序：“噫嘻李公，生自号东山子，死葬东山，岂其谶哉！”

【東山妓】 亦作“東山妓樂”。见南朝宋刘义庆《世说新语·识鉴》。后亦泛用为咏歌伎或咏隐居生活之典。萧颖士《山庄月夜作》：“未奏东山妓，先倾北海尊。”元稹《奉和荥阳公离筵作》：“南郡生徒辞绛帐，东山妓乐拥油旌。”李群玉《哭郴州王使君》：“东山妓逐飞花散，北海尊随逝水空。”徐铉《奉和宫傅相公怀旧见寄四十韵》：“东山妓乐供闲步，北牖风凉足晏眠。”

【東山寺】 寺名。在唐淮南道蕲州(今湖北蕲春)。张祜有《东山寺》。

【東山卧】 亦作“東山高卧”。指隐居不问世事。李白《送梁四归东平》：“莫学东山卧，参差老谢安。”又《梁园吟》：“东山高卧时起来，欲济苍生未应晚。”参见“東山❷”

【東山客】 指隐士。王维《送綦毋潜落第还乡》：“遂令东山客，不得顾采薇。”李白《忆东山二首》之二：“欲报东山客，开关扫白云。”亦指有归隐之志的人。姚合《武功县中作三十首》之十五：“谁念东山客，栖栖守印床。”

【東山約】 指闲游乡野，寄情山水之约。徐铉《右省仆射相公垂览和诗复贻长句辄次来韵》：“开晴便作东山约，共赏烟霞放旷心。”参见“東山❷”。

【東山起】 晋谢安隐居会稽东山四十余年始出为桓温司马，后累迁至中书令、司徒。事见《晋书·谢安传》。后因以“东山起”为咏栖隐复出而建大功之典。杜甫《暮秋枉裴道州手札率尔遣兴寄近呈苏涣侍御》：“无数将军西第成，早作丞相东山起。”

【東山高卧】 参见“東山卧”。

【東山意】 归隐之意。陈子昂《题居延古城赠乔十二知之》：“闻君东山意，宿昔紫芝荣。”贾至《赠裴九侍御昌江草堂弹琴》：“沉吟东山意，欲去芳岁晚。”元稹《韦居守晚岁常言退休之志因署其居曰大隐洞因赠绝句》：“谢公潜有东山意，已向朱门启洞门。”参见“東山❷”。

【東山期】 共同退隐之期约。李益《秋晚溪中寄怀大理齐司直》题下自注:“时齐分司洛下,有东山之期。”陆瀍《和张相公太原山亭怀古诗》:“如何谢安石,要结东山期。”薛能《赠歌人》:“东山期已定,相许便抽簪。”黄滔《东山之游未遂作四十字奉寄翁文尧员外》:“北阙定归去,东山空作期。”参见“東山❷”

【東川】 ❶唐代道名。即剑南东川道。至德二年改剑南道为剑南西道与剑南东川道。杜甫《杜鹃》:“西川有杜鹃,东川无杜鹃。”白居易《杨六尚书新授东川节度使代妻戏贺兄嫂二绝》之一:“何似沙哥领崔嫂,碧油幢引向东川。”姚合《送任畹及第归蜀中觐亲》:“东川横剑阁,南斗近刀州。”薛能有《送崔学士赴东川》。❷指剑南东川节度使。元稹《酬乐天闻李尚书拜相以诗见贺》:“初因弹劾死东川,又为亲情弄化权。”李商隐有《送从翁从东川弘农尚书幕》。❸泛指东边之某一溪流。王绩《薛记室收过庄见寻率题古意以赠》:“东川聊下钓,南亩试挥锄。”

【東川節度】 剑南东川节度使之省称。杜甫《冬狩行》:“君不见东川节度兵马雄,校猎亦似观成功。”参见“東川”。

【東王】 即东王公,又称“木公”。主阳和之气,理于东方,故称。见《太平广记》卷五六引《集仙录》。李贺《马诗二十三首》之七:“西母酒将阑,东王饭已干。”

【東井】 ❶二十八宿之一。即井星。董思恭《咏星》:“历历东井舍,昭昭右掖垣。”❷因井星之分野在秦,故指秦之旧地。即唐关中一带或长安。陈子昂《喜遇冀侍御珪崔司议泰之二使》:“使星入东井,云是故交亲。”孟浩然《长安早春》:“开国维东井,城池起北辰。”❸指天目山之东天目。参见“東井葉”。

【東井葉】 指浙江天目山之茶叶。天目山有二峰,峰顶各有一池,故称天目。东井叶,即指东峰顶井池边之茶树叶。皎然《对陆迅饮天目山茶因寄元居士晟》:“日成东井叶,露采北山芽。”

【東屯】 地名。在唐山南道夔州奉节县(今重庆奉节)。距白帝城五里。大历二年(767),杜甫曾移居于此。白居易有《东屯月夜》《东屯北崦》。又《行官张望补稻畦水归》:“东屯大江北,百顷平若案。”

【東日户】 “东户”之讹。东户,传说中之上古贤君,全名东户季子。见《淮南子·缪称训》。后因以借指理想的太平盛世。魏征《奉和正日临朝应诏》:“既欣东日户,复咏南风篇。”

【東中】 东晋时对会稽(今浙江绍兴)及其周围一带的泛称。李嘉祐《送张惟俭秀才入举》:“春归定得意,花送到东中。”

【東内】 唐长安宫城中大明宫之别称。因住在宫城东北之龙首山上,故称。花蕊夫人徐氏《宫词》之四:“东内斜将紫禁通,龙池凤苑夹城中。”

【東方】 ❶日出之方位。李白《拟古十二首》之六:“太白出东方,彗星扬精光。”卢宗回《登长安慈恩寺塔》:“东方晓日上翔鸾,西转苍龙拂露盘。”储嗣宗《长安怀古》:“赤龙已赴东方暗,黄犬徒怀上蔡悲。”曹松《夜饮》:“席上未知帘幕晓,青娥低语指东方。”❷指汉东方朔。吴筠《高士咏·东方曼倩》:“东方禀易象,玩世隐廊庙。”

【東方千騎】 参见“東方騎”。

【東方小兒】 指汉东方朔。皎然《答韦山人隐起龙文药瓢歌》:“东方小儿乏此物,遂令仙籍独无名。”

【東方左史】 指东方虬。虬天授、长寿间为左史。陈子昂有《与东方左史虬修竹篇》。

【東方生】 指汉东方朔。李白《送王屋山人魏万还王屋》:“仙人东方生,浩荡弄云海。”陆龟蒙《杂讽九首》之三:“至今东方生,满口自夸白。”

【東方虬】 籍贯不详。天授、长寿间为左史。改礼部员外郎。《全唐诗》卷一〇〇录其诗两首,《补全唐诗》补诗一首。

【東方星】 即金星。亦称“启明星”。因晨出东方,故称。韩愈《醉后》:“煌煌东方星,奈此众客醉。”

【東方朔】 字曼倩。事迹见《史记·滑稽列传》《汉书》本传。《汉书·艺文志》杂家类著录《东方朔》二十篇,已佚。所作辞赋,流传于世的有《答客难》《非有先生论》等。李白《赠嵩山焦炼师》:“愿同西王母,下顾东方朔。”白居易《得微之到官后书备知通州之事怅然有感因成四章》之三:“侏儒饱笑东方朔,薏苡谗忧马伏波。”韩偓《六月十七日召对自辰及申方归本院》:“如今冷笑东方朔,唯用诙谐侍汉皇。”

【東方朔雜事】 书名。作者及成书年代均不详。亦未见书目著录。韩愈有《读东方朔杂事》。

【東方曼倩】 即汉东方朔。朔,字曼倩。吴筠有《高士咏·东方曼倩》。

【東方道士】 名不详。唐末闽道士。徐夤有《赠东方道士》。

【東方騎】 (騎 jì)亦作“東方千騎”。借指贵婿。褚亮《咏花烛》:“言是东方骑,来寻南陌车。”王维《杂诗》:“人见东方骑,皆言夫婿殊。”亦指达官显贵。刘长卿《奉和赵给事使君留赠李婺州舍人》:“便道访情亲,东方千骑尘。”白居易《初到洛下闲游》:“曾在东方千骑上,至今躞蹀马头高。”

【東斗】 犹东方。指东边天空斗星星宿所在之位置。司空图《诗品二十四则·高古》:“月出东斗,好风相从。”

【東巴】 即巴东。今重庆云阳、奉节一带。吴融《绵竹山四十韵》:“崚嶒压东巴,连延罗古蜀。”

【東平】　❶地名。(1)汉代之东平国，故址在今山东东平之东。卢僎《让皇帝挽歌词二首》之一："还闻汉明主，遗剑泣东平。"李白《赠闾丘宿松》："阮籍为太守，乘驴上东平。"(2)唐代之东平县。属河南道郓州。李峤《菱》："钜野韶光暮，东平春溜通。"❷唐方镇名。玄宗开元二十一年(733)置东平军节度使，辖郓、齐、曹、棣四州，治所在东平县(今山东东平)。张籍有《节妇吟寄东平李司空师道》。刘禹锡《平齐行二首》之一："去秋诏下诛东平，官军四合犹婴城。"张祜《送王昌涉侍御》："十里指东平，军前首出征。"❸指三国魏阮籍。因籍曾任东平相，故称。李白《赠从弟南平太守之遥二首》之二："东平与南平，今古两步兵。"❹指汉东平王刘苍。苍建武十五年(39)封东平公，十七年，进封东平王。李瀚《蒙求》："东平为善，司马称好。"

【東平郡王】　指薛兼训。兼训大历初为浙东节度使兼御史大夫，封东平郡王。朱长文《送李司直归浙东幕兼寄鲍将军》自注："时节度大夫初封东平郡王。"

【東平樹】　为咏思乡之情至死不泯之典。见《汉书·东平思王刘宇传》。张说《五君咏五首·郭代公元振》："势倾北夏门，哀靡东平树。"

【東北】　东与北之间的方向。白居易《赠郑尹》："府池东北旧亭台，久别长思醉一回。"贾岛《怀郑从志》："平明一封书，寄向东北舟。"罗虬《比红儿诗》之三八："十年东北看燕赵，眼冷何曾见一人。"王周《湖口县》："最是芦洲东北望，人家残照隔烟汀。"

【東田】　❶秦汉时对潼关以东六国农田之总称。后泛指农田。储光羲《同王十三维偶然作十首》之九："我念天时好，东田有稼穑。"韩翃《送夏侯审》："春水人归后，东田花尽时。"杨巨源《春日送沈赞府归浔阳觐叔父》："江声在南巷，海气入东田。"❷仙境之田圃。曹唐《穆王宴王母于九光流霞馆》："不知白马红缰解，偷吃东田碧玉花。"

【東白】　地名。即东白源。在今江西靖安县境。为道教所称七十二福地之第三十九福地。贯休《酬周相公见赠》："境陟名山烹锦水，睡忘东白洞平茶。"

【東丘】　参见"東家丘"。

【東主】　东都主人之省称。语出汉班固《西都赋》："在西都宾问于东都主人。"沈佺期《扈从出长安应制》："西宾让东主，法驾幸天中。"

【東市】　长安东市，汉代处决犯人之处。后常以代指刑场或处死之处。杜牧《河湟》："旋见衣冠就东市，忽遗弓剑不西巡。"罗虬《比红儿诗》之二："齐奴却是来东市，不为红儿死更冤。"

【東司】　唐以洛阳为东都，设于东都之官署总称东司。韩愈《送侯参谋赴河中幕》："东司绝教授，游宴以为恒。"白居易《再授宾客分司》："分命在东司，又不劳朝谒。"

【東西】　❶东方与西方，东边与西边。白居易《三谣·素屏谣》："吾于香炉峰下置草堂，二屏倚在东西墙。"李廓《赠商山东于岭僧》："商岭东西路欲分，两间茅屋一溪云。"李冶《八至》："至近至远东西，至深至浅清溪。"❷由东至西。指横向方位。王建《斜路行》："斜路行熟直路荒，东西岂是横太行?"陆龟蒙《祝牛宫辞》："东西几何，七举其武。"李频《秋夜对月寄凤翔范书记》："河汉东西直，山川远近明。"曹邺《四怨三愁五情诗十二首·一情》："东西是长江，南北是官道。"❸犹言四处，八方。李正辞《赋得白云起封中》："岂学无心出，东西任所从。"张仲素《陇上行》："不如山下水，犹得任东西。"刘沧《春晚旅次有怀》："东西未遂归田计，海上青山久废耕。"欧阳炯《题景焕画应天寺壁天王歌》："圣王怒色览东西，剑刃一挥皆整齐。"❹犹分离。谓向不同方向分开。白居易《留别》："二年欢笑意，一旦东西心。"赵嘏《赠别》："曾是管弦同醉伴，一声歌尽各东西。"亦指远隔。张蠙《寄友人》："恋道欲何如，东西远索居。"❺犹旁边，附近。薛涛《十离诗·马离厩》："雪耳红毛浅碧蹄，追风曾到日东西。"

【東西南北】　❶四方，处处。韩愈《感春四首》之一："东西南北皆欲往，千江隔兮万山阻。"李商隐《别智玄法师》："东西南北皆垂泪，却是杨朱真本师。"贯休《酷吏词》："蝗乎蠈乎，东西南北。"亦指四方漂泊，浪游。戎昱《苦辛行》："东西南北少知音，终年竟岁悲行路。"❷方向；不同方位。寒山《诗三百三首》之二〇四："生死往来多少劫，东西南北是谁家。"白居易《正月三日闲行》："绿浪东西南北水，红栏三百九十桥。"杜牧《入关》："东西南北数衢通，曾取江西径过东。"李频《春日旅舍》："未识东西南北路，青春白日坐销难。"

【東西南北人】　喻指经常漂泊、居处不定之人。见《礼记·檀弓上》。高适《人日寄杜二拾遗》："龙钟还忝二千石，愧尔东西南北人。"

【東西客】　四方客游之人。林宽《关下早行》："白首东西客，黄河昼夜清。"

【東西神策軍】　唐代侍卫宫禁之近卫军。德宗贞元初扩充为左右军，并置大将军二人。其实权均掌于宦官之手。郑嵎《津阳门诗》自注："开元中未有东西神策军，但以六军为亲卫。"

【東夷】　古代对中原以东各民族或其他地域之总称。杜甫《八哀诗·赠司空王公思礼》："司空出东夷，童稚刷劲翮。"贾岛《明月山怀独孤崇鱼琢》："乡本北岳外，悔恨东夷深。"

【東行】　向东出行。李频《长安书事寄所知》：

"江湖终一日，拜别便东行。"

【東后】 指东方之诸侯。李义府《在巂州遥叙封禅》："东后方肆覲，西都导六师。"

【東舟西舫】 指周围之舟船。白居易《琵琶引》："东舟西舫悄无言，唯见江心秋月白。"

【東州】 ❶指冀州或兖州。因其位居东，故称。王维《送别》："送君南浦泪如丝，君向东州使我悲。"张继《秋日道中》："齐鲁西风草树秋，川原高下过东州。"许浑《东游留别李丛秀才》："起凭栏杆各垂泪，又驱羸马向东州。"❷指唐代滑州（今河南滑县一带）。卢纶《送吏宷滑州谒贾仆射》："君向东州问徐胤，羊公何事灭吹鱼。"

【東江】 水名。在今江苏苏州市吴中区东南，为太湖之支流。已湮废。王维有《送李判官赴东江》。储光羲《游茅山五首》之一："北洛反初路，东江还故丘。"

【東安】 唐县名，本古夜郎国辖境。汉属犍为郡。唐武德元年(618)隶属剑南道协州。司空曙《送乐平苗明府》："天际山多处，东安古邑深。"

【東走迷】 指惑于形似而不能辨其实异。见《韩非子·说林上》。李白《赠范金卿二首》之一："君子枉清盼，不知东走迷。"

【東吴】 ❶指春秋吴国之旧地，相当于今江苏、浙江东部一带。李嘉祐《自苏台至望亭驿人家尽空怅然有作因寄从弟纾》："南浦菰蒋覆白蘋，东吴黎庶逐黄巾。"杜甫《绝句四首》三："窗含西岭千秋雪，门泊东吴万里船。"韩愈《泷吏》："譬官居京邑，何由知东吴。"郑谷《寄献湖州从叔员外》："西阁归何晚，东吴兴未穷。"亦特指苏州。崔颢《维扬送友还苏州》："渚畔鲈鱼舟上钓，羡君归老向东吴。"皮日休有《华亭鹤闻之旧矣以钱半千得一只养之经夕而卒遂继以诗东吴陆鲁望及厚于予者悉寄之》。❷指三国吴。刘方平《秋夜寄皇甫冉郑丰》："长怜西雍青门道，久别东吴黄鹄矶。"廖匡国《松》："曾于西晋封中散，又向东吴作大夫。"

【東里】 地名。春秋郑国子产所居之地。储光羲《秋庭贻马九》："东里近王城，山连路亦平。"又《荥阳马氏二子》："材蔽行人右，名居东里先。"卢肇《将归宜春留题新安馆》："东里如今号郑乡，西家昔日近丘墙。"钱起《江行无题一百首》之十："润色非东里，官曹更建章。"

【東吟】 指东部之乐曲。指齐国（今山东东部）之音乐。李白《古风》之五五："齐瑟弹东吟，秦弦弄西音。"

【東作】 指春耕。见《书·尧典》。李白《赠从弟洌》："顾余乏尺土，东作谁相携。"韦应物《晚出沣上赠崔都水》："首起趣东作，已看耘夏田。"又《县斋》："闲斋始延瞩，东作兴庶氓。"

【東甸】 指唐京兆府东部之县。甸，古代指京都百里以内之郊县。贾岛《寄丘儒》："长安秋风高，子在东甸县。"

【東序】 古代宫室之东厢房，为藏图籍之所。杜甫《寄裴施州》："金钟大镛在东序，冰壶玉衡悬清秋。"元稹《冬夜怀李侍御王太祝段丞》："丹灶炽东序，烧香罗玉书。"皮日休、陆龟蒙《北禅院避暑联句》："堪悲东序宝，忽变西方籍。"陆龟蒙《奉和袭美酬前进士崔潞盛制见寄因赠至一百四十言》："南山盛云雨，东序堆琼琚。"

【東君】 ❶太阳之神。《楚辞》有《九歌·东君》。司马贞索隐引《广雅》曰："东君，日也。"韦庄《和李秀才郊墅早春吟兴十韵》："暖律变寒光，东君景渐长。"陈陶《蒲门戍观海作》："登楼礼东君，旭日生扶桑。"刘兼《玉烛花》："少女不吹方熠爚，东君偏惜未离披。"❷指东王公。见三国魏曹操《陌上桑》。白居易《和微之诗二十三首·和送刘道士游天台》："斋心谒西母，瞑拜朝东君。"马湘《又诗一首》："东君谓我多情赖，罚向人间作酒狂。"参见"東王"。❸司春之神。张九龄《奉和圣制同二相南出雀鼠谷》："东君朝二月，南旆拥三辰。"张碧《惜花三首》之三："朝开暮落煎人老，无人为报东君道。"薛涛《试新服裁制初成三首》之二："春风因过东君舍，偷样人间染百花。"南唐后主李煜《梅花》："失却烟花主，东君自不知。"

【東巡】 指天子巡视关东之地。白居易《送东都留守令狐尚书赴任》："翠华黄屋未东巡，碧洛青嵩付大臣。"李商隐《灞岸》："灞水桥边倚华表，平时二月有东巡。"章碣《东都望幸》："纵使东巡也无益，君王自领美人来。"

【東武】 ❶县名。汉置，属琅琊郡。后魏改名高密郡。隋改为诸城县。唐因之，属河南道密州。即今山东诸城市。其地近海。张说《岳阳早霁南楼》："地穴穿东武，江流下西蜀。"武元衡《送李秀才赴滑州诣大夫舅》："东武扬公姻娅重，西州谢傅舅甥贤。"❷山名。亦名龟山。在唐江南道山阴县（今浙江绍兴）西。见《水经注·浙江水》。元稹《酬郑从事四年九月宴望海亭次用旧韵》："一拳墺伏东武小，两山斗构秦望雄。"白居易《和微之诗二十三首·和新楼北园偶集》："明日宴东武，后日游若耶。"❸乐曲名。《东武吟》之省称。司马逸客《雅琴篇》："愿持东武宫商韵，长奉南熏亿万年。"许景先《奉和御制春台望》："豫奉北辰齐七政，长歌东武抃千春。"权德舆《早夏青龙寺致斋凭眺感物因书十四韵》："遗韵留壁间，凄然感东武。"

【東武吟】 亦称《东武吟行》。乐府楚调名。一说为齐之弦歌讴吟曲名，以东武在齐地，故云。或说即乐府正声《东门行》。李白《东武吟》："闲作东武吟，曲尽情未终。"瞿蜕园、朱金城校注引元萧士赟注云："《东武吟》即乐府正声《东门行》也。"又引王琦注云："王僧虔《技录》有《东武吟行》……"左思《齐都赋》注："《东武》《太山》皆齐之土风，弦歌讴吟之曲名也。"刘禹锡《和董庶中古散调词赠尹果毅》："昔听东武吟，壮年心已悲。"曹邺有《东武吟》。

【東武亭】 亭名。在唐江南道越州山阴（今浙江绍兴），元稹为越州刺史、浙东观察使时所建。李绅有《新楼诗二十首·东武亭》。参见"東武❷"。

【東幸】 指帝王至东方巡视、巡游。杨师道《奉和圣制春日望海》："北巡非汉后，东幸异秦皇。"姚合《敬宗皇帝挽词三首》之一："从谏停东幸，垂衣宝历昌。"

【東林】 ❶东边之树林。李颀《宿香山寺石楼》："东林曙莺满，惆怅欲言旋。"杜甫《舍弟占归草堂检校聊示此诗》："东林竹影薄，腊月更须栽。"钱起《太子李舍人城东别业与二三文友逃暑》："东林晚来好，目极趣何长。"❷指庐山东林寺。以东晋高僧慧远等结白莲社于此而著名。王昌龄《送东林廉上人归庐山》："日暮东林下，山僧还独归。"张继《安公房问法》："试向东林问禅伯，遣将心地学琉璃。"司空曙《送皋法师》："何人讲席投如意，唯有东林远法师。"李中《题庐山东寺远大师影堂》："远公遗迹在东林，往事名存动苦吟。"亦以喻称一般寺院。刘长卿《送灵澈上人归嵩阳兰若》："南地随缘久，东林几岁空。"徐夤《山寺寓居》："高卧东林最上方，水声山翠剔愁肠。"

【東林十八賢】 指晋庐山东林白莲社中十八贤人：如慧远大师、刘遗民等。齐己有《题东林十八贤真堂》。可朋《偶谈》："唯陪北楚三千客，多话东林十八贤。"

【東林寺】 寺名。在庐山西北麓。东晋武帝太元九年(384)僧慧远建。慧远与刘遗民等在此建白莲社同修净土宗。刘长卿《禅智寺上方怀演和尚》："绝巘东林寺，高僧惠远公。"皎然《酬李补阙纾》："不住东林寺，云泉处处行。"张祜《毁浮图年逢东林寺旧》："可惜东林寺，空门失所依。"黄滔《题东林寺元祐上人院》："庐阜东林寺，良游耻未曾。"

【東林社】 即白莲社。省称莲社。东晋慧远在庐山与刘遗民、雷次宗等十八人立誓建白莲社，共期往生净土。其社以东林寺之白莲池为名，故亦称"东林社"。韦蟾《岳麓道林寺》："何时得与刘遗民，同入东林远公社。"陆龟蒙《奉和袭美夏景无事因怀章来二上人次韵》："还闻拟结东林社，争奈渊明醉不来。"张蠙《寄太白禅师》："遥想东林社，如师谁复能。"

【東東】 窦巩之妓。窦巩《悼妓东东》："惟有侧轮车上铎，耳边长似叫东东。"

【東來西去】 谓路上行人来来往往。李商隐《关门柳》："东来西去人情薄，不为清阴减路尘。"

【東來紫氣】 指老子西出函谷关事。传说仙人行处有紫气浮罩。见《史记·老子韩非列传》。杜甫《秋兴八首》之五："西望瑶池降王母，东来紫气满函关。"

【東使】 向东出使。白居易《有小白马乘驭多时奉使东行至稠桑驿溘然而毙题二十韵》："北归还共到，东使亦相随。"

【東岳】 同"東嶽"。无可《哭张籍司业》："遗文禅东岳，留语葬乡山。"

【東岱】 指泰山。泰山别名岱。又为五岳之东岳，故称。寒山《诗三百三首》之三二："移向东岱居，配守北邙宅。"苏颋《夜闻故梓州韦使君明当引绋感而成章》："恻矣南邻问，冥然东岱幽。"白居易《对酒》："东岱前后魂，北邙新旧骨。"

【東岱雨】 泰山之暴雨。见汉应劭《风俗通》。孙魴《老松》："如逢东岱雨，犹得覆秦王。"

【東征】 ❶向东远行。杜甫《送王十五判官扶侍还黔中》："大家东征逐子回，风生洲渚锦帆开。"白居易《奉和汴州令狐令公二十二韵》："客有东征者，夷门一落帆。"❷东出征讨。李商隐《随师东》："东征日调万黄金，几竭中原买斗心。"

【東征賦】 赋名。汉曹大家（班昭）作，叙随子至官任之事。见《文选》卷九。后因用为父母随子赴官任之典。岑参《送李郎尉武康》："更作东征赋，知君有老亲。"又《奉送李宾客荆南迎亲》："胜作东征赋，还家满路辉。"

【東昏】 参见"東昏侯"。

【東昏主】 参见"東昏侯"。

【東昏侯】 即南朝齐萧宝卷。宝卷即位后昏庸荒淫，为王珍国等所杀。宣德太后令依汉海昏侯故事，追封东昏侯。周昙《咏史诗·六朝门·齐废帝东昏侯》："长围既合刀临项，犹惜金钱对落晖。"亦作"東昏主""東昏"。罗虬《比红儿诗》之七："当时若遇东昏主，金叶莲花是此人。"

【東服】 东方之领土。服，古代称王畿以外之土地。萧颖士《游马耳山》："兹山表东服，远近瞻其名。"

【東周】 ❶朝代名。宋之问《桂州三月三日》："西夏黄河水心剑，东周清洛羽觞杯。"崔国辅《奉和圣制上巳祓禊应制》："逸诗何足对，窅作掩东周。"齐己《谢高辇先辈寄新唱和集》："二南风雅道，从此化东周。"❷指唐之东都洛阳。李颀《龙门送裴侍御监五岭选》："君为柱下史，将命出东周。"杜甫《别唐十五诫因文》。❷亭名。在唐东都洛阳(今河南洛阳)。李商隐《崇让宅东亭醉后沔然有作》:“曲岸风雷罢,东亭霁日凉。”

【東郊】　国都或其他城市之东面郊区。杜甫《五盘》:“东郊尚格斗,巨猾何时除。”岑参《送裴判官自贼中再归河阳幕府》:“东郊未解围,忠义似君稀。”王绰《迎春东郊》:“玉管潜移律,东郊始报春。”李商隐《偶成转韵七十二句赠四同舍》:“明年赴辟下昭桂,东郊恸哭辞兄弟。”

【東洛】　指唐东都洛阳(今河南洛阳)。李峤《龙》:“西秦饮渭水,东洛荐河图。”李白《鸣皋歌送岑征君》:“扫梁园之群英,振大雅于东洛。”徐敞《圆灵水镜》:“浮光上东洛,扬彩满圆灵。”刘景复《梦为吴泰伯作胜儿歌》:“玄宗未到万里桥,东洛西京一时没。”

【東津】　古渡口名。在唐剑南道梓州涪江岸边。杜甫《泛江送客》:“二月频送客,东津江欲平。”

【東卿】　即道教所奉之东华帝君。陆龟蒙《和袭美寄广文先生》:“峰前北帝三元会,石上东卿九锡文。”罗隐《送程尊师东游有寄》:“绛简便应朝右弼,紫旄兼合见东卿。”

【東家丘】　据《孔子家语》载,孔子之西邻不知孔丘为贤哲,称之为“东家丘”。后因以为才高不被人识之典。李白《送薛九被谗去鲁》:“宋人不辨玉,鲁贱东家丘。”亦省作“東丘”。严维《余姚祗役奉简鲍参军》:“知己欲依何水部,乡人今正贱东丘。”

【東飛伯勞西飛燕】　乐府杂曲歌辞名。即《东飞伯劳歌》。因其古辞首句为“拟古东飞伯劳西飞燕”,故亦以为名。李峤有《杂曲歌辞·东飞伯劳西飞燕》。

【東飛伯勞歌】　乐府杂曲歌辞名。内容多写闺怨。张柬之、李暇均有《杂曲歌辞·东飞伯劳歌》。

【東飛鳧】　向东飞去之野鸭。陆龟蒙《乐府杂咏六首·东飞凫》:“裁得尺锦书,欲寄东飞凫。”此谓其不能胜远飞送信之任。

【東陌】　城东之田间小路。李白《洛阳陌》(《外编》下):“看花东陌上,惊动洛阳人。”

【東馬嚴徐】　汉东方朔、司马相如、严助、徐乐之连称。韩愈《赠崔立之评事》:“东马严徐已奋飞,枚皋即召穷且忍。”

【東軒】　东边住室之檐廊。刘兼《梦归故园》:“起来不语无人会,醉倚东轩半夕阳。”

【東軒牀】　即东床。指晋郗鉴于王门择婿时,王羲之于东轩坦腹而卧之床。薛逢《送薛耽先辈归谒汉南》:“手持碧落新攀桂,月在东轩旧选床。”参见“東牀坦腹”。

【東夏】　华夏之东部。李益《秋晚溪中寄怀大理齐司直》:“振仪自西眷,东夏复分釐。”此指唐东都洛阳。

【東晉】　朝代名。西晋亡后,晋元帝司马睿重建司马政权,都建康(今江苏南京),史称东晋。韦应物《鼋头山神女歌》:“东晋永和今几代,云发素颜犹盼睐。”顾况《题琅邪上方》:“东晋王家在此溪,南朝树色隔窗低。”杜牧《润州二首》之一:“大抵南朝皆旷达,可怜东晋最风流。”赵嘏《送张又新除温州》:“东晋江山称永嘉,莫辞红旆向天涯。”

【東皋】　❶指水边之高地。亦泛指田地、原野。刘长卿《双峰下哭故人李宥》:“惆怅东皋却归去,人间无处更相逢。”陈季《鹤警露》:“南国商飙动,东皋野鹤鸣。”耿湋《春日即事二首》之二:“数亩东皋宅,青春独屏居。”于濆《赠太行开路者》:“何如回苦辛,自凿东皋田。”❷地名。在唐河东道绛州龙门县(今山西河津)。王绩隐居于此,自号东皋子。王绩《野望》:“东皋薄暮望,徙倚欲何依。”❸即王绩。绩,号东皋子。许浑《赠隐者》:“东皋亦自给,殊愧远相安。”

【東送西迎】　犹送往迎来。谓经常送迎客人。李洞《赠昭应沈少府》:“东送西迎终几考,新诗觅得两三联。”

【東朔】　即汉东方朔。赵彦昭《侍宴桃花园咏桃花应制》:“长年愿奉西王母,近侍惭无东朔才。”薛能《桃花》:“西王潜爱惜,东朔盗过从。”

【東海】　❶泛称东方之大海。唐以前主要指今黄海及东海之南部。寒山《诗三百三首》之一三五:“秤锤落东海,到底始知休。”孙逖《送杨法曹按括州》:“东海天台山,南方缙云驿。”徐夤《帆》:“幸遇济川恩不浅,北溟东海更何愁。”❷指汉之东海郡。即唐河南道海州。参见“東海郡”。❸传说中仙山之东面大海。刘宪《兴庆池侍宴应制》:“自然东海神仙处,何用西昆辙迹疲?”王维《早朝》:“仍闻遣方士,东海访蓬瀛。”李商隐《华山题王母祠》:“好为麻姑到东海,劝栽黄竹莫栽桑。”

【東海成田】　犹沧海桑田。谓大海变为农田。喻世事变幻无常。见晋葛洪《神仙传·麻姑》。冯著《行路难》:“君不见雀为鸽,鹰为鸠,东海成田谷为岸。”

【東海金】　指荣归受赐之金。见《汉书·疏广传》。李白《君子有所思行》:“不散东海金,何争西飞匿。”

【東海若】　东海之神。海若,传说中之海神名。李商隐《戊辰会静中出贻同志二十韵》:“吟弄东海若,笑倚扶桑春。”

【東流】　❶向东流淌。杨思玄《奉和别鲁王》:“北林分苑树,东流溢御沟。”耿湋《登乐游原》:“岂知千载后,万事水东流。”戴叔伦《湘南即事》:“沅湘日夜东流去，不为愁人住少时。”翁绶《相和歌辞·婕好怨》：“繁华事逐东流水，团扇悲歌万古愁。”❷泛指流水。因我国地势西高东低，大多东向流去，故称。王建《幽州送申稷评事归平卢》：“一杯泻东流，各愿无异心。”白居易《宿诚禅师山房题赠》：“视身如传舍，阅世任东流。”薛莹《秋日湖上》：“沉浮千古事，谁与问东流。”胡曾《咏史诗·吴江》：“子胥今日委东流，吴国明朝亦古丘。”

【東家】 ❶东邻；邻家。上官仪《和太尉戏赠高阳公》：“南国自然胜掌上，东家复是忆王昌。”李绅《闻里谣效古歌》：“乡里儿，东家父老为尔言，鼓腹那知生育恩？莫令太守驰朱幡。”李商隐《无题四首》之四：“东家老女嫁不售，白日当天三月半。”来鹄《病起》：“藕穿平地生荷叶，笋过东家作竹林。”❷犹“東家丘”。杜甫《陪郑广文游何将军山林十首》之四：“尽捻书籍卖，来问尔东家。”许浑《赠郑处士》：“杨子可曾过北里，鲁人何必敬东家。”❸犹“東家子”。指东邻美女或美女之家。罗虬《比红儿诗》之十六：“红儿若在东家住，不得登墙尔许年。”徐夤《尚书筵中咏红手帕》：“鹤绫三尺晓霞浓，送与东家二八容。”详见“東家子”。

【東家子】 指东邻美女或美女之家。见战国楚宋玉《登徒子好色赋》。李群玉《戏赠魏十四》：“知君调得东家子，早晚和鸣入锦衾。”霍总《关山月》：“每笑东家子，窥他宋玉墙。”

【東家丘】 指春秋鲁孔丘。相传孔丘在鲁，其西邻不知其为圣人，而称为“彼东家丘”。李白《送薛九被谗去鲁》：“宋人不辨玉，鲁贱东家丘。”亦作“東丘”。严维《余姚祗役奉简鲍参军》：“知己欲依何水部，乡人今正贱东丘。”

【東家西舍】 （舍 shè）犹东邻西舍，左邻右舍。李白《江夏行》：“东家西舍同时发，北去南来不逾月。”

【東宫】 太子所居之宫。亦借指太子。李华《咏史十一首》之五：“东宫成羽翼，楚舞伤怀抱。”韩愈《送陆畅归江南》：“一来取高第，官佐东宫军。”贾岛《送董正字常州觐省》：“春来欢侍阻，正字在东宫。”方干《寄灵武胡常侍》：“欲遣为霖安九有，先令作相赞东宫。”

【東郡】 ❶郡名。本春秋卫国地。秦置东郡，汉因之。唐改为滑州，属河南道。地当今豫东、鲁西一带。玄宗《送李邕之任滑台》：“汉家重东郡，宛彼白马津。”高适《自淇涉黄河途中作十三首》之十：“激潏陵堤防，东郡多悲辛。”岑参《至大梁却寄匡城主人》：“仲秋至东郡，遂见天雨霜。”韩愈《归彭城》：“去岁东郡水，生民为流尸。”❷泛指京师以东诸郡。杜甫《野老》：“王师未报收东郡，城阙秋生画角哀。”仇兆鳌注引朱鹤龄曰：“东郡，概指京东诸郡，非专指滑州灵昌郡也。”❸指夔州以东之夷陵郡或江陵府。即唐山南道峡州。杜甫《秋日夔府咏怀奉寄郑监李宾客一百韵》：“东郡时题壁，南湖日扣舷。”

【東域】 东方之地域。方干《送僧归日本》：“西方尚在星辰下，东域已过寅卯时。”此指日本国。

【東莞】 县名。南朝宋置，齐因之。隋、唐废。地当唐江南道常州之武进县（今江苏武进）。皮日休《二游诗·徐诗》：“东莞为著姓，奕代皆隽哲。”

【東掖】 唐指门下省。掖，宫中之旁侧小门。唐门下省在宣政殿之东掖门外，与西掖门外之中书省相对。故分别称为东掖、西掖。王维《同卢拾遗过韦给事东山别业二十韵》：“侍郎文昌宫，给事东掖垣。”皇甫曾《送王相公赴幽州》：“凤池东掖宠，龙节北方尊。”白居易《早蝉》：“忆昔在东掖，宫槐花下听。”又《临水坐》：“昔为东掖垣中客，今作西方社内人。”

【東曹】 唐指门下省。因其署府在宣政殿之东，故称。沈佺期《自考功员外授给事中》：“南省推丹地，东曹拜琐闱。”崔颢《奉和许给事夜直简诸公》：“西掖黄枢近，东曹紫禁连。”韩愈《奉和库部卢四兄曹长元日朝回》：“戎服上趋承北极，儒冠列侍映东曹。”白居易《见于给事暇日上直寄南省诸郎官诗因以戏赠》：“东曹渐去西垣近，鹤驾无妨更著鞭。”

【東曹長】 唐人称尚书巡郎或郎中等为曹长。东曹长是指在太子东宫中职位相等之官员。白居易《林下闲步寄皇甫庶子》：“寄言东曹长，当知幽独心。”

【東堂】 ❶东晋天子议事殿堂之一。后亦泛指天子临政之殿。贺知章《奉和圣制送张说上集贤学士赐宴》：“西学垂玄览，东堂发圣谟。”王维《故太子太师徐公挽歌四首》之三：“北首辞明主，东堂哭大臣。”王翰《奉和圣制送张说上集贤学士赐宴》：“东堂起集贤，贵得从神仙。”❷借指试院，考场。因晋郤诜在东堂殿试中第，故以代指。杜甫《哭王彭州抡》：“北部初高选，东堂早见招。”（一说此句“东堂”为“东床”之讹。）钱起《送张参及第还家》：“大学三年闲琢玉，东堂一举早成名。”武元衡《戏赠韩二秀才》：“闻说东堂今有待，飞鸣何处及春风。”李损之《都堂试贡士日庆春雪》：“应知郢上曲，高唱出东堂。”❸追求科举考试中第之路。张乔《秦原春望》：“北阙东堂路，千山万水人。”

【東堂客】 从事科举考试之人。邵偃《赋得春风扇微和》：“为报东堂客，明朝桂树新。”

【東堂桂】 亦作“東堂桂樹”。喻指科举及第。典出《晋书·郤诜传》。崔子向《上鲍大夫》：“东堂桂树何年折，直至如今少一枝。”张氏《寄夫》：“闻君折得东堂桂，折罢那能不暂归。”齐己《赠孙生》：“待折东堂桂，归来更苦辛。”

【東堂策】 指策试，或指策试之文。见《晋书·挚虞传》。颜真卿《谢陆处士杼山折青桂花见寄之什》："全高南越蠹，岂谢东堂策。"韦庄《鄠杜旧居二首》之一："年年为献东堂策，长是芦花别钓矶。"

【東堂夢】 科举及第之梦想。孙定《下第醉中寄储》："一枝犹桂东堂梦，千里空驰北巷心。"

【東野】 即孟郊。郊，字东野。韩愈《孟东野失子》序："东野连产三子，不数日，辄失之。"张籍《赠王建》："白君去后交游少，东野亡来箧笥贫。"

【東野先生】 即孟郊。郊，字东野。王建《哭孟东野二首》之二："老松临死不生枝，东野先生早哭儿。"

【東國】 指东部地区。储光羲《同王十三维偶然作十首》之四："迢递别东国，超遥来西都。"又《临江亭五咏》："南州王气疾，东国海风微。"

【東第】 指官宦显贵者之府第。见《汉书·司马相如传下》。杜牧《长安杂题长句六首》之二："烟生窈窕深东第，轮撼流苏下北宫。"胡宿《淮南发运赵邢州被诏归阙》："一区东第趋晨近，数刻西厢接昼荣。"

【東偏】 犹东面。杜甫《营屋》："东偏若面势，户牖永可安。"

【東郭】 东面之外城。内城曰城，外城曰郭。刘允济《经庐岳回望江州想洛川有作》："长望限南溟，居然翳东郭。"许浑《别张秀才》："凌晨客泪分东郭，竟夕乡心共北楼。"

【東郭先生】 汉齐（今属山东）人。方士。事迹见《史记·滑稽列传》。权德舆《得漏假寐梦归江东旧居》："南宗长老知心法，东郭先生识化源。"陆龟蒙《中元夜寄道侣二首》之二："橘斋风露已清余，东郭先生病未除。"参见"東郭履"。

【東郭履】 指汉东郭先生待诏公车时因贫困而穿无底之履之事。见《史记·滑稽列传》。李白《赠宣城赵太守悦》："自笑东郭履，侧惭狐白温。"李商隐《崔处士》："雪中东郭履，堂上老莱衣。"

【東郭㕙】 亦作"東郭逡"。兔名。善疾走。见《战国策·齐第三》。元稹《代曲江老人百韵》："箭倒南山虎，鹰擒东郭㕙"。

【東陸】 指太阳运行于东方七宿之区域。见《太平御览》卷十八引《易通统图》和《后汉书·律历志下》。李峤《日》："东陆苍龙驾，南郊赤羽驰。"苏颋《奉和圣制途次旧居应制》："东陆行春典，南阳即旧居。"赵彦昭《奉和人日清晖阁宴群臣遇雪应制》："出震乘东陆，凭高御北辰。"王储《赋得花发上林》："东陆和风至，先开上苑花。"

【東陵】 ❶参见"東陵侯"。❷指东陵瓜。见《三辅黄图·都城十二门》。李峤《瓜》："欲识东陵味，青门五色瓜。"李商隐《柳枝五首》之三："东陵虽五色，不忍值牙香。"❸指唐长安城北汉故城之青门外。参见"東陵道"。

【東陵故侯】 参见"東陵侯"。

【東陵侯】 指秦召平。平秦时封东陵侯。秦亡，为布衣，种瓜长安城东。见《史记·萧相国世家》。储光羲《夏日寻蓝田唐丞登高宴集》："成名苟有地，何必东陵侯。"李白《古风》之九："青门种瓜人，旧日东陵侯。"亦作"東陵故侯""東陵"。陈子昂《感遇诗三十八首》之十四："西山伤遗老，东陵有故侯。"杜甫《园人送瓜》："东陵迹芜绝，楚汉休征讨。园人非故侯，种此何草草。"

【東陵道】 指秦东陵侯召平种瓜之长安青门外小道。其地在唐长安北汉故城之东，故亦以借指唐之长安。杜甫《怀灞上游》："怅望东陵道，平生灞上游。"

【東越】 指浙东、闽东地带。即汉之会稽郡，唐之江南道越州。因其地古称越而位居东，故称。张子容《送孟八浩然归襄阳二首》之一："东越相逢地，西亭送别津。"李白《鲁郡尧祠送窦明府薄华还西京》："尔向西秦我东越，暂向瀛洲访金阙。"张乔《越中赠别》："东越相逢几醉眠，满楼明月镜湖边。"黄滔《翁文尧员外捧金紫还乡之命远为嘉贶辄兹酬和》："东越独推生竹箭，北溟喜足贮鲲鱼。"

【東都】 ❶指洛阳。唐以长安为西京，洛阳为东都（天宝间，一度称东京）。杜甫《赠李白》："二年客东都，所历厌机巧。"贾岛《赠牛山人》："东都旧住商人宅，南国新修道士亭。"杜牧《及第后寄长安故人》："东都放榜未花开，三十三人走马回。"韦庄《题七步廊》："不羡东都丞相宅，每行吟得好篇章。"❷在东方之国都。张宣明《使至三姓咽面》："东都日窅窅，西海此悠悠。"此指长安。因作者身在长安之西，故称。❸代指东汉。因东汉都洛阳，故称。韩愈《荐士》："东都渐弥漫，派别百川导。"

【東都分司】 唐指分司于东都洛阳之中央官职。多有名无实。姚合有《寄东都分司白宾客》。

【東華】 东华帝君之省称。即东王公。吴筠《游仙二十四首》之四："西龟初定箓，东华已校名。"吕岩《沁园春》词："人间，放浪多年，又排辨东华第二筵。"

【東萊】 地名。本古莱子国地。因在齐之东，故曰东莱。汉置郡，唐为莱州，属河南。地当今山东掖县。陈子昂有《送东莱王学士无竞》。

【東菑】 东郊之田地。亦泛指田园。张九龄《在洪州答綦毋学士》："课成非所拟，人望在东菑。"李华《杂诗六首》之四："未闻东菑稼，一气嘉谷成。"钱起《锄药咏》："宁学陶潜空嗜酒，颓龄舍此事东菑。"温庭筠《秋日》："良时有东菑，吾将事蓑笠。"

【東極】 ❶东方极远处。陆龟蒙《和袭美重送圆载上人归日本国》："老思东极旧岩扉，却待秋风泛舶归。”❷指东方之大海。杜甫《长江二首》之二：“浩浩终不息，乃知东极临。”

【東朝】 ❶指唐大明宫。亦称“东内”。因大明宫在宫城之东，故称。崔日用《奉和人日重宴大明宫恩赐彩缕人胜应制》：“新年宴乐坐东朝，钟鼓铿锽大乐调。”❷指太子所居之东宫。权德舆《奉送孔十兄宾客承恩致政归东都旧居》：“南史编年著盛名，东朝侍讲常虚伫。”又《惠昭皇太子挽歌词二首》之二：“东朝闻楚挽，羽翻依稀转。”

【東雲】 古乐名。或指《云门》乐舞。卢照邻《中和乐九章·歌登封第一》：“东云干吕，南风入弦。”

【東夏】 指中国之东部。夏，华夏。温庭筠《过孔北海墓二十韵》：“揭日昭东夏，抟风滞北溟。”

【東歸】 东行返归故里。林宽《送许棠先辈归宣州》：“诗道丧来久，东归为吊之。”

【東卿】 同“東王”。罗隐《送程尊师东游有寄》：“绛简便应朝右弼，紫旄兼合见东卿。”徐铉《题紫阳观》：“南朝名士富仙才，追步东卿遂不回。”

【東廂】 殿堂东侧之厢房。王维《送李睢阳》：“黄纸诏书出东厢，轻纨叠绮烂生光。”

【東湖】 湖名。(1)在唐江南道洪州(今江西南昌)东南。张九龄有《临泛东湖》，题注：“时任洪州。”又有《东湖临泛饯王司马》。(2)在唐江南道越州会稽县(今浙江绍兴)东南。皇甫冉《秋夜宿严维宅》：“君住东湖下，清风继旧踪。”(3)在唐江南道潭州长沙县(今湖南长沙)境。李群玉有《三月五日陪裴大夫泛长沙东湖》。齐己《怀东湖寺》：“铁柱东湖岸，寺高人亦闲。”

【東渭橋】 桥名。在唐长安北渭水上。李频有《东渭桥晚眺》。

【東游】 向东出游。李涉《寄河阳从事杨潜》：“汉家天子不东游，古木行宫闭烟月。”李频《送许浑侍御赴润州》：“家山近石头，遂意恣东游。”

【東陽】 ❶郡名。三国吴置，隋改为婺州，唐因之，属江南道，郡治金华(今浙江金华)。崔融《登东阳沈隐侯八咏楼》：“此地实东阳，由来山水乡。”李白有《见京兆韦参军量移东阳二首》。钱起《赠张南史》：“紫泥何日到沧洲，笑向东阳沈隐侯。”韦庄《婺州和陆谏议将赴阙怀阳羡山居》：“东阳虽胜地，王粲奈思归。”❷指南朝梁沈约。沈曾为东阳守。张循之《婺州留别邓使君》：“西掖驰名久，东阳出守时。”按，此以沈约喻指邓使君。❸汉代县名。参见“東陽縣”。

【東陽守】 ❶指沈约。沈约历仕宋、齐、梁三朝。曾于齐隆昌元年(494)出任东阳太守。崔颢《题沈隐侯八咏楼》：“梁日东阳守，为楼望越中。”按，“梁”当为“齐”之讹。孟浩然《同独孤使君东斋作》：“寄谢东阳守，何如八咏楼。”❷指唐之婺州刺史。婺州，即战国时齐、梁之东阳。皎然《送李秀才赴婺州招》：“见说东阳守，登楼为尔期。”

【東陽病骨】 亦作“東陽瘦”。为咏瘦损之典。见《梁书·沈约传》。李商隐《韩冬郎即席为诗因成二绝寄酬》：“为凭何逊休联句，瘦尽东阳姓沈人。”胡宿《次韵和朱况雨中之什》：“忧花惜月长如此，争得东阳病骨肥。”

【東陽郡】 指唐之江南道婺州(今浙江金华)。因其地战国时齐、梁为东阳郡，故袭用旧称。刘长卿《余干夜宴奉饯前苏州韦使君新除婺州作》：“复拜东阳郡，遥驰北阙心。”参见“東陽❶”。

【東陽瘦】 参见“東陽病骨”。

【東陽縣】 汉县名。后汉省而隋复置，改为漳南县。唐因之，属河北道贝州。刘言史《葛巾歌》：“临汝袁郎得相见，闲云引到东阳县。”按，此即指唐之贝州漳南县。唐婺州有东阳县，非此。

【東陽潭】 潭名。在唐山南道澧州石门县(今湖南临澧东)。李群玉有《石门韦明府为致东阳潭石鲫鲙》。

【東隅】 ❶东方。亦特指日本。赵骅《送晁补阙归日本国》：“西掖承休浣，东隅返故林。”储光羲《洛中贻朝校书衡》：“万国朝天中，东隅道最长。”❷因日出东隅，故以之指早晨。亦喻指人之少壮时期。王绩《晚年叙志示翟处士》：“东隅诚已谢，西景惧难收。”刘禹锡《乐天寄重和晚达冬青一篇因成再答》：“东隅有失谁能免？北叟之言岂便无。”

【東園】 ❶泛指园林、园圃。王勃《临高台》：“娼家少妇不须颦，东园桃李片时春。”王起《赋花》：“既见东园成径，何殊西子同车。”于濆《拟古讽》：“南亩无一廛，东园有余地。”王毂《牡丹》：“曷若东园桃与李，果成无语自垂阴。”❷官署名。秦汉置，掌皇家陵墓内之器物与葬具制作供应。属少府。参见“東園秘器”。

【東園秘器】 指皇室丧葬所用棺材。因秦汉时由少府下属之东园官署专掌制作供应，故称。汉孔霸死，天子以东园秘器赐葬。后遂用为咏显宦亡故之典。王维《故西河郡杜太守挽歌三首》之三：“涂刍去国门，秘器出东园。”

【東蜀】 ❶唐指剑南东川节度使所辖之地域。李洞《送东宫贾正字之蜀》：“南朝献晋史，东蜀瞰巴楼。”刘兼《宴游池馆》：“去岁南岐离郡日，今春东蜀看花时。”❷指唐东川节度使。李商隐有《悼伤后赴东蜀辟至散关遇雪》。按，此指东川节度使柳仲郢。

【東道】 ❶通向东方之道路。庾抱《骢马》：“发迹来东道，长鸣起北风。”李贺《出城别张又新酬李汉》：“今将下东道，祭酒而别秦。”元稹《奉和权相公行次临阙驿逢郑仆射相公因以赠诗》："万人东道送，六纛北风驱。"李商隐《自桂林奉使江陵途中感怀寄献尚书》："东道违宁久，西园望不禁。"❷指东部地区。王维《送秘书晁监还日本国》序："若木为东道之标，戴胜为西门之候。"刘禹锡《送廖参谋东游二首》之二："东道诸侯皆故人，留连必是多情处。"

【東道主】　本谓以东边道路主人之身份供应往来使者之所需，后则泛指招待宾客之主人。见《左传·僖公三十年》。李白《望九华赠青阳韦仲堪》："君为东道主，于此卧云松。"刘长卿《别陈留诸官》："恋此东道主，能令西上迟。"又《题冤句宋少府厅留别》："幸逢东道主，因辍西征骑。"王初《送王秀才谒池州吴都督》："南馆星郎东道主，摇鞭休问路行难。"

【東溪】　参见"東谿"。

【東溟】　❶东方之大海；东海。孙逖《和登会稽山》："稽山碧湖上，势入东溟尽。"岑参《送颜平原》："此地邻东溟，孤城吊沧洲。"孟郊《哭刘言史》："取次抱置之，飞过东溟波。"黄滔《鄜畤李相公》："推恩每觉东溟浅，吹律能令北陆暄。"❷指濒临东海之地。皇甫冉《送钱唐路少府赴制举》："东溟道路通秦塞，北阙威仪识汉官。"此指杭州。

【東溟白雪團】　喻海上升起之圆月。欧阳詹《太原和严长官八月十五日夜玩月寄中丞少尹》："西寺碧云端，东溟白雪团。"

【東溟臣】　指涸辙之鱼，喻身陷困境之人。见《庄子·外物》。李白《赠友人三首》之三："莫持西江水，空许东溟臣。"

【東絹】　四川盐亭县所产之绢。亦名鹅溪绢。以适于作画著称。杜甫《戏为双松图歌》："韦侯韦侯数相见，我有一匹好东绢。"

【東臺】　❶唐指门下省。唐高宗龙朔二年，改百司及官名，原门下省改称东台。参见"東臺詳正學士"。❷指唐代设于东都洛阳之御史台。岑参有《青门歌送东台张判官》。元稹《东台去》："今日东台去，澄心在陆浑。"又《琵琶歌》："去年御史留东台，公私蹙促颜不开。"白居易《和答诗十首》序："五年春，微之从东台来，不数日，又左转为江陵士曹掾。"

【東臺御史】　官职名。指东都御史台之御史。唐以洛阳为东都，东都亦设有御史台，俗称东台，亦称留台。下设殿中侍御史二人、监察御史三人。白居易《姚侍御见过戏赠》："东台御史多提举，莫按金章系布裘。"赵嘏《代人赠杜牧侍御》："郎作东台御史时，妾长西望敛双眉。"

【東臺詳正學士】　官职名。指弘文馆详正学士。掌详正图籍、校理书籍。唐武德四年置，九年，改曰弘文馆，设详正学士。因弘文馆隶属门下省，门下省又名东台，故称。骆宾王有《西行别东台详正学士》和《早秋出塞寄东台详正学士》。

【東蒙】　即蒙山。在今山东省蒙阴南。因居鲁之东，故称东蒙。萧颖士《蒙山作》："东蒙镇海沂，合沓余百里。"高适《鲁郡途中遇徐十八录事》："前临少昊墟，始觉东蒙长。"杜甫《昔游》："东蒙赴旧隐，尚忆同志乐。"又《玄都坛歌寄元逸人》："故人昔隐东蒙峰，已佩含景苍精龙。"

【東蒙客】　指遁逃隐居之士。见晋皇甫谧《高士传·老莱子》。高适《送郭处士往莱芜兼寄苟山人》："君为东蒙客，往来东蒙畔。"杜甫《与李十二白同寻范十隐居》："余亦东蒙客，怜君如弟兄。"

【東墅】　泛指郊野之别墅。徐彦伯《侍宴韦嗣立山庄应制》："每驰东墅策，遥弄北溪琴。"赵彦昭《人日侍宴大明宫应制》："平楼半入南山雾，飞阁旁临东墅春。"温庭筠《谢公墅歌》："朱雀航南绕香陌，谢郎东墅连春碧。"

【東鄙】　东部边陲地区。薛能《送浙东王大夫》："渤澥流东鄙，天台压属城。"李频《陕下投姚谏议》："旧业在东鄙，西游从楚荆。"

【東署】　指太子之东宫官署。白居易《从同州刺史改授太子少傅分司》："承华东署三分务，履道西池七过春。"

【東漢】　朝代名。汉光武帝刘秀建于光武元年(25)，至汉献帝刘协延康元年(220)亡。先后历十二帝。张说《喜度岭》："东汉兴唐历，南河复禹谋。"按，此以东汉喻唐废周复国号。权德舆《严陵钓台下作》："潜驱东汉风，日使薄者醇。"

【東閩】　五代十国闽之境域。相当于今之福建。因位居东，故称。黄滔《贺清源仆射新命》："南史两荣唯百揆，东闽双拜有三台。"

【東閤】　东向之小门。指宰相接纳贤才之所。见《汉书·公孙弘传》。许浑《元处士自洛归宛陵山居见示詹事相公饯行之什因赠》："月落尚留东阁醉，风高还忆北窗眠。"参见"東閣❷"。

【東閣】　❶东厢房或东阁楼。任希古《和长孙秘监伏日苦热》："北林开逸径，东阁敞闲扉。"钱起《晚春永宁墅小园独坐寄上王相公》："东阁一何静，莺声落日愁。"韩翃《题苏许公林亭》："平津东阁在，别是竹林期。"裴度、行式《蔷薇花联句》："得地依东阁，当阶奉上台。"❷指宰相接纳贤材之处。见《汉书·公孙弘传》。杨重玄《正朝上左相张燕公》："长吁问丞相，东阁几时开。"孙逖《和左司张员外逢立春日赠韦侍御等诸公》："共言东阁招贤地，自有西征谢傅才。"权德舆《奉和张监阁老过八陵院题赠杜卿崔员外》："已闻东阁招从事，每向西垣奉德音。"❸阁名。即东亭。杜甫

《和裴迪登蜀州东亭送客逢早梅相忆见寄》:"东阁官梅动诗兴,还如何逊在扬州。"仇兆鳌注:"东阁,指东亭。"

【東維】 犹东隅。见《庄子·大宗师》。方干《送人游日本国》:"波涛含左界,星斗定东维。"

【東甌】 ❶地名。古东瓯族之国都,即今浙江温州。亦指温州及东南沿海一带。顾况《永嘉》:"东瓯传旧俗,风日江边好。"罗隐《献尚父大王》:"数年铁甲定东瓯,夜渡江山瞻斗牛。"曹松《赠镜湖处士方干二首》之一:"包含教化剩搜罗,句出东瓯奈峭何。"徐夤《府主仆射王抟生日》:"勋业定应归鼎鼐,生灵岂独化东瓯。"❷星座名。共五星,在翼之南。旧谓系蛮夷之星。李峤《安辑岭表事平罢归》:"东瓯抗於越,南斗临吴会。"

【東橋】 指灞桥。因位于长安之东,故称。韦应物《送汾城王主簿》:"相望东桥别,微风起夕波。"

【東頭】 东边,东面。李绅《悲善才》:"东头弟子曹善才,琵琶请进新翻曲。"郑畋《初秋寓直三首》之一:"玉笛数声飘不住,问人依约在东头。"褚载《月》:"星斗离披烟霭收,玉蟾蜍耀海东头。"

【東箭南金】 比喻杰出之人才。见《尔雅·释地》。罗隐《秋夜寄进士顾荣》:"空羡良朋尽高价,可怜东箭与南金。"

【東牖】 东窗。亦指东窗之下。白居易《和微之诗二十三首·和寄问刘白》:"遂留梦得眠,匡床宿东牖。"

【東魯】 指春秋鲁国之旧地,即今山东西部一带。李白《寄东鲁二稚子》:"我家寄东鲁,谁种龟阴田。"韩愈《短灯檠歌》:"太学儒生东鲁客,二十辞家来射策。"李商隐《安平公诗》:"公时受诏镇东鲁,遣我草诏随车牙。"许棠有《送刘校书游东鲁》

【東廚】 即厨房。古制厨房设于正室之东,故称。顾况《归阳萧寺有丁行者能修无生忍况归命稽首作诗》:"萧寺百余僧,东厨正扬烟。"

【東鄰】 ❶东边之邻居。唐彦谦《宿田家》:"东邻借种鸡,西舍觅芳醑。"刘兼《寄长安郑员外》:"乘醉几同游北内,寻芳多共谒东邻。"❷指美女之家,或指美女。见战国楚宋玉《登徒子好色赋》。骆宾王《咏美人在天津桥》:"美女出东邻,容与上天津。"杜牧《偶作》:"惊杀东邻绣床女,错将黄晕压檀花。"段成式《戏高侍御七首》之三:"花恨红腰柳妒眉,东邻墙短不曾窥。"

【東鄰西舍】 犹左邻右舍。泛指邻家。戴叔伦《女耕田行》:"东邻西舍花发尽,共惜余芳泪满衣。"贯休《春晚书山家屋壁二首》之二:"前村后垄桑柘深,东邻西舍无相侵。"

【東鄭】 指唐河南道郑州(今河南郑州)。因位于东,故称。白居易《伤唐衢二首》之一:"君归向东郑,我来游上国。"

【東館】 ❶指东宫。太子所居之宫。褚亮《奉和望月应魏王教》:"所欣东馆里,预奉西园篇。"❷指门下省之修文馆。唐高宗时改门下省为东台,修文馆隶属门下省,故称。崔日用《又赐宴自歌》:"东馆总是鹓鸾,南台自多杞梓。"

【東諸侯】 周代指东方之诸侯。唐指关东之诸藩镇。刘禹锡《秋日过鸿举法师寺院便送归江陵》序:"且曰:'贫道雅闻东诸侯之工为诗者,莫若武陵。'"白居易《赠吴丹》:"尝登御史府,亦佐东诸侯。"李商隐《柳枝五首》序:"雪中让山至,且曰:'为东诸侯取去矣。'"

【東壁】 ❶星宿名。即壁宿。杜审言《和李大夫嗣真奉使存抚河东》:"西河偃风俗,东壁挂星躔。"❷称皇家藏书之所。见《晋书·天文志上》。张说《恩制赐食于丽正殿书院宴赋得林字》:"东壁图书府,西园翰墨林。"刘升《奉和圣制送张说上集贤学士赐宴》:"台曜临东壁,乾光自北辰。"❸东边之墙壁。李白《寄上吴王三首》之二:"去时无一物,东壁挂胡床。"

【東壁輝】 指余光。见《列女传·辩通传》。喻指人之恩惠。李白《陈情赠友人》:"愿假东壁辉,余光照贫女。"

【東轅】 ❶东征或驻守东境之军营。辕,军营之辕门。韩休《奉和圣制送张说巡边》:"东辕迟返旆,归奏谒承明。"❷东行之车马。辕,车辕,代指车马。王维《送秘书晁监还日本国》序:"于是稽首北阙,裹足东辕。"

【東轄】 东省。指门下省。郑谷《故少师从翁隐岩别墅乱后榛芜感旧怆怀遂有追纪》:"大仪墙仞峻,东辖纪纲新。"

【東嶽】 指泰山。泰山在五岳中居东,故称东岳。亦名岱岳。刘希夷《洛川怀古》:"北邙是吾宅,东岳为吾乡。"刘禹锡《平齐行二首》之一:"貂裘代马绕东岳,峄阳孤桐削为角。"徐夤《西》:"宁惟东岳凌天秀,更有长庚瞰曙流。"

【東谿】 亦作"東溪"。溪水名。(1)在今山西河津县东北。王绩有《夜还东溪》。(2)在长安东南之杜陵。李白《题东溪公幽居》:"杜陵贤人清且廉,东溪卜筑岁将淹。"一说即宛溪,在唐江南道宣州(今安徽宣城)。(3)指终南山之高冠谷东溪流。岑参《还高冠潭口留别舍弟》:"东溪忆汝处,闲卧对鸬鹚。"(4)指唐长安县东石鳖谷水。岑参《题华严寺瑰公禅房》:"东溪草堂路,来往行自熟。"(5)指苕溪,源出天目山,流入太湖。皎然《苕溪草堂自大历三年夏新营因纪其事》:

"自从东溪住,始与人群隔。"(6)在唐江南道睦州桐庐县。方干有《东溪别业寄吉州段郎中》和《东溪言事寄于丹》。

【東谿公】 名不详。天宝初隐居于杜陵东溪,因以为号。李白有《题东溪公幽居》。

【東禪寺】 佛寺名。在唐江南道福州(今福建福州)。周朴有《福州东禅寺》。

【東齋】 东面之小室。广宣《九月十五日夜宿郑尚书细东亭望月寄杜给事》:"霜天晴夜宿东斋,松竹交阴惬素怀。"贾岛有《刘景阳东斋》。

【東闈】 指东宫。太子所居。白居易《和答诗十首·答四皓庙》:"从容下南山,顾盼入东闱。"

【東歸】 指返归东方之某处。多指返归故乡。杜审言《赠崔融二十韵》:"北使从江表,东归在洛阳。"岑参有《东归晚次潼关怀古》。刘沧《送友人下第东归》:"漠漠杨花灞岸飞,几回倾酒话东归。"

【東闕】 东面之宫阙。代指朝廷。李贺《秋凉诗寄正字十二兄》:"青袍度白马,草简奏东阙。"

【東邊】 东面。刘禹锡《石头城》:"淮水东边旧时月,夜深还过女墙来。"

【東瀛】 东海。刘禹锡《汉寿城春望》:"不知何日东瀛变,此地还成要路津。"林滋《和主司王起》:"美誉早闻喧北阙,颓波今见走东瀛。"陆龟蒙《和袭美为新罗弘惠上人撰灵鹫山周禅师碑送归诗》:"一函迢递过东瀛,只为先生处乞铭。"《会真诗》(卷八六三):"华岳无三尺,东瀛仅一杯。"

【東關】 ❶关隘名。在唐淮南道和州含山县(今安徽含山)西南濡须山。三国吴诸葛恪建。李涉《送王六觐巢县叔父二首》之一:"巢岸南分战鸟山,水云程尽到东关。"杜荀鹤《送人归淝上》:"巢湖春涨喻溪深,才过东关见故林。"李嵘《献淮南师》:"国人久倚东关望,拟筑沙堤到广陵。"❷指汉长安故城之东城门。李贺《金铜仙人辞汉歌》:"魏官牵车指千里,东关酸风射眸子。"

【東藩】 ❶东方之藩国。藩,朝廷分封诸侯之藩国。魏征《述怀》:"请缨系南越,凭轼下东藩。"独孤及《丙戌岁正月出洛阳书怀》:"幸逢帝出震,授钺清东藩。"徐铉《送从兄赴临川幕》:"梁王籍宠就东藩,还召邹枚坐兔园。"❷指位于东方之州郡。杜甫《陪李北海宴历下亭》:"东藩驻皂盖,北渚凌青荷。"

【東顧】 回头东望。张九龄《奉和圣制早渡蒲津关》:"东顾重关尽,西驰万国陪。"

【東巖】 东边之山。王勃《送卢主簿》:"东岩富松竹,岁暮幸同归。"此指长安东边之骊山。

【東觀】 (—guàn)❶东汉洛阳宫内之观名。班固等受诏修《东观汉记》于此,章、和二帝时为宫廷藏书之地,后因以指修史或藏书馆。太宗《赋尚书》:"崇文时驻步,东观还停辇。"杜甫《赠陈二补阙》:"献纳开东观,君王问长卿。"权德舆《送张阁老中丞持节册吊回鹘》:"分职南台知礼重,辍书东观见才难。"姚合《奉和前司封苏郎中喜严常侍萧给事见访惊斑鬓之什》:"东观诗成号良史,中台官罢揖高名。"❷指唐中书省下之史馆。崔邠《礼部权侍郎阁老史馆张秘监有离合酬赠之什聊继此章》:"谏垣则随步,东观方承顾。"权德舆《拜昭陵出城与张秘监阁老同里寻辱清辞辄酬之》:"逢君在东观,不得话离襟。"刘禹锡《送分司陈郎中只召直史馆重修三圣实录》:"远取南朝贵公子,重修东观帝王书。"❸指唐之集贤院。开元间建,掌秘书图籍事。至德间设集贤院大学士。褚琇《奉和圣制送张说上集贤学士赐宴》:"讲习延东观,趋陪盛北宫。"❹指唐东都洛阳。因有东观在此,故以代称。孙逖《冬末送魏起居赴京》:"西京春色近,东观物华偏。"❺山名。参见"東觀山"。

【東觀山】 山名。在唐岭南道桂林(今广西桂林)城东三里。张固《重阳宴东观山亭和从事卢顺之》:"乱山青翠郡城东,爽节凭高一望通。"无名氏有《纪游东观山》(卷七八六)。

【東籬】 东圃之篱笆。晋陶渊明《饮酒》:"采菊东篱下,悠然见南山。"后多以之指种菊处。李颀《同张员外諲酬答之作》:"东篱二月种兰荪,穷巷人稀鸟雀喧。"高适《重阳》:"节物惊心两鬓华,东篱空绕未开花。"刘昚虚《九日送人》:"从来菊花节,早已醉东篱。"张贲《和鲁望白菊》:"有时南国和霜立,几处东篱伴月斜。"

【東籬興】 指种菊或赏菊之兴致。温庭筠《送北阳袁明府》:"莫作东篱兴,青云有故人。"

枏 〔nán《集韵》那含切,平覃,泥。〕同"楠"。楠木,树名。岑参《登嘉州凌云寺作》:"迥旷烟景豁,阴森棕枏稠。"

枘 〔ruì《广韵》而鋭切,去祭,日。〕楔入器物孔隙中之榫头。元稹《献荥阳公诗五十韵》:"轮辕呈曲直,凿枘取方圆。"

杵 〔chǔ《广韵》昌與切,上語,昌。〕❶捣衣之槌。杜甫《夜》:"疏灯自照孤帆宿,新月犹悬双杵鸣。"袁不约《深秋》:"愁声秋绕杵,寒色碧归山。"李商隐《念远》:"床空鄂君被,杵冷女媭砧。"裴说《闻砧》:"只知抱杵捣秋砧,不觉高楼已无月。"❷夯。捣土之器。张籍《筑城词》:"筑城处,千人万人齐把杵。"刘驾《筑台词》:"前杵与后杵,筑城声不住。"❸捣药之杵。见"杵臼❶"。❹通"橹",古代之盾牌。韦庄《辛丑年》:"九衢漂杵已成川,塞上黄云战马闲。"

【杵臼】 ❶杵与臼。舂捣谷物或药物之器。用时置物臼中，以杵捣碎。杜甫《九成宫》："苍山入百里，崖断如杵臼。"韩愈《月蚀诗效玉川子作》："依前使兔操杵臼，玉阶桂树闲婆娑。"按，此用传说中月宫玉兔捣药故事。李商隐《房君珊瑚散》："月中闲杵臼，桂子捣成尘。"❷以杵捣臼。柳宗元《种仙灵毗》："晨起自采曝，杵臼通夜喧。"张籍《太白老人》："春泉四面绕茅屋，日日唯闻杵臼声。"❸指春秋晋之公孙杵臼。曾舍命保全赵氏孤儿，使免遭残杀。事见《史记·赵世家》。李白《自广平乘醉走马六十里至邯郸登城楼览古书怀》："提携袴中儿，杵臼及程婴。"

【杵砧】 捣衣之槌与垫于其下之捣衣石。于濆《里中女》："贫窗苦机杼，富家鸣杵砧。"

【杵聲】 ❶以杵捣衣声。戎昱《秋月》："江干入夜杵声秋，百尺疏桐挂斗牛。"白居易《卧疾》："水北水南秋月夜，管弦声少杵声多。"李珣《定风波》词："解鬟临镜泣残妆。沈水香消金鸭冷，愁永，候虫声接杵声长。"❷夯土声。张籍《筑城曲》："力尽不得抛杵声，杵声未定人皆死。"

枚 〔méi《广韵》莫杯切，平灰，明。〕❶树干。杜甫《雨》："鲛馆如鸣杼，樵舟岂伐枚。"❷量词。犹个、只。杨巨源《见薛侍御戴不损裹帽子因赠》："有意怜衰丑，烦君致一枚。"❸指汉枚乘。李商隐《四年冬以退居蒲之永乐渴然有农夫望岁之志遂作忆雪又作残雪诗各一百言以寄情于游旧·忆雪》："预约延枚酒，虚乘访戴船。"又《偶成转韵七十二句赠四同舍》："路逢邹枚不暇揖，腊月大雪过大梁。"

【枚叔】 即汉枚乘。乘，字叔。赵冬曦《奉酬燕公见归田赋垂赠之作》："愈疾同枚叔，销忧比仲宣。"

【枚馬】 汉枚乘、司马相如之连称。二人皆为辞赋家。崔湜《景龙二年余自门下平章事削阶授江州员外司马寻拜襄州刺史春日赴襄阳途中言志》："入掌迁固笔，出参枚马词。"张说《酬崔光禄冬日述怀赠答》："徐陈尝并作，枚马亦同时。"李白《梁园吟》："梁王宫阙今安在，枚马先归不相待。"又《寄上吴王三首》之一："谬以词赋重，而将枚马同。"

【枚乘】 字叔。汉淮阴(今江苏)人。事迹见《汉书》本传。李白《送友人寻越中山水》："八月枚乘笔，三吴张翰杯。"杜甫《奉汉中王手札》："枚乘文章老，河间礼乐存。"徐夤《龙蛰二首》之二："时通有诏征枚乘，世乱无人荐祢衡。"

【枚乘蒲輪】 指汉武帝以安车蒲轮征枚乘之事。见《汉书·枚乘传》。李瀚《蒙求》："枚乘蒲轮，郑均白衣。"

【枚叟】 指汉枚乘。宋昱《樟亭观涛》："伍生传或谬，枚叟说难穷。"岑参《梁园歌送河南王说判官》："当时置酒延枚叟，肯料平台狐兔走。"卢纶《九日奉陪侍中宴后亭》："彩笔征枚叟，花筵舞莫愁。"白居易《酬令公雪中见赠讶不与梦得同相访》："邹生枚叟非无兴，唯待梁王召即来。"

【枚皋】 字少孺。汉淮阴(今江苏)人。乘之子。事迹见《汉书》本传。钱起《和李员外扈驾幸温泉宫》："遥羡枚皋扈仙跸，偏承霄汉渥恩浓。"元稹《酬乐天八月十五夜禁中独直玩月见寄》："何意枚皋正承诏，瞥然尘念到江阴。"赵嘏《忆山阳》："家在枚皋旧宅边，竹轩晴与楚坡连。"李中《送庐阜僧归山阳》："遥想枚皋宅边寺，不知凉月共谁游。"

【枚皋詣闕】 指汉枚皋诣阙上书自陈为枚乘之子之事。见《汉书·枚皋传》。李瀚《蒙求》："枚皋诣阙，充国自赞。"

【枚發】 指汉枚乘《七发》。孟浩然《自浔阳泛舟经明海》："观涛壮枚发，吊屈痛沈湘。"

【枚藻】 指汉枚乘之文藻。李峤《夏晚九成宫呈同僚》："枚藻清词律，邹谈耀辩锋。"

析 〔xī《广韵》先擊切，入錫，心。〕❶分开，分散。陆龟蒙《战秋辞》："如纛者亚，如队者析。"❷辨析，分析。李白《赠别王山人归布山》："王子析道论，微言破秋毫。"权德舆《哭刘四尚书》："理析寰中妙，儒为席上珍。"❸犹分解、消除。慧宣《秋日游东山寺寻殊昙二法师》："慧刀幸已逢，疑网于焉析。"见"析酲"。❹象声词。见"析析"。

【析木】 ❶星次名。古代将周天分为十二星次，并分别与二十八宿及十二辰相配。"析木"星次与二十八宿相配为尾、箕，与十二辰相配为寅。《马重绩占随卦繇辞》(卷八八〇)："南瞻析木，木不自续。"❷古代又以十二星次与地面方位相配，称为分野。与析木相应之分野为幽，故以指幽燕之地。顾况《送从兄使新罗》："扶桑衔日近，析木带津遥。"

【析支】 古代西戎族名。亦称"赐支""河曲羌"。分布于今青海积石山至贵德县河曲一带。苏颋《奉和送金城公主适西蕃应制》："川经断肠望，地与析支邻。"

【析言】 指各自言其意。指联句。韩愈、张籍《会合联句》："析言多新贯，摅抱无昔壅。"

【析析】 象声词。状清泠之声。窦庠《留守府酬皇甫曙侍御弹琴之什》："泠泠分雅郑，析析谐宫徵。"张祜《秋日病中》："析析檐前竹，秋声拂簟凉。"

【析理】 剖析事理。元稹《献荥阳公诗五十韵》序："诸生怙怙竦竦，各尽词以献公。公则举其摧敌，推案析理，次至数联，应若前定。"郑薰《赠巩畴》："立意加玄虚，析理分纵横。"

【析毫中睫】 剖开毫毛，射中眼睫。形容射箭极准。陆龟蒙《吴俞儿舞歌·弩俞》："析毫中睫，洞腋分色。”

【析酲】 解酒。谓消除酒醉。元稹《思归乐》：“红餐日充腹，碧涧朝析酲。”杨衡《经端溪峡中》：“搴茗庶蠲热，漱泉聊析酲。”陆龟蒙《江南秋怀寄华阳山人》：“倚啸微抽恨，论玄好析酲。”

【析薪】 指继承父业。见《左传·昭公七年》。刘禹锡《送李策秀才还湖南因寄幕中亲故》：“析薪委宝林，善响继家声。”

【析瀝】 象声词。象风声。无名氏《晚秋羁情》（《外编》上）：“城边谷口色苍茫，木落霜飞风析沥。”

板

〔bǎn《广韵》布綰切，上潸，幫。〕❶木板。杜甫《过故斛斯校书庄二首》之二：“断桥无复板，卧柳自生枝。”韩愈《剥啄行》：“门以两板，丛书于间。”元稹《春分投简阳明洞天作》：“村扉以白板，寺壁耀赪糊。”韩偓《赠湖南李思齐处士》：“两板船头浊酒壶，七丝琴畔白髭须。”❷板状、片状之物。韩愈《月蚀诗效玉川子作》：“终令夸蛾抉汝出，卜师烧锥钻灼，满板如星罗。”此指龟壳。❸笏版。古代官员上朝时执以记事用。王湾《秋夜寓直即事怀赠萧令公裴侍郎》：“望麾宵继火，书板曙怀蒸。”岑参《太一石鳖崖口潭旧庐招王学士》：“抱板寻旧圃，弊庐临迅湍。”韦应物《发广陵留上家兄兼寄上长沙》：“执板身有属，淹时心恐惶。”❹文书，符檄。李贺《感讽五首》之一：“怀中一方板，板上数行书。”❺板滞；迟钝。李商隐《玄微先生》：“树栽嗤汉帝，桥板笑秦王。”韦庄《和郑拾遗秋日感事一百韵》：“忸恨山思板，怀归海欲航。”❻拍板，歌板。唱歌奏乐时用以按拍之乐器。用牛皮带八片本板组成，两手各执其外侧一片以按拍。崔珏《和人听歌》：“红脸初分翠黛愁，锦筵歌板拍清秋。”郑损《泛香亭》：“声交鸣玉歌沈板，色幌寒金酒满船。”❼量词。城墙长宽八尺为一板。一说六尺。见《诗·小雅·鸣雁》。李商隐《送千牛李将军赴阙五十韵》：“空拳转斗地，数板不沉城。”吴融《豫让》：“韩魏同谋反覆深，晋阳三板免成沉。”

【板板】 邪僻，反常。见《诗·大雅·板》。卢仝《叹昨日三首》之三：“上帝板板主何物，日车劫劫西向没。”

【板亭】 木板构筑之亭。张籍《祭退之》：“板亭坐垂钓，烦苦稍已平。”

【板屋】 以木板构筑之房屋。王维《送李太守赴上洛》：“板屋春多雨，山城昼欲阴。”耿湋《送夏侯审游蜀》：“石林莺啭晓，板屋月明春。”戴叔伦《桂阳北岭聊书即事呈王永州邕李道州圻》：“隔云寻板屋，渡水到柴门。”郑谷《宣义里舍冬暮自贻》：“板屋渐移方带野，水车新入夜添寒。”

【板扉】 木板门。皮日休《临顿为吴中偏胜之地陆鲁望居之因成五言十首奉题屋壁》：“夏过无担石，日高开板扉。”

【板榜】 木板匾额。张祜《题重居寺》：“重廊标板榜，高殿锁金环。”

【板閣】 木板楼阁或亭阁。张祜《赠契衡上人》：“小门开板阁，终日是逢迎。”秦韬玉《题刑部李郎中山亭》：“瘦竹䍿烟遮板阁，卷荷擎雨出盆池。”

【板蕩】 本分别为《诗·大雅》中两篇诗名，因内容皆讥刺周厉王无道而导致社会动乱，后因以代指社会动荡不安。太宗《赐萧瑀》：“疾风知劲草，板荡识诚臣。”高适《题尉迟将军新庙》：“周室既板荡，贼臣立婴儿。”古之奇《秦人谣》：“中国既板荡，骨肉安可保。”詹琲《永嘉乱衣冠南渡流落南泉作忆昔吟》：“忆昔永嘉际，中原板荡年。”

【板橋】 以木板铺面之小桥。刘长卿《赴江西湖上赠皇甫曾之宣州》：“流水通春谷，青山过板桥。”韩翃《送崔秀才赴上元兼省叔父》：“烟开日上板桥南，吴岫青青出林表。”刘禹锡《杨柳枝》：“春江一曲柳千条，二十年前旧板桥。”温庭筠《商山早行》：“鸡声茅店月，人迹板桥霜。”

【板橋浦】 地名。在唐江南道上元县（今江苏江宁）南四十里。李白《秋夜板桥浦泛月独酌怀谢朓》：“独酌板桥浦，古人谁可征。”

【板築】 ❶筑土墙之器具。指夹板与木杵。筑时以板夹土，用杵夯捣实之。韦应物《西郊游宴寄赠邑僚李巽》：“是时尚多垒，板筑兴颓壁。”❷板筑之墙。杜牧《过田家宅》：“安邑南门外，谁家板筑高。”

【板輿】 即步舆。人力抬行供乘坐之代步工具。王昌龄《留别伊阙张少府郭大都尉》：“幸随板舆远，负谴何忧哉。”韩翃《寄令狐尚书》：“立身荣贵复何如，龙节红旗从板舆。”罗隐《寄杨秘书》：“锦衣公子怜君在，十载兵戈从板舆。”亦特指父母所乘之步舆。岑参《酬成少尹骆谷行见呈》：“荣禄上及亲，之官随板舆。”白居易《送唐州崔使君侍亲赴任》：“乌府一抛霜简去，朱轮四从板舆行。”

【板檻】 嵌以木板之栏杆。李绅《新楼诗二十首·东武亭》序：“余为增以板槛，延入湖中，足加步廊，以列环卫。”温庭筠《送李生归旧居》：“夕阳当板槛，春日入柴扉。”

栘

〔yì《广韵》於計切，去霽，影。〕见“栘詣”。

【栘楮】 参见“栘詣”。

【栘詣】 亦作“栘楮”。汉宫殿名。在汉建章宫中。后亦泛指宫殿。上官仪《奉和秋日即目应制》：“仙歌临栘诣，玄豫历长杨。”李商隐《谢往桂林至彤庭窃咏》："月轮移枍诣，仙路下栏杆。"

枌 〔fén《广韵》符分切，平文，奉。〕树木名。即白榆，榆之一种。见"枌梓""枌榆"。

【枌社】 枌榆社之省称。代指汉高祖刘邦之故乡。李百药《谒汉高庙》："竹皮聚寒径，枌社落霜丛。"参见"枌榆社"。

【枌梓】 枌树与梓树。代指故乡。犹言桑梓。宋之问《自洪府舟行直书其事》："浩叹诬平生，何独恋枌梓。"高适《宋中送族侄式颜》："弟兄莫相见，亲族远枌梓。"皎然《早春书怀寄李少府仲宣》序："予故里在长城下山，昔岁，属狂寇陷没江左，亲故离散，永望枌梓。"

【枌榆】 ❶树名。枌树与榆树。陆敬《游隋故都》："枌榆何冷落，禾黍郁芊绵。"皇甫冉《太常魏博士远出贼庭江外相逢因叙其事》："里社枌榆毁，宫城骑吏非。"❷代指故乡，乡里。玄宗《春晚宴两相及礼官丽正殿学士探得风字》序："故能使流寓，返枌榆之业，戎狄称藩屏之臣。"张九龄《奉和圣制幸晋阳宫》："户蒙枌榆复，邑争牛酒欢。"张说《奉和圣制过晋阳宫应制》："枌榆恩赏洽，桑梓旧情恭。"

【枌榆社】 枌榆乡之神社。汉高祖刘邦故里为丰邑之枌榆乡。初起兵时，曾祈祷于枌榆之社。后因以指汉高祖之故里。亦泛指故乡。杜审言《和李大夫嗣真奉使存抚河东》："井邑枌榆社，陵园松柏田。"此指武则天之故里山西文水。

松 〔sōng《广韵》祥容切，平鐘，邪。〕❶树木名。即松树。韦应物《雪行寄褒子》："行子郡城晓，披云看杉松。"裴度、刘禹锡《西池落泉联句》："喷雪萦松竹，攒珠溅芰荷。"吴商浩《北邙山》："冈原旋葬松新长，年代无人阙半平。"见"松樹"。❷喻指坚贞高洁的节操。见"松心""松菊"。❸指瓦松。李贺《潞州张大宅病酒遇江使寄上十四兄》："莎老沙鸡泣，松干瓦兽残。"

【松下】 松树下，松林下。李白《淮南卧病书怀寄蜀中赵征君蕤》："风入松下清，露出草间白。"严维、张叔政《一字至九字诗联句》："松下流时何岁月，云中幽处屡攀跻。"贾岛《寻隐者不遇》："松下问童子，言师采药去。"

【松下塵】 指已死入墓之人。古人墓上多植松，而人死化为尘土，故云。李白《对酒忆贺监二首》之一："昔好杯中物，翻为松下尘。"

【松子】 ❶松树之籽实。杜甫《戏为双松图歌》："偏袒右肩露双脚，叶里松子僧前落。"李绅《鉴玄影堂》："深夜月明松子落，俨然听法侍生公。"贾岛《送罗少府归牛渚》："霜覆鹤身松子落，月分萤影石房开。"李频《题阳山顾炼师草堂》："前峰自去种松子，坐见年来取茯神。"❷传说中神仙赤松子之省称。苏颋《奉和幸韦嗣立山庄应制》："帝幄期松子，臣庐访葛侯。"孟浩然《高阳池送朱二》："殷勤为访桃源路，予亦归来松子家。"李白《对酒行》："松子栖金华，安期入蓬海。"皎然《寻天目徐君》："常见仙翁变姓名，岂知松子号初平。"

【松公】 对老松树之谑称。杜牧《朱坡》："偃蹇松公老，森严竹阵齐。"

【松月】 青松与明月。形容清幽之境。孟浩然《岁暮归南山》："永怀愁不寐，松月夜窗虚。"雍陶《宿大彻禅师故院》："竹房谁继生前事，松月空悬过去心。"许浑《题崔处士山居》："向夜欲归心万里，故园松月更苍苍。"

【松火】 ❶燃烧松柴之火。戴叔伦《南野》："茶烹松火红，酒吸荷杯绿。"孟贯《赠栖隐洞谭先生》："石泉春酿酒，松火夜煎茶。"❷松明之火光。以松脂照明，称为松明。皮日休《奉和鲁望寒夜访寂上人次韵》："数页贝书松火暗，一声金磬桧烟深。"

【松心】 ❶松木之树芯。李峤《墨》："长安分石炭，上党结松心。"❷喻坚贞高节之心。权德舆《星名诗》："云翼谢翩翻，松心保贞实。"白居易《仆射来示有三春向晚四者难并之说辄引起题重为联句》："兰室春弥馥，松心晚更贞。"

【松心契】 保持坚贞节操之盟契。李吉甫《癸巳岁吉甫圜丘摄事因叙所怀奉寄相公兼呈集贤院诸学士》："蓬发颜空老，松心契独全。"刘禹锡《酬喜相遇同州与乐天替代》："旧托松心契，新交竹使符。"

【松石】 ❶青松与白石。自然之景。亦喻坚贞高洁。韦夏卿《和丘员外题湛长史旧居》："云霞长若绮，松石常如黛。"刘沧《赠隐者》："谁识无机养真性，醉眠松石枕空杯。"徐铉《玉笥山留题》："真气自清虚，非关好松石。"亦指绘画之松树与石头。白居易《三谣·素屏谣》："当世岂无李阳冰之篆字、张旭之笔迹、边鸾之花鸟、张璪之松石？"徐光溥《题黄居寀秋山图》："张璪松石徒称奇，边鸾花鸟何足窥。"❷借指山林。宋之问《使至嵩山寻杜四不遇因以题壁》："与君阔松石，于兹二十年。"

【松田】 松林边之田地。元结《说洄溪招退者》："问言只食松田米，无药无方向人语。"法振《别卢使君归故栅村》："松田且欲亲耕种，郡守何偏问姓名。"

【松皮脯】 配以松树皮晒制之肉干。王绩《食后》："始暴松皮脯，新添杜若浆。"

【松寺】 松林中之寺宇。李益《赠宣大师》："看月忆来松寺宿，寻花思作杏溪期。"

【松宇】 松林中之屋宇。崔颢《赠怀一上人》：

"竹房见衣钵,松宇清身心。"李白《答从弟幼成过西园见赠》:"衣剑照松宇,宾徒光石门。"

【松竹】 青松与翠竹。常以表示坚贞高洁。白居易《池上即事》:"移床避日依松竹,解带当风挂薜萝。"吉皎《七老会诗》:"宁用管弦来合杂,自亲松竹且清虚。"张丛《游东观山》:"楼台烟霭外,松竹翠微间。"亦代指山林或林野幽居之人。李商隐《咏怀寄秘阁旧僚二十六韵》:"校雠如有暇,松竹一相思。"

【松州】 州名。在唐剑南道。武德元年(618)置。贞观二年(628)置都督府,其州治即今之四川松潘。杜甫《严公厅宴同咏蜀道画图》:"剑阁星桥北,松州雪岭东。"又《黄草》:"莫愁剑阁终堪据,闻道松州已被围。"李商隐《杜工部蜀中离席》:"雪岭未归天外使,松州犹驻殿前军。"

【松江】 水名。在唐江南道苏州吴县,源出太湖,经昆山、青浦,合黄浦江入海。即今之吴淞江。宋之问《夜渡吴松江怀古》:"宿帆震泽口,晓渡松江渍。"刘长卿《吴中闻潼关失守因奉寄淮南萧判官》:"松江风袅袅,波上片帆疾。"白居易《苏州李中丞以元日郡斋感怀诗寄微之辄依来篇走笔奉答》:"长洲草接松江岸,曲水花连镜湖口。"温庭筠《寄湘阴闫少府乞钓轮子》:"篷声夜滴松江雨,菱叶秋传镜水风。"

【松江驛】 驿站名。在唐江南道苏州吴县松江岸。刘长卿有《登松江驿楼北望故园》。李郢有《晚泊松江驿》。方干有《题松江驿》。

【松杉】 松树与杉树。为耐寒而常绿之树木。无可《送僧归中条》:"旧长松杉大,难行水石遥。"项斯《送顾非熊及第归茅山》:"到后松杉月,何人共晓看。"李韶《题司空山观》:"松杉老尽无消息,犹得千年一度归。"罗炯《行县至浮查寺》:"行时宾从光前事,到处松杉长旧围。"

【松吹】 松风。鲍溶《窃览都官李郎中和李舍人益酬张舍人弘静夏夜寓直见寄》:"松吹暑中冷,星花在池上深。"

【松花】 ❶松树之花。一名松黄。可入药,亦可酿酒。李白《酬殷明佐见赠五云裘歌》:"轻如松花落金粉,浓似苔锦含碧滋。"李益《送同落第者东归》:"余亦依嵩颍,松花深闭关。"卢仝《山中》:"饥拾松花渴饮泉,偶从山后到山前。"郑谷《鹤》:"睡轻旋觉松花堕,舞罢闲听涧水流。"❷亦作"松華"。指松花酒。刘长卿《奉送从兄罢官之淮南》:"溯沿随桂楫,醒醉任松华。"

【松花春】 即松花酒。李群玉《送郑子宽弃官东游便归女儿》:"困醉松花春,追攀紫烟客。"

【松花酒】 以松花酿制之酒。岑参《题井陉双溪李道士所居》:"五粒松花酒,双溪道士家。"郭受《寄杜员外》:"松花酒熟傍看醉,莲叶舟轻自学操。"马戴《赠鄠县尉李先辈二首》之二:"闲检仙方试,松花酒自和。"

【松花飯】 掺松花煮成之米饭。王季友《酬李十六岐》:"朝饮杖悬沽酒钱,暮餐囊有松花饭。"

【松花釀】 即松花酒。刘长卿《奉使新安宿七里滩下寄使院诸公》:"何时故山里,却醉松花酿。"

【松枝】 ❶松树枝条。皇甫曾、郑说《建元寺昼公与崔秀才见过联句》:"暮阶县雨足,寒吹绕松枝。"赵嘏《早发剡中石城寺》:"竹户半开钟未绝,松枝静霁鹤初还。"❷喻指鹤胫。白居易《池鹤二首》之二:"带雪松枝翘膝胫,放花菱片缀毛衣。"

【松刺】 松针。马尾松之针状叶。温庭筠《东峰歌》:"松刺梳空石差齿,烟香风软人参蕊。"

【松雨】 松树上滴下之雨珠。崔国辅《宿法华寺》:"松雨时复滴,寺门清且凉。"

【松房】 松树围绕之房舍或寺宇。白居易《正月十五日夜东林寺学禅偶怀》:"花县当君行乐夜,松房是我坐禅时。"李涉《岳阳别张祜》:"岳阳西南湖上寺,水阁松房遍文字。"

【松門】 ❶谓群松分立如门。或指门前植有松树。李峤《奉和幸韦嗣立山庄侍宴应制》:"松门驻旌盖,薜幄引簪裾。"白居易《朱藤谣》:"松门石磴,不通舆马。"钱珝《江行无题一百首》之八五:"兴闲停桂楫,路好过松门。"齐己《对雪》:"松门堆复积,埋石亦埋莎。"❷指山寺之门。因山寺门前多植松,故云。王勃《游梵宇三觉寺》:"萝幌栖禅影,松门听梵音。"刘长卿《送少微上人游天台》:"松门风自扫,瀑布雪难消。"戴叔伦《重游长真寺》:"蒲涧千年雨,松门午夜风。"❸指墓门。古人墓上多植松柏,故云。储光羲《陆著作挽歌》之五:"松门一长想,仿佛见清扬。"岑参《河西太守杜公挽歌四首》之二:"蒿里埋双剑,松门闭万春。"白居易《新乐府·陵园妾》:"松门到晓月裴回,柏成尽日风萧瑟。"❹指松门山。在唐江南道江州彭泽县(今江西彭泽)。李白《入彭蠡经松门观石镜缅怀谢康乐题诗书游览之志》:"谢公之彭蠡,因此游松门。"❺指松门峡。在唐山南东道夔州(今重庆奉节)。杜甫《返照》:"荻岸如秋水,松门似画图。"

【松牀】 松木几床。欧阳炯《贯休应梦罗汉画歌》:"硬筇杖,矮松床,雪色眉毛一寸长。"

【松英】 以松花制成之药丸。韦应物有《紫阁东林居士叔缄赐松英丸辄献诗代启》。

【松柏】 ❶松树与柏树。俱为常青耐寒之树。王昌龄《香积寺礼拜万回平等二圣僧塔》:"肃肃松柏下,诸天来有时。"陈羽《题舞花山大师遗居》:"空堂寂寞闭灯影,风动四山松柏香。"张俨《贞元八年十二月谒先主庙绝句三首》之三："终古更何闻，悲风入松柏。"❷指墓地之松柏，亦借指坟墓。因古人墓上多植松柏，故云。杜审言《和李大夫嗣真奉使存抚河东》："井邑枌榆社，陵园松柏田。"李贺《汉唐姬饮酒歌》："无处张缌帷，如何望松柏。"李商隐《茂陵》："谁料苏卿老归国，茂陵松柏雨萧萧。"❸因松柏常青耐寒，故以喻指坚贞高洁。皎然《九日和于使君思上京亲故》："摇落见松柏，岁寒比忠贞。"

【松柏色】 常青不凋之颜色。黄滔《寄友人》："妾怜松柏色，松柏色难凋。"

【松砌】 松树下之台阶。司空曙《过终南柳处士》："败屦安松砌，余棋在石床。"羊士谔《郡中端居有怀袁州王员外使君》："兰卮招促膝，松砌引长裾。"

【松風】 ❶松林之风。裴迪《辋川集二十首·华子冈》："落日松风起，还家草露晞。"刘长卿《登思禅寺上方题修竹茂松》："众溪连竹路，诸岭共松风。"牟融《访请上人》："松风吹定衲，萝月照禅心。"张令问《与杜光庭》："一壶美酒一炉药，饱听松风白昼眠。"❷古琴曲《风入松》之别称。三国魏嵇康作。李白《鸣皋歌送岑征君》："盘白石兮坐素月，琴松风兮寂万壑。"又《下终南山过斛斯山人宿置酒》："长歌吟松风，曲尽河星稀。"李商隐《戏题枢言草阁三十二韵》："欹冠调玉琴，弹作松风哀。"

【松香】 松树、松脂之香气。罗邺《春日过寿安山馆》："帘开山色离亭午，步入松香别岛春。"徐夤《尚书命题瓦砚》："散墨松香起，濡毫藻句清。"

【松音】 松涛声。风吹松林发出之声音。储光羲《石瓮寺》："苑花落池水，天语闻松音。"

【松炬】 以松明作的火炬。皮日休《太湖诗·入林屋洞》："忽然白蝙蝠，来扑松炬明。"

【松桂】 松树与桂树。白居易《种柳三咏》之一："白头种松桂，早晚见成林。"李绅《过梅里七首·上家山》："昔去松桂长，今来容颜老。"皮日休有《庭中初植松桂鲁望偶题奉和次韵》。

【松格】 松树之坚贞高洁风格。郑谷《中台五题·乳毛松》："松格一何高，何人号乳毛。"

【松根】 ❶松树之根。曹邺《寄监察从兄》："松根已坚牢，松叶岂不荣。"皮日休《奉和鲁望樵人十咏·樵径》："欹处遇松根，危中值石齿。"欧阳炯《贯休应梦罗汉画歌》："倚松根，傍岩缝，曲录腰身长欲动。"❷喻指指节。《招手令》(卷八七九)："亚其虎膺，曲其松根。"

【松軒】 旁植松树之屋舍。指幽静之居所。温庭筠《题陈处士幽居》："松轩尘外客，高枕自萧疏。"杨夔《寄当阳袁皓明府》："松轩待月僧同坐，药圃寻花鹤伴行。"

【松栗】 松子与板栗。代指素食。刘长卿《吴中闻潼关失守因奉寄淮南萧判官》："不如归远山，云卧饭松栗。"

【松氣】 松林中之清新芬芳之气。孟郊《陪侍御叔游城南山墅》："松气清耳目，竹氛碧衣襟。"

【松島】 长满松树之岛屿。赵嘏《题昭应王明府溪亭》："靖节何须彭泽逢，菊洲松岛水悠溶。"谭用之《江边秋夕》："千钟紫酒荐菖蒲，松岛兰舟潋滟居。"

【松徑】 松林间之小道。元结《登白云亭》："出门见南山，喜逐松径行。"王贞白《忆张处士》："山风入松径，海月上岩扉。"刘兼《登楼寓望》："背琴鹤客归松径，横笛牛童卧蓼滩。"

【松脂】 松树干分泌的脂液。色黄褐，凝结后成半透明之固体。可用以炼制松香与松节油，或用以照明。刘禹锡《桃源行》："筵羞石髓劝客餐，灯爇松脂留客宿。"皮日休《怀华阳润卿博士三首》之一："静探石脑衣裾润，闲炼松脂院落香。"

【松庭】 植有松树之庭院。多指寺观之院。张说《奉和圣制幸白鹿观应制》："竹径龙骖下，松庭鹤辔来。"

【松粉】 松花粉。松树花上之黄粉。可入药，亦可食用。见明李时珍《本草纲目·木一·松》。方干《题悬溜岩隐者居》："惯缘崄峭收松粉，常趁芳鲜掇茗芽。"又《赠玛瑙山禅者》："井味兼松粉，云根着净瓶。"齐己《道林寺居寄岳麓禅师二首》之二："月照经行更谁见，露华松粉点衣巾。"

【松凋蘿更】 喻夫死改嫁。周昙《咏史诗·后汉门·魏博妻》："萝挂青松是所依，松凋萝更改何枝。"

【松屑】 指松子。传食之可以长寿。王维《饭覆釜山僧》："藉草饭松屑，焚香看道书。"又《河南严尹弟见宿弊庐访别人赋十韵》："花醥和松屑，茶香透竹丛。"

【松院】 植有松树的庭院。德宗《七月十五日题章敬寺》："松院静苔色，竹房深磬声。"杜牧《秋日》："烟起药厨晚，杵声松院深。"

【松梯】 谓以松树之枝干或根为梯，借以攀援上行。王建《山居》："初开洞中路，深处转松梯。"

【松雪】 青松与白雪。喻坚贞高洁。吴筠《高士咏·台佟管宁》："风尘不可混，真素比松雪。"李商隐《七月二十九日崇让宅宴作》："岂到白头长只尔，嵩阳松雪有心期。"刘沧《赠颛顼山人》："松雪月高唯鹤宿，烟岚秋霁到人稀。"

【松堂】 松林间之屋舍。温庭筠《题友人居》："尽日松堂看画图，绮疏岑寂似清都。"司空图《赠日东鉴禅师》："夜深雨绝松堂静，一点飞萤照寂寥。"黄滔《忆庐山旧游》："残烛松堂掩，孤峰月狖啼。"

【松崖】 长满松树之山崖。孙逖《和登会稽山》:“竹涧入山多,松崖向天近。”

【松粒】 松树之针状叶。陆龟蒙《奉和袭美太湖诗二十首·三宿神景宫》:“风凝古松粒,露压修荷柄。”

【松液】 即松脂。韦应物《咏琥珀》:“曾为老茯神,本是寒松液。”

【松陰】 松树之荫。钱起《锄药咏》:“云气垂来浥露偏,松阴占处知春晚。”韩翃《送李中丞赴商州》:“香麝松阴里,寒猿黛色中。”徐仲雅《赠江处士》:“门在松阴里,山僧几度过。”

【松華】 参见“松花”。

【松黄】 ❶松花。齐己《咏茶十二韵》:“松黄干旋泛,云母滑随倾。”❷指松花酒。李商隐《访隐》:“薤白罗朝馔,松黄暖夜杯。”

【松菊】 松树与菊花。二者皆不畏霜寒,故常以喻节操坚贞。刘禹锡《酬令狐相公赠别》:“田园松菊今迷路,霄汉鸳鸿久绝群。”牟融《题山庄》:“东园松菊存遗业,晚景桑榆乐旧游。”赵嘏《宿楚国寺有怀》:“江边松菊荒应尽,八月长安夜正长。”温庭筠《题僧泰恭院二首》之二:“故山松菊在,终欲掩荆扉。”

【松期】 仙人赤松子、安期生之连称。李颀《谒张果先生》:“彭聃犹婴孩,松期且微细。”

【松雲】 青松白云。指隐士所处之幽静闲逸之境。李白《赠孟浩然》:“红颜弃轩冕,白首卧松云。”

【松稍】 松树之枝梢。稍,通“梢”。王元《题邓真人遗址》:“松稍风触霓旌动,棕叶霜沾鹤翅垂。”

【松喬】 仙人赤松子、王子乔之连称。杜淹《召拜御史大夫赠袁天纲》:“伊吕深可慕,松乔定是虚。”杜甫《哭王彭州抡》:“新文生沈谢,异骨降松乔。”白居易《对酒五首》之三:“赖有酒仙相暖热,松乔醉即到前头。”郑畋《题缑山王子晋庙》:“露坛装琬琰,真像写松乔。”

【松笠】 指松树之树冠。因其状如斗笠,故称。元稹《开元观闲居酬吴士矩侍御三十韵》:“松笠新偏翠,山峰远更尖。”

【松湍】 松林间溪流之声。陈翊《郊行示友人》:“醉向丝萝惊自醒,与君清耳听松湍。”

【松滋】 ❶地名。故城在今湖北松滋县西。孟浩然有《送王七尉松滋得阳台云》。元稹有《八月六日与僧如展前松滋主簿韦戴同游碧涧寺》。齐己《送王秀才往松滋夏课》:“松滋闻古县,明府是诗家。”❷指松滋江。孟浩然《陪张丞相自松滋江东泊渚宫》:“放溜下松滋,登舟命楫师。”

【松滋渡】 津渡名。在唐山南东道江陵府松滋县松滋江边。窦常有《之任武陵途次松滋渡先寄刘员外禹锡》。刘禹锡有《松滋渡望峡中》。司空图有《松滋渡二首》。

【松窗】 面对松树之窗。顾况《忆山中》:“蕙圃泉浇迳,松窗月映闲。”白居易《对琴待月》:“竹院新晴夜,松窗未卧时。”王毂《梦仙谣三首》之三:“松窗梦觉却神清,残月林前三两片。”

【松扉】 谓以松树为门。代指坟墓。因古人墓上多植松树,故云。李商隐《昭肃皇帝挽歌辞三首》之三:“桂寝青云断,松扉白露新。”

【松陽】 县名。汉置。唐因之,属江南东道。故城在今浙江松阳之西。王维《送缙云苗太守》:“按节下松阳,清江响铙吹。”

【松陽子】 名不详。文宗时扬州处士。李德裕有《怀山居邀松阳子同作》《思归赤松村呈松阳子》。

【松葉】 ❶松树之叶。曹邺《寄监察从兄》:“松根已坚牢,松叶岂不荣?”❷指松叶酒。李商隐《饮席戏赠同舍》:“唱尽阳关无限叠,半杯松叶冻颇黎。”

【松葉酒】 以松叶制成之酒。《本草》记载有松叶酿酒之法。王绩《采药》:“家丰松叶酒,器贮参花蜜。”王维《过太乙观贾生房》:“共携松叶酒,俱篸竹皮巾。”

【松楸】 松树与楸树。古人墓上多植之,故常以代指坟墓。刘禹锡《酬乐天见寄》:“若使吾徒还早达,亦应箫鼓入松楸。”许坚《题茅山观》:“松楸古色玉坛静,鸾鹤不来青汉高。”

【松筠】 松树与竹子。喻坚贞之节操。见《礼记·礼器》。杨炯《和刘长史答十九兄》:“居然混玉石,直置保松筠。”孟浩然《重酬李少府见赠》:“回看后凋色,青翠有松筠。”王良士《奉陪武相公西亭夜宴陆郎中》:“海岳期方远,松筠岁正寒。”萧项《赠翁承赞漆林书堂诗》:“手植松筠同茂盛,身荣金紫倍光辉。”

【松筠操】 如松竹般坚贞之节操。独孤及《癸卯岁赴南丰道中闻京师失守寄权士繇韩幼深》:“士繇松筠操,幼深琼树姿。”

【松節】 亦称“松骨”。松树分枝长节之处。因富松脂,常用以照明或以制药。元结《说洄溪招退者》:“糜色如珈玉液酒,酒熟犹闻松节香。”顾况《山中赠客》:“野客相逢夜不眠,山中童子烧松节。”皮日休《酒中十咏·酒床》:“糟床带松节,酒腻肥如羜。”徐铉《和张先辈见寄二首》之二:“鸡鸣候旦宁辞晦,松节凌霜几换秋。”

【松煙】 ❶松林间之烟霭。杨衡《题玄和师仙药室》:“绕室微有路,松烟深冥冥。”白居易《长安闲居》:“风竹松烟昼掩关,意中长似在深山。”张祜《题杭州天竺寺》:“塔明春岭雪,钟散暮松烟。”❷指墨。因以燃烧松木之烟灰为主要原料制成,故称。安鸿渐《题杨少卿书后》："端溪石砚宣城管，王屋松烟紫兔毫。"

【松道】　松间小路。杜甫《岳麓山道林二寺行》："塔劫宫墙壮丽敌，香厨松道清凉俱。"

【松溪】　❶溪名。在唐剑南西道成都府（今四川成都）。郑谷有《西蜀净众寺松溪八韵兼寄小笔崔处士》。❷泛指松林间之小溪。李贺《南园十三首》之十二："松溪黑水新龙卵，桂洞生硝旧马牙。"李商隐《河阳诗》："幽兰泣露新香死，画图浅缥松溪水。"❸松树夹岸之溪水。王昌龄《宴春源》："与君醉失松溪路，山馆寥寥传暝钟。"

【松溪院】　寺院名。在唐剑南西道成都府（今四川成都）。李洞有《宿成都松溪院》。

【松殿】　旁植松树之殿。权德舆《题云公山房》："云公兰若深山里，月明松殿微风起。"

【松臺】　犹夜台。指地下。因古人墓上多植松树，故云。卢照邻《哭明堂裴主簿》："送君一长恸，松台路几千。"

【松蓋】　指茂密之松树。因其状如华盖，故称。钱起《中书王舍人辋川旧居》："藤长穿松盖，花繁压药栏。"杨衡《游峡山寺》："路石荫松盖，槛藤维鹤舟。"李德裕《春暮思平泉杂咏二十首・流杯亭》："欲知中圣处，皓月临松盖。"陆龟蒙《奉和袭美太湖诗二十首・上真观》："松盖荫日车，泉绅垂天罅。"

【松膏】　即松脂。元结《说洄溪招退者》："洄溪正在此山里，乳水松膏常灌田。"皮日休《奉和鲁望樵人十咏・樵火》："松膏作滫瀡，杉子为珠玑。"

【松廖】　山名。即海门山，亦名夷山。在今江苏镇江东北江中。李白《焦山望寥山》："石壁望松寥，宛然在碧霄。"

【松閣】　旁植松树之楼阁或亭阁。白居易《宿裴相公兴化池亭》："松阁晴看山色近，石渠秋放水声新。"许三畏《题菖蒲废观》："金简事移松阁迥，彩云影散阆山空。"

【松網】　指松树之密林。因其枝叶交错，密集如网，故云。宋之问《浣纱篇赠陆上人》："鸟惊入松网，鱼畏沈荷花。"

【松椿】　松树与椿树。喻高寿。贾岛《灵准上人院》："掩扉当太白，腊数等松椿。"

【松影】　日光下之松树阴影。白居易《桥亭卯饮》："松影过窗眠始觉，竹风吹雨醉初醒。"

【松墨】　以松烟制成之墨。白居易《送萧炼师步虚词十首卷后以二绝继之》之二："花纸瑶缄松墨字，把将天上共谁开。"

【松篁】　❶松树与竹子。李商隐《圣女祠》："松篁台殿蕙香帏，龙护瑶窗凤掩扉。"韩偓《雨后月中玉堂闲坐》："唯对松篁听刻漏，更无尘土翳虚空。"❷喻坚贞的节操或节操坚贞之人。卢纶《东潭宴饯河南赵少府》："松篁难晦节，雨露不私恩。"又《和太常王卿立秋日即事》："松篁终茂盛，蓬艾自衰荣。"

【松膠】　指松脂。白居易《题洛中第宅》："松胶黏琥珀，筠粉扑琅玕。"

【松潭】　岸旁生长松树之潭。孟贯《寄山中高逸人》："我忆相逢夜，松潭月色凉。"

【松澗】　松林间之溪涧。张九龄《骊山下逍遥公旧居游集》："松涧聆遗风，兰林览余滋。"

【松漿】　以松子或松花等酿制之酒浆。张籍《和左司元郎中秋居十首》之六："秋茶莫夜饮，新自作松浆。"

【松樹】　树名。常绿乔木。树皮为鳞片状。叶如针型。果球状，有鳞片，内有松子。松花、松子均可食。松脂可炼制松节油或松香。景云《画松》："画松一似真松树，且待寻思记得无。"灵澈《道旁古镇》："松树有死枝，冢上唯莓苔。"员南溟《禁中春松》："郁郁贞松树，阴阴在紫宸。"

【松蕣】　松菌与木槿花。其物皆朝生夕亡，故常以喻指短暂不久常。蕣，木槿。骆宾王《代女道士王灵妃赠道士李荣》："只言柱下留期信，好欲将心学松蕣。"

【松樞】　松木之门轴。置门闩中使门可转动开合。王勃《寻道观》："碧坛清桂阈，丹洞肃松枢。"

【松薪】　指松树变为柴薪。喻指事物发生变化。杜牧《题桐叶》："一丸五色成虚语，石烂松薪更莫疑。"

【松篠】　松树与竹子。张九龄《南还以诗代书赠京师旧僚》："松筱行皆傍，禽鱼动辄随。"

【松聲】　松涛声，风吹松树之声。刘长卿《送卢判官南湖》："草色南湖绿，松声小署寒。"刘真《七老会诗》："临阶花笑如歌妓，傍竹松声当管弦。"

【松磴】　松树夹道之石阶。李峤《藤》："吐叶依松磴，舒苗长石台。"

【松檜】　松树与桧树。俱为常绿乔木。项斯《送刘道士之成都严真观》："池台镜定月，松桧雨余风。"裴说《题岳州僧舍》："松桧君山迥，菰蒲梦泽连。"陈光《题桃源僧》："轩廊明野色，松桧湿春烟。"

【松壑】　长满松树之山谷。牟融《题徐俞山居》："岚锁岩扉清昼暝，云归松壑翠阴寒。"

【松嶺】　山名。在唐江南道润州义兴县（今江苏宜兴市南）。陆希声有《阳羡杂咏十九首・松岭》。

【松齋】　松林小屋。多指隐者之山林幽居。郑絪《奉酬宣上人九月十五日东亭望月见赠》："松斋月朗星初散，苔砌霜繁夜欲分。"白居易《题施山人野居》："水巷风尘少，松斋日月长。"姚合《寄华州李中丞》："藓径人稀到，松斋药自生。"

【松檻】　旁有松树之亭阁或长廊中的栏杆。李咸用《登楼值雨二首》之二："送来松槛雨，半是蓼花风。"李建勋《宿山房》："石窗灯欲尽，松槛月还明。"

【松醪】　即松醪酒。窦庠《酬韩愈侍郎登岳阳楼见赠》："野杏初成雪，松醪正满瓶。"韩愈《潭州泊船呈诸公》："闻道松醪贱，何须吝错刀？"汪遵《咏酒二首》之一："九酝松醪一曲歌，本图闲放养天和。"杜荀鹤《题衡阳隐士山居》："松醪腊酝安神酒，布水宵煎觅句茶。"

【松醪酒】　以松花或松膏酿制之酒。杜牧《送薛种游湖南》："贾傅松醪酒，秋来美更香。"王延彬《春日寓感》："因携久酝松醪酒，自煮新抽竹笋羹。"

【松簷】　有松树枝披覆之屋檐。白居易《松斋偶兴》："赖此松檐下，朝回半日闲。"

【松韻】　风吹松树发出的如乐之声。王维《过始皇墓》："更闻松韵切，疑是大夫哀。"李益《红楼下联句》："松韵风初过，莲陂浪欲倾。"李德裕《述梦诗四十韵》："花光晨艳艳，松韵晚骚骚。"郑损《星精石》："松韵远趋疑认祖，山阴轻覆似怜孙。"

【松關】　❶松木之门；柴扉。孟郊《退居》："日暮静归时，幽幽扣松关。"郑谷《七祖院小山》："小巧功成雨藓斑，轩车日日扣松关。"❷借指茅舍、山里屋舍。许浑《泛溪夜回寄道玄上人》："犹阻晚风停桂楫，欲乘春月访松关。"杜荀鹤《霁后登唐兴寺水阁》："将知老僧意，未必恋松关。"

【松麝】　指松烟墨之香气。古人制墨用松烟，其精者加入麝香，故云。李贺《杨生青花紫石砚歌》："纱帷昼暖墨花春，轻沤漂沫松麝薰。"

【松鶴】　青松与白鹤。俱为高洁脱俗之物。刘宪《奉和幸白鹿观应制》："芝童荐膏液，松鹤舞骖騑。"贾岛《夜喜贺兰三见访》："泉聒栖松鹤，风除翳月云。"姚鹄《和徐先辈秋日游泾州南亭呈三二同年》："声喧岛上巢松鹤，影落杯中过水鸥。"

【松籟】　松声。因松针极细，风吹振动，即发出如乐之声。司空曙《送僧无言归山》："龛泉朝请盥，松籁夜和禅。"又《送张炼师还峨嵋山》："松籁万声和管磬，丹光五色杂虹霓。"

【松龕】　❶松木之神龛。古代祭社皆立社树，祀神主，夏以松为社树，后遂以之指夏代之神主。亦泛指神龛。王维《酬黎居士淅川作》："松龛藏药裹，石唇安茶臼。"严维《陪皇甫大夫谒禹庙》："竹使羞殷荐，松龛拜夏祠。"❷地名。在终南山。李白曾隐居于此。李白有《春归终南山松龛旧隐》。

【松癭】　松树上隆起之瘤。温庭筠《病中书怀呈友人》："苇花纶虎落，松瘿斗栾栌。"

【松蘿】　❶地衣门植物名。一名女萝。体呈丝状直立，或垂挂于树皮上。色白或灰青。因其根部多附于松皮上，故称。寒山《诗三百三首》之一四四："复有朦胧处，松萝相连接。"刘长卿《和中丞出使恩命过终南别业》："松萝深旧阁，樵木散闲田。"元稹《使东川·南秦雪》："千峰笋石千株玉，万树松萝万朵银。"方干《赠华阴隐者》："花月旧应看浴鹤，松萝本自伴删书。"❷长满松萝之地。借指林野之幽居。王维《别辋川别业》："依迟动车马，惆怅出松萝。"孟郊《擢第后东归书怀献座主吕侍御》："松萝虽可居，青紫终当拾。"隐峦《蜀中送人游庐山》："君上匡山我旧居，松萝抛掷十年余。"

【松巖】　长满松树之山岩。戴叔伦《寄孟郊》："醉归花径云生履，樵罢松岩雪满蓑。"齐己《荆门送兴禅师》："虎共松岩宿，猿和石溜闻。"

【松衢】　松林间之道路。李渤《南溪诗》序："去松衢二百步而遥，余获之，若获荆璆与蛇珠焉。"

【松灣】　长满松树之水湾。白居易《和春深二十首》之十二："松湾随棹月，桃浦落船花。"

栭

同"柹"。

杴

〔xiān《广韵》虚嚴切，平嚴，曉。〕❶农具名。状似锹而前端较方阔。陆龟蒙《和袭美江南书情寄秘阁韦校书商洛宋先辈次韵》："洗笔烟成段，培花土作杴。"❷犹掀。皮日休《江南书情二十韵寄秘阁韦校书商洛宋先辈》："掣钓随心动，抽书任意杴。"

杭[1]

〔háng《广韵》胡郎切，平唐，匣。〕唐江南道杭州（今浙江杭州）之简称。见"杭州""杭越"。

杭[2]

〔kàng〕同"抗"❶高耸貌。见"杭₂杭"。❷犹仰。曹唐《小游仙诗九十八首》之八三："石洞沙溪二十年，向明杭日夜朝天。"

【杭州】　唐代州名。属江南道。领钱塘、余杭、富阳、临安等九县。州治即今浙江杭州。杜甫《第五弟丰独在江左近三四载寂无消息觅使寄此二首》之二："闻汝依山寺，杭州定越州。"元稹《去杭州》："翻风驾浪拍何处？直指杭州由上元。"牟融《送客之杭》："帆带夕阳投越浦，心随明月到杭州。"

【杭₂杭】　（—kàng）高昂貌，高耸貌。沈亚之《文祝延二阕》之一："闽山之杭杭兮水堋堋，吞荒抱大兮香叠层。"

【杭越】　唐江南道杭州（今浙江杭州）与越州（今浙江绍兴）之并称。李白《送王屋山人魏万还王屋》："挥手杭越间，樟亭望潮还。"白居易《元微之除浙东观察使喜得杭越邻州先赠长句》："杭越风光诗酒主，相看更合与何人?”

枋

〔fāng《广韵》府良切,平陽,非。〕见“枋口”。

【枋口】 地名。即石门。亦称“方口”。在唐河南道河南府济源县(今河南济源)。孟郊《济源寒食》:“枋口花间掣手归,嵩阳为我留红晖。”又《济源春》:“济滨花异颜,枋口云如裁。”韩愈《卢郎中云夫寄示送盘谷子诗两章歌以和之》:“平沙绿浪榜方口,雁鸭飞起穿垂杨。”

枓

〔dǒu《广韵》當口切,上厚,端。〕见“枓栱”。

【枓栱】 即斗拱。古代木结构建筑中之一种构件。由枓与栱构成。枓为上大下小之方形木块,栱即弓形肘木。枓置栱上,多层重叠,可使屋檐向外出挑。段瑴《市中狂吟》:“枓栱斜攲,看著倒也。”

枕1

〔zhěn《广韵》章荏切,上寑,章。〕枕头。睡卧时置于头下之卧具。李白《月下独酌四首》之三:“醉后失天地,兀然就孤枕。”钱起《卧病李员外题扉而去》:“枕上忆君子,悄悄唯苦心。”姚合《武功县中作三十首》之十八:“野客嫌杯小,山翁喜枕低。”李九龄《山中寄友人》:“莫问野人生计事,窗前流水枕前书。”

枕2

〔zhèn《广韵》之任切,去沁,章。〕❶头置枕上而卧。李贺《贾公闾贵婿曲》:“今朝香气苦,珊瑚涩难枕。”❷犹压。谓横陈其上。张籍《求仙行》:“蓬莱无路海无边,方士舟中相枕死。”❸临近,邻接。宗楚客《奉和幸安乐公主山庄应制》:“玉楼银榜枕严城,翠盖红旂列禁营。”庾光先《奉和刘采访缙云南岭作》:“百越城池枕海圻,永嘉山水复相依。”杨巨源《和元员外题升平里新斋》:“自知休沐诸幽胜,遂肯高斋枕广衢。”李洞《赠曹郎中崇贤所居》:“闲坊宅枕穿宫水,听水分衾盖蜀缯。”❹借指睡眠。薛能《陈州刺史寄鹤》:“春飞见境乘桴切,夜唳闻时醉枕醒。”

【枕上】 枕头之上。借指睡于床上。岑参《春梦》:“枕上片时春梦中,行尽江南数千里。”

【枕2弓】 犹枕戈。王建《饮马长城窟》:“枕弓睡着待水生,不见阴山在前陈。”

【枕2戈】 头枕兵器而眠。形容杀敌报国之心切。见《晋书·刘琨传》。杜甫《壮游》:“枕戈忆句践,渡浙想秦皇。”常衮《代员将军罢战后归故里》:“枕戈眠古戍,吹角立繁霜。”

【枕中術】 藏于枕中之神仙秘术。指珍藏枕中秘不外传之方术。见《汉书·刘向传》。于鹄《题服柏先生》:“仍闻枕中术,曾授汉淮王。”

【枕2手】 谓以手置头下代枕而眠。李商隐《七月二十八日夜与王郑二秀才听雨后梦作》:“觉来正是平阶雨,独背寒灯枕手眠。”

【枕2月】 谓眠卧于月光之中。韩琮《题圭峰下长孙家林亭》:“闲期竹色摇霜看,醉惜松声枕月眠。”李洞《送包处士》:“秋思枕月卧潇湘,寄宿慈恩竹里房。”

【枕2石】 以石为枕。谓卧时头枕于石上。多以表示山林隐居生活之闲逸萧洒。骆宾王《送刘少府游越州》:“一丘余枕石,三越尔怀铅。”项斯《山友赠藓花冠》:“好就松阴挂,宜当枕石看。”贾岛《夜喜贺兰三见访》:“踏苔行引兴,枕石卧论文。”

【枕2江】 犹临江。李商隐《因书》:“绝徼南通栈,孤城北枕江。”

【枕2池】 犹临池。谓贴近水池。花蕊夫人徐氏《宫词》之十三:“太虚高阁凌虚殿,背倚城墙面枕池。”

【枕材】 适于作枕头之石材。陆龟蒙《二遗诗》序:“二遗者何?石枕材,琴荐也……太山羊振文得枕材,赵郡李中秀得琴荐。”

【枕2帙】 以帙为枕。枕于书套上。白居易《闲居》:“看山尽日坐,枕帙移时睡。”

【枕底】 谓近在枕边。王周《再经秭归二首》之一:“夜来孤馆重来宿,枕底滩声似旧年。”

【枕2河】 临河,贴近河边。杜荀鹤《送人游吴》:“君到姑苏见,人家尽枕河。”

【枕函】 枕套,枕匣。袁不约《病宫人》:“惆怅近来销瘦尽,泪珠时傍枕函流。”贾岛《玩月》:“待得上顶看,未拟归枕函。”司空图《杨柳枝寿杯词十八首》之六:“偶然楼上卷珠帘,往往长条拂枕函。”韩偓《闻雨》:“罗帐四垂红烛背,玉钗敲著枕函声。”

【枕2草】 犹卧薪。眠卧草上,表示刻苦励志。元稹《哭吕衡州六首》之三:“请缨期系虏,枕草誓捐躯。”

【枕帶】 指位置与之相近、相连。杜甫《白水县崔少府十九翁高斋三十韵》:“崇冈相枕带,旷野怀咫尺。”又《南池》:“呀然阆城南,枕带巴江腹。”

【枕畔】 枕头旁;床边。《韩熙载客》(卷七九五):“最是五更留不住,向人枕畔著衣裳。”

【枕2倚】 犹倚伏。元稹《董逃行》:“董逃董逃人莫喜,胜负相环相枕倚。”

【枕席】 ❶枕头与席子。俱为床上卧具,故亦以代指床榻。张九龄《南阳道中作》:“顾忆徇书剑,未尝安枕席。”卢纶《郊居对雨寄赵涓给事包佶郎中》:“夜窗凄枕席,阴壁润图书。”赵嘏《别麻氏》:“出门便涉东西路,回首初惊枕席尘。”❷喻平安,安易。高适《陪窦侍御灵云南亭宴诗得雷字》序:“幕府董帅雄勇,径践戎庭,自阳关而西,犹枕席矣。”

【枕$_2$流】 犹枕石漱流。指隐居林泉。见南朝宋刘义庆《世说新语·排调》。寒山《诗三百三首》之三〇〇：“今日归寒山，枕流兼洗耳。”韩偓《余卧疾深村闻一二郎官笑余迂古潜于异乡闻之因成此篇》：“枕流方采北山薇，驿骑交迎市道儿。”薛涛《酬雍秀才贻巴峡图》：“感君识我枕流意，重示瞿塘峡口图。”

【枕$_2$書】 以书为枕。枕于书上而卧。白居易《秘省后厅》：“尽日后厅无一事，白头老监枕书眠。”

【枕$_2$宿】 枕之以宿。谓睡眠时置之枕下，形容极其珍视。李颀《崔五六图屏风各赋一物得乌孙佩刀》：“握中枕宿穹庐室，马上割飞翳蝓塞。”

【枕$_2$琴】 谓卧时头枕于琴上。形容情致闲雅。白居易《闲卧有所思二首》之一：“向夕搴帘卧枕琴，微凉入户起开襟。”皮日休《奉和鲁望独夜有怀吴体见寄》：“隐几清吟谁敢敌，枕琴高卧真堪图。”

【枕$_2$湖】 傍湖，临接湖。白居易《余杭形胜》：“余杭形胜四方无，州傍青山县枕湖。”

【枕稜】 枕头之边棱；枕边。韩偓《三忆》：“展转不能起，玉钗垂枕棱。”又《半睡》：“眉山暗淡向残灯，一半云鬟坠枕棱。”

【枕$_2$煙庭】 山峰名。在嵩山。因峰高而吞吐云烟，故名。卢鸿一有《嵩山十志十首·枕烟庭》。

【枕障】 床前之屏风。李白《巫山枕障》：“巫山枕障画高丘，白帝城边树色秋。”张曙《浣溪沙》词：“枕障熏炉隔绣帷，二年终日苦相思，杏花明月始应知。”

【枕頭】 卧眠时垫于头下之卧具。林楚翘《菩萨蛮》词：“簟滑枕头移，鬓蝉狂欲飞。”

【枕檀】 即枕头。古人常以檀香置枕头中，故称。牛希济《谒金门》词：“梦断禁城钟鼓，泪滴枕檀无数。”河北士人《寄内诗》：“瘦尽宽衣带，啼多渍枕檀。”

【枕$_2$藉】 （一jí）❶亦作“枕籍”。形容多而杂乱。孟浩然《题长安主人壁》：“枕籍琴书满，褰帷远岫连。”高适《东平路中遇大水》：“室居相枕藉，蛙黾声啾啾。”❷枕与卧。谓以之为枕头与垫席而枕卧其上。白居易《和微之诗二十三首·和新楼北园偶集》：“芳草供枕藉，乱莺助喧哗。”

【枕簟】 枕头与竹席。亦泛指卧具。陈希烈《赋得云生栋梁间》：“偏使衣裘润，能令枕簟凉。”萧颖士《山庄月夜作》：“涧声连枕簟，峰势入阶轩。”何元上《所居寺院凉夜书情呈上吕和叔温郎中》：“月光似水衣裳湿，松气如秋枕簟凉。”郑畋《夜景又作》：“枕簟满床明月到，自疑身在五云中。”

【枕麴】 谓耽酒、嗜酒。严维、吕渭《酒语联句各分一字》：“藉糟枕麹浮酒池，瓮间篱下卧不移。”刘禹锡《酬马大夫以愚献通草茇葜酒感通拔二字因而寄别之作》：“莫讶提壶赠，家传枕麹风。”又《吴方之见示独酌小醉辄呈溜吹益美来章》：“散金疏傅寻常乐，枕麹刘生取次歌。”白居易《答崔宾客晦叔十二月四日见寄》：“居士忘筌默默坐，先生枕麹昏昏睡。”

【枕$_2$籍】 参见“枕$_2$藉”。

杻 〔chǒu《广韵》敕久切，上有，徹。〕刑具名。即手铐。见“杻械”。

【杻械】 即桎梏。指脚镣与手铐。亦泛指刑具。杜甫《草堂》：“眼前列杻械，背后吹笙竽。”

杷 〔pá《广韵》蒲巴切，平麻，並。〕农具名。用竹木或铁制成。用于耙梳谷物或整地。亦指用杷子耙梳、拢聚谷物或沙土。见“杷沙”。

【杷沙】 用杷子之类农具耙拢沙土。韩愈《月蚀诗效玉川子作》：“杷沙脚手钝，谁使女解缘青冥。”钱仲联集释：“杷沙，犹言杷土。连下句意言之，谓行地犹钝，况登天乎？”

杼[1] 〔zhù《广韵》直吕切，上語，澄。〕❶织布机上之梭子。杜甫《雨四首》之四：“神女花钿落，鲛人织杼悲。”张继《送邹判官往陈留》：“女停襄邑杼，农废汶阳耕。”白居易《思子台有感二首》之一：“曾家机上闻投杼，尹氏园中见掇蜂。”❷织，编制。张碧《游春引三首》之一：“句芒小女精神巧，机罗杼绮满平川。”

杼[2] 〔shù《广韵》神與切，上語，船。〕木名。即柞栎。张说《岳州别梁六入朝》：“岸杼含苍棣，河蒲秀紫台。”

【杼山】 山名。在唐江南道湖州（今浙江长兴）。山有妙喜寺，诗僧皎然居之。颜真卿《题杼山癸亭得暮字》：“杼山多幽绝，胜事盈跬步。”孟郊《送陆畅归湖州因凭题故人皎然塔陆羽坟》：“杼山砖塔禅，竟陵广宵翁。”皎然有《杼山禅居寄赠东溪吴处士冯一首》。齐己《答献上人卷》：“秦甸乱来栖白没，杼山空后皎然亡。”

【杼軸】 织布机上之梭与筘。梭持纬线使往还，筘承经线使上下。因《诗·小雅·大东》有“小东大东，杼轴其空”语（意谓织机上布帛俱被搜刮），后遂以织机或布帛，引申指民之生计。张九龄《和黄门卢监望秦始皇陵》：“一闻过秦论，载怀空杼轴。”杜甫《奉赠卢五丈参谋》：“邻好艰难薄，氓心杼轴焦。”李商隐《行次西郊作一百韵》：“万国困杼轴，内库无金钱。”

【杼機】 织机。孟郊《赠韩郎中愈》之二：“朝吟枯桑柘，暮泣空杼机。”鲍溶《织妇词》：“百日织彩丝，一朝停杼机。”

五 画

柰 〔nài《广韵》奴帶切，去泰，泥。〕❶果树名。俗名花红，一名沙果。果实似李，可食，有白、赤、青三种。皮日休《奉和鲁望四明山九题·青棂子》："必共玄都奈，花开不记年。"亦指李树之果实。杜甫《竖子至》："小子幽园至，轻笼熟柰香。"或指柰树之花。温庭筠《经西坞偶题》："微红奈蒂惹蜂粉，洁白芹芽穿燕泥。"❷指茉莉花。皮日休《扬州看辛夷花》："腊前千朵亚芳丛，细腻偏胜素柰功。"

【柰花】 ❶茉莉花之别名。李峤《鹿》："柰花开旧苑，苹叶蔼前诗。"❷为悼念女子死亡之典。窦叔向《贞懿皇后挽歌三首》之二："命妇羞蘋叶，都人插柰花。"罗虬《比红儿诗》之四〇："柰花似雪簪云髻，今日夭容是后身。"

【柰院】 植有柰树之庭院。钱起《夏日陪史郎中宴杜郎中果园》："竹阴疏柰院，山翠傍芜城。"

【柰園】 指佛寺。见《维摩诘经·佛国品》。一说因洛阳寺有柰林而得名。王勃《八仙径》："柰园欣八正，松岩访九仙。"皎然《遥和康录事李侍御萼小寒食夜重集康氏园林》："谁见柰园时节共，还持绿茗赏残春。"

枿 〔niè《广韵》五割切，入曷，疑〕❶除去枝叶之秃树干。元稹《江边四十韵》："桥横老颠枿，马病裛刍茭。"顾非熊《天河阁到啼猿阁即事》："湿云和栈起，燋枿带畬余。"贾岛《原居即事言怀赠孙员外》："采菌依余枿，拾薪逢刈田。"吴融《赠晋光上人草书歌》："有时瘦巉岩，百尺枯松露槎枿。"❷同"櫱"。树林被砍伐后重生之枝芽。韦应物《新理西斋》："养条刊朽枿，护药锄秽芜。"韩愈《病中赠张十八》："幸愿终赐之，斩拔枿与桩。"又《琴曲歌辞·龟山操》："龟之枿兮，不中梁柱。"❸喻指高处，与"达"连用，表示高貌。韩愈《南山诗》："旋归道回睨，达枿壮复奏。"钱仲联集释："《举正》：'《诗》苞有三櫱，莫遂其边。'……方世举注：'达枿，高貌。'"卢仝《月蚀诗》："南方火鸟赤泼血，项长尾短飞跋躠，头戴井冠高逵枿。"❹上昂貌。顾况《露青竹杖歌》："江面昆明洗刷牵，四蹄踏浪头枿天。"贯休《送崔使君》："麟步规距，凤翥昂枿。"

【枿坐】 谓稳坐不动如树桩。杜荀鹤《赠质上人》："枿坐云游出世尘，兼无瓶钵可随身。"此指僧人坐禅。

【枿枿】 气升腾貌。陈陶《飞龙引》："一旦黄龙下九天，骑龙枿枿升紫烟。"贯休《古塞下曲四首》之一："苍茫逻逤城，枿枿贼气兴。"

【枿觜】 树木枝干折断处之尖头。皮日休《虎丘寺殿前有古杉一本形状丑怪遂赋三百言以见志》："槎头秃似刷，枿觜利于锥。"

柑 〔gān《广韵》古三切，平談，見。〕果木名。常绿灌木。韩翃《家兄自山南罢归献诗叙事》："黄苞柑正熟，红楼鲙仍鲜。"张籍《送从弟戴玄往苏州》："夜月红柑树，秋风白藕花。"陆龟蒙《京口与友生话别》："玉封千挺藕，霜闭一筒柑。"韦庄《西塞山下作》："爨动晓烟烹紫蕨，露和香蒂摘黄柑。"

【柑橙】 柑树与橙树。亦指其果实。陈陶《旅泊涂江》："楚国柑橙劳梦想，丹陵霞鹤间音徽。"贯休《秋末怀旧山》："侵云收谷粟，引蚁上柑橙。"

某 〔mǒu《广韵》莫厚切，上厚，明。〕自称之谦词。骆宾王《伤祝阿王明府》序："某昔承嘉惠，曲荷恩光，留连啸歌，从容风月。"

枻 〔yì《广韵》餘製切，去祭，以。〕❶船舷。《楚辞·九歌·湘君》："桂棹兮兰枻"王逸注："枻，船旁板也。"李白《江上吟》："木兰之枻沙棠舟，玉箫金管坐两头。"❷楫，船桨。杜甫《桃竹杖引赠章留后》："老夫复欲东南征，乘涛鼓枻白帝城。"柳宗元《游南亭夜还叙志七十韵》："趣浅戢长枻，乘深屏轻篙。"白居易《舟行》："起问鼓枻人，已行三十里。"李德裕《泛池舟》："桂舟兰作枻，芬芳皆绝世。"

枯 〔kū《广韵》苦胡切，平模，溪。〕❶草木枯凋。则天皇后《唐大飨拜洛乐章·归和》："包涵动植兮顺荣枯，长贻宝贶兮赞璇图。"孟浩然《初出关旅亭夜坐怀王大校书》："烛至萤光灭，荷枯雨滴闻。"杨衡《寄彻公》："北风吹霜霜月明，荷叶枯尽越水清。"蒋吉《题商山修路僧院》："此地修行山几枯，草堂生计只瓶盂。"亦指使草木凋枯。元结《招孟武昌》："风霜枯万物，退谷如春时。"❷枯槁之草木。韩愈《答张彻》："乘枯摘野艳，沈细抽潜腥。"❸枯竭，干萎。杜甫《草堂》："于时见疣赘，骨髓幸未枯。"李绅《趋翰苑遭诬构四十六韵》："胆为隳肝竭，心因沥血枯。"❹水干涸，枯竭。高适《酬岑二十主簿秋夜见赠之作》："池枯菡萏死，月出梧桐高。"戴叔伦《感怀二首》之一："水浅易成枯，帛短谁人收。"范夜《失题》："举意三江竭，兴心四海枯。"亦指使水干涸。灵澈《句》："窗风枯砚水，山雨慢琴弦。"❺朽坏，枯烂。白居易《和微之诗二十三首·和李势女》："南郡死已久，骨枯墓苍苍。"又《哭刘尚书梦得二首》之二："不知箭折弓何用，兼恐唇亡齿亦枯。"❻衰老，衰颓。李翱《赠毛仙翁》："韬藏休咎传真篆，变化荣枯试小还。"徐夤《病中春日即事寄主人尚书二首》之一："身比秋荷觉渐枯，致君经国堕前图。"白居易《自诲》："使汝未老，形枯如柴。"❼穷愁困顿。杜甫《自京赴奉先县咏怀五百字》："荣枯咫尺异，惆怅难再述。”包佶《观壁卢九想图》：“一世荣枯无异同，百年哀乐又归空。”白居易《遣怀》：“荣销枯去无非命，壮尽衰来亦是常。”皮日休《初夏即事寄鲁望》：“归来闭双关，亦忘枯与荣。”❽指颜色消退暗淡。贯休《寄天台道友》：“石碑文不直，壁画色多枯。”❾谓眼睛失明。杜甫《新安吏》：“莫自使眼枯，收汝泪纵横。”白居易《新乐府·秦吉了》：“鸢捎乳燕一窠覆，乌啄母鸡双眼枯。”❿瘫痪。杜甫《清明二首》之二：“此身飘泊苦西东，右臂偏枯半耳聋。”韩愈《射训狐》：“枭惊堕梁蛇走窦，一夫斩颈群雏枯。”

【枯井】 干涸无水之井。元稹《连昌宫词》：“庄园烧尽有枯井，行宫门闭树宛然。”

【枯木】 ❶枯死之树；老树。卢照邻《行路难》：“君不见长安城北渭桥边，枯木横槎卧古田。”翁洮《枯木诗辞召命作》：“枯木傍溪崖，由来岁月赊。”此喻指衰朽之人。❷指用干木材制成之器物。赵抟《废长行》：“不算劳神运枯木，且废为官恤惸独。”此指木制之赌具。

【枯心】 干枯之树心。李商隐《景阳宫井双桐》：“血渗两枯心，情多去未得。”

【枯朽】 ❶枯槁朽死。李怀远有《凤阁南厅槐树半生死虽遇阳和终呈枯朽感物缘情率尔为咏》。❷枯死腐朽之草木等。于季子《咏萤》：“卉草诚幽贱，枯朽绝因依。”❸喻指衰朽老迈。亦指衰迈之人。多用为自谦之词。贺知章《奉和圣制送张说上集贤学士赐宴赋得谟字》：“枯朽沾皇泽，翾飞舞帝梧。”郑嵎《津阳门诗》：“问余何往凌寒曦，顾翁枯朽郎岂知。”

【枯池】 干涸无水之池。喻指困境。李白《古风》之五十九：“众鸟集荣柯，穷鱼守枯池。”

【枯折】 (—zhé)枯槁断折。杜甫《曲江三章》之一：“曲江萧条秋气高，菱荷枯折随风涛。”孟郊《秋怀》之十二：“流运闪欲尽，枯折皆相号。”

【枯旱】 干旱。杜甫《种莴苣》：“枯旱于其中，炎方惨如毁。”

【枯墳】 荒芜之坟墓。张说《奉和圣制过王濬墓应制》：“旧迹灰尘散，枯坟故老传。”

【枯枝】 枯槁无叶之树枝。蒋吉《樵翁》：“路傍花发无心看，惟见枯枝刮眼明。”

【枯河】 干涸无水之河。王贞白《从军行》：“边声动白草，烧色入枯河。”

【枯松】 指枯槁之老松。李白《蜀道难》：“连峰去天不盈尺，枯松倒挂倚绝壁。”皇甫曾《送著公归越》：“石床埋积雪，山路倒枯松。”亦指干枯之松树枝。成彦雄《煎茶》：“蜀茶倩个云僧碾，自拾枯松三四枝。”

【枯城】 荒废之旧城。陈子昂《感遇诗三十八首》：“谁见枯城蘖，青青成斧柯。”

【枯苗】 干枯之禾苗。亦喻指困境中之百姓。杜牧《云》：“莫隐高唐去，枯苗待作霖。”张蠙《投翰林张侍郎》：“愿与吾君作霖雨，且应平地活枯苗。”

【枯枿】 枯槁无枝叶之株干。亦指枯枝。喻凫《宿石窟寺》：“野鹤立枯枿，天龙吟净潭。”陆龟蒙《奉酬袭美先辈初夏见寄次韵》：“愁鸥占枯枿，野鼠趋前楹。”又《奉和袭美新秋言怀三十韵次韵》：“白菌盈枯枿，黄精满绿筲。”

【枯柏】 枯槁之老柏树。王周《游仙都观》：“冷杉枯柏路盘空，毛发生寒略略风。”

【枯風】 干燥之风。孟郊《秋怀》之九：“冷露多瘁索，枯风晓吹嘘。”薛能《送从兄之太原副使》：“元日何州住，枯风宿馆闻。”

【枯草】 干枯之草。唐扶《使南海道长沙题道林岳麓寺》：“荒唐大树悉楠桂，细碎枯草多兰荪。”许棠《送李左丞巡边》：“风收枯草定，月满广沙闲。”李家明《咏卧牛》：“闲向斜阳嚼枯草，近来问喘为无人。”

【枯桐】 烧焦之桐木。代指琴。见《后汉书·蔡邕传》。柳宗元《初秋夜坐赠吴武陵》：“若人抱奇音，朱弦緪枯桐。”

【枯株】 枯树；枯槁无叶之树干。白居易《紫藤》：“可怜中间树，束缚成枯株。”贾岛《寄贺兰朋吉》：“野菜连寒水，枯株簇古坟。”陆龟蒙《次幽独君韵》：“枯株不萧瑟，枝干虚崔嵬。”亦指枯萎，变为枯树。韩愈《昼月》：“兔入臼藏蛙缩肚，桂树枯株女闭户。”

【枯根】 枯槁之树根。马戴《题镜湖野老所居》：“沤苎成鱼网，枯根是酒卮。”于濆《烧金曲》：“积土培枯根，自谓松柏坚。”

【枯骨】 ❶指死人之骨骸。白居易《新乐府·蛮子朝》：“至今西洱河岸边，箭孔刀痕满枯骨。”贯休《古塞上曲七首》之二：“朔云含冻雨，枯骨放妖光。”❷指已死动物之骨骸。顾云《苏君厅观韩干马障歌》：“当时若遇燕昭王，肯把千金买枯骨。”此指死马之骨，代指死马。❸借指已死之人。邵谒《长安寒食》：“莫辞吊枯骨，千载长如此。”又《战城南》：“悲风吊枯骨，明月照荒垒。”贯休《胡无人行》：“杀气昼赤，枯骨夜哭。”

【枯蚌】 干死之蚌；蚌壳。皮日休《奉和鲁望渔具十五咏·舴艋》：“低篷挂钓车，枯蚌盛鱼饵。”又《钓侣二章》之二：“烟浪溅篷寒不睡，更将枯蚌点渔灯。”

【枯缺】 犹短缺；缺乏。李涉《六叹》序：“录之私斋，以示同道。格韵枯缺，多惭见知。”

【枯條】 干枯之树枝。李商隐《池边》：“日西千绕池边树，忆把枯条撼雪时。”

【枯凋】 枯萎凋零。喻指衰颓。孟郊《送李翱习之》：“执手复执手，唯道无枯凋。”

【枯浪】 将枯竭之水。孟郊《寄陕府邓给事》：

"尘鲤见枯浪，土鬣思干泉。"

【枯冢】　谓坟墓荒枯。杜甫《晚登瀼上堂》："济世数向时，斯人各枯冢。"

【枯桑】　枯槁之老桑树。贾至《闲居秋怀寄阳翟陆赞府封丘高少府》："八月白露降，玄蝉号枯桑。"孟郊《苦寒吟》："天寒色青苍，北风叫枯桑。"白居易《杂感》："老龟烹不烂，延祸及枯桑。"

【枯荷】　干枯之荷叶。李商隐《宿骆氏亭寄怀崔雍崔衮》："秋阴不散霜飞晚，留得枯荷听雨声。"

【枯梧】　枯凋落叶之梧桐。陆龟蒙《独夜有怀因作吴体寄袭美》："人吟侧景抱冻竹，鹤梦缺月沉枯梧。"

【枯麥】　指田中已熟之麦。杜甫《送李校书二十六韵》："老雁春忍饥，哀号待枯麦。"

【枯魚】　❶腌制晒干之鱼。白居易《春寒》："助酌有枯鱼，佐餐兼旨蓄。"❷涸辙之鱼。比喻处于困境之人。钱起《罢官后酬元校书见赠》："宦名随落叶，生事感枯鱼。"

【枯魚章】　指身陷困境之事。见《庄子·外物》。李群玉《自澧浦东游江表途出巴丘投员外从公虞》："咋笔话肝肺，咏兹枯鱼章。"

【枯魚過河泣】　乐府杂曲歌辞名。因其古辞有"枯鱼过河泣，何时悔复及"语，后遂用为劝诫慎重出入以防不测之典。李白《枯鱼过河泣》："万乘慎出入，柏人以为诫。"

【枯悴】　干枯憔悴。吕岩《绝句》之二三："养得儿形似我形，我身枯悴子光精。"

【枯渴】　干渴，口渴。元稹《梦井》："登高意枯渴，愿见深泉冷。"

【枯涸窮轍】　干涸之泉与无水之辙。比喻困境。见《庄子·大宗师》和《庄子·外物》。元稹《酬许五康佐》："枯涸方穷辙，生涯不系舟。"

【枯散】　（—sǎn）枯槁之散木。喻不成材、无用之人。多用以谦称自身。李白《流夜郎至西塞驿寄裴隐》："我行望雷雨，安得沾枯散。"

【枯殘】　老迈衰颓。白居易《能无愧》："回看左右能无愧，养活枯残废退身。"

【枯焦】　干焦，干枯。白居易《月夜登阁避暑》："回看归路傍，禾黍尽枯焦。"

【枯渠】　干涸之水渠。孟郊《哀孟云卿嵩阳荒居》："秋芜上空堂，寒槿落枯渠。"

【枯葑】　（—fèng）干枯之菰根。葑，即菰根，一名蒋草，水生植物。韩愈《人日城南登高》："扶杖凌圮阯，刺船犯枯葑。"

【枯葉】　枯干之败叶。周贺《送幻群法师》："住久白发出，讲长枯叶深。"温庭筠《遐水谣》："狼烟堡上霜漫漫，枯叶号风天地干。"杜荀鹤《哭山友》："十载同栖庐岳云，寒烧枯叶夜论文。"

【枯葦】　枯萎之芦苇。李洞《秋日曲江书事》："门摇枯苇影，落日共鸥归。"贯休《泊秋江》："月白风高不得眠，枯苇丛边钓师魇。"

【枯幹】　树木之枯老株干。柳宗元《零陵赠李卿元侍御简吴武陵》："铩羽集枯干，低昂互鸣悲。"

【枯楊】　❶枯槁将死之老杨树。韦庄《和郑拾遗秋日感事一百韵》："鹭眠依晚屿，鸟浴上枯杨。"❷喻指气数将尽，垂死。崔融《从军行》："天子旌旗过细柳，匈奴运数尽枯杨。"

【枯楊生稊】　枯老之杨树生出幼芽。喻老夫娶少妻。见《易·大过》。李白《雉朝飞操》："枯枯杨尔生稊，我独七十而孤栖。"

【枯楊荑】　老杨树所生之嫩芽。荑，通"稊"，植物新生之嫩芽，喻指老夫之少妻。寒山《诗三百三首》之一一五："屡见枯扬荑，常遭青女杀。"参见"枯楊生稊"。

【枯腸】　喻枯竭之文思。卢仝《走笔谢孟谏议寄新茶》："三碗搜枯肠，唯有文字五千卷。"

【枯腸渴肺】　指饥渴之肠胃。郑嵎《津阳门诗》："开垆引满相献酬，枯肠渴肺忘朝饥。"

【枯瘁】　形容声音清冷枯寂。李贺《假龙吟歌》："石轧铜杯，吟咏枯瘁。"王琦注："枯瘁者，清极而反觉其枯寂况瘁也。"

【枯蒿】　干枯之蒿。刘言史《葛巾歌》："篱边折枯蒿，聊用簪华发。"

【枯槁】　❶谓草木枯萎凋零。白居易《赠韦处士六年夏大热旱》："骄阳连毒暑，动植皆枯槁。"陆龟蒙《杂讽九首》之六："千林尽枯槁，苦节独不死。"孙光宪《杂曲歌辞·杨柳枝》之四："万株枯槁怨亡隋，似吊吴台各自垂。"❷枯凋之草或木。施肩吾《早春游曲江》："芳处亦将枯槁同，应缘造化未施功。"贯休《古意九首》之七："一种为枯槁，得作登山屐。"❸干涸，枯竭。李白《自汉阳病酒归寄王明府》："去岁左迁夜郎道，琉璃砚水长枯槁。"❹形容陈饭干缩冷硬。苏拯《断火谣》："暗室枯槁饭，冷面相看坐。"❺憔悴，瘦削。寒山《诗三百三首》之二九一："终日不肯尝，形容转枯槁。"李白《荆州贼平临洞庭言怀作》："岁晏天峥嵘，时危人枯槁。"孟郊《怨别》："沉忧损性灵，服药亦枯槁。"❻犹穷愁困顿。玄宗《端午三殿宴群臣探得神字》序："何止柏枕桃门，验方术于经记，彩花命缕，观问遗于风俗，感婆娑于孝女，悯枯槁之忠臣而已哉！"徐彦伯《拟古三首》之二："何必岩石下，枯槁闲此生。"白居易《首夏》："天和遗漏处，而我独枯槁。"亦指清寂、淡泊。杜甫《遣兴五首》之三："观其著诗集，颇亦恨枯槁。"❼衰颓，老迈。李华《咏史十一首》之五："当君逐鹿时，臣等已枯槁。"亦指衰老之人。杜甫《园人送瓜》："落刃嚼冰霜，开怀慰枯槁。"❽颓丧；忧戚。杜甫《送长孙九侍御赴武威判官》："东郊尚烽火，朝野色枯槁。"柳宗元《构法华寺西亭》："弃逐久枯槁，迨今始开颜。"

【枯槁士】 指隐逸之士。见《庄子·徐无鬼》。高适《效古赠崔二》："岂论草泽中，有此枯槁士。"

【枯槎】 枯槁老树之枝杈。徐光溥《题黄居寀秋山图》："方原画山空巉岩，峭壁枯槎人见嫌。"

【枯歇】 枯死，干死。贯休《闻赤松舒道士下世》："倾摧千仞壁，枯歇一株兰。"

【枯竭】 干涸，穷尽。白居易《新乐府·昆明春》："往年因旱池枯竭，龟尾曳涂鱼煦沫。"齐己《赠持〈法华经〉僧》："受持身心苟精洁，尚能使烦恼大海水枯竭。"

【枯榮】 指草木之繁茂与枯凋。亦喻指生死、盛衰、穷达等。李贺《野歌》："男儿屈穷心不穷，枯荣不等嗔天公。"白居易《赋得古原草送别》："离离原上草，一岁一枯荣。"李商隐《题小松》："一年几变枯荣事，百尺方资柱石功。"李咸用《春暮途中》："谁能会得乾坤意，九土枯荣自不同。"

【枯腐】 ❶枯朽之草木。元结《演兴四首·讼木魅》："割大木使飞焰，徯枯腐之烧焚。"❷喻衰颓老朽之人。多用为自谦之词。陆龟蒙《袭美先辈以龟蒙所献五百言见和再抒鄙怀用伸酬谢》："枯腐尚求律，膏肓犹谒医。"❸腐烂的不屑一顾之物。喻尘世名利。皮日休《太湖诗·游毛公坛》："如何大开口，与世争枯腐。"

【枯蓮】 干枯之老荷叶。卢纶《和常舍人晚秋集贤院即事寄赠江南徐薛二侍郎》："乱丛萦弱蕙，坠叶洒枯莲。"

【枯蓬】 干枯之蓬草。白居易《青冢》："上有饥鹰号，下有枯蓬走。"又《西原晚望》："门外转枯蓬，篱根伏寒兔。"黄滔《送友人游边》："野烧枯蓬旋，沙风匹马冲。"

【枯澗】 干涸之溪涧。王昌龄《遇薛明府谒聪上人》："阴崖常抱雪，枯涧为生泉。"

【枯窮】 指穷困之人。许天正《和陈元光平潮寇》："龙湖膏泽下，早晚遍枯穷。"

【枯樹】 枯槁之老树。杜甫《乾元中寓居同谷县作歌七首》之五："四山多风溪水急，寒雨飒飒枯树湿。"刘禹锡《送僧仲剬东游兼寄呈灵澈上人》："宴坐东阳枯树下，经行居止故台边。"

【枯樹再生枝】 喻老年得子。白居易《府斋感怀酬梦得》："劳寄新诗远安慰，不闻枯树再生枝。"

【枯樵】 枯柴；枯木。曹松《送乞雨禅师临遇南游》："活得枯樵耕者知，巡方又欲向天涯。"

【枯磧】 枯干无草木之沙漠。顾况《梁司马画马歌》："黄沙枯碛无寸草，一日行过千里道。"

【枯骴】 尸骨，尸骸。韩愈《寄崔二十六立之》："过半黑头死，阴虫食枯骴。"

【枯骸】 枯骨。死后之骨骸。孟郊《悼幼子》："生气散成风，枯骸化为地。"

【枯龍】 喻老松之株干。元稹《画松》："翠帚扫春风，枯龙戛寒月。"

【枯燋】 使枯干；烤灼。燋，同"焦"。白居易《夏旱》："旱日与炎风，枯焦我田亩。"

【枯檜】 (—guì)枯老之桧树。裴说《湖外寄处宾上人》："岳麓擎枯桧，潇湘吐白蘋。"

【枯燥】 干枯；干燥。任华《怀素上人草书歌》："时复枯燥何褵襹，忽觉阴山突兀横翠微。"

【枯籜】 干枯之竹笋皮。韦遵《题施璘画竹图》："枯箨危根缴石头，千竿交映近清流。"

【枯鱗】 枯鱼，枯水之鱼。喻指陷于困境之人。刘长卿《狱中闻收东京有赦》："持法不须张密网，恩波自解惜枯鳞。"窦牟《送东光吕少府之官连帅奏授》："几时裁尺素，沧海有枯鳞。"方干《别从兄部》："已呼断雁归行里，全胜枯鳞在辙中。"周昙《咏史诗·春秋战国门·灵辄》："失水枯鳞得再生，翳桑无地谢深情。"

柯 〔kē《广韵》古俄切，平歌，见。〕❶草木之茎或枝。王绩《古意六首》之二："霜霰封其柯，鹓鸾食其实。"裴迪《春日与王右丞过新昌里访吕逸人不遇》："闻说桃源好迷客，不如高卧眄庭柯。"毕耀《情人玉清歌》："善踏斜柯能独立，婵娟花艳无人及。"段成式《小小写真联句》："褕袂将离座，斜柯欲近人。"❷斧柄。陈子昂《感遇诗三十八首》之十二："谁见枯城蘖，青青成斧柯。"李白《纪南陵题五松山》："龟山蔽鲁国，有斧且无柯。"孟郊《烂柯石》："樵客返归路，斧柯烂从风。"《神龙后乌鹊窠谣》(卷八七八)："镰柯不凿孔，斧子不施柯。"亦代指大斧。皮日休《奉和鲁望樵人十咏·樵斧》："腰间插大柯，直入深溪里。"

【柯古】 指段成式。成式，字柯古。见《旧唐书》本传。韦蟾有《和柯古穷居苦日喜雨》。

【柯宗】 参见"柯崇"。

【柯亭】 地名。一名高迁亭。在今浙江绍兴西南。以产竹著名。皎然《送道契上人之越觐大夫叔》："秋风别李寺，春日向柯亭。"牟融《题竹》："柯亭丁相遇，惊听奏钧天。"姚鹄《和陕州参军李通微首夏书怀》："寻仙郑谷烟霞里，避暑柯亭树石间。"胡曾《柯亭》："一宿柯亭月满天，笛亡人没事空传。"

【柯亭韻】 指竹笛之声韵。杜牧《寄珉笛与宇文舍人》："调高银字声还侧，物比柯亭韵校奇。"

【柯條】 ❶树木之枝条。白居易《蔷薇花一丛独死不知其故因有是篇》："柯条未尝损，根蕟不曾移。"又《和答诗十首·和松树》："森耸上参天，柯条百尺长。"❷喻指宗族之后裔子孙。李白《赠清漳明府侄聿》："我李百万叶，柯条布中州。"

【柯笛】 即柯亭笛。李縠《浙东罢府西归酬别张广文皮先辈陆秀才》："兰亭旧趾虽曾见，柯笛遗音更不传。"

【柯崇】 闽（今福建）人。天复元年进士及第。事迹见《唐诗纪事》卷六五。《全唐诗》卷七一五录其诗二首。

【柯葉】 枝叶。李程《赋得竹箭有筠》："陶钧二仪内，柯叶四时春。"白居易《文柏床》："陵上有老柏，柯叶寒苍苍。"又《寓意诗五首》之一："一朝为灰烬，柯叶无孑遗。"亦喻树之肢体。

【柯爛】 谓斧柄朽烂。为咏遇仙之典。见南朝梁任昉《述异记》卷上。钱起《过瑞龙观道士》："主人善止客，柯烂忘归年。"韦执中《陪韩退之窦贻周同寻刘尊师不遇得师字》："不知柯烂者，何处看围棋。"元稹《春分投简阳明洞天作》："菌生悲局促，柯烂觉须臾。"

柄 〔bǐng《广韵》陂病切，去映，幫。《集韵》補永切，上梗，幫。〕❶斧柄。见"柯爛"。❷泛指器物之柄，把子。杜甫《乾元中寓居同谷县作歌七首》之二："长镵长镵白木柄，我生托子以为命。"杨巨源《郊居秋日酬奚赞府见寄》："闲言挥麈柄，清步掩蜗庐。"张祜《赋得福州白竹扇子》："藤缕雪光缠柄滑，篾铺银薄露花轻。"齐己《谢人惠竹蝇拂》："妙刮筠篁制，纤柔玉柄同。"❸连接花、果、叶与枝茎间的细柄。孟浩然《晚春卧病寄张八》："翠羽戏兰苕，赪鳞动荷柄。"顾况《临平湖》："船影入荷香，莫冲莲柄折。"陆龟蒙《奉和袭美太湖诗二十首·三宿神景宫》："风凝古松粒，露压修荷柄。"❹北斗星之斗柄。高蟾《秋思》："不堪星斗柄，犹把岁寒量。"慈恩院女仙《题寺廊柱》："北斗阑干移晓柄，有似佳期常不定。"❺权柄，权力。韩愈《谒衡岳庙遂宿岳寺题门楼》："火维地荒足妖怪，天假神柄专其雄。"白居易《奉和汴州令狐令公二十二韵》："文律操将柄，兵机钓得钤。"❻量词。用于计量带柄之物。见"柄柄"。

【柄柄】 每一柄。柄，量词。用以计量有柄之物。郑谷《莲叶》："移舟水溅差差绿，倚槛风摇柄柄香。"

杯 同"杯"。张祜有《奉和湖州苏员外题游杯池》。

柘 〔zhè《广韵》之夜切，去禡，章。〕❶树木名。落叶灌木或小乔木。木质坚细，木汁赤黄色，可染布帛。杜甫《昔游》："桑柘叶如雨，飞藿去裴回。"耿湋《送王秘书归江东》："回首望知音，逶迤桑柘林。"张蠙《长安春望》："故国别来桑柘尽，十年兵践海西艖。"❷柘叶。蚕之饲料。李白《五月东鲁行答汶上君》："五月梅始黄，蚕凋桑柘空。"❸柘树汁。赤黄色之染料。见"柘黄"。❹见"柘枝舞"。

【柘丸】 柘树之球形果实。唐彦谦《晚秋游中溪》："淡竹冈前沙雁飞，小花尖下柘丸肥。"

【柘枝】 柘枝舞之省称。杨巨源《寄申州卢拱使君》："小船隔水催桃叶，大鼓当风舞柘枝。"刘禹锡《和乐天柘枝》："柘枝本出楚王家，玉面添娇舞态奢。"章孝标《柘枝》："柘枝初出鼓声招，花钿罗衫耸细腰。"刘兼《宴游池馆》："俭莲发脸当筹著，绪柳生腰按柘枝。"

【柘枝妓】 跳柘枝舞之女伎。白居易有《柘枝妓》。李群玉有《伤柘枝妓》。

【柘枝花帽子】 跳柘枝舞时所戴之帽。王建《宫词一百首》之八六："未戴柘枝花帽子，两行宫监在帘前。"

【柘枝鼓】 跳柘枝舞时伴奏之鼓。白居易《奉和汴州令狐令公二十二韵》："雷捶柘枝鼓，雪摆胡腾衫。"杜牧《中丞业深韬略志在功名再奏长句一篇》："滕王阁上柘枝鼓，徐孺亭西铁轴船。"又《怀钟陵旧游四首》之二："滕阁中春绮席开，柘枝蛮鼓殷晴雷。"

【柘枝舞】 唐代乐舞名。自西域传入。一说"柘枝"即"柘拔"二字之讹。本后魏柘拔之舞。原为女子独舞，后发展为双人舞。舞时以鼓伴奏，杂之以歌。舞者头戴花帽，帽上有金铃，转动有声。刘禹锡有《观柘枝舞》。

【柘袍】 用柘木汁染成之赤黄色袍。隋文帝始用，后因以指皇袍。王建《宫中三台词二首》之一："日色柘袍相似，不著红鸾扇遮。"

【柘黄】 用柘木汁染的黄色。自隋文帝始，帝王之服色用之。元稹《酬孝甫见赠十首》之四："雉尾扇开朝日出，柘黄衫对碧霄垂。"张祜《马嵬归》："无复一生重语事，柘黄衫袖掩潸然。"亦指帝王所着之赭黄袍。杜甫《戏作花卿歌》："绵州副使著柘黄，我卿扫除即日平。"

【柘裘】 柘黄色之裘。指皇袍。徐夤《依御史温飞卿华清宫二十二韵》："夕雨鸣鸳瓦，朝阳晔柘裘。"参见"柘袍"。

【柘彈】 （—dàn）用柘木制的弹弓。李端《春游乐》："柘弹连钱马，银钩妥堕鬟。"刘禹锡《吐绶鸟词》："翠幕雕笼非所慕，珠丸柘弹莫相猜。"李商隐《燕台四首·夏》："石城景物类黄泉，夜半行郎空柘弹。"温庭筠《鸿胪寺有开元中锡宴堂偶成四十韵》："椒涂隔鹦鹉，柘弹惊鸳鸯。"

柩　〔jiù《广韵》巨救切，去宥，羣。〕已装入尸体之棺材。元稹《城外回谢子蒙见谕》："十里抚柩别，一身骑马回。"

枰　〔píng《广韵》符兵切，平庚，並。又皮命切，去映，並。〕棋局；棋盘。李峤《夏晚九成宫呈同僚》："一枰移昼景，六著尽宵钟。"段成式《观棋》："闲对弈楸倾一壶，黄羊枰上几成都。"吴融《禅院弈棋偶题》："半偈已能消万事，一枰兼得了残阳。"

枯　同"砧"。砧板，切菜用之木板。元稹《开元观闲居酬吴士矩侍御三十韵》："虚室常怀素，玄关屡引枯。"

查　〔chá《广韵》鉏加切，平麻，崇。〕❶浮槎，木筏。宋之问《明河篇》："明河可望不可亲，愿得乘槎一问津。"包佶《抱疾谢李吏部赠诃黎勒叶》："一叶生西徼，赍来上海查。"姚向《奉陪段相公晚夏登张仪楼》："查从银汉落，江自雪山来。"❷树木砍伐后之残株断枝。元稹《和友封题开善寺十韵》："亚树牵藤阁，横查压石桥。"贾岛《访李甘原居》："石缝衔枯草，查根上净苔。"❸树木之枝杈。李白《送祝八之江东赋得浣纱石》："桃李新开映古查，菖蒲犹短出平沙。"李群玉《落帆后赋得二绝》之一："上岸闲寻细草行，古查飞起黄金鹦。"崔涂《江行晚望》："鸟占横查立，人当故里耕。"❹姓。见"查文徽""查建州"。

【查牙】　杈丫。错落不齐貌。孟郊《答卢仝》："日劈高查牙，清棱含冰浆。"李贺《马诗二十三首》之六："饥卧骨查牙，粗毛刺破花。"

【查文徽】　(889～959)字光慎。歙州休宁(今属安徽)人。事迹见马令《南唐书》卷二一、《十国春秋》卷二六。《全唐诗》卷七五七录其诗一首。

【查建州】　指查文徽。徐铉有《闻查建州陷贼寄钟郎中》。

【查郎】　唐代对官员之昵称。李涉《却归巴陵途中走笔寄唐知言》："白马青袍豁眼明，许他真是查郎髓。"

【查頭】　查头鳊之省称。孟浩然《送王昌龄之岭南》："土毛无缟纻，乡味有查头。"陆龟蒙《南阳广文欲于荆襄卜居袭美有赠代酬次韵》："莫惜查头容钓伴，也应东印有余江。"吴融《渡汉江初尝鳊鱼有作》："自惭初识查头味，正是栖栖哭阮涂。"

【查頭鳊】　鱼名。即鳊鱼。查，一作槎。因常用槎拦起，防人捕捉，故称。孟浩然《岘潭作》："试垂竹竿钓，果得查头鳊。"

【查蘖】　树木枝株被截然折断貌。鲁收《怀素上人草书歌》："连拂数行势不绝，藤悬查蘖生奇节。"

柤　〔zhā《广韵》側加切，平麻，莊。〕渣滓，尘渣。刘叉《冰柱》："不为四时雨，徒于道路成泥柤。"

柙　〔xiá《广韵》胡甲切，入狎，匣。〕❶关野兽、牲畜之笼子。李贺《春归昌谷》："知非出柙虎，甘作藏雾豹。"元稹《酬别致用》："君今虎在柙，我亦鹰就羁。"❷匣子。唐彦谦《宿田家》："公文捧花柙，鹰隼驾声势。"❸通"狎"。罗隐《仿玉台体》："晚梦通帘柙，春寒逼酒垆。"

枵　〔xiāo《广韵》許嬌切，平宵，曉。〕大木中空貌。引申指腹空饥饿貌，不满足貌。见"枵然"。

【枵然】　❶空腹饥饿。皮日休《吴中苦雨因书一百韵寄鲁望》："娇儿未十岁，枵然自啼哭。"❷缺憾，不满足貌。皮日休《太湖诗》序："噫！江山幽绝，见贵于地志者，余之所到，不翅于半……尚枵然于志者，抑古圣人所谓独行之性乎？逸民之流乎？"

柚[1]　〔yòu《广韵》餘救切，去宥，以。〕❶果木名，俗名文旦。常绿乔木。果硕大，圆形，或呈鸭梨形。可食。骆宾王《称心寺》："凝滞蘅薇岸，沿洄楂柚林。"柳宗元《同刘二十八院长述旧言通赠二君子》："寒初荣橘柚，夏首荐枇杷。"元稹《酬乐天早夏见怀》："庭柚有垂实，燕巢无宿雏。"❷指柚树之果实。李白《秋日登扬州西灵塔》："露浴梧楸白，霜摧橘柚黄。"杜甫《禹庙》："荒庭垂橘柚，古屋画龙蛇。"

柚[2]　〔zhú，又读 zhóu《广韵》直六切，入屋，澄。〕通"軸"。织机上承经线之部件，即筘。常与杼(织机上承纬线之部件)连用，代指织机。杜甫《岁晏行》："高马达官厌酒肉，此辈杼轴茅茨空。"李商隐《行次西郊作一百韵》："万国困杼轴，内库无金钱。"轴，一本作"柚"。

【柚子】　柚树之果实。即文旦。元稹《景申秋八首》之六："小片慈菇白，低丛柚子黄。"

枏　〔nán《广韵》那含切，平覃，泥。〕同"楠"。杜甫《楠树为风雨所拔叹》："倚江枏树草堂前，故老相传二百年。"又《高枏》："枏树色冥冥，江边一盖青。"

栅　〔zhà《广韵》所晏切，去谏，生。又測戟切，入陌，初。又楚革切，入麥，初。〕❶栅栏。以竹、木等建成之栏杆状障碍物。窦常《早发金钩店寄奚十唐大二茂才》："月影临荒栅，泉声近废桥。"王建《寄贺田侍中东平功成》："探知点检兵应怯，算得新移栅未坚。"❷围栏。作用同篱笆。杜甫《催宗文树鸡栅》："笼栅念有修，近身见损益。"李贺《南园》："熟杏暖香梨叶老，草梢竹栅锁池痕。"杜牧《出守吴兴》："春桥垂酒幔，夜栅集茶樯。"

【栅壕】 栅栏与壕沟。俱为战场之工事，用以阻击敌军。李约《从军行三首》之二："栅壕三面斗，箭尽举烽频。"

【栅鎖】 栅栏上之锁。周贺《送耿山人归湖南》："夜涛鸣栅锁，寒苇露船灯。"

枳 〔zhǐ《广韵》諸氏切，上紙，章，又居帋切，上紙，見。〕❶树木名。亦称"枸橘"。落叶灌木或小乔木。树似橘而小，茎有刺。丁仙芝《和荐福寺英公新构禅堂》："枳闻庐山法，松入汉阳禅。"窦常《商山祠堂》："后王不敢论珪组，土偶人前枳树秋。"李商隐《永乐县所居一草一木无非自栽因书即事》："枳嫩栖鸾叶，桐香待凤花。"张彪《敕移橘栽》："南橘北为枳，古来岂虚言。"❷枳树之果实。白居易《有木诗八首》之三："实成乃是枳，臭苦不堪食。"❸因枳树多刺，果实苦臭，故以喻指恶人恶事。张说《相州冬日早衙》："除苛囹圄息，伐枳吏人宽。"

【枳花】 枳树之花。白色。雍陶《寄襄阳章孝标》："闻说小斋多野意，枳花阴里麝香眠。"温庭筠《商山早行》："槲叶落山路，枳花明驿墙。"李郢《酬友人春暮寄枳花茶》："昨日东风吹枳花，酒醒春晚一瓯茶。"

【枳花茶】 掺枳树花制成的茶。李郢有《酬友人春暮寄枳花茶》。

【枳殼】 熟后变干之枳树果实。朱庆余有《商州王中丞留吃枳壳》。

【枳殼花】 即枳树花。朱庆余《商州王中丞留吃枳壳》："若交尽乞人人与，采尽商山枳壳花。"雍陶《城西访友人别墅》："村园门巷多相似，处处春风枳壳花。"

【枳椇】 果木名，俗称拐枣。落叶乔木。树高三四丈。颜真卿《题杼山癸亭得暮字》："山僧狎猿狖，巢鸟来枳椇。"

【枳棘】 枳与棘。两种多刺之恶木。常喻指小人。孙逖《和左卫武仓曹卫中对雨创韵赠右卫李骑曹》："枳棘鸾无叹，梧梧凤必巢。"孟浩然《将适天台留别临安李主簿》："枳棘君尚栖，匏瓜吾岂系。"李绅《新楼诗二十首·橘园》："惧同枳棘愁迁徙，每抱馨香委照临。"韩偓《赠渔者》："个侬居处近诛茅，枳棘篱兼用荻梢。"

【枳道】 亭名。在长安（今陕西西安）。刘长卿《灞东晚晴简同行薛弃朱训》："古树枳道傍，人烟杜陵下。"

【枳橘】 枳树与橘树。韦庄《赠渔翁》："满岸秋风吹枳橘，绕陂烟雨种菰蒋。"

【枳籬】 用枳木编成的篱笆。白居易《渭村退居寄礼部崔侍郎翰林钱舍人诗一百韵》："枳篱编刺夹，薤垄擘科秧。"韩偓《南安寓止》："此地三年偶寄家，枳篱茅厂共桑麻。"

柞[1] 〔zuò《广韵》在各切，入鐸，從。又則落切，入鐸，精。〕树木名。常绿灌木或小乔木。韩愈《晚秋郾城夜会联句》："五狩朝恒岱，三畋宿杨柞。"按，此指五柞宫。在唐扶风郡盩厔县（今陕西周至），因宫中有五柞树得名。

柞[2] 〔zé《集韵》側格切，入陌，莊。〕狭窄，窄小。见"柞₂橋"。

【柞₂橋】 狭窄之小桥。戎昱《成都元十八侍御》："骅骢幸自能驰骤，何惜挥鞭过柞桥。"

椸 〔yí《集韵》餘知切，平支，以。〕篱笆。皮日休《初夏即事寄鲁望》："敧杉突椸架，迸笋支檐楹。"

柏 〔bǎi《广韵》博陌切，入陌，幫。〕❶树木名。常绿乔木或灌木。有侧柏、圆柏、刺柏等多种。叶细小呈鳞片状。果实圆球形，可入药。性耐寒。木质坚细，为上等木材。祖咏《尚书省门吟》："日暮祖侯吟一声，长安竹柏皆枯死。"贺兰进明《行路难五首》之四："叹息青青陵上柏，岁寒能有几人同。"张祜《东山寺》："寒色苍苍老柏风，石苔清滑露光融。"韦庄《尹喜宅》："荒原秋殿柏萧萧，何代风烟占寂寥。"❷指柏树木材。白居易《题文集柜》："破柏作书柜，柜牢柏复坚。"❸指柏实。元稹《台中鞫狱忆开元观旧事呈损之》："忆在开元馆，食柏练玉颜。"❹指柏叶。可用以浸制柏叶酒。杜甫《佳人》："摘花不插发，采柏动盈掬。"❺姓。见"柏中丞"。

【柏二】 名不详。贞节之弟。杜甫有《奉送蜀州柏二别驾将中丞命赴江陵起居卫尚书太夫人因示从弟行军司马佐》。

【柏人】 地名。春秋晋地，战国属赵，汉置县。地当在今河北唐山西。见《史记·张耳陈余列传》。后遂用为皇帝慎于出行之典。李白《枯鱼过河泣》："万乘慎出入，柏人以为诫。"

【柏大】 名不详。贞节之子侄。杜甫有《题柏大兄弟山居屋壁二首》。

【柏子】 即"柏子香"。唐彦谦《题证道寺》："炉寒余柏子，架静落藤花。"皮日休《药名联句》："香然柏子后，尊泛菊花来。"

【柏子香】 香炉名。因掺以柏子制成，故名。皮日休《奉和鲁望同游北禅院》："吟多几转莲花漏，坐久重焚柏子香。"

【柏子禪】 佛教禅宗参禅之一种。因参禅时旁焚柏子香，故称。戴叔伦《二灵寺守岁》："无人更献椒花颂，有客同参柏子禅。"

【柏中允】 柏中丞之讹。指柏贞节。杜甫有《览柏中允兼子侄数人除官制词因述父子兄弟四美载歌丝纶》。“允”下注：“一作丞”。按，“一作”是。参见“柏中丞”。

【柏中丞】　指柏贞节。贞节大历元年(766)为夔州刺史兼御史中丞。杜甫有《览镜呈柏中丞》《陪柏中丞观宴将士二首》《送田四弟将军将夔州柏中丞命起居江陵节度阳城郡王卫公幕》。

【柏氏】　指柏贞节父子兄弟。杜甫《览柏中允兼子侄数人除官制词因述父子兄弟四美载歌丝纶》：“蜀中寇亦甚，柏氏功弥存。”

【柏公】　指柏贞节。贞节曾都督夔州诸军事兼夔州刺史。杜甫《园人送瓜》：“柏公镇夔国，滞务兹一扫。”

【柏成子高】　即伯成子高。相传唐尧时为诸侯，夏禹时为隐士。见《太平御览》卷五〇九引三国魏嵇康《高士传》。吴筠有《高士咏·柏成子高》。

【柏別駕】　名不详，排行第二，贞节之弟，大历元年(766)为蜀州别驾。杜甫有《奉送蜀州柏二别驾将中丞命赴江陵起居卫尚书太夫人因示从弟行军司马佐》。

【柏侍郎】　名不详。大中时为侍郎。李频有《长安寓居寄柏侍郎》。

【柏侍御】　❶名不详。元和间为监察御史。王建有《酬柏侍御闻与韦处士同游灵台寺见寄》和《酬柏侍御答酒》。❷柏之封。之封曾官大理，摄监察御史。又曾转监察御史裹行、殿中侍御史内供奉。王建有《酬柏侍御闻与韦处士同游灵台寺见寄》和《酬柏侍御答酒》。

【柏林】　柏树林。贾岛《明月山怀独孤崇鱼琢》：“当从令尹后，再往步柏林。”

【柏林寺】　寺名。始建于汉末。在唐河北道赵州(今河北赵县)。郎士元有《柏林寺南望》。

【柏谷】　地名。在唐河南道陕州灵宝县(今河南灵宝)西南朱阳镇。魏征《赋西汉》：“夜宴经柏谷，朝游出杜原。”

【柏枕桃門】　柏木之枕与桃木之门。借指林野隐者之居处。玄宗《端午三殿宴群臣探得神字》序：“何止柏枕桃门，验方术于经记，彩花命缕，观问遗于风俗，感婆娑于孝女，悯枯槁之忠臣而已哉！”

【柏牀】　柏木制成之床。李端《杂歌呈郑锡司空文明》：“胡麻作饭琼作浆，素书一帙在柏床。”

【柏城】　指皇帝之陵墓。因陵上柏树成行，遮蔽陵寝，故称。张籍《拜丰陵》：“寒更报点来山殿，晓炬分行照柏城。”白居易《新乐府·陵园妾》：“松门到晓月裴回，柏城尽日风萧瑟。”又《开成大行皇帝挽歌词四首》之四：“月低仪杖辞兰路，风引笳箫入柏城。”许浑《懿安皇太后挽歌词》：“挽移兰殿月，笳引柏城风。”

【柏酒】　柏叶酒。以柏叶酿制之酒。旧习春节时饮之。凡饮，次第从年小者始。杜审言《守岁侍宴应制》：“弹弦奏节梅风入，对局探钩柏酒传。”孟浩然《岁除夜会乐城张少府宅》：“旧曲梅花唱，新正柏酒传。”杜甫《元日示宗武》：“飘零还柏酒，衰病只藜床。”

【柏茶】　掺以柏叶制成之茶。李洞《和知己赴任华州》：“树谷期招隐，吟诗煮柏茶。”

【柏耆】　(？～829)魏州(今河北大名)人。事迹见新旧《唐书》本传。李绅《趋翰苑遭诬构四十六韵》：“乱群逢害马，择肉纵狂貙。”自注：“逢吉、守澄、栖楚、柏耆、又新等，连为搏噬之徒。”

【柏烏】　柏树上之乌鸦。丁仙芝《戏赠姚侍御》：“繁霜晓幕鸣柏乌，待子兽炭然金炉。”

【柏陵】　指皇陵。因皇陵多栽满松柏，故称。李贺《官街鼓》：“汉城黄柳映新帘，柏陵飞燕埋香骨。”

【柏梯】　❶寺名。薛能《送同儒大德归柏梯寺》：“柏梯还拟谢微官，遥拟千峰送法兰。”❷柏树夹道之登山台阶。齐己《行次宜春寄湘西诸友》：“幸无名利路相迷，双履寻山上柏梯。”

【柏堂】　以柏为材造成之堂。秾华《句》：“柏堂新成乐未央，回来回去绕裴郎。”

【柏崖老人】　参见“柏巖老人”。

【柏梁】　❶指柏梁台。王勃《临高台》：“君看旧日高台处，柏梁铜雀生黄尘。”李白《双燕离》：“柏梁失火去，因入吴王宫。”柳宗元《行路难三首》之二：“柏梁天灾武库火，匠石狼顾相愁冤。”鲍溶《汉宫词二首》：“柏梁宸居清窈窕，东方先生夜待诏。”❷泛指帝王宫殿或朝廷。李敬玄《奉和别越王》：“飞盖回兰坂，宸襟伫柏梁。”宋之问《桂州三月三日》：“千春万寿多行乐，柏梁和歌攀睿作。”韦渠牟《览外生卢纶诗因以示此》：“终期内殿联诗句，共汝朝天会柏梁。”白居易《渭村退居寄礼部崔侍郎翰林钱舍人诗一百韵》：“晓从朝兴庆，春陪宴柏梁。”❸指汉武帝与群臣在柏梁台所作之《柏梁诗》。亦泛指应制之诗。张九龄《奉和圣制南郊礼毕酺宴》：“饱德君臣醉，连歌奉柏梁。”崔国辅《九日侍宴应制》：“始惊兰佩出，复咏柏梁新。”包佶《奉和常阁老晚秋集贤院即事寄赠徐薛二侍郎》：“柏梁思和曲，朝夕候金闺。”

【柏梁作】　同“柏梁篇”。张九龄《奉和圣制瑞雪篇》：“愿以柏梁作，长为柳花咏。”

【柏梁宴】　汉武帝尝置酒柏梁台，诏群臣和诗。后因以“柏梁宴”指朝廷之宴会。王维《奉和圣制赐史供奉曲江宴应制》：“言陪柏梁宴，新下建章来。”韦应物《送雷监赴阙庭》：“长陪柏梁宴，日向丹墀趋。”权德舆《德宗神武孝文皇帝挽歌词三首》之二：“常时柏梁宴，今日谷林归。”

【柏梁陪】 泛指参加朝廷之宴会。韦应物《东林精舍见故殿中郑侍御题诗因寄呈阎澧州冯少府》：“永谢柏梁陪，独阙金门籍。”

【柏梁殿】 即“柏梁臺”。白居易《德宗皇帝挽歌词四首》之一：“文高柏梁殿，礼薄霸陵原。”鲍溶《霓裳羽衣歌》：“五声写出心中见，拊石喧金柏梁殿。”

【柏梁臺】 汉代殿台名。在长安北阙内。故址在今陕西西安西北之汉故城内。汉武帝元鼎二年（前115）建，太初元年（前104）失火焚毁。亦泛指宫殿。中宗、苏颋等《十月诞辰内殿宴群臣效柏梁体联句》：“衔恩献寿柏梁台，黄缣青简奉康哉。”徐贤妃《长门怨》：“旧爱柏梁台，新宠昭阳殿。”陆龟蒙《汉宫词》：“招灵阁上霓旌绝，柏梁台中珠翠稠。”

【柏梁歌】 同“柏梁篇”。许敬宗《奉和喜雪应制》：“是日松筠性，欣奉柏梁歌。”

【柏梁篇】 即“柏梁體”。多指大臣与帝王联句之诗或应制之作。杜正伦《玄武门侍宴》：“谬陪瑶水宴，仍厕柏梁篇。”丁仙芝《赠朱中书》：“晨趋彩笔柏梁篇，昼出雕盘大官膳。”王维《奉和圣制重阳节宰臣及群官上寿应制》：“无穷菊花节，长奉柏梁篇。”高适《信安王幕府诗》：“帝思麟阁像，臣献柏梁篇。”

【柏梁體】 诗体之一种。传汉武帝置酒柏梁台上，诏群臣有能为七言诗者乃得上座，乃成《柏梁诗》。其体每句七言，句句用韵，各联一句，一韵到底。后遂称此体为“柏梁体”。太宗与房玄龄、萧瑀等有《两仪殿赋柏梁体》。高宗与霍王、相王等有《咸亨殿宴近臣诸亲柏梁体》。中宗与杨峤、宗楚客等有《十月诞辰内殿宴群臣效柏梁体联句》。

【柏葉】 柏叶酒之省称。李乂有《元日恩赐柏叶应制》。武平一《奉和正旦赐宰臣柏叶应制》：“愿持柏叶寿，长奉万年欢。”杜甫《人日两篇》之二：“尊前柏叶休随酒，胜里金花巧耐寒。”司空曙《酬卫长林岁日见呈》：“朱泥一丸药，柏叶万年杯。”

【柏葉酒】 以柏叶浸制之酒。古俗于正旦饮之，以祝寿与驱邪。张子容《除夜乐城逢孟浩然》：“樽开柏叶酒，灯发九枝花。”

【柏觴】 盛柏叶酒之杯。亦泛指酒杯。许浑《卧病寄诸公》：“飞盖集兰堂，清歌递柏觞。”

【柏署】 御史府之别称。王昌龄《宿灞上寄侍御玙弟》：“茅山就一征，柏署起三载。”钱起《送河南陆少府》：“朝夕诏书还柏署，行看飞隼集高枝。”薛能《送判官赴京》：“君子是行应柏署，鄙人何望即柴扉。”罗隐《冬暮城西晚眺》：“谬忝莲华幕，虚霑柏署官。”参见“柏臺❶”。

【柏塗】 借指诙谐之隐语。见《汉书·东方朔传》。柳宗元《同刘二十八院长述旧言怀感时书事》：“善幻迷冰火，齐谐笑柏涂。”

【柏殿】 指柏梁殿。亦泛指宫廷之殿台。张说《李工部挽歌三首》之一：“杨宫先上赋，柏殿几连诗。”白居易《东南行一百韵寄通州元九侍御窦七校书》：“柏殿行陪宴，花楼走看酺。”

【柏臺】 ❶御史台之别称。因《汉书·朱博传》有“（御史）府中列柏树，常有野鸟数千栖宿其上”语，故称。张说《奉和圣制送宇文融安辑户口应制》：“柏台简行李，兰殿锡朝衣。”岑参《热海行送崔侍御还京》：“柏台霜威寒逼人，热海炎气为之薄。”元稹《狂醉》：“一自柏台为御史，二年辜负两京春。”崔元范《李尚书命妓歌饯有作奉酬》：“独向柏台为老吏，可怜林木响余声。”❷柏梁台之省称。李峤《奉和幸长安故城未央宫应制》：“今日联章处，犹疑上柏台。”

【柏臺吏】 指御史台之官吏。即御史、侍御史等。元稹《元和五年予官不了罚俸西归思怆曩游因投五十韵》：“去岁又登朝，登为柏台吏。”

【柏臺烏】 御史府柏树上之乌鸦。借指御史台。见《汉书·朱博传》。皎然《送路少府使京兼觐侍御兄》：“伫瞻双阙凤，思见柏台乌。”

【柏臺綱】 指朝廷之法度、纲纪。苑咸《送大理正摄御史判凉州别驾》：“垂银棘庭印，持斧柏台纲。”

【柏臺蘭省】 亦作“柏臺蘭署”。指御史台与秘书省。唐高宗时曾改秘书省为兰台，故后以“兰省”或“兰署”指秘书省。罗隐《寄京阙陆郎中昆仲》：“柏台兰署四周旋，宾榻何妨雁影连。”崔道融《寄李左司》：“柏台兰省共清风，鸣玉朝联夜被同。”参见“柏臺❶”。

【柏寢】 ❶台名。春秋齐景公建。故址在今山东广饶县境。韩翃《送张儋水路归北海》：“柏寝寒芜变，梧台宿雨收。”❷指旁植柏树之斋室。羊士谔《故萧尚书瘿柏斋前玉蕊树与王起居吏部孟员外同赏》：“柏寝闭何时，瑶华自满枝。”

【柏實】 柏树之果实。道教谓食可轻身延寿。李颀《送王道士还山》：“嵩阳道士餐柏实，居处三花对石室。”皎然《晚秋宿李军道所居》：“术花生野径，柏实满寒条。”

【柏樹臺】 同“柏臺❶”。指柏梁台。元稹《同醉》：“柏树台中推事人，杏花坛上炼形真。”

【柏學士】 名不详。天宝中为学士。安史之乱时，隐居夔州。杜甫有《柏学士茅屋》和《寄柏学士林居》。

【柏巖】 山岩名。一名百岩。在太行山中。岩上有柏岩寺。李益《哭柏岩禅师》：“天涯禅弟子，空到柏岩游。”周贺《赠柏岩禅师》：“多年柏岩住，不记柏岩名。”

【柏巖寺】 寺名。一名百岩寺。在太行山中。贞元、元和间僧人柏岩因久居于此而号柏岩禅师。冷朝阳《宿柏岩寺》:“幽寺在岩中,行唯一径通。”参阅权德舆《唐故章敬寺百岩禅师碑铭》。

【柏巖老人】 名不详,号无名先生。肃、代间隐士。钱起有《赠柏岩老人》。亦讹作“柏崖老人”。钱起有《柏崖老人号无名先生男削发女黄冠自以云泉独乐命予赋诗》。

【柏巖和尚】 同“柏巖禪師”。贾岛有《哭柏岩和尚》。

【柏巖禪師】 (756～815)即怀晖,俗姓谢。泉州(今属福建)人。事迹见《宋高僧传》卷十、《景德传灯录》卷七。李益有《哭柏岩禅师》。周贺有《赠柏岩禅师》。

柝 〔tuò《集韵》闥各切,入鐸,透。〕巡夜时所敲之木梆。王无竞《灭胡》:“羽书夜惊急,边柝乱传呼。”李行言《秋晚度废关》:“始闻清夜柝,俄见落封泥。”严维《答刘长聊蛇浦桥月下重送》:“耿耿相看不寐,遥闻晓柝山城。”李商隐《马嵬二首》:“空闻虎旅传宵柝,无复鸡人报晓筹。”

柧 〔gū《广韵》古胡切,平模,見。〕古代用以书写之木简。孟郊《寒溪》之五:“柧椾吃无力,飞走更相仁。”

柢 〔dǐ《广韵》都禮切,上薺,端。又都計切,去霽,端。又都奚切,平齊,端。〕树之根。亦特指直根、主根。元稹《谕宝二首》之二:“豫樟无厚地,危柢真飑䬇。”

枸 〔gǒu《广韵》古厚切,上厚,見。〕见“枸杞”。

【枸杞】 树木名。落叶小灌木。茎有短刺。叶椭圆状。夏秋开花,花色淡紫。果圆卵形,红色,可入药。叶与嫩茎可作蔬菜。其根皮俗称“地骨皮”,亦可入药。寒山《诗三百三首》之七七:“暖腹茱萸酒,空心枸杞羹。”杜甫《恶树》:“枸杞因吾有,鸡栖奈汝何。”包佶《答窦拾遗卧病见寄》:“瓶开枸杞悬泉水,鼎炼芙蓉伏火砂。”贯休《送僧归天台寺》:“莫折枸杞叶,令他十得嗔。”

柳 〔liǔ《广韵》力久切,上有,來。〕❶树木名。落叶乔木或灌木。杨柳科。枝柔细,叶狭长。籽实上有白毛,能随风飘转,故称柳絮。有垂柳、旱柳、杞柳等多种。柳中庸《幽院早春》:“草短花初拆,苔青柳半黄。”姚合《题永城驿》:“连浦一程兼汴宋,夹堤千柳杂唐隋。”阎德隐《三月歌》:“洛阳城路九春衢,洛阳城外柳千株。”❷星宿名。二十八宿之一。见“柳星”。❸棺饰与丧车之车饰。见“柳車”。❹姓。李颀《送山阴姚丞携妓之任兼寄苏少府》:“白皙吴王孙,青蛾柳家女。”❺通“瘤”。见“柳生肘”。

【柳十三】 名不详。大历间人。顾况有《寄淮上柳十三》。

【柳八】 柳浑。曾官殿中侍御史、袁州刺史等。见《柳河东集》卷八《故银青光禄大夫右散骑常侍……柳公行状》。刘长卿有《江州留别薛六柳八二员外》。皇甫冉有《送柳八员外赴江西》。

【柳九隴】 柳明,字太易,河东人。曾官九陇县令。见《益州夫子庙碑》。卢照邻有《于时春也慨然有江湖之思寄赠柳九陇》。

【柳士師】 指春秋鲁柳下惠。柳下惠曾为士师。见《论语·微子》。何晏集解引孔安国曰:“士师,典狱之官。”刘禹锡《再授连州至衡阳酬柳柳州赠别》:“重临事异黄丞相,三黜名惭柳士师。”

【柳下】 即“柳下惠”。高骈《依韵奉酬李迪》:“柳下官资颜子居,闲情入骨若为除。”

【柳下直道】 指春秋鲁国柳下惠以直事人。李瀚《蒙求》:“柳下直道,叔敖阴德。”参见“柳士師”。

【柳下惠】 即春秋鲁大夫展禽。展禽食采柳下,谥曰惠。吴筠有《高士咏·柳下惠》。

【柳大】 名不详。元和间人。白居易有《长安送柳大东归》。

【柳大夫】 柳瑫。瑫亦作“韬”,字藏用,柳璟子,进士及第,曾官浙东观察使。见《新唐书·刘汉宏传》《旧唐书·柳景传》等。崔道融有《献浙东柳大夫》。

【柳子】 指柳宗元。刘禹锡《伤愚溪三首》引:“柳子没三年,有僧游零陵,告余曰:‘愚溪无复曩时矣。’”

【柳子厚】 即柳宗元。宗元字子厚。吕温有《嘲柳州柳子厚》。刘禹锡有《谢柳子厚寄叠石砚》。又《伤愚溪三首》引:“故人柳子厚之谪永州,得胜地。”

【柳太守】 指南朝梁柳恽。恽武帝天监二年(503)为吴兴太守;八年,复为吴兴太守。皎然《奉酬于中丞使君郡斋卧病见示一首》:“伊昔柳太守,曾赏汀洲蘋。”亦用以指刺史或湖州刺史。孟郊《汝州南潭陪陆中丞公宴》:“谁言柳太守,空有白蘋吟。”许浑《送人归吴兴》:“应逢柳太守,为说过潇湘。”

【柳少府】 (少 shào)❶指柳圆。圆天宝十三年(754)为秋浦县尉。李白有《赠秋浦柳少府》。又《咏山樽二首》之一下注:“此首题一作《咏柳少府山瘿木樽》。”❷名不详,大历元年(766)为华阳县尉。杜甫有《贻华阳柳少府》。

【柳中庸】 名淡,以字行。河东(今山西永济西)人。徙京兆(今陕西西安)。喜之子,宗元父之族兄弟,赵璘之外祖父。曾师于萧颖士,颖士爱其才,以女妻之。事迹附见《新唐书·文艺中·柳并传》及《宰相世系表三上》。与李端友善，端赠其诗尤多。《全唐诗》卷二五七录其诗十三首。

【柳夭桃艷】　形容女子之体态容貌窈窕艳丽。阎选《虞美人》词："月蛾星眼笑微频，柳夭桃艳不胜春，晚妆匀。"

【柳公綽】　(768～832)字宽，小字起之。京兆华原(今陕西耀县)人。公权之兄。事迹见新旧《唐书》本传。《全唐诗》卷三一八录其诗三首，卷七八九录其与武元衡等联句一首。

【柳公權】　(778～865)字诚悬。京兆华原(今陕西耀县)人。公绰之弟。幼嗜学，年十二能为辞赋。事迹见新旧《唐书》本传。《全唐诗》卷四七九录其诗五首。

【柳氏妓】　指柳当之妓。郑还古有《赠柳氏妓》。

【柳氏】　籍贯不详。事见《太平广记》卷四八五引许尧佐《柳氏传》、孟棨《本事诗·情感》。韩翃有《寄柳氏》。《全唐诗》卷八〇〇录其《答韩翃》一首。

【柳火】　钻榆树与柳树木而得之火。唐俗每年寒食后，由皇宫钻榆、柳木取火以赐近臣和姻戚。徐铉《和门下殷侍郎新茶二十韵》："正当钻柳火，遥想涌金泉。"

【柳生肘】　谓肘上长瘤。借指有病灾。柳，通"瘤"。见《庄子·至乐》。白居易《达理二首》之二："或柳生肘间，或男变为女。"又《病眼花》："花发眼中犹足怪，柳生肘上亦须休。"

【柳市】　❶地名。汉代长安九市之一。在细柳仓。王维《同比部杨员外十五夜游有怀静者季》："竞向长杨柳市北，肯过精舍竹林前。"李益《汉宫少年行》："晚来香街经柳市，行过倡市宿桃根。"❷泛指柳树密集成荫之集市或处所。权德舆《送映师归本寺》："还归柳市去，远远出人群。"韦庄《关河道中》："槐陌蝉声柳市风，驿楼高倚夕阳东。"刘兼《蜀都春晚感怀》："谁家玉笛吹残照，柳市金丝拂旧堤。"

【柳司馬】　名不详。大历二年(767)为夔州司马。杜甫有《柳司马至》。

【柳司録】　名不详。大中时为凤翔府司录参事。朱庆余有《赠凤翔柳司录》。

【柳耳】　柳树上生长之木耳。韩愈《独钓四首》之二："雨多添柳耳，水长减蒲芽。"

【柳先生】　名不详。肃、代间隐士。耿沣有《春寻柳先生》。

【柳色】　❶柳树之色。崔日用《奉和圣制春日幸望春宫应制》："光风摇动兰英紫，淑气依迟柳色青。"李白《宫中行乐词》之二："柳色黄金嫩，梨花白雪香。"崔珏《门前柳》："南津柳色连南市，南市戎州三百里。"❷指翠绿色。和凝《天仙子》词："柳色披衫金缕凤，纤手轻拈红豆弄。"

【柳州】　唐代州名。在岭南道。即今广西柳州。韦应物有《寄柳州韩司户郎中》。柳宗元《种柳戏题》："柳州柳刺史，种柳柳江边。"

【柳芽】　柳树新发之嫩叶芽。皮日休《奉酬鲁望惜春见寄》："梅片尽飘轻粉靥，柳芽初吐烂金醅。"

【柳花】　柳树之花或絮。未生叶前先生花，其色嫩黄。张九龄《奉和圣制瑞雪篇》："愿以柏梁作，长为柳花咏。"按，此以柳花喻雪。李颀《送顾朝阳还吴》："开樽洛水上，怨别柳花新。"吴融《灵宝县西侧津》："柳花无赖苦多暇，蛺蝶有情长自忙。"

【柳花裙】　色如柳絮之裙。元稹《白衣裳二首》之二："藕丝衫子柳花裙，空著沈香慢火熏。"

【柳芳】　河东(今山西永济西)人。璟之祖。开元二十九进士及第。天宝初，授秘书省校书郎。事迹见新旧《唐书》本传。舒元舆《八月五日中部官舍读唐历天宝已来追怆故事》："将寻国朝事，静读柳芳历。"

【柳杞】　泛指柳树。杞，杞柳，一名红皮柳。柳树之一种。储光羲《贻余处士》："秋苑故池田，宫门新柳杞。"白居易《杏园中枣树》："君爱绕指柔，从君怜柳杞。"

【柳車】　出丧之车。柳，古代对棺饰与柩车饰之统称。权德舆《张工部至薄寒山下有书无由驰报輤车之至倍切悲怀》："今日难裁秣陵报，薤歌寥落柳车边。"张籍《祭退之》："柳车一出门，终天无回箱。"

【柳吴興】　(—xīng)指南朝梁柳恽。恽武帝天监三年为吴兴太守；十一年，复为吴兴太守。卢纶《早春游樊川野居却寄李端校书兼呈崔峒补阙司空曙主簿耿沣拾遗》："琴师阮校尉，诗和柳吴兴。"清昼、汤衡《讲古文联句》："彼柳吴兴，高视时辈。"刘禹锡有《湖州崔郎中曹长寄三癖诗自言癖在诗与琴酒其词逸而高吟咏不足昔柳吴兴亭皋陇首之句王融书之白团扇故为四韵以谢之》。张又新《吹台山》："应谓焦桐堪采斫，不知谁是柳吴兴。"亦用以指柳姓者。李益《九月十日雨中过张伯佳期柳镇未至以诗招之》："柳吴兴近无消息，张长公贫苦寂寥。"

【柳秀才】　名不详。大中、咸通间人。马戴有《送柳秀才往连州看弟》。

【柳兵曹】　指柳泥。泥代宗时为曹参军。耿沣有《晚投江泽浦即事呈柳兵曹泥》。

【柳伯存】　即柳并。并字伯存。吴筠有《舟中遇柳伯存归潜山因有此赠》。

【柳谷】　长满柳树之山谷。顾况《山居即事》："崦合桃花水，窗分柳谷烟。"

【柳谷汧】　籍贯不详，大历末为屯田郎中。权德舆有《题柳郎中茅山故居》，题一作《柳谷汧故居》。

【柳含煙】　唐教坊曲名。后为词牌名。双调，九句七韵，四十五字。上片五句三平韵，下片四句二平韵。毛文锡有《柳含烟》词五首，因其第二首有"映水含烟拂路，几回攀折赠行人，暗伤神"句，后因以"柳含烟"为词牌名。

【柳判官】　名不详。贞元间为振武节度使判官。李益有《送柳判官赴振武》。

【柳林】　❶柳树林。许浑《泛五云溪》："鱼倾荷叶露，蝉噪柳林风。"❷营戍名。在唐江南道鄂州武昌(今湖北武昌)。刘禹锡《始发鄂渚寄表臣二首》之二："晓发柳林戍，遥城闻五鼓。"

【柳枝】　❶柳树之枝条。岑参《送怀州吴别驾》："灞上柳枝黄，垆头酒正香。"方干《赠美人四首》之二："含歌媚盼如桃叶，妙舞轻盈似柳枝。"罗虬《比红儿诗》之二九："若教楚国宫人见，羞把腰身并柳枝。"❷乐府近代曲《杨柳枝》之别称。白居易《蓝田刘明府携酌相过与皇甫郎中卯时同饮醉后赠之》："貌偷花色老暂去，歌蹋柳枝春暗来。"徐铉《柳枝词十首》之七："醉折垂杨唱柳枝，金城三月走金羁。"详见"柳枝词"。❸妓名。(1)白居易之侍妓有小蛮，善舞，腰似柳枝；又有樊素，善歌《杨柳枝》，因以"柳枝"为二人之昵称。白居易《对酒有怀寄李十九郎中》："往年江外抛桃叶，去岁楼中别柳枝。"又有《别柳枝》云："两枝杨柳小楼中，袅袅多年伴醉翁。"(2)李商隐居洛中时之邻女。李商隐《柳枝五首》序："柳枝，洛中里娘也……余从昆让山，比柳枝居为近。"❹词牌名。双调，八句，四十字，平韵。张泌有《柳枝词》一首。❺即樊素。白居易家妓。白居易《不能忘情吟》序："妓有樊素者，年二十余，绰绰有舞态，善唱杨枝，人多以曲名名之。"白居易又有《别柳枝》。

【柳枝詞】　乐府近代曲《杨柳枝》之省称。本为汉乐府横吹曲辞《折杨柳》，至唐易名为《杨柳枝》，入为教坊曲。白居易翻为新声，形式为七言四句，内容则以咏柳为多。裴虔余有《柳枝词咏篙水溅妓衣》。薛能有《柳枝词五首》。

【柳枝腰】　指女子柔软之细腰。李群玉《龙安寺佳人阿最歌八首》之一："团团明月面，冉冉柳枝腰。"

【柳門】　旁植柳树之屋门。陆敬《游隋故都》："参差海曲雁，寂寞柳门蝉。"刘禹锡《伤愚溪三首》之三："柳门竹巷依依在，野草青苔日日多。"吴融《赴阙次留献荆南成相公三十韵》："行行柳门路，回首下离东。"

【柳岸】　植有许多柳树之水岸。徐铉《邵伯埭下寄高邮陈郎中》："河湾水浅翘秋鹭，柳岸风微噪暮蝉。"

【柳侍郎】　柳浑。贞元二年拜兵部侍郎，见《旧唐书》本传。卢纶有《同柳侍郎题侯钊侍郎新昌里》。

【柳使君】　柳浑。浑曾官袁州刺史，见《旧唐书》本传。刘长卿有《送柳使君赴袁州》。

【柳舍人】　指柳公权。公权大和九年自兵部郎中加知制诰；开成元年正拜中书舍人。贾岛有《寄柳舍人宗元》，注："一本无宗元二字。"按，柳宗元未任知制诰、中书舍人，一本是。

【柳金梅雪】　指柳花与梅花。柳花黄似金，梅花白如雪，故称。赵嘏《广陵答崔琛》："棹倚隋家旧院墙，柳金梅雪扑檐香。"

【柳泌】　原名柳仁昼。一作杨仁力，误。夏州(今湖北沔阳西南)石门山方士。事迹见新旧《唐书·皇甫镈传》。《全唐诗》卷五〇五录其诗二首。

【柳泥】　籍贯不详。代宗时为兵曹参军。耿沣有《晚投江泽浦即事呈柳兵曹泥》。

【柳宗一】　河东(今山西永济西)人。宗元之弟。柳宗元有《别舍弟宗一》。

【柳宗元】　字子厚，排行第八。河东(今山西永济西)人，人因称"柳河东"。镇之子。贞元九年进士及第。十二年，授秘书省校书郎。十四年，登博学宏词科，授集贤院正字。事迹见新旧《唐书》本传。卒后，其友刘禹锡编次遗文三十卷，并为之作记。今存《柳河东集》四十五卷，外集二卷，补遗一卷。《全唐诗》卷三五〇至卷三五三录其诗四卷。

【柳宗言】　河东(今山西永济西)人。元和、长庆间秀才。张祜有《酬答柳宗言秀才见赠》。

【柳宜城】　指柳浑。浑贞元元年封宜城县开国伯。顾况有《送柳宜城葬》。刘禹锡《送湘阳熊判官孺登府罢归钟陵因寄呈江西裴中丞二十三兄》自注："中丞为博士，制相国柳宜城谥议。"

【柳官迪】　籍贯不详。天宝间道士。李白有《草创大还赠柳官迪》。

【柳郎】　❶指南朝梁柳恽。见《南史·柳恽传》。温庭筠《秘书刘尚书挽歌词二首》之二："折花兼踏月，多唱柳郎词。"按，李益有《江南曲》，此借指刘禹锡《柳枝词》。❷名不详。陈翃之婿。卢纶有《酬陈翃郎中冬至携柳朗窦郎归河中旧居见寄》。

【柳郎中】　❶指柳谷汧。谷汧大历末为屯田郎中。权德舆有《题柳郎中茅山故居》，题一作《柳谷汧故居》。❷指柳公绰。公绰元和四年召为吏部郎中。武元衡有《送柳郎中裴起居》。❸名不详。建中、兴元间为郎中。韦应物有《酬柳郎中春日归扬州南郭见别之作》。❹指柳识。识，字云明，屯田郎中、集贤殿学士。见《新唐书·宰相世系表三上》柳氏。权德舆有《题柳郎中茅山故居》。

【柳建】 河东(今山西永济西)人。至德、乾元间,为秘书省正字。事迹见《新唐书·宰相世系表三上》。岑参有《春兴思南山旧庐招柳建正字》。

【柳陌】 两边植有柳树之路。宗楚客《奉和圣制喜雪应制》:“似絮还飞垂柳陌,如花更绕落梅前。”刘禹锡《踏歌行》之二:“桃蹊柳陌好经过,灯下妆成月下歌。”

【柳城】 多植柳树之城。颜真卿、清昼《五言玩初月重游联句》:“望望随兰棹,依依出柳城。”刘言史《处州月夜穆中丞席和主人》:“羌竹繁弦银烛红,月光初出柳城东。”

【柳巷】 长有柳树之里巷。李商隐《戏题友人壁》:“花径逶迤柳巷深,小阑亭午啭春禽。”

【柳相公】 指柳浑。浑贞元三年以兵部侍郎同中书门下平章事。包佶有《奉和柳相公中书言怀》。顾况有《酬柳相公》。

【柳柳州】 指柳宗元。宗元元和十年为柳州刺史,卒于位,世称“柳柳州”。韩愈有《答柳柳州食虾蟆》。刘禹锡有《再授连州至衡阳酬柳柳州赠别》和《酬柳柳州家鸡之赠》。

【柳星】 二十八宿之一,为南方朱雀七星之第三星。刘禹锡《赠别约师》:“话旧还惆怅,天南望柳星。”

【柳風】 柳花开时之风,春风。许浑《和河南杨少尹奉陪薛司空石笋诗》:“闻道诗成归已夕,柳风花露月初圆。”

【柳室】 籍贯不详。南唐时人。蒋钧有《寄柳室》佚句。

【柳眉】 ❶柳叶。因其叶细长如眉,故称。李商隐《和人题真娘墓》:“柳眉空吐效颦叶,榆荚还飞买笑钱。”李咸用《和殷衙推春霖即事》:“柳眉低带泣,蒲剑锐初抽。”❷指女子细长如柳叶之眉。吴融《还俗尼》:“柳眉梅额倩妆新,笑脱袈裟得旧身。”张安石《玉女词》:“绮荐银屏空积尘,柳眉桃脸暗销春。”蜀主王衍《甘州曲》词:“柳眉桃脸不胜春,薄媚足精神。”

【柳珪】 字郊玄,一字镇方。“郊”一作“交”,误。京兆华原(今陕西耀县)人。公绰之孙,仲郢之子。事迹见《旧唐书·柳仲郢传》《新唐书》本传。《全唐诗》卷五六六录其诗一首。

【柳郴】 籍贯不详。大历中进士。与李端、卢纶友善。事迹见《唐诗纪事》卷二九。《郡斋读书志》卷十七录其诗一卷,已佚。《全唐诗》卷三〇五录其诗二首。“柳郴”下注:“一作剡”,误。

【柳條】 柳树之枝条。唐人有折柳送别之习俗。张子容《长安早春》:“何当桂枝擢,还及柳条新。”刘长卿《送马秀才落第归江南》:“南客怀归乡梦频,东门怅别柳条新。”黄文《湘江》:“潇湘江头三月春,柳条弄日摇黄金。”

【柳員外】 ❶指柳浑。浑大历二年以尚书员外郎充江南西路都团练判官。刘长卿有《江州留别薛六柳八二员外》。独孤及有《得柳员外书封寄近诗书中兼报新主行营兵马因代书戏答》。皇甫冉有《送柳八员外赴江西》。❷指柳宗元。宗元贞元二十一年(805)为礼部员外郎。刘禹锡有《送僧方及南谒柳员外》。

【柳逢】 籍贯不详。晚唐人。尝游莆田。事迹见《云溪友议》卷下。《全唐诗》卷八七〇录其诗一首。

【柳剡】 参见“柳郴”。

【柳浦】 长有柳树之水畔。赵嘏《西江晚泊》:“茫茫霭霭失西东,柳浦桑村处处同。”

【柳浪】 王维辋川别墅景胜之一。王维有《辋川集·柳浪》。

【柳家詩】 指南朝梁柳恽《江南曲》。白居易《叙德书情四十韵上宣歙翟中丞》:“山宜谢公屐,洲称柳家诗。”参见“柳恽白蘋汀”。

【柳家新樣】 指柳宗元之书法新体。刘禹锡《酬柳柳州家鸡之赠》:“柳家新样元和脚,且尽姜芽敛手徒。”

【柳陰】 柳树之树荫。赵嘏《经无锡县醉后吟》:“客过无名姓,扁舟系柳阴。”白居易《题龙门堰西涧》:“东岸菊丛西岸柳,柳阴烟合菊花开。”汪遵《汴河》:“还待春风锦帆暖,柳阴相送到迷楼。”詹敦仁《柳堤诗》:“息耒柳阴下,读书稻田隅。”

【柳梢】 柳树之枝头。白居易《池上早春即事招梦得》:“晴熏榆荚黑,春染柳梢黄。”李商隐《和友人戏赠二首》:“迢递青门有几关,柳梢楼角见南山。”

【柳帶】 柳树柔长如带之枝条。李商隐《小园独酌》:“柳带谁能结,花房未肯开。”昭宗《巫山一段云》词:“蝶舞梨园雪,莺啼柳带烟。”韩偓《御制春游长句》:“柳带似眉全展绿,杏苞如脸半开香。”徐铉《柳枝词十首》之四:“绿水成文柳带摇,东风初到不鸣条。”

【柳處士】 指柳中庸。卢纶、司空曙均有《过终南柳处士》。李端有《暮春寻终南柳处士》。

【柳眼茶】 用嫩茶叶尖制成之茶。因叶嫩如柳眼,故称。路半千《赏春》:“呼童远取溪心水,待客来煎柳眼茶。”

【柳眼】 柳树初出之叶苞。因柳芽初吐时,形似睡眼方开,故称。元稹《寄乐天》:“冰销田地芦锥短,春入枝条柳眼低。”白居易《和微之春日投简阳明洞天五十韵》:“柳眼黄丝纇,花房绛蜡珠。”林宽《省试腊后望春宫》:“柳眼方开冻,莺声渐转风。”韦庄《含香》:“微红几处花心吐,嫩绿谁家柳眼开。”

【柳毬】 被风吹卷成团之柳絮。一说为首饰名。

见刘金城《韦庄词校注》。韦庄《浣溪纱》词："清晓妆成寒食天，柳球斜袅间花钿。"

【柳庶子學士】 指柳浑。浑建中元年为太子太庶子、集贤院学士。韦应物有《答史馆张学士段柳庶子学士集贤院看花见寄兼呈柳学士》。按，"段"下注："一作同"。是。

【柳淳】 籍贯不详。孟郊有《大梁送柳淳先入关》和《送柳淳》。

【柳淡】 即柳中庸。中庸名淡。皎然有《送柳淡扶侍赴洪州》。《全唐诗》卷七八八《全唐诗补逸》卷十七各录其与颜真卿等联句一首。

【柳堤】 植有柳树之堤。温庭筠《赠 知音》："景阳宫里钟初动，不语垂鞭上柳堤。"许浑《瓜洲留别李诩》："柳堤惜别春潮落，花榭留欢夜漏分。"

【柳博士】 ❶指柳芳。芳天宝末为太常博士；永泰三年，复为太常博士。薛业有《洪州客舍寄柳博士芳》。❷指柳冕。冕贞元元年以国子博士兼领太常博士。权德舆有《国子柳博士兼领太常博士辄申贺赠》。

【柳喜】 自号嵩山老，河东（今山西永济西）人，徙京兆（今陕西西安）。中庸之父，道伦之祖。肃、代间，隐嵩山。皎然有《赠柳喜得嵩山法门自号嵩山老》。

【柳塢】 植有柳树之坞。杜牧《郡斋独酌》："西阡下柳坞，东陌绕荷塘。"

【柳葉】 ❶柳树之叶。白居易《杨柳枝》之八："人言柳叶似愁眉，更有愁肠似柳丝。"徐铉《奉和宫傅相公怀旧见寄四十韵》："闲歌柳叶翻新曲，醉咏桃花促绮筵。"蔡瑰《夏日闺怨》："雨沾柳叶如啼眼，露滴莲花似汗妆。"❷喻指女子的似柳叶之眉。徐贤妃《赋得北方有佳人》："柳叶眉间发，桃花脸上生。"

【柳葉眉】 指女子细长如柳叶之秀眉。韦庄《女冠子》词："语多时，依旧桃花面，频低柳叶眉。"

【柳惠】 即柳下惠。徐夤《古往今来》："柳惠岂嫌居下位，朱云直去指三公。"

【柳雄】 参见"柳镇"。

【柳棠】 梓州（今四川三台）人。开成二年进士及第。事迹见《唐诗纪事》卷五八。冯戡有《赠柳棠及第》佚句。《全唐诗》卷五一六录其诗二首。

【柳惲】 字文畅。南朝梁河东解县（今山西运城西南）人。事迹见《梁书》《南史》本传。李贺《追和柳恽》："汀洲白蘋草，柳恽乘马归。"于頔《郡斋卧疾赠昼上人》："常吟柳恽诗，苕浦久相思。"薛能《彭门偶题》："淮王西舍固非夫，柳恽偏州未是都。"罗隐《湖州裴郎中赴阙后投简寄友生》："祢衡酒醒春瓶倒，柳恽诗成海月圆。"

【柳惲白蘋汀】 南朝梁柳恽武帝天监中为吴兴太守时所作《江南曲》云："汀洲采白蘋，日落江南春。"后因用为吴兴典实。李商隐《寄太原卢司空三十韵》："罗含黄菊宅，柳恽白蘋汀。"亦作"柳惲汀""柳惲洲"。李商隐《酬令狐郎中见寄》："应自丘迟宅，仍过柳恽汀。"白居易《候仙亭同诸客醉作》："谢安山下空携妓，柳恽洲边只赋诗。"

【柳惲汀】 参见"柳惲白蘋汀"。

【柳惲汀洲詩】 指南朝梁柳恽武帝天监中为吴兴太守时所作之《江南曲》。白居易《裴侍中晋公以集贤林亭即事诗三十六韵见赠猥蒙征和才拙词繁辄广为五百言以伸酬献》："柳恽在江南，只赋汀洲诗。"参见"柳惲白蘋汀"。

【柳惲洲】 参见"柳惲白蘋汀"。

【柳道】 籍贯、生平均不详。肃、代间人。戴叔伦有《送柳道时余北还》。

【柳道士】 名不详。代宗时道士。钱起有《送柳道士》。

【柳道倫】 河东（今山西永济西）人。喜之孙，中庸之侄。见《元和姓纂》卷七、《新唐书·宰相世系表三上》。《全唐诗》卷三四七录其省试诗一首。

【柳曾】 籍贯、生平均不详。《全唐诗》卷七七六录其诗一首。

【柳渾】 ❶柳恽之讹。徐夤有《览柳浑汀州采白蘋之什因成一章》。参见"柳惲白蘋汀"。❷名不详，今山西永济西人，徙襄州（今湖北襄阳），寓居汝州梁县（今河南临汝）。天宝元年进士及第，授单父县尉。事迹见新旧《唐书》本传。《新唐书·艺文志四》著录其集十卷，已佚。《全唐诗》卷一九六录其诗一首。

【柳絮】 ❶柳树之种子。因上有细长白毛，随风飘飞如白絮，故称。贾至《巴陵夜别王八员外》："柳絮飞时别洛阳，梅花发后到三湘。"柳中庸《寒食戏赠》："杏花香麦粥，柳絮伴秋千。"白居易《三月二十八日赠周判官》："柳絮送人莺劝酒，去年今日别东都。"李洞《寄东蜀幕中友》："柳絮涨天笼地暖，角声经雨透云寒。"❷喻指雪。刘长卿《奉酬辛大夫喜湖南腊月连日降雪见示之作》："柳絮三冬先北地，梅花一夜遍南枝。"白居易《对火玩雪》："银盘堆柳絮，罗袖抟琼屑。"❸南朝宋刘义庆《世说新语·言法》："谢太傅寒雪夜内集，与儿女讲论文义。俄而雪骤，公欣然曰：'白雪纷纷何所似？'兄子胡儿曰：'撒盐空中差可拟。'兄女曰：'未若柳絮因风起。'后因以"柳絮"为咏才女之典。吴融《个人三十韵》："柳絮联章敏，椒花属思清。"

【柳絲】 垂柳细长如丝的枝条。裴度、崔群《春池泛舟联句》："柳丝迎画舸，水镜写雕梁。"朱庆余《吴兴新堤》："若与青山长作固，汀洲肯恨柳丝遮。"高骈《平流园席上》："画舸摇烟水满塘，柳丝轻软小桃香。"

徐仲雅《宫词》:"一把柳丝收不得,和风搭在玉栏杆。"

【柳塘】 环植柳树之池塘。严维《酬刘员外见寄》:"柳塘春水慢,花坞夕阳迟。"王建《汴路水驿》:"晚泊水边驿,柳塘初起风。"

【柳暖花春】 指春日树木、花草欣欣向荣。李郢《为妻作生日寄意》:"谢家生日好风烟,柳暖花春二月天。"

【柳暗】 指柳树枝叶繁茂,荫浓色深。王维《早朝》:"柳暗百花明,春深五凤城。"李商隐《碧瓦》:"柳暗将翻巷,荷攲正抱桥。"李群玉《湖寺清明夜遣怀》:"柳暗花香愁不眠,独凭危槛思凄然。"

【柳園】 植有柳树之园林。白居易《酬皇甫十早春对雪花见赠》:"明催竹窗晓,寒退柳园春。"

【柳腰】 ❶指柳树之枝条。因其轻柔细长如少女之腰,故称。白居易《酬南洛阳早春见赠》:"寒緺柳腰收未得,暖熏花口噤初开。"韩偓《春尽日》:"柳腰人户风斜倚,榆荚堆墙水半淹。"❷指女子轻柔似柳条之腰肢。詹敦仁《余迁泉山城留侯招游郡圃作此》:"柳腰舞罢香风度,花脸妆匀酒晕生。"花蕊夫人徐氏《宫词》之二二:"自教宫娥学打球,玉鞍初跨柳腰柔。"

【柳腰蓮臉】 谓腰柔似柳,脸艳如莲。借指美丽之女子。韩偓《频访卢秀才》:"药诀棋经思致论,柳腰莲脸本忘情。"

【柳意】 柳树在春天吐芽垂丝所显现之意蕴。韦应物《晓坐西斋》:"柳意不胜春,岩光已知曙。"李商隐《向晚》:"花情羞脉脉,柳意怅微微。"

【柳煙】 柳树浓密,上含水气,因称"柳烟"。杜牧《汴人舟行答张祜》:"春风野岸名花发,一道帆樯画柳烟。"林宽《少年行》:"柳烟侵御道,门映夹城开。"韦庄《酒泉子》词:"柳烟轻,花露重,思难任。"

【柳溪】 柳树林边之溪水。许浑《病中二首》:"风急柳溪响,露寒莎径深。"

【柳塞】 (—sài)指设于边塞之军营。柳,指细柳营,亦泛指军营。太宗《执契静三边》:"钱缀榆天合,新城柳塞空。"许景先《折柳篇》:"自怜柳塞淹戎幕,银烛长啼愁梦著。"周朴《福州东禅寺》:"飑槽柳塞马,盖地月支娫。"

【柳臺】 旁植柳树之楼台。张柬之《与国贤良夜歌二首》之一:"柳台临新堰,楼堞相重复。"

【柳管】 指柳宗元之文笔,文字作品。管,毛笔。吕温《嘲柳州柳子厚》:"柳管依然在,千秋柳拂天。"

【柳察】 曾官太祝,预修颜真卿主持的《韵海镜深》。见《全唐文》卷三三九颜真卿《湖州乌程县杼山妙喜寺禅铭》。皎然有《送柳察谏议叔》。

【柳態】 柳树舞条弄绿之情态。柳中庸《听筝》:"似逐春风知柳态,如随啼鸟识花情。"雍陶《状春》:"含春笑日花心艳,带雨牵风柳态妖。"杜荀鹤《别四明钟尚书》:"风前柳态闭时少,雨后花容淡处多。"

【柳綿】 亦作"柳緜"。即柳絮。李商隐《临发崇让宅紫薇》:"桃绶含情依露井,柳绵相忆隔章台。"又《齐梁晴云》:"缓逐烟波起,如妒柳绵飘。"

【柳震】 籍贯不详。代宗时人。司空曙有《送柳震归蜀》和《送柳震入蜀》。按,《新唐书·宰相世系表三上》有郓州刺史柳震,乃贞观时人。

【柳影】 柳树之树影。徐铉《送王员外宰德安》:"柳影连彭泽,湖光接庾楼。"顾敻《虞美人》词之五:"凭阑愁立双蛾细,柳影斜摇砌。"

【柳儀曹】 指柳宗元。宗元贞元二十一年为礼部员外郎。刘禹锡有《重至衡阳伤柳仪曹》和《阙下口号呈柳仪曹》。

【柳緜】 参见"柳綿"。

【柳論】 籍贯、生不均不详。贞元、元和间人。刘言史有《恸柳论》。

【柳線】 柳丝。柳树之细长如线的枝条。孟郊《春日有感》:"风吹柳线垂,一枝连一枝。"王周《下瞿塘寄时同年》:"春寒天气下瞿塘,大瀼溪前柳线长。"刘兼《贵游》:"风飘柳线金成穗,雨洗梨花玉有香。"

【柳璟】 字德辉。河东(今山西永济西)人。宝历元年状元及第。同年,登博学宏词科。授秘书省校书郎。事迹见新旧《唐书》本传。文宗以其祖芳尝撰《皇室永泰新谱》二十卷,开成四年闰正月,敕令续修,成《续皇宝永泰新谱》十卷,已佚。许浑有《赠柳璟冯陶二校书》。

【柳橋】 柳树掩映之桥。杜牧《题吴兴消暑楼十二韵》:"远吹流松韵,残阳渡柳桥。"

【柳頰】 指柳叶。因其形狭长似脸颊,故称。刘象《早春池亭独游三首》之一:"蒲茸才簇岸,柳颊已遮楼。"

【柳學士】 指柳浑。韦应物有《答史馆张学士段柳庶子学士集贤院看花见寄兼呈柳学士》。"段",当为"邀"之误。

【柳錄事】 名不详。大历初为山南西道录事参军。岑参有《送柳录事赴梁州》。

【柳營】 指细柳营。细柳,地名,在长安西。汉周亚夫屯兵于此,其兵营以军纪严明著称。后亦泛指军营。耿湋《和王怀州观西营秋射》:"主皮山郡晚,饮算柳营寒。"卢纶《送从叔程归西川幕》:"群鹤栖莲府,诸戎拜柳营。"施肩吾《赠边将》:"犹恐犬戎临虏塞,柳营时把阵图看。"高骈《赴西川途经虢县作》:"亚夫重过柳营门,路指岷峨隔暮云。"

【柳縝】 河东(今山西永济西)人。镇之弟,宗元之叔父。大历末,进士及第,授河南府文学。事迹见

《新唐书·宰相世系表三上》，而佚其名。孟郊有《抒情因上郎中二十二叔监察十五叔兼呈李益端公柳缜评事》。

【柳黜陟】 指柳浑。浑曾官谏议大夫、浙江东道黜陟使。见《全唐文》卷五九一。皎然《送德清卫明府赴选》注："时柳黜陟有荐状。"

【柳臉】 柳叶。李贺《沙路曲》："柳脸半眠丞相树，珮马钉铃踏沙路。"许浑《及第后春情》："细摇柳脸牵长带，慢撼桃株舞碎红。"

【柳縷】 柳树之枝条。温庭筠《懊恼曲》："庐江小吏朱斑轮，柳缕吐芽香玉春。"

【柳鎮】 柳宗元之父。事迹见柳宗元《先侍御史府君神道表》(《全唐文》卷五八八)。李益有《九月十日雨中过张伯佳期柳镇未至以诗招之》。

【柳瘿】 以柳树树瘤制成之木酒杯。杜甫《赠王二十四侍御契四十韵》："长歌敲柳瘿，小睡凭藤轮。"

【柳蠹】 谓柳树为虫所蛀。刘禹锡《和乐天闲园独赏八韵》："柳蠹枝偏亚，桑空叶再生。"

枹 〔fú《广韵》缚谋切，平尤，奉。〕❶鼓槌。见"枹鼓"。❷见"枹罕"。

【枹罕】 唐代县名，在唐陇右道河州，即今甘肃之临夏市。杜甫《送韦十六评事充同谷郡防御判官》："西扼弱水道，南镇枹罕陬。"

【枹鼓】 鼓槌与鼓。常泛指战鼓或报警之鼓。柳宗元《寄韦珩》："饥行夜坐设方略，笼铜枹鼓手所操。"

柱¹ 〔zhù《广韵》直主切，上麌，澄。〕❶支撑屋梁之木柱，亦指其他柱状之物。李峤《奉和天枢成宴夷夏群僚应制》："仙盘正下露，高柱欲承天。"杜甫《送长孙九侍御赴武威判官》："西极柱亦倾，如何正穹昊。"张籍《早朝寄白舍人严郎中》："烛暗有时冲石柱，雪深无处认沙堤。"李商隐《复至裴明府所居》："柱上雕虫对书字，槽中瘦马仰听琴。"❷乐器中之弦枕木。系弦于上可调节琴弦。王勣《辛司法宅观妓》："长裙随凤管，促柱送鸾杯。"李白《前有一尊酒行二首》之二："催弦拂柱与君饮，看朱成碧颜始红。"柳中庸《听筝》："抽弦促柱听秦筝，无限秦人悲怨声。"温庭筠《织锦词》："此意欲传传不得，玫瑰作柱朱弦琴。"❸人名。相传为上古炎帝之子。曰稷，亦曰农。见《左传·昭公二十九年》。又见《汉书·郊祀志上》。顾况《上古之什补亡训传十三章·上古一章》："遐哉上古，生弃与柱。"

柱² 〔zhǔ《广韵》知庾切，上麌，知。〕柱；支撑。寒山《诗三百三首》之十："识者取将来，犹堪柱马屋。"见"柱₂天"。

【柱下】 ❶支撑屋宇或桥梁之柱子下面。骆宾王《代女道士王灵妃赠道士李荣》："只言柱下留期信，好欲将心学松蕣。"此指桥柱。张籍《北邙行》："千金立碑高百尺，终作谁家柱下石。"此指楹柱。❷指御史。元希声《赠皇甫侍御赴都八首》之五："绰绰夫君，是膺柱下。"张谓《寄李侍御》："柱下闻周史，书中慰越吟。"❸指柱下史。后以"柱下"指在朝廷为官。储光羲《游茅山五首》之四："昔贤居柱下，今我去人间。"

【柱下史】 官名。因其职司常侍立殿柱之下，故名。又因其所掌相当于后代之御史之职，故以代指御史。孙逖《送张环摄御史监南选》："恩沾柱下史，荣比选曹郎。"李颀《龙门送裴侍御监五岭选》："君为柱下史，将命出东周。"李白《赠宣城赵太守悦》："公为柱下史，脱绣归田园。"

【柱山】 枉山之讹。刘禹锡有《谒柱山会禅师》。瞿蜕园《刘禹锡集笺证》"柱"作"枉"。注云："《太平寰宇记》：朗州武陵县，枉山在郡东十七里。"

【柱₂天】 顶天；撑天。元稹《献荥阳公诗五十韵》："盛气河包济，贞姿岳柱天。"王铎《谒梓潼张恶子庙》："惟报关东诸将相，柱天功业赖阴兵。"皮日休《襄州汉阳王故宅》："柱天功业缘何事，不得终身似霍光。"

【柱心】 檐柱之中心。元稹《见乐天诗》："忽向破檐残漏处，见君诗在柱心题。"

【柱石】 ❶房屋建筑中之顶梁柱及柱下之基石。高适《同郭十题杨主簿新厅》："用材兼柱石，闻物象高深。"元稹《有鸟二十章》之九："大厦虽存柱石倾，暗啮栋梁成蠹木。"李商隐《题小松》："一年几变枯荣事，百尺方资柱石功。"罗隐《尚父偶建小楼特摛丽藻绝句不敢称扬三首》之一："结构叨冯柱石才，敢期幢盖此裴回。"❷喻指担当国家重任之人。崔融《哭蒋詹事俨》："镇国山基毁，中天柱石颓。"杜甫《入衡州》："扶颠待柱石，独坐飞风霜。"李群玉《始忝四座奏状闻荐蒙恩授官言怀纪事》："承天四柱石，嶷若窥衡嵩。"

【柱史】 "柱下史"之省称。❶代指老子。道教奉老子为尊神。老子周时为柱下史。崔融《和梁王众传张光禄是王子晋后身》："中郎才貌是，柱史姓名非。"李白《古风》之三六："鲁连及柱史，可以蹑清芬。"窦牟《晚过敷水驿却寄华州使院张郑二侍御》："仙人掌上芙蓉沼，柱史关西松柏祠。"❷指御史。李颀《送崔侍御赴京》："柱史谒承明，翩翩将有期。"杜甫《陪王侍御同登东山最高顶宴姚通泉》："邑中上客有柱史，多暇日陪骢马游。"钱起《送裴頔侍御使蜀》："柱史才年四十强，须髯玄发美清扬。"赵嘏《李侍御归山同宿华严寺》："家有青山近玉京，风流柱史早知名。"

【柱₂地柱₂天】 犹立地顶天。孟郊《济源寒食》之六："可怜踯躅千万尺，柱地柱天疑欲飞。"

【柱國】 官名。战国时楚设。原为保卫国都之武官，后为国之最高武官。唐代用为勋官之称号。周昙《咏史诗·春秋战国门·陈轸》："杀将破军为柱国，君今官极更何加。"

【柱礎】 垫于柱下之基石。岑参《敬酬李判官使院即事见呈》："草根侵柱础，苔色上门关。"元稹《代曲江老人百韵》："琳琅铺柱础，葛藟茂河漘。"崔橹《句》："云生柱础降龙地，露洗林峦放鹤天。"郑綮《老僧》："冻瓶黏柱础，宿火陷炉灰。"

柹 〔shì《龙龛手鉴》音士。〕果木名。柿树科，落叶乔木。叶椭圆形，叶背有绒毛。花黄白色。果实圆形，或有方楞，色红或黄，味甜多汁，可食。韩愈《燕河南府秀才得生字》："柿红蒲萄紫，肴果相扶檠。"白居易《朝归书寄元八》："柿树绿阴合，王家庭院宽。"郑谷《游贵侯城南林墅》："荷密连池绿，柿繁和叶红。"

【柹子】 柿树之果实。秋熟，形圆。色红或黄。有涩味，除涩后甘甜可食。亦可制成柿饼。无名氏《选人语》(卷八七六)："今年柿子并遭霜，为语石榴须早摘。"

【柹陰】 柿树之荫。陆龟蒙《奉和袭美所居首夏水木尤清适然有作次韵》："柿阴成列药花空，却忆桐江下钓筒。"

【柹葉】 柿树之叶。至秋则色转红，故常以柿叶指秋天之景。李益《诣红楼院寻广宣不遇留题》："柿叶翻红霜景秋，碧天如水倚红楼。"白居易《寄内》："条桑初绿即为别，柿叶半红犹未归。"李商隐《赴职梓潼留别畏之员外同年》："桂花香处同高第，柿叶翻时独悼亡。"韦庄《和薛先辈见寄初秋寓怀即事之作二十韵》："柿叶添红景，槐柯减绿阴。"

【柹蒂】 柿子之把。即连接柿子与茎之部分，上有四小叶。后亦指织有此种花纹之绫。白居易《杭州春望》："红袖织绫夸柿蒂，青旗沽酒趁梨花。"

柈 〔pán《广韵》薄官切，平桓，並。〕木盘。亦泛指盘子。后多作"槃""盤"。杜甫《十月一日》："蒸裹如千室，焦糟幸一柈。"元稹《春分投简阳明洞天作》："掌里承来露，柈中钓得鲈。"

染 〔rǎn《广韵》而琰切，上琰，日。又而豔切，去豔，日。〕❶为物着色。王维《辋川别业》："雨中草色绿堪染，水上桃花红欲然。"韦应物《伤逝》："染白一为黑，焚木尽成灰。"韩翃《赠张道者》："剪荷成旧屋，剉蘖染新衣。"赵鸾鸾《纤指》："昨日琵琶弦索上，分明满甲染猩红。"❷蘸。见"染指"。亦特指以笔醮墨书写。杨师道《咏砚》："圆池类璧水，轻翰染烟华。"韩愈《陪杜侍御游湘西两寺独宿有题一首因献杨常侍》："平生每多感，柔翰遇频染。"姚合《和裴令公游南庄忆白二十韦七二宾客》："半醉思韦白，题诗染彩翰。"李商隐《韩碑》："公退斋戒坐小阁，濡染大笔何淋漓。"❸沾染，染污。杜审言《送高郎中北使》："马衔边地雪，衣染异方尘。"綦毋潜《早发上东门》："时命不将明主合，布衣空染洛阳尘。"韩愈《独钓四首》之四："风能拆芡觜，露亦染梨腮。"李洞《投献吏部张侍郎十韵》："苔染马蹄青，何曾似在城。"❹熏染。王泠然《汴堤柳》："青叶交垂连幔色，白花飞度染衣香。"韩翃《别李明府》："五侯焦石烹江笋，千户沉香染客衣。"李贺《瑶华乐》："玄霜绛雪何足云，薰梅染柳将赠君。"李商隐《梓州罢吟寄同舍》："长吟远下燕台去，惟有衣香染未销。"❺影响。亦指受影响，受侵扰。寒山《诗三百三首》之一六九："时人皆顾盼，痴爱染心意。"裴迪《夏日过青龙寺谒操禅师》："有法知不染，无言谁敢酬。"崔峒《送真上人还兰若》："爱憎应不染，尘俗自依依。"任生《投曹文姬诗》："玉皇前殿掌书仙，一染尘心下九天。"❻感染，传染。元稹《哭女樊四十韵》："病是他乡染，魂应远处惊。"

【染人】 染匠。从事染布之工匠。白居易《醉后狂言酬赠萧殷二协律》："因命染人与针女，先制两裘赠二君。"

【染日裁霞】 形容鲜艳之红色似染日光裁云霞而成。沈亚之《题海榴树呈八叔大人》："染日裁霞深雨露，凌寒送暖占风烟。"

【染竹】 指伤心落泪。见《初学记》卷二八引晋张华《博物志》。杜易简《湘川新曲二首》之二："自解看花笑，憎闻染竹啼。"参见"染筠"。

【染污】 污染，沾染脏污。孟郊《古意》："芙蓉无污染，将以表心素。"

【染青】 深青色。无名氏《鸡头》(卷七八五)："淡黄根老栗皱圆，染青刺短金罂熟。"

【染指】 本谓以手指蘸鼎中汤羹而尝之。见《左传·宣公四年》。后亦泛指品尝食物。白居易《答皇甫十郎中秋深酒熟见忆》："未暇倾巾漉，还应染指尝。"皮日休《酒中十咏·酒床》："开眉既压后，染指偷尝处。"

【染素】 谓用笔在白色绢帛上书写或绘画。刘禹锡《浙西李大夫述梦四十韵并浙东元相公酬和斐然继声》："怀铅辨虫蠹，染素学鹅毛。"

【染家】 开染坊之人家。为人染布帛之店家。柳逢有《嘲染家》。

【染黄】 将物染成黄色。温庭筠《懊恼曲》："藕丝作线难胜针，蕊粉染黄那得深。"

【染毫】 以笔蘸墨。指书写或绘画。毫，指毛笔。柳宗元《同刘二十八院长述旧言怀赠二君子》：

"染毫东国素，濡印锦溪砂。"

【染涙】 沾泪。谓泪沾衣上。卢纶《咸阳送房济侍御归太原幕》："客衣频染泪，军旅亦多尘。"

【染筠】 染竹。李商隐《肠》："染筠休伴泪，绕雪莫追歌。"参见"染竹"。

【染愛】 谓耽溺女色。白居易《寄卢少尹》："张苍何为者，染爱浩无际。"

【染塵】 沾染灰尘，被尘土弄脏。许棠《亲仁里双鹭》："对欹雪顶思寻水，更振霜翎恐染尘。"杜荀鹤《和高秘书早春对雪登楼见寄之什》："天有惜花意，恐花开染尘。"南唐后主李煜《挽辞》之一："玉笥犹残药，香奁已染尘。"

【染翰】 以笔蘸墨。(1)指创作或题写诗文。崔翘《郑郎中山亭》："篆笔飞章暇，园亭染翰游。"贾至《早朝大明宫呈两省僚友》："共沐恩波凤池上，朝朝染翰侍君王。"无可《奉和段著作山居呈诸同志三首次本韵》之二："染翰挥岚翠，僧名几处题。"陆龟蒙《和袭美江南书情二十韵寄秘阁韦校书商洛宋先辈》："染翰穷高致，怀贤发至诚。"(2)指书法创作，写字。王维《戏赠张五弟諲》三首："染翰过草圣，赋诗轻子虚。"

柁 〔duò《广韵》徒可切，上哿，定。〕船舵。用以掌控船行方向之工具。装于船之尾部。寒山《诗三百三首》之二三一："前头失却桅，后头又无柁。"张说《同赵侍御乾湖作》："欹帆侧柁弄风口，赴险临深绕湾浦。"杜甫《秋风二首》之一："吴樯楚柁牵百丈，暖向神都寒未还。"崔道融《江夕》："江心秋月白，起柁信潮行。"

【柁樓】 大船尾部操舵之室。因高起如楼，故称。杜甫《陪郑广文游何将军山林十首》之二："翻疑柁楼底，晚饭越中行。"白居易《新乐府·盐商妇》："饱食浓妆倚柁楼，两朵红腮花欲绽。"

柮 见"榾柮"。

柅 〔nǐ《广韵》女履切，上旨，娘。又女夷切，平脂，娘。〕约束；阻遏。白居易《不能忘情吟》序："予非圣达，不能忘情，又不至于不及情者，事来搅情，情动不可柅。"

枷 〔jiā《广韵》古牙切，平麻，見。又求迦切，平戈，羣。〕古代刑具名。其制用两片内侧挖去半圆之木板，夹于犯人之颈部。贾岛《上乐使君救康成公》："曾梦诸侯笑，康囚议脱枷。"何仲举《李皋试诗》："似玉来投狱，抛家去就枷。"

【枷胆械手】 谓以枷枷头，以铐铐手。韩愈《元和圣德诗》："取之江中，枷胆械手。"

架 〔jià《广韵》古訝切，去禡，見。〕❶支架。支撑使不倒之构造物。李峤《藤》："色映蒲萄架，花分竹叶杯。"张谔《延平门高斋亭子应岐王教》："昨夜蒲萄初上架，今朝杨柳半垂堤。"张籍《和卢常侍寄华山郑隐者》："荒壁通泉架，晴崖晒药坛。"杜牧《长兴里夏日寄南邻避暑》："栏围红药盛，架引绿萝长。"❷搁架。放置物品之器物。元稹《雉媒》："看看架上鹰，拟食无罪肉。"白居易《病中哭金銮子》："故衣犹架上，残药尚头边。"罗隐《咏史》："徐陵笔砚珊瑚架，赵胜宾朋玳瑁簪。"❸构筑；架设。李颀《鲛人歌》："始知万族无不有，百尺深泉架户牖。"张籍《楚妃怨》："梧桐叶下黄金井，横架辘轳牵素绠。"元稹《茅舍》："旧架已新焚，新茅又初架。"❹凌，凌越其上。卢纶《酬李端长安寓居偶咏见寄》："薄溜漫青石，横云架碧林。"韩愈《桃源图》："架岩凿谷开宫室，接屋连墙千万日。"刘禹锡《唐侍御寄游道林岳麓二寺诗见征继作》："回廊架险高且曲，新径穿林明复昏。"李绅《过吴门二十四韵》："烟水吴都郭，阊门架碧流。"❺高耸；重叠。苏味道《咏虹》："纡余带星渚，窈窕架天浔。"骆宾王《在江南赠宋五之问》："积水架吴涛，连山横楚岫。"❻犹承，蒙。卢僎《稍秋晓坐阁遇舟东下扬州即事寄上族父江阳令》："红林架落照，青峡送归流。"❼量词。用于计量支架或搁架之类。岑参《太白东溪张老舍即事寄舍弟侄等》："中庭井阑上，一架猕猴桃。"

【架空】 犹凌空。指用柱子将建筑物架于高空。太宗《置酒坐飞阁》："高轩临碧渚，飞檐迥架空。"姚合《题僧院引泉》："架空横竹引，凿石透渠飞。"王周《路次覆盆驿》："曾上青泥蜀道难，架空成路人云寒。"

【架海】 越海；横海。太宗《过旧宅二首》之二："架海波澄镜，韬戈器反农。"

【架書】 架上之书。谭用之《寄友人》："病多慵引架书看，官职无才思已阑。"

【架構】 构筑。亦指构筑之工事。卢仝《月蚀诗》："谲险万万党，架构何可当。"

枲 〔xǐ《广韵》胥里切，上止，心。〕大麻。亦指用大麻纤维织成之麻布。见"枲衣"。

【枲衣】 麻布衣。粗陋之衣。皮日休《奉和鲁望樵人十咏·樵径》："花穿枲衣落，云拂芒鞋起。"

柔 〔róu《广韵》耳由切，平尤，日。〕❶草木始生貌；柔嫩貌。张蠙《新竹》："垂梢丛上出，柔叶箨间成。"吴秘《风光草际浮》："吹缓苗难转，晖闲叶本柔。"亦指新生之柔嫩枝芽叶。韦应物《拟古诗十二首》之七："折柔将有赠，延意千里客。"孟郊《游枋口》："芳物竞晼晚，绿梢挂新柔。"韩愈《城南联句》："脱实自开坼，牵柔谁绕萦。"❷柔软；不坚硬。

孙逖《和登会稽山》:“仙花寒未落,古蔓柔堪引。”杜甫《奉同郭给事汤东灵湫作》:“味如甘露浆,挥弄滑且柔。”张祜《观杨瑗柘枝》:“紫罗衫宛蹲身处,红锦靴柔踏节时。”花蕊夫人徐氏《宫词》之二二:“自教宫娥学打球,玉鞍初跨柳腰柔。”❸使柔软;变柔软。孟郊《古离别二首》:“春芳役双眼,春色柔四支。”又《送丹霞子阮芳颜上人归山》:“松色不肯秋,玉性不可柔。”❹柔和;温和。严维《奉和刘祭酒伤白马》:“性柔君子德,足逸大王风。”白居易《玉水记方流》:“凌乱波纹异,萦回水性柔。”杨衡《游峡山寺》:“雨霁花木润,风和景气柔。”殷尧藩《闻筝歌》:“凄凄切切断肠声,指滑音柔万种情。”❺脆弱;软弱。不刚强。白居易《折剑头》:“我有鄙介性,好刚不好柔。”杜牧《题商山四皓庙一绝》:“吕氏强梁嗣子柔,我于天性岂恩仇。”❻柔媚;谀媚。白居易《紫藤》:“先柔后为害,有似谀佞徒。”❼怀柔,安抚。储光羲《述韦昭应画犀牛》:“大邦柔远人,以之居山林。”❽浸润,润渍。元稹《酬郑从事宴望海亭》:“欲将滑甘柔藏府,已被郁噎冲喉咙。”皮日休《奉和添酒中六咏·酒池》:“醺应烂地轴,浸可柔天壤。”

【柔之】 裴淑字,元稹继室。《云溪友议》卷中谓元相国“继室河东裴氏,字柔之”。元稹有《黄草峡听柔之琴二首》和《赠柔之》。

【柔木】 柔弱易凋之树木。李华《杂诗六首》之四:“葛藟附柔木,繁阴蔽曾原。”

【柔凶】 阴柔凶顽。谓使凶顽柔化、归服。杨巨源《和吕舍人喜张员外自北番回至境上先寄二十韵》:“尚德曾辞剑,柔凶本舞干。”

【柔伏】 柔化驯服。李绅《寿阳罢郡日有诗十首·虎不食人》:“尔效驺虞护生草,岂徒柔伏在淮淝。”

【柔旨】 柔和而甘美。指酒味甘柔。白居易《府酒五绝·辨味》:“杯中此物何人别,柔旨之中有典刑。”

【柔芳】 柔弱而芳香。白居易《有木诗八首》之六:“柔芳甚杨柳,早落先梧桐。”

【柔枝】 柔嫩之枝条。刘言史《看山木瓜花二首》之二:“柔枝湿艳亚朱栏,暂作庭芳便欲残。”

【柔明】 柔顺而聪明。古代用称妇德。徐彦伯《仪坤庙乐章·金奏》:“祥符淑气,庆集柔明。”

【柔和】 柔软和顺;温柔和顺。寒山《诗三百三首》之八三:“柔和如卷雾,摇拽似行云。”一钵和尚《一钵歌》:“也系裹,也摆拨,也学柔和也粗犷。”蜀高祖王建《赠别唐太师道袭》:“更深犹尚立案前,敷奏柔和不伤物。”

【柔服】 以柔德抚顺之。《左传·宣公十二年》:“伐叛,刑也;柔服,德也。”顾况《送从兄使新罗》:“扬威轻破虏,柔服耻征辽。”

【柔性】 柔和、柔顺之性。宋之问《江亭晚望》:“望水知柔性,看山欲断魂。”

【柔茂】 柔嫩而茂盛之草木。韩愈《南山诗》:“无风自飘簸,融液煦柔茂。”

【柔指】 纤柔之手指。韩愈《龊龊》:“妖姬坐左右,柔指发哀弹。”

【柔軌】 女德之规范。苏颋《故高安大长公主挽词》:“柔轨题贞顺,闲规赋肃雍。”

【柔促】 柔弱而短促。形容经不起时光之摧残。白居易《赠言》:“况君春风面,柔促如芳草。”

【柔風】 柔和之风。多指春风。皎然《春日又送潘述之扬州》:“柔风吹杨柳,芳景流郊甸。”皎然《与潘述集汤衡宅怀李司直纵联句》:“旭日舒朱槿,柔风引绿蓖。”

【柔姿曼態】 柔媚之姿容体态。罗隐《金陵思古》:“柔姿曼态葬何处,天红腻白愁荒原。”

【柔柔】 形容极其轻柔。王建《采桑》:“鸟鸣桑叶间,绿条复柔柔。”杜牧《商山麻涧》:“云光岚彩四面合,柔柔垂柳十余家。”

【柔珠庵】 尼庵名。在广东罗浮山。《全唐诗外编》(下)有何仙姑《柔珠庵东壁题诗》。

【柔荑】 (—tí)❶芳草之嫩芽。亦泛指草木之嫩芽。权德舆《晓发武阳馆即事书情》:“泻卤成沃壤,枯株发柔荑。”欧阳詹《小苑春望宫池柳色》:“柔荑生女指,嫩叶长龙鳞。”温庭筠《原隰荑绿柳》:“拂尘生嫩绿,披雪见柔荑。”❷《诗·卫风·硕人》:“手如柔荑,肤如凝脂。”后因以“柔荑”指女子之纤指。李咸用《塘上行》:“红绡撇水荡舟人,画桡掺掺柔荑白。”水神《雪溪夜宴诗》之二(卷八六四):“暂将柔荑抉锯牙之喙,空水府而藏其腥涎。”

【柔草】 初生之嫩草。皎然《苕溪草堂自大历三年夏新营因纪其事》:“细荷采堪服,柔草持可席。”

【柔條】 树木之柔嫩枝条。崔绩《小苑春望宫池柳色》:“柔条依水弱,远色带烟轻。”羊士谔《过三乡望女几山早岁有卜筑之志》:“女几山头春雪消,路傍仙杏发柔条。”王贞白《折杨柳三首》之二:“水殿年年占早芳,柔条风里御炉香。”成文幹《杨柳枝》:“阳和若不先留意,这个柔条争奈何?”

【柔脆】 柔嫩易折。白居易《有木诗八首》之一:“折条用樊圃,柔脆非其宜。”

【柔訓】 妇德之训诫。《郊庙歌辞·中宗祀昊天乐章·中宫助祭升坛》:“坤元光至德,柔训阐皇风。”

【柔神】 使精神和顺。皮日休《酒中十咏》序:“余饮至酣,徒以为融肌柔神,消沮迷丧。”

【柔弱】 ❶脆弱。不刚强。白居易《有木诗八首》之七："寄言立身者，勿学柔弱苗。"又《遇物感兴因示子弟》："寄言立身者，不得全柔弱。"❷柔软；不僵硬。李端《胡腾儿》："醉却东倾又西倒，双靴柔弱满灯前。"李绅《新楼诗二十首·北楼樱桃花》："舞空柔弱看无力，带月葱茏似有情。"韩王李从善《蔷薇诗一首十八韵呈东海侍郎徐铉》："晶荧歌袖袂，柔弱舞腰支。"毛熙震《浣溪沙》词："好是向人柔弱处，玉纤时急绣裙腰，春心牵惹转无憀。"

【柔娥】 体态轻柔之女子。薛能《杨柳枝》："柔娥幸有腰支稳，试踏吹声作唱声。"

【柔桑】 指春天刚抽枝生叶之桑树。杜甫《绝句漫兴九首》之八："舍西柔桑叶可拈，江畔细麦复纤纤。"杜牧《村行》："春半南阳西，柔桑过村坞。"于濆《寒食》："素娥哭新冢，樵柯鸣柔桑。"

【柔秦敗楚】 柔服秦国，击败楚国。周昙《咏史诗·春秋战国门·文公》："灭虢吞虞未息兵，柔秦败楚霸威成。"

【柔軟】 ❶绵软，不坚硬。元稹《和李校书新题乐府十二首·胡旋女》："柔软依身著佩带，裴回绕指同环钏。"韩偓《重和》："冷宴殷勤展小园，舞鞠柔软彩虬盘。"❷柔弱；软弱无力。齐己《折杨柳词四首》之一："莫谓一枝柔软力，几曾牵破别离心。"❸指心地慈和善良。刘禹锡《令狐相公见示新栽蕙兰二草之什兼命同作》："光华童子佩，柔软美人心。"❹指声音柔和。朱湾《同清江师月夜听坚正二上人为怀州转〈法华经〉歌》："前心后心皆此心，梵音妙音柔软音。"

【柔情】 温柔之感情。孟简《咏欧阳行周事》："柔情托侍儿，为我遗所欢。"元稹《会真诗三十韵》："戏调初微拒，柔情已暗通。"李商隐《独居有怀》："柔情终不远，遥妒已先深。"

【柔握】 指女子柔润之手。陆龟蒙《秋热》："殷勤付柔握，淅沥待清吹。"

【柔順】 柔和温顺。杜甫《送重表侄王砅评事使南海》："六宫师柔顺，法则化妃后。"

【柔勝】 谓以柔胜刚。河水柔而可以浸岸吞石，故称。薛能《黄河》："九曲终柔胜，常流可暗吞。"

【柔卿】 大中、咸通间妓女。段成式有《柔卿解籍戏呈飞卿三首》。

【柔媚】 柔和妩媚。皮日休《伤进士严子重诗》序："其所为工于七字，往往有清便柔媚，时可轶骇于常轨。"

【柔瑟】 发出柔和声音之瑟。李白《拟古十二首》之二："含情弄柔瑟，弹作《陌上桑》。"

【柔楊】 细柔之垂杨。鲍溶《水殿采菱歌》："火华啼露卷横塘，金堤四合宛柔扬。"

【柔腸】 充满温柔情意之心肠。借指柔情。李商隐《李夫人三首》之三："寿宫不惜铸南人，柔肠早被秋眸割。"刘淑柔《中秋夜泊武昌》："无奈柔肠断，关山总是愁。"

【柔絲】 柳树之柔长枝条。唐彦谦《无题十首》之九："柔丝漫折长亭柳，绾得同心欲寄将。"詹敦仁《柳堤诗》序："时方春也，绿染方匀，柔丝袅风，搅诗肠之百结，宜吾一咏而一觞也。"

【柔遠】 怀柔安抚远方之人或邦国。韦元旦《奉和送金城公主适西蕃应制》："柔远安夷俗，和亲重汉年。"杜甫《剑门》："后王尚柔远，职贡道已丧。"元稹《和李校书新题乐府十二首·骠国乐》："德宗深意在柔远，笙镛不御停娇娥。"石倚《舞干羽两阶》："干羽能柔远，前阶舞正陈。"

【柔魂】 心怀柔情之魂。指充满思人柔情的人。罗隐《蟋蟀诗》："别帐缸冷，柔魂不定。"

【柔雌】 犹柔和。元稹《大觜乌》："饮啄颇廉俭，音响亦柔雌。"

【柔態】 轻柔之姿态。李山甫《柳十首》之九："强扶柔态酒难醒，殢著春风别有情。"

【柔綠】 嫩绿。亦指新生之嫩绿枝叶。沈佺期《有所思》："园槿绽红艳，郊桑柔绿滋。"李商隐《河阳诗》："百尺相风插重屋，侧近嫣红伴柔绿。"

【柔蔓】 柔韧之藤蔓。元稹《兔丝》："樵童斫将去，柔蔓与之并。"白居易《紫藤》："柔蔓不自胜，袅袅挂空虚。"

【柔膚】 柔嫩之肌肤。亦代指肌肤柔嫩之女子。李商隐《房中曲》："玉簟失柔肤，但见蒙罗碧。"

【柔質】 柔和、柔顺之资质。李中《题柳》："群花岂无艳，柔质自多情。"

【柔德】 慈柔之德。贺知章《唐禅社首乐章·顺和》："至哉含柔德，万物资以生。"

【柔翰】 指毛笔。韦应物《过昭国里故第》："柔翰全分意，芳巾尚染泽。"羊士谔《郡斋读经》："壮龄非济物，柔翰误为儒。"韩愈《陪杜侍御游湘西两寺独宿献杨常侍》："平生每多感，柔翰遇频染。"

【柔聲】 柔婉之声。白居易《卧听法曲霓裳》："朦胧闲梦初成后，宛转柔声入破时。"

【柔虧】 软化衰退。刘叉《答孟东野》："唯有刚肠铁，百炼不柔亏。"

【柔顏】 柔美娇嫩之容颜。皎然《妙喜寺达公禅斋寄李司直公孙房都曹德裕等四十二韵》："实可反柔颜，花堪养玄发。"元稹《青云驿》："众真千万辈，柔颜尽如荑。"

【柔櫓】 缓缓轻摇船橹。杜甫《船下夔州郭宿雨湿不得上岸别王十二判官》："柔橹轻鸥外，含凄觉汝贤。"

【柔露】　轻柔之露水。李峤《二月奉教作》："和风泛紫若，柔露濯青薇。"

【柔辔】　柔韧之辔绳。太宗《咏司马彪续汉志》："凤戟翼康衢，銮舆总柔辔。"

【柔豔】　柔美娇艳之花。李白《秋夕旅怀》："芳草歇柔艳，白露催寒衣。"

六　画

桂〔guì《广韵》古惠切，去霽，見。〕❶树木名。通称桂花树。叶长椭圆形。秋季开花，花有黄、白二色，极芳香，可供观赏，亦可提取香料。姚崇《秋夜望月》："桂含秋树晚，波入夜池寒。"刘长卿《送惠法师游天台因怀智大师故居》："定攀岩下丛生桂，欲买云中若个峰。"李绅《过梅里七首·上家山》："昔去松桂长，今来容须老。"李商隐《和韦潘前辈七月十二日夜泊池州城下先寄上李使君》："桂含爽气三秋首，蓂吐中旬二叶新。"❷树木名。即肉桂。樟科，常绿乔木。叶椭圆形，果圆形，色紫红。其树皮通称桂皮，极芳香，可入药，亦用为佐食之调料。裴迪《辋川集二十首·茱萸沜》："飘香乱椒桂，布叶间檀栾。"顾况《上古之什补亡训传十三章·十月之郊一章》："丹素之熚兮，椒桂之馥兮。"❸指桂酒。高峤《晦日重宴》："班荆逢旧识，斟桂喜深知。"张碧《游春引三首》之二："酌桂鸣金玩物华，星蹄绣毂填香陌。"李群玉《将离澧浦奉怀沈正字昆弟三人联登高第》："酌桂烟屿晚，鸩鸣江草深。"❹喻科举及第。岑参《送滕亢擢第归苏州拜亲》："橘怀三个去，桂折一枝将。"白居易《喜敏中及第偶示所怀》："桂折一枝先许我，杨穿三叶尽惊人。"杜牧《洛下送张曼容赴上党召》："七叶汉貂真密近，一枝诜桂亦徒然。"李频《送陆肱归吴兴》："谁知沧海月，取桂却来秦。"❺代指月。因传说月中有桂树，故云。李益《送客归振武》："桂满天西月，芦吹塞北笳。"元稹《赋得数蓂》："桂满丛初合，蟾亏影渐零。"❻喻女子之眉。李群玉《醉后赠冯姬》："二寸横波回慢水，一双纤手语香弦。"❼喻昂贵之柴米。见"桂玉"。❽(1)地名。指唐岭南道桂州及桂管经略使所辖地区。刘禹锡《观棋歌送儇师西游》："今年访予来小桂，方袍袖中贮新势。"李商隐《偶成转韵七十二句赠四同舍》："明年赴辟下昭桂，东郊恸哭辞兄弟。"见"桂州"。(2)指桂水。李群玉《送魏珪觐省》："潇湘入濡桂，一路萦水石。"

【桂子】　❶桂花。宋之问《灵隐寺》："桂子月中落，天香云外飘。"李白《送崔十二游天竺寺》："每年海树霜，桂子落秋月。"张祜《题天竺寺》："夏雨莲苞破，秋风桂子凋。"翁洮《和方干题李频庄》："闲伴白云收桂子，每寻流水斸桐孙。"❷桂花树之籽实。李商隐《房君珊瑚散》："月中闲杵臼，桂子捣成尘。"谭用之《赠索处士》："不将桂子种诸天，长得寻君水石边。"

【桂友】　科举及第之友。李峤《被》："桂友寻东阁，兰交聚北堂。"

【桂父】　(—fǔ)传说中食桂之南海仙人。见刘向《列仙传·桂父》。皎然《赋颜氏古今一事得〈晋仙传〉送颜逸》："却忆桐君老，俱还桂父年。"赵牧《对酒》："桐君桂父岂胜我，醉里白龙多上升。"陆龟蒙《和袭美江南道中怀茅山广文南阳博士三首次韵》之三："桂父旧歌飞绛雪，桐孙新韵倚玄云。"

【桂女】　传说中神仙之侍女。法振《送褚先生海上寻封炼师》："华盖芝童引，神丹桂女收。"

【桂水】　❶水名。(1)源出湖南临武县南，通湘江。宋之问《下桂江县黎壁》："舟子怯桂水，最言斯路难。"李颀《二妃庙送裴侍御使桂阳》："桂水身殁后，椒浆神降时。"韩翃《寄武陵李少府》："桂水遥相忆，花源暗有期。"戴叔伦《泊湘口》："湘山千岭树，桂水九秋波。"(2)源出湖南郴县南黄岭山。杜甫《暮归》："南渡桂水阙舟楫，北归秦川多鼓鼙。"许浑《送杨处士叔初卜居曲江》："别怨应无限，门前桂水斜。"(3)指桂江。即广西桂林之漓江。王昌龄《送谭八之桂林》："别意猿鸟外，天寒桂水长。"李渤《南溪诗》序："桂水漓山，右汇阳江。"李群玉《送萧绾之桂林》："桂水秋更碧，寄书西上鳞。"曹松《桂江》："未识佳人寻桂水，水云先解傍壶觞。"❷想象中月宫之水。因传说月中有桂树，故云。李商隐《海上谣》："桂水寒于江，玉兔秋冷咽。"叶葱奇注："桂水，指月中桂树下的溪水。"一说指桂江。见冯浩注。

【桂月】　即月亮。因传说月中有桂树，故称。玄宗《同玉真公主过大哥山池》："桂月先秋冷，蘋风向晚清。"

【桂火】　指薰香炉中之火。因所烧为桂屑，故称。李贺《恼公》："桂火流苏暖，金炉细炷通。"

【桂户】　桂树木材所造之门。太宗《赋帘》："彩散银钩上，文斜桂户中。"

【桂玉】　指昂贵之柴米。薛逢《长安夜雨》："心关桂玉天难晓，运落风波梦亦惊。"李群玉《登宜春醉宿景星寺寄郑判官》："粮薪极桂玉，大道生榛刺。"又《金塘路中》："冰霜想度商于冻，桂玉愁居帝里贫。"

【桂末】　桂树之梢。亦谐中药名。皮日休《药名联句》："雨过兰芳好，霜多桂末摧。"

【桂布】　桂林出产之布。白居易《新制布裘》："桂布白似雪，吴绵软于云。"又《病中诗十五首·枕上作》："腹空先进松花酒，膝冷重装桂布裘。"

【桂舟】　桂木所造之舟。亦泛用为舟之美称。

任希古《和东观群贤七夕临泛昆明池》："不挹兰樽圣，空仰桂舟仙。"李德裕《思平泉树石杂咏一十首·泛池舟》："桂舟兰作枻，芬芳皆绝世。"

【桂州】 唐代州名。属岭南道。治所在临桂县（今广西桂林）。张说有《送岳州李十从军桂州》。许浑《送杜秀才归桂林》："桂州南去与谁同，处处山连水自通。"曹邺《寄监察从兄》："贱子生桂州，桂州山水清。"郑谷《送吏部曹郎中免官南归》："风月抛兰省，江山复桂州。"

【桂江】 即漓江。在广西桂林。皎然《因游支硎寺寄邢端公》："仁为桂江雨，威是柏台霜。"刘禹锡《再授连州至衡阳酬柳柳州赠别》："桂江东过连山下，相望长吟有所思。"裴夷直《题江上柳寄李使君》："桂江南渡无杨柳，见此令人眼暂明。"李群玉《九子坡闻鹧鸪》："曾泊桂江深岸雨，亦于梅岭阻归程。"

【桂花】 ❶桂树所开之花。色有黄、白、红三种，极芳香。王昌龄《送高三之桂林》："岭上梅花侵雪暗，归时还拂桂花香。"刘长卿《长沙赠衡岳祝融峰般若禅师》："桂花寥寥闲自落，流水无心西复东。"李贺《出城》："雪下桂花稀，啼乌被弹归。"刘沧《题秦女楼》："青楼月色桂花冷，碧落箫声云叶愁。"❷指月亮。因传说月中有桂树，故称。李贺《有所思》："自从孤馆深锁窗，桂花几度圆还缺。"白居易《东城桂三首》之三："遥知天上桂花孤，试问嫦娥更要无。"李商隐《月夕》："兔寒蟾冷桂花白，此夜姮娥应断肠。"

【桂花曲】 乐府杂曲歌辞名。白居易有《桂花曲》三首。

【桂苑】 ❶林苑名。"桂林苑"之省称。在唐江南道润州上元县（今江苏南京）。王维《同崔傅答贤弟》："洛阳才子姑苏客，桂苑殊非故乡陌。"赵殿成笺注："《太平寰宇记》：桂林苑，吴立。在升州上元县北四十里，落星山之阳。"❷指科举考试之考场。黄滔《二月二日宴中贻同年封先辈渭》："桂苑五更听榜后，蓬山二月看花开。"❸泛指植桂树之林苑。苏味道《和武三思于天中寻复礼上人之作》："忽闻从桂苑，移步践花台。"亦代指高士隐居之处。齐己《谢人惠十色花笺并棋子》："留防桂苑题诗客，惜寄桃源敌手仙。"

【桂林】 ❶地名。指唐岭南道桂州，即今广西桂林。因汉为桂林郡，故袭称。王昌龄《送任五之桂林》："桂林寒色在，苦节知所效。"杜甫《寄杨五桂州谭》："五岭皆炎热，宜人独桂林。"曹邺《寄阳朔友人》："桂林须产千株桂，未解当天影日开。"陆龟蒙《和袭美天竺寺八月十五夜桂子》："如何两地无人种，却是湘漓是桂林。"❷指桂林之水，即漓江。亦名桂江。杨衡《送公孙器自桂林归蜀》："桂林浅复碧，潺湲半露石。"❸西域之地名。岑参《与独孤渐道别长句兼呈严八侍御》："桂林蒲萄新吐蔓，武城刺蜜未可餐。"陈铁民、侯忠义校注："桂林：蒲萄乃西域所产，此'桂林'当为西域地名，详不可考。"❹指科举考试。萧颖士《蒙山作》："方驰桂林誉，未暇桃源美。"参见"桂林枝"。

【桂林枝】 喻指科举中第，或喻出类拔萃之人才。见《晋书·郤诜传》。南巨川《美玉》："终希逢善价，还得桂林枝。"无名氏《人不易知》（卷七八七）："同称昆岫宝，共握桂林枝。"

【桂枝】 ❶桂花树之枝条。徐贤妃《拟小山篇》："仰幽岩而流盼，抚桂枝以凝想。"陆龟蒙《补沈恭子诗》："携手桂枝下，属词山之幽。"❷指科举考试及第。张子容《长安早春》："何当桂枝擢，还及柳条新。"孟浩然《送洗然弟进士举》："桂枝如已擢，早逐雁南飞。"顾非熊《行经褒城寄兴元姚从事》："君兼莲幕贵，我得桂枝荣。"姚鹄《和徐先辈秋日游泾州南亭呈二三同年》："多此欢情泛鹢舟，桂枝同折塞同游。"❸指传说中之月中桂树。亦代指月亮。太宗《辽城望月》："魄满桂枝圆，轮亏镜彩缺。"陈羽《中秋夜临镜湖望月》："桂枝如可折，何惜夜登临。"卢仝《月蚀诗》："颇奈虾蟆儿，吞我芳桂枝。"刘沧《八月十五日夜玩月》："桂枝斜汉流灵魄，蘋叶微风动细波。"

【桂明府】 名不详。曾任丹徒县令。骆宾王有《陪润州薛司空丹徒桂明府游招隐寺》。

【桂邸】 以桂木构建之府邸。亦泛指华贵之府邸。韦元旦《奉和幸安乐公主山庄应制》："刻凤蟠螭凌桂邸，穿池叠石写蓬壶。"

【桂巷杉籬】 形容杉桂密植，穿行似巷，障路如篱。李商隐《复至裴明府所居》："伊人卜筑自幽深，桂巷杉篱不可寻。"

【桂兔】 指月亮。因传说月中有桂树与玉兔，故云。韩偓《元夜即席》："桂兔韬光云叶重，烛龙衔耀月轮明。"

【桂府】 指唐桂管经略使府。唐于岭南道置桂管经略使，管桂、梧、象、柳等十二州四十七县。治所在临桂县，即今广西桂林。杨巨源有《别鹤词送令狐校书之桂府》。李商隐有《故驿迎吊故桂府常侍有感》。赵嘏有《十无诗寄桂府杨中丞》。

【桂府常侍】 指郑亚。大中元年二月，给事中郑亚为桂州刺史、御史中丞、桂管防御观察使。见《旧唐书·宣宗纪》。李商隐有《故驿迎吊故桂府常侍有感》。"常侍"，或为死后赠官。

【桂城】 指唐岭南道桂州州治所在地临桂县，即今广西桂林。戎昱有《桂城早秋》。

【桂荼】 传说中一种开青花的草名。见《山海经·南山经》。晋郭璞注："或作桂荼。"贾岛《送张校书季霞》："暂醉即还醒，彼土生桂荼。"

【桂柁】　桂木所制之船舵。陆龟蒙《引泉诗》："凌风捩桂柁，隔雾驰犀船。"

【桂科】　指科举考试及第。杜荀鹤《辞郑员外入关》："男儿三十尚蹉跎，未遂青云一桂科。"

【桂帥】　指周元静。乾宁二年安州防御史宣晟陷桂州，静江军节度使周元静死之。见《新唐书·昭宗纪》。刘崇龟有《寄桂帅》。

【桂俎】　桂木制成之祭祀用盛肉礼器。则天皇后《唐明堂乐章·徵音》："冀延神鉴俯兰尊，式表虔襟陈桂俎。"

【桂風】　犹秋风，金风。徐仲雅《赠齐己》："嫦娥月里学步虚，桂风吹落玉山下。"

【桂亭】　亭名。在河南济源之王屋山。李峤《王屋山第之侧杂构小亭暇日与群公同游》："桂亭依绝巘，兰榭俯回溪。"

【桂洞】　山洞名。在唐河南府福昌县（今属河南）。李贺《南园十三首》之十二："松溪黑水新龙卵，桂洞生硝旧马牙。"

【桂宫】　❶指月宫。李商隐《燕台四首·夏》："桂宫留影光难取，嫣薰兰破轻轻语。"❷指皇宫，朝廷。虞世南《奉和幽山雨后应令》："肃城邻上苑，黄山迩桂宫。"周彻《尚书郎上直闻春漏》："静闻铜史漏，暗识桂宫春。"张籍《少年行》："斩得名王献桂宫，封侯起第一日中。"

【桂圃】　桂树之园圃。太宗《赋得李》："玉衡流桂圃，成蹊正可寻。"

【桂席】　宴席之美称。犹言"琼筵"。杜牧《为人题赠二首》之一："桂席尘瑶珮，琼炉烬水沈。"黄滔《秋夕贫居》："听歌桂席阑，下马槐烟里。"

【桂浦】　种有桂树之水浦。耿湋《岳祠送薛近贬官》："遥思桂浦人空去，远过衡阳雁不随。"

【桂酒】　以玉桂浸制之酒，亦泛指美酒。袁朗《秋日应诏》："迎寒桂酒熟，含露菊花垂。"李白《鲁郡尧祠送吴五之琅琊》："送行奠桂酒，拜舞清心魂。"郎士元《湘夫人二首》之二："桂酒神降时，回风江上秋。"许浑《送李秀才》："兰舟倚行棹，桂酒掩余尊。"

【桂宫蘭殿】　泛指华丽宫殿。玄宗《鹡鸰颂》："桂宫兰殿，唯所息宴。"

【桂屑】　肉桂之碎屑。古代常以置书函中防蠹。皮日休《二游诗·徐诗》："帙解带芸香，卷开和桂屑。"

【桂堂】　❶桂木构建之厅堂。亦泛指华丽之厅堂。李商隐《无题二首》之一："昨夜星辰昨夜风，画楼西畔桂堂东。"徐夤《依韵酬常循州》："早年花县拜潘郎，寻忝飞鸣出桂堂。"❷指登科入仕之人家。许浑《赠柳璟冯陶二校书》："桂堂同日盛，芸阁间年荣。"❸指科举考试之主司。翁承赞《喜弟承检登科》："荆璞献多还得售，桂堂恩在敢轻回。"

【桂常侍】　指桂仲武。大和四年三月，桂仲武为福建观察使。见《旧唐书·文宗纪下》。陈陶有《投赠福建桂常侍二首》。常侍当为桂所带朝官衔。

【桂條】　良马名。上官仪《王昭君》："琴悲桂条上，笛怨柳花前。"

【桂琴】　用桂木制作之琴。孟郊《答昼上人止谗作》："俗侣唱桃叶，隐士鸣桂琴。"

【桂華】　❶即桂花。许浑《对雪》："阴岭有风梅艳散，寒林无月桂华生。"按，此以梅花喻雪花。因桂花色白而小，故喻。❷指月。因传说月中有桂花树，故云。羊士谔《郡中玩月寄江南李少尹虞部孟员外三首》之二"桂华临洛浦，如挹李膺仙。"❸指《桂花曲》。白居易《醉后听唱桂华曲》："桂华词意苦丁宁，唱到常娥醉便醒。"

【桂華曲】　同"桂花曲"。白居易有《醉后听唱桂华曲》。

【桂棟】　桂木之栋梁。代指华贵之房室。温庭筠《和沈参军招友生观芙蓉池》："桂栋坐清晓，瑶琴商凤丝。"

【桂棹】　亦作"桂櫂"。用桂木制成之船桨。亦代指船。王维《送綦毋潜落第还乡》："行当浮桂棹，未几拂荆扉。"钱起《赠汉阳隐者》："桂棹为渔暇，荷衣御暑新。"皎然《送张彝归长沙》："兰茗行采采，桂棹思悠悠。"

【桂軫】　用桂木制成之琴轴。亦代指琴。王勃《赠李十四四首》之四："风筵调桂轸，月径引藤杯。"

【桂軺】　用桂木制成之车。亦泛指华贵之车。王勃《别人四首》之三："桂轺虽不驻，兰筵幸未开。"

【桂景】　桂树之日影。景，同"影"。韦庄《和薛先辈见寄初秋寓怀即事之作》："郄堂流桂景，陈巷集车音。"

【桂尊】　酒樽之一种。用水浸渍桂木制成之大酒杯。骆宾王《帝京篇》："春朝桂尊尊百味，秋夜兰灯灯九微。"王维《辋川集·椒园》："桂尊迎帝子，杜若赠佳人。"钱起《九日寄侄簇箕等》："今朝竹林下，莫使桂尊空。"司空曙《送神》："桂尊瑶席不复陈，苍山绿水暮愁人。"

【桂渚】　❶洲渚名。在湘江。刘长卿《入桂渚次砂牛石穴》："枫林月出猿声苦，桂渚天寒桂花吐。"❷泛指植有桂树之洲渚。贾岛《积雪》："南猜飘桂渚，北讶雨交河。"

【桂淵】　指折桂之所。即科举考试之场所。陈元光《示珦》："恩衔枫陛渥，策向桂渊弘。"

【桂窗】　指月宫。李绅《赠毛仙翁》："桂窗一别三千春，秦妃镜里娥眉新。"

【桂葉】　桂树之叶。常以喻女子之眉。江妃《谢赐珍珠》:“桂叶双眉久不描,残妆和泪污红绡。”李商隐《深宫》:“狂飙不惜萝阴薄,清露偏知桂叶浓。”

【桂檝】　用桂木所制之桨。亦以代指华贵之船。太宗《帝京篇十首》之六:“桂楫满中川,弦歌振长屿。”杜甫《过津口》:“和风引桂楫,春日涨云岑。”钱珝《江行无题一百首》之八一:“兴闲停桂楫,路好过松门。”乔舜《送德林郎中学士赴东府》:“何人乘桂楫,之子过扬州。”亦作“桂檝”。檝,同“楫”。刘长卿《赠湘南渔父》:“日落江清桂楫迟,纤鳞百尺深可窥。”

【桂路】　折桂之路。科举及第进入仕途之路。李频《长安书情投知己》:“槐街劳白日,桂路在青天。”

【桂筵】　指华贵之盛宴。于经野《奉和九日幸临渭亭登高应制得樽字》:“桂筵罗玉俎,菊醴溢芳樽。”

【桂煙】　桂树上之水气、烟雾。温庭筠《题翠微寺二十二韵》:“受朝松露晓,颁朔桂烟凉。”

【桂雍】　籍贯不详。咸通、乾符间隐居新定。贯休有《寄新定桂雍》和《闻新蝉寄桂雍》《闻许棠及第因寄桂雍》。

【桂殿】　指后妃所居之宫殿。李白《长门怨二首》之二:“桂殿长愁不记春,黄金四屋起秋尘。”许浑《赠萧炼师》:“桂殿春空晚,椒房夜自深。”

【桂膏】　传说仙人所用绿桂之脂膏,可以燃烧照明,亦可服食养神。见晋王嘉《拾遗记·燕昭王》和《洞庭山》。王建《秋夜曲二首》之一:“天清漏长霜泊泊,兰绿收荣桂膏涸。”

【桂旗】　指仙人车上之旗。见《楚辞·九歌·山鬼》。沈佺期《幸白鹿观应制》:“天流芝盖下,山转桂旗斜。”亦指船上之旗。李峤《军师凯旋自邕州顺流舟中》:“萍叶沾兰桨,林花拂桂旗。”

【桂寢】　指神仙居处。见《汉书·郊祀志》。亦指帝王之陵寝。李商隐《昭肃皇帝挽歌辞三首》之三:“桂寝青云断,松扉白露新。”

【桂薑】　肉桂与生姜。均为调味之佐料。白居易《二年三月五日斋毕开素当食偶吟赠妻弘农郡君》:“鲂鳞白如雪,蒸炙加桂姜。”

【桂蕊】　桂花之蕊。借指桂花。陆龟蒙《奉和袭美太湖诗二十首·以毛公泉献大谏清河公》:“香实洒桂蕊,甘惟渍云根。”

【桂輪】　指圆月。于季子《咏云》:“愿得承嘉景,无令掩桂轮。”拾得《诗》之三九:“或向岩间坐,旋瞻见桂轮。”武元衡《奉酬淮南中书相公见寄》:“江长梅笛怨,天远桂轮孤。”方干《月》:“桂轮秋半出东方,巢鹊惊飞夜未央。”

【桂影】　月光;月影。骆宾王《秋晨同淄川毛司马秋九咏·秋月》:“裛露珠晖冷,凌霜桂影寒。”杜牧《杜秋娘诗》:“月上白璧门,桂影凉参差。”李咸用《山中夜坐寄故里友生》:“虫声促促催乡梦,桂影高高挂旅情。”青萝帐女《褰帐》:“桂影已圆攀折后,子孙长作栋梁材。”

【桂漿】　酒浆,美酒。曹唐《小游仙诗九十八首》之五五:“且欲留君饮桂浆,九天无事莫推忙。”

【桂魄】　月魄;月亮。骆宾王《伤祝阿王明府》序:“嗟乎,轮销桂魄,骊珠毁贝阙之前,斗散紫氛,龙剑没延平之水。”王涯《秋夜曲》:“桂魄初生秋露微,轻罗已薄未更衣。”归仁《酬沈先辈卷》:“桂魄吟来满,蒲团坐得凹。”徐铉《宿蒋帝庙明日游山南诸寺》:“花枝似雪春虽半,桂魄如眉日始三。”

【桂實】　桂花树之籽实。借指桂花。卢纶《纶与吉侍郎中孚风尘追游向三十载畅博士当感怀前踪有五十韵见寄辄有所酬》:“月香飘桂实,乳溜滴琼英。”

【桂醑】　桂酒。亦泛指美酒。魏征《五郊乐章·雍和》:“苾苾兰羞,芬芬桂醑。”李峤《甘露殿侍宴应制》:“御筵陈桂醑,天酒酌榴花。”王维《过崔驸马山池》:“脱貂贳桂醑,射雁与山厨。”林滋《宴韦侍御新亭》:“花香凌桂醑,竹影落藤杯。”

【桂燎】　燃烧桂木所生之火。白居易《小岁日喜谈氏外孙女孩满月》:“桂燎熏花果,兰汤洗玉肌。”

【桂閾】　用桂木所制之门槛。代指华贵之殿阁。王勃《寻道观》:“碧坛清桂阈,丹洞肃松枢。”

【桂壁】　用桂木所制之板壁。借指华贵之府第。杨巨源《长安春游》:“桂壁朱门新邸第,汉家恩泽问酇侯。”

【桂檝】　参见“桂楫”。

【桂嶺】　❶唐代县名。在唐岭南道贺州。本汉临贺地。隋改为桂岭县,因县内有桂岭得名。属连州。唐武德四年,改属贺州。旧治在今广西贺县东北之桂岭镇。韩愈《送灵师》:“十月下桂岭,乘寒恣窥缘。”❷指唐桂岭县境之桂岭山。亦泛指岭南山脉。戎昱《送张秀才之长沙》:“虽之桂岭北,终是阙庭南。”许浑《冬日登越王台怀归》:“泷分桂岭鱼难过,瘴近衡峰雁却回。”❸泛指生满桂花树之山岭。李商隐《木兰》:“桂岭含芳远,莲塘属意疏。”

【桂館】　汉代宫馆名。在长安。汉武帝听公孙卿之言,为招迎神仙而建。储光羲《述降圣观》:“神皇作桂馆,此意与天通。”杜甫《覆舟二首》之二:“竹宫时望拜,桂馆或求仙。”参阅《汉书·郊祀志下》。

【桂燭】　掺以香料制成之蜡烛。李商隐《晓起》:“隔箔山樱熟,褰帷桂烛残。”

【桂櫂】　参见“桂棹”。

【桂叢】　❶桂树之林。常借指避世高人栖身之所。刘长卿《送灵澈上人归嵩阳兰若》:“作梵连松韵,焚香入桂丛。”杜甫《自瀼西荆扉且移居东屯茅屋四首》之一：“人事伤蓬转，吾将守桂丛。”卢纶《太白西峰偶宿车祝二尊师石室晨登前巘凭眺书怀即事》：“青冥有桂丛，冰雪两仙翁。”姚合《寄题尉迟少卿郊居》：“浓翠生苔点，辛香发桂丛。”❷指月宫。李商隐《和友人戏赠二首》之一：“殷勤莫使清香透，牢合金鱼锁桂丛。”冯浩注：“桂丛，指月殿。”

【桂蟾】 指月亮。因传说月中有桂树与蟾蜍，故云。卢照邻《赠益府裴录事》：“朝看桂蟾晚，夜闻鸿雁度。”

【桂籍】 科举及第者之名籍。徐铉《庐陵别朱观先辈》：“桂籍知名有几人，翻飞相续上青云。”

【桂麖】 桂岭所产之大鹿。亦借指桂鹿之皮。李群玉《薛侍御处乞靴》：“越客南来夸桂麖，良工用意巧缝成。”

【桂蘭】 桂树与兰草。常喻指志尚高洁之人。杨衡《送陈房谒抚州周使君》：“匡山一亩宫，尚有桂兰丛。”

【桂露】 桂树上之露。亦借指秋露。吴均《秋念》：“箕风入桂露，璧月满瑶池。”

【桂蠹】 ❶生长于桂树上之一种蠹虫。因食桂而味辛，古人常将之蜜渍后而食。孟郊《秋怀》之十一：“桂蠹既潜朽，桂花损贞姿。”徐铉《送史馆高员外使岭南》：“桂蠹晨餐罢，贪泉访古初。”❷谓桂树被蠹虫所蛀。李白《古风》之二：“桂蠹花不实，天霜下严威。”

【桂巖】 ❶指桂岭之山岩。曹邺《看榜日上主司》：“一辞桂岩猿，九泣都门月。”❷泛指生有桂树之山岩。杜牧《题池州弄水亭》：“孤歌倚桂岩，晚酒眠松坞。”

栲

〔kǎo《广韵》苦浩切，上晧，溪。〕❶树木名。山毛榉科，常绿乔木。叶长椭圆状披针形，下被褐色鳞状毛。春季开花，雌雄同株。木材坚硬，可作船橹、轮轴。树皮可制提栲胶。种子富淀粉，可供食用。皮日休《正乐府十篇·惜义鸟》：“危巢末累累，隐在栲木花。”❷树木名。椿树之一种。即山樗。元结《演兴四首·讼木魅》：“见樗栲兮相阴覆，怜棂榕兮不丰茂。”❸见“栲栳”。

【栲栳】 用䒿条编成的盛物器具。俗称笆斗。卢延让《樊川寒食二首》之二：“五陵年少粗于事，栲栳量金买断春。”中宗朝优人《回波词》：“回波尔时栲栳，怕妇也是大好。”

栳

〔lǎo《广韵》盧晧切，上晧，來。〕见“栲栳”。

栽

〔zāi《广韵》祖才切，平咍，精。〕❶栽种，种植。耿湋《观邻老栽松》：“何事斜阳里，栽松欲待阴。”刘禹锡《元和十一年自朗州召至京戏赠看花诸君子》：“玄都观里桃千树，尽是刘郎去后栽。”贾岛《题兴化园亭》：“破却千家作一池，不栽桃李种蔷薇。”杜荀鹤《题花木障》：“由来画看胜栽看，免见朝开暮落时。”❷可栽种之苗秧。杜甫《萧八明府堤处觅桃栽》：“奉乞桃栽一百根，春前为送浣花村。”仇兆鳌注：“桃栽二字连用，犹俗云桃秧，乃小桃之可栽者。”❸量词。用以计量植物，犹株。元稹《花栽二首》之一：“买得山花一两栽，离乡别土易摧颓。”

【栽培】 栽种培养。李山甫《刘员外寄移菊》：“深谢栽培与知赏，但惭终岁待重阳。”吕岩《七言》之十五：“栽培全赖中宫土，灌溉须凭上谷泉。”毛文锡《柳含烟》词之四：“栽培得地近皇宫，瑞烟浓。”

【栽植】 栽种培植。白居易《东溪种柳》：“野性爱栽植，植柳水中坻。”李建勋《小园》：“小园吾所好，栽植忘劳形。”王周《金盘草诗》：“勤渠护根本，栽植当庭栏。”

【栽種】 （—zhòng）栽培种植。张彪《敕移橘栽》：“及时望栽种，万里绕花园。”齐己《荆州新秋病起杂题一十五首·病起见庭菊》：“病起见庭菊，几劳栽种工。”

栱

〔gǒng《广韵》居悚切，上腫，見。〕建筑物中承横梁之弓形木，与斗组成斗栱。李白《春日归山寄孟浩然》：“岭树攒飞栱，岩花覆谷泉。”刘长卿《登扬州栖灵寺塔》：“雨飞千栱霁，日在万家夕。”温庭筠《长安寺》：“云栱承跗遍，羽葆背花重。”

【栱桷】 斗栱与方椽。韩愈《射训狐》：“聚鬼征妖自朋扇，罢掉栱桷颓塈涂。”

【栱櫨】 斗栱。栱木与梁上短柱。孔德绍《登白马山护明寺》：“白云起梁栋，丹霞映栱栌。”

桓

〔huán《广韵》胡官切，平桓，匣。〕❶寺、墓、城门与桥边所立表柱。亦为山名。见“桓山之禽”“桓岭分翼”。❷见“桓桓”。

【桓山四鳳】 喻人多贵子。《孔子家语》卷五谓“桓山之鸟有四子”。包何《相里使君第七男生日》：“荀氏八龙唯欠一，桓山四凤已过三”。参见“桓山禽”。

【桓山禽】 为咏亲人离别之典。见《孔子家语》卷五。李白《上留田行》：“桓山之禽别离苦，欲去回翔不能征。”李群玉《乌夜号》：“既非蜀帝魂，恐是桓山禽。”

【桓子】 名不详。开元时人。孟浩然有《送桓子之郢成礼》。

【桓公】 ❶指春秋齐桓公。柳宗元《咏荆轲》：

"秦皇本诈力,事与桓公殊。"李贺《马诗二十三首》之十五:"不从桓公猎,何能伏虎威。"❷指晋桓温。李白《赠张相镐二首》之一:"扪虱对桓公,愿得论悲辛。"参见"桓公井""桓公臺"。

【桓公井】 晋桓温所凿之井。在当涂县城东五里白纻山。见《方舆胜览》。李白有《姑孰十咏·桓公井》。

【桓公臺】 在江陵城北三十里龙山。乃晋桓温与孟嘉重阳宴集而落帽之处,后世称"落帽台"。见《世说新语·识鉴》刘峻注引《孟嘉别传》和宋范成大《吴船录》卷下。张九龄《九月九日登龙山》:"楚客凛秋时,桓公旧台上。"张说《游龙山静胜寺》:"南识桓公台,北望先贤墓。"

【桓文】 春秋齐公、晋文公之连称。二人皆为五霸之一。李白《经乱离后天恩流夜郎忆旧游书怀赠江夏韦太守良宰》:"节制非桓文,军师拥熊虎。"

【桓玄】 字敬道,小名灵宝。晋谯国龙亢(今安徽蒙城东南)人。彝之孙,温之子。孝武帝宁康元年温卒,遗命为嗣,袭封南郡公。事迹见《晋书》本传。刘禹锡《城西行》:"守吏能然董卓脐,饥马来觇桓玄目。"按,《晋书·五行志中》曰:"桓玄既篡,童谣曰:'草生及马腹,乌啄桓玄目。"

【桓伊】 字叔夏。晋谯国铚县(今安徽宿州西)人。事迹见《晋书》本传。杜牧《润州二首》之一:"月明更想桓伊在,一笛闻吹出塞愁。"

【桓伊不凡】 指晋桓伊为谢安被人构陷鸣不平而歌曹植《怨诗》,安感泣而称其不凡之事。见《晋书·桓伊传》。刘禹锡《和汴州令狐相公到镇改月偶书所怀》:"谢傅何由接,桓伊定不凡。"

【桓伊笛】 指晋桓伊为王徽之吹笛之事。见《晋书·桓伊传》和南朝宋刘义庆《世说新语·任诞》。杜牧《寄题甘露寺北轩》:"孤高堪弄桓伊笛,缥缈宜闻子晋笙。"李郢《赠羽林将军》:"唯有桓伊江上笛,卧吹三弄送残阳。"陈陶《湓城赠别》:"气调桓伊笛,才华蔡琰琴。"

【桓典】 字公雅。汉沛国龙亢(今安徽蒙城东南)人。事迹见《后汉书》本传。罗隐《寄张侍郎》:"无路重趋桓典马,有诗曾上仲宣楼。"参见"桓典避馬"。

【桓典避馬】 指汉侍御史桓典无所回避,人见而避其所乘之马之事。李瀚《蒙求》:"桓典避马,王尊叱驭。"

【桓邵】 汉沛国龙亢(今安徽蒙城东南)人。尝轻视曹操,后为操所杀。见《三国志·魏志·武帝纪》裴松之注引《曹瞒传》。徐夤《魏》:"十年小怨诛桓邵,一檄深仇怨孔璋。"

【桓帝】 即汉桓帝。周昙有《咏史诗·后汉门·桓帝》。

【桓宣武】 即晋桓温。温谥宣武侯。李群玉《重阳日上渚宫杨尚书》:"荆州一见桓宣武,为趁悲秋入帝乡。"唐彦谦《红叶》:"树异桓宣武,园非顾辟疆。"

【桓桓】 ❶威武雄壮貌。源乾曜《奉和圣制送张尚书巡边》:"彼美何壮哉,桓桓擅斯举。"杜甫《北征》:"桓桓陈将军,仗钺奋忠烈。"皎然《送罗判官还寿州幕》:"定颂张征虏,桓桓戡难功。"❷大貌。玄宗《端午三殿宴群臣探得神字》序:"桓桓边塞,责办熊熊。"皮日休《补周礼九夏系文·九夏歌九篇》:"桓桓其珪,衮衮其衣。"

【桓將軍】 指晋桓伊。伊孝武帝太元十年为右军将军,后征拜护军将军。杜牧《寄珉笛与宇文舍人》:"寄与玉人天上去,桓将军见不教吹。"

【桓景】 汉汝南(今河南汝南东北)人。尝随费长房游学数年。长房教其九月九日全家登高饮菊花以避灾。后人重阳登高始于此。见南朝梁吴均《续齐谐记·九日登高》。徐夤《菊花》:"桓景登高事可寻,黄花开处绿畦深。"李瀚《蒙求》:"糜竺收资,桓景登高。"

【桓温】 字元子。晋谯国龙亢(今安徽蒙城东南)人。彝之子,玄之父。事迹见《晋书》本传。沈彬《金陵杂题二首》之二:"时清曾恶桓温盛,山翠长牵谢傅心。"

【桓温奇骨】 指晋桓温生而有奇骨,为温峤所称之事。见《晋书·桓温传》。李瀚《蒙求》:"桓温奇骨,邓艾大志。"

【桓嶺分翼】 指桓山之鸟,四子分飞。喻指兄弟别离。桓岭,即桓山,在齐鲁之间。李峤《和麴典设扈从东郊忆弟使往安西冬至日恨不得同申拜庆》:"桓岭嗟分翼,姜川限馈鱼。"参见"桓山禽"。

【桓顒】 籍贯、生平均不详。《补全唐诗》录其诗一首。

【桓譚】 字君山。汉沛国相县(今安徽淮北西北)人。事迹见《后汉书》本传。岑参《佐郡思旧游》序:"己亥岁春三月,参自补阙转起居舍人。夏四月,署虢州长史,适见秋草,凉风复来。昔桓谭出为六安丞,常忽忽不乐,今知之矣。"温庭筠《洛阳》:"桓谭未便忘西笑,岂为长安有凤池?"

【桓譚不讀讖】 指汉桓谭不读谶讳之书之事。韩愈《同宿联句》:"匡鼎惟说《诗》,桓谭不读谶。"参见"桓譚非讖"。

【桓譚非讖】 指汉桓谭向光帝报言谶讳之非之事。见《后汉书·桓谭传》和《太平御览》卷四八三引《东观汉记》。李瀚《蒙求》:"桓谭非谶,王商止讹。"

【桓彝】 字茂伦。晋谯国龙亢(今安徽蒙城东南)人。温之父。事迹见《晋书》本传。赵嘏《下第寄宣城幕中诸公》:“黄花李白墓前路,碧浪桓彝宅后溪。”按,桓彝宅在当涂县,唐时属宣州。

【桓靈】 汉桓帝、灵帝之连称。周昙《咏史诗·晋门·晋武帝》:“晋武鬻官私室富,是知犹不及桓灵。”

栗

〔lì《广韵》力質切,入質,來。〕❶树木名。高适《同群公题中山寺》:“石壁倚松径,山田多栗林。”张籍《寄紫阁隐者》:“夜鹿伴茅屋,秋猿守栗林。”白居易《登村东古冢》:“村人不爱花,多种栗与枣。”❷栗子。栗树之果实。李白《行路难三首》之二:“羞逐长安社中儿,赤鸡白狗赌梨栗。”秦系《山中奉寄钱起员外兼简苗发员外》:“稚子唯能觅梨栗,逸妻相共老烟霞。”韩愈《赠刘师服》:“妻儿恐我生怅望,盘中不饤栗与梨。”唐彦谦《梅亭》:“丁宁速赊酒,煮栗试砂瓶。”❸恭敬,庄肃。张九龄《送赵都护赴安西》:“他日文兼武,而今栗且宽。”❹通“溧”。寒凉。萧颖士《有竹一篇七章》之五:“我有珍簟,凄其以栗。”

【栗芋】 芋头之一种。因其色味似栗,故称。宋之问《游陆浑南山以诗代书答李舍人适》:“粳稻远弥秀,栗芋秋新熟。”

【栗里】 地名,在今江西九江庐山之南。晋陶渊明曾居此。李白《戏赠郑溧阳》:“何时到栗里,一见平生亲。”白居易《访陶公旧宅》:“柴桑古村落,栗里旧山川。”李咸用《庐山》:“月好虎溪路,烟深栗里源。”

【栗刺】 栗子果壳上之刺。陆龟蒙《袭美见题郊居十首因次韵酬之》之九:“风高开栗刺,沙浅露芹根。”

【栗苞】 带着刺壳之栗树果实。钱起《赠柏岩老人》:“瓠叶覆荆扉,栗苞垂瓮牖。”

【栗亭】 地名。在唐山南道成州同谷县(今甘肃成县)。杜甫《发秦州》:“栗亭名更佳,下有良田畴。”又《木皮岭》:“首路栗亭西,尚想凤皇村。”

【栗亭詩】 指杜甫《发秦州》。因诗中有“栗亭名更佳,下有良田畴”句,故称。赵鸿《栗亭》:“杜甫栗亭诗,诗人多在口。”

【栗罅】 栗子带刺外壳上之裂缝。韩翃《送客之上谷》:“风剪荷花碎,霜迎栗罅开。”

【栗黄】 栗子之肉。栗肉色黄,故称。贯休《上卢少卿觅千文》:“荆山有美玉,含华尚炳烂。”

【栗葉】 栗树之叶。项斯《宿山寺》:“栗叶重重复翠微,黄昏溪上语人稀。”毛女正美《赠华山游人》之二:“曾折松枝为宝栉,又编栗叶代罗襦。”

【栗皺】 栗子之带刺外壳。杜甫《野望因过常少仙》:“入村樵径引,尝果栗皱开。”贯休《湖头别墅三首》之一:“饥鼠掀菱壳,新蝉避栗皱。”

栖[1]

同“棲₁”。

栖[2]

同“棲₂”。见“栖₂屑”“栖₂栖”“栖₂遑”。

【栖一】 武昌(今湖北鄂城)僧。唐末五代时人。与贯休交往甚密。贯休有《秋寄栖一》。《全唐诗》卷八四九录其诗二首。参见“棲一”。

【栖子】 即寒栖子。皎然《寒栖子歌》:“栖子妙今道已成,手把玄枢心运冥。”

【栖止】 同“棲止”。栖息,停留。韦应物《过扶风精舍旧居简朝宗巨川兄弟》:“栖止事如昨,芳时去已空。”又《游琅琊山寺》:“攀林一栖止,饮水得清凉。”吴融《金陵遇悟空上人》:“十年栖止如何报,好与南谯剩炷香。”

【栖公】 即棲隐。齐己有《寄怀江西栖公》。

【栖白】 越中僧。大中时住长安荐福寺。善诗,大和初,与诗人贾岛、姚合、无可、令狐楚有交往。其后又与刘得仁、刘伦、李频、李昌符、许棠、林宽、张乔、罗邺、张蠙、曹松、李洞、齐己、贯休等诗人有交往唱酬,有诗名。《直斋书录解题》卷十九著录其集一卷,已佚。《全唐诗》卷八二三录其诗十六首。

【栖白大師】 同“栖白”。贯休有《寄栖白大师二首》。亦作“棲白大师”。张乔有《寄荐福寺栖白大师》。张蠙有《赠栖白大师》。曹松有《荐福寺赠应制白公》,“白公”下注:“一作栖白大师。”

【栖白上人】 同“栖白”。张乔有《吊栖白上人》。亦作“棲白上人”。李频有《题荐福寺僧栖白上人院》。罗邺有《冬日庙中书事呈栖白上人》。齐己有《寄栖白上人》。

【栖白供奉】 同“栖白”。李洞有《哭栖白供奉》。亦作“棲白供奉”。林宽有《哭栖白供奉》。

【栖玄】 文宗时僧。许浑有《闻释子栖玄欲奉道因寄》。

【栖₂栖】 同“棲₂棲”。❶奔波不安貌。玄宗《经邹鲁祭孔子而叹之》:“夫子何为者,栖栖一代中。”顾非熊《秋日陕州道中作》:“谁知我名姓,来往自栖栖。”温庭筠《题李相公敕赐锦屏风》:“几人同保山河誓,犹自栖栖九陌尘。”❷寂寞凄凉貌。沈千运《濮中言怀》:“栖栖去人世,屯踬日穷迫。”张祜《鹦鹉》:“栖栖南越鸟,色丽思沉淫。”

【栖息】 参见“棲息”。

【栖烏】 同“棲烏”。栖宿之乌鸦。贺敳《奉和九月九日应制》:“晓霜惊断雁,晨吹结栖乌。”王季友《别李季友》:“栖乌不恋枝,啭啭在同声。”

【栖托】 寄托；栖身。高适《和崔二少府登楚丘城作》："故人亦不遇，异县久栖托。"清江《早发陕州途中赠严秘书》："艰难嗟远客，栖托赖深情。"白居易《有木诗八首》之四："凭此为巢穴，往来互栖托。"罗隐《杜陵秋思》："南望商于北帝都，两堪栖托两无图。"

【栖神】 同"棲神"。韦应物《答贡士黎逢》："栖神澹物表，涣汗布令词。"

【栖真】 参见"棲真❷"。

【栖旅】 参见"棲旅"。

【栖₂屑】 同"棲₂屑"。奔波困顿貌。罗隐《送沈先辈归送上嘉礼》："拟把金钱赠嘉礼，不堪栖屑困名场。"

【栖宿】 同"棲宿"。栖息，寄居。贯休《鹭鸶有怀》："栖宿必多清濑梦，品流还次白猿徒。"

【栖₂遑】 同"棲遑"。奔波不安貌。杜甫《秦州见敕目薛三璩授司议郎远喜迁官兼述蒙居凡三十韵》："栖遑分半菽，浩荡逐流萍。"元稹《酬乐天东南行诗一百韵》："遂谪栖遑掾，还飞送别盃。"

【栖禽】 同"棲禽"。栖息之禽鸟。温庭筠《雪夜与友生同宿晓寄近邻》："正繁闻近雁，并落起栖禽。"

【栖楚】 即刘栖楚。李绅《趋翰苑遭诬构四十六韵》自注："逢吉、守澄、栖楚、柏耆、又新等。连为搏噬之徒。"

【栖鸦】 参见"棲鸦"。

【栖遅】 参见"棲遅"。❶置身，止留。齐己《和昙域上人寄赠之什》："百病煎衰朽，栖迟战国中。"❷游息。刘沧《题王校书山斋》："栖迟惯得沧浪思，云阁还应梦钓矶。"❸留滞，受困顿。罗隐《谒文宣王庙》："傥使小儒名稍立，岂教吾道受栖迟。"

【栖隱】 同"棲隱"。隐居。沈千运《山中作》："栖隐非别事，所愿离风尘。"

【栖霞寺】 同"棲霞寺"。周繇有《题金陵栖霞寺赠月公》。

【栖禪客】 指出家奉佛之人。李频《友人话别》："除却栖禅客，谁非南陌人。"

【栖蟾上人】 同"棲蟾"。虚中有《赠屏风岩栖蟾上人》。

【栖巖】 五代僧。所住之寺不详。《全唐诗续补遗》卷十八录其《题祝融峰》佚句一联。

栢

同"柏"。

楠

〔yù《广韵》於六切，入屋，影。〕见"楠李"。

【楠李】 果木名。即郁李。白居易有《惜楠李花》。

栭

〔ér《广韵》如之切，平之，日。〕斗栱中之斗。即柱上承大梁之方木。元结《演兴四首·初祀》："云缨为楣兮愚木栭，洞渊禅兮揭巍巍。"

核

"盔"之异写。无名氏《五言白话诗》之四："菜粥吃一核，街头阔立地。"张锡厚《王梵志诗校辑》卷二注："核，乙二本作盔"。

桎

〔zhì《广韵》之日切，入質，章。〕刑具名，囚系犯人两足之脚镣。引申指拘囚。骆宾王《畴昔篇》："邹衍衔悲系燕狱，李斯抱怨拘秦桎。"沈佺期《被弹》："昆弟两三人，相次俱囚桎。"

【桎梏】 ❶刑具名。械手之铐与械足之镣。引申束缚人之事物。独孤及《三月三日自京到华阴于水亭独酌寄裴六薛八》："他年解桎梏，长作海上人。"张籍《怀友》："别离感中怀，乃为我桎梏。"白居易《和梦游春诗一百韵》："薄俸等涓毫，微官同桎梏。"❷囚系，拘禁。引申指束缚。德舆《与沈十九拾遗同游栖霞寺上方二首》之一："一生如土梗，万虑相桎梏。"白居易《朱陈村》："以此自桎梏，信为大谬人。"

柴1

〔chái《广韵》士佳切，平佳，崇。〕❶小木；作燃料之木柴。见《礼记·月令》。孟郊《忽不贫喜卢仝书船归洛》："我愿拾遗柴，巢经于空虚。"白居易《东城桂三首》之二："长忧落在樵人手，卖作苏州一束柴。"❷枯枝，枯木。见《楚辞·九叹·愍命》。孟郊《饥雪吟》："大雪压梧桐，折柴堕峥嵘。"元稹《痁卧闻幕中诸公征乐会饮因有戏呈三十韵》："胀腹看成鼓，羸形渐比柴。"许棠《冬杪归陵阳别业五首》之五："旅貌同柴毁，行衣对骨穿。"❸古代祭祀名。见"柴禮"。

柴2

〔zhài《集韵》仕懈切，去卦，崇。〕篱栅。见"柴₂籬"。亦指围有篱、栅之村墅。王维有《辋川集·木兰柴》。

【柴户】 柴门。以柴木制作之门。指简陋之门。李端《忆皎然上人》："向日开柴户，惊秋问敝袍。"白居易《小台晚坐忆梦得》："月明候柴户，藜杖何时来。"顾非熊《题马儒乂石门山居》："鹿迹入柴户，树身穿草亭。"

【柴太尉】 名不详。南唐后主乾德初为太尉。李中有《甲子岁罢吉水县过钟陵时暮春维舟江渚谒柴太尉席上作》。

【柴司户】 名不详。天宝初为司户参军，充岭南五府经略学访使判官。高适有《送柴司户充刘卿判官之岭外》。

【柴司徒】 名不详。南唐后主时为司徒。李中有《题柴司徒亭假山》《柴司徒宅牡丹》《思朐阳春游感旧寄柴司徒五首》。

【柴車】 柴木制作之车。亦泛指粗陋之车。丘为《寻西山隐者不遇》:“若非巾柴车,应是钓秋水。”王建《归山庄》:“山路独归冲夜雪,落斜骑马避柴车。”权德舆《酬别蔡十二见赠》:“浩歌曳柴车,讵羡丹毂尊。”陆龟蒙《闲居杂题五首·当轩鹤》:“自笑与人乖好尚,田家山客共柴车。”

【柴侍御】 名不详。开元中为监察御史。王昌龄有《送柴侍御》。

【柴門】 ❶柴木制作之门。指简陋之门。王维《辋川闲居赠裴秀才迪》:“倚杖柴门外,临风听暮蝉。”刘长卿《逢雪宿芙蓉山主人》:“柴门闻犬吠,风雪夜归人。”秦系《闲居览史》:“长策胸中不复论,荷衣蓝缕闭柴门。”李郢《酬王舍人雪中见寄》:“三日柴门拥不开,阶平庭满白皑皑。”❷代指寒舍,寒陋人家。海顺《三不为篇》:“是以返迹荒径,息影柴门。”刘长卿《送金昌宗归钱塘》:“柴门嘶马少,藜杖拜人稀。”鲍溶《送薛补阙入朝》:“柴门已断施行马,鲁酒那能醉近臣。”

【柴城】 地名。即柴桑。贾岛《寄李存穆》:“信来从水路,身去到柴城。”

【柴胡】 中草药名。叶条形,花黄色,果椭圆形。根入药,可解热。杜甫《寄韦有夏郎中》:“省郎忧病士,书信有柴胡。”

【柴扃】 柴门。指简陋之门。亦代指寒陋之家。高适《奉酬北海李太守丈人夏日平阴亭》:“谁谓整隼旟,翻然忆柴扃。”无可《书马如文石门居》:“要迎文会友,时复扫柴扃。”章碣《雨》:“低着烟花漠漠轻,正堪吟坐掩柴扃。”韦庄《江上村居》:“本无踪迹恋柴扃,世乱须教识道情。”

【柴軍使】 名不详。南唐后主时为观军宸使。李中有《海上和柴军使清明书事》。

【柴郎中】 名不详。南唐后主时为郎中。李中有《哭柴郎中》。

【柴荆】 ❶供燃火用之小木。亦喻指微贱之人。杜甫《太子张舍人遗织成褥段》:“留之惧不祥,施之混柴荆。”❷用柴木荆条等制作之小门。指简陋之门。白居易《寄李十一建》:“忆昨访君时,立马扣柴荆。”❸代指寒陋之人家或屋舍。张九龄《巡属县道中作》:“短才滥符竹,弱岁起柴荆。”刘长卿《早春赠别赵居士还江左》:“予亦返柴荆,山田事耕耒。”熊孺登《至日荷李常侍过郊居》:“贱子守柴荆,谁人记姓名。”温庭筠《秋日旅舍寄义山李侍御》:“一水悠悠隔渭城,渭城风物近柴荆。”

【柴翁】 犹樵翁。亦泛指乡野之老人。张籍《祭退之》:“柴翁携童儿,聚观于岸傍。”

【柴桑】 ❶古县名。西汉置,因县境有柴桑山而得名。为晋陶潜之故里。旧治在今江西九江西南。刘允济《经庐岳回望江州想洛川有作》:“势入柴桑渚,阴开彭蠡壑。”耿㵾《送崔明府赴青城》:“当似遗民去,柴桑政自闲。”白居易《访陶公旧宅》:“柴桑古村落,栗里旧山川。”韦庄《和李秀才郊墅早春吟兴十韵》:“我悲游海峤,君说住柴桑。”❷指晋刘遗民。因刘在结白莲社前曾为柴桑县令,故称。卢纶《送乐平苗明府》:“累职比柴桑,清秋入楚乡。”刘禹锡《广宣上人寄在蜀与韦令公唱和诗卷因以令公手札答诗示之》:“若许相期同结社,吾家本自有柴桑。”齐己《酬庐山张处士》:“终谢柴桑与彭泽,醉游闲访入东林。”❸因刘遗民曾为柴桑令,后因以代指县令之政务。清昼《重联句一首》:“刘令兴多常步履,柴桑事少但援琴。”

【柴桑令】 指东晋末刘遗民。因刘曾为柴桑令,故称。刘后皈依佛门,在庐山结白莲社,隐居于西林寺。皎然《答豆卢次方》:“昔称柴桑令,今闻豆卢生。”白居易《宿西林寺》:“心知不及柴桑令,一宿西林便却回。”亦作“柴桑宰”。刘禹锡《敬酬微公见寄二首》之一:“凄凉沃州僧,憔悴柴桑宰。”

【柴桑興】 弃官;退隐之意兴。因晋刘遗民曾为柴桑令,后隐居庐山西林寺,故称。曹松《赠雷乡张明府》:“若起柴桑兴,无先漉酒巾。”

【柴宿】 籍贯不详。《全唐诗》卷七七九录其诗二首。

【柴扉】 ❶柴门。指简陋之门。刘长卿《和州送人归复郢》:“因家汉水曲,相送掩柴扉。”张籍《登城寄王秘书建》:“远客偏相忆,登城独不归。”储嗣宗《秋墅》:“谁知多病客,寂寞掩柴扉。”❷借指寒陋人家,或寒陋之家园。杜甫《复愁十二首》之四:“年深荒草径,老恐失柴扉。”薛能《送判官赴京》:“君子是行应柏署,鄙人何望即柴扉。”赵嘏《曲江春望怀江南故人》:“杜若洲边人未归,水寒烟暖想柴扉。”司马扎《送归客》:“多才与命违,末路隐柴扉。”

【柴槱】 柴堆。韩愈《南山诗》:“或赤若秃鬝,或熏若柴槱。”

【柴薪】 柴火。供作燃烧用之杂木。姚合《武功县中作三十首》之五:“小市柴薪贵,贫家砧杵闲。”

【柴禮】 柴祭。古代祭祀礼之一。祭时积柴薪烧之。鲍溶《寄宋申锡评事时从李少师移军回归》:“欲求岱岳燔柴礼,已锡鲁人缝掖衣。”

【柴關】 ❶柴门。简陋之门。刘长卿《送郑十二还庐山别业》:“浔阳数亩宅,归卧掩柴关。”戴叔伦《遣兴》:“诗名满天下,终日掩柴关。”张籍《送韩侍御归山》:“明日珂声出城去,家僮不复扫柴关。”刘兼《梦归故园》之一:“临水钓舟横荻岸,隔溪禅侣启柴关。”❷代指寒陋之家园。郎士元《登无锡北楼》:“仲宣何所赋，只欲滞柴关。”戎昱《九日贾明府见访》：“独掩衡门秋景闲，洛阳才子访柴关。”薛能《春雨》：“静思来朔漠，愁望满柴关。”伍唐珪《山中卧病寄卢郎中》：“空恋旧时恩奖地，无因匍匐出柴关。”

【柴夔】 籍贯不详。大和中进士及第。事迹见《唐诗纪事》卷五二。《全唐诗》卷五一六录其诗一首。

【柴₂籬】 藩篱。杂木制成之篱栅。秦系《寄浙东皇甫中丞》：“琴砚共依春酒瓮，云霞覆著破柴篱。”

桄 〔guāng《广韵》古黄切，平唐，見。〕见“桄榔”。

【桄榔】 树木名。亦称砂糖椰子。棕榈科常绿大乔木。生长于我国南方。张九龄《送广州周判官》：“里树桄榔出，时禽翡翠来。”皎然《送沈秀才之闽中》：“野戍桄榔发，人家翡翠过。”李德裕《谪岭南道中作》：“岭水争分路转迷，桄榔椰叶暗蛮溪。”周繇《送杨环校书归广南》：“山村象踏桄榔叶，海外人收翡翠毛。”

【桄榔麪】 从桄榔树茎中提取之淀粉。元稹《送岭南崔侍御》：“桄榔面碜槟榔涩，海气常昏海日微。”皮日休《寄琼州杨舍人》：“清斋净溲桄榔面，远信闲封豆蔻花。”

栧 同“枻”。船桨。贺知章《晓发》：“江皋闻曙钟，轻栧理还艉。”岑参《渔父》：“竿头钓丝长丈余，鼓栧乘流无定居。”

梠 〔lǚ《广韵》力舉切，上語，來。〕房屋之次梁。亦指屋檐。韩愈《元和圣德诗》：“荐于新宫，视瞻梁梠。”皮日休《读书》：“家资是何物，积帙列梁梠。”

桐 〔tóng《广韵》徒紅切，平東，定。〕❶树木名。落叶乔木。有梧桐、泡桐、油桐多种。唐诗中多指梧桐。为古代制琴之良材。太宗《秋日即目》：“砌冷兰凋佩，闺寒树陨桐。”岑参《饯王岑判官赴襄阳道》：“夜入橘花宿，朝穿桐叶行。”白居易《和答诗十首·答桐花》：“山木多蓊郁，兹桐独亭亭。”许浑《游江令旧宅》：“芹根生叶石池浅，桐树落花金井香。”亦指桐叶。李白《姑孰十咏·桓公井》：“秋来桐暂落，春至桃还发。”❷代指琴。陈叔达《听邻人琵琶》：“本是龙门桐，因妍入汉宫。”见“桐絲”。

【桐子】 梧桐树之籽实。刘禹锡《和乐天闲园独赏八韵》：“榴花裙色好，桐子药丸成。”白居易《云居寺孤桐》：“自云手种时，一颗青桐子。”

【桐木布】 亦称桐华布。以梧桐花上之毛织成之布。见晋常璩《华阳国志·南中志·永昌郡》。皮日休《醉中即席赠润卿博士》：“桐木布温吟倦后，桃花饭熟醉醒前。”亦省称“桐布”。李端《胡腾儿》：“桐布轻衫前后卷，葡萄长带一边垂。”

【桐布】 参见“桐木布”。

【桐圭】 参见“桐珪”。

【桐竹】 ❶指弦乐器与管乐器。竹，指笙箫等管乐器；桐，指琴瑟等弦乐器。因琴瑟多以桐木制作，故称。李贺《公莫舞歌》：“华筵鼓吹无桐竹，长刀直立割鸣筝。”❷梧桐与竹子。贾岛《雨夜同厉玄怀皇甫荀》：“桐竹绕庭匝，雨多风更吹。”

【桐江】 水名。即桐庐江。源出天目山，流经桐庐县境。其在桐庐县境一段，今称富春江。皎然《早秋桐庐思归示道谚上人》：“桐江秋信早，忆在故山时。”许浑《寄桐江隐者》：“严陵台下桐江水，解钓鲈鱼能几人。”汪遵《桐江》：“严陵何事轻轩冕，独向桐江钓月明。”贯休《上新定宋使君》：“十年勤苦今酬了，得句桐江识谢公。”

【桐材】 指琴瑟。因琴瑟多以桐树木材制作，故称。杜牧《梁秀才以早春旅次大梁将归郊扉言怀见赠走笔依韵》：“弦泛桐材响，杯澄糯醁醇。”

【桐杖】 桐木之杖。古代为母送丧时用为孝杖。《埤雅·释本》：“父丧杖竹，母丧杖桐。竹在节，父道也；桐能同，母道也，母从子者也。”陈元光《太母魏氏半径题石》：“竹符忠介凛，桐杖孝思凄。”

【桐尾燒焦】 为咏琴材之典。见《后汉书·蔡邕传》。白居易《除忠州寄谢崔相公》：“剑峰缺折难冲斗，桐尾烧焦岂望琴。”

【桐君】 ❶相传为黄帝时药师。采药于桐庐东山，结庐桐树下，人问其姓名，指桐树以示意，人因称为桐君。见宋祝穆《方舆胜览》卷五。权德舆《和王侍郎病中领度支烦迫之余过西园书堂闲望》：“中邦均禹贡，上药验桐君。”皮日休《重玄寺元达年逾八十好种名药余奇而访之因题二章》之一：“药名却笑桐君少，年纪翻嫌竹祖低。”❷相传为仙人。见晋王嘉《拾遗记·魏》。皎然《和李舍人使君纾题云明府道室》：“许令如今道姓云，曾经西岳事桐君。”又《赋颜氏古今一事得晋仙传送颜逸》：“却忆桐君老，俱还桂父年。”赵牧《对酒》：“桐君桂父岂胜我，醉里白龙多上升。”陈陶《寄元孚道人》：“高攀桐君手，左倚鸳鸯肩。”

【桐君録】 即《桐君药录》，医药书名。相传为黄帝时药师桐君所撰，当是后人伪托。《旧唐书·经籍志下》著录为三卷。书佚。《太平御览》卷八六七引有两条，又见《事类赋注》卷十七引。陆敬《游清都观寻沈道士得都字》：“缥帙桐君录，朱书王母符。”张九龄《苏侍郎紫薇庭各赋一物得芍药》：“名见桐君箓，香闻郑国诗。”皇甫冉《田家作》：“药验桐君录，心齐庄子篇。”刘禹锡《西山兰若试茶歌》：“炎帝虽尝未解煎，桐君有箓那知味。”

【桐花】 桐树之花。花色淡紫，形如喇叭，开于春季。孔昌胤《清明》:“燧火开新焰,桐花发故枝。”贾至《寓言二首》之二:“忆昨别离日,桐花覆井栏。”崔护《三月五日陪裴大夫泛长沙东湖》:“鸟弄桐花日,鱼翻谷雨萍。”韦庄《访含弘山僧不遇留题精舍》:“满院桐花鸟雀喧,寂寥芳草茂芊芊。”

【桐花井】 旁栽梧桐之水井。李贺《染丝上春机》:“玉罂泣水桐花井,蒨丝沉水如云影。”

【桐花鳥】 亦作“桐花集鳳”。鸟名。每至桐花开时,即群集桐树,饮朝露,花落则飞去,故名。许景先《奉和御制春台望》:“兰叶负龟初荐祉,桐花集凤更来仪。”可朋《桐花鸟》:“五色毛衣比凤雏,深花丛里只如无。”

【桐花集鳳】 参见“桐花鳥”。

【桐英】 桐花。梧桐树之花。李贺《秦宫诗》:“桐英永巷骑新马,内屋深屏生色画。”

【桐柏】 ❶唐代县名。在山南道唐州。故城在今河南桐柏县东六十里。韦元旦《饯唐州高使君赴任》:“桐柏膺新命,芝兰惜旧游。”按,此处代指唐州。❷指桐柏山。徐彦伯《淮亭吟》:“君不见可怜桐柏上,丰茸桂树花满山。”骆宾王《早发淮口望盱眙》:“背流桐柏远,逗浦木兰轻。”❸指桐柏川,即淮水。无名氏《月映清淮流》(卷七八七):“桐柏流光逐,玭珠濯景清。”❹指天台山之桐柏观。孟浩然《宿天台桐柏观》:“息阴憩桐柏,采秀弄芝草。”

【桐柏川】 水名。即淮水。因源出于桐柏山,故名。储光羲《登戏马台作》:“泗水南流桐柏川,沂山北走琅琊县。”

【桐柏先生】 参见“桐柏真人”。

【桐柏真人】 即司马承祯。承祯为道士,居天台西桐柏宫,因称“桐柏真人”。杜光庭《题北平沼》:“桐柏真人曾此居,焚香厔下诵灵书。”亦作“桐柏先生”。欧阳炯《大游仙诗》:“赤城霞起武陵春,桐柏先生解守真。”

【桐柏觀】 道观名。在唐江南道台州唐兴县(今浙江天台)之天台山上。孟浩然有《宿天台桐柏观》。周朴《送梁道士》:“旧居桐柏观,归去爱安闲。”周朴《桐柏观》:“东南一境清心目,有此千峰插翠微。”

【桐宫】 商代宫室名。因建于桐地,故名。伊尹曾放太甲于此,故址在今河北省临漳县。见《史记·殷本纪》。李白《纪南陵题五松山》:“桐宫放太甲,摄政无愧色。”

【桐珪】 亦作“桐圭”。❶指帝王封爵之符信。见《史记·晋世家》。许孟容《享文恭太子庙乐章》:“桐圭早贵,象辂追没。”❷指桐叶。虞世南《奉和咏日午》:“玉树阴初正,桐圭影未斜。”李峤《王屋山第之侧杂构小亭暇日与群公同游》:“复看题柳叶,弥喜荫桐圭。”

【桐孫】 ❶桐树新生之小树枝。杨巨源《和郑少师相公题慈恩寺禅院》:“旧寺长桐孙,朝天是圣恩。”元稹《桐孙诗》:“去日桐花半桐叶,别来桐树老桐孙。”周贺《赠神遘上人》:“草履蒲团山意存,坐看庭木长桐孙。”翁洮《和方干题李频庄》:“闲伴白云收桂子,每寻流水斸桐孙。”❷古代制琴,谓取峄阳山梧桐之东南孙枝为最佳之材,故常以“孙枝”代指琴或琴材。李贺《听颖师弹琴歌》:“古琴大轸长八尺,峄阳老树非桐孙。”陆龟蒙《和袭美江南道中怀茅山广文南阳博士三首次韵》之三:“桂父旧歌飞绛雪,桐孙新韵倚玄云。”赵抟《琴歌》:“绿琴制自桐孙枝,十年窗下无人知。”❸白居易《谈氏外孙生三日喜是男偶吟成篇兼戏呈梦得》:“芣苢春来盈女手,梧桐老去长孙枝。”后因以“桐孙”喻指子孙。皮日休《奉和鲁望徐方平后闻赦次韵》:“未遣蒲车问幽隐,共君应老抱桐孙。”

【桐偶人】 用桐木雕制之人形木偶。古代用以蛊咒。为咏栽赃诬陷之典。见《汉书·江充传》。杜牧《杜秋娘诗》:“一尺桐偶人,江充知自欺。”

【桐鳥】 即“桐花鳥”。刘言史《岁暮题杨录事江亭》:“肠断锦帆风日好,可怜桐鸟出花飞。”

【桐陰】 桐树之树荫。司空曙《石井》:“苔色遍春石,桐阴入寒井。”朱庆余《和刘补阙秋园寓兴之什十首》之八:“蕉叶犹停翠,桐阴已爽寒。”

【桐華】 (—huā)即桐花。韩愈《寒食日出游》:“桐华最晚今已繁,君不强起时难更。”

【桐景】 桐树之影。韦庄《夏夜》:“正吟秋兴赋,桐景下西墙。”

【桐鄉】 ❶地名。本春秋时之桐国,汉改桐乡。故址在唐淮南道舒州桐城(今安徽桐城)北。吴融《丛祠》:“金鞍正伴桐乡客,粉壁犹怀桂苑仙。”❷为颂官吏行仁政,有遗爱之典。见《汉书·循吏·朱循传》。或用为百姓感戴官吏之典。李颀《送刘四赴夏县》:“闻道桐乡有遗老,邑中还欲置生祠。”戴叔伦《将赴湖南留别东阳旧僚兼示吏人》:“桐乡寄生怨,欲话此情难。”吕温《郡内书怀寄刘连州窦夔州》:“朱邑何为者,桐乡有古祠。”李德裕《近于伊川卜山居将命者画图而至聊赋此诗》:“邑有桐乡爱,山余黍谷暄。”

【桐葉】 ❶桐树之叶。白居易《秘省后厅》:“槐花雨润新秋地,桐叶风翻欲夜天。”刘兼《梦归故园》:“桐叶飞霜落井栏,菱花藏雪助衰颜。”❷参见“桐葉戲”。

【桐葉戲】 指帝王剪桐叶以封拜,事见《史记·晋世家》。后亦用为咏帝王兄弟亲睦之典。张说《奉和圣制暇日与兄弟同游兴庆宫作应制》:“棣华歌尚在,桐叶戏仍传。”参见“桐圭”。

【桐溪】 水名。亦名桐庐江。即富春江水流经浙江桐庐县境之一段。刘长卿《送宣尊师醮毕归越》:“挥手桐溪路,无情水亦分。”

【桐絲】 指琴弦。因古代多以桐木制琴,故称。谢邈《谢人惠琴材》:“风撼桐丝带月明,羽人乘醉截秋声。”

【桐槿】 桐树与木槿。李商隐《秋日晚思》:“桐槿日零落,雨余方寂寥。”

【桐履】 以桐木为底之履。许浑《赠李伊阙》:“桐履如飞不可寻,一壶双笈峄阳琴。”

【桐廬】 ❶唐县名。章八元《归桐庐旧居寄严长史》:“昨辞夫子棹归舟,家在桐庐忆旧丘。”郑谷《闻进士许彬罢举归睦州怅然怀寄》:“桐庐归旧庐,垂老复樵渔。”刘采春《啰唝曲六首》之四:“桐庐人不见,今得广州书。”详见“桐廬縣”。❷水名。即桐江。李白《宣城青溪》:“青溪胜桐庐,水木有佳色。”李穆《寄妻父刘长卿》:“处处云山无尽时,桐庐南望转参差。”杜牧《寄内兄和州崔员外十二韵》:“金马旧游贵,桐庐春水生。”陆龟蒙《和袭美新秋即事次韵三首》之三:“声利从来解破除,秋滩唯忆下桐庐。”详见“桐廬江”。

【桐廬江】 亦称桐江。源出天目山,为钱塘江之上游,流经桐庐县境之一段,即桐庐江。今称富春江。孟浩然有《宿桐庐江寄广陵旧游》。周朴《寄处士方干》:“桐庐江水闲,终日对柴关。”

【桐廬縣】 唐代县名。本汉富春县之桐溪乡。三国吴置县。唐武德四年于县置严州。七年废尹州,以桐庐县属睦州。即今浙江桐庐。刘长卿有《奉使新安自桐庐县经严陵钓台宿七里滩下寄使院诸公》。严维《送崔峒使往睦州兼寄薛司户》:“木奴花映桐庐县,青雀舟随白露涛。”

株 〔zhū《广韵》陟輸切,平虞,知。〕❶露出地面之树干、树桩或树根。孟郊《赠农人》:“劝尔伐桑株,减尔身上服。”张籍《短歌行》:“青天荡荡高且虚,上有白日无根株。”张祜《题虎丘寺》:“倚殿松株涩,欹庭石片幽。”❷泛指树林。慧净《和卢赞府游纪国道场》:“株盘仰承露,刹凤俯摩霄。”孟郊《伤春》:“春色不拣墓傍株,红颜皓色逐春去。”❸量词。用以计量树木花草,犹“棵”。王维《辋川集·漆园》:“偶寄一微官,婆娑数株树。”杜甫《海棕行》:“左绵公馆清江渍,海棕一株高入云。”羊士谔《王起居独游青龙寺玩红叶因寄》:“十亩苍苔绕画廊,几株红树过清霜。”王梦周《故白岩禅师院》:“花树不随人寂寞,数株犹自出墙来。”亦以计量长条状物。李贺《夜来乐》:“重一箧,香十株,赤金瓜子兼杂麸。”

【株枿】 砍伐后树桩生出之新枝。韩愈、孟郊《城南联句》:“喘觑锋刃点,困冲株枿盲。”

【株株】 犹言一株株,每株。元稹《松树》:“株株遥各各,叶叶相重重。”徐夤《画松》:“天台道士频来见,说似株株倚赤城。”

【株榾】 砍伐后之断树残桩。元稹《和李校书新题乐府十二首·缚戎人》:“平明蕃骑四面走,古墓深林尽株榾。”

【株橛】 砍伐后之残断树桩。韩愈《送文畅师北游》:“下开迷惑胸,窐豁斸株橛。”

梃 〔tǐng《广韵》徒鼎切,上迥,定。〕棍棒。罗隐《塞外》:“碧幢未作朝廷计,白梃犹驱妇女行。”又《送汝州李中丞十二韵》:“黄巾攻郡邑,白梃掠生灵。”

梴 〔chān《广韵》丑延切,平仙,徹。〕见“梴梴”。

【梴梴】 树木长大貌。元结《演兴四首·讼木魅》:“将封灌乎善木,令樠樠以梴梴。”

栝 〔kuò《广韵》古活切,入末,見。〕树木名。即桧树。亦称“刺柏”。高适《宋中遇林虑杨十七山人因而有别》:“栗林隘谷口,栝树森回溪。”杜甫《次空灵岸》:“空灵霞石峻,枫栝隐奔峭。”皇甫冉《曾东游以诗寄之》:“古寺杉栝里,连樯洲渚间。”李德裕《忆平泉杂咏·忆初暖》:“幽翠生松栝,轻烟起薜萝。”

栴 〔zhān《广韵》諸延切,平仙,章。〕见“栴檀”。

【栴檀】 即檀香。梵文“栴檀那”音译之省称。寒山《诗三百三首》之八三:“白拂栴檀柄,馨香竟日闻。”秦系《秋日过僧惟则故院》:“科斗书空古,栴檀钵自香。”白居易《游悟真寺诗》:“次登观音堂,未到闻栴檀。”

條[1] 〔tiāo《广韵》徒聊切,平蕭,透。〕❶树上之枝条。陈叔达《早春桂林殿应诏》:“水岸衔阶转,风条出柳斜。”张宣明《山行见孤松成咏》:“既挺千丈干,亦生百尺条。”戎昱《早梅》:“一树寒梅白玉条,迥临村路傍溪桥。”卢渥《赋得寿星见》:“甘露盈条降,非烟向日生。”亦指折断之树枝。韩愈《叉鱼招张功曹》:“交头疑凑饵,骈首类同条。”❷条理。王勃《倬彼我系》:“彼网有条,彼车有辙。”❸治理。韩愈《郓州溪堂诗》:“有荒不条,河岱之间。”❹分条陈述;详述。刘禹锡《送义舟师却还黔南》序:“适有沙门义舟,道黔江而来,能画地为山川,及条其风俗,纤悉可信。”❺量词。(1)犹根、缕、行,用以计量细长之物。李休烈《咏铜柱》:“计合一条丝线挽,何劳两县索人夫。”贾至《早朝大明宫呈两省僚友》:“千条弱柳垂青琐，百啭流莺绕建章。”雍陶《初醒》：“半夜觉来新酒醒，一条斜月到床头。”隐峦《琴》：“七条丝上寄深意，涧水松风生十指。”(2)用以计量条款、项目。元稹《和乐天赠云寂僧》：“欲离烦恼三千界，不在禅门八万条。”

倏[2] 〔tiāo《集韵》他彫切，平萧，透。〕通“挑”。采摘。陆龟蒙《村夜二篇》之二：“专专望种稑，搰搰条桑柘。”

【倏山】 中条山之省称。在山西永济县之西南。岑参《送秘省虞校书赴虞乡丞》：“虞坂临官舍，条山映吏人。”韩愈《条山苍》：“条山苍，河水黄。”郑还古《吉州道中》：“吉州新置掾，驰驿到条山。”张随《河中献捷》：“寇尽条山下，兵回汉苑东。”

【倏支】 唐代西域地名。唐置条支都督府。见《旧唐书・地理志三》。其辖境约在今吉尔吉斯斯坦与哈萨克斯坦一带。李白《战城南》：“洗兵条支海上波，放马天山雪中草。”刘言史《代胡僧留别》：“定知不彻南天竺，死在条支阴碛中。”贯休《古塞曲三首》之一：“定远条支宠，如今胜古时。”

【倏令】 条规政令。借指理政。贯休《赠杨公杜之舅》：“郡中条令春常在，境外歌谣美更奇。”

【倏地】 治理大地。与“规天”连用合指治理天下。来鹄《圣政纪颂》序：“以闻之而又亡之，则陛下徒有宵衣旰食之名，规天条地之绩，与群臣言后，若飙然拂冠过冕，湮时销日，无得用于后。”

【倏枚】 树之枝干。枚，指树干。钱起《南溪春耕》：“荷蓑趣南径，戴胜鸣条枚。”陶雍《和兵部郑侍郎省中四松诗》：“何由比萝蔓，樊附在条枚。”

【倏侯】 即汉周亚夫。亚夫文帝后元三年(前161)封条侯。权德舆《细柳驿》：“细柳肃军令，条侯信殊伦。”胡曾《咏史诗・细柳营》：“文帝銮舆劳北征，条侯此地整严兵。”周昙有《前汉门・条侯》。

【倏風】 ❶东北风。指立春至雨水、惊蛰三个节令四十五日之风。见《淮南子・天文训》。太宗《正日临朝》：“条风开献节，灰律动初阳。”武平一《奉和立春内出彩花树应制》：“画阁条风初变柳，银塘曲水半含苔。”❷指东风。主春分至清明、谷雨三个节令四十五日之风。则天皇后《唐明堂乐章・角音》：“扇条风，乘甲乙。”李商隐《今月二日以诗一首渎尊严伏蒙披览辄复五言四十韵诗献上》：“四时当首夏，八节应条风。”亦泛指春风。曹松《送人庭鹤》：“条风频雨去，只恐更相随。”❸指条风楼。罗隐《登宛陵条风楼寄窦常侍》：“乱罹时节懒登临，试借条风半日吟。”

【倏風樓】 楼名。在唐江南道宣州宣城县(今安徽宣城)。罗隐有《登宛陵条风楼寄窦常侍》。

【倏峯】 同“倏山”。指中条山。贾岛《盐池院观鹿》：“条峰五老势相连，此鹿来从若个边。”

【倏倏】 枝条光秃无叶貌。李贺《野歌》：“寒风又变为春柳，条条看即烟濛濛。”王琦注：“条条，柳枯无叶之状。”

【倏桑】 修剪桑树，剪去其多余枝条。王维《奉送六舅归陆浑》：“条桑腊月下，种杏春雨前。”皇甫冉《送郑二之茅山》：“犬吠鸡鸣几处，条桑种杏何人。”鲍溶《述德上太原严尚书绶》：“条桑去附枝，薙草绝本根。”

【倏理】 谓整理事物使井然有序。韩愈《感春四首》之二：“幸逢尧舜明四目，条理品汇皆得宜。”

【倏教】 (—jiào)条规教令。无可《书事寄万年厉员外》：“条教关天道，歌谣入圣聪。”

【倏脱】 古代之臂饰。呈多圈螺旋形，套于手臂上。多以金玉为之。李商隐《杂歌谣辞・李夫人歌》：“蛮丝系条脱，妍眼和香屑。”陆龟蒙《奉和袭美太湖诗二十首・圣姑庙》：“好赠玉条脱，堪携紫纶巾。”牛峤《应天长》：“玉楼春望晴烟灭，舞衫斜卷金条脱。”

【倏章】 条令规章。张蠙《赠信安太守》：“条章最是贫家喜，禾黍仍防别郡饥。”

【倏陰】 指大树枝叶之荫。李峤《松》：“百尺条阴合，千年盖影披。”

【倏蔓】 枝蔓。杜甫《写怀二首》之一：“用心霜雪间，不必条蔓绿。”李群玉《哭小女痴儿》：“条蔓纵横输葛藟，子孙蕃育羡螽斯。”

【倏綱】 条规纲纪。柳宗元《弘农公屈于诬枉左官三岁复为大僚谨献诗五十韵》：“右言盈简策，左辖备条纲。”

桁[1] 〔héng《广韵》户庚切，平庚，匣。〕桁条。梁上之横木。亦指门窗上之横木。储光羲《望幸亭》：“云中仰华盖，桁下望春旗。”李贺《吕将军歌》：“厩中高桁排蹇蹄，饱食青刍饮白水。”王琦注：“桁，音‘衡’，屋中横木所以系马者。”陆龟蒙《江南秋怀寄华阳山人》：“桁排巢燕燕，屏画醉猩猩。”亦泛指横悬之条状物。陆龟蒙《袭美见题郊居十首因次韵酬之》之九：“迸鼠缘藤桁，饥乌立石盆。”

桁[2] 〔háng《广韵》胡郎切，平唐，匣。〕❶刑具名。见“桁₂杨”。❷量词。用于计量成行成排之物。韦庄《灞陵道中作》：“春桥南望水溶溶，一桁晴山倒碧峰。”南唐后主李煜《浪淘沙》词之二：“一桁珠帘闲不卷，终日谁来。”

桁[3] 〔hàng《集韵》下浪切，去宕，匣。〕衣架。李嘉祐《仲夏江阴官舍寄裴明府》：“苔色侵衣桁，潮痕上井栏。”岑参《山房春事二首》之一：“数枝门柳低衣桁，一片山花落笔床。”刘得仁《和郑先辈谢秩闲居寓书所怀》：“蓝衫悬竹桁，乌帽挂松枝。”韦蟾《和柯古穷居苦日喜雨》：“衣桁袭中单，浴床抛下绤。”

【桁₂楊】 夹脚与颈之刑具。亦泛指刑具。李益《秋晚溪中寄怀大理齐司直》：“荒宁桁杨肃，芳辉兰玉滋。”

桃 〔táo《广韵》徒刀切，平豪，定。〕❶桃树。落叶小乔木，叶窄长。春季开花。色粉红。果圆，有尖嘴，果肉厚，甜而多汁，可食。李白《独不见》：“桃今百余尺，花落成枯枝。”白居易《杂感》：“犬啮桃树根，李树反见伤。”李商隐《判春》：“一桃复一李，井上占年芳。”❷桃花。白居易《酬令狐相公春日寻花见寄六韵》：“粉坏杏将谢，火繁桃尚稠。”李商隐《永乐县所居一草一木无非自栽因书即事》：“柳飞彭泽雪，桃散武陵霞。”韦庄《寄园林主人》：“桃艳红将落，梨华雪又摧。”❸桃子。桃树之果实。杜牧《长安杂题长句六首》之三：“少年羁络青纹玉，游女花簪紫蒂桃。”冯集梧注：“《西京杂记》：汉武初，修上林苑，群臣各献果，有紫文桃。”

【桃子】 桃树之果实。姚合《杏溪十首·杏溪》：“桃花四散飞，桃子压枝垂。”

【桃水】 桃花开时之汛水。指春水。李商隐《玄微先生》：“夜夜桂露湿，村村桃水香。”

【桃夭】 谓桃花盛艳。罗邺《东归》：“桃夭李艳清明近，惆怅当年意尽违。”罗隐《南园题》：“竹好还成径，桃夭亦有蹊。”

【桃夭柳媚】 形容女子青春美丽。毛文锡《赞浦子》词：“正是桃夭柳媚，那堪落雨朝云。”

【桃文】 桃木弓上之木纹。李峤《弓》：“桃文称辟恶，桑质表初生。”

【桃竹】 竹之一种。一名桃枝竹，又名棕竹。产于蜀。质地坚实，可作手杖，亦宜于制箭、编席。李白《酬宇文少府见赠桃竹书筒》：“桃竹书筒绮绣文，良工巧妙称绝群。”杜甫《桃竹杖引赠章留后》：“江心蟠石生桃竹，苍波喷浸尺度足。”颜真卿、杨凝《与耿沣水亭咏风联句》：“桃竹今已展，羽翣且从收。”

【桃州】 古地名。即唐江南道湖州安吉县，故址在今浙江安吉北。皎然《桃花石枕歌送安吉康丞》：“君吏桃州尚奇迹，桃州采得桃花石。”又《兵后送薛居士移家安吉》：“向我桃州住，惜君东岭春。”

【桃杏】 ❶桃花与杏花。刘长卿《春过裴虬郊园》：“郊原春欲暮，桃杏落纷纷。”陆龟蒙《和袭美扬州看辛夷花次韵》：“不待群芳应有意，等闲桃杏即争红。”❷桃树与杏树。李赤《姑熟杂咏·灵墟山》：“松萝蔽幽洞，桃杏深隐处。”许浑《郊居春日有怀府中诸公》：“一山桃杏同时发，谁似东风不厌贫。”

【桃李】 ❶桃树与李树；桃花与李花。白居易《劝酒》：“松篁薄暮亦栖鸟，桃李无情还笑人。”薛能《汉南春望》：“几处松筠烧后死，谁家桃李乱中开。”❷桃树、李树之果实。即桃子、李子。于渍《季夏逢朝客》：“浐水桃李熟，杜曲芙蓉老。”❸喻指青春美丽之女子。胡皓《大漠行》：“北堂萱草不寄来，东园桃李长相忆。”白居易《长洲曲新词》：“茂苑绮罗佳丽地，女湖桃李艳阳时。”亦指青春年华。冯待征《虞姬怨》：“逢君游侠英雄日，值妾年华桃李春。”❹《韩诗外传》卷七：“夫春树桃李，夏得阴其下，秋得食其实。”后因以“桃李”指栽培提携之后辈或门生。皇甫冉《上礼部杨侍郎》：“方因旧桃李，犹冀载飞鸣。”杨汝士《宴杨仆射新昌里第》：“文章旧价留鸾掖，桃李新阴在鲤庭。”❺喻指有才之士。戎昱《苦辛行》：“贵人立意不可测，等闲桃李成荆棘。”白居易《读汉书》：“桃李与荆棘，霜降同夜萎。”❻喻浮华浅薄之小人。李白《赠韦侍御黄裳二首》之一：“愿君学长松，慎勿作桃李。”❼借指菲薄的馈赠。见《诗·卫风·木瓜》。杨师道《中书寓直咏雨简褚起居上官学士》：“思君赠桃李，于此冀琼瑰。”白居易《岁暮枉衢州张使君书并诗因以长句报之》：“贫薄诗家无好物，反投桃李报琼琚。”❽借指婚嫁。见《诗·召南·何彼襛矣》。郑世翼《看新婚》：“初笄梦桃李，新妆应标梅。”

【桃李人】 指佳人，美女。骆宾王《从军中行路难二首》：“且悦清笳杨柳曲，讵忆芳园桃李人。”

【桃李月】 桃李开花之月。指春天。李白《宫中行乐词八首》之五：“昭阳桃李月，罗绮自相亲。”薛稷《饯塘永昌》：“更思明年桃李月，花红柳绿宴浮桥。”

【桃李成陰】 喻指多年经营之事业到了可收益时候。耿沣《代园中老人》：“林园手种唯吾事，桃李成阴归别人。”

【桃李年】 喻指青春年华。韦应物《拟古诗十二首》之二：“自惜桃李年，误身游侠子。”柳中庸《寒食戏赠》：“酒是芳菲节，人当桃李年。”武元衡《代佳人赠张郎中》：“洛阳佳丽本神仙，冰雪颜容桃李年。”

【桃李風】 桃李花开时之风。指春风。赵嘏《赠道者》：“几年山下阴阳鼎，尽日涧边桃李风。”

【桃李色】 骄艳红润之面色。白居易《赠言》：“镜中桃李色，不得十年好。”

【桃李陰】 桃树李树之荫。喻指吸引众人奔趋之处。高适《同房侍御山园新亭与邢判官同游》：“忝游芝兰室，还对桃李阴。”

【桃李無言】 喻人有才德虽不自夸亦为人仰慕。见《史记·李将军列传》。杜牧《紫薇花》：“桃李无言又何在，向风偏笑艳阳人。”按，此反用其意，谓春去秋至，曾为游人争观之桃李，已不得不让位于紫薇花了。

【桃李精神】 形容女子青春骄艳之神态。和凝

《何满子》词："桃李精神鹦鹉舌，可堪虚度良宵。"

【桃李滿天下】 喻栽培、荐用人才众多。见《资治通鉴·则天后久视元年》。白居易《奉和令公绿野堂种花》："令公桃李满天下，何用堂前更种花。"

【桃李貌】 指女子之美丽容貌。李咸用《昭君》："不知桃李貌，能转虎狼心。"

【桃李蹊】 ❶桃李树下之小径。谢偃《踏歌词三首》之二："欲绕鸳鸯殿，先过桃李蹊。"❷喻指吸引众人奔趋之处。卢照邻《长安古意》："俱邀侠客芙蓉剑，共宿娼家桃李蹊。"杜甫《水宿遣兴奉呈群公》："巍巍瑚琏器，阴阴桃李蹊。"仇兆鳌注："桃李蹊，言奔趋者众。"

【桃芳李豔】 指芬芳艳丽之桃花李花。司空图《南北史感遇十首》之七："桃芳李艳年年发，羌管蛮弦处处多。"

【桃波】 地名。即桃陂。在唐江南道池州（今安徽池州）秋浦。李白《秋浦歌十七首》之十七："桃波一步地，了了语声闻。"

【桃花】 ❶桃树之花。刘长卿《酬滁州李十六使君见赠》："桃花迷圣代，桂树狎幽人。"贾至《春思二首》之一："草色青青柳色黄，桃花历乱李花香。"朱庆余《过耶溪》："春溪缭绕出无穷，两岸桃花正好风。"刘兼《芳春》："桃花满地春牢落，柳絮成堆雪弃嫌。"❷指桃树。谭用之《贻费道人》："他日凤书何处觅，武陵烟树半桃花。"无名氏《桃源行送友人》："桃花两边种来久，流水一道何时有。"❸形容女子娇艳之面容。陈子良《新成安乐宫》："柳叶来眉上，桃花落脸红。"徐贤妃《赋得北方有佳人》："柳叶眉间发，桃花脸上生。"李群玉《同郑相并歌姬小饮戏赠》："胸前瑞雪灯斜照，眼底桃花酒半醺。"亦指男子之健康红润面色。张仲方《赠毛仙翁》："几岁头梳云鬓绿，无时面带桃花红。"❹指桃花马。骆宾王《送吴七游蜀》："桃花嘶别路，竹叶泻离樽。"罗邺《帝里》："杯倾竹叶侯门月，马落桃花御水春。"亦指桃花马之毛色。即白底而间杂红点之毛色。李贺《马诗二十三首》之十二："批竹初攒耳，桃花未上身。"韩愈《贺张十八秘书得裴司空马》："司空远寄养初成，毛色桃花眼镜明。"❺指桃花源。李白《桃源二首》之一："昔日狂秦事可嗟，直驱鸡犬入桃花。"杜甫《赤谷西崦人家》："如行武陵暮，欲问桃花宿。"❻指天台山之桃花洞。传汉刘晨、阮肇于此遇仙。刘兼《访饮妓不遇招酒徒不至》："毕卓未来轻竹叶，刘晨重到殢桃花。"❼指乐府《桃花行》。徐铉《奉和宫傅相公怀旧见寄四十韵》："闲歌柳叶翻新曲，醉咏桃花促绮筵。"

【桃花夫人】 即息夫人。春秋息侯夫人息妫。楚文王灭息国，虏息妫而纳之……然以夫人国灭之痛，终日无言。见《左传·庄公十四年》。其庙在黄陂东三十里桃花洞上，因称桃花夫人庙。刘长卿有《过桃花夫人庙》。施肩吾有《经桃花夫人庙》。

【桃花水】 指春水。桃花开时之汛水。王维《桃源行》："春来遍是桃花水，不辨仙源何处寻。"白居易《送友人上峡赴东川辟命》："羊角风头急，桃花水色浑。"李商隐《拟意》："濯锦桃花水，溅裙杜若洲。"韩偓《野钓》："细雨桃花水，轻鸥逆浪飞。"亦指发春汛之时。罗邺《春日过寿安山馆》："归期不及桃花水，江上何曾鲙雪鳞。"

【桃花叱撥】 马名。即桃花马。产于大宛。因毛色白中杂有红点，状如桃花，故称。岑参《玉门关盖将军歌》："枥上昂昂皆骏驹，桃花叱拨价最殊。"

【桃花行】 乐府杂曲歌词名。七言四句，二十八字。三平韵。李峤、徐彦伯、苏颋、赵彦昭均有《桃花行》。

【桃花色】 桃红色，粉红色。李商隐《送崔珏往西川》："浣花笺纸桃花色，好好题诗咏玉钩。"

【桃花米】 糙米之美称。因加工粗糙，米粒外层之红衣未除去，故称。皮日休《苦雨杂言寄鲁望》："桃花米斗半百钱，枯荒湿坏炊不然。"

【桃花谷】 山谷名。在唐江南道常州义兴县。陆希声有《阳羡杂咏十九首·桃花谷》。

【桃花面】 指女子之美丽红润面孔。韦庄《女冠子》词之二："语多时，依旧桃花面，频低柳叶眉。"

【桃花迷路客】 指向往、追寻世外桃源之人。见晋陶潜《桃花源记》。戎昱《送吉州阎使君入道二首》之二："莫遣桃花迷客路，千山万水访君难。"

【桃花雨】 春季桃花开放时节之雨水。戴叔伦《兰溪棹歌》："兰溪三日桃花雨，半夜鲤鱼来上滩。"陆龟蒙《和袭美腊后送内大德从勖游天台》："铜瓶净贮桃花雨，金策闲摇麦穗风。"

【桃花洞】 ❶指桃花源。亦泛指避世隐居之处。刘长卿《望龙山怀道士许法棱》："桃花洞里居人满，桂树山中住日长。"钱起《送毕侍御谪居》："桃花洞里举家去，此别相思复几春。"❷指浙江天台山之桃花洞。即传说中汉刘晨、阮肇遇仙之处。和凝《天仙子》词："桃花洞，瑶台梦。一片春愁谁与共？"

【桃花馬】 良马名。白毛中杂有红点之马。杜审言《戏赠赵使君美人》："红粉青娥映楚云，桃花马上石榴裙。"白居易《秋霖中奉裴令公见招早出赴会马上先寄六韵》："续借桃花马，催迎杨柳姬。"

【桃花流】 即桃花水。李白《荆门浮舟望蜀江》："正是桃花流，依然锦江色。"

【桃花浪】 即桃花水。春季之汛水。徐坚《棹歌行》："影入桃花浪，香飘杜若洲。"杜甫《春水》："三月桃花浪，江流复旧痕。”

【桃花紙】　纸名。纸质细薄而柔韧，常用为笺纸，或以糊窗。张蠙《南康夜宴东溪留别郡守陆郎中》：“竹叶樽前教驻乐，桃花纸上待君诗。”

【桃花塢】　地名，在唐江南道苏州（今江苏苏州）。皮日休有《太湖诗·桃花坞》。方干有《书桃花坞周处士壁》。

【桃花園】　园林名。在唐长安西苑内。李峤有《侍宴桃花园咏桃花应制》。

【桃花飯】　以桃花加米煮成之饭。即糙米饭。李群玉《沅江渔者》：“倚棹汀洲沙日晚，江鲜野菜桃花饭。”皮日休《醉中即席赠润卿博士》：“桐木布温吟倦后，桃花饭熟醉醒前。”

【桃花源】　喻世外之理想境地。亦指避世隐居之所。见晋陶渊明《桃花源记》。其址一说在湖南桃源，一说在安徽黟县。王维《菩提寺禁口号又示裴迪》：“悠然策藜杖，归向桃花源。”孟浩然《山中逢道士云公》：“忽闻荆山子，时出桃花源。”李白《闻丹丘子于城北营石门幽居因叙旧以寄之》：“方从桂树隐，不羡桃花源。”

【桃花溪】　水名。在唐山南道朗州武陵县（今湖南桃源）。传桃花源即在其源头。吕岩有《桃花溪》。

【桃花潭】　潭水名。在今安徽泾县西南清弋江上游。李白《赠汪伦》：“桃花潭水深千尺，不及汪伦送我情。”

【桃花錦】　桃花马身上之红点。张元一《咏静乐县主》：“马带桃花锦，裙衔绿草罗。”

【桃花臉】　指女子美如桃花之脸。韩偓《新秋》：“桃花脸里汪汪泪，忍到更深枕上流。”又《复偶见三绝》之二：“桃花脸薄难藏泪，柳叶眉长易觉愁。”

【桃花騎】　即桃花马。亦泛指名马。白居易《出使在途所骑马死偶咏旅怀寄太原李相公》：“风光不见桃花骑，尘土空留杏叶鞍。”

【桃花巖】　山岩名。在唐江南道安州安陆县（今湖北安陆）白兆山。李白曾读书于此。李白《安陆白兆山桃花岩寄刘侍御绾》：“归来桃花岩，得憩云窗眠。”

【桃林】　地名。即桃林塞。李峤《牛》：“欲向桃林下，先过梓树中。”蔡希寂《赠张敬微》：“大河东北望桃林，杂树冥冥结翠阴。”杜甫《潼关吏》：“哀哉桃林战，百万化为鱼。”孔德绍《行经太华》：“疏峰起莲叶，危塞隐桃林。”

【桃林塞】　古塞名。自今陕西潼关以东，至河南灵宝以西之地带俱为桃林塞。昔周武王放牛于桃林之野，以示偃武修文，即此处。崔湜有《至桃林塞作》。王维《送魏郡李太守赴任》：“苍茫秦川尽，日落桃林塞。”耿湋《送太仆寺李丞赴都到桃林塞》：“远过桃林塞，休年自昔闻。”

【桃枝】　❶桃树之枝条。寒山《诗三百三首》之七七：“桃枝将辟秽，蒜壳取为璎。”❷指桃枝竹。参见“桃枝杖”“桃枝簟”。

【桃枝杖】　以桃枝竹制成之平杖。桃枝指桃枝竹，亦名桃竹，竹之一种。其皮赤，质坚韧。可作手杖，或以编席。韩翃《送道士侄归池阳》：“银角桃枝杖，东门赠别初。”

【桃枝簟】　以桃枝竹皮编制之席簟。韩翃《送客还江东》：“一壶先醉桃枝簟，百和初熏苎布衣。”

【桃弧】　桃木所制之弓。古代用以避邪。孟郊《弦歌行》：“相顾笑声冲庭燎，桃弧射矢时独叫。”范传质《荐冰》：“朝觌当西陆，桃弧每共行。”

【桃核】　❶桃子之核。白居易《叹老三首》之三：“前年种桃核，今岁成花树。”❷指传说中仙人王母之仙桃核。见《汉武故事》。刘禹锡《游桃源一百韵》：“仙翁遗竹杖，王母留桃核。”

【桃株笑】　谓桃花发。李贺《铜驼悲》：“厌见桃株笑，铜驼夜来哭。”王琦注：“《史通》：今俗文士谓鸟鸣为啼，花发为笑。”

【桃根】　晋王献之妾桃叶之妹。元稹《寄吴士矩端公五十韵》：“曲庇桃根盏，横讲捎云式。”李商隐《杏花》：“终应催竹叶，先拟咏桃根。”又《燕台四首·冬》：“当时欢向掌中销，桃叶桃根双姊妹。”参见“桃葉❶”。

【桃徑】　植有桃树之小径。元稹《春六十韵》：“腻粉梨园白，胭脂桃径红。”赵嘏《书斋雪后》：“微风入桃径，爽气归缥帙。”蔡瑰《夏日闺怨》：“桃径李蹊绝芳园，炎氛炽日满愁轩。”

【桃浦】　植有桃树之水浦。白居易《和春深二十首》之十二：“松湾随棹月，桃浦落船花。”

【桃笙】　以桃枝竹编成之竹簟。柳宗元《杂曲歌辞·行路难三首》之三：“盛时一去贵反贱，桃笙葵扇安可常？”

【桃符】　古代正旦挂贴于大门上之避邪物。以桃木板两块制成，上分别画神荼、郁垒，谓可守门镇鬼。即春联之前身。韦璜《赠嫂》：“案牍可申生节目，桃符虽圣欲何为。”

【桃陰】　桃树之树阴。杜甫《奉赠太常张卿二十韵》：“萍泛无休日，桃阴想旧蹊。”

【桃葉】　❶晋王献之之爱妾名。献之尝临桃叶渡歌《桃叶歌》以送之。李贺《梁丝上春机》：“彩线结茸背复叠，白袷玉郎寄桃叶。”罗虬《比红儿诗》之六七：“总传桃叶渡江时，只为王家一首诗。”唐彦谦《木兰》：“桃叶近来消息绝，见君长忆渡江桡。”❷泛指所爱恋之女子。刘长卿《送子婿崔真父归长城》：“桃叶宜人诚可咏，柳花如雪若为看。”皇甫冉《怨回纥歌二首》之二：“隔烟桃叶泣，吹管杏花飘。”元稹《友封体》：“频频闻动中门锁，桃叶知嗔未敢迎。”方干《侯郎中新置西湖》：“虽云桃叶歌还醉，却被荷花笑不言。”❸白居易之妾名。本名陈结之。白居易《对酒有怀寄李十九郎中》：“往年江外抛桃叶，去岁楼中别柳枝。”“桃叶”下自注：“结之也。”❹指《桃叶歌》。张登《上巳泛舟得迟字》：“竹枝游女曲，桃叶渡江词。”孟郊《答昼上人止谗作》：“俗侣唱桃叶，隐士鸣桂琴。”刘禹锡《堤上行三首》之二：“桃叶传情竹枝怨，水流无限月明多。”李商隐《妓席》：“乐府闻桃叶，人前道得无。”

【桃葉渡】 津渡名。在今江苏南京秦淮河畔。传因晋王献之送其爱妾桃叶渡江于此得名。唐彦谦《游清凉寺》：“南望水连桃叶渡，北来山枕石头城。”

【桃葉舞】 伴《桃叶歌》之舞。许浑《卢山人自巴蜀由湘潭归茅山因赠》：“导引岂如桃叶舞，步虚宁比竹枝歌。”

【桃葉歌】 乐府清商曲辞吴声歌曲名。桃叶，晋王献之之爱妾名。李群玉《江南》：“鳞鳞别浦起微波，泛泛轻舟桃叶歌。”

【桃園】 桃树园。刘长卿《寻龙井杨老》：“手栽松树苍苍老，身卧桃园寂寂春。”李白有《携妓登梁王栖霞山孟氏桃园中》。李商隐《小桃园》：“竟日小桃园，休寒亦未暄。”

【桃源】 ❶“桃花源”之省称。秦系《春日闲居三首》之一：“一似桃源隐，将令过客迷。”李君何《曲江亭望慈恩寺杏园花发》：“地闲分鹿苑，景胜类桃源。”杨发《南溪书院》：“曾逢异人说，风景似桃源。”徐铉《送许郎中歙州判官兼黟县》：“尝闻黟县似桃源，况是优游冠玳筵。”❷因桃花源在唐山南道朗州武陵，故以代指武陵，即今湖南桃源县。张蠙《送友人归武陵》：“闻近桃源住，无村不是花。”❸泛指像桃花源那样远隔尘嚣、和平安乐之理想境地。亦泛指隐居之地。萧颖士《蒙山作》：“方驰桂林誉，未暇桃源美。”李嘉祐《送韦邕少府归钟山》：“祈门官罢后，负笈向桃源。”刘商《袁十五远访山门》：“僻居谋道不谋身，避病桃源不避秦。”❹指桃源洞。在今浙江天台山。即传说中刘阮遇仙处。步非烟《寄怀》：“长恨桃源诸女伴，等闲花里送郎归。”❺喻指仙境。李峤《送司马先生》：“蓬阁桃源两处分，人间海上不相闻。”李白《拟古十二首》之十：“海水三清浅，桃源一见寻。”韩愈《桃源图》：“神仙有无何渺茫，桃源之说诚荒唐。”

【桃源人】 桃花源中之人。亦泛指遁世隐居之人。王维《蓝田山石门精舍》：“笑谢桃源人，花红复来觌。”刘长卿《桃源》：“洛阳遥想桃源人，溪水闲流春自碧。”丘丹《奉酬韦使君送归山之作》：“不别桃源人，一见经累日。”

【桃源心】 避世隐居之心意。宋之问《游陆浑南山以诗代书答李舍人适》：“浩歌清潭曲，寄尔桃源心。”

【桃源洞】 山洞名。(1)在今浙江天台山。借指男女幽会之所。见南朝宋刘义庆《幽冥录》。韩偓《六言三首》之三：“忆泪因成恨泪，梦游常续心游。”(2)在今湖南桃源县桃源山。亦名秦人洞。传为晋陶潜所记桃花源之遗址。后亦以泛指远隔尘世之世外桃源。刘长卿《送常十九归嵩少故林》：“他日山中逢胜事，桃源洞里几人家?”张仲方《赠毛仙翁》：“待我休官了婚嫁，桃源洞里觅仙兄。”

【桃源客】 隐士。杜甫《巫峡敝庐奉赠侍御四舅别之澧朗》：“传语桃源客，人今出处同。”卢纶《送吉中孚校书归楚州旧山》：“为问桃源客，何人见乱时。”羊士谔《郡斋读经》：“迹似桃源客，身攖竹使符。”孔德绍《登白马山护明寺》：“今日桃源客，相顾失归涂。”

【桃源記】 晋陶潜所作《桃花源记》之略称。权德舆《桃源篇》：“小年尝读桃源记，忽睹良工施绘事。”

【桃源路】 指能往世外桃源或隐居场所之路。陈子良《夏晚寻于政世置酒赋韵》：“一返桃源路，别后难追寻。”孟浩然《高阳池送朱二》：“殷勤为访桃源路，予亦归来松子家。”

【桃源圖】 指根据晋陶潜《桃花源记》描绘之情景所作之画。韩愈有《桃源图》。

【桃源觀】 道观名。在唐山南道朗州武陵县，即今湖南桃源县。皎然《晚春寻桃源观》：“武陵何处访仙乡，古观云根路已荒。”

【桃塞】 (—sài)即桃林塞。亦称“桃林”。韩愈、李正封《晚秋郾城夜会联句》：“藁街陈铁钺，桃塞兴钱镈。”韦庄《题盘豆驿水馆后轩》：“极目晴川展画屏，地从桃塞接蒲城。”

【桃實】 桃树之果实。亦指传说中王母所居处之仙桃。骆宾王《代女道士王灵妃赠道士李荣》：“桃实千年非易待，桑田一变已难寻。”

【桃綬】 汉代九卿二千石所系之绶带。亦以喻指桃花。李商隐《临发崇让宅紫薇》：“桃绶含情依露井，柳绵相忆隔章台。”

【桃蕊】 桃花之花心。亦代指桃花。温庭筠《春暮宴罢寄宋寿先辈》：“窗间桃蕊宿妆在，雨后牡丹春睡浓。”

【桃漿】 桃子之浆汁。旧俗民间祭祀蚕神时洒之。王建《簇蚕辞》：“新妇拜簇愿茧稠，女洒桃浆男打鼓。”

【桃膠】 桃树皮下所含之胶脂。中医谓渍以桑灰汁可治百病。李贺《南园十三首》之三：“桃胶迎夏香琥珀，自课越佣能种瓜。”

【桃颊】 桃红色之脸颊。崔涂《初识梅花》：“燕脂桃颊梨花粉，共作寒梅一面妆。”

【桃溪】 ❶指桃树林，或桃树夹道之处。刘长卿《送张七判官还京觐省》：“庭闱新柏署，门馆旧桃蹊。”韩愈《闻梨花发赠刘师命》：“桃溪惆怅不能过，红艳纷纷落地多。”❷喻指所培养之门生、后辈。孟球《和主司王起》：“桃蹊早茂夸新萼，菊圃初开耀晚英。”

【桃脸】 红艳如桃花之脸。指女子之娇艳面容。贾至《赠薛瑶英》：“舞怯铢衣重，笑疑桃脸开。”罗虬《比红儿诗》之二十：“红儿若为回桃脸，岂比连催举五烽。”韦庄《伤灼灼》：“桃脸曼长横绿水，玉肌香腻透红纱。”张安石《玉女词》：“绮荐银屏空积尘，柳眉桃脸暗销春。”

【桃腮】 桃红色之脸颊。吕岩《七言》之三三：“半夜紫云披素质，几回赤气掩桃腮。”

【桃穰】 桃子之果肉。穰，通“瓤”。牛希济《生查子》词：“终日劈桃穰，人在心儿里。”

【桃鬟】 指桃树头之繁茂桃花。李商隐《燕台四首·春》：“暖蔼辉迟桃树西，高鬟立共桃鬟齐。”刘学锴、余恕诚注：“桃花繁茂如云鬟，故曰：‘桃鬟’。”

桅 〔wéi《广韵》五灰切，平灰。疑。〕桅杆。舟船上悬帆之高杆。寒山《诗三百三首》之二三一：“前头失却桅，后头又无柁。”韩愈《忆昨行和张十一》：“念昔从君渡湘水，大帆夜划穷高桅。”元稹《遭风二十韵》：“后侣逢滩方拽稔，前宗到浦已眠桅。”

桀 〔jié《广韵》渠列切，入薛，羣。〕❶凶悍。见“桀黠”。❷人名。夏朝最后一位君主，暴君。在位三十一年。事迹见《史记·夏本纪》。鲍溶《隋帝陵下》：“长夜应怜桀何罪，告成合笑禹无功。”赵牧《对酒》：“杞天崩，雷腾腾，桀非尧是何足凭。”胡曾《咏史诗·商郊》：“谁知继桀为天子，便是当初祝网人。”

【桀犬吠尧】 桀为暴君，尧为圣人。桀之犬向尧吠叫。喻坏人之帮凶攻击好人。李白《经乱离后天恩流夜郎忆旧游书怀赠江夏韦太守良宰》：“桀犬尚吠尧，匈奴笑千秋。”

【桀犬】 指帮凶。杨乘《甲子岁书事》：“天兵日雄强，桀犬稍离析。”参见“桀犬吠尧”。

【桀纣】 夏桀、商纣之连称。二人皆为上古暴君。周昙《咏史诗·六朝门·李集》：“每沈良久方能语，及语还呼桀纣君。”

【桀跖】 夏桀、盗跖之连称。喻指凶暴之人。卢仝《冬行三首》之一：“古来尧孔与桀跖，善恶何补如今人？”

【桀溺】 春秋鲁隐士。见《论语·微子》。吴筠有《高士咏·长沮桀溺》。

【桀黠】 凶悍狡黠。亦指凶悍狡黠之人。元稹《代曲江老人百韵》：“奸心兴桀黠，凶丑比顽嚚。”罗隐《薛阳陶觱篥歌》：“扫除桀黠似提帚，制压群豪若穿鼻。”

格[1] 〔gé《广韵》古伯切，入陌，見。又古落切，入鐸，見。〕❶树木之长枝条。骆宾王《春晚从李长史游开道林故山》：“古藤依格上，野径约山限。”李吉甫《九日小园独谣赠门下武相公》：“舞丛新菊遍，绕格古藤垂。”❷木栅栏。杜甫《潼关吏》：“连云列战格，飞鸟不能逾。”❸方格，格子。见“格子屏風”。❹至，来。魏征《享太庙乐章·肃和》：“格于上下，聿遵诚敬。”李颀《望鸣皋山白云寄洛阳卢主簿》：“室画峨眉峰，心格洞庭浪。”《郊庙歌辞·享太庙乐章·金奏》：“永惟来格，降福无疆。”亦指归服。《郊庙歌辞·昭德舞歌二首》之二：“德备三苗格，风行万国随。”❺感动。张九龄《南郊太尉酌献武舞作凯安之乐》：“介福何穰穰，精诚格穹昊。”高适《信安王幕府诗》：“乐善旌深德，输忠格上玄。”韩愈《次潼关上都统相公》：“冠盖相望催入相，待将功德格皇天。”赵铎《玄元皇帝应见贺圣祚无疆》：“圣主今司契，神功格上玄。”❻升。姚合《武功县中作三十首》：“戚戚常无思，循资格上官。”❼搏击；格杀。杜甫《八哀诗·赠太子太师汝阳郡王琎》：“忽思格猛兽，苑囿腾清尘。”韩愈《杂诗四首》之一：“蝇蚊满八区，可尽与相格。”元稹《和乐天送客游岭南二十韵》：“狒狒穿筒格，猩猩置屐驯。”陆龟蒙《杂讽九首》之八：“既非格猛兽，未可轻华发。”❽规格；法式；常规。刘禹锡《赏牡丹》：“庭前芍药妖无格，池上芙蕖净少情。”贯休《离乱后寄九峰和尚二首》之一：“诗老全抛格，心空未到头。”❾条律，规章。李白《草创大还赠柳官迪》：“抑予是何者，身在方士格。”郑谷《咏怀》：“竹声输我听，茶格共僧知。”❿格调；品格；风格。皎然《奉酬于中丞使郡斋卧病见示一首》：“格居第一品，高步凌前躅。”任华《寄李白》：“古来文章有能奔逸气，耸高格，清人心神，惊人魂魄。”姚合《寄李干》：“见说与君同一格，数篇到火却休焚。”徐仲雅《赠齐己》：“格何古，天工未生谁知主。”⓫景象，风貌。薛能《使院栽苇》：“格如僧住处，栽得吏闲时。”⓬古代博戏名。见“格簺”。⓭犹已，已经。见“格是”。

格[2] 〔gē〕见“格$_{2}$格”“格磔”。

格³

〔nè《集韵》曷各切，入鐸，匣。〕见“格₃澤”。

【格力】 指诗文之气势，格调。贯休《上孙使君》：“野人有章句，格力亦慷慨。”

【格子屏風】 由许多纵横木条构成小方格之屏风。李贞白有《谒贵公子不礼书格子屏风》。

【格天】 感动上天。见《书·君奭》。刘禹锡《门下相公荣加册命辄感申贺》：“特膺平土拜，光赞格天功。”

【格手】 犹停手。指弈棋时迟疑而暂停下子。子兰《观棋》：“点头初得计，格手待无疑。”

【格言】 含有深刻哲理之诲人名言。韦应物《赠丘员外二首》之一：“格言雅诲阙，善谑矜数余。”张荐《奉酬礼部阁老转韵离合见赠》：“格言信难继，木石强为词。”韩愈《会合联句》：“格言多彪蔚，悬解无梏拲。”

【格苗扈】 亦作“格有苗”。谓边民归服。张衮《梁郊祀乐章·庆融》：“服遐裔兮敷质文，格苗扈兮息烟尘。”《郊庙歌辞·享章怀太子庙乐章·武舞作》：“绿林炽炎历，黄虞格有苗。”

【格是】 犹言已是。顾况《露青竹杖歌》：“市头格是无人别，江海贱臣不拘绁。”白居易《听夜筝有感》：“如今格是头成雪，弹到天明亦任君。”韩偓《夜坐》：“格是厌厌饶酒病，终须的的学渔歌。”

【格律】 ❶诗词表现形式或格式与规律。包括字数、句数、声韵、对仗等方面之要求与限制。白居易《编集拙诗成一十五卷因题卷末戏赠元九李二十》：“每被老元偷格律，苦教短李伏歌行。”❷犹章法、规格。窦冀《怀素上人草书歌》：“狂僧挥翰狂且逸，独任天机摧格律。”

【格₂格】 （—gē）象声词。象风声。亦象禽鸣声。卢仝《月蚀诗》：“玉川子词讫，风色紧格格。”温庭筠《晚归曲》：“格格水禽飞带波，孤光斜起夕阳多。”

【格筆】 笔架。陆龟蒙《奉和袭美太湖诗二十首·初入太湖》：“微茫诚端倪，远峤疑格笔。”

【格輔元】 汴州浚仪（今河南开封）人。累迁监察御史，改殿中侍御史。事迹见新旧《唐书》本传。杜易简有《嘲格辅元》。

【格₃磔】 鸟鸣之声。刘禹锡《武陵书怀五十韵》：“禽惊格磔起，鱼戏噞喁繁。”李群玉《九子坡闻鹧鸪》：“正穿诘曲崎岖路，更听钩辀格磔声。”钱珝《江行无题一百首》之二六：“只知秦塞远，格磔鹧鸪啼。”

【格論】 确论。精当之言论。李中《献乔侍郎》：“格论思名士，舆情渴直臣。”

【格調】 ❶指人之气质、风度。方干《赠美人四首》之一：“直缘多艺用心劳，心路玲珑格调高。”秦韬玉《贫女》：“谁爱风流高格调，共怜时世俭梳妆。”韦庄《送李秀才归荆溪》：“人言格调胜玄度，我爱篇章敌浪仙。”❷指事物之气象、风貌。周朴《宿刘温书斋》：“不掩盈窗月，天然格调高。”

【格₃澤】 （—duó）星名。储光羲《杂诗二首》：“格泽为君驾，虹蜺为君衣。”

【格簺】 古代博戏中的一种。通称格五，亦名蹙戏。其法是数棋共行一道，至五格不得行，故云格五。皮日休《登初阳楼寄怀北平郎中》：“投钩列坐围华烛，格簺分朋占靓妆。”参阅宋沈括《梦溪笔谈·技艺》。

【格鬪】 搏击，搏斗。李希仲《蓟北行二首》之二：“前军飞鸟断，格斗尘沙昏。”杜甫《阆山歌》：“中原格斗且未归，应结茅斋看青壁。”李益《从军夜次六胡北饮马磨剑石为祝殇辞》：“秦坑赵卒四十万，未若格斗伤戎虏。”张籍《陇头行》：“汉兵处处格斗死，一朝尽没陇西地。”

校¹

〔jiào《广韵》古孝切，去效，見。〕❶栅栏。亦指以栅栏狩猎取之。见“校獵”。❷军职名。亦指军队。戎昱《上李常侍》：“旌旗晓过大江西，七校前驱万队齐。”❸计较。韩愈《和侯协律咏笋》：“短长终不校，先后竟谁论。”《东阳夜怪诗》（卷八六七）：“事君同乐义同忧，那校糟糠满志休。”❹核查；查点。见“校缗”。❺衡量；比较。陆龟蒙《杂讽九首》之二：“况将鹏虱校，数又百与十。”又《中秋待月》：“何人为校清凉力，未似初圆欲午时。”❻校勘。李颀《送綦毋三谒房给事》：“惜哉湖海上，曾校蓬莱书。”李端《送濮阳录事赴忠州》：“闻说古书多未校，肯令才子久西东。”李远《赠弘文杜校书》：“晓随鹓鹭排金锁，静对铅黄校玉书。”陆龟蒙《上元日道室焚修寄袭美》：“将排风节分阶易，欲校龙书下笔难。”❼差。杜甫《狂歌行赠四兄》：“与兄行年校一岁，贤者是兄愚者弟。”白居易《对晚开夜合花赠皇甫郎中》：“移晚校一月，花迟过半年。”钱珝《江行无题一百首》之六七：“较量人世事，不校一毫厘。”《南省北街人吟》（卷八七五）：“放榜只应三月暮，登科又校一年迟。”❽较甚，甚于。令狐楚《立秋日》：“心中旧气味，苦校去年时。”白居易《除夜寄微之》：“老校于君合先退，明年半百又加三。”亦指多出，多。薛逢《醉春风》：“日往月来何草草，今年又校三年老。”❾较，较为。杜甫《湖中送敬十使君适广陵》：“形容吾校老，胆力尔谁过。”王建《宫词一百首》之四八：“今日踏青归校晚，传声留著望春门。”杜牧《押兵甲发谷口寄诸公》：“水辞谷口山寒少，今日风头校暖无？”崔橹《过南城县麻姑山》：“斜倚兔钩孤影伴，校低仙掌一头来。”❿病愈。张籍《闲游》：“病眼校来犹断酒，却嫌行处菊花多。”白居易《病中赠南邻觅酒》：“今朝似校抬头语，先问南邻有酒无？”李郢《酬友人春暮寄枳花茶》："相如病渴今全校，不羡生台白颈鸦。"贯休《秋寄栖一》："眼中疮校未，般若偈持无。"⑪装饰。杜甫《魏将军歌》："星躔宝校金盘陀，夜骑天驷超天河。"⑫"扶"之讹字。李白《君道曲》："土校可成墙，积德为厚地。""校"下注："一作扶"，是。

校² 〔xiào《广韵》胡教切，去效，匣。〕仿效。白居易《和万州杨使君四绝句·竞渡》："自经放逐来憔悴，能校灵均死几多？"

【校文】 校勘典籍、文章。唐秘书省设校书郎职，专掌典籍校勘。徐安贞《书殿赐宴应制》："校文常近日，赐宴忽升天。"储光羲《酬綦毋校书梦耶溪见赠之作》："校文在仙掖，每有沧洲心。"司空曙《送崔校书赴梓幕》："管记催飞檄，蓬莱辍校文。

【校正】 (—zhēng)❶古代掌管马匹之吏员。后亦泛指掌管马匹之人。储光羲《观范阳递俘》："牧人过橐驼，校正引騊駼。"❷唐代秘书省官员校书与正字之并称。白居易《岁暮寄微之三首》之三："龙钟校正骑驴日，憔悴通江司马时。"

【校名】 核对名册。吴筠《游仙二十四首》之四："西龟初定箓，东华已校名。"

【校别】 犹辨别。白居易《读僧灵彻诗》："言句怪来还校别，看名知是老汤师。"

【校武】 考校武艺。耿湋《和王怀州观西营秋射》："谢公亲校武，草碧露漫漫。"

【校書】 "校書郎"之省称。杜甫《送李校书二十六韵》："十九授校书，二十声辉赫。"白居易《三月三日怀微之》："忽忆同为校书日，每年同醉是今朝。"贾岛《送张校书季霞》："掌记试校书，未称高词华。"喻凫《经刘校书墓》："远冢松回曲渚风，一官闻是校书终。"

【校書郎】 职官名。唐秘书省设校书郎八人(人员前后有增减)。正九品上，掌校雠典籍、刊正文章之事。唐初弘文馆、集贤殿书院，亦置校书郎四人。韩愈《寄崔二十六立之》："岂论校书郎，袍笏光参差。"白居易《和微之任校书郎日过三乡》："不独年催身亦变，校书郎变作尚书。"赵嘏《送陈嘏登第作尉归觐》："就养举朝人共羡，清资让却校书郎。"周朴《赠李裕先辈》："仙籍旧题前进士，圣朝新奏校书郎。"

【校書箋】 即薛涛笺。一种精美的信笺用纸。因薛涛被唐人称为"万里桥边女校书"，故称。司空图《退居漫题七首》之二："只忧诗病发，莫寄校书笺。"又《狂题十八首》之十三："应到去时题不尽，不劳分寄校书笺。"

【校理】 ❶校订整理书籍。包融《和陈校书省中玩雪》："骞开明月下，校理落花中。"储光羲《送沈校书吴中搜书》："君王思校理，莫滞清江渍。"岑参《送魏升卿擢第归东都因怀魏校书陆浑乔潭》："魏侯校理复何如，前日人来不得书。"❷职官名。唐置有集贤殿校理，掌校勘整理宫廷图书。宋鼎《赠张丞相》序："张丞相与予有孝廉校理之旧，又代余为荆州。"

【校尉】 唐代武官之名号。并无实职，仅为有德声者之虚号。高适《燕歌行》："校尉羽书飞瀚海，单于猎火照狼山。"韩翃《送刘将军》："青巾校尉遥相许，墨槊将军莫大夸。"刘言史《苦妇词》："校尉勋望重，幕府才且贤。"罗隐《登夏州城楼》："好脱儒冠从校尉，一枝长戟六钧弓。"

【校量】 比较，衡量。刘禹锡《和乐天以镜换酒》："校量功力相千万，好去从空白玉台。"

【校緍】 核计财务。高适《单父逢邓司仓覆仓库因而有赠》："校缗阅帑藏，发廪欣斯箱。"权德舆《送袁太祝衢婺巡覆》："校缗税亩不妨闲，清兴自随鱼鸟间。"刘禹锡《武陵书怀五十韵》："校缗资筦榷，复土奉山园。"

【校戰】 阅兵校武。李昂《从军行》："羽林练士拭金甲，将军校战出玉堂。"

【校獵】 以木栅遮断去路以猎取野兽。亦泛指狩猎。苏颋《奉和圣制途次旧居应制》："示威宁校猎，崇让不陈鱼。"杜甫《冬狩行》："君不见东川节度兵马雄，校猎亦似观成功。"刘商《观猎三首》之一："传道单于闻校猎，相期不敢过阴山。"张乔《再书边事》："分营夜火烧云远，校猎秋雕掠草轻。"

【校讎】 ❶校勘、订正书籍。雠，独校为校，二人对校为雠。韩愈《送郑十校理得洛字》："才子富文华，校雠天禄阁。"李商隐《咏怀寄秘阁旧僚二十六韵》："校雠如有暇，松竹一相思。"❷指校书郎。

核 〔hé《广韵》下革切，入麦，匣。《集韵》胡骨切，入没，匣。〕果实中包有硬壳之果仁。为植物赖以繁衍之种子。韦应物《汉武帝杂歌三首》之一："虽留桃核桃有灵，人间粪土种不生。"刘禹锡《游桃源一百韵》："仙翁遗竹杖，王母留桃核。"温庭筠《南歌子词二首》之一："合欢桃核终堪恨，里许元来别有人。"

栟 〔bīng《广韵》府盈切，平清，幫。〕树木名。即棕榈树。韩愈、孟郊《城南联句》："买养驯孔翠，远苞树蕉栟。"

【栟櫚】 即棕榈。皮日休《太湖诗·雨中游包山精舍》："簟笏还戛刃，栟榈自摇扇。"

桉 〔àn《集韵》於旰切，去翰，影。〕同"案"。几案。杜甫《承闻河北诸道节度入朝欢喜口号绝句十二首》之八："澶漫山东一百州，削成如桉抱青丘。"

案 〔àn《广韵》烏旰切，去翰，影。〕❶古代食器名。一种有足的食盘。徐安贞《书殿赐宴应制》："酒正传杯至，饔人捧案前。"杜甫《行官张望补稻畦水归》："东屯大江北，百顷平若案。"韩愈《南山诗》："或如临食案，肴核纷饤饾。"鲍溶《山行经樵翁》："举案馈宾客，糟浆盈陶尊。"❷几床。古代一种坐卧之具。太宗《帝京篇十首》之二："对此乃淹留，欹案观坟典。"❸几桌。李白《下途归石门旧居》："羡君素书尝满案，含丹照白霞色烂。"岑参《送张献心充副使归河西杂句》："箧中赐衣十重余，案上军书十二卷。"王建《宫词一百首》之五四："近被君王知识字，收来案上检文书。"薛逢《汉武宫辞》："殿前玉女移香案，云际金人捧露盘。"❹文书，案卷。元结《漫酬贾沔州》："未曾弛戈甲，终日领簿案。"李商隐《郑州献从叔舍人褎》："绛简尚参黄纸案，丹炉犹用紫泥封。"❺通"按"。按查；审查。刘长卿《至德三年春正月闻王师收二京因书事寄上李侍郎中丞行营》："八使推邦彦，中司案国程。"皇甫冉《寄江东李判官》："澄清佐八使，纲纪案诸侯。"

【案几】 几桌。丘为《寻西山隐者不遇》："扣关无僮仆，窥室唯案几。"

【案子】 桌子。郑光业《纪中表试案》："新糊案子，其白如银。"

【案吏】 办理案件之胥吏。吕岩有《真人行巴陵市太守怒其不避使案吏具其罪真人忽失之》。

【案曲】 击节唱曲。案，通"按"。张籍《和裴仆射朝回寄韩吏部》："案曲新亭上，移花远寺中。"

【案典】 唐刑部三司之下属吏员。《两京童谣》(卷八七八)："无钱求案典，生死任都官。"

【案頭】 几桌之上。杜甫《题郑十八著作虔》："穷巷悄然车马绝，案头干死读书萤。"刘禹锡《闲坐忆乐天以诗问酒熟未》："案头开缥帙，肘后检青囊。"白居易《十二月二十三日作兼呈晦叔》："案头历日虽未尽，向后唯残六七行。"

【案牘】 官府之公文、文书。刘长卿《颍川留别司仓李万》："且知投刃皆若虚，日挥案牍常有余。"岑参《范公丛竹歌》："能清案牍帘下见，宜对琴书窗外看。"舒元舆《坊州按狱》："门墙见狼狈，案牍闻腥臊。"章碣《送韦岫郎中典泗州》："旌旗渐向行时拥，案牍应从到日闲。"

根 〔gēn《广韵》古痕切，平痕，見。〕❶植物之生于地面下或水面下以吸收营养的部分。王绩《采药》："地冻根难尽，丛枯苗易失。"严武《题巴州光福寺楠木》："临溪插石盘老根，苔色青苍山雨痕。"长孙佐辅《拟古咏河边枯树》："野火烧枝水洗根，数围孤树半心存。"裴夷直《穷冬曲江闲步》："雪尽南坡雁北飞，草根春意胜春晖。"❷物体之根基；物体托身之处。张鼎《僧舍小池》："引出白云根，潺潺涨藓痕。"杜甫《法镜寺》："回回山根水，冉冉松上雨。"周贺《赠神遘上人》："道情淡薄闲愁尽，霜色何因入鬓根。"滕白《题文川村居》："种茶岩接红霞坞，灌稻泉生白石根。"❸事物之根源、本初。张九龄《奉和圣制赐诸州刺史以题座右》："成宪知所奉，致理归其根。"陆龟蒙《读阴符经寄鹿门子》："生者死之根，死者生之根。"齐己《寓言》："始作骄奢本，终为祸乱根。"亦指事物之主体、基础。孟郊《求仙曲》："仙教生为门，仙宗静为根。"❹谓根基于，立足于。杜甫《白水县崔少府高斋三十韵》："危阶根青冥，曾冰生淅沥。"又《山寺》："野寺根石壁，诸龛遍崔嵬。"❺佛教语。梵文之意译。意谓"能生"。即指能产生"识"之人体器官与精神。如眼能生眼识，谓之眼根，眼、耳、鼻、舌、身、意，谓之六根。独孤及《题思禅寺上方》："踌然诸根空，破结如破瓶。"又《诣开悟禅师问心法次第寄韩郎中》："障深闻道晚，根钝出尘难。"❻量词。用以计量细长之条状物。杜甫《课伐木》："人肩四根已，亭午下山麓。"孟郊《上昭成阁不得于从侄僧悟空院叹嗟》："老力安可夸，秋海萍一根。"元稹《高荷》："种藕百余根，高荷才四叶。"

【根元】 根源；根本。齐己《言诗》："毕竟将何状，根元在正思。"

【根本】 ❶草木之根与干。包佶《抱疾谢李吏部赠诃黎勒叶》："岁时经水府，根本别天涯。"韩愈《游城南十六首・楸树二首》之二："傍人不解寻根本，却道新花胜旧花。"齐己《蔷薇》："根本似玫瑰，繁英刺外开。"❷水之泉源，来源。贾岛《雨后宿刘司马池上》："静想泉根本，幽崖落几层。"曹松《山寺引泉》："山僧未肯言根本，莫是银河漏泄无。"❸喻事物之根源、基础。顾况《行路难三首》之二："凡物各自有根本，种禾终不生豆苗。"韩愈《嘲鼾睡》："赋形苦不同，无路寻根本。"杜牧《洛中送冀处士东游》："治乱掘根本，蔓延相牵钩。"❹特指农业。韩愈《赴江陵途中寄赠翰林三学士》："下陈畿甸内，根本理宜优。"

【根由】 缘由，来源。吕岩《真人行巴陵市太守怒其不避使案吏具其罪忽失之但留诗曰》："暂别蓬莱海上游，偶逢太守问根由。"

【根芽】 植物之根与芽。喻事物萌生之形态。吕岩《寄白龙洞刘道人》："从此根芽渐长成，随时灌溉抱真精。"

【根性】 ❶佛教语，气力之本曰根，善恶之习曰性。善恶由之生，故称根性。王维《胡居士卧病遗米因赠》："了观四大因，根性何所有。"❷本性，本质属性。朱庆余《早梅》："天然根性异，万物尽难陪。"

【根柢】 ❶树木之根。章孝标《玄都观栽桃十韵》："根柢终盘石，桑麻自转蓬。"❷喻事物之根基、基础。杜甫《八哀诗·赠秘书监江夏李公邕》："忆昔李公存，词林有根柢。"元结《补乐歌十首·六英》："由六合兮，根底嬴嬴。"

【根荄】 植物之根。包括主根与须根。白居易《问友》："根荄相交长，茎叶相附荣。"又《浔阳三题·庐山桂》："枝干日长大，根荄日牢坚。"

【根株】 ❶树木草卉之根与主干。白居易《寓意诗五首》之五："婆娑园中树，根株大合围。"又《有木诗八首》之六："根株非劲挺，柯叶多蒙笼。"齐己《灵松歌》："灵松灵松，是何根株?"❷喻指事物赖以存在发展之基础、根基。崔颢《孟门行》："北园新栽桃李枝，根株未固何转移。"杜甫《奉赠射洪李四丈》："游子无根株，茅斋付秋草。"白居易《东坡种花二首》之二："将欲茂枝叶，必先救根株。"

【根祖】 祖先，祖宗。吕岩《步蟾宫》词："须认取，自家根祖。"

【根莖】 ❶植物之根与茎。韦处厚《盛山十二诗·上士瓶泉》："愿洒尘垢余，一雨根茎润。"❷喻事物之根本、基础。元结《补乐歌十首·五茎》："植植万物兮，滔滔根茎。"

【根基】 ❶基础；根底。罗隐《寄酬邺王罗令公五首》之五："戴湾老圃根基薄，虚费工夫八十年。"❷根由，缘由。孙魴《题梅岭泉》："创制谁人解，根基太守贤。"

【根脚】 指树或山丘等物之根部。李咸用《远公亭牡丹》："庐山根脚含精灵，发妍吐秀丛君庭。"

【根嵐】 贴近地面之岚雾。许棠《旅中送人归九华》："顶木晴摩日，根岚晓润衣。"

【根鈍】 佛教语，谓根性愚钝。独孤及《诣开悟禅师问心法次第寄韩郎中》："障深闻道晚，根钝出尘难。"

【根蒂】 ❶植物之根与瓜果或树叶相连的部分。鲍溶《古意》："岂无摇落苦，贵与根蒂连。"吴融《离霅溪感事献郑员外》："足恨饶悲不自由，萍无根蒂水长流。"❷根基。喻稳固不变如扎根之物。杜甫《送顾八分文学适洪吉州》："舟楫无根蒂，蛟鼍好为祟。"韩愈《听颖师弹琴》："浮云柳絮无根蒂，天地阔远随飞扬。"白居易《短歌行》："人无根蒂时不驻，朱颜白日相騕颓。"陆龟蒙《和袭美木兰后池三咏·浮萍》："不用临池更相笑，最无根蒂是浮名。"❸犹根源。高蟾《春》："阳春发处无根蒂，凭杖东风分外吹。"❹代指树木。顾况《十月之郊》："有巨根蒂，生混茫际。"

【根源】 ❶事物之来源。杜甫《火》："罗落沸百泓，根源皆万古。"丘光庭《补新宫》序："惟此《新宫》，则辞义俱失，苟非精考，难究根源。"❷水之源头。齐己《潇湘》："寒清健碧远相含，珠媚根源在极南。"

【根節】 草根上之节。王周《金盘草诗》："根节岁一节，食之甘而酸。"

【根蔆】 植物之根。白居易《蔷薇花一丛独死不知其故因有是篇》："柯条未尝损，根蔆不曾移。"

【根機】 佛教语。犹根性。贾岛《赠胡禅归》："自是根机钝，非关夏腊深。"

栩

〔xǔ《广韵》况羽切，上麌，曉。〕见"栩栩"。

【栩栩】 ❶欣畅自得貌。徐夤《蝴蝶三首》之三："栩栩无因系得他，野园荒径一何多。"亦指自由飘飞貌。张祜《游天台山》："控鹄大梦中，坐觉身栩栩。"❷徐徐微动貌。唐彦谦《咏葡萄》："天风飕飕叶栩栩，蝴蝶声干作晴雨。"

桑

〔sāng《广韵》息郎切，平唐，心。〕❶树木名。桑科。落叶乔木。郑锡《襄阳乐》："渚边游汉女，桑下问庞公。"白居易《秋居书怀》："不种一株桑，不锄一垄谷。"李群玉《谪仙吟赠赵道士》："若为失意居蓬岛，鳌足尘飞桑树枯。"❷指桑叶。见"桑蠶❷"。❸指从事采桑养蚕之事。杜甫《忆昔二首》之二："齐纨鲁缟车班班，男耕女桑不相失。"❹指桑田。太宗《春日望海》："洪涛经变野，翠岛屡成桑。"见"桑田成海"。

【桑土】 宜于植桑之土。孟浩然《归至郢中》："左右看桑土，依然即匪他。"

【桑弓】 用桑木制的弓。亦泛指良弓。杜甫《岁晏行》："渔父天寒网罟冻，莫徭射雁鸣桑弓。"刘禹锡《元和癸巳岁仲秋凯旋之辰率尔成咏寄荆南严司空》："歌谣开竹栈，拜舞戢桑弓。"

【桑女】 采桑养蚕之女。王翰《子夜春歌》："桑女淮南曲，金鞍塞北装。"

【桑水】 即桑乾河。齐己《送刘秀才归桑水宁觐》："家邻紫塞仍千里，路过黄河更几州。"

【桑公】 即长桑君。春秋时隐者，扁鹊师之。见《史记·扁鹊仓公列传》。卢纶《行药前轩呈董山人》："桑公富灵术，一为保余生。"

【桑田】 ❶种植桑树与庄稼之田地、田园。皎然《仙女台》："寂寂旧桑田，谁家女得仙。"白居易《赠友五首》之三："庸必算丁口，租必计桑田"。韦庄《官庄》："桑田稻泽今无主，新犯香醪没入官。"❷"沧海桑田"之略语。骆宾王《代女道士王灵妃赠道士李荣》："桃实千年非易待，桑田一变已难寻。"皇甫冉《祭张公洞二首》之二："何时种桃核，几度看桑田。"沈彬《麻姑山》："绀殿松萝太古山，仙人曾此话桑田。"参见"桑田成海"。

【桑田成海】 参见“桑田碧海”。

【桑田碧海】 亦作“桑田成海”。喻世事之巨大变化。卢照邻《长安古意》：“节物风光不相待，桑田碧海须臾改。”白居易《读史五首》之三：“深谷变为岸，桑田成海水。”贯休《偶作五首》之五：“坐看楼阁成丘墟，莫话桑田变成海。”

【桑弘羊】 （前152～前80）汉洛阳（今属河南）人。善于心算。事迹见《史记·平准书》《汉书·食货志下》。白居易《新乐府·盐商妇》：“好衣美食来何处，亦须惭愧桑弘羊。”

【桑竹】 桑树与竹子。农家常种，故以表现农村景象。温庭筠《郊居秋日有怀一二知己》：“皋原寂历垂禾穗，桑竹参差映豆花。”

【桑村】 满植桑树之乡村。赵嘏《西江晚泊》：“茫茫霭霭失西东，柳浦桑村处处同。”皮日休《西塞山泊渔家》：“中妇桑村挑叶去，小儿沙市买蓑归。”

【桑芽】 桑树新吐之叶芽。唐彦谦《采桑女》：“春风吹蚕细如蚁，桑芽才努青鸦嘴。”

【桑林】 ❶桑树林。王昌龄《塞下曲四首》之一：“蝉鸣空桑林，八月萧关道。”崔峒《送韦八少府判官归东京》：“清淮水急桑林晚，古驿霜多柿叶寒。”❷战国宋乐舞名。一说商汤之乐名。李白《赠从孙义兴宰铭》：“亚相素所重，投刃应桑林。”

【桑果】 桑树与果木。张籍《寄韩愈》：“过郭多园墟，桑果相接连。”

【桑斧】 用桑木作柄之斧。张祜《题曾氏园林》：“斫树遗桑斧，浇花湿笋鞋。”

【桑河】 即桑河水。李昂《从军行》：“阴山瀚海千万里，此日桑河冻流水。”

【桑弧】 ❶用桑木制成之弓。亦泛指良弓。元稹《酬乐天东南行诗一百韵》：“当心鞘铜鼓，背弝射桑弧。”❷指男孩出生所举行之仪式。表示勉励男儿当志在四方。亦省作“桑弧”。白居易《崔侍御以孩子三日示其所生诗见示因以二绝句和之》之一：“洞房门上挂桑弧，香水盆中浴凤雏。”

【桑門】 沙门之音译。即僧侣。权德舆《送文畅上人东游》：“桑门许辩才，外学接宗雷。”李昼《戏酬张鲁封》：“秋浦亚卿颜叔子，谯都中宪老桑门。”

【桑柘】 ❶桑树与柘树。王维《至滑州隔河望黎阳忆丁三寓》：“隔河见桑柘，蔼蔼黎阳川。”刘长卿《灞东晚晴简同行薛弃朱训》：“西向看夕阳，曈曈映桑柘。”杨发《南野逢田客》：“桑柘悠悠水蘸堤，晚风晴景不妨犁。”张演《社日村居》：“桑柘影斜春社散，家家扶得醉人归。”❷指农桑之事。韩愈《县斋有怀》：“惟思涤瑕垢，长去事桑柘。”

【桑津】 津渡名。即采桑津。在唐河东道晋州临汾县（今山西临汾）。杨师道《阙题》：“二月桑津期结伴，三春淇水逐关情。”李贺《杂曲歌辞·十二月乐辞·二月》：“二月饮酒采桑津，宜男草生兰笑人。”

【桑茗】 桑树与茶树。借指植桑树与茶树之地。方干《贼退后赠刘将军》：“二年战地成桑茗，千里荒榛作比间。”

【桑根】 桑树之根。齐己《南归舟中二首》之二：“桑根垂断岸，浪沫聚空湾。”

【桑耕】 指农桑之事。薛能《送浙东王大夫》：“察应均赋敛，逃必复桑耕。”

【桑海】 谓沧海变桑田。形容世事之巨大变化。杨炯《和辅先入昊天观星瞻》：“桑海年应积，桃源路不穷。”戎昱《秋望兴庆宫》：“万事如桑海，悲来欲恸神。”白居易《送毛仙翁》：“几见桑海变，莫知龟鹤年。”李商隐《一片》：“人间桑海朝朝变，莫遣佳期更后期。”参见“桑田成海”。

【桑屐】 用桑木制成的木屐。卢纶《郊居对雨寄赵涓给事包佶郎中》：“桑屐时登望，荷衣自卷舒。”姚合《杏溪十首·溪路》：“日日多往来，藜杖与桑屐。”李洞《题南鉴公山房》：“唯说黄桑屐，当时着秣陵。”

【桑乾】 （—gān）即桑乾水。贺朝《从军行》：“衔珠浴铁向桑干，衅旗膏剑指乌丸。”刘长卿《穆陵关北逢人归渔阳》：“逢君穆陵路，匹马向桑干。”张籍《渔阳将》：“更向桑干北，擒生问碛名。”曹唐《哭陷边许兵马使》：“北风裂地黯边霜，战败桑干日色黄。”

【桑乾水】 （乾 gān）即桑乾河。古名漯水，亦名卢沟河。源自今山西朔县东，为今永定河之上游。刘皂《旅次朔方》：“无端又渡桑干水，却望并州似故乡。”雍陶《渡桑干河》：“今朝忽渡桑干水，不似身来似梦来。”

【桑梓】 桑树与梓树。指故乡，或指乡亲父老。见《诗·小雅·小弁》。王绩《薛记室收过庄见寻率题古意以赠》：“豺狼塞衢路，桑梓成丘墟。”孟浩然《重酬李少府见赠》：“致敬惟桑梓，邀欢即主人。”柳宗元《闻黄鹂》：“乡禽何事亦来此，令我生心忆桑梓。”李德裕《早春至言禅公法堂忆平泉别业》：“永怀桑梓邑，衰老若为还。”

【桑野】 植桑树之田野。孟浩然《田家元日》：“桑野就耕父，荷锄随牧童。”

【桑麻】 ❶桑树与麻。李白《下途归石门旧居》：“不知何处得鸡豕，就中仍见繁桑麻。”张籍《促促词》：“家家桑麻满地黑，念君一身空努力。”白居易《秦中吟十首·重赋》：“厚地植桑麻，所要济生民。”李频《送姚评事》：“风雨依嵩岭，桑麻接楚田。”❷代指农桑之事。孟浩然《过故人庄》：“开筵面场圃，把酒话桑麻。”

【桑扈】 ❶鸟名。即青雀。见《诗·小雅·小宛》。卢钰《勖曹生》："桑扈交飞百舌忙，祖亭闻乐倍思乡。"❷即桑伯子。古代之隐士。见《楚辞·九章·涉江》。储光羲《游茅山五首》之一："不见子桑扈，当从方外求。"参见"桑扈返真"。参阅《庄子·山木》《庄子·大宗师》。

【桑扈返於幾】 参见"桑扈返真"。

【桑扈返真】 为哀悼隐士亡故之典。见《庄子·大宗师》。王维《过沈居士山居哭之》："杨朱来此哭，桑扈返于真。"亦作"桑扈返於幾"。沈佺期《哭道士刘无得》："嗟来子桑扈，尔独返于几"。参见"桑扈"。

【桑葉】 桑树之叶。喂蚕之饲料。李德裕《伊川晚眺》："桑叶初黄梨叶红，伊川落日尽无风。"

【桑落】 ❶指桑落酒。钱起《九日宴浙江西亭》："木奴向熟悬金实，桑落新开泻玉缸。"刘商《山翁持酒相访以画松酬之》："白社风霜惊暮年，铜瓶桑落慰秋天。"白居易《西楼喜雪命宴》："银榼携桑落，金炉上丽谯。"韦庄《三用韵》："感多聊自遣，桑落且闲斟。"❷指桑落洲。李白《寻阳送弟昌峒鄱阳司马作》："桑落洲渚连，沧江无云烟。"

【桑落洲】 洲名。在唐江南道江州浔阳县(今江西九江)东北之大江东侧。李群玉《桑落洲》："颓云晦庐岳，微鼓辨湓城。"

【桑落酒】 美酒名。见北魏郦道元《水经注·河水四》。张谓《别韦郎中》："不醉郎中桑落酒，教人无奈别离何。"杜甫《九日杨奉先会白水崔明府》："坐开桑落酒，来把菊花枝。"刘禹锡《秋日书怀寄河南王尹》："不知桑落酒，今岁与谁倾。"韩偓《己巳年正月十二日自沙县抵邵武军为闽相急脚相召赴沙县泊船偶成》："数醆绿醅桑落酒，一瓯香沫火前茶。"

【桑棗】 桑树与枣树。温庭筠《烧歌》："卜得山上卦，归来桑枣下。"郑谷《摇落》："夜来摇落悲，桑枣半空枝。"贯休《春野作五首》之五："薄烟漠漠覆桑枣，戴嵩醉后取次扫。"

【桑間】 (間 jiān)❶桑林之间。白居易《与裴华州同过敷水戏赠》："每过桑间试留意，何妨后代有罗敷。"❷指桑间濮上之淫靡音乐。王毂《玉树曲》："圣唐御宇三百祀，濮上桑间宜禁止。"

【桑葚】 桑树之果实。色乌红，甘甜可食。灵澈《听莺歌》："不食枯桑葚，不衔苦李花。"

【桑椹】 同"桑葚"。桑树之果实。白居易《孟夏思渭村旧居寄舍弟》："兔隐豆苗肥，鸟鸣桑椹熟。"虚中《寄华山司空图二首》之二："黍苗侵野径，桑椹污闲庭。"

【桑榆】 ❶桑树与榆树。储光羲《田家杂兴八首》之二："满园植葵藿，绕屋树桑榆。"王维《赠房卢氏琯》："桑榆郁相望，邑里多鸡鸣。"牟融《沈存尚林亭夜宴》："松菊寒香三径晚，桑榆烟景两淮秋。"林宽《和友人贼后》："城露桑榆尽，时平老幼稀。"❷指日落天晚光景。见《淮南子·天文训》和《文选·曹植〈赠白马王彪〉诗》。萧颖士《山庄月夜作》："桑榆清暮景，鸡犬应遥村。"郎士元《送钱拾遗归兼寄刘校书》："墟落岁阴暮，桑榆烟景昏。"❸比喻人之晚年，老年。储光羲《秦中守岁》："愿以桑榆末，常逢甲子新。"韩愈《孟生诗》："萍蓬风波急，桑榆日月侵。"白居易《东南行一百韵寄通州元九侍御》："身方逐萍梗，年欲近桑榆。"李绅《趋翰苑遭诬构四十六韵》："骎骎移岁月，冉冉近桑榆。"❹喻事物发展之后期。见《后汉书·冯异传》。韩愈《除官赴阙至江州寄鄂岳李大夫》："桑榆倘可收，愿寄相思字。"❺犹桑梓。喻指故土或父老乡亲。卢纶《赴池州拜觐舅氏留上考功郎中舅》："别国桑榆在，沾衣血泪和。"

【桑榆日】 指夕阳，落日。杜甫《成都府》："翳翳桑榆日，照我征衣裳。"参见"桑榆❷"。

【桑榆年】 指晚年，暮年。刘禹锡《奉酬湖州崔郎中见寄五韵》："犹期谢病后，共乐桑榆年。"参见"桑榆❸"。

【桑榆煖】 指退隐归家以享晚年之福。玄宗《续薛令之题壁》："苦嫌松桂寒，任逐桑榆暖。"

【桑園】 桑树林园。寒山《诗三百三首》之五七："田舍多桑园，牛犊满厩辙。"

【桑雉】 指官员能行仁政，有德化。见《后汉书·鲁恭传》。罗隐《寄前户部陆郎中》："出驯桑雉入朝簪，萧洒清名映士林。"

【桑節杖】 有节之桑木手杖。王绩《句》："横裁桑节杖，直剪竹皮巾。"

【桑綆】 以桑根皮之纤维制成之绳。《维扬空庄四怪联句》(卷八六七)："清冷之泉候朝汲，桑绠相牵常出入。"

【桑臺】 指武担寺西台。在唐剑南道成都(今四川成都)。温会《和段相公登武担寺西台》："桑台烟树中，台榭造云空。"

【桑蓋】 代指刘备。见《三国志·蜀志·先主传》。罗隐《题润州妙善前石羊》："紫髯桑盖此沉吟，很石犹存事可寻。"

【桑質】 谓用材之质地为桑木。李峤《弓》："桃文称辟恶，桑质表初生。"

【桑樞】 以桑木为门轴。形容家境贫寒。李瀚《蒙求》："孙晨槁席，原宪桑枢。"

【桑蟲】 螟蛉之别名。俗称桑蠖，亦名戎女。生于桑树上之一种小青虫。白居易《禽虫十二章》之二："水中科斗长成蛙，林下桑虫老作蛾。"

【桑蠖】 尺蠖之幼虫。因常栖桑树上，色又似桑皮，故名。韩愈、孟郊《城南联句》："桑蠖见虚指，穴狸闻斗狞。"

【桑籃】 采桑叶的篮子。韦庄《姬人养蚕》："仍道不愁罗与绮，女郎初解织桑篮。"

【桑變】 "桑田變滄海"之略语。形容世事变化。韩愈、孟郊《城南联句》："桑变忽芜蔓，樟裁浪登丁。"

【桑蠶】 ❶采桑养蚕之事。邵谒《春日有感》："谁知苦寒女，力尽为桑蚕。"胡宿《城南》："罗敷正苦桑蚕事，惆怅南来五马蹄。"❷指蚕。因蚕以桑叶为食，故称。薛能《送人归上党》："兵革未销王在镐，桑蚕临熟客还家。"

七　画

械 〔xiè《广韵》胡介切，去怪，匣。〕❶铐、枷之类刑具。亦指用铐枷等囚拘。韩愈《元和圣德诗》："取之江中，枷脰械手。"❷喻拘束、束缚。韩愈《雨中寄孟刑部几道联句》："美君知道腴，逸步谢天械。"

【械繫】 戴枷，被拘禁。徐浩《谒禹庙》："宦情同械系，生理任桴浮。"

梵 〔fàn《广韵》扶泛切，去梵，奉。〕❶指印度之梵文；梵语。刘禹锡《秋日过鸿举法师寺院便送归江陵》序："梵言沙门，犹华言去欲也。"❷指佛经。因佛经原用梵语写成，故称。张乔《金山寺空上人院》："讲移三楚遍，梵译五天遥。"❸指佛像。段成式《游长安诸寺联句·靖恭坊大兴善寺·蛤像联二十字绝句》："相好全如梵，端倪只为隋。"❹泛指佛门之事物。见"梵夾""梵塔""梵鐘"。❺指唱诵佛经。王维《蓝田山石门精舍》："朝梵林未曙，夜禅山更寂。"刘长卿《送灵澈上人归嵩阳兰若》："作梵连松韵，焚香入桂丛。"温庭筠《赠僧云栖》："梵余林雪厚，棋罢岳钟残。"❻指唱诵经文之声。李颀有《宿莹公禅房闻梵》。李嘉祐《同皇甫冉登重玄阁》："清梵林中人转静，夕阳城上角偏愁。"欧阳衮《月峰寺忆理公》："惊春花落树，闻梵涧摇风。"李商隐《和人题真娘墓》："罥树断丝悲舞席，出云清梵想歌筵。"

【梵王】 唐诗中常以泛指佛，亦指僧人。牟融《送僧》："梵王生别思，之子事遐征。"参见"梵王宫""梵王家"。

【梵王天】 即"梵天"。于鹄《温泉僧房》："自言曾入室，知处梵王天。"

【梵王字】 即"梵字"。钱起《送外甥怀素上人归乡侍奉》："能翻梵王字，妙尽伯英书。"

【梵王祠】 指佛寺。刘禹锡《和河南裴尹侍郎宿斋天平寺诣九龙祠祈雨二十韵》："有事九龙庙，洁斋梵王祠。"

【梵王宫】 亦作"梵王宫闕"。泛指佛寺。钱起《归义寺题震上人壁》："梵王宫始开，长者金先布。"杨巨源《春日题龙门香山寺》："众香天上梵王宫，钟磬寥寥半碧空。"鲍溶《望江中金山寺》："一朵蓬莱在世间，梵王宫阙翠云间。"

【梵王宫闕】 参见"梵王宫"。

【梵王家】 指佛寺。沈亚之《曲江亭望慈恩杏花发》："曲台晴好望，近接梵王家。"

【梵天】 ❶佛教语。指色界诸天。又特指其中初禅三天内之大梵天。佛教分世俗世界为欲界、色界、无色界三界。色界为已离食淫二欲之众生所居。此界又分四禅十七天。大梵天即"初禅三天"之一。顾况《归阳萧寺有丁行者能修无生忍况归命稽首作诗》："宝塔宝楼阁，重檐交梵天。"刘禹锡《武陵观火诗》："金乌入梵天，赤龙游玄都。"李绅《新楼诗二十首·寒林寺》："最深城郭在人烟，疑借壶中到梵天。"贯休《大蜀皇帝潜龙日述圣德诗五首》之四："只见赤心尧日下，岂知真气梵天来。"❷指梵王。陆龟蒙《奉和袭美古杉三十韵》："肢销洪水脑，棱耸梵天眉。"

【梵天詞】 指佛经。皮日休、陆龟蒙《独在开元寺避暑颇怀鲁望因飞笔联句》："对碑吴地说，开卷梵天词。"

【梵月無側】 天竺僧。时人相传是宝月道人后身。大历、贞元间住会稽云门寺。皎然有《寄题云门寺梵月无侧房》。

【梵文】 古印度之文字。其书体自左向右行，传为大梵天王所造。因印度佛经多以梵文书写，故亦以代指佛经。许浑《冬日宣城开元寺赠元孚上人》："梵文明处译，禅衲暖时缝。"齐己《送谭三藏入京》："好进梵文沾帝泽，归却天策继真风。"

【梵仙宫】 梵王宫。借指佛寺。武元衡《春题龙门香山寺》："众香天上梵仙宫，钟磬寥寥半碧空。"

【梵宇】 指佛寺。宋之问《登禅定寺阁》："梵宇出三天，登临望八川。"宋昱《题石窟寺》："梵宇开金地，香龛凿铁围。"殷尧藩《送景玄上人还山》："梵宇传来金贝叶，花前拜捧慰亲容。"陈陶《寄元孚道人》："梵宇章句客，佩兰三十年。"

【梵字】 即梵文。古印度之书写文字。王维《苑舍人能书梵字戏为之赠》："楚词共许胜扬马，梵字何人辨鲁鱼。"苑咸《酬王维》："莲花梵字本从天，华省仙郎早悟禅。"亦指佛经。皮日休《太湖诗·雨中游包山精舍》："老僧三四人，梵字十数卷。"

【梵夾】 指贝叶经。以贝叶书写之佛经。因其边缘以木板夹之，故称。李贺《送沈亚之歌》："白藤交穿织书笈，短策齐裁如梵夹。"欧阳炯《贯休应梦罗汉画歌》:“绳开梵夹两三片,线补衲衣千万行。”

【梵林寺】 佛寺名。在唐江南道袁州宜春县(今江西宜春)。袁皓《重归宜春经过萍川题梵林寺》:“梵林遗址在松萝,四十年来两度过。”

【梵刹】 (—chà)指佛寺。唐彦谦《游南明山》:“金银拱梵刹,丹青照廊宇。”王元《哭李韶》:“贫栖古梵刹,终著旧麻衣。”

【梵放】 指诵经声。杜甫《大云寺赞公房四首》之三:“梵放时出寺,钟残仍殷床。”

【梵法】 指唱诵佛教经文。高适《同马太守听九思法师讲金刚经》:“了义同建瓴,梵法若吹籁。”

【梵居】 僧房,佛寺。苏颋《慈恩寺二月半寓言》:“化迹传官寺,归诚谒梵居。”

【梵音】 ❶泛指僧人诵经及歌咏颂赞之声。张九龄《祠紫盖山经玉泉山寺》:“上界投佛影,中天扬梵音。”钱起《送少微师西行》:“天外猿啼处,谁闻清梵音。”牟融《访请上人》:“曲径绕丛林,钟声杂梵音。”罗邺《夏日题远公北阁》:“胜搜花界尽,响益梵音长。”❷用梵语诵经之声。齐己《赠念〈法华经〉僧》:“更堪诵入陀罗尼,唐音梵音相杂时。”

【梵帝】 梵王。亦泛指佛。宋之问《游法华寺》:“果渐轮王族,缘超梵帝家。”李迥秀《奉和九月九日登慈恩寺浮图应制》:“沙界人王塔,金绳梵帝游。”

【梵室】 僧房,佛寺。颜萱《送圆载上人》:“禅林几结金桃重,梵室重修铁瓦轻。”

【梵宫】 梵王宫。亦泛指佛寺。独孤及《登山谷寺上方答皇甫侍御》:“梵宫香阁攀霞上,天柱孤峰指掌看。”姚向《和段相公登武担寺西台》:“开阁锦城中,余闲访梵宫。”施肩吾《夏日题方师院》:“火天无处买清风,闷发时来入梵宫。”汪遵《梁寺》:“台城兵匝无人敌,闲卧高僧满梵宫。”

【梵宫真相】 指庙宇中之佛像。李贺《听颖师琴歌》:“竺僧前立当吾门,梵宫真相眉棱尊。”

【梵呗】 (—bài)佛徒歌赞法言之声。亦泛指僧人诵经咏赞之声。欧阳衮《南涧寺》:“松籁泠泠疑梵呗,柳烟历历见招提。”

【梵部】 佛经之部类。白居易《新昌新居书事四十韵因寄元郎中张博士》:“梵部经十二,玄书字五千。”

【梵家】 指佛寺。白居易《紫阳花》:“何年植向仙坛上,早晚移栽到梵家。”

【梵書】 ❶梵字,梵文。护国《访云母山僧》:“莲花国土异,贝叶梵书能。”姚合《寄灵一律师》:“梵书钞律千余纸,净院焚香独受持。”张祜《题惠昌上人》:“律持僧讲疏,经诵梵书文。”❷指佛经。刘禹锡《闻董评事疾因以书赠》:“繁露传家学,青莲译梵书。”薛涛《听僧吹芦管》:“罢阅梵书聊一弄,散随金磬泥清秋。”

【梵堂】 指佛寺。岑羲《奉和九月九日登慈恩寺浮屠应制》:“梵堂遥集雁,帝乐近翔鸾。”

【梵唱】 即“梵呗”。陆龟蒙《奉和袭美伤史拱山人》:“逋客预斋还梵唱,老猿窥祭亦悲吟。”

【梵塔】 佛塔。白居易《想东游五十韵》:“梵塔形疑踊,阊门势欲浮。”

【梵衆】 僧众,僧徒。灵一《送冽寺主之京迎禅和尚》:“彼土诸梵众,嗟君扬道风。”

【梵筵】 僧人之坐席;佛寺之坐席。宋之问《奉和荐福寺应制》:“梵筵光圣邸,游豫览宏规。”李白《春日归山寄孟浩然》:“朱绂遗尘境,青山谒梵筵。”钱起《宿远上人兰若》:“梵筵清水月,禅坐冷山阴。”阎防《晚秋石门礼拜》:“永欲卧丘壑,息心依梵筵。”

【梵經】 佛经。司空曙《赠衡岳隐禅师》:“讲席旧逢山鸟至,梵经初向竺僧求。”

【梵境】 佛门;僧寺。许敬宗《奉和过慈恩寺应制》:“梵境留宸瞩,掞发丽天才。”

【梵構】 佛寺建筑,如僧舍、禅房等。蔡希寂《登福先寺然公禅室》:“名都标佛刹,梵构临河干。”

【梵僧】 指天竺(古印度)之僧人。亦泛指外域来华之僧人。裴说《送进士苏瞻乱后出家》:“梵僧为骨肉,柏寺作家乡。”贯休《题弘顗三藏院》:“梵僧梦里授微言,雪岭白牛力深得。”

【梵語】 古印度之书面语。李嘉祐《奉陪韦润州游鹤林寺》:“禅心超忍辱,梵语问多罗。”耿㵾《赠海明上人》:“年深梵语变,行苦俗流归。”

【梵閣】 佛寺中之楼阁。白居易《天宫阁秋晴晚望》:“洛城秋霁后,梵阁暮登时。”

【梵樂】 (—yuè)指佛教音乐。宋之问《奉和九日登慈恩寺浮图应制》:“天歌将梵乐,空里共裴回。”

【梵樹】 指菩提树。传释迦牟尼于此树下得证菩提果而成佛,故名。李群玉《法性寺六祖戒坛》:“天香开茉莉,梵树落菩提。”

【梵聲】 僧人诵经或歌咏颂赞之声。王维《登辨觉寺》:“软草承趺坐,长松响梵声。”钱起《送僧归日本》:“水月通禅观,鱼龙听梵声。”李绅《真娘墓》:“黛消波月空蟾影,歌息梁尘有梵声。”陈陶《题豫章西山香城寺》:“祇园树老梵声小,雪岭花香灯影长。”

【梵鐘】 佛寺之大钟。太宗《谒并州大兴国寺诗》:“梵钟交二响,法日转双轮。”

梗 〔gěng《广韵》古杏切,上梗,见。〕❶枝梗。骆宾王《军中行路难》:“漂梗飞蓬不自安,扪藤引葛度危峦。”欧阳詹《许州途中》:“随萍逐梗见春光,行乐登台斗在旁。”李贺《咏怀二首》之一:“梁王与武帝,弃之如断梗。”刘言史《泊花石浦》:“旧业丛台废苑东，几年为梗复为蓬。”❷阻塞；阻碍。陈子昂《送著作佐郎崔融等从梁王东征》序：“犹恐威令未孚，亭塞仍梗。乃谋元帅，命佐军。”杜甫《春归》：“世路虽多梗，吾生亦有涯。”元稹《饮致用神麴酒三十韵》：“楚泽一为梗，尧阶屡变蓂。”崔橹《过蛮溪渡》：“身随远道徒悲梗，诗卖明时不直钱。”❸病患；祸害。亦指为患。杜甫《将晓二首》之一：“巴人常小梗，蜀使动无还。”韩愈《秋怀诗十一首》之六：“丧怀若迷方，浮念剧含梗。”罗隐《送汝州李中丞十二韵》：“群盗方为梗，分符奏未宁。”❹犹偶。杜甫《雷》：“真龙竟寂寞，土梗空俯偻。”

【梗泛】 比喻人漂泊不定。见《战国策·齐策三》。骆宾王《晚泊河曲》：“恓惶劳梗泛，凄断倦蓬飘。”

【梗萍泛】 谓断梗与浮萍飘浮于水上。喻人漂泊不定。贾岛《洛阳道中寄弟》：“生类梗萍泛，悲无金石坚。”参见“梗泛”。

【梗概】 大略，概况。白居易《自在》：“安泰良有以，与君论梗概。”

【梗塞】 （—sè）堵塞不通。罗隐《酬丘光庭》：“三川梗塞两河闭，大明宫殿生蒿莱。”

【梗澀】 梗阻，滞涩。韩愈《嘲鼾睡》：“黄河弄渍薄，梗涩连拙鲧。”

【梗斷】 阻断，断绝。罗隐《大梁见乔诩》：“六年悲梗断，两地各萍漂。”

梀 〔sù《广韵》桑谷切，入屋，心。又丑玉切，入燭，徹。又千木切，入屋，清。〕樗木名。杜甫《陪郑广文游何将军山林十首》之七：“棘树寒云色，茵蔯春藕香。”“梀”，一本作“棘”。仇兆鳌注：“棘乃小枣。棘下铺筆，颇无佳致。当是梀树。《诗》正义：‘白色为梀，赤梀为槙。’”

梧 〔wú《广韵》五乎切，平模，疑。〕树木名。即梧桐。李白《与贾至舍人于龙兴寺剪落梧桐枝望灉湖》：“剪落青梧枝，灉湖坐可窺。”元季川《山中晓兴》：“灵鸟望不见，慨然悲高梧。”耿湋《九日》：“重阳寒寺满秋梧，客在南楼顾老夫。”许棠《题李昌符丰乐幽居》：“兰菊俱含露，杉梧为奏风。”

【梧丸】 梧桐之籽实。可食。包佶《抱疾谢李吏部赠诃黎勒叶》：“茗饮暂调气，梧丸喜伐邪。”

【梧竹】 梧桐与竹子。旧谓凤凰栖梧桐，食竹实，故以“梧竹”为可以引凤之树木。参见“梧庭凰”。羊士谔《永宁小园即事》：“萧条梧竹下，秋物映园庐。”刘禹锡《酬令狐相公使宅别斋初栽桂树见怀之作》：“早晚阴成比梧竹，九霄还放彩雏来。”

【梧州】 唐代州名。在唐岭南道。武德四年置。天宝元年改苍梧郡，乾元元年复为梧州。领苍梧、戎城、孟陵三县。旧治即今广西梧州。宋之问有《经梧州》。孟浩然有《题梧州陈司马山斋》。张籍《送梧州王使君》：“楚江亭上秋风起，看发苍梧太守船。”李涉《与梧州刘中丞》：“三代卢龙将相家，五分符竹到天涯。”

【梧庭鳯】 为咏帝王宫廷之典。见汉韩婴《韩诗外传》卷八。李峤《夏晚九成宫呈同僚》：“林引梧庭凤，泉归竹沼龙。”

【梧宫】 战国齐之宫殿名。后亦泛指皇宫。《郊庙歌辞·褒德庙乐章·昭德》：“道赫梧宫，悲盈蒿里。”

【梧桐】 树木名。落叶乔木。叶有三尖。种子圆而小，可食，亦可榨油，供制木器或制皂。木质轻而不易变形，为制琴之良材。古代谓凤凰非梧桐不栖。宋若华《嘲陆畅》：“十二层楼倚翠空，凤鸾相对立梧桐。”张籍《楚妃怨》：“梧桐叶下黄金井，横架辘轳牵素绠。”邵谒《汉宫井》：“梧桐老去残花开，犹似当时美人影。”

【梧桐尾】 指焦尾琴，或泛指良琴。见《后汉书·蔡邕传》。无名氏《听琴》(卷七八五)：“六律铿锵间宫徵，伶伦写入梧桐尾。”

【梧桐影】 词牌名。小令。四句，二平韵，二十字。吕岩《梧桐影》：“今夜故人来不来，教人立尽梧桐影。”

【梧野】 苍梧之野。传为舜帝墓葬之处，在今湖南宁远县境。后亦泛指帝王埋葬之处。蜀太后徐氏《丈人观谒先帝御容》：“圣帝归梧野，躬来谒圣颜。”

【梧葉秋】 梧桐落叶之秋季。传梧桐每至立秋之际，有一叶先坠，故云。韦应物《秋夜南宫寄沣上弟及诸生》：“况兹风雨夜，萧条梧叶秋。”

【梧楸】 梧桐与楸树。二者皆为秋季先凋之树。李白《秋日登扬州西灵塔》：“露浴梧楸白，霜摧橘柚黄。”高适《奉酬睢阳李太守》：“猿岩飞雨雪，兔苑落梧楸。”皎然《伏日就汤评事衡湖上避暑》：“回溪照轩宇，广陌临梧楸。”

【梧臺】 台名。(1)在战国宋境。见《太平御览》卷五一引《阚子》。李白《古风》之五十：“宋国梧台东，野人得燕石。”(2)战国齐梧宫之台。故址在今山东淄博。韩翃《送张儋水路归北海》：“柏寝寒芜变，梧台宿雨收。”参阅北魏郦道元《水经注·淄水》。

【梧鳯】 指凤凰。传凤凰非梧桐不栖，故称。崔湜《杂诗》：“宁知猗梧凤，亦欲此栖宿。”

梐 〔bì《广韵》傍禮切，上薺，並，又邊兮切，平齊，幫。〕见“梐枑”。

【梐枑】 古代官署门前所设之木制栅栏，用以阻挡往来人马。亦称行马。以木条相互交叉制成。元稹《梦游春七十韵》：“石压破阑干，门摧旧梐枑。”

梢 〔shāo《广韵》所交切，平肴，生。〕❶草木枝茎之末端。孟浩然《夏日辨玉法师茅斋》："竹林深笋穊，藤架引梢长。"皎然《夏日题桐庐杨明府纳凉山斋》："席上落山影，桐梢回水容。"周贺《秋晚归庐山留别道友》："月生石齿人同见，霜落木梢愁独归。"王毂《刺桐花》："林梢簇簇红霞烂，暑天别觉生精神。"❷泛指物体之末端。赵嘏《赠李从贵》："白马嘶风何处还，鞭梢拂地看南山。"❸船舵之尾端。亦借指船。储光羲《登商丘》："维梢历宋国，结缆登商丘。"柳宗元《游朝阳岩遂登西亭二十韵》："所赖山川客，扁舟枉长梢。"❹同"捎"。(1)扫；掠过。虞世南《赋得临池竹应制》："葱翠梢云质，垂彩映清池。"(2)击，攻击。赵武建《刺左右膊诗》："野鸭滩头宿，朝朝被鹘梢。"

【梢梢】 ❶风声。乔知之《拟古赠陈子昂》："海风吹凉木，边声响梢梢。"常建《空灵山应田叟》："曳策背落日，江风鸣梢梢。"❷细长貌。罗让《梢云》："梢梢含树彩，郁郁动霞文。"韩愈《奉和虢州刘给事使君三堂新题二十一咏·竹溪》："蔼蔼溪流慢，梢梢岸篠长。"李贺《唐儿歌》："竹马梢梢摇绿尾，银鸾睒光踏半臂。"李商隐《出关宿盘豆馆对丛芦有感》："芦叶梢梢夏景深，邮亭暂欲洒尘襟。"亦指细窄貌。韩愈《南溪始泛三首》之一："点点暮雨飘，梢梢新月偃。"

【梢雲】 一种瑞云。旧谓人君德至则出。因其状有梢如树，故称。罗让《梢云》："殊质资灵贶，凌空发瑞云。"

【梢頭】 树梢；枝头。杜牧《赠别二首》之一："娉娉袅袅十三余，荳蔻梢头二月初。"高骈《锦城写望》："不会人家多少锦，春来尽挂树梢头。"

梩 〔lí《广韵》里之切，平之，來。〕耜。类似锹、锸之挖土农具。孟郊《怀南岳隐士》之二："枫梩榼酒瓮，鹤虱落琴床。"

梏 〔gù《广韵》古沃切，入沃，見。〕❶木制之铐手刑具。见"梏拲"。❷约束，束缚。来鹄《圣政纪颂》："不梏尔智，不息我愚。"

【梏拲】 枷手之木制刑具，两手各一木为梏，两手共一木为拲。韩愈、孟郊《会合联句》："格言多彪蔚，悬解无梏拲。"

梨 〔lí《广韵》力脂切，平脂，來。〕❶果木名。蔷薇科落叶乔木。叶卵形，秋季变红。花白色，果实圆形，皮薄多汁，味甘甜。可食。白居易《邓州路中作》："萧萧谁家村，秋梨叶半拆。"❷梨子。梨树之果实。李亨《赐梨李泌与诸王联句》："不食千钟粟，唯餐两颗梨。"岑参《冬夜宿仙游寺南凉堂呈谦道人》："林晚栗初拆，枝寒梨已红。"雍陶《和刘补阙秋园寓兴六首》之五："晚日明丹枣，朝霜润紫梨。"贯休《梦游仙四首》之二："手把明月珠，打落金色梨。"

【梨花】 ❶梨树之花。刘长卿《相和歌辞·长门怨》："蕙草生闲地，梨花发旧枝。"李涉《寄荆娘写真》："青楼曈昽曙光蚤，梨花满巷莺新啼。"王周《无题二首》之二："梨花如雪已相迷，更被惊乌半夜啼。"❷指梨花春酒。赵嘏《送友人郑州归觐》："园林新到日，春酒酌梨花。"参见"梨花春"。

【梨花春】 酒名。因于梨花开时酿造熟，故名。白居易《杭州春望》："红袖织绫夸柿蒂，青旗沽酒趁梨花。"自注："其俗酿酒，趁梨花时熟，号为'梨花春'。"

【梨花粉】 女子化妆所用之白粉。因色白如梨花，故称。崔涂《初识梅花》："燕脂桃颊梨花粉，共作寒梅一面妆。"

【梨花帶雨】 形容女子之带泪面容。白居易《长恨歌》："玉容寂寞泪阑干，梨花一枝春带雨。"

【梨花園】 即梨园。唐代宫禁内教授歌舞艺人之处。王建《宫词一百首》之六六："明日梨花园里见，先须逐得内家歌。"

【梨果】 ❶梨子。梨树之果实。姚合《原上新居》："秋来梨果熟，行哭小儿饥。"❷梨树。王建《原上新居十三首》之八："细问梨果植，远求花药根。"

【梨華】 梨花。华，同"花"。韦庄《寄园林主人》："桃艳红将落，梨华雪又摧。"

【梨栗】 ❶梨树与栗树。李洞《赠昭应沈少府》："鄠杜忆过梨栗墅，潇湘曾棹雪霜天。"贯休《湖头别墅三首》之一："梨栗鸟啾啾，高歌若自由。"❷梨子与栗子。李白《杂曲歌辞·行路难三首》之二："羞逐长安社中儿，赤鸡白狗赌梨栗。"贾岛《怀紫阁隐者》："梨栗猿喜熟，云山僧说深。"李商隐《骄儿诗》："四岁知名姓，眼不视梨栗。"

【梨栗兒】 指幼子。见晋陶潜《责子》。孟郊《立德新居》之八："畏彼梨栗儿，空资玩弄骄。"

【梨雪】 梨花。因梨花色白如雪，朵小而密，故称。韦庄《浣溪沙》词："隔墙梨雪又玲珑，玉容憔悴惹微红。"

【梨葉】 梨树之叶。羊士谔《永宁里小园与沈校书接近怅然题寄》："东皋黍熟君应醉，梨叶初红白露多。"白居易《秋晚》："夜来霜厚薄，梨叶半低红。"李德裕《伊川晚眺》："桑叶初黄梨叶红，伊川落日尽无风。"

【梨棗】 ❶梨树与枣树。韩愈《县斋有怀》："禾麦种满地，梨枣栽绕舍。"❷梨子与枣子，梨树与栗树之果实。杜甫《雨过苏端》："也复可怜人，呼儿具梨枣。"李吉甫《怀伊川赋》："正是北州梨枣熟，梦魂秋日到郊园。"

【梨園】 ❶唐代宫禁内教歌舞艺人之处。见《新唐书·礼乐志十二》。李白《春日陪杨江宁及诸官宴北湖感古作》："新弦采梨园，古舞娇吴歈。"窦常《还京乐歌词》："家家尽唱升平曲，帝幸梨园亲制词。"孟简《酬施先辈》："乐府正声三百首，梨园新人教青娥。"李肱《省试霓裳羽衣曲》："梨园献旧曲，玉座流新制。"❷指梨园伶人。施肩吾《赠郑伦吹凤管》："喃喃解语凤凰儿，曾听梨园竹里吹。"徐铉《柳枝词十首》之三："假饶叶落枝空后，更有梨园笛里吹。"

【梨園子弟】 同"梨園弟子"。杜甫《观公孙大娘弟子舞剑器行》："梨园子弟散如烟，女乐余姿映寒日。"花蕊夫人徐氏《宫词》之九六："梨园子弟簇池头，小乐携来候宴游。"

【梨園弟子】 唐代梨园之宫廷歌舞艺人。王昌龄《殿前曲二首》之二："胡部笙歌西殿头，梨园弟子和凉州。"元稹《和李校书新题乐府十二首·华原磬》："玄宗爱乐爱新乐，梨园弟子承恩横。"赵嘏《冷日过骊山》："霓裳一曲千门锁，白尽梨园弟子头。"徐铉《柳枝词十首》之一："金马辞臣赋小诗，梨园弟子唱新词。"

【梨腮】 指梨子之表皮，因其圆嫩如腮，故称。韩愈《独钓四首》之四："风能拆芡觜，露亦染梨腮。"

【梨嶺】 山岭名。在唐江南道建州浦城（今福建浦城）。许浑《送林处士自闽中道越由霅抵两川》："乡关背梨岭，客路转蘋洲。"翁洮《赠进士李德新接海棠梨》："一种呈妍今得地，剑峰梨岭谩纵横。"章碣《送谢进士还闽》："雷霆入地建溪险，星斗逼人梨岭高。"王毂《送友人归闽》："猿啼梨岭路，月白建溪船。"

梅 〔mé《广韵》莫杯切，平灰，明。〕❶树木名，蔷薇科落叶乔木。叶卵形，叶缘有锯齿。花早春先叶开，色有白、红等多种，味清香。果称梅子，球形有核，色生青熟黄。味极酸。古代用为调料，亦可生食。白行简《春从何处来》："入门潜报柳，度岭暗惊梅。"温庭筠《三月十八日雪中作》："芍药蔷薇语早梅，不知谁是艳阳才。"张何《织鸟》："欲过高阁柳，更拂小庭梅。"❷指梅花。张祜《春莺啭》："兴庆池南柳未开，太真先把一枝梅。"李商隐《朱槿花二首》："莲后红何患，梅先白莫夸。"李郢《醉送》："江梅冷艳酒清光，急拍繁弦醉画堂。"赵叔达《星回节避风台骠信命赋》："河涠冰难合，地暖梅先开。"❸指梅子。李白《五月东鲁行答汶上君》："五月梅始黄，蚕凋桑柘空。"孟郊《上达奚舍人》："贫士在重坎，食梅有酸肠。"白居易《杂曲歌辞·生别离》："回看骨肉哭一声，梅酸檗苦甘如蜜。"卢殷《仲夏寄江南》："晚暮时看槿，悲酸不食梅。"❹本谓以梅子之酸可调味，后以调梅喻大臣辅政。见《书·说命下》。苏颋《送光禄姚卿还都》："不授纶为草，还司鼎用梅。"权德舆《奉和李相公早朝于中书候传点偶书所怀奉呈门下相公中书相公》："化成风偃草，道合鼎调梅。"❺指黄梅季节。亦特指梅雨。武元衡《渡淮》："暮涛凝雪长淮水，细雨飞梅五月天。"欧阳詹《薛舍人韩判官雨晴到所居既霁先呈即事》："江皋昨夜雨收梅，寂寂衡门与钓台。"白居易《孟夏思渭村旧居寄舍弟》："苦雨初入梅，瘴云稍含毒。"

【梅子】 梅树之果实。生者称青梅。夏季成熟后为黄梅。甘酸可食。寒山《诗三百三首》之三五："罗袖盛梅子，金锒挑笋芽。"韩偓《中庭》："中庭自摘青梅子，先向钗头戴一双。"

【梅子真】 即汉梅福。福字子真。方干《赠夏侯评事》："棋功过却杨玄宝，易义精于梅子真。"徐铉有《咏梅子真送郭先辈》。亦省称"梅真"。李端《送雍丘任少府》："莫学生乡思，梅真正少年。"张乔《书梅福殿壁二首》之一："梅真从羽化，万古是须臾。"方干《寄台州孙从事百篇》："梅真入仕提雄笔，阮瑀从军著彩衣。"

【梅天】 指黄梅季节。严维《奉和皇甫大夫夏日游花严寺》："莲界千峰静，梅天一雨清。"朱庆余《送窦秀才》："梅天马上愁黄鸟，泽国帆前见白云。"周贺《寄宁海李明府》："故疾梅天发，新诗雪夜成。"吴融《雨夜》："旅夕那禁雨，梅天已思秋。"

【梅少府】 指汉梅福。福成帝时为南昌县尉。郑谷《结绶鄠郊縻摄府署偶有自咏》："自笑老为梅少府，可堪贫摄鲍参军。"

【梅月】 指梅雨季节。贯休《寄王涤》："梅月多开户，衣裳润欲滴。"齐己《夏日梅雨中寄睦公》："梅月来林寺，冥冥各闭门。"《李廷珪藏墨诀》(卷二五)："避暑悬葛囊，临风度梅月。"

【梅心】 指梅花之花蕾。元稹《寄浙西李大夫四首》之一："柳眼梅心渐欲春，白头西望忆何人。"

【梅生】 指汉梅福。李白《赠瑕丘王少府》："梅生亦何事，来作南昌尉。"又《留别西河刘少府》："世人若醯鸡，安可识梅生。"钱起《题郎士元半日吴村别业兼呈李长官》："自叹梅生头似雪，却怜潘令县如花。"卢纶《和李中丞酬万年房署少府过汾州景云观因以寄上房与李早年同居此观》："梅生谅多感，归止岂吾庐。"

【梅仙】 指汉梅福。相传梅福平帝元始中仙升。见《汉书·梅福传》。刘长卿《西庭夜燕喜评事兄拜会》："棘寺初衔命，梅仙已误身。"权德舆《送二十叔赴任余杭尉》："梅仙归剧县，阮巷奏离琴。"许浑《赠何处士》："东别茅峰北去秦，梅仙书里说真人。"温庭筠《送陈嘏之侯官兼简李常侍》："梅仙自是青云客，莫羡相如却到家。"

【梅市】 亦作"梅福市"。地名。在唐江南道越州会稽（今浙江绍兴）西三里。为咏仙隐或咏吴地之典。见《汉书·梅福传》。孟浩然《久滞越中贻谢南池会稽贺少府》:“怀仙梅福市,访旧若耶溪。”郎士元《送李遂之越》:“梅市门何处,兰亭水向流。”司空曙《闲院即事寄暕公》:“近水方同梅市隐,曝衣多笑阮家贫。”

【梅市隱】 指汉梅福隐于会稽,变名姓为吴市门卒之事。司空曙《闲园即事寄暕公》:“近水方同梅市隐,曝衣多笑阮家贫。”参见“梅福隱市”。

【梅妃】 即玄宗妃江采蘋。江妃侍玄宗,大受宠幸。性喜梅,玄宗以其所好,戏名曰梅妃。见曹邺《梅妃传》。玄宗有《题梅妃画真》。

【梅花】 ❶梅树之花。每朵有五瓣,色有红、白,早春先叶开放,香味清淡。刘长卿《送子婿崔真甫李穆往扬州四首》之一:“渡口发梅花,山中动泉脉。”陈羽《南山别僧》:“惆怅人间多别离,梅花满眼独行时。”徐铉《朱处士相与有山水之愿见送至南康作此以别之》:“怜君送我至南康,更忆梅花庾岭芳。”❷指《梅花落》曲。郭利贞《上元》:“更逢清管发,处处落梅花。”孟浩然《岁除夜会乐城张少府宅》:“旧曲梅花唱,新正柏酒传。”❸指《梅花三弄》。传为桓伊所作笛曲。张祜《伊公》:“桓伊曾弄柯亭笛,吹落梅花万点香。”

【梅花引】 古笛曲名。即《梅花落》。一说指《梅花三弄》,传系据晋桓伊所作笛曲改编而成。李白《清溪半夜闻笛》:“羌笛梅花引,吴溪陇水情。”

【梅花曲】 即《梅花落》。笛子曲名。李白《从军行》:“笛奏梅花曲,刀开明月环。”皇甫冉《送刘兵曹还陇山居》:“唯有闻羌笛,梅花曲里春。”

【梅花落】 汉乐府横吹曲名。唐之大角曲亦有《大梅花》《小梅花》。宋之问《咏笛》:“逐吹梅花落,含春柳色惊。”孙逖《和常州崔使君咏后庭梅二首》之一:“闻唱梅花落,江南春意深。”沈佺期有《梅花落》。

【梅花橋】 桥名。在唐江南道婺州东阳县(今浙江义乌)境。钱起《早发东阳》:“信风催过客,早发梅花桥。”

【梅杏】 梅子和杏子。梅树与杏树之果实。齐己《夏日草堂作》:“园林坐清影,梅杏嚼红香。”

【梅里】 地名。在唐江南道常州无锡县(今江苏无锡)东南三十里。传商末周泰伯南迁后居于此。故亦称泰伯城。杨凌有《梅里旅夕》。李绅有《过梅里七首》。

【梅妝】 ❶古代妇女面妆名。其状于额上描以五瓣梅花。传始于南朝宋寿阳公主。见《太平御览》卷九七引《宋书》。罗虬《比红儿诗》之二三:“若教貌向南朝见,定却梅妆似等闲。”徐昌图《木兰花》:“汉宫花面学梅妆,谢女雪诗栽柳絮。”❷形容其他白色花朵之淡雅如梅花的韵致。张贲《和鲁望白菊》:“自知终古清香在,更出梅妆弄晚霞。”吴融《僧舍白牡丹二首》之一:“梅妆向日霏霏暖,纨扇摇风闪闪光。”

【梅吹】 军中吹奏梅花角之声。亦泛指军乐声。沈佺期《塞北二首》之一:“柏坛飞五将,梅吹动三军。”刘长卿《送李校书赴东浙幕府》:“芸香辞乱事,梅吹听军声。”又《奉饯郎中四兄充行军司马赴汝南行营》:“梅吹前军发,棠阴旧府空。”

【梅冶】 参见“梅根冶”。

【梅林】 梅树林。因梅子极酸,望之即可生津止渴,所以常用以指可以解慰渴望之物。见南朝宋刘义庆《世说新语·假谲》。崔备《清溪路中寄诸公》:“少留攀桂树,长渴望梅林。”

【梅雨】 指江南初夏时的持续阴雨天气。因正值梅子成熟之时,故又称黄梅雨。太宗《咏雨》:“和气吹绿野,梅雨洒芳田。”皎然《送吉判官还京赴崔尹幕》:“江南梅雨天,别思极春前。”刘禹锡《浙东元相公书叹梅雨郁蒸之候因寄七言》:“今日看书最惆怅,为闻梅雨损朝衣。”徐夤《送王校书往清源》:“杨柳堤边梅雨熟,鹧鸪声里麦田空。”

【梅房】 指梅花之花苞。白居易《开元寺东池早春》:“梅房小白裹,柳彩轻黄染。”

【梅柳】 梅树与柳树。杜审言《和晋陵陆丞早春游望》:“云霞出海曙,梅柳渡江春。”

【梅柳意】 犹春意。杜甫《白帝楼》:“去年梅柳意,还欲搅边心。”

【梅信】 黄梅天将到之信息。皮日休《所居首夏水木尤清适然有作》:“潮期暗动庭泉碧,梅信微侵地障红。”

【梅風】 ❶杂有梅香之风。指春风。杜审言《守岁侍宴应制》:“弹弦奏节梅风入,对局探钩柏酒传。”❷黄梅季节之风。李贺《湖中曲》:“横船醉眠白昼闲,渡口梅风歌扇薄。”王琦注引《太平御览》云:“五月有落梅风。”

【梅真】 参见“梅子真”。

【梅根冶】 地名。在唐江南道池州秋浦县梅根河畔。因六朝始,其地为冶铜铸钱之所,故称。故址在今安徽南陵。孟浩然《夜泊宣城界》:“火识梅根冶,烟迷杨叶洲。”亦省称“梅冶”。刘长卿《鄂渚送池州程使君》:“落日芜湖色,空山梅冶烟。”

【梅夏】 指梅雨季节。因梅天多在农历五月,时值夏季,故称。玄宗《端午三殿宴群臣探得神字》序:“喜麦秋之有登,玩梅夏之无事。”

【梅潤】 指黄梅天之湿气。皮日休《吴中苦雪因书一百韵寄鲁望》:“梅润侵束杖,和气生空狱。”

【梅家鶴】 梅福所乘之鹤骑。传汉梅福曾为县尉,后弃家成仙。后因以之为咏县尉之典。卢纶《送黎燧尉阳翟》:“潘县花添发,梅家鹤暂来。”

【梅雪】 ❶指梅花。因其色白朵密似雪,故称。

赵嘏《广陵答崔琛》："棹倚隋家旧院墙，柳金梅雪扑檐香。"罗邺《南行》："腊晴江暖鹈鹕飞，梅雪香黏越女衣。"❷梅与雪。李商隐《莫愁》："雪中梅下与谁期，梅雪相兼一万枝。"

【梅處士】　❶名不详。元和、长庆间处士。张籍有《赠梅处士》和《寄梅处士》。❷名不详。僖宗时处士。罗隐有《送梅处士归宁国》。

【梅崗】　山冈名。在唐江南道润州上元县南。即今江苏南京雨花台之山麓。因晋豫章太守梅颐家于岗下，故名。李白有《登梅冈望金陵赠族侄高座寺僧中孚》。王琦注引《江南志》云："聚宝山在江宁府城南聚宝门外，其东岭为雨花台，山麓为梅冈。"

【梅笛】　吹奏《梅花落》曲之笛声。武元衡《奉酬淮南中书相公见寄》："江长梅笛怨，天远桂轮孤。"

【梅篴】　吹奏《梅花落》曲之篴声。骆宾王《乐大夫挽词五首》之三："昔去梅篴发，今来薤露晞。"

【梅梁】　❶指会稽（今浙江绍兴）禹庙中之大梁。见《太平御览》卷九七〇引汉应劭《风俗通》。徐浩《谒禹庙》："梅梁今不坏，松祏古仍留。"❷泛指殿堂之大梁。褚亮《咏花烛》："兰径香风满，梅梁暖日斜。"李峤《二月奉教作》："柳陌莺初啭，梅梁燕始归。"温庭筠《春日》："柳岸杏花稀，梅梁乳燕飞。"

【梅尉】　指汉梅福。福成帝时为南昌县尉。李端《送赵给事侄尉丹阳》："遥知拜庆后，梅尉称仙才。"孟郊有《同从叔简酬卢殷少府》。方干《赠美人四首》之三："若教梅尉无仙骨，争得仙娥驻玉京。"

【梅蒂】　梅花之蒂把。王周《早春西园》："雪皴梅蒂绿，春入杏梢红。"

【梅援】　指梅园。援，以树木围成之护篱。元稹《生春二十首》之十："何处生春早，春生梅援中。"

【梅暑】　指初夏黄梅天之暑热。卢从愿《奉和圣制送张说巡边》："槐路清梅暑，蘅皋起麦凉。"

【梅道士】　名不详。开元间襄阳道士。孟浩然有《清明宴梅道士房》和《梅道士水亭》《寻梅道士》。

【梅湖】　湖名。在唐江南道润州上元县（今江苏南京）白鹭洲东。李白《送友人游梅湖》："送君游梅湖，应见梅花发。"

【梅園】　梅树园林。孟浩然有《张郎中梅园中》。钱起《宴崔驸马玉山别业》："竹馆烟催暝，梅园雪误春。"又《送丁著作佐台郡》："水驿偏乘月，梅园别受春。"徐铉《王三十七自京垂访作此送之》："烟生柳岸将垂缕，雪压梅园半是花。"

【梅溪】　❶亭名。在唐江南道婺州（今浙江金华）。贯休《闻王慥常侍卒三首》之三："棠树梅溪北，佳城舜庙东。"❷溪名。在唐山南道朗州武陵县（今湖南桃源）。吕岩有《梅溪烟雨》。❸泛指旁多梅树之溪。贾岛《冬夜送人》："平明走马上村桥，花落梅溪雪未消。"

【梅溪館】　驿馆名。在唐江南道婺州金华县（今浙江金华）。张祜有《夏日梅溪馆寄庞舍人》。

【梅福】　字子真。寿春（今安徽寿县）人。事迹见《汉书》本传。张子容《九日陪润州邵使君登北固山》："梅福惭仙吏，羊公赏下僚。"皎然《贻李汤》："宁知梅福在人间，独为苍生作仙吏。"马戴《送顾少府之永康》："官传梅福政，县顾赤松家。"罗隐《送卢端公归台卢校书之夏县》："只见胜之为御史，不知梅福是仙人。"

【梅福市】　汉梅福隐于会稽吴市。后因用为会稽典实。孟浩然《久滞越中贻谢南池会稽贺少府》："怀仙梅福市，访旧若耶溪。"参见"梅福隱市"。

【梅福官】　汉梅福成帝时为南昌县尉。后因用以指县尉。李端《送丁少府往唐上》："共食田文饭，先之梅福官。"

【梅福隱市】　指汉梅福隐于会稽，变名姓为吴市门卒之事。见《汉书·梅福传》。权德舆《送信安刘少府》："参卿滞孙楚，隐市同梅福。"亦作"梅福隱吴"。耿湋《送大谷高少府》："雕残贵有亲仁术，梅福何须去隐吴。"

【梅福殿】　即梅仙祠。在南昌县。福曾为南昌县尉，后人为其立祠。张乔有《书梅福殿壁二首》。

【梅福隱】　同"梅福隱市"。孟浩然《适越留别谯县张主簿申屠少府》："君学梅福隐，余从伯鸾迈。"

【梅福隱吴】　参见"梅福隱市"。

【梅蕊】　梅花之花蕊。冯延巳《玉楼春》词："北枝梅蕊犯寒开，南浦波纹如酒绿。"

【梅鋗】　籍贯不详。秦二世时为番阳县令吴芮别将。事迹见《史记·高祖本纪》《汉书·吴芮传》。罗隐《吴门晚泊寄句曲道友》："十万梅销空寸土，三分孙策竟荒丘。"

【梅嶺】　即大庾岭。在今江西与广东交界处。张说《冬日见牧牛人担青草归》："欲持梅岭花，远竞榆关雪。"刘长卿《送裴二十端公使岭南》："桂林无叶落，梅岭自花开。"施肩吾《早春残雪》："花分梅岭色，尘减玉阶寒。"李群玉《将之番禺留别湖南府幕》："会登梅岭翠，南翥入炎洲。"

【梅簪】　谓以梅花簪于头上。杜牧《寄李起居四韵》："楚女梅簪白雪姿，前溪碧水冻醪时。"

【梅額】　犹梅妆。古代女子面妆之一种。吴融《还俗尼》："柳眉梅额倩妆新，笑脱袈裟得旧身。"详见"梅妆"。

【梅羹】　以梅为调味品调制之羹。喻指宰相辅政。见《书·说命下》。令狐楚《将赴洛下旅次汉南献上相公二十兄言怀八韵》："龙衮期重补，梅羹伫再和。"

【梅鹽】 梅子与盐。古代用以和羹之两种调味品。韩愈《苦寒》："褰旒去耳纩，调和进梅盐。"

【梅艷】 梅花。喻雪花。许浑《对雪》："阴岭有风梅艳散，寒林无月桂华生。"

梟 〔xiāo《广韵》古堯切，平蕭，見。〕❶鸟名。猫头鹰之一种。传枭羽翼成，即啄母目飞去。或云枭食母，故古代以为恶鸟，常以喻险恶之人。寒山《诗三百三首》之八六："贪人好聚财，恰如枭爱子。"李贺《汉唐姬饮酒歌》："强枭噬母心，奔厉索人魄。"施肩吾《杂曲歌辞·壮士行》："冻枭残蛋我不取，污我匣里青蛇鳞。"李商隐《行次西郊作一百韵》："抢攘互间谍，孰辨枭与鸾。"❷斩首并悬挂示众。元稹《宪宗章武孝皇帝挽歌词三首》之二："二凶枭帐下，三叛斩都中。"陆龟蒙《杂讽九首》之八："募为敢死军，去以枭叛卒。"周昙《咏史诗·春秋战国门·公子无忌》："按剑临笼震咄呼，鷁甘枭戮伏鸠辜。"贯休《避地昆陵上王慥使君》："已观云似鹿，即报首皆枭。"❸古代博戏樗蒲中之胜彩名。樗蒲掷么为最胜，称"梟"。见"梟盧"。

【梟心】 凶险之心，野心。张祜《送王昌涉侍御》："入陈枭心死，分围虎力生。"又《华清宫和杜舍人》："兔迹贪前逐，枭心不早防。"

【梟心鶴貌】 喻心恶而貌善。元稹《有鸟二十章》之二："千年不死伴灵龟，枭心鹤貌何人觉。"

【梟兇】 凶恶，凶险。张祜《入潼关》："何处枭凶辈，干戈自不闲。"

【梟怪】 枭鸱等怪鸟。陆龟蒙《杂讽九首》之六："高从宿枭怪，下亦容蝼蚁。"

【梟音】 邪恶之音，凶险之音。孟郊《峡哀》之六："所食无直肠，所语饶枭音。"元稹《桐花》："枭音亦云革，安得沴与祲。"

【梟首】 斩首并高悬示众。李白《送外甥郑灌从军三首》之三："斩胡血变黄河水，枭首当悬白鹊旗。"

【梟族】 枭鸟之类。喻指凶险之徒。柳宗元《同刘二十八院长述旧言怀之作因其韵赠至八十通赠二君子》："枭族音常聒，豺群喙竞呀。"

【梟巢】 枭鸟之巢穴。喻指恶人、逆贼之老窝。孟郊《感怀》："奈何操弧者，不使枭巢倾。"

【梟鳶】 鸱鸮与鹞鹰。泛指凶恶之鸟。孟郊《饥雪吟》："将补鸾凤巢，免与枭鸢并。"

【梟獍】 枭鸟与獍兽。指凶恶之禽兽。常以喻凶狠险恶之徒。杜甫《草堂》："焉知肘腋祸，自及枭獍徒。"元结《演兴四首·讼木魅》："倾枭獍之古巢，取□童以为薪。"元稹《捉捕歌》："外无枭獍援，内有熊罴驱。"

【梟盧】 古代樗蒲博戏中之两种胜彩名。掷么为"枭"，最胜；掷六为"卢"，次胜。杜甫《今夕行》："冯陵大叫呼五白，袒跣不肯成枭卢。"李贺《示弟》："何须问牛马，抛掷任枭卢。"韩愈《送灵师》："六博在一掷，枭卢叱回旋。"元稹《酬孝甫见赠十首》之三："十岁荒狂任博徒，挼莎五木掷枭卢。"

【梟鵂】 鸱鸮。鸺，猫头鹰之一种。韩愈、孟郊《城南联句》："猛毙牛马乐，妖残枭鵅惸。"

【梟鷙】 枭与鸷。均为不祥之鸟。喻指凶恶为害之人。柳宗元《唐铙歌鼓吹曲十二篇·晋阳武》："斫枭鸷，连熊螭。"

【梟鸞】 枭鸟与鸾凤。借指恶鸟与吉祥鸟。比喻恶人与善人。杜甫《王兵马使二角鹰》："安得尔辈开其群，驱出六合枭鸾分。"钱珝《江行无题一百首》之六二："檗笺嘲白鹭，无意喻枭鸾。"

梔 〔zhī《广韵》章移切，平支，章。〕花木名。见"栀子"。

【梔子】 ❶木名。香草科常绿灌木。叶对生，倒卵形，厚而有光泽。春夏季开花，色白，味浓香。果实夏秋成熟，色生青熟黄，可制黄色染料，亦可入药，有解热消炎功效。杜甫《江头四咏·栀子》："栀子比众木，人间诚未多。"施肩吾《杂古词五首》："不如山栀子，却能结同心。"唐彦谦《离鸾》："庭前佳树名栀子，试结同心寄谢娘。"❷指栀子花。因其花复瓣而共一花心，故常以之为同心之象征。杜甫《寒雨朝行视园树》："桃蹊李径年虽故，栀子红椒艳复殊。"韩翃《送王少府归杭州》："葛花满把能消酒，栀子同心好赠人。"张祜《信州水亭》："尽日不归处，一庭栀子香。"

【梔子園】 满种栀子花树之林园。花蕊夫人徐氏《宫词》之一三六："大臣承宠赐新庄，栀子园东柳岸傍。"

【梔黄】 以栀子果实提取颜料所染成之黄色。亦指类似栀子果实染成之色。韩偓《深院》："鹅儿唼喋栀黄觜，凤子轻盈腻粉腰。"

桴 〔fú《广韵》縛謀切，平尤，奉。又芳無切，平虞，敷。〕❶小竹筏或小木筏。岑参《精卫》："负剑出北门，乘桴适东溟。"顾况《曲龙山歌》之二："子欲居九夷，乘桴浮于海。"韩愈《赴江陵途中寄赠翰林三学士》："汗漫不省识，恍如乘桴浮。"白居易《东南行一百韵寄通州元九侍御》："飘零同落叶，浩荡似乘桴。"❷通"枹"。鼓槌。玄宗《饯王晙巡边》："分阃仍推毂，援桴且训车。"

【桴人】 船工，船夫。贾岛《寄沧州李尚书》："戈者罗夷鸟，桴人思峤猿。"

【桴鼓】 鼓槌与鼓。常指战鼓。刘禹锡《和乐天洛下醉吟寄太原令狐相公兼见怀长句》:"从容自使边尘静,谈笑不闻桴鼓声。"或指报警之鼓。崔日用《饯唐永昌》:"洛阳桴鼓今不鸣,朝野咸推重太平。"

桷 〔jué《广韵》古岳切,入覺,見。〕方形之木椽。窦庠《金山行》:"架险凌虚随指顾,榱桷玲珑皆固护。"白居易《三谣·蟠木谣》:"下拥肿而上辚菌,桷不桷兮轮不轮。"

梓 〔zǐ《广韵》即里切,上止,精。〕❶树木名。紫葳科落叶乔木。叶椭圆。花黄白色。木质细轻耐朽,为制器物与建筑用之良材。杜甫《毒热寄简崔评事十六弟》:"楚材择杞梓,汉苑归骅骝。"柳宗元《同刘二十八院长述旧言怀之作因其韵增至八十通赠二君子》:"世惟材是梓,人仰骥中骅。"❷犹桑梓。代指故乡。高适《宋中送族侄式颜》:"弟兄莫相见,亲族远枌梓。"❸指梓人。即木工。见"梓匠輪輿"。❹地名。即梓州。见"梓幕"。

【梓匠】 造器具之梓人与建筑之匠人。贾岛《郑尚书新开涪江二首》之一:"梓匠防波溢,蓬仙畏水干。"

【梓匠輪輿】 古代对四种木工之并称。梓人,造饮器、乐器悬架等器物者;匠人,主建筑者;轮人,造车轮者;舆人,造车者。韩愈《符读书城南》:"木之就规矩,在梓匠轮舆。"

【梓州】 唐州名,隋开皇以新州改名,治所在昌城县(大郫初改为郪县,即今四川三台县)。唐武德元年复改为梓州,天宝元年改为梓潼郡,乾元元年仍改为梓州。为剑南东川节度使治所。领郪、射洪、通泉、盐亭、铜山等七县。参见"梓州兄""梓州府君"。卢照邻有《宴梓州南亭得池字》。贾岛《寄令狐相公》:"策杖驰山驿,逢人问梓州。"喻坦之《送友人游东川》:"风俗同吴地,山川拥梓州。"

【梓州兄】 指韦抱贞。抱贞,字幼平。与韦杭为叔伯兄弟。开元六年曾任梓州刺史。见《元和姓纂》卷二《京兆韦氏》。张九龄有《和韦尚书答梓州兄南亭宴集》。按,韦尚书为韦杭。

【梓州府君】 指权若纳。曾官桂、歙、梓三州刺史,见《新唐书·宰相世系表五下》天水权氏。权德舆《伏蒙十六叔寄示喜庆感怀三十韵因献之》注:"曾王父成都府君,曾祖叔梓州府君、长安府君同以进士居甲科,载在登科记之内也。"

【梓材】 梓树之木材。指优质木材。张祜《题岳州徐员外云梦新亭十韵》:"古地标图籍,新亭建梓材。"

【梓里】 乡里,故里。翁承赞《奉使封闽王归京洛》:"此去愿言归梓里,预凭魂梦展维桑。"

【梓桑】 桑梓。指故乡,亦指乡亲父老。张九龄《酬周判官巡至始兴见贻之作兼呈耿广州》:"唯益梓桑恭,岂禀山川丽。"参见"桑梓"。

【梓棺】 梓木之棺材。古制天子之棺四重,内有二重为梓棺。见《礼记·檀弓上》。后因以梓棺指天子之棺。李贺《苦昼短》:"刘彻茂陵多滞骨,嬴政梓棺费鲍鱼。"

【梓幕】 指唐剑南东川节度使幕府。因其治所在梓州(今四川三台),故称。司空曙《送崔校书赴梓幕》:"想出褒中望,巴庸方路分。"

【梓慎】 人名。春秋鲁国臣。事迹见《左传》。李白《大庭库》:"我来寻梓慎,观化入寥天。"

【梓潼】 地名。即唐剑南道梓州。天宝元年,一度改为梓潼。杜甫《桃竹杖引赠章留后》:"梓潼使君开一束,满堂宾客皆叹息。"白居易《哭王质夫》:"客从梓潼来,道君死不虚。"李商隐有《赴职梓潼留别畏之员外同年》。

【梓潼山】 山名。在唐剑南道梓州(今四川三台)。黄滔有《寄献梓潼山侯侍御》。王仁裕有《从蜀后主幸秦川上梓潼山》。蜀后主王衍有《幸秦川上梓潼山》。

【梓澤】 ❶晋石崇别馆金谷园之别称。故址在今河南孟县境。见《晋书·石崇传》。于季子《早春洛阳答杜审言》:"梓泽年光往复来,杜霸游人去不回。"李君房《石季伦金谷园》:"梓泽风流地,凄凉迹尚存。"白居易《狂吟七言十四韵》:"香山闲宿一千夜,梓泽连游十六春。"❷因梓泽地近洛阳,故以代指洛阳。白居易《将发洛中枉令狐相公手札以长句答之》:"尺素忽惊来梓泽,双金不惜送蓬山。"❸泛指名园别馆。徐铉《和致仕张尚书新创道院》:"梓泽成新致,金丹有旧情。"

梳 〔shū《广韵》所葅切,平魚,生。〕❶梳子。梳理毛发之用具。刘禹锡《冬日晨兴寄乐天》:"发少嫌梳利,颜衰恨镜明。"徐铉《文彧少卿文山郎中长逝慷慨悲欢留题此诗》:"腰间金印从如斗,镜里霜华已满梳。"❷以梳子梳理毛发。李颀《杂曲歌辞·缓歌行》:"二八蛾眉梳堕马,美酒清歌曲房下。"岑参《虢州卧疾喜刘判官相过水亭》:"卧疾尝晏起,朝来头未梳。"刘言史《扶病春亭》:"强梳稀发著纶巾,舍杖空行试病身。"孙棨《赠妓人王福娘》:"霞杯醉劝刘郎赌,云髻慵邀阿母梳。"亦指整理羽毛。见"梳翎"。❸比喻像梳发一样地理弄、爬梳。王元《登祝融峰》:"云湿幽崖滑,风梳古木香。"

【梳妆】 指女子梳洗妆扮。秦韬玉《贫女》:"谁爱风流高格调,共怜时世俭梳妆。"

【梳空】 形容树木枝叶在空中摇曳。贾岛《莲峰歌》："松刺梳空石差齿，烟香风软人参蕊。"司空图《杨柳枝寿杯词十八首》之二："撼晚梳空不自持，与君同折上楼时。"

【梳骨】 犹刺骨、刮骨。孟郊《秋怀》之二："冷露滴梦破，峭风梳骨寒。"

【梳風】 犹沐风。形容鸟拂风飞翔。李德裕《忆平泉杂咏·忆春雨》："梳风白鹭起，拂水彩鸳翔。"

【梳洗】 梳头洗脸。亦泛指梳妆打扮。江妃《谢赐珍珠》："长门尽日无梳洗，何必珍珠慰寂寥。"徐凝《郑女出参丈人词》："凤钗翠翘双宛转，出见丈人梳洗晚。"施肩吾《夜宴曲》："碧窗弄娇梳洗晚，户外不知银汉转。"韩偓《忍笑》："宫样衣裳浅画眉，晚来梳洗更相宜。"

【梳洗樓】 指女子住宿之楼房。元稹《酬乐天雪中见寄》："钱塘湖上蘋先合，梳洗楼前粉暗铺。"

【梳掠】 犹梳理。白居易《嗟发落》："既不劳洗沐，又不烦梳掠。"

【梳掃】 梳发扫眉。李商隐《槿花二首》："珠馆薰燃久，玉房梳扫余。"冯浩笺注："梳扫，妇人梳粧之谓也。"

【梳翎】 指禽鸟以啄梳理羽毛。温庭筠《游南塘寄知者》："白鸟梳翎立岸莎，藻花菱刺泛微波。"

【梳掌】 梳子之柄。白居易《和梦游春诗一百韵》："裙腰银线压，梳掌金筐蹙。"

【梳齒】 梳子之齿。章孝标《答友人惠牙簪》："晓辞梳齿腻，秋入发根凉。"

【梳頭】 用梳子梳理头发。杜甫《遣兴》："拭泪沾襟血，梳头满面丝。"王涯《宫词三十首》之一："白人宜著紫衣裳，冠子梳头双眼长。"刘禹锡《相和歌辞·三阁词四首》之一："贵人三阁上，日晏未梳头。"项斯《梦游仙》："鹦鹉隔帘呼再拜，水仙移镜懒梳头。"

棁 〔tuō《广韵》他括切，入末，透。又他骨切，入没，透。〕棒，杖。见"棁杖"。

【棁杖】 木杖。棁，棒。刘言史《葛巾歌》："空留棁仗犊鼻裈，濛濛烟雨归山村。"

梯 〔tī《广韵》土鷄切，平齊，透。〕❶供上登或下行之器具。李白《别内赴征三首》之三："翡翠为楼金作梯，谁人独宿倚门啼。"杜甫《凤凰台》："安得万丈梯，为君上上头。"韩愈《古意》："安得长梯上摘实，下种七泽根株连。"李商隐《日高》："飞香上云春诉天，云梯十二门九关。"❷喻指晋升、升级之途径。李远《赠咸阳李少府》："金刀片片裁新锦，玉步重重上旧梯。"黄滔《酬俞钧》："莫论蟾月无梯接，大底龙津有浪翻。"❸攀登。姚偓《南源山》："明朝梯石路，更仗笋舆安。"见"梯山""梯天"。❹依凭，靠着。孟郊《终南山下作》："家家梯碧峰，门门锁青烟。"

【梯山】 登山。亦指经历险阻。太宗《幸武功庆善宫》："梯山咸入款，驾海亦来思。"赵嘏《秋日吴中观贡藕》："梯山谩多品，不与世流同。"贯休《寿春节进大蜀皇帝五首》之三："西逾昆岳东连海，谁不梯山贺圣明。"

【梯山航海】 登山越海。指长途跋涉。齐己《煌煌京洛行》："梯山航海至，昼夜车相续。"

【梯天】 登天。喻极难之事。杜牧《感怀诗一首》："取之难梯天，失之易反掌。"

【梯石】 谓垒砌石阶，以供登陟。杜甫《飞仙阁》："栈云阑干峻，梯石结构牢。"

【梯杭】 参见"梯航❷"。

【梯空】 指登高。韩愈《送惠师》："发迹入四明，梯空上秋旻。"

【梯徑】 指石砌磴道。杜甫《望牛头寺》："牛头见鹤林，梯径绕幽深。"

【梯航】 ❶梯子与船。亦泛指跋涉之工具。贺知章《奉和送张说巡边》："荒憬尽怀忠，梯航已自通。"权德舆《德宗神武孝文皇帝挽歌词三首》之二："梯航来万国，玉帛庆三朝。"陈陶《赠容南韦中丞》："普宁都护军威重，九驿梯航压要津。"❷亦作"梯杭"。杭，同"航"。指登山乘船，长途跋涉。玄宗《赐新罗王》："玉帛遍天下，梯杭归上都。"❸喻指达到目标之途径、手段。李咸用《旅馆秋夕》："百岁易为成荏苒，丹霄谁肯借梯航。"❹喻死后通向天国之途径。寒山《诗三百三首》之二一："谓言无死日，终不作梯航。"元稹《顺宗至德大圣大安孝皇帝挽歌词三首》之一："雨露施恩广，梯航会葬遥。"

【梯梁】 谓凿石磴架桥梁。元结《演兴四首·闵岭中》："非梯梁以通险，当无路兮可入。"

【梯雲】 登云。谓攀登高接云霄之处。贺朝《宿香山阁》："暝上春山阁，梯云宿半空。"钱起《罢章陵令山居过中峰道者二首》之二："梯云创其居，抱犊上绝巘。"张祜《题陆墉金沙洞居》："决水金沙静，梯云石壁虚。"朱景玄《溪东岑望天都山》："目望浮山丘，梯云上东岑。"

【梯媒】 媒介。亦指介绍荐引之人。罗隐《西京崇德里居》："进乏梯媒退又难，强随豪贵殢长安。"杜荀鹤《赠张员外儿》："月里桂枝知有分，不劳诸丈作梯媒。"吕严《绝句》之六："不用梯媒向外求，还丹只在体中收。"

【梯險】 攀登险峻之处。元结《演兴四首·闵岭中》："然后采梫榕以驾深，收枞樬兮梯险。"

【梯橋】 指中间凸起之拱桥。因其两端皆有石阶如梯，故称。韩愈有《奉和虢州刘给事使君三堂新题二十一咏·梯桥》。

【梯飚】 犹言乘风，御风。韩愈《答张彻》："磴藓澾拳跼，梯飚飐伶俜。"

【梯磴】 供攀登用之梯子与磴道。卢仝《月蚀诗》："上天不为臣立梯磴，臣血肉身，无由飞上天，扬天光。"

【梯霞】 谓升天，成仙。令狐楚《赠毛仙翁》："壶中药物梯霞诀，肘后方书缩地功。"

【梯巘】 指攀越高山。高适《李云南征蛮诗》："梯巘近高鸟，穿林经毒虫。"

桫

〔suō《广韵》素何切，平歌，心。〕见"桫欏"。

【桫欏】 树木名。传佛祖释迦牟尼于拘尸那拉城外桫椤树林中圆寂。殷尧藩《赠惟俨师》："拟扫绿阴浮佛寺，桫椤高树结为邻。"

梁

〔liáng《广韵》吕張切，平陽，來。〕❶木桥。亦泛指桥。孟云卿《伤情》："旧居近东南，河水新为梁。"杜甫《又上后园山脚》："登高欲有往，荡析川无梁。"韩愈《丰陵行》："逾梁下坂笳鼓咽，嵽嵲遂走玄宫闾。"刘禹锡《窦朗州见示与澧州元郎中早秋赠答命同作》："邻境诸侯同舍郎，芷江兰浦恨无梁。"❷屋梁。贺兰进明《杂曲歌辞·行路难五首》之三："君不见梁上泥，秋风始高燕不栖。"杜甫《姜楚公画角鹰歌》："梁间燕雀休惊怕，亦未抟空上九天。"钱起《赋得巢燕送客》："能栖杏梁际，不与黄雀群。"李商隐《初起》："三年苦雾巴江水，不为离人照屋梁。"徐铉《陶使君挽歌二首》之一："伤心梁上燕，犹解向人飞。"❸指虹。以其形似拱桥，故称。徐敞《虹藏不见》："石涧收晴影，天津失彩梁。"❹堤堰。柳宗元《行路难三首》之三："飞雪断道冰成梁，侯家炽炭雕玉房。"李绅《奉酬乐天立秋夕有怀见寄》："报国未知效，惟鹈徒在梁。"❺冠上之横脊。李贺《竹》："三梁曾入用，一节奉王孙。"皮日休《添渔具诗·箬笠》："纵带二梁冠，终身不忘尔。"❻朝代名。指南朝梁。梁武帝萧衍所建。骆宾王《四月八日题七级》："铭书非晋代，壁画是梁年。"陈子昂《与东方左史虬修竹篇》序："仆尝暇时观齐梁间诗，彩丽竞繁，而兴寄都绝。"李白《赠僧行融》："梁有汤惠休，常从鲍照游。"❼地名。(1)指大梁。战国魏之都城，汉梁孝王之封邑。即今河南开封。李白《送侯十一》："余亦不火食，游梁同在陈。"李端《送王少府游河南》："过宋人应少，游梁客独愁。"陈羽《将归旧山留别》："相共游梁今独还，异乡摇落忆空山。"刘禹锡《洛中逢白监同话游梁之乐因寄宣武令狐相公》："曾经谢病各游梁，今日相逢忆孝王。"(2)指唐之山南道梁州(后升为典元府)。治所在今陕西汉中。李商隐《行次西郊作一百韵》："蛇年建午月，我自梁还秦。"

【梁二十】 疑即梁淑。戎昱友人。戎昱有《寄梁淑》和《酬梁二十》。前诗谓"长忆江头执别时，论文未有不相思"。后诗云"清宫无限客，相见独相亲"。

【梁十三】 戎昱友人。戎昱有《秋夜梁十三厅事》。全诗"夜"下校："一本有宿字"。戎昱又有《冬夜宴梁十三厅》。

【梁山】 山名。(1)即梁甫山，在泰山之下，因古乐府《梁甫吟》言人死葬此山，故后常以之指墓葬之地。卢照邻《同崔录事哭郑员外》："梁山送夫子，湘水吊王孙。"李白《舞曲歌辞·东海有勇妇》："梁山感杞妻，恸哭为之倾。"(2)即高梁山，在四川剑阁之东。张文琮《相和歌辞·蜀道难》："梁山镇地险，积石阻云端。"杨凝《送客入蜀》："剑阁迢迢梦想间，行人归路绕梁山。"(3)在唐梁州兴元府南郑县(今陕西汉中市)。岑参《与鲜于庶子自梓州同行至利州道中作》："汉水出嶓冢，梁山控褒斜。"李商隐《彭城公薨后赠杜二十七胜李十七潘二君安平公门下》："梁山兖水约从公，两地参差一旦空。"灵澈《送鉴供奉归蜀宁亲》："梁山拂汉分清境，蜀雪和烟惹翠微。"(4)在今陕西。雍陶《题宝应县》："雪楼当日动晴寒，渭水梁山鸟外看。"按，诗题"宝应"当为"宝鸡"之讹。吴融《分水岭》："紫溪旧隐还如此，清夜梁山月更明。"(5)在今山东东平县之西南，梁山泊中。高适《东平别前卫具李寀少府》："云开汶水孤帆远，路绕梁山匹马迟。"

【梁山曲】 即《梁山吟》。张九龄《南还以诗代书赠京师旧僚》："思扰梁山曲，情遥越鸟枝。"骆宾王《夏日游德州赠高四》："白雪梁山曲，寒风易水歌。"

【梁山吟】 古琴曲名。即《梁山操》。内容系抒发思念父母之情。传为曾子所作。见汉蔡邕《琴操·梁山操》。元稹《桐花》："君若问孝理，弹作梁山吟。"

【梁山泪】 指思念父母之泪。梁山，指《梁山吟》。传为曾子在外思念父母而作。李群玉《自澧浦东游江表途出巴丘投员外从公虞》："平明梁山泪，缘枕沾匡床。"参见"梁山吟"。

【梁川】 泛指梁州(唐山南道兴元府，今陕西汉中)之汉、沔诸水。韦应物有《淮上喜会梁川故人》。欧阳詹《述德上兴元严仆射》："推车阃外主恩新，今日梁川草遍春。"

【梁王】 指武三思。见《旧唐书》本传。宋之问有《奉和梁王宴龙泓应教得微字》。崔融有《和梁王众传张光禄是王子晋后身》。陈子昂有《送著作佐郎崔融等从梁王东征》。沈佺期有《夏日梁王席送张岐州》。

【梁王池苑】 同"梁王苑"。孟迟《还淮却寄睢阳》："梁王池苑已苍然，满树斜阳极浦烟。"

【梁王池閣】 同“梁王苑”。王建《寄汴州令狐相公》:“秋日梁王池阁好,新歌散入管弦声。”

【梁王池館】 同“梁王苑”。张说《侍宴武三思山第应制赋得风字》:“梁王池馆好,晓日凤楼通。”按,武三思亦封梁王,此借梁孝王之事。

【梁王苑】 汉梁孝王在睢阳所筑宫苑,又称梁园、兔园、竹园。见《史记·梁孝王世家》。岑参《送楚丘曲少府赴官》:“微子城东面,梁王苑北边。”刘长卿《同郭参谋咏崔仆射淮南节度使厅前竹》:“昔种梁王苑,今移汉将坛。”徐铉《赠浙西顾推官》:“梁王苑里相逢早,润浦城中得信疏。”

【梁王宫闕】 同“梁王苑”。李白《梁园吟》:“梁王宫阙今安在,枚马先归不相待。”

【梁王雪下】 指汉梁孝王刘武于岁暮置酒宴请宾客赏雪吟诗之事。见南朝宋谢惠连《雪赋》。岑参《梁园歌送河南王说判官》:“梁园二月梨花飞,却似梁王雪下时。”

【梁王臺沼】 同“梁王苑”。李贺《梁台古愁》:“梁王台沼空中立,天河之水夜飞入。”

【梁王駟馬】 ❶指汉景帝令使臣持节乘舆驷马迎梁孝王刘武入朝之事。见《史记·梁孝王世家》。李元操《和从叔禄愔元日早朝》:“叶令双凫至,梁王驷马来。”❷指汉梁平王刘襄柏梁台赋诗“骖驾驷马从梁来”之句。见《艺文类聚》卷五六。李峤《诗》:“都尉仙凫远,梁王驷马来。”

【梁王舊園】 亦作“梁王舊館”。汉梁孝王在睢阳所筑宫苑。白居易《过裴令公宅二绝句》:“梁王旧馆雪濛濛,愁杀邹枚二老翁。”李商隐《汴上送李郢之苏州》:“人高诗苦滞夷门,万里梁王有旧园。”赵嘏《句》:“梁王旧馆已秋色,珠履少年轻绣衣。”徐铉《题梁王旧园》:“梁王旧馆枕潮沟,共引垂藤系小舟。”参见“梁王苑”。

【梁王舊館】 参见“梁王舊園”。

【梁夫子】 指梁十三。戎昱《秋夜梁十三厅事》:“得见梁夫子,心源有所依。”

【梁木】 栋梁。喻指担当大任之才。白居易《新乐府·涧底松》:“天子明堂欠梁木,此求彼有两不知。”

【梁木摧】 喻指担当重任之人才逝世。苏颋《蜀城哭台州乐安少府》:“向悟海盐客,已而梁木摧。”

【梁少府】 (少 shào)指梁洽。高适有《哭单父梁九少府》,注云:“一作洽。”独狐及有《酬梁二十宋中所赠兼留别梁少府》。

【梁父吟】 (父 fǔ)亦作《梁甫吟》。乐府楚调曲名。梁父,即梁甫。小山名,在泰山之下。古曲内容系写人死葬此山,属葬歌之类。今传诸葛亮所作《梁甫吟》,则咏春秋齐相晏婴以二桃杀三士事,与古曲内容不同。因《三国志·蜀志·诸葛亮传》有“亮躬耕陇亩,好为梁父吟”语,后亦常用为隐居乡野之典。张九龄《陪王司马登薛公逍遥台》:“曾是陪游日,徒为梁父吟。”杜甫《上后园山脚》:“敢为苏门啸,庶作梁父吟。”高适《别王彻》:“留君终日欢,或为梁父吟。”李商隐《筹笔驿》:“他年锦里经祠庙,梁父吟成恨有余。”

【梁公】 ❶杜牧《题永崇西平王宅太尉愬院六韵》:“家呼小太尉,国号大梁公。”注:“太尉弟司徒德,亦封梁国公。”诗中梁公当系凉公之误。李愬于元和十二年十一月,因平蔡州吴元济叛乱封凉国公。注中“德”当作“聽”,“梁”当作“凉”,李晟十五子,无名德者,仅李听亦封凉国公。❷指房玄龄。据《旧唐书》本传,玄龄于贞观十一年以本官为宋州刺史,改封梁国公。王绩有《赠梁公》。❸指狄仁杰。仁杰睿宗时追封梁国公。张九龄《临泛东湖》:“梁公世不容,长孺心亦褊。”岑参《青山峡口泊舟怀狄侍御》:“皆云梁公后,遇鼎还能调。”❹指姚崇。崇开元元年被封梁国公。顾云《池阳醉歌赠匡庐处士姚岩杰》:“蒙溪先生梁公孙,忽然示我十轴文。”❺指李逢吉。逢吉长庆四年封凉国公。令狐楚《游义兴寺寄上李逢吉相公》:“松下花飞频伫立,一心千里忆梁公。”按,“梁”当作“凉”。

【梁公昌】 籍贯不详。开元二十年从信安王祎讨契丹。李白有《送梁公昌从信安北征》。

【梁氏】 ❶指汉梁王鸿。刘禹锡《赴苏州酬别乐天》:“梁氏夫妻为寄客,陆家兄弟是州民。”❷名不详。韦庄有《梁氏水斋》。

【梁氏夫妻】 指东汉梁鸿与其妻孟光。其夫妻相敬如宾,有举案其眉之美谈,后因以喻指恩爱夫妻。刘禹锡《赴苏州酬别乐天》:“梁氏夫妻为寄客,陆家兄弟是州民。”

【梁六】 梁知微。张说有《岳州别梁六入朝》。梁知微有《入朝别张燕公》。张说又有《送梁六自洞庭山作》。

【梁去惑】 籍贯、生平均不详。《补全唐诗》录其诗一首。

【梁生】 ❶指梁锽。李颀《别梁锽》:“梁生倜傥心不羁,途穷气盖长安儿。”❷指梁广。顾况《梁广画花歌》:“手把梁生画花看,凝嚬掩笑心相许。”❸名不详,开元时人。高适《宋中别周梁李三子》:“周子负高价,梁生多逸词。”

【梁代】 朝代名。指南朝梁武帝萧衍所建之王朝。李韶《题司空山观》:“梁代真人上紫微,水盘山脚五云飞。”

【梁司馬】 名不详。肃、代间为司马。顾况有《梁司马画马歌》。

【梁寺】　南朝梁之寺宇。梁代因皇室崇佛，故佛寺极多。江遵《梁寺》："台城兵匝无人敌，闲卧高僧满梵宫。"

【梁先輩】　指梁振。齐己有《荆渚病中因思匡庐遂成三百字寄梁先辈》和《寄梁先辈》。参见"梁振"。

【梁延評】　名不详。天宝中为大理评事。朱放有《九日陪刘中丞宴昌乐寺送梁延评》。

【梁州】　❶地名。本古代九州之一，地域为东起华山，西至黑水一带。秦时为汉中郡，魏置梁州，隋改汉川郡。唐武德元年改为褒州。二十年，复为梁州，仅辖汉水上游地区，属山南道。显庆元年，复置梁州都督府，督梁、泽、集、壁四州。天宝元年，改为汉中郡。乾元六年复为梁州。兴元元年，升为兴元府。治所在南郑县(今陕西汉中市)。岑参《醴泉东溪送程皓元镜微入蜀》："蜀郡路漫漫，梁州过七盘。"元稹《使东川·梁州梦》："亭吏呼人排去马，忽惊身在古梁州。"张乔《书边事》："春风对青冢，白日落梁州。"赵氏《杂言寄杜羔》："梁州秦岭西，栈道与云齐。"❷《梁州曲》之省称。顾况《李湖州孺人弹筝歌》："独把梁州凡几拍，风沙对面胡秦隔。"李涉《听多美唱歌》："一曲梁州听初了，为君别唱想夫怜。"吴融《赠李长史歌》："翠华犹在橐泉中，一曲梁州泪如雨。"廖融《退宫妓》："一旦色衰归故里，月明犹梦按梁州。"

【梁州曲】　唐教坊曲名。即凉州曲，后讹为"梁州曲"。李益有《夜上西城听梁州曲二首》。高骈《宴犒蕃军有感》："满眼由来是旧人，那堪更奏梁州曲。"亦为笛曲名。冯延巳《抛毬乐》词之四："仿佛梁州曲，吹在谁家玉笛中。"

【梁孝王】　即汉刘武。武于文帝时被封梁王，景帝中元六年卒。岑参《梁园歌送河南王说判官》："君不见梁孝王修竹园，颓墙隐辚势仍存。"

【梁孝牛禍】　指汉梁孝王刘武因骄奢而致国内出现牛祸之事。李瀚《蒙求》："赵伦鹘怪，梁孝牛祸。"

【梁甫】　❶小山名。在泰山之下。骆宾王《在兖州饯宋五之问》："淮沂泗水地，梁甫汶阳东。"❷指《梁甫吟》。王昌龄《放歌行》："今者放歌行，以慰梁甫愁。"

【梁甫吟】　同《梁父吟》。孟浩然《与白明府游江》："谁识躬耕者，年年梁甫吟。"李白《留别王司马嵩》："余亦南阳子，时为梁甫吟。"钱起《酬卢十一过宿》："遥夜他乡宿，同君梁甫吟。"喻凫《冬日寄友人》："空为梁甫吟，谁竟是知音。"

【梁岑】　犹山丘。苏源明《小洞庭洄源亭宴四郡太守诗》序："倒岷岫于波际，指梁岑于林缺。"

【梁秀才】　名不详。文宗时人。杜牧《梁秀才以早春旅次大梁将归郊扉言怀兼别示亦蒙见赠凡二十韵走笔依韵》自注："梁君在文皇朝献书，荣宣下中书，令授一官，为执政所阻。"

【梁邸】　同"梁王苑"。李峤《寒食清明日早赴王门率成》："游客趋梁邸，朝光入楚台。"

【梁甸】　指古梁州之地域。武元衡《冬日汉江南行将赴夏口途次江陵界寄裴尚书》："关山迥梁甸，波浪接湓城。"

【梁判官】　❶指梁锽。锽天宝间为节度判官。岑参有《送梁判官归女儿旧庐》。❷名不详。咸通间为幽州节度判官。李山甫有《山中寄梁判官》。

【梁宋】　指唐河南道宋州，即今河南开封、商丘一带。因其地古为宋国，汉文帝封其子于此，改曰梁，故合称梁宋。孙逖《送李给事归徐州觐省》："春水经梁宋，晴山入海沂。"孟云卿《汴河阻风》："清晨自梁宋，挂席之楚荆。"杜甫《赠李白》："亦有梁宋游，方期拾瑶草。"韩愈《刘生诗》："弃家如遗来远游，东走梁宋暨扬州。"

【梁宏】　籍贯不详。肃宗时为陕州功曹参军。贾至有《赠陕掾梁宏》。

【梁君】　参见"梁秀才"。

【梁武】　即南朝梁武帝萧衍。殷尧藩《登凤凰台二首》："梁武台城芳草合，吴王宫殿野花开。"陆龟蒙《奉和袭美太湖诗二十首·孤园寺》："浮屠从西来，事者极梁武。"胡曾《咏史诗·金陵》："侯景长驱十万人，可怜梁武坐蒙尘。"贯休《送卢舍人三首》之三："报通三世释迦言，莫将梁武为题目。"

【梁武佛】　指南朝梁武帝崇信佛道之事。见《南史·梁本纪中》和《梁书·武帝纪下》。后因用以指佛。张祜《所居即事六首》之五："眼下已骠梁武佛，耳中犹听魏文诗。"

【梁武帝】　(464～549)即南朝梁萧衍。衍字叔达，小字练儿。事迹见《梁书》《南史》本纪。好学，长于文学、乐律、书法。精通儒、道、释三教，有文集一百二十卷，皆佚。周昙《咏史诗·六朝门·梁武帝》："梁武年高厌六龙，繁华声色尽归空。"

【梁苑】　西汉梁孝王所建之东苑。亦称兔园。故址在今河南开封市东南。孟浩然《同卢明府饯张郎中除义王府司马海园作》："冠盖趋梁苑，江湘失楚材。"李白《赠王判官时余归隐居庐山屏风叠》："荆门倒屈宋，梁苑倾邹枚。"李绅《拜宣武军节度使》："星应魏师新鼓角，地嫌梁苑旧池台。"韩琮《杂曲歌辞·杨柳枝》："梁苑隋堤事已空，万条犹舞旧春风。"

【梁苑雪】　南朝宋谢惠连曾作《雪赋》，内容系描写梁苑之雪景，传颂一时。后因以"梁苑雪"为称颂他人诗文之典。皎然《述祖德赠湖上诸沈》："雪飞梁苑操奇赋，春发池塘得佳句。"韦庄《送福州王先辈南归》："八韵赋吟梁苑雪，六铢衣惹杏园风。"

【梁昇卿】 籍贯不详。事迹见新旧《唐书·韦抗传》。与张九龄等友善。工书法，尤工小篆。《全唐诗》卷一二四录其诗一首。

【梁明府】 ❶指梁升卿。升卿开元初为洛阴县令。张九龄有《饯济阴梁明府各探一物得荷叶》。❷名不详。武后时为县令。陈子昂有《送梁李二明府》。

【梁岷】 梁山与岷山。俱在蜀，故常以代指蜀地。褚亮《赋得蜀都》："列宿光参井，分芒跨梁岷。"王勃《普安建阴题壁》："江汉深无极，梁岷不可攀。"杨炯《和刘长史答十九兄》："来朝拜休命，述职下梁岷。"李峤《琴》："淮海多为室，梁岷旧作台。"

【梁知微】 嗣圣元年进士及第。曾奉旨出使日本。开元五年自潭州征入朝。后为苏州刺史。与张说善，时相酬答。事迹见《唐诗纪事》卷二二。《全唐传》卷九八录其诗一首。

【梁侍郎】 疑为梁耿。刘长卿有《赴新安别梁侍郎》。《文苑英华》卷二八七"郎"作"御"。

【梁侍御】 ❶名不详，肃、代间为监察御史。刘长卿有《送梁侍御巡永州》。❷名不详，肃、代间为监察御史。钱起有《赋得丛兰曙后色送梁侍御入京》。❸名不详。会昌、大中间为岭南节度使从事、监察御史。李群玉有《中秋寄南海梁侍御》。

【梁佾】 籍贯、生平均不详。大和、大中间人。赵嘏有《寄梁佾兄弟》。

【梁郎中】 指梁乘。乘曾官吉州刺史，见《新唐书·代宗纪》。刘长卿有《送梁郎中赴吉州》和《瓜洲驿重送梁郎中赴吉州》。

【梁孟】 汉梁鸿、孟光夫妻之连称。陆龟蒙《和袭美咏皋桥》："今来未必非梁孟，却是无人断伯通。"

【梁城】 地名。即唐河南道宋州之宋城县(今河南商丘)。因汉时属宋国，后改属梁国，为梁国之都城，故称。高适《酬庞十兵曹》："梁城多古意，携手共凄恻。"钱起《送李四擢第归觐省》："梁城下熊轼，朱戟何晖耀。"武元衡《江上寄隐者》："蒹葭连水国，鼙鼓近梁城。"

【梁柱】 房屋或画舫上之木梁与柱子。韩愈《琴曲歌辞·龟山操》："龟之枿兮不中梁柱。"白居易《小舫》："小舫一艘新造了，轻装梁柱庳安篷。"

【梁拾遗】 指梁肃。肃建中四年(783)为右拾遗。皎然有《送梁拾遗肃归朝》。

【梁昭】 参见"梁昭明"。

【梁昭明】 即梁昭明太子萧统。陆龟蒙《秋夕文宴》自注："梁昭明尝文宴，诗赋名五韵，刘孝威第七方成。"亦作"梁昭"。郑畋《题缑山王子晋庙》："望台悲汉戾，阅水笑梁昭。"

【梁叟】 指汉梁鸿。骆宾王《畴昔篇》："登高北望嗤梁叟，凭轼西征想潘掾。"

【梁侯】 名不详。中宗时为卿。崔湜《送梁卿王郎中使东蕃吊册》："梁侯上卿秀，王子中台杰。"

【梁洽】 晋(今山西)人。开元二十二年(734)进士及第，授单父县尉。事迹见《国秀集》目录。《全唐诗》卷二〇三录其诗一首。按，张彦远《历代名画记》卷十、朱景玄《唐朝名画录》中有处士梁洽，善画山水花鸟，与此非一人。

【梁洋】 唐代二州名。属山南西道。治所分别为今陕西汉中与洋县。杜甫《杂歌谣辞·大麦行》："东至集壁西梁洋，问谁腰镰胡与羌。"韦庄有《闻再幸梁洋》。

【梁宣王】 指武三思。三思卒赠太尉，追封梁王，谥曰宣。见《旧唐书》本传。宋之问有《染宣王挽词三首》。

【梁陟】 梁涉之讹。涉，籍贯不详。累迁司勋员外郎，迁户部郎中。《全唐诗》卷七七八录其诗一首。

【梁珠】 指宝珠。见《史记·田敬仲完世家》。褚亮《奉和望月应魏王教》："色共梁珠远，光随赵璧圆。"

【梁耿】 籍贯、生平均不详。工书法。后人评其书"如错落鱼文，纵横鸟迹"。见元陶宗仪《书史会要》卷五。刘长卿有《集梁耿开元寺所居院》和《苕溪酬梁耿别后见寄》。

【梁梠】 泛指屋梁。梠，房屋之次梁。韩愈《元和圣德诗》："荐于新宫，视瞻梁梠。"皮日休《读书》："家资是何物，积帙列梁梠。"

【梁卿】 ❶名不详。中宗时为卿。崔湜有《送梁卿王郎中使东蕃吊册》。《全唐诗人名汇考》疑此梁卿为梁知微。❷名不详。天宝十四年为太常卿。杜甫《骢马行》自注："太常梁卿敕赐马也，李邓公爱而有之，命甫制诗。"

【梁益】 指蜀地。因蜀为古梁州之域，汉为益州，故称。杜甫《八哀诗·赠司空王公思礼》："太子入朔方，至尊狩梁益。"

【梁家宅】 指汉梁冀及妻孙寿之宅第。李商隐《可叹》："梁家宅里秦宫人，赵后楼中赤凤来。"

【梁家妇】 指汉梁冀之妻孙寿。罗虬《比红儿诗》之四六："殷勤为报梁家妇，休把啼妆赚后人。"参见"梁家黛"。

【梁家畫閣】 指汉梁冀与其妻孙寿之宅第楼阁。见《后汉书·梁冀传》。卢照邻《长安古意》："梁家画阁天中起，汉帝金茎云外直。"

【梁家黛】 指汉梁冀之妻孙寿所施粉黛。见《后汉书·梁冀传》。李群玉《醉后赠冯姬》："桂形浅拂梁家黛,瓜字初分碧玉年。"

【梁陳】 ❶南朝梁与陈二朝之并称。崔颢《江畔老人愁》:"自言家代仕梁陈,垂朱拖紫三十人。"吴筠《建业怀古》:"荏苒宋齐末,斯须变梁陈。"李白《金陵歌送别范宣》:"扣剑悲吟空咄嗟,梁陈白骨乱如麻。"❷地名。指今河南东部一带。因其地为汉代所置梁国与陈国之旧地,故称。韦应物《大梁亭会李四栖梧作》:"秋风旦夕起,安得客梁陈。"

【梁副端】 名不详。建中时为殿中侍御史。戴叔伦有《长沙送梁副端归京》。

【梁雪】 即"梁苑雪"。因南朝宋谢惠连作《雪赋》描绘梁苑大雪之景,后遂以"梁雪"指大雪。吴融《花村六韵》:"已怜梁雪重,仍愧楚云繁。"

【梁常侍】 名不详。大中时为散骑常侍。薛逢有《送西川梁常侍之新筑龙山城并锡赉两州刺史及部落酋长等》。

【梁國】 汉代藩国名。汉文帝之子梁孝王刘武之封邑。在大梁(今河南开封)。张说《惠文太子挽歌二首》之二:"梁国深文雅,淮王爱道仙。"储光羲《田家杂兴八首》之六:"楚山有高士,梁国有遗老。"钱起《送兴平王少府游梁》:"梁国遗风重词赋,诸侯应念马卿贫。"

【梁國公】 指李聽。聽大和三年(829)以功封凉国公。杜牧《题永崇西平王宅太尉愬院六韵》自注:"太尉季弟司徒德,亦封梁国公。"按,"德"为"聽"之讹,"梁"当作"凉"。

【梁國公主】 即梁国惠康公主。王建有《故梁国公主池亭》。

【梁國珍】 指明珠。梁国即战国时之魏。魏惠王迁都大梁(今河南开封),因被称为梁。杜审言《岁夜安乐公主满月侍宴应制》:"睿作尧君宝,孙谋梁国珍。"参见"梁珠"。

【梁國惠康公主】 宪宗李纯长女。追封梁国公主,谥曰惠康。见《新唐书·诸帝公主传》。权德舆、羊士谔、韩愈均有《梁国惠康公主挽歌二首》。窦常有《凉国惠康公主挽歌》,"凉"乃"梁"之讹。

【梁淑】 排行第二十。籍贯、生平均不详。戎昱有《寄梁淑》。按,孙逖有《授梁淑中书舍人制》,此梁淑乃天宝初人,与此非一人。

【梁將軍】 (將 jiāng)名不详。文宗时为诸卫将军。许浑有《赠梁将军》。

【梁習】 字子虞。三国魏陈郡柘县(今河南柘城)人。事迹见《三国志·魏志》本传。李瀚《蒙求》:"黄霸政殊,梁习治最。"

【梁敬之】 梁肃,字敬之,见《新唐书》本传。权德舆有《酬陆四十楚源春夜宿虎丘山对月寄梁四敬之兼见贻之作》。

【梁朝】 朝代名。即南朝梁代。梁武帝萧衍所建。寒山《诗三百三首》之一九二:"余见僧繇性希奇,巧妙间生梁朝时。"皎然《法华寺上方题江上人禅空》:"中峰禅寂一僧在,坐对梁朝老桂枝。"吴融《过丹阳》:"山带梁朝陵路断,水连刘尹宅基平。"

【梁棟】 房屋之栋梁。常喻指堪当大任之人才。杜甫《古柏行》:"大厦如倾要梁栋,万牛回首丘山重。"白居易《有木诗八首》之八:"纵非梁栋材,犹胜寻常木。"陆龟蒙《袭美先辈以龟蒙所献五百言见和再抒鄙怀用伸酬谢》:"谁可作梁栋,谁敢驱谷蠡。"王贞白《廊下井》:"太阳虽不照,梁栋每重阴。"

【梁雁】 指梁州雁塞山之大雁。见南朝齐刘澄之《梁州记》。亦泛指大雁。李峤《王屋山第之侧杂构小亭暇日与群公同游》:"狎水惊梁雁,临风听楚鸡。"

【梁竦】 字叔敬。汉安定乌氏(今宁夏固原南)人。事迹见《后汉书》本传。杨巨源《题赵孟庄》:"王濬爱旌旗,梁竦劳州县。"

【梁竦廟食】 指汉梁竦所说"大丈夫居世,生当封侯,死当庙食"之语。见《后汉书·梁竦传》。李瀚《蒙求》:"梁竦庙食,赵温雄飞。"

【梁尊師】 名不详。会昌、大中时茅山道士。许浑有《茅山赠梁尊师》。一作窦常诗,非。

【梁道士】 ❶名不详。德宗时道士。权德舆有《送梁道士谒寿州崔大夫》。❷名不详。会昌、大中时茅山道士。许浑有《重游飞泉观题故梁道士宿龙池》。❸名不详。咸通、乾符间道士。周朴有《送梁道士》。

【梁溠】 在溠水上造桥。指兴师出兵。见《左传·庄公四年》。柳宗元《同刘二十八院长述旧言怀之作因其韵赠至八十通赠二君子》:"朝宗延驾海,师役罢梁溠。"

【梁補闕】 ❶指梁肃。肃贞元六年为右补阙。朱长文有《吴兴送梁补阙归朝赋得荻花》。❷指梁周翰。周翰宋太祖开宝间为左补阙兼知大理正事,太宗雍熙间为右补阙。《全唐诗》七八三录其诗一首,而佚其名,当删。

【梁載言】 博州聊城(今属山东)人。上元二年进士及第。事迹见《旧唐书·刘宪传》《新唐书·刘宪传》。《新唐书·艺文志二》著录其《具员故事》十卷、《具员事迹》十卷、《十道志》十六卷,皆佚。《全唐诗》卷八六九录其诗一首。

【梁園】 ❶即梁苑。汉梁孝王之东苑。岑参《梁园歌送河南王说判官》:"梁园二月梨花飞,却似梁王雪下时。"杜牧《过大梁闻河亭方谯赠孙子端》:"梁园纵玩归应少,赋雪搜才去必频。"黄滔《司马长卿》:"一自梁园失意回,无人知有掞天才。"❷泛指皇室之馆墅林园。刘商《观猎三首》之三："梁园日暮从公猎，每过青山不举头。"令狐楚《省中直夜对雪寄李师素侍郎》："孙室临书幌，梁园泛酒杯。"❸指唐河南道汴州（今河南开封）。因汉梁王所建之梁园在此，故以代称。魏万《金陵酬李翰林谪仙子》："谪仙游梁园，爱子在邹鲁。"白居易《早春同刘郎中寄宣武令狐相公》："梁园不到一年强，遥想清吟对绿觞。"姚合《寄汴州令狐楚相公》："梁园台馆关东少，相府旌旗天下尊。"温庭筠《感旧陈情五十韵献淮南李仆射》："梁园提毂骑，淮水换戎旃。"❹指唐河南道宋州（今河南商丘）。李吉甫《元和郡县图志》卷七云："汉文帝以皇子武为梁王，都大梁。以其地界湿，东徙睢阳，今宋州是也。"故亦以之指宋州。刘长卿《送勤照和尚往睢阳赴太守请》："知到梁园下，苍生赖此游。"又《睢阳赠李司仓》："飘飘洛阳客，惆怅梁园秋。"

【梁鉉】 籍贯不详。咸通间人。《全唐诗》卷五〇五录其诗一首。

【梁煉師】 名不详。元和间庐山青牛谷道士。杨衡有《宿青牛谷》，题下注："一本此下有'梁炼师仙居'五字。"一作鲍溶诗，题为《宿青牛谷梁炼师仙居》。

【梁肅】 字宽中，一字敬之。安定（今甘肃泾川）人。事迹见《新唐书·文艺传中》。《新唐书·文艺志四》著录其集二十卷，已佚。皎然有《答裴评事澄获花间送梁肃拾遗》。孟郊有《古意赠梁肃补阙》。

【梁殿】 南朝梁之宫殿。李贺《还自会稽歌》："野粉椒壁黄，湿萤满梁殿。"陆龟蒙《奉和袭美行次野梅次韵》："梁殿得非萧帝瑞，齐宫应是玉儿媒。"司空图《南北朝感遇十首》之五："兵围梁殿金瓯破，火发陈宫玉树摧。"

【梁臺】 指南朝梁之禁城。李峤《晚景怅然简二三子》："楚客秋悲动，梁台夕望赊。"李贺有《梁台》。李商隐《读任彦升碑》："梁台初建应惆怅，不得萧公作骑兵。"冯浩笺注："《容斋随笔》：'晋宋后以朝廷禁省为台，故称禁城为台城。'按：南朝每以一朝之兴为某建台，'梁台建'之字史甚多。"

【梁獄上書】 指汉邹阳在梁孝王狱中上书陈冤之事。见《史记·鲁仲连邹阳列传》。杜甫《寄李十二白二十韵》："楚筵辞醴日，梁狱上书辰。"亦作"梁獄書"。

【梁獄書】 参见"梁獄上書"。

【梁廣】 籍贯不详。肃、代间画家，工花鸟松石。事迹见朱景玄《唐朝名画录》、张彦远《历代名画记》卷十。顾况有《梁广画花歌》。李群玉《长沙元门寺张璪员外壁画》："世人只爱凡花鸟，无处不知梁广名。"郑谷《海棠》："莫愁粉黛临窗懒，梁广丹青点笔迟。"李从善《蔷薇诗一首十八韵呈东海侍郎徐铉》："画拟凭梁广，名宜亚楚姬。"

【梁塵不飛】 谓忧伤寂寞，没有歌声。辛弘智《自君之出矣》："自君之出矣，梁尘静不飞。"

【梁塵】 屋梁上之灰尘。传汉代有善歌者歌声可振飞梁上灰尘，后因以之为咏歌声美妙之典。李白《猛虎行》："胡雏绿眼吹玉笛，吴歌白纻飞梁尘。"李绅《真娘墓》："黛消波月空蟾影，歌息梁尘有梵声。"赵嘏《淮南丞相坐赠歌者虞姹》："绮筵无处避梁尘，虞姹清歌日日新。"参见"梁塵飛"。

【梁塵飛】 为咏善歌之典。见《太平御览》卷五七二引汉刘向《别录》。李白《杂曲歌辞·夜坐吟》："一语不入意，从君万曲梁尘飞。"

【梁齊】 地名，指今河南与山东一带。杜甫《石龛》："为官采美箭，五岁供梁齐。"按，此指唐河北道之官军。

【梁震】 邛州依政（今四川邛崃）人。唐末登进士第。事迹见《五代史补》卷四《十国春秋》本传。《全唐诗》卷七六二录其诗一首。

【梁德裕】 易州易县（今属河北）人。开元中，为左监门率兵曹参军。天宝四载，在国子监四门助教任。事迹见《国秀集》目录。《全唐诗》卷二〇三录其诗二首。

【梁駕】 同"梁驂"。亦泛指显贵者之车驾。李峤《刘侍读见和山邸十篇重申此赠》："梁驾陪玄赏，淄庭掩翠岑。"

【梁璟】 潭州长沙（今属湖南）人。《全唐诗》卷八六五录其与商山三丈夫联句二首。

【梁燕】 栖宿于屋梁之燕子。钱起《画鹤篇》："日暖花明梁燕归，应惊片雪在仙闱。"白居易《新乐府·上阳白发人》："宫莺百啭愁厌闻，梁燕双栖老休妒。"温庭筠《题李卫公诗二首》之二："画阁不开梁燕去，朱门罢扫乳鸦还。"刘兼《春昼醉眠》："塞鸿信断虽堪讶，梁燕词多且莫嫌。"

【梁冀】 字伯卓。汉安定乌氏（今宁夏固原南）人。事迹见《后汉书》本传。蔡孚《打球篇》："窦融一家三尚主，梁冀频封万户侯。"李贺《相劝酒》："来长安，车骈骈，中有梁冀旧宅，石崇故园。"元稹《人道短》："梁冀夫妇，车马煌煌。"

【梁冀跋扈】 指汉质帝称大将军梁冀为"跋扈将军"之事。见《后汉书·梁冀传》。罗隐《经故洛阳城》："跋扈以成梁冀在，简书难问杜乔归。"李瀚《蒙求》："周嵩狼抗，梁冀跋扈。"

【梁鍠】 籍贯不详，寓居长安（今陕西西安）。乡贡进士，曾赴省试。为人倜傥不羁。事迹见《国秀集》目录。与诗人李颀、岑参、钱起友善，有诗交往。《全唐诗》卷二〇二录其诗十五首。

【梁燭】 袁州宜春(今属江西)人。咸通中,游镇海节度使杜审权幕,归乡隐居。后进士及第。伊璠有《及第后寄梁烛处士》。张乔有《寄处士梁烛》。郑谷有《梁烛处士辞金陵相国杜公归旧山因以寄赠》。

【梁鴻】 字伯鸾。汉扶风平陵(今陕西咸阳西北)人。事迹见《后汉书·逸民传》。王绩《山中叙志》:"孟光傥未嫁,梁鸿正须妇。"刘长卿《别李氏女子》:"本来儒家子,莫耻梁鸿贫。"白居易《赠内》:"梁鸿不肯仕,孟光甘布裙。"皮日休《皋桥》:"唯我到来居上馆,不知何道胜梁鸿。"

【梁鴻五噫】 指汉梁鸿过京师而作《五噫之歌》之事。见《后汉书·逸民梁鸿传》。李瀚《蒙求》:"韩子孤愤,梁鸿五噫。"

【梁鎮】 籍贯不详。至德二载八月,在昭应县令任。历尚书员外郎,宫至司门郎中。为人慷慨正直。郎士元有《送粲上人兼寄梁镇员外》。

【梁瓊】 籍贯、生平均不详。女诗人。《全唐诗》卷八〇一录其诗四首。

【梁藻】 字仲华。汀州长汀(今属江西)人。有《处士集》,已佚。《全唐诗》卷七五七录其诗一首。

【梁獻】 籍贯不详。《全唐诗》卷七六九录其诗一首。

【梁糲】 指粮食。梁,通"粱";粝,糙米。皮日休《三羞诗三首》之一:"未为冠冕人,死不惭忠烈。"

【梁寶】 籍贯不详。事迹见《太平广记》卷二五四引《启颜录》。《全唐诗》卷八六九录其《与赵神德互嘲》一首。

【梁驂】 汉武帝元封三年作柏梁台。梁孝王作诗云"骖驾驷马从梁来"。后因以之指藩王之车驾。刘祎之《奉和别越王》:"周屏辞金殿,梁骖整玉珂。"

梡¹ 〔huán《广韵》胡官切,平桓,匣。又胡管切,上緩,匣。〕树名,通称木梡。落叶乔木。其籽实可作念珠。包何《同李郎中净律院梡子树》:"本梡稀难识,沙门种则生。"

梡² 〔kuǎn《广韵》苦管切,上緩,溪。〕上古祭祀时盛放供品之礼器。木制,长二尺四寸,高一尺。下有四足。见"梡椢"。

【梡子树】 树木名。即木梡。包何有《同李郎中净律院梡子树》。参阅明李明珍《本草纲目·木二·诃黎勒》。

【梡₂椢】 上古祭祀时盛放供品之礼器。于邵《郊庙歌辞·释奠武成王乐章·迎俎酌献》:"五齐洁,九牢硕。梡椢循,罍斝涤。"

桹 同"榔"。叩击船舷之木棒。亦为渔具名。以木板覆瓦器上,叩击之以驱鱼,谓之桹。独孤及《早发龙沮馆舟中寄东海徐司仓郑司户》:"沙禽相呼曙色分,渔浦鸣桹十里闻。"

【桹桹】 形容木质坚硬,敲击有声。元结《演兴四首·讼木魅》:"楢桡桡兮未坚,柿桹桹兮可屈。"

梫 〔qǐn《广韵》七稔切,上寝,清。又子心切,平侵,精。又楚簪切,平侵,初。〕树木名。桂树之一种。即木桂。亦称肉桂、牡桂。见"梫榕"。

【梫榕】 梫树与榕树。俱为佳树良材。元结《演兴四首·论木魅》:"见樗楞兮相阴覆,怜梫榕兮不丰茂。"又《演兴四首·闵岭中》:"然后采梫榕以驾深,收枞樚兮梯险。"

楖 〔jí《广韵》資悉切,入質,精。〕木名。见"楖栗"。

【楖栗】 木名。可制手杖。贯休《道中逢乞食老僧》:"赤棕榈笠眉毫垂,拄楖栗杖行迟迟。"亦代指手杖。贾岛《送空公往金州》:"七百里山水,手中楖栗粗。"李洞《山泉》:"深中试楖栗,浅处落莓苔。"

桶 〔tǒng《广韵》他孔切,上董,透。又徒揔切,上董,定。〕盛水等物之容器。以木制成,状如筒而上有提梁。杜甫《黄鱼》:"筒桶相沿久,风雷肯为神。"仇兆鳌注:"筒,竹器;桶,木器。皆捕鱼之具。"

梭 〔suō《广韵》蘇禾切,平戈,心。〕❶织布机上之部件。牵引纬线用。木制,形如枣核。高宗《七夕宴悬圃二首》之二:"轻梭聊驻织,掩泪独悲伤。"李颀《晚归东园》:"倚杖寒山暮,鸣梭秋叶时。"施肩吾《江南织绫词》:"卿卿买得越人丝,贪弄金梭懒画眉。"吴融《李周弹筝歌》:"鸿门玉斗初向地,织女金梭飞上天。"❷犹织。指织布梭往返穿行。李白《乌夜啼》:"停梭怅然忆远人,独宿孤房泪如雨。"吴融《和韩致光侍郎无题三首十四韵》之一:"管纤银字咽,梭密锦书匀。"❸为咏梭或龙之典。见南朝宋刘敬叔《异苑》。李贺《有所思》:"西风未起悲龙梭,年年织素攒双蛾。"韩愈《石鼓歌》:"金绳铁索锁纽壮,古鼎跃水龙腾梭。"李咸用《宿渔家》:"陶家壁上精灵物,风雨未来终是梭。"❹量词。(1)用以计量织梭往返之次数。王建《织锦曲》:"一梭声尽重一梭,玉腕不停罗袖卷。"(2)用以计量狭长如梭状之物。南唐后主李煜《长相思》词:"云一涡,玉一梭,澹澹衫儿薄薄罗,轻颦双黛螺。"

【梭肚】 梭子之中间部分。常以喻指中部向外鼓起之物。伊用昌《忆江南》:"江南鼓,梭肚两头栾。"

八 画

棒 〔bàng《广韵》步項切，上講，並。〕棍棒。亦指用棍棒击打。张保嗣《戏示诸妓》："绿罗裙上标三棒，红粉腮边泪两行。"

棖 〔chéng《广韵》直庚切，平庚，澄。〕❶门楔。门两旁之长木。后亦借指门。韩愈、孟郊《城南联句》："幸得履中气，忝从拂天棖。"❷触，碰。杜牧《寄内兄和州崔员外十二韵》："金橐宁回顾，珠簾肯一棖。"冯集梧注："《文选·祭古冢文》注：'南人以物触物为棖。'"

【棖棖】 象声词。象弦乐弹奏之声。李贺《秦王饮酒》："龙头泻酒邀酒星，金槽琵琶夜棖棖。"

【棖觸】 ❶拨动；触动。薛逢《听曹刚弹琵琶》："禁曲新翻下玉都，四弦棖触五音殊。"孙光宪《虞美人》词："不堪棖触别离愁，泪还流。"❷触犯，冒犯。杨延玉《回波词》："阿姑婆见作天子，傍人不得棖触。"❸感触。李商隐《戏题枢言草阁三十二韵》："君时卧棖触，劝客白玉杯。"

楮 〔chǔ《广韵》丑吕切，上語，徹。又當古切，上姥，端。〕❶树木名。落叶乔木，亦称榖木、构木。茎叶有毛。花似柳絮，淡绿色。果实球形，似杨梅。皮可制纸。皎然《送裴秀才往会稽山读书》："砚滴穿池小，书衣种楮多。"杜荀鹤《送友人宰浔阳》："钓艇满江鱼贱菜，纸窑连岳楮多桑。"❷指楮树皮。古代贫士常以之为冠。周渭《赠龙兴观主吴崇岳》："楮为冠子布为裳，吞得丹霞寿最长。"

【楮冠】 （—guān）以楮树皮制成之冠。为贫士、隐者所用。杜荀鹤《白发吟》："家山苍翠万余尺，藜杖楮冠输老儿。"

【楮葉】 为咏精工仿制之典。见《韩非子·喻老》。李商隐《一片》："良工巧费真为累，楮叶成来不直钱。"

椏 〔yā《广韵》於加切，平麻，影。〕草木之分枝发杈处。皮日休、陆龟蒙《寂上人院联句》："经笥安岩匼，瓶囊挂树椏。"

棋 〔qí《集韵》渠之切，平之，羣。〕❶博弈之具。对弈双方各有数目对等之棋子，按规则在棋盘上对弈，以较胜负。李远《句》："青山不厌三杯酒，长日惟消一局棋。"张祜《题僧壁》："棋因王粲覆，鼓是祢衡挝。"李郢《上裴晋公》："曾经庾亮三秋月，下尽羊昙两路棋。"贯休《棋》："棋信无声乐，偏宜境寂寥。"❷指对弈，下棋。岑参《虢州卧疾喜刘判官相过水亭》："观棋不觉暝，月出水亭初。"张籍《寄友人》："送客沙头宿，招僧竹里棋。"郑巢《题崔行先石室别墅》："采菊频秋醉，留僧拟夜棋。"

【棋子】 棋具名。以木或他物制成之小块状物。对弈双方子数相等，颜色互异。刘禹锡《唐侍御寄游道林岳麓二寺诗并沈中丞姚员外所和见征继作》："泉清石布博棋子，萝密鸟韵如簧言。"李商隐《怀求古翁》："欲收棋子醉，竟把钓车眠。"曹松《赠南陵李主簿》："簟席弹棋子，衣裳惹印朱。"

【棋文】 棋盘上纵横交错之线纹。皮日休《吴中书事寄汉南裴尚书》："水似棋文交度郭，柳如行障俨遮桥。"

【棋功】 下棋之功力、功底。方干《赠夏侯评事》："棋功过却杨玄宝，易义精于梅子真。"

【棋布】 像棋子般密布。卢从愿《郊庙歌辞·祭汾阴乐章·太簇角》："列俎棋布，方坛砥平。"

【棋局】 ❶棋盘。杜甫《江村》："老妻画纸为棋局，稚子敲针作钓钩。"皮日休《吴中苦雨因书一百韵寄鲁望》："行谭弄书签，卧话枕棋局。"亦指正在对弈或弈罢之棋。岑参《喜华阴王少府使到南池宴集》："竹影拂棋局，荷香随酒杯。"赵嘏《赠曹处士幽居》："棋局不收花满洞，霓旌欲别浪翻天。"❷指对弈，下棋。王维《春园即事》："草际成棋局，林端举桔槔。"李群玉《送人隐居》："棋局茅亭幽涧滨，竹寒江静远无人。"

【棋函】 棋匣。盛棋子之匣。李商隐《玄微先生》："药裹丹山凤，棋函白石郎。"

【棋枰】 棋盘。司空图《丁巳元日》："移居荒药圃，耗志在棋枰。"徐铉《奉和宫傅相公怀旧见寄四十韵》："棋枰寂静陈虚阁，诗笔沉吟劈彩笺。"

【棋品】 围棋棋艺之等级。共分九品，依次称入神、坐照、具体、通幽、明智、小巧、斗力、若愚、守拙。亦泛指棋艺。司空图《戊午三月晦二首》之二："牛夸棋品无劲敌，谢占诗家作上流。"

【棋客】 犹棋手，指善弈棋之人。李德裕《尊师是桃源黄先生传法弟子今重赋此诗》："棋客留童子，山精避直神。"韩偓《社后》："目随棋客静，心共睡僧闲。"

【棋陣】 弈棋对阵之局势。温庭筠《洞户二十二韵》："醉乡高窈窈，棋阵静愔愔。"

【棋逢敵手】 弈棋者遇到棋艺相当的对手。喻指竞争双方势均力敌。尚颜《怀陆龟蒙处士》："事免伤心否，棋逢敌手无。"

【棋酒歡】 下棋饮酒之乐。李群玉《别尹炼师》："一罢棋酒欢，离情满寥泬。"

【棋流】 犹棋友、棋手。元稹有《酬段丞与诸棋流会宿弊居见赠二十四韵》。

【棋陪謝傅】 为咏围棋之典。见《晋书·谢安传》。杜甫《别房太尉墓》:“对棋陪谢傅,把剑觅徐君。”

【棋勢】 弈棋中双方对阵之格局、形势。李洞《赠宋校书》:“石上铺棋势,船中赌酒分。”

【棋經】 专门讲述棋艺之书。韩偓《频访卢秀才》:“药诀棋经思致论,柳腰莲脸本忘情。”李中《献中书潘舍人》:“茶谱传溪叟,棋经受羽人。”

【棋圖】 绘有弈棋对局形势之图谱。供研究棋艺用。皮日休《江南道中怀茅山广文南阳博士三首》之三:“将开丹灶那防鹤,欲算棋图却望云。”

【棋㮰】 棋与㮰。棋指围棋;㮰,指握㮰,古代博戏名,自西域传入。见《魏书·术艺传》。韩愈《示儿》:“酒食罢无为,棋㮰以相娱。”

【棋賭山陰墅】 为咏善弈而镇定有大将风度之典。见《晋书·谢安传》。王维《同崔傅答贤弟》:“曲几书留小史家,草堂棋赌山阴墅。”参见“棋陪謝傅”。

【棋盤】 弈棋用具。以木板或纸、石等制成,上绘棋子行走之线路与布棋位置,供对弈用。韦应物《假中枉卢二十二书以诗答书因亦戏李二》:“花里棋盘憎鸟污,枕边书卷讶风开。”

【棋聲】 弈棋时下子落盘之声。司空图《句》:“棋声花院闭,幡影石坛高。”

椰 〔yē《广韵》以遮切,平麻,邪。〕果木名。即椰子树。指椰树之果壳。柳宗元《同刘二十八院长述旧言怀之作》:“御寒衾用罽,挹水勺仍椰。”详见“椰子”。

【椰子】 ❶树木名。棕榈科常绿乔木。产于南方。张谓《岐王山亭》:“石榴天上叶,椰子日南枝。”柳珪《送莫仲节状元归省》:“椰子味从今日近,鹧鸪声向旧山闻。”❷指椰子树之果实。

【椰子酒】 以椰子花酿制之酒。李珣《南乡子》词之十六:“木兰舟上珠帘卷,歌声远,椰子酒倾鹦鹉盏。”参见“椰花”。

【椰花】 椰子树之花。可以酿酒。见明李时珍《本草纲目·果三·椰子》。殷尧藩《醉赠刘十二》:“椰花好为酒,谁伴醉如泥。”

【椰盃】 以椰子果壳制成之酒盏。陆龟蒙《奉和袭美寄琼州杨舍人》:“酒满椰杯消毒雾,风随蕉叶下泷船。”

【椰席】 以椰子树叶编成之席。张贲《和皮陆酒病偶作》:“白编椰席镂冰明,应助杨青解宿醒。”

【椰葉】 椰子树叶。因其长而宽大,且为草质,常以之盖棚。李德裕《谪岭南道中作》:“岭水争分路转迷,桄榔椰叶暗蛮溪。”曹邺《四怨三愁五情诗十二首·四情》:“槟榔自无柯,椰叶自无阴。”

【椰榆】 ❶椰子树与榆树。李梦符《渔父引二首》之二:“椰榆杓子木瘤杯,烂煮鲈鱼满案堆。”❷同“揶揄”。嘲弄,戏弄。司空图《冯燕歌》:“凌波如唤游金谷,羞彼揶揄泪满衣。”

楛 〔kǔ《广韵》侯古切,上姥,匣。〕木名,荆属。茎坚韧,色红。宜制箭杆或编器物。见“楛矢貢”“楛箘”。

【楛矢貢】 指北方番邦之贡物。见《国语·鲁语下》。李德裕《寒食日三殿侍宴奉进诗一首》:“楛矢方来贡,雕弓已栽櫜。”

【楛箘】 楛木与箘竹。俱为制箭之良材。喻指优秀人才。韩愈《赠崔立之评事》:“当今圣人求侍从,拔擢杞梓收楛箘。”

植 〔zhí《广韵》常職切,入職,禪。又直吏切,去志,澄。〕❶植物。则天皇后《唐大飨拜洛乐章·归和》:“包涵动植兮顺荣枯,长贻宝贶兮赞璇图。”包佶《郊庙歌辞·祀雨师乐章·迎俎酌献》:“动植求声,飞沈允望。”权德舆《酬穆七侍郎早登使院西楼感怀》:“动植相纠纷,车从竞喧阗。”白居易《玩松竹二首》之二:“乃知性相近,不必动与植。”❷栽种,培植。储光羲《秋次霸亭寄申大》:“橘柚植寒陵,芙蓉蒂修坂。”李白《赠宣城赵太守悦》:“枝下无俗草,所植唯兰荪。”杨於陵《郡斋有紫薇双本予嘉其美而能久因诗纪述》:“内斋有嘉树,双植分庭隅。”于濆《田翁叹》:“手植千树桑,文杏作中梁。”❸谓植物扎根生长。李白《树中草》:“客土植危根,逢春犹不死。”姚合《杏园宴上谢座主》:“得陪桃李植芳丛,别感生成太昊功。”陶雍《和兵部郑侍郎省中四松诗》:“根倍双桐植,花分八桂开。”❹犹拄,扶。张说《喜度岭》:“弃杖枯还植,穷鳞涸更浮。”❺犹布置,放置。张说《封泰山乐章·肃和》:“植我苍璧,布我玄制。”❻心志。《管子·法法》:“上无固植,下有疑心。”尹知章注:“植,志。”权德舆《祗命赴京途次淮口因书所怀》:“弱植素寡偶,趋时非所任。”

【植立】 犹伫立。韩愈《斗鸡联句》:“俄膺忽尔低,植立瞥而改。”

【植杖】 拄杖,扶杖。韦嗣立《自汤还都经龙门北溪赠张左丞崔礼部崔光禄》:“褰帘出野院,植杖候柴门。”

【植足】 犹驻足,停步。李中《采莲女》:“陌上少年休植足,荷香深处不回头。”

【植果】 种植果木。孟浩然《田园作》:“卜邻近三径,植果盈千树。”

【植物】 生物之一大类,竹、木、花、草、百谷等生物之总称。俱可生长繁衍而无感觉、无神经。因可种植,故称。杜甫《种莴苣》:“植物半蹉跎,嘉生将已矣。”柳宗元《再至界围岩水帘遂宿岩下》:“是时植物秀，杳若临悬圃。”白居易《画竹歌》：“植物之中竹难写，古今虽画无似者。”

【植植】　植物繁多之貌。元结《补乐歌十首·五茎》：“植植万物兮，滔滔根茎。”

【植福】　谓种善因以求福报。王维《与胡居士皆病寄此诗兼示学人二首》之二：“植福祠迦叶，求仁笑孔丘。”

【植藥】　种植药草。李端《鲜于少府宅看花》：“谢家能植药，万簇相萦倚。”

森〔sēn《广韵》所今切，平侵，生。〕❶树木繁密高耸貌。祖咏《渡淮河寄平一》：“云树森已重，时明郁相拒。”储光羲《苏十三瞻登玉泉寺峰入寺中见赠作》：“百花照阡陌，万木森乡县。”高适《宋中遇林虑杨十七山人因而有别》：“栗林隘谷口，栝树森回溪。”李君房《石季伦金谷园》：“池平森灌木，月落吊空园。”❷耸峙，耸立。崔融《登东阳沈隐侯八咏楼》：“越岩森其前，浙江漫其后。”钱起《归义寺题震上人壁》：“向背森碧峰，浅深罗古树。”白居易《奉和汴州令狐令公二十二韵》：“枪森赤豹尾，纛吒黑龙髯。”李山甫《上元怀古二首》之二：“排岸远樯森槊，落波残照赫如旗。”❸密聚貌。李白《经乱后将避地剡中留赠崔宣城》：“赤霞动金光，日足森海峤。”白居易《游悟真寺诗》：“西开玉像殿，白佛森比肩。”吴融《绵竹山四十韵》：“横来突若奔，直上森如束。”❹森然罗列貌。杜甫《韦讽录事宅观曹将军画马图》：“霜蹄蹴踏长楸间，马官厮养森成列。”韦应物《郡斋雨中与诸文士燕集》：“兵卫森画戟，宴寝凝清香。”李商隐《赠送前刘五经映三十四韵》：“星宿森文雅，风雷起退藏。”温庭筠《鸿胪寺有开元中锡宴堂偶成四十韵》：“一旦紫微东，胡星森耀芒。”❺盛多貌。杜甫《过郭代公故宅》：“及夫登衮冕，直气森喷薄。”陆龟蒙《庆封宅古井行》：“泽车豪马驰似水，锦凤玉龙森若墙。”❻森严。李白《杂曲歌辞·出自蓟北门行》：“虎竹救边急，戎车森已行。”杜甫《李潮八分小篆歌》：“况潮小篆逼秦相，快剑长戟森相向。”❼幽暗貌。顾况《杂曲歌辞·游子吟》：“沉寥群动异，眇默诸境森。”❽形容事物历历呈现，俨然若现。杜甫《秋日夔府咏怀奉寄郑监李宾客一百韵》：“旧物森犹在，凶徒恶未悛。”白居易《访陶公旧宅》：“今来访故宅，森若君在前。”

【森木】　高耸繁密之林木。杜甫《与任城许主簿游南池》：“晚凉看洗马，森木乱鸣蝉。”李贺《有所思》：“鸦鸦向晓鸣森木，风过池塘响丛玉。”

【森風】　飒爽之秋风。李群玉《题竹》：“一顷含秋绿，森风十万竿。”

【森列】　繁密罗列。李白《古风》之五：“太白何苍苍，星辰上森列。”

【森如】　森然。众多貌。贯休《少监三首》之二：“八龙三虎森如也，万古千秋瑞圣唐。”

【森束】　谓竹木生长繁密，相互紧靠无间隙，犹如捆束。见晋张协《杂诗》之四。元稹《和东川李相公慈竹十二韵》：“矛攒有森束，玉粒无蹉跎。”

【森秀】　挺拔俊秀貌。李贺《赠陈商》：“太华五千仞，劈地抽森秀。”方干《贻高说》：“石上长松自森秀，雪中孤玉更凝明。”

【森沈】　❶林木繁密幽深貌。王勃《山亭夜宴》：“森沈野径寒，肃穆岩扉静。”庄南杰《古松歌》：“山上山下松，森沈翠盖烟。”❷深暗阴沉貌。王维《华岳》：“白日为之寒，森沈华阴城。”清昼《项王古祠联句》：“英灵今寂寞，容卫尚森沈。”韩愈《题炭谷湫祠堂》：“森沈固含蓄，本以储阴奸。”

【森林】　成片的大树林。蔡希寂《同家兄题渭南王公别业》：“素晖射流濑，翠色绵森林。”

【森柯】　指长而无叶之树枝。李白《自巴东舟行经瞿塘峡登巫山最高峰晚还题壁》：“积雪照空谷，悲风鸣森柯。”

【森索】　长而散貌。温庭筠《杂曲歌辞·湖阴曲》：“苍黄追骑尘外归，森索妖星阵前死。”

【森梢】　树木挺拔劲耸貌。元结《演兴四首·讼木魅》：“见榛梗之森梢，闵樅橎兮合蠹。”刘商《袁德师求画松》：“柏偃松頩势自分，森梢古意出浮云。”谢仲宣《送钟员外》：“森梢逢静境，廊落见孤峰。”

【森爽】　❶森疏爽豁。杜甫《乐游园歌》：“乐游古园崒森爽，烟绵碧草萋萋长。”钱起《奉使采箭竿竹谷中晨兴赴岭》：“重峰转森爽，幽步更超越。”柳宗元《登蒲州石矶望横江口潭岛深回斜对香零山》：“孤山乃北峙，森爽栖灵神。”❷凉爽。白居易《和酬郑侍御东阳春闷放怀追越游见寄》：“劲气森爽竹竿竦，妍文焕烂芙蓉披。”

【森戟】　指森然排列之持戟军士。李绅《到宣武三十韵》：“森戟承三令，攒戈退一声。”

【森森】　❶竹木丛密浓荫貌。李峤《松》：“郁郁高岩表，森森幽涧陲。”护国《逢灵道士》：“浮丘山上见黄冠，松柏森森登古坛。”卢仝《将归山招冰僧》：“青松盘樛枝，森森上插青冥天。”秦韬玉《题竹》：“削玉森森幽思清，院家高兴尚分明。”❷形容长条状物密集貌。孟浩然《东陂遇雨率尔贻谢南池》：“殷殷雷声作，森森雨足垂。”卢纶《和崔侍郎游万古寺》：“石路青苔花漫漫，雪檐垂溜玉森森。”权德舆《奉使丰陵职司卤簿通宵涉路因寄内》：“彩仗列森森，行宫夜漏深。”贯休《送杨秀才》：“玻璃门外仙獭睡，幢节森森绛烟密。”❸纷繁众多貌。元结《补乐歌十首·大韶》：“森森群象兮，日见生成。”卢纶《冬日宴郭监林亭》：“玉勒聚如云，森森鸾鹤群。”杜牧《李甘诗》：“森森明庭士，缩缩循墙鼠。”❹森严貌。张九龄《奉和圣制早发三乡山行》：“羽卫森森西向秦，山川历历在清晨。”杜甫《姜楚公画角鹰歌》：“楚公画鹰鹰戴角，杀气森森到幽朔。”李白《述德兼陈情上哥舒大夫》：“天为国家孕英才，森森矛戟拥灵台。”❺严谨有度，秩然有序貌。元结《酬裴云客》：“符印随坐起，宁位常森森。”❻阴凉貌。白居易《赠能七伦》：“涧松高百寻，四时寒森森。”贾岛《寄友人》：“君看明月夜，松桂寒森森。”韩偓《咏浴》：“再整鱼犀拢翠簪，解衣先觉冷森森。”❼阴暗、幽暗貌。元稹《华之巫》：“有一人兮神之侧，庙森森兮神默默。”齐己《短歌寄鼓山长老》：“行围坐绕同一色，森森影动旃檀香。”

【森然】 ❶树木茂盛貌。朱放《竹》：“青林何森然，沈沈独曙前。”白居易《东楼竹》：“森然一万竿，白粉封青玉。”李咸用《庭竹》：“嫩绿与老碧，森然庭砌中。”❷纷聚众多貌。包融《登翅头山题俨公石壁》：“万象以区别，森然共盈几。”❸矛戟等条状物密布貌。李颀《夏宴张兵曹东堂》：“主人三十朝大夫，满座森然见矛戟。”高适《东平留赠狄司马》：“森然瞻武库，则是弄儒翰。”独孤及《贾员外处见中书贾舍人巴陵诗集览之怀旧代书寄赠》：“暂若窥武库，森然矛戟寒。”❹寒光闪烁貌。陆龟蒙《奉和袭美太湖诗二十首·毛公壇》：“远怀步罡夕，列宿森然明。”❺盛貌。白居易《醉后走笔酬刘五主簿长句之赠》：“操词握赋为干戈，锋锐森然胜气多。”❻轩昂伟岸貌。李颀《送裴腾》：“养德为众许，森然此丈夫。”高适《宋中遇刘书记有别》：“森然睹毛发，若见河山来。”孙钦善注：“二句写刘氏相貌轩昂，含有江山灵秀之气。”❼惊悚貌。韩愈《谒衡岳庙遂宿岳寺题门楼》：“森然魄动下马拜，松柏一径趋灵宫。”

【森疏】 ❶指竹木繁密耸立。王叡《竹》：“庭竹森疏玉质寒，色包葱碧尽琅玕。”陆龟蒙《战秋辞》：“左右物态，森疏强梁。”崔涂《题净众寺古松》：“百尺森疏倚梵台，昔人谁见此初栽。”❷矛戟森然排列貌。常以形容书法劲健。杜甫《郑典设自施州归》：“他日辱银钩，森疏见矛戟。”仇兆鳌注：“《书苑》：‘欧阳询真行之书，出于大令，森然如武库矛戟。”

【森肅】 森严，肃穆。高适《酬鸿胪裴主簿雨后北楼见赠之作》：“公门何清静，列戟森已肃。”

【森聳】 巍然高耸。孟郊《君子勿郁郁士有谤毁者作诗以赠之》：“人间少平地，森耸山岳多。”白居易《和答诗十首·和松树》：“森耸上参天，柯条百尺长。”

【森邃】 幽深，深邃。孟浩然《寻香山湛上人》：“石门殊豁险，篁径转森邃。”

【森嚴】 ❶犹威严。陆龟蒙《奉和袭美古杉三十韵》：“磔索珊瑚涌，森严獬豸窥。”❷严整貌。杜牧《朱坡》：“偃蹇松公老，森严竹阵齐。”

【森羅】 纷然罗列。张九龄《商洛山行怀古》：“硕人久沦谢，乔木自森罗。”杜甫《冬日洛城北谒玄元黄帝庙》：“森罗移地轴，妙绝动宫墙。”元稹《献荥阳公诗五十韵》：“森罗万木合，属对百花全。”杜牧《东兵长句十韵》：“玄象森罗摇北落，诗人章句咏东征。”

梣 〔chēn，又读 shēn《广韵》丑林切，平侵，徹。又所今切，平侵，生。〕繁茂貌。见“梣梣”。

【梣梣】 繁茂貌。元结《引极·望仙府》：“山嶆落兮眇嵚岑，云溶溶兮木梣梣。”

【梣離】 纷繁茂密貌。《郊庙歌辞·祀九宫贵神乐章·豫和》：“焕兮梣离，傧兮暗霭。”

棼 〔fén《广韵》符分切，平文，奉。〕纷乱；纷杂。张九龄《荆州作二首》之一：“众口金可铄，孤心丝共棼。”刘禹锡《海阳十咏·棼丝瀑》：“飞流透嵌隙，喷洒如丝棼。”刘叉《勿执古寄韩潮州》：“寸心生万路，今古棼若丝。”许浑《岁暮自广江到新兴往复中题峡山寺四首》之一：“萧萧异乡鬓，明日共丝棼。”

【棼絲】 乱丝。见《左传·隐公四年》。吴筠《览古十四首》之一：“庶物坠涂炭，区中若棼丝。”刘禹锡《和河南裴尹侍郎诣九龙祠祈雨二十韵》：“黑烟耸鳞甲，洒液如棼丝。”白居易《读史五首》之二：“祸患如棼丝，其来无端绪。”

【棼輪】 即棼轮。指自上而下之旋风。刘禹锡《武陵观火诗》：“怒如列缺光，迅与棼轮俱。”

棟 〔dòng《广韵》多貢切，去送，端。〕房屋之大梁。李华《尚书都堂瓦松》：“接栋临双阙，连甍近九重。”权德舆《暮春闲居示同志》：“小池泉脉凑，危栋燕雏喧。”李德裕《重题》：“亭古思宏栋，川长忆夜舟。”

【棟宇】 房屋之栋梁与屋檐。借指房屋。王绩《过汉故城》：“规模穷栋宇，表里浚城隍。”吴筠《览古十四首》之三：“栋宇代巢穴，其来自三皇。”郑瀚《和李德裕游汉州房公湖二首》之二：“静对烟波夕，犹思栋宇清。”周岳秀《君山祠》：“风涛澎湃鱼龙舞，栋宇峥嵘燕雀迁。”

【棟桷】 屋梁与椽子。元稹《答姨兄胡灵之见寄五十韵》：“笔阵戈矛合，文房栋桷撑。”

【棟梁】 ❶房屋之主梁、大梁。史俊《题巴州光福寺楠木》：“凌霜不肯让松柏，作宇由来称栋梁。”陈希烈《赋得云生栋梁间》：“一片苍梧意，氤氲生栋梁。”张籍《祭退之》：“是事赖拯扶，如屋有栋梁。”杜牧《送沈处士赴苏州李中丞招以诗赠行》：“捐橛与栋梁，施之皆有位。”亦指可充栋梁大木。柳宗元《杂曲歌辞·行路难三首》之二：“君不见南山栋梁益稀少，爱材养育谁复论？”❷喻能担当大任之人。杜甫《秋日荆南述怀三十韵》：“愿闻锋镝铸，莫使栋梁摧。”严维《哭灵一上人》：“禅林枝干折，法宇栋梁倾。”姚鹄《及第后上主司王起》：“盛选栋梁非昔日，平均雨露及明时。”郭求《日暖万年枝》：“若承恩渥厚，常属栋梁贤。”

【楝梁任】　指肩负重要责任之职位。刘斌《和许给事伤牛尚书》：“虽贞栋梁任，兼好艺文游。”

【楝梁材】　可作房屋大梁之木材。常喻指担当或堪当大任之人才。寒山《诗三百三首》之十：“可惜栋梁材，抛之在幽谷。”赵彦昭《安乐公主移入新宅侍宴应制》：“一窥轮奂毕，惭恧栋梁材。”刘禹锡《登清晖楼》：“南望庐山千万仞，共夸新出栋梁材。”《青萝帐女赠穆郎》(卷八六七)：“桂影已圆攀折后，子孙长作栋梁材。”

【楝隆】　喻堪当大任。见《易·大过》。李峤《扈从还洛呈侍从群官》：“喜构大厦成，惭非栋隆吉。”

【楝榱】　栋梁与椽子。卢肇《汉堤诗》序：“栋榱且流，压溺无算。”

【楝甍】　房梁与屋脊。韩愈·孟郊《城南联句》：“旗旆流日月，帐庐扶栋甍。”

椅　〔yī《广韵》於離切，平支，影。〕树木名。与桐树同属，亦称山桐子。落叶乔木。叶卵形，花黄绿色，实为球形浆果，红褐色。木材可制器具，果实可榨油。见“椅梧”“椅桐”。

【椅桐】　同“椅梧”。李白《赠饶阳张司户燧》：“宁知鸾凤意，远托椅桐前。”杜甫《往在》：“故老复涕泗，祠官树椅桐。”于頔《郡斋卧疾赠昼上人》：“众木岂无声，椅桐有清响。”

【椅梧】　椅树与梧桐树。俱为桐树之属。孙逖《和左卫武仓曹卫中对雨赠右卫李骑曹》：“枳棘鸾无叹，椅梧凤必巢。”孟浩然《送吴悦游韶阳》：“楚人不相识，何处求椅梧。”李德裕《述梦诗四十韵》：“椅梧连鹤禁，墉垸接龙韬。”

棲[1]　〔qī《广韵》先稽切，平齊，心。〕❶禽鸟歇宿，止息。贺兰进明《行路难五首》之三：“君不见梁上泥，秋风始高燕不栖。”杜甫《泛溪》：“吾村霭暝姿，异舍鸡亦栖。”李绅《琪树》：“石桥峰上栖玄鹤，碧阙岩边荫羽人。”苏广文《春日过田明府遇焦山人》：“夜静林间风虎啸，月明竹上露禽栖。”❷居住，寄居。张九龄《酬王履震游园林见贻》：“自我栖幽谷，逢君翳覆盆。”李白《寄弄月溪吴山人》：“终身栖鹿门，不入襄阳市。”韦应物《送褚校书归旧山歌》：“世人仰望栖此地，生独徘徊意何为。”戴叔伦《宿无可上人房》：“倘许栖林下，僧中老此身。”❸驻留，停留。王季友《观于舍人壁画山水》：“半壁仍栖岭上云，开帘欲放湖中鸟。”权德舆《伏蒙十六叔寄示喜庆感怀三十韵因献之》：“井径交碧藓，轩窗栖白云。”陆龟蒙《江南冬至和人怀洛下》：“有烟栖菊梗，无冻落杉枝。”亦指存储。权德舆《严陵钓台下作》：“心灵栖颢气，缨冕犹缁尘。”❹置身于；位于。薛令之《灵岩寺》：“草堂栖在灵山谷，勤苦诗书向灯烛。”畅当《蒲中道中二首》之二：“古刹栖柿林，绿阴覆苍瓦。”张蠙《投翰林萧侍郎》：“灵湫岂要鱼栖浪，仙桂那容鸟寄枝。”❺囤放。见“棲畝”。❻栖宿之处；居住之处。秦系《晓鸡》：“黯黯严城罢鼓鼙，数声相续出寒栖。”韩愈《秋怀诗十一首》之七：“寒鸡空在栖，缺月烦屡瞰。”孟郊《张徐州席送岑秀才》：“羁鸟无定栖，惊蓬在他乡。”鲍溶《山中冬思二首》：“门巷非世路，何人念穷栖。”

棲[2]　〔xī《集韵》千西切，平齊，清。〕见“棲$_2$棲”“棲$_2$遑”。

【棲一】　同“栖一”。贯休有《怀武昌棲一二首》。亦作“棲一上人”。贯休有《寄棲一上人》。

【棲一上人】　参见“棲一”。

【棲上人】　同“栖白”。贾岛有《酬栖上人》。

【棲止】　栖息；停留。韦应物《野居》：“栖止且偏僻，嬉游无早宴。”马戴《长安寓居寄赠贾岛》：“何如随野鹿，栖止石岩中。”

【棲心】　犹寄心。吴筠《高士咏·东方曼倩》：“栖心抱清微，混迹秘光耀。”欧阳衮《寄陈去疾进士》：“放迹疑辞垢，栖心亦道门。”李群玉《规公业在净名得甚深义走笔此篇以屈瞻礼》：“五浊之世尘冥冥，达观栖心于此经。”翁洮《冬》：“寂寂栖心向杳冥，苦吟寒律句偏清。”

【棲白】　同“栖白”。郑谷《赠尚颜上人》：“近辈推栖白，其如趣向卑。”贯休有《经棲白旧院二首》。

【棲白大師】　参见“栖白大師”。

【棲白上人】　参见“栖白上人”。

【棲白供奉】　参见“栖白供奉”。

【棲玄】　寄心于玄奥之道。杜荀鹤《寄李隐居》：“自小栖玄到老闲，如云如鹤住应难。”

【棲身】　寄身，居身。许棠《亲仁里双鹭》：“三楚几时初失侣，五陵何树又栖身。”方干《镜中别业二首》之一：“犹自闻钟角，栖身可在深。”吴融《灵池县见早梅》：“栖身未识登龙地，落笔元非倚马才。”

【棲苴】　本谓水草挂于树上因不得水而干枯，后以比喻百姓不得恩泽而生活困窘。见《诗·大雅·召旻》。柳宗元《同刘二十八院长述旧言怀之作因其韵赠至八十通赠二君子》：“不应虞竭泽，宁复叹栖苴。”

【棲拙】　守拙避世。骆宾王《夏日游德州赠高四》:“棲拙隐金华,狎道访仙查。”

【棲泊】 居留;停泊。陈子昂《古意题徐令壁》:“闻君太平世,栖泊灵台侧。”蔡希寂《陕中作》:“更怜栖泊处,池馆绕林篁。”高适《淇上酬薛三据兼寄郭少府微》:“酒肆或淹留,渔潭屡栖泊。”杜甫《客堂》:“栖泊云安县,消中内相毒。”

【棲眄】 栖留观游。宋之问《郡宅中斋》:“兹都信盘郁,英远常栖眄。”

【棲皇】 参见“棲遑”。

【棲神】 谓收心凝神,心无旁骛。骆宾王《夏日游德州赠高四》序:“进不能矫翰龙云,退不能栖神豹雾。”吴筠《游仙二十四首》之三:“栖神合虚无,洞览周恍惚。”

【棲飛】 栖宿与飞翔。徐凝《奉和鹦鹉》:“任饶长被金笼阖,也免栖飞雨雪难。”

【棲真】 ❶道教指修炼真性,归真返朴。陈子昂《卧病家园》:“犹忆灵台友,栖真隐太霞。”吴筠《高士咏·混元皇帝》:“应物方佐命,栖真亦归居。”❷指开成中杭州天竺寺僧。姚合有《送僧栖真归杭州天竺寺》。

【棲息】 ❶栖居;停息。寒山《诗三百三首》之二〇三:“我家本住在寒山,石岩栖息离烦缘。”储光羲《同王十三维偶然作十首》之九:“空山暮雨来,众鸟竟栖息。”韩愈《杂曲歌辞·鸣雁行》:“去寒就暖识所处,天长地阔栖息稀。”罗隐《燕》:“犹胜黄雀在,栖息是蓬蒿。”❷指避世隐居。韦应物《答裴处士》:“况子逸群士,栖息蓬蒿间。”权德舆《浩歌》:“因兹谢时辈,栖息无何乡。”李群玉《送郑子宽弃官东游便归女几》:“九女叠云屏,于焉恣栖息。”孔德绍《送舍利宿定普岩》:“栖息翠微岭,登顿白云峰。”❸栖居之地。张九龄《始兴南山下有林泉尝卜居焉荆州卧病有怀此地》:“但忆旧栖息,愿言遂窥临。”

【棲烏】 栖宿之乌鸦。杨巨源《襄阳乐》:“画角栖乌起,清弦过客愁。”

【棲畝】 指余粮堆积于田亩,形容太平盛世。见《初学记》卷九引《子思子》。陆龟蒙《江南秋怀寄华阳山人》:“负杖歌栖亩,操觚赋北征。”《中宗祀昊天乐章·告谢》:“登年庆栖亩,稔岁贺盈囷。”

【棲旅】 亦作“栖旅”。谓客游外地,寄身他乡。喻凫《上高侍御》:“关河一栖旅,杨柳十东风。”许棠《讲德陈情上淮南李仆射八首》之八:“东风乍喜还沧海,栖旅终愁出翠微。”罗邺《长安春夕旅怀》:“几年栖旅寄西秦,不识花枝醉过春。”亦指客居之处。韦应物《答杨奉礼》:“烟波见栖旅,景物具昭陈”。

【棲₂屑】 奔波困顿貌。刘长卿《客舍赠别韦九建赴任河南韦十七造赴任郑县就便觐省》:“而我倦栖屑,别君良郁陶。”

【棲萊】 栖居于草莱之中。形容居处简陋。刘长卿《北游酬孟云卿见寄》:“慈母忧疾疹,室家念栖莱。”

【棲梧】 本指凤凰栖于梧桐。后喻指贤人在朝,君臣相得。见《诗·大雅·卷阿》。白居易《梦得相过援琴命酒因弹秋思偶咏所怀兼寄继之待价二相府》:“双凤栖梧鱼在藻,飞沈随分各逍遥。”

【棲處】 ❶(—chǔ)栖息。李绅《南梁行》:“乔木幽溪上下同,雄雌不惑飞栖处。”❷(—chù)栖身之处。章孝标《归燕词辞工部侍郎》:“连云大厦无栖处,更望谁家门户飞。”

【棲偃】 偃息。亦指隐居。张文琮《赋桥》:“别有临濠上,栖偃独观鱼。”又《咏水》:“独有蒙园吏,棲偃玩濠梁。”钱起《罢章陵令山居过中峰道者二首》之二:“丘壑趣如此,暮年始栖偃。”

【棲鳥】 ❶栖宿之鸟。戴叔伦《赴抚州对酬崔法曹夜雨滴空阶五首》之一:“雨落湿孤客,心惊比栖鸟。”李商隐《五月六日夜忆往岁秋与彻师同宿》:“堕蝉翻败叶,栖鸟定寒枝。”陆龟蒙《井上桐》:“愁因辘轳转,惊起双栖鸟。”❷归宿之鸟。杜甫《春宿左省》:“花隐掖垣暮,啾啾栖鸟过。”权德舆《夜泊有怀》:“栖鸟向前林,暝色生寒芜。”刘沧《春日游嘉陵江》:“曲岸危樯移渡影,暮天栖鸟入山光。”

【棲宿】 栖居;寄宿。崔液《拟古神女宛转歌二首》:“歌宛转,宛转那能异栖宿。”刘长卿《小鸟篇上裴尹》:“主人庭中荫乔木,爱此清阴欲栖宿。”柳宗元《田家三首》之三:“行人迷去住,野鸟竞栖宿。”王仁裕《放猿》:“栖宿免劳青嶂梦,跻攀应惬白云心。”

【棲₂棲】 ❶奔波不安貌。孟浩然《广陵别薛八》:“士有不得志,栖栖吴楚间。”吴筠《高士咏·长沮桀溺》:“孔父栖栖者,征途方问津。”韩愈《赴江陵途中寄赠翰林三学士》:“栖栖法曹掾,何处事卑陬。”刘希夷《故园置酒》:“卒卒周姬旦,栖栖鲁孔丘。”❷寂寞凄凉貌。李白《猛虎行》:“贤哲栖栖古如此,今时亦弃青云士。”元稹《楚歌十首》之十:“栖栖王粲赋,愤愤屈平篇。”张祜《秋霁》:“垂老归休意,栖栖陋巷中。”吴融《渡汉江初尝鳊鱼有作》:“自惭初识查头味,正是栖栖哭阮涂。”

【棲₂棲汲汲】 匆匆奔波、忙碌不安貌。吕温《偶然作二首》之一:“栖栖复汲汲,忽觉年四十。”

【棲棘】 泛指栖宿,止息。岑参《春日醴泉杜明府承恩五品宴席上赋诗》:“吾兄此栖棘,因得贺初筵。”钱起《秋夜寄张韦二主簿》:“不知双翠凤,栖棘复何如。”

【棲雲】 指隐逸,遁世。白居易《山中戏问韦侍御》:"我抱栖云志,君怀济世才。"又《答林泉》:"欲作栖云计,须营种黍钱。"亦泛指栖居于高山云雾之中。张乔《猿》:"挂月栖云向楚林,取来全是为清音。"

【棲閑律師】 俗姓皇甫。润州丹阳(今属江苏)人,冉之从侄。所住之寺不详。皇甫冉有《送从侄棲闲律师》。

【棲閒】 退隐闲居。张九龄《出为豫章郡途次庐山东岩下》:"栖闲义未果,用拙欢在今。"徐晶《蔡起居山亭》:"文史归休日,棲闲卧草亭。"石召《送人归山》:"亦有栖闲意,何年可寄身。"

【棲遑】 奔波不安貌。王绩《游仙四首》之四:"为向天仙道,栖遑君讵知。"高适《真定即事奉赠韦使君二十八韵》:"沦落而谁遇,棲遑有是夫。"耿湋《冬夜寻李永因书事赠之》:"栖遑偏降志,疵贱倍修身。"白居易《效陶潜体诗十六首》之十六:"谓神福善人,孔圣竟栖遑。"亦作"棲皇"。陈子昂《夏日晖上人房别李参军崇嗣》:"我辈何为尔,栖皇犹未平。"

【棲遁】 亦作"棲遯"。遁世隐居。王维《过太乙观贾生房》:"昔余栖遁日,之子烟霞邻。"杜甫《发同谷县》:"平生懒拙意,偶值栖遁迹。"戎昱《题严氏竹亭》:"子陵栖遁处,堪系野人心。"周繇《题东林寺虎掊泉》:"转令栖遁者,真境逾难抛。"

【棲禽】 栖息之禽鸟。皮日休《奉和鲁望闲居杂体五首·寺钟暝》:"重击蒲牢唅山日,冥冥烟树睹栖禽。"陆龟蒙《江墅言怀》:"树少栖禽杂,村孤守犬重。"

【棲寓】 止歇;寄居。韦应物《酬张协律》:"感兹栖寓词,想复痾瘵缠。"姚鹄《书情献知己》:"一为栖寓客,二见北归鸿。"

【棲蓬】 栖身蓬草之间。喻指处境困顿。孟郊《赠转运陆中丞》:"不是宗匠心,谁怜久栖蓬。"

【棲跡】 寄身,栖身。黄滔《题友人山居》:"到君栖迹所,竹径与衡门。"

【棲鳧】 栖息之野鸭。张籍《寒塘曲》:"寒塘沈沈柳叶疏,水暗人语惊栖凫。"许棠《宿青山馆》:"烈烧飞荒野,栖凫宿广陂。"

【棲遯】 参见"棲遁"。

【棲遯客】 逃世隐居之人。上官昭容《游长宁公主流杯池二十五首》之十九:"寄言栖遁客,勿复访蓬瀛。"参见"棲遁"。

【棲鳳】 ❶谓凤凰栖息。皇甫冉《华清宫》(卷七八七):"绛阙犹栖凤,雕梁尚带虹。"❷唐大明宫之阁名。杜甫《秦州见敕目薛三琚授司议郎远喜迁官兼述索居凡三十韵》:"官忝趋栖凤,朝回叹聚萤。"仇兆鳌注:"栖凤,拾遗入朝。"又引康骈《剧谈录》云:"含元殿左右,立栖凤、翔鸾两阁。"

【棲賢寺】 佛寺名。在唐江南道江州(今江西九江)庐山五老峰下。南齐参军张希之建。李渤曾读书于此。杜荀鹤有《秋宿栖贤寺怀友人》。

【棲鴉】 ❶栖宿之乌鸦。于濆《早发》:"栖鸦林际起,落月水中见。"❷谓乌鸦归宿。白居易《冬日平泉路晚归》:"山路难行日易斜,烟村霜树欲栖鸦。"

【棲影】 栖息于树上之禽鸟身影。陆龟蒙《寒夜同袭美访北禅院寂上人》:"鸟在寒枝栖影动,人依古堞坐禅深。"

【棲遲】 ❶栖身;客居;客游。寒山《诗三百三首》之一七六:"以我栖迟处,幽深难可论。"刘长卿《长沙过贾谊宅》:"三年谪宦此栖迟,万古惟留楚客悲。"吕温《同舍弟恭岁暮寄晋州李六协律三十韵》:"有美壮感激,无何远栖迟。"刘沧《长安冬夜书情》:"上国栖迟岁欲终,此情多寄寂寥中。"亦指寄居栖身之地。许棠《寄赵能卿》:"蹉跎一如此,何处卜栖迟。"❷游憩,游息。许敬宗《游清都观寻沈道士得清字》:"方叶栖迟趣,于此听钟声。"孟浩然《秋登张明府海亭》:"予亦将琴史,栖迟共取闲。"❸留滞不前。指受困顿而不达。高适《使青夷军入居庸三首》之三:"登顿驱征骑,栖迟愧宝刀。"白居易《东南行一百韵寄通州元九侍御等》:"险阻尝之矣,栖迟命也夫。"牟融《有感二首》:"栖迟未遏常饷荐,邂逅宁弹贡禹冠。"李商隐《赠送前刘五经映三十四韵》:"感激殊非圣,栖迟到异粻。"❹漂泊流落。李贺《致酒行》:"零落栖迟一杯酒,主人奉觞客长寿。"南唐后主李煜《秋莺》:"栖迟背世同悲鲁,浏亮如笙碎在缑。"

【棲禪】 指佛徒坐禅。亦指皈依佛门。裴迪《游感化寺昙兴上人山院》:"浮名竟何益,从此愿栖禅。"包佶《客自江南话过亡友朱司议故宅》:"奉佛栖禅久,辞官上疏频。"薛能《送禅僧》:"还坐栖禅所,荒山月照扉。"

【棲禪意】 出家奉佛之意。李端《忆故山赠司空曙》:"知君素有栖禅意,岁晏蓬门迟尔开。"

【棲隱】 遁世隐居。王维《酬比部杨员外暮宿琴台率尔见赠之作》:"羡君栖隐处,遥望白云端。"薛据《出青门往南山下别业》:"弱年好栖隐,炼药在岩窟。"韦庄《题颍源庙》:"曾是巢由棲隐地,百川唯说颍源清。"

【棲霞山】 山名。(1)在唐河南道宋州单父县(今山东单县)东。传梁孝王曾游此。李颀《赠别高三十五》:"寄迹栖霞山,蓬头睢水湄。"李白《送族弟单父主簿凝摄宋城主簿》:"贤豪相追饯,却到栖霞山。"又有《携妓登梁王栖霞山孟氏桃园中》。(2)在唐江南道润州上元(今江苏南京)。亦名摄山。因山有栖霞寺而得名。顾况《听子规》:"棲霞山中子规鸟,口边血出啼不了。"

【棲霞】　山名。亦名摄山。齐己《夏日西霞寺书怀寄张逸人》："建业红尘热，栖霞白石凉。"参见"棲霞山"。

【棲霞寺】　寺名。在唐江南道润州上元县栖霞山（一名摄山）。张翠有《游栖霞寺》。顾况有《题摄山栖霞寺》。权德舆有《与沈十九拾遗同游栖霞寺上方与亮上人院会宿》。李频有《题栖霞寺庆上人院》。

【棲霞志】　指学道修仙之志。李洞《同僧宿道者院》："尽有栖霞志，好谋三教邻。"

【棲霞侣】　指学道修仙之道友。张籍《寄菖蒲》："君能来作棲霞侣，与君同入丹玄乡。"

【棲鴿】　栖宿之鸽。贾彦璋《宿香山阁》："朱网防棲鸽，纱灯护夕虫。"

【棲蹤】　隐踪，隐居。张蠙《费征君旧居》："浮世抛身外，栖踪入九华。"

【棲歸】　栖身；归宿。李群玉《言怀》："此身未有栖归处，天下人间一片云。"

【棲蟾】　俗姓胡。唐末曾居衡山及庐山屏风岩。与诗僧齐己、尚颜、虚中，诗人沈彬为诗友。《全唐诗》卷八四八录其诗十二首。

【棲鶴】　栖歇之鹤。元稹《清都夜境》："栖鹤露微影，枯松多怪形。"白居易《立秋夕有怀梦得》："回灯见栖鹤，隔竹闻吹笙。"许坚《幽栖观》："玉洞绝无人，老桧犹栖鹤。"

【棲巖】　僧名。所住之寺不详。贞元中，曾往成都谒剑南西川节度使韦皋。《全唐诗》卷八六二录其诗一首。

【棲靈寺】　佛寺名。在唐淮南道扬州（今江苏扬州）。刘长卿有《登扬州栖灵寺塔》。高适有《登广陵栖灵寺塔》。刘禹锡有《同乐天登栖灵寺塔》。

【棲靈】　寺塔名。即栖灵寺塔。白居易《与梦得同登栖灵塔》："共怜筋力犹堪在，上到栖灵第九层。"

【棲鸞】　状如栖息之鸾凤的器物。李贺《昌谷诗》："待驾栖鸾老，故宫椒壁圮。"王琦注："栖鸾，当是福昌宫中器物，如汉时建章宫之铜凤凰、魏铜雀台之铜雀类。"

棧　〔zhàn《广韵》士諫切，去諫，崇。又士限切，上産，崇。又士免切，上獮，崇。〕❶棚。李贺《马诗二十三首》之九："夜来霜压栈，骏骨折西风。"王琦注："《韵会》：'栈，棚也。'"按，此指马棚。❷阁。亦指驾阁之木。杜甫《陪诸公上白帝城宴越公堂之作》："柱穿蜂溜蜜，栈缺燕添巢。"仇兆鳌注引朱鹤龄曰："阁木曰栈"。❸马床。编木为之，垫于马足下以除湿。见《庄子·马蹄》。元稹《和李校书新题乐府十二首·驯犀》："玉盆金栈非不珍，虎啾狴牢鱼食网。"温庭筠《烧歌》："废栈豕归栏，广场鸡啄粟。"❹栈道，阁道。在悬崖上傍山架木而成之悬空道。杨浚《题武陵草堂》："登栈行不疲，入溪语弥静。"李白《送友人入蜀》："芳树笼秦栈，春流绕蜀城。"雍陶《西归出斜谷》："行过险栈出褒斜，出尽平川似到家。"李洞《龙州送人赴举》："挈囊秋卷重，转栈晚峰齐。"

【棧車】　以竹木制成之车。简陋，为士人所乘。皮日休《初夏即事寄鲁望》："驻我一栈车。啜君数藜羹。"陆龟蒙《袭美见题郊居十首因次韵酬之》之一："出亦图何事，无劳置栈车。"

【棧底】　栈道之下。指险崖之下。刘禹锡《送国子令狐博士赴兴元觐省》："山中花带烟岚晚，栈底江涵雪水寒。"许棠《过湍沟谷》："栈底鸣流水，林端敛夕阳。"

【棧柏】　栈道边之柏树。指高山险崖之柏树。顾非熊《送僧归洞庭》："岛香回栈柏，秋荫出庵松。"

【棧梁】　即栈道。因栈道悬空似桥梁，故称。姚鹄《送李潜归绵州觐省》："雪封山崦白，鸟拂栈梁飞。"

【棧雲】　谓在齐云高处架设栈道。杜甫《飞仙阁》："栈云阑干峻，梯石结构牢。"

【棧道】　在险峻的高崖上傍山架木而成之悬空道路。岑参《酬成少尹骆谷行见呈》："深林迷昏旦，栈道凌空虚。"李端《送何兆下第还蜀》："高木莎城小，残星栈道长。"喻坦之《送友人游东川》："思君登栈道，猿啸始应愁。"

【棧路】　栈道。欧阳詹《和严长官秋日登太原龙兴寺阁野望》："九霄回栈路，八到视并州。"

【棧閣】　栈道，阁道。元稹《奉和权相公行次临阙驿逢郑仆射相公因以奉赠诗十四韵》："栈阁才倾盖，关门已合繻。"朱庆余《送李余及第归蜀》："剑路红蕉明栈阁，巴村绿树荫神祠。"黄滔《喜侯舍人蜀中新命三首》之三："立被御炉烟气逼，吟经栈阁雨声秋。"贯休《读玄宗幸蜀记》："尘扑银轮暗，雷奔栈阁危。"

【棧霜】　栈道上之霜。司空曙《送崔校书赴梓幕》："栈霜朝似雪，江雾晚成云。"

楮　〔zhī《广韵》丑吕切，上語，徹。又當古切，上姥，端。〕柱基。引申指支撑、支持。苏颋《夜发三泉即事》："下奔泥栈楮，上觏云梯设。"

【楮牀】　支撑于床上。形容身体衰弱。殷尧藩《九日病起》："重阳开满菊花金，病起楮床惜赏心。"

棐　〔fěi《广韵》府尾切，上尾，非。〕通"榧"。见"棐几"。

【棐几】　用榧木做成之几桌。棐，通"榧"。南唐后主李煜《金铜蟾蜍砚滴铭》："舍月窟，伏棐几。为我用，贮清泚。"韦谦《题常乐庵五云堂》："讲香浸棐几，夜月锁帘栊。"

椒〔jiāo《广韵》即消切，平宵，精。〕❶树木名。即花椒树。见“椒樹”。❷指椒实。即花椒子。粒小。味辛香。常作调料。韩愈《初南食贻元十八协律》：“调以鹹与酸，芼以椒与橙。”李商隐《饮席戏赠同舍》：“兰回旧蕊缘屏绿，椒缀新香和壁泥。”齐己《寄怀归州马判官》：“又见秋风霜裛树，满山椒熟水云香。”❸指椒泥。捣椒实成末，和泥以供涂壁者。古代宫妃居室多用之，取其温暖、芬芳、多子之意。崔颢《邯郸宫人怨》：“百堵涂椒接青琐，九华阁道连洞房。”刘禹锡《故洛城古墙》：“粉落椒飞知几春，风吹雨洒旋成尘。”张孜《雪诗》：“其中豪贵家，捣椒泥四壁。”❹山尖；山丘。《广雅》：“土高四堕曰椒。”骆宾王《冬日野望》：“故人无与晤，安步陟山椒。”杜甫《橘柏渡》：“无以洗心胸，前登但山椒。”

【椒户】　椒房；显贵人家之闺房。和凝《采桑子》词：“椒户闲时，竞学摴蒲赌荔支。”

【椒花】　❶椒树之花。色似嫩叶，不为人注意，故古人有误以为椒树无花者。李贺《乐府杂曲·鼓吹曲辞·巫山高》：“古祠近月蟾桂寒，椒花坠红湿云间。”白居易《新乐府·新丰折臂翁》：“闻道云南有泸水，椒花落时瘴烟起。”喻凫《送贾岛往金州谒姚员外》：“溪沥椒花气，岩盘漆叶阴。”❷指《椒花颂》。吴融《个人三十韵》：“柳絮联章敏，椒花属思清。”❸因晋刘臻妻于新年献《椒花颂》，故以“椒花”为咏新年之典。刘长卿《岁日》：“愁占蓍草终难决，病对椒花倍自怜。”

【椒花清頌】　晋刘臻妻曾于正旦献《椒花颂》，后因以“椒花清頌”为咏女子有才华、擅诗文之典。上官仪《江王太妃挽歌》：“黄鹤悲歌绝，椒花清颂余。”参见“椒花頌”。

【椒花頌】　诗篇名。为颂新年之典。见《晋书·刘臻妻陈氏传》。戴叔伦《二灵寺守岁》：“无人更献椒花颂，有客同参柏子禅。”

【椒花麗句】　指晋刘臻妻新年所作《椒花颂》之美丽词句。元稹《酬复言长庆四年元日郡斋感怀见寄》：“椒花丽句闲重检，艾发衰容惜寸辉。”详见“椒花頌”。

【椒坡】　生长椒树之土坡。项斯《赠金州姚合使君》：“城池连草堑，篱落带椒坡。”

【椒枝】　椒树之枝条。李端《题云际寺准上人房》：“园中鹿过椒枝动，潭底龙游水沫开。”

【椒岸】　生长椒树之岸。方干《路入金州江中作》：“棹寻椒岸萦迴去，数里时逢一两家。”

【椒房】　❶汉皇后居未央宫之椒房殿。殿内以花椒末和泥涂壁，取其温暖、芬芳、多子之意。后常以代指后妃所居之宫室。刘禹锡《咏古二首有所寄》之二：“目成在桑野，志遂贮椒房。”白居易《长恨歌》：“梨园弟子白发新，椒房阿监青娥老。”柳公权《应制为宫嫔咏》：“今朝却得君王顾，重入椒房拭泪痕。”张乔《促织》：“椒房金屋何曾识，偏向贫家壁下鸣。”❷代指后妃。参见“椒房親”。

【椒房恩澤】　同“椒房寵”。殷尧藩《汉宫词三首》：“枉杀宫中许皇后，椒房恩泽是浮云。”

【椒房親】　指后妃之亲属。杜甫《杂曲歌辞·丽人行》：“就中云幕椒房亲，赐名大国虢与秦。”

【椒房寵】　指帝王对后妃之宠爱。李华《相和歌辞·长门怨》：“每忆椒房宠，那堪永巷阴。”李益《汉宫少年行》：“椒房宠移子爱夺，一夕秋风生戾园。”薛能《吴姬十首》之九：“因将素手夸纤巧，从此椒房宠更多。”

【椒香】　花椒之香气。许棠《送防州邬员外》：“椒香近满郭，漆货远通京。”马戴《寄金州姚使君员外》：“迸泉疏石窦，残雨发椒香。”

【椒風】　汉董昭仪所居之宫殿名。见《汉书·董贤传》。崔国辅《白纻辞二首》之二：“董贤女弟在椒风，窈窕繁华贵后宫。”

【椒宫】　❶后妃所居之宫殿。王维《恭懿太子挽歌五首》之二：“兰殿新恩切，椒宫夕临幽。”汪遵《陈宫》：“椒宫荒宴竟无疑，倏忽山河尽入隋。”❷借指皇后之位。《郊庙歌辞·享太庙乐章·诚敬》：“顾惟菲质，忝位椒宫。”

【椒桂】　❶椒树与桂树。亦指椒实与桂花之香气。裴迪《辋川集二十首·茱萸沜》：“飘香乱椒桂，布叶间檀栾。”顾况《上古之什补亡训传十三章·十月之郊一章》：“丹素之爆兮，椒桂之馥兮。”陈陶《种兰》：“椒桂夹四隅，茅茨居中央。”❷指椒浆桂酒。浸以椒实与桂皮之酒浆。亦泛指美酒。李贺《潞州张大宅病酒遇江使寄上十四兄》：“椒桂倾长席，鲈鲂斫玳筵。”尉迟汾《府尹王侍郎准制拜岳因状嵩高灵胜寄呈三十韵》：“挹瓒椒桂馥，奏金岩壑空。”

【椒葉】　椒树之叶。古人用以盖酒，使有香气。李贺《南园十三首》之九：“泻酒木栏椒叶盖，病容扶起种菱丝。”白居易《江州赴忠州舟中示舍弟五十韵》：“壶浆椒叶气，歌曲竹枝声。”

【椒奠】　以椒酒洒地以祭奠。陆龟蒙《和袭美泰伯庙》：“故国城荒德未荒，年年椒奠湿中堂。”

【椒園】　园名。王维所居辋川山谷景点之一。在唐京畿道蓝田县（今陕西蓝田）南。王维有《辋川集·椒园》。

【椒塗】　❶以椒末和泥涂壁。亦泛指粉刷装新。尉佗《和崔侍御》（卷八六五）：“千岁荒台隳路隅，一烦太守重椒涂。”❷代指椒房，即后妃所居之宫室。温庭筠《鸿胪寺有开元中锡宴堂椒台池沼雅为绝胜偶成四十韵》："椒涂隔鹦鹉，柘弹惊鸳鸯。"

【椒殿】 同椒房。后妃所居之宫殿。杜牧《八六子》词："凤帐萧疏，椒殿闲扃。"

【椒閣】 犹椒房。后妃所居之宫室。亦泛指富贵人家之闺房。王琚《美女篇》："桂楼椒阁木兰堂，绣户雕轩文杏梁。"

【椒實】 椒树之子实。即花椒。杜甫《遣闷奉呈严公二十韵》："竹皮寒旧翠，椒实雨新红。"

【椒蕃】 为咏多子孙之典。见《诗·唐风·椒聊》。韩愈《城南联句》："乳下秀嶷嶷，椒蕃泣喤喤。"钱仲联集释引孙汝听曰："椒蕃者，言子孙之多如椒之蕃茂。"

【椒盤】 盛椒实之盘。古时正旦饮酒时以盘进椒，饮者置椒酒中，以为椒酒。杜甫《杜位宅守岁》："守岁阿戎家，椒盘已颂花。"无名氏《却鬼丸》(《外编》下)："走鹿柘风吼夜阑，颂花还喜向椒盘。"

【椒漿】 用椒实浸制之酒浆。古代祭神时多用之。李颀《二妃庙送裴侍御使桂阳》："桂水身殁后，椒浆神降时。"李希仲《东皇太一词》："焚香布瑶席，鸣珮奠椒浆。"鲍溶《送王炼师》："圣母祠堂药树香，邑君承命荐椒浆。"

【椒蘸】 椒实与蘸。俱为调味品。白居易《二年三月五日斋毕开素当食偶吟赠妻弘农郡君》："佐以脯醢味，间之椒蘸芳。"

【椒樹】 树木名。即花椒。落叶灌木或小乔木。茎有刺。夏季开花。果实红色，有斑点。味辛香，可作调味品，亦可入药。孟浩然《行出东山望汉川》："石上攒椒树，藤间缀蜜房。"

【椒醑】 椒浆。以椒实浸制之酒。多用以祭神。魏征《五郊乐章·赤帝徵音》："咸长是祈，敬陈椒醑。"韦应物《鼋头山神女歌》："舟客经过奠椒醑，巫女南音歌激楚。"李舒《郊庙歌辞·让皇帝庙乐章·酌献》："兰肴重错，椒醑飘散。"陆龟蒙《和袭美伤开元观道士》："药奠肯同椒醑味，云谣空替蘸歌声。"

【椒舉】 即春秋楚伍举。举封邑于椒，因以邑为姓。见《左传·襄公二十六年》。李德裕《夏晚有怀平泉林居》："眷阙悲子牟，班荆感椒举。"

【椒瘴】 即瘴气。因蜀中瘴气起于夏季椒花落时，故称。卢纶《送张郎中还蜀歌》："邛竹笋长椒瘴起，荔枝花发杜鹃鸣。"又《送从舅成都县丞广归蜀》："晚程椒瘴热，野饭荔枝阴。"

【椒壁】 以椒末和泥涂饰之墙壁。亦代指椒房，即后妃所居之宫殿。李贺《昌谷诗》："待驾栖鸾老，故宫椒壁圮。"又《还自会稽歌》："野粉椒壁黄，湿萤满梁殿。"刘禹锡《馆娃宫在旧郡西南砚石山信为绝境因赋二章》之二："月殿移椒壁，天花代舜华。"杜牧《杜秋娘诗》："椒壁悬锦幕，镜奁蟠蛟螭。"

【椒闈】 椒房，宫闱。指宫中后妃所居之处。卢照邻《中和乐九章·歌中宫第五》："仪刑赤县，演教椒闱。"

【椒蘭】 ❶椒与兰。亦指椒与兰之香气，或以椒兰薰香之物。陈叔达《州城西园入斋祠社》："椒兰卒清酌，簠簋彻香萁。"邵谒《金谷园怀古》："如何金谷园，郁郁椒兰房。"胡宿《天街晓望》："香重椒兰横结雾，气寒龙虎远浮空。"❷战国楚子椒、子兰之连称。二人为谗佞之人。见《楚辞·离骚》。元稹《襄阳道》："椒兰俱下世，城郭到今时。"亦用以指谗佞之人。韩愈《陪杜侍御游湘西两寺独宿有题一首因献杨常侍》："椒兰争妒忌，绛灌共谗谄。"

【椒鹽】 调味之物。炒焙椒盐轧末制成。食时蘸之。寒山《诗三百三首》之二〇六："蒸豚揾蒜酱，炙鸭点椒盐。"

棹 〔zhào《广韵》直教切，去效，澄。〕亦作"櫂"。❶行船划水之桨。李峤《和杜学士旅次淮口阻风》："迎风欲举棹，触浪反停桡。"杜审言《春日江津游望》："飞棹乘空下，回流向日平。"李绅《涉沅潇》："行来击棹独长叹，问尔精魄何所如。"李频《初离黔中泊江上》："无穷幽鸟戏，时向棹前飞。"❷借指船。岑参《梁州陪赵行军龙岗寺北庭泛舟宴王侍御》："江钟闻已暮，归棹绿川长。"权德舆《江城夜泊寄所思》："客程殊未极，舣棹泊回塘。"长孙佐辅《杭州秋日别故友》："独随孤棹去，何处更同衾。"狄焕《咏南岳径松》："客吟晚景停孤棹，僧踏清阴彻上方。"

【棹女】 亦作"櫂女"，划船女，船家女。徐坚《相和歌辞·棹歌行》："棹女饰银钩，新妆下翠楼。"

【棹子】 船桨。无名氏《和渔父词》之十一(《外编》下)："冲波棹子橛头船，青草湖中欲暮天。"

【棹月】 在映着月光之水面上划船。汪遵《渔父》："棹月眠流处处通，绿蓑苇带混元风。"

【棹舟】 亦作"櫂舟"。划桨行船。白居易《日长》："爱水多棹舟，惜花不扫地。"李郢《和湖州杜员外冬至日白蘋洲见忆》："多愧龙门重招引，即抛田舍棹舟行。"韦庄《酬吴秀才霅川相送》："掺袂客从花下散，棹舟人向镜中归。"

【棹郎】 舟子；船夫。白居易《重修香山寺》："静闻樵子语，远听棹郎讴。"李绅《欲到西陵寄王行周》："驿吏递呼催下缆，棹郎闲立道齐桡。"

【棹唱】 亦作"櫂唱"。❶棹歌。船工划船时所唱之歌。骆宾王《晚渡黄河》："棹唱临风断，樵讴入听喧。"孙逖《山行遇雨》："夜来江月霁，棹唱此中闻。"李端《晓发瓜州》："棹唱临高岸，鸿嘶发远田。"❷乘舟泛游时之吟唱。刘长卿《自鄱阳还道中寄褚征君》:"爱君清川口,弄月时棹唱。"

【棹船郎】 亦作"櫂船郎"。年轻之船工。李益《效古促促曲为河上思妇作》:"嫁与棹船郎,空床将影宿。"钱珝《江行无题一百首》之十:"宦游难自定,来唤棹船郎。"薛昭蕴《浣溪沙》词:"不语含嚬深浦里,几回愁煞棹船郎。"

【棹歌】 亦作"櫂歌"。❶划船行舟时所唱之歌。李峤《汾阴行》:"棹歌微吟彩鹢浮,箫鼓哀鸣白云秋。"孟浩然《同王九题就师山房》:"江静棹歌歇,溪深樵语闻。"元稹《和乐天早春见寄》:"雨香云澹觉微和,谁送春声入棹歌。"薛涛《采莲舟》:"兔走乌驰人语静,满溪红袂棹歌初。"❷指南朝梁羊侃所作之《棹歌行》曲。见《南史·羊侃传》。骆宾王《相和歌辞·棹歌行》:"相思无别曲,并在棹歌中。"李商隐《荷花》:"预想前秋别,离居梦棹歌。"

【棹聲】 亦作"櫂聲"。摇船划桨之声。白居易《渡淮》:"春浪棹声急,夕阳帆影残。"朱庆余《泛溪》:"鸟飞溪色里,人语棹声中。"薛涛《乡思》:"何日片帆离锦浦,棹声齐唱发中流。"李郢《晚泊松江驿》:"还有吴娃旧歌曲,棹声遥散采菱舟。"

【棹謳】 亦作"櫂謳"。即棹歌。船夫摇船时所唱之歌。李白《江夏赠韦南陵冰》:"不然鸣笳按鼓戏沧流,呼取江南女儿歌棹讴。"杜甫《美陂行》:"凫鹥散乱棹讴发,丝管啁啾空翠来。"李德裕《重题》:"晚日临寒渚,微风发棹讴。"刘绮庄《扬州送人》:"落日低帆影,归风引棹讴。"

棘 〔jí《广韵》紀力切,入職,見。〕❶树木名。即酸枣树。亦称小枣。落叶灌木,株小多刺,野生。果实颗小,色红,味甘酸。崔国辅《古意二首》之二:"种棘遮蘼芜,畏人来采杀。"李白《对酒》:"棘生石虎殿,鹿走姑苏台。"孟郊《寒溪》之二:"岸童劚棘劳,语言多悲悽。"李咸用《依韵修睦上人山居十首》之九:"鸧鹒敢辞栖短棘,凤凰犹解怯高罗。"❷棘树之果实。即酸枣。储光羲《述韦昭应画犀牛》:"食棘无秋冬,绝流无浅深。"❸棘木所作之篱笆。张祜《捉搦歌》:"门上关,墙上棘,窗中女子声唧唧。"见"棘籬"。❹棘木之刺。喻指尖利之物。陆龟蒙《战秋辞》:"烟蒙上焚,雨阵下棘。"❺喻指艰涩困危。杜甫《逼仄行赠毕曜》:"自从官马送还官,行路难行涩如棘。"

【棘心】 酸枣木之赤心。喻人子之稚弱之心。见《诗·邶风·凯风》。刘禹锡《送僧元暠南游》序:"或问师隳形之自,对曰:'小失怙恃,推棘心以求上乘。"

【棘寺】 ❶大理寺之别称。古代处理讼事于棘木之下,大理寺即掌刑狱之府署,故称。刘长卿《西庭夜燕喜评事兄拜会》:"棘寺初衔命,梅仙已误身。"王贞白《赠刘凝评事》:"棘寺官初罢,梁园静掩扉。"❷泛指太常、光禄、大理等九寺官署。骆宾王《久戍边城有怀京邑》:"棘寺游三礼,蓬山簉八儒。"

【棘竹】 竹名。亦称篱竹、笆竹。质地细而坚,可做殳杆或弓。元结《演兴四首·闵岭中》:"化毒铜以为戟,刺棘竹以为殳。"

【棘枝】 酸枣树之枝条。孟郊《秋怀》之十二:"棘枝风哭酸,桐叶霜颜高。"

【棘刺】 ❶荆棘、芒刺。亦指荆棘之尖刺。寒山《诗三百三首》之一八七:"诈说造云梯,削之成棘刺。"李白《古风》之三五:"棘刺造沐猴,三年费精神。"权德舆《小言》:"醯鸡伺晨驾蚊翼,毫端棘刺分畛域。"❷喻微细。吴融《个人三十韵》:"额点梅花样,心通棘刺情。"

【棘刺造沐猴】 指虚诞或徒劳之事。见《韩非子·外储说左上》。李白《古风》之三五:"棘刺造沐猴,三年费精神。"

【棘門】 地名。为秦之宫门。故址在今陕西咸阳之东北。指棘门军,借指军纪松弛之军营。见《汉书·周亚夫》。权德舆《细柳驿》:"棘门乃儿戏,从古多其人。"

【棘門軍】 指纪律松弛之军营或军队。钱起《送马员外拜官觐省》:"归觐屡经槐里月,出师常笑棘门军。"独孤及《得柳员外书戏答》:"说剑常宗漆园吏,戒严应笑棘门军。"详见"棘門"。

【棘垣】 以荆棘编成之篱墙。李昼《戏酬张鲁封》:"如今柳巷通车马,唯恐他时立棘垣。"

【棘庭】 指大理寺。掌刑讼之官署。苑咸《送大理正摄御史判凉州别驾》:"垂银棘庭印,持斧柏台纲。"

【棘津】 黄河津渡名。故址在今河南延津县东北。李白《相和歌辞·梁甫吟》:"君不见朝歌屠叟辞棘津,八十西来钓渭滨。"

【棘矜】 戟柄。棘,通"戟"。亦借指举棘矜起兵之人。杜甫《寄刘峡州伯华使君四十韵》:"炼骨调情性,张兵挠棘矜。"

【棘針】 ❶荆棘之刺。刘叉《野哭》:"棘针生狞义路闲,野泉相吊声潺潺。"❷喻指尖利之寒风。孟郊《寒地百姓吟》:"冷箭何处来,棘针风骚劳。"又《吊卢殷》之二:"棘针风相号,破碎诸苦哀。"

【棘實】 棘树之果实。即酸枣。形似囊,色红而味甘酸。沈亚之《汴州船行赋岸傍所见》:"蓬烟拈绿线,棘实缀红囊。"晁采《子夜歌十八首》之六:"含笑对棘实,欢娱须是枣。"

【棘叢】 荆棘丛。陆龟蒙《吴宫怀古》:"香径长洲尽棘丛,奢云艳雨只悲风。"

【棘籬】 ❶以荆棘作的篱笆。卢纶《酬李端长安寓居偶咏见寄》:"坏檐藤障密,衰菜棘篱深。"❷代指科举考试之试场。唐试士时以荆棘围试院以为戒备,故称。韦承贻《策试夜潜纪长句于都堂西南隅》:"蓬巷几时闻吉语,棘篱何日免重来?"

棗 〔zǎo《广韵》子晧切,上晧,精。〕❶树木名。落叶乔木或灌木。树心色赤。木质坚细,可作雕刻用板。储光羲《相和歌辞·野田黄雀行》:"穷老一颓舍,枣多桑树稀。"白居易《杏园中枣树》:"人言百果中,唯枣凡且鄙。"张祜《苏小小歌》之三:"中擘庭前枣,教郎见赤心。"❷枣子。枣树之果实。李吉甫《怀伊川赋》:"正是北州梨枣熟,梦魂秋日到郊园。"王建《当窗织》:"叹息复叹息,园中有枣行人食。"薛能《送李倍秀才》:"家园枣熟归圭窦,会府槐疏试射弓。"❸指枣树之木材。见"棗槊"。

【棗下悲歌】 指《古咄唶歌》。系感叹世态炎凉之作。韩愈《游青龙寺赠崔大补阙》:"桃源迷路竟茫茫,枣下悲歌徒纂纂。"

【棗子】 枣树之果实。生青熟红。有核。味甜,可食,亦可入药。《谚》(卷八七七):"枣子塞鼻孔,悬栖阁却种。"

【棗木】 枣树之木材。质地细密坚硬,宜作雕刻用材。古代常用以翻刻碑帖。杜甫《李潮八分小篆歌》:"峄山之碑野火焚,枣木传刻肥失真。"

【棗如瓜】 为咏遇仙之典。见《史记·孝武本纪》。王维《送友人归山歌二首》之一:"神与枣兮如瓜,虎卖杏兮收谷。"李白《寄王屋山人孟大融》:"亲见安期公,食枣大如瓜。"

【棗花】 枣树之花。李贺《始为奉礼忆昌谷山居》:"长枪江米熟,小树枣花春。"

【棗郎】 指唐李属。属小字枣郎。杨巨源《太原赠李属侍御》:"路入桑干塞雁飞,枣郎年少有光辉。"

【棗圃】 枣树园圃。韩愈、孟郊《秋雨联句》:"枣圃落青玑,瓜畦烂文贝。"

【棗徑】 旁植枣树之路。戴叔伦《别崔法曹》:"欲作别离西入秦,芝田枣径往来频。"

棫 〔yù《广韵》雨逼切,入職,云。〕树木名。即白桵。丛生有刺。李时珍以为即蕤核。见"棫樸"。参阅《本草纲本·本三·蕤核》。

【棫樸】 ❶《诗·大雅》之篇名。丘光庭《补新宫》序:"有大雅焉,大明、棫朴之类是也。"❷《诗·大雅·棫朴》:"芃芃棫朴,薪之槱之。"毛传:"棫,白桵也,朴,抱木也……山木茂盛,万民得而薪之;贤人众多,国家得用蕃兴。"后因以之为咏贤才众多、国家兴盛之典。皮日休《奉和鲁望樵人十咏·樵溪》:"不止产蒸薪,愿当歌棫朴。"

棠 〔táng《广韵》徒郎切,平唐,定。〕树木名,即棠树。骆宾王《在兖州饯宋五之问》:"柳寒凋密翠,棠晚落疏红。"孟浩然《送韩使君除洪州都曹》:"勿剪棠犹在,波澄水更清。"白居易《和春深二十首》:"阴繁棠布叶,岐秀麦分花。"温庭筠《鸡鸣埭曲》:"宁知玉树后庭曲,留待野棠如雪枝。"

【棠公】 春秋齐棠邑大夫。见《左传·襄公二十五年》。韦庄《抚盈歌》:"铅华窅窕兮秾姿,棠公肸蠁兮靡依。"

【棠户】 对州县府衙之美称。传周召公听颂于棠树之下而行惠政,故称。张均《奉和岳州山城》:"讼虚棠户曙,观静竹檐曛。"

【棠花宫】 汉代宫殿名。在长安西三百里甘泉苑外。崔颢《杂曲歌辞·渭城少年行》:"棠梨宫中燕初至,葡萄馆里花正开。"李嘉祐《送马将军奏事毕归滑州使幕》:"棠梨宫里瞻龙衮,细柳营前著豹裘。"

【棠花】 ❶棠棣之花。窦巩《宫人斜》:"云雨今归何处去,黄鹂飞上野棠花。"❷因《诗·小雅·常棣》为咏兄弟友爱之作。"常棣"即棠棣。故后以"棠花"为咏兄弟友爱之典。刘长卿《送史九赴任宁陵兼呈单父史八》:"绣服棠花映,青袍草色迎。"钱起《送李四擢第归觐省》:"才子欲归宁,棠花已含笑。"

【棠陰】 ❶棠树之树荫。戴叔伦《抚州对事后送外生宋垓归饶州觐侍呈上姊夫》:"石壁转棠阴,鄱阳寄茅室。"❷指惠政或理政之所。见《诗·召南·甘棠》。卢象《奉和张使君宴加朝散》:"停杯歌麦秀,秉烛醉棠阴。"刘长卿《奉饯郎中四兄充行军司马赴汝南行营》:"梅吹前军发,棠阴旧府空。"高适《同郭十题杨主簿新厅》:"向风扃戟户,当署近棠阴。"许浑《贺少师相公致政》:"龙城凤沼棠阴在,只恐归鸿更北飞。"

【棠梨】 ❶树木名。俗称野梨。亦名甘棠。落叶乔木。叶菱形,片小。花白色。果小球状,色黄褐,有斑点,味酸涩。其株可用以嫁接梨树。韩翃《送客水路归陕》:"春桥杨柳应齐叶,古县棠梨也作花。"李涉《题苏仙宅枯松》:"不如酸涩棠梨树,却占高城独放花。"薛逢《君不见》:"野花似雪落何处,棠梨树下香风来。"王周《宿疏陂驿》:"秋染棠梨叶半红,荆州东望草平空。"❷指棠梨树之果实。杜甫《病橘》:"惜哉结实小,酸涩如棠梨。"

【棠梨花】 棠梨树之花。春季开,色白,朵小,有淡香。元稹《村花晚》:"三春已暮桃李伤,棠梨花白蔓青黄。"李绅《过荆门》:"青青麦陇啼飞鸦,寂寞野径棠梨花。"温庭筠《醉歌》:"唯恐南国风雨落,碧芜狼藉棠梨花。"

【棠棣】 ❶树木名。或称棣树。花或红或白。白色者即棠梨。刘禹锡《敬宗睿武昭愍孝皇帝挽歌三首》之一:"晚出芙蓉阙,春归棠棣华。"❷为咏兄弟或兄弟情谊之典。见《诗·小雅·常棣》。沈佺期《洛州萧司兵谒兄还赴洛成礼》:"棠棣日光辉,高襟应序归。"郑轨《观兄弟同夜成婚》:"棠棣开双萼,夭桃照两花。"

【棠頌】 指《诗·召南·甘棠》篇。因其内容为歌颂周召公于棠树下听颂惠民事,故称。孟郊《和宣州钱判官厅前石楠树》:"棠颂庶可比,桂词难以逾。"参见"棠陰❷"。

【棠溪】 地名,故址在今河南遂平县西北。唐彦谦有《闻应德茂先离棠溪》。

【棠實】 即棠梨。棠梨树之果实。李贺《高平县东私路》:"石磎远荒涩,棠实悬辛苦。"

【棠樹】 ❶树木名。有赤白二种。赤棠花红,木质坚细;白棠即棠梨,花色白,实似梨而小,味酸涩。羊士谔《山寺题壁》:"归来还闭阁,棠树几秋风。"齐己《中秋十四日夜对月上南平主人》:"玉兔银蟾似多意,乍临棠树影裴回。"❷为咏惠政之典。见《诗·召南·甘棠》序及孔颖达疏。岑参《尹相公京兆府中棠树降甘露诗》:"被兹甘棠树,美掩召伯诗。"李逢吉《再赴襄阳辱宣武相公贻诗今用奉酬》:"岘山风已远,棠树事难追。"卢渥《题嘉祥驿》:"到后定知人易化,满街棠树有遗风。"

棍 〔gùn《正字通》古困切。〕棍棒。亦以称地痞无赖。李绅《拜三川守》序:"又里巷比多恶少,皆免帽散衣,聚为群斗。或差肩追绕击大毬。里言谓之打棍谙论。"

椎 〔chuí《广韵》直追切,平脂,澄。〕❶用木或金属制成之锤子。圆形有柄,用以敲击。李白《古风》之二十:"大儒挥金椎,琢之诗礼间。"温庭筠《拂舞词》:"神椎凿石塞神潭,白马趨趕赤尘起。"❷椎击,以椎敲击。元稹《四皓庙》:"张良韩孺子,椎碎属车轮。"又《竞舟》:"朝饮村社酒,暮椎邻舍牛。"亦指击杀。杨乘《甲子岁书事》:"犒功椎万牛,募勇悬千帛。"

【椎牛】 以椎击杀牛。亦泛指杀牛。杜甫《三韵三篇》:"起檣必椎牛,挂席集众功。"

【椎芒】 椎击芒草使变柔软以编草鞋。《湖南童谣》(卷八七八):"百姓奔窜无一事,只是椎芒织草鞋。"

【椎肥】 击杀肥牛。韩愈《征蜀联句》:"椎肥牛呼牟,载实驼鸣圝。"

【椎埋】 ❶杀人而埋之。见《史记·酷吏列传》。李绅《州中小饮便别牛相》:"从此别离长酩酊,洛阳狂狷任椎埋。"亦指毁坏埋弃。元稹《纪怀赠李六户曹崔二十功曹五十韵》:"椎埋冲斗剑,消碎莹壶冰。"❷泛指劫掠。高适《酬裴员外以诗代书》:"归军剧风火,散卒争椎埋。"

【椎破】 打破,击坏。阎朝隐《钱唐永昌》:"洛阳难理若棼丝,椎破连环定不疑。"

【椎鼓】 击鼓。杜甫《黄河二首》之一:"黄河北岸海西军,椎鼓鸣钟天下闻。"元稹《赛神》:"杀牛贳官酒,椎鼓集顽民。"

【椎髻】 ❶挽起椎形之发髻。为老人或闭塞偏远地区人之发型。柳宗元《南省转牒欲具江国图令尽通风俗故事》:"椎髻老人难借问,黄茆深峒敢留连?"白居易《新乐府·骠国乐》:"玉螺一吹椎髻耸,铜鼓一击文身踊。"李绅《逾岭峤止荒陬抵高要》:"鹧鸪猿鸟声相续,椎髻哓呼同戚促。"❷指挽有椎髻之老人。李咸用《和吴处士题村叟壁》:"推髻担铺饷,庞眉识稔年。"

椑 〔bēi《广韵》必移切,平支,幫。《集韵》賓彌切,平支,幫。〕果木名。柿树之一种。果实似柿而青。其汁可制漆,用以漆雨伞等。贯休《桐江闲居作十二首》之八:"霜椑如蜜裹,□□似盐苞。"

【椑椑】 象声词。象鸟鸣之声。白居易《和微之诗二十三首·和酬郑侍御东阳春闷放怀追越游见寄》:"乐游原头春尚早,百舌新语声椑椑。"

棿 〔ní〕通"梲"。比拟。陆龟蒙《袭美先辈以龟蒙所献五百言见和再抒鄙怀用申酬谢》:"抗韵吟比雅,覃思念棿摛。"

棆 〔lún《广韵》力迍切,平諄,來。〕树木名。见"棆桷"。

【棆桷】 以枨木作之屋椽。杜甫《奉送郭中丞兼太仆卿充陇右节度使三十韵》:"罘罳朝共落,枨桷夜同倾。"

棚 〔péng《广韵》薄萌切,平耕,並。又薄庚切,平庚,並。又步崩切,平登,並。〕❶栈阁。悬空架起之楼阁。王建《宫词一百首》之七三:"一半走来争跪拜,上棚先谢得头筹。"❷以竹木等架设之有篷顶无实墙的简陋屋舍。张籍《蛮州》:"瘴水蛮中入洞流,人家多住竹棚头。"贯休《上冯使君山水障子》:"柴棚坐逸士,露茗煮红泉。"❸搭,架。殷陶《经杜甫旧宅》:"沙棚水槛鸥飞尽,树压村桥马过时。"

稠 〔chóu《广韵》直由切,平尤,澄。〕树木名。常绿乔木。为建筑用之上等木材。产于湖南。亦指稠木之梁柱。段义宗《题三学院经楼》:"玉排复道珊瑚殿,金错危稠翡翠楼。"

椁 〔guǒ《广韵》古博切，入鐸，見。〕同“槨”。套于棺材外之大棺。亦泛指棺材。白居易《新乐府·草茫茫》：“一朝盗掘坟陵破，龙椁神堂三月火。”

棬 〔quān《广韵》丘圓切，平仙，溪。〕木制而无雕饰之杯盏。见《孟子·告子上》。元稹《献荥阳公诗五十韵》序：“持杯棬而承澍雨，自满而止。”

棄 〔qì《广韵》詰利切，去至，溪。〕❶抛弃；放弃。李颀《缓歌行》：“一沈一浮会有时，弃我翻然如脱屣。”杜甫《贫交行》：“君不见管鲍贫时交，此道今人弃如土。”韩愈《元和圣德诗》：“八月壬午，辟弃城走。”李频《自江上入关》：“文字为人弃，田园被债收。”亦指废弃。卢纶《酬李端长安寓居偶咏见寄》：“学稼功还弃，论边事亦沈。”❷背离，违背。白居易《新乐府·太行路》：“古称色衰相弃背，当时美人犹怨悔。”❸嫌弃，厌嫌。戎昱《上湖南崔中丞》：“举世尽嫌良马瘦，唯君不弃卧龙贫。”❹离开，别去。刘希夷《洛川怀古》：“挥涕弃之去，不忍闻此言。”李颀《别梁锽》：“一言不合龙额侯，击剑拂衣从此弃。”李白《宣州谢朓楼饯别校书叔云》：“弃我去者昨日之日不可留，乱我心者今日之日多烦忧。”

【棄刀尺】 谓做衣不用量裁。形容功夫神妙，天衣无缝。刘禹锡《翰林白二十二学士见寄诗一百篇因以答贶》：“郢人斤斫无痕迹，仙人衣裳弃刀尺。”

【棄尸】 谓抛弃尸体于野外。鲍溶《倚瑟行》：“与世无情在速贫，弃尸于野由斯葬。”

【棄去】 丢弃不用。杜牧《雪中书怀》：“人才自朽下，弃去亦其宜。”

【棄世】 ❶避弃尘世。多指隐遁。丁仙芝《和荐福寺英公新构禅堂》：“上人久弃世，中道自忘筌。”李白《古风》之十三：“君平既弃世，世亦弃君平。”又《送蔡山人》：“我本不弃世，世人自弃我。”❷死亡之婉称。崔颢《邯郸宫人怨》：“谁言一朝复一日，君王弃世市朝变。”李白《自溧水道哭王炎三首》之二：“王公希代宝，弃世一何早。”

【棄本】 指丢弃农业。古代以农为本。钱起《江行无题一百首》之四六：“平生皆弃本，金革竟如何。”

【棄本趨末】 丢弃农业而趋赴工商等业。古代以农业为本，以工商等业为末。白居易《赠友五首》之二：“弃本以趋末，日富而岁贫。”

【棄市】 指斩首等死刑。见《礼记·王制》。沈佺期《赦到不得归题江上石》：“弃市沾皇渥，投荒漏紫泥。”李商隐《送千牛李将军赴阙五十韵》：“幽囚苏武节，弃市仲由缨。”皮日休《正乐府十篇·贪官怨》“天下若不平，吾当甘弃市。”

【棄死】 舍死，拼死。韩愈《送侯参谋赴河中幕》：“犹思脱儒冠，弃死取先登。”

【棄抛】 “牵挽”之讹字。《五言诗》之三（外编下）：“户役差耕来，弃抛我夫妇。”张锡厚《王梵志诗校辑》卷五注：“牵挽，原作‘弃抛’。”

【棄忘】 丢弃，忘却。白居易《奉酬淮南牛相公思黯见寄二十四韵》：“是人皆弃忘，何物不陶甄。”

【棄物】 废物。废弃无用之物。杜甫《舟出江陵南浦奉郑少尹审》：“百年同弃物，万国尽穷途。”苏拯《凡草诫》：“良由本芜秽，著地成弃物。”亦喻指无用之人。罗隐《中元甲子以辛丑驾幸蜀四首》之二：“敢恨甲兵为弃物，所嗟流品误清朝。”

【棄妾】 ❶被遗弃之妾。李白《白头吟》：“覆水再收岂满杯，弃妾已去难重回。”❷抛弃妾。妾，被弃女子之自称。李白《闺情》：“恨君流沙去，弃妾渔阳间。”刘元淑《杂曲歌辞·妾薄命》：“夜夜愁君辽海北，年年弃妾渭桥西。”

【棄官】 辞官，抛弃官职。韦应物《答畅校书当》：“偶然弃官去，投迹在田中。”戎昱《送吉州阎使君入道二首》之一：“余当从宦日，君是弃官时。”李商隐《自贶》：“陶令弃官后，仰眠书屋中。”唐彦谦《赠窦尊师》：“我爱窦高士，弃官仍在家。”

【棄相】 （—xiàng）放弃丞相之官位。方干《题陶详校书阳羡隐居》：“便泛扁舟应未得，鸱夷弃相始垂名。”

【棄背】 背离，抛弃。寒山《诗三百三首》之一二八：“老翁娶老婆，一一无弃背。”白居易《太行路》：“古称色衰相弃背，当时美人犹怨悔。”

【棄卻】 丢掉，抛弃。皮日休《三羞诗三首》之三：“夫妇相顾亡，弃却抱中儿。”

【棄捐】 ❶抛弃，废置。刘希夷《孤松篇》：“吁嗟深涧底，弃捐广厦材。”李白《杂言用投丹阳知己兼奉宣慰判官》：“欲投君，保君年，幸君持取无弃捐。”独孤绶《投珠于泉》：“至道归淳朴，明珠被弃捐。”司空图《扇》：“珍重逢秋莫弃捐，依依只仰故人怜。”❷特指文士不见用或好女遭遗弃。高适《信安王幕府诗》：“直道常兼济，微才独弃捐。”钱起《海畔秋思》：“魏阙贲翘楚，此身长弃捐。”戎昱《古意》：“女伴朝来说，知君欲弃捐。”张籍《离妇》：“念君终弃捐，谁能强在兹。”

【棄家】 抛家。谓离家出走，舍家不顾。韩愈《刘生诗》：“弃家如遗来远游，东走梁宋暨扬州。”

【棄移】 弃世。称人死之婉词。贾岛《哭卢仝》：“长安有交友，托孤遽弃移。”

【棄婦】 被遗弃之妻子。李白《去妇词》：“古来有弃妇，弃妇有归处。”

【棄鞁】 被丢弃之旧鞋。喻指无足轻重之物。

鞁，深头平底之鞋。皮日休《二游诗·任诗》之二："欻尔解其绶，遗之如弃鞁。"

【棄智】 指道教摒弃智巧机变而归真返朴之主张。见《老子》和《庄子·胠箧》。张九龄《登南岳事毕谒司马道士》："诱我弃智诀，迨兹长生理。"

【棄筆硯】 放弃文墨之事。谓投笔而从事他业。崔湜《塞垣行》："一朝弃笔砚，十年操矛戟。"

【棄絕】 舍弃断绝。杜甫《垂老别》："弃绝蓬室居，塌然摧肺肝。"又《横吹曲辞·前出塞九首》之一："弃绝父母恩，吞声行负戈。"白居易《赠樊著作》："其嫂曰庚氏，弃绝不为亲。"

【棄瑕】 不计较他人之缺点。李白《上崔相百忧章》："屈法申恩，弃瑕取材。"柳宗元《同刘二十八院长述旧言怀之作》："弱岁游玄圃，先容幸弃瑕。"

【棄損】 废弃，损坏。李白《淮南卧病书怀寄蜀中赵征君蕤》："良图俄弃捐，衰疾乃绵剧。"

【棄置】 ❶抛弃一边，丢置不顾。王绩《石竹咏》："弃置勿重陈，委化何足惊。"贺知章《望人家桃李花》："弃置千金轻不顾，踟蹰五马谢相逢。"陆龟蒙《叠韵吴宫词二首》之二："平明兵盈城，弃置遂至地。"吴融《游华州飞泉亭》："万事已为春弃置，百忧须赖酒医治。"❷指不被任用。王维《老将行》："自从弃置便衰朽，世事蹉跎成白首。"皇甫冉《馆陶李丞旧居》："盛名天下挹余芳，弃置终身不拜郎。"刘禹锡《酬乐天扬州初逢席上见赠》："巴山楚水凄凉地，二十三年弃置身。"司空图《即事九首》之三："明时那弃置，多病自迟留。"

【棄嫌】 嫌弃，厌恶。姚合《寄王度居士》："弃嫌官似梦，珍重酒如师。"刘兼《芳春》："桃花满地春牢落，柳絮成堆雪弃嫌。"

【棄遺】 弃置，遗忘。陈陶《闲居杂兴五首》之一："虞韶九奏音犹在，只是巴童自弃遗。"

【棄劍】 晋王嘉《拾遗记》载：黄帝厌世于昆仑，留其冠剑珮舄焉。后因以弃剑指厌世，弃尘世而归道门。李白《流夜郎半道承恩放还书怀示息秀才》："弃剑学丹砂，临炉双玉童。"

【棄瓢】 汉蔡邕《琴操·箕山操》载：尧时许由隐居箕山，尝以手捧水而饮。有人予一瓢，由饮罢即挂于树上，风吹树动，历历有声，由以为烦扰，遂取瓢弃之。后因以之为咏隐居之典。吴筠《高士咏·许先生》："弃瓢箕山下，洗耳颍水滨。"

【棄瓢巖】 山岩名。在今河南登封东南箕山。传为尧时隐士弃瓢之处。胡曾《咏史诗·箕山》："弃瓢岩畔中宵月，千古空闻属许由。"参见"棄瓢"。

【棄舊從新】 抛弃陈旧的追求新颖的。元稹《和李校书新题乐府十二首·阴山道》："挑纹变缬力倍费，弃旧从新人所好。"

【棄擲】 抛弃。杜甫《投简成华两县诸子》："自然弃掷与时异，况乃疏顽临事拙。"又《别苏徯》："故人有游子，弃掷傍天隅。"白居易《喜老自嘲》："任从人弃掷，自与我周旋。"

【棄騅別虞】 指项羽离别宝马与爱妾。见《史记·项羽本纪》。白居易《不能忘情吟》："吾疾虽作，年虽颓，幸未及项籍之将死，何必一日之内，弃骓兮而别虞兮！"

【棄職】 放弃官职。韦应物《答侗奴重阳二甥》："弃职曾守拙，玩幽遂忘喧。"

【棄繻】 表示立志创业之决心。见《汉书·终军传》。王勃《散关晨度》："即今扬策度，非是弃繻回。"杜甫《七月一日题终明府水楼二首》之二："宓子弹琴邑宰日，终军弃繻英妙时。"姚鹄《送刘耕归舒州》："弃繻当日路，应竞看终军。"温庭筠《病中书怀呈友人》："市义虚焚卷，关讥谩弃繻。"

【棄繻人】 指汉终军。亦泛指立志建大功之人。窦群《经潼关赠宇文十》："方同白衣见，不是弃繻人。"

【棄繻生】 指立大志建大功之人。见《汉书·终军传》。权德舆《送殷卿罢举归淮南旧居》："志业尝探绝编义，风尘虚作弃繻生。"皮日休《题潼关兰若》："关吏不劳重借问，弃繻生拟入耶溪。"

【棄繻年】 指汉终军十八岁入关弃繻。后因以之指十八岁，亦泛指少年有为之时。耿湋《送郭秀才赴举》："新经梦笔夜，才比弃繻年。"

棕

〔zōng《广韵》子紅切，平東，精。〕同"椶"。

【棕鞋】 一作"椶鞋"。以棕丝编织之鞋。戴叔伦《忆原上人》："一两棕鞋八尺藤，广陵行遍又金陵。"刘得仁《句》："深山寺路千层石，竹杖棕鞋便可登。"

【棕櫚】 亦作"椶櫚"。树木名。棕榈科常绿乔木。干直而高，无分枝，外包棕衣。叶聚生于顶端，大如蒲扇，呈掌状。夏初开花，色黄。花苞上有细粒排列如鱼子。核果长圆形，蓝墨色。其棕衣可制绳索、棕刷、蓑笠、地毡、扫帚等。王昌龄《题僧房》："棕榈花满院，苔藓入闲房。"杜甫《枯椶》："蜀门多棕榈，高者十八九。"白居易《西湖晚归回望孤山寺赠诸客》："卢橘子低山雨重，棕榈叶战水风凉。"

棺

〔guān《广韵》古丸切，平桓，見。〕棺材。李白《赠王汉阳》："天落白玉棺，王乔辞叶县。"元稹《度门寺》："宝界留遗事，金棺灭去踪。"

【棺槨】 棺材与椁。亦泛指棺材。椁，亦作"椁"，套于棺材外之大棺。古代天子棺有七重，诸侯五重。套于外之数重，俱称椁。寒山《诗三百三首》之八："庄子说送终，天地为棺椁。"

椌 〔qiāng《广韵》苦江切，平江，溪。〕古代之一种打击乐器名。即柷。形似桶，中空。见“椌楬”。

【椌楬】 古代两种木制乐器名。即柷与敔。见《礼记·乐记》。韩愈、孟郊《征蜀联句》：“庙献繁馘级，乐声洞椌楬。”

椀 〔wǎn《广韵》烏管切，上緩，影。〕同“碗”。食具名。盛食物与饮料用。岑参《成王挽歌》：“漫作琉璃碗，淮王误合丹。”张谓《哭护国上人》：“鼠行残药碗，虫网旧绳床。”罗隐《题段太尉庙》：“飘流茂陵椀，零落太官椽。”

【椀花】 沏茶时碗中泛起之水花。皇甫冉《送陆鸿渐栖霞寺采茶》：“借问王孙草，何时泛椀花。”

【椀杖】 饭碗与拄杖。乞丐随身之物。无名氏《放榜诗》：“乞儿还有大通年，三十三人椀杖全。”

【椀碟】 即椀与碟。两种食器名。拾得《诗》之二：“碗碟不曾干，长时道不足。”

榔 〔láng《广韵》魯當切，平唐，來。又盧當切，上蕩，來。〕❶用以击船舷以驱鱼入网之木棒。李白《送殷淑三首》之一：“惜别耐取醉，鸣榔且长谣。”阎防《与永乐诸公夜泛黄河作》：“映水见山火，鸣榔闻夜渔。”陆龟蒙《江南秋怀寄华阳山人》：“举楫挥青剑，鸣榔扣远钲。”❷树木名。即桄榔。见“榔葉”。

【榔葉】 桄榔树叶。李颀《龙门送裴侍御监五岭选》：“榔叶四荒外，梅花五岭头。”

楧 〔liè《集韵》力結切，入屑，來。〕同“捩”。扭转，转动。杜甫《拨闷》：“长年三老遥怜汝，楧柁开头捷有神。”

棨 〔qǐ《广韵》康禮切，上薺，溪。〕有缯衣之戟。官员出行列为仪仗前导。亦列于门庭。杜甫《寄狄明府博济》：“汝曹又宜列鼎食，身使门户多旌戟。”白居易《和渭北刘大夫借便秋遮虏寄朝中亲友》：“宠深初受棨，威重正扬兵。”

【棨戟】 仪杖用木戟。外层有缯衣或漆。官吏出行用为前导，后亦列于门庭。杨巨源《上刘侍中》：“朱门重棨戟，丹诏半缣缃。”白居易《九日宴集醉题郡楼兼呈周殷二判官》：“郊无戎马郡无事，门有棨戟腰有章。”齐己《贺孙支使郎中迁居》：“不隔红尘趋棨戟，只拖珠履赴尊罍。”

楗 〔jiàn《广韵》其偃切，上阮，羣。〕门上之木闩。李贺《舞曲歌辞·公莫舞歌》：“铁枢铁楗重束关，大旗五丈撞双环。”韩愈《赠别元十八协律六首》之一：“金石出声音，宫室发关楗。”

【楗橛】 即橛。樗蒲博戏中之低采名。为倒数第二采。郑谷《永日有怀》：“两掷未终楗橛内，座中何惜为呼卢。”

棣[1] 〔dì《广韵》特計切，去霽，定。〕树木名。即棠棣。见“棣萼”“棣章”。见“棠棣”。

棣[2] 〔dài《广韵》待戴切，去代，定。〕雍容闲雅貌。见《诗·邶风·柏舟》。滕珦《释奠日国学观礼闻雅颂》：“威仪何棣棣，环珮又纷纷。”

【棣華】 （—huā）❶棠棣树之花。喻指兄弟。见《诗·小雅·常棣》。李白《豳歌行上新平长史兄粲》：“前荣后枯相翻覆，何惜余光及棣华。”刘禹锡《早秋送台院杨侍御归朝》：“仙署棣华春，当时已绝伦。”❷指《诗·小雅·常棣》篇。因诗有“常棣之华”语，故以代称。杨巨源《送定法师归蜀法师即广宣上人兄弟》：“诗引棣华沾一雨，经分贝叶向双流。”❸喻指惠政。见《诗·召南·甘棠》。刘允济《经庐岳回望江州想洛川有作》：“明牧振雄词，棣华殊灼灼。”❹驿馆名。白居易《棣华驿见杨八题梦兄弟诗》：“遥闻旅宿梦兄弟，应为邮亭名棣华。名作棣华来早晚，自题诗后属杨家。”

【棣華詩】 指《诗·小雅·常棣》篇。内容系咏兄弟之情。张九龄《和王司马折梅寄京邑昆弟》：“还闻折梅处，更有棣华诗。”参见“棣華”。

【棣華歌】 同“棣華詩”。张说《奉和圣制暇日与兄弟同游兴庆宫作应制》：“棣华歌尚在，桐叶戏仍传。”

【棣華館】 即“棣華驛”。雍裕之《宿棣华馆闻雁》：“不堪旅宿棣花馆，况有离群鸿雁声。”

【棣華驛】 驿馆名。在唐长安至商山途中。白居易有《棣华驿见杨八题梦兄弟诗》与《赴杭州重宿棣华驿见杨八旧诗》。

【棣萼】 喻指兄弟。见《诗·小雅·常棣》。孙逖《和韦兄春日南亭宴兄弟》：“忽闻歌棣萼，还比报琼芳。”杜甫《至后》：“梅花欲开不自觉，棣萼一别永相望。”刘禹锡《送国子令狐博士赴兴元觐省》：“谏院过时荣棣萼，谢庭归去踏芝兰。”高骈《塞上寄家兄》：“棣萼分张信使希，几多乡泪湿征衣。”

【棣萼篇】 指《诗·小雅·棠棣》篇。骆宾王《丹阳刺史挽词三首》之二：“恻怆恒山羽，留连棣萼篇。”参见“棣華”。

極 〔jí《广韵》渠力切，入職，羣。〕❶尽头；极限。寒山《诗三百三首》之六四：“悠悠不见清，人人寿有极。”元结《二风诗·治风诗·至仁》：“瀛瀛如何，不虢不艴，莫知其极。”权德舆《旅馆雪晴又睹新月因成杂言》：“天地寥寥同一色，秦淮楚江无限极。”严维《奉试水精环》：“任圆循不极，见素质乃贞。”❷尽，完，终。陈子昂《度峡口山赠乔补阙知之王二无竞》:“物壮诚有衰,势雄良易极。”李白《寄远十一首》之十一:“怜君冰玉清迥之明心,情不极兮意已深。”元稹《大觜乌》:“况尔乌何者,数极不知危。”皮日休《胥口即事六言二首》之一:“波光杳杳不极,霁景澹澹初斜。”❸谓至于极限,发展到极端。李巘《读前汉外戚传》:“宠因宫掖里,势极必先亡。”卢仝《杂兴》:“岂期福极翻成祸,祸成身诛家亦破。”白居易《苦热喜凉》:“岁功成者去,天数极则变。”亦指极于。谓由某人使其登峰造极。陆龟蒙《奉和袭美太湖诗二十首·孤园寺》:“浮屠从西来,事者极梁武。”❹穷尽;竭尽。玄宗《春中兴庆宫酺宴》序:“足以申昭报之情,足以极严禋之道。”储光羲《酬李处士山中见赠》:“厥初游太学,相与极周旋。”元结《二风诗·乱风诗·至乱》:“生人冤怨,言何极之。”孔德绍《登白马山护明寺》:“遥瞻尽地轴,长望极天隅。”❺穷究,深探。王武陵《宿慧山寺》序:“群动皆息,视身如空。立言妙论,此极穷奥。”于頔《郡斋卧疾赠昼上人》:“晚依方外友,极理探精赜。”❻远;旷远。颜真卿《登平望桥下作》:“登桥试长望,望极与天平。”李益《送客归振武》:“别离俱报主,路极不为赊。”杨凝《春霁晚望》:“南归路极天连海,惟有相思明月同。”张籍《奉和陕州十四翁寄雷州二十二翁司户》:“瘴开山更远,路极水无边。”❼至;远达。房琯《题汉州西湖》:“举麾指极浦,欲极更盘纡。”储光羲《泛茅山东溪》:“清晨登仙峰,峰远行未极。”韩愈《刘生诗》:“遂凌大江极东陬,洪涛舂天禹穴幽。”齐己《远思》:“远思极何处,南楼烟水长。”❽边远之地。李商隐《归墅》:“行李逾南极,旬时到旧乡。”❾困窘。钱起《叹毕少府以持法无隐见系》:“用法本禁邪,尽心翻自极。”❿深切,深剧。崔国辅《杭州北郭戴氏荷池送侯愉》:“道存过北郭,情极望东菑。”耿湋《晚登虔州即事寄李侍御》:“酒醒愁转极,别远泪初干。”陆龟蒙《江南秋怀寄华阳山人》:“归心一夜极,病体九秋轻。”韦庄《浣溪沙》词之二:“此夜有情谁不极,隔墙梨雪又玲珑。”⓫指中正之准则。《郊庙歌辞·梁太庙乐舞辞·登歌》:“於赫我皇,建中立极。”⓬指帝位。温庭筠《鸿胪寺有开元中锡宴堂荒凉遗址偶成四十韵》:“明皇昔御极,神圣垂耿光。”⓭甚于,过于。孟浩然《春意》:“愁心极杨柳,一种乱如丝。”吴融《赴阙次留献荆南成相公三十韵》:“积感深于海,衔恩重极嵩。”⓮程度副词。犹甚、很。刘禹锡《始闻蝉有怀白宾客》:“蝉韵极清切,始闻何处悲。”元稹《遣行十首》之十:“怜君闲闷极,只傍白江行。”李群玉《酬魏三十七》:“一吟丽句风流极,没得弘文李校书。”

【極力】 竭力。杜甫《剑门》:“并吞与割据,極力不相让。”

【極已】 穷尽,终止。王无竞《北使长城》:“秦世筑长城,长城无极已。”李颀《鲛人歌》:“有时寄宿来城市,海岛青冥无极已。”

【極天】 谓高达于天。语本《诗·大雅·崧高》:“嵩高维岳,骏极于天。”杜甫《秋兴八首》之七:“关塞极天唯鸟道,江湖满地一渔翁。”

【極目】 ❶纵目。放眼远望。刘希夷《江南曲八首》之一:“岁游难极目,春戏易为心。”刘长卿《送侯中丞流康州》:“长江极目带枫林,匹马孤云不可寻。”韦处厚《盛山十二诗·盘石磴》:“高高曾几折,极目瞰秋鸢。”麻温其《登岳阳楼》:“极目江山何处是,一帆万里信归船。”❷满目。李九龄《登楼寄远》:“满城春色花如雪,极目烟光月似钩。”李士元《登单于台》:“悔上层楼望,翻成极目愁。”

【極玄集】 唐诗选集名。唐姚合编选。共二卷,选辑王维、钱起、郎士元等二十一人诗。其中以大历诗人为主。贯休有《览姚合极玄集》。

【極戍】 边戍。边塞之营戍。陆龟蒙《回文》:“冷天侵极戍,寒月对行舟。”

【極岸】 远岸;绵长之河岸。段成式《河出荣光》:“极岸浮佳气,微波照夕阳。”

【極知】 深知。萧妃《夜梦》:“极知意气薄,不著去时衣。”

【極美】 谓美到了极点。唐彦谦《索虾》:“出产在四时,极美宜于秋。”

【極致】 最佳境界。萧颖士《江有归舟》序:“刘氏二子,可谓立乎身,光乎亲,蹈极致于人伦者矣。”

【極浦】 望不到尽头的水浦。王维《和使君五郎西楼望远思归》:“惆怅极浦外,迢递孤烟出。”李嘉祐《承恩量移宰江邑临鄱江怅然之作》:“惆怅闲眠临极浦,夕阳秋草不胜情。”戎昱《送苏参军》:“舟移极蒲城初掩,山束长江日早曛。”潘咸《舟行》:“平沙极浦无人度,犹系孤舟寒草西。”

【極陸】 穷尽陆地。欧阳詹《智达上人水精念珠歌》:“穷川极陆难为宝,孰说砗磲将玛瑙。”

【極處】 (—chù)尽头处;极远处。方干《侯郎中新置西湖》:“已见澄来连镜底,兼知极处浸云根。”

【極野】 远野;广野。孟浩然《示孟郊》:“蔓草蔽极野,兰芝结孤根。”贯休《秋尽途中作》:“残阳曬极野,黑水浸空坟。”

【極望】 尽目力望去。王勃《采莲曲》:“叶屿花潭极望平,江讴越吹相思苦。”李敬伯《和段相公登武担寺西台》:“楼殿斜晖照,江山极望通。”李德裕《初归平泉过龙门南岭遥望山居即事》:“初归故乡陌,极望且徐轮。”李群玉《鸿鹣》:“霞明川静极望中,一时飞灭青山绿。”

【極遠】 谓纵目远望。张九龄《九月九日登龙山》:"极远何萧条,中留坐惆怅。"

【極塞】(—sài)犹边塞。罗邺《长城》:"谩役生民防极塞,不知血刃起中原。"王贞白《出自蓟北门行》:"蓟北连极塞,塞色昼冥冥。"李洞《雪》:"迢迢来极塞,连阙谓风吹。"

【極微】最幽微深奥处。皎然《酬秦山人系题赠》:"果得宗居士,论心到极微。"

【極樂】(—lè)指佛教所说西天极乐世界。李绅《题法华寺》:"极乐知无碍,分明应有缘。"陆龟蒙《奉和袭美初夏游楞伽精舍次韵》:"金仙著书日,世界名极乐。"

【極嶮】极其险峻。皮日休《正乐府十篇·哀陇民》:"穷危又极崄,其山犹不全。"

【極邊】❶边塞,边陲。刘言史《赋蕃子牧马》:"碛净山高见极边,孤烽引上一条烟。"许棠《隗嚣宫晚望》:"西顾伊兰近,方惊滞极边。"王仁裕《从蜀后主幸秦川上梓潼山》:"盛德安疲俗,仁风扇极边。"❷至边塞。刘禹锡《送工部张侍郎入蕃吊祭》:"水咽犹登陇,沙鸣稍极边。"

【極覽】尽览;尽力无遗观览。韩愈《卢郎中云夫寄示送盘谷子诗两章歌以和之》:"穷探极览颇恣横,物外日月本不忙。"

【極巔】山顶。元结《招陶别驾家阳华作》:"半崖盘石径,高亭临极巅。"

棰 〔chuí《集韵》之累切,上紙,章。〕棍棒。亦指马鞭。陆龟蒙《奉和袭美古杉三十韵》:"挺若苻坚棰,浮于祖纳椎。"

九 画

楔 〔xiē《广韵》先結切,入屑,心。又古黠切,入黠,見。〕楔子。前端扁锐后部平厚如斧状之竹木片,用于塞榫缝以便紧固。裴勋父子《酒令》(卷八七九):"矬人饶舌,破车饶楔。"

椿 〔chūn《广韵》丑倫切,平諄,徹。〕❶树木名。即香椿。楝科,落叶乔木。花白色,夏季开。木材红褐色,为建筑与制器具之良材。叶芽嫩香,可食。寒山《诗三百三首》之九六:"有人把椿树,唤作白栴檀。"张蠙《投翰林张侍郎》:"丹穴虽无凡羽翼,灵椿还向细枝条。"贯休《梦游仙四首》之三:"森森椿树下,白龙来嗅人。"❷《庄子·逍遥游》:"上古有大椿者,以八千岁为一春,八千岁为一秋。"后因以椿树喻长寿。喻凫《玄都观李尊师》:"寿已将椿并,棋难见局终。"韩偓《小隐》:"灵椿朝菌由来事,却笑庄生始欲齐。"❸因庄子谓椿长寿,后因以代指父亲。见"椿萱"。

【椿年】指如椿树般高寿之年龄。钱起《柏崖老人自以云泉独乐命予赋诗》:"帝力言何有,椿年喜渐长。"牟融《赠浙西李相公》:"月里昔曾分兔药,人间今喜得椿年。"参见"椿❷"。

【椿兒】张祜之子。颜萱《过张祜处士丹阳故居》序:"萱与故张处士祜,世家通旧……处士有四男一女,男曰椿儿、桂子、椅儿、杞儿,问之,三已物故,唯杞为遗孕,与其女尚存。"

【椿菌】椿树与朝菌。分别喻指长寿与短命之物。白居易《送毛仙翁》:"岂识椿菌异,那知鹏鷃悬。"崔元略《赠毛仙翁》:"莫将凡圣比云泥,椿菌之年本不齐。"

【椿萱】椿树与萱草。代指父母。见《庄子·逍遥游》。代指父。《诗·卫风·伯兮》云:"焉得萱草,言树之背。"代指母。牟融《送徐浩》:"知君此去情偏切,堂上椿萱雪满头。"

【椿筍】椿芽;椿树抽芽。齐己《寄倪署郎中》:"帝乡久别江乡住,椿笋何如樱笋时。"

【椿歲】椿树之年岁。喻长寿。孟郊《井上枸杞架》:"花杯承此饮,椿岁小无穷。"参见"椿❷"。

【椿齡】如大椿般长寿、高龄。吴筠《步虚词十首》之七:"绵绵庆不极,谁谓椿龄多。"参见"椿❷"。

【椿壽】喻指高寿。杜甫《寄刘峡州伯华使君四十韵》:"但求椿寿永,莫虑杞天崩。"白居易《齐物二首》之二:"椿寿八千春,槿花不经宿。"参见"椿❷"。

椹 〔shèn《广韵》食荏切,上寝,船。〕桑椹。桑树之果实。色乌红,多汁,味甜,可食。李白《白田马上闻莺》:"黄鹂啄紫椹,五月鸣桑枝。"张籍《江村行》:"桑林椹黑蚕再眠,妇姑采桑不向田。"贯休《偶作五首》之二:"闯蜀眉嚬游海岛,扶桑椹熟金乌饱。"

楪 〔dié《广韵》達協切,入帖,定。〕同"碟"。碟子。盛食器名。浅沿平底,以盛放食物。小于盘。白居易《七年元日对酒五首》之三:"三杯蓝尾酒,一楪胶牙饧。"薛昭纬《谢银工》:"一楪毡根数十皴,盘中犹更有红鳞。"

楠 〔nán《广韵》那含切,平覃,泥。〕❶树木名。樟科常绿乔木。为建筑或制器物之上等用材。见"楠木❶""楠桂"。❷指石楠。李郢《清明日题一公禅室》:"山头兰若石楠春,山下清明烟火新。"

【楠木】❶楠树。严武《题巴州光福寺楠木》:"楚江长流对楚寺,楠木幽生赤崖背。"❷楠树之木材。花蕊夫人徐氏《宫词》之七一:"松柏楼窗楠木板,暖风吹过一团香。"

【楠桂】楠树与桂树。唐扶《使南海道长沙题道林岳麓寺》:“荒唐大树悉楠桂,细碎枯草多兰荪。”

【楠瘤】 楠木之树瘤。可用以制杯盏。皮日休《奉和鲁望独夜有怀吴体见寄》:“此时枉欠高散物,楠瘤作樽石作垆。”

楂[1] 〔chá《广韵》鉏加切,平麻,祟。〕❶木筏。李白《秋日与张少府楚城韦公藏书高斋作》:“楂拥随流叶,萍开出水鱼。”❷砍伐后之树木残根或断株。杜牧《宿东横山濑》:“猕猴悬弱柳,鸿鹈睡横楂。”贯休《山居诗二十四首》之十四:“葛苞玉粉生香垄,菌簇银钉满净楂。”❸树之枝杈。刘禹锡《晚岁登武陵城顾望水陆怅然有作》:“跳鳞避举网,倦鸟寄行楂。”

楂[2] 〔zhā《音韻闡微》菑鵶切,平麻。〕果名。亦叠用为象声词。见“楂₂楂”。

【楂客】 即槎客。晋张华《博物志》卷十载:传天河与海通,有人乘槎去十余日,见一人饮牛河边,便问此是何处。答云:“归去问严君平则知。”后归问君平,曰:“某年月日有客星犯牵牛宿。”计其年月,正此人至天河时。后因以“楂客”指乘槎泛天河之人。清昼、严伯均《远意联句》:“楂客三千路未央,烛龙之地日无光。”

【楂₂楂】 象声词。状鸟鹊叫声。韩愈《杂诗四首》之二:“鹊鸣声楂楂,乌噪声擭擭。”

楚 〔chǔ《广韵》創舉切,上語,初。又瘡據切,去御,初。〕❶木名。荆属。丛生之落叶灌木。枝干坚韧,可作杖。果实称楚豆,可食,亦可入药。高适《宋中遇刘书记有别》:“寒楚眇千里,雪天昼不开。”见“楚豆”。❷丛生的。见“楚木”“楚林”。❸苦楚,痛苦。见“苦雨❷”“楚挽”“楚顋”。❹酸。白居易《和微之诗二十三首·和三月三十日四十韵》:“手经攀桂馥,齿为尝梅楚。”❺伧俗;土气。皎然《冬日天井西峰张炼师所居》:“仙乡何代隐,乡服言亦楚。”❻鲜活,明丽。见“楚楚❶”。❼国名。(1)春秋五霸与战国七雄之一。芈姓。始祖鬻熊。西周时立国于平荆山一带,都丹阳(今湖北秭归),后建都于郢(今湖北江陵)。战国时,疆土扩展至今皖、赣、苏、浙。公元前223年为秦所灭。王维《送秘书晁监还日本国》序:“必齐之姜,不归娶于高国;在楚犹晋,亦何独于由余。”李商隐《哭刘司户二首》之二:“已为秦逐客,复作楚冤魂。”李善夷《责汉水辞》序:“齐桓公合诸侯之师盟于召陵,责楚之苞茅不入。”(2)指秦末汉初先后与秦、汉相对立之楚政权。王珪《咏淮阴侯》:“北讨燕承命,东驱楚绝粮。”李昂《赋戚夫人楚舞歌》:“此时平楚复平齐,咸阳宫阙到关西。”❽指战国楚之旧地。张子容《乐城岁日赠孟浩然》:“半是吴风俗,仍为楚岁时。”岑参《送任郎中出守明州》:“郡政傍连楚,朝恩独借吴。”李绅《趋翰苑遭诬构四十六韵》:“溢浦潮通楚,匡山地接吴。”刘得仁《送越客归》:“众山离楚上,孤棹宿吴西。”

【楚十】 名不详。常建有《送楚十少府》。

【楚人】 ❶楚地之人。楚,春秋战国时之国名,地域包括今湘、鄂、豫、皖、赣等地。刘长卿《春草宫怀古》:“犹带罗裙色,青青向楚人。”于武陵《客中》:“楚人歌竹枝,游子泪沾衣。”❷指春秋楚厉王、楚武王。卞和先后献璞于厉王与武王,二人皆疑其诳,刖其足。后泛指不识真才之人。马戴《摅情留别并州从事》:“才希汉主召,玉任楚人疑。”

【楚大夫】 指战国楚屈原。因屈原曾任楚三闾大夫,故称。亦喻指正直受屈之人。曹邺《续幽愤》:“一逐楚大夫,何人为君雪。”罗隐《杜陵秋思》:“只闻斥逐张公子,不觉悲同楚大夫。”

【楚才】 ❶楚地之人才。张祜《庚子岁寓游扬州赠崔荆四十韵》:“楚才君漫倚,荆璞我虚凭。”❷楚地之木材。罗隐《尚父偶建小楼特摛丽藻绝句不敢称扬三首》之三:“阑槛初成愧楚才,不知星彩尚迂回。”

【楚上】 ❶地名。唐置县,属河南道宋州。故址在今山东曹县东南。高适有《和崔二少府登楚丘作》。岑参有《送楚丘曲少府赴官》。贯休《寄栖一上人》:“花堑接沧州,阴云闲楚丘。”❷泛指楚地之丘峦。马戴《楚江怀古三首》之一:“露气寒光集,微阳下楚丘。”

【楚山】 ❶即荆山。在今湖北南漳县之西部,汉水西岸。山有抱玉崖,传即春秋楚人卞和得璞玉处。杜审言《登襄阳城》:“楚山横地出,汉水接天回。”司马逸客《雅琴篇》:“文以楚山玉,错以昆吾金。”杨巨源《襄阳乐》:“碑沉楚山石,珠彻汉江秋。”❷泛指楚地(包括湘、鄂、苏、皖地带)之山。张说《对酒行巴陵作》:“鸟哭楚山外,猿啼湘水阴。”王昌龄《芙蓉楼送辛渐二首》之一:“寒雨连天夜入湖,平明送客楚山孤。”李绅《过钟陵》:“江对楚山千里月,郭连渔浦万家灯。”韦庄《泛鄱阳湖》:“四顾无边鸟不飞,大波惊隔楚山微。”❸即商山。在今陕西商洛市境。传为商山四高士隐居之处。储光羲《田家杂兴八首》之六:“楚山有高士,梁国有遗老。”

【楚弓】 《孔子家语·好生》:“楚王失弓,楚人得之,又何求之?”后因以“楚弓”喻指自己丢失而不落外人手中之物。常用以表示对个人得失之豁达态度。刘长卿《避地江东留别淮南使院诸公》:“何辞向物开秦镜,却使他人得楚弓。”

【楚女】 ❶楚地之女。泛指长江流域之女子。李益《莲塘驿》:“楚女肌发美,莲塘烟露滋。”李贺《屏风曲》:“月风吹露屏外寒,城上乌啼楚女眠。”杜牧《寄李起居四韵》:"楚女梅簪白雪姿,前溪碧水冻醪时。"温庭筠《湘东宴曲》:"湘东夜宴金貂人,楚女含情娇翠嚬。"❷指巫山神女。徐夤《追和白舍人咏白牡丹》:"裁分楚女朝云片,剪破姮娥夜月光。"❸指神女瑶姬。李商隐《细雨》:"楚女当时意,萧萧发彩凉。"

【楚女真】　楚国之女仙。指巫山神女。曹松《巫峡》:"巫山苍翠峡通津,下有仙宫楚女真。"参见"楚王"。

【楚女腰肢】　泛指女子之细腰。语本《韩非子·二柄》:"楚灵王好细腰,而国中多饿人。"杜甫《清明二首》之一:"胡童结束还难有,楚女腰肢亦可怜。"

【楚子】　❶指春秋时楚王。因楚国国君始封为子爵,故称。张九龄《郢城西北樊妃冢》:"楚子初逞志,樊妃尝献箴。"马戴《校猎曲》:"楚子畋郊野,布罟笼天涯。"李群玉《登章华楼》:"楚子故宫地,苍然云水秋。"❷指楚地。皎然《兵后与故人别予西上至今在扬楚因有是寄》:"淮上春草歇,楚子秋风生。"

【楚王】　❶指春秋楚厉王与楚武王。李峤《玉》:"徒为卞和识,不遇楚王珍。"❷指春秋楚文王。汪遵《息国》:"家国兴亡身独存,玉容还受楚王恩。"❸指春秋楚灵王。白居易《杂兴三首》之一:"楚王多内宠,倾国选嫔妃。"李商隐《梦泽》:"梦泽悲风动白茅,楚王葬尽满城娇。"唐彦谦《垂柳》:"楚王江畔无端种,饿损纤腰学不成。"胡曾《咏史诗·细腰宫》:"楚王辛苦战无功,国破城荒霸业空。"❹指春秋楚昭王。李峤《萍》:"既能甜似蜜,还绕楚王舟。"❺指战国楚宣王。太宗《出猎》:"楚王云梦泽,汉帝长杨宫。"❻指战国楚怀王。汪遵《屈祠》:"至今祠畔猿啼月,了了犹疑恨楚王。"罗隐《四皓庙》:"楚王谩费闲心力,六里青山尽属君。"❼指战国楚顷襄王。岑参《送崔全被放归都觐省》:"楚王犹自惑,宋玉且将归。"杨巨源《美人春怨》:"纵便朦胧觉,魂犹逐楚王。"袁皓《寄岳阳严使君》:"也知暮雨生巫峡,争奈朝云属楚王。"❽指秦末项羽。羽秦子婴元年自立为西楚霸王。李峤《锦》:"若逢楚王贵,不作夜行人。"❾指汉韩信。信高祖五年封楚王。崔国辅《漂母岸》:"后为楚王来,黄金答母恩。"❿楚王之论。崔珏《早梅赠李商隐·佚句》:"楚王宫地罗含宅,赖许时时听法来。"

【楚王城】　古城名。战国楚襄王曾定都于此,故称。旧址在今河南信阳西北。钱起《送虞说擢第东游》:"月中严子濑,花际楚王城。"

【楚王宫】　战国楚王之宫殿。(1)在郢都。即今湖北江陵东南之故郢城。楚平王时都于此。刘希夷《春女行》:"忆昔楚王宫,玉楼妆粉红。"许浑《酬河中杜侍御重寄》:"五色如丝下碧空,片帆还绕楚王宫。"蔡瑰《夏日闺怨》:"非关曾入楚王宫,直为相思腰转细。"(2)在今重庆市巫山县西阳台古城内。传楚襄王曾游此梦遇神女。皇甫冉《巫山峡》:"云藏巫山馆,雨到楚王宫。"韦庄《送李秀才归荆溪》:"楚王宫去阳台近,莫倚风流滞少年。"

【楚王神】　指传说中的巫山神女。岑参《送周子落第游荆南》:"若从巫峡过,应见楚王神。"

【楚王祠】　祭祀楚襄王之祠庙。故址在今重庆市巫山县西。无可《经贞女祠》:"不同巫峡女,来往楚王祠。"

【楚王雲雨】　指战国楚顷襄王梦与巫山神女云雨之事。见战国楚宋玉《高唐赋》。刘兼《中春宴游》:"楚王云雨迷巫峡,江令文章媚蜀笺。"

【楚王夢】　指战国楚顷襄王梦与巫山神女云雨之事。张九龄《巫山高》:"此中楚王梦,梦得神女灵。"孟浩然《送王七尉松滋得阳台云》:"婵娟流入楚王梦,倏忽还随零雨分。"参见"楚王雲雨"。

【楚王臺】　台名。即阳台。传为楚顷襄王梦游巫山神女之处,在今重庆市巫山县西。岑参《送江陵泉少府赴任》:"城边宋玉宅,峡口楚王台。"杜甫《奉寄李十五秘书二首》之一:"暂留鱼复浦,同过楚王台。"

【楚天】　楚地之天空。刘长卿《送杜越江佐觐省往新安江》:"去帆楚天外,望远愁复积。"皎然《送裴参军还下邳旧居》:"北望烟铺骠骑营,虏烽无火楚天晴。"徐夤《鸿》:"况解衔芦避弓箭,一声归唳楚天风。"谢太虚《杪秋洞庭怀王道士》:"心知楚天远,目送沧波流。"

【楚天雲雨】　指巫山神女,或指男女欢会。见《文选·战国楚宋玉〈高唐赋〉》。李商隐《有感》:"一自《高唐赋》成后,楚天云雨尽堪疑。"

【楚木】　丛生之木。杨凌《江上秋月》:"月色吴江上,风声楚木林。"杜牧《晓望》:"房屋随月晓,楚木向云秋。"皎然《答黎士曹》:"楚木纷如麻,高松自孤直。"贯休《海边见罗邺》:"楚木寒连寺,修江碧入云。"

【楚少府】　名不详,排行第四。天宝间为县尉。常建有《送楚十少府》。

【楚公】　❶指怀楚。郑谷《寄题诗僧秀公》"灵一心传清塞心,可公吟后楚公吟。"❷法名全称不详。大中时僧。李商隐《题白石莲花寄楚公》。❸法名全称不详。大中时僧。李洞《叙事寄荐福栖白》:"兔满期姚监,蝉稀别楚公。"按,或以为楚公为令狐楚,非。❹法名全称不详。僖宗时僧。韦庄有《不出院楚公》。❺法名全称不详。五代蜀僧。唐求有《赠楚公》。

【楚月】　楚天之月。马戴《夜下湘中》:"露洗寒山遍,波摇楚月空。"齐己《赠曹松先辈》:"楚月吟前落,江禽酒外飞。"

【楚卞】　指春秋楚卞和。即献和氏璧于楚王反被刖足者。吕温《古兴》:"越欧百炼时,楚卞三泣地。"

【楚户】 楚地之住户。杜甫《风疾舟中伏枕书怀三十六韵呈湖南亲友》:"十暑岷山葛,三霜楚户砧。"

【楚水】 楚地之水。崔国辅《古意》:"红荷楚水曲,彪炳烁晨霞。"刘长卿《巡去岳阳却归鄂州使院留别郑洵侍御》:"何事长沙谪,相逢楚水秋。"徐凝《荆巫梦思》:"楚水白波风袅袅,荆门暮色雨萧萧。"

【楚水巴山】 指巴蜀、荆楚(今四川、重庆、湖南)一带之山水。刘禹锡《竹枝词二首》之二:"楚水巴山江雨多,巴人能唱本乡歌。"

【楚水吴山】 指古吴、楚一带(指长江中下游)之山水。贾至《送李侍郎赴常州》:"雪晴去散北风寒,楚水吴山道路难。"韦庄《题盘豆驿水馆后轩》:"冯轩尽日不回首,楚水吴山无限情。"

【楚水秦天】 指古秦、楚之地(今湘鄂与关中一带)的水天。李群玉《寄短书歌》:"孤台冷眼无来人,楚水秦天莽空阔。"

【楚玉】 楚国之宝玉。多特指和氏璧。孟郊《鸦路溪行呈陆中丞》:"应怜泣楚玉,弃置如尘泥。"温庭筠《病中书怀呈友人》:"未能鸣楚玉,空欲握隋珠。"许棠《讲德陈情上淮南李仆射八首》:"楚玉已曾分卞玉,膺门依旧是龙门。"

【楚世家】 《史记》之篇名,内容系记载楚国之历史。后亦以泛指楚国之史事。唐彦谦有《楚世家》。

【楚石】 楚地之石岩。孟郊《汝墳蒙从弟楚材见赠》:"北阙秦门高,南路楚石深。"

【楚甲】 ❶指精兵劲旅。见《左传·襄公三年》。杜牧《东兵长句十韵》:"羽林东下雷霆怒,楚甲南来组练明。"❷指精良之铠甲。权彻《题沈黎城》:"铁骑耀楚甲,玉匣横吴钩。"

【楚田】 楚地之田园、田野。法振《题天长阮少府湖上客归》:"孤棹移官舍,新农寄楚田。"无可《送姚明府赴招义县》:"风烟谯国远,桑柘楚田平。"李频《送姚郜先辈赴汝洲辟》:"雷雨依嵩岭,桑麻接楚田。"喻坦之《大梁送友人东游》:"河声梁苑夜,草色楚田曛。"

【楚囚】 ❶指被俘之楚国人,后则以泛指囚徒、俘虏,或以喻指受困窘之人。见《左传·成公九年》。王昌龄《箜篌引》:"九族分离作楚囚,深溪寂寞弦苦幽。"李涉《硖石遇赦》:"天网初开释楚囚,残骸已废自知休。"唐彦谦《奉使岐下闻唐弦夫行军为贼所擒伤而有作》:"报国捐躯实壮夫,楚囚垂欲复神都。"❷指遭遇困难时徒知悲泣而无对策之人。李商隐《与同年李定言曲水闲话戏作》:"相携花下非秦赘,对泣春天类楚囚。"参见"楚囚悲"。

【楚囚悲】 指国难当头,束手无策,徒知悲泣。见南朝宋刘义庆《世说新语·言语》。李白《金陵新亭》:"四座楚囚悲,不忧社稷倾。"

【楚市】 楚城。指楚国之郢都。韦庄《边上逢薛秀才话旧》:"秦云一散如春梦,楚市千烧作故城。"

【楚邦】 指古楚国之境域。贯休《秋末入匡山船行八首》之六:"谩有归乡梦,前头是楚邦。"

【楚寺】 楚地之寺宇。严武《题巴州光福寺楠木》:"楚江长流对楚寺,楠木幽生赤崖背。"温庭筠《和友人盘石寺逢旧友》:"楚寺上方宿,满堂皆旧游。"

【楚老】 ❶泛指楚地之父老。刘长卿《鄂渚送池州程使君》:"江湖通廨舍,楚老拜戈船。"李白《赠徐安宜》:"白田见楚老,歌咏徐安宜。"白居易《宣武令狐相公以诗寄赠聊奉短草用申酬谢》:"新诗传咏忽纷纷,楚老吴娃耳遍闻。"司空图《松滋渡二首》之一:"江乡宜晚霁,楚老语丰年。"❷指韦楚老。鲍溶有《代楚老酬主人》。

【楚地】 指春秋战国楚之疆域。即今长江流域上起四川成都下至江浙一带。见《战国策·楚策一》。刘长卿《长沙馆中与郭夏对雨》:"云横全楚地,树暗古湘洲。"朱庆余《长安春日野中》:"青春思楚地,闲步出秦城。"许棠《将归江南留别友人》:"雪开还楚地,花惹别秦衣。"

【楚芝】 楚山之芝草。楚山即商山。秦末四高士隐居于此,曾作《采芝操》。李商隐《归墅》:"楚芝应遍紫,邓橘未全黄。"

【楚臣】 ❶指屈原。宋之问《洞庭湖》:"楚臣悲落叶,尧女泣苍梧。"柳宗元《界围岩水帘》:"楚臣昔南逐,有意仍丹丘。"韩愈《送惠师》:"斑竹啼舜妇,清湘沈楚臣。"王鲁直《吊灵均》:"明明唐日月,应见楚臣心。"❷泛指楚国之臣子。吴融《楚事》:"悲秋应亦抵伤春,屈宋当年并楚臣。"

【楚匠】 指公输般。即鲁班。春秋时之著名工匠。曾为楚造攻城云梯,故称。亦泛指能工巧匠。白居易《偶于维扬牛相公处觅得筝》:"楚匠饶巧思,秦筝多好音。"

【楚帆】 楚江舟船之帆。杜甫《铜官渚守风》:"不夜楚帆落,避风湘渚间。"

【楚竹】 ❶即湘妃竹。亦称斑竹。因产于楚地,故称。宋之问《游陆浑南山自歇马岭到枫香林答李舍人适》:"楚竹幽且深,半杂枫香林。"郎士元《湘夫人二首》之一:"至今楚竹上,犹有泪痕斑。"❷指用斑竹制成之乐器。孟郊《楚竹吟酬卢虔端公见和湘弦怨》:"握中有新声,楚竹人未闻。"

【楚竹燕歌】 代指南方各地之歌乐。王韫秀《喻夫阻客》:"楚竹燕歌动画梁,春兰重换舞衣裳。"

【楚色】 楚地之景色。崔国辅《石头滩作》:"须臾遂入夜,楚色有微霭。"韩翃《送江陵元司录》:"能令诗思好，楚色与寒芜。”司空曙《送郑佶归洛阳》：“苍苍楚色水云间，一醉春风送尔还。”翁洮《赠进士王雄》：“笳吹古堞边声远，岳倚晴空楚色高。”

【楚州】 唐代州名。属淮南道。本隋之江都郡之山阳县。武德八年，改置楚州。天宝元年，更名淮阴郡。乾元元年，复为楚州，领山阳、盐城、盱眙、宝应、淮阴五县。治山阳，即今江苏淮安。刘长卿有《赴楚州次自田途中阻浅问张南史》。吕温有《楚州追制后花下共饮》。鲍溶有《读淮南李相行营至楚州诗》。

【楚州使君弟】 疑为李汤。《太平广记》卷四六七引《戊幕丛谈》：“永泰中，李汤任楚州刺史。”韦应物有《送李二归楚州》原注云：“时李季弟牧楚州，被讼赴急。”李嘉祐有《白田西忆楚州使君弟》。

【楚江】 楚地之江河。包括楚境内之长江。李白《望天门山》：“天门中断楚江开，碧水东流至北回。”严武《题巴州光福寺楠木》：“楚江长流对楚寺，楠木幽生赤崖背。”雍陶《送徐使君赴岳州》：“渺渺楚江上，风旗摇去舟。”李聪《咏麻溪在历阳西一里》：“涓涓出自碧湖中，流入楚江烟雾里。”

【楚江萍】 《孔子家语·致思》载：楚王渡江，见物大如斗，圆而赤，以问孔子。孔子曰：“此所谓萍实者也，可剖而食之，吉祥也，唯霸者能获焉。”后因以“楚江萍”指楚江中之罕见食物。杜甫《奉酬薛十二丈判官见赠》：“荣华贵少壮，岂食楚江萍。”

【楚池】 指汉水，亦泛指楚地之水。见《左传·僖公四年》。孟郊《横吹曲辞·折杨柳》之二：“花惊燕地雪，叶映楚池波。”

【楚妃】 ❶楚王之妃。(1)指楚文王妃息妫。李白《望夫石》：“有恨同湘女，无言类楚妃。”(2)指楚庄王妃樊姬。杨希道《咏笙》：“能令楚妃叹，复使荆王吟。”详见“楚妃歎”。(3)指湘妃。即舜妃娥皇、女英。传二妃没于湘水，遂为湘水之神。杨巨源《冬夜陪丘侍御先辈听崔校书弹琴》：“楚妃波浪天南远，蔡女烟沙漠北深。”❷泛指歌姬、美女。储光羲《夜观妓》：“白雪宜新舞，清霄召楚妃。”梁锽《戏赠歌者》：“楚妃临扇学，卢女隔帘传。”杜甫《寄常征君》：“楚妃堂上色殊众，海鹤阶前鸣向人。”❸乐府《楚妃叹》之省称。李颀《琴歌》：“铜炉华烛烛增辉，初弹渌水后楚妃。”鲍溶《秋夜闻郑山人弹楚妃怨》：“中间楚妃奏，十指哀婵娟。”罗隐《旅舍书怀寄所知二首》之二：“隋帝旧祠虽寂寞，楚妃清唱亦风流。”

【楚妃怨】 乐府吟叹曲之一。即《楚妃吟》。内容系咏闺情。张籍有《楚妃怨》。鲍溶有《秋夜闻郑山人弹楚妃怨》。

【楚妃歎】 乐府吟叹曲名。亦为琴曲。内容系咏春秋楚庄王妃樊姬荐贤并谏阻庄王畋猎事。张籍有《楚妃叹》。参阅汉刘向《列女传·楚庄樊姬》。

【楚弄】 楚地之乐曲。李商隐《燕台四首·秋》：“瑶琴愔愔藏楚弄，越罗冷薄金泥重。”

【楚材】 ❶楚国之木材。指杞、梓等上等木材。温会《奉陪段相公晚夏登张仪楼》：“有舌嗟秦策，飞梁驾楚材。”❷同“楚才”。楚地之人才。亦泛指优秀之人才。孟浩然《同卢明府饯张郎中除义王府司马海园作》：“冠盖趋梁苑，江湘失楚材。”包佶《酬于侍郎湖南见寄十四韵》：“楚材欣有适，燕石愧无功。”杜甫《毒热寄简崔评事十六弟》：“楚材择杞梓，汉苑归骅骝。”权德舆《奉和鄜州刘大夫麦秋出师遮虏有怀中朝亲故》：“壮志征梁甫，嘉招萃楚材。”

【楚豆】 牡荆之果实。可食，亦可入药。王绩《食后》：“胡麻山麨样，楚豆野麋方。”

【楚吟】 ❶指《楚辞》之哀怨歌吟。李贺《伤心行》：“咽咽学楚吟，病骨伤幽素。”韦庄《咸阳怀古》：“莫怪楚吟偏断骨，野烟踪迹似东周。”亦泛指哀怨之歌吟。栖白《赠李溟秀才》：“明月上清汉，骚人动楚吟。”❷谓吟咏楚国之事。李商隐有《楚吟》。

【楚邑】 楚国之境域。无可《送董正字归覲毗陵》：“路入江波上，人归楚邑东。”

【楚岑】 楚地之山。孟郊《送清远上人归楚山旧寺》：“波中出吴境，霞际登楚岑。”

【楚邱】 楚地之山丘。马戴《楚江怀古三首》之一：“露气寒光集。微阳下楚丘。”

【楚甸】 楚境之原野。李峤《茅》：“楚甸供王日，衡阳入贡年。”韦应物《游灵岩寺》：“吴岫分烟景，楚甸散林丘。”袁郊《云》：“楚甸尝闻旱魃侵，从龙应合解为霖。”徐夤《路旁草》：“楚甸秦原万里平，谁教根向路傍生。”

【楚狂】 ❶指春秋楚人接舆。见《论语·微子》。杜甫《遣闷》：“倚著如秦赘，过逢类楚狂。”钱起《早夏》：“楚狂身世恨情多，似病如忧正是魔。”鲍溶《寓兴》：“鲁圣虚泣麟，楚狂浪歌凤。”元孚《送李四校书》：“莫学楚狂隳姓字，知音还有子期听。”❷喻指狂士。戴叔伦《答崔载华》：“偷归瓮间卧，逢个楚狂来。”权德舆《题邵端公林亭》：“更置盈尊酒，时时醉楚狂。”韩愈《芍药歌》：“花前醉倒歌者谁，楚狂小子韩退之。”吴融《灵宝县西侧津》：“高歌一曲垂鞭去，尽日无人识楚狂。”

【楚狂人】 指春秋楚人接舆。喻指狂放之士。李白《庐山谣寄卢侍御虚舟》：“我本楚狂人，凤歌笑孔丘。”参见“楚狂”。

【楚狂子】 即“楚狂”。指春秋楚接舆。喻指狂士。陈子昂《感遇诗三十八首》之三六：“念与楚狂子，悠悠白云期。”李白《江西送友人之罗浮》：“如寻楚狂子，琼树有芳枝。”

【楚狂接輿】　春秋楚隐士，以其佯狂避世，故称。见《论语·微子》。吴筠有《高士咏·楚狂接舆夫妻》。

【楚狂歌】　春秋楚人接舆嘲笑孔丘之歌。见《论语·微子》。韩偓《答友人见寄酒》：“淋漓满襟袖，更发楚狂歌。”

【楚角】　（—jiǎo）悲凉之号角声。韦庄《章台夜思》：“孤灯闻楚角，残月下章台。”

【楚言】　楚地之方言。亦指操楚方言。张说《荆州亭入朝》：“旃裘吴地尽，髻荐楚言多。”温庭筠《烧歌》：“邻翁能楚言，倚插欲潸然。”

【楚君】　楚国之君王。太宗《赋得含峰云》：“非复阳台下，空将惑楚君。”李群玉《宿巫山庙二首》之一：“寂寞高堂别楚君，玉人天上逐行云。”

【楚林】　丛林。张乔《猿》：“桂月栖云向楚林，取来全是为清音。”

【楚雨】　❶楚地之雨。杜甫《雨四首》之四：“楚雨石苔滋，京华消息迟。”杜牧《齐安郡中偶题二首》之二：“秋声无不搅离心，梦泽蒹葭楚雨深。”温庭筠《寒食节日寄楚望二首》之一：“心断入淮山，梦长穿楚雨。”许棠《渭上送人南归》：“楚雨天连地，胡风夏甚秋。”❷喻指眼泪。胡曾《咏史诗·杂曲歌辞·车遥遥》：“脸边楚雨临风落，头上春云向日销。”

【楚些】　（—suò）《楚辞·招魂》依楚人招魂歌形式写，凡句尾皆有“些”字。后因以“楚些”指招魂歌，或指楚辞、楚民歌。韩愈、孟郊《远游联句》：“楚些待谁吊，贾辞缄恨投。”牟融《邵公母》：“搔首惊闻楚些歌，拂衣归去泪悬河。”殷尧藩《楚江怀古》：“骚灵不可见，楚些竟谁闻。”

【楚尚書】　樊尚书之讹，指樊泽。泽贞元三年为江陵尹、荆南节度使兼御史大夫；六年，加检校礼部尚书。于鹄有《寓意》，题一作《荆南陪楚尚书惜落花》。

【楚明光】　古琴曲名。见汉蔡邕《琴操·何间杂歌·楚明光》。阎朝隐《琴曲歌辞·明月歌》：“挥玉指，拂罗裳，为君一奏楚明光。”乔知之《倡女行》：“且歌新夜曲，莫弄楚明光。”

【楚岸】　楚地之水岸。储光羲《临江亭五咏》之四：“梁园多绿柳，楚岸尽枫林。”杜甫《缆船苦风戏题四韵奉简郑十三判官》：“楚岸朔风疾，天寒鸧鸹呼。”杜牧《题安州浮云寺楼寄湖州张郎中》：“事与孤鸿去，梵岸柳何穷。”

【楚岫】　楚地之山岫。韦迢《早发湘潭寄杜员外院长》：“楚岫千峰翠，湘潭一叶黄。”朱庆余《送人下第归》：“岸阔湖波溢，程遥楚岫微。”司空图《松滋渡二首》之二：“楚岫接乡思，茫茫归路迷。”秦韬玉《长安书怀》：“岗收楚岫和空碧，秋染湘江到底清。”

【楚兒】　字润娘。长安北里妓女。《全唐诗》卷八〇二录其诗一首。

【楚金】　指荆楚出产之金或铜。见《诗·鲁颂·泮水》。李中《依韵酬智谦上人见寄》：“吾师惠佳句，胜得楚金归。”

【楚金禪師】　（禪 chán）俗姓程。广平郡（今河北永年东南）人。事迹见《宋高僧传》卷二四。岑参有《登千福寺楚金禅师法华院多宝塔》。

【楚服】　❶楚地之服装。《楚辞·屈原〈离骚〉》：“制芰荷以为衣兮，集芙蓉以为裳。”后因以指荷衣或高士之服。李峤《荷》：“魏朝难接采，楚服但同披。”❷指楚地。服，京畿以外之地。李敬玄《奉和别鲁王》：“绿车旋楚服，丹跸伫秦川。”骆宾王《夕次旧吴》：“维舟背楚服，振策下吴畿。”

【楚泊亭】　亭名。在唐山南道朗州武陵县（今湖南桃源）。无名氏有《楚泊亭》（《外编》下）诗。

【楚波】　犹楚水。指楚地之河湖。张蠙《边游别友人》：“雨雪迷燕路，田园隔楚波。”韦庄《又闻湖南荆渚相次陷没》：“尸填汉水连荆阜，血染湘云接楚波。”

【楚屈】　指屈原，因屈原为楚人，故称。孟郊《答卢仝》：“楚屈入水死，诗孟踏雪僵。”

【楚弦】　楚地之弦乐器。亦指楚地弦乐之声。白居易《春夜喜雪有怀王二十二》：“坐罢楚弦曲，起吟班扇诗。”皎然《送李季良北归》：“掩抑楚弦绝，离披湘叶衰。”赵嘏《别李谱》：“今日别君如别鹤，声容长在楚弦中。”

【楚奏】　指楚人在他乡奏楚音，常用为咏怀乡恋旧之典。见《左传·成公九年》。骆宾王《途中有怀》：“眷然怀楚奏，怅矣背秦关。”又《幽絷书情通简知己》：“自悯秦冤痛，谁怜楚奏哀。”顾况《酬唐起居前后见寄二首》之二：“汉仪君已接，楚奏我空频。”刘禹锡《武陵书怀五十韵》：“就日秦京远，临风楚奏烦。”

【楚城】　❶楚国之都城。即郢城。故址在今湖北江陵。罗隐《渚宫秋思》：“楚城日暮烟霭深，楚人驻马还登临。”❷指唐淮南道楚州。治所即今江苏淮安。刘长卿《赴楚州次自田途中阻浅问张南史》：“楚城今近远，積霭寒塘暮。”❸指唐江南道江州之楚城县。旧址在今江西九江。李白有《秋日与张少府楚城韦公藏书高斋作》。❹泛指楚地之城。李颀《送郝判官》：“楚城木叶落，夏口青山遍。”此指夏口，即今湖北汉口。张籍《赠别孟郊》：“停车楚城下，顾我不念程。”此指唐淮南道和州（今安徽和县）。张祜《题虎丘西寺》：“嚣尘楚城外，一寺枕通波。”此指唐江南道苏州（今江苏苏州）。无可《京口别崔固》：“相逢嵩岳客，共听楚城蝉。”此指京口，在今江苏丹徒。

【楚城驛】　驿站名。在唐江南道江州浔阳县（今江西九江)。白居易有《早发楚城驿》。

【楚荆】　指今湖北江陵。因其地古为楚都,后为荆州府治,故称。亦泛指楚地。孟云卿《汴河阻风》:“清晨自梁宋,挂席之楚荆。”李频《陕下投姚谏议》:“旧业在东鄙,西游从楚荆。”郑谷《渚宫乱后作》:“乡人来话乱离情,泪滴残阳问楚荆。”

【楚南】　指楚地。因楚在秦之南,故称。贾至《江南送李卿》:“双鹤南飞度楚山,楚南相见忆秦关。”杜牧《长安送友人游湖南》:“楚南饶风烟,湘岸苦萦宛。”杜荀鹤《送黄补阙南迁》:“喧然公论在,难滞楚南春。”

【楚相】　(—xiàng)指春秋楚相孙叔敖。为咏官员尽忠而不得善报之典。见《史记·滑稽列传》。杨凝《别谪者》:“不须祠楚相,臣节转堪疑。”

【楚柳】　楚地之柳。白居易《酬郑侍御多雨春空过诗三十韵》:“楚柳腰肢弹,湘筠涕泪滂。”

【楚昭王】　姓熊名珍。春秋楚平王之子。事迹见《史记·楚世家》。韩愈有《题楚昭王庙》。按,楚昭王庙在唐襄州宜城(今属湖北)内,见韩愈《记宜城驿》。

【楚昭萍實】　指春秋楚昭王渡江而获萍实之事。见汉刘向《说苑·辨物》。李瀚《蒙求》:“楚昭萍实,束晰竹简。”

【楚界】　楚国之疆界。柴夔《望九华山》:“北截吴门疑地尽,南连楚界觉天低。”

【楚思】　对故乡楚地之思念。亦泛指思乡之情。卢纶《和太常王卿立秋日即事》:“别弦添楚思,牧马动边情。”白居易《卢侍御与崔评事为予于黄鹤楼置宴宴罢同望》:“楚思淼茫云水冷,商声清脆管弦秋。”又《湖上闲望》:“闲弄水芳生楚思,时时合眼咏离骚。”

【楚幽】　指楚地之祭神乐曲。徐浩《谒禹庙》:“不复闻夏乐,唯余奏楚幽。”

【楚重】　(—chóng)指楚地之重重山峦。许坚《登游齐山》:“星使南驰入楚重,此山偏得驻行踪。”

【楚俗】　❶楚地之民俗、风俗。元稹《赛神》:“楚俗不事事,巫风事妖神。”刘言史《送僧归山》:“楚俗翻花自送迎,密人来往岂知情。”钱珝《江行无题一百首》之五一:“吴疆连楚甸,楚俗异吴乡。”❷指楚地之风土物候。灵澈《九日和于使君思上京亲故》:“楚俗风烟古,汀洲草木凉。”元稹《玉泉道中作》:“楚俗物候晚,孟冬才有霜。”

【楚津】　楚地之津渡。无可《送韩校书赴江西》:“车马东门别,扬帆过楚津。”喻坦之《归江南》:“归日值江春,看花过楚津。”

【楚宫】　❶古楚国之宫殿。(1)楚郢都之宫殿。李商隐《柳》:“灞岸已攀行客手,楚宫先骋舞姬腰。”(2)指巫山县阳台楚襄王之行宫。杜甫《咏怀古迹五首》之二:“最是楚宫俱泯灭,舟人指点到今疑。”李涉《竹枝词》:“十二山晴花尽开,楚宫双阙对阳台。”李商隐《过楚宫》:“巫峡迢迢旧楚宫,至今云雨暗丹枫。”韦庄《楚行吟》:“惆怅楚宫云雨后,露啼花笑一年年。”❷代指楚都所在之地。李频《送裴御史赴湖南》:“暮雪离秦甸,春云入楚宫。”

【楚宫衣】　楚国细腰宫女所穿之窄衣。李商隐《效长吉》:“长长汉殿眉,窄窄楚宫衣。”参见“楚宫腰”。

【楚宫妝】　细身腰女子之装束。高适《听张立本女吟》:“危冠广袖楚宫妆,独步闲庭逐夜凉。”参见“楚腰”。

【楚宫細腰】　参见“楚宫腰”。

【楚宫腰】　亦作“楚宫細腰”。《韩非子·二柄》:“楚灵王好细腰,而国中多饿人。”后因以“楚宫腰”指楚宫女之细腰,亦泛指女子细腰。杨师道《阙题》:“燕赵蛾眉旧倾国,楚宫腰细本传名。”李商隐《碧瓦》:“无双汉殿鬓,第一楚宫腰。”

【楚客】　❶指屈原。因屈原遭放逐而漂泊四处,故称。李德裕《春暮思平泉杂咏二十首·芳荪》:“楚客重兰荪,遗芳今未歇。”李商隐《九日》:“不学汉臣栽苜蓿,空教楚客咏江蓠。”❷犹迁客。泛指客游异乡之人。张九龄《九月九日登龙山》:“楚客凛秋时,桓公旧台上。”刘长卿《送孙逸归庐山》:“炉峰绝顶楚云衔,楚客东归栖此岩。”陈羽《长安卧病秋夜言怀》:“楚客病来乡思苦,寂寥灯下不胜愁。”司马扎《夜听李山人弹琴》:“瑶琴夜久弦秋清,楚客一奏湘烟生。”参见“楚奏”。❸即孟楚客。孟郊有《吴安西馆赠从弟楚客》。

【楚客情】　怀乡之情。清江《送韦参军江陵》:“槐花落尽柳阴清,萧索凉天楚客情。”

【楚客琴】　弹抒发思乡情绪之琴。许浑《蒙河南刘大夫见示与吏部张公喜雪酬唱辄敢攀和》:“欲醉梁王酒,先调楚客琴。”参见“楚奏”。

【楚冠】　南冠。楚人之冠。为咏不忘故土之典。见《左传·成公九年》。李白《淮南卧病书怀寄蜀中赵征君蕤》:“楚冠怀钟仪,越吟比庄舄。”

【楚神】　❶指传说之巫山神女。李商隐《咏云》:“只应惟宋玉,知是楚神名。”牛峤《菩萨蛮》词:“画屏重叠巫阳翠,楚神尚有行云意。”❷指汉末蒋子文。蒋为林陵尉,逐贼死于金陵钟山,三国吴孙权封为中都侯,并为之立庙。温庭筠《蒋侯神歌》:“楚神铁马金鸣珂,夜动蛟潭生素波。”

【楚祠】　指供奉汉韩信之祠庙。因韩信曾封楚王,故称。韦庄《题淮阴侯庙》:“满把椒浆奠楚祠,碧幢黄钺奋英威。”

【楚郡】　楚地之州郡。戎昱《桂州西山登高上陆大夫》:“风烟连楚郡,兄弟客荆州。”

【楚珮】　指仙女之玉佩,用以咏男女情爱。见汉刘向《列仙传·江妃二女》。李商隐《碧城三首》之二:“紫凤放娇衔楚佩,赤鳞狂舞拨湘弦。”

【楚貢】　楚国进献之贡品。杜甫《夔府书怀四十韵》:“楚贡何年绝,尧封旧俗疑。”

【楚莊絕纓】　指战国楚庄王不追究因调戏王后而被王后拉断冠缨之臣之事。见《韩诗外传》卷七。又见汉刘向《说苑·复恩》。李瀚《蒙求》:“赵胜谢躄,楚庄绝缨。”

【楚真】　指传说之巫山神女。孙光宪《南歌子》词:“艳冶青楼女,风流似楚真。”

【楚砧】　楚地之砧上捣衣声。曹松《题湖南岳麓寺》:“此地良宵月,秋怀隔楚砧。”

【楚挽】　凄楚之挽歌、哀乐。上官仪《谢都督挽歌》:“楚挽绕卢山,胡笳临武库。”权德舆《奉和郑宾客相公摄官丰陵扈从之作》:“杳霭虞泉夕,凄清楚挽喧。”刘禹锡《德宗神武孝文皇帝挽歌二首》之二:“汉仪陈秘器,楚挽咽繁声。”

【楚峽】　楚境之峡谷。多指巫峡。孟浩然《行出东山望汉川》:“猿声乱楚峡,人语带巴乡。”

【楚峽神】　指巫山神女。徐夤《尚书会仙亭咏蔷薇寅坐中联四韵晚归补缉所联因成一篇》:“景阳妆赴严钟出,楚峡神教暮雨晴。”

【楚郭】　楚地之城郭。熊孺登《正月十五日》:“汉家遗事今宵见,楚郭明灯几处张。”

【楚酒】　楚地所产之酒。皇甫冉《送从弟贬豫远州》:“忧来沽楚酒,玄鬓莫凝霜。”罗隐《送舒州宿松县傅少府》:“春生绿野吴歌怨,雪霁平郊楚酒浓。”

【楚浪】　楚水之波浪。戴叔伦《送万户曹之任扬州便归旧隐》:“听潮回楚浪,看月照隋宫。”

【楚家】　楚地之人家。项斯《夜泊淮阴》:“夜入楚家烟,烟中人未眠。”

【楚袖】　楚女舞蹈时挥动之长袖。白居易《留北客》:“楚袖萧条舞,巴弦趣数弹。”

【楚姬】　❶楚之细腰舞女。亦泛指楚地之女子。鲍溶《寒夜吟》:“细腰楚姬丝竹间,白纻长袖歌闲闲,岂识苦寒损朱颜。”南唐韩王李从善《蔷薇诗一首十八韵呈东海侍郎徐铉》:“画拟凭梁广,名宜亚楚姬。”❷指南朝宋彭城王义康之妾。杜牧《鸦》:“毛欺皇后发,声感楚姬弦。”

【楚娥】　犹楚女。楚地之女子。温庭筠《偶题》:“吴客卷帘闲不语,楚娥攀树独含情。”

【楚萍上人】　庐山龙潭寺僧。唐末人。齐己有《寄楚萍上人》。

【楚萍】　同“楚江萍”。苏味道《九江口南济北接蕲春南与浔阳岸》:“风摇蜀秭下,日照楚萍开。”杜甫《独坐二首》之一:“暖老须燕玉,充饥忆楚萍。”

【楚野】　楚地之原野。李群玉《将之京国赠薛员外》:“苍烟晦楚野,寒浪埋昭丘。”

【楚國】　❶指春秋战国时建都于郢之楚国。储光羲《田家杂兴八首》之三:“楚国有夫人,性情本贞直。”韦表微《池州夫子庙麟台》:“楚国浸广,秦封益侈。”韦庄《谒巫山庙》:“朝朝暮暮阳台下,为雨为云楚国亡。”崔涂《屈原庙》:“本图安楚国,不是怨怀王。”❷指秦末西楚霸王项羽建都于下邳之楚国。徐夤《续汉纪》:“楚国八千秦百万,豁开胸臆一时吞。”❸泛指春秋战国楚之旧地。刘长卿《穆陵关北逢人归渔阳》:“楚国苍山古,幽州白日寒。”顾况《寻僧二首》之二:“莫怪狂人游楚国,莲花只在淤泥生。”刘沧《江行夜泊》:“乡遥楚国生归思,欲曙山光上木兰。”

【楚國大夫】　指战国楚屈原。因屈原为楚三闾大夫,故称。杜牧《兰溪》:“楚国大夫憔悴日,应寻此路去潇湘。”

【楚國寺】　寺名。在唐长安进昌坊。岑参有《观楚国寺璋上人写一切经院南有曲池深竹》。

【楚國夢】　指楚顷襄王遇巫山神女之梦。李商隐《圣女祠》:“肠回楚国梦,心断汉宫巫。”参阅战国楚宋玉《高唐赋》。

【楚帳】　指项羽之军帐。因项羽自立为西楚霸王,故称。李商隐《泪》:“人去紫台秋入塞,兵残楚帐夜闻歌。”

【楚逸】　楚国之隐士。孟郊《病起言怀》:“高闲思楚逸,澹泊厌齐儿。”

【楚望】　❶指楚地之山川。见《左传·哀公六年》。张九龄《祠紫盖山经玉泉山寺》:“指涂跻楚望,策马傍荆岑。”皎然《同卢使君幼平郊外送阎侍御归台》:“古江分楚望,残柳入隋关。”刘禹锡《松滋渡望峡中》:“梦渚草长迷楚望,夷陵土黑有秦灰。”雍陶《送宜春裴明府之任》:“楚望花当渡,湘阴橘满川。”❷李郢,字楚望。《新唐书·艺文志四》:“《李郢诗》一卷。字楚望,大中进士,侍御史。”温庭筠有《寒食节日寄楚望二首》。

【楚情】　指屈原在《楚辞》中表达的忧怨之情。孟郊《下第东归留别长安知己》:“弃置复何道,楚情吟白蘋。”

【楚鄉】　犹楚地。戴叔伦《夜发袁江寄李颍川刘侍御》:“半夜回舟人楚乡,月明山水共苍苍。”温庭筠《南湖》:“飘然蓬艇东归客,尽日相看忆楚乡。”

【楚越】　楚国与越国。常以喻相距遥远之地。李白《寄远十一首》之八:“坐思行叹成楚越,春风玉颜畏销歇。”钱起《长安旅宿》：“蕙花渐寒暮，心事犹楚越。”柳宗元《放鹧鸪词》：“楚越有鸟甘且腴，嘲嘲自名为鹧鸪。”李群玉《金塘路中》：“山连楚越复吴秦，蓬梗何年是住身。”

【楚堤】 楚水之堤岸。张籍《送李司空赴镇襄阳》：“商路雪开旗旆展，楚堤梅发驿亭春。”此指汉水堤岸。

【楚葛湘紗】 楚、湘之地所产之麻葛与纱布。李群玉《校书叔遗暑服》：“翠云箱里叠搃栊，楚葛湘纱净似空。”

【楚棹】 楚地船上之棹。崔国辅《奉和圣制上巳祓禊应制》：“庆向尧樽祝，欢从楚棹讴。”

【楚惠王】 姓熊名章。春秋楚昭王之子。昭王二十七年，卒于军中，昭王弟公子闾迎而立之，是为惠王，迁都鄢。事迹见《史记·楚世家》。周昙有《咏史诗·春秋战国门·楚惠王》。

【楚雲】 ❶楚地之云。马戴《夕次淮口》：“风生淮水上，帆落楚云间。”刘沧《长洲怀古》：“白鸟影从江树没，清猿声入楚云哀。”司马扎《白马津阻雨》：“故乡千里楚云外，归雁一声烟雨中。”❷喻指女子之云鬓。杜审言《戏赠赵使君美人》：“红粉青娥映楚云，桃花马上石榴裙。”❸参见“楚雲上人”。

【楚雲上人】 所住之寺不详。唐末僧。温庭筠有《赠楚云上人》。亦作“楚雲”。贯休有《赠写经僧楚云》。一作齐己诗，题作《送楚云上人往南岳刺血写〈法华经〉》。

【楚雲湘雨】 犹言巫山云雨。喻指男女幽欢。唐彦谦《无题十首》之三：“楚云湘雨会阳台，锦帐芙蓉向夜开。”

【楚筵辭醴】 为咏遭受冷遇之典。杜甫《寄李十二白二十韵》：“楚筵辞醴日，梁狱上书辰。”

【楚筍】 楚地竹笋之笋衣。可以编鞋。张籍《赠太常王建藤杖笋鞋》：“蛮藤剪为杖，楚笋结成鞋。”

【楚詞】 ❶同“楚辞”。战国楚之民间歌曲，或以屈原、宋玉为代表的体式类同的文学作品。刘长卿《感怀》：“愁中卜命看周易，梦里招魂读楚词。”贾至《巴陵早秋寄荆州崔司马吏部阎功曹余人》：“帝子去永久，楚词尚悲秋。”汪遵《郢中》：“不是楚词询宋玉，巴歌犹掩绕梁声。”❷泛指后代体式似楚辞之民歌或文人作品。李峤《军师凯旋自邕州顺流舟中》：“芳树吟羌管，幽篁入楚词。”李颀《二妃庙送裴侍御使桂阳》：“受命出炎海，焚香征楚词。”

【楚詞體】 指楚辞之文体。以屈原、宋玉之作品为代表。属韵文。句式有四字至十字句不等，句间常用“兮”字，句末有用“些”字作语气词者。李白有《代寄情楚词体》。

【楚童】 楚地之儿童。鲍溶《杂曲歌辞·鸣雁行》：“楚童夜宿烟波侧，沙上布罗连草色。”

【楚媪】 楚地之妇人。亦特指以饭飨韩信之人。张说《南中别王陵城崇》：“曹卿礼公子，楚媪馈王孙。”参阅《史记·淮阴侯列传》。

【楚絲】 楚地之民间歌乐。李商隐《河阳诗》：“楚丝微觉竹枝高，半曲新辞写绵纸。”

【楚瑟】 楚地所制之瑟。孟郊《长安羁旅》：“晓泪滴楚瑟，夜魄绕吴乡。”亦指弹奏楚瑟之声。孟郊《春日同韦郎中使君送邹儒立少府扶侍赴云阳》：“郡斋敞西清，楚瑟惊南鸿。”张祜《秋时送郑侍御》：“离鸿声怨碧云净，楚瑟调高清晓天。”

【楚魂】 ❶指屈原。吴融《南迁途中作七首·溪翁》：“应嗟独上涝阳客，排比椒浆奠楚魂。”❷指传说中死后为湘水神之舜二妃娥皇、女英。庄南杰《湘弦曲》：“繁弦响绝楚魂遥，湘江水碧湘山绿。”❸指楚顷襄王思遇巫山神女之梦魂。李贺《乐府杂曲·鼓吹曲辞·巫山高》：“楚魂寻梦风飔然，晓风飞雨生苔钱。”❹鸟名。传说为楚怀王死后所化。来鹄《寒食山馆书情》：“蜀魄啼来春寂寞，楚魂吟后月朦胧。”

【楚蓮】 楚地之莲荷。赵嘏《答友人》：“罗浮道士分琼液，锦席佳人艳楚莲。”罗隐《寄徐济进士》：“霜压楚莲秋后折，雨催蛮酒夜深酤。”

【楚夢】 ❶指楚顷襄王巫山会神女之梦。王勃《相和歌辞·江南弄》：“江南弄，巫山连楚梦，行雨行云几相送。”❷泛指美梦，好梦。武元衡、卢放《中秋夜听歌联句》：“暗染荀香久，长随楚梦偏。”

【楚楚】 ❶鲜洁明丽貌。李白《古风》之三五：“功成无所用，楚楚且华身。”白居易《早朝》：“翩翩稳鞍马，楚楚健衣裳。”牟融《题朱庆余闲居四首》：“楚楚临轩竹，青青映水蒲。”❷忧戚苦楚貌。元稹《听庾及之弹乌夜啼引》：“后人写出乌啼引，吴调哀弦声楚楚。”❸清冽寒凉貌。鲍溶《秋怀五首》：“秋晓客迢迢，月清风楚楚。”

【楚酪】 楚地所产之乳酪。韩翃《赠别崔司直赴江东》：“楚酪沃雕胡，湘羹糁香饵。”

【楚路】 楚地之道路。司空曙《送史泽之长沙》：“梦渚巴山断，长沙楚路分。”李商隐《赠刘司户》：“汉廷急诏谁先入，楚路高歌自欲翻。”

【楚畹】 指兰圃。唐彦谦《兰二首》之二：“谢庭漫芳草，楚畹多绿莎。”

【楚膩】 楚地之荤腻食物。韩愈、孟郊《城南联句》：“楚腻鳣鲔乱，獠羞赢蟹并。”

【楚腰】 《韩非子·二柄》：“楚灵王好细腰，而国中多饿人。”后遂以“楚腰”指细腰之苗条女子。刘方平《采莲曲》：“落日晴江里，荆歌艳楚腰。”杨炎《赠元载歌妓》："玉山翘翠步无尘，楚腰如柳不胜春。"杜牧《遣怀》："落魄江南载酒行，楚腰肠断掌中轻。"阎选《虞美人》词："楚腰蛴领团香玉，鬓叠深深绿。"

【楚腰衛鬢】　楚女之细腰与卫子夫之秀发。代指秀美之女子。李贺《洛姝真珠》："市南曲陌无秋凉，楚腰卫鬓四时芳。"

【楚猿】　楚山之猿猴。李商隐《宿晋昌亭闻惊禽》："胡马嘶和榆塞笛，楚猿吟杂橘村砧。"

【楚塞】　楚地之边界、边塞。李百药《登叶县故城谒沈诸梁庙》："楚塞郁不穷，吴山高渐出。"胡皓《出峡》："楚塞云中出，荆门水上来。"柳中庸《扬子途中》："楚塞望苍然，寒林古戍边。"崔涂《夷陵夜泊》："家依楚塞穷秋别，身逐孤舟万里行。"

【楚殿衣窄】　谓楚王宫女因腰细而衣瘦。韩偓《春昼》："楚殿衣窄，南朝髻高。"参见"楚腰"。

【楚殿夢】　指楚顷襄王遇巫山神女之梦。李中《云》："帝乡归莫问，楚殿梦曾频。"

【楚臺】　❶指阳台。在今四川巫山县西。传为楚襄王遇巫山神女处。李群玉《九日》："年年羞见菊花开，十度悲秋上楚台。"吴融《重阳日荆州作》："惊时感事俱无奈，不待残阳下楚台。"❷喻指男女幽会处。史凤《锁莲灯》："灯锁莲花花照垒，翠钿同醉楚台巍。"❸代指楚地。李白《赠王判官时余归隐庐山屏风叠》："一度浙江北，十年醉楚台。"崔橹《过蛮居溪渡》："归去楚台还有计，钓船春雨日高眠。"

【楚歌】　❶楚地之歌，楚人之歌。宋之问《初宿淮口》："夜闻楚歌思欲断，况值淮南木落时。"孙逖《淮阴夜宿二首》之二："秋风淮水落，寒夜楚歌长。"魏万《金陵酬李翰林谪仙子》："楚歌对吴酒，借问承恩初。"李商隐《潭州》："湘泪浅深滋竹色，楚歌重叠怨兰丛。"❷喻指四面受围，陷于困境。见《汉书·高帝纪下》。胡曾《咏史诗·乌江》："争帝图王势已倾，八千兵散楚歌声。"又《咏史诗·昆阳》："谁知大敌昆阳败，却笑前朝困楚歌。"灵一《项王庙》："缅想咸阳事可嗟，楚歌哀怨思无涯。"无名氏《虞美人》词（卷八九九）："褫衣推枕怆离情，远风吹下楚歌声。"

【楚厲】　指屈原之游魂。李商隐《楚宫》："湘波如泪色漻漻，楚厉迷魂逐恨遥。"冯浩笺注："鬼无依则为厉。楚厉谓屈大夫。"

【楚嶂】　指楚地之山。宋之问《自洪府舟行直书其事》："越淮乘楚嶂，造江泛吴汜。"

【楚舞】　楚地之舞。宋之问《浣纱篇赠陆上人》："春风艳楚舞，秋月缠胡笳。"李白《书情题蔡舍人雄》："楚舞醉碧云，吴歌断清猿。"白居易《和答诗十首·答四皓庙》："却顾戚夫人，楚舞无光辉。"李叔卿《江南曲》："菱歌思欲绝，楚舞断人肠。"

【楚管蠻弦】　楚地之管乐与弦乐。泛指南方之器乐。李商隐《燕台四首·冬》："楚管蛮弦愁一概，空城舞里腰支在。"

【楚管】　楚地之管乐器。杜牧《见刘秀才与池州妓别》："楚管能吹柳花怨，吴姬争唱竹枝歌。"

【楚僧】　楚籍之僧人。戴叔伦《怀素上人草书歌》："楚僧怀素工草书，古法尽能新有余。"按，怀素籍贯为今湖南长沙，古属楚地。

【楚獄】　指冤狱。见《后汉书·楚王英传》。刘禹锡《河南观察使故相国袁公挽歌三首》之二："尝闻平楚狱，为报里门高。"

【楚語】　楚地之方言，乡音。韩愈《石鼎联句》序："弥明在其侧，貌极丑，白须里面，长颈而高结，喉中又作楚语。"李绅《涉沅湘》："潮满江津猿鸟啼，荆夫楚语飞蛮桨。"李商隐《肠》："拟问阳台事，年深楚语讹。"

【楚粽】　即粽子。传屈原于端午（农历五月五日）投汨罗江死，后楚人于此日以竹筒实米投水以祭之。故称。其俗后改为以蓼叶裹糯米，外以五色丝捆扎之。沈亚之《五月六日发石头城步望前船示舍弟兼寄侯郎》："蒲叶吴刀绿，筠筒楚粽香。"

【楚漢】　❶指秦末汉初项羽与刘邦分据对立之二政权。袁瓘《鸿门行》："行看楚汉事，不觉风尘昏。"刘长卿《归沛县道中晚泊留侯城》："伊昔楚汉时，颇闻经济才。"杜甫《偶题》："萧瑟唐虞远，联翩楚汉危。"冯待征《虞姬怨》："行逢楚汉正相持，辞家上马从君起。"❷指战国楚之旧地与汉水之滨。李白《驾去温泉后赠杨山人》："少年落魄楚汉间，风尘萧瑟多苦颜。"

【楚鄧】　唐关内道商州（治所在今陕西商洛市）与山南道邓州（治所在今河南邓州）之并称。王维《送李太守赴上洛》："商山包楚邓，积翠蔼沉沉。"

【楚鞋】　楚地所产以笋衣编织之鞋。喻凫《题弘济寺不出院僧》："楚鞋应此世，只绕砌苔休。"参见"楚筍"。

【楚檣】　楚地江上之船桅。马戴《寄金州姚使君员外》："山缺通巴峡，江流带楚樯。"

【楚霄上人】　长安慈恩寺僧。唐末人。曹松有《慈恩寺贻楚霄上人》。

【楚劍】　楚地所产之剑。亦指利剑。见《说苑·指武》。张柬之《出塞》："吴钩明似月，楚剑利如霜。"耿湋《晚登虔州即事寄李侍御》："楚剑期终割，隋珠惜未弹。"鲍溶《冬夜答客》："临风弹楚剑，为子奏燕歌。"

【楚調】　（一diào）楚地之乐曲、曲调。亦特指乐府中相和歌辞之楚调曲。陈羽《送殷华之洪州》："离堂悲楚调，君奏豫章行。"卢仝《感秋别怨》："霜秋自断魂，楚调怨离分。"于頔《郡斋卧疾赠昼上人》："商声发楚调，调切谱瑶琴。”韩偓《喜凉》：“楚调忽惊凄玉柱，汉宫应已湿金茎。”参阅《乐府诗集·相和歌辞十六·楚调曲序》。

【楚廟】 楚地之庙宇。无可《夏日送田中丞赴蔡州》：“楚庙繁蝉断，淮田细雨生。”

【楚潤】 指唐名妓楚儿。因其字润娘，故称。郑合敬《及第后宿平康里诗》：“春来无处不闲行，楚润相看别有情。”

【楚嬌】 楚地之娇娥，美女。李商隐《烧香曲》：“漳宫旧样博山炉，楚娇捧笑开芙蕖。”

【楚樂】 （—yuè）楚地之音乐。熊孺登《甘子堂陪宴上韦大夫》：“楚乐怪来声竞起，新歌尽是大夫词。”

【楚練】 ❶指楚国士兵所穿之征衣。亦泛指征衣。见《左传·襄公三年》。骆宾王《宿温城望军营》：“塞静胡笳彻，沙明楚练分。”❷指楚地所产之白缯。刘希夷《捣衣篇》：“欲向楼中萦楚练，还来机上裂齐纨。”杜甫《后出塞五首》之四：“越罗与楚练，照耀舆台躯。”杨巨源《古意赠王常侍》：“欲学齐讴逐云管，还思楚练拂霜砧。”吴融《綵竹山四十韵》：“又如濯楚练，千千匹未轴。”

【楚樹】 楚地之树木。于武陵《夜泊湘江》：“北风吹楚树，此地独先秋。”

【楚橘】 楚地所产之橘。姚鹄《和工部杨尚书重送绝句》：“桂枝攀得献庭闱，何似空怀楚橘归。”

【楚穆】 即春秋楚穆王。吴筠《览古十四首》之十四：“楚穆肆巨逆，福柄奚赫烈。”

【楚徼】 （—jiào）楚地之边境。许棠《陈情献江西李常侍五首》之四：“秦城还逐梦，楚徼影随形。”

【楚澤】 楚地之湖泽。李峤《雾》：“曹公迷楚泽，汉帝出平城。”刘长卿《送常十九归嵩少故林》：“迢迢此恨杳无涯，楚泽嵩丘千里赊。”李绅《却入泗口》：“烟树寂寥分楚泽，海云明灭满扬州。”

【楚聲】 楚地之乐曲。李白《出妓金陵子呈卢六四首》之四：“小妓金陵歌楚声，家僮丹砂学凤鸣。”孟郊《同从叔简酬卢殷少府》：“梅尉吟楚声，竹风为凄清。”

【楚襄】 同“楚襄王”。于濆《巫山高》：“自重文赋名，荒淫归楚襄。”

【楚襄王】 即楚顷襄王。姓熊名横。事迹见《史记·楚世家》。相传曾与宋玉游于云梦之台，而夜梦与巫山神女遇。储光羲《杂诗二首》之二：“鄙哉楚襄王，独好阳云台。”刘禹锡《巫山神女庙》：“何事神仙九天上，人间来就楚襄王。”李商隐《席上作》：“料得也应怜宋玉，一生惟事楚襄王。”罗隐《浮云》：“莫道无心便无事，也曾愁杀楚襄王。”参见“楚王云雨”。

【楚鴻】 楚地之大雁。杜牧《题吴兴消暑楼十二韵》：“楚鸿行尽直，沙鹭立偏翘。”

【楚翼】 楚地之侧翼。李屿《过洞庭》：“半洪侵楚翼，一汉属吴头。”

【楚瓊上人】 咸通时僧，所住之寺不详。李咸用有《寄楚琼上人》。

【楚醪】 楚地所产之浊酒。李商隐《自桂林奉使江陵途中感怀寄献尚书》：“尚怜秦痔苦，不遣楚醪沈。”罗隐《经耒阳杜工部墓》：“紫菊馨香覆楚醪，奠君江畔雨萧骚。”

【楚壘】 楚境之壁垒。吴融《过邓城县作》：“楚垒万重多故事，汉波千叠更残阳。”

【楚鎮】 楚地之主镇一方的大山。李敬方《题黄山汤院》：“楚镇惟黄岫，灵泉浴圣源。”

【楚難】 （—nàn）指见机引退、免受其祸。见《汉书·楚元王刘交传》。李白《上崔相百忧章》：“穆逃楚难，邹脱吴灾。”

【楚關】 楚境之关隘。孙逖《扬子江楼》：“扬子何年邑，雄图作楚关。”李白《秋浦感主人归燕寄内》：“霜凋楚关木，始知杀气严。”朱延龄《秋山极天净》：“散彩辉吴甸，分形压楚关。”

【楚羅】 楚地所产之丝罗。李贺《夜饮朝眠曲》：“夜饮朝眠断无事，楚罗之帏卧皇子。”

【楚辭】 自成一格的一类文学作品名。本为战国楚之民间歌谣，后屈原、宋玉仿其体式创作了《离骚》《九歌》等作品。东汉王逸汇辑之，并补收贾谊、东方朔等人之继作而成《楚辞章句》。所收作品及后代之仿作均称“楚辞”。孟浩然《陪张丞相自松滋江东泊渚宫》：“腊响惊云梦，渔歌激楚辞。”刘长卿《初贬南巴至鄱阳题李嘉祐江亭》：“稚子能吴语，新文怨楚辞。”李贺《赠陈商》：“楞伽堆案前，楚辞系肘后。”李商隐《宋玉》：“楚辞已不饶唐勒，风赋何曾让景差。”

【楚懷】 同“楚懷王”。李白《古风》之五一：“殷后乱天纪，楚怀亦已昏。”白居易《读史五首》之一：“楚怀放灵均，国政亦荒淫。”周昙《咏史诗·春秋战国门·再吟》：“不得商於又失齐，楚怀方寸一何迷。”

【楚懷王】 姓熊名槐。战国楚威王之子。顷襄王之父。威王十一年（前329）卒。立为王，是为怀王。事迹见《史记·楚世家》。周昙有《咏史诗·春秋战国门·楚怀王》。

【楚壤】 楚之土地。柳宗元《茅檐下始栽竹》：“楚壤多怪石，垦凿力已疲。”

【楚蘭】 楚地所产之兰草。古人常佩之以去除不祥。屈原《楚辞》中常以喻品德高尚之君子。卢殷《长安亲故》：“楚兰不佩佩吴钩，带酒城头别旧游。”杜牧《将赴湖州留题亭菊》：“陶菊手自种，楚兰心有期。”

徐夤《偶书》："琼玖粥来燕石贵，蓬蒿芳处楚兰衰。"

【楚醴】　楚地所产之甜酒。白居易《奉酬淮南牛相公思黯见寄二十四韵》："楚醴来尊里，秦声送耳边。"

【楚懸黎】　楚地之美玉。李商隐《和孙朴韦蟾孔雀咏》："轻于赵皇后，贵极楚悬黎。"

【楚鐵】　指楚地所产之铁剑。亦代指利剑。孟郊《秋怀》之十："幽竹啸鬼神，楚铁生虬龙。"

【楚巒上人】　前蜀僧。工草书，学张芝笔法。见《书史会要》卷五。所住之寺不详。《十国春秋》卷五七作晓峦，似误。齐己有《酬西川楚峦上人卷》。

【楚驛】　楚地之驿站。皎然《送路少府使京兼觐侍御兄》："树向秦关远，江分楚驿孤。"姚合《送刘詹事赴寿州》："隋堤傍杨柳，楚驿在波涛。"郑准《江南清明》："吴山楚驿四年中，一见清明一改容。"

【楚豔】　楚地艳丽之花。孟郊《看花》之一："月娥双双下，楚艳枝枝浮。"

楅　〔bī《广韵》彼側切，入職，幫，又方六切，入屋，非。〕施于牛角上之横木。见"楅衡"。

【楅衡】　施于牛角上之横木，以防触人。见《诗·鲁颂·閟宫》和《周礼·地官·封人》。来鹄《圣政纪颂》："觭距摩抉，楅衡拘长。"

楝　〔liàn《广韵》郎甸切，去霰，來。〕树木名。亦称"苦楝"。楝科，落叶乔木。羽状复叶，小叶长形。花淡紫色，春末夏初开。叶清香。有长圆形核果，秋熟，色黄，味苦。木材坚实，宜作舟车器具。种子及花、叶、根、皮均可入药。刘禹锡《武陵书怀五十韵》："桃花迷隐迹，楝叶慰忠魂。"温庭筠有《苦楝花》。

楷　〔kǎi《广韵》苦骇切，上骇，溪。〕❶典范，楷模。见"楷法"。❷效法，效仿。见"楷模❷"。❸楷书。见"楷字""楷書"。❹同"揩"。涂抹；打光。顾况《露青竹杖歌》："浮沤丁子珠联联，灰煮蜡楷光烂然。"

【楷字】　正楷字。孟郊《寄陕府邓给事》："磨墨零落泪，楷字贡仁贤。"

【楷法】　楷模；典范。陆龟蒙《丁隐君歌》序："时时书细字，作文纪事，皆有楷法意义。"

【楷模】　❶可供效法之典范、模式。元稹《后湖》："得不歌此事，以我为楷模。"郑谷《读故许昌薛尚书诗集》："楷模劳梦想，讽诵爽精神。"陈陶《投赠福建路罗中丞》："三捷楷模光典策，一生封爵笑丹青。"❷效法，仿效。许浑《酬钱汝州》序："汝州钱中丞以浑赴郢城见寄佳什，恩怜过等，宠饰逾深，虽吟咏忘疲，实楷模不及。"

楨　〔zhēn《广韵》陟盈切，平清，知。〕❶树木名。即女贞。常绿乔木，木质坚实。韩愈、孟郊《城南联句》："绿发抽珉甃，青肤耸瑶桢。"❷喻指栋梁之才、重要人物。苏颋《奉和姚令公温汤旧馆永怀故人卢公之作》："伟兹廊庙桢，调彼盐梅实。"杜甫《同元使君舂陵行》："复览贼退篇，结也实国桢。"白居易《和渭北刘丈夫借便秋遮虏寄朝中亲友》："巨镇为邦屏，全材作国桢。"李商隐《五言述德抒情诗一首四十韵献上杜七兄仆射相公》："自昔流王泽，由来仗国桢。"

【楨幹】　用板筑墙时所竖之木柱。在墙两端者曰"桢"，在墙两侧者曰"干"。喻指关键性的重要人物。张说《遥同蔡起居偃松篇》："不借流膏助仙鼎，愿将桢干捧明君。"高适《送张瑶贬五溪尉》："他日维桢干，明时悬镆铘。"

業　〔yè《广韵》魚怯切，入業，疑。〕❶基业，功业。多指成王称霸、建国立基之大业。李峤《奉和天枢成宴夷夏群僚应制》："声流尘作劫，业固海成田。"杨浚《广武怀古》："天夺项氏谋，卒成汉家业。"裴次元《赋得亚父碎玉斗》："图王业已失，为虏言空悔。"杜牧《华清宫三十韵》："鼎重山难转，天扶业更昌。"❷学业。耿湋《题李孝廉书房》："业就三编绝，心通万事闲。"王建《励学》："孜孜日求益，犹恐业未博。"孟简《惜分阴》："业广因功苦，拳拳志士心。"罗隐《萤》："若道能通照，车公业肯长。"❸职业，所从事之事务。丁仙芝《赠朱中书》："而我守道不迁业，谁能肯敢效此事。"杜甫《寄从孙从简》："吾孙骑曹不骑马，业学尸乡多养鸡。"释泚《北原别业》："学稼农为业，忘情道作心。"曹松《山中》："樵夫岂解营生业，贵欲自安麋鹿间。"❹产业；家业。旧时多指田、庙、房、舍等。韦应物《送元仓曹归广陵》："旧国应无业，他乡到是归。"卢纶《晚次鄂州》："旧业已随征战尽，更堪江上鼓鼙声。"周贺《秋思》："旧山余业在，杳隔洞庭波。"刘沧《下第东归途中书事》："东归海上有余业，牢落田园荒草平。"❺以之为业，从事某业。储光羲《送丘健至州敕放作》："息兵业稼穑，归马复休牛。"孟郊《答友人》："君子业高文，怀抱多正思。"白居易《题文集柜》："我生业文字，自幼及老年。"引申指惯常、习好。杜甫《壮游》："性豪业嗜酒，嫉恶怀刚肠。"❻佛教语。梵文意译。意为造作。指人之一切身心活动。人之身、法、意活动即称身业、语业与意业。业又分善业、恶业、非善非恶业三种。三业决定人在六道中之生死轮回。诗文中常偏指恶业，即罪孽。拾得《诗》之四："重重皆是业，更杀众生命。"崔颢《赠怀一上人》："早悔业至浅，晚成计可寻。"孟浩然《还山贻湛法师》："烦恼业顿舍，山林情转殷。"刘昚虚《登庐山峰顶寺》："心照有无界，业悬前后生。”

【業上人】　法名全称及所住之寺均不详。唐末五代僧。齐己有《秋夜听业上人弹琴》。

【業文】　从事读书写作等文事。刘禹锡《送李二十九兄员外赴邠宁使幕》：“家袭韦平身业文，素风清白至今贫。”白居易《读张籍古乐府》：“张君何为者，业文三十春。”姚合《闲居遣怀十首》：“业文随日遣，不是为求名。”

【業田】　指永业田。唐制丁及男年十八以上者人一顷，其中八十亩为口分田，二十亩为永业田。永业田可植桑、榆、枣木等。张谓《续后汉逸人传二首》之二：“暂将业田种，终得保妻子。”参阅《新唐书·食货志》。顾非熊《陈情上郑主司》：“朝乏新知己，郇荒旧业田。”

【業白】　谓事佛行善。白，白业，佛教指修行行善。杜甫《夜听许十损诵诗爱而有作》：“许生五台宾，业白出石壁。”

【業成】　指学业完成。王建《送同学故人》：“业成有先后，不得长相随。”白居易《续古诗十首》之六：“业成无知己，徒步来入关。”

【業風】　佛教语。指善业与恶业所感之风。佛教谓善业、恶业如风可使人飘转而轮回三界。萧翼《答辨才探得招字》：“谁怜失群雁，长苦业风飘。”

【業峻】　谓业绩大。王翰《奉和圣制送张尚书巡边》：“业峻灵祇保，功成道路嗟。”

【業師】　同“業公”。孟浩然有《宿业师山房期丁大不至》。

【業就】　谓事业成功。李泌《长歌行》：“请君看取百年事，业就扁舟泛五湖。”

【業業】　雄壮貌。元稹《代曲江老人百韵》：“王师才业业，暴卒已簪簪。”

【業障】　佛教语。指妨碍修成正果之障碍。姚合《送僧游边》：“师向边头去，边人业障轻。”

【業緣】　佛教语。指造成善恶果报之业因。亦偏指招致恶报之罪因。元稹《哭子十首》之四：“彼此业缘多障碍，不知还得见儿无。”

【業儒】　以儒学为业。戴叔伦《南野》：“家世素业儒，子孙鄙食禄。”

楊　〔yáng《广韵》與章切，平陽，以。〕❶树木名。杨柳科，杨属植物之总称。落叶乔木，叶长卵形，花雌雄异株，种子有毛。太宗《赋得夏首启节》：“早荷向心卷，长杨就影舒。”王维《早春行》：“谁家折杨女，弄春如不及。”严维《重送新安刘员外》：“手折衰杨悲老大，故人零落已无多。”姚合《咏贵游》：“红杏花开连锦障，绿杨阴合拂朱轮。”❷杨树叶。古代常以射穿杨叶喻指科举考试中第。元稹《遣行十首》之二：“射叶杨才破，闻弓雁已惊。”❸指战国魏哲学家杨朱。见《庄子·王霸》。白居易《和微之诗二十三首·和酬郑侍御东阳春闷放怀追越游见寄》：“生何足养嵇著论，途何足泣杨涟洏。”

【楊二十七】　窦群有《冬日晓思寄杨二十七炼师》。“楊”乃“羊”音讹。“鍊師”，当从《窦氏联珠集》作“谏卿”。羊二十七，羊士谔，字炼师，行二十七。见陶敏《全唐诗人名汇考》卷二七一窦群此诗考。

【楊十二】　指杨巨源。巨源排行十二。元稹有《春晚寄栖十二兼呈赵八》《忆杨十二》和《与杨十二李三早入永寿寺看牡丹》等诗。

【楊十七】　名不详。高适有《宋中遇林虑杨十七山人因而有别》。

【楊十兄】　指杨侁。窦牟有《奉酬杨侍郎十兄见赠之作》。

【楊七】　❶名不详。高适有《武威同诸公过杨七山人得藤字》。《全唐诗人名汇考》谓此杨七为杨炎。❷名不详。吕温有《吐蕃别馆和周十一郎中杨七录事望白水山作》和《吐蕃别馆送杨七录事先归》。

【楊八】　❶指杨仪之。刘禹锡有《酬杨八副使将赴湖南途中见寄一绝》。❷指杨敬之。刘禹锡有《答杨八敬之绝句》。❸指杨归厚。刘禹锡有《春日书怀寄东洛白二十二杨八二庶子》《重寄绝句》，题一作《寄唐州杨八》。白居易有《酬杨八》。又《送高侍御使回因寄杨八》：“到城莫说忠州恶，无益虚教杨八愁。”❹指杨虞卿。白居易有《棣华驿见杨八题梦兄弟诗》《赴杭州重宿棣华驿见杨八旧诗感题一绝》。

【楊九】　❶指杨弘贞。白居易有《酬杨九弘贞长安病中见寄》。❷指杨汉公。白居易有《重过寿泉忆与杨九别时因题店壁》《和东川杨慕巢尚书府中独坐感戚在怀见寄十四韵》自注：“慕巢及杨九、杨十前年来，兄弟三人，各在一处。”❸名不详。孟浩然有《李少府与杨九再来》。校“一作王”。作“王”是。王九，即王迥。

【楊三】　❶指杨於陵。武元衡有《和杨三舍人晚秋与崔二舍人张秘监苗考功同游昊天观时中书寓直不得陪随杨君见征鄙词因以继和》。❷指杨嗣复。白居易有《京使回累得南省诸公书因以长句诗寄谢萧五刘二元八吴十一韦大陆郎中崔二十二牛二李七庾三十二李六李十杨三樊大杨十二员外》。❸名不详。刘长卿有《夜宴洛阳程九主簿宅送杨三山人往天台寻智者禅师隐居》。

【楊工部】　❶指杨汝士。汝士大和七年为工部侍郎。姚合有《寄杨工部闻毘陵舍弟自罨溪入茶山》。白居易有《晚春闲居杨工部寄诗杨常州寄茶同到因以长句答之》。❷指杨虞卿。虞卿大和八年为工部侍郎。白居易有《和杨同州寒食乾坑会后闻杨工部欲到知予与工部有宿醒》。

【楊下採桑】　唐教坊曲名。五言四句，二十字，三平韵。《全唐诗》卷二七《杂曲歌辞》收有无名氏《杨下采桑》一首。

【楊大使】　指杨归厚。归厚元和十四年为万州刺史。白居易《寄胡饼与杨万州》："寄与饥馋杨大使，尝看得似辅兴无。"

【楊大卿】　指杨敬之。累官国子祭酒、太常少卿，见《新唐书》本传。姚鹄有《虢州献杨抑卿二首》。

【楊丈】　指杨於陵。柳宗元有《闻彻上人亡寄侍郎杨丈》。

【楊山人】　❶名不详，排行第十七。李白有《送杨山人归嵩山》。高适有《送杨山人归嵩阳》。参见"楊十七"。❷名不详。排行第三。刘长卿有《夜宴洛阳程九主簿宅送杨三山人往天台寻智者禅师隐居》。❸名不详。李白有《驾去温泉后赠杨山人》和《送杨山人归天台》。❹名不详。唐求有《题杨山人隐居》。

【楊千牛】　汝南郡太守献之子。名不详。天宝中为千牛备身。岑参有《送杨千牛趁岁赴汝南郡觐省便成婚》。"牛下"注："一作'秋'。"误。

【楊千秋】　参见"楊千牛"。

【楊之罘】　籍贯不详。元和六年，韩愈为河南县令，从问学。十一年，进士及第。韩愈有《招杨之罘》。

【楊子】　❶指汉扬雄。扬亦作杨。王维《从岐王过杨氏别业应教》："杨子谈经所，淮王载酒过。"杜甫《秋日荆南送右首薛明府三十韵》："杨子淹投阁，邹生惜曳裾。"❷名不详。肃、代间人。岑参有《送杨子》。❸名不详。唐末人。韦庄《旧居》："芳草又芳草，故人杨子家。"

【楊子江】　古代将长江下游今江苏扬州附近的一段称扬子江。韦庄《陪金陵府相中堂夜宴》："却愁宴罢青蛾散，扬子江头月半斜。"

【楊子津】　津渡名，在唐淮南道扬州扬子县（今江苏），南与京口相对。朱放《杨子津送人》："今朝杨子津，忽见五溪人。"

【楊子華】　籍贯不详。北齐时为直阁将军员外散骑侍郎。擅画。尝画马于壁。见《太平广记》卷二一一引《名画记》。元稹有《杨子华画三首》。

【楊五】　指杨潭。杜甫有《送张二十参军赴蜀州因呈杨五侍御》和《寄杨五桂州谭》《广州段功曹到得杨五长史谭书功曹却归聊寄此诗》。

【楊太尉】　指汉杨震。震安帝延光二年为尉。许棠有《经故杨太尉旧居》。

【楊巨源】　字景山，排行第十二。河中（今山西永济西）人。贞元五年进士及第。事迹见《唐诗纪事》卷三五、《唐才子传》卷五。《新唐书·艺文志四》著录其诗一卷。《全唐诗》卷三三三录其诗一卷。

【楊比部員外】　名不详。开元、天宝间为比部员外郎。卢照邻有《酬杨比部员外暮宿琴堂朝跻书阁率尔见赠之作》。

【楊少尹】　（少 shào）❶指杨於陵。於陵贞元十六年为京兆府少尹。权德舆有《奉和崔评事寄外甥刘同州并呈杜宾客许给事王侍郎昆弟杨少尹李侍御并见寄之作》。❷指杨巨源。巨源元和十三年为凤翔府少尹；长庆四年为河中府少尹。张籍有《送杨少尹赴凤翔》。刘禹锡有《令狐相公见示河中杨少尹赠答兼命继之》。许浑有《和河南杨少尹奉陪薛司空石笋诗》。按，"河南"为"河中"之讹。马戴有《冬日寄洛中杨少尹》。按，"洛中"为"河中"之讹。

【楊少府】　（少 shào）❶杨少尹之讹。指杨巨源。姚合有《送河中杨少府宴崔驸马宅》。参见"楊少尹❷"。❷名不详。开元间为县尉。李白有《送杨少府赴选》。❸名不详。开元、天宝间为县尉。王维有《送杨少府贬郴州》。❹名不详。乾元元年为襄阳县尉。杜甫有《路逢襄阳杨少府入城戏呈杨员外绾》。❺名不详。建中时为杭州属县尉。李端有《送杨少府赴阳翟》。

【楊少卿】　（少 shào）杨少师之讹。指杨凝式。凝式后周广顺元年为太子少师。安鸿渐有《题杨少卿书后》。冯少吉有《山寺见杨少卿书壁因题其尾》。

【楊中丞】　❶指杨济，即阳济。济永泰二年以大理少卿兼御史中丞为和蕃使，大历四年以衡州刺史兼御史中丞。郎士元有《送杨中丞和蕃》。杜甫有《舟中苦热遣怀奉呈阳中丞通简台省诸公》。杨，今本校作"阳"。❷指杨汉公。汉公会昌五年为桂管观察使兼御史中丞。赵嘏有《十无诗寄桂府杨中丞》。❸名不详。大中、咸通间为刺史兼御史中丞。薛能有《和杨中丞早春即事》和《舟中酬杨中丞春早见寄》。《全唐诗人名汇考》疑此杨中丞为杨载。

【楊中舍】　名不详。曾为中书舍人。王勃有《河阳桥代窦郎中佳人答杨中舍》。

【楊公】　❶指汉杨康。元稹《赠严童子》："杨公莫讶清无业，家有骊珠不复贫。"❷指汉杨秉。元稹《遣春三首》之一："杨公三不惑，我惑两般全。"❸指杨师道。李百药有《寄杨公》。❹指杨国忠。高适《李云南征蛮诗》序："天宝十一载，有诏伐西南夷，右相杨公兼节制之寄，乃奏前云南守李宓涉海自交趾击之。"❺指杨衡。灵澈有《西林寄杨公》。❻指杨政。皎然《同薛员外谊久旱感怀寄兼呈上杨使君》："杨公当此晨，省灾常旰食。"❼指杨巨源。刘禹锡《和令狐相公言怀寄河中杨少尹》："石渠甘对图书老，关外杨公安稳不。”❽指杨汉公。许浑《宴饯李员外》序：“李群之元员外从事荆南尚书杨公，诏征赴阙。”❾名不详。会昌、大中间为广德县主簿。喻凫《广德官舍二松》：“杨公休簿领，二木日坚牢。”❿名不详。咸通中为平州刺史。陆龟蒙《奉和袭美登初阳楼寄怀北平郎中》：“远窗浮槛亦成年，几伴杨公白昼筵。”

【楊戶部】　指杨汝士。汝士大和九年为户部侍郎。白居易有《晓眠后寄杨户部》。

【楊氏】　❶指汉杨震。参见“楊氏子孫”。❷指汉杨修。参见“楊氏果”。❸指杨敬述。白居易《霓裳羽衣歌》：“由来能事皆有主，杨氏创声君造谱。”自注：“开元中，西凉府节度杨敬述造。”❹指杨贵妃玉环。《全唐诗》卷八七八有《杨氏谣》。参见“楊氏諸姨”。❺虢州弘农（今河南灵宝）人。后晋昭义节度使李嗣昭之妻。事迹见《旧五代史·李嗣昭传》《李继韬传》。《全唐诗补逸》卷十四录其诗一首。❻名不详。王维有《从岐王过杨氏别业应教》。❼名不详。肃、代间歌妓。杜甫有《听杨氏歌》。❽名不详。韦应物之婿。参见“楊氏女”。❾名不详。皇甫冉有《杨氏林亭探得古槎》。❿名不详。权德舆之连襟。参见“楊氏姊”。⓫名不详。唐末歌妓。韦庄有《悼杨氏妓琴弦》。

【楊氏女】　名不详。韦应物之幼儿。从小为杨氏抚养，成人后即嫁与杨氏。韦应物有《送杨氏女》。

【楊氏子孫】　指汉杨震之子孙。事迹见《后汉书·杨震传》。鲍防《送薛补阙入朝》：“每叹陆家兄弟少，更怜杨氏子孙贫。”

【楊氏姊】　杨弘微妻崔氏。杨弘微与权德舆同为崔述女婿，弘微妻为长女，德舆妻为幼女。权德舆有《和九日从杨氏姊游》。

【楊氏果】　汉杨修以杨梅款待孔融，融称杨梅为杨氏果。见《太平御览》卷五一八引《郭子》。张祜《送苏绍之归岭南》：“珠繁杨氏果，翠耀孔家禽。”

【楊氏諸姨】　指杨贵妃玉环之姊韩国、虢国、秦国三夫人。元稹《连昌宫词》：“百官队仗避岐薛，杨氏诸姨车斗风。”自注：“贵妃三姊，帝呼为姨，封韩、虢、秦国三夫人。”

【楊六】　❶指杨望。宋之问有《送杨六望赴金水》。张说有《石门别杨六钦望》。按，“钦”为“卿”之讹。❷指杨汝士。白居易有《醉中留别杨六兄弟》。又《寒食日寄杨东川》：“不知杨六逢寒食，作底欢娱过此辰？”❸名不详。杜甫有《送杨六判官使西蕃》。❹参见“楊六郎”。

【楊六郎】　名不详。王维有《奉和杨驸马六郎秋夜即事》。

【楊文瓘】　籍贯不详。贞观、永徽间人。官户部侍郎，封武陵公。能饮酒。见《太平广记》卷二五四引侯白《启颜录》。刘行敏有《又嘲杨文瓘》。

【楊尹】　指杨虞卿。虞卿大和九年四月为京兆尹。七月，贬虔州司户。白居易《何处堪避暑》：“如何三伏月，杨尹谪虔州。”

【楊正字】　指杨戎。戎开成三年为秘书省正字。李商隐有《奉和太原公送前杨秀才戴兼招杨正字戎》。

【楊本勝】　即杨筹，杨汉公子。李商隐有《杨本胜说于长安见小男阿衮》。

【楊石】　指杨贞一赠白居易之青石。白居易《池上篇》序：“每至池风春，池月秋，水香莲开之旦，露清鹤唳之夕，拂杨石，举陈酒，援崔琴，弹姜秋思，颓然自适，不知其他。”

【楊兄】　指杨巨源。元稹《酬杨司业十二兄早秋述情见寄》自注：“今春与杨兄会于冯翊，数日而别。”

【楊生】　❶指汉杨宝。参见“楊生黄雀”。❷指杨弘贞。白居易《伤杨弘贞》：“杨生亦好学，不幸复徒然。”❸指杨巨源。元稹《春晚寄杨十二兼呈赵八》自注：“时杨生馆于赵氏。”❹名不详。李贺有《杨生青花紫石砚歌》。

【楊生黄雀】　指汉杨宝救黄雀而得到报恩之事。见《艺文类聚》卷九二引《续齐谐记》。李瀚《蒙求》：“杨生黄雀，毛子白龟。”

【楊白二員外】　杨员外，指杨巨源。巨源曾拜虞部员外郎，后适太常博士，见《唐才子传》卷五。白员外，指白居易，元和十四年(819)冬拜司门员外郎，见《旧唐书》本传。王建有《贺杨巨源博士拜虞部员外》。元稹有《内状诗寄杨白二员外》。

【楊白花】　❶乐府杂曲歌辞名。指北魏名将杨大眼之子杨白花。见《梁书·杨华传》。温庭筠《江南曲》：“不学杨白花，朝朝泪如雨。”❷指柳絮。喻指薄倖者。柳宗元《杨白花》：“杨白花，风吹渡江水。”❸即杨华，初名白花。南朝梁武都仇池（今甘肃成县洛谷镇）人。事迹见《梁书》本传、《南书·王神念传》。柳宗元《杨白花》：“杨白花，风吹渡江水。”

【楊主簿】　❶指杨汝士。白居易有《正月十五日夜东林寺学禅偶怀蓝田杨主簿因呈智禅师》。❷名不详。天宝间为御史台主簿。高适有《同郭十题杨主簿新厅》。

【楊玄寶】　即羊玄保。玄保，南朝宋泰山南城（今山东费县西南）人。事迹见《宋书》《南史》本传。方干《赠夏侯评事》：“棋功过却杨玄宝，易义精于梅子真。”

【楊司馬】　❶指杨暤。暤建中、贞元间为江州司马。卢纶《送杨暤东归》：“若说湓城杨司马，知君望国有新诗。”❷指杨嗣复。嗣复会昌元年三月贬为潮州司马。见《旧唐书·武宗纪》。杨嗣复《谢寄新茶》：

“封题寄与杨司马,应为前衔是相公。”

【楊司業】 指杨巨源。巨源长庆元年为国子司业。刘禹锡有《酬杨司业巨源见寄》。元稹有《酬杨司业十二兄早秋述情见寄》。

【楊弘貞】 排行第九。籍贯不详。未仕而早亡。善诗赋。白居易有《伤杨弘贞》和《见杨弘贞诗赋因题绝句以自喻》。

【楊弘微】 华阴(今属陕西)人。事迹见《新唐书·宰相世系表一下》。武元衡有《秋日将赴江上杨弘微时任凤翔寄诗别》和《和杨弘微春日曲江南望》。

【楊戎】 虢州弘农(今河南灵宝)人。开成二年授秘书省正字。李商隐有《奉和太原公送前杨秀才戴兼招杨正字戎》。

【楊考功】 指杨於陵。於陵贞元十年为考功员外郎。权德舆有《户部王曹长杨考功崔刑部二院长并同钟陵使府之旧因以寄赠又陪郎署喜甚常僚因书所怀且叙所知》。

【楊老】 名不详,肃、代间隐士。刘长卿有《寻龙井杨老》。

【楊再思】 唐郑州原武(今河南原阳县西)人。新旧《唐书》有传。赵彦昭、李义有《哭仆射鄂公杨再思》。“鄂”当为“鄭”之误。

【楊至之】 即杨发。发,字至之。许浑有《下第别友人杨至之》《崇圣寺别杨至之》。

【楊同州】 指杨汝士。汝士大和八年为同州刺史。白居易有《睡后茶兴忆杨同州》《和杨同州寒食乾坑会后闻杨工部欲到知予与工部有宿醒》《别杨同州后却寄》。

【楊朱】 字子居,后人称杨子,战国魏人。见《孟子·尽心上》。钱起《山下别杜少府》:“庄叟几虚说,杨朱空自迷。”刘商《重阳日寄上饶李明府》:“来岁公田多种黍,莫教黄菊笑杨朱。”李绅《趁翰苑遭诬构四十六韵》:“终当赋归去,那更学杨朱。”

【楊朱死有情】 战国魏杨朱为不幸而死之人抚尸而哭,故曰死有情。李商隐《送千牛李将军赴阙五十韵》:“庾信生多感,杨朱死有情。”参见“楊朱哭”。

【楊朱多淚】 参见“楊朱淚”。

【楊朱泣】 同“楊朱泣路岐”。杜甫《早发射洪县南途中作》:“茫然阮籍途,更洒杨朱泣。”卢纶《冬日登城楼有怀因赠程腾》:“长卿未遇杨朱泣,蔡泽无媒原宪贫。”

【楊朱泣路岐】 战国魏杨朱遇岐路而伤感哭泣。见《淮南子·说林训》。后以为典实。张九龄《感遇十二首》之三:“浩叹杨朱子,徒然泣路岐。”

【楊朱哀途窮】 同“楊朱泣路岐”。顾况《从江西至彭蠡入浙西淮南界道中寄齐相公》:“杨朱并阮籍,未免哀途穷。”

【楊朱哭】 指战国魏杨朱为不幸而死之人抚尸而哭之事。见《太平御览》卷四八七引《列子》。王维《过沈居士山居哭之》:“杨朱来此哭,桑扈返于真。”

【楊朱淚】 同“楊朱泣路岐”。杜甫《冬深》:“易下杨朱泪,难招楚客魂。”温庭筠《博山》:“见说杨朱无限泪,岂能空为路岐分。”韦庄《赠峨眉山弹琴李处士》:“余今正泣杨朱泪,八月边城风刮地。”亦作“楊朱多泪”。李商隐《西溪》:“苦吟防柳恽,多泪怯杨朱。”

【楊朱揮涕】 同“楊朱泣路岐”。杜光庭《怀古今》:“不能劳神效苏子张生兮于时而纵辨,不能劳神效杨朱墨翟兮挥涕以沾襟。”

【楊朱路】 同“楊朱泣路岐”。唐彦谦《离鸾》:“尘埃一别杨朱路,风月三年宋玉墙。”

【楊先生】 名不详。南唐隐士。李中有《寄杨先生》。

【楊先輩】 指杨之梁。马戴有《赠杨先辈》,一作《送杨之梁先辈》。

【楊行元】 籍贯不详。寓居扬州(今属江苏)。肃、代间乡贡进士。刘商有《送杨行元赴举》。

【楊州】 即扬州。张祜《途次杨州赠崔荆二十韵》:“逆旅杨州郭,音容幸此遭。”

【楊江寧】 指杨利物。李白《江宁杨利物画赞》(《全唐文》卷三五〇):“作宰作程,摧刚挫坚。”李白另有《宿白鹭洲寄杨江宁》。

【楊妃】 指李重俊妻。神龙三年十月,皇太子李重俊与羽林将军李多祚,率羽林骑兵诛武三思、武崇训,重俊为部下所杀,景龙四年七月追谥为节愍太子。见《旧唐书·中宗纪》。张说有《节义太子杨妃挽歌二首》。“義”乃“愍”之讹。

【楊花】 柳花,柳絮。李白《猛虎行》:“溧阳酒楼三月春,杨花茫茫愁杀人。”武元衡《寓兴呈崔员外诸公》:“三月杨花飞满空,飘飖十里雪如风。”李贺《胡蝶飞》:“杨花扑帐春云热,龟甲屏风醉眼缬。”张泌《春晚谣》:“凌乱杨花扑绣帘,晚窗时有流莺语。”

【楊杜二郎中】 杨郎中,指杨炎。炎曾官礼部郎中,见《旧唐书·杜亚传》。杜郎中,指杜亚。亚曾官吏部郎中,见《旧唐书·杜亚传》。岑参有《入剑门作寄杜杨二郎中时二公并为杜元帅判官》。钱起有《赋得青城山歌送杨杜二郎中赴蜀军》。

【楊秀才】 指杨戴。杨敬之之子。进士及第。李商隐有《奉和太原公送前杨秀才戴兼招杨正字戎》。

【楊奉先】 杨慧。慧曾官奉先县令、杭州刺史,见《嘉泰吴兴志》卷一四唐刺史。杜甫有《九日杨奉先会白水崔明府》。

【楊長寧】 (長 cháng)杨辙。韦应物有《答长宁令杨辙》。杜甫有《夏日杨长宁宅送崔侍御常正字入京》。戴叔伦有《同辛兖州巢父卢副端岳相思献酬之作因抒归怀兼呈辛魏二院长杨长宁》。

【楊枝手】　指可使人起死回生的高僧妙手。见《晋书·佛国澄传》。皎然《赋得竹如意送详师赴讲》："每入杨枝手，因谈贝叶经。"

【楊枝】　❶杨柳之枝条。白居易《临水坐》："手把杨枝临水坐，闲思往事似前身。"❷曲名。即《杨柳枝》。白居易《不能忘情吟》序："妓有樊素者，年二十余，绰绰有歌舞态，善唱杨枝，人多以曲名名之。"

【楊枝肘】　指肘生瘤。见《庄子·至乐》。亦泛指生病。王维《胡居士卧病遗米因赠》："徒言莲花目，岂恶杨枝肘。"

【楊協律】　指杨凌。韦应物有《寄杨协律》。杨凌有《奏酬韦滁州寄示》。

【楊尚書】　❶指杨於陵。曾官桂阳郡守，又曾官检校尚书。见《旧唐书》本传和《全唐文》卷六三九。柳宗元有《杨尚书寄郴笔知是小生本样令更商榷使尽其功辄献长句》。❷杨嗣复。见《资治通鉴》卷二四六。刘禹锡《送前进士蔡京赴学究科》题下注："时崔相公、杨尚书掌选。"❸指杨汝士。见《旧唐书》本传。刘禹锡有《寄和东川杨尚书慕巢兼寄西川继之二公近从弟兄情分偏睦早忝游旧因成是诗》。白居易有《和杨六尚书喜两弟汉公转吴兴鲁士赐章服赋长句见示》。姚合有《送杨尚书祭西岳》。柳棠有《席上戏东川杨尚书》。❹指杨汉公。由户部侍郎拜荆南节度使，召为工部尚书。见《旧唐书》本传。姚鹄有《和工部杨尚书重送绝句》。❺指杨玢。前蜀高祖时累官至礼部尚书。见《十国春秋》本传。卢延让有《谢杨尚书惠樱桃》。

【楊明府】　指杨辙。辙曾任长宁令。韦应物有《答长宁令杨辙》。刘长卿有《夏口送长宁杨明府归荆南因寄幕府诸公》。

【楊固店】　地名。在今河南偃师市境。岑参有《杨固店》。

【楊侍郎】　❶指李炎。炎曾官吏部侍郎，见《旧唐书·代宗纪》。刘长卿有《朱放自杭州与故里相使君立碑回因以奉简吏部杨侍郎制文》。❷张继《感怀》原校："一作陆沈诗，题作上礼部李侍郎。"杨侍郎，当作阳侍郎。阳侍郎，阳浚。《唐摭言》卷一四："天宝十二载，礼部侍郎阳浚四榜共放一百五十人，后除左丞。"皇甫冉有《上礼部杨侍郎》，"楊"当作"陽"。诗云："未学惭邹鲁，深仁录弟兄。"则皇甫冉、皇甫曾兄弟均为阳浚门生。❸指杨凭。凭曾官刑部侍郎，见《旧唐书》本传。窦牟有《奉酬杨侍郎十兄见赠之作》。杨凭有《赠窦牟》。柳宗元有《奉酬杨侍郎丈因送八叔拾遗戏赠诏追南来诸宾二首》。❹指杨於陵。曾官兵部侍郎、判度支。见《旧唐书》本传。刘禹锡有《和南海马大夫闻杨侍郎出守郴州因有寄上之作》。❺指杨嗣复。曾官礼部侍郎和户部侍郎。见《旧唐书》本传。白居易有《和杨郎中贺杨仆射致仕后杨侍郎门生合宴席上作》。❻指杨汝士。开成元年(836)七月，汝士转兵部侍郎。见《旧唐书》本传。白居易有《新秋喜凉因寄兵部杨侍郎》和《以诗代书寄户部杨侍郎劝买东邻王家宅》。❼指杨虞卿。长庆初，迁侍御史，转礼部、吏部员外郎。后贬虔州司马，再贬虔州司户。李商隐有《哭虔州杨侍郎》。❽指杨注。见《旧唐书·昭宗纪》。吴融有《和杨侍郎》及《寄杨侍郎》。

【楊侍御】　❶指杨汉公，曾官殿中侍御史。刘禹锡有《早秋送台院杨侍御归朝》。❷名不详。刘长卿有《落第赠杨侍御拜员外仍充安大夫判官赴范阳》。高适《酬秘书弟兼寄幕下诸公》序："乙亥岁，适征谒长安，时侍御杨公任通事舍人。"见《全唐诗人名汇考》卷二二一高适此诗考。❸指杨谭。杜甫有《送张二十参军赴蜀州因呈杨五侍御》。

【楊使君】　❶指杨濯，曾官隋州刺史，见郁贤皓《唐刺州考》。孟浩然有《唐城馆中早发寄杨使君》。❷疑为杨援。见《新唐书·宰相世系表二下》。韩翃有《送巴州杨使君》。❸韩翃有《寄赠衡州杨使君》。"楊"當作"陽"。阳使君，指阳济，济曾官衡州刺史，见《旧唐书·代宗纪》。❹指杨归厚。曾官唐州刺史。白居易有《唐州刺史韦彪授王府长史杨归厚授唐州刺史制》。见《全唐文》卷六六三。白居易另有《初到忠州登东楼寄万州杨八使君》和《欲到东洛得杨使君书因以此报》。❺指杨顼。见《嘉泰吴兴志》卷一四刺史题名。皎然有《同薛员外谊喜雨诗兼上杨使君》《同薛员外谊久旱感怀寄兼呈上杨使君》和《同杨使君白蘋洲送陆侍御士佳入朝》。❻指杨发。曾官广州刺史、岭南节度使。见《旧唐书》本传。贯休有《和杨使君游赤松山》。

【楊舍人】　❶指杨知温。见《旧唐书·宣宗纪》。卢肇有《喜杨舍人入翰林》。❷杨於陵。曾官中书舍人。见《旧唐书》本传。武元衡有《和杨三舍人晚秋与崔二舍人张秘监苗考功同游昊天观》。❸指杨弘礼。见《旧唐书》本传。张文琮有《和杨舍人咏中书省花树》。❹指杨汝士。见《旧唐书》本传。白居易《新雪二首》题下注："寄杨舍人。"❺杨知至。见《旧唐书》本传。皮日休有《寄琼州杨舍人》。

【楊郎中】　❶指杨炎。岑参有《上嘉州青衣山中峰题惠净上人幽居寄兵部杨郎中》。❷指杨汝士。白居易有《新昌闲居招杨郎中兄弟》和《和杨郎中贺杨仆射致仕后杨侍郎门生合宴席上作》等诗。❸指杨戴。

曾官刑部郎中、唐州刺史。薛能有《寄唐州杨郎中》。

【楊柳】 ❶树木名。杨属树木之泛称。枝垂者为柳,不垂者为杨。通称杨柳。寒山《诗三百三首》之一三〇:“樱桃红烁烁,杨柳正毵毵。”戴叔伦《妻亡后别妻弟》:“杨柳青青满路垂,赠行惟折古松枝。”许浑《咸阳城东楼》:“一上高城万里愁,蒹葭杨柳似汀洲。”❷乐府近代曲《杨柳枝》之省称。高适《别韦参军》:“弹棋击筑白日晚,纵酒高歌杨柳春。”又《九曲词三首》之二:“万骑争歌杨柳春,千场对舞绣骐驎。”白居易《寄献北都留守裴令公》:“羌管吹杨柳,燕姬酌蒲萄。”路德延《小儿诗》:“合调歌杨柳,齐声踏采莲。”❸北朝乐府《折杨柳枝》歌词云:“上马不捉鞭,反拗杨柳枝;下马吹横笛,愁杀行客人。”唐人又有送行时折柳以示惜别之俗,故诗中常以“杨柳”表示离情别绪。刘长卿《夏日送徐郎中归朝》:“离心与杨柳,临水更依依。”王之涣《凉州词二首》之一:“羌笛何须怨杨柳,春光不度玉门关。”储嗣宗《早春怀薛公裕》:“失意怨杨柳,异乡闻鹧鸪。”萧彧《送德林郎中学士赴东府》:“离情折杨柳,此别异春哉。”❹指汉周亚夫之细柳营。李商隐《五言述德抒情诗献上杜七兄仆射相公》:“芙蓉王俭府,杨柳亚夫营。”见《汉书·周亚夫传》。❺指白居易府妓樊素。素别号杨柳枝,故以喻指。白居易《别柳枝》:“两枝杨柳小楼中,袅袅多年伴醉翁。”

【楊柳曲】 乐府近代曲《杨柳枝》之别称。白居易《和韦庶子远坊赴宴未夜先归之作》:“银烛忍抛杨柳曲,金鞍潜送石榴裙。”刘禹锡《酬乐天醉后狂吟十韵》:“好吹杨柳曲,为我舞金钿。”崔涂《读庾信集》:“惟有一篇杨柳曲,江南江北为君愁。”

【楊柳花】 ❶即柳絮。白居易《酬舒三员外见赠长句》:“杨柳花飘新白雪,樱桃子小缀红珠。”❷歌曲名。即《杨白花》。崔颢《渭城少年行》:“小妇春来不解羞,娇歌一曲杨柳花。”

【楊柳枝】 ❶杨柳树之枝条。白居易《酬元九对新栽竹有怀见寄》:“不爱杨柳枝,春来软无力。”❷唐教坊曲名。本为汉乐府横吹曲,名《折杨柳》,至唐更名《杨柳枝》,入教坊曲。白居易又重为作词,翻为新声。形成七言四句,如七绝诗。刘禹锡、施肩吾、张祜、李商隐、温庭筠、孙光宪等均有《杨柳枝》之作。刘禹锡《杨柳枝词九首》之一:“请君莫奏前朝曲,听唱新翻杨柳枝。”白居易《山游示小妓》:“莫唱《杨柳枝》,无肠与君断。”又《杨柳枝词八首》之一:“六么水调家家唱,白雪梅花处处吹。古歌旧曲君休听,听取新翻杨柳枝。”❸指白居易府妓樊素。白居易《宴后题府中水堂赠卢尹中丞》:“莫言杨柳枝空老,直致樱桃树已枯。”自注:“府妓有歌杨柳枝曲者,因以名焉。”又《不能忘情吟》:“鬻骆马兮放杨柳枝,掩翠黛兮顿金羁。马不能言兮长鸣而却顾,杨柳枝再拜长跪而致辞。”

【楊柳陌】 旁植杨柳之小路。卢照邻《首春贻京邑文士》:“寒辞杨柳陌,春满凤皇城。”王维《观别者》:“青青杨柳陌,陌上别离人。”

【楊柳風】 杨柳抽条时之风,指春风。白居易《杨柳枝》之六:“苏家小女旧知名,杨柳风前别有情。”赵嘏《宿僧舍》:“高僧夜滴芙蓉漏,远客窗含杨柳风。”杜荀鹤《旅怀》:“蒹葭月冷时闻雁,杨柳风和日听莺。”

【楊柳姬】 轻盈苗条似柳枝之女子。多指歌妓。白居易《秋霖中奉裴令公见招早出赴会马上先寄六韵》:“续借桃花马,催迎杨柳姬。”

【楊柳葉】 杨柳之树叶。因其细长如眉,常以喻指女子之眉毛。白居易《和春深二十首》之二十:“眉欺杨柳叶,裙妒石榴花。”

【楊柳節】 春天杨柳长叶吐花之时节。韦承庆《折杨柳》:“万里边城地,三春杨柳节。”

【楊柳煙】 指春天方抽枝吐叶之柳树。因其初吐新绿,远望似笼烟,故称。温庭筠《送淮阴孙令之官》:“隋堤杨柳烟,孤棹正悠然。”

【楊拾遺】 指杨归厚。归厚曾官左拾遗。见《新唐书·李吉甫传》。刘禹锡有《寄杨八拾遗》。

【楊迴】 春秋晋人。周昙《咏史诗·春秋战国门·杨回》:“杨回不是逢英鉴,白首无成一旅人。”

【楊叛兒】 传南朝齐隆昌时,有女巫杨蚊旻随母入宫,成人后,为何后所宠,时有童谣云:“杨婆儿,共戏来。”后讹传成“杨叛儿”,演变为乐府曲歌名。李白《杨叛儿》:“君歌杨叛儿,妾劝新丰酒。”

【楊宫】 汉长扬宫之省称。旧址在今陕西周至县东南。张说《李工部挽歌三首》之一:“杨宫先上赋,柏殿几连诗。”

【楊穿三葉】 本指射箭技高,可百步射穿杨叶。见《战国策·西周策》。后亦喻指弟兄三人接连科举中第。白居易《喜敏中及第偶示所怀》:“桂折一枝先许我,杨穿三叶尽惊人。”自注:“始予进士及第,行简次之,敏中又次之。”

【楊素】 字处厚,弘农华阳(今属陕西)人。《隋书》有其传。陈子良有《赞德上越国公杨素》。

【楊華州】 指杨於陵。於陵贞元末迁华州刺史。见《旧唐书》本传。武元衡有《夏日陪冯许二侍郎与严秘书游昊天观览旧题寄同里杨华州中丞》。

【楊桂州】 指杨谭。谭上元元年官桂州刺史。杜甫有《寄杨五桂州谭》。

【楊校書】 (校 jiào)指杨弘微。弘微曾官校书郎。见权德舆《祭杨校书文》(《全唐文》卷五九)。杨弘微与权德舆同为崔述女婿。权德舆有《从事淮南府过亡友杨校书旧厅感念愀然》。

【楊秘書】 指杨巨源。巨源元和九年随张弘靖入朝，授秘书郎。白居易有《赠杨秘书巨源》。王建有《寄杨十二秘书》。贾岛有《杨秘书新居》。

【楊家】 指杨虞卿家。见《南部新书》。白居易有《杨家南亭》。

【楊梅】 水果名。宋之问《登粤王台》："冬花采卢橘，夏果摘杨梅。"孟浩然《裴司士员司户见寻》："厨人具鸡黍，稚子摘杨梅。"秦系《赠乌程杨苹明府》："杨梅今熟未，与我两三枝。"张泌《晚次湘源县》："高林带雨杨梅熟，曲岸笼云谢豹啼。"

【楊梅館】 驿馆名。即杨梅驿。在唐江南道池州（今安徽池州）西九十里石岭。白居易《冬至宿杨梅馆》："若为独宿杨梅馆，冷枕单床一病身？"

【楊常州】 指杨虞卿。大和七年三月杨虞卿为常州刺史，见《旧唐书・文宗纪下》。刘禹锡有《和浙西尚书闻常州杨给事》

【楊常侍】 指杨凭。见《旧唐书・白居易传》。白居易《泛春池》题下注："此池始杨常侍开凿。"

【楊祭酒】 指杨巨源。长庆间为国子司业，大和中为河中少尹。李逢吉有《酬致政杨祭酒见寄》。

【楊庶子】 指杨归厚。归厚曾官太子右庶子。见《全唐文》卷六九三李虞仲《授杨归厚太子右庶子制》。刘禹锡有《春日书怀寄东洛白二十二杨八二庶子》。

【楊越】 即扬越。指九州之一古扬州地域，即今江淮以南地区。一说为古百越（今岭南）之地域。宝月《行路难》："君不见孤雁关外发，酸嘶度杨越。"

【楊葉】 ❶传楚国杨叶善射，可百步穿杨，后因以之为咏善射或武艺高强之典。李商隐《偶成转韵七十二句赠四同舍》："武威将军使中侠，少年箭道惊杨叶。"参见"楊穿三葉"。❷比喻科举考试中第。王起《和周侍郎见寄》："杨叶纵能穿旧的，桂枝何必爱新香。"卢肇《射策后作》："箭发尚忧杨叶远，愁生只恐杏花开。"张贲《奉和袭美醉中即席见赠次韵》："共许逢蒙快弓箭，再穿杨叶在明年。"唐彦谦《试夜题省廊桂》："今日竞飞杨叶箭，魏舒休作画筹人。"

【楊葉洲】 洲名。在唐江南道池州秋浦县（今安徽池州）西北大江中。因狭长似杨叶，故名。孟浩然《夜泊宣城界》："火识梅根冶，烟迷杨叶洲。"

【楊萬州】 指杨归厚。归厚曾官万州刺史。《全唐文》卷六一〇刘禹锡《祭虢州杨庶子文》："五剖符竹，皆有声绩。南湘潜地，巴人哑哑。""湘"当从宋刻浙本《刘宾客文集》作"浦"，现浦郡即万州。白居易有《南宾郡斋即事寄杨万州》和《寄胡饼与杨万州》。

【楊敬之】 元和中曾官左卫骑曹参军，坐事贬吉州司户参军，见《册府元龟》卷九二五。刘禹锡有《答杨八敬之绝句》，李涉有《送杨敬之倅湖南》。

【楊湖州】 指杨汉公。汉公开成三年三月自舒州刺史拜湖州刺史，迁亳州刺史，见《嘉泰吴兴志》卷十四刺史题名。白居易有《得杨湖州书颇夸抚民接宾纵酒题诗因以绝句戏之》和《和杨六尚书喜两弟汉公转吴兴鲁士赐章服》。

【楊給事】 （給 jǐ）❶指杨虞卿。大和七年三月出给事中杨虞卿为常州刺史。见《旧唐书・文宗纪下》。刘禹锡有《和浙西尚书闻常州杨给事制新楼因寄之作》和《寄毗陵杨给事三首》。❷指杨廉。沈佺期有《酬杨给事兼见赠台中》。

【楊瑗】 籍贯不详。元和初为江西观察使杨凭判官兼监察御史。见《旧唐书・杨凭传》。张祜有《观杨瑗柘枝》。

【楊園】 园名。泛指园林。见《诗・小雅・巷伯》。李白《之广陵宿常二南郭幽居》："故人宿茅宇，夕鸟栖杨园。"

【楊與李】 指杨国忠和李林甫。见《全唐诗》卷一二一作者小传。元稹《连昌宫词》："弄权宰相不记名，依稀忆得杨与李。"

【楊溝】 指汉长安之御沟。见《三辅黄图・长安御沟》。骆宾王《久戍边城有怀京邑》："杨沟连凤阙，槐路拟鸿都。"

【楊臺文】 籍贯不详。寓居苏州（今属江苏）。鼎文之兄。陆龟蒙有《怀杨台文杨鼎文二秀才》。皮日休有《奉和鲁望怀杨台文杨鼎文二秀才》。

【楊壽州】 指杨归厚。归厚曾官寿州刺史，见《册府元龟》卷七〇〇。刘禹锡有《寄杨八寿州》和《李贾二大谏拜命后寄杨八寿州》。

【楊閣老】 ❶指杨於陵。於陵曾官中书舍人，见《旧唐书》本传。权德舆有《初秋月夜中书宿直因呈杨阁老》。❷指杨汝士。见《旧唐书》本传。白居易《新雪二首》之一："唯忆静恭杨阁老，小园新雪暖炉前。"

【楊僕射】 （射 yè）指杨於陵。见《旧唐书・文宗纪上》。白居易有《和杨郎中贺杨仆射致仕后杨侍郎门生合宴席上作》。杨汝士有《宴杨仆射新昌里第》。

【楊鄭州】 指杨归厚。归厚曾官郑州刺史，见《全唐文》卷六〇六刘禹锡《郑州刺史厅壁记》。贾岛有《永福湖和杨郑州》。

【楊駙馬】 玄宗有三十六女，杨姓驸马者有杨说、杨微、杨敷、杨洄、杨晅、杨锜等六人。独孤及有《和虞部韦郎中寻杨驸马不遇》。此杨驸马，不知为谁。

【楊虢州】 指杨归厚。归厚曾官寿州刺史和虢州刺史。刘禹锡有《寄杨虢州与之旧姻》。

【楊魯士】 杨汝士弟，字宗尹，本名殷士。长庆元年进士及第。白居易《三月三日祓禊洛滨》序:"令公明日召,太子少傅白居易……检校礼部员外郎杨鲁士……一十五人,合宴于舟中。"

【楊學士兄弟】 指杨赞国、李承休兄弟。赞国,弘文馆直学士。见《全唐文》卷八二五、黄滔《丈六金身碑》。韩偓有《中秋寄杨学士》,一作《中秋永夕奉寄杨学士兄弟》。

【楊瓊】 苏州歌妓,色美艺精。白居易有《寄李苏州兼示杨琼》。元稹有《和乐天示杨琼》。

【楊轔】 曾任侍御史内供奉。岑参有《郡斋南池招杨辚》。

【楊夔】 唐诗人。宜春(今江西宜春市)人。见《十国春秋·吴二》。《全唐诗》卷七六三收录其诗十二首。

楫 〔jí《广韵》即葉切,入葉,精。〕❶船桨;短桨。杜甫《水会渡》:"篙师暗理楫,歌笑轻波澜。"李远《黄陵庙词》:"轻舟小楫唱歌去,水远山长愁杀人。"徐夤《温陵残腊书怀寄崔尚书》:"济川无楫拟何为?三杰还从汉祖推。"徐铉《奉和宫傅相公怀旧见寄四十韵》:"翾飞附骥方经远,巨楫垂风遂济川。"❷以楫划水。施肩吾《江南怨》:"愁见桥边荇叶新,兰舟枕水楫生尘。"❸代指船。郑绍《游越溪》:"渔潭逢钓楫,月浦值孤舟。"李德裕《汉州月夕游房太尉西湖》:"谁怜济川楫,长与夜舟归。"乔舜《送德林郎中学士赴东府》:"何人乘桂楫,之子过扬州。"

楣 〔mào《广韵》莫報切,去号,明。又莫沃切,入沃,明。〕门户上之横木。元结《演兴四首·初祀》:"云缨为楣兮愚木楄,洞渊禅兮揭巍巍。"

榅 〔wēn《广韵》烏没切,入没,影。又《集韵》烏昆切,平魂,影。〕树木名。全称榅桲。落叶小乔木。叶圆卵形,叶背有茸毛。花白色或淡红。果实似柿,肉色红,有香气。味酸涩,可食,亦可入药。见"榅蛴"。

【榅蛴】 榅树上之蝉。皮日休《太湖诗·孤园寺》:"静鹤啄柏蠹,闲猱弄榅蛴。"

楬 〔qià《广韵》枯鎋切,入鎋,溪。〕古乐器名。即敔。状如伏虎,木制。乐声终止时击之。见《礼记·乐记》。郑玄注:"控、楬,谓柷、敔也。"韩愈、孟郊《征蜀联句》:"庙献繁馘级,乐声洞椌楬。"

楞 〔léng《广韵》鲁登切,平登,來。〕❶物体上之条状突起部分或边楞。郭密之《永嘉经谢公石门山作》:"洞壑闷金涧,攲崖盘石楞。"❷见"楞伽"。

【楞伽】 (—qié)❶指楞伽山。借指佛门。李商隐《送臻师二首》之一:"楞伽顶上清凉地,善眼仙人忆我无?"参见"楞伽山❶"。❷指楞伽经。亦泛指佛经。李颀《送刘四赴夏县》:"朝持手板望飞鸟,暮诵楞伽对空室。"岑参《太白胡僧歌》:"一持楞伽入中峰,世人难见但闻钟。"李贺《赠陈商》:"楞伽堆案前,楚辞系肘后。"白居易《晚春登大云寺南楼赠常禅师》:"求师治此病,唯劝读楞伽。"❸泛指僧人。卢仝《寄赠含曦上人》:"楞伽大师兄,夸曦识道理。"参见"楞伽子"。

【楞伽山】 (伽 qié)❶山名。在古师子国(今斯里兰卡)境内。传为讲道说法之地。后常以喻指佛门。贯休《经旷禅师院》:"吾师楞伽山中人,气岸古淡僧麒麟。"❷指僧院讲经台。李琪、净显均有《题广爱寺楞伽山》。

【楞伽子】 (伽 qié)对僧人之尊称。贯休《送明觉大师兼寄郑山人》:"去去楞伽子,春深道路长。"

【楞伽寺】 (伽 qié)佛寺名。在唐江南道苏州吴县(今江苏苏州市吴中区)西南横山下。白居易《自思益寺次楞伽寺作》:"朝从思益峰游后,晚到楞伽寺歇时。"张祜有《题苏州楞伽寺》。许浑有《自楞伽寺晨起泛舟道中有怀》。

【楞伽字】 (伽 qié)楞伽经上之字,亦泛指佛经中之字。韦应物《寄恒璨》:"今日郡斋闲,思问楞伽字。"

【楞伽舍】 (伽 qié)楞伽精舍之省称。指佛徒诵经奉佛之所。陆龟蒙《奉和袭美初夏游楞伽精舍次韵》:"岂知楞伽会,乃在山水箔。"

【楞伽經】 (伽 qié)佛经名。因内容为佛在楞伽山讲道之辞,故称。所述俱大乘佛教之教义。汉文有四种译本。李颀《光上座廊下众山五韵》:"每闻楞伽经,只对清翠光。"岑参《太白胡僧歌》序:"太白中峰绝顶,有胡僧不知几百岁,眉长数寸,身不制缯帛,衣以草叶,恒持楞伽经。"

【楞伽臺】 (伽 qié)佛寺讲经台名。在唐淮南道扬州(今江苏扬州)。李群玉有《将游罗浮登广陵楞伽台别羽客》。

【楞嚴】 指楞严会。佛徒的一种宗教活动。于每年农历四月十三日至七月十三日,设楞严坛,每日集僧徒于坛前诵经念咒,唱摩诃。贯休《酬韦相公见寄》:"秦客弈棋抛已久,楞严禅髓更无过。"

榾 〔gǔ《广韵》古忽切,入没,見。〕❶砍伐树干后所剩之根桩。元稹《和李校书新题乐府十二首·缚戎人》:"平明蕃骑四面走,古墓深林尽株榾。"❷剪伐,弄断。元稹《田野狐兔行》:"禾苗豆甲,狐榾兔剪。"

【榾柮】 (—duò)树根;柴块。韦庄《宜君县比卜居不遂留题王秀才别墅二首》之一:"本期同此卧林丘，榾柮炉前拥布裘。”路德延《小儿诗》：“夜分围榾柮，朝聚打秋千。”贯休《深山逢老僧二首》之一：“衲衣线粗心似月，自把短锄锄榾柮。”

【榾榾】 拥团貌。辛劳貌。杜甫《盐井》：“汲井岁榾榾，出车日连连。”

楸 〔qiū《广韵》七由切，平尤，清。〕❶树木名。为建筑及制器物之良材。种子可入药。袁朗《和洗掾登城南坂望京邑》：“日落长楸间，含情两相顾。”李白《秋日登扬州西灵塔》：“露浴梧楸白，霜催橘柚黄。”韩愈《庭楸》：“庭楸止五株，共生十步间。”沈彬《题苏仙山》：“眼穿林罅见郴州，井里交连侧局楸。”❷指棋盘。多指围棋棋盘。因常以楸木制成，故以代指。温庭筠《谢公墅歌》：“文楸方罫花参差，心阵未成星满池。”❸古人墓地多植楸与松树。常以代指墓地。李远《过旧游见双鹤怆然有怀》：“谢公何岁掩松楸，双鹤依然傍玉楼。”

【楸花】 楸树之花。杜甫《十二月一日三首》之一：“未将梅蕊惊愁眼，要取楸花媚远天。”

【楸局】 楸木所制之棋盘。郑谷《寄棋客》：“松窗楸局稳，相顾思皆凝。”

【楸枰】 楸木所制之棋盘。温庭筠《观棋》：“闲对楸枰倾一壶，黄华坪上几成卢。”

楩 〔pián《广韵》房連切，平仙，並。又符善切，上獮，並。《集韵》毗連切，平仙，並。〕树木名。亦称黄楩木。树干高大坚直。见“楩柟”。

【楩柟】 楩树与楠树。杜甫《枯楠》：“楩楠枯峥嵘，乡党皆莫记。”欧阳詹《答韩十八驽骥吟》：“楩楠十围瑰，松柏百尺坚。”白居易《东溪种柳》：“松柏不可待，楩楠固难移。不如种此树，此树易荣滋。”亦指栋梁之材。比喻杰出之人才。陆龟蒙《京口与友生话别》：“宗溟虽䀎浍，成厦必楩柟。”

【楩梓枌榆】 四种树名。张说《素盘盂铭》序：“因适汤泉，见楩梓枌榆，良材满谷。”

槐 〔huái《广韵》户乖切，平皆，匣。又户恢切，來灰，匣。〕树木名。豆科。落叶乔木。花与果实可作黄色染料。根皮与种子可入药。孟浩然《秋宵月下有怀》：“庭槐寒影疏，邻杵夜声急。”段怀然《挽涌泉寺僧怀玉》：“唯有门前古槐树，枝低只为挂银台。”雍陶《秋怀》：“古槐烟薄晚鸦愁，独向黄昏立御沟。”李频《寄远》：“槐欲成阴分袂时，君期十日复金扉。”

【槐子】 槐树所结之荚及其中之种子。白居易《送客》：“凉风袅袅吹槐子，却请行人劝一杯。”

【槐市】 地名。在汉长安。为读书人聚会之所。因其地多槐树而得名。骆宾王《帝京篇》：“钩陈肃兰危，璧沼浮槐市。”武元衡《酬谈校书长安秋夜对月寄诸故旧》：“蓬山高价传新韵，槐市芳年挹盛名。”刘禹锡《秋萤引》：“槐市诸生夜读书，北窗分明辨鲁鱼。”罗隐《暇日感怀因寄同院吴蜕拾遗》：“戏悲槐市便便笥，狂忆樟亭满满杯。”

【槐行】 (—háng)指成排之槐树。韦庄《嘉会里闲居》：“寂寂无钟鼓，槐行接紫宸。”

【槐色】 槐树之绿色。王维《送丘为往唐州》：“槐色阴清昼，杨花惹暮春。”

【槐芽】 槐树之叶芽。翁承赞《擢探花使三首》之二：“九重烟暖折槐芽，自是升平好物华。”

【槐花】 槐树之花。窦巩《奉使蓟门》：“自从身属富人侯，蝉噪槐花已四秋。”戴叔伦《送车参军江陵》：“槐花落尽柳阴清，萧索凉天楚客情。”翁洮《秋》：“侯门处处槐花□，献赋何时遇至公？”子兰《太平坊寻裴郎中故宅》：“昔年住此何人在，满地槐花秋草生。”

【槐花陌】 旁植槐树开满槐花之街道。韦庄《惊秋》：“长安十二槐花陌，曾负秋风多少秋。”

【槐里】 地名。本周之犬丘邑，秦更名废丘，汉改为槐里县。故城在今陕西兴平县东南十里。东距咸阳四十五里。宋之问《鲁忠王挽词三首》之二：“人悲槐里月，马踏槿原霜。”王维《送岐州源长史归》：“故驿通槐里，长亭下槿原。”杜甫《八哀诗・故司徒李公光弼》：“雅望与英姿，恻怆槐里接。”钱起《送马员外拜官觐省》：“归觐屡经槐里月，出师常笑棘门军。”

【槐雨】 槐花将谢时之雨。白居易《寄元九》：“蕙风晚香尽，槐雨余花落。”

【槐陌】 旁植槐树之道路或街巷。郑谷《感怀投时相》：“孤吟马迹抛槐陌，远梦渔竿掷苇乡。”韦庄《关河道中》：“槐陌蝉声柳市风，驿楼高倚夕阳东。”王涤《和三乡诗》：“槐陌柳亭何限事，年年回首向春风。”

【槐柯】 槐树之枝条。韦庄《和薛先辈见寄初秋寓怀即事之作二十韵》：“柿叶添红景，槐柯减绿阴。”

【槐柳】 槐树与柳树。方干《别喻凫》：“离别波涛阔，留连槐柳新。”韦庄《洪州送西明寺省上人游福建》：“荆榛已失当时路，槐柳全无旧日烟。”又《南省伴直》：“一洞烟霞人迹少，六行槐柳鸟声高。”齐己《送人游塞》：“槐柳野桥边，行尘暗马前。”

【槐省】 (—shěng)指太尉、司空、司徒三公之官署。周代朝廷种三槐、九棘。三公坐于槐下，九卿坐于棘下，故后以槐指三公。黄滔《浙幕李端公泛建溪》：“自顾幽沈槐省迹，得陪清显谏垣臣。”李洞《废寺闲居寄怀一二罢举知己》：“槐省老郎蒙主弃，月陂孤客望谁怜。”

【槐庭】 植有槐树之庭院。骆宾王《夏日游山家同夏少府》：“兰径薰幽珮，槐庭落暗金。”

【槐宫】 指三公之官署。黄滔《寄同年卢员外》：

"当年甲乙皆华显,应念槐宫今雪头。"参见"槐省"。

【槐陰】 槐树之树荫。皇甫冉《送荣别驾赴华州》:"草色田家迥,槐阴府吏迎。"白居易《寿安歇马重吟》:"垂鞭晚就槐阴歇,低倡闲冲柳絮行。"

【槐雪】 槐树上之积雪。曹松《曲江暮春雪霁》:"菰风生马足,槐雪滴人头。"

【槐葉冷淘】 以槐叶汁和面作成之一种冷食。所和之面色碧,切成条状煮熟,以冷水浸之供食。杜甫有《槐叶冷淘》。

【槐棘】 槐树与棘树。因古代朝廷种三槐、九棘,三公九卿分坐其下,后因以"槐棘"指三公九卿。亦泛指朝廷大臣。柳宗元《游南亭夜还叙志七十韵》:"左右抗槐棘,纵横罗雁羔。"

【槐街】 指长安之街道。因其两旁槐树成行,故称。李频《长安书情投知己》:"槐街劳白日,桂路在青天。"

【槐疏】 为咏保持晚节之典。见南朝宋刘义庆《世说新语·黜免》。骆宾王《咏怀》:"槐疏非尽意,松晚夜凌寒。"

【槐榆】 槐树与榆树。韩愈《示儿》:"西偏屋不多,槐榆翳空虚。"

【槐路】 旁植槐树之道路。因长安街道旁多植槐树,故常以指京城长安之大道。陈子昂《赞德上越国公杨素》:"桂宫擅鸣珮,槐路独飞缨。"骆宾王《久戍边城有怀京邑》:"杨沟连凤阙,槐路拟鸿都。"

【槐煙】 指茂密的槐树上蒸腾之雾气。李峤《寒食清明日早赴王门率成》:"槐烟乘晓散,榆火应春开。"孟浩然《初出关旅亭夜坐怀王大校书》:"向夕槐烟起,葱茏池馆曛。"秦韬玉《曲江》:"曲沼深塘跃锦鳞,槐烟径里碧波新。"黄滔《秋夕贫居》:"听歌桂席阑,下马槐烟里。"

【槐膏】 槐树之树脂。李廓《夏日途中》:"日色欺清镜,槐膏点白衣。"

【槐廣】 韦应物有《送槐广落第归扬州》,陶敏等校注:"各本均作'魏广'。"应为《送魏广落第归扬州》。魏广,大历时诗人,扬州(今江苏扬州市)人。与卢纶、李端等相友善。卢纶有《送魏广下第归扬州》。李端有《送魏广下第归扬州宁亲》。

【槐蕊】 指槐花之花蕊。亦代指槐花。李昌符《与友人会》:"蝉吟槐蕊落,的的是愁端。"

【槐館】 指太学。林宽《穷冬太学》:"投迹依槐馆,荒亭草合时。"

【槐燧】 犹槐火。钻槐木所取之火。古代四季取火所用之木不同。春用榆柳,夏用枣杏,冬则用槐檀。韦承庆《寒食应制》:"旧火收槐燧,余寒入桂宫。"参阅《周礼·夏官·司爟》"四时变国火"郑玄注。

【槐穟】 指槐树上荚果。因其成串下垂如穟,故称。朱庆余《和刘补阙秋园寓兴之什十首》之一:"雨余槐穟重,霜近药苗衰。"

【槐霧】 槐烟。槐树茂密枝叶上之雾气。王维《早朝》:"槐雾暗不开,城鸦鸣稍去。"

【槐露】 槐树上之露水。陈羽《长安卧病秋夜言怀》:"紫陌夜深槐露滴,碧空云尽火星流。"

【槐驛】 植有槐树之驿站。项斯《送友人游河东》:"湖波晴见雁,槐驿晚无蝉。"

槌 〔chuí《广韵》直追切,平脂,澄。〕同"椎"。❶木椎。亦泛指椎。一种圆头有柄之敲击工具。李白《博平郑太守自庐山千里见访却之武陵立马赠别》:"仍要鼓刀者,乃是袖槌人。"韩愈《嘲鼾睡》:"南帝初奋槌,凿窍泄混沌。"张祜《热戏乐》:"热戏争心剧火烧,铜槌暗热不相饶。"❷敲击,捶打。李白《江夏赠韦南陵冰》:"我且为君槌碎黄鹤楼,君亦为吾倒却鹦鹉洲。"韩愈、李正封《晚秋郾城夜会联句》:"作乐鼓还槌,从禽弓始矿。"

【槌牛】 以椎击杀牛。李白《猛虎行》:"丈夫相见且为乐,槌牛挝鼓会众宾。"

【槌埋】 槌杀而掩埋之。崔涂《过长江贾岛主簿旧厅》:"身从谪宦方沾禄,才被槌埋更有声。"参见"椎埋"。

【槌胸】 以手捶己胸。常表示悲痛。包贺《谐诗逸句》:"棹摇船掠鬓,风动水槌胸。"

【槌琢】 指对诗文锤炼雕琢。贯休《怀薛尚书兼呈东阳王使君》:"何妨槌琢后,更献至公看。"

【槌鼓】 击鼓,擂鼓。杜牧《大雨行》:"奔觥槌鼓助声势,眼底不顾纤腰娘。"王周《自喻》:"槌鼓称打宽,系纫呼下纬。"

【槌鐘】 敲钟。李白《入朝曲》:"槌钟速严妆,伐鼓启重城。"

楯[1] 〔shǔn《广韵》食尹切,上準,船。又許遵切,平諄,邪。〕栏杆之横木。亦代指栏杆。皮日休《初夏游楞伽精舍》:"穷幽入兹院,前楯临巨壑。"

楯[2] 〔dùn《集韵》庾準切,上準,以。〕同"盾"。盾牌。韦庄《和郑拾遗秋日感事一百韵》:"文风销剑楯,礼物换旂裳。"

【楯₂鼻磨墨】 为咏文人从军草檄之典。见《北史·荀济传》。韩翃《寄哥舒仆射》:"郡公楯鼻好磨墨,走马为君飞羽书。"

榆 〔yú《广韵》羊朱切,平虞,以。〕树木名。榆科,落叶乔木。果俗称榆荚,状如铜钱,故常以喻钱。树皮含淀粉,可食,嫩叶亦可食。皮、叶、果均可入药。王勃《春日还郊》:"草绿萦新带,榆青缀古钱。”耿湋《关山月》：“塞古柳衰尽，关寒榆发迟。”王初《银河》：“历历素榆飘玉叶，涓涓清月湿冰轮。”李商隐《壬申七夕》：“桂嫩传香远，榆高送影斜。”

【榆火】 钻榆木所取之火。《周礼》谓“四时变国火”，即四季以不同树木为取火种之材。春季以榆、柳之木取火，故后常以“榆火”表示春天。李峤《寒食清明日早赴王门率成》：“槐烟乘晓散，榆火应春开。”罗衮《清明赤水寺居》：“榆火轻烟处处新，旋从间望到诸邻。”

【榆皮】 榆树之皮。含淀粉。荒年可以磨粉充饥。亦可入药。颜真卿《七言滑语联句》：“雨里下山蹋榆皮，莓苔石桥步难移。”

【榆次】 唐县名。汉置榆次县。唐因之，属太原府。即今山西榆次。韦应物有《送榆次林明府》。

【榆花】 榆树之花。曹唐《织女怀牵牛》：“欲将心向仙郎说，借问榆花早晚秋。”毛文锡《醉花间》词：“金盘珠露滴，两岸榆花白。”

【榆林郡】 唐州名。王维有《榆林郡歌》。

【榆枋】 喻指狭小之天地。见《庄子·逍遥游》。赵中虚《游清都观寻沈道士得芳字》：“早蝉清暮响，崇兰散晚芳。”权德舆《酬穆七侍郎早登使院西楼感怀》：“小鸟抢榆枋，大鹏激三千。”

【榆柳】 ❶榆树与柳树。韦应物《池上》：“榆柳飘枯叶，风雨倒横查。”白居易《效陶潜体诗十六首》之九：“榆柳百余树，茅茨十数间。”李昌符《赠同游》：“管弦临夜急，榆柳向江斜。”段成式《奇松联二十字绝句》：“杉松何相疏，榆柳方迥屑。”❷因古代在春季或寒食后钻榆、柳之木以取火种，故以“榆柳”指春季取榆、柳木之火。卢象《寒食》：“光烟榆柳灭，怨曲龙蛇新。”窦叔向《寒食日恩赐火》：“幸因榆柳暖，一照草茅贫。”杨巨源《清明日后土祠送田彻》：“榆柳芳辰火，梧桐今日花。”徐夤《萤》：“流光堪在珠玑列，为火不生榆柳中。”

【榆荚】 ❶榆树所结之果荚。状似铜钱而成串。岑参《送楚丘曲少府赴官》：“桃花色似马，榆荚小于钱。”窦常《之任武陵寒食日途次松滋渡先寄刘员外禹锡》：“杏花榆荚晓风前，云际离离上峡船。”李商隐《一片》：“榆荚散来星斗转，桂花寻去月轮移。”徐夤《溪隐》：“蜗牛壳漏宁同舍，榆荚花开不是钱。”❷汉代钱币名。形如榆荚，面有“汉兴”字样。施肩吾《定情乐》：“不惜榆荚钱，买人金步摇。”

【榆貫】 指榆荚。因其形似钱串，故称。韦庄《和元秀才别业书事》：“绿钱榆贯重，红障杏篱深。”

【榆葉】 榆树之叶。可入药。其嫩叶亦可食。白居易《别杨同州后却寄》：“春风怪我君知否，榆叶杨花扑面飞。”王初《即夕》：“榆叶飘零碧汉流，玉蟾珠露两清秋。”赵嘏《送裴评事》：“入夜笳声含白发，报秋榆叶落征衣。”张禕《巴州寒食晚眺》：“东望青天周与秦，杏花榆叶故园春。”

【榆景】 指桑榆晚景，喻指人之晚年。孟郊《乙酉岁舍弟扶侍归兴义庄居后独止舍待替人》：“兰交早已谢，榆景徒相迫。”

【榆煙】 榆木火之烟。崔橹《春日即事》：“杏酪渐香邻舍粥，榆烟将变旧炉灰。”参见“榆火”。

【榆溪】 即榆林塞。亦泛指边塞。杜牧《闻庆州赵纵使君与党项战中箭身死辄书长句》：“将军独乘铁骢马，榆溪战中金仆姑。”欧阳玭有《榆溪道上》。参见“榆塞”。

【榆塞】 （—sài）指榆林塞。故地在今内蒙古准格尔旗。亦泛指边塞。张渭《同孙构免官后登蓟楼》：“寒沙榆塞没，秋水滦河涨。”杨凭《边塞行》：“细丛榆塞迥，高点雁山晴。”卢汝弼《闻雁》：“芦洲宿处依沙岸，榆塞飞时度晚云。”

【榆錢】 即榆树所结之荚果。因其形似铜钱，故称。施肩吾《戏咏榆荚》：“风吹榆钱落如雨，绕林绕屋来不住。”

【榆關】 即山海关。在今河北秦皇岛。明代始改为今名。亦代指边关。卢照邻《送幽州陈参军赴任寄呈乡曲父老》：“灞池水犹绿，榆关月早圆。”李希仲《蓟北行二首》之一：“辛苦羽林儿，从戎榆关道。”白行简《归马华山》：“冰生疑陇坂，叶落似榆关。”沈彬《塞下三首》之三：“月冷榆关过雁行，将军寒笛老思乡。”

【榆羹】 以榆叶或榆皮粉煮成之羹糊。韦应物《清明日忆诸弟》：“杏粥犹堪食，榆羹已稍煎。”

楥

〔yuán《集韵》于元切，平元，云。〕❶树木名。即榉柳。韦应物《种药》：“汲井既蒙泽，插楥亦扶倾。”❷篱笆。韩愈、孟郊《秋雨联句》：“楥菊茂新芳，径兰销晚馤。”

椶

〔zōng《广韵》子紅切，平東，精。〕❶亦作“棕”。树木名。即棕榈。李白《独不见》：“风摧寒棕响，月入霜闺悲。”详见“棕櫚”。❷指包裹于棕榈树干外层之棕衣，棕丝。薛能《赠无表禅师》：“笠戴圆阴楚地棕，磬敲清响蜀山铜。”

【椶衣】 用棕丝编成之蓑衣。韦应物《寄庐山棕衣居士》：“兀兀山行无处归，山中猛虎识棕衣。”

【椶衣居士】 名不详。肃、代间庐山隐士。韦应物有《寄庐山棕衣居士》。

【椶花】 棕榈树之花。朵小，淡黄色，有香气。岑参《东归留题太常徐卿草堂》：“题诗芭蕉滑，对酒棕花香。”贾岛《送独孤马二秀才居明月山读书》：“栖鸟棕花上，声钟砾阁间。”

【椶拂】 以棕榈树叶制成之拂尘。可用以掸尘驱蚊蝇。杜甫《棕拂子》:"棕拂且薄陋,岂知身效能。"

【椶牀】 以棕绳制成之床。床,古代供坐卧之具。顾非熊《寄紫阁无名新罗头陀僧》:"棕床已自檠,野宿更何营?"

【椶徑】 旁有棕榈树之小径。无可《寄题庐山二林寺》:"棕径新苞拆,梅篱故叶蘊。"

【椶笠】 以棕榈叶与竹篾编成之斗笠。李洞《送行脚僧》:"毳衣沾雨重,棕笠看山欹。"齐己《荆州新秋病起杂题一十五首·病起见图画》:"衲衣棕笠重,嵩岳华山遥。"

【椶樹】 即棕榈树。徐仲雅《咏棕树》:"叶似新蒲绿,身如乱锦缠。任君千度剥,意气自冲天。"

【椶櫚箒】 以棕衣制的扫帚。皮日休《冬晓章上人院》:"琥珀珠黏行处雪,棕榈帚扫卧来云。"

【椶繩】 以棕丝搓成之绳索。《蜀人谣》(卷八七八):"黑牛无系绊,棕绳一时断。"

楓 〔fēng《广韵》方戎切,平東,非。〕树木名。亦称枫香树。金缕梅科。落叶大乔木。木质轻而细密,宜作砧板。叶、根、果及树脂均可入药。萧颖士《江有枫一篇十章》之一:"江有枫,其叶蒙蒙。"严武《巴岭答杜二见忆》:"江头赤叶枫愁客,篱外黄花菊对谁?"熊孺登《董监庙》:"仁杰淫祠废欲无,枯枫老栎两三株。"曹邺《早秋宿田舍》:"涧草疏疏萤火光,山月朗朗枫树长。"

【楓人】 枫树所生之树瘤。因状似人形,故称。元稹《遭风二十韵》:"水客暗游烧野火,枫人夜长吼春雷。"白居易《送客春游岭南二十韵》:"天黄生飓母,雨黑长枫人。"

【楓子】 枫树之子实。顾况《忆鄱阳旧游》:"悠悠南国思,夜向江南泊。"李端《送何兆下第还蜀》:"㚇猿枫子落,过雨荔枝香。"

【楓子鬼】 即枫人。一说指似人形之老枫树。司空曙《送流人》:"山村枫子鬼,江庙石郎神。"

【楓杉】 枫树与杉树。皇甫冉《题画帐一首·山水》:"桂水饶枫杉,荆南足烟雨。"

【楓林】 枫树林。刘长卿《严陵钓台送李康成赴江东使》:"新安江上孤帆远,应逐枫林万余转。"杜甫《寄柏学士林居》:"赤叶枫林百舌鸣,黄泥野岸天鸡舞。"鲍溶《湘妃列女操》:"枫林月斜楚臣宿。更疑川宫日黄昏。"杜牧《山行》:"停车坐爱枫林晚,霜叶红于二月花。"

【楓岸】 长满枫树之水岸。贾至《初至巴陵与李十二白裴九同泛洞庭湖三首》之二:"枫岸纷纷落叶多,洞庭秋水晚来波。"

【楓枿】 砍伐后之枫树根株;枫木之柴。贯休《题师颖和尚院》:"煮茗然枫枿,泥墙札祖碑。"

【楓香】 枫树之别名。杜甫《南池》:"独叹枫香林,春时好颜色。"李贺《蜀国弦》:"枫香晚花静,锦水南山影。"

【楓洲】 泛指生有枫树之水洲。司空曙《送永阳崔明府》:"沙馆行帆息,枫洲候吏还。"

【楓陛】 丹陛。因枫叶秋红,故称。指皇宫前之台阶,代指宫廷。陈元光《示珦》:"恩衔枫陛渥,策向桂渊弘。"

【楓葉】 枫树之叶。其色经秋则红。李绅《回望馆娃故宫》:"飘雪获花铺涨渚,变霜枫叶卷平田。"曹松《哭胡处士》:"空余赤枫叶,堕落钩鱼舟。"杨微之《句》:"新霜染枫叶,皎月借芦花。"

【楓影】 枫树之树影。姚合《杏溪十首·枫林堰》:"杏堤数里余,枫影覆亦遍。"皮日休《鲁望悯承吉之孤为诗序邀予属和抑为之辞用塞良友》:"儿过旧宅啼枫影,姬绕荒田泣稗花。"

【楓膠】 枫树之树脂。陆龟蒙《邺宫词二首》之一:"魏武平生不好香,枫胶蕙炷洁宫房。"

【楓橋】 桥名。在今江苏苏州西郊寒山寺侧。亦名封桥。张继有《枫桥夜泊》。张祜《枫桥》:"唯有别时今不忘,暮烟疏雨过枫桥。"

【楓橘】 枫树与橘树。张九龄《登郡城南楼》:"邑人半舻舰,津树多枫橘。"

【楓嶼】 盛长枫树之岛屿。李頎《送山阴姚丞携妓之任兼寄苏少府》:"夜簟眠橘州,春衫傍枫屿。"

【楓檉】 枫树与柽树。俱为色红似火之树。贯休《读顾况歌行》:"雪泥露金冰滴瓦,枫柽火著僧留坐。"

【楓櫧】 枫树与槠树。韩愈、孟郊《城南联句》:"蔔苜从大漠,枫槠至南荆。"

椸 〔yí《集韵》餘支切,平支,以。〕衣架。白居易、刘禹锡《喜晴联句》:"推林出书目,倾笥上衣椸。"皮日休《三羞诗三首》之三序:"皮子之山居,椸有袭,镬有炊,晏眠而夕饱。朝乐而暮娱。"

槎1 〔chá《广韵》鉏加切,平麻,祟。〕❶木筏。因晋张华《博物志》卷十载有人乘仙槎至天河犯牵牛宿事,后亦以指可通天河之仙槎。王昌龄《河上老人歌》:"河上老人坐古槎,合丹只用青莲花。"杜甫《宿白沙驿》:"万象皆春气,孤槎自客星。"王初《银河》:"年来若有乘槎客,为吊波灵是楚臣。"陈元裕《送德林郎中学士赴东府》:"泛去星槎远,澄来月练浮。"❷树之枝杈或断株。孟浩然《采樵作》:"桥崩卧槎拥,路险垂藤接。"窦冀《怀素上人草书歌》:"边风杀气同惨烈,崩槎卧木争摧折。"周贺《旅怀》:"泽雁和寒露,江槎带远薪。"贯休《山居诗二十四首》之四:"君看江上英雄冢,只有松根与柏槎。"❸古代南方土著人称人之词。李贺《黄家洞》:"闲驱竹马缓归家,官军自杀容州槎。"王琦注引吴正子曰:"渭官军不能得真蛮,徒自杀密管之民。槎,或蛮称民之辞。"

槎² 〔zhá《广韵》士下切,上馬,崇。〕击,打。

【槎牙】❶树木枝杈纵横貌。元稹《寺院新竹》:"槎枒矛戟合,屹仡龙蛇动。"陆龟蒙《奉和袭美古杉三十韵》:"拥肿烦庄辩,槎牙费庾词。"齐己《灵松歌》:"痴冻顽冰如铁坚,重重锁到槎牙颠。"❷参差错落,不齐貌。刘禹锡《客有为余话登天坛遇雨之状因以赋之》:"滉漾雪海翻,槎牙玉山碎。"陆龟蒙《奉和袭美太湖诗二十首·太湖石》:"槎牙真不才,反作天下彦。"❸瘦骨嶙峋貌。韩屿《赠进士李守微》:"鸟曳鹤毛干毵毶,杖携筇节瘦槎牙。"曹唐《病马》:"堕月兔毛干觳觫,失云龙骨瘦牙槎。"

【槎枿】树木砍伐后之残株及再生枝条。皇甫湜《石佛谷》:"枯松间槎枿,猛兽恣腾掷。"吴融《赠䛒光上人草书歌》:"有时软萦盈,一穗秋云曳空阔;有时瘦岭岩,百尺枯松露槎枿。"

【槎客】传说中乘筏至天河之人。事见晋张华《博物志》卷十。李洞《秋日同觉公上人眺慈恩塔六韵》:"细闻槎客语,遥辨海鱼冲。"陈陶《蒲门戍观海作》:"恭闻槎客言,东池接天潢。"参见"浮槎"。

【槎臬】被砍伐树木之断株。于鹄《过凌霄洞天谒张先生祠》:"断崖昼昏黑,槎臬横只椽。"

【槎流】天河中航行之木筏。郑愔《奉和幸上官昭容院献诗四首》之四:"槎流天上转,茅宇禁中开。"

【槎梗】断木与草木之枝茎。韦应物《观沣水涨》:"槎梗方涨泛,涛沫亦洪翻。"

【槎程】乘仙槎上天河之旅程。齐己《怀轩辕先生》:"槎程在何处,人世屡荒丘。"参见"槎客"。

【槎頭】❶即"槎頭鯿"。孟浩然《送王昌龄之岭南》:"土毛无缟纻,乡味有槎头。"杜甫《解闷十二首》之六:"即今耆旧无新语,漫钓槎头缩颈鳊。"又《观打鱼歌》:"徐州秃尾不足忆,汉阴槎头远遁逃。"❷树木之断枝残株。皮日休《虎丘寺殿前有古杉一本形状丑怪遂赋三百言以见志》:"槎头秃似刷,枿觜利于锥。"

【槎頭鯿】鳊鱼名。青色,弓头缩背。出汉水。常横槎于水以防采捕,故称槎头鳊,亦称槎头缩颈鳊。孟浩然《岘潭作》:"试垂竹竿钓,果得槎头鳊。"

【槎櫱】被砍伐树木之断株及其再生枝条。皮日休《奉和鲁望渔具十五咏·籊》:"伐彼槎櫱枝,放于冰雪浦。"

榆 〔jiān《篇海》子田切。〕同"笺"。孟郊《寒溪》之五:"枫榆吃无力,飞走更相仁。"

楢 〔yóu《广韵》以周切,平尤,以。又尺沼切,上小,昌。〕树木名。亦用为地名。见"楢溪"。

【楢溪】水名。又名欢溪。在今浙江天台县东。杜甫《八哀诗·故著作郎贬台州司户荥阳郑公虔》:"覆穿四明雪,饥拾楢溪橡。"

概 〔gài《字彙》居太切。〕❶以斗斛量谷物时用以刮平之工具。韩愈《读皇甫湜公安园池诗书其后二首》之一:"诚不如两忘,但以一概量。"❷概括。沈亚之《湘中怨》序:"今欲概其所论,以著诚而已。"❸统括,包括全部。陆龟蒙《彼农二章》之二:"遭其丰凶,概敛无二。"❹计量,衡量。皇甫湜《题浯溪石》:"李杜才海翻,高下非可概。"❺盖蔽,遮盖。骆宾王《浮槎》序:"非夫禀乾坤之秀气,含宇宙之淳精。孰能贪凌云概,日之姿,抱积雪封霜之骨。"❻景象。杜甫《奉留赠集贤院崔于二学士》:"故山多药物,胜概忆桃源。"崔恭《和张相公太原山亭怀古诗》:"步武有胜概,不与俗情同。"元稹《酬翰林白学士代书一百韵》:"胜概争先到,篇章竞出奇。"韦庄《渔塘十六韵》:"仙源终不测,胜概自相仍。"❼通"慨"。感慨。韩愈《送陆畅归江南》:"感概都门别,丈夫酒方醺。"

椵 〔jiǎ《广韵》古疋切,上馬,見。〕果木名。柚属。叶似桐。果实似柚子,大而皮厚。传说人参常生其树荫下。陆龟蒙《奉和袭美谢友人惠人参》:"五叶初成椵树阴,紫团峰外即鸡林。"

椲 〔wěi《广韵》于鬼切,上尾,云。〕树木名。其皮柔韧,故名。见《说文·木部》:"柹,木也,可屈为杅者。"及段玉裁注。元结《演兴四首·讼木魅》:"榴桡桡兮未坚,柹椳椳兮可屈。"

楣 〔méi《广韵》武悲切,平脂,明。〕❶房屋之次梁。见《仪礼·乡射礼》。皮日休《馆娃宫怀古五绝》之二:"越王定指高台笑,却见当时金镂楣。"❷门户上之横梁。李贺《公莫舞歌》:"横楣粗锦生红纬,日炙锦嫣王未醉。"王琦注:"楣,门户上之横梁也。以锦饰之。"刘禹锡《三阁辞四首》之三:"沉香帖阁柱,金缕画门楣。"韦庄《立春》:"殷勤为作宜春曲,题向花笺帖绣楣。"❸屋檐板。许敬宗《奉和过慈恩寺应制》:"云楣将叶并,风牖送花来。"皮日休《奉和鲁望四明山九题·鹿亭》:"鹿群多此住,因构白云楣。"

楹 〔yíng《广韵》以成切,平清,以。〕❶厅堂之前柱。上官昭容《游长宁公主流杯池二十五首》之八:"凿山便作室,凭树即为楹。"张继

《明德宫》："碧瓦朱楹白昼闲，金衣宝扇晓风寒。"陈至《荐冰》："色静澄三酒，光寒肃两楹。"秦韬玉《亭台》："雕楹累栋架崔嵬，院宇生烟次第开。"❷喻指支撑全局之关键性事物或起重要作用之人物。邵谒《赠郑殷处士》："长材靡入用，大厦失巨楹。"

【楹桷】 房屋之楹柱与椽子。杜甫《往在》："车驾既云还，楹桷歘穹崇。"

【楹然】 谓站立如柱。来鹄《圣政纪颂》："楹然史臣，蛇然史裙。"

椽 〔chuán《广韵》直攣切，平仙，澄。〕❶椽子。架于房屋檩上用以承瓦之长条木。刘希夷《谒汉世祖庙》："攒木承危柱，疏萝挂朽椽。"路德延《小儿诗》："寻蛛穷屋瓦，探雀遍楼椽。"❷喻大笔，大手笔。见《晋书・王珣传》。皮日休《鲁望昨以五百言见贻微旨也》："谓乎数十公，笔若明堂椽。"❸量词。用以计量房屋之间数。杜甫《秋日夔府咏怀奉寄郑监李宾客一百韵》："甘子阴凉叶，茅斋八九椽。"牟融《陈使君山庄》："数椽潇洒临溪屋，十亩膏腴附郭田。"

十 画

榛 〔zhēn《广韵》側詵切，平臻，莊。〕果木名。落叶灌木。叶卵形，花春日开，雄花色黄褐，雌花色红紫。果实似栗而小，其仁可食，或以榨油。因其枝条似荆而有刺，故常以代指荆棘或丛生之草木。王珪《咏汉高祖》："赫赫西楚国，化为丘与榛。"颜真卿《赠僧皎然》："诛榛养翘楚，鞭草理芳穗。"施肩吾《经桃花夫人庙》："谁能枉驾入荒榛，随例形相土木身。"韦庄《杂感》："莫悲建业荆榛满，昔日繁华是帝京。"

【榛丘】 草木丛生之荒丘。韦应物《登西南冈卜居遇雨寻竹浪至沣壖》："寒花明废墟，樵牧笑榛丘。"

【榛刺】 犹荆棘。李群玉《登宜春醉宿景星寺寄郑判官兼简空上人》："粮薪极桂玉，大道生榛刺。"

【榛荆】 荆棘荒丛。柳宗元《首春逢耕者》："故池想芜没，遗亩当榛荆。"

【榛草】 荒草，草丛。杜甫《畏人》："门径从榛草，无心走马蹄。"皇甫冉《使往寿州淮路寄刘长卿》："榛草荒凉村落空，驱驰卒岁亦何功？"

【榛莽】 丛生之荆棘和草。李白《古风》之十四："白骨横千霜，嵯峨蔽榛莽。"薛据《出青门往南山下别业》："榛莽相蔽亏，去尔渐超忽。"柳宗元《酬韶州裴曹长使君寄道州吕八大使》："泥沙潜虺蜮，榛莽斗豺玃。"贯休《村行遇猎》："猎师纷纷走榛莽，女亦相随把弓矢。"

【榛菅】 荆棘草茅。韩愈《雪后寄崔二十六丞公》："称多量少鉴裁密，岂念幽桂遗榛菅？"

【榛梗】 ❶荆棘类之多刺灌木。梗，有刺之草木。元结《演兴四首・讼木魅》："见榛梗之森梢，闵枞橎兮合蠹。"❷喻指隔阂、芥蒂。杜甫《八哀诗・故右仆射相国张公九龄》："退食吟大庭，何心记榛梗。"

【榛楛】 犹荆棘。楛，荆属植物。清昼《讲古文联句》："时见琳琅，惜哉榛楛。"按，此喻指文章之疵病或为平庸之作。刘禹锡《秋日过鸿举法师寺院便送归江陵》序："初鸿举学诗于荆郢间，私试窃咏，发于余习。盖榛楛之翠羽，弋者未之眄焉。"

【榛棘】 犹荆棘。杜甫《楠树为风雨所拔叹》："虎倒龙颠委榛棘，泪痕血点垂胸臆。"

【榛路】 荆棘丛生之荒路。孟浩然《山中逢道士云公》："村烟日云夕，榛路有归客。"

【榛蕪】 ❶荒芜；荆棘丛生。刘长卿《至德三年春正月闻王师收二京因书事寄上李侍郎中丞》："榛芜上国路，苔藓北山楹。"皇甫冉《送邹判官赴河南》："征税人全少，榛芜虏近亡。"❷丛生之荆棘荒草。颜真卿、裴循《登岘山观李左相石尊联句》："榛芜掩前迹，苔藓余旧痕。"元季川《山中晓兴》："华叶随风扬，珍条杂榛芜。"刘商《送刘南史往杭州拜觐别驾叔》："万里榛芜迷旧国，两河烽火复相连。"皮日休《正乐府十篇・橡媪叹》："秋深橡子熟，散落榛芜冈。"❸指道路梗塞。杜甫《哭台州郑司户苏少监》："飘零迷哭处，天地日榛芜。"❹谓微贱凡庸。常用以谦称自身。杜甫《赠韦左丞丈》："君能微感激，亦足慰榛芜。"❺形容面容衰老。张说《赠崔公》："朝野光尘绝，榛芜年貌秋。"

【榛樾】 草丛与林荫。宋之问《初到陆浑山庄》："浩歌步榛樾，栖鸟随我还。"

【榛叢】 荆棘草丛。杜甫《苦雨奉寄陇西公兼呈王征士》："嘉蔬没混浊，时菊碎榛丛。"韦应物《复理西斋寄丘员外》："始自疏林竹，还复长榛丛。"

構 〔gòu《广韵》古候切，去候，見。〕❶架木以营造建筑物。张宣明《山行见孤松成咏》："大厦今已构，惜哉无人招。"李华《云母泉》："愿言构蓬荜，荷锸引泠泠。"刘禹锡《游桃源一百韵》："买山构精舍，领徒开讲席。"陈政《赠窦蔡二记室入蜀》："昆山积良宝，大厦构众材。"❷建筑物；房屋。杜甫《玉华宫》："不知何王殿，遗构绝壁下。"元稹《江边四十韵》："欹危饶坏构，迢递接长郊。"王初《延平天庆观》："剑化江边绿构新，层台不染玉梯尘。"❸连接，交汇。元稹《秋堂夕》："云雷时交构，川泽方蒸腾。"张祜《江城晚眺》："重槛构云端，江城四郁盘。"

【構石】 谓架石以构筑。李峤《桥》："秦王空构石，仙鸟远难依。"此谓架石以筑桥。

【構架】 构筑。连接与架设。《淮南子・本经训》："大构驾，兴宫室。"高诱注："构，连也；驾（架），材木相乘驾也。"陆龟蒙《江湖散人歌》："夜栖止与禽兽杂，独自构架纵横枝。"

【構患】　为患。作乱。杜甫《彭衙行》："别来岁月周，胡羯仍构患。"

【構厦材】　构造大厦之木材。喻指能对社会起重大作用之杰出人才。赵彦昭《奉和元日赐群臣柏叶应制》："器乏雕梁器，材非构厦材。"王湾《哭补阙亡友綦毋学士》："忽遇乘轺客，云倾构厦材。"罗隐《寄钟常侍》："风高渐展摩天翼，干耸方呈构厦材。"

【構厦】　（—shà）构筑、营建大厦。常喻指筹建大业。元稹《酬郑从事宴望海亭》："忆年十五学构厦，有意盖覆天下穷。"刘禹锡《和浙西李大夫晚下北固山怀古偶题临江亭》："用材当构厦，知道宁窥牖？"

【構雲】　高接云天。许景先《奉和御制春台望》："秦汉生人凋力役，阿房甘泉构云碧。"韦应物《庄严精舍游集》："架虹施广荫，构云眺八区。"韩愈、孟郊《城南联句》："割锦不酬价，构云有高营。"

【構樓架閣】　构筑营建楼阁。韩愈《送僧澄观》："构楼架阁切星汉，夸雄斗丽止者谁？"

梩　〔zhāi《广韵》卓皆切，平皆，知。〕枯树根。贯休《秋怀赤松道士》："石罅青蛇湿，风梩白菌干。"

榼　〔kē《广韵》苦盍切，入盍，溪。〕❶古代盛酒之器。亦以盛水。杜甫《羌村》之三："手中各有携，倾榼浊复清。"刘禹锡《吴方之见示独酌小醉首篇辄呈滥吹益美来章》："计会雪中争挈榼，鹿裘鹤氅递相过。"许浑《酬郭少府先奉使巡涝见寄兼呈裴明府》："载书携榼别池龙，十幅轻帆处处通。"赵嘏《宿何书记先辈延福新居》："小榼提携终永日，半斑容鬓漫生愁。"❷用作量词。卢纶《与张擢对酌》："张翁对卢叟，一榼山村酒。"元稹《答姨兄胡灵之见寄五十韵》："一船席外语，三榼拍心精。"徐铉《和门下殷侍郎新茶二十韵》："十浆何足馈，百榼尽堪捐。"

【榼榼】　象声词。象碰击声。李贺《吕将军歌》："榼榼银龟摇白马，傅粉女郎火旗下。"一说方整貌。见叶葱奇《李贺诗集》注。

樺　〔huà《广韵》胡化切，去禡，匣。又户花切，平麻，匣。〕树木名。落叶乔木。木材色黄，宜用于建筑或制器物。因将其树皮卷腊可作烛，故亦以代指桦烛。郑谷《寄同年礼部赵郎中》："桦飘红烬趋朝路，兰纵清香宿省时。"见"樺煙""樺燭"。

【樺巾】　以桦树皮制成之头巾。寒山《诗三百三首》之二〇五："桦巾木屐沿流步，布裘藜杖绕山回。"

【樺煙】　桦烛之烟。白居易《早朝》："月堤槐露气，风烛桦烟香。"张泌《浣溪沙》词："钿毂香车过柳堤，桦烟分处马频嘶。"

【樺燭】　以桦树皮卷腊制成之烛。沈佺期《和常州崔使君寒食夜》："无劳秉桦烛，晴月在南端。"元稹《友封体》："桦烛焰高黄耳吠，柳堤风静紫骝声。"白居易《行简初授拾遗同早朝入阁因示十二韵》："宿雨沙堤润，秋风桦烛香。"卢延让《观新岁朝贺》："元日燕脂色，朝天桦烛香。"

模[1]　〔mó《广韵》莫胡切，平模，明。〕❶楷范；标准；模式。武平一《奉和幸新丰温泉宫应制》："丰邑模犹在，骊宫迹尚存。"孟郊《旅次湘沅有怀灵均》："三黜有愠色，即非贤哲模。"柴宿《瑜不掩瑕》："岂假良工指，堪为达士模。"❷仿效。司马札《筑台》："舞模衰柳影，歌留草虫声。"❸描摹，摹写。许敬宗《奉和七夕宴悬圃应制二首》之一："星模铅里靥，月写黛中蛾。"李峤《筝》："钿装模六律，柱列配三才。"

模[2]　〔mú《广韵》莫胡切，平模，明。〕❶模样，形状。韩愈《岣嵝山》："岣嵝山尖神禹碑，字青石赤形模奇。"❷模子。翻铸用之器具。皮日休《金钱花》："阴阳为炭地为炉，铸出金钱不用模。"

【模楷】　楷模，模范。李瀚《蒙求》："元礼模楷，季彦领袖。"

【模樣】　❶样子，形状。寒山《诗三百三首》之一五九："不报父母恩，方寸底模样。"❷人之形象。指人之相貌与装扮。杜荀鹤《长安道中有作》："帽檐晓滴淋蝉露，衫袖时飘卷雁风。"欧阳炯《更漏子》词："一向，凝情望，待得不成模样。"孙光宪《浣溪沙》词之六："翠袂半将遮粉臆，宝钗长欲坠香肩，此时模样不禁怜。"❸情形，状况。罗隐《下第作》："年年模样一般般，何似东归把钓竿？"

【模糊】　❶看不分明貌。崔珏《道林寺》："潭州城郭在何处，东边一片青模糊。"❷神智不清醒貌。冯延巳《金错刀》词："歌婉转，醉模糊，高烧银烛卧流苏。"

槅　〔gé《广韵》古核切，入麦，見。〕有格眼之门、窗或隔板。见"槅子"。

【槅子】　由纵横木条构成格眼之门窗或屏蔽物。皇甫松《竹枝》之三："芙蓉并蒂一心连，花侵槅子眼应穿。"

榦　〔gàn《广韵》古案切，去翰，見。〕树木之主干。孟郊《衰松》："既摧栖日榦，未展擎天力。"韩愈《题木居士二首》之一："火透波穿不计春，根如头面榦如身。"姚合《奉和四松》："擢榦凌空去，移根斸石开。"

榞 〔yuán《广韵》愚袁切，平元，疑。〕树木名。亦名石榞。见北魏贾思勰《齐民要术·榞木》。杜甫《上后园山脚》："石榞遍天下，水陆兼浮沉。"

榥 〔huàng《广韵》胡廣切，上蕩，匣。〕窗棂。吴少微《和崔侍御日用游开化寺阁》："渐出栏榥外，万里秋景焯。"

榻 〔tà《广韵》吐盍切，入盍，透。〕床榻。古代一种可坐可卧之具。狭长而矮，上有挡板。杜甫《丹青引赠曹将军霸》："玉花却在御榻上，榻上庭前屹相向。"窦庠《敕目至家兄蒙淮南仆射杜公奏授秘校兼节度参谋同书寄上》："榻因徐孺解，醴为穆生陈。"湛贲《别慧山书堂》："卷帘晓望云平槛，下榻宵吟月半窗。"李骘《读惠山若冰师集因题故院三首》之三："暗榻尘飘满，阴檐月到稀。"见"榻席"。

【榻牀】 似几案之坐卧用具。形狭长，上有挡板。张籍《祭退之》："出则连辔驰，寝则对榻床。"

【榻席】 几、桌筵席。卢仝《冬行三首》之二："壮色排榻席，别坐夸羊酒。"

【榻然】 低下貌；微弱貌。元稹《有鸟二十章》之十六："气息榻然双翅垂，犹入笼中就颜色。"

【榻蒲】 即樗蒲。古代博戏之一种。类似今之掷骰。张锡厚《王梵志诗校辑》卷四："榻蒲"作"樗蒲"。

榿 〔qī《字彙》牽溪切。〕树木名，桦木科。落叶乔木。叶长椭圆形，缘有齿。花雌雄同株，春季开。木材生长迅速。宜制器物。薛能《春霁》："野芳桤似柳，江霁雪和春。"

【榿木】 桤树。杜甫《凭何十一少府邕觅桤木栽》："饱闻桤木三年大，与致溪边十亩阴。"

【榿林】 桤树林。杜甫《堂成》："桤林碍日吟风叶，笼竹和烟滴露梢。"

榭 〔xiè《广韵》辝夜切，去禡，邪。〕建于高台上之木结构亭舍。有顶与柱而无墙。杜甫《将别巫峡赠南卿兄瀼西果园四十亩》："雪篱梅可折，风榭柳微舒。"严维《忆长安·五月》："竞处高明台榭，槐阴柳色通逵。"杨乘《吴中书事》："十万人家天堑东，管弦台榭满春风。"许浑《瓜洲留别李诩》："柳堤惜别春潮落，花榭留欢夜漏分。"

槃 〔pán《广韵》薄官切，平桓，並。〕同"盤"。❶木盘。古代盛食物之器。刘禹锡《送韦秀才道冲赴制举》："清漏滴铜壶，仙厨下雕槃。"❷盘曲貌。见"槃紆"。

【槃紆】 盘旋纡回。丘希范《江门洞》："前瞻直刻峭，旁观复槃纡。"

【槃槃】 大貌。李频《句》："楚里八千里，槃槃此都会。"

槍 〔qiāng《广韵》七羊切，平陽，清。〕❶古代兵器之一种。即长矛。枪头为铁制之尖利物，柄为长竿。杜甫《去秋行》："去秋涪江木落时，臂枪走马谁家儿？"白居易《渭村退居寄礼部崔侍郎翰林钱舍人诗一百韵》："火翻红尾旆，冰卓白竿枪。"又《奉和汴州令狐令公二十二韵》："枪森赤豹尾，纛吒黑龙髯。"❷似枪头之物。见"槍旗""槍壘"。❸行酒令之筹箸名。见"槍籌"。

【槍城】 用竹木桩围成之栅栏。王建《从军行》："枪城围鼓角，毡帐依山谷。"

【槍榆】 喻指眼界狭小、胸无大志。见《庄子·逍遥游》。孟浩然《送吴悦游韶阳》："安能与斥鷃，决起但枪榆。"

【槍旗】 ❶枪与旗。章孝标《送张使君赴饶州》："江寒鱼动枪旗影，山晚云和鼓角声。"贾岛《寄长武朱尚书》："不日即登坛，枪旗一万竿。"❷古代行酒令之筹箸名。元稹《痁卧闻幕中诸公征乐会饮因有戏呈三十韵》："枪旗如在手，那复敢崴嵬。"自注："筹箸色目。"❸指茶叶之尖芽。因尖芽似枪，叶展如旗，故称。齐己《闻道林诸友尝茶因有寄》："枪旗冉冉绿丛园，谷雨初晴叫杜鹃。"

【槍槊】 矛枪与槊。古代两种长武器名。温庭筠《病中书怀呈友人》："堡戍标枪槊，关河锁舳舻。"

【槍壘】 亦作"枪纍"。用尖竹木围筑成之壁垒。祖咏《扈从御宿池》："远树低枪垒，孤峰入幔城。"杜甫《秋日荆南送石首薛明府辞满告别奉寄薛尚书颂德叙怀斐然之作三十韵》："钩陈摧徼道，枪纍失储胥。"皎然《陇头水》之一："碎影摇枪垒，寒声咽帐军。"戎昱《泾州观元戎出师》："枪垒依沙迥，辕门压塞雄。"

【槍纍】 参见"槍壘"。

【槍籌】 古代行酒令之筹箸名。元稹《酬窦校书二十韵》："尘土抛书卷，枪筹弄酒权。"

【槍纓】 枪上之缨穗。以带色之丝织物等制成，悬于枪上以为饰物。亦代指枪。温庭筠《昆明池水战词》："箭羽枪缨三百万，踏翻西海生尘埃。"

榤 〔jié《广韵》渠列切，入薛，羣。〕杙。一头尖之木桩。《原陵老翁吟》（卷八六七）："桅薪伐药，莽榤万茁。"

榴 〔liú《广韵》力求切，平尤，來。〕❶果木名。即石榴树。亦名安石榴或海石榴。雍陶《闻杜鹃二首》："高处已应闻滴血，山榴一夜几枝红。"❷指石榴花。韩愈《杏花》："山榴踯躅少意思，照耀黄紫徒为丛。"元稹《表夏十首》之一："烟花云幕重，榴艳朝景侵。"白居易《六年寒食洛下宴游赠冯李二少尹》："风拆海榴艳，露坠木兰英。"

【榴子】 石榴子。石榴树果实中之籽粒。色红而鲜明晶莹。李商隐《石榴》:"榴枝婀娜榴实繁,榴膜轻明榴子鲜。"

【榴花】 ❶石榴树之花。多为红色,亦有黄或白色。韩愈《题张十一旅舍三咏·榴花》:"五月榴花照眼明,枝间时见子初成。"白居易《武关南见元九题山石榴花见寄》:"行过关门三四里,榴花不见见君诗。"李商隐《茂陵》:"汉家天马出蒲梢,苜蓿榴花遍近郊。"刘兼《对雨》:"濯枝霡霂榴花吐,吹渚飘飖暑气微。"❷指榴花酒。亦泛指美酒。见《南史·扶南国》。李峤《甘露殿侍宴应制》:"御筵陈桂醑,天酒酌榴花。"刘长卿《同姜濬题裴式微余干东斋》:"藜杖全吾道,榴花养太和。"郑璧《和袭美索友人酒》:"乘兴闲来小谢家,便裁诗句乞榴花。"韦庄《对雨独酌》:"榴花新酿绿于苔,对雨闲倾满满杯。"

【榴枝】 石榴树之枝条。李商隐《石榴》:"榴枝婀娜榴实繁,榴膜轻明榴子鲜。"

【榴膜】 石榴树果实之薄膜。色白味苦,介于子实之间。李商隐《石榴》:"榴枝婀娜榴实繁,榴膜轻明榴子鲜。"

【榴實】 石榴树之果实。色黄红有黄褐斑,体圆而大。体内有红色子实,多汁可食,味酸甜。李商隐《石榴》:"榴枝婀娜榴实繁,榴膜轻明榴子鲜。"

【榴錦】 指榴花。因其色彩明艳似锦,故称。殷尧藩《端午日》:"鬓丝日日添头白,榴锦年年照眼明。"

榱 〔cuī《广韵》所追切,平脂,生。《集韵》初危切,平支,初。〕大木椽。秦谓之椽,齐、鲁谓之桷,周谓之榱。一说圆木为椽,方木为榱。元结《演兴四首·初记》:"山之乳兮葺太祠,木孙为桷兮木母榱。"顾况《上古之什补亡训传十三章·十月之郊》:"栋之斯厚,榱之斯密。"郑嵎《津阳门诗》:"此时初创观风楼,檐高百尺堆华榱。"

【榱桷】 屋上之椽子。骆宾王《溪槎》序:"观其根柢盘屈,枝干扶疏,大则有栋梁舟楫之材,小则有轮辕榱桷之用。"窦庠《金山行》:"架险凌虚随指顾,榱桷玲珑皆固护。"

【榱棟】 房屋之椽子与栋梁。李益《红楼下联句》:"榱栋烟虹入,轩窗日月平。"

【榱楹】 屋舍之椽子与楹柱。王建《坏屋》:"必须换榱楹,先须木端直。"

【榱甍】 屋椽与屋脊。张籍《新城甲仗楼》:"结缔榱甍固,虚明户槛幽。"

【榱題】 屋椽伸出檐外之头。其下覆以瓦,雨水自此出溜,故亦称屋溜。周镛《诸暨五泄山》:"凿径破崖来木杪,驾泉鸣竹落榱题。"

【榱欒】 屋椽与梁柱间之曲木。栾同"栾 luán"。柱头承梁之曲木。元稹《虫豸诗·蚊子》之二:"敢惮榱栾蠹,深藏柱石倾。"

槁 〔gǎo《广韵》苦浩切,上晧,溪。〕❶干枯,枯死。韩愈《秋怀诗十一首》之十一:"西风蛰龙蛇,众木日凋槁。"❷指干枯之物。史隐《蟋蟀诗》:"危条槁飞,抽恨咿咿。"此指枯叶。❸瘦瘠;憔悴。见"槁项"。

【槁木】 枯木。白居易《隐几》:"百体如槁木,兀然无所知。"李山甫《山中答刘书记寓怀》:"骨将槁木齐,心同止水净。"

【槁木朽枝】 干枯之树木。喻指枯朽之物。贯休《长持经僧》:"而槁木朽枝,一食而已。"

【槁艾】 枯槁之艾蒿。其茎直如箭杆。陆龟蒙《战秋辞》:"槁艾矢束,矫蔓弦张。"

【槁枯者】 谓身心枯寂、遁世隐居之人。贯休《拟齐梁体寄冯使君三首》之三:"雪林槁枯者,坐石听亦久。"

【槁項】 形容人羸瘦颈细。见《庄子·列御寇》。王绩《北山》:"槁项同枯木,丹心等死灰。"

【槁葉】 枯死之树叶。王昌龄《段宥厅孤桐》:"槁叶零落尽,空柯苍翠残。"

槀 〔gǎo《广韵》古老切,上晧,見。〕草名。茎叶有细毛。叶呈羽状。夏季开花,白色,根可入药。见"槀席"。

【槀席】 以槀草为席,寝卧其上。李瀚《蒙求》:"孙晨槀席,原宪桑枢。"

【槀街】 汉代长安之街名。在长安城南门内。汉曾设蛮夷馆于此以接待外邦之人。刘禹锡《卧病闻常山旋师因寄李六侍郎》:"无战陋丹水,垂仁轻槀街。"

槨 〔guǒ《广韵》古博切,入鐸,見。〕同"椁"。套于棺材外之大棺。见"槨柩"。

【槨柩】 已装有尸体之套棺。槨同"椁"。亦泛指棺材。韩愈《南山诗》:"又如游九原,坟墓包槨柩。"

榜[1] 〔bǎng《广韵》北朗切,上蕩,幫。〕❶门头之匾额。韦元旦《夜宴安乐公主宅》:"主第新成银作榜,宾筵广宴玉为楼。"杜甫《白盐山》:"白榜千家邑,清秋万估船。"李贺《贝宫夫人》:"六宫不语一生闲,高悬银榜照青山。"刘禹锡《伤愚溪三首》之二:"唯见里门通德榜,残阳寂寞出樵车。"❷公布科举考试及第人之名单。刘禹锡《宣上人远寄和礼部王侍郎放榜后诗因而继和》:"礼闱新榜动长安,九陌人人走马看。"顾非熊《酬陈摽评事喜及第与段何共贻》:"榜入金门去,各从玉案来。"李昭象《喜杜荀鹤及第》:"深岩贫复病,榜到见君名。"徐夤《依韵答黄校书》："慈恩雁塔参差榜，杏苑莺花次第游。"❸亦作"牓"。张示公文。白居易《新乐府·杜棱叟》："昨日里胥方到门，手持尺牒榜乡村。"

榜² 〔bàng《广韵》北孟切，去映，幫。《集韵》補曠切，去宕，幫。〕❶划船之工具。类似桨。亦代指船。高适《自淇涉黄河途中作十三首》之十三："辍榜聊问之，答言尽终始。"李贺《马诗二十三首》之十："催榜渡乌江，神骓泣向风。"孟郊《送李翱习之》："湖榜轻袅袅，酒旗高寥寥。"❷划桨，划船。储光羲《同王十三维偶然作十首》之一："使妇提蚕筐，呼儿榜渔船。"顾况《寄上兵部韩侍郎奉呈李户部卢刑部杜三侍郎》："公登略彴桥，况榜龙舸船。"柳宗元《溪居》："晓耕翻露草，夜榜响溪石。"许浑《酬郭少府先奉使巡涝见寄兼呈裴明府》："饱食鲙鱼榜归楫，待君琴酒醉陶公。"

【榜₂人】 船夫。张说《江路忆郡》："卧闻峡猿响，起视榜人发。"孟浩然《夜渡湘水》："榜人投岸火，渔子宿潭烟。"吴筠《舟中夜行》："榜人识江路，挂席从宵征。"卢纶《奉陪浑侍中上巳日泛渭河》："应怜似萍者，空逐榜人回。"

【榜子】 即告示。卢肇《谪连州书春牛榜子》："不得职田饥欲死，儿侬何事打春牛。"

【榜₂舟】 行舟，驶船。韩愈《南溪始泛三首》之一："榜舟南山下，上上不得返。"李郢《山行》："自忆东吴榜舟日，蓼花沟水半篙强。"

【榜₂船】 行舟，驶船。元稹《黄明府诗》："便邀连榻坐，兼共榜船行。"

【榜₂歌】 划船歌，船夫之歌。李怀远《凝碧池侍宴看竞渡应制》："湍高棹影没，岸近榜歌遒。"孟浩然《夜泊牛渚趁薛八船不及》："榜歌空里失，船火望中疑。"刘长卿《七里滩重送》："秋江渺渺水空波，越客孤舟欲榜歌。"萧颖士《越江秋曙》："暾日浪中出，榜歌天际闻。"

【榜頭】 科举考试及第榜上之第一名。贾岛《赠友人》："却归登第日，名近榜头排。"

槔 〔gāo〕又作"槹"。见"橘槔"。

榝 〔shā《广韵》所八切，入黠，生。又山列切，入薛，生。〕植物名。即茱萸。古俗重阳节佩之以驱邪避灾。薛逢《九日雨中言怀》："单床冷席他乡梦，紫榝黄花故国秋。"

槊 〔shuò《广韵》所角切，入覺，生。〕❶古代兵器之一，即丈八长矛。韩愈《纳凉联句》："贾勇发霜硎，争前曜冰槊。"王建《赠索暹将军》："浑身著箭瘢痕在，万槊千刀总过来。"刘禹锡《和董庶中古散调词赠尹果毅》："旗槊光参差，勇气贯中肠。"许浑《题卫将军庙》："武牢关下护龙旗，挟槊弯弧马上飞。"❷古代博戏名。张说《赠崔二安平公乐世词》："十五红妆侍绮楼，朝承握槊夜藏钩。"韩愈《示儿》："酒食罢无为，棋槊以相娱。"钱仲联集释引孙世听曰："棋槊，相娱之具。"

榮 〔róng《广韵》永兵切，平庚，云。〕❶草木之花。薛昚惑《奉和进船洛水应制》："荣生兰蕙草，春入凤皇楼。"李峤《菊》："荣舒洛媛浦，香泛野人杯。"亦指开花。陈叔达《咏菊》："但令逢采摘，宁辞独晚荣。"魏征《五郊乐章·肃和》："木槿初荣，含桃可荐。"李白《感遇四首》之二："当荣君不采，飘落欲何依。"❷谓草木生长繁茂，茂盛。刘庭琦《咏木槿树题武进文明府厅》："莫恃朝荣好，君看暮落时。"包佶《祀风师乐章·亚献终献》："草木荣，天下春。"柳公绰《赠毛仙翁》："莫遣同篱槿，朝荣暮化尘。"邢象玉《古意》："家中酒新熟，园里叶初荣。"亦指荣茂之树木。沈亚之《题海榴树呈八叔大人》："几时奉宴瑶台下，何日移荣玉砌前？"❸鲜洁貌，光洁貌。孟浩然《赠道士参寥》："丝脆弦将断，金徽色尚荣。"叶季良《赋得琢玉成器》："自与琼瑶比，方随掌握荣。"❹荣贵，显达。李峤《门》："疏广遗荣去，于公待驷来。"王翰《飞燕篇》："紫房彩女不得见，专荣固宠昭阳殿。"李绅《寿阳罢郡日有诗十首·肥河维舟阻冻祗待敕命》："淮阳效理空多病，疏受辞荣岂恋班？"王贞白《钓台》："旧交虽建国，高卧不求荣。"❺光荣，荣耀。上官昭容《游长宁公主流杯池二十五首》之八："玉环腾远创，金埒荷殊荣。"孙逖《送张环摄御史监南选》："恩沾柱下史，荣比选曹郎。"刘轲《玉声如乐》："昆山如可得，一片伫为荣。"子兰《诫贪》："明知贪者心，求荣不求辱。"❻屋之飞檐，屋翼。亦指檐下。陈子昂《喜马参军相遇醉歌》序："南荣曝背，北林设置。"沈佺期《登瀛州南城楼寄远》："四荣摩鹳鹤，百拱厉风飙。"韩愈《示儿》："前荣馔宾亲，冠婚之所于。"陆龟蒙《别墅怀归》："水国初冬和暖天，南荣方好背阳眠。"

【榮川】 水名。在唐剑南道荣州，治所在今四川荣县。一名荣溪、之溪。刘兼《初至郡界》："嘉陵江畔接荣川，两畔旌旗下濑船。"

【榮己】 使自身荣耀显达。顾非熊《陈情上郑主司》："求达非荣己，修辞欲继先。"

【榮王】 指杨愪。愪，宪宗子，咸通三年始封荣王，广明初拜司空，见《新唐书·十一宗诸子传》。张光朝和梁铉均有《天门街西观荣王聘妃》。

【榮光】 ❶五色云气。古时以为吉祥之兆。见《尚书中候》(《太平御览》卷六引)。魏元忠《修书院学士奉勅宴梁王宅》："荣光开帐殿，佳气满旌门。"柳宗元《省试观庆云图诗》:“裂素荣光发,舒华瑞色敷。”无名氏《望禁苑祥光》(卷二十二):“眺汾疑鼎气,临渭想荣光。”❷犹荣耀、光荣。独孤及《暮春于山谷寺上方遇恩命酬皇甫侍御见贺之作》:“天书到法堂,朽质被荣光。”

【榮名】 荣耀之名声,美名。李白《拟古十二首》之七:“身没期不朽,荣名在麟阁。”刘言史《偶题二首》:“金榜荣名俱失尽,病身为庶更投魑。”方干《叙龙瑞观胜异寄于尊师》:“若弃荣名便居此,自然浮浊不相关。”齐己《君子行》:“亦何必用虚伪之文章,取荣名而自美?”

【榮色】 指美好的容颜、面色。钱起《送修武元少府》:“寸禄荣色养,此行宁叹惜?”

【榮州】 唐代州名。本隋资阳郡之大牢县。唐武德四年置荣州,属剑南道。天宝元年,改为和义县。乾元元年,复为荣州。领大牢、公井、威远、旭州等县。治所即今四川荣县。刘兼《去年今日》:“去年今日到荣州,五骑红尘入郡楼。”

【榮芬】 形容树木繁茂。张说《遥同蔡起居偃松篇》:“清都众木总荣芬,传道孤松最出群。”

【榮别】 荣耀地告别。张蠙《送友人赴泾州幕》:“杏园沈饮散,荣别就佳招。”

【榮利】 犹名利。骆宾王《帝京篇》:“古来荣利若浮云,人生倚伏信难分。”皎然《寒栖子歌》:“生死尘埃污不得,眼前荣利徒纷纷。”元结《忝官引》:“兵家未曾学,荣利非所徇。”羊士谔《息舟荆溪入阳羡南山游善权寺呈李功曹臣》:“念遵烦促途,荣利骛隙光。”

【榮秀】 谓草木茂盛、繁茂。酒肆布衣《醉吟》(卷八六二):“素秋时节天地肃。荣秀丛林立衰促。”

【榮身】 指得到荣耀显赫之地位。徐九皋《咏史》:“亡国秦韩代,荣身刘项年。”

【榮吝】 犹荣辱。陈子昂《秋园卧病呈晖上人》:“荣吝始都丧,幽人遂贞吉。”又《题李三书斋》:“声容何足恃,荣吝坐相矜。”

【榮忝】 指忝居荣显之位。蒯希逸《和主司王起》:“谁知散质多荣忝,鸳鹭清尘接布衣。”

【榮幸】 荣耀而幸运。宋璟《奉和御制璟与张说源乾曜同日上官命宴都堂赐诗应制》:“不知周勃者,荣幸定何如?”张说《恩赐乐游园宴》:“共持荣幸日,来赏艳阳春。”

【榮茂】 繁密茂盛。元稹《春六十韵》:“漂沉随坏芥,荣茂委苍穹。”

【榮枯】 ❶指草木之荣茂与枯萎。孟浩然《江上寄山阴崔少府国辅》:“草木本无意,荣枯自有时。”杜甫《大历三年春白帝城放船出瞿塘峡久居夔府将适江陵漂泊有诗凡四十韵》:“杳冥藤上下,浓澹树荣枯。”李绅《过梅里七首·忆题惠山寺书堂》:“白云生灭依岩岫,青桂荣枯托薜萝。”温庭筠《题端正树》:“草木荣枯似人事,绿阴寂寞汉陵秋。”❷指世事之盛衰或人之穷通。李白《秋日炼药院镊白发赠元六兄林宗》:“投分三十载,荣枯同所欢。”包佶《观壁画九想图》:“一世荣枯无异同,百年哀乐又归空。”刘禹锡《酬乐天偶题酒瓮见寄》:“从君勇断抛名后,世路荣枯见几回。”司空图《力疾山下吴村看杏花十九首》之六:“浮世荣枯总不知,且忧花阵被风欺。”

【榮柯】 繁茂之树木枝条。喻指荣显之地位。李白《古风》之五九:“众鸟集荣柯,穷鱼守枯池。”

【榮美】 犹荣华、荣显。黄颇《和主司王起》:“升堂何处最荣美,朱紫环尊几处酬。”黄滔《送翁员外承赞》:“谁言吾党命多奇,荣美如君历数稀。”

【榮級】 指官阶品级。皎然《哭吴县房耸明府》:“恨以荣级浅,嘉猷未及宣。”

【榮班】 荣显之官班。钱起《裴仆射东亭》:“致君超列辟,得道在荣班。”张籍《赠孔尚书》:“能将直道历荣班,事著元和实录间。”

【榮華】 ❶(—huā)草木荣盛,枝茂花繁。李白《长歌行》:“桃李待日开,荣华照当年。”❷(—huá)(1)指人荣盛显贵。崔颢《江畔老人愁》:“直言荣华未休歇,不觉山崩海将竭。”费冠卿《不赴拾遗召》:“也知臣子合佐时,自古荣华谁可保?”聂夷中《短歌》:“荣华忽销歇,四顾令人悲。”(2)喻指青春年华。李白《古风》之三九:“荣华东流水,万事皆波澜。”

【榮辱】 光荣与耻辱。亦指人之穷通、贵贱。郭震《寄刘校书》:“俗吏三年何足论,每将荣辱在朝昏。”李白《答王十二寒夜独酌有怀》:“与君论心握君手,荣辱于余亦何有。”牟融《写意二首》:“醉后曲肱林下卧,此生荣辱不须论。”苏拯《雉兔者》:“尝闻猎书史,可以鉴荣辱。”

【榮秩】 指荣显之官位。白居易《咏兴五首·出府归吾庐》:“身闲自为贵,何必居荣秩。”

【榮途】 荣显之前途;显达之仕途。鲍溶《秋思》:“我生虽努力,荣途难自致。”

【榮衰】 繁荣与衰落。孟郊《罪松》:“天令设四时,荣衰有常期。”方干《献王大夫》:“不信重言通造化,须臾便可变荣衰。”罗隐《酬丘光庭》:“荣衰贵贱目所睹,莫嫌头白黄金台。”贯休《杂曲歌辞·行路难》之五:“君不见道旁树有寄生枝,青青郁郁同荣衰。”

【榮凋】 指树木之繁茂与衰凋。郑谷《中台五题·乳毛松》:“贤人骨已销,墓树几荣凋。”

【榮家】 谓自身显达而使家庭得到荣耀。修睦《送边将》:“言将身报国,敢望禄荣家。”

【榮盛】 ❶指草木生长繁茂。张说《戏题草树》:

“榮盛更如此，慚君獨見哀。”❷繁荣兴盛。亦指显达富贵。綦毋潜《送宋秀才》：“冠古积荣盛，当时数载门。”皎然《兵后余不亭重送卢孟明游江西》：“伦侯古封邑，荣盛风雨歇。”白居易《问皇甫十》：“荣盛傍看好，优闲自适多。”汪遵《金谷》：“晋臣荣盛更谁过，常向阶前舞翠娥。”

【榮問】 垂问人之敬语。高适《酬秘书弟兼寄幕下诸公》：“前席屡荣问，长城兼在躬。”

【榮進】 指荣升官位。白居易《岁暮寄微之三首》之二：“荣进虽频退亦频，与君才命不调匀。”

【榮悴】 ❶指草木之荣与枯。亦指荣枯之植物。陈九流《赋得春风扇微和》：“由来荣与悴，今日发应同。”❷犹穷达。指人之荣显与困窘。白居易《谪居》：“遭时荣悴一时间，岂是昭昭上天意。”又《和微之诗二十三首·和知非》：“禅能泯人我，醉可忘荣悴。”

【榮寄】 指要职重任。皎然《赠李中丞洪一首》：“深沈阃外略，奕世当荣寄。”

【榮達】 荣贵显达。温庭筠《谓上题三首》之一：“吕公荣达子陵归，万古烟波绕钓矶。”

【榮達】 荣耀显达。张九龄《郡舍南有园畦杂树聊以永日》：“荣达岂不伟，孤生非所任。”韦应物《休暇东斋》：“荣达颇知疏，恬然自成度。”温庭筠《渭上题三首》之一：“吕公荣达子陵归，万古烟波绕钓矶。”翁绶《行路难》：“行路艰难不复歌，故人荣达我蹉跎。”

【榮落】 犹荣衰。指草木之荣盛与衰落。刘长卿《题灵祐上人法华院木兰花》：“色空荣落处，香醉往来人。”梁德裕《感遇二首》之二：“荣落人不见，芳香徒尔为。”白居易《秋槿》：“中庭有槿花，荣落同一晨。”李商隐《春日寄怀》：“世间荣落重逡巡，我独上丘园坐四春。”

【榮遇】 指受朝廷之恩遇而享荣宠，居高位。白居易《答故人》：“见我昔荣遇，念我今蹉跎。”

【榮貴】 尊荣显贵。李白《拟古十二首》之七：“荣贵当及时，春华宜照灼。”杜甫《贻阮隐居》：“足明箕颍客，荣贵如粪土。”戈牢《和主司王起》：“蓬山皆美成荣贵，金榜谁知忝后先。”陈璠《临刑诗》：“五年荣贵今何在，不异南柯一梦中。”

【榮滋】 谓植物荣茂滋润。李白《窜夜郎于乌江留别宗十六璟》：“皇恩雪愤懑，松柏含荣滋。”又《泾川送族弟錞》：“江湖发秀色，草木含荣滋。”

【榮禄】 功名利禄。李白《送贺监归四明应制》：“久辞荣禄遂初衣，曾向长生说息机。”刘长卿《西庭夜宴喜评事兄拜会》：“无心羡荣禄，唯待却垂纶。”朱庆余《赠韩协律》：“亲知尽怪疏荣禄，的是将心暗学禅。”李昭象《题顾正字溪居》：“莫夸恬淡胜荣禄，雁引行高未许闲。”

【榮蔭】 犹树荫。王绩《古意六首》之五：“荣荫诚不厚，斤斧亦勿伤。”

【榮歇】 犹荣落、荣衰。指草木之荣华与衰歇。陈子昂《与东方左氏虬修竹篇》：“春木有荣歇，此节无凋零。”

【榮路】 仕途。为官荣进之路。白居易《奉酬淮南牛相公思黯见寄二十四韵》：“贫司甚萧洒，荣路自喧阗。”温庭筠《秘书省有贺监知章草题诗笔力道健拂尘寻玩因有此作》：“荣路脱身终自得，福庭回首莫相忘。”司空图《乙巳岁愚春秋四十九辞疾拜章将免左掖重阳独登上方》：“退居还有旨，荣路免妨贤。”郑谷《朝直》：“自扣玄门齐宠辱，从他荣路用机关。”

【榮瘁】 犹盛衰、穷通。温庭筠《感旧陈情五十韵献淮南李仆射》：“折简能荣瘁，遗簪莫弃捐。”罗邺《闻友人入越幕因以诗赠》：“人问荣瘁直堪恨，坐想征轩鬓欲凋。”

【榮慕】 犹羡慕。韩愈《谢自然诗》：“繁华荣慕绝，父母慈爱捐。”

【榮榮】 隆盛兴旺貌。元稹《遣病》：“独孤才四十，仕宦方荣荣。”

【榮遷】 荣升。指加官进爵。齐己《寄洛下王彝训先辈二首》之二：“风流传贵达，谈笑取荣迁。”

【榮賤】 荣贵与贫贱。柳宗元《酬徐二中丞普宁郡内池馆即事见寄》：“荣贱俱为累，相期在故乡。”

【榮衛】 中医学名词。即气血。荣指血循脉内，属阴；卫指气行脉外，属阳。二气和畅，人体乃得康宁。元稹《和乐天赠吴丹》：“委气荣卫和，咽津颜色好。”杨衡《赠罗浮易炼师》：“荣卫冰雪姿，咽嚼日月精。”

【榮養】 指赡养父母。独孤及《酬梁二十宋中所赠兼留别梁少府》：“奕赫连丝衣，荣养能锡类。”徐夤《赠杨著》：“藻丽荧煌冠士林，白华荣养有曾参。”

【榮樂】 （—lè）荣耀快乐；荣华欢乐。李白《张相公因太府丞王昔使车寄罗衣二事及五月五日赠余诗余答以此诗》：“荣乐一如此，商山老紫芝。”杜牧《春怀》：“莺花潜运老，荣乐渐成尘。”刘威《送元秀才入道》：“不教荣乐损天机，愿逐鸾皇次第飞。”聂夷中《劝酒二首》之二：“人间荣乐少，四海别离多。”

【榮親】 指因科举中第或仕宦显达、事业有成等使父母荣耀。苏颋《送常侍舒公归觐》：“训胄尊庠序，荣亲耀里闾。”岑参《送严诜擢弟归蜀》：“工文能似舅，擢弟去荣亲。”朱庆余《送韦繇校书赴浙东幕》：“湖边寄家久，到日喜荣亲。”柳珪《送莫仲节状元归省》：“青骢聚送谪仙人，南国荣亲不及君。”

【榮爵】 荣显之爵位。卢纶《东潭宴饯河南赵少府》：“方将贺荣爵，遽乃怆离尊。”

【榮謝】 ❶荣茂与衰谢。刘禹锡《秋扇词》:“莫道恩情无重来,人间荣谢递相催。”李商隐《临发崇让宅紫薇》:“天涯地角同荣谢,岂要移根上苑栽。”❷谓荣受惠赐而予以答谢。陆龟蒙有《袭美见题郊居十首因次韵酬之以伸荣谢》。

【榮歸】 光荣地归田。多指退官归乡。张九龄《将发还乡示诸弟》:“去去荣归养,怃然叹行役。”朱庆余《夏末留别洞庭知己》:“空感迢迢事,荣归在几年。”林宽《送谢石先辈归宣州》:“笋蕨犹堪采,荣归及养期。”

【榮懷】 谓国家繁荣,人民归心。王翰《奉和圣制送张尚书巡边》:“荣怀应尽服,严杀已先加。”

【榮寵】 谓受君主恩宠而被重用。岑参《郡斋闲坐》:“故人尽荣宠,谁念此幽独。”耿沣《晚次昭应》:“为问全盛时,何人最荣宠。”李绅《过钟陵》:“省抛双旆辞荣宠,遽落丹霄起爱憎。”周昙《咏史诗·春秋战国门·隐公》:“今古难堤是小人,苟希荣宠任相亲。”

【榮耀】 ❶指草木花卉茂盛鲜艳。陈子昂《魏氏园林人赋一物得秋亭萱草》:“昔时幽径里,荣耀杂春丛。”刘禹锡《令狐相公见示题洋州崔侍郎宅双木瓜花吟玩来什辄成和章》:“荣耀生华馆,逢迎欠主人。”沈徽《古兴二首》之一:“夤缘至百尺,荣耀非一朝。”❷显贵光显。宋璟《奉和圣制同二相已下群官乐游园宴》:“醉归填畛陌,荣耀接轩裘。”王昌龄《观江淮名胜图》:“安期始遗鸟,千古谢荣耀。”白居易《闲意》:“不争荣耀任沈沦,日与时疏共道亲。”❸使感到光荣、得到显耀。褚载《贺赵观文重试及第》:“今日街头看御榜,大能荣耀苦心人。”

【榮顯】 荣耀显贵。白居易《昔与微之在朝日同蓄休退之心迨今十年追寻前约且结后期》:“常于荣显日,已约林泉期。”又《夜雨有念》:“既非慕荣显,又不恤饥寒。”

【榮觀】 (—guān)荣盛之景象。萧华《扈从回銮应制》:“惟彼烈祖事,增修实荣观。”

榷 〔què《广韵》古岳切,入覺,見。〕专卖,指对一些重要物资由国家控制,不许民营,只由官方专卖。元稹《酬翰林白学士代书一百韵》:“院榷和泥碱,官酤小麹醨。”见“榷茗”“榷商”。

【榷茗】 指官府对茶叶实行专门征税或专卖。白居易《新乐府·昆明春》:“吴兴山中罢榷茗,鄱阳坑里休封银。”

【榷商】 指从事盐铁等专卖品交易之商贾。卢纶《送盐铁裴判官入蜀》:“榷商蛮客富,税地芋田肥。”

寨 〔zhài《广韵》犲夬切,去夬,祟。又蘇則切,入德,心。〕❶四面围有栅栏之军营。郑谷《寄边上从事》:“高叠观诸寨,全师护大朝。”亦为关塞名。韦庄《壶关道中作》:“黄昏欲到壶关寨,匹马寒嘶野草中。”❷防卫用的栅栏。多指四面环围的驻军处,兵营。郑谷《寄边上从事》:“高叠观诸寨,全师护大朝。”

十一画

槥 〔huì《广韵》祥歲切,去祭,邪。又于歲切,去祭,云。〕小棺材。见“槥櫝”。

【槥櫝】 泛指棺材。柳宗元《掩役夫张进骸》:“既死给槥椟,葬之东山基。”

樁 〔zhuāng《广韵》都江切,平江,知。《集韵》株江切,平江,知。〕楔入地下之木橛,桩柱。韩愈《病中赠张十八》:“幸愿终赐之,斩拔枿与桩。”李咸用《雪十二韵》:“草穗翘祥燕,陂桩叶白莲。”贯休《秋末入匡山船行八首》之六:“鼍惊入窟月,烧到系船桩。”

槿 〔jǐn《广韵》居隱切,上隱,見。〕❶落叶灌木名,即木槿。王勃《羁游饯别》:“槿丰朝砌静,筱密夜窗寒。”沈佺期《兴庆池侍宴应制》:“向浦回舟萍已绿,分林蔽殿槿初红。”鲍君徽《东亭茶宴》:“幽篁引沼新抽翠,芳槿低檐欲吐红。”李建勋《田家三首》之三:“垣篱皆树槿,厅院亦堆禾。”❷指木槿花。因其朝开暮萎,常以喻人生无常。崔元略《赠毛仙翁》:“人间嗟对黄昏槿,海上闲听碧落鸡。”

【槿花】 木槿之花。五月开。钟形。色有紫、红、白多种。朝开而夕萎。玄宗《端午三殿宴群臣探得神字》序:“闻蝉声而悟物变,见槿花而惊候改。”李白《咏槿》:“犹不如槿花,婵娟玉阶侧。”崔涯《悼妓》:“赤板桥西小竹篱,槿花还似去年时。”崔道融《槿花》:“槿花不见夕,一日一回新。”

【槿花心】 喻多变之心。因槿花朝开夕萎,故谓。孟郊《审交》:“小人槿花心,朝在夕不存。”

【槿花雨】 指仲夏槿花开时之小雨。许浑《寻周炼师不遇留赠》:“零落槿花雨,参差荷叶风。”

【槿花性命】 喻短暂的生命。因槿花朝开而夕凋,故谓。吕岩《赠刘方处士》:“蜉蝣世界实足悲,槿花性命莫迟迟。”

【槿枝】 木槿花之枝条。白居易《劝酒寄元九》:“薤叶有朝露,槿枝无宿花。”

【槿原】 地名。在秦中。王维《送岐州源长史归》:“故驿通槐里,长亭下槿原。”赵殿成笺注:“槿原,秦中地名。不详所在。宋之问诗:‘人悲槐里月,马踏槿原霜。’”

【槿援】 槿篱。吕温《道州夏日早访荀参军林园敬酬见赠》："松窗宿翠含风薄，槿援朝花带露繁。"

【槿樹】　即木槿树。落叶灌木。温庭筠《春初对暮雨》："雀喧争槿树，人静出蔬园。"

【槿籬】　成排密栽木槿而成之篱笆。岑文本《安德山池宴集》："书帷通竹径，琴台枕槿篱。"王维《春过贺遂员外药园》："前年槿篱故，新作药栏成。"羊士谔《酬礼部崔员外备独永宁里弊居见寄来》："旧里藏旧阁，闲门闭槿篱。"司空图《歌者十二首》之十二："鹤氅花香搭槿篱，枕前蛩迸酒醒时。"

横1　〔héng《广韵》户盲切，平庚，匣。〕❶横向。(1)指东西向者。皎然《送李少宾赴举》："周谷雨未散，汉河流尚横。"(2)与纵线相垂直者。韦应物《滁州西涧》："春潮带雨晚来急，野渡无人舟自横。"❷横置，横放。郭震《相和歌辞·子夜四时歌六首·冬歌》："帷横双翡翠，被卷两鸳鸯。"李嶷《杂曲歌辞·少年行三首》之三："玉剑膝边横，金杯马上倾。"蔡京《假节邕交道由吴溪》："停桡横水中，举目孤烟外。"杜牧《宣州开元寺南楼》："小楼才受一床横，终日看山酒满倾。"❸横陈；横亘。孙逖《丹阳行》："石头横帝里，京口拒戎锋。"殷尧藩《李舍人席上感遇》："飘然曳杖出门去，无数好山江上横。"殷文圭《和友人送衡尚书赴池阳副车》："赤鳞旆卷鸥汀晚，青雀船横雁阵秋。"❹横行，横越，横穿。戴叔伦《京口怀古》："大江横万里，古渡渺千秋。"李商隐《少年》："直登宣室螭头上，横过甘泉豹尾中。"赵嘏《长安晚秋》："残星几点雁横塞，长笛一声人倚楼。"❺纵横交错；纵横流淌。王无竞《铜雀台》："高台奏曲终，曲终泪横落。"卢纶《送张郎中还蜀歌》："黄花川下水交横，远映孤霞蜀国晴。"李商隐《五言述德抒情诗一首献上杜七兄仆射相公》："欲陈劳者曲，未唱泪先横。"亦指纵横驰骋。高适《奉酬睢阳李太守》："逸足横千里，高谈注九流"❻充塞，布满。李白《经乱离后天恩流夜郎书怀赠江夏韦太守良宰》："逸兴横素襟，无时不招寻。"杜甫《别李义》："先朝纳谏诤，直气横乾坤。"韦应物《贵游行》："风雨愆岁候，兵戎横九州。"陆龟蒙《奉和袭美赠魏处士五貺诗·五泻舟》："沙际拥江沫，渡头横雨声。"❼长方形物距离较短之两侧。薛能《杂曲歌辞·升平词十首》之二："寥泬敞延英，朝班立位横。"见"横頭"。❽汉字笔画之一种。指状如"一"字之平划。王邕《怀素上人草书歌》："一纵又一横，一欹又一倾。"

横2　〔hèng《广韵》户孟切，去映，匣。〕❶(亦读héng)横暴；恣纵，豪纵。杜甫《秋日荆南述怀三十韵》："蛟螭深作横，豺虎乱雄猜。"韩愈《寒食日出游》："断鹤两翅鸣何哀，絷骥四足气空横。"白居易《和微之诗二十三首·和雨中花》："何异花开旦暝间，未落仍遭风雨横。"陆龟蒙、皮日休《开元寺楼看雨联句》："细洒魂空冷，横飘目能眩。"亦指横暴之人或兽。高适《奉酬睢阳李太守》："先移白额横，更息赭衣偷。"此指猛虎。韦应物《逢杨开府》："身作里中横，家藏亡命儿。"❷强，硬。乔知之《绿珠篇》："意气雄豪非分理，骄矜势力横相干。"杜甫《昼梦》："安得务农息战斗，普天无吏横索钱。"❸枉。王维《与胡居士皆病寄此诗兼示学人二首》之一："一兴微尘念，横有朝露身。"❹指意外之不幸。见"横死"。

横3　〔guāng《广韵》古黄切，平唐，見。〕见"横$_3$門"。

【横山】　山名。在今安徽当涂县东北六十里。李白《赠丹阳横山周处士惟长》："周子横山隐，开门临城隅。"又有《过横山顾山人草堂》。

【横天】　横陈于天空，天际。太宗《赋得含峰云》："横天结阵影，逐吹起罗文。"李白《巫山枕障》："朝云夜入无行处，巴水横天更不流。"柳泌《玉清行》："仰望蕊宫殿，横天临不虚。"幸夤逊《云》："横天未必朋元恶，捧日还曾瑞至尊。"

【横天梁】　横陈于空中之大梁。指担当国家大任之人。孟郊《赠万年陆郎中》："谁言百里才，终作横天梁。"

【横木】　横架之木。赵嘏《寻僧二首》之二："溪户无人谷鸟飞，石桥横木挂禅衣。"

【横戈】　横执戈于身前。指一种作战之威武姿态。李白《送羽林陶将军》："万里横戈探虎穴，三杯拔剑舞龙泉。"杜甫《别唐十五诫因寄礼部贾侍郎》："胡星坠燕地，汉将仍横戈。"李益《赴邠宁留别》："幸应边书募，横戈会取名。"

【横戈负羽】　手持戈，身背箭。借指战争。陆龟蒙《五歌·食鱼》："横戈负羽正纷纷，只用骁雄不用文。"

【横戈碣石】　碣石，地名。在河北昌黎之西北。古为海边之地。秦始皇与汉武帝曾东巡至此，刻石观海。后因以"横戈碣石"泛指陈兵边境。卢照邻《中和乐九章·歌东军第三》："横戈碣石，倚剑浮津。"

【横互】　纵横交错。杜牧《大雨行》："四面崩腾玉京仗，万里横互羽林枪。"

【横日柯】　横展于空中之树枝。指大树枝。孟郊《上张徐州》："为木不在山，安得横日柯。"

【横文】　横向之纹理。卢仝《哭玉碑子》："横文寻龟兆，直理任瓦裂。"

【横玉】　❶横陈之玉。喻山岭之雪。李渥《秋日登越王楼献于中丞》："横玉远开千峤雪，暗雷下听一江流。"❷指玉笛。因其横吹，故称。崔橹《闻笛》："横玉叫云天似水，满空霜逐一声飞。"

【横功】 谓立大功。李峤《牛》:"齐歌初入相,燕阵早横功。"

【横出】 谓充沛而四溢。韩愈《琴曲歌辞·雉朝飞操》:"群雌孤雄,意气横出。"

【横地】 横亘于地上。杜审言《登襄阳城》:"楚山横地出,汉水接天回。"

【横列】 犹横陈。杜牧《奉和仆射相公嘉雪忽降即事书成四韵》:"银阙双高银汉里,玉山横列玉墀前。"

【横₂死】 指遭意外不幸而死。王建《杂曲歌辞·空城雀》:"黄口黄口莫啾啾,长尔得成无横死。"

【横亘】 横陈绵亘。王昌龄《出郴山口至叠石湾野人室中寄张十一》:"石脉尽横亘,潜潭何时流。"

【横竹】 ❶横放竹竿。韦应物《题郑拾遗草堂》:"借地结茅栋,横竹挂朝衣。"❷指竹笛。因其以竹制成而横吹,故称。李贺《龙夜吟》:"卷发胡儿眼睛绿,高楼夜静吹横竹。"

【横行】 (—xíng)❶横向行走。皮日休《咏蟹》:"莫道无心畏雷电,海龙王处也横行。"唐彦谦《蟹》:"无肠公子固称美,弗使当道禁横行。"❷犹遍行。孟浩然《与张折冲游耆阇寺》:"横行塞北尽,独步汉南来。"❸指蛮横霸道,为非作歹。齐己《相和歌辞·猛虎行》:"横行不怕日月明,皇天产尔为生犷。"❹指驰骋战场。卢照邻《杂曲歌辞·结客少年场行》:"横行徇知己,负羽远从戎。"高适《相和歌辞·燕歌行》:"男儿本自重横行,天子非常赐颜色。"戴叔伦《塞上曲二首》之一:"军门频纳受降书,一剑横行万里余。"翁绶《横吹曲辞·陇头吟》:"横行俱足封侯者,谁斩楼兰献未央?"

【横行阔视】 (行 xíng)不受约束地任意四处行走观看。李商隐《偶成转韵七十二句赠四同舍》:"横行阔视倚公怜,狂来笔力如牛弩。"

【横汙】 四处横流之污水。储光羲《同诸公秋日游昆明池思古》:"凄风披田原,横污益山陂。"

【横江】 ❶地名。即横江浦。在唐江南道和州历阳(今安徽和县)东南二十六里长江之北岸,与采石矶隔江相对。李白《横江词六首》之一:"人道横江好,侬道横江恶。"杜牧有《初春雨中舟次和州横江裴使君见迎》。许浑有《酬杜补阙初春雨中舟次横江喜裴郎中相迎见寄》。❷指横陈其境之江水。韦应物《始至郡》:"溢城古雄郡,横江千里驰。"

【横江館】 驿馆名。在唐淮南道和州历阳县(今安徽和县)横江对岸之采石镇(今属安徽当涂)。李白《横江词六首》之五:"横江馆前津吏迎,向余东指海云生。"王琦注:"《太平府志》:采石驿在采石镇滨江,即唐时之横江馆也。"杜牧《题横江馆》:"孙家兄弟晋龙骧,驰骋功名业帝王。"

【横坂】 横亘之坡。韩愈《南溪始泛三首》之一:"阴沈过连树,藏昂抵横坂。"

【横吹】 ❶横持而吹。指吹笛。李白《司马将军歌》:"羌笛横吹阿亸回,向月楼中吹落梅。"张继《春夜皇甫冉宅欢宴》:"那知横吹笛,江外作边声。"庄南杰《相和歌辞·雁门太守行》:"旌旗闪闪摇天末,长笛横吹虏尘阔。"❷指横笛。亦指吹奏横笛声。王维《送宇文三赴河西充行军司马》:"横吹杂繁笳,边风卷塞沙。"王昌龄《变行路难》:"向晚横吹悲,风动马嘶合。"韦应物《楼中阅清管》:"山阳遗韵在,林端横吹惊。"羊士谔《乾元初严黄门自京兆少尹贬牧巴士谔谬因出守得继兹赏乃赋诗十四韵刻于石壁》:"横吹多凄调,安歌送好音。"❸指乐府《横吹曲》。刘长卿《奉饯郑中丞罢浙西节度还京》:"三军含怨慕,横吹声断绝。"韩翃《送孙泼赴云中》:"寒风动地气苍茫,横吹先悲出塞长。"顾况《刘禅奴弹琵琶歌》:"乐府只传横吹好,琵琶写出关山道。"

【横₂吹】 猛烈地吹动。顾况《送从兄使新罗》:"水豹横吹浪,花鹰迴拂霄。"

【横吹曲】 乐府曲名。军中乐。汉张骞出使西域得《摩诃兜勒曲》,李延年为更造新曲二十八解,于军中马上演奏。即《横吹曲》。魏晋后文人常为作歌词。李白《宣城送刘副使入秦》:"凄清横吹曲,慷慨扶风词。"

【横岑】 谓横陈于山峰之上。元稹《秋相望》:"此时相望久,高树忆横岑。"

【横身】 横着身子。一种遮护、阻挡的姿态。郑准《题水牛》:"护犊横身立,逢人揭尾跳。"

【横角】 横吹之号角。武元衡《西亭早秋送徐员外》:"曲池连月晓,横角满城秋。"

【横汾】 ❶为咏帝王巡幸、宴饮或作诗之典。见《汉武故事》。李适《帝幸兴庆池戏竞渡应制》:"横汾宴镐欢无极,歌舞年年圣寿杯。"王维《大同殿柱产玉芝龙池上有庆云圣恩便赐宴乐敢书即事》:"欲笑周文歌宴镐,遥轻汉武乐横汾。"王履贞《青云干吕》:"迎祥殊大乐,叶庆类横汾。"李商隐《昭肃皇帝挽歌辞三首》之一:"笳箫凄欲断,无复咏横汾。"❷泛指横渡汾河。岑参《骊姬墓下作》:"欲吊二公子,横汾无轻舟。"薛能《送从兄之太原副使》:"初程见西岳,尽室渡横汾。"

【横汾什】 (什 shí)指汉武帝所作《秋风辞》。袁晖《奉和圣制答张说扈从南出雀鼠谷之作》:"兴逸横汾什,恩褒作颂才。"参见"横汾❶"。

【横汾唱】 指汉武帝所作之《秋风辞》。崔元翰《奉和圣制重阳旦日百寮曲江宴示怀》:"岂如横汾唱,其事徒骄逸。"参见"横汾❶"。

【横汾賞】　指帝王作诗以赏赐臣僚。沈佺期《兴庆池侍宴应制》："古来徒羡横汾赏，今日宸游圣藻雄。"参见"横汾❶"。

【横坤】　谓横陈地面。杜牧《池州送孟迟先辈》："大江吞天去，一练横坤抹。"

【横₂放】　恣纵；猛烈。杜甫《喜晴》："干戈虽横放，惨澹斗龙蛇。"

【横河】　指月亮横过银河。韦应物《府舍月游》："横河俱半落，泛露忽惊秋。"

【横注】　流注。常以形容泪水满面流。薛奇童《拟古》："不见古时人，中宵泪横注。"

【横波】　❶风吹起之横纹水波。李白《九日登巴陵置酒望洞庭水军》："长风鼓横波，合沓蹙龙文。"皇甫松《竹枝》词之五："斜江风起动横波，劈开莲子苦心多。"❷指女子目光流盼。亦指女子斜视之目光。杨师道《初宵看婚》："轻啼湿红粉，微睇转横波。"梁锽《观王美人海图障子》："仍怜转娇眼，别恨一横波。"孟简《咏欧阳行周事》："座上转横波，流光注夫君。"韩琮《题商山店》："红锦机头抛皓腕，绿云鬟下送横波。"或指女子之美目。张碧《古意》："手执纨扇独含情，秋风吹落横波血。"

【横空】　❶横穿、横越天空。虞世南《侍宴应诏赋韵得前字》："横空一鸟度，照水百花然。"徐锴《秋词》："井梧纷堕砌，寒雁远横空。"❷横陈、横亘天空。韩愈《荐士》："横空盘硬语，妥贴力排奡。"温庭筠《七夕》："金风入树千门夜，银汉横空万象秋。"周昙《咏史诗・三国门・后主》："万峰如剑载前来，危阁横空信险哉。"

【横₃門】　汉代长安北城西头第一门。亦称光门。沈佺期《夏日都门送司马员外逸客孙员外佺北征》："画省连征稾，横门共别词。"杜甫《高都护骢马行》："青丝络头为君老，何由却出横门道。"韦应物《寄中书刘舍人》："应向横门度，环珮杳玲珑。"韩愈《和席八十二韵》："横门开日月，高阁切星辰。"

【横秋】　❶横度秋日之天空。李群玉《寄短书歌》："翔雁横秋过洞庭，西风落日浪峥嵘。"❷充满秋日之空间。花蕊夫人徐氏《宫词》之四三："君王避暑来游幸，风月横秋气象新。"❸形容气势之盛。李商隐《无题》："益德冤魂终报主，阿童高义镇横秋。"

【横竿】　横持钓竿。温庭筠《病中书怀呈友人》："横竿窥赤鲤，持翳望青鸧。"

【横眉】　犹扬眉。得意貌；骄横貌。齐己《轻薄行》："玉鞭金镫骅骝蹄，横眉吐气如虹霓。"

【横飛】　❶纵逸飞溅。程太虚《漱玉泉》："瀑布横飞翠壑间，泉声入耳送清寒。"❷横向飞传。多以形容饮酒传杯。韩愈《奉酬振武胡十二丈大夫》："横飞玉盏家山晓，远蹀金珂塞草春。"❸犹奋飞。薛能《早蝉》："暂落还因雨，横飞亦向林。"

【横草】　❶横倒于草间。耿湋《废宝庆寺》："古井碑横草，阴廊画杂苔。"❷指行军。因军行草中使草横倒，故称。借指军功。李白《书情题蔡舍人雄》："愧无横草功，虚负雨露恩。"亦指立军功、建功。韩愈《答张彻》："微诚慕横草，琐力摧撞筵。"

【横茵】　指平铺之茵褥。李贺《石城晓》："春帐依微蝉翼罗，横茵突金隐体花。"

【横捎】　将猎物横置马上带回。王昌龄《观猎》："少年猎得平原兔，马后横捎意气归。"

【横根】　指竹横生之根。王建《乞竹》："亦知自惜难判割，犹胜横根引出栏。"

【横眠】　横卧。李白《忆旧游寄谯郡元参军》："手持锦袍覆我身，我醉横眠枕其股。"

【横倚】　犹横陈，横亘。先汪《题安乐山》："碧峰横倚白云端，隋氏真人化迹残。"

【横彩】　横陈之彩虹。董思恭《咏虹》："横彩分长汉，倒色媚清渠。"

【横涉】　犹横渡。王周《志峡船具诗・橹》："通津既能济，巨浸即横涉。"

【横海】　❶汉代将军之名号。汉之韩说曾封为横海将军。刘长卿《送张司直赴岭南谒张尚书》："盛府依横海，荒祠拜伏波。"❷横渡大海。高适《信安王幕府诗》："度河飞羽檄，横海泛楼船。"

【横海志】　大志。元稹《遭风二十韵》："在昔讵惭横海志，此时甘乏济川才。"

【横海鳞】　巨鱼，大鱼。李白《送鲁郡刘长史迁弘农长史》："鲁国一杯水，难容横海鳞。"

【横海纛】　大旗。皮日休《吴中苦雨因书一百韵寄鲁望》："直拔倚天剑，又建横海纛。"

【横流】　❶横向流动。高适《鲁西至东平》："沙岸拍不定，石桥水横流。"亦指横向行驶。郑准《题宛陵北楼》："松梢半露藏云寺，滩势横流出浦船。"❷横向之水流。戴叔伦《谷城逢杨评事》："横流夜长不得渡，驻马荒亭逢故人。"刘得仁《早行》："马渡横流广，人行湛露寒。"陆龟蒙《奉和袭美太湖诗二十首・销夏湾》："古岸过新雨，高萝荫横流。"李峤《过洞庭》："浩渺注横流，千潭合万湫。"❸形容满溢，多。杜甫《送樊二十三侍御赴汉中判官》："川谷血横流，豺狼沸相噬。"❹形容泪流满面。李白《代寄情楚辞体》："梦虽往而交疏，横流涕而长嗟。"❺谓横架于水流之上。曹松《七夕》："牛女相期七夕秋，相逢俱喜鹊横流。"按，此指鹊桥横架于银河之上。

【横₂流】　水泛滥成灾。喻指祸乱、动乱。李白《登金陵冶城西北谢安墩》："谈笑遏横流，苍生望斯存。”贾至《燕歌行》：“萧条魏晋为横流，鲜卑窃据朝五州。”皎然《奉和陆使君长源夏月游太湖》：“已见横流极，况闻长鲸戮。”自注：“会北信至，王师已收长安。”毛文锡《柳含烟》词之一：“笙歌未尽起横流，锁春愁。”

【横排】 横向排列。黄冠道人《歌二章》之二：“横排三十六条鳞，个个圆如紫磨真。”

【横笛】 横执以吹奏之笛。与古笛之竖吹者相异，故名。岑参《田使君美人舞如莲花北铤歌》：“琵琶横笛和未匝，花门山头黄云合。”张巡《闻笛》：“旦夕更楼上，遥闻横笛音。”于鹄《塞上曲》：“琵琶出塞曲，横笛断君肠。”刘沧《江楼月夜闻笛》：“南浦蒹葭疏雨后，寂寥横笛怨江楼。”

【横斜】 横陈斜展。江为《句》：“竹影横斜水清浅，桂香浮动月黄昏。”

【横逸】 纵横奔逸。陆龟蒙《奉和袭美太湖诗二十首·初入太湖》：“盘空俨相趋，去势犹横逸。”

【横₂強】 形容竹笋或根长势猛烈，穿壁触藩，不可阻遏。韩愈《和侯协律咏笋》：“狂剧时穿壁，横强几触藩。”

【横参】 (一shēn)横斜之参星。夜深则参星位斜，故以指夜深时分。李峤《刘侍读见和山邸十篇重申此赠》：“朝游极斜景，夕宴待横参。”

【横陳】 ❶横向陈列。形容枝蔓横斜状。陆龟蒙《蔷薇》：“倚墙当户自横陈，致得贫家似不贫。”❷横卧。因战国楚宋玉《讽赋》有：“内怵惕兮徂玉床，横自陈兮君之旁”语，故后常以特指女子躺卧以待所欢。李百药《妾薄命》：“横陈每虚设，吉梦竟何成。”李商隐《北齐二首》：“小怜玉体横陈夜，已报周师入晋阳。”

【横陳會】 指女子床第之欢会。李百药《火凤词二首》之二：“自有横陈会，应怜秋夜长。”参见“横陈❷”。

【横琴】 犹抚琴。因弹琴时琴必横于身前，故谓。赵嘏《经无锡县后吟》：“何须觅陶令，乘醉自横琴。”朱庆余《闲居即事》：“石面横琴坐，松阴采药行。”郑愚《拟权龙褒体赠鄠县李令及寄朝右》：“鄠县李长官，横琴膝上弄。”伍乔《寄史处士》：“石楼待月横琴久，渔浦经风下钓迟。”

【横戟】 横执戟。阻拦貌。李商隐《商于》：“建瓴真得势，横戟岂能当。”冯浩笺注：“《战国策》：齐王建入朝于秦，雍门司马横戟当马前，曰：‘王何以去社稷而入秦？’”

【横雲】 横陈于天空之云。太宗《经破薛举战地》：“营碎落星沈，阵卷横云裂。”韦应物《息亭西陂燕赏》：“绿野际遥波，横云分叠嶂。”韩愈《南山诗》：“横云时平凝，点点露数岫。”

【横絶】 ❶横越；横渡。李白《蜀道难》：“西当太白有鸟道，可以横绝峨眉巅。”独孤及《送陈兼应辟兼寄高适贾至》：“四海各横绝，九霄应易期。”司空图《诗品二十四则·雄浑》：“具备万物，横绝太空。”❷犹言横贯，斜连。李商隐《代赠二首》之一：“楼上黄昏欲望休，玉梯横绝月中钩。”

【横塘】 ❶堤名。(1)在今江苏南京秦淮河南岸。三国吴建，长达千里。崔颢《长干曲四首》之一：“君家何处住，妾住在横塘。”韩翃《送万巨》：“高柳垂烟橘带霜，朝游石渚暮横塘。”温庭筠《江南曲》：“含愁复含笑，回首问横塘。”(2)在今江苏苏州苏州市吴中区西南。李嘉祐《伤吴中》：“复见花开人又老，横塘寂寂柳依依。”顾非熊《阊门书感》：“凫鹥踏波舞，树色接横塘。”(3)在今湖北襄阳。李贺《大堤曲》：“妾家住横塘，红纱满桂香。”王琦注：“横塘与大堤相近，其地当在襄阳。非金陵沿淮所筑之横塘也。”❷泛指水塘。刘方平《乌栖曲二首》之二：“门前月色映横塘，感郎中夜度潇湘。”鲍溶《水殿采菱歌》：“火华啼露卷横塘，金堤四合宛柔扬。”赵嘏《浙东陪元相公游云门寺》：“归来吹尽岩城角，路转横塘乱水东。”

【横槎】 ❶横置于水流中之舟筏。朱庆余《送唐中丞开淘西湖夏日游泛因书示郡人》：“空余孤屿来诗景，无复横槎碍柳条。”❷横放舟筏。多指系舟。因舟系岸边则顺水势自横。李郢《立秋后自京归家》：“篱落秋归见豆花，竹门当水岸横槎。”

【横腰】 横佩于腰间。李白《鲁郡尧祠送张十四游河北》：“岂无横腰剑，屈彼淮阴人。”张仲素《塞下曲五首》之一：“三戍渔阳再渡辽，骍弓在臂剑横腰。”

【横絲】 纵横交错之蛛丝。太宗《初夏》：“哢莺犹响殿，横丝正网天。”

【横煙】 谓烟云横浮。李白《同王昌龄送族弟襄归桂阳二首》之二：“秦云连山海相接，桂水横烟不可涉。”

【横經】 横陈经籍。指读书。卢照邻《中和乐九章·歌储宫第六》：“宗儒侧席，问道横经。”王维《上张令公》：“伏奏回金驾，横经重石渠。”韩愈《和崔舍人咏月二十韵》：“池边临倒照，檐际送横经。”

【横截】 横拦，横断。陆龟蒙《和袭美咏皋桥》：“横截春流架断虹，凭栏犹思五噫风。”

【横賜】 指帝王广施恩惠以赏赐。元稹《代曲江老人百韵》：“铜山供横赐，金屋贮宜颦。”

【横₂潰】 指大水溃堤横流。常以喻指溃乱。李白《经乱离后天恩流夜郎书怀赠江夏韦太守》：“炎凉几度改，九土中横溃。”又《登金陵冶城西北谢安墩》：“晋室昔横溃，永嘉遂南奔。”李益《北至太原》：“中历虽横溃，天纪未可干。”

【横墙】 横跨墙头。成彦雄《句》：“莎草放茵深护砌，海榴喷火巧横墙。”

【横橋路】 亦称“横橋道”。指连接长安城北之渭桥与汉宫城北之横门的道路。朱子奢《文德皇后挽歌》：“北去横桥道，西分清渭流。”储光羲《明妃曲四首》之四：“若为别得横桥路，莫隐宫中玉树花。”

【横橋道】 参见“横橋路”。

【横頭】 横端。矩形物体之两窄端位置。元稹《与吴端公崔院长》：“邀我上华筵，横头坐宾位。”齐己《贺孙支使郎中迁居》：“地连东阁横头买，门对西园正面开。”

【横霓】 即虹霓。因其横陈空中，故称。李贺《送秦光禄北征》：“髯胡频犯塞，骄气似横霓。”

【横鞭】 横执马鞭。从容骑马貌。杜牧《郡斋独酌》：“旌竿幖幖旗熌熌，意气横鞭归故乡。”李郢《秋晚寄题陆勋校书义兴禅居》：“万卒千蹄马，横鞭从信骑。”

【横嶺】 指五岭。在今湘、赣、桂、粤四省之边境。韩愈《刘生诗》：“越女一笑三年留，南逾横岭入炎州。”

【横甕】 横放酒瓮以作枕。王绩《过酒家五首》之四：“倚炉便得睡，横瓮足堪眠。”

【横擘】 犹横飞。郑谷《寄察院李侍御文炬》：“伫闻横擘去，帷集谏书囊。”

【横簪】 横插簪于发髻。古代男子之装束。刘允济《经庐岳回望江州想洛川有作》：“横簪并附蝉，列鼎俱调鹤。”

【横$_2$議】 ❶纵情议论。周昙《咏史诗·六朝门·元帝》：“木栅江城困魏军，王褒横议遏谋臣。”❷犹非议。张九龄《出为豫章郡途次庐山东岩下》：“多谢周身防，常恐横议侵。”

槧 〔qiàn《广韵》七艷切，去豔，清。又慈染切，上琰，從。又才敢切，上敢，從。又七廉切，平鹽，清。〕❶古代书写用之木板、素牍。韩愈《喜侯喜至赠张籍张彻》：“以余经摧挫，固请发铅椠。”皮日休《鲁望昨以五百言见贻因成一千言》：“乃将耒与耜，并换椠与铅。”❷借指书籍。无可《李常侍书堂》：“涂油窗日早，阅椠幌风轻。”

【槧水】 “堑水”之讹。骆宾王《夏日游德州赠高四》：“柳阴低椠水，荷气上薰风。”“椠”，清陈熙晋《骆临海集笺注》谓本作“堑”。

槽 〔cáo《广韵》昨勞切，平豪，從。〕❶喂牛马等牲畜之食槽。柳宗元《游南亭夜还叙志七十韵》：“方托麋鹿群，敢同骐骥槽。”元稹《望云骓马歌》：“银鞍绣韂不复施，空尽天年御槽活。”白居易《有小白马乘驭多时奉使东行至稠桑驿溘然而毙题二十韵》：“卧槽应不起，顾主遂长辞。”李商隐《复至裴明府所居》：“柱上雕虫对书字，槽中瘦马仰听琴。”❷酿酒之槽床。岑参《太白东溪张老舍即事寄舍弟侄等》：“石泉饭香粳，酒瓮开新槽。”李贺《江楼曲》：“新槽酒声苦无力，南湖一顷菱花白。”又《将进酒》：“小槽酒滴真珠红，烹龙炮凤玉脂泣。”罗隐《江南行》：“水国多愁又有情，夜槽压酒银船满。”❸弦乐器两端用以张弦之具。多以檀木或玉石为之，上有凹格，用以架弦。张籍《宫词》之二：“黄金捍拨紫檀槽，弦索初张调更高。”裴诚《新添声杨柳枝词》：“愿作琵琶槽那畔，得他长抱在胸前。”方干《赠美人四首》之一：“才会雨云须别去，语惭不及琵琶槽。”

槭 〔sù《广韵》桑谷切，入屋，心。〕小木。见“樸槭”。

樞 〔shū《广韵》昌朱切，平虞，昌。〕❶门臼。用以承门轴，使可转动而开闭门扇。多以木或石为之。王勃《寻道观》：“碧坛清桂阈，丹洞肃松枢。”耿沣《过王山人旧居》：“汲少井味变，开稀户枢涩。”元稹《酬乐天东南行诗一百韵》：“膳减思调鼎，行稀恐蠹枢。”温庭筠《病中书怀呈友人》：“五车堆缥帙，三径阖绳枢。”❷枢机。主制动之机关。白居易《东南行一百韵寄通州元九侍御等》：“树裂山魈穴，沙含水弩枢。”亦喻指事物之起源、根由。柳宗元《咏荆轲》：“始期忧患弭，卒动灾祸枢。”❸核心；枢纽重地。李白《书怀赠南陵常赞府》：“咸阳天下枢，累岁人不足。”沈徽《古兴二首》之二：“长安富豪右，信是天下枢。”❹喻指事物之关键。李白《草创大还赠柳官迪》：“执枢相管辖，摧伏伤羽翮。”亦喻指要领、精义。杨巨源《和元员外题升平里新斋》：“此外唯应任真宰，同尘敢是道门枢。”白居易《和微之春日投简阳明洞天五十韵》：“髻里传僧宝，环中得道枢。”❺指中央政权枢要之位。张籍《奉和舍人叔直省时思琴》：“达人掌枢近，常与隐默同。”❻星名。即天枢星，北斗七星之第一星。李绅《趋翰苑遭诬构四十六韵》：“日倾乌掩魄，星落斗摧枢。”按，此喻指德宗皇帝。

【樞星】 即天枢星。北斗七星第一星。元稹《酬乐天书怀见寄》：“我上秦岭南，君直枢星北。”

【樞要】 ❶犹关键。寒山《诗三百三首》之二七七：“因指见其月，月是心枢要。”❷指中央权力部门或要职。杨赍《时兴》：“及自登枢要，何曾问布衣。”

【樞務】 中央政府部门之政务。刘禹锡《和令狐相公以司空裴相见招南亭看雪四韵》：“重门不下关，枢务有余闲。”白居易《寄隐者》：“云是右丞相，当国握枢务。”

【樞紐】 指北极五星之纽星。魏征《五郊乐章·肃和》：“至哉枢纽，宅中图大。”则天皇后《唐大飨拜洛乐章·通和》:"功玄枢纽,理寂高深。"

【樞掖】 指唐之中书、门下二省。因其为中央官署而居宫中之左右掖,故称。宋之问《奉和幸韦嗣立山庄侍宴应制》:"枢掖调梅暇,林园艺槿初。"

【樞揆】 指宰辅之位。沈佺期有《和户部岑尚书参迹枢揆》。

【樞機】 ❶户枢与弩机。喻事物之关键,亦喻指中央权力部门或辅弼大臣之位。萧至忠《陪幸五王宅》:"北斗枢机任,西京肺腑亲。"元稹《酬乐天待漏入阁见赠》:"密视枢机草,偷瞻咫尺颜。"和凝《宫词百首》之八五:"自是枢机符造化,大罗天上曜三台。"❷因《易·系辞上》有"言行,君子之枢机"语,后因以之喻言语。范质《戒儿侄八百字》:"戒尔勿多言,多言者众忌。苟不慎枢机,灾危从此始。"亦喻指禽鸟之口舌、鸣声。灵澈《听莺歌》:"偶然弄枢机,婉转凌烟霞。"

【樞衡】 指宰辅之位。张九龄《酬宋使君见赠之作》:"时来不自意,宿昔缪枢衡。"李吉甫《癸巳岁吉甫圜丘摄事因叙所怀奉寄相公兼呈集贤院诸学士》:"淮海同三人,枢衡过六年。"

標 〔biāo《广韵》甫遥切,平宵,幫。又方小切,上小,非。〕❶树梢。吴筠《步虚词十首》之六:"鸾凤吹雅音,栖翔绛林标。"❷端,头,顶。杜审言《蓬莱三殿侍宴奉敕咏终南山应制》:"云标金阙迥,树杪玉堂悬。"李白《秋日登扬州西灵塔》:"顶高元气合,标出海云长。"亦特指山巅。顾况《临海所居三首》之二:"此去临溪不是遥,楼中望见赤城标。"韩愈《和李相公摄事南郊览物兴怀呈一二知旧》:"圆丘峻且坦,前对南山标。"❸标志。王维《送秘书晁监还日本国》序:"若华为东道之标,戴胜为西门之侯。"杜甫《诸将五首》之四:"回首扶桑铜柱标,冥冥氛祲未全销。"李商隐《赠从兄阆之》:"荻花村里鱼标在,石藓庭中鹿迹微。"李洞《贾岛墓》:"我来因奠洒,立石用为标。"亦指树立标志。李绅《逾岭峤止荒陬抵高要》:"南标铜柱限荒徼,五岭从兹穷险艰。"❹题写。刘禹锡《海阳十咏》序:"元次山始作海阳湖,后之从或立亭榭,率无指名,及余而大备,每疏凿搆置,必揣称以标之。"王初《延平天庆观》:"千章隐篆标龙简,一曲空歌降凤钧。"亦指记述。白居易《德宗皇帝挽歌词四首》之三:"睿文诗播乐,遗训史标言。"❺标明;显示。李义府《宣正殿芝草》:"且标宣德重,更引国恩施。"荆冬倩《奉试咏青》:"未映君王史,先标胄子襟。"元稹《月三十韵》:"蓂叶标新朔,霜豪引细辉。"白居易《新乐府》序:"首句标其目,卒章显其志。"张起《早过梨岭喜雪书情呈崔判官》:"轻标南国瑞,寒慰北人心。"❻显扬。刘沧《经曲阜城》:"三千弟子标青史,万代先生号素王。"汪遵《易水》:"斯须却作秦中鬼,青史徒标烈士名。"韦庄《送福州王先辈南归》:"名标玉籍仙坛上,家寄闽山画障中。"❼高耸,耸立。寒山《诗三百三首》之二六二:"独标海隅外,处处播嘉名。"蔡希寂《登福先寺上方然公禅室》:"名都标佛刹,梵构临河干。"温庭筠《病中书怀呈友人》:"堡戍标枪槊,关河锁舳舻。"❽标的。古代竞舟时所设供竞争者竞取以决胜之物。张说《岳州观竞渡》:"鼓发南湖溠,标争西驿楼。"储光羲《观竞渡》:"标随绿云动,船逆清波来。"张建封《竞渡歌》:"鼓声渐急标将近,两龙望标目如瞬。"薛逢《观竞渡》:"雷声冲急波相近,两龙望标目如瞬。"❾楷范。亦指做楷范。贾至《自蜀奉册往朔方呈韦左相房尚书崔侍郎》:"时望挹侍郎,公才标缙绅。"蒋涣《故太常卿赠礼部尚书李公及夫人挽歌二首》之一:"能标百郡则,威肃一朝清。"❿风度;风格。见"標格"。⓫超越,冠绝。白居易《自到郡斋仅经旬日偷闲走笔题二十四韵》:"甲郡标天下,环封极海滨。"

【標石】 埋石以为地界之标志。陆龟蒙《自和次前韵》:"著签分水味,标石认田封。"

【標名】 标注;题写。黄滔《放榜日》:"吾唐取士最堪夸,仙榜标名出曙霞。"李昉《寄孟宾于》:"初携书剑别湘潭,金榜标名第十三。"王周《和程刑部三首·公会亭》:"公事公言地,标名姓必臧。"

【標奇】 指外形显现奇状。周存《西戎献马》:"禀异才难状,标奇志岂同。"林宽《终南山》:"标奇耸峻壮长安,影入千门万户寒。"

【標的】 准则。亦指被奉为准则、楷模。司空图《寄郑仁规》:"清才郑小戎,标的贵游中。"

【標格】 ❶风度,风仪。高适《送蔡少府赴登州推事》:"标格谁当犯,风谣信可听。"白居易《代鹤》:"饮啄杂鸡群,年深损标格。"杨敬之《赠项斯》:"几度见诗诗总好,及观标格过于诗。"徐铉《哭刑部侍郎乔公诗》:"襟怀道家侣,标格古时人。"❷风味;韵味。刘禹锡《西山兰若试茶歌》:"不辞缄封寄郡斋,砖井铜炉损标格。"郑畋《禁直和人饮酒》:"卉醴陀花物外香,清浓标格胜椒浆。"韩偓《柳》:"无奈灵和标格在,春来依旧袅长条。"尉迟汾《府尹王侍郎准制拜岳因状嵩高灵胜寄呈三十韵》:"作镇盛标格,出云为雨风。"

【標致】 格调韵致。贯休《山居诗二十四首》之六:"如斯标致虽清拙,大丈夫儿合自由。"

【標梅】 同"摽梅"。本谓梅子成熟则落,后以喻指女子到了婚嫁年龄。见《诗·召南·摽有梅》。孟浩然《送桓子之郢成礼》:"摽梅诗有赠,羔雁礼将行。"

【標異】 指显示新异。白行简《金在镕》:"踊跃徒标异,沈潜自可钦。"

【標割】 "摽割"之讹。谓以刀斩割。摽,刀锋。

高适《同马太守听九思法师讲金刚经》:"心持佛印久,标割魔军退。"孙钦善《高适集校注》:"標"作"摽"。注云:"摽,刀铸。"

【標準】 准则;规范。孙逖《和登会稽山》:"冥搜信冲漠,多士期标准。"杜甫《赠郑十八贲》:"示我百篇文,诗家一标准。"

【標牓】 题字之匾额、木牌。柳宗元《法华寺石门精舍三十韵》:"萝葛绵层甍,莓苔侵标榜。"

【標摽】 高长貌。杜牧《郡斋独酌》:"我爱李侍中,标标七尺强。"按,"標摽",一本作"摽摽"。

【標舉】 高超,卓绝。李白《经乱离后天恩流夜郎忆旧游书怀赠江夏韦太守良宰》:"叹君倜傥才,标举冠群英。"

槱 〔yǒu《广韵》與久切,上有,以。又余救切,去宥,云。〕❶聚积以供燃烧之木柴。见"柴槱"。❷烧,薰。韩愈《南山诗》:"或赤若秃鬝,或熏若柴槱。"

【槱燎】 古代举行祭天仪式时,以牲架柴上以焚之,其堆积供燃之柴称"槱燎"。《郊庙歌辞·五郊乐章·白郊迎神》:"槱燎既积,稷奠并芳。"

槭[1] 〔qī《广韵》子六切,入屋,精。〕树木名。槭树科。有鸡爪槭、平基槭等百余种。叶对生、掌状似枫。双翅果。木材坚实,为建筑及制造器具之良材。萧颖士《江有枫一篇十章》之三:"想彼槭矣,亦类其枫。"

槭[2] 〔sè《集韵》率摑切,入麥,生。〕草木凋枯貌。见"槭₂槭"。

【槭₂然】 草木枯萎貌。王维《同崔兴宗送衡岳瑗公南归》序:"秦地草木,槭然已黄。"

【槭₂槭】 ❶象声词。状风吹草木声。犹飒飒。岑参《范公丛竹歌》:"盛暑翛翛丛色寒,闲宵槭槭叶声干。"白居易《题遗爱寺前溪松》:"暑天风槭槭,晴夜露凄凄。"韦蟾《和柯古穷居苦日喜雨》:"清奥已萧萧,陈柯将槭槭。"❷青光闪熠貌。韦应物《寇季膺古刀歌》:"古刀寒锋青槭槭,少年交结平陵客。"刘禹锡《令狐相公见示赠竹二十韵仍命继和》:"槭槭林已成,荧荧玉相似。"

槬 〔huà《字彙》胡卦切。〕指声音洪亮。杜牧《昔事文皇帝三十二韵》:"周钟既窕槬,黥阵亦瘢痕。"

樗 〔chū《集韵》抽居切,平魚,徹。〕❶树木名。即臭椿树。落叶乔木。因叶有臭味,故称。其木质松散,不耐腐,不宜制家具器物,故古代以为恶木劣材。孙棨《题刘泰娘舍》:"寻常凡木最轻樗,今日寻樗桂不如。"见"樗櫟"。❷见"樗蒲"。

【樗栲】 臭椿树与山樗树。具为松散无用不成材之树木。元结《演兴四首·讼木魅》:"见樗栲兮相阴覆,怜梫榕兮不丰茂。"

【樗博】 指樗蒲博戏。郑嵎《津阳门诗》:"绕床呼卢恣樗博,张灯达昼相谩欺。"

【樗散】 (—sǎn)指木质松散而无用之木材。喻指无用或闲置未用之人。杜牧《郑瓘协律》:"广文遗韵留樗散,鸡犬图书共一船。"亦喻指无才,无用。多用以谦称自身。杜甫《夔府书怀四十韵》:"萍流仍汲引,樗散尚恩慈。"刘长卿《罢摄官后将还旧居留辞李侍御》:"樗散材因弃,交亲迹已稀。"薛能《早春归山中旧居》:"归田语不忘,樗散料非才。"参见"樗櫟"。

【樗蒲】 古代博戏之一种。亦称五木。其法以木骰五枚,两面漆白黑二色,掷之以决胜负。其彩有枭、庐、雉、犊、塞等。李远《友人下第因以赠之》:"刘毅虽然不掷卢,谁人不道解樗蒲。"杜牧《池州送孟迟先辈》:"商山四皓祠,心与樗蒲说。"和凝《宫词百首》之三九:"锦褥花明满殿铺,宫娥分坐学樗蒲。"

【樗櫟】 指不成材之臭椿树与栎树。亦比喻无用之人。见《庄子·逍遥游》。欧阳詹《寓兴》"桃李有奇质,樗栎无妙姿。"李咸用《依韵修睦上人山居十首》之五:"赖是水乡樗栎贱,满炉红焰且相亲。"罗隐《城西作》:"幸自同樗栎,何妨惬所怀。"刘兼《万葛树》:"更有岁寒霜雪操,莫将樗栎拟相群。"

樝 〔zhā《广韵》側加切,平麻,莊。〕果木名。有樝子、山樝等多种。樝子一名木桃。落叶小灌木,叶倒卵形,花黄赤色,春开,果实圆形,色黄味酸。李时珍《本草纲目·果二》谓即木瓜之酸涩者。骆宾王《称心寺》:"凝滞蘅蒞岸,沿洄樝柚林。"李贺《追和柳恽》:"江头樝树香,岸上蝴蝶飞。"

【樝梨】 樝与梨。两种果实名。杜甫《竖子至》:"樝梨才缀碧,梅杏半传黄。"李咸用《和吴处士题村叟壁》:"秋果樝梨涩,晨羞笋蕨鲜。"陈陶《闲居寄太学卢景博士》:"闲来长得留侯癖,罗列樝梨校六韬。"

樘 〔táng《玉篇》達郎切。〕见"樘突"。

【樘突】 唐突,冒犯。杜甫《课伐木》序:"山有虎知禁。若恃爪牙之利,必昏黑樘突。"

樓 〔lóu《广韵》落侯切,平侯,來。〕❶两层或两层以上之房屋称为楼。李颀《缓歌行》:"暮拟经过石渠署,朝将出入铜龙楼。"郑锡《玉阶怨》:"那及轻身雁,双飞上玉楼。"羊士谔《寄裴校书》:"惟有楼中好山色,稻畦残水入秋池。"萧彧《送钟员外》:"那堪还目此,两地倚楼情。"❷城墙或高台上之建筑亦称楼。韩愈《和崔舍人咏月二十韵》:"郡楼何处望，陇笛此时听。”见“樓堞”“樓臺”。❸船有多层者亦称楼。见“樓船”。

【樓山】 山名。在唐江南道播州遵义县(今贵州遵义)。李白有《题楼山石笋》。

【樓子山】 山名。在今山西宁武县西南。为汾水源头。刘得仁有《寄楼子山云栖上人》。

【樓角】 (—jiǎo)高楼之檐角。杜甫《东楼》：“楼角临风迥，城阴带水昏。”白居易《夜归》：“楼角渐移当路影，潮头欲过满江风。”李商隐《和友人戏赠二首》之二：“迢递青门有几关，柳梢楼角见南山。”

【樓花】 高可映楼之花。白居易《令公南庄花柳正盛欲偷一赏先寄二篇》之一：“最忆楼花千万朵，偏怜堤柳两三株。”自注：“映楼桃花，拂堤垂柳，是庄上最胜绝处，故举以为对。”

【樓店】 楼房店家。褚载《吊秦叟》：“市西楼店金千秤，渭北田园粟万钟。”

【樓居】 居住之楼房。郑愔《奉和幸上官昭容院献诗四首》之一：“地轴楼居远，天台阙路赊。”

【樓根】 犹楼基。孟郊《登华岩寺楼望终南山赠林校书兄弟》：“楼根插回云，殿翼翔危空。”

【樓堞】 城墙上之城楼与城堞。借指城墙。韩愈《潭州泊船呈诸公》：“暗浪舂楼堞，惊风破竹篙。”白居易《寄微之三首》之二：“襄阳九里郭，楼堞连云树。”

【樓陰】 楼房之阴影。杜甫《遣怀》：“水净楼阴直，山昏塞日斜。”白行简《贡院楼北新栽小松》：“华省春霜曙，楼阴植小松。”

【樓船】 有楼阁之船，亦指饰有楼形之船。多为战船或游船。韦元旦《兴庆池侍宴应制》：“夹岸旌旗疏辇道，中流箫鼓振楼船。”李华《咏史十一首》之四：“汉时征百粤，杨仆将楼船。”卢纶《天长久词》之五：“楼船泛罢归犹早，行遣才人斗射飞。”李山甫《上元怀古二首》之二：“今朝城上难回首，不见楼船索战时。”

【樓船將】 (將 jiàng)指楼船将军。汉代将军名号之一。杨仆曾授此号。后亦以泛指南方之水师将领。刘长卿《送韦赞善使岭南》：“欲逐楼船将，方安卉服夷。”白居易《赠李兵马使》：“江南别有楼船将，燕颔虬须不姓杨。”

【樓雉】 城楼与城堞。包融《登翅头山题俨公石壁》：“扫除诸烟氛，照出众楼雉。”白居易《杂兴三首》之二：“余波养鱼鸟，倒影浮楼雉。”

【樓煩】 春秋时北狄国名。汉置楼烦县。地在雁门关外。其部族善骑射。骆宾王《早秋出塞寄东台详正学士》：“天阶分斗极，地理接楼烦。”李白《宣城送刘副使入秦》：“结交楼烦将，侍从羽林儿。”李益《来从窦车骑行》：“自经皋兰战，又破楼烦地。”陈陶《陇西行四首》之三：“陇戍三看塞草青，楼烦新替护羌兵。”

【樓殿】 楼阁殿堂。亦指高大的宫殿。杜牧《过华清宫绝句三首》之三：“万国笙歌醉太平，倚天楼殿月分明。”刘沧《经龙门废寺》：“山色不移楼殿尽，石台依旧水云空。”白居易《西湖晚归回望孤山寺赠诸客》：“烟波澹荡摇空碧，楼殿参差倚夕阳。”和凝《宫词百首》之九：“九重楼殿簇丹青，高柳含烟覆井亭。”

【樓臺】 楼与台。泛指楼殿台榭。王泠然《寒食篇》：“波上楼台列岸明，风光所吹皆流遍。”孟浩然《溯江至武昌》：“行看武昌柳，仿佛映楼台。”刘言史《题茅山仙台药院》：“楼台争耸汉，鸡犬亦嫌秦。”顾在镕《题光福上方塔》：“汀沼或栖彭泽雁，楼台深贮洞庭风。”亦指建于土台上之建筑。赵嘏《代人赠别》：“会须携手乘鸾去，箫史楼台在玉京。”

【樓榭】 高台上之房屋建筑。陈子昂《春日登金华观》：“山川乱云日，楼榭入烟霄。”

【樓閣】 楼与阁。泛指楼房。张碧《野田行》：“野田之骨兮又成尘，楼阁风烟兮还复新。”姚合《题山寺》：“千重山崦里，楼阁影参差。”郑畋《初秋寓直三首》之二：“宿鸟翩翩落照微，石台楼阁锁重扉。”刘兼《郡楼闲望书怀》：“郡城楼阁绕江滨，风物清秋入望频。”

【樓頭】 楼上。王昌龄《青楼曲二首》之一：“楼头小妇鸣筝坐，遥见飞尘入建章。”杜牧《台城曲二首》之一：“门外韩擒虎，楼头张丽华。”平可正《杨梅诗》：“诗成一寄山中友，恐解楼头爱渴心。”亦指楼前。崔国辅《怨词二首》之二：“楼头桃李疏，池上芙蓉落。”

【樓額】 悬于楼上之匾额。白居易《渭村退居寄礼部崔侍郎翰林钱舍人诗一百韵》：“楼额题鸡鹊，池心浴凤凰。”

【樓闕】 楼殿宫阙。韩愈《感春五首》之二：“策马上桥朝日出，楼阙赤白正崔嵬。”

【樓檻】 楼房之栏杆。罗衮《清明登奉先城楼》：“烟销井邑隈楼槛，雪满川原泥酒卮。”

【樓簫】 指弄玉吹以引凤之箫。事见《艺文类聚》卷七八《仙道》引《列仙传》。韩偓《无题》：“溪纻殊倾越，楼箫岂羡秦？”参见“弄玉”。

【樓艦】 战船。用于作战之楼船。李白《永王东巡歌十一首》之七：“王出三山按五湖，楼船跨海次陪都。”鲍溶《隋帝陵下》：“盘龙楼舰浮冤水，雕锦帆幢使乱风。”

【樓蘭】 古西域国名。汉元风四年更名鄯善。旧址在今新疆婼羌县境。后亦代指西北边境之外族政权。陈子昂《和陆明府赠将军重出塞》：“始返楼兰国，还向朔方城。”岑参《献封大夫破播仙凯歌六首》之二：“官军西出过楼兰，营幕傍临月窟寒。”张仲素《塞下曲五首》之三：“功名耻计擒生数，直斩楼兰报国恩。”翁绶《陇头吟》:“横行俱是封侯者,谁斩楼兰献未央。”

欙 〔léi《集韵》倫追切,平脂,來。〕舆床、肩舆之类登山用具。刘禹锡《九华山歌》:“乘欙不来广乐绝,独与猿鸟愁青荧。”

櫬 〔cōng《广韵》倉紅切,平東,清。〕亦写作“楤”,见“櫬櫳”。

【櫬櫳】 葱珑。明洁貌。亦指色泽鲜明之服装。李群玉《校书叔遗暑服》:“翠云箱里叠櫬栊,楚葛湘纱净似空。”

樅 〔cōng《广韵》七恭切,平锺,清。又即容切,平锺,精。〕❶树木名。树干高大,木质坚硬。为建筑用之良材。元结《演兴四首·闵岭中》:“然后采梫榕以驾深,收枞槵兮梯险。”❷通“摐”。撞击。张祜《投常州从兄中丞》:“素履冰容静,新词玉润枞。”

【樅玉】 谓玉珮碰击。枞,通“摐”。元稹《乐府古题·冬白纻》:“身作匡床臂为枕,朝佩枞枞王晏寝。”

樊 〔fán《广韵》附袁切,平元,奉。〕❶篱笆。见“樊圃”。❷关鸟兽之笼。白居易《赎鸡》:“喔喔十四雏,罩缚同一樊。”❸旁,边。张九龄《岁初巡属县登高安南楼言怀》:“深俯东溪澳,远延南山樊。”高适《酬卫八雪中见寄》:“季冬忆淇上,落日归山樊。”元稹《竞渡》:“有熊竞心起,驱兽出林樊。”白居易《中隐》:“大隐住朝市,小隐入丘樊。”❹地名。指春秋樊国之旧地。即今湖北襄樊。见“樊鄧”。

【樊川】 水名。在唐关内道京兆府万年县(今陕西西安市)。卢纶有《早春游樊川野居却寄李端校书》。杜牧《柳绝句》:“依依故国樊川恨,半掩村桥半掩溪。”韦庄《过樊川旧居》:“却到樊川访旧游,夕阳衰草杜陵秋。”刘兼《郡斋寓兴》:“依约樊川似旭川,郡斋风物尽萧然。”

【樊山】 山名。在唐江南道鄂州武昌(今湖北武汉)县西。又名袁山、袁岗。李白《经乱离后天恩流夜郎书怀赠江夏韦太守良宰》:“樊山霸气尽,寥落天地秋。”孟彦深《元次山居武昌之樊山新春大雪以诗问之》:“起来望樊山,但见群玉峰。”元结《漫歌八曲·大回中》:“樊山当其南,此中为大回。”

【樊水】 水名。一名寒溪。在唐江南道鄂州武昌(今湖北武汉)樊山东。元结曾居此溪边。元结《漫歌八曲·大回中》:“樊水欲东流,大江又北来。”又《樊上漫作》:“漫家郎亭下,复在樊水边。”

【樊圃】 围有篱笆的园圃。宋之问《温泉庄卧病寄杨七炯》:“秉愿守樊圃,归闲欣艺牧。”亦指园圃之篱笆。白居易《有木诗八首》之一:“折条用樊圃,柔脆非其宜。”

【樊榭】 台榭名。在唐江南道越州余姚县(今浙江余姚)南之四明山中。陆龟蒙《四明山诗·樊榭》:“樊榭何年筑,人应白日飞。”

【樊鄧】 指春秋樊国与邓国之旧地。即今湖北襄樊与河南邓州之地域。孟浩然《送辛大之鄂渚不及》:“郡邑经樊邓,山河入嵩汝。”贾至《巴陵早秋寄荆州崔司马吏部阎功曹舍人》:“宛叶遍蓬蒿,樊邓无良畴。”

【樊籠】 放置鸟兽之笼子。多喻指束缚人之环境。骆宾王《夏日游山家同夏少府》:“一遣樊笼累,唯余松桂心。”李华《寄赵七侍御》:“禽尚彼何人,胡为束樊笼?”裴度《白二十二侍郎有双鹤予西园多野水长松可以栖息遂以诗请之》:“且将临野水,莫闭在樊笼。”孟宾于《湘江亭》:“独宿大中年里寺,樊笼得出事无心。”

橡 〔xiàng《广韵》徐兩切,上養,邪。〕栎树之果实。即橡栗。亦称橡子或橡实。费冠卿《答萧建》:“搜泥时和面,拾橡半添穜。”杜荀鹤《赠休粮僧》:“雨中林鸟归巢晚,霜后岩猿拾橡忙。”韦庄《渔塘十六韵》:“饥猿寻落橡,斗鼠堕高藤。”张蠙《寄太白禅师》:“斋厨唯有橡,讲石任生藤。”

【橡子】 即橡栗。皮日休《正乐府十篇·橡媪叹》:“秋深橡子熟,散落榛芜冈。”

【橡子餅】 以橡实磨粉作成之饼。可代粮充饥。贯休《闻无相道人顺世五首》之一:“惟餐橡子饼,爱说道君兄。”

【橡花】 栎树之花。赵嘏《寄山僧》:“云里幽僧不置房,橡花藤叶盖禅床。”

【橡栗】 栎树之果实。亦称橡子、橡实。味苦可食。贫者常以充饥。杜甫《乾元中寓居同谷县作歌七首》之一:“岁拾橡栗随狙公,天寒日暮山谷里。”钱起《谷口新居寄同省朋故》:“橡栗石上村,莓苔水中路。”姚合《寄贾岛浪仙》:“海峤誓同归,橡栗充朝给。”许浑《与张道士同访李隐君不遇》:“霜寒橡栗留山鼠,月冷菰蒲散水禽。”

【橡媪】 拾橡栗之老妇。指贫穷无粮之老妇人。皮日休有《正乐府十篇·橡媪叹》。

【橡塢】 满生栎树与橡树之坞。杜荀鹤《乱后逢李昭象叙别》:“却与野猿同橡坞,还将溪鸟共渔矶。”

【橡實】 即橡栗。张籍《野老歌》:“岁暮锄犁傍空室,呼儿登山收橡实。”朱庆余《镜湖西岛言事》:“岁计有余添橡实,生涯一半在渔舟。”方干《山中言事寄赠苏判官》:“执爨纵曾炊橡实,纫针曾解补荷衣。”杜荀鹤《闲居书事》:“雁惊风浦渔灯动,猿叫霜林橡实疏。”

槲 〔hú《广韵》胡谷切，入屋，匣。〕树木名。山毛榉科。落叶乔木。叶倒卵形，互生，缘有缺齿，背生白毛。春夏间开花。秋结实似橡栗而短小。木质坚实，为建筑及制器物之良材。柳宗元《同刘二十八院长述旧言怀之作因其韵增至八十通赠二君子》：“树怪花因槲，虫怜目待虾。”温庭筠《烧歌》：“风驱槲叶烟，槲树连平山。”

【槲葉】 槲树之叶。可以饲蚕，亦可入药。司空曙《雪二首》之二：“半山槲叶当窗下，一夜曾闻雪打声。”李贺《高平县东私路》：“侵侵槲叶香，木花滞寒雨。”朱庆余《送韩校书赴江西幕》：“山桥槲叶暗，水馆燕巢新。”许浑《将归涂口宿郁林寺道玄上人院二首》之二：“藤花深洞水，槲叶满山风。”

樟 〔zhāng《广韵》諸良切，平陽，章。〕树木名。樟科，常绿乔木。叶卵形，有光泽。初夏开花，色淡黄，味清香。树有樟脑香气，可提取樟脑，用以防蠹腐。木质坚实，为制家具器物之良材。韩愈、孟郊《城南联句》：“桑变忽芜蔓，樟裁浪登丁。”朱庆余《送饶州张使君》：“馆依高岭分樟叶，路出重江见苇花。”

【樟亭】 地名。在唐江南道杭州（今浙江杭州）南五里。为观钱塘江潮之胜地。孟浩然有《与杭州薛司户登樟亭楼作》。羊士谔《忆江南旧游二首》之二：“曲水三春弄彩毫，樟亭八月又观涛。”罗隐《寄钟常侍》：“应笑樟亭旧同舍，九州无验满炉灰。”

【樟亭驛】 唐代驿站名。在唐江南道杭州南之樟亭。白居易《花楼望雪命宴赋诗》：“输将虚白堂前鹤，失却樟亭驿后梅。”章孝标《题杭州樟亭驿》：“樟亭驿上题诗客，一半寻为山下尘。”

樀 〔dí《广韵》都歷切，入錫，端。又徒歷切，入錫，定。〕本指屋檐。亦用为象声词。见“樀樀”。

【樀樀】 象声词。象叩门声。白居易《曲生访宿》：“西斋寂已暮，叩门声樀樀。”

様 〔yàng《集韵》弋亮切，去漾，以。〕❶样子，形状。杜甫《杨监又出画鹰十二扇》：“近时冯绍正，能画鸷鸟样。”刘禹锡《浙西李大夫述梦四十韵并浙东元相公酬和斐然继声》：“罚筹长竖纛，觥盏样如舠。”皮日休《以紫石砚寄鲁望兼酬见赠》：“样如金蹙小能轻，微润将融紫玉英。”❷式样。可供仿作的样式。张说《咏镜》：“宝镜如明月，出自秦宫样。”刘方平《京兆眉》：“新作蛾眉样，谁将月里同。”王建《宫词一百首》之三十：“遥索剑南新样锦，东宫先钓得鱼多。”罗虬《比红儿诗》之三二：“鷃鹉娥如裛露红，镜前眉样自深宫。”❸置于名词后，表示与之相似，或表示像什么一样的。王绩《食后》：“胡麻山麨样，楚豆野麋方。”雍陶《卢岳闲居十韵》：“锦文苔点点，钱样菊斑斑。”吴融《和韩致光侍郎无题三首十四韵》之二：“杯样成言鸟，梳文解卧鳞。”❹量词。犹种、类。毛文锡《西溪子》词：“昨夜西溪游赏，芳树奇花千样。”

【様模】 模样。寒山《诗三百三首》之一九六：“布裘拥质随缘过，岂羡人间巧样模。”

橄 〔gǎn《广韵》古覽切，上敢，見。〕见“橄欖”。

【橄欖】 果树名。橄榄科。常绿乔木。春夏间开花，白色。核果亦称橄榄，亦名青果，卵形，青色。味甘酸，可食，亦可入药。多生于粤闽等地。白居易《送客春游岭南二十韵》：“面苦桄榔裛，浆酸橄榄新。”

槳 〔jiǎng《广韵》即兩切，上養，精。〕划船之工具。有单桨与双桨。木制，下端为狭长之木板，上有圆柱状木柄。李适《帝幸兴庆池戏竞渡应制》：“急桨争标排荇度，轻帆截浦触荷来。”李华《寄赵七侍御》：“摇桨曙江流，江清山复重。”王初《自和书秋》：“江边两桨连歌渡，惊散游鱼莲叶东。”胡宿《城南》：“荡桨远从芳草渡，垫巾还傍绿扬堤。”

槢 〔xí《广韵》似入切，入緝，邪。〕树木名。木质坚硬。元结《演兴四首·讼木魅》：“槢桡桡兮未坚，栜榐榐兮可屈。”

樛 〔jiū《广韵》居虯切，平幽，見。〕❶树木向下弯曲。见“樛木”。亦指枝条下弯之树木。骆宾王《至分陕》：“憩棠疑勿剪，曳葛似攀樛。”❷树枝或藤蔓盘曲纠结。杜甫《乾元中寓居同谷县作歌七首》之六：“南有龙兮在山湫，古木巃嵸枝相樛。”白居易《泛溢水》：“青萝与紫葛，枝蔓垂相樛。”皮日休《公斋四咏·小桂》：“棱层立翠节，偃蹇樛青螭。”

【樛木】 枝条向下盘曲之树木。白居易《游悟真寺诗》：“扪萝蹋樛木，下逐饮涧猿。”唐续《灵岩寺锐公禅师》：“一水穿崖走碧沙，沿溪樛木卧龙蛇。”

【樛枝】 纠结盘曲之树枝；向下弯曲之树枝。张九龄《登临沮楼》：“杂树缘青壁，樛枝挂绿萝。”杜甫《画鹘行》：“乌鹊满樛枝，轩然恐其出。”沈传师《次潭州酬唐侍御姚员外游道林岳麓寺题示》：“樛枝竞骛龙蛇势，折干不灭风霆痕。”李商隐《李肱所遗画松诗书两纸得四十韵》：“樛枝势夭矫，忽欲蟠拏空。”

【樛柯】 即樛枝。元稹《与杨十二巨源卢十九经济同游大安亭》：“待补苍苍去，樛柯早变龙。”

【樛嶱】 深旷貌。杜甫《自京赴奉先县咏怀五百字》：“君臣留欢娱，乐动殷樛嶱。”一本作“膠葛”。仇兆鳌注：“《上林赋》：‘张乐乎膠葛之寓。’注：‘膠葛，广大貌。’郭璞注：‘旷然深貌也。’”

【樛盤】 盘曲纠结。元稹《松树》:“闲在高山顶,樛盘虬与龙。”又《松鹤》:“蹋动樛盘枝,龙蛇互跳跃。”

樂[1] 〔yuè《广韵》五角切,入覺,疑。〕❶音乐。张九龄《奉和圣制谒玄元皇帝庙斋》:“乐动人神会,钟成律度圆。”岑参《奉陪封大夫宴得征字》:“座参殊俗语,乐杂异方声。”王涯《宫词三十首》之二十:“曈曈日出大明宫,天乐遥闻在碧空?”韦庄《思归》:“外地见花终寂寞,异乡闻乐更凄凉。”❷奏乐。韩愈《合江亭》:“为余扫尘阶,命乐醉众座。”❸乐工或歌舞艺人。杜甫《观公孙大娘弟子舞剑器行》:“梨园子弟散如烟,女乐余姿映寒日。”❹姓。见“樂大夫”“樂使君”“樂記室”。

樂[2] 〔lè《广韵》盧各切,入鐸,來。〕❶快乐,欢乐。皎然《从军行五首》之二:“战苦军犹乐,功高将不骄。”戎昱《晚次荆江》:“渔翁闲自乐,樵客纷多虑。”徐铉《寄钟谟》:“不得车公终不乐,已教红袖出门迎。”❷喜爱,爱好。李白《望庐山瀑布水二首》之一:“而我乐名山,对之心益闲。”张谓《读后汉逸人传二首》之一:“东过富春渚,乐此佳山川。”张籍《野居》:“端坐无余思,弥乐古人书。”陆龟蒙《记事》:“平生乐篇翰,至老安敢忘。”❸乐于。谓乐意做某事。权德舆《严陵钓台下作》:“不乐禁中卧,却归江上春。”皮日休《七爱诗·卢征君》:“天下皆乐闻,征君独洗耳。”❹安乐。见“樂₂康”。

【樂人】 本指周代掌音乐之官吏,后亦泛指歌唱与演奏艺人。崔尚《奉和圣制同二相已下群臣乐游园宴》:“花催相国醉,鸟和乐人弹。”韩翃《送郑员外》:“孺子亦知名下士,乐人争唱卷中诗。”王建《行宫词》:“开元歌舞古草头,梁州乐人世嫌旧。”

【樂₂人】 快乐之人。白居易《食后》:“乐人惜日促,忧人厌年赊。”又《咏家酝十韵》:“能销忙事成闲事,转得忧人作乐人。”

【樂工】 演唱与奏乐之艺人。方干《江南闻新曲》:“乐工不识长安道,尽是书中寄曲来。”白居易《新乐府·华原磬》:“今人古人何不同,用之舍之由乐工。乐工虽在耳如壁,不分清浊即为聋。”

【樂₂土】 生活安乐之地。张九龄《酬周判官巡至始兴会改秘书少监见贻之作》:“惟昔迁乐土,迨今已重世。”杜甫《垂老别》:“何乡为乐土,安敢尚盘桓。”朱庆余《送浙东陆中丞》:“自爱此身居乐土,咏歌林下日忘疲。”张起《早过梨岭喜雪书情呈崔判官》:“共君歌乐土,无作白头吟。”

【樂大夫】 指乐彦玮。彦玮乾封元年代刘仁轨为大司宪。官名复旧,改为御史大夫。见《旧唐书》本传。骆宾王有《乐大夫挽词五首》。

【樂天】 ❶参见“樂₂天知命”。❷唐诗人白居易之字。刘禹锡《乐天寄洛下新诗因以抒怀也》:“一从别乐天,诗思日已沈。”白居易《少年问》:“号作乐天应不错,忧愁时少乐时多。”宣宗《吊白居易》:“浮云不系名居易,造化无为字乐天。”

【樂₂天知命】 谓乐于顺从天道与命分。张楚金《逸人歌赠李山人》:“道险可惊兮人莫用,乐天知命兮守岩洞。”王武陵《宿慧山寺》序:“余亦乐天知命,怡然契合,视富贵如浮云。”

【樂₂不可支】 形容快乐之极。裴度有《度自到洛中与乐天为文酒之会时时构咏乐不可支因为联句》。

【樂手】 乐工。演奏音乐之人。顾况《李供奉弹箜篌歌》:“国府乐手弹箜篌,赤黄绦索金鎝头。”

【樂正】 古代主掌音乐之官员。唐太常寺之太乐署、鼓吹署俱有乐正八或四人,从九品下。贺知章《奉和圣制送张说巡边》:“饔人藉荐实,乐正理丝桐。”

【樂₂世】 唐琵琶曲名。亦名《六幺》或《绿腰》。传贞元中乐工进曲,德宗令录出要者,因以名“录要”。后语讹转为“绿腰”“六幺”。白居易《听歌六绝句·乐世》:“诚知乐世声声乐,老病人听未免愁。”

【樂世娘】 善歌《乐世》曲之女子。贺朝《赠酒店胡姬》:“上客无劳散,听歌乐世娘。”参见“樂世”。

【樂世詞】 琵琶曲名。为盛唐前之《乐世》与中唐《急乐世》间之过渡曲。七言十句,七十字,六平韵。介乎大曲与小曲之间。或云即《六幺》。张说有《赠崔二安平公乐世词》。参见“樂世”。

【樂₂平】 唐代县名。属江南道饶州。即今江西乐平。卢纶《送乐平苗明府》:“累职比柴桑,清秋入楚乡。”

【樂石】 可制乐器之石。因秦李斯《峄山刻石文》有“刻此乐石,以著经纪”语,后因以代指碑碣。徐彦伯《比干墓》:“帝词书乐石,国馔罗芳醑。”高适《同观陈十六史兴碑》序:“楚人陈章甫,继毛诗而作史兴碑……未藏名山,刊在乐石。”郑澣《和李德裕游汉州房公湖二首》之二:“自宜雕乐石,爽气际青城。”

【樂₂地】 快乐之地。司空图《长安赠王注》:“乐地留高趣,权门让后生。”

【樂池】 即玄池。传说中之仙界池名。见《穆天子传》卷二。徐彦伯《送特进李峤入都祔庙》:“乐池歌绿藻,梁苑藉红茎。”

【樂₂安】 唐县名。上元二年(761)置。属江南道台州。故址在今浙江仙居县西。张籍《送辛少府任乐安》:“选得天台山下住,一家全作学仙人。”

【樂妓】 歌伎。歌舞女艺人。《全唐诗》卷八六八有《梦扬州乐妓和诗》。

【樂₂事】 快乐之事。戴叔伦《赠康老人洽》:“南邻北里日经过,处处淹留乐事多。”朱庆余《送刘思复南河从军》："七千里别宁无恨，且贵从军乐事多。"汪极《奉试麦垄多秀色》："南陌生岐穗，农家乐事多。"

【樂₂呵呵】 开心而笑貌。寒山《诗三百三首》之五六："含笑乐呵呵，啼哭受殃抉。"

【樂₂命】 乐顺天命。李白《少年行三首》："男儿百年且乐命，何须徇书受贫病。"

【樂₂於】 谓于其中得到快乐。杜荀鹤《自叙》："酒瓮琴书伴病身，熟谙时事乐于贫。"张南容《静女歌》："静女乐于静，动合古人则。"

【樂府】 ❶掌管音乐之官署。汉武帝时创建。掌宫廷音乐，兼采民歌以配乐。亦以指唐代太常寺之太乐署、鼓吹署，以及教坊。因其所掌职事与之相近。王绩《过汉故城》："钩陈被兰锜，乐府奏芝房。"元稹《何满子歌》："便将何满为曲名，御谱亲题乐府纂。"白居易《读张籍古乐府》："愿播内乐府，时得闻至尊。"❷指乐府官署所采之民歌。后亦泛指汉魏至唐可以入乐歌唱之诗作以及仿乐府古题之诗作。李颀《送康洽入京进乐府歌》："新诗乐府唱堪愁，御妓应传鳷鹊楼。"刘长卿《王昭君歌》："谁怜一曲传乐府，能使千秋伤绮罗。"李贺《巴童答》："非君唱乐府，谁识怨秋深。"梁补阙《赠米都知》："贪将乐府歌明代，不把清吟换好官。"

【樂府體】 模仿乐府民歌体裁之诗作。曹邺有《乐府体》。

【樂官錄】 掌音乐官署中所存乐曲之簿录。卢纶《与张擢对酌》："曾看乐官录，向是悲翁曲。"

【樂奏】 音乐演奏；奏乐。何鸾《祭汾阴乐章·舒和》："乐奏云阕，礼章载虔。"张说《奉萧令嵩酒并诗》："乐奏天恩满，杯来秋兴高。"韩愈《送郑尚书赴南海》："货通师子国，乐奏武王台。"裴说《汉南邮亭》："帆张独鸟起，乐奏大鱼惊。"

【樂城】 唐县名。东晋置，隋废，唐武德五年复置，属江南道温州。即今浙江乐清。沈佺期有《乐城白鹤寺》。孟浩然有《初年乐城馆中卧疾怀归作》。张子容有《乐城岁日赠孟浩然》与《自乐城赴永嘉寄松阳李少府》。

【樂界】 佛教所云极乐世界。戴叔伦《二灵寺守岁》："已悟化城非乐界，不知今夕是何年。"

【樂風】 指乐曲与歌。风，歌曲。韦承庆《寒食应制》："蔼蔼瑶山满，仙歌始乐风。"

【樂₂客】 喜好宾客，乐于待宾。李白《下途归石门旧居》："别君莫道不尽欢，悬知乐客遥相待。"

【樂₂胥】 欢乐；喜乐。萧颖士《凉雨一章》："君子乐胥，于其宾僚。"

【樂師】 本周代乐官之名，后泛指乐工之尊者。白居易《新乐府·华原磬》："磬襄入海去不归，长安市儿为乐师。"又《和答诗十首·和阳城驿》："愿以君子文，告彼大乐师。"

【樂徒】 指乐工、歌伎等。白居易《霓裳羽衣歌》："闻君部内多乐徒，问有霓裳舞者无。"李绅《过吴门二十四韵》："放歌随楚老，清宴奉诸侯。"

【樂席】 有歌乐助兴之宴席。秦韬玉《曲江》："金榜真仙开乐席，银鞍公子醉花尘。"

【樂退安貧】 乐于逊退，安于贫穷。表示一种淡泊、与世无争的处世态度。司空图《漫书》："乐退安贫知是分，成家报国亦何惭。"

【樂₂眼】 犹笑眼。李廓《杂曲歌辞·长安少年行十首》之九："乐眼从人闹，归心畏日斜。"

【樂記室】 指乐产。与褚亮、庾抱有交往。褚亮有《晚别乐记室彦》。《文苑文华》卷二八六作"乐产"。庾抱有《和乐记室忆山水》。见陶敏《全唐诗人名汇考》卷三二。

【樂₂國】 乐土，安乐之乡。杜甫《岳麓山道林二寺行》："昔遭衰世皆晦迹，今幸乐国养微躯。"

【樂₂貧】 安于贫困。许浑《寄当涂李远》："旧日乐贫能饮水，他时随俗愿馆糟。"

【樂₂康】 快乐安康。贾曾《效庙歌辞·祭汾阴乐章·雍和》："神其醉止，欣欣乐康。"樊忱《奉和九月九日登慈恩寺浮图应制》："秋风词更远，窃抃乐康哉。"温庭筠《鸿胪寺有开元中锡宴堂偶成四十韵》："天子自犹豫，侍臣宜乐康。"齐己《荆州新秋病起杂题一十五首·病起见王化》："四野歌丰稔，千门唱乐康。"

【樂章】 配乐之诗歌；可入乐之诗。杜审言《岁夜安乐公主满月侍宴应制》："明朝元会日，万寿乐章陈。"王邕《湘灵鼓瑟》："宝瑟和琴韵，灵妃应乐章。"无可《哭张籍司业》："乐章谁与集，垄树即堪攀。"薛逢《开元后乐》："莫奏开元旧乐章，乐中歌曲断人肠。"

【樂棚】 搭有简易棚架以供表演歌舞杂戏之游艺场。元稹《哭女樊四十韵》："腾蹋游江舫，攀缘看乐棚。"

【樂₂極悲來】 乐极生悲。谓乐到极点转生悲哀。贯休《偶作五首》之五："君不见西施绿珠颜色可倾国，乐极悲来留不得。"

【樂₂酣】 谓酒酣快乐。李白《对雪醉后赠王历阳》："君家有酒我何愁，客多乐酣秉烛游。"又《送族弟单父主簿凝摄宋城主簿》："乐酣相顾起，征马无由攀。"

【樂₂然】 犹陶然。快乐貌。齐己《渚宫莫问诗一十五首》序："今王侯构室安之，给俸食之，使之乐然。"

【樂童】 演奏乐曲之童子。白居易《杨柳枝二十韵》："乐童翻怨调，才子与妍词。"又《池上篇》序："又命乐童登中岛亭，合奏霓裳散序。"

【樂₂遊】 ❶长安东南郊乐游苑之省称。苏颋《奉和恩赐乐游园宴应制》："乐游光地选，酺饮庆天从。"崔尚《奉和圣制同二相已下群臣乐游园宴》："乐游宜缔赏，舞咏惜将阑。"韩愈《酬司门卢四兄云夫院长望秋作》："乐游下矚无远近，绿槐萍合不可芟。"白居易《立秋日登乐游园》："独行独语曲江头，回马迟迟上乐游。"❷南朝宋武帝建于江宁之乐游苑的省称。李白《月夜金陵怀古》："别殿悲清暑，芳园罢乐游。"

【樂游苑】 苑囿名。在唐都长安(今陕西西安)之东南郊。司空曙《雪二首》之一："乐游春苑望鹅毛，宫殿如星树似毫。"李商隐《柳》："曾逐东风拂舞筵，乐游春苑断肠天。"豆卢回《登乐游原怀古》："昔为乐游苑，今为狐兔园。"

【樂₂遊原】 地名。即鸿固原。在唐长安城之南郊。因乐游苑建于此，故改名乐游原。原，平坦宽广的高地。李白《忆秦娥》词："乐游原上清秋节，咸阳古道音尘绝。"张籍《赠贾岛》："篱落荒凉僮仆饥，乐游原上住多时。"张祜《登乐游原》："今日南方惆怅尽，乐游原上见长安。"李商隐《乐游原》："万树鸣蝉隔岸虹，乐游原上有西风。"

【樂游園】 即"樂游苑"。宋璟有《奉和圣制同二相已下群官乐游园宴》。杜甫有《乐游园歌》。元稹有《酬乐天登乐游园见忆》。白居易《登乐游园望》："独上乐游园，四望天日曛。"

【樂₂遊廟】 庙宇名。在长安城东南之乐游原。汉宣帝所建。韦应物《登乐游庙作》："高原出东城，郁郁见咸阳。"

【樂₂善】 乐于行善。玄宗《同玉真公主过大哥山池》："地有招贤处，人传乐善名。"崔涂《友人问卜见招》："乐善知无厌，操心幸不欺。"

【樂₂閒】 喜好闲逸；乐于休闲。韦应物《移疾会诗客元生与释子法郎因贻诸祠曹》："抱瘵知旷职，淹旬非乐闲。"杜牧《河湟》："唯有凉州歌舞曲，流传天下乐闲人。"

【樂₂聖】 ❶指嗜酒好饮。李适之《罢相作》："避贤初罢相，乐圣且衔杯。"杜甫《饮中八仙歌》："饮如长鲸吸百川，衔杯乐圣称世贤。"❷谓欣逢圣明之世。毛文锡《甘州遍》词："尧年舜日，乐圣永无忧。"

【樂₂業】 快乐地从事自己的职业。钱起《冬夜题旅馆》："退飞忆林薮，乐业羡黎庶。"韦应物《授衣还田里》："终然可乐业，时节一来斯。"苏源明《小洞庭洄源亭宴四郡太守诗》序："兹官吏安次而不易，彼人庶乐业而不迁。"白居易《想东游五十韵》："生民皆乐业，地主尽贤侯。"

【樂₂飲】 畅快地饮酒。白居易《诗酒琴人例多薄命予酷好三事雅当此科偶成狂咏聊写愧怀》："荣名厚禄二千石，乐饮闲游三十春。"

【樂意】 音乐所表现之意思。白居易《新乐府·七德舞》："元和小臣白居易，观舞听歌知乐意。"

【樂₂意】 快意；赏心之事。清昼、严伯均有《乐意联句》。内容为列举诸多使人快意之事。

【樂₂道】 乐于习守圣贤之道。王绩《句》："颜回唯乐道，原宪岂伤贫。"李峤《田假限疾不获还庄率成短韵用写长怀赠杜幽素》："乐道方无闷，怀贤独有违。"白居易《北窗三友》："弦歌复觞咏，乐道知所归。"范质《诫儿侄八百字》："先子有令德，乐道尚优游。"

【樂₂道安貧】 乐守正道，安于贫困。王维《过李楫宅》："与我同心人，乐道安贫者。"

【樂鄉】 唐代县名。武德四年置，属山南东道襄州。故地在今湖北荆门北九十里。陈子昂有《晚次乐乡县》。

【樂₂禍】 希望出现祸乱；好为祸乱。李白《避地司空原言怀》："虽有匡济心，终为乐祸人。"李商隐《行次西郊作一百韵》："乐祸忘怨敌，树党多狂狷。"

【樂₂燕】 欢乐之宴饮。燕，通"宴"。韦应物有《乐燕行》。又《贾常侍林亭燕集》："乐燕良未极，安知有沈浮。"

【樂₂賢】 乐用贤者；乐求贤才。裴光庭《奉和御制左丞相说右丞相璟太子少傅乾曜同日上官命宴都堂赐诗》："乐贤闻往诰，褒德偶兹辰。"

【樂器】 奏乐之器。如笙、箫、琴、鼓等。元稹《和李校书新题乐府十二首·骠国乐》："骠之乐器头象驼，音声不合十二和。"《郊庙歌辞·享节愍太子庙乐章·迎俎酌献》："乐器周列，礼容备宜。"

【樂德】 指寓于音乐之中以化育人之美好品德。皮日休《补周礼九夏系文·九夏歌九篇》："乐德而至，如宾之嬉。"

【樂營】 管乐伎之营坊。张鲁封《谑池亳二州宾佐兼寄宣武军掌树记李昼》："乐营却是闲人管，两地风情日渐多。"罗虬《比红儿诗》之五："乐营门外柳如阴，中有佳人画阁深。"

【樂聲】 奏乐之声。元结《补乐歌十首》序："呜呼，乐声自太古始。百世之后，遂亡古音。"羊士谔《腊夜对酒》："乐声方助醉，烛影已含春。"姚合《省直书事》："晓雾和香气，晴楼下乐声。"石倚《舞干羽两阶》："欲称文德盛，先表乐声新。"

【樂館】 奏乐及表演歌舞之馆舍。太宗《帝京篇十首》之四："鸣笳临乐馆，眺听欢芳节。"

【樂闋】 乐终。奏乐终止。员半千《郊庙歌辞·仪坤庙乐章·雍和》："礼终乐阕，肃雍锵锵。"

【樂₂職】 意为乐尽职守。为咏太守理政之词。张九龄《临泛东湖》："乐职在中和，灵心挹上善。"权德輿《奉和张仆射朝天行》："雄词乐职波涛阔，旷度交欢云雾披。"羊士谔《上元日紫极宫门观州民然灯张乐》："闲似淮阳卧，恭闻乐职吟。"

【樂箪瓢】　为咏安贫乐道之典。见《史记·仲尼弟子列传·颜回》。权德舆《送少清赴润州参军因思练旧居》："二纪乐箪瓢，烟霞暮与朝。"

【樂鏡】　对镜之美称，或喻指如镜之水面。见《世说新语·赏誉》。孙逖《奉和李右相中书壁画山水》："气染荀香馥，光含乐镜清。"温庭筠《和太常杜少卿东都修行里有嘉莲》："同心表瑞荀池上，半面分妆乐镜中。"

【樂韻】　乐声，乐曲之声。黄损《公子行》："微风飘乐韵，半日醉花边。"

【樂懸】　指悬挂于特制乐架上之钟磬类乐器。包何《阙下芙蓉》："更对乐悬张宴处，歌工欲奏采莲声。"白居易《郡斋旬假始命宴呈座客示郡寮》："侑食乐悬动，佐欢妓席陈。"又《霓裳羽衣歌》："娉婷似不任罗绮，顾听乐悬行复止。"《郊庙歌辞·晋朝飨乐章·群臣酒行歌》："振鹭涵天泽，灵禽下乐悬。"

橎　〔cháo《广韵》鉏交切，平肴，崇。〕鸟窝。见"橎枸"。

【橎枸】　（—gǒu）鸟巢与枸杞。张祜《题灵隐寺师一上人十韵》："橎枸居上院，薜荔俯层阶。"

十二画

橈[1]　〔náo《广韵》奴教切，去效，娘。《集韵》尼交切，平爻，娘。〕弯曲。见"橈橈"。

橈[2]　〔ráo《广韵》如招切，平宵，日。〕❶船桨。刘长卿《三月李明府后亭泛舟》："更待持桡徐转去，微风落日水增波。"李昌符《赠别》："又将书剑出孤舟，尽日停桡结远愁。"曹唐《汉武帝思李夫人》："夜深池上兰桡歇，断续歌声彻太微。"李商隐《河内诗二首》之二："轻身奉君畏身轻，双桡两桨樽酒清。"❷借指船。刘长卿《送朱山人放越州贼退后归山阴别业》："越州初罢战，江上送归桡。"❸划桨；摇船。蒋吉《石城》："江人桡艇子，将谓莫愁来。"

【橈₂客】　常年乘船之人。借指漂泊客游之人。戴叔伦《越溪村居》："年来桡客寄禅扉，多话贫居在翠微。"

【橈橈】　弯曲不直貌。元结《演兴四首·讼木魅》："榴桡桡兮未坚，柹根根兮可屈。"

樾　〔yuè《广韵》王伐切，入月，云。〕树荫；林荫。皎然《酬李司直纵诸公冬日游妙喜寺题照昱二上人房》："遂与永公期，遗身坐林樾。"权德舆《晓发武阳馆即事书情》："东风变林樾，南亩事耕犁。"韩愈《送文畅师北游》："三年窜荒岭，守县坐深樾。"陆龟蒙《杂讽九首》之八："高悬鹿皮睡，清涧时依樾。"

【樾影】　林木之阴影。张直《宿顾城二首》之一："绿草展青裀，樾影连春树。"

樹　〔shù《广韵》常句切，去遇，禅。又臣庾切，上麌，禅。〕❶木本植物之总称。刘长卿《送李端公赴东都》："夕阳帆杳杳，旧里树苍苍。"戴叔伦《白苎词》："东风吹花落庭树，春色催人等闲去。"李贺《莫种树》："园中莫种树，种树四时愁。"李频《题栖霞寺庆上人院》："树老风终夜，山寒雪见春。"❷植，栽种。张说《登九里台是樊姬墓》："自我来符守，因君树蕙茎。"储光羲《田家即事答崔二东皋作四首》之一："煦妪命僮仆，可以树桑麻。"钱起《锄药咏》："岂无萱草树阶墀，惜尔幽芳世所遗。"白居易《东溪种柳》："乘春持斧斫，裁截而树之。"❸竖起。韩愈《汴泗交流赠张仆射》："短垣三面缭逶迤，击鼓腾腾树赤旗。"引申指营建，建造。李白《登金陵冶城西北谢安墩》："我来酌清波，于此树名园。"杜甫《催宗文树鸡栅》："墙东有隙地，可以树高栅。"韩愈《南山诗》："闾阎树墙垣，巘巘驾库厩。"贯休《上荆南府主三让德政碑》："万姓多论政与德，请树丰碑似山岳。"❹建树；建立。杜甫《送韦讽上阆州录事参军》："行行树佳政，慰我深相忆。"钱起《送李兵曹赴河中》："黎人思坐啸，知子树佳声。"李益《溪中月下寄扬子尉封亮》："小人谅处阴，君子树大功。"韩愈《送区弘南归》："业成志树来颀颀，我当为子言天扉。"

【樹井】　树木与水井。王维《同卢拾遗过韦给事东山别业二十韵》："采地包山河，树井竟川原。"

【樹木】　树之统称。崔国辅《石头滩作》："离离树木少，漭漭湖波大。"杜甫《羌村》之三："驱鸡上树木，始闻叩柴荆。"白居易《紫藤》："岂知缠树木，千夫力不如。"鱼玄机《折杨柳》："愿得西山无树木，免教人作泪悬悬。"

【樹中草】　乐府古题。李白有《杂曲歌辞·树中草》。

【樹中環】　指前生之物，多用为哀悼夭殇之典。见《晋书·羊祜传》。元稹《寄乐天》："直到他生亦相觅，不能空记树中环。"

【樹心】　树干之内部。白居易《寓意诗五首》之五："树心半为土，观者安得知。"

【樹末】　树梢。李频《江上居寄山中客》："残云收树末，返照落江源。”

【樹功】　建树功勋。权德舆《伏蒙十六叔寄示喜庆感怀三十韵因献之》：“受氏自有殷，树功缅前秦。”

【樹立】　❶直立，竖立。韩愈《游城南十六首·楸树二首》之二：“幸自枝条能树立，可烦萝蔓作交加。”❷建树，建立。杜甫《北征》：“煌煌太宗业，树立甚宏达。”又《水宿遣兴奉呈群公》：“勋庸思树立，语默可端倪。”李商隐《五言述德抒情诗上杜七兄仆射相公》：“悼伤潘岳重，树立马迁轻。”

【樹竹】　栽种竹子。柳宗元《茅檐下始栽竹》：“东邻幸导我，树竹邀凉飔。”

【樹色】　树木之色泽。宗楚客《奉和幸上阳宫侍宴应制》：“水光摇落日，树色带晴烟。”严维《九日登高》：“汉浦浪花摇素壁，西陵树色入秋窗。”刘沧《洛阳月夜书怀》：“孤吟此夕惊秋晚，落叶残花树色中。”

【樹羽】　于物体上插放羽毛以为装饰。亦特指饰以羽毛之仪杖旌旗。宋之问《鲁忠王挽词三首》之三：“树羽迎朝日，撞钟望早霞。”卢僎《让帝挽歌词二首》之一：“阖棺追大节，树羽册鸿名。”杜甫《遣兴五首》之五：“烟尘阻长河，树羽成皋间。”司空曙《奉和常舍人晚秋集贤院即事》：“夜霜凝树羽，朝日照相风。”

【樹李】　栽种李树。李白《送鲁郡刘长史迁弘农长史》：“托阴当树李，忘忧当树萱。”

【樹身】　树干。白居易《有木诗八首》之七：“托根附树身，开花寄树梢。”

【樹忘憂】　种植萱草。忘忧，萱草之别名。徐铉《送荻栽与秀才朱观》：“赠君须种取，不必树忘忧。”参见“樹萱”。

【樹林】　成片之树木。护国《怆故人旧居》：“惆怅至日暮，寒鸦啼树林。”张祜《送苏绍之归岭南》：“无复天南梦，相思空树林。”

【樹枝】　树木之枝条。姚合《游春十二首》之二：“树枝风掉软，菜甲土浮轻。”贯休《相和歌辞·苦寒行》：“唯有吾庭前杉松树枝，枝枝健在。”

【樹杪】　树梢。王维《送梓州李使君》：“山中一夜雨，树杪百重泉。”独孤申叔《终南精舍月中闻磬》：“随风树杪去，支策月中分。”李商隐《商於新开路》：“路向泉间辨，人从树杪分。”徐夤《春入鲤湖》：“湖头鲤去轰雷在，树杪猿啼落日低。”

【樹柄】　作柴用之树木根和株。齐己《夏日言怀》：“树柄烧炉响，崖棱蹑屐声。”

【樹根】　树木之根。白居易《叹春风兼赠李二十侍郎二绝》之一：“树根雪尽催花发，池岸冰消放草生。”

【樹梢】　树之顶部，末端。白居易《有木诗八首》之七：“托根附树身，开花寄树梢。”高骈《锦城写望》：“不会人家多少锦，春来尽挂树梢头。”李洞《宿叶公棋阁》：“带风棋阁竹相敲，局莹无尘拂树梢。”

【樹啄】　指啄木鸟。韩愈、孟郊《城南联句》：“蔓涎角出缩，树啄头敲铿。”

【樹陰】　树荫。朱庆余《登玄都阁》：“野色晴宜上阁看，树阴遥映御沟寒。”刘驾《春台》：“台上树阴合，台前流水多。”翁承赞《题景祥院》：“农罢树阴黄犊卧，斋时山下白衣来。”杨徽之《留宿廖融山斋》：“初晴岩翠滴，向晚树阴凉。”

【樹椏】　树上之分枝发杈处。皮日休、陆龟蒙《寂上人院联句》：“经笥安岩匼，瓶囊桂树椏。”

【樹稍】　树梢。树之末端。稍，“梢”之讹字。张祜《题干越亭》：“洲觜露沙人渡浅，树稍藏竹鸟啼多。”

【樹葉】　树之葉。白居易《前庭凉夜》：“坐愁树叶落，中庭明月多。”刘兼《咸阳怀古》：“高秋咸镐起霜风，秦汉荒陵树叶红。”

【樹萱】　栽种萱草。因萱草又名忘忧草，故以指消愁忘忧。李白《送鲁郡刘长史迁弘农长史》：“托阴当树李，忘忧当树萱。”岑参《潼关镇国军句覆使院早春寄王同州》：“离忧不可忘，襟背思树萱。”韦应物《对萱草》：“何人树萱草，对此郡斋幽。”

【樹楊】　栽种杨树。来鹄《圣政纪颂》序：“譬如十夫树杨，一夫拔之，无得以成其大也。”

【樹腰】　树之中段。杜甫《绝句六首》之四：“急雨捎溪足，斜晖转树腰。”

【樹墩】　地名。即树墩城。在唐吐蕃界。旧址在今青海省西宁市曼头山北。高适《同李员外贺哥舒大夫破九曲之作》：“唯有关河渺，苍茫空树墩。”

【樹影】　树之阴影。杜甫《送韩十四江东觐省》：“黄牛峡静滩声转，白马江寒树影稀。”徐铉《和印先辈及第后献座主朱舍人郊居之作》：“成名郊外掩柴扉，树影蝉声共息机。”

【樹稼】　即树挂。树上枝叶被霜雪所结之冰包裹而成。因状似披介胄，故亦称“树介”。《树稼谚》：“树稼，达官怕。”

【樹德】　立德。苏颋《奉和姚令公温汤旧馆永怀故人卢公之作》：“树德岂孤迈，降神良并出。”

【樹蕙辭】　指《楚辞·离骚》。因其中有“余既滋兰之九畹兮，又树蕙之百亩”句。柳宗元《种术》：“留连树蕙辞，婉娩采薇歌。”

【樹樹】　犹云每棵树，所有的树。李观《御沟新柳》：“翠色枝枝满，年光树树新。”陆龟蒙《阖闾城北有卖花翁讨春之士往往造焉》：“闲添药品年年别，笑指生涯树树红。”

【樹頭】　树上；树梢。韩偓《残春旅舍》：“树头蜂抱花须落，池面鱼吹柳絮行。”

【樹勳】 建立功勋。刘长卿《从军行六首》之二："战败仍树勋，韩彭但空老。"杜甫《王兵马使二角鹰》："将军树勋起安西，昆仑虞泉入马蹄。"亦作"树勳庸"。陈陶《涂山怀古》："异代草泽臣，何由树勋庸。"

【樹勳名】 建树功名。建功扬名。姚合《寄狄拾遗时为魏州从事》："主人树勋名，欲灭天下贼。"

【樹勳庸】 参见"樹勳"。

【樹簇】 树木簇聚丛生。项斯《李处士道院南楼》："树簇孤汀眇，帆攲积浪间。"薛能《望蜀亭》："树簇烟迷蜀国深，岭头分界恋登临。"

【樹鷄】 一种大木耳名。韩愈有《答道士寄树鸡》。

【樹顛】 树巅；树顶。韩愈《庭楸》："下叶各垂地，树颠各云连。"

【樹黨】 建立私党，结纳党羽。李白《古风》之五三："奸臣欲窃位，树党自相群。"李商隐《行次西郊作一百韵》："乐祸忘怨敌，树党多狂狷。"

【樹蘭】 栽种兰草。韩愈《合江亭》："树兰盈九畹，栽竹逾万个。"

【樹癭】 树干或树根所生之木瘤。贾岛《寄魏少府》："湿苔黏树瘿，瀑布溅房庵。"

檠[1] 〔qíng《广韵》渠京切，平庚，羣。〕❶蜡烛台；灯台。张仲素《秋思赠远》："博山沉燎绝余香，兰烬金檠怨夜长。"韩愈、孟郊《城南联句》："窗绡疑闷艳，妆烛已销檠。"陆龟蒙《江南秋怀寄华阳山人》："蠹简开尘箧，寒灯立晓檠。"按，此义亦读去声，见"檠₂"。❷同"擎"。举，托。韩愈《燕河南府秀才得生字》："柿红蒲萄紫，肴果相扶檠。"顾非熊《寄紫阁无名新罗头陀僧》："棕床已自檠，野宿更何营？"灵一《妙乐观》："忽见一人檠茶碗，篸花昨夜风吹满。"

檠[2] 〔jìng《广韵》渠敬切，去映，羣。〕有脚之高盘。韩愈《短灯檠歌》："一朝富贵还自恣，长檠高张照珠翠。"李商隐《行至金牛驿寄兴元渤海尚书》："六曲屏风江雨急，九枝灯檠夜珠圆。"唐彦谦《春雨》："灯檠昏鱼目，薰炉咽麝脐。"

槵 〔huì《广韵》胡桂切，去霽，匣。〕树木名。木质坚硬，可以制梯。《说文·木部》："槵，木也。"元结《演兴四首·闵岭中》："然后采梫榕以驾深，收枞槵兮梯险。"

槖[1] 〔tuó《广韵》他各切，入鐸，透。〕❶囊，袋子。亦特指行囊。韩翃《鲁中送从事归荥阳》："轻槖归时鲁缟薄，寒衣缝处郑绵多。"白居易《送客春游岭南二十韵》："须防杯里蛊，莫爱槖中珍。"林宽《寄何绍余》："风波冻马遥逢见，革槖饥僮尚挈行。"储嗣宗《送顾陶校书归钱塘》："槖轻缘换酒，发白为吟诗。"❷以皮囊作的鼓风装置。其作用同今之风箱。刘禹锡《华山歌》："洪垆作高山，元气鼓其槖。"白居易《同微之赠别郭虚舟炼师五十韵》："炉槖一以动，瑞气红辉辉。"白行简《金在镕》："巨槖方熔物，洪炉欲范金。"

槖[2] 〔luò《集韵》歷各切，入鐸，來。〕见"槖₂駝"。

【槖₂它山】 山名。即骆驼山。槖它，骆驼之别写。元稹《望云骓马歌》："槖它山上斧刃堆，望秦岭下锥头石。"

【槖金】 囊中之金钱。周贺《送朱庆余》："寄眠僧阁静，赠别槖金空。"

【槖泉】 秦宫殿名。秦孝公建。故址在今陕西扶风。吴融《赠李长史歌》："翠华犹在槖泉中，一曲梁州泪如雨。"

【槖₂駝】 骆驼。王昌龄《箜篌引》："槖驼五万部落稠，勒赐飞凤金兜鍪。"储光羲《观范阳递俘》："牧人过槖驼，校正引驹骖。"岑参《北庭西郊候封大夫受降回军献上》："槖驼何连连，穹帐亦累累。"杜甫《哀王孙》："昨夜东风吹血腥，东来槖驼满旧都。"

【槖籥】 ❶以皮囊制的风箱。用以鼓风助燃。李白《草创大还赠柳官迪》："天地为槖籥，周流行太易。"李商隐《咏怀寄秘阁旧僚二十六韵》："槖籥言方喻，樗蒲齿讵知？"❷喻指天地、大自然。见《老子》。李白《感时留别从兄徐王延年从弟延陵》："玄元包槖籥，紫气何逶迤。"宋齐丘《陪游凤凰台游献诗》："一日贤太守，与我观槖籥。"贯休《寄大愿和尚》："掷孔圣之日月，相空王之槖籥。"❸指冶铸。汪遵《干将墓》："槖籥冰霜万古闻，柏灰松地见余坟。"❹犹生养，化育。陈九流《赋得春风扇微和》："喜见阳和至，遥知槖籥功。"贯休《上杜使君》："即同房杜手，把乾坤槖籥。"

橛 〔jué《广韵》其月切，入月，羣。〕❶短木桩。杜牧《送沈处士赴苏州李中丞招以诗赠行》："榍橛与栋梁，施之皆有位。"❷车之钩心。杜甫《八哀诗·赠太子太师汝阳郡王琎》："竟无衔橛虞，圣聪矧多仁。"❸祭祀时之礼器名。即盛放祭品之俎。于邵《郊庙歌辞·释奠武成王乐章·迎俎酌献》："梡橛循，罍斝涤。"

【橛子】 短木桩。亦指短桩状物。包贺《谐诗逸句》："苦竹笋抽青橛子，石榴树挂小瓶儿。"此指竹笋。

【橛頭船】 尖头之小船。张志和《渔父》："钓车子，橛头船，乐在风波不用仙。"

橑 〔lǎo《广韵》盧皓切，上皓，來。又落蕭切，平蕭，來。〕屋椽。李乂《奉和九月九日登慈恩寺浮图应制》："鸣銮陪帝出，攀橑翊天飞。"韩愈《杂诗四首》之三："截橑为欂栌，斫楹以为椽。"

樸[1] 〔pǔ《广韵》匹角切，入覺，滂。〕❶本指未经加工之木材。引申指质朴无华，朴实自然。钱起《山斋读书寄时校书杜叟》："幽人自守朴，穷谷也名愚。"白居易《马上作》："矧予东山人，自惟朴且疏。"吴融《赠簪光上人草书歌》："篆书朴，隶书俗。"❷斫削，治理。见"樸斲"。

樸[2] 〔pú《广韵》蒲木切，入屋，並。又博木切，入屋，幫。〕一种小树名。亦泛指丛生之小树木。李贺《七月一日晓入太行山》："新桥倚云阪，候虫嘶露朴。"王琦注："朴，木之丛生者。"见"樸₂樕"。

【樸直】 朴实直率。杜甫《奉送魏六丈佑少府之交广》："磊落贞观事，致君朴直词。"又《大历三年春白帝城放船出瞿塘峡漂泊有诗凡四十韵》："廷争酬造化，朴直乞江湖。"

【樸風】 质朴淳厚之风气。曹松《贻世》："富者非义取，朴风争肯还。"又《道中》："出门嗟世路，何日朴风归。"

【樸素】 质朴无华。王昌龄《琴》："孤桐秘虚鸣，朴素传幽真。"李中《献中书潘舍人》："朴素偕前哲，馨香越搢绅。"

【樸略】 质朴无华。贯休《经旷禅师院》："真貌枯槁言朴略，衲衣烂黑烧岳痕。"

【樸野】 质朴自然。陆龟蒙《药名离合夏日即事三首》之二："避暑最须从朴野，葛巾筠席更相当。"

【樸₂樕】 ❶一种小树名。树矮而叶繁。亦泛指丛生之小树。李贺《赠陈商》："逢霜作朴樕，得气为春柳。"刘禹锡《琴曲歌辞·飞鸢操》："朴樕危巢向暮时，毰毸饱腹蹲枯枝。"陆龟蒙《樵人十咏·樵溪》："山高溪且深，苍苍但群木。抽条欲千尺，众亦疑朴樕。"❷繁盛貌。欧阳詹《李评事公进示文集因赠之》："倾筐实不收，朴樕华争繁。"

【樸斲】 斫削修治。严维《奉试水精环》："信是天然瑞，非因朴斫成。"张彧《赵郡南石桥铭》："杼材藏制，朴斫粉糅。"贯休《上裴大夫二首》之二："我有白云琴，朴斫天地精。"

【樸儒】 研习儒家经学之士。亦泛指儒者。储光羲《同王十三维偶然作十首》之八："朴儒亦何为，辛苦读旧史。"

【樸簌】 ❶象声词。状禽鸟扑动翅翼声。温庭筠《塞寒行》："燕弓弦劲霜封瓦，朴簌寒鸦睇平野。"❷纷然轻落貌。刘叉《雪车》："小小细细如尘间，轻轻缓缓成朴簌。"

橕 〔chēng《广韵》丑庚切，平庚，徹。〕斜撑之柱；支柱。亦指撑船之篙。张籍《祭退之》："移船入南溪，东西纵篙撑。"

檝 同"楫"。

【檝師】 舟师，船夫。孟浩然《陪张丞相自松滋江东泊渚宫》："放溜下松滋，登舟命楫师。"严维《酬刘员外见寄》："欲识怀君意，明朝访楫师。"白居易《初入峡有感》："苒蒻竹篾笭，欹危楫师趾。"李绅《却到金陵登北固亭》："还叱楫师看五两，莫令辜负济川心。"

【檝櫂】 楫与棹。短桨与长桨。泛指船桨。栾清《附莲叶二客诗》之二："楫棹无所假，超然信萍查。"

橋 〔qiáo《广韵》巨嬌切，平宵，羣。〕架于水上或空中以连接道路之建筑物。太宗《帝京篇十首》之五："桥形通汉上，峰势接云危。"孟浩然《采樵作》："桥崩卧槎拥，路险垂藤接。"朱庆余《送崔约下第归淮南觐省》："堰水静连堤树绿，村桥时映野花红。"温庭筠《送淮阴孙令之官》："鱼盐桥上市，灯火雨中船。"亦特指传说中每年七夕由喜鹊在天河上为牛郎织女架起之鹊桥。陈润《赋得秋河曙耿耿》："桥成鹊已去，机罢女应过。"

【橋山】 山名。在今陕西境。传为黄帝墓葬之处。后因以代指黄帝陵。常楚老《句》："一从黄帝葬桥山，碧落千门锁元气。"李群玉《穆天子》："桥山葬弓剑，暧昧竟难分。"曹唐《仙都即景》："衣冠留葬桥山月，剑履将随浪海风。"徐夤《追和贾浪仙古镜》："谁开黄帝桥山冢，明月飞光出九泉。"亦泛指帝王之陵墓。武元衡《德宗皇帝挽歌词三首》之三："今来大明祖，辇驾桥山曲。"郑嵎《津阳门诗》："鼎湖一日失弓剑，桥山烟草俄霏霏。"罗隐《薛阳陶觱篥歌》："桥山殡葬衣冠后，金印苍黄南去疾。"

【橋市】 桥上或桥边之集市。王建《寄汴州令狐相公》："水门向晚茶商闹，桥市通宵酒客行。"周繇《津头望白水》："城郭半淹桥市闹，鹭鸶缭绕入人家。"

【橋板笑秦王】 指秦始皇欲造石桥以渡海观日出处事。李商隐《玄微先生》："树栽嗤汉帝，桥板笑秦王。"

【橋柱】 支撑桥面之柱子。白居易、刘禹锡《秋霖即事联句三十韵》："桥柱黏黄菌，墙衣点绿钱。"

【橋脚】 桥墩或桥柱。白居易《和微之春日投简阳明洞天五十韵》："船头龙夭矫，桥脚兽睢盱。"

【橋梁】 架于水上或空中以连接道路之建筑物。白居易《江楼晚眺吟玩成篇寄水部张员外》："蜃散云收破楼阁，虹残水照断桥梁。"

【橋陵】 唐睿宗李旦之陵墓。在今陕西蒲城。杜甫有《桥陵诗三十韵因呈县内诸官》。

【橋路】 指桥面。杜甫《弊庐遣兴奉寄严公》："野水平桥路，春沙映竹村。"

【橋頭】　桥面两端之陆地。施肩吾《望夫词》："自家夫婿无消息，却恨桥头卖卜人。"

檇　〔zuì《广韵》將遂切，去至，精。又昨回切，平灰，從。又醉綏切，平脂，精。〕见"檇李"。

【檇李】　参见"檇李城"。

【檇李城】　地名。亦称醉李城。旧址在今浙江嘉兴西南。罗隐《苏小小墓》："魂兮檇李城，犹未有人耕。"亦省作"檇李"。方干《嘉兴许明府》："檇李转闻风教好，重门夜不上重关。"

樵　〔qiáo《广韵》昨焦切，平宵，從。〕❶木柴，柴薪。刘长卿《岳阳楼》："终期一艇载樵去，来往片帆愁白波。"田澄《成都为客作》："地富鱼为米，山芳桂是樵。"张籍《樵客吟》："上山采樵选枯树，深处樵多出辛苦。"司空图《诗品二十四则·实境》："一客荷樵，一客听琴。"❷砍柴，采薪。戴叔伦《寄孟郊》："醉归花径云生履，樵罢松岩雪满蓑。"韩愈《嗟哉董生行》："或山而樵，或水而渔。"李商隐《幽人》："樵归说逢虎，棋罢正留僧。"皮日休《奉和鲁望樵人十咏·樵子》："相约晚樵去，跳踉上山路。"❸樵人，打柴之人。见"樵渔""樵牧"。

【樵人】　砍柴采薪之人。玄宗《早登太行山中言志》："野老茅为屋，樵人薜作裳。"王翰《赋得明星玉女坛送廉察尉华阴》："三十六梯入河汉，樵人往往见娥眉。"陆畅《筹笔店江亭》："白云绿树不关我，枉与樵人乐一生。"

【樵山】　堆积如山之柴薪。贾岛《朝饥》："市中有樵山，此舍朝无烟。"

【樵女】　砍柴采薪之女子。宋之问《早入清远峡》："榜童夷唱合，樵女越吟归。"

【樵子】　樵夫。打柴人。孟浩然《游精思观回王白云在后》："樵子暗相失，草虫寒不闻。"皇甫冉《杂言月洲歌送赵冽还襄阳》："香枫树，樵子罛师几家住。"刘禹锡《观棋歌送儇师西游》："自从仙人遇樵子，直到开元王长史。"白居易《重修香山寺毕题二十二韵以纪之》："静闻樵子语，远听棹郎讴。"

【樵木】　❶柴木。刘长卿《和中丞出使恩命过终南别业》："松萝深旧阁，樵木散闲田。"❷打柴，砍柴。储光羲《同诸公秋日游昆明池思古》："老幼樵木还，宾从回軏羁。"

【樵夫】　砍柴采薪之人。护国《题醴陵玉仙观歌》："南山石上有棋局，曾使樵夫烂斧柯。"李端《游终南山因寄苏奉礼士尊师苗员外》："童子闲驱石，樵夫乐看棋。"鲍溶《庐山石镜》："早回谢公赏，今遇樵夫说。"赵嘏《十无诗寄桂府杨中丞》之七："早游门馆一樵夫，只爱吟诗傍药炉。"

【樵火】　燃烧木柴之火。皮日休《奉和添酒中六咏·酒枪》："偏宜旋樵火，稍近余酲枕。"陆龟蒙有《樵人十咏·樵火》。

【樵舟】　载运木柴之船。杜甫《雨》："鲛馆如鸣杼，樵舟岂伐枚。"

【樵車】　载运木柴之车。刘禹锡《伤愚溪三首》之二："唯见里门通德榜，残阳寂寞出樵车。"

【樵谷】　樵夫打柴之山谷。谭用之《贻费道人》："吟歌云鸟归樵谷，卧爱神仙入画家。"

【樵者】　砍柴之樵夫。卢纶《夜投丰德寺谒海上人》："半夜中峰有磬声，偶逢樵者问山名。"李益《过马嵬二首》之一："路至墙垣问樵者，顾予云是太真宫。"赵嘏《岁暮江轩寄卢端公》："问山樵者对，经雨钓船移。"庄南杰《古松歌》："维嵩成大厦，莫遣邂逅逢樵者。"

【樵甿】　樵人。甿，通"氓"。陆龟蒙《小鸡山樵人歌》序："龟蒙岁入薪五千束于其山。其供事之樵甿曰顾及。"

【樵牧】　❶打柴与放牧。孟浩然《南山下与老圃期种瓜》："樵牧南山近，林间北郭赊。"白居易《孟夏思渭村旧居寄舍弟》："故园渭水上，十载事樵牧。"韦庄《题裴端公郊居》："莫夺野人樵牧兴，白云不识绣衣郎。"❷樵夫与牧人。李白《古风》之五八："荒淫竟沦替，樵牧徒悲哀。"李洞《迁村居二首》之一："弃逐随樵牧，何由报稻粱。"

【樵侣】　打柴之伴侣。借指山野隐居生活之伴侣。罗隐《初秋寄友人》："樵侣兼同志，音书近亦稀。"

【樵兒】　樵童。杜牧《朱坡绝句三首》之二："烟深苔巷唱樵儿，花落寒轻倦客归。"陆龟蒙《袭美见题郊居十首因次韵酬之》之四："病深怜灸客，炊晚信樵儿。"

【樵斧】　❶砍柴之斧。白居易《闲游》："白石磨樵斧，青竿理钓丝。"李群玉《送隐者归罗浮》："两卷素书留贳酒，一柯樵斧坐看棋。"❷以斧砍柴的声音。温庭筠《东峰歌》："冉冉山鸡红尾长，一声樵斧惊飞起。"郑损《星精亭》："钓篷和雨看，樵斧带霜闻。"

【樵采】　采薪，打柴。卢象《送祖咏》："胡为困樵采，几日罢朝衣。"李华《咏史十一首》之七："况不禁樵采，茅莎无孑遗。"王季友《还山留别长安知己》："山门是门前，此去长樵采。"王贞白《述松》："虽蒙匠者顾，樵采日难防。"颜胄《适思》："宠终禁樵采，立嗣修坟茔。"

【樵柯】　❶柴斧之柄。柯，斧柄。参见"樵柯爛"。❷柴斧。借指以柴斧伐木之声。于濆《寒食》："素娥哭新冢，樵柯鸣柔桑。"

【樵柯迹】　参见"樵柯爛"。

【樵柯爛】　为咏遇仙或弈棋之典。见南朝梁任昉《述异记》卷上。李中《石棋局献时宰》："适情岂待樵柯烂，罢局还应屐齿隳。"亦作"樵柯迹"。耿沣《仙山行》："惆怅归城郭，樵柯迹尚存。"

【樵叟】　打柴之老人，年迈之樵夫。沈佺期《入少密溪》："游鱼瞥瞥双钓童，伐木丁丁一樵叟。"王昌龄《题灞池二首》之一："世事不复论，悲歌和樵叟。"韩愈《送侯参谋赴河中幕》："雪径抵樵叟，风廊折谈僧。"周贺《秋晚归庐山留别道友》："已许衲僧修静社，便将樵叟对闲扉。"

【樵風】　指顺心之好风。见《后汉书·郑弘传》。丘为《泛若耶溪》："每得樵风便，往来殊不难。"孟浩然《与崔二十一游镜湖寄包贺二公》："帆得樵风送，春逢谷雨晴。"秦系《题镜湖野老所居》："湖里寻君去，樵风往返吹。"卢溵《和李尚书命妓饯崔侍御》："桃朵不辞歌白苎，耶溪暮雨起樵风。"

【樵客】　外出砍柴之樵夫。张九龄《出为豫章郡途次庐山东岩下》："有趣逢樵客，忘怀狎野禽。"宋昱《晓次荆江》："渔翁闲自乐，樵客纷多虑。"刘言史《玉京词》："未知樵客终何得，归后无家是看棋。"

【樵徑】　樵人砍柴所走之小路。刘长卿《过横山顾山人草堂》："却寻樵径去，惆怅绿溪东。"皇甫冉《送窦叔向》："樵径未经霜，茅檐初负日。"许浑《经故丁补阙郊居》："风吹药蔓迷樵径，雨暗芦花失钓船。"徐光溥《题黄居寀秋山图》："雪迸飞泉溅钓矶，云分落叶拥樵径。"

【樵師】　樵夫。李山甫《酬刘书记见赠》："禅者行担锡，樵师语隔坡。"

【樵翁】　年老之樵夫。马戴《山行偶作》："缘危路忽穷，投宿值樵翁。"

【樵家】　❶打柴人家。刘沧《题王校书山斋》："药圃地连山色近，樵家路入树烟微。"皮日休《奉和鲁望樵人十咏·樵家》："空山最深处，太古两三家。"❷指樵夫。张蠙《吊孟浩然》："每人樵家说，孤坟夜亦吟。"

【樵採】　参见"樵采"。

【樵唱】　樵歌。樵人所唱之山歌。祖咏《汝坟别业》："山中无外事，樵唱有时闻。"孟浩然《涧南即事贻皎上人》："钓竿垂北涧，樵唱入南轩。"杜荀鹤《献郑给事》："化行邦域二年春，樵唱渔歌日日新。"路德延《小儿诗》："樵唱回深岭，牛歌下远川。"

【樵路】　樵夫打柴所行之山路。韦述《春日山庄》："蒲净渔舟远，花飞樵路香。"皇甫冉《寄刘方平大谷田家》："故山闻独往，樵路忆相从。"李商隐《题郑大有隐居》："石梁高泻月，樵路细侵云。"方干《山中寄吴磻十韵》："砌下通樵路，窗间见县城。"

【樵童】　打柴之童子。长孙佐辅《山居》："星昏归鸟过，火出樵童还。"赵嘏《淮信贺滕迈台州》："旌旆影前横竹马，咏歌声里乐樵童。"李咸用《题陈处士山居》："樵童牧竖劳相问，岩穴从来出帝师。"杜荀鹤《乱后归山》："山犬眠红叶，樵童唱白云。"

【樵道】　砍柴人所行之山路。贾岛《积雪》："隐者迷樵道，朝人冷玉珂。"

【樵蒸】　火炬，火把。李德裕《初归平泉过龙门南岭遥望山居即事》："近野樵蒸至，平泉烟火新。"

【樵歌】　樵人所唱之山歌。辛常伯《军中行路难》："朝驱疲斥候，夕息倦樵歌。"杜甫《刘稻了咏怀》："野哭初闻战，樵歌稍出村。"李远《吴越怀古》："吴越千年奈怨何，两宫清吹作樵歌。"陆龟蒙有《樵人十咏·樵歌》。

【樵漁】　❶打柴与捕鱼。孟浩然《寻白鹤岩张子容隐居》："阶庭空水石，林壑罢樵渔。"崔备《使院忆山中道侣兼怀李约》："与君非宦侣，何日共樵渔。"卢肇《送弟》："去日家无担石储，汝须勤若事樵渔。"郑谷《闻进士许彬罢举归睦州怅然怀寄》："桐庐归旧庐，垂老复樵渔。"❷樵夫与渔民。高适《送虞城刘明府谒魏郡苗太守》："君将挹高论，定是问樵渔。"韦应物《登蒲塘驿忽想京师旧居追怀昔年》："烟水依泉谷，川陆散樵渔。"戴叔伦《敬酬陆山人二首》之二："由来海畔逐樵渔，奉诏因乘使者车。"高蟾《即事》："三年离水石，一旦隐樵渔。"

【樵擔】　(—dàn)柴担，柴火挑子。陆龟蒙有人《樵人十咏·樵担》。

【樵聲】　砍柴伐木之声。许棠《寄盩厔薛能少府》："冰色封深涧，樵声出紫微。"黄滔《秋晚山居》："山寂樵声出，露凉蝉思穷。"

【樵谿】　樵夫打柴之溪谷。陆龟蒙有《樵人十咏·樵溪》。

【樵獵】　樵夫与猎人。方干《镜湖西岛言事寄陶校书》："樵猎两三户，凋疏是近邻。"

【樵隱】　樵夫与隐士。钱起《自终南山晚归》："采苓日往还，得性非樵隐。"又《蓝田溪杂咏二十二首·板桥》："静宜樵隐度，远与车马隔。"

【樵蘇】　❶砍割柴草。李白《春日陪杨江宁及诸官宴北湖感古作》："古之帝宫苑，今乃人樵苏。"常衮《早秋望华清宫树因以成咏》："雷雨生成早，樵苏禁令雄。"韦庄《婺州屏居蒙右省王拾遗车枉降因成寄谢》："自为江上樵苏客，不识天边侍从臣。"❷打柴割草之樵夫。虚中《石城金谷》："狐兔闲生长，樵苏静往来。"❸柴草。杜甫《哭李尚书》："樵苏封葬地，喉舌罢朝天。"元稹《景申秋八首》之四："婢报樵苏竭，妻愁院落通。"白居易《东南行一百韵寄通州元九侍御等》："泥中采菱芡，烧后拾樵苏。”❹指日常生计。曹松《己亥岁二首》之一：“泽国江山入战图，生民何计乐樵苏。”

【樵爨】 砍柴烧饭。杜甫《落日》：“芳菲缘岸圃，樵爨倚滩舟。”王季友《杂诗》：“翳翳青桐枝，樵爨日所侵。”

檎 〔qín《广韵》巨金切，平侵，羣。〕果木名。即沙果树。郑谷有《水林檎花》。见“林檎”。

橎 〔fán《广韵》府遠切，上阮，非。〕树木名。木质坚硬。元结《演兴四首·讼木魅》：“见榛梗之森梢，闵枞橎兮合蠹。”

橦1 〔tóng《广韵》徒紅切，平東，定。又宅江切，平江，澄。〕木名。俗称梧桐木。其花含白色纤维。古人以之织布，称桐华布或桐布。产于西南。见“橦布”。

橦2 〔chuáng《广韵》傳江切，平江，澄。〕长竿。王建《寻橦歌》：“人间百戏皆可学，寻橦不比诸余乐。”此指杂技爬竿所用长竿。陆龟蒙《奉和袭美古杉三十韵》：“杨仆船橦在，蚩尤阵纛瞟。”此指船桅。

【橦₂末】 高竿之顶端。特指爬竿杂技用之竿顶。李德裕《寒食日三殿侍宴奉进诗一首》：“彀中时落羽，橦末乍升猱。”

【橦布】 用梧桐木花之白毛织成之布。王维《送李员外贤郎》：“鱼笺请诗赋，橦布作衣裳。”参见“桐華布”。

【橦花】 ❶指橦树。其花有白色纤维，类似棉花，可以织布。孙光宪《句》：“晓厨烹淡菜，春杼种橦花。”❷指橦布。韩翃《送李明府赴连州》：“春服橦花细，初筵木槿芳。”

樽 〔zūn《广韵》祖昆切，平魂，精。〕盛酒之器。形似罐而有足。亦常以代指酒。皎然《答裴评事澄荻花间送梁肃拾遗》：“如今岁晏无芳草，独对离樽作物华。”元结《石渔湖上作》：“鱼背有酒樽，绕鱼是湖水。”沈传师《次潭州酬唐侍御姚员外游道林岳麓寺题示》：“目伤平楚虞帝魂，情多思远聊开樽。”胡宿《忆荐福寺牡丹》：“樽前可要人颓玉，树底遥知地侧金。”

【樽中好】 （好 hào）指饮酒之嗜好。杜审言《夏日过郑七山斋》：“共有樽中好，言寻谷口来。”

【樽俎】 ❶盛酒之樽与盛食之俎。泛指宴席上盛酒食之器。储光羲《苏十三瞻登玉泉寺峰入寺中见赠作》：“肃肃列樽俎，锵锵引缨弁。”韩愈《桃源图》：“争持酒食来相馈，礼数不同樽俎异。”蒋防《玉卮无当》：“酒浆悲莫挹，樽俎念空施。”❷指酒宴，宴席。源乾曜《奉和圣制送张尚书巡边》：“有征视矛戟，制胜唯樽俎。”杜甫《所思》：“苦忆荆州醉司马，谪官樽俎定常开。”薛能《寄唐州杨郎中》：“前年坐蜀同樽俎，此日边淮独旆旌。”

【樽酒】 酒与盛酒之器。亦指酒或饮酒。独孤及《下弋阳江舟中代书寄裴侍御》：“离忧未易销，莫道樽酒贤。”

【樽罍】 樽与罍。皆为酒器名，樽似罐，罍似坛。元稹《遭风二十韵》：“唤上驿亭还酩酊，两行红袖拂樽罍。”皮日休《初冬偶作寄南阳润卿》：“寓居无事入清冬，虽说樽罍酒半空。”

橙 〔chéng《广韵》宅耕切，平耕，澄。〕❶果木名。果实称橙子，味甘酸，可食。产于南方。李颀《照公院双橙》：“种橙夹阶生得地，细叶隔帘见双翠。”杜甫《遣意二首》之一：“衰年催酿黍，细雨更移橙。”❷指橙树之果实。杜甫《自京赴奉先县咏怀五百字》：“劝客驼蹄羹，霜橙压香橘。”白居易《新乐府·盐商妇》：“何况江头鱼米贱，红脍黄橙香稻饭。”陆龟蒙《江南秋怀寄华阳山人》：“枝压离披瓠，檐垂磊磊橙。”

【橙子】 橙树之果实。元稹《酬翰林白学士代书一百韵》：“金攒嫩橙子，鋈泛远鸬鹚。”

【橙花】 橙树之花。夏秋开，色白，形小。王建《上阳宫》：“幔城入涧橙花发，玉辇登山桂叶稠。”

【橙膏】 用橙肉制的调料。唐彦谦《蟹》：“充盘煮熟堆琳琅，橙膏酱渫调堪尝。”

【橙實】 即橙子。橙树之果实。皎然《郭北寻徐主簿别业》：“竹花冬更发，橙实晚仍垂。”张蠙《送友人归武陵》：“别岛垂橙实，闲田长荻芽。”

【橙虀】 用橙子捣制而成的酱。王昌龄《送程六》：“冬夜伤离在五溪，青鱼雪落鲙橙虀。”孟郊《与王二十一员外涯游枋口柳溪》：“灵味荐鲂瓣，金花屑橙虀。”

橘1 〔jú《广韵》居聿切，入術，見。〕❶果木名。芸香科。常绿乔木。果实橙红或黄色，果肉多汁，味甘酸，可食。果皮与核可入药。皎然《别洞庭维谅上人》：“情著春风生橘树，归心不怕洞庭波。”陈羽《春园即事》：“霜中千树橘，月下五湖人。”张蠙《送友尉蜀中》：“人家多种橘，风土爱弹琴。”❷指橘树之果实。张籍《楚宫行》：“章华宫中九月时，桂花半落红橘垂。”皮日休《寒夜文宴得泉字》：“蟹因霜重金膏溢，橘为风多玉脑鲜。”

橘2 〔jié《广韵》古屑切，入屑，見。〕见“橘槔”。

【橘丸】 中药名。元稹《感梦》：“前时奉橘丸，攻疾有神功。”

【橘子】　橘树之果实。皮日休《早春以橘子寄鲁望》:“个个和枝叶捧鲜,彩凝犹带洞庭烟。”

【橘井】　为咏苏仙公遗迹之典。见晋葛洪《神仙传·苏仙公》。杜甫《入衡州》:“橘井旧地宅,仙山引舟航。”又《奉送二十三舅录事之摄郴州》:“郴州颇凉冷,橘井尚凄清。”

【橘奴】　橘树之别称。见《三国志·吴志·孙休传》。杜甫《驱竖子摘苍耳》:“加点瓜薤间,依稀橘奴迹。”

【橘村】　指橘洲。即传说三国吴李衡种千头木奴之处。李商隐《宿晋昌亭闻惊禽》:“胡马嘶和榆塞笛,楚猿吟杂橘村砧。”

【橘性】　橘树之生长习性。见《淮南子·原道训》。骆宾王《早发诸暨》:“橘性行应化,蓬心去不安。”

【橘官】　官名。主掌贡橘之事。韩翃《送江陵元司录》:“江城竹使待,山路橘官扶。”

【橘柚】　橘树与柚树。亦指橘子与柚子。李白《秋日登扬州西灵塔》:“露浴梧楸白,霜催橘柚黄。”皇甫冉《送夔州班使君》:“万岭岷峨雪,千家橘柚川。”刘禹锡《窦朗州见示与澧州元郎中早秋赠答命同作》:“秋风门外旌旗动,晓露庭中橘柚香。”许浑《赠萧兵曹先辈》:“潮生水郭蒹葭响,雨过山城橘柚疏。”

【橘柣】　春秋郑国远郊之门。见《左传·庄公二十八年》“入于橘柣之门”杜预注。刘禹锡《酬郑州权舍人见寄十二韵》:“人从橘柣至,书到漆沮傍。”

【橘柏渡】　津渡名。在唐山南道利州益昌县(今四川昭化),今白水江与嘉陵江合流处。杜甫有《橘柏渡》。

【橘洲】　❶即橘子洲。在今湖南长沙湘江中。杜易简《湘川新曲二首》之一:“昭潭深无底,橘洲浅而浮。”刘禹锡《唐侍御寄游道林岳麓二寺诗见征继作》:“橘洲泛浮金实动,水郭缭绕朱楼鶱。”喻凫《寄刘录事》:“风沙榆塞迥,波浪橘洲偏。”❷泛指满生橘树之洲。李颀《送山阴姚丞之任兼寄苏少府》:“夜簟眠橘洲,春衫傍枫屿。”

【橘栽】　橘树苗。皮日休《太湖诗·明月湾》:“晓培橘栽去,暮作鱼梁还。”

【橘颂】　楚辞篇名。战国楚屈原作。为《九章》之一章。杜甫《与李十二白同寻范十隐居》:“向来吟橘颂,谁欲讨莼羹。”

【橘₂槔】　汲水工具名。于井上架杠杆,一端系汲水容器,另一端坠以石块等重物,容器水满后,可借石块之重量帮助汲水。王维《辋川闲居》:“寂寞于陵子,橘槔方灌园。”司空曙《过卢秦卿旧居》:“五柳茅茨楚国贤,橘槔蔬圃水涓涓。”鲍溶《答客》:“劳问圃人终岁事,橘槔声里雨春畦。”方干《赠中岩王处士》:“援笔便成鹦鹉赋,洗花须用橘槔泉。”

【橘₂槔事】　指田园灌蔬之事。李白《赠张公洲革处士》:“井无橘槔事,门绝刺绣文。”

【橘₂棹】　同“橘槔”。参见“橘槔事”。

【橘₂棹烽】　指烽火台。见《史记·魏公子列传》。张仲素《塞下曲五首》之五:“阴碛茫茫塞草肥,橘槔烽上暮云飞。”亦作“橘棹烽火。”孟郊《有所思》:“橘槔烽火昼不灭,客路迢迢信难越。”

【橘₂棹烽火】　参见“橘棹烽”。

機　〔jī《广韵》居依切,平微,見。〕❶弩牙。弩上之发矢装置。见“機括”。❷有制动装置之器械。如弩、捕禽兽之机阱之类。常喻指险恶之环境。韩愈《东都遇春》:“幸蒙东都官,获离机与穽。”杜牧《雪中书怀》:“向来躐等语,长作陷身机。”见“機橘”。❸织机。许敬宗《七夕赋咏成篇》:“所叹却随更漏尽,掩泣还弄昨宵机。”李白《别内赴征三首》之二:“归时倘佩黄金印,莫学苏秦不下机。”陈标《长安秋思》:“吴女秋机织曙霜,冰蚕吐丝月盈筐。”徐夤《蕉叶》:“绿绮新裁织女机,摆风摇日影离披。”亦指织机之声。卢象《送祖咏》:“满酌野人酒,倦闻邻女机。”❹织。刘禹锡《七夕二首》之一:“机罢犹安石,桥成不碍槎。”❺机心,机虑。多指为尘世功利而生之烦恼和忧虑。李白《题雍丘崔明府丹灶》:“美人为政本忘机,服药求仙事不违。”皎然《因游支硎寺寄邢端公》:“旷达机何有,深沉器莫量。”韩翃《寄雍丘窦明府》:“机尽独亲沙上鸟,家贫唯向釜中鱼。”徐夤《开窗》:“长闲便是忘机者,不出真如过夏僧。”❻机巧。张祜《再吟鹦鹉》:“美人怜解语,凡鸟畏多机。”❼智谋,谋略。崔颢《古游侠呈军中诸将》:“少年负胆气,好勇复知机。”王建《寄汴州令狐相公》:“机锁恶徒狂寇尽,恩驱老将壮心生。”武少仪《诸葛丞相庙》:“因机定蜀延衰汉,以计连吴振弱孙。”贯休《寿春进祝圣七首·文有武备》:“孙吴机不动,周邵事多行。”❽机要,多指国家之枢机政务。苏颋《奉和圣制幸望春宫送朔方大总管张仁亶》:“老臣帷幄算,元宰庙堂机。”李约《过华清宫》:“君王游乐万机轻,一曲霓裳四海兵。”亦泛指事务或政务。欧阳詹《题王明府郊亭》:“日日郊亭启竹扉,论桑劝稿是常机。”❾时机;时节。骆宾王《在狱咏蝉》序:“候时而来,顺阴阳之数;应节为变,审藏用之机。”韩愈《谴疟鬼》:“医师加百毒,熏灌无停机。”❿指大自然之生发,运动。苏涣《变律》:“阴阳无停机,造化渺莫测。”亦指事物生发之基因、根源。周昙《咏史诗·春秋战国门·赵简子》:“简子雄心蓄霸机,贤愚聊欲试诸儿。”又《咏史诗·六朝门·傅昭》:“为政残苛兽亦饥,除饥机在养疲羸。”⓫指人之秉性,自然天性。

李颀《东京寄万楚》:“了然潭上月,适我胸中机。”刘长卿《奉和杜相公新移长兴宅呈元相公》:“功高开北弟,机静灌中园。”⓬征兆,先兆。司空图《诗品二十四则·超诣》:“匪神之灵。匪机之微。”见“機兆”。

【機中錦字】 指抒发闺怨的篇什。见《晋书·列女传·窦滔妻苏氏》。刘长卿《赋得》:“机中锦字论长恨,楼上花枝笑独眠。”

【機心】 机变巧诈之心。多指为世俗名利而费神。长孙无忌《新曲二首》之一:“转目机心悬自许,何须更待听琴声?”岑参《上嘉州青衣山中峰题惠净上人幽居》:“早知清净理,欠乃机心忘。”柳宗元《旦携谢山人至愚池》:“机心付当路,聊适羲皇情。”司空图《柏东》:“冥得机心岂在僧,柏东闲步爱腾腾。”

【機巧】 巧诈,善用心计。杜甫《赠李白》:“二年客东都,所历厌机巧。”阎防《夕次鹿门山作》:“安能徇机巧,争夺锥刀间。”权德舆《侍从游后湖宴坐》:“心灵一开旷,机巧眇已疏。”陆龟蒙《奉酬袭美先辈吴中苦雨一百韵》:“人皆机巧求,百径无一达。”

【機石】 传说中织女垫织布机之石。亦代指织机。任希古《和李公七夕》:“掩泪收机石,衔啼襞纨素。”苏颋《奉和七夕宴两仪殿应制》:“机石天文写,针楼御赏开。”参见“支机石”。

【機兆】 预兆。李白《感时留别从兄徐王延年从弟延陵》:“大贤达机兆,岂独虑安危。”又《送岑征君归鸣皋山》:“至人达机兆,高揖九州伯。”

【機杼】 ❶织机。杜审言《七夕》:“年年今夜尽,机杼别情多。”郑愔《秋闺》:“音书秋雁断,机杼夜蛩催。”《全唐诗》卷七八四织锦人《吟》:“学织缭绫功未多,乱拈机杼错抛梭。”亦指织机之声。长孙佐辅《山行经村径》:“依稀听机杼,寂历看桑麻。”❷指纺织。邵谒《送徐群宰望江》:“劝民勤机杼,自然国用并。”❸喻指诗文创作中之构思布局、写作手段。曹松《赠镜湖处士方干二首》之一:“后辈难为措机杼,先生织字得龙梭。”齐己《还人卷》:“李白李贺遗机杼,散在人间不知处。”

【機事】 ❶运用心机之事。多指为尘世名利而烦神之事。刘长卿《惠福寺与陈留诸官茶会》:“到此机事遣,自嫌尘网迷。”独孤及《酬梁二十宋中所赠兼留刘梁少府》:“少读黄帝书,肯不笑机事。”柳宗元《酬娄秀才将之淮南见赠之什》:“机事齐飘瓦,嫌猜比拾尘。”陆龟蒙《新秋杂题六首·食》:“林乌信我无机事,长到而今下石盆。”❷指国家之机要政务。武元衡《甲午岁相国李公有北园寄赠之作今古遽分寓哀冥寞以广遗韵云》:“机事劳西掖,幽怀寄北园。”

【機要】 要旨,要义。吕岩《七言》之二十:“古今机要甚分明,自是众生力量轻。”

【機性】 机变灵巧之心性。齐己《渚宫莫问诗一十五首》之十:“莫问无机性,甘名百钝人。”

【機素】 织机上之白丝。喻指白发。鲍溶《始见二毛》:“初弄藕丝牵欲断,又惊机素剪仍残。”

【機格】 犹格局,规格。刘禹锡《观棋歌送儇师西游》:“行尽三湘不逢敌,终日饶人损机格。”

【機息】 机心止息。谓止息功利机巧之心。孟浩然《陪张丞相自松滋江东泊渚宫》:“政成人自理,机息鸟无疑。”高适《宴郭校书因之有别》:“苦战知机息,穷愁奈别何。”戴叔伦《将巡郴永途中作》:“机息知名误,形裹恨道贫。”

【機悟】 道教指玄机参悟。李群玉《别尹炼师》:“多君飞升志,机悟独超拔。”吕岩有《参黄龙机悟后呈偈》。

【機務】 指国家之机要事务。太宗《帝京篇十首》之二:“岩廊罢机务,崇文聊驻辇。”项斯《献令狐相公时相公郊坛行事回》:“不知机务时多暇,还许诗家属和无。”

【機械】 有发动机件的器械。如弓弩、机穽之类。柳宗元《放鹧鸪词》:“徇媒得食不复虑,机械潜发罹罝罦。”

【機梭】 织机与梭。泛指织机。白居易《朱陈村》:“机梭声札札,牛驴走纭纭。”

【機張】 谓制动机件打开。李峤《弩》:“机张惊雉雊,玉彩耀星芒。”

【機智】 机敏有智慧。罗虬《比红儿诗》序:“比红者,为雕阴官妓杜红儿作也。美貌年少,机智慧悟,不与群辈妓女等。”

【機鈞】 犹机轴。喻指关键、要害之部位或处所。卢仝《感古四首》之一:“秦汉事谗巧,魏晋忘机钧。”

【機絲】 织机上之丝。杜牧《池州送孟池先辈》:“篱落见娉婷,机丝弄哑轧。”

【機節】 犹节奏。司空曙《残莺百啭歌同王员外游慈恩各赋一物》:“绵蛮巧状语,机节终如曲。”

【機慮】 犹计虑,思虑。多指为尘世烦恼而生之思虑。皎然《读张曲江集》:“始欣耳目远,再使机虑清。”白居易《不与老为期》:“存神机虑息,养气语言迟。”赵嘏《早发剡中石城寺》:“暂息劳生树色间,平明机虑又相关。”

【機練】 熟绢。因由织机织成,故称。李贺《谢秀才有妾缟练改从于人座人制诗嘲谢贺复继四首》之一:“荷丝制机练,竹叶剪花裙。”

【機橋】 有制动机关的桥。如吊桥之类。刘禹锡《元和癸巳岁仲秋诏发江陵偏师问罪》:“火号休传警,机桥罢亘空。”

【機頭】 织机之前部位。韩琮《题商山店》:"红锦机头抛皓腕,绿云鬟下送横波。"

【機衡】 北斗七星中第三星与第五星,即天机与玉衡二星之并称。喻指中央机关枢要之职位。韩愈《和仆射相公朝回见寄》:"放意机衡外,收身矢石间。"

【機謀】 犹智谋,计谋。陆龟蒙《正月十五惜春寄袭美》:"无穷懒惰齐中散,有底机谋敌右侯。"张乔《赠棋僧侣》:"机谋时未有,多向弈棋销。"罗隐《钱尚父生日》:"伊夔事业扶千载,韩白机谋冠九州。"

【機險】 诡诈险恶。刘言史《初下东周赠孟郊》:"渐入机险中,危思难太行。"

【機聲】 织机之声。孟郊《离思》:"回织别离字,机声有酸楚。"李询《赠织锦人》:"札札机声晓复晡,眼穿力尽竟何如。"

【機謨】 犹计谋,智谋。方干《侯郎中新置西湖》:"能将盛事添元化,一夕机谟万古存。"

【機織】 用织机织绢、帛。张碧《贫女》:"岂是昧容华,岂不知机织?"

【機關】 ❶有制动装置的机械。陆龟蒙《吴俞儿舞歌・弩俞》:"捩机关,迸山谷。"黄损《吟窗杂录》:"机关才运动,胜败便相随。"❷指心机,机虑。刘禹锡《奉和裴令公新成绿野堂即书》:"官名司管籥,心术去机关。"白居易《迂叟》:"应须绳墨机关外,安置疏愚钝滞身。"郑谷《朝直》:"自扣玄门齐宠辱,从他荣路用机关。"

【機羅杼綺】 机杼织出之罗绮。比喻田园春色。张碧《游春引三首》之一:"句芒小女精神巧,机罗杼绮满平川。"

【機籌】 计策,智谋。姚合《送张郎中副使赴泽潞》:"机筹通变化,除拜出寻常。"李从谦《观棋》:"若算机筹处,沧沧海未深。"

【機權】 ❶中枢机要之大权。胡曾《咏史诗・陈宫》:"陈国机权未可涯,如何后主恣娇奢。"❷智谋权变。韩愈《送灵师》:"围棋斗白黑,生死随机权。"

十三画

檉 〔chēng《广韵》丑貞切,平清,徹。〕树木名。柽柳科,落叶小乔木。俗称红柳、观音柳。皮色红。生命力强,可在沙地与盐碱地上生长。李颀《魏仓曹东堂柽树》:"爱君双柽一树奇,千叶齐生万叶垂。"李贺《昌谷诗》:"碧锦帖花柽,香衾事残贵。"姚合《夏夜》:"断猿时叫谷,栖鸟每摇柽。"马戴《题庐山寺》:"鼠惊樵客缘苍壁,猿戏山头撼紫柽。"

【檉几】 用柽木所制之几床。齐己《夏日西霞寺书怀寄张逸人》:"倚身柽几稳,洒面瀑流香。"

【檉案】 用柽木制成之几案。李郢《即目》:"石楼多爽气,柽案有余香。"

【檉潭】 旁植柽树之水潭。刘得仁《和段校书冬夕寄题庐山》:"藓室新开灶,柽潭未了棋。"

【檉蘿】 柽柳与藤萝。郑谷《终南白鹤观》:"柽萝诸洞合,钟磬上清闻。"

檣 〔qiáng《广韵》在良切,平陽,從。〕❶桅杆。王维《送贺遂员外外甥》:"樯带城乌去,江连暮雨愁。"吕温《风叹》:"洞庭风,危樯欲折身若空。"杜牧《中丞业深韬略志在功名再奉长句一篇》:"樯似邓林江拍天,越香巴锦万千千。"❷代指帆船。杜甫《三韵三篇》之二:"起樯必椎牛,挂席集众功。"卢纶《送吉中孚校书归楚州旧山》:"并楫湖上游,连樯月中泊。"项斯《送客归新罗》:"明发千樯下,应无更远人。"齐己《夏雨》:"幽斋飘卧簟,极浦洒归樯。"

【檣竿】 船上挂帆之桅杆。皎然《江上风》:"应吹夏口樯竿折,定鹭湓城浪花咽。"权德舆《送李处士归弋阳山居》:"波翻极浦樯竿出,霜落秋郊树影疏。"张祜《江城晚眺》:"悠然此江思,树杪几樯竿。"《全唐诗》卷八六六《诗》之一:"江上樯竿一百尺,山中楼台十二重。"

【檣烏】 ❶栖立桅杆上之乌鸦。雍陶《病鹤》:"今来沙上飞无力,羞见樯乌立处高。"❷船桅杆上之乌形风向仪。元稹《遭风二十韵》:"樯乌斗折头仓掉,水狗斜倾尾缆开。"白居易《东南行一百韵寄通州元九侍御等》:"月移翘柱鹤,风泛飐樯乌。"马戴《送吕郎中牧东海郡》:"假道经淮泗,樯乌集隼旗。"❸代指帆船。李绅《移九江》:"五两剧奔星,樯乌疾飞鸟。"吴融《松江晚泊》:"吴台越峤两分津,万万樯乌簇夜云。"

【檣席】 犹船帆。李节《赠释疏言还道林寺诗》:"月沈浦兮烟暝山,樯席卷兮橹床闲。"

【檣煙】 犹帆影。周贺《送友人》:"樯烟离浦色,芦雨入船声。"

檟 〔jiǎ《广韵》古疋切,上馬,見。〕树木名。即楸。古人墓地常植之。上官仪《谢都督挽歌》:"漠漠佳城幽,苍苍松槚暮。"王勃《铜雀妓二首》之一:"西陵松槚冷,谁见绮罗情。"

櫛 〔zhì《广韵》阻瑟切,入櫛,莊。〕❶梳、篦等梳头工具。见"栉比"。❷以梳篦梳理头发。杜甫《北征》:"瘦妻面复光,痴女头自栉。"岑参《南池夜宿思王屋青萝旧斋》:"池上卧烦暑,不栉复不巾。"清昼、崔子向《渚山春暮会顾丞茗舍联句》:"景晏枕犹欹,酒醒头懒栉。"刘驾《晓登迎春阁》:"未栉凭栏眺锦城,烟笼万井二江明。"亦形容头发被风吹动。钱起《夕发箭场岩下作》:"朝栉杉下风,夕饮石上月。"

【櫛比】 似梳齿般密排紧连。顾况《上古之什补亡训传十三章·十月之郊》:"栋之斯厚,榱之斯密。如翼于飞,如鳞栉比。"元稹《春分投简阳明洞天作》:"栉比千艘合,袈裟万顷铺。"郑嵎《津阳门诗》:"其年十月移禁仗,山下栉比罗百司。"

【櫛沐】 梳洗头发。元稹《遣昼》:"栉沐坐前轩,风轻镜如水。"白居易《和微之诗二十三首·和栉沐寄道友》:"栉沐事朝谒,中门初动关。"

【櫛風雨】 "栉风沐雨"之略语。谓由风雨洗沐头发。形容受风雨奔波之苦。白居易《和微之诗二十三首·和祝苍华》:"岂是乏膏沐,非关栉风雨。"

【櫛髮】 梳发。陆龟蒙《江南秋怀寄华阳山人》:"栉发凉天曙,含毫故国情。"

【櫛櫛】 排列紧密貌。李贺《秦王饮酒》:"银云栉栉瑶殿明,宫门掌事报一更。"

檄 〔xí《广韵》胡狄切,入錫,匣。〕❶古代文体之一种。官府用以征召、晓谕或讨伐之文书。李白《江夏寄汉阳辅录事》:"君草陈琳檄,我书鲁连箭。"岑参《走马川行奉送出师西征》:"马毛带雪汗气蒸,五花连钱旋作冰,幕中草檄砚水凝。"刘禹锡《令狐相公自天平移镇太原以诗申贺》:"孔璋旧檄家家有,叔度新歌处处听。"伍乔《送江少府授延陵后寄》:"束书西上谒明主,捧檄南归慰老亲。"❷以檄文征召。权德舆《丙寅岁苦贫戏题》:"间岁从使檄,亲宾苦川驰。"又《酬李二十二兄主簿马迹山见寄》:"暂从西府檄,终卧东菑田。"亦指以檄文声讨。顾非熊《送李廓侍御赴剑南》:"不应夸战胜,知在檄蛮篇。"

【檄羽】 羽檄。插有鸡毛以示紧急之军书。刘长卿《罢摄官后将还旧居留辞李侍御》:"草映翻营绿,花临檄羽飞。"

【檄書】 檄文。军事文书。刘长卿《行营酬吕侍御时尚书问罪襄阳军次汉东境上诗以见谕》:"孔璋才素健,早晚檄书成。"孟迟《罢都统守镇滑州作》:"黜诏已闻来阙下,檄书犹未遍军前。"

【檄筆】 三国魏曹操读陈琳所草檄文,赞曰:"此可愈我头风"。后因以"檄笔"指绝妙之草檄文笔。韩愈《送侯参谋赴河中幕》:"檄笔无与让,幕谋职其膺。"

檢 〔jiǎn《广韵》居奄切,上琰,見。〕❶封缄。古代简书以绳串联后于绳结上封泥钤印,谓之检。亦指用以封缄之泥印,或封泥之册书、诏旨。李义府《在嶲州遥叙封禅》:"仙阶溢秘秬,灵检耀祥芝。"韦应物《马明生遇神女歌》:"石壁千寻启双检,中有玉堂铺玉簟。"薛涛《赠苏十三中丞》:"今日芝泥检征诏,别须台外振霜威。"罗隐《感别元帅尚父》:"玉函瑶检下台司,记得当时捧领时。"❷约束;使收敛。王昌龄《送韦十二兵曹》:"县职如长缨,终日检我身。"元稹《答姨兄胡灵之见寄五十韵》序:"时方依倚舅族,舅怜,不以礼数检。"亦喻指约束人之事物。杜牧《念昔游三首》之一:"十载飘然绳检外,樽前自献自为酬。"❸察看,检查。见"檢田""檢察""檢點"。❹翻检。王绩《采药》:"行披葛仙经,坐检神农帙。"柳宗元《南省转牒欲具江国图令尽通风俗故事》:"南宫有意求遗俗,试检周书王会篇。"元稹《初寒夜寄卢子蒙》:"倚壁思闲事,回灯检旧诗。"❺拣,拾。元稹《六年春遣怀八首》之二:"检得旧书三四纸,高低阔狭粗成行。"李商隐《妓席暗记送同年独孤云之武昌》:"武昌若有山头石,为拂苍苔检泪痕。"❻植物之种皮。骆宾王《代女道士王灵妃赠道士李荣》:"灵芝紫检参差长,仙桂丹花重叠开。"

【檢玉】 帝王封禅时以玉函盛金册,复以金泥玉印封之,称为检玉,或玉检。李益《大礼毕皇帝御丹凤门改元建中大赦》:"升中告成答玄贶,泥金检玉昭鸿恩。"亦指封禅。萧华《扈从迴銮应制》:"犹思检玉处,却望白云端。"

【檢田】 视察农田。薛光谦有《任阆中下乡检田登艾萧山北望》。

【檢名】 寻检名册。白居易《寻王道士药堂因有题赠》:"但恐长生须有籍,仙台试为检名看。"

【檢束】 约束。皇甫冉《送李山人还》:"从来无检束,只欲老烟霞。"韩愈《感春四首》之二:"近怜李杜无检束,烂漫长醉多文辞。"白居易《春日闲居三首》之一:"饱竟快搔爬,筋骸无检束。"司空图《修史亭三首》之三:"乌纱巾上是青天,检束酬知四十年。"

【檢身】 检点约束自身。杜甫《毒热寄简崔评事十六弟》:"蕴藉异时辈,检身非苟求。"元稹《送复梦赴韦令幕》:"世上于今重检身,吾徒耽酒作狂人。"

【檢封】 指用泥印封缄之书函。吴融《寄杨侍郎》:"奇文已刻金书券,秘语看镌玉检封。"

【檢藥】 选拣药材。白居易《秋寒》:"病看妻检药,寒遣婢梳头。"

【檢校】 (—jiào)❶检查,察看。王建《赠人二首》之二:"朝回不向诸余处,骑马城西检校花。"❷官名。唐代地方使职带中央台省官衔,称检校官。如观察使带检校御史中丞衔,节度使带某部尚书衔,幕职带郎官、御史、评事等衔。武元衡《奉酬淮南中书相公见寄》序:"冬十月,诏授检校吏部尚书兼门下侍郎。彤弓旅矢,出镇西蜀。"白居易《三月三日祓禊洛滨》序:"令公明日召太子少傅白居易……检校礼部员外郎杨鲁士,四门博士谈弘谟等一十五人,合宴于舟中。"

【檢書】 翻看书籍。杜甫《夜宴左氏庄》:"检书烧烛短,看剑引杯长。"

【檢率】 检点,约束。卢纶《纶与吉侍郎中孚风尘追游向三十载畅博士当有五十韵见寄辄有所酬》:“官曹虽检率,国步日夷平。”

【檢經】 翻检经书。李德裕《句》:“检经求绿字,凭酒借红颜。”

【檢察】 检校察看。杜甫《入奏行赠西山检察使窦侍御》:“吐蕃凭陵气颇粗,窦氏检察应时须。”

【檢點】 检查;查点。方干《过姚监故居》:“学书弟子何人在,检点犹逢谏草无。”又《赠山阴崔明府》:“压酒晒书犹检点,修琴取药似交关。”翁承赞《擢探花使三首》之一:“洪崖差遣探花来,检点芳丛饮数杯。”

【檢蹤】 谓约束自己,不轻易外出。孟郊《静女吟》:“艳女皆妒色,静女独检踪。”

檜 〔guì《广韵》古外切,去泰,見。又古活切,入末,見。〕树木名。柏科。常绿乔木。亦称圆柏。树冠圆锥状。木材色红褐,有芳香,质地细密,为建筑及制器物之良材。储光羲《同诸公秋日游昆明池思古》:“羽发鸿雁落,桧动芙蓉披。”刘禹锡《谢寺双桧》:“双桧苍然古貌奇,含烟吐雾郁参差。”章孝标《题上皇观》:“楼台瑞气晴萧索,杉桧龙身老屈蟠。”齐己《酬微上人》:“晚桧清蝉咽,寒江白鸟飞。”

【檜柏】 桧树与柏树。方干《赠诗僧怀静》:“坐夏莓苔合,行禅桧柏深。”齐己《荆门夏日寄洞山节公》:“五月经行处,千秋桧柏阴。”

【檜楫】 用桧木制成之船桨。亦代指船。李颀《送东阳王太守》:“桧楫今何去,星郎出守时。”南唐后主李煜《送邓王二十弟从益牧宣城》:“君驰桧楫情何极,我凭阑杆日向西。”

【檜煙】 桧木所制之香燃起的烟。皮日休《奉和鲁望寒夜访寂上人次韵》:“数页贝书松火暗,一声金磬桧烟深。”

【檜樾】 桧树之树荫。皮日休《报恩寺南池联句》:“跁跒松形矮,般跚桧樾矬。”

檐 〔yán《广韵》餘廉切,平鹽,以。〕❶屋檐。太宗《初夏》:“碧鳞惊棹侧,玄燕舞檐前。”杜甫《叹庭前甘菊花》:“檐前甘菊移时晚,青蕊重阳不堪摘。”韩愈、孟郊《秋雨联句》:“檐垂白练直,渠涨清湘大。”皮日休《吴中苦雨因书一百韵寄鲁望》:“颓檐倒菌黄,破砌顽莎绿。”亦代指檐前之地。刘禹锡《西山兰若试茶歌》:“山僧后檐茶数丛,春来映竹抽新茸。”❷指檐状之物。陆龟蒙《晚渡》:“各样莲船逗村去,笠檐蓑袂有残声。”

【檐户】 屋檐与门户。代指人家,屋舍。白居易《题山石榴花》:“争及此花檐户下,任人采弄尽人看。”

【檐宇】 屋檐,屋宇。陈子昂《春夜别友人二首》之二:“清冷花露满,滴沥檐宇虚。”白居易《秦中吟十首·伤宅》:“累累六七堂,栋宇相连延。”

【檐花】 指檐前之雨。因其被灯光照耀而闪烁如花,故称。杜甫《醉时歌》:“清夜沉沉动春酌,灯前细雨檐花落。”

【檐楹】 屋檐与楹柱。孙逖《奉和李右相中书壁画山水》:“九江临户牖,三峡绕檐楹。”王维《游化感寺》:“龙宫连栋宇,虎穴傍檐楹。”皮日休《初夏即事寄鲁望》:“颊杉突杝架,迸笋支檐楹。”

【檐溜】 屋檐滴落之雨水。白居易《雨夜赠元十八》:“共听檐溜滴,心事两悠然。”

【檐隙】 屋檐板之连接处。白居易《凶宅》:“风雨坏檐隙,蛇鼠穿墙墉。”

【檐頭】 屋檐前。王建《田家行》:“五月虽热麦风清,檐头索索缫车鸣。”

【檐額】 屋檐之表面。杜甫《陪柏中丞观宴将士二首》之二:“绣段装檐额,金花帖鼓腰。”

【檐鐸】 悬挂于屋檐下之风铃。亦称檐马,檐铃。武三思《秋日于天中寺寻复礼上人》:“网珠遥映日,檐铎近吟风。”

檞 〔jiě《广韵》佳買切,上蟹,見。〕树木名。可以提取香料。元稹《痁卧闻幕中诸公征乐会饮因有戏呈》:“夜灯然檞叶,冻雪堕砖阶。”温庭筠《商山早行》:“檞叶落山路,枳花明驿墙。”

【檞櫪】 檞树与枥树。李商隐《行次西郊作一百韵》:“高田长檞枥,下田长荆榛。”

檀 〔tán《广韵》徒干切,平寒,定。〕❶檀树。亦指其木材。皮青而有光泽。叶似槐。木质坚硬而重,可以作车轴、斧柄等。白居易《读史五首》之二:“寄谢伐檀人,慎勿嗟穷处。”李商隐《富平少侯》:“彩树转灯珠错落,绣檀回枕玉雕锼。”按,此指以檀木雕制之木枕。❷檀香木。常绿小乔木。佛寺用以为燃香。杜牧《怀钟陵旧游四首》之二:“连巴控越知何事,珠翠沈檀处处堆。”❸浅赭色;浅红色。罗虬《比红儿诗》之四六:“自有闲花一面春,脸檀眉黛一时新。”罗隐《牡丹》:“艳多烟重欲开难,红蕊当心一抹檀。”❹梵语 Dānapati 音译之省。见“檀施”“檀越”。

【檀口】 浅赭色之唇。指女子之口。张祜《观杨瑗柘枝》:“微动翠蛾抛旧态,缓遮檀口唱新词。”又《黄蜀葵花》:“无奈美人闲把嗅,直疑檀口印中心。”吉师老《看蜀女转昭君变》:“檀口解知千载事,清词堪叹九秋文。”

【檀心】 ❶浅红色之花心。秦韬玉《牡丹》:“压枝金蕊香如扑,逐朵檀心巧胜裁。”❷指女子面上之梅花妆。毛熙震《女冠子》词:“修蛾慢脸,不语檀心一点。”

【檀印】 即檀香。贯休《桐江闲居作十二首》之三:“静室焚檀印,深炉烧铁瓶。”

【檀杏】 粉红色之杏花。郑嵎《津阳门诗》:“饮鹿泉边春露晞,粉梅檀杏飘朱墀。”

【檀妆】 浅红色的女子面妆。徐凝《宫中曲二首》之一:“恃赖倾城人不及,檀妆唯约数条霞。”张祜《陪范宣城北楼夜宴》:“粉项高丛鬓,檀妆慢裹头。”

【檀花】 指点于女子额上之梅花妆。因其色红,故称。杜牧《偶作》:“惊杀东邻绣床女,错将黄晕压檀花。”

【檀林】 佛教语。旃檀(檀香)之林。借指佛寺。李绅《杭州天竺灵隐二寺顷岁亦布衣一游园追思为诗二首》之二:“近日尤闻重雕饰,世人遥礼二檀林。”又《题法华寺五言二十韵》:“贝叶千花藏,檀林万宝篇。”

【檀板】 檀木所制之拍板。歌舞时用以击拍。杜牧《自宣州赴官入京路逢裴坦判官归宣州因题赠》:“画堂檀板秋拍碎,一引有时联十觥。”

【檀的】 ❶檀唇。指女子涂红之唇。杜牧《寄澧州张舍人笛》:“檀的染时痕半月,落梅飘处响穿云。”徐铉《梦游三首》之一:“檀的慢调银字管,云鬟低缀折枝花。”❷喻指木兰花之花瓣。因其初出时外红而狭长似唇,故喻。唐彦谦《木兰》:“舒卷绿苞临小槛,剪裁檀的缀长条。”

【檀注】 女子双颊所涂淡红之面妆。韩偓《倒押前韵》:“嗅花判不得,檀注惹风尘。”李珣《浣溪沙》词之一:“越罗衣褪郁金黄,翠钿檀注助容光。”

【檀英】 浅红色之花瓣。李建勋《残牡丹》:“风飘金蕊看全落,露滴檀英又暂苏。”

【檀香】 檀木。因其有香气,故称。韦蟾《岳麓道林寺》:“北方部落檀香塑,西国文书贝叶写。”

【檀施】 佛教语。布施。杜甫《山寺》:“公为顾宾徒,咄嗟檀施开。”

【檀炷】 燃着之檀香。刘兼《芳春》:“微雨微风隔昼帘,金炉檀炷冷慵添。”亦喻指香花之花蕊。韦庄《使院黄葵花》:“乍开檀炷疑闻语,试与云和必解吹。”

【檀郎】 指晋潘岳。因潘岳小字檀奴,故称。又因潘岳貌美,乘车外出时,常有女子挽手围之,掷果盈其车,故亦指妇女对夫婿或情郎之爱称。温庭筠《苏小小歌》:“一自檀郎逐便风,门前春水年年绿。”王涣《惆怅诗十二首》之六:“薄倖檀郎断芳信,惊嗟犹梦合欢鞋。”南唐后主李煜《一斛珠》词:“烂嚼红茸,笑向檀郎唾。”或对多才男子之美称。司空曙《送史申之峡州》:“檀郎好联句,共滞谢家门。”沈亚之《五月六日发石头城示舍弟兼寄侯郎》:“因书报惠远,为我忆檀郎。”参阅《晋书·潘岳传》《世说新语·容止》。

【檀郎謝女】 指晋潘岳与谢道韫。亦泛指才子与才女。李贺《牡丹种曲》:“檀郎谢女眠何处,楼台月明燕夜语。”罗隐《七夕》:“应倾谢女珠玑箧,尽写檀郎锦绣篇。”

【檀眉】 以檀色染过之眉。薛昭蕴《离别难》词:“魂欲迷,檀眉半敛愁低。”

【檀粉】 红粉。女子化妆时用。杜牧《闺情》:“暗砌匀檀粉,晴窗画夹衣。”

【檀袖】 红袖。女子之衣袖。光、威、裒《联句》:“独结香绡偷饷送,暗垂檀袖学通参。”

【檀脣】 女子涂红之唇。秦韬玉《吹笙歌》:“檀唇呼吸宫商改,怨情渐逐清新举。”

【檀越】 佛教语。指施主。王维《过卢四员外宅看饭僧共题七韵》:“上人飞锡杖,檀越施金钱。”

【檀煙】 檀香燃烧所生之烟。温庭筠《访知玄上人遇暴经因有赠》:“风飐檀烟销篆印,日移松影过禅床。”

【檀榆烟】 燃烧檀木与榆木所生之烟。古代随季节变换燃火之柴,春取榆柳之火,冬取槐檀之火。亦特指寒食之火。苏拯《断火谣》:“国闭檀榆烟,大礼成隳堕。”

【檀蛾】 即“檀眉”。白居易《吴宫辞》:“淡红花帔浅檀蛾,睡脸初开似剪波。”

【檀溪】 溪名。在今湖北襄樊西南。孟浩然《冬至后过吴张二子檀溪别业》:“卜筑因自然,檀溪不更穿。”欧阳詹《秋夜寄僧》:“遥知是夜檀溪上,月照千峰为一人。”陆龟蒙《和袭美寒日书斋即事三首》之三:“茅洞烟霞侵寤寐,檀溪风月挂樵渔。”参见“檀溪馬”。

【檀溪馬】 指的卢宝马,为咏英才受困之典。见《三国志·蜀志·先主传》。卢照邻《酬张少府柬之》:“珠浦龙犹卧,檀溪马正沈。”

【檀經】 佛经名。即《法宝檀经》。檀,“壇”之讹字。白居易《味道》:“七篇真诰论仙事,一卷檀经说佛心。”

【檀槽】 檀木制的琴槽。弦乐器上架弦用。亦代指琴、瑟、琵琶等弦乐器。李贺《感春》:“胡琴今日恨,急语向檀槽。”张祜《王家琵琶》:“金屑檀槽玉腕明,子弦轻撚为多情。”李群玉《王内人琵琶引》:“檀槽一曲黄钟羽,细拨紫云金凤语。”李宣古《杜司空席上赋》:“觱栗调清银象管,琵琶声亮紫檀槽。”

【檀點】 ❶脂膏所染之赭红斑点。沈亚之《梦挽秦弄玉》序:“公复命至翠微宫,与公主侍人别。重入殿内,时见珠翠遗碎青阶下,窗纱檀点依然。”❷指女子涂红之唇。毛熙震《后庭花》词之二;“歌声慢发开檀点,绣衫斜掩。”❸以红色脂粉点染之。伊梦昌《题黄葵》:“露凝金盏滴残酒,檀点佳人喷异香。”

【檀臉】 指女子之粉红面庞。亦指女子搽以红色脂粉之脸。陈陶《西川座上听金五云唱歌》:“低眉欲语谢贵侯,檀脸双双泪穿破。”

【檀欒】 ❶竹修美貌。上官昭容《游长宁公主流杯池二十五首》之三："檀栾竹影，飙风松声。"王维《沈十四拾遗新竹生读经处同诸公之作》："闲居日清静，修竹自檀栾。"白居易《题卢秘书夏日新栽竹二十韵》："几声清淅沥，一簇绿檀栾。"陈陶《题僧院紫竹》："栖托讵星回，檀栾已云矗。"❷指竹子。裴迪《辋川集二十首·茱萸沜》："飘香乱椒桂，布叶间檀栾。"陆龟蒙《奉和袭美闻开元寺开笋园寄章上人》："春龙争地养檀栾，况是双林雨后看。"吴融《玉堂种竹六韵》："当砌植檀栾，浓阴五月寒。"齐己《重宿旧房与愚上人静话》："檀栾旧植青添翠，菡萏新栽白换红"❸水深碧貌。亦指深碧之水。顾况《酬漳州张九使君》："猿吟郡斋中，龙静檀栾流。"

櫹 〔qiū《集韵》雌由切，平尤，清。〕树木名。即楸树。亦指草木茂盛貌。见"櫹櫹"。

【櫹櫹】 树木高大茂盛貌。元结《演兴四首·讼木魅》："将封灌乎善木，令櫹櫹以梴梴"。

檗 〔bò《广韵》博厄切，入麥，幫。〕树木名。即黄檗。芸香科，落叶乔木。可入药，可清火去热。木质坚硬，茎可制黄色染料。因其味苦，诗文中常用以形容悲苦。戎昱《寄梁淑》："心思食檗何由展，家似流萍任所之。"元稹《代杭人作使君一朝去二首》之二："使君一朝去，断肠如剉檗。"白居易《生离别》："食檗不易食梅难，檗能苦兮梅能酸。"李商隐《今月二日以诗一首干瀆尊严伏蒙披戴辄复五言四十韵诗献上》："自苦诚先檗，长飘不后蓬。"

十四画

檮 〔táo《广韵》徒刀切，平豪，定。〕见"檮杌。"

【檮杌】 ❶楚国之史书名。传本为恶兽名，因其能预知未来，故楚以之名史书。高适《同观陈十六史兴碑》："则是刊石经，终然继梼杌。"❷传说舜时被流放的"四凶"之一。一说即鲧。见《左传·文公十八年》。李商隐《送千牛李将军赴阙五十韵》："梼杌宽之久，防风戮不行。"

櫃 〔guì《广韵》求位切，去至，羣。〕家具之一种。储衣物、书籍或食品等。匣状，长方形，正面有门或屉。多以竹木制成。白居易《宿杜曲花下》："斑竹盛茶柜，红泥罨饭炉。"又《题文集柜》："破柏作书柜，柜牢柏复坚。"

檻 〔jiàn《广韵》胡黤切，上檻，匣。〕❶关动物之笼子。李白《赠新平少年》："摧残槛中虎，羁绁鞴上鹰。"周昙《咏史诗·六朝门·傅昭》："人能善政兽何暴，焉用劳人以槛为。"❷木栅栏。殷陶《经杜甫旧宅》："沙崩水槛鸥飞尽，树压村桥马过时。"吴融《题豪家故池》："萍枯黏朽槛，沙浅露沉舟。"❸栏杆。许敬宗《奉和喜雪应制》："伏槛观花瑞，称觞庆冬积。"高适《酬河南节度使贺兰大夫见赠之作》："高阁凭栏槛，中军倚旆旌。"窦庠《金山行》："琼楼菌阁纷明媚，曲槛回轩深且邃。"刘沧《游上方石窟寺》："几来吟啸立朱槛，风起天香处处闻。"

【檻井】 捕兽之笼与陷阱。韩愈《送进士刘师服东归》："猛虎落槛阱，坐食如孤豚。"

【檻車】 囚车。车上有栅栏，用以囚禁犯人。亦装野兽。刘禹锡《三阁辞四首》之四："三人出智井，一身登槛车。"

檿 〔yǎn《广韵》於琰切，上琰，影。〕树木名。即山桑。见"檿桑"。

【檿桑】 树木名。即山桑。叶小于桑，木质坚实。为制弓之良材，故亦代指以檿桑制成之强弓。段成式《三阶院联句》："密密助堂堂，隋人歌檿桑。"

【檿絲】 以檿桑叶饲蚕所吐之丝。宜制琴弦，故常以之代指丝弦或弦乐。李咸用《水仙操》："檿丝相纠成凄清，调和引得薰风生。"《郊庙歌辞·梁太庙乐舞辞·饮福》："戛玉拟金永颂声，檿丝孤竹和且清。"

檳 〔bīng《广韵》必鄰切，平真，幫。〕见"檳榔"。

【檳榔】 ❶树木名。棕榈科，常绿乔木。生于我国南方。李嘉祐《送裴宣城上元所居》："泪向槟榔尽，身随鸿雁归。"皇甫松《竹枝》之一："槟榔花发鹧鸪啼，雄飞烟瘴雌亦飞。"曹邺《四怨三愁五情诗·四情》："槟榔自无柯，椰叶自无阴。"❷指槟榔树之果实。李白《玉真公主别馆苦雨赠卫尉张卿二首》之二："何时黄金盘，一斛荐槟榔。"卢纶《酬赵少尹戏示诸侄元阳等因以见赠》："且请同观舞鸜鹆，何须竟哂食槟榔。"

櫁 〔mì《广韵》美畢切，入質，明。〕亦写作"樒"。树木名。有香气。元结《演兴四首·讼木魅》："櫁林樽兮不香，拔丰茸兮已实。"

櫚 〔lǘ《广韵》力居切，平魚，來。〕树木名。见"棕櫚"。

櫂 同"棹（zhào）"。❶船桨。亦借指船。徐彦伯《采莲曲》："春歌弄明月，归棹落花前。"见"櫂橹"。❷谓划船。牟融《送友人》："有客棹扁舟，相逢不暂流。”

【櫂萍客】 指泛舟之人。温庭筠《和沈参军招友生观芙蓉池》：“遂从棹萍客，静啸烟草湄。”

【櫂歌行】 （行 xíng）乐府相和歌辞瑟调曲名。魏明帝、晋汪机、梁简文帝等均有《棹歌行》。孙逖《同邢判官寻龙湍观归游中》：“更从探穴处，还作棹歌行。”骆宾王、徐坚亦有同题之作。

【櫂景】 桨影。李怀远《凝碧池侍宴看竞渡应制》：“湍高棹影没，岸近榜歌遒。”李群玉《望月怀友》：“酒花荡漾金尊里，棹影飘飖玉浪中。”

【櫂櫓】 船桨与船橹。俱为划船之工具。权德舆《危语》：“被病独行逢乳虎，狂风骇浪失棹橹。”

十五画

櫝 〔dú《广韵》徒谷切，入屋，定。〕藏器物之柜、匣。皮日休《吴中苦雨因书一百韵寄鲁望》：“解帙展断书，拂床安坏椟。”韦庄《和郑拾遗秋日感事一百韵》：“良金炉自跃，美玉椟难藏。”

櫜 〔gāo《广韵》古劳切，平豪，見。〕❶收藏弓箭、盔甲之櫜袋。柳宗元《唐铙歌鼓吹曲·兽之穷》：“甲之櫜，弓弭矢箙。”李德裕《寒食日三殿侍宴奉进诗一首》：“楛矢方来贡，雕弓已载櫜。”温庭筠《病中书怀呈友人》：“垂櫜羞尽爵，扬觯辱弯弧。”❷将弓箭等收藏进袋内。李德裕《述梦诗四十韵》：“赤豹欣来献，彤弓喜暂櫜。”《郊庙歌辞·晋昭德成功舞歌·武功舞歌二首》之二：“既已櫜弓矢，诚宜播管弦。”亦泛指收藏。元稹《奉和浙西大夫李德裕述梦四十韵》：“辨颖□超脱，词锋岂足櫜。”

【櫜弓】 藏弓于袋。谓停止战争。陈子昂《登蓟城西北楼送崔著作融入都》序：“策勋饮至，方同廊庙之欢；偃武櫜弓，借尔文儒之首。”

【櫜鞬】 藏箭之櫜与放弓之袋。均为收藏弓箭之物。窦巩《忝职武昌初至夏口书事献府主相公》：“白发放櫜鞬，梁王爱旧全。”刘禹锡《寄毗稜杨给事三首》之一：“好著櫜鞬莫惆怅，出文入武是全才。”杜牧《奉送中丞姊夫俦自大理卿出镇江西》：“梅仙调步骤，庾亮拂櫜鞬。”李商隐《南山赵行军新诗盛称游宴之洽因寄一绝》：“莲幕遥临黑水津，櫜鞬无事但寻春。”

櫑 〔léi《广韵》鲁回切，平灰，來。〕同“擂”。擂，击。见“櫑鞞”。

【櫑鞞】 擂鼓。櫑，同“擂”；鞞，同“鼙”，鼓。贾岛《寄李骑侍郎》：“櫑鞞干霹雳，斜汉湿蟾蜍。”

櫓 〔lǔ《广韵》郎古切，上姥，來。〕类似桨的一种划船工具。多装于船尾。杜甫《送李八秘书赴杜相公幕》：“石出倒听枫叶下，橹摇背指菊花开。”沈亚之《五月六日发石头城示舍弟兼寄侯郎》：“隐山曾撼橹，转濑指遥樯。”温庭筠《寒食节日寄楚望二首》之二：“年芳苦沈潦，心事如摧橹。”亦指摇橹之声。徐铉《晚归》：“水静闻归橹，霞明见远山。”

【櫓牀】 架橹之装置。多安于船尾。李节《赠释疏言还道林寺诗》：“月沈浦兮烟暝山，樯席卷兮橹床闲。”

【櫓窡】 橹上之孔洞。木桨插于橹床上以便摇动。武元衡《南昌滩》：“橹窡动摇妨作梦，巴童指点笑吟诗。”

【櫓聲】 摇橹之声。刘禹锡《步出武陵东亭临江寓望》：“戍摇旗影动，津晚橹声促。”白居易《河亭晴望》：“晴虹桥影出，秋雁橹声来。”李群玉《送处士自番禺东游便归苏台别业》：“哑轧暮江上，橹声摇落心。”张蠙《送董卿赴台州》：“夜蚌侵灯影，春禽杂橹声。”

櫧 〔zhū《广韵》章魚切，平魚，章。〕树木名。常绿乔木。木质坚实，可制家具。李嘉祐《暮春宜阳郡斋愁坐忽枉刘七侍御新诗因以酬答》：“子规夜夜啼槠叶，远道逢春半是愁。”贯休《经费隐君旧宅》：“雨和高瀑浊，烧熁大槠枯。”又《山居诗二十四首》之六：“终须心到曹溪叟，千岁槠根雪满头。”

【櫧柟】 槠树与楠树。王昌龄《出郴山口至叠石湾野人室中寄张十一》：“槠楠无冬春，柯叶连峰稠。”

櫧 〔shěn《广韵》式荏切，上寑，書。〕树木名。其花和叶汁可酿酒。见“櫧酒”。

【櫧酒】 用櫧木之花和叶汁酿制的酒。见北魏贾思勰《齐民要术·笨曲并酒》。皮日休《鲁望以轮钩相示缅怀高致因作三篇》之二：“明朝有物充君信，櫧酒三瓶寄夜航。”

櫟 〔lì《广韵》郎擊切，入錫，來。〕树木名。亦称麻栎。山毛榉科。落叶乔木。木质坚硬，宜制器物。李嘉祐《登楚州城望驿路十余里山村竹林相次交映》：“十里山村道，千峰栎树林。”王建《荆门行》：“岘亭西南路多曲，栎林深深石镞镞。”熊孺登《董监庙》：“仁杰淫祠废欲无，枯枫老栎两三株。”亦指栎木之柴薪。李洞《维摩畅林居》：“冷筇和雪倚，朽栎带云烧。”

【櫟菌】 生于栎树上之菌菇。李咸用《依韵修睦上人山居十首》之七：“秋深栎菌樵来得，木末山鼯梦断闻。”

【櫟陽】 地名。秦置县，汉并入万年县。唐武德元年，复为栎阳县，隶属京兆府。故城在今陕西临潼北。韦应物有《谢栎阳令归西郊赠别诸友生》。武元衡有《至栎阳崇道寺闻严十少府趋侍》。陈羽有《过栎阳山溪》。

【櫟塢】 满生栎树之凹地。许浑《访别韦隐居不值》:“栎坞炭烟晴过岭,蓼村渔火夜移湾。”

【櫟鼠】 常栖于栎树上之松鼠。顾非熊《寄太白无能禅师》:“猎人偷佛火,栎鼠戏禅床。”

十六画

欂 〔bó《广韵》蒲革切,入麥,並。又補各切,入鐸,幫。又弼戟切,入陌,並。〕见“欂栌”。

【欂櫨】 斗拱。置于柱头以承托栋梁之短木。韩愈《杂诗四首》之三:“截橑为欂栌,斫楹以为椽。”

櫱 同“檗”。即黄柏。罗隐《寄钟常侍》:“一从朱履步金台,櫱苦冰寒奉上台。”

櫪 〔lì《广韵》郎擊切,入錫,來。〕❶同“櫟”。即栎树。韩愈《山石》:“山红涧壁纷烂漫,时见松枥皆十围。”章孝标《诸葛武侯庙》:“七纵七擒何处在,茅花枥叶盖神坛。”李商隐《行次西郊作一百韵》:“高田长檞枥,下田长荆榛。”项斯《山行》:“青枥林深亦有人,一渠流水数家分。”❷马槽。庾抱《骢马》:“枥上浮云骢,本出吴门中。”李颀《送刘十》:“房中唯有老氏经,枥上空余少游马。”李端《瘦马行》:“终身枥上食君草,遂与驽骀一时老。”张蠙《赠李司徒》:“欢筵每恕娇娥醉,闲枥犹惊战马嘶。”

【櫪馬】 系于槽头之马。亦喻指受羁束不能自由驰骋之马。张九龄《秋晚登楼望南江入始兴郡路》:“枥马苦踡跼,笼禽念遐征。”高适《题李别驾壁》:“酒筵暮散明月上,枥马长鸣春风起。”李端《题郑少府林园》:“枥马方回影,池鹅正理毛。”白居易《出府归吾庐》:“家僮十余人,枥马三四匹。”

【櫪橛】 枥树之残根。常用为木柴。贯休《秋寄栖一》:“卷句冰团大,炉烟枥橛粗。”

櫨 〔lú《广韵》落胡切,平模,來。〕❶树木名。即黄栌。落叶灌木。叶卵形,花初夏开,树皮可作黄色染料。温庭筠《病中书怀呈友人》:“苇花纶虎落,松瘿斗栾栌。”❷即斗栱。见“欂櫨”。

櫬 〔chèn《广韵》初覲切,去震,初。〕套棺中之内棺。亦泛指棺材。杜甫《哭李尚书》:“客亭鞍马绝,旅榇网虫悬。”廖有力有《题旅榇》。许浑《伤故湖州李郎中》:“政成身没共兴衰,乡路兵戈旅榇回。”赵嘏《哭李暹》:“唯有山僧与樵客,共舁孤榇入幽坟。”

欅 〔jǔ《广韵》居許切,上語,見。〕树木名。见“欅柳”。

【欅柳】 树木名。榆科。落叶乔木。种子可榨油。杜甫《凭韦少府班觅松树子》:“落落出群非榉柳,青青不朽岂杨梅。”

櫻 〔yǐng 汝耿切,上耿,娘。〕见“櫻子”。

【櫻子】 树木名。可制手杖。皮日休《茶中杂咏·茶人》:“庭从櫻子遮,果任獳师虏。”

櫳 〔lóng《广韵》盧紅切,平東,來。〕窗棂。亦代指窗户。太宗《置酒坐飞阁》:“余花攒镂槛,残柳散雕栊。”杜甫《牵牛织女》:“膳夫翊堂殿,鸣玉凄房栊。”薛存诚《华清宫望幸》:“肃穆瞻云辇,深沉闭绮栊。”韦庄《贵公子》:“流水带花穿巷陌,夕阳和树入帘栊。”

櫼 〔xī《集韵》虛宜切,平支,曉。〕舀水之瓢或勺。陆龟蒙《袭美先辈以龟蒙所献五百言见和再抒鄙怀用伸酬谢》:“抽书乱签帙,酌茗烦瓯櫼。”

櫩 〔yán《广韵》餘廉切,平鹽,以。〕同“檐”。屋檐。亦指檐下之走廊。储光羲《昭圣观》:“扶橑尽蟠木,步檐多画櫩。”

十七画

權 〔quán《广韵》巨員切,平仙,羣。〕❶秤锤。称物体重量之器具。见“權衡❶”。❷称量;衡量。见“權衡❷”。❸平衡;相称。韩愈《杂诗四首》之三:“束蒿以代之,小大不相权。”❹权力;权位。刘长卿《瓜洲驿奉饯张侍御使之岭南》:“异议那容直,专权本畏弹。”杜甫《冬狩行》:“况今摄行大将权,号令颇有前贤风。”舒元舆《八月五日中部官舍读唐历天宝已来追怆故事》:“杨李盗吏权,贪残日狼籍。”柳曾《险竿行》:“重于权者失君恩,落向天涯海边去。”❺权门。有权势之人。元稹《阳城驿》:“避权如避虎,冠豸如冠猴。”白居易《秋池二首》之二:“有似泛泛者,附离权与贵。”❻执掌,秉持。喻凫《送越州高录事》:“官曹权纪纲,行李半舟航。”齐己《乱后江西过孙鲂旧居因寄》:“寰区有主权兵器,风月无人掌桂香。”❼计谋;谋略。见“權略”。❽暂且,权且。杜甫《两当县吴十侍御江上宅》:“上官权许与,失意见迁斥。”元稹《虫豸诗·蟆子》之二:“晦景权藏毒,明时敢噬人。”卢延让《哭李郢端公》:“北固暴亡兼在路,东都权葬未归茔。”❾通“顴”。顴骨。韩愈《送僧澄观》:“有僧来访呼使前，伏犀插脑高颊权。”

【權二】 指权自挹。自挹曾任南和、宝鼎二县尉，仓部员外郎、集贤院待制。见权德舆《故朝议郎行尚书省仓部员外集贤院待制权府君（自挹）墓志铭》。王维有《送权二》。《文苑英华》卷二六八作“權三”。

【權三】 指权骅。皇甫冉有《途中送权三兄弟》，注：“一作《送权骅》。”《文苑英华》卷二七二收皇甫冉《送权骅》。皇甫冉《赠别》校云：“一作《赠寄权三客舍》。”

【權士繇】 指权皋。见《旧唐书·权德舆传》。独孤及有《癸卯岁赴南丰道中闻京师失守寄权士繇韩幼深》。

【權且】 姑且，暂且。吕岩《七言》之一〇四：“一领布裘权且当，九天回日却归还。”

【權臣】 掌重权有势力之大臣。多指弄权势之臣。储光羲《奉和韦判官献侍郎叔除河东采访使》：“丑正在权臣，建旆千里外。”任华《寄李白》：“权臣妒盛名，群犬多吠声。”皮日休《七爱诗·李翰林》：“权臣妒逸才，心如斗筲窄。”周昙《咏史诗·秦门·胡亥》：“权臣为乱多如此，亡国时君不自知。”

【權利】 权势与财利。李华《云母泉诗》序：“天宝中，与华同为谏官，公性与道合，忽于权利。”

【權兵】 执掌兵权。张祜《感河上兵》：“一闻河塞上，非是欲权兵。”周昙《咏史诗·六朝门·苻坚》：“宾擒敌国诸戎主，更遣权兵过在谁。”

【權位】 权势与地位。薛逢《君不见》：“人生倏忽一梦中，何必深深固权位。”徐铉《送薛少卿赴青阳》：“功名与权位，悠悠何用夸。”

【權奇】 形容马卓异不凡。见《汉书·礼乐志》。杨师道《咏马》：“宝马权奇出未央，雕鞍照曜紫金装。”薛曜《舞马篇》：“咀衔拉铁并权奇，被服雕章何陆离。”高适《画马篇》：“马行不动势若来，权奇蹴踏无尘埃。”李群玉《骢马》：“浮云何权奇，绝足世未知。”

【權別駕】 指权若讷。若讷曾为彭州别驾。见权德舆《唐故通议大夫棹州诸军事梓州刺史上柱国权公（若讷）文集序》（《全唐文》卷四九三）。

【權侍郎】 指权德舆。德舆贞元十八年任礼部侍郎。崔邠有《礼部权侍郎阁老史馆张秘监阁老有离合酬赠之什宿直吟玩聊继此章》。

【權舍人】 指权璩。权德舆子。璩曾官中书舍人，贬阆州刺史。后徙郑州，见《新唐书·权德舆传》。刘禹锡有《酬郑州权舍人见寄十二韵》。

【權門】 有权势之豪门。杜甫《韦讽录事宅观将军画马图》：“贵戚权门得笔迹，始觉屏障生光辉。”冯著《行路难》：“行路难，权门慎勿干，平人争路相摧残。”韩愈《庭楸》：“客来尚不见，肯到权门前。”罗邺《伤侯第》：“世间荣辱半相和，昨日权门今雀罗。”

【權門要路】 权家之门和津要之路。喻指有权势之地位与要职。白居易《闲卧有所思二首》之二：“权门要路是身灾，散地闲居少祸胎。”刘威《赠欧阳秀才》：“权门要路应行遍，闲伴山夫一夜贫。”

【權柄】 可以把持操纵之权力。杜甫《太子张舍人遗织成褥段》：“掌握有权柄，衣马自肥轻。”

【權相公】 （相 xiàng）指权德舆。德舆元和五年拜礼部尚书、平章事，见《旧唐书》本传。杨巨源有《和权相公南园闲涉寄广宣上人》。

【權要】 有权势居要位之人。杜甫《三韵三篇》之三：“名利苟可取，杀身傍权要。”

【權宜】 指临时应急之措施。杜甫《奉送韦中丞之晋赴湖南》：“宠渥征黄渐，权宜借寇频。”

【權時】 暂时。寒山《诗三百三首》之二〇四：“张王李赵权时姓，六道三途事似麻。”

【權略】 犹谋略。周昙《咏史诗·春秋战国门·荆轲》：“有心为报怀权略，可在于期与地图。”

【權貴】 权门贵族。李白《梦游天姥吟留别》：“安能摧眉折腰事权贵，使我不得开心颜。”岑参《送张秘书充刘相公通汴河判官便赴江外觐省》：“长安多权贵，珂珮声珊珊。”元稹《元和五年予官不了罚俸西归思怆曩游因投五十韵》：“长安车马客，倾心奉权贵。”

【權詐】 权谋诡作。韩愈《县斋有怀》：“人情忌殊异，世路多权诈。”

【權勢】 ❶权位与势力。孟浩然《秦中苦雨思归赠袁左丞贺侍郎》：“岂直昏垫苦，亦为权势沈。”杜甫《狂歌行赠四兄》：“兄将富贵等浮云，弟切功名好权势。”韩愈《晚秋郾城夜会联句》：“名声载揄扬，权势实熏灼。”❷有权有势之人。高适《东平留赠狄司马》：“谁谓纵横策，翻为权势干。”高骈《留别彰德军从事范校书》：“未出尘埃真落魄，不趋权势正因循。”

【權豪】 指有权势之人家。沈佺期《答魑魅代书寄家人》：“凶竖曾驱策，权豪岂易当。”韦应物《送李十四山东游》：“权豪非所便，书奏寝禁门。”白居易《寄唐生》：“不惧权豪怒，亦任亲朋讥。”卢延让《樊川寒食二首》之一：“寒食权豪尽出行，一川如画雨初晴。”

【權衡】 ❶秤锤与秤杆。衡量轻重之器具。喻指评判事物之标准。高退之《和主司王起》：“葑菲采时皆有道，权衡分处且无情。”邵谒《少年行》：“以目为水鉴，以心作权衡。”❷衡量；评判。齐己《寄吴拾遗》：“新竹将谁榷重轻，皎然评里见权衡。”无名氏《人不易知》：“权衡谅匪易，愚智信难移。”❸指权力。李白《古风》之二四：“白日曜紫微，三公运权衡。”

【權輿】 起始；原始。张说《唐享太庙乐章·大政舞》：“于赫元命，权舆帝文。”钱起《奉和中书常舍人晚秋集贤院即事》:“典坟探奥旨,造化睹权舆。”

【權謀】　权变;智谋。王昌龄《箜篌引》:“篦读兵书尽冥搜,为君掌上施权谋。”

【權變】　权衡情况而随机应变。周昙《咏史诗·春秋战国门·再吟智伯》:“徒逞威强称智伯,不知权变是愚人。”

櫺　〔líng《广韵》郎丁切,平青,來。〕窗户上之木格。章孝标《游云际寺》:“尘埃辞马尾,城阙入窗棂。”李商隐《寄太原卢司空三十韵》:“月色来侵幌,诗成有转櫺。”皮日休《奉和鲁望四明山九题·石窗》:“棂中空吐月,扉际不扃霞。”

【櫺軒】　有窗格之檐廊。羊士谔《九月十日郡楼独酌》:“棂轩一尊泛,天景洞虚碧。”

【櫺檻】　(—jiàn)有雕花格子之栏槛。柳宗元《游南亭夜还叙志七十韵》:“留连俯棂槛,注我壶中醪。”

櫻　〔yīng《广韵》烏莖切,平耕,影。〕❶樱桃树。王维《送钱少府还蓝田》:“每候山樱发,时同海燕归。”羊士谔《登郡前山》:“洛阳归客滞巴东,处处山樱雪满丛。”白居易《酬韩侍郎张博士雨后游曲江见寄》:“小园新种红樱树,闲绕花行便当游。”❷指樱桃果实。薛能《荔枝诗》:“颗如松子色如樱,未识蹉跎欲半生。”韦庄《李氏小池亭十二韵》:“花落鱼争唼,樱红鸟竞鸽。”又《题汧阳县马跑泉李学士别业》:“西园夜雨红樱熟,南亩清风白稻肥。”❸指樱桃花或樱花。元稹《春月》:“雪含樱绽蕊,珠蹙桃缀房。”白居易《春风》:“春风先发苑中梅,樱杏桃梨次第开。”

【櫻花】　花木名。蔷薇科,落叶乔木。为著名观赏植物。亦指樱桃树之花。李商隐《无题四首》之四:“何处哀筝随急管,樱花永巷垂杨岸。”薛能《赠歌者》:“听时坐部音中有,唱后樱花叶里无。”

【櫻珠】　颗粒较小之樱桃。因其圆小似珠,故称。温庭筠《偶题》:“红垂果蒂樱桃重,黄染花丛蝶粉轻。”

【櫻桃】　❶果木名。蔷薇科,落叶小乔木。丁仙芝《余杭醉歌赠吴山人》:“城头坎坎鼓声曙,满庭新种樱桃树。”张谓《春园家宴》:“樱桃解结垂檐子,杨柳能低入户枝。”李贺《美人梳头歌》:“背人不语向何处,下阶自折樱桃花。”温庭筠《生禖屏风歌》:“宜男漫作后庭草,不似樱桃千子红。”❷指樱桃树之果实。顾况《樱桃曲》:“遥知寝庙尝新后,敕赐樱桃向几家。”王建《春词》:“良人朝早半夜起,樱桃如珠露如水。”元稹《追昔游》:“醉摘樱桃投小玉,懒梳丛鬓舞曹婆。”❸喻指女子之口。李商隐《赠歌妓二首》之一:“红绽樱桃含白雪,断肠声里唱阳关。”白居易《杨柳枝二十韵》:“口动樱桃破,鬟低翡翠垂。”韩偓《袅娜》:“著词暂见樱桃破,飞盏遥闻荳蔻香。”南唐后主李煜《一斛珠》:“一曲清歌,暂引樱桃破。”

【櫻桃會】　樱桃花开时之欢会。白居易《天寒晚起引酌咏怀寄许州王尚书汝州李常侍》:“相思莫忘樱桃会,一放狂歌一破颜。”

【櫻桃顆】　喻指女子小而红圆之口。赵鸾鸾《檀口》:“衔杯微动樱桃颗,咳唾轻飘茉莉香。”

【櫻筍時】　指暮春樱桃与春笋上市之时节。郑谷《自贻》:“恨抛水国荷蓑雨,贫过长安樱笋时。”齐己《寄倪署郎中》:“帝乡久别江乡住,椿笋何如樱笋时。”

【櫻筍】　樱桃与春笋。薛能《晚春》:“赖指清和樱笋熟,不然愁杀暮春天。”陆龟蒙《奉和袭美所居首夏水木尤清适然有作次韵》:“亦以鱼虾供熟鹭,近缘樱笋识邻翁。”

【櫻筍會】　席上有樱桃与春笋之宴会。韩偓《湖南绝少含桃偶有人以新摘者见惠感事伤怀因成四韵》:“苦笋恐难同象匕”自注:“秦中为樱笋之公,乃三月也。”

【櫻蕊】　樱花之花蕊,代指樱花。李群玉《春日寄友》:“晴气熏樱蕊,丰蒙雪满林。”

欃　〔chán《广韵》士咸切,平咸,崇。〕星名。即欃枪星,亦名彗星。孟郊《寒溪》之五:“天欃徒昭昭,箕舌虚龂龂。”

【欃槍】　星名。即彗星。古代以为凶星,主灾乱。故常以喻邪恶势力。孙逖《丹阳行》:“中原悠悠几千里,欲扫欃枪未云已。”杜甫《魏将军歌》:“欃枪荧惑不敢动,翠蕤云旓相荡摩。”刘禹锡《平齐行二首》之一:“牙门大将有刘生,夜米射落欃枪星。”殷文圭《省试夜投献座主》:“混沌分来融间气,欃枪灭处炫文星。”

欄　〔lán《广韵》落干切,平寒,來。〕❶围养家畜之圈。温庭筠《烧歌》:“废栈豕归栏,广场鸡啄粟。”❷栅栏。张说《同赵侍御巴陵早春作》:“水苔共绕留乌石,花鸟争开斗鸭栏。”韩愈《戏题牡丹》:“长年是事皆抛尽,今日栏边暂眼明。”刘言史《江陵客舍留别樊尚书》:“委栏芳蕙晚,凭几雪髫垂。”许棠《题甘露寺》:“满栏皆异药,到顶尽飞桥。”❸栏杆。李嘉祐《润州杨别驾宅送蒋九侍御收兵归扬州》:“羡归丞相阁,空望旧门栏。”杨巨源《夏日苦热同长孙主簿过仁寿寺纳凉》:“淹驾殊未还,朱栏敞虚碧。”滕潜《风归云二首》之一:“金井栏边见羽仪,梧桐枝上宿寒枝。”

【欄干】　同“欄杆”。崔颢《虞姬篇》:“白玉栏干金作柱,楼上朝朝学歌舞。”包何《和孟虔州闲斋即事》:“睥睨临花柳,栏杆枕芰荷。”顾况《苔藓山歌》:“崄峭嵌空潭洞寒,小儿两手扶栏杆。”黄巢《自题像》:“天津桥上无人识,独倚栏杆看落晖。”

【欄杆】 走廊、桥面或险道边之遮拦物，多以竹或木纵横交错构成。白居易《和李相公留守题漕上新桥六韵》："影定栏杆倒，标高华表齐。"皮日休《夜会问答十》之十："倚栏杆处独自立，青翰何人吹玉箫。"徐仲雅《宫词》："一把柳丝收不得，和风搭在玉栏杆。"

【欄楯】 栏杆。栏杆之横木称楯。陆龟蒙《纪梦游甘露寺》："峨天一峰立，栏楯横半壁。"

【欄梘】 栏槛，栏杆。梘，栏杆上之木格。吴少微《和崔侍御日用游开化寺阁》："渐出栏梘外，万里秋景焯。"

【欄檻】 栏杆。栏杆之纵者称槛。陈子昂《夏日晖上人房别李参军崇嗣》序："帘帷后辟，拂鹦鹉之香林；栏槛前开，照芙蓉之绿水。"刘兼《西斋》："莫恨移来栏槛远，譬如元本此间生。"孙鲂《主人司空后亭牡丹》："栏槛为良援，亭台是四邻。"

【欄藥】 栅栏中之芍药、牡丹。元稹《答姨兄胡灵之见寄五十韵》："观松青黛笠，栏药紫霞英。"自注："开元观古松五株，靖安宅牡丹数本，皆曩时游行之地。"李商隐《日高》："水精眠梦是何人，栏药日高红髲鬌。"

十九画

欑 〔cuán《集韵》徂丸切，平桓，從。〕密聚，丛集。元稹《和东川李相公慈竹十二韵》："矛攒有森束，玉粒无蹉跎。"

欒 〔luán《广韵》落官切，平桓，來。〕❶房屋建筑中置于柱顶与梁之间的短木。其曲如弓形者，即斗拱中之栱。见"欒櫨"。❷圆。伊用昌《望江南词咏鼓》："江南鼓，梭肚两头栾。"

【欒城驛】 驿馆名。在唐河北道赵州栾城县，即今河北栾城。杜荀鹤有《宿栾城驿却寄常山张书记》。

【欒櫨】 即斗拱。房屋中柱顶承梁之木。上端方木为栌，即斗；下端曲木为栾，即拱。刘禹锡《武陵观火诗》："腾烟透窗户，飞焰生栾栌。"李渤《南溪诗》序："其洞室并乳溜凝化，诡势奇状，俯而察之，如伞如盖，如栾栌支撑，如莲蔓藻井。"温庭筠《病中书怀呈友人》："苇花纶虎落，松瘿斗栾栌。"

二十画

欔 〔jué《集韵》厥縛切，入藥，見。〕四齿耙。《武后长寿元年民间谣》(《全唐诗》卷八七八)："欔槌侍御史，碗脱侍中郎。"《资治通鉴·则天皇后长寿元年》引此谣："欔槌"作"欋椎"，注云："《释名》曰：'齐鲁谓四齿耙为欋。'"

二十三画

欙 同"欒"。柱顶承梁间之短木。元稹《虫豸诗·蚁子》之二："敢惮欙栋蠹，深藏柱石倾。"

【欙楝】 屋梁与承梁间之短木。元稹《虫豸诗·蚁子》序："巴蚁众而善攻栋栋，往往木容完具，而心节朽坏。"

欠　部

欠 〔qiàn《广韵》去劍切，去梵，溪。〕❶倦时张口呵气。韩愈《读东方朔杂事》："噫欠为飘风，濯手大雨沱。"原注："聚气为噫，张口为欠。"❷亏欠。孟郊《悼幼子》："负我十年恩，欠尔千行泪。"皮日休《更次来韵寄鲁望》："萧萧红叶掷苍苔，玄晏先生欠一杯。"❸辜负。白居易《岁暮寄微之三首》之二："唯欠结庐嵩洛下，一时归去作闲人。"❹少，缺少。包何《相里使君第七男生日》："荀氏八龙唯欠一，桓山四凤已过三。"白居易《与梦得沽酒闲饮且约后期》："共把十千沽一斗，相看七十欠三年。"雍陶《自蔚州南入真谷有似剑门因有归思》："马上欲垂千里泪，耳边唯欠一声猿。"韩偓《屐子》："南朝天子欠风流，却重金莲轻绿齿。"❺不如。施肩吾《大堤新咏》："行路少年知不知，襄阳全欠旧来时。"

【欠伸】 打呵欠，伸懒腰。柳宗元《读书》："欠伸展肢体，吟咏心自愉。"白居易《和微之诗二十三首·和尝新酒》："举臂一欠伸，引琴弹秋思。"又《江上对酒二首》之二："坐稳便箕踞，眠多爱欠伸。"

【欠負】 亏欠。寒山《诗三百三首》之一五九："欠负他人钱，蹄穿始惆怅。"李山甫《下第献所知三首》之一："青桂本来无欠负，碧霄何处有因依。"

二　画

次 〔cì《广韵》七四切，去至，清。〕❶按顺序叙事时，后项相对前项称次。杜甫《新安吏》："府帖昨夜下，次选中男行。"白居易《答微之见寄》："可怜风景浙东西，先数余杭次会稽。"陆龟蒙《读襄阳耆旧传因作诗五百言寄皮袭美》："次补荀孟垣，所贵亡罅漏。"韩偓《雨中》："疏滴下高枝，次打欹低叶。"❷次序；顺序。张说《伯奴边见归田赋因投赵侍御》："放言久无次，触兴感成篇。"杜甫《鸡》："殊方听有异，失次晓无惭。"刘禹锡《游桃源一百韵》："观者皆失次，惊追纷络绎。"❸依次。元结《漫歌八曲·故城东》："耕者我为先，耕者相次焉。"鲍溶《古意》："万里不言远，归书长相次。"温庭筠《夜宴谣》："飘飖戟带俨相次，二十四枝龙画竿。"许彬《归山夜发湖中》："响岳猿相次，翻空雁接连。"❹次于。谓降一等。卢纶《送邓州崔长史》："出山车骑次诸侯，坐领图书见督邮。"❺队列；行列。太宗《咏雨》："雁湿行无次，花沾色更鲜。"韩愈《新竹》："纵横乍依行，烂熳忽无次。"张祜《送李长史归涪州》："急滩船失次，叠嶂树无行。"❻职位；位置。苏源明《小洞庭洄源亭宴四郡太守诗》序："兹官吏安次而不易，彼人庶乐业而不迁，喜之哉。"项斯《题赠宣州亢拾遗》："坐次皷临水，门中独举杯。"《谶记·马殷浚城石碣篆》(卷八七五)："羊归穴，猴离次。"❼比并。杜审言《南海乱石山作》："乍将云岛极，还与星河次。"❽近旁；旁边。颜真卿《赠僧皎然》："秋意西山多，别岑萦左次。"常建《泊舟盱眙》："泊舟淮水次，霜降夕流清。"李绅《渡西陵十六韵》序："七年冬，十有三日，早渡浙江。寒雨方霖，军吏悉在江次。"❾傍；临近。杜甫《宿江边阁》："暝色延山径，高斋次水门。"刘禹锡《贾客词》："大艑浮通川，高楼次旗亭。"陆龟蒙《奉和袭美添渔具·渔庵》："结茅次烟水，用以资啸傲。"曹松《古塚》："代远已难问，累累次古城。"❿往；向。刘长卿《赠西邻卢少府》："时因杖藜次，相访竹林东。"司空曙《下武昌江行望涔阳》："悠悠次楚乡，楚口下涔阳。"⓫至；到。张说《至尉氏》："夕次阮公台，啸歌临爽垲。"孟浩然《适越留别谯县张主簿申屠少府》："朝乘汴河流，夕次谯县界。"韦应物《使云阳寄府曹》："百里次云阳，闾阎问漂溺。"白居易《发白狗峡次黄牛峡登高寺却望忠州》："白狗次黄牛，滩如竹节稠。"孟简《咏欧阳行周事》："有客西北逐，驱马次太原。"⓬在。卢仝《月蚀诗》："新天子即位五年，岁次庚寅。"⓭停，停留。王勃《饯韦兵曹》："征骖临野次，别袂惨江垂。"储光羲《安宜园林献高使君》："十里次舟楫，二桥交往来。"玄宗《巡省途次上党旧宫赋》序："爰因巡省，途次旧居，山川宛然，人事无间。"王武陵《宿慧山寺》序："戊辰秋八月，吴郡朱遐景自秦还吴，南次无锡。"窦弘余《广谪仙怨》序："车驾幸蜀，途次马嵬驿，六军不发，杨贵妃自尽，然后驾行。"⓮宿；留宿。韦应物《寄大梁诸友》："昨日次睢阳，今夕宿符离。"韩愈《此日足可惜题张籍》："黄昏次汜水，欲过无舟航。"刘禹锡《秋晚题湖城驿池上亭》："秋次池上馆，林塘照南荣。"白居易《和答诗十首》序："是夕足下次于山北寺，仆职役不得去，命季弟送行。"⓯宿处。韦应物《拟古诗十二首》之九："揽衣迷所次，起望空前庭。"⓰谓军队驻扎。徐彦伯《比干墓》："周发次商郊，冤骸悲莫殣。"李白《永王东巡歌十一首》之七:"王出三山按五湖,楼船跨海次陪都。"柳宗元《奉平淮夷雅表·皇武》之四:"度拜稽首,出次于东。"李商隐《重有感》:"窦融表已来关右,陶侃军宜次石头。"⓱时,时候。元稹《乐府古题·出门行》:"献珠龙王宫,值龙觅珠次。"喻凫《书怀》:"暮雨啼蛩次,凉风落木初。"陆龟蒙《江南二首》之二:"村边紫豆花垂次,岸上红梨叶战初。"李咸用《谢友生遗端溪砚瓦》:"寻常濡翰次,恨不到端溪。"齐己《谢炭》:"正拥寒灰次,何当惠寂寥。"⓲古代为了说明日、月、星的运行和节气的变换,把黄赤道附近一周按照由西向东的方向分为十二等分,叫十二次。许敬宗《奉和执契静三边应诏》:"星次绝轩台,风衢乖禹服。"储光羲《秦中守岁》:"众星已穷次,青帝方行春。"韩愈《月蚀诗效玉川子作》:"还汝月明,安行于次。"贾岛《寄华山僧》:"月落看心次,云生闭目中。"⓳量词。表示事物或动作出现的数量。元稹《祭退之》:"三次论诤退,其志亦刚强。"

【次山】 即诗人元结。元结,字次山。皇甫湜《题浯溪石》:"次山有文章,可惋只在碎。"

【次及】 依次而及。韩愈《元和圣德诗》:"次及其徒,体骸撑拄。"元稹《乐府古题·捉捕歌》:"次及清道涂,尽灭豺狼步。"

【次舍】 宿息。岑参《宿华阴东郭客舍忆阎防》:"次舍山郭近,解鞍鸣钟时。"

【次第】 ❶先后;次序;顺序。刘禹锡《同乐天和微之深春二十首》之十六:"秋千争次第,牵拽彩绳斜。"白居易《陈家紫藤花下赠周判官》:"藤花无次第,万朵一时开。"❷依次。刘禹锡《秋江晚泊》:"暮霞千万状,宾鸿次第飞。"白居易《三年除夜》:"以我年最长,次弟来称觞。"黄滔《省试一一吹竽》:"次第教单进,宫商乃异宜。"项斯《梦仙》:"次第引看行未遍,浮光牵入世间尘。"❸逐一;一个接一个。杜甫《哭李常侍峄二首》之二:"次第寻书札,呼儿检赠诗。"柳宗元《诏追赴都回寄零陵亲故》:"岸傍古堠应无数,次第行看别路遥。"白居易《朝归书寄元八》:"禅师与诗客,次第来相看。"周昙《咏史诗·春秋战国门·再吟》:"诸侯若解尊天子,列国何因次第亡。"❹不断。卢纶《送魏广下第归扬州》:"淮浪参差起,江帆次第来。"杨凌《秋原野望》:"客雁秋来次第逢,家书频寄两三封。"杨巨源《送人过卫州》:"纵横联句长侵晓,次第看花直到秋。"王涯《春游曲二首》之二:"上苑何穷树,花间次第新。"❺一一。刘禹锡《送僧仲剬东游兼寄呈灵澈上人》:"旧闻南方多长老,次第来入荆门道。"白居易《和微之诗·和知非》:"与君次第言,为我少留意。"姚合《宴光禄田卿宅》:"竹里开华馆,珍羞次第尝。"厉玄《缑山月夜闻王子晋吹笙》:"紫府参差曲,清宵次第闻。"崔涂《宿庐山绝顶山舍》:"一磴出林端,千峰次第看。"❻渐渐;逐渐。白居易《和答诗·和松树》:"八月白露降,槐叶次第黄。"皮日休《追和虎丘寺清远道士诗》:"玄猿行列归,白云次第散。"曹松《桂江》:"笋林次第添斑竹,雏鸟参差护锦囊。"荆浩《画山水图答大愚》:"恣意纵横扫,峰峦次第成。"❼纷纷。卢纶《玩春因寄冯卫二补阙戏呈李益》:"掖垣春色自天来,红药当阶次第开。"张籍《楚宫行》:"玉酒湛湛盈华觞,丝竹次第鸣中堂。"白居易《花下对酒二首》之一:"梅樱与桃杏,次第城上发。"又《别南溪二首》之一:"欲知别后留情处,手种岩花次第开。"韦庄《三用韵》:"铮鏦闻郢唱,次第发巴音。"❽一齐。刘禹锡《和浙西尚书闻常州杨给事制新楼因寄之作》:"文昌星象尽东来,油幕朱门次第开。"杜牧《过华清宫绝句三首》之一:"长安回望绣成堆,山顶千门次第开。"赵嘏《花园即事呈常中丞》:"山公仰尔延宾客,好傍春风次第开。"❾不久;转眼间。韩愈《落齿》:"余存二十余,次第知落矣。"白居易《观幻》:"次第花生眼,须臾烛过风。"李绅《城上蔷薇》:"蔷薇繁艳满城阴,烂熳开红次第深。"杜牧《长安雪后》:"秦陵汉苑参差雪,北阙南山次第春。"冯延巳《清平乐》词之三:"次第小桃将发,轩车莫厌频来。"❿意绪;头绪。李白《寄东鲁二稚子》:"念此失次第,肝肠日忧煎。"王建《白纻歌二首》之二:"美人醉起无次第,堕钗遗佩满中庭。"张籍《舟行寄李湖州》:"客愁无次第,川路重辛勤。"⓫规划;规矩。刘禹锡《宿诚禅师山房题赠二首》之二:"法为因缘立,心从次第修。"⓬估料;估计。刘禹锡《寄杨八寿州》:"圣朝方用敢言者,次第应须旧谏臣。"⓭犹种种,各种各样。元稹《哭女樊四十韵》:"欲寻方次第,俄值疾充盈。"

【次韻】 又名步韵。旧体诗的做法之一。根据别人诗词的原韵和原韵脚字作诗,先后次序须相同。元稹《上令狐相公诗启》:"稹与同门生白居易友善,居易雅能为诗,就中爱驱驾文字,穷极声韵,或为千言,或为五百律诗,以相投寄。"一说始于南北朝。见明焦竑《焦氏笔乘·次韵非始唐人》。元稹《酬乐天余思不尽加为六韵之作》:"次韵千言曾报答,直词三道共经纶。"

四 画

欣 〔xīn《广韵》許斤切,平欣,曉〕喜悦;欢乐。太宗《登三台言志》:"所欣成大厦,宏材伫渭滨。"孟浩然《陪李侍御访聪上人禅居》:"欣逢柏台友,共谒聪公禅。"戴叔伦《孤鸿篇》:"共欣相知遇,毕志同栖迟。"李商隐《水斋》:"多病欣依有道邦,南塘宴起想秋江。"周墀《贺王仆射放榜》:"虽欣月桂居先折，更羡春兰最后荣。”

【欣欣】 ❶喜悦欢乐貌。贾曾《祭汾阴乐章》：“神其醉止，欣欣乐康。”张说《唐封泰山乐章·豫和》之三：“帝欣欣，福穰穰。”王建《田家行》：“男声欣欣女颜悦，人家不怨言语别。”白居易《〗新乐府·昆明春》：“愿推此惠及天下，无远无近同欣欣。”❷草木生长茂盛貌；生意盎然貌。崔湜《登总持寺阁》：“处处风烟起，欣欣草木荣。”王维《赠裴十迪》：“欣欣春还皋，淡淡水生陂。”袁傪《喜陆侍御破石埭草寇东峰亭赋诗》：“欣欣夏木长，寂寂晚烟徐。”元稹《送友封》：“轻风略略柳欣欣，晴色空濛远似尘。”郑谷《咸通十四年府试木向荣》：“欣欣春令早，蔼蔼日华轻。”

【欣然】 ❶喜乐貌。钱起《赠李十六》：“忽听款扉响，欣然倒屣迎。”刘禹锡《浙西李大夫述梦四十韵》：“讽谏欣然纳，奇觚率尔操。”白居易《北窗三友》：“欣然得三友，三友者为谁。”唐彦谦《九日游中溪》：“欣然为之醉，乌帽危不堕。”❷生意盎然貌。羊士谔《小园春至偶呈吏部窦郎中》：“欣然发佳色，如喜东风还。”

【欣賞】 玩赏；赞赏。孟浩然《同卢明府早秋宴张郎中海亭》：“故园欣赏竹，为邑幸来苏。”

【欣懷】 谓心情欢畅。韦应物《秋集罢还途中作谨献寿春公黎公》：“时节乃来集，欣怀方载驰。”

六 画

欬 〔kài《广韵》苦愛切，去代，溪。〕咳嗽。皮日休《鲁望读襄阳耆旧传见赠五百言予次而赞之因而寄答亦诗人无言不酬之义也次韵》：“易政疾似欬，求贤甚于购。”

七 画

欶 〔shuò《广韵》所角切，入覺，生。〕吮吸。韩愈《纳凉联句》：“车马获同驱，酒醪欣共欶。”

欷 〔xī《广韵》香衣切，平微，曉。又許既切，去未，曉。〕叹息声。张说《唐享太庙乐章·凯安三首》之二：“降循轩陛，仰欷皇情。”王维《酬诸公见过》：“还复幽独，重欷累叹。”韩愈《雪后寄崔二十六丞公》：“朝欷暮唶不可解，我心安得如石顽。”齐己《荆渚病中因思匡庐遂成三百字寄梁先辈》：“相随几汩没，不了堪欷歔。”

欲 〔yù《广韵》餘蜀切，入燭，以。〕❶贪欲。张说《岳州夜坐》：“息心观有欲，弃知返无名。”崔颢《赠怀一上人》：“帝曰我上人，为除膻腥欲。”李白《空城雀》：“天命有定端，守分绝所欲。”白居易《秋居书怀》：“尽日方寸中，澹然无所欲。”❷欲望，愿望。张谓《读后汉逸人传二首》之二：“万物从所欲，吾心亦如此。”韩愈《送诸葛觉往随州读书》：“今子从之游，学问得所欲。”张籍《妾薄命》：“人生各各有所欲，讵得将心入君腹。”李商隐《人欲》：“人欲天从竟不疑，莫言圆盖便无私。”冯著《燕衔泥》：“井旁写水泥自足，衔泥上屋随尔欲。”❸想要；希望。杜易简《湘川新曲二首》之一：“本欲凌波去，翻为目成留。”高适《赠别晋三处士》：“爱君且欲君先达，今上求贤早上书。”元稹《有酒十章》之十：“欲天泰而地宁，欲人康而岁熟。”李建勋《孤雁》：“欲食不敢食，合栖犹未栖。”❹将，将要。孟浩然《彭蠡湖中望庐山》：“淮海途将半，星霜岁欲穷。”刘禹锡《同留守王仆射各赋春中一物从一韵至七》：“春将半，天欲明。”许浑《咸阳城东楼》：“溪云初起日沈阁，山雨欲来风满楼。”张窈窕《春思二首》之一：“双燕不知肠欲断，衔泥故故傍人飞。”❺若，如。李白《长相思》：“日色已尽花含烟，月明欲素愁不眠。”杜甫《绝句二首》之二：“江碧鸟逾白，山青花欲燃。”❻初；开始。时间副词。表示动作刚刚开始。杜甫《赠李八秘书别三十韵》：“寇盗方归顺，乾坤欲晏如。”刘禹锡《始闻蝉有怀白宾客》：“人含不平意，景值欲秋时。”白居易《南园试小乐》：“小园斑驳花初发，新乐铮摐教欲成。”刘沧《江行书事》：“寒潮欲上泛萍藻，寄荐三闾情自哀。”❼已，已经。时间副词，表示动作的完成。孟浩然《除夜有怀》：“五更钟漏欲相催，四气推迁往复回。”鲍君徽《惜花吟》：“昨日看花花灼灼，今朝看花花欲落。”张籍《书怀寄王秘书》：“白发如今欲满头，从来百事尽应休。”白居易《五弦弹》：“曲终声尽欲半日，四坐相对愁无言。”韦庄《延兴门外作》：“王孙归去晚，宫树欲栖鸦。”❽正，方，恰。时间副词，表示动作正在进行。杨炯《出塞》：“塞外欲纷纭，雌雄犹未分。”杜甫《草堂》：“一国实三公，万人欲为鱼。”严维《咏孩子》：“绣被花堪摘，罗绷色欲妍。”独孤及《送相里郎中赴江西》：“火伏金气腾，昊天欲苍茫。”白居易《东南行一百韵》：“身方逐萍梗，年欲近桑榆。”❾且，暂且。陆龟蒙《秋日遣怀十六韵寄道侣》：“片石聊当枕，横烟欲代帘。”❿却。连词。表示转折。高适《酬司空璲少府》：“此时与君别，握手欲无言。”杨凭《海榴》：“海榴殷色透帘栊，看盛看衰意欲同。”吕温《久病初朝衢中即事》：“老马犹知路，羸童欲怕人。”

【欲界】 佛教语。为欲界、色界、无色界三界之一。以色欲、贪欲和财欲为其特征。后亦用以指尘世、人间。李绅《杭州天竺灵隐二寺顷岁亦布衣一游因追思为诗二首》之二：“鱼扁昼锁龙宫宝，雁塔高摩欲界金。”

【欲針】 佛教认为财、食、色、名誉、睡眠(也有指声欲、色欲、味欲、香欲、肉欲)五欲恼人，如针刺肤，故名。徐夤《闭门》："骨冷欲针先觉痛，肉顽频灸不成疮。"

欵 同"款"。

【欵别】 犹久别，阔别。曹唐《张硕重寄杜兰香》："皓月隔花追欵别，瑞烟笼树省淹留。"

【欵茅茨】 叩柴门。陆龟蒙《袭美先辈以龟蒙所献五百言既蒙见和复示荣唱再抒鄙怀用伸酬谢》："嘿坐无影响，唯君欵茅茨。"

【欵留】 谓殷勤留客。唐彦谦《索虾》："于时同相访，数日承款留。"

欸[1] 〔āi《广韵》烏開切，平咍，影。又於改切，上海，影。又許介切，去怪，曉。〕见"欸欸"。

欸[2] 〔ǎi〕见"欸$_2$乃""欸$_2$乃曲"。

【欸$_2$乃】 ❶象声词。状摇橹声。柳宗元《渔翁》："烟销日出不见人，欸乃一声山水绿。"❷即"欸乃曲"。元结《系乐府十二首·欸乃曲》："谁能听欸乃，欸乃感人情。"刘言史《潇湘游》："野花满髻妆色新，闲歌欸乃深峡里。"

【欸$_2$乃曲】 乐府曲名。约流行于唐代宗大历年间。元结作词。其《欸乃曲五首》序曰："大历丁未中，漫叟结为道州刺史，以军事诣都使。还州，逢春水，舟行不进，作欸乃五首，令舟子唱之，盖以取适于道路云。"形式为七言四句。又元结在《系乐府十二首》中另有《欸乃曲》一首，形式为五言十二句。

【欸欸】 叹气声。皮日休《正乐府十篇·卒妻怨》："谁知白屋士，念此翻欸欸。"

八　画

款 〔kuǎn《广韵》苦管切，上缓，溪。〕❶诚挚，诚恳。骆宾王《咏怀古意上裴侍郎》："为国坚诚款，捐躯忘贱贫。"又《代女道士王灵妃赠道士李荣》："许辈多情偏送款，为问春花几时满。"❷亲热；亲切。见"款话""款洽"。❸融洽。见"款交"。❹交谊，交好。王熊《奉别张岳州说二首》之二："不期交淡水，暂得款忘年。"❺叙说，倾诉。韦应物《与幼遐君贶兄弟同游白家竹潭》："已将芳景遇，复款平生忆。"杨衡《送郑丞之罗浮中习业》："何当真府内，重得款平生。"❻殷勤招待。萧翼《答辩才探得招字》："邂逅款良宵，殷勤荷胜招。"高适《酬庞十兵曹》："遂尔款津涯，净然见胸臆。"皎然《酬秦山人系题赠》："思山石藓净，款客露葵肥。"杜荀鹤《李昭象云与二三同人见访有寄》："贫舍款宾无别物，止于空战大尊罍。"唐彦谦《宿田家》："小心事延款，口余粮复匮。"❼访；拜访。韦应物《清都观答幼遐》："解组一来款，披衣拂天香。"又《怀素友子西》："往款良未遂，来觌旷无音。"❽归顺。杜甫《赠田九判官》："崆峒使节上青霄，河陇降王款圣朝。"马植《奉和白敏中圣道和平致兹休运岁终功就合咏盛明呈上》："舜德尧仁化犬戎，许提河陇款皇风。"亦指归附之诚意。张说《破阵乐词二首》之二："一鼓鲜卑送款，五饵单于解纷。"❾叩，敲。孟浩然《白云先生王迥见访》："有客款柴扉，自云巢居子。"韩愈《游青龙寺赠崔大补阙》："何人有酒身无事，谁家多竹门可款。"赵嘏《江边》："终日劳车马，江边款行扉。"韩偓《社后》："寂寥思晤语，何夕款柴关。"❿止，款留。骆宾王《早秋出塞寄东台详正学士》："兰渚浮延阁，蓬山款禁园。"李怀远《凤阁南厅槐树半生死虽遇阳和终呈枯朽感物缘情率尔为咏》："未能辞雨露，犹得款衣簪。"亦指临，临近。岑参《送许子擢第归江宁拜亲因寄王大昌龄》："建业控京口，金陵款沧溟。"⓫缓慢。元稹《舞曲歌辞·冬白纻歌》："吴宫夜长宫漏款，帘幕四垂灯焰暖。"冯延巳《抛球乐》词之二："款举金觥劝，谁是当筵最有情。"

【款冬花】 多年生草本植物。因于严冬开花，故名。花黄色，可入药。张籍《逢贾岛》："僧房逢着款冬花，出寺行吟日已斜。"李德裕《忆平泉杂咏·忆药栏》："未抽萱草叶，才发款冬花。"

【款曲】 ❶犹衷情，衷曲。韦应物《寄酬李博士永宁主簿叔厅见待》："解鞍先几日，款曲见新诗。"又《答库部韩郎中》："幸蒙相思札，款曲期见携。"❷真挚，诚恳。高适《同韩四薛三东亭月》："款曲故人意，辛勤清夜言。"白居易《郡斋暇日辱常州陈郎中使君早春晚坐水西馆书事诗十六韵见寄亦以十六韵酬之》："上申心款曲，下叙时坎坷。"又《答苏庶子》："款曲偏青眼，蹉跎各白头。"❸亲切，亲热。白居易《同微之赠别郭虚舟炼师五十韵》："款曲话平昔，殷勤勉衰羸。"❹款待；热情款待。苏颋《奉和圣制过晋阳宫应制》："款曲童儿佐，依迟故老言。"杜甫《赠王二十四侍御契四十韵》："追随不觉晚，款曲动弥旬。"高适《赠别王十七管记》："款曲鸡黍期，酸辛别离袂。"又《送萧十八与房侍御回还》："辛勤采兰咏，款曲翰林主。"❺殷勤。权德舆《端午日礼部宿斋有衣服彩结之贶以诗还答》："寂寥斋画省，款曲擘香笺。"白居易《因梦有悟》："款曲数杯酒，从容一局棋。"又《酬思黯相公见过弊居戏赠》："停杯款曲语，上马复迟回。"顾敻《甘州子》词之三："绮筵散后绣衾同。款曲见韶容。"❻倾诉；细诉。张说《奉酬韦祭酒自汤还都经龙门北溪庄见贻之作》："欢言游览意，款曲望归心。"元稹《感梦》："殷勤平生事，款曲无不终。"白居易《张常侍池凉夜闲讌赠诸公》："留连池上酌，款曲城外意。"❼周详。柳宗元《首春逢耕者》："聊从田父言，款曲陈此情。"❽交谊。杜甫《湖城东遇孟云卿复归刘颢宅宿宴饮散因为醉歌》："且将款曲终今夕，休语艰难尚酣战。"元稹《酬窦校书二十韵》："款曲生平在，悲凉岁序迁。"

【款仰】 敬仰之情。崔璐有《览皮先辈盛制因作十韵以寄用伸款仰》，见《全唐诗》卷六三一。

【款行】 徐缓而行。韩愈《韶州留别张端公使君》："鸣笛急吹争落日，清歌缓送款行人。"鲍溶《淮南卧病感路群侍御访别》："一望青云感骢马，款行黄草出柴门。"

【款交】 至交，密友。骆宾王《咏云酒》："款交欣散玉，洽友悦沈钱。"

【款言】 谓倾诉衷肠。孟浩然《西山寻辛谔》："款言忘景夕，清兴属凉初。"

【款附】 诚心归附。元稹《和李校书新题乐府十二首·蛮子朝》："鸟道绳桥来款附，非因慕化因危悚。"

【款要】 真诚，真情。韩愈《病中赠张十八》："雌声吐款要，酒壶缀羊腔。"

【款段】 马行迟缓貌。借指马。见《后汉书·马援传》。李白《江夏赠韦南陵冰》："昔骑天子大宛马，今乘款段诸侯门。"韩翃《家兄自山南罢归献诗叙事》："枥中嘶款段，阶下引潺湲。"权德舆《送从弟广东归绝句》："夏云如火铄晨辉，款段羸车整素衣。"郑嵎《津阳门诗》："泥寒款段蹶不进，疲童退问前何为？"

【款洽】 亲密融洽。骆宾王《夏日游德州赠高四》序："遂得载披玉叶，款洽金兰，倾意气于一言，缔风期于千祀。"

【款逐】 缓慢相随。王建《宫词一百首》之五六："求守管弦声款逐，侧商调里唱伊州。"

【款款】 ❶真挚诚恳，诚恳忠贞貌。权德舆《崔四郎协律以诗见寄兼惠蜀琴因以酬赠》："泠泠响幽韵，款款寄遐心。"李商隐《今月二日不自量度辄以诗一首四十韵干渎尊严伏蒙仁恩俯赐披览复五言四十韵诗献上》："款款将除蠹，孜孜欲达聪。"❷喜乐貌。杜甫《喜观即到复题短篇二首》之一："泊船悲喜后，款款话归秦。"❸融洽貌。杜甫《送大理封主簿》："两家诚款款，中道许苍苍。"❹缓缓貌。杜甫《曲江二首》之二："穿花蛱蝶深深见，点水蜻蜓款款飞。"❺轻轻；轻柔。元稹《早春寻李校书》："款款春风澹澹云，柳枝低作翠栊裙。"❻象声词。元稹《何满子歌》："迢迢击磬远玲玲，一一贯珠匀款款。"

【款扉】 叩门。钱起《赠李十六》："忽听款扉响，欣然倒屣迎。"

【款話】 亲切叙谈。刘长卿《颍川留别司仓李万》："客里相逢款话深，如何歧路剩沾襟。"

【款塞】 (—sài)叩边塞之关。指外族前来通好或内附。见《史记·太史公自序》。张说《南中送北使二首》之二："和亲先是诈，款塞果为仇。"李华《咏史十一首》之二："单于骤款塞，武库欲销兵。"卢群《淮西席上醉歌》："江河潜注息浪，蛮貊款塞无尘。"宣宗《重阳锡宴群臣》："款塞旋征骑，和戎委庙贤。"

【款語】 亲切交谈。王建《题金家竹溪》："乡使到来常款语，还闻世上有功臣。"

【款缓】 放松，放慢。元稹《野节鞭》："春来信马头，款缓花前辔。"

【款顔】 面对面畅谈。孟浩然《湖中旅泊寄阎九司户防》："久别思款颜，承欢怀接袂。"钱起《赠汉阳隐者》："款颜行在役，幽兴惜今晨。"白居易《赠苏少府》："籍甚二十年，今日方款颜。"韩偓《离家》："款颜唯有梦，怨泣却无声。"

【款關】 ❶叩关。袁朗《饮马长城窟》："属国拥节归，单于款关入。"❷叩门。韦应物《答裴处士》："礼贤方化俗，闻风自款关。"元稹《春月》："款关一问讯，为我披衣裳。"

欺 〔qī《广韵》去其切，平之，溪。〕❶欺骗，欺诈。韩愈《谁氏子》："圣君贤相安可欺，乾死穷山竟何俟。"孟郊《择友》："不谄亦不欺，不奢复不溺。"白居易《读史五首》之四："人事虽可罔，天道终难欺。"贾岛《不欺》："上不欺星辰，下不欺鬼神。"❷欺辱，凌辱。杜甫《赠苏四徯》："肉食哂菜色，少壮欺老翁。"孟郊《乱离》："哀哀陆大夫，正直神反欺。"杜牧《咏袜》："五陵年少欺他醉，笑把花前出画裙。"张蠙《过萧关》："陇狐来试客，沙鹘下欺人。"❸胜过；压倒。白居易《奉和思黯相公以李苏州所寄太湖石奇状绝伦因题二十韵见示兼呈梦得》："精神欺竹树，气色压亭台。"裴夷直《奉和大梁相公同张员外重九日宴集》："酒清欺玉露，菊盛愧金风。"杜牧《长安杂题长句六首》之一："舐笔和铅欺贾马，赞功论道鄙萧曹。"皮日休《伤卢献秀才》："愍征新价欲凌空，一首堪欺左太冲。"❹遮蔽。韩愈《龊龊》："秋阴欺白日，泥潦不少干。"陆龟蒙《奉和袭美太湖诗·明月湾》："见说秋半夜，净无云物欺。"

【欺心】 昧着良心。司空图《偶书五首》之五："掩谤知迎吠，欺心见强颜。"

【欺侵】 欺压，侵凌。白居易《丘中有一士二首》之二："智愚与强弱，不忍相欺侵。"

【欺凌】　欺压，凌辱。李白《赠新平少年》："韩信在淮阴，少年相欺凌。"孙鲂《柳》之七："颠狂絮落还堪恨，分外欺凌寂寞人。"

【欺貳】　以多变的手段欺骗人。元结《寄源休》："时多尚矫诈，进退多欺贰。"

【欺詐】　以狡诈的手段骗人。元结《系乐府十二首·陇上叹》："父子忍猜害，君臣敢欺诈。"

【欺暗】　谓在无人见的暗处做昧心事。贾岛《重酬姚少府》："茫然九州内，譬如一锥立。"曹邺《读李斯传》："欺暗尚不然，欺明当自戮。"

【欺誣】　欺诈，蒙骗。卢仝《观放鱼歌》："明明刺史心，不欲与物相欺诬。"

【欺誑】　欺骗，诓骗。韩愈《岳阳楼别窦司直》："奸猜畏弹射，斥逐恣欺诳。"陆龟蒙《记事》："岁晏弗躬亲，何由免欺诳。"

【欺蔽】　欺骗，蒙蔽。韩愈《元和圣德诗》序："臣伏见皇帝陛下即位已来，诛流奸臣，朝廷清明，无有欺蔽。"

【欺謾】　欺诈，诓骗。寒山《诗三百三首》之二三七："岐路逞喽啰，欺谩一切人。"韩愈《谢自然诗》："逶迤不复振，后世恣欺谩。"又《崔十六少府摄伊阳以诗及书见投因酬三十韵》："为官不事职，厥罪在欺谩。"

攲　〔qī《集韵》丘奇切，平支溪。〕❶倾斜，歪斜。杜审言《度石门山》："道束悬崖半，桥攲绝涧中。"韩愈《寄崔二十六立之》："升阶揖侍郎，归舍日未攲。"卢纶《奉陪侍中游石笋溪十二韵》："攲松倚朱幰，广石屯油幕。"张乔《赠敬亭清越上人》："砌木攲临水，窗峰直倚天。"❷临；压。王建《武陵春日》："秦女洞桃攲涧碧，楚王堤柳舞烟黄。"李商隐《明禅师院酬从兄见寄》："霜露攲高木，星河压故园。"吴融《壁画折竹杂言》："枯缠藤，重攲雪。"❸通"倚"。斜倚，斜靠。司空曙《闲园书事招畅当》："闻蝉昼眠后，攲枕对蓬蒿。"卢络《梦白衣妇人歌词》："攲枕悄无言，月和残梦圆。"

【攲石】　倾斜的岩石。王建《温门山》："脱屐寻浅流，定足畏攲石。"郑巢《送人南游》："南京路悄然，攲石漱流泉。"

【攲危】　倾斜危险貌。元稹《答姨兄胡灵之见寄五十韵》："潦倒沉泥滓，攲危践矫衡。"

【攲坐】　斜着坐。畅当《军中醉饮寄沈八刘叟》："软沙攲坐稳，冷石醉眠醒。"

【攲枕】　倚枕而卧。司空曙《苦热》："长簟贪攲枕，轻巾懒挂头。"权德舆《感寓》："残雨倦攲枕，病中时序分。"白居易《重题》之三："遗爱寺钟攲枕听，香炉峰雪拨帘看。"

【攲冠】　倾斜着冠帽。形容人潇洒或风度高雅。李端《晚春过夏侯校书值其沉醉戏赠》："攲冠枕如意，独寝落花前。"李商隐《戏题枢言草阁三十二韵》："攲冠调玉琴，弹作松风哀。"

【攲冠豸】　同"攲冠"。冠豸，即獬豸冠。御史所戴。许棠《旅次滑台投献陆侍御》："霜台攲冠豸，赖许往来频。"

【攲眠】　斜倚而眠。权德舆《自桐庐如兰溪有寄》："满目归心何处说，攲眠搔首不胜情。"韩愈《喜侯喜至赠张籍张彻》："攲眠听新诗，屋角月艳艳。"李商隐《假日》："素琴弦断酒瓶空，倚坐攲眠日已中。"

【攲案】　即曲案。一种供休息的躺坐器具。太宗《帝京篇十首》之二："对此乃淹留，攲案观坟典。"

【攲烏紗】　同"攲冠"。乌纱，即乌纱帽。李商隐《安平公诗》："仲子延岳年十六，面如白玉攲乌纱。"

【攲斜】　倾斜。戴叔伦《同赋龙沙墅》："回转沙岸近，攲斜林岭重。"

【攲湖】　湖名。故址在今陕西蓝田。裴迪《辋川集·宫槐陌》："门前宫槐陌，是向攲湖道。"

【攲傾】　❶歪斜，歪倒。元稹《连昌宫词》："舞榭攲倾基尚在，文窗窈窕纱犹绿。"❷犹崎岖。孟郊《自叹》："古若不置名，道路无攲倾。"

【攲器】　一种盛水器。水少则倾，中则正，满则覆。故被人置于座右为戒。见《荀子·宥坐》。权德舆《郊居岁暮因书所怀》："就学缉韦编，铭心对攲器。"刘禹锡《奉和吏部杨尚书太常李卿二相公策免后即事述怀赠答十韵》："诫满澄攲器，成功别大垆。"

欽　〔qīn《广韵》去金切，平侵，溪。〕❶恭敬，尊敬。王绩《古意六首》之三："余灵寄明卜，复来钦所履。"玄宗《赐崔日知往潞州》："礼乐中朝贵，神明列郡钦。"高适《东平旅游奉赠薛太守二十四韵》："颂美驰千古，钦贤仰大猷。"姚合《赠王山人》："教演归恭敬，名标中外钦。"❷戒慎，谨慎。张说《奉和圣制赐诸州刺史应制以题坐右》："先言教为本，次言则是钦。"元稹《桐花》："征以节百事，奉事罔不钦。"❸敬佩，佩服。苏味道《始背洛城秋郊瞩目奉怀台中诸侍御》："回忆披书地，劳歌谢所钦。"蔡希寂《同家兄题渭南王公别业》："文章遥颂美，寤寐增所钦。"韩愈《韶州留别张端公使君》："久钦江总文才妙，自叹虞翻骨相屯。"李群玉《送处士自番禺东游便归苏台别业》："二陆文苑秀，岧峣怀所钦。"❹羡慕，仰慕。宋之问《浣纱篇赠陆上人》："钦子秉幽意，世人共称嗟。"李白《经下邳圯桥怀张子房》："我来圯桥上，怀古钦英风。"韩愈《送侯参谋赴河中幕》："提师十万余，四海钦风棱。"李建勋《赠赵学士》："常钦赵夫子，远作五侯宾。"❺愿，愿望。李峤《刘侍读见和山邸十篇重申此赠》："丘壑信多美，烟霞得所钦。"顾况《游子吟》："驰归百年内，唯愿展所钦。”杨衡《夷陵郡内叙别》：“礼娶嗣明德，同牢夙所钦。”

【欽州】 唐州名。武德四年置。治所在钦江县（今广西钦县东北钦江西北岸）。张说有《钦州守岁》，见《全唐诗》卷八九。

【欽若】 敬顺。则天皇后《唐大飨拜洛乐章·九和》：“祇荷坤德，钦若乾灵。”

【欽明】 敬肃明察。为对君主的颂词。见《书·尧典》。吴筠《览古十四首》之九：“汉景称钦明，滥罚犹如斯。”

【欽承】 恭敬地继承或承受。《郊庙歌辞·中宗祀昊天乐章·福和》：“钦承景福，恭托明禋。”《郊庙歌辞·武后享清庙乐章十首·第九彻俎》：“钦承景福，肃奉鸿休。”段文昌《享太庙乐章》：“明圣钦承，子孙千亿。”

【欽羡】 敬慕。任华《寄杜拾遗》：“英才特达承天眷，公卿无不相钦羡。”

九 画

㰹 〔xiān《广韵》許咸切，平咸，曉。〕见“㰹牙”。

【㰹牙】 山深貌。于鹄《山中访道者》：“㰹牙断行处，光滑猿猱迹。”

歇 〔xiē《广韵》許竭切，入月，曉。〕❶止，停止。岑参《经陇头分水》：“东西流不歇，曾断几人肠。”张南史《江北春望赠皇甫补阙》：“时看雨歇人归岫，每觉潮来树起风。”李涉《秋夜题夷陵水馆》：“三更浦上巴歌歇，山影沉沉水不流。”于濆《沙场夜》：“城上更声发，城下杵声歇。”❷休息。孟浩然《秋登兰山寄张五》：“时见归村人，沙行渡头歇。”刘禹锡《荆门道怀古》：“马嘶古道行人歇，麦秀空城野雉飞。”刘言史《春过赵墟》：“下马邯郸陌头歇，寂寥崩隧临车辙。”杜牧《池州送孟迟先辈》：“仲秋往历阳，同上牛矶歇。”❸尽；消失。李白《自金陵溯流过白璧山玩月达天门寄句容王主簿》：“川长信风来，日出宿雾歇。”刘禹锡《和浙西李大夫霜夜对月听小童吹觱篥歌依本韵》：“海门双青暮烟歇，万顷金波涌明月。”唐彦谦《和陶渊明贫士诗七首》之一：“一朝权势歇，欲退无所归。”田娥《携手曲》：“行乐逶迤念容色，色衰只恐君恩歇。”颜胄《适思》：“繁华扫地歇，蟋蟀充堂鸣。”❹凋枯，凋谢。陈子昂《与东方左史虬修竹篇》：“春木有荣歇，此节无凋零。”王维《山居秋暝》：“随意春芳歇，王孙自可留。”李白《月夜江行寄崔员外宗之》：“徒悲蕙草歇，复听菱歌愁。”独孤及《答李滁州见寄》：“愁看郡内花将歇，忍过山中月屡圆。”王瓒《冬日与群公泛舟焦山》：“今年寒复迟，众芳且未歇。”

【歇後】 参见“歇後語”。

【歇後語】 又名“歇下语”。“歇後”是用歇后法构成的一种熟语。即对于某一现成语句，省却其后面部分词语来表示被省却词语的意思。杜甫《热三首》之三：“十年可解甲，为尔一沾巾。”仇兆鳌注：“诗家用古人成句，有歇上歇下语，如张载诗‘泪下沾衣襟’，周洪正则云：‘行往两沾衣’。曹植诗‘歔欷涕沾巾’，杜诗则云：‘为尔一沾巾’。此是歇上语。又如用‘诒阙’而去‘孙谋’，用‘友于’而去‘兄弟’，此是歇下语。”唐时已有直接以“歇後”“歇後語”标题者。李涛有《答弟妇歇后语》，见《全唐诗》卷八七一。封抱一有《歇后》，见《全唐诗》卷八六九。

【歇馬】 休息；小驻。赵嘏《送张又新除温州》：“凝弦夜醉松亭月，歇马晓寻溪寺花。”

【歇息】 休息。白居易《偶作二首》之一：“战马春放归，农牛冬歇息。”

【歇滅】 熄灭；消失。包融《阮公啸台》：“灵光未歇灭，千载知仰慕。”刘复《长相思》：“何言一去瓶落井，流尘歇灭金炉前。”

【歇鞍】 犹歇马。谓休息；小驻。李白《秋日鲁郡尧祠亭上宴别杜补阙范侍御》：“歇鞍憩古木，解带挂横枝。”杜甫《飞仙阁》：“歇鞍在地底，始觉所历高。”

【歇薄】 谓人情淡薄。崔颢《邯郸宫人怨》：“非我今日独如此，古今歇薄皆共然。”

歃 〔shà《广韵》山洽切，入洽，生。又山輒切，入葉，生。〕饮。特指饮血。杜甫《草堂》：“中宵斩白马，盟歃气已粗。”

【歃血为盟】 歃血结盟。歃血，古代盟会时的一种仪式。即在盟约宣读后，为盟者以口微吸所杀牲畜之血以示诚意。天子用牛及马，诸侯用犬及猪，大夫以下用鸡。见《史记·平原君虞卿列传》及司马贞索引。贯休《东阳罹乱后怀王慥使君五首》之一：“砍毛淬剑虽无数，歃血为盟不到头。”

歈 〔yú《广韵》羊朱切，平虞，以。又度侯切，平侯，定。〕歌曲。虞世南《奉和幸江都应诏》：“虞琴起歌咏，汉筑动巴歈。”李白《春日陪杨江宁及诸官宴北湖感古作》：“新弦采梨园，古舞娇吴歈。”宋若华《嘲陆畅》：“双成走报监门卫，莫使吴歈入汉宫。”喻凫《和段学士对雪》：“惭于郢客坐，一此调巴歈。”

【歈兒】 歌童。以歌唱为生的少年。陆龟蒙《奉酬袭美先辈吴中苦雨一百韵》：“闲将歈儿唱，强倚帝子瑟。”

【歈謳】 吴地歌曲。李绅《过吴门二十四韵》：

"里吟传绮唱，乡语认歈讴。"

歆〔xīn《广韵》許金切，平侵，曉。〕❶嗅闻。谓鬼神享用祭品香气。玄宗《春晚宴两相及礼官丽正殿学士探得风字》序："神祇歆其禋祀，庠序阐其经术。"亦指鬼神食用、享用。李贺《神弦》："呼星召鬼歆杯盘，山魅食时人森寒。"温庭筠《病中书怀呈友人》："百神歆仿佛，孤竹韵含胡。"❷喜悦。见"歆然""歆唏"。

【歆唏】　犹悲喜。孟郊《晓鹤》："虚空梦皆断，歆唏安能禁。"

【歆然】　欣喜貌。刘禹锡《谒柱山会禅师》："静见玄关启，歆然初心会。"

【歆嗅】　谓神灵享受祀品。韩愈《南山诗》："尝闻于祠官，芬苾降歆嗅。"

十　画

歌〔gē《广韵》古俄切，平歌，見。〕❶歌唱。太宗《春日玄武门宴群臣》："娱宾歌湛露，广乐奏钧天。"李白《月下独酌四首》之一："我歌月裴回，我舞影零乱。"刘禹锡《酬乐天扬州初逢席上见赠》："今日听君歌一曲，暂凭杯酒长精神。"吴融《红白牡丹》："不必繁弦不必歌，静中相对更情多。"❷歌颂；赞美。张子容《长安早春》："咸歌太平日，共乐建寅春。"杜牧《奉和白相公圣德和平致兹休运岁终功就合咏盛明呈上三相公长句四韵》："吉甫裁诗歌盛业，一篇江汉美宣王。"梁补阙《赠米都知》："贪将乐府歌明代，不把清吟换好官。"❸喻指悦耳的鸟鸣声。孟浩然《晚春题远上人南亭》："春晚群木秀，间关黄鸟歌。"王维《早春行》："紫梅发初遍，黄鸟歌犹涩。"❹歌曲。骆宾王《从军中行路难二首》之一："朝驱疲斥候，夕息倦樵歌。"李商隐《楚宫》："歌成犹未唱，秦火入夷陵。"于邺《料谷道》："独忆紫芝叟，临风歌旧歌。"❺歌声。李白《忆旧游寄谯郡元参军》："清风吹歌入空去，歌曲自绕行云飞。"张祜《连昌宫》："龙虎旌旗雨露飘，玉楼歌断碧山遥。"杜牧《月》："三十六宫秋夜深，昭阳歌断信沈沈。"李商隐《陈后宫》："寿献金茎露，歌翻玉树尘。"❻作歌；写诗。骆宾王《丹阳刺史挽词三首》之三："短歌三献曲，长夜九泉台。"杜甫《南征》："百年歌自苦，未见有知音。"杜牧《张好好诗》："洒尽满襟泪，短歌聊一书。"❼古代诗体的一种。韩愈《辞唱歌》："乍可阻君意，艳歌难可为。"刘禹锡《魏宫词二首》之二："朝来乐府长歌曲，唱着君王自作词。"

【歌人】　歌唱者。李廓《长安少年行》之六："歌人踏日起，语燕卷帘飞。"施肩吾《酬张明府》："此时欲醉红楼里，正被歌人劝一杯。"殷尧藩《赠歌人郭婉二首》之一："石家金谷旧歌人，起唱花筵泪满巾。"

【歌工】　乐工。乐器演奏者。褚亮《享先农乐章·肃和》："歌工载登，币礼斯奠。"《郊庙歌辞·祀九宫贵神乐章·肃和》："歌工既奏，神位既秩。"包何《阙下芙蓉》："更对乐悬张宴处，歌工欲奏采莲声。"

【歌大風】　为歌咏帝王的典故。见《史记·高祖本纪》。太宗《过旧宅二首》之二："八表文同轨，无劳歌大风。"李白《春日陪杨江宁及诸官宴北湖感古作》："君王歌大风，如乐丰沛都。"

【歌巾】　歌女之巾。白居易《卢侍御小妓乞诗座上留赠》："郁金香汗裛歌巾，山石榴花染舞裙。"

【歌女】　以歌唱为业的女子。孟郊《晚雪吟》："甘为酒伶摈，坐耻歌女娇。"

【歌牛】　为失意求仕的典故。见《楚辞·屈原〈离骚〉》。高适《苦雪四首》之四："安能羡鹏举，且欲歌牛下。"

【歌月】　谓在月下吟歌。崔橹《春晚岳阳言怀二首》之二："何似不羁詹父伴，睡烟歌月老潺潺。"罗邺《南行》："鱼市酒村相识遍，短船歌月醉方归。"

【歌玉樹】　为咏荒淫亡国的典故。见《陈书·后主沈皇后传》。李白《月夜金陵怀古》："一闻歌玉树，萧瑟后庭秋。"

【歌曲】　❶指将诗歌与音乐相结合以供人歌唱的作品。寒山《诗三百三首》之一九三："久住寒山凡几秋，独吟歌曲绝无忧。"元结《闵荒诗》："当时有遗歌，歌曲太冤愁。"❷歌声。刘宪《奉和人日清晖阁宴群臣遇雪应制》："风寻歌曲飏，雪向舞行萦。"李白《忆旧游寄谯郡元参军》："清风吹歌入空去，歌曲自绕行云飞。"杜牧《鸳鸯》："锦机争织样，歌曲爱呼名。"

【歌行】　（—xíng）❶古代乐府诗。见明徐师曾《文体明辨序说·乐府》。杜甫《醉歌行赠公安颜少府请顾八题壁》："感君意气无所惜，一为歌行歌主客。"元稹《乐府古题序》："近代唯诗人杜甫悲陈陶、哀江头、兵车、丽人等，凡所歌行，率皆即事名篇，无复倚傍。"司空图《·赠詈光》："看师逸迹两师宜，高适歌行李白诗。"唐尧客《大梁行》："因之唁公子，慷慨此歌行。"❷一种民歌。刘禹锡《竹枝词九首》之三："桥东桥西好杨柳，人来人去唱歌行。"杜牧《咏歌圣德远怀天宝因题关亭长句四韵》："圣敬文思业太平，海寰天下唱歌行。"

【歌吟】　歌唱，吟咏。权德舆《酬南园新亭宴会璩新第慰庆之作时任宾客》："歌吟不能去，待此明月光。"孟郊《吊元鲁山》之六："当宵无关锁，竟岁饶歌吟。"白居易《白发》："歌吟终日如狂叟，衰疾多时似瘦仙。"韦庄《哭麻处士》："却到歌吟地，闲门草色中。"

【歌吹】　❶（—chuī）歌唱；吹奏。宋之问《奉使嵩山途经缑岭》:"侵星发洛城,城中歌吹声。"王翰《飞燕篇》:"长信忧人气欲绝,君王歌吹终不歇。"刘禹锡《太和戊申岁大有年诏赐百僚出城观秋稼谨书盛事以俟采诗者》:"欲反重城掩,犹闻歌吹声。"白居易《寒食月夜》:"南邻北里歌吹时,独倚柴门月中立。"❷(—chuì)歌声和奏乐声。岑参《潼关镇国军句覆使院早春寄王同州》:"不见征战功,但闻歌吹喧。"姚系《野居池上看月》:"应门当未曙,歌吹满昭阳。"陈羽《广陵秋夜对月即事》:"霜落寒空月上楼,月中歌吹满扬州。"刘驾《有感》:"将军半夜饮,十里闻歌吹。"

【歌伴】 歌唱之伴。指歌伎。白居易《忆杭州梅花因叙旧游寄萧协律》:"歌伴酒徒零散尽,唯残头白老萧郎。"又《五年秋病后独宿香山寺三绝句》之二:"饮徒歌伴今何在,雨散云飞尽不回。"

【歌妓】 以歌唱为业的女艺人。孟浩然《春中喜王九相寻》:"当杯已入手,歌妓莫停声。"杜甫《宴戎州杨使君东楼》:"座从歌妓密,乐任主人为。"刘真《七老会诗》:"临阶花笑如歌妓,傍竹松声当管弦。"张蠙《钱塘夜宴留别郡守》:"屏间佩响藏歌妓,幕外刀光立从官。"

【歌拍】 歌板的节奏。方干《海石榴》:"舞蝶似随歌拍转,游人只怕酒杯干。"

【歌板】 乐器名。即拍板。歌唱时用以击拍。李贺《酬答二首》之二:"试问酒旗歌板地,今朝谁是拗花人。"杜牧《八月十二日得替后移居霅溪馆因题长句四韵》:"万家相庆喜秋成,处处楼台歌板声。"

【歌來晚】 为称美地方官清正恤民的典故。见《后汉书·贾琮传》。高适《奉酬睢阳李太守》:"梁国歌来晚,徐方怨不留。"

【歌呼】 呼唱。权德舆《侍从游后湖宴坐》:"寿觞既频献,乐极随歌呼。"

【歌兒】 以歌唱为业的少年。岑参《醉后戏与赵歌儿》:"秦州歌儿歌调苦,偏能立唱濮阳女。"

【歌奏】 歌唱,演奏。李峤《中宗降诞日长宁公主满月侍宴应制》:"作新金箧里,歌奏玉筐前。"

【歌風臺】 台名。故址在今江苏沛县东泗水西岸。相传为当年汉高祖刘邦歌《大风歌》之处。后人因筑台立碑刻《大风歌》辞以为纪念。鲍溶《沛中怀古》:"烟芜歌风台,此是赤帝乡。"林宽有《歌风台》,见《全唐诗》卷六〇六。

【歌屏】 歌楼中的屏风。王勃《临高台》:"歌屏朝掩翠,妆镜晚窥红。"

【歌眉】 歌女之眉。刘禹锡《酬牛相公独饮偶醉寓言见示》:"歌眉低有思,舞体轻无骨。"白居易《赠晦叔忆梦得》:"酒面浮花应是喜,歌眉敛黛不关愁。"

【歌珠】 指圆润如串珠的歌声。卢郢《和李尚书命妓饯崔侍御》:"何郎载酒别贤侯,更吐歌珠宴庾楼。"

【歌唇】 歌女之唇。孟浩然《宴崔明府宅夜观妓》:"髻鬟低舞席,衫袖掩歌唇。"刘兼《再看光福寺牡丹》:"当筵芬馥歌唇动,倚槛娇羞醉眼斜。"

【歌哭】 或歌或哭。白居易《清明日登老君阁望洛城赠韩道士》:"风光烟火清明日,歌哭悲欢城市间。"亦指悲与欢。李商隐《赠赵协律晳》:"俱识孙公与谢公,二年歌哭处还同。"

【歌倡】 歌唱。乔知之《倡女行》:"文君正新寡,结念在歌倡。"

【歌笑】 歌唱笑乐。高适《邯郸少年行》:"宅中歌笑日纷纷,门外车马如云屯。"卢纶《焦篱店醉题》:"洛下渠头百卉新,满筵歌笑独伤春。"白居易《酬思黯戏赠同用狂字》:"慰老资歌笑,销愁仰酒浆。"李群玉《将游罗浮登广陵楞伽台别羽客》:"冥冥人间世,歌笑不足惜。"

【歌席】 歌舞筵席。王绩《益州城西张超亭观妓》:"落日明歌席,行云逐舞人。"李白《宫中行乐词八首》之七:"迟日明歌席,新花艳舞衣。"白居易《答皇甫十郎中秋深酒熟见忆》:"若许陪歌席,须容散道场。"杜牧《题桐叶》:"笑筵歌席反惆怅,明月清风怆别离。"徐铉《月真歌》:"我本山人愚且贞,歌筵歌席常无情。"

【歌酒】 歌声筵席。白居易《酬别周从事二首》之二:"洛下田园久抛掷,吴中歌酒莫留连。"又《皇甫郎中亲家翁赴任绛州宴送出城赠别》:"洛桥歌酒今朝散,绛路风烟几日行。"李涉《醉中赠崔膺》:"扬州歌酒不可追,洛神映箔湘妃语。"

【歌扇】 ❶艺伎歌舞时所用之扇。王绩《咏妓》:"早时歌扇薄,今日舞衫长。"李白《相逢行》:"衔杯映歌扇,似月云中见。"梁锽《狷氏子》:"含声歌扇举,顾影舞腰回。"崔备《奉陪武相公西亭夜宴陆郎中》:"尘随歌扇起,雪逐舞衣回。"❷借指歌舞艺伎。戴叔伦《暮春感怀》之一:"歌扇多情明月在,舞衣无意彩云收。"罗邺《题笙》:"好将宫徵陪歌扇,莫遣新声郑卫侵。"

【歌袖】 歌舞女子的衣袖。杜甫《数陪李梓州泛江有女乐在诸舫戏为艳曲二首赠李》之二:"白日移歌袖,清霄近笛床。"白居易《夜凉》:"舞腰歌袖抛何处,唯对无弦琴一张。"

【歌袖袂】 即歌袖。韩王李从善《蔷薇诗一首十八韵呈东海侍郎徐铉》:"晶荧歌袖袂,柔弱舞腰支。"

【歌脣】 同"歌唇"。

【歌雪】 为称美诗高雅的典故。见《文选·宋玉〈对楚王问〉》。白居易《宣州崔大夫阁老忽以近诗数十首见示吟讽之下窃有所喜因成长句寄题郡斋》:"忽惊歌雪今朝至,必恐文星昨夜还。”

【歌堂】 歌舞厅堂。虞世南《侍宴归雁堂》:“歌堂面渌水,舞馆接金塘。”刘禹锡《哭王仆射相公》:“歌堂忽暮哭,贺雀尽惊飞。”

【歌唱】 唱歌。陆龟蒙《京口与友生话别》:“功名思马援,歌唱咽羊昙。”

【歌啐】 唱催酒曲。啐,同“嗺”,指催酒曲。寒山《诗》之一四二:“衣单为舞穿,酒尽缘歌啐。”

【歌黃鵠】 为咏公主和亲的典故。见《汉书·西域传下·乌孙传》。杜甫《留花门》:“公主歌黄鹄,君王指白日。”

【歌魚】 为自伤怀才不遇的典故。见《战国策·齐策四》。杜牧《寄浙西李判官》:“唯念贤哉崔大让,可怜无事不歌鱼。”

【歌梁】 歌馆的屋梁。为称美歌声的典故。见《列子·汤问》。王勃《铜雀妓二首》之一:“舞席纷何就,歌梁俨未倾。”张说《伤妓人董氏四首》之四:“舞席沾残粉,歌梁委旧尘。”白居易《和梦游春诗一百韵》:“舞榭缀蟏蛸,歌梁聚蝙蝠。”裴延《隔壁闻奏伎》:“赖有歌梁合,尘飞一半来。”参见“歌塵”。

【歌喉】 ❶歌女的嗓子。李商隐《拟意》:“银河扑醉眼,珠串咽歌喉。”韩偓《偶见》:“愁来自觉歌喉咽,瘦去谁怜舞掌轻。”❷借指歌声。白居易《寄明州于驸马使君三绝句》之三:“何郎小妓歌喉好,严老呼为一串珠。”郑嵎《津阳门诗》:“迎娘歌喉玉窈窕,蛮儿舞带金葳蕤。”王揆《长沙六快诗》:“歌喉若珠累,舞腰如素束。”❸借指歌女。张祜《退宫人二首》之二:“歌喉渐退出宫闱,泣话伶官上许归。犹说入时欢圣寿,内人初著五方衣。”

【歌筒】 指箫、笛一类的管乐器。李贺《溪晚凉》:“层岫回岑复叠龙,苦篁对客吟歌筒。”

【歌筵】 歌舞筵席。李白《鲁中送二从弟赴举之西京》:“舞袖拂秋月,歌筵闻早鸿。”白居易《卧疾来早晚》:“酒瓮全生醭,歌筵半委尘。”张祜《听崔莒侍御叶家歌》:“宛罗重縠起歌筵,活凤生花动碧烟。”《水神·霅溪夜宴诗》(卷八六四):“吞声饮恨兮语无力,徒扬哀怨兮登歌筵。”

【歌詞】 歌曲的唱词。宋之问《奉和幸长安故城未央宫应制》:“乐思回斜日,歌词继大风。”白居易《新乐府·城盐州》:“谁能将此盐州曲,翻作歌词闻至尊。”姚合《赠张籍太祝》:“麟台添集卷,乐府换歌词。”杜牧《酬张祜处士见寄长句四韵》:“可怜故国三千里,虚唱歌词满六宫。”

【歌童】 以歌唱为生的儿童。韩愈《和武相公早春闻莺》:“春风红树惊眠处,似妒歌童作艳声。”

【歌詠】 ❶吟咏。李泌《奉和圣制中和节曲江宴百僚》:“慈恩匝寰瀛,歌咏同君臣。”白居易《霓裳羽衣歌》:“我爱霓裳君合知,发于歌咏形于诗。”崔玄亮《和白乐天》:“几人樽下同歌咏,数盏灯前共献酬。”李中《春日作》:“高台旷望处,歌咏属诗人。”❷歌唱。顾况《长安窦明府后亭》:“客至南云乡,丝桐展歌咏。”姚合《和厉玄侍御题户部李相公庐山西林草堂》:“行人尽歌咏,唯子独能诗。”黄滔《省试内出白鹿宣示百官》:“贵臣歌咏日,皆作白麟看。”邢象玉《古意》:“心神无俗累,歌咏有新声。”❸指诗歌。王维《奉和圣制登降圣观与宰臣等同望应制》:“佳气含风景,颂声溢歌咏。”张子容《赠司勋萧郎中》:“渔父留歌咏,江妃入兴词。”皮日休《襄州春游》:“等闲遇事成歌咏,取次冲筵隐姓名。”

【歌鼓】 为歌舞击鼓伴奏。李白《邯郸南亭观妓》:“歌鼓燕赵儿,魏姝弄鸣丝。”亦指歌乐声。韩愈《和裴仆射相公假山十一韵》:“终朝岩洞间,歌鼓宴宾戚。”

【歌節】 唱歌时拍板击打的节奏。白居易《郡斋旬假始命宴呈座客示郡寮》:“歌节点随袂,舞香遗在茵。”

【歌頌】 ❶歌唱颂扬。元结《系乐府十二首·下客谣》:“风声与时茂,歌颂万千年。”许浑《寄献三川守刘公》:“三川歌颂彻咸秦,十二楼前侍从臣。”叔孙玄观《洛出书》:“东都主人意,歌颂望乘舆。”❷指歌功颂德的诗文。杜审言《望春亭侍游应诏》:“小臣同酌海,歌颂答无为。”萧至忠《荐福寺应制》:“幸承歌颂末,长奉属车尘。”卢纶《送李尚书郎君昆季侍从归覲滑州》:“更说务农将罢战,敢持歌颂庆晨昏。”司空曙《秋日趋府上张大夫》:“谪吏何能沐风化。空将歌颂拜车前。”

【歌詩】 泛指诗歌与可以歌唱的乐府诗。杜甫《暮春江陵送马大卿公恩命追赴阙下》:“熏风行应律,湛露即歌诗。”严维《余姚祇役奉简鲍参军》:“歌诗盛赋文星动,箫管新亭晦日游。”白居易《自解》:“我亦定中观宿命,多生债负是歌诗。”顾云《苏君厅观韩干马障歌》:“杜甫歌诗吟不足,可怜曹霸丹青曲。”韦庄《乞彩笺歌》:“我有歌诗一千首,磨砻山岳罗星斗。”

【歌臺】 表演歌舞的台榭。许尧佐《石季伦金谷园》:“舞榭苍苔掩,歌台落叶繁。”李贺《李夫人歌》:“红壁阑珊悬佩珰,歌台小妓遥相望。”罗虬《比红儿诗》之七九:“休道将军出世才,尽驱诸妓下歌台。”

【歌榭】 表演歌舞的台榭。刘禹锡《和汴州令狐相公到镇改月偶书所怀》:“歌榭白团扇,舞筵金缕衫。”

【歌管】 ❶指歌唱奏乐。杜审言《宿羽亭侍宴应制》:“圣情留晚兴,歌管送余杯。”李元操《和从叔禄愔元日早朝》:“戈铤映林阙,歌管拂尘埃。”裴交泰《长门怨》:"一种蛾眉明月夜,南宫歌管北宫怨。"韩偓《中秋禁直》:"天衬楼台笼苑外,风吹歌管下云端。"❷指箫、笛等管乐声。李白《自代内赠》:"犹有旧歌管,凄清闻四邻。"李德裕《句·霜夜听小童薛阳陶吹笛》:"忽闻歌管吟朔风,精魂想在幽岩中。"杜牧《扬州三首》之三:"天碧台阁丽,风凉歌管清。"

【歌鳳】　为隐居避世或谓世道昏乱的典故。见《论语·微子》。鲍溶《寓兴》:"鲁圣虚泣麟,楚狂浪歌凤。"李商隐《赠送前刘五经映三十四韵》:"泣麟犹委吏,歌凤更佯狂。"陆龟蒙《袭美先辈以龟蒙所献五百言既蒙见和复示荣唱再抒鄙怀用伸酬谢》:"歌凤时不偶,获麟心益悲。"吴融《萧县道中》:"楚客早闻歌凤德,刘琨休更舞鸡声。"

【歌誦】　歌唱,吟诵。郑谷《兵部卢郎中光济借示诗集以四韵谢之》:"七子风骚寻失主,五君歌诵久无声。"

【歌塵】　为称赞歌声优美的典故。见《艺文类聚》卷四三引汉刘向《别录》。李峤《梅》:"妆面回青镜,歌尘起画梁。"刘沧《望未央宫》:"舞席歌尘空岁月,宫花春草满池塘。"郑谷《蜡烛》:"多情更有分明处,照得歌尘下燕梁。"刘兼《春宴河亭》:"舞袖逐风翻绣浪,歌尘随燕下雕梁。"

【歌閣】　歌楼。白居易《过元家履信宅》:"风荡宴船初破漏,雨淋歌阁欲倾欹。"参見"歌樓"。

【歌態】　歌女的情态。鲍溶《水殿采菱歌》:"采莲一声歌态长,青丝结眼捕鸳鸯。"张祜《孟才人叹》:"偶因歌态咏娇嚬,传唱宫中十二春。"

【歌樓】　表演歌舞的楼阁。李远《与碧溪上人别》:"明朝逢旧侣,唯拟上歌楼。"郑谷《赵璘郎中席上赋蝴蝶》:"书幌轻随梦,歌楼误采妆。"王衍《幸秦川上梓潼山》:"此去如登陟,歌楼路几千。"

【歌賦】　歌唱,吟诵。苏颋《奉和圣制途次旧居应制》:"愿陪歌赋末,留比蜀相如。"孟郊《与二三友秋宵会诒清上人院》之二:"琴樽互倾奏,歌赋相和谐。"

【歌舞】　❶歌唱和舞蹈。王勃《滕王阁》:"滕王高阁临江渚,佩玉鸣鸾罢歌舞。"钱起《长信怨》:"谁分昭阳夜歌舞,君王玉辇正淹留。"白居易《送徐州高仆射赴镇》:"离筵歌舞花丛散,候骑刀枪雪队迎。"汪遵《越女》:"苏台日夜唯歌舞,不觉干戈犯翠华。"❷且歌且舞,以示庆祝。骆宾王《在军登城楼》:"戎衣何日定,歌舞入长安。"孙逖《和上巳连寒食有怀京洛》:"行乐光辉寒食借,太平歌舞晚春饶。"

【歌舞人】　即"歌舞妓"。郭良骥《邺中行》:"只今惟有西陵在,无复当时歌舞人。"卢尚书《题安国观》:"君看白首诵经者,半是宫中歌舞人。"参见"歌舞妓"。

【歌舞曲】　(曲 qǔ)指且歌且舞的歌声。杜牧《今皇帝陛下一诏征兵不日功集河湟诸郡次第归降臣获睹圣功辄献歌咏》:"听取满城歌舞曲,凉州声韵喜参差。"

【歌舞妓】　以歌舞为业的女艺人。白居易《鹦鹉》:"应似朱门歌舞妓,深藏牢闭后房中。"

【歌篇】　诗歌篇章。赵嘏《成名年献座主仆射兼呈同年》:"贾嵩词赋相如手,杨乘歌篇李白身。"方干《赠萧山彭少府》:"虽将剑鹤支残债,犹有歌篇取盛名。"

【歌調】　(—diào)歌词的曲调。岑参《醉后戏与赵歌儿》:"秦州歌儿歌调苦,偏能立唱濮阳女。"薛能《赠解诗歌人》:"同有诗情自合亲,不须歌调更含嚬。"

【歌樂】　(—yuè)❶歌声和乐声。白居易《西楼喜雪命宴》:"歌乐虽盈耳,惭无五袴谣。"❷唱歌奏乐。张籍《妾薄命》:"君爱龙城征战功,妾愿青楼歌乐同。"

【歌樵】　歌唱樵歌。樵歌,樵夫之歌,一种民歌。杜甫《陪柏中丞观宴将士二首》之二:"一夫先舞剑,百戏后歌樵。"

【歌頭】　❶唐时称由同一宫调的若干"遍"组成的大型歌舞为"大曲"。大曲之首章,叫"歌頭"。王建《闲说》:"歌头舞遍回回别,鬓样眉心日日新。"❷词牌名。后唐庄宗有《歌头》词,见《全唐诗》卷八八九。

【歌霏漠漠塵】　同"歌塵"。吴融《和韩致光侍郎无题三首十四韵》之二:"舞转轻轻雪,歌霏漠漠尘。"参见"歌塵"。

【歌館】　表演歌舞的楼馆。张继《金谷园》:"彩楼歌馆正融融,一骑星飞锦帐空。"

【歌聲】　歌唱之声。杜甫《乐游园歌》:"拂水低徊舞袖翻,缘云清切歌声上。"钱起《奉陪郭常侍宴浐川山池》:"歌声掩金谷,舞态出平阳。"张碧《鸿沟》:"须臾垓下贼星起,歌声缭绕凄人耳。"司空图《浙上》之二:"愁看地色连空色,静听歌声似哭声。"

【歌黛】　歌伎的画眉。或借指歌伎。刘禹锡《八月十五日夜半云开然后玩月因书一时之景寄呈乐天》:"影透衣香润,光凝歌黛愁。"白居易《醉后题李马二妓》:"艳动舞裙浑是火,愁凝歌黛欲生烟。"李咸用《富贵曲》:"编珠影里醉春庭,团红片下攒歌黛。"刘兼《中春宴游》:"歌黛入颦春袖敛,舞衣新绣晓霞鲜。"

【歌鍾】　参见"歌鐘"。

【歌臉】　歌伎之脸。白居易《与牛家妓乐雨后合宴》:"歌脸有情凝睇久,舞腰无力转裙迟。"

【歌謠】　对民歌、民谣的统称。杜甫《承闻河北诸道节度入朝欢喜口号绝句十二首》之三:"喧喧道路多歌谣,河北将军尽入朝。"刘禹锡《自江陵沿流道中》:"月夜歌谣有渔父,风天气色属商人。"鱼玄机《寄刘尚书》:"八座镇雄军,歌谣满路新。"姚鹄《襄州献卢尚书》:"礼乐政行凋弊俗,歌谣声彻帝王都。"陆龟蒙《大子夜歌二首》之二:"不知歌谣妙,声势出口心。"

【歌闋】 歌声终止。杜牧《洛中送冀处士东游》:"歌阕解携去,信非吾辈流。"又《洛下送张曼容赴上党召》:"歌阕樽残恨却偏,凭君不用设离筵。"

【歌辭】 同"歌詞"。杜甫《苏端薛复筵简薛华醉歌》:"坐中薛华善醉歌,歌辞自作风格老。"司空图《塞上》:"将军正闲暇,留客换歌辞。"

【歌鐘】 ❶即编钟。古代歌唱时必先击钟,故名"歌钟"。元稹《和乐天送客游岭南二十韵》:"歌钟排象背,炊爨上鱼身。"鲍溶《送王炼师》:"野人久会神仙事,敢奏歌钟庆万箱。"韦庄《和郑拾遗秋日感事一百韵》:"宴集喧华第,歌钟簇画梁。"❷指歌乐声。崔颢《渭城少年行》:"章台帝城称贵里,青楼日晚歌钟起。"卢纶《长安疾后首秋夜即事》:"清风刻漏传三殿,甲第歌钟乐五侯。"李绅《到宣武三十韵》:"式宴歌钟合,陈筵绮绣并。"罗邺《牡丹》:"歌钟满座争欢赏,肯信流年鬓有华。"❸用作称颂使臣受赏的典故。杜审言《送高郎中北使》:"歌钟期重锡,拜手落花春。"

【歌響】 犹歌声。崔液《踏歌词二首》之一:"歌响舞分行,艳色动流光。"刘禹锡《三月三日与乐天及河南李尹奉陪裴令公泛洛禊饮各赋十二韵》:"水嬉如鹭振,歌响杂莺啼。"李商隐《歌舞》:"遏云歌响清,回雪舞腰轻。"温庭筠《病中书怀呈友人》:"白雪调歌响,清风乐舞雩。"

【歌鶯】 即黄莺。因莺啼如歌声悦耳动听,故名。李适《奉和春日幸望春宫应制》:"舞蝶飞行飘御席,歌莺度曲绕仙杯。"郑谷《春阴》:"舞蝶歌莺莫相试,老郎心是老僧心。"

歊 〔xiāo《广韵》許嬌切,平宵,曉。又火酷切,入沃,曉。〕❶热气蒸腾貌。李白《答杜秀才五松见赠》:"铜井炎炉歊九天,赫如铸鼎荆山前。"又《安州应城玉女汤作》:"地底烁朱火,沙傍歊素烟。"独孤及《季冬自嵩山赴洛道中作》:"宝鼎歊景云,明堂舞干羽。"孟郊《赠剑客李园联句》:"照海铄幽怪,满空歊异氛。"❷炽盛;炽热。萧颖士《有竹一篇七章》之四:"冬之宵,霰雪斯漉。我有金炉,熺其以歊。"

【歊陽】 烈日。柳宗元《再至界围岩水帘遂宿岩下》:"歊阳讶垂冰,白日惊雷雨。"

【歊雲】 水气蒸腾而成的云雾。王晙《祭汾阴乐章·太和》:"宝鼎呈符,歊云孕祥。礼乐备矣,降福穰穰。"

【歊景】 烈日。李峤《晚秋喜雨》:"炎威振皇服,歊景暴神州。"

【歊焮】 炽热;灼热。徐彦伯《比干墓》:"玉床逾皓洁,铜柱方歊焮。"

【歊蒸】 热气蒸腾貌。皮日休《苦雨杂言寄鲁望》:"吴中十日涔涔雨,歊蒸庳下豪家苦。"又《北禅院避暑联句》:"歊蒸何处避,来入戴颙宅。"

【歊歔】 热气蒸腾貌。韩愈《南山诗》:"神灵日歊歔,云气争结构。"

【歊熺】 炽热;灼热。韩愈、孟郊《征蜀联句》:"爇堞熇歊熹,抉门呀拗阖。"

歉 〔qiàn《广韵》口陷切,去陷,溪。又苦簟切,上忝,溪。又苦减切,上豏,溪。〕❶食不饱。李商隐《行次西郊作一百韵》:"健儿立霜雪,腹歉衣裳单。"郑谷《访姨兄王斌渭口别墅》:"欠歉家僮散,初晴野荠繁。"❷收成不好。韦应物《始至郡》:"旱岁属荒歉,旧逋积如坻。"郑谷《水轩》:"歉后为羁客,兵余问故林。"齐己《送崔判官赴归倅》:"地说丘墟甚,民闻旱歉残。"❸少。韩愈《陪杜侍御游湘西两寺独宿有题一首因献杨常侍》:"经营诚少暇,游宴固已歉。"❹惭愧。韩愈《喜侯喜至赠张籍张彻》:"孟生去虽索,侯氏来还歉。"

【歉年】 荒年。黄滔《壬癸岁书情》:"江头寒夜宿,垄上歉年耕。"

【歉歲】 荒年。黄滔《书怀》:"退耕逢歉岁,逐贡愧行朝。"

十一画

歎 〔tàn《广韵》他旦切,去翰,透〕❶吟哦,歌咏。见"歎詠"。❷赞叹,赞美。郭震《古剑篇》:"良工锻炼凡几年,铸得宝剑名龙泉。龙泉颜色如霜雪,良工咨嗟叹奇绝。"李白《蜀道难》:"扪参历井仰胁息,以手抚膺坐长叹。"刘禹锡《秋日过鸿举法师寺院便送归江陵》引:"今年至武陵,二千石始奇之,有起予之叹。"李绅《悲善才》:"日曛尘暗车马散,为惜新声有余叹。"李勋《泗滨得石磬》:"对此喜还叹,几秋还到今。"❸嗟叹。太宗《度秋》:"运流方可叹,含毫属微理。"孟浩然《途次望乡》:"可叹凄惶子,高歌谁为媒。"白居易《谕亲友》:"自怜老大宜疏散,却被亲友叹寂寥。"韦庄《杂感》:"行客不劳频怅望,古来朝市叹衰荣。"❹乐府诗体名。见《文选·潘岳〈笙赋〉》。宋彦明《沧浪诗话·诗体》:"(诗体)又有以'叹'名者。"杨师道《咏笙》:"能令楚妃叹,复使荆王吟。"

【歎老】 感叹衰老。李嘉祐《九日》:"叹老堪衰柳,伤秋对白蘋。"

【歎吁】 叹息。于鹄《悼孩子》:"亲戚相问时,抑悲空叹吁。"李建勋《惜花寄孙员外》:"思量少壮不自乐,他日白头空叹吁。"

【歎吒】　感叹。杜牧《自遣》："闻流宁叹吒，待俗不亲疏。"

【歎音】　叹声。韩愈《从仕》："黄昏归私室，惆怅起叹音。"李德裕《山信至说平泉别墅草木滋长，地转幽深，怅然思归复此作》："谁念沧溟上，归欤起叹音。"

【歎奇】　赞叹惊奇。岑参《送张直公归南郑拜省》："夫子思何速，世人皆叹奇。"

【歎恨】　感叹怨恨。杜甫《戏赠友二首》之二："劝君休叹恨，未必不为福。"

【歎美】　赞美。李颀《送刘四赴夏县》："刘侯致身能若此，天骨自然多叹美。"

【歎咨】　嗟叹。白居易《览镜喜老》："亲属惜我老，相顾兴叹咨。"

【歎息】　❶感叹；叹气。宋之问《芳树》："叹息春风起，飘零君不见。"刘禹锡《和李六侍御文宣王庙释奠作》："叹息鲁先师，生逢周室卑。"齐己《遣怀》："流水不回修叹息。白云无迹莫追寻。"❷赞美；赞叹。李白《经下邳圯桥怀张子房》："唯见碧流水，曾无黄石公。叹息此人去，萧条徐泗空。"杜甫《桃竹杖引赠章留后》："梓潼使君开一束，满堂宾客皆叹息。"皎然《感兴赠乌程李明府伯宜兼简诸秀才》："徒爱岘山高，仰之常叹息。"

【歎逝】　感叹岁月流逝。语本《论语·子罕》："子在川上曰：'逝者如斯夫，不舍昼夜。'"刘孝孙《早发成皋望河》："怀古空延伫，叹逝将何言。"刘长卿《题灵祐和尚故居》："叹逝翻悲有此身，禅房寂寞见流尘。"刘禹锡《乐天见示伤微之敦诗晦叔三君子皆有深分因成是诗以寄》："吟君叹逝双绝句，使我伤怀奏短歌。"

【歎惜】　❶嗟叹惋惜。钱起《送修武元少府》："寸禄荣色养，此行宁叹惜。"韩愈《奉和李相公题萧家林亭》："山公自是林园主，叹惜前贤造作时。"❷赞叹；感叹。钱起《谒许由庙》："缅想古人增叹惜，飒然云树满岩秋。"

【歎嗟】　❶叹息。玄宗《过王濬墓》："叹嗟悬剑陇，谁识梦刀祥。"白居易《自罢河南已换七尹每一入府怅然旧游因宿内厅偶题西壁兼呈韦尹常侍》："且健须欢喜，虽衰莫叹嗟。"罗隐《旅梦》："旅梦思迁次，穷愁有叹嗟。"❷赞叹；感叹。杜甫《韦讽录事宅观曹将军画马图》："今之新图有二马，复令识者久叹嗟。"刘禹锡《和令狐相公郡斋对紫薇花》："几岁自荣乐，高情方叹嗟。"白居易《伤唐衢二首》之二："一读兴叹嗟，再吟垂涕泗。"陆龟蒙《杂讽九首》之九："昔者天血碧，吾徒安叹嗟。"

【歎詫】　惊叹。陆龟蒙《奉酬袭美先辈吴中苦雨一百韵》："低头增叹诧，到口复嗢咽。"

【歎詠】　吟哦，歌咏。杜牧有《川守大夫刘公早岁寓居敦行里肆今之置第乃获旧居洛下大僚因有唱和叹咏不足辄献此诗》，见《全唐诗》卷五二六。

【歎羨】　赞叹；羡慕。白居易《寓意诗五首》之四："所托各暂时，胡为相叹羡。"又《青毡帐二十韵》："贫僧应叹羡，寒士定留连。"

【歎鳳】　指世道衰颓或生不逢时。见《论语·子罕》。玄宗《经邹鲁祭孔子而叹之》："叹凤嗟身否，伤麟怨道穷。"徐浩《谒禹庙》："为鱼知造化，叹凤仰徽猷。"罗隐《淮南送李司空朝觐》："宣父道高休叹凤，武侯才大本吟龙。"韦庄《鄠杜旧居二首》之二："归来满把如渑酒，何用伤时叹凤兮。"

【歎賞】　赞叹，赞赏。寒山《诗三百三首》之十五："谁当来叹赏，樵客屡经过。"刘禹锡《金陵五题》序："他日友人白乐天掉头苦吟，叹赏良久。"

【歎聲】　叹息之声。冯道《天道》："穷达皆由命，何劳发叹声。"

【歎驚】　嗟叹惊讶。韩愈《初南食贻元十八协律》："其余数十种，莫不可叹惊。"

歐1　〔ǒu《广韵》烏后切，上厚，影。〕❶"嘔"的古字。呕吐。见"嘔血""嘔泄"。❷咽，噎。韩愈《元和圣德诗》："踊跃欢呀，失喜噎欧。"

歐2　〔ōu《广韵》烏侯切，平侯，影。〕❶通"甌"。地名。古代越人聚居之地。今浙江永嘉一带。翁绶《句》："海国欧乡浙水东，暂烦良守此凭熊。"❷欧阳，复姓。唐诗人有欧阳衮、欧阳询等。

【歐血】　吐血。杜甫《谒先主庙》："杂耕心未已，欧血事酸辛。"

【歐2冶】　❶即"欧冶子"。元稹《书剑》："渝工剑刃皆欧冶，巴吏书踪尽子云。"❷借指铸剑。裴夷直《观淬龙泉剑》："欧冶将成器，风胡幸见逢。"

【歐2冶子】　春秋时越国著名铸剑工。见《越绝书·外传·记宝剑》。杜甫《同豆卢峰知字韵》："炼金欧冶子，喷玉大宛儿。"白居易《新乐府·鸦九剑》："欧冶子死千年后，精灵闇授张鸦九。"

【歐2冶劍】　欧冶子所铸之剑。任华《怀素上人草书歌》："锋芒利如欧冶剑，劲直浑是并州铁。"章孝标《思越州山水寄朱庆余》："还将欧冶剑，更淬若耶泉。"参见"歐2冶子"。

【歐2軋】　象声词。状推门声。司空图《冯燕歌》："故故推门掩不开，似教欧轧传言语。"

【歐洩】　上吐下泻。韩愈《谴疟鬼》："求食欧泄间，不知臭秽非。"

【歐陽太監】　"太监"当为"大监"之讹。欧阳大监，指欧阳遇。遇曾官秘书监判大理寺，见《江南余载》卷下。徐铉有《送欧阳太监游庐山》和《欧阳太监雨中视决堤因堕水明日见于省中因戏之》。

【歐陽侍郎】 指欧阳彬。彬曾官嘉州刺史、宁江节度使，见《十国春秋》本传。齐己有《谢欧阳侍郎寄示新集》。

【歐陽炯】 唐诗人。益州华阳（今四川双流）人。为花间词重要作家。事迹见《宋史》和《十国春秋》本传。《全唐诗》卷七六一录其诗六首、句一联。

【歐陽玭】 唐诗人。福州闽县人。侍御史欧阳衮之子。事迹见宋梁克家《淳熙三山志》卷二六。《全唐诗》卷六〇〇录其诗五首。

【歐陽彬】 唐诗人。字乔美。衡州衡山（今湖南衡阳）人。后蜀时任嘉州刺史，累官尚书左丞。事迹见《五代史补》卷三。《全唐诗》卷七九五录其残句一联。

【歐陽兖】 唐诗人。字希甫，闽县（今福建闽侯）人。宝历元年及第，官终侍御史。《全唐诗》卷五一二录其诗九首。项斯有《送欧阳衮归闽中》。

【歐陽詹】 唐诗人。字行周，泉州晋江（今福建泉州）人。贞观八年进士及第。《新唐书·艺文志》著录其诗集十卷，今仍存《欧阳行周集》十卷。《全唐诗》卷三四九录其诗一卷。

【歐陽詢】 唐诗人。潭州（今湖南）人。曾主编《艺文类聚》百卷，今存。《全唐诗》卷三九录其诗一首，卷八九六录其诗二首，外编下录其一首。

【歐陽賓】 唐诗人。一作"欧阳膑"，灵州（今广西）人。事迹见《桂林风流记》。《全唐诗》卷七七二录其诗一首。

【歐陽瑾】 唐诗人。生平事迹不详。《全唐诗》卷七七六录其《折杨柳》诗一首。

【歐阳澥】 唐诗人。泉州晋江（今福建泉州市）人。事迹见《云溪友仪》卷一、《唐摭言》卷十、《唐诗纪事》卷六七。《全唐诗》卷六〇七录其《咏燕上主司郑愚》诗一首。

歔 〔xū《广韵》朽居切，平魚，曉。〕❶气出貌。

【歔欷】 悲泣；叹息。杜甫《羌村》之一："邻人满墙头，感叹亦歔欷。"韦应物《睢阳感怀》："哀哉岂独今，千载当歔欷。"白居易《伤唐衢二首》之二："不知何处葬，欲问先歔欷。"杜牧《杜秋娘诗》："我昨金陵过，闻之为歔欷。"郑嵎《津阳门诗》："两君相见望贤顿，君臣鼓舞皆歔欷。"

十二画

歕 〔pēn《广韵》普魂切，平魂，滂。又普悶切，去慁，滂。〕同"喷"。喷射，喷洒。李白、韦权舆《改九子山为九华山联句》："积雪曜阴壑，飞流喷阳崖。"皮日休《奉和鲁望四明山九题·潺湲洞》："响高吹谷动，势急喷云旋。"齐己《荆渚病中因思匡庐遂成三百字寄梁先辈》："空龛掩薜荔，瀑布喷蟾蜍。"又《听李尊师弹琴》："洒石霜千片，喷崖泉万寻。"

歙¹ 〔xī《广韵》許及切，入緝，曉。〕吸，吸气。张柬之《出塞》："歙野山川动，嚣天旌旆扬。"

歙² 〔shè《广韵》書涉切，入葉，書。〕地名。即今安徽省歙县。白居易《叙德书情四十韵上宣歙翟中丞》："土控吴兼越，州连歙与池。"

【歙₂奴子】 歙籍奴仆。李涉《却归巴陵途中走笔寄唐知言》："更有风流歙奴子，能将盘帕来欺尔。"

【歙₂州】 唐州名。治所在今安徽歙县。刘长卿有《送郑说之歙州谒薛侍郎》，见《全唐诗》卷一四八。岑参有《送羽林长孙将军赴歙州》，见《全唐诗》卷二〇〇。武元衡有《酬陆员外歙州许员外郢州二使君》，见《全唐诗》卷三一七。

【歙₂城】 即今安徽歙县。贯休《寄澜公二首》之一："小一头应白，孤高住歙城。"

歘 〔xū《广韵》許勿切，入物，曉。〕亦作"欻"。❶忽然。宋之问《桂州三月三日》："愚谓嬉游长似昔，不言流寓欻成今。"杜甫《题壁画马歌》："戏拈秃笔扫骅骝，欻见骐驎出东壁。"李益《来从窦车骑行》："时过欻如云，参差不自意。"张祜《周员外席上观柘枝》："一时欻腕招残拍，斜敛轻身拜玉郎。"❷轻举貌。杜甫《秋日夔府咏怀奉寄郑监李宾客一百韵》："阴何尚清省，沈宋欻联翩。"孟郊《列仙文·清虚真人》："欻驾空清虚，徘徊西华馆。"陆龟蒙《奉和袭美太湖诗·上真观》："坐进金碧腴，去驰飙欻驾。"

【欻吸】 ❶迅疾貌。杜甫《虎牙行》："秋风欻吸吹南国，天地惨惨无颜色。"❷犹神情恍惚。杜甫《望岳》："欻吸领地灵，鸿洞半炎方。"

【欻若】 忽如。任华《怀素上人草书歌》："翕若长鲸泼剌动海岛，欻若长蛇戌律透深草。"

【欻翕】 亦作"欻翕"。❶迅疾貌。沈佺期《霹雳引》："气呜唅以会雅，态欻翕以横生。"❷酷热貌。杜甫《热三首》之三："欻翕炎蒸景，飘摇征戍人。"❸神情恍惚貌。卢鸿一《嵩山十志·枕烟亭》："恍欻翕兮沓幽霭，意缥缈兮群仙会。"

【欻然】 ❶亦作"欻然"。窦庠《金山行》："欻然风生波出没，濯濩晶莹无定物。”卢纶《腊日观咸宁王部曲娑勒擒豹歌》：“欻然扼颡批其颐，爪牙委地涎淋漓。”曹邺《代班姬》：“欻然赵飞燕，不语到日西。”❷轻举貌。杜甫《奉赠韦左丞丈二十二韵》：“主上顷见征，欻然欲求伸。青冥却垂翅，蹭蹬无纵鳞。”孟郊《列仙文·金母飞空歌》：“驾我八景舆，欻然入玉清。”

【欻爾】 忽然。皮日休《二游诗·任诗》：“欻尔解其绶，遗之如弃靸。”

十三画

歜 〔chù《广韵》尺玉切，入燭，昌。〕昌歜，即昌蒲葅。韩愈《送无本师归范阳》：“来寻吾何能，无殊嗜昌歜。”

歟 〔yú《广韵》以諸切，平魚，以。又余吕切，上語，以。又羊洳切，去御，以。〕语气词。❶表示陈述。萧颖士《江有归舟三章》序：“孔圣称颜子，有视余犹父叹，其至欤，今吾于太真也然乎尔。”元结《二风诗·乱风诗五篇·至荒》：“国有世谟，仁信勤欤。”❷表示反问。韩愈《寄卢仝》：“放纵是谁之过欤？效尤戮仆愧前史。”又《别赵子》：“摆头笑且言，我岂不足欤。”❸表示感叹。高适《答侯少府》：“行矣勿复言，归欤伤我神。”元结《题孟中丞茅阁》：“公欲举遗材，如此佳木欤。”韩愈《符读书城南》：“问之何因尔，学与不学欤。”温庭筠《鸿胪寺有开元中锡宴堂，楼台池沼雅为胜绝荒凉遗址仅有存者偶成四十韵》：“猗欤华国臣，鬓发俱苍苍。”

歗 〔xiào《广韵》蘇弔切，去嘯，心。〕同“嘯”。❶蹙口出声，曰啸。吕岩《赠刘方处士》：“六国愁看沉与浮，携琴长啸出神州。”❷虎叫曰啸。吕岩《鄂渚悟道歌》：“直待虎啸折颠峰，骊龙夺得玄珠弄。”

十五画

歠 〔chuò《广韵》昌悦切，入薛，昌。〕❶饮，喝。权德舆《病中苦热》：“倦眠身似火，渴歠汗如珠。”刘言史《与孟郊洛北野泉上煎茶》：“宛如摘山时，自歠指下春。”❷指羹汤。白居易《春日闲居三首》之一：“饥来恣餐歠，冷热随所欲。”

【歠醨】 饮薄酒。喻从俗浮沉。见《楚辞·屈原〈渔父〉》。白居易《代书诗一百韵寄微之》：“念涸谁濡沫。嫌醒自歠醨。”

十七画

歡 〔huān《广韵》呼官切，平桓，曉。〕❶快乐；喜悦。杨炯《送梓州周司功》：“举杯聊劝酒，破涕暂为欢。”王维《辋川别业》：“披衣倒屣且相见，相欢语笑衡门前。”张籍《促促词》：“促促复促促，家贫夫妇欢不足。”李商隐《赠刘司户》：“万里相逢欢复泣，凤巢西隔九重门。”❷使之快乐喜悦。太宗《重幸武功》：“列筵欢故老，高宴聚新丰。”储光羲《射雉词》：“大夫昔何苦，取笑欢妻子。”王建《寻橦歌》：“斯须改变曲解新，贵欲欢他平地人。”韦庄《延兴门外作》：“马足倦游客，鸟声欢酒家。”❸欢心；爱戴。李白《送窦司马贬宜春》：“天马白银鞍，亲承明主欢。斗鸡金宫里，射雁碧云端。”权德舆《送张阁老中丞持节册吊回鹘》：“旌旆翩翩拥汉官，君行常得远人欢。”❹欢庆；欢呼。寇坦《同皇甫兵曹天官寺浴室新成招友人赏会》：“温室欢初就，兰交托胜因。”王维《三月三日勤政楼侍宴应制》：“天保无为德，人欢不战功。”又《大同殿柱产玉芝龙池上有庆云神光照殿百官共睹圣恩便赐宴乐敢书即事》：“陌上尧樽倾北斗，楼前舜乐动南薰。共欢天意同人意，万岁千秋奉圣君。”薛逢《八月初一驾幸延喜楼看冠带降戎》：“九陌尘埃千骑合，万方臣妾一声欢。”❺情谊；交谊。卢照邻《哭明堂裴主簿》：“缔欢三十载，通家数百年。”岑参《陪群公龙冈寺泛舟》：“良友兴正惬，胜游情未阑。此中堪倒载，须尽主人欢。”权德舆《奉和许阁老酬淮南崔十七端公见寄》：“二贤欢最久，三益义非无。柏悦心应尔，松寒志不渝。”朱庆余《雪夜与真上人宿韩协律宅》：“此欢那敢忘，世贵丈夫名。”❻好友；相识。孟浩然《题云门山寄越府包户曹徐起居》：“我行适诸越，梦寐怀所欢。”韦应物《陪王郎中寻孔征君》：“偶随香署客，来访竹林欢。”畅当《九日陪皇甫使君泛江宴赤岸亭》：“徒言欢满座，谁觉客魂消。”卢纶《酬李端长安寓居偶咏见寄》：“众欢徒满目，专爱久离心。”刘禹锡《送韦秀才道冲赴制举》：“远逢杜陵士，别尽平生欢。”❼相爱男女的互称。郭元振《相和歌辞·子夜四时歌六首·秋歌二首》之一：“邀欢空伫立，望美频回顾。”刘禹锡《杂曲歌辞·踏歌行》之一：“唱尽新词看不见，红霞影树鹧鸪鸣。”戴叔伦《古意》：“悠悠南山云，濯濯东流水。念我平生欢，托居在东里。”❽指男女之间的欢爱。孟浩然《春情》：“已厌交欢怜枕席，相将游戏绕池台。”

【歡心】 欢乐，高兴。王维《既蒙宥罪旋复拜官伏感圣恩窃书鄙意兼奉简新除使君等诸公》：“花迎喜气皆知笑，鸟识欢心亦解歌。”薛能《升平词十首》之三：“处处是欢心，时康岁已深。”《郊庙歌辞·梁太庙乐舞辞·登歌》:“昭事上帝,欢心万国。”

【歡抃】 高兴地鼓掌。韩偓《余寓汀州沙县病中闻前郑左丞璘随外镇举荐赴洛因作七言四韵戏以赠之》:“公干寂寥甘坐废,子牟欢抃促行期。”

【歡呀】 犹欢呼。韩愈《元和圣德诗》:“卿士庶人,黄童白叟;踊跃欢呀,失喜噎欧。”

【歡伯】 酒的别名。陆龟蒙《对酒》:“后代称欢伯,前贤号圣人。”又《奉和袭美酒中十咏·酒篘》:“山斋酝方熟,野童编近成。持来欢伯内,坐使贤人清。”

【歡忻】 喜悦,愉快。韦应物《送刘评事》:“丈夫岂恨别,一酌且欢忻。”郭澹《喜陆侍御破石埭草寇东峰亭赋诗》:“喜色烟霞改,欢忻里巷同。”韩愈《孟东野失子》:“再拜谢玄夫,收悲以欢忻。”白居易《赠别崔五》“明旦又分手,今夕且欢忻。”

【歡抃】 犹欢呼。薛逢《元日楼前观仗》之二:“山呼圣寿烟霞动,风转金章鸟兽回。欲识普恩无远近,万方欢忭一声雷。”

【歡言】 欢乐,快乐。言,语气词。封行高《冬日宴于庶子宅各赋一字得色》:“夫君敬爱重,欢言情不极。”张九龄《和吏部李侍郎见示秋夜望月忆诸侍郎之什其卒章有前后行之戏因命仆继作》:“美景向空尽,欢言随事销。”李白《下终南山过斛斯山人宿置酒》:“欢言得所憩,美酒聊共挥。”独孤及《雨晴后陪王员外泛后湖得溪字》:“沿溯任舟檝,欢言无町畦。酒酣相视笑,心与白鸥齐。”

【歡味】 犹美味。杨巨源《和吕舍人喜张员外自北番回至境上先寄二十韵》:“欢味膻腥列,徽声侏㒧攒。”

【歡呼】 欢乐地呼喊。张说《东都酺宴》:“喜气连云阁,欢呼动洛城。”张九龄《郡中每晨兴辄见群鹤东飞至暮又行列而返予愧独处江城常目送此意有所羡遂赋以诗》:“欢呼良自适,罗列好相依。”权德舆《七夕见与诸孙题乞巧文》:“羡此婴儿辈,欢呼彻曙闻。”白居易《贺雨》:“奔腾道路人,伛偻田野翁。欢呼相告报,感泣涕沾胸。”

【歡咍】 欢笑。韩愈《感春五首》之四:“前随杜尹拜表回,笑言溢口何欢咍。”

【歡欣】 欢喜,高兴。独孤及《三月三日自京到华阴于水亭独酌寄裴六薛八》:“旧友适远别,谁当接欢欣。”白居易《初除户曹喜而言志》:“置酒延贺客,客容亦欢欣。”

【歡迎】 高兴地迎接。张九龄《巡属县道中作》:“至邑无纷剧,来人但欢迎。”

【歡洽】 欢乐融洽。虞世南《奉和至寿春应令》:“调谐金石奏,欢洽羽觞浮。”高适《九曲词三首》之二:“到处尽逢欢洽事,相看总是太平人。”元凛《九日对酒》:“未保乱离今日后,且谋欢洽玉山颓。”

【歡妍】 犹欢乐。韩愈《送灵师》:“落落王员外,争迎获其先。自从入宾馆,占吝久能专。吾徒颇携被,接宿穷欢妍。”

【歡泰】 欢乐康泰。吴筠《步虚词十首》之八:“天人诚遐旷,欢泰不可量。”

【歡笑】 欢乐地笑。杜甫《苦雨奉寄陇西公兼呈王征士》:“划见公子面,超然欢笑同。”戴叔伦《喜雨》:“川上风雨来,洒然涤烦襟。田家共欢笑,沟浍亦已深。”李涉《寄河阳从事杨潜》:“红车翠盖满衢路,洛中欢笑争逢迎。”韦庄《悔恨》:“六七年来春又秋,也同欢笑也同愁。”

【歡悦】 喜悦。韦应物《答徊奴重阳二甥》:“群属相欢悦,不觉过朝昏。”白居易《九日登西原宴望》:“指此各相勉,良辰且欢悦。”郎大家宋氏《杂曲歌辞·长相思》:“不见君形影,何曾有欢悦。”

【歡宴】 欢乐地宴饮。太宗《帝京篇十首》之六:“岂必汾河曲,方为欢宴所。”王维《杂曲歌辞·少年行四首》之二:“汉家君臣欢宴终,高议云台论战功。”白居易《府酒五绝·谕妓》:“莫辞辛苦供欢宴,老后思量悔煞君。”刘驾《鄴中感怀》:“忆得几家欢宴处,家家家业尽成灰。”

【歡容】 欢乐的容颜。白居易《花下对酒二首》之二:“人心苦迷执,慕贵忧贫贱。愁色常在眉,欢容不上面。”

【歡娘】 晚唐艺伎名。八岁时即善吹笛。薛能有《赠欢娘》,见《全唐诗》卷五六一。

【歡戚】 欢乐和忧愁。崔涂《声》:“欢戚犹来恨不平,此中高下本无情。”

【歡康】 欢乐。武元衡《奉和圣制丰年多庆九日示怀》:“金玉美王度,欢康谣国风。”张祜《华清宫和杜舍人》:“欢康昔时乐,讲武旧兵场。”

【歡情】 欢乐的心情。张昌宗《太平公主山亭侍宴》:“欢情本无限,莫掩洛城关。”白居易《岁暮寄微之三首》之一:“自觉欢情随日灭,苏州心不及杭州。”李群玉《九日越台》:“病久欢情薄,乡遥客思孤。”刘兼《春夕遣怀》:“穷通分定莫凄凉,且放欢情入醉乡。”

【歡娱】 欢乐。孟浩然《长乐宫》之一:“欢娱此事今寂寞,惟有年年陵树哀。”包何《和程员外春日东郊即事》:“郎官休浣怜迟日,野老欢娱为有年。”白居易《夜宴醉后留献裴侍中》:“九烛台前十二姝,主人留醉任欢娱。”温庭筠《西江贻钓叟骞生》:“昨日欢娱竟何在,一枝梅谢楚江头。”

【歡華】 谓荣华欢乐。韩愈《寄崔二十六立之》:“欢华不满眼,咎责塞两仪。”

【歡喜】 快乐,高兴。李白《去妇词》:“家家尽欢喜，孤妾长自怜。”韩愈《秋怀诗十一首》之一：“胡为浪自苦，得酒且欢喜。”刘禹锡《寄毗陵杨给事三首》之三：“屈指如今已零落，且须欢喜作邻州。”白居易《欢喜二偈》：“今朝欢喜缘何事？礼彻佛名百部经。”

【歡酣】　形容欢乐之极。白居易《秦中吟十首·歌舞》：“朱门车马客，红烛歌舞楼。欢酣促密坐，醉暖脱重裘。”

【歡筵】　同“歡宴”。张蠙《赠李司徒》：“欢筵每恕娇娥醉，闲枥犹惊战马嘶。”

【歡飲】　欢乐地宴饮。孟浩然《九日得新字》：“落帽恣欢饮，授衣同试新。”

【歡然】　欢乐貌。储光羲《苏十三瞻登玉泉寺峰入寺中见赠作》：“欢然自此绝，心赏何由见。”刘禹锡《韩十八侍御见示岳阳楼别窦司直诗因令属和重以自述故足成六十二韵》：“晔若观五色，欢然臻四美。”姚合《秋中寄崔道士》：“旁有一杯酒，欢然如对客。”

【歡愜】　欢乐，惬意。苏颋《陈仓别陇州司户李维深》：“欢愜更伤此，眷殷殊念兹。”

【歡愉】　愉快，快乐。张说《江路忆郡》：“年貌不暂留，欢愉及玄发。”李白《感时留别从兄徐王延年从弟延陵》：“北宅聊偃憩，欢愉恤茕嫠。”

【歡裕】　犹欢乐。元稹《梦游春七十韵》：“韦门正全盛，出入多欢裕。甲第涨清池，鸣驺引朱辂。”

【歡會】　欢乐地聚会。孟浩然《宴崔明府宅夜观妓》：“调移筝柱促，欢会酒杯频。”皎然《秋日毗陵南寺送潘述之扬州》：“佳晨亦已屡，欢会常不足。”颜真卿、张荐《五言送李侍御联句》：“欢会期他日，驱驰恨此身。”白居易《对酒劝令公开春游宴》：“自去年来多事故，从今日去少交亲。宜须数数谋欢会，好作开成第二春。”

【歡愛】　欢乐，喜爱。多指男女间的相爱。王勃《铜雀妓二首》之二：“君王欢爱尽，歌舞为谁容。”李白《相和歌辞·白头吟二首》之二：“茂陵姝子皆见求，文君欢爱从此毕。”白居易《结之》：“欢爱今何在，悲啼亦是空。”李德裕《鸳鸯篇》：“尔愿欢爱不相忘，须去人间罗网远。”

【歡暢】　欢乐，畅快。吴筠《题华山人所居》：“欢畅日云暮，不知城市喧。”白居易《对酒示行简》：“今旦一尊酒，欢畅何怡怡。”

【歡遊】　❶欢聚嬉游。裴度、张籍《春池泛舟联句》：“顾谓同来客，欢游不可忘。”白居易《洛下雪中频与刘李二宾客宴集因寄汴州李尚书》：“水南水北雪纷纷，雪里欢游莫厌频。”皮日休《奉和鲁望寒日古人名一绝》：“北顾欢游悲沉宋，南徐陵寝叹齐梁。”徐铉《文彧少卿文山郎中交好深至二纪已余暌别数年二子长逝奉使岭表途次南康吊孙氏之孤于其家睹文彧手书于僧室慷慨悲叹留题此诗》：“二纪欢游今若此，满衣零泪欲何如。”❷游乐。李颀《送康洽入京进乐府歌》：“识子十年何不遇，只爱欢游两京路。”白居易《寒食》：“出去恣欢游，归来聊燕息。”又《短歌曲》：“未敢议欢游，尚为名检束。”

【歡意】　欢乐的意兴。刘禹锡《令狐相公俯赠篇章斐然仰谢》：“旅愁随冻释，欢意待花开。”

【歡榮】　❶欢乐与荣华。韦应物《横吹曲辞·长安道》：“既请列侯封部曲，还将金印授庐儿。欢荣若此何所苦，但苦白日西南驰。”司马都《送羊振文先辈往桂阳归觐》：“此去欢荣冠士林，离筵休恨酒杯深。”❷欢乐。韦应物《酬郑户曹骊山感怀》：“海内凑朝贡，贤愚共欢荣。”常衮《和考功员外杪秋忆终南旧宅之作》：“欢荣来自间，羸贱赏曾通。”

【歡慽】　同“歡戚”。李群玉《送郑子宽弃官东游便归女儿》：“相逢十年旧，噘笑等欢慽。”

【歡態】　欢乐的形态。皮日休《春日陪崔谏议樱桃园宴》：“万树香飘水麝风，蜡熏花雪尽成红。夜深欢态状不得，醉客图开明月中。”

【歡趣】　乐趣。李义府《招谕有怀赠同行人》：“临泛多苦怀，登攀寡欢趣。”孟浩然《宴包二融宅》：“开襟成欢趣，对酒不能罢。”杜甫《羌村》之二：“晚岁迫偷生，还家少欢趣。”白居易《渐老》：“当春颇愁寂，对酒寡欢趣。”

【歡賞】　欢乐欣赏。太宗《帝京篇十首》之九：“建章欢赏夕，二八尽妖妍。罗绮昭阳殿，芬芳玳瑁筵。”杜审言《春日怀归》：“更怀欢赏地，车马洛桥边。”杜甫《乐游园歌》：“长生木瓢示真率，更调鞍马狂欢赏。”罗邺《牡丹》：“歌钟满座争欢赏，肯信流年鬓有华。”

【歡慶】　欢乐喜庆。李约《岁日感怀》：“称觞惟有感，欢庆在儿童。”曹邺《送曾德迈归宁宜春》：“想到宜阳更无事，并将喜庆奉庭闱。”

【歡適】　欢乐适意。白居易《咏怀》：“人生百年内，疾速如过隙，先务身安闲，次要心欢适。”

【歡樂】　（一lè）欢笑快乐。太宗《帝京篇十首》之八：“欢乐难再逢，芳辰良可惜。”韦应物《朝请后还邑寄诸友生》：“樽酒且欢乐，文翰亦纵横。”白居易《对酒五首》之二：“随富随贫且欢乐，不开口笑是痴人。”司空图《诗品二十四则·旷达》：“生者百岁，相去几何。欢乐苦短，忧愁实多。”

【歡燕】　同“歡宴”。韦应物《金谷园歌》：“晋武平吴恣欢燕，余风靡靡朝廷变。”又《寄职方刘郎中》：“始陪文翰游，欢燕难久并。”韩愈《燕河南府秀才得生字》：“芳荼出蜀门，好酒浓且清。何能充欢燕，庶以露厥诚。”

【歡謔】 欢乐戏谑。韩愈《晚秋郾城夜会联句》："傥不忍辛勤,何由恣欢谑。"

【歡豫】 欢乐。宋之问《春日芙蓉园侍宴应制》："今日陪欢豫,还疑陟紫霄。"乔知之《梨园亭子侍宴》："天杯承露酌,仙管杂风流。今日陪欢豫,皇恩不可酬。"《郊庙歌辞·五郊乐章·送神》："上延祉福,下承欢豫。"

【歡聲】 ❶欢乐之声。白居易《喜刘苏州恩赐金紫遥想贺宴以诗庆之》："贺宾喜色欺杯酒,醉妓欢声遏管弦。"罗邺《曲江春望》："瑞影玉楼开组绣,欢声丹禁奏云韶。"❷欢呼之声。刘禹锡《奉送浙西李仆射相公赴镇》："建节东行是旧游,欢声喜气满吴州。"无名氏《观剑南献捷》："紫陌欢声动,丹墀喜气盘。"

【歡謠】 欢乐的歌谣。刘禹锡《和牛相公题姑苏所寄太湖石兼寄李苏州》："有获人争贺,欢谣众共听。"

【歡顔】 欢乐的容颜。李白《九日》："窥觞照欢颜,独笑还自倾。"亦谓容颜欢乐。杜甫《茅屋为秋风所破歌》："安得广厦千万间,大庇天下寒士俱欢颜。"韦应物《郊居言志》："唯当岁丰熟,闾里一欢颜。"

【歡騰】 欢舞腾跃。吴融《奉和御制六韵》："恩洽三时雨,欢腾万岁雷。"

【歡讌】 同"歡宴"。刘禹锡《答乐天戏赠》："知君技痒思欢宴,欲倩天魔破道场。"

止 部

止 〔zhǐ《广韵》諸市切，上止，章。〕❶栖息。多用于鸟类。韦应物《端居感怀》："空房欲云暮，巢燕亦来止。"郎士元《和王相公题中书丛竹寄上元相公》："竟日双鸾止，孤吟为一看。"卢纶《客舍苦雨即事寄钱起郎士元二员外》："坏阑留众蝶，欹栋止群鸡。"白居易《和答诗十首·和大嘴乌》："此乌所止家，家产日夜丰。"❷居住。萧颖士《蒙山作》："此焉多深邃，贤达昔所止。"无可《秋夜寄青龙寺空贞二上人》："未得同居止，萧然自寂寥。"刘沧《赠隐者》："何时止此幽栖处，独掩衡门长绿苔。"李洞《过野叟居》："野人居止处，竹邑与山光。"❸住所。李白《猛虎行》："巨鳌未斩海水动，鱼龙奔走安得宁？颇似楚汉时，翻覆无定止。"刘长卿《北游酬孟云卿见寄》："行行无定止，懔坎难归来。"姚合《春日闲居》："居止日萧条，庭前唯药苗。"❹至，到。包佶《郊庙歌辞·祀雨师乐章·迎神》："云軿戾止，洒雾飘烟。"李绅《拜宣武军节度使》序："七月三日。中使刘泰押送旌节止洛阳。"来鹄《圣政纪颂》："何教何师，生来死止。无典无法，顽肩孱比。"❺停止，终止。寒山《诗三百三首》之一一二："变化计无穷，生死竟不止。"顾况《千松岭》："终日吟天风，有时天籁止。问渠何旨意，恐落凡人耳。"卢纶《杂曲歌辞·皇帝感词》之三："妙算干戈止，神谋宇宙清。"吴融《祝风三十二韵》："天不饥死余，飘风当自止。"❻阻止，禁止。李白《公无渡河》："旁人不惜妻止之，公无渡河苦渡之。"韩愈《寄卢仝》："凭依婚媾欺官吏，不信令行能禁止。"李咸用《公无渡河》："有叟有叟何清狂，行搔短发提壶浆。乱流直涉神洋洋，妻止不听追沉湘。"❼消失，磨灭无存。张九龄《和崔尚书喜雨》："照烂阴霞止，交纷瑞雨来。"韦应物《东郊》："乐幽心屡止，遵事迹犹遽。"王迥《同孟浩然宴赋》："屈宋英声今止已，江山继嗣多才子。"❽留，挽留。钱起《过瑞龙观道士》："主人善止客，柯烂忘归年。"❾人的仪态举止。郑谷《叙事感恩上狄右丞》："凋零归两鬓，举止失前踪。"❿谓不施布。元结《二风诗·治风诗五篇·至慈》："故莫周莫止，静和而止。"⓫只，只有。高适《自蓟北归》："五将已深入，前军止半回。"皇甫冉《闲居作》："图书唯药箓，饮食止藜羹。"白居易《寄张十八》："饥止一箪食，渴止一壶奖。出入止一马，寝兴止一床。"陆龟蒙《江湖散人歌》："夜栖止与禽兽杂，独自构架纵横枝。"⓬语气词。用于句末，表示确定语气。王勃《倬彼我系》之七："夫岂不怀，高山仰止。"萧颖士《江有归舟三章》之二："舟既归止，人亦荣止。"卢仝《寄赠含曦上人》："高僧有柱杖，愿得数觏止。"卫光一《经太华》："山高采难得，叹息徒仰止。"

【止戈】 停止战争。杨巨源《和侯大夫秋原山观征人回》："圣代止戈资庙略，诸侯不复更长征。"孙郃《古意二首》之二："魏礼段干木，秦王乃止戈。"韦庄《湘中作》："臣心未肯教迁鼎，天道还应欲止戈。"余真德《太平诗》："止戈戎衣定，修文继百王。"

【止戈为武】 （为 wéi）古人谓"武"从"止"从"戈"，意谓能平息战乱，停止使用武器，方为真正的武功。罗隐《代文宣王答》："三教之中儒最尊，止戈为武武尊文。"

【止止】 ❶止之，止于其上。权德舆《与道者同守庚申》："吉祥能止止，委顺则生生。"❷停止。窦参《湖上闲居》："止止复何云，物情何自私。"

【止水】 静止的水。王季友《玉壶冰》："玉壶知素结，止水复中澄。"权德舆《晨坐寓兴》："亭柯见荣枯，止水知清浑。"白居易《玩止水》："动者乐流水，静者乐止水。"李山甫《山中答刘书记寓怀》："骨将槁木齐，心同止水净。"

【止化】 终止教化。李绅《逾岭峤止荒陬抵高要》："周王止化惟荆蛮，汉武凿远通孱颜。"

【止足】 能知止知足。李林甫《送贺监归四明应制》："桂冠知止足，岂独汉疏贤。"杜甫《盐井》："君子慎止足，小人苦喧阗。"李德裕《思归赤松村呈松阳子》："顾余知止足，所乐在归休。"吴筠《高士咏·陶征君》："吾重陶渊明，达生知止足。"

【止的】 犹言仔细。曹唐《小游仙诗九十八首》之七三："未知百一穷阳数，略请先生止的看。"

【止泊】 （—bó）停息。贾岛《黎阳寄姚合》："魏都城里曾游熟，才子斋中止泊多。"

【止息】 ❶停息。寒山《诗三百三首》之十七："四时无止息，年去又年来。"❷停止，禁止。李绅《拜三川守》："改张琴瑟移胶柱，止息笙篁辨鲁鱼。"

【止酒】 戒酒。包何《送王汶宰江阴》："止酒非关病，援琴不在声。"

【止竟】 毕竟，究竟。元稹《六年春遣怀八首》之八："止竟悲君须自省，川流前后各风波。"司空图《漫书五首》之三："爱憎止竟须关分，莫把微才望所知。"又《狂题十八首》之八："止竟闲人不爱闲，只偷无事闭柴关。"韦庄《赠戍兵》："止竟有征须有战，洛阳何用久屯军。"

【止泪】　抑制泪水。张蠙《边游别友人》："欲别不止泪，当杯难强歌。"

【止棘】　为咏叹谗毁之典。见《诗·小雅·青蝇》。吴融《赴阙次留献荆南成相公三十韵》："痛知遭止棘，频叹委飘蓬。"

【止啼】　停止啼哭。三国魏张辽武力过人。传说江东儿啼，以"辽来辽来"吓之，无不止者。李瀚《蒙求》："蔡裔殒盗，张辽止啼。"

【止渴】　解渴。李峤《梅》："若能遥止渴，何暇泛琼浆。"长孙佐辅《陇西行》："射雁旋充饥，斧冰还止渴。"罗隐《梅》："虽然未得和羹便，曾与将军止渴来。"郑述诚《华林园早梅》："止渴曾为用，和羹旧有才。"

【止遏】　阻止。白居易《和万州杨使君四绝句·竞渡》："竞渡相传为汨罗，不能止遏意无他。"

一　画

正[1]　〔zhèng《广韵》之盛切，去劲，章。〕❶当中；不偏。王湾《次北固同下》："潮平两岸阔，风正一帆悬。"李白《秋浦歌十七首》之一："正西望长安，下见江水流。"独孤及《酬皇甫侍御望天灊山见示之作》："寒城春方正，初日明可爱。"戴叔伦《女耕田行》："日正南冈下饷归，可怜朝雉扰惊飞。"周贺《宿李枢书斋》："夜凉书读遍，月正户全开。"❷直，不弯曲。孟郊《罪松》："彼曲既在斯，我正实在兹。"又《摇柳》："因风似醉舞，尽日不能正。"❸端正，不歪不斜。王维《扶南曲歌词五首》之五："散黛恨犹轻，插钗嫌未正。"亦指抽象的事物合乎正道。萧颖士《江有归舟三章》序："彼以我为僻，尔以我为正，同声相求，尔后我先，安得而不问哉？"吕炅《贡举人谒先师闻雅乐》："国风由是正，王化自雍熙。"❹正直，正派。与"邪"相对。杜甫《种莴苣》："因知邪干正，掩抑至没齿。"白居易《叹鲁二首》之一："季桓心岂忠？其富过周公。阳货道岂正？其权执国命。"韦表征《池州夫子庙麟台》："劝善惩恶，奸邪乃正。"❺正确。李白《对酒》："青黛画眉红锦靴，道字不正娇唱歌。"亦指正确的事物。白居易《赠樊著作》："阳城为谏议，以正事其君。"❻合乎法度、规律或常情。储光羲《同诸公秋日游昆明池思古》："刑罚一以正，干戈自有仪。"白居易《赠友五首》之一："峨峨象魏门，悬法彝伦正。"❼纯正。李华《杂诗六首》之二："玄黄与丹青，五气之正色。"又《杂诗六首》之三："甘酸不私人，元和运五行。生人受其用，味正心亦平。"❽纠正，修正。指将歪斜不正或有偏差、谬误的事物改正过来。亦特指在政治、道德、思想、言论、礼仪等方面，将违反原则、标准或规定的匡正过来。张说《安乐郡主花烛行》："清歌棠棣美王姬，流化邦人正夫妇。"刘禹锡《和李六侍御文宣王庙释奠作》："儒风正礼乐，旅象入蓍龟。"李贺《苦篁调啸引》："伶伦以之正音律，轩辕以之调元气。"白居易《新乐府·法曲》："愿求牙旷正华音，不令夷夏相交侵。"崔涂《读留侯传》："翻把壮心轻尺组，却烦商皓正皇储。"❾整理。杜甫《送杨六判官使西蕃》："慎尔参筹画，从兹正羽翰。"李端《相和歌辞·襄阳曲》："同居女伴正衣裳，中庭寒月白如霜。"吕温《奉和李相公早朝偶书所怀奉呈门下武相公中书郑相公》："禁门留骑吹，内省正衣冠。"元稹《和友封题开善寺十韵》："匠正琉璃瓦，僧锄芍药苗。"❿治理。清昼、潘述《计德联句》："先王设位，以正邦国。"⓫正面。与"反面"相对。王建《镜听词》："卷帷上床喜不定，与郎裁衣失翻正。"⓬泛指官长。苑咸有《送大理正摄御史判凉州别驾》。⓭副词。(1)正在。孟浩然《洞庭湖寄阎九》："洞庭秋正阔，余欲泛归船。"秦系《早秋宿崔业居处》："身事何须问，余心正四愁。"赵嘏《长安晚秋》："鲈鱼正美不归去，空戴南冠学楚囚。"韦庄《夏夜》："正吟秋兴赋，桐景下西墙。"(2)正好，恰好。司空曙《江村即事》："钓罢归来不系船，江村月落正堪眠。"见"正值"。(3)只，仅。杜甫《凤凰台》："再光中兴业，一洗苍生忧。深衷正为此，群盗何淹留？"权德舆《送许著作分司东都》："分曹向瀍洛，守职正图书。"韩愈《卢郎中云夫寄示送盘谷子诗两章歌以和之》："昔寻李愿向盘谷，正见高崖巨壁争开张。"⓮连词。虽然。张说《幽州夜饮》："正有高堂宴，能忘迟暮心。"⓯通"证"。即凭证。元结《二风诗·乱风诗五篇·至荒》："敢正亡王，永为世箴。"

正[2]　〔zhēng《广韵》諸盈切，平清，章。〕❶正月。见"正₂月""正₂旦"。❷箭靶的中心。见"正₂鹄"。

【正人】　❶正直的人，正派的人。白居易《薛中丞》："百人无一直，百直无一遇。借问遇者谁，正人行得路。"司空图《争名》："穷辱未甘英气阻，乘疏还有正人知。"吴融《太湖石歌》："初疑朝家正人立，又如战士方狙击。"齐己《中春感兴》："应是正人持造化，尽驱幽细入垆锤。"❷做管人之人。见《书·康诰》和王引之《经义述闻·尚书上》。杜甫《同元使君春陵行》："乃知正人意，不苟飞长缨。"

【正王】　指殷宗。即成汤。见《书·尧典》。孔安国传："殷，正也。"元结《二风诗·治风诗五篇·至正》序："古有正王，能正慎恭和以安上下。"

【正文】　指纯正的诗文。皎然《答裴集阳伯明二贤各垂赠二十韵今以一章用酬两作》："发论教可垂，正文言不朽。"

【正₂元】　正月初一。杜审言《守岁侍宴应制》："欲向正元歌万寿，暂留欢赏寄春前。"许浑有《正元》。

【正₂日】　正月初一。太宗有《正日临朝》。

【正中】　(—zhōng)正当中。特指日月。戎昱《寄许炼师》："如何说得天坛上，万里无云月正中。"皮日休《鲁望读襄阳耆旧传见赠五百言次韵》："在昔房陵迁，圆穹正中漏。"

【正午】　❶指中午十二点钟左右。皎然《桃花石枕歌赠康从事》："高窗正午风飒变，室中不减春天寒。"李廓《夏日途中》："树夹炎风路，行人正午稀。"吕岩《七言》之四六："喜遇汞珠凝正午，幸逢铅母结重玄。"❷谓正当中午十二点时。韦应物《夏花明》："炎炎日正午，灼灼火俱燃。"曹松《顾少府池上》："正午回鱼影，方昏息鹭身。"

【正化】　正统的教化。贯休《上顾大夫》："野人慕正化，来自海边岛。"

【正₂月】　原指中国古历(夏历、殷历、周历)一年的第一个月。夏历以建寅之月为正月，殷历以建丑之月为正月，周历以建子之月为正月。汉以后仅指夏历一年的第一个月。张谓《宴郑伯玙宅》："正月风光好，逢君上客稀。"韩愈《梨花下赠刘师命》："今日相逢瘴海头，共惊烂漫开正月。"刘禹锡《客有话汴州新政书事寄令狐相公》："汴州忽复承平事，正月看灯户不扃。"白居易《早春持斋答皇甫十见赠》："正月晴和风气新，纷纷已有醉游人。"

【正方】　方正。谓正直而不斜曲。元结《系乐府十二首·贱士吟》："尝闻古君子，指以为深羞。正方终莫可，江海有沧洲。"

【正心】　公正之心。于武陵《匣中琴》："世人无正心，虫网匣中琴。"

【正₂旦】　正月初一。元稹《酬复言长庆四年元日郡斋感怀见寄》："苦思正旦酬白雪，闲观风色动青旂。"和凝《宫词百首》之六："正旦垂旒御八方，蛮夷无不奉梯航。"

【正在】　表示动作正在进行。皇甫冉《齐郎中筵赋得的的帆向浦留别》："一帆何处去，正在望中微。"雍陶《夜闻方响》："不知正在谁家乐，月下犹疑是远砧。"南巨川《美玉》："抱玉将何适，良工正在斯。"

【正臣】　正直之臣。杜甫《别蔡十四著作》："天地则创痍，朝廷当正臣。"周昙《咏史诗·六朝门·李集》："忠谏能坚信正臣，三沉三屈竟何云。"

【正名】　辨正名称、名分，使名实相符。韩翃《送夏侯侍郎》："元戎车右早飞声，御史府中新正名。"权德舆《酬张秘监阁老喜太常中书二阁老与德舆同日迁官相代之作》："正名推五字，贵仕仰三珪。"

【正名五字】　为咏理政的典故。见《管子·揆度》。权德舆《酬张秘监阁老喜太常中书二阁与德舆同日迁官相代之作》："正名推五字，贵仕仰三珪。"

【正色】　❶纯正的颜色。李华《杂诗六首》之二："玄黄与丹青，五气之正色。"❷美丽的颜色或容貌。白居易《白牡丹》："始知无正色，爱恶随人情。"又《秦中吟十首·议婚》："人间无正色，悦目即为姝。"❸谓态度严肃、神色庄重。张说《相州冬日早衙》："正色临厅事，疑词定笔端。"杜甫《可叹》："丈夫正色动引经，酆城客子王季友。"蒋冽《台中书怀》："直绳备豪右，正色清冠盖。"白居易《代书诗一百韵寄微之》："正色摧强御，刚肠嫉喔咿。"

【正如】　如同。白居易《偶吟二首》之一："眼下有衣兼有食，心中无喜亦无忧。正如身后有何事，应向人间无所求。"

【正好】　恰好。韩愈《和仆射相公朝回见寄》："秋台风日迥，正好看前山。"白居易《闲出》："春寒游正好，稳马薄绵衣。"赵嘏《秦中逢王处士》："春风正好分琼液，乞取当时白玉杯。"韩偓《六言三首》之二："半寒半暖正好，花开花谢相思。"

【正字】　❶官名。南齐时秘书省设正书职，北齐始称正字。隋、唐至宋沿置，属秘书省。李嘉祐有《与从弟正字从兄兵曹宴集林园》。权德舆有《送正字十九兄归江东醉后绝句》。贾岛《送董正字常州觐省》："春来欢侍阻，正字在东宫。"王延彬《哭徐夤》："昔除正字今何在，所谓人生能几何。"❷校正文字。孟浩然《寄赵正字》："正字芸香阁，幽人竹素园。"

【正位】　中正之位。魏征《郊庙歌辞·五郊乐章·黄帝宫音》："黄中正位，含章居贞。"刘长卿《至德三年春因书事寄上浙西节度李侍郎中丞行营五十韵》："星辰归正位，雷雨发残生。"崔曙《奉试明堂火珠》："正位开重屋，凌空出火珠。"杨衡《赋得直如朱丝弦》："大方闻正位，乐府动清声。"

【正言】　直言。韩愈《纳凉联句》："危行无低徊，正言免咿喔。"

【正₂初】　指农历正月初一，元旦。杨巨源《元日呈李逢吉舍人》："共说正初当圣泽，试过西掖问群贤。"张籍《贺秘书王丞南郊摄将军》："正初天子亲郊礼，诏摄将军领卫兵。"杜牧《湖南正初招李郢秀才》。徐铉有《正初答钟郎中见招》。

【正直】　❶公正无私，刚直坦率。宋务光《海上作》："粤我遘休明，匪躬期正直。"杜甫《南池》："高堂亦明王，魂魄犹正直。"张籍《寄孙洛阳格》："久持刑宪声名远，好是中朝正直臣。”❷不偏斜，不弯曲。萧颖士《菊荣一篇五章》之五：“人之侮我，混于薪棘。诗人有言，好是正直。”❸犹“正值”，适逢。陆龟蒙《江南曲五首》之三：“鱼戏莲叶西，盘盘舞波急。潜依曲岸凉，正直斜光入。”

【正味】　纯正的滋味。白居易《府酒五绝·辨味》：“甘露太甜非正味，醴泉虽洁不芳馨。”刘禹锡《咏庭梅寄人》：“君问调金鼎，方知正味难。”刘言史《与孟郊洛北野泉上煎茶》：“洁色既爽别，浮氲亦殷勤。以兹委曲静，求得正味真。”

【正金】　道教谓纯正的金丹。彭晓《参同契明镜图决诗二首》之二：“日爻阴耦生真汞，月卦阳奇产正金。”吕岩《七言》之二：“通灵一颗正金丹，不在天涯地角安。”

【正夜】　午夜。薛曜有《正夜侍宴应诏》。

【正性】　自然的禀性。权德舆《古离别》：“迹当中人域，正性日已衰。”

【正法】　佛教语。指释迦牟尼所说的教法，别于外道而言。亦借指佛教。张说《送考功武员外学士使嵩山署舍利塔》：“我念过去微尘劫，与子禅门同正法。”韩滉《判僧云晏五人聚赌喧诤语》：“正法何曾执贝，空门不积余财。”

【正定】　谓正常，有一定规律。卢仝《与马异结交诗》：“尔来天地不神圣，明月之光无正定。”

【正始】　❶正其始。指合乎正道，思想纯正。齐己《寄文秀大师》：“道终归正始，心莫问多岐。”❷指纯正的音乐或诗篇。皎然《酬薛员外谊见戏一首》：“方知正始作，丽掩碧云诗。”吕温《奉和张舍人阁中直夜思闻雅琴因书事通简僚友》：“忆尔山水韵，起予仁智心。凝情在正始，超想疏烦襟。”

【正始之音】　指纯正的乐声。陈子昂《与东方左史虬修竹篇》：“不闻正始之音，复睹于兹。”白居易《五弦弹》：“正始之音其若何？朱弦疏越清庙歌。一弹一唱再三叹，曲澹节稀声不多。融融曳曳召元气，听之不觉心平和。”亦省作“正始音”。白居易《清夜琴兴》：“心积和平气，木应正始音。”

【正始音】　参见“正始之音。”

【正始風】　指淳朴的社会风尚。皮日休《送令狐补阙归朝》：“文如日月气如虹，举国重生正始风。”陈陶《赠江西周大夫》：“否极生大贤，九元降灵气。独立正始风，蔚然中兴瑞。”

【正始淳風】　指淳朴的社会风俗。陆敬《游隋故都》：“正始淳风被，人劳用息肩。”

【正始韻】　指内容纯正的诗作。栖白《赠李溟秀才》：“数篇正始韵，一片补亡心。”

【正始聲】　指纯正的乐声。徐铉《和王庶子寄题兄长建州廉使新亭》：“群贤讵减山阴会，远俗初闻正始声。”

【正面】　人体前部那一面；建筑物临广场、临街、装饰较讲究的一面。元稹《赠刘采春》：“新妆巧样画双娥，谩里常州透额罗。正面偷匀光滑笏，缓行轻踏破纹波。”齐己《贺孙支使郎中迁居》：“地连东阁横头买，门对西园正面开。”

【正耐】　犹正合，正要。杜甫《洗兵马》：“青春复随冠冕入，紫禁正耐烟花绕。”萧涤非注：“正耐，犹正合，正要。”

【正是】　恰是。岑参《九日使君席奉饯卫中丞赴长水》：“预知汉将宣威日，正是胡尘欲灭时。”

【正風】　本指《诗经·国风》中的《周南》《召南》，后亦用以说明古朴纯正的诗文。刘言史《初下东周赠孟郊》：“修文返正风，刊字齐古经。”

【正音】　纯正的乐声。窦庠《留守府酬皇甫曙侍御弹琴之什》：“几载遗正音，今朝自君始。”

【正室】　嫡妻，正房。与侧室、偏房相对。李贺《送秦光禄北征》：“钱塘阶凤羽，正室擘鸾钗。”

【正郎】　指郎中。唐六部各司均设郎中和员外郎，正郎指郎中。窦常《酬舍弟牟秋日洛阳官舍寄怀十韵》：“正郎曾首拜，亚尹未平除。”郑谷有《转正郎后寄献集贤相公》。

【正泰】　正值太平之世。张祜《华清宫和杜舍人》：“登封时正泰，御宇日初长。”

【正真】　真正，确实。白居易《咏家酝十韵》：“常嫌竹叶犹凡浊，始觉榴花不正真。”姚合《听僧云端讲经》：“无生深旨诚难解，唯是师言得正真。”

【正思】　纯正无邪的思想、意念。孟郊《答友人》：“君子业高文，怀抱多正思。”齐己《言诗》：“毕竟将何状，根元在正思。”

【正員】　正式编制内的人员。韦渠牟《览外生卢纶诗因以示此》：“卫玠清淡性最强，明时独拜正员郎。”

【正氣】　浩然之气，充塞天地间的至大至刚之气。杨巨源《奉酬窦郎中早入省苦寒见寄》：“穷阴总凝沍，正气直肃杀。”温庭筠《夏中病痁作》：“山鬼扬威正气愁，便辞珍簟袭狐裘。”韩偓《漫作二首》之二：“岳灵分正气，仙卫借神兵。”

【正值】　适逢。王昌龄《从军行二首》之二：“去为龙城战，正值胡兵袭。”王维《戏嘲史寰》：“正值楚王宫里至，门前初下七香车。”窦巩《新营别墅寄家兄》：“莫惊此度归来晚，买得西山正值春。”王季友《玉壶冰》：“正值求珪瓒，提携共饮冰。”刘沧《秋月望上阳宫》：“此时独立意难尽，正值西风砧杵凉。”

【正条】　正式刑条。殷尧藩《早朝》：“衣冠一变无夷俗，律令重颁有正条。”

【正席】 正坐于席。户纶《晚次新丰北野老家书事呈赠韩质明府》：“衰翁正席矜新社，稚子齐襟读古论。”

【正₂朔】 指帝王新颁布的历法。白居易《骠国乐》：“雍羌之子舒难陀，来献南音奉正朔。”林宽《送人归日东》：“地即同正朔，天教阻往来。”

【正視】 正眼相看，严肃对待。吴融《寄僧》：“应怜正视淮王诏，不识东林物外情。”

【正晝】 白天。韩愈《猛虎行》：“正昼当谷眠，眼有百步威。”

【正堪】 正合适。元结《游潓泉示泉上学者》：“复在郊郭外，正堪静者居。”元凛《九日对酒》：“烟摊秋色正堪玩，风惹菊香无限来。”

【正₂朝】 (—zhāo)正月初一。王绩《看酿酒》：“六月调神曲，正朝汲美泉。”张说《正朝摘梅》：“蜀地寒犹暖，正朝发早梅。”刘长卿有《正朝览镜作》。白居易《新乐府·缚戎人》：“一落蕃中四十载，遣着皮裘系毛带。唯许正朝服汉仪，敛衣整巾潜泪垂。”

【正詞】 严正的话语。源乾曜《禅社首乐章》：“愿明德，吐正词。”

【正陽】 指日中之气。吕岩《七言》之二八：“解匹真阳与正阳，三年功满结成霜。”

【正統】 指封建王朝先后承袭的传统。独孤及《季冬自嵩山赴洛道中作》：“三微复正统，五玉归文祖。”

【正₂歲】 正月。元稹《赠柔之》：“穷冬到乡国，正岁别京华。”

【正慎】 公正，谨慎。元结《二风诗·治风诗五篇·至正》序：“古有正王，能正慎恭和以安上下。”

【正當】 (—dāng)❶正处在某个时期和阶段。杜甫《送樊二十三侍御赴汉中判官》：“正当艰难时，实藉长久计。”王涯《宫词三十首》之二一：“迥出芙蓉阁上头，九天悬处正当秋。”❷指处在某一个地方。独孤及《答皇甫十六侍御北归留别作》：“正当楚客伤春地，岂是骚人道别时。”曹松《南海旅次》：“为客正当无雁处，故园谁道有书来。”

【正節】 (—jié)树之主枝。王叡《松》：“常将正节栖孤鹤，不遣高枝宿众禽。”

【正衙】 ❶正式的朝会听政之处。来鹄《圣政纪颂》序：“是以正衙一开，则臣诚前而启之。”❷谓严正的县衙。黄滔《赠明州霍员外》：“正衙无吏近，高会觉人稀。”

【正頓】 整理。卢仝《小妇吟》：“小妇欲入门，隈门匀红妆。大妇出门迎，正顿罗衣裳。”

【正意】 指纯正的思想内容。李中《献中书潘舍人》：“立言成雅诰，正意叙彝伦。”

【正道】 正确的道理、途径等。杜甫《石犀行》：“先王作法皆正道，鬼怪何得参人谋。”崔涂《东晋》之二：“秦国金陵王气全，一龙正道始东迁。”韩偓《天鉴》：“神依正道终潜卫，天鉴衷肠竞不违。”

【正殿】 位置在中间的主殿。杜甫《巴西闻收宫阙送班司马入京》：“倾都看黄屋，正殿引朱衣。”白居易《和答诗十首·答桐花》：“我思五丁力，拔入九重城。当君正殿栽，花叶生光晶。”杜牧《李甘诗》：“烈风驾地震，狞雷驱猛雨。夜于正殿阶，拔去千年树。”

【正寢】 ❶即路寝。古代帝王、诸侯治事的宫室。《公羊传·庄公三十二年》：“公薨于路寝。路寝者何？正寝也。”温庭筠《题翠微寺二十二韵》：“万灵扶正寝，千嶂抱重冈。”❷泛指房屋的正厅。元稹《江边四十韵》：“正寝初停午，频眠欲转胞。”

【正調】 (—diào)纯正的音乐。窦庠《四皓驿听琴送王师简归湖南使幕》：“朱弦韵正调，清夜似闻韶。”

【正樂】 (—yuè)雅正的音乐。崔日用《奉和九月九日登慈恩寺浮图应制》：“咸英调正乐，香梵遍秋空。”

【正諫】 ❶正言劝谏、规劝。周昙《咏史诗·春秋战国门·庄辛》：“庄辛正谏谓妖词，兵及鄢陵始悔思。”❷官名。即谏议大夫。唐时曾改谏议大夫为正谏大夫。沈佺期有《和崔正谏登秋日早朝》。

【正聲】 ❶纯正的乐声。司马逸客《雅琴篇》：“将军塞外多奇操，中散林间有正声。”司空曙《同张参军喜李尚书寄新琴》：“正声消郑卫，古状掩笙簧。”李宣古《听蜀道士琴歌》：“至道不可见，正声难得闻。”❷谓雅正的诗篇。李白《古风》之一：“正声何微茫，哀怨起骚人。”白居易《编集拙诗一十五卷赠元九李二十》：“一篇《长恨》有风情，十首《秦吟》近正声。”方干《哭秘书姚少监》：“家无谏草逢明代，国有遗篇续正声。”齐己《咏怀寄知己》：“三百正声传世后，五千真理在人间。”

【正₂鵠】 (—gǔ)❶箭靶的中心。李咸用《和友人喜相遇十首》之一：“且固初心希一试，箭穿正鹄岂无缘。”❷正确的目的。李远《及第后送家兄游蜀》：“正鹄虽言中，冥鸿不共飞。”

【正韻】 纯正的乐声。贾岛《寓兴》：“今时出古言，在众翻为讹。有琴含正韵，知音者如何。”

【正懷】 严正的胸怀。张蠙《赠郑司业》：“晚学更求来世达，正怀非与百邪侵。”

二 画

此 〔cǐ《广韵》雌氏切，上紙，清。〕❶这；这个。与“彼”相对。李白《蜀道难》：“蜀道之难难于上青天，使人听此凋朱颜。”武元衡《玉泉寺与润上人望秋山怀张少尹》：“况此绿岩晚，尚余丹桂芳。”白居易《邓鲂张彻落第》：“怀哉二夫子，念此无自轻。”杜荀鹤《再经胡城县》：“去岁曾经此县城，县民无口不冤声。”❷此时。司空曙《送曹同椅》：“惆怅空相送，欢游自此疏。”白居易《读张籍古乐府》：“始从青衿岁，迨此白发新。”又《长恨歌》：“春宵苦短日高起，从此君王不早朝。”❸此地。刘言史《苦妇词》：“来时已厌生，到此自不全。”周贺《宿李主簿》：“去年今夜还来此，坐见西风衰鹊窠。”王喦《题严君观》：“二十年前曾此到，一千年内未归来。”❹此次。白居易《和杨郎中贺杨仆射致仕后杨侍郎门生合宴席上作》：“可怜玉树连桃李，从古无如此会荣。”刘沧《题天宫寺阁》：“此来闲望更何有？无限清风生客衣。”翁承赞《奉使封闽王归京洛》：“此去愿言归梓里，预凭魂梦展维桑。”❺如此，这般。张宣明《使至三姓咽面》：“东都日窅窅，西海此悠悠。”裴迪《辋川集二十首·漆园》：“好闲早成性，果此谐宿诺。”杜甫《宿青溪驿奉怀张员外十五兄之绪》：“中夜怀友朋，乾坤此深阻。”

【此人】 这个人。刘长卿《赠秦系征君》：“惆怅青山路，烟霞老此人。”白居易《伤唐衢二首》之二：“此人无复见，此诗犹可贵。”

【此夕】 这一夜晚。刘沧《洛阳月夜书怀》：“孤吟此夕惊秋晚，落叶残花树色中。”

【此日】 ❶这一天。卢象《驾幸温泉》：“此日小臣徒献赋，汉家谁复重扬雄。”李郢《清明日题一公禅室》：“此日何穷礼禅客，归心谁是恋禅人。”❷这时候，这时日。曹邺《弃妇》：“此日年且少，事姑常有仪。”

【此中】 这里；其中。戴叔伦《怀素上人草书歌》：“人人细问此中妙，怀素自言初不知。”白居易《冬初酒熟二首》之二：“残年多少在，尽付此中销。”刘沧《题秦女楼》：“珠翠香销鸳瓦堕，神仙曾向此中游。”项斯《晚春花》：“此中人到少，开尽几人知。”

【此方】 此种主张、道理。王昌龄《香积寺礼拜万回平等二圣僧塔》：“万回主此方，平等性无违。”

【此世】 这一世，此生。张蠙《送南海僧游蜀》：“此世能先觉，他生岂再忘。”又《吊孟浩然》：“若重生此世，应更苦前心。”

【此生】 这一生，这一辈子。白居易《龙门下作》：“龙门涧下濯尘缨，拟作闲人过此生。”李商隐《马嵬二首》之二：“海外徒闻更九洲，他生未卜此生休。”李频《长安书事寄所知》：“老拟归何处，闲应过此生。”卢群玉《投卢尚书》：“从来若把耕桑定，免恃雕虫误此生。”

【此外】 除此以外。元结《漫歌八曲·西阳城》：“衣食可力求，此外何所望。”白居易《咏兴五首·解印出公府》：“人生且如此，此外吾不知。”杜牧《杜秋娘诗》：“己身不自晓，此外何思惟。”陆龟蒙《奉和袭美太湖诗二十首·毛公坛》：“时时白鹿下，此外无人行。”

【此地】 这里，这个地方。太宗《过旧宅二首》之一：“一朝辞此地，四海遂为家。”周贺《早秋过郭涯书堂》：“此地秋吟苦，时来绕菊行。”李商隐《无题二首》之二：“此地如携手，兼君不自聊。”韦庄《对梨花赠皇甫秀才》：“依前此地逢君处，还是去年今日时。”

【此見】 这个看法。王绩《赠梁公》：“我今穷家子，自信此见长。”

【此身】 本身，本人。杜甫《乐游园歌》：“此身饮罢无归处，独立苍茫自咏诗。”刘沧《深愁喜友人至》：“此身未遂归休计，一半生涯寄岳阳。”李频《长安即事》：“长遇豪家不敢过，此身谁与取高科。”曹邺《出关》：“我独南征恨此身，更有无成出关者。”

【此君】 竹的代称。见《晋书·王徽之传》。岑参《范公丛竹歌》：“此君托根幸得地，种来几时闻已大。”权德舆《竹径偶然作》：“杖策入幽径，清风随此君。”杜牧《题刘秀才新竹》：“不是山阴客，何人爱此君。”罗隐《竹下残雪》：“墙下浓阴对此君，小山尖险玉为群。”

【此事】 这件事。张祜《洛阳感寓》：“须知此事堪为镜，莫遣黄金漫作堆。”李商隐《韩碑》：“古者世称大手笔，此事不系于职司。”李频《长安书情投知己》：“此事勤虽过，他谋拙莫先。”

【此夜】 这一夜。戴叔伦《听韩使君美人歌》：“仙人此夜忽凌波，更唱瑶台一遍歌。”李商隐《月夕》：“兔寒蟾冷桂花白，此夜姮娥应断肠。”刘沧《江行夜泊》：“白浪连空极渺漫，孤舟此夜泊中滩。”

【此界】 这个地界。张蠙《宿山寺》：“此界自生雨，上方犹有星。”

【此時】 这时候。钱起《咏门上画松上元王杜三相公》：“众草此时没，何人知岁寒。”李绅《悲善才》：“此时奉诏侍金銮，别殿承恩许召弹。”刘沧《与僧话旧》：“此时相见又相别，即是关河朔雁飞。”和凝《解红歌》：“两个瑶池小仙子，此时夺却柘枝名。”

【此宵】 此夜。李频《八月十五夜对月》：“阴盛此宵中，多为雨与风。”

【此处】 这地方。刘沧《题书斋》：“一日不曾离此处，风吹疏牖夕云晴。”

【此意】 这种情意。王昌龄《何九于客舍集》：

“此意投赠君，沧波风袅袅。”李频《寄远》：“须知此意同生死，不学他人空寄衣。”

【此際】　此时，这时候。牟融《楼城叙别》：“此际那堪重分手，绿波芳草暂停舟。”杨奇鲲《途中诗》：“此际自然无限趣，王程不敢暂留停。”姚揆《秋日江东晚行》：“迢迢驱马过江东，此际令人恨莫穷。”

【此輩】　这班人。李商隐《行次西郊作一百韵》：“常恐值荒迥，此辈还射人。”

三　画

步　〔bù《广韵》薄故切，去暮，並〕❶步行，用脚走。《书·召诰》：“王朝步自周，则到于丰。”郑玄注：“步，行也。”杜牧《池州送孟迟先辈》：“时步郭西南，缭径苔圆折。”徐夤《新刺袜》：“齐宫合赠东昏宠，好步黄金菡萏花。”❷脚步；步伐。太宗《帝京篇十首》之三：“移步出词林，停舆欣武宴。”杨巨源《和权相公南园闲涉寄广宣上人》：“步因秋景旷，心向晚云多。”❸长度单位。旧时一步五尺。骆宾王《秋晨同淄川毛司马秋九咏·秋菊》：“擢秀三秋晚，开芳十步中。”韩愈《汴泗交流赠张仆射》：“汴泗交流郡城角，筑场十步平如削。”刘禹锡《题寿安甘棠馆二首》之二：“尘土与烟霞，其间十余步。”欧阳詹《题秦岭》：“南下斯须隔帝乡，北行一步掩南方。”❹踏。孟浩然《白云先生王迥见访》：“手持白羽扇，脚步青芒履。”皎然《酬秦山人系题赠》：“出斋步杉影，手自开禅扉。”张籍《赠太常王建藤杖笋鞋》：“寻花入幽径，步日下寒阶。”陆龟蒙《和袭美赠南阳润卿将归雷平》：“真仙若降如相问，曾步星罡绕醮坛。”❺寻觅。韩愈《奉和虢州刘给事使君三堂新题二十一咏·渚亭》：“自有人知处，那无步往踪。”❻同“埠”。水边停船处。朱景玄有《宿新安村步》。韦庄《江亭酒醒却寄维扬饯客》：“别筵人散酒初醒，江步黄昏雨雪零。”

【步月】　踏月，月下散步。司空曙《奉和给事寓直》：“夜闲方步月，漏尽欲朝天。”白居易《宴散》：“小宴追凉散，平桥步月回。”徐凝《正月十五夜呈幕中诸公》：“步月游山俱不得，可怜辜负白头春。”

【步打毬】　古代的一种球类游戏。类似今天的曲棍球。比赛时分成两队，以下端弯曲的木棍徒步击球入门分胜负。本军中游戏，唐代宫中颇盛行。王建《宫词一百首》之七三：“殿前铺设两边楼，寒食宫人步打球。”

【步伍】　行列，队伍。刘禹锡《连州腊日观莫徭猎西山》：“海天杀气薄，蛮军步武嚣。”

【步行】　（—xíng）徒步行走。王维《老将行》：“少年十五二十时，步行夺得胡马骑。”白居易《宝历二年八月三十日夜梦后作》：“莫忘全吴馆中梦，岭南泥雨步行时。”

【步步】　一步一步，每步。刘长卿《晚次苦竹馆却忆干越旧游》：“谁怜却回首，步步恋南枝。”许浑《将为南行陪尚书崔公宴海榴堂》：“谩夸书剑无知己，水远山长步步愁。”贯休《赠杨公杜之舅》：“周秦汉魏书书在，麟凤龟龙步步随。”和凝《宫词百首》之五九：“昂头步步金鞍稳，掌扇花前御路中。”

【步兵】　官名。步兵校尉的省称。因三国魏阮籍曾任此官，故亦作为阮籍的别称。李白《赠从弟南平太守之遥二首》之二：“东平与南平，今古两步兵。”皇甫冉《闲居作》：“篇咏投康乐，壶觞就步兵。”李商隐《乱石》：“不须并碍东西路，哭杀厨头阮步兵。”温庭筠《经故秘书崔监扬州南塘旧居》：“乘舟觅吏经舆县，为酒求官得步兵。”

【步兵哭】　三国魏阮籍曾为步兵校尉。阮籍旷达不羁，纵酒，喜驾车独游，逢绝路则痛哭而返。见《三国志·魏志·王粲传》附《阮籍传》裴松之注引《魏氏春秋》。后即以为典，表示羁旅困顿。杜甫《秋日荆南述怀三十韵》：“苍茫步兵哭，展转仲宣哀。”

【步武】　❶很短的距离。见《国语·周语下》。韦昭注：“六尺为步，贾君以半步为武。”权德舆《书绅诗》：“千里起步武，彗云自纤茎。”又《送宇文府赴行在》：“从此图南路，青云步武间。”刘禹锡《题集贤阁》：“青山云绕栏干外，紫殿香来步武间。”❷脚步，步伐。韩愈《和席八十二韵》：“纶綍谋猷盛，丹青步武亲。”柳宗元《植灵寿木》：“循玩足忘疲，稍觉步武轻。”杜牧《赠李处士长句四韵》：“霭霭祥云随步武，累累秋冢叹蓬蒿。”唐彦谦《贺李昌时禁苑新命》：“万户千门迷步武，非烟非雾隔仪形。”

【步金蓮】　《南史·齐本纪》：“（东昏侯）又凿金为莲花，以贴地，令潘妃行其上，曰：‘此步步生莲花也’。”后用以为典。孙元晏《咏史诗·齐潘妃》：“曾步金莲宠绝伦，岂甘今日委尘埃。”毛熙震《临江仙》词之一：“纵态迷欢心不足，风流惜当年，纤腰婉约步金莲。”

【步卒】　步兵。刘湾《李陵别苏武》：“汉武爱边功，李陵提步卒。”

【步罡壇】　道士步罡之坛。陆龟蒙《袭美见题郊居十首因次韵酬之以伸荣谢》之七：“几时当斗柄，同上步罡坛。”

【步屧】　脚步。杜甫《答郑十七郎一绝》：“雨后过畦润，花残步屧迟。”皇甫冉《宿淮阴南楼酬常伯能》：“伫立分宵绝来客，烦君步屧忽相求。”

【步帳】　帐幕的一种。卢纶《送黎兵曹往陕府结亲》：“步帐歌声转，妆台烛影重。”

【步趾】 犹追随。杜甫《赠郑十八贲》："步趾咏唐虞，追随饭葵堇。"

【步趁】 步行。陈子昂有《合州津口别舍弟至东阳峡步趁不及眷然有忆作以示之》。

【步虚】 ❶道士诵经礼赞。见南朝宋刘敬叔《异苑》五。李白《题随州紫阳先生壁》："喘息餐妙气，步虚吟真声。"顾况《崦里桃花》："老人方授上清箓，夜听步虚出月寒。"项斯《送宫人入道》："旦暮焚香绕坛上，步虚犹作按歌声。"司空图《步虚》："阿母亲教学步虚，三元长遣下蓬壶。"❷谓"步虚词"。元稹《封书》："书出步虚三百韵，蕊珠文字在人间。"许浑《卢山人自巴蜀由湘潭归茅山因赠》："导引岂如桃叶舞，步虚宁比竹枝歌。"曹唐《小游仙诗九十八首》之十："西归使者骑金虎，亸鞚垂鞭唱步虚。"方干《夜听步虚》："步虚闻一曲，浑欲到三清。"秦系《题茅山李尊师山居》："洗药每临新瀑水，步虚时上最高峰。"权德舆《晚秋陪崔阁老张秘监阁老苗考功同游昊天观时杨阁老新直未满以诗见寄斐然酬和有愧芜音》："步虚清晓籁，隐几吸晨晖。"

【步虚人】 指道士。王昌龄《题朱炼师山房》："叩齿焚香出世尘，斋坛鸣磬步虚人。"

【步虚子】 指道士。储光羲《至嵩阳观观即天皇故宅》："一闻步虚子，又话逍遥篇。"

【步虚引】 乐府杂曲歌辞名。言成仙之事。《全唐诗》卷二九载陈陶《步虚引》一首。

【步虚詞】 ❶亦作"步虚辭"。道教唱经礼赞之词。王建《赠王处士》："道士写将行气法，家童授与步虚词。"薛涛《试新服裁制初成三首》之三："每到宫中歌舞会，折腰齐唱步虚词。"白居易《同微之赠别郭虚舟炼师五十韵》："时时摘一句，唱作步虚辞。"韦庄《使院黄葵花》："向月似矜倾国貌，倚风如唱步虚词。"参见"步虚"。❷乐府杂曲歌名。陈羽、顾况、刘禹锡、高骈等到均有此作。

【步虚壇】 道士唱经礼赞的高坛。吕温《同恭夏日题寻真观李宽中秀才书院》："披卷最宜生白室，吟诗好就步虚坛。"鹿虔扆《女冠子》词之二："步虚坛上，绛节霓旌相向。"参见"步虚❶"。

【步虚聲】 道士诵经之声。刘禹锡《酬令孤相公雪中游玄都见忆》："玄都留五字，使入步虚声。"殷尧藩《府试中元观道流步虚》："星辰朝帝处，鸾鹤步虚声。"薛能《送李倍巡官归永乐旧居》："曾约道门终老住，步虚声里寄闲眠。"和凝《宫词百首》之九六："鹭颈莺唇胜仙子，步虚声细象窗深。"

【步虚辭】 参见"步虚詞"。

【步廊】 走廊。元稹《寄浙西李大夫四首》之二："浴殿晓闻天语后，步廊骑马笑相随。"白居易《裴常侍以题蔷薇架十八韵以和之》："淑气熏行径，清阴接步廊。"李绅《东武亭》序："余为增以板槛，延入湖中，足加步廊，以列环卫。"郑畋《五月一日紫宸候对时属禁直穿内而行因书六韵》："朱夏五更后，步廊三里余。"

【步摇】 ❶古代妇女附在簪钗上的一种首饰。人动则摇，故名。顾况《王郎中妓席五咏·箜篌》："玉作搔头金步摇，高张苦调响连宵。"张仲景《宫中乐五首》之二："翠匣开寒镜，珠钗挂步摇。"李贺《老夫采玉歌》："采玉采玉须水碧，琢作步摇徒好色。"罗虬《比红儿诗》之四四："妆成浑欲认前朝，金凤双钗逐步摇。"❷冠名。参见"步摇冠"。

【步摇冠】 (冠 guān)冠名。见《汉书·江充传》。白居易《霓裳羽衣歌》："虹裳霞帔步摇冠，钿璎累累佩珊珊。"

【步舞】 踏步起舞。顾况《宫词五首》之四："九重天乐降神仙，步舞分行踏锦筵。"

【步綦】 鞋带。借指鞋。孙逖《同和咏楼前海石榴二首》之二："旧绿香行盖，新红洒步綦。"

【步障】 ❶古代豪门贵族为遮蔽风尘或视线而在路旁设置的一种行幕。见《晋书·石崇传》。李峤《锦》："汉使巾车远，河阳步障陈。"李商隐《代赠》："虽同锦步障，独映钿箜篌。"吴融《咏柳》："好拂锦步障，莫遮铜雀台。"❷喻指花草繁茂之地。卢纶《九日奉陪侍郎登白楼》："睥睨三层连步障，茱萸一朵映华簪。"刘禹锡《唐侍御寄游道林岳麓二寺诗并沈中丞姚员外所和见征继作》："青松步障深五里，龙宫黯黯神为阍。"李商隐《朱槿花二首》之一："不卷锦步障，未登油壁车。"南唐后主李煜《梅花》："阻风开步障，乘月溉寒泉。"

【步綱】 同"步罡"。李白《至陵阳山登天柱石》："步纲绕碧落，倚树招青童。"刘禹锡《游桃源一百韵》："唯余步纲势，八趾在沙砾。"

【步輦】 古代一种用人抬的代步工具，类似轿子。杜审言《望春亭侍游应诏》："尧樽随步辇，舜乐绕行麾。"赵良器《三月三日曲江侍宴》："岸花迎步辇，仙仗拥行舟。"李白《宫中行乐词八首》之一："每出深宫里，常随步辇归。"温庭筠《汉皇迎春词》："钜公步辇迎句芒，复道扫尘燕彗长。"亦指乘步辇。沈佺期《仙蓴池亭侍宴应制》："步辇寻丹嶂，行宫在翠微。"

【步履】 ❶行走。李嘉祐《同皇甫侍御题荐福寺一公房》："人归远相送，步履出回廊。"卢纶《至德中赠内兄刘赞》："听琴泉落处，步履雪深时。"权德舆《中书夜直寄赠》："步履疲青琐，开缄倦紫泥。"郑巢《赠蛮僧》："近来慵步履，石藓满柴扉。"❷脚步。孙逖《和崔司马登称心山寺》："觉花迎步履，香草藉行车。"储光羲《夜观妓》："花映垂鬟转，香迎步履飞。"韩愈《和侯协律咏笋》："暂须回步履，要取助盘飧。"陈陶《悲哉行》："肢体生异香，步履如风旋。"齐己《荆渚病中因思匡庐遂成三百字寄梁先辈》："披衣试步履，倚策聊踌躇。"

【步趍】　行走。牟融《赠殷以道》："世路红尘懒步趍，长年结屋傍岩隅。"

【步檐】　长廊。王维《上张令公》："步檐青琐闼，方幰画轮车。"

【步屧】　行走。杜甫《独酌》："步屧深林晚，开樽独酌迟。"

【步骤】　❶缓行和疾走。亦泛指行走。薛曜《舞马篇》："婉转盘跚殊未已，悬空步骤红尘起。"杜甫《冬狩行》："夜发猛士三千人，清晨合围步骤同。"杜牧《感怀诗一首》："扶持万代人，步骤三皇地。"引申为治理的方法，途径。杜牧《奉送中丞姊夫俦自大理卿出镇江西叙事书怀因成十二韵》："梅仙调步骤，痪亮拂櫜鞬。"❷脚步，步伐。陆龟蒙《读襄阳耆旧传因作诗五百言寄皮袭美》："囊乏向咸镐，马重迟步骤。"徐夤《尚书打球小骢步骤最奇因有所赠》："步骤最能随手转，性灵多恐会人言。"郑蕡《天骥呈材》："毛骨合天经，拳奇步骤轻。"

四　画

武　〔wǔ《广韵》文甫切，上麌，微。〕❶指军事征伐等暴力行为。亦泛称一般武力行为。见《史记·秦始皇本纪》。杜甫《徒步归行》："国之社稷今若是，武定祸乱非公谁？"岑参《潼关镇国军句覆使院早春寄王同州》："圣朝正用武，诸将皆承恩。"钱起《送卫功曹赴荆南》："汉家仍用武，才子晚成名。"齐己《老将》："明时不用武，白首向秋风。"❷兵威。韦庄《和郑拾遗秋日感事一百韵》："军威徒逗挠，我武自维扬。"❸勇猛，猛烈。见《诗·郑风羔羊》。卢仝《蜻蜓歌》："篙工楫师力且武，进寸退尺莫能度。"李商隐《韩碑》："元和天子神武姿，彼何人哉轩与羲。"❹武夫，武将。见《诗·大雅崧高》。李嘉祐《送严维归越州》："艰难只用武，归向浙河东。"杜牧《洛阳》："文争武战就神功，时似开元天宝中。"韦庄《南阳小将张彦硖口镇税人场射虎歌》："有文有武方为国，不是英雄伏不得。"牛希济《奉诏赋蜀主降唐》："满城文武欲朝天，不觉邻师犯塞烟。"❺武功，武艺。李颀《放歌行答从弟墨卿》："小来好文耻学武，世上功名不解取。"钱起《送张将军征西》："长安少年唯好武，金殿承恩争破虏。"朱庆余《送李侍御入蕃》："戎裘非好武，书记本多才。"❻武德，使用武力所应遵守的道义准则。于濆《长城》："秦皇岂无德，蒙氏非不武。"罗隐《代文宣王答》："三教之中儒最尊，止戈为武武尊文。"❼武略，韬略。《郊庙歌辞·周宗庙乐舞辞·忠顺》："称文既表温柔德，示武须成蹈厉容。"韩愈《永贞行》："嗣皇卓荦信英主，文如太宗武高祖。"孟郊《劝友》："胶漆武可接，金兰文可思。"陆龟蒙《奉酬袭美先辈吴中苦雨一百韵》："文兮乏寸毫，武也无尺铁。"杜荀鹤《读张仆射诗》："廉颇解武文无说，谢朓能文武不通。"❽武器。见"武库❶""武帐"。❾足迹。见《诗·大雅·下武》。骆宾王《伤祝阿王明府》："含草光后烈，继武嗣前雄。"韩愈《元和圣德诗》："欲覆其州，以近其武。"徐铉《哭刑部侍郎乔公诗》："静想忘年契，冥思接武晨。"❿半步。见《国语·周语下》。亦泛称脚步、步伐。韦应物《始建射侯》："星飞的屡破，鼓噪武更扬。"陆龟蒙《祝牛宫辞》："东西几何？七举其武。"⓫周武王的简称。李涉《咏古》："纣虐武既贤，风云固可求。"周代贵族用于祭祀的乐舞之一，颂武王战胜商纣王。亦泛称雅乐。鲍君徽《奉和麟德殿宴百僚应制》："睿泽先寰海，功成展武韶。"⓬"虎"的避讳字。见"武符""武责""武貔。"⓭姓。唐诗人有武三思、武元衡等。

【武力】　勇力。孟云卿《行行且游猎篇》："少年多武力，勇气冠幽州。"

【武三思】　唐诗人。并州文水(今山西文水县)人，武则天侄。《全唐诗》卷八〇录其《奉和圣制夏日游石淙山》等诗八首。

【武士】　❶武卒，兵士。李乘《甲子岁书事》："武士日曳柴，飞将兢执馘。"❷有勇力之人。韩愈、李正封《晚秋郾城夜会联句》："儒生惬教化，武士猛刺斫。"❸有军事谋略或才能之人。刘长卿《送裴四判官赴河西军试》："武士伫明试，皇华难久留。"

【武子】　指晋王济。济，字武子。杨巨源《上刘侍中》："王浑知武子，陈寔奖元方。"

【武王】　指周武王姬发。见《史记·周本纪》。元稹《说剑》："太古初断鳌，武王亲击纣。"

【武王台】　即汉初南越武王赵佗所筑之台。佗曾自立为南越武王。故台在南海郡治(今广东番禺县)东北。韩愈《送郑尚书赴南海》："货通师子国，乐奏武王台。"

【武夫】　❶孔武有力之人。张谓《同孙构免官后登蓟楼》："部曲皆武夫，功成不相让。"❷泛指军人。斐度《句》："侍平贼桑报天子，莫指仙山示武夫。"鲍溶《秋思三首》之二："秋日边马思，武夫不遑宁。"唐彦谦《南梁戏题汉高庙》："数载从军似武夫，今随戎捷气偏粗。"

【武夫官】　即军官。罗隐《鹰》："俊通司隶职，严奉武夫官。"

【武元衡】　唐诗人。字伯苍，河南(今河南偃师)

人。建中四年进士。《全唐诗》录其诗二卷，近二百首。《全唐诗外编》(上)补录其诗一首。

【武功】 ❶军事方面的功绩。李峤《饯薛大夫护边》："伫见燕然上，抽毫颂武功。"玄宗《平胡》："武功今已立，文德愧前王。"卢纶《皇帝感词》之三："两阶文物盛，七德武功成。"李商隐《行次昭应县道上送户部李郎中充昭义攻讨》："将军大旆扫狂童，诏选名贤赞武功。"❷指武事。见《诗·豳风·七月》。许敬宗《奉和九月九日应制》："爽气申时豫，临秋肆武功。"❸县名。亦山名。隋置县，唐属关内道京兆府。县以山得名。太宗有《幸武功庆善宫》。杜甫《喜达行在所三首》之三："犹瞻太白雪，喜遇武功天。"周贺《赠姚合郎中》："望重来为守土臣，清高还似武功贫。"

【武功爵】 汉武帝时，令民买爵而设的赏官之称。后指以军功而得到的爵位。储光羲《观范阳递俘》："大邦武功爵，固与炎皇殊。"

【武平一】 唐诗人。并州文水(今山西文水县)人。武则天族人。博学，通《春秋》。《全唐诗》录其诗一卷，十五首。

【武丘】 山名。在今江苏苏州市。本名虎丘。唐代因避高祖李渊祖父李虎讳，改名武丘。张籍《苏州江岸留别乐天》："莫忘使君吟咏处，女坟湖北武丘西。"白居易《吴中好风景二首》之二："改号齐云楼，重开武丘路。"又《奉和李大夫题新诗二首各六韵·因严亭》："似移天目石，疑人武丘山。"谭铢《真娘墓》："武丘山下冢累累，松柏萧条尽可悲。"

【武丘寺】 即虎丘寺。在今江苏苏州虎丘山上。皎然有《奉陪陆使君长源裴端公枢春游东西武丘寺》。白居易有《武丘寺路宴留别诸妓》和《武丘寺路》。

【武后】 参见"武皇后"。

【武弁】 ❶武冠。韩翃《赠别太常李博士兼寄两首旧游》："两年戴武弁，趋侍明光殿。"权德舆《省旧居戏书所怀因寄两浙亲故杂言》："今兹戴武弁，谬列金门彦。"又《奉酬从兄南仲见示十九韵》："华簪映武弁，一年被微躬。"❷武官。储光羲《同诸公送李云南伐蛮》："剑关掉鞅归，武弁朝建章。"

【武成舞】 后唐宗庙乐舞辞。《全唐诗》卷十六载有《郊庙歌辞·后唐宗庙乐舞辞·武成舞》。

【武夷山】 在今福建境内。相传昔有神人武夷君居此，故名。徐凝《武夷山仙城》："武夷无上路，毛径不通风。"李商隐有《武夷山》。贯休《送郑阁赴闽辟》："武夷山夹仙霞薄，螺女潭通海树春。"

【武臣】 武将，武官。张谓《代北州老翁答》："近传天子尊武臣，强兵直欲静胡尘。"白居易《新乐府·华原磬》："果然胡寇从燕起，武臣少肯封疆死。"鲍溶《寄李都护》："去年河上送行人，万里弓旌一武臣。"

【武行】 (—háng)武舞的行列。褚亮《享先农乐章·舒和》："羽籥低昂文缀已，干戚蹈厉武行初。"

【武名】 军事或武艺方面的名声。元稹《酬张秘书因寄马赠诗》："丞相功高厌武名，牵将战马寄儒生。"李群玉《薛侍御处乞靴》："日于文苑陪高步，赢得芳尘接武名。"

【武安】 ❶县名。战国时赵地，汉置县，属魏郡。今属河北省。参见"武安振瓦"。❷指战国秦将白起。白起曾被封为武安君。胡曾《咏史诗·杜邮》："自古功成祸亦侵，武安冤向杜邮深。"

【武安山】 在今浙江。罗邺有《宿武安山有怀》。

【武安振瓦】 《史记·廉颇蔺相如列传》载，秦赵两军对阵于武安，"秦军鼓噪勒兵，武安屋瓦尽振"。后借以歌颂军威。李白《发白马》："武安有振瓦，易水无寒歌。"又《赠常侍御》："传闻武安将，气振长平瓦。"一说，武安指武安君，秦将白起的封号。

【武安君】 战国时秦国名将白起封武安君。皎然《酬乌程杨明府华将赴渭北对月见怀》："闻说武安君，万里驱妖精。"

【武志】 威武之志。见《诗·周颂·桓序》。魏征《享太庙乐章·永和》："用光武志，永固鸿基。"

【武材】 军事人才。孟迟《新安故关》："汉帝英雄重武材，崇山险处凿门开。"

【武牢】 即虎牢，古邑名。春秋郑地。在今河南荥阳县汜水镇。据传周穆王获虎且畜于此，故称。唐代避高祖祖父李虎讳，改名为武牢。杨浚《广武怀古》："龙门无旧场，武牢有遗堞。"孟郊《上河阳李大夫》："武牢锁天关，河桥纽地机。"柳宗元《唐铙歌鼓吹曲十二篇·战武牢》："战武牢，动河朔。"雍陶《河阴新城》："自有此来当汴口，武牢何用锁风烟。"

【武牢关】 即虎牢关。秦置，在今河南荥阳县汜水镇。唐代避高祖祖父李虎讳，改称武牢关。刘禹锡《答乐天见忆》："唯余忆君梦，飞过武牢关。"张祜有《宿武牢关》。许浑《题卫将军庙》："武牢关下护龙旗，挟槊弯弧马上飞。"关融有《武牢关遇雨》。

【武妓】 作武装打扮的歌伎。李贺《荣华乐》："金蟾呀呀兰烛香，军装武妓声琅珰。"

【武林】 指安徽池州市西之武林城。张乔《寻桃源》："武林春草齐，花影隔澄溪。"

【武事】 与军队或战争有关之事。孙逖《和左卫武仓曹卫中对雨创韵赠右卫李骑曹》："文场刊玉篆，武事掌金铙。"杜牧《洛中送冀处士东游》："武事何骏壮，文理何优柔。"

【武威】 ❶军事威力。万齐融《仗剑行》："昨夜星官动紫微，今年天子用武威。"则天皇后《唐大享拜洛乐章·齐和》："既荐羽旌文化启，还呈干戚武威扬。”杜甫《重经昭陵》：“翼亮贞文德，丕承戟武威。”霍总《塞下曲》：“岂要铭燕石，平生重武威。”❷古代将军名号，即武威将军。刘希夷《入塞》：“课绩朝明主，临轩拜武威。”李商隐《少将》：“族亚齐安陆，风高汉武威。”❸郡名。虞世南《从军行二首》之二：“烽火发金微，连营出武威。”杜甫《送从弟亚赴安西判官》：“须存武威郡，为画长久利。”柳中庸《凉州曲二首》之二：“高槛连天望武威，穷阴拂地戍金微。”

【武昌】　县名。三国吴置武昌县，为武昌郡治。唐属鄂州。王绩《赠李征君大寿》：“附车还赵郡，乘船向武昌。”刘方平《折杨枝》：“武昌行路好，应为最长条。”刘禹锡《微之镇武昌中路见寄蓝桥怀旧之作凄然继和兼寄安平》：“武昌应已到，新柳映红旗。”贯休《秋末寄武昌一公》：“见说武昌江上住，柏枯槐朽战时风。”

【武昌春柳】　参见“武昌柳”。元稹《所思二首》之一：“庾亮楼中初见时，武昌春柳似腰肢。”

【武昌城】　武昌县治。李白《送储邕之武昌》：“春风三十度，空忆武昌城。”皇甫冉《山中五咏·门柳》：“接影武昌城，分行汉南道。”王贞白《晓泊汉阳渡》：“落月临古渡，武昌城未开。”

【武昌柳】　泛指杨柳。见《晋书·陶侃传》。孟浩然《溯江至武昌》：“行看武昌柳，仿佛映楼台。”刘禹锡《和浙西李大夫题临江亭并浙东元相公所和依本韵》：“一辞温室树，几见武昌柳。”李商隐《病中闻河东公乐营置酒口占寄上》：“缘忧武昌柳，遂忆洛阳花。”

【武昌魚】　指武昌附近所产的团头鲂。语本《三国志·吴志·陆凯传》。岑参《送费子归武昌》：“秋来倍忆武昌鱼，梦著只在巴陵道。”独孤及《下弋阳江舟中代书寄裴侍御》：“得餐武昌鱼，不顾浔阳田。”徐夤《吴》：“建业龙盘虽可贵，武昌鱼味亦何偏。”

【武岡】　古县名。今湖南武冈市（县级）。王昌龄《送程六》：“武冈前路看斜月，片片舟中云向西。”

【武卒】　士卒。郑嵎《津阳门诗》：“朱衫马前未满足，更驱武卒罗旌旗。”

【武城】　❶古邑名。春秋鲁地，又名南武城，在今山东费县西南，孔子弟子子游曾为武城宰。参见“武城弦”“武城鷄”。❷古地名，在今新疆吐鲁番西高昌县。岑参《与独孤渐道别长句兼呈严八侍御》：“桂林蒲萄新吐蔓，武城刺蜜未可餐。”

【武城弦】　指礼乐教化。见《论语·阳货》。卢照邻《于时春也慨然有江湖之思寄赠柳九陇》：“遥闻彭泽宰，高弄武城弦。”高适《过卢明府有赠》：“能奏明廷主，一试武城弦。”严维《咏孩子》：“将雏有旧曲，还入武城弦。”

【武城彈】　同“武城弦”。孟浩然《卢明府九日岘山宴袁使君张郎中崔员外》：“酒邀彭泽载，琴辍武城弹。”

【武城鷄】　指微小之物。含杀鸡焉用牛刀意。见《论语·阳货》。张九龄《赠澧阳韦明府》：“谁开太阿匣，持割武城鸡？”

【武則天】　并州文水（今山西文水县）人。荆州都督武士彟女。《全唐诗》卷五录其《中鼎歌》等诗四十六首。

【武皇】　指汉武帝刘彻。杜甫《兵车行》“边亭流血成海水，武皇开边意未已。”又《城上》“八骏随天子，群臣从武皇。”

【武皇内传】　（传 zhuàn）书名。即《汉武帝内传》。旧题汉班固撰。《隋书·经籍志》著录二卷，不题撰人。记武帝见西王母事。李商隐《碧城三首》之三：“武皇内传分明在，莫道人间总不知。”

【武皇后】　指武则天皇后。杜甫《赠蜀僧闾邱师兄》：“惟昔武皇后，临轩御乾坤。”亦省作“武后”。杜甫《八哀诗·赠秘书监江夏李公邕》：“往者武后朝，引用多宠嬖。”

【武侯】　三国时期蜀相诸葛亮封武乡侯，死谥忠武侯，省称武侯。罗邺《上东川顾尚书》：“轻财重义真公子，长策沈机继武侯。”罗隐《淮南送李司空朝觐》：“宣父道高休叹凤，武侯才大本吟龙。”胡曾《咏史诗·草檄答南峦有咏》：“为报南蛮须屏迹，不同蜀将武侯功。”参见“武侯祠”。

【武侯祠】　即诸葛庙。❶在夔州（今重庆奉节境）。杜甫《夔州歌十绝句》之九：“武侯祠堂不可忘，中有松柏参天长。”又《诸葛庙》：“久游巴子国。屡入武侯祠。”❷在三国蜀都城成都（今四川成都市），附于刘备庙中。杜甫《咏怀古迹五首》之四：“武侯祠屋常邻近，一体君臣祭祀同。”亦作“武侯庙”。杜甫有《武侯庙》和《上卿翁请修武侯庙遗像缺落时崔卿权夔州》。此均指夔州武侯祠。

【武侯廟】　参见“武侯祠”。

【武帝】　指汉武帝刘彻。杜甫《奉送魏六丈佑少府之交广》：“长卿久病渴，武帝元同时。”又《秋兴八首》之七：“昆明池水汉时功，武帝旌旗在眼中。”

【武都】　山名，在今四川绵竹县北。元稹《虫豸诗·巴蛇》：“越岭南滨海，武都西隐戎。”

【武原】　浙江海盐县的别称。皎然《题余不溪废寺》：“武原离乱后，真界积尘埃。”

【武烈文經】　指武功、文事均很出色。牛僧孺《享太庙乐章》：“武烈文经，敷施当宜。”

【武庫】　❶兵器库。张说《送郭大夫元振再使吐蕃》：“武库兵犹动，金方事未息。”李华《咏史十一首》之二：“单于骤款塞，武库欲销兵。”耿沣《奉送蒋尚书兼御史大夫东都留守》："教用儒门俭，兵依武库雄。"❷称誉人学识渊博，多能干练。见《晋书·杜预传》。孟浩然《与张折冲游耆阇寺》："释子弥天秀，将军武库才。"高适《东平留赠狄司马》："森然瞻武库，则是弄儒翰。"李群玉《自澧浦东游江表途出巴丘投员外从公虞》："冰壶避皎洁，武库羞锋芒。"

【武庫火】 亦作武库烧。为称颂宝剑或喻国家急需人才之词。见南朝宋刘敬叔《异苑》卷二。柳宗元《行路难三首》之二："柏梁天灾武库火，匠石狼顾相愁冤。"元稹《说剑》："晋未武库烧，脱然排户牖。"

【武庫燒】 参见"武庫火"。

【武旅】 武师，军队。储光羲《贻鼓吹李丞时信安王北伐李公王之所器者也》："文儒托后乘，武旅趋前旌。"李绅《忆过润州》："弓犯控弦招武旅，剑当抽匣问狂夫。"

【武部】 即兵部。玄宗天宝十一年曾改兵部为武部，肃宗至德二年复旧名。刘禹锡《送张盥赴举诗》："肃风乃独秀，武部亦绝伦。"此指兵部侍郎武迁硕。

【武宴】 指武将的宴集。太宗《帝京篇十首》之三："移步出词林，停舆欣武宴。"

【武帳】 置有兵器的帷帐。为帝王或大臣所用。一说，织有武士像的帷帐。骆宾王《畴昔篇》："挥戈出武帐，荷笔入文昌。"韩愈《大行皇太后挽歌词三首》之一："武帐虚中禁，玄堂掩太平。"杜牧《杜秋娘诗》："长杨射熊罴，武帐弄哑咿。"

【武略】 军事谋略。杜甫《遣闷》："时清疑武略，世乱踊文场。"章孝标《蜀中上王尚书》："武略剑峰环相府，诗情锦浪浴仙洲。"许浑《题卫将军庙》序："将军名逖，阳羡人，少习诗书，学弓剑，有武略。"

【武符】 即虎符。古代帝王授予臣属兵权和调发军队的信物。唐避高祖祖父李虎讳改称为武符。权德舆《酬冯绛州早秋绛台感怀见寄》："武符颁美化，亥字访疑年。"

【武進】 县名。汉置毗陵县。晋改晋陵县。唐置武进县，属常州。今属江苏。宋之问有《送武进郑明府》。钱起有《送武进韦明府》。

【武康】 旧县名。三国吴置永安县，晋改为永康县。唐属湖州。治所在今浙江吴兴南武康镇。岑参有《送李郎尉武康》。崔峒有《武康郭外望许纬光先生山居》。吴融《赠李长史歌》序："余客武康县既旬日，将去，邑长相饯于溪亭。"胡传美有《武康碧落观》。

【武翊黄】 唐诗人。字坤舆，河南缑氏（今河南偃师）人。武元衡之子。文宗大和间官至大理卿。《全唐诗》卷七六八录其《瑕琦不相掩》诗一首。

【武旆】 军旗。李峤《奉和幸望春宫送朔方总管张仁亶》："三军张武旆，万乘饯行轮。"

【武宿】 （—xiù）即武曲星。旧时迷信说法，谓人间诸事均有上天星宿分别执掌。武宿，主管人间武事。贯休《寿春进祝圣七首·文有武备》："武宿与文星，常如掌上擎。"

【武將】 （—jiàng）军士将领。崔融《从军行》："穹庐杂种乱金方，武将神兵下玉堂。"

【武陵】 旧县名。治所在今湖南常德市。李颀《送人归沔南》："春饶汉阳梦，日寄武陵书。"戎昱《送陆秀才归觐省》："武陵何处在，南指楚云阴。"李商隐《永乐县所居因书即事一章》："柳飞彭泽雪，桃散武陵霞。"谭用之《贻费道人》："他日凤书何处觅，武陵烟树半桃花。"

【武陵人】 指隐居避世之人。施肩吾《同张炼师溪行》："每见桃花逐流水，无回不忆武陵人。"参见"武陵源。"

【武陵山】 在今湖南常德市西。一名平山，为武陵山脉之支脉。崔郾《赠毛仙翁》："终待此身无系累，武陵山下等黄公。"

【武陵川】 参见"武陵源❶"。孟浩然《武陵泛舟》："武陵川路狭，前棹入花林。"武元衡《桃源行送友》："武陵川径入幽遐，中有鸡犬秦人家。"

【武陵曲】 （qǔ）即笛曲《武陵深》。东汉马援为南征而作。见晋崔豹《古今注·音乐》。后因以为咏笛之曲。杜甫《吹笛》："胡骑中宵堪北走，武陵一曲想南征。"

【武陵花】 典出晋陶渊明《桃花源记》。唐诗人用以泛指春花。储光羲《玉真公主山居》："不言沁园好，独隐武陵花。"孟浩然《登望楚山最高顶》："云梦掌中小，武陵花处迷。"法振《月夜泛舟》："漾舟人不见，卧入武陵花。"元稹《清都春霁寄胡三吴十一》："时节催年春不住，武陵花谢忆诸郎。"

【武陵春】 晋陶渊明《桃花源记》载武陵渔人误入桃花源，正是"芳草鲜美，落英缤纷"的春季。唐诗人借以咏叹春季。骆宾王《同辛簿简仰酬思玄上人林泉四首》之一："闻君招隐地，仿佛武陵春。"白居易《赠江州李十使君员外十二韵》："经过剡溪雪，寻觅武陵春。"许浑《寄殷尧藩》："蓬莱自有路，莫羡武陵春。"欧阳炯《大游仙诗》："赤城霞起武陵春，桐柏先生解守真。"

【武陵洞】 参见"武陵源❶"。钱起《山居新种花药与道士同游赋诗》："宛谓武陵洞，潜应造化移。"刘商《题水洞二首》之一："桃花流出武陵洞，梦想仙家云树春。"李群玉《恼从兄》："武陵洞里寻春客，已被桃花迷不归。"曹唐有《题武陵洞五首》。

【武陵客】 指隐居避世之人。孟浩然《送袁太祝尉豫章》:“相逢武陵客,独送豫章行。”刘长卿《湘中纪行十首·云母溪》:“深藏武陵客,时过洞庭人。”参见“武陵源❶”。

【武陵桃源】　义同“武陵源”。包融有《武陵桃源送人》。李瀚《蒙求》:“武陵桃源,刘阮天台。”

【武陵郡】　郡名。汉置。唐武德四年置朗州,天宝元年改为武陵郡,乾元元年复为朗州。刘长卿《送郭六侍从之武陵郡》:“常爱武陵郡,羡君将远寻。”

【武陵路】　通向桃花源的路。见晋陶渊明《桃花源记》。刘长卿《秦系顷以家事获谤因出旧山每荷观察崔公见知欲归未遂感其流寓诗以赠之》:“初迷武陵路,复出孟尝门。”皎然《兵后西日溪行》:“路是武陵路,人非秦代人。”李端《归山居寄钱起》:“谁知武陵路,亦有汉家臣。”

【武陵源】　❶借指隐居避世之所。见晋陶渊明《桃花源记》。宋之问《宿清远峡山寺》:“寥寥隔尘市,何异武陵源。”李白《登金陵冶城西北谢安墩》:“功成拂衣去,归入武陵源。”戴叔伦《桂阳北岭偶过野人所居聊书即事呈王永州邕李道州圻》:“他时愿携手,莫比武陵源。”杜甫《奉汉中王手札》:“悲秋宋玉宅,失路武陵源。”❷借指传说中东汉刘晨、阮肇入天台遇仙处。见《太平御览》卷四一引南朝宋刘义庆《幽明录》。刘长卿《送台州李使君兼寄题国清寺》:“露冕新承明主恩,山城别是武陵源。”

【武陵溪】　亦作“武陵渓”。❶参见“武陵源❶”。张谓《送裴侍御归上都》:“舟移洞庭岸,路出武陵溪。”杜甫《水宿遣兴奉呈群公》:“丹心老未折,时访武陵溪。”赵嘏《王先生不别而去》:“树树白云幽径绝,短船空倚武陵溪。”皮日休《太湖诗·桃花坞》:“恐是武陵溪,自闭仙日月。”❷参见“武陵源❷”。王涣《惆怅诗十二首》之十:“晨肇重来路已迷,碧桃花谢武陵溪。”

【武陵谿】　参见“武陵溪❶”。

【武陵滩】　参见“武陵源❶”。王遵《东海》:“同作危时避秦客,此行何似武陵滩。”

【武賁】　即虎贲。勇士。唐人避高祖祖父李虎讳改称武贲。严维《奉和独孤中丞游云门寺》:“深木鸣驺驭,晴山曜武贲。”

【武備】　军备。指武装力量、军事装备等。贾至《燕歌行》:“我唐区夏余十纪,军容武备赫万祀。”郑启《严塘经乱书事》:“虽知四海同盟久,未合中原武备空。”

【武當】　(—dāng)旧县名。汉置,以武当山得名。后魏改郡为武当,唐属均州。治所在今湖北丹江口市。权德舆《和职方殷郎中留滞江汉初至南宫呈诸公并见寄》:“十载别文昌,藩符寄武当。”

【武當山】　(當 dāng)在今湖北丹江口市南。戴叔伦有《建中癸亥岁奉天除夜宿武当山北茅平村》。

【武節】　❶古代将帅凭以统领军事的符节。太宗《还陕述怀》:“登山麾武节,背水纵神兵。”储光羲《同张侍御宴北楼》:“期君武节朝龙阙,余亦翱翔归玉京。”❷武德。李峤《奉和杜员外扈从教阅》:“礼振军容肃,威宣武节扬。”

【武溪笛】　为赠别之曲。见晋崔豹《古今注·音乐》。李群玉《将之京国赠薛员外》:“莫奏武溪笛,且登仲宣楼。”

【武殿】　汉武帝之宫殿。借以泛称宫殿。贺知章《奉和圣制送张说上集贤学士赐宴赋得谟字》:“天光烛武殿,时宰集鸿都。”此指集贤殿。

【武經】　指兵书。杜牧《分司东都寓居履道叨承川尹刘侍郎大夫恩知上四十韵》:“周孔传文教,萧曹授武经。”罗隐《送汝州李中丞十二韵》:“旧政穷人瘼,新衔展武经。”

【武臺】　汉宫殿名。在未央宫。后借指召下将受命的宫室。杜牧《史将军二首》之二:“何日武台坐,兵符授虎臣。”

【武寧县】　唐置,属洪州。今属江西。王周《过武宁县》:“行过武宁县,初晴物景和。”

【武寧驿】　武宁县之驿站。在今江西武宁。崔橹有《重阳日次荆南经路武宁驿》。

【武德】　❶武道。运用武力所必须遵行的道义。胡皓《奉和圣制送张尚书巡边》:“燕公为汉将,武德奉文思。”《郊庙歌辞·享节愍太子庙乐章·武舞作》:“武德谅雍雍,由来扫寇戎。”高适《信安王幕府诗》:“圣祚雄图广,师贞武德虔。”❷唐高祖李渊年号。杜甫《有叹》:“武德开元际,苍生岂重攀。”白居易《新乐府·七德舞》:“七德舞,七德歌,传自武德至元和。”

【武德舞】　雅舞名。多用于祭祀宗庙。始于汉高祖刘邦。《郊庙歌辞·汉宗庙乐舞辞》有《武德舞》。

【武衛】　军制名。崔元翰《奉和登玄武楼观射即事书怀赐孟涉应制》:“禁营列武卫,帝座彰威神。”顾况《乐府》:“文房开圣藻,武卫宿天营。”

【武衛將軍】　武官名。起于三国名将许褚。唐置左右武卫。各置大将军一员,正三品;将军二员,从三品。统领宫廷警卫。杜甫有《故武卫将军挽词三首》。

【武擔】　山名。在今四川成都市。见汉扬雄《蜀王本纪》。李德裕《遥伤茅山县孙尊师三首》之二:“山摧武担石,天陨少微星。”

【武擔寺】　武担山之寺庙。在今四川成都市。苏颋有《武担山寺》。段文昌有《题武担寺西台》。杨汝士有《和段相公登武担寺西台》。

【武騎】　官名。即武骑尉。李峤有《马武骑挽歌二首》。

【武闕】 山名。山在今河南南阳市境。李白《南都行》:“南都信佳丽,武阙横西关。”

【武藝】 武术上的本领。章孝标《咏弓》:“较量武艺论勋庸,曾发将军箭落鸿。”

【武關】 地名。在今陕西商南县西北。贺兰进明《古意二首》之一:“武关犹未启,兵入望夷宫。”窦庠《奉酬侍御家兄东洛闲居夜晴观雪之什》:“应念武关山断处,空愁簿领候晨鸡。”胡曾《咏史诗·武关》:“战国相持竟不休,武关才掩楚王忧。”吴融《宿青云驿》:“苍黄负谴走商颜,保得微躬出武关。”

【武瓘】 唐诗人。贵池(今安徽池州市)人。咸通四年进士。曾为益阳令。《全唐诗》卷六〇〇录其《九日卫使君筵上作》等诗三首。

歧 〔qí《广韵》巨支切,平支,羣。〕古文“歧”“岐”二字多通用。《全唐诗》多作“岐”。岔路。见“歧路”。

【歧分】 (—fēn)分歧,分出支径。张祜《病后访山客》:“相欢贵无事,莫想路歧分。”

【歧路】 岔路,从大路上分出来的小路。韦应物《送李二归楚州》:“忽此嗟歧路,还令泣素丝。”独孤及《送相里郎中赴江西》:“受恩忘险艰,不道歧路长。”杜荀鹤《自江西归九华》:“云外好山看不见,马头歧路去何忙。”

九　画

歲 〔suì《广韵》相鋭切,去祭,心。〕❶岁星。见“歲星❶”。❷太岁,古人设想出来的一个天体,谓其运行速度和岁星(木星)相同,而方向相反。用以纪年。白居易《春雪》:“元和岁在卯,六年春二月。”吴融《绵竹山四十韵》:“岁在作噩年,铜梁摇虿毒。”❸年,一年为一岁。骆宾王《艳情代郭氏答卢照邻》:“谁分迢迢经两岁,谁能脉脉待三秋。”李白《巴女词》:“十月三千里,郎行几岁归。”白居易《西原晚望》:“近岁始移家,飘然此村住。”杜荀鹤《再经胡城县》:“去岁会经此县城,县民无口不冤声。”❹年年,每年。李颀《送李回》:“岁发金钱供御府,昼看仙液注离宫。”杜甫《乾元中寓居同谷县作歌七首》之一:“岁拾橡栗随狙公,天寒日暮山谷里。”又《前苦寒行二首》之一:“秦城老翁荆扬客,惯习炎蒸岁絺绤。”白居易《和答诗十首·和古社》:“岁媚少年客,十去九不回。”❺光阴,年月。李峤《侍宴桃花园咏桃花应制》:“岁去无言忽憔悴,时来含笑吐氛氲。”李嘉祐《和张舍人中书宿直》:“玉堂宜岁久,且莫厌彤闱。”韩愈《桃源图》:“初来犹自念乡邑,岁久此地还成家。”卿云《旧国里》:“地暖生春早,家贫觉岁长。”❻一年之始,新年。韩愈《春雪间早梅》:“先期迎献岁,更伴占兹晨。”李商隐《小园独酌》:“年年春不定,虚信岁前梅。”❼年岁,年龄。李嘉祐《元日无衣冠入朝寄皇甫拾遗冉从弟补阙纾》:“白髭空受岁,丹陛不朝天。”杜甫《热三首》之一:“何似儿童岁,风凉出舞雩。”韩愈《入关咏马》:“岁老岂能充上驷,力微当自慎前程。”白居易《读张籍古乐府》:“始从青衿岁,迨此白发新。”❽表示年龄的单位。王维《辋川集·金屑泉》:“日饮金屑泉,少当千余岁。”顾况《郑女弹筝歌》:“郑女八岁能弹筝,春风吹落天上声。”孟郊《教坊歌儿》:“十岁小小儿,能歌得朝天。”杜荀鹤《赠张员外儿》:“张公一子才三岁,闻客吟声便出来。”❾年景,一年的农业收获。高适《别韦参军》:“兔苑为农岁不登,雁池垂钓心长苦。”司空曙《御制雨后出城观览敕朝臣已以下属和》:“时新荐玄祖,岁足富苍生。”白居易《夏旱》:“悯然望岁者,出门何所睹?”黄滔《书事》:“望岁心空切,耕夫尽把弓。”

【歲日】 元旦,新年第一天。张子容有《乐城岁日赠孟浩然》。刘长卿有《岁日见新历因寄都官裴郎中》。韦应物有《岁日寄京师诸季端武等》。张义方《奉和圣制元日大雪登楼》:“恰当岁日纷纷落,天宝瑶花助物华。”

【歲月】 年月。泛指时间。王绩《古意六首》之四:“不知岁月久,稍觉枝干折。”韦应物《示全真元常》:“无将一会易,岁月坐推迁。”白居易《高仆射》:“我年虽未老,岁月亦云迈。”贯休《送僧归翠微》:“不知何岁月,即得到师心。”

【歲火】 地方风俗。除夕时,吴中人各家在门口用盆烧柴以取暖,谓之岁火。张子容《除日》:“拾樵供岁火,帖牖作春书。”

【歲功】 一年农事的收获。魏征《五郊乐章·白帝商音》:“岁功既阜,庶类收成。”包佶《祀雨师乐章·亚献终献》:“迎乾德,祈岁功。”李敬伯《和段相公登武担寺西台》:“台上起凉风,乘闲览岁功。”赵光逢《梁郊祀乐章·庆和》:“岁功已就,王道无偏。”

【歲仗】 指每年元旦朝会时所用的仪仗。白居易《元和十二年诏停岁仗率尔成章》:“闻停岁仗轸皇情,应为淮西寇未平。”罗邺有《岁仗》。

【歲光】 年岁,光阴。李白《淮南卧病书怀寄蜀中赵征君蕤》:“功业莫从就,岁光屡奔迫。”

【歲旦】 一年的首日。张籍《谢裴司空寄马》:“长思岁旦沙堤上,得从鸣珂傍火城。”杜牧有《岁旦朝回口号》。司空图有《丙午岁旦》。

【歲年】 年月,时光。泛指时间。沈东美《奉和苑舍人宿直晓玩新池寄南省友》:“苒苒胡为此,甘心老岁年。”贾岛《题童真上人》:“江上修持积岁年,滩声未拟住潺湲。"

【歲序】 岁时的顺序;岁月。寒山《诗三百三首》之六八:"山客心悄悄,常嗟岁序迁。"韦应物《答崔都水》:"离念积岁序,归途眇山川。"元稹《答姨兄胡灵之见寄五十韵》:"吏晋资材枉,留秦岁序更。"罗隐《省试秋风生桂枝》:"寥泬工夫大,乾坤岁序更。"

【歲芳】 一年中的花草。亦借指一年中最好的季节、时光。魏征《暮秋言怀》:"岁芳坐沦歇,感此式微歌。"陈希烈《奉和圣制三月三日》:"野老歌无事,朝臣饮岁芳。"刘长卿《京口怀洛阳旧居兼寄广陵二三知己》:"那堪岁芳尽,更使春梦积。"李益《送诸暨王主簿之任》:"秦城岁芳老,越国春山秀。"

【歲事】 一年中应做的事。特指一年的农事。柳宗元《韦使君黄溪祈雨见召从行至祠下口号》:"骄阳愆岁事,良牧念菑畬。"白居易《酬郑侍御多雨春空过诗三十韵》:"且当营岁事,宁暇惜年芳。"

【歲和】 (hé)谓风雨协调,年成好。孟浩然《初年乐城馆中卧疾怀归作》:"腊月闻雷震,东风感岁和。"戴叔伦《奉同汴州李相公勉送郭布殿中出巡》:"马首先春至,人心比岁和。"

【歲物】 指草本植物。因其一岁一荣枯,故称。陈子昂《秋日遇荆州府崔兵曹使宴》:"林光稍欲暮,岁物已将阑。"李白《游谢氏山亭》:"病闲久寂寞,岁物徒芬荣。"高适《平台夜遇李景参有别》:"岁物萧条满路岐,此行浩荡令人悲。"孔昌胤《清明》:"沈冥惭岁物,欢宴阻朋知。"

【歲周】 周年。户纶《卧病寓居龙兴观因题十四韵寄冯生并赠乔尊师》:"乞假依山宅,蹉跎属岁周。"

【歲夜】 除夕之夜。杜审言有《岁夜安乐公主满月侍宴应制》。李颀《听安万善吹觱篥歌》:"岁夜高堂列明烛,美酒一杯声一曲。"刘长卿《岁夜喜魏万成郭夏雪中相寻》:"岁夜犹难尽,乡春又独归。"白居易《三年除夜》:"嗤嗤童稚戏,迢迢岁夜长。"

【歲星】 ❶即木星。孟浩然《岁暮海上作》:"昏见斗柄回,方知岁星改。"❷即太岁。古代术数家认为太岁亦有岁神,凡太岁神所在之方位及与之相反的方位,均不可兴造、移徙和嫁娶、远行,犯者必遭凶。卢仝《月蚀诗》:"岁星主福德,官爵奉董秦。"❸旧传汉武帝侍臣东方朔为岁星转世。见汉郭宪《东方朔传》。后以岁星代称东方朔,用作咏皇帝侍臣的典故。李白《赠崔司户文昆季》:"攀龙九天上,忝列岁星臣。"又《书怀赠南陵常赞府》:"岁星入汉年,方朔见明主。"又《留别西河刘少府》:"谓我是方朔,人间落岁星。"

【歲律】 岁时,节令。韩愈、孟郊《城南联句》:"岁律及郊至,古音命韶英。"白居易《送毛仙翁》:"貌随岁律换,神逐光阴迁。"裴夷直《水亭》:"岁律行将变,君恩竟未回。"

【歲計】 ❶一年内收支的计算。权德舆《丙庚岁苦贫戏题》:"有时遇丰年,岁计犹不支。"朱庆余《镜湖西岛言事》:"岁计有余添橡实,生涯一半在渔舟。"徐夤《昔游》:"岁计悬僧债,科名负国恩。"❷一年中的生计。刘商《春日卧病》:"不能忧岁计,无限故山薇。"马戴《秋思二首》之一:"田园无岁计,寒近忆樵渔。"方干《山中寄吴磻十韵》:"盘餐怜火种,岁计付刀耕。"又《茅山赠洪拾遗》:"但爱身闲辞禄俸,那嫌岁计在桑麻。"❸一年中的谋划、筹划。白居易《书绅》:"岁计莫如谷,饱则不干人。"

【歲首】 一年开始之时,一般指正月。李颀《欲之新乡答崔颢綦毋潜》:"明朝东路把君手,腊日辞君期岁首。"

【歲紀】 十二年。裴翻《和主司王起》:"文柄久持殊岁纪,恩门三启动寰瀛。"

【歲貢】 ❶古代诸侯或属国每年向朝廷进献礼品。刘长卿《送韦赞善使岭南》:"岁贡随重译,年芳遍四时。"白居易《新乐府·紫毫笔》:"毫虽轻,功甚重,管勒工名充岁贡。"❷指古代诸侯郡国定期向朝廷推荐人才的制度。刘长卿《赠元容州》:"政传通岁贡,才惜过年华。"孟浩然《送张参明经举兼向泾州覲省》:"孝廉因岁贡,怀橘向秦川。"张继《送顾况泗上覲叔父》:"吴乡岁贡足嘉宾,后进之中见此人。"

【歲時】 ❶一年;四季。王湾《秋夜寓直即事怀赠萧令公裴侍郎兼通简南省诸友人》:"惠将霄汉隔,劳或岁时矜。"刘长卿《哭魏兼遂》:"岁时长寂寞,烟月自氛氲。"刘商《合肥至日愁中寄郑明府》:"岁时人共换,幽愤日先长。"白居易《晚春登大云寺南楼赠常禅师》:"岁时春日少,世界苦人多。"❷岁月;时间。高适《同群公十月朝宴李太守宅》:"岁时当正月,甲子入初寒。"钱珝《江行无题一百首》之一〇〇:"远谪岁时晏,暮江风雨寒。"韩愈《此日足可惜赠张籍》:"岁时未云几,浩浩观湖江。"刘沧《罢华原尉上座主尚书》:"白露黄花岁时晚,不堪霜鬓镜前愁。"❸每年一定的季节或时间。张子容《乐城岁日赠孟浩然》:"半是吴风俗,仍为楚岁时。"杜甫《咏怀古迹五首》之四:"古庙杉松巢水鹤,岁时伏腊走村翁。"元结《补乐歌十首》序:"今国家追复纯古,列祠往帝,岁时荐享,则必作乐。"严识玄《班婕妤》:"贱妾如桃李,君王若岁时。"

【歲候】 一年的节侯。韦应物《贵游行》:"风雨愆岁候,兵戎横九州。"

【歲晏】 ❶岁末,一年将尽之时。张九龄《林亭寓言》:"林居逢岁晏,遇物使情多。"皎然《赠乌程李明府伯宜沈兵曹仲昌》:"岁晏无斗粟,寄身欲何所。"白居易《观刈麦》:"吏禄三百石,岁晏有余粮。"唐彦谦

《兰二首》之二："于焉忽相见，岁晏将如何。"❷人生之暮年。王维《秋夜独坐怀内弟崔兴宗》："吾生将白首，岁晏思沧州。"李白《赠崔郎中宗之》："岁晏归去来，富贵安可求。"

【歲酒】 岁除之酒。一说当年所酿之酒。丁仙芝《京中守岁》："开正献岁酒，千里间庭闱。"岑参《陪使君早春西亭送王赞府赴选》："到来逢岁酒，却去换春衣。"陈铁民等注："岁酒：岁除之酒。"韩翃《送卢大理赵侍御祭东岳兼寄孟兖州》："驿亭开岁酒，斋舍著新衣。"权德舆《献岁送李十兄赴黔中酒后绝句》："一樽岁酒且留欢，三峡黔江去路难。"

【歲除】 年终。亦谓一年的最后一天。孟浩然《岁暮归南山》："白发催年老，青阳逼岁除。"严维《自云阳归晚泊陆澧宅》："明发还须去，离家几岁除。"姚合《和门下李相饯西蜀相公》："岁除今向尽，春色即相逢。"徐夤《忆长安上省年》："如今说著犹堪泣，两宿都堂过岁除。"

【歲除夜】 除夕。孟浩然《除夜乐城逢孙少府》："何知岁除夜，得见故乡亲。"元稹《除夜》："忆昔岁除夜，见君花烛前。"白居易《除夜宿洺州》："萧条岁除夜，旅泊在洺州。"罗隐有《岁除夜》。

【歲杪】 岁末，年底。梢，末。白居易《代书诗一百韵寄微之》："无憀当岁杪，有梦到天涯。"薛能《荔枝诗》："岁杪监州曾见树，时新入座久闻名。"李洞《岁暮自广江至新兴往复中题峡山寺》："中台一襟泪，岁杪别良朋。"

【歲陰】 岁暮，年终。太宗《除夜》："岁阴穷暮纪，献节启新芳。"皎然《薛卿教长行歌》："谪宦江南岁阴晚，还将此道聊此遣。"李绅《新楼诗二十首·灵汜桥》："能促岁阴惟白发，巧乘风马是春光。"徐夤《病中春日即事寄主人尚书二首》之二："腊内送将三折股，岁阴分与五铢钱。"

【歲華】 ❶时光，年华。窦牟《晚过敷水驿却寄华州使院张郑二侍御》："几许岁华销道路，无穷王事系戎师。"武元衡《春暮寄杜嘉兴昆弟》："数枝琼玉无由见，空掩柴扉度岁华。"张祜《忆云阳宅》："一别云阳宅，深愁度岁华。"黄滔《酬徐正字夤》："已免蹉跎负岁华，敢辞霜鬓雪呈花。"❷犹岁时。孟浩然《岁除夜有怀》："那堪正飘泊，来日岁华新。"白居易《答尉迟少监水阁重宴》："人情依旧岁华新，今日重招往日宾。"李商隐《春宵自遣》："地胜遗尘事，身闲念岁华。"韦庄《新正日商南道中作寄李明府》："相看又见岁华新，依旧杨朱拭泪巾。"参见"岁时❸"。❸泛指草木。因其一年一枯荣，故称。宋鼎《酬故人还山》："举棹乘春水，归山抚岁华。"包佶《昭德皇后挽歌词》："岁华唯陇柏，春事罢公桑。"李贺《申胡子觱篥歌》："今夕岁华落，令人惜平生。"薛能《寒食有怀》："流落伤寒食，登临望岁华。"

【歲晚】 ❶岁末，一年将尽之时。戎昱《秋日感怀》："说向长安亲与故，谁怜岁晚尚淹留。"戴叔伦《冬日有怀李贺长吉》："岁晚斋居寂，情人动我思。"杜牧《川守大夫刘公置第乃获旧居洛下大僚因有唱和叹咏不足辄献此诗》："莫教垂露迹，岁晚杂苔痕。"❷喻人之暮年。李白《赠徐安宜》："翳君树桃李，岁晓托深期。"刘长卿《湘中纪行十首·云母溪》："寥寥古松下，岁晚挂头巾。"又《送杨於陵归宋汴州别业》："旅食嗟余当岁晚，能文似汝少年稀。"

【歲寒】 ❶一年的严寒时节。张九龄《庭梅咏》："更怜花蒂弱，不受岁寒移。"韦应物《冬至夜寄京师诸弟兼怀崔都水》："徒令去京国，羁旅当岁寒。"王贞白《述松》："岁寒虚胜竹，功绩不如桑。"齐己《溪斋二首》之二："杉竹映溪关，修修共岁寒。"❷喻老年。孟浩然《陪张丞相登嵩阳楼》："岁寒问耆旧，行县拥诸侯。"杜甫《湖中送敬十使君适广陵》："少壮乐难得，岁寒心匪他。"❸喻困境。李商隐《送从翁从东川弘农尚书幕》："莫因乖别久，遂逐岁寒凋。"周昙《咏史诗·三代门·子牙妻》："岁寒焉在空垂涕，覆水如何欲再收。"陈陶《赠别》："平生握中宝，无使岁寒移。"邓洵美《答同年李昉见赠次韵》："品秩虽然殊此日，岁寒终不改当年。"❹喻坚贞不屈的节操或品质。参见"歲寒心"。

【歲寒心】 喻坚贞不屈的节操。张九龄《感遇十二首》之七："岂伊地气暖，自有岁寒心。"独孤及《自东都还濠州酬王八谏议见赠》："不言会合迹未并，犹以岁寒心相待。"武元衡《安邑里中秋怀寄高员外》："欲识岁寒心，松筠更秋绿。"白居易《除忠州寄谢崔相公》："感旧两行年老泪，酬恩一寸岁寒心。"殷尧藩《竹》："不缘冰雪里，为识岁寒心。"

【歲寒交】 在困境中所结下的交情。牟融《题赵支》："我有清风高节在，知君不负岁寒交。"参见"岁寒松柏"。

【歲寒松】 参见"岁寒松柏"。

【歲寒松柏】 喻在逆境中能保持节操之人。见《论语·子罕》。刘禹锡《将赴汝州途出浚下留辞李相公》"后来富贵已零落，岁寒松柏犹依然。"亦省作"岁寒松。"孟浩然《李少府与杨九再来》："如何春月柳，犹忆岁寒松。"

【歲寒性】 不畏寒冷的性格。王绩《古意六首》之五："自言岁寒性，不知露与霜。"

【歲寒煙】 即松烟墨。齐己《谢人墨》："珍重岁寒烟，携来路几千。"

【歲寒操】 喻在困境中所保持的节操。李咸用《古意论交》："多为势利朋，少有岁寒操。"

【歲歲】　每岁，年年。寒山《诗三百三首》之五三："朝朝花迁落，岁岁人移改。"刘长卿《送郑司直归上都》："岁岁逢离别，蹉跎江海滨。"鲍溶《见袁德师侍御说江南有仙檀花因以戏赠》："欲求御史更分别，何似衣花岁岁香。"黄滔《贻张蠙》："惆怅天边桂，谁教岁岁香。"

【歲稔】　年成丰收。张九龄《奉和圣制瑞雪篇》："君恩诚谓何，岁稔复人和。"杜甫《述古三首》之二："农人望岁稔，相率除蓬蒿。"元结《雪中怀孟武昌》："冬来三度雪，农者欢岁稔。"李德裕《思乡园老人》："常羡荜门翁，所思惟岁稔。"

【歲節】　犹岁月。张祜《送琼贞发述怀》："但能存岁节，终久得同欢。"

【歲暮】　❶岁末，年终。刘长卿《送梁侍御巡永州》："忧国天涯去，思乡岁暮同。"白居易《和答诗十首·和松树》："岁暮满山雪，松色郁青苍。"韦庄《岁晏同左生作》："岁暮乡关远，天涯手重携。"徐铉《和明上人除夜见寄》："长年逢岁暮，多病见兵兴。"❷喻年老。萧颖士《蒙山作》："岁暮期再寻，幽哉羡门子。"贺兰进明《行路难五首》之二："盛年夫婿长别离，岁暮相逢色已换。"李德裕《忆金门旧游奉寄江西沈大夫》："思君远寄西山药，岁暮相期向赤松。"

【歲儉】　年成歉收。刘长卿《酬皇甫侍御见寄时前相国姑臧公初临郡》："岁俭依仁政，年衰忆故乡。"

【歲課】　按年征收的捐税。白居易《花前叹》："岁课年功头发知，从霜成雪君看取。"

【歲盡】　一年将尽，年终。郑惟忠《送苏尚书赴益州》："离忧将岁尽，归望逐春来。"

【歲儲】　一年的积储。皇甫冉《宿严维宅送包七》："岁储无别墅，寒服羡邻机。"权德舆《送殷卿罢举归淮南旧居》："岁储应叹山田薄，里社时逢野酝清。"

【歲闌】　一年将尽，年终。司空图《有感》："岁阑悲物我，同是冒霜萤。"陈陶《游子吟》："栖乌喜林曙，惊蓬伤岁阑。"贯休《拟齐梁酬所知见赠二首》之一："静只焚香坐，咏怀悲岁阑。"

【歲豐】　年成丰收。李端《长安感事呈卢纶》："扪虱欣时泰，迎猫达岁丰。"白居易《太平乐词》之一："岁丰仍节俭，时泰更销兵。"邵谒有《岁丰》。

【歲饒】　年成丰收。苏颋《夜发三泉即事》："京坻有岁饶，亭障无边孽。"

【歲饑】　饥荒之年。崔璞《蒙恩除替将还京洛偶叙所怀因杨六韵呈军事院诸公郡中一二秀才》："共理乖天奖，分忧值岁饥。"

十二画

歷　〔lì《广韵》郎擊切，入錫，來。〕❶经历；经过。(1)指时间上的。许景先《征君宅》："道丧历千载，复存颍阳真。"刘禹锡《平齐行二首》之一："地形十二虏意骄，恩泽含容历四朝。"姚合《送元绪上人游商山》："万法空门里，师修历几生。"李频《渡汉江》："岭外音书绝，经年复历春。"(2)指空间上的。宋鼎《赠张丞相》："汉上登飞幰，荆南历旧居。"韩愈《送惠师》："寻崧方抵洛，历华遂之秦。"白居易《重过寿泉忆与杨九别时因题店壁》："一去历万里，再来经六年。"徐夤《长安述怀》："风尘色里凋双鬓，鼙鼓声中历几州。"❷行；游历。李白《送王屋山人魏万还王屋》："挂席历海峤，回瞻赤城霞。"刘太真《宣州东峰亭各赋一物得古壁苔》："深浅松月间，幽人自登历。"李群玉《将游罗浮登广陵楞伽台别羽客》："清远登高台，晃朗纵览历。"贯休《别杜将军》："身限玉帐香满衣，梦历金盆雨和雪。"❸越过，飞越。李白《天马歌》："腾昆仑，历西极，四足无一蹶。"李端《野寺病居喜卢纶见访》："乳燕拾泥依古井，鸣鸠拂羽历花林。"温庭筠《嘲春风》："扬芳历九门，澹荡入兰荪。"贯休《上孙使君》："万卷似无书，三山如历块。"亦指穿过。李绅《转寿春守》："未登崖谷寻丹灶，且历轩窗看壁题。"李商隐《偶成转韵七十二句赠四同舍》："公事武皇为铁冠，历厅请我相所难。"❹遭逢，经受。戴叔伦《屯田词》："艰辛历尽谁得知，望断天南泪如雨。"裴潾《前相国赞皇公早葺平泉山居暂还憩旋起赴诏命作镇浙右辄抒怀赋四言诗十四首奉寄》之二："历难求试，执宪成风。"❺任职；先后担任各种官职。李白《赠宣城赵太守悦》："出牧历三郡，所居猛兽奔。"陶雍《和兵部郑侍郎省中四松诗》："左相历兵署，四松皆手栽。"见"歷官"。❻屡，多次。张蠙《边将二首》之一："历战燕然北，功高剑有感。"见"歷武""歷微"。❼遍，尽。温庭筠《春尽与友人入裴氏林探渔竿》："历寻婵娟节，剪破苍筤根。"见"歷數"。❽指帝王继承的次序。见"歷数"。

【歷山】　古山名。相传舜耕于历山。见《史记·五帝本纪》。全国名叫历山而又附会为舜耕之处者有多处，多数认为是今山东济南市之历山。曹唐《三年冬大礼五首》之五："沧海举歌夔是相，历山回禅舜为君。"杜荀鹤有《历山舜祠》。徐夤《咏笔二首》之二："势健岂饶漉水阵，锋锯还学历山耕。"贯休《太蜀皇帝寿春节进尧铭舜颂二首·舜颂》："高高历山，有黍有粟。"

【歷世】　历代，经历许多朝代。李白《奉饯高尊师如贵道士传道箓毕归北海》："吾师四万劫，历世递相传。”吴筠《高士咏·太伯延陵》:“元规与峻节,历世无能攀。”

【歷代】 ❶以往各代。杜审言《扈从出长安应制》:“欢娱包历代,宇宙忽疑春。”陈子昂《蓟丘览古赠卢居士藏用七首·郭隗》:“逢时独为贵,历代非无才。”杜甫《偶题》:“后贤兼旧列,历代各清规。”❷经历数代。张蠙《和友人许棠题宣平里古藤》:“历代频更主,盘空渐变龙。”

【歷劫】 佛教语,宇宙在时间上一成一毁谓之“劫”。经历宇宙的成毁谓“历劫”。后统谓经历各种灾难。齐己《游三觉山》:“世论随时变,禅怀历劫同。”

【歷抵】 谓一一登门拜访。李白《早秋赠裴十七仲堪》:“历抵海岱豪,结交鲁朱家。”杜甫《狄明府》:“胡为漂泊岷汉间,干谒王侯颇历抵。”

【歷官】 先后连任官职。白居易《题座隅》:“历官凡五六,禄俸及妻孥。”

【歷家】 专门观察推算历象的人。李瀚《蒙求》:“壶公谪天,蓟训历家。”

【歷國】 游历各国。杜甫《远游》:“弊裘苏季子,历国未知还。”陆龟蒙《袭美先辈以龟蒙所献五百言既蒙见和复示荣唱再抒鄙怀用伸酬谢》:“越疆必载质,历国将扶危。”

【歷然】 清晰貌。颜萱《过张祜处士丹阳故居》序:“但有霜鬓而黄冠者,杖策迎门,乃昔时爱姬崔氏也。与之话旧,历然可听。”

【歷詆】 犹言一一指斥。见《汉书·息夫躬传》。李瀚《蒙求》:“葛丰刺举,息躬历诋。”

【歷陽】 ❶郡名。今安徽和县城。李白《历阳壮士勤将军名思齐歌》:“太古历阳郡,化为洪川在。”杜牧《池州送孟迟先辈》:“历阳裴太守,襟韵苦超越。”又《寄内兄和州崔员外十二韵》:“历阳崔太守,何日不含情。”❷旧县名。汉置历阳县,属九江郡。东晋置历阳郡。南朝宋为南豫州。北齐置和州。隋为历阳郡,唐属和州。今安徽和县。李白《金陵歌送别范宣》:“钟山龙盘走势来,秀色横分历阳树。”卢纶有《送申屠正字往湖南迎亲并戏简前历阳李明府》。

【歷陽山】 在今安徽和县西北。崔颢《江畔老人愁》:“采樵屡入历阳山,刘稻常过新林浦。”卢纶《送申屠正字往湖南迎亲并戏简历阳李明府》:“晓月朣朦映水关,水边因到历阳山。”李德裕《春暮思平泉杂咏二十首·海石楠》:“昔见历阳山,鸡笼已孤秀。”

【歷陽市】 即历阳城。李聪《咏贪麻溪在历阳西一里》:“泠泠一带清溪水,远派口通历阳市。”

【歷陽城】 古城名。古历阳郡即历阳县治所。今安徽和县县城。徐铉《寄和州韩舍人》:“殷勤云上雁,为过历阳城。”

【歷陽前事】 亦作“歷陽舊事”。神话谓有一书生对一老妇人说,当历阳县门前石龟眼红时,历阳即化为湖,后果如其言。见《淮南子·俶真训》。元稹《遭风二十韵》:“历阳旧事曾为鳖,鲧穴相传有化能。”杜牧《和州绝句》:“历阳前事知何实,高位纷纷见陷人。”

【歷陽湖】 在今安徽和县西与含山县交界处。相传历阳城一夕间陷入地下,变成此湖。李贺《公无出门》:“我虽跨马不得还,历阳湖波大如山。”白居易《答刘和州禹锡》:“换印虽频命未通,历阳湖上又秋风。”参见“歷陽前事”。

【歷陽舊事】 参见“歷陽前事”。

【歷階】 越阶而上。见《礼记·檀弓下》。韦应物《至开化里寿春公故宅》:“历阶存往敬,瞻位泣余哀。”

【歷聘】 谓游历天下以求聘用。李白《赠崔郎中宗之》:“仲尼七十说,历聘莫见收。”杜甫《早发》:“薇蕨饿首阳,粟马资历聘。”

【歷載】 (—zǎi)经历多年。韦应物《经武功旧宅》:“历载俄二九,始往今来复。”

【歷落】 ❶洒脱不拘貌。李白《当涂赵炎少府粉图山水歌》:“南昌仙人赵夫子,妙年历落青云士。”❷潦倒失意貌。张九龄《九月九日登龙山》:“清明风日好,历落江山望。”耿湋、际羽《连句多暇赠陆三山人》:“历落惊相偶,衰羸猥见怜。”

【歷块】 形容疾速。见《汉书·王褒传》。杜甫《戏为六绝句》之三:“龙文虎脊皆君驭,历块过都见尔曹。”又《大历三年春四十韵》:“出尘皆野鹤,历块匪辕驹。”又《瘦马行》:“当时历块误一蹶,委弃非汝能周防。”

【歷稔】 历年。王维《别綦毋潜》:“端笏明光宫,历稔朝云陛。”皇甫冉《寄江东李判官》:“远怀不可道,历稔倦离忧。”

【歷亂】 纷乱,杂乱。卢照邻《芳树》:“风归花历乱,日度影参差。”贺兰进明《行路难五首》之二:“邻家思妇见之叹,蓬首不梳心历乱。”贾至《对酒曲二首》之一:“梅发柳依依,黄鹂历乱飞。”李群玉《客愁二首》之一:“荡漾春风起,谁知历乱心。”

【歷試】 屡试,多次考察或考验。玄宗《巡省途次上党旧宫赋》:“存贞期历试,佐贰伫昭融。”杜甫《送顾八分文学适洪吉州》:“使臣精所择,进德知历试。”又《奉赠李八丈判官》:“区区犹历试,炯炯更持久。”亦指分别试验。黄滔《省试一一吹竽》:“齐竽今历试,真伪不难知。”

【歷禄】 历碌。车轮声。吴融《寒食洛阳道》:“连轧驰宝马,历禄斗香车。”

【歷徵】　反复验证。白居易《裴侍中晋公以三十六韵见赠辄广为五百言以伸酬献》："历征今与古，独步无等夷。"

【歷數】　❶（—shù）指帝王继承的次序。古代迷信说法，认为帝位相承和天象运行次序相应。李商隐《武侯庙古柏》："玉垒经纶远，金刀历数终。"❷（—shǔ）一一列出。张良璞《览史》："享年八十已，历数穷苍生。"

【歷歷】　❶清晰貌。董思恭《咏星》："历历东井舍，昭昭右掖垣。"杜甫《历历》："历历开元事，分明在眼前。"张祜《中秋夜杭州玩月》："历历华星远，霏霏薄晕萦。"罗隐《题玄同先生草堂三首》之三："常时忆讨论，历历事犹存。"❷逐一，一一。刘商《秋夜听严绅巴童唱竹枝歌》："曲中历历叙乡土，乡思绵绵楚词古。"韩愈《送湖南李正字归》："历历余所经，悠悠子当返。"杜牧《和裴杰秀才新樱桃》："远火微微辨，繁星历历看。"吕岩《七言》之四："独处乾坤万象中，从头历历运元功。"❸排列成行。杜甫《江边星月二首》之二："历历竟谁种，悠悠何处圆。"白居易《新乐府・涧底松》："君不沉沉海底生珊瑚，历历天上种白榆。"王初《银河》："历历素榆飘玉叶，涓涓清月湿冰轮。"❹众多貌。欧阳炯《贯休应梦罗汉画歌》："唐朝历历多名士，萧子云兼吴道子。"❺稀疏，零落。韦应物《新理西斋》："稍稍觉林耸，历历忻竹疏。"皇甫冉《赋得海边树》："历历缘荒岸，溟溟入远天。"杜牧《栽竹》："历历羽林影，疏疏烟露姿。"❻忧愁貌。戴叔伦《雨》："历历愁心乱，迢迢独夜长。"元稹《小胡笳引》："吞恨缄情乍轻激，故国关山心历历。"杜牧《牧陪昭应卢郎中在江西宣州佐今吏部沈公幕叙旧成二十二韵用以投寄》："铭心徒历历，屈指尽悠悠。"❼象声词。寒山《诗三百三首》之一七八："呼时历历应，隐处不居存。"杨巨源《杨花落》："历历瑶琴舞金陈，菲红拂黛怜玉人。"黄滔《下第东归留辞刑部郑郎中諴》："莺声历历秦城晓，柳色依依灞水春。"

【歷歷在目】　清晰地出现在眼前。皮日休有《鲁望读襄阳耆旧传见赠五百言过褒庸材靡有称是然襄阳曩事历历在目因而寄答亦诗人无言不酬之义也次韵》。

【歷險】　经历险阻。王泠然《夜光篇》："山头山下须臾满，历险缘深无暂断。"韦应物《送阎寀赴东川辟》："离群自有托，历险得所安。"贾至《自蜀奉册命往朔方途中呈韦左相文部房尚书门下崔侍郎》："尚书抱忠义，历险披荆榛。"

【歷職】　谓先后连续任职。杜甫《哭王彭州抡》："历职汉庭久，中年胡马骄。"又《八哀诗・赠左仆射郑国公严公武》："历职匪父任，嫉邪常力争。"

【歷覽】　遍观，逐一地看。太宗《山阁晚秋》："历览情无极，咫尺轮光暮。"李白《自巴东舟行经瞿唐峡登巫山最高峰晚还题壁》："周游孤光晚，历览幽意多。"孟郊《鸦路溪行呈陆中丞》："历览道更险，驱使迹频睽。"李商隐《咏史》："历览前贤国与家，成由勤俭破由奢。"

十四画

歸　〔guī《广韵》举韦切，平微，見。〕❶古代谓女子出嫁。见《易・渐》。孔颖达疏："女人……以夫为家，故谓嫁曰归也。"杜甫《新婚别》："生女有所归，鸡狗亦得将。"李益《杂曲》："少妇归少年，华光自相得。"白居易《赠友五首》之五："三十男有室，二十女有归。"赵嘏《经王先生故居》："弄玉已归萧史去，碧楼红树倚斜阳。"❷返回。袁朗《赋饮马长城窟》："属国拥节归，单于款关入。"张叔卿《空灵岸》："寒尽鸿先去，江回客未归。"孟郊《游子吟》："临行密密缝，意恐迟迟归。"孙元晏《咏史诗・陈・虞居士》："东山居士何人识，惟有君王却许归。"亦表示使归。殷尧藩《关中伤乱后》："关西归战马，海内卖耕牛。"❸特指出嫁的女子回娘家。见《诗・邶风・燕燕》。曹邺《弃妇》："父母亦有家，羞言何以归。"❹指归隐。李白《越中秋怀》："何必探禹穴，逝将归蓬丘。"❺归还。王建《山中寄及第故人》："还君誓已书，归我学仙方。"❻趋向，归附。卢象《赠广川马先生》："人归洙泗学，歌盛舞雩风。"玄宗《春中兴庆宫酺宴》序："所以岩廊岁暇，垂拱无为，不言而海外知归，不教而寰中自肃。"元稹《有酒十章》之三："岂其让耶，归有德耶。"皮日休《七爱诗・房杜二相国》："脱身抛乱世，策杖归真主。"亦特指皈依佛教、道教等。岑参《寄青城龙溪奂道人》："久欲谢微禄，誓将归大乘。"❼会聚，集中。王维《送元中丞转运江淮》："薄赋归天府，轻徭赖使臣。"白居易《哭孔戡》："平生刚肠内，直气归其间。"❽属于，归属。李白《远别离》："君失臣兮龙为鱼，权归臣兮鼠变虎。"张灿《寒食遣怀》："憔悴此时久，青山归四邻。"李绅《宿越州天王寺》："清夜佛宫观色相，却归前老更前身。"丘光庭《补新宫》序："文王身有圣德，当殷纣之代，三分天下之众，二公归周。"❾依赖，依靠。王维《和仆射晋公扈从温汤》："谋犹归哲匠，词赋属文宗。"德宗《麟德殿宴百僚》："成功归辅弼，致理赖忠良。"❿谓死亡，人死则复归于天。王昌龄《香积寺礼拜万回平等二圣僧塔》："真无御化来，借有乘化归。"刘戩《夏弹琴》："呜呼钟子期，零落归荒丘。"⓫宗旨。白居易《寄唐生》："歌哭虽异名，所感则同归。"⓬推崇，称颂。刘希夷《洛川怀古》："词赋归潘岳，繁华称季伦。"卢象

《赠程秘书》:"将相猜贾谊,图书归马融。"储光羲《晚次东亭献郑州宋使君文》:"善计在弘羊,清严归仲举。"⓭州名。见"归州"。⓮姓。唐诗人有归登。

【歸一】　归于一点,一致。白居易《读庄子》:"庄生齐物同归一,我道同中有不同。"

【歸人】　❶指死人。李白《拟古十二首》之九:"生者为过客,死者为归人。"❷归来之人。刘长卿《送张十八归桐庐》:"归人乘野艇,带月过江村。"颜真卿、清昼《五言送李侍御联句》:"东西出饯路,惆怅独归人。"李远《慈恩寺避暑》:"不觉清凉晚,归人满柳阴。"

【歸山】　❶谓归隐,退隐。白居易《早送举人入试》:"春深官又满,日有归山情。"朱庆余《贺张水部员外拜命》:"徒有归山意,君恩未可忘。"韦庄《寓言》:"学剑已应晚,归山今又迟。"黄滔《上刑部卢员外》:"寻幽频宿寺,乞假拟归山。"❷谓死亡。贾岛《听乐山人弹易水》:"嬴氏归山陵已掘,声声犹带发冲冠。"

【歸天】　死亡的婉辞。王建《题梁国公主池亭》:"寂寞空余歌舞地,玉箫惊起凤归天。"雍陶《赠玉芝观王尊师》:"长忧一日归天去,未授灵方遣问谁。"方干《哭王大夫》:"为政旧规方利国,降生直性已归天。"

【歸止】　❶谓隐居。卢纶《和李中丞酬万年房署少府过汾州景云观因以寄上房与李早年同居此观》:"梅生谅多感,归止岂吾庐。"曹邺《山中效陶》:"落第非有罪,兹山聊归止。"❷谓归来。高适《秋胡行》:"闻说行人已归止,乃是向来赠金子。"

【歸日】　❶返回之时日。崔涤《望韩公堆》:"孤客一身千里外,未知归日是何年。"李商隐《迎寄韩鲁州》:"圣朝推卫霍,归日动仙曹。"于濆《古别离》:"黄鹤有归日,荡子无还时。"❷谓落日。郑愔《塞外三首》之一:"遥嶂侵归日,长城带晚霞。"

【歸牛休馬】　放归军用的牛马,表示停止战争。柳宗元《奉平淮夷雅表·皇武》:"归牛休马,丰稼于埜。"

【歸仁】　❶归附仁德仁政。周昙《咏史诗·春秋战国门·宋子罕》:"子怜温润欲归仁,吾贵坚廉是宝身。"又《咏史诗·前汉门·樊崇徐宣》:"首事纵骤三善在,归仁何虑不全生。"❷唐末五代江南诗僧。住洛阳灵泉寺。《全唐诗》八二五录其《自遣》等诗六首。

【歸化】　归顺,归附。刘方平《寄陇右严判官》:"赤狄争归化,青羌已请臣。"

【歸月】　落月。李白《过汪氏别业二首》之一:"扫石待归月,开池涨寒流。"

【歸心】　❶归家之心。张九龄《晨坐斋中偶而成咏》:"徂岁方睽携,归心亟踯躅。"刘长卿《送崔升归上都》:"旧寺寻遗绪,归心逐去尘。"顾非熊《冬日寄蔡先辈校书京》:"旅思风飘叶,归心雁过城。"王贞白《九日长安作》:"归心随旅雁,万里在沧洲。"❷诚心归服;归服之心。綦毋潜《题栖霞寺》:"今日观身我,归心复何处?"鲍溶《宿吴兴道中茗村》:"畴昔此林下,归心巢顶禅。"李郢《清明日题一公禅室》:"此日何穷礼禅客,归心谁是恋禅人。"

【歸去】　❶回去。姚合《和厉玄侍御题户部李相公庐山西林草堂》:"遥知归去日,自致太平时。"赵嘏《长安晚秋》:"鲈鱼正美不归去,空戴南冠学楚囚。"贯休《送杜使君朝觐》:"坐来千里泰,归去一囊空。"❷指晋陶潜《归去来辞》。王维《奉送六舅归陆浑》:"酌醴赋归去,共知陶令贤。"

【歸去吟】　即"《归去来》"。李群玉《请告南归留别同馆》:"不胜庾信乡关思,遂作陶潜归去吟。"参见"歸去來❶"。

【歸去來】　❶辞赋篇名。晋陶潜作。用作归隐之典。见《晋书·隐逸·陶潜传》。李白《对酒醉题屈突明府厅》:"陶令八十日,长歌归去来。"高适《封丘作》:"乃知梅福徒为尔,转忆陶潜归去来。"李商隐《偶成转韵七十二句赠四同舍》:"且吟王粲从军乐,不赋渊明归去来。"赵嘏《赠桐乡丞》:"若教靖节先生见,不肯更吟归去来。"❷回去。李颀《采莲》:"薄暮归去来,苎罗生碧烟。"颜真卿《赠裴将军》:"匈奴不敢敌,相呼归去来。"赵嘏《江上逢许逸人》:"清秋华发好相似,却把钓竿归去来。"徐铉《题伏龟上北隅》:"未得归去来,聊为宴居地。"❸佛教指归西方极乐净土。寒山《诗三百三首》之二八四:"不如归去来,识取心王好。"

【歸去來引】　乐府杂曲歌辞名。唐张熾作。言人生几何,不愿富贵,乐天知命,决心归隐。见《全唐诗》卷二五和卷七七四。

【歸去篇】　即《归去来》。方干《送永嘉王令之任二首》之一:"前贤未必全堪学,莫读当时归去篇。"参见"歸去來❶"。

【歸目】　望归之目光。刘禹锡《再授连州至衡阳酬柳柳州赠别》:"归目并随回雁尽,愁肠正遇断肠时。"

【歸田】　❶辞官回乡务农。张署《赠韩退之》:"涣汗几时流率土,扁舟西下共归田。"韦庄《将卜兰芷村居留别郡中在仕》:"伯伦嗜酒还因乱,平子归田不为穷。"❷指汉张衡《归田赋》。张说《伯奴边见归田赋因投越侍御》:"尔家叹穷鸟,吾族赋归田。"杜甫《寄岳州贾司马六丈巴州严八使君两阁老五十韵》:"安排求傲吏,比兴展归田。"薛逢《座中走笔送前萧使君》:"未学苏秦荣佩印,却思平子赋归田。"方干《赠李支使》:"一等孔门为弟子,愚儒独自赋归田。"参见"归田赋"。

【歸田賦】　篇名。汉张衡作。赋见《文选》卷十五。后用作辞官回乡务农之典。许浑《秋晚登城》:

“谩作归田赋，蹉跎岁欲阴。”

【歸丘】　归于山丘。谓人死亡。白居易《感旧》：“微之捐馆将一纪，杓直归丘二十春。”

【歸仙】　成仙。对死亡的婉称。刘得仁《忆鹤》：“自尔归仙后，经秋又过春。”

【歸玄】　犹归天。指死亡。孟郊《哭秘书包大监》：“文字未改素，声容忽归玄。”

【歸老】　❶辞官归家养老。宋之问《伤王七秘书监寄呈扬州陆长史通简府僚广陵以广好事》：“罢官七门里，归老一丘中。”元结《贼退示官吏》：“将家就鱼麦，归老江湖边。”刘禹锡《将赴汝州途出浚下留辞李相公》：“功成名遂会归老，请向东山为近邻。”袁皓《重归宜春偶成十六韵寄朝中知己》：“归老官知忝，还乡路不迷。”❷指外出的僧人、处士等归山养老。司空图《寄赠诗僧秀公》：“好句未停无暇日，旧山归老有东林。”张乔《寄山僧》：“闲倚蒲团向日眠，不能归老岳云边。”郑谷《寄赠孙路处士》：“平生诗誉更谁过，归老东吴命若何。”❸终老。何扶《送阆州妓人归老》：“竹翠婵娟草径幽，佳人归才能傍汀洲。”

【歸朴】　返朴，返归古朴之风。薛能《杂曲歌辞·升平乐》之五：“奇技皆归朴，征夫亦服田。”

【歸帆】　指返回的船只。王维《送秘书晁监还日本国》：“向国唯看日，归帆但信风。”许浑《送张尊师归洞庭》：“能琴道士洞庭西，风满归帆路不迷。”李频《即席送许口之曹南省兄》：“梅烂荷圆六月天，归帆高背虎丘烟。”徐铉《又和太常萧少卿近郊马上偶吟》：“横笛乍随轻吹断，归帆疑与远山齐。”

【歸休】　❶归家休息。卢照邻《山林休日田家》：“归休乘暇日，馌稼返秋场。“❷辞官退休；归隐。寇坦《同张少府和厍狄员外夏晚初霁南省寓直时兼充节度判官之作》：“黄绶归休日，仙郎复奏余。”姚合《武功县中作三十首》之三：“早作归休计，深居养此身。”郑谷《送吏部曹郎中免官南归》：“贤人知止足，中岁便归休。”

【歸向】　指趋附之处。韩愈《岳阳楼别窦司直》：“自古澄不清，环混无归向。”

【歸全】　谓善终。不遭灾难，终其天年。权德舆《工部发引日属伤足卧疾不遂执绋》：“元伯归全去，无由白马来。”

【歸行】　(—háng)返回的行列。无名氏《感兴临蕃驯雁》(外编上)：“引颈长鸣望云路，何时刷羽接归行。”

【歸舟】　返航之船。宋之问《游禹穴回出若邪》：“归舟何虑晚，日暮使樵风。”杜甫《晓望白帝城盐山》：“春城见松雪，始拟进归舟。”戴叔伦《同辛兖州巢父卢副端岳相思献酬之作因抒归怀兼呈辛魏二院长杨长宁》：“早晚泛归舟，吾从数君子。”李商隐《风》：“归舟天外有，一为戒波涛。”

【歸名】　获取名声。元稹《哭吕衡州六首》之六：“在时兼不语，终古定归名。”

【歸州】　州名。唐置。治所在秭归县。今湖北秭归县一带。杜甫《入宅三首》之三：“宋玉归州宅，云通白帝城。”又《最能行》：“瞿塘漫天虎须怒，归州长年行最能。”李远《听王氏话归州昭君庙》：“献之闲坐说归州，曾到昭君庙里游。”齐己有《寄归州马判官》。

【歸志】　归隐的念头。李德裕《奉和太原张尚书山亭书怀》：“东山有归志，方接赤松游。”

【歸沐】　回家洗发。指官吏休假。见《诗·小雅·采绿》。刘禹锡《浙西李大夫述梦四十韵并浙东元相公酬和斐然继声》：“五日思归沐，三春羡众邀。”

【歸林泉】　回归山林泉水之中。谓去职退隐。岑参《送永寿王赞府迳归县》：“当官接闲暇，暂得归林泉。”

【歸奔】　指逃归之路。高适《同李员外贺哥舒大夫破九曲之作》：“奇兵邀转战，连弩绝归奔。”

【歸來】　❶回来。白居易《罢府归旧居》：“此生终老处，昨日却归来。”李商隐《偶成转韵七十二句赠四同舍》：“归来寂寞灵台下，着破蓝衫出无马。”❷回去。孟云卿《赠张彪》：“行行无定心，坎壈难归来。”崔珏《门前柳》：“为报门前杨柳栽，我应来岁当归来。”❸指晋陶潜的《归去来辞》。郑震《荆台道院》：“桑田一变赋归来，爵禄焉能浼我哉。”

【歸來詞】　指晋陶潜《归去来辞》。借以表示归隐之意。独孤及《癸卯岁赴南丰道中闻京师失守寄权士諨韩幼深》：“长叹指故山，三奏归来词。”又《送陈兼应辟兼寄高适贾至》：“预知大人赋，掩却归来词。”

【歸卧】　谓辞官归隐。王维《送别》：“君言不得意，归卧南山陲。”孟浩然《寻张五回夜园作》：“兴来林是竹，归卧谷名愚。”李贺《昌谷北园新笋四首》之四：“古竹老梢惹碧云，茂陵归卧叹清贫。”齐己《谢重缘旧山水障子》：“坐看终未是，归卧始应真。”

【歸昌】　谓凤凰集鸣。见汉刘向《说苑·辨物》。张九龄《奉和圣制南郊礼毕酺宴》：“分曹日抱戴，赴节凤归昌。”

【歸和】　雅乐名。用于送神。则天皇后作。词见《全唐诗》卷五。

【歸侍】　辞官回家侍奉父母。张说有《岳州别姚司马绍之制许归侍》。

【歸使】　指归来之人。张籍《寄汉阳故人》：“归使雨中发，寄书灯下封。”

【歸侶】　一同返回的伴侣。白居易《仙游寺独宿》：“幸与静境遇，喜无归侣催。”

【歸依】 佛教语。信仰佛教者的入教仪式。因对佛、法、僧三宝表示归顺依附，故称。王维《游化感寺》："抖擞辞贫里，归依宿化城。"王建《七泉寺上方》："归依向禅师，愿作香火翁。"白居易《爱咏诗》："辞章讽咏成千首，心行归依向一乘。"

【歸念】 归思，归乡的念头。王勃《冬郊行望》："江皋寒望尽，归念断征篷。"鲍溶《经旧游》："故山系归念，行坐青巍峨。"许棠《下第东归留别郑侍郎》："别心悬阙下，归念极东吴。"陆龟蒙《村夜二篇》之一："绵绵起归念，咽咽兴微咏。"

【歸服】 推崇，信服。韦应物《自尚书郎出为滁州刺史》："皇恩倘岁月，归服厕群英。"

【歸空】 （—kōng）归于空无。杨郇伯《送妓人出家》："从今艳色归空后，湘浦应无解珮人。"

【歸奏】 回朝奏事。韩休《奉和圣制送张说巡边》："东辕迟返旆，归奏谒承明。"杨凭《春中泛舟》："仙郎归奏过湘东，正值三湘二月中。"

【歸省】 （—xǐng）回家探望父母。殷遥有《送友人下第归省》。王建《送张籍归江东》："回车远归省，旧宅江南厢。"朱庆余《送张景宣下第东归》："归省值花时，闲吟落第诗。"又《送马秀才》："风尘归省日，江海寄家心。"

【歸思】 回乡的念头。杜审言《和晋陵陆丞早春游望》："忽闻歌古调，归思欲沾巾。"戴叔伦《寄中书李舍人纾》："水流归思远，花发长年悲。"姚合《喜马戴冬夜见过期无可上人不至》："老渐多归思，贫惟长病容。"刘沧《雨后进南门寺》："木叶萧萧动归思，西风画角汉东城。"

【歸信】 指回程的信使。李益有《逢归信偶寄》。

【歸泉】 ❶回归泉水。刘禹锡、王起《秋霖即事联句三十韵》："井蛙争入户，辙鲋乱归泉。"❷归于黄泉。谓人死亡。薛逢《席上酬东川严中丞叙旧见赠》："声名俱是梦，恩旧半归泉。"

【歸風】 回风。见《文选·木华〈海赋〉》。王维《蓝田山石门精舍》："落日山水好，漾舟信归风。"李商隐《访秋》："江皋当落日，帆席见归风。"

【歸計】 回家的打算、办法。孟浩然《将适天台留别临安李主簿》："江海非堕游，田园失归计。"刘沧《晚秋洛阳客舍》："未成归计关河阻，空望白云乡路赊。"曹邺《送厉图南下第归澧州》："当春人尽归，我独无归计。"刘兼《春晚闲望》："归计未成头欲白，钓舟烟浪思天涯。"

【歸恨】 因不能归乡而产生的怨恨。杜甫《风疾舟中伏枕书怀三十六韵奉呈湖南亲友》："春草封归恨，源花费独寻。"

【歸美】 称许，赞美。元稹《酬乐天东南行诗一百韵》："众口贪归美，何颜敢妒姝。"

【歸客】 旅居在外而返家之人。刘长卿《送子婿崔真甫李穆往扬州四首》之四："殷勤嘱归客，莫话桃源人。"牟融《送范启东》："行囊归客兴，尊酒故人情。"李商隐《留赠畏之》之一："中禁词臣寻引领，左川归客自回肠。"

【歸軍】 指战败而归之军。高适《酬裴员外以诗代书》："归军剧风火，散卒争椎埋。"

【歸降】 （—xiáng）投降。温庭筠《春日寄岳州从事李员外二首》之一："从来共情战，今日欲归降。"

【歸馬】 谓战争止息，不再用兵。杜甫《有感五首》之二："大君先息战，归马华山阳。"袁修《喜陆侍御破石埭寇东峰亭赋试》："战罢言归马，还师赋出车。"亦指从战争中放归的马。杜甫《白帝》："戎马不如归马逸，千家今有百家存。"李商隐《寄和水部马郎中题兴德驿时昭义已平》："更想逢归马，悠悠岳树阴。"

【歸真】 ❶还其本来的状态。刘长卿《故女道士婉仪太原郭氏挽歌词》之一："作范宫闱睦，归真道艺超。"❷佛教语。谓死。后泛称人的死亡。张九龄《祠紫盖山经玉泉山寺》："归真已寂灭，留迹岂湮沈？"叶法善《留诗》："今日登云天，归真游上清。"

【歸栧】 归舟。岑参《还东山洛上作》："春流急不浅，归栧去何迟。"

【歸根】 谓落叶归于根部。喻事物回归其根本。岑参《缑山西峰草堂作》："隐几阅吹叶，乘秋眺归根。"

【歸軒】 返回之车。钱起《初黄绶赴蓝田县作》："贤尹正趋府，仆夫俨归轩。"权德舆《和职方殷郎中留滞江汉初至南宫呈诸公并见寄》："藻思烟霞丽，归轩印绶光。"

【歸時】 返回之时。崔国辅《中流曲》："归时日尚早，更欲向芳洲。"杜甫《佐还山后寄三首》之一："山晚浮云合，归时恐路迷。"张祜《爱妾换马》："去时岂无沾袂泣，归时还有顿衔嘶。"

【歸國遥】 唐教坊曲名，后用为词牌。词为双调，有四十二或四十三字，上下片各四仄韵。《全唐诗》卷八九二载韦庄《归国遥》词三首，卷八九一载温庭筠《归国遥》词二首。

【歸耕】 回家种田。谓辞官还乡。王维《送綦毋秘书弃官还江东》："余亦从此去，归耕为老农。"元结《忝官引》："实欲辞无能，归耕守吾分。"周贺《寄宁海李明府》："家贫思减选，时节静忆归耕。"

【歸途】 回归途中。张谔《九日》："将曛陌树频惊鸟，半醉归途数问人。"李商隐《江上》："刺字从漫灭，归途尚阻修。"韦庄《和郑拾遗秋日感事一百韵》："异国惭倾盖，当涂俟并粮。"

【歸航】 返回的船。皎然《同李司直题丘寺兼留诸公与陆羽之无锡》："还将陆居士，晨发泛归航。"

【歸病】 以病归休。李绅《寿阳罢郡日有诗十首》之一："西奏血诚遥稽首，乞容归病老江干。"

【歸浦】 返回时路经的水边。张敬徽《禾莲曲》："相看未尽意，归浦棹歌声。"

【歸淳】 返归淳古之风。苏颋《奉和圣制行次成皋途经光圣擒建德之所感而成诗应制》："用武三川震，归淳六代醲。"

【歸書】 回复的书信。郑愔《塞外三首》之三："海外归书断，天涯旅鬓残。"

【歸飛】 往回飞。见《诗·小雅·小弁》。李白《菩萨蛮》词："玉阶空伫立，宿鸟归飞急。"李商隐《晚晴》："越鸟巢干后，归飞体更轻。"

【歸華】 (—huá)落日的光华。顾况《奉酬刘侍郎》："暂伴憔悴人，归华耿不灭。"

【歸處】 归依之处。白居易《重题》之三："心泰身宁是归处，故乡何独在长安。"司马扎《送进士苗纵归紫逻山居》："常言梦归处，泉石寒更静。"

【歸處訥】 唐末诗人。吴人。《全唐诗外编》(下)录其《见人衣鲜华作诗》等诗六首。

【歸國】 谓回至京城。储光羲有《登秦岭作时陷贼归国》。徐夤《和人经隋唐部战处》："卷旆早归国，卧尸犹臂弓。"

【歸船】 返航之船。林宽《送人宰浦城》："作宰应无俸，归船必有僧。"

【歸鳥】 返飞之鸟。长孙佐辅《山居》："星昏归鸟过，火出樵童还。"许棠《日暮江上》："南北渡人少，高低归鸟重。"李频《及第后归》："纵棹随归鸟，乘潮向夕阳。"

【歸旌】 举旗回旋。胡皓《奉和圣制送张尚书巡边》："请追炎风暮，归旌候此时。"

【歸旆】 返回时所举之旗帜。王维《奉和圣制送不蒙都护兼鸿胪卿归安西应制》："上卿增命服，都护扬归旆。"

【歸旋】 (—xuán)归来，回来。祖咏《送丘为下第》："国门税征驾，旅食谋归旋。"李白《送二季之江东》："此行俱有适，迟尔早归旋。"杜甫《赠李十五丈别》："丈夫贵知己，欢罢念归旋。"独孤及《下弋阳江舟中代书寄裴侍御》："洞庭有深涉，曷日期归旋。"

【歸望】 ❶望归，盼望回乡。杜审言《春日怀归》："心是伤归望，春归异往年。"骆宾王《夕次蒲类津》："二庭归望断，万里客心愁。"崔融《塞上寄内》："旅魂惊塞北，归望断河西。"张说《喜度岭》："乡关绝归望，亲戚不相求。"❷属望，寄托希望。王昌龄《送李擢游江东》："东南具今古，归望山云秋。"

【歸寂】 佛教语。谓死亡。李郢《伤贾岛无可》："却到京师事事伤，惠休归寂贾生亡。"

【歸宿】 (—sù)指宿营。曹邺《雾后作》："乳燕不归宿，双双飞向林。"栖白《送禅宗师极归玉峰》："背郭去归宿，头陀意颇浓。"徐铉《右省仆射后湖亭闲宴铉以宿直光归赋诗留献》："独惭残照催，归宿明光殿。"

【歸鄉】 回乡。白居易《游蓝田山卜居》："行歌望山去，意似归乡人。"李群玉《送萧十二校书赴郢州婚姻》："领取和鸣好风景，石城花月送归乡。"

【歸貫】 返归原籍。无名氏《五言诗》之七(外编上)："南北掷纵横，诳(谁)他暂归贯。"

【歸葬】 将死人尸体送归故乡安葬。宋之问《鲁忠王挽词三首》之一："同盟会五月，归葬出三条。"王维《哭祖六自虚》："本家清渭曲，归葬旧茔边。"窦常《故秘监丹阳郡公延陵包公挽歌词》："那堪归葬日，哭渡柳杨津。"

【歸期】 归来的日期。郎士元《留别常著》："岁晏苍郊蓬转时，游人相见说归期。"姚合《题贞女祠》："我来方谢雨，延滞失归期。"李商隐《夜雨寄北》："君问归期未有期，巴山夜雨涨秋池。"孟贯《寄伍乔》："独游饶旅恨，多事失归期。"

【歸朝】 (—cháo)回到朝廷。杜甫《将晓二首》之二："归朝日簪笏，筋力定如何。"武元衡《送柳郎中裴起居》："会有归朝日，班超奈老何。"高骈有《安南送曹别敕归朝》。孙顾《送薛大夫和蕃》："别思流莺晚，归朝候雁先。"

【歸楫】 归舟。杜甫《八哀诗·故司徒李公光弼》："吾思哭孤冢，南纪阻归楫。"又《寄韦有夏郎中》："归楫生衣卧，春鸥洗翅呼。"

【歸棲】 归隐。刘遵古《御沟新柳》："愿假骞飞便，归栖及此辰。"

【歸棹】 亦作"歸櫂"，归舟。王勃《临江二首》之二："去骖嘶别路，归棹隐寒洲。"徐安贞《送王判官》："巴东下归棹，莫待夜猿啼。"钱起《送陈供奉恩敕放归觐省》："杨柳依归棹，芙蓉栖旧山。"吕温《道洲弘道县主簿知县秩满县阙申使清留将赴衡州题其厅事》："烦君驻归棹，与慰不欺心。"

【歸軫】 归舟。长孙佐辅《楚州盐壒古墙望海》："明发促归轸，沧波非宿谋。"

【歸雁】 亦作"归鴈"。雁为候鸟，春至而北飞，秋来而南翔，故称。王维《使至塞上》："征蓬出汉塞，归雁入胡天。"刘沧《春日旅游》："玄发辞家事远游，春风归雁一声愁。"朱休《春水绿波》："归雁追飞尺，纤鳞游泳多。"

【歸雲】 犹行云。杜甫《返照》："返照入江翻石壁，归云拥树失山村。"武元衡《单于罢战却归题善阳馆》:"单于南去善阳关,身逐归云到处闲。"

【歸凱】 指凯旋之歌。韩愈《斗鸡联句》:"连轩尚贾余,清厉比归凯。"钱仲联集释引蒋抱玄注:"两鸡相斗,胜者必鸣,故云。"

【歸程】 返回的路程。岑参《临洮泛舟赵仙舟自北庭罢使还京》:"醉眠乡梦罢,东望羡归程。"张籍《送闲师归江南》:"青枫乡路远,几日尽归程。"雍陶《春行武关作》:"风香春暖展归程,全胜游仙入洞情。"吴商浩《长安春赠友人》:"各有归程千万里,东风时节恨离群。"

【歸策】 谓策马而归。刘商《同徐城季明府游重光寺题晃师壁》:"竹风清磬晚,归策步苍苔。"

【歸順】 ❶投靠。杜甫《至德二载有悲往事》:"此道昔归顺,西郊胡正繁。"❷归降。杜甫《赠李八秘书别三十韵》:"寇盗方归顺,乾坤欲晏如。"

【歸尊】 归服尊者。萧祜《游石堂观》:"群仙伛偻势奔走,状若归尊趋有德。"

【歸閑】 归家闲居。宋之问《温泉庄卧病寄杨七炯》:"秉愿守樊圃,归闲欣艺牧。"李白《秋夜独坐怀故山》:"拙薄遂疏绝,归闲事耦耕。"包佶《尚书宗兄使过诗以奉献》:"洛下交亲满,归闲意有余。"

【歸登】 唐诗人。字冲之,苏州吴县(今江苏苏州市吴中区)人。《全唐诗》卷三一四录其《享惠昭太子庙乐章·请神》。

【歸塘】 传说为海中无底之谷,谓水汇聚之处。见《列子·汤问》。薛元超《奉和同太子监守违恋》:"归塘横笔海,平圃振词条。"骆宾王《在江南赠宋五之问》:"沦波通地穴,输委下归塘。"

【歸魂】 ❶归来的鬼魂。杜甫《东屯月夜》:"天寒不成寝,无梦寄归魂。"❷使鬼魂归来。杜甫《哭李尚书》:"复魄昭丘远,归魂素浐偏。"

【歸夢】 归乡之梦。刘允济《经庐岳回望江州想洛川有作》:"故园有归梦,他山飞赏乐。"李德裕《余所居平泉村舍蒙韦常侍大尹特改嘉名因寄诗以谢》:"闲谣紫芝曲,归梦赤松村。"于武陵《宿江口》:"自惊归梦断,不得到天涯。"徐铉《将过江题白沙馆》:"殷勤语江岭,归梦莫相妨。"

【歸蒿萊】 谓归隐。岑参《春兴思南山旧庐招柳建正字》:"园庐幸接近,相与归蒿莱。"陈铁民等注:"归蒿莱,归隐之意。"

【歸業】 回复原来的正业。主要指农业。刘禹锡《平蔡州三首》之一:"四人归业闾里间,小儿跳浪健儿舞。"

【歸愚】 犹返朴、守拙。韩愈《秋怀诗十一首》之五:"归愚识夷途,汲古得修绠。"杜荀鹤《空闲二公递以禅律相鄙因而解之》:"一教谁云辟二途,律禅禅律智归愚。"

【歸路】 回去的路,回乡的路。许敬宗《安德山池宴集》:"独叹高阳晚,归路不知津。"赵宗儒《和黄门武相公诏还题石门洞》:"韶芳满归路,轩骑出重关。"朱庆余《途中感怀》:"何当功业遂,归路下遥天。"吉师老《题春梦归故里》:"故国归路赊,春晚在天涯。"

【歸愁】 思归家乡之愁。许棠《渭上送人南归》:"远役与归愁,同来渭水头。"

【歸鳳求凰】 为男女通情求爱之典。见《史记·司马相如列传》。杜甫《琴台》:"归凤求皇意,寥寥不复闻。"

【歸資】 回家的路费。徐铉《送蒯司录旧京》:"老还上国欢娱少,贫聚归资结束轻。"

【歸塗】 参见"歸途"。

【歸道】 义同"歸途"。李绅《过梅里七首·忆东郭居》:"衰禽识旧木,疲马知归道。"

【歸壽】 归于长寿。玄宗《端午》:"亿兆同归寿,群公共保昌。"

【歸鞅】 驱车返归。鞅,安在马脖子上的皮套子。李白《酬裴侍御对雨感时见赠》:"渺然一水隔,何由税归鞅。"岑参《西蜀旅舍春叹寄朝中故人呈狄评事》:"不得安孔席,吾先税归鞅。"权德舆《送韦中丞奉使新罗》:"延颈旬岁期,新恩在归鞅。"

【歸養】 ❶归家奉养父母。张九龄《将发还乡示诸弟》:"去去荣归养,怃然叹行役。"钱起《同邬戴关中旅寓》:"留滞惭归养,飞鸣恨触笼。"❷回家休养。吕温《道州途中即事》:"课终如免戾,归养洛城东。"

【歸寧】 回家看望父母。刘长卿《送杜越江佐觐省往新安江》:"送君东赴归宁期,新安江水远相随。"钱起《送李四擢第归觐省》:"才子欲归宁,棠花已含笑。"贾岛《送崔约秀才》:"归宁仿佛三千里,月向船窗见几宵。"

【歸寢】 回去睡觉。犹归隐。宋之问《答田征君》:"归寝忽成梦,宛在嵩丘山。"

【歸趣】 (一qù)归家的兴趣。李观《宿裴友书斋》:"久游失归趣,宿此似故园。"

【歸鞍】 犹归骑。回家所乘的马。王维《同比部杨员外十五夜游有怀静者季》:"夜漏行人息,归鞍落日余。"戎昱《湖南雪中留别》:"何处愁杀人,归鞍雪中道。"权德舆《酬赵尚书城南看花日晚先归见寄》:"日暮归鞍不相待,与君同是醉乡人。"韩愈《晚秋郾城夜会联句》:"跋朝贺书飞,塞路归鞍跃。"

【歸輪】 ❶回车。裴耀卿《酬张九龄使风见示》:"承明有三入,去去速归轮。"❷归乡所乘之车。钱起《送丁著作佐台郡》:"多年金马客,名遂动归轮。"

【歸鴈】 参见"歸雁"。

【歸艎】 犹归舟。见《文选·谢朓拜中军记室辞隋王笺》。徐铉《陶使君挽歌二首》之二："那堪城外送，哀挽逐归艎。"

【歸餘】 谓积月之余日以置闰月。见《左传·文公元年》。李峤《扈从还洛呈侍从群官》："天道向归余，皇情美阴骘。"杜周士《闰月定四时》："直取归余改，非如再失欺。"

【歸駕】 归车。谓驱车返归。李商隐《赠华阳宗真人兼寄清都刘先生》："玉检赐书迷凤篆，金华归驾冷龙鳞。"

【歸緒】 思念家乡之情。刘长卿《贾侍郎自会稽使回因书数事率成十韵》："风物催归绪，云峰发咏题。"

【歸橈】 犹归舟。李白《陪从祖济南太守泛鹊山湖三首》之一："此行殊访戴，自可缓归桡。"戴叔伦《戏留顾十一明府》："未可动归桡，前程风浪急。"

【歸榜】 (—bàng)归舟。榜，船桨。陆龟蒙《奉和袭美太湖诗二十首·三宿神景宫》："举首谢灵峰，徜徉事归榜。"

【歸興】 (—xìng)归思；回乡的兴致。卢纶《送李缃》："嵇康书论多归兴，谢氏家风有学名。"牟融《送友人》："官路生归兴，家林想旧游。"李群玉《送处士自番禺东游便归苏台别业》："莼菜动归兴，忽然闻会吟。"刘兼《芳春》："宦情归兴休相挠，隼旆渔舟总未厌。"

【歸霞】 犹暮霞。李贺《牡丹种曲》："归霞帔拖蜀帐昏，嫣红落粉罢承恩。"

【歸還】 (—huán)回至原处。白居易《赠杨使君》："曾嗟放逐同巴峡，且喜归还会洛阳。"

【歸歟】 亦作"歸與"。用作思归之典。见《论语·公冶长》。李颀《望秦川》："客有归欤叹，凄其霜露浓。"高适《古乐府飞龙曲留上陈左相》："去此从黄绶，归欤任白头。"武元衡《甫构西亭偶题因呈监军及幕中诸公》："信矣子牟恋，归欤尼父吟。"李德裕《山信至说平泉别墅草木滋长地转幽深怅然思归复此作》："谁念沧溟上，归欤起叹音。"

【歸鴻】 即归雁。韩翃《寄赠衡州杨使君》："朝来笑向归鸿道，早晚南飞见主人。"白居易《赠诸少年》："老惭退马沾刍秣，高喜归鸿脱弋罗。"赵嘏《寄浔阳赵校书》："几处别巢悲去燕，十年回首送归鸿。"邓倚《春云》："度关随去马，出塞引归鸿。"

【歸翼】 归鸟。张九龄《郡舍南有园畦杂树聊以永日》："我愿从归翼，无然坐自沈。"孟浩然《荆门上张丞相》："日下瞻归翼，沙边厌曝鳃。"韦应物《沣上西斋寄诸友》："俯砌视归翼，开襟纳远飙。"张籍《江头》："回首怜归翼，长吟任此身。"

【歸隱】 归家隐居。李白《留别西河刘少府》："东山春酒绿，归隐谢浮名。"顾况《湖南客中春望》："便抛印绶从归隐，吴渚香莼漫吐春。"许棠《题郑侍郎岩隐十韵》："朝退常归隐，真修大隐情。"徐夤《长安即事三首》之三："拖紫腰金不要论，便堪归隐白云村。"

【歸覲】 归谒君王、父母。钱起《送马员外拜官觐省》："归觐屡经槐里月，出师常带棘门军。"欧阳詹《有所恨二章》序："予及第，归觐故园。自别来，无忆不至于襟怀，无想不至于姿容。"皮日休有《送羊振文先辈往桂阳归觐》。曹松《送邵安石及第归连州觐省》："及第兼归觐，宜忘涉驿劳。"

【歸闕】 回至朝廷。刘长卿《送裴郎中贬吉州》："汉节同归阙，江帆共逐臣。"于鹄《赠李太守》："归阙功成后，随车有野人。"翁承赞《蒙闽王改赐乡里》："归阙路遥心更切，不嫌扶病倚旌旃。"黄滔《喜翁文尧员外病起》："回尘却惆怅，归阙难迟迟。"

【歸懷】 归乡的情怀。杜甫《寄杜位》："近闻宽法离新州，想见归怀尚百忧。"

【歸櫂】 参见"歸棹"。

【歸驂】 归车。谓驱车返回。王勃《临江二首》之一："归骖将别棹，俱是倦游人。"岑参《六月三十日水亭送华阴王少府还县》："关门劳夕梦，仙掌引归骖。"韩愈《送灵师》："以此复留滞，归骖几时鞭。"

【歸鶴】 喻不忘家乡的人。杜甫《秋日夔府咏怀奉寄郑监李宾客一百韵》："东走穷归鹤，南征尽跕鸢。"韩愈《松》："啼猿想带苍山雨，归鹤应和紫府云。"

【歸戀】 思归家乡的情绪。孟浩然《入峡寄弟》："浦上摇归恋，舟中失梦魂。"

歹 部

二 画

死 〔sǐ《广韵》息姊切,上旨,心。〕❶人之死亡;生物失去生命。杜甫《奉赠韦左丞丈二十二韵》:"纨袴不饿死,儒冠多误身。"杨衡《哭李象》:"草死花开年复年,后人知是何人墓。"李商隐《韩碑》:"帝得圣相相曰度,贼斫不死神扶持。"孙郃《哭方玄英先生》:"斗牛文星落,知是先生死。"❷为某事或某人而献出生命。杜甫《遣遇》:"丈夫死百役,暮返空村号。"韦庄《题李斯传》:"蜀魄湘魂万古悲,未悲秦相死秦时。"见"死節"。❸死刑,死罪。李白《鞠歌行》:"秦穆五羊皮,买死百里奚。"❹绝望。张说《闻雨》:"心对炉灰死,颜随庭树残。"❺止息;消失。《荀子·大略》:"流言止焉,恶言死焉。"钱起《銮驾避狄岁寄别韩云卿》:"白发壮心死,愁看国步移。"陆龟蒙《读襄阳耆旧传因作五百言寄皮袭美》:"又如晓江平,风死波不皱。"常建《吊王将军》:"战余落日黄,军败鼓声死。"❻熄灭。杜甫《宿凿石浦》:"缺月殊未生,青灯死分翳。"王建《秋夜曲二首》之一:"香囊火死香气少,向帷合眼何时晓。"❼暗淡无光。杜甫《冬到金华山观因得故拾遗陈公学堂遗迹》:"雪岭日色死,霜鸿有余哀。"黄滔《塞下》:"关山色死秋深日,鼓角声沉霜重天。"贯休《山茶花》:"风裁日染开仙囿,百花色死猩血谬。"❽衰竭而无生气。孟郊《杏殇》之七:"且无生生力,自有死死颜。"❾副词。极,甚。杜甫《送孔巢父谢病归游江东兼呈李白》:"惜君只欲苦死留,富贵何如草头露。"陆龟蒙《南泾渔父》:"民皆死搜求,莫肯肖愍悼。"韩偓《寄恨》:"死恨物情难会处,莲花不肯嫁春风。"吕岩《敲爻歌》:"愚徒死恋色和财,所以神仙不肯召。"

【死人】 已死者。杜甫《遣兴三首》之二:"邺中事反覆,死人积如丘。"

【死士】 敢死之人,勇士。周昙《咏史诗·春秋战国门·田饶》:"临难欲行求死士,将何恩信致扶危?"

【死不休】 犹言死也不罢手。杜甫《江山值水如海势聊短述》:"为人性僻耽佳句,语不惊人死不休。"

【死厄】 死亡的厄运。寒山《诗三百三首》之七九:"无益复无易,终不免死厄。"

【死心】 决意;断绝意念。杜牧《寄唐州李玭尚书》:"累代功勋照世光,奚胡闻道死心降。"周昙《咏史诗·后汉门·周都妻》:"不将血涕随霜刃,谁见朱殷未死心。"

【死囚】 判处死罪而尚未执行之囚犯。白居易《新乐府·七德舞》:"怨女三千放出宫,死囚四百来归狱。"胡曾《咏史诗·武关》:"出门若取灵均语,岂作咸阳一死囚。"

【死生】 ❶死和生。寒山《诗三百三首》之二二三:"死生元有命,富贵本由天。"李白《月下独酌四首》之三:"一樽齐死生,万事固难审。"白居易《达哉乐天行》:"死生无可无不可,达哉达哉白乐天。"❷偏义复词。(1)指生命。杜甫《房兵曹胡马诗》:"所向无空阔,真堪托死生。"刘长卿《题虎丘寺》:"永欲投死生,余生岂能误?"(2)指死亡。高适《燕歌行》:"战士军前半死生,美人帐下犹歌舞。"王周《自喻》:"善恶胡可分,死生何足讳!"

【死奴】 死去的奴仆。刘希夷有《伤死奴》。

【死地】 ❶死亡之地。杜甫《新婚别》:"君今往死地,沉痛迫中肠。"❷谓绝境。玄宗《平胡》:"将出凶门勇,兵因死地强。"姚合《塞下曲》:"战须移死地,军讳杀降兵。"

【死灰】 ❶火灭后的冷灰。多形容失望、消沉的心情。王绩《北山》:"槁项同枯木,丹心等死灰。"杜甫《秋日荆南述怀三十韵》:"自古江湖客,冥心若死灰。"白居易《喻友》:"平生青云心,销化成死灰。"韦庄《上春词》:"游人陌上骑生尘,颜子门前吹死灰。"❷形容颜色惨白。李白《结客少年场行》:"舞阳死灰人,安可与成功。"

【死交】 生死之交。罗隐《经故友所居》:"清论不知庄叟达,死交空叹赵岐忙。"

【死别】 永别。杜甫《垂老别》:"孰知是死别,且复伤其寒。"

【死者】 死人。曹邺《蓟北门行》:"死者虽无言,那堪生者悟。"

【死門】 通向死亡之门。罗隐《赠无相禅师》:"惟有马当山上客,死门生路两相忘。"

【死後】 死去以后。张祜《洛阳感寓》:"千门甲第身遥入,万里铭旌死后来。"

【死屍】　死人的尸体。寒山《诗三百三首》之七二:"冢间瞻死尸,六道不干我。"又《诗三百三首》之二四二:"死尸弃如尘,此时向谁说。"陈陶《塞下曲》之二:"都护凌晨出,铭功瘗死尸。"

【死鬼】　鬼魂。无名氏《五言白话诗》之十九(外编下):"生时愁衣食,死鬼无釜灶。"又《五言白话诗》之二四:"死鬼忆四时,八节生人哭。"

【死飢】　饥饿而死。杜牧《杜秋娘诗》:"苏武却生返,邓通终死饥。"

【死鄉】　死地。周昙《咏史诗·前汉门·薛公》:"上中良策知非用,南取长沙是死乡。"

【死無時】　谓随时均有死之可能。杜甫《前出塞九首》之二:"骨肉恩岂断,男儿死无时。"

【死傷】　死亡或受伤。张籍《山头鹿》:"县家唯忧少军食,谁能令尔无死伤。"

【死節】　(—jié)为保全节操而死。李华《寄赵七侍御》:"相顾无死节,蒙恩逐殊封。"皎然《武源行赠丘卿岑》:"昨日将军殉死节,悉向生民陷成血。"杜牧《即事》:"竹帛未闻书死节,丹青空见画灵旗。"罗邺《新安城》:"但将死节酬尧禹,版筑无劳寇已平。"

【死道邊】　指正直。见《后汉书·五行志》。皮日休《鲁望以五百言见贻过有褒美因成一千言上述吾唐文物之盛次叙相得之欢,亦迭之微旨也》:"诸昆指仓库,谓我死道边。"

【死綏】　谓战死沙场。杜牧《闻庆州赵纵使君与党项战中箭身死辄书长句》:"死绥却是古来有,骁将自惊今日无。"

【死戰】　拼命战斗。方干《过申州作》:"万人曾死战,几户免刀兵。"

【死諫】　冒死进谏。元稹《去杭州》:"昔公事主尽忠谠,虽及死谏誓不谖。"

【死聲】　衰微之音。见《左传·襄公十八年》。贾至《燕歌行》:"南风不竞多死声,鼓卧旗折黄云横。"

【死籍】　迷信谓阴间登录人死期的册籍。白居易《寄卢少卿》:"生命既能保,死籍亦可逃。"又《同微之赠别郭虚舟炼师五十韵》:"得可逃死籍,不唯走三尸。"

【死鬬】　冒死战斗。吴融《敷水有丐者云是马侍中诸孙悯而有赠》:"而今不要教人识,正藉将军死斗时。"

四　画

歿　〔mò《广韵》莫勃切,入没,明。〕❶死亡,去世。苏颋《赠司徒豆卢府君挽词》:"二陵犹可望,存殁有忠臣。"皎然《赋得吴王送女潮歌送李判官之河中府》:"吴王已殁女不返,潮水无情那有期?"孟郊《读张碧集》:"天宝太白殁,六义已消歇。"徐夤《闻司空侍郎讣音》:"夫君殁去何人葬,合取夷齐隐处埋。"❷通"没"。陷没;沦没。李白《安州应城玉女汤作》:"神女殁幽境,汤池流大川。"

【歿世】　终生,终其一生。李德裕《忆平泉山居赠沈吏部一首》:"殁世有遗恨,精诚何所如。"张祜《读始兴公传》:"殁世议方存,升平道几论。"

【歿後】　死后。窦叔向《贞懿皇后挽歌三首》之一:"礼逊生前贵,恩追殁后荣。"白居易《池鹤八绝句·鹤答鹅》:"右军殁后欲何依,只合随鸡逐鸭飞。"许浑《重伤杨攀处士二首》之二:"殁后儿犹小,葬来人渐疏。"黄滔《乌石村》:"故人殁后城头月,新鸟啼来垄上花。"

【歿邊】　死于边事。吴商浩《塞上即事》:"战士殁边魂尚哭,单于猎处火犹红。"

五　画

殂　〔cú《广韵》昨胡切,平模,從。〕死亡。寒山《诗三百三首》之八七:"得利渠即死,失利汝即殂。"白居易《叹常生》:"前旬犹访我,今日忽云殂。"范夜《失题》:"南游李邕死,北望宋珪殂。"

【殂喪】　(—sāng)死亡。张籍《祭退之》:"哀哉未申施,中年遽殂丧。"

【殂謝】　去世。皇甫冉《寄江东李判官》:"时贤几殂谢,摛藻继风流。"孟郊《哭李观》:"颜子既殂谢,孔门无辉光。"李绅《新楼诗二十首·龙宫寺》序:"而讯其存没,则僧及门人悉已殂谢。"

殃　〔yāng《广韵》於良切,平陽,影。〕❶祸害,灾难。李峤《奉使筑朔方六州城率尔而作》:"顾无庙堂策,贻此中夏殃。"白居易《杂感》:"城门自焚热,池鱼罹其殃。"卢仝《月蚀诗》:"何故中道废,自遗今日殃。"韦庄《和郑拾遗秋日感事一百韵》:"饲雀曾传庆,烹蛇讵有殃。"❷为害。贯休《续姚梁公坐右铭》:"艳殃尔寿须戒,酒腐尔肠须畏。"

【殃禍】　灾祸。白居易《凶宅》:"后主为公卿,寝疾殁其中。连延四五主,殃祸继相钟。"胡珍《巢燕》:"所贵儿童善,保尔无殃祸。"

殄　〔tiǎn《广韵》徒典切,上銑,定。〕❶灭绝,绝尽。宋若昭《奉和御制麟德殿宴百僚应制》:"修文招隐伏,尚武殄妖凶。"罗隐《献尚父大王》:"今日朱方平殄后,虎符龙节十三州。"❷病。见《国语·鲁语上》。王引之《经义述闻·鲁语上》:"殄亦病也。"吴筠《览古十四首》之十一:"留滞焉足愤,感怀殄生涯。"

【殄絕】 灭绝。储光羲《效古二首》之一："稼穑既殄绝，川泽复枯槁。"

【殄瘁】 ❶困穷，困苦。杜牧《和野人殷潜之题筹笔驿十四韵》："何处躬耕者，犹题殄瘁诗。"❷凋谢。李嘉祐《故燕国公挽歌二首》之二："今年杜陵陌，殄瘁百花迟。"

殆 〔dài《广韵》徒亥切，上海，定。〕❶危亡，危险。《诗·小雅·正月》："民今方殆，视天梦梦。"郑玄笺："方，且也。民今且危亡。"

【殆庶】 指贤者。见《易·系辞下》。权德舆《几铭》："蘧生可卷，颜子殆庶。"

六　画

殊 〔shū《广韵》市朱切，平虞，禅。〕❶死亡。见《管子·入国》。李绅《忆边润州》："元和二年，余以前进士为镇海军书奏从事，秋九月兵乱，余以不从书奏飞檄之诈，遭庶人李锜暴怒，腰领不殊者三。"❷超过。李绅《过吴门二十四韵》："顾瞻殊宿昔，语默过悲忧。"❸差异，不同。姚伦《感秋》："试向疏林望，方知节候殊。"白居易《梦刘二十八因诗问之》："非梦亦不见，近与远何殊。"赵嘏《昔昔盐二十首·靡芜叶复齐》："一被春光累，容颜与昔殊。"褚载《移石》："磨看粹色何殊玉，敲有奇声直异金。"❹特异，卓越。王维《杂诗》："人见东方骑，皆言夫婿殊。"杜甫《画鹰》："素练风霜起，苍鹰画作殊。"萧涤非注："殊，殊异，是说画得非常出色。"李绅《趋翰苑遭诬构四十六韵》："捧日恩光别，抽毫顾问殊。"皮日休《陈先辈故居》："襄阳无限烟霞地，难觅幽奇似此殊。"❺副词。(1)甚，极。蔡希寂《登福先寺上方然公禅室》："禅房最高顶，静者殊闲安。"白居易《小宅》："庾信园殊小，陶潜屋不丰。"许棠《将过单于》："并州去路殊迢递，风雨何当达近畿。"徐铉《奉和宫傅相公怀旧见寄四十韵》："尽日凝思殊怅望，一章追叙信精研。"(2)犹，尚。李颀《与诸公游济渎泛舟》："兹境信难遇，为欢殊未终。"李白《闻丹丘子于城北营石门幽居因叙旧以寄之》："久欲入名山，婚娶殊未毕。"白居易《尝黄醅新酎忆微之》："元九计程殊未到，瓮头一盏共谁尝。"贯休《临高台》："故人天一涯，久客殊未回。"(3)竟，竟然。岑参《宿岐州北郭严给事别业》："遥夜惜已半，清言殊未休。"杜甫《铁堂峡》："生涯抵弧矢，盗贼殊未灭。"张籍《和韦开州盛山十二首·桃坞》："日西殊未散，看望酒缸头。"韦庄《章台夜思》："芳草已云暮，故人殊未来。"(4)并，用在否定词前面加强否定语气，略带反驳的意味。王维《同崔傅答贤弟》："洛阳才子姑苏客，桂苑殊非故乡陌。"王建《荆门行》："江边行人暮悠悠，山头殊未见荆州。"权德舆《侍从游后湖宴坐》："绝境殊不远，湖塘直吾庐。"陆龟蒙《奉和袭美酒中十咏·酒城》："殊无甲兵守，但有糟浆气。"

【殊才】 杰出的人才。张祜《走笔赠许玖赴桂州命》："桂林真重德，莲幕藉殊才。"

【殊不知】 犹言竟不知。李白《幽涧泉》："吾但写声发情于妙指，殊不知此曲之古今。"元稹《赠毛仙翁》序："余尝见圆冠方领之士读道书，疑其绝智弃仁，又谓其书不足以经世理国，殊不知至仁无兼爱。大智无非栽，大乐同天地之和，大礼同天地之节。"王毂《鸿门宴》："殊不知人心去暴秦，天意归明主，项王足底踏汉土，席上相看浑未悟。"

【殊尤】 特别优异。韩愈《燕河南府秀才得生字》："自非绝殊尤，难使耳目惊。"

【殊分】 (—fēng)差别很大。贾岛《寄刘栖楚》："趋走与偃卧，去就自殊分。"

【殊方】 异域，远方。王湾《晚春诣苏州敬赠武员外》："神驰劳旧国，颜展别殊方。"杜甫《客堂》："死为殊方鬼，头白免短促。"殷尧藩《送源中丞使新罗》："赤墀奉命使殊方，官重霜台紫绶光。"李沛《海水不扬波》："化流沾率土，恩浸及殊方。"

【殊功】 特别的功绩。张籍《田司空入朝》："早变山东知顺命，新收济上立殊功。"李中《遥赋义兴潜泉》："何当化霖雨，济物显殊功。"孙元晏《咏史诗·晋·苻坚投箠》："投箠填江语未终，谢安乘此立殊功。"

【殊代】 异代，不同的时代。吴融《过渑池书事》："莫道新亭人对泣，异乡殊代也沾衣。"

【殊考】 谓考课成绩优异。唐代官员考课一般每年进行一次小考，三四年举行一次大考。小考评定当年的为政优劣；大考则对本人在任期内的政绩作出鉴定。黄滔《赠郑明府》："援毫断狱登殊考，驻乐题诗得出联。"

【殊列】 不同的位次、地位。杜甫《偶题》："作者皆殊列，名声岂浪垂?"

【殊名】 不同的名称。杜甫《夔州歌十绝句》之二："白帝夔州各异城，蜀江楚峡混殊名。"徐仁嗣《天骥呈材》："效材矜逸态，绝影表殊名。"

【殊色】 美女。崔橹《残莲花》之一："金谷楼前马嵬下，世间殊色一般悲。"

【殊私】 帝王对臣下的特别恩宠。窦叔向《端午日恩赐百索》："仙宫长命缕，端午降殊私。"戎昱《观卫尚书九日对中史射破的》："盛宴倾黄菊，殊私降紫泥。"崔枢《赐耆老布帛》："殊私及耆老，圣德赈黎元。"李绛《省试恩赐耆老布帛》："涣汗中天发，殊私海外存。"

【殊命】 特别恩宠的诰命。裴淑《答微之》："不是悲殊命，唯愁别近亲。”

【殊風】 不同的风貌。陈中师《瑕瑜不相掩》：“妍媸因异彩，音韵信殊风。”

【殊怪】 奇怪，奇特。元结《引东泉作》：“众源发渊窦，殊怪皆不同。”又《游石溪示学者》：“尤宜春水满，水石更殊怪。”

【殊狀】 情况不同。张九龄《九月九日登龙山》：“夷险虽异时，古今岂殊状。”郑世翼《过北邙还望京洛》：“胥徒各异流，文物纷殊状。”

【殊珍】 特别珍贵的礼物。则天皇后《唐大饗拜洛乐章·咸和》：“灵睠遥行秘躅，嘉贶荐委殊珍。”

【殊封】 特别的封赠。李华《寄赵七侍御》：“相顾无死节，蒙恩逐殊封。”

【殊政】 突出的政绩。皎然《因游支硎寺寄邢端公》：“中扆怀殊政，南州伫小康。”

【殊相】 (—xiàng)奇特的形貌。杜甫《丹青引赠曹将军霸》：“弟子韩幹早入室，亦能画马穷殊相。”

【殊軌】 轨道不同。谓相差甚大。虞世南《奉和幸江都应诏》：“百王岂殊轨，千载协前谟。”

【殊眄】 特别眷顾。刘长卿《瓜洲驿奉饯张侍御先在淮南》：“畴昔偏殊眄，屯蒙独永叹。”

【殊界】 异域，远方。韩愈《雨中寄孟刑部几道联句》：“一晨长隔岁，百步远殊界。”

【殊科】 不一样，不同。韩愈《八月十五夜赠张功曹》：“君歌且休听我歌，我歌今与君殊科。”

【殊俗】 ❶不同的风俗。杜甫《雨晴》：“天路看殊俗，秋江思杀人。”又《南极》：“近身皆鸟道，殊俗自人群。”白居易《发白狗峡次黄牛峡登高寺却望忠州》：“昔去悲殊俗，今来念旧游。”汤洙《登云梯》：“经过殊俗境，登陟象云梯。”❷风俗不同的地方。包佶《酬于侍郎湖南见寄十四韵》：“章甫经殊俗，离骚继雅风。”德宗《重阳日中外同欢以诗言志因示群官》：“欢心畅遐迩，殊俗同车书。”卢纶《雪谤后书事上皇甫大夫》：“长策威殊俗，嘉谋翊圣明。”陆龟蒙《江南秋怀寄华阳山人》：“武昔威殊俗，文今被八弦。”亦指远方之人。

【殊亭】 亭名。在今湖北武汉市之武昌区。元结《登殊亭作》：“时节方大暑，试来登殊亭。”

【殊音】 指不同的方音。韩愈《送湖南李正字归》：“风土稍殊音，鱼虾日异饭。”柳宗元《柳州峒氓》：“郡城南下接通津，异服殊音不可亲。”

【殊音旨】 指语言和生活旨趣不同。崔颢《结定襄群狱效陶体》：“此乡多杂俗，戎夏殊音旨。”

【殊姿】 不同的姿态，与众不同的姿态。杜甫《杨监又出画鹰十二扇》：“殊姿各独立，清绝心有向。”白居易《新乐府·井底引银瓶》：“忆昔在家为女时，人言举动有殊姿。”张复元《风光草际浮》：“殊姿媚原野，佳色满池塘。”

【殊時異世】 言时世变异。徐夤《东京次新安道中》：“殊时异世为儒者，不见文皇与武皇。”

【殊恩】 特别的恩宠。常指帝王的恩宠。杜甫《建都十二韵》：“牵裾恨不死，漏网荷殊恩。”

【殊特】 特殊，与众不同。寒山《诗三百三首》之一九二：“道子飘然为殊特，二公善绘手毫挥。”

【殊倫】 不同类；不一样。玄宗《王屋山送道士司马承祯还天台》：“江湖与城阙，异迹且殊伦。”袁瓘《鸿门行》：“秦魏多豪人，与代亦殊伦。”李白《嘲鲁儒》：“君非叔孙通，与我本殊伦。”贾至《自蜀奉册命往朔方途中呈韦左相文部房尚书门下崔侍郎》：“谁谓三杰才，功业独殊伦。”亦指出类拔萃。杜甫《奉赠鲜于京兆二十韵》：“异才应间出，爽气必殊伦。”

【殊迹】 参见“殊跡”。

【殊庭】 ❶异域。指仙人的居处。《史记·孝武本纪》：“尧亲禅高里，祀后土。临渤海，将以望祠蓬莱之属，冀至殊庭焉。”司马贞索隐引服虔曰：“殊庭者，异也，言入仙人异域也。”张九龄《与生公游石窟山》：“潜洞黝无底，殊庭忽似梦。”❷旅馆。严武《酬别杜二》：“并向殊庭谒，俱承别馆追。”仇兆鳌注：“殊庭，别馆，中途止宿之所。”

【殊域】 异地，远方。魏征《享太庙乐章·大明舞》：“殊域委贶，怀生介福。”

【殊異】 奇异，与众不同。韩愈《送郑尚书赴南海》：“事事皆殊异，无嫌屈大才。”又《县斋有怀》：“人情忌殊异，世路多权诈。”朱子真《对赵颖歌》：“短促虽知有殊异，且须欢醉在生前。”

【殊造】 至尊。代称帝王。李观《试中和节诏赐公卿尺诗》：“紫翰宣殊造，丹诚厉匪躬。”

【殊途】 异途，不同途径。陆龟蒙《夏日闲居作四声诗寄袭美·平声》：“求欢虽殊途，探幽聊怡情。”钱众仲《玉壶冰》：“贞坚方共济，同处岂殊途。”

【殊常】 不同寻常。孟郊《品松》：“追悲谢灵运，不得殊常封。”刘禹锡《酬乐天闻新蝉见赠》：“人情便所遇，音韵岂殊常。”白居易《寓意诗五首》之二：“昨传征拜日，恩赐颇殊常。”蜀太妃徐氏《丈人观》：“获陪翠辇喜殊常，同涉仙坛岂厌长。”

【殊智】 与众不同的智慧或智谋。高适《酬河南节度使贺兰大夫见赠之作》：“直道宁殊智，先鞭忽抗行。”刘长卿《观李凑所画美人障子》：“爱尔含天姿，丹青有殊智。”

【殊傑】 特别杰出。杜甫《沙苑行》：“逸群绝足信殊杰，倜傥权奇难具论。”

【殊渥】 特大的恩惠。苏颋《奉和圣制漕桥东送新除岳牧》：“至言题睿札，殊渥洒仙翰。”杜甫《寄李十二白二十韵》:“文彩承殊渥,流传必绝伦。”白居易《和东川杨慕巢尚书府中独坐感戚在怀见寄十四韵》:“东蜀欢殊渥,西江叹逝波。”

【殊鄉】(—xiāng)异乡,他乡。卢象《八月十五日三首》之三:“宛作越人言,殊乡甘水食。”司空曙《送鄂州张别驾襄阳觐省》:“正恨殊乡别,千条楚柳新。”李商隐《桂林》:“殊乡竟何祷,箫鼓不曾休。”李昌符《得远书》:“满纸殊乡泪,非冤不可哀。”

【殊絶】特殊,卓绝。杜甫《韦讽录事宅观曹将军画马图》:“其余七匹亦殊绝,迥若寒空动烟雪。”又《奉观严郑公厅事岷山沱江画图十韵》:“绘事功殊绝,幽襟兴激昂。”姚合《题凤翔西郭新亭》:“结构方殊绝,高低更合宜。”

【殊跡】亦作“殊迹”。足迹不同。谓所为有异。韦应物《沣上对月寄孔谏议》:“出处虽殊迹,明月两知心。”又《雨夜宿清都观》:“旷岁恨殊迹,兹夕一披襟。”卢纶《同柳侍郎题侯钊侍郎新昌里》:“幽显岂殊迹,昔贤徒病诸。”

【殊稱】(—chēng)特别的赞誉。张蠙《逢漳州崔使君北归》:“在郡多殊称,无人不望回。”

【殊隔】相差很大。孟郊《立德新居》之二:“兹焉有殊隔,永矣难及群。”

【殊榮】特别的光荣。崔融《哭蒋詹事俨》:“贞节既已固,殊荣良不訾。”

【殊價】高价。杜牧《寄李播评事》:“子列光殊价,明时忍自高。”

【殊鄰】远方异域。李白《赠崔司户文昆季》:“英声振名都,高价动殊邻。”

【殊調】(—diào)与众不同的格调、意趣。王昌龄《观江淮名胜图》:“沙门既云灭,独往岂殊调。”李白《与元丹丘方城寺谈玄作》:“彼我俱若丧,云山岂殊调。”

【殊勳】特出的功勋。李白《送张秀才谒高中丞》:“采尔幕中画,戡难光殊勋。”王建《赠李愬仆射》:“次第各分茅土贵,殊勋并在一门中。”李商隐《四皓庙》:“羽翼殊勋弃若遗,皇天有运我无时。”贯休《胡无人》:“将军既立殊勋,遂有湖无人曲。”

【殊澤】特别的恩泽。戎昱《赠别张驸马》:“独步明时负权势,一身扈跸承殊泽。”

【殊禮】特别的礼遇。郑谷《叙事感恩上狄右丞》:“首荐叨殊礼,全家寓近封。”

【殊類】异类。裴漼《奉和御制旋师喜捷》:“殊类骄无长,王师示有征。”

【殊寵】特别的恩宠。李白《赠张相镐二首》之二:“龙颜惠殊宠,麟阁凭天居。”岑参《北庭西郊侯封大夫受降回军献上》:“天子日殊宠,朝廷方见推。”

殉 〔xùn《广韵》辭閏切,去稕,邪。〕❶以人从葬。亦指陪同死亡。见“殉死”。❷为达某种目的或理想而捐躯。虞世南《结客少年场行》:“轻生殉知己,非是为身谋。”陈子昂《感遇诗三十八首》之四:“乐羊为魏将,食子殉军功。”罗隐《燕昭王墓》:“思量郭隗平生事,不殉昭王是负心。”亦指人或动物的一般性死亡。陆龟蒙《和袭美女坟湖》:“水平波淡绕回塘,鹤殉人沈万古伤。”

【殉死】陪同死亡。钱起《送郑书记》:“出身唯殉死,报国且能兵。”

【殉主】为君主而死。屠瓌智《咏志》:“轻身都是义,殉主始为忠。”

【殉命】以生命殉国。太宗《伤辽东战亡》:“防身岂乏智,殉命有余忠。”

七 画

殑 〔qíng《广韵》其矜切,平蒸,羣。又其拯切,上拯,羣。〕❶见“殑殑”。❷见“殑殘”。

【殑殑】(—qíng)寒冷貌。孟郊《懊恼》诗:“抱山冷殑殑,终日悲颜颜。”

【殑殘】(—lèng)困病貌。元稹《纪怀赠李六户曹崔二十功曹五十韵》:“荒居邻鬼魅,羸马步殑殘。”

八 画

殖 〔zhí《广韵》常職切,入職,禪。〕❶种植。李峤《桂》:“未殖银宫里,宁移玉殿幽。”杜甫《阻雨不得归瀼西甘林》:“所迫豪吏侵,客居暂封殖。”温庭筠《病中书怀呈友人》:“苦辛随艺殖,甘旨仰樵苏。”❷树立。《国语·周语下》:“上得民心,以殖义方。”韦昭注:“殖,立也。”权德舆《送别沅泛》:“念尔强学殖,非贯早从师。”

殘 〔cán《广韵》昨干切,平寒,從。〕❶残害,残杀。韦应物《广德中洛阳作》:“饮药本攻病,毒肠翻自残。”欧阳詹《东风二章》序:“师用匪律,人亦由残。”柳宗元《贞符》序:“乡为义廩,敛发谨饬,岁丁大侵,人以有年。简于厥刑,不残而惩,是谓严威。”齐己《送卢说乱后投知己》:“兵寇残江墅,生涯尽荡除。”❷残缺,缺损。清昼《与崔子向泛舟忆李侍御粤渚山春游后期不及联一十六韵以寄之》:“碑残飞雉岭,井翳潜龙宅。”李绅《逾岭峤止荒陬抵高要》:“高明白日恩深海,齿发虽残壮心在。”刘沧《洛神怨》:“心寄碧沈空婉恋,梦残春色自悠扬。”亦引申为消失。孟郊《路病》:“稚颜能几日,壮志忽已残。”皮日休《太湖诗·上真观》:“既逐隐龙去,道风由此残。”❸摧残,摧毁。白居易《和答诗十首·和雉媒》:“赵襄骨肉亲,亦以利相残。”又《文柏床》:“方知自残者,为有好文章。”李德裕《忆村中老人春酒》:“雨残红芍药,风落紫樱桃。”❹残剩,残存。杜甫《洗兵马》:“只残邺城不日得,独任朔方无限功。”白居易《南山路有感》:“唯残乐天在,头白向江东。”李频《黔中罢职将泛江东》:“黔中初罢职,薄俸亦无残。”贺朝清《南山》:“邀君共探此,异箓残几卷?”❺残忍,残暴。见“殘暴”“殘寇”。❻尽;少。杜甫《有感五首》之五:“盗灭人还乱,兵残将自疑。”仇兆鳌注:“寇灭而人还乱者,由兵少而得自疑也。”“残,乃残少之残,非残害之残。”❼特指某一时间、时令即将结束和与时间、时令紧密相关的事物即将消亡。钱起《暮春归故山草堂》:“渡上春残黄鸟稀,辛夷花尽杏花飞。”元稹《寒》:“红瘴节候暖,腊初梅已残。”李频《山中夜坐》:“归家来几夜,倏忽觉秋残。”齐己《送益公归旧居》:“旧隐终牵梦,春残结束归。”

【殘工】　残留的工具。韦应物《过昭国里故第》:“残工委筐箧,余素经刀尺。”

【殘山】　谓山将尽处。杜甫《陪郑广文游何将军山林十首》之五:“剩水沧江破,残山碣石开。”

【殘子】　残剩的种子。无可《寄青龙寺原上人》:“高杉残子落,深井冻痕生。”

【殘日】　夕阳。李颀《奉送五叔入京兼寄綦毋三》:“云阴带残日,怅别此何时。”赵嘏《经无锡县醉后吟》:“穷秋南国泪,残日故乡心。”又《汾上宴别》:“一尊花下酒,残日水西树。”刘昭禹《经费冠卿旧隐》:“依约曾栖处,斜阳鸟自还。”

【殘水】　残存之水。羊士谔《郡中即事三首》之三:“唯有楼中好山色,稻畦残水入秋池。”

【殘月】　将落的月亮。韦承庆《直中书省》:“暗花临户发,残月下帘觳。”皇甫冉《早发中严寺别契上人》:“苍苍松桂阴,残月半西岑。”白居易《早入皇城赠王留守仆射》:“津桥残月晓沈沈,风露凄清禁署深。”章碣《陪浙西王侍郎夜宴》:“稽岭好风吹玉佩,镜湖残月照楼台。”

【殘火】　余火。韩偓《地炉》:“两星残火地炉畔,梦断背灯重拥衾。”张蠙《次韵和友人冬月书斋》:“薄冰行处断,残火睡来消。”

【殘生】　❶残存的岁月;余生。杜甫《客亭》:“多少残生事,飘零似转蓬。”萧涤非注:“残生,余生。”又《去蜀》:“世事已黄发,残生随白鸥。”又《奉济驿重送严公四韵》:“江村独归处,寂寞养残生。”又《寄司马山人十二韵》:“永作殊方客,残生一老翁。”❷谓残存的生灵。刘长卿《至德三年春正月五十韵》:“星辰归正位,雷雨发残生。”

【殘冬】　冬季将尽之时。贯休《寄韩团练》:“留我遇残冬,身心苦恬寂。”

【殘朽】　老朽。孟郊《忆江南弟》:“未忍对松柏,自鞭残朽躬。”

【殘灰】　残存的灰烬。史凤《锁莲灯》:“残灰剔罢携纤手,也胜金莲送辙回。”

【殘夷】　残杀。吴筠《览古十四首》之五:“奸邪起狡猾,骨肉相残夷。”

【殘年】　余生,一生将尽的年月。李颀《野老曝背》:“百岁老翁不种田,惟知曝背乐残年。”杜甫《病后遇王倚饮赠歌》:“但使残年饱吃饭,只愿无事常相见。”韩愈《左迁至蓝关示侄孙湘》:“欲为圣朝除弊事,肯将衰朽惜残年。”白居易《雪夜小饮赠梦得》:“小酌酒巡销永夜,大开口笑送残年。”

【殘兇】　残暴凶恶。白居易《和答诗十首·和大觜乌》:“群雏又成长,众觜逞残凶。”

【殘冰】　未融之冰块。张祜《忆江东旧游四十韵寄宣武李尚书》:“金丝援嫩柳,玉片犯残冰。”

【殘形】　残败。张籍《题故僧影堂》:“香消云锁旧僧家,僧刹残形半壁斜。”

【殘更】　(—gēng)一夜分五更,第五更称残更。元稹《雨后》:“倦寝数残更,孤灯暗又明。”沈传师《寄大府兄侍史》:“积雪山阴马过难,残更深夜铁衣寒。”

【殘兵】　战败剩余之兵卒。李白《从军行》:“突营射杀呼延将,独领残兵千骑归。”常建《吊王将军墓》:“今与山鬼邻,残兵哭辽水。”

【殘身】　谦词。意为老朽之躯。孟郊《与王二十一员外涯游昭成寺》:“顾惭余眷下,衰瘵婴残身。”

【殘局】　结束阶段的棋局。许浑《夜归驿楼》:“窗下覆棋残局在,橘边沽酒半坛空。”

【殘妝】　指女子残褪的化妆。张谓《扬州雨中张十七宅观妓》:“残妆添石黛,艳舞落金钿。”卢纶《古艳诗》之一:“残妆色浅髻鬟开,笑映朱帘觑客来。”元稹《离思五首》之一:“自爱残妆晓镜中,环钗漫篸绿丝丛。”无名氏《杂诗》之四(卷七八五):“不洗残妆凭绣床,也同女伴绣鸳鸯。”

【殘花】　将谢之花或未落尽之花。皎然《赤松》:“何处羽人长洗药,残花无数逐流泉。”薛存诚《暮春自南台再除给事中》:“积草渐无径,残花犹洒衣。”李占封《三月尽日》:“落日已将春色去,残花应逐夜风飞。”徐铉《送德迈道人之豫章》:“禅灵桥畔落残花,桥上离情对日斜。”

【殘芳】　残花。汤悦《鼎臣学士侍郎楚金舍人学士以再伤庭梅诗同垂宠和因成四十字陈谢》:“余枿虽无取,残芳尚获知。”

【殘杯】　谓酒残存杯中。裴度、张籍《蔷薇花联句》："奈花无别计，只有酒残杯。"亦指杯中之残酒。杜甫《奉赠韦左丞丈二十二韵》："残杯与冷炙，到处潜悲辛。"白居易《题王家庄临水柳亭》："春愁正无绪，争不尽残杯。"

【殘拍】　犹言剩下的节拍。刘禹锡《和乐天柘枝》："鼓催残拍腰身软，汗透罗衣雨点花。"元稹《元和五年予官不了罚俸西归三月六日至陕府因投五十韵》："含词待残拍，促舞递繁吹。"任半塘《唐声诗》卷上："'残拍'指曲终所有。含字行腔，等待拍至而后吐。"

【殘雨】　将止之雨。刘长卿《雨中登沛县楼赠表兄郭少府》："晚陂带残雨，白水昏漠漠。"刘长卿《送康判官往新安》："驿路收残雨，渔家带夕阳。"又刘沧《题天宫寺阁》："天敛暮云残雨歇，路穿春草一僧归。"于邺《褒中即事》："风吹残雨歇，云去有烟霞。"

【殘肉】　剩下之肉。白居易《和答诗十首·和大嘴乌》："但食乌残肉，无施搏击功。"

【殘河】　指拂晓前将隐没的银河。韦应物《月下会徐十一草堂》："暗觉新秋近，残河欲曙迟。"

【殘夜】　将晓之时。王湾《次北固山下》："海日生残夜，江春入旧年。"杜甫《月》："四更山吐月，残夜水明楼。"

【殘春】　暮春，春天将尽的时节。杨郇伯《送妓人出家》："尽出花钿与四邻，云鬟剪落厌残春。"马戴《河梁别》："金壘照离思，宝瑟凝残春。"

【殘苛】　残酷苛刻。周昙《咏史诗·六朝门·傅昭》："为政残苛兽亦饥，除饥机在养疲羸。"

【殘柳】　衰败之柳。太宗《置酒坐飞阁》："余花攒镂槛，残柳散雕栊。"刘沧《经炀帝行宫》："残柳宫前空露叶，夕阳川上浩烟波。"储嗣宗《经故人旧居》："凄凉问残柳，今日为谁春。"

【殘星】　将消失之星。权德舆《酬裴杰秀才新樱桃》："远火微微辨，残星隐隐看。"赵嘏《长安晚秋》："残星几点雁横塞，长笛一声人倚楼。"陆龟蒙《迎真》："残星下照霓襟冷，缺月才分鹤轮影。"李洞《避地冬夜与二三禅侣吟集茅斋》："独愁悬旧旆，笏冷立残星。"

【殘虹】　未消尽的彩虹。杜审言《度石门山》："江声连骤雨，日气抱残虹。"元结《引东泉作》："宿雾含朝光，掩映如残虹。"李商隐《楚泽》："集鸟翻渔艇，残虹拂马鞍。"马戴《鹳雀楼晴望》："鸟道残虹挂，龙潭返照移。"

【殘香】　❶残存的香气。孟迟《长信宫》："君恩已尽欲何归，犹有残香在舞衣。"❷谓佛寺残存的香火。欧阳炯《贯休应梦罗汉画歌》："林间乱叶纷纷堕，一印残香断烟火。"

【殘秋】　暮秋，秋天将尽的时节。沈佺期《饯唐郎中洛阳令》："郊筵乘落景，亭传理残秋。"权德舆《舟行夜泊》："萧萧落叶送残秋，寂寞寒波急暝流。"项斯《中秋夜怀》："趋驰早晚休，一岁又残秋。"薛能《郊居答客》："傍舍虫声满，残秋宿雨村。"

【殘促】　谓摧残急促。萧颖士《菊荣一篇五章》之五："岁方晏矣，霜露残促。谁其荣斯，有英者菊。"

【殘食】　剩余的食物。孙光宪《竹枝词二首》之一："商女经过江欲暮，散抛残食饲神鸦。"

【殘風】　将止之风。徐仲雅《赠江处士》："薄雾笼寒径，残风恋绿萝。"

【殘殺】　杀戮，杀害。孟云卿《行行且游猎篇》："残杀非不痛，古来良有由。"皮日休《三羞诗三首》之一："君臣一般膳，家国共残杀。"

【殘席】　临近结束的筵席。白居易《代书诗一百韵寄微之》："残席喧哗散，归鞍酩酊骑"

【殘音】　将尽之声。李体仁《飞鸿响远音》："旧质经寒塞，残音响远风。"

【殘卷】　(—juàn)未读完的书。方干《许员外新阳别业》："若因萤火终残卷，便把渔歌送几杯。"

【殘紅】　❶落花，凋残之花。王建《宫词》之九十："树头树底觅残红，一片西飞一片东。"朱庆余《同友人看花》："寻花不问春深浅，纵是残红也入诗。"邵谒《古乐府》："良时无可留，残红谢池水。"胡宿《残花》："雨压残红一夜凋，晓来帘外正飘摇。"❷残存着的红色。徐夤《和人经隋唐间战处》："草间腥半在，沙上血残红。"

【殘草】　残存之草。杜甫《舍弟观赴蓝田取妻子到江陵喜寄三首》之三："短墙若在从残草，乔木如存可假花。"

【殘酌】　残酒，喝剩的酒。元稹《春晚寄杨十二兼呈赵八》："倾尊就残酌，舒卷续微吟。"白居易《卧听法曲霓裳》："起尝残酌听余曲，斜背银缸半下帷。"

【殘疾】　疾病。亦指患病者。孟郊《雪》："将暖此残疾，典卖争致杯。"

【殘酒】　❶喝剩的酒。白居易《残酌晚餐》："闲倾残酒后，暖拥小炉时。"皮日休《奉和鲁望早秋吴体次韵》："安得瑶池饮残酒，半醉骑下垂天鹏。"伊梦昌《题黄蜀葵》："露凝金盏滴残酒，檀点佳人喷异香。"❷犹残醉，醉意。郑谷《及第后宿平康里诗》："好是五更残酒醒，时时闻唤状头声。"徐铉《又和八日》："博望苑中残酒星，香风佳气独迟留。"又《和门下殷侍郎新茶二十韵》："解渴消残酒，清神感夜眠。"又《泰州首中却寄东京故人》："料君残酒醒，还听子规啼。"

【殘凍】　指尚未化尽的冰雪。孟浩然《溯江至武昌》："残冻因风解，新正度腊开。"

【殘害】　杀害。杜甫《北征》："遂令半秦民，残害为异物。”

【殘宵】 后半夜。李商隐《春雨》:“远路应悲春晼晚,残宵犹得梦依稀。”吴商浩《塞上即事》:“分明更想残宵梦,故国依然在甬东。”

【殘書】 未读完之书。周贺《酬吴之问见赠》:“趁风开静户,带叶卷残书。”

【殘梢】 犹言迟暮。孟郊《懊恼》:“以我残杪身,清峭养高闲。”

【殘梅】 凋零的梅花。张籍《送友人卢处士游吴越》:“羡君东去见残梅,唯有王孙独未回。”

【殘雪】 未化尽之雪。杜审言《大酺》:“梅花落处疑残雪,柳叶开时任好风。”钱起《同邬戴关中旅寓》:“残雪迷归雁,韶光弃断蓬。”李频《初离黔中泊江上》:“霁岳明残雪,清波漾落晖。”王贞白《春日咏梅花》:“若遣有情应怅望,已兼残雪又兼春。”

【殘痕】 残存的痕迹。太宗《经破薛举战地》:“沈沙无故迹,减灶有残痕。”

【殘淚】 将尽止之泪水。喻将烧尽的蜡烛。王周《泊巴东》:“不堪蜡炬烧残泪,雨打船窗半夜天。”

【殘棋】 中断或将尽的棋局。温庭筠《寄岳州李外郎远》:“湖上残棋人散后,岳阳微雨鸟来迟。”

【殘形操】 乐府琴曲歌辞。《乐府诗集》卷五八:“《琴操》曰:《残形操》,曾子所作,曾子梦一狸,不见其首,而作此曲也。”韩愈《琴操十首》中有《残形操》。

【殘菊】 衰败的菊花。太宗《山阁晚秋》:“疏兰尚染烟,残菊犹承露。”白居易《晚秋夜》:“花开残菊傍疏篱,叶下衰桐落寒井。”无名氏《霜菊》(《全唐诗》卷七八七):“淅沥降繁霜,离披委残菊。”

【殘粟】 残剩之粟。白居易《采地黄者》:“愿易马残粟,救此苦饥肠。”

【殘雁】 失群之雁。白居易《村雪夜坐》:“寂寞深村夜,残雁雪中闻。”

【殘雲】 零散稀疏的云。太宗《远山澄碧雾》:“残云收翠岭,夕雾结长空。”皎然《送张孝廉赴举》:“别路残云湿,离情晚桂丛。”孟浩然《行至汝坟寄卢征君》:“洛川方罢雪,嵩嶂有残云。”姚合《早春山居寄城中知己》:“残云带雨轻飘雪,嫩柳含烟小绽金。”

【殘暑】 残存的暑气。沈佺期《酬苏员外味道夏晚寓直省中见赠》:“小池残暑退,高树早凉归。”白居易《宴散》:“残暑蝉催尽,新秋雁带来。”王贞白《送友人南归》:“离京近残暑,归路有新蝉。”徐铉《立秋后一日与朱舍人同直》:“林泉无计消残暑,虚向华池费稻粱。”

【殘税】 没有交清的捐税。白居易《重赋》:“昨日输残税,因窥官库门。”

【殘尊】 亦作“殘樽”。犹言剩下的酒。杜甫《书堂饮既夜复邀李尚书下马月下赋绝句》:“湖水林风相与清,残尊下马复同倾。”又《过南邻朱山人水亭》:“归客村非远,残樽席更移。”韩愈《送侯参谋赴河中幕》:“席尘惜不扫,残尊对空凝。”

【殘寒】 尚未消尽的寒意。方干《元日》:“暖日映山调正气,东风入树舞残寒。”

【殘寇】 残暴的敌寇或盗寇。杜甫《秦州见敕目三十韵》:“师老资残冠,戎生及近坰。”

【殘陽】 夕阳。刘长卿《送子婿崔真甫李穆往扬州四首》之三:“临水独挥手,残阳归掩门。”耿湋《送姚校书因归河中》:“古陂无茂草,高树有残阳。”朱庆余《送浙东周判官》:“蝉鸣远驿残阳树,鹭起湖田片雨秋。”

【殘葩】 残花。柳宗元《同刘二十八院长述旧言怀赠二君子》:“贮愁听夜雨,隔泪数残葩。”

【殘碑】 残缺的碑石。牟融《司马迁墓》:“一代高风留异国,百年遗迹剩残碑。”

【殘歲】 余年。方干《送饶州王司法之任兼寄朱处士》:“留醉悲残岁,含情寄远书。”罗隐《除夜寄张达》:“只此留残岁,那堪忆故人。”唐彦谦《梅亭》:“发从残岁白,山入故乡青。”

【殘虜】 凶残的虏寇。韩愈《晚秋郾城夜会联句》:“疲氓坠将拯,残虏狂可缚。”

【殘賊】 凶残暴虐之敌。高适《燕歌行》:“汉家烟尘在东北,汉将辞家破残贼。”

【殘暉】 落日余晖。许浑《陪宣城大夫崔公泛后池兼北楼宴二首》之二:“云外轩窗通早景,风前箫鼓送残晖。”罗邺《春日与友人话别》:“离襟一沾洒,回首正残晖。”谭用之《渭城春晚》:“折柳且堪吟晚槛,弄花何处醉残晖。”王周《霞》:“拂拂生残晖,层层如裂绯。”

【殘照】 落日余晖。孟浩然《同独孤使君东斋作》:“竹间残照入,池上夕阳浮。”戎昱《过东平军》:“画角初鸣残照微,营营鞍马往来稀。”白居易《池上早秋》:“早凉生北槛,残照下东篱。”王周《湖口县》:“最是芦洲东北望,人家残照隔烟汀。”

【殘蛾】 指女子前宵所描绘的蛾眉。李贺《石城晓》:“上客留断缨,残蛾斗双绿。”王琦汇解:“女子宿妆未理,其蛾眉犹是昨日所画,故曰残蛾。”

【殘債】 未还清的债务。方干《赠萧山彭少府》:“虽将剑鹤支残债,犹有歌篇取盛名。”

【殘溜】 (一liù)雨后屋顶上零星的滴水。长孙佐辅《山居雨霁即事》:“出门看反照,绕屋残溜滴。”

【殘魂】 犹孤魂。杜牧《杜鹃》:“至今衔积恨,终古吊残魂。”

【殘夢】 残缺不全之梦。顾况《代佳人赠别》:“已成残梦随君去,犹有惊乌半夜啼。”李贺《同沈驸马赋得御沟水》:"别馆惊残梦,停杯泛小觞。"徐铉《亚元舍人不替深知猥贻佳作三篇清绝不敢轻酬因为长歌庶资一笑耳》:"行杯已醒残梦断,征途未极离魂消。"吴商浩《巫峡听猿》:"孤枕破残梦,三声随晓风。"

【殘霓】 未消尽的残虹。李贺《恼公》:"晚树迷新蝶,残霓忆断虹。"王琦汇解:"虹霓,天地间不正之气,雨晴则见。鲜盛者为雄,暗者为雌,雌曰霓,雄曰虹。"

【殘漏】 夜将尽时的滴漏。漏,漏壶,古之计时器。钱起《宿毕侍御宅》:"薄寒灯影外,残漏雨声中。"权德舆《酬崔舍人阁老冬至日宿直省中奉简两掖阁老并见示》:"晓光连凤沼,残漏近鸡人。"李商隐《细雨成咏献尚书河东公》:"必拟和残漏,宁无晦冥鼙。"曹松《送陈樵校书归泉州》:"别席侵残漏,归程避战鼙。"

【殘翠】 残存的翠色。岑参《冬夕》(《全唐诗》卷七八五):"泽国龙蛇冻不伸,南山瘦柏消残翠。"

【殘熱】 酷暑的余热。方干《采莲》:"采莲女儿避残热,隔夜相期侵早发。"

【殘暴】 指残忍凶暴之兽。白居易《南阳小将张彦硖口镇税人场射虎歌》:"张彦雄特制残暴,见之叱起如叱羊。"

【殘篇】 残留的诗文。方干《过朱协律故山》:"地下无余恨,人间得盛名。残篇续《大雅》,稚子推诸生。"

【殘銷】 犹言结束。元稹《酬复言长庆四年元日郡斋感怀见寄》:"腊尽残销春又归,逢新别故欲沾衣。"

【殘魄】 残月,将落之月。杜甫《八月十五夜二首》之二:"张弓倚残魄,不独汉家营。"严巨川《太清宫闻滴漏》:"残魄栖初尽,余寒滴更生。"齐己《咏影》:"始随残魄灭,又逐晓光生。"

【殘緑】 指残剩的清水。徐光溥《题黄居采秋山图》:"雁过孤峰帖远青,鹿傍小溪饮残绿。"

【殘编】 指留存下来的书。崔融《哭蒋詹事俨》:"遗爱犹如在,残编尚可窥。"

【殘樽】 参见"殘尊"。

【殘機】 没有织完织物的织机。张九龄《赋得自君之出矣》:"自君之出矣,不复理残机。"杜审言《奉和七夕侍宴两仪殿应制》:"那堪尽此夜,复往弄残机。"徐彦伯《闺怨》:"尘埃生半榻,花絮落残机。"

【殘霖】 残雨。李洞《登圭峰旧隐寄荐福栖白上人》:"返照塔轮边,残霖滴几悬。"

【殘骸】 ❶残存之尸骨。卢延让《蜀路》:"云间闹铎骡驼至,雪里残骸虎拽来。"❷谦词。意为老朽之躯。李涉《硖石遇赦》:"天网初开释楚囚,残骸已废自知休。"

【殘錦】 残剩之锦。李群玉《寄长沙许侍御》:"未把彩毫还郭璞,乞留残锦与丘迟。"

【殘燒】 指晚霞。许棠《青山晚望》:"风移残烧远,帆带夕阳遥。"张乔《郢州即事》:"鸟归残烧外,帆出断云间。"

【殘燈】 将熄之灯。崔湜《酬杜麟台春思》:"忆梦残灯落,离魂暗马惊。"皎然《游溪待月》:"残灯逢水店,疏磬忆山扉。"李商隐《滞雨》:"滞雨长安夜,残灯独客愁。"

【殘壁】 断壁,残存的墙壁。护国《怆故人旧居》:"破阶苔色厚,残壁雨痕深。"

【殘聲】 谓将尽的鸣叫声或歌曲声等。张祜《瓜洲闻晓角》:"五更人起烟霜静,一曲残声遍落潮。"韦应《听赵秀才弹琴》:"蜂簇野花吟细韵,蝉移高柳迸残声。"

【殘霙】 残雪,将尽的雪花。景龙文馆学士《长宁公主宅流杯》:"余雪依林成玉树,残霙点岫即瑶岑。"

【殘霞】 残余的晚霞。马戴《寄西岳白石僧》:"岳月在池西,峭壁残霞照。"陆龟蒙《四明山诗·石窗》:"积霭迷青琐,残霞动绮疏。"钱珝《江行无题一百首》之六十:"景夕残霞落,秋寒细雨晴。"徐铉《还过东都留守周公筵上赠座客》:"明旦江头倍惆怅,远山芳草映残霞。"

【殘顇】 憔悴。白居易《寄五质夫》:"笼深鹤残顇,山远云漂泊。"

【殘燭】 将熄灭的灯烛。寒山《诗三百三首》之四九:"渐减如残烛,长流似逝川。"李商隐《韩冬郎即席为诗相送因成二绝寄酬兼呈畏之员外》之一:"十岁裁诗走马成,冷灰残烛动离情。"陆龟蒙《寄怀华阳道士》:"掩树半扉晴霭霭,背琴残烛晓荧荧。"徐铉《月真歌》:"绿窗绣幌天将晓,残烛依依香袅袅。"

【殘壘】 残存的营垒。王纬《喜陆侍御破石埭草寇东峰亭赋诗》:"戎车一战后,残垒五兵收。"司空曙《贼平后送人北归》:"晓月过残垒,繁星宿故关。"刘沧《送元叙上人归上党》:"溪边残垒空云木,山上孤城对驿楼。"

【殘蟬】 秋天之蝉。司空图《喜王驾小仪重阳相访》:"幽鹤傍人疑旧识,残蝉向日噪新晴。"郑谷《江际》:"万顷白波迷宿鹭,一林黄叶送残蝉。"

【殘𪾢】 毁坏。郑嵎《津阳门诗》:"开元到今逾十纪,当初事迹皆残𪾢。"

【殘藥】 残存的药物。南唐后主李煜《挽辞》之一:"玉笥犹残药,香奁已染尘。"

【殘韻】 凄厉之声。王桀《边城晓角》:"清音飘远戍,残韵落荒营。"

【殘臘】 农历年底。王建《维扬冬末寄幕中二从事》:"那堪旅馆经残腊,只把空书寄故乡。"朱庆余《闲居冬末寄友人》:"雨雪落残腊,轮蹄在远途。"李频《湘口送友人》:"零落梅花过残腊,故园归醉及新年。"

【殘類】 残存的丑类。许浑《破北虏太和公主归宫阙》:"恩沾残类从归去,莫使华人杂犬戎。"

【殘燼】 余烬,燃烧后留下的灰烬。齐己《经吴平观》:"中元斋醮后,残烬满空坛。"

【殘孽】 余孽,残存的党徒或旧势力。杜甫《过南岳入洞庭湖》:"圣朝光御极,残孽驻艰虞。"

【殘鐘】 将停息的钟声。韦应物《初发扬子寄元大校书》:"归棹洛阳人,残钟广陵树。"

【殘鶯】 指晚春的黄莺或黄莺的鸣声。李颀《送人尉闽中》:"阊门折垂柳,御苑听残莺。"钱起《锄药咏》:"拂曙残莺百啭催,萦泉带石几花开。"刘方平《代春怨》:"朝日残莺伴妾啼,开帘只见草萋萋。"白居易《闲居春尽》:"愁应暮雨留教住,春被残莺唤遣归。"

【殘露】 残余的露水。刘沧《经古行宫》:"胡蝶翅翻残露滴,子规声尽野烟深。"

【殘鬢】 残存的鬓发。白居易《残春咏怀赠杨慕巢侍郎》:"落花无限雪,残鬓几多丝。"

【殘豔】 残花。李群玉《秋怨》:"疏红落残艳,冷水凋芙蓉。"

殛 〔jí《广韵》紀力切,入職,見。〕诛杀。李白《雪谗诗赠友人》:"辞殚意穷,心切理直。如或妄谈,昊天是殛。"柳宗元《奉平淮夷雅表·方城》:"王师嶷嶷,熊罴是式,衔勇韬力,日思予殛。"引申为消融,溶化。裴谐《观修处士画桃花图歌》:"偏宜留著待深冬,铺向楼前殛霜雪。"

九 画

殰 〔cuó《广韵》昨何切,平歌,從。又子邪切,平麻,精。〕病。《玉篇·歹部》:"殰,小疫也。"柳宗元《同刘二十八院长述旧奉寄澧州张员外使君通赠二君子》:"渚行狐作孽,林宿鸟与殰。"原注:"病也。"

十 画

殞 〔yǔn《广韵》于敏切,上軫,云。〕❶死亡。杜甫《送梓州李使君之任》:"遇害陈公殒,于今蜀道怜。"孟郊《旅次湘沅有怀灵均》:"旧称楚灵均,此处殒忠躯。"张祜《孟才人叹》序:"〔孟才人〕乃歌一声《河满子》,气亟立殒。"亦指使死亡。吴筠《览古十四首》之五:"汉储殒江充,晋嗣灭骊姬。"❷同"陨"。坠落;凋零。令狐德棻《冬日宴于庶子宅各赋一字得趣》:"夕烟起林兰,霜枝殒庭树。"韦应物《朝清后还邑寄诸友生》:"晨露含瑶琴,夕风殒素英。"顾况《从军行二首》之一:"远道百草殒,峭觉寒风生。"韩愈《赠崔立之评事》:"晖晖檐日暖且鲜,摵摵井梧疏更殒。"

【殞身】 丧生。李白《行路难三首》之三:"吾观自古贤达人,功成不退皆殒身。"

【殞雨】 下雨。卢仝《月蚀诗》:"当时常星没,殒雨如迸浆。"

【殞命】 死亡,丧生。韩愈《忆昨行和张十一》:"自期殒命在春序,屈指数日怜婴孩。"柳宗元《韦安道》:"便当此殒命,休复事晨征。"

【殞涕】 落泪。韩愈《雪后寄崔二十六丞公》:"归来殒涕掩关卧,心之纷乱谁能删。"

【殞碎】 捐躯。王昌龄《宿灞上寄侍御玙弟》:"贱臣欲干谒,稽首期殒碎。"

十一画

殢 〔tì《广韵》他計切,去霽,透。又呼計切,去霽,曉。〕❶滞留。李白《峨眉山月歌送蜀僧晏入中京》:"我似浮云殢吴越,君逢圣主游丹阙。"皇甫冉《病中对石竹花》:"那能久相伴,嗟尔殢秋风。"李建勋《中春写怀寄沈彬员外》:"省从骑竹学讴吟,便殢光阴役此心。"❷纠缠。李山甫《柳十首》之九:"强扶柔态酒难醒,殢著春风别有情。"❸迷恋,沉湎。许浑《送别》:"莫殢酒杯闲过日,碧云深处是佳期。"路德延《小儿诗》:"酒殢丹砂暖,茶催小玉煎。"刘谦《春晚闲望》:"东风满地是梨花,只把琴心殢酒家。"

【殢留】 犹滞留。杨凌《贾客愁》:"山水路悠悠,逢滩即殢留。"

【殢酒】 醉酒。李商隐《魏侯第东北楼堂郢叔言别聊用书所见成篇》:"锁香金屈戌,殢酒玉昆仑。"

殣 〔jìn《广韵》渠遴切,去震,羣。〕掩埋,埋葬。徐彦伯《比干墓》:"周发次商郊,冤骸悲莫殣。"

殤 〔shāng《广韵》式羊切,平陽,書。〕❶未成年而死。亦指未成年而死亡之人。见《仪礼·丧服》郑玄注。元稹《思归乐》:"安向远与近,何言殇与彭。"陆龟蒙《江南秋怀寄华阳山人》:"只能分跖惠,谁解等殇彭?"吴融《过邓城县作》:"未知尧桀谁臧否,可便彭殇有短长。"❷战死者。李益《从军夜次六胡北饮马磨剑石为祝殇辞》:"殇为魂兮,可以归还故乡些。"

十二画

殪〔yì《广韵》於計切，去霽，影。〕❶杀死。段成式、郑符《三阶完联句》："丽龟何足敌，殪豕未为长。"❷死亡。太宗《冬狩》："楚踣争兕殪，秦亡角鹿愁。"王勃《倬彼我系》之二："王室如燬，生人多殪。"

殫〔dān《广韵》都寒切，平寒，端〕尽，竭力。张九龄《荆州作二首》之二："谁谓诚不尽，知穷力亦殚。"皎然《从军行五首》之三："破虏功未录，劳师力已殚。"白居易《游悟真寺诗》："灵境与异迹，周览无不殚。"穆寂《清风戒寒》："华实从兹始，何嗟岁序殚。"

【殫弊】　极其倦困。王无竞《北使长城》："殚弊未云悟，穷毒岂知止。"顾况《上古云什补亡训传十三章・十月之郊一章》："陆迁水济，百力殚弊。"

【殫竭】　竭尽，穷尽。尉迟汾《府尹王侍郎准制拜岳因状嵩高灵胜寄呈三十韵》："冥搜必殚竭，跻览忘崎穹。"

十三画

殭〔jiāng《广韵》居良切，平陽，見。〕僵硬。元稹《酬卢秘书》："涸鱼千丈水，僵燕一声雷。"顾云《天威行》："飓风忽起云颠狂，波涛摆掣鱼龙僵。"

十四画

殯〔bìn《广韵》必刃切，去震，幫。〕❶死者入殓后停柩以待葬。韩愈《去岁小女道死殡之层峰驿旁山下蒙恩还朝过其墓留题驿梁》："数条藤束木皮棺，草殡荒山白骨寒。"沈廷瑞《垄穴遗诗》："虚劳营殡玉山前，殡后那知已脱蝉。"

【殯宫】　坟墓。李白《自溧水道哭王炎三首》之二："吊死不及哀，殡宫已秋草。"天峤游人《题邓仙客墓》："既言白日升仙去，何事人间有殡宫。"襄阳旅殡举人《诗》："荒村无人作寒食，殡宫空对棠梨花。"

【殯御】　指送葬之人。卢纶《哭司农苗主簿》："原头殡御绕新茔，原下行人望哭声。"

【殯葬】　殡殓埋葬。罗隐《薛阳陶觱篥歌》："桥山殡葬衣冠后，金印苍黄南去疾。"

十七画

殲〔jiān《广韵》子廉切，平鹽，精。〕❶杀尽，消灭。高适《酬裴员外以诗代书》："是时扫氛祲，尚未歼渠魁。"韩愈《苦寒》："芒砀大包内，生类恐尽歼。"罗隐《中元甲子以辛丑驾幸蜀四首》之二："几时睿算歼张角，何处愚人戴隗嚣。"苏拯《鸱枭》："天不歼尔族，与夫恶相济。"❷死。杜甫《咏怀古迹五首》之五："福移汉祚难恢复，志决身歼军务劳。"

【殲夷】　诛灭。陆龟蒙《江湖散人歌》："太宗基业甚辛固，小丑背叛当歼夷。"

【殲良】　诛杀好人。王维《哭祖六自虚》："福善闻前录，歼良昧上玄。"李端《哭张南史因寄南史侄叔宗》："歼良从此恨，福善竟成虚。"

【殲殄】　消灭。元稹《芳树》："非无歼殄法，念尔有生涯。"

【殲傷】　杀伤。陆龟蒙《战秋辞》："扰践边朔，歼伤蝥夷。"

【殲蠆】　消灭蝎子一类的有毒的动物。喻诛杀凶顽。韩琮《秋晚信州推院亲友或责无书即事寄答》："问貍将挟虎，歼虿敢虞蜂？"

殳 部

殳 〔shū《广韵》市朱切,平虞,禪。〕古代兵器。以竹或木制成,八棱,顶端有圆筒形金属,无刃。多作仪仗用。杜甫《寒硖》:"此生免荷殳,未敢辞路难。"元结《演兴四首·闵岭中》:"化毒铜以为戟,刺棘竹以为殳。"元稹《酬乐天东南行诗一百韵》:"馈饷人推辂,谁何吏执殳。"

【殳铤】 殳和有铁把的短矛。权德舆《奉使丰陵职司卤簿通宵涉路因寄内》:"殳铤方启路,钲鼓正交音。"

五 画

段 〔duàn《广韵》徒玩切,去换,定。〕❶缎。丝织物名。李白《去妇词》:"绮罗锦绣段,有赠黄金千。"杜甫《戏为双松阁歌》:"我有一匹好东绢,重之不减锦绣段。"李贺《荣华乐》:"绣段千寻贻皂隶,黄金百镒贶家臣。"张碧《林书记蔷薇》:"瑶姬学绣流苏幔,绿夹殷红垂锦段。"❷量词。(1)表示布帛等条形物的一截。齐己《谢欧阳侍郎寄示新集》:"宫锦三十段,金梭新织来。"(2)表示云、水等自然物。李白《捣衣篇》:"明年若更征边塞,愿作阳台一段云。"杜甫《入奏行赠两山检察使窦侍御》:"炯如一段清冰出万壑,置在迎风寒露之玉壶。"李群玉《同郑相并歌姬小饮戏赠》:"裙拖六幅湘江水,鬓耸巫山一段云。"吴融《汴上观》:"九曲河冰半段来,严霜结出劲风裁。"(3)表示愁苦、声音等无形的事物。李邕《咏云》:"散作五般色,凝为一段愁。"王昌龄《殿前曲二首》之二:"新声一段高楼月,圣主千秋乐未休。"李白《相和歌辞·长门怨二首》之一:"月光欲到长门殿,别作深宫一段愁。"陆龟蒙《奉和袭美病中庭际海石榴花盛发见寄次韵》:"那堪谢氏庭前见,一段清香染郄郎。"❸姓。唐诗人有段成式等。

【段子璋】 曾官梓州刺史。见《资治通鉴》卷二二二。杜甫《戏作花卿歌》序:"上元二年,梓州刺史段子璋反,袭东川节度使李奂于绵州,自称梁王,改元。"

【段太尉】 指段秀实。秀实兴元元年二月诏赠太尉。见《旧唐书》本传。薛存赋有《御制段太尉碑》。罗隐有《题段太尉庙》。崔涂有《读段太尉碑》。

【段少常】 (少 shào)指段成式。温庭筠有《和段少常柯古》。参见"段成式"。

【段公】 ❶指段平仲。事迹见《旧唐书》本传。刘禹锡《送湘阳熊判官孺登府罢归钟陵因寄呈江西裴中丞二十三兄》诗自注:"代给事者,右丞段公。"❷指段弘古。处士。吕温有《衡州登楼望南馆临水花呈房戴段李诸公》。又谓段秀实。见《旧唐书》本传。许浑有《经故太尉段公庙》。

【段匹磾】 晋鲜卑人。曾任幽州刺史。事迹见《晋书》本传。窦庠《段都尉别业》:"曾识将军段匹磾,几场花下醉如泥。"

【段文昌】 唐诗人。字墨卿,一字景初。临淄邹平(今山东邹平县)人。《全唐诗》卷三三一录其《享太子庙乐章》诗四首。

【段弘古】 唐诗人。澧州安乡(今湖南)人。《全唐诗》卷四七二录其《奉陪吕使君楼上夜看花》诗一首。

【段成式】 唐诗人。字柯古。临淄邹平(今山东邹平)人。所著《酉阳杂俎》为唐人笔记中的名著。《全唐诗》卷五八四录其诗一卷,近三十首;卷九八一录其《闲中好》词一首。

【段秀才】 指段弘古。见《全唐文》卷五九〇。柳宗元有《段九秀才处见亡友吕衡州书迹》。吕温有《答段秀才》。

【段東美】 会昌中青州妓。见《太平广记》卷二七四引《抒情录》。薛宜僚有《别青州妓段东美》。

【段郎中】 指段成式。曾官尚书郎,吉州刺史,见《新唐书》本传。方干有《东溪别业寄吉州段郎中》和《自缙云赴郡叙事四韵献段郎中》。

【段相公】 (相 xiàng)指段文昌。事迹见《旧唐书·穆宗纪》。姚问、温会、李敬伯、姚康有《奉陪段相公晚夏登张仪楼》和《和段相公登武担寺西台》。杨汝士有《和段相公登武担寺西台》和《和段相公夏登张仪楼》。

【段相國】 (相 xiàng)指段文昌。薛涛有《段相国游武担寺病不能从题寄》。

【段校書】 (校 jiào)❶指段成式。成式曾任秘书省校书郎。见《旧唐书·段文昌传》。刘得仁有《和段校书冬夕寄题庐山》。薛涛有《赠段校书》。❷指段平仲。曾在岭南杜佑幕官掌书记。皎然有《奉陪杨使君琐送段校书赴南海幕》。

【段師】 指长安庄严寺僧善本，善本姓段。见《乐府杂录·琵琶》注。元稹《琵琶歌》："玄宗偏许贺怀智，段师此艺还相匹。"张祜《玉环琵琶》："回顾段师非汝意，玉环休把恨分明。"

【段將軍】 指段伯伦，段秀实子。事迹见《旧唐书·段秀实传》。顾非熊有《夏日会修行段将军宅》。

【段學士】 指段成式。会昌三年成式为集贤院学士或直学士。喻凫有《和段学士南亭春日对雨》和《和段学士对雪》。

【段懷然】 唐诗人。天宝初曾为台州刺史。《全唐诗》卷二八五录其《挽涌泉寺僧怀玉》诗一首。

六　画

殷1 〔yīn《广韵》於斤切，平欣，影。〕❶盛；大。储光羲《贻丁主簿仙芝别》："既别复游处，道深情更殷。"杜甫《自京赴奉先县咏怀五百字》："君臣留欢娱，乐动殷樛嶱。"萧涤非注："殷，盛也。"❷众；多。韩愈《元和圣德诗》："四军齐作，殷其如阜。"钱仲联集释引王元启曰："殷，众也。"长孙佐辅《闻韦驸马使君迁拜台州》："蚕殷桑柘空，廪实雀鼠稠。"引申为忙碌。李频《之任建安渌溪亭偶作二首》之一："人境当春务，农蚕事正殷。"❸正。张说《郊庙歌辞·唐享太庙乐章·凯安三首》之一："礼殷其本，乐执其中。"❹富足。见"殷富"。❺深，深切。见"殷殷❶""殷憂"。❻朝代名。商王盘庚迁都殷(今河南安阳小屯村)，后世因称商为殷。赵冬曦《奉和圣制答张说扈从南出雀鼠谷》："道合殷为砺，时行楚有材。"杜甫《伤春五首》之一："殷复前王道，周迁旧国容。"李端《送雍丘任少府》："鸟行侵楚邑，树影向殷田。"温庭筠《题韦筹博士草堂》："醉后独知殷甲子，病来犹作晋春秋。"❼通"慇"。忧伤貌。见"殷殷❶"。❽姓。唐诗人有殷文圭、殷尧藩等。

殷2 〔yān《广韵》烏閑切，平山，影。〕❶深红或赤黑色。诗中一般多指红色。杜甫《诸将五首》之一："见愁汗马西戎逼，曾闪朱旗北斗殷。"萧涤非注："殷，赤色。唐人多以'殷'作'红'字用。"韩愈《题炭谷湫祠堂》："吁无吹毛刃，血此牛蹄殷。"白居易《裴常侍以题蔷薇架十八韵见示因广为三十韵以和之》："烂若丛然火，殷于叶得霜。"李绅《南梁行》："杜鹃啼咽花亦殷，声悲绝艳连空山。"罗邺《野花》："拂露丛开血色殷，枉无名字对空山。"❷以血染红。鲍溶《读李相心中乐》："谁将侯玉乖南面，几使戎车殷左轮。"

殷3 〔yǐn《集韵》倚謹切，上隱，影。〕❶雷声；震动声。杜甫《雷》："昨宵殷其雷，风过齐万弩。"❷响起；震动。薛曜《舞马篇》："钩陈周卫俨旌旄，钟镈陶匏声殷地。"储光羲《述华清宫五首》之二："天声殷宇宙，真气到林薮。"高适《塞下曲》："万鼓雷殷地，千旗火生风。"

【殷七七】 唐诗人。名天祥，又名道筌，自称七七。据传会异术。《全唐诗》卷八六一录其《醉歌》一首。

【殷少野】 (少 shào)唐诗人。萧颖士弟子。天宝十五年进士。《全唐诗》卷二〇九录其《送萧颖士赴东府得散字》诗一首。

【殷牛】 形容病重耳鸣，精神恍惚。见南朝宋刘义庆《世说新语·纰漏》。韦庄《贼中与萧韦二秀才同卧重疾恍惚之中因有题》："胸中疑晋竖，耳下斗殷牛。"又《和郑拾遗秋日感事一百韵》："殷牛常在耳，晋竖欲潜肓。"

【殷文圭】 唐诗人。字表儒，小字桂郎，池州青阳(今属安徽)人。乾宁五年进士。《全唐诗》录其诗一卷，二十余首。

【殷公】 指晋殷仲堪。仲堪晋孝武帝时出守荆州，临行时，孝武帝有诏与他惜别。见《晋书·殷仲堪传》。诗文中常作称美州牧的典故。李群玉《九日陪崔大夫宴清河亭》："谢朓离都日，殷公出守年。"

【殷正】 (—zhēng)殷历正月。相当于农历十一月。亦借指殷历。韦元旦《奉和立春游苑迎春应制》："灞涘长安恒近日，殷正腊月早迎新。"

【殷四】 指殷遥。王维有《送殷四葬》。刘希夷有《洛中晴月送殷四入关》。储光羲有《新丰作贻殷四校书》。

【殷冬】 指旧历十一月。张说《安乐郡主花烛行》："星昴殷冬献吉日，夭桃秾李遥相匹。"

【殷₂色】 深红或赤黑色。杨凭《海榴》："海榴殷色透帘栊，看盛看衰意欲同。"

【殷₂妍】 红艳。齐己《江寺春残寄幕中知己》："冷淡独开香火里，殷妍行列绮罗中。"

【殷₂花】 红花。徐凝《玩花五首》之四："谁家踯躅青林里，半见殷花焰焰枝。"

【殷佐明】 唐诗人。曾任正字。《全唐诗》卷七八八录其与颜真卿等《三言拟五杂组联句》三联。

【殷協律】 指殷尧藩。白居易有《别杨颖士卢克柔殷尧藩》《和殷协律琴思》和《醉中酬殷协律》等诗。

【殷明佐】 当作殷佐明。殷佐明曾官工部郎中。见《元和姓纂》卷四"陈郡殷氏"。李白有《酬殷明佐见赠五云裘歌》。岑仲勉《四校记》："《太白集》八《酬殷明佐见赠五云裘歌》，缪本'佐明'，是也。"

【殷侍郎】　指殷崇义，即汤悦。马令《南唐书·后主传》："（开宝二年夏）以礼部侍郎汤悦为门下侍郎，同平章事。"徐铉有《和门下殷侍郎新茶二十韵》。

【殷舍人】　指殷崇义。徐铉有《题殷舍人宅木芙蓉》和《和殷舍人萧员外春雪》。

【殷周】　殷代和周代。姚合《文宗皇帝挽词三首》之一："尧舜非传子，殷周但卜年。"清远道士《同沈恭子游虎丘寺有作》："我本长殷周，遭罹历秦汉。"

【殷亮】　曾官校书郎、寿安尉、司勋员外郎、吏部员外郎、吏部郎中、监察御史等。见颜真卿《曹州司法参军秘书省丽正殿直学士殷君（践猷）墓碣铭》（《全唐文》卷三四四）和《郎官石柱题名新著录》"司勋员外郎"第十行、"吏部员外郎"及"吏部郎中"第十三行。戴叔伦有《寄殷亮》，题下校："一本有'御史'二字。"

【殷殷】　❶忧伤貌。李益《华阴东泉同张处士诣藏律师兼简县内同官因寄齐中书》："忽忽百龄内，殷殷千虑迫。"❷殷切急迫貌。鲍溶《长安言怀》："殷殷生念厚，戚戚劳者多。"

【殷₂殷】　（—yàn）殷红貌。储光羲《贻王侍御出台掾丹阳》："沈沈闾阖起，殷殷蓬莱曙。"皎然《洞庭山维谅上人院阶前孤生橘树歌》："九月十月争破颜，金实离离色殷殷。"

【殷₃殷】　（—yǐn）象声词。孟浩然《东陂遇雨率尔贻谢南池》："殷殷雷声作，森森雨足垂。"韦应物《酬郑户曹骊山感怀》："翻翻日月旗，殷殷鼙鼓声。"元稹《代曲江老人百韵》："沸天雷殷殷，匝地毂辚辚。"薛能《吴姬十首》之八："楼台重叠满天云，殷殷鸣鼍世上闻。"

【殷姿】　美的姿态。姚合《和李补阙曲江看莲花》："秾彩烧晴雾，殷姿缬碧泉。"

【殷室】　殷朝，即商代。元结《补乐歌十首》序："自伏羲氏至于殷室，凡十代，乐歌有其名，无其辞。"

【殷祝】　为称颂帝王有仁爱之心的典故。见《吕氏春秋·孟冬记·异用》。李峤《奉和杜员外扈从教阅》："神心体殷祝，灵兆叶姬祥。"

【殷₂紅】　深红，红中带黑。杨巨源《酬崔驸马惠笺百张兼贻四韵》："浮碧空从天上得，殷红应自日边来。"郑畋《酬隐珪舍人寄红烛》："蜜炬殷红画不如，且将归去照吾庐。"周朴《桃花》："可惜狂风吹落后，殷红片片点莓苔。"

【殷師鬥牛】　殷师，东晋人。其患病时，精神恍惚，听到床下蚁动，认为斗牛。见南朝宋刘义庆《世说新语·纰漏》。李瀚《蒙求》："广客蛇影，殷师斗牛。"

【殷卿】　殷侑。事迹见《旧唐书·文宗纪上》。白居易《问秋光》："殷卿领北镇，崔尹开南幕。"

【殷益】　应为"文益"之误。文益，俗姓鲁，余杭（今浙江杭州）人。见《五灯会元》卷十。《全唐诗》卷七七〇录殷益《看牡丹》即文益所作之偈诗。

【殷浩】　东晋将领。字渊源。事迹见《晋书》本传。李端《送雍郢州》："望月逢殷浩，缘江送范云。"杜牧《江上逢友人》："已作相如投赋计，还凭殷浩寄书回。"

【殷浩寄書】　殷浩被免官流放后，整日对空中书写"咄咄怪事"四字，后桓温致函给他，让他做尚书令。他欣然给桓温回信，惧措词有误，将信装入信封，又取出看视，如此反复数十次，结果还是寄送了一个空信封。桓温极不满，遂不再提让他做官之事。见《晋书·殷浩传》。杜牧《江上逢友人》："已作相如投赋计，还凭殷浩寄书回。"

【殷陶】　当为雍陶。《全唐诗》卷七七〇录其《经杜甫旧宅》一首，与卷五一八雍陶《经杜甫旧宅》全同。

【殷₂痕】　赤黑色的斑纹。无氏名《斑竹》（卷七八五）："殷痕苦雨洗不落，犹带湘娥泪血腥。"

【殷寅】　天宝四年进士。岑参有《崔仓曹席上送殷寅充石相判官赴淮南》。《全唐诗》卷二五七录其诗二首。

【殷琮】　唐诗人。进士。《全唐诗》卷七七九录其《登云梯》诗一首。

【殷堯恭】　唐诗人。元和间人。《全唐诗》卷四七二录其《府试中元观道流步虚》诗一首，题下注："一作殷尧藩诗"。

【殷堯藩】　唐诗人。苏州嘉兴（今属浙江）人。元和九年进士。与姚合、贾岛、沈亚之、鲍溶等为诗友。《全唐诗》录其诗一卷，近八十首。《全唐诗逸》录其断句一联。

【殷葉】　红叶。杜牧《独酌》："烟深隋家寺，殷叶暗相照。"又《华清宫三十韵》："碧檐斜送日，殷叶半凋霜。"

【殷然】　忧愁貌。刘禹锡《和仆射牛相公见寄之作》："坐镇清朝独殷然，闲征故事数前贤。"

【殷道】　指殷代的政治与礼制。徐彦伯《比干墓》："殷道微而在，受辛纂颓胤。"

【殷勤】　❶情意深厚。李白《寄远十一首》之三："本作一行书，殷勤道相忆。"韦应物《酬韩质舟行阻冻》："殷勤宣中意，庶用达吾朋。"白居易《别种东坡花树两绝》之一："何处殷勤重回首，东坡桃李种新成。"鲍溶《湘妃列女操》："暗携女手殷勤言，环佩玲珑有无间。"徐铉《京使回自临川得从兄书寄诗依韵和》："珍重还京使，殷勤话故人。"❷诚恳，真挚。李益《杂曲》："殷勤展心素，见新莫忘故。"韩愈《赴江陵途中寄赠三学士》："殷勤答吾友，明月非暗投。"白居易《贺雨》："遂下罪已诏，殷勤告万邦。"❸热情，情绪热烈。颜真卿、耿沣《送耿沣拾遗联句》："吴兴贤太守，临水最殷勤。"白居易《赠张处士山人》："每见俗人多惨澹，惟逢美酒即殷勤。"又《狂吟七言十四韵》："是客相逢皆故旧，无僧每见不殷勤。"❹辛勤，勤奋。张谓《送僧》："殷勤结香火，来世上牛车。"杨衡《宿陆氏斋赋得残灯诗》："殷勤照永夜，属思未成眠。"鲍溶《采葛行》："殷勤十指蚕吐丝，当窗袅袅声高机。"皮日休《寒日书斋即事三首》之一："移时寂历烧松子，尽日殷勤拂乳床。"❺频繁，反复。李白《感遇四首》之一："二仙去已远，梦想空殷勤。"白居易《长恨歌》："为感君王展转思，遂教方士殷勤觅。"顾非熊《题王使君片石》："主人莫怪殷勤看，远客长怀旧隐情。"李昌符《得远书》："良久惊兼喜，殷勤卷更开。"❻嘱咐，叮咛。白居易《醉后走笔酬刘五主簿长句之赠兼简张大贾二十四先辈昆季》："慷慨临歧重相勉，殷勤别后加餐饭。"邵谒《送从弟长安下第南归觐亲》："征徒忽告归，执袂殷勤论。"❼关注；急切。张九龄《奉和圣制送十道采访使及朝集使》："昭晰动天文，殷勤在人瘼。"张祜《江南作》："殷勤问春雁，何处是烟霄。"❽衷情；心意。崔液《拟古神女宛转歌二首》之一："掩抑悲千态，殷勤是一声。"韦应物《答杨奉礼》："应当整孤棹，归来展殷勤。"姚月华《怨诗效徐淑体》："幸逢兮君子，许结兮殷勤。"

【殷₃雷】 轰鸣的雷声。高适《和贺兰判官望北海作》："远色带孤屿，虚声涵殷雷。"钱起《秋霖曲》："愁阴惨淡时殷雷，生灵垫溺若寒灰。"独孤及《伤春怀归》："昨夜南山雨，殷雷坼萌芽。"温庭筠《相和歌辞·拂舞词》："黄河怒浪连天来，大响谹谹如殷雷。"

【殷遥】 唐诗人。开元间曾任秘书省校书郎、忠王府仓曹参军。《全唐诗》卷一一四录其《塞上》等诗五首。

【殷德川】 当为殷崇义字。曾官翰林学士、中书舍人。徐铉有《月真歌》，题下注云："月真，广陵妓女，翰林殷舍人所录。"殷舍人，即殷崇义。《月真歌》即写崇义与月真情事。

【殷霖】 喻救世之人才。见《书·商书·说命》。贯休《杜侯行》："宣宗懿宗调舜琴，大杜小杜为殷霖。"

【殷憂】 忧伤。骆宾王《宪台出絷寒夜有怀》："生死交情异，殷忧岁序阑。"高适《东平路中遇大水》："农夫无倚著，野老生殷忧。"崔峒《扬州选蒙相公赏判雪后呈上》："穷巷殷忧日，芜城雨雪天。"李商隐《江亭散席循柳路吟》："寡和真徒尔，殷忧动即来。"

【殷穆】 唐诗人。《全唐诗逸》录其《题郑士林亭》断句一联。

【殷潛之】 唐诗人。与杜牧同时人。自称野人。《全唐诗》卷五四六录其《题筹笔驿》诗一首。

【殷曆】 殷商时所用之历法。刘禹锡《文宗元圣昭献孝皇帝挽歌三首》之一："禹功留海内，殷历付天伦。"

【殷薦】 盛大的祭典。李峤《奉和拜洛应制》："殷荐三神享，明禋万国陪。"褚亮《祈谷乐章·雍和》："殷荐乘春，太坛临曙。"《郊庙歌辞·祀圜丘乐章·豫和》："上灵眷命膺会昌，盛德殷荐叶辰良。"

【殷₂檉】 河柳。又称赤柳。杜甫《伤秋》："白蒋风飚脆，殷柽晓夜稀。"仇兆鳌注："陆玑《诗疏》：皮赤如绛，枝叶如松，一名雨师。"

【殷₂鮮】 红艳。李商隐《槿花二首》之一："殷鲜一相杂，啼笑两难分。"杜牧《池州送孟迟先辈》："千帆美满风，晓日殷鲜血。"温庭筠《汉皇迎春词》："春草芊芊晴扫烟，宫城大锦红殷鲜。"吴融《红白牡丹》："殷鲜一半霞分绮，洁澈旁边月飐波。"

【殷念】 深切地思念。韦应物《九日沣上作寄崔主簿倬二李端繫》："良游虽可娱，殷念在之子。"

【殷麗】 红而艳丽。姚合《和王郎中召看牡丹》："殷丽开繁朵，香浓发几丛。"

【殷鑒】 谓殷人子孙应以夏的灭亡为鉴。《诗·大雅·荡》："殷鉴不远，在夏后之世。"后泛指可以借鉴的往事。刘威《三闾大夫》："青史已书殷鉴在，词人劳咏楚江深。"周昙《咏史诗·前汉门·王莽》："权归诸吕牝鸡鸣，殷鉴昭然讵可轻。"李伦《顾城》："谁云殷鉴远，今古在人程。"郑昉《人不易知》："周行虽有寘，殷鉴在前规。"

【殷罍】 殷代的盛酒器。亦泛指盛酒器物。严维《奉和皇甫大夫祈雨应时雨降》："九成陈夏乐，三献奉殷罍。"

殺[1] 〔shā《广韵》所八切，入黠，生。〕❶杀戮。郭震《王昭君三首》之三："闻有南河信，传言杀画师。"杜甫《前出塞九首》之六："杀人亦有限，列国自有疆。"韩愈《元和圣德诗》："战不贪杀，擒不滥数。"李商隐《涉洛川》："宓妃漫结无穷恨，不为君王杀灌均。"❷死；致死。李群玉《赠魏三十七》："莫放焰光高二丈，来年烧杀杏园花。"❸棋类术语。指围死或击败对方。司空图《杂题二首》之一："棋局长携上钓船，杀中棋杀胜丝牵。"❹伤害，败坏。《春秋·僖公三十三年》："陨霜不杀草。"白居易《夜归》："东吹先催柳，南霜不杀花。"又《浔阳三题·湓浦竹》："有霜不杀草，有风不落木。"裴说《闻砧》："一阵霜风杀柳条，浓烟半夜成黄叶。"齐己《永夜感怀寄郑谷郎中》："霜杀百草尽，蛩归四壁根。"❺肃杀。白居易《五弦弹》："杀声入耳肤血憯，寒气中人肌骨酸。"引申指草木枯萎。黄巢《不第后赋菊》："待到秋来九月八，我花开后百花杀。"❻整治。杜甫《催宗文树鸡栅》："课奴杀青竹，终日憎赤帻。"❼猛疾貌。韩愈《雨中寄孟刑部几道联句》:"撞宏声不掉,输邈澜逾杀。"钱仲联集释引孙汝听曰:"杀,猛疾也。言雨声乱川涨如此也。"❽副词。用于谓语后表示程度之深。寒山《诗三百三首》之四六:"行到伤心处,松风愁杀人。"李白《襄阳曲四首》之四:"山公欲上马,笑杀襄阳儿。"卢仝《与马异结交诗》:"买得西施南威一双婢,此婢娇饶恼杀人。"司空图《榜下》:"春风漫折一枝桂,烟阁英雄笑杀人。"韦庄《咸通》:"咸通时代物情奢,欢杀金张许史家。"亦用在谓语前,有很、甚之意。白居易《玩半开花赠皇甫郎中》:"西日凭轻照,东风莫杀吹。"

殺2 〔shài《广韵》所拜切,去怪,生。〕减省。见"殺₂禮"。

殺3 〔sà《集韵》桑葛切,入曷,心。〕枯干貌。贯休《避地毗陵上王慥使君》:"视事私终杀,忧民态亦凋。"

【殺人如麻】 形容杀人极多。李白《蜀道难》:"磨牙吮血,杀人如麻。"

【殺子谷】 地名。在今陕西绥德县疏属山旁。秦始皇焚书坑儒时,长子扶苏曾劝阻,始皇便令他至上郡监蒙恬军。公元前210年始皇崩,扶苏被赵高、李斯加害于此,故名。胡曾有《咏史诗·杀子谷》。

【殺伐】 征战,讨伐。杜甫《喜闻盗贼蕃寇总退口号五首》之二:"朝廷忽用哥舒将,杀伐虚悲公主亲。"又《题衡山县文宣王庙新学堂呈陆宰》:"耳闻读书声,杀伐灾仿佛。"

【殺身】 舍生;丧生。王宏《从军行》:"从来战斗不求勋,杀身为君君不闻。"刘长卿《按覆后归睦州赠苗侍御》:"一言知己重,片议杀身轻。"白居易《和答诗十首·和松树》:"杀身获其所,为君构明堂。"周昙《咏史诗·秦门·项籍》:"九垓垂定弃谋臣,一阵无功便杀身。"

【殺青】 将竹用火炙去汁后,刮去青色表皮,以便书写和防蠹。古人校书,初书于竹简上,改定后再书于缉帛。后因泛称缮成定本或校印、付印为"殺青。"陆龟蒙《寄怀华阳道士》:"凝神密室多生白,叙事联编尽杀青。"

【殺氣】 ❶阴气,寒气。李峤《奉和杜员外扈从教阅》:"杪冬严杀气,穷纪送颓光。"岑参《登北庭北楼呈幕中诸公》:"日暮上北楼,杀气凝不开。"李昌符《书边事》:"阴风向晚急,杀气入秋多。"杜荀鹤《寄舍弟》:"大野阴云重,连城杀气浓。"❷杀伐的气氛。借指战事或战斗。徐知仁《奉和圣制送张说巡边》:"耀威当夏日,杀气指秋天。"姚合《闻魏州破贼》:"旗回海眼军容壮,兵合天心杀气多。"沈彬《塞下三首》之二:"贵主和亲杀气沉,燕山闲猎鼓鼙音。"贯休《古塞上曲七首》之三:"阴风吹杀气,永日在青冥。"

【殺候】 杀气,寒气。韩愈、孟郊《城南联句》:"杀候肆凌翦,笼原匝置罻。"

【殺殺】 谓刀剑锋利,寒光逼人。元稹《和李校书新题乐府十二首·五弦弹》:"呜呜暗溜咽冰泉,杀杀霜刀涩寒鞘。"又《说剑》:"杀杀霜在锋,团团月临纽。"

【殺害】 杀戮,残害。齐己《丙寅岁寄潘归仁》:"九土尽荒墟,干戈杀害余。"

【殺將破軍】 (將 jiàng)杀死敌方将领,击破敌军。周昙《咏史诗·春秋战国门·陈轸》:"杀将破军为柱国,君今官极更何如。"

【殺傷】 杀死,杀害。杜甫《前出塞九首》之六:"苟能制侵陵,岂在多杀伤。"褚载《吊秦叟》:"儿被杀伤妻被虏,一身随驾到三峰。"

【殺奪】 杀戮和掠夺。元结《舂陵行》:"去冬山贼来,杀夺几无遗。"

【殺₂禮】 减省礼仪。见《周礼·秋官·象胥》。白居易《重伤小女子》:"汝异下殇应杀礼,吾非上圣讵忘情。"

【殺戮】 杀害,屠戮。李白《战城南》:"匈奴以杀戮为耕作,古来唯见白骨黄沙田。"岑参《行军诗二首》之一:"昨闻咸阳败,杀戮净如扫。"杜甫《述怀一首》:"比闻同罹祸,杀戮到鸡狗。"又《佳人》:"关中昔丧败,兄弟遭杀戮。"

【殺機】 ❶致死之道。李涉《咏古》:"顺天行杀机,所向协良谋。"❷欲加杀害之心。李绅《虎不食人》:"南山白额同驯扰,亦变仁心去杀机。"司空图《歌者十二首》之六:"胸中免被风波挠,肯为螳螂动杀机。"

八 画

殼 〔qiào 或 ké《集韵》克講切,上講,溪。〕物的坚硬外皮。王维《春日上方即事》:"鸠形将刻仗,龟壳用支床。"刘言史《初下东周赠孟郊》:"鹤老身更印,龟死壳亦灵。"周贺《投江州张郎中》:"噪蝉离宿壳,吟客寄秋身。"张祜《题圣女庙》:"蚁行蝉壳上,蛇窜雀巢中。"徐夤《荔枝二首》之一:"龙绡壳绽红纹粟,鱼目珠涵白膜浆。"

【殼族】 指贝类、介类等有壳动物。张说《同赵侍御乾湖作》:"鳞宗壳族嬉为府,弋叟罛师利焉聚。"

殽1 〔xiáo《广韵》胡茅切,平肴,匣。〕错杂,混杂。见"殽混"。

殽[2] 〔yáo《广韵》胡茅切，平肴，匣。〕❶通“肴”。(1)带骨的熟肉。《郊庙歌辞·周宗庙乐舞辞·禋顺》：“旨酒既献，嘉殽乃迎。”(2)泛指菜肴。见“殽核”“殽膳”。❷同“崤”。山名。古代九塞之一。见《左传·僖公三十二年》。李商隐《五言述德抒情诗一首四十韵献上杜七兄仆射相公》：“感念殽尸露，咨嗟赵卒坑。”见“殽函”。

【殽函】 殽山和函谷关的合称。在今陕西潼关至河南新安县一带。白居易《凶宅》：“周秦宅殽函，其宅非不同。”温庭筠《鸿胪寺偶成四十韵》：“殽函与府寺，从此俱荒凉。”

【殽₂核】 菜肴和果品。韩愈、孟郊《城南联句》：“考钟馈殽核，戛鼓侑牢牲。”

【殽混】 混淆。吴筠《览古十四首》之二：“忠诚及狙诈，殽混安可甄。”

【殽₂膳】 酒肉饭菜。杜甫《病后遇王倚饮赠歌》：“惟生哀我未平复，为我力致美肴膳。”皮日休《三羞诗三首》之一：“君臣一殽膳，家国共残杀。”

九 画

殿 〔diàn《广韵》堂練切，去霰，定。又都甸切，去霰，端。〕❶对高大房屋的通称。《初学记》卷二四引《苍颉篇》：“殿，大堂也。”白居易《和集贤刘学士早朝作》：“暂留春殿多称屈，合入纶闱即可知。”❷指帝王宸居。太宗《帝京篇十首》之一：“绮殿千寻起，离宫百雉余。”杜甫《杜鹃行》：“万事反覆何所无，岂忆当殿群臣趋。”白居易《寓意诗五首》之四：“一宿蓬荜庐，一栖明光殿。”冯道《北使还京作》：“殿上一杯天子泣，门前双节国人嗟。”❸寺观等奉祀神佛之所。崔峒《登蒋山开善寺》：“山殿秋云里，香烟出翠微。”于鹄《游瀑泉寺》：“厨窗通涧鼠，殿迹立山鸡。”白居易《首夏同诸校正游开元观因宿玩月》：“光华一照耀，殿角相参差。”崔庸《题惠严寺》：“殿高神气力，龙活客丹青。”❹考课中最后一等。见“殿最”。❺居后而出众。陆龟蒙《读襄阳耆旧传因作诗五百言寄皮袭美》：“并包数公才，用以殿厥后。”吴融《僧舍白牡丹二首》之一：“腻若裁云薄缀霜，春残独自殿群芳。”

【殿中】 (—zhāng)官名，即殿中侍御史。御史台属官。殿中侍御史掌殿廷供奉之仪式。戴叔伦有《奉同汴州李相公勉送郭布殿中出巡》。马戴有《集宿姚殿中宅期僧无可不至》。

【殿宇】 寺院殿堂。韦应物《春月观省属城始憩东西林精舍》：“殿宇余丹绀，磴阁峭欹悬。”杜荀鹤《题历山舜祠》：“殿宇秋霖坏，杉松野火烧。”李中《经古寺》：“殿宇半隳摧，门临野水开。”

【殿廷】 宫殿，宫廷。杜审言《守岁侍宴应制》：“宫阙星河低拂树，殿廷灯烛上薰天。”薛逢《送司徒相公赴阙》：“十载殿廷连步武，两来庸蜀抚疲羸。”

【殿省】 (—shěng)宫廷与台省。羊士谔《和武相早朝中书候传点书怀奉呈》：“殿省秘清晓，夔龙升紫微。”

【殿前兵馬】 指禁军。杜甫《三绝句》之三：“殿前兵马虽骁雄，纵暴略与羌浑同。”萧涤非注：“殿前兵马，指禁军。”

【殿前軍】 指禁军。李商隐《杜工部蜀中离席》：“雪岭未归天外使，松州犹驻殿前军。”

【殿院】 ❶宫内的殿与院。王涯《宫词三十首》之十六：“墙墙不断接宫城，金榜皆书殿院名。”❷官署名。御史台之下属机构，其首长为殿中侍御史。殿院的主要职责是掌殿廷供奉之仪式，即百官上殿的序列与班次。许浑有《李定言自殿院衔命归阙拜员外郎迁右史因寄》。吴融有《寄殿院高侍御》。无可有《寄殿院薛侍御》。

【殿堂】 宫殿；高大堂屋。崔道融《汉宫词》：“独诏胡衣出，天花落殿堂。”

【殿最】 古代考核政绩或军功，下等称“殿”，上等称“最”。见《文选·班固〈答宾戏〉》。杜甫《信行远修水筒》：“于斯答恭谨，足以殊殿最。”

【殿幃】 殿堂的帏幔。薛能《吴姬十首》之七：“画烛烧兰暖复迷，殿帏深密下银泥。”

【殿衙】 指宫廷。见《汉书·东方朔传》。韩愈《读东方朔杂事》：“诋欺刘天子，正昼溺殿衙。”

【殿廊】 殿堂的廊柱或走廊。韩偓《北齐二首》之一：“几千奁镜成楼柱，六十间云号殿廊。”徐铉《和明道人宿山寺》：“落宿依楼角，归云拥殿廊。”

【殿閣】 殿堂，楼殿。张继《城西虎跑寺》：“寺开梁殿阁，坟掩晋衣冠。”元稹《春分投简阳明洞天作》：“荣光飘殿阁，虚籁合笙竽。”

【殿影】 宫殿或一般堂殿的阴影。陈去疾《春宫曲》：“流莺春晓唤樱桃，花外传呼殿影高。”徐铉《阁皂山》：“殿影高低云掩映，松阴缭绕步徘徊。”

【殿頭】 在殿上作宣召等事的内侍官。王建《朝天词十首寄上魏博田侍中》之五：“殿头宣赐连催上，未解红缨不敢骑。”

【殿翼】 寺殿的飞檐。孟郊《登华岩寺楼望终南山赠林校书兄弟》：“楼根插迥云，殿翼翔危空。”

毁 〔huǐ《广韵》許委切，上紙，曉。〕❶毁坏，破坏。崔融《哭蒋詹事俨》：“镇国山基毁，中天柱石颓。”李白《感遇四首》之一：“金骨既不毁，玉颜长自春。”白居易《凶宅》：“人疑不敢买，日毁土木功。”周昙《咏史诗·前汉门·博陆侯》：“栋梁徒自保坚贞，毁穴难防雀鼠争。”❷伤损。白居易《杏园中枣树》：“岂宜遇攀玩，幸免遭伤毁。”许棠《冬杪归陵阳别业五首》之五：“旅貌同柴毁，行衣对骨穿。”❸拆除；废除。见“毁折”“毁廟”“毁撤”。❹毁谤，诋毁。张九龄《在郡秋怀二首》之一：“物情自古然，身退毁亦随。”刘禹锡《萋兮吟》：“名高毁所集，言巧智难防。”李绅《趋翰苑遭诬构四十六韵》：“谤兴金就铄，毁极玉生瘢。”李商隐《漫成三首》之二：“沈约怜何逊，延年毁谢庄。”❺哀毁。因悲哀过度而损害健康。李商隐《安平公诗》：“明年徒步吊京国，宅破子毁哀如何。”。”

【毁仲尼】 毁谤孔子。见《论语·子张》。孟郊《君子勿郁郁士有谤毁者作诗以赠之》：“叔孙毁仲尼，臧仓掩孟轲。”杜牧《杜秋娘诗》：“无国要孟子，有人毁仲尼。”

【毁形】 指毁坏或改变物体的原形。皎然《赋得竹如意送详师赴讲》：“缥竹湘南美，吾师尚毁形。”

【毁折】 毁坏，拆除。卢仝《感古四首》之三：“毁折维鹊巢，不行鸤鸠仁。”

【毁垣】 毁坏的墙壁。韦应物《经武功旧宅》：“风雨经旧墟，毁垣迷往躅。”张继《清明日自西午桥至瓜岩村有怀》：“鸟啼官路静，花发毁垣空。”窦庠《陪留守韩仆射巡内至上阳宫感兴二首》之二：“薄暮毁垣春雨里，残花犹发万年枝。”

【毁訾】 毁谤，非议。贾岛《辩士》：“辩士多毁訾，不闻谈己非。”

【毁撤】 毁坏，撤除。李节《赠释疏言还道林寺诗》序：“由是天下名祠珍宇，毁撤如扫。”

【毁廟】 毁坏祖庙。杜甫《奉送郭中丞兼太仆卿充陇右节度使三十韵》：“毁庙天飞雨，焚宫火彻明。”仇兆鳌注引《旧唐书》：“东都太庙九室神主，共二十六座。禄山取太庙为军营，神主弃街巷。”

【毁壁】 毁坏的墙壁。岑参《函谷关歌送刘评事使关西》：“君不见函谷关，崩城毁壁至今在。”

【毁璧】 为鄙弃钱财之典。见《文选·左思〈吴都赋〉》。骆宾王《夏日游德州赠高四》：“谈玄明毁璧，拾紫陋籯金。”李瀚《蒙求》：“澹台毁璧，子罕辞宝。”

【毁誉】 诋毁和赞誉。卢仝《寄赠含曦上人》：“行道不见心，毁誉徒云尔。”

十二画

觳 〔què《广韵》苦角切，入覺，溪。又空谷切，入屋，溪。〕❶卵，蛋。韩愈《纳凉联句》：“篚实摘林珍，盘殽馈禽觳。”❷物体之硬壳。王建《雉将雏》：“雉咿喔，雏出觳。”

十九画

鬻 〔xiāo《广韵》許嬌切，平宵，曉。又巨嬌切，平宵，羣。〕古乐器名。即大磬。韩愈《晚秋郾城夜会联句》：“殁庙配尊斝，生堂合鬻镛。”

毋 部

毋 〔wú《广韵》武夫切，平虞，微。〕❶别，不要。卢纶《寄赠畅当山居》："君子固安分，毋听劳者讥。"❷没有。顾况《上古之什补亡训传十三章·燕于巢一章》："惠此蒸人，毋废尔事。"

母 〔mǔ《广韵》莫厚切，上厚，明。〕❶母亲。见"母子""母儀""母慈"。❷对妇女的敬称、美称。崔国辅《漂母岸》："后为楚王来，黄金答母恩。"❸抚爱。孟郊《吊元鲁山》之十："贤人母万物，岂弟流前诗。"❹人母仪范。见"母臨"。❺生殖幼雏的雌性动物。白居易《慈乌夜啼》："慈乌失其母，哑哑吐哀音。"于濆《秦原览古》："火德道将亨，夜逢蛇母哭。"❻大。见"母筍"。

【母子】 母亲和儿子。韩愈《汴州乱二首》之二："庙堂不肯用干戈，呜呼奈汝母子何。"

【母兄】 母和兄。白居易《秦中吟十首·议婚》："母兄未开口，已嫁不须臾。"

【母筍】 大笋。李贺《昌谷北园新笋四首》："箨落长竿削玉开，君看母笋是龙材。"王琦汇解："母笋，大笋也。"

【母慈】 母亲的慈爱。陈元光《太母魏氏半径题石》："万里提兵路，三年报母慈。"杜甫《遣兴》："世乱怜渠小，家贫仰母慈。"亦指雌性动物对幼雏的爱。白居易《慈乌夜啼》："应是母慈重，使尔悲不任。"

【母儀】 做母亲的规范。高适《辟阳城》："母仪良已失，臣节岂如斯。"

【母臨】 谓以母仪照临。《郊庙歌辞·昭德皇后庙乐章·坤元》："母临万宇，道被六宫。"

二 画

每 〔měi《广韵》武罪切，上賄，明。又莫佩切，去隊，明。〕❶昔日，以往。见"每常❷"。❷各，逐个。指群体中的任何一个。见"每人"。❸副词。(1)每次、每逢。表示反复发生同样情况的任何一次。玄宗《为赵法师别造精院过院赋诗》序："每经过其地，以怡神洗雪，进德修业，何必斋心累月。"窦常《立春后言怀招汴州李匡衙推》："每听寒笳离梦断，时窥清鉴旅愁多。"韦应物《赠丘员外二首》之一："每一睹之子，高咏遂起予。"白居易《读汉书》："每读元成纪，愤愤令人悲。"(2)常常，屡次。储光羲《贻阎处士防卜居终南》："圣主常征贤，群公每举德。"卢纶《首冬寄河东昭德里书事贻郑损仓曹》："日爱闾巷静，每闻官吏贤。"贾岛《寄无得头陀》："白衣只在青门里，心每相亲迹且疏。"刘沧《秋日夜怀》："近日每思归少室，故人遥忆隔潇湘。"

【每日】 每天，天天。崔国辅《漂母岸》："几年崩冢色，每日落潮痕。"白居易《绣妇叹》："自觉逢春饶怅望，谁能每日趁功夫？"又《题平泉薛家雪堆庄》："所嗟地去都门远，不得肩舁每日来。"李频《过嵩阴隐者》："每日醒还醉，无人是与非。"

【每年】 年年。元稹《遣行十首》之一："燕辞前日社，蝉是每年声。"又《杏园》："浩浩长安车马尘，狂风吹送每年春。"

【每每】 往往，常常。张蠙《吊孟浩然》："每每樵家说，孤坟亦夜吟。"花蕊夫人徐氏《宫词》之一三二："金章紫绶选高班，每每东头近圣颜。"

【每夜】 每天夜里。白居易《早服云母散》："每夜坐禅观水月，有时行醉玩风花。"

【每常】 ❶常常。张籍《移居静安坊答元八郎中》："作活每常嫌费力，移居只是贵容身。"❷平时，平常。元稹《代九九》："每常同坐卧，不省暂参差。"

【每歲】 年年，每年。白居易《赠僧五首·钵塔院如大师》："每岁八关蒙九授，殷勤一戒重千金。"

【每逢】 每当遇到。王维《九月九日忆山东兄弟》："独在异乡为异客，每逢佳节倍思亲。"

三 画

毐 〔dài《集韵》待戴切，去代，定。〕人名。指战国秦嫪毐。李白《雪谗诗赠友人》："秦皇太后，毐亦淫荒。"

四 画

毒 〔dú《广韵》徒沃切，入沃，定。〕❶毒物。杜甫《遣愤》："蜂虿终怀毒，雷霆可震威。"韩愈《县斋读书》："南方本多毒，北客恒惧侵。"孟郊《伤哉行》："众毒蔓贞松，一枝难久荣。"喻凫《送友人南中访旧知》:“地蒸川有毒,天暖树无秋。”❷投毒。徐珩《日暮望泾水》:“毒流秦卒毙,泥粪汉田腴。”皮日休《奉和鲁望渔具十五咏·药鱼》:“何必重伤鱼,毒泾犹可作。”❸有毒;散发毒气。白居易《和梦游春诗一百韵》:“夏梅山雨渍,秋瘴江云毒。”李绅《趋翰苑遭诬构四十六韵》:“草毒人惊剪,茅荒室未诛。”贯休《送王贞白重试东归》:“雨毒逢花少,山多爱马迟。”❹伤害;危险。杜甫《夏夜叹》:“永日不可暮,炎蒸毒我肠。”顾况《上古之什补亡训传十三章·团一章》:“天道无知,我罹其毒。”又《上古之什补亡训传十三章·采蜡一章》:“荒岩之人,自取其毒兮。”❺怨恨,憎恨。杜甫《客堂》:“栖泊云安县,消中内相毒。”刘禹锡《答乐天见忆》:“笔底心无毒,杯前胆不豩。”徐夤《牡丹花二首》之一:“天纵秾华刳鄙吝,春教妖艳毒豪奢。”❻担忧;患病。元稹《有酒十章》之三:“仁耶,圣耶,悯人之毒耶。”❼凶狠,厉害。李白《古风》之十四:“借问谁凌虐,天骄毒威武。”白居易《香山寺石楼潭夜浴》:“炎光昼方炽,暑气宵弥毒。”❽指极盛的热气。汉王充《论衡·言毒》:“夫毒,太阳之热气也。”引申为炎热。张籍《江村行》:“江南热旱天气毒,雨中移秧颜色鲜。”又《寄韩愈》:“夏景常昼毒,密林无鸣蝉。”❾犹甚于。李白《北上行》:“杀气毒剑戟,严风裂衣裳。”王建《送张籍归江东》:“五月天气热,波涛毒于汤。”❿通“纛”。见“毒幟”。

【毒川】 有毒的水流。寒山《诗三百三首》之一三三:“荒陬不可居,毒川难可饮。”

【毒手】 凶狠的殴打。韩愈《斗鸡联句》:“毒手饱李阳,神槌困朱亥。”

【毒沙】 有毒的沙石。白居易《送人贬信州判官》:“溪畔毒沙藏水弩,城头枯树下山魈。”

【毒虬】 古代传说中有角的小龙。李贺《公无出门》:“毒虬相视振金环,狻猊猰貐吐啖涎。”王琦汇解:“毒虬,谓凶恶之龙,人触其毒气即死。”

【毒虵】 参见“毒蛇”。

【毒草】 有毒的草。元稹《送崔侍御之岭南二十韵》:“瘴江乘早度,毒草莫亲芟。”项斯《寄流人》:“毒草不曾枯,长添客健无。”李频《眉州别李使君》:“毒草通蛮徼,秋林近漏天。”

【毒氣】 瘴疠之气。贯休《苦热》:“毒气仍干扇,高枝不立蝉。”

【毒流】 有毒的水流。陆龟蒙《渔具诗·药鱼》:“盈川是毒流,细大同时死。”

【毒害】 祸害,危害。杜荀鹤《将过湖南经马当山庙因书三绝》之二:“贪残官吏虔诚谒,毒害商人沥胆过。”齐己《苦热》:“毒害芙蓉死,烦蒸瀑布红。”

【毒荼】 毒害,残害。吴融《平望蚊子二十六韵》:“岂是有主者,此乡宜毒荼。”

【毒蛇】 亦作“毒虵”。有毒的蛇。杜甫《发阆中》:“前有毒蛇后猛虎,溪行尽日无村坞。”

【毒鳥】 恶鸟。张蠙《喜友人日南回》:“溪荒毒鸟随船啅,洞黑冤蛇出树飞。”

【毒暑】 酷暑。皎然《同薛员外谊喜雨诗兼上杨使君》:“毒暑澄为冷,高尘涤还清。”白居易《夏日与闲禅师林下避暑》:“每因毒暑悲亲故,多在炎方瘴海中。”

【毒蛟】 毒龙。喻恶人。詹敦仁《复留侯从郊问南汉刘岩改名龑字音义》:“吁嗟毒蛟辈,睥睨飞龙位。”

【毒銅】 用毒药水浸过的铜。元结《演兴四首·闵岭中》:“化毒铜以为戟,刺棘竹以为殳。”

【毒熱】 酷热。杜甫《寄常征君》:“开州入夏知凉冷,不似云安毒热新。”

【毒影】 毒蛇之影。李峤《晚秋喜雨》:“穴蚁祯符应,山蛇毒影收。”

【毒蝎】 剧毒的蝎子。陆龟蒙《奉酬袭美先辈吴中苦雨一百韵》:“初谓抵狂猘,又如当毒蝎。”

【毒幟】 军中大旗。借指军队。李颀《府试丹浦非乐战》:“毒帜诛方及,兵临衅可观。”

【毒瘴】 瘴气。杜甫《次空灵岸》:“毒瘴未足忧,兵革满边徼。”戴叔伦《渐至涪州先寄王员外使君纵》:“毒瘴含秋气,阴崖蔽曙天。”韩偓《喜凉》:“四山毒瘴乾坤浊,一簟凉风世界清。”

【毒龍】 凶恶的龙。皎然《赠李中丞洪一首》:“上有巨蟒吞,下有毒龙护。”张乔《华山》:“一夜盆倾雨,前湫起毒龙。”伊用昌《留题阁皂观》:“雨喷山脚毒龙起,月照松梢孤鹤回。”

【毒螫】 ❶毒虫或有毒的动物。喻歹人为恶。杜甫《喜闻官军已临贼境二十韵》:“谁云遗毒螫,已是沃腥臊。”仇兆鳌注:“毒螫腥臊,指贼党。”顾况《上古之什补亡训传十三章·左车二章》之二:“左车有赫,万人毒螫。”韩愈《永贞行》:“蛊虫群飞夜扑灯,雄虺毒螫堕股肱。”❷指毒素、毒汁。元稹《蛒蜂》序:“蛒,蜂类而大,巢在褰鼻蛇穴下,故毒螫倍诸蜂虿。”

【毒霧】 有毒之雾。辛常伯《军中行路难》:“川原饶毒雾,溪谷多霪雨。”韩愈《县斋有怀》:“毒雾恒熏昼,炎风每烧夏。”李德裕《谪岭南道中作》:“愁冲毒雾逢蛇草,畏落沙虫避燕泥。”罗隐《郴江迁客》:“毒雾郴江阔,愁云楚驿长。”

【毒蟲】 有毒的虫、蛇。萧颖士《仰答韦司业垂访五首》之二:“毒虫且不近,斤斧何由寻?”

【毒藥】 危害性命的药物。卢仝《与马异结交诗》:“不知药中有毒药,药杀元气天不觉。”

【毒蠚】 ❶毒虫用毒刺刺扎施毒。亦指毒蠚之虫。皮日休《太湖诗・晓次神景宫》:"在兽乏虎貔,于虫不毒蠚。"❷比喻毒害、残害。韩愈、李正封《晚秋郾城夜会联句》:"多士被沾污,小夷施毒蠚。"陆龟蒙《奉和袭美初夏游楞伽精舍次韵》:"人间亦何事,万态相毒蠚。"

九　画

毓〔yù《广韵》餘六切,入屋,以。〕❶繁殖;养育。亦指酿造。元稹《解秋十首》之六:"酿酒并毓蔬,人来有棋局。"❷修养。见"毓德"。

【毓德】 修养德性。王勃《倬彼我系》之七:"愿言毓德,啜菽饮水。"骆宾王《伤祝阿王明府》序:"祝阿王明府,毓德丹穴,袭吉黄裳。"

比 部

比[1] 〔bǐ《广韵》卑履切，上旨，幫。又毗至切，去至，並。又必至切，去至，幫。又毗必切，入質，並。又房脂切，平脂，並。〕❶篦子。元稹《连昌宫词》："荆榛栉比塞池塘，狐兔骄痴缘树木。"见"比櫛"。❷排列。顾况《上古之什补亡训传十三章·十月之郊一章》："如翼于飞，如鳞栉比。"亦引申指写作上安排材料，选用词语等。韩愈《喜侯喜至赠张籍张彻》："比疏语徒妍，悚息不敢占。"钱钟联集释："按：即枇梳也。此言诗篇栉比之工耳。"❸齐同，等同。杜甫《暮春题瀼西新赁草屋五首》之二："此邦千树橘，不见比封君。"耿沣《题惟干上人房》："是非齐已久，夏腊比应难。"白居易《闲坐》："有室同摩诘，无儿比邓攸。"❹近；靠近。亦指邻居。贾岛《哭卢仝》："空令古鬼哭，更得新邻比。"吴融《个人三十韵》："翼只思鹣比，根长羡藕并。"❺比并，匹敌。杜甫《戏题画山水图歌》："尤工远势古莫比，咫尺应须论万里。"李端《送王副使还并州》："曾持两郡印，多比五侯家。"权德舆《杂兴五首》之四："新妆对镜知无比，微笑时时出瓠犀。"鱼玄机《光威裒姊妹三人少孤而始妍乃有是作精粹难俦因次其韵》："文姬有貌终堪比，西子无言我更惭。"引申为相当，相当于。杜审言《和李大夫嗣真奉使存抚河东》："秩比司空位，官临御史员。"❻副词。近日，近来。杜甫《送陵州路使君赴任》："王室比多难，高官皆武臣。"萧涤非注："比，犹近来。"张籍《祭退之》："公比欲为书，遗约有修章。"齐己《送人归吴》："比说归耕钓，迢迢向海涯。"吕岩《献郑思远施真人二仙》："比见至人论九鼎，欲穷大药访三清。"❼介词。(1)比起……来。用来比较性状和程度的差别。韩愈《石鼎联句》："岂比俎豆古，不为手所撜。"白居易《和微之诗二十三首·和除夜作》："唯是利人事，比君全不如。"又《新乐府·太行路》："太行之路能摧车，若比人心是坦途。"褚载《长城》："秦筑长城比铁牢，蕃戎不敢过临洮。"(2)等待，等到。崔国辅《古意二首》之二："比至狂夫还，看看几花发。"

比[2] 〔bǐ《广韵》卑履切，上旨，幫。〕❶比较；相比。崔兴宗《和王维敕赐百官樱桃》："未胜晏子江南橘，莫比潘家大谷梨。"王维《清如玉壶冰》："若向夫君比，清心尚不如。"白居易《白牡丹》："折来比颜色，一种如瑶琼。"章孝标《骆谷行》："若比争名求利处，寻思此路却安宁。"黄滔《翁文尧员外拥册礼之归因书五十六字》："六窠只佩诸侯印，争比从天拥册归。"❷比方，比拟，比喻。褚遂良《安德山池宴集》："良朋比兰蕙，雕藻迈琼琚。"李白《月下独酌四首》之二："已闻清比圣，复道浊如贤。"欧阳詹《题第五司户侍御》："曾称野鹤比群公，忽作长松向府中。"白居易《杨柳枝二十韵》："便想人如树，先将发比丝。"姚合《和王郎中召看牡丹》："万物珍那比，千金买不充。"❸类似，如同。戴叔伦《赴抚州对酬崔法曹夜雨滴空阶五首》之一："雨落湿孤客，心惊比栖鸟。"元稹《奉和浙西大夫李德裕述梦四十韵次本韵》："绕月同栖鹊，惊风比夜獒。"杨衡《赠庐山道士》："悠悠万古皆如此，秋比松枝春比兰。"韦庄《和郑拾遗秋日感事一百韵》："似鱼甘去乙，比蟹未成筐。"❹《诗》六义之一。中国古典诗歌的一种传统表现手法。《诗大序》："《诗》有六义焉：一曰风，二曰赋，三曰比，四曰兴，五曰雅，六曰颂。"见"比$_2$興"。

【比日】 连日。韦应物《乌引雏》："引雏乌，尔心急急将何如，何得比日搜索雀卵啖尔雏。"

【比$_2$方】 ❶比拟。寒山《诗三百三首》之二二二："我在村中住，众推无比方。"王琚《美女篇》："东邻美女实名倡，绝代容华无比方。"白居易《山石榴花十二韵》："晔晔复煌煌，花中无比方。"又《新乐府·牡丹芳》："秾姿贵彩信奇绝，杂卉乱花无比方。"❷做比喻。白居易《裴常侍以题蔷薇架十八韵见示因广为三十韵以和之》："岂可轻嘲咏，应须痛比方。"❸比较，争高低。吕敞《潘安仁戴星看河阳花发》："桃李今无数，从兹愿比方。"

【比玉】 ❶称士人中进士高科为"比玉"。见《晋书·郤诜传》。独孤及《送虞秀才擢第归长沙》："甲科文比玉，归路锦为衣。"❷用作称美外甥的典故。见《世说新语·容止》。司空曙《哭苗员外呈张参军》："尝值偷琴处，亲闻比玉时。"❸谓人品质高洁如玉。见《诗·小雅·白驹》。于结《赋得生刍一束》："比玉人应重，为刍物自轻。"

【比目】 即"比目鱼"。常以喻情爱深挚的夫妻、情人。卢照邻《长安古意》："得成比目何辞死，愿作鸳鸯不羡仙。"权德舆《杂诗五首》之四："寂寞远怀春，何时来比目。"白居易《想东游五十韵》："投竿出比目，掷果下猕猴。”

【比目魚】　鳒、鲆、鲽、鳎等鱼类的统称。此几种鱼体皆扁平而阔，成长后两眼逐渐移到头的一侧，平卧在海底。陈陶《续古二十九首》之一：“海曲沾恩泽，还生比目鱼。”

【比丘】　佛教语。和尚。綦毋潜《宿龙兴寺》：“灯明方丈室，珠系比丘衣。”元稹《春月》：“复有比丘溢，早传龙树方。”徐凝《独住僧》：“百补袈裟一比丘，数茎长睫覆青眸。”齐己《谢高辇先辈寄新唱和集》：“敢谓神仙手，多怀老比丘。”

【比年】　❶每年。杜甫《舍弟观赴蓝田取妻子到江陵喜寄三首》之三：“比年病酒开涓滴，弟劝兄酬何怨嗟。”❷近年。林滋《望九华山》：“吁予比年爱灵境，到此始觉魂神驰。”

【比來】　❶近来。杜甫《季夏送乡弟韶陪黄门从叔朝谒》：“比来相国兼安蜀，归赴朝廷已入秦。”韩翃《送襄垣王君归南阳别墅》：“少妇比来多远望，应知蟢子上罗巾。”王建《对酒》：“为病比来浑断绝，缘花不免却知闻。”李商隐《代秘书赠弘文馆诸校书》：“清切曹司近玉除，比来秋兴复何如。”❷原来；历来。戴叔伦《过珥渎单老》：“比来已向人间老，今日相过却少年。”张籍《寄白二十二舍人》：“三省比来名望重，肯容君去乐樵渔。”

【比$_{2}$物】　用物作比方。高适《同观陈十六史兴碑》：“作歌乃彰善，比物仍恶讦。”崔元翰《杂言奉和圣制应制》：“怀贤劳永叹，比物赋新诗。”

【比侔】　比拟。韩愈《赴江陵途中寄三学士》：“雷霆助光怪，气象难比侔。”

【比$_{2}$近】　犹比兴。韩愈《荐士》：“中间数鲍谢，比近最清奥。”参见“比$_{2}$興”。

【比$_{2}$並】　❶比拟。顾况《萧寺偃松》：“山中多好树，可怜无比并。”❷比较，相比。卢仝《月蚀诗》：“八月十五夜，比并不可双。”罗虬《比红儿诗》之四：“若教比并红儿貌，枉破当年国与家。”

【比況】　比拟。权德舆《杂诗五首》之二：“魂交复目断，缥缈难比况。”

【比肩】　❶并肩。杜审言《和李大夫嗣真奉使存抚河东》：“拥传咸翘首，称觞竞比肩。”顾况《露青竹杖歌》：“红尘扑辔汗湿鞯，师子麒麟聊比肩。”韩愈《示儿》：“安能坐如此，比肩于朝儒。”白居易《长相思》：“愿作远方兽，步步比肩行。”❷并列，处同等地位。杜甫《赠李十五丈别》：“孤陋忝末亲，等级敢比肩。”张籍《赠殷山人》：“自古多高迹，如君少比肩。”无可《赠王将军》：“选帅如公议，须知少比肩。”欧阳炯《题景焕画应天寺壁天王歌》：“后来画品列名贤，唯此二人堪比肩。”

【比$_{2}$附】　拿不能相比的东西来勉强相比。灵一《林公》：“谁为竹林贤，风流相比附。”

【比屋】　❶屋连着屋，相邻。亦泛指相邻，紧邻。杜甫《南池》：“芰荷入异县，粳稻共比屋。”❷谓家家户户。韦应物《登高望洛城作》：“膏腴满榛芜，比屋空毁垣。”张仲素《献寿词》：“玉帛殊方至，歌钟比屋闻。”姚合《庄居野行》：“客行野田间，比屋皆闭户。”韩偓《乱后却至近甸有感》：“狂童容易犯金门，比屋齐人作旅魂。”

【比屋皆可封】　谓上古之世教化普及四海，家家均有德，堪受旌表。见《尚书大传》卷五。王维《奉和圣制登降圣观与宰臣等同望应制》：“比屋皆可封，谁家不相庆。”

【比$_{2}$校】　(一jiào)比较、辨别两种以上同事物的异同或高下。卢仝《忆金鹅山沈山人二首》之二：“试自比校得仙者，也应合得天上行。”

【比時】　此时，当时。崔国辅《卫艳词》：“比时遥望君，车马城中出。”

【比倫】　比并，匹敌。寒山《诗三百三首》之五一：“无物堪比伦，教我如何说。”赵嘏《泗上奉送相公》：“语堪铭座默含春，西汉公卿绝比伦。”方干《朱秀才庭际蔷薇》：“绣难相似画难真，明媚鲜妍绝比伦。”李建勋《重台莲》：“斜倚秋风绝比伦，千英和露染难匀。”

【比$_{2}$部】　古代官署名。参见“比$_{2}$部郎中”“比$_{2}$部員外郎”。

【比$_{2}$部郎中】　官名。唐置，为刑部比部司首长，从五品上。掌赋税、经费、俸禄等。陈子昂《送著作佐郎崔融等从梁王东征》序：“时比部郎中唐奉一、考功员外郎李迥秀、著作佐郎崔融并参帷幕之宾，掌书记之任。”杜甫有《赠比部萧郎中十兄》。

【比$_{2}$部員外郎】　官名。唐置，属刑部，从六品上，掌赋税、经费、俸禄等事。王维有《酬比部杨员外暮宿琴台率尔见赠之作》和《同比部杨员外十五夜游有怀静者季》。

【比量】　(一liàng)谓等量齐观。李嘉祐《送舍弟》：“老兄鄙思难俦匹，令弟清词堪比量。”

【比$_{2}$量】　(一liàng)比较。欧阳炯《贯休应梦罗汉画歌》：“若将此画比量看，总在人间为第一。”

【比$_{2}$象】　比拟，比喻。郑谷《京兆府试残月如新月》：“水木辉华别，诗家比象难。”

【比$_{2}$雅】　借指《诗经》。《诗》有风、雅、颂、赋、比、兴六义，故称。陆龟蒙《袭美先辈以龟蒙所献五百言既蒙见和复示荣唱再抒鄙怀用伸酬谢》：“抗韵吟比雅，覃思念棁摘。”

【比歲】　近年。萧颖士《江有归舟三章》序：“且后进而余师者，自贾邕、卢冀之后，比岁举进士登科，名与实皆相望腾迁。”

【比聞】 近闻。杜甫《述怀一首》：“比闻同罹祸，杀戮到鸡狗。”萧涤非注：“比闻，即近闻。”韩愈《泷吏》：“比闻此州囚，亦在生还依。”

【比₂閭】 比、闾本为古代户籍编制的基本单位。见《周礼·地官·大司徒》。后用以指乡里、民间。李绅《拜三川守》：“恭承宠诏临伊洛，静守朝章化比间。”方干《贼退后赠刘将军》：“二年战地成桑苕，千里荒榛作比间。”

【比數】 同情；理睬。高适《行路难二首》之二：“君不见富家翁，旧时贫贱谁比数。”杜甫《秋雨叹三首》之三：“长安布衣谁比数，反锁衡门守环堵。”刘禹锡《酬令狐相公寄贺迁拜之什》：“白发青衫谁比数，相怜只是有梁王。”

【比₂態】 争较姿容。上官仪《和太尉戏赠高阳公》：“倾城比态芳菲节，绝世相娇是六年。”

【比₂德】 指德行、德教可以与之比拟、比配。徐彦伯《仪坤庙乐章·金奏》：“徽猷永远，比德皇英。”宇文融《奉和圣制同日上官命宴都堂赐诗》：“何如偶昌运，比德迈前贤。”韦应物《酬刘侍郎使君》：“孰云俱列郡，比德岂为邻。”钱起《白石枕》：“比德无磷缁，论交亦如此。”

【比鄰】 邻居，近邻。王勃《杜少府之任蜀州》：“海内存知己，天涯若比邻。”杜甫《将赴成都草堂途中有作先寄严郑公五首》之二：“休怪儿童延俗客，不教鹅鸭恼比邻。”戴叔伦《别郑谷》：“朝阳斋前桃李树，手栽清荫接比邻。”陆龟蒙《樵人十咏·樵家》：“草木黄落时，比邻见相喜。”亦引申为“在一起”。卢纶《送陕府王司法》：“谢朓曾为掾，希君一比邻。”

【比₂興】 (—xìng)《诗经》六义中“比”和“兴”的合称。为我国古典诗歌创作的两种传统表现手法。陈子昂《喜马参军相遇醉歌》序：“夫诗可以比兴也。”储光羲《酬李处士山中见赠》：“声尘邈超越，比兴起孤绝。”白居易《读张籍古乐府》：“风雅比兴外，未尝著空文。”亦指运用比兴手法作诗。杜甫《寄岳州贾司马六丈巴州严八使君两阁老五十韵》：“安排求傲吏，比兴展归田。”

【比₂諭】 即比喻。谕，通喻。白居易《草词毕偶成十六韵》：“周回看未足，比谕语难为。”

【比櫛】 像梳篦齿那样密密地排列。皮日休《太湖诗·投龙潭》：“下有水君府，贝阙光比栉。”陆龟蒙《奉酬袭美先辈吴中苦雨一百韵》：“开缄窥宝肆，玑贝光比栉。”

【比謝游】 南朝宋谢灵运有《登池上楼》，内容是抒写自己登永嘉郡池上楼的感受。后以“比谢游”为典，抒发登临山水的感慨。贾岛《登楼》：“赋因王阁笔，思比谢游疏。”

【比翼】 ❶翅膀挨着翅膀(飞翔)。钱起《病鹤篇》：“不及川凫长比翼，随波双泛复双归。”李绅《过梅里七首·翡翠坞》：“直上层空翠影高，还向云间双比翼。”鲍溶《秋思三首》之二：“生世不如鸟，双双比翼翎。”吴融《和韩致光侍郎无题三首十四韵》之二：“木为连枝贵，禽因比翼珍。”亦引申为比肩而行。韦应物《寄中书刘舍人》：“比翼趋丹陛，连骑下南宫。”❷喻夫妇相守不离。崔液《拟古神女宛转歌二首》之一：“愿为双鸿鹄，比翼共翱翔。”权德舆《县君赴兴庆宫朝贺载之奉行册礼固书即事》：“合卺交欢二十年，今朝比翼共朝天。”长孙佐辅《关山月》：“去岁照同行，比翼复连形。”鱼玄机《春情寄子安》：“如松匪石盟长在，比翼连襟会肯迟。”

【比翼鳥】 传说中的神鸟。见《尔雅·释地》。喻恩爱夫妻。白居易《长恨歌》：“在天愿作比翼鸟，在地愿为连理枝。”

【比₂類】 ❶比方，比喻。萧颖士《江有归舟三章》序：“文也者，非云尚形似，牵比类，以局夫俪偶，放于奇靡。”❷比拟，比较。白居易《喜入新年自咏》：“销磨岁月成高位，比类时流是幸人。”方干《送道人归旧岩》：“若把古今相比类，姓丁仙鹤亦如斯。”

五 画

毗 〔pí《广韵》房脂切，平脂，並。《集韵》频脂切，平脂，並。〕❶辅佐。见《书·微子之命》。萧颖士《菊荣一篇五章》之一：“王国是维，大君是毗。”皮日休《补周礼九夏系文·九夏歌九篇·骜夏之歌》：“出作二伯，天子是毗。”❷阿附。见《诗·大雅·板》。顾况《拟古三首》之二：“任彼声势徒，得志方夸毗。”

【毗沙】 参见“毗沙門”。

【毗沙門】 亦作“昆沙門”。为毗沙门天王之省称。佛经所说四天王之一。又名多闻天王，俗称托塔天王，为佛教中护法天神。唐宋时敕诸府、州、军建天王堂奉祀之。段成式《游长安诸寺联句·光宅坊光宅寺·中禅师影堂联句》：“尔如昆沙门，外形如脱履。”亦省作“毗沙”。欧阳炯《题景焕画应天寺壁天王歌》：“毗沙大像何光辉，手擎巨塔凌云飞。”

【毗耶】 亦作“昆耶”。佛教语。❶古印度城名。柳宗元《巽上人以竹闲自采新茶见赠酬之以诗》：“犹同甘露饭，佛事薰毗耶。”陆龟蒙《奉酬袭美早春病中书事》：“欲入昆耶问，无人敌净名。”❷指维摩诘菩萨。亦借指精通佛法、善说佛理之人。白居易《刑部尚书致仕》："唯是名衔人不会，毗耶长者白尚书。"贾岛《和孟逸人林下道情》："毗耶疾未调，已栽天末柏。"

【毗勇】 亦作"毗勇"。野马。赵叔达《星回节避风台骠信命赋》："法驾避星回，波罗毗勇猜。"原注："波罗，虎也。毗勇，野马也。"

【毗富】 亦作"毗富"。梵语。毗富罗山的省称。在今印度比哈尔邦南部。佛经中常以形容广大无际。寒山《诗三百三首》之二八〇："积骨如毗富，别泪成海津。"又《诗三百三首》之二三二："罪业如毗富，岂得免灾毒。"

【毗陵】 亦作"毗陵"。古地名。本春秋时吴地。西汉置县，治所在今江苏常州市。三国吴时，为毗陵典农校尉治所。晋太康二年始置郡，治所移至丹徒。唐为常州，领义兴、无锡、武进等县，治所在今常州市。高适《奉酬睢阳李太守》："广固才登陟，毗陵忽阻修。"皇甫冉《送裴阐》："道向毗陵岂是归，客中谁与换春衣。"马戴《送春坊董正字浙右归觐》："去觐毗陵日，秋残建业中。"徐铉《又绝句寄题毗陵驿》："曾持使节驻毗陵，长与州人有旧情。"亦借指常州刺史。白居易《戏和贾常州醉中二绝句》："闻道毗陵诗酒兴，近来积渐学姑苏。"

【毗岚】 梵语的音译。段成式《和张希复咏宣律和尚袈裟》："南山披时寒夜中，一角不动毗岚风。"

毖 〔bì《广韵》兵媚切，去至，幫。〕❶谨慎。见"毖祀"。❷通"泌"。泉水流貌。见《诗·邶风·泉水》。亦指流泉。李贺《昌谷诗》："乱条迸石岭，细颈喧岛毖。"

【毖祀】 谨慎祭祀。见《书·洛诰》。《郊庙歌辞·周宗庙乐舞辞·观成舞》："毖祀载展，明德有融。"

十三画

毚 〔chán《广韵》士咸切，平咸，崇。又鋤銜切，平銜，崇。〕❶大兔子。陆龟蒙《和袭美江南书情二十韵次韵》："客愁迷旧隐，鹰健想秋毚。"见"毚兔"。❷狡猾。皮日休《江南书情二十韵寄二同年》："作羊宁免狠，为兔即须毚。"见"毚兔"。

【毚兔】 狡兔。王维《戏赠张五弟諲三首》之三："设置守毚兔，垂钓伺游鳞。"

毛 部

毛〔máo《广韵》莫袍切，平豪，明。又莫報切，去号，明。〕❶人体和动植物表皮上所生的丝状物；鸟禽的羽毛。李白《观放白鹰二首》之二："寒冬十二月，苍鹰八九毛。"白居易《曲江感秋二首》之二："独我鬓间毛，昔黑今垂素。"姚合《游春十二首》之六："嫩云轻似絮，新草细如毛。"许棠《野步》："路无人到迹，林有鹤遗毛。"❷借指兽类。见"毛羣"。❸小，微不足道。见"毛髮❷""毛鳌"。❹霉，物体上所生之霉菌。刘鲁风《江西投谒所知为典客所阻因赋》："万卷书生刘鲁风，烟波万里谒文翁。无钱乞与韩知客，名纸毛生不肯通。"❺谓禾苗。韩愈、孟郊《城南联句》："蔬甲喜临社，田毛乐宽征。"齐己《题鹤鸣泉八韵》："冷吞双树影，甘润百毛端。"

【毛女】 ❶秦宫女名。《全唐诗》卷八六二录后人伪托芙蓉古丈夫和毛女《吟》诗二首，诗题后注："古丈夫者，秦时骊山役夫。毛女，秦宫女殉葬骊山者。并以计得脱，入山，食木实。日久毛发绀绿，能凌虚而翔。大中初，有陶太白、尹子虚者，采药入芙蓉峰，遇之。自嫌貌丑怪，返穴易衣，一古服俨雅，一鬟髻敧衣。二子相与倾壶而饮。饮尽，古丈夫折松枝叩壶而吟，毛女和之，赠药而别。"❷传说秦宫人玉姜，入华阴山得道，身体生毛，故称。见旧题《列仙传·毛女》。后常作咏女道士或华山的典故。李商隐《七月二十八日夜与王郑二秀才听雨后梦作》："亦逢毛女无憀极，龙伯擎将华岳莲。"刘得仁《监试莲花峰》："气分毛女秀，灵有羽人踪。"

【毛子白龜】 据传东晋时毛宝部下军人买得白龟而放生，后此人战败投江，得到白龟的救护。见旧题陶潜《搜神后记·放龟》。李瀚《蒙求》："杨生黄雀，毛子白龟。"

【毛孔】 汗孔。卢仝《走笔谢孟谏议寄新茶》："平生不平事，尽向毛孔散。"

【毛皮】 喻虚礼、客套。韩愈《归彭城》："见待颇异礼，未能去毛皮。"钱仲联集释引孔汝听曰："虚礼也。"

【毛仙翁】 指毛于，中唐时传说得道长生的人。见《唐诗纪事》卷八一杜光庭《毛仙翁赠行诗序》。李益、柳公绰、杨於陵、令狐楚等均有《赠毛仙翁》。详见陶敏《全唐诗人名汇考》卷二八三李益此诗考。

【毛竹】 竹的一种。一般高达二三丈，节间距离较短，叶表面绿色，背面淡白色。主要分布于我国长江流域各地山区。可用作建筑材料，亦可制作家具、农具、纸张等。李商隐《武夷山》："武夷洞里生毛竹，老尽曾孙更不来。"方干《送人宰永泰》："道路先经毛竹岭，风烟渐近刺桐花。"

【毛延壽】 西汉画师。曾奉诏为元帝宫人画像，以备元帝据以选宫人入侍。后遂作咏画师的典故。杜甫《能画》："能画毛延寿，投壶郭舍人。"

【毛色】 指禽兽毛的颜色。韩愈《贺张十八秘书得裴司空马》："司空远寄养初成，毛色桃花眼镜明。"白居易《公垂尚书以白马见寄光洁稳善以诗谢之》："毛色鲜明人尽爱，性灵驯善主偏知。"李群玉《青鹢》："须知毛色下，莫入鹭鸶丛。"杜荀鹤《八骏图》："只今恃骏凭毛色，绿耳骅骝赚杀人。"

【毛衣】 ❶禽鸟之羽毛。刘长卿《弄白鸥歌》："泛泛江上鸥，毛衣皓如雪。"元稹《雉媒》："毛衣前后成，一种文章足。"李群玉《野鸭》："瀏鶒借毛衣，喧呼鹰隼稀。"吉师老《鸳鸯》："江岛濛濛烟霭微，绿芜深处刷毛衣。"❷兽之皮毛。白居易《新乐府·西凉伎》："奋迅毛衣摆双耳，如从流沙来万里。"苏拯《猎犬行》："骨长毛衣重，烧残烟草薄。"任要《腊月口号》："虽然有两翅，了自无毛衣。"

【毛羽】 禽鸟之羽毛。杜甫《太平寺泉眼》："三春湿黄精，一食生毛羽。"刘禹锡《酬杨侍郎凭见寄》："十年毛羽摧颓，一旦天书召回。"李绅《过梅里七首·忆西湖双瀏鶒》："徒嗟孔雀衔毛羽，一去东南别离苦。"罗邺《鹦鹉咏》："金笼共惜好毛羽，红觜莫教多是非。"

【毛玠公方】 毛玠，三国魏阵留平丘（今河南封丘县）人，为尚书仆射，主持选举，以公正方直见称。李瀚《蒙求》："山涛识量，毛玠公方。"

【毛明素】 唐诗人。贞观时人。贞观十三年，长安僧法琳被西华观道士秦世英诬告入狱，明素作《与琳法师》诗致意。《全唐诗》卷三八录此诗。

【毛骨】 ❶毛发与骨骼。刘禹锡《桃源行》："俗人毛骨惊仙子，争来致词何至此。"翁绶《白马》："渥洼龙种雪霜同，毛骨天生胆气雄。"唐彦谦《咏葡萄》："胜游记得当年景，清气逼人毛骨冷。"郑賨《天骥呈材》：

"毛骨合天经，拳奇步骤轻。"❷谓人的骨相容貌。岑参《送费子归武昌》："吾观费子毛骨奇，广眉大口仍赤髭。"陈铁民等注："毛骨：谓相貌。"护国《许州郑使君孩子》："毛骨贵天生，肌肤片玉明。"杜荀鹤《顾云侍御出二子请诗因遗一绝》："二雏毛骨秀仍奇，小小能吟大大诗。"韦庄《寄薛先辈》："不说文章与门地，自然毛骨是公卿。"

【毛炳】　五代诗人。洪州丰城(今属江西)人。家贫好学，曾讲学于庐山白鹿洞。嗜酒，醉酒而死。《全唐诗》卷七九五录其《题斋壁》诗断句一联。

【毛彩】　羽毛之色彩。李群玉《大庾山岭别友人》："箕笋无子鸳雏饥，毛彩凋摧不得归。"

【毛毳】　兽的毛皮。元稹《和李校书新题乐府十二首·法曲》："自从胡骑起烟尘，毛毳腥膻满咸洛。"

【毛遂】　战国时平原君门下食客。赵国人。赵孝成王九年，秦围邯郸，平原君至楚求救，选二十人同行，尚缺一人，毛遂自荐同往。平原君与楚王谈判，至日中不决，毛遂按剑上前，陈说利害，楚王遂同意赵、楚一起抗秦。平原君谓："毛先生以三尺之舌，强于百万雄师。"见《史记·平原君列传》。张昌宗《少年行》："白璧赠穰苴，黄金奉毛遂。"窦常《求自试》："陈王抗表日，毛遂请行秋。"高拯《及第后赠试官》："公子求贤未识真，欲将毛遂比常伦。"

【毛遂墮井】　旧题晋葛洪《西京杂记》卷六："昔鲁有两曾参，赵有两毛遂……野人毛遂坠井而死，客以告平原君，平原君曰：'嗟乎，天丧予矣！'既而知野人毛遂，非平原君客也。"后遂用此典表示传闻有误。李白《系寻阳上崔相涣三首》之二："毛遂不堕井，曾参宁杀人。"张祜《江上旅泊呈杜员外》："野人未必非毛遂，太守还须是孟尝。"

【毛熙震】　五代十国后蜀词人。曾为后蜀秘书监。善为词。《全唐诗》卷八九五录其词十三首。

【毛節】　❶朝廷使者用作凭证的符节。独孤及《送李宾客荆南迎亲》："毛节精诚著，铜楼羽翼施。"❷道士用来表示法力的符节。卢纶《太白西峰偶宿车祝二尊师石室》："毛节未归海，丹梯闲倚空。"罗隐《题玄同先生草堂三首》之一："景舆留不得，毛节去应闲。"

【毛褐】　用兽毛或粗麻所织之短衣。亦借指身着褐衣之人。鲍溶《山中冬思二首》之二："幽人毛褐暖，笑就糟床醉。"施肩吾《送端上人游天台》："溪过石桥为险处，路逢毛褐是真人。"李洞《送僧清演归山》："毛褐斜肩背负经，晓思吟入窦山青。"

【毛質】　指禽鸟之羽毛。杜甫《醉歌行》："偶然擢秀非难取，会是排风有毛质。"

【毛髮】　❶人体之毛及头发。李群玉《古镜》："冰辉凛毛发，使我肝胆冷。"聂夷中《客有追叹后时者作诗勉之》："太阳垂好光，毛发悉见形。"王周《游仙都观》："冷杉枯柏路盘空，毛发生寒略略风。"❷特指头发。白居易《和微之诗二十三首·和除夜作》："头上毛发短，口中牙齿疏。"杜牧《洛中送冀处士东游》："祥云绕毛发，高浪开咽喉。"❸喻细小之物。聂夷中《杂兴》："苟或有所愿，毛发亦不容。"

【毛學士】　指毛文锡。文锡年十四登进士第，前蜀高祖时，官翰林学士承旨。见《十国春秋》本传。贯休有《和毛学士舍人早春》。

【毛龜】　南朝梁任昉《述异记》卷上："龟，千年生毛。龟，寿五千年，谓之神龟，万年曰灵龟。"后因以之象征长寿。白居易《喜老自嘲》："毛龟蓍下老，蝙蝠鼠中仙。"

【毛釐】　犹毫厘，形容极其微小。杜牧《昔事文皇帝三十二韵》："金虎知难动，毛厘亦耻言。"

【毛鬢】　即鬓毛，靠近耳边的头发。曹唐《小游仙诗九十八首》之二三："烂煮琼花劝君吃，恐君毛鬓暗成霜。"

三　画

毢　〔sà《广韵》蘇合切，入合，心。〕见"毿毢"。

六　画

毷　〔mù《广韵》莫卜切，入屋，明。又莫角切，入覺，明。〕见"毷毷"。

【毷毷】　思念貌。皮日休《吴中苦雨因书一百韵寄鲁望》："燔炙既芬芬，威仪乃毷毷。"

七　画

毬　〔qiú《广韵》巨鳩切，平尤，羣。〕❶古代泛称游戏用球类。最初以动物毛制成，后以皮为之。韦应物《寒食》："彩绳拂花去，轻毬度阁来。"元稹《春六十韵》："偏沾打毬彩，频得铸钱铜。"李绅《拜三川守》序："又里巷比多恶少，皆免帽散衣，聚为群斗，或差肩追绕击大毬，里言谓之打棍谙论。"贾岛《上邠宁刑司徒》："箭头破帖浑无敌，杖底敲毬远有声。"❷泛称球形物。姚合《对月》："一片黑云何处起，皂罗笼却水精毬。"李贞白《咏刺猬》："行似针毡动，卧若栗毬圆。"归氏子《答日休皮字诗》："八片尖裁浪作毬，火中燖了水中揉。"

【毬子】 即毬。吴融《赴阙次留献荆南成相公三十韵》："场广盘毬子，池闲引钓筒。"

【毬馬】 进行打球游戏时所乘之马。白居易《和春深二十首》之四："飞絮冲毬马，垂杨拂妓车。"

【毬場】 （—chǎng）古代进行击毬游戏的场地。韩翃《赠王随》："更说毬场新雨歇，王孙今日定相邀。"杨巨源《寄申州卢拱使君》："酒坐微酣诸客倒，毬场慢拨几人随。"杜牧《郡斋独酌》："功成赐宴麟德殿，猿超鹘掠广毬场。"花蕊夫人徐氏《宫词》之六六："西毬场里打毬回，御宴先于苑内开。"

【毬獵】 蹴鞠和狩猎。李白《少年行》："君不见淮南少年游侠客，白日毬猎夜拥掷。"雍陶《少年行》："不倚军功有侠名，可怜毬猎少年情。"

毫 〔háo《广韵》胡刀切，平豪，匣。〕❶长而尖的毛；长毛。岑参《太白东溪张老舍即事寄舍弟侄等》："主人东溪老，两耳生长毫。"陈铁民等注："毫，长毛。"白居易《自宾客迁太子少傅分司》："头上渐无发，耳间新有毫。"特指眉毛。雍裕之《赠苦行僧》："幽深红叶寺，清净白毫僧。"李洞《题尼大德院》："台上灯红莲叶密，眉间毫白黛痕销。"❷极纤细的毛。见"毫末""毫芒"。❸指毛笔头，毛笔。岑文本《奉述飞白书势》："飞毫列锦绣，拂素起龙鱼。"戴叔伦《怀素上人草书歌》："驰毫骤墨剧奔驷，满坐失声看不及。"白居易《新乐府·紫毫笔》："搦管趋入黄金阙，抽毫立在白玉除。"刘廓《杨岐山》："欲续丰碑语，含毫恨不才。"❹极细微，一点儿。柳宗元《同刘二十八院长述旧言怀感时书事奉寄澧州张员外使君五十二韵之作因其韵增至八十通赠二君子》："岂知千仞坠，只为一毫差。"刘禹锡《和令狐相公南斋小宴听阮咸》："一毫不平意，幽怨古犹今。"李德裕《寒食日三殿侍宴奉进诗一首》："禄秩荣三事，功勋乏一毫。"白居易《寄卢少尹》："将欲致千里，可得差一毫。"❺长度单位。十丝为一毫，十毫为一厘。见"毫米"。

【毫毛】 人或鸟兽身上的细毛和长毛。喻轻微细小。李涉《寄河阳从事杨潜》："当时天下无甲兵，虽闻赋敛毫毛轻。"

【毫光】 如毫毛一样四射的光线。广宣《红楼院应制》："红楼疑见白毫光，寺逼宸居福盛唐。"伊梦昌《凤》："毫光洒风雨，纹彩动云霓。"吕岩《七言》之二八："九鼎先辉双瑞气，三元中换五毫光。"又《酹江月》词："水虎潜形，火龙伏体，万丈毫光烈。"

【毫末】 ❶毫毛之末端。喻极细微。李白《赠别从甥高五》："天地一浮云，此身乃毫末。"戴叔伦《过珥渎单老》："毫末成围海变田，单家依旧住溪边。"白居易《紫藤》："毫末不早辨，滋蔓信难图。"陆龟蒙《二遗诗》："谁从毫末见参天，又到苍苍化石年。"❷指笔端。杜甫《奉观严郑公厅事岷山沱江画图十韵》："岭雁随毫末，川蜺饮练光。"仇兆鳌注："毫末，谓画笔。练光，谓画绢。"柳宗元《杨尚书寄郴笔辄献长句》："桂阳卿月光辉遍，毫末应传顾兔灵。"

【毫芒】 毫毛的细尖，喻极细微。高适《单父逢邓司仓覆仓库因而有赠》："举杯挹山川，寓目穷毫芒。"韩愈《调张籍》："流落人间者，太山一毫芒。"刘禹锡《泽宫诗》："千里之差，起于毫芒。"

【毫相】 （—xiàng）佛教语。佛教谓佛眉间有白毛，内外映彻如白琉璃，称为白毫相，简称毫相，为如来三十二相之一。李绅《开元寺》："十层花宇真毫相，数仞峰峦闷月扉。"

【毫素】 指写字作画用的白色细绢。杜甫《奉先刘少府新画山水障歌》："对此融心神，知君重毫素。"

【毫翰】 指毛笔。亦借指文字、文章、书信等。褚亮《伤始平李少府正己》："精灵与毫翰，千祀寿何人。"卢照邻《酬张少府柬之》："毫翰风期阻，荆衡云路深。"沈佺期《伤王学士》："目绝毫翰洒，耳无歌讽期。"孟浩然《洗然弟竹亭》："逸气假毫翰，清风在竹林。"

【毫管】 指毛笔。陆龟蒙《纪梦游甘露寺》："云涛触风望，毫管和烟搦。"

【毫端】 ❶细毛的末端，喻极细微。欧阳詹《早秋登慈恩寺塔》："毫端分马颊，墨点辨蛾眉。"方干《酬将作于少监》："由来至宝出毫端，五色炎光照室寒。"贯休《谢卢少卿惠千文》："寄谢天地间，毫端皆我有。"❷犹言笔底、笔下。杜甫《殿中杨监见示张旭草书图》："念昔挥毫端，不独观酒德。"欧阳炯《题景焕画应天寺壁天王歌》："唐朝说著名公画，周昉毫端善图写。"

【毫髮】 ❶毛发。李白《赠清漳明府侄聿》："清光洞毫发，皎洁照群情。"元稹《酬卢秘书》："凭君毫发鉴，莫遣翳莓苔。"卢仝《月蚀诗》："东海出明月，清明照毫发。"❷喻微小、细微。崔湜《景龙二年言志》："毫发顾无累，冰壶邈自持。"李白《庐山东林寺夜怀》："宴坐寂不动，大千入毫发。"元稹《酬刘猛见送》："一为毫发忤，十载山川遥。"杜牧《寝夜》："纷纷毫发事，多少宦游难。"陆龟蒙《感事》："初因起毫发，渐可离骨肉。"

【毫墨】 笔和墨。吴融《赠䛒光上人草书歌》："可中一入天子国，络素裁缣洒毫墨。"

【毫釐】 毫和厘均为微小的度量单位，故以"毫釐"喻微细。韦应物《学仙二首》之二："可怜二弟仰天泣，一失毫厘千万年。"白居易《同微之赠别郭虚舟炼师五十韵》："万寿觊刀圭，千功失毫厘。"杜牧《和野人殷潜之题筹笔驿十四韵》："艰难同草创，得失计毫厘。"徐夤《郡侯坐上观琉璃瓶中游鱼》："薄雾罩来分咫尺，碧绡笼处较毫厘。"

八　画

毳〔cuì《广韵》此芮切，去祭，清。又楚税切，去祭，初。〕❶鸟兽之细毛。杜甫《陪李金吾花下饮》："见轻吹鸟毳，随意数花须。"孟郊《赠万年陆郎中》："徘徊尘俗中，短毳无辉光。"白居易《香山居士写真诗》："鹤毳变玄发，鸡肤换朱颜。"鲍溶《子规》："胡为托幽命，庇质无完毳。"❷指兽毛皮。亦指用毛皮或毛织品所制的衣服。王建《花褐裘》："对织芭蕉雪毳新，长缝双袖窄裁身。"殷益《看牡丹》："拥毳对芳丛，由来趣不同。"

【毳布】　古代少数民族所织毛布。皇甫冉《怨回纥二首》之一："毳布腥膻久，穹庐岁月多。"

【毳衣】　❶用毛皮制的衣服。李敬方《太和公主还宫》："金殿更戎幄，青祛换毳衣。"❷僧服的一种。李洞《送行脚僧》："毳衣沾雨重，棕笠看山敧。"

【毳客】　指僧人。李洞《春日隐居官舍感怀》："苔房毳客论三学，雪岭巢禽看两衙。"

【毳衲】　用毛织的僧衣。亦借指僧人。罗究《清明赤水寺居》："蓑衣毳衲诚吾党，自结村园一社贫。"

【毳袍】　用毛制的僧袍。李中《访龙光智谦上人》："竹影摇禅榻，茶烟上毳袍。"贯休《山居诗二十四首》之二二："岂知知足金仙子，霞外天香满毳袍。"亦借指僧人。齐己《喜得自牧上人书》："吴都使者泛惊涛，灵一传书慰毳袍。"

【毳帐】　游牧民族所居毡帐。刘禹锡《送工部张侍郎入蕃吊祭》："毳帐差池见，乌旗摇曳前。"殷文圭《边将别》："行行独止干戈域，毳帐望谁为主人。"

【毳幕】　少数民族所居毡帐。幕，亦作"幙"。《文选·李陵〈答苏武书〉》："韦韝毳幙，以御风雨。"令狐楚《王昭君》："锦车天外去，毳幕雪中开。"许浑《破北虏太和公主归宫阙》："毳幕承秋极断蓬，飘飖一剑黑山空。"韩琮《京西即事》："豺狼毳幕三千帐，貔虎金戈十万军。"

【毳簾】　毛织的帘子。白居易《别毡帐火炉》："毳帘逐日卷，香燎随灰灭。"

【毳廬】　毛皮做的帐篷。杨巨源《和吕舍人喜张员外自北番回至境上先寄二十韵》："毳庐同甲帐，韦橐比雕盘。"

【毳囊】　皮囊，皮制袋子。贯休《书无相道人庵》："白鹿眠枯叶，清泉洒毳囊。"

毰〔péi《广韵》薄回切，平灰，並。〕见"毰毸"。

【毰毸】　鸟羽张开貌。储光羲《射雉词》："幂房疏蒿下，毰毸深丛里。"刘禹锡《养鸷词》："毰毸止林表，狡兔自南北。"温庭筠《鸿胪寺偶成四十韵》："毰毸碧鸡斗，茏葱翠雉场。"韩偓《从猎三首》之三："蹀躞巴陵骏，毰毸碧野鸡。"

毯〔tǎn《广韵》吐敢切，上敢，透。〕用于铺垫的较厚的毛织品。王涯《宫词三十首》之一三："白雪猧儿拂地行，惯眠红毯不曾惊。"白居易《春题湖上》："碧毯线头抽早稻，青罗裙带展新蒲。"韩偓《玩水禽》："向阳眠处莎成毯，蹋水飞时浪作梯。"

九　画

毷〔mào《集韵》莫報切，去号，明。〕见"毷氉"。

【毷氉】　烦恼，郁闷。韦庄《买酒不得》："停尊待尔怪来迟，手挈空瓶毷氉归。"

毸〔sāi《广韵》素回切，平灰，心。《集韵》桑才切，平咍，心。〕见"毰毸"。

毹〔yú 又读 shū《广韵》山芻切，平虞，生。《中原音韵》音魚，平魚，模。〕亦作"毺"。见"氍毹"。

毺同"毹"。

十　画

毾〔tà《广韵》吐盍切，入盍，透。〕见"毾㲪""毾㲩"。

【毾㲪】　指用鸟毛衬垫的鞋的复底。韩屿《赠进士李守微》："舄曳鹤毛乾毾㲪，杖携筇节瘦槎牙。"

【毾㲩】　一种质地细密的毛毡，多用于铺垫。李贺《宫娃歌》："象口吹香毾㲩暖，七星挂城闻漏板。"叶葱奇注："'毾㲩'……即现在的地毯。"

十一画

氂〔máo《广韵》莫袍切，平豪，明。〕❶牦牛。见"氂牛"。❷长毛。贯休《上卢使君二首》之一："鄱阳黎庶还堪羡，头有重天足有牦。"

【氂牛】　即牦牛。体矮身健，毛长。耐寒。杜甫《锦树行》："青草萋萋尽枯死，天马跂足随牦牛。"韦应物《棕榈蝇拂歌》："文如轻罗散如发，马尾牦牛不能絜。”

【氂缨】 以毛做的帽带。古时大臣犯罪时用之，以示自请罪谴。白居易《长恨歌》引陈鸿《长恨歌传》：“国忠奉氂缨盘水，死于道周。”

毵 〔sān《广韵》蘇含切，平覃，心。〕亦作“毶”。见“毵珊”“毵娑”“毵毵”。

【毵珊】 须发长而卷曲貌。鲍溶《萧史图歌》：“胡髯毵珊云髻光，翠蕤皎洁琼华凉。”

【毵毸】 下垂貌。韩愈《月蚀诗效玉川子作》：“于菟蹲于西，旗旄卫毵毸。”

【毵毵】 亦作“毶毶”。垂拂纷披貌；细长貌。寒山《诗三百三首》之一三〇：“樱桃红烁烁，杨柳正毵毵。”戎昱《采莲曲二首》之二：“涔阳女儿花满头，毵毵同泛木兰舟。”刘商《柳条歌送客》：“毵毵拂人行不进，依依送君无远近。”施肩吾《春日钱塘杂兴二首》之一：“酒姥溪头桑袅袅，钱塘郭外柳毵毵。”徐铉《柳枝词十首》之三：“长爱龙池二月时，毵毵金线弄春姿。”

毶 同“毵”。

十二画

毻 〔rǒng《广韵》而隴切，上腫，日。〕毻毛，鸟兽之贴近皮肤的柔软细毛。韩愈、孟郊《会合联句》：“块然堕岳石，飘尔罥巢毻。”

氅 〔chǎng《广韵》昌兩切，上養，昌。〕鸟雀羽毛。亦泛指用鸟羽制成的外衣、外套大衣。李商隐《四年遂作忆雪又作残雪诗各一百言以寄情游旧·忆雪》：“映书孤志业，披氅阻神仙。”皮日休《初冬偶作寄南阳润卿》：“唯待支硎最寒夜，共君披氅访林公。”

毴 〔tóng《集韵》徒東切，平東，定。〕见“毴氋”。

【毴氋】 毛松散貌，委顿貌。寒山《诗三百三首》之一一〇：“恰似羊公鹤，可怜生毴氋。”陆龟蒙《奉和袭美公斋四咏次韵·鹤屏》：“曾无毴氋态，颇得连轩样。”

十三画

氋 〔méng《集韵》謨蓬切，平東，明。〕见“毴氋”。

毷 〔sào《玉篇》蘇到切。〕见“毸毷”。

氈 〔zhān《广韵》諸延切，平仙，章。〕用动物毛制成的块片状物品。王维《胡居士卧病遗米因赠》：“床上无毡卧，鬲中有粥否。”李端《胡腾儿》：“扬眉动目踏花毡，红汗交流珠帽偏。”白居易《偶眠》：“妻教卸乌帽，婢与展青毡。”郑谷《前寄左省张起居一百言寻蒙唱酬见誉过实却用旧韵重答》：“预愁摇落后，子美笑无毡。”

【氈包】 亦作“氊包”。用兽毛编织的或用毛毡缝制的包。韩愈《石鼓歌》：“毡包席裹可立致，十鼓只载数骆驼。”

【氈車】 亦作“氊车”。以毛毡为篷的车子。花蕊夫人徐氏《宫词》之九三：“明朝驾幸游蚕市，暗使毡车就苑门。”无名氏《胡笳曲》(卷七八六)：“月明星稀霜满野，毡车夜宿阴山下。”

【氈穹】 即“氈帳”。李如璧《明月》：“昭君失宠辞上宫，蛾眉婵娟卧毡穹。”

【氈房】 即“氈帳”。戴叔伦《昭君词》：“汉家宫阙梦中归，几度毡房泪湿衣。”

【氈城】 古代匈奴等游牧民族所居毡帐的集中地。张籍《送和蕃公主》：“毡城南望无回日，空见沙蓬水柳春。”

【氈根】 羊肉的别称。薛昭纬《谢银工》：“一楪毡根数十皴，盘中犹更有红鳞。”

【氈帳】 ❶毡制的帐篷。戎昱《听杜山人弹胡笳》：“更闻出塞入塞声，穹庐毡帐难为情。”刘商《胡笳十八拍·第五拍》：“毡帐时移无定居，日月长兮不可过。”白居易《池边即事》：“毡帐胡琴出塞曲，兰塘越棹弄潮声。”亦指北方少数民族。冯著《洛阳道》：“皮裘毡帐不相识，万户千门闭春色。”❷毡制帷幔。白居易《夜招晦叔》：“碧毡帐上正飘雪，红火炉前初炷灯。”又《府酒五绝·招客》：“碧毡帐下红炉畔，试为来尝一醆看。”又《酒熟忆皇甫十》：“今冬问毡帐，雪里为谁开？”

【氈帽】 用毡制的帽子。卢延让《句》：“臂鹰健卒悬毡帽，骑马佳人卷画衫。”

【氈毯】 用毛毡制成的毯子。白居易《青毡帐二十韵》：“软暖围毡毯，枪枞束管弦。”

【氈裘】 ❶指我国古代北方游牧族以皮毛制成的衣服。张籍《陇头行》：“去年中国养子孙，今著毡裘学胡语。”❷借指我国古代北方游牧民族或其君长。耿沣《凉州词》：“毡裘牧马胡雏小，日暮蕃歌三两声。”刘禹锡《送浑大夫赴丰州》：“毡裘君长迎风驭，锦带酋豪踏雪衙。”白居易《新乐府·城盐州》：“自筑盐州十余载，左衽毡裘不犯塞。”徐夤《酒胡子》：“恰与真相似，毡裘满颔须。”

【氈褥】 用毡制的垫褥。白居易《和春深二十首》之十八：“青衣传毡褥，锦绣一条斜。”

【氈履】 用毡制的鞋。白居易《洗竹》：“布裘寒拥颈，毡履温承足。”

【氈牆】 毡帐之壁。借指毡帐。岑参《首秋轮台》：“雨拂毡墙湿，风摇毳幕膻。”

【氈騎】 胡骑，北方游牧民族之骑兵。皎然《塞下曲二首》之二：“旄竿瀚海扫云出，毡骑天山蹋雪归。”

氊 同“氈”。

十四画

氎 〔lán《字彙》盧監切。〕亦作“㲯”。纷披貌。引申为破烂。施肩吾《贫客吟》：“㲯毵敝衣无处结，寸心耿耿如刀切。”

十八画

氍 〔qú《广韵》其俱切，平虞，羣。〕见“氍毹”。

【氍毹】 亦作“氍毺”。一种用毛或毛与其他材料混织的毯子。岑参《田使君美人舞如莲花北鋋歌》：“高堂满地红氍毹，试舞一曲天下无。”又《玉门关盖将军歌》：“暖屋绣帘红地炉，织成壁衣花氍毹。”李贺《秦宫诗》：“鸾篦夺得不还人，醉睡氍毹满堂月。”陆龟蒙《和袭美寒日书斋即事三首每篇各用一韵》之一：“唯求薏苡供僧食，别著氍毹待客床。”

【氍毺】 参见“氍毹”。

二十二画

氎 〔dié《广韵》徒协切，入帖，定。〕细毛布；细棉布。刘言史《王中丞宅夜观舞胡腾》：“织成蕃帽虚顶尖，细氎胡衫双袖小。”

【氎巾】 细棉布巾。杜甫《大云寺赞公房四首》之二：“细软青丝履，光明白氎巾。”

【氎花】 木棉或草棉之花。皎然《送简栖上人之建州觐使君舅》：“氎花新雨净，帆叶好风轻。”

【氎裘】 细布棉袄。白居易《卯饮》：“短屏风掩卧床头，乌帽青毡白氎裘。”

氏 部

氏 〔shì《广韵》承紙切，上紙，禪。〕❶上古贵族表明宗族的称号，为姓的分支。汉魏以后，姓与氏合，氏亦即姓。杨浚《广武怀古》："天夺项氏谋，卒成汉家业。"岑参《敷水歌送窦渐入京》："罗敷昔时秦氏女，千载无人空处所。"柳宗元《哭连州凌员外司马》："凌人古受氏，吴世夸雄姿。"❷家族。亦指家。韩愈《谁氏子》："非痴非狂谁氏子，去入王屋称道士。"元稹《感梦》："同行复一人，不识谁氏子。"韦庄《官庄》："谁氏园林一簇烟，路人遥指尽长叹。"❸位于姓或姓名字号后作为敬称。李峤有《天官崔侍郎夫人吴氏挽歌》。杜甫《入奏行赠西山检察使窦侍御》："吐蕃凭陵气颇粗，窦氏检察应时须。"❹位于亲属、尊长之后作为尊称。杜甫《阆州东楼筵奉送十一舅往青城县得昏字》："今我送舅氏，万感集清尊。"李商隐《井泥四十韵》："昨日主人氏，治井堂西陲。"❺朝代或称氏。韦应物《骊山行》："秦川八水长缭绕，汉氏五陵空崔嵬。"❻古代少数民族支系或称氏。刘禹锡《韩十八侍御见示岳阳楼别窦司直诗因令属和重以自述故足成六十二韵》："名雄七泽薮，国辨三苗氏。"❼对从事某种学术或职业之人的称呼。元稹《和乐天赠樊著作》："如何至近古，史氏为闲官。"白居易《和答诗十首·和阳城驿》："然后告史氏，旧史有前规。"徐夤《咏笔二首》之一："史氏只应归道直，江淹何独偶灵通。"

一 画

民 〔mín《广韵》彌鄰切，平真，明。〕❶民众，百姓。杜甫《送顾八分文学适洪吉州》："邦以民为本，鱼饥费香饵。"韩愈《送惠师》："顾我却兴叹，君宁异于民。"白居易《村居苦寒》："竹柏皆冻死，况彼无衣民。"贯休《送吏部刘相公除东川》："帝念梓州民，年年战伐频。"❷民间的，非官方的。见"民田""民間""民俗"。

【民力】 民众的力量、物力、财力。文丙《柳》："只因隋帝植，民力几销磨。"唐彦谦《宿田家》："民膏日已瘠，民力日愈弊。"

【民田】 民家私有的田地。与官田对称。周贺《送康绍归建业》："帝业空城在，民田坏冢多。"曹松《古冢》："民田侵不尽，客路踏还平。"

【民心】 百姓的思想、情感、愿望等。黄损《读史》："帝道云龙合，民心草木春。"

【民户】 民家，百姓。《雒县舆人诵》："民户流散日月曛，君去来兮惠我仁，百姓苏矣见阳春。"

【民柄】 对臣民的赏罚之权。古之奇《秦人谣》："奸臣弄民柄，天子恣衷抱。"

【民俗】 民间的风俗习惯。白居易《开成大行皇帝挽歌词四首奉敕撰进》之一："制度移民俗，文章变国风。"

【民食】 百姓的食粮。聂夷中《古兴》："唐虞贵民食，只是勤播种。"

【民曹】 即户部。白居易《戏赠户部李巡官》："好去民曹李判官，少贪公事且谋欢。"参见"民部"。

【民欲】 民众的欲望。皮日休《吴中苦雨因书一百韵寄鲁望》："我公大司谏，一切从民欲。"

【民疵】 百姓疾苦。周昙《咏史诗·三代门·周公》："仍闻吐握延儒素，犹恐民疵未尽知。"

【民望】 民众的情绪、愿望。白居易《喜钱左丞再除华州以诗伸贺》："民望恳难夺，天心慈易回。"李频《送鄂渚韦尚书赴镇》："执宪倾民望，衔恩赴主忧。"

【民部】 官署名。掌管全国土地、户籍、赋税、财政收支等事务的官署。罗隐《投浙东王大夫二十韵》："啸傲辞民部，雍容出帝乡。"

【民間】 人民群众中间。与官府相对。黄滔《寄献梓橦山侯侍御》："汉宫行庙略，簪笏落民间。"

【民冢】 民间坟塚。王贞白《金陵怀古》："御路叠民冢，台基聚牧童。"

【民膏】 喻百姓用血汗创造出来的财富。唐彦谦《宿田家》："民膏日已瘠，民力日愈弊。"

【民瘼】 百姓的疾苦。太宗《出猎》："所为除民瘼，非是悦林丛。"皇甫曾《送徐大夫赴南海》："海内求民瘼，城隅见岛夷。"

【民籍】 居民的户籍。亦指有户籍的居民。杜牧《分司东都寓居履道叨承川尹刘侍郎大夫恩知上四十韵》："马群先去害，民籍更添丁。"

氐 〔dī《广韵》都溪切，平齊，端。〕我国少数民族之一。在今西北一带。东晋时建立过前秦、后凉政权。陈羽《冬晚送友人使西蕃》："驿使向天西，巡羌复入氐。"李商隐《井泥四十韵》："长戟乱中原，何妨起戎氐。”

【氐羌】 为我国少数民族氐族和羌族的并称。皎然《陇头水二首》之二：“秦陇逼氐羌，征人去未央。”韩愈、李正封《晚秋郾城夜会联句》：“大野纵氐羌，长河浴骝骆。”

【氐種】（—zhǒng）指羌人。杜甫《愁坐》：“葭萌氐种迥，左担犬戎屯。”仇兆鳌注：“氐种，指羌人。犬戎，指吐蕃。”参见“氐羌”。

四 画

氓 〔méng《广韵》莫耕切，平耕，明。〕民，百姓。刘禹锡《送李策秀才还湖南因寄幕中亲故兼简衡州吕八郎中》：“一挥出营阳，惠彼嗤嗤氓。”孟郊《峡哀》之九：“峡旅多窜官，峡氓多非良。”

【氓心】 民心。杜甫《奉赠卢五丈参谋》：“邻好艰难薄，氓心杼轴焦。”

【氓俗】 泛称百姓。氓，农民；俗，市民。贯休《避地毗陵上王慥使君》：“辛苦苏氓俗，端贞答盛朝。”

气　部

四　画

氛〔fēn《广韵》符分切，平文，奉。又撫文切，平文，敷。〕❶雾气；云气。褚亮《晚别乐记室彦》："雾色侵虚牖，霜氛冷薄帷。"李白《答杜秀才五松见赠》："爱听松风且高卧，飕飕吹尽炎氛过。"韩愈《琴操十首·龟山操》："龟之氛兮，不能云雨。"潘佐《送人往宣城》："江畔送行人，千山生暮氛。"❷妖气，不祥之气。借指战事。杜甫《送灵州李判官》："血战乾坤赤，氛迷日月黄。"郭澹《喜陆侍御破石埭草寇东峰亭赋诗》："迥夜昏氛灭，危亭眺望雄。"刘禹锡《南海马大夫远示著述兼酬拙诗时蔡戎未弭故见于篇末》："闻道楚氛犹未灭，终须旌旆扫云雷。"❸指尘俗之气。厉玄《缑山月夜闻王子晋吹笙》："缑山明月夜，岑寂隔尘氛。"贾岛《过杨道士居》："先生修道处，茆屋远嚣氛。"

【氛妖】　妖气。喻指敌寇。杜甫《寄董卿嘉荣十韵》："云台画形像，皆为扫氛妖。"

【氛昏】　云雾，烟霭。杜甫《柴门》："萧飒洒秋色，氛昏霾日车。"亦喻指昏愦惑乱之人。苏颋《奉和圣制过晋阳宫应制》："隋运与天绝，生灵厌氛昏。"李白《书情题蔡舍人雄》："皇穹雪冤枉，白日开氛昏。"

【氛沴】　毒气。喻敌寇或坏人。太宗《经破薛举战地》："一挥氛沴静，再举鲸鲵灭。"皇甫澈《赋四相诗·中书令钟绍京》："青宫阊阖启，涤秽氛沴灭。"

【氛垢】　尘雾。王维《新晴野望》："新晴原野旷，极目无氛垢。"

【氛埃】　❶污浊之气和尘埃。宋之问《龙门应制》："宿雨霁氛埃，流云度城阙。"杜甫《渼陂行》："主人锦帆相为开，舟子喜甚无氛埃。"徐敞《赋得金茎露》："拂曙氛埃敛，凌空沆瀣清。"陆龟蒙《奉和袭美茶具十咏·煮茶》："倾余精爽健，忽似氛埃灭。"❷借指尘世或俗念。武三思《仙鹤篇》："迢迢碧落断氛埃，霞堂云阁几重开。"王绩《北山》："旧知山里绝氛埃，登高日暮心悠哉。"皎然《杂兴六首》之四："独高庭中鹤，意远贵氛埃。"❸喻妖氛或战机。杜甫《入衡州》："氛埃期必扫，蚊蚋焉能当。"白居易《和答诗十首·和古社》："天明至其所，清旷无氛埃。"胡曾《独不见》："玉关一自有氛埃，年少从军竟未回。"

【氛祲】　❶雾气。杜甫《诸将五首》之四："回首扶桑铜柱标，冥冥氛祲未全销。"韩偓《暴雨》："气凉氛祲消，署退松篁健。"❷妖氛。喻战事。王维《奉和圣制送不蒙都护兼鸿胪卿归安西应制》："万方氛祲息，六合乾坤大。"杜甫《送杨六判官使西蕃》："帝京氛祲满，人世别离难。"权德舆《安语》："岩岩五岳镇方舆，八极廓清氛祲除。"

【氛煙】　犹烽烟。喻战火。皎然《奉送袁高使君诏征赴行在效曹刘体》："天子幸汉中，镮辕阻氛烟。"杨巨源《观打球有作》："欲令四海氛烟静，杖底纤尘不敢生。"

【氛氲】　❶盛貌。见《文选·谢惠连〈雪赋〉》。李峤《宝剑篇》："淬绿水，鉴红云，五采焰起光氛氲。"高适《酬马八效古见赠》："深崖无绿竹，秀色徒氛氲。"羊士谔《题枇杷树》："珍树寒始花，氛氲九秋月。"李绅《上党奏庆云见》："从风忽萧索，依汉更氛氲。"❷云雾弥漫、朦胧貌。孟浩然《寻香山湛上人》："氛氲亘百里，日入行始至。"高适《同李九士曹观壁画云作》："秋天万里一片色，只疑飞尽犹氛氲。"刘长卿《哭魏兼遂》："岁时长寂寞，烟月自氛氲。"温庭筠《宿松门寺》："白石青崖世界分，卷帘孤坐对氛氲。"❸指浓郁的烟气或香气。卢照邻《长安古意》："娼家日暮紫罗裙，清歌一啭口氛氲。"韩愈《醉赠张秘书》："酒味既冷冽，酒气又氛氲。"鲍溶《辞辇行》："千年名姓香氛氲，渐台水死何伤闻。"徐铉《北苑侍宴杂咏诗·菊》："细丽披金彩，氛氲散远馨。"❹比喻心情缭乱。李白《鸣皋歌送岑征君》："望不见兮心氛氲，萝冥冥兮霰纷纷。"邬载《送萧颖士赴东府得君字》："宗师忽千里，使我心氛氲。"李益《秋晚溪中寄怀大理齐司直》："浩思凭尊酒，氛氲独含辞。"温庭筠《咏寒宵》："晻暖遥相属，氛氲积所思。"❺用于形容词之后，强调形容词所表示的性质、状态。岑参《高冠谷口招郑鄠》："衣裳与枕席，山霭碧氛氲。"白居易《庚顺之以紫霞绮远赠以诗答之》："千里故人心郑重，一端香绮紫氛氲。"又《朱陈村》："去县百余里，桑麻青氛氲。"陈上美《咸阳有怀》："山连河水碧氛氲，瑞气东移拥圣君。"

【氛滓】　污秽之气。于颉《和丘员外题湛长史旧居》："萧条历山下，水木无氛滓。"

【氛霓】　妖气。见《后汉书·崔骃传》。许敬宗《奉和宴中山应制》:"一举氛霓静,千龄德化流。"

【氛翳】　阴霾之气。李白《答高山人兼呈权顾二侯》:"应运生夔龙,开元扫氛翳。"杜甫《八哀诗·赠秘书监江夏李公邕》:"例及吾家诗,旷怀扫氛翳。"

【氛雾】　❶雾气。崔曙《颍阳东溪怀古》:"灵溪氛雾歇,皎镜清心颜。"皇甫冉《雨雪》:"山川迷向背,氛雾失旌旗。"❷喻世道混乱或战乱。太宗《饮马长城窟行》:"扬麾氛雾静,纪石功名立。"李白《荆州贼平临洞庭言怀作》:"关河望已绝,氛雾行当扫。"高适《同吕员外酬田著作幕门军西宿盘山秋夜作》:"能使勋业高,动令氛雾屏。"

【氛霾】　云烟,阴霾。韩偓《感事三十四韵》:"氛霾言下合,日月暗中悬。"

【氛霭】　烟霭,雾气。萧颖士《蒙山作》:"清秋净氛霭,崖崿隐天起。"皎然《奉陪郑使君谔游太湖至洞庭山登上真观却望湖水》:"气吞江山势,色净氛霭无。"

六　画

氤　〔yīn《广韵》於真切,平真,影。〕见"氤氲"。

【氤氲】　❶古代指阴阳二气交会和合之状。亦指阴阳之气。皎然《步虚词》:"谓我有仙骨,且令饵氤氲。"徐夤《府主仆射王抟生日》:"熊罴先兆庆垂休,天地氤氲瑞气浮。"❷迷茫貌;弥漫貌。张九龄《湖口望庐山瀑布泉》:"灵山多秀色,空水共氤氲。"崔何《东峰亭各赋一物得岭上云》:"渐向群木尽,残飞更氤氲。"鲍溶《怀远人》:"瑶草难远寄,西风气氤氲。"郭邕《洛出书》:"氤氲瑞彩浮,左右灵仪廓。"❸浓烈的气味。多指香气。李白《捣衣篇》:"摘尽庭兰不见君,红巾拭泪生氤氲。"吕岩《七言》之五三:"恰值嫦娥排宴会,瑶浆新熟味氤氲。"❹心情缭乱貌。裴度、李绅《刘二十八自汝赴左冯途经洛中相见联句》:"穷阴初莽苍,离思渐氤氲。"

氣　〔qì《广韵》去既切,去未,溪。〕❶云气。孟浩然《望洞庭湖赠张丞相》:"气蒸云梦泽,波撼岳阳城。"杜甫《八月十五夜月二首》之二:"气沈全浦暗,轮仄半楼明。"白居易《春雪》:"寒销春茫苍,气变风凛冽。"李商隐《细雨》:"气凉先动竹,点细未开萍。"❷节气;气候。冯著《行路难》:"春秋四气更回换,人事何须再三叹。"韩愈《人日城南登高》:"初正候才兆,涉七气已弄。"穆寂《冬至日祥风应候》:"节逢清景至,占气二仪中。"❸气味。杜审言《代张侍御伤美人》:"应怜脂粉气,留著舞衣中。"韩愈《醉赠张秘书》:"酒味既冷冽,酒气又氛氲。"冯道之《山中作》:"桂气满阶庭,松阴生枕席。"❹呼吸;气息。王翰《飞燕篇》:"长信忧人气欲绝,君王歌吹终不歇。"元结《春陵行》:"出言气欲绝,意速行步迟。"颜令宾《临终召客》:"气余三五喘,花剩两三枝。"❺指人、物的属性或一定的天然特点。语本《易·乾》:"同声相应,同气相求。"太宗《入潼关》:"别有真人气,安知名不名。"韩愈《秋怀诗十一首》之二:"运行无穷期,禀受气苦异。"贯休《古意九首》之六:"我愿君子气,散为青松栽。"❻中国古代哲学概念。朴素唯物主义者用以指构成宇宙万物的物质性的东西;主观唯心主义者用以指主观精神。孟浩然《送告八从军》:"男儿一片气,何必五车书。"玄宗《为赵法师别造精院过院赋诗》序:"法师得玄元之法,养浩然之气。"王毂《赠苍溪王明府有文在手曰长生》:"但以酒养气,何言命在天。"孟郊《送别崔寅亮下第》:"天地唯一气,用之自偏颇。"❼指人的精神状态、情绪。杜甫《后出塞五首》之四:"主将位益崇,气骄凌上都。"白居易《秦中吟十首·轻肥》:"食饱心自若,酒酣气益振。"司空图《诗品二十四则·劲健》:"行神如空,行气如虹。"吴融《赴阙次留献荆南成相公三十韵》:"神清餐沆瀣,气逸饮洪濛。"特指勇气;豪气。杜甫《寄岳州贾司马六丈巴州严八使君两阁老五十韵》:"万方思助顺,一鼓气无前。"❽气度,气质,气概。李白《赠瑕丘王少府》:"皎皎鸾凤姿,飘飘神仙气。"杜甫《杨监又出画鹰十二扇》:"疾禁千里马,气敌万人将。"温庭筠《题李卫公诗二首》之一:"肉视具僚忘匕箸,气吞同列削寒温。"皮日休《送令狐补阙归朝》:"文如日月气如虹,举国重生正始风。"❾气势。孟浩然《与张折冲游耆阇寺》:"因君振嘉藻,江楚气雄哉。"李华《寄赵七侍御》:"势排昊苍上,气压吴越雄。"杜甫《阆山歌》:"那知根无鬼神会,已觉气与嵩华敌。"❿景象,气氛。杜甫《秋兴八首》之一:"玉露凋伤枫树林,巫山巫峡气萧森。"又《无家别》:"人行见空巷,日瘦气惨凄。"⓫气恼,生气。白居易《元和十二年淮寇未平诏停岁仗愤然有感率尔成章》:"不分气从歌里发,无明心向酒中生。"⓬犹言光芒。杜甫《咏怀二首》之一:"夜看丰城气,回首蛟龙池。"贾岛《代边将》:"三尺握中铁,气冲星斗牛。"韦庄《和李秀才郊墅早春吟兴十韵》:"不应双剑气,长在斗牛傍。"⓭指作家的气质或作品的风格、气势。任华《寄李白》:"古来文章有能奔逸气,耸高格,清人心神,惊人魂魄。"皎然《读张曲江集》:"才兼荆衡秀,气助潇湘秋。"陆龟蒙《袭美先辈以龟蒙所献五百言既蒙见和复示荣唱再抒鄙怀用伸酬谢》:"李杜气不易,孟陈节难移。"

【氣力】　❶体力,力气。拾得《诗》之三九:"蚊子啮大树，焉知气力微。”李贺《美人梳头歌》：“春风烂熳恼娇慵，十八鬟多无气力。”白居易《题裴晋公女几山刻石诗后》：“襟怀转萧洒，气力弥精坚。”罗隐《关亭春望》：“信越功名高似狗，裴王气力大于牛。”❷力量。胡曾《咏史诗·昆明池》：“如何一面图攻取，不念生灵气力疲。”❸才气，才力。白居易《江楼夜吟元九律诗成三十韵》：“顾我文章劣，知他气力全。”李群玉《寄张祜》：“如君气力波澜地，留取阴何沈范名。”

【氣子】 即棋子。指弹棋子。弹棋，两人对局，始白黑棋各六枚，至魏改十六枚，唐又增为二十四枚。韦应物《弹棋歌》：“圆天方地局，二十四气子。”

【氣母】 元气的本原。《庄子·大宗师》：“夫道，有情有信，无为无形……以袭气母。”成玄英疏：“袭，合也。气母者，元气之母，应道也。”李商隐《李肱所遗画松诗书两纸得四十韵》：“细疑袭气母，猛若争神功。”

【氣合】 意气相投。杜甫《郑典设自施州归》：“南谒裴施州，气合无险僻。”

【氣色】 ❶景色；景象。刘希夷《蜀城怀古》：“穷览通表里，气色何苍苍。”常建《湖中晚霁》：“是时清楚望，气色犹霾曀。”张籍《祭退之》：“黄子陂岸曲，地旷气色清。”周朴《升山寺》：“气色虽然离禹穴，峰峦犹自接天台。”❷指人的面色，神态。牛僧孺《句》：“求人气色沮，凭酒意乃伸。”

【氣宇】 器宇，风度。吕岩《七言》之十四：“虎将龙军气宇雄，佩符持甲去匆匆。”

【氣血】 中医学名词。指人体内的气和血。中医学认为气与血的作用不同且又互相依存，以营养脏器组织，维持生命活动。吕岩《七言》之七：“精神气血归三要，南北东西共一家。”

【氣志】 指精神、意志。李泌《长歌行》：“一丈夫兮一丈夫，千生气志是良图。”

【氣秀】 气质秀美。李中《送相里秀才之匡山国子监》：“气秀情闲杳莫群，庐山游去志求文。”

【氣序】 节气，季节。权德舆《户部王曹长杨考功崔刑部二院长并同钟陵使府之旧因书所怀且叙所知》：“北极星辰拱，南薰气序调。”白居易《岁晚旅望》：“朝来暮去星霜换，阴惨阳舒气序牵。”又《东南行一百韵》：“气序凉还热，光阴旦复晡。”

【氣味】 ❶嗅觉所感到的味道。王维《酬黎居士淅川作》：“气味当共知，那能不携手。”杜甫《谢严中丞送青城山道士乳酒一瓶》：“山瓶乳酒下青云，气味浓香幸见分。”白居易《寄唐生》：“药良气味苦，琴澹音声稀。”❷犹状况、样子。白居易《忆微之》：“三年隔阔音尘断，两地飘零气味同。”又《寒食江畔》：“还似往年春气味，不宜今日病心情。”❸趣味，兴味。张籍《书怀寄元郎中》：“转觉人间无气味，常因身外省因缘。”白居易《老来生计》：“人间荣耀因缘浅，林下幽闲气味深。”杜牧《赠终南兰若僧》：“休公都不知名姓，始觉禅门气味长。”李建勋《春日尊前示从事》：“最觉此春无气味，不如庭草解忘忧。”

【氣岸】 犹意气。李白《流夜郎赠辛判官》：“气岸遥凌豪士前，风流肯落他人后。”贾岛《送友人之南陵》：“莫叹徒劳向宦途，不群气岸有谁如。”

【氣和】 （—hé）气候调和。张九龄《奉和圣制南郊礼毕酺宴》：“气和皆有感，泽厚自无疆。”

【氣性】 气质和性情。朱庆余《同卢校书游新兴寺》：“才子将迎远，林僧气性和。”亦指动物的气质、威力。韩愈《猛虎行》：“自矜无当对，气性纵以乖。”

【氣狀】 景象。张籍《城南》：“气状虽可览，纤微谅难搜。”张乔《华山》：“青苍河一隅，气状杳难图。”

【氣茂】 犹气盛。包佶《祀雨师乐章·迎俎酌献》：“时康气茂，惟神之贶。”

【氣勁】 （—jìng）意气傲岸。郎士元《送郑正则徐州行营》：“气劲三河卒，功全万户侯。”刘禹锡《送裴处士应制举诗》：“裴生久在风尘里，气劲言高少知己。”

【氣咽】 （—yè）呼吸阻塞。岑参《醉后戏与赵歌儿》：“向使逢着汉帝怜，董贤气咽不能语。”

【氣食牛】 喻年少气盛。杜甫《徐卿二子歌》：“小儿五岁气食牛，满堂宾客皆回头。”

【氣度】 （—dù）犹运气。吕岩《七言》之六：“长将气度随天道，不把言词问世徒。”

【氣索】 精神沮丧。武元衡《晨兴寄赠窦使君》：“徇时真气索，念远怀忧多。”孙思邈《四言诗》：“姹女气索，婴儿声寂。”

【氣骨】 指作品的气势和骨力。吴融《赠广利大师歌》：“近来兼解作歌诗，言语明快有气骨。”

【氣息】 ❶呼吸，呼吸出入之气。元稹《有鸟二十章》之十六：“气息榻然双翅垂，犹入笼中就颜色。”陆龟蒙《奉酬袭美先辈吴中苦雨一百韵》：“其时心力愤，益使气息惙。”❷气味。元稹《人道短》：“天能种百草，获得十年有气息。”

【氣候】 ❶指一年的二十四节气与七十二候。亦泛称时令。孟浩然《田家元日》：“田家占气候，共说此年丰。”鲍溶《荐冰》：“历官分气候，天子荐精诚。”❷指云气等变化，古人多据此测吉凶。刘禹锡《边风行》：“将军占气候，出号夜翻营。”❸天气。杜审言《经行岚州》：“北地春光晚，边城气候寒。”韦应物《贾常侍林亭燕集》：“朝旦气候佳，逍遥写烦忧。”白居易《雪中即事答微之》：“莫道烟波一水隔，何妨气候两乡殊。”贯休《和毛学士舍人早春》：“雪消闻苦蛰，气候似宜蚕。"

【氣海】 人体部位名。膻中为上气海，丹田为下气海。刘道昌《鬻丹砂醉吟》："心田但使灵芝长，气海常教法水朝。"

【氣毬】 古代游戏用具。用以蹴踢的球。韦庄《丙辰年鄜州遇寒食城外醉吟五首》之五："永日迢迢无一事，隔街闻筑气球声。"

【氣術】 即气功术。道教内功修养法之一。吕岩《忆江南》之七："气术金丹传在世，象天象地象人身，不用问东邻。"

【氣訣】 指方士用以祝祷的口诀。张籍《和左司元郎中秋居十首》之六："案头行气诀，炉里降真香。"皮日休《怀华阳润卿博士三首》之一："环堵养龟看气诀，刀圭饵犬试仙方。"

【氣爽神清】 指人神情爽朗清俊。李群玉《劝人庐山读书》："怜君少隽利如锋，气爽神清刻骨聪。"

【氣酣】 意气风发。杜甫《奉送魏六丈佑少府之交广》："心事披写间，气酣达所为。"

【氣量】 （—liàng）胸怀，度量。杜甫《最能行》："此乡之人气量窄，误竞南风疏北客。"

【氣象】 ❶景色，景象。高适《奉酬睢阳李太守》："礼乐光辉盛，山河气象幽。"白居易《重题别东楼》："东楼胜事我偏知，气象多随昏旦移。"陆龟蒙《奉和袭美太湖诗二十首·初入太湖》："时当暑雨后，气象仍郁密。"❷气候；天象。韩愈《县斋有怀》："气象杳难测，声音吁可怕。"❸气概，气派。杜甫《送陵州路使君赴任》："佩刀成气象，行盖出风尘。"❹指诗文字画的风格和气韵。韩愈《荐士》："逶迤抵晋宋，气象日凋耗。"

【氣燄】 指人的威风气势。元稹《赛神》："主人邪心起，气焰日夜繁。"

【氣勢】 气派，气魄。韩愈《送诸葛觉往随州读书》："我虽官在朝，气势日局缩。"杜牧《大雨行》："百川气势苦豪俊，坤关密锁愁开张。"秦韬玉《天街》："烟光正入南山色，气势遥连北阙春。"

【氣義】 气节，道义。韩偓《赠吴颠尊师》："自缘怀气义，可是计烹亨。"

【氣概】 气魄，气派。杜甫《投赠哥舒开府二十韵》："勋业青冥上，交亲气概中。"白居易《赠李兵马使》："身得贰师余气概，家藏都尉旧诗章。"皮日休《七爱诗·李太尉》："吾虽翰墨子，气概敢不群，"贯休《寄杜使君》："有时作章句，气概还鲜逸。"

【氣魄】 ❶气概，魄力。张碧《鸿沟》："玉光堕地惊昆仑，留侯气魄吞太华。"❷谓心神，气色。刘兼《昼寝》："玉液未能消气魄，牙签方可涤昏蒙。"

【氣質】 性格，性质。姚合《买太湖石》："气质偶不合，如地生江河。"

【氣貌】 气度，风貌。皮日休《奉酬崔璐进士见寄次韵》："文章邺下秀，气貌淹中儒。"李建勋《赠送致仕郎中》："衣冠皆古制，气貌异常人。"

【氣調】 （—diào）❶气概，风度。赵嘏《赠李秘书》："束带临风气调新，孔门才业独谁伦。"陆龟蒙《奉酬袭美先辈吴中苦雨一百韵》："鹿门皮夫子，气调真俊逸。"❷气韵，才调。白居易《奉酬淮南牛相公思黯见寄二十四韵》："旧眷交欢在，新文气调全。"温庭筠《鸑鷟歌》："情远气调兰蕙薰，天香瑞彩含细缊。"

【氣輿】 指神仙所乘之车。郑畋《题缑山王子晋庙》："气舆仙女侍，天马吏兵调。"

【氣韻】 指人的风采、气度。孟郊《寿安西渡奉别郑相公》之二："顾惭耕稼士，朴略气韵调。"

【氣類】 气质同类者。白居易《秋蝶》："朝生夕俱死，气类各相从。"

【氣鬱律】 水汽上升貌。杜甫《自京赴奉先县咏怀五百字》："瑶池气郁律，羽林相摩戛。"

九　画

氲

〔yūn《广韵》於云切，平文，影。〕见"氲氛""氲氲"。

【氲氛】 盛貌。韦应物《慈恩伽蓝清会》："氲氛芳台馥，萧散竹池广。"权德舆《卧病喜惠上人李炼师茅处士见访因以赠》："终当逐师辈，岩桂香氲芬。"亦指云雾弥漫处。姚合《过灵泉寺》："偶寻灵迹去，幽径入氲氛。"

【氲芬】 参见"氲氛"。

【氲氲】 弥漫貌。皇甫冉《少室山韦炼师升仙歌》："红霞紫气昼氲氲，绛节青幢迎少君。"白居易《三年除夜》："晰晰燎火光，氲氲腊酒香。"张祜《送蜀客》："锦城昼氲氲，锦水春活活。"

水 部

水 〔shuǐ《广韵》式軌切，上旨，書。〕❶构成宇宙的基本物质之一。在常温和无污染下，呈无色、无臭、无味的液体状态。刘长卿《早春赠别赵居士还江左时长卿下第归嵩阳旧居》："悟法电已空，看心水无碍。"窦庠《留守府酬皇甫曙侍御弹琴之什》："青琐昼无尘，碧梧阴似水。"白居易《秋池二首》之二："天旱水暗消，塌然委空地。"贾岛《张郎中过原东居》："几时能重至，水味似深山。"❷河流。杜甫《长江二首》之一："众水会涪万，瞿塘争一门。"李商隐《自南山北归经分水岭》："水急愁无地，山深故有云。"刘沧《赠隐者》："临水静闻灵鹤语，隔原时有至人来。"

【水人】 水乡之民。李嘉祐《送卢员外往饶州》："露冕随龙节，停桡得水人。"

【水力】 水流的冲击力。祝元膺《句》："雾纹斑似豹，水力健如龙。"

【水工】 水手，船工。张籍《贾客乐》："水工持楫防暗滩，直过山边及前侣。"曹唐《南游》："尽兴南游卒未回，水工舟子不须催。"

【水土】 ❶水分和土壤的自然状况。褚亮《祭神州乐章·舒和》："水土既调三极泰，文武毕备九区平。"❷山川地域。元稹《后湖》："我实司水土，得为官事无。"❸水与山。杜甫《石犀行》："安得壮士提天纲，再平水土犀奔茫。"李绅《新楼诗二十首·禹庙》："削平水土穷沧海，畚锸东南尽会稽。"

【水上】 水面上。张说《送梁六自洞庭山作》："巴陵一望洞庭秋，日见孤峰水上浮。"李郢《洞灵观流泉》："石上苔芜水上烟，潺湲声在观门前。"

【水口】 二水交汇处。崔国辅《今别离》："送别未能旋，相望连水口。"

【水天】 水面与天空。鲍溶《吴中夜别》："声尽灯前各流泪，水天凉冷雁离群。"贾岛《投张太祝》："水天朔方色，暖日嵩根花。"薛逢《九日嘉州发军亭即事》："向暮酒酣宾客散，水天狼籍变余霞。"罗隐《县斋秋晚酬友人朱瓒见寄》："惆怅报君无玉案，水天东望一裴回。"

【水天一色】 水天相接，浑然同色。卢仝《蜻蜓歌》："黄河中流日影斜，水天一色无津涯。"

【水夫】 船工。王建《水夫谣》："我愿此水作平田，长使水夫不怨天。"

【水木】 池水和树木。岑参《秦筝歌送外甥萧正归京》："红亭水木不知暑，忽弹黄钟和白纻。"权德舆《奉陪李大夫九日龙沙宴会》："水木秋光净，丝桐雅奏迟。"白居易《江州赴忠州至江陵已来舟中示舍弟五十韵》："风光近东早，水木向南清。"李群玉《同张明府游溇水亭》："云天敛余雾，水木笼微曛。"

【水月】 ❶水中月影。綦毋潜《题栖霞寺》："天花飞不著，水月白成路。"严维《宿天竺寺》："方外主人名道林，怕将水月净身心。"李绅《宿扬州水馆》："轻楫过时摇水月，远灯繁处隔秋烟。"唐彦谦《题虔僧室》："水月定中何所谓，也嚬眉黛托腮愁。"❷水和月。钱起《送僧归日本》："水月通禅观，鱼龙听梵声。"刘得仁《送智玄首座归蜀中旧山》："蜀国烟霞异，灵山水月澄。"李频《送元遂上人归钱唐》："却返湖山寺，高禅水月房。"

【水文】 水波纹，也指波纹状。杨系《小苑春望宫池柳色》："光含烟色远，影透水文清。"鲍溶《送僧择栖游天台二首》之二："金岭雪晴僧独归，水文霞彩衲禅衣。"李商隐《偶题二首》之一："水文簟上琥珀枕，傍有堕钗双翠翘。"和凝《山花子》词之二："银字笙寒调正长，水文簟冷画屏凉。"

【水火】 ❶水与火。谢陶《杂言》："水火虽活人，暂不得即死。"❷喻势不两立。刘师服、轩辕弥明《石鼎联句》："谬当鼎鼐间，妄使水火争。"陆龟蒙《袭美先辈以龟蒙所献五百言既蒙见和复示荣唱用伸酬谢》："谁背如水火，谁同若埙篪。"❸谓水深火热，喻处于艰难之中。杨衡《送春》："兵刃与水火，尽可违之去。"

【水心】 河流中央。阎朝隐《三日曲水侍宴应制》："陛下制万国，臣作水心人。"皎然《从军行五首》之四："水心龙剑动，地肺雁山开。"元稹《说剑》："幽匣狱底埋，神人水心守。"

【水心亭】 亭名。故址在今安徽和县县城。张籍《寄和州刘使君》："送客特过沙口堰，看花多上水心亭。"

【水心劍】 传说中的宝剑。见南朝梁吴均《续齐谐记·曲水》。宋之问《桂州三月三日》："西夏黄河水心剑，东周清洛羽觞杯。"万齐融《三日绿潭篇》："禽浮似挹羽觞杯，鳞跃疑投水心剑。"

【水玉】 水晶的古称。李贺《听颖师琴歌》："暗珮清臣敲水玉，渡海蛾眉牵白鹿。”韩琮《公子行》：“带装盘水玉，鞍绣坐云霞。”温庭筠《题李处士幽居》：“水玉簪头白角巾，瑶琴寂历拂轻尘。”徐铉《以瑞溪砚酬张员外水精珠兼和来篇》：“请以端溪润，酬君水玉明。”

【水石】 ❶水与石。李白《送王屋山人魏万还王屋》：“咆哮七十滩，水石相喷薄。”也指泉石。翁洮《枯木诗辞召命作》：“有根盘水石，无叶接烟霞。”唐廪《杨岐山》：“翠微不闭楼台出，清吹频回水石喧。”❷借指山中胜景。李白《经乱后将避地剡中留赠崔宣城》：“忽思剡溪去，水石远清妙。”李绅《杭州天竺灵隐二寺二首》之二：“人烟不隔江城近，水石虽清海气深。”高蟾《即事》：“三年离水石，一旦隐樵渔。”李咸用《和人游东林》：“年年上国荣华梦，世世高流水石心。”

【水田】 ❶蓄水种稻的田地。王维《积雨辋川庄作》：“漠漠水田飞白鹭，阴阴夏木啭黄鹂。”白居易《杂兴三首》之二：“风日燥水田，水涸尘飞起。”许浑《村舍二首》之二：“三顷水田秋更熟，北窗谁拂旧尘冠。”黄滔《长安书事》：“若有水田过十亩，早应归去狄江村。”❷“水田衣”的省称。王维《过卢四员外宅看饭僧共题七韵》：“乞饭从香积，裁衣学水田。”周庠《寄禅月大师》：“水田铺座时移画，金地谭空说尽沙。”

【水田衣】 袈裟的别名。以长方形布片连缀而成，中留间隔，如水田之埂，故名。熊孺登《送僧游山》：“日暮寒林投古寺，雪花飞满水田衣。”唐彦谦《西明寺威公盆池新稻》：“得地又生金象界，结根仍对水田衣。”蒋吉《题长安僧院》：“惟有水田衣下客，大家忙处作闲人。”

【水仙】 传说中居于水府的神仙。杜甫《桃竹杖引赠章留后》：“斩根削皮如紫玉，江妃水仙惜不得。”白居易《江上吟元八绝句》：“应有水仙潜出听，翻将唱作步虚词。”李商隐《板桥晓别》：“水仙欲上鲤鱼去，一夜芙蓉红泪多。”刘兼《郡斋寓兴》：“秋庭碧藓铺云锦，晚阁红蕖簇水仙。”

【水仙操】 琴曲名。相传为春秋楚人伯牙所创。李咸用有《水仙操》。

【水市】 水边的集市。白居易《东南行一百韵寄通州元侍御窦七校书》：“水市通阛阓，烟村混舳舻。”许棠《登凌歊台》：“云帆高出树，水市迥分桥。”

【水寺】 水边寺院。皎然《送履霜上人还金陵西山》：“湘宫水寺清秋夜，月落风悲松柏多。”白居易《晚兴》：“立语花堤上，行吟水寺前。”

【水西】 ❶泛指水流的西边。刘长卿《寄灵一上人初还云门》：“竹径通城下，松风隔水西。”许浑《江上燕别》：“一樽花下酒，残日水西树。”❷寺名。参见“水西寺”。李白《别山僧》：“何处名僧到水西，乘舟弄月宿泾溪。”宣宗《题泾县水西寺》：“长安若问江南事，说道风光在水西。”

【水西寺】 古寺名。故址在今安徽泾县。李白《游水西简郑明府》：“天宫水西寺，云锦照东郭。”杜牧《念昔游三首》之三：“李白题诗水西寺，古木回岩楼阁风。”又有《题水西寺》。

【水西館】 驿名。在今江苏常州。独孤及有《水西馆泛舟送王员外》。张祜有《题常州水西馆》。

【水戍】 水边的驻军。刘长卿《春望寄王涔阳》：“依微水戍闻钲鼓，掩映沙村见酒旗。”

【水光】 水面反射的光。宗楚客《奉和幸上阳宫侍宴应制》：“水光摇落日，树色带晴烟。”李绅《过吴门二十四韵》：“水光摇极浦，草色辨长洲。”李群玉《中秋越台看月》：“水光笼草树，练影挂楼台。”唐彦谦《翡翠》：“莎草江汀漫晚潮，翠华香扑水光遥。”

【水曲】 水流曲折处。吴融《山居即事四首》之四：“无邻无里不成村，水曲云重掩石门。”韦庄《和元秀才别业书事》：“僻居春事好，水曲乱花阴。”

【水竹】 ❶流水和竹林。常指清幽之处。白居易《送东都留守令狐尚书赴任》：“地称高情多水竹，山宜闲望少风尘。”又《予与微之老而无子一以相贺一以自嘲》：“一园水竹今为主，百卷文章更付谁。”李涉《经涢川馆寄使府群公》：“涢川水竹十家余，渔艇蓬门对岸居。”❷竹的一种。细而丛生，生于水边，故名。戎昱《骆家亭子纳凉》：“生衣宜水竹，小酒入诗篇。”

【水色】 水面呈现的颜色。郭震《春江曲》：“竹叶坏水色，郎亦坏人心。”李白《代别情人》：“桃花弄水色，波荡摇春光。”白居易《早春忆苏州寄梦得》：“霞光曙后殷于火，水色晴来嫩似烟。”王贞白《庾楼晓望》：“独凭朱槛亦凌晨，山色初明水色新。”

【水衣】 即水苔。杜甫《重题郑氏东亭》：“崩石欹山树，清涟曳水衣。”

【水次】 水边。刘禹锡《和西川李尚书汉州微月游房太尉西湖》：“旌旗环水次，舟楫泛中流。”陆龟蒙《小雪后书事》：“更拟结茅临水次，偶因行药到村前。”

【水妃】 水中女神。皮日休《木兰后池三咏·重台莲花》：“可得教他水妃见，两重元是一重心。”

【水芹】 植物名。可食。李贺《兰香神女庙》：“沙砌落红满，石泉生水芹。”赵璜《正月》：“水芹寒不食，山杏雨应开。”

【水花】 亦作“水華”。❶泛指水生植物的花。张祜《赠契衡上人》：“水花秋始发，风竹夏长清。”许浑《郎上人院晨坐》：“山果落秋院，水花开晓庭。”李商隐《月》：“流处水花急，吐时云叶鲜。”❷荷花的别名。杜甫《夏日李公见访》：“水花晚色静，庶足充淹留。”鲍溶《姑苏宫行》：“西见洞庭秋镜开，水华百里盘宫来。”皮日休《夏景无事因怀章来二上人二首》之一："水花移得和鱼子，山蕨收时带竹胎。"澹交《写真》："水花凝幻质，墨彩染空尘。"

【水芝】 荷花的别名。陈羽《夏日宴九华池赠主人》："池上凉台五月凉，百花开尽水芝香。"陆龟蒙《奉和袭美题达上人药圃二首》之一："山荚便和幽涧石，水芝须带本池泥。"

【水村】 临水的村庄。杜牧《江南春绝句》："千里莺啼绿映红，水村山郭酒旗风。"李商隐《汴上送李郢之苏州》："露桃涂颊依苔井，风柳夸腰住水村。"杜荀鹤《投郑先辈》："宁辞马足劳关路，肯为渔竿忆水村。"

【水車】 ❶一种汲水机械。用人力或畜力为动力，通过水筒或叶片的不断翻转，将水引入水槽，逐渐上提。一名龙骨。花蕊夫人徐氏《宫词》之八一："水车踏水上宫城，寝殿檐头滴滴鸣。"❷船名。郑谷《宣义里舍冬暮自贻》："板屋渐移方带野，水车新入夜添寒。"

【水車嶺】 山名。在今安徽池州西南。李白《秋浦歌十七首》之八："秋浦千重岭，水车岭最奇。"

【水步】 河埠，码头。皎然《望远村》："林杪不可分，水步遥难辨。"

【水旱】 水灾和旱灾。杜甫《雷》："水旱其数然，尧汤免亲睹。"郭周藩《谭子池》："泓澄表符瑞，水旱无竭时。"詹琲《诏福建置惠民仓呈陈守御史》："备先水旱民亡瘠，弊在侵移数谩张。"

【水沈】 (—chén)一作"水沉"。用沉香木做的香。王建《宫词一百首》之九九："供御香方加减频，水沈山麝每回新。"杜牧《为人题赠二首》之一："桂席尘瑶珮，琼炉烬水沈。"顾敻《木兰花》词之三："博山炉冷水沈微，惆怅金闺终日闭。"

【水君】 水神名。又名鱼伯。皮日休《太湖诗·投龙潭》："下有水君府，贝阙光比栉。"

【水芸】 荷花的别名。元结《演兴四首·初祀》："献水芸兮饭霜秈，与太灵兮千万年。"

【水若】 传说中的水神名。孙逖《和崔司马登称心山寺》："地灵资净土，水若护真如。"储光羲《同诸公秋霁曲江俯见南山》："山戛浴兰阯，水若居云屏。"

【水芳】 指水生的香草。韩愈、孟郊《远游联句》："晓日生远岸，水芳缀孤舟。"白居易《湖上闲望》："闲弄水芳生楚思，时时合眼咏离骚。"

【水苔】 苔藻类植物名。又叫石发、石衣、水衣、水绵。可食。李峤《夏晚九成宫呈同僚》："树红山果熟，崖绿水苔浓。"

【水林檎】 木名。林檎的一种。郑谷有《水林檎花》。

【水松】 木名。落叶乔木。又名椶。分布于我国南方各省。韩愈《题秀禅师房》："桥夹水松行百步，竹床莞席到僧家。"

【水虎】 传说中的水兽。吕岩《酹江月》词："水虎潜形，火龙伏体，万丈毫光烈。"

【水果】 水生植物的果实。韩愈《陪杜侍御游湘西两寺独宿有题一首因献杨常侍》："涧蔬煮蒿芹，水果剥菱芡。"

【水門】 ❶水城门。城内外河道间的城门。通过水门，城外船只可驶入城里。杜甫《宿江边阁》："暝色延山径，高斋次水门。"王建《寄汴州令狐相公》："水门向晚茶商闹，桥市通宵酒客行。"❷临水的门户。张祜《题朱兵曹山居》："朱氏西斋万卷书，水门山阔自高疏。"许浑《村舍二首》之二："山径晓云收猎网，水门凉月挂鱼竿。"

【水物】 ❶水中生物。孟浩然《耶溪泛舟》："澄明爱水物，临泛何容与。"皮日休《奉和鲁望新夏东郊闲泛》："水物轻明淡似秋，多情才子倚兰舟。"❷水产。储光羲《采菱词》："方冬水物穷，又欲休山樊。"皮日休《寄同年韦校书》："二年疏放饱江潭，水物山容尽足耽。"

【水狗】 水獭的别名。元稹《遭风二十韵》："樯乌斗折头仓掉，水狗斜倾尾缆开。"

【水府】 神话传说中水神或龙王所住之处。杨师道《奉和圣制春日望海》："仙台隐螭驾，水府泛鼋梁。"姚康《赋得巨鱼纵大壑》："水府乘闲望，圆波息跃鱼。"徐凝《送日本使还》："鲸波腾水府，蜃气壮仙宫。"方干《途中言事寄居远上人》："震泽风帆归橘岸，钱塘水府抵城根。"

【水府君】 传为洞庭水神。《全唐诗》卷八六四在"水府君"下录《为郑德璘奇遇诗》一首，诗咏贞元中湘潭尉郑德璘与盐商女韦氏奇缘。

【水性】 水的特性。白居易《玉水记方流》："凌乱波纹异，萦回水性柔。"徐夤《水》："火性何如水性柔，西来东出几时休。"

【水怪】 水中的妖怪。杜甫《秋日夔府咏怀奉寄郑监李宾客一百韵》："风期终破浪，水怪莫飞涎。"李绅《新楼诗二十首·龟山》："不学大蛟凭水怪，等闲雪雨害生灵。"皮日休《太湖诗·投龙潭》："生犀不敢烧，水怪恐摧捽。"又《吴中苦雨因书一百韵寄鲁望》："海物竞骈罗，水怪争渗漉。"

【水沫】 水面浮沫。贾岛《黄鹄下太液池》："踉跄孤风起，裴回水沫移。"曹唐《赠南岳冯处士二首》之二："笑看潭鱼吹水沫，醉嗔溪鹿吃蕉花。"

【水波】 波浪。白居易《新制绫袄成感而有咏》："水波文袄造新成，绫软绵匀温复轻。"

【水官】 ❶即水正。传说中的五行官之一。韩愈《咏雪赠张籍》："水官夸杰黠，木气怯胚胎。"❷掌管水利的官吏。白居易《自蜀江至洞庭湖口有感而作》："安得禹复生，为唐水官伯。"

【水弩】 蜮的俗名。传说中的水中毒虫，能含沙射影，故名。元稹《酬乐天得微之诗知通州事因成四首》之一："沙含水弩多伤骨，田仰畬刀少用牛。"张祜《寄迁客》："溪行防水弩，野店避山魈。"

【水巷】 指两岸有房屋的小河道。严维《酬耿拾遗题赠》："水巷惊驯鸟，藜床起病躯。"白居易《题施山人野居》："水巷风尘少，松斋日月长。"李绅《过吴门二十四韵》："竹扉梅圃静，水巷橘园幽。"

【水栅】 水城门所置的栅栏。张籍《江南行》："娼楼两岸临水栅，夜唱竹枝留北客。"齐己《江行早发》："鸟乱村林回，人喧水栅横。"

【水柳】 木名。即柽柳。参见"水柽"。张籍《送和蕃公主》："毡城南望无回日，空见沙蓬水柳春。"

【水勃公】 水鸟名。陆龟蒙《和袭美松江早春》："一生无事烟波足，唯有沙边水勃公。"

【水面】 水的表面，水上。韩愈《南山诗》："微澜动水面，踊跃躁猱狖。"元稹《江边四十韵》："花砖水面斗，鸳瓦玉声敲。"白居易《河亭晴望》："风转云头敛，烟销水面开。"张蠙《夏日题老将林亭》："墙头雨细垂纤草，水面风回聚落花。"

【水香】 指流水因花而香。李贺《月漉漉篇》："秋白鲜红死，水香莲子齐。"白居易《池上篇》序："每至池风春，池月秋，水香莲开之旦，露清鹤唳之夕，拂杨石，举陈酒，援崔琴，弹姜秋思，颓然自适。"

【水食】 指水产。卢象《八月十五日象自江东止田园兼赋是诗三首》之三："宛作越人言，殊乡甘水食。"

【水脉】 同"水脈"。

【水泉】 流泉。苏颋《奉和圣制至长春宫登楼望稼穑之作》："变芜粳稻实，流恶水泉通。"徐铉《和门下殷侍郎新茶二十韵》："名随土地贵，味逐水泉迁。"

【水風】 水面刮来的风。李绅《过吴门二十四韵》："水风摇彩旆，堤柳引鸣驺。"李商隐《所居》："水风醒酒病，霜日曝衣轻。"崔涂《春日闲居忆江南旧业》："南国水风暖，又应生白蘋。"李珣《南乡子》词之三："归路近，扣舷歌，采真珠处水风多。"

【水亭】 临水的亭子。周瑀《送潘三入京》："柳色分官路，荷香入水亭。"杨巨源《酬卢员外》："云寺当时接高步，水亭今日又同游。"李商隐《摇落》："水亭吟断续，月幌梦飞沈。"杜荀鹤《送人归淝上》："莫道南来总无利，水亭山寺二年吟。"

【水帝】 指颛顼。韩愈《谴疟鬼》："屑屑水帝魂，谢谢无余辉。"

【水客】 船夫、渔夫。王昌龄《江上闻笛》："水客皆拥棹，空霜遂盈襟。"李白《赠僧朝美》："水客凌洪波，长鲸涌溟海。"又《送崔氏昆季之金陵》："水客弄归棹，云帆卷轻霜。"温庭筠《水仙谣》："水客夜骑红鲤鱼，赤鸾双鹤蓬瀛书。"

【水軍】 专作水战的军队。李白《经乱离后天恩流夜郎忆旧游书怀赠江夏韦太守良宰》："半夜水军来，浔阳满旌旃。"卢纶《送郎士元使君赴郢州》："花发登山庙，天晴阅水军。"

【水陌】 水边小路。李贺《追和柳恽》："朱楼通水陌，沙暖一双鱼。"

【水馬】 水虫名。水黾的一种，俗名水划虫。杜甫《大历三年春白帝城放船出瞿塘峡四十韵》："雁儿争水马，燕子逐樯乌。"王建《和钱舍人水植诗》："多时水马出，尽日蜻蜓绕。"白居易、王起《秋霖即事联句三十韵》："地湿灰蛾灭，池添水马怜。"姚合《酬任畴协律夏中苦雨见寄》："灰人漫禳厌，水马恣沉浮。"

【水珠】 圆形水滴。杜甫《大历三年春白帝城放船出瞿塘峡四十韵》："叠壁排霜剑，奔泉溅水珠。"皎然《春夜赋得漉水囊歌送郑明府》："溅著莲衣水珠满，因识仁人为宦情。"李德裕《春暮思平泉杂咏二十首·鸿鹕》："欲起摇荷盖，闲飞溅水珠。"

【水荇】 荇菜。多年生水草。浮于水面。杜甫《醉歌行》："春光澹沱秦东亭，渚蒲牙白水荇青。"又《曲江对雨》："林花著雨燕脂落，水荇牵风翠带长。"欧阳衮《雨》："鹿践莓苔滑，鱼牵水荇沈。"

【水神】 传说中的水中神仙。《全唐诗》卷八六四在"水神"名下录《霅溪夜宴诗》一首，诗题后注："霅溪蒋琛，常设网罟给食。一夕，风雨晦冥，见鱼鳖鼋波为城，蛟蜃嘘气为楼台宫殿。有松江、太湖、霅溪诸神为境会夜宴。同预者，湘江神、鸱夷君、范相国及申屠狄、徐衍诸人，各有诗歌云。"

【水鬼】 传说中的水中妖怪。李咸用《小松歌》："金精水鬼欺不得，长与东皇逞颜色。"

【水軒】 临水的有窗小室。裴度、刘禹锡《度自到洛中与乐天联句》："水轩看翡翠，石径践莓苔。"李君何《曲江亭望慈恩寺杏园花发》："春晴凭水轩，仙杏发南园。"

【水氣】 雾霭。卢象《永城使风》："虫声出乱草，水气薄行衣。"萧颖士《越江秋曙》："林声寒动叶，水气曙连云。"载叔伦《江干》："水气多为雨，人烟远是云。"罗隐《衡阳泊木居士庙下作》："南朝庾信无因赋，牢落祠前水气腥。"

【水師】 水军。徐铉有《和元帅书记萧郎中观习水师》。朱存《后湖》："雷轰叠鼓火翻旗，三异翩翩试水师。”

【水豹】　水兽名。顾况《送从兄使新罗》：“水豹横吹浪，花鹰迥拂霄。”

【水脈】　亦作“水脉”。水网，水系。河流分支，有如人体血脉，故名。李贺《章和二年中》：“健犊春耕土膏黑，菖蒲丛丛沿水脈。”韩偓《赠渔者》：“城方四面墙阴直，江阔中心水脉坳。”徐仲雅《句》：“旁搜水脈湘心满，遍掲泉根梵底通。”《霅溪神歌》(外编上)：“山势萦回水脉分，山光水色翠连云。”

【水部家兄】　指窦牟之兄窦常。窦常元和六年自湖南判官入为侍御史，转为水部员外郎。见《旧唐书》本传。窦牟有《秋日洛阳官舍寄上水部家兄》。

【水流】　流动的水。严维《晚霁登王六东阁》：“情来不可极，日暮水流清。”清昼、韩章《春日对雨联句一首》：“林低山影近，岸转水流急。”陆龟蒙《王先辈草堂》：“松径限云到静堂，杏花临涧水流香。”

【水流花落】　形容人生无定，生命短暂。温庭筠《宿城南亡友别墅》：“水流花落叹浮生，又伴游人宿杜城。”

【水宫】　❶神话中水神或龙王所住之处。李商隐《利州江潭作》：“河伯轩窗通贝阙，水宫帷箔卷冰绡。”刘沧《洛神怨》：“云鬟高动水宫影，珠翠乍摇沙露光。”❷临水的宫殿。廖融《锦绣万花谷》：“红踯躅繁金殿暖，碧芙蓉笑水宫秋。”

【水容】　水面。颜真卿《赠僧皎然》：“俯砌披水容，逼天扫峰翠。”裴次元《律中应钟》：“密叶翻霜彩，轻冰敛水容。”李涉《题清溪鬼谷先生旧居》：“水容不可状，杳若清河雾。”陆龟蒙《奉和袭美太湖诗二十首·投龙潭》：“鳞光焕水容，目色烧山翠。”

【水紋】　犹水文。李益《写情》：“水纹珍簟思悠悠，千里佳期一夕休。”吴丹《赋得玉水记方流》：“玉泉何处记，四折水纹浮。”李商隐《促漏》：“南塘渐暖蒲堪结，两两鸳鸯护水纹。”刘兼《莲塘霁望》：“万叠水纹罗乍展，一双鸿鹈绣初成。”

【水梗】　水中的桃枝。喻漂泊不定。见《战国策·齐策三》。白居易《初到忠州登东楼寄万州杨八使君》：“水梗漂万里，笼禽囚五年。”

【水曹】　❶官署名，官名，水部的别称。张籍《酬秘书王丞见寄》：“芸阁水曹虽最冷，与君长喜得身闲。”刘禹锡《酬窦员外使君寒食日途次松滋渡先寄示四韵》：“非是溢城旧司马，水曹何事与新诗。”贾岛《酬张籍王建》：“身是龙钟应是分，水曹芸阁枉来篇。”李洞《贺昭国从叔员外转本曹郎中》：“粟征山县欠，官转水曹重。”❷指南朝梁诗人何逊。逊曾任水部郎。裴夷直《和邢郎中病中重阳强游乐游原》：“晴光一一呈金刹，诗思浸浸逼水曹。”

【水曹郎】　❶官名。即水部员外郎。张籍有《新除水曹郎答白舍人见贺》。白居易《江楼晚眺景物鲜奇吟玩成篇寄水部张员外》：“好著丹青图画取，题诗寄与水曹郎。”朱庆余《贺张水部员外拜命》：“省中官最美，无似水曹郎。”郑谷《寄前水部贾员外嵩》：“贵为金马客，雅称水曹郎。”❷指何逊。李嘉祐《送舍弟》：“诸谢偏推永嘉守，三何独许水曹郎。”

【水堂】　临水的厅堂。王建《上田仆射》：“却忆去年寒食会，看花犹在水堂前。”李商隐《和刘评事永乐闲居见寄》：“莲耸碧峰关路近，荷翻翠扇水堂虚。”孙光宪《思帝乡》词：“永日水堂帘下，敛羞蛾。”

【水國】　犹水乡。一般指南方。王维《晓行巴峡》：“水国舟中市，山桥树杪行。”窦常《北固晚眺》：“水国芒种后，梅天风雨凉。”李涉《岳阳别张祜》：“巫峡洞庭千里余，蛮陬水国何亲疏。”司马扎《漾陂晚望》：“远客家水国，此来如到乡。”

【水鳥】　栖食于水的鸟类总称。刘长卿《奉使新安寄使院诸公》：“夕阳留古木，水鸟拂寒浪。”刘禹锡《牛相公林亭雨后偶成》：“野花无时节，水鸟自来去。”朱庆余《南湖》：“野船著岸入春草，水鸟带波飞夕阳。”李洞《江干即事》：“隔关沈水鸟，侵郭噪园鸦。”

【水脚】　水底。花蕊夫人徐氏《宫词》之一〇三：“丹霞亭浸池心冷，曲沼门含水脚清。”

【水痕】　水浸润的痕迹。岑参《春寻河阳陶处士别业》：“药碗摇山影，鱼竿带水痕。”戎昱《汉上题韦氏庄》：“水痕侵岸柳，山翠借厨烟。”皮日休《临顿为吴中偏胜之地因成五言十首奉题屋壁》之六：“水痕侵病竹，蛛网上衰花。”

【水族】　水生动植物的总称。张说《奉酬韦祭酒自汤还都经龙门北溪庄见贻之作》：“繁弦弄水族，娇吹狎沙禽。”杜甫《太子张舍人遗织成褥段》：“逶迤罗水族，琐细不足名。”又《白小》：“细微沾水族，风俗当园蔬。”白居易《虾蟆》：“蠢蠢水族中，无用者虾蟆。”

【水涯】　水边。陆龟蒙《奉和袭美卧疾感春见寄次韵》：“烟径水涯多好鸟，竹床蒲椅但高僧。”

【水宿】　(—sù)❶谓栖息于水。杜甫《倦夜》：“暗飞萤自照，水宿鸟相呼。”❷谓在船上歇宿。李白《送赵判官赴黔府中丞叔幕》：“水宿五溪月，霜啼三峡猿。”钱起《送元评事归山居》：“水宿随渔火，山行到竹扉。”李益有《水宿闻雁》。徐凝《语儿见新月》：“娟娟水宿初三夜，曾伴愁蛾到语儿。”

【水華】　(—huā)同“水花”。

【水葵】　莼菜的别名。白居易《和微之诗二十三首·和三月三十日四十韵》：“鱼脍芥酱调，水葵盐豉絮。”

【水雲】　❶水和云。刘长卿《赴新安别梁侍郎》：

“新安君莫问，此路水云深。”白居易《寒食江畔》：“草香沙暖水云晴，风景令人忆帝京。”刘沧《经龙门废寺》：“山色不移楼殿尽，石台依旧水云空。”杜荀鹤《题汪明府山居》：“牛笛漫吹烟雨里，稻苗平入水云间。”❷水上之云。姚合《送澄江上人赴兴元郑尚书招》：“水云晴亦雨，山木夜多风。”方干《题龟山穆上人院》：“床上水云随坐夏，林西山月伴行禅。”又《尚书新创敌楼二首》之一：“十里水云吞半郭，九秋山月入千门。”❸流水行云，形容行踪无定。杜牧《江南送左师》：“惆怅不同尘土别，水云踪迹去悠悠。”

【水雁】 即雁。李峤《和杜学士旅次淮口阻风》：“水雁衔芦叶，沙鸥隐荻苗。”

【水晶】 矿石名。又称“水玉”“水精”。郭震《莲花》：“湘妃雨后来池看，碧玉盘中弄水晶。”李白《白胡桃》：“疑是老僧休念诵，腕前推下水晶珠。”晁采《子夜歌十八首》之五：“明窗弄玉指，指甲如水晶。”吴融《个人三十韵》：“粉薄涂云母，簪寒篸水晶。”

【水晶宫】 水晶雕琢的宫殿，传说为神仙所住。杨汉公《明月楼》：“溪上玉楼楼上月，清光合作水晶宫。”薛涛《十离诗·珠离掌》：“皎洁圆明内外通，清光似照水晶宫。”贯休《山居诗二十四首》之二四：“有念尽为烦恼相，无私方称水晶宫。”毛文锡《月宫春》词：“水晶宫里桂花开，神仙探几回。”

【水晶帐】 以水晶为饰的床帐。《嫁女诗》（卷八六二）之一一：“水晶帐开银烛明，风摇珠珮连云清。”

【水晶箔】 即水晶帘。邵楚苌《题马侍中燧木香亭》：“树影参差斜入檐，风动玲珑水晶箔。”

【水晶盘】 水晶作的盘子。王昌龄《甘泉歌》：“昨夜云生拜初月，万年甘露水晶盘。”李绅《悲善才》：“秋吹动摇神女佩，月珠敲击水晶盘。”

【水晶簾】 用水晶珠编串的帘子。李白《玉阶怨》：“却下水晶帘，玲珑望秋月。”元稹《离思五首》之二：“闲读道书慵未起，水晶帘下看梳头。”于邺《白樱桃》：“王母阶前种几株，水晶帘内看如无。”马逢《宫词二首》之一：“楼上美人相倚看，红妆透出水晶帘。”

【水晶鹽】 指一种无色透明的盐。李白《题东溪公幽居》：“客到但知留一醉，盘中只有水晶盐。”

【水筒】 引水的竹筒。杜甫《信行远修水筒》：“云端水筒坼，林表山石碎。”

【水程】 ❶水路。卢纶《送何召下第后归蜀》：“水程通海货，地利杂吴风。”❷水路的里程。杜甫《宿青草湖》：“宿桨依农事，邮签报水程。”

【水郭】 带护城河的城郭。杨凌《润州水楼》：“野蝉依独树，水郭带孤楼。”李绅《过钟陵》：“龙沙江尾抱钟陵，水郭村桥晚景澄。”又《宿瓜州》：“烟昏水郭津亭晚，回望金陵若动摇。”也指护城河。李绅《宿扬州》：“夜桥灯火连星汉，水郭帆樯近斗牛。”许浑《赠萧兵曹先辈》：“潮生水郭蒹葭响，雨过山城橘柚疏。”

【水部】 ❶官署名。主掌水道方面的政令。三国魏始置，隋唐为工部四司之一。窦牟有《秋日洛阳官舍寄上水部家兄》。权德舆有《奉和韦谏议奉送水部家兄上后书情并呈两省阁老院长》。韩愈有《和水部张员外宣政衙赐百官樱桃》。❷水部郎的简称。白居易《听水部吴员外新诗因赠绝句》：“明道说与诗人道，水部如今不姓何。”❸指南朝梁何逊。逊曾为水部郎。韦应物有《效何水部二首》。郑谷《右省补阙张茂枢同在谏垣因抒酬寄》：“考功岂敢闻题品，水部犹须系挈维。”❹指张籍。籍曾为水部员外郎。朱庆余有《上张水部》。郑薰《句》：“项斯逢水部，谁道不关情。”

【水部郎】 官名。水部员外郎的简称。张籍《赠商州王使君》：“才雄犹是山城守，道薄初为水部郎。”白居易《逢张十八员外籍》：“白发江城守，青衫水部郎。”

【水奠】 祭奠水神。皮日休《太湖诗·包山祠》：“村祭足茗栅，水奠多桃浆。”

【水港】 支流。杜荀鹤《送人游吴》：“古宫闲地少，水港小桥多。”

【水湄】 水边。太宗《幸武功庆善宫》：“霜节明秋景，轻冰结水湄。”戴叔伦《宿灌阳滩》：“今朝未遇高风便，还与沙鸥宿水湄。”韦庄《信州溪岸夜吟作》：“月当山顶出，星倚水湄沈。”

【水窗】 临水的窗户。李益《水宿闻雁》：“早雁忽为双，惊秋风水窗。”元稹《酒醒》：“暗灯风焰晓，春席水窗寒。”白居易《舟中晚起》：“日高犹掩水窗眠，枕簟清凉八月天。”

【水鄉】 江湖多的地区。孙逖《寻龙湍》：“仙穴寻遗迹，轻舟爱水乡。”王建《水运行》：“去年六月无稻苗，已说水乡人饿死。”许浑《春醉》：“水乡春足雨，山郭夜多云。”张轸《舟行旦发》：“自客水乡里，舟行知几回。”

【水犀】 犀牛的一种。杜牧《张好好诗》：“赠之天马锦，副以水犀梳。”陆龟蒙《和袭美馆娃宫怀古五绝》之一：“三千虽衣水犀珠，半夜夫差国暗屠。”皮日休《闻开元寺开笋园寄章上人》：“园锁开声骇鹿群，满林鲜箨水犀文。”

【水犀軍】 披用水犀皮制的甲胄之水军。杜牧《润州二首》之二：“谢朓诗中佳丽地，夫差传里水犀军。”

【水陸】 ❶水上和岸上。张谓《送李著作倅杭州》：“水陆风烟隔，秦吴道路长。”李商隐《柳枝五首》之四：“锦鳞与绣羽，水陆有伤残。”黄滔《书事》：“没阵风沙黑，烧城水陆红。”❷水路和陆路。耿湋《发绵津驿》:“杳杳短亭分水陆,隆隆远鼓集渔商。”白居易《武丘寺路》:“自开山寺路,水陆往来频。”姚鹄《送人归吴》:“为别晨昏久,全轻水陆遥。”韩偓《午寝梦江外兄弟》:“如何水陆三千里,几月书邮始一来。”❸指水中和陆地所产的食物。元稹《旱灾自咎贻七县宰》:“官分市井户,迭配水陆珍。”白居易《和微之诗二十三首·和三月三十日四十韵》:“圣贤清浊醉,水陆鲜肥饫。”陆龟蒙《村夜二篇》之二:“纤洪动丝竹,水陆供鲙炙。”和凝《宫词百首》之三四:“进食门前水陆陈,大官斋洁贡时新。”

【水勢】 ❶水流的趋向。陆龟蒙《奉和袭美茶具十咏·茶舍》:“门因水势斜,壁任岩隈曲。”❷水流的气势。李商隐《自桂林奉使江陵途中感怀寄献尚书》:“水势初知海,天文始识参。”子兰《河梁晚望二首》之一:“水势滔滔不可量,渔舟容易泛沧浪。”

【水鼓子】 唐教坊曲名。别名水沽子、水牯子。七言四句,押三平韵。《杂曲歌辞》有《水鼓子》一首。

【水塘】 池塘。无可《赠诗僧》:“寒山对水塘,竹叶影侵堂。”

【水蒗】 水草名。多年生草本。李贺《湖中曲》:“长眉越沙采兰若,桂叶水蒗春漠漠。”皇甫松《天仙子》词之一:“晴野鹭鸶飞一只,水蒗花发秋江碧。”孙光宪《风流子》词之一:“菰叶长,水蒗开,门外春波涨渌。”

【水葬】 将尸体投入水中的一种葬法。皮日休《馆娃宫怀古五绝》之五:“不知水葬今何处,溪月弯弯欲效颦。”

【水碓】 利用水力舂米的机械。寒山《诗三百三首》之二四九:“僮仆八百人,水碓三十区。”岑参《晚过盘石寺礼郑和尚》:“岸花藏水碓,溪水映风炉。”贯休《山居诗二十四首》之十:“石窗欹枕疏疏雨,水碓无人浩浩风。”

【水賊】 劫掠过往船只的歹徒。杜甫《送顾八分文学适洪吉州》:“况兼水贼繁,特戒风飙驶。”

【水路】 水上航行的路线。贾岛《寄李存穆》:“信来从水路,身去到柴城。”周繇《送人尉黔中》:“盘山行几驿,水路复通巴。”齐己《送徐秀才之吴》:“望阙云天近,朝宗水路长。”

【水筠】 即水竹。竹的一种。参见“水竹❷”。武元衡《夏日陪冯许二侍郎与严秘书游昊天观览旧题寄同里杨华州中丞》:“石甃古苔冷,水筠凉簟翻。”

【水禽】 水鸟。李频《宋少府东溪泛舟》:“登岸还入舟,水禽惊笑语。”雍陶《题大安池亭》:“好风好月无人宿,夜夜水禽船上栖。”赵嘏《西江晚泊》:“戍鼓一声帆影尽,水禽飞起夕阳中。”郑谷《郊园》:“相近复相寻,山僧与水禽。”

【水煙】 水面雾气。白居易《望江州》:“犹去孤舟三四里,水烟沙雨欲黄昏。”温庭筠《宿辉公精舍》:“林彩水烟里,涧声山月中。”刘沧《江行书事》:“人度深秋风叶落,鸟飞残照水烟开。”钱珝《江行无题一百首》之三三:“蛩响依沙草,萤飞透水烟。”

【水源】 活水的发源处。刘长卿《寻南溪常山道人隐居》:“过雨看松色,随山到水源。”吕岩《沁园春》词:“辨水源清浊,木金间隔。”

【水溜】 檐下承接雨水的槽。宋之问《游法华寺》:“宴林薰宝树,水溜滴金沙。”

【水運】 水上运输。王建有《水运行》。

【水陽】 江、河的北岸。徐铉《和明道人宿山寺》:“闻道经行处,山前与水阳。”

【水碧】 玉石名。又名碧玉。属水晶类。李白《入彭蠡经松门观石镜缅怀谢康乐题诗书游览之志》:“水碧或可采,金精秘莫论。”李益《置酒行》:“明霞发金丹,阴洞潜水碧。”韩愈《奉和杜相公太清宫纪事陈诚上李相公十六韵》:“殿阶铺水碧,庭炬拆金葩。”李贺《老夫采玉歌》:“采玉采玉须水碧,琢作步摇徒好色。”

【水蒲】 即菖蒲。叶似剑,生于水边。白居易《江亭玩春》:“水蒲渐展书带叶,山榴半含琴轸房。”牟融《题朱庆余闲居四首》之一:“楚楚临轩竹,青青映水蒲。”薛能《折杨柳十首》之二:“闲想习池公宴罢,水蒲风絮夕阳天。”

【水蒼】 玉石名。色与纹理皆似水波。古时为中级官吏的佩玉。皎然《因游支硎寺寄邢端公》:“肘后看金碧,腰间笑水苍。”韩愈《朝归》:“峨峨进贤冠,耿耿水苍佩。”白居易《寓意诗五首》之二:“貂冠水苍玉,紫绶黄金章。”

【水誓】 对水发誓。韩琮《春愁》:“吴鱼岭雁无消息,水誓兰情别来久。”

【水榭】 筑于水边的有台基的楼阁。杜甫《春夜峡州田侍御长史津亭留宴》:“杖藜登水榭,挥翰宿春天。”羊士谔《郡中即事三首》之一:“晓风山郭雁飞初,霜拂回塘水榭虚。”李群玉《静夜相思》:“山空天籁寂,水榭延轻凉。”韦庄《冬日长安感志寄献虢州崔郎中二十韵》:“讼堂无事冰生印,水榭高吟月透帘。”

【水塹】 护城河。张籍《西楼望月》:“幽光落水堑,净色在霜枝。”

【水閣】 临水的楼阁。楼上四周有回廊,以便凭眺。李白《经乱离后天恩流夜郎忆旧游书怀赠江夏韦太守良宰》:“登台坐水阁,吐论多英音。”刘禹锡《刘驸马水亭避暑》:“千竿竹翠数莲红,水阁虚凉玉簟空。”李涉《岳阳别张祜》:“岳阳西南湖上寺,水阁松房遍文字。”杜荀鹤《霁后登唐兴寺水阁》:“无端登水阁,有处似家山。”

【水銀】 汞的别名。李白《上云乐》：“云见日月初生时，铸冶火精与水银。”施肩吾《夏雨后题青荷兰若》：“微风忽起吹莲叶，青玉盘中泻水银。”曹唐《小游仙诗九十八首》之八三：“白矾烟尽水银冷，不觉小龙床下眠。”

【水精】 即水晶。拾得《诗》之二九：“一颗水精绝瑕翳，光明透满出人天。”杜甫《大云寺赞公房四首》之一：“心在水精域，衣沾春雨时。”孟郊《上官昭容书楼歌》：“水精编帙绿钿轴，云母捣纸黄金书。”司空图《游仙二首》之二：“月姊殷勤留不住，碧空遗下水精钗。”

【水精宫】 即水晶宫。贯休《山中作》：“山为水精宫，藕花无尘埃。”

【水精毬】 水晶制成的球。喻十五夜的明月。姚合《对月》：“一片黑云何处起，皂罗笼却水精球。”

【水精盤】 即水晶盘。杜甫《丽人行》：“紫驼之峰出翠釜，水精之盘行素鳞。”章孝标《览杨校书文卷》：“红锦晚开云母殿，白珠秋写水精盘。”也喻十五夜的明月。李商隐《碧城三首》之一：“若是晓珠明又定，一生长对水晶盘。”

【水精簾】 即水晶帘。顾况《宫词五首》之二：“月殿影开闻夜漏，水精帘卷近银河。”元稹《和李校书新题乐府十二首·五弦弹》：“水精帘外教贵嫔，玳瑁筵心伴中要。”李商隐《月夜重寄宋华阳姊妹》：“应共三英同夜赏，玉楼仍是水精帘。”高骈《山亭夏日》：“水精帘动微风起，满架蔷薇一院香。”

【水滸】 （一hǔ）水边。元稹《有鸟二十章》之三：“行经水浒为毒流，羽拂酒杯为死药。”

【水態】 水上景色。苏颋《兴庆池侍宴应制》：“山光积翠遥疑逼，水态含青近若空。”韦述《春日山庄》：“晚晴摇水态，迟景荡山光。”杜牧《齐安郡晚秋》：“云容水态还堪赏，啸志歌怀亦自如。”又《怀归》：“尘埃终日满窗前，水态云容思浩然。”

【水蓮】 即荷花。白居易《木芙蓉花下招客饮》：“莫怕秋无伴醉物，水莲花尽木莲开。”

【水蓼】 草名。一名红蓼、辣蓼。花红白，呈穗状。生于浅水中。白居易《县西郊秋寄赠马造》：“风荷老叶萧条绿，水蓼残花寂寞红。”罗隐《姑苏城南湖陪曹使君游》：“水蓼花红稻穗黄，使君兰棹泛回塘。”

【水輨】 即水车。司空图《诗品二十四则·流动》：“若纳水辖，如转丸珠。”

【水樓】 临水之楼。孟浩然《与杭州薛司户登樟亭楼作》：“水楼一登眺，半出青林高。”薛能《彭门解嘲二首》之一：“频上水楼谁会我，泗滨浮磬是同声。”曹邺《碧寻宴上有怀知己》：“荻花芦叶满溪流，一簇笙歌在水楼。”吴商浩有《水楼感事》。

【水磑】 利用水力推动的石磨。罗隐《升平公主旧第》：“两轮水磑光明照，百尺鲛绡换好诗。”

【水墨】 ❶水与墨。指中国画中一种纯用水墨的画法。刘商《与湛上人院画松》：“水墨乍成岩下树，摧残半隐洞中云。”许浑《赠李伊阙》：“云间二室劳君画，水墨苍苍半壁阴。”郑谷《所知从事近藩偶有怀寄》：“水墨画松清睡眼，云霞仙氅挂吟身。”欧阳炯《贯休应梦罗汉画歌》：“天教水墨画罗汉，魁岸古容生笔头。”❷指墨迹。窦巩《陕府宾堂览房杜二公仁寿年中题纪手迹》“仁寿元和二百年，濛笼水墨淡如烟。”元稹《酬乐天江楼夜吟稹诗因成三十韵》：“水墨看虽久，琼瑶喜尚全。”❸水墨画的简称。张碧《题祖山人池上怪石》：“我闻吴中项容水墨有高价，邀得将来倚松下。”方干有《观项信水墨》。李洞有《观水墨障子》。

【水噀】 口中喷水。道教法术之一。王建《隐者居》：“朱书护身咒，水噀断邪刀。”

【水德】 ❶水的德性。皎然《奉陪郑使君谔游太湖至洞庭山登上真观却望湖水》：“灵长习水德，胜势当地枢。”周昙《咏史诗·春秋战国门·子产》：“如嫌水德人多狎，拯溺宜将猛济宽。”李沛《海水不扬波》：“天心随泽广，水德共灵长。”❷古代阴阳家称帝王应命的五德之一。如周以火德王天下，秦代周以水能克火，故代表水德。《郊庙歌辞·汉宗庙乐舞辞·显仁舞》：“运极金行谢，天资水德隆。”

【水箭】 喻急流。卢照邻《山庄休沐》：“川光摇水箭，山气上云梯。”

【水劍】 水心剑的简称。苏颋《龙池乐章》：“轩后雾图今已得，秦王水剑昔常传。”

【水廟】 即龙王庙。李约《观祈雨》：“桑条无叶土生烟，箫管迎龙水庙前。”

【水調】 （一diào）乐府曲调名。属商调。传为隋炀帝所创。元稹《何满子歌》：“婴刑系在囹圄间，水调哀音歌愤懑。”白居易《看采菱》：“时唱一声新水调，谩人道是采菱歌。”杜牧《扬州三首》之一：“谁家唱水调，明月满扬州。”翁承赞《柳》之四：“一声水调春风暮，千里交阴锁汴河。”

【水潯】 水边。李绅《端州江亭得家书二首》之一：“雨中鹊语喧江树，风处蛛丝飏水浔。”

【水嬉】 即水戏。储光羲《望幸亭》：“疏屏宜朝亭，方塘堪水嬉。”白居易《斋居春久感事遣怀》：“水嬉歌尽日，雪宴烛通晨。”

【水頭】 水边。李端《送魏广下第归扬州宁亲》：“调膳过花下，张筵到水头。”姚合《辞白宾客归后寄》：“千骑红旗不可攀，水头独立暮方还。”于濆《山村晓思》：“开门省禾黍，邻翁水头住。”

【水鴨】　水鸟名。即凫。李群玉《钓鱼》："几回举手抛芳饵，惊起沙滩水鸭儿。"

【水衡錢】　汉代皇室私藏的钱币。由水衡官掌管铸造，故名。后泛指钱。杜甫《寄岳州贾司马六丈巴州严八使君两阁老五十韵》："月分梁汉米，春得水衡钱。"张继《酬李书记校书越城秋夜见赠》："量空海陵粟，赐乏水衡钱。"

【水館】　临水的驿馆。白居易《八月十五日夜湓亭望月》："今年八月十五夜，湓浦沙头水馆前。"刘威《赠欧阳秀才》："偶来水馆逢为客，旧熟诗名似故人。"韦庄《婺州水馆重阳日作》："水馆红兰合，山城紫菊深。"徐铉《驿中七夕》："江天望河汉，水馆折莲花。"

【水螢】　即萤。萤幼虫生于浅水，故名。许浑《别刘秀才》："灯照水萤千点灭，棹惊滩雁一行斜。"又《自楞伽寺晨起泛舟道中有怀》："一声山鸟曙云外，万点水萤秋草中。"贾岛《旅游》："空巢霜叶落，疏牖水萤穿。"

【水燈】　漂浮于水面的灯。用以观赏娱乐。李郢《上元日寄湖杭二从事》："恋别山灯忆水灯，山光水焰百千层。"

【水龍吟】　词牌名。双调，押仄韵。创于唐末，原为一百零四字，宋定为一百零二字。唐、宋句式亦有小异。吕岩有《水龙吟》。

【水澤】　湖沼。段成式《嘲飞卿七首》之六："燕支山色重能轻，南阳水泽斗分明。"

【水殿】　❶临水的宫殿。李白《口号吴王美人半醉》："风动荷花水殿香，姑苏台上宴吴王。"卢纶《纶与吉侍郎中孚兼寄夏侯侍御审侯仓曹钊》："缭垣何逶迤，水殿亦峥嵘。"李商隐《吴宫》："龙槛沈沈水殿清，禁门深掩断人声。"韩偓《雨后月中玉堂闲坐》："绿香熨齿冰盘果，清冷侵肌水殿风。"❷指帝王的龙舟。皮日休《汴河怀古二首》之二："若无水殿龙舟事，共禹论功不较多。"吴仁璧《衰柳》："水殿狂游隋炀帝，一千余里可堪看。"

【水蔬】　生于水边的蔬菜。张籍《祭退之》："踏沙掇水蔬，树下烝新粳。"

【水檉】　木名。又名柽柳。生于水边。白居易《有木诗八首》之六："有木名水柽，远望青童童。"

【水戲】　水上百戏。大多为杂技。鲍溶《姑苏宫行》："越王采女能水戏，仙舟如龙旌曳翠。"

【水齋】　临水的屋宇。白居易《宴后题府中水堂赠卢尹中丞》："水斋岁久渐荒芜，自愧甘棠无一株。"李商隐有《水斋》。韦庄有《梁氏水斋》。

【水營】　水军营寨。卢纶《夜泊金陵》："圆月出高城，苍苍照水营。"李绅《渡西陵十六韵》："雁翼看舟子，鱼鳞辨水营。"

【水濱】　水边。陆龟蒙《渔具诗·鱼梁》："尽日水滨吟，殷勤谢渔叟。"

【水檻】　临水的栏杆。杜甫《江上值水如海势聊短述》："新添水槛供垂钓，故著浮槎替入舟。"张仲素《宫中乐五首》之四："笙歌临水槛，红烛乍迎秋。"李商隐《宿骆氏亭寄怀崔雍崔衮》："竹坞无尘水槛清，相思迢递隔重城。"罗隐《钱塘遇默师忆润州旧游》："归来北固山，水槛光参差。"

【水覆難收】　水倾倒于地，不能再收入容器中。形容不可挽回。李白《妾薄命》："雨落不上天，水覆难再收。"

【水霧】　水面的雾气。李颀《送卢少府赴延陵》："滩沙映村火，水雾敛樯乌。"储光羲《泊舟贻潘少府》："苍苍水雾起，落落疏星没。"白居易《早祭风伯因怀李十一舍人》："水雾重如雨，山火高于星。"

【水蟲】　水生动物的总称。许浑《晨起二首》之二："水虫鸣曲槛，山鸟下空阶。"翁洮《苇丛》："倒影翘沙鸟，幽根立水虫。"

【水雞】　水鸟名。杜甫《阆水歌》："巴童荡桨欹侧过，水鸡衔鱼来去飞。"厉玄《送黄晔明府岳州湘阴赴任》："西省尚嗟君宦远，水鸡啼处莫听鸿。"杜牧《晓望》："独起望山色，水鸡鸣蓼洲。"

【水藻】　藻类植物。一名马藻。郑嵎《津阳门诗》："竹花唯养栖梧凤，水藻周游巢叶龟。"

【水簾】　水帘幕。指瀑布。薛能有《水帘吟》。皮日休《奉和鲁望秋日遣怀次韵》："取岭为山障，将泉作水帘。"刘兼《梦归故园》之二："旧馆秋寒夜梦长，水帘疏影入回塘。"

【水關】　水城门。杜甫《峡口二首》之一："开辟多天险，防隅一水关。"沈亚之《五月六日发石头城步望前船示舍弟兼寄侯郎》："水关开夜锁，雾棹起晨凉。"温庭筠《和友人盘石寺逢旧友》："江馆白蘋夜，水关红叶秋。"

【水鏡】　❶形容水面平静明亮。张子容《赠司勋萧郎中》："凤池真水镜，兰省得华滋。"裴度、崔群《春池泛舟联句》："柳丝迎画舸，水镜写雕梁。"白行简《春从何处来》："透雪寒光散，消冰水镜开。"李山甫《司天台》："拂云朱槛捧昭回，静对铜浑水镜开。"❷形容月满明亮。张九龄《和吏部李侍郎见示秋夜望月继作》："光逐露华满，情因水镜摇。"骆宾王《乐大夫挽词五首》之五："忽见泉台路，犹疑水镜悬。"

【水麝】　兽名。麝的一种，能分泌麝香。后泛指奇香。皮日休《太湖诗·练渎》："一阵水麝风，空中荡平渌。"又《春日陪崔谏议樱桃园宴》："万树香飘水麝风，蜡熏花雪尽成红。"

【水鶴】　即鹤。杜甫《咏怀古迹五首》之四："古庙杉松巢水鹤，岁时伏腊走村翁。”

【水鸕】 即鸥鸟。李嘉祐《寄王舍人竹楼》：“南风不用蒲葵扇，纱帽闲眠对水鸥。”

【水鑑】 ❶清水明镜。极言明察秋毫。邵谒《少年行》：“以目为水鉴，以心作权衡。”❷如镜之水。南唐韩王李从善《蔷薇诗一首十八韵呈东海侍郎徐铉》：“匀妆低水鉴，泣泪滴烟霏。”

【水驛】 ❶水路驿站。李颀《送郝判官》：“枫林带水驿，夜火明山县。”王建《送严大夫赴桂州》：“水驿门旗出，山峦洞主参。”李溟《无题》：“乔木挂斗邑，水驿坏门开。”刘沧《秋日寓怀》：“霁色满川明水驿，蝉声落日隐城楼。”❷水路。钱起《送丁著作佐台郡》：“水驿偏乘月，梅园别受春。”戴叔伦《和河南罗主簿送校书兄归江南》：“草莽人烟少，风波水驿长。”杨衡《送人流雷州》：“地图经大庾，水驿过长沙。”

【水靈】 水神。储光羲《奉别长史庾公太守徐公应召》：“水灵静湍濑，猛兽趋后先。”陆龟蒙《纪梦游甘露寺》：“思非水灵怒，即是饥龙孽。”

一 画

永 〔yǒng《广韵》于憬切，上梗，云。〕❶指水流长。陈叔达《初年》：“索索枝未柔，厌厌漏犹永。”岑参《赴犍为经龙阁道》：“江路险复永，梦魂愁更多。”杜甫《渼陂西南台》：“蒹葭离披去，天水相与永。”许棠《冬夜怀真里友人会宿》：“漏永星河没，堂寒月彩深。”❷泛指久长。兼指时间和空间。则天皇后《唐明堂乐章·迎送王公》：“睿图方永，周历长隆。”袁邕《东峰亭各赋一物得阴崖竹》：“朝歌犹夕岚，日永流清阴。”张籍《怀别》：“端居愁岁永，独此留清景。”皮日休《太湖诗·崦里》：“峭然八十翁，生计于此永。”亦指悠长。钱起《送马明府赴江陵》：“陶令南行心自永，江天极目澄秋景。”❸延长。韦应物《汉武帝杂歌三首》之二：“珠可饮，寿可永，武皇南面曙欲分。”于濆《烧金曲》：“天寿畏不永，烧金希长年。”❹永远。中宗《石淙》：“永愿乾坤符睿算，长居膝下属欢情。”司空曙《望水》：“永无人迹到，时有鸟行过。”薛存诚《御制段太尉碑》：“宝思皆涵象，皇心永念勋。”韦庄《和郑拾遗秋日感事一百韵》：“永期传子姓，宁误犯天狼。”❺经常。韦应物《寄职方刘郎中》：“郡中永无事，归思徒自盈。”姚合《秋中夜坐》：“疏散永无事，不眠常夜分。”李商隐《安定城楼》：“永忆江湖归白发，欲回天地入扁舟。”又《夜思》：“永令虚粲枕，长不掩兰房。”❻消磨，度过。见“永日❸”。❼终，整个。见“永日❷”“永岁”。❽州名。元结《贼退示官吏》序：“明年，贼又攻永破邵，不犯此州边鄙而退。”

【永久】 ❶历时久长。贾至《巴陵早秋寄荆州崔司马吏部阎功曹舍人》：“帝子去永久，楚词尚悲秋。”姚系《庭柳》：“因依似永久，揽结更伤离。”❷时间没有终止。牟融《寄周韶州》：“功业要当垂永久，利名那得在须臾。”

【永夕】 长夜；通宵。李义府《招谕有怀赠同行人》：“永夕飞淫雨，崇朝蒸毒雾。”李白《古风》之二：“沈叹终永夕，感我涕沾衣。”令狐楚《八月十七日夜书怀》：“佳期信难得，永夕无可奈。”刘得仁《宿韦津山居》：“永夕见招宿，诗书盈草堂。”

【永王】 指李璘。玄宗第十六子，封永王。安史之乱时，玄宗逃往蜀地，李璘起兵与肃宗争夺皇位，兵败被杀。李白《永王东巡歌十一首》之一：“永王正月东出师，天子遥分龙虎旗。”

【永日】 ❶长日。指夏季漫长的白昼。褚琇《奉和圣制送张说上集贤学士赐宴》：“洞门清永日，华绶接微风。”刘禹锡《和牛相公南溪醉歌见寄》：“携觞命侣极永日，此会虽数心无厌。”方干《登新城县楼赠蔡明府》：“纵目四山宜永日，开襟五月似高秋。”刘兼《春昼醉眠》：“自有卷书销永日，霜华未用鬓边添。”❷整日，从早到晚。萧颖士《舟中遇陆棣兄西归晚次沙垫西岸作》：“故人江皋上，永日念容光。”张南史《陆胜宅秋暮雨中探韵同作》：“同人永日自相将，深竹闲园偶辟疆。”朱庆余《赠韩协律》：“永日微吟在竹前，骨清唯爱漱寒泉。”贯休《经孟浩然鹿门旧居二首》之二：“青山不可问，永日独裴回。”❸消磨时日。张九龄《登郡城南楼》：“闭阁幸无事，登楼聊永日。”

【永水】 水名。源于湖南零陵县西南，东北流入湘江。郑史《永州送侄归宜春》：“永水清如此，袁江色可知。”

【永平】 ❶县名。今甘肃张掖古名。牟融有《寄永平友人》。❷东汉明帝年号。卢照邻《哭金部韦郎中》：“徒令永平帝，千载罢撞郎。”❸舞名。《郊庙歌辞·后唐宗庙乐舞辞》有《永平舞》。

【永永】 长远，永远。崔玄童《祭汾阴乐章》：“介兹景福，永永无穷。”刘商《同诸子哭张元易》：“游魂永永无归日，流水年年自向东。”

【永存】 长在不灭。李德裕《鹿迹山铭》：“空留鹿迹，永存幽石。”

【永年】 ❶终生。储光羲《采菱词》：“饭稻以终日，羹纯将永年。”又《奉别长史庾公太守徐公应召》：“游子淡何思，江湖将永年。”❷长久。郑师贞《日暖万年枝》：“叶和盈数积，根是永年移。”

【永州】 州名。隋开皇九年置。治所为零陵（今属湖南）。刘长卿有《送梁侍御巡永州》。刘禹锡《伤愚溪三首》引：“故人柳子厚之谪永州，得胜地，结茅树蔬，为沼沚，为台榭，目曰愚溪。”裴说《怀素台歌》：“永州东郭有奇怪，笔冢墨池遗迹在。”

【永安】 ❶古县名。(1)三国蜀置。即今重庆奉节县。杨炯《广溪峡》：“常山集军旅，永安兴版筑。”(2)晋末置，南朝梁废。即今湖北松滋县。皎然有《兵后经永安法空寺寄悟禅师》。❷佛寺名。故址在今陕西城固县。岑参有《赴嘉州过城固县寻永安超禅师房》。欧阳詹有《永安寺照上人房》。白居易有《和杨尚书罢相后夏日游永安水亭兼招本曹杨侍郎同行》。

【永安宫】 宫殿名。三国蜀刘备建。地址在今重庆奉节城内。公元222年，刘备伐吴，驻军白帝城(奉节)时建，相传为刘备托孤之处。杜甫《咏怀古迹五首》之四：“蜀主窥吴幸三峡，崩年亦在永安宫。”窦常《谒诸葛武侯庙》：“永安宫外有祠堂，鱼水恩深祚不长。”刘禹锡《松滋渡望峡中》：“十二碧峰何处所，永安宫外是荒台。”杜牧《和野人殷潜之题筹笔驿十四韵》：“永安宫受诏，筹笔驿沈思。”

【永劫】 佛教语。谓无穷无尽之时。吕岩《七言》之三五：“自从悟里终身后，赢得蓬壶永劫春。”

【永别】 永远分别。李洞《送郤先辈归觐华阴》：“休停砚笔吟荒庙，永别灯笼赴锁闱。”

【永言】 ❶犹长吟。宋之问《洞庭湖》：“永言洗氛浊，卒岁为清娱。”李白《酬王补阙惠翼庄庙宋丞泚赠别》：“酬赠非炯诫，永言铭佩绅。”又《安州般若寺水阁纳凉喜遇薛员外乂》：“心垢都已灭，永言题禅房。”❷永远记载。韩休《祭汾阴乐章》：“肃事昭配，永言孝思。”储光羲《夜到洛口入黄河》：“倘遇乘槎客，永言星汉游。”白居易《赠悼怀太子挽歌辞二首》之一：“永言窀穸事，全用少阳仪。”

【永忻寺】 即永欣寺。故址在今浙江绍兴。项斯有《题永忻寺影堂》。

【永昌】 ❶长久，兴盛。元稹《人道短》：“尧舜有圣德，天不能遣，寿命永昌。”萧仿《享太庙乐章》：“圣系无极，景命永昌。”张衮《梁郊祀乐章·庆隆》：“爵醴是荷，鸿基永昌。”❷县名。神龙二年改洛阳为永昌县。宋之问有《送永昌萧赞府》。陈子昂《送著作佐郎崔融等从梁王东征》序：“永昌丞房思玄，衣冠之秀。”张说有《送王晙自羽林赴永昌令》。❸古郡名。东汉永平十二年置。东晋时废。杨巨源《送许侍御充云南哀册使判官》：“万里永昌城，威仪奉圣明。”

【永明】 ❶南朝齐武帝萧赜年号。王昌龄《诸官游招隐寺》：“自从永明世，月向龙宫吐。”❷僧名。事迹不详。韩偓有《永明禅师房》。

【永固】 ❶永久牢固。《郊庙歌辞·梁太庙乐舞辞·来仪舞》：“洪基永固，景命惟新。”❷古县名。西魏置。故治在今山西大同北。北魏建都平城(今大同)，故以代称北魏。司空图《南北史感遇十首》之三：“天风斡海怒长鲸，永固南来百万兵。”

【永和】 ❶东晋穆帝司马聃年号。刘长卿《三月李明府后亭泛舟》：“壶觞须就陶彭泽，时俗犹传晋永和。”独孤及《同徐侍郎五云溪新庭重阳宴集作》：“岂令永和人，独擅山阴游。”白居易《上巳日恩赐曲江宴会即事》：“共道升平乐，元和胜永和。”刘言史《上巳日陪襄阳李尚书宴光风亭》：“为报会稽亭上客，永和应不胜元和。”❷县名。隋时废临河郡改。王驾有《永和县上巳》。❸乐章名。《郊庙歌辞·享先蚕乐章》有《永和》。张说《唐享太庙乐章》有《永和三首》。

【永夜】 ❶长夜。潘孟阳《和权载之离合诗》：“咏歌有离合，永夜观酬答。”郑巢《送韦弇》：“知君当永夜，独钓五湖隅。”朱景玄《宿新安村步》：“离人偶宿孤村下，永夜闻砧一两家。”❷喻人死长眠地下。周朴《哭李端》：“三年剪拂感知音，哭向青山永夜心。”

【永定寺】 佛寺名。故址在苏州。韦应物有《与卢陟同游永定寺北池僧斋》《永定寺喜辟强夜至》。

【永定河】 水名。发源于山西北部，东流入海河。李商隐《关门柳》：“永定河边一行柳，依依长发故年春。”

【永巷】 ❶宫中长巷。汉时为幽禁嫔妃、宫女之处。杜审言《赋得妾薄命》：“草绿长门掩，苔青永巷幽。”皇甫冉《秋怨》：“那堪闭永巷，闻道选良家。”王涯《宫词三十首》之九：“永巷重门渐半开，宫官著锁隔门回。”孙光宪《生查子》词之三：“永巷寂无人，敛态愁堪绝。”❷长巷。李商隐《无题四首》之四：“何处哀筝随急管，樱花永巷垂杨岸。”

【永貞】 ❶谓长享正命。则天皇后《唐大飨拜洛乐章·昭和》：“德以恒固，功由永贞。”吴筠《览古十四首》之一三：“方验嘉遁客，永贞天壤同。”❷唐顺宗李诵年号。韩愈《永贞行》序：“贞元二十一年，德宗崩，顺宗立，改元永贞。”

【永泰】 唐代宗李豫年号。杜甫《敬寄族弟唐十八使君》：“得罪永泰末，放之五溪滨。”

【永泰公主】 中宗第八女。见《新唐书·诸帝公主传》。吴兢有《永泰公主挽歌二首》。

【永泰寺】 佛寺名。故址在今江苏丹阳。张祜有《题丹阳永泰寺练湖亭》。许浑《重游练湖怀旧》序：“余尝与故宋补阙次都秋夕游永泰寺后湖亭，今复登赏，怆然有感，因赋是诗。”

【永城】 县名。三国吴始名永城。今属河南省。卢象有《永城使风》。姚合有《题永城驿》。

【永崇】 长安里坊名。欧阳詹《玩月》序：“贞元十二年，瓯闽君子陈可封游在秦，富于永崇里华阳观。”白居易有《永崇里观居》。杜牧有《题永崇西平王宅太尉懃院六韵》。李洞有《赠永崇李将军充襄阳制置使》。

【永訣】 永别。杜甫《自京赴奉先县咏怀五百字》:"生逢尧舜君,不忍便永诀。"又《送郑十八虔贬台州司户情见于诗》:"便与先生应永诀,九重泉路尽交期。"吴融《中夜闻啼禽》:"金屋独眠堪寄恨,商陵永诀更牵情。"周仲美《书壁》:"永诀泗之滨,遗言空在耳。"

【永康】 ❶永久平安。贾岛《北岳庙》:"神兮安在哉,永康我王国。"❷县名。三国吴置。今属浙江。戴叔伦有《永康孙明府颙秩满将归枉路访别》。马戴有《送顾少府之永康》。吕岩有《题永康酒楼》。

【永望】 远眺。刘长卿《入白沙渚怀天台陆山人》:"穷年卧海峤,永望愁天涯。"贾至《初至巴陵与李十二白裴九同泛洞庭湖三首》之一:"江上相逢皆旧游,湘山永望不堪愁。"徐放《奉和武相公中秋锦楼玩月得来字》:"此时陪永望,更得上燕台。"姚合《题凤翔西郭新亭》:"永望情无极,频来困不辞。"

【永惟】 深思。元结《演兴四首·闵岭中》:"惧大灵兮不知,以予心为永惟。"

【永晝】 终日。姚合《寄陕府内兄郭冏端公》:"永昼吟不休,咽喉干无声。"

【永通門】 唐东都洛阳外郭东南城门名。白居易《洛阳春赠刘李二宾客》:"雪消洛阳堰,春入永通门。"许浑有《出永通门经李氏庄》。

【永終】 永久。《郊庙歌辞·周宗庙乐舞辞·治顺》:"永终就养,空极孝思。"

【永然】 悠然。王昌龄《缑氏尉沈兴宗置酒南溪留赠》:"海雁时独飞,永然沧洲意。"

【永逸】 长久安逸。崔日用《奉和圣制送张说巡边》:"暂劳期永逸,赫矣振天声。"

【永陽】 古县名。南朝梁置,隋改为应山县。今属湖北。李颀有《送马录事赴永阳》。韦应物有《宿永阳寄璨律师》。卢纶有《送永阳崔明府》。司空曙有《送永阳崔明府》。

【永絕】 永远断绝。朱景玄《溪东岑望天都山》:"一从呼子安,永绝金玉音。"刘沧《代友人悼姬》:"罗帐香微冷锦裀,歌声永绝想梁尘。"

【永歲】 终年。卢鸿一《嵩山十志十首·樾馆》:"樵苏不爨兮清谈已,永岁终朝兮常若此。"

【永路】 长途,长道。张九龄《湘中作》:"永路日多绪,孤舟天复冥。"李欣《龙门西峰晓望刘十八不至》:"春台临永路,跂足望行子。"王昌龄《郑县宿陶太公馆中赠冯六元二》:"无何困躬耕,且欲驰永路。"李白《江上寄元六林宗》:"客行悲清秋,永路苦不达。"

【永業】 永业田的省称。隋唐之制:诸王以下至都督或散官五品以上,按品秩分授永业田,允许世袭,免除赋税。于濆《村居晏起》:"居安即永业,何者为故山。"

【永意】 指深长的情意。郎士元《酬二十八秀才见寄》:"永意能在我,惜无携手期。"

【永遠】 永久,长远。孙光宪《浣溪沙》词之一四:"万种保持图永远,一般模样负神明。"

【永嘉】 ❶郡名。东晋太宁元年分临海郡置。治所在永宁(今温州)。隋开皇九年废。唐天宝、至德时曾又改温州为永嘉郡。庾光先《奉和刘采访缙云南岭作》:"百越城池枕海圻,永嘉山水复相依。"郎士元《送陆员外赴潮州》:"今朝永嘉兴,重见谢公游。"刘言史《右军墨池》:"永嘉人事尽归空,逸少遗居蔓草中。"陈陶《赠温州韩使君》:"康乐风流五百年,永嘉铃阁又登贤。"❷指南朝宋诗人谢灵运。谢曾为永嘉太守。李谓《游北岩》:"淮阳清净理,永嘉山水心。"❸西晋怀帝司马炽年号。杜甫《奉送二十三舅录事之摄郴州》:"永嘉多北至,句漏且南征。"吴筠《建业怀古》:"俄及永嘉末,中原塞胡尘。"詹琲《永嘉乱衣冠南渡流落南泉作忆昔吟》:"忆昔永嘉际,中原板荡年。"

【永嘉江】 水名。瓯江的别名。张子容有《泛永嘉江日暮回舟》。孟浩然有《宿永嘉江寄山阴崔少府国辅》。

【永嘉守】 指谢灵运。灵运曾官永嘉太守。刘禹锡《酬令狐相公赠别》:"海峤新辞永嘉守,夷门重见信陵君。"戴公怀《奉和郎中游仙山四瀑泉兼寄李吏部包秘监赵婺州齐处州》:"今日永嘉守,复追山水游。"

【永壽】 ❶县名。故城在今陕西永寿南。岑参有《送永寿王赞府径归县》。❷佛寺名。在长安永乐坊。景龙三年中宗为永寿公主建。元稹有《与杨十二李三早入永寿寺看牡丹》。白居易《初与元九别后忽梦见之怅然感怀因以此寄》:"永寿寺中语,新昌坊北分。"❸宫殿名。南朝齐东昏侯萧宝卷为潘妃建。李商隐《齐宫词》:"永寿兵来夜不扃,金莲无复印中庭。"

【永圖】 远大的志向。王昌龄《途中作》:"永图岂劳止,明节期所归。"

【永寧】 ❶永久安宁。李益《罢秩后入华山采茯苓逢道者》:"始疑有仙骨,炼魂可永宁。"张衮《梁郊祀乐章·庆肃》:"由此无疆,期乎永宁。"❷唐县名。在今河南境。韦应物有《寄酬李博士永宁主簿叔厅见待》。元稹《去杭州》:"永宁昔在抡鉴表,沙汰沈浊澄浚源。"❸长安里坊名。窦群有《晚自台中归永宁里南望山色怅然有怀呈上右司十一兄》。羊士谔有《永宁小园即事》。白居易《重到城七绝句·高相宅》:"涕泪虽多无哭处,永宁门馆属他人。"

【永樂】 ❶县名。故城在今陕西永济。岑参有《夜过盘石隔河望永乐寄闺中效齐梁体》。姚合有《寄永乐长官殷尧藩》。雍陶有《永乐殷尧藩明府县池嘉莲咏》。李商隐有《和刘评事永乐闲居见寄》。❷长安里坊名。白居易《江南喜逢萧九彻因话长安旧游戏赠五十韵》:"寓居同永乐,幽会共平康。"

【永興公】(興 xīng)指虞世南。许浑《赠河东虞押衙二首》注:"虞元长者,永兴公之后。"

【永穆公主】玄宗二十九女。下嫁王繇。见《新唐书·诸帝公主传》。张说有《晦日诏宴永穆公主亭子赋得流字》。

【永禪師】指陈、隋间僧智永。韦丹《答澈公》:"白发渐多身未退,依依常在永禅师。"

【永徽】唐高宗李治年号。白居易《新乐府·法曲》:"法曲法曲歌大定,积德重熙有余庆,永徽之人舞且咏。"来鹄《圣政纪颂》:"贞观多吁,永徽多俞。"

【永豐】洛阳里坊名。白居易《杨柳枝词》:"永丰西角荒园里,尽日无人属阿谁。"又有《诏取永丰柳植禁苑感赋》。卢贞《和白尚书赋永丰柳》:"一树依依在永丰,两枝飞去杳无踪。"

【永懷】长思,久念。李邕《登历下古城员外孙新亭》:"高兴汨烦促,永怀清典常。"李白《越中秋怀》:"爱此从冥搜,永怀临湍游。"李商隐《凉思》:"永怀当此节,倚立自移时。"曹邺《杏园即席上同年》:"永怀共济心,莫起胡越意。"

二 画

求 〔qiú《广韵》巨鸠切,平尤,羣。〕❶寻找,搜寻。刘庭琦《从军》:"决胜方求敌,衔恩本轻死。"顾况《送从兄使新罗》:"临川思结网,见弹欲求鸮。"白居易《和答诗十首·和大嘴乌》:"慈乌求母食,飞下尔庭中。"李商隐《昭肃皇帝挽歌辞三首》之三:"海迷求药使,雪隔献桃人。"❷探访。张说《送王光庭》:"同居洛阳陌,经日懒相求。"杜甫《晦日寻崔戢李封》:"喜结仁里欢,况因令节求。"韦应物《贾常侍林亭燕集》:"醉罢各云散,何当复相求。"❸乞求,请求。韩愈《元和圣德诗》:"汝为表书,求我帅汝。"唐彦谦《寄徐山人》:"吴中高士虽求死,不那稽山有谢敷。"大愚《乞荆浩画》:"不求千涧水,止要两株松。"❹谋求,追求。王勃《倬彼我系》之九:"从役伊何,薄求卑位。"沈千运《濮中言怀》:"顾此烦知己,终日求衣食。"罗立言《赋得沽美玉》:"谁怜被褐士,怀玉正求沽。"李山甫《酬刘书记一二知己见寄》:"身闲偏好古,句冷不求奇。"❺需求,要求。王维《同崔傅答贤弟》:"更闻台阁求三语,遥想风流第一人。"白居易《赠友五首》之三:"不求土所无,不强人所难。"朱庆余《重过惟贞上人院》:"老去唯求静,都忘外学名。"❻选择。贾岛《送沈秀才下第东归》:"君子忌苟合,择交如求师。"黄滔《下第出京》:"还失礼官求,花时出雍州。"❼获得。元结《漫歌八首·西阳城》:"衣食可力求,此外何所望。"杜荀鹤《赠聂尊师》:"诗道将仙分,求之不可求。"任翻《洛阳道》:"求富江海狭,取贵山岳小。"

【求人】请求别人。郑颋《临刑诗》:"安心自有处,求人无有人。"牛僧孺《句》:"求人气色沮,凭酒意乃伸。"朱庆余《哭胡遇》:"不应随分空营奠,终拟求人与立碑。"杜牧《贻隐者》:"求人颜色尽,知道性情宽。"

【求己】谓不借助他人之力,自行其是。窦常《酬舍弟牟秋日洛阳官舍寄怀十韵》:"玉立知求己,金声乍起予。"曹邺《赠道师》:"举世皆问人,唯师独求己。"

【求友】寻求朋友。储光羲《酬李处士山中见赠》:"同声既求友,不肖亦怀贤。"高适《崔司录宅燕大理李卿》:"上卿才大名不朽,早朝至尊暮求友。"温庭筠《病中书怀呈友人》:"乔木能求友,危巢莫吓雏。"

【求仁】需求仁德。语本《论语·述而》:"求仁而得仁,又何怨?"王维《与胡居士皆病寄此诗兼示学人二首》之二:"植福祠迦叶,求仁笑孔丘。"皇甫冉《太常魏博士远出贼庭江外相逢因叙其事》:"秉节身常苦,求仁志不违。"

【求化】指僧道化缘。杜荀鹤《题战岛僧居》:"接船求化惯,登陆赴斋疏。"

【求古翁】指李远。远字求古。曾任建州刺史,见《新唐书·艺文志四》。李商隐有《怀求古翁》。

【求田問舍】(舍 shè)谓专治家产而无济世之态。戴叔伦《题招隐寺》:"昨日临川谢病还,求田问舍独相关。"

【求生】谋求生路。徐灵府《自咏二首》之二:"学道全真在此生,何须待死更求生。"

【求仙】寻找仙药,以期长生。张九龄《和黄门卢监望秦始皇陵》:"秦帝始求仙,骊山何遽卜。"王维《哭褚司马》:"故有求仙药,仍余遁俗杯。"司空图《南至日》:"求仙自躁非无药,报国当材别有人。"

【求老】终老。元结《樊上漫作》:"且欲学耕钓,于斯求老焉。"

【求仲】人名。汉代隐士。后以之为隐士代称。钱起《岁初归旧山》:"求仲应难见,残阳且掩关。"

【求全】企图保住性命。韩偓《盛事三十四韵》:"嗾獒翻丑正,养虎欲求全。"

【求名】谋取功名。严维《赠送崔子向》:"旅食来江上,求名赴洛阳。"李益《牡丹》:"始知年少求名处,满眼空中别有花。"雍陶《感兴》:"还似求名客,无媒不及时。"杜荀鹤《入关历阳道中却寄舍弟》:"求名日苦辛,日望日荣亲。"

【求衣】 ❶谋求穿着。杜荀鹤《戏赠渔家》:"见君生计羡君闲,求食求衣有底难。"❷寻索衣服。见《汉书·邹阳传》。后以之为君王励精图治的典故。徐夤《依御史温飞卿华清宫二十二韵》:"履朔求衣早,临阳解佩羞。"也作"求御衣"。徐夤《晓》:"潼关鸡唱促归骑,金殿烛残求御衣。"

【求羊】 汉代隐士求仲与羊仲的合称。后以之代指隐士。王维《黎拾遗昕裴秀才迪见过秋夜对雨之作》:"何人顾蓬径,空愧求羊踪。"耿湋《秋晚卧疾寄司空拾遗曙卢少府纶》:"惭非蒋生径,不敢望求羊。"权德舆《奉和新卜城南寄赠》:"岂同求羊径,共是羲皇人。"法振《病愈寄友》:"微踪与麋鹿,远谢求羊知。"

【求和】 (—hé)指败方向胜方请求休战。周昙《咏史诗·春秋战国门·虞卿》:"割地求和国必危,安知坚守绝来思。"

【求知】 希求知遇。喻坦之《陈情献中丞》:"意纵求知切,才惟惧鉴精。"

【求官】 谋求官职。韩愈《县斋有怀》:"求官去东洛,犯雪过西华。"温庭筠《经故秘书崔监扬州南塘旧居》:"乘舟觅吏经舆县,为酒求官得步兵。"

【求音】 寻觅知音。玄宗《南出雀鼠谷答张说》:"求音思欲报,心迹竟难陈。"

【求索】 寻觅。白居易《梦与李七庾三十三同访元九》:"觉来疑在侧,求索无所有。"

【求退】 自请解职。朱庆余《赠江夏卢使君》:"白发虽求退,明时合见收。"

【求凰】 汉司马相如《琴歌》之一。相传相如歌此曲向卓文君求爱。后因以之为男子求偶典故。岑参《送陕县王主簿赴襄阳成亲》:"求凰应不远,去马剩须鞭。"

【求疵】 寻找缺点。陈中师《瑕瑜不相掩》:"让美心方并,求疵意本同。"

【求婚】 男女中的一方向另一方请求结婚。韦庄《悔恨》:"才闻及第心先喜,试说求婚泪便流。"

【求税】 (—tuō)谋求解脱。张九龄《酬周判官巡至始兴兼呈耿广州》:"一麾尚云忝,十驾宜求税。"

【求禄】 求得俸禄。皇甫冉《送田济之扬州赴选》:"家贫不自给,求禄为荒年。"

【求道】 企求得道。孟浩然《宿立公房》:"支遁初求道,深公笑买山。"李商隐《题僧壁》:"舍生求道有前踪,乞脑剜身结愿重。"

【求聘】 男方向女方求婚。孟郊《静女吟》:"君子易求聘,小人难自从。"

【求蒙】 指请教愚昧之人。语出《易·蒙》。王适《蜀中言怀》:"时来不可问,何用求童蒙。"孟浩然《书怀贻京邑同好》:"当途诉知己,投刺匪求蒙。"李端《长安感事呈卢纶》:"寓书先论懒,读易反求蒙。"

【求榮】 追求荣华富贵。白居易《题崔常侍济上别墅》:"求荣争宠任纷纷,脱叶金貂只有君。"牟融《写意二首》之二:"独喜冥心无外慕,自怜知命不求荣。"王贞白《钓台》:"旧交虽建国,高卧不求荣。"

【求賢】 访求贤能的人。太宗《春日玄武门宴群臣》:"庶几保贞固,虚己厉求贤。"李商隐《贾生》:"宣室求贤访逐臣,贾生才调更无伦。"姚鹄《虢州献杨抑卿二首》之一:"名科累中求贤日,苦节高标守郡时。"皮日休《鲁望读襄阳耆旧传次韵》:"易政疾似咳,求贤甚于购。"

【求瘼】 谓访知民间疾苦。刘允济《经庐岳回望江州想洛川有作》:"重地资出守,英藩谅求瘼。"高适《淇上酬薛三据兼寄郭少府微》:"理道须任贤,安人在求瘼。"贯休《上杭州令狐使君》:"爱山成大癖,求瘼似诸身。"

【求親】 请求结为姻亲。多用于男方向女方。杜甫《近闻》:"似闻赞普更求亲,舅甥和好应难弃。"

【求醫】 请求医治。皮日休《病中书情寄上崔谏议》:"殷勤莫怪求医切,只为山樱欲放红。"

【求歡】 求得欢乐。陆龟蒙《夏日闲居作四声诗寄袭美·平声》:"求欢虽殊途,探幽聊怡情。"

汁

〔zhī《广韵》之入切,入缉,章。〕含有某种物质的液体。白居易《春池上戏赠李郎中》:"直似挼蓝新汁色,与君南宅染罗裙。"陆龟蒙《杂讽九首》之二:"得非佐饔者,齿齿待啜汁。"

【汁滓】 汁液与渣滓。杜甫《槐叶冷淘》:"新面来近市,汁滓宛相俱。"又《孟仓曹步趾领新酒酱二物满器见遗老夫》:"藉糟分汁滓,瓮酱落提携。"

汀1

〔tīng《广韵》他丁切,平青,透。〕❶水边平地,小洲。孙逖《长洲苑》:"剑骑缘汀入,旌门隔屿开。"钱起《送欧阳子还江华郡》:"才子思归催去棹,汀花且为驻残春。"顾非熊《送杭州姚员外》:"峤云侵寺吐,汀月隔楼新。"景池《秋夜宿淮口》:"树静禽眠草,沙寒鹿过汀。"❷州名。柳宗元有《登柳州城楼寄漳汀封连四州》。

汀2

〔tìng《广韵》他定切,去徑,透。〕见"汀₂滢"。

【汀州】 ❶州名。唐开元二十四年分福州、抚州置,治所在长汀(今属福建)。辖境相当于今福建三明市、永安、漳平以西地区。大历以后屡有变动。灵澈有《初到汀州》。张籍有《送汀州源使君》。❷犹汀洲。赵嘏《赠越客》:"定知钓鱼伴,相望在汀州。"

【汀沙】 ❶汀洲之沙。白居易《花楼望雪命宴赋诗》:"冰铺湖水银为面,风卷汀沙玉作堆。"李洞《春日隐居官舍感怀》："风吹烧烬杂汀沙，还似青溪旧寄家。"❷沙洲。刘长卿《上巳日越中与鲍侍郎泛舟耶溪》："兰桡缦转傍汀沙，应接云峰到若耶。"戴叔伦《题稚川山水》："松下茅亭五月凉，汀沙云树晚苍苍。"张祜《旅次上饶溪》："碧溪行几折，凝棹宿汀沙。"

【汀沼】 有沙洲的沼泽。顾在镕《题光福上方塔》："汀沼或栖彭泽雁，楼台深贮洞庭风。"

【汀洲】 水中平地。孟浩然《永嘉别张子容》："日夕故园意，汀洲春草生。"杨凝《初次巴陵》："乡信为凭谁寄去，汀洲燕雁渐来多。"杜牧《新转南曹未叙朝散初秋暑退出守吴兴书此篇以自见志》："捧诏汀洲去，全家羽翼飞。"李频《送鄂渚韦尚书赴镇》："戈船转江汉，风月宿汀洲。"

【汀浦】 汀洲之畔。刘沧《送李休秀才归岭中》："南泛孤舟景自饶，蒹葭汀浦晚萧萧。"

【汀岛】 汀洲。刘沧《秋日登醴泉县楼》："渭水自流汀岛色，汉陵空长石苔纹。"任翻《越江渔父》："眼明汀岛畔，头白子孙前。"

【汀畦】 即町畦。齐己《春草》："欲寻兰蕙径，荒秽满汀畦。"

【汀渚】 水中小洲或水边平地。高适《自淇涉黄河途中作十三首》之二："清晨泛中流，羽族满汀渚。"李骘《自惠山至吴下寄酬南徐从事》："悠悠汀渚长，杳杳蘋花晚。"陈陶《冬日暮旅泊庐陵》："江城雪落千家梦，汀渚冰生一夕风。"

【汀葭】 沙洲芦苇。陈子昂《宿襄河驿浦》："沙浦明如月，汀葭晦若秋。"陆龟蒙《迎潮送潮辞·送潮》："汀葭苍兮屿蓼枯，风骚牢兮愁烟孤。"

【汀$_2$滢】 水清澈貌。韩愈《奉酬卢给事云夫四兄曲江荷花行见寄并呈上钱七兄阁老张十八助教》："玉山前却不复来，曲江汀滢水平杯。"

汃

〔pà《集韵》普八切，入黠，滂。〕见"汃汃"。

【汃汃】 闪烁貌。杜牧《池州送孟迟先辈》："好鸟响丁丁，小溪光汃汃。"

氾

〔fán《广韵》符芝切，平凡，奉。〕❶水名。见"氾水"。❷姓。见"氾毓"。

【氾水】 县名。当作"汜水"。参见"汜水"。岑参有《送郑堪归东京氾水别业》。韩翃有《别氾水县尉》。

【氾毓】 人名。字稚春，西晋人。客居青州，安贫有志。武帝召补南阳王文学、秘书郎、太傅参军，皆不就。李瀚《蒙求》："氾毓字孤，郗鉴吐哺。"

三　画

汗[1]

〔hàn《广韵》侯旰切，去翰。匣。〕❶人和高等动物由汗腺排泄的液体。杨巨源《美人春怨》："落钗仍挂鬓，微汗欲销黄。"元稹《八骏图诗》："尾掉沧波黑，汗染白云赭。"白居易《看常州柘枝赠贾使君》："莫惜新衣舞柘枝，也从尘污汗沾垂。"李商隐《送千牛李将军赴阙五十韵》："灵衣沾愧汗，仪马困阴兵。"❷出汗；使出汗。杜甫《高都护骢马行》："五花散作云满身，万里方看汗流血。"鲍溶《述德上太原严尚书绶》："甲马不及汗，天骄自亡魂。"李九龄《鹤》："不须更饮人间水，直是清流也汗君。"南唐后主李煜《书灵筵手巾》："汗手遗香渍，痕眉染黛烟。"❸指以火烤青竹流出的水分。张说《送李侍郎迥秀薛长史季昶同赋得水字》："胜敌在安人，为君汗青史。"

汗[2]

〔hán《广韵》胡安切，平寒，匣。〕见"可汗"。

【汗巾】 擦汗的手巾。白居易《赠韦处士六年夏大热旱》："汗巾束头鬓，膻食熏襟抱。"

【汗血】 ❶汗呈血色。王昌龄《箜篌引》："将军铁骢汗血流，深入匈奴战未休。"顾况《从军行二首》之二："杀人蓬麻轻，走马汗血滴。"李贺《马诗二十三首》之二二："汗血到王家，随鸾撼玉珂。"郑蕡《天骥呈材》："喷勒金铃响，追风汗血生。"❷指汗血马。杜甫《沙苑行》："龙媒昔是渥洼生，汗血今称献于此。"又《和江陵宋大少府暮春雨后同诸公及舍弟宴书离》："渥洼汗血种，天上麒麟儿。"

【汗血馬】 马名。出汉时西域大宛国，流汗如血，故名。李昂《从军行》："塞下长驱汗血马，云中恒闭玉门关。"杜甫《洗兵马》："京师皆骑汗血马，回纥喂肉葡萄宫。"又《忆昔二首》之一："阴山骄子汗血马，长驱东胡胡走藏。"

【汗汗】 广阔貌。顾况《范山人画山水歌》："山峥嵘，水泓澄，漫漫汗汗一笔耕。"

【汗妆】 指汗水淋淋的女子容颜。元稹《梦游春七十韵》："睡脸桃破风，汗妆莲委露。"叶季良《省试吴宫教美人战》："挥戈罗袖卷，擐甲汗妆红。"蔡瑰《夏日闺怨》："雨沾柳叶如啼眼，露滴莲花似汗妆。"

【汗青】 古代以竹简为书写载体，先将竹木于火上烤灼，使其水分蒸发，可防蠹蛀。烤时水出如汗，故称。后借指史册。顾况《闲居怀旧》："今日思来总皆罔，汗青功业又何如。"

【汗馬】 ❶战马因奔腾而流汗。喻征战劳苦。杜甫《伤秋》："将军犹汗马，天子尚戎衣。"马植《奉和白敏中圣道和平致兹休运岁终功就合咏盛明呈上》："四帅有征无汗马，七关虽戍已弢弓。"也指战马。袁朗《赋饮马长城窟》："太平今若斯，汗马竟无施。"刘长卿《瓜洲驿奉饯张侍御时侍御先在淮南幕府》："击胡驰汗马，迁蜀扈鸣銮。"钱起《奉送户部李郎中充晋国副节度出塞》："汗马将行矣，卢龙已肃然。"令狐楚《从军词五首》之一："荒鸡隔水啼，汗马逐风嘶。"❷汗血马的省称。刘长卿《送南特进赴归行营》："汗马河源饮，烧羌陇坻遮。"杜甫《诸将五首》之一："见愁汗马西戎逼，曾闪朱旗北斗殷。"雍裕之《四色》之三："劳鲂莲渚内，汗马火旂间。"

【汗栗】 因恐惧战栗而出汗。段成式、张希复《吴画联句》："其中龙最怪，张甲方汗栗。"

【汗浃】 "汗流浃背"之省。贯休《驾郑使君》："戈收甲束投仁境，汗浃魂飘拜虎旗。"

【汗流浃背】 汗出湿透脊背。郑谷《代秋扇词》："汗流浃背曾施力，气爽中宵便负心。"

【汗溝】 指马的前腋，即马脖下端的凹陷部位。李白《天马歌》："尾如流星首渴乌，口喷红光汗沟朱。"杜甫《郑典设自施州归》："叹尔疲驽骀，汗沟血不赤。"

【汗漫】 ❶浩荡，浩渺。张说《出湖寄赵冬曦》："东瞻岳阳郡，汗漫太虚间。"杜甫《渼陂行》："琉璃汗漫泛舟人，事殊兴极忧思集。"韩愈《赴江陵途中寄翰林三学士》："汗漫不省识，恍如乘桴浮。"李群玉《送处士自番禺东游便归苏台别业》："汗漫江海思，傲然抽冠簪。"也指广大的空间。贺知章《奉和圣制送张说上集贤学士赐宴赋得谟字》："迹同游汗漫，荣是出泥涂。"韦应物《宝观主白鸲鹆歌》："有时一去凌苍苍，朝游汗漫暮玉堂。"刘禹锡《乐天寄重和晚达冬青一篇因成再答》："秋隼得时凌汗漫，寒龟饮气受泥涂。"吕岩《口占》："曷不从吾游，骑鲸腾汗漫。"❷代指飞仙。崔国辅《奉和华清宫观行香应制》："豫游皆汗漫，斋处即崆峒。"孟浩然《寄天台道士》："屡蹑莓苔滑，将寻汗漫期。"皇甫冉《酬崔侍御期籍道士不至兼寄》："昆仑烟景绝，汗漫往还迟。"❸谓没有法度。段成式、张希复《诸画联句》："惜哉壁画世未殚，后人新画何汗漫。"

【汗漫游】 亦作"汗漫遊"。世外之游。孟浩然《送元公之鄂渚寻观主张骖鸾》："应是神仙子，相期汗漫游。"孙昌胤《遇旅鹤》："不然奋飞去，将适汗漫游。"陆龟蒙《渔具诗·种鱼》："还同汗漫游，遂以江湖处。"曹唐《小游仙诗九十八首》之二九："汗漫真游实可奇，人间天上几人知。"

【汗漫遊】 同"汗漫游"。

【汗簡】 指竹简。参见"汗青"。元稹《酬乐天寄蕲州簟》："霜凝青汗简，冰透碧游鳞。"

汙[1] 〔wū《广韵》烏路切，去暮，影。又《集韵》汪胡切，平模，影。〕亦作"污"。❶污垢。皎然《浮云三章》之一："匪日之暮，浮云之污。"❷不洁，肮脏。孟郊《憩淮上观公法堂》："淮水色不污，汴流徒浑黄。"韩愈《喜雪献裴尚书》："自下何曾污？增高未觉危。"❸弄脏，污染。张谓《过从弟制疑官舍竹斋》："野猿偷纸笔，山鸟污图书。"白居易《和答诗十首·答箭镞》："徒沾一点血，虚污箭头腥。"皮日休《添鱼具诗·钓矶》："多逢沙鸟污，爱彼潭云触。"贯休《四皓图》："溪苔连豹褥，仙酒污云袍。"❹玷污；玷辱。杜甫《乘雨入行军六弟宅》："令弟雄军佐，凡才污省郎。"裴潾《前相国赞皇公早葺平泉山居赋四言诗十四首奉寄》之四："我力或屈，我躬莫污。"韩偓《招隐》："立意忘机机已生，可能朝市污高情。"苏拯《鸱枭》："为害未为害，其如污物类。"❺沾濡。杨巨源《夏日裴尹员外西斋看花》："露湿呈妆污，风吹畏火燃。"元稹《梦游春七十韵》："荷叶水上生，团团水中住。泻水置叶中，君看不相污。"❻衰落。参见"汙隆"。❼低洼。参见"汙澤"。❽通"洿"。小的积水。白居易《酬郑侍御多雨春空过诗三十韵》："紫陌皆泥泞，黄污共淼茫。"

汙[2] 〔wā《集韵》烏瓜切，平麻，影。〕亦作"污"。掘地。见"汙₂尊"。

【汙下】 低洼。张光朝《获塘西庄赠房元垂》："水国信污下，霖霪即成川。"

【汙車茵】 弄脏车垫。见《汉书·丙吉传》。为吟咏丞相仁德典故。王维《故太子太师徐公挽歌四首》之三："犹思御朱轺，不惜污车茵。"温庭筠《中书令裴公挽歌词二首》之一："从今虚醉饱，无复污车茵。"

【汙泥】 烂泥。韩愈《酒中留上襄阳李相公》："浊水污泥清路尘，还曾同制掌丝纶。"

【汙俗】 卑鄙庸俗。孟郊《赠黔府王中丞楚》："儒风一以扇，污俗心皆平。"

【汙辱】 亦作"污辱"。杜甫《寄董卿嘉荣十韵》："黄图遭污辱，月窟可焚烧。"

【汙真】 亦作"污真"。玷污本性。杜甫《敬寄族弟唐十八使君》："物白讳受玷，行高无污真。"

【汙迹】 亦作"污迹"。指污浊的环境。皎然《咏史》："翳春意不浅，污迹身岂辱。"

【汙渠】 脏水沟。韩愈《符读书城南》："二十渐乖张，清沟映污渠。"

【汙萊】 荒地。皮日休《吴中苦雨一百韵寄鲁望》："污莱既已泞，买鱼不获鲏。"

【汙₂尊】 亦作"污尊""汙罇"。指掘地成坑以当酒尊。权德舆《八音诗》："土鼓与污尊，颐神则为愈。"

张碧《山居雨霁即事》:"新月出污尊,浮云在巾舄。"方干《僧院小泉井》:"亦恐深浅同禹穴,兼云制度象污樽。"

【汙隆】　犹言兴衰。骆宾王《初秋于窦六郎宅宴》序:"物我双致,匪石席以言兰;心口两齐,混污隆而酌桂。"

【汙溝】　亦作"污溝"。积水沟。白居易《京兆府新栽莲》:"污沟贮浊水,水上叶田田。"

【汙聞】　亦作"污聞"。玷污耳朵的传闻。齐己《答崔校书》:"不随喧滑迷真性,何用潺湲洗污闻。"

【汙澤】　亦作"污澤"。积水的洼地。陆龟蒙《奉和袭美太湖诗二十首·投龙潭》:"良田为巨浸,污泽成赤地。"

【汙₂罇】　同"汙₂尊"。

【汙雜】　亦作"污雜"。肮脏嘈杂。杜甫《阆州奉送二十四舅使自京赴任青城》:"青城漫污杂,吾舅意凄然。"

【汙瀦】　低洼积水。薛能《秋雨》:"有形皆霡霂,无地不污潴。"郑嵎《津阳门诗》:"庆山污潴石瓮毁,红楼绿阁皆支离。"

污　同"汙"。

江　〔jiāng《广韵》古雙切,平江,見。〕❶长江。张九龄《自彭蠡湖初入江》:"江岫殊空阔,云烟处处浮。"窦常《北固晚眺》:"露蚕开晚簇,江燕绕危樯。"李商隐《哭刘司户二首》之一:"江风吹雁急,山木带蝉曛。"徐铉《回至瓜洲献侍中》:"日暮瓜洲江北岸,两行清泪滴西风。"❷泛指南方的河流。李嘉祐《送樊兵曹潭州谒韦大夫》:"江花铺浅水,山木暗残春。"姚合《别杭州》:"醉与江涛别,江涛惜我游。"温庭筠《旅泊新津却寄一二知己》:"维舟息行役,霁景近江村。"韦庄《南昌晚眺》:"南昌城郭枕江烟,章水悠悠浪拍天。"❸姓。五代有江为。

【江人】　❶指渔夫或船工。郑谷《沙苑》:"苑吏犹迷路,江人莫问程。"蒋吉《石城》:"江人桡艇子,将谓莫愁来。"❷指籍贯为长江流域一带的人。许棠《亲仁里双鹭》:"双去双来日已频,只应知我是江人。"

【江干】　江边。王勃《羁游饯别》:"客心悬陇路,游子倦江干。"戎昱《秋月》:"江干入夜杵声秋,百尺疏桐挂斗牛。"李绅《寿旧罢郡日有诗十首肥河维舟阻冻祇待敕命》之一:"西奏血诚遥稽首,乞容归病老江干。"许棠《陪郢州张员外宴白雪楼》:"洒槛江干雨,当筵天际山。"

【江上】　❶江边。灵一《送明素上人归楚觐省》:"江上昔年同出处,天涯今日共风尘。"孟郊《江邑春霖奉赠陈侍御》:"江上花木冻,雨中零落春。"李绅《宿越州天王寺》:"海隅布政惭期月,江上沾巾愧万人。"曹邺《江西送人》:"八月江上楼,西风令人愁。"❷江面上。戴叔伦《孤鸿篇》:"江上双飞鸿,饮啄行相随。"白居易《和微之春日投简阳明洞天五十韵》:"江上三千里,城中十二衢。"李商隐《二月二日》:"二月二日江上行,东风日暖闻吹笙。"齐己《闻雁》:"明年趁春去,江上别鸳鸯。"

【江上曲】　乐府《杂曲》名。参见《乐府诗集·杂曲歌辞十七》。张九龄《酬王六寒朝见诒》:"渔为江上曲,雪作郢中词。"李嘉祐有《江上曲》。

【江口】　河水汇流处。岑参《江行夜宿龙吼滩寄幕中诸公》:"官舍临江口,滩声人惯闻。"张籍《夜到渔家》:"渔家在江口,潮水入柴扉。"于武陵有《宿江口》。伍乔《冬日道中》:"暮烟江口客来绝,寒叶岭头人住稀。"

【江山】　❶江河山岳。卢象《峡中作》:"晚见江山霁,宵闻风雨来。"崔峒《江上书怀》:"骨肉天涯别,江山日落时。"孟郊《赠苏州韦郎中使君》:"章句作雅正,江山益鲜明。"杜荀鹤《题岳麓寺》:"一簇楚江山,江山胜此难。"❷借指国土。白居易《同梦得暮春寄贺东西川二杨尚书》:"两川风景同三月,千里江山属一家。"林宽《和友人贼后》:"江山犹未静,鱼鸟欲何归。"孙元晏《咏史诗·陈·后庭舞》:"后庭一曲从教舞,舞破江山君未知。"❸犹言山水。岑参有《刘相公中书江山画障》。钱起《送毕侍御谪居》:"宁嗟人世弃虞翻,且喜江山得康乐。"赵嘏《送张又新除温州》:"东晋江山称永嘉,莫辞红旆向天涯。"

【江天】　❶江流的上空。张子容《永嘉即事寄赣县袁少府瓘》:"海气朝成雨,江天晚作霞。"戴叔伦《答崔法曹》:"江天梅雨散,况在月中楼。"陈标《江南行》:"水光春色满江天,蘋叶风吹荷叶钱。"李频《送陆肱尉江夏》:"泽国三春早,江天落日迟。"❷江和天。雍陶《送客不及》:"水阔江天两不分,行人两处更相闻。"

【江中丞】　指江文蔚。陆游《南唐书》本传:"保大初,迁御史中丞……江州司士参军。"徐铉有《和江州江中丞见寄》。

【江气】　江雾。张九龄《岁初巡属县登高安南楼言怀》:"江气偏宜早,林英粲已繁。"

【江介】　❶江岸。张九龄《初发道中赠王司马兼寄诸公》:"追饯扶江介,光辉烛里闾。"❷江左。指长江以东地区。柳宗元《游朝阳岩遂登西亭二十韵》:"羁贯去江介,世仕尚函崤。"

【江公】　疑指清江,诗僧,元和中卒。刘言史有《伤清江上人》。《全唐文》卷六〇五刘禹锡《澈上人文集引》:"世人言诗僧,多出江左。灵一导其源,护国袭之,清江扬其波,法振沿之。”鲍溶《酬江公见寄》:“多惭惠休句,偕得此阳春。”

【江月】 ❶江面上空的月亮。张说《赠赵侍御》:“夜楼江月入,朝幌山云卷。”白居易《想东游五十韵》:“一吟江月别,七见日星周。”李商隐《思归》:“岭云春沮洳,江月夜晴明。”李频《自黔中归新安》:“却将仙桂东归去,江月相随直到家。”❷江中月影。杜甫《漫成一绝》:“江月去人只数尺,风灯照夜欲三更。”

【江水】 ❶指长江。李赤《姑熟杂咏·天门山》:“迥出江水上,双峰自相对。”卫万《吴宫怨》:“君不见吴王宫阁临江起,不见珠帘见江水。”❷泛指南方河流中的水。戴叔伦《江行》:“临泛何容与,爱此江水清。”白居易《忆江南词三首》之一:“日出江花红胜火,春来江水绿如蓝。”王周《巴江》:“巴江江水色,一带浓蓝碧。”

【江火】 江船上的灯火。孟浩然《陪卢明府泛舟回作》:“鹢舟随雁泊,江火共星罗。”李白《夜下征虏亭》:“山花如绣颊,江火似流萤。”

【江心】 江中央。杜甫《桃竹杖引赠章留后》:“江心蟠石生桃竹,苍波喷浸尺度足。”李嘉祐《江上曲》:“江心澹澹芙蓉花,江口蛾眉独浣纱。”许棠《宿灵山兰若》:“江心天半寺,一夕万缘空。”

【江左】 ❶即江东。指长江下游以东的地区。张子容《永嘉作》:“拙宦从江左,投荒更海边。”刘长卿有《早春赠别赵居士还江左时长卿下第归嵩阳旧居》。孟浩然有《鹦鹉洲送王九之江左》。韦应物有《送张侍御秘书江左觐省》。❷指东晋和南朝。王维《别綦毋潜》:“盛得江左风,弥工建安体。”杜甫《偶题》:“永怀江左逸,多病邺中奇。”刘禹锡《自左冯归洛下酬乐天兼呈裴令公》:“更接东山文酒会,始知江左未风流。”李群玉《送处士自番禺东游便归苏台别业》:“江左风流尽,名贤成古今。”

【江右】 指长江下游以西的地区。戴叔伦有《新秋夜寄江右友人》。李商隐《河清与赵氏昆季宴集得拟杜工部》:“胜概殊江右,佳名逼渭川。”

【江北】 ❶指长江下游江北地区。许浑《竹林寺别友人》:“明日分襟又何处,江南江北路悠悠。”罗隐《故都》:“江南江北两风流,一作迷津一拜侯。”韩熙载《感怀诗二章》之一:“仆本江北人,今作江南客。再去江北游,举目无相识。”❷泛指江流之北。张又新《罗浮山》:“江北重峦积翠浓,绮霞遥映碧芙蓉。”李商隐《柳》:“江南江北雪初消,漠漠轻黄惹嫩条。”❸指北朝。崔涂《读庾信集》:“唯有一篇《杨柳曲》,江南江北为君愁。”

【江田】 临江的水田。高适《广陵别郑处士》:“溪水堪垂钓,江田耐插秧。”刘长卿《和樊使君登润州城楼》:“江田漠漠全吴地,野树苍苍故蒋州。”温庭筠《利州南渡》:“数丛沙草群鸥散,万顷江田一鹭飞。”

【江生】 指江淹。李商隐《自桂林奉使江陵途中感怀寄献尚书》:“江生魂黯黯,泉客泪涔涔。”

【江令】 指江总。江总在南朝陈后主时,官至仆射尚书令,世称“江令”。欧阳询《道失》:“不下结绮阁,空迷江令语。”刘禹锡有《金陵五题·江令宅》。韩偓《侍宴》:“密旨不教江令醉,丽华微笑认皇慈。”刘兼《中春宴游》:“楚王云雨迷巫峡,江令文章媚蜀笺。”

【江外】 犹江南。自北方观,其地处长江以外,故称。包融《酬忠公林亭》:“江外有真隐,寂居岁已侵。”岑参有《送李翥游江外》。白居易《听琵琶妓弹略略》:“莫欺江外手,别是一家声。”杜牧《冬至日寄小侄阿宜诗》:“今年我江外,今日生一阳。”

【江市】 江边的集市。杜甫《放船》:“江市戎戎暗,山云淰淰寒。”李商隐《送从翁从东川弘农尚书幕》:“蛮童骑象舞,江市卖鲛绡。”罗邺《冬日旅怀》:“闲思江市白醪满,静忆僧窗绿绮横。”

【江汀】 江边平地。杜牧《偶游石盎僧舍》:“孰谓江陵人,来作江汀客。”又《寄崔均》:“两地差池恨,江汀醉送君。”

【江西】 唐方镇江南西道的简称。安史之乱后置。治所在洪州(今江西南昌)。王昌龄《送李五》:“玉碗金罍倾送君,江西日入起黄云。”卢纶《江北忆崔汶》:“夜问江西客,还知在楚乡。”杜牧《入关》:“东西南北数衢通,曾取江西径过东。”伍唐珪《上苏使君》:“江西昔日推韩注,袁水今朝数赵祥。”

【江曲】 (一qū)江流弯曲处。李涉《牧童词》:“朝牧牛,牧牛下江曲。”

【江回】 亦作“江迴”。❶谓江势回转。宋之问《下桂江县黎壁》:“江回云壁转,天小雾峰攒。”白居易《望江州》:“江迴望见双华表,知是浔阳西郭门。”❷指江潮回落。张叔卿《空灵岸》:“寒尽鸿先去,江回客未归。”

【江帆】 ❶江船的帆篷。赵嘏《送韩绛归淮南寄韩绰先辈》:“江帆自落鸟飞外,月观静依春色边。”徐铉《送高舍人使岭南》:“江帆风淅淅,山馆雨萧萧。”❷代指江船。杜甫《晓望》:“地坼江帆稳,天清木叶闻。”刘长卿《送裴郎中贬吉州》:“汉节同归阙,江帆共逐臣。”谭用之《寄孟进士》:“书回科斗江帆暮,曲罢骀虞海树苍。”

【江全銘】 晚唐诗人。旌德(今属安徽)人,官至侍御史。《全唐诗外编·续补遗》卷九收其诗一首。

【江色】 江水之色;江的反光。刘长卿《冬夜宿扬州开元寺烈公房送李侍御之江东》:“暮帆背楚郭,江色浮金陵。”姚合《同裴起居厉侍御放朝游曲江》:

"雨晴江色出，风动草香新。"刘沧《秋夕山斋即事》："半夜秋风江色动，满山寒叶雨声来。"徐铉《和陈赞善致仕还京口》："泉声漱玉窗前落，江色和烟槛外流。"

【江充】　西汉大臣。字次倩，邯郸人。权德舆《盘豆驿》："江充得计太子死，日暮戾园风雨秋。"白居易《思子台有感二首》之一："但以恩情生隙罅，何人不解作江充。"杜牧《李给事中敏二首》之一："元礼去归缑氏学，江充来见犬台宫。"李九龄《望思台》："直饶四老依前出，消得江充宠佞无？"

【江米】　水乡所出的米。李贺《始为奉礼忆昌谷山居》："长枪江米熟，小树枣花春。"

【江次】　江边。李嘉祐《仲夏江阴官舍寄裴明府》："万室边江次，孤城对海安。"

【江州】　州名。治所在今江西南昌。刘允济《经庐岳回望江州想洛川有作》："豫章观伟材，江州访灵崿。"李白《金陵三首》之二："空余后湖月，波上对江州。"元稹《相忆泪》："西江流水到江州，闻道分成九道流。"郑谷《送人之九江谒郡侯苗员外绅》："湓城分楚塞，庐岳对江州。"

【江汜】　江边。汜，通"涘"。储光羲《贻王侍御出台掾丹阳》："江汜日绵眇，朝夕空寐寤，。"薛据《泊震泽口》："日落草木阴，舟徒泊江汜。"

【江妃】　❶传说中的神女。见汉刘向《列仙传·江妃二女》。孙逖《寻龙湍》："渔父歌金洞，江妃舞翠房。"莫宣卿《赋得水怀珠》："江妃思在掌，海客亦忘躯。"❷唐玄宗宠妃。名采蘋，泉州莆田(今属福建)人。所居处广植梅树，玄宗戏名曰梅妃。善属文，自比谢道韫。《全唐诗》卷五录其《谢赐珍珠》诗一首。

【江步】　江边渡口。步，同"埠"。韦庄《江亭酒醒却寄维扬饯客》："别筵人散酒初醒，江步黄昏雨雪零。"

【江甸】　犹江田。王维《赋得秋日悬清光》："迥与青冥合，遥同江甸浮。"刘长卿《自紫阳观至华阳洞宿侯尊师草堂简同游李延年》："石门媚烟景，句曲盘江甸。"

【江君】　指湘君。李贺《兰香神女庙》："看雨逢瑶姬，乘船值江君。"

【江尾】　江流下游。李绅《过钟陵》："龙沙江尾抱钟陵，水郭村桥晚景澄。"

【江表】　❶犹江外。泛指长江以南地区。杜审言《赠崔融二十韵》："北使从江表，东归在洛阳。"萧颖士《江有归舟三章》序："夏五月，回棹京洛，告归江表。"窦参有《迁谪江表久未归》。贯休《杜侯行》："江表唯传君子营，剑冲牛斗疏真宰。"❷指南朝。清昼、汤衡《讲古文联句》："暨于江表，其文郁兴。"

【江東】　长江在芜湖至南京段，呈西南南、东北北流向，下游南岸则在长江以东。古人因以江东泛指这一广大地区。杜审言《杂曲歌辞·大酺乐》："伐鼓撞钟惊海上，新妆袨服照江东。"窦常《项亭怀古》："有心裁帐下，无面到江东。"白居易《宿窦使君庄水亭》："使君何在在江东，池柳初黄杏欲红。"李咸用《依韵修睦上人山居十首》之十："壮气虽同德不同，项王何似王江东。"

【江明府】　指江直木。见《徐文公集》卷二九《大宋故尚书兵部员外郎江君墓志铭》。徐铉有《送黄梅江明府》。

【江舍人】　指江文蔚。陆游《南唐书》本传："国初，改主客郎中，拜中书舍人。"徐铉有《早春旬假独直寄江舍人》。

【江門】　临江的水城门。崔道融《夜泊九江》："夜泊江门外，欢声月里楼。"

【江氛】　指江流上的瘴气。韩愈《永贞行》："蛮俗生梗瘴疠烝，江氛岭祲昏若凝。"

【江服】　指长江流域。张说《再使蜀道》："青春客岷岭，白露摇江服。"

【江妾】　即江妃。传说中的神女。张说《喜度岭》："江妾晨炊黍，津童夜棹舟。"陈陶《巫山高》："青鸾不在懒吹箫，斑竹题诗寄江妾。"

【江河】　❶长江和黄河。杜甫《戏为六绝句》之二："尔曹身与名俱灭，不废江河万古流。"熊孺登《至日荷李常侍过郊居》："礼异江河动，欢殊里巷惊。"皮日休《九夏歌九篇·族夏之歌》之一："洪源谁孕，疏为江河。"可止《雪十二韵》："润比江河普，明将日月齐。"❷犹江湖。相对京城而言。牟融《赠韩翃》："京国久知名，江河近识荆。"

【江油】　县名。北魏置县，隋、唐因之。故址在今四川境。李白有《赠江油尉》。

【江波】　江水。李昌符《赠别》："莫道江波话离别，江波一去不回流。"刘邺《翰林作》："曾是江波垂钓人，自怜深厌九衢尘。"

【江沱】　长江和沱江。沱江为长江支流。江沱指今四川中部一带。杜甫《别唐十五诫因寄礼部贾侍郎》："为吾谢贾公，病肺卧江沱。"

【江郎】　指南朝梁江淹。郑谷《寄左省张起居》："诗句江郎伏，书踪宁氏传。"

【江南】　❶指长江以南的地区。汉以前一般指今湖北的江南部分和湖南、江西一带。唐人一般指长江下游的江南部分。薛眘惑《奉和进船洛水应制》："洛北风花树，江南彩画舟。"贾至《巴陵寄李二户部张十四礼部》："江南春草初幂幂，愁杀江南独愁客。"周弘亮《除夜书情》："春入江南柳，寒归塞北天。"韦庄《题许浑诗卷》："江南才子许浑诗，字字清新句句奇。"

❷道名。唐贞观十道之一。开元二十一年分为东、西两道。东道辖境相当于今江苏南部及浙、闽两省,治所在苏州(今属江苏);西道辖境相当于今湖南洞庭湖、资水流域以东等地区,治所在洪州(今江西南昌)。李白有《留别曹南群官之江南》。白居易《秦中吟十首·轻肥》:"是岁江南旱,衢州人食人。"

【江南三臺】 乐府杂曲名。王建有《江南三台词四首》。

【江南曲】 (一qǔ)乐府相和曲名。上官昭容《彩书怨》:"欲奏《江南曲》,贪封蓟北书。"刘希夷有《江南曲八首》。李商隐有《又效江南曲》。陆龟蒙有《江南曲五首》。

【江南弄】 (一nòng)乐府清商曲名。王勃《江南弄》:"江南弄,巫山连楚梦,行雨行云儿相送。"芮挺章有《江南弄》。陆龟蒙《乐府杂咏·双吹管》:"高楼微月夜,吹出江南弄。"

【江南步從事】 指西晋张翰。翰时号江东步兵。羊士谔《忆江南旧游二首》之一:"曾作江南步从事,秋来还复忆鲈鱼。"

【江星】 江中倒映的星光。崔国辅《宿范浦》:"村烟和海雾,舟火乱江星。"杜甫《江边星月二首》之二:"江月辞风缆,江星别雾船。"

【江界】 江流形成的两州分界。白居易《元微之除浙东观察使喜得杭越邻州先赠长句》:"郡楼对玩千峰月,江界平分两岸春。"

【江信】 ❶指由江路送达的音讯。刘长卿《自鄱阳还道中寄褚征君》:"江信久寂寥,楚云独惆怅。"❷江潮应时涨退,有如守信,故称。皎然《冬日送颜延之明府抚州觐叔父》:"天寒惊断雁,江信望回潮。"权德舆《送人使之江陵》:"征轺星乍动,江信潮应上。"

【江叟】 指江边渔翁。白居易《垂钓》:"今来伴江叟,沙头坐钓鱼。"钱珝《江行无题一百首》之一二:"静听江叟语,尽是厌兵人。"

【江郊】 临江的城郊。杜甫《茅屋为秋风所破歌》:"茅飞度江洒江郊,高者挂罥长林梢,下者飘转沉塘坳。"

【江洲】 江中沙洲。刘长卿《初闻贬谪续喜量移登干越亭赠郑校书》:"青青草色满江洲,万里伤心水自流。"陈标《江南行》:"不怕江洲芳草暮,待将秋兴折湖莲。"

【江津】 江边渡口。杨炯《和刘长史答十九兄》:"石城俯天阙,钟阜对江津。"卢纶《和赵瑞公九日登石亭上和州家兄》:"洛浦想江津,悲欢共此辰。"李绅《涉沅潇》:"潮满江津猿鸟啼,荆夫楚语飞蛮桨。"李洞《闻杜鹃》:"花落玄宗回蜀道,雨收工部宿江津。"

【江客】 江上旅人。刘长卿《登润州万岁楼》:"江客不堪频北望,塞鸿何事又南飞。"李端《荆门歌送兄赴夔州》:"曾为江客念江行,肠断秋荷雨打声。"陆龟蒙《奉和袭美吴中言怀寄南海二同年》:"江客渔歌冲白荇,野禽人语映红蕉。"谭用之《江边秋夕》:"曲内橘香江客笛,字中岚气岳僧书。"

【江神】 传说中的江中水神。韩滉《判僧云晏五人聚赌喧诤语》:"并付江神收管,波中便是泉台。"许浑《送客南归有怀》:"瓦尊迎海客,铜鼓赛江神。"

【江城】 临江的城市。王维《送从弟蕃游淮南》:"江城下枫叶,淮上闻秋砧。"戎昱《征人归乡》:"三月江城柳絮飞,五年游客送人归。"宋济《东邻美人歌》:"花暖江城斜日阴,莺啼绣户晓云深。"李汶儒《和绵州于中丞登越王楼作》:"征黄看即及,莫叹滞江城。"

【江夏】 郡名。李白《江夏寄汉阳辅录事》:"江夏黄鹤楼,青山汉阳县。"欧阳詹有《江夏留别华二》。朱庆余有《赠江夏卢使君》。罗隐《西京道中》:"祢生词赋抛江夏,汉祖精神忆沛中。"

【江峡】 指长江三峡。项斯《巴中逢故人》:"路岐何处极,江峡半猿愁。"

【江皋】 江岸,江边之地。孙翃《奉酬张洪州九龄江上见赠》:"江皋枉离赠,持此慰他乡。"独孤及《江上代书寄裴使君》:"何地离念剧,江皋风雪时。"李德裕《述梦诗四十韵》:"望烟归海峤,送雁渡江皋。"李商隐《访秋》:"江皋当落日,帆席见归风。"

【江浙】 长江和浙江。泛指江南水乡。无名氏《绝句》(卷七八六):"自从江浙为渔父,二十余年手不叉。"

【江浦】 江滨。褚亮《赋得蜀都》:"沈犀对江浦,驷马入城闉。"岑参《题金城临河驿楼》:"忽如江浦上,忆作捕鱼郎。"韩愈《奉和钱七兄曹长盆池所植》:"翻翻江浦荷,而今生在此。"温庭筠《送人南游》:"送君游楚国,江浦树苍然。"

【江海】 ❶江和海。元结《招孟武昌》:"穷冬涸江海,杯湖澄清漪。"任翻《洛阳道》:"求富江海狭,取贵山岳小。"无名氏《玉卮无当》(卷七八七):"江海诚难满,盘筵莫妄施。"❷犹江湖。相对京城、朝廷而言。陈子昂《喜遇冀侍御珪崔司议泰之二使》序:"虽身在江海,而心驰魏阙。"皇甫冉《洋水送郑丰鄠县读书》:"早年江海谢浮名,此路云山惬尔情。"白居易《舟中晚起》:"退身江海应无用,忧国朝廷自有贤。"袁皓《及第后作》:"蓬瀛乍接神仙侣,江海回思耕钓人。"❸指江流入海口一带的地方。李白《夜泊黄山闻殷十四吴吟》:"半酣更发江海声,客愁顿向杯中失。"刘长卿《送郑司直归上都》:"岁岁逢离别,蹉跎江海滨。"郎士元《登无锡北楼》:"风霜征雁早,江海旅人还。"杜牧《将赴吴兴登乐游原一绝》:"欲把一麾江海去,乐游原上望昭陵。”❹泛指四面八方。杜甫《草堂》：“弧矢暗江海，难为游五湖。”钱起《苦雨忆皇甫冉》：“如何游宦客，江海随泛梗。”戴叔伦《送董颋》：“君行江海无定所，别后相思何处边。”

【江海人】　指浪迹江海的隐逸之士。王维《晦日游大理韦卿城南别业四声依次用各六韵》：“与世澹无事，自然江海人。”杜甫《赠王二十四侍御契四十韵》：“屡喜王侯宅，时邀江海人。”又《秋日寄题郑监湖上亭三首》之三：“暂阻蓬莱阁，终为江海人。”

【江海心】　指隐居之志。高适《酬岑二十主簿秋夜见赠之作》：“独有江海心，悠悠未尝倦。”杜甫《破船》：“平生江海心，宿昔具扁舟。”钱起《同严逸人东溪泛舟》：“子陵江海心，高迹此闲放。”魏万《金陵酬李翰林谪仙子》：“平生风云人，暗合江海心。”

【江海客】　犹“江海人”。杜甫《洗兵马》：“张公一生江海客，身长九尺须眉苍。”皇甫冉《酬包评事壁画山水见寄》：“遂令江海客，惆怅忆闲田。”杨彝《过睦州青溪渡》：“飘零江海客，攲侧一帆归。”

【江流】　江水。刘长卿《清明后登城眺望》：“草色无空地，江流合远天。”熊孺登《湘江夜泛》：“江流如箭月如弓，行尽三湘数夜中。”李郢《酬刘谷立春日吏隐亭见寄》：“楚霁江流慢，春归泽气阴。”齐己《乱中闻郑谷吴延保下世》：“兵火焚诗草，江流涨墓田。”

【江郡】　濒临长江的州城。刘长卿《送裴使君赴荆南充行军司马》：“故节辞江郡，寒笳发渚宫。”白居易《舟行阻风寄李十一舍人》：“且愁江郡何时到，敢望京都几岁还。”杜牧《郡斋独酌》：“江郡雨初霁，刀好截秋光。”

【江迴】　同“江回”。

【江娥】　即湘君。李贺《李凭箜篌引》：“江娥啼竹素女愁，李凭中国弹箜篌。”无名氏《琵琶》(卷七八五)：“海神驱趁夜涛回，江娥蹙踏春冰裂。”

【江都】　郡名。隋大业初改扬州置。治所在江阳(今江苏扬州市)。汪遵《隋柳》：“夹浪分堤万树余，为迎龙舸到江都。”章碣《赠婺州苏员外》：“鸾从阙下虽辞侣，雁到江都却续行。”周昙《咏史诗·隋门·独孤后》：“储贰不遭谗构死，隋亡宁便在江都。”

【江梅】　一种野生梅花。杜甫《徐九少尹见过》：“何当看花蕊，欲发照江梅。”刘长卿《酬秦系》：“家空归海燕，人老发江梅。”李郢《醉送》：“江梅冷艳酒清光，急拍繁弦醉画堂。”

【江帶】　远看似衣带的江流。樊宗师《蜀绵州越王楼诗》序：“既萦视其江带，又极视其土冈。”

【江國】　水乡泽国。多指江南地区。裴耀卿《敬酬张九龄当涂界留赠之作》：“珪符肃有命，江国远徂征。”韦应物《送仓部萧员外院长存》：“襆被蹉跎老江国，情人邂逅此相逢。”崔橹《春晚岳阳言怀二首》之二：“江国草花三月暮，帝城尘梦一年间。”郑谷《梅》：“江国正寒春信稳，岭头枝上雪飘飘。”

【江豚】　兽名。俗名江猪。哺乳动物。产于长江。元稹《送王十一南行》：“江豚涌高浪，枫树摇去魂。”许浑《金陵怀古》：“石燕拂云晴亦雨，江豚吹浪夜还风。”

【江毫】　指江淹的五色笔。吴融《薛舍人见征恩赐香并二十八字同寄》：“都缘有意重熏裛，更洒江毫上玉堂。”

【江郭】　犹江城。元稹《酬乐天东南行诗一百韵》：“江郭船添店，山城木竖郛。”卢拱《江亭寓目》：“江郭带林峦，津亭倚槛看。”牟融《秋夜醉归有感而赋》：“竹窗凉雨鸣秋籁，江郭清砧捣夜寒。”

【江痕】　指江岸被水浸润的痕迹。元稹《送友封》：“斗柄未回犹带闰，江痕潜上已生春。”

【江渚】　江中沙洲。杜甫《长吟》：“江渚翻鸥戏，官桥带柳阴。”李绅《渡西陵十六韵》：“海门凝雾暗，江渚湿云横。”

【江淹】　南朝梁文学家。字文通，济阳考城(今河南兰考东)人。历仕宋、齐、梁三代。梁时官至金紫光禄大夫，封醴陵侯。少孤寒好学，以文章著称。晚年所作文思枯竭，时人以为才尽。诗歌多为拟古之作，赋以《恨赋》《别赋》最著名。有集已佚，后人辑成《江文通集》。刘禹锡《韩十八侍御见示岳阳楼别窦司直足成六十二韵》：“羊濬要共和，江淹多杂拟。”清昼、汤衡《讲古文联句》：“江淹杂体，方见才力。”张孜《梦李白歌》：“若夸郭璞五色笔，江淹却是寻常人。”赵光远《题妓莱儿壁》：“欲知肠断相思处，役尽江淹别后魂。”

【江淹筆】　参见“江淹夢”。黄滔《喜侯舍人蜀中新命三首》之三：“内人未识江淹笔，竟问当时不早求。”张泌《惆怅吟》：“江淹彩笔空留恨，壮叟玄谭未及情。”贯休《上荆南府主三让德政碑》：“我恐江淹五色笔，作不立此碑之碑文不得。”

【江淹夢】　传说江淹夜梦有人授其五色彩笔，问之为晋郭璞。其后文采焕发。晚年又梦郭璞索还彩笔，自此不再能作佳句。见《南史》本传。方干《再题路支使南亭》：“睡时分得江淹梦，五色毫端弄逸才。”

【江淮】　长江和淮河。泛指二水之间的地区。王维《送綦毋潜落第还乡》：“江淮度寒食，京洛缝春衣。”韩愈、李正封《晚秋郾城夜会联句》：“江淮永清晏，宇宙重开拓。”白居易《新乐府·阴山道》：“仍诏江淮马价缣，从此不令疏短织。”姚合《奉和门下相公雨中寄裴给事》：“风清想林壑，云湿似江淮。”

【江陵】　县、府名。春秋楚郢都。秦分郢为江阳县，汉为江陵县。东晋时为荆州治所。唐上元元年升荆州为江陵府。张说《一柱观》："旧说江陵观，初疑神化来。"韩愈《李花赠张十一署》："江陵城西二月尾，花不见桃惟见李。"刘禹锡《重送鸿举师赴江陵谒马逢侍御》："茂陵才子江陵住，乞取新诗合掌看。"姚合《杏溪十首·望江峰》："念昔有此峰，在彼江陵先。"

【江陵士子】　寓居江陵（今属湖北）之士子。姓名不详。《全唐诗》录其《寄故姬》诗一首，诗题后注："《卢氏杂记》曰：江陵寓居士子，忘其姓名。有美姬，甚贫。"

【江陵橘】　为橘子的典故。见《汉书·货殖传》。杨衡《送王秀才往安南》："无贪合浦珠，念守江陵橘。"李商隐《故番禺侯以赃罪致不辜事觉母者他日过其门》："江陵从种橘，交广合投香。"

【江陰】　❶江的南岸。杜审言有《重九日宴江阴》。萧颖士《江有归舟三章》序："缅彼江阴，京阜是临。"元稹《酬乐天八月十五夜禁中独直玩月见寄》："何意枚皋正承诏，瞥然尘念到江阴。"❷县名。今属江苏。张循之有《送王汶宰江阴》。刘长卿有《新安送陆澧归江阴》。李嘉祐有《仲夏江阴官舍寄裴明府》。

【江鄉】　犹水乡。多指江南地区。王湾《晚春诣苏州敬赠武员外》："苏台忆季常，飞棹历江乡。"王维《赠吴官》："江乡鲭鲊不寄来，秦人汤饼那堪许。"李白《留别曹南群官之江南》："飘飘紫霞心，流浪忆江乡。"李商隐《崇让宅东亭醉后沔然有作》："新秋仍酒困，幽兴暂江乡。"

【江堤】　江边堤岸。白居易《浦中夜泊》："暗上江堤还独立，水风霜气夜棱棱。"郑谷《曲江春草》："花落江堤蔟暖烟，雨余草色远相连。"

【江華】　郡名。天宝元年改道州为江华郡。乾元元年复为道州。钱起《送欧阳子还江华郡》："江华胜事接湘滨，千里湖山入兴新。"崔峒有《越中送王使君赴江华》。柳宗元有《赠江华长老》。

【江爲】　五代诗人。建阳（今福建建阳县）人。《全唐诗》卷七四一录其《旅怀》等诗八首。《全唐诗外编》（下）录其《观山水幛歌》一首。孟贯有《送江为归岭南》。

【江棹】　代指江船。李绅《趋翰苑遭诬构四十六韵》："海标传信使，江棹认妻孥。"

【江夢】　参见"江淹夢"。罗邺《闻友人入越幕因以诗赠》："正哭阮途归未得，更闻江笔赴嘉招。"

【江臯】　《晋书》作"江泉"。见《晋书·羊聃传》。李瀚《蒙求》："阮放八隽，江臯四凶。"

【江湖】　❶江和湖。江为长江，湖或指洞庭，或指太湖。有时亦泛指。颜真卿、皇甫曾《三言喜皇甫曾侍御见过南楼玩月》："欢宴处，江湖间。"李商隐《怀求古翁》："关塞犹传箭，江湖莫系船。"李频《送友人下第归越》："归意随流水，江湖共在东。"徐夤《风》："飘成远浪江湖际，吹起暮尘京洛中。"❷指京城以外的地方。玄宗《王屋山送道士司马承祯还天台》"江湖与城阙，异迹且殊伦。"岑参《敬酬杜华淇上见赠兼呈熊曜》："得君江湖诗，骨气凌谢公。"白居易《和梦得》："郎署回翔何水部，江湖留滞谢宣城。"皮日休《寄滑州李副使员外》："故人勋重金章贵，犹在江湖积剑功。"❸指隐逸。岑参《初至西虢官舍南池呈左右省及南宫诸故人》："素多江湖意，偶佐山水乡。"杜甫《大历三年春白帝城放船四十韵》："廷争酬造化，朴直乞江湖。"赵嘏《虎丘寺赠渔处士》："早负江湖志，今如鬓发何。"徐夤《门外闲田数亩分两沼》："坐来暗起江湖思，速问溪翁买钓船。"

【江湖人】　浪迹江湖的人。元稹《酬乐天登乐游园见忆》："爱君直如发，勿念江湖人。"

【江湖客】　犹"江湖人"。杜甫《竖子至》："欲寄江湖客，提携日月长。"又《舟月对驿近寺》："皓首江湖客，钩帘独未眠。"钱珝《江行无题一百首》之七二："知是江湖客，无心击塞鸿。"

【江湘】　长江和湘江。指此二江流域。独孤及《奉和中书常舍人晚秋集贤院即事寄赠徐薛二侍御》："差池摧羽翮，流落限江湘。"

【江湄】　江岸，江边。皎然《送柳淡扶侍赴洪州》："离魂渺天末，相望在江湄。"王播《淮南游故居感旧酬西川李尚书德裕》："昔年献赋去江湄，今日行春到却悲。"韦庄《合欢莲花》："虞舜南巡去不归，二妃相誓死江湄。"

【江陽】　县名。隋时改广陵县为邗江县，又改江阳县，为江都郡治。唐时沿袭，属淮南道。其地即今江苏扬州。卢僎《稍秋晓坐阁遇舟东下扬州即事寄上族父江阳令》："族父江阳令，盛业继前修。"李白《叙旧赠江阳宰陆调》："间宰江阳邑，翦棘树兰芳。"李端有《送郭补阙归江阳》。

【江陽令】　疑为卢全善。见《唐代墓志汇编》。卢僎有《稍秋晓坐阁遇舟东下扬州即事寄上族父江阳令》。

【江隈】　江流弯曲处。刘禹锡《浪淘沙》之六："日照澄洲江雾开，淘金女伴满江隈。"

【江勢】　江流的态势。宋之问《自湘源至潭州衡山县》："渐见江势阔，行嗟水流漫。"刘禹锡《题招隐寺》："地形临渚断，江势触山回。"李商隐《闻著明凶问哭寄飞卿》："江势翻银砾，天文露玉绳。"

【江楚】　泛指江汉一带。孟浩然《与张折冲游耆阇寺》："因君振嘉藻，江楚气雄哉。"

【江路】　❶江中航道或航程。王勃《上巳浮江宴韵得遥字》："遽悲春望远，江路积波潮。"苏味道《九江口南济北接蕲春南与浔阳岸》："江路一悠哉，滔滔九派来。"张说有《江路忆郡》。❷江岸道路。杜甫《西郊》："市桥官柳细，江路野梅香。"项斯《江村夜泊》："日落江路黑，前村人语稀。"徐铉《又题白鹭洲江鸥送陈君》："白鹭洲边江路斜，轻鸥接翼满平沙。"

【江裔】　江边。李白《禅房怀友人岑伦》："飘飘限江裔，想像空留滞。"

【江源】　长江的源头。李白《入彭蠡经松门观石镜缅怀谢康乐题诗书游览之志》："余方窥石镜，兼得穷江源。"

【江給事】　（給 jǐ）指江文蔚。曾以给事判太常卿事。陆游《南唐书》本传："国初，改主客郎中，拜中书舍人。烈祖殂，文蔚以给事判太常卿事。保大初迁御史中丞。"徐铉有《贺殷游二舍人入翰林江给事拜中丞》。

【江漢】　❶长江和汉水。孙逖《故程将军妻南阳郡夫人樊氏挽歌》："国风犹在咏，江汉近南阳。"杜甫《又上后园山脚》："秋风亦已起，江汉始如汤。"孟郊《自商行谒复州卢使君虔》："江汉沙泥洁，永日光景新。"李频《送鄂渚韦尚书赴镇》："戈船转江汉，风月宿汀洲。"❷指长江、汉水二水之间的地区。孟浩然《送韩使君除洪州都曹》："重推江汉理，旋改豫章行。"李端《赠何兆》："江汉君犹在，英灵信未衰。"李逢吉《再赴襄阳辱宣武相公贻诗今用奉酬》："江汉饶春色，荆蛮足梦思。"江为《旅怀》："迢迢江汉路，秋色又堪惊。"❸《诗・大雅》篇名。《诗序》以为是尹吉甫赞美周宣王的诗。杜牧《奉和白相公圣德和平四韵》："吉甫裁诗歌盛业，一篇江汉美宣王。"

【江寧】　县名。晋太康二年置，属丹阳郡，故城在今江苏南京西南。王维《青龙寺昙壁上人兄院集》序："时江宁大兄持片石命维序之，诗五韵，座上成。"李嘉祐有《晚发江宁道中呈严维》。林宽《下第寄欧阳瓒》："莫作江宁王少府，一生吟苦竟谁知。"

【江寧大兄】　指王昌龄。《新唐书》本传谓昌龄为江宁人，又曾为江宁丞。王维《青龙寺昙壁上人兄院集》序："时江宁大兄持片石，命维序之。"

【江濆】　江边，沿江一带。萧颖士《越江秋曙》："扁舟东路远，晓月下江濆。"元稹《渡汉江》："嶓冢去年寻漾水，襄阳今日渡江濆。"杨乘《建邺怀古》："故城故垒满江濆，尽是干戈旧苦辛。"徐夤《贡余秘色茶盏》："古镜破苔当席上，嫩荷涵露别江濆。"

【江潭】　❶（—tán）江水深处。岑参《六月三十日水亭送华阴王少府还县》："赖兹庭户里，别有小江潭。"❷（—xún）江边，沿江一带。李白《单父东楼秋夜送族弟沈之秦》："屈原憔悴滞江潭，亭伯流离放辽海。"耿湋《送友人游江南》："远别悠悠白发新，江潭何处是通津。"皮日休《寄同年韦校书》："二年疏放饱江潭，水物山容尽足耽。"钱珝《江行无题一百首》之三七："古来多思客，摇落恨江潭。"

【江調】　（—diào）指江上人唱的歌曲。孟郊《与王二十一员外涯游枋口柳溪》："江调摆衰俗，洛风远尘泥。"又《奉报翰林张舍人见遗之诗》："江调乐之远，溪谣生徒新。"

【江澳】　（—yù）亦作"江隩"。江岸弯曲处。李百药《郢城怀古》："王公资设险，名都拒江隩。"张九龄《饯陈学士还江南同用征字》："荷蓧旋江澳，衔杯饯霸陵。"

【江隩】　同"江澳"。

【江練】　谓远眺江流如同白绸。李白《雨后望月》："万里舒霜合，一条江练横。"杜牧《长安杂题长句六首》之三："雨晴九陌铺江练，岚嫩千峰叠海涛。"李商隐《拟意》："夜杵鸣江练，春刀解若榴。"

【江橈】　代指江船。皎然《送孙侍御游越》："江桡随月泛，山策逐云行。"

【江頭】　江边，江岸。杜甫《哀江头》："江头宫殿锁千门，细柳新蒲为谁绿。"白居易《盐商妇》："何况江头鱼米贱，红脍黄橙香稻饭。"司空图《杨柳枝寿杯词十八首》之一一："笑问江头醉公子，饶君满把曲尘丝。"贯休《寄清泠山道人》："江头无事也，终必到烟萝。"

【江徼】　（—jiào）江边，江界。张说《五君咏五首・赵耿公彦昭》："何意瑶台云，风吹落江徼。"李白《经乱后将避地剡中留赠崔宣城》："双鹅飞洛阳，五马渡江徼。"许棠《将归江南留别友人》："江徼多留滞，高秋会恐违。"

【江館】　江边的驿馆。王维《送祢郎中》："岛夷传露版，江馆候鸣驺。"武元衡《送张六谏议归朝》："笛怨柳营烟漠漠，云愁江馆雨萧萧。"朱庆余《宿江馆》："江馆迢遥处，知音信渐赊。"温庭筠《和友人盘石寺逢旧友》："江馆白蘋夜，水关红叶秋。"

【江鮑】　江淹和鲍照的并称。李白《经乱离后天恩流夜郎忆旧游书怀赠江夏韦太守良宰》："览君荆山作，江鲍堪动色。"杜甫《赠毕四》："流传江鲍体，相顾免无儿。"

【江瘴】　江面上蒸腾的湿气。元稹《表夏十首》之三："江瘴炎夏早，蒸腾信难度。"

【江澨】　江边。王勃《倬彼我系》之二："粤自太原，播徂江澨。"

【江蟄】　指江边冬眠的动物。张说《春雨早雷》："河鱼未上冻，江蛰已闻雷。"

【江壖】　江边。陶翰《赠房侍御》："浩荡临海曲，迢遥济江壖。”皎然《哭吴县房耸明府》：“一官自吴邑，六翮委江壖。”水神《霅溪夜宴诗》（卷八六四）之二：“青娥翠黛兮沈江壖，碧云斜月兮空婵娟。”

【江檻】（—jiàn）临江的栏杆。杜甫《水槛遣心二首》之二：“蜀天常夜雨，江槛已朝晴。”又《将赴成都草堂途中有作先寄严郑公五首》之四：“常苦沙崩损药栏，也从江槛落风湍。”

【江嶺】指开元十五年的江南东道、江南西道和岭南道。包何有《送韦侍御奉使江岭诸道催青苗钱》。

【江鮮】指江中水产。李群玉《沅江渔者》：“倚棹汀洲沙日晚，江鲜野菜桃花饭。”

【江總】南朝陈文学家。历仕梁、齐、陈三朝。陈时官至尚书令，世称“江令”。不理政务，整日与孔范等陪侍陈后主游宴后宫，作艳诗，荒嬉无度，时号狎客。文集已佚，明人辑有《江令君集》。韩愈《韶州留别张端公使君》：“久钦江总文才妙，自叹虞翻骨相屯。”清昼、汤衡《讲古文联句》：“江总征正，未越常伦。”韩偓《感事三十四韵》：“江总参文会，陈暄侍狎筵。”

【江謳】指江南一带的民谣。王勃《采莲曲》：“叶屿花潭极望平，江讴越吹相思苦。”

【江關】江城。杜甫《咏怀古迹五首》之一：“庾信平生最萧瑟，暮年诗赋动江关。”司空曙《赋得的的帆向浦》：“向空看不尽，归思满江关。”许棠《江上行》：“东原归未得，荏苒滞江关。”罗隐《暇日投钱尚父》：“牛斗星边女宿间，栋梁虚敞丽江关。”

【江蘺】香草名，又名蘼芜。生于水边。皇甫曾《张芬见访郊居作》：“愁心自惜江蓠晚，世事方看木槿荣。”刘禹锡《重至衡阳伤柳仪曹》：“千里江蓠春，故人今不见。”李商隐《九日》：“不学汉臣栽苜蓿，空教楚客咏江蓠。”李郢《江亭春霁》：“江蓠漠漠荇田田，江上云亭霁景鲜。”

【江鷗】一种生活在江中的鸥鸟。刘长卿《送姚八之句容旧任便归江南》：“谁家过楚老，何处恋江鸥。”雍陶《送徐山人归睦州旧隐》：“初归山犬翻惊主，久别江鸥却避人。”陆龟蒙《白鹭》：“雪然飞下立苍苔，应伴江鸥拒我来。”

【江驛】江边驿馆。武元衡《路岐重赋》：“分手更逢江驿暮，马嘶猿叫不堪闻。”李郢有《友人适越路过桐庐寄题江驿》。齐己《送唐禀正字归萍川》：“烟村蔬饮淡，江驿雪泥肥。”

【江籬】“江蘺”之讹。刘长卿《初贬南巴至鄱阳题李嘉祐江亭》：“猜嫌伤薏苡，愁暮向江篱。”

汞 〔gǒng《广韵》胡孔切，上董，匣。〕俗称水银。戎昱《送吉州阎使君入道二首》之一：“金汞封仙骨，灵津咽玉池。”白居易《思旧》：“但耽荤与血，不识汞与铅。”

汕 〔shàn《广韵》所晏切，去諫，生。又所簡切，上産，生。〕以网捕鱼。韩愈《崔十六少府摄伊阳以诗及书见投因酬三十韵》：“况住洛之涯，鲂鱒可罩汕。”

汔 〔qì《广韵》許訖切，入迄，曉。〕完成。吕温《同舍弟恭岁暮寄晋州李六协律三十韵》：“巨川望汔济，寒谷待潜吹。”

汎 〔fàn《广韵》孚梵切，去梵，敷。又房戎切，平東，奉。〕亦作“泛”。❶漂浮；漂流。杨师道《奉和圣制春日望海》：“仙台隐螭驾，水府泛鼋梁。”韦应物《西郊燕集》：“野庖荐嘉鱼，激涧泛羽觞。”裴夷直《奉和大梁相公重九日军中宴会之什》：“酒泛金英丽，诗通玉律清。”齐己《闲居》：“前溪泛红片，何处落金桃。”❷谓乘舟浮游。则天皇后《早春夜宴》：“务使霞浆兴，方乘泛洛归。”皎然《送契上人游扬州》：“渌水不同泛，春山应独游。”孟郊《与王二十一员外涯游枋口柳溪》：“共疑落镜中，坐泛红景低。”许棠《送元遂上人归吴中》：“泛浦龙惊锡，禅云虎绕扉。”❸漫溢，弥漫。李峤《菊》：“荣舒洛媛浦，香泛野人杯。”岑参《上嘉州青衣山中峰题惠净上人幽居寄兵部杨郎中》：“猿鸟乐钟磬，松萝泛天香。”陈羽《送友人及第归江东》：“五陵春色泛花枝，心醉花前远别离。”皮日休《公斋四咏·小桂》：“影淡雪霁后，香泛风和时。”❹飘拂，摇动。杜甫《哭韦大夫之晋》：“绮楼关树顶，飞旐泛堂前。”元稹《月临花》：“镜匀娇面粉，灯泛高笼缬。”白居易《东南行一百韵寄窦七校书》：“月移翘柱鹤，风泛飐樯乌。”郑师贞《日暖万年枝》：“光摇连北阙，影泛满南枝。”❺飘洒。太宗《咏雨》：“罩云飘远岫，喷雨泛长河。”王勔《晦日宴高氏林亭同用华字》：“绮筵歌吹晚，暮雨泛香车。”❻广泛。卢仝《寄赠含曦上人》：“此外杂经律，泛读一万纸。”❼指饮酒、茶等。李白《感遇四首》之二：“未泛盈樽酒，徒沾清露辉。”皇甫冉《送陆鸿渐栖霞寺采茶》：“借问王孙草，何时泛碗花？”孟郊《宇文秀才斋中海柳咏》：“饮柏泛仙味，咏兰拟古词。”齐己《庭际晚菊上主人》：“王孙归未晚，犹得泛金觞。”❽指弹奏琴瑟等。张说《闻雨》：“有时进美酒，有时泛清弦。”陈季《湘灵鼓瑟》：“神女泛瑶瑟，古祠严野亭。”李贺《南园》：“郑公乡老开酒尊，坐泛楚奏吟招魂。”陈去疾《忆山中》：“清瑟泛遥夜，乱花随暮烟。”

【汎月】亦作“泛月”。指在月下泛舟。李白《陪侍郎叔游洞庭醉后三首》之二：“船上齐桡乐，湖心泛月归。”又有《秋夜板桥浦泛月独酌怀谢朓》。皎然《游溪待月》：“溪色思泛月，沿洄欲未归。”皇甫冉《送窦叔向》：“今看泛月去，偶见乘潮出。”

【汎汎】亦作“泛泛”。❶漂浮貌，浮行貌。王维

《酬诸公见过》:“泛泛登陂,折彼荷花。”皇甫冉《与张补阙王炼师同赋杂题一首》:“朝朝春事晚,泛泛行舟远。”许浑《陪王尚书泛舟莲池》:“莲塘移画舸,泛泛日华清。”王周《志峡船具诗·梢》:“招招俾作主,泛泛实司命。”❷流动貌。王勃《临江二首》之一:“泛泛东流水,飞飞北上尘。”张说《离会曲》:“何处送客洛桥头,洛水泛泛中行舟。”玄宗《春中兴庆宫酺宴》序:“水泛泛而龙池满,日迟迟而凤楼曙。”❸充满貌。杜甫《九日五首》之三:“采花香泛泛,坐客醉纷纷。”又《奉赠卢五丈参谋》:“未解依依袂,还斟泛泛瓢。”耿沣《发南康夜泊赣石中》:“飒飒松上吹,泛泛花间露。”❹广大貌。韦应物《登高望洛城作》:“熙熙居守化,泛泛太府恩。”❺浮浅貌。卢仝《夏夜闻蚯蚓吟》:“泛泛轻薄子,旦夕还讴吟。”

【汎舟】 亦作“泛舟”。荡舟。孟浩然《登江中孤屿赠白云先生王迥》:“忆与君别时,泛舟如昨日。”柳宗元《湘口馆潇湘二水所会》:“归流驶且广,泛舟绝沿洄。”

【汎杯】 亦作“泛杯”。❶指饮酒。广宣《九月菊花咏应制》:“泛杯传寿酒,应共乐时康。”❷滥觞。谓江河发源处水量很小,只能浮起酒杯。李群玉《浔阳观水》:“南经梦泽宽浮日,西出岷山劣泛杯。”❸用杯子当船。南朝梁慧皎《高僧传》卷十:“杯渡者,不知姓名,常乘木杯渡水。”后以为高僧典故。吴融《送僧归日本国》:“沧溟分故国,渺渺泛杯归。”

【汎拂】 漂浮。白居易《和答诗十首·答桐花》:“泛拂香炉烟,隐映斧藻屏。”

【汎弦】 亦作“泛弦”。指弹琴。权德舆《送信安刘少府》:“吏散时泛弦,宾来闲覆局。”

【汎桂】 亦作“泛桂”。指以桂花浸酒。中宗《九月九日幸临渭亭登高得秋字》:“泛桂迎尊满,吹花向酒浮。”

【汎酒】 亦作“泛酒”。❶浮于酒面。耿沣《宿韦员外宅》:“座中灯泛酒,檐外月如霜。”羊士谔《郡中玩月寄江南李少尹虞部孟员外三首》之三:“金波徒泛酒,瑶瑟已生尘。”❷特指以菊花浸酒,菊浮于酒面,故云。崔善为《答王无功九日》:“摘来还泛酒,独坐即徐斟。”武瓘《九日卫使君筵上作》:“满眼黄花初泛酒,隔烟红树欲迎霜。”韦庄《庭前菊》:“红兰莫笑青青色,曾向龙山泛酒来。”徐铉《九日落星山登高》:“黄花泛酒依流俗,白发满头思古人。”

【汎海】 亦作“泛海”。乘船过海,浮游于海上。《论语·公冶长》:“子曰:‘道不行,乘桴浮于海。’”后以为遁世典故。杜甫《秦州杂诗二十首》之一五:“未暇泛沧海,悠悠兵马间。”

【汎浮】 亦作“泛浮”,漂浮。刘禹锡《唐侍御寄游道林岳麓二寺诗见征继作》:“橘洲泛浮金实动,水郭缭绕朱楼骞。”

【汎流】 亦作“泛流”。指荡舟。太宗《采芙蓉》:“栖乌还密树,泛流归建章。”宋之问《幸岳寺应制》:“泛流张翠幕,拂迥挂红旌。”

【汎梗】 亦作“泛梗”。为流落的典故。见《战国策·齐策三》。骆宾王《晚憩田家》:“旅行悲泛梗,离赠折疏麻。”钱起《苦雨忆皇甫冉》:“如何游宦客,江海随泛梗。”李德裕《秋日登郡楼望赞皇山感而成咏》:“顾我飘蓬者,长随泛梗移。”贾岛《岐下送友人归襄阳》:“蹉跎随泛梗,羁旅到西州。”

【汎彩】 亦作“泛彩”。浮光溢彩。陈祐《风光草际浮》:“泛彩池塘媚,含芳景气融。”

【汎游】 亦作“泛游”。谓乘舟遨游。储光羲《晦日任桥池亭》:“晦日望清波,相与期泛游。”

【汎菊】 亦作“泛菊”。谓饮菊花酒。参见“汎酒❷”。孙昌胤《和司空曙刘昚虚九日送人》:“开筵当九日,泛菊外浮云。”杜甫《课伐木》:“秋光近青岑,季月当泛菊。”权德舆《晚秋陪崔阁老斐然酬和有愧芜音》:“泛菊贤人至,烧丹姹女飞。”欧阳詹《九日广陵同陈十五先辈登高怀林十二先辈》:“泛菊聊斟酒,持萸懒插头。”

【汎萍】 亦作“泛萍”。喻漂泊无定。寒山《诗三百三首》之一四八:“长漂如泛萍,不息似飞蓬。”孟郊《送清远上人归楚山旧寺》:“应笑泛萍者,不知松隐深。”徐夤《别》:“酒尽歌终问后期,泛萍浮梗不胜悲。”

【汎然】 亦作“泛然”。犹飘然。无拘束貌。李颀《赠苏明府》:“泛然无所系,心与孤云同。”吴筠《高士咏·项橐》:“泛然同万流,无迹世莫觏。”白居易《池上作》:“泛然独游邈然坐,坐念行心思古今。”杜牧《秋晚与沈十七舍人期游樊川不至》:“邀侣以官解,泛然成独游。”

【汎槎】 亦作“泛槎”“泛查”。晋张华《博物志》卷十载有人居海边,见每年八月有木筏来。此人乘之而去,竟至天上。后以为游仙典故。任希古《和东观群贤七夕临泛昆明池》:“泛查分写汉,仪星别构天。”李峤《同赋山居七夕》:“石类支机影,池似泛槎流。”徐铉《赋石奉送钟德林少尹员外》:“扁舟载归去,知是泛槎人。”

【汎爱】 亦作“泛爱”。❶犹博爱。语本《论语·学而》:“泛爱众,而亲仁。”储光羲《秋庭贻马九》:“群芳趋泛爱,万物通情理。”萧颖士《江有归舟三章》序:“先师孝弟谨信、泛爱亲仁、余力学文之训,尔其志之。”❷朋友的代称。杜甫《奉赠李八丈判官》:“所亲问淹泊,泛爱惜衰朽。”又《暮秋枉裴道州手札率尔遣兴寄近呈苏涣侍御》:“虚名但蒙寒温问,泛爱不救沟黿辱。”又《行次古城店泛江作不揆鄙拙奉呈江陵幕府诸公》：“行色兼多病，苍茫泛爱前。”

【汎觥】 亦作“泛觥”。指饮酒。宋之问《幸岳寺应制》：“雅曲龙调管，芳樽蚁泛觥。”后唐庄宗《歌头》词：“永日逃繁暑，泛觥酌。”

【汎溢】 亦作“泛溢”。泛滥成灾。杜甫《石犀行》：“蜀人矜夸一千载，泛溢不近张仪楼。”又《溪涨》：“秋夏忽泛溢，岂惟入吾庐。”

【汎漾】 亦作“泛漾”。指泛舟。宋之问《洞庭湖》：“独此临泛漾，浩将人代殊。”

【汎蕩】 亦作“泛荡”。犹荡漾。张又新《三月五日陪大夫泛长沙东湖》：“彩舟浮泛荡，绣毂下娉婷。”

【汎聲】 亦作“泛声”。指音乐中衬托主旋律的和声。陆龟蒙《奉酬袭美先辈初夏见寄次韵》：“蠹简有遗字，病琴无泛声。”

【汎櫂】 亦作“泛棹”。犹泛舟。杨衡《送孔周之南海谒王尚书》：“泛棹若流萍，桂寒山更青。”

【汎濫】 亦作“泛滥”。❶大水漫溢。吴融《祝风三十二韵》：“堤防苟不时，泛滥即无已。❷阔大貌。皮日休《吴中苦雨因书一百韵寄鲁望》：“阶前平泛滥，墙下起趑趄。”❸扩散。陆龟蒙《袭美先辈以龟蒙所献五百言既蒙见和用伸酬谢》：“邃古派泛滥，皇朝光赫曦。”❹浮游水上。李绅《泛五湖》：“穷通泛滥劳，趣适殊昏旦。”胡权《济川用舟楫》：“泛滥虽无定，维持且自专。”❺波动貌。宋之问《明河篇》：“云母帐前初泛滥，水精帘外转逶迤。”沈佺期《入卫作》：“绿芳幸未歇，泛滥此明波。”徐放《奉和武相公中秋锦楼玩月得来字》：“鹊惊初泛滥，鸿思共裴回。”

【汎觴】 亦作“泛觞”。❶谓饮酒。储光羲《京口送别王四谊》：“明年菊花熟，洛东泛觞游。”❷即流觞。古时文人的饮酒游戏。浮觞于曲水，任其漂流，觞停某人前，此人当饮酒赋诗。薛能《泛觞池》：“通咽远华樽，泛觞名自君。”方干《旅次洋州寓居郝氏林亭》：“凉月照窗欹枕倦，澄泉绕石泛觞迟。”

【汎蟻】 亦作“泛蚁”。浮在酒面上的泡沫，有如蚁聚，故称。借指酒。元稹《饮致用神曲酒三十韵》：“但令长泛蚁，无复恨漂萍。”方干《袁明府以家酝寄余余以山梅答赠非唯四韵兼亦双关》：“樽罍泛蚁堪尝日，童稚驱禽欲熟时。”无名氏《玉卮无当》(卷七八七)：“泛蚁功全少，如虹色不移。”

【汎覽】 亦作“泛览”。❶博览。元稹《秋堂夕》：“泛览昏夜目，咏谣畅烦膺。”❷随意游览。独孤及《水西馆泛舟送王员外》：“泛览亲鱼鸟，夤缘涉芰荷。”皇甫湜《出世篇》：“骑龙披青云，泛览游八区。”

【汎鷁】 亦作“泛鹢”。犹泛舟。古多画鹢首于船头，故称。杜甫《水宿遣兴奉呈群公》：“蹉跎长泛鹢，展转屡鸣鸡。”戴叔伦《下鼻亭泷行八十里聊状艰险寄青苗郑副端朔阳》：“远想欲回轩，岂兹还泛鹢。”

【汎豔】 亦作“泛艳”。浮光闪耀貌。王易从《临高台》：“泛艳春幌风，裴回秋户月。”白居易《天宫阁秋晴晚望》：“霞光红泛艳，树影碧参差。”杨衡《白纻歌二首》之二：“月华泛艳红莲湿，牵裙揽带翻成泣。”

【汎灩】 亦作“泛滟”。❶同“汎艳”。卢照邻《宿晋安亭》：“泛滟月华晓，裴回星鬓垂。”储光羲《奉和中书徐侍郎中书省玩白云寄颖阳赵大》：“泛滟䴔池曲，飘飖琐闼前。”白居易《官舍内新凿小池》：“泛滟微雨朝，泓澄明月夕。”曹松《梢云》：“叶光闲泛滟，枝彩静氛氲。”❷浮游。寒山《诗三百三首》之一〇二：“焉能同泛滟，极目波上凫。”❸悠扬貌。柳宗元《初秋夜坐赠吴武陵》：“清商激西颢，泛滟凌长空。”

汍

〔wán《广韵》胡官切，平桓，匣。〕见“汍澜”。

【汍瀾】 泪疾流貌。权德舆《哭刘四尚书》：“牢落风悲笛，汍澜涕泣巾。”李贺《长平箭头歌》：“访古汍澜收断镞，折锋赤璺曾封肉。”温庭筠《达摩支曲》：“一旦臣僚共囚虏，欲吹羌管先汍澜。”吴圆《答李曜》：“曳履优容日日欢，须言达德倍汍澜。”

汲

〔jí《广韵》居立切，入缉，見。〕❶用瓶、桶等容器打水。耿湋《过王山人旧居》：“汲少井味变，开稀户枢涩。”刘禹锡《晚岁登武陵城顾望水陆怅然有作》：“樵音绕故垒，汲路明寒沙。”莫宣卿《答问读书居》：“井汲冽寒泉，桂花香玉露。”❷引荐。见“汲引❷”。❸郡名。见“汲郡”。❹姓。贾岛《送汲鹏》：“淮南卧理后，复逢君姓汲。”

【汲引】 ❶用吊桶打水。郭震《野井》：“纵无汲引味清澄，冷浸寒空月一轮。”元稹《分水岭》：“终年汲引绝，不耗复不盈。”章孝标《和顾校书新开井》：“欲知争汲引，听取辘轳音。”任翻《葛仙井》：“自从仙去后，汲引到如今。”❷引荐。岑参《河西太守杜公挽歌四首》之四：“汲引窥兰室，招携入翰林。”高适《奉酬睢阳路太守见赠之作》：“多惭汲引速，翻愧激昂迟。”杜甫《白丝行》：“君不见才士汲引难，恐惧弃捐忍羁旅。”❸引导。杜甫《谒文公上方》：“无生有汲引，兹理傥吹嘘。”

【汲古】 指通过书籍了解古代的知识。韩愈《秋怀诗十一首》之五：“归愚识夷涂，汲古得修绠。”

【汲汲】 迫切貌。韩愈《秋怀诗十一首》之七：“我无汲汲志，何以有此憾。”白居易《代书诗一百韵寄微之》：“交贤方汲汲，友直每偲偲。”皮日休《七爱诗·白太傅》：“天下皆汲汲，乐天独怡然。”杜荀鹤《登城有作》：“遍看原上累累冢，曾是城中汲汲人。”

【汲冢】 指汲郡魏墓。也指汲冢周书。骆宾王《早秋出塞寄东台详正学士》:“汲冢宁祥蠹,秦牢讵辨冤。”独孤及《奉和中书常舍人晚秋集贤院即事寄赠徐薛二侍御》:“汲冢同刊谬,蓬山共补亡。”李德裕《雨中自秘书省访王三侍御以诗赠之》:“青编尽以汲冢来,科斗皆从鲁室至。”

【汲書】 又称汲冢周书。晋太康二年,汲郡人不准盗战国魏襄王冢所获的数十车竹简书,包括《竹书纪年》《穆天子传》《周书》等七五篇。晋武帝命荀勖编定,以为《中经》。原简早失传。卢纶《和常舍人晚秋集贤院即事十二韵寄赠江南徐薛二侍郎》:“汲书荀勖定,汉史蔡邕专。”

【汲郡】 郡名。晋置。治所在汲县。唐彦谦《送樊琯司业归朝》:“汲郡陵初发,汾阴篋久亡。”

【汲善】 导人向善。罗隐《重送朗州张员外》:“诚知汲善心长在,争奈干时迹转穷。”

【汲黯】 西汉大臣。字长孺,濮阳(今河南濮阳西南)人。推崇黄老学说。事迹见《史记·汲郑列传》。后常以为咏直臣的典故。崔融《哭蒋詹事俨》:“汲黯言当直,陈平智本奇。”杜甫《奉和严中丞西城晚眺十韵》:“汲黯匡君切,廉颇出将频。”李德裕《寒食日三殿侍宴奉进诗一首》:“寝谋惭汲黯,秉羽贵孙敖。”李瀚《蒙求》:“汲黯开仓,冯驩折券。”

【汲鹏】 唐人。贾岛友人。贾岛有《送汲鹏》。

汜 〔sì《广韵》詳里切,上止,邪。〕❶水边。刘希夷《江南曲八首》之六:“城临大江汜,回映洞浦清。”李白《江上寄元六林宗》:“沧波眇川汜,白日隐天末。”薛据《泊震泽口》:“日落草木阴,舟徒泊江汜。”白居易《长庆二年七月自中书舍人出守杭州路次蓝溪作》:“余杭乃名郡,郡郭临江汜。”❷水名。见“汜水”。王维有《寒食汜上作》。

【汜水】 ❶水名。源于嵩山北麓,北流经荥阳汜水镇,注入黄河。则天皇后《唐大飨拜洛乐章·显和》:“汜水初呈秘象,温洛荐表昌图。”贺朝《从军行》:“常山启霸图,汜水先天策。”❷县名。春秋郑国虎牢邑,战国韩成皋邑。汉为成皋县。隋置汜水县,故治在今河南荥阳汜水镇西北。唐一度改称广武,不久复称。韩愈《此日足可惜赠张籍》:“黄昏次汜水,欲过无舟航。”李商隐《送从翁东川弘农尚书幕》:“夏台曾圮闭,汜水敢逡巡。”罗隐《大梁从事居汜水》:“歌声上榻梁园晚,梦绕残钟汜水春。”

池 〔chí《广韵》直離切,平支,澄。〕❶护城河。岑参《冬宵家会饯李郎司兵赴同州》:“沙苑逼官舍,莲峰压城池。”❷水塘。太宗《执契静三边》:“孔海池京邑,双河沼帝乡。”陈润《赋得池塘生春草》:“谢公遗咏处,池水夹通津。”李绅《过梅里七首·忆题惠山寺书堂》:“松下壮心年少去,池边衰影老人过。”韦庄《赠武处士》:“扫地留疏影,穿池浸落霞。”❸州名。池州,今属安徽。韦应物《喜于广陵拜觐家兄奉送发还池州》:“夙驾多所迫,复当还归池。”杜牧《句》:“土控吴兼越,州连歙与池。”张鲁封有《谑池亳二州宾佐兼寄宣武军掌书记李昼》。殷文圭《赠池州张太守》:“只怕池人留不住,别迁征镇拥高牙。”

【池口】 地名。在今安徽池州秋浦河入长江处。徐铉《池州陈使君见示游齐山诗因寄》:“今朝池口风波静,遥贺山前有颂声。”

【池中物】 指困居深池的蛟龙,喻无所作为者。见《三国志·吴志·周瑜传》。杜甫《七月三日呈元二十一曹长》:“吾子得神仙,本是池中物。”薛能《又和留山鸡》:“由来不是池中物,鸡树归时即取将。”曹邺《成名后献恩门》:“忽然风雷至,惊起池中物。”徐铉《酬郭先辈》:“雷雨不下施,犹作池中物。”

【池文】 池水的波纹。皮日休《宿报恩寺水阁》:“池文带月铺金簟,莲朵含风动玉杯。”

【池灰】 指劫后残迹。见《三辅黄图·池沼》。章孝标《次韵和光禄钱卿二首》之一:“废兴今古事,何必叹池灰。”

【池州】 州名。唐武德四年始置,贞观初废,永泰初复置。治所在秋浦(今安徽池州市)。辖地相当于今安徽池州、青阳、东至等地。刘长卿有《鄂渚送池州程使君》。卢纶有《赴池州拜觐舅氏留上考功郎中舅》。李商隐有《和韦潘前辈七月十二日夜泊池州城下先寄上李使君》。殷文圭有《赠池州张太守》。

【池江】 指池州和江州。罗隐《下第寄张坤》:“思量不及张公子,经岁池江倚酒楼。”

【池沼】 池塘。张聿《赋得首夏犹清和》:“郊原浮麦气,池沼发荷英。”白居易《罢府归旧居》:“屈曲闲池沼,无非手自开。”贾岛《行次汉上》:“习家池沼草萋萋,岚树光中信马蹄。”李中《献徐舍人》:“轩窗来晚吹,池沼歇秋霖。”

【池苑】 指帝王的园林。白居易《长恨歌》:“归来池苑皆依旧,太液芙蓉未央柳。”孟迟《还淮却寄睢阳》:“梁王池苑已苍然,满树斜阳极浦烟。”赵嘏《经汉武泉》:“芙蓉苑里起清秋,汉武泉声落御沟。”

【池亭】 ❶代指园林。孟浩然《夏日与崔二十一同集卫明府宅》:“言避一时暑,池亭五月开。”秦系《春日闲居三首》之三:“寂寂池亭里,轩窗间绿苔。”白居易《偶吟二首》之二:“活计纵贫长净洁,池亭虽小颇幽深。”王周《西山晚景》:“公局长清淡,池亭晚景中。”❷池塘和亭台。白居易《池上闲吟二首》之二:“非庄非宅非兰若,竹树池亭十亩余。”许浑《题义女亭》:“身没兰闺道日明,郭南寻得旧池亭。”赵嘏《江亭晚望》:“秋馆池亭荷叶歇，野人篱落豆花初。”

【池魚】 ❶池塘中的鱼。太宗《初晴落景》：“池鱼跃不同，园鸟声还异。”岑参《观楚国寺璋上人写一切经院南有曲池深竹》：“挥毫散林鹊，研墨警池鱼。”白居易《新乐府·驯犀》：“海鸟不知钟鼓乐，池鱼空结江湖心。”皮日休《临顿五言十首奉题屋壁》之一：“高风翔砌鸟，暴雨失池鱼。”❷比喻无辜受害者。白居易《杂感》：“城门自焚爇，池鱼罹其殃。”

【池陽】 ❶古县名。在池水之阳，故名。故城在今陕西三原。沈佺期《和崔正谏登秋日早朝》：“独负池阳议，言从建礼游。”王维《同崔兴宗送衡岳瑗公南归》：“独向池阳去，白云留故山。”皇甫冉《送云阳少府》：“渭曲春光无远近，池阳谷口倍芳菲。”马戴有《下第再过崔邵池阳居》。❷池州的别名。王初《送王秀才谒池州吴都督》：“池阳去去跃雕鞍，十里长亭百草干。”杜牧《送薛邽二首》之二：“明年未去池阳郡，更乞春时却重来。”罗隐《途中送人东游有寄》“离骖莫惜暂逡巡，君向池阳我入秦。”杜荀鹤《献池州牧》：“池阳今日似渔阳，大变凶年作小康。”

【池隍】 池和隍。城墙下的壕沟。有水为池，无水为隍。亦代指城市。李商隐《题汉祖庙》：“乘运应须宅八荒，男儿安在恋池隍。”

【池塘】 ❶池边堤岸。玄宗《同二相已下群官乐游园宴》：“池塘垂柳密，原隰野花疏。”刘禹锡《忆春草》：“河南大君频出难，只得池塘十步看。”司空图《华下》：“簪冠新带步池塘，逸韵偏宜夏景长。”刘兼《贵游》：“绣衣公子宴池塘，淑景融融万卉芳。”❷泛指水池。古代圆者为池，方者为塘。李林甫《秋夜望月忆韩席等诸侍郎因以投赠》：“桂华澄远近，璧彩散池塘。”姚系《野居池上看月》：“悠然云间月，复此照池塘。”元稹《连昌宫词》：“荆榛栉比塞池塘，狐兔骄痴缘树木。”高骈《山亭夏日》：“绿树阴浓夏日长，楼台倒影入池塘。”❸参见“池塘春草”。皎然《述祖德赠湖上诸沈》：“雪飞梁苑操奇赋，春发池塘得佳句。”武元衡《和李中丞题故将军林亭》：“城郭悲歌旧，池塘丽句新。”张又新《郡斋三月下旬作》：“春事日已歇，池塘旷幽寻。”许棠《送前汝州李侍御罢归宣城》：“重引池塘思，还登谢朓城。”

【池塘春草】 为激发灵感及咏诵春草的典故。见《南史·谢惠连传》。李白《赠从弟南平太守之遥二首》之一：“梦得池塘生春草，使我长价登楼诗。”白居易《和敏中洛下即事》：“昨日池塘春草生，阿连新有好诗成。”韦庄《哭同舍崔员外》：“池塘春草在，风烛故人亡。”

【池臺】 池塘和楼台。亦代指园林。孟浩然《同卢明府饯张郎中除义王府司马海园作》：“豫愁轩骑动，宾客散池台。”李绅《滁阳春日怀果园闲宴》：“闻道数年深草露，几株犹得近池台。”项斯《送刘道士之成都严真观》：“池台镜定月，松桧雨余风。”秦韬玉《送友人罢举授南陵令》：“莫把新诗题别处，谢家临水有池台。”

【池榭】 池塘和台榭。亦代指园林。刘允济《经庐岳回望江州想洛川有作》：“池榭宣琼管，风花乱珠箔。”刘禹锡《酬乐天晚夏闲居欲相访先以诗见贻》：“池榭堪临泛，翛然散郁陶。”许浑《朱坡故少保杜公池亭》：“杜陵池榭绮城东，孤岛回汀路不穷。”郑谷《池上》：“池榭惬幽独，狂吟学解嘲。”

【池閣】 池塘和楼阁。亦代指园林。李白《鸣皋歌送岑征君》：“交鼓吹兮弹丝，觞清泠之池阁。”王建《九日登丛台》：“平原池阁在谁家，双塔丛台野菊花。”许浑《寓崇圣寺怀李校书》：“河关初罢梦，池阁更含情。”刘兼《春晚寓怀》：“归去杜陵池阁在，只能欢笑不能愁。”

【池漚】 （—ōu）池水的浮沫。许敬宗《奉和咏雨应诏》：“飘丝交殿网，乱滴起池沤。”

【池鳳】 即凤凰池。池在禁苑中。魏、晋、南北朝时，设中书省于禁苑，故称中书省为凤凰池。唐时宰相称“同中书门下平章事”，故又以“凤池”为宰相典故。钱起《奉和杜相公移长兴宅奉呈元相公》：“院梅朝助鼎，池凤夕归林。”白居易《和令狐相公寄刘郎中兼见示长句》：“日月天衢仰面看，尚淹池凤滞台鸾。”

【池潢】 池塘。张九龄《感遇十二首》之四：“孤鸿海上来，池潢不敢顾。”

【池館】 池苑馆阁。亦代指园林。丁仙芝《长宁公主旧山池》：“平阳旧池馆，寂寞使人愁。”刘禹锡《吟乐天自问怆然有作》：“洛阳城里多池馆，几处花开有主人。”来鹄《卖花谣》：“无言无语呈颜色，知落谁家池馆中。”

【池龍】 蛰居池中的蛟龙。参见“池中物”。权德舆《酬崔千牛四郎早秋见寄》：“偶来被簪组，自觉如池龙。”又《送崔谕德致政东归》：“一朝受恩泽，自说如池龙。”许浑《酬郭少府先奉使巡涝见寄兼呈裴明府》：“载书携榼别池龙，十幅轻帆处处通。”

【池籠】 鱼之在池，鸟之在笼，喻束缚自由的环境。羊士谔《登郡前山》：“岘首当时为风景，岂将官舍作池笼。”白居易《题新涧亭兼酬寄朝中亲故见赠》：“禽鱼出得池笼后，纵有人呼可更回。”杨汝士《和段相公登武担寺西台》：“自怜荣末座，前日别池笼。”李群玉《与三山人夜话》：“各厌池笼窄，相看意浩然。”

【池籞】 指帝王园林。刘禹锡《始至云安寄兵部韩侍郎中书白舍人二公近曾远守故有属焉》：“昔曾在池籞，应知鱼鸟情。”韩偓《故都》：“寒雁已侵池籞宿，宫鸦犹恋女墙啼。”

汝 〔rǔ《广韵》人渚切，上語，日。〕❶水名。孟浩然《送辛大之鄂渚不及》：“郡邑经樊邓，山河入嵩汝。”张籍《沈千运旧居》：“汝北君子宅，我来见颓墉。”司马扎《送进士苗纵归紫逻山居》：“汝上多奇山，高怀惬清境。”❷州名。白居易《梦刘二十八因诗问之》：“楼台与风景，汝又何如苏。”❸你。寒山《诗三百三首》之七三：“今谁念于汝，苦痛哭苍天。”杜甫《洗兵马》：“汝等岂知蒙帝力，时来不得夸身强。”韩愈《秋怀诗十一首》之八：“顾谓汝童子，置书且安眠。”许棠《留别从弟郴》：“宗分兼交分，吾知汝亦知。”

【汝川】 即汝水。祖咏《汝坟秋同仙州王长史翰闻百舌鸟》：“花繁上林路，霜落汝川湄。”欧阳詹有《汝川行》。

【汝山】 指汝州一带的山脉。王昌龄《次汝中寄河南陈赞府》：“汝山方联延，伊水才明灭。”权德舆《奉酬从兄南仲见示十九韵》：“耕凿汝山下，退然安困蒙。”

【汝水】 水名。❶发源于今河南大盂山，流经宝丰、襄城、郾城、上蔡、汝南等县，注入淮河。皇甫冉有《渡汝水向太和山》。孟郊《汝坟蒙从弟楚材见赠时郊将入秦楚材适楚》：“汝水忽凄咽，汝风流苦音。”❷又名盱水、临川江、连昌江、抚河。发源于今江西境，流经南丰、南城，在临川分成两支，主流入鄱阳湖，分支入赣江。韩翃《送王侍御赴江西兼寄李袁州》：“湓城诗赠鱼司马，汝水人逢王右军。”

【汝穴風】 汝州多风，相传从城北风穴山而起，故称。张继《清明日自西午桥至瓜岩村有怀》：“晚霁龙门雨，春生汝穴风。”

【汝州】 州名。隋大业三年改伊州置，以州境有汝水得名。次年废。唐武德时复置伊州，贞观时又改汝州。治所在梁县(今属河南)。郑愔有《贬降至汝州广城驿》。王建《江陵使至汝州》：“日暮数峰青似染，商人说是汝州山。”白居易《重答汝州李六使君见和忆吴中旧游五首》：“由来事过多堪惜，何况苏州胜汝州。”薛能有《塞上蒙汝州任中丞寄书》。

【汝南】 郡名。汉高祖四年置。治所在上蔡(今河南上蔡西南)。王维《送缙云苗太守》：“方从会稽邸，更发汝南骑。”刘长卿《新息道中作》：“萧条独向汝南行，客路多逢汉骑营。”司空曙《送郑佶归洛阳》：“何处乡心最堪羡，汝南初见洛阳山。”无可《夏日送田中丞赴蔡州》：“出守汝南城，应多恋阙情。”

【汝南雞】 汝南郡之鸡，善鸣。后以为鸡鸣典故。刘禹锡《鹤叹二首》之二：“主人朝谒早，贪养汝南鸡。”李商隐《思贤顿》：“舞成青海马，斗杀汝南鸡。”陆龟蒙《古别离》：“何事离情畏明发，一心唯恨汝南鸡。”唐彦谦《春雨》：“别轻天北鹤，梦怯汝南鸡。”也作“汝南晨鸡”。刘禹锡《平蔡州三首》之二：“汝南晨鸡喔喔鸣，城头鼓角音和平。”

【汝海】 汝水的别称。郑愔《贬降至汝州广城驿》：“近郊凭汝海，遐服指江干。”李白《秋夜宿龙门香山寺奉寄幼成令问》：“朝发汝海东，暮栖龙门中。”刘禹锡《酬郑州权舍人见寄二十韵》：“汝海崆峒秀，溱流芍药芳。”白居易《和刘汝州戏而问之》：“洛川汝海封畿接，履道集贤来往频。”

【汝曹】 你们。杜甫《飞仙阁》：“叹息谓妻子，我何随汝曹。”又《渡江》：“戏问垂纶客，悠悠见汝曹。”杜兼《题书卷后语》：“倩俸写来手自校，汝曹读之知圣道。”

【汝陽】 ❶县名。隋大业初改上蔡县置。王泠然《夜光篇》：“游人夜到汝阳间，夜色冥濛不解颜。”❷指汝阳王李琎。杜甫《饮中八仙歌》：“汝阳三斗始朝天，道逢曲车口流涎。”

【汝陽王】 指李琎。事迹见《旧唐书》本传、《新唐书·李宪传》。徐晶有《赠温驸马汝阳王》。李商隐有《和郑愚赠汝阳王孙家筝妓二十韵》。

【汝墳】 ❶汝水的堤岸。孟浩然《行至汝坟寄卢征君》：“行乏憩予驾，依然见汝坟。”耿湋《赴许州留别洛中亲故》：“幸免投湘浦，那辞近汝坟。”欧阳詹《汝川行》：“汝坟春女蚕忙月，朝起采桑日西没。”厉玄《缑山月夜闻王子晋吹笙》：“坐惜千岩曙，遗香过汝坟。”❷县名。北齐改昆阳县置，不久废。隋复置，唐贞观初又废。故城在今河南叶县北。祖咏《汝坟别业》：“失路农为业，移家到汝坟。”李白《送张秀才从军》：“长策扫河洛，宁亲归汝坟。”颜萱《过张祜处士丹阳故居》序：“唯杞为遗孕，与其女尚存。欲揖杞与言，则又求食于汝坟矣。”

【汝濆】 汝水之岸。张谓《题故人别业》：“平子归田处，园林接汝濆。”张乔《寄绩溪陈明府》：“鼓角喧京口，江山尽汝濆。”

【汝潁】 ❶汝州和颍州的合称。祖咏《寄王长史》：“汝颍俱宿好，往来托层峦。”❷指汝水和颍水。刘方平《寄陇右严判官》：“谁念烟云里，深居汝颍滨。”❸指汝州和颍川。钱起《山中春仲寄汝上王恒颍川沈冲》：“游目来远思，摘芳寄汝颍。”❹指颍阳县。岑参《郊行寄杜位》：“秋风引归梦，昨夜到汝颍。”薛据《初去郡斋书怀》：“肃徒辞汝颍，怀古独凄然。”

汊 〔chà《集韵》楚嫁切，去禡，初。〕支流。陆龟蒙《引泉诗》：“泉分数十汊，落处皆峥潺。”李峤《过洞庭》：“半洪侵楚翼，一汊属吴头。”

四 画

汪 〔wāng《广韵》烏光切，平唐，影。又烏浪切，去宕，影。〕❶广大，深广。见“汪洋”。❷姓。唐诗人有汪遵。

【汪汪】 ❶深广貌。萧仿《享太庙乐章》：“汪汪美化，垂范今王。”范质《诫儿侄八百字》：“所以君子心，汪汪淡如水。”❷水或其他液体聚积、充盈貌。卢纶《与张擢对酌》：“张老闻此词，汪汪泪盈目。”杜牧《偶游石盎僧舍》：“凫浴涨汪汪，雏娇村幂幂。”温庭筠《昆明池水战词》：“汪汪积水光连空，重叠细纹晴漾红。”韩偓《新秋》：“桃花脸里汪汪泪，忍到更深枕上流。”

【汪洋】 ❶广阔、盛大貌。沈佺期《则天门赦改年》：“歌舞将金帛，汪洋被远黎。”韦应物《郡斋雨中与诸文士燕集》：“吴中盛文史，群彦今汪洋。”❷形容文章义理深广，气势雄浑。来鹄《圣政纪颂》：“不知奸蔽，文失汪洋。”

【汪極】 五代诗人。字极甫，歙（今安徽歙县）人。《全唐诗》卷六九〇收其诗一首。

【汪萬於】 中唐诗人。字叔振，歙（今安徽歙县）人。宪宗时为江陵户曹参军。《全唐诗》卷四七三收其诗一首。

【汪遵】 晚唐诗人。宣城（今属安徽）人。咸通七年进士及第。《全唐诗》卷六〇二收其诗一卷。

【汪濊】 广大貌。《郊庙歌辞·明皇祀圜丘乐章·雍和》：“玄覆攸广，鸿休汪濊。”

汧 〔qiān《广韵》苦堅切，平先，溪。又苦甸切，去霰，溪。〕❶水名。见“汧水”。❷古邑名。见“汧洲”。

【汧水】 水名。源于甘肃六盘山南麓。韦庄《汧阳间》：“汧水悠悠去似绯，远山如画翠眉横。”

【汧公】 指李勉。勉封汧国公，见《新唐书》本传。杜甫《赠李十五丈别》：“汧公制方隅，迥出诸侯先。”司空曙有《为李魏公赋谢汧公》。

【汧洲】 古邑名。秦置县，治所在今陕西陇县南。姚合《穷边词二首》之一：“将军作镇古汧洲，水腻山春节气柔。”

【汧陽】 县名。韦庄有《汧阳间》《题汧阳县马跑泉李学士别业》。

【汧隴】 指汧水、陇山一带。元稹《和李校书新题乐府十二首·蛮子朝》：“益州大将韦令公，顷实遭时定汧陇。”杜牧《分司东都寓居履道四十韵》：“捧诏巡汧陇，飞书护井陉。”许浑有《客有卜居不遂薄游汧陇因题》。

沅 〔yuán《广韵》愚袁切，平元，疑。〕水名。见“沅水”。李颀《二妃庙送裴侍御使桂阳》：“沅上秋草晚，苍苍尧女祠。”元稹《送王十一南行》：“从兹耿幽梦，夜夜湘与沅。”崔涂《湘中秋怀迁客》：“不堪逢贾傅，还欲吊湘沅。”

【沅水】 水名。又名沅江。发源于贵州云雾山，东北向流入洞庭湖。刘长卿《送刘萱之道州谒崔大夫》：“沅水悠悠湘水春，临歧南望一沾巾。”戴叔伦《送裴明州效南朝体》：“沅水连湘水，千波万浪中。”李群玉《送客》：“沅水罗文海燕回，柳条牵恨到荆台。”无可《送沅江宋明府即开府璟之孙》：“人临沅水望，雁映楚山飞。”

【沅江】 即沅水。权德舆《送湖南李侍御赴本使赋采菱亭诗》：“沅江收暮霭，楚女发清歌。”刘禹锡《竞渡曲》：“沅江五月平堤流，邑人相将浮彩舟。”李德裕《鸳鸯篇》：“洞庭无苦寒，沅江多碧流。”李群玉《南庄春晚二首》之二：“沅江寂寂春归尽，水绿蘋香人自愁。”

【沅陵】 县名。汉置，故城在今湖南沅陵县西南。王昌龄有《送吴十九往沅陵》。

【沅湘】 沅水和湘水的合称。李白《将游衡岳过汉阳双松亭留别族弟浮屠谈皓》：“水色梦沅湘，长沙去何穷。”元结《系乐府十二首·思太古》：“东南三千里，沅湘为太湖。”戴叔伦《过贾谊旧居》：“谩有长书忧汉室，空将哀些吊沅湘。”崔公信《和太原张相公山亭怀古》：“前移庐霍峰，远带沅湘流。”

【沅溪】 亦作“沅谿”。即沅水。王昌龄《西江寄越弟》：“南浦逢君岭外还，沅溪更远洞庭山。”又《龙标野宴》：“沅溪夏晚足凉风，春酒相携就竹丛。”又《留别司马太守》：“辰阳太守念王孙，远谪沅溪何可论。”

【沅谿】 同“沅溪”。

【沅瀟】 沅水和潇水的合称。李绅有《涉沅潇》。

沄 〔yún《广韵》王分切，平文，云。又户昆切，平魂，匣。〕见“沄沄”。

【沄沄】 ❶水流浩荡貌。宋务光《海上作》：“浩浩去无际，沄沄深不测。”杜甫《次空灵岸》：“沄沄逆素浪，落落展清眺。”权德舆《伏蒙十六叔寄示喜庆感怀三十韵因献之》：“秦吴路杳杳，朔海望沄沄。”柳宗元《奉平淮夷雅表·方城》之七：“汝水沄沄，既清而渐。”❷犹茫茫。宋之问《景龙四年春祠海》：“的的波际禽，沄沄岛间树。”李益《水亭夜坐赋得晓雾》：“漠漠沙上路，沄沄洲外田。”

沐 〔mù《广韵》莫卜切，入屋，明。〕❶洗头发。顾况《华山西冈游赠隐玄叟》：“群峰郁初霁，泼黛若鬟沐。”柳宗元《旦携谢山人至愚池》：

"新沐换轻帻，晓池风露清。"白居易《因沐感发寄朗上人二首》之一："乃至头上发，经年方一沐。"也泛指沐浴。李白《宿虾湖》："提携采铅客，结荷水边沐。"钱起《裴仆射东亭》："晚沐值清兴，知音同解颜。"司空曙《迎神》："吉日兮临水，沐青兰兮白芷。"羊士谔《和萧侍御监祭白帝城见赠》："晚沐金仙宇，迎秋白帝祠。"❷指休假。古代官吏五日一休沐。孟浩然《宴包二融宅》："五日休沐归，相携竹林下。"耿湋《奉和元承杪秋忆终南旧居》："解佩从休沐，承家岂退耕。"羊士谔有《永宁里园亭休沐怅然成咏》。❸芟除。见"沐树"。❹整治。浩虚舟《赋得琢玉成器》："已沐识坚贞，应怜器未成。"❺受润泽熏陶。虞世南《奉和幸江都应诏》："沐道咸知让，慕义久成都。"储光羲《同房宪部应旋》："车骑践香草，仆人沐花雨。"引申为蒙受。郭遵《南至日隔仗望含元殿香炉》："为沐皇家庆，来瞻羽卫前。"贾岛《重酬姚少府》："俸利沐均分，价称烦嘘噏。"齐己《寄郑谷郎中》："曾沐星郎许，终惭是斐然。"

【沐芳】 用香草煎的水洗发。褚亮《享先农乐章·雍和》："沐芳整弁，其仪式序。"李白《沐浴子》："沐芳莫弹冠，浴兰莫振衣。"

【沐雨】 淋雨，形容辛苦。胡曾《咏史诗·射熊馆》："子云徒献长杨赋，肯念高皇沐雨秋。"

【沐恩】 蒙受恩惠。许敬宗《奉和初春登楼即目应诏》："沐恩空改鬓，将何谢夏成。"翁承赞《天祐元年以右拾遗使册闽王而作》："得侍丹墀官异宠，此身何幸沐恩频！"

【沐浴】 濯发洗身。李颀《赠别高三十五》："沐浴著赐衣，西来马行迟。"刘禹锡《酬令狐相公季冬南郊宿斋见寄》："沐浴含芳泽，周旋听佩声。"白居易《新沐浴》："夜来新沐浴，肌发舒且柔。"皮日休《吴中苦雨因书一百韵寄鲁望》："解带似归来，脱巾若沐浴。"

【沐猴】 即猕猴。李白《古风》之三五："棘刺造沐猴，三年费精神。"皮日休《初夏游楞伽精舍》："沐猴本不冠，未是谋生错。"李瀚《蒙求》："檀卿沐猴，谢尚鸲鹆。"

【沐猴而冠】 （冠 guàn）猕猴戴帽。比喻外表学人，本质不变。李白《单父东楼秋夜送族弟沈之秦》："沐猴而冠不足言，身骑土牛滞东鲁。"

【沐猿】 犹"沐猴"。李益《汉宫少年行》："巧为柔媚学优孟，儒衣嬉戏冠沐猿。"

【沐髮】 洗发。刘沧《宿题天坛观》："沐发清斋宿洞宫，桂花松韵满岩风。"

【沐樹】 剪除树枝，不使成荫。谓使民无游惰之所，致志本业。见《管子·轻重丁》。元稹《竞舟》："吾闻管仲教，沐树惩堕游。"

【沐澡】 犹沐浴。李百药《登叶县故城谒沈诸梁庙》："客行殊未已，沐澡期终吉。"

【沐蘭】 用兰草煎的水洗头。表示虔敬。皇甫冉《祭张公洞二首》之一："沐兰祇扫地，酌桂伫灵仙。"又《宿洞灵观》："明日开金箓，焚香更沐兰。"郑絪《奉和武相公省中宿斋酬李相公见寄》："沐兰朝太一，种竹咏华胥。"

沛 〔pèi《广韵》普盖切，去泰，滂。〕❶盛大貌。见"沛然❶"。❷降。赵居贞《云门山投龙诗》："沛恩惟圣主，祈福在方伯。"吕温《同舍弟恭岁暮寄晋州李六协律三十韵》："云雨沛萧艾，烟阁双萎蕤。"❸县名。见"沛縣"。苏颋《奉和圣制过晋阳宫应制》："缅慕封唐道，追惟归沛魂。"王昌龄《驾幸河东》："开唐天业盛，入沛圣恩浓。"玄宗《游兴庆宫作》："庭如过沛日，水若渡江时。"元稹《和李校书新题乐府十二首·法曲》："汉祖过沛亦有歌，秦王破阵非无作。"

【沛中】 （一zhōng）即沛县。李白《猛虎行》："萧曹曾作沛中吏，攀龙附凤当有时。"温庭筠《过新丰》："一剑乘时帝业成，沛中乡里到咸京。"罗隐《西京道中》："祢生词赋抛江夏，汉祖精神忆沛中。"唐彦谦《新丰》："沛中歌舞百余人，帝业功成里巷新。"

【沛艾】 ❶马摇头貌。张说《舞马词六首》之四："帝皂龙驹沛艾，星兰骥子权奇。"❷马高大貌。沈佺期《骢马》："借君驰沛艾，一战取云中。"严维《奉和刘祭酒伤白马》："沛艾如龙马，来从上苑中。"

【沛宫】 刘邦在沛县的宫室。见《汉书·高帝纪》。胡曾有《咏史诗·沛宫》。

【沛國】 国名。原沛郡，东汉改国。李商隐《偶成转韵七十二句赠四同舍》："沛国东风吹大泽，蒲青柳碧春一色。"

【沛然】 ❶充盛貌。张九龄《奉和圣制烛龙斋祭》："蔚兮朝云，沛然时雨。"高适《赠别沈四逸人》："何意阛阓间，沛然江海深。"❷疾行貌。李白《送王屋山人魏万还王屋》："沛然乘天游，独往失所在。"

【沛童】 沛县的歌童。见《汉书·高帝纪》。苏绾《奉和姚令公驾幸温汤喜雪应制》："云符沛童唱，雪应海神期。"皇甫冉《奉和汉祖庙下之作》："方修汉祖祀，更使沛童歌。"

【沛篇】 指刘邦的《大风歌》。后作为帝王吟咏的典故。李峤《奉和幸大荐福寺应制》："甘雨苏燋泽，慈云动沛篇。"

【沛縣】 县名。秦置。秦末，刘邦起兵于此。故城在今江苏沛县东。刘长卿有《归沛县道中晚泊留侯城》《雨中登沛县楼赠表兄郭少府》。

【沛澤】 ❶沼泽。玄宗《过晋阳宫》："林塘犹沛泽，台榭宛旧居。"❷大雨。张九龄《奉和圣制喜雨》：

"阴冥倏忽,沛泽咸洎。"❸盛大的恩典。司空曙《酬崔峒见寄》:"共望汉朝多沛泽,苍蝇早晚得先知。"

沔 〔miǎn《广韵》彌兖切,上獮,明。〕❶水名。汉水上游的一段,又名沮水。李颀有《送人归沔南》。李益《送襄阳李尚书》:"汉沔分戎寄,黎元减圣忧。"钱珝《江行无题一百首》之三七:"今日秋风至,萧疏过沔南。"❷州名。李白《泛沔州城南郎官湖》:"张公多逸兴,共泛沔城隅。"❸通"湎"。沉迷,昏沉。李商隐有《崇让宅东亭醉后沔然有作》。

【沔水】 即汉水。《时人号王丘崔沔语》(卷八七六):"丘山岌岌连天峻,沔水澄澄彻底清。"

【沔州】 州名。李白《泛沔州城南郎官湖》序:"沔州牧杜公、汉阳宰王公,觞于江城之南湖,乐天下之再平也。"刘长卿有《闻虞沔州有替将归上都登汉东城寄赠》。戴叔伦有《与虞沔州谒藏真上人》。韩偓《过汉口》:"年年春浪来巫峡,日日残阳过沔州。"

【沔鄂】 沔州和鄂州的并称。李白《寄王汉阳》:"笛声喧沔鄂,歌曲上云霄。"杜甫有《公安送李二十九弟晋肃入蜀余下沔鄂》。

汰[1] 〔tài《集韵》徒蓋切,去夳,定。又他蓋切,去夳,透。〕❶淘汰。杜甫《上韦左相二十韵》:"沙汰江河浊,调和鼎鼐新。"权德舆《唐开州文编远寄新赋累惠聊书还答》:"三清飞庆霄,百汰成雄铓。"段成式、张希复《光天帧赞联句》:"戾宰可汰,痴膜可蜕。"韩偓《奉和峡州孙舍人肇荆南重围中寄诸朝士二篇方暇牵课》之一:"敏手何妨误汰金,敢怀私忿斅羊斟。"❷洗涤。骆宾王《于紫云观赠道士》序:"不题短什,何汰衷襟?"❸水波。储光羲《夜到洛口入黄河》:"登舻望落月,击汰悲新秋。"

汰[2] 〔tài《广韵》他蓋切,去泰,透。〕掠过。韩愈、孟郊《秋雨联句》:"块圠游峡喧,飕飗卧江汰。"

【汰绝】 除尽。李白《登敬亭山南望怀古赠窦主簿》:"汰绝目下事,从之复何难。"

沍 〔hù《集韵》胡故切,去莫,匣。〕凝冻。杜甫《西枝村寻置草堂地夜宿赞公土室二首》之一:"要求阳冈暖,苦陟阴岭沍。"韦应物《西郊游瞩》:"东风散余沍,陂水淡已绿。"欧阳詹《东风二章》之一:"莫雪凝川,莫阴沍郊。"《郊庙歌辞·五郊乐章·黑郊迎神》:"寒氛敛色,沍泉凝漏。"

【沍陰】 凝冻不动的阴云。崔湜《塞垣行》:"十月边塞寒,四山沍阴积。"

【沍寒】 封冻的严寒。郑愔《奉和幸上官昭容院献诗四首》之三:"池栋清温燠,岩窗起沍寒。"王丘《奉和圣制答张说扈从南出鼠雀谷之作》:"阳原淑气早,阴谷沍寒多。"孟浩然《陪张丞相自松滋江东泊渚宫》:"讵忘经济日,不惮沍寒时。"赵居贞《云门山投龙诗》:"是时雪初霁,沍寒水更积。"

沚 〔zhǐ《广韵》諸市切,上止,章。〕水中小块陆地。储光羲《贻丁主簿仙芝别》:"去去水中沚,摇摇天一涯。"李白《古风》之四九:"归去潇湘沚,沈吟何足悲!"刘禹锡《韩十八侍御见示岳阳楼别窦司直诗足成六十二韵》:"冬游见清浅,春望多洲沚。"无可《官池上》:"移舸浮中沚,清宵彻晓河。"

沙 〔shā《广韵》所加切,平麻,生。〕❶细小的石粒。李白《僧伽歌》:"问言诵咒几千遍,口道恒河沙复沙。"窦牟《元日喜闻大礼寄上翰林四学士中书六舍人二十韵》:"密辞投水石,精义出沙金。"白居易《东南行一百韵寄通州元九侍御窦七校书》:"树裂山魈穴,沙含水弩枢。"贯休《苦热》:"稻麻须结实,沙石欲生烟。"❷沙滩;沙洲。刘长卿《江中对月》:"历历沙上人,月中孤渡水。"郎士元《石城馆酬王将军》:"连雁沙边至,孤城江上秋。"雍陶《病鹤》:"今来沙上飞无力,羞见樯乌立处高。"徐铉《和陈洗马山庄新泉》:"何日煎茶醞香酒,沙边同听暝猿吟。"❸沙漠。太宗《饮马长城窟行》:"寒沙连骑迹,朔吹断边声。"李白《送崔度还吴》:"幽燕沙雪地,万里尽黄云。"张祜《塞上闻笛》:"一夜梅花笛里飞,冷沙晴槛月光辉。"赵嘏《送韦处士归省朔方》:"满袖萧关雨,连沙塞雁飞。"❹"纱"的本字。李贺《潞州张大宅病酒遇江使寄上十四兄》:"岸帻褰纱幌,枯塘卧折莲。"

【沙土】 ❶含沙多的土壤。杜甫《送韦十六评事充同谷郡防御判官》:"古色沙土裂,积阴雪云稠。"❷沙和土。曹唐《小游仙诗九十八首》之四四:"怪得蓬莱山下水,半成沙土半成尘。"

【沙井】 指泉眼出于沙石中的浅井。周贺《书实上人房》:"沙井泉澄疾,秋钟韵尽迟。"许浑《维舟秦淮过温州李给事宅》:"石梯迎雨润,沙井带潮咸。"

【沙日】 沙滩上的阳光。许浑《送友人罢举归东海》:"海风吹白鹤,沙日晒红螺。"李群玉《沅江渔者》:"倚棹汀洲沙日晚,江鲜野菜桃花饭。"皮日休《添鱼具诗·箬笠》:"携来沙日微,挂处江风起。"

【沙水】 含沙的浑水。韩愈《此日足可惜赠张籍》:"中流上滩潭,沙水不可详。"又《答张彻》:"石梁平侹侹,沙水光泠泠。"

【沙文】 潮退后沙滩上留下的水波纹。卢照邻《晚渡滹沱敬赠魏大》:"澄波泛月影,激浪聚沙文。"

【沙田】 指沙洲上或沙滩边的农田。喻凫《晚次临泾》:"沙田积蒿艾,竟夕见烧焚。"李频《及第后还家过岘岭》:"石斑鱼鲊香冲鼻,浅水沙田饭绕牙。"

【沙丘】 ❶古地名。在今河北。秦始皇东巡途中病卒于此。寒山《诗三百三首》之二七三:"金台既摧折，沙丘遂灭亡。”李咸用《喻道》：“牢落沙丘终古恨，寂寥函谷万年春。”胡曾《咏史诗·沙丘》：“堪笑沙丘才过处，銮舆风过鲍鱼腥。”罗隐《秦纪》：“怜君未到沙丘日，肯信人间有死无。”❷古城名。故址在今山东境。李白《沙丘城下寄杜甫》：“我来竟何事，高卧沙丘城。”又《送薛九被谗去鲁》：“沙丘无漂母，谁肯饭王孙。”又《送萧三十一之鲁中兼问稚子伯禽》：“我家寄在沙丘傍，三年不归空断肠。”

【沙市】 指水边的集市。元稹《酬乐天东南行诗一百韵》：“吠声沙市犬，争食墓林乌。”又《和乐天送客游岭南二十韵》：“江馆连沙市，泷船泊水滨。”

【沙汀】 水边或水中的平沙地。皎然《奉酬李中丞洪湖州西亭即事时中丞量移湖州长史》：“樵子逗烟墅，渔翁宿沙汀。”郎士元《送长沙韦明府》：“云日楚天暮，沙汀白露深。”杨发《与诸公池上待月》：“渐映沙汀白，微分渚叶红。”贯休《秋末入匡山船行八首》之七：“霞根生石片，象迹坏沙汀。”

【沙吒】 （—zhà）指沙吒利。为强占人妇者的代名词。见《太平广记》卷四八五。程洛宾《归李江州后寄别王氏》：“虽然情断沙吒后，争奈平生怨恨深。”

【沙州】 州名。唐武德五年改瓜州为西沙州，贞观七年改为沙州。治所在今敦煌。辖境相当于今甘肃敦煌一带。无名氏有《梦回沙州奉怀殿下》。

【沙村】 沙滩或沙洲上的村落。杜甫《留别公安太易沙门》：“沙村白雪仍含冻，江县红梅已放春。”孟郊《独宿岘首忆长安故人》：“江城与沙村，人语风飕飗。”

【沙汰】 淘汰。杜甫《上韦左相二十韵》：“沙汰江河浊，调和鼎鼐新。”刘长卿《早春赠别赵居士还江左时长卿下第归嵩阳旧居》：“末路逢沙汰，濩落名不成。”元稹《去杭州》：“永宁昔在抡鉴表，沙汰沈浊澄浚源。”

【沙汭】 水湾处的沙滩。李白《题瓜洲新河饯族叔舍人贲》：“海水落斗门，湖平见沙汭。”

【沙尾】 沙滩的边缘。杜甫《春水》：“朝来没沙尾，碧色动柴门。”李端《荆门歌送兄赴夔州》：“沙尾长樯发渐稀，竹竿草屩涉流归。”刘禹锡有《晚步扬子游南塘望沙尾》。元稹《贻蜀五首·李中丞表臣》：“十里花溪锦城丽，五年沙尾白头新。”

【沙雨】 沙洲或沙漠上的雨。白居易《望江州》：“犹去孤舟三四里，水烟沙雨欲黄昏。”又《建昌江》：“忽似往年归蔡渡，草风沙雨渭河边。”黄滔《塞上》：“沙雨黄莺啭，镶门青草生。”

【沙門】 ❶梵语 sramana 的译音。后专指僧侣。王昌龄《观江淮名胜图》：“沙门既云灭，独往岂殊调。”苏涣《赠零陵僧》：“零陵沙门继其后，新书大字大如斗。”陈羽《洛下赠彻公》：“天竺沙门洛下逢，请为同社笑相容。”刘禹锡《秋日过鸿举法师寺院便送归江陵》引：“梵言沙门，犹华言去欲也。”❷地名。沈彬《入塞二首》之二：“苦战沙门卧箭痕，戍楼闲上望星文。”

【沙岫】 如山的沙堆。项斯《送友人之永嘉》：“城连沙岫远，山断夏云高。”

【沙岸】 沙滩。张籍《夜到渔家》：“遥见寻沙岸，春风动草衣。”张祜《江上旅泊呈杜员外》：“牛渚南来沙岸长，远吟佳句望池阳。”李商隐《江村题壁》：“沙岸竹森森，维艄听越禽。”

【沙冈】 沙丘。贾岛《送殷侍御赴同州》：“冯翊蒲西郡，沙冈拥地形。”

【沙阜】 沙石小山。刘禹锡《和浙西李大夫晚下北固山依本韵》：“种松夹石道，纡组临沙阜。”❹古地名。故地即今甘肃敦煌以西到新疆罗布泊附近一带的沙漠或盐层地带，自古为丝绸之路的要道。无名氏《题取经诗》(卷七八六)：“路远碧天唯冷结，沙河遮日力疲殚。”

【沙泥】 沙子和泥土。卢肇《汉堤诗》：“乃泳故堤，陷于沙泥。”也喻困苦的环境。孟郊《同年春燕》：“永与沙泥别，各整云汉仪。”

【沙房】 指禅房。郑巢《瀑布寺贞上人院》：“西岳沙房在，归期更几年。”

【沙虱】 一种小且有毒的虱子。元稹《哭女樊四十韵》：“山魈邪乱逼，沙虱毒潜婴。”又《酬乐天得微之诗知通州事因成四首》之三：“满身沙虱无防处，独脚山魈不奈何。”

【沙陀】 古代部族名。元稹《宪宗章武孝皇帝挽歌词三首》之二：“始服沙陀虏，方吞逻逤戎。”

【沙界】 佛教语。谓多如恒河沙的世界。李迥秀《奉和九月九日登慈恩寺浮图应制》：“沙界人王塔，金绳梵帝游。”孟浩然《陪张丞相祠紫盖山途经玉泉寺》：“天宫上兜率，沙界豁迷明。”吕岩《绝句》之二：“大千沙界须臾至，石烂松枯经几秋。”

【沙衍】 指沙滩。泥沙不断淤积而延伸，故云。张九龄《秋晚登楼望南江入始兴郡路》：“潦收沙衍出，霜降天宇晶。”

【沙泉】 从沙石中涌出的泉水。贾岛《送唐环归敷水庄》：“松径僧寻药，沙泉鹤见鱼。”郑谷《寄左省张起居》：“风标欺鹭鹤，才力涌沙泉。”杜荀鹤《访道者不遇》：“药圃花香异，沙泉鹿迹新。”齐己《夏日草堂作》：“沙泉带草堂，纸帐卷空床。”

【沙柳】 木名。落叶灌木或乔木。多生于河谷溪边。钱起《江行无题一百首》之四一：“旅吟还有伴，沙柳数枝蝉。”

【沙洲】 水中因泥沙淤积而形成的陆地。李白

《登新平楼》："秦云起岭树，胡雁飞沙洲。"张继《郢城西楼吟》："沙洲枫岸无来客，草绿花开山鸟鸣。"李绅《早发》："沙洲月落宿禽惊，潮起风微晓雾生。"李群玉《落帆后赋得二绝》之一："平湖茫茫春日落，危樯独映沙洲泊。"

【沙風】　沙漠之风。黄滔《送友人游边》："野烧枯蓬旋，沙风匹马冲。"

【沙苑】　地名。在今陕西境。杜甫《奉酬严公寄题野亭之作》："奉引滥骑沙苑马，幽栖真钓锦江鱼。"刘禹锡《贞元中侍郎舅氏牧华州追想昔年之事因成篇题旧寺》："晴烟沙苑树，晚日渭川帆。"白居易《和令公问刘宾客归来称意无之作》："皂盖回沙苑，蓝舆上洛桥。"温庭筠《阳春曲》："曲阑伏槛金麒麟，沙苑芳郊连翠茵。"

【沙島】　犹沙洲。周贺《赠朱庆余校书》："树停沙岛鹤，茶会石桥僧。"贾岛《即事》："过声沙岛鹭，绝行石庵僧。"贯休《鹭鸶有怀》："爱来沙岛遗银屋，终作金笼养雪雏。"

【沙朔】　犹漠北。指北方沙漠之地。陈子昂《感遇诗三十八首》之三七："胡秦何密迩，沙朔气雄哉。"李昂《从军行》："汉家未得燕支山，征戍年年沙朔间。"李白《赠崔郎中宗之》："惊云辞沙朔，飘荡迷河洲。"戴叔伦《赠史开府》："野战频年沙朔外，旌竿高与雪峰齐。"

【沙浦】　❶沙洲或沙滩边。宋之问《早入清远峡》："寂历环沙浦，葱茏转石圻。"喻坦之《发浙江》："山城犹转漏，沙浦已摇船。"❷地名。在今长江流域鄂、湘交界一带。张乔有《江行至沙浦》。

【沙海】　地名。在今河南开封境。孟浩然《和张二自穰县还途中遇雪》："风吹沙海雪，渐作柳园春。"

【沙堆】　沙丘。张籍《凉州词三首》之二："古镇城门白碛开，胡兵往往傍沙堆。"

【沙帳】　沙漠。赵嘏《昔昔盐二十首·风月守空闺》："魂飞沙帐北，肠断玉关中。"

【沙崩】　❶沙岸崩塌。杜甫《将赴成都草堂途中有作先寄严郑公五首》之四："常苦沙崩损药栏，也从江槛落风湍。"钱起《江行无题一百首》之一六："牵路沿江狭，沙崩岸不平。"❷喻极易崩溃。胡曾《咏史诗·阿房宫》："帝王苦竭生灵力，大业沙崩固不难。"

【沙鳥】　泛指水禽。郑巢《送袁肇归山阴》："河帆因树落，沙鸟背潮飞。"李商隐《陈后宫》："渚莲参法驾，沙鸟犯句陈。"方干《题睦州郡中千峰榭》："曳响露蝉穿树去，斜行沙鸟向池来。"

【沙渚】　小沙洲。孟浩然《赴京途中遇雪》："落雁迷沙渚，饥乌集野田。"李贺《宫娃歌》："梦入家门上沙渚，天河落处长洲路。"姚合《和李补阙曲江看莲花》："金似明沙渚，灯疑宿浦船。"李频《鄂州头陀寺上方》："沙渚渔归多湿网，桑林蚕后尽空条。"

【沙堤】　❶用沙石所筑的堤岸。白居易《寄题余杭郡楼兼呈裴使君》："北郭沙堤尾，西湖石岸头。"徐凝《杭州祝涛头二首》之一："不道沙堤尽，犹欺石栈顽。"❷唐时专为宰相通行车马而铺筑的沙路。白居易《新乐府·官牛》："载向五门官道西，绿槐阴下铺沙堤。"李嵘《献淮南师》："国人久倚东关望，拟筑沙堤到广陵。"

【沙場】　（—chǎng）❶铺沙的场地。孟浩然《上巳日涧南园期王山人陈七诸公不至》："石壁堪题序，沙场好解绅。"❷沙漠。席豫《奉和圣制送张说巡边》："亭障东缘海，沙场北际天。"王涯《闺人赠远五首》之四："不省出门行，沙场知近远。"郑巢《送边使》："灞水方为别，沙场又入冬。"李咸用《关山月》："雪压塞尘清，雕落沙场阔。"❸沙漠战功。祖咏《望蓟门》："沙场烽火连胡月，海畔云山拥蓟城。"王翰《凉州词二首》之一："醉卧沙场君莫笑，古来征战几人回。"李益《拂云堆》："单于每近沙场猎，南望阴山哭始回。"郑准《代寄边人》："圣泽如垂饵，沙场会息兵。"泛指战场。李羽《献江淮郡守卢公》："将军一阵为功业，忍见沙场百战人。"贯休《观怀素草书歌》："乍如沙场大战后，断枪橛箭皆狼藉。"

【沙塔】　佛塔。见《妙法莲华经·方便品》。耿湋《题童子寺》："雨余沙塔坏，月满雪山空。"

【沙雁】　即雁。因常栖息于沙渚芦苇中，故称。杜牧《初上船留寄》："沙雁同船去，田鸦绕岸啼。"李商隐《念远》："北思惊沙雁，南情属海禽。"

【沙棠】　树木名。木材可造船。李白《塞下曲六首》之四："摧残梧桐叶，萧飒沙棠枝。"又《江上吟》："木兰之枻沙棠舟，玉箫金管坐两头。"

【沙帽】　即纱帽。杜甫《泊松滋江亭》："沙帽随鸥鸟，扁舟系此亭。"

【沙禽】　泛指水边生活的鸟类。张说《奉酬韦祭酒自汤还都之作》："繁弦弄水族，娇吹狎沙禽。"李嘉祐《送裴员外往江南》："岸草知春晚，沙禽好夜惊。"李商隐《城上》："沙禽失侣远，江树著阴轻。"陆龟蒙《奉和袭美添渔具五篇·背蓬》："沙禽固不知，钓伴犹初觉。"

【沙溆】　同"沙激"。

【沙葱】　生于沙地的一种野葱。曹唐《病马五首呈郑校书章三吴十五先辈》之二："陇上沙葱叶正齐，腾黄犹自跼羸蹄。"

【沙觜】　同"沙嘴"。

【沙路】　❶沙滩上的路；沙石路。孟浩然《夜归鹿门山歌》："人随沙路向江村，余亦乘舟归鹿门。"白居易《三月三日祓禊洛滨》:“柳桥晴有絮,沙路润无泥。”❷即沙堤。参见“沙堤❷”。李贺《沙路曲》:“柳脸半眠丞相树,珮马钉铃踏沙路。”

【沙棱】（—léng)指沙滩上因风吹形成的波纹痕迹。孟郊《峡哀》:“沙棱箭箭急,波齿断断开。”

【沙鼠】鼠类的一种。又叫黄鼠。穴居在沙土中。李益《登夏州城观送行人赋得六州胡儿歌》:“六州胡儿六蕃语,十岁骑羊逐沙鼠。”

【沙道】犹沙堤。杜甫《遣兴五首》之三:“府中罗旧尹,沙道尚依然。”参见“沙堤❷”。

【沙溪】清可见沙的溪流。苏颋《夜发三泉即事》:“沙溪忽沸渭,石道乍明灭。”

【沙塞】（—sài)沙漠边塞。刘宪《折杨柳》:“沙塞三河道,金闺二月春。”卢纶《送饯从叔辞丰州幕归嵩阳旧居》:“丰州闻说似凉州,沙塞晴明部落稠。”殷尧藩《送韦侍御报使西蕃》:“此去多应收故地,宁辞沙塞往来频。”张蠙《蓟北书事》:“戍楼承落日,沙塞碍惊蓬。”

【沙蓬】一年生草本植物。多生于沙地,故名。骆宾王《边城落日》:“一朝辞俎豆,万里逐沙蓬。”张籍《送和蕃公主》:“毡城南望无回日,空见沙蓬水柳春。”纪唐夫《骢马曲》:“连钱出塞蹋沙蓬,岂比当时御史骢。”

【沙塘陂】地名。在今安徽宿松。李白《赠闾丘处士》:“贤人有素业,乃在沙塘陂。”

【沙數】即恒河沙数。佛教语,极言其多。寒山《诗三百三首》之九六:“学道多沙数,几个得泥丸。”

【沙塵】扬起的沙土。李白《赠友人三首》之二:“其事竟不捷,沦落归沙尘。”薛奇童《拟古》:“沙尘朝蔽日,失道还相遇。”王季友《古塞下曲》:“日落沙尘昏,背河更一战。”熊曜《送杨谏议赴河西节度判官兼呈韩王二侍御》:“黄云萧关道,白日惊沙尘。”

【沙漠】指地面完全为沙所覆盖,干旱缺水,动植物稀少的地区。虞世南《出塞》:“誓将绝沙漠,悠然去玉门。”杜甫《送樊二十三侍御赴汉中判官》:“顿兵岐梁下,却跨沙漠裔。”李远《咏雁》:“早晚辞沙漠,南来处处飞。”裴说《秋日送河北从事》:“北风沙漠地,吾子远从军。”

【沙溆】亦作“沙漵”。犹沙浦。姚系《送周愿判官归岭南》:“易绡泉源近,拾翠沙溆明。”于良史《江上送友人》:“纷泊雁群起,逶迤沙溆连。”子兰《河梁晚望二首》之一:“连山翠霭笼沙溆,白鸟翩翩下夕阳。”

【沙際】沙洲或沙滩边。王维《泛前陂》:“畅以沙际鹤,兼之云外山。”杜甫《阆水歌》:“正怜日破浪花出,更复春从沙际归。”韦应物有《赋得沙际路送从叔象》。刘禹锡《秋日送客至潜水驿》:“候吏立沙际,田家连竹溪。”

【沙鴇】鸨类的一种。候鸟,常栖息于湖沼浅沙处。顾况《寄上兵部韩侍郎奉呈李户部卢刑部杜三侍郎》:“鹓鸿翔邓林,沙鸨飞吴田。”

【沙頭】❶沙滩或江洲边。李白《初月》:“云畔风生爪,沙头水浸眉。”刘长卿《听笛歌》:“旧游怜我长沙谪,载酒沙头送迁客。”白居易《早春忆微之》:“沙头雨染斑斑草,水面风驱瑟瑟波。”项斯《送僧归南岳》:“船里谁鸣磬,沙头自曝衣。”❷古沙头市的略称。即今湖北沙市。杜甫《送王十六判官》:“买薪犹白帝,鸣橹少沙头。”

【沙磧】❶沙洲,沙滩。孟浩然《鹦鹉洲送王九之江左》:“滩头日落沙碛长,金沙熠熠动飙光。”戴叔伦《屯田词》:“春来耕田遍沙碛,老稚欣欣种禾麦。”❷沙漠。李白《行行游且猎篇》:“海边观者皆辟易,猛气英风振沙碛。”岑参《初过陇山途中呈宇文判官》:“十日过沙碛,终朝风不休。”马戴《送和北虏使》:“长城人过少,沙碛马难前。”李士元《登单于台》:“马散眠沙碛,兵闲倚戍楼。”

【沙磧女子】《全唐诗》卷八六六在“沙碛女子”名下录《五原夜吟》诗一首,诗题后注详述其事。

【沙縣】县名。故城在今福建沙县城东。韩偓有《自沙县抵龙溪县值泉州军过后村落皆空因有一绝》。

【沙嘴】亦作“沙觜”。鸟喙形的沙积半岛。皇甫冉《浪淘沙二首》之二:“宿鹭眠洲非旧浦,去年沙觜是江心。”虚中《赠秀才》:“门开沙觜静,船系树根牢。”

【沙嶼】沙洲。邢巨《游春》:“弱蔓环沙屿,飞花点石关。”清昼、韩章《送昼公联句》:“宾雁依沙屿,浮云惨路岐。”刘禹锡《晚步扬子游南塘望沙尾》:“郊外绿杨阴,江中沙屿明。”皮日休《太湖诗·销夏湾》:“沙屿扫粉墨,松竹调埙篪。”

【沙鴻】犹沙雁。鲍溶《壮士行》:“沙鸿嗥天末,横剑别妻子。”

【沙彌】梵语的音译略称。指初出家的男性佛教徒。李益《赠宣大师》:“一国沙弥独解诗,人人道胜惠林师。”孟郊《嵩少》:“沙弥舞袈裟,走向踯躅飞。”白居易《龙花寺主家小尼》:“头青眉眼细,十四女沙弥。”唐扶《使南海道长沙题道林岳麓寺》:“沙弥去学五印字,静女来悬千尺幡。”

【沙蟲】❶沙子和小虫。李白《古风》之二八:“君子变猿鹤,小人为沙虫。”❷即沙虱。李德裕《谪岭南道中作》:“愁冲毒雾逢蛇草,畏落沙虫避燕泥。”

【沙麓】山名。在今河北境。见《汉书·元后传》。卢照邻《中和乐九章·歌中宫第五》:“祥游沙麓,庆洽瑶衣。”白居易《昭德皇后挽歌词》:“阴灵何处感，沙麓月无光。”徐铉《光穆皇后挽歌三首》之一：“閟宫新表德，沙麓旧膺祥。”

【沙濑】 沙石上的水流。吕温《道州途中即事》：“光翻沙濑日，香散橘园风。”韩琮《题圭峰下长孙家林亭》：“出树圭峰寒压坐，入篱沙濑碧流天。”

【沙礫】 沙子和碎石。崔融《塞垣行》：“疾风卷溟海，万里扬沙砾。”李白《于五松山赠南陵常赞府》：“拣珠去沙砾，但有珠相随。”刘禹锡《和牛相公南溪醉歌见寄》：“忽然便有江湖思，沙砾平浅草纤纤。”吴丹《赋得玉水记方流》：“珪璋分辨状，沙砾共怀柔。”

【沙鶻】 （—hú）一种栖息于沙漠地带的猛禽。张蠙《过萧关》：“陇狐来试客，沙鹘下欺人。”

【沙鶴】 即鹤。多栖息于湖沼浅沙处，故名。刘长卿《泛曲阿后湖简同游诸公》：“水云去仍湿，沙鹤鸣相留。”白居易《仙游寺独宿》：“沙鹤上阶立，潭月当户开。”雍陶《送人归吴》：“吟诗好向月中宿，一叫水天沙鹤孤。”

【沙鷄】 昆虫名。俗名纺织娘。李贺《潞州张大宅病酒遇江使寄上十四兄》：“莎老沙鸡泣，松干瓦兽残。”

【沙囊】 盛沙的袋子。为战争用计典故。见《史记·淮阴侯列传》。韩愈、李正封《晚秋郾城夜会联句》：“红尘羽书靖，大水沙囊涸。”

【沙鷗】 即鸥鸟。李峤《和杜学士旅次淮口阻风》：“水雁衔芦叶，沙鸥隐荻苗。”李冶《恩命追入留别广陵故人》：“桂树不能留野客，沙鸥出浦谩相逢。”庄南杰《阳春曲》：“沙鸥白羽翦晴碧，野桃红艳烧春空。”李频《送罗著作两浙按狱》：“旧绶有香笼驿马，皇华无暇狎沙鸥。”

【沙灘】 水边或水中因流沙淤积形成的陆地。李白《送殷淑三首》之三：“醉歌惊白鹭，半夜起沙滩。”李群玉《钓鱼》：“几回举手抛芳饵，惊起沙滩水鸭儿。”

【沙鷺】 即鹭鸶。祖咏《泗上冯使君南楼作》：“望滩沙鹭起，寻岸浴童歌。”杜牧《题吴兴消暑楼十二韵》：“楚鸿行尽直，沙鹭立偏翘。”

沓 〔tà《广韵》徒合切，入合，定。〕❶重叠。皎然《奉和崔中丞使君效小谢体》：“云窥香树沓，月见色天重。”清昼、崔子向《泛长城东溪暝宿崇光寺寄处士陆羽联句》：“逼霄沓万状，截地分千曲。”❷纷多。卢鸿一《嵩山十志十首·枕烟庭》：“恍欻翕兮沓幽霭，意缥缈兮群仙会。”顾况《曲龙山歌》：“遥指丛霄沓灵岛，岛中晔晔无凡草。”❸交合。卢鸿一《嵩山十志十首·云锦淙》：“石攒丛兮云锦淙，波连珠兮文沓缝。”

【沓沓】 重叠貌。李商隐《朱槿花二首》之二：“嗅自微微白，看成沓沓殷。”

【沓浪】 犹层浪。李白《早过漆林渡寄万巨》：“漏流昔吞翕，沓浪竞奔注。”

【沓嶂】 亦作“沓障”。重叠的山峰。宋之问《泛镜湖南溪》：“沓嶂开天小，丛篁夹路迷。”又《自湘源至潭州衡山县》：“沓障连夜猿，平沙覆阳雁。”李白《庐山谣寄卢侍御虚舟》：“香炉瀑布遥相望，回崖沓嶂凌苍苍。”

【沓颯】 纷乱貌。李贺《河南府试十二月乐词·二月》：“金翘峨髻愁暮云，沓飒起舞真珠裙。”

【沓翠】 指林木繁密，浓阴重叠。卢鸿一《嵩山十志十首·幂翠庭》序：“盖崖巘积阴，林萝沓翠，其上绵幂，其下深湛，可以王神，可以冥道矣。”孟浩然《送王七尉松滋得阳台云》：“君不见巫山神女作行云，霏红沓翠晓氛氲。”

【沓障】 参见“沓嶂”。

汩[1] 〔gǔ《广韵》古忽切，入R01，見。〕❶扰乱。卢鸿一《嵩山十志十首·幂翠庭》序：“及喧者游之，则酣谑永日，汩清薄厚。”❷淹没。李邕《登历下古城员外孙新亭》：“高兴汩烦促，永怀清典常。”白居易《思归》：“诗役五藏神，酒汩三丹田。”❸搅浑。元稹《秋堂夕》：“焉用汩其泥，岂在清如冰。”❹沉迷。孟简《咏欧阳行周事》序：“大凡以断割，不为丽色所汩，岂若是乎？”

汩[2] 〔yù《广韵》于筆切，入質，云。〕疾行。顾况《送从兄使新罗》：“飓风晴汩起，阴火暝潜烧。”

汩[3] 〔hú《集韵》胡骨切，入沒，匣。〕涌波。张说《过汉南城叹古坟》：“汹涌蔽平冈，汩若波涛连。”元结《引极三首·怀潜君》：“海浩淼兮汩洪溶，流蕴蕴兮涛汹汹。”

【汩汩】 ❶盛貌，大貌。寒山《诗三百三首》之八九：“不肯信受寒山语，转转倍加业汩汩。”元结《补乐歌十首·咸池》之一：“至德汩汩兮，顺之以先。”❷沉沦。杜牧《忆齐安郡》：“格卑常汩汩，力学强悠悠。”

【汩₂汩】 ❶水急流貌。杜甫《雨》：“潺潺石间溜，汩汩松上驶。”韩愈《奉和虢州刘给事使君三堂新题二十一咏·流水》：“汩汩几时休，从春复到秋。”❷动荡不安貌。杜甫《自阆州领妻子却赴蜀山行三首》之一：“汩汩避群盗，悠悠经十年。”

【汩没】 （—mò）❶淹没。刘叉《冰柱》：“不为九江浪，徒为汩没天之涯。”元稹《遭风二十韵》：“浸淫沙市儿童乱，汩没汀洲雁鹜哀。”❷沉沦，埋没。杜甫《赠陈二补阙》：“世儒多汩没，夫子独声名。”刘禹锡《海阳湖别浩初师》引：“汩没天慧，不得自奋，莫可望浩初之清光于侯门上座，第自吟羡而已。”朱庆余《上翰林李舍人》：“免令汩没惭时辈，与作声名彻举场。”罗隐《大梁见乔诩》:"迹卑甘汩没,名散称逍遥。"❸沉溺。李白《日出行》:"羲和羲和,汝奚汩没于荒淫之波。"王易简《官左拾遗归隐作》:"汩没朝班愧不才,谁能低折向尘埃。"

汨 〔mì《广韵》莫狄切,入錫,明。〕水名。见"汨罗"。李白《书情题蔡舍人雄》:"投汨笑古人,临濠得天和。"

【汨水】 指汨罗江。许浑《闻开江宋相公申錫下世二首》之一:"贞魂误向崇山殁,冤气疑从汨水回。"贾岛《送郑长史之岭南》:"汨水斜阳岸,骚人正则祠。"李洞《赋得送贾岛谪长江》:"行傍长江影,愁深汨水魂。"

【汨渚】 指屈原投汨罗江处。张说《伯奴边见归田赋因投赵侍御》:"黄陵浮汨渚,青草会湘川。"孟浩然《晓入南山》:"地接长沙近,江从汨渚分。"皎然《吊灵均词》:"昧天道兮有无,听汨渚兮踌躇。"

【汨羅】 水名。在湖南东北部。杜甫《天末怀李白》:"应共冤魂语,投诗赠汨罗。"刘复《送黄晔明府岳州湘阴赴任》:"遥知布惠苏民后,应向祠堂吊汨罗。"王鲁复《吊灵均》:"万古汨罗深,骚人道不沈。"韦庄《鹧鸪》:"孤竹庙前啼暮雨,汨罗祠畔吊残晖。"

沖 〔chōng《广韵》直弓切,平東,澄。〕❶向上直进。元稹《会真诗三十韵》:"海阔诚难度,天高不易冲。"章孝标《玄都观栽桃十韵》:"粉扑青牛过,枝惊白鹤冲。"杜牧《洛中监察病假满送韦楚老拾遗归朝》:"独鹤初冲太虚日,九牛新落一毛时。"皮日休《太湖诗·以毛公泉一瓶献上谏议因寄》:"服之生羽翼,倏尔冲玄天。"❷恬淡。韦应物《县斋》:"即事玩文墨,抱冲披道经。"孟郊《送淡公》之一:"常于冷竹坐,相语道意冲。"刘叉《修养》:"尝令体如微微风,绵绵不断道自冲。"温庭筠《和友人题壁》:"冲尚犹来出范围,肯将经世作风徽。"❸通"盅"。空虚。吕岩《窑头坯歌》:"饮凡酒,食膻腥,补养元气冲更盈。"❹幼小。见"冲童"。

【沖天】 直飞上天。孟浩然《田园作》:"冲天羡鸿鹄,争食羞鸡鹜。"李岑《东峰亭各赋一物得栖烟鸟》:"遇此枝叶覆,夙举冀冲天。"李贺《白虎行》:"玉坛设醮思冲天,一世二世当万年。"贾岛《寄柳舍人宗元》:"擢第名重列,冲天字几双。"

【沖天物】 指鹤。关盼盼《临殁口吟》:"儿童不识冲天物,漫把青泥污雪毫。"

【沖天客】 指仙人。崔融《和梁王众传张光禄是王子晋后身》:"闻有冲天客,披云下帝畿。"

【沖天鶴】 刘向《列仙传·王子乔》载周灵王太子晋从道士浮邱公得道,在缑氏山骑鹤升仙。后为吟咏神仙的典故。王维《奉和圣制幸玉真公主山庄应制》:"庭养冲天鹤,溪流上汉查。"

【沖用】 指中和不倚。《郊庙歌辞·太清宫乐章·紫极舞》:"无为观大象,冲用体常名。"

【沖玄】 淡泊沉静。吴筠《游仙二十四首》之一:"凝神契冲玄,化服凌太清。"又《高士咏·臧丈人》:"功成遂不处,遁迹符冲玄。"又《高士咏·楚狂接舆夫妻》:"接舆耽冲玄,伉俪亦真逸。"

【沖佑觀】 宫观名。"佑"又写作"祐"。在福建武夷山九曲溪口、大王峰麓。始建于唐天宝年间,初名天宝殿。俗称武夷宫。为著名道教道场。张绍有《冲佑观》。

【沖沖】 直上貌。吕岩《五言》之一二:"一丸延万纪,物外去冲冲。"

【沖和】 (—hé)指真气。语本《老子》:"冲气以为和。"《郊庙歌辞·太清宫乐章·第三奏》:"道德先垂裕,冲和已化淳。"

【沖規】 虚静的规范。卢照邻《宴梓州南亭得池字》:"二条开胜迹,大隐叶冲规。"

【沖教】 指道教。《郊庙歌辞·太清宫乐章·序入破第一奏》:"真宗开妙理,冲教统清虚。"

【沖情】 恬淡无欲的襟怀。卢照邻《咏史四首》之二:"冲情甄负甑,重价折角巾。"

【沖淡】 指诗歌中意境恬淡高远的一种风格。司空图有《诗品二十四则·冲淡》。

【沖虚】 ❶恬淡虚静。陆长源《酬孟十二新居见寄》:"大道本夷旷,高情亦冲虚。"❷犹升天。皎然《奉和崔中丞效小谢体》:"昔化冲虚鹤,今藏护法龙。"郭周藩《谭子池》:"言讫辞冲虚,杳霭上玄微。"黄滔《壶公山》:"作赋前儒阙,冲虚南国先。"李中《再游洞神宫怀邵羽人有感》:"自惭未得冲虚术,白发无情渐满头。"

【沖童】 幼童。吕岩《五言》之十:"耄年服一粒,立地变冲童。"

【沖然】 恬淡貌。韦应物《还阙首途寄精舍亲友》:"休沐日云满,冲然将罢观。"

【沖漠】 犹"冲淡"。恬淡虚静。孙逖《和登会稽山》:"冥搜信冲漠,多士期标准。"韦应物《登乐游庙作》:"归当守冲漠,迹寓心自忘。"李商隐《寄太原卢司空三十韵》:"保佐资冲漠,扶持在杳冥。"李咸用《夏日别余秀才》:"镜机冲漠非吾事,自要青云识五侯。"

【沖粹】 中和纯正。邓陟《珠还合浦》:"至宝含冲粹,清虚映浦湾。"

【沖霄】 冲天。罗隐《大梁见乔诩》:"败桐方委爨,冤匣正冲霄。"

【沖融】 ❶充盈洋溢貌。高适《别韦参军》:"国风冲融迈三五,朝廷欢乐弥寰宇。"韩愈《游青龙寺赠崔大补阙》:"魂翻眼倒忘处所,赤气冲融无间断。"孟郊《送陆畅归湖州因凭题故人皎然塔陆羽坟》:"手自撷甘旨,供养欢冲融。"白居易《贺雨》:"诏下才七日,和气生冲融。"❷水深广貌。杜甫《渼陂行》:"半陂以南纯浸山,动影袅窕冲融间。"无可《小雪》:"盖沙资澶漫,洒海助冲融。"❸恬淡闲适。高适《酬秘书弟兼寄幕下诸公》:"司业志应徐,雅度思冲融。"刘禹锡《和浙西李大夫霜夜对月听小童吹觱篥歌依本韵》:"冲融顿挫心使指,雄吼如风转如水。"元稹《酬郑从事四年九月宴望海亭次用旧韵》:"君今劝我酒太醉,醉语不复能冲融。"李群玉《始忝四座奏状呈同馆诸公二十四韵》:"寰瀛纳寿域,翔泳皆冲融。"

【冲默】 淡泊沉静。韦应物《沣上精舍答赵氏外生伉》:"隐拙在冲默,经世昧古今。"

【冲謙】 谦虚。刘禹锡《和牛相公南溪醉歌见寄》:"脱屣将相守冲谦,唯于山水独不廉。"

【冲曠】 淡泊豁达。宋之问《自衡阳至韶州谒能禅师》:"物用益冲旷,心源日闲细。"

【冲襟】 恬淡的襟怀。许敬宗《奉和入潼关》:"冲襟赏临睨,高咏入京畿。"韦应物《南园陪王卿游瞩》:"一酌何为贵,可以写冲襟。"裴度《奉酬中书相公至日圆丘摄事见寄之作》:"致斋移秘府,祗事见冲襟。"刘禹锡《和武中丞秋日寄怀简诸僚故》:"云衢念前侣,彩翰写冲襟。"

【冲邃】 空虚深邃。则天皇后《唐享昊天乐·第三》:"乾仪混成冲邃,天道下济高明。"

【冲瀜】 即"冲融"。充盈弥漫貌。窦庠《于阗钟歌送灵彻上人归越》:"精气激射声冲瀜,护持海底诸鱼龙。"

汭 〔ruì《广韵》而鋭切,去祭,日。〕❶河流汇合或弯曲之处。韩仲宣《三月三日宴王明府山亭》:"河滨上巳,洛汭春华。"李白《题瓜州新河饯族叔舍人贲》:"海水落斗门,湖平见沙汭。"李群玉《龟》:"他时清洛汭,会荐帝尧书。"罗隐《题方干诗》:"中间李建州,夏汭偶同游。"❷水滨。独孤及《代书寄上裴六冀刘二颍》:"昔余马首东,君在海北汭。"皮日休《三羞诗三首》之一:"献文不上第,归于淮之汭。"又之三:"就中颍之汭,转徙何累累。"❸水名。发源于甘肃华亭县西北陇山。徐珩《日暮望泾水》:"导源径陇阪,属汭贯嬴都。"

沃 〔wò《广韵》烏酷切,入沃,影。〕❶浇;灌。寒山《诗三百三首》之五:"风吹曝麦地,水溢沃鱼池。"韩翃《赠别崔司直赴江东兼简常州独孤使君》:"楚酪沃雕胡,湘羹糁香饵。"孟郊《峡哀》之八:"红光根潜涎,碧雨飞沃津。"皮日休《吴中苦雨因书一百韵寄鲁望》:"朽处或似醉,漏时又如沃。"❷指启迪。见"沃心"。权德舆《送崔谕德致政东归》:"直道侍太子,昌言沃宸聪。"杨巨源《春日奉献圣寿无疆词十首》之六:"造化膺神契,阳和沃圣思。"杜牧《题茶山》:"拜章期沃日,轻骑疾奔雷。"陆扆《禁林闻晓莺》:"愿将栖息意,从此沃天心。"❸浸,淹。王维《送秘书晁监还日本国》序:"扶桑若荠,郁岛如萍,沃白日而簸三山,浮苍天而吞九域。"卢仝《月蚀诗》:"勃然发怒决洪流,立拟沃杀九日妖。"曹松《南海》:"倾腾界汉沃诸蛮,立望何如画此看。"引申为荡涤。杜甫《喜闻官军已临贼境二十韵》:"谁云遗毒螫,已是沃腥臊。"❹润泽。欧阳詹《寓兴》:"皆承庆云沃,一种春风吹。"❺肥沃。见"沃土"。

【沃土】 肥田。王建《送于丹移家洺州》:"耕者求沃土,沤者求深源。"元稹《代曲江老人百韵》:"沃土心逾炽,豪家礼渐湮。"

【沃心】 ❶谓开导君心,以尽臣下进谏之职。语出《书·说命上》。权德舆《奉和李相公早朝于中书候传点偶书所怀奉呈门下相公中书相公》:"嘉言造膝去,喜气沃心回。"元稹《酬乐天待漏入阁见赠》:"沃心因特召,承旨绝常班。"❷灌入心中。幸夤逊《梨》:"嚼处春冰敲齿冷,咽时雪液沃心寒。"

【沃田】 肥田。温庭筠《宿沣曲僧舍》:"沃田桑景晚,平野菜花春。"

【沃州】 同"沃洲"。

【沃若】 润泽貌。张说《酬崔光禄冬日述怀赠答》序:"故亦浚碧池之涟漪,增瑶林之沃若。"杜甫《西阁曝日》:"毛发具自和,肌肤潜沃若。"

【沃洲】 亦作"沃州"。山名。在今浙江境。晋高僧支遁曾在此立寺行道。后以为高僧典故。宋之问《湖中别鉴上人》:"自有灵佳寺,何用沃洲禅。"高骈《筇竹杖寄僧》:"寄与沃洲人,闲步青山月。"

【沃雪】 谓以热水浇雪。白居易《和微之诗二十三首·和新楼北园偶集周刘二从事皆先归》:"销愁若沃雪,破闷如割瓜。"温庭筠《题翠微寺二十二韵》:"火云如沃雪,汤殿似含霜。"韩偓《咏浴》:"初似洗花难抑按,终忧沃雪不胜任。"

【沃野】 肥沃的田野。苏颋《奉和圣制至长春宫登楼望稼穑之作》:"黄图巡沃野,清吹入离宫。"杜甫《桥陵诗三十韵因呈县内诸官》:"崇冈拥象设,沃野开天庭。"贾至《燕歌行》:"前临滹沱后易水,崇山沃野亘千里。"韦应物《送张侍御秘书江左觐省》:"沃野收红稻,长江钓白鱼。"

【沃焦】 神话中东海南面的山名。施肩吾《钱塘渡口》:"天堑茫茫连沃焦,秦皇何事不安桥。"许棠《题甘露寺》:"泽广方云梦,山孤数沃焦。"

【沃盥】 浇淋洗手。卢纶《冬日宴郭监林亭》:

“据梧花爴接，沃盥石泉分。”

【沃疇】 肥田。骆宾王《至分陕》：“陕西开胜壤，召南分沃畴。”

【沃壤】 肥田。权德舆《晓发武阳馆即事书情》：“泻卤成沃壤，枯株发柔荑。”白居易《想东游五十韵》：“平河七百里，沃壤二三州。”

泮 〔pàn《广韵》普半切，去换，滂。〕“泮”的古字。半月形的水池。裴迪《辋川集》有《茱萸泮》。

沂 〔yí《广韵》魚衣切，平微，疑。〕❶水名。见“沂水”。储光羲《赴冯翊作》：“迢递别荆吴，飘飖涉沂泗。”❷山名。见“沂山”。❸州名。见“沂州”。

【沂山】 山名。在山东。又名东泰山。储光羲《登戏马台作》：“泗水南流桐柏川，沂山北走琅琊县。”

【沂水】 水名。在山东。李华《咏史十一首》之一：“沂水春可涉，泮宫映杨叶。”白居易《送兖州崔大夫驸马赴镇》：“鲁侯不得辜风景，沂水年年有暮春。”白居易、王起《仆射来示有三春向晚四者难并之说诚哉是言辄引起题重为联句呈仆射兼简尚书》：“与点非沂水，陪膺是洛城。”温庭筠《过孔北海墓二十韵》：“镮辕近沂水，何事恋明庭。”

【沂州】 州名，北周改北徐州置。治所在今山东临沂东南。姚合《送任畹评事赴沂海》：“沂州右镇雄，士勇旌旗高。”

泅 同“洶”。

汾 〔fén《广韵》符分切，平文，奉。〕水名。李适《汾阴后土祠作》：“揽涕步脽上，登高见彼汾。”耿湋《酬张少尹秋日凤翔西郊见寄》：“鼎气孕河汾，英英济旧勋。”白居易《送令狐相公赴太原》：“六纛双旌万铁衣，并汾旧路满光辉。”许棠《送友人北游》：“无青山拥晋，半浊水通汾。”

【汾上】 汾水边。韦应物《送汾城王主簿》：“少年初带印，汾上又经过。”欧阳詹《陪太原郑行军中丞登汾上阁辄书即事上答》：“并州汾上阁，登望似吴阊。”薛能有《留题汾上旧居》。

【汾川】 即汾河。卢照邻《上之回》：“振旅汾川曲，秋风横大歌。”刘禹锡《酬令狐相公六言见寄》：“吴苑燕辞人去，汾川雁带书来。”

【汾水】 水名。萧楚材《奉和展礼岱宗涂经濮济》：“已降汾水作，仍深迎渭情。”耿湋《太原送许侍御出幕归东都》：“汾水风烟冷，并州花木迟。”张籍《寄别者》：“别君汾水东，望君汾水西。”李山甫《阴地关崇徽公主手迹》：“可怜汾水知人意，旁与吞声未忍休。”

【汾水關】 关名。故址在汾河边，号称险固之地。张祜有《过汾水关》。

【汾州】 州名。卢纶有《和李中丞酬万年房署少府过汾州景云观因以寄上房与李早年同居此观》。

【汾河】 即汾水。太宗《帝京篇十首》之六：“岂必汾河曲，方为欢宴所。”王丘《奉和圣制答张说扈从南出鼠雀谷之作》：“代云开晋岭，江雁入汾河。”徐夤《水》：“湘浦暮沈尧女怨，汾河秋泛汉皇愁。”

【汾沮】 《诗·魏风·汾沮洳》的简称。韦应物《拟古诗十二首》之八：“汾沮何鄙俭，考槃何退穷。”

【汾祠】 指汉武帝建于汾阴的后土祠。许景先《奉和御制春台望》：“汾祠雍畤望通天，玉堂宣室坐长车。”

【汾晉】 指汾水流域。杜甫《八哀诗·赠司空王公思礼》：“千秋汾晋间，事与云水白。”又《别张十三建封》：“汾晋为丰沛，暴隋竟涤除。”白居易《浔阳三题·湓浦竹》：“吾闻汾晋间，竹少重如玉。”

【汾陰】 古县名。战国魏地。汉始置汾阴县。太宗《临洛水》：“岂必汾阴曲，秋云发棹歌。”岑参《故仆射裴公挽歌三首》之二：“气歇汾阴鼎，魂飞京兆阡。”刘禹锡《葡萄歌》：“有客汾阴至，临堂瞪双目。”唐彦谦《送樊琯司业归朝》：“汲郡陵初发，汾阴箧久亡。”

【汾鼎】 汉武帝元鼎四年，汾阴出土宝鼎，藏于甘泉宫。后用以为国祚的象征。苏颋《奉和圣制途次旧居应制》：“盛业铭汾鼎，昌期应洛书。”

【汾陽】 ❶指汾水以北地区。赵中虚《游清都观寻沈道士得芳字》：“青溪阻千仞，姑射藐汾阳。”杨师道《奉和夏日晚景应诏》：“青岩类姑射，碧涧似汾阳。”岑参《送宇文南金放后归太原寓居因呈太原郝主簿》：“却投晋山老，愁见汾阳花。”张乔《春日有怀》：“高下寻花春景迟，汾阳台榭白云诗。”❷指汾阳郡主郭子仪。张籍《法雄寺东楼》：“汾阳旧宅今为寺，犹有当时歌舞楼。”许浑《出永通门经李氏庄》：“力保山河家又庆，衹应中令敌汾阳。”李昌符《书边事》：“汾阳无继者，羌虏肯先和。”

【汾陽駕】 指皇帝的车驾。见《庄子·逍遥游》。沈佺期《嵩山石淙侍宴应制》：“自惜汾阳纡道驾，无如太室览真图。”杜甫《收京三首》之一：“暂屈汾阳驾，聊飞燕将书。”

【汾橋】 汾水古桥名。故址在今山西境。王昌龄《驾幸河东》：“晋水千庐合，汾桥万国从。”岑参有《题平阳郡汾桥边柳树》。卢纶《送绛州郭参军》：“董泽雷声发，汾桥水气凉。”

【汾澮】 浍水在今山西侯马西流入汾水。因以“汾浍”称二水流域。储光羲《奉和韦判官献侍郎叔除河东采访使》：“盛德滋冀方，仁风清汾浍。”

【汾謳】 汉武帝巡河东时曾作《秋风辞》，有“泛楼船兮济汾河”之句。后以指帝王游幸时的歌曲。李乂《奉和晦日幸昆明池应制》：“汀洲归棹晚，箫鼓杂汾讴。”

没[1] 〔mò《广韵》莫勃切，入没，明。〕❶沉没，淹死。李绅《涉沅潇》：“屈原尔为怀王没，水府通天化灵物。”曹邺《南征怨》：“龙舟没何处，独树江上老。”❷潜游水中。马周《凌朝浮江旅思》：“岸花开且落，江鸟没还浮。”刘长卿《题魏万成江亭》：“苍山隐暮雪，白鸟没寒流。”秦系《春日闲居三首》之三：“游鱼牵荇没，戏鸟踏花摧。”贾岛、高丽使《过海联句》：“沙鸟浮还没，山云断复连。”❸淹没。杜甫《三川观水涨二十韵》：“应沈数州没，如听万室哭。”陈羽《江上愁思二首》之二：“那堪芳意尽，夜夜没寒潮。”刘沧《怀江南友人》：“湘岸风来吹绿绮，海门潮上没青蘋。”李建勋《和判官喜雨》：“高槛气浓藏柳郭，小庭流拥没花坛。”❹遮掩。岑参《西亭子送李司马》：“草萋萋，没马蹄。”李益《从军夜次六胡北饮马磨剑石为祝殇辞》：“我行空碛，见沙之磷磷，与草之幂幂，半没胡儿磨剑石。”白居易《春雪》：“上林草尽没，曲江水复结。”许棠《冬杪归陵阳别业五首》之四：“败苇迷荒径，寒蓑没坏舟。”❺隐没，消失。储光羲《泊舟贻潘少府》：“苍苍水雾起，落落疏星没。”杜甫《奉赠韦左丞丈二十二韵》：“白鸥没浩荡，万里谁能驯。”韩愈《东方半明》：“东方半明大星没，独有太白配残月。”雍陶《送客遥望》：“光华不可见，孤鹤没秋云。”❻坠落。王昌龄《塞下曲四首》之二：“平沙日未没，黯黯见临洮。”王建《关山月》：“边风割面天欲明，金沙岭西看看没。”姚合《寄晖上人》：“日出月复没，悠悠昏与明。”无可《送喻凫及第归阳羡》：“月向波涛没，茶连洞壑生。”❼掩埋。玄宗《过老子庙》：“流沙丹灶没，关路紫烟沈。”李白《金陵凤凰台置酒》：“六帝没幽草，深宫冥绿苔。”李涉《感兴》：“但问哭陵人，秋草没来久。”引申为埋没、泯灭。王维《哭祖六自虚》：“琴声纵不没，终亦继悲弦。”邵谒《经安容先生旧居》：“羽化留遗踪，千载踪难没。”归仁《题贾岛吟诗台》：“纵使迷青草，终难没旧名。”❽沦陷，沉沦。杜甫《送韦十六评事充同谷郡防御判官》：“昔没贼中时，潜与子同游。”卢纶《从军行》：“李陵甘此没，惆怅汉公卿。”张籍《陇头行》：“汉兵处处格斗死，一朝尽没陇西地。”❾覆没，败亡。刘湾《李陵别苏武》：“转战单于庭，身随汉军没。”张籍《没蕃故人》：“前年伐月支，城上没全师。”白居易《新乐府·蛮子朝》：“鲜于仲通六万卒，征蛮一阵全军没。”❿死亡。孟云卿《伤情》：“兄弟先我没，孤幼盈我傍。”王建《送阿史那将军安西迎旧使灵榇》：“汉家都护边头没，旧将麻衣万里迎。”元稹《桐花》：“舜没苍梧野，凤归丹穴岑。”陆龟蒙《袭美先辈以龟蒙所献五百言既蒙见和复示荣唱再抒鄙怀用伸酬谢》：“迨至夫子没，微言散如枝。”⓫超过。见“没得”。

没[2] 〔méi〕无，没有。张说《三月闺情》：“蛾眉愁自结，鬓发没情梳。”张祜《偶题》：“唯恨世间无贺老，谪仙长在没人知。”杜荀鹤《将过湖南经马当山庙因书三绝》之三：“头上苍苍没瞒处，不如平取一生心。”吴越王钱镠《没了期歌》：“没了期，没了期，春衣才了又冬衣。”

【没入】 没收。韦庄《官庄》：“桑田稻泽今无主，新犯香醪没入官。”

【没在】 死去。苏涣《赠零陵僧》：“张颠没在二十年，谓言草圣无人传。”

【没世】 去世。韦应物《同李二过亡友郑子故第》：“客车名未灭，没世恨应长。”元稹《秋堂夕》：“当年且不偶，没世何必称。”廖有方《题旅榇》：“嗟君没世委空囊，几度劳心翰墨场。”

【没羽】 谓整箭射入石中。羽，箭尾的鸟翎。李白《豫章行》：“精感石没羽，岂云惮险艰。”

【没没】 (一mò)犹“默默”，不出声。李贺《出城别张又新酬李汉》：“没没暗龃舌，涕血不敢论。”鲍溶《悲湘灵》：“没没竟不从，唯伤远人耳。”

【没命】 丧生。没，通“殁”。元稹《表夏十首》之十：“哀哉徇名士，没命求所难。”

【没得】 超过。李群玉《酬魏三十七》：“一吟丽句风流极，没得弘文李校书。”

【没₂得】 没有。罗隐《七夕》：“时人不用穿针待，没得心情送巧来。”吕岩《赠乔二郎》：“人道长生没得来，自古至今有有有。”

【没陣】 阵亡。黄滔《书事》：“没阵风沙黑，烧城水陆红。”

【没落】 陷落。白居易《新乐府·缚戎人》：“自云乡管本凉原，大历年中没落蕃。”

【没齒】 终身。杜甫《种莴苣》：“因知邪干正，掩抑至没齿。”白居易《哭孔戡》：“惜哉两不谐，没齿为闲官。”皮日休《初夏游楞伽精舍》：“胡为儒家流，没齿勤且恪。”

汴 〔biàn《广韵》皮變切，去線，並。〕❶水名。见“汴水”。韩愈《汴泗交流赠张仆射》：“汴泗交流郡城角，筑场十步平如削。”齐己《杨花》：“不堪思汴岸，千里到扬州。”❷州名。见“汴州”。

【汴口】 汴水与黄河交汇处，在今河南荥阳境。雍陶《河阴新城》：“自有此来当汴口，武牢何用锁风烟。”杜牧有《赴京初入汴口晓景即事先寄兵部李郎中》。

【汴水】 ❶水名。自汴口引黄河，东南流经今河南、安徽，至江苏徐州北汇入泗水。韩愈《此日足可惜赠张籍》："乘船下汴水，东去趋彭城。"白居易《长相思》词之一："汴水流，泗水流，流到瓜洲古渡头。"❷水名。即隋通济渠、唐广济渠的东段。储光羲《奉和韦判官献侍郎叔除河东采访使》："楚山俯江汉，汴水连谯沛。"刘禹锡《杨柳枝词九首》之六："炀帝行宫汴水滨，数枝杨柳不胜春。"姚合《寄汴州令狐楚相公》："汴水从今不复浑，秋风鼙鼓动城根。"许棠《汴河十二韵》："昔年开汴水，元应别有由。"

【汴州】 州名。北周宣帝时改梁州置，治所在浚仪(今河南开封市)，以临汴水得名。祖咏有《酬汴州李别驾赠》。韩愈《汴州乱二首》之一："汴州城门朝不开，天狗堕地声如雷。"沈亚之有《汴州船行赋岸傍所见》。

【汴宋】 汴州和宋州。此二州均为汴水所经过。姚合《题永城驿》："连浦一程兼汴宋，夹堤千柳杂唐隋。"

【汴河】 即汴水。参见"汴水❷"。王维《千塔主人》："窗临汴河水，门渡楚人船。"白居易《新乐府·隋堤柳》："二百年来汴河路，沙草和烟朝复暮。"李涉《醉中赠崔膺》："炀帝陵边草木深，汴河流水空归海。"翁承赞《柳》之四："一声水调春风暮，千里交阴锁汴河。"

汶 〔wèn《广韵》亡運切，去問，微。〕水名。见"汶水"。李白《酬中都小吏携斗酒双鱼于逆旅见赠》："鲁酒若琥珀，汶鱼紫锦鳞。"苏源明《小洞庭洄源亭宴四郡太守诗》序："太皞苗裔，可记任宿，伯禹山川，空流济汶。"元稹《和李校书新题乐府十二首·驯犀》："渡江之橘逾汶貉，反时易性安能长。"

【汶上】 ❶泛指汶水之北地。李白《五月东鲁行答汶上君》："举鞭访前途，获笑汶上翁。"高适《别崔少府》："知君少得意，汶上掩柴扉。"杜甫《奉寄高常侍》："汶上相逢年颇多，飞腾无那故人何。"司空图《寄王十四舍人》："几年汶上约同游，拟为莲峰别置楼。"❷指汶阳县。方干有《送汶上王明府之任》。

【汶水】 ❶水名。即今大汶河。源出今山东莱芜市东北。李白《沙丘城下寄杜甫》："思君若汶水，浩荡寄南征。"又《送梁四归东平》："殷王期负鼎，汶水起垂竿。"又《嘲鲁儒》："时事且未达，归耕汶水滨。"高适《东平别前卫县李寀少府》："云开汶水孤帆远，路绕梁山匹马迟。"❷指汶阳县。戴叔伦有《送汶水王明府》。

【汶陽】 ❶汶水之北。李义府《在巂州遥叙封禅》："汶阳驰月羽，蒙阴警电麾。"刘禹锡《酬令狐相公春日言怀见寄》："今想临戎地，旌旗出汶阳。"❷古县名。西汉置，治所在今山东宁阳县北。骆宾王《在兖州饯宋五之问》："淮沂泗水地，梁甫汶阳东。"李峤《笙》："悬匏曲沃上，孤筱汶阳隈。"高适《鲁郡途中遇徐十八录事》："日出见阙里，川平知汶阳。"刘沧《怀汶阳兄弟》："回看云岭思茫茫，几处关河隔汶阳。"❸归隐的典故。参见"汶阳田❷"。王维《寒食汜上作》："广武城边逢暮春，汶阳归客泪沾巾。"张继《送邹判官往陈留》："女停襄邑杼，农废汶阳耕。"曹邺《奉命齐州推事毕寄本府尚书》："明朝向西望，走马归汶阳。"

【汶陽川】 指汶水。李白《寄东鲁二稚子》："裂素写远意，因之汶阳川。"

【汶陽田】 ❶汶水之北的田地。刘长卿《送河南元判官赴河南勾当苗税充百官俸钱》："方收汉家俸，独向汶阳田。"❷为归隐典故。见《论语·雍也》。岑参《送孟孺卿落第归济阳》："羞过灞陵树，归种汶阳田。"韩翃《送高别驾归汴州》："久客未知何计是，参差去借汶阳田。"刘沧《旅馆书怀》："客计倦行分陕路，家贫休种汶阳田。"

【汶篁】 指汶水一带的音乐。苏源明《秋夜小洞庭离宴诗》序："彻馔新尊，移方舟中，有宿鼓，有汶篁，济上嫣然能歌者五六人共载，止洄源东柳门。"

沆 〔hàng《广韵》胡朗切，上蕩，匣。〕❶水广阔貌。见"沆浪"。❷水气，露水。见"沆瀣"。

【沆浪】 (—láng)水广阔且汹涌貌。元结《引极三首·怀潜君》："思假鳞兮鲲龙，激沆浪兮奔从。"

【沆漭】 指广阔无际的水面。柳宗元《行路难三首》之一："披霄决汉出沆漭，瞥裂左右遗星辰。"

【沆瀣】 ❶露水。旧谓服之可成仙。张南史《早春书事奉寄中书李舍人》："灵盘浸沆瀣，龙首映储胥。"元稹《赠毛仙翁》："一言亲授希微诀，三夕同倾沆瀣杯。"皮日休《追和虎丘寺清远道士诗》："蟾蜍生夕景，沆瀣余清旦。"❷同"沆溉"。大水貌。李绅《趋翰苑遭诬构四十六韵》："脱鳞超沆瀣，翻翼集蓬壶。"

【沆瀣一家】 亦作"沆瀣一气"。相传崔沆为考官时录取举子崔瀣，时人因作戏语。后以为狼狈为奸的故实。《崔沆放榜时人语》(卷八七六)："座主门生，沆瀣一家。"

沈1 〔chén《广韵》直深切，平侵，澄。又直禁切，去沁，澄。〕亦作"沉"。❶没入水中，沉没。李峤《刘侍读见和山邸十篇重申此赠》："雉翳分场合，鱼钩向浦沉。"李益《古别离》："双剑欲别风凄然，雌沈水底雄上天。"元稹《遭风二十韵》："自叹生涯看转烛，更悲商旅哭沉财。"朱庆余《凤翔西池与贾岛纳凉》："蝶飞逢草住，鱼戏见人沉。"❷古代祭川泽之名。因将祭品投入水中，故称。杜甫《奉同郭给事汤东灵湫作》："鲛人献微绡，曾祝沈豪牛。"❸降落，坠落。太宗《望送魏征葬》："惨日映峰沈，愁云随盖转。"韦应物《夕次盱眙县》："浩浩风起波，冥冥日沈夕。"张祜《夜宿溢浦逢崔升》:"江流不动月西沈,南北行人万里心。"许棠《江上遇友人》:"坐久河沉斗,吟长月浸杯。"❹淹没。许棠《题甘露寺》:"鸟去沉葭菼,帆来映沉寥。"黄滔《送僧归北岩寺》:"江翻岛屿沈,木落楼台露。"齐己《游橘洲》:"鹭立青枫杪,沙沈白浪头。"❺隐没,遮掩。董思恭《咏雾》:"苍山寂已暮,翠观黯将沈。"卢纶《送刘判官赴丰州》:"大漠山沈雪,长城草发花。"周贺《宿甄山南溪昼公院》:"余雾沈斜月,孤灯照落泉。"李昌符《得远书》:"瘴云沉去雁,江雨促新梅。"❻消沉。孟郊《病客吟》:"丈夫久漂泊,神气自然沈。"又《连州吟》之二:"愿君保玄曜,壮志无自沉。"❼消歇,消失。卢纶《酬李端长安寓居偶咏见寄》:"学稼功还弃,论边事亦沈。"刘禹锡《台城怀古》:"清江悠悠王气沉,六朝遗事何处寻。"姚合《过昙花宝上人院》:"鸟语境弥寂,客来机自沈。"沈彬《塞下三首》之二:"贵主和亲杀气沉,燕山闲猎鼓鼙音。"亦隐言死去。柳宗元《觉衰》:"彭聃安在哉,周孔亦已沈。"❽沦落,沉沦。拾得《诗》之四〇:"此合上天堂,却沈归地狱。"李白《送友人入蜀》:"升沈应已定,不必问君平。"雍陶《遣愁》:"抛掷泥中一听沈,不能三叹引愁深。"皮日休《奉和鲁望读阴符经见寄》:"得之升高天,失之沈厚地。"亦指沦陷。戎昱《从军行》:"太白沈虏地,边草复萋萋。"❾深。指上下距离远。柳宗元《游朝阳岩遂登西亭二十韵》:"台馆葺荒丘,池塘疏沈坳。"元稹《遣春十首》之七:"酒杯沈易过,世事纷何已。"李商隐《自桂林奉使江陵途中感怀寄献尚书》:"尚怜秦痔苦,不遣楚醪沈。"❿程度深。李白《题嵩山逸人元丹丘山居》:"沈怀丹丘志,冲赏归寂寞。"窦牟《元日喜闻大礼寄上翰林四学士中书六舍人二十韵》:"礼成戎器下,恩彻鬼方沈。"韦庄《和元秀才别业书事》:"莫饮宜城酒,愁多醉易沈。"⓫感觉沉重。白居易《白发》:"书魔昏两眼,酒病沈四肢。"⓬声音沉闷。杜甫《大历三年春白帝城放船四十韵》:"落霞沈绿绮,残月坏金枢。"许棠《日暮江上》:"潮回沙出树,雨过浦沉钟。"黄滔《塞下》:"关山色死秋深日,鼓角声沈霜重天。"⓭黯淡。胡皓《大漠行》:"云沙泱漭天光闭,河塞阴沈海色凝。"朱景玄《溪东岑望天都山》:"未晓日先照,当昼色半沈。"吴融《即席》:"醉波疑夺烛,娇态欲沈春。"⓮指沉香木。卢纶《和赵给事白蝇拂歌》:"柄裁沈节香袭人,上结为文下垂穗。"秦尚运《题钟雅青纱枕》:"梦里却成山色雨,沈山不敢斗青华。"

沈^2 〔shěn《广韵》式荏切,上寝,书。〕姓。韩翃《祭岳回重赠孟都督》:"从骑尽幽并,同人皆沈谢。"刘商《酬道芬寄画松》:"闻道铅华学沈宁,寒枝淅沥叶青青。"曹唐《小游仙诗九十八首》之一七:"玉诏新除沈侍郎,便分茅土镇东方。"

【沈₂八】 ❶指沈东美。沈佺期子,曾官给事中、夏州都督。见《元和姓纂》卷七。杜甫有《承沈八丈东美除膳部员外阻雨未遂驰贺奉寄此诗》。❷指沈传师。曾官中书舍人、御史中丞等。事迹见《旧唐书》本传。白居易有《醉送李协律赴湖南辟命因寄沈八中丞》。

【沈大夫】 指沈传师。曾官江西观察使。事迹见《旧唐书·文宗纪下》。李德裕有《招隐山观玉蕊树戏书即事奉寄江西沈大夫阁老》和《忆金门旧游奉寄江西沈大夫》等诗。朱庆余有《上宣州沈大夫》。赵嘏有《宛陵寓居上沈大夫二首》。

【沈山人】 指沈师鲁。卢仝有《忆金鹅山沈山人二首》和《赠金鹅山人沈师鲁》。

【沈₂千運】 唐诗人。吴兴(今浙江湖州人)。天宝中屡举不第,遂归隐。《全唐诗》卷二五九录其《感怀弟妹》等诗五首。

【沈₂子明】 即"沈述师"。白居易有《醉题沈子明壁》。参见"沈述師"。

【沈₂中丞】 指沈传师。传师曾官御史中丞,出为潭州刺史、湖南观察使。事迹见《旧唐书》本传。刘禹锡有《唐侍御寄游道林岳麓二寺诗并沈中丞姚员外所和见征继作》。

【沈水】 ❶沉入水中。罗隐《姥山》:"借问邑人沈水事,已经秦汉几千年。"❷即沉香。李贺《贵公子夜阑曲》:"袅袅沈水烟,乌啼夜阑景。"

【沈厄】 深重的灾祸。李贺《汉唐姬饮酒歌》:"勉从天帝诉,天上寡沈厄。"

【沈牛】 谓沉牛于水以祭水神。杜甫《滟滪堆》:"沈牛答云雨,如马戒舟航。"也指战国秦李冰治都江堰时为镇水怪而沉的石犀牛。骆宾王《畴昔篇》:"长途看束马,平水且沈牛。"

【沈₂公】 指沈传师。大和二年十月,为江西观察使,后卒于吏部侍郎任。杜牧《张好好诗》序:"牧太和三年,佐故吏部沈公江西幕。"

【沈火】 埋着的火种。吕温《道州月叹》:"壮心感此孤剑鸣,沈火在灰殊未灭。"

【沈心】 沉静的心境。张九龄《忝官二十年尽在内职及为郡尝积恋因赋诗焉》:"闲宇常自闭,沈心何用写。"

【沈₂四山人】 疑为沈千运。与高适同时。有《山中作》等诗五首。《山中作》诗谓:"栖隐非别事,所愿离风尘。"元结《箧中集序》称"沈公及其二三子皆以正直而无禄位,皆以忠信而久贫贱,皆以仁谦而至丧亡"。高适有《赋得还山吟送沈四山人》。

【沈₂四逸人】 疑为沈千运。高适有《赠别沈四逸人》。参见"沈四山人"。

【沈吏部】 指沈传师。李德裕有《忆平泉山居赠沈吏部一首》。

【沈灰】 ❶指汉代昆明池中的沉积泥。佛教附会为“劫灰”。李百药《和许侍郎游昆明池》：“大鲸方远击，沈灰独未然。”❷死灰。顾况《送韦秀才赴举》：“芳桂君应折，沈灰我不然。”

【沈₂光】 吴兴（今浙江湖州市）人，咸通七年进士。罗隐有《送沈光侍御赴职闽中》。

【沈劣】 心情抑郁恶劣。卢纶《奉和陕州十四翁中丞寄雷州二十翁司户》：“沈劣本多感，况闻原上篇。”

【沈₂廷瑞】 五代诗人。高安（今属江西）人。南唐吏部郎中沈彬次子。有道术，嗜酒。《全唐诗》卷八六一录其《答高安宰》等诗四首。

【沈年】 犹长年。杜甫《病后遇王倚饮赠歌》：“酷见冻馁不足耻，多病沈年苦无健。”

【沈₂先辈】 指沈光。吴兴（今浙江湖市）人。事迹见《唐诗纪事》卷八。罗隐有《送沈先辈归送上嘉礼》，校：“一题作《送沈光及第后东归兼赴嘉礼》。”

【沈伏】 埋没。牟融《有感》：“盛世嗟沈伏，中情怏未舒。”

【沈舟】 ❶舟船覆没。杜甫《覆舟二首》之一：“丹砂同陨石，翠羽共沈舟。”白居易《劝酒十四首・不如来饮酒七首》之三：“藏镪百千万，沈舟十二三。”❷沉没的船。刘禹锡《酬乐天扬州初逢席上见赠》：“沉舟侧畔千帆过，病树前头万木春。”吴融《题豪家故池》：“萍枯黏朽槛，沙浅露沉舟。”

【沈₂仲昌】 唐诗人。天宝九年进士。临汝（今属河南）人。《全唐诗》卷三〇七录其《状江南・仲秋》诗一首。皎然有《赠乌程李明府伯宜沈兵曹仲昌》。

【沈₂宇】 唐诗人。天宝初官太子洗马。《全唐诗》卷二〇二录其《武阳送别》等诗三首。

【沈₂如筠】 唐诗人。润州句容（今江苏句容县）人。曾任横阳主簿。《全唐诗》卷一一四录其《寄张征古》等诗四首，断句二联。

【沈吟】 亦作“沉吟”。❶低声吟诵。皎然《读张曲江集》：“沈吟未终卷，变态纷难数。”储光羲《敬酬陈掾亲家翁秋夜有赠》：“沈吟白华颂，帝阍降丝纶。”独孤及《寒夜溪行舟中作》：“沈吟登楼赋，中夜起三复。”❷深思。张九龄《骊山下逍遥公旧居游集》：“怊怅既怀远，沈吟亦省私。”高适《送田少府贬苍梧》：“沈吟对迁客，惆怅西南天。”羊士谔《小园春至偶呈吏部窦郎中》：“偃息非老圃，沉吟阏玄关。”徐铉《奉和宫傅相公怀旧见寄四十韵》：“棋枰寂静陈虚阁，诗笔沉吟劈彩笺。”❸迟疑，犹豫。王维《偶然作六首》之三：“日夕见太行，沈吟未能去。”杜甫《西枝村寻置草堂地夜宿赞公土室二首》之一：“惆怅老大藤，沈吟屈蟠树。”张籍《酬朱庆余》：“越女新妆出镜心，自知明艳更沈吟。”白居易《郡斋暇日忆庐山草堂兼寄二林僧社三十韵多叙贬官已来出处之意》：“沈吟辞北阙，诱引向西方。”

【沈秀才】 疑为沈亚之。李贺《送沈亚之歌》序：“文人沈亚之，元和七年，以书不中第返归于吴江。”见《全唐文》卷七三四沈亚之《上寿州李大夫书》。贾岛有《送沈秀才下第东归》。

【沈₂判官】 名不详。刘长卿有《闻奉迎皇太后使沈判官至因有此作》。

【沈沈】 亦作“沉沉”。❶水深貌。李颀《杂兴》：“沈沈牛渚矶，旧说多灵怪。”张籍《楚妃叹》：“湘云初起江沉沉，君王遥在云梦林。”贾岛《题山寺井》：“沈沈百尺余，功就岂斯须。”任翻《葛仙井》：“古井碧沈沈，分明见百寻。”❷雨盛貌。严维《宿法华寺》：“一夕雨沈沈，哀猿万木阴。”权德舆《发硖石路上却寄内》：“莎栅东行五谷深，千峰万壑雨沈沈。”何希尧《柳枝词》：“大堤杨柳雨沈沈，万缕千条惹恨深。”唐彦谦《岁除》：“索索风搜客，沈沈雨洗年。”❸茂盛貌。严武《班婕妤》：“寂寂苍苔满，沈沈绿草滋。”张籍《赠别孟郊》：“历历天上星，沉沉水中萍。”白居易《和答诗十首・答桐花》：“沈沈绿满地，桃李不敢争。”周朴《秋深》：“柳色尚沈沈，风吹秋更深。”❹浓重貌。李白《白纻辞三首》之二：“月寒江清夜沈沈，美人一笑千黄金。”高适《题尉迟将军新庙》：“沈沈积冤气，寂寂无人知。”李绅《涉沅潇》：“屈原死处潇湘阴，沧浪淼淼云沈沈。”徐夤《夜》：“日坠虞渊烛影开，沈沈烟雾压浮埃。”❺沉重貌，昏沉貌。杜甫《八哀诗・赠左仆射郑国公严公武》：“炯炯一心在，沈沈二竖婴。”白居易《罢药》：“自学坐禅休服药，从他时复病沈沈。”储嗣宗《宿甘棠馆》：“前轩鹤归处，萝月思沈沈。”崔萱《豪家子》：“年少家藏累代金，红楼尽日醉沈沈。”❻寂静貌；悠远貌。杜甫《暮寒》：“沈沈春色静，惨惨暮寒多。”李益《杂曲歌辞・汉宫少年行》：“暗闻弦管九天上，宫漏沈沈清吹繁。”权德舆《仲秋朝拜昭陵》：“杳杳九嵕深，沈沈万灵肃。”白居易《清夜琴兴》：“正声感元化，天地清沈沈。”❼杳无音信。杜牧《月》：“三十六宫秋夜深，昭阳歌断信沈沈。”尚颜《紫阁隐者》：“天高紫阁侵，隐者信沈沈。”南唐后主李煜《挽辞》之二：“沈沈无问处，千载谢东风。”

【沈₂沈】 （—tán）宫室深邃貌。魏征《暮秋言怀》：“沈沈蓬莱阁，日夕乡思多。”岑参《河西太守杜公挽歌四首》之四：“漫漫澄波阔，沈沈大厦深。”张祜《华清宫四首》之二：“天阙沈沈夜未央，碧云仙曲舞霓裳。”李群玉《长沙紫极宫雨夜愁坐》：“独坐高斋寒拥衾，洞宫台殿窅沈沈。”

【沈$_2$君道】 陈、隋间人。《全唐诗外编》(下)据《诗人玉屑》卷三《唐人句法》误录其《应令》断句一联。

【沈$_2$青箱】 传为南朝梁沈约之子。《全唐诗》卷八六五在其名下录《过台城感旧》诗一首。

【沈抱】 悒郁的胸怀。韦应物《效何水部二首》之一:"应当结沈抱,难从兹夕眠。"又《秋夜南宫寄沣上弟及诸生》:"暝色起烟阁,沈抱积离忧。"

【沈$_2$叔安】 唐诗人。吴兴武康(今浙江德清)人。《全唐诗》卷三三录其《七夕赋咏成篇》诗一首。

【沈$_2$述師】 曾官著作郎、集贤校理。杜牧《张好好诗》序:"沈著作述师以双鬟纳之。"《全唐文》卷七五三杜牧《李贺歌诗集序》:"太(大)和五年十月中,半夜时,舍外有疾呼传缄书者……及发之,果集贤学士沈公子明书一通。"

【沈$_2$東美】 沈佺期之子。曾官给事中、夏州都督、司勋员外郎、朔方郡太守。见《元和姓纂》卷七。綦毋潜有《题沈东美员外山池》。《全唐诗》卷二五五录其《奉和苑舍人宿直晓玩新池寄南省友》诗一首。

【沈$_2$侍郎】 ❶沈询。询历中书舍人、翰林学士、礼部侍郎,见《旧唐书》本传。许棠有《东归留辞沈侍郎》。❷贯休有《送沈侍郎》,"郎"为"御"之讹。沈侍御,指沈光,光曾官侍御史。罗隐有《送沈光侍御赴职闽中》。

【沈$_2$范】 指南朝梁沈约、范云。杜甫《解闷十二首》之四:"沈范早知何水部,曹刘不待薛郎中。"

【沈$_2$佺期】 唐诗人。字云卿。与宋之问齐名,世称"沈宋",为律诗的定型做出了重要贡献。《全唐诗》录其诗三卷,一百五十余首,卷八九〇录其《回波乐》词一首。《全唐诗外编》(下)录其《狱中燕》一首,断句一联。

【沈$_2$舍人】 指沈询。事迹见《旧唐书·沈传师传》。赵嘏有《访沈舍人不遇》。

【沈昏】 ❶谓仕途不显达。薛能《春早选寓长安二首》之一:"疏拙自沈昏,长安岂是村。"❷昏暗。齐己《潇湘二十韵》:"秋风帆上下,落日树沈昏。"

【沈$_2$郎中】 指沈彬。曾官秘书郎。李建勋有《和致仕沈郎中》。

【沈$_2$拾遺】 指沈既济。沈传师父。建中初,召拜左拾遗、史馆修撰。事迹见《旧唐书·沈传师传》。权德舆有《与沈十九拾遗同游栖霞寺上方于亮上人院会宿二首》。

【沈研】 深入研究。杨炯《和郑雠校内省眺瞩思乡怀友》:"铜门初下辟,石馆始沈研。"

【沈思】 亦作"沉思"。深思。王维《哭祖六自虚》:"乍失疑犹见,沈思悟绝缘。"卢纶《和李中丞酬万年房署少府房与李早年同居此观》:"沈思瞩仙侣,纾组正军书。"柯崇《宫怨二首》之二:"长门槐柳半萧疏,玉辇沈思恨有余。"

【沈$_2$迴】 唐诗人。大历十二年进士。《全唐诗》卷二八八录其《小苑春望宫池柳色》诗一首。

【沈重】 (一zhòng)❶分量重。白居易《小童薛阳陶吹觱栗歌》:"下声乍坠石沈重,高声忽举云飘萧。"❷笨重,不灵活。李贺《河南府试十二月乐词·四月》:"老景沈重无惊飞,堕红残萼暗参差。"

【沈香】 亦作"沉香"。香木名。木质坚硬,入水而沉,故名。李白《杨叛儿》:"博山炉中沈香火,双烟一气凌紫霞。"刘禹锡《三阁辞四首》之三:"沉香帖阁柱,金缕画门楣。"李余《临邛怨》:"藕花衫子柳花裙,多著沈香慢火熏。"徐夤《尚书惠蜡面茶》:"金槽和碾沈香末,冰碗轻涵翠缕烟。"

【沈香亭】 唐宫苑亭名。李白《清平调词三首》之三:"解释春风无限恨,沈香亭北倚阑干。"

【沈泉】 没入深渊。"泉"以避李渊讳改。李白《赠丹阳横山周处士惟长》:"抱石耻献玉,沈泉笑探珠。"李绅《涉沅潇》:"可怜空作沈泉骨,举杯沥酒招尔魂。"

【沈怨】 怨恨深重。李益《古瑟怨》:"破瑟悲秋已减弦,湘灵沈怨不知年。"

【沈$_2$祖仙】 唐诗人。生平事迹不详。《全唐诗》卷七七四录其《秋闺》诗一首。仙,一作山。

【沈珠浦】 广东珠江的别名。相传胡商贩珠过此,珠忽跃入江中,故名。王勃《重别薛华》:"明月沈珠浦,风飘濯锦川。"

【沈埋】 ❶埋藏;深藏。张聿《剑化为龙》:"沈埋方出狱,合会却成龙。"陆龟蒙《袭美以紫石砚见赠以诗迎之》:"澄沙脆弱闻应伏,青铁沈埋见亦羞。"王涣《上裴侍郎》:"玉经磨琢多成器,剑拔沈埋更倚天。"❷埋葬。无名氏《伤哉行》(卷七八五):"英风一去更无言,白骨沈埋暮山碧。"❸埋头,专志于。韦应物《高陵书情寄三原卢少府》:"开卷不及顾,沈埋案牍间。"❹埋没。李贺《苦篁调啸引》:"无德不能得此管,此管沈埋虞舜祠。"曹邺《成名后献恩门》:"沈埋若九泉,谁肯开口说。"赵抟《琴歌》:"何殊此琴哀怨苦,寂寞沈埋在幽户。"

【沈$_2$恭子】 清远道士友人。清远道士有《同沈恭子游虎丘寺有作》。

【沈$_2$亞之】 唐诗人。字下贤,吴兴(今浙江湖州)人。元和十年进士。《全唐诗》收录其诗一卷(卷四九三),二十余首。《全唐诗外篇》(下)录其断句三联。

【沈$_2$員外】 指沈彬。李建勋有《中春写怀寄沈彬员外》和《重戏和春雪寄沈员外》。

【沈$_2$師魯】 金鹅山道士,卢仝友人。卢仝有《忆金鹅山沈山人二首》和《赠金鹅山人沈师鲁》。

【沈$_2$彬】　唐末五代诗人。字子文，高安(今属江西)人。唐末举进士不第，隐云阳山。后归乡里。南唐李昇时，为秘书郎、吏部郎中。《全唐诗》卷七四三录其《入塞》等诗十九首，断句十一联。《全唐诗外编》(下)录其《送人游南海》诗一首。

【沈烽静柝】　烽烟熄灭，梆声寂静。谓边疆平安。褚亮《明堂乐章・舒和》："偃武修文九围泰，沈烽静柝八荒宁。"

【沈眠】　昏睡。元稹《春月》："悲哉沈眠士，宁见兹夕良。"李商隐《花下醉》："寻芳不觉醉流霞，倚树沈眠日已斜。"

【沈迹】　隐埋形迹。李百药《谒汉高庙》："飞名膺帝箓，沈迹韫神功。"

【沈病】　重病。李端《问张山人疾》："先生沈病意何如，蓬艾门前客转疏。"

【沈疴】　亦作"沈痾""沉痾"。重病，久病。钱起《静夜酬通上人问疾》："何事沈疴久，舍毫问药王。"羊士谔《晚夏郡中卧疾》："用拙怀归去，沈疴畏借留。"白居易《寄同病者》："三十生二毛，早衰为沈疴。"贯休《感怀寄卢给事二首》之一："虽匪二贤曾入洛，忽惊六义减沈疴。"

【沈疾】　重病。韦应物《寄职方刘郎中》："予因谬忝出，君为沈疾婴。"又《览褒子卧病一绝聊以题示》："念子抱沈疾，霜露变滁城。"又《答畅参军》："念与清赏遇，方抱沈疾忧。"陆龟蒙《读襄阳耆旧传因作诗五百言寄皮袭美》："伊余抱沈疾，憔悴守圭窦。"

【沈悍】　沉毅强悍。李白《赠武十七谔》序："门人武谔，深于义者也。质本沈悍，慕要离之风。"

【沈迷】　亦作"沉迷"。❶专注。寒山《诗三百三首》之六七："此有沈迷客，窥窥不见天。"独孤及《酬皇甫侍御望天灊山见示之作》："愧作拳偻人，沈迷簿书内。"李涉《和尚书舅见寄》："深谢陈蕃怜寂寞，远飞芳字警沉迷。"❷迷惑，迷恋。李白《雪谗诗赠友人》："嗟予沈迷，猖獗已久。"孟简《咏欧阳行周事》："后生莫沈迷，沈迷丧其真。"刘得仁《秋夕即事》："自怜在岐路，不醉亦沈迷。"❸沉沦，沦落。李白《万愤词投魏郎中》："狱户春而不草，独幽怨而沈迷。"林宽《长安即事》："暝鼓才终复晓鸡，九门何计出沈迷。"

【沈書浦】　原名石头津或石头渚。在今江西南昌市西北赣江西岸。许浑《送上元王明府赴任》："荒城树暗沈书浦，旧宅花连罨画溪。"

【沈浮】　亦作"沉浮"。❶在水上沉没和漂浮。孙昌胤《遇旅鹤》："肯作池上鹜，年年空沈浮？"杜甫《卜居》："无数蜻蜓齐上下，一双鸂鶒对沈浮"。白居易《题海图屏风》："鳞介无小大，遂性各沈浮"。"姚合《酬任畴协律夏中苦雨见寄》："灰人漫禳厌，水马恣沈浮。"❷隐现，出没。长孙佐辅《楚州盐壒古墙望海》："阴晴乍开合，天地相沈浮。"项斯《浊水求珠》："灵魄自沉浮，从来任浊流。"曹松《岳阳晚泊》："白波争起倒，青屿或沈浮。"❸指命运的升沉。李峤《倡妇行》："消息如瓶井，沈浮似路尘。"孟郊《百忧》："何必在波涛，然后惊沈浮。"李远《闲居》："尘事久相弃，沈浮皆不知。"李群玉《将之京国赠薛员外》："亨通与否闭，物理相沈浮。"❹谓随波逐流。白居易《咏意》："不分物黑白，但与时沈浮。"

【沈冤】　亦作"沉冤"。不白之冤。李涉《与弟渤新罗剑歌》："雷焕张华久已无，沈冤知向何人说。"崔涂《屈原庙》："谗胜祸难防，沈冤信可伤。"

【沈冥】　❶沉寂，销声匿迹。张九龄《送姚评事入蜀各赋一物得卜肆》："蜀严化已久，沈冥空所思。"❷虚静，不慕荣利。李颀《同张员外諲酬答之作》："洛中高士日沈冥，手自灌园方带经。"朱湾《七贤庙》："常慕晋高士，放心日沈冥。"韩愈《送侯参谋赴河中幕》："沈冥不计日，为乐不可胜。"郑薰《赠巩畴》："洪远包乾坤，幽窅潜沈冥。"❸幽微玄妙。陈子昂《感遇诗三十八首》之六："玄感非象识，谁能测沈冥。"李白《古风》之一三："海客去已久，谁人测沈冥。"❹沦落。孙昌胤《清明》："沈冥惭岁物，欢宴阻朋知。"杜甫《军中醉饮寄沈八刘叟》："数杯君不见，醉已遣沈冥。"窦常《求自试》："沈冥求自试，通鉴果蒙收。"白居易《江南谪居十韵》："自哂沈冥家，曾为献纳臣。"❺昏沉。温庭筠《醉歌》："但有沈冥醉客家，支颐瞪目持流霞。"❻幽冥。《死后诗》(《全唐诗》卷八六五)："忽作无期别，沈冥恨有余。"

【沈冢】　指屈原坟。原沉于水，后人想象水底有坟，故称。韩愈、张籍《会合联句》："剥苔吊斑林，角饭饵沈冢。"

【沈累】　深深连累。寒山《诗三百三首》之三四："不载爽人情，始载被沈累。"

【沈族】　灭族。卢纶《雪谤后书事上皇甫大夫》："岂言沈族重，但觉杀身轻。"

【沈淪】　亦作"沉淪"。❶沉没。罗隐《泾溪》："却是平流无石处，时时闻说有沈沦。"徐铉《和江西萧少卿见寄二首》之二："世路风波自翻覆，虚舟无计得沉沦。"❷流落，埋没。孟浩然《荆门上张丞相》："觏止欣眉睫，沈沦拔草莱。"杜甫《奉赠鲜于京兆二十韵》："奋飞超等级，容易失沈沦。"白居易《闲意》："不争荣耀任沈沦，日与时疏共道亲。"无可《吊从兄岛》："尽日叹沉沦，孤高碣石人。"也指默默无闻的人。李白《赠从弟南平太守之遥二首》之一："彤庭左右呼万岁，拜贺明主收沈沦。"张濯《迎春东郊》："圣朝多庆赏，希为荐沈沦。”❸衰落。杜甫《奉寄李十五秘书二首》之二：“玄成负文彩，世业岂沈沦。”❹死亡，覆灭。卢仝《感古四首》之一：“以愚保其身，不觉身沈沦。”又之三：“单醪投长河，三军尽沈沦。”

【沈深】 ❶深邃。皇甫冉《华清宫》：“肃穆瞻云辇，沈深闭绮栊。”❷指极深的水。韩溉《浔阳观水》：“直至沧溟涵贮尽，沈深不动浸昭回。”

【沈細】 谓沉钓丝于水中。韩愈《答张彻》：“乘枯摘野艳，沈细抽潜腥。”

【沈著】 (—zhuó)沉实，不轻浮。元稹《和李校书新题乐府十二首·法曲》：“明皇度曲多新态，宛转侵淫易沈著。”

【沈惑】 迷惑。卢仝《感古四首》之一：“可怜万乘君，聪明受沈惑。”

【沈酣】 痛饮至醉。皮日休《酒中十咏·酒城》：“万仞峻为城，沈酣浸其俗。”

【沈雲】 阴云。杜甫《秋兴八首》之七：“波漂菰米沈云黑，露冷莲房坠粉红。”

【沈景】 落日。畅当《宿报恩寺精舍》：“钟梵送沈景，星多露渐光。”柳宗元《登蒲州石矶望横江口潭岛深回斜对香零山》：“浮晖翻高禽，沈景照文鳞。”

【沈嗟】 深叹。薛曜《邙山古意》：“伫见飞来鹤，沈嗟不学仙。”

【沈飲】 痛饮。杜甫《自京赴奉先县咏怀五百字》：“沈饮聊自适，放歌颇愁绝。”韦应物《汉武帝杂歌三首》之二：“柏梁沈饮自伤神，犹闻驻颜七十春。”张蠙《送友人赴泾州幕》：“杏园沈饮散，荣别就佳招。”曹松《送邵安石及第归连州觐省》：“海阳沈饮罢，何地佐旌旄。”

【沈然】 ❶寂静貌。白居易《村居卧病二首》之一：“唯有病客心，沈然独如故。”李山甫《山中病后作》：“云门不闭全无事，心外沈然一聚灰。”❷冷落枯寂貌。薛能《酬曹侍御见寄》：“触途非巧者，于世分沈然。”

【沈痾】 犹“沈病”。刘禹锡《谒柱山会禅师》：“安能咎往事，且欲去沈痾。”

【沈痛】 深切悲痛。杜甫《新婚别》：“君今往死地，沈痛迫中肠。”

【沈湘】 ❶指屈原自沉于汨罗江之事。汨罗为湘江支流，故名。李贺《箜篌引》：“屈平沈湘不足慕，徐衍入海诚为愚。”郑谷《蜀江有吊》：“折槛未为切，沈湘何足悲。”❷琴曲名。后人为吊屈原而作。窦群《奉酬西川武相公晨兴赠友示之作》：“新什惊变雅，古瑟代沈湘。”雍裕之《听弹沈湘》：“秋风一奏沈湘曲，流水千年作恨声。”❸指舜妃娥皇、女英投湘江之事。李频《寄远》：“化石早曾闻节妇，沈湘何必独灵妃。”

【沈湎】 沉溺于酒。太宗《赋尚书》：“寒心睹肉林，飞魄看沈湎。”钱起《仲春晚寻覆釜山》：“应嗤嵇叔夜，林卧方沈湎。”柳宗元《感遇二首》之一：“徒嗟日沈湎，丸鼓骛奇音。”陆龟蒙《添酒中六咏·酒船》：“荒唐意难遂，沈湎名不朽。”

【沈寂】 寂静。罗隐《薛阳陶觱篥歌》：“西风九月草树秋，万喧沈寂登高楼。”

【沈犀】 犹“沈牛❷”。褚亮《赋得蜀都》：“沈犀对江浦，驷马入城闉。”

【沈₂著作】 指沈述师。杜牧《张好好诗》序：“沈著作述师以双鬟纳之。”白居易有《晚春欲携酒寻沈四著作先以六韵寄之》。

【沈₂楊二舍人】 沈舍人，即沈传师；杨舍人，即杨嗣复，长庆元年以库部郎中知制诰，正拜中书舍人。见《旧唐书》本传。白居易有《与沈杨二舍人阁老同食敕赐樱桃因成十四韵》。

【沈結】 郁结。元稹《古决绝词》之三：“夜夜相抱眠，幽怀尚沈结。”

【沈魂】 灵魂坠落。李白《访道安陵遇盖还为余造真箓临别留赠》：“下笑世上士，沈魂北罗酆。”

【沈碑】 指晋杜预沉入水中的碑石。见《晋书·杜预传》。鲍溶《襄阳怀古》：“襄阳太守沈碑意，身后身前几年事。”杜牧《送牛相出镇襄州》：“遥仰沈碑会，鸳鸯玉佩敲。”钱珝《江行无题一百首》之三：“自有沈碑在，清光不照人。”

【沈暉】 谓月落。许浑《听歌鹧鸪辞》：“响转碧霄云驻影，曲终清漏月沈晖。”

【沈愁】 深愁。白居易《得微之到官后书备知通州之事怅然有感因成四章》之三：“莫遣沈愁结成病，时时一唱濯缨歌。”

【沈鉤】 ❶指西沉的缺月。卢照邻《江中望月》：“沈钩摇兔影，浮桂动丹芳。”❷沉下鱼钩。刘长卿《赠湘南渔父》：“沈钩垂饵不在得，白首沧浪空自知。”李端《哭张南史因寄南史侄叔宗》：“争路忽摧车，沈钩未得鱼。”唐彦谦《送樊琯司业归朝》：“折树休盘槊，沈钩且钓璜。”

【沈₂傳師】 唐诗人。字子言，苏州吴县(今江苏苏州市吴中区)人，一说湖州武康(今浙江德清)人。贞元二十一年进士。《全唐诗》卷四六六录其《次潭州酬唐侍御姚员外游道林岳麓寺题示》等诗五首。

【沈₂頌】 唐诗人。吴兴(今浙江湖州)人。天宝初曾任无锡尉。《全唐诗》卷二〇二录其《旅次灞亭》等诗六首。

【沈痼】 久治不愈的顽疾。孟浩然《送王昌龄之岭南》：“已抱沈痼疾，更贻魑魅忧。”元稹《梦游春七十韵》：“直气在膏肓，氛氲日沈痼。”

【沈痾】 同“沈疴”。

【沈煙】 沉香熏燃之烟。窦群《晨游昌师院》：“林馥乱沈烟，石润侵经室。”顾敻《酒泉子》词之六：“帐深枕腻炷沈烟，负当年。”

【沈煩】 烦闷。权德舆《病中苦热》：“悸乏心难定，沈烦气欲无。”

【沈溺】 ❶沉没。卢纶《太白西峰偶宿车祝二尊师呈凤翔齐员外张侍御》：“芝术自芳香，泥沙几沈溺。”王建《荆门行》：“向前问个长沙路，旧是屈原沈溺处。”陆龟蒙《渔具诗·舴艋》：“君看万斛载，沈溺须臾间。”❷比喻苦难。慧宣《秋日游东山寺寻殊昙二法师》：“岂直却烦恼，方期拯沈溺。”

【沈滯】 ❶滞留。元稹《和李校书新题乐府十二首·西凉伎》：“乡人不识离别苦，更卒多为沈滞游。”❷谓久滞下位，不得升迁。李中《献乔侍郎》：“几多沈滞者，拭目望陶钧。”

【沈疑】 亦作“沉疑”。迟疑。张籍《离妇》：“姑嫜见我往，将决复沉疑。”

【沈綿】 谓疾病缠绕。杜甫《同元使君舂陵行》：“沈绵盗贼际，狼狈江汉行。”又《寄彭州高三十五使君适虢州岑二十七长史参三十韵》：“羁旅推贤圣，沈绵抵咎殃。”又《秋日夔府咏怀奉寄郑监李宾客一百韵》：“雕虫蒙记忆，烹鲤问沈绵。”又《回棹》：“火云滋垢腻，冻雨裛沈绵。”

【沈歎】 长叹。李白《古风》之二：“沈叹终永夕，感我涕沾衣。”杜甫《枯棕》：“有同枯棕木，使我沈叹久。”

【沈醉】 大醉。牟融《秋夜醉归有感而赋》：“衔杯谁道易更阑，沈醉归来不自欢。”姚合《题河上亭》：“来此多沈醉，神高无宿酲。”许浑《晨装》：“谁家游侠子，沈醉卧兰堂。”李建勋《和致仕沈郎中》：“残照晚庭沈醉醒，静吟斜倚老松身。”

【沈憂】 亦作“沉忧”。深忧。李白《邺中赠王大》：“壮士伏草间，沈忧乱纵横。”卢纶《酬包佶郎中览拙卷后见寄》：“沈忧敢望金门召，空愧巴歈并子虚。”元稹《春六十韵》：“顾我沈忧士，骑他老病骢。”陆翱《闲居即事》：“沈忧损神虑，萱草自开花。”

【沈潛】 ❶沉浸，潜藏。刘禹锡《和牛相公题姑苏所寄太湖石兼寄李苏州》：“震泽生奇石，沈潜得地灵。”陈昌言《赋得玉水记方流》：“久处沈潜贵，希当特达收。”吴融《太湖石歌》：“想得沈潜水府时，兴云出雨蟠蛟螭。”❷隐逸。卢纶《送张调参军侍从归觐荆南因寄长林司空十四曙》：“守儒轻猎骑，承诲访沈潜。”陆龟蒙《秋日遣怀十六韵寄道侣》：“自然成啸傲，不是学沈潜。”❸沉沦，埋没。刘禹锡《和牛相公南溪醉歌见寄》：“能令商于多病客，亦觉自适非沈潜。”白行简《金在熔》：“踊跃徒标异，沈潜自可钦。”韦庄《冬日长安感志寄献虢州崔郎中二十韵》：“雾雨十年同隐遁，风雷何日振沈潜。”

【沈慮】 深思。殷潜之《题筹笔驿》：“沈虑经谋际，挥毫决胜时。”

【沈賤】 埋没，低贱。白居易《寄同病者》：“或有终老者，沈贱如泥沙。”

【沈黎】 古郡名。汉武帝元鼎六年置。故冶在今四川汉源县东南。其地唐时属黎州。薛能《凌云寺》：“从边亦已极，烽火是沈黎。”

【沈潦】 （—lǎo）雨后大水。温庭筠《寒食节日寄楚望二首》之二：“年芳苦沈潦，心事如摧橹。”

【沈静】 平静。杜甫《八哀诗·赠司空王公思礼》：“胸襟日沈静，肃肃自有适。”

【沈機】 ❶指有很深的测知事物征兆之能力。温庭筠《四皓》：“商於角里便成功，一寸沈机万古同。”又《鸿胪寺有开元中锡宴堂偶成四十韵》：“沈机发雷电，逸躅陵尧汤。”罗邺《上东川顾尚书》：“轻财重义真公子，长策沉机继武侯。”❷谓平息机心。元稹《酬乐天劝醉》：“沈机造神境，不必悟楞伽。”

【沈默】 ❶指默默无闻。玄宗《巡省途次上党旧宫赋》序：“嗟乎！向时沈默，驾四马而朝京师；今日逍遥，乘六龙而问风俗。”雍陶《卢岳闲居十韵》：“养拙甘沈默，忘怀绝险艰。”❷虚静。元稹《寄吴士矩端公五十韵》：“崎岖来掉荡，矫枉事沈默。”李山甫《山中答刘书记寓怀》：“高古不称时，沈默岂相竞。”

【沈$_2$學士】 指沈述师。杜牧有《赠沈学士张歌人》。参见“沈述師”。

【沈錢】 投钱币于水。为酒的典故。见晋崔豹《古今注·草木》。骆宾王《咏云酒》：“款交欣散玉，洽友悦沈钱。”

【沈謀】 周密的筹划。贾岛《寄沧州李尚书》：“沈谋藏未露，邻境帖无喧。”

【沈燎】 （—liáo）犹“沈烟”。张仲素《秋思赠远》：“博山沉燎绝余香，兰烬金檠怨夜长。”

【沈$_2$寧】 唐诗人。画家。贞元间人。善画木石、山水。《全唐诗逸》卷中录其断句一联。

【沈檀】 亦作“沉檀”。❶沉香和檀香的合称。二者均是名贵香木。元稹《哭吕衡州六首》之四：“雕鹗生难敌，沈檀死更香。”又《桐花落》：“君夸沈檀样，云是指挥作。”花蕊夫人徐氏《宫词》之九五：“沈檀刻作神仙女，对捧金尊水上来。”❷指沉香、檀香的熏料。杜牧《怀钟陵旧游四首》之二：“连巴控越知何事，珠翠沈檀处处堆。”韩偓《浣溪沙》词之二：“罗袜况兼金菡萏，雪肌仍是玉琅玕，骨香腰细更沈檀。”和凝《宫词百首》之一七：“多把沈檀配龙麝，宫中掌浸十香油。”《郊廟歌辭・漢宗廟樂舞辭・顯仁舞》:"靄靄沈檀霧,鏘鏘環佩風。"❸指用沉、檀做的枕頭。李賀《美人梳頭歌》:"西施曉夢綃帳寒,香鬟墮髻半沈檀。"

【沈₂徽】 唐詩人。蘇州(今屬江蘇)人。溫庭筠外甥。曾任偃師尉。以儒學名世,亦擅長作詩。《全唐詩》卷七七七錄其《古興二首》。

【沈₂謝】 沈平、謝好,均為當時名妓。白居易《憶杭州梅花因敘舊遊寄蕭協律》:"薛劉相次埋新壟,沈謝雙飛出故鄉。"注:"薛劉二客、沈謝二妓,皆當時歌酒之侶。"

【沈₂顏】 唐詩人。字可鑄。吳郡(今江蘇蘇州)人。昭宗天復三年進士,任校書郎。《全唐詩》卷七一五錄其《題縣令范傳真化洽亭》等詩二首。

【沈璧】 指沉於黃河的玉璧。古代諸侯盟誓及帝王祭祀河神,皆以璧沉入河中。劉孝孫《早發成皋望河》:"仙槎不辨處,沈璧想猶存。"

【沈₂鵬】 唐詩人。生平籍貫不詳。《全唐詩》錄有《寒蟬樹》詩一首。

【沈₂韜文】 五代詩人。湖州(今屬浙江)人。《全唐詩》卷七六三錄其《遊西湖》詩一首。

【沈飄】 亦作"沉飄"。埋沒,飄零。張籍《獻從兄》:"賢達失其所,沈飄同眾人。"

【沈₂麟】 即沈廷瑞。《全唐詩》卷七七〇錄其《送道士曾昭瑩》詩一首。參見"沈廷瑞"。

【沈鬱】 ❶悒鬱不快。韋應物《善福閣對雨寄李儋幼遐》:"感此窮秋氣,沈鬱命友生。"李益《城西竹園送裴佶王達》:"愴懷非外至,沈鬱自中腸。"陳政《贈竇蔡二記室入蜀》:"沈鬱林難厠,青山翻易阻。"❷深沉蘊藉。李白《酬坊州王司馬與閻正字對雪見贈》:"閻公漢庭舊,沈鬱富才力。"

沉

同"沈¹"。

沁

〔qìn《廣韻》七鴆切,去沁,清。〕❶透入。唐彥謙《詠竹》:"醉臥涼陰沁骨清,石床冰簟夢難成。"譚用之《閑居寄陳山人》:"破夢曉鐘聞竹寺,沁心秋雨浸莎庭。"❷汲水。韓愈、孟郊《同宿聯句》:"義泉雖至近,盜索不敢沁。"❸水名。見"沁水"。

【沁水】 ❶水名。源於山西,流入黃河。白居易《遊坊口懸泉偶題石上》:"孔山刀劍立,沁水龍蛇走。"❷指漢光武帝女劉致。封沁水公主。後借指公主。李適《侍宴長寧公主東莊應制》:"歌舞平陽第,園亭沁水林。"韋嗣立《奉和初春幸太平公主南莊應制》:"已陪沁水追歡日,行奉茅山訪道朝。"上官昭容《遊長寧公主流杯池二十五首》之二三:"沁水田園先自多,齊城樓觀更無過。"玄宗《首夏花萼樓觀群臣宴寧王山亭回樓下又申之以賞樂賦詩》序:"暢飲桂山,棹歌沁水,醇以養德,味以平心。"

【沁園】 即東漢沁水公主園林。後亦借泛指公主園囿。邵升《奉和初春幸太平公主南莊應制》:"沁園佳麗奪蓬瀛,翠壁紅泉繞上京。"儲光羲《玉真公主山居》:"不言沁園好,獨隱武陵花。"韓愈《梁國惠康公主挽歌二首》之二:"從今沁園草,無復更芳菲。"吳融《無題》:"萬態千端一瞬中,沁園蕪沒佇秋風。"

【沁園春】 詞牌名。東漢沁水公主園林為內戚竇憲所奪,後人作詩詠其事,唐末取以為詞調。別名《壽星明》《洞庭春色》等。雙調,一百十四字,押平聲韻。呂岩有《沁園春》詞。

決¹

〔jué《廣韻》古穴切,入屑,見。〕❶疏通水道。李敬方《題黃山湯院》:"不疏還自決,雖撓未嘗渾。"賈島《鄭尚書新開涪江二首》之一:"從今疏決後,任雨滯峰巒。"❷掘堤放水。高適《同房侍御山園新亭與邢判官同遊》:"決河導新流,疏徑蹤舊林。"柳宗元《行路難三首》之一:"披霄決漢出沆漭,瞥裂左右遺星辰。"李賀《白虎行》:"雄豪氣猛如焰烟,無人為決天河水。"來鵠《聖政紀頌》:"翹筆當面,決防納污。"❸沖破堤岸,堤岸潰決。太宗《經破薛舉戰地》:"移鋒驚電起,轉戰長河決。"房琯《題漢州西湖》:"決渠信浩蕩,潭島成江湖。"杜甫《贈崔十三評事公輔》:"豈但江曾決,還思霧一披。"韓愈《齪齪》:"河堤決東郡,老弱隨驚湍。"❹穿通。李白《公無渡河》:"黃河西來決崑崙,咆哮萬里觸龍門。"白居易《府西池北新葺水齋即事招賓偶題十六韻》:"鑿開明月峽,決破白蘋洲。"❺裂開。杜甫《望岳》:"蕩胸生曾雲,決眥入歸鳥。"呂岩《秘訣歌》:"將甲子丁丑之歲,與君決破東門之大瓜。"牛殳《琵琶行》:"一彈決破真珠囊,迸落金盤聲斷續。"❻截斷。李白《在水軍宴贈幕府諸侍御》:"浮雲在一決,誓欲清幽燕。"錢起《秋霖曲》:"焉得太阿決屏翳,還令率土見朝曦。"白居易《遊悟真寺詩》:"往往白雲過,決開露青天。"又《截樹》:"忽似決雲霧,豁達睹青天。"❼決定,決斷。張說《五君詠五首・郭代公元振》:"興喪一言決,安危萬心注。"劉長卿《歲日見新曆因寄都官裴郎中》:"愁占蓍草終難決,病對椒花倍自憐。"韓愈《盧郎中雲夫寄示送盤谷子詩兩章歌以和之》:"我今進退幾時決,十年蠢蠢隨朝行。"杜牧《除官赴闕商山道中絕句》:"我來惆悵不自決,欲去欲住終如何。"❽剖析,開釋。李白《尋陽紫極宮感秋作》:"懶從唐生決,羞訪季主卜。"張祜《答僧贈柱杖》:"畫空疑未決,卓地計初成。"呂岩《題桐柏山黃先生庵門》:"他日相逢,必與汝決。"❾較量,決出勝負。李白《登廣武古戰場懷古》:"伊昔臨廣武,連兵決雌雄。"杜甫《哭台州鄭司戶蘇少監》:"勝決風塵際,功安造化炉。"❿果断，坚决。杜甫《王兵马使二角鹰》："白羽曾肉三狻猊，敢决岂不与之齐。"又《咏怀古迹五首》之五："福移汉祚难恢复，志决身歼军务劳。"白居易《裴侍中晋公以集贤林亭即事诗三十六韵见赠以伸酬献》："去年才七十，决赴悬车期。"裴夷直《亚夫碎玉斗》："雄谋竟不决，宝玉终不爱。"⓫杀头之刑。寒山《诗三百三首》之二四二："看取开眼贼，闹市集人决。"⓬责打。河中鬼《踏歌》(卷八六五)："两个胡孙门底来，东家阿嫂决一百。"⓭绝对。元稹《雉媒》："信君决无疑，不道君相覆。"⓮通"诀"。告别，辞别。韩愈《荐士》："念将决焉去，感物增恋嫪。"张籍《离妇》："姑嫜见我往，将决复沉疑。"白居易《读史五首》之一："彷徨未忍决，绕泽行悲吟。"李洞《宿凤翔天柱寺穷易玄上人房》："探玄为一决，明日去临邛。"

决² 〔xuè《广韵》呼決切，入屑，曉。〕迅疾貌。韩愈《南山诗》："或翩若船游，或决若马骤。"又《此日足可惜赠张籍》："平明脱身去，决若惊凫翔。"马戴《赠别北客》："决去如征鸟，离心空自劳。"

【決水】 谓掘堤岸引水。章孝标《上太皇先生》："折松开月色，决水放秋声。"张祜《题陆墉金沙洞居》："决水金沙静，梯云石壁虚。"

【決心】 发狠心。姚合《寄杨茂卿校书》："决心住城中，百败望一成。"

【決死】 ❶决一死战。储光羲《射雉词》："顾敌已忘生，争雄方决死。"❷誓死。白居易《和答诗十首·和阳城驿》："誓心除国蠹，决死犯天威。"

【決決】 ❶水流貌。韦应物《县斋》："决决水泉动，忻忻众鸟鸣。"白居易《途中题山泉》："决决涌岩穴，溅溅出洞门。"陆龟蒙《谢山泉》："决决春泉出洞霞，石坛封寄野人家。"皮日休《怀锡山药名离合二首》之一："暗窦养泉容决决，明园护桂放亭亭。"❷水声。卢纶《山店》："登登山路行时尽，决决溪泉到处闻。"白居易《滩声》："碧玉班班沙历历，清流决决响泠泠。"姚合《杏溪十首·渚上竹》："微风屡此来，决决复修修。"刘驾《山中夜坐》："落尽醉处花，荒沟水决决。"

【決坼】 裂开。卢仝《月蚀诗》："须臾痴蟆精，两吻自决坼。"

【決事】 处理事情。司空图《携仙箓九首》之三："决事还须更事酬，清谭妙理一时休。"

【決明】 豆科植物名。一年生草本。夏秋开花，黄花，荚呈长角状。种子称决明子，有明目药效，故名。杜甫《秋雨叹三首》之一："雨中百草秋烂死，阶下决明颜色鲜。"白居易《眼病二首》之二："案上谩铺龙树论，盒中虚撚决明丸。"

【決定】 ❶坚定。无名氏《水香劝盏嘲崑载》(外编下)："命系逡巡水，时牵决定香。"❷必定。《挽歌》(卷八七四)："红轮决定沈西去，未委魂灵往那方。"

【決計】 拿定主意。卢仝《冬行三首》之二："长年爱伊洛，决计卜长久。"钱珝《江行无题一百首》之八八："不奈扁舟去，其如决计何。"

【決起】 果断而出。杨嗣复《题李处士山居》："卧龙决起为时君，寂寞匡庐惟白云。"

【決₂起】 迅疾飞起。孟浩然《送吴悦游韶阳》："安能与斥鷃，决起但枪榆。"独孤及《送陈兼应辟兼寄高适贾至》："不知故巢燕，决起栖何枝。"韩愈《雉带箭》："冲人决起百余尺，红翎白镞相倾斜。"

【決浮雲】 截断浮云。多形容宝剑的威力。李白《古风》之三："飞剑决浮云，诸侯尽西来。"又《送白利从金吾董将军西征》："剑决浮云气，弓弯明月辉。"白居易《新乐府·鸦九剑》："不如持我决浮云，无令漫漫蔽白日。"

【決眥】 形容极目远视。杜甫《望岳》："荡胸生曾云，决眦入归鸟。"

【決略】 制定策略。骆宾王《咏怀古意上裴侍郎》："勒功思比宪，决略暗欺陈。"

【決雲】 即"決浮雲"。卢纶《难绾刀子歌》："轻冰薄玉状不分，一尺寒光堪决云。"韩愈《利剑》："决云中断开青天，噫，剑与我俱变化归黄泉。"元稹《说剑》："剑决天外云，剑冲日中斗。"

【決勝】 ❶得胜。李峤《饯薛大夫护边》："决胜三河勇，长驱六郡雄。"刘方平《寄陇右严判官》："虏阵摧枯易，王师决胜频。"白居易《赠吴丹》："手操纠谬简，心运决胜筹。"殷潜之《题筹笔驿》："沈虑经谋际，挥毫决胜时。"❷决出胜负。刘庭琦《从军》："决胜方求敌，衔恩本轻死。"宋昱《樟亭观涛》："冲腾如决胜，回合似相攻。"韩愈《汴泗交流赠张仆射》："分曹决胜约前定，百马攒蹄近相映。"

【決然】 果断貌。吴融《阌乡寓居十首·阿对泉》："六载抽毫侍禁闱，可堪多病决然归。"

【決絶】 ❶决然断绝。韦应物《燕衔泥》："秋去何所归？春来复相见。岂不解决绝高飞碧云里，何为地上衔泥滓？"顾况《宜城放琴客歌》："忽闻斗酒初决绝，日暮浮云古离别。"元稹《乐府古题·苦乐相倚曲》："未有因由相决绝，犹得半年佯暖热。"又《古决绝词》之三："天公隔是妒相怜，何不便教相决绝。"❷坚决。元稹《古决绝词》之一："君情既决绝，妾意已参差。"❸永别。决，通"诀"。杜甫《前出塞九首》之四："哀哉两决绝，不复同苦辛。"

【決意】 决定的主意。唐彦谦《汉嗣》："汉嗣安危系数君，高皇决意势难分。"

【決疑】 解决疑问。白居易《答卜者》："知君善易者，问我决疑不?”

【决狱】 审判案子。刘长卿《按覆后归睦州赠苗侍御》：“直氏偷金枉，于家决狱明。”韦应物《赠李判官》：“决狱兴邦颂，高文禀天机。”李中《和昆陵尉曹昭用见寄》：“决狱事余暇，冥搜万象空。”

【决壅】 ❶疏通壅塞的水道。元稹《和李校书新题乐府十二首·上阳白发人》：“何如决壅顺众流，女遣从夫男作吏。”白居易《自蜀江至洞庭湖口有感而作》：“疏河似剪纸，决壅同裂帛。”❷消除隔阂。白居易《新乐府·鸦九剑》题注：“思决壅也。”

【决臆】 快意。杜甫《醉为马坠诸公携酒相看》：“安知决臆追风足，朱汗骖驔犹喷玉。”

【决癕】 溃破的脓疮。韩愈、孟郊《雨中寄孟刑部几道联句》：“祛烦类决痈，惬兴剧爬疥。”

泐 〔lè《广韵》盧則切，入德，來。〕石裂；石缝。刘禹锡《吏隐亭述》：“坚焉终泐，流焉路竭。”刘乙《题建造寺》：“减除天半石初泐，欠却几株松未枯。“

【泐潭】 潭名。在今江西高安境。是禅宗曹洞宗的发祥地。裴休《题泐潭》：“泐潭形胜地，祖塔在云湄。”

五 画

泰 〔tài《广韵》他蓋切，去泰，透。〕❶通达，通畅。魏征《五郊乐章·肃和》：“祚我明德，时雍道泰。”李益《府试古镜》：“应祥知道泰，鉴物觉神通。”白居易《达理二首》之一：“当壮已先衰，暂泰还长穷。”员南溟《玉蚀》：“年和知岁稔，道泰喜秋成。”❷卦名。《易》六十四卦之一。王维《哭祖六自虚》：“否极尝闻泰，嗟君独不然。”张继《送邹判官往陈留》：“应将否泰理，一问鲁诸生。”白居易《遣怀》：“乐往必悲生，泰来由否极。”吕岩《窑头坯歌》：“剥而复，否而泰，进退往来定交会。”❸太平，安定。高宗《太子纳妃太平公主出降》：“方期六合泰，共赏万年春。”李端《长安感事呈卢纶》：“扪虱欣时泰，迎猫达岁丰。”顾非熊《武宗挽歌词二首》之二：“苍生期渐泰，皇道欲中兴。”贯休《送杜使君朝觐》：“坐来千里泰，归去一囊空。”❹坦荡平和。白居易《遣怀》“自得此道来，身穷心甚泰。”又《卯时酒》：“五十年来心，未如今日泰。”又《酬裴相公见寄二绝》之一：“习静心方泰，劳生事渐稀。”刘得仁《和郑先辈谢秩闲居寓书所怀》：“暂闲心亦泰，论道面难欺。”❺大。骆宾王《久戍边城有怀京邑》：“共矜名已泰，讵肯沫相濡。”韩愈《射训狐》：“我念乾坤德泰大，卵此恶物常勤劬。”❻甚，过分。白居易《高仆射》：“富贵人所爱，圣人去其泰。”曹邺《贵宅》：“自是愁人眼，见之若奢泰。”❼山名。贾岛《送集文上人游方》：“此游诣几岳，嵩华衡恒泰。”❽酒尊名。见“泰尊”。❾州名。见“泰州”。

【泰一】 传说中的天皇大帝名。《郊庙歌辞·周郊祀乐章·福顺乐》：“坛升泰一，乐奏咸池。”

【泰山】 ❶山名。五岳之东岳，在今山东中部。李白《游泰山六首》之一：“四月上泰山，石屏御道开。”李贺《猛虎行》：“泰山之下，妇人哭声。”刘禹锡《平齐行二首》之二：“泰山沈寇六十年，旅祭不享生愁烟。”幸夤逊《句》：“苦教作镇居中国，争得泥金在泰山。”❷比喻极重大的事物。白居易《无可奈何歌》：“不见其小，俾吾为泰山之阿，吾亦无余，不见其多。”杜牧《独酌》：“独佩一壶游，秋毫泰山小。”韦庄《寓言》：“兔走乌飞如未息，路尘终见泰山平。”

【泰山毁】 义同“泰山頽”。刘斌《和谒孔子庙》：“何言泰山毁，空惊逝水流。”

【泰山頽】 泰山崩塌。相传孔子死前曾作歌云：“泰山其頽乎！梁木其坏乎！哲人其萎乎!”后以“泰山頽”喻哲人逝世。王湾《哭补阙亡友綦毋学士》：“泣为洹水化，叹作泰山頽。”李商隐《安平公诗》：“五月至止六月病，遽頽泰山惊逝波。”

【泰州】 州名。五代南唐升元初置。治所在海陵(今江苏泰州)。徐铉有《赠泰州掾令狐克己》。

【泰岳】 同“泰嶽”。

【泰息】 太平安宁。李建《赠别唐太师道袭》：“褒斜旧地委勋贤，从此生灵永泰息。”

【泰娘】 唐著名歌伎。苏州人。见刘禹锡《泰娘歌》引。刘禹锡《泰娘歌》：“泰娘家本阊门西，门前绿水环金堤。”

【泰畤】 即“泰壇”。《明皇祀圜丘乐章·寿和》：“崇崇泰畤，肃肃严禋。”

【泰清】 即太清。指天。张说《唐封泰山乐章·豫和六首》之一：“挹泰坛，紫泰清。”朱景玄《飞云亭》：“上结孤圆顶，飞轩出泰清。”杜光庭《题鹤鸣山》：“五气云龙下泰清，三天真客已功成。”

【泰陵】 ❶唐玄宗之陵。在今陕西境。舒元舆《八月五日中部官舍读唐历天宝已来追怆故事》：“万古长恨端，萧萧泰陵陌。”杜牧《华清宫三十韵》：“孤烟知客恨，遥起泰陵傍。”❷代指玄宗。白居易《新乐府·李夫人》：“又不见泰陵一掬泪，马嵬坡下念杨妃。”

【泰華】 (—huà)❶泰山和华山的并称。唐彦谦《松》：“托根蟠泰华，倚干蚀莓苔。”又《登庐山》：“泰华根同峙，嵩衡脉共联。”❷即太华。华山。杜牧《咏歌圣德远怀天宝因题关亭长句四韵》：“秋来气势洪河壮，霜后精神泰华狞。”

【泰然】 安然，心情平和。权德舆《丙寅岁苦贫戏题》："中忆裴子野，泰然倾薄糜。"白居易《首夏病间》："忽喜身与心，泰然两无苦。"又《题新居寄元八》："青龙冈北近西边，移入新居便泰然。"又《自戏三绝句·心问身》："心问身云何泰然，严冬暖被日高眠。"

【泰尊】 虞舜之尊。也指祭祀用的大酒尊。李纾《唐德明兴圣庙乐章·兴圣酌献》："泰尊始献，百末重觞。"

【泰運】 大运，国运。刘得仁《哭翰林丁侍郎》："即期扶泰运，岂料哭贤人。"

【泰階】 ❶星座名。又名三台、三阶。上台、中台、下台共六星，两两并排斜上，如阶梯，故名。古人占天象而卜治乱，以为泰阶平即天下安定。陈子昂《感遇诗三十八首》之二九："圣人御宇宙，闻道泰阶平。"钱起《奉和圣制登朝元阁》："石林飞栋出，霞顶泰阶平。"白居易《和答诗十首·答桐花》："再鸣万人泰，泰阶为之平。"韦庄《与东吴生相遇》："且对一尊开口笑，未衰应见泰阶平。"也代指太平。❷喻朝廷之阶墀，也代指朝廷。李白《书情题蔡舍人雄》："泰阶得夔龙，桃李满中原。"贾至《闲居秋怀寄阳翟陆赞府封丘高少府》："信矣草创时，泰阶速贤良。"郑谷《入阁》："小臣叨备位，歌咏泰阶前。"

【泰衡】 泰山和衡山的并称。吕岩《七言》之四六："仁义异如胡越异，世情难似泰衡难。"

【泰壇】 古代祭天之坛。即后来的圆丘。在都城南郊。张说《唐封泰山乐章·豫和六首》之一："挹泰坛，紫泰清。"鲍溶《郊天回》："日动萧烟上泰坛，帝从黄道整和銮。"司马扎《观郊礼》："泰坛烟尽星河晓，万国心随彩仗归。"《郊庙歌辞·周郊祀乐章·治顺乐》："羽卫离丹阙，金轩赴泰坛。"

【泰禪師】 指玄泰。南岳僧。见《宋高僧传》卷一七《唐南岳七宝台寺玄泰传》。李咸用有《冬夜与修睦上人宿远公亭寄南岳玄泰禅师》。齐己有《送泰禅师归南岳》诗。

【泰嶽】 亦作"泰岳"。即泰山。高适《东平旅游奉赠薛太守二十四韵》："地连尧泰岳，山向禹青州。"薛存诚《东都父老望幸》："昔因封泰岳，今伫蹑维嵩。"贾岛《送蔡京》："登封多泰岳，巡狩遍沧溟。"

泉 〔quán《广韵》疾缘切，平仙，從。〕❶瀑布。戴叔伦《晖上人独坐亭》："萝月明盘石，松风落涧泉。"白居易《和答诗十首·和分水岭》："不比山上泉，比君井中水。"王毂《吹笙引》："水泉迸泻急相续，一束宫商裂寒玉。"徐铉《和陈赞善致仕还京口》："泉声漱玉窗前落，江色和烟槛外流。"❷山涧流水。孙逖《奉和李右相赏会昌林亭》："百泉萦草木，万井布郊畛。"皮日休《太湖诗·雨中游包山精舍》："散发抵泉流，支颐数云片。"韦庄《李氏小池亭十二韵》："引泉疏地脉，扫絮积山嵌。"❸指墓穴。李白《自溧水道哭王炎三首》之一："天上坠玉棺，泉中掩龙章。"岑参《成王挽歌》："地底孤灯冷，泉中一镜寒。"韩愈《孟东野失子》："上呼无时闻，滴地泪到泉。"白居易《感旧纱帽》："帽今在顶上，君已归泉中。"❹钱币名。见"泉貨"。❺通"渊"。见"泉客"。

【泉下】 九泉之下。指阴间。李白《门有车马客行》："借问宗党间，多为泉下人。"钱起《哭辛霁》："昨夜故人泉下宿，今朝白发镜中垂。"杨虞卿《过小妓英英墓》："别我已为泉下土，思君犹似掌中珠。"唐彦谦《登兴元城观烽火》："褒姒冢前烽火起，不知泉下破颜无。"

【泉山】 山名。在今福建泉州市北。孔德绍有《南隐游泉山》。黄滔《赠怀光上人》："终忆泉山寺，听猿看海涛。"徐夤有《和尚书咏泉山瀑布十二韵》。

【泉井】 泉眼上有护栏的井。裴大章《恩赐魏文贞公诸孙旧第以导直臣》："古甃开泉井，新禽绕画楹。"

【泉水】 山上或地下流出的溪流。王维《戏题盘石》："可怜盘石临泉水，复有垂杨拂酒杯。"杜甫《佳人》："在山泉水清，出山泉水浊。"

【泉户】 墓门。李白《忆崔郎中宗之游南阳遗吾孔子琴潸然感旧》："泉户何时明，长扫狐兔窟？"岑参《故河南尹岐国公赠工部尚书苏公挽歌二首》之二："白日扃泉户，青春掩夜台。"包佶《昭德皇后挽歌词》："龟兆开泉户，禽巢闭画梁。"顾况《义川公主挽词》："杂珮分泉户，余香出繐帷。"

【泉石】 指山水。王维《济上四贤咏·郑霍二山人》："郑公老泉石，霍子安丘樊。"戎昱《送王明府入道》："为耽泉石趣，不惮薜萝寒。"周贺《上陕府姚中丞》："见说养真求退静，溪南泉石许同居。"皮日休《怀鹿门县名离合二首》之一："台前过雁盈千百，泉石无情不寄书。"

【泉布先生】 对钱的戏称。泉、布皆古钱币名。韦庄《江上题所居》："青州从事来偏熟，泉布先生老渐悭。"

【泉州】 州名。唐景云二年改武荣州置。以境内有泉山得名。治所在晋江（今福建泉州）。秦系有《答泉州薛播使君重阳日赠酒》。欧阳詹有《泉州赴上都留别舍弟及故人》。韩偓有《自沙县抵龙溪县值泉州军过后村落皆空因有一绝》。陈陶有《泉州刺桐花咏兼呈赵使君》。

【泉花】 亦作"泉華"。指泉水上的浮沫。皮日休《友人以人参见惠因以诗谢之》："名士寄来消酒渴，野人煎处撇泉华。"也指泉水。曹唐《病马五首呈郑校书章三吴十五先辈》之五："饮惊白露泉花冷，吃怕清秋豆叶寒。”

【泉門】 犹“泉户”。骆宾王《伤祝阿王明府》：“烟晦泉门闭，日尽夜台空。”护国《伤蔡处士》：“晨光不借泉门晓，暝色唯添陇树寒。”张祜《宪宗皇帝挽歌词》：“寿域无千载，泉门是九重。”

【泉宫】 墓室。鲍溶《倚瑟行》：“泉宫一闭秦国丧，牧童弄火骊山上。”

【泉客】 鲛人的别名。泉客本作“渊客”。因避唐高祖李渊讳改。中宗《石淙》：“水炫珠光遇泉客，岩悬石镜厌山精。”杜甫《客从》：“客从南溟来，遗我泉客珠。”刘禹锡《武陵书怀五十韵》：“湘灵悲鼓瑟，泉客泣酬恩。”李群玉《病起别主人》：“恨无泉客泪，尽泣感恩珠。”

【泉脈】 （—mài）❶地下伏流的泉水。因如人体筋脉，故称。王维《春中田园作》：“持斧伐远扬，荷锄觇泉脉。”刘长卿《奉陪萧使君入鲍达洞寻灵山寺》：“入云开岭道，永日寻泉脉。”韩偓《春闷偶成十二韵》：“别泪开泉脉，春愁罥藕丝。”吴融《即事》：“云里引来泉脉细，雨中移得药苗肥。”❷指有分支的泉流。李端《边头作》：“邠郊泉脉动，落日上城楼。”元稹《玉泉道中作》：“松门接官路，泉脉连僧房。”白居易《早春独游曲江》：“冰销泉脉动，雪尽草芽生。”韦庄《同旧韵》：“甃石回泉脉，移棋就竹阴。”也指泉水。皎然《苕溪草堂自大历三年夏新营泊秋及春弥觉境胜四十三韵》：“揶札成柳枝，溉瓶养泉脉。”

【泉眼】 地下水涌出地面的洞口。刘禹锡《莫瑶歌》：“星居占泉眼，火种开山脊。”姚合《题僧院引泉》：“泉眼高千尺，山僧取得归。”吴融《和张舍人》：“莺转树头欹枕听，冻开泉眼杖藜挑。”齐己《贻庐岳陈沆秀才》：“石围泉眼碧，秋落洞门虚。”

【泉貨】 钱币。卢纶《寄赠库部王郎中》：“泉货方将散，京坻自此陈。”

【泉脚】 指瀑布。李贺《老夫采玉歌》：“斜山柏风雨如啸，泉脚挂绳青袅袅。”

【泉魚】 深渊之鱼。“泉”即“渊”，因避高祖李渊讳改。卢僎《奉和李令扈从温泉宫赐游骊山韦侍郎别业》：“窥岩详雾豹，过水略泉鱼。”李颀《杂兴》：“青青兰艾本殊香，察见泉鱼固不祥。”白居易《幽居早秋闲咏》：“轩鹤留何用，泉鱼放不还。”刘戬《夏弹琴》：“庭鹤舞白雪，泉鱼跃洪流。”

【泉紳】 形容瀑布如匹练直悬。绅，大带。韩愈《答张彻》：“泉绅拖修白，石剑攒高青。”陆龟蒙《奉和袭美太湖诗二十首·上真观》：“松盖荫日车，泉绅垂天罅。”

【泉華】 同“泉花”。

【泉雲】 王褒和杨雄的并称。褒，字子渊；雄，字子云。“泉”即“渊”，因避高祖李渊讳改。羊士谔《书楼怀古》：“泉云无旧辙，骚雅有遗音。”

【泉尊】 如泉流注不绝的酒尊。李贺《昌谷诗》：“泉尊陶宰酒，月眉谢郎妓。”

【泉扉】 犹“泉户”。杜审言《代张侍御伤美人》：“二八泉扉掩，帷屏宠爱空。”姚合《庄恪太子挽词二首》之二：“薤露歌连哭，泉扉夜作晨。”李商隐《井泥四十韵》：“寄辞别地脉，因言谢泉扉。”

【泉路】 黄泉，阴间。乔知之《哭故人》：“平生不得意，泉路复何如。”蒋涣《故太常卿赠礼部尚书李公及夫人挽歌二首》之二：“扬名将宠赠，泉路满光辉。”元稹《哭子十首》之二：“自食自眠犹未得，九重泉路托何人。”赵嘏《悼亡二者》之二：“明月萧萧海上风，君归泉路我飘蓬。”

【泉源】 泉水的源头。高适《同朱五题卢使君义井》：“地即泉源久，人当汲引初。”元结《说洄溪招退者》：“浯溪石下多泉源，盛暑大寒冬大温。”张祜《题南陵隐静寺》：“涧壁鸟音回，泉源僧步闲。”许棠《秋日陪陆校书游玉泉》：“共爱泉源异，频来不觉劳。”

【泉溜】 （—liù）瀑布。李绅《过梅里七首·上家山》：“苔阶泉溜铁，石甃青莎密。”

【泉窟】 墓穴。白居易《游悟真寺诗》：“复归泉窟下，化作龙蜿蜒。”

【泉臺】 墓穴，阴间。寒山《诗三百三首》之二三六：“冥冥泉台路，被业相拘绊。”李嘉祐《故吏部郎中赠给事中韦公挽歌二首》之二：“仁兄与恩旧，相望泣泉台。”白居易《答骑马人空台》：“我入泉台去，泉门无复开。”魏朴《和皮日休悼鹤》之一：“人间飞去犹堪恨，况是泉台远玉京。”

【泉潮】 泉州和潮州的并称。陈元光《落成会咏一首》：“泉潮天万里，一镇屹天中。”

【泉館】 鲛人所居之处。“泉”即“渊”，以避高祖李渊讳改。王维《送从弟蕃游淮南》：“岛夷九州外，泉馆三山深。”

【泉壑】 有流泉的深谷。陈子昂《与东方左史虬修竹篇》：“夜闻鼯鼠叫，昼聒泉壑声。”孟浩然《寻陈逸人故居》：“今宵泉壑里，何处觅藏舟。”钱起《谷口书斋寄杨补阙》：“泉壑带茅茨，云霞生薜帷。”

【泉韻】 形容悬泉入池发出的悦耳之声。孟郊《与二三友秋宵会话清上人院》：“激石泉韵清，寄枝风啸咽。”

【泉寶】 铜钱。李峤《钱》：“天龙带泉宝，地马列金沟。”

【泉壤】 指九泉。韦璜《赠姊》（卷八六六）：“断肠泉壤下，幽忧难具陈。”刘长卿《哭张员外继》：“泉壤成终古，云山若在时。”

【泉竇】 泉眼。郑谷《寄赠蓝田韦少府先辈》:"斫冰泉窦响,赛雪庙松春。"

沫 〔mò《广韵》莫撥切,入末,明。〕❶水泡,气泡。苏味道《单于川对雨二首》之一:"缘阶起素沫,竟水聚圆文。"皎然《饮茶歌诮崔石使君》:"素瓷雪色缥沫香,何似诸仙琼蕊浆。"沈亚之《汴州船行赋岸傍所见》:"秋浪时回沫,惊鳞乍触航。"许棠《秋日陪陆校书游玉泉》:"沫滞潭花片,沙遗浴鸟毛。"❷唾沫。骆宾王《久戍边城有怀京邑》:"共矜名已泰,讵肯沫相濡。"韩翃《看调马》:"玉勒斗回初喷沫,金鞭欲下不成嘶。"元稹《有酒十章》之五:"精卫衔芦塞海溢,枯鱼喷沫救池燔。"皮日休《临顿为吴中偏胜之地五言十首奉题屋壁》之四:"坏堑生鱼沫,颓檐落燕儿。"❸终止。韩愈《谴疟鬼》:"祖轩而父顼,未沫于前徽。"

【沫漩】 带浮沫的旋涡。喻凫《浴马》:"沫漩桥声下,嘶盘柳影边。"

法 〔fǎ《广韵》方乏切,入乏,非。〕❶法律,法令。李白《上崔相百忧章》:"屈法申恩,弃瑕取材。"刘禹锡《读张曲江集作》:"法在何所恨,色相斯为仁。"卢殷《堋口逢友人》:"已改当时法,空余旧日心。"陆龟蒙《送宣武从事越中按狱》:"秉筹先独立,持法称高标。"❷规章,制度。刘长卿《送侯御赴黔中充判官》:"地远官无法,山深俗岂淳。"白居易《赠友五首》之四:"谁能变此法,待君赞弥纶。"来鹄《圣政纪颂》:"无典无法,顽肩奡比。"❸技法。戴叔伦《怀素上人草书歌》:"楚僧怀素工草书,古法尽能新有余。"白居易《咏家酝十韵》:"旧法依稀传自杜,新方要妙得于陈。"姚合《寄卫拾遗乞酒》:"莫厌时时寄,须知法未传。"❹方法,办法。元稹《芳树》:"非无歼殄法,念尔有生涯。"白居易《闲夕》:"何法使之然,心中无细故。"❺道教法术。李颀《送王道士还山》:"双峰树下曾受业,应传肘后长生法。"杜甫《石犀行》:"自古虽有厌胜法,天生江水向东流。"刘叉《修养》:"披图醮录益乱神,此法那能坚此身。"徐铉《步虚词五首》之三:"唯余养身法,修此与天通。"❻效法,仿效。袁朗《和洗掾登城南坂望京邑》:"宸居法太微,建国资天府。"顾况《拟古三首》之二:"所贵法乾健,于道悟入微。"韩愈《君子法天运》:"君子法天运,四时可前知。"韦庄《和郑拾遗秋日感事一百韵》:"法尧功已普,罪己德非凉。"❼为皇帝御用设备的专称。见"法駕"。❽佛教语。梵语Dharma的音译。指一切事物和现象,也指佛法。寒山《诗三百三首》之九〇:"劝君求出离,认取法中王。"严维《送少微上人东南游》:"片心应为法,万里独无言。"鲍溶《赠僧戒休》:"欲问月中无我法,无人无我问何人。"王贞白《云居长老》:"不说有为法,非传无尽灯。"

【法力】 佛法的威力。张说《书香能和尚塔》:"大师捐世去,空余法力在。"

【法士】 法师。徐浩《宝林寺作》:"赖居兹寺中,法士多瑰能。"

【法子】 (—zǐ)佛教语。谓佛的弟子。储光羲《送恂上人还吴》:"君王既行幸,法子复来仪。"

【法王】 指佛。宋之问《奉和幸大荐福寺》:"乘龙太子去,驾象法王归。"岑参《上嘉州青衣山中峰题惠净上人幽居寄兵部杨郎中》:"况值庐山远,抽簪归法王。"李绅《题法华寺五言二十韵》:"还将意功德,留偈法王前。"齐己《勉送吴国三五新戒归》:"法王遗制付仁王,难得难持劫数长。"也借指高僧。独孤及《登山谷寺上方答皇甫侍御卧疾阙陪车骑之后》:"汉主马踪成蔓草,法王身相示空棺。"

【法王子】 即"法子"。储光羲《同房宪部应旋》:"衡山法王子,慧见息诸苦。"

【法王印】 即"法印"。参见"法印"。寒山《诗三百三首》之二一六:"不知清净心,便是法王印。"

【法王城】 指佛寺。刘禹锡《乐天少傅五月长斋广延缁徒谢绝文友坐成睽间因以戏之》:"不离通德里,便是法王城。"张乔《和薛监察题兴善寺古松》:"种在法王城,前朝古寺名。"

【法王經】 指佛经。孟浩然《陪姚使君题惠上人房》:"来窥童子偈,得听法王经。"

【法王輪】 即"法轮"。孙逖《正月十五日夜应制》:"舞成苍颉字,灯作法王轮。"

【法友】 同信佛教的朋友。韦丹《思归寄东林澈上人》序:"偶为思归绝句诗一首,以寄上人法友,幸先达其深趣矣。"

【法日】 佛教语。喻佛法如日之普照。太宗《谒并州大兴国寺诗》:"梵钟交二响,法日转双轮。"

【法水】 ❶佛教语。指佛法。谓佛法能袪人烦恼,有如水能涤垢,故称。史俊《题巴州光福寺楠木》:"会待良工时一眄,应归法水作慈航。"卢仝《寄赠含曦上人》:"曲米本无愆,酒成是法水。"❷道教指人的元气。刘道昌《鬻丹砂醉吟》:"心田但使灵芝长,气海常教法水朝。"

【法令】 法律、政令。沈佺期《赦到不得归题江上石》:"圣主讴歌洽,贤臣法令齐。"李白《江夏赠韦南陵冰》:"天地再新法令宽,夜郎迁客带霜寒。"杜甫《述古三首》之二:"秦时任商鞅,法令如牛毛。"周昙《咏史诗·春秋战国门·孙武》:"理国无难似理兵,兵家法令贵遵行。"

【法印】 佛教语。梵文的意译。亦译"法本末""法本""相""忧檀那"(udāna)。法指佛法;印是印记、标识。意谓证明是真正佛法的标准。主要有“三法印”：“诸行无常”“诸法无我”和“涅槃寂静”。刘禹锡《秋日过鸿举法师寺院便送归江陵》引：“贫道雅闻东诸侯之工为诗者，莫若武陵。今幸承其话言，如得法印，宝山之下，宜有所持，岂徒衣裓之中众花而已。”无可《题青龙寺纵公房》：“从谁得法印，不离上方传。”孙偓《赠南岳僧全玭》：“窠居过后更何人，传得如来法印真。”

【法主】 佛教语。佛经中称释迦牟尼为“法主”或“说法主”，意为说法之主。李端《送皎然上人归山》：“法主欲归须有说，门人流泪厌浮生。”

【法司】 当为“司法”。官名。唐于县置司法，主管刑事。卢照邻有《辛法司宅观妓》。

【法句】 佛经名。一译《法句集经》《法句集》《昙钵经》等。白居易《和梦游春诗一百韵》：“法句与心王，期君日三复。”自注：“微之常以《法句》及《心王头陀经》相示，故申言以卒其志也。”

【法式】 制度。韩愈《元和圣德诗》：“生知法式，动得理所。”

【法地】 指寺院。张九龄《祠紫盖山经玉泉山寺》：“法地自兹广，何云千万金。”

【法吏】 泛指执法之官。韩愈《南内朝贺归呈同官》：“法吏多少年，磨淬出角圭。”郑谷《入阁》：“对扬称法吏，赞引出宫钿。”

【法曲】 (一qǔ)乐曲名。著名曲目有《赤白桃李花》《霓裳羽衣》等。顾况《八月五日歌》：“梨园弟子传法曲，张果先生进仙药。”王建《旧宫人》：“霓裳法曲浑抛却，独自花间扫玉阶。”元稹《和李校书新题乐府十二首·立部伎》：“宋沇尝传天宝季，法曲胡音忽相和。”白居易《新乐府·法曲》：“法曲法曲歌大定，积德重熙有余庆。”

【法舟】 佛教以普度众生为宗旨，因以指僧人所乘之船。钱起《送僧归日本》：“浮天沧海远，去世法舟轻。”

【法宇】 寺庙。严维《哭灵一上人》：“禅林枝干折，法宇栋梁倾。”

【法身】 佛教语。梵文的意译。谓证得清净自性，成就一切功德之身。“法身”不生不灭，无形而随处现形，故也称佛身。大小乘诸宗说法不一。王维《夏日过青龙寺谒操禅师》：“山河天眼里，世界法身中。”

【法言】 指佛教经文。柳宗元《巽公院五咏·净土堂》：“清泠焚众香，微妙歌法言。”

【法雨】 佛教语。喻佛法。佛法普度众生，如雨滋润万物，故称。孟浩然《题融公兰若》：“法雨晴飞去，天花昼下来。”李绅《鉴玄影堂》：“龙钵已倾无法雨，虎床犹在有悲风。”

【法苑】 佛教语。指佛法所在之地。知玄《答僧澈》：“观君法苑思冲虚，使我真乘刃有余。”

【法門】 ❶佛教语。指某一门派的教义等。皎然有《赠柳喜得嵩山法门自号嵩山老》。❷佛门。杨炯《和旻上人伤果禅师》：“法门摧栋宇，觉海破舟船。”

【法味】 佛教语。指因悟得佛法而产生的喜悦。独孤及《诣开悟禅师问心法次第寄韩郎中》：“欲识真如理，君尝法味看。”卢纶《送静居法师》：“薝蔔名花飘不断，醍醐法味洒何浓。”权德舆《惠上人房宴别》：“法味已同香积会，礼容疑在少施家。”

【法制】 法律制度。李商隐《赠送前刘五经映三十四韵》：“诗书资破冢，法制困探囊。”

【法侶】 法友，道友。王维《山中寄诸弟妹》：“山中多法侣，禅诵自为群。”皇甫冉《庐山歌送至弘法师兼呈薛江州》：“政成人野皆不扰，遂令法侣性安闲。”崔元翰《清明节郭侍御偶与李侍御赋得十韵兼呈马十八郎丞公》：“道情亲法侣，时望登朝右。”张籍《寄灵一上人初归云门寺》：“寒山白云里，法侣自招携。”

【法服】 僧尼衣服的总称。灵一《安公》：“法服应华夏，金言流海岱。”

【法乳】 佛教语。喻佛法的恩泽。勾令元《敬礼瓦屋和尚塔偈》：“流流法乳谁无分，了了教知我最亲。”

【法性】 佛教语。梵文的意译。谓真实不变、无所不在的本质、本体。各宗说法不一。綦毋潜《题招隐寺绚公房》：“还言证法性，归去比黄金。”清江《长安卧病》：“未能通法性，讵可免支离。”

【法性寺】 佛寺名。故址在今湖北荆州。李群玉有《法性寺六祖戒坛》。

【法官】 指大理寺官员。刘长卿《题大理黄主簿湖上高斋》：“俗轻儒服弊，家厌法官贫。”韩愈《赠崔立之评事》：“勿嫌法官未登朝，犹胜赤尉长趋尹。”

【法空】 (一kōng)佛教语。谓诸法(物质与精神现象的总和)皆是因缘所生，虚幻不实。朱庆余《赠至寂禅师》：“法空无所染，性悟不多看。”

【法城】 指佛塔。慧净《和卢赞府游纪国道场》：“法城从此构，香阁本岧峣。”

【法相】 (一xiàng)指标准的相貌。皮日休《公斋四咏·鹤屏》：“貌既合羽仪，骨亦符法相。”

【法要】 指佛法的要义。王维《谒璿上人》：“一心在法要，愿以无生奖。”韦应物《题化城寺》：“偶与游人论法要，真元浩浩理无穷。”解彦融《雁塔》：“驯禽演法要，忍草藉经行。”

【法則】 ❶制度。杜甫《咏怀二首》之二：“邦危坏法则，圣远益愁慕。”❷准则，规则。杜甫《杜鹃》：

"圣贤古法则，付与后世传。"又《送重表侄王砅评事使南海》："六宫师柔顺，法则化妃后。"

【法星】 星名。古以为此星主刑罚。李峤《皇帝上礼抚事述怀》："垂旒沧海晏，解网法星空。"柳宗元《贞符》序："宋之君，以法星寿，郑以龙衰，鲁以麟弱，白雉亡汉，黄犀死莽，恶在其为符也。"刘禹锡《早秋送台院杨侍御归朝》："鸷鸟得秋气，法星悬火旻。"

【法界】 ❶佛教语。梵文的意译。泛指各种事物的对象和本质。丰干《壁上诗二首》之一："法界即无边，一法普遍该。"庞蕴《杂诗》之四："神识苟能无挂碍，廓周法界等虚空。"❷指佛寺。皎然《奉酬袁使君高寺院新亭对雨》："法界飘香雨，禅窗洒竹风。"广宣《早秋降诞日献寿二首应制》之二："瑞烟薰法界，真偈启仁王。"吕温《终南精舍月中闻磬声诗》："偶来游法界，便欲谢人群。"

【法律】 刑法、律令。《唐受命谶》(卷八七五)："法律存，道德在，白旗天子出东海。"

【法宣】 唐初诗僧。常州(今属江苏)弘业寺沙门。《全唐诗》卷八〇八录其《爱妾换马》等诗二首。

【法席】 指佛教道场。李端《送少微上人入蜀》："松风开法席，江月濯禅衣。"

【法度】 ❶法令、制度。杜甫《送高司直寻封阆州》："拔为天军佐，崇大王法度。"白居易《醉后狂言酬赠萧殷二协律》："此裘非缯亦非纩，裁以法度絮以仁。"❷规范。张说《素盘盂铭》："器为盘盂，制以法度。"

【法宫】 ❶皇宫的正殿，听政之所。权德舆《省中春晚忽忆江南旧居杂言》："去年簪进贤，赞导法宫前。"又《送崔谕德致政东归》："天子坐法宫，诏书下江东。"李商隐《韩碑》："誓将上雪列圣耻，坐法宫中朝四夷。"❷佛寺。李绅《新楼诗二十首·寒林寺》："应是法宫传觉路，使无烦恼见青莲。"

【法華】 佛教宗派名。以奉《妙法莲华经》为主要经典，故名。岑参《出关经华岳寺访法华云公》："野寺聊解鞍，偶见法华僧。"李群玉有《法华微上人盛话金山境胜旧游在目吟成此篇》。

【法華寺】 佛寺名。❶在越州(今浙江绍兴市)法华山。宋之问有《游法华寺》。崔国辅有《宿法华寺》。皎然有《宿法华寺简灵澈上人》。皇甫冉有《奉和独孤中丞游法华寺》。方干有《题法华寺绝顶禅家壁》。❷在湖州(今属浙江)西北法华山。皎然有《冬日遥和卢使君幼平綦毋居士游法华寺高顶临湖亭》《同颜使君真卿李侍御萼游法华寺登凤翅山望太湖》。❸在永州(今湖南零陵市)。柳宗元有《法华寺石门精舍三十韵》《构法华寺西亭》。

【法華院】 佛寺中的别院名。❶在长安(今陕西西安)千福寺。岑参有《登千福寺楚金禅师法华院多宝塔》。陈陶有《题居上人法华新院》。❷在大沩山(在今湖南)同庆寺。刘长卿有《题灵祐上人法华院木兰花》。

【法華經】 佛经名。全名为《妙法莲华经》。朱湾有《同清江师月夜听坚正二上人为怀州转法华经歌》。齐己有《送楚云上人往南岳刺血写法华经》。

【法振】 唐诗僧。大历、贞元间人。善诗。曾游越中、天长、丹阳等地。住长安大慈恩寺，又住无碍寺。与王昌龄、韩翃、李益等有交往、唱酬。《全唐诗》卷八一一录其《病愈寄友》等诗十六首。

【法師】 ❶佛教称谓。梵文的意译。指通晓佛经并致力修行传法的高僧。也作为对僧人的尊称。寒山《诗三百三首》之一五九："云光好法师，安角在头上。"崔颢《赠怀一上人》："法师东南秀，世实豪家子。"杨巨源有《送定法师归蜀法师即红楼院供奉广宣上人兄弟》。李商隐有《别智玄法师》。❷唐代道士称号名。唐道士修行有三号：法师、威仪师、律师。玄宗《为赵法师别造精院过院赋诗》序："退朝之后，历西上阳，入清虚院，则法师所居之地也。"又有《送赵法师还蜀因名山奠简》。

【法酒】 按法定规格酿造的酒。刘禹锡《昼居池上亭独吟》："法酒调神气，清琴入性灵。"白居易《六年春赠分司东都诸公》："法酒淡清浆，含桃袅红实。"

【法家】 ❶古代思想流派之一。皎然《赠和评事判官》："廷评年少法家流，心似澄江月正秋。"韩翃《赠别崔司直赴江东兼简常州独孤使君》："官重法家流，名高墨曹吏。"❷僧人之家。陈陶《题居上人法华新院》："钟呗成僧国，湖山称法家。"

【法院】 寺院。常建有《题法院》。

【法曹】 较低级的司法官署。唐凡称某法曹，即指法曹参军。孙逖有《送杨法曹按括州》《宴越府陈法曹西亭》。冷朝阳有《冬日逢冯法曹话怀》。权德舆有《同陆太祝鸿渐崔法曹载华见萧侍御喜而有作三首》。

【法曹參軍】 官名。见《新唐书·百官志下》。韩愈《寒食日出游》题注："愈与署同自御史贬官，又同为江陵掾，愈法曹参军，署功曹参军。"

【法乾寺】 佛寺名。在唐长安(今西安)。张蠙有《寄法乾寺令諲太师》。

【法堂】 佛寺道观的殿堂。裴迪《青龙寺昙壁上人院集》："灵境信为绝，法堂出尘氛，"独孤及《暮春于山谷寺上方遇恩命加官赐服酬皇甫侍御见贺之作》："天书到法堂，朽质被荣光。"白居易《拜表回闲游》："酒肆法堂方丈室，其间岂是两般身?"薛逢《社日游开元观》："浪渍法堂余像设，水存虚殿半科仪。"

【法常】 唐诗僧。河阳(今河南孟县)人。《全唐诗外编》下录其《朗吟》断句一联。

【法進】 唐诗僧。与唐东渡僧鉴真同时。《全唐诗外篇》(上)录其《七言伤大和上》诗一首。

【法船】 佛教语。喻佛法普济众生,有如渡船。后道教亦借用之。李绅《题法华寺五言二十韵》:“住觉超真境,依游渡法船。”张蠙《寄法乾寺令諲太师》:“何日龙宫里,相寻借法船。”吕岩《敲爻歌》:“性命双修玄又玄,海底洪波驾法船。”

【法雄寺】 佛寺名。在唐长安亲仁坊,原为郭子仪旧宅一部分。张籍有《法雄寺东楼》。

【法雲】 ❶佛教语。喻佛法如云覆盖人间。王维《登辨觉寺》:“空居法云外,观世得无生。”储光羲《送王上人还襄阳》:“朝看法云散,知有至人还。”❷僧名。法云,南朝齐、梁高僧,俗姓周,宜兴阳羡(今江苏宜兴南)人。曾撰《成实论义疏》四十二卷,与智藏、僧旻并称梁代三大法师。曹松《广州贻匡绪法师》:“必竟懒过高坐寺,未能全让法云师。”

【法雲寺】 佛寺名。❶在长安宣平坊。隋开皇三年建。李益有《自朔方还与郑式瞻崔称郑子周岑赞同会法云寺三门避暑》。❷在扬州(今属江苏)。张祜有《扬州法云寺双桧》。温庭筠有《法云寺双桧》。❸在成都(今属四川)。花蕊夫人徐氏《宫词》之一三一:“法云寺里中元节,又是官家诞降辰。”

【法雲地】 佛教语。大乘菩萨修行的第十个阶位。至此地者,法身如虚空,智慧如大云,故称。王维《过卢四员外宅看饭僧共题七韵》:“寒空法云地,秋色净居天。”

【法照】 唐诗僧。南梁(今陕西汉中)人。《全唐诗》卷八一〇录其《寄钱郎中》等诗三首。

【法鼓】 亦作“法皷”。佛教法器之一。举行法事时用以集众唱赞的大鼓。也指禅寺法堂东北角之鼓,与茶鼓对置。沈佺期《乐城白鹤寺》:“潮声迎法鼓,雨气湿天香。”独孤及《题思禅寺上方》:“溪口闻法鼓,停桡登翠屏。”李宾《登瓦官寺阁》:“两廊振法鼓,四角吹风筝。”

【法號】 (—hào)僧人出家后由师父另起的名字。又叫法名。李白《僧伽歌》:“真僧法号号僧伽,有时与我论三车。”

【法筵】 佛教语。指高僧说法的坐席,亦指法事道场。张九龄《冬中至玉泉山寺故有此作》:“石壁开精舍,金光照法筵。”孟浩然《陪李侍御访聪上人禅居》:“出处虽云异,同欢在法筵。”广宣《早秋降诞日献寿二首应制》之一:“敢赞无疆寿,香花上法筵。”

【法會】 佛教语。指供佛、施僧等宗教活动。广宣有《禁中法会应制》。

【法皷】 同“法鼓”。

【法歌】 犹“法曲”。杜甫《秋日夔府咏怀奉寄郑监李宾客一百韵》:“法歌声变转,满座涕潺湲。”

【法語】 讲经之言。皎然《苕溪草堂四十三韵》:“道心制野猿,法语授幽客。”

【法駕】 皇帝车驾的一种。仪仗分大驾、法驾与小驾。法驾为皇帝乘舆。萧至忠《奉和幸安乐公主山庄应制》:“西郊窈窕凤凰台,北渚平明法驾来。”杜甫《秦州见敕目三十韵》:“法驾初还日,群公若会星。”李商隐《陈后宫》:“渚莲参法驾,沙鸟犯句陈。”郑谷《回銮》:“上将忠勋立,明君法驾还。”

【法輪】 ❶佛教语。梵文的意译。谓佛说法如车轮运转无碍,能摧破众生烦恼、邪恶。高宗《谒慈恩寺题奘法师房》:“法轮含日转,花盖接云飞。”苏颋《武担山寺》:“讵知留镜石,长与法轮圆。”白居易《赠僧五首・清闲上人》:“应是蜀人皆度了,法轮移向洛中来。”❷唐初诗僧。生平、事迹不考。《全唐诗》卷八五〇收其诗一首。

【法樂】 (—lè)佛教语。谓因悟法而心情恬悦。白居易《内道场永謹上人就郡见访善说维摩经临别请诗因以此赠》:“他生莫忘今朝会,虚白亭中法乐时。”

【法器】 佛教语。称具有传承佛法才能的人。齐己《赠念法华经僧》:“言公少年真法器,白昼不出夜不睡。”

【法藏】 (—zàng)佛教语。谓佛法教义。佛法如宝藏无尽,故称。王维《苑舍人能书梵字兼达梵音皆曲尽其妙戏为之赠》:“莲花法藏心悬悟,贝叶经文手自书。”

【法鏡】 佛教语。喻佛法如镜照彻万物。宋之问《奉和幸三会寺应制》:“今日登仁寿,长看法镜圆。”

【法饌】 指皇帝的日常用膳。刘禹锡《刘驸马水亭避暑》:“赐冰满碗沉朱实,法馔盈盘覆碧笼。”

【法蠡】 即法螺。佛教法器之一。用一种长的海螺壳顶端穿孔而制成的螺号。李白《舍利弗》:“云间妙音奏,天际法蠡吹。”

【法籙】 道教语。即符箓。指一种似字似画的墨笔或丹笔书。道教用以驱邪降妖。薛昭蕴《女冠子》词之二:“云罗雾縠,新授明威法箓。”

泔

〔hàn《集韵》户感切,上感,匣。〕见“泔淡”。

【泔淡】 充满貌。颜真卿、刘茂《登岘山观李左相石尊联句》:“流霞方泔淡,别鹤遽翩翻。”

泄[1]

〔xiè《广韵》私列切,入薛,心。〕❶发泄。刘禹锡《秋日过鸿举法师寺院便送归江陵》引:“能离欲,则方寸地虚,虚而万象入,入必有所泄,乃形乎词。”❷排出(液体、气体);发出(声响)。韦应物《游琅琊山寺》:"新泉泄阴壁,高萝荫绿塘。"畅当《山居酬韦苏州见寄》:"孤柴泄烟处,此中山叟居。"张祜《题善权寺》:"峻坂依岩壁,清泉泄洞门。"❸泄漏。杨衡《咏春色》:"密添宫柳翠,暗泄路桃红。"长孙佐辅《楚州盐壒古墙望海》:"混沌本冥冥,泄为洪川流。"❹泄露,透露(秘密)。韩愈《答张彻》:"防泄堑夜塞,惧冲城昼扃。"张籍《学仙》:"百年度一人,妄泄有灾殃。"白居易《梦仙》:"秘之不敢泄,誓志居岩扃。"吕岩《七言》之二五:"迷途争与轻轻泄,此理须凭达者论。"

泄² 〔yì《广韵》餘制切,去祭,以。〕见"泄₂泄₂"。

【泄₂泄₂】 缓缓。张仲素《夜闻洛滨吹笙》:"泄泄飘难定,啾啾曲未分。"

【泄₂雲】 浓云。陈子昂《感遇诗三十八首》之二九:"严冬阴风劲,穷岫泄云生。"皎然《夏日集李司直纵溪斋》:"泄云收净绿,众木积芳阴。"白居易、王起《秋霖即事联句三十韵》:"泄云生栋上,行潦入庭前。"

沽¹ 〔gū《广韵》古暮切,去暮,見。〕❶卖。吕温《同舍弟恭岁暮寄晋州李六协律三十韵》:"戒哉轻沽诸,行矣自宠之。"罗立言《赋得沽美玉》:"谁怜被褐士,怀玉正求沽。"杜牧《牧陪昭应卢郎中在江西宣州佐叙旧成二十二韵用以投寄》:"去矣时难遇,沽哉价莫酬。"刘兼《自遣》:"照乘始堪沽善价,阳春争忍混凡音。"❷买。李白《天马歌》:"逸气棱棱凌九区,白璧如山谁敢沽。"陆龟蒙《黄金二首》之一:"自古黄金贵,犹沽骏与才。"崔萱《句》:"岂知一只凤钗价,沽得数村蜗舍人。"❸特指买酒。李白《效古二首》之一:"清歌弦古曲,美酒沽新丰。"耿沣《九日》:"更望尊中菊花酒,殷勤能得几回沽。"殷尧藩《旅行》:"寂寥一点寒灯在,酒熟邻家许夜沽。"皮日休《酒中十咏·酒泉》:"春从野鸟沽,昼仍闲猿酌。"❹买来的酒。孟郊《严河南》:"取次令坊沽,举止务在宽。"裴说《春早寄华下同人》:"市沽终不醉,春梦亦无凭。"齐己《送人入蜀》:"文君酒市逢初春,满贯新沽洗旅颜。"❺获取。见"沽名"。

【沽名】 猎取名声。李白《鸣皋歌送岑征君》:"吾诚不能学二子沽名矫节以耀世兮,固将弃天地而遗身。"司空图《书怀》:"陶令若能兼不饮,无弦琴亦是沽名。"聂夷中《胡无人行》:"男儿徇大义,立节不沽名。"齐己《叙怀寄高推官》:"已觉爱来多废道,可堪传去更沽名。"

【沽酒】 ❶买酒。贺知章《题袁氏别业》:"莫谩愁沽酒,囊中自有钱。"刘禹锡《百花行》:"无人不沽酒,何处不闻乐。"姚合《答友人招游》:"赌棋招敌手,沽酒自扶头。"杜荀鹤《赠溧水崔少府》:"只闻留客教沽酒,未省逢人说料钱。"❷卖酒。岑参《戏问花门酒家翁》:"老人七十仍沽酒,千壶百瓮花门口。"元稹《答子蒙》:"强梁御史人觑步,安得夜开沽酒户。"陆龟蒙《奉和袭美酒中十咏·酒垆》:"锦里多佳人,当垆自沽酒。"李中《送姚端秀才游毗陵》:"风弄青帘沽酒市,月明红袖采莲船。"

【沽貨】 谓猎取。韩愈、孟郊《同宿联句》:"逸韵何嘈嗷,高名俟沽赁。"

沭 〔shù《广韵》食聿切,入術,船。〕见"沭阳"。

【沭陽】 县名。因处沭水之北而得名。钱起有《沭阳古渡作》。

河 〔hé《广韵》胡歌切,平歌,匣。〕❶黄河的专称。李颀《杂兴》:"济水自清河自浊,周公大圣接舆狂。"权德舆《大言》:"华嵩为佩河为带,南交北朔跬步内。"李商隐《玄微先生》:"弄河移砥柱,吞日倚扶桑。"王毂《后魏行》:"一朝羖羝飞上天,子孙尽作河鱼饵。"❷河流的通称。崔颢《晚入汴水》:"昨晚南行楚,今朝北溯河。"李嘉祐《晚春宴无锡蔡明府西亭》:"井近时浇圃,城低下见河。"白居易《续古诗十首》之七:"盈盈一尺水,浩浩千丈河。"韩琮《晚春江晴寄友人》:"春青河畔草,不是望乡时。"❸州名。元稹《和李校书新题乐府十二首·缚戎人》:"少年随父戍安西,河渭瓜沙眼看没。"❹指银河。刘宪《奉和七夕宴两仪殿应制》:"更深移月镜,河浅度云骈。"韦应物《府舍月游》:"横河俱半落,泛露忽惊秋。"欧阳詹《赋得秋河曙耿耿送郭秀才应举》:"月没天欲明,秋河尚凝白。"李频《暮秋重过山僧院》:"却接良宵坐,明河几转流。"

【河干】 河岸。虞世南《拟饮马长城窟》:"驰马渡河干,流深马渡难。"李商隐《大卤平后移家到永乐二公尝于此县寄居》:"驱马绕河干,家山照露寒。"

【河上】 ❶黄河边。王维有《寄河上段十六》。刘长卿《送薛据宰涉县》:"昔闻在河上,高卧自无事。"刘禹锡《和令狐相公言怀寄河中杨少尹》:"任向洛阳称傲吏,苦教河上领诸侯。"❷指"河上公"。李白《赠卢征君昆弟》:"河上喜相得,壶中趣每同。"

【河上公】 神仙名。见晋葛洪《神仙传·河上公》。张说有《河上公》。赵彦昭《奉和圣制幸韦嗣立山庄应制》:"逍遥自在蒙庄子,汉主徒言河上公。"

【河上公廟】 祭祀河上公的庙宇。故址在陕州(今河南三门峡市)。张九龄有《奉和圣制经河上公庙》。玄宗有《经河上公庙》。

【河上仙翁】 即"河上公"。崔曙《九日登望仙台呈刘明府容》："关门令尹谁能识，河上仙翁去不回。"

【河上真人】 即"河上公"。陆希声《阳羡杂咏十九首·观妙庵》："茅庵不异人间世，河上真人自可寻。"

【河口】 泛指支流与黄河的交汇之处。韩翃《送山阴姚丞携妓之任兼寄山阴苏少府》："都门数骑出，河口片帆举。"卢纶有《河口逢江州朱道士因听琴》。孟郊《赠转运陆中丞》："帆影咽河口，车声聋关中。"

【河山】 ❶河流和山岳。杜审言《春日怀归》："河山鉴魏阙，桑梓忆秦川。"❷代指国土。无名氏《挽歌五首》(外编上)之四："玺绶传当璧，河山委大臣。"❸指黄河和华山。无名氏《黄金台》(外编下)："今年五月咸阳关，秦家城外悲河山。"

【河女】 即织女。李峤《同赋山居七夕》："暂惊河女鹊，终狎野人鸥。"

【河中】 ❶府名。唐开元八年置，以位于黄河中游得名。同年改为蒲州。乾元时复改河中府。治所在河东(今山西永济县蒲州镇)。储光羲有《河中望鸟滩作贻吕四郎中》。耿湋有《送胡校书秩满归河中》。李商隐有《奉同诸公题河中任中丞新创河亭四韵之作》。李洞有《送人归觐河中》。❷唐方镇名。后期号护国军。至德二年置。治所在蒲州(旋改河中府)。韩愈有《送侯参谋赴河中幕》。姚合有《送徐吴外赴河中从事》。高骈有《闻河中王铎加都统》。罗隐《途中献晋州孟中丞》："昨日隼旟辞阙下，今朝珠履在河中。"

【河水】 ❶泛指河流之水。戴叔伦《边城曲》："尘沙晴天迷道路，河水悠悠向东去。"储嗣宗《宋州月夜感怀》："雁池衰草露沾衣，河水东流万事微。"❷指黄河。白居易《效陶潜体诗十六首》之一六："济水澄而洁，河水浑而黄。"李德裕《东郡怀古二首·王京兆》："河水昔将决，冲波溢川浔。"张祜《晚秋潼关西门作》："关门西去华山色，秦地东来河水声。"

【河内】 郡名。楚、汉之际置。治所在今河南武陟西南。辖境相当于今河南省黄河以北，京广铁路以西地区。苏颋《奉和圣制登太行山中言志应制》："俯观河内邑，平指洛阳川。"杜甫《奉寄章十侍御》："湘西不得归关羽，河内犹宜借寇恂。"皇甫冉《和樊润州秋日登城楼》："时同借河内，人是卧淮阳。"薛能《送冯温往河外》："秦音尽河内，魏画自黎阳。"

【河心】 河中央。汤悦《早春寄华下同志》："岳面悬清雨，河心走浊冰。"

【河伊】 ❶河南府尹的简称。岑参《使君席夜送严河南赴长水》："使君地主能相送，河尹天明坐莫辞。"又《故河南尹苏公挽歌二首》之一："河尹恩荣旧，尚书宠赠新。"❷指东汉河南尹李膺。杜甫《奉寄河南韦尹丈人》："有客传河尹，逢人问孔融。"

【河右】 即河西。唐时指今河西走廊与湟水流域。刘宪《奉和送金城公主入西蕃应制》："外馆逾河右，行营指路岐。"柳宗元《唐铙歌鼓吹曲十二篇·河右平》："河右澶漫，顽为之魁。"

【河北】 ❶泛指黄河以北地区。白居易《除夜宿洺州》："家寄关西住，身为河北游。"李商隐《戏题枢言草阁三十二韵》："君家在河北，我家在山西。"又《行次西郊作一百韵》："山东望河北，爨烟犹相联。"贯休《陈情献蜀皇帝》："河北江东处处灾，唯闻全蜀勿尘埃。"❷道名。治所在魏州(今河北大名东北)。辖境相当于今北京市、河北省、辽宁省大部、河南和山东古黄河以北地区。王维《送陆员外》："天子顾河北，诏书除征东。"杜甫《承闻河北诸道节度入朝欢喜口号绝句十二首》之三："喧喧道路多歌谣，河北将军尽入朝。"韩愈《送侯参谋赴河中幕》："河北兵未进，蔡州帅新薨。"

【河北士人】 中唐河北士人。《全唐诗》卷七八四录其《寄内诗》等诗二首。其《寄内诗》诗题下注："《本事诗》：河北朱滔括兵，不择士族，悉令赴军。自阅于球场，有士子容止可观，进趋淹雅，滔召问曰：'所业者何？'曰：'学为计。'问：'有妻否？'曰：'有。'即令作《寄内诗》及《代妻答诗》，援笔立成，滔怜之，遣束帛遣归。"

【河外】 指唐滑州(今河南滑县)一带。因在河内郡之外，故称。薛能有《送冯温往河外》。

【河西】 ❶指今陕西、山西两省间黄河南段之西。苏味道《咏石》："济北甄神贶，河西濯锦文。"❷指今河西走廊和湟水流域。崔融《塞上寄内》："旅魂惊塞北，归望断河西。"岑参《河西春暮忆秦中》："渭北春已老，河西人未归。"赵嘏《送从翁中丞奉使黠戛斯六首》之四："牢山望断绝尘氛，滟滟河西拂地云。"❸唐方镇名。景云元年始置河西节度使。治所在凉州(今甘肃境)。辖境相当于今河西走廊。刘长卿有《送裴四判官赴河西军试》。张乔《送河西从事》："结束佐戎旃，河西住几年。"❹县名。唐武德三年置，因在黄河西岸，故称。乾元三年(760)改夏阳县。治所在今陕西境。杜甫《官定后戏赠》："不作河西尉，凄凉为折腰。"卢纶有《秋晚河西县楼送浑中允赴朝阙》。

【河曲】 (一qū)❶指今山西芮城西风陵渡一带。王勃《倬彼我系》之三："田彼河曲，家乎汾浦。"骆宾王有《晚泊河曲》。玄宗《潼关口号》："河曲回千里，关门限二京。"❷指今河套内外一带。王昌龄《箜篌引》："碧毛毡帐河曲游，橐驼五万部落稠。"魏兼恕《送张兵曹赴营田》："河曲今无战，王师每务农。"

【河州】 州名。十六国前凉分凉州置。治所在今甘肃兰州西北。辖境屡变。陈子昂《观荆玉篇》序：

"河州草木无他异者,惟有仙人杖,往往丛生。"吕温《题河州赤岸桥》:"左南桥上见河州,遗老相依赤岸头。"

【河池】 县名。东汉置,属武都郡。唐属凤州。故城在今甘肃境。刘得仁《送河池李明府之任》:"河池安所理,种柳与弹琴。"

【河車】 道教称炼丹的铅。李白《草创大还赠柳官迪》:"姹女乘河车,黄金充辕轭。"白居易《天坛峰下赠杜录事》之二:"河车九转宜精炼,火候三年在好看。"段成式《嘲元中丞》:"素娥毕竟难防备,烧得河车莫遣尝。"杜光庭《句》:"丹灶河车休矻矻,蚌胎龟息且绵绵。"

【河伯】 传说中的河神。苏颋《扈从温泉奉和姚令公喜雪》:"鼎臣今有问,河伯且应留。"杜甫《阌乡姜七少府设脍戏赠长歌》:"河冻未渔不易得,凿冰恐侵河伯宫。"鲍溶《采珠行》:"河伯空忧水府贫,天吴不敢相惊动。"汪遵《西河》:"花貌年年溺水滨,俗传河伯娶生人。"

【河沂】 黄河和沂水的合称。指泰山周围一带。李义府《在嶲州遥叙封禅》:"苕峣临渤澥,隐嶙控河沂。"

【河汾】 黄河和汾河的合称。也指二河之间的地区。苏颋《汾上惊秋》:"北风吹白云,万里渡河汾。"崔翘《奉和圣制答张说南出雀鼠谷》:"硖路绕河汾,晴光拂曙氛。"耿湋《酬张少尹秋日凤翔西郊见寄》:"鼎气孕河汾,英英济旧勋。"

【河汴】 黄河和汴水的合称。也指唐河南道。杜甫《八哀诗·故司徒李公光弼》:"拥兵镇河汴,千里初妥帖。"李德裕《东郡怀古二首·阳给事》:"义风激河汴,壮气沦山丘。"

【河沙世界】 即沙界。张瀛《赠琴棋僧歌》:"河沙世界尽空空,一寸寒灰冷灯畔。"

【河門】 临河的水城门。储光羲《贻丁主簿仙芝别》:"亲知送河门,邦族迎江澨。"

【河東】 ❶泛指河流东岸。薛能《题彭祖楼》:"谁致此楼潜惠我,万家残照在河东。"❷地区名。黄河在今山西省境作北南流向,因称黄河以东地区为河东,相当今于山西全境。张祜《大唐圣功诗》:"高祖守河东,权力已兼并。"❸郡名。秦置。治所在安邑(今山西夏县东北)。李峤《汾阴行》:"柏梁赋诗高宴罢,诏书法驾幸河东。"岑参《送祁乐归河东》:"祁乐后来秀,挺身出河东。"王建《上张弘靖相公》:"传封三世尽河东,家占中条第一峰。"❹道名。唐贞观十道、开元十五道之一。开元后治所在蒲州。辖境相当今于山西全省及河北省西北部长城内外地区。杜审言有《和李大夫嗣真奉使存抚河东》。崔颢《结定襄郡狱效陶体》:"我在河东时,使往定襄里。"储光羲有《奉和韦判官献侍郎叔除河东采访使》。王昌龄有《驾幸河东》。❺方镇名。开元十八年置河东节度使。许浑有《赠河东虞押衙二首》。孟匡明《饯王将军赴云中》:"关山横代北,旌节壮河东。"

【河東公】 指柳仲郢。曾任检校礼部尚书兼御史大夫。见《全唐文》卷七九〇崔玙《授柳仲郢东川节度使制》。李商隐有《细雨成咏献尚书河东公》。

【河東賦】 赋名。汉扬雄作,其旨在劝止成帝巡幸河东。赋见《汉书·杨雄传》。杜甫《赠献纳使起居田舍人》:"扬雄更有河东赋,唯待吹嘘送上天。"

【河岳】 同"河嶽"。

【河岱】 黄河和岱山的合称。韩愈《郓州溪堂诗》:"有荒不条,河岱之间。"

【河宗】 即"河伯"。沈佺期《和崔正谏登秋日早朝》:"河宗来献宝,天子命焚裘。"杜甫《韦讽录事宅观曹将军画马图》:"自从献宝朝河宗,无复射蛟江水中。"刘禹锡《平齐行二首》之二:"当今睿孙承圣祖,岳神望幸河宗舞。"

【河南】 ❶泛指黄河以南地区。沈佺期《答魑魅代书寄家人》:"渭北升高苑,河南祓禊场。"王翰《奉和圣制送张尚书巡边》:"骑历河南树,旌摇塞北沙。"杜牧《史将军二首》之一:"百战百胜价,河南河北闻。"戴休珽《古意》:"虏骑掠河南,汉兵屯灞上。"❷郡、府名。汉高祖二年置。治所在今洛阳市东北。李颀《裴尹东溪别业》:"公才廊庙器,官亚河南守。"韩愈《酬裴十六功曹巡府西驿途中见寄》:"遂令河南治,今古无俦伦。"刘禹锡《送宗密上人归南山草堂寺因谒河南尹白侍郎》:"河南白尹大檀越,好把真经相对翻。"崔珏《席间咏琴客》:"唯有河南房次律,始终怜得董庭兰。"❸道名。唐贞观十道、开元十五道之一。李白《永王东巡歌十一首》之五:"诸侯不救河南地,更喜贤王远道来。"刘长卿有《送河南元判官赴河南句当苗税充百官俸钱》。孟郊《杀气不在边》:"河南又起兵,清浊俱锁流。"❹方镇名。天宝十四年置,辖河南、淮北等十三郡。高适有《酬河南节度使贺兰大夫见赠之作》。刘长卿有《送孔巢父赴河南军》。

【河星】 指银河中的星。李白《下终南山过斛斯山人宿置酒》:"长歌吟松风,曲尽河星稀。"

【河亭】 ❶黄河边的驿亭。王建《送人》:"河亭收酒器,语尽各西东。"刘禹锡有《陕州河亭陪韦五大夫雪后眺望经迁贬而归》。杜牧有《过大梁闻河亭方宴赠孙子端》。唐彦谦有《蒲津河亭》。❷亭名。原名夕阳亭。在洛阳西南洛水边。李益有《洛阳河亭奉酬留守群公追送》。

【河兖】 济河与兖州的并称。储光羲《荥阳马氏二子》:“河兖冰初合,关城月屡圆。”刘长卿《送邵州判官往南》:“海沂军未息,河兖岁仍荒。”

【河洛】 ❶黄河和洛水的并称。玄宗《行次成皋途经先圣擒建德之所缅思功业感而赋诗》:“饮马河洛竭,作气嵩华惊。”张元宗《登景云寺阁》:“胡马饮河洛,我家从此迁。”曹邺《将赴天平职书怀寄翰林从兄》:“匹马渡河洛,西风飘路歧。”❷指二水之间地区。刘允济《经庐岳回望江州想洛川有作》:“景物观淮海,云霄望河洛。”孟浩然《送席大》:“江山历全楚,河洛越成周。”李白《南奔书怀》:“欃枪扫河洛,直割鸿沟半。”杜甫《后出塞五首》之五:“坐见幽州骑,长驱河洛昏。”❸指洛阳。张九龄《奉和圣制送十道采访使及朝集使》:“三年一上计,万国趋河洛。”韦应物《将往江淮寄李十九儋》:“徘徊到河洛,华屋未及窥。”张祜《江南逢故人》:“河洛多尘事,江山半旧游。”❹指洛水。薛蕴《赠郑女郎》:“艳阳灼灼河洛神,珠帘绣户青楼春。”

【河洲】 ❶河流中因泥沙沉积而成的陆地。高适《别韦五》:“夏云满郊甸,明月照河洲。”❷为称美后妃之德的典故。见《诗·周南·关雎》。卢照邻《中和乐九章·歌中宫第五》:“河洲在咏,风化攸归。”

【河津】 ❶河流的渡口。高适《秋胡行》:“誓将顾恩不顾身,念君此日赴河津。”❷银河。李白《避地司空原言怀》:“弄景奔日驭,攀星戏河津。”

【河宫】 犹“河庭”。李颀《与诸公游济渎泛舟》:“分官祷灵庙,奠璧沈河宫。”顾况《送从兄使新罗》:“河宫清奉赆,海岳晏来朝。”元稹《遭风二十韵》:“胜凌岂但河宫溢,坱轧浑忧地轴摧。”

【河原】 同“河源”。

【河庭】 河伯的宫廷。萧楚材《奉和展礼岱宗涂经濮济》:“林戈咽济岸,兽鼓震河庭。”

【河朔】 ❶泛指黄河以北地区。源乾曜《奉和圣制送张尚书巡边》:“匈奴迩河朔,汉地须戎旅。”岑参《送郑少府赴滏阳》:“子真河朔尉,邑里带清漳。”柳宗元《唐饶歌鼓吹曲十二篇·战武牢》:“战武牢,动河朔。”薛逢《君不见》:“君不见,马侍中,气吞河朔称英雄。”❷为宴饮典故。见《初学记》卷三。李峤《酒》:“每接高阳宴,长陪河朔游。”王维《不遇咏》:“身投河朔饮君酒,家在茂陵平安否。”钱起《避暑纳凉》:“十旬河朔应虚醉,八柱天台好纳凉。”

【河海】 代指宇内。郭子仪《享太庙乐章·广运舞》:“河海静谧,车书混同。”

【河流】 ❶指较长的一般有固定流向的水道。许棠《登渭南县楼》:“雪助河流涨,人耕烧色残。”徐铉《北使还襄邑道中作》:“河流激似飞,林叶翻如扫。”❷特指黄河。袁朗《相和歌辞·饮马长城窟行》:“零落叶已寒,河流清且急。”韩休《奉和圣制送张说巡边》:“路极河流远,川长朔气平。”李商隐《碧瓦》:“河流冲柱转,海沫近槎飘。”齐己《送人游塞》:“雁聚河流浊,羊群碛草膻。”❸指银河。徐铉《奉和七夕应令》:“斗柄易倾离恨促,河流不尽后期长。”

【河阴】 县名。唐置。因在黄河以南得名。今属河南荥阳市。姚合有《送丁端公赴河阴》。雍陶有《河阴新城》。

【河清】 ❶黄河变清。古人视为圣人临世天下升平的祥瑞。元稹《遣兴十首》之十:“河清谅嘉瑞,吾帝真圣人。”殷尧藩《金陵上李公垂侍郎》:“愿从吾道禧文运,再使河清俗化淳。”韩偓《感事三十四韵》:“虽遇河清圣,惭非岳降贤。”❷县名。唐置。故城在今河南济源县南,黄河北岸。李商隐《河清与赵氏昆季宴集得拟杜工部》。

【河清海晏】 亦作“河清海宴”。黄河水清,沧海波静,形容天下太平。顾况《八月五日歌》:“率土普天无不乐,河清海晏穷寥廓。”郑嵎《津阳门诗》:“河清海宴不难睹,我皇已上升平基。”吕岩《七言》之一四:“河清海晏乾坤净,世世安居道德中。”

【河清海宴】 同“河清海晏”。

【河清颂】 颂文名。指歌颂时世升平的作品。见《宋书·鲍照传》。杜甫《洗兵马》:“隐士休歌紫芝曲,词人解撰河清颂。”

【河渠】 泛指水道。刘禹锡《令狐相公见示河中杨少尹赠答兼命继之》:“四面诸侯瞻节制,八方通货溢河渠。”翁洮《秋》:“寥泬雁多宫漏永,河渠烟敛塞天空。”

【河梁】 ❶黄河上的桥梁。杜甫《自京赴奉先县咏怀五百字》:“河梁幸未坼,枝撑声窸窣。”无名氏《冬日野望》(外编上):“出户过河梁,登高试望乡。”❷旧传汉李陵《与苏武》诗之三有“携手上河梁,游子暮何之”之句,后以“河梁”为送别典故。太宗《饯中书侍郎来济》:“暧暧去尘昏灞岸,飞飞轻盖指河梁。”刘长卿《送郭六侍从之武陵郡》:“河梁马首随春草,江路猿声愁暮天。”牟融《送羽衣之京》:“羽衣缥缈拂尘嚣,怅别河梁赠柳条。”马戴《答太原从军杨员外送别》:“河梁人送别,秋汉雁相鸣。”

【河梁别】 指李陵与苏武的诀别。李白《苏武》:“东还沙塞远,北怆河梁别。”也作苏氏典故。孙逖《送苏郎中绾出佐荆州》:“不见河梁别,空销郢路魂。”

【河梁诗】 指送别诗。李白《泾川送族弟錞》:“愧无海峤作,敢阙河梁诗。”

【河梁篇】 指李陵赠别苏武的名篇。欧阳詹《李评事公进示文集因赠之》:“希微嘉会章,杳冥河梁篇。”

【河堤】 河流的堤岸。宋之问《龙门应制》:“河堤柳新翠，苑树花先发。”李白《春日独坐寄郑明府》：“燕麦青青游子悲，河堤弱柳郁金枝。”

【河陽】 ❶县名。汉置县，属河内郡。故城在今河南孟县西。宋之问《河阳》：“昔日河阳县，氛氲香气多。”元稹《夏阳亭临望寄河阳侍御尧》：“殷勤眼前水，千里到河阳。”白居易《过温尚书旧庄》：“白石清泉抛济口，碧幢红旆照河阳。”韩偓《春昼》：“河阳县远，清波地遥。”❷唐方镇名。建中二年置。节度使治所在河阳县。权德舆有《送韦行军员外赴河阳》。韩愈有《送石洪处士赴河阳幕得起字》。❸晋潘岳曾任河阳令。后以“河阳”为潘岳故实。骆宾王《艳情代郭氏答卢照邻》：“掷果河阳君有分，货酒成都妾亦然。”武元衡《酬陆三与邹十八侍御》：“令尹关中仙史会，河阳县里玉人闲。”陆龟蒙《奉和袭美病中庭际海石榴花盛发见寄次韵》：“谁与佳名从海曲，只应芳裔出河阳。”亦以“河阳”代指潘岳。李白《赠从孙义兴宰铭》：“河阳富奇藻，彭泽纵名杯。”杜甫、李元芳《夏夜李尚书筵送宇文石首赴县联句》：“单父长多暇，河阳实少年。”钱起《和蜀县段明府秋城望归期》：“河阳传丽藻，清韵入歌谣。”

【河陽一縣花】 晋潘岳任河阳县令时，于县内遍种桃李，传为美谈。李商隐《县中恼饮席》：“若无江氏五色笔，争奈河阳一县花。”沈彬《阳朔碧莲峰》：“陶潜彭泽五株柳，潘岳河阳一县花。”

【河陽橋】 桥名。故址在今河南孟县西南与孟津东北之间的黄河上。晋杜预于此始造浮桥，世称“河桥”。唐时称“河阳桥”。王勃有《河阳桥代窦郎中佳人答杨中舍》。杜甫《后出塞五首》之二：“朝进东门营，暮上河阳桥。”柳中庸有《河阳桥送别》。

【河華】 (—huà)黄河和华山的并称。指唐两京之地。高适《酬河南节度使贺兰大夫见赠之作》：“河华屯妖气，伊瀍有战声。”

【河間】 ❶郡、国名。汉高帝置郡，文帝改国。其后或为郡，或为国。治所在乐城(今河北献县东南)。三国魏改郡，西晋复为国。隋开皇初废。大业及唐天宝、至德时又曾改瀛州为河间郡。储光羲《贻鼓吹李丞时信安王北伐李公王之所器者也》：“河间旧相许，车骑日逢迎。”高适有《同敬八卢五泛河间清河》。杜甫《不归》：“河间尚征伐，汝骨在空城。”张继《河间献王墓》：“偶过河间寻往迹，却怜荒冢带寒烟。”❷指河间献王刘德。杜甫《别李义》：“子建文笔壮，河间经术存。”又《奉汉中王手札》：“枚乘文章老，河间礼乐存。”

【河間數錢】 (数 shǔ)《后汉书·五行志一》：“桓帝之初，京都童谣曰：‘……车班班，入河间。河间姹女工数钱，以钱为室金为堂。’”后以为河间故实。上官仪《和太尉戏赠高阳公》：“惯是洛滨要解珮，本是河间好数钱。”

【河間獻王】 指刘德。汉景帝之子。景帝前元二年封为河间王。好古修学，从民间搜求古籍，立博士，修礼乐，使河间成为当时北方的文化中心。谥曰献。张继有《河间献王墓》。

【河湟】 亦作“河隍”。黄河和湟水的并称。亦指二水之间的地区。储光羲《哥舒大夫颂德》：“河湟训兵甲，义勇方横行。”羊士谔《送张郎中副使自南省赴凤翔府幕》：“城郭须来贡，河隍亦顺流。”鲍溶《赠李黯将军》：“圣人唯有河湟恨，寰海无虞在一劳。”贯休《古塞下曲七首》之一：“下营依遁甲，分帅把河隍。”

【河隍】 同“河湟”。

【河鼓】 星名。属牛宿，在牵牛之北。一说即牵牛异名。权德舆《七夕见与诸孙题乞巧文》：“鹊桥临片月，河鼓掩轻云。”刘禹锡《七夕二首》之一：“河鼓灵旗动，嫦娥破镜斜。”徐凝《七夕》：“别离还有经年客，怅望不如河鼓星。”罗虬《比红儿诗》之四〇：“京口喧喧百万人，竞传河鼓谢星津。”

【河傳】 (—zhuàn)词牌名。一作《水调河传》，又名《怨王孙》《月照梨花》等。“河传”之名始于隋代，传为隋炀帝去江都时所作，今已不传。今所见者以唐温庭筠之作最早。唐、五代时该词调无论是字数、句式，还是仄韵都未统一。温庭筠、韦庄、李珣、阎选、孙光宪、张泌、徐昌图等人皆填此词。

【河溝】 水名。又称“梁沟”“鸿沟”“蒗荡渠”等。在今河南开封市西北。周昙《咏史诗·春秋战国门·公叔》：“无谋纵欲离安邑，可免河沟徙大梁。”

【河源】 亦作“河原”。❶指黄河源头及周围一带地方。皇甫冉《送客》：“河源虽万里，音信寄来查。”张仲素《塞下曲五首》之四：“乡关万里无因见，西戍河源早晚休。”张蠙《边情》：“草枯朔野春难发，冰结河源夏半销。”❷军名。唐仪凤二年置。治所在今青海省西宁市东南。杜甫《天边行》：“陇右河源不种田，胡骑羌兵入巴蜀。”法振《河源破贼后赠袁将军》：“蔓草河原色，悲笳碎叶声。”李端《奉送宋中丞使河源》：“部领河源去，悠悠陇水分。”吕温有《经河源军汉村作》。李商隐《行次西郊作一百韵》：“南资竭吴越，西费失河源。”

【河塞】 (—sài)指黄河上游边塞之地。胡皓《大漠行》：“云沙泱漭天光闭，河塞阴沈海色凝。”屈同仙《燕歌行》：“河塞东西万余里，地与京华不相似。”

【河圖】 传说伏羲时龙马负图出于黄河，伏羲取法以画八卦。李峤《书》：“河图八卦出，洛范九畴初。”皎然《奉和颜使君真卿修韵海毕会诸文士东堂重校》：“探讨始河图，纷纶归海韵。”柳宗元《省试观庆云图诗》:“恒将配尧德,垂庆代河图。”陆龟蒙《袭美先辈以龟蒙所献五百言既蒙见和复示荣唱用伸酬谢》:“河图孕八卦,焕作玄中奇。”

【河漢】 ❶黄河和汉水的并称。白居易《开龙门八节石滩诗二首》之二:“十里叱滩变河汉,八寒阴狱化阳春。”❷指银河。崔日用《夜宴安乐公主宅》:“银烛金屏坐碧堂,只言河汉动神光。”李益《溪中月下寄杨子尉封亮》:“尝恐河汉远,坐窥烟景穷。”鲍溶《秋夜闻郑山人弹楚妃怨》:“此夕河汉上,双星含凄然。”李频《夏日宿秘书姚监宅》:“听吟丽句尽,河汉任西东。”

【河滿子】 即《何满子》。歌曲名。张祜《宫词二首》之一:“一声河满子,双泪落君前。”

【河滸】 河边。元稹《代曲江老人百韵》:“琳琅铺柱础,葛藟茂河滸。”

【河濆】 黄河边。张濯《题舜庙》:“古都遗庙出河渍,万代千秋仰圣君。”

【河潤】 ❶河水滋润土地。赵叔达《星回节避风台骠信命赋》:“河润冰难合,地暖梅先开。”❷指河边润泽之地。王维《初出济州别城中故人》:“闾阎河润上,井邑海云深。”

【河橋】 ❶泛指桥梁。杜牧《代人寄远六言二首》之一:“河桥酒旆风软,候馆梅花雪娇。”许浑《淮阴阻风寄呈楚州韦中丞》:“河桥有酒无人醉,独上高城望庾楼。”李群玉《长沙春望寄涔阳故人》:“依微水戍闻疏鼓,掩映河桥见酒旗。”齐己《言诗》:“河桥送别者,二子好相知。”❷指长安城东的渭河桥。刘长卿《送姨子弟往南郊》:“送君匹马别河桥,汝南山郭寒萧条。”韩翃《送王光辅归青州兼寄储侍郎》:“蝉声驿路秋山里,草色河桥落照中。”许浑《秋日行次关西》:“还同长卿志,题字满河桥。”❸即河阳桥。权德舆《送韦行军员外赴河阳》:“离堂处处罗簪组,东望河桥壮鼙鼓。”孟郊《上河阳李大夫》:“武牢锁天关,河桥纽地机。”❹指鹊桥。林杰《乞巧》:“七夕今宵看碧霄,牵牛织女渡河桥。”

【河壖】 黄河边之地。高适《自淇涉黄河途中作十三首》之八:“古堰对河壖,长林出淇口。”

【河嶽】 亦作“河岳”。黄河和五岳的并称。白居易《寄微之三首》之三:“有如河岳气,相合方氛氲。”鲍溶《述德上太原严尚书绶》:“帝命河岳神,降灵翼轩辕。”罗隐《广陵李仆射借示近诗因投献》:“语继盘盂抛俗格,气兼河岳带商声。”贯休《观怀素草书歌》:“怀素师,怀素师,若不是星辰降瑞,即必是河岳孕灵。”亦泛指山川。王维《送权二》:“韩侯久携手,河岳共幽寻。”黄滔《钟陵故人》:“荆榛翠是钱神染,河岳期须国士钟。”

【河濱】 ❶黄河边。杜甫《寄张十二山人彪三十韵》:“耕岩非谷口,结草即河滨。”❷县名。即河西县。萧颖士有《过河滨和文学张志尹》。

【河闕】 即伊阙。在今河南洛阳市西南。杜审言《送崔融》:“祖帐连河阙,军麾动洛城。”

【河瀆神】 唐教坊曲名,后用为词牌。专咏祭祀之事。双调四十九字,上阕平韵,下阕仄韵。温庭筠、孙光宪、张泌皆有《河渎神》词。

【河關】 指黄河和潼关。亦指关西地区。王维《赠祖三咏》:“虽有近音信,千里阻河关。”鲍溶《秋怀五首》之四:“金气白日来,疏黄满河关。”许浑《寓崇圣寺怀李校书》:“河关初罢梦,池阁更含情。”薛能《送冯温往河外》:“琴剑事行装,河关出北方。”

【河隴】 河西与陇右。泛指唐朝的西北边境。苑咸《送大理正摄御史判凉州别驾》:“伫闻河陇外,还继海沂康。”岑参有《胡笳歌送颜真卿使赴河陇》。白居易《新乐府·西凉伎》:“凉州陷来四十年,河陇侵将七千里。”

【河蘭】 河州和兰州的并称。鲍溶《赠远》:“辛苦关西车骑官,几年旌节客河兰。”韩琮《京西即事》:“秋草河兰起阵云,凉州唯向管弦闻。”李频《送凤翔范书记》:“若共将军语,河兰地未收。”许棠《送李左丞巡边》:“西绕河兰匝,应多隔岁还。”

【河灣】 ❶河流迂曲处。方干《采莲》:“兰舟迟速有输赢,先到河湾赌何物。”徐铉《邵伯埭下寄高邮陈郎中》:“河湾水浅翘秋鹭,柳岸风微噪暮蝉。”❷黄河弯曲处。徐安贞《奉和圣制早度蒲津关》:“两都分地险,一曲度河湾。”高骈《塞上曲二首》之一:“二年边戍绝烟尘,一曲河湾万恨新。”

泙

〔pēng《集韵》披庚切,平庚,滂。〕水声。见“泙泙”。

【泙泙】 水声。韩偓《李太舍池上玩红薇醉题》:“花低池小水泙泙,花落池心片片轻。”

沾

〔zhān《广韵》張廉切,平鹽,知。又他兼切,平添,透。〕❶浸湿。李嘉祐《送评事十九叔入秦》:“白露沾蕙草,王孙转忆归。”李贺《河南府试十二月乐词·五月》:“罗袖从徊翔,香汗沾宝粟。”章孝标《贻美人》:“轻轻舞汗初沾袖,细细歌声欲绕梁。”章碣《雨》:“乱沾细网垂穷巷,斜送阴云入古厅。”❷沾连。寇坦《同皇甫兵曹天官寺浴室新成招友人赏会》:“水洁三空性,香沾四大身。”皮日休《茶中杂咏·茶瓯》:“枣花势旋眼,蘋沫香沾齿。”❸受益,蒙恩。冯著《短歌行》:“结根各得地,幸沾雨露功。”顾况《步虚词》:“残药沾鸡犬,灵香出凤麟。”崔枢《赐耆老布帛》:“庆洽时方泰,仁沾月告存。”司空图《寓居有感三首》之一:“只待东封沾庆赐,碑阴别刻老臣名。”❹

“沾”字之讹。李颀《放歌行答从弟墨卿》：“虽沾寸禄已后时，徒欲出身事明主。”许棠《讲德陈情上淮南李仆射八首》之五：“已期到老还沾禄，无复偷闲却养生。”

【沾巾】 沾湿手巾。多形容悲伤。李嘉祐《晚登江楼有怀》：“只忆帝京不可到，秋琴一弄欲沾巾。”贾至《自蜀奉册命往朔方途中呈崔侍郎》：“激昂白刃前，溅血下沾巾。”刘禹锡《寄杨虢州与之旧姻》：“各系一官难命驾，每怀前好易沾巾。”于武陵《送鄠县董明府之任》：“空持语相送，应怪不沾巾。”

【沾牙】 附着在牙齿上。胡峤《飞龙涧饮茶句》：“沾牙旧姓余甘氏，破睡当封不夜侯。”

【沾衣】 沾湿衣裳。多形容悲伤落泪。岑参《送裴判官自贼中再归河阳幕府》：“卷帘山对酒，上马雪沾衣。”杨凝《送别》：“姓杨皆足泪，非是强沾衣。”白居易《和杨师皋伤小姬英英》：“坟上少啼留取泪，明年寒食更沾衣。”许棠《宣城送进士郑徽赴举》：“长安去是归，上马肯沾衣。”

【沾污】 弄脏。李绅《逾岭峤止荒陬抵高要》：“天际长垂饮涧虹，檐前不去衔泥燕。”自注：“燕不归蛰，燕泥多沙，人惧其沾污于人，每逐其巢也。”

【沾施】 润泽，施予。李沇《醮词》：“旷古雨露恩，安得惜沾施。”

【沾恩】 犹言蒙恩、承恩。欧阳詹《自南山却赴京师石臼岭头即事寄严仆射》：“因高回望沾恩处，认得梁州落日边。”许棠《讲德陈情上淮南李仆射八首》之二：“尝念苍生如赤子，九州无处不沾恩。”

【沾裳】 犹“沾衣”。崔翘《送友人使夷陵》：“猿鸣三峡里，行客旧沾裳。”方干《清明日送邓芮还乡》：“每嫌儿女泪，今日自沾裳。”

【沾濡】 沾湿。刘叉《雪车》：“皎洁既同君子节，沾濡多著小人面。”

【沾臆】 谓泪水沾湿前胸。袁瓘《鸿门行》：“虏骑血洒衣，单于泪沾臆。”刘长卿《桂阳西州晚泊古桥村住人》：“悲蛩满荆渚，辍棹徒沾臆。”

【沾襟】 犹“沾衣”。韦应物《赋得暮雨送李胄》：“相送情无限，沾襟比散丝。”常兖《逢南中使寄岭外故人》：“炎方难久客，为尔一沾襟。”李绅《闻猿》：“见说三声巴峡深，此时行者尽沾襟。”李山甫《读汉史》：“四百年间反覆寻，汉家兴替好沾襟。”

【沾顧】 谓蒙受恩泽和青睐。许棠《陈情献江西李常侍五首》之五：“丘门沾顾重，未别欲阑干。”

【沾缨】 泪水弄湿系冠的带子。形容极度悲伤。李白《经乱离后赠江夏韦太守良宰》：“临当欲去时，慷慨泪沾缨。”欧阳詹《与林蕴同之蜀途次嘉陵江认得越鸟声呈林林亦闽中人也》：“正是闽中越鸟声，几回留听暗沾缨。”韦庄《黄藤山下闻猿》：“好笑五陵年少客，壮心无事也沾缨。”

沮[1] 〔jǔ《广韵》慈吕切，上語，從。又七余切，平魚，清。〕❶情绪低落，灰心丧气。元稹《献荥阳公诗五十韵》：“自伤魂惨沮，何暇思幽玄。”刘禹锡《磨镜篇》：“山神妖气沮，野魅真形出。”牛僧孺《句》：“求人气色沮，凭酒意乃伸。”齐己《荆渚感怀寄僧达禅弟三首》之一：“电击流年七十三，齿衰气沮竟何堪。”❷惊恐。见“沮丧”。

沮[2] 〔jù《广韵》將預切，去御，精。〕❶低湿之地。韦应物《拟古诗十二首》之八：“汾沮何鄙俭，考槃何退穷。”❷低湿。白居易《履道新居二十韵》：“门闭深沈树，池通浅沮沟。”

沮[3] 〔jū《广韵》子魚切，平魚，精。又側魚切，平魚，莊。又七余切，平魚，清。〕水名。❶见“沮水”。耿沣《酬畅当》：“同游漆沮后，已是十年余。”❷水名。在湖北中西部。见“沮漳”。

【沮$_3$水】 水名。一名上沮水。源于今陕西。史瑜《青泥山》：“溪从沮水流嶓冢，岭接青泥入剑天。”

【沮$_2$洳】 ❶低湿之地；沼泽。钱起《谷口新居寄同省朋故》：“种黍傍烟溪，榛芜兼沮洳。”韦应物《山行积雨归途始霁》：“深林猿声冷，沮洳虎迹新。”韩愈《赠侯喜》：“君欲钓鱼须远去，大鱼岂肯居沮洳。”陆龟蒙《奉酬袭美先辈吴中苦雨一百韵》：“沮洳渍琴书，莓苔染巾袜。”❷潮湿。白居易《酬郑侍御多雨春空过诗三十韵》：“浸淫天似漏，沮洳地成疮。”李渤《南溪诗》序：“溯流数百步至岩，岩下有湾壤沮洳。因导为新泉。”李商隐《思归》：“岭云春沮洳，江月夜晴明。”

【沮喪】 （—sàng）形容震惊而恍然若失。杜甫《观公孙大娘弟子舞剑器行》：“观者如山色沮丧，天地为之久低昂。”

【沮$_3$漳】 沮水和漳水的并称。也指二水流域，即古代荆州之地。李百药《郢城怀古》：“万乘重沮漳，九鼎轻伊谷。”又《王师渡汉水经襄阳》：“延波接荆梦，通望迩沮漳。”孟浩然《陪张丞相登嵩阳楼》：“林莽北弥望，沮漳东会流。”

油 〔yóu《广韵》以周切，平尤，以。〕❶从某些植物种子中榨出的稠性液体。元稹《送王十一郎游剡中》：“百里油盆镜湖水，千峰钿朵会稽山。”白居易《夜泛阳坞入明月湾即事寄崔湖州》：“掩映橘林千点火，泓澄潭水一盆油。”❷用油涂饰或浸渍。杨巨源《赠陈判官求子花诗》：“油地轻绡碧且红，须怜纤手是良工。”温庭筠《感旧陈情五十韵献淮南李仆射》：“油额芙蓉帐，香尘玳瑁筵。”也指用于涂饰的油。李商隐《赠子直花下》：“屏缘蝶留粉，窗油蜂印黄。”❸指油幕。王建《送裴相公上太原》：“朱架早朝立剑戟，绿槐残雨看张油。”❹茂盛润泽貌。见“油然❶”。

【油衫】 用桐油涂制成的雨衣。李贺《江楼曲》：“萧骚浪白云差池，黄粉油衫寄郎主。”

【油油】 ❶茂密润泽貌。李峤《奉教追赴九成宫途中口号》：“郁郁桑柘繁，油油禾黍积。”卢纶《送从叔牧永州》：“郡斋无事好闲眠，粳稻油油绿满川。”李贺《箜篌引》：“陇亩油油黍与葫，瓦甒浊醪蚁浮浮。”卢殷《雨霁登北岸寄友人》：“稻黄扑扑黍油油，野树连山涧自流。”❷流动貌。储光羲《秋次霸亭寄申大》：“杲杲初景出，油油鲜云卷。”元稹《韦氏馆与周隐客杜归和泛舟》：“天色低澹澹，池光漫油油。”白居易《贺雨》：“凝为油油云，散作习习风。”❸悠然自得貌。刘禹锡《谢窦员外旬休早凉见示诗》：“四时苒苒催容鬓，三爵油油忘是非。”白居易《对琴酒》：“油油春云心，一杯可致之。”❹广大貌。崔禹锡《奉和圣制送张说巡边》：“赫赫皇威振，油油圣泽滂。”顾况《补乐歌十首·咸池》：“元化油油兮，孰知其然。”又《补乐歌十首·大韶》：“欲闻大濩兮，大渊油油。”

【油旌】 一种浸过油的旗帜。元稹《奉和荥阳公离筵作》：“南郡生徒辞绛帐，东山妓乐拥油旌。”又《赠李十一》：“淮水连年起战尘，油旌三换一何频。”

【油雲】 指浓云。语出《孟子·梁惠王上》：“天油然作云，沛然下雨。”虞世南《发营逢雨应诏》：“油云阴御道，膏雨润公田。”包佶《祀雨师乐章·送神》：“跪拜临坛结空想，年年应节候油云。”白居易《喜雨》：“油云忽东起，凉雨凄相续。”司空图《诗品二十四则·雄浑》：“荒荒油云，寥寥长风。”

【油然】 ❶茂盛貌。许浑《汉水伤稼》序：“此郡虽自夏无雨，江边多穑，油然可观。”❷自然而然地。白居易《长恨歌》前引陈鸿《长恨歌传》：“浴日余波，赐以汤沐。春风灵液，澹药其间，上心油然若有顾遇，左右前后，粉色如土。”

【油溶】 广阔貌。元结《演兴四首·招太灵》：“望太灵兮俨而安，澹油溶兮都清闲。”

【油碧】 指绿色油帷。罗隐《江南行》：“西陵路边月悄悄，油碧轻车苏小小。”

【油幕】 涂油的帐幕。多指军帐。司空曙《送人归黔府》：“油幕晓开飞鸟绝，翩翩上将独趋风。”武元衡《同洛阳诸公饯卢起居》：“赤墀方载笔，油幕尚言兵。”刘禹锡《送赵中丞参山南令狐仆射幕府》：“相府开油幕，门生逐绛纱。”罗隐《寄京阙陆郎中昆仲》：“才见玳簪倚细柳，便知油幕胜红莲。”

【油蔚】 唐诗人。曾奉使塞北。《全唐诗》卷七六八录其《赠别营妓卿卿》诗一首。

【油幢】 （—zhuàng）❶盖有油布帷的车子。皇甫冉《送卢郎中使君赴京》：“曲盖遵长道，油幢憩短亭。”窦群《贞元末东院尝接事因寄四韵》：“霄汉朝来下，油幢路几千。”卢纶《书情上大尹十兄》：“紫陌绝纤埃，油幢千骑来。”刘禹锡《微之镇武昌中路见寄蓝桥怀旧之作凄然继和兼寄安平》：“今日油幢引，他年黄纸追。”❷帐篷。多指军帐。常兖《题金吾郭将军石洑茅堂》：“玉佩多依石，油幢亦在林。”权德舆《太原郑尚书远寄新诗走笔酬赠因代书贺》：“职重油幢推上略，荣兼革履见深恩。”李绅《拜宣武军节度使》：“油幢并入虎旗开，锦橐从天凤诏来。”李洞《东川高仆射》：“油幢影里拜清风，十里貔貅一片雄。”

【油燈】 用植物油作燃料，用线缕或灯草作灯芯的简陋照明工具。韩愈《月蚀诗效玉川子作》：“油灯不照席，是夕吐焰如长虹。”

【油壁】 用桐油涂饰车厢。李商隐《木兰》：“紫丝何日障，油壁几时车。”吴融《个人三十韵》：“博山凝雾重，油壁隐车轻。”也指油壁车。沈亚之《虎丘山真娘墓》：“油壁何人值，钱塘度曲哀。”吴融《春雨》：“寒入腻裘浓晓睡，细随油壁静香尘。”

【油壁車】 参见“油壁”。李贺《苏小小墓》：“油壁车，夕相待。”李商隐《朱槿花二首》之一：“不卷锦步障，未登油壁车。”温庭筠《碌碌古词》：“一鞘无两刃，徒劳油壁车。”又《春晓曲》：“油壁车轻金犊肥，流苏帐晓春鸡早。”

【油囊】 用油布做的布袋。张说《苏摩遮五首》词之三：“油囊取得天河水，将添上寿万年杯。”

泱[1] 〔yāng《广韵》於良切，平陽，影。〕❶水深广貌。见“泱泱❶”。❷广大貌。见“泱泱❷”。❸悠扬貌。见“泱泱❸”。

泱[2] 〔yǎng《广韵》烏朗切，上蕩，影。〕漫无边际貌。薛据《西陵口观海》：“在昔胚浑凝，融为百川泱。”

【泱泱】 ❶水深广貌。李贺《同沈驸马赋得御沟水》：“入苑白泱泱，宫人正靥黄。”杜牧《郡斋独酌》：“后岭翠扑扑，前溪碧泱泱。”又《兰溪》：“兰溪春尽碧泱泱，映水兰花雨发香。”李建勋《题魏坛二首》之二：“薄暮欲归仍伫立，菖蒲风起水泱泱。”❷广大貌。杜甫《大云寺赞公房四首》之四：“泱泱泥污人，听听国多狗。”元结《补乐歌十首·咸池》：“至道泱泱兮，由之以全。”❸悠扬貌。皎然《风入松》：“夜未央，曲何长，金徽更促声泱泱。”

【泱茫】 广大貌。元结《引极三首·思元极》：“天旷莽兮杳泱茫，气浩浩兮色苍苍。”

【泱$_2$莽】 同“泱漭”。

【泱$_2$漭】 “泱漭”之讹。广大貌。戎昱《塞下曲》之三：“泱漭沙漠空，终日胡风吹。”

【泱₂漭】 ❶广大貌。崔湜《大漠行》:"云沙泱漭天光闭,河塞阴沈海色凝。"杜甫《送率府程录事还乡》:"东风吹春冰,泱漭后土湿。"韦应物《赠李判官》:"下有千亩田,泱漭吴土肥。"❷弥漫貌。张说《奉和圣制野次喜雪应制》:"泱漭云阴积,氤氲风雪回。"陈季《湘灵鼓瑟》:"楚云来泱漭,湘水助清泠。"杜甫《奉同郭给事汤东灵湫作》:"箫鼓荡四溟,异香泱漭浮。"刘长卿《关门望华山》:"徘徊忘暝色,泱漭成阴烟。"❸水势浩瀚貌。宋务光《海上作》:"崩腾翕众流,泱漭环中国。"柳宗元《法华寺石门精舍三十韵》:"映日雁联轩,翻云波泱漭。"李洞《赠可上人》:"将法传来穿泱漭,把诗吟去入嵌岩。"

況 〔kuàng《广韵》許訪切,去漾,曉。〕❶景况,景遇。高适《赠别沈四逸人》:"沈侯未可测,其况信浮沉。"顾况《南归》:"鲈鱼消宦况,鸥鸟识归心。"唐彦谦《樊登见寄四首》之三:"良夜最岑寂,旅况何萧条。"李中《赠永真杜翱少府》:"爱静不嫌官况冷,苦吟从听鬓毛苍。"❷比拟。元稹《酬乐天书怀见寄》:"况我江上立,吟君怀我诗。"李商隐《别薛岩宾》:"清规无以况,且用玉壶冰。"陆龟蒙《记事》:"缄书寄城内,搪突无以况。"❸副词。(1)更,更加。孟浩然《彭蠡湖中望庐山》:"久欲追尚子,况兹怀远公。"杜甫《喜雨》:"农事都已休,兵戈况骚屑。"权德舆《工部发引日属伤足卧疾不遂执绋》:"子春伤足日,况有寝门哀。"皮日休《夜会问答十》之一:"况有萧闲洞中客,吟为紫凤呼凰声。"(2)正,恰。太宗《重幸武功》:"况兹承眷德,怀旧感深衷。"王维《崔濮阳兄季重前山兴》:"秋色有佳兴,况君池上闲。"薛据《初去郡斋书怀》:"况是疾风起,悠悠旌旆悬。"黄滔《客舍秋晚夜怀故山》:"寥寥深巷客中居,况值穷秋百事疏。"❹连词。何况,况且。李白《杂诗》:"况尔悠悠人,安得久世间。"韩愈《秋字》:"况与故人别,那堪羁宦愁。"赵嘏《陪崔璞侍御和崔玭春日有怀》:"诗家本多感,况值广陵春。"王毂《赠苍溪王明府有文在手曰长生》:"况无婚嫁累,应拍尚平肩。"❺通"貺"。赐予。武元衡《奉酬淮南中书相公见寄》序:"公手提兵柄,心匠化源,芳词况余,情勤靡极。"

【況乃】 ❶何况。张九龄《咏史》:"居然已不一,况乃务相诡。"皇甫冉《之京留别刘方平》:"邀欢日不足,况乃前期长。"柳宗元《咏三良》:"殉死礼所非,况乃用其良。"薛能《送李溟出塞》:"边城官尚恶,况乃是羁游?"❷恍若,好像。杜甫《江边星月二首》之一:"余光隐更漏,况乃露华凝。"元稹《和乐天秋题曲江》:"况乃江枫夕,和君秋兴诗。"

【況乎】 况且,何况。王维《送秘书晁监还日本国》序:"服食器用,不宝远物,百神受职,五老告期,况乎戴发含齿,得不稽颡屈膝?"玄宗《春中兴庆宫酺宴》序:"况乎天地交而万物通,阴阳和而四时序。"

【況復】 ❶何况,况且。玄宗《过大哥山池题石壁》:"林亭自有幽贞趣,况复秋深爽气来。"孟浩然《齿坐呈山南诸隐》:"从来抱微尚,况复感前规。"孟郊《独宿岘首忆长安故人》:"月迥无隐物,况复大江秋。"郑谷《通川客舍》:"已难消永夜,况复听秋霖。"❷更加,加上。杜甫《寄杜位》:"干戈况复尘随眼,鬓发还应雪满头。"郎士元《别房士清》:"苍苍岁阴暮,况复惜驰晖。"刘昚虚《暮秋扬子江寄孟浩然》:"暝色况复久,秋声亦何长。"李商隐《子初全溪作》:"全溪不可到,况复尽余醅。"❸仿佛,好像。寒山《诗三百三首》之一三四:"呼之回面视,况复不相识。"王维《泛前陂》:"秋空自明回,况复远人间。"

【況當】 ❶恰逢,正值。崔国辅《杭州北郭戴氏荷池送侯愉》:"秋近万物肃,况当临水时。"白居易《朝归书寄元八》:"况当好时节,雨后清和天。"杜荀鹤《送友人入关》:"况当朝野搜贤日,正是孤寒取士时。"❷何况。元结《寄源休》:"况当在兵家,言之岂容易。"曹邺《相思极》:"况当受明礼,不令再嫁人。"❸何况在,况且在。韦应物《答贡士黎逢》:"不见心尚密,况当相见时。"韩愈《陪杜侍御游湘西两寺独宿有题一首因献杨常侍》:"况当江阔处,斗起势匪渐。"白居易《大水》:"况当率税时,颇害农桑事。"舒元舆《八月五日中部官舍读唐历天宝已来追怆故事》:"况当近塞地,哀吹起边笛。"

泂 〔jiǒng《广韵》户頂切,上迥,匣。〕❶湖名。见"泂湖"。陆龟蒙《奉和袭美添渔具五篇·箬笠》:"不识九衢尘,终年居下泂。"皮日休《鲁望读襄阳耆旧传见赠五百言次韵》:"伟哉泂上隐,卓尔隆中耨。"又《添鱼具诗·鱼庵》:"上泂有杨颙,须留往来路。"❷唐诗人名。《全唐诗》卷七八九录其与严维等《酒语联句》一联。

【泂湖】 湖名。在襄阳(今湖北襄樊市)。"泂"多形讹成"洞""迥"。皮日休《太湖诗》序:"余顷在江汉尝耨鹿门,渔泂湖,然而未能放形者,抑志于道也。"

泅 〔qiú《广韵》似由切,平尤,邪。〕游泳。元稹《酬乐天东南行诗一百韵》:"芒屩泅牛妇,丫头荡桨夫。"

【泅鳞】 游鱼。李商隐《射鱼曲》:"寻潮背日伺泅鳞,贝阙夜移鲸失色。"

泗 〔sì《广韵》息利切,去至,心。〕❶鼻涕。李白《玉壶吟》:"三杯拂剑舞秋月,忽然高咏涕泗涟。"杜甫《送顾八分文学适洪吉州》:"古来事反覆,相见横涕泗。"又《重题》:"涕泗不能收,哭君余白头。"李商隐《行次西郊作一百韵》:"九重黯已隔,涕泗空沾唇。"亦泛指眼泪和鼻涕。孟郊《寿安西渡奉别郑相公》:"独抱岁晏恨,泗吟不成谣。"❷水名。见"泗水"。❸州名。李白《经下邳圯桥怀张子房》:"叹息此人去,萧条徐泗空。"

【泗上】 泗水岸边。赵冬曦《和燕公岳州山城》:"江边悠尔处,泗上宛然同。"韩翃《寄雍丘窦明府》:"西游太府东乘传,泗上诸侯谁不羡。"周贺《寄韩司兵》:"泗上旅帆侵叠浪,雪中归路踏荒坟。"贾岛《送裴校书》:"天寒泗上醉,夜静岳阳棋。"

【泗口】 泗水入淮水之处。又名清口。在今江苏清江市北。李绅有《却入泗口》。郑谷有《赠泗口苗居士》。

【泗川】 即泗水。《郊庙歌辞·享孔子庙乐章·送神》:"鲁壁类闻,泗川如觐。"

【泗水】 水名。发源于山东中部泗水县。崔国辅《漂母岸》:"泗水入淮处,南边古岸存。"韩翃《送王诞渤海使赴李太守行营》:"行人去指徐州近,饮马回看泗水深。"白居易《长相思》词之一:"汴水流,泗水流,流到瓜洲古渡头。"喻坦之《晚泊盱眙》:"云湿淮南树,笳清泗水楼。"

【泗州】 州名。北周末置,治所在今江苏宿迁东南,唐开元时移治临淮(今泗洪东南,盱眙对岸)。元稹有《喜五兄自泗州至》。陆畅《夜到泗州酬崔使君》:"徐城洪尽到淮头,月里山河见泗州。"章碣有《送韦岫郎中典泗州》。

【泗河】 即泗水。吴融有《题兖州泗河中石床》。

【泗洲塔】 当作"泗州塔"。古塔名。在今江苏宿迁境。又称"僧伽塔"。徐夤有《题泗洲塔》。

【泗濱】 ❶泗水之滨。指泗水下游一带。许棠《汴河十二韵》:"奔逾怀许竭,澄彻泗滨休。"张乔《浮汴东归》:"日暖泗滨西,无穷岸草齐。"李勋有《泗滨得石磬》。❷指泗滨石磬。参见"泗濱石"。徐铉《赋石奉送钟德林少尹员外》:"翠色辞文陛,清声出泗滨。"参见"泗濱石"。

【泗濱石】 产于灵璧(今属安徽)的石头。以此石制磬,乐音清越。灵璧古时在泗水西,故称。元稹《和李校书新题乐府十二首·华原磬》:"泗滨浮石裁为磬,古乐疏音少人听。"白居易《新乐府·华原磬》:"华原磬与泗滨石,清浊两声谁得知。"

【泗濱浮磬】 用泗滨石作的磬。参见"泗濱石"。薛能《彭门解嘲二首》之一:"频上水楼谁会我,泗滨浮磬是同声。"

淹 同"沱"。

泊¹ 〔bó《广韵》傍各切,入鐸,並。〕❶停船靠岸。裴迪《辋川集二十首·南垞》:"孤舟信一泊,南垞湖水岸。"韩翃《送李司直赴江西使幕》:"三江城上转,九里人家泊。"张籍《送新罗使》:"夜泊避蛟窟,朝炊求岛泉。"皮日休《太湖诗·孤园寺》:"萦纡泊一碕,宛到孤园寺。"❷栖息,停留。寒山《诗三百三首》之二四六:"三界任纵横,四生不可泊。"李白《游水西简郑明府》:"凉风日潇洒,幽客时憩泊。"段成式《嘲飞卿七首》之三:"翠蝶密偎金叉首,青虫危泊玉钗梁。"苏拯《经鹤台》:"至今台基上,飞鸟不至泊。"❸恬淡。韦应物《慈恩伽蓝清会》:"蔬食遵道侣,泊怀遗滞想。"

泊² 〔pō《六书故》白各切。〕湖泊,沼泽。刘禹锡《秋江晚泊》:"长泊起秋色,空江涵霁晖。"白居易《池上作》:"丛翠万竿湘岸色,空碧一泊松江心。"

【泊泊】 纷纭貌。王建《宛转词》:"纷纷泊泊夜飞鸦,寂寂寞寞离人家。"又《秋夜曲二首》之一:"天清漏长霜泊泊,兰绿收荣桂膏涸。"

【泊素】 淡泊淳朴。韦应物《沣上对月寄孔谏议》:"思怀在云阙,泊素守中林。"

【泊然】 淡泊无欲貌。权德舆《晨坐寓兴》:"泊然一室内,因见万化源。"

泝 〔sù《广韵》桑故切,去暮,心。〕❶逆流而上。宋之问《入崖口五渡寄李适》:"抱琴登绝壑,伐木溯清川。"韦应物《送杨氏女》:"女子今有行,大江溯轻舟。"张祜《送人归蜀》:"锦城春色溯江源,三峡经过几夜猿。"徐夤《帆》:"川平直可追飞箭,风健还能溯急流。"❷泛,流。皎然《同袁高使君送李判官使回》:"延步下前渚,溯觞流浅沙。"又《送还本上人游江西》:"云招望寺处,月待溯杯时。"

【泝沿】 ❶泛指航行。储光羲《奉别长史庾公太守徐公应召》:"车骑北艰苦,艅艎西溯沿。"皎然《答黎士曹黎生前适越后之楚》:"晨兴独西望,郢水期溯沿。"武元衡《甫构西亭偶题因呈监军及幕中诸公》:"巴汉溯沿楫,岷峨千万岑。"吴融《忆钓舟》:"青山小隐枕潺潺,一叶垂纶几溯沿。"❷喻随波逐流。皮日休《鲁望昨以五百言见贻亦迭和之微旨也》:"当于李杜际,名辈或溯沿。"

【泝洄】 ❶逆流而上。宋之问《自湘源至潭州衡山县》:"中道方溯洄,迟念自兹撰。"苏味道《九江口南济北接蕲春南与浔阳岸》:"鳞介多潜育,渔商几溯洄。"李益《莲塘驿》:"渺渺溯洄远,凭风托微词。"❷逆水;旋涡。苏颋《蜀城哭台州乐安少府》:"天路本悬绝,江波复溯洄。"孟郊《济源春》:"深红缕草木,浅碧珩溯洄。"元稹《遭风二十韵》:"湘南贾伴乘风信,夏口篙工厄溯洄。”

【泝流】 逆水而上。李白《自金陵溯流过白璧山玩月达天门寄句容王主簿》:“沧江溯流归,白璧见秋月。”白居易《江州赴忠州至江陵已来舟中示舍弟五十韵》:“溯流从汉浦,循路转荆衡。”李渤《南溪诗》序:“溯流数百步至岩,岩下有湾壤沮洳。”贾岛《赠李金州》:“溯流随大旆,登岸见全军。”

沴 〔lì《广韵》郎計切,去霽,來。〕旧谓因天地气不和而生的灾害。杜甫《览柏中允兼子侄数人除官制词载歌丝纶》:“方当节钺用,必绝祲沴根。”韩愈《送侯参谋赴河中幕》:“岁老阴沴作,云颓雪翻崩。”殷尧藩《冬至酬刘使君》:“渐喜一阳从地复,却怜群沴逐冰消。”李咸用《和殷衙推春霖即事》:“名膏那作沴,思稔必通侯。”

泠 〔líng《广韵》郎丁切,平青,來。〕❶清澈貌。韩愈《和崔舍人咏月二十韵》:“浩荡英华溢,萧疏物象泠。”❷声音清越貌。杜伟《句》:“忽睹邢武辞,泠其金石备。”吕炅《贡举人谒先师闻雅乐》:“轻泠流簨簴,缭绕动缨緌。”

【泠泠】 ❶清凉貌。沈佺期《相和歌辞·长门怨》:“月皎风泠泠,长门次掖庭。”独孤及《早发若岘驿望庐山》:“雨罢山翠鲜,泠泠东风好。”李频《夏日过友人檀溪别业》:“暑天宜野宅,林籁爽泠泠。”张泌《春江雨》:“雨溟溟,风泠泠,老松瘦竹临烟汀。”❷冷落貌。杜甫《愁》:“江草日日唤愁生,巫峡泠泠非世情。”姚合《送崔玄亮赴果州冬夜宴韩卿宅》:“泠泠唯自适,郡邸有谁闻。”❸清澈貌。张九龄《祠紫盖山经玉泉山寺》:“稍稍松篁人,泠泠涧谷深。”李华《云母泉诗》:“愿言构蓬荜,荷锸引泠泠。”卢仝《秋梦行》:“湘水泠泠彻底清,二妃怨处无限情。”周渍《山下水》:“背云冲石出深山,浅碧泠泠一带寒。”❹声音清越貌。徐彦伯《拟古三首》之三:“纤指调宝琴,泠泠哀且柔。”刘商《胡笳十八拍·第十二拍》:“宁知远使问姓名,汉语泠泠传好音。”白行简《夫子鼓琴得其人》:“泠泠传妙手,摵摵振空林。”陆龟蒙《读襄阳耆旧传因作诗五百言寄皮袭美》:“只爱鹿门泉,泠泠倚岩漱。”

【泠風】 和风,清风。卢鸿一《嵩山十志十首·涤烦矶》:“灵矶盘礴兮溜奔错漱,泠风兮镇冥壑。”李白《登太白峰》:“愿乘泠风去,直出浮云间。”

【泠然】 ❶轻妙貌。张九龄《与生公游石窟山》:“咄咄共携手,泠然且驭风。”吴筠《游仙二十四首》之二二:“鸾凤有逸翮,泠然恣飘飏。”刘禹锡《寻汪道士不遇》:“仙子东南秀,泠然善驭风。”储嗣宗《送道士》:“泠然御风客,与道自浮沈。”❷闲适貌。沈佺期《早发平昌岛》:“不能怀魏阙,心赏独泠然。”皎然《闻钟》:“永夜一禅子,泠然心境中。”李白《登峨眉山》:“泠然紫霞赏,果得锦囊术。”贯休《赠灵鹫山道润禅师院》:“莫嫌来又去,天道本泠然。”❸清凉貌。张易之《奉和圣制夏日游石淙山》:“山中日暮幽岩下,泠然香吹落花深。”马戴《酬刑部姚郎中》:“所赠诚难答,泠然一雅风。”❹悠扬貌。陆龟蒙《奉和袭美初冬章上人院》:“相看吟未竟,金磬已泠然。”吴仁璧《秋日听僧弹琴》:“金徽玉轸韵泠然,言下浮生指下泉。”❺中唐诗僧。与费冠卿同时。《全唐诗》卷八二五收其《宿九华山化成寺庄》诗一首。

【泠落】 “冷落”之讹。牟融《写意二首》之一:“白发颠狂尘梦断,青毡泠落客心存。”

泜 〔chí《广韵》直尼切,平脂,澄。〕水名。见“泜水”。

【泜水】 古水名。源于赞皇(今属河北)西南赞皇山。白居易《和答诗十首·和雉媒》:“至今不平气,塞绝泜水源。”胡曾有《咏史诗·泜水》。

沿 〔yán《广韵》與專切,平仙,以。〕❶顺着(水流、道路等)。綦毋潜《送集贤学士伊阙史少府放归江东觐省》:“吏邑沿清洛,乡山指白蘋。”戴叔伦《春日访山人》:“归路逢残雨,沿溪见落花。”蒋防《秋月悬清辉》:“秋月沿霄汉,亭亭委素辉。”唐求《题杨山人隐居》:“绿缀沿岩草,红飘落水花。”❷随着。卢僎《季冬送户部郎中使黔府选补》:“马逐霜鸿渐,帆沿晓月空。”储光羲《江南曲四首》之四:“隔江看树色,沿月听歌声。”薛能《秋夜旅舍寓怀》:“渔唱乱沿汀鹭合,雁声寒咽陇云深。”❸遵循,因袭。陈元光《示珦》:“载笔沿儒习,持弓缵祖风。”骆宾王《在狱咏蝉》序:“庶情沿物应,哀弱羽之飘零;道寄人知,悯余声之寂寞。”玄宗《集贤书院成送张说上集贤学士赐宴得珍字》:“礼乐沿今古,文章革旧新。”

【沿曳】 指沿江背纤。王昌龄《出郴山口至叠石湾野人室中寄张十一》:“景开独沿曳,响答随兴酬。”

【沿汎】 同“沿泛”。

【沿泛】 亦作“沿汎”。顺水浮舟。宋之问《游法华寺》:“朝来沿泛所,应是逐仙槎。”高适《同敬八卢五泛河间清河》:“清川在城下,沿泛多所宜。”

【沿泝】 即“泝沿”。孟浩然《南还舟中寄袁太祝》:“沿溯非便习,风波厌苦辛。”权德舆《侍从游后湖宴坐》:“轻舟任沿溯,毕景乃踌躇。”王公亮《鱼上冰》:“噞喁情自乐,沿溯意宁疏。”王季则《鱼上冰》:“浮沈非乐藻,沿溯异传书。”

【沿洄】 顺流而下或逆流而上。徐彦伯《和李适答宋十一入崖口五渡见赠》:“沿洄弄沙榜,诡仄眺明岑。”孟浩然《经七里滩》:“叠障数百里,沿洄非一趣。”柳宗元《湘口馆潇湘二水所会》:“归流驶且广,泛舟绝沿洄。”无可《春日送丽处士归龙山》：“渔舟谁伴上，依旧恣沿洄。”

【沿涉】 谓顺流而下。张九龄《彭蠡湖上》：“沿涉经大湖，湖流多行泆。”裴迪《辋川集二十首·栾家濑》：“濑声喧极浦，沿涉向南津。”

【沿流】 谓顺水行舟。窦群《黔中书事》：“沿流如著翅，不敢问归桡。”元稹《春分投简阳明洞天作》：“跣足沿流妇，丫头避役奴。”胡曾《咏史诗·黄河》：“沿流欲共牛郎语，只得灵槎送上天。”孔德绍《赋得涉江采芙蓉》：“沿流渡楫易，逆浪取花难。”

【沿越】 犹“沿涉”。李适《答宋十一崖口五渡见赠》：“登岭亦溯溪，孤舟事沿越。”李白《送王屋山人魏万还王屋》：“灵溪咨沿越，华顶殊超忽。”

【沿溜】 （—liù）犹“沿流”。孟浩然《行出东山望汉川》：“坐欣沿溜下，信宿见维桑。”

【沿歷】 经历。李群玉《送魏珪觐省》：“飏天与瘴海，此去备沿历。”

【沿襲】 陈陈相因。韩愈《荐士》：“搜春摘花卉，沿袭伤剽盗。”

泡 〔pào《广韵》匹交切，平肴，滂。〕浮沤，水泡。元稹《江边四十韵》：“一一床头点，连连砌下泡。”韦庄《遣兴》：“如幻如泡世，多愁多病身。”

【泡幻】 谓虚幻。白居易《赠别宣上人》：“性真悟泡幻，行洁离尘滓。”

【泡沫】 水泡。喻人生不常。钟离权《诗寄太原学士》：“风灯泡沫两相悲，未肯遗荣自保持。”

【泡影】 水泡和影子。白居易《对酒》：“幻世如泡影，浮生抵眼花。”贾岛《寄令狐绹相公》：“梦幻将泡影，浮生事只如。”无名氏《天竺国胡僧水晶念珠》（卷七八五）：“碧莲花下独提携，坚洁何如幻泡影。”

泖 〔mǎo《广韵》莫饱切，上巧，明。〕湖名。由上泖、中泖、下泖三部分组成，合称“三泖”。在今上海市境。今多已淤塞。陆龟蒙《奉和袭美吴中书事寄汉南裴尚书》：“三泖凉波鱼藴动，五茸春草雉媒娇。”

注 〔zhù《广韵》之戍切，去遇，章。〕❶流入，灌入。李颀《送李回》：“岁发金钱供御府，昼看仙液注离宫。”顾况《归阳萧寺有丁行者能修无生忍担水施僧况归命稽首作诗》：“八河注大海，中有楞伽船。”章孝标《方山寺松下泉》：“注瓶云母滑，漱齿茯苓香。”马戴《楚江怀古三首》之二：“列宿分穷野，空流注大荒。”❷倾泻。杜甫《示獠奴阿段》：“病渴三更回白首，传声一注湿青云。”李益《入华山访隐者经仙人石坛》：“隔世闻丹经，悬泉注明玉。”柳宗元《游南亭夜还叙志七十韵》：“留连俯棂槛，注我壶中醪。”陆龟蒙《奉和袭美太湖诗二十首·初入太湖》：“尝闻咸池气，下注作清质。”引申为照射、照人。李商隐《晚晴》：“并添高阁迥，微注小窗明。”李山甫《月》：“玉桂影摇乌鹊动，金波寒注鬼神惊。”❸引入。杜甫《园人送瓜》：“竹竿接嵌窦，引注来鸟道。”又《宿花石戍》：“罢人不在村，野圃泉自注。”❹聚集，集中。杜甫《晚登瀼上堂》：“所思注东北，深峡转修耸。”孟简《咏欧阳行周事》：“座上转横波，流光注夫君。”❺关注，系念。苏颋《夜发三泉即事》：“憧憧往复还，心注思逾切。”张说《五君咏五首·郭代公元振》：“兴丧一言决，安危万心注。”岑参《河西太守杜公挽歌四首》之四：“多君有令子，犹注世人心。”司空图《即事二首》之二：“御礼征奇策，人心注盛时。”❻为文字疑难处作解释。高适《奉酬睢阳李太守》：“逸足横千里，高谈注九流。”韩愈《答张彻》：“渍墨窜旧史，磨丹注前经。”薛能《送赵道士归天目旧山》：“道引图看足，参同注解精。”齐己《新秋雨后》：“逍遥向谁说，时注漆园经。”❼记载；登录。韩翃《访王起居不遇留赠》：“双龙阙下拜恩初，天子令君注起居。”于鹄《山中访道者》：“曾读上清经，知注长生籍。”❽涂抹。李贺《恼公》：“注口樱桃小，添眉桂叶浓。”白居易《新乐府·时世妆》：“乌膏注唇唇似泥，双眉画作八字低。”南唐后主李煜《一斛珠》词：“晚妆初过，沈檀轻注些儿个。”❾通“炷”，燃烧的香。刘禹锡《牛相公林亭雨后偶成》：“新竹开粉奁，初莲爇香注。”

【注心】 ❶属意，倾心。王琚《美女篇》：“何能见此不注心，惜无媒氏为传音。”❷一心一意。岑参《过王判官西津所居》：“夫子贱簪冕，注心向林丘。”

【注目】 集中目光看。杜甫《李鄠县丈人胡马行》：“凤臆龙鬐未易识，侧身注目长风生。”又《缚鸡行》：“鸡虫得失无了时，注目寒江倚山阁。”韦庄《闻官军继至未睹凯旋》：“何事小臣偏注目，帝乡遥羡白云归。”

【注矢】 谓张弓拉箭。皮日休《奉和鲁望渔具十五咏·射鱼》“注矢寂不动，澄潭晴转烘。”

【注定】 谓记上一笔。拾得《诗》之四：“目下虽称心，罪簿先注定。”

【注官】 谓登记录用为某官职。齐己《赠曹松先辈》：“山中把卷去，榜下注官归。”

【注射】 倾泻，喷溅。李绅《悲善才》：“寒泉注射陇水开，胡雁翻飞向天没。”

【注眼】 犹“注目”。杜甫《西阁曝日》：“欹倾烦注眼，容易收病脚。”

【注脚】 指在某个字句之下加上解释的内容。韩偓《倒押前韵》：“后期才注脚，前事又含颦。”

【注視】 凝目而视。韩愈《送无本师归范阳》：“天阳熙四海，注视首不颔。”

【注睇】 凝目斜视。温庭筠《咏寒宵》：“话穷犹注睇，歌罢尚持颐。”

【注想】 凝思。文宗《上巳日赐裴度》：“注想待元老，识君恨不早。”

【注意】 ❶属意，倾心。岑参《送魏四落第还乡》：“君家盛德岂徒然，时人注意在吾贤。”刘璐《洋州于中丞顷牧左绵题诗越王楼上朝贤继和辄课四韵》：“至今谣未已，注意在洋州。”❷专心。刘禹锡《和河南裴尹侍郎二十韵》：“修容谒神像，注意陈正词。”卢注《酒胡子》：“盘中觥甋不自定，四座清宾注意看。”❸谓君王对臣子的倚重。杜甫《送鲜于万州迁巴州》：“朝廷偏注意，接近与名藩。”武元衡《兵行褒斜谷作》：“注意奏凯赴都畿，速令提兵还石坂。”杜牧《送牛相出镇襄州》：“盛时常注意，南雍暂分茅。”又《分司东都寓居履道十四韵》：“凤池方注意，麟阁会图形。”

泣 〔qì《广韵》去急切，入缉，溪。〕❶无声流泪或低声而哭。王湾《哭补阙亡友綦毋学士》：“泣为洹水化，叹作泰山颓。”权德舆《和河南罗主簿送校书兄归江南》：“兄弟泣殊方，天涯指故乡。”顾非熊《下第后晓坐》：“何为此生内，终夜泣尘埃。”皮日休《过云居院玄福上人旧居》：“南宗弟子时时到，泣把山花奠几筵。”❷眼泪。李白《古风》之三四：“泣尽继以血，心摧两无声。”卢纶《冬日登城楼有怀因赠程腾》：“世情多以风尘隔，泣尽无因画筹策。”刘禹锡《和李六侍御文宣王庙释奠作》：“世衰由我贱，泣下为人悲。”黄滔《下第》：“昨夜孤灯下，阑干泣数行。”

【泣玉】 为玉而哭。为怀才不遇的典故。见《韩非子·和氏》。李白《赠范金卿二首》之一：“徒有献芹心，终流泣玉啼。”孟郊《哭秘书包大监》：“哲人卧病日，贱子泣玉年。”许浑《瓜洲留别李诩》：“泣玉三年一见君，白衣憔悴更离群。”杨知至《覆落后呈同年》：“此时泣玉情虽异，他日衔环事亦同。”

【泣血】 泪尽血出。形容极度悲伤。则天皇后《从驾幸少林寺》：“风枝不可静，泣血竟何追。”刘湾《虹县严孝子墓》：“墓门白日闭，泣血黄泉中。”鲍溶《子规》：“那令不知休，泣血经世世。”李山甫《又代孔明哭先主》：“鼎湖无路追仙驾，空使群臣泣血多。”

【泣杖】 相传汉韩伯俞受母责打，觉母年老力衰，因而哭泣。事见汉刘向《说苑·建本》。后以“泣杖”为吟咏孝子的典故。李瀚《蒙求》：“丁兰刻木，伯瑜泣杖。”

【泣别】 挥泪告别。李白《感时留别从兄徐王延年从弟延陵》：“泣别目眷眷，伤心步迟迟。”姚合《寄杨茂卿校书》：“丈夫不泣别，旁人叹无情。”

【泣歧】 参见“泣路歧”。许棠《秦中遇友人》：“半生南走复西驰，愁过杨朱罢泣歧。”李咸用《短歌行》：“少年欢乐须及时，莫学懦夫长泣歧。”吴融《荆州寓居书怀》：“东西不复问，翻笑泣歧人。”李瀚《蒙求》：“墨子悲丝，杨朱泣歧。”

【泣長沙】 为自伤穷愁的典故。见《史记·贾生列传》。孟浩然《题梧州陈司马山斋》：“流芳虽可悦，会自泣长沙。”

【泣前魚】 《战国策·魏策四》载魏王与龙阳君一起钓鱼。龙阳君得十余条鱼而哭泣。魏王问原因，龙阳君云：我先钓到鱼时很高兴，但钓到后来鱼越大，就想把先钓到的小鱼丢掉。因而想到像我这样无能的人也蒙大王宠爱，而天下良才很多，我怕大王也会像丢弃前鱼那样抛弃我，所以哭泣。后以“泣前鱼”为悲伤失宠的典故。郑锡《玉阶怨》：“前鱼不解泣，共辇岂关羞。”刘得仁《长信宫》：“一从悲画扇，几度泣前鱼。”

【泣珠】 为咏鲛人之典。见汉郭宪《别国洞冥记》卷二。李颀《鲛人歌》：“泣珠报恩君莫辞，今年相见明年期。”储光羲《同张侍御宴北楼》：“水灵慷慨行泣珠，游女飘飖思解佩。”陶翰《送金卿归新罗》：“拂波衔木鸟，偶宿泣珠人。”李瀚《蒙求》：“渊客泣珠，交甫解佩。”也借指南方边地知恩图报的百姓。王维《送李判官赴东江》：“遥知辨璧吏，恩到泣珠人。”陈陶《赠容南韦中丞》：“不独来苏发歌咏，天涯半是泣珠人。”

【泣鬼神】 使鬼神感动而泣。形容有极大的感染力量。杜甫《寄李十二白二十韵》：“笔落惊风雨，诗成泣鬼神。”

【泣涕】 ❶眼泪。裴潾《前相国赞皇公早葺平泉山居暂还憩旋起赴诏作镇浙右辄抒怀赋四言诗十四首奉寄》之一二：“怆矣东望，泣涕如雨。”❷哭泣。韦应物《伤逝》：“单居移时节，泣涕抚婴孩。”

【泣途窮】 为穷途末路而哭泣。孟郊《送任载齐古二秀才自洞庭游宣城》：“从兹阮籍泪，且免泣途穷。”许棠《奉天寒食书事》：“谁知独西去，步步泣途穷。”贾宗《旅泊江津言怀》：“自然堪迸泪，非是泣途穷。”

【泣路】 参见“泣路歧”。曹邺《洛原西望》：“犹为泣路者，无力报天子。”

【泣路歧】 对着歧路哭泣。为对前途失去信心的典故。见《淮南上·说林训》。独孤及《癸卯岁赴南丰道中闻京师失守寄权士繇韩幼深》：“胡尘晦落日，西望泣路歧。”李商隐《荆门西下》：“洞庭湖阔蛟龙恶，却羡杨朱泣路歧。”方干《客行》：“藕叶缀为衣，东西泣路歧。”

【泣露】 谓花朵含露，如美人涕泣有情。李贺《李凭箜篌引》：“昆山玉碎凤凰叫，芙蓉泣露香兰笑。”又《南山田中行》：“云根苔藓山上石，冷红泣露娇啼色。”李绅《新楼诗二十首·海榴亭》：“怀芳不作翻风艳，别萼犹含泣露妍。”

【泣麟】 指孔子闻获麟而欲泣的事。见《春秋·哀公十四年》和《史记·孔子世家》。为咏孔子及自叹途穷的典故。卢纶《同兵部李纾侍郎刑部包佶侍郎哭皇甫侍御曾》：“攀龙与泣麟，哀乐不同尘。”孟郊《寄张籍》：“夫子亦如盲，所以空泣麟。”鲍溶《寓兴》：“鲁圣虚泣麟，楚狂浪歌凤。”李商隐《赠送前刘五经映三十四韵》：“泣麟犹委吏，歌凤更佯狂。”贯休《赠李祐道人》：“只是耽浮蚁，曾云见泣麟。”

泫 〔xuàn《广韵》胡畎切，上銑，匣。〕❶滴，流。任希古《和长孙秘监七夕》：“露泫低珠佩，云移荐锦衣。”权德舆《刘绍相访夜话因书即事》：“清露泫珠莹，金波流玉徽。”崔护《五月水边柳》：“似醉烟景凝，如愁月露泫。”温庭筠《春初对暮雨》：“淅沥生丛筱，空濛泫网轩。”❷闪烁，摇动。太宗《芳兰》：“映庭含浅色，凝露泫浮光。”陆龟蒙《奉和袭美添渔具五篇·蓑衣》：“滴沥珠影泫，离披岚彩虚。”孙顾《清露被皋兰》：“向空罗细影，临水泫微明。”❸指流泪。杜甫《八哀诗·故秘书少监武功苏公源明》：“负米晚为身，每食脸必泫。”

【泫泫】 缓动貌。陶拱《秋日悬清光》：“泫泫看弥上，辉辉望最明。”

【泫然】 ❶流泪貌，也指流泪。吴筠《览古十四首》之二：“永怀巢居时，感涕徒泫然。”韩愈《李花二首》之一：“泫然为汝下雨泪，无由反旆羲和车。”白居易《哭孔戡》：“我是知戡者，闻之涕泫然。”雍裕之《早蝉》：“志士心偏苦，初闻独泫然。”❷露浓貌。卢纶《秋幕中夜独坐即事兼呈同院诸公》：“风凄露泫然，明月在山巅。”

【泫露】 ❶滴露。姚系《野居池上看月》：“泫露苍茫湿，沈波澹滟光。”❷晶莹的露珠。欧阳詹《智达上人水精念珠歌》：“连连寒溜下阴轩，荧荧泫露垂秋草。”

泮 〔pàn《广韵》普半切，去换，滂。〕❶融化。骆宾王《久戍边城有怀京邑》：“相思若可寄，冰泮有衔芦。”韦应物《酬韩质舟行阻冻》：“寒苦弥时节，待泮岂所能。”元稹《古决绝词》之二：“噫春冰之将泮，何予怀之独结。”冯道《天道》：“冬去冰须泮，春来草自生。”❷见“泮水”。

【泮水】 宫前半圆形的水池。温庭筠《病中书怀呈友人》：“泮水思芹味，琅琊得稻租。”

【泮林】 泮水边的林木。李商隐《随师东》：“但须鸑鷟巢阿阁，岂假鸱鸮在泮林。”

【泮宫】 ❶春秋鲁僖公的宫室。见《诗·鲁颂·泮水》。李华《咏史十一首》之一：“沂水春可涉，泮宫映杨叶。”❷借指宗庙。李纾《让皇帝庙乐章·送神》：“泮宫复閟，寂寞无闻。”

泬[1] 〔jué《集韵》古穴切，入屑，見。〕通“潏”。陆希声《山居即事二首》之一：“涌泉回泬鱼龙气，怪石惊腾鸟兽形。”

泬[2] 〔xuè《广韵》呼決切，入屑，曉。〕见“泬₂寥”。

【泬₂漻】 同“泬寥”。

【泬₂寥】 亦作“泬漻”。❶空旷悠远貌。上官仪《奉和颍川公秋夜》：“泬寥空色远，芸黄凄序变。”钱起《和蜀县段明府秋城望归期》：“旅望多愁思，秋天更泬寥。”白居易《西楼》：“青芜卑湿地，白露泬寥天。”司空图《牛头寺》：“群木澄幽寂，疏烟泛泬寥。”❷萧条冷落貌。顾况《游子吟》：“泬寥群动异，眇默诸境森。”权德舆《祗命赴京途次淮口因书所怀》：“泬寥清冬时，萧索白昼阴。”陆龟蒙、皮日休《寒夜联句》：“我思方泬寥，君词复凄切。”韦庄《抚盈歌》：“銮舆去兮萧屑，七丝断兮泬寥。”❸指高朗的天空。白居易《秋夜听高调凉州》：“促张弦柱吹高管，一曲《凉州》入泬寥。”

沱 〔tuó《广韵》徒河切，平歌，定。〕亦作“沲”。❶江水支流。孟郊《峡哀》之一：“峡水声不平，碧沲牵清洄。”贾岛《寄武功姚主簿》：“居枕江沱北，情悬渭曲西。”❷大雨貌。韩愈《读东方朔杂事》：“噫欠为飘风，濯手大雨沱。”❸水名。见“沱江”。

【沱水】 即沱江。杜甫《奉观严郑公厅事岷山沱江画图十韵》：“沱水流中座，岷山到此堂。”

【沱江】 水名。在今四川。杜甫《赠别何邕》：“绵谷元通汉，沱江不向秦。”武元衡《春日与诸公泛舟》：“千里雪山开，沱江春水来。”李商隐《病中早访招国李十将军遇挈家游曲江》：“相如未是真消渴，犹放沱江过锦城。”裴铏《题文翁石室》：“更叹沱江无限水，争流只愿到沧溟。”

泌 〔bì《广韵》毗必切，入質，並。又兵媚切，去至，幫。〕细流貌。张九龄《商洛山行怀古》：“泌泉空活活，樵叟独皤皤。”卢仝《将归山招冰僧》：“千里石壁坼，一条流泌泉。”

泳 〔yǒng《广韵》爲命切，去映，云。〕潜水，浮游。元稹《和李校书新题乐府十二首·骠国乐》：“教化从来有源委，必将泳海先泳河。”卢肇《汉堤诗》：“乃泳故堤，陷于沙泥。”温庭筠《博山》：“粉蝶团飞花转影，彩鸳双泳水生纹。”许棠《汴河十二韵》：“常期身事毕，于此泳东浮。”

泥[1] 〔ní《广韵》奴低切，平齊，泥。〕❶和水的土。贺兰进明《行路难五首》之三：“君不见梁上泥，秋风始高燕不栖。”戴叔伦《女耕田行》：

“无人无牛不及犁，持刀斫地翻作泥。”姚鹄《旱鱼词上苗相公》：“日里腮犹湿，泥中目未昏。”张蠙《题嘉陵驿》：“嘉陵路恶石和泥，行到长亭日已西。”❷泥状物。韦抗《奉和圣制送张说上集贤学士赐宴》：“圣德鸿名远，将陪玉检泥。”李德裕《鸳鸯篇》：“金泥文彩未足珍，画作鸳鸯始堪著。”也指加工成的泥状物。元稹《乐府古题·人道短》：“泥金刻玉，与秦始皇。”❸传说中的一种海虫。得水则活，失水则醉如泥，故名。张说《舞马千秋万岁乐府词三首》之二：“更有衔杯终宴曲，垂头掉尾醉如泥。”窦庠《段都尉别业》：“曾识将军段匹磾，几场花下醉如泥。”殷尧藩《醉赠刘十二》：“椰花好为酒，谁伴醉如泥。”韦庄《和同年韦学士华下途中见寄》：“马惊门外山如活，花笑尊前客似泥。”

泥^{2} 〔nì《广韵》奴計切，去霽，泥。〕❶凝滞不通。张九龄《咏史》：“小道致泥难，巧言因萋毁。”杜甫《解忧》：“得失瞬息间，致远宜恐泥。”❷滞涩；粘着。皮日休《太湖诗·入林屋洞》：“屧泥惹石髓，衣湿沾云英。”王贞白《白牡丹》：“异香开玉合，轻粉泥银盘。”❸滞留。元稹《生春二十首》之一：“晚来低漠漠，浑欲泥幽丛。”陆龟蒙《袭美以巨鱼之半见分因以酬谢》：“今朝最是家童喜，免泥荒畦掇野蔬。”韦庄《残花》：“江头沈醉泥斜晖，却向花前恸哭归。”王嵒《燕》：“月树风枝不栖去，强来言语泥雕梁。”❹执着，专一。崔橹《岳阳云梦亭看莲花》：“当时为汝题诗遍，此地依前泥苦吟。”卢延让《八月十六夜月》：“难期一年事，到晓泥诗章。”李中《秋江夜泊寄刘钧正字》：“闲忆诗人思倍劳，维舟清夜泥风骚。”齐己《浙江晚渡》：“莫泥关河险，多游自远行。”❺迷恋，留恋。李白《宫中行乐词八首》之七：“晚来移彩仗，行乐泥光辉。”杨乘《榜句》：“伶俜乖拙两何如，昼泥琴声夜泥书。”段成式《戏高侍御七首》之五：“厌裁鱼子深红缬，泥觅蜻蜓浅碧绫。”❻污，沾污。杜甫《咏怀二首》之二：“多忧污桃源，拙计泥铜柱。”❼用泥涂抹或封固。王维《奉和圣制幸玉真公主山庄因题石壁十韵之作应制》：“种田生白玉，泥灶化丹砂。”王建《行宫词》：“官家乏人作宫户，不泥宫墙斫宫树。”张孜《雪诗》：“其中豪贵家，捣椒泥四壁。”唐彦谦《送樊琯司业归朝》：“未见泥函谷，俄惊火建章。”也指涂饰。李贺《感讽六首》之一：“舞席泥金蛇，桐竹罗花床。”❽纠缠。杜甫《冬至》：“年年至日长为客，忽忽穷愁泥杀人。”白居易《对酒五首》之三：“丹砂见火去无迹，白发泥人来不休。”姚合《罢武功县将入城》之一：“欲泥山僧分屋住，羞从野老借牛耕。”秦韬玉《咏手》：“因把剪刀嫌道冷，泥人呵了弄人髯。”

泥^{3} 〔nǐ《广韵》奴禮切，上薺，泥。〕见“泥$_{3}$泥”。

泥^{4} 〔niè《字彙补》乃結切。〕见“泥$_{4}$丸”。

【泥土】 尘土，土壤。韩愈《昼月》：“玉碗不磨著泥土，青天孔出白石补。”白居易《折剑头》：“缺落泥土中，委弃无人收。”姚合《庄居野行》：“边兵索衣食，此物同泥土。”

【泥丸】 ❶小泥球。陈陶《圣帝击壤歌四十声》：“泥丸封八表，金镜照中央。”❷道教语。指脑。道教以人体为小天地，各部分皆赋以神名。叶法善《留诗》之三：“泥丸空示世，腾举不为名。”皮日休《太湖诗·上真观》：“羽客两三人，石上谭泥丸。”吕岩《忆江南》词之四：“长生术，玄要补泥丸。”

【泥$_{4}$丸】 “涅槃”的别译。寒山《诗三百三首》之九六：“学道多沙数，几个得泥丸。”

【泥功山】 山名。在今甘肃境。杜甫与赵鸿皆有《泥功山》。

【泥池物】 比喻蛰居或受牢笼之灾的人。贾岛《寄沧州李尚书》：“非是泥池物，方因雷雨尊。”

【泥坂】 山名。在今四川成都东北。卢纶《送李校书赴东川幕》：“泥坂望青城，浮云与栈平。”徐凝《送马向入蜀》：“雨雪经泥坂，烟花望锦城。”

【泥沙】 ❶泥土和沙子。孟郊《吊卢殷》之五：“佗名润子孙，君名润泥沙。”王起《浊水求珠》：“几被泥沙杂，常随混浊流。”贾岛《题虢州三堂赠吴郎中》：“半岸泥沙孤鹤立，三堂风雨四门开。”唐彦谦《感物二首》之二：“鱼目出泥沙，空村百金珍。”❷比喻粗劣的东西。贯休《偶作五首》之四：“小人食不食，纵食如泥沙。”❸比喻低贱的地位。虞世南《门有车马客》：“逢恩出毛羽，失路委泥沙。”杜甫《暮春题瀼西新赁草屋五首》之四：“壮年学书剑，他日委泥沙。”白居易《寄同病者》：“或有终老者，沈贱如泥沙。”

【泥尾】 泥中之龟尾。比喻苟活。参见“泥龜”。元稹《送友封二首》之二：“甘将泥尾随龟后，尚有云心在鹤前。”白居易《渭村退居寄礼部崔侍郎翰林钱舍人诗一百韵》：“泥尾休摇掉，灰心罢激昂。”

【泥$_{2}$雨】 淫雨。白居易《宝历二年八月三十日夜梦后作》：“莫忘全吴馆中梦，岭南泥雨步行时。”

【泥金】 ❶帝王封禅。古制以金柜盛玉牒，外缠金绳，以水银和金屑为封泥，钤上受命之玺。后以“泥金”为封禅故实。李益《大礼毕皇帝御丹凤门改元建中大赦》：“升中告成答玄贶，泥金检玉昭鸿恩。”吕温《白云起封中》：“望在泥金上，疑生秘玉中。”《郊庙歌辞·晋朝飨乐章·群臣酒行歌》:“歌时兼乐圣,唯待赞泥金。”也代指封禅。杜牧《洛阳长句二首》之二:“君王谦让泥金事,苍翠空高万岁山。”❷指用金箔装饰。唐彦谦《望岳时贼据华夏》:“削成绝壁五千仞,高揖泥金七十君。”也代指帝王的銮舆。崔涂《过绣岭宫》:“古殿春残绿野阴,上皇曾此驻泥金。”❸指用金线织成。光、威、裒《联句》:“腻粉暗销银镂合,错刀闲剪泥金衫。”韩熙载有《书歌妓泥金带》。

【泥$_3$泥】(—nǐ)露浓貌。杜甫《狄明府》:“况乃山高水有波,秋风萧萧露泥泥。”权德舆《新月与儿女夜坐听琴举酒》:“泥泥露凝叶,骚骚风入林。”

【泥封】❶谓用泥土保护根部。白居易《秦中吟十首·买花》:“水洒复泥封,移来色如故。”❷谓用金泥封检。参见“泥金❶”。元稹《谕宝二首》之一:“泥封泰山趾,水散旱天霖。”

【泥垢】污浊。白居易《早冬游王屋自灵都抵阳台上方望天坛偶吟成章寄温谷周尊师中书李相公》:“各抱贵仙骨,俱非泥垢姿。”

【泥$_2$酒】谓以酒浇愁,沉醉如泥。杜牧《登九峰楼》:“为郡异乡徒泥酒,杜陵芳草岂无家。”韩偓《有忆》:“愁肠泥酒人千里,泪眼倚楼天四垂。”

【泥書】指用泥封的书信。殷文圭《题胡州太学丘光庭博士幽居》:“江边云卧如龙稳,天外泥书遣鹤来。”

【泥途】同“泥塗”。

【泥章】封泥上所盖的印章。元稹《送崔侍御之岭南二十韵》:“币聘虽盈箧,泥章未破缄。”

【泥$_2$精】犹凝情。谓意绪凝滞于某一事物。杜牧《赠沈学士张歌人》:“泥情迟急管,流恨咽长弦。”又《牧陪昭应卢郎中在江西宣州佐今吏部沈公幕二十二韵用以投寄》:“泥情斜拂印,别脸小低头。”

【泥犁】佛教语。梵语 Niráya 的音译。意为地狱。在此界中,一切皆无,为十界中最恶劣之境。陈陶《题居上人法华新院》:“能诱泥犁客,超然识聚沙。”

【泥象】泥塑的佛像。韩愈、孟郊《城南联句》:“泥象对骋怪,铁钟孤春锽。”

【泥詔】用紫泥封的诏书。皮日休《七爱诗·卢征君》:“篮舆一云返,泥诏褒不已。”罗隐《送溪州使君》:“凤衔泥诏辞丹阙,雕倚霜风上画旗。”

【泥塗】亦作“泥途”。❶污泥,烂泥。高适《苦雨寄房四昆季》:“泥涂拥城郭,水潦盘丘墟。”杜甫《过南岳入洞庭湖》:“壤童犁雨雪,渔屋架泥涂。”柳宗元《雨中赠仙人山贾山人》:“遥知玄豹在深处,下笑羁绊泥涂间。”李绅《趋翰苑遭诬构四十六韵》:“鹊灵窥牖户,龟瑞出泥涂。”❷泥泞的道路。白居易《新乐府·官牛》:“昨来新拜右丞相,恐怕泥涂污马蹄。”又《雨雪放朝因怀微之》:“归骑纷纷满九衢,放朝三日为泥涂。”❸比喻卑微的地位。贺知章《奉和圣制送张说上集贤学士赐宴赋得谟字》:“迹同游汗漫,荣是出泥涂。”刘长卿《赠别于群投笔赴安西》:“本持乡曲誉,肯料泥塗辱。”刘禹锡《游桃源一百韵》:“共安缇绣荣,不悟泥涂适。”罗立言《赋得沽美玉》:“几年沦瓦砾,今日出泥涂。”

【泥滓】❶淤泥。张九龄《咏燕》:“岂知泥滓贱,祇见玉堂开。”韦应物《赠卢嵩》:“泥滓不能浊,澄波非益清。”韩愈《赠侯喜》:“我为侯生不能已,盘针擘粒投泥滓。”元稹《有鸟二十章》之一一:“有鸟有鸟名燕子,口中未省无泥滓。”❷比喻卑微的地位。卢纶《途中遇雨马上口号留别张刘二端公》:“应念龙钟在泥滓,欲摧肝胆事王章。”白居易《长庆二年七月自中书舍人出守杭州路次蓝溪作》:“老逢不次恩,洗拔出泥滓。”方干《献浙东王大夫二首》之二:“泥滓云宵至悬阔,渔翁不合见公卿。”李搏《贺裴廷裕蜀中登第诗》:“应笑戎藩刀笔吏,至今泥滓曝鱼鳃。”❸比喻污浊之世。杜甫《奉先刘少府新画山水障歌》:“吾独胡为在泥滓,青鞋布袜从此始。”

【泥塵】❶泥土。白居易《读张籍古乐府》:“时无采诗官,委弃如泥尘。”又《感白莲花》:“陈根与故叶,销化成泥尘。”姚合《武功县中作三十首》之三:“微官如马足,只是在泥尘。”❷浮尘。白居易《反鲍明远白头吟》:“岂能泥尘下,区区酬怨憎。”❸比喻卑下的地位。方干《镜湖西岛言事寄陶校书》:“知音不延荐,何路出泥尘。”

【泥$_2$慵】沉滞而怠惰。杜牧《长安杂题长句六首》之四:“期严无奈睡留癖,势窘犹为酒泥慵。”

【泥潦】(—lǎo)地上所积的泥水。韩愈《龊龊》:“秋阴欺白日,泥潦不少干。”元稹《乐府古题·当来日大难行》:“泥潦渐久,荆棘旋生。”薛能《失鹤二首》之一:“曾啄稻粱残粒在,旧翘泥潦半踪稀。”

【泥緘】紫泥封检。翁承赞《奉使封闽王归京洛》:“泥缄紫诰御恩光,信马嘶风出洛阳。”

【泥澤】泥坑。柳宗元《田家三首》之二:“东乡后租期,车毂陷泥泽。”

【泥谿】水名。在今四川。王勃有《泥溪》。岑参有《东归发犍为至泥溪舟中作》。

【泥龜】泥中的乌龟。见《庄子·秋水》。钱起《巨鱼纵大壑》:“倾危嗟幕燕,隐晦诮泥龟。”李咸用《物情》:“李斯溷鼠心应动,庄叟泥龟意已坚。”

【泥濘】❶污泥,烂泥。元稹《后湖》:“荆有泥泞水,在荆之邑郛。”又《景申秋八首》之八:“出闻泥泞尽,何地不摧车。”❷泥烂而滑。杜甫《彭衙行》:“一旬半雷雨,泥泞相牵攀。”又《泥功山》:“泥泞非一时,版筑劳人功。”戴叔伦《又酬晓灯离暗室五首》之二：“应想远行人，路逢泥泞阻。”白居易《酬郑侍御多雨春空过诗三十韵》：“紫陌皆泥泞，黄污共淼茫。”

【泥辙】 泥路上车轮碾出的凹痕。为处困厄之境的典故。见《庄子·外物》。孟郊《赠李观》：“舍予在泥辙，飘迹上云津。”

【泥蟠】 蟠处泥中，多喻处于困厄之境。岑参《送张秘书充刘相公通汴河判官便赴江外觐省》：“前年见君时，见君正泥蟠。”钱起《长安客舍赠李行父明府》：“亲劳携斗水，往往救泥蟠。”朱昼《赠友人古镜》：“蛟龙犹泥蟠，魑魅幸月蚀。”汪遵《南阳》：“陆困泥蟠未适从，岂妨耕稼隐高踪。”

【泥鳝】 即泥鳅。韩偓《桃林场客舍之前有池半亩复睹太虚因作五言八韵》：“苇鹭怜潇洒，泥鳅畏日曦。”

泯 〔mǐn《广韵》武盡切，上軫，明。又彌鄰切，平真，明。〕❶消失，消除。寒山《诗三百三首》之二〇三：“泯时万象无痕迹，舒处周流遍大千。”高适《同诸公登慈恩寺浮图》：“香界泯群有，浮图岂诸相。”柳宗元《种白蘘荷》：“庶氏有嘉草，攻襘事久泯。”❷混合，混淆。萧颖士《重阳日陪元鲁山因以赠别》：“仅能泯宠辱，未免伤别离。”白居易《和微之诗二十三首·和知非》：“禅能泯人我，醉可忘荣悴。”

【泯泯】 辽阔广大貌。杜甫《漫成二首》之一：“野日荒荒白，春流泯泯清。”韩愈《酬蓝田崔丞立之咏雪见寄》：“泯泯都无地，茫茫岂是天。”

【泯迹】 亦作“泯跡”。❶消失。寒山《诗三百三首》之二七八：“万机俱泯迹，方识本来人。”❷谓隐居。皎然《苕溪草堂自大历三年夏新营泊秋及春弥觉境胜四十三韵》：“绮里犹近名，于陵未泯迹。”

【泯跡】 同“泯迹”。

【泯滅】 灭绝，消失。杜甫《咏怀古迹五首》之二：“最是楚宫俱泯灭，舟人指点到今疑。”韩愈《秋怀诗十一首》之一一：“由来命分尔，泯灭岂足道。”

【泯默】 沉默。韩愈《双鸟诗》：“得病不呻唤，泯默至死休。”

沸 〔fèi《广韵》方味切，去未，非。〕❶泉喷涌貌。徐彦伯《奉和幸新丰温泉宫应制》：“独沸流常热，潜蒸气转香。”李颀《与诸公游济渎泛舟》：“湫泉数眼沸，平地流清通。”李白《安州应城玉女汤作》：“沸珠跃明月，皎镜函空天。”❷水波澎湃貌。苏味道《九江口南济北接蕲春南与浔阳岸》：“远潭昏似雾，前浦沸成雷。”杜甫《大历三年春白帝城放船出瞿塘峡四十韵》：“摆阖盘涡沸，欹斜激浪输。”❸水温达沸点的状态。白居易《睡后茶兴忆杨同州》：“沫下麹尘香，花浮鱼眼沸。”陆龟蒙《奉和袭美茶具十咏·茶灶》：“盈锅玉泉沸，满甑云芽熟。”皮日休《茶中杂咏·煮茶》：“香泉一合乳，煎作连珠沸。”也极言水温之热。岑参《热海行送崔侍御还京》：“蒸沙烁石然虏云，沸浪炎波煎汉月。”马异《贞元旱岁》：“赤地炎都寸草无，百川水沸煮虫鱼。”白居易《大水》：“风卷白波翻，日煎红浪沸。”僧鸾《苦热行》：“烛龙衔火飞天地，平陆无风海波沸。”❹喧闹。韩愈、孟郊《城南联句》：“暮堂蝙蝠沸，破灶伊威盈。”李商隐《骄儿诗》：“绕堂复穿林，沸若金鼎溢。”贯休《上卢使君》：“楼台千万户，锦绣龙歌沸。”❺纷乱。杜甫《送樊二十三侍御赴汉中判官》：“川谷血横流，豺狼沸相噬。”韩愈《答张彻》：“刺史肃蓍蔡，吏人沸蝗螟。”又《读皇甫湜公安园池诗书其后二首》之二：“虫鱼沸相嚼，日夜不得闲。”王毂《鸿门谯》：“寰海沸兮争战苦，风云愁兮会龙虎。”

【沸井】 井名。在今安徽和县。刘禹锡《历阳书事七十韵》：“沸井今无涌，乌江旧有名。”

【沸天】 形容声音极度喧闹。王翰《饮马长城窟行》：“黄昏塞北无人烟，鬼哭啾啾声沸天。”杜甫《奉同郭给事汤东灵湫作》：“沸天万乘动，观水百丈湫。”柳泌《玉清行》：“龙马行无迹，歌钟声沸天。”韦庄《病中闻相府夜宴戏赠集贤卢学士》：“满筵红蜡照香钿，一夜歌钟欲沸天。”

【沸耳】 谓嘈杂之声不绝于耳。韩愈《答柳柳州食虾蟆》：“叵堪朋类多，沸耳作惊爆。”

【沸沫】 大浪溅起的水珠。薛能《龙门八韵》：“沸沫归何处，盘涡傍此中。”

【沸鼎】 将鼎中的水烧开。杜甫《大雨》：“执热乃沸鼎，纤絺成缊袍。”也指有滚水的鼎。吕温《道州北池放鹅》：“安得免沸鼎，澹然游清池。”白居易《咏史》：“秦磨利刀斩李斯，齐烧沸鼎烹郦其。”李商隐《行次昭应县道上送户部李郎中充昭义攻讨》：“鱼游沸鼎知无日，鸟覆危巢岂待风。”

【沸渭】 ❶水涌动貌。苏颋《夜发三泉即事》：“沙溪忽沸渭，石道乍明灭。”❷喧腾貌。元稹《春鸠》：“免教争叫噪，沸渭桃花前。”又《酬乐天东南行诗一百韵》：“雨蒸虫沸渭，浪涌怪睢盱。”又《有酒十章》之八：“阴火然兮众族沸渭，飓风作兮昼夜猖狂。”贯休《行路难》之三：“沸渭笙歌君莫夸，不应常是西家哭。”

【沸湯】 （—dàng）奔腾激荡。王泠然《夜光篇》：“沸汤空谷数道水，融盖阴崖几年雪。”

【沸激】 喧闹。李咸用《煌煌京洛行》：“歌钟沸激香尘散，晨旗隐隐罗轩冕。”

泓 〔hóng《广韵》烏宏切，平耕，影。〕❶清澈貌。韩愈、孟郊《城南联句》：“掘云破嶙峋，采月漉坳泓。”刘禹锡《和河南裴尹侍郎宿斋天平寺诣九龙祠祈雨二十韵》：“惊飙起泓泉，若调雷雨师。”❷水潭；积水。杜甫《寄赞上人》：“裴回虎穴上，面势龙泓头。”元稹《说剑》：“留斩泓下蛟，莫试街中狗。”陆龟蒙《丁隐君歌》：“草堂暗引龙泓溜，老树根株若蹲兽。”吴融《太湖石歌》：“雨过上停泓，风来中有隙。”❸量词。用于泉流或水面。李贺《梦天》：“遥望齐州九点烟，一泓海水杯中泻。”白居易《酬微之夸镜湖》：“一泓镜水谁能羡，自有胸中万顷湖。”赵嘏《发柏梯寺》：“一泓秋水千竿竹，静得劳生半日身。”徐夤《白酒两瓶送崔侍御》：“几夕露珠寒贝齿，一泓银水冷琼杯。”

【泓浤】 水势回旋貌。孟郊《峡哀》之七：“饿咽潺湲号，涎似泓浤肥。”

【泓泓】 ❶水清澈貌。韦应物《休沐东还胄贵里示端》：“泓泓野泉洁，熠熠林光初。”陈陶《飞龙引》：“应龙下挥中园笑，泓泓水绕青苔洲。”吕岩《直指大丹歌》：“池沼泓泓翻玉液，楼台叠叠运灵泉。”❷犹汪汪。泪出貌。李贺《秦王饮酒》：“仙人烛树蜡烟轻，清琴醉眼泪泓泓。”

【泓澄】 ❶水深而清。宋之问《登逍遥楼》：“逍遥楼上望乡关，绿水泓澄云雾间。”顾况《范山人画山水歌》：“山峥嵘，水泓澄，漫漫汗汗一笔耕。”张又新《青岙山》：“灵海泓澄匝翠峰，昔贤心赏已成空。”杜荀鹤《经严陵钓台》：“苍翠云峰开俗眼，泓澄烟水浸尘心。”❷清澈貌。欧阳詹《智达上人水精念珠歌》：“良工磨拭成贯珠，泓澄洞澈看如无。”薛逢《灵台家兄古镜歌》：“溢匣水色如玉倾，儿童不敢窥泓澄。”李群玉《古镜》：“泓澄一尺天，彻底寒霜景。”李咸用《谢友生遗端溪砚瓦》：“浅小金为斗，泓澄玉作堤。”

沼 〔zhǎo《广韵》之少切，上小，章。〕池塘。太宗《秋日二首》之二：“爽气澄兰沼，秋风动桂林。”韦应物《慈恩寺南池秋荷咏》：“对殿含凉气，裁规覆清沼。”刘言史《林中独醒》：“晚来林沼静，独坐间瓢尊。”崔珏《水晶枕》：“黄昏转烛萤飞沼，白日褰帘水在簪。”

【沼沚】 池塘。项斯《春日题李中丞樊川别墅》：“川光通沼沚，寺影带楼台。”

【沼長洲】 谓长洲苑变为池塘。语见《左传·哀公元年》。陆龟蒙《问吴宫辞》：“火姑苏兮沼长洲，此宫之丽人兮留乎不留。”

波 〔bō《广韵》博禾切，平戈，幫。〕❶涌流。孟郊《达士》：“四时如逝水，百川皆东波。”❷流水。杜甫《送殿中杨监赵蜀见相公》：“去水绝还波，泄云无定姿。”李赤《姑熟杂咏·牛渚矶》：“乱石流洑间，回波自成浪。”❸波浪。长孙无忌《新曲二首》之二：“回雪凌波游洛浦，遇陈王。”白居易《和春深二十首》之一三：“余波落何处，江转富阳斜。”曹邺《江西送人》：“何水不生波，何木不改柯。”❹起浪。太宗《登三台言志》：“镜池波太液，庄苑丽宜春。”刘长卿《北归人至德州界偶逢洛阳邻家李光宰》：“炎州日日人将老，寒渚年年水自波。”羊士谔《寄黔府窦中丞》：“夏月天无暑，秋风水不波。”元稹《古决绝词》之二：“水得风兮小而已波，笋在苞兮高不见节。”❺喻突起的事变。王建《朝天词十首寄上魏博田侍中》之七：“四海无波乞放闲，三封手疏犯龙颜。”❻喻光芒如水波之荡漾。裴夷直《夜意》：“萧疏尽地林无影，浩荡连天月有波。”温庭筠《南歌子》词之六：“转盼如波眼，娉婷似柳腰。”也指流转的目光。元稹《答姨兄胡灵之见寄五十韵》：“传盏加分数，横波掷目成。”杜光庭《咏西施》：“脸横一寸波，浸破吴王国。”

【波文】 同“波纹”。

【波心】 水中央。韦庄《题裴端公郊居》：“蒲生岸脚青刀利，柳拂波心绿带长。”齐己《题真州精舍》：“波心精舍好，那岸是繁华。”

【波臣】 指屈原。因屈原自沉于汨罗，故称。骆宾王《春日离长安客中言怀》：“揶揄惭路鬼，憔悴切波臣。”

【波光】 水波反映的光。许棠《题汧湖二首》之二：“蜃气藏孤屿，波光到远林。”皮日休《奉和鲁望渔具十五咏·药鱼》：“见说放溪上，点点波光恶。”顾甄远《惆怅诗九首》之二：“禁漏声稀蟾魄冷，纱厨筠簟波光净。”

【波吒】 （—zhà）苦难；折磨。拾得《诗》之五：“死后受波吒，更莫称冤屈。”

【波岳】 喻波浪汹涌，如连峰壁立。水神《霅溪夜宴诗》（卷八六四）：“所以鞭浪山而疾驱波岳，亦粗足展余拂郁之心胸。”

【波波】 奔波。岑参《阌乡送上官秀才归关西别业》：“风尘奈汝何，终日独波波。”

【波波劫劫】 奔波忙碌貌。吕岩《沁园春》词之二：“奈今日茫然，不知明日，波波劫劫，有甚来由。”

【波官】 水神。李梦符《渔父引二首》之二：“渔弟渔兄喜到来，波官赛却坐江限。”

【波查】 （—zhā）犹“波吒”。吕岩《敲爻歌》：“若还缺一不芳菲，执著波查应失路。”

【波律】 指波律膏。又名龙脑香。相传出波律国，故名。皮日休《初冬章上人院》：“静案贝多纸，闲炉波律烟。”

【波神】 水神。刘禹锡《贾客词》：“邀福祷波神，施财游化城。”元稹《生春二十首》之八：“织女云桥断，波神玉貌融。”皮日休《送圆载上人归日本国》：“飓母影边持戒宿，波神宫里受斋归。”

【波浪】 水面因受外力而激起的震荡。丁仙芝

《江南曲五首》之三："昨暝逗南陵，风声波浪阻。"刘禹锡《答乐天临都驿见赠》："北固山边波浪，东都城里风尘。"李德裕《思平泉树石杂咏一十首·叠石》："鳞次冠烟霞，蝉联叠波浪。"徐夤《寓题》："见说天池波浪阔，也应涓滴溅穷鳞。"

【波紋】 亦作"波文"。水波微动形成的纹理。白居易《宅西有流水墙下构小楼临玩偶题五绝句》之二："水色波文何所似，麹尘罗带一条斜。"陆龟蒙《奉和袭美茶具十咏·茶籝》："金刀劈翠筠，织似波文斜。"黄滔《明月照高楼》："波文流藻井，桂魄拂雕楹。"

【波彩】 犹"波光"。皮日休《初夏游楞伽精舍》："岚姿与波彩，不动浑相著。"

【波痕】 犹"波紋"。李商隐《木兰》："波痕空映袜，烟态不胜裾。"

【波勢】 波浪形。顾非熊《雁》："下时波势出，起处阵形分。"

【波殿】 水殿。皮日休《太湖诗·练渎》："波殿郑妲醉，蟾阁西施宿。"

【波影】 犹"波光"。高骈《锦城写望》："蜀江波影碧悠悠，四望烟花匝郡楼。"

【波潮】 大潮。薛曜《送道士入天台》："洛阳陌上多离别，蓬莱山下足波潮。"

【波蕩】 动荡，震荡。罗隐《酬丘光庭》："自从黄寇扰中土，人心波荡犹未回。"

【波濤】 ❶波浪。寒山《诗三百三首》之六五："行至大海中，波涛复不止。"李白《送客归吴》："路历波涛去，家惟坐卧归。"窦常《晚次方山精舍却寄张荐员外》："西塞波涛阔，南朝寺舍空。"赵嘏《题曹娥庙》："文字在碑碑已堕，波涛辜负色丝文。"❷比喻剧烈的变故。白居易《寄献北都留守裴令公》："两河收土宇，四海定波涛。"翁洮《赠进士王雄》："河清海晏少波涛，几载垂钩不得鳌。"谭用之《古剑》："三尺何年拂尘土，四溟今日绝波涛。"❸喻开合起伏的构思。韩愈《桃源图》："南宫先生忻得之，波涛入笔驱文辞。"

【波濤郡】 指杭州。姚合《送朱庆余越州归觐》："访我波涛郡，还家雾雨城。"刘得仁《上姚谏议》："却忆波涛郡，来时岛屿春。"

【波臉】 指美人的眼波。杜牧《自宣州赴官入京路逢裴坦判官归宣州因题赠》："云罍看人捧，波脸任他横。"

【波羅】 ❶即虎。南诏语音译。赵叔达《星回节避风台骠信命赋》："法驾避星回，波罗毗勇猜。"❷"波羅蜜"之省。参见"波羅蜜"。解彦融《雁塔》："实际罔他寻，波罗必可致。"

【波羅夷】 梵语 Pàràjirk 的音译。意为极重的罪孽。犯此罪者将被革出教门。李白《僧伽歌》："一言散尽波罗夷，再礼浑除犯轻垢。"

【波羅蜜】 梵语 Pāramitā 的音译。意为到彼岸，谓从生死迷界的此岸到达涅槃解脱的彼岸。牟融《题山房壁》："定处波罗蜜，须从物外寻。"

【波瀾】 ❶波浪。王维《酌酒与裴迪》："酌酒与君君自宽，人情翻覆似波澜。"司空曙《分流水》："通塞两不见，波澜各自起。"姚合《杏溪十首·石潭》："清冷无波澜，潎潎鱼相逐。"周渍《山下水》："不独有声流出此，会归沧海助波澜。"❷起浪。耿湋《晚登虔州即事寄李侍御》："章溪与贡水，何事会波澜。"姚合《买太湖石》："波澜取不得，自后长咨嗟。"齐己《题鹤鸣泉八韵》："潇湘在何处，终日自波澜。"又《江上值春雨》："江皋正月雨，平陆亦波澜。"❸喻是非风波。包佶《岭下卧疾寄刘长卿员外》："波澜喧众口，藜藿静吾庐。"白居易《赠元稹》："岂无要津水，咫尺有波澜。"薛能《行路难》："藏山难测度，暗水自波澜。"❹喻心有所动。孟郊《列女操》："波澜誓不起，妾心井中水。"❺喻诗文跌宕起伏。清昼、潘述《讲古文联句》："竟乏波澜，徒工边塞。"李群玉《寄张祜》："如君气力波澜地，留取阴何沈范名。"

【波靈】 水神。孟郊《峡哀》之三："奠泪吊波灵，波灵将闪然。"王初《银河》："年来若有乘槎客，为吊波灵是楚臣。"

治

〔zhì《广韵》直吏切，去志，澄。又直利切，去至，澄。又直之切，平之，澄。〕❶治理。韩愈《调张籍》："徒观斧凿痕，不瞩治水航。"❷修理，修缮。白居易《归田三首》之二："迎春治耒耜，候雨辟菑畬。"李商隐《井泥四十韵》："昨日主人氏，治井堂西陲。"❸修理使平整。白居易《令狐尚书许过弊居先赠长句》："已遣平治行药径，兼教扫拂钓鱼船。"李商隐《韩碑》："长绳百尺拽碑倒，粗砂大石相磨治。"❹纠正。皮日休《鲁望读襄阳耆旧传见赠五百言次韵》："既正北极尊，逐治众星谬。"❺耕作。孟郊《立德新居》之七："突出万家表，独治二亩蔬。"韩愈《琴操十首·越裳操》："孰荒于门，孰治于田。"❻医疗。刘禹锡《闲坐忆乐天以诗问酒熟未》："唯有达生理，应无治老方。"元稹《予病瘴乐天寄通中散因有酬答》："唯有思君治不得，膏销雪尽意还生。"皮日休《太湖诗·桃花坞》："清阴减鹤睡，秀色治人渴。"吴融《游华州飞泉亭》："万事已为春弃置，百忧须赖酒医治。"❼修养。见"治心"。❽平顺。白居易《夜雨有念》："以道治心气，终岁得晏然。"❾指政治清明，社会安定。与"乱"相对。太宗《重幸武功》："垂衣天下治，端拱车书同。"韩愈《酬裴十六功曹巡府西驿途中见寄》："遂令河南治，今古无俦伦。"韦表微《池州夫子庙麟台》："世治则麟，世乱则麇。"❿地方官署所在地。李白有《楚江黄龙矶南宴杨执戟治楼》。岑参《送郭司马赴伊吾郡请示李明府》:“秋山城北面,古治郡东边。”

【治中】 官名。汉置,为州刺史从官,主掌文书。历代相沿。唐避高宗李治讳,改为司马。《劝进疏引谶》(卷八七五):“胡兵未济汉不整,治中都护有八井。”孟浩然《送崔遏》:“片玉来夸楚,治中作主人。”杜甫《寄岳州贾司马六丈五十韵》:“典郡终微眇,治中实弃捐。”

【治化】 治理教化。寒山《诗三百三首》之三八:“为官治化超先辈,直为无能继后尘。”杜牧《奉和门下相公送西川相公兼领相印出镇全蜀诗十八韵》:“治化轻诸葛,威声慑夜郎。”

【治心】 指修养自身的思想品德。陆龟蒙《丁隐君歌》序:“又不见其有所服饵,或问之,对曰:治心修身之外,复有何物?”

【治世】 太平盛世。白居易《开成大行皇帝挽歌词四首奉敕撰进》之三:“唯有《云》《韶》乐,长留治世音。”

【治平】 天下太平。杜牧《遣兴》:“治平心径熟,不遣有穷途。”

【治生】 经营家业。杜甫《戏作俳谐体遣闷二首》之一:“治生且耕凿,只有不关渠。”吕岩《忆江南》词之一一:“治生客,审细察微言。”

【治安論】 指汉贾谊的《治安策》。杜牧《咏歌圣德远怀天宝因题关亭长句四韵》:“君王若悟《治安论》,安史何人敢弄兵。”

【治兵】 指练兵。贾至《燕歌行》:“季秋胶折边草腓,治兵羽猎因出师。”

【治具】 治国的措施。语见《庄子·天道》。杜牧《雪中书怀》:“凡称曰治具,小大无不施。”

【治書】 官名。即侍御史。汉宣帝时令侍御史二人治书侍侧,后因置之,称治书侍御史。皎然《遥和康录事李侍御萼小寒食夜重集康氏园林》:“已爱治书诗句逸,更闻从事酒名新。”又《奉酬袁使君西楼饯秦山人与昼同赴李侍御招三韵》:“治书招远意,知共楚狂行。”

【治教】 (—jiào)犹治化。武元衡《渐至涪州先寄王使君》:“治教通夷俗,均输问大田。”

【治國】 治理国家。殷文圭《次韵九华杜先辈重阳寄投宛陵丞相》:“先生鬓为吟诗白,上相心因治国劳。”

【治粟尉】 治粟都尉的省称。汉官名,管理全国盐铁生产。卢纶《寄赠库部王郎中》:“威惩治粟尉,恩洽让田人。”

【治亂】 使安定,治理动乱。杜牧《洛中送冀处士东游》:“治乱掘根本,蔓延相牵钩。”

【治道】 ❶指治理人民的策略方针。白居易《秋居书怀》:“况无治道术,坐受官家禄。”❷修整道路。《神鸡童谣》(卷八七八):“父死长安千里外,差夫治道挽丧车。”

【治學】 指修缮校舍等事。刘禹锡《国学新修五经壁歌》记:“今天子尚文章、尊典籍,于苑囿不加尺椽,而成均以治学上言,遽赐千万。”

【治療】 用药物或手术等消除疾病。白居易《眼病二首》之一:“两头治疗何曾瘥,药力微茫佛力赊。”

六 画

洪 〔hóng《广韵》户公切,平東,匣。〕❶大水。皮日休《太湖诗·缥缈峰》:“连拳百丈尾,下拔湖之洪。”❷河道的落差处。薛能《题彭祖楼》:“新晴天状湿融融,徐国滩声上下洪。”❸江湖分流之处。李峤《过洞庭》:“半洪侵楚翼,一汉属吴头。”❹水大貌。李颀《杂兴》:“行人夜秉生犀烛,洞照洪深辟滂湃。”曹邺《代谢玄晖新亭送范零陵》:“楚水洪无际,沧茫接天涯。”❺大。与“小”相对。太宗《咏司马彪续汉志》:“书言扬盛迹,补阙兴洪志。”薛逢《题剑门先寄上西蜀杜司徒》:“峭壁横空限一隅,划开元气建洪枢。”皮日休《鲁望昨以五百言见贻亦迭和之微旨也》:“文星下为人,洪秀密于缅。”贯休《送卢舍人朝觐》:“洪才传出世,清甲得高名。”❻扩大。韩愈《谢自然诗》:“秦皇虽笃好,汉武洪其源。”元稹《春六十韵》:“度岭梅甘坼,潜泉脉暗洪。”❼州名。元稹《茅舍》:“有客自洪来,洪民至今藉。”贯休《上顾大夫》:“洪民亦何幸,里巷清如扫。”

【洪川】 大江大河。李白《历阳壮士勤将军名思齐歌》:“太古历阳郡,化为洪川在。”长孙佐辅《楚州盐壒古墙望海》:“混沌本冥冥,泄为洪川流。”

【洪子輿】 唐诗人。舒城(今属安徽)人。开元间任侍御史。《全唐诗》卷一〇一录其《严陵祠》诗一首。

【洪井】 井名。在今江西新建县西山。相传为仙人洪崖炼丹得道之处。罗隐《钟陵见杨秀才》:“云归洪井枝柯敛,水下漳江气色粗。”

【洪水】 大水。多指因久雨或融雪等引发的水患。李白《公无渡河》:“杀湍湮洪水,九州始蚕麻。”陆龟蒙《奉酬袭美先辈吴中苦雨一百韵》:“吾观天之意,未必洪水割。”韦庄《耒阳县浮山神庙》:“山曾尧代浮洪水,地有唐臣奠绿醽。”

【洪休】 大福。李竦《长至日上公献寿》:“盛美超三代,洪休降百祥。”

【洪州】 州名。隋开皇九年置。治所在豫章(唐改南昌,今南昌市)。薛业有《洪州客舍寄柳博士芳》。元稹《茅舍》:“前日洪州牧,念此常嗟讶。”曹松《再到洪州望西山》:“洪州向西顾,不忍暂忘君。”

【洪州將軍】(將 jiāng)当作“洪州軍將”。《全唐诗》卷七八四在其名下录《题屈原祠》诗一首,诗题后注:“《青琐集》,屈子沉沙之处,在岳州境内汨罗江,上有祠,以渔父配享。唐末,有洪州衙前军将,忘其姓名,题一绝。自后能诗者,不能措手。”

【洪池】 古池名。在洛阳东。韩翃《送中兄典邵州》:“一路诸侯争馆谷,洪池高会荆台曲。”

【洪厓】 参见“洪崖”。

【洪波臺】 古台名。在邯郸(今河北邯郸市西南),为战国赵简子所筑。李白《登邯郸洪波台置酒观发兵》:“观兵洪波台,倚剑望玉关。”

【洪府】 唐时在洪州置上都督府,省称“洪府”。宋之问有《自洪府舟行直书其事》。孟浩然有《和张判官登万山亭因赠洪府都督韩公》。

【洪河】 大河。指黄河。张说《奉和圣制途次陕州应制》:“郡带洪河侧,宫临大道边。”杜甫《三川观水涨二十韵》:“交洛赴洪河,及关岂信宿。”李绅《却入泗口》:“洪河一派清淮接,堤草芦花万里秋。”马戴《送僧二首》之一:“亲在平阳忆久归,洪河雨涨出关迟。”

【洪波】 巨浪。杨师道《奉和圣制春日望海》:“洪波回地轴,孤屿映云光。”张道符《和主司王起》:“会压洪波先得路,早升清禁共垂名。”陆龟蒙《渔具诗·沪》:“万植御洪波,森然倒林薄。”徐夤《水》:“洪波激湍归何处,二月桃花满眼流。”

【洪柯】 大树。沈徽《古兴二首》之一:“洪柯不足恃,况乃托陵苕?”

【洪洪】 广泛貌。陆龟蒙《杂讽九首》之五:“安得东壁明,洪洪用坟史。”

【洪荒】 指混沌、蒙昧的状态。阎朝隐《奉和登骊山应制》:“混沌疑初判,洪荒若始分。”李白《上云乐》:“中国有七圣,半路颓洪荒。”皮日休《酒中十咏》序:“颓然无思,以天地大顺为堤封;傲然不持,以洪荒至化为爵赏。”

【洪流】 浩大汹涌的水流。李白《留别贾舍人至二首》之一:“鳌抃山海倾,四溟扬洪流。”权德舆《酬穆七侍郎早登使院西楼感怀》:“鳣鲔跃洪流,麖麚倚荒阡。”许浑《晚登龙门驿楼》:“青嶂远分从地断,洪流高泻自天来。”徐夤《河流》:“洪流盘砥柱,淮济不同波。”

【洪都】 (—dū)洪州都督府的省称。韦庄《袁州作》:“山色东南连紫府,水声西北属洪都。”

【洪基】 大基业。《郊庙歌辞·梁太庙乐舞辞·来仪舞》:“洪基永固,景命惟新。”

【洪崖】 亦作“洪厓”。传说为古仙人。见晋葛洪《神仙传·卫叔卿》。张九龄《登城楼望西山作》:“仙井今犹在,洪厓久不还。”李白《日夕山中忽然有怀》:“缅思洪崖术,欲往沧海隔。”李贺《荣华乐》:“嘈嘈弦吹匝天开,洪崖箫声绕天来。”齐己《谢橘州人寄橘》:“洪崖遗后名何远,陆绩怀来事更长。”

【洪崖井】 在今江西新建县洪崖山下,相传为洪崖炼丹之井。顾况《同裴观察东湖望山歌》:“水淹徐孺宅恒乾,绳坠洪崖井无底。”

【洪喬】 即晋人殷洪乔,曾任豫章郡太守。陆龟蒙《送友人之湖上》:“欲寄一函聊问讯,洪乔宁作置书邮。”

【洪筆】 大笔。比喻擅长写作。白居易《寄献北都留守裴令公》:“朱弦拂宫徵,洪笔振风骚。”卢肇《和主司王起》:“嵩高降德为时生,洪笔三题造化名。”陆龟蒙《奉和袭美初夏游楞伽精舍次韵》:“纤情不可逃,洪笔难暂阁。”方干《贻高说》:“幸有清才与洪笔,何愁高节不公卿。”

【洪細】 洪亮和细微。杨希道《咏笙》:“短长插凤翼,洪细摹鸾音。”

【洪鈞】 ❶指天宇。杜甫《上韦左相二十韵》:“八荒开寿域,一气转洪钧。”刘崇龟《寄桂帅》:“碧幢仁施合洪钧,桂树林前倍得春。”❷喻宰相之权。郑絪《奉和武相公省中宿斋酬李相公见寄》:“洪钧齐万物,缥帙整群书。”李德裕《离平泉马上作》:“十年紫殿掌洪钧,出入三朝一品身。”

【洪飲】 豪饮。曹唐《长安客舍叙邵陵旧宴寄永州萧使君五首》之二:“五夜清歌敲玉树,三年洪饮倒金尊。”李中《思朐阳春游感旧寄柴司徒五首》之五:“昔年常接五陵狂,洪饮花间数十场。”

【洪湮】 洪水。元结《二风诗·治风诗五篇·至劳》之三:“去尔兆庶,洪湮灾害。”

【洪淵】 指浩瀚的湖、海。储光羲《同诸公秋日游昆明池思古》:“伐棘开洪渊,秉旄训我师。”顾况《归阳萧寺有丁行者归命稽首作诗》:“乃致金翅鸟,吞龙护洪渊。”

【洪業】 大业。指帝王的基业。独孤及《酬皇甫侍御望天潜山见示之作》:“黄金竟何成,洪业遽沦昧。”

【洪農】 即“弘農”。周墀《酬李常侍立秋日奉诏祭岳见寄》:“岂是琐才能祀事,洪农太守主张来。”

【洪慈】 指太后的慈悲之心。辛替否《奉和九月九日登慈恩寺浮图应制》:“洪慈均动植,至德俯深玄。”

【洪源】 大水的源头。沈佺期《辛丑岁十月上幸长安时扈从出西岳作》:“磅礴压洪源,巍峨壮清昊。”皮日休《补周礼九夏系文·九夏歌九篇·族夏》之一:

"洪源谁孕，疏为江河。"

【洪溶】 水大貌。元结《引极三首·怀潜君》："海浩淼兮汩洪溶，流蕴蕴兮涛汹汹。"

【洪遠】 广大遥远。郑薰《赠巩畴》："洪远包乾坤，幽窅潜沈冥。"

【洪漣】 犹洪波。元稹《天坛上境》："洪涟浩渺东溟曙，白日低回上境寒。"

【洪範】 《书》之篇名。相传是商末箕子向周武王陈述天地大法的记录。吴筠《览古十四首》之四："洪范及礼仪，后王用经纶。"徐浩《谒禹庙》："既膺九命锡，乃建洪范畴。"钱起《暇日览旧诗因以题咏》："何穷默识轻洪范，未丧斯文胜大还。"陆龟蒙《袭美先辈以龟蒙所献五百言既蒙见和用伸酬谢》："洪范分九畴，转成天下规。"

【洪澤】 驿馆名。在今江苏洪泽县西北，已被洪泽湖淹没。皇甫冉《洪泽馆壁见故礼部尚书题诗》："底事洪泽壁，空留黄绢词。"

【洪濛】 ❶指太空。张乔《试月中桂》："与月转洪濛，扶疏万古同。"❷指元气。吴融《赴阙次留献荆南成相公三十韵》："神清餐沆瀣，气逸饮洪濛。"❸空虚貌。修睦《秋台作》："到头归去是，免使叹洪濛。"

【洪濟城】 城名。在唐廓州达化县(今青海循化撒拉族自治县东)。为北周武帝防吐谷浑所筑。高适有《同吕判官从哥舒大夫破洪济城回登积石军多福七级浮图》。

【洪濤】 洪波。太宗《春日望海》："洪涛经变野，翠岛屡成桑。"杜甫《天边行》："洪涛滔天风拔木，前飞秃鹙后鸿鹄。"白居易《白口阻风十日》："洪涛白浪塞江津，处处邅回事事迍。"曹邺《续幽愤》："八月黄草生，洪涛入云热。"

【洪覆】 喻帝王的恩泽。张九龄《奉和圣制赐诸州刺史以题座右》："圣人合天德，洪覆在元元。"

【洪曜】 烈日。储光羲《效古二首》之二："赪霞烧广泽，洪曜赫高丘。"

【洪韻】 洪亮的声音。刘禹锡《韩十八侍御见示岳阳楼别窦司直诗因令属和重以自述故足成六十二韵》："洪韵发华钟，凄音激清徵。"

【洪鍾】 ❶大钟。卢纶《慈恩寺石磬歌》："徒壮洪钟秘高阁，万金费尽工雕凿。"卢景亮《寒夜闻霜钟》："洪钟发长夜，清响出层岑。"张祜《投常州从兄中丞》："广厦当宏构，洪钟并待撞。"❷喻使人警醒的玄理妙旨。温庭筠《秘书刘尚书挽歌词二首》之一："学筵开绛帐，谈柄发洪钟。"

【洪爐】 亦作"洪罏""洪鑪"。❶大火炉。孙思邈《四言诗》："洪炉烈火，烘焰翕赫。"韦应物《易言》："洪炉炽炭燎一毛，大鼎炊汤沃残雪。"权德舆《病中苦热》："三伏鼓洪炉，支离一病夫。"陆龟蒙《自遣诗三十首》之二八："姹女精神似月孤，敢将容易入洪炉。"❷比喻陶冶和锻炼人的环境。卢纶《敬酬大府二十四舅览诗卷因以见示》："顾己文章非酷似，敢将幽劣俟洪炉。"白居易《东南行一百韵寄窦七校书》："漂流随大海，锤锻任洪炉。"杜牧《道一大尹因成长句四韵呈上三君子》："斗间紫气龙埋狱，天上洪炉帝铸颜。"❸比喻天地。杜甫《行次昭陵》："指麾安率土，荡涤抚洪炉。"毕耀《赠独孤常州》："洪炉无久停，日月速若飞。"顾况《相国晋公挽歌二首》之一："玉节朝天罢，洪炉造化新。"贯休《春》："自来自去动洪炉，无象无私无处无。"❹造化之力。杜甫《大历三年春白帝城放船出瞿塘峡四十韵》："飘萧将素发，汩没听洪炉。"刘禹锡《九华山歌》："奇峰一见惊魂魄，意想洪炉始开辟。"李商隐《有感二首》之一："敢云堪恸哭，未免怨洪炉。"❺指政权中枢。韩愈、李正封《晚秋郾城夜会联句》："丹掖列鹓鹭，洪炉衣狐貉。"裴度、刘禹锡《度自到洛中与乐天为文酒之会因为联句》："洪炉思哲匠，大厦要群材。"

【洪辯】 雄辩。吴筠《高士咏·司马季主》："高谈哂朝列，洪辩不可际。"

【洪罏】 同"洪爐"。

【洪纖】 巨细，大小。太宗《咏司马彪续汉志》："清浊必能澄，洪纤幸无弃。"王起《贡举人谒先师闻雅乐》："断续同清吹，洪纤入紫氛。"薛能《升平词十首》之五："一物至周天，洪纤尽晏然。"齐己《咏影》："曲直宁相隐，洪纤必自呈。"

【洪鑪】 同"洪爐"。

洹

〔huán《广韵》胡官切，平桓，匣。又雨元切，平元，云。〕水名。见"洹水"。

【洹水】 水名。在今河南省北部。又名安阳河。王湾《哭补阙亡友綦毋学士》："泣为洹水化，叹作泰山颓。"

洒

〔sǎ《广韵》所賣切，去卦，生。《集韵》所蟹切，上蟹，生。〕❶散落。孙逖《同和咏楼前海石榴二首》之二："旧绿香行盖，新红洒步綦。"李白《古风》之五二："光风灭兰蕙，白露洒葵藿。"❷斟，倒。李白《东山吟》："白鸡梦后三百岁，洒酒浇君同所欢。"

洧

〔wěi《广韵》榮美切，上旨，云。〕水名。即今双洎河。源于登封(今属河南)。王绩《古意六首》之三："何不深复深，轻然至溱洧。"孟郊《至孝义渡寄郑军事唐二十五》："洧叟何所如，郑石唯有些。"

洊　〔jiàn《广韵》在甸切，去霰，從。〕❶多次，再次。徐彦伯《石淙》："碧淀红涔崿嶂间，淙嵌洑岨洊成湾。"贯休《上荆南府主三让德政碑》："君侯捧碑西拜泣，臣且何人恩洊及。"❷重叠。孟浩然《下灨石》："沸声常活活，洊势亦潺潺。"

洿　〔wū《广韵》哀都切，平模，影。〕❶低洼。皮日休《吴中苦雨因书一百韵寄鲁望》："不敢履洿处，恐蹋烂地轴。"❷挖掘。见"洿宫"。

【洿池】　泥塘。杜甫《通泉县署屋壁后薛少保画鹤》："赤霄有真骨，耻饮洿池津。"韩偓《余卧疾深村因成此篇》："雾豹只忧无石室，泥鳅唯要有洿池。"陈陶《赠别》："高鸟思茂林，穷鱼乐洿池。"

【洿宫】　损毁的宅第。李玖《喷玉泉冥会诗八首·四丈夫同赋》之一："春月不知人事改，闲垂光影照洿宫。"

洟　〔tì《广韵》他計切，去霽，透。又以脂切，平脂，以。〕❶鼻涕。沈千运《赠史修文》："别路渐欲少，不觉生涕洟。"❷流鼻涕。郑嵎《津阳门诗》："长眉鬓发作凝血，空有君王潸涕洟。"皮日休《三羞诗三首》之三："因兹感知己，尽日空涕洟。"

泚　〔cǐ《广韵》雌氏切，上紙，清，又千禮切，上薺，清。〕❶清澈。李白《安州应城玉女汤作》："濯濯气清泚，晞发弄潺湲。"也指清水。杜甫《狄明府》："蛟之横，出清泚。"韦应物《云阳馆怀谷口》："清泚阶下流，云自谷口源。"白居易《和梦游春诗一百韵》："池流渡清泚，草嫩蹋绿蓐。"何敬《题吉州龙溪》："狂风激烈翻春涛，薄雾冥濛溢清泚。"❷蘸墨。见"泚筆"。

【泚筆】　以笔蘸墨。詹敦仁《柳堤诗》序："夫插柳之效，予既两资其利，泚笔缀字，以示后人，使知予插柳之意，不为徒耳。"

洸　〔guāng《广韵》古黄切，平唐，見。又烏光切，平唐，影。〕威武貌。见"洸洸"。

【洸洸】　威武貌。储光羲《敬酬陈掾亲家翁秋夜有赠》："曜曜趋宫廷，洸洸迈徐陈。"韩愈《送侯参谋赴河中幕》："洸洸司徒公，天子爪与肱。"刘禹锡《武夫词》："武夫何洸洸，衣紫袭绛裳。"

洩^1　〔xiè《集韵》私列切，入薛，心。〕❶漏，泄漏。孟郊《立德新居》之一："阳崖泄春意，井圃留冬芜。"韩愈《嘲鼾睡》之二："南帝初奋槌，凿窍泄混沌。"❷倾泻，喷涌。骆宾王《西行别东台详正学士》："泄井怀边将，寻源重汉臣。"杜甫《万丈潭》："远川曲通流，嵌窦潜泄濑。"❸散发。白居易《浔阳三题东林寺白莲》："泄香银囊破，泻露玉盘倾。"又《游悟真寺诗》："或时泄光彩，夜与星月连。"❹宣泄。王湾《哭补阙亡友綦毋学士》："遽泄悲成往，俄传宠令回。"白居易《读谢灵运诗》："泄为山水诗，逸韵谐奇趣。"

洩^2　〔yì《广韵》餘制切，去祭，以。〕见"洩$_2$洩"。

【洩$_2$洩】　（—yì）和乐貌。白居易《无可奈何歌》："何不与道逍遥，委化从容，纵心放志，泄泄融融。"

【洩雲】　飘荡的云。李颀《无尽上人东林禅居》："泄云岂知限，至道莫探元。"杜甫《法镜寺》："泄云蒙清晨，初日翳复吐。"又《送殿中杨监赴蜀见相公》："去水绝还波，泄云无定姿。"又《课小竖锄斫舍北果林枝蔓荒秽净讫移床三首》之一："泄云高不去，隐几亦无心。"

洞　〔dòng《广韵》徒弄切，去送，定。〕❶疾貌。见"洞汩"。❷通晓。韩愈《荐士》："冥观洞古今，象外逐幽好。"齐己《谢王秀才见示诗卷》："后须离影响，得必洞精深。"❸明察。李白《古风》之二九："至人洞玄象，高举凌紫霞。"孟郊《游枋口》之二："镜中照千里，镜浪洞百神。"元稹《含风夕》："青荧微月钩，幽晖洞阴魄。"舒元舆《坊州按狱》："大君明四目，烛之洞秋毫。"❹穿透。萧祜《游石堂观》："山花名药扑地香，月色泉声洞心冷。"❺清澈，透明。卢鸿一《嵩山十志十首·金碧潭》："霜天洞兮烟景涵，有幽人兮好冥绝。"高适《同朱五题卢使君义井》："体清能鉴物，色洞每含虚。"❻透彻。李群玉《大云池泛舟》："游鳞泳皎洁，洞见逍遥情。"❼岩穴。杜甫《郑驸马宅宴洞中》："主家阴洞细烟雾，留客夏簟清琅玕。"司空曙《过终南柳处士》："洞泉分溜浅，岩笋出丛长。"姚合《题郭侍郎亲仁里幽居》："洞里应生玉，庭前自有山。"皮日休《太湖诗·桃花坞》："将洞任回环，把云恣披拂。"❽象声词。见"洞然"。

【洞了】　（—liǎo）透彻领悟。善生《送玉禅师》："洞了曹溪旨，宁输俗者机。"

【洞山】　山名。在江西宜丰县东北。唐大中时高僧良价在此建普利寺，并创立禅宗"曹洞宗"。齐己有《荆门夏日寄洞山节公》。

【洞山陽】　当作"洞陽山"。在湖南浏阳西北。为道教的第二十四洞天之一。刘长卿有《湘中纪行十首·洞山阳》。

【洞天】　道教所称之神仙居处。亦指道士所住的洞穴。李白《奉饯高尊师如贵道士传道箓毕归北海》："道隐不可见，灵书藏洞天。"权德舆《送王炼师赴王屋洞》："稔岁在芝田，归程入洞天。"李逢吉《酬致政杨祭酒见寄》："应将半俸沾闾里，料入中条访洞天。"司空图《送道者二首》之一："洞天真侣昔曾逢，西岳今居第几峰。"

【洞户】 ❶幽深的内室之门。郑愔《同韦舍人早朝》:"重轩轻雾入,洞户落花侵。"姚系《古别离》:"轻寒入洞户,明月满秋池。"白居易、刘禹锡《喜晴联句》:"洞户晨晖入,空庭宿雾披。"温庭筠《洞户二十二韵》:"洞户连珠网,方疏隐碧浔。"❷洞府之门。韦应物《雨夜宿清都观》:"洞户含凉气,网轩构层阴。"王贞白《游仙》:"我家三岛上,洞户眺波涛。"

【洞仙】 穴居的仙人。王维《燕子龛禅师》:"时许山神请,偶逢洞仙博。"张籍《同严给事闻唐昌观玉蕊近有仙过因成绝句二首》之二:"九色云中紫凤车,寻仙来到洞仙家。"

【洞主】 南方少数民族部落首领。杜甫《送重表侄王砅评事使南海》:"洞主降接武,海胡舶千艘。"王建《送流人》:"水国山魈引,蛮乡洞主留。"元稹《送岭南崔侍御》:"洞主参承惊豸角,岛夷安集慕霜威。"

【洞穴】 岩洞。苏颋《奉和圣制经河上公庙应制》:"下疑成洞穴,高若在空烟。"顾况《游子吟》:"引烛窥洞穴,凌波睥天琛。"朱庆余《和处州严郎中游南溪》:"四望非人境,从前洞穴深。"张乔《华山》:"每来寻洞穴,不拟返江湖。"

【洞汩】 (—yù)水急貌。徐彦伯《淮亭吟》:"山碕礒兮隈曲,水涓涟兮洞汩。"

【洞門】 ❶通达的门户。褚琇《奉和圣制送张说上集贤学士赐宴》:"洞门清永日,华绶接微风。"储光羲《晚次东亭献郑州宋使君文》:"洞门清佩响,广路玉珂飞。"杜甫《陪章留后惠义寺饯嘉州崔都督赴州》:"耳激洞门飙,目存寒谷冰。"李贺《难忘曲》:"夹道开洞门,弱杨低画戟。"❷洞口。王建《温门山》:"洞门昼阴黑,深处惟石壁。"高骈《步虚词》:"洞门深锁碧窗寒,滴露研朱点周易。"

【洞府】 道教谓仙人居处。后也借指道观。张九龄《奉和圣制谒玄元皇帝庙斋》:"洞府香林处,斋坛清汉边。"钱起《夕游覆釜山道士观因登玄元庙》:"冥搜过物表,洞府次溪傍。"柳宗元《再至界围岩水帘遂宿岩下》:"夜凉星满川,忽疑眠洞府。"顾在镕《题玉芝双奉院》:"入门如洞府,花木与时稀。"

【洞房】 ❶幽深的内室。多指卧室、闺房。上官仪《高密长公主挽歌》:"寂寞平阳宅,月冷洞房深。"王维《投道一师兰若宿》:"洞房隐深竹,清夜闻遥泉。"张籍《楚宫行》:"下辇更衣入洞房,洞房侍女尽焚香。"李群玉《感兴四首》之三:"洞房三五夕,金缸凝焰灭。"❷特指新房,新婚住房。张渐《朗月行》:"洞房怨孤枕,挟琴爱前墀。"王建《秋夜曲二首》之二:"秋灯向壁掩洞房,良人此夜直明光。"李涉《寄荆娘写真》:"画图封裹寄箱箧,洞房艳艳生光辉。"赵嘏《洞庭寄所思》:"遥知不语坐相忆,寂寞洞房寒烛微。"

【洞庭】 ❶广庭。皮日休《公斋四咏·新竹》:"如神语钧天,似乐奏洞庭。"孔德绍《观太常奏新乐》:"钧天金石响,洞庭弦管清。"❷湖名。(1)即洞庭湖。太宗《度秋》:"峨嵋岫初出,洞庭波渐起。"韩愈《答张彻》:"叠雪走商岭,飞波航洞庭。"鲍溶《周先生画洞庭歌》:"闲分楚水入丹青,不下此堂临洞庭。"黄滔《敷水卢校书》:"吟高仙掌月,期有洞庭人。"(2)太湖的别名。孙逖《丹阳行》:"丹阳古郡洞庭阴,落日扁舟此路寻。"李白《送贺监归四明应制》:"真诀自从茅氏得,恩波宁阻洞庭归。"曹邺《题舒乡》:"功名若及鸱夷子,必拟将舟泛洞庭。"徐夤《荔枝二首》:"梅熟已过南岭雨,橘酸空待洞庭霜。"

【洞庭山】 山名。即今江苏苏州市吴中区境。包融《登翅头山题俨公石壁》:"青为洞庭山,白是太湖水。"张松龄《和答弟志和渔父歌》词:"太湖水,洞庭山,狂风浪起且须还。"翁宏《送廖融处士南游》:"孤吟牛渚月,老忆洞庭山。"

【洞庭湖】 湖名。在湖南省北部。宋之问《洞庭湖》:"地尽天水合,朝及洞庭湖。"孟浩然有《望洞庭湖赠张丞相》。李商隐《荆门西下》:"洞庭湖阔蛟龙恶,却羡杨朱泣路岐。"钱珝《江行无题一百首》之七八:"君山寒树绿,曾过洞庭湖。"

【洞庭橘】 指太湖东西二山所产的名橘。刘长卿《吴中闻潼关失守因奉寄淮南萧判官》:"木落姑苏台,霜收洞庭橘。"白居易《秦中吟十首·轻肥》:"果擘洞庭橘,脍切天池鳞。"又《有木诗八首》之三:"谓为洞庭橘,美人自移植。"

【洞宫】 即"洞府"。杜甫《昔游》:"昔谒华盖君,深求洞宫脚。"刘长卿《自紫阳观至华阳洞宿侯尊师草堂简同游李延年》:"七曜悬洞宫,五云抱仙殿。"武元衡《唐昌观玉蕊花》:"琪树芊芊玉蕊新,洞宫长闭彩霞春。"李群玉《长沙紫极宫雨夜愁坐》:"独坐高斋寒拥衾,洞宫台殿窅沈沈。"

【洞客】 指仙人。鲍溶《萧史图歌》:"此天每在西北上,紫霄洞客晓烟望。"

【洞啟】 敞开。张说《城南亭作》:"珂马朝归连万石,棨门洞启亲迎客。"卢纶《敬酬大府二十四舅览诗卷因以见示》:"九门洞启延高论,百辟联行挹大儒。"又《送史寀滑州谒贾仆射》:"朱门洞启俨行车,金鐍装囊半是书。"司空曙《秋日趋府上张大夫》:"重城洞启肃秋烟,共说羊公在镇年。"

【洞視】 透视。方士自称能透过障碍看到其后东西的法术。李白《送方士赵叟之东平》:"长桑晓洞视,五藏无全牛。"

【洞虚】 指彻悟空虚之旨。卢鸿一《嵩山十志十首·金碧潭》序："鉴空洞虚，道斯胜矣。"

【洞開】 敞开。张九龄《酬王六霁后书怀见示》："云雨俱行罢，江天已洞开。"齐己《读阴符经》："三要洞开何用闭，高台时去凭栏杆。"

【洞湖】 当为"洞湖"之讹。孟浩然《寻张五回夜园作》："闻就庞公隐，移居近洞湖。"又《溯江至武昌》："家本洞湖上，岁时归思催。"李白《寄弄月溪吴山人》："尝闻庞德公，家住洞湖水。"

【洞陽】 ❶道教语。犹人间。吴筠《游仙二十四首》之九："欲超洞阳界，试鉴丹极表。"❷道观名。在天台山(今属浙江)。薛逢《送剡客》："若到天台洞阳观，葛洪丹井在云涯。"

【洞達】 ❶畅通无阻。杜甫《昔游》："是时仓廪实，洞达寰区开。"韦应物《慈恩伽蓝清会》："重门相洞达，高宇亦遐朗。"❷理解透彻。元稹《和李校书新题乐府十二首·骠国乐》："万人有意皆洞达，四岳不敢施烦苛。"段成式、张希复《中禅师影堂联句》："洞达见空王，圆融入佛地。"

【洞照】 ❶照彻。李颀《杂兴》："行人夜秉生犀烛，洞照洪深辟滂湃。"❷明察。元稹《送崔侍御之岭南二十韵》："联游亏片玉，洞照失明鉴。"

【洞察】 明察。李节《赠释疏言还道林寺诗》序："向非我君洞察理源，其何能复立之?"

【洞徹】 亦作"洞澈"。❶透明，清澈。刘长卿《题冤句宋少府厅留别》："洞澈万顷陂，昂藏千里骥。"欧阳詹《智达上人水精念珠歌》："良工磨拭成贯珠，泓澄洞澈看如无。"元稹《喻宝二首》之二："珠穿殷红缕，始见明洞彻。"白居易《游悟真寺诗》："浅深皆洞彻，可照脑与肝。"❷明亮。李峤《屏》："洞彻琉璃蔽，威纡屈膝回。"王琚《美女篇》："玉台龙镜洞彻光，金炉沈烟酷烈芳。"❸嘹亮。窦庠《于阗钟歌送灵彻上人归越》："一声洞彻八音尽，万籁悄然星汉空。"❹通达。杜甫《送韦讽上阆州录事参军》："韦生富春秋，洞彻有清识。"薛据《题丹阳陶司马厅壁》："高鉴清洞彻，儒风入进难。"武元衡《长安秋夜怀陈京昆季》："玉壶思洞彻，琼树忆葱笼。"

【洞澈】 同"洞徹"。

【洞燃】 熊熊燃烧。齐己《赠持法华经僧》："他时劫火洞燃后，神光璨璨如红莲。"

【洞壑】 ❶深谷。苏味道《咏雾》："氤氲起洞壑，遥裔匝平畴。"顾非熊《姚岩寺路怀友》："路向姚岩寺，多行洞壑间。"无可《送喻凫及第归阳羡》："月向波涛没，茶连洞壑生。"皮日休《太湖诗·孤园寺》："先言洞壑数，次话真如理。"❷洞穴。沈佺期《岳馆》："洞壑仙人馆，孤峰玉女台。"胡曾《咏史诗·苍梧》："有虞龙驾不西还，空委箫韶洞壑间。"张蠙《题紫阁院》："洞壑有灵药，房廊无老僧。"徐铉《玉笥山留题》："九仙皆积学，洞壑多遗迹。"

【洞簫】 ❶管乐器名。古之箫有两类，一为排箫，一为单箫。无蜡蜜封底者统称洞箫。岑参《裴将军宅芦管歌》："弄调啾飕胜洞箫，发声窈窕欺横笛。"顾况《送从兄使新罗》："指景寻灵草，排云听洞箫。"窦庠《留守府酬皇甫曙侍御弹琴之什》："洞箫又奏繁，寒磬一声起。"羊士谔《游郭驸马大安山池》："洞箫日暖移宾榻，垂柳风多掩妓楼。"❷赋名。参见"洞簫賦"。李德裕《雨中自秘书省访王三侍御以诗赠之》："王褒轶材晚始入，宫女已能传洞箫。"黄滔《御试二首》之一："灵凤敢期翻雪羽，《洞箫》应或讽金闺。"徐铉《柳枝词十首》之八："天子遍教词客赋，宫中要唱《洞箫》词。"

【洞簫賦】 赋名。汉王褒作。描写箫声曲尽其妙。李颀《送司农崔丞》："词人洞箫赋，公子鵔鸃冠。"刘禹锡《奉送李户部侍郎自河南尹再除本官归阙》："宫女犹传洞箫赋，国人先咏兖衣诗。"

【洞鑑】 明察。仲子陵《秦镜》："云天皆洞鉴，表里尽虚明。"齐己《咏影》："还如至公世，洞鉴是非情。"

【洞靈觀】 道观名。故址在今江西境。唐睿宗命道士叶法善建。皇甫冉有《宿洞灵观》。陈羽有《游洞灵观》。许浑有《洞灵观冬青》。李郢有《洞灵观流泉》。

洄 〔huí《广韵》户恢切，平灰，匣。〕❶逆水而上。张说《喜度岭》："洄沿炎海畔，登降闽山陬。"孟浩然《与白明府游江》："沿洄洲渚趣，演漾弦歌音。"钱起《中书遇雨》："尺波应万假，廣海载沿洄。"韦应物《初发扬子寄元大校书》："世事波上舟，沿洄安得住。"❷旋涡。孟郊《峡哀》之一："峡水声不平，碧沱牵清洄。"

【洄泝】 犹"泝洄"。刘希夷《江南曲八首》之五："洄溯经千里，烟波接两乡。"萧颖士《舟中遇陆棣兄西归晚次沙垫西岸作》："旧山劳魂想，忆人阻洄溯。"释泚《游元象泊》："秋风洄溯险，落日波涛深。"

【洄沿】 犹"沿洄"。韩愈《送灵师》："寻胜不惮险，黔江屡洄沿。"李群玉《将之吴越留别坐中文酒诸侣》："风流访王谢，佳境恣洄沿。"

【洄洄】 水回旋貌。孟郊《吊卢殷》之三："梦世浮闪闪，泪波深洄洄。"樊宗师《蜀绵州越王楼诗》："榱薄龙虎怪，洄洄绕雷风。"

【洄洑】 漩涡。张说《同赵侍御乾湖作》："暑来寒往运洄洑，潭生水落移陵谷。"

【洄流】 回旋的水流。卢怀慎《奉和圣制龙池篇》："雁沼洄流成舜海，龟书荐社应尧年。"

【洄淵】 回旋貌。元结《招陶别驾家阳华作》：

“洄深迷远近，但觉多洄渊。”

【洄溪】 水名。在今湖南境。元结有《宿洄溪翁宅》。又《说洄溪招退者》：“屠苏宜在水中石，洄溪一曲自当门。”

洙 〔zhū《广韵》市朱切，平虞，禪。〕古水名。在今山东境。故道久已湮没。见“洙泗”。

【洙泗】 洙水和泗水的合称。张继《送顾况泗上觐叔父》：“别业更临洙泗上，拟将书卷对残春。”刘得仁《送雍陶侍御赴兖州裴尚书命》：“洙泗秋微动，龟蒙月正圆。”刘沧《经曲阜城》：“萧索风高洙泗上，秋山明月夜苍苍。”孔子聚徒讲学处在洙、泗二水之间，后用以代称儒学。卢象《赠广川马先生》：“人归洙泗学，歌盛舞雩风。”司空曙《送菊潭王明府》：“业成洙泗客，皓发著儒衣。”

洗[1] 〔xǐ《广韵》先禮切，上薺，心。〕❶用水涤除污垢。岑参《峨眉东脚临江听猿怀二室旧庐》：“峨眉烟翠新，昨夜秋雨洗。”羊士谔《暇日适值澄霁江亭游宴》：“碧落风如洗，清光镜不分。”贾岛《游仙》：“掬河洗老貌，照月生光辉。”王贞白《白牡丹》：“谷雨洗纤素，裁为白牡丹。”❷拂过。王昌龄《秋兴》：“日暮西北堂，凉风洗修木。”白居易《履道春居》：“低风洗池面，斜日拆花心。”❸清除，免去。多指耻辱、怨恨、杂念等。张九龄《感遇十二首》之二：“幽林归独卧，滞虑洗孤清。”杜甫《狄明府》：“太宗社稷一朝正，汉官威仪重昭洗。”孟郊《小隐吟》：“炼性静栖白，洗情深寄玄。”刘威《三闾大夫》：“竹移低影潜贞节，月入中流洗恨心。”❹整治。见“洗竹❶”。

洗[2] 〔xiǎn《广韵》蘇典切，上銑，心。〕❶洗脚。李白《梁甫吟》：“入门不拜骋雄辩，两女辍洗来趋风。”❷安适。见“洗₂然❶”。❸明朗，清晰。见“洗₂然❷”。❹通“先”。见“洗₂馬”。❺姓。袁朗有《和洗掾登城南坂望京邑》。

【洗心】 洗涤心胸。比喻排除杂念或利禄之心。王维《与胡居士皆病寄此诗兼示学人二首》之一：“洗心讵悬解，悟道正迷津。”皎然《和阎士和李蕙冬夜重集》：“郡理日闲旷，洗心宿香峰。”白居易《送兄弟回雪夜》：“平生洗心法，正为今宵设。”杜荀鹤《送僧赴黄山沐汤泉兼参禅宗长老》：“患身是幻逢禅主，水洗皮肤语洗心。”

【洗目】 喻清新悦目。曹松《望九华寄池阳太守》：“霁余堪洗目，青出谢家檐。”

【洗耳】 表示厌闻污浊之言。见晋皇甫谧《高士传·许由》。李华《咏史十一首》之三：“九州尚洗耳，一命安能亲?”钱起《谒许由庙》：“松上挂瓢枝几变，石间洗耳水空流。”皮日休《七爱诗·卢征君》：“天下皆乐闻，征君独洗耳。”徐夤《和尚书咏泉山瀑布十二韵》：“濯缨便可讥渔父，洗耳还宜傲帝尧。”

【洗耳翁】 指许由。李白《古风》之二四：“世无洗耳翁，谁知尧与跖。”

【洗竹】 ❶修剪、删削过繁的竹枝。刘禹锡《遥贺白宾客分司初到洛中戏呈冯尹》：“洗竹通新径，携琴上旧台。”❷沾湿竹子。徐夤《露》：“鹤鸣先警雁来天，洗竹沾花处处鲜。”

【洗車雨】 指七月七日前后的雨。杜牧《七夕》：“最恨明朝洗车雨，不教回脚渡天河。”

【洗兵】 ❶洗刷武器上的血污。为凯旋的典故。见《文选》卷六晋左思《魏都赋》。李白《战城南》：“洗兵条支海上波，放马天山雪中草。”岑参《献封大夫破播仙凯歌六首》之四：“洗兵鱼海云迎阵，秣马龙堆月照营。”刘长卿《旅次丹阳郡遇康侍御宣慰召募兼别岑单父》：“倚剑看太白，洗兵临海门。”曹唐《三年冬大礼五首》之一：“华山秋草多归马，沧海寒波绝洗兵。”❷称出师时遇雨。见《文选·魏都赋》。苏味道《单于川对雨二首》之二：“还从濯枝后，来应洗兵辰。”岑参《奉和相公发益昌》：“朝登剑阁云随马，夜渡巴江雨洗兵。”法振《送韩侍御自使幕巡海北》：“微雨空山夜洗兵，绣衣朝拂海云清。”李绅《到宣武三十韵》：“烟垒风调角，秋原雨洗兵。”

【洗沐】 洗身洗发。韩愈、李正封《晚秋郾城夜会联句》：“洗沐恣兰芷，割烹厌腴膢。”

【洗拂】 洗涤拂拭。指雪耻。李白《鞠歌行》：“洗拂青云上，当时贱如泥。”

【洗兒】 旧俗，婴儿出生三日或满月时为其洗澡，称“洗儿”。花蕊夫人徐氏《宫词》之六三：“中尉传闻三日宴，翰林当撰洗儿文。”

【洗兒錢】 洗儿仪式上亲朋赠与婴儿的钱。王建《宫词一百首》之七一：“妃子院中初降诞，内人争乞洗儿钱。”

【洗刷】 ❶用刷子蘸水刷净。顾况《露青竹杖歌》：“江面昆明洗刷牵，四蹄踏浪头枅天。”白居易《双石》：“担舁来郡内，洗刷去泥垢。”❷指梳理毛羽。韩愈、孟郊《斗鸡联句》：“峥嵘颠盛气，洗刷凝鲜彩。”

【洗拭】 擦洗。白居易《答崔十八见寄》：“明朝欲见琴尊伴，洗拭金杯拂玉徽。”薛逢《灵台家兄古镜歌》：“金膏洗拭鉎涩尽，黑云吐出新蟾蜍。”

【洗面】 洗脸。花蕊夫人徐氏《宫词》之一五二：“归到院中重洗面，金花盆里泼银泥。”

【洗馬】 洗刷马身。李贺《梁公子》：“南塘莲子熟，洗马走江沙。”

【洗₂馬】 官名。本作“先馬”。秦置。汉沿置，为东宫官属，太子出行则为前导。晋时改掌图籍，南朝梁、陈典经局，北朝典经坊，隋司经局皆置洗马，历代沿袭。清末废止。陈子昂有《题田洗马游岩橘棹》。徐铉有《和陈洗马山庄新泉》。

【洗雪】 ❶平反昭雪。韩愈、李正封《晚秋郾城夜会联句》："安存惟恐晚，洗雪不论昨。"程长文《狱中书情上使君》："但看洗雪出圜扉，始信白圭无玷缺。"❷谓涤除杂念。玄宗《为赵法师别造精院过院赋诗》序："每经过其地，以怡神洗雪，进德修业，何必斋心累月，远在顺风？"

【洗眼】 ❶犹拭目。谓仔细观察。杜甫《赠王二十四侍御契四十韵》："洗眼看轻薄，虚怀任屈伸。"胡宿《赵宗道归辇下》："明年四月秦关到，洗眼扬州看马蹄。"❷犹刮目。谓另眼相看。章孝标《及第后寄广陵故人》："马头渐入扬州郭，为报时人洗眼看。"❸形容眼界一新。李群玉《洞庭遇秋》："逍遥澄湖上，洗眼见秋色。"

【洗₂然】 ❶安适貌。杜甫《营屋》："洗然顺所适，此足代加餐。"又《别李义》："洗然遇知己，谈论淮湖奔。"❷明朗貌，清晰貌。皎然《奉和陆使君长源夏月游太湖》："万顷合天容，洗然无云族。"刘长卿《雨中登沛县楼赠表兄郭少府》："伫立收烟氛，洗然静寥廓。"孟郊《听蓝溪僧为元居士说维摩经》："洗然水溪昼，寒物生光辉。"司空图《月下留丹灶》序："噫！迹虽显奇，道必体正，故为物怪之所中者，见之莫不洗然。"

【洗湔】 洗雪冤屈。韩愈《示爽》："才短难自力，惧终莫洗湔。"

【洗盞】 洗净酒杯。杜甫《谢严中丞送青城山道士乳酒一瓶》："鸣鞭走送怜渔父，洗盏开尝对马军。"

【洗腸】 表示涤除俗念。吴融《南迁途中作七首·访贯休上人》："休公为我设兰汤，方便教人学洗肠。"

【洗煉】 简练。司空图有《诗品二十四则·洗炼》。

【洗滌】 清洗，清除。杜甫《入奏行赠西山检察使窦待御》："蔗浆归厨金碗冻，洗涤烦热足以宁君躯。"刘禹锡《令狐相公见示赠竹二十韵仍命继和》："规摹起心匠，洗涤在颐指。"贾岛《升道精舍南台对月寄姚合》："月向南台见，秋霖洗涤余。"

【洗塵】 谓涤除杂念。法照《送清江上人》："越人僧体古，清虑洗尘劳。"

【洗慮】 清除俗念。宋之问《自衡阳至韶州谒能禅师》："洗虑宾空寂，焚香结精誓。"皎然《寒栖子歌》："洗虑因吞清明箓，世人皆贪我常足。"

【洗蕩】 冲洗，涤除。贾岛《望山》："虬龙一掬波，洗荡千万春。"

【洗頭盆】 名胜名。在西岳华山玉女峰。传说为秦穆公之女弄玉洗头处。贾岛《马戴居华山因寄》："玉女洗头盆，孤高不可言。"吴融《玉女庙》："若得洗头盆置此，靓妆无复碧莲西。"

【洗澡】 洗浴。于鹄《过凌霄洞天谒张先生祠》："炼蜜敲石炭，洗澡乘瀑泉。"

【洗濯】 洗涤，浇淋。杜甫《夏夜叹》："何由一洗濯，执热互相望。"孟郊《夜忧》："何当再霖雨，洗濯生华鲜。"刘禹锡《秋萤引》："露华洗濯清风吹，低昂不定招摇垂。"吕岩《步蟾宫》词："地雷震动山头雨，要洗濯黄牙土。"

活 〔huó《广韵》户括切，入末，匣。〕❶有生命。与"死"相对。杜甫《奉先刘少府新画山水障歌》："不见湘妃鼓瑟时，至今斑竹临江活。"王建《和钱舍人水植诗》："初活草根浮，重生荷叶小。"白居易《有木诗八首》之五："前后曾饮者，十人无一活。"李群玉《骢马》："穆满不再活，无人昆阆骑。"❷生活，过日子。《鲁城民歌》(卷八七四)："年年索蟹夫，百姓不可活。"杜甫《闻斛斯六官未归》："本卖文为活，翻令室倒悬。"元稹《望云骓马歌》："银鞍绣鞴不复施，空尽天年御槽活。"❸救活；养活。寒山《诗三百三首》之九五："何须杀他命，将来活汝己。"独孤及《代书寄上李广州》："皆称府君仁，百越赖全活。"韩愈《苦寒》："日月虽云尊，不能活乌蟾。"陆龟蒙《江湖散人歌》："官家未议活苍生，拜赐江湖散人号。"❹活动。韦庄《和同年韦学士华下途中见寄》："马惊门外山如活，花笑尊前客似泥。"❺富有生机。卢仝《酬愿公雪中见寄》："梅柳意却活，园圃冰始融。"杜牧《池州送孟迟先辈》："烟湿树姿娇，雨余山态活。"李建勋《题信果观壁》："春来涨水流而活，晓色西山势似行。"

【活人】 使人得以生存。谢陶《杂言》："水火虽活人，暂不得即死。"

【活色】 充满生机的颜色。薛能《杏花》："活色生香第一流，手中移得近青楼。"

【活身】 长生。姚合《秋中寄崔道士》："故人山中住，善治活身策。"

【活計】 ❶生计，谋生的手段。孟郊《送淡公》之一二："倚诗为活计，从古多无肥。"白居易《老戒》："老多忧活计，病更恋班行。"罗隐《送顾云下第》："年深旅舍衣裳敝，潮打村田活计贫。"徐铉《送朱先辈尉庐陵》："莫叹官资屈，宁论活计贫。"❷生活资料。牟融《游报本寺》之二："不留活计存囊底，赢得诗名满世间。"吕岩《七言》之十二："三尺焦桐为活计，一壶美酒是生涯。"

【活活】 (一guō)❶水流声。张九龄《商洛山行怀古》："泌泉空活活，樵臾独皤皤。"孟浩然《下赣石》："沸声常活活，洊势亦潺潺。"顾况《上古之什补亡训传十三章·上古一章》:"河水活活,万人逐末。"张祜《送蜀客》:"锦城昼氲氲,锦水春活活。"❷滑溜貌。杜甫《九日寄岑参》:"所向泥活活,思君令人瘦。"

【活捉】 逮住活口。吕岩《七言》之一四:"活捉三尸焚鬼窟,生禽六贼破魔宫。"

【活國】 救国。杜甫《赠崔十三评事公辅》:"活国名公在,拜坛群寇疑。"陆龟蒙《村夜二篇》之二:"岂无活国方,颇牧齐教化。"贯休《杜侯行》:"但能致君活国济生人,亦何必须踏金梯,折桂树。"

【活鳞】 指活鱼。白居易《题海图屏风》:"万里无活鳞,百川多倒流。"

【活臠】 生肉。韩愈、孟郊《城南联句》:"馋叉饱活脔,恶嚼哼腥鲭。"

洑 〔fú《广韵》房六切,入屋,奉。〕❶漩涡。徐彦伯《石淙》:"碧淀红涔崿嶂间,淙嵌洑岨洊成湾。"李白《姑孰十咏·牛渚矶》:"乱石流洑间,回波自成浪。"司空图《诗品二十四则·委曲》:"水理漩洑,鹏风翱翔。"李咸用《和吴处士题村叟壁》:"沙虚遗虎迹,水洑聚蛟涎。"❷水伏流地下。张祜《处士隐居》:"绝岸派沿洑,修廊趾崇隆。"

【洑泉】 涌出的地下伏流。李颀《与诸公游济渎泛舟》:"洑泉数眼沸,平地流清通。"

【洑流】 ❶回漩的水流。李咸用《江行》:"鱼残沙岸草,蝶寄洑流槎。"❷潜流。杜甫《崔驸马山亭宴集》:"洑流何处入,乱石闭门高。"钱起《登覆釜山遇道人二首》之二:"山阶压丹穴,药井通洑流。"

涎[1] 〔xián《广韵》夕連切,平仙,邪。〕❶唾液,口水。《玉篇·水部》:"涎,口液也。"杜甫《饮中八仙歌》:"道逢曲车口流涎,恨不移封向酒泉。"卢纶《腊日观咸宁王部曲娑勒擒豹歌》:"欻然扼颡批其颐,爪牙委地涎淋漓。"❷粘液;浆汁。李贺《自昌谷到洛后门》:"道上千里风,野竹蛇涎痕。"李商隐《河阳诗》:"南浦老鱼腥古涎,真珠密字芙蓉篇。"贯休《送人之渤海》:"山藏罗刹宅,水杂巨鳌涎。"❸喻指连接成串的滴水。柳宗元《同刘二十八院长奉寄张员外之作因其韵通赠二君子》:"窗蠹惟潜蝎,甍涎竞缀蜗。"张籍《和左司元郎中秋居十首》之十:"藤折霜来子,蜗行雨后涎。"李洞《题刘相公光德里新构茅亭》:"带涎移海木,兼雪写湖山。"

涎[2] 〔diàn《〈汉书·五行志〉颜师古注》徒見反。〕见"涎₂涎₂"。

【涎水】 口水,唾液。喻指飞溅的水花。孟郊《峡哀》之九:"漠漠涎雾起,龂龂涎水光。"皮日休《太湖诗·投龙潭》:"涎水瀑龙巢,腥风卷蛟室。"

【涎沫】 犹唾沫。杜甫《黄鱼》:"泥沙卷涎沫,回首怪龙鳞。"

【涎₂涎₂】 光泽貌。《汉书·五行志中之上》:"燕燕尾涎涎,张公子,时相见。"颜相古注:"涎涎,光泽貌也,音徒见反。"按,一本作"尾涏涏"。韦应物《燕衔泥》:"声喽喽,尾涎涎。秋去何所归,春来复相见。"白居易、刘禹锡《会昌春连宴即事》:"燕来双涎涎,雁去累翩翩。"一说"涎涎"为"涏涏"之误。见清黄生《义府·涏》。

【涎恶】 黏液污秽。卢仝《观放鱼歌》:"鳗鳣鲇鳢鳅,涎恶最顽愚。"

洎 〔jì《广韵》几利切,去至,見。又其冀切,去至,羣。〕❶浸润。张九龄《奉和圣制喜雨》:"阴冥倏忽,沛泽咸洎。"❷至,到。寒山《诗三百三首》之八〇:"洎老检黄籍,依前住白丁。"苏味道《奉和受图温洛应制》:"陟配光三祖,怀柔洎百神。"杜甫《观公孙大娘弟子舞剑器行》序:"自高头宜春、梨园二伎坊内人洎外供奉,晓是舞者,圣文神武皇帝初,公孙一人而已。"❸自从。玄宗《巡省途次上党旧宫赋》序:"洎大横入兆,出处斯易,一挥宝剑,遽履瑶图。"卢肇《汉堤诗》:"洎入大郛,波端若铓。"❹通"暨"。和,与。杜甫《别李义》:"道国洎舒国,督唯亲弟昆。"韩愈《元和圣德诗》:"荆并洎梁,在国门户。"白居易《池上篇》序:"罢刑部侍郎时,有粟千斛、书一车,洎臧获之习管磬弦歌者指百以归。"

【洎乎】 待到,及于。杜甫《晚晴》:"洎乎吾生何飘零,支离委绝同死灰。"

洫 〔xù《广韵》况逼切,入職,曉。〕❶田间水沟。元稹《寄吴士矩端公五十韵》:"为别讵几时,伊予坠沟洫。"❷护城河。张南史《独孤常州北亭》:"北洫敞高明,凭轩见野情。"

派 〔pài《广韵》匹卦切,去卦,滂。〕❶江河的支流。骆宾王《咏水》:"列名通地纪,疏派合天津。"卢纶《晚次新丰北野老家书事呈赠韩质明府》:"数派清泉黄菊盛,一林寒露紫梨繁。"张良器《河出荣光》:"引派昆山峻,朝宗海路长。"❷水分道而流。李白《金陵望汉江》:"汉江回万里,派作九龙盘。"也指使水分道。陆龟蒙《奉和袭美太湖诗二十首·练渎》:"吴将派天泽,以练舟师徒。"吴融《御沟十六韵》:"一水终南下,何年派作沟。"❸宗族、宗教、学术等的分支。杜甫《重送刘十弟判官》:"分源豕韦派,别浦雁宾秋。"权德舆《与道者同守庚申》:"派分示三教,理诣无二名。"

【派别】 ❶水的支流。孟郊《越中山水》:"莫穷合沓步,孰尽派别游。"韩愈《病中赠张十八》:"半途喜开凿,派别失大江。"❷事物的分支。多指宗族、学术等。王勃《倬彼我系》之一:"分疆锡社,派别支流。"韩愈《荐士》："东都渐弥漫，派别百川导。"白居易《和答诗十首·和分水岭》："有似骨肉亲，派别从兹始。"

洽 〔qià《广韵》侯夾切，入洽，匣。〕❶润泽，沾濡。陈希烈《奉和圣制三月三日》："皇情被群物，中外洽恩光。"卢纶《寄赠库部王郎中》："威惩治粟尉，恩洽让田人。"元稹《代曲江老人百韵》："海外恩方洽，寰中教不泯。"李敬方《题黄山汤院》："汗洽聊箕踞，支羸暂虎蹲。"❷周遍；广博。李峤《晚秋喜雨》："野洽如坻咏，途喧击壤讴。"《郊庙歌辞·明皇祀圜丘乐章·雍和》："烂云普洽，律风无外。"❸符合。储光羲《献高使君大酺作》："三朝遵湛露，一道洽仁明。"李夷简《西亭暇日书怀十二韵献上相公》："宽明洽时论，惠爱闻甿讴。"柳宗元《弘农公以硕德伟材谨献诗五十韵以毕微志》："司仪六礼洽，论将七兵扬。"❹和谐，融洽。宋之问《夏日仙萼亭应制》："睿藻光岩穴，宸襟洽薜萝。"韦应物《简寂观西涧瀑布下作》："茶果邀真侣，觞酌洽同心。"姚合《和门下李相饯西蜀相公》："乌台情已洽，凤阁分弥浓。"杜荀鹤《送李镡游新安》："气直不与儿辈洽，醉来拟共天公争。"

【洽友】　挚友。骆宾王《咏云酒》："款交欣散玉，洽友悦沉钱。"

【洽恰】　稠密貌。白居易《吴樱桃》："洽恰举头千万颗，婆娑拂面两三株。"

【洽聞】　广博的见识。吴筠《览古十四首》之一三："茂先洽闻者，幽赜咸该通。"

【洽樂】　（一lè）和悦。白居易《尝黄醅新酎忆微之》："爱向卯时谋洽乐，亦曾酉日放粗狂。"

洮1 〔táo《广韵》土刀切，平豪，透。《集韵》徒刀切，平豪，定。〕❶水名。白居易《寄献北都留守裴令公》："烽戍高临代，关河远控洮。"❷州名。北周保定元年置，治所在今甘肃境。见"洮岷"。

洮2 〔yáo《广韵》餘昭切，平宵，以。〕见"洮₂湖"。

【洮水】　水名。即洮河，在今甘肃西南。岑参《与独孤渐道别长句兼呈严八侍御》："鱼龙川北盘溪雨，鸟鼠山西洮水云。"刘长卿《送裴四判官赴河西军试》："阳关望天尽，洮水令人愁。"吕温《临洮送袁七书记归朝》："岂料殷勤洮水上，却将家信托袁师。"

【洮岷】　洮州和岷州的合称。杜甫《寄张十二山人彪三十韵》："官场罗镇碛，贼火近洮岷。"

【洮河】　即"洮水"。王昌龄《从军行七首》之五："前军夜战洮河北，已报生擒吐谷浑。"权德舆《张工部至薄寒山下有书无由驰报辖车之至倍切悲怀》："书来远自薄寒山，缭绕洮河出古关。"

【洮₂湖】　湖名。即长荡湖。在江苏溧阳、金坛境。陆希声《山后即事二首》之一："君山苍翠接青冥，东走洮湖上洞庭。"

洵 〔xún《广韵》相倫切，平諄，心。〕确实。温庭筠《寓怀》："洵彼都邑盛，眷惟车马喧。"汉置旬阳县，东汉废。晋复置洵阳。南朝宋复改旬阳。故城在今陕西旬阳县北。马戴《寄金州姚使君员外》："老怀清净化，乞去守洵阳。"

洶 〔xiōng《广韵》許容切，平鍾，曉。又許拱切，上腫，曉。〕❶水波腾涌貌。杜甫《水会渡》："大江动我前，汹若溟渤宽。"❷声势浩大貌。杜甫《王兵马使二角鹰》："悲台萧飒石巃嵸，哀壑杈桠浩呼汹。"刘禹锡《武陵观火诗》："汹疑云涛翻，飒若鬼神趋。"

【洶洶】　❶水腾涌貌。元结《引极三首·怀潜君》："海浩淼兮汩洪溶，流蕴蕴兮涛汹汹。"戴叔伦《下鼻亭泷行八十里聊状艰险寄青苗郑副端朔阳》："淙淙振崖谷，汹汹竟朝夕。"韩愈《送区弘南归》："汹汹洞庭莽翠微，九疑镵天荒是非。"❷声音喧闹貌。韩愈、张籍《会合联句》："君胡眠安然，朝鼓声汹汹。"李频《八月上峡》："汹汹滩声急，冥冥树色愁。"唐彦谦《夜坐》："汹汹城喷海，疏疏屋漏星。"韦庄《喜迁莺》词："人汹汹，鼓冬冬，襟袖五更风。"❸纷扰貌。皎然《武源行赠丘卿岑》："汹汹四顾多窟穴，浮云白波名不同。"杜甫《承闻河北诸道节度入朝欢喜口号绝句十二首》之一："汹汹人寰犹不定，时时斗战欲何须。"

【洶湧】　❶水腾涌貌。上官昭容《游长宁公主流杯池二十五首》之六："清波汹涌，碧树冥蒙。"李白《天台晓望》："风潮争汹涌，神怪何翕忽。"徐光溥《题黄居寀秋山图》："孙位画水多汹涌，惊湍怒涛人见恐。"王周《志峡船具诗·百丈》："孱颜屹焉立，汹涌勃然起。"❷涌动貌。刘禹锡《有僧言罗浮事因为诗以写之》："渐高元气壮，汹涌来翼身。"元稹《酬翰林白学士代书一百韵》："斗班云汹涌，开扇雉参差。"无可《中秋夜君山脚下看月》："汹涌吹苍雾，朦胧吐玉盘。"罗隐《中元夜看月》："朦胧南溟月，汹涌出云涛。"❸纷扰貌。元稹《和李校书新题乐府十二首·蛮子朝》："椎头丑类除忧患，肿足役夫劳汹涌。"

【洶溶】　声势大貌。韩愈、张籍《会合联句》："君才诚倜傥，时论方汹溶。"

洚 〔jiàng，又读 hóng《广韵》古巷切，去絳，見。又下江切，平江，匣。又户公切，平東，匣。又户冬切，平冬，匣。〕泛滥之水。张说《同赵侍御乾湖作》："处处沟洚清源竭，年年旧苇白头新。"

【洚水】　洪水。皮日休《奉和鲁望读阴符经见寄》："得之贼帝舜，用以平洚水。"

洺 〔míng《广韵》武并切，平清，明。又《集韵》彌并切，平清，明。〕❶水名。见“洺水”。❷州名。见“洺州”。

【洺水】 水名。即今洺河。在河北省南部。孟郊《寄洺州李大夫》：“步闲洺水曲，笑激太行云。”

【洺州】 州名。北周宣政元年置，以境内有洺水得名。王建有《送于丹移家洺州》。孟郊有《寄洺州李大夫》。白居易《除夜宿洺州》：“萧条岁除夜，旅泊在洺州。”

洛 〔luò《广韵》盧各切，入鐸，來。〕❶水名。玄宗《行次成皋途经先圣擒建德之所缅思功业感而赋诗》：“饮马河洛竭，作气嵩华惊。”韦应物《登高望洛城作》：“帝宅夹清洛，丹霞捧朝暾。”姚合《过天津桥晴望》：“皇宫对嵩顶，清洛贯城心。”韩偓《倒押前韵》：“东阿初度洛，杨恽旧家秦。”❷指洛阳。李颀《赠别穆元林》：“举酒洛门外，送君春海边。”钱起《寇中送张司马归洛》：“戎狄寇周日，衣冠适洛年。”白居易《六年春赠分司东都诸公》：“洛童调金管，卢女铿瑶瑟。”温庭筠《赠袁司录》：“金钗醉就胡姬画，玉管闲留洛客吹。”❸通“络”。见“洛诵”。

【洛下】 指洛阳。包佶《尚书宗兄使过诗以奉献》：“洛下交亲满，归闲意有余。”令狐楚《节度宣武酬乐天梦得》：“洛下相逢肯相寄，南金璀错玉凄凉。”徐凝《上阳红叶》：“洛下三分红叶秋，二分翻作上阳愁。”杜牧《陕州醉赠裴四同年》：“凄风洛下同羁思，迟日棠阴得醉歌。”

【洛下女郎】 《全唐诗》卷八六七录《洛下女郎歌》二首，诗题下注：“天宝中，洛下崔玄微夜见诸女郎李氏、陶氏、杨氏，衣服颜色各异。自言俱在苑中，邀封家十八姨，命席，各歌以送酒。仍言苑中多被恶风，乞玄微立朱幡，图日月五星文于苑东，免诸侣之患。女郎乃众花之精，封十八姨者，风神也。”

【洛口】 地名。洛水注入黄河之处。在今河南巩县东北。隋大业二年在此筑粮仓，名兴洛仓。十三年瓦冈军攻克此仓，并筑洛口城。高适《自淇涉黄河途中作十三首》之一二：“传檄举敖仓，拥兵屯洛口。”

【洛川】 即洛水。郑义真《奉和圣制过温汤》：“洛川方驻跸，丰野暂停銮。”张继《酬李书记校书越城秋夜见赠》：“凤辇栖岐下，鲸波斗洛川。”白居易《和刘汝州酬侍中见寄长句因书集贤坊胜事戏而问之》：“洛川汝海封畿接，履道集贤来往频。”李商隐《送千牛李将军赴阙五十韵》：“洛川迷曲沼，烟月两心倾。”

【洛川仙女】 《全唐诗》卷八六三在“洛川仙女”名下录《答张郁歌》二首，诗题后注：“明皇时，燕人张郁客京洛，与豪贵子弟狂游，忽独步，沿洛川，睹风景恬和，沿步高吟。忽见临水翠幄，有一女郎出。邀郁命席谈笑。谓郁知人世不可居，好道，可与言。郁不能对，女郎歌此，遂与郁别，乘洛波而去。”

【洛川神】 传说中的洛水女神宓妃。权德舆《杂兴五首》之五：“巫山云雨洛川神，珠襻香腰稳称身。”韦庄《晚春》：“峨峨秦氏髻，皎皎洛川神。”无名氏《奉和咏雪应制》（外编下）：“色映姑山质，舞对洛川神。”

【洛中】 指洛阳。李颀《同张员外諲酬答之作》：“洛中高士日沈冥，手自灌园方带经。”白居易《赠僧五首·清闲上人》：“应是蜀人皆度了，法轮移向洛中来。”杜牧《洛中送冀处士东游》：“我作八品吏，洛中如系囚。”许浑《金陵怀古》：“英雄一去豪华尽，唯有青山似洛中。”

【洛中舉子】 姓名不详。《全唐诗》卷七八四录其《赠妓茂英》诗二首。其第一首诗题下注：“《太平广记》：茂英年小时，举子与相识。后到江外，偶于饮席遇之，因赠。”

【洛水】 水名。即洛河。宋之问《春日郑协律山亭陪宴饯郑卿同用楼字》：“池平分洛水，林缺见嵩丘。”白居易《忆庐山旧隐及洛下新居》：“草堂久闭庐山下，竹院新抛洛水东。”刘沧《寓居寄友人》：“夕阳云尽嵩峰出，远岸烟消洛水平。”

【洛水妃】 犹“洛川神”。李商隐《喜雪》：“洛水妃虚妒，姑山客漫夸。”

【洛生詠】 指用洛阳音吟诗。《世说新语·雅量》：“〔谢安〕方作洛生咏，讽‘浩浩洪流’。”南朝梁刘孝标注引宋明帝《文章志》：“安能作洛下书生咏，而少有鼻疾，语音浊。后名流多学其咏，弗能及，手掩鼻而吟焉。”后以为吟咏典故。王维《故人张諲工诗善易卜兼能丹青草隶顷以诗见赠聊获酬之》：“蜀中夫子时开卦，洛下书生解咏诗。”李白《经乱后将避地剡中留赠崔宣城》：“闷为洛生咏，醉发吴越调。”陆龟蒙《和袭美酒病偶作次韵》：“唯欠白绡笼解散，洛生闲咏两三声。”

【洛州】 州名。十六国前秦初置，治所在宜阳（今宜阳县西），又移洛阳。沈佺期有《和洛州康士曹庭芝望月有怀》。薛能《送福建李大夫》：“洛州良牧帅瓯闽，曾是西垣作谏臣。”

【洛妃】 即洛神。冷朝阳《送红线》：“还似洛妃乘雾去，碧天无际水空流。”

【洛邑】 指洛阳。苏颋《题寿安王主簿池馆》：“洛邑通驰道，韩郊在属城。”李涉《寄河阳从事杨潜》：“洛邑秦城少年别，两都陈事空闻说。”李频《宣州献从叔大夫》：“日月天中辞洛邑，云山江上领宣城。”韦庄《新正日商南道中作寄李明府》：“嵩山不改千年色，洛邑长生一路尘。”

【洛汭】 ❶洛水入黄河处。太宗《冬狩》：“心非洛汭逸，意在渭滨游。”《郊庙歌辞·汉宗庙乐舞辞·灵长舞》：“祇洛汭，瞻晋阳。”❷指洛水。吴筠《缑山庙》：“朝吾自嵩山，驱驾遵洛汭。”郑谷《舟次通泉精舍》：“江清如洛汭，寺好似香山。”

【洛社】 “洛陽社”的省称。参见“洛陽社”。耿沣《与清江上人及诸公宿李八昆季宅》：“汤公多外友，洛社自相依。”

【洛京】 即洛阳。洛阳为唐东都，故称。孟浩然《自洛之越》：“山水寻吴越，风尘厌洛京。”韦应物《同德精舍旧居伤怀》：“洛京十载别，东林访旧扉。”武元衡《送韦侍御司议赴东都》：“洛京千里近，离绪亦纷纷。”杨凝式《归洛寄尹张从恩》：“押引蝗虫到洛京，合消郡守远相迎。”

【洛河】 即洛水。孟郊《寿安西渡奉别郑相公》：“洛河向西道，石波横磷磷。”白居易《卧疾》：“闲官卧疾绝经过，居处萧条近洛河。”裴夷直有《同乐天中秋夜洛河玩月二首》。贾岛《再投李益常侍》：“人家嵩岳色，公府洛河声。”

【洛城】 指洛阳。陆敬《游隋故都》：“洛城聊顾步，长想遂留连。”李白《春夜洛城闻笛》：“谁家玉笛暗飞声，散入春风满洛城。”刘言史《北原情三首》之二：“莫非北邙后，重向洛城生。”栖白《送王炼师归嵩岳》：“飘然绿毛节，杳去洛城端。”

【洛苑】 “洛陽苑”的省称。参见“洛陽苑”。李贺《洛姝真珠》：“真珠小娘下清廓，洛苑香风飞绰绰。”白居易《京路》：“西来为看秦山雪，东去缘寻洛苑春。”刘沧《下第东归途中书事》：“孤吟洛苑逢春尽，几向秦城见月明。”

【洛南】 县名。以在洛水之南得名。今属陕西。温庭筠有《送洛南李主簿》。郑谷有《旅寓洛南村舍》。

【洛宫】 “洛陽宫”的省称。吴融《题湖城县西道中槐树》：“晓迷天仗归春苑，暮送鸾旗指洛宫。”

【洛神】 即洛川神。温庭筠《莲花》：“应为洛神波上袜，至今莲蕊有香尘。”皮日休《太湖诗·圣姑庙》：“洛神有灵逸，古庙临空渚。”欧阳炯《杨柳枝》：“青青自是风流主，慢飐金丝待洛神。”

【洛神赋】 赋名。三国魏曹植作。慧净《冬日普光寺卧疾值雪简诸旧游》：“回飘洛神赋，皎映齐纨篇。”

【洛浦】 ❶洛水之滨。耿沣《渭上送李藏器移家东都》：“洛浦今何处，风帆去渺然。”牟融《山寺律僧画兰竹图》：“离花影度湘江月，遗珮香生洛浦风。”李群玉《感兴四首》之四：“凝云蔽洛浦，梦寐劳光彩。”❷借指洛神。梁锽《名姝咏》：“临津双洛浦，对月两嫦娥。”崔元范《李尚书命妓歌饯有作奉酬》：“羊公留宴岘山亭，洛浦高歌五夜情。”罗虬《比红儿诗》之六八：“巫山洛浦本无情，总为佳人便得名。”

【洛書】 相传大禹时洛水有神龟负书而出。实为儒家关于《尚书·洪范》“九畴”创作过程的传说。苏颋《送贾起居奉使入洛取图书因便拜觐》：“早持京副入，旋伫洛书刊。”

【洛都】 指洛阳。李峤《城》：“四塞称天府，三河建洛都。”韦应物《答河南李士巽题香山寺》：“洛都游宦日，少年携手行。”又有《洛都游寓》。白居易《老夫》：“七八年来游洛都，三分游伴二分无。”

【洛陽】 古都名。太宗《赋得樱桃》：“华林满芳景，洛阳遍阳春。”刘长卿《送严侍御充东畿观察判官》：“洛阳征战后，君去问凋残。”崔玄亮《和白乐天》：“病余归到洛阳头，拭目开眉见白侯。”于邺《路傍草》：“应随尘与土，吹满洛阳城。”

【洛陽人】 ❶指洛阳百姓。李白《洛阳陌》：“看花东陌上，惊动洛阳人。”❷指贾谊。戴叔伦《过贾谊宅》：“凄凉回首处，不见洛阳人。”羊士谔《资中早春》：“淹留巫峡梦，惆怅洛阳人。”

【洛陽才】 “洛陽才子”的省称。张九龄《酬王六霁后书怀见示》：“更怜湘水赋，还是洛阳才。”孟浩然《和贾主簿弁九日登岘山》：“国人咸寡和，遥愧洛阳才。”薛奇童《和李起居秋夜之作》：“简成良史笔，年是洛阳才。”白居易《和河南郑尹新岁对雪》：“楚客难酬郢中曲，吴公兼占洛阳才。”

【洛陽才子】 原指西汉贾谊。谊洛阳人。语出晋潘岳《西征赋》：“终童山东之英妙，贾生洛阳之才子。”后以为贾姓典故和泛称洛阳的文学青年。王维《同崔博答贤弟》：“洛阳才子姑苏客，桂苑殊非故乡陌。”褚载《句》之七：“除却洛阳才子后，更谁封恨吊怀沙？”翁承赞《柳》之一：“洛阳才子多情思，横把金鞭约马头。”

【洛陽子】 “洛陽才子”的省称。孟郊《寄崔纯亮》：“唯余洛阳子，郁郁恨常多。”

【洛陽少年】 指贾谊。高适《古歌行》：“田舍老翁不出门，洛阳少年莫论事。”

【洛陽社】 为隐居典故。见晋葛洪《抱朴子·杂应》。王维《过李楫宅》：“一罢宜城酌，还归洛阳社。”刘禹锡《送河南皇甫少尹赴绛州》：“从此洛阳社，吟咏属书生。”白居易《秦中吟十首·伤友》：“昔年洛阳社，贫贱相提携。”

【洛陽花】 牡丹的别名。洛阳的牡丹名天下，故称。李商隐《病中闻河东公乐营置酒口占寄上》：“缘忧武昌柳，遂忆洛阳花。”又《漫成三首》之一：“远把龙山千里雪，将来拟并洛阳花。”

【洛陽苑】 隋唐时的皇家花园。在洛阳宫城之西，亦称西苑。又有会通苑、上林苑、芳华苑、神都苑等名。韦述《晚渡伊水》:“回瞻洛阳苑,遽有长山隔。”储光羲《洛阳东门送别》:“花明洛阳苑,水绿小平津。”

【洛陽宫】 即洛阳。《新唐书·地理志二》:“东都,隋置。武德四年废。贞观六年号洛阳宫。”高适《酬裴员外以诗代书》:“留司洛阳宫,詹府唯蒿莱。”钱起《送王谏议任东都居守》:“车徒风掖东,去去洛阳宫。”卢真《七老会诗》:“三春已尽洛阳宫,天气初晴景象中。”

【洛陽陌】 ❶乐府横吹曲名。与《洛阳道》相似。李白有《洛阳陌》。❷指洛阳。白居易《代鹤》:“感君一顾恩,同来洛阳陌。”

【洛陽紙貴】 谓因传抄妙文而使纸张涨价。见《晋书·左思传》。后以为称美他人文章的典故。宋之问《范阳王挽词二首》之一:“洛阳今纸贵,犹写太冲词。”何兆《赠兄》:“洛阳纸价因兄贵,蜀地红笺为弟贫。”

【洛陽道】 乐府横吹曲名。以洛阳为吟咏题材。冯著有《洛阳道》。

【洛陽獄】 为冤狱典故。见《后汉书·蔡邕传》。杜甫《八哀诗·赠秘书监江夏李公邕》:“终悲洛阳狱,事近小臣敝。”

【洛陽橋】 桥名。一名天津桥。在东都洛阳外郭城西北,跨洛水上。隋大业元年造。李益《上洛桥》:“何堪好风景,独上洛阳桥。”白居易《杨柳枝词八首》之二:“何似东都正二月,黄金枝映洛阳桥。”于武陵《望月》:“独临彭蠡水,远忆洛阳桥。”

【洛源】 县名。雍陶有《洛源驿戏题》。韩琮有《二月二日游洛源》。

【洛誦】 反复诵读。“洛”通“络”。李白《送于十八应四子举落第还嵩山》:“夫子闻洛诵,夸才才固多。”

【洛範】 指《尚书·洪范》。参见“洛書”。李峤《书》:“河图八卦出,洛范九畴初。”

【洛橋】 即“洛阳桥”。卢照邻《咏史四首》之二:“悠悠天下士,相送洛桥津。”韦应物《扬州偶会前洛阳卢耿主簿》:“更能连骑出,还似洛桥时。”刘禹锡《酬令狐相公新蝉见寄》:“洛桥碧云晚,西望佳人期。”薛能《折杨柳十首》之二:“洛桥晴影覆江船,羌笛秋声湿塞烟。”

【洛濱】 ❶洛水之滨。白居易《三月三日祓禊洛滨》序:“开成二年三月三日,河南尹李待价以人和岁稔,将禊于洛滨。”❷指洛神的传说。许敬宗《安德山池宴集》:“台榭疑巫峡,荷蕖似洛滨。”上官仪《八咏应制二首》之一:“洛滨春雪回,五峡暮云来。”又《和太尉戏赠高阳公》:“惯是洛滨要解珮,本是河间好数钱。”蔡文恭《奉和夏日游山应制》:“揆彼涡川作,怀兹洛滨想。”

【洛濱笙】 指仙人王子乔的传说。见汉刘向《列仙传·王子乔》。后以为仙人典故。许敬宗《游清都观寻沈道士得清字》:“或命余杭酒,时听洛滨笙。”

洋

〔yáng《广韵》舆章切,平陽,以。〕见“洋洋”“洋溢”。

【洋川】 郡名。西魏置,郡治在今陕西西乡县南,后废。唐复置郡。和凝《洋川》:“华夷图上见洋川,知在青山绿水边。”

【洋州】 州名。唐置,以洋水得名。治所在今陕西西乡县。刘禹锡有《和令狐相公晚泛汉江书怀寄洋州崔侍郎阆州高舍人二曹长》。刘璐《洋州于中丞顷牧左绵题诗越王楼上朝贤继和辄课四韵》:“至今谣未已,注意在洋州。”方干有《旅次洋州寓居郝氏林亭》。郑谷有《送祠部曹郎中郯出守洋州》。

【洋洋】 ❶盛大貌。元结《补乐歌十首·大韶》之二:“洋洋至化兮,日见深柔。”柳宗元《奉平淮夷雅表·方城》之五:“雨雪洋洋,大风来加。”韩愈《元和圣德诗》:“长驱洋洋,无有龃龉。”韦庄《和郑拾遗秋日感事一百韵》:“皇恩思荡荡,睿泽转洋洋。”❷美善貌。张九龄《奉和吏部崔尚书雨后大明朝堂望南山》:“济济金门步,洋洋玉树篇。”储光羲《同诸公送李云南伐蛮》:“邦人颂灵旗,侧听何洋洋。”耿沣《送李端》:“世上许刘桢,洋洋风雅声。”❸和悦貌。张说《唐封泰山乐章·太和》:“礼乐具举,济济洋洋。”白居易《新乐府·法曲》:“政和世理音洋洋,开元之人乐且康。”李咸用《水仙操》:“始峨峨兮复洋洋,但见山青兼水绿。”《郊庙歌辞·梁太庙乐舞辞·撤豆》:“笙镛洋洋,庭燎煌煌。”❸自得貌。杜牧《大雨行》:“太和六年亦如此,我时壮气神洋洋。”李咸用《赠友弟》:“谁能终岁摇赪尾,唯唯洋洋向碧涛。”贯休《拟齐梁酬所知见赠二首》之二:“但觉神洋洋,如入三昧林。”

【洋溢】 充盈。皮日休《太湖诗·投龙潭》:“龟山下最深,恶气何洋溢。”

洴

〔píng《广韵》薄經切,平青,並。〕见“洴澼人”。

【洴澼人】 漂洗棉絮的人。为咏恩人的典故。见《庄子·逍遥游》。陆希声《寄翌光上人》:“寄言昔日不龟手,应念江头洴澼人。”

洲

〔zhōu《广韵》職流切,平尤,章。〕水中陆地。刘长卿《赠别卢司直之闽中》:“洲长春色遍,汉广夕阳迟。”卢纶《曲江春望》之三:“泉声遍野入芳洲,拥沫吹花草上流。”元稹《树上乌》:“树上乌,洲中有树巢若铺。”朱庆余《榜曲》:“欲到前洲堪入处，鸳鸯飞出碧流中。”

【洲沚】 水中小陆地。刘禹锡《韩十八侍御见示岳阳楼别窦司直诗因令属和重以自述故足成六十二韵》：“冬游见清浅，春望多洲沚。”

【洲浦】 洲边。宋昱《樟亭观涛》：“艅艎从陆起，洲浦隔阡通。”

【洲岛】 水中陆地。孟云卿《放歌行》：“落落大海中，飘浮数洲岛。”窦叔向《过担石湖》：“尺寸分洲岛，纤毫指舳舻。”许浑《湖南徐明府余之南邻久不还家因题林馆》：“鱼溢池塘秋雨过，鸟还洲岛暮潮回。”马戴《送僧归金山寺》：“迥寺横洲岛，归僧渡水云。”

【洲渚】 水中小陆地。刘孝孙《早发成皋望河》：“远近洲渚出，飒沓凫雁喧。”司空曙《下武昌江行望涔阳》：“雪隐洲渚暗，沙高芦荻黄。”李德裕《春暮思平泉杂咏二十首·双碧潭》：“迟迟洲渚步，临眺忘餐食。”刘沧《题吴宫苑》：“芦叶长侵洲渚暗，蘋花开尽水烟平。”

【洲屿】 小岛。韦述《晚渡伊水》：“迢递望洲屿，逶迤亘津陌。”李德裕《春暮思平泉杂咏二十首·鸿鹕》：“今来恋洲屿，思若在江湖。”

津 〔jīn《广韵》將鄰切，平真，精。〕❶渡口。张九龄《登郡城南楼》：“邑人半舻舰，津树多枫橘。”皎然《从军行五首》之五：“雾暗津浦失，天寒塞柳疏。”张籍《送安法师》：“出郭见落日，别君临古津。”吴融《题扬子津亭》：“扬子江津十四经，纪行文字遍长亭。”❷涯，岸。李白《拟古十二首》之四：“香风送紫蕊，直到扶桑津。”陆龟蒙《木兰堂》：“洞庭波浪渺无津，日日征帆送远人。”❸河流。太宗《赋得樱桃》：“朱颜含远日，翠色影长津。”王维《与胡居士皆病寄此诗兼示学人二首》之二：“何津不鼓棹，何路不摧辀。”白居易《早春西湖闲游怅然兴怀十八韵寄微之》：“云树分三驿，烟波限一津。”张祜《题画僧二首》之一：“骨峭情高彼岸人，一杯长泛海为津。”❹汁液。孟郊《南阳公请东樱桃亭子春宴》：“初英濯紫霞，飞雨流清津。”吴融《病中宜茯苓寄李谏议》：“金鼎晓煎云漾粉，玉瓯寒贮露含津。”李洞《题西明寺攻文僧林复上人房》：“谁寄湘南信，阴窗砚起津。”孙魴《主人司空后亭牡丹》：“忌秽栽时土，尝甜折处津。”❺人的体液总称。吴筠《七言》之四八：“津能充渴气充粮，家住三清玉帝乡。”又《明胎息》“炼成离女液，咽尽坎男津。”杜甫《幽人》：“咽漱元和津，所思烟霞微。”元稹《韦氏馆与周隐客杜归和泛舟》：“神恬津藏满，气委支节柔。”❻湿润。薛能《上盐铁尚书》：“檐前漱晓穹苍碧，庭下眠秋沆瀣津。”

【津人】 渡船的船工。王昌龄《沙苑南渡头》：“津人守空缆，村馆复临川。”白居易《除官赴阙留赠微之》：“从此津人应省事，寂寥无复递诗筒。”

【津市】 渡头集市。钱起《送武进韦明府》：“井田通楚越，津市半渔商。”李郢《送李判官》：“津市停桡送别难，荧荧蜡炬照更阑。”

【津吏】 管理渡船和桥梁的官吏。唐时津吏有津令、津丞、津尉等，属都水监。苏味道《九江口南济北接蕲春南与浔阳岸》：“津吏挥桡疾，邮童整传催。”杜甫《陪郑公秋晚北池临眺》：“杯酒沾津吏，衣裳与钓翁。”李绅《却渡西陵别越中父老》：“海潮晚上江风急，津吏篙师语默齐。”李德裕《谪岭南道中作》：“五月畲田收火米，三更津吏报潮鸡。”

【津戍】 江津戍的省称。在今湖北江陵。一说即今枝江县之津乡。卢纶《送从叔牧永州》：“客投津戍少闻猿，雁过潇湘更逢雪。”

【津門】 ❶在渡口设置的关门。徐安贞《奉和圣制早度蒲津关》：“路得津门要，时称古戍闲。”储光羲《贻余处士》：“潮来津门启，罢楫信流水。”耿湋《奉和第五相公登鄱阳郡城西楼》：“女墙分吏事，远道启津门。”❷门名。汉洛阳共有十二门，津门为南面的西头门。又名津阳门。骆宾王《和李明府》：“驰道临层掖，津门对小平。”

【津妾】 指春秋赵河津吏之女娟。汉刘向《列女传·赵津女娟》载其机智救父的故事。李白《东海有勇妇》：“津妾一棹歌，脱父于严刑。”

【津官】 津吏。郑谷《远游》：“津官来有意，渔者笑无言。”

【津要】 (—yào)比喻重要的位置。陆龟蒙《渔具诗·罶》：“虽然烦取舍，未肯求津要。”

【津亭】 渡口驿亭。王勃《江亭夜月送别二首》之一：“津亭秋月夜，谁见泣离群。”岑参《送裴侍御赴岁入京》：“惜别津亭暮，挥戈忆鲁阳。”权德舆《送湖南李侍御赴本使赋采菱亭诗》：“旧俗采菱处，津亭风景和。”许浑《送客归峡中》：“津亭多别离，杨柳半无枝。”

【津陌】 水路与陆路。韦述《晚渡伊水》：“迢递望洲屿，逶迤亘津陌。”

【津流】 河流。杜甫《遣意二首》之二：“檐影微微落，津流脉脉斜。”

【津涘】 河岸。刘禹锡《韩十八侍御见示岳阳楼别窦司直诗因令属和重以自述故足成六十二韵》：“北风忽震荡，惊浪迷津涘。”

【津涯】 ❶岸边。卢仝《蜻蜓歌》：“黄河中流日影斜，水天一色无津涯。”方干《路支使小池》：“儿童戏穿凿，咫尺见津涯。”❷边际；限度。高适《三君咏·郭代公》：“代公实英迈，津涯浩难识。”白居易《和微之诗二十三首·和新楼北园二从事皆先归》：“醉乡得道路，狂海无津涯。”陈陶《酬元亨上人》：“何因知我津涯阔，远寄东溟六巨鳌。”

【津梁】 ❶桥梁。窦庠《于阗钟歌送灵彻上人归越》：“声有感，神无方，连天云水无津梁。”韩愈、李正封《晚秋郾城夜会联句》：“间使断津梁，潜军索林薄。”元稹《有鸟二十章》之五：“池塘潜狎不鸣雁，津梁暗引无用鹈。”❷比喻荐引之人。萧颖士《答邹象先》：“回首无津梁，只令二毛变。”李康成《句》：“运命倘不谐，隔壁无津梁。”❸比喻济度众生。郎士元《双林寺谒傅大士》：“草露经前代，津梁及后人。”

【津液】 人体内液体的总称。李白《草创大还赠柳官迪》：“相煎成苦老，消铄凝津液。”

【津童】 年轻船工。张说《喜度岭》：“江妾晨炊黍，津童夜棹舟。”李端《送路司谏侍从叔赴洪州》：“村女解收鱼，津童能用楫。”

【津渡】 渡口。张祜《题金陵渡》：“金陵津渡小山楼，一宿行人自可愁。”贾岛《送李余及第归蜀》：“津渡逢清夜，途程尽翠微。”

【津途】 水路。张九龄《秋晚登楼望南江入始兴郡路》：“伏槛一长眺，津途多远情。”又《自豫章南还江上作》：“津途别有趣，况乃濯吾缨。”席豫《江行纪事二首》之二：“津途赏无限，征客暂忘归。”

【津陽門】 唐长安华清宫的外门名。郑嵎《津阳门诗》：“津阳门北临通逵，雪风猎猎飘酒旗。”

【津路】 犹“津途”。皇甫冉《河南郑少尹城南亭送郑判官还河东》：“应叹沈冥者，年年津路迷。”

【津鼓】 渡口设置的信号鼓。李端《古别离二首》之一：“天晴见海樯，月落闻津鼓。”

【津樓】 渡口的驿亭楼。陈子昂《岘山怀古》：“野树苍烟断，津楼晚气孤。”岑参《东归晚次潼关怀古》：“暮春别乡树，晚景低津楼。”武元衡《同张惟送霍总》：“春风箫管怨津楼，三奏行人醉不留。”杜牧《登澧州驿楼寄京兆韦尹》：“政声长与江声在，自到津楼日夜闻。”

【津橋】 ❶桥梁。窦巩《江陵遇元九李六二侍御纪事书情呈十二韵》：“柳寺春堤远，津桥曙月微。”王建《汴路即事》：“草市迎江货，津桥税海商。”李绅《移九江》：“津桥归候吏，竹卷开门户。”薛能《赠源寂禅师》：“何传能法慧，此岸要津桥。”❷天津桥（洛阳桥）的省称。白居易《早入皇城赠王留守仆射》：“津桥残月晓沈沈，风露凄清禁署深。”姚合《过天津桥晴望》：“闲立津桥上，寒光动远林。”雍陶《天津桥望春》：“津桥春水浸红霞，烟柳风丝拂岸斜。”

【津頭】 渡口。岑参《饯王岑判官赴襄阳道》：“津头习氏宅，江上夫人城。”独孤及《早发龙沮馆舟中寄东海徐司仓郑司户》：“津头却望后湖岸，别处已隔东山云。”卢纶《送崔琦赴宣州幕》：“天际晓山三峡路，津头腊市九江人。”

【津壖】 涯岸。于濆《南越谣》：“迢迢东南天，巨浸无津壖。”

【津濟】 （一jì）渡口。孟浩然《夜泊宣城界》：“湖平津济阔，风止客帆收。”薛能《天际识归舟》：“人浮津济晚，棹倚泬寥秋。”

【津驛】 渡口驿亭。钱起《送陆贽擢第还苏州》：“夜火临津驿，晨钟隔浦城。”

洳 〔rù《广韵》人恕切，去御，日。〕❶潮湿。李商隐《思归》：“岭云春沮洳，江月夜晴明。”❷低湿之地。杜甫《龙门镇》：“细泉兼轻冰，沮洳栈道湿。”韦应物《山行积雨归途始霁》：“深林猿声冷，沮洳虎迹新。”

七　画

浙 〔zhè《广韵》旨熱切，入薛，章。〕江名。即今钱塘江。杜甫《壮游》：“枕戈忆句践，渡浙想秦皇。”刘长卿《送陶十赴杭州摄掾》：“浙中山色千万状，门外潮声朝暮时。”贾岛《送沈秀才下第东归》：“浙云近吴见，汴柳接楚垂。”褚载《南徐晚望》：“入浙孤帆知楚信，过淮疏雨带潮声。”见“浙江”。

【浙水】 即浙江。李嘉祐《送兖州杜别驾之任》：“若见楚山暮，因愁浙水赊。”权德舆《送二十叔赴任余杭尉》：“春草吴门绿，秋涛浙水深。”牟融《处厚游杭作诗寄之》：“浙水风烟思吊古，楚乡人物赋登楼。”见“浙江”。

【浙右】 浙水西边。古以钱塘江东至会稽山阴为浙右。山阴，即今浙江绍兴市，古属会稽郡。元稹《寄浙西李大夫四首》之四：“由来鹏化便图南，浙右虽雄我未甘。”周贺《城中秋作》：“已落关东叶，空悬浙右心。”马戴有《送春坊董正字浙右归觐》。曹松有《浙右赠陆处士》。

【浙西】 唐方镇名。浙江西道之省称。乾元元年置。治所在今江苏镇江。刘长卿有《奉饯郑中丞罢浙西节度还京》。张籍有《送浙西周判官》。齐己有《赠浙西李推官》。

【浙江】 江名。即今浙江境之钱塘江，上游为新安江。崔融《登东阳沈隐侯八咏楼》：“越岩森其前，浙江漫其后。”李白《横江词六首》之四：“浙江八月何如此，涛似连山喷雪来。”刘长卿《送金昌宗归钱塘》：“新家浙江上，独泛落潮归。”刘沧《经过建业》：“楚塞秋光晴入树，浙江残雨晚生霞。”

【浙江潮】 浙江杭州湾钱塘江口的涌潮。宋之问《灵隐寺》：“楼观沧海日，门对浙江潮。”张籍《赠李杭州》：“终日政声长独坐，开门长望浙江潮。”唐彦谦

《汉代》:“障昏巫峡雨,屏掩浙江潮。”

【浙江濤】 即“浙江潮”。韩愈《送惠师》:“回临浙江涛,屹起高峨岷。”刘禹锡《送元简上人适越》:“浙江涛惊狮子吼,稽岭峰疑灵鹫飞。”徐凝有《观浙江涛》。参见“浙江潮”。

【浙東】 唐方镇名。浙江东道之省称。乾元元年置。治越州(今浙江绍兴)。鲍溶《送僧择栖游天台二首》之一:“师问寄禅何处所,浙东青翠沃洲山。”崔立言《醉中谑浙江廉使》:“常见浙东夸镜水,镜湖元在浙江西。”权德舆有《酬陆三十二参浙东见寄》。赵嘏有《浙东陪元相公游云门寺》。

【浙河】 即浙江。元稹《送王十一郎游剡中》:“越州都在浙河湾,尘土消沉景象闲。”许浑《送段觉归东阳兼寄窦使君》:“沈公如借问,心在浙河南。”吴融《送知古上人》:“昔年离别浙河东,多难相逢旧楚宫。”参见“浙江”。

【浙南】 浙水以南。指婺州。许浑《喜李诩秀才见访因赠》:“浙南分首日,谁谓别经时。”

【浙幕】 指浙东节度使幕府。黄滔有《浙幕李端公泛建溪》。

浡 〔bó《广韵》蒲没切,入没,並。〕沸涌。见“浡潏”。

【浡潏】 水沸涌貌。语出《文选·木华〈海赋〉》:“天纲浡潏,为凋为瘵。”李善注:“浡潏,沸涌也。桓子《新论》曰:‘夏禹之时,鸿水浡潏。’”萧昕《洛出书》:“海内昔凋瘵,天网(纲)斯浡潏。”

浦 〔pǔ《广韵》滂古切,上姥,滂。〕❶水滨,河岸。陈叔达《后渚置酒》:“寒沙满曲浦,夕雾上邪溪。”杜甫《柟树为风雨所拔叹》:“沧波老树性所爱,浦上童童一青盖。”戎昱《送苏参军》:“舟移极浦城初掩,山束长江日早曛。”李绅《宿瓜州》:“冲浦回风翻宿浪,照沙低月敛残潮。”❷指池塘、湖泽。骆宾王《櫂歌行》:“叶密舟难荡,莲疏浦易空。”储光羲《同王十三维偶然作十首》之三:“悠悠泛绿水,去摘浦中莲。”陈羽《中秋夜临镜湖望月》:“圆光珠入浦,浮照鹊惊林。”于濆《田翁叹》:“不见千树桑,一浦芙蓉花。”❸支流汇入江河处。孟云卿《汴河阻风》:“出浦风渐恶,傍滩舟欲横。”卢纶《泊扬子江岸》:“鱼惊出浦火,月照渡江人。”张子明《孤雁》:“虽逢夜雨迷深浦,终向晴天著旧行。”❹通大河的川流。郑绍《游越溪》:“渔潭逢钓楫,月浦值孤舟。”钱起《游襄阳泉石晚归》:“游目随山胜,回桡爱浦长。”李贺《大堤曲》:“莫指襄阳道,绿浦归帆少。”许裳《江上行》:“戍影临孤浦,潮痕在半山。”❺流。杜荀鹤《登石壁禅师水阁》:“渔父晚船分浦钓,牧童寒笛倚牛吹。”❻港汊,泊船的水湾。李峤《刘侍读见和山邸十篇重申此赠》:“雉翳分场合,鱼钩向浦沉。”耿沣《津亭有怀》:“草没栖洲鹭,天连映浦樯。”于鹄《舟中月明夜闻笛》:“浦里移舟候信风,芦花漠漠夜江空。”齐己《渚宫江亭寓目》:“新鸿喧夕浦,远棹聚空湾。”

【浦口】 湖水、小河入江之处。王昌龄《采莲曲二首》之一:“来时浦口花迎入,采罢江头月送归。”钱起《蓝田溪与渔者宿》:“芦中夜火尽,浦口秋山曙。”李贺《江楼曲》:“鼍吟浦口飞梅雨,竿头酒旗换青苎。”亦指河流入海处。薛据《西陵口观海》:“浦口霞未收,潭心月初上。”

【浦月】 指港汊、河湾水中月影。白居易《夜泊旅望》:“沙明连浦月,帆白满船霜。”杨发《宿黄花馆》:“何处迷鸿离浦月,谁家愁妇捣霜衣。”

【浦帆】 水滨之帆船。杜甫《朝二首》之二:“浦帆晨初发,郊扉冷未开。”张祜《和杜牧之齐山登高》:“红叶树深山径断,碧云江静浦帆稀。”

【浦江】 水名。即浦阳江。钱塘江支流。源出浙江浦江县西,北流经诸暨、萧山入钱塘江。杜荀鹤有《秋日泊浦江》。

【浦沙】 水滨沙滩。李白《江上寄元六林宗》:“浦沙净如洗,海月明可掇。”杜甫《陪王侍御宴通泉东山野亭》:“亭景临山水,村烟对浦沙。”刘长卿《送顾长》:“晨装林月在,野饭浦沙寒。”

【浦岸】 港汊河岸。徐铉《和太常萧少卿近郊马上偶吟》:“林开始觉晴天迥,朝上初惊浦岸齐。”

【浦岫】 江边峰峦。李嘉祐《晚登江楼有怀》:“爽气遥分隔浦岫,斜光偏照渡江人。”

【浦城】 ❶水滨城市。钱起《送陆贽擢第还苏州》:“夜火临津驿,晨钟隔浦城。”❷县名。今属福建。林宽有《送人宰浦城》。

【浦派】 池水的支流。白居易《池上作》:“浦派萦回误远近,桥岛向背迷窥临。”

【浦浦】 一个个泊船的水湾。颜真卿、权器《与耿沣水亭咏风联句》:“山山催雨过,浦浦发行舟。”

【浦浪】 江边水浪。杜甫《登舟将适汉阳》:“庭蔬尚在眼,浦浪已吹衣。”

【浦雲】 水湾、河汊上的雾霭。李贺《江南弄》:“水风浦云生老竹,渚暝蒲帆如一幅。”李群玉《黄陵庙》:“小姑洲北浦云边,二女容华自俨然。”

【浦程】 犹水路。李绅《渡西陵十六韵》:“浦程通曲屿,海色媚重城。”

【浦溆】 指港汊、河湾之滨。王昌龄《沙苑南渡头》:“秋雾连云白,归心浦溆悬。”王维《三月三日曲江侍宴应制》:“画旗摇浦溆,春服满汀洲。”皎然《溪上月》:“蟾光散浦溆,素影动沦涟。”方干《题松江驿》:

"帆势落斜依浦溆，钟声断续在沧茫。"

【浦煙】 笼罩在江上的雾霭。李白《荆门浮舟望蜀江》："流目浦烟夕，扬帆海月生。"钱珝《江行无题一百首》之三："浦烟含夜色，冷日转秋旻。"

【浦樹】 水边的树。刘希夷《江南曲八首》之五："此中逢岁晏，浦树落花芳。"孟浩然《登鹿门山》："沙禽近方识，浦树遥莫辨。"韦应物《赋得暮雨送李胄》："海门深不见，浦树远含滋。"

【浦嶼】 水中小岛。李白《送殷淑三首》之一："俄然浦屿阔，岸去酒船遥。"元稹《酬乐天早春闲游西湖因成十八韵》："浦屿崎岖到，林园次第巡。"白居易《舟行阻风寄李十一舍人》："扁舟厌泊烟波上，轻策闲寻浦屿间。"李中《秋江夜泊寄刘钧正字》："潮满钓舟迷浦屿，霜繁野树叫猿猱。"

【浦鷗】 水滨之鸥鸟。杜甫《寄岳州贾司马六丈巴州严八使君两阁老五十韵》："浦鸥防碎首，霜鹘不空拳。"

【浦灣】 指合浦的海湾。邓陟《珠还合浦》："至宝含冲粹，清虚映浦湾。"

浯 〔wú《广韵》五乎切，平模，疑。〕水名。见"浯溪"。

【浯溪】 水名。在今湖南境。唐属江南西道永州。元结《说洄溪招退者》："浯溪石下多泉源，盛暑大寒冬大温。"又《欸乃曲五首》之四："零陵郡北湘水东，浯溪形胜满湘中。"元友让有《复游浯溪》。郑谷有《浯溪》。

浹 〔jiā《广韵》子協切，入帖，精。〕❶遍，遍及。元稹《桐花》："和气浹寰海，易若溉蹄涔。"王甚夷《和主司王起》："有蕴赤心分雨露，无私和气浹寰瀛。"❷通达。张九龄《南郊文武出入舒和之乐》："六变云备，百礼斯浹。"萧颖士《江有归舟三章》序："四牡骓骓，薄言旋归，声动日下，浹于寰外。"解彦融《雁塔》："绿野泠风浹，紫微佳气晶。"❸融洽，和洽。王勃《春日宴乐游园赋韵得接字》："帝里寒光尽，神皋春望浹。"高适《同朱五题卢使君义井》："上善滋来往，中和浹里闾。"❹沾润，润泽。多指施与恩惠。虞世南《奉和幸江都应诏》："鸿私浹幽远，厚泽润凋枯。"徐安贞《从驾温泉宫》："暖气随明主，恩波浹近臣。"卢纶《上巳日陪齐相公花楼宴》："礼卑瞻绛帐，恩浹厕华缨。"权德舆《德宗神武孝文皇帝挽歌词三首》之二："湛露恩方浹，薰风曲正调。"

【浹日】 十日。古代以天干、地支相配纪日，自甲至癸，十日为一周，称"浹日"。刘禹锡有《到郡未浹日登西楼见乐天题诗因即事以寄》。李绅《拜三川守》序："止九日，大降膏泽，连霪浹日，时苗顿茂。"

【浹宇】 遍及寰宇，滋润天下。许敬宗《奉和咏雨应诏》："崇朝方浹宇，宸盼俯凝旒。"

【浹旬】 一旬，十日。萧颖士《江有归舟三章》序："浹旬有诏，俾征典校秘书。"皮日休《吴中苦雨因书一百韵寄鲁望》："兹淋既浹旬，无乃害九谷！"

【浹宙】 通达古今。宙，指古往今来的时间。《郊庙歌辞·享太庙乐章·钧天舞》："睿感通寰，孝思浹宙。"

【浹洽】 ❶遍及，普遍。白居易《酬郑侍御多雨春空过诗三十韵》："惠应施浹洽，政岂假揄扬。"亦指普遍沾润。白居易《裴常侍以题蔷薇架十八韵见示因广为三十韵以和之》："浹洽濡晨露，玲珑漏夕阳。"❷和谐，融洽。李商隐《赠田叟》："鸥鸟忘机翻浹洽，交亲得路昧平生。"

【浹歡】 和睦欢乐。德宗《九月十八赐百僚追赏因书所怀》："至乐非外奖，浹欢同中诚。"又《中春麟德殿会百僚观新乐诗》："式宴礼所重，浹欢情必均。"

涇 〔jīng《广韵》古靈切，平青，見。〕❶水名。(1)渭水支流。太宗《咏饮马》："骏骨饮长泾，奔流洒络缨。"杜甫《秋雨叹三首》之二："去马来牛不复辨，浊泾清渭何当分。"元稹《饮致用神曲酒三十韵》："感君澄醴酒，不遣渭和泾。"吴融《御沟十六韵》："只怀泾合虑，不带陇分愁。"见"涇水"。(2)泾溪。指皖南青弋江上游。李白《与谢良辅游泾川陵岩寺》："乘君素舸泛泾西，宛似云门对若溪。"见"涇溪"。❷古州名。故地在今甘肃境。李洞《段秀才溪居送从弟游泾陇》："朔雪痕侵雍，边烽焰照泾。"见"涇川"。❸县名。在安徽南部。见"涇縣"。❹沟渠。陆龟蒙《南泾渔父》："南泾有渔父，往往携稚造。"皮日休《奉和鲁望渔具十五咏·药鱼》："何必重伤鱼，毒泾犹可作。"见"涇脈""涇港"。❺古人谓泾浊渭清，因常用"泾"指混浊，喻人品或事物之伪劣。杜甫《奉酬薛十二丈判官见赠》："丈人但安坐，休辨渭与泾。"权德舆《同陆太祝鸿渐崔法曹载华见萧侍御留后喜而有作三首》之三："众人哺啜喜君醒，渭水由来不杂泾。"韩偓《凄凄》："嗜咸凌鲁济，恶洁助泾泥。"见"涇渭❷"。

【涇川】 ❶即泾溪。在安徽省泾县境内，下流汇入青弋江，经芜湖入长江。武平一有《游泾川琴溪》。李白《泾川送族弟錞》："泾川三百里，若耶羞见之。"又有《与谢良辅游泾川陵岩寺》。参见"涇溪"。❷指泾水。今称泾河。在陕西中部，流入渭河。罗隐《关亭春望》："未知至竟将何用，渭水泾川一向流。"

【涇水】 今称泾河。在陕西中部，渭河支流。王昌龄《山行入泾州》："泾水横白烟，州城隐寒树。"杜甫《北征》："邠郊入地底，泾水中荡潏。"薛能《送李殷游京西》："岐山终蜀境，泾水复蛮尘。"熊皦《谪居海上》：

"家临泾水隔秦川,来往关河路八千。"

【涇水黄】 乐府《鼓吹曲辞》名。柳宗元《乐府杂曲·鼓吹铙歌·泾水黄》:"泾水黄,陇野茫。"题注:"《泾水黄》,言薛举据泾以死,其子仁杲尤勇以暴,师平之也。"

【涇州】 古州名。孟浩然有《送张参明经举兼向泾州觐省》。戎昱有《泾州观元戎出师》。张籍《泾州塞》:"行到泾州塞,唯闻羌戍鼙。"胡曾《咏史诗·回中》:"欲问生前躬祀日,几烦龙驾到泾州。"

【涇流】 泾河之水流。孟郊《罪松》:"泾流合渭流,清浊各自持。"又《答昼上人止谗作》:"渭水不可浑,泾流徒相侵。"参见"涇渭"。

【涇渭】 ❶指泾水和渭水。李敬玄《奉和别越王》:"别馆分泾渭,归路指衡漳。"储光羲《登秦岭作时陷贼归国》:"回首望泾渭,隐隐如长虹。"吕牧《泾渭扬清浊》:"泾渭横秦野,逶迤近帝城。"❷《诗·邶风·谷风》:"泾以渭浊,湜湜其沚。"因以泾渭之清浊喻人品的优劣和事物的真伪是非。骆宾王《夏日游德州赠高四》:"夙昔怀江海,平生混泾渭。"皮日休《鲁望读襄阳耆旧传见赠五百言次韵》:"是非既自分,泾渭不相就。"陈陶《赠江西周大夫》:"渊伦照三古,磊落涵泾渭。"武翊黄《瑕瑜不相掩》:"泾渭流终异,瑕瑜自不同。"

【涇陽】 县名。今属陕西。在泾河下游北岸。无名氏《与崔渥冥会杂诗》之七(卷八六四):"泾阳平野草初春,遥望家乡泪滴频。"

【涇源】 应作泾原。唐方镇名。大历三年置,治所在泾州(今甘肃泾川县北)。沈亚之有《答殷尧藩赠罢泾源记室》。按,沈亚之于元和十年登进士第,泾原节度使李彙召为掌书记,后入朝为秘书省正字。参见《唐才子传》卷六。

【涇溪】 水名。亦名赏溪。在安徽泾县西。李白《泾溪东亭寄郑少府谔》:"欲往泾溪不辞远,龙门蹙波虎眼转。"瞿蜕园、朱金城注引《清一统志》:"赏溪在宁国府泾县西,一名泾溪。源出石埭,支流出太平县,流至泾县、南陵、宣城入于江。"又《别山僧》:"何处名僧到水西。乘舟弄月宿泾溪。"杜荀鹤《泾溪》:"泾溪石险人兢慎,终岁不闻倾覆人。"

【涇縣】 县名。在安徽。李白有《下泾县陵阳溪至涩滩》。宣宗有《题泾县水西寺》。郑谷有《送许棠先辈之官泾县》。

【涇隴】 泾州与陇州的合称。李洞有《段秀才溪居送从弟游泾陇》。

【涇灞】 泾水与灞水。均属渭河支流。吕温《登少陵原望秦中诸川因用感叹》:"泾灞徒络绎,漆沮虚会同。"

涉 〔shè《广韵》时摄切,入葉,禪。〕❶徒步过水。杜甫《陪李七司马皂江上观造竹桥聊题短作简李公二首》之一:"伐竹为桥结构同,褰裳不涉往来通。"韩愈《将归操》:"涉其浅兮,石啮我足。"李绅《忆登栖霞寺峰》:"移步下碧峰,涉涧更踌躇。"❷渡,泛指渡水。李白《同王昌龄送族弟襄归桂阳二首》之二:"秦云连山海相接,桂水横烟不可涉。"韦应物《广德中洛阳作》:"王师涉河洛,玉石俱不完。"王建《将归故山留别杜侍御》:"有川不得涉,有路不得行。"李商隐《过伊仆射旧宅》:"何能更涉泷江去,独立寒流吊楚宫。"❸行走。王维《投道一师兰若宿》:"昼涉松路尽,暮投兰若边。"李白《南陵别儿童入京》:"游说万乘苦不早,著鞭跨马涉远道。"畅当《蒲中道中二首》之一:"我欲涉其崖,濯足黄河水。"赵嘏《昔昔盐二十首·关山别荡子》:"那堪闻荡子,迢递涉关山。"❹经历;度过。独孤及《夏中酬于逖毕耀问病见赠》:"闭关涉两旬,羁思浩无穷。"白居易《七年春题府厅》:"潦倒守三川,因循涉四年。"周贺《投江州张郎中》:"借山年涉闰,寝郡月逾旬。"❺至,到。孟浩然《送王五昆季省觐》:"公子恋庭闱,劳歌涉海涯。"钱起《登复州南楼》:"行李迷方久,归期涉岁赊。"杨衡《登紫霄峰赠黄仙师》:"紫霄不可涉,灵峰信穹崇。"❻指上路,登程。赵嘏《别麻氏》:"出门便涉东西路,回首初惊枕席尘。"刘沧《江城晚望》:"秋期又涉潼关路,不得年年向此居。"喻坦之《发浙江》:"此时空阔思,翻想涉穷边。"❼面临;进入。元稹《新政县》:"曾沾几许名兼利,劳动生涯涉苦辛。"曹松《送邵安石及第归连州觐省》:"及第兼归觐,宜忘涉驿劳。"蜀太妃徐氏《丈人观》:"获陪翠辇喜殊常,同涉仙坛岂厌长。"❽涉及,关联。姚合《感时》:"信涉名利道,举动皆丧真。"❾陪,随从。无名氏《五言白话诗》之十一(外编下):"长大人中官,当衙判曹事;高马衣转裘,伴涉诸王子。"❿游玩。白居易《书事咏怀》:"十年闲未足,亦恐涉无厌。"⓫阅读学习。李白《经乱离后天恩流夜郎忆旧游书怀赠江夏韦太守良宰》:"试涉霸王略,将期轩冕荣。"杜甫《题柏大兄弟山居屋壁二首》之一:"山居精典籍,文雅涉风骚。"韩愈《送灵师》:"少小涉书史,早能缀文篇。"⓬属于。贾岛《重酬姚少府》:"答迟礼涉傲,抱疾思加涩。"

【涉七】 指及至七日。七,指农历正月初七。韩愈《人日城南登高》:"初正候才兆,涉七气已弄。"

【涉水】 渡水。孟郊《寻裴处士》:"涉水更登陆,所向皆清真。"

【涉世】 经历世事。唐彦谦《第三溪》:"早知涉世真成梦,不弃山田春雨犁。"

【涉有】 涉及九有。有,佛教语。指众生轮回之三界九地,即欲界一地,色界四地,无色界四地。柳宗元《巽公院五咏·禅堂》:“涉有本非取,照空不待析。”

【涉旬】 经过十天。刘禹锡《送李策秀才还湖南因寄幕中亲故兼简吕八郎中》:“论罢情益亲,涉旬忘归程。”徐铉《晚归》:“过从本无事,从此涉旬间。”

【涉江】 ❶渡江,过江。李白《拟古十二首》之十一:“涉江弄秋水,爱此荷花鲜。”钱珝《江行无题一百首》之五六:“涉江虽已晚,高树搴芙蓉。”❷文章篇名。皇甫湜作,今已佚。白居易《哭皇甫七郎中》:“涉江文一首,便可敌公卿。”原注:“持正奇文甚多,《涉江》一章尤著。”

【涉事】 接物处理。唐彦谦《和陶渊明贫士诗七首》之四:“中年涉事熟,欲学唾面娄。”

【涉淺】 蹚过浅水。杨衡《南海苦雨寄赠王四侍御》:“念近剧怀远,涉浅定知深。”

【涉海】 渡海。张祜《苏小小歌三首》之三:“登山不愁峻,涉海不愁深。”

【涉書獵史】 阅读经书、史籍。薛逢《邻相反行》:“涉书猎史无早暮,坐期朱紫如拾青。”

【涉雪】 犹踏雪。李白《答长安崔少府叔封游金沙泉见寄》:“涉雪搴紫芳,濯缨想清波。”

【涉途】 登程,起程。白居易《自到郡斋仅经旬日偷闲走笔题二十四韵仍呈吴中诸客》:“涉途初改月,入境已经旬。”

【涉煙】 到烟雾迷蒙的水面上。烟,指水烟、烟波。韦应物《贾常侍林亭燕集》:“没露摘幽草,涉烟玩轻舟。”

【涉遠】 谓跋涉长途。李频《送胡休处士归湘江》:“江湖秋涉远,雷雨夜眠迟。”

【涉趣】 谓景色有意趣。张说《别灉湖》:“涉趣皆留赏,无奇不遍寻。”钱起《仲春晚寻覆釜山》:“况我爱青山,涉趣皆游践。”又《题玉山村叟屋壁》:“涉趣皆流目,将归羡在林。”

【涉歷】 度过,经过。李中《途中作》:“烟波涉历指家林,欲到家林惧却深。”无名氏《与崔渥冥会杂诗》之一(卷八六四):“万里同心别九重,定知涉历此相逢。”原注:“崔渥题湘妃庙。”

【涉縣】 县名。西汉置,治所在今河北涉县西北。见《元和郡县志·潞州》。刘长卿有《送薛据宰涉县》。

【涉獵】 泛泛阅览而不深入研究。骆宾王《夏日游德州赠高四》序:“读书颇存涉猎,学剑不待穷工。”

【涉難】 (—nàn)涉及危难。司空图《诗品二十四则·含蓄》:“不著一字,尽得风流。语不涉难,已不堪忧。”

消 〔xiāo《广韵》相邀切,平宵,心。〕❶消失,消除。太宗《过旧宅二首》之一:“前池消旧水,昔树发今花。”韦应物《咏声》:“还从静中起,却向静中消。”白居易《老来生计》:“烦虑渐消虚白长,一年心胜一年心。”齐己《夏雨》:“当时消酷毒,随处有清凉。”❷消融,消散。太宗《除夜》:“冰消出镜水,梅散入风香。”杜甫《腊日》:“腊日常年暖尚遥,今年腊日冻全消。”戴叔伦《春怨》:“金鸭香消欲断魂,梨花春雨掩重门。”李绅《苏州不住遥望武丘报恩两寺》:“幽鸟静时侵径月,野烟消处满林风。”❸衰退,削减。岑参《冬夕》:“泽国龙蛇冻不伸,南山瘦柏消残翠。”顾况《初秋莲塘归》:“秋光净无迹,莲消锦云红。”陆龟蒙《袭美先辈以龟蒙所献五百言见和再抒鄙怀用伸酬谢》:“空消病里骨,枉白愁中髭。”亦指消耗。贯休《春》:“回雁不多消气力,染花应最费工夫。”❹排遣,打发。孟郊《立德新居》之八:“夜景卧难尽,昼光坐易消。”王建《薛二十池亭》:“每个树边消一日,绕池行匝又须行。”刘禹锡《和苏十郎中谢病闲居叹初有二毛之作》:“一卷素书消永日,数茎斑发对秋风。”王毂《逢道者神和子》:“酒里消闲日,人间作散仙。”❺享用,受用。白居易《早发赴洞庭舟中作》:“出郭已行十五里,唯消一曲慢霓裳。”李频《送裴御史赴湖南》:“使府悬帆去,能消几日风。”司空图《偶作》:“留侯万户虽无分,病骨应消一片山。”❻抵得,值得。司空图《淮西》:“莫夸十万兵威盛,消个忠良效顺无?”崔涂《夷陵夜泊》:“一曲巴歌半江月,便应消得二毛生。”李九龄《望思台》:“直饶四老依前出,消得江充宠佞无。”❼需,需要。白居易《云和》:“欲散白头千万恨,只消红袖两三声。”吕岩《绝句》之十八:“来往八千消半日,依前归路不曾迷。”❽通“銷”。溶化。李白《送薛九被谗去鲁》:“黄金消众口,白璧竟难投。”白居易《答友问》:“置铁在洪炉,铁消易如雪。”❾通“蕭”。见“消殺”。❿病名。见“消病”“消渴”。

【消亡】 消逝,灭亡。刘希夷《洛川怀古》:“人事互消亡,世路多悲伤。”《安禄山古谶》(卷八七五):“两角女子绿衣裳,端坐太行邀君王,一止之月必消亡。”

【消不得】 ❶受用不得。白居易《哭从弟》:“一片绿衫消不得,腰金拖紫是何人。”❷消除不得。牟融《秋夜醉归有感而赋》:“多少客怀消不得,临风搔首浩漫漫。”韦庄《下第题青龙寺僧房》:“酒薄恨浓消不得,却将惆怅问支郎。”

【消日】 排遣时光,消磨光阴。岑参《过酒泉忆杜陵别业》:“愁里难消日,归期尚隔年。”元稹《和乐天刘家花》:“闲坊静曲同消日,泪草伤花不为春。”李群玉《喜浑吉见访》:“贫家冷落难消日,唯有松筠满院凉。”杜荀鹤《维扬逢诗友张乔》:“生计吟消日,人情醉过时。”

【消中】 (—zhōng)病名。即消渴。杜甫《西阁二首》之二:“毕娶何时竟,消中得自由。”仇兆鳌注:“消渴,有上中下三症,故曰消中。”又《雨》:“消中日伏枕,卧久尘及屦。”参见“消渴”。

【消冰】 溶解冰冻。白行简《春从何处来》:“透雪寒光散,消冰水镜开。”

【消兵】 ❶销熔兵器。顾况《乐府》:“国风新正乐,农器近消兵。”❷削减兵员。李绅《趋翰遭苑诬构四十六韵》:“画象垂新令,消兵易旧谟。”

【消沉】 消逝,消失。元稹《刘阮妻二首》之一:“桃花飞尽东风起,何处消沉去不来。”又《送王十一郎游剡中》:“越州都在浙河湾,尘土消沉景象闲。”

【消改】 变衰。李群玉《感兴四首》之四:“先惊愁人耳,颜发潜消改。”

【消災】 消除灾祸。徐夤《菊花》:“消灾辟恶君须采,冷露寒霜我自禁。”

【消長】 (—zhǎng)盛衰;增减。杜牧《李和鼎》:“由来枉死贤才事,消长相持势自然。”李中《献乔侍郎》:“忠贞虽贯世,消长岂由人。”吕岩《窑头坯歌》:“弦而望,明而晦,消长盈虚相匹配。”

【消取】 排遣。取,语助词。皎然《送商季皋》:“新丰有酒为我饮,消取故园伤别情。”

【消委】 衰落。张籍《病中寄白学士拾遗》:“尘欢久消委,华念独迎延。”

【消金】 熔化金属。消,通“销”。喻众口同声可混淆视听。戎昱《送郑炼师贬辰州》:“误将瑕指玉,遂使谩消金。”

【消夜】 度过长夜。方干《冬夜泊僧舍》:“无酒能消夜,随僧早闭门。”

【消沮】 犹消沉,情绪低落。皮日休《酒中十咏》序:“余饮至酣,徒以为融肌柔神,消沮迷丧,颓然无思。”

【消春】 ❶消遣春天的时光。白居易《想归田园》:“千首恶诗吟过日,一壶好酒醉消春。”又《春来频与李二宾客郭外同游因赠长句》:“风光引步酒开颜,送老消春嵩洛间。”❷消逝的春光。周濆《废宅》:“牢落画堂空锁尘,荒凉庭树暗消春。”

【消削】 (—xuē)犹剥削。贯休《上杜使君》:“苍生苦疮痍,如何尽消削。”

【消厦】 谓避暑。陆龟蒙《奉和袭美太湖诗二十首·销夏湾》:“遗名复避世,消夏还消忧。”

【消氣】 消除寒气。王建《饭僧》:“愿师常伴食,消气有姜茶。”

【消息】 ❶消长,盛衰。贯休《寄韩团练》:“真宰动洪炉,万物皆消息。”❷休息,休养。李涉《咏古》:“垂纶自消息,岁月任春秋。”齐己《夏日草堂作》:“静是真消息,吟非俗肺肠。”吕岩《七言》之二八:“明明道在堪消息,日月滩头去又还。”❸谨慎。白居易《不二门》:“亦曾烧大药,消息乖火候。”❹音信,信息。杨炯《梅花落》:“行人断消息,春恨几裴回。”杜甫《黄草》:“秦中驿使无消息,蜀道兵戈有是非。”白居易《浔阳春三首·春生》:“先遣和风报消息,续教啼鸟说来由。”黄滔《寄南海黄尚书》:“西望清光寄消息,万重烟水一封书。”❺议论。王建《羽林行》:“九衢一日消息定,乡吏籍中重改姓。”❻征候,征兆。李白《早春寄王汉阳》:“闻道春还未相识,走傍寒梅访消息。”殷尧藩《寄太仆田卿二首》之二:“若喜长生添线日,微微消息识天心。”李商隐《隋宫守岁》:“消息东郊木帝回,宫中行乐有新梅。”

【消殺】 ❶萧索,萧瑟。王建《花褐裘》:“到头须向边城著,消杀秋风称猎尘。”❷消除。白居易《除夜言怀兼赠张常侍》:“加添雪兴凭毡帐,消杀春愁付酒杯。”

【消酒】 解酒,醒酒。王绩《食后》:“葛花消酒毒,萸蒂发羹香。”韩翃《送王少府归杭州》:“葛花满把能消酒,栀子同心好赠人。”羊士谔《雨中寒食》:“归思偏消酒,春寒为近山。”

【消病】 消除疾病。姚合《和李补阙曲江看莲花》:“客至应消病,僧来欲破禅。”

【消除】 除去,使不存在。寒山《诗三百三首》之二〇九:“不见朝垂露,日烁自消除。”白居易《老病幽独偶吟所怀》:“世缘俗念消除尽,别是人间清净翁。”吴融《平望蚊子二十六韵》:“岂是阳德衰,不能使消除。”

【消梨】 即香水梨。参见明李时珍《本草纲目·果二·梨》。任半塘《唐声诗·舞蹈·抛打》。元稹《三月三十日程氏馆饯杜十四归京》:“消梨抛五遍,娑葛瘞三台。”

【消停】 停息。白居易《斋月静居》:“万虑消停百神泰,唯应寂寞杀三尸。”

【消散】 ❶闲散。骆宾王《夏日游德州赠高四》:“放旷愚公谷,消散野人家。”李白《莹禅师房观山海图》:“即事能娱人,从兹得消散。”❷离散。寒山《诗三百三首》之四八:“骨肉消散尽,魂魄几凋零。”李白《南奔书怀》:“宾御如浮云,从风各消散。”孟郊《新卜清罗幽居奉献陆大夫》:“兵戈忽消散,耦耕非艰难。”卢延让《哭李郢端公》:“诗侣酒徒消散尽,一场春梦越王城。”❸消除,消失。韦应物《郡斋雨中与诸文士燕集》:“烦疴近消散,嘉宾复满堂。”卢仝《叹昨日三首》之二:“平生心事消散尽,天上白日悠悠悬。”方干《题故人废宅二首》之二:“精灵消散归寥廓,功业传留在志铭。”

【消黄】　消融靥黄。黄，靥黄，在面颊上涂黄粉。段成式《酉阳杂俎·黥》：“近代妆尚靥，如射月，曰黄星靥。靥钿之名，盖自吴孙和邓夫人也……诸嬖欲要宠者，皆以丹点颊。”梁锽《美人春卧》：“落钗仍挂鬓，微汗欲消黄。”

【消暑】　消除暑热。吴融《和韩致光侍郎无题三首十四韵》之一：“珠佩元消暑，犀簪自辟尘。”黄滔《奉酬翁文尧员外神泉之游见寄嘉什》：“泉源出石清消暑，僧语离经妙破愁。”

【消閒】　谓闲暇无事。王周《道院》：“忘虑凭三乐，消闲信五禽。”

【消渴】　即糖尿病。杜甫《秋日夔府咏怀一百韵》：“飘零仍百里，消渴已三年。”李端《赠薛戴》：“欲赋苦饥行，无如消渴病。”刘言史《嘉兴社日》：“消渴天涯寄病身，临邛知我是何人。”陆希声《阳羡杂咏十九首·茗坡》：“春醒酒病兼消渴，惜取新芽旋摘煎。”

【消落】　衰落，凋落。皇甫曙《立春日呈宫傅侍郎》：“不知容貌潜消落，且喜春光动物华。”薛能《留题汾上旧居》：“尘颜不见应消落，庭树曾栽已合围。”陆龟蒙《奉和袭美馆娃宫怀古次韵》：“镂楣消落濯春雨，苍翠无言空断崖。”

【消歇】　❶消失，止息。孟郊《寒溪》之二：“霜芬稍消歇，凝景微茫齐。”又《读张碧集》：“天宝太白殁，六义已消歇。”灵一《远公》：“真机久消歇，世教空拘束。”❷衰落，衰败。刘禹锡《泰娘歌》：“繁华一旦有消歇，题剑无光履声绝。”白居易《江上送客》：“江花已萎绝，江草已消歇。”

【消解】　溶化。李绅《寿阳罢郡日·发寿阳分司敕到又遇新正感怀书事》：“渐喜雪霜消解尽，得随风水到天津。”

【消煩】　消除烦闷。牛僧孺《李苏州遗太湖石因题二十韵》：“旺兴添魔力，消烦破宿酲。”

【消滅】　消失，灭亡。《高昌童谣》(卷八七八)：“日月照霜雪，回首自消灭。”

【消費】　犹消耗，耗费。姚合《答窦知言》：“金玉日消费，好句长存存。”

【消魂】　即销魂，灵魂离散。形容极度伤感、悲愁、欢乐等。元稹《景申秋八首》之三：“强眠终不著，闲卧暗消魂。”姚合《晦日送穷三首》之三：“古人皆恨别，此别恨消魂。”韦庄《江南送李明府入关》：“分首不辞多下泪，回头唯恐更消魂。”李舜弦《钓鱼不得》：“尽日池边钓锦鳞，芰荷香里暗消魂。”

【消瘦】　谓身体肌肉减损。宋之问《江南曲》：“待君消瘦尽，日暮碧江潭。”薛涛《段相国游武担寺病不能从题寄》：“消瘦翻堪见令公，落花无那恨东风。”李商隐《夜思》：“何为薄冰雪，消瘦滞他乡。”

【消盡】　❶溶化净尽。郑畋《初秋寓直三首》之三：“玉堂分照无人后，消尽金盆一碗冰。”❷完全消耗。来鹄《鹭鸶》：“袅丝翘足傍澄澜，消尽年光伫思间。”

【消憂】　消解愁闷。李群玉《长沙陪裴大夫登北楼》：“登临多暇日，非为赋消忧。”方干《登新城县楼赠蔡明府》：“杨震东来是宦游，政成登此自消忧。”伍乔《寄张学士洎》：“不知何处好消忧，公退携壶即上楼。”

【消融】　融化。齐己《自湘中将入蜀留别诸友》：“来年五月峨嵋雪，坐看消融满锦川。”

【消遣】　指排遣愁闷的心情。元稹《哭子十首》之八：“消遣又来缘尔母，夜深和泪有经声。”郑谷《渼陂》：“潸然四顾难消遣，只有佯狂泥酒杯。”又《中秋》：“此际难消遣，从来未学禅。”

【消磨】　(—mó)❶消耗，磨灭。白居易《梦旧》：“平生忆念消磨尽，昨夜因何入梦来。”陈陶《赠野老》：“消磨世上名利心，澹若岩间一流水。”徐夤《题南寺》：“平生英壮节，何故旋消磨。”引申为灭亡。鱼玄机《浣纱庙》：“范蠡功成身隐遁，伍胥谏死国消磨。”❷消遣，度过时光。郑谷《梓潼岁暮》：“酒美消磨日，梅香著莫人。”无名氏《贺圣朝》词(卷八九九)：“改变容颜，消磨今古，陇头残月。”❸犹琢磨。贯休《东阳罹乱后怀王慥使君五首》之一：“昨来只对汉诸侯，胜事消磨不自由。”又《山居诗二十四首》之十三：“腾腾兀兀步迟迟，兆朕消磨只自知。”

【消凝】　销魂，凝神。谓因伤感而出神。徐介《耒阳杜工部祠堂》：“消凝伤往事，斜日隐颓垣。”

【消髀肉】　喻壮志消磨，无所建树。见《三国志·蜀志·先主传》。罗隐《魏博罗令公附卷有回》：“马上固惭消髀肉，幄中由羡愈头风。”

【消釋】　❶消融，融解。白居易《春游二林寺》：“二月匡庐北，冰雪始消释。”李商隐《安平公诗》：“三月石堤冻消释，东风开花满阳坡。”❷消除，消解。刘兼《对镜》：“秋霜满领难消释，莫读离骚失意书。”南唐后主李煜《悼诗》：“永念难消释，孤怀痛自嗟。”

【消魔經】　道经名。《道藏》中《太上三十六部尊经》之一，属《上清境经》。陈陶《怀仙吟二首》之二：“空怀别时惠，长读消魔经。”

【消鑠】　减损。指事物由大变小，由多变少，由盛而衰。李白《草创大还赠柳官迪》：“相煎成苦老，消铄凝津液。”元稹《赛神》：“贫者日消铄，富亦无仓困。”陈陶《续古二十九首》之二十：“吴女妒西施，容华日消铄。”

涓[1] 〔juān《广韵》古玄切，平先，見。〕❶细小的水流。《说文·水部》："涓，小流也。"张说《江路忆郡》："云涓恋山海，禽马怀燕越。"李白《雪谗诗赠友人》："苍波荡日，起于微涓。"又《安州应城玉女汤作》："独随朝宗水，赴海输微涓。"❷比喻细小。卢怀慎《奉和圣制龙池篇》："大川既济惭为楫，报德空思奉细涓。"❸择取。见"涓選"。❹流，流动。见"涓涓❶""涓涓❷""涓滴❶"。❺清洁。《篇海类编·地理类·水部》："涓，洁也。"见"渭渭₆"。

涓[2] 〔xuàn《字彙补》何捲切。〕通"泫"。流涕貌。见"涓₂然"。

【涓泉】 细小的泉水。薛涛《宣上人见示与诸公唱和》："许厕高斋唱，涓泉定不如。"

【涓埃】 细流与微尘。喻微小。中宗、崔湜、郑愔《十月诞辰内殿宴群臣效柏梁体联句》："两司谬忝谢钟裴，礼乐铨管效涓埃。"杜甫《野望》："唯将迟暮供多病，未有涓埃答圣朝。"李德裕《郊坛回舆仰感恩遇辄书是诗兼呈二相公》："自惭衰且病，无以效涓埃。"

【涓涓】 ❶水缓流貌。《广雅·释训》："涓涓，流也。"郑繇《经慈涧题》："涓涓劳日夜，长似下流心。"司空曙《过卢秦卿旧居》："五柳茅茨楚国贤，橘槔蔬圃水涓涓。"张籍《寄西峰僧》："松暗水涓涓，夜凉人未眠。"温庭筠《地肺山春日》："冉冉花明岸，涓涓水绕山。"❷指泉水不断地流淌。窦巩《寻道者所隐不遇》："篱外涓涓涧水流，槿花半点夕阳收。"卢纶《陈翃中丞东斋赋白玉簪》："漠漠水香风颇馥，涓涓乳溜味何浓。"施肩吾《忆四明山泉》："至今忆得卧云时，犹自涓涓在人耳。"❸形容血、泪等不断流淌。刘言史《苦妇词》："气咿不发声，背头血涓涓。"李商隐《野菊》："苦竹园南椒坞边，微香冉冉泪涓涓。"李郢《为妻作生日寄意》："应恨客程归未得，绿窗红泪冷涓涓。"引申指绵绵不绝。白居易《初到忠州登东楼寄万州杨八使君》："凭轩望所思，目断心涓涓。"❹指细水。杜甫《秋日夔府咏怀一百韵》："缚紫门窄窄，通竹溜涓涓。"李聪《咏濂溪在历阳西一里》："涓涓出自碧湖中，流入楚江烟雾里。"❺喻少许，细微。杜甫《水槛遣心二首》之二："浅把涓涓酒，深凭送此生。"郑谷《温处士能画鹭鸶以四韵换之》："涓涓浪溅残菱蔓，戛戛风搜折苇枝。"❻清新、明洁貌。见《文选·潘岳〈射雉赋〉》。苏味道《初春行宫侍宴应制》："温液吐涓涓，跳波急应弦。"王初《银河》："历历素榆飘玉叶，涓涓清月湿冰轮。"

【涓流】 细小的水流。宇文鼎《山下泉》："涓流此山下，谁识去无穷。"

【涓毫】 喻微末。白居易《和梦游春诗一百韵》："薄俸等涓毫，微官同桎梏。"陈陶《草木言》："涓毫可粗差，朝菌寿为长。"

【涓₂然】 泣貌。同"泫然"。柳宗元《掩役夫张进骸》："从者幸告余，眷之涓然悲。"

【涓微】 细小。李华《杂诗六首》之一："典乐忽涓微，波浪与天浑。"

【涓漣】 水流微波貌。徐彦伯《淮亭吟》："山碕礒兮隈曲，水涓涟兮洞汨。"

【涓滴】 ❶点滴地流淌。杜甫《宗武生日》："流霞分片片，涓滴就徐倾。"窦叔向《青阳馆望九子山》："毫芒映日千重树，涓滴垂空万丈泉。"❷点滴的水，水点。杜甫《倦夜》："重露成涓滴，稀星乍有无。"徐夤《寓题》："见说天池波浪阔，也应涓滴溅穷鳞。"又《尚书命题瓦砚》："莫嫌涓滴润，深染古今情。"❸犹点滴。比喻微小的事物。梁锽《省试方士进恒春草》："倘使沾涓滴，还游不死方。"杜甫《舍弟观赴蓝田取妻子到江陵喜寄三首》之三："比年病酒开涓滴，弟劝兄酬何怨嗟。"贾岛《送田卓入华山》："坛松涓滴露，岳月泬寥天。"

【涓塵】 细水、微尘。喻微小的事物。张九龄《酬周判官见贻之作兼呈耿广州》："勿谓符竹轻，但觉涓尘细。"又《在洪州答綦毋学士》："常念涓尘益，惟欢草树滋。"鲍溶《留辞杜员外式方》："海岳泛念深，涓尘复何须。"

【涓選】 选择，选取。李纾《唐德明兴圣庙乐章·迎俎》："盛牲实俎，涓选休成。"

浥 〔jì《广韵》於汲切，入緝，影。又於業切，入業，影。〕❶湿润。《说文·水都》："浥，湿也。"王维《渭城曲》："渭城朝雨浥轻尘，客舍青青柳色新。"李绅《新楼诗二十首·琪树》："月中泣露应同浥，涧底侵云尚有尘。"❷沾；浸渍。韦应物《陪王卿朗中游南池》："露浥荷花气，风散柳园秋。"卢纶《秋幕中夜独坐因书即事兼呈同院诸公》："晓桂香浥露，新鸿晴满川。"

【浥浥】 形容香气浓郁。韦应物《慈恩精舍南池作》："浥浥余露气，馥馥幽襟披。"

【浥澗】 溪水名。在洛阳南。白居易《闲游即事》："蓦山寻浥涧，蹋水渡伊河。"又《游平泉宴浥涧宿香山石楼赠座客》："金谷太繁华，兰亭阙丝竹。何如今日会，浥涧平泉曲。"

涔 〔cén《广韵》鋤針切，平侵，崇。〕❶久雨积水。徐彦伯《石淙》："碧淀红涔崿嶂间，淙嵌洑岨洊成湾。"❷地名。指涔阳渚。《说文·水部》："涔，一曰涔阳渚，在郢。"张说《巴丘春作》："江涔相映发，卉木共纷华。"见"涔陽❶"。

【涔浦】 即涔阳浦。李群玉《将之吴越留别坐中文酒诸侣》："涔浦纵孤棹，吴门渺三千。"参见"涔陽❶"。

【涔涔】 ❶雨不止貌。杜甫《秦州杂诗二十首》之十："云气接昆仑，涔涔塞雨繁。"皮日休《苦雨杂言寄鲁望》："吴中十日涔涔雨，歊蒸庳下豪家苦。"吴融《风雨吟》："风骚骚，雨涔涔，长洲苑外荒居深。"❷泪水涌流貌。李商隐《自桂林奉使江陵途中感怀寄献尚书》："江生魂黯黯，泉客泪涔涔。"❸头脑胀痛貌。杜甫《风疾舟中伏枕书怀三十六韵》："转蓬忧悄悄，行药病涔涔。"吴融《谷口寓居偶题》："涔涔病骨怯朝天，谷口归来取性眠。"

【涔陽】 ❶洲渚名。在今湖南澧县东北，洞庭湖与长江之间。卢照邻《江中望月》："江水向涔阳，澄澄写月光。"刘长卿《湘中纪行十首·赤沙湖》："秋水连天阔，涔阳何处归。"司空曙《下武昌江行望涔阳》："悠悠次楚乡，楚口下涔阳。"❷借指澧州（治所在今湖南澧县）。畅当《南充谢郡客游澧州留赠宇文中丞》："车服率然来，涔阳作游子。"白居易《秋日怀杓直》："浔阳与涔阳，相望空云雾。"杜牧《登澧州驿楼寄京兆韦尹》："一话涔阳旧使君，郡人回首望青云。"题注："尹曾典此郡。"

浩〔hào《广韵》胡老切，上晧，匣。〕❶水势浩大貌。韦应物《同德寺阁集眺》："三川浩东注，瀍涧亦来同。"刘沧《经炀帝行宫》："残柳宫前空露叶，夕阳川上浩烟波。"❷广大，盛大。杜甫《同元使君舂陵行》："道州忧黎庶，词气浩纵横。"李贺《送韦仁实兄弟入关》："野色浩无主，秋明空旷间。"张祜《忆云阳宅》："聊当因瘠瘵，归思浩无涯。"❸旷远。权德舆《早发杭州泛富春江寄陆三十一公佐》："四望浩无际，沈忧将此同。"李益《水亭夜坐赋得晓雾》："月落寒雾起，沈思浩通川。"引申为渺茫。韦应物《拟古诗十二首》之十："华月屡圆缺，君还浩无期。"姚合《答韩湘》："三十登高科，前途浩难测。"❸繁多，众多。杜甫《敬寄族弟唐十八使君》："泊舟楚宫岸，恋阙浩酸辛。"卢纶《寄赠库部王郎中》："荷君偏有问，深感浩难申。"韩愈《秋怀诗十一首》之三："归还阅书史，文字浩千万。"

【浩汗】 ❶水势浩大貌。杜甫《风疾舟中伏枕书怀三十六韵》："纳流迷浩汗，峻址得嵚崟。"元稹《有酒十章》之一："澒洞浩汗真无名，胡不终浑成。"❷形容广大、繁多。韩愈《送文畅师北游》："今成十余卷，浩汗罗斧钺。"元稹《献荥阳公诗五十韵》："浩汗神弥王，鹍飏兴欲仙。"张希复、段成式《光天帧赞联句》："胶如络绎，浩汗连绵。"❸广大，广博。岑参《冬夕》："浩汗霜风刮天地，温泉火井无生意。"薛昭纬《华州榜寄诸门生》："开卷固难窥浩汗，执衡空欲慕公平。"

【浩志】 犹壮志，远大的志向。权德舆《卧病喜惠上人李炼师茅处士见访因以赠》："霓裳何飘飘，浩志凌紫氛。"

【浩劫】 ❶历时长久的劫难。吴筠《游仙二十四首》之四："使我齐浩劫，萧萧宴玉清。"李商隐《玄微先生》："醉中抛浩劫，宿处起神光。"司空图《诗品二十四则·高古》："泛彼浩劫，窅然空纵。"❷宫殿或佛塔的阶级。杜甫《玉台观》："浩劫因王造，平台访古游。"仇兆鳌注："《广韵》：'浩劫，宫殿大阶级也。'杜田云：'俗谓塔级为劫。'"又《八哀诗·赠秘书监江东李公邕》："龙宫塔庙涌，浩劫浮云卫。"

【浩言】 豪壮的言辞。孟郊《生生亭》："拔意千余丈，浩言永堪铭。"

【浩茫茫】 广大无际貌。杜甫《南池》："干戈浩茫茫，地僻伤极目。"

【浩氣】 ❶云气；水气。沈佺期《奉和洛阳玩雪应制》："氛氲生浩气，飒沓舞回风。"皮日休《太湖诗·石板》："狂波忽然死，浩气清且浮。"方干《越中言事二首》之一："异术闲和合圣明，湖光浩气共澄清。"亦指空气。杨发《春园醉醒闲卧小斋》："帘闭高眠贵，斋空浩气新。"❷正大刚直之气。孟浩然《重酬李少府见赠》："养疾衡檐下，由来浩气真。"李白《赠张相镐二首》之一："澹然养浩气，欻起持大钧。"白居易《逸老》："胸中一无事，浩气凝襟抱。"刘沧《赠颛顼山人》："浩气含真玉片辉，著书精义入玄微。"参见"浩然之氣"。

【浩浩】 ❶水盛大貌。寒山《诗三百三首》之六四："浩浩黄河水，东流长不息。"李白《早春寄王汉阳》："碧水浩浩云茫茫，美人不来空断肠。"顾况《江村乱后》："江村日暮寻遗老，江水东流横浩浩。"白居易《续古诗十首》之七："盈盈一尺水，浩浩千丈河。"❷泛指广大、盛大。孟浩然《宿天台桐柏观》："日夕望三山，云涛空浩浩。"令狐峘《硖州旅舍奉怀苏州韦郎中》："云水方浩浩，离忧何平时。"白居易《别苏州》："浩浩姑苏民，郁郁长洲城。"❸广大无际貌。韦应物《凌雾行》："浩浩合元天，溶溶迷朗日。"元结《引极三首·思元极》："天旷莽兮杳泱茫，气浩浩兮色苍苍。"元稹《杏园》："浩浩长安车马尘，狂风吹送每年春。"刘沧《春日旅游》："浩浩晴原人独去，依依春草水分流。"❹遥远，旷远。皎然《杂兴六首》之二："鹤驾何冥冥，鳌洲去浩浩。"韩愈《北极赠李观》："川源浩浩隔，影响两无因。"❺形容气势雄壮，规模盛大。岑参《行军诗二首》之一："我皇在行军，兵马日浩浩。"卢纶《纶与吉侍郎中数公追游畅当有五十韵见寄辄有所酬》："凄凄指宋郊，浩浩入秦京。"曹松《长安春日》："浩浩看花晨，六街扬远尘。"❻谓胸怀开阔坦荡。白居易《咏意》："身心一无系，浩浩如虚舟。"贯休《偶作二首》之一："子期去不返，浩浩良不悲。"❼形容风势强劲。孟云卿《古别离》："少壮无见期，水深风浩浩。"元稹《送崔侍御之岭南二十韵》:“飓风狂浩浩,韶石峻崭崭。”曹邺《翠孤至渚宫寄座主相公》:“全家到江陵,屋虚风浩浩。”亦指大雪纷飞。白居易《春雪》:“连宵复竟日,浩浩殊未歇。”❸谓声音宏大。韩愈《宿龙宫滩》:“浩浩复汤汤,滩声抑更扬。”杜牧《东兵长句十韵》:“凯歌应是新年唱,便逐春风浩浩声。”薛能《雨霁宿望喜驿》:“风雷一罢思何清,江水依然浩浩声。”郑谷《回銮》:“浩浩升平曲,流歌彻百蛮。”引申为喧闹。元稹《江边四十韵》:“犬惊狂浩浩,鸡乱响嘐嘐。”

【浩浩洪流之咏】 晋名将谢安不畏桓温加害的阴谋,在筵席上吟咏嵇康“浩浩洪流”的诗句,使桓温不敢下毒手。后因以“浩浩洪流之咏”谓临危不惧,沉着有胆识。李白《东山吟》:“彼亦一时,此亦一时,浩浩洪流之咏何必奇。”

【浩浪】 犹大浪。南唐后主李煜《送邓王二十弟从益牧宣城》:“浩浪侵愁光荡漾,乱山凝恨色高低。”

【浩虚舟】 唐诗人。本姓郜,其先人因避难而改为浩姓。长庆二年进士及第,又中宏词科。《全唐诗》卷四七二录其《赋得琢玉成器》诗一首。

【浩唱】 放声高歌。李颀《采莲》:“浩唱发容与,清波生漪涟。”陆龟蒙《奉和袭美太湖诗二十首·石板》:“尽携天壤徒,浩唱羲皇言。”

【浩途】 旷远的路途。宋之问《早发大庾岭》:“雾露昼未开,浩途不可测。”

【浩凄】 浓重而清凉。吴融《祝风三十二韵》:“是时立秋后,烟露浩凄矣。”

【浩景】 壮阔的景色。韦应物《府舍月游》:“心期与浩景,苍苍殊未收。”刘沧《过沧浪峡》:“远入虚明思白帝,寒生浩景想沧洲。”

【浩淼】 ❶形容水面广阔。元结《引极三首·怀潜君》:“海浩淼兮汩洪溶,流蕴蕴兮涛汹汹。”皇甫曾《送归中丞使新罗》:“已变炎凉气,仍愁浩淼程。”孟郊《送任载齐古二秀才自洞庭游宣城》:“扣奇知浩淼,采异访穹崇。”李德裕《重忆山居六首·平泉源》:“逶迤过竹坞,浩淼走兰塘。”❷辽阔,旷远。李端《送归中丞使新罗》:“浩淼风来远,虚冥鸟去迟。”权德舆《夜泊有怀》:“川程方浩淼,离思方郁纡。”刘禹锡《送鸿举游江西》:“烟波浩淼鱼鸟情,东去三千三百里。”

【浩然】 ❶广大、旷远貌。陈子昂《西还至散关答乔补阙知之》:“蜀门自兹始,云山方浩然。”李白《日出行》:“吾将囊括大块,浩然与溟涬同科。”白居易《秋月》:“夜初色苍然,夜深光浩然。”无可《晚秋酬姚合见寄》:“新命起高眠,江湖空浩然。”❷形容胸怀旷达开阔。丁仙芝《和荐福寺英公新构禅堂》:“一枕西山外,虚舟常浩然。”李白《寻阳紫极宫感秋作》:“静坐观众妙,浩然媚幽独。”刘禹锡《昼居池上亭独吟》:“浩然机已息,几杖复何铭。”白居易《赠苏炼师》:“两鬓苍然心浩然,松窗深处药炉前。”❸喻归心深切,不可遏止。陈子昂《感遇诗三十八首》之二七:“朝发宜都渚,浩然思故乡。”高适《自淇涉黄河途中作十三首》之六:“归意方浩然,云沙更回互。”刘禹锡《秋江早发》:“沧洲有奇趣,浩然吾将行。”韦庄《建昌渡暝吟》:“月照临官渡,乡情独浩然。”❹无所留恋貌。王维《赠从弟司库员外絿》:“浩然出东林,发我遗世意。”温庭筠《送人东游》:“荒戍落黄叶,浩然离故关。”❺水势浩大貌。张祜《题丹阳永泰寺练湖亭》:“小槛俯澄鲜,龙宫浸浩然。”周贺《寄新头陀》:“青城不得师同住,坐想沧江忆浩然。”亦泛指盛大、壮丽。韦应物《澧上与幼遐月夜登西冈玩花》:“花月方浩然,赏心何由歇。”李洞《赠永崇李将军充襄阳制置使》:“从此浩然声价歇,武中还有李襄阳。”❻形容思绪纷繁。权德舆《酬陆四十楚源春夜宿虎丘山对月》:“更想千峰夜,浩然幽意多。”白居易《答梦得闻蝉见寄》:“开缄思浩然,独咏晚风前。”刘沧《匡城寻薛闵秀才不遇》:“音容一别近三年,往事空思意浩然。”郑准《题宛陵北楼》:“雨来风静绿芜藓,凭著朱阑思浩然。”❼形容情感浓烈。权德舆《酬穆七侍郎早登使院西楼感怀》:“良夜虽可玩,沈忧逾浩然。”司空图《诗品二十四则·悲慨》:“壮士拂剑,浩然弥哀。”陈陶《海昌望月》:“浩然伤岁华,独望湖边楼。”❽形容正大刚直的气概。白居易《达理二首》之二:“唯当养浩然,吾闻达人语。”齐己《秋江》:“浩然心自合,何必濯吾缨。”参见“浩然之氣”。

【浩然之氣】 亦作“浩然氣”“浩然元氣”。正气,正大刚直之气。玄宗《为赵法师别造精院过院赋诗》序:“法师得玄元之法,养浩然之气。”孟简《咏欧阳行周事》:“哀哉浩然气,溃散归化元。”白居易《适意二首》之二:“胸中十年内,消尽浩然气。”刘沧《题桃源处士山居留寄》:“穷达尽为身外事,浩然元气乐樵渔。”

【浩然元氣】 参见“浩然之氣”。

【浩然氣】 参见“浩然之氣”。

【浩然魂】 正大刚直之心灵。李洞《送皇甫校书自蜀下峡归觐襄阳》:“苦吟怀冻馁,为吊浩然魂。”

【浩渺】 ❶水面广阔、旷远。宋之问《江亭晚望》:“浩渺浸云根,烟岚出远村。”张祜《观潮十韵》:“舟惊浮浩渺,石看打崔嵬。”许浑《郑秀才东归凭达家书》:“愁泛楚江吟浩渺,忆归吴岫梦嵯峨。”马戴《送朴山人归新罗》:“浩渺行无极,扬帆但信风。”❷广阔,辽阔。李益《送归中丞使新罗册立吊祭》:“浩渺风来远,虚明鸟去迟。”元稹《天坛上镜》:“洪涟浩渺东溟曙,白日低回上境寒。”刘沧《秋日山斋书怀》:“浩渺蒹葭连夕照,萧疏杨柳隔沙洲。”吴融《雪十韵》:“月交都浩渺,日射更玲珑。”

【浩想】　犹遥想。陈政《赠窦蔡二记室入蜀》："若奉西园夜，浩想北园愁。"

【浩意】　犹壮志，豪壮的情怀。韦应物《清都观答幼遐》："浩意坐盈此，月华殊未央。"

【浩溔】　水无际貌。杜甫《聂耒阳以仆阻水书致酒肉疗饥荒江》："知我碍湍涛，半旬获浩溔。"

【浩歌】　大声歌唱，纵情歌唱。宋之问《游陆浑南山答李舍人适》："浩歌清潭曲，寄尔桃源心。"李白《春日醉起言志》："浩歌待明月，曲尽已忘情。"戴叔伦《从军行》："弹铗动深慨，浩歌气横秋。"唐彦谦《送许户曹》："将军楼船发浩歌，云樯高插天嵯峨。"

【浩爾】　犹"浩然"。陈子昂《喜马参军相遇醉歌》序："酒既醉，琴方清，陶然玄畅，浩尔太素，则欲狎青鸟，寄丹丘矣。"

【浩漫】　广大无际貌。李白《寻鲁城北范居士见摘苍耳作》："客心不自得，浩漫将何之。"皇甫湜《出世篇》："与天地相终始，浩漫为欢娱。"

【浩漫漫】　❶广阔深远貌。孟郊《出门行》："南山峨峨白石烂，碧海之波浩漫漫。"牟融《过蠡湖》："东湖烟水浩漫漫，湘浦秋声入夜寒。"❷形容深广、繁多。牟融《秋夜醉归有感而赋》："多少客怀消不得，临风搔首浩漫漫。"

【浩漾】　水广大貌。皮日休《补周礼九夏系文·九夏歌九篇》："厥流浩漾，厥势嵯峨。"

【浩態】　谓仪态大方。韩愈《芍药》："浩态狂香昔未逢，红灯烁烁绿盘笼。"

【浩翠】　广阔苍翠貌。贾岛《望山》："阴霪一以扫，浩翠写国门。"

【浩歎】　❶长叹，大声叹息。张九龄《感遇十二首》之三："浩叹杨朱子，徒然泣路岐。"钱起《秋夜作》："商歌向秋月，哀韵兼浩叹。"元稹《遣病十首》之八："浩叹终一夕，空堂天欲明。"郑损《艺堂》："莫怪尊前频浩叹，男儿志愿与时违。"❷谓感慨深长。李白《郢门秋怀》："倚剑增浩叹，扪襟还自怜。"郑谷《慈恩寺偶题》："往事悠悠添浩叹，劳生扰扰竟何能。"

【浩蕩】　❶水壮阔貌。房琯《题汉州西湖》："决渠信浩荡，潭岛成江湖。"李白《梁园吟》："洪波浩荡迷旧国，路远西归安可得。"元稹《春余遣兴》："簪缨固烦杂，江海徒浩荡。"舒元舆《桥山怀古》："轩辕厌代千万秋，渌波浩荡东南流。"❷盛大，繁多。寒山《诗三百三首》之五十："此时居舟楫，浩荡情无已。"储光羲《田家杂兴八首》之二："我情既浩荡，所乐在畋渔。"刘长卿《赠别于群投笔赴安西》："边愁殊浩荡，离思空断续。"郑谷《右省张补阙同在谏垣新春赋咏聊以寄怀》："小梅零落雪欺残，浩荡穷愁岂易宽。"❸广大、旷远，旷远、迷茫。李白《梦游天姥吟留别》："青冥浩荡不见底，日月照耀金银台。"贾至《闲居秋怀寄阳翟陆赞府封丘高少府》："离披不相见，浩荡隔两乡。"裴夷直《夜意》："萧疏尽地林无影，浩荡连天月有波。"李商隐《洞庭鱼》："浩荡天池路，翱翔欲化鹏。"引申指渺茫。杜甫《病柏》："静求元精理，浩荡难倚赖。"仇兆鳌注："浩荡，犹言渺茫。"❹形容心情开阔，放纵不羁。高适《酬裴员外以诗代书》："少时方浩荡，遇物犹尘埃。"皇甫冉《题高云客舍》："世事徒乱纷，吾心方浩荡。"韩愈《送惠师》："凌江诣庐岳，浩荡极游巡。"❺谓不得志。杜甫《白水县崔少府十九翁高斋三十韵》："客从南县来，浩荡无与适。"❻漂泊不定。高适《平台夜遇李景参有别》："岁物萧条满路歧，此行浩荡令人悲。"杜甫《秦州见敕目薛璩毕曜迁官》："栖遑分半菽，浩荡逐流萍。"

【浩嘯】　放声吟啸。李群玉《登蒲涧寺后二岩三首》之一："浩啸波光里，浮溟兴甚长。"

【浩曠】　广阔、旷远貌。形容无边的思绪。沈佺期《入卫作》："郁然怀君子，浩旷将如何。"

【浩露】　犹繁露，浓重的露水。陈子昂《感遇诗三十八首》之二二："况乃金天夕，浩露沾群英。"权德舆《月夜江行》："扣船不得寐，浩露清衣襟。"

【浩穰】　(—rǎng)指繁重的政务。皮日休《二游诗·任诗》："尝闻佐浩穰，散性多偪偖。"

海　〔hǎi《广韵》呼改切，上海，晓。〕❶本指百川汇聚之处，后指大洋靠近陆地的水域。《说文·水部》："海，天池也，以纳百川者。"宋之问《景龙四年春祠海》："虽叹出关远，始知临海趣。"李白《送张舍人之江东》："天清一雁远，海阔孤帆迟。"李贺《箜篌引》："屈平沈湘不足慕，徐衍入海诚为愚。"刘沧《赠天台隐者》："天开宿雾海生日，水泛落花山有风。"❷指江流浩渺处。因其辽阔，相连于海，故以海称之。杜审言《和晋陵陆丞早春游望》："云霞出海曙，梅柳渡江春。"李涉《登北固山亭》："海绕重山江抱城，隋家宫苑此分明。"❸大湖。多指西北地区之湖泊。乔知之《羸骏篇》："大宛蒲海北，滇壑隽崖西。"岑参《热海行送崔侍御还京》："送君一醉天山郭，正见夕阳海边落。"陈羽《从军行》："海畔风吹冻泥裂，枯桐叶落枝梢折。"韦庄《题安定张使君》："愤气不销头上雪，政声空布海边春。"亦用以称苑囿内的水池。太宗《执契静三边》："孔海池京邑，双河沼帝乡。"❹指僻远之地。岑参《送张都尉东归》："逐虏西逾海，平胡北到天。"又《过酒泉忆杜陵别业》："黄沙西际海，白草北连天。"❺指大碗。杜审言《望春亭侍游应诏》："小臣同酌海，歌颂答无为。"白居易《就花枝》："就花枝，移酒海，今朝不醉明朝悔。"❻大。《玉篇·水部》："海，大也。"李白《赠崔郎中宗之》："胡雁拂海翼，翱翔鸣素秋。"高适

《赠别王十七管记》:"云沙自回合,天海空迢递。"❼喻事物积聚众多。李白《送王屋山人魏万还王屋》:"仙人东方生,浩荡弄云海。"❽从海外传来的(物品)。见"海棠""海榴"。❾古州名。见"海州"。

【海人】 ❶海上渔人。李白《古风》之四二:"宜与海人狎,岂伊云鹤俦?"刘长卿《奉送从兄罢官之淮南》:"万艘江县郭,一树海人家。"王建《海人谣》:"海人无家海里住,采珠役象为岁赋。"鲍溶《采珠行》:"海人惊窥水底火,百宝错落随龙行。"❷指鲛人。见晋张华《博物志》卷二。无可《送契公自桂阳赴南海》:"中餐湘鸟下,朝讲海人来。"鲍溶《留辞杜员外式方》:"惭非海人别,泪下不成珠。"吴融《和韩致光侍郎无题三首十四韵》之二:"獭髓求鱼客,鲛绡托海人。"❸谓海神。无名氏《霅溪夜宴诗》之十(卷八六四):"海人瑞锦前,岂敢言文章。"❹指海中怪物。见明叶子奇《草木子·观物》。顾非熊《题永福寺临淮亭》:"路逢沙獭上,船值海人停。"

【海人詞】 参见"海沂詠"。

【海上】 ❶海边,海滨。杜审言《大酺》:"伐鼓撞钟惊海上,新妆袨服照江东。"刘长卿《送卢侍御赴河北》:"莫学仲连逃海上,田单空愧取聊城。"韩愈《奉使镇州行次承天行营奉酬裴司空》:"窜逐三年海上归,逢公复此著征衣。"贯休《南海晚望》:"海上聊一望,舶帆天际飞。"❷海面上。李华《海上生明月》:"皎皎秋中月,团团海上生。"皎然《送陆判官归杭州》:"峰色云端寺,潮声海上天。"皮日休《奉酬崔璐进士见寄次韵》:"意超海上鹰,运踢辕下驹。"亦指湖面上。岑参《热海行送崔侍御还京》:"海上众鸟不敢飞,中有鲤鱼长且肥。"❸指神话传说中的海上神山。马怀素《兴庆池侍宴应制》:"无劳海上寻仙客,即此蓬莱在帝京。"钱起《送柳道士》:"海上春应尽,壶中日未斜。"李商隐《寄华岳孙逸人》:"海上呼三岛,斋中戏五禽。"曹邺《题濮庙》:"人间直有仙桃种,海上应无肉马踪。"❹指海外。孙逖《同和咏楼前海石榴二首》之二:"海上移珍木,楼前咏所思。"❺指瀚海上。古称今蒙古大沙漠为瀚海。李白《塞下曲六首》之二:"握雪海上餐,拂沙陇头寝。"又《从军行》:"鼓声鸣海上,兵气拥云间。"钱起《送张将军征西》:"始笑子卿心计失,徒看海上节旄稀。"李颀《古塞下曲》:"海上千烽火,沙中百战场。"

【海上人】 ❶指法海。皎然有《晦夜李侍御萼宅集招潘述汤衡海上人饮茶赋》和《雪夜送海上人常州觐叔父上人殷仲文后》。❷指终南山丰德寺僧人,殷仲文后人。卢纶有《夜投丰德寺谒海上人》。原校:"夜投"下:"一本有终南二字"。

【海上山】 参见"海上仙山"。

【海上仙山】 神话传说中的海中神山。参阅《史记·封禅书》。后用以泛指仙境。皎然《送邢台州济》:"海上仙山属使君,石桥琪树古来闻。"白居易《长恨歌》:"忽闻海上有仙山,山在虚无缥缈间。"亦省作"海上山"。钱起《送符别驾还郡》:"已知从事元无事,城上愁看海上山。"许棠《赠栖白上人》:"已住城中寺,难归海上山。"贯休《寒月送玄士入天台》:"相见唯谈海上山,碧侧青斜冷相沓。"

【海上行】 指浪游四方。李白《经乱离后天恩流夜郎忆旧游书怀赠韦太守良宰》:"时命乃大谬,弃之海上行。"

【海上查】 即"海查"。杜甫《季秋苏五弟缨江楼夜宴三首》之二:"清动杯中物,高随海上查。"参见"浮查"。

【海上臭】 喻人嗜好怪癖。见《吕氏春秋·遇合》。陆龟蒙《读襄阳耆旧传因作诗五百言寄皮袭美》:"唯君枉车辙,以逐海上臭。"

【海上紅旗滿】 指藩镇割据,战乱四起。戎昱《辰州建中四年多怀》:"海上红旗满,生前白发侵。"

【海上釣鼇】 传说李白自称海上钓鳌客。参见宋赵令畤《侯鲭录》卷六。后因以"海上钓鳌"称美大手笔作诗。归仁《悼罗隐》:"管中窥豹我犹在,海上钓鳌君也沈。"

【海上鷗】 沤,通"鸥"。喻指超逸的生活情趣。见《列子·黄帝》。陈子昂《宿襄河驿浦》:"不及能鸣雁,徒思海上鸥。"杜甫《巴西驿亭观江涨呈窦使君二首》之一:"赖有杯中物,还同海上鸥。"刘长卿《重过宣峰寺山房寄灵一上人》:"何事扬帆去,空惊海上鸥。"贾岛《岐下送友人归襄阳》:"举翮笼中鸟,知心海上鸥。"

【海口】 海湾泊舟的港口。刘长卿《登东海龙兴寺高顶望海简演公》:"胸山压海口,永望开禅宫。"耿湋《送海州卢录事》:"海口朝阳近,青州春气多。"方干《陆山人画水》:"但有片云生海口,终无明月在潭心。"

【海山】 ❶海上之山。白居易《客有说》:"近有人从海上回,海山深处见楼台。"陆龟蒙《和袭美寄题玉霄峰叶涵象尊师所居》:"永夜只知星斗大,深秋犹见海山微。"借指隐居修道处。姚合《假日书事呈院中司徒》:"海山归未得,芝术梦中春。"张蠙《自讽》:"同隐海山烧药伴,不求丹桂却登仙。"❷指湖边的山。郎士元《送李遂之越》:"露沾湖草晚,月照海山秋。"喻凫《送石贲归吴兴》:"访寺临河岸,开楼见海山。"项斯《送友人之江南》:"日浮汀草绿,烟霁海山春。"亦指瀚海边的山。陈陶《塞下曲》:"海山谙向背,攻守别风云。"

【海千里】 谓境内清平。李贺《上之回》:"天高庆雷齐坠地,地无惊烟海千里。"叶葱奇注:"海,指海内。”

【海女】　传说中的海神之女，或曰龙女。李贺《贝宫夫人》：“丁丁海女弄金环，雀钗翘揭双翅关。”

【海天】　❶海上之天空。孙逖《和登会稽山》：“云从海天去，日就江村陨。”白居易《江楼夕望招客》：“海天东望夕茫茫，山势川形阔复长。”崔涂《送僧归江东》：“叶拥临关路，霞明近海天。”❷指江天或湖天。因水势浩渺，故称海天。白居易《吴中好风景二首》之一：“海天微雨散，江郭纤埃灭。”张祜《题虎丘寺》：“雾青山月晓，云白海天秋。”❸海与天。杜牧《闻角》：“城角为秋悲更远，护霜云破海天遥。”❹泛指天地之间。柳宗元《登柳州城楼寄漳汀封连四州》：“城上高楼接大荒，海天愁思正茫茫。”李绅《重到惠山》：“俱是海天黄叶信，两逢霜节菊花秋。”

【海日】　❶海上的太阳。王湾《次北固山下》：“海日生残夜，江春入旧年。”李白《梦游天姥吟留别》：“半壁见海日，空中闻天鸡。”方干《和于中丞登扶风亭》：“东轩海日已先照，下界晨鸡犹未啼。”亦指浩瀚江湖上的太阳。钱起《送李秀才落第游荆楚》：“上潮吞海日，归雁出湖云。”李群玉《法华微上人盛话金山境胜旧游在目吟成此篇》：“潮门梵音静，海日天光早。”皮日休《太湖诗·缥缈峰》：“恐足蹈海日，疑身凌天风。”❷塞外沙漠上的太阳。李白《古风》之六：“惊沙乱海日，飞雪迷胡天。”

【海内】　四海之内。古人以为我国疆土四面临海，故称国境之内为海内。李泌《奉和圣制重阳赐会聊示所怀》：“赓歌圣人作，海内同休明。”耿湋《登鹳雀楼》：“黄河经海内，华岳镇关西。”刘禹锡《王思道碑堂下作》：“苍苍宰树起寒烟，尚有威名海内传。”沈彬《金陵杂题二首》之一：“正惭海内皆涂地，来保江南一片天。”

【海水三清淺】　喻世事变化无常。李白《拟古十二首》之十：“海水三清浅，桃源一见寻。”参见“海水桑田”。

【海水桑田】　大海变为桑田。比喻世事变化巨大。王绩《过汉故城》：“井田唯有草，海水变为桑。”韦应物《汉武帝杂歌三首》之一：“海水桑田几翻覆，中间此桃四五熟。”白居易《山中五绝句·涧中鱼》：“海水桑田欲变时，风涛翻覆沸天池。”吕岩《忆江南》词之十三：“不知今夕是何年，海水又桑田。”亦省作“海生桑”。韩偓《六月十七日召对》：“坐久忽疑槎犯斗，归来兼恐海生桑。”

【海水飛動】　喻国家不安宁，社会动乱。李白《留别金陵诸公》：“海水昔飞动，三龙纷战争。”

【海心】　海中。陆龟蒙《舞曲歌辞·吴俞儿舞歌·剑俞》：“龙魂清，虎尾白，秋照海心同一色。”

【海月】　❶海上之明月。张谓《广陵送别宋员外佐越郑舍人还京》：“树入江云尽，城衔海月遥。”李白《感兴六首》之四：“吹笙坐松风，泛瑟窥海月。”白居易《饮后夜醒》：“枕上酒容和睡醒，楼前海月伴潮生。”王贞白《忆张处士》：“山风入松径，海月上岩扉。”❷指浩渺江湖水面上的月亮。张说《送王光庭》：“楚云眇羁翼，海月倦行舟。”李白《荆门浮舟望蜀江》：“流目浦烟夕，扬帆海月生。”李群玉《中秋夜南楼寄友人》：“海月出银浪，湖光射高楼。”谭用之《江馆秋夕》：“满窗谢练江风白，一枕齐纨海月明。”❸指塞外沙漠上的月亮。贺朝《从军行》：“鱼丽阵接塞云平，雁翼营通海月明。”李白《出自蓟北门行》：“画角悲海月，征衣卷天霜。”钱起《送屈突司马充安西书记》：“海月低云旆，江霞入锦车。”❹海中动物名。亦称窗贝。壳圆而扁，色泽似云母而透明。见《文选·郭璞〈江赋〉》。李白《叙旧赠江阳宰陆调》：“挂席拾海月，乘风下长川。”皮日休《病中有人惠海蟹转寄鲁望》：“离居定有石帆觉，失伴唯应海月知。”钱珝《江行无题一百首》之四七：“海月非常物，等闲不可寻。”

【海户】　住在海滨的人家。陈陶《古镜篇》：“海户山窗几梳绾，菱花开落何人见！”

【海北】　泛指僻远的北方。贾岛《投孟郊》：“江南有高唱，海北初来通。”聂夷中有《闻人说海北事有感》。法振有《送韩侍御自使幕巡海北》。

【海北天南】　参见“海北江南”。

【海北江南】　亦作“海北天南”。形容相距甚远。刘禹锡《洛中送韩七中丞之吴兴口号五首》之一：“海北江南零落尽，两人相见洛阳城。”吴融《赠广利大师歌》：“海北天南几回别，每见书踪转奇绝。”

【海石】　即浮石。岩浆凝成的海绵状岩石。见明李时珍《本草纲目·石一·浮石》。李商隐《因书》：“海石分棋子，郫筒当酒缸。”按，此系借蜀中事物述羁旅生活，海石当为川江所产。亦泛指海上岩石。

【海石榴】　参见“海榴”。

【海右】　指渤海、黄海以西地区。方位以西为右，故称。李白《古风》之四八：“逐日巡海右，驱石驾沧津。”

【海田】　❶海滨之农田。耿湋《赠严维》：“海田秋熟早，湖水夜渔深。”刘沧《怀汶阳兄弟》：“书信经年乡国远，弟兄无力海田荒。”❷沧海桑田之省语。耿湋《春寻柳先生》：“酒熟飞巴雨，丹成见海田。”严维、刘蕃《中元日鲍端公宅遇吴天师联句》：“昔去遗丹灶，今来变海田。”

【海生桑】　参见“海水桑田”。

【海印】　五代蜀时慈光寺尼。《全唐诗》卷八〇五录其《舟夜一章》。

【海外】 ❶四海之外，国外。崔融《塞垣行》："可嗟牧羊臣，海外久为客。"韩愈《双鸟诗》："双鸟海外来，飞飞到中州。"李商隐《马嵬二首》之二："海外徒闻更九州，他生未卜此生休。"❷泛指边远地区。刘叉《观八骏图》："穆王八骏走不歇，海外去寻长日月。"白居易《续古诗十首》之一："行役非中原，海外黄沙碛。"周繇《送杨环校书归广南》："山村象踏桄榔叶，海外人收翡翠毛。"

【海市】 海边城市。韩翃《送张渚赴越州》："暮雪连峰近，春江海市长。"鲍溶《采葛行》："蛮女将来海市头，卖与岭南贫估客。"

【海戍】 ❶海边戍城。崔峒《送陆明府之盱眙》："白烟横海戍，红叶下淮村。"❷戍守海疆。李颀《送人尉闽中》："海戍通闽邑，江航过楚城。"

【海西】 ❶泛指黄河、东海以西地区。张谓《扬州雨中张十七宅观妓》："不知巫峡雨，何事海西边。"杨巨源《送李虞仲秀才归东都因寄元李二友》："晴霞海西畔，秋草燕南时。"马戴《早发故园》："行逢海西雁，零落不成行。"❷指西域或西部边塞。张说《舞马千秋万岁乐府词三首》之二："圣皇至德与天齐，天马来仪自海西。"杜甫《黄海二首》之一："黄河北岸海西军，椎鼓鸣钟天下闻。"王建《塞上逢故人》："羌笳三两曲，人醉海西营。"赵嘏《昔昔盐二十首·织锦窦家妻》："直候阳关使，殷勤寄海西。"亦指西方极远之地。耿沣《奉和李观察登河中白楼》："黄河曲尽流天外，白日轮轻落海西。"

【海西頭】 ❶指黄海、东海以西地区。孟浩然《宿桐庐江寄广陵旧游》："还将两行泪，遥寄海西头。"钱起《重送陆侍御使日本》："定知怀魏阙，回首海西头。"吕温《读句践传》："丈夫可杀不可羞，如何送我海西头。"白居易《河阴夜泊忆微之》："万里月明同此夜，黄河东面海西头。"❷泛指西北塞外一带。古代称塞北、西域之大湖为海。王维《陇头吟》："苏武才为典属国，节旄落尽海西头。"岑参《北庭作》："孤城天北畔，绝域海西头。"李益《献刘济》："雁归天北畔，春尽海西头。"

【海夷】 指南海地区的少数民族。刘禹锡《马大夫见示浙西王侍御赠答诗因命同作》："象筵照室会词客，铜鼓临轩舞海夷。"

【海光】 海面映现出的光色。李绅《赠毛仙翁》："海光悠容天路长，春风玉女开宫院。"喻凫《玄都观李尊师》："何当与高鹤，飞去海光中。"李群玉《峡山寺上方》："东峰下视南溟月，笑踏金波看海光。"

【海曲】 (一qū)❶海隅，海湾。陆敬《游隋故都》："参差海曲雁，寂寞柳门蝉。"骆宾王《秋晨同淄川毛司马秋九咏·秋雁》："联翩辞海曲，遥曳指江干。"郑畋《题缑山王子晋庙》："无蹊窥海曲，有庙访山椒。"陆龟蒙《奉和袭美病中庭际海石榴花盛发见寄次韵》："谁与佳名从海曲，只应芳裔出河阳。"❷古县名。治所在今山东日照西。西汉置，东汉改为西海县。唐属密州莒县。骆宾王有《远使海曲春夜多怀》及《海曲书情》。

【海帆】 海船的帆篷。元结《送孟校书往南海》："忽喜海风来，海帆又欲张。"亦借指航海的船舶。薛宜僚《别青州妓段东美》："今日海帆飘万里，不堪肠断对含啼。"

【海行】 (一xíng)海上航行。孟浩然《宿天台桐柏观》："海行信风帆，夕宿逗云岛。"

【海色】 ❶海上的景色。祖咏《江南旅情》："海色晴看雨，江声夜听潮。"李嘉祐《同皇甫冉登重玄阁》："孤云独鸟川光暮，万井千山海色秋。"白居易《大水》："苍茫生海色，渺漫连空翠。"李群玉《广州重别方处士之封川》："共期罗浮秋，与子醉海色。"亦指海水的颜色。方干《卢卓山人画水》："海色未将蓝汁染，笔锋犹傍墨花行。"❷将晓时的天色。李白《古风》之十八："鸡鸣海色动，谒帝罗公侯。"又《送王孝廉觐省》："宁亲候海色，欲动孝廉船。"曹松《上广州支使王拾遗》："几度陪旌节，营巡海色回。"

【海州】 州名。在今江苏连云港。刘长卿有《送齐郎中赴海州》。韩翃有《送海州姚别驾》。耿沣有《送海州卢录事》。

【海池】 池名。唐诗人张子容园中之池塘。卢象《早秋宴张郎中海亭即事》："眷言华省旧，暂滞海池游。"

【海宇】 犹海内。谓国境之内。孟郊《答卢仝》："为君倾海宇，日夕多文章。"

【海奴】 指南海地区少数民族的劳动者。杜荀鹤《赠友人罢举赴交趾辟命》："舶载海奴镮硾耳，象驼蛮女彩缠身。"

【海圻】 (一qí)海边。圻，同"碕"。曲岸。庾光先《奉和刘采访缙云南岭作》："百越城池枕海圻，永嘉山水复相依。"

【海沂】 《禹贡》称徐州之域为东至海、北至岱、南及淮。唐时分置海、圻二州，因称徐州一带为"海沂"。萧颖士《蒙山作》："东蒙镇海沂，合沓余百里。"孙逖《送李给事归徐州觐省》："春水经梁宋，晴山入海沂。"刘长卿《送邵州判官往南》："海沂军未息，河兖岁仍荒。"

【海沂日】 同"海沂詠"。卢纶《送浑别驾赴舒州》："还似海沂日，风清无鼓鼙。"

【海沂康】 同"海沂詠"。苑咸《送大理正摄御史判凉州别驾》："伫闻河陇外，还继海沂康。"

【海沂詠】 为称美别驾及郡县佐吏政绩之典故。见《晋书·王祥传》。玄宗《巡省途次上党旧宫赋》序："朕昔在初九，佐贰此州，未遇扶摇之力，空倏海沂之咏。"皇甫冉《送荣别驾赴华州》："还将海沂咏，籍甚汉公卿。"钱起《送任先生任唐山丞》："衣催莲女织，颂听海人词。"

【海甸】 近海地区。杜甫《奉送王信州崟北归》："壤歌唯海甸，画角自山楼。"张蠙《赠可伦上人》："衲冷湖山雨，幡轻海甸风。"

【海角天涯】 指极僻远之地。白居易《浔阳春三首·春生》："春生何处暗周游，海角天涯遍始休。"又《种桃杏》："无论海角与天涯，大抵心安即是家。"

【海沙】 ❶指海石。可作棋子。张籍《美人宫棋》："红烛台前出翠娥，海沙铺局巧相和。"参见"海石"。❷海中泥沙。李贺《古悠悠行》："海沙变成石，鱼沫吹秦桥。"

【海若】 传说中的海神。见《楚辞·远游》。李白《答长安崔少府金沙泉见寄》："河伯见海若，傲然夸秋水。"元稹《春分投简阳明洞天作》："地侯鞭社伯，海若跨天吴。"段成式《河出荣光》："冯夷矜海若，汉武贵宣房。"

【海花】 指从海外传来的花。明杨慎《艺林伐山·四海亭》："花名有海字者，皆从海外来，海棠、海榴是也。"皇甫冉《韦中丞西厅海榴》："海花争让候榴花，犯雪先开内史家。"张籍《送蛮客》："知君却回日，记得海花名。"

【海東】 ❶大海以东。多指朝鲜、日本。李白《高句骊》："翩翩舞广袖，似鸟海东来。"窦常《奉送职方崔员外摄中丞新罗册使》："帝命海东使，人行天一涯。"姚合《送源中丞赴新罗》："谁得似君将雨露，海东万里洒扶桑。"杜荀鹤《送宾贡登第后归海东》："直应天上桂，别有海东枝。"❷指日出之处。杜甫《陪李七司马皂江上观造桥聊题短作》："合欢却笑千年事，驱石何时到海东。"又《晴二首》之一："碧知湖外草，红见海东云。"欧阳炯《题景焕画应天寺壁天王歌》："飘飘但恐入云中，步骤还疑归海东。"

【海雨】 ❶海上的雨。皇甫冉《送归中丞使新罗》："野风飘叠鼓，海雨湿危旌。"又《赋得海边树》："摇落潮风早，离披海雨偏。"贾岛《辞二知己》："波岛忽已暮，海雨寒濛濛。"❷海风吹来的雨。耿湋《送郭秀才赴举》："海雨沾隋柳，江潮赴楚船。"韦庄《李氏小池亭十二韵》："枕簟溪云腻，池塘海雨咸。"

【海味】 海产食品。耿湋《送友人游江南》："潮声偏惧初来客，海味唯甘久住人。"白居易《奉和汴州令狐令公二十二韵》："陆珍熊掌烂，海味蟹螯咸。"又《寄明州于驸马使君三绝句》之三："海味腥咸损声气，听看犹得断肠无。"

【海昌】 地名。故城在今浙江海宁县境。陈陶有《海昌望月》。

【海門】 ❶江河之入海口。(1)指长江入海处。王昌龄《宿京江口期刘昚虚不至》："霜天起长望，残月生海门。"韦应物《赋得暮雨送李胄》："海门深不见，浦树远含滋。"李涉《润州听暮角》："惊起暮天沙上雁，海门斜去两三行。"杜牧《寄题甘露寺北轩》："天接海门秋水色，烟笼隋苑暮钟声。"(2)指钱塘江入海处。李白《送王屋山人魏万还王屋》："涛卷海门石，云横天际山。"皇甫冉《和袁郎中破贼后经剡中山水》："兵连越徼外，寇尽海门西。"杨巨源《送章孝标校书归杭州因寄白舍人》："曾过灵隐江边寺，独宿东楼看海门。"马戴《送狄参军赴杭州》："海门山叠翠，湖岸郡藏云。"(3)指岭南端州之西江入海处。姚系《送周愿判官归岭南》："山驿风月榭，海门烟霞城。"李绅《逾岭峤止荒陬抵高要》："幸逢雷雨荡妖昏，提挈悲欢出海门。"高骈《南征叙怀》："万里驱兵过海门，此生今日报君恩。"❷指镇江东北长江中之海门山。一名松寥山。岑参《奉送贾侍御使江外》："新骑骢马复承恩，使出金陵过海门。"刘长卿《京口怀洛阳旧居兼寄广陵二三知己》："气混京口云，潮吞海门石。"陆龟蒙《和袭美重玄寺双矮桧》："更忆早秋登北固，海门苍翠出晴波。"亦指钱塘江口之龛、赭二山。刘禹锡《和浙西李大夫霜夜对月听歌依本韵》："海门双青暮烟歇，万顷金波涌明月。"白居易《东楼南望八韵》："不厌东南望，江楼对海门。"参见"海門山"。❸指温州永嘉郡，永嘉江(今浙江境瓯江)于此入海，故称。王昌龄《寄陶副使》："闻道将军破海门，如何远谪渡湘沅？"

【海門山】 ❶在镇江市东北长江中。一名松寥山，又称夷山。元结《闵荒诗》："忽见海门山，思作望海楼。"卢仝《扬子津》："风卷鱼龙暗楚关，白波沈却海门山。"徐铉《和陈赞善致仕还京口》："海门山下一渔舟，中有高人未白头。"❷钱塘江口之龛山与赭山，二山相对，谓之海门，亦称海门山。见《咸淳临安志》卷三一。白居易《长庆二年七月自中书舍人出守杭州路次蓝溪作》："已想海门山，潮声来入耳。"又《郡亭》："况有虚白亭，坐见海门山。"

【海岸】 海边陆地。张子容《除夜乐城逢孟浩然》："远客襄阳郡，来过海岸家。"姚合《赠王尊师》："海岸夜中常见日，仙宫深处却无山。"

【海物】 指鱼类等海中产物。元稹《采珠行》："珠为海物海属神，神今自采何况人。"皮日休《吴中苦雨因书一百韵寄鲁望》："海物竞骈罗，水怪争渗漉。"

【海岳】 参见"海嶽"。

【海岱】 ❶指东海(今渤海)与泰山间之地。

《书·禹贡》:“海岱帷青州。”孔传:“东北据海,西南距岱。”李白《早秋赠裴十七仲堪》:“历抵海岱豪,结交鲁朱家。”杜甫《洗兵马》:“已喜皇威清海岱,常思仙仗过崆峒。”亦指青州。柳宗元《送叔平学士知青州》:“厌直图书府,思为海岱州。”❷东海与泰山。形容极为高深。元稹《酬乐天东南行诗一百韵》:“海岱词锋截,皇王笔阵驱。”刘得仁《秋夜寄友人二首》之二:“所思同海岱,所梦亦烟波。”温庭筠《寓怀》:“苟无海岱气,奚取壶浆恩。”

【海服】　近海地区。亦指边疆。服,古王畿以外的地方。元稹《田家词》:“一日官军收海服,驱牛驾车食牛肉。”

【海底】　大海的最深处。李商隐《碧城三首》之一:“星沉海底当窗见,雨过河源隔座看。”李克恭《吊贾岛》:“海底也应搜得净,月轮常被玩教倾。”吴融《和韩致光侍郎无题三首十四韵》之一:“怯探同海底,稀遇极天津。”

【海底仙人】　传说海上三神山有仙人及不死之药,未至,望之如云,及到,三神山反居水下。参见《汉书·郊祀志上》。后因以“海底觅仙人”谓为寻求仙药而无所不至。李商隐《海上谣》:“海底觅仙人,香桃如瘦骨。”

【海怪】　传说中的海里神怪。殷尧藩《送源中丞使新罗》:“玉节在船清海怪,金函开诏抚夷王。”

【海沫】　海水激起之浪花。李商隐《碧瓦》:“河流冲柱转,海沫近槎飘。”

【海波】　犹海浪。贾岛《送人南归》:“分手向天涯,迢迢泛海波。”方干《题睦州乌龙山禅居》:“人世驱驰方丈内,海波摇动一杯中。”翁承赞《题壶山》:“秋高岩溜白,日上海波红。”

【海波變桑田】　义同“海水桑田”。李贺《嘲少年》:“少年安得长少年,海波尚变为桑田。”

【海珉】　水中似玉的美石。白居易《李卢二中丞各创山居偶题十五韵聊戏二君》:“海珉一两片,激濑含宫徵。”

【海封】　近海封授之地。张说《崔尚书挽词》:“相宅隆坤宝,承家占海封。”

【海苔】　纸名。又名“侧理纸”。杨巨源《酬崔驸马惠笺百张兼贻四韵》:“捧持价重凌云叶,封裹香深笑海苔。”参见“海紙”。

【海胡】　指海上来的西域商人。杜甫《送重表侄王砅评事使南海》:“洞主降接武,海胡舶千艘。”

【海城】　临海的州城。鲍溶《寄福州从事殷尧藩》“越岭寒轻物象殊,海城台阁似蓬壶。”马戴《送皇甫协律淮南从事》:“隋柳疏淮岸,汀洲接海城。”张蠙《送董卿赴台州》:“九陌除书出,寻僧问海城。”

【海柑】　即海红柑。花蕊夫人徐氏《宫词》之一一九:“种得海柑才结子,乞求自送与君王。”

【海枯】　海水枯竭。杜荀鹤《感寓》:“海枯终见底,人死不知心。”又《空闲二公递以禅律相鄙因而解之》:“有无无有师穷取,山到平来海亦枯。”

【海查】　(—chá)参见“海槎”。

【海柏】　落叶乔木。高可达二十五米。李商隐《偶题二首》之一:“小亭闲眠微醉消,山榴海柏枝相交。”

【海柳】　池边柳树。许浑《题陆侍御林亭》:“定知别后无多日,海柳江花次第开。”

【海面】　海水的表面。李贺《神仙曲》:“碧峰海面藏灵书,上帝拣作神仙居。”鲍溶《采珠行》:“东方暮空海面平,骊龙异珠烧月明。”齐己《远思》:“海面云生白,天涯堕晚光。”

【海南】　指琼州。唐属岭南道,治所在今海南琼山。张籍有《送海南客归旧岛》。马戴有《送从叔重赴南海幕》。

【海虹】　海上彩虹。孟浩然《东陂遇雨率尔贻谢南池》:“海虹晴始见,河柳润初移。”

【海俗】　临海地区之习俗。陆龟蒙《丹阳道中寄友生》:“海俗芦编室,村娃练束衣。”

【海風】　❶海上之风。贺朝清《南山》:“岩岩石帆影,如得海风便。”元结《送孟校书往南海》:“忽喜海风来,海帆又欲张。”许浑《闲居孟夏即事》:“鱼跃海风起,鼍鸣江雨来。”皮日休《寄题天台国清寺齐梁体》:“怪来烟雨落晴天,元是海风吹瀑布。”❷大湖上的风。王昌龄《从军行七首》之一:“烽火城西百尺楼,黄昏独上海风秋。”李益《从军北征》:“天山雪后海风寒,横笛偏吹行路难。”

【海亭】　亭名。唐诗人张子容私园曰海园。海园中之亭曰海亭。孟浩然《秋登张明府海亭》:“海亭秋日望,委曲见江山。”又有《奉先张明府休沐还乡海亭宴集》。

【海津】　海边渡口。拾得《诗》之二二:“天姥峡关岭,通同次海津。”亦指海水。寒山《诗三百三首》之二八〇:“积骨如毗富,别泪成海津。”

【海室】　神话中鲛人在海里的居室。亦称皇室。罗隐《寄酬邺王罗令公五首》之五:“绡从海室夺烟雾,乐奏帝宫胜管弦。”参见“海綃”。

【海宫】　❶指海中神山仙人所住之宫殿。见《汉书·郊祀志上》。温庭筠《晓仙谣》:“玉妃唤月归海宫,月色澹白涵春空。”李沇《梦仙谣》:“海宫蹙浪收残月,挈壶掌事传更歇。”❷传说中海龙王之宫殿。鲍溶《采珠行》:“海宫正当龙睡重,昨夜孤光今得弄。”

【海客】　❶指航海者。李白《梦游天姥吟留别》:

“海客谈瀛洲，烟涛微茫信难求。”元稹《泛江玩月十二韵》：“巴童唱巫峡，海客话神泷。”许浑《送客南归有怀》：“瓦尊迎海客，铜鼓赛江神。”李群玉《落帆后赋得二绝》：“海客云帆未挂时，相与缘江拾明月。”❷指往来海上的商人。李白《估客行》：“海客乘天风，将船远行役。”张蠙《送友人归武陵》：“戍旗招海客，庙鼓集江鸦。”齐己《题真州精舍》：“晨斋来海客，夜磬到渔家。”亦指采集海货的人。莫宣卿《赋得水怀珠》：“江妃思在掌，海客亦忘躯。”❸浪迹四海的人。李白《江上吟》：“仙人有待乘黄鹤，海客无心随白鸥。”张乔《赠棋僧侣》：“已与山僧敌，无令海客饶。”❹指海中神怪。李群玉《凉公从叔春祭广利王庙》：“海客敛威惊火旆，天吴收浪避楼船。”

【海客乘槎】　喻指奉命出使。见晋张华《博物志》卷十。骆宾王《饯郑安阳入蜀》：“海客乘槎渡，仙童驭竹回。”李商隐《海客》：“海客乘槎上紫氛，星娥罢织一相闻。”

【海神】　传说的海中之神。见《山海经·大荒东经》。李白《横江词六首》之四：“海神来过恶风回，浪打天门石壁开。”元稹《采珠行》：“年年采珠珠避人，今年采珠由海神。”白居易《奉和思黯相公以李苏州所寄太湖石见示》：“海神移碣石，画障簇天台。”无名氏《琵琶》(卷七八五)：“海神驱趁夜涛回，江娥蹙踏春冰裂。”

【海神期】　参见“海神朝”。

【海神朝】　亦作“海神期”。为咏雪之典故。见《艺文类聚》卷二。李峤《雪》：“大周天阙路，今日海神朝。”苏绾《奉和姚令公驾幸温汤喜雪应制》：“云符沛童唱，雪应海神期。”

【海屋】　传说中的海上仙屋。卢照邻《于时春也慨然有江湖之思寄赠柳九陇》：“海屋银为栋，云车电作鞭。”

【海紅】　花名。即山茶。见明杨慎《艺林伐山·海红花》。刘长卿有《夏中崔中丞宅见海红摇落一花独开》。

【海草】　指塞外湖边之草。李白《胡无人》：“严风吹霜海草凋，筋干精坚胡马骄。”亦泛指江湖岸边之野草。贾岛《送令狐绹相公》：“梁园趋戟节，海草几枯春。”

【海荒】　犹海隅。指僻远荒凉之地。曹邺《长城下》：“楚国连天浪，衡门到海荒。”

【海畔】　海边。顾非熊《送从叔尉渑池》：“虽有田园供海畔，且无宗党在朝班。”薛能《闻李夷遇下第东归因以寄赠》：“囊中书是居山写，海畔家贫乞食还。”

【海晏】　亦作“海宴”。沧海平静。喻天下太平。韦应物《奉和圣制重阳日赐宴》：“玄功致海晏，锡宴表文明。”钱起《观法驾自凤翔回》：“海晏鲸鲵尽，天旋日月来。”郑嵎《津阳门诗》：“河清海宴不难睹，我皇已上升平基。”翁洮《赠进士王雄》：“河清海晏少波涛，几载垂钩不得鳌。”

【海晏河清】　沧海平静，黄河水清。喻天下太平。薛逢《九日曲池游眺》：“正当海晏河清日，便是修文偃武时。”

【海氣】　❶海上雾气。陈子昂《送著作佐郎崔融等从梁王东征》：“海气侵南部，边风扫北平。”张子容《永嘉即事寄赣县袁少府瓘》：“海气朝成雨，江天晚作霞。”韩愈《题临泷寺》：“潮阳未到吾能说，海气昏昏水拍天。”李绅《逾岭峤止荒陬抵高要》：“瘴云暂卷火山外，苍茫海气穷番禺。”❷泛指江湖水面上的雾气。杜甫《送杨六判官使西蕃》：“送远秋风落，西征海气寒。”钱起《晚入宣城界》：“海气蒸云黑，潮声隔雨深。”李涉《秋夜题夷陵水馆》：“凝碧初高海气秋，桂轮斜落到江楼。”翁洮《和方干题李频庄》：“海气暗蒸莲叶沼，山光晴逗苇花村。”亦指沙漠上的气流。海，瀚海。王昌龄《从军行二首》之一：“边声摇白草，海气生黄雾。”❸海上蜃气。光线穿过不同密度的空气层，发生折射或反射，把远处景物显示在空中或地面上。常发生在海上或沙漠地区。古人误以为蜃吐气而成，故称。见《史记·天官书》。虞世南《赋得吴都》：“江涛如素盖，海气似朱楼。”李白《安州般若寺水阁纳凉喜遇薛员外乂》：“楼台成海气，草木皆天香。”岑参《北庭贻宗学士道别》：“孤城倚大碛，海气迎边空。”皮日休《江南道中怀茅山广文南阳博士三首》之三：“海气平生当洞见，瀑冰初坼隔山闻。”

【海鬼】　传说中的海里神怪。贯休《寒月送玄士入天台》：“星精聚观泣海鬼，月涌薄烟花点水。”

【海島】　❶海中岛屿。李白《酬殷明佐见赠五云裘歌》：“远山积翠横海岛，残霞飞丹映江草。”刘长卿《送州人孙沅新营所居》：“火种山田薄，星居海岛寒。”皎然《送卢仲舒移家海陵》：“海岛无邻里，盐居少物华。”韦庄《润州显济阁晓望》：“远烟藏海岛，初日照扬州。”❷指海中仙山。借指隐居修道处。马戴《宿贾岛原居》：“烟霞向海岛，风雨宿园林。”

【海島士】　汉将韩信破齐，齐相国田横自立为齐王。刘邦称帝，横率部属五百人逃亡海岛。刘邦遣使召之，横羞为汉臣，于途中自杀。其部属闻讯，亦皆自杀。事见《史记·田儋列传》。后因以“海岛士”喻指义烈有节之人。孟郊《汴州离乱后忆韩愈李翱》：“海岛士皆直，夷门士非良。”

【海酒】　犹酒海。盛酒的大碗。贾岛《送张校书季霞》：“秦吟宿楚泽，海酒落桂花。”

【海浦】　海滨，海湾。李白《入朝曲》："金陵控海浦，渌水带吴京。"韩愈《河之水二首寄子侄老成》之二："我有孤侄在海浦，三年不见兮使我心苦。"温庭筠《昆明池水战词》："溟池海浦俱喧豗，青帜白旌相次来。"

【海浪】　大海的波浪。李绅《早渡扬子江》："日冲海浪翻银屋，江转秋波走雪山。"陆龟蒙《奉酬袭美先辈初夏见寄次韵》："海浪刷三岛，天风吹六英。"司空图《淮西》："鳌冠三山安海浪，龙盘九鼎镇皇都。"

【海宴】　参见"海晏"。

【海郡】　❶海边郡城。唐时州、郡互称。郡城为州署所在地。张九龄《送广州周判官》："海郡雄蛮落，津亭壮越台。"许浑《陪越中使院诸公镜波馆饯明台裴郑二使君》："海郡楼台接，江船剑戟分。"❷海边郡邑。泛指海边地区。耿湋《送王秘书归江东》："人归海郡远，路入雨天深。"马戴《赠淮南将》："风涛辞海郡，雷雨镇山营。"温庭筠《送人南游》："角悲临海郡，月到渡淮船。"

【海紙】　即海苔纸。又名侧理纸。见晋王嘉《拾遗记・晋时事》。陆龟蒙《袭美见题郊居十首因次韵酬之》之三："倭僧留海纸，山匠制云床。"

【海梅】　湖边梅花。白居易《腊后岁前遇景咏意》："海梅半白柳微黄，冻水初融日欲长。"

【海雪】　❶湖上飞雪。李群玉《洞庭驿楼雪夜宴集奉赠前湘州张员外》："银壶傲海雪，青管罗名讴。"❷喻指湖水涌起之白浪。李白《豫章行》："吴兵照海雪，西讨何时还？"又《在水军宴赠幕府诸侍御》："云旗卷海雪，金戟罗江烟。"贾岛《送李余往湖南》："岳石挂海雪，野枫堆渚樯。"

【海眼】　泉眼，泉水涌出之处。古人认为井泉之水，潜流地中，通江海，故称。杜甫《太平寺泉眼》："石间见海眼，天畔萦水府。"张祜《游天台山》："海眼三井通，洞门双阙拄。"皮日休《太湖诗・太湖石》："断处露海眼，移来和沙须。"曹唐《送康祭酒赴轮台》："霜黏海眼旗声冻，风射犀文甲缝开。"

【海國】　滨海地区。张籍《送南迁客》："海国战骑象，蛮州市用银。"高蟾《永夕》："云鸿宿处江村冷，独狖啼时海国阴。"亦指海外之国。

【海貨】　沿海地区出产的物品。卢纶《送何召下第后归蜀》："水程通海货，地利杂吴风。"

【海舶】　海上船舶。白居易《送客春游岭南二十韵》："牙樯迎海舶，铜鼓赛江神。"陆龟蒙《奉和袭美吴中言怀寄南海二同年》："城连虎踞山图丽，路入龙编海舶遥。"

【海船】　海上航船。王建《送郑权尚书南海》："市喧山贼破，金贱海船来。"周贺《留辞杭州姚合郎中》："丛桑山店迥，孤烛海船深。"皮日休《送李明府之任海南》："蟹奴晴上临潮槛，燕婢秋随过海船。"

【海鳥】　在海边栖息之鸟。或指海鸥。孙逖《和咏廨署有樱桃》："海鸟衔初实，吴姬扫落英。"皇甫冉《答张諲刘方平兼呈贺兰广》："心闲同海鸟，日夕恋山村。"窦庠《金山行》："海鸟夜上珊瑚枝，江花晓落琉璃地。"

【海鳥不知鐘喜樂】　义同"海鳥悲鐘鼓"。

【海鳥悲鐘鼓】　亦作"海鳥不知鐘鼓樂"。典出《庄子・至乐》。比喻不耐礼法拘束之苦。白居易《新乐府・驯犀》："海鸟不知钟鼓乐，池鱼空结江湖心。"李商隐《赠送前刘五经映三十四韵》："海鸟悲钟鼓，狙公畏服裳。"

【海商】　往来海上的商人。王建《汴路即事》："草市迎江货，津桥税海商。"

【海涯】　海岸，海滨。孟浩然《送王五昆季省觐》："公子恋庭闱，劳歌涉海涯。"刘长卿《送荀八过山阴旧县兼寄剡中诸官》："访旧山阴县，扁舟到海涯。"贾岛《逢博陵故人彭兵曹》："曲阳分散会京华，见说三年住海涯。"杜荀鹤《送僧归国清寺》："吟送越僧归海涯，僧行浑不觉程赊。"

【海陸珍】　指山珍海味。韦应物《军中冬燕》："旋罄周旋礼，愧无海陆珍。"

【海陵】　地名。故址在今江苏泰州市。见宋乐史《太平寰宇记》。王维《送高适弟耽归临淮作》："江天海陵郡，云日淮南祠。"皇甫冉《李二侍御丹阳东去新亭》："姑苏东望海陵间，几度裁书信未还。"徐铉《亚元舍人猥贻佳作三篇因为长歌兼寄陈君》："海陵城里春正月，海畔朝阳照残雪。"

【海陵倉】　粮仓名。汉吴王刘濞曾在海陵置仓储粮。见《文选・枚乘〈上书重谏吴王〉》。后因以"海陵仓"指代官府粮仓。岑参《送许员外江外置常平仓》："诏置海陵仓，朝推画省郎。"刘长卿《送营田判官郑侍御赴上都》："幸论开济力，已实海陵仓。"

【海陵粟】　即"海陵仓"。张继《酬李书记校书越城秋夜见赠》："量空海陵粟，赐乏水衡钱。"参见"海陵倉"。

【海陰】　大海之南。阴，水之南。钱起《海上卧病寄王临》："离客穷海阴，萧辰归思结。"马戴《寄广州杨参军》："怅望极霞际，流情堕海阴。"

【海棹】　海船。喻坦之《晚泊富春寄友人》："木落山城出，潮生海棹归。"

【海椶】　树名。椰木的一种。杜甫《海棕行》："左绵公馆清江渍，海棕一株高入云。"

【海雁】　亦作"海鴈"。即鸿雁。候鸟，群居水边，身形似鹅，飞时排列成行。李白《秋夕书怀》："北风吹海雁，南渡落寒声。”岑参《送樊侍御使丹阳便觐》：“驿舫江风引，乡书海雁催。”钱起《寄永嘉王十二》：“愿得回风吹海雁，飞书一宿到君边。”

【海雲】 ❶海上之云。王维《初出济州别城中故人》：“闾阎河润上，井邑海云深。”马戴《雪中送青州薛评事》：“岳雪明日观，海云冒营丘。”孟贯《送吴梦闾归闽》：“海云添晚景，山瘴灭晴晖。”亦指湖上之云。赵嘏《送从翁中丞奉使黠戛斯六首》之三：“虽言穷北海云中，属国当时事不同。”❷谓浓密的云层。李白《秋日登扬州西灵塔》：“顶高元气合，标出海云长。”李华《咏史十一首》之十一：“城上飞海云，城中暗春雨。”岑参《送羽林长孙将军赴歙州》：“驿舫宿湖月，州城浸海云。”李绅《却入泗口》：“烟树寂寥分楚泽，海云明灭满扬州。”

【海雲黑】 喻朝政昏暗。温庭筠《春江花月夜词》：“玉树歌阑海云黑，花庭忽作青芜国。”

【海棠】 ❶落叶乔木。裴廷裕《蜀中登第答李搏六韵》：“蜀柳笼堤烟矗矗，海棠当户燕双双。”❷指海棠花。高骈《对花呈幕中》：“海棠初发去春枝，首唱曾题七字诗。”徐夤《尚书会仙亭咏蔷薇因成一篇》：“海棠若要分流品，秋菊春兰两恰平。”❸诗名。指薛能《海棠》。郑谷《读故许昌薛尚书诗集》：“吟残荔枝雨，咏彻海棠春。”

【海棠花】 蔷薇科。品种颇多，供观赏。王建《宫词一百首》之九二：“元是我王金弹子，海棠花下打流莺。”顾非熊《斜谷邮亭玩海棠花》：“忽识海棠花，令人只叹嗟。”张蠙《题嘉陵驿》：“独倚阑干正惆怅，海棠花里鹧鸪啼。”花蕊夫人徐氏《宫词》之一二六：“海棠花发盛春天，游赏无时引御筵。”刘兼、齐己均有《海棠花》。

【海棠梨】 即海棠果。温庭筠《菩萨蛮》词之四：“池上海棠梨，雨晴红满枝。”韩偓《以庭前海棠梨花一枝寄李十九员外》：“二月春风澹荡时，旅人虚对海棠梨。”又《见花》：“血染蜀罗山踯躅，肉红宫锦海棠梨。”

【海須】 唐诗僧。俗姓任，河东蒲州（今山西永济西）人。武德元年卒于蒲州仁寿寺。《全唐诗》卷八〇八录其《三不为篇》诗三首。

【海童】 传说中的海中神童。见《文选·左思〈吴都赋〉》。储光羲《采莲词》：“浪中海童语，流下鲛人居。”皇甫冉《登玄元庙》：“海童纷翠盖，羽客事琼筵。”

【海爲田】 参见“海變田”。

【海湄】 海边。李白《公无渡河》：“虎可搏，河难凭，公果溺死流海湄。”马戴《岐阳逢曲阳故人话旧》：“客泪翻岐下，乡心落海湄。”

【海陽】 指连州海阳湖。吕温《初发道州答崔三连州题海阳亭见寄绝句》：“闻说殷勤海阳事，令人转忆舜祠山。”李涉《谢王连州送海阳图》：“惊起草堂寒气晚，海阳潮水到床头。”刘禹锡《海阳湖别浩初师》序：“会吴郡以山水冠世，海阳又以奇甲一州。”孟宾于《怀连上旧居》：“更忆海阳垂钓侣，昔年相遇草萋萋。”参见“海陽湖”。

【海陽湖】 湖名。宋王象之《舆地纪胜》卷九二：“海阳湖在桂阳县东北二里。唐大历初，道州刺史元结到此，雅好山水，修创林洞，通小舟游泛。刺史刘禹锡重修。”刘禹锡《海阳十咏》引：“元次山始作海阳湖，后之人或立亭榭，率无指名，及余而大备。”无名氏《海阳湖》（《全唐诗逸》卷下）：“吾涨海阳泉，以为海阳湖；千峰在水中，状类皆自殊。”

【海隅】 海角，海边。常指僻远之地。卢照邻《初夏日幽庄》：“知君振奇藻，还嗣海隅芳。”王维《终南山》：“太乙近天都，连山接海隅。”白居易《东南行一百韵》：“地远穷江界，天低极海隅。”聂夷中《闻人说海北事有感》：“海隅久已无春色，地底真成有劫灰。”

【海蜃】 传说中的蛟蜃，能吐气成海市蜃楼。见明李时珍《本草纲目·鳞一·蜃》。李商隐《奉同诸公题河中任中丞新创河亭四韵之作》：“河鲛纵玩难为室，海蜃遥惊耻化楼。”亦指海市蜃楼。韩愈《赠崔立之评事》：“摇毫掷简自不供，顷刻青红浮海蜃。”

【海槎】 亦作“海查”。❶用竹、木编制的渡海的筏。李涉《题苏仙宅枯松》：“几年苍翠在仙家，一旦枝枯类海槎。”贾彦璋《苏著作山池》：“酌蚁开春瓮，观鱼凭海查。”❷传说有人乘槎从海上到达天河，又返回人间。见晋张华《博物志》卷十。后用此典：(1)喻通往仙境。李怀远《凝碧池侍宴看竞渡应制》：“忽闻天上乐，疑逐海查流。”张九龄《上阳水窗旬宴得移字韵》：“仍逢帝乐下，如逐海槎窥。”陆龟蒙《和袭美褚家林亭》：“若知方外还如此，不要秋乘上海槎。”韩偓《喜凉》：“稳想海槎朝犯斗，健思胡马夜翻营。”亦指死后升仙。温庭筠《李羽处士故里》：“柳不成丝草带烟，海槎东去鹤归天。”(2)喻通达朝廷。宋之问《经梧州》：“春去闻山鸟，秋来见海槎。”苏颋《奉和圣制幸礼部尚书窦希玠宅应制》：“自有天文降，无劳访海槎。”赵嘏《送张又新除温州》：“却愁明诏征非晚，不得秋来见海槎。”(3)喻致身通显。刘长卿《赠元容州》：“何事沧波上，漂漂逐海槎。”温庭筠《送陈嘏之侯官兼简李常侍》：“殷勤为报同袍友，我亦无心似海槎。”徐夤《长安即事三首》之一：“扫雪自怜窗纸照，上天宁愧海槎流。”(4)形容处在僻远之地。韩偓《南安寓止》：“岂知卜肆严夫子，潜指星机认海槎。”(5)称美所咏之物来自仙界。李德裕《临海太守惠予赤城石报以是诗》：“若值客星去，便应随海槎。”参见“海客乘槎”。

【海園】 园名。唐诗人张子容私人园林。孟浩然有《同卢明府饯张郎中除义王府司马海园作》及《同卢明府早秋宴张郎中海园即事》。

【海路】 ❶海上行程。李峤《安辑岭表事平罢归》:"天涯望越台,海路几悠哉!"李白《古风》之四十:"归飞海路远,独宿天霜寒。"亦指通往大海的路程。张良器《河出荣光》:"引派昆山峻,朝宗海路长。"❷海上航道。高适《送蔡十二之海上》:"河流冰处尽,海路雪中寒。"熊孺登《寄安南马中丞》:"蕃客不须愁海路,波神今伏马将军。"亦指塞外沙漠之路途。杜牧《边上闻笳三首》之二:"海路无尘边草新,荣枯不见绿杨春。"

【海圖】 刺绣或绘画的海景图。杜甫《北征》:"海图拆波涛,旧绣移曲折。"白居易有《题海图屏风》。姚合《和座主相公西亭秋日即事》:"海图装玉轴,书目记牙签。"

【海僧】 海外的和尚。李中《赠朐山孙明府》:"闲抚素琴曹吏散,自烹新茗海僧来。"

【海禽】 犹海鸟。钱起《蓝田溪杂咏二十一首·砌下泉》:"能资庭户幽,更引海禽至。"李商隐《念远》:"北思惊沙雁,南情属海禽。"崔涂《读方干诗因怀别业》:"忆宿高斋夜,庭枝识海禽。"

【海禽心不懌】 义同"海鳥悲鐘鼓"。刘禹锡《游桃源一百韵》:"广乐虽交奏,海禽心不怿。"

【海腹】 犹海中。王建《鸡鸣曲》:"鸡初鸣,明星照东屋;鸡再鸣,红霞生海腹。"

【海裔】 海边。《淮南子·原道训》:"故虽游于江浔海裔。"高诱注:"裔,边也。"李白《江上秋怀》:"朔雁别海裔,越燕辞江楼。"高适《赠别王十七管记》:"相逢季冬月,怅望穷海裔。"柳宗元《鼓吹铙歌·苞枿》:"浩浩海裔,不威而同。"

【海煙】 海上云气。徐凝《员峤先生》:"员峤先生无白发,海烟深处采青芝。"司空图《杂题九首》之五:"岸香蕃舶月,洲色海烟春。"韦庄《杂体联锦》:"无迹又无言,海烟空寂寂。"

【海塞】 (—sài)海疆,边塞。李白《邺中赠王大》:"君王制六合,海塞无交兵。"陈陶《番禺道中作》:"博罗程远近,海塞愁先入。"亦指塞外沙漠地带。李群玉《王内人琵琶引》:"万里胡天海塞秋,分明弹出风沙愁。"

【海運】 海动,海水翻腾。语出《庄子·逍遥游》:"是鸟也,海运则将徙于南溟。"陈鼓应注引林希逸曰:"海运者,海动也。"李白《古风》之三三:"凭陵随海运,烨赫因风起。"独孤及《送虞秀才擢第归长沙》:"海运同鹍化,风帆若鸟飞。"

【海窟】 ❶指大海。卢仝《月蚀诗》:"可从海窟来,便解缘青冥。"❷谓塞外大沙漠胡人栖息地。海,瀚海。李益《塞下曲》:"莫遣只轮归海窟,仍留一箭射天山。"

【海綃】 即鲛绡。一名龙纱。传说为海中鲛人所织。借指舞衣,或舞者所执之巾。李贺《秦王饮酒》:"花楼玉凤声娇狞,海绡红文香浅清,黄鹅跌舞千年觥。"

【海榴】 即石榴。又名海石榴。因来自海外,故名。多指石榴花。宋之问《玩郡斋海榴》:"目兹海榴发,列映岩楹前。"李白《咏邻女东窗海石榴》:"鲁女东窗下,海榴世所稀。"温庭筠《海榴》:"海榴开似火,先解报春风。"方干有《海石榴》。

【海榴亭】 亭名。在越州会稽(今浙江绍兴)。李绅《新楼诗二十首·海榴亭》:"海榴亭早开繁蕊,花照晴霞破碧烟。"李群玉有《将欲南行陪崔八燕海榴亭》。按,许浑《将为南行陪尚书崔公宴海榴堂》诗中文字与李群玉诗相同。

【海鳴】 即海啸。指风暴或海底地震造成的海面恶浪并伴随巨响的现象。黄滔《寄林宽》:"海鸣秋日黑,山直夏风寒。"

【海圖障子】 绣有海景图案的屏风。梁锽有《观王美人海图障子》。

【海旗】 船上旗帜。孟郊《送谏议十六叔至孝义渡后奉寄》:"江吏捧紫泥,海旗剪红蕉。"李绅《新楼诗二十首·东武亭》:"兰鹢对飞渔棹急,彩虹翻影海旗摇。"温庭筠《杂曲歌辞·湖阴曲》:"海旗风急惊眠起,甲重光摇照湖水。"

【海竭山移】 海水枯竭,山岳移动。形容历时长久,万物变易。刘威《感寓》:"海竭山移岁月深,分明齐得世人心。颜回徒恨少成古,彭祖何曾老至今。"

【海漚】 (—ōu)谓海中水泡。喻事物变化无常,易生易灭。皎然《杂寓兴》:"冥冥光尘内,机丧成海沤。"司空图《诗品二十四则·含蓄》:"悠悠空尘,忽忽海沤。"

【海檦】 海上运输货物的船只。檦,檦船。李绅《趋翰苑遭诬构四十六韵》:"海标传信使,江棹认妻孥。"

【海樓】 ❶海上楼阁。王昌龄《别陶副使归南海》:"南越归人梦海楼,广陵新月海亭秋。"元稹《初除浙东妻有阻色因以四韵晓之》:"海楼翡翠闲相逐,镜水鸳鸯暖共游。"❷指海市蜃楼。借以形容云彩之奇异变幻。李白《渡荆门送别》:"月下飞天镜,云生结海楼。"

【海鴈】 参见"海雁"。

【海嶠】 海边峻峭的山地。张九龄《送使广州》:"家在湘源住,君今海峤行。"孟浩然《归至郢中》:"远游经海峤，返棹归山阿。”刘禹锡《酬令狐相公赠别》：“海峤新辞永嘉守，夷门重见信陵君。”李群玉《送于少监自广州还紫逻》：“海峤烟霞轻逸翰，洛川花木待回轩。”

【海嶠作】 指南朝宋谢灵运《登临海峤与从弟惠连》诗。诗中表达了与从弟惠连的惜别之情。李白《泾川送族弟錞》：“愧无海峤作，敢阙河梁诗。”

【海濆】 犹海滨。黄滔《寄罗浮山道者二首》之一：“天际双山压海濆，天漫绝顶海漫根。”

【海潮】 ❶海洋潮汐。指海水定时涨落的现象。寒山《诗三百三首》之二二八：“风摇松竹韵，月现海潮频。”李绅《却渡西陵别越中父老》：“海潮晚上江风急，津吏篙师语默齐。”罗隐《寄杨秘书》：“两信海潮书不达，数峰稽岭眼长明。”❷海洋浪潮。苏颋《恩制尚书省僚宴昆明池同用尧字》：“雁似衔红叶，鲸疑喷海潮。”孟浩然《宿永嘉江寄山阴崔少府国辅》：“卧闻海潮至，起视江月斜。”元稹《送王协律游杭越十韵》：“镜呈湖面出，云叠海潮齐。”许棠《忆宛陵旧居》：“岛径通山市，汀扉上海潮。”❸借指海洋。郑畋《题缑山王子晋庙》：“嵩岭连天汉，伊澜入海潮。”司空图《赠日东鉴禅师》：“故国无心度海潮，老禅方丈倚中条。”

【海潦】 海中积水。韩愈《荐士》：“敷柔肆纡余，奋猛卷海潦。”

【海燕】 即越燕。燕之一种。又名紫燕。因越地近海，故称海燕。杜审言《和韦承庆过义阳公主山池五首》之一：“海燕巢书阁，山鸡舞画楼。”沈佺期《古意呈补阙乔知之》：“卢家少妇郁金堂，海燕双栖玳瑁梁。”严维《秋夜船行》：“海燕秋还去，渔人夜不归。”李绅《江南暮春寄家》：“江鸿断续翻云去，海燕差池拂水回。”

【海頭】 犹海边。杜甫《承闻河北诸道节度入朝欢喜口号绝句十二首》之八：“苞茅重入归关内，王祭还供尽海头。”刘商《送豆卢郎赴海陵》：“看取海头秋草色，一如江上别离心。”刘言史《偶题二首》之二：“得罪除名谪海头，惊心无暇与身愁。”陈陶《海昌望月》：“何处无今夕，岂期在海头。”亦指塞外沙漠边际。张蠙《边将二首》之二：“按剑立城楼，西看极海头。”

【海樹】 ❶海边之树。陈子昂《感遇诗三十八首》之三四：“朔风吹海树，萧条边已秋。”王维《送崔三往密州觐省》：“路绕天山雪，家临海树秋。”岑参《裴将军宅芦管歌》：“海树萧索天雨霜，管声寥亮月苍苍。”❷指江岸、湖滨之树。李白《月夜江行寄崔员外宗之》：“飘飘江风起，萧飒海树秋。”郎士元《送裴补阙入河南幕》：“秋城临海树，寒月上营门。”白居易《早发赴洞庭舟中作》：“渐看海树红生日，遥见包山白带霜。”李绅《却望无锡芙蓉湖》：“犹似望中连海树，月生湖上是山阴。”

【海縣】 ❶近海之郡县。王昌龄《客广陵》：“秋色明海县，寒烟生里闾。”❷犹言海宇。谓国境以内之地。李白《狱中上崔相涣》：“贤相燮元气，再欣海县康。”

【海螺】 海里的螺蛳。个儿较大。壳为圆锥形，壳壁较厚。可用作酒杯、号角。庄布《石榴歌》：“美人擎在金盘腹，错认海螺斑碌碌。”

【海嶼】 海中小岛。陈陶《涂山怀古》：“海屿俨清庙，天人盛衹供。”

【海龍王】 传说中统领海域的龙神。皮日休《咏螃蟹》：“莫道无心畏雷电，海龙王处也横行。”

【海徼】 （—jiào ）沿海边境。刘长卿《赠元容州》：“海徼长无戍，湘山独种畲。”许棠《闻蝉十二韵》：“闻来邻海徼，恨起过边城。”

【海鴻】 即海雁。储光羲《京口题崇上人山亭》：“叫叫海鸿声，轩轩江燕翼。”朱逵《怀素上人草书歌》：“长松老死倚云壁，蹙浪相翻惊海鸿。”

【海澨】 海滨。韦庄《和郑拾遗秋日感事一百韵》：“道孤悲海澨，家远隔天潢。”

【海错】 各种海味。见《书·禹贡》。韦应物《长安道》：“山珍海错弃藩篱，烹犊炰羔如折葵。”

【海寰】 犹“海宇”。杜牧《咏歌圣德远怀天宝因题关亭长句四韵》：“圣敬文思业太平，海寰天下唱歌行。”

【海壖】 海边之地。独孤及《东平蓬莱驿夜宴赠别姚太守置酒留宴》：“驿楼涨海壖，秋月寒城边。”亦泛指沿海地区。韦应物《送郑端公弟移院常州》：“况昔陪朝列，今兹俱海壖。”柳宗元《南省转牒欲具江国图令尽通风俗故事》：“圣代提封尽海壖，狼荒犹得纪山川。”白居易《奉酬淮南牛相公思黯见寄二十四韵》：“篮舆游嵩岭，油幢镇海壖。”

【海聲】 指海潮声。张蠙《钱塘夜宴留别郡守》：“觱栗调高山阁迥，虾蟆更促海声寒。”

【海檣】 湖上帆船的桅杆。李端《古别离二首》之一：“天晴见海樯，月落闻津鼓。”

【海霜】 指海水的盐分。陆龟蒙《酬袭美见寄海蟹》：“骨清犹似含春霭，沫白还疑带海霜。”

【海霞】 海上云霞。李白有《早望海霞边》。马戴《送顾少府之永康》：“烧起明山翠，潮回动海霞。”周朴《赠念经僧》：“月皎海霞散，露浓山草垂。”

【海闊天高】 亦作“海闊天寬”。形容天地广阔，漫无边际。刘瑶《暗别离》：“青鸾脉脉西飞去，海阔天高不知处。”

【海闊天寬】 参见“海闊天高”。

【海嶽】 亦作“海岳”。❶大海和高山。李白《酬崔五郎中》："海岳尚可倾，吐诺终不移。"高铢《和太原张相公山亭怀古》："何必到海岳，境幽机自闲。"李山甫《代张孜幻梦李白歌》："豁如混沌初开凿，天地海岳何分明。"亦专指东海与泰山。❷谓四海与五岳。指代国土、疆域。顾况《送从兄使新罗》："河宫清奉尽，海岳晏来朝。"韩愈《次邓州界》："早晚王师收海岳，普将雷雨发萌芽。"冯道《偶作》："须知海岳归明主，未必乾坤陷吉人。"贯休《上杭州令狐使君》："视事奸回尽，登楼海岳春。"❸形容极为高深。王维《晦日游大理韦卿城南别业》之三："高情浪海岳，浮生寄天地。"罗隐《龙泉东下却寄孙员外》："恩如海岳何时报，恨似烟花触处生。"❹海上仙山，海岛。邢巨《游春》："海岳三峰古，春皇二月寒。"钱起《送丁著作佐台郡》："扬舲望海岳，入境背风尘。"李洞《送远上人》："海岳两无边，去来都偶然。"❺借指隐居修真处。陆龟蒙《和袭美题支山南峰僧次韵》："眉毫霜细欲垂肩，自说初栖海岳年。"陈陶《自归山》："海岳南归远，天门北望深。"吕岩《题桐柏山黄先生庵门》："既修真，须坚确，能转乾坤泛海岳。"

【海嶽期】　指退隐之期日。刘长卿《西陵寄一上人》："室中时见天人命，物外长悬海岳期。"王良士《奉陪武相公西亭夜宴陆郎中》："海岳期方远，松筠岁正寒。"

【海濤】　海浪。李绅《新楼诗二十首·望海亭》："湖镜坐隅看匣满，海涛生处辨云齐。"杜牧《长安杂题长句六首》之三："雨晴九陌铺江练，岚嫩千峰叠海涛。"马戴《宿王屋天坛》："星斗半沈苍翠色，红霞远照海涛分。"亦指大湖之浪。刘沧《和友人忆洞庭旧居》："溪路烟开江月出，草堂门掩海涛深。"

【海濱】　海边，近海之处。玄宗《王屋山送道士司马承祯还天台》："地道逾稽岭，天台接海滨。"李白《赠友人三首》之三："虎伏被胡尘，渔歌游海滨。"白居易《得潮州杨相公继之书并诗以此寄之》："诗情书意两殷勤，来自在天南瘴海滨。"钟谟《代京妓越宾答徐铉》："一幅轻绡寄海滨，越姑长感昔时恩。"

【海藏】　(—zàng)传说中海中龙宫之宝藏。李德裕《赠圆明上人》："远公说易长松下，龙树双经海藏中。"

【海翻】　指台风引起海潮侵入陆地造成的灾害。见唐刘恂《岭表录异》卷上。包佶《客自江南话过亡友朱司议故宅》："海翻移里巷，书蠹积埃尘。"李贺《梁台古愁》："朝朝暮暮愁海翻，长绳系日乐当年。"张乔《将归江淮书》："郡因兵役苦，家为海翻移。"

【海霧】　海上雾气。骆宾王《晚泊江镇》："海雾笼边徼，江风绕戍楼。"张若虚《春江花月夜》："斜月沈沈藏海雾，碣石潇湘无限路。"柳宗元《梅雨》："海雾连南极，江云暗北津。"刘沧《过铸鼎原》："天风乍起鹤声远，海雾渐深龙节遥。"亦指塞外沙漠上的雾气。李白《塞下曲六首》之三："阵解星芒尽，营空海雾消。"

【海邊】　近海之处。赵嘏《遣兴二首》之一："终日苦吟人不会，海边兄弟久无书。"刘沧《旅馆书怀》："秋看庭树换风烟，兄弟飘零寄海边。"

【海獸】　海中哺乳动物的总称。朱庆余《送刘思复南河从军》："蛮人独放畬田火，海兽群游落日波。"

【海鵬】　即大鹏。传说中的大鸟，由鲲变成。参见《庄子·逍遥游》。罗隐《寄虔州薛大夫》："海鹏终负日，神马背眠槽。"

【海鵬風】　暴风。见《庄子·逍遥游》。扶摇，暴风。因称海鹏风。李商隐《武侯庙古柏》："叶凋湘燕雨，枝拆海鹏风。"

【海鯨】　即鲸鱼。哺乳动物，生活在海洋中，故称"海鲸"。李白《横江词六首》之六："日晕天风雾不开，海鲸东蹙百川回。"韩愈、孟郊《远游联句》："海鲸吞明月，浪岛没大沤。"

【海懷】　指宽广的胸怀。岑参《上嘉州青衣山中峰题惠净上人幽居》："渺渺云智远，幽幽海怀长。"

【海懷霞想】　指隐逸仙游之思。李白《秋夕书怀》："海怀结沧洲，霞想游赤城。"

【海藻】　海中藻类植物，如海带、紫菜、龙须菜等。有的可以入药。见明李时珍《本草纲目·草八·海藻》。张籍《赠海东僧》："与医收海藻，持咒取龙鱼。"

【海鰌】　即露脊鲸。见唐刘恂《岭表录异》卷下。许浑《岁暮自广江至新兴题峡山寺四首》之一："海鳍潮上见，江鹄雾中闻。"

【海鶴】　❶鹤科水鸟。一说即江鸥。骆宾王《久戍边城有怀京邑》："海鹤声嘹唳，城乌尾毕逋。"杜甫《寄常征君》："楚妃堂上色殊众，海鹤阶前鸣向人。"仇兆鳌注引《西京杂记》："海鹤，江鸥。"包佶《酬于侍郎湖南见寄》："雪花翻海鹤，波影倒江枫。"马戴《送吕郎中牧东海郡》："海鹤空庭下，夷人远岸居。"❷神话中说辽东人丁令威成仙后化鹤回乡(见陶潜《搜神后记》卷一)，后因以"海鹤"喻指弃仕求仙者。李白《至陵阳山登天柱石酬韩侍御见招隐黄山》："海鹤一笑之，思归向辽东。"

【海鷗】　鸟名。头和颈部呈苍灰色，躯干白色。常活动于海边和内陆河流、湖泊上，在海者名海鸥，在江者名江鸥。也以"海鸥"喻超逸闲适的情趣。见《列子·黄帝篇》。李白《赠汉阳辅录事二首》之一："天清江月白，心静海鸥知。"周贺《秋宿洞庭》："只被浮名系，宁无愧海鸥。"

【海變田】　亦作"海爲田"。海水变为桑田。喻世事变化无常。沈佺期《同工部李侍郎适访司马子微》:“人非冢已荒,海变田应燥。”参见“海水桑田”。

【海鱗】 ❶指大鱼。见《文选·张衡〈西京赋〉》。任希古《和左仆射燕公春日端居述怀》:“凤邸抟霄翰,龙池跃海鳞。”戴叔伦《酬袁太祝长卿小湖村山居书怀见寄》:“篱落栽山果,池塘养海鳞。”窦牟《早入朝书事》:“隐轸排霄翰,差池跨海鳞。”❷指鲲。见《庄子·逍遥游》。王昌龄《赠史昭》:“海鳞未化时,各在天一岸。”卢纶《书情上大尹十兄》:“海鳞方泼剌,云翼暂徘徊。”

【海驛】 海道上的驿站。严维《送李秘书往儋州》:“莎草山城小,毛洲海驿长。”

【海鼇】 神话传说中海里的巨龟。见《列子·汤问》。张蠙《送人归南中》:“烧惊山象出,雷触海鳌沉。”殷文圭《送道者朝见后归山》:“天马难将朱索绊,海鳌宁觉碧涛宽。”

【海靈】 即传说中的海神。见汉王延寿《鲁灵光殿赋》。贯休《送僧归日本》:“焚香祝海灵,开眼梦中行。”

【海鷺】 湖边白鹭。白鹭,俗称鹭鸶,栖息于水边。元稹《直台》:“麇入神羊队,鸟惊海鹭眠。”

【海鹽】 县名。秦置,汉因之。隋废。唐景云二年分嘉兴县复置,属苏州。即今浙江海盐。参见《旧唐书·地理志三》。苏颋《蜀城哭台州乐安少府》:“向悟海盐客,已而梁木摧。”刘长卿有《海盐官舍早春》。张祜有《题海盐南馆》。

【海蠻】 旧称未开化的南海地区少数民族。白居易《新乐府·驯犀》:“海蛮闻有明天子,驱犀乘传来万里。”

湵 〔yóu《广韵》以周切,平尤,以。〕见“湵江”。

【湵江】 指湘水。齐己《寄湘幕王重书记》:“抛掷湵江旧钓矶,日参筹画废吟诗。”

浴 〔yù《广韵》餘蜀切,入燭,以。〕❶洗身,洗澡。崔曙《颍阳东溪怀古》:“白鹭寒更浴,孤云晴未还。”吕温《河中城南姚家浴后题赠主人》:“新浴振轻衣,满堂寒月色。”贯休《春晚书山家屋壁二首》之二:“蚕娘洗茧前溪渌,牧童吹笛和衣浴。”❷沉浸,浸染。储光羲《同诸公秋霁曲江俯见南山》:“山戛浴兰阯,水若居云屏。”顾况《同裴观察东湖望山歌》:“浴鲜积翠栖灵异,石洞花宫横半空。”刘禹锡《送源中丞充新罗册立使》:“烟开鳌背千寻碧,日浴鲸波万顷金。”杜牧《有寄》:“云阔烟深树,江澄水浴秋。”❸指浸洗蚕卵。见“浴蠶”。❹鸟飞忽上忽下貌。语出《大戴礼记·夏小正》:“黑鸟浴。”韦庄《和郑拾遗秋日感事一百韵》:“鹭眠依晚屿,鸟浴上枯杨。”见“浴鳥”。❺通“谷”。见“浴谷”。

【浴日】 ❶指太阳从水面升起。语见《淮南子·天文训》。姜晞《龙池篇》:“灵沼萦回邸第前,浴日涵春写曙天。”杜甫《天池》:“闻道奔雷黑,初看浴日红。”杨巨源《寄昭应王丞》:“光动泉心初浴日,气蒸山腹总成春。”李绅《泛五湖》:“浴日荡层空,浮天淼无畔。”❷喻功勋巨大。语见《山海经·大荒南经》。陆龟蒙《江南秋怀寄华阳山人》:“浴日安知量,追风不计程。”❸谓皇帝沐浴。古代以帝王比日。蔡希周《奉和扈从温泉宫承恩赐浴》:“天行云从指骊宫,浴日余波锡诏同。”

【浴衣】 ❶沐浴前后专用之衣。沈佺期《九真山净居寺谒无碍上人》:“泉行幽供好,林挂浴衣堪。”孟浩然《腊月八日于剡县石城寺礼拜》:“讲席邀谈柄,泉堂施浴衣。”❷浸湿衣衫。皎然《酬秦系山人题赠》:“云林出空乌未归,松吹时飘雨浴衣。”

【浴池】 供佛洗浴的水池。张籍《游襄阳山寺》:“薜荔侵禅窟,虾蟆占浴池。”李绅《新楼诗二十首·龙宫寺》:“好令沧海龙宫子,长护金人旧浴池。”又《别石泉》:“应是梵宫连洞府,浴池今化醒泉清。”

【浴沸水】 浴佛节灌洗佛像的香汤。宋孟元老《东京梦华录·四月八日》:“四月八日佛生日,十大禅院各有浴佛斋会,煎香药糖水相遗,名曰‘浴沸水’。”张籍《题清彻上人院》:“看添浴沸水,自合读经香。”

【浴谷】 犹空谷。陈标《饮马长城窟》:“浴谷气寒愁坠指,断崖冰滑恐伤神。”

【浴沂童】 在沂水洗澡的童子。见《论语·先进》。后用以喻知天乐命,逍遥自在的人。元稹《春六十韵》:“晋悲焚介子,鲁愿浴沂童。”

【浴牀】 古代洗澡用具。见宋聂崇义《新定三礼图·袭敛·浴床图说》。白居易《香山寺石楼潭夜浴》:“平石为浴床,洼石为浴斛。”韦蟾《和柯古穷居苦日喜雨》:“衣裄袭中单,浴床抛下绤。”

【浴室】 洗澡用的房间。寇坦有《同皇甫兵曹天官寺浴室新成招友人赏会》。李敬方《题黄山汤院》:“不与华池语,宁将浴室论。”

【浴浪】 谓在波浪中忽上忽下地浮游。崔珏《和友人鸳鸯之什》:“溪头日暖眠沙稳,渡口风寒浴浪稀。”

【浴堂】 唐宫殿名。在大明宫内。常为召见翰林学士之所。白居易《新乐府·陵园妾》:“遥想六宫奉至尊,宣徽雪夜浴堂春。”又《和春深二十首》之七:“惯看温室树,饱识浴堂花。”

【浴堂門】 唐代大明宫内浴堂殿前之宫门。见宋宋敏求《长安志》卷六。王建《宫词一百首》之五五:“浴堂门外抄名入,公主家人谢面脂。”

【浴斛】 洗浴用具，犹今之澡盆。白居易《香山寺石楼潭夜浴》："平石为浴床，洼石为浴斛。"

【浴鳥】 上下翻飞之鸟。王建《题寿安南馆》："湿树浴鸟痕，破苔卧鹿迹。"顾非熊《酬均州郑使君见送归茅山》："饮猿当濑见，浴鸟带槎逢。"张祜《濠州水馆》："清流中浴鸟，白石下游鱼。"温庭筠《古意》："枝低浴鸟歇，根静悬泉落。"

【浴童】 戏水的小孩。祖咏《泗上冯使君南楼作》："望滩沙鹭起，寻岸浴童歌。"

【浴殿】 即浴堂殿。皇宫内浴室。唐代皇帝常在此召见翰林学士。元稹《寄浙西李大夫四首》之二："浴殿晓闻天语后，步廊骑马笑相随。"白居易《八月十五日夜禁中独直对月忆元九》："渚宫东面烟波冷，浴殿西头钟漏深。"徐铉《和集贤钟郎中》："龙池树色供清景，浴殿香风接近邻。"亦指华清池。罗邺《温泉》："一条春水漱莓苔，几绕玄宗浴殿回。"参见"浴堂"。

【浴德】 修养德性。语出《礼记·儒行》："儒有澡身而浴德。"孔颖达疏："浴德，谓沐浴于德，以德自清也。"元稹《代曲江老人百韵》："浴德留汤谷，蒐畋过渭滨。"

【浴蘭】 沐浴兰汤。即用香草水洗澡。古人认为兰草能避不祥，故以兰汤洁斋、祭祀、洗浴。《楚辞·九歌·云中君》："浴兰汤兮沐芳，华采衣兮若英。"王逸注："兰，香草也。"李白《沐浴子》："沐芳莫弹冠，浴兰莫振衣。"元稹《表夏十首》之十："灵均死波后，是节常浴兰。"

【浴鐵】 谓披挂铁甲。贺朝《从军行》："衔珠浴铁向桑干，衅旗膏剑指乌丸。"

【浴鶴】 指洗刷鹤之羽毛。方干《赠华阴隐者》："花月旧应看浴鹤，松萝本自伴删书。"

【浴蠶】 洗蚕卵。古代用盐水浸洗蚕卵，进行消毒，汰弱留强，是育蚕选种之法。孟浩然《上巳日涧南园期王山人陈七诸公不至》："浴蚕逢姹女，采艾值幽人。"陈润《东都所居寒食下作》："浴蚕当社日，改火待清明。"王建《雨过山村》："妇姑相唤浴蚕去，闲看中庭栀子花。"王周《道中未开木杏花》："村女浴蚕桑柘绿，枉将颜色忍春寒。"

浮 〔fú《广韵》缚谋切，平尤，奉。〕❶漂在液体表面。与"沉"相对。虞世南《奉和至寿春应令》："调谐金石奏，欢洽羽觞浮。"刘长卿《寻张逸人山居》："桃源定在深处，涧水浮来落花。"戴叔伦《题横山寺》："露涵松翠湿，风涌浪花浮。"张夫人《柳絮》："过尊浮绿醑，拂幌缀红绡。"❷水上航行，泛舟。王维《送綦毋潜落第还乡》："行当浮桂棹，未几拂荆扉。"刘长卿《喜李翰自越至》："南浮沧海上，万里到吴台。"刘禹锡《贾客词》："大艑浮通川，高楼次旗亭。"薛能《清河泛舟》："绕郭烟波浮泗水，一船丝竹载凉州。"❸游水。《广雅·释言》："浮，游也。"韦承庆《凌朝浮江旅思》："岸花开且落，江鸟没还浮。"❹飘于空中。太宗《冬狩》："烈烈寒风起，惨惨飞云浮。"杜甫《发秦州》："磊落星月高，苍茫云雾浮。"陈羽《喜雪上窦相公》："千门万户雪花浮，点点无声落瓦沟。"孙頠《宿烟含白露》："露含疏月净，光与晓烟浮。"❺游动，流动。虞世南《结客少年场行》："焰焰戈霜动，耿耿剑虹浮。"杜甫《闷》："瘴疠浮三蜀，风云暗百蛮。"刘昚虚《海上诗送薛文学归海东》："春浮花气远，思逐海水流。"❻反射，反映。李峤《晚秋喜雨》："气涤朝川朗，光澄夕照浮。"孟浩然《同独孤使君东斋作》："竹间残照入，池上夕阳浮。"耿沣《夏日寄东溪隐者》："日华浮野水，草色合遥空。"张籍《岳州晚景》："水光浮日去，霞彩映江飞。"李绅《南梁行》："江城郁郁春草长，悠悠汉水浮青光。"❼谓生命短暂。《庄子·刻意》："其生若浮，其死若休。"成玄英疏："故其生也如浮沤之暂起，变化俄然；其死也若疲劳休息，曾无系恋也。"王绩《晚年叙志示翟处士》："晚岁聊长想，生涯太若浮。"崔知贤《三月三日宴王明府山亭》序："人生若浮，挥鲁阳之戈；奔曦可驻，骋山公之骑。"杜甫《重题》："儿童相识尽，宇宙此生浮。"见"浮生""浮世"。❽游荡，无定所。戴叔伦《送僧南归》："风霜两足白，宇宙一身浮。"见"浮浪"。❾浸漫。杜甫《柏学士茅屋》："晴云满户团倾盖，秋水浮阶溜决渠。"李绅《忆万岁楼望金山》："山绝地维消虎踞，水浮天险尚龙盘。"孔德绍《王泽岭遭洪水》："悠然万顷满，俄尔百川浮。"亦指浸泡。贯休《离乱后寄九峰和尚二首》之一："异香因雪歇，仙果落池浮。"❿笼罩，覆盖。李白《观鱼潭》："凉烟浮竹尽，秋月照沙明。"李岑《玄元皇帝应见贺圣祚无疆》："祥光浮紫阁，喜气绕皇轩。"欧阳詹《题华十二判官汝州宅内亭》："新柳绕门青翡翠，修篁浮径碧琅玕。"何象《赋得御制句朔野阵云飞》："缥缈浮黄屋，阴沈护御衣。"⓫显现，现出。杜易简《湘川新曲二首》之一："昭潭深无底，橘洲浅而浮。"王维《汉江临泛》："郡邑浮前浦，波澜动远空。"殷尧藩《赠惟俨师》："拟扫绿阴浮佛寺，桫椤高树结为邻。"黄滔《题友人山居》："新泉浮石藓，崩壁露松根。"⓬轻薄，轻佻。见"浮躁"。⓭超过。《书·泰誓中》："惟受罪浮于桀。"孔传"浮，过。"陆龟蒙《奉和袭美古杉三十韵》："挺若苻坚棰，浮于祖纳椎。"⓮附着于表面。戎昱《耒阳溪夜行》："岚气船间入，霜华衣上浮。"见"浮埃"。⓯空虚，不切实际。韦应物《答崔主簿问兼简温上人》："诸境一已寂，了将身世浮。"欧阳詹《和严长官秋日登太原龙兴寺阁野望》："境闲知道胜，心远见名浮。"韩愈《秋怀诗十一首》之五："名浮犹有耻，味薄真自幸。"⓰浅，薄。见"浮碧"

"浮霜"。⑰高远貌。孟郊《杀气不在边》："独寝夜难晓，起视星汉浮。"⑱盛貌。《正字通·水部》："浮，盛貌。"皮日休《鲁望昨以五百言见贻因成一千言》："太浮如潋滟，太细如蚳蝝。"⑲谓以满杯罚饮。王绩《尝春酒》："野觞浮郑酌，山酒漉陶巾。"太宗《春日玄武门宴群臣》："清尊浮绿醑，雅曲韵朱弦。"中宗《九月九日幸临渭亭登高得秋字》序："陶潜盈把，既浮九酝之欢。"亦指满杯而饮。

【浮人】 流浪之人。王维《赠房卢氏琯》："浮人日已归，但坐事农耕。"李白《赠徐安宜》："浮人若云归，耕种满郊岐。"又《赠范金卿二首》之二："浮人少荡析，爱客多逢迎。"

【浮弋】 藏身水中弋射。弋，带丝绳的箭。李绅《过梅里七首·翡翠坞》："虞人掠水轻浮弋，翡翠惊飞飞不息。"

【浮山】 山名。(1)即肺浮山。在今陕西临潼南。参见北魏郦道元《水经注·渭水下》。王建《寄杨十二秘书》："初移古寺正南方，静是浮山远是庄。"(2)即罗浮山。在今广东博罗县东江之滨。传说浮山为蓬莱之一阜，浮海而至，与罗山并体，故称罗浮。参见《元和郡县志·循州》。东晋葛洪曾在此山修道炼丹。陆龟蒙《奉和袭美寄题罗浮轩辕先生所居》："预恐浮山归有日，载将云室十洲东。"(3)在湖南耒阳县境。韦庄有《耒阳县浮山神庙》。

【浮天】 ❶犹漫天，满天。虞世南《从军行二首》之一："蔽日卷征蓬，浮天散飞雪。"❷犹言天浮于水上。形容水天相接，广阔无际。孟浩然《与颜钱塘登障楼望潮作》："照日秋云迥，浮天渤澥宽。"钱起《送僧归日本》："浮天沧海远，去世法舟轻。"李绅《泛五湖》："浴日荡层空，浮天淼无畔。"项斯《黄州暮愁》："愿寄浮天外，高风万里回。"❸形容水声特别大。孟郊《上张徐州》："为水不入海，安得浮天波。"杜牧《题白云楼》："江村夜涨浮天水，泽国秋生动地风。"

【浮日】 谓太阳浮现在水面上。张均《岳阳晚景》："水光浮日出，霞彩映江飞。"喻坦之《发浙江》："海曙霞浮日，江遥水合天。"

【浮水】 ❶附于水面。刘长卿《和樊使君登润州城楼》："春草连天随北望，夕阳浮水共东流。"❷露出水面。喻坦之《归江南》："莲叶初浮水，鸥雏已狎人。"

【浮毛】 物体表面的茸毛。杜甫《江头四咏·丁香》："细叶带浮毛，疏花披素艳。"

【浮月】 水面上的月影。骆宾王《望乡夕泛》："落宿含楼近，浮月带江寒。"

【浮心】 浮动不安的心情。孟郊《游石龙涡》："日暮且回去，浮心恨未宁。"鲍溶《采珠行》："浮心一夜生奸见，月质龙躯看几遍。"

【浮幻】 虚浮空幻。王维《与胡居士皆病寄此诗兼示学人二首》之一："色声非彼妄，浮幻即吾真"。赵殿成笺注引《大唐西域记》曰："人命危脆，世间浮幻。"

【浮玉】 传说中的仙人宅居。陆龟蒙《奉和袭美太湖诗二十首·初入太湖》："又云构浮玉，宛与昆阆匹。"原注："太湖乃仙家浮玉之北堂。"

【浮世】 人间，人世。以人世间浮沉聚散无定，故称。耿沣《春日游慈恩寺寄畅当》："浮世今何事，空门此谛真。"元稹《漫天岭赠僧》："漫天无尽日，浮世有穷年。"李商隐《七月二十九日崇让宅宴作》："浮世本来多聚散，红蕖何事亦离披。"罗隐《东归别常修》："浮世到头须适性，男儿何必尽成功！"

【浮石】 ❶石磬。李德裕《圣祖院石磬铭》："有美浮石，凄若铜音。"见"浮磬"。❷潭名。有石高丈余，水大涨不没。参见《方舆胜览·衢州》。白居易《岁暮枉衢州张使君书并诗因以长句报之》："浮石潭边停五马，望涛楼上得双鱼。"❸山名。在今江西南康县西。储嗣宗有《入浮石山》。

【浮生】 ❶人生。王绩《独酌》："浮生知几日，无状逐空名。"李白《子夜吴歌·对酒行》："浮生速流电，倏忽变光彩。"张继《重经巴丘》："浮生聚散云相似，往事冥微梦一般。"李涉《题鹤林寺僧舍》："因过竹院逢僧话，又得浮生半日闲。"亦喻指变化无常。❷指俗世，尘世。寒山《诗三百三首》之二五五："可叹浮生人，悠悠何日了。"杜甫《三川观水涨二十韵》："浮生有荡汩，吾道正羁束。"白居易《题谢公东山障子》："贤愚共在浮生内，贵贱同趋群动间。"杜荀鹤《送九华道士游茅山》："日月浮生外，乾坤大醉间。"❸指世间人。王维《胡居士卧病遗米因赠》："聊持数斗米，且救浮生取。"李益《登天坛夜见海》："九州下视杳未旦，一半浮生皆梦中。"陈羽《酬幽居闲上人喜及第后见赠》："风动自然云出岫，高僧不用笑浮生。"薛能《赠禅师》："浮生蹇莫问，辛苦未成功。"

【浮瓜】 谓浸洗瓜果。杜甫《信行远修水筒》："浮瓜供老病，裂饼尝所爱。"韩翃《送蓚县刘主簿楚》："寒水浮瓜五月时，把君衣袖长河曲。"

【浮灰】 附着在器物表面的灰土。杜甫《小至》："刺绣五纹添弱线，吹葭六琯动浮灰。"

【浮光】 ❶水面或物体表面反射之光。刘宪《奉和春日幸望春宫应制》："商山积翠临城起，浐水浮光共幕连。"崔绩《小苑春望宫池柳色》："嫩叶随风散，浮光向日明。"韩愈《和虞部卢四酬翰林钱七赤藤杖歌》："归来捧赠同舍子，浮光照手欲把疑。"许浑《和宾客相国咏雪》："皓夜迷三径，浮光彻九垓。"❷指映照着日光或月光的水流。褚亮《临高台》："浮光随日度，漾影逐波深。"卢照邻《七夕泛舟二首》之一："连桡渡急响，鸣棹下浮光。”❸闪耀光辉。太宗《芳兰》:“映庭含浅色,凝露泫浮光。”清昼、汤衡《还丹可成诗联句》:“浮光含日彩,圆质焕云英。”裴杞《风光草际浮》:“徐吹遥扑翠,半偃乍浮光。”

【浮年】 ❶犹浮生。李峤《早发苦竹馆》:“徒怜野心旷,讵恻浮年小。”卢象《家叔征君东溪草堂二首》之一:“浮年笑六甲,元化潜一指。”参见“浮生”。❷谓逝去的岁月。孟郊《秋怀》之三:“浮年不可追,衰步多夕归。”

【浮休】 谓人生短暂,世事无常。白居易《永崇里观居》:“何必待衰老,然后悟浮休。”又《重修香山寺毕题二十二韵以纪之》:“先宜知止足,次要悟浮休。”

【浮舟】 行船。孟浩然《北涧泛舟》:“北涧流恒满,浮舟触处通。”杜甫《王阆州筵奉酬十一舅惜别之作》:“浮舟出郡郭,别酒寄江涛。”阎防《夕次鹿门山作》:“浮舟暝始至,抱杖聊自闲。”徐铉《又赋早春书事》:“暖酒红炉火,浮舟绿水波。”亦指乘船游玩。李白《忆旧游寄谯郡元参军》:“浮舟弄水箫鼓鸣,微波龙鳞莎草绿。”

【浮危】 动摇危险,动荡不定。韩愈《寄崔二十六立之》:“所余十九齿,飘飖尽浮危。”南唐后主李煜《挽辞》:“艳质同芳树,浮危道略同。”

【浮名】 虚名。王维《谒璿上人》:“浮名寄缨珮,空性无羁鞅。”岑参《暮春虢州东亭送李司马归扶风别庐》:“帘前春色应须惜,世上浮名好是闲。”崔峒《书情寄上苏州韦使君兼呈吴县李明府》:“数年湖上谢浮名,竹杖纱巾遂性情。”陆龟蒙《浮萍》:“不用临池更相笑,最无根蒂是浮名。”

【浮汎】 在水上飘浮。汎,同“泛”。许浑《陪宣城大夫崔公泛后池兼北楼宴二首》之二:“江上西来共鸟飞,剪荷浮泛似轻肥。”

【浮江】 ❶谓泛舟江上。马周有《凌朝浮江旅思》。王勃有《上巳浮江宴韵得址字》。❷犹渡江。李绅《趋翰苑遭诬构四十六韵》:“度岭瞻牛斗,浮江淬辘轳。”又《姑苏台杂句》:“歌清管咽欢未极,越师戈甲浮江来。”

【浮江以仁】 为称美仁政感化的威力之典故。见《后汉书·宋均传》。储光羲《猛虎词》:“蒙马一何威,浮江一以仁。”

【浮言】 浮华不实之言。姚合《答韩湘》:“君子无浮言,此诗应亦直。”

【浮沉】 参见“浮沈”。

【浮沈】 (—chén)亦作“浮沉”。❶在空中或水中忽上忽下。孟郊《湖州取解述情》:“白鹤未轻举,众鸟争浮沉。”李商隐《寄和水部马郎中题兴德驿》:“鹢舟时往复,鸥鸟恣浮沈。”郑损《钓阁》:“晚来春醉熟,香饵任浮沈。”❷与世俯仰,与时推移。拾得《诗》之十四:“故知君子志,任运听浮沉。”张说《奉和圣制赐诸州刺史应制以题坐右》:“愿使天宇内,品物遂浮沈。”白居易《咏怀》:“自从委顺任浮沈,渐觉年多功用深。”齐己《酬庐山张处士》:“发枯身老任浮沉,懒泥秋风更役吟。”❸喻指仕隐、升降、得失。骆宾王《夏日游德州赠高四》:“虚室狎招寻,敬爱混浮沈。”高适《答侯少府》:“浮沈各异宜,老大贵全真。”吕温《道州奉寄襄阳裴相公》:“悠悠世路自浮沈,岂问仁贤待物心。”李中《壬申岁承命之任淦阳感旧寄刘钧明府》:“各历宦途悲聚散,几看时辈或浮沈。”❹出现和消失。薛据《西陵口观海》:“山影乍浮沈,潮波忽来往。”牟融《送徐浩》:“弟兄聚散云边雁,踪迹浮沈水上鸥。”储嗣宗《送道士》:“泠然御风客,与道自浮沉。”❺指水上和陆地运输。杜甫《上后园山脚》:“石槅遍天下,水陆兼浮沈。”

【浮没】 (—mò)漂浮,沉没。韩愈、孟郊《城南联句》:“鱼口星浮没,马毛锦斑骍。”钱仲联集释引孙汝听曰:“星浮没,言鱼吐沫,其状如此。”

【浮花】 ❶漂浮于水面之花瓣。姚合《白鼻䯄》:“摘莲抛水上,郎意在浮花。”❷漂浮的泡沫。白居易《赠晦叔忆梦得》:“酒面浮花应是喜,歌眉敛黛不关愁。”

【浮花浪蕊】 应时而开的花。韩愈《杏花》:“浮花浪蕊镇长有,才开还落瘴雾中。”

【浮芥】 漂浮的芥草。喻微细。李德裕《重忆山居六首·平泉源》:“山谷才浮芥,中园已滥觞。”

【浮芳】 不结实的花。孟郊《吊卢殷》之七:“寺中摘梅花,园里剪浮芳。”

【浮杯】 ❶即流杯,流觞。古人每逢三月上旬之巳日,于环曲之水渠边聚会,置酒杯于上流,飘浮至谁的面前停下,谁即取饮。孟浩然《上巳日涧南园期王山人陈七诸公不至》:“上巳期三月,浮杯兴十旬。”又《上巳洛中寄王九迥》:“卜洛成周地,浮杯上巳筵。”羊士谔《乾元初严黄门自京兆少尹贬牧巴郡乃赋诗十四韵刻于石壁》:“绕席流还壅,浮杯咽复沉。”❷谓浸泡于酒。刘商《送王贞》:“槿花亦可浮杯上,莫待东篱黄菊开。”李商隐《和马郎中移白菊见示》:“浮杯小摘开云母,带露全移缀水精。”❸犹满杯。李贺《送秦光禄北征》:“清苏和碎蚁,紫腻卷浮杯。”❹犹乘杯。传说南朝僧人能乘木杯渡水,人称杯渡。见南朝梁慧皎《高僧传》卷十。后因以“浮杯”称美得道高僧出行。刘禹锡《赠日本僧智藏》:“浮杯万里过沧溟,遍礼名山适性灵。”牟融《送僧》:“烟水浮杯渡,云山只履行。”亦代指僧人法力。恒超《辞郡守李公恩命》:“虚著褐衣老,浮杯道不成。”

【浮事】 世俗之事。张九龄《别乡人南还》:“牵缀从浮事,迟回谢所钦。”姚合《寄李余卧疾》:“幽斋外浮事,梦寐亦简略。”

【浮念】 世俗的意念。王维《戏赠张五弟諲三首》之一:“对君忽自得,浮念不烦遣。”亦指不切实际的想法。韩愈《秋怀诗十一首》之六:“丧怀若迷方,浮念剧含梗。”

【浮沫】 亦称“浮泡”。泡沫。李绅《鉴玄影堂》:“定心池上浮泡没,招手岩边梦幻通。”清豁《归山吟》:“聚如浮沫散如云,聚不相将散不分。”

【浮泡】 参见“浮沫”。

【浮空】 ❶犹天空。许敬宗《奉和喜雪应制》:“千里遍浮空,五韧咸沦迹。”徐敞《月映清淮流》:“遥夜淮弥净,浮空月正明。”亦指飘荡空中。张文琮《和杨舍人咏中书省花树》:“因风时落砌,杂雨乍浮空。”❷虚空。王维《与胡居士皆病寄此诗兼示学人二首》之二:“浮空徒漫漫,泛有定悠悠。”❸谓天浮水上。形容水势浩渺。张钦敬《洛出书》:“浮空九洛水,瑞圣千年质。”

【浮垢】 蒙在物体表面的灰尘。戎昱《寂上人禅房》:“俗尘浮垢闭禅关,百岁身心几日闲。”

【浮柱】 指露出水面的石柱或木柱。亦借指水槛。杜甫《水槛》:“高岸尚如谷,何伤浮柱攲。”仇兆鳌注:“浮柱,即指水槛。”

【浮查】 (—chá)仙人乘坐的木筏。见晋王嘉《拾遗记·唐尧》。杜甫《观李固请司马弟山水图三首》之三:“浮查并坐得,仙老暂相将。”亦指小木船。杜甫《柴门》:“峡门自此始,最窄容浮查。”参见“浮槎”。

【浮查山】 山名。在今安徽肥东县东。岑仲勉《读全唐诗札记》:“珦刺庐州,故行县至浮查山,然则并无罗炯其人,应删并。”

【浮香】 飘溢的香气。太宗《采芙蓉》:“船移分细浪,风散动浮香。”卢照邻《曲池荷》:“浮香绕曲岸,圆影覆华池。”李君何《曲江亭望慈恩寺杏园花发》:“开蕊风初晓,浮香景欲暄。”

【浮俗】 浮薄的习俗。杜甫《赠虞十五司马》:“交态如浮俗,儒流不异门。”钱起《过温逸人旧居》:“浮俗渐浇淳,斯人谁继妙。”孟郊《送孟寂赴举》:“浮俗官是贵,君子道所珍。”唐思言《和主司王起》:“儒雅皆传德教行,几崇浮俗赞文明。”

【浮亭】 临水的亭子。牟融《客中作》:“浮亭花竹频劳梦,别路风烟半是愁。”

【浮炷】 摇曳的烛光。炷,灯芯,借指烛光。李峤《烛》:“浮炷依罗幌,吹香匝绮茵。”

【浮宦】 犹游宦。外出求官。刘威《冬日送友人西归》:“知音方见誉,浮宦久相关。”

【浮宫】 指水上行营。陆龟蒙《奉和袭美太湖诗二十首·练渎》:“战舰百万辈,浮宫三十余。”

【浮客】 漂泊旅途的人。沈佺期《夜宿七盘岭》:“浮客空留听,褒城闻曙鸡。”杜甫《玩月呈汉中王》:“浮宫转危坐,归舟应独行。”张继《晚次淮阳》:“浮客了无定,萍流淮海间。”鲍溶《宿吴兴道中茗村》:“浮客倦长道,秋深夜如年。”

【浮屍】 漂浮水上之尸体。白居易《杂兴三首》之三:“伍员谏已死,浮尸去不回。”韦庄《汴堤行》:“朝见西来为过客,暮看东去作浮尸。”

【浮埃】 游尘。又轻又细的尘土。杨师道《中书寓直咏雨简褚起居上官学士》:“长檐响奔溜,清簟肃浮埃。”刘庭琦《奉和圣制瑞雪篇》:“九衢晶耀浮埃尽,千品差池赘帛来。”司空曙《和王卿立秋即事》:“九陌浮埃减,千峰爽气攒。”薛能《折杨柳十首》之四:“暖风晴日断浮埃,废路新条发钓台。”

【浮草】 指水草。顾况《酬扬州白塔寺永上人》:“浮草经行遍,空花义趣圆。”

【浮根】 漂浮的须根。温庭筠《兰塘词》:“露凝荷卷珠净圆,紫菱刺短浮根缠。”

【浮航】 联舟而成的浮桥。温庭筠《台城晓朝曲》:“博山镜树香茸茸,袅袅浮航金画龙。”

【浮彩】 犹色彩。裴迪《辋口遇雨忆终南山因献王维》:“积雨晦空曲,平沙灭浮彩。”罗立言《赋得沽美玉》:“浮彩朝虹满,悬光夜月孤。”

【浮脆】 轻浮不实。阎防《晚秋石门礼拜》:“驰晖苦代谢,浮脆惭贞坚。”

【浮悟】 肤浅的领悟。宋之问《游法华寺》:“浮悟虽已久,事试去来成。”

【浮海】 泛舟海上。语出《论语·公冶长》:“子曰:‘道不行,乘桴浮于海。’”后因以“浮海”喻遁迹世外。李白《古风》之二九:“仲尼欲浮海,吾祖之流沙。”刘眘虚《越中问海客》:“浮海焉用说,忆乡难久违。”吴融《荆州寓居书怀》:“绝迹思浮海,修书懒寄秦。”

【浮浮】 流动貌。李贺《箜篌引》:“陇亩油油黍与葫,瓦甒浊醪蚁浮浮。”

【浮浪】 犹漂泊。张乔《赠头陀僧》:“沧海附船浮浪久,碧山寻塔上云遥。”

【浮桑】 即扶桑。神话中的树名。传说日出其下,因谓为日出处。方干《题松江驿》:“便向中流出太阳,兼疑大岸逼浮桑。”

【浮虚】 ❶指虚无玄理。见《晋书·裴頠传》。张说《城南亭作》:“汉家绛灌余兵气,晋代浮虚安足贵。”❷华而不实。陆龟蒙《村夜二篇》之一:“浮虚多徇势,老懒图历聘。”❸谓地被掘松散。韩愈、孟郊《城南联句》："浮虚有新劚，摧扤饶孤撑。"

【浮累】（—lěi）世俗之牵累。孟郊《与二三友秋宵会话清上人院》："泠然诸境静，顿觉浮累灭。"

【浮動】❶犹闪烁。杜牧《洛阳长句二首》之二："天汉东穿白玉京，日华浮动翠光生。"许浑《骊山》："闻说先皇醉碧桃，日华浮动郁金袍。"❷玉制装饰物名。见唐苏鹗《杜阳杂编》卷下。白居易《渭村退居诗一百韵》："贵主冠浮动，亲王辔闹装。"

【浮情】浮动不安的情绪。孟郊《抒情因上郎中二十二叔监察十五叔兼呈李益端公柳缜评事》："浮情少定主，百虑随世翻。"

【浮涼】轻微的凉气。钱起《苏端林亭对酒喜雨》："小雨飞林顶，浮凉入晚多。"郑锡《望月》："素影纱窗霁，浮凉羽扇轻。"元稹《友封体》："雨送浮凉夏簟清，小楼腰褥怕单轻。"

【浮梁】❶即浮桥。上官仪《奉和秋日即目应制》："缇油泛行幔，箫吹转浮梁。"许敬宗《奉和春日望海》："连云飞巨舰，编石架浮梁。"❷指阁道。杜甫《龙门阁》："滑石欹谁凿，浮梁袅相拄。"仇兆鳌注："此记江势之险及阁道之危。"❸古县名。唐属饶州，在今江西景德镇市。白居易《琵琶引》："商人重利轻别离，前月浮梁买茶去。"

【浮屠】佛，佛陀。梵语的音译。韩愈《送僧澄观》："浮屠西来何施为，扰扰四海争奔驰。"陆龟蒙《奉和袭美太湖诗二十首·孤园寺》："浮屠从西来，事者极梁武。"参见"浮圖❶、❷"。

【浮屠教】即佛教。白居易《自觉二首》之二："我闻浮屠教，中有解脱门。"

【浮陰】指过多的阴雨天气。顾况《历阳苦雨》："离忧翻独笑，用事感浮阴。"亦指呈现的阴影。朱庆余《题蔷薇花》："四面垂条密，浮阴入夏清。"

【浮菊】饮菊花酒。浮，满杯而饮。孟浩然《卢明府九日岘山宴袁使君张郎中崔员外》："献寿先浮菊，寻幽或藉兰。"参见"浮菊酒"。

【浮菊酒】即菊花酒。见东汉崔寔《四民月令》。浮，犹泛，指以菊浸酒。戴叔伦《九日送洛阳李丞之任》："且倾浮菊酒，聊拂染衣尘。"

【浮萍】❶浮生在水面的草本植物。李白《去妇词》："浮萍失绿水，教作若为流。"李群玉《新荷》："浮萍遮不合，弱荇绕犹疏。"花蕊夫人徐氏《宫词》之九十："锦鳞跃水出浮萍，荇草牵风翠带横。"❷浮萍在水面随风漂荡，因用以喻变化无常的人生或漂泊不定的身世。寒山《诗三百三首》之二五二："水流如急箭，人世若浮萍。"杜甫《题郑十八著作虔》："乱后故人双别泪，春深逐客一浮萍。"韩愈《答张彻》："肝胆一古剑，波涛两浮萍。"

【浮景】指日光。石殷士《日华川上动》："曙霞攒旭日，浮景弄晴川。"

【浮游】❶亦作"浮遊"。游泳。王绩《古意六首》之三："浮游五湖内，宛转三江里。"李峤《凫》："飒沓睢阳涘，浮游汉水隈。"❷漫游。韩愈《送惠师》："浮游靡定处，偶往即通津。"又《远游联句》："广泛信缥缈，高行恣浮游。"

【浮媚】指草树在微风吹拂中的美姿。李贺《昌谷诗》："光洁无秋思，凉旷吹浮媚。"王琦汇解："浮媚，犹妩媚。"

【浮陽】日光。李白《夕霁杜陵登楼寄韦繇》："浮阳灭霁景，万物生秋容。"钱起《登秦岭半岩遇雨》："屏翳忽腾气，浮阳惨无晖。"许棠《送杜仓曹往沧洲觐叔常侍》："浮阳横巨浸，南巷拥旌旃。"

【浮華】❶表面华丽，不切实际。章孝标《赠刘宽夫昆季》："天假声名悬日月，国凭骚雅变浮华。"杜荀鹤《读友人诗》："外却浮华景，中含教化情。"郑谷《故少师别墅乱后榛芜遂有追纪》："浮华重发作，雅正甚湮沦。"❷指不切实际的虚荣、阔气。韩愈《元和圣德诗》："斥遣浮华，好此绨纩。"谭铢《题九华山》："浮华与朱紫，安可迷心田。"贯休《山居诗二十四首》之二二："自古浮华能几几，逝波终日去滔滔。"

【浮雲】❶飘动的云。李峤《马》："明月来鞍上，浮云落盖中。"裴迪《辋川集二十首·白石滩》："日下川上寒，浮云澹无色。"韩翃《宿石邑山中》："浮云不共此山齐，山霭苍苍望转迷。"周朴《昇山寺》："岩边折树泉冲落，顶上浮云日照开。"❷比喻不值得关心和重视的事物。杜审言《秋夜宴临津郑明府宅》："酒中堪累月，身外即浮云。"刘商《归山留别子侄二首》之二："不逐浮云不羡鱼，杏花茅屋向阳居。"白居易《同年四人游龙门有感而作》："世如阅水应堪叹，名是浮云岂足论。"❸比喻佞臣小人。李白《古风》之三七："浮云蔽紫闼，白日难回光。"皎然《浮云三章》之一："匪日之暮，浮云之污。"白居易《新乐府·鸦九剑》："不如持我决浮云，无令漫漫蔽白日。"❹比喻变幻无常。杜甫《哭长孙侍御》："流水生涯尽，浮云世事空。"刘长卿《齐一和尚影堂》："身寄虚空如过客，心将生灭是浮云。"于武陵《洛阳道》："浮世若浮云，千回故复新。"❺比喻游荡不定。杜甫《别赞上人》："是身如浮云，安可限南北。"元稹《赠柔之》："嫁得浮云婿，相随即是家。"鲍溶《怀远人》："远道在天际，客行如浮云；浮云不知归，似我长望君。"李商隐《赠郑谠处士》："浪迹江湖白发新，浮云一片是吾身。"❻比喻游子。韩翃《送客游江南》："芳芷不共把，浮云怅离居。"权德舆《嘉兴九日寄丹阳亲故》："积水曾南渡，浮云失旧乡。"李冶《偶居》："心远浮云知不还，心云在有无间。"❼比喻飘散，消散。李白《南奔书怀》："宾御如浮云，从风各消散。"王建《铜雀台》："宫中歌舞已浮云，空指行人往来处。"萧静《三湘有怀》："世情已逐浮云散，离恨空随江水长。"❽骏马名。《西京杂记》卷二："文帝自代还，有良马九匹，皆天下之骏马也，一名浮云。"虞世南《结客少年场行》："绿沈明月弦，金络浮云辔。"张昌宗《少年行》："珠轩流水车，玉勒浮云骑。"高适《塞下曲》："结束浮云骏，翩翩出从戎。"

【浮雲客】 指四处游荡之人。杜牧《访许颜》："长嫌世上浮云客，老向尘中不解颜。"

【浮雲寺】 在江南道安州。治所在今湖北安陆。杜牧有《题安州浮云寺楼寄湖州张郎中》。

【浮雲世】 犹浮世，尘世。因世事变幻无常，故称。司马扎《赠王道士》："岂知浮云世，生死逐流水。"

【浮雲流水】 比喻流动不居。无可《同刘秀才宿见赠》："浮云流水心，只是爱山林。"亦泛指不断变化的客观事物。刘沧《经炀帝行宫》："此地曾经翠辇过，浮云流水竟如何。"

【浮雲蔽日】 喻奸邪佞臣蒙蔽君上视听。语本《史记·龟策列传》："日月之明，而时蔽于浮云。"李白《登金陵凤凰台》："总为浮云能蔽日，长安不见使人愁。"薛能《汉南春望》："自古浮云蔽白日，洗天风雨几时来。"

【浮雲驄】 青白杂毛的骏马。李白《效古二首》之一："归时落日晚，蹀躞浮云骢。"李益《长干行》："好乘浮云骢，佳期兰渚东。"参见"浮雲❽"。

【浮葉】 指荷叶。骆宾王《晚泊河曲》："叠花开宿浪，浮叶下凉飙。"

【浮槎】 木筏，小船。杨师道《还山宅》："垂藤扫幽石，卧柳碍浮槎。"杜甫《江上值水如海势聊短述》："新添水槛供垂钓，故著浮槎替入舟。"柳宗元《雨晴至江渡》："渡头水落村径成，撩乱浮槎在高树。"

【浮暉】 参见"浮輝"。

【浮照】 指水面反射之光。陈羽《中秋夜临镜湖望月》："圆光珠入浦，浮照鹊惊林。"

【浮氳】 漂动的水气。刘言史《与孟郊洛北野泉上煎茶》："洁色既爽别，浮氲亦殷勤。"

【浮誇】 虚夸。孟郊《石淙》之三："实力苟未足，浮夸信悠哉。"

【浮遊】 参见"浮游❶"。

【浮煙】 浮动的烟霭雾气。姚崇《夜渡江》："夜渚带浮烟，苍茫晦远天。"杜甫《暮登四安寺钟楼寄裴十》："孤城返照红将敛，近市浮烟翠且重。"司空曙《云阳馆与韩绅宿别》："孤灯寒照雨，湿竹暗浮烟。"陈祜《风光草际浮》："浮烟倾绿野，远色澹晴空。"

【浮溟】 乘舟浮游海上。暗喻遁迹世外。李群玉《登蒲涧寺后二岩三首》之一："浩啸波光里，浮溟兴甚长。"参见"浮海"。

【浮碧】 浅蓝色。杨巨源《酬崔驸马惠笺百张兼贻四韵》："浮碧空从天上得，殷红应自日边来。"

【浮輕】 微微扬起貌。姚合《游春十二首》之二："树枝风掉软，菜甲土浮轻。"

【浮圖】 ❶佛，佛陀。梵语 Buddha 音译。寒山《诗三百三首》之一八四："一日有钱财，浮图顶上立。"柳宗元《法华寺石门精舍三十韵》："何用期所归，浮图有遗象。"参见"浮屠❶"。❷指僧侣。刘禹锡《赠别约师》序："荆州人文约，市井生而云鹤性，故去荤为浮图。"一钵和尚《一钵歌》："若觅修，八万浮图何处求？"参见"浮屠❷"。❸指佛塔。高适《同诸公登慈恩寺浮图》："香界泯群有，浮图岂诸相。"张祜《题重居寺》："浮图经近郭，长日羡僧闲。"贯休《夜对雪寄杜使君》："桥高银蝃蝀，峰峻玉浮图。"❹浮现图像。白居易《东南行一百韵》："鼍鸣江擂鼓，蜃气海浮图。"

【浮僞】 浮夸伪善。吴筠《览古十四首》之二："王业与霸功，浮伪日以宣。"

【浮說】 虚浮不实的言论。皮日休《鲁望昨以五首言见贻因成一千言》："百家嚣浮说，诸子率寓篇。"

【浮塵】 ❶附于物体表面之灰尘。无名氏《商山馆》(外编下)："净君扫浮尘，凉友招清风。"❷谓尘世。韩愈《忽忽》："安得长翮大翼如云生我身，乘风振奋出六合，绝浮尘。"杜牧《宿长庆寺》："南行步步远浮尘，更近青山昨夜邻。"❸参见"浮塵子"。

【浮塵子】 亦省称"浮塵"。昆虫名。体形似蝉而小，黄绿色或黄褐色。元稹《虫豸诗·浮尘子》："可叹浮尘子，纤埃喻此微。"又《虫豸诗·蟆子》序："蚊蟆与浮尘，皆巴蛇鳞中之细虫耳。"

【浮榮】 虚荣。陈子昂《感遇诗三十八首》之十一："浮荣不足贵，遵养晦时文。"钱起《故相国苗公挽歌》："盛业留青史，浮荣逐逝波。"皎然《题郑谷江畔桐斋》："浮荣未可累，旷达若为群。"罗邺《秋夕旅怀》："不似扁舟钓鱼者，免将心事算浮荣。"

【浮漚】 (—ōu)❶水面泡沫。张籍《和李仆射雨中寄卢严二给事》："进点时穿牖，浮沤欲上阶。"姚合《奉和门下相公雨中寄裴给事》："石信浮沤重，泥从积藓埋。"陆龟蒙《奉酬袭美苦雨四声重寄三十二句·平声》："浮沤惊跳丸，寒声思重裘。"亦用以形容状似浮沤之物。顾况《露青竹杖歌》："浮沤丁子珠联联，灰煮蜡楷光烂然。"❷比喻短暂的生命和变化无常的世事。拾得《诗》之五一："浮沤梦幻身，百年能几几。"李远《题僧院》："百年如过鸟，万事尽浮沤。"李洞《秋宿梓州牛头寺》："晓楼归下界，大地一浮沤。"

【浮漾】 漂浮荡漾。沈亚之《湘中怨》解："有画舻浮漾而来，中为彩楼，高百余尺。”

【浮輪】　指初升的太阳。轮，似轮的物体。多指日、月。李季何《立春日晓望三素云》：“浮轮初缥缈，承盖下氤氲。”

【浮輝】　亦作“浮晖”。指水面或物体表面反射的日光。刘长卿《登扬州栖灵寺塔》：“遥对黄金台，浮辉乱相射。”柳宗元《登蒲州石矶望横江口香零山》：“浮晖翻高禽，沈景照文鳞。”

【浮賤】　指浮名微贱之人。自谦之词。储光羲《苏十三瞻登玉泉寺峰入寺中见赠作》：“逖听多时友，招邀及浮贱。”

【浮箭】　古计时器漏壶上指示时刻的箭头。见《文选・张协〈七命〉》。褚亮《奉和咏日午》：“曦车日亭午，浮箭未移晖。”

【浮綠】　浅绿色。白居易《东楼竹》：“影转色入楼，床席生浮绿。”

【浮磬】　水边可作磬之石。见《书・禹贡》。钱起《白石枕》：“曾无白圭玷，不作浮磬鸣。”白居易《新乐府・华原磬》：“古称浮磬出泗滨，立辨致死声感人。”薛能《彭门解嘲二首》之一：“频上水楼谁会我，泗滨浮磬是同声。”

【浮橋】　用船、筏等并列，铺上木板造成的桥。李颀《少室雪晴送王宁》：“惜别浮桥驻马时，举头试望南山岭。”柳中庸《河阳桥送别》：“黄河流出有浮桥，晋国归人此路遥。”张籍《泗水行》：“春冰销散日华满，行舟往来浮桥断。”贾岛《寄乔侍郎》：“大宁犹未到，曾渡北浮桥。”

【浮濁】　世俗的纷扰。方干《叙龙瑞观胜异寄于尊师》：“若弃荣名便居此，自然浮浊不相关。”曹松《赠道人》：“顾我从来断浮浊，拟驱鸡犬上三清。”

【浮薄】　虚浮轻薄，不厚道。高适《淇上酬薛三据兼寄郭少府微》：“皇情念淳古，时俗何浮薄。”孟郊《吊元鲁山》之七：“谁能嗣教化，从此洗浮薄。”亦指轻浮浅薄的人。林宽《长安遣怀》：“醉下高楼醒复登，任从浮薄笑才能。”

【浮霜】　薄霜。叶季良《赋得月照冰池》：“浮霜玉比彩，照像镜同规。”

【浮霞】　飘动的彩霞。何敬《题吉州龙溪》：“奔流百折银河通，落花滚滚浮霞红。”

【浮龍】　犹泛舟。杜甫《别蔡十四著作》：“积水驾三峡，浮龙倚长津。”仇兆鳌注引吴见思曰：“龙即舟也。”

【浮盪】　指思想作风虚浮不实。李群玉《自澧浦东游投员外从公虞》：“经术震浮荡，国风扫齐梁。”

【浮闕】　浮现在空中的宫殿。郭遵《南至日隔仗望含元殿香炉》：“如看浮阙在，稍觉逐风迁。”

【浮曠】　飘逸旷放。李群玉有《池州封员外郡斋双鹤丹顶霜翎仙态浮旷罢政之日因呈此章》。

【浮觴】　浮流酒杯。古人于每年三月上旬之巳日，在环曲的水渠边聚会宴饮，放置酒杯于水上，杯漂浮流行，停在谁的面前，谁就当即取饮，称为浮觞，亦称“流觞”。魏征《五郊乐章・赤帝徵音・雍和》：“琼羞溢俎，玉醑浮觞。”徐晶《赠温驸马汝阳王》：“连骑长楸下，浮觞曲水湄。”储光羲《答王十三维》：“门生故来往，知欲命浮觞。”

【浮獸】　游荡的走兽。苏味道《九江口南济北接蕲春南与浔阳岸》：“锡龟犹入贡，浮兽罢为灾。”

【浮蟻】　❶酒面上飘浮之泡沫，状若蚁然，故称。杜甫《赠特进汝阳王二十韵》：“仙醴来浮蚁，奇毛或赐鹰。”卢仝《寄赠含曦上人》：“不如向阳堂，拨醅泛浮蚁。”刘禹锡《酬乐天衫酒见寄》：“动摇浮蚁香浓甚，装束轻鸿意态生。”陆龟蒙《村夜二篇》之一：“开瓶浮蚁绿，试笔秋毫劲。”❷借指酒。骆宾王《秋日饯陆道士陈文林》：“玉柱离鸿怨，金罍浮蚁空。”杜甫《对雪》：“无人竭浮蚁，有待至昏鸦。”李咸用《送人》：“盈耳暮蝉催别骑，数杯浮蚁咽离肠。”郑谷《自适》：“浮蚁满杯难暂舍，贯珠一曲莫辞听。”

【浮識】　谓粗浅地见识一下。王勃《忽梦游仙》：“浮识俄易归，真游邈难再。”

【浮靡】　浮艳绮靡。韦应物《赠丘员外二首》之一：“高词弃浮靡，贞行表乡闾。”

【浮躁】　轻浮急躁。韩愈《荐士》：“杳然粹而清，可以镇浮躁。”

【浮議】　犹空谈。浮泛不实的议论。刘得仁《二上翰林丁学士》：“外族帝王是，中朝亲旧稀。翻令浮议者，不许九霄飞。”

【浮競】　轻浮躁进。孟郊《旅次洛城东水亭》：“自然逍遥风，荡涤浮竞情。”曹邺《成名后献恩门》：“自怜孤生竹，出土便有节。”

【浮飆】　轻轻飘动的风。萧颖士《凉雨一章》：“习习凉风，泠泠浮飙。”

【浮鷁】　航行的船。古人画鹢首于船头，故称船为鹢。刘长卿《奉饯郎中四兄赴汝南行营》：“岸柳遮浮鹢，江花隔避骢。”亦指泛舟。胡曾《自岭下泛鹢到清远峡作》：“乘船浮鹢下韶水，绝境方知在岭南。”

【浮巘】　高入云霄的险峰。宋之问《游陆浑南山以诗代书答李舍人适》：“细岑互攒倚，浮巘竞奔蹙。”

【浮豔】　❶指华美艳丽的姿色。韩愈《奉和刘给事三堂新题二十一咏・风折花枝》：“浮艳侵天难就看，清香扑地只遥闻。”高蟾《长门怨》：“烟翠薄情攀不得，星芒浮艳采无因。”唐彦谦《牡丹》：“青帝于君事分偏，秾堆浮艳倚朱门。”❷指文辞华而不实。皮日休

《七爱诗·白太傅》:"欸从浮艳诗,作得典诰篇。"又《正乐府十篇》序:"今之所谓乐府者,唯以魏晋之侈丽,陈梁之浮艳,谓之乐府诗,真不然矣。"

浼 〔měi《广韵》武罪切,上贿,明。《集韵》母罪切,上贿,明。〕❶沾污,污染。《说文·水部》:"浼,污也。"韩愈、孟郊《斗鸡联句》:"独胜事有然,旁惊汗流浼。"郑谷《转正郎后寄献集贤相公》:"止陪鸳鹭居清秩,滥应星辰浼上玄。"韩偓《赠吴颠尊师》:"迹应常自浼,颠亦强为名。"❷水流平缓貌。见"浼浼"。

【浼浼】 水流平缓貌。《诗·邶风·新台》:"新台有酒,河水浼浼。"朱熹注:"浼浼,平也。"韦应物《拟古诗十二首》之三:"峨峨高山巅,浼浼青川流。"白居易《同韩侍郎游郑家池吟诗小饮》:"野艇容三人,晚池流浼浼。"

流 〔liù《广韵》力求切,平尤,來。〕❶水的移动。《说文·水部》:"流,水行也。"虞世南《结客少年场行》:"天山冬夏雪,交河南北流。"王维《汉江临泛》:"江流天地外,山色有无中。"李贺《李凭箜篌引》:"吴丝蜀桐张高秋,空山凝云颓不流。"刘沧《罢华原尉上座主尚书》:"山连绝塞浑无色,水到平沙几处流。"亦泛指其他液体移动。王绩《古意六首》之三:"一朝失运会,刳肠血流死。"戴叔伦《边城曲》:"胡笳听彻双泪流,羁魂惨惨生边愁。"❷随水漂流。李怀远《凝碧池侍宴看竞渡应制》:"忽闻天上乐,疑逐海查流。"张继《晚次淮阳》:"浮客了无定,萍流淮海间。"徐夤《水》:"洪波激湍归何处,二月桃花满眼流。"❸运行,移动。李白《答王十二寒夜独酌有怀》:"万里浮云卷碧山,青天中道流孤月。"韦应物《夜对流萤作》:"月暗竹亭幽,萤光拂席流。"韦庄《关河道中》:"但见时光流似箭,岂知天道曲如弓。"❹下,沉落。杜甫《立秋雨院中有作》:"山云行绝塞,大火复西流。"陈羽《长安卧病秋夜言怀》:"紫陌夜深槐露滴,碧空云尽火星流。"李贺《后园凿井歌》:"一日作千年,不须流下去。"刘禹锡《新秋对月寄乐天》:"夜凉金气应,天静火星流。"亦指坠下。杜甫《归雁二首》之二:"伤弓流落羽,行断不堪闻。"❺移动不定,流亡。韩愈《赴江陵途中寄赠三学士》:"富者既云急,贫者固已流。"陈季卿《江亭晚望题书斋》:"田园已逐浮云散,乡里半随逝水流。"引申指飘荡。韦应物《对春雪》:"开闱正乱流,宁辨花枝处。"❻(声音)圆转,流利。太宗《三层阁上置音声》:"声流三处管,响乱一重弦。"见"流聲""流鶯"。❼虚浮,无根据的。见"流言""流議"。❽演变,变化。见"流易"。❾传布,传播。李峤《奉和天枢成宴夷夏群僚应制》:"声流尘作劫,业固海成田。"李白《金陵听韩侍御吹笛》:"韩公吹玉笛,倜傥流英音。"韩愈《此日足可惜赠张籍》:"之子去须臾,赫赫流盛名。"李商隐《韩碑》:"呜呼圣皇及圣相,相与烜赫流淳熙。"亦指散发。郭遵《南至日隔仗望含元殿香炉》:"芬馨流远近,散漫入貂蝉。"陈璀《风光草际浮》:"晓光缘圃丽,芳气满街流。"❿显露。长孙佐辅《闻韦驸马使君迁拜台州》:"德胜祸先戢,情闲思自流。"⓫放纵。见"流心"。⓬流连,沉溺。《孟子·梁惠王下》:"从流下而忘返,谓之流。"李华《咏史十一道》之八:"淫声流不返,慆荡日无端。"见"流悦"。⓭河道、水流的路线。孟浩然《自浔阳泛舟经明海》:"大江分九流,淼淼成水乡。"窦巩《登玉钩亭奉献淮南李相公》:"朱槛入云看鸟灭,绿杨如荠绕江流。"杨凌《梅里旅夕》:"枫浦蝉随岸,沙汀鸥转流。"⓮河川或江河的流水。虞世南《拟饮马长城窟》:"驰马渡河干,流深马渡难。"王维《晓行巴峡》:"登高万井出,眺迥二流明。"刘商《合溪水涨寄敬山人》:"而今却欲嫌溪水,雨涨春流隔往来。"李德裕《鸳鸯篇》:"洞庭无苦寒,沅江多碧流。"⓯像水似地流泻、流逝。韦应物《月夜》:"皓月流春城,华露积芳草。"戎昱《宿桂州江亭呈康端公》:"露滴千家静,年流一叶催。"齐己《宜春江上寄仰山长老二首》之二:"雨晴天半碧光流,影倒残阳湿郡楼。"亦借指月光。韦应物《怀素友子西》:"阶暝流暗驶,气疏露已侵。"⓰潮流,风尚。韩翃《送王侍御赴江西兼寄李袁州》:"按俗承流几路清,平明山霭春江云。"⓱河水离开源头后的部分。与源对言。《广雅·释诂一》:"流,末也。"王念孙疏证:"水本曰源,末曰流。"王绩《古意六首》之三:"溱洧源流狭,春秋不濡轨。"孟浩然《经七里滩》:"彩翠相氛氲,别流乱奔注。"周渍《山下水》:"不独有声流出此,会归沧海助波澜。"⓲品类,等辈,等级。杜甫《有怀台州郑十八司户》:"夫子嵇阮流,更被时俗恶。"欧阳詹《咏德上太原李尚书》:"锵玉半为趋阁吏,腰金皆是走庭流。"刘禹锡《和令狐相公言怀寄河中杨少尹》:"章句惭非第一流,世间才子昔陪游。"韦庄《绛州过夏留献郑尚书》:"因循每被时流诮,奋发须由国士怜。"⓳古代的刑罚。把罪人放逐到远方。杜甫《寄杜位》:"逐客虽皆万里去,悲君已是十年流。"韩愈《八月十五夜赠张功曹》:"迁者追回流者还,涤瑕荡垢清朝班。"⓴佛教语。谓流转轮回。王维《与胡居士皆病寄此诗兼示学人二首》之二:"讵舍贫病域,不疲生死流。"

【流人】 贬谪流放的人。张说《赦归在道中作》:"何幸光华旦,流人归上京。"孟浩然《洛中访袁拾遗不遇》:"洛阳访才子,江岭作流人。"于鹄《送迁客二首》之二:"流人何处去,万里向江州。"杜荀鹤《赠友人罢举赴交趾辟命》:"罢却名场拟入秦,南行无罪似流人。"

【流亡】 ❶逃亡流落在外的人。王湾《秋夜寓直即事怀赠萧令公裴侍郎兼通简南省诸友人》："赋简流亡辑，农安政理凭。"韦应物《寄李儋元锡》："身多疾病思田里，邑有流亡愧俸钱。"❷指身死异乡，魂魄散佚。李商隐《哭虔州杨侍郎》："流亡诚不吊，神理若为诬。"

【流子】　贬谪流放的人。沈佺期《初达驩州》："流子一十八，命予偏不偶。"

【流天】　运行于天空。多指月帝。李群玉《望月怀友》："盈手水光寒不湿，流天素彩静无风。"

【流水】　❶流动的水，流逝的水。祖咏《陆浑水亭》："浅沙平有路，流水漫无声。"戴叔伦《送友人东归》："轻烟覆流水，落日照行尘。"牟融《天台》："碧溪流水泛桃花，树绕天台迥不赊。"刘兼《春宴河亭》："柳摆轻丝拂嫩黄，槛前流水满池塘。"亦指水向外流。白居易《杂兴三首》之二："国中新下令，官渠禁流水。"❷借指江河小溪。李贺《江楼曲》："楼前流水江陵道，鲤鱼风起芙蓉老。"白居易《罗敷水》："野店东头花落处，一条流水号罗敷。"刘望《九嶷山》："徒有旧山流水畔，老松枝叶苦吟风。"❸谓时光像水流般逝去。韦应物《淮上喜会梁川故人》："浮云一别后，流水十年间。"白居易《六十拜河南尹》："流水光阴急，浮云富贵迟。"许棠《重归江南》："岁月逐流水，山川空夕阳。"❹像水流一样接连不断。张昌宗《少年行》："珠轩流水车，玉勒浮云骑。"王季友《酬李十六岐》："千宾揖对若流水，五经发难如叩钟。"白居易《和微之诗二十三首·和望晓》："街心若流水，城角如断岸。"❺古琴曲。即《高山流水》。见《吕氏春秋·本味》。亦指高雅的琴曲。杨师道《侍宴赋得起坐弹鸣琴二首》之二："罕有知音者，空劳流水声。"孟浩然《和张判官登万山亭因赠洪府都督韩公》："因声寄流水，善听在知音。"李贺《河南府试十二月乐词·二月》："津头送别唱流水，酒客背寒南山死。"亦用以形容琴声悠扬畅快。李白《听蜀僧浚弹琴》："客心洗流水，余响入霜钟。"项斯《泾州听张处士弹琴》："仿佛不离灯影外，似闻流水到潇湘。"

【流水曲】　指高雅的琴曲。崔融《哭蒋詹事俨》："即今流水曲，何处俗人知。"刘禹锡《和游房公旧竹亭闻琴绝句》："一闻流水曲，重忆餐霞人。"

【流水無情】　流水一去不返，毫无情意。白居易《过元家履信宅》："落花不语空辞树，流水无情自入池。"杜牧《金谷园》："繁华事散逐香尘，流水无情草自春。"

【流水落花】　形容残春景象。南唐后主李煜《浪淘沙》词："流水落花春去也，天上人间。"亦用以喻时光流逝。

【流水韻】　指高雅的乐曲。李白《春日归山寄孟浩然》："愧非流水韵，叨入伯牙弦。"

【流水聲中視公事】　谓弹琴而治。典出《吕氏春秋·察贤》。用以称美县令以德化理政。崔峒《题桐庐李明府官舍》："流水声中视公事，寒山影里见人家。"参见"流水"。

【流化】　广施教化。张说《安乐郡主花烛行》："清歌棠棣美王姬，流化邦人正夫妇。"韩愈《县斋有怀》："嗣皇新继明，率土日流化。"

【流月】　❶闪耀的月光。寇泚《度涂山》："流月挥金戈，惊风折寒木。"章孝标《游地肺》："溪滩永夜流月，羽翼清秋在天。"❷谓如水流照的月光。孙逖《葛山潭》："圆潭写流月，晴明涵万象。"韦应物《感梦》："绵思霭流月，惊魂飒回飙。"

【流火】　谓大火星由中天西降。语出《诗·豳风·七月》："七月流火，九月授衣。"孔颖达疏："于七月之中，有西流者，是火之星也，知是寒之将至。"后用以指暑气渐退而秋将至之时。宋之问《和姚给事寓直之作》："晓河低武库，流火度文昌。"姚向《奉陪段相公晚夏登张仪楼》："俪曲亲流火，凌风洽小杯。"刘言史《立秋》："兹晨戒流火，商飙早已惊。"亦借指农历七月。李商隐《人日即事》："舜格有苗旬太远，周称流火月难穷。"

【流文】　流水的波纹。宋之问《春日芙蓉园侍宴应制》："烟气笼青阁，流文荡画桥。"

【流宂】　流离失所。宂，亦作"冗"，离散。杜甫《夏日叹》："万人尚流冗，举目唯蒿莱。"

【流水引】　即古琴曲《高山流水》。至唐分为《高山》《流水》二曲。后用以指觅知音的高雅乐曲。骆宾王《咏怀》："莫将流水引，空向俗人弹。"白行简《夫子鼓琴得其人》："稍殊流水引，全辨圣人心。"参见"流水"。

【流世】　犹浮世。谓人生在世如水流般逝去，因称流世。白居易《三月三日》："暮春风景初三日，流世光阴半百年。"李郢《寒食野望》："旧坟新陇哭多时，流世都堪几度悲。"

【流目】　放眼随意观看。宋之问《自衡阳至韶州谒能禅师》："别家万里余，流目三春际。"李白《荆门浮舟望蜀江》："流目浦烟夕，扬帆海月生。"钱起《题玉山村叟屋壁》："涉趣皆流目，将归羡在林。"

【流玉】　犹流水。司空图《诗品二十四则·委曲》："杳霭流玉，悠悠花香。"

【流矢】　乱飞的箭。周昙《咏史诗·秦门·再吟胡亥》："盗贼纵横主恶闻，遂为流矢犯君轩。"

【流年】　流水般逝去的光阴、年华。宋之问《玩郡斋海榴》："徒缘滞遐郡，常是惜流年。"高适《酬裴员外以诗代书》："与君从此辞，每恐流年催。"戴叔伦《酬盩厔耿少府湋见寄》："流年不尽人自老，外事无端心已空。"赵嘏《齐安早秋》："流年堪惜又堪惊，砧杵风来满郡城。”

【流年箭】　形容光阴似箭一般地流逝。陈陶《将进酒》：“琴瑟盘倾从世珠，黄泥局泻流年箭。”

【流光】　❶闪耀的光，流动的光。李白《赠宣城宇文太守兼呈崔侍御》：“回旋若流光，转背落双鸢。”钱起《省中对雪寄元判官拾遗昆季》：“散影成花月，流光透竹烟。”王景中《风草不留霜》：“飘素衰蘋末，流光晚蕙丛。”❷指阳光。李白《杜陵绝句》：“秋水明落日，流光灭远山。”张籍《短歌行》：“流光暂出还入地，使我年少不须臾。”刘得仁《晚夏》：“日夕是西风，流光半已空。”❸指月光。李白《望月有怀》：“寒月摇清波，流光入窗户。”长孙佐辅《关山月》：“忽忆秦楼妇，流光应共有。”徐夤《赠月君》：“鸣梭轧轧纤纤手，窗户流光织女星。”❹指萤火。虞世南《咏萤》：“的历流光小，飘飖弱翅轻。”徐夤《萤》：“流光堪在珠玑列，为火不生榆柳中。”❺时光。因其易逝，故称。李白《前有一樽酒行二首》之一：“青轩桃李能几何，流光欺人忽蹉跎。”张祜《酬武蕴之始见华发遂成继和》：“不是流光促，因缘别恨深。”徐铉《和张少监晚菊》：“自知佳节终堪赏，为惜流光未忍开。”❻指春光，好时光。元稹《与吴侍御春游》：“满眼流光随日度，今朝花落更纷纷。”李商隐《柳》：“为有桥边拂面香，何曾自敢占流光？”❼谓福泽流传至后世。慧净《杂言》：“度有流光功德收，金河示灭归常住。”❽流转的目光。孟简《咏欧阳行周事》：“座上转横波，流光注夫君。”

【流行】　（一xíng）广泛传播，盛行。白居易《新乐府·时世妆》：“时世流行无远近，腮不施朱面无粉。”

【流血】　受伤出血。白居易《和答诗十首·答箭镞》：“一盗既流血，百犬同吠声。”常用以指战争造成的伤亡。卢照邻《紫骝马》：“不辞横绝漠，流血几时干？”杜甫《垂老别》：“积尸草木腥，流血川原丹。”

【流名】　名声流传。张九龄《奉和圣制过王濬墓》：“孤绩沦千载，流名感圣衷。”张籍《送流人》：“流名属边将，旧业作公田。”

【流吹】　古代吹奏乐器。笳、箫之类。杨师道《奉和夏日晚景应诏》：“雕轩动流吹，羽盖息回塘。”

【流利】　流通顺畅。元稹《元和五年予官不了罚俸西归因投五十韵》：“新莺语娇小，浅水光流利。”

【流言】　没有根据的话。多指背后议论、诬蔑、诽谤的话。杨凝《感怀题从舅宅》：“流言应未息，直道竟难通。”白居易《放言五首》之三：“周公恐惧流言后，王莽谦恭未篡时。”

【流沙】　❶古代泛指我国西北方的沙漠。太宗《执契静三边》：“花销葱岭雪，縠尽流沙雾。”李白《幽州胡马客歌》：“白刃洒赤血，流沙为之丹。”韩愈《江汉答孟郊》：“流沙信难行，马足常往还。”马戴《送和北虏使》：“日入流沙际，阴生瀚海边。”❷古地名。（1）指居延海。见《元和郡县志·甘州》。骆宾王《晚度天山有怀京邑》：“交河浮绝塞，弱水浸流沙。”李白《闺情》：“恨君流沙去，弃妾渔阳间。”高适《送裴别将之安西》：“地出流沙外，天长甲子西。”（2）指白龙堆沙漠。在今新疆罗布泊和甘肃敦煌古玉门关之间。古时为通往西域必经之地。杜甫《秦州杂诗二十首》之三：“州图领同谷，驿道出流沙。”刘言史《病僧二首》之一：“如今汉地诸经本，自过流沙远背来。”无名氏《梦到沙州奉怀殿下》（外编上）：“将谓飘零长失路，谁知运合到流沙。”❸泛指西域。李白《古风》之二九：“仲尼欲浮海，吾祖之流沙。”白居易《新乐府·西凉伎》：“奋迅毛衣摆双耳，如从流沙来万里。”赵嘏《赠金刚三藏》：“心法本无住，流沙归复来。”胡曾《咏史诗·流沙》：“老氏却思天竺住，便将徐甲去流沙。”❹指冲刷入江海的泥沙。无名氏《客题青龙寺门》（卷八七七）：“敬文今不在，碎石入流沙。”

【流沙說】　指函谷关令尹喜与老子游流沙的传说。事见汉刘向《列仙传·关令尹喜》。李群玉《别尹炼师》：“若非函谷令，谁注流沙说？”

【流沙待師】　传说周朝函谷关令尹喜与老子俱游流沙成仙。后因以“流沙待（一作侍）师”喻出世学道。李端《游终南山因寄苏奉礼士尊师苗员外》：“愿得烧丹诀，流沙永待师。”参见“流沙說”。

【流沙磧】　唐代吐蕃地接流沙，因以代指吐蕃。杜甫《八哀诗·赠司空王公思礼》：“服事哥舒翰，意无流沙碛。”宋郭知达注：“意无流沙碛，言轻视西戎，不以为意。”

【流玩】　流连玩赏。皮日休《追和虎丘寺清远道士诗》：“兹岑信灵异，吾怀惬流玩。”

【流芳】　❶散发香气。李白《阳春歌》：“披香殿前花始红，流芳发色绣户中。”韦应物《对杂花》：“妍姿如有意，流芳复满园。”沈徽《古兴二首》之一：“敷色高碧岭，流芳薄丹霄。”❷指花香四溢的景色。孟浩然《题梧州陈司马山斋》：“流芳虽可悦，会自泣长沙。”戴叔伦《送吕少府》：“共醉流芳独归去，故园高士日相亲。”韩翃《送李湜下第归卫州便游河北》：“轻云日下不成阴，出对流芳搅别心。”司空图《乱后三首》之二：“流芳能几日，惆怅又闻蝉！”❸喻流传的美名。李白《东海有勇妇》：“余罪警风俗，流芳播沧瀛。”刘长卿《赠别卢司直之闽中》：“华发同今日，流芳似旧时。”❹犹流芳，好时光。王易从《临高台》：“可怜军书断，空使流芳歇。”杨凌《奉酬韦滁州寄示》：“淮扬为郡暇，坐惜流芳歇。”王涯《闺人赠远五首》之一：“为报辽阳客，流芳不待人。”陈陶《钟陵道中作》：“原隰经霜蕙草黄，塞鸿消息怨流芳。”

【流杯】 即“流觞”。许浑《和人贺杨仆射致政》：“岂同王谢山阴会，空叙流杯醉暮春。”皮日休《习池晨起》：“芰叶深深埋钓艇，鱼儿漾漾逐流杯。”参见“流觞”。

【流杯池】 唐西京长宁公主宅有流杯池。上官昭容有《游长宁公主流杯池二十五首》。

【流杯亭】 在唐藩镇剑南东川。李商隐有《三月十日流杯亭》。

【流杯渠】 用以浮泛酒杯的环曲水渠。韦处厚有《盛山十二诗·流杯渠》。张籍有《和韦开州盛山十二首·流杯渠》。

【流明】 散发光辉。杨濬《送刘散员赋得陈思王诗明月照高楼》：“高楼一何绮，素月复流明。”

【流易】 推移变迁。任希古《和李公七夕》：“履化悲流易，临川怨迟暮。”乔知之《定情篇》：“何用念芳春，芳春有流易。”

【流例】 流传之惯例。骆宾王《代女道士王灵妃赠道士李荣》：“别有众中称黜帝，天上人间少流例。”白居易《对酒五首》之五：“眼前流例君看取，且遣琵琶送一杯。”

【流金】 谓高温熔化金属。多用以形容天气酷热。李峤《晚秋喜雨》：“国惧流金眚，人深悬磬忧。”刘言史《广州王园寺伏日即事寄北中亲友》：“且困流金炽，难成独酌谣。”

【流金鑠石】 谓高温熔化金石。形容天气酷热。韩偓《再思》：“流金铄石玉长润，败柳凋花松不知。”亦省作“流爍”。张九龄《夏日奉使南海在道中作》：“飞走逃深林，流烁恐生疵。”

【流念】 犹垂念。《郊庙歌辞·享太庙乐章·承光舞》：“丹扆流念，鸿名式序。”

【流采】 亦作“流彩”。流动闪耀的光辉。李贺《出城别张又新酬李汉》：“华实自苍老，流采长倾溢。”李虞仲《初日照凤楼》：“流彩连朱槛，腾辉照绮疏。”

【流放】 放纵，放任。权德舆《书绅诗》：“心源一流放，骇浪奔长鲸。”

【流沫】 ❶谓水花飞溅。孟浩然《早发渔浦潭》：“美人常晏起，照影弄流沫。”❷流出涎沫。李商隐《韩碑》：“愿书万本诵万过，口角流沫右手胝。”

【流波】 ❶流水。骆宾王《秋日送侯四得弹字》：“夕涨流波急，秋山落日寒。”皎然《风入松》：“声断续，清我魂，流波坏陵安足论。”皮日休《太湖诗·包山祠》：“积雨晦州里，流波漂稻粱。”亦喻时光流逝。赵嘏《悼亡二首》之一：“一烛从风到奈何，二年衾枕逐流波。”❷流转的目光。即秋波。罗隐《蟋蟀诗》：“美人在何，夜影流波。”❸古琴曲名。元稹《乐府古题序》：“刘补阙之乐府，肇于魏汉，按仲尼学《文王操》，伯牙作《流水》《水仙》等操。”

【流注】 流入，灌进。白居易《湖亭晚望残水》：“流注随地势，洼坳无定质。”吕岩《忆江南》词之六：“丹田流注气交通，耆老反婴童。”

【流宕】 ❶谓放纵恣肆。杜甫《李潮八分小篆歌》：“岂如吾甥不流宕，丞相中郎丈人行。”

【流毒】 传播毒气。刘长卿《至德三年春正月闻王师收二京因书事五十韵》：“负恩殊鸟兽，流毒遍黎氓。”

【流俗】 ❶当时社会流行的风俗习惯。王勃《忽梦游仙》：“流俗非我乡，何当释尘昧。”王炎《赋得行不由径》：“讵同流俗好，方保立身贞。”徐铉《九日落星山登高》：“黄花泛酒依流俗，白发满头思古人。”❷指世俗之事。寒山《诗三百三首》之一四五：“未能舍流俗，所以相追访。”杜甫《上韦左相二十韵》：“回首驱流俗，生涯似众人。”贾岛《易州过郝逸人居》：“果见闲居赋，未曾流俗闻。”唐彦谦《和陶渊明贫士诗七首》之三：“由来大度士，不受流俗侵。”❸指世间平庸之人。孟浩然《晚春卧病寄张八》：“世途皆自媚，流俗寡相知。”李白《古风》之五十：“流俗多错误，岂知玉与珉。”

【流眄】 流转目光观览。骆宾王《畴昔篇》：“眺听烟霞正流眄，即从王事归舻转。”尹懋《奉陪张燕公登南楼》：“君子每垂眷，江山共流眄。”李愿《观翟玉妓》：“寄情摇玉柱，流眄整罗巾。”陆龟蒙《奉和袭美太湖诗二十首·太湖石》：“无力置池塘，临风只流眄。”

【流盻】 参见“流盼”。

【流盼】 亦作“流盻”。犹“流眄”。徐贤妃《拟小山篇》：“仰幽岩而流盼，抚桂枝以凝想。”王湾《秋夜寓直即事怀赠萧令公诸友人》：“彼此虽流盼，规模转服膺。”李群玉《长沙九日登东楼观舞》：“坠珥时流盻，修裾欲溯空。”参见“流眄”。

【流星】 ❶飞掠过天空的发光星体。乔知之《定情篇》：“始如经天月，终若流星驰。天月相终始，流星无定期。”张籍《关山月》：“陇头风急雁不下，沙场苦战多流星。”贾岛《宿山寺》：“流星透疏木，走月逆行云。”❷喻疾速。太宗《咏弓》：“上弦明月半，激箭流星远。”王昌龄《少年行二首》之一：“青槐夹两道，白马如流星。”独孤及《和李尚书画射虎图歌》：“彤弓金镞当者谁，鸣鞭飞控流星驰。”齐己《送徐秀才游吴国》：“西江东注急，孤棹若流星。”❸古宝剑名。晋崔豹《古今注·舆服》：“吴大帝有宝刀三，宝剑六……四曰流星。”杨炯《送刘校书从军》：“赤土流星剑，乌号明月弓。”李白《胡无人》：“流星白羽腰间插，剑花秋莲光出匣。”

【流品】 ❶品类，等级。元稹《代曲江老人百韵》：“儒林精阃奥，流品重清淳。”李商隐《骄儿诗》：

"前朝尚器貌,流品方第一。"徐夤《尚书会仙亭咏蔷薇因成一篇》:"海棠若要分流品,秋菊春兰两恰平。"❷指崇尚门第,以此品证人物。温庭筠《春日雨》:"南朝漫自称流品,宫体何曾为杏花?"司空图《白菊杂书四首》之四:"漫道南朝足流品,由来叔宝不宜多。"罗隐《中元甲子以辛丑驾幸蜀四首》之二:"敢恨甲兵为弃物,所嗟流品误清朝!"

【流幽州】 语出《书·舜典》。喻贬谪罪臣。韩愈《永贞行》:"膺图受禅登明堂,共流幽州鲧死羽。"钱仲联集释引孙汝听曰:"以喻伾,叔文也。"

【流香】 散发香气。贾謩《赋得芙蓉出水》:"翻影初迎日,流香暗袭人。"刘得仁《监试莲花峰》:"倒影侵官路,流香激庙松。"

【流泉】 ❶泉水。李白《当涂赵炎少府粉图山水歌》:"西峰峥嵘喷流泉,横石蹙水波潺湲。"薛能《参军厅新池》:"流泉不至客来久,坐见新池落旧痕。"亦指泉水流动声。李白《寻雍尊师隐居》:"拨云寻古道,倚石听流泉。"❷喻广征博引,滔滔不绝。语见晋陆机《文赋》。高适《遇卢明府有赠》:"胸怀豁清夜,史、汉如流泉。"❸形容琴声。无名氏《听琴》(卷七八五):"七条瘦玉叩寒星,万派流泉哭纤指。"

【流風】 ❶犹遗风。指流传下来的好风气。包融《和陈校书省中玩雪》:"能令草玄者,回思入流风。"❷乘风而行。语见《楚辞·九章·悲回风》。李康成《玉华仙子歌》:"高堂初日不成妍,洛渚流风徒自怜。"❸疾风;长风。李邕《奉和初春幸太平公主南庄应制》:"流风入座飘歌扇,瀑水侵阶溅舞衣。"贾至《对酒曲二首》之一:"曲水浮花气,流风散舞衣。"❹指乐声随风流响。刘孝孙《咏笛》:"凉秋夜笛鸣,流风韵九成。"薛曜《正夜侍宴应诏》:"酒杯浮湛露,歌曲唱流风。"

【流風回雪】 轻逸飘摇貌。语见三国魏曹植《洛神赋》。骆宾王《艳情代郭氏答卢照邻》:"流风回雪傥便娟,骥子鱼文实可怜。"

【流音】 飘荡在空中的声音。骆宾王《畴昔篇》:"仙镝流音鸣鹤岭,宝剑分辉落蛟濑。"韦应物《听莺曲》:"须臾风暖朝日暾,流音变作百鸟喧。"无名氏《秋风生桂枝》(卷七八七):"遗韵连波聚,流音万木随。"

【流恨】 ❶遗恨,遗憾。崔湜《同李员外春闺》:"容颜离别尽,流恨满长城。"李白《秋夜宿龙门香山寺奉寄王方城》:"流恨寄伊水,盈盈焉可穷?"刘方平《折杨枝》:"年年攀折意,流恨入纤腰。"李群玉《汉阳春晚》:"凭高送春目,流恨伤千古。"❷流传怨声。杜牧《金谷怀古》:"徒想夜泉流客恨,夜泉流恨恨无穷。"吴融《忆山泉》:"春雨正多归未得,只应流恨更潺湲。"

【流涎】 流口水。杜甫《饮中八仙歌》:"汝阳三斗始朝天,道逢曲车口流涎,恨不移封向酒泉。"白居易《和春深二十首》之十四:"餔歠眠糟瓮,流涎见曲车。"

【流派】 水的支流。张文琮《咏水》:"标名资上善,流派表灵长。"

【流宫】 指宫声。宫,古代乐曲五音中之音调名。亦指以宫声为主的调式。元稹《小胡笳引》:"流宫变徵渐幽咽,别鹤欲飞猿欲绝。"

【流屍】 漂流的尸体。韩愈《归彭城》:"去岁东郡水,生民为流屍。"

【流珠】 ❶指炼出的丹丸。见晋葛洪《神仙传·刘安》。卢仝《赠金鹅山人沈师鲁》:"浩浩流珠走百关,绵绵若存有深致。"❷流汗如珠。毛文锡《接贤宾》词:"流珠喷沫躞蹀,汗血流红。"

【流恩】 流布恩泽。张九龄《奉和圣制南郊礼毕酺宴》:"流恩均庶品,纵观聚康庄。"

【流悦】 谓流连而欢悦。李白《题瓜州新河饯族叔舍人贲》:"我行送季父,弭棹徒流悦。"羊士谔《题枇杷树》:"急景自余妍,春禽幸流悦。"

【流涕】 犹流泪。杜甫《乘雨入行军六弟宅》:"萍漂忍流涕,衰飒近中堂。"刘长卿《哭张员外继》:"独闻山吏部,流涕访孤儿。"曹邺《送厉图南下第归澧州》:"伫立望不见,登高更流涕。"沈祖仙《秋闺》:"愁多不可曙,流涕坐空帏。"

【流浪】 ❶在水上漂游。孟浩然《自浔阳泛舟经明海》:"因之泛五湖,流浪经三湘。"李贺《同沈驸马赋得御沟水》:"幸因流浪处,暂得见何郎。"李益《赋得垣衣》:"犹胜萍逐水,流浪不相依。"❷漂泊。流转各地,行踪无定。李白《江西送友人之罗浮》:"乡关渺安西,流浪将何之?"卢纶《雪谤后书事上皇甫大夫》:"东西遭世难,流浪识交情。"贯休《鄂渚逢杨赞禹》:"流浪兵荒苦,相思岁月阑。"❸放浪游荡。许景先《征君宅》:"洄沿南溪夕,流浪东山春。"李渤《喜弟淑再至为长歌》:"嗟余流浪心最狂,十年学剑逢时康。"

【流教】 传布教义。慧净《杂言》:"流教在兹辰,传芳代有人。"亦指流传下来的教义。皎然《苕溪草堂新营因纪其事四十三韵》:"吾师逆流教,禅隐殊古昔。"

【流黄】 ❶褐黄色。见《文选·江淹〈别赋〉》。丁仙芝《长宁公主旧山池》:"座卷流黄簟,帘垂白玉钩。"❷指褐黄色的绢。《乐府诗集·相和歌辞九·相逢行》:"大妇织绮罗,中妇织流黄。"沈佺期《古意呈补阙乔知之》:"谁谓含愁独不见,更教明月照流黄。"李白《赠裴司马》:"愁苦不窥邻,泣上流黄机。"温庭筠《西州词》:"小妇被流黄,登楼抚瑶瑟。"❸玉名。《淮南子·本经训》:"甘露下,竹实满,流黄出,而朱草生。"高诱注："流黄，玉也。"徐铉《和门下殷侍郎新茶二十韵》："力藉流黄暖，形模紫笋圆。"❹即硫黄。贯休《送僧归日本》："流黄山火著，碇石索雷鸣。"

【流麥】　谓专心读书，不暇他顾。典出《后汉书·逸民·高凤传》。韦应物《假中对雨呈县中僚友》："流麦非关忘，收书独不能。"

【流連】　留恋，滞留。韦应物《寄卢陟》："累日此流连，别来成寂寞。"裴度《窦七中丞见示辄戏和之》："元侯看再入，好被暂流连。"陆龟蒙《迎潮送潮辞·迎潮》："密幽人兮款柴门，寂寞流连兮依稀旧痕。"引申指反复。韦应物《司空主簿琴席》："流连白雪意，断续回风度。"

【流雪】　闪耀的雪色。权德舆《旅馆雪晴又睹新月众兴所感因成杂言》："赏明月，玩流雪。纤手蛾眉座中设，清歌一声无断绝。"

【流匙】　古代舀食物的器具。杜甫《佐还山后寄三首》之二："老人他日爱，正想滑流匙。"

【流貶】　指把官吏调到边远地方降职使用。李益有《送人流贬》。

【流睇】　转目斜视。慧净《杂言》："观化祇山顶，流睇古王城。"顾况《朝上清歌》："曼声流睇，和清歌些。"李益《莲塘驿》："斜光动流睇，此意难自持。"

【流動】　变动，不固定。皎然《送胜云小师》："少年道性易流动，莫遣秋风入别情。"司空图《诗品二十四则》有《流动》。

【流移】　流亡，流放。沈佺期《入鬼门关》："土地无人老，流移几客还？"

【流彩】　参见"流采"。

【流情】　流连难舍的心情。马戴《寄广州杨参军》："怅望极霞际，流情堕海阴。"

【流淺】　指疏浅的表现。温庭筠《余昔自西滨得兰数本遂寄情于此》："吾常有流浅，外物无重轻。"

【流淚】　流淌眼泪。李白《在寻阳非所寄内》："多君同蔡琰，流泪请曹公。"严维《相里使君宅听澄上人吹小管》："今夕襄阳山太守，座中流泪听商声。"无名氏《骊龙》(《全唐诗》卷七八七)："仍知流泪在，何幸此相逢。"

【流通】　犹畅通。义净《道希法师求法西域伤其不幸聊题一绝》："百苦劳独进影，四恩在念契流通。"

【流陰】　移动的阴影。王维《东溪玩月》："万木分空霁，流阴中夜攒。"张正元《冬日可爱》："散彩宁偏照，流阴信不追。"

【流華】　如水的月光。颜真卿《五言月夜啜茶联句》："流华净肌骨，疏瀹涤心原。"

【流散】　(—sàn)❶犹流亡。贾岛《颂德上贾常侍》："啁啾鸟恐鹰鹯起，流散人归父母来。"无名氏《雒县舆人诵》(卷八七四)："民户流散日月曛，君出来兮惠我仁。"❷指流转散落。丘光庭《补茅鸱》解："则庆封奔鲁之日，与孔子就学之年，其间相去不远，其诗未致流散。"

【流萍】　❶漂荡的浮萍。李白《留别西河刘少府》："余亦如流萍，随波乐休明。"戎昱《寄梁淑》："心思食檗何由展，家似流萍任所之。"杨衡《送孔周之南海谒王尚书》："泛棹若流萍，桂寒山更青。"❷喻漂泊无定。杜甫《严中丞枉驾见过》："川合东西瞻使节，地分南北任流萍。"戴叔伦《舟中见雨》："抚孤终日意，身世尚流萍。"

【流惠】　布施恩惠。王光庭《奉和圣制送张说巡边》："示刑夷夏变，流惠鬼方同。"

【流雲】　犹行云。飘浮的云。王翰《古蛾眉怨》："白日全含朱鸟窗，流云半入苍龙阙。"李白《南都行》："清歌遏流云，艳舞有余闲。"李贺《天上谣》："天河夜转漂回星，银浦流云学水声。"韩偓《驿楼》："流云溶溶水悠悠，故乡千里空回头。"

【流景】　(—yǐng)光阴，年华。因易逝如流水，故称。张循之《巫山》："流景一何速，年华不可追。"韩愈《送侯参谋赴河中幕》："男儿贵立事，流景不可乘。"白居易《和微之诗二十三首·和寄乐天》："望愁来仪迟，宴惜流景疾。"徐铉《亚元舍人贻佳作三篇因为长歌以报兼寄陈君》："骎骎流景岁云暮，天涯望断故人书。"

【流晶】　谓日光流逝。晶，指日光。独孤铉《日南长至》："晷度经南斗，流晶尽北堂。"

【流詠】　流传歌咏。魏征《五郊乐章·肃和》："九谷已登，万箱流咏。"武元衡《奉酬中书相公至日圜丘行事见寄之什》："仍闻白雪唱，流咏满鹍弦。"徐铉《秋日泛舟赋蘋花》："今朝流咏处，即是白蘋洲。"王周《和杜运使巴峡地暖黯然有感三首》之三："不知别有栽培力，流咏新诗与激昂。"

【流寓】　流落他乡居住。宋之问《桂州三月三日》："愚谓嬉游长似昔，不言流寓欻成今。"李白《豳歌行上新平长史兄粲》："宁知流寓变光辉，胡霜萧飒绕客衣。"杜甫《桥陵诗三十韵因呈县内诸官》："流寓理岂惬，穷愁醉未醒。"亦指流落他乡居住之人。玄宗《春晚宴两相及礼官丽正殿学士》序："故能使流寓返枌榆之业，戎狄称藩屏之臣。"

【流葉】　指荷叶。李白《秋日与张少府楚城韦公藏书高斋作》："楂拥随流叶，萍开出水鱼。"

【流落】　❶漂泊外地，处于困境。崔曙《登水门楼见亡友题黄河诗感兴》："流落年将晚，悲凉物已秋。"钱起《秋夜作》："流落四海间，辛勤百年半。"殷尧藩《潭州席上赠舞柘枝妓》："姑苏太守青娥女，流落长沙舞柘枝。"吴融《赠李长史歌》："今来流落一何苦，江南江北九寒暑。”❷指被贬流放。孟浩然《江上别流人》：“分飞黄鹤楼，流落苍梧野。”刘长卿《初贬南巴至鄱阳题李嘉祐江亭》：“流落还相见，悲欢话所思。”刘禹锡《武陵书怀五十韵》：“邅回过荆楚，流落感凉温。”杜牧《朱坡绝句三首》之一：“贾生辞赋恨流落，只向长沙住岁余。”❸失落，散失。宋之问《送杜审言》：“可惜龙泉剑，流落在丰城。”韩愈《调张籍》：“流落人间者，太山一毫芒。”吴融《太湖石歌》：“一朝荆棘忽流落，何异绮罗云雨飞。”❹犹留落。谓人留滞于下，不能擢升。寒山《诗三百三首》之一〇一：“不觉大流落，皤皤谁见矜。”刘长卿《送李中丞之襄州》：“流落征南将，曾驱十万师。”韩愈《李花赠张十一署》：“自从流落忧感集，欲去未到先思回。”梁补阙《赠米都知》：“供奉三朝四十年，圣时流落发衰残。”❺零落，衰亡。白居易《十年三月三十日别微之于沣上因赋七言十七韵以赠》：“往事渺茫都似梦，旧游流落半归泉。”温庭筠《过孔北海墓二十韵》：“激扬思壮志，流落叹颓龄。”韩偓《格卑》：“惆怅后尘流落尽，自抛怀抱醉懵腾。”

【流槎】　木船，竹筏。许浑《送黄隐居归南海》：“瘴雾南边久寄家，海中来往信流槎。”李咸用《江行》：“鱼残沙岸草，蝶寄洑流槎。”

【流歌】　流传歌唱。郑谷《回銮》：“浩浩升平曲，流歌彻百蛮。”

【流電】　闪电。比喻迅速。太宗《帝京篇十首》之三：“雕弓写明月，骏马疑流电。”李白《对酒行》：“浮生速流电，倏忽变光彩。”元稹《奉和严司空重阳日登龙山落帽台佳宴》：“咏碎龙山归去号，马奔流电妓奔车。”罗隐《题新榜》：“黄土原边狡兔肥，犬如流电马如飞。”

【流歲】　指如水流般逝去的岁月。韦应物《登楼》：“兹楼日登眺，流岁暗蹉跎。”白居易《洛下诸客就宅相送偶题西亭》：“流岁行将晚，浮荣得几多。”亦指岁月的流逝。白居易《感秋怀微之》：“推移感流岁，漂泊思同志。”

【流照】　犹照耀。褚亮《奉和望月应魏王教》：“层轩登皎月，流照满中天。”沈如筠《闺怨二首》之一：“愿随孤月影，流照伏波营。”张若虚《春江花月夜》：“此时相望不相闻，愿逐月华流照君。”

【流暉】　光阴。时光易逝，故称。刘希夷《江南曲八首》之二：“含情罢所采，相叹惜流晖。”

【流傳】　(chuán)❶传播，传布。李颀《听安万善吹觱篥歌》：“流传汉地曲转奇，凉州胡人为我吹。”杜甫《寄李十二白二十韵》：“文彩承殊渥，流传必绝伦。”郭受《寄杜员外》：“新诗海内流传久，旧德朝中属望劳。”曹松《霍山》：“直是画工须阁笔，况无名画可流传。”❷传下来。张说《耗磨日饮二首》之二：“上月今朝减，流传耗磨辰。”杜甫《戏为六绝句》：“今人嗤点流传赋，不觉前贤畏后生。”韩愈《送惠师》：“越俗不好古，流传失其真。”

【流鈴】　指连续传播的火铃声。火铃，道士所用的法器。吴筠《步虚词十首》之七：“豁落制六天，流铃威百魔。”

【流亂】　❶动荡纷乱。多用以指世事。李颀《赠别穆元林》：“赠贶亦奚贵，流乱期早旋。”❷犹散乱。李嘉祐《咏萤》：“犹将流乱影，来此傍檐楹。”

【流膏】　❶流出的油脂。指松脂。李益《罢秩后入华山采茯逢道者》：“下结九秋霰，流膏为茯苓。”❷滋润土壤的雨水。李咸用《同友生春夜闻雨》：“此时童叟浑无梦，为喜流膏润谷芽。”

【流溝山】　山名。在今安徽宿州北符离集。白居易《醉后走笔酬刘五主簿长句之赠》：“武里村花落复开，流沟山色应如故。”又《乱后过流沟寺》：“唯有流沟山下寺，门前依旧白云多。”

【流溝寺】　在符离集流沟山。白居易有《乱后过流沟寺》《题流沟寺古松》。参见“流溝山”。

【流滑】　犹滑溜。韩愈、孟郊《城南联句》：“流滑随仄步，搜寻得深行。”

【流溢】　漫出，外流。贾岛《投孟郊》：“止息乃流溢，推寻却冥濛。”

【流運】　以流马作运载工具。《三国志·蜀志·诸葛亮传》：“(章武)十二年春，亮悉大众由斜谷出，以流马运。”薛能《筹笔驿》：“流运有功终是扰，阴符多术得非奸。”

【流管】　流动律管。古代将葭灰置于律管内测定节气。新节气至，葭灰则由相应的律管内飞出。见《后汉书·律历志上》。后因以“流管”谓节气变换。孟郊《招文士饮》：“梅芳已流管，柳色未藏鸦。”

【流語】　无稽之谈。元稹《酬刘猛见送》：“险心露山岳，流语翻波涛。”

【流塵】　❶灰尘，尘土。刘长卿《杂咏八首上礼部李侍郎·春镜》：“岂虑高鉴偏，但防流尘委。”司空曙《过胡居士睹王右丞遗文》：“题诗今尚在，暂为拂流尘。”李正封《咏露》：“流尘清远陌，飞月澄高阁。”李商隐《回中牡丹为雨所败二首》之二：“万里重阴非旧圃，一年生意属流尘。”❷蒙上灰尘。刘长卿《题灵祐和尚故居》：“叹逝翻悲有此身，禅房寂寞见流尘。”许浑《沧浪峡》：“缨带流尘发半霜，独寻残月下沧浪。”❸喻在其后扬起的尘土。温庭筠《阳春曲》：“厩马何能啮芳草，路人不敢随流尘。”❹喻指尘世。刘长卿《夜宴洛阳送杨三山人往天台》：“流尘既寂寞，缅想增婵娟。”殷尧藩《赠歌人郭婉二首》之二：“云满衣裳月满身，轻盈归步过流尘。”

【流慟】 痛哭。陈子昂《同宋参军之问梦赵六赠卢陈二子之作》:“抚孤一流恸,怀旧日暌违。”孙逖《故右丞相赠太师燕文贞公挽词二首》之一:“台星忽已坼,流恸轸皇情。”杜甫《哭台州郑司户苏少监》:“流恸嗟何及,衔冤有是夫。”

【流精】 传说中的楼阙名。见《文选·陆倕〈石阙铭〉》。后用以称道教庙宇。张说《道家四首奉敕撰》之二:“窈窕流精观,深沈紫翠庭。”

【流滯】 留滞,羁留。流,通“留”。多用以指身处困境。骆宾王《秋晨同淄川毛司马秋九咏·秋云》:“讵知时不遇,空伤流滞情。”李颀《送李回》:“不觏声明与文物,自伤流滞去关东。”

【流漂】 水流冲荡。韩愈《读东方朔杂事》:“簸顿五山踣,流漂八维蹉。”

【流漫】 犹泛滥。水流漫溢。宋之问《自湘源至潭州衡山县》:“渐见江势阔,行嗟水流漫。”

【流態】 放荡的姿态。张文恭《七夕》:“含情向华幄,流态入重闱。”

【流暮】 留恋日落时。韦应物《昙智禅师院》:“疏澹下林景,流暮幽禽情。”又《自蒲塘驿回驾经历山水》:“时禽下流暮,纷思何由遣!”

【流赭】 流放的犯人。古时囚衣为赭色,故称。许敬宗《奉和执契静三边应诏》:“挥袂静昆炎,开关纳流赭。”

【流邁】 犹流逝。陆龟蒙《子夜变歌三首》之二:“岁月如流迈,春尽秋已至。”

【流薪】 漂流之柴木。钱珝《江行无题一百首》之五三:“雨余江始涨,漾漾见流薪。”

【流霜】 犹飞霜。形容月光皎洁。张若虚《春江花月夜》:“空里流霜不觉飞,汀上白沙看不见。”

【流輩】 ❶同辈。指同一年龄段或同一辈分的人。杜甫《送李校书二十六韵》:“李舟名父子,清峻流辈伯。”元稹《酬周从事望海楼见寄》:“年老无流辈,行稀足薜萝。”白居易《感秋咏意》:“须知流辈年年失,莫叹衰容日日非。”牛僧儒《乐天梦得有岁夜诗聊以奉和》:“凄凉数流辈,欢喜见孙儿。”❷同一流的人。刘禹锡《和仆射牛相公见示》:“流辈尽来多叹息,官班高后少过从。”李商隐《复至裴明府所居》:“求之流辈岂易得,行矣关山方独吟。”方干《失题》:“不缘精妙过流辈,争得江南别有名。”罗隐《台城》:“深谷作陵山作海,茂弘流辈莫伤情。”

【流輝】 流泻、闪烁的光辉。董思恭《咏星》:“流辉下月路,坠影入河源。”蒋防《日暖万年枝》:“流辉宜圣日,接影贵芳年。”

【流影】 犹流光。指流照的月光。影,光。权德舆《秋闺月》:“此夜不堪肠断绝,愿随流影到辽东。”李商隐《燕台四首·夏》:“桂宫留影光难取,嫣熏兰破轻轻语。”

【流膠】 流出的胶汁。指树脂。杜甫《枯楠》:“冻雨落流胶,冲风夺佳气。”清朱鹤龄注:“流膠,树中胶液流出也。”

【流慶】 犹行善。广施吉庆。郑絪《享太庙乐章》:“猗欤缉熙,千亿流庆。”

【流澌】 ❶江河解冻时流动的冰块。见《楚辞·九歌·河伯》。岑参《送严维下第还江东》:“敝裘沾暮雪,归棹带流澌。”白居易《马上晚吟》:“上阳落叶飘宫树,中渡流澌拥渭桥。”马戴《冬日寄洛中杨少尹》:“黄河岸柳衰,城下度流澌。”❷流水。元稹《江陵三梦》:“寂默深想像,泪下如流澌。”

【流潦】 (—lǎo)流溢的积水。卢照邻《怀仙引》:“回行遵故道,通川遍流潦。”

【流霞】 ❶飘浮的彩云。窦庠《金山行》:“夜色晨光相荡沃,积翠流霞满坑谷。”亦用以喻红色。皮日休《石榴歌》:“流霞包染紫鹦粟,黄蜡纸裹红瓠房。”❷神话中的仙霞。见汉王充《论衡·道虚》。李白《游泰山六首》之一:“含笑引素手,遗我流霞杯。”柳宗元《巽上以竹闲自采新茶见赠酬之以诗》:“咄此蓬瀛侣,无乃贵流霞。”曹唐《穆王宴王母于九光流霞馆》:“桑叶扶疏闭日华,穆王邀命宴流霞。”颜荛《戏张道人不饮酒》:“吾师不饮人间酒,应待流霞即举杯。”❸泛指美酒。陈子良《赋得妓》:“流霞席上满,回雪掌中飞。”孟浩然《清明日宴梅道士房》:“童颜若可驻,何惜醉流霞。”苏郁《步虚词》:“流霞浅酌谁同醉,今夜笙歌第几重。”李商隐《花下醉》:“寻芳不觉醉流霞,倚树沉眠日已斜。”

【流轉】 ❶流离转徙。杜甫《寄张十二山人彪三十韵》:“流转依边徼,逢迎念席珍。”窦蒙《题弟㮚述书赋后》:“流转三千里,悲啼百万行。”李洞《怀张乔张霞》:“应念无成独流转,懒磨铜片鬓毛焦。”❷流逝变迁。杜甫《曲江二首》之二:“传语风光共流转,暂时相赏莫相违。”白居易《秋晚》:“光阴流转忽已晚,颜色凋残不如昨。”刘威《遣怀寄欧阳秀才》:“地上江河天上乌,百年流转只须臾。”

【流觴】 古人于夏历三月上旬之巳日(三国魏以后定为三月初三日),聚饮水滨,以去除不祥。后人仿行,宴集于曲水边,置觞(酒杯)于水流上,任其漂泛,流至谁前,当即取饮,称为流觞。德宗《三日书怀因示百僚》:“流觞想兰亭,捧剑得金人。”

【流謫】 谓被贬到外地降职使用。卢纶《题贾山人园林》:“长沙流谪君非远,莫遣英名负洛阳。”

【流離】 ❶流转离散;流散分离。李白《门有车马客行》:“廓落无所合,流离湘水滨。”张谓《代北州老翁答》："安边自合有长策，何必流离中国人！"白居易《自河南经乱关内阻饥兄弟离散因望月有感》："田园寥落干戈后，骨肉流离道路中。"韦庄《含山店梦觉作》："曾为流离惯别家，等闲挥袂客天涯。"❷指人民流转离散之苦。陆龟蒙《五歌·刈获》："今之为政异当时，一任流离恣征索。"郑谷《锦二首》之一："舞衣转转求新样，不问流离桑柘残。"❸旋转移动貌。杜甫《西阁曝日》："流离木杪猿，翩跹山颠鹤。"❹光洁貌。《文选·王延寿〈鲁灵光殿赋〉》："流离烂漫。"吕延济注："皆光色貌。"李商隐《到秋》："扇风淅沥簟流离，万里南风滞所思。"❺犹淋漓，纷繁。罗隐《寄崔庆孙》："交情澹泊应长在，俗态流离且勉旃。"

【流濫】 放任无度。孟郊《吊元鲁山》："自剖多是非，流滥将何归。"

【流竄】 犹流放。贬谪到边远地方降职使用。韩愈《杏花》："二年流窜出岭外，所见草木多异同。"张籍《献从兄》："一朝遇谗邪，流窜八九春。"

【流襟】 流泪沾湿衣襟。褚亮《在陇头哭潘学士》："陇底嗟长别，流襟一恸君。"

【流曦】 谓太阳运行。喻时光流逝。欧阳詹《同诸公过福光寺律院宣上人房》："晤言流曦晚，惆怅归人寰。"

【流韻】 ❶指不绝如缕的乐音。骆宾王《寓居洛滨对雪忆谢二》："积彩明书幌，流韵绕琴台。"❷指诗文表现出的风格韵味。元稹《献荥阳公诗五十韵》："清机登突奥，流韵溢山川。"

【流爍】 参见"流金鑠石"。

【流瀨】 指清澈见沙石的水流。蔡希寂《同家兄题渭南王公别业》："素晖射流濑，翠色绵森林。"

【流蘇】 ❶装饰品。在彩绣的球状物上缀有羽毛或丝缕的穗子。常用作车马或帷帐等装饰。卢照邻《长安古意》："龙衔宝盖承朝日，凤吐流苏带晚霞。"李贺《夜来乐》："红罗复帐金流苏，华灯九枝悬鲤鱼。"杜牧《长安杂题长句六首》之二："烟生窈窕深东第，轮撼流苏下北宫。"❷借指饰有流苏的帷帐。李贺《恼公》："桂火流苏暖，金炉细炷通。"韦庄《天仙子》词："深夜归来长酩酊，扶入流苏犹未醒。"欧阳炯《更漏子》词："红线毯，博山炉，香风暗触流苏。"

【流蘇帳】 饰有流苏的帷帐。王维《扶南曲歌词五首》之一："翠羽流苏帐，春眠曙不开。"于濆《早发》："流苏帐里人，犹在阳台畔。"温庭筠《木兰花》词："油壁车轻金犊肥，流苏帐晓春鸡早。"韦庄《菩萨蛮》词："红楼别夜堪惆怅，香灯半卷流苏帐。"

【流蘇幔】 饰有流苏的帘子。幔，遮蔽门窗等的帘子。张碧《林书记蔷薇》："瑶姬学绣流功幔，绿夹殷红垂锦段。"

【流霰】 飘散的雪。许敬宗《奉和喜雪应制》："何如御京洛，流霰下天津。"亦用以形容流泪。李益《秋晚溪中寄怀大理齐司直》："岁寒坐流霰，山川犹别离。"

【流議】 无根据的议论。沈佺期《移禁司刑》："诱言虽委答，流议亦真符！"

【流響】 流水般连续不断的鸣声。虞世南《蝉》："垂緌饮清露，流响出疏桐。"

【流覽】 流目观览。张九龄《晚憩王少府东阁》："披轩肆流览，云壑见深重。"朱使欣《道峡似巫山》："征帆一流览，宛若巫山阳。"参见"流目"。

【流鶯】 即黄莺。流，谓其鸣声流利。李白《春日醉起言志》："借问此何时，春风语流莺。"贾至《早朝大明宫呈两省僚友》："千条弱柳垂青琐，百啭流莺绕建章。"赵嘏《李侍御归山同宿华严寺》："处处白云迷驻马，家家红树近流莺。"

【流聽】 谓传播于耳。戴叔伦《晓闻长乐钟声》："能令翰苑客，流听思氛氲。"

【流豔】 闪动且艳丽的光彩。借指嫦娥。李商隐《曲池》："日下繁香不自持，月中流艳与谁期？"

【流蕩】 ❶漂泊，流浪。皇甫冉《临平道赠同舟人》："流荡飘飖此何极，唯应行客共知心。"灵一《江行寄张舍人》："流荡此心难共说，千峰澄霁隔琼枝。"❷流动飘荡。杨衡《乌啼曲》："浮萍流荡门前水，任罥芙蓉莫浣纱。"❸谓心思不定，无所依托。吕岩《窑头坯歌》："叹愚人，空驾说。愚人流荡无则休，落趣循环几时彻。"

【流螢】 萤火虫。流，谓其飞行无定。李白《拟古十二首》之八："玉露生秋衣，流萤飞百草。"韦应物《寺居独夜寄崔主簿》："寒雨暗深更，流萤度高阁。"李渤《喜弟淑再至为长歌》："次兄一生能苦节，夏聚流萤冬映雪。"陆希声《阳羡杂咏十九首·西阳亭》："入夜莫愁迷下路，昔人犹在逐流萤。"

【流聲】 指婉转流利的鸣声。虞世南《飞来双白鹤》："飏影过伊洛，流声入管弦。"太宗《赋得白日半西山》："晚烟含树色，栖鸟杂流声。"

涕 〔tì《广韵》他計切，去霽，透。又他禮切，上薺，透。〕❶眼泪。李白《古风》之二："沈叹终永夕，感我涕沾衣。"韦应物《冬至夜寄京师诸弟兼怀崔都水》："川途恍悠邈，涕下一阑干。"刘言史《岁暮题杨录事江亭》："垂丝蜀客涕濡衣，岁尽长沙未得归。"韦庄《癸丑年下第献新先辈》："对酒暂时情豁尔，见花依旧涕潸然"❷哭泣，泪下。《说文·水部》："涕，泣也。"贾岛《赠智朗禅师》："涕辞孔颜庙，笑访禅寂室。"皮日休《鲁望读襄阳耆旧传见赠五百言因而寄答次韵》："唯恐别仙才，涟涟涕襟袖。"❸鼻涕。

韩愈《寄皇甫湜》:“拆书放床头,涕与泪垂四。”见“涕唾”。

【涕血】 犹泣血。李贺《出城别张又新酬李汉》:“没没暗齰舌,涕血不肯论。”

【涕泗】 ❶眼泪和鼻涕。李白《玉壶吟》:“三杯拂剑舞秋月,忽然高咏涕泗涟。”杜甫《桥陵诗三十韵因呈县内诸官》:“荒岁儿女瘦,暮途涕泗零。”卢仝《月蚀诗》:“玉川子,涕泗下,中庭独行。”白居易《伤唐衢二首》之二:“一读兴叹嗟,再吟垂涕泗。”❷涕泪俱下,哭泣。沈佺期《哭苏眉州崔司业二公》:“涕泗湘潭水,凄凉衡峤烟。”孟郊《寒溪》之七:“溪老哭甚寒,涕泗冰珊珊。”李商隐《行次西郊一百韵》:“九重黯已隔,涕泗空沾唇。”

【涕泣】 泪下,哭泣。储光羲《狱中贻姚张薛李郑柳诸公》:“妻子垂涕泣,家僮日奔走。”权德舆《哭刘四尚书》:“牢落风悲笛,汍澜涕泣巾。”韩愈《永贞行》:“元臣故老不敢语,昼卧涕泣何汍澜。”

【涕洟】 ❶眼泪和鼻涕。沈千运《赠史修文》:“别路渐欲少,不觉生涕洟。”孟郊《秋怀》之一:“老泣无涕洟,秋露为滴沥。”武元衡《秋日对酒》:“事往怜神魄,感深滋涕洟。”❷哭泣,涕泪俱下。陈子昂《感遇诗三十八首》之三三:“眷然顾幽褐,白云空涕洟。”吕温《偶然作二首》之二:“中夜兀然坐,无言空涕洟。”郑嵎《津阳门诗》:“长眉鬓发作凝血,空有君王潜涕洟。”徐夤《经故广平员外旧宅》:“门巷萧条引涕洟,遗孤三岁著麻衣。”

【涕唾】 擤鼻涕、吐口水。杜甫《别李义》:“莫怪执杯迟,我衰涕唾烦。”

【涕泪】 ❶鼻涕和眼泪。亦专指眼泪。杜甫《醉歌行》:“乃知贫贱别更苦,吞声踯躅涕泪零。”韩愈《石鼓歌》:“嗟予好古生苦晚,对此涕泪双滂沱。”白居易《重到城七绝句·高相宅》:“涕泪虽多无哭处,永宁门馆属他人。”❷涕泪俱下,哭泣。杜甫《公安送韦二少府匡赞》:“古往今来皆涕泪,断肠分手各风烟。”杜牧《除官行至昭应闻友人出官因寄》:“可能休涕泪,岂独感恩知。”

【涕零】 泪落。韦应物《酬郑户曹骊山感怀》:“申章报兰藻,一望双涕零。”卢纶《送颜推官游银夏谒韩大夫》:“苦乐从来事,因君一涕零。”刘禹锡《平蔡州三首》之二:“路傍老人忆旧事,相与感激皆涕零。”

【涕涟】 参见“涕涟如”。

【涕涟如】 亦作“涕涟”“涕涟涟”。泪流不断貌。韦应物《张彭州已云没因追哀叙事兼远简冯生》:“秋风吹寝门,长恸涕涟如。”孟郊《哀孟云卿嵩阳荒居》:“徘徊未能去,为尔泪涟如。”孟简《咏欧阳行周事》:“长跪听未毕,惊伤涕涟涟。”李益《古别离》:“古来万事皆由命,何用临岐苦涕涟。”

【涕涟涟】 参见“涕涟如”。

浣 〔huàn《广韵》胡管切,上缓,匣。〕❶洗濯衣物。王维《晓行巴峡》:“晴江一女浣,朝日众鸡鸣。”❷洗,漂洗。韦应物《寄卢庾》:“乱发思一栉,垢衣思一浣。”刘方平《新春》:“谁知如昔日,更浣越溪纱。”于濆《沙场夜》:“士卒浣戎衣,交河水为血。”吴融《次韵和王员外杂游四韵》:“一分难减亦难加,得似溪头浣越纱。”❸涤除。元稹《送岭南崔侍御》:“火布垢成须火浣,木绵温软当绵衣。”马戴《岐阳逢曲阳故人话旧》:“积愁何计遣,满酌浣相思。”齐己《荆门病中雨后书怀寄幕中知己》:“病根翻作忆山劳,一雨聊堪浣郁陶。”❹水名。见“浣渚”。

【浣口】 当为“皖口”。皖口为皖水入长江处,在今安徽安庆。齐己有《浣口泊舟晓望天柱峰》,题中“浣口”显系“皖口”之误。

【浣女】 洗衣女子。孟浩然《鹦鹉洲送王九之江左》:“舟人牵锦缆,浣女结罗裳。”王维《山居秋暝》:“竹喧归浣女,莲动下渔舟。”

【浣水】 当为“皖水”。皖水源于大别山,在安庆入长江。罗隐《送舒州宿松县傅少府》:“县好也知临浣水,官闲应得看灊峰。”诗中“浣水”实为“皖水”之误。

【浣衣】 ❶洗衣。皇甫冉《送延陵陈法师赴上元》:“浣衣逢野水,乞食向人烟。”皮日休《太湖诗·三宿神景宫》:“玉泉浣衣后,金殿添香时。”❷指旧衣,即洗过多次的衣服。齐己《送益公归旧居》:“片石留题字,孤潭照浣衣。”

【浣沙】 同“浣紗”。紗,古作“沙”。李白《和卢侍御通塘曲》:“浦边清水明素足,别有浣沙吴女郎。”刘长卿《戏赠干越尼子歌》:“厌向春江空浣沙,龙宫落发披袈裟。”汪遵《越女》:“玉貌何曾为浣沙,只图句践献夫差。”

【浣沙女】 参见“浣紗女❷”。

【浣沙石】 参见“浣紗石”。

【浣沙溪】 应为浣花溪。杜甫《绝句九首》之三:“移船先主庙,洗药浣沙溪。”原注:“沙”一作“花”。按,诗意应作“花”。

【浣花】 即浣花溪。杜甫《卜居》:“浣花流水水西头,主人为卜林塘幽。”羊士谔《都城从事萧员外寄海梨花诗尽绮丽至惠然远及》:“掷地好词凌彩笔,浣花春水腻鱼笺。”裴廷裕《蜀中登第答李搏六韵》:“浣花泛鹢诗千首,静众寻梅酒百缸。”参见“浣花溪”。

【浣花老翁】 亦称“浣花老”。指诗人杜甫。因杜宅位于浣花溪畔,故称。杜甫《入奏行赠西山检察使窦侍御》:“江花未落还成都,肯访浣花老翁无。”

【浣花村】　即浣花里。在四川成都西南。杜甫客蜀于此结庐居住，因在浣花溪畔，故名。杜甫《萧八明府堤处觅桃栽》："奉乞桃栽一百根，春前为送浣花村。"章孝标《蜀中赠广上人》："今日西川无子美，诗风又起浣花村。"

【浣花草堂】　即杜甫草堂。因位于成都浣花溪畔，故名。杜甫《相逢歌赠严二别驾》："成都乱罢气萧飒，浣花草堂亦何有。"

【浣花牋】　亦作"浣花牋紙"。笺纸名。唐薛涛居浣花溪畔，命匠人取溪水造纸，制成深红小笺，名"薛涛笺"，亦称"浣花笺"。李商隐《送崔珏往西川》："浣花笺纸桃花色，好好题诗咏玉钩。"郑谷《郊野》："题诗满红叶，何必浣花笺。"李洞《龙州送裴秀才》："人求新蜀赋，应贵浣花笺。"亦指十色笺。齐己《谢人惠十色花笺并棋子》："陵州棋子浣花笺，深愧携来自锦川。"

【浣花牋紙】　参见"浣花牋"。

【浣花溪】　一名濯锦江。又名百花潭。在四川成都西郊，为锦江支流。溪旁有杜甫故居浣花草堂。杜甫《将赴成都草堂途中有作先寄严郑公五首》之三："竹寒沙碧浣花溪，菱刺藤梢咫尺迷。"张籍《送客游蜀》："杜家曾向此中住，为到浣花溪水头。"郑谷《蜀中赏海棠》："浣花溪上堪惆怅，子美无心为发扬。"

【浣花橋】　即万里桥。在四川成都南锦江上，因其近浣花溪，故名。杜甫《溪涨》："当时浣花桥，溪水才尺余。"仇兆鳌注："万里桥，近浣花溪。"参见"萬里橋"。

【浣紗】　漂洗细绢。宋之问《浣纱篇赠陆上人》："越女颜如花，越王闻浣纱。"王维《洛阳女儿行》："谁怜越女颜如玉，贫贱江头自浣纱。"李嘉祐《江上曲》："江心澹澹芙蓉花，江口蛾眉独浣纱。"徐夤《新刺袜》："素手春溪罢浣纱，巧裁明月半弯斜。"亦用以代指浣纱之西施。包融《赋得岸花临水发》："照灼如临镜，芊茸胜浣纱。"

【浣紗人】　❶指春秋越女西施。相传西施曾浣纱于若耶溪，故称。张子容《春江花月夜二首》之一："分明石潭里，宜照浣纱人。"陆龟蒙《伤越诗》："访戴客愁随水远，浣纱人泣共埃捐。"王轩《题西施石》："今逢浣纱石，不见浣纱人。"❷泛指浣纱女子。李白《姑孰十咏·姑孰溪》："何处浣纱人，红颜未相识。"储嗣宗《春游望仙谷》："登山采樵路，临水浣纱人。"

【浣紗女】　❶漂洗细绢之女子。孟浩然《耶溪泛舟》："白首垂钓翁，新妆浣纱女。"❷亦作"浣沙女"。乐府曲名。《杂曲歌辞》(卷二七)有《浣沙女》。王昌龄、皎然均有《浣纱女》。

【浣紗石】　亦作"浣沙石"。西施浣紗用石。见《太平御览》卷四七引晋孔晔《会稽记》。李白《送祝八之江东赋得浣纱石》："若到天涯忆故人，浣纱石上窥明月。"张籍《寄远曲》："浣沙石上水禽栖，江南路长春日短。"胡幽贞有《题西施浣纱石》。

【浣紗津】　即"浣纱溪"。楼颖《西施石》："西施昔日浣纱津，石上青苔思杀人。"

【浣紗神女】　指春秋越美女西施。相传越王句践败于会稽，乃令范蠡将西施献吴王夫差，使其迷惑忘政，越遂亡吴。西施曾于若耶溪浣纱，故称。参见《吴越春秋·句践阴谋外传》。鱼玄机《浣纱庙》："吴越相谋计策多，浣纱神女已相和。"

【浣紗溪】　即若耶溪。溪旁有浣纱石，相传为西施浣纱处。司空图《杨柳枝寿杯词十八首》之五："何似浣纱溪畔住，绿阴相间两三家。"

【浣紗廟】　即西施庙。在越州诸暨(今属浙江)。鱼玄机有《浣纱庙》。

【浣渚】　即浣江。又称浣浦、浣溪。指今浙江诸暨县城东浦阳江河段。相传西施浣纱于此。元稹《送王协律游杭越十韵》："浣渚逢新艳，兰亭识旧题。"

【浣愁】　涤除愁闷。鱼玄机《寄子安》："醉别千卮不浣愁，离肠百结解无由。"

【浣溪】　即浣纱溪。鲍溶《越女词》："君子纵我思，宁来浣溪里。"郑谷《莲叶》："多谢浣溪人不折，雨中留得盖鸳鸯。"参见"浣紗溪"。

【浣溪沙】　唐教坊曲名，后用为词牌。分平韵、仄韵两体。七言、六句，双调四十二字。韩偓、张曙、韦庄等有《浣溪沙》词。

浪[1]　〔làng《广韵》来宕切，去宕，來。〕❶波浪。李白《横江词六首》之四："海神来过恶风回，浪打天门石壁开。"刘长卿《奉使新安宿七里滩下寄使院诸公》："夕阳留古木，水鸟拂寒浪。"皇甫冉《浪淘沙二首》之一："濑头细草接疏林，恶浪罾船半欲沈。"李群玉《静夜相思》："浪定一浦月，藕花闲自香。"亦借指江水。贯休《秋末入匡山船行八首》之三："担浪浇秋芋，缘滩取净苔。"❷状如波浪之物。李商隐《燕台四首·秋》："月浪冲天天宇湿，凉蟾落尽疏星入。"陆龟蒙《樵人十咏·樵径》："争推好林浪，共约归时节。"韦庄《稻田》："绿波春浪满前陂，极目连云罢稏肥。"❸起波，波动。鲍溶《周先生画洞庭歌》："水文不浪烟不动，木末移稜山碧重。"❹放荡，放纵。寒山《诗三百三首》之一七五："浪造山林中，独卧盘陀石。"王维《晦日游大理韦卿城南别业四首》之三："高情浪海岳，浮生寄天地。"元结《酬裴云客》："自厌久荒浪，于时无所任。"韩愈《秋怀诗十一首》之六："尘埃慵伺候，文字浪驰骋。"❺轻易，随便。杜甫《苏大侍御访江浦赋八韵记异》："庞公不浪出，苏氏今有之。"韩愈《秋怀诗十一首》之一："胡为浪自苦，得酒且欢喜。"元稹《遣春三首》之三："失却游花伴，因风浪引将。"喻凫《送越州高录事》："泽国还之任，鲈鱼浪得尝。"❻副词。空，白白地。寒山《诗三百三首》之八十："徒劳说三史，浪自看五经。"李白《嘲王历阳不肯饮酒》："浪抚一张琴，虚栽五株柳。"元稹《哭女樊四十韵》："灯火徒相守，香花只浪擎。"李远《赠写御容李长史》："三朝供奉无人敌，始觉僧繇浪得名。"❼表示否定。相当于"莫""不要"。李商隐《回中牡丹为雨所败二首》之二："浪笑榴花不及春，先期零落更愁人。"见"浪道"。

浪2 〔láng《广韵》鲁當切，平唐，來。〕❶流貌。见"浪₂浪"。❷逝去。李贺《古悠悠行》："空光远流浪，铜柱从年消。"

【浪山】 喻巨浪。《雪溪夜宴诗》之十一(卷八六四)："所以鞭浪山而疾驱波岳，亦粗足展余拂郁之心胸。"

【浪水】 波动的水面。孟郊《杂怨》之三："浪水不可照，狂夫不可从；浪水多散影，狂夫多异踪。"

【浪心】 游荡的心态。元稹《寻西明寺僧不在》："莲池旧是无波水，莫逐狂风起浪心。"

【浪石】 水滨之石。孟郊《鸦路溪行呈陆中丞》："浪石忽摇动，沙堤信难跻。"

【浪仙】 贾岛字浪仙。见《全唐文》卷七六三苏绛《贾司仓(岛)墓志铭》。齐己《还黄平素秀才卷》："冷澹闻姚监，精奇见浪仙。"

【浪走】 任意奔走。韩愈《喜雪献裴尚书》："悲嘶闻病马，浪走信娇儿。"

【浪死】 白白死去。周昙《咏史诗·春秋战国门·屈原》："江上流人真浪死，谁知浸润误深诚。"

【浪死虚生】 谓无意义、无价值的生死。贯休《行路难》之四："九有茫茫共尧日，浪死虚生亦非一。"又《山居诗二十四首》之十八："业薪心火日烧煎，浪死虚生自古然。"

【浪行】 徒然奔走。寒山《诗三百三首》之一二四："浪行朱雀街，踏破皮鞋底。"

【浪交】 徒然致使。汪遵《三闾庙》："憔悴莫酬渔父笑，浪交千载咏离骚。"

【浪抛】 任意丢弃。元稹《江边四十韵》："尺寸皆随用，毫厘敢浪抛。"

【浪吟】 随便吟咏。李商隐《自桂林奉使江陵途中感怀寄献尚书》："逸翰应藏法，高辞肯浪吟。"

【浪言】 ❶妄说。温庭筠《病中书怀呈友人》："浪言辉棣萼，何所托葭莩。"❷说大话。司空图《冯燕歌》："未死劝君莫浪言，临危不顾始知难。"

【浪花】 ❶水波冲击而起的水点和泡沫。李白《姑孰十咏·天门山》："岸映松色寒，石分浪花碎。"钱起《九日宴浙江西亭》："渔浦浪花摇素壁，西陵树色入秋窗。"刘禹锡《浪淘沙》之二："无端陌上狂风急，惊起鸳鸯出浪花。"陆龟蒙《白鸥诗》："时时失伴沈山影，往往争飞杂浪花。"亦用以泛指江水。皎然《送沈居士还太原》："浪花飘一叶，峰色向三条。"朱庆余《吴兴新堤》："谋成既不劳人力，境远偏宜隔浪花。"❷白费，徒然使用。沈彬《金陵杂题二首》之一："王气生秦四百年，晋元东渡浪花船。"

【浪信】 轻易信任。韩愈《永贞行》："左右使令诈难凭，慎勿浪信常兢兢。"

【浪草】 水草。孟郊《赠苏州韦郎中使君》："萍蘋一浪草，菰蒲片池荣。"张祜《江城晚眺》："浪草侵天白，霜林映日丹。"

【浪透桃花】 喻登科及第。郑谷《贺左省新除韦拾遗》："初升谏署是真仙，浪透桃花恰五年。"

【浪岛】 波浪冲击之岛屿。韩愈、孟郊《远游联句》："海鲸吞明月，浪岛没大沤。"

【浪海】 波浪滔滔的大海。曹唐《仙都即景》："衣冠留葬桥山月，剑履将随浪海风。"丰干《壁上诗二首》之一："兀兀沈浪海，漂漂轮三界。"

【浪₂浪】 流泪或水流貌。太宗《望送魏征葬》："望望情何极，浪浪泪空泫。"杜甫《壮游》："每趋吴太伯，抚事泪浪浪。"司空图《诗品二十四则·豪放》："天风浪浪，海山苍苍。"引申指岁月流逝。孟郊《秋怀》之十："浪浪谢初始，皎皎幸归终。"

【浪紋】 水面波纹。秦韬玉《钓翁》："潭定静悬丝影直，风高斜飐浪纹开。"

【浪迹】 ❶到处漫游。储光羲《游茅山五首》之五："远心尚云宿，浪迹出林居。"窦常《途中立春寄杨郇伯》："浪迹终年客，惊心此地春。"李商隐《赠郑谠处士》："浪迹江湖白发新，浮云一片是吾身。"李中《送人南游》："浪迹天涯去，南荒必动情。"❷放浪不拘，言行放纵。李颀《谒张果先生》："寓游城郭里，浪迹希夷际。"李白《酬谈少府》："壮心屈黄绶，浪迹寄沧州。"白居易《洛阳有愚叟》："浪迹虽似狂，谋身亦不拙。"

【浪痕】 波浪冲击留下的痕迹。章八元《新安江行》："雪晴山脊见，沙浅浪痕交。"李洞《送皇甫校书自蜀下峡归觐襄阳》："蜀道波不竭，巢乌出浪痕。"

【浪婆】 波浪之神。孟郊《送淡公》之三："侬是拍浪儿，饮则拜浪婆。"

【浪淘沙】 唐教坊曲名，玄宗开元间人作，后用为词牌。单调，二十八字，四句，三平韵。传词始自刘禹锡、白居易。司空图《浪淘沙》："不必长漂玉洞花，曲中偏爱浪淘沙。"

【浪喜】 无谓地欢喜。白居易《自诲》："无浪喜，无妄忧；病则卧，死则休。"

【浪飲】　放纵饮酒，痛饮。李贺《浩歌》："不须浪饮丁都护，世上英雄本无主。"

【浪然】　犹徒然。元稹《献荥阳公诗五十韵》："呼吸宁徒尔，沾濡岂浪然。"

【浪傳】　（—chuán）❶空传。杜甫《得弟消息二首》之二："浪传乌鹊喜，深负鹡鸰诗。"❷随便传布。杜甫《泛江送魏十八仓曹还京因寄岑参范季明》："见酒须相忆，将诗莫浪传。"

【浪鳧】　水鸭。凫，野鸭，多群栖湖泊中，善游水，故称"浪凫"。孟郊《送谏议十六叔至孝义渡后奉寄》："浪凫惊亦双，蓬客将谁僚。"

【浪話】　浮夸的话。刘禹锡《三阁辞四首》之二："北兵那得度，浪话判悠悠。"

【浪遊】　漫游，到处游荡。柳宗元《酬娄秀才将之淮南见赠之什》："浪游轻费日，醉舞讵伤春。"杜牧《见穆十三宅中庭海榴花谢》："堪恨王孙浪游去，落英狼藉始归来。"郑谷《游蜀》："梅黄麦绿无归处，可得漂漂爱浪游。"

【浪道】　漫道，别说。薛曜《奉和圣制夏日游石淙山》："此中碧酒恒参圣，浪道昆山别有仙。"

【浪語】　❶随便乱说。崔日用《乞金鱼词》："莫浪语，直王相；大家必若赐金龟，卖却猫儿相报赏。"❷废话，空话。杜甫《归雁二首》之一："系书元浪语，愁寂故山薇。"元结《登殊亭作》："漫歌无人听，浪语无人惊。"李中《悼怀王丧妃》："香解返魂成浪语，胶能续断是虚名。"

【浪説】　（—shuō）❶漫说，别说。李群玉《石门韦明府为致东阳潭石鲫鲙》："太湖浪说朱衣鲋，汉浦休夸缩项鳊。"❷妄说。吴融《湖州朝阳楼》："十二亭亭占晓光，隋家浪说有迷藏。"

【浪認】　妄认，误认。李商隐《夜思》："觉动迎猜影，疑来浪认香。"

【浪漚】　浪花。智远《律僧》："将何喻浮世，惟指浪沤轻。"

【浪漫漫】　波浪广阔无际貌。白居易《归田三首》之一："西京尘浩浩，东海浪漫漫。"贯休《闻赤松舒道士下世》："荆襄春浩浩，吴越浪漫漫。"

【浪態】　波浪翻腾之貌。杜牧《赴京初入汴口晓景即事先寄兵部李郎中》："樯形栉栉斜，浪态迤迤好。"

【浪標】　犹浪顶，浪峰。韩愈《次同冠峡》："泄乳交岩脉，悬流揭浪标。"

【浪蝶】　纵横飞舞的蝴蝶。冯延巳《金错刀》词："燕穿帘，狂蜂浪蝶相翩翩。"

【浪頭】　波浪。李颀《送陈章甫》："长河浪头连天黑，津口停舟渡不得。"又《送刘昱》："八月寒苇花，秋江浪头白。"韩愈、孟郊《远游联句》："楚客宿江上，夜魂栖浪头。"

【浪戰】　轻率作战。孟郊《送淡公》之四："笑伊水健儿，浪战求光辉。"

【浪聲】　❶波浪翻腾的声音。姚合《题河上亭》："杯里移樯影，琴中有浪声。"罗邺《春望梁石头城》："帆势挂风轻若翅，浪声吹岸叠如鳞。"张泌《晚次湘源县》："烟郭遥闻向晚鸡，水平舟静浪声齐。"❷放纵无拘束的声音。杜荀鹤《投宣谕张侍郎乱后遇毗陵》："雨笼蛩壁吟灯影，风触蝉枝噪浪声。"

【浪濤】　巨大的波浪。无可《送李使君赴琼州兼五州招讨使》："雨雾蒸秋岸，浪涛震夜城。"

【浪疊雲堆】　形容层峰叠峦、连绵起伏。李德裕《南梁行》："望秦峰迴过商颜，浪叠云堆万簇山。"

涒　〔tūn《广韵》他崑切，平魂，透。〕古代十二地支中"申"的别称。用以纪年。《广韵·魂韵》："涒，涒滩，岁在申也。"无名氏《原陵老翁吟》（卷八六七）："上帝降灵，岁且涒徐。"

浸[1]　〔jìn《广韵》子鸩切，去沁，精。〕❶湖泽。窦庠《酬韩愈侍郎登岳阳楼见赠》："巨浸连空阔，危楼在杳冥。"李群玉《洞庭风雨二首》之二："巨浸吞湘澧，西风忽怒号。"皮日休《太湖诗·缥缈峰》："众岫点巨浸，四方接圆穹。"亦指河流、大海。骆宾王《夏日游德州赠高四》："鬲津开巨浸，稽阜镇名都。"顾非熊《夏夜汉渚归舟即事》："巨浸分圆象，危樯入众星。"刘得仁《送新罗人归本国》："鸡林隔巨浸，一住一年行。"罗隐《钱塘江潮》："任抛巨浸疑无底，猛过西陵只有头。"❷灌溉；滋润。许浑《游江令旧宅》："闲愁此地更西望，潮浸台城春草长。"陆龟蒙《奉和袭美初夏游楞伽精舍次韵》："吴都涵汀洲，碧液浸郡郭。"韩偓《乱后却至近甸有感》："夜户不扃生茂草，春渠自溢浸荒园。"引申指化育。袁朗《和洗掾登城南坂望京邑》："玄风叶黎庶，德泽浸区宇。"❸渗入，渗透。杨炯《送丰城王少府》："离亭隐乔树，沟水浸平沙。"张南史《早春书事奉寄中书李舍人》："灵盘浸沆瀣，龙首映储胥。"曹松《信州闻通寺题僧砌下泉》："细声从峤足，幽淡浸香墀。"引申指冲荡。张谓《登金陵临江驿楼》："山根盘驿道，河水浸城墙。"郑巢《送衡州薛从事》："楚霁云连寺，湘寒浪浸城。"❹渍，泡。杜甫《铜官渚守风》："水耕先浸草，春火更烧山。"戎昱《秋日感怀》："荷衣半浸缘乡泪，玉貌潜销是客愁。"刘言史《潇湘游》："夷女采山蕉，缉纱浸江水。"子兰《饮马长城窟》："马嘶闻水腥，为浸征人骨。"引申指滞留。李绅《过梅里七首·忆东郭居》："栖迟还竹巷，物役浸江岛。"❺水涝。李华《云母泉诗》序："大浸不盈，大旱不耗。"顾况《上古之什补亡训传十三章·上古一章》：

“浸兮暵兮，申有峹兮。”❻淹没。杜甫《南池》：“安知有苍池，万顷浸坤轴。”贾至《巴陵早秋寄荆州崔司马吏部阎功曹舍人》：“极目连江汉，西南浸斗牛。”贾岛《寄韩潮州愈》：“峰悬驿路残云断，海浸城根老树秋。”杜荀鹤《赠友人罢举赴辟命》：“连天一水浸吴东，十幅帆飞二月风。”引申指遮蔽。齐己《古松》：“影浸僧禅湿，声吹鹤梦寒。”❼喻映照。郭震《野井》：“纵无汲引味清澄，冷浸寒空月一轮。”杜甫《官亭夕坐戏简颜十少府》：“南国调寒杵，西江浸日车。”戎昱《题严氏竹亭》：“溪水浸山影，岚烟向竹阴。”❽比喻处于某种心境。崔融《西征军行遇风》：“览史怀浸骄，读诗叹孔棘。”❾副词。逐渐。《广韵·沁韵》：“浸，渐也。”王勃有《扶风昼届离京浸远》。张籍《祭退之》：“公疾浸日加，孺人视药汤。”

浸[2]

〔qīn《广韵》七林切，平侵，清。〕见“浸₂淫”。

【浸天】　映照天空。岑参《与鄠县群官泛渼陂》：“万顷浸天色，千寻穷地根。”项斯《送客归新罗》：“浸天波色晚，横笛鸟行春。”方干《于秀才小池》：“占地未过四五尺，浸天唯入两三星。”

【浸月】　谓月光映照。白居易《琵琶引》：“醉不成欢惨将别，别时茫茫江浸月。”又《宿湖中》：“浸月冷波千顷练，苞霜新橘万株金。”

【浸骨】　彻骨，透骨。形容程度极深。杜荀鹤《湘江秋夕》：“三湘月色三湘水，浸骨寒光似练铺。”吴融《闲居有作》：“依依芳树拂檐平，绕竹清流浸骨清。”

【浸浸】　❶渐渐。裴夷直《和刑郎中病中重阳强游乐游原》：“晴光一一呈金刹，诗思浸浸逼水曹。”❷形容程度深。尚颜《句》(题下注：《雪》)：“浸浸三楚白，渺渺九江寒。”

【浸莎】　浸渍莎草。裴度、白居易《西池落泉联句》：“照圃红分药，侵阶绿浸莎。”白居易《题王侍御池亭》：“朱门深锁春池满，岸落蔷薇水浸莎。”

【浸₂淫】　❶水流溢，泛滥。元稹《遭风二十韵》：“浸淫沙市儿童乱，汩没汀洲雁鹜哀。”❷谓雨、泪等不断落下或流淌。白居易《酬郑侍御多雨春空过诗三十韵》：“浸淫天似漏，沮洳地成疮。”❸沾湿。韩偓《荷花》：“浸淫因重露，狂暴是秋风。”

【浸菊花】　犹言菊花酒。饮之令人长寿。王绩《赠学仙者》：“春酿煎松叶，秋杯浸菊花。”

【浸溜】　(—liù)谓水流急泻。杜甫《九日寄岑参》：“维南有崇山，恐与川浸溜。”

【浸溢】　泛滥。李绅《渡西陵十六韵》序：“越人年谷未成，霪雨不止，田亩浸溢，水不及穗者数寸。”

【浸髮】　谓以墨汁沾润头发。语见《宣和书谱》。后因以“浸发”喻神奇。李贺《听颖师琴歌》：“谁看挟剑赴长桥，谁看浸发题春竹。”

【浸潤】　❶沾濡，滋润。杜甫《行官张望补稻畦水归》：“公私各地著，浸润无天旱。”白居易《和答诗十首·和分水岭》：“浸润小无功，山苗长旱死。”朱庆余《送唐中丞开淘西湖夏日游泛因书示郡人》：“共知浸润同雷泽，何虑川源有旱苗。”❷逐渐渗透。王季文《青出蓝》：“浸润加新气，光辉胜本青。”引申指逐渐形成。韩愈、轩辕弥明《石鼎联句》：“磨砻去圭角，浸润著光精。”❸指谗言。见《论语·颜渊》。吕温《望思台作》：“浸润成宫蛊，苍黄弄父兵。”周昙《咏史诗·春秋战国门·屈原》：“江上流人真浪死，谁知浸润误深诚。”

浘

〔wěi《广韵》無匪切，上尾，明。〕见“浘浘”。

【浘浘】　水流盛貌。元结《补乐歌十首·咸池》：“元化浘浘兮，孰知其然。”

涌

〔yǒng《广韵》餘隴切，上腫，以。〕❶水向上喷出。寒山《诗三百三首》之一九三：“蓬扉不掩常幽寂，泉涌甘浆长自流。”白居易《途中题山泉》：“决决涌岩穴，溅溅出洞门。”❷喻指事物向上升起或突然冒出。刘宪《侍宴长宁公主东庄》：“画桥飞渡水，仙阁涌临虚。”杜荀鹤《书事投所知》：“诗思趁云从岳涌，乡心随雁绕湖飞。”❸谓水奔涌、翻腾。杜甫《遣兴五首》之一：“顿辔海徒涌，神人身更长。”

涘

〔sì《广韵》牀史切，上止，崇。〕❶水边，岸边。李峤《凫》：“飒沓睢阳涘，浮游汉水隈。”韦应物《九日沣上作寄崔主簿倬二季端系》：“凄凄感时节，望望临沣涘。”李贺《昌谷诗》：“大带委黄葛，紫蒲交狭涘。”吴融《风雨吟》：“况我长怀丈夫志，今来流落沧溟涘。”❷止境，边际。孟郊《秋怀》之十一：“泛广岂无涘，恣行亦有随。”韩愈《李花赠张十一署》：“风揉雨练雪羞比，波涛翻空杳无涘。”

浚

〔jùn《广韵》私閏切，去稕，心。〕❶深挖，疏浚。元稹《去杭州》：“永宁昔在抡鉴表，沙汰沈浊澄浚源。”❷榨取。白居易《秦中吟十首·重赋》：“浚我以求宠，敛索无冬春。”❸深。《玉篇·水部》：“浚，深也。”韦处厚《盛山十二诗·上士瓶泉》：“绠汲岂无井，颠崖贵非浚。”❹通“骏”。疾速。元稹《竞渡》：“龙门浚如泻，淙射不可援。”❺古邑名，春秋卫地。在今河南濮阳。唐置汴州，以浚仪为治所，属宣武军辖地。后因以“浚”称汴州。韩愈《答张彻》：“浚郊避兵乱，睢岸连门停。”白居易《奉和汴州令狐令公二十二韵》：“在浚旌重葺，游梁馆更添。”李绅《到宣武三十韵》：“在浚风烟接，维嵩巩洛清。”

【浚泉】 ❶指汴州之泉水。见《诗·邶风·凯风》。刘禹锡《令狐相公见示赠竹二十韵仍命继和》："封以梁国土，浇之浚泉水。"❷喻母亲养育子女。见《诗·邶风·凯风》。刘禹锡《送僧元暠东游》序："始悲浚泉之有咧，今痛防墓之未迁。"

【浚渫】 挖取清除。耿湋《甘泉诗》序："凿井便溉，忽遇醴泉，香美若饴，遂命水工浚渫余泥，葺栏备绠，维人所欲。"

【浚都】 浚，春秋卫邑名。唐置汴州治所于此。因用以指汴州。欧阳詹《东风二章》之二："晨不徯宵，陇西公来浚都兮。"白居易《立秋夕即事咏怀寄汴州节度使李二十尚书》："美人在浚都，旌旗绕楼台。"

【浚儀渠】 即古浪荡渠。见北魏郦道元《水经注·济水一》。杜甫《秋日荆南送石首薛明府辞满告别三十韵》："屍填太行道，血走浚仪渠。"

八　画

清〔qīng《广韵》七情切，平清，清〕❶水明净。与"浊"相对。骆宾王《早发淮口望盱眙》："唯有贞心在，独映寒潭清。"杜甫《越王楼歌》："楼下长江百丈清，山头落日半轮明。"窦巩《题任处士幽居》："水清鱼识钓，林静犬随人。"皮日休《李处士郊居》："石衣如发小溪清，溪上柴门架树成。"亦指清澈的水。岑参《与鄠县源少府泛渼陂》："清摇县郭动，碧洗云山新。"伍彬《分水岭》："寒冲山影岸，清绕荻花洲。"❷洁净，纯洁。上官昭容《游长宁公主流杯池二十五首》之十二："漱流清意府，隐几避嚣氛。"李白《入彭蠡经松门观石镜》："将欲继风雅，岂徒清心魂。"耿湋《赠别刘员外长卿》："清如寒玉直如丝，世故多虞事莫期。"鲍溶《沙上月》："黄昏潮落南沙明，月光涵沙秋雪清。"❸高洁。韦应物《寄洪州幕府卢二十一侍御》："文苑台中妙，冰壶幕下清。"白居易《答元八宗简同游曲江后明日见赠》："赖闻瑶华唱，再得尘襟清。"殷尧藩《送刘禹锡侍御出刺连州》："梅花清入罗浮梦，荔子红分广海程。"李中《庭苇》："品格清于竹，诗家景最幽。"引申为称人的敬词。薛据《题丹阳陶司马厅壁》："高鉴清洞彻，儒风入进难。"见"清舊"。❹清除，驱除。张宣明《使至三姓咽面》："岂不服艰险，只思清国仇。"岑参《春半与群公同游元处士别业》："爱兹清俗虑，何事老尘容。"欧阳詹《述德上兴元严仆射》："心合云雷清祸乱，力回天地作阳春。"白居易《题杨颖士西亭》："竹露冷烦襟，杉风清病容。"亦指清洗。张籍《寄韩愈》："临溪一盥濯，清去肢体烦。"❺清静，寂静。崔国辅《宿法华寺》："松雨时复滴，寺门清且凉。"苗晋卿《奉和圣制早登太行山中志》："金吾戒道清，羽骑动天声。"戴叔伦《留宿罗源西峰寺示辉上人》："一宿西峰寺，尘烦暂觉清。"任翻《赠济禅师》："半顶发根白，一生心地清。"亦指冷清。孟浩然《李氏园林卧疾》："春雷百卉坼，寒食四邻清。"皇甫冉《赋得郢路悲猿》："远客知秋暮，空山益夜清。"❻清闲，闲暇。杜甫《汉陵节度使阳城郡王新楼成赋七字句同作》："杖钺褰帷瞻具美，投壶散帙有余清。"元稹《赠严童子》："杨公莫讶清无业，家有骊珠不复贫。"❼安定，太平。太宗《咏风》："劳歌大风曲，威加四海清。"李白《南奔书怀》："过江誓流水，志在清中原。"杨巨源《和侯大夫秋原山观征人回》："两河战罢万方清，原上军回识旧营。"许棠《送王侍御赴宣城》："时清难议隐，位重亦甘贫。"❽清明，公正。崔颂《和张荆州九龄晨出郡舍林下》："优闲表政清，林薄赏秋成。"杜甫《三韵三篇》之三："何当官曹清，尔辈堪一笑。"柳宗元《贞符》："刑轻以清，我肌靡伤。"皮日休《七爱诗·元鲁山》："清似匣中镜，直如琴上丝。"❾廉洁，不贪求。李白《寄从弟宣州长史昭》："尔佐宣州郡，守官清且闲。"皎然《奉送李中丞道昌入朝》："清在如江水，仁留是国风。"孙元晏《咏史诗·陈·姚察》："却归掌选清何甚，一匹花练不肯收。"❿治理，清理。李白《在水军宴赠幕府诸侍御》："英王受庙略，秉钺清南边。"刘长卿《奉使至申州伤经陷没》："独怜浉水上，时乱亦能清。"韩愈《八月十五日夜赠张功曹》："迁者追回流者还，涤瑕荡垢清朝班。"刘禹锡《武陵书怀五十韵》："按章清犴狱，视祭洁蘋蘩。"⓫清醒。姚合《闲居》："带病吟虽苦，休官梦已清。"李中《对雨寄朐山林番明府》："斜飘虚阁琴书润，冷逼幽窗梦寐清。"亦为使清醒。李洞《中秋月》："不寐清人眼，移栖湿鹤毛。"⓬清楚，明白。吕牧《泾渭扬清浊》："二渠通作润，万户映皆清。"姚合《武功县中作三十首》之十九："腥膻都不食，稍稍觉神清。"王毂《梦仙谣三首》之三："松窗梦觉却神清，残月林前三两片。"贯休《怀武昌栖一二首》之一："病愈囊空后，神清木落初。"⓭眼睛明亮，黑白分明。见"清揚"。⓮秀美，俊逸。张子容《赠司勋萧郎中》："江山清谢朓，花木媚丘迟。"杜甫《与李十二白同寻范十隐居》："入门高兴发，侍立小童清。"武元衡《秋日出游偶作》："黄花丹叶满江城，暂爱江头风景清。"李郢《秋晚寄题陆勋校书义兴禅居时淮南从事》："骨清须贵达，神重有威仪。"⓯清新，清丽。李峤《夏晚九成宫呈同僚》："枚藻清词律，邹谈耀辩锋。"杜甫《奉和严中丞西城晚眺十韵》："政简移风速，诗清立意新。"白居易《弹秋思》："信意闲弹秋思时，调清声直韵疏迟。"刘沧《题书斋》："气凌霜色剑光动，吟对雪华诗韵清。"⓰清越，清悠。苏颋《题寿安王主簿池馆》："馆将花雨映，潭与竹声清。"李白《九日》："地远松石古，风扬弦管清。"戎昱《闻笛》："入夜思归切，笛声清更哀。”韦庄《忆昔》：“昔年曾向五陵游，子夜歌清月满楼。”⑰清爽，明净。崔日用《奉和立春游苑迎春应制》：“乘时迎气正璿衡，灞浐烟氛向晚清。”李端《送吉中孚拜官归楚州》：“才子神骨清，虚竦眉眼明。”唐彦谦《游清凉寺》：“一尘不到心源净，万有俱空眼界清。”⑱谓天气晴朗。李白《送张舍人之江东》：“天清一雁远，海阔孤帆迟。”戴叔伦《将至道州寄李使君》：“九疑深路绕山回，木落天清猿昼哀。”张昔《小苑春望宫池柳色》：“小苑春初至，皇衢日更清。”白居易《秋游原上》：“七月行已半，早凉天气清。”⑲冷，寒凉。张文琮《同潘屯田冬日早朝》：“霜霭清九衢，霞光照双阙。”王维《资圣寺送甘二》：“柳色蔼春余，槐阴清夏首。”元结《石宫四咏》之三：“石宫秋气清，清气宜山谷。”⑳清微，清和。杜审言《秋夜宴临津郑明府宅》：“露白宵钟彻，风清晓漏闻。”戴叔伦《泊湘口》：“露重猿声绝，风清月色多。”许浑《秋夕有怀》：“露白莲衣浅，风清蕙带香。”李商隐《晚晴》：“深居俯夹城，春去夏犹清。”㉑清淡，不浓。骆宾王《夏日游目聊作》：“浦夏荷香满，田秋麦气清。”元稹《答姨兄胡灵之见寄五十韵》：“学问攻方苦，篇章兴太清。”刘畋《晚泊汉江渡》：“末秋云木轻，莲折晚香清。”见“清味”“清香❶”。㉒净尽，尽。骆宾王《和李明府》：“藻掞潘江澈，尘虚范甑清。”韩翃《家兄自山南罢归献诗叙事》：“兴清湖见底，襟豁雾开天。”贯休《上顾大夫》：“洪民亦何幸，里巷清如扫。”㉓通“青”。绿色或蓝色。李白《淮阴书怀寄王宗成》：“云天扫空碧，川岳涵余清。”司空曙《送郑锡》：“汉阳云树清无极，蜀国风烟思不堪。”白居易《听弹古渌水》：“西窗竹阴下，竟日有余清。”朱延龄《秋山极天净》：“葱茏清万象，缭绕出层山。”

【清士】 志行高洁的人。皎然《妙喜寺达公禅斋四十二韵》：“古人比明义，清士愿交结。”法振《病愈寄友》：“西山有清士，孤啸不可追。”

【清才】 ❶卓越的才能。高适《酬别薛三蔡大留简韩十四主簿》：“蔡子负清才，当年擢宾荐。”刘禹锡《裴相公大学士见示因命追作》：“不与王侯与词客，知轻富贵重清才。”陆龟蒙《秋日遣怀十六韵寄道侣》：“雅调宜观乐，清才称典签。”亦指才智出众的人。王昌龄《留别伊阙张少府郭大都尉》：“孟阳逢山旧，仙馆留清才。”方干《漳州阳亭言事寄于使君》：“红旆朝昏虽许近，清才今古定难逢。”齐己《经贾岛旧居》：“地宁销志气，天忍罪清才。”❷品行高洁的人。许浑《冬日宣城开元寺赠元孚上人》：“妙理三乘达，清才万象供。”皮日休《鲁望读襄阳耆旧传见赠五百言次韵》：“粤自灵均来，清才若天漱。”

【清弋江】 即青弋江。源出安徽黄山北麓，经南陵、宣城，在芜湖入长江。杜牧《宣州送裴坦判官往舒州》：“九华山路云遮寺，清弋江村柳拂桥。”

【清川】 清澈的水流。王昌龄《灞上闲居》：“轩冕无枉顾，清川照我门。”王维《归嵩山作》：“清川带长薄，车马去闲闲。”吴筠《同刘主簿承介建昌江泛舟作》：“鸣琴正多暇，啸侣浮清川。”杜牧《中秋日拜起居表晨渡天津桥即事十六韵》：“碧树康庄内，清川巩洛间。”

【清切】 ❶形容声音清亮急切。苏瑰《奉和九日幸临渭亭登高应制得晖字》：“清切丝桐会，纵横文雅飞。”李颀《九月九日刘十八东堂集》：“清切晚砧动，东西归鸟行。”刘长卿《戏赠干越尼子歌》：“云房寂寂夜钟后，吴音清切令人听。”刘禹锡《始闻蝉有怀白宾客》：“蝉韵极清切，始闻何处悲？”❷形容明月清亮近人。杜甫《十七夜对月》：“茅斋依橘柚，清切露华新。”

【清水】 ❶清澈的水，白水。薛逢《八月初一驾幸延喜楼看冠带降戎》：“清水莫教波浪浊，从今赤岭属长安。”贯休《野田黄雀行》：“饮野田之清水，食野田之黄粟。”❷指沧海。李贺《梦天》：“黄尘清水三山下，更变千年如走马。”

【清水白石】 谓水清见石。李白《扶风豪士歌》：“抚长剑，一扬眉，清水白石何离离。”

【清水驛】 在襄州(今湖北襄樊市)附近。柳宗元有《清水驿丛竹天水赵云余手种一十二茎》。

【清介】 清正耿直。皮日休《七爱诗·元鲁山》：“吾爱元紫芝，清介如伯夷。”

【清月】 犹明月。杜甫《宴王使君宅题二首》之二：“江湖堕清月，酩酊任扶还。”韩愈《山石》：“夜深静卧百虫绝，清月出岭光入扉。”皮日休《鲁望示广文先生吴门二章次韵属和》：“逸好冠清月，高宜著白云。”亦指淡淡的月光。李商隐《偶题二首》之二：“清月依微香露轻，曲房小院多逢迎。”

【清文】 清丽的诗文。刘孝孙《冬日宴于庶子宅各赋一字得鲜》：“清文振笔妙，高论写言泉。”杜甫《奉酬薛十二丈判官见赠》：“清文动哀玉，见道发新硎。”刘长卿《李侍御河北使回至东京相访》：“浊酒未暇斟，清文颇垂示。”白居易《和梦得》：“岂唯不得清文力，但恐空传冗吏名。”

【清心】 ❶心地清净。杜甫《夜听许十损诵诗爱而有作》：“应手看捶钩，清心听鸣镝。”皇甫冉《奉和独孤中丞游法华寺》：“清心乘暇日，稽首慕良缘。”亦指保持心地清净。武元衡《甫构西亭偶题因呈监军及幕中诸公》：“数峰聊在目，一境暂清心。”❷纯正之心。王维《清如玉壶冰》：“若向夫君比，清心尚不如。”钱起《片玉篇》：“试劳香袖拂莓苔，不觉清心皎冰雪。”许浑《寓怀》：“素手怨瑶瑟，清心悲玉壶。”寇坦《同皇甫兵曹天官寺浴室新成招友人赏会》：“清心多善友，颂德慰同人。”

【清玉壶】 用美玉制成的壶,可以盛物。杜甫《槐叶冷淘》:“万里露寒殿,开冰清玉壶。”

【清玉德】 古谓玉有五德,后因以喻高洁的品质。鲍溶《悼豆卢策先辈》:“唯有阳春曲,永播清玉德。”

【清世】 太平之世。项斯《送苏处士归西山》:“守道安清世,无心换白衣。”李咸印《秋日送严湘侍御归京》:“虽道危时难进取,到逢清世又如何。”贯休《赠轩辕先生》:“久向红霞居不出,若非清世见应难。”

【清平】 ❶太平。项斯《长安书怀呈知己》:“为问清平日,无门致出身。”罗邺《汴河》:“至今呜咽东流水,似向清平怨昔时。”韦庄《悯耕者》:“何代何王不战争,尽从离乱见清平。”❷廉洁公正。元稹《连昌宫词》:“长官清平太守好,拣选皆言由相公。”

【清平世】 社会安宁的时代。许浑《山居冬夜喜魏扶见访因赠》:“何事清平世,干名待有媒。”沈彬《结客少年场行》:“片心惆怅清平世,酒市无人问布衣。”

【清平官】 南诏的最高行政长官。见《新唐书·南蛮传上·南诏上》。元稹《和李校书新题乐府十二首·蛮子朝》:“清平官系金呿嵯,求天叩地持双珙。”白居易《新乐府·蛮子朝》:“清平官持赤藤杖,大将军系金呿嵯。”南诏骠信有《星回节游避风台与清平官赋》。

【清平樂】 (樂 yuè)唐代教坊曲名。后用为词牌。又名《忆萝月》。双调,四十六字,上片四仄韵,下片三平韵。李白有《清平乐》词。南唐后主李煜有《清平乐》词。

【清目】 明目。谓视野开阔。杜甫《赤谷西崦人家》:“跻险不自喧,出郊已清目。”

【清旦】 清晨。孟浩然《送谢录事之越》:“清旦江天迥,凉风西北吹。”储光羲《田家即事答崔二东皋作四首》之一:“清旦理犁锄,日入未还家。”韩愈《春雪》:“看雪乘清旦,无人坐独谣。”白居易《秋寄微之十二韵》:“清旦方堆案,黄昏始退公。”

【清甲】 清门甲族的省称。指高贵的世家大族。元稹《献荥阳公诗五十韵》序:“其于勋位崇懿在国籍,族地清甲编世家。”贯休《送卢舍人朝觐》:“洪才传出世,清甲得高名。”又《和毛学士舍人早春》:“密勿须清甲,朝归绕碧潭。”

【清叫】 清亮的啼叫。孟郊《送殷秀才南游》:“风叶乱辞木,雪猿清叫山。”

【清白】 ❶纯洁,没有污点。后多用以指品行。包融《和崔会稽咏王兵曹厅前涌泉势城中字》:“为看人共水,清白定谁多。”皇甫冉《送李万州赴饶州觐省》:“荀氏风流远,胡家清白齐。”韦应物《送端东行》:“世承清白遗,躬服古人言。”李频《送狄明府赴九江》:“字人修祖德,清白定闻传。”❷廉洁。权德舆《奉酬从兄南仲见示十九韵》:“簪缨盛西州,清白传素风。”白居易《广府胡尚书频寄诗因答绝句》:“尚书清白临南海,虽饮贪泉心不回。”齐己《寄当阳张明府》:“吏愁清白甚,民乐赋输忘。”

【清句】 清雅的诗句。白居易《和钱员外早冬玩禁中新菊》:“寒芳引清句,吟玩烟景夕。”刘得仁《送雍陶侍御赴兖州裴尚书命》:“元戎军务息,清句待君联。”罗邺《赠东川梓桐县韦德孙长官》:“笙歌厌听吟清句,京洛思归展画图。”

【清冬】 清冷的冬天。王维《赠从弟司库员外绿》:“清冬见远山,积雪凝苍翠。”皇甫冉《冬夜集赋得寒漏》:“清冬洛阳客,寒漏建章台。”陆龟蒙《和袭美题支山南峰僧次韵》:“好是清冬无外事,匡林斋罢向阳眠。”

【清耳】 静耳。谓专心倾听。李中《庭苇》:“韵细堪清耳,根牢好系舟。”

【清吏】 清廉的官吏。李颀《与诸公游济渎泛舟》:“夷犹傲清吏,偃仰狎渔翁。”

【清臣】 指廉洁的人。李贺《听颖师琴歌》:“暗珮清臣敲水玉,渡海蛾眉牵白鹿。”刘禹锡《和窦中丞晚入容江作》:“人伦选清臣,天外颁诏条。”

【清列】 显贵的官位。顾非熊《送从叔尉渑池》:“同登科第皆清列,尚爱东畿一尉闲。”刘沧《题郑中丞东溪》:“即随风诏归清列,几忆风花梦小溪。”

【清夷】 清平,太平。李白《感时留别从兄徐王延年从弟延陵》:“愿言保明德,王室伫清夷。”权德舆《仲秋朝昭陵》:“拥佑乃清夷,威灵谅回复。”

【清光】 ❶美好的风采。敬称人的容颜。梁升卿《奉和圣制答张说扈从南出雀鼠谷》:“幽林承睿泽,闲客见清光。”李白《早过漆林渡寄万巨》:“何日睹清光,相欢咏佳句。”刘禹锡《酬淮南牛相公述旧见贻》:“追思往事咨嗟久,喜奉清光笑语频。”广宣《早秋降诞日献寿二首应制》之二:“万方瞻圣日,九土仰清光。”❷清亮的光辉。(1)指月光。杜甫《一百五日夜对月》:“斫却月中桂,清光应更多。”王武陵《宿慧山寺》:“石门吐明月,竹木涵清光。”陆畅《新晴爱月》:“起来自擘纱窗破,恰漏清光落枕前。”刘沧《晚归山居》:“娟娟唯有西林月,不惜清光照竹扉。”亦借指月亮。李白《拟古十二首》之二:“明月看欲堕,当窗悬清光。”司空曙《龙池寺望月寄韦使君阎别驾》:“清光此夜中,万古望应同。”白居易《八月十五日夜湓亭望月》:“临风一叹无人会,今夜清光似往年。”温庭筠《张静婉采莲歌》:“郎心似月月未缺,十五十六清光圆。”(2)指日光。郑准《云》:“飘零尽日不归去,点破清光万里天。”

韦庄《和集贤侯学士分司丁侍御秋日雨霁之作》："洛岸秋晴夕照长，凤楼龙阙倚清光。"(3)指水光。窦群《奉酬西川武相公晨兴赠友见示之作》："碧树分晓色，宿雨弄清光。"李益《竹溪》："清光溢空曲，茂色临幽澈。"刘禹锡《秋日题窦员外崇德里新居》："清光门外一渠水，秋色墙头数点山。"徐铉《和陈洗马山庄新泉》："便疏浅濑穿莎径，始有清光映竹林。"亦借指水。杨巨源《石水词二首》之一："银罂深锁贮清光，无限来人不得尝。"(4)指冰光，雪光。雍裕之《豪家夏冰咏》："金错银盘贮赐冰，清光如耸玉山棱。"许浑《玩残雪瑶寄江南尹刘大夫》："素质添瑶水，清光散玉峰。"李商隐《对雪二首》之一："寒气先侵玉女扉，清光旋透省郎闱。"(5)指烛光。崔备《奉陪武相公西亭夜宴陆郎中》："剪烛清光发，添香暖气来。"郑谷《蜡烛》："仙漏迟迟出建章，宫帘不动透清光。"(6)指镜子的光照。孟浩然《同张明府清镜叹》："妾有盘龙镜，清光常昼发。"刘长卿《杂咏八首上礼部李侍郎·春镜》："独悬秦台上，万象清光里。"亦借指镜子。李益《罢镜》："手中青铜镜，照我少年时。"鲍溶《旧镜》："一经离别少年改，难与清光相见新。"贯休《古镜词上刘侍郎》："六合悬清光，万里无尘侵。"(7)指青葱翠绿的色泽。张仲方《赋得竹箭有筠》："碧色乍葱茏，清光常蒨练。"罗邺《白角簟》："叠玉骈珪巧思长，露华烟魄让清光。"(8)指珠玉之光。薛涛《十离诗·珠离掌》："皎洁圆明内外通，清光似照水晶宫。"❸形容酒的清冽、美好。李郢《醉送》："江梅冷艳酒清光，急拍繁弦醉画堂。"

【清曲】　(—qǔ)清雅的乐曲。李峤《舞》："仪凤谐清曲，回鸾应雅声。"

【清伊】　清澈的伊水。伊水，洛河支流。韩愈《送张道士》："岭北梁可构，寒鱼下清伊。"

【清血】　(—xuè)指眼泪。杜牧《杜秋娘诗》："清血洒不尽，仰天知问谁。"贯休《古塞下曲四首》之三："岂知塞上望乡人，日日双眸滴清血。"

【清旭】　❶犹清早。杜甫《往在》："合昏排铁骑，清旭散锦𩥇。"吕温《上官昭容书楼歌》："风吹花露清旭时，绮窗高挂红绡帷。"权德舆《侍从游后湖宴坐》："清旭理轻舟，嬉游散烦劬。"❷朝晖，晨曦。杜甫《朝二首》之一："清旭楚宫南，霜空万岭含。"又《风疾舟中伏枕书怀》："城府开清旭，松筠起碧浔。"

【清名】　清美的声誉。王建《寻补阙旧宅》："知得清名二十年，登山上坂乞新篇。"方干《献浙东王大夫二首》之二："王臣夷夏仰清名，邻镇犹为失意行。"罗隐《寄前户部陆郎中》："出驯桑雉入朝簪，萧洒清名映士林。"

【清冰】　洁净的冰水。杜甫《入奏行赠西山检察使窦侍御》："炯如一段清冰出万壑，置在迎风寒露之玉壶。"白居易《反鲍明远白头吟》："火不热贞玉，蝇不点清冰。"李沇《方响歌》："宝瓶下井辘轳急，小娃弄索伤清冰。"

【清汜】　清澄的水边。储光羲《尚书省受誓诫贻太庙裴丞》："裴回念私觌，怅望临清汜。"

【清江】　❶清澈的江。杜甫《进艇》："昼引老妻乘小艇，晴看稚子浴清江。"元稹《和裴校书鹭鸶飞》："清江见底草堂在，一点白光终不归。"于武陵《过百牢关贻舟中者》："帆影清江水，铃声碧草山。"❷指长江。王昌龄《送窦七》："清江月色傍林秋，波上荧荧望一舟。"刘禹锡《台城怀古》："清江悠悠王气沉，六朝遗事何处寻。"韩偓《醉著》："万里清江万里天，一村桑柘一村烟。"❸县名。唐属施州。今湖北恩施县。见《旧唐书·地理志三》。杜甫《敬寄族弟唐十八使君》："除名配清江，厥土巫峡邻。"❹唐诗僧。会稽《今浙江绍兴》人。与清昼齐名，人称"会稽二清。"《全唐诗》卷八一二录其诗一卷，二十余首。

【清池】　清澈的池塘。储光羲《同王十三维偶然作十首》之二："高阁入云中，芙蓉满清池。"白居易《有木诗八首》之一："有木名弱柳，结根近清池。"朱庆余《台州郑员外郡斋双鹤》："情悬碧落飞何晚，立近清池意自高。"

【清如玉壶冰】　语出南朝宋鲍照《代白头吟》。后用以比喻人的情操高洁。王维有《清如玉壶冰》。

【清弄】　清雅的乐曲。元稹《曹十九舞绿钿》："急管清弄频，舞衣才揽结。"

【清吟】　❶清美的吟咏。李颀《圣善阁送裴迪入京》："清吟可愈疾，携手暂同欢。"钱起《太子舍人城东别业与二三文友逃暑》："美景惜文会，清吟迟羽觞。"白居易《与梦得沽酒闲饮且约后期》："闲征雅令穷经史，醉听清吟胜管弦。"❷清雅地吟诵。钱起《过王舍人宅》："清吟送客后，微月上城初。"郑巢《陈氏园林》："多喜陪幽赏，清吟绕石丛。"陆龟蒙《伤越》："早晚山川尽如故，清吟闲上鄂君船。"亦指清亮地吟唱。刘禹锡《酬令狐相公新蝉见寄》："清吟晓露叶，愁噪夕阳枝。"

【清吹】　❶(—chuī)犹清风。许敬宗《奉和仪鸾殿早秋应制》："斜晖丽粉壁，清吹肃朱楼。"皎然《答裴集阳伯明二贤》："白云供诗用，清吹生座右。"张乔《再题敬亭清越上人山房》："石窗清吹入，河汉夜光流。"唐廪《杨岐山》："翠微不闭楼台出，清吹频回水石喧。"❷(—chuì)清雅的管乐。多指笙、笛。李白《相和歌辞·凤吹笙曲》："重吟真曲和清吹，却奏仙歌响绿云。"李益《杂曲歌辞·汉宫少年行》："暗闻弦管九天上，宫漏沈沈清吹繁。"李远《吴越怀古》："吴越千年奈怨何，两宫清吹作樵歌。"

【清秀】 美好不俗。李嘉祐《送张惟俭秀才入举》:“清秀过终童,携书访老翁。”

【清妥】 清和适宜。唐彦谦《九日游中溪》:“何知是节序,风日自清妥。”

【清狂】 ❶痴颠。李白《陪侍郎叔游洞庭醉后三首》之一:“三杯容小阮,醉后发清狂。”李商隐《无题二首》之二:“直道相思了无益,未妨惆怅是清狂。”❷豪迈。杜甫《壮游》:“放荡齐赵间,裘马颇清狂。”韩偓《格卑》:“南朝峻洁推弘景,东晋清狂数季鹰。”贯休《江西再逢周琏》:“交情终淡薄,诗语更清狂。”

【清狂客】 豪情旷达的人。杜甫《遣闷戏呈路十九曹长》:“惟吾最爱清狂客,百遍相看意未阑。”

【清角】 (—jué)❶古代高雅悲壮的乐调。据说只有德行高尚的人才能听。晋平公德薄,却勉强师旷为他演奏,结果引来大风大雨,以致“裂帷幕,破俎豆,隳屋瓦,”平公受惊得病,晋国大旱三年。见《韩非子·十过》。李白《答王十二寒夜独酌有怀》:“折杨皇华合流俗,晋君听琴枉清角。”元稹《和李校书题乐府十二首·法曲》:“吾闻黄帝鼓清角,弭伏熊罴舞玄鹤。”❷古雅曲名。《文选·傅毅〈舞赋〉》:“扬激徵,骋清角。”李善注:“激徵清角,皆雅曲名。”元稹《松鹤》:“清角已沈绝,虞韶亦冥寞。”(—jiǎo)❶清越的号角。颜真卿、清昼《三言喜皇甫曾侍御见过南楼玩月》:“高驾动,清角催。”❷借指凄清的声音。皮日休《新秋言怀寄鲁望三十韵》:“鹤鸣转清角,鹘下扑金髀。”

【清言】 ❶高雅的言谈、议论。岑参《宿岐州北郭严给事别业》:“遥夜惜已半,清言殊未休。”权德舆《和司门殷员外早秋省中书直夜寄荆南卫象端公》:“凉夜偏宜粉署直,清言远待玉人酬。”皮日休《冬晓章上人院》:“山堂冬晓寂无闻,一句清言忆领军。”❷犹清谈。指魏晋时期何晏等崇尚《老》《庄》,竞谈玄理的风气。王维《瓜园诗》:“前酌盈尊酒,往往闻清言。”刘长卿《西陵寄一上人》:“多谢清言异玄度,悬河高论有谁持。”韦应物《雨夜宿清都观》:“适悟委前妄,清言怡道心。”杜牧《寄浙东韩八评事》:“无穷尘土无聊事,不得清言解不休。”

【清言衛家兒】 为称誉善于言谈、议论风生之典。见《晋书·卫玠传》。李颀《同张员外諲酬答之作》:“清言只到卫家儿,用笔能夸钟太尉。”

【清冷】 (—lěng)❶清凉寒冷。陈子昂《春夜别友人二首》之二:“清冷花露满,滴沥檐宇虚。”吴融《新安道中玩流水》:“萦纡似接迷春洞,清冷应连有雪山。”❷清澈寒凉之水。贾岛《戏赠友人》:“朝来重汲引,依旧得清冷。”白居易《虾蟆》:“岂惟玉池上,污君清冷波。”❸纯正高洁。姚合《答窦知言》:“格高思清冷,山低济浑浑。”贯休《东阳罹乱后怀王慥使君五首》之三:“为郡无如王使君,一家清冷似云根。”(—líng)❹形容声音清越。贾岛《投孟郊》:“容飘清冷余,自蕴襟抱中。”崔涂《过洛阳故城》:“独吟人不问,清冷自呜呜。”

【清冷池】 参见“清泠池”。

【清沔】 即沔水。古代汉江的别称。杜甫《八哀诗·故秘书少监武功苏公源明》:“战伐何当解,归帆阻清沔。”

【清沚】 幽静的小沙洲。李德裕《春暮思平泉杂咏二十首·鸂鶒》:“清沚双鸂鶒,前年海上雏。”又《思平泉树石杂咏一十首·钓台》:“倒影含清沚,凝阴长碧苔。”

【清沈沈】 (沈沈 chénchén)形容雨势盛大且寒气逼人。戎昱《抚州处士湖泛舟查溪兰若别》:“禅庭古树秋,宿雨清沈沈。”

【清祀】 古代十二月腊祭的别称。武元衡《闻相公三兄小园置宴以元衡寓直因寄上兼呈中书三兄》:“明朝不相见,清祀在圆丘。”

【清君側】 指清除君王身边的奸臣。见《史记·吴王濞列传》。李商隐《有感二首》之二:“古有清君侧,今非乏老成。”

【清壯】 清新豪迈。陆龟蒙《记事》:“吴兴郑太守,文律颇清壮。”

【清妙】 清新美妙。李白《经乱后将避地剡中留赠崔宣城》:“忽思剡溪去,水石远清妙。”

【清防】 犹清禁。指皇宫。温庭筠《太液池歌》:“腥鲜龙气连清防,花风漾漾吹细光。”

【清芬】 ❶清香。吴巩《白云溪》:“秀迹逢皆胜,清芬坐转凉。”❷高洁的德行。孟浩然《同王九题就师山房》:“归途未忍去,携手恋清芬。”李白《赠孟浩然》:“高山安可仰,徒此揖清芬。”令狐峘《释奠日国学观礼闻雅颂》:“满庭陈旧礼,开户拜清芬。”陈陶《赠漳州张怡使君》:“旧德徐方天下闻,当年熊轼继清芬。”❸喻美好的名声。李白《东武吟》:“天书美片善,清芬播无穷。”权德舆《伏蒙十六叔寄示喜庆感怀三十韵因献之》:“祖德蹈前哲,家风播清芬。”黄滔《书怀寄友人》:“寂寞一生中,千载空清芬。”

【清芳】 犹清香。崔道融《对早梅寄友人二首》之二:“清芳一夜月通白,先脱寒衣送酒家。”

【清拙】 清静质朴。贯休《山居诗二十四首》之六:“如斯标致虽清拙,大丈夫儿合自由。”

【清抱】 清高的抱负。孟郊《送温初下第》:“高怀无近趣,清抱多远闻。”

【清杯】 盛清酒的杯子。常用以指代清酒。韩愈《感春五首》之一:“已呼孺人戛鸣瑟,更遣稚子传清杯。”

【清雨】 清净的雨。孟郊《桐庐山中赠李明府》："静境无浊氛，清雨零碧云。"韩愈《南内朝贺归呈同官》："薄云蔽秋曦，清雨不成泥。"汤悦《早春寄华下同志》："岳面悬清雨，河心走浊冰。"亦指清冷的雨。韩愈《奉和兵部张侍郎酬郓州马尚书祗召途中见寄》："暖风抽宿麦，清雨卷归旗。"

【清刳】 清除，剔净。贯休《读孟郊集》："清刳霜雪髓，吟动鬼神司。"

【清尚】 ❶清白高尚。指节操。张九龄《骊山下逍遥公旧居游集》："君子体清尚，归处有兼资。"杜牧《新转南曹未叙朝散初秋暑退出守吴兴书此篇以自见志》："清尚宁无素，光阴亦未晞。"❷五代诗僧，与齐己同时，与李洞为友。《全唐诗》卷八四九录其《哭僧》十首。

【清味】 清淡的菜肴。南唐嗣主李璟《保大五年元日大雪登楼赋》："坐有宾朋尊有酒，可怜清味属侬家。"

【清昊】 青天，天空。沈佺期《幸丑岁十月上幸长安时扈从出西岳作》："磅礴压洪源，巍峨壮清昊。"储光羲《贻余处士》："我行苦炎月，乃及清昊始。"薛奇童《云中行》："举杯称寿永相保，日夕歌钟彻清昊。"

【清明】 ❶清澈明朗。张九龄《九月九日登龙山》："清明风日好，历落江山望。"储光羲《仲夏入园东陂》："暑雨若混沌，清明如空虚。"元稹《使东川·西县驿》："去时楼上清明夜，月照楼前撩乱花。"崔橹《岳阳云梦亭看莲花》："清明月照羞无语，凉冷风吹势不禁。"❷神志清静明朗，清察明审。权德舆《送杜尹赴东都》："清明人比玉，照灼府如莲。"张祜《赠薛鼎臣侍御》："君子清明致自强，大寮佥语美公方。"❸指政治清明。李咸用《远公亭牡丹》："左文右武怜君荣，白铜鞮上惭清明。"❹声音清澈。羊士谔《郡中即事三首》之一："鼓角清明如战垒，梧桐摇落似贫居。"❺即清明节。张说《奉和圣制初入秦川路寒食应制》："人关正投寒食前，还京遂落清明后。"祖咏《清明宴司勋刘郎中别业》："霁日园林好，清明烟火新。"张继《阊门即事》："试上吴门窥郡郭，清明几处有新烟。"温庭筠《寒食前有怀》："万物鲜华雨乍晴，春寒寂历近清明。"参见"清明節"。

【清明火】 古代寒食禁火。唐制，清明日取火赏赐百官，故称"清明火"。李德裕《忆平泉杂咏·忆茗芽》："欲及清明火，能销醉客酲。"韦庄《长安清明》："内官初赐清明火，上相闲分白打钱。"

【清明節】 农历二十四节气之一。在每年公历四月五日或六日，是日民间有踏青、扫墓的习俗。刘长卿《清明日青龙寺上方》："已度清明节，春愁如客何。"窦常《之任武陵寒食日途次松滋渡先寄刘员外禹锡》："看春又过清明节，算老重经癸巳年。"贾岛《清明日园林寄友人》："今日清明节，园林胜事偏。"韦庄《遣兴》："异国清明节，空江寂寞春。"

【清明籙】 清静神志的符箓。隋唐以来，道士法师推崇符箓咒术，用以辅正驱邪，治病袪灾。皎然《寒栖子歌》："洗虑因吞清明箓，世人皆贪我常足。"

【清旻】 犹苍天。杜甫《寄薛三郎中》："高秋却束带，鼓枻视清旻。"

【清知】 ❶清正的知交。玄宗《赐诸州刺史以题座右》："虚誉不可饰，清知不可忘。"❷谓认识清净，不受外扰。陆龟蒙、皮日休《寒夜联句》："清知思绪断，爽觉心源彻。"

【清刮】 谓擦拭干净。刮，刮摩。韩愈、孟郊《征蜀联句》："战血时销洗，剑霜夜清刮。"

【清和】 (—hé)❶清朗和暖。上官昭容《游长宁公主流杯池二十五首》之十："霁晓气清和，披襟赏薜萝。"李颀《送刘主簿归金坛》："云帆晓容裔，江日昼清和。"独孤及《水西馆泛舟送王员外》："剧谈增惠爱，美景借清和。"元稹《有酒十章》之六："四月清和艳残卉，芍药翻红蒲映水。"❷清静平和。形容性情。元结《系乐府十二首·寿翁兴》："清和存王母，潜濩无乱黩。"姚系《五老峰大明观赠隐者》："故人清和客，默会琴心微。"❸农历四月的别称。钱起《早夏》："花萼败春多寂寞，叶阴迎夏已清和。"薛能《晚春》："赖指清和樱笋熟，不然愁杀暮春天。"王毂《刺桐花》："南国清和烟雨辰，刺桐夹道花开新。"

【清佩】 亦作"清珮"。玉佩的美称。古人常佩挂玉制装饰品。储光羲《晚次东亭献郑州宋使君文》："洞门清佩响，广路玉珂飞。"亦指清脆的玉佩相击声。王维《待储光羲不至》："要欲闻清佩，方将出户迎。"

【清近司】 指翰林院。白居易《昔与微之在朝日同蓄休退之心迨寻前约且结后期》："皆逢盛明代，俱登清近司。"

【清夜】 清静的夜晚。孟浩然《夜泊庐江闻故人在东寺以诗寄之》："闻君寻寂乐，清夜宿招提。"杜甫《醉时歌》："清夜沈沈动春酌，灯前细雨檐花落。"刘禹锡《翰林白二十二学士见寄诗一百篇因以答贶》："玉琴清夜人不语，琪树春朝风正吹。"杜牧《南楼夜》："歌声袅袅彻清夜，月色娟娟当翠楼。"亦指秋夜。刘方平《秋夜寄皇甫冉郑丰》："洛阳清夜白云归，城里长河列宿稀。"

【清河】 ❶水名。(1)在今河南。见《水经注·清水》。高适《赠别晋三处士》："有人家住清河源，渡河问我游梁园。"戎昱《苦哉行五首》之四："妾家清河边，七叶承貂蝉。"(2)古泗水别名清水。亦称清河。李商隐《戏题枢言草阁三十二韵》："清河在门外，上与浮云齐。"(3)指洛水。李商隐有《清河》。冯浩注:"清河,洛水也。自商洛以东,从洛水至河南。"薛能有《清河泛舟》。(4)指河间(今河北河间县)长丰渠。开元二十五年刺史卢晖开凿。见《新唐书·地理志三》。高适有《同敬八卢五泛河间清河》。❷县名。即今河北清河县。王维有《渡河到清河作》。岑参有《韩员外夫人清河县君崔氏挽歌二首》。令狐楚《年少行四首》之二:"家本清河住五城,须凭弓箭得功名。"韦庄有《清河县楼作》。

【清河公】 指周璞。皮日休《太湖诗》序:"十一年夏六月,会大司谏清河公忧霖雨之为患,乃择日休将公命,祷于震泽。"陆龟蒙有《奉和袭美太湖诗二十首·以毛公泉献大谏清河公》。

【清油】 参见"清油幕"。

【清油幕】 古代将帅的帐幕。李端《送王副使还并州》:"想到清油幕,长谋出左车。"亦省作"清油"。借指幕府。羊士谔《西川独孤侍御见寄酬答诚乖拙速》"草檄清油推健笔,曳裾黄阁耸危冠。"

【清泠】 ❶清凉,寒凉。陈子昂《与东方左史虬修竹篇》:"春风正淡荡,白露已清泠。"窦叔向《秋砧送邑大夫》:"断续长门下,清泠逆旅秋。"李贺《绿章封事》:"虚空风气不清泠,短衣小冠作尘土。"李咸用《览友生古风》:"一卷冰雪言,清泠泠心骨。"❷清澈凉爽。裴迪《西塔寺陆羽茶泉》:"一汲清泠水,高风味有余。"沈颂《卫中作》:"卫风愉艳宜春色,淇水清泠增暮愁。"贾岛《崔卿池上双白鹭》:"见此池潭卿自凿,清泠太液底潜通。"白居易《新构亭台示诸弟侄》:"清泠白石枕,疏凉黄葛衣。"❸借指清澈的水。储光羲《同诸公秋霁曲江俯见南山》:"鱼龙隐苍翠,鸟兽游清泠。"耿沣《甘泉诗》:"绿溢涵千仞,清泠饮万家。"白居易《重题》之二:"最爱一泉新引得,清泠屈曲绕阶流。"❹清俊,高洁。高适《送郭处士往莱芜兼寄苟山人》:"少年词赋皆可听,秀眉白面风清泠。"喻凫《酬王檀见寄》:"驰心栖杳冥,何物比清泠。"❺形容声音清越。元结《夜宴石鱼湖作》:"夜寒闭窗户,石溜何清泠。"周彻《尚书郎上直闻春漏》:"滴沥疑将绝,清泠发更新。"徐希仁《招玉川子咏新文》:"清气宿我心,结为清泠音。"灵澈《听莺歌》:"新莺傍檐晓更悲,孤音清泠啭素枝。"

【清泠池】 池名。在今河南商丘东。李白《鸣皋歌送岑征君》:"交鼓吹兮弹丝,觞清泠之池阁。"

【清泠泉】 ❶清澈寒凉的泉水。卢照邻《于时春也慨然有江湖之思寄赠柳九陇》:"晨攀偃蹇树,暮宿清泠泉。"钱起《蓝田溪与渔者宿》:"濯发清泠泉,月明不能去。"❷泉名。在今河南南阳。李白有《游南阳清泠泉》。王琦注引《一统志》:"丰山,在南阳府东北三十里,下有泉,曰清泠泉。"

【清波】 ❶清澈的水流。骆宾王《咏鹅》:"白毛浮绿水,红掌拨清波。"裴迪《辋川集二十首·南垞》:"落日下崦嵫,清波殊淼漫。"韦庄《题盘豆驿水馆后轩》:"滩头鹭占清波立,原上人侵落照耕。"❷喻指高尚品德。孟浩然《寻梅道士》:"崔徐迹未朽,千载揖清波。"❸喻时世清明。李咸用《自愧》:"缨尘徒自满,欲濯待清波。"

【清泥道】 一作"青泥道"。唐代为甘、陕入蜀要道。因路经青泥岭,故称。卢照邻《晚渡渭桥寄示京邑游好》:"一赴清泥道,空思玄灞游。"

【清沼】 清澈的水池。寒山《诗三百三首》之二九三:"清沼濯瓢钵,杂和煮稠稀。"张泌《所思》:"隔江红杏一枝明,似玉佳人俯清沼。"

【清空】 明朗的天空。李白《上清宝鼎诗》:"我居清空表,君处红埃中。"

【清穹】 指天空。薛能《升平词十首》之九:"旭日上清穹,明堂坐圣聪。"

【清門】 ❶寒门。杜甫《丹青引赠曹将军霸》:"将军魏武之子孙,于今为庶为清门。"王建《荆南赠别李肇著作转韵诗》:"素传学道徒,清门有君子。"❷清贵的门第。皎然《因游支硎寺寄邢端公》:"清门推问望,早岁骋康庄。"元稹《去杭州》:"房杜王魏之子孙,虽及百代为清门。"

【清弦】 亦作"清絃"。指琴瑟一类弦乐器。因发音清亮,故称。张说《闻雨》:"有时进美酒,有时泛清弦。"萧颖士《仰答韦司业垂访五首》之一:"高堂列众宾,广座鸣清弦。"杨凝《上巳》:"帝京元巳足繁华,细管清弦七贵家。"温庭筠《哭王元裕》;"闻说萧郎逐逝川,伯牙因此绝清弦。"

【清奏】 清美的演奏(乐曲)。白居易《郡斋旬假始命宴呈座客示郡寮》:"清奏凝未阕,酡颜气已春。"陈陶《和西江李助副使早登开元寺阁》:"燕宫豸冠客,凭览发清奏。"李咸用《长歌行》:"何不夕引清奏,朝登翠楼。"

【清政】 清明的政绩。李嘉祐《广陵送林宰》:"清政过前哲,香名达至尊。"

【清苦】 ❶清廉勤苦。朱庆余《题崔驸马林亭》:"何事宦途犹寂寞,都缘清苦道难通。"赵嘏《浙东赠李副使员外》:"妙尽戎机佐上台,少年清苦自霜台。"方干《寄于少监》:"修持清苦振佳声,众鸟那知一鹗情。"❷指诗文清峻寒苦。贯休《闻许棠及第因寄桂雍》:"时清道合出尘埃,清苦为诗不仗媒。"齐己《寄监利司空学士》:"诗家为政别,清苦日闻新。"

【清英】 清俊超群。李白《感时留别从兄徐王延年从弟延陵》:"清英神仙骨,芬馥茝兰蕤。"

【清枯】 清静空寂。牟融《题朱庆余闲居四首》

之一："道人能爱静，诸事近清枯。"

【清要】 （一yào）谓地位显贵、职司重要而政务清简的官职。韩愈《永贞行》："郎官清要为世称，荒郡迫野嗟可矜。"张籍《和左司元郎中秋居十首》之三："更恐登清要，难成自在身。"

【清威】 为威势的美称。李白《观猎》："太守耀清威，乘闲弄晚晖。"杨巨源《上裴中丞》："清威更助朝端重，圣泽曾随笔下多。"贯休《贺郑使君》："清威严令无纤壒，长路深山不拾遗。"

【清貞】 纯洁、正直。陈元光《太母魏氏半径题石》："清贞蜚简籍，规范肃门楣。"亦指清白坚贞。皎然《花石长枕歌答章居士赠》："万物皆因造化资，如何独负清贞质。"

【清削】 （一xīao）清凉寂静。削，削然，寂静貌。孟郊《奉报翰林张舍人见遗之诗》："百虫笑秋律，清削月夜闻。"

【清省】 （一shěng）简练。杜甫《八哀诗·故右仆射相国张公九龄》："诗罢地有余，篇终语清省。"又《秋日夔府咏怀奉寄郑监李宾客一百韵》："阴何尚清省，沈宋歘联翩。"

【清盼】 为对别人顾盼、关照的美称。李白《赠范金卿二首》之一："君子枉清盼，不知东走迷。"皎然《春日又送潘述之扬州》："文房旷佳士，禅室阻清盼。"韩愈《崔十六少府摄伊阳以诗及书见投因酬三十韵》："音问难屡通，何由觌清盼。"

【清眄】 为看、望的美称。齐己《赴郑谷郎中招游龙兴观因有十八韵》："眺远凝清眄，吟高动白髭。"

【清思】 ❶高雅的情思。周瑀《潘司马别业》："萧然有高士，清思满书堂。"孟郊《立德新居》之一："碧峰远相揖，清思谁言孤。"姚合《和李舍人秋日卧疾言怀》："诗成谁敢和，清思若怀霜。"张蠙《赠闻一上人》："玄谈穷释旨，清思掩诗流。"❷清美的思念。杜甫《回棹》："清思汉水上，凉忆岘山巅。"李中《又送赴关》："一路伴吟汀草绿，几程清思水风凉。"❸清静地思考。曹唐《小游仙诗九十首》之二十："清思密谈谁第一，不过邀取小茅君。"

【清品】 清贵的官吏。郑谷《投时相十韵》："省署随清品，渔舟爽素期。"

【清映】 清幽掩映。羊滔《游烂柯山》之三："采薪穷冥搜，深路转清映。"

【清畏人知】 对清廉高尚品质的美称。见《晋书·良吏·胡威传》。骆宾王《在狱咏蝉》序："吟乔树之微风，韵资天纵；饮高秋之坠露，清畏人知。"贯休《上缙云段使君》："清畏人知人尽知，缙云三载得宣尼。"

【清哇】 清越柔美的音乐。皎然《观李中丞洪二美人唱歌轧筝歌》："轧用蜀竹弦楚丝，清哇宛转声相随。"

【清胄】 指帝王及贵族之子孙。陆龟蒙《读襄阳耆旧传因作五百言寄皮袭美》："缅思齐梁降，寂寞寡清胄。"

【清畎】 清澈的溪流。钱起《罢章陵令山居过中峰道者二首》之二："鸣鸠拂红枝，初服傍清畎。"

【清迥】 ❶清净高远。乔知之《苦寒行》："胡天夜清迥，孤云独飘飏。"张九龄《秋夕望月》："清迥江城月，流光万里同。"刘商《赋得月下闻蛩送别》："清迥檐外见，凄其篱下闻。"❷清明旷远。常建《西山》："至夜转清迥，萧萧北风厉。"张南史《江北春望赠皇甫补阙》："清迥独连江水北，芳菲更似洛城东。"❸清纯高洁。李白《寄远十一首》之十一："怜君冰玉清迥之明心，情不极兮意已深。"❹清越而漫长。皎然《戛铜碗为龙吟歌》："乍向天台宿华顶，秋宵一吟更清迥。"李涉《题清溪鬼谷先生旧居》："寂寞天籁息，清迥鸟声曙。"魏承班《玉楼春》词："声声清迥遏行云，寂寂画梁尘暗起。"

【清骨】 对躯体的美称。皮日休《鲁望悯承吉之孤为诗邀予属和用塞良友》："先生清骨葬烟霞，业破孤存孰为嗟。"韦庄《谒蒋帝庙》："建业城边蒋帝祠，素髯清骨旧风姿。"

【清重】 犹"清貴"。朱庆余《上翰林蒋防舍人》："清重可过知内制，从前礼绝外庭人。"许棠《讲德陈情上淮南李仆射八首》之一："英明不独中朝仰，清重兼闻外国知。"

【清香】 ❶清新的香气，清淡的香味。王维《山茱萸》："朱实山下开，清香寒更发。"顾况《梅湾》："白石盘盘磴，清香树树梅。"白居易《秋凉闲卧》："露荷散清香，风竹含疏韵。"温庭筠《宿云际寺》："高阁清香生静境，夜堂疏磬发禅心。"❷指用香料制成的线香。陆希声《山居即事二首》之二："君阳遁叟何为乐，一炷清香两卷经。"司空图《青龙师安上人》："清香一炷知师意，应为昭陵惜老臣。"

【清秋】 犹言凉秋。张九龄《和吏部李侍郎见示秋夜望月忆诸侍郎之什》："清秋发高兴，凉月复闲宵。"孟浩然《秋登兰山寄张五》："愁因薄暮起，兴是清秋发。"皇甫冉《题高云客舍》："清秋香粳获，白露寒菜长。"李商隐《柳》："如何肯到清秋日，已带斜阳又带蝉。"

【清秋節】 即农历九月九日重阳节。李白《忆秦娥》词："乐游原上清秋节，咸阳古道音尘绝。"

【清便】 （一pián）谓清通条畅。皮日休《伤进士严子重诗》序："其所为工于七字，往往有清便柔媚，时可轶骇于常轨。"亦指清雅安适。皮日休《太湖诗·雨中游包山精舍》："幽人共跻攀，胜事颇清便。"

【清信】 清净的信仰。指虔诚信仰佛教。崔颢《赠怀一上人》:“旧少清信士,实多渔猎人。”贯休《寄大愿和尚》:“岘首故人清信在,千书万书取不诺。”

【清泉】 清新的泉水。李峤《熊》:“莫言舒紫褥,犹异饮清泉。”白居易《答崔十八》:“我有商山界君未见,清泉白石在胸中。”皮日休《奉和鲁望樵人十咏·樵担》:“清泉洗得洁,翠霭侵来绿。”

【清律】 清美的音律。皎然《花石长枕歌答章居士赠》:“试叩铿然应清律,纤尘不留蝇敢拂。”亦指格律诗。罗隐《隐尝在汉陵今复重过渚宫感事悲身遂成长句》:“往岁鄭侯镇渚宫,曾将清律暖孤蓬。”

【清風】 ❶清微的风。太宗《赋帘》:“珠光摇素月,竹影乱清风。”王维《戏嘲史寰》:“清风细雨湿梅花,骤马先过碧玉家。”徐凝《将至妙喜寺》:“清风袅袅越水陂,远树苍苍妙喜寺。”温庭筠《病中书怀呈友人》:“白雪调歌响,清风乐舞雩。”❷清凉的风。杜甫《夏日李公见访》:“清风左右至,客意已惊秋。”刘商《早夏月夜问王开》:“清风首夏夜犹寒,嫩笋侵阶竹数竿。”白居易《池上即事》:“绿竹挂衣凉处歇,清风展簟困时眠。”王毂《暑日题道边树》:“羸童走马喘不进,忽逢碧树含清风。”亦指秋风。孟浩然《初秋》:“不觉初秋夜渐长,清风习习重凄凉。”钱起《送马明府赴江陵》:“清风高兴得湖山,门柳萧条双翟闲。”白居易《秋池》:“洗浪清风透水霜,水边闲坐一绳床。”刘沧《秋日山斋书怀》:“启户清风枕簟幽,虫丝吹落挂帘钩。”❸犹仁风。喻善政。李白《赠徐安宜》:“清风动百里,惠化闻京师。”钱起《送襄阳卢判官奏开河事》:“因思郢川守,南楚满清风。”皮日休《七爱诗·房杜二相国》:“黄阁三十年,清风一万古。”亦指清正的风尚。岑参《暮秋会严京兆后厅竹斋》:“盛德中朝贵,清风画省寒。”皎然《同诸公奉侍祭岳渎使大理卢幼平期过故林不至》:“清风门客仰,佳颂国人听。”❹喻高洁的品格。李白《古风》之十二:“清风洒六合,邈然不可攀。”皇甫曾《送商州杜中丞赴任》:“绮皓清风千古在,因君一为谢岩居。”黄滔《贻宋评事》:“燕国金台无别客,陶家柳下有清风。”亦指清高的风韵。卢仝《萧宅二三子赠答诗二十首·石让竹》:“竹弟有清风,可以娱嘉宾。”❺指清白的家风。刘长卿《哭陈歙州》:“千秋万古葬平原,素业清风及子孙。”李商隐《奉和太原公送前杨秀才戴兼招杨正字戎》:“桂树一枝当白日,芸香三代继清风。”❻清风明月之省语。喻高雅的情致。卢照邻《送郑司仓入蜀》:“送君秋水曲,酌酒对清风。”皇甫冉《送王绪剡中》:“朝朝忆玄度,非是对清风。”钱起《蓝田溪杂咏二十二首·竹间路》:“有时载酒来,不与清风遇。”皮日休《褚家林亭》:“争得共君来此住,便披鹤氅对清风。”参见“清風明月”。

【清風明月】 清凉的风,明朗的月。王维《伊州歌》:“清风明月苦相思,荡子从戎十载余。”智亮《戴云山吟》:“曾似老人岩上坐,清风明月与心齐。”亦作“清風朗月”。李白《杂歌谣辞·襄阳歌》:“清风朗月不用一钱买,玉山自倒非人推。”徐铉《江舍人宅筵上有妓唱和州韩舍人歌辞因以寄》:“清风朗月长相忆,佩蕙纫兰早晚还。”

【清風亭】 亭名。在江南道宣州当涂县(今属安徽)。李白《陪族叔当涂宰游化城寺升公清风亭》:“闲居清风亭,左右清风来。”

【清風高節】 喻人品纯洁,节操高尚。牟融《题赵支》:“我有清风高节在,知君不负岁寒交。”

【清風朗月】 参见“清風明月”。

【清風絃】 指微风吹拂树木等物体发出的声音。李白《赠宣城宇文太守兼呈崔侍御》:“遂归池上酌,掩抑清风弦。”

【清風頌】 喻指颂扬君主任贤使能的诗篇。语见《诗·大雅·烝民》。崔曙《登水门楼见亡友张贞期题望黄河诗因以感兴》:“清风初作颂,暇日复销忧。”刘长卿《送沈少府之任淮南》:“相期丹霄路,遥听清风颂。”唐尧臣《金陵怀古》:“多士春林秀,作颂清风穆。”

【清急】 谓水流清澈湍急。温庭筠《秋日》:“烟华久荡摇,石涧仍清急。”崔橹《宿寿安山阴馆闻泉》:“一支清急万山来,穿竹喧飞破石苔。”

【清怨】 凄清幽怨。钱起《归雁》:“二十五弦弹夜月,不胜清怨却飞来。”许浑《听歌鹧鸪辞》:“南国多情多艳词,鹧鸪清怨绕梁飞。”又《听唱山鹧鸪》:“金谷歌传第一流,鹧鸪清怨碧烟愁。”

【清音】 ❶清美的声音,清越的声音。董思恭《咏琵琶》:“促节萦红袖,清音满翠帷。”孟浩然《题终南翠微寺空上人房》:“风泉有清音,何必苏门啸。”卢纶《送尹枢令狐楚及第后归觐》:“宝器金罍重,清音玉珮寒。”罗邺《题笙》:“缑岭独能征妙曲,嬴台相共吹清音。”❷喻清美的诗文。陆龟蒙《夏日闲居四声诗寄袭美·平入声》:“如蒙清音酬,若渴吸月液。”徐铉《右省仆射相公垂览和诗复贻长句辄次来韵》:“玉柄暂时疏末座,瑶华频复惠清音。”

【清美】 清新优美。姚合《和令狐六员外直夜即事寄上相公》:“吟诗清美招闲客,对酒逍遥卧直庐。”

【清泚】 ❶清澈。王维《别綦毋潜》:“严冬爽群木,伊洛方清泚。”费冠卿《枕流石》:“愿以清泚流,鉴此坚贞质。”郑谷《水》:“竹院松廊分数派,不空清泚亦逶迤。”❷指清澈的水。李白《安州应城玉女汤作》:“濯濯气清泚,晞发弄潺湲。”韦应物《云阳馆怀谷口》:“清泚阶下流,云自谷口源。”徐牧《省试临渊羡鱼》:“清泚濯缨处,今来喜一临。”何敬《题吉州龙溪》:“狂风激烈翻春涛，薄雾冥濛溢清沘。”

【清涎】 口水。李贺《假龙吟歌》：“窖中跳汰截清涎，隈壖卧水埋金爪。”

【清派】 清澈的水流。张祜《题濠州钟离寺》：“远岫碧光合，长淮清派连。”

【清洛】 即洛水。今称洛河。刘希夷《洛中晴月送殷四入关》：“清洛浮桥南渡头，天晶万里散华洲。”李白《送王屋山人魏万还王屋》：“西涉清洛源，颇惊人世喧。”白居易《送河南尹冯学士赴任》：“清洛饮冰添苦节，碧嵩看雪助高情。”韦庄《北原闲眺》：“千年王气浮清洛，万古坤灵镇碧嵩。”

【清洛苑】 即洛苑。唐东都洛阳的宫苑。李益《秋晚溪中寄怀大理齐司直》：“天寒清洛苑，秋夕白云司。”刘禹锡《两如何诗谢裴令公赠别二首》之一：“今日陪游清洛苑，昔年别入承明庐。”

【清津】 清澈的水边。皎然《兵后西日溪行》：“饭松得高侣，濯足偶清津。”

【清室】 指斋戒的居室。皎然《酬秦山人赠别二首》之一：“来观新月依清室，欲漱香泉护触瓶。”

【清宫】 ❶清理宫室。古代帝王行幸所至，必先令人检查起居宫室，使其清净安全。刘禹锡《和董庶中古散调词赠尹果毅》：“谒者既清宫，诸侯各罢戏。”❷清净的宫室。李中《寄庐山简寂观重道者》：“忆昔采芝庐岳顶，清宫常接绛霄人。”

【清郎】 指尚书郎。晋山涛《山公启事》：“旧选尚书郎极清望也，号称大臣之副。”后因称尚书郎为“清郎”。李商隐《赠子直花下》：“官书推小吏，侍史从清郎。”

【清神】 犹安神。司空图《下方》：“倦行今白首，归卧已清神。”李中《宿青溪米处士幽居》：“静虑同搜句，清神旋煮茶。”徐铉《和门下殷侍郎新茶二十韵》：“解渴消残酒，清神感夜眠。”

【清秘】 指清净秘密之所。多指宫禁重地。张九龄《酬通事舍人寓直见示篇中兼起居陆舍人景献》：“轩掖殊清秘，才华固在斯。”

【清祠】 对祭祀的敬称。见《史记·孝文本纪》。李吉甫《九日小园独谣赠门下武相公》：“上公留凤沼，冠剑侍清祠。”

【清扃】 寂静的门户。崔何《喜陆侍御破石埭草寇东峰亭赋诗》：“高深清扃外，行止翠微间。”

【清妍】 秀丽。韩愈《奉和虢州刘给事使君三堂新题二十一咏·月池》：“若不妒清妍，却成相映烛。”无名氏《题童氏画》(卷七八六)：“林下材华虽可尚，笔端人物更清妍。”

【清級】 显贵的官位。韩偓《余自刑部员外郎为时权所挤充职掌记因成长句寄所知》：“正叨清级忽从戎，况与燕台事不同。”

【清約】 清廉节俭。李瀚《蒙求》：“田豫俭素，李恂清约。”

【清幽】 ❶清静幽雅。李白《过崔八丈水亭》：“高阁横秀气，清幽并在君。”钱起《谒许由庙》：“故向箕山访许由，林泉物外自清幽。”徐铉《亚元舍人猥贻佳作因为长歌陈子乔校书》：“精庐水榭最清幽，一税征车聊驻留。”❷指声音清雅而低微。刘戬《夏弹琴》：“碧山本岑寂，素琴何清幽。”

【清班】 清贵的朝官位次。元稹《和李校书新题乐府十二首·阴山道》：“豪家富贾逾常制，令族清班无雅操。”白居易《重赠李大夫》：“早接清班登玉陛，同承别诏直金銮。”朱庆余《秋宵宴别卢侍御》：“清班无意恋，素业本来贫。”

【清珮】 参见“清佩”。

【清琤】 清脆的声响。李郢《小石上见亡友题处》：“笋石清琤入紫烟，陆云题处是前年。”

【清素】 指清淡素雅的花。韦处厚《盛山十二诗·梅溪》：“夹岸凝清素，交枝漾浅沦。”

【清埋】 指笼罩于月光之中。清，清光。贯休《中秋十五夜月》：“静入万家危露滴，清埋众象叫鸿孤。”

【清埃】 犹“清塵”。对尊贵者的敬称。刘怀一《赠右台监察邓茂迁左台殿中》：“隔墙钦素躅，对问限清埃。”参见“清塵❷”。

【清茗】 清茶。皎然《白云上人精舍寻杼山禅师兼示崔子向何山道上人》：“识妙聆细泉，悟深涤清茗。”

【清教】 清明的教化。任希古《和左仆射燕公春日端居述怀》：“调风振薄俗，清教叙彝伦。”

【清桂】 清亮的月色。神话传说月中有桂，故以桂代指月色。李绅《趋翰苑遭诬构四十六韵》：“庾楼清桂满，远寺素莲敷。”

【清栱】 指殿拱。栱，即斗拱。木结构建筑中的支承构件，可使屋檐外伸。韩愈《会合联句》：“鬼窟脱幽妖，天居觌清栱。”

【清格】 (—gé)高洁的品格。司空图《杂题二首》之二：“晓镜高窗气象深，自怜清格笑尘心。”王周《自和》：“琴阮资清格，冠簪养素风。”

【清真】 ❶纯真质朴。陈子昂《喜遇冀侍御珪崔司议泰之二使》：“惠风吹宝瑟，微月忆清真。”李白《古风》之一：“圣代复元古，垂衣贵清真。”元结《引极三首·望仙府》：“诣仙府兮从羽人，饵五灵兮保清真。”姚合《寄不出院僧》：“不行门外地，斋戒得清真。”亦指得纯真情操之熏陶。孟浩然《还山贻湛法师》：“朝来问疑义，夕话得清真。”❷真实自然。司空图《诗品二十四则·形容》:“绝伫灵素,少回清真。”

【清夏】 清凉、清和的夏天。皮日休《鲁望以竹夹膝见寄因次韵酬谢》:“拂润恐飞清夏雨,叩虚疑贮碧湘风。”司空图《偶书五首》之二:“白头身偶在,清夏景还移。”

【清奇】 ❶诗文的一种风格。谓清新奇妙的境界。司空图《诗品二十四则》中有“清奇”一则。李山甫《山中依韵答刘书记见赠》:“谢公寄我诗,清奇不可陪。”❷美妙奇异。吕岩《敲爻歌》:“似此逍遥多快乐,遨游三界最清奇。”

【清砧】 ❶捣衣石的美称。杜甫《捣衣》:“亦知戍不返,秋至拭清砧。”又《暝》:“半扉开烛影,欲掩见清砧。”❷指捣衣声。刘长卿《月下听砧》:“夜静掩寒城,清砧发何处?”杜牧《秋梦》:“寒空动高吹,月色满清砧。”韦庄《岁晏同左生作》:“宝瑟湘灵怨,清砧杜魄啼。”

【清致】 清高的情趣。岑参《范公丛竹歌》序:“职方郎中兼侍御史范公乃于陕西使院内种竹,新制《丛竹诗》以见示,美范公之清致雅操,遂为歌以和之。”

【清酌】 犹清酒。《礼记·曲礼下》:“水曰清涤,酒曰清酌。”徐夤《劝酒》:“休向尊前诉羽觥,百壶清酌与君倾。”亦为饮酒之美称。李白有《夜泛洞庭寻裴侍御清酌》。

【清時】 政治清明之时。张说《奉和圣制过晋阳宫应制》:“往运感不追,清时惜难逢。”岑参《虢中酬陕西甄判官见赠》:“微才弃散地,拙宦惭清时。”韩愈《奉和仆射裴相公感恩言志》:“林园穷胜事,钟鼓乐清时。”杜牧《将赴吴兴登乐游原一绝》:“清时有味是无能,闲爱孤云静爱僧。”

【清晏】 ❶清静安宁。韩愈《岳阳楼别窦司直》:“飞廉戢其威,清晏息纤纩。”又《晚秋郾城夜会联句》:“江淮永清晏,宇宙重开拓。“❷犹清闲。元稹《苦雨》:“夜来稍清晏,放体阶前呼。”

【清峭】 ❶青翠挺拔。姚合《题厉玄侍御所居》:“幽栖一亩宫,清峭似山峰。”方干《题报恩寺上方》:“清峭关心惜归去,他时梦到亦难判。”❷清正刚直。孟郊《懊恼》:“以我残杪身,清峭养高闲。”又《吊卢殷》:“诗人多清峭,饿死抱空山。”❸清越急切。元稹《和李校书新题乐府十二首·五弦弹》:“赵璧五弦弹徵调,徵声巉绝何清峭!”❹谓文笔清丽脱俗。姚合《寄马戴》:“新诗此处得,清峭比应稀。”❺清纯寒凉。刘禹锡《西山兰若试茶歌》:“悠扬喷鼻宿酲散,清峭彻骨烦襟开。”❻清秀俊美。薛逢《邻相反行》:“西家有儿才弱龄,仪容清峭云鹤行。”

【清峻】 ❶清正高尚。杜甫《送李校书二十六韵》:“李舟名父子,清峻流辈伯。”方干《献王大夫二首》之二:“历任圣朝清峻地,至今依是少年身。”❷清美高耸。杜甫《天育骠骑歌》:“伊昔太仆张景顺,监牧攻驹阅清峻。”王贞白《庐山》:“唯应嵩与华,清峻得为群。”

【清氣】 ❶天空中清明之气。元结《石宫四咏》之三:“石宫秋气清,清气宜山谷。”❷清凉之气,清冷之气。元季川《泉上雨后作》:“众峰带云雨,清气入我庐。”姚合《和座主相公雨中作》:“清气润华屋,东风吹雨匀。”方干《雪中寄薛郎中》:“碎花若入樽中去,清气应归笔底来。”唐彦谦《咏葡萄》:“胜游记得当年景,清气逼人毛骨冷。”❸犹清静,冷清。玄宗《端午三殿宴群臣探得神字》序:“广殿肃而清气生,列树深而长风至。”薛能《北都题崇福寺》:“细花庭树荫,清气殿门开。”曹松《晨起》:“晓色教不睡,卷帘清气中。”

【清秩】 ❶清闲的官职。韦应物《送五经赵随登科授广德尉》:“明经有清秩,当在石渠中。”李绅《重入洛阳东门》:“每惭清秩容衰齿,犹有华簪寄病身。”❷清贵的官职。方干《送王侍郎浙东入朝》:“自将苦节酬清秩,肯要庞眉一个钱。”罗隐《暇日感怀因寄同院吴蜕拾遗》:“璧池清秩访燕台,曾捧瀛洲札翰来。”郑谷《寄左省张起居》:“含香复记言,清秩称当年。”

【清俸】 旧称官吏之薪金。俸,俸禄。王建《寄上韩愈侍御》:“清俸探将还酒债,黄金旋得起书楼。”姚合《题凤翔西郭新亭》:“栋梁清俸买,松竹远山移。”杜荀鹤《献新安于尚书》:“月留清俸资家少,岁计阴功及物多。”

【清修】 清正修德。韩偓《天鉴》:“何劳谄笑学趋时,务实清修胜用机。”

【清修籙】 道教清净修行的秘文。传授符箓是唐代道教活动的重要内容。鲍溶《与峨眉山道士期尽日不至》:“往闻清修箓,未究服食方。”

【清健】 清新刚劲。皮日休《追和虎丘寺清远道士诗》序:“格之以清健,饰之以俊丽,一句一字,若奋若搏;彼建安词人倘在,不得居其右矣。”

【清脆】 谓声音清晰悦耳。白居易《卢侍御与崔评事为予于黄鹤楼置宴宴罢同望》:“楚思淼茫云水冷,商声清脆管弦秋。”

【清高】 ❶纯洁高尚。杜甫《咏怀古迹五首》之五:“诸葛大名垂宇宙,宗臣遗像肃清高。”皎然《陪卢使君登楼送方巨之还京》:“旅逸逢渔浦,清高爱鸟冠。”姚合《寄国子杨巨源祭酒》:“清高疑对竹,闲雅胜闻琴。”贯休《归东阳临岐上杜使君七首》之一:“小谢清高大谢才,圣君令泰此方来。”亦指志行高洁的人。马戴《送顾少府之永康》:“清高宜阅此,莫叹近天涯。”❷清净高远。卢仝《走笔谢孟谏议寄新茶》:“山上群仙司下土，地位清高隔风雨。”亦指职位高贵显达。贯休《秋末寄上桐江冯使君》：“山东山色胜诸山，谢守清高不可攀。”

【清酒】 清醇的酒，美酒。欧阳兖《雨》：“怀情方未已，清酒漫须斟。”薛能《投杜舍人》：“床上新诗诏草和，栏边清酒落花多。”

【清酒聖】 代指酒醉。见《三国志·魏志·徐邈传》。权德舆《酬蔡十二博士见寄四韵》：“终岁白屋贫，独谣清酒圣。”

【清海】 ❶指青海湖。李群玉《骢马》：“长嘶清海风，蹀躞振云丝。”王贞白《少年行二首》之二：“威静黑山路，气含清海波。”❷东方之海。借指传说中的海上仙山。李群玉《失鹤》：“清海蓬壶远，秋风碧落深。”❸指清澈的漓江。曹邺《听刘尊师弹琴》：“曾于清海独闻蝉，又向空庭夜听泉。”

【清涣】 浩瀚的碧波。涣，水盛貌。宋之问《称心寺》：“乔木转夕阳，文轩划清涣。”

【清流】 ❶清澈的流水。苏瑰《兴庆池侍宴应制》：“金阙平明宿雾收，瑶池式宴俯清流。”王维《蓝田山石门精舍》：“安知清流转，偶与前山通。”白居易《滩声》：“碧玉班班沙历历，清流决决响泠泠。”翁洮《渔者》：“只贪浊水张罗众，却笑清流把钓稀。”❷喻指德行高洁。宋之问《范阳王挽词二首》之一：“贤相称邦杰，清流举代推。”张祜《题画僧二首》之一：“僧仪又入清流品，却恐前生是许询。”

【清宵】 清静的夜晚。杜甫《恨别》：“思家步月清宵立，忆弟看云白日眠。”耿湋《赠兴平郑明府》：“遥夜重城掩，清宵片月新。”韩偓《深村》：“清宵玩月唯红叶，永日关门但绿苔。”

【清宴】 ❶犹“清閒”。陈子昂《答洛阳主人》：“方谒明天子，清宴奉良筹。”尹懋《秋夜陪张丞相赵侍御游滗湖二首》之一：“超然无俗事，清宴有空林。”杜甫《石研诗》：“当公赋佳句，况得终清宴。”陆龟蒙、皮日休《开元寺楼看雨联句》：“毕景好疏吟，余凉可清宴。”❷亦作“清讌”“清燕”。清雅的宴席。杜甫《白水县崔少府十九翁高斋三十韵》：“欲告清宴罢，难拒幽明迫。”孟郊《严河南》：“何必红烛娇，始言清宴阑。”许浑《颍州从事西湖亭宴饯》：“西湖清宴不知回，一曲离歌酒一杯。”亦用以敬称筵席。李绅《过吴门二十四韵》：“放歌随楚老，清宴奉诸侯。”鱼玄机《寄国香》：“别来清宴上，几度落梁尘。”郑谷《牡丹》：“画堂帘卷张清宴，含香带雾情无限。”❸清凉而安适。曹唐《小游仙诗九十八首》之十：“百辟朝回闭玉除，露风清宴桂花疏。”殷文圭《寄广南刘仆射》：“画船清宴蛮溪雨，粉阁闲吟瘴峤云。”

【清容】 秀美的仪容。阎立本《巫山高》：“仙女盈盈仙骨飞，清容出没有光辉。”熊孺登《游城南十六首·赠侯山人》：“一见清容惬素闻，有人传是紫阳君。”

【清朗】 清净明亮。李白《翰林读书言怀呈集贤诸学士》：“云天属清朗，林壑忆游眺。”

【清冥】 清静高远。借指天空。皎然《答豆卢次方》：“高月当清冥，禅心正寂历。”薛能《答贾支使寄鹤》：“瑞羽奇姿踉跄形，称为仙驭过清冥。”亦指高山。喻凫《早秋寺居酬张侍御六韵见寄》：“六十上清冥，晓缄东越藤。”

【清娥】 同“青娥”。指美丽的少女。温庭筠《清明日》：“清娥画扇中，春树郁金红。”

【清紋】 清澈的细浪。李群玉《送唐侍御福建省兄》：“闽山翠卉迎飞旆，越水清纹散落梅。”

【清規】 ❶高洁的风范，清正的规制。陈子昂《登蓟城西北楼送崔著作融入都》：“清规子方奏，单戟我无能。”杜甫《偶题》：“后贤兼旧制，历代各清规。”皎然《送陈秀才赴举》：“君实三楚秀，承家有清规。”方干《赠赵崇侍御》：“正直早年闻苦节，从容此日见清规。”❷清明的圆形物。借指月亮。卢照邻《明月引》：“澄清规于万里，照离思于千行。”贾岛《秋夜仰怀钱孟二公琴客会》：“南山昨夜雨，为我写清规。”李商隐《赋得月照冰池》：“高低连素色，上下接清规。”齐己《中秋月》：“空碧无云露湿衣，群星光外涌清规。”亦用以指水面上的泡沫。郑缙《咏浮沤为辛明府作》：“行潦散轻沤，清规吐未收。”

【清球】 指声音清越的玉磬。元稹《和李校书新题乐府十二首·五弦弹》：“千靫鸣镝发胡弓，万片清球击虞庙。”

【清都】 （—dū）❶神话传说中天帝所居的宫阙。见《列子·周穆王》。后泛指仙人居处。张说《岳阳石门墨山二山相连有禅堂观天下绝境》：“清都西渊绝，金地东敞宴。”李白《赠丹阳横山周处士惟长》：“羽化如可作，相携上清都。”韦应物《寄刘尊师》：“白鹤徘徊看不去，遥知下有清都人。”李群玉《谪仙吟赠赵道士》：“汗漫东游黄鹤雏，缙云仙子住清都。”亦借指道教胜地。储光羲《游茅山五首》之五：“名岳征仙事，清都访道书。”❷帝王居住的都城。李百药《赋得魏都》：“炎运精华歇，清都宝命开。”贾至《送王道士还京》：“借问清都旧花月，岂知迁客泣潇湘。”杨巨源《别鹤词送令狐校书之桂府》：“遐心属清都，凄响激朱弦。”❸道观名。即清都观。陆敬《游清都观寻沈道士得都字》：“聊排灵琐闼，徐步入清都。”元稹有《清都春霁寄胡三吴十一》。李商隐有《赠华阳宋真人兼寄清都刘先生》。参见“清都觀”。

【清都宫】 指清都观。韦应物《谢栎阳令归西郊赠别诸友生》:“游步清都宫,迎风嘉树侧。”参见“清都觀”。

【清都觀】 (觀 guàn)道观名。在长安永乐坊。韦应物有《雨夜宿清都观》《清都观答幼遐》及《善福精舍答韩司录清都观会宴见忆》。

【清裁】 清明的裁断。为尊称对方的敬辞。见《后汉书·党锢·范滂传》。杜牧《春日言怀寄虢州李常侍十韵》:“无计披清裁,唯持祝寿觞。”

【清梵】 指诵唱佛经。王维《游化感寺》:“誓陪清梵末,端坐学无生。”李正封《夏游招隐寺暴雨晚晴》:“山僧引清梵,幡盖绕回廊。”亦指诵念佛经之声。刘长卿《送少微上人游天台》:“秋夜闻清梵,余音逐海潮。”韩翃《题僧房》:“名香连竹径,清梵出花台。”

【清爽】 ❶清雅豪爽。钱起《美杨侍御清文见示》:“斯文不易遇,清爽心岂足。”❷清静凉爽。无名氏《灵响词》(卷八六二):“可怜清爽夜,静听秋蝉吟。”

【清虚】 ❶清净虚无。《郊庙歌辞·太清宫乐章·序入破第一奏》:“真宗开妙理,冲教统清虚。”张说《奉和圣制经河上公庙应制》:“玄妙为天下,清虚用谷神。”郑据《七老会诗》:“更无外事来心肺,空有清虚入思神。”❷清净虚空。李白《游南阳白水登石激作》:“岛屿佳境色,江天涵清虚。”萧祐《游石堂观》:“嵌崖巨石自成室,其下磅礴含清虚。”❸天空,空中。杜甫《听杨氏歌》:“满堂惨不乐,响下清虚里。”杨鸿《晴望九华山》:“九华闲望簇清虚,气象群峰尽不如。”亦用以喻指朝廷。皮日休《宏词下第感恩献兵部侍郎》:“分明仙籍列清虚,自是还丹九转疏。”❹清净纯洁。皇甫冉《彭祖井》:“清虚不共春池竞,盥漱偏宜夏日长。”白居易《赠朱道士》:“仪容白皙上仙郎,方寸清虚内道场。”卢肇《江陵府初试澄心如水》:“丹心何所喻,唯水并清虚。”王贞白《洗竹》:“锦箨裁冠添散逸,玉芽修馔称清虚。”亦指清澈明亮。邓陟《珠还合浦》:“至宝含冲粹,清虚映浦湾。”❺清静幽寂。储光羲《贻阎处士防卜居终南》:“竹林既深远,松宇复清虚。”李中《春晚过明氏闲居》:“寥寥陋巷独扃门,自乐清虚不厌贫。”贯休《野居偶作》:“高淡清虚即是家,何须须占好烟霞。”❻谓清净无尘的境界。郑谷《题兴善寺》:“寺在帝城阴,清虚胜二林。”亦借指道观。马戴《谒仙观二首》之一:“寒松多偃侧,灵洞遍清虚。”卢士衡《游灵溪观》:“不为壮心降未得,便堪从此玩清虚。”❼指月宫。谭用之《江边秋夕》:“七色花虬一声鹤,几时乘兴上清虚。”

【清眺】 悠闲地远望。杜甫《次空灵岸》:“沄沄逆素浪,落落展清眺。”皎然《晨登乐游原望终南积雪》:“清眺何人得,终当独再游。”羊士谔《息舟荆溪游善权寺呈李功曹巨》:“冲襟得高步,清眺极远方。”

【清眸】 明亮的眼睛。韩愈《感春三首》之三:“艳姬蹋筵舞,清眸刺剑戟。”李频《寄范郎中》:“名宦成何报,清眸未纵赊。”

【清晨】 清早,早晨。刘孝孙《早发成皋望河》:“清晨发岩邑,车马走轘辕。”杜甫《冬狩行》:“夜发猛士三千人,清晨合围步骤同。”韦应物《山行积雨归途始霁》:“始霁升阳景,山水阅清晨。”刘沧《送元叙上人归上党》:“薄暮焚香临野烧,清晨漱齿涉寒流。”

【清野】 转移居民和物资,使敌人无所获取。陈子昂《答韩使同在边》:“连兵屯北地,清野备东胡。”陈陶《水调词十首》之六:“自从清野戍辽东,舞袖香销罗幌空。”

【清唱】 清亮的歌唱。李百药《火凤词二首》之二:“佳人靓晚妆,清唱动兰房。”李白《苏台览古》:“旧苑荒台杨柳新,菱歌清唱不胜春。”钱起《夜泊鹦鹉洲》:“月照溪边一罩蓬,夜闻清唱有微风。”温庭筠《走马楼三更曲》:“帘间清唱报寒点,丙舍无人遗烬香。”亦指清泠地歌唱。刘驾《效古》:“娇娆不自持,清唱嚬双蛾。”罗隐《旅舍书怀寄所知二首》之二:“隋帝旧祠虽寂寞,楚妃清唱亦风流。”

【清唱雲不去】 形容歌声清亮、高昂。岑参《登凉州尹台寺》:“清唱云不去,弹弦风飒来。”

【清唳】 ❶凄清鸣叫。李白《赠宣城宇文太守兼呈崔侍御》:“白若白鹭鲜,清如清唳蝉。”白居易《在家出家》:“清唳数声松下鹤,寒光一点竹间灯。”杜牧《鸡鹊》:“芝茎抽绀趾,清唳掷金梭。”❷指凄清的鹤鸣声。李绅《忆放鹤》:“闲整素仪三岛近,回飘清唳九霄闻。”陆龟蒙《鹤媒歌》:“媒闲静立如无事,清唳时时入遥吹。”无名氏《鹤鸣九皋》(卷七八七):“排空散清唳,映日委霜毛。”

【清崇】 清贵显要。白居易《再授宾客分司》:“优稳四皓官,清崇三品列。”

【清甜】 清凉甜美。徐夤《新屋》:“清甜数尺沙泉井,平与邻家昼夜分。”

【清貧】 清寒贫苦。岑参《赠酒泉韩太守》:“俸钱尽供客,家计常清贫。”吴筠《高士咏·郑子真张仲蔚》:“礼聘终不屈,清贫长晏如。”孟郊《立德新居》之三:“清贫聊自尔,素责将如何。”许浑《哭杨攀处士》:“先生忧道乐清贫,白发终为不仕身。”

【清笳】 凄清的胡笳声。杜甫《洛阳》:“清笳去宫阙,翠盖出关山。”皇甫曾、清昼《建元寺西院寄李员外纵联句》:“雨带清笳发,花惊夕漏春。”窦叔向《贞懿皇后挽歌三首》之二:“后庭攀画柳,上陌咽清笳。”姚鹄《赠边将》:“清笳绕塞吹寒月,红旆当山肃晓风。”

【清笳曲】 (曲 qǔ)古曲名。即《胡笳明君》。见《新唐书·仪卫下》。一说为《胡笳十八拍》。骆宾王

《王昭君》："唯有清笳曲，时闻芳树春。"

【清商】 ❶商声，古代五音之一。其调凄清悲凉。储光羲《升天行贻卢六健》："真人居阊风，时奏清商音。"窦庠《酬谢韦卿二十五兄俯赠辄敢书情》："埋没剑中生紫气，尘埃瑟上动清商。"杨巨源《雪中听筝》："玉柱泠泠对寒雪，清商怨徵声何切。"陆龟蒙《杂讽九首》之八："横笛喝秋风，清商入疏越。"❷指清商曲。乐府歌曲分为《吴声歌》《神弦歌》《西曲歌》《江南弄》《上云乐》《雅歌》六类。王昌龄《段宥厅孤桐》："响发调尚苦，清商劳一弹。"杜甫《秋笛》："清商欲尽奏，奏苦血沾衣。"鲍溶《与峨眉山道士期尽日不至》："寄言赤玉箫，夜夜吹清商。"徐铉《又听霓裳羽衣曲送陈君》："清商一曲远人行，桃叶津头月正明。"❸指清商乐。白居易《池上闲咏》："一部清商聊送老，白须萧飒管弦秋。"又《早夏晓兴赠梦得》："一部清商一壶酒，与君明日暖新堂。"参见"清商樂"。❹谓秋风。柳宗元《笼鹰词》："但愿清商复为假，拔去万累云间翔。"刘禹锡《聚蚊谣》："清商一来秋日晓，羞尔微形饲丹鸟。"

【清商樂】 （樂 yuè）民间音乐。其始即汉之相和三调，后收集中原旧曲及南朝时江南吴歌、荆楚西声，总称为《清商乐》，以别于雅乐、胡乐。隋改称《清乐》，设清商署掌管其事。唐贞观中为十部乐之一。武后时犹有六十三曲，唐末仅存四十四曲。参见《通典·乐六》《乐府诗集·清商曲辞一》。白居易《读鄂公传》："唯留一部清商乐，月下风前伴老身。"

【清望】 清美的声望。刘禹锡《和浙西李大夫伊川卜居》："清望寰中许，高情物外存。"皮日休《七爱诗·白太傅》："清望逸内署，直声惊谏垣。"

【清清】 ❶清澈明净貌。刘希夷《孤松篇》："寒山夜月明，山冷气清清。"皎然《渡前溪》："清清鉴不足，非是深难度。"❷清冷。韦庄《赠峨嵋山弹琴李处士》："凄凄清清松上风，咽咽幽幽陇头水。"

【清淇】 水名。清河源于今河南内黄县南，淇水源于今山西陵川县。二水合于淇县城南，流入卫河。陈子昂《征东至淇门答宋十一参军之问》："南星中大火，将子涉清淇。"高适《辟阳城》："荒城在高岸，凌眺俯清淇。"

【清淺】 ❶清澈不深。王维《辋川集·白石滩》："清浅白石滩，绿蒲向堪把。"刘长卿《严陵钓台送李康成赴江东使》："古台落日共萧条，寒水无波更清浅。"白居易《秋池独泛》："萧疏秋竹篱，清浅秋风池。"刘沧《从郑郎中高州游东潭》："一溪寒水涵清浅，几处晴云度翠微。"❷借指浅水。如涧水，池水等。孟浩然《送张祥之房陵》："日夕弄清浅，林湍逆上流。"韦应物《慈恩精舍南池作》："石发散清浅，林光动涟漪。"欧阳詹《赋得秋河曙耿耿送郭秀才应举》："雁叫疑从清浅惊，凫声似在沿洄泊。"陆龟蒙《高道士》："东游借得琴高鲤，骑入蓬莱清浅中。"❸指银河。李白《游泰山六首》之六："举手弄清浅，误攀织女机。"孟郊《古意》："未得渡清浅，相对遥相望。"温庭筠《七夕》："苏小横塘通桂楫，未应清浅隔牵牛。"

【清渠】 清澈的水渠。董思恭《咏虹》："横彩分长汉，倒色媚清渠。"杜甫《秦州杂诗二十首》之十二："老树空庭得，清渠一邑传。"李商隐《商於》："清渠州外月，黄叶庙前霜。"

【清淮】 即淮河。古时淮水清，故称。李峤《和杜学士旅次淮口阻风》："夕吹生寒浦，清淮上暝潮。"李颀《送马录事赴永阳》："子为郡从事，主印清淮边。"刘禹锡《岁杪将发楚州呈乐天》："清淮变寒色，远树含清晖。"杜牧《赴京初入汴口晓景即事先寄兵部李郎中》："清淮控隋漕，北走长安道。"

【清淪】 清澄的微波。柳宗元《登蒲州石矶望横江口潭岛深迥斜对香零山》："猿鸣稍已疏，登石娱清沦。"

【清淨】 ❶淡泊恬静，不受外扰。王维《戏赠张五弟諲三首》之三："吾生好清净，蔬食去情尘。"韦应物《县内闲居赠温公》："虽居世网常清净，夜对高僧无一言。"清昼、李令从《与李司直令从荻塘联句》："心闲清净得禅寂，兴逸纵横问章句。"赵嘏《送韦中丞》："二年恩意是春辉，清净胸襟似者希。"❷指为政清简，不扰民。张九龄《奉和圣制经河上公庙》："从兹化天下，清净复何先。"高适《奉酬睢阳路太守见赠之作》："清净能无事，优游即赋诗。"韩愈《丰陵行》："臣闻神道尚清净，三代旧制存诸书。"姚合《送林使君赴邵州》："清净化人人自理，终朝无事更相关。"❸安静，不嘈杂。高适《酬鸿胪裴主簿雨后睢阳北楼见赠之作》："公门何清净，列戟森已肃。"张籍《和韦开州盛山十二首·宿云亭》："清净当深处，虚明向远开。"鲍溶《秋夜闻郑山人弹楚妃怨》："明月摇落夜，深堂清净弦。"亦指安定，不纷扰。储光羲《升天行贻卢六健》："神州亦清净，要自有浮沉。"❹清洁、纯净。白居易《浔阳三题·东林寺白莲》："乃知红莲花，虚得清净名。"施肩吾《听南僧说偈词》："惠风吹尽六条尘，清净水中初见月。"皮日休《松江早春》："松陵清净雪消初，见底新安恐未如。"❺佛教语。谓远离一切罪恶和烦恼。陈子昂《感遇诗三十八首》之十九："吾闻西方化，清净道弥敦。"崔颢《游天竺寺》："洗意归清净，澄心悟空了。"张谓《送僧》："一身求清净，百衲纳袈裟。"马戴《寄终南真空禅师》："闲想白云外，了然清净僧。"

【清淨土】 亦作"清淨地""清淨所""清淨境"。佛所居住的无尘俗垢染的世界。借指寺院。王昌龄《同王维集青龙寺昙壁上人兄院五韵》："本来清净所，竹树引幽阴。”崔曙《宿大通和尚塔敬赠如上人兼呈常孙二山人》：“一承微妙法，寓宿清净土。”刘沧《夏日登西林白上人楼》：“几到西林清净境，层台高视有无间。”

【清淨心】 佛教语。谓洁净无尘俗垢染之本性。寒山《诗三百三首》之二一六：“不知清净心，便是法王印。”戎昱《题云公山房》：“试问空门清净心，莲花不著秋潭水。”

【清淨地】 参见“清淨土”。

【清淨因】 佛教语。指远离恶行与烦恼的因缘。孟浩然《还山贻湛法师》：“导以微妙法，结为清净因。”

【清淨所】 参见“清淨土”。

【清淨翁】 超然尘俗，无世事烦扰的人。多指隐士。贾岛《皇甫主簿期游山不及赴》：“深夜谁相访，惟当清净翁。”白居易《老病幽独偶吟所怀》：“世缘俗念消除尽，别是人间清净翁。”

【清淨理】 ❶指远离一切恶行，不受尘俗垢染的义理。泛指佛教之教义。宋之问《雨从箕山来》：“深入清净理，妙断往来趣。”王维《饭覆釜山僧》：“晚知清净理，日与人群疏。”岑参《上嘉州青衣山中峰题惠净上人幽居寄兵部杨郎中》：“早知清净理，久乃机心忘。”❷指为政清简，无为而治。李渭《游北岩》：“淮阳清净理，永嘉山水心。”

【清淨源】 指清静无为立身行事的本源。岑参《缑山西峰草堂作》：“曩闻道士语，偶见清净源。”

【清淨境】 参见“清淨土”。

【清涼】 ❶凉爽，寒凉。王维《苦热》：“忽入甘露门，宛然清凉乐。”刘长卿《杂咏八首上礼部李侍郎·旧井》：“素绠久未垂，清凉尚含洁。”白居易《从龙潭寺至少林寺题赠同游者》：“强健且宜游胜地，清凉不觉过炎天。”贯休《偶作五首》之五：“吾有清凉雪山雪，天上人间常皎洁。”❷清静，无烦扰。韦应物《清都观答幼遐》：“却念喧哗日，何由得清凉。”白居易《张常侍池凉夜闲宴赠诸公》：“清凉属吾徒，相逢勿辞醉。”黄滔《题道成上人院》：“花宫城郭内，师住亦清凉。”

【清涼山】 即五台山。为我国四大佛教名山之一。因山顶坚冰累年，盛夏亦凉爽，故名。刘禹锡《送僧仲剬东游兼寄呈灵澈上人》：“释子道成神气闲，住持曾上清凉山。”白居易《寓言题僧》：“力小无因救焚溺，清凉山下且安禅。”齐己有《病中勉送小师往清凉山礼大圣》。

【清涼地】 亦作“清凉域”。清凉寂静之地。多用以喻佛寺。李商隐《送臻师二首》之一：“楞伽顶上清凉地，善眼仙人忆我无。”陆龟蒙《奉和袭美太湖诗二十首·雨中游包山精舍》：“及栖钟梵侣，又是清凉域。”司空图《与伏牛长老偈二首》之一：“无端指个清凉地，冻杀胡僧雪岭西。”

【清涼寺】 ❶寺名。(1)在今山西五台县东北之清凉谷中。杨巨源有《题清凉寺》。贾岛有《送惟一游清凉寺》。温庭筠有《清凉寺》。(2)在今江苏南京清凉山。唐彦谦有《过清凉寺王导墓下》及《游清凉寺》。❷谓清净之佛寺。皎然《寄报德寺从上人》：“空色清凉寺，秋色鼓吹山。”

【清涼宇】 指佛寺。李益《自朔方还与郑式瞻崔称郑子周岑赞同会法云寺三门避暑》：“始投清凉宇，门值烟岫表。”

【清涼宫】 指月亮。传说月中有宫，名广寒清虚之府，故称。柳宗元《自衡阳移桂十余本植零陵所住精舍》：“路远清凉宫，一雨悟无学。”

【清涼域】 参见“清涼地”。

【清涼國】 指清净凉爽的地方。陆龟蒙《句》：“溪山自是清凉国，松竹合封萧洒侯。”

【清涼頂】 指清凉山。齐己《送灵𧦬上人游五台》：“此去清凉顶，期瞻大圣容。”参见“清涼山”。

【清淳】 高洁、纯朴。元稹《代曲江老人百韵》：“儒林精阃奥，流品重清淳。”

【清淬】 (一zú)清澈的水流。卢鸿一《嵩山十志十首·涤烦矶》：“磷涟清淬兮涤烦矶，灵仙境兮仁智归。”

【清淡】 犹清静、安静。王周《西山晚景》：“公局长清淡，池亭晚景中。”

【清寂】 清静、孤寂。李白《早秋单父南楼酬窦公衡》：“我闭南楼看道书，幽帘清寂在仙居。”吴筠《览古十四首》之六：“尝稽真仙道，清寂祛众烦。”

【清密】 清静。见《文选·张衡〈东京赋〉》。陈子昂《秋园卧病呈晖上人》：“幽寂旷日遥，林园转清密。”

【清淚】 眼泪。贾岛《秋暮》：“白须相并出，清泪两行分。”皮日休《三羞诗三首》之一：“玄鬓行为霜，清泪立成血。”罗隐《商於驿楼东望有感》：“惆怅知音竟难得，两行清泪白杨风。”

【清深】 ❶清静幽深。张九龄《晨出郡舍林下》：“片云自孤远，丛筱亦清深。”杜甫《自瀼西荆扉且移居东屯茅屋四首》之四：“幽独移佳境，清深隔远关。”姚合《和东都令狐留守相公》：“旌旗严重临关外，庭宇清深接禁中。”方干《赠中岩王处士》：“垂杨袅袅草芊芊，气象清深似洞天。”❷清澈而深的水流。张九龄《始兴南山下有林泉尝卜居焉荆州卧病有怀此地》：“云间日孤秀，山下面清深。”皎然《奉酬于中丞使君郡斋卧病见示一首》：“群物如凫鹥，游翱爱清深。”李勛《泗滨得石磬》：“浮磬潜清深，依依呈碧浔。”

【清晝】 白昼，白天。王维《李处士山居》：“清昼犹自眠，山鸟时一啭。”李益《送诸暨王主簿之任》：“落日望寒涛，公门闭清昼。”牟融《题徐俞山居》：“岚锁岩扉清昼暝，云归松壑翠阴寒。”齐己《月下作》：“良夜如清昼，幽人在小庭。”

【清問】　清审详问。语出《书·吕刑》：“皇帝清问下民，鳏寡有辞于苗。”元结《忝官引》：“公车诣魏阙，天子垂清问。”

【清婉】　清新美好。殷尧藩《酬雍秀才二首》之二：“兴来聊赋咏，清婉逼阴何。”

【清通】　❶清明通达。殷寅《铨试后征山别业寄源侍御》：“裴楷能清通，山涛急推荐。”罗隐《途中献晋州孟中丞》：“不及政成应入拜，晋州何足展清通。”亦指清明通达之士。张九龄《和裴侍中承恩拜扫旋辔途中有怀》：“生才作霖雨，继代有清通。”❷清澈通畅。指水流。李颀《与诸公游济渎泛舟》：“洑泉数眼沸，平地流清通。”卢僎《季冬送户部郎中使黔府选补》：“汉庭睽直谅，楚峡望清通。”

【清陰】　❶清凉的树荫。李颀《送司农崔丞》：“清阴罗广庭，政事如流水。”刘长卿《小鸟篇上裴尹》：“主人庭中荫乔木，爱此清阴欲栖宿。”贾棱《御沟新柳》：“秀质方含翠，清阴欲庇人。”罗邺《竹》：“翠叶才分细细枝，清阴犹未上阶墀。”亦指绿荫。戎昱《和李尹种葛》：“清阴如可惜，黄鸟定飞来。”❷犹阴凉。袁邕《东峰亭各赋一物得阴崖竹》：“朝歌犹夕岚，日永流清阴。”马戴《新秋雨霁宿王处士东郊》：“夕阳逢一雨，夜木洗清阴。”皮日休《北禅院避暑联句》：“清阴竖毛发，爽气舒筋脉。”❸喻恩泽。蔡希寂《同家兄题渭南王公别业》：“轩车自来往，空名对清阴。”赵嘏《题横水驿双峰院松》：“白发渐多何事苦，清阴长在好相容。”

【清絃】　参见“清弦”。

【清琴】　❶指琴。因音调清雅，故称。王绩《北山》：“幽兰独夜清琴曲，桂树凌云浊酒杯。”刘长卿《客舍赠别韦九建赴任河南韦十七造赴任郑县就便觐省》：“清琴有古调，更向何人操。”刘禹锡《秋中暑退赠乐天》：“暑服宜秋著，清琴入夜弹。”❷即青琴。传说中的女神名。见《史记·司马相如列传》。亦用以喻指妃嫔。李贺《秦王饮酒》：“仙人烛树蜡烟轻，清琴醉眼泪泓泓。”按，《文苑英华》本作“青琴”。

【清琪】　清纯的美玉。陆龟蒙《袭美先辈以龟蒙所献五百言》：“因知昭明前，剖石呈清琪。”

【清華】　❶指官位清高显贵。苏颋《春晚紫微省直寄内》：“直省清华接建章，向来无事日犹长。”郑谷《寄赠蓝田韦少府先辈》：“自此升通籍，清华日近身。”孙偓《答门生王涣李德邻赵光胤王拯长句》：“谬持文柄得时贤，粉署清华次第迁。”❷谓景物清丽。张籍《城南》：“未听主人赏，徒爱清华秋。”杜牧《题白蘋洲》：“溪光初透彻，秋色正清华。”李建勋《雪有作》：“长爱清华入诗句，预愁迟日放消融。”❸指清新之气。孟郊《赠建业契公》：“师住青山寺，清华常绕身。”柳宗元《巽上人以竹闲自采新茶见赠酬之以诗》：“芳丛翳湘竹，零露凝清华。”张友正《春草凝露》：“独爱池塘畔，清华远袭人。”❹清秀华美。曹唐《萧史携弄玉上升》：“红粉美人愁未散，清华公子笑相邀。”

【清萍】　即青萍。浮萍的别称。李频《夏日过友人檀溪别业》：“鹭栖依绿筱，鱼跃出清萍。”

【清越】　❶谓声音清脆悠扬。张文琮《同潘屯田冬日早朝》：“腰剑动陆离，鸣玉和清越。”王翰《古蛾眉怨》：“宫中彩女夜无事，学凤吹箫弄清越。”皎然《妙喜寺逵公院赋得夜磬送吕评事》：“一磬寒山至，凝心转清越。”刘禹锡《谢柳子厚寄叠石砚》：“清越敲寒玉，参差叠碧云。”❷清雅拔俗，高超出众。张九龄《奉和吏部崔尚书雨后大明朝堂望南山》：“徒歌虽有属，清越岂同年。”吴筠《游仙二十四首》之三：“百关弥调畅，方寸益清越。”韩愈《送文畅师北游》：“出其囊中文，满听实清越。”

【清斑】　指斑竹上的斑点。柳宗元《构法华寺西亭》：“菡萏溢嘉色，筼筜遗清斑。”

【清壺漏】　即漏壶。古代计时器。徐彦伯《同韦舍人元旦早朝》：“夕转清壶漏，晨惊长乐钟。”

【清散】　（—sǎn）谓神态举止潇洒脱俗。陆龟蒙《白鸥诗》序：“君好奇乐异，喜文学名理之士，所得皆清散凝莹。”

【清揚】　❶指眉目间之美。语出《诗·郑风·野有蔓草》。引申为风采，对人容颜的敬称。储光羲《陆著作挽歌》之五：“松门一长想，仿佛见清扬。”钱起《送裴頔侍御使蜀》：“柱史才年四十强，须髯玄发美清扬。”卢仝《冬行三首》之三：“问我何所得，乐色填清扬。”白居易《重到城七绝句·裴五》：“张家伯仲偏相似，每见清扬一惘然。”❷声音清亮高扬。李白《九日登山》：“齐歌送清扬，起舞乱参差。”

【清軫】　指声音清雅的琴。轸，琴上调弦的小柱。借指琴。皎然《杼山禅居寄赠东溪吴处士冯一首》：“野风吹白芷，山月摇清轸。”

【清酤】　清酒。王维《鱼山神女祠歌·迎神》：“陈瑶席，湛清酤。”韦庄《对酒赋友人》：“白雪篇篇丽，清酤盏盏深。”

【清朝】　❶（—zhāo）清晨。杜甫《秋行官张望督促东渚耗稻向毕》：“清朝遣婢仆，寄语逾崇冈。”韦应物《沣上西斋寄诸友》：“玩月爱佳夕，望山属清朝。”朱放《竹》：“叠夜常栖露，清朝乍有蝉。”雍陶《和刘补阙秋园寓兴六首》之四：“秋色庭芜上，清朝见露华。”❷（—cháo）清明的朝廷。岑参《太一石鳖崖口潭旧庐招王学士》:“君子满清朝,小人思挂冠。”卢纶《秋晚河西县楼送浑中允赴朝阙》:“芳兰生贵里,片玉立清朝。”武元衡《同幕中诸公送李侍御归朝》:“昔年专席奉清朝,今日持书即旧僚。”方干《途中寄刘沆》:“莫负髫年志,清朝作献臣。”

【清森】 清幽阴暗。陆希声《阳羡杂咏十九首·苦竹径》:“山前无数碧琅玕,一径清森五月寒。”

【清敞】 清静宽敞。元稹《春余遣兴》:“单衣颇新绰,虚室复清敞。”

【清暑】 ❶清除暑热,避暑。李峤《刘侍读见和山邸十篇重申此赠》:“乘时警天御,清暑涤宸襟。”杨凌《奉酬韦滁州寄示》:“散怀累榭风,清暑澄潭月。”何元上《所居寺院凉夜书情呈上吕和叔温郎中》:“庾公念病宜清暑,遣向僧家占上方。”温庭筠《感旧陈情五十韵献淮南李仆射》:“闲宵陪雍畤,清暑在甘泉。”❷晋宫殿名。在建康(今江苏南京市)。李白《月夜金陵怀古》:“别殿悲清暑,芳园罢乐游。”皎然《白云歌寄陆中丞使君长源》:“从龙合沓临清暑,就日逶迤绕露寒。”

【清量】 测定事物性状的精美工具。指镜子。张说《咏镜》:“常恐君不察,匣中委清量。”

【清景】 ❶犹清光。(1)指日光。田游岩《弘农清岩曲有磐石可坐宋十一每拂拭待余寄诗赠之》:“夕阴起层岫,清景半虹霓。”储光羲《终南幽居献苏侍郎三首》之一:“朝日悬清景,巍峨宫殿明。”刘禹锡《飞鸢操》:“游鹍翔雁出其下,庆云清景相回旋。”皮日休《奉和鲁望上元日道室焚修》:“端简不知清景暮,灵芜香烬落金坛。”(2)指月光。李白《挂席江上待月有怀》:“素华虽可揽,清景不可游。”武元衡《春题龙门香山寺》:“清景乍开松岭月,乱流长响石楼风。”郑启《严塘经乱书事》:“梁园皓色月如珪,清景伤时一惨凄。”亦借指月亮。皎然《酬李司直纵诸公冬日游妙喜寺题照昱二上人房》:“潘生独不见,清景屡盈缺。”(3)指翠色的水光、灯光。张九龄《送宛句赵少府》:“修竹含清景,华池澹碧虚。”杨衡《宿云溪观赋得秋灯引送客》:“虫声呼客客未眠,几人语话清景侧。”参见“清光❷”。❷清丽的景色。李白《陪宋中丞武昌夜饮怀古》:“清景南楼夜,风流在武昌。”刘长卿《上湖田馆南楼忆朱宴》:“归期诚已促,清景仍相留。”白居易《秋日怀杓直》:“常云遇清景,必约同幽趣。”黄滔《寄汉上友人》:“襄汉多清景,东游已不能。”

【清貴】 ❶高贵显要。白居易《初罢中书舍人》:“自惭拙宦叨清贵,还有痴心怕素餐。”赵嘏《送令狐郎中赴郢州》:“佐幕才多始拜侯,一门清贵动神州。”李中《献张拾遗》:“官资清贵近丹墀,性格孤高世所稀。”❷清高可贵。贯休《追忆冯少常》:“盛德方清贵,旋闻逐逝波。”

【清嵐】 山林间清冷的雾气。张乔《送何道士归山》:“树临丹灶寒花疾,坛近清岚夜月迟。”

【清悲】 凄凉悲怆。鲍溶《倚瑟行》:“高歌倚瑟流清悲,徐乐哀生知为谁。”

【清箏】 清越的筝声。李白《邯郸南亭观妓》:“清筝何缭绕,度曲绿云垂。”

【清逸】 清高隐逸。李渤《喜弟淑再至为长歌》:“却愁清逸不干时,高踪大器无人知。”

【清渭】 即渭水。古时渭水清,故称。张九龄《奉和圣制次琼岳韵》:“咸京天上近,清渭日边临。”杜甫《哀江头》:“清渭东流剑阁深,去住彼此无消息。”皎然《妙喜寺达公禅斋四十二韵》:“政与清渭同,分流自澄澈。”杜牧《长安杂题长句六首》之五:“洪河清渭天池浚,太白终南地轴横。”

【清詞】 清雅的词句。多用以指诗。李白《泾川送族弟錞》:“蓬山振雄笔,绣服挥清词。”岑参《冀州客舍酒酣贻王绮寄题南楼》:“学富赡清词,下笔不能休。”李商隐《安平公诗》:“清词孤韵有歌响,击触钟磬鸣环珂。”陆龟蒙《寄淮南郑宝书记》:“清词醉草无因见,但钓寒江半尺鲈。”

【清詞雅調】 清新的词句,高雅的韵调。玄宗《南出雀鼠谷答张说》:“闻有鹓鸾客,清词雅调新。求昔思欲报,心迹竟难陈。”

【清詞麗句】 清新优美的词句。杜甫《戏为六绝句》之五:“不薄今人爱古人,清词丽句必为邻。”

【清詠】 清雅的吟咏。李山甫《山中答刘书记寓怀》:“芙蓉出秋渚,绣段流清咏。”

【清道】 清净无为之道。苏颋《扈从温泉奉和姚令公喜雪》:“清道丰人望,乘时汉主游。”张祜《句》(句下注:《上令狐相公》):“万国见清道,一身成白头。”

【清尊】 亦作“清樽”“清罇”。❶酒器。太宗《春日玄武门宴群臣》:“清尊浮绿醑,雅曲韵朱弦。”张旭《春游值雨》:“欲寻轩槛列清尊,江上烟云向晚昏。”李白《与周刚清溪玉镜潭宴别》:“扫崖去落叶,席月开清樽。”白居易《期不至》:“红烛清樽久延伫,出门入门天欲曙。”❷借指清酒。苏味道《单于川对雨二首》之一:“清尊久不荐,淹留遂待君。”皇甫冉《鲁山送别》:“凄凄游子若飘蓬,明月清罇只暂同。”牟融《楼城叙别》:“清樽不负花前约,白发惊看镜里秋。”

【清湘】 指湘江。《太平御览》卷六十五引《湘中记》曰:“湘水至清,虽深五六丈,见底。”杨凭《晚泊江戍》:“旅棹依遥戍,清湘急晚流。”柳宗元《渔翁》:“渔翁夜傍西岩宿,晓汲清湘燃楚竹。”马戴《送客南游》:“灵均如可问,一为哭清湘。”

【清湍】 清澈的急流。权德舆《严陵钓台下作》:

"绝顶耸苍翠,清湍石磷磷。"

【清滑】 清澈滑润。杜牧《杜秋娘诗》:"京江水清滑,生女白如脂。"

【清渟】 水清澈平静。白居易《湖亭晚望残水》:"清渟得早霜,明灭浮残日。"

【清寒】 寒冷,寒凉。崔兴宗《留别王维》:"驻马欲分襟,清寒御沟上。"王季友《玉壶冰》:"坚白能虚受,清寒得自凝。"韩愈《斗鸡联句》:"天时得清寒,地利挟爽垲。"

【清渾】 (—hún)❶清澈和混浊。刘长卿《留题李明府霅溪水堂》:"暮禽飞上下,春水带清浑。"喻凫《即事》:"连山互苍翠,二水各清浑。"亦指使模糊转为清朗。李频《送陆肱归吴兴》:"清浑天气晓,绿动浪花春。"❷喻是非和优劣。李贺《出城别张又新酬李汉》:"二子美年少,调道讲清浑。"元稹《赛神》:"主人且倾听,再为谕清浑。"

【清閒】 ❶清静悠闲。寒山《诗三百三首》之二六七:"腾腾且安乐,悠悠自清闲。"张继《晚次淮阳》:"微凉风叶下,楚俗转清闲。"薛逢《送刘郎中牧杭州》:"圣代牧人无远近,好将能事济清闲。"❷清净闲雅。元结《演兴四首·招太灵》:"望太灵兮俨而安,澹油溶兮都清闲。"白居易《题浔阳楼》:"又怪韦江州,诗情亦清闲。"❸唐诗僧。《全唐诗逸》卷中录其《题浮槎寺》诗断句一联。

【清發】 清新俊发。李白《宣州谢朓楼饯别校书叔云》:"蓬莱文章建安骨,中间小谢又清发。"

【清陽】 同"清揚"。对容颜的敬称。见《文选·曹摅〈思友人〉诗》。刘商《送王贞》:"清阳玉润复多才,邂逅佳期过早梅。"

【清絲】 琴弦。借指弦乐。韦应物《骊山行》:"羽旗旄节憩瑶台,清丝妙管从空来。"顾况《黄鹄楼歌送独孤助》:"黄鹄徘徊故人别,离壶酒尽清丝绝。"

【清魂】 纯洁的魂魄。唐扶《使南海道长沙题道林岳麓寺》:"稍揖皇英頮浓泪,试与屈贾招清魂。"

【清瑟】 音调清美的瑟。杜甫《自京赴奉先县咏怀五百字》:"暖客貂鼠裘,悲管逐清瑟。"陈去疾《忆山中》:"清瑟泛遥夜,乱花随暮烟。"许浑《江楼夜别》:"深怨寄清瑟,远愁生翠蛾。"

【清聖】 清酒。汉末禁酒。见《三国志·魏志·徐邈传》。后遂以"清圣"为清酒之别称。贯休《少监三首》之三:"接士开襟清圣熟,分题得句落花前。"

【清遠居士】 唐玄宗时人。《全唐诗外编》(下)录其《题透明岩安禄山题记后》诗一首。

【清遠道士】 唐代宗以前人。《全唐诗》卷八六二录其《同沈恭子游虎丘寺有作》诗一首。颜真卿有《刻清远道士诗因而继作》。

【清勤】 清廉勤恳。则天皇后《制袍字赐狄仁杰》:"敷政术,守清勤。"

【清葭】 指葭莩之灰。葭莩,即芦苇里的薄膜。烧之成灰,置律管中,以占节气。某节候至,某律管中葭灰即飞出。见《后汉书·律历志上》。李义府《和边城秋气早》:"金微凝素节,玉律应清葭。"

【清禁】 指皇宫。因宫中清静肃穆,禁卫森严,故称。崔颢《赠怀一上人》:"说法金殿里,焚香清禁中。"钱起《和王员外雪晴早朝》:"独看积素凝清禁,已觉轻寒让太阳。"阎济美《天津桥望洛阳城残雪》:"未收清禁色,偏向上阳残。"贾岛《送僧归天台》:"曾闻清禁漏,却听赤城钟。"

【清楚】 清晰明白。常建《湖中晚霁》:"是时清楚望,气色犹霾曀。"白居易《江楼夜吟元九律诗成三十韵》:"清楚音谐律,精微思入玄。"

【清歷】 指高亢激切的鸣叫声。韩愈《斗鸡联句》:"连轩尚贾余,清厉比归凯。"

【清想】 清雅的思念。皎然《晚冬废溪东寺怀李司直纵》:"清想属遥夜,圆景当空林。"

【清零】 寂寞孤单。陆龟蒙《奉和袭美太湖诗二十首·三宿神景宫》:"四轩尽疏达,一榻何清零。"

【清暉】 ❶明净的光辉。张九龄《自湘水南行》:"暝色生前浦,清晖发近山。"李白《酬殷明佐见赠五云裘歌》:"故人赠我我不违,著令山水含清晖。"刘禹锡《岁杪将发楚州呈乐天》:"清淮变寒色,远树含清晖。"陈祜《风光草际浮》:"清晖谁不挹,几许赏心同。"❷喻指容光、面容。齐己《将归旧山留别错公》:"欲去更思过丈室,二年频此揖清晖。"❸代指山水。张九龄《巡按自漓水南行》:"目因诡容逆,心与清晖涤。"羊士谔《游郭驸马大安山池》:"坐阅清晖不知暮,烟横北渚水悠悠。"李德裕《奉和太原张尚书山亭书怀》:"始知岘亭赏,难与清晖留。"

【清暉閤】 参见"清暉閣"。

【清暉閣】 亦作"清暉閤"。楼阁名。在唐西京长安(今陕西西安市)大明宫紫宸殿西。见《唐两京城坊考》卷一。李峤有《奉和人日清晖阁宴群臣遇雪应制》及《上清晖阁遇雪》。苏颋有《奉和圣制人日清晖阁宴群臣遇雪应制》。

【清暉樓】 楼名。在今江西九江。刘禹锡有《登清晖楼》。

【清業】 指超脱世俗的行业。周朴《赠双峰山和尚》:"向此师清业,如何方可攀。"

【清路】 使道路清净。古时帝王或大臣出巡时清扫道路,驱散行人。苏颋《奉和姚令公温汤旧馆永怀故人卢公之作》:"清路荷前幸,明时称右弼。"杜甫《伤春五首》之一:"蒙尘清路急,御宿且谁供。"卢汝弼

《薄命妾》:“黄金买赋心徒切,清路飞尘信莫通。”

【清路塵】　对帝王、官员出行的敬称。李白《题瓜州新河饯族叔舍人贲》:“瞻望清路尘,归来空寂灭。”杜甫《九日》:“酒阑却忆十年事,肠断骊山清路尘。”参见“清路”。

【清圓】　清亮圆美。李白《代美人愁镜二首》之一:“拂拭交冰月,光辉何清圆。”杜甫《舟中》:“今朝云细薄,昨夜月清圆。”

【清稜】　清峻高耸貌。孟郊《答卢仝》:“日劈高查牙,清稜含冰浆。”

【清節】　❶高洁的节操。张九龄《使还都湘东作》:“清节往来苦,壮容离别衰。”皇甫冉《适荆州途次南阳赠何明府》:“清节迈多士,斯文传古风。”卢纶《蓝溪期萧道士采药不至》:“清节何由见,三山桂自芳。”❷清楚的节奏。李贺《感讽六首》之二:“舞影逐空天,画鼓余清节。”

【清會】　高雅的集会。韦应物有《慈恩伽蓝清会》。

【清奧】　清新幽深。韩愈《荐士》:“中间数鲍谢,比近最清奥。”亦指清静幽深的地方。韦蟾《和柯古穷居苦日喜雨》:“清奥已萧萧,陈柯将槭槭。”

【清頌】　指颂扬功德的文词。吴融《闻李翰林游池上有寄》:“皇恩自抱丹心报,清颂谁将白雪酬。”

【清猿】　❶猿。因其啼声凄清,故称。李峤《弩》:“高鸟行应尽,清猿坐见伤。”李白《梦游天姥吟留别》:“谢公宿处今尚在,渌水荡漾清猿啼。”刘禹锡《竹枝词九首》之八:“巫峡苍苍烟雨时,清猿啼在最高枝。”赵嘏《代人赠别》:“清猿处处三声尽,碧落悠悠一水横。”❷指凄清的猿啼声。王昌龄《送张四》:“别后冷山月,清猿无断时。”王维《瓜园诗》:“犹羡松下客,石上闻清猿。”权德舆《与沈十九拾遗同游栖霞寺二首》之二:“共宿东林夜,清猿彻曙闻。”马戴《送人游蜀》:“若听清猿后,应多白发生。”

【清詩】　清新的诗篇。杜甫《贻阮隐居》:“清诗近道要,识子用心苦。”又《解闷十二首》之六:“复忆襄阳孟浩然,清诗句句尽堪传。”

【清話】　❶清雅脱俗的谈话。岑参《虢州卧疾喜刘判官相过水亭》:“见君胜服药,清话病能除。”李涉《重过文上人院》:“无限心中不平事,一宵清话又成空。”子兰《与道侣同于水陆寺会宿》:“论道穷心少有朋,此时清话昔年曾。”❷犹闲谈。项斯《和李中丞醉中期王征君月夜同游浐水旧居》:“事想同清话,欢期一破颜。”唐彦谦《片石》:“便可同清话,何须有物凭。”贯休《怀武夷红石子二首》之二:“何时一相见,清话擘蟠桃。”

【清廓】　肃清,澄清。杜甫《过郭代公宅》:“定策神龙后,宫中翕清廓。”陆龟蒙《奉和袭美初夏游楞伽精舍次韵》:“微雨荡春醉,上下一清廓。”

【清廉】　清正廉洁。方干《上张舍人》:“此地清廉惟饮水,四方焦热待为霖。”

【清遊】　清雅游赏。李白有《江上送女道士褚三清游南岳》。唐彦谦《原上》:“安道门前水,清游岂独吟。”

【清新】　❶清美新颖。李颀《送山阴姚丞携妓之任兼寄苏少府》:“知君练思本清新,季子如今得为邻。”岑参《送张献心充副使归河西杂句》:“看君谋智若有神,爱君词句皆清新。”韦庄《题许浑诗卷》:“江南才子许浑诗,字字清新句句奇。”亦借指清美新颖的音律。秦韬玉《吹笙歌》:“檀唇呼吸宫商改,怨情渐逐清新举。”❷清朗新鲜。韩愈《送惠师》:“金鸦既腾翥,六合俄清新。”

【清慎】　清廉谨慎。皮日休《七爱诗·元鲁山》:“三年鲁山吏,清慎各自持。”

【清猷】　清明的谋略。卢僎《稍秋晓坐阁遇舟东下扬州即事寄上族父江阳令》:“微躬趋直道,神甸忝清猷。”韩愈《远游联句》:“振衣造云阙,跪坐陈清猷。”

【清資】　清贵的官职。唐制,士族称为清流,作官称为清资官。刘禹锡《送国子令狐博士赴兴元觐省》:“相门才子高阳族,学省清资五品官。”赵嘏《送陈嘏登第作尉归觐》:“就养举朝人共羡,清资让却校书郎。”齐己《寄朱拾遗》:“沧海期仍晚,清资路渐高。”

【清源】　❶清净的水源。李颀《无尽上人东林禅居》:“我心爱流水,此地临清源。”戴叔伦《郊园即事寄萧侍郎》:“结茅成暖室,汲井及清源。”皎然《题山壁示道维上人》:“闲行数乱竹,静坐照清源。”贾岛《南池》:“萧条微雨绝,荒岸抱清源。”❷喻高洁的操守。陈子昂《感遇诗三十八首》之三十一:“箕山有高节,湘水有清源。”王维《济上四贤咏·郑霍二山人》:“息阴无恶木,饮水必清源。”李白《送裴十八图南归嵩山二首》之一:“同归无早晚,颍水有清源。”❸县名。唐圣历二年置。属泉州,治所在今福建仙游西北。方干有《清源标公》。陈陶有《清源途中旅思》。❹寺名。指长安清源寺王维故宅。用以喻隐者住处。卢纶《同柳侍郎题侯钊侍郎新昌里》:“清源君子居,左右尽图书。”

【清源寺】　寺名。在今陕西蓝田。耿湋有《题清源寺》。白居易有《宿清源寺》。温庭筠有《寄清源寺僧》。

【清溪】　❶亦作“清谿”。清澈的溪水。寒山《诗三百三首》之二八一:“一道清溪冷,千寻碧嶂头。”杜甫《鹿》:“永与清溪别,蒙将玉馔俱。”戴叔伦《越溪村居》:“黄雀数声催柳变,清溪一路踏花归。”❷地名。(1)嘉州(治所在今四川乐山)之板桥驿。李白《峨眉山月歌》:“夜发清溪向三峡,思君不见下渝州。”(2)在睦州清溪县(治所在今浙江省淳安县)。见《旧唐书·地理志三》。皎然《晚秋宿李军道所居》:“清溪路不遥,都尉每相招。”陆龟蒙有《奉和袭美李明府》。❸水名。(1)在池州秋浦县(今安徽贵池县)。李白《清溪行》:“清溪清我心,水色异诸水。”又《宿清溪主人》:“夜到清溪宿,主人碧岩里。”另有《秋浦清溪雪夜对酒客有唱山鹧鸪者》及《与周刚清溪玉镜潭宴别》等。杜牧有《池洲清溪》。(2)在河南府(今河南登封境)。见《元和郡县志河南府》。李涉有《题清溪鬼谷先生旧居》。

【清溪路】　即清溪道。唐代自四川通往云南的重要道路。见《新唐书·地理志六》。崔备有《清溪路中寄诸公》。

【清溪館】　驿馆名。在今安徽贵池县境。刘长卿有《北归次秋浦界清溪馆》。陈存《清溪馆作》:“指途清溪里,左右唯深林。”

【清溜】　清澈的檐水。张祎《题击瓯楼》:“水转巴文清溜急,山连蒙岫翠光涵。”

【清閟】　清静幽深。韩愈《新竹》:“笋添南阶竹,日日成清閟。”陆龟蒙《奉和袭美公斋四咏次韵·小松》:“因求饰清閟,遂得辞危复。”

【清肅】　冷清,肃杀。吴融《绵竹山四十韵》:“是时重阳后,天气旷清肃。”

【清駛】　水清流急。韩愈《南溪始泛三首》之二:“南溪亦清驶,而无楫与舟。”

【清瑶音】　清雅优美的音韵。喻指优美的诗文。刘禹锡《令狐相公见示赠竹二十韵仍命继和》:“一听清瑶音,峥然长在耳。”

【清夢】　对梦的美称。王初《送叶秀才》:“行想北山清梦断,重游西洛故人稀。”许浑《将度故城湖阻风夜泊永阳戍》:“楼前归客怨清梦,楼上美人凝夜歌。”唐温如《题龙阳县青草湖》:“醉后不知天在水,满船清梦压星河。”

【清蒼】　清幽苍翠。钱起《太子李舍人城东别业》:“小泽近龙居,清苍常雨气。”

【清蒲】　清香的蒲草。王维《皇甫岳云溪杂题五首·鸬鹚堰》:“乍向红莲没,复出清蒲飏。”王贞白《芦苇》:“惹烟轻弱柳,蘸水漱清蒲。”

【清琉璃】　纯净晶莹的玉石。常用以喻碧波。周郭藩《谭子池》:“金出继灵泉,湛若清琉璃。”

【清遠】　❶清静幽远。钱起《过桐柏山》:“赏心无定极,仙步亦清远。”皎然《夏日奉陪陆使君长源公堂集》:“府中自清远,六月高梧间。”李群玉《将游罗浮登广陵楞伽台别羽客》:“清远登高台,晃朗纵览历。”❷县名。今属广东。宋之问有《宿清远峡山寺》。尚颜有《宿清远峡山寺》。

【清遠峽】　一名飞来峡。在今广东清远东北侧。李绅《逾岭峤止荒陬抵高要》:“鱼跃岂通清远峡,雁飞难渡漳江东。”胡曾有《自岭下泛鹢到清远峡作》。徐铉《清明日清远峡作》:“殷勤清远峡,留恋北归人。”

【清臺】　古代天文台名。见《三辅黄图·台榭》。许敬宗《奉和执契静三边应诏》:“清台映罗叶,玄沚控瑶池。”

【清境】　❶清净的境界,清幽的境地。灵澈《送鉴供奉归蜀宁亲》:“梁山拂汉分清境,蜀雪和烟惹翠微。”司马扎《送进士苗纵归紫逻山居》:“汝上多奇山,高怀惬清境。”陆龟蒙《独夜》:“新秋霁夜有清境,穷襜病容无佳期。”秦韬玉《亭台》:“清境渐深宫转重,春时长是别人来。”❷清凉之地。韦应物《慈恩精舍南池作》:“清境岂云远,炎氛忽如遗。”亦用以指僧道修行之所。许浑《将归涂口宿郁林寺道玄上人院二首》之二:“清境不能住,朝朝惭远公。”舒道纪《兰溪灵瑞观》:“澄心坐清境,虚白生林端。”

【清歌】　❶无乐器伴奏地歌唱。李峤《奉和拜洛应制》:“日暮钩陈转,清歌上帝台。”王维《灵云池送从弟》:“金杯缓酌清歌转,画舸轻移艳舞回。”白居易《秦中吟十首·五弦》:“清歌且罢唱,红袂亦停舞。”秦韬玉《豪家》:“按彻清歌天未晓,饮回深院漏犹赊。”❷清亮的歌声。李白《经乱离后天恩流夜郎忆旧游赠江夏韦太守良宰》:“醉舞纷绮席,清歌绕飞梁。”耿沣《长门怨》:“清歌逐寒月,遥夜入深宫。”杨巨源《观妓人入道二首》之二:“碧玉芳年事冠军,清歌空得隔花闻。”唐彦谦《叙别》:“酒中弹剑发清歌,白发年来为愁变。”

【清監】　参见“清鑒”。

【清雅】　清新雅致。张说《夕宴房主簿舍》:“交谈既清雅,琴吹亦凄凝。”孟简《咏欧阳行周事》序:“我唐贞元己卯岁,曾献书相府论大事,风韵清雅,词旨切直。”

【清緊】　谓声音清脆激切。白居易《题周家歌者》:“清紧如敲玉,深圆似转簧。”

【清暢】　清悠流畅。白居易《好听琴》:“清畅堪销疾,恬和好养蒙。”

【清製】　高雅的著作。杜甫《八哀诗·赠秘书监江夏李公邕》:“声华当健笔,洒落富清制。”

【清管】　清越的管乐。李峤《箫》:“虞舜调清管,王褒赋雅音。”李白《古讽》之十八:“香风引赵舞,清管随齐讴。”李商隐《清夜怨》:“画楼终日闭,清管为谁调。”

【清雒】　同“清洛”。雒,通“洛”。孟郊《答卢虔故园见寄》:“访旧无一人,独归清雒春。”参见“清洛”。

【清瘦】　❶谓消瘦。白居易《苦热中寄舒员外》:

“安得清瘦人，新秋夜同宿。”薛能《老僧》：“清瘦形容八十余，匏悬篱落似村居。”❷清净峻峭。韩愈《游青龙寺赠崔大夫补阙》：“南山逼冬转清瘦，刻画圭角出崖窾。”

【清塵】 ❶清除尘埃。卢照邻《中和乐九章·歌东军第三》：“风丘拂箨，日域清尘。”张濯《迎春东郊》：“衣冠宵执玉，坛墠晓清尘。”亦用以喻清弭战乱。李白《送程刘二侍郎兼独孤判官赴安西幕府》：“胡塞清尘几日归，汉家草绿遥相待。”❷车后扬起的尘埃。用于对尊贵者的敬称。见《汉书·司马相如传下》。杜甫《奉赠萧二十使君》：“艰危参大府，前后间清尘。”韦应物《酬刘侍郎使君》：“宿昔陪郎署，出入仰清尘。”白居易《华城西北雉堞最高岁暮独游怅然成咏》：“凝情看丽句，驻步想清尘。”赵嘏《山阳即席献裴中丞》：“早年天上见清尘，今日楼中醉一春。”❸清轻的尘埃。杜甫《八哀诗·赠太子太师汝阳郡王琎》：“忽思格猛兽，苑囿腾清尘。”白居易《喜杨六侍御同宿》：“浊水清尘难会合，高鹏低鷃各逍遥。”❹喻指清静无为的境界。杜牧《西江怀古》：“范蠡清尘何寂寞，好风唯属往来商。”李频《五月一日蒙替本官不得随例入阙感怀献送相公》：“五月倾朝谒紫宸，一朝无分在清尘。”

【清熒】 形容明洁而微弱的光亮。何频瑜《墙阴残雪》：“皎洁开帘近，清荧步履看。”

【清漢】 ❶指汉水。宋之问《使过襄阳登凤林寺阁》：“香阁临清汉，丹梯隐翠微。”李颀《送郝判官》：“江连清汉东逶迤，遥望荆云相蔽亏。”柳宗元《南中荣橘柚》：“殊风限清汉，飞雪滞故乡。”薛能《西县作》：“树石向闻清汉浪，水风初见绿苹阴。”❷犹霄汉。(1)借指天空。綦毋潜《题灵隐寺山顶禅院》：“塔影挂清汉，钟声和白云。”王起《贡举人谒先师闻雅乐》：“度曲飘清汉，余音遏晓云。”李商隐《安平公诗》：“仰看楼殿撮清汉，坐视世界如恒沙。”栖白《赠李溟秀才》：“明月上清汉，骚人动楚吟。”(2)喻指帝王或京城。李适《奉和九日登慈恩寺浮图应制》：“幸陪清汉跸，欣奉净居游。”张九龄《奉和圣制谒玄元皇帝庙斋》：“洞府香林处，斋坛清汉边。”❸天河。李端《宿荐福寺东池有怀故园因寄元校书》：“露余清汉直，云卷白榆行。”王初《送陈校勘入宿》：“银台级级连清汉，桂子香浓月杵低。”杜牧《长安杂题长句六首》之六：“九重树影连清汉，万寿山光学翠华。”

【清漢志】 喻远大的志向。许浑《寄袁校书》：“犹乖清汉志，空负白云心。”

【清漪】 同“清漣”。王维《辋川集·柳浪》：“分行接绮树，倒影入清漪。”刘长卿《和灵一上人新泉》：“梦闲闻细响，虑澹对清漪。”耿湋《题清萝翁双泉》：“侧弁向清漪，门中夕照移。”参见“清漣”。

【清漣】 谓水清澈且有细波纹。杜甫《重题郑氏东亭》：“崩石敧山树，清涟曳水衣。”白居易《京兆府新栽莲》：“昔在溪中日，花叶媚清涟。”李群玉《石门韦明府为致东阳潭石鲫鲙》：“锦鳞衔饵出清涟，暖日江亭动鲙筵。”

【清漚】 明净的水泡。韩愈《南山诗》：“绵联穷俯视，倒侧困清沤。”

【清漳】 ❶水名。指漳河上流。李百药《赋得魏都》：“还惜刘公干，疲病清漳隈。”岑参《送郑少府赴滏阳》：“子真河朔尉，邑里带清漳。”许浑《病间寄郡中文士》：“卢橘含花处处香，老人依旧卧清漳。”马戴《邯郸驿楼作》：“芜没丛台久，清漳废御沟。”❷古县名。唐属河北道洺州。见《旧唐书·地理志二》。陈元光《太母魏氏半径题石》：“华表瑶池冥，清漳玉树枝。”李白有《赠清漳明府侄聿》。

【清漏】 ❶漏壶滴漏。李贺《感讽五首》之五：“凄凉栀子落，山璺泣清漏。”朱庆余《杭州卢录事山亭》：“清漏焚香夕，轻岚视事朝。”温庭筠《感旧陈情五十韵献淮南李仆射》：“白麻红烛夜，清漏紫微天。”❷清冷的滴漏声。王昌龄《长信秋词五首》之一：“熏笼玉枕无颜色，卧听南宫清漏长。”杜甫《洞房》：“系舟今夜远，清漏往时同。”李德裕《早入中书行公主册礼事毕登集贤阁成咏》：“金门列葆吹，钟室传清漏。”❸借指时间。武元衡《奉酬中书李相公早朝于中书候传点偶书所怀》：“翠霞仙仗合，清漏掖垣深。”许浑《听歌鹧鸪辞》：“响转碧霄云驻影，曲终清漏月沈晖。”李商隐《辛未七夕》：“清漏渐移相望久，微云未接过来迟。”

【清寥】 清静空虚。元结《引极三首·思元极》：“上何有兮人不测，积清寥兮成元极。”

【清閣】 ❶清静的书阁。阁，藏书楼。徐安贞《书殿赐宴应制》：“玉阶鸣溜水，清阁引归烟。”❷清静的闺房。阁，女子闺房。顾况《苦雨》：“暮与佳人期，飞雨洒清阁。”王涯《秋思赠远二首》之二：“厌攀杨柳临清阁，闲采芙蕖傍碧潭。”

【清絕】 ❶形容美妙至极。杜甫《杨监又出画鹰十二扇》：“殊资各独立，清绝心有向。”李群玉《湘西寺霁夜》：“雨过琉璃宫，佳兴浩清绝。”李山甫《山中览刘书记新诗》：“记室新诗相寄我，蔼然清绝更无过。”❷凄清至极。杜甫《奉同郭给事汤东灵湫作》：“浩歌渌水曲，清绝听者愁。”张乔《将离江上作》：“寂寥闻蜀魄，清绝怨湘弦。”❸清雅至极。朱庆余《和刘补阙秋园寓兴之什十首》之六：“杯瓢闲寄咏，清绝是知音。”贯休《夜雨》：“闲吟竺仙偈，清绝过于玉。”

【清蔭】 清凉的树荫。戴叔伦《别郑谷》：“朝阳斋前桃李树，手栽清荫接比邻。”

【清標】 ❶俊逸。杜甫《哭王彭州抡》：“夫人先即世，令子各清标。”张乔《奉和袭美醉中即席见赠次韵》：“清标称住羊车上，俗韵惭居鹤氅前。”❷谓清美出众。吕岩《沁园春》词：“琳馆清标，琼台丽质，何年天上飞来。”

【清賢】　清正贤良。林宽《寄何绍余》：“雁过君犹未入城，清贤门下旧知名。”周昙《咏史诗·春秋战国门·郑相》：“郑相清贤慎有余，好鱼鱼至竟何如。”亦指清正贤良之人。杜荀鹤《乱后出山逢高员外》：“重出故山生白发，却装新卷谒清贤。”贯休《避地毗陵寒月上孙徽使君兼寄东阳王使君三首》之二：“常忆双溪八咏前，讲诗论道接清贤。”

【清霄】　❶高空。张宣明《山行见孤松成咏》：“孤松郁山椒，肃爽凌清霄。”贾岛《过雍秀才居》：“钟远清霄半，蜩稀暑雨前。”韦庄《含香》：“含香高步已难陪，鹤到清霄势未回。”❷喻朝廷。杜甫《哭王彭州抡》：“解龟生碧草，谏猎阻清霄。”

【清慮】　高洁的思想。法照《送清江上人》：“越人僧体古，清虑洗尘劳。”

【清輝】　❶清亮的光辉。多指月的光辉。杜审言《和康五庭芝望月有怀》：“雾濯清辉苦，风飘素影寒。”徐凝《八月灯夕寄游越施秀才》：“四天净色寒如水，八月清辉冷似霜。”方干《叙雪献员外》：“清辉直认中庭月，湿气偏添半夜寒。”亦用以指山水风物的明净光泽。白居易《春葺新居》：“池水变绿色，池芳动清辉。”曹邺《送曾德迈归宁宜春》：“湘东山水有清辉，袁水词人得意归。”郑谷《寄题方干处士》：“松篁调远籁，台榭发清辉。”❷借指山水风景。刘长卿《罢摄官后将还旧居留辞李侍御》：“潘郎悲白发，谢客爱清辉。”李端《题崔端公园林》：“上士爱清辉，开门向翠微。”羊滔《游烂柯山》之一：“清辉赏不尽，高驾何时还。”❸指仪容的光彩。李群玉《自澧浦东游江表途出巴丘投员外从公虞》：“一朝下蒲轮，清辉照岩廊。”

【清賞】　❶谓情志淡泊高雅。王维《赠从弟司库员外绿》：“惠连素清赏，夙语尘外事。”常衮《题金吾郭将军石狱茅堂》：“潇洒延清赏，周流会素襟。”❷指幽雅的景物。岑文本《安德山池宴集》：“甲第多清赏，芳辰命羽卮。”韦应物《云阳馆怀谷口》：“山夕绿阴满，世移清赏存。”郑谷《京兆府试残月如新月》：“庾楼清赏处，吟彻曙钟看。”❸悠闲地游赏。张说《奉酬韦祭酒自汤还都经龙门北溪庄见贻之作》：“拂曙携清赏，披云觏绿岑。”李白《下寻阳城泛彭蠡寄黄判官》：“名山发佳兴，清赏亦何穷。”吴融《题衮州泗河中石床》：“一片苔床水漱痕，何人清赏动乾坤。”

【清影】　❶明净的光影、月光。杜甫《游龙门奉先寺》：“阴壑生虚籁，月林散清影。”羊滔《游烂柯山》之二：“亘壑蹑丹虹，排云弄清影。”白居易《宿蓝溪对月》：“清影不宜昏，聊将茶代酒。”唐彦谦《葡萄》：“珠帐夜不收，月明堕清影。”❷清凉的阴影。白居易《题遗爱寺前溪松》：“与僧清影坐，借鹤稳枝栖。”郑嵎《津阳门诗》：“当时清影荫红叶，一旦飞埃埋素规。”齐己《夏日草堂作》：“园林坐清影，梅杏嚼红香。”

【清儉】　清廉俭朴。朱庆余《送璧州刘使君》：“知君素清俭，料得却来贫。”

【清儀】　清秀的仪容。刘得仁《赠敬晊助教二首》之二：“清仪称是蓬瀛客，直气堪为谏诤臣。”

【清質】　清美的形体。徐敞《圆灵水镜》：“远近凝清质，娟娟出众星。”陆龟蒙《奉和袭美太湖诗二十首·初入太湖》：“尝闻咸池气，下注作清质。”

【清德】　高洁的品德。段成式《河出荣光》：“千年清德水，九折满荣光。”

【清徵】　（—zhǐ）清越的徵音。徵，古代五声音阶的第四音，相当于现在简谱上的“5”。权德舆《六府诗》：“火云散奇峰，瑶瑟韵清徵。”杨师道《侍宴赋得起坐弹鸣琴二首》之一：“调弦发清徵，荡心祛褊吝。”

【清貌】　对友人容颜的敬称。朱庆余《送崔拾遗赴阙》：“清貌凌寒玉，朝来拜拾遗。”又《送马秀才》：“清貌不识睡，见来尝苦吟。”

【清談】　❶清雅的谈论。崔融《哭蒋詹事俨》：“逸翰金相发，清谈玉柄挥。”杜甫《送高司直寻封阆州》：“清谈慰老夫，开卷得佳句。”刘禹锡《夏日寄宣武令狐相公》：“近来溽暑侵亭馆，应觉清谈胜绮罗。”韦庄《寄从兄遵》：“不将高卧邀刘主，自吐清谈护汉储。”❷犹清议。即议论时事，品评人物。李白《友人会宿》：“良宵宜清谈，皓月未能寝。”权德舆《送韩孝廉侍从赴举》：“清谈遇知己，应访孝廉船。”白居易《赠谈客》：“上客清谈何亹亹，幽人闲思自寥寥。”罗隐《秋日有寄姑苏曹使君》：“须知谢奕依前醉，闲阻清谈又一秋。”❸指玄谈。魏晋时期何晏、夏侯玄、王弼等人崇尚老庄，空谈玄理，时人谓之清谈。韦渠牟《览外生卢纶诗因以示此》：“卫玠清谈性最强，明时独拜正员郎。”元稹《楚歌十首》之五：“看著五胡乱，清谈空自尊。”杜牧《故洛阳城有感》：“锢党岂能留汉鼎，清谈空解识胡儿。”亦指谈论佛教之玄理。孟浩然《寻香山湛上人》：“法侣欣相逢，清谈晓不寐。”

【清調】　（—diào）汉代乐府《相和歌》的曲调之一。见《旧唐书·音乐志二》。后亦指清雅的乐曲。张说《五君咏五首·赵耿公彦昭》：“鸷鸟峻标立，哀玉扣清调。”白居易《清调吟》：“劝君饮浊醪，听我吟清调。”参见“清商樂”。

【清廟】　❶即太庙。帝王的宗庙。杜审言《和李大夫嗣真奉使存抚河东》：“明堂唯御极，清庙乃尊先。”杜甫《秦州见敕目薛三璩毕四曜迁官》：“旧都俄望幸，清庙肃惟馨。”刘禹锡《德宗神武孝文皇帝挽歌二首》之二：“驻紼辞清庙，凝笳背直城。”❷泛指清明有德者之祀福。杜甫《壮游》：“嵯峨阊门北，清庙映回塘。”杨巨源《酬卢员外》：“舜城风土临清庙，魏国山川在白楼。”李绅《新楼诗二十首·禹庙》：“清庙万年长血食，始知明德与天齐。”❸《诗·周颂》篇名。李商隐《韩碑》：“点窜尧典舜典字，涂改清庙生民诗。”丘光庭《补新宫》序：“有颂焉，清庙、我将之类是也。”亦指帝王祭祀宗庙祖先的乐章。刘希夷《谒汉世祖庙》：“宗子行旧邑，恭闻清庙篇。”皮日休《鲁望读襄阳耆旧传见赠五百言次韵》：“六成清庙音，一柱明堂构。”

【清廟弦】 参见“清廟瑟”。

【清廟章】 帝王祭祀宗庙祖先的乐章。杜牧《奉和门下相公送西川相公兼领相印出镇全蜀诗十八韵》：“肉管伶伦曲，箫韶清庙章。”

【清廟瑟】 亦作“清廟弦”。帝王祭祀宗庙祖先的乐曲。见《礼记·乐记》。赵嘏《回于道中寄舒州李珏相公》：“静语乍临清庙瑟，披风如在九层台。”皮日休《鲁望昨以五百言见贻因成一千言》：“吹彼圆丘竹，诵兹清庙弦。”

【清廟歌】 帝王祭祀宗庙祖先唱的乐歌。白居易《新乐府·五弦弹》：“正始之音其若何，朱弦疏越清庙歌。”

【清瑩】 明净莹洁。张聿《圆灵水镜》：“风池开月镜，清莹写寥天。”白居易《池上夜境》：“露簟清莹迎夜滑，风襟潇洒先秋凉。”

【清潔】 ❶洁净无尘，洁白。顾况《赠别崔十三长官》：“我来宣城郡，饮水仰清洁。”孟郊《晚雪吟》：“市井亦清洁，闾阎耸岩峣。”韩愈《和崔舍人咏月二十韵》：“清洁云间路，空凉水上亭。”❷纯洁，没有污点。孙頠《宿烟含白露》：“比玉偏清洁，如珠讵可收？”

【清論】 ❶公正的议论、评论。宋之问《和姚给事寓直之作》：“清论满朝阳，高才拜夕郎。”李白《江夏赠韦南陵冰》：“赖遇南平豁方寸，复兼夫子持清论。”独孤及《夏中酬于逖毕耀问病见赠》：“新诗见久要，清论激深衷。”徐夤《寄华山司空侍郎二首》之一：“清论尽应书国史，静筹皆可息边烽。”❷高雅的谈论。杜正伦《冬日宴于庶子宅各赋一字得节》：“清论畅玄言，雅琴飞白雪。”武元衡《慈恩寺起上人院》：“禅堂支许同，清论道源穷。”罗隐《经故友所居》：“清论不知庄叟达，死交空叹赵岐忙。”❸闲谈，聊天。王琚《自荆湖入朝至岳阳奉别张燕公》：“扁舟方辍棹，清论遂终朝。”韩翃《题张逸人园林》：“花源一曲映茅堂，清论闲阶坐夕阳。”权德舆《与沈十九拾遗同游栖霞寺上方于亮上人院会宿二首》之一：“清论松枝低，闲吟茗花熟。”李中《献乔侍郎》：“禅客陪清论，渔翁作近邻。”

【清澈】 ❶清美明朗。多指人的神色。杜甫《徐卿二子歌》：“大儿九龄色清澈，秋水为神玉为骨。”❷清净透明。多指水。皎然《奉和颜使君真卿与陆处士羽登妙喜寺三癸亭》：“龙池护清澈，虎节到深邃。”

【清潯】 清澈的水涯。李峤《刘侍读见和山邸十篇重申此赠》：“方从仁智所，携手濯清浔。”陆龟蒙《顷自桐江得一钓车因出以为玩复抒酬答》：“曾招渔侣下清浔，独茧初随一锤深。”

【清潤】 ❶清美温润。杨巨源《崔娘诗》：“清润潘郎玉不如，中庭蕙草雪消初。”陈中师《瑕瑜不相掩》：“光华开缜密，清润仰磨砻。”❷清凉润泽。白居易《寄蕲州簟与元九因题六韵》：“清润宜乘露，鲜华不受尘。”

【清澗】 清澈的山涧溪流。张乔《隐岩陪郑少师夜坐》：“砚磨清涧石，厨爨白云樵。”韦庄《虢州涧东村居作》：“清涧涨时翘鹭喜，绿桑疏处哺牛鸣。”

【清潺潺】 水清澈而流动貌。白居易《晚归香山寺因咏所怀》：“关塞碧岩岩，伊流清潺潺。”

【清澄】 ❶清澈，清明。郭震《野井》：“纵无汲引味清澄，冷浸寒空月一轮。”李白《秋夜板桥浦泛月独酌怀谢朓》：“汉水旧如练，霜江夜清澄。”薛能《圣灯》：“莽莽空中稍稍灯，坐看迷浊变清澄。”亦指清澈的水。贾岛《雨后宿刘司马池上》：“蓝溪秋漱玉，此地涨清澄。”❷喻政治清明。杜牧《李甘诗》：“四海镜清澄，千官云片缕。”

【清賓】 对宾客的敬称。卢注《酒胡子》：“盘中蹺踦不自定，四座清宾注意看。”

【清選】 选拔。李鼎《奉和圣制送张说上集贤学士赐宴》：“集贤更内殿，清选自中台。”

【清彈】 谓弹奏琴瑟。孟郊《新卜清罗幽居奉献陆大夫》：“嘉木偶良酌，芳阴庇清弹。”

【清樂】 （—yuè）❶即清商乐。王昌龄《放歌行》：“清乐动千门，皇风被九州。”李白《侍从游宿温泉宫作》：“严更千户肃，清乐九天闻。”顾况《八月五日歌》：“清乐灵香几处闻，鸾歌凤吹动祥云。”参见“清商樂”。❷指清雅的音乐。王涯《游春词二首》之一：“才见春光生绮陌，已闻清乐动云韶。”许浑《和人贺杨仆射致政》：“锦帐丽词推北巷，画堂清乐掩南邻。”杜荀鹤《白发吟》：“九转灵丹那胜酒，五音清乐未如诗。”

【清靜】 ❶安静，不嘈杂，无烦扰。王维《沈十四拾遗新竹生读经处同诸公之作》：“闲居日清静，修竹自檀栾。”张籍《和左司元郎中秋居十首》之四：“自知清静好，不要问时豪。”贯休《寄杭州灵隐寺宋震使君》：“吾皇爱清静，莫便结吾庐。”❷指为政清廉，无为而治。韩翃《赠长洲何主簿》：“到官无一事，清静有诸侯。”

【清蕤】　清丽鲜艳貌。吴筠《步虚词十首》之三："纷然驰飙欻，上采空清蕤。"

【清燕】　参见"清宴❷"。

【清壇】　清净的祭坛。古代帝王祭祀天地、祖先及会盟、拜封的场所。多用土石筑成高台。苏味道《奉和受图温洛应制》："绿绮膺河检，清坛俯洛滨。"

【清磬】　清越悠扬的磬声。岑参《冬夜宿仙游寺南凉堂呈谦山人》："夜来闻清磬，月出苍山空。"崔峒《题崇福寺禅院》："清磬度山翠，闲云来竹房。"马戴《送僧归金山寺》："夕阳依岸尽，清磬隔潮闻。"

【清操】　高洁的操守。皮日休《二游诗·徐诗》："自为方州来，清操称凛冽。"

【清樽】　参见"清尊"。

【清機】　❶清净的灵机、心性。李颀《宿莹公禅房闻梵》："夜动霜林惊落叶，晓闻天籁发清机。"独孤及《客舍月下对酒醉后寄毕四耀》："清机暂无累，献酢更络绎。"刘长卿《早春赠别赵居士还江左》："素愿徒自勤，清机本难逮。"亦指使心性清净。方干《盐官王长官新创瑞隐亭》："指画便分元化力，周回秀绝自清机。"❷清新的文思。机，机杼，构思。杨巨源《和令狐郎中》："题诗一代占清机，秉笔三年直紫微。"权德舆《和九华观见怀贡院八韵》："丽曲涤烦虚，幽缄发清机。"曹松《岭南道中》："但有壶觞资逸咏，尽交风景入清机。"❸清明的机心。指机巧功利之心。杜甫《奉赠李八丈判官》："事业富清机，官曹正独守。"

【清橐】　即青橐。盛放印信、文书等物的袋子。苏味道《赠封御史入台》："盛府持清橐，殊章动绣衣。"

【清醒】　谓头脑清楚，明白。卢肇《嘲游使君》："白帝城头二月时，忍教清醒看花枝。"孙鲂《牡丹》："其如豪贵地，清醒复何因。"

【清曉】　天刚亮时。孟浩然《登鹿门山》："清晓因兴来，乘流越江岘。"李白《寻高凤石门山中元丹丘》："留欢达永夜，清晓方言还。"韩愈《秋怀诗十一首》之四："清晓卷书坐，南山见高棱。"韦庄《润州显济阁晓望》："清晓水如镜，隔江人似鸥。"

【清暾】　清美明亮。贾岛《送崔峤游潇湘》："枫林叶欲下，极浦月清暾。"

【清嘯】　❶撮口发出悠长清越的声音。形容旷放不受拘束。李商隐《五言述德抒情诗一首四十韵》："清啸频疏俗，高谈屡析酲。"皮日休《七爱诗·白太傅》："高吟辞两掖，清啸罢三川。"贯休《秋望寄王使君》："只应刘越石，清啸正相宜。"❷指鸟兽清亮悠长的鸣叫。李商隐《失猿》："祝融南去万重云，清啸无因更一闻。"李山甫《兵后寻边三首》之二："日暮却登寒垒望，饱鸱清啸伏尸堆。"吴融《长安里中闻猿》："无因永夜闻清啸，禁路人归月自沈。"

【清興】　（—xìng）清雅的兴致。王勃《山亭夜宴》："清兴殊未阑，林端照初景。"李白《单父东楼秋夜送族弟沈之秦》："卷帘见月清兴来，疑是山阴夜中雪。"权德舆《送袁太祝衢婺巡覆》："校缗税亩不妨闲，清兴自随鱼鸟间。"崔涂《送僧归天竺》："遥思清兴惬，不厌石林幽。"

【清盥】　谓以水净手。杜甫《望兜率寺》："时应清盥罢，随喜给孤园。"

【清館】　凄清的驿馆。孟郊《汴州离乱后忆韩愈李翱》："孤门清馆夜，独卧明月床。"

【清諧】　清静谐和。张九龄《与生公寻幽居处》："清谐欣有得，幽闲欸盈抱。"

【清凝】　❶谓十分清亮。凝，表示浓密、深厚。鲍溶《行路难》："华灯清凝久照夜，彩僮窈窕虚垂萝。"杜牧《除官归京睦州雨霁》："秋半吴天霁，清凝万里光。"❷谓非常清纯明净。王建《寄杜侍御》："道气清凝分晓爽，诗情冷瘦滴秋鲜。"

【清濃】　清冽浓郁。郑畋《禁直和人饮酒》："卉醴陀花物外香，清浓标格胜椒浆。"

【清燎】　即青燎。青蓝色的火焰。唐彦谦《玫瑰》："麝炷腾清燎，鲛纱覆绿蒙。"

【清濁】　❶清水与浊水。太宗《咏司马彪续汉志》："清浊必能澄，洪纤幸无弃。"高适《赠别王十七管记》："随波混清浊，与物同丑丽。"孟郊《湘弦怨》："我愿分众泉，清浊各异渠。"高蟾《感事》："清浊皆如此，何人不白头！"❷喻人和事的优劣、善恶等。白居易《池鹤八绝句·鹤答鸢》："无妨自是莫相非，清浊高低各有归。"曹松《赠镜湖处士方干二首》之二："磨砻清浊人难会，织络虚无帝亦闻。"❸音乐的清音与浊音。元结《系乐府十二首·颂东夷》："金石无全声，宫商乱清浊。"白居易《新乐府·华原磬》："乐工虽在耳如壁，不分清浊即为聋。"❹清气与浊气。柳宗元《构法华寺西亭》："割如判清浊，飘若升云间。"

【清激】　水流清澈湍急。颜真卿《赠僧皎然》："龙池护清激，虎节到深邃。"孟郊《游韦七洞庭别业》："松桂无赤日，风物饶清激。"韩愈《南溪始泛三首》之三："拖舟入其间，溪流正清激。"

【清澹】　同"清淡"。恬静淡泊。贾岛《和刘涵》："陶情惜清澹，此意复谁攀？"

【清憲】　参见"清憲臺"。

【清憲臺】　清贵的御史台。储光羲《晚次东亭献郑州宋使君文》："三居清宪台，两拜文昌阁。"李白《叙旧赠江阳宰陆调》："告急清宪台，脱余北门厄。"亦省称"清宪"。储光羲《送人寻裴斐》："柱史回清宪，谪居临汉川。"

【清聲】　❶清亮的声音。李体仁《飞鸿响远音》：

“清声流迥野，高韵入寥空。”张蠙《野泉》：“清声萦乱石，寒色入长空。”❷清越的乐声。杨衡《白纻辞》之一：“为君起唱白纻歌，清声袅云思繁多。”赵抟《琴歌》：“清声不与众乐杂，所以屈受尘埃欺。”❸借指清美的声誉。李贺《仁和里杂叙皇甫湜》：“还家白笔未上头，使我清声落人后。”路贯《和元常侍除浙东留题》：“谢安致理逾三载，黄霸清声彻九重。”

【清霜】　白霜，寒霜。李颀《送钱子入京》：“驿路清霜下，关门黄叶稀。”羊士谔《王起居独游青龙寺玩红叶因寄》：“十亩苍苔绕画廊，几株红树过清霜。”孟郊《赠农人》：“清霜一委地，万草色不绿。”唐彦谦《蟹》：“湖田十月清霜堕，晚稻初香蟹如虎。”

【清霞】　犹青云。李群玉《龙山人惠石廪方及团茶》：“滩声起鱼眼，满鼎漂清霞。”

【清曙】　犹清晓，清早。杜甫《雨二首》之二：“回风起清曙，万象萋已碧。”韦应物《东郊》：“吏舍跼终年，出郊旷清曙。”皮日休《习池晨起》：“清曙萧森载酒来，凉风相引绕亭台。”

【清蹕】　❶谓帝王出行，清除道路，禁止行人。袁朗《赋饮马长城窟》：“朔风动秋草，清跸长安道。”卢象《驾幸温泉》：“传闻圣主幸新丰，清跸鸣銮出禁中。”花蕊夫人徐氏《宫词》之四二：“扇掩红鸾金殿悄，一声清跸卷珠帘。”❷借指帝王车辇。卢照邻《赠许左丞从驾万年宫》：“黄山闻凤笛，清跸侍龙媒。”沈佺期《奉和圣制幸礼部尚书窦希玠宅》：“不知行漏晚，清跸尚裴徊。”权德舆《朝元阁》：“胡马忽来清跸去，空余台殿照山椒。”鲍溶《闻国家将行封禅聊抒臣情》：“清跸间过素王庙，翠华高映大夫松。”

【清徽】　清美的琴徽。琴徽，系琴弦的绳。用以指代琴。张籍《夜怀》：“无愁坐寂寞，重使奏清徽。”

【清耸】　清亮高亢。韩愈、孟郊《雨中寄孟刑部几道联句》：“商听饶清耸，闷怀空抑噫。”

【清谿】　参见“清溪❶”。

【清獰】　清亮粗犷。贯休《送越将归会稽》：“面如玉盘身八尺，燕语清狞战袍窄。”

【清謐】　清静，安宁。李白《望黄鹤楼》：“金灶生烟埃，玉潭秘清谧。”欧阳詹《咏德上韦检察》：“中外行分途，寰瀛待清谧。”张钦敬《洛出书》：“谬此叙彝伦，寰宇贺清谧。”

【清齋】　❶在祭祀或举行其他庆典前清心寡欲，净身洁食，以示虔诚。权德舆《冬至宿斋时郡君南内朝谒因寄》：“清斋独向丘园拜，盛服想君兴庆朝。”刘禹锡《送王司马之陕州》：“暂辍清斋出太常，空携诗卷赴甘棠。”薛能《上盐铁尚书》：“南宫环雉隔嚣尘，况值清斋宿大臣。”亦指僧道或其信徒诵经祷祀求福等活动。李颀《谒张果先生》：“受箓金殿开，清斋玉堂闭。”李端《长安感事呈卢纶》：“沈病魂神浊，清斋思虑空。”张籍《学仙》：“弟子得其诀，清斋入空房。”顾云《华清词》：“相公清斋朝蕊宫，太上符箓龙蛇踪。”❷素食。王维《积雨辋川庄作》：“山中习静观朝槿，松下清斋折露葵。”皇甫冉《又送陆潜夫茅山寻友》：“谁作招寻侣，清斋宿紫阳。”皮日休《寄琼州杨舍人》：“清斋净溲桄榔面，远信闲封豆蔻花。”❸清静之室。于鹄《秦越人洞中咏》：“清斋将入时，戴星兼抱松。”陆龟蒙《奉和袭美怀华阳润卿博士三首》之三：“清斋若见茅司命，乞取朱儿十二斤。”

【清盪】　平静。李绅《忆登栖霞寺峰》：“江海森清荡，丘陵何所如。”

【清濠】　清澈的沟渠。李峤《田假限疾不获还庄赠杜幽素》：“绿畴良已秽，清濠旷不追。”

【清豁】　五代吴越国诗僧。俗姓张，福州永泰（今属福建）人。《全唐诗》卷八八八录其《归山吟》一首。《全唐诗外编》(下)录其《过三岭苎溪》一首。

【清邃】　清静幽深。方干《题越州袁秀才林亭》：“清邃林亭指画开，幽岩别派像天台。”

【清舊】　对故交、旧交的敬称。张说《游湓湖上寺》：“清旧岩前乐，呦嘤鸟兽驯。”

【清轉】　（—zhuǎn）谓声音清悠宛转。许浑《缑山庙》：“王子吹箫月满台，玉箫清转鹤裴回。”

【清醥】　清酒。杜甫《聂耒阳以仆阻水书致酒肉疗饥荒江诗得代怀泊于方田》：“礼过宰肥羊，愁当置清醥。”仇兆鳌注：“酒清曰醥。”

【清醪】　清酒。陆龟蒙《和袭美赠南阳润卿将归雷平》：“堕阶红叶谁收得，半盎清醪客酹干。”

【清曠】　❶清朗开阔。张九龄《南山下旧居闲放》：“清旷前山远，纷喧此地疏。”储光羲《夜到洛口入黄河》：“浦溆既清旷，沿洄非阻修。”刘昚虚《浔阳陶氏别业》：“物象自清旷，野情何绵联。”白居易《和答诗十首·和古社》：“天明至其所，清旷无氛埃。”❷清明旷达。钱起《同严逸人东溪泛舟》：“朝霁收云物，垂纶独清旷。”权德舆《晚渡扬子江却寄江南亲故》：“胸中千万虑，对此一清旷。”白居易《登乐游园望》：“耳目暂清旷，怀抱郁不伸。”❸清幽旷远。杜甫《甘林》：“迟暮少寝食，清旷喜荆扉。”李益、杜羔《兰陵僻居联句》：“相从清旷地，秋露挹兰苕。”❹借指山林田园退隐之地。李白《郢门秋怀》：“清旷谐宿好，缁磷及此年。”刘长卿《奉使新安宿七里滩下寄使院诸公》：“犹怜负羁束，未暇依清旷。”李德裕《春暮思平泉杂咏二十首·自叙》：“五岳径虽深，遍游心已荡。苟能知止足，所遇皆清旷。”温庭筠《题薛昌之所居》：“所得乃清旷，寂寥常掩关。”

【清蟬】　凄清的蝉鸣声。孟云卿《田园观雨兼晴后作》："晨登南园上，暮歇清蝉悲。"亦用以称蝉。许浑《夏日寄江上亲友》："雨过前山日未斜，清蝉嘒嘒落槐花。"又《送张厚浙东谒丁常侍》："凉露清蝉柳陌空，故人遥指浙江东。"

【清罇】　参见"清尊"。

【清簟】　竹编凉席。杨师道《中书寓直咏雨简褚起居上官学士》："长檐响奔溜，清簟肃浮埃。"杜甫《七月一日题终明府水楼二首》之二："楚江巫峡半云雨，清簟疏帘看弈棋。"卢纶《题贾山人园林》："竹影朦胧松影长，素琴清簟好风凉。"李郢《立秋后自京归家》："松斋一雨宜清簟，佛家孤灯对绛纱。"

【清邊】　清平的边境。杜甫《入衡州》："老将一失律，清边生战场。"

【清觴】　对酒杯的美称。韦应物《春宵燕万年吉少府中孚南馆》："稍爱清觞满，仰叹高文丽。"借指美酒。杜甫《阌乡姜七少府设脍戏赠长歌》："新欢便饱姜侯德，清觞异味情屡极。"李嘉祐《伤吴中》："古来人事亦犹今，莫厌清觞与绿琴。"柳宗元《游朝阳岩遂登西亭二十韵》："挹流敌清觞，掇野代嘉肴。"

【清謳】　清亮的歌声。许敬宗《奉和宴中山应制》："中山献仙酤，赵媛发清讴。"

【清顏】　对别人容颜的敬称。多用于男性友朋。孟浩然《赠萧少府》："闻君秉高节，而得奉清颜。"

【清襟】　高洁的胸怀。宋之问《游称心寺》："释事怀三隐，清襟谒四禅。"高适《赠别沈四逸人》："我来遇知己，遂得开清襟。"杜甫《移居公安敬赠卫大郎钧》："雅量涵高远，清襟照等夷。"

【清蘇】　即清酥。鲜美的奶酪。李贺《送秦光禄北征》："清苏和碎蚁，紫腻卷浮杯。"

【清警】　帝王出行时清除道路，警戒行人。薛逢《题上皇观》："门前卫士传清警，砌下奚官扫翠微。"通"清蹕"。

【清藻】　清美的文辞。钱起《和刘七读书》："梦鸟富清藻，通经仍妙年。"李德裕《追和太师颜公同清远道士游虎丘寺》："逸人缀清藻，前哲留篇翰。"又《东郡怀古二首·阳给事》："颜子缀清藻，铿然如素璆。"

【清嚴】　清廉严正。储光羲《晚次东亭献郑州宋使君文》："善计在弘羊，清严归仲举。"

【清簫】　清悠的箫声。刘言史《赠成炼师四首》之一："花冠蕊帔色婵娟，一曲清箫凌紫烟。"

【清鏡】　❶明镜。王维《冬晚对雪忆胡居士家》："寒更传晓箭，清镜览衰颜。"卢纶《泊扬子江岸》："清镜催双鬓，沧波寄一身。"元稹《会真诗三十韵》："啼粉流清镜，残灯绕暗虫。"罗隐《广陵秋日酬进士臧溃见寄》："数尺断蓬惭故国，一轮清镜泣流年。"❷指清澈如镜的湖水。韩愈《池上絮》："为将纤质凌清镜，湿却无穷不得归。"赵嘏《淮信贺滕迈台州》："舟移清镜禹祠北，路转翠屏天姥东。"罗邺《秋晚》："不向碧台惊醉梦，但来清镜促愁容。"❸喻指清明如镜的人。徐彦伯《题东山子李适碑阴二首》之二："夜台沦清镜，穷尘埋结绿。"

【清鏘】　形容声音清越优美。白居易《继之尚书自余病来寄遗非一用伸酬谢》："交情郑重金相似，诗韵清锵玉不如。"

【清辭】　清雅的文辞。岑参《送弘文李校书往汉南拜亲》："未识已先闻，清辞果出群。"白居易《酬思黯相公晚夏雨后感秋见赠》："两幅彩笺挥逸翰，一声寒玉振清辞。"施肩吾《再酬李先辈》："清辞再发郢人家，字字新移锦上花。"

【清譚】　同"清谈"。❶指玄谈。即崇尚老庄，空谈玄理的风气。司空图《携仙箓九首》之三："决事还须更事酬，清谭妙理一时休。"罗隐《王夷甫》："莫言麈尾清谭柄，坏却淳风是此人。"❷清雅的谈论。陆龟蒙《润州江口送人谒池阳卫郎中》："闲随野醉溪声闹，独伴清谭晓色残。"亦泛指闲谈。皮日休《初冬章上人院》："清谭两三句，相向自翛然。"

【清識】　高见卓识。杜甫《送韦讽上阆州录事参军》："韦生富春秋，洞彻有清识。"又《殿中杨监见示张旭草书图》："呜呼东吴精，逸气感清识。"

【清韻】　❶清雅和谐的声音。储光羲《田家即事答崔二东皋作四首》之二："荡漾敷远情，飘飖吐清韵。"柳宗元《酬贾鹏山人郡内新栽松寓兴见赠二首》之二："清韵动竽瑟，谐此风中声。"白居易《官舍小亭闲望》："风竹散清韵，烟槐凝绿姿。"徐夤《双鹭》："清韵叫霜归岛树，素翎遗雪落渔台。"❷喻指音调铿锵的优美诗文。钱起《和蜀县段明府秋城望归期》："河阳传丽藻，清韵入歌谣。"姚合《喜览裴中丞诗卷》："新诗盈道路，清韵似敲金。"韦庄《李氏小池亭十二韵》："家藏何所宝，清韵满琅函。"

【清羸】　清瘦羸弱。杜甫《秋日夔府咏怀一百韵》："勇猛为心极，清羸任体孱。"卢纶《酬李端公野寺病居见寄》："斋沐暂思同静室，清羸已觉助禅心。"李端《赠何兆》："文章似扬马，风骨又清羸。"杜牧《早春题真上人院》："清羸已近百年身，古寺风烟又一春。"亦指瘦弱的人。李商隐《赠宗鲁筇竹杖》："风流真底事，常欲傍清羸。"

【清懷】　清高之胸怀。薛能《西县途中二十韵》："溢目看风景，清怀啸月华。"李骘《慧山寺肄业送怀坦上人》："清怀去羁束，幽境无滓污。"

【清瀚】　指瀚海。唐代对蒙古高原大沙漠以北及今准噶尔盆地一带地区的泛称。多用作咏征战、武功的典故。厉玄《从军行》："战场收骥尾，清瀚怯龙鳞。”

【清瀨】 ❶沙石上的清流。刘沧《经龙门废寺》：“杨柳覆滩清濑响，暮天沙鸟自西东。”❷清水沙滩。贯休《鹭鸶有怀》：“栖宿必多清濑梦，品流还次白猿徒。”

【清關】 高贵的门第。杜甫《赠特进汝阳王二十韵》：“清关尘不杂，中使日相乘。”亦指清高的门户。王丘《咏史》：“何必苏门子，冥然闭清关。”

【清瀾】 唐诗僧。与杜荀鹤、贯休有诗文交往。《全唐诗外编》(下)录其《答杜荀鹤》断句一联。

【清贍】 谓才智清新广博。刘商《姑苏怀古送秀才下第归江南》：“君声日下闻来久，清赡何人敢敌手！”

【清躅】 清明廉洁的行迹。躅，足迹。喻行为。元结《别何员外》：“谁能守清躅，谁能嗣世儒。”

【清議】 ❶犹舆论。指对时政的议论。杜甫《奉赠太常张卿二十韵》：“相门清议众，儒术大名齐。”❷犹清谈。指崇尚老庄，空谈玄理的风气。范质《诫儿侄八百字》：“周孔垂名教，齐梁尚清议。”

【清響】 清亮的响声。骆宾王《送王明府参选赋得鹤》：“在阴如可和，清响会闻天。”王维《送宇文太守赴宣城》：“铙吹发西江，秋空多清响。”刘长卿《龙门八咏·水东渡》：“夜泉发清响，寒渚生微波。”杜牧《赠无表禅师》：“笠戴圆阴楚地棕，磬敲清响蜀山铜。”

【清瀾】 犹清波。骆宾王《秋晨同淄川毛司马秋九咏·秋雁》：“何当同顾影，刷羽泛清澜。”韦应物《再游龙门怀旧侣》：“霭霭眺都城，悠悠俯清澜。”参见“清波”。

【清歡】 清雅恬适之乐。李颀《裴尹东溪别业》：“清欢信可尚，散吏亦何有？”郑谷《咏怀》：“险事销肠酒，清欢敌手棋。”

【清飆】 犹清风。李白《酬岑勋见寻就元丹丘对酒相待以诗见招》：“对酒忽思我，长啸临清飙。”顾况《严公钓台作》：“舍舟遂长往，山谷多清飙。”韩愈《郑群赠簟》：“青蝇侧翅蚤虱避，肃肃疑有清飙吹。”司马扎《美刘太保》：“万里天地空，清飙在平楚。”

【清露】 洁净的露水。李颀《双笋歌送李回兼呈刘四》：“春风解箨雨润根，一枝半叶清露痕。”杜甫《严郑公阶下新松》：“未见紫烟集，虚蒙清露沾。”白居易《春早秋初因时即事兼寄浙东李侍郎》：“和风细动帘帷暖，清露微凝枕簟凉。”陆龟蒙《晓起即事因成回文寄袭美》：“清露晓垂花谢半，远风微动蕙抽新。”

【清鐸】 清越的铎铃声。铎铃，亦称檐铃。悬于高大建筑之檐角，遇风即响。欧阳詹《和严长官秋日登太原龙兴寺阁野望》：“清铎中天籁，哀鸣下界秋。”

【清聽】 ❶清越的声音。孟浩然《宿业师山房期丁大不至》：“松月生夜凉，风泉满清听。”亦指声音清亮悦耳。郑絪《寒夜闻霜钟》：“拂水宜清听，凌空散迥音。”❷静心倾呼。刘得仁《送鄂州崔大夫赴镇》：“千峰与万木，清听雨情新。”又《夏日通济里居酬诸先辈见访》：“何因驻清听，惟恐日西沈。”

【清籟】 清越的声响。权德舆《奉和礼部尚书酬杨著作竹亭歌》：“虚斋寂寂清籁吟，幽涧纷纷杂英坠。”温庭筠《法云寺双桧》：“一下南台到人世，晓泉清籁更难闻。”

【清鑑】 明镜。窦常《立春后言怀招汴州李匡衙推》：“每听寒笳离梦断，时窥清鉴旅愁多。”李中《秋夕病中作》：“晓临清鉴里，应有白髭生。”又《下蔡春暮旅怀》：“发白每惭清鉴启，心孤长怯子规啼。”

【清鑒】 亦作“清監”。明察，高明的鉴别力。苏味道《使岭南闻崔马二御史并拜台郎》：“明光共待漏，清鉴各披云。”储光羲《秦中初霁献给事二首》之一：“夙心幸清鉴，晚志欣良觌。”杜甫《洗兵马》：“司徒清鉴悬明镜，尚书气与秋天杳。”孟翱《言行相顾》：“正遇兴邦际，因怀入署年。坐知清监下，相顾有人焉。”

【清霽】 犹晴朗。韩愈《南山诗》：“昨来逢清霁，宿愿忻始副。”齐己《夏日梅雨中寄睦公》：“何时见清霁，招我凭岩轩。”

【清灘】 清浅的沙滩。皮日休《奉和鲁望渔具十五咏·钓筒》：“丝随碧波漫，饵逐清滩发。”

【清顯】 清要显达的官职。石贯《和主司王起》：“重德由来为国生，五朝清显冠公卿。”黄滔《浙幕李端公泛建溪》：“自顾幽沈槐省迹，得陪清显谏垣臣。”

【清讌】 参见“清宴❷”。

【清觀】 唐诗僧。俗姓屈，字明中，台州临海(今属浙江)人。《全唐诗逸》卷中录其《赠圆珍和尚》断句一联。

【清鑾】 指皇帝的车驾。张九龄《奉和圣制幸晋阳宫》：“一月朔巡狩，群后陪清銮。”

淼 〔miǎo《广韵》亡沼切，上小，明。《集韵》弭沼切，上小，明。〕同“渺”。水广大无际貌。杨炯《和辅先入昊天观星瞻》：“石楼纷似画，地镜淼如空。”王维《辋川集·南垞》：“轻舟南垞去，北垞淼难即。”元稹《遣春十首》之二：“空濛天色嫩，杳淼江面平。”李绅《趋翰苑遭诬构四十六韵》：“烟岛深千瘴，沧波淼四隅。”

【淼茫】 水势广阔无际。孟浩然《送杜十四之江南》：“荆吴相接水为乡，君去春江正淼茫。”司空曙《下武昌江行望涔阳》：“怀土年空尽，春风又淼茫。”白居易《自蜀江至洞庭湖口有感而作》：“混合万丈深，淼茫千里白。”温庭筠《过吴景帝陵》：“王气销来水淼茫，岂能才与命相妨。”亦形容思想、心志的广大深远。白居易《卢侍御与崔评事为予于黄鹤楼置宴宴罢同望》："楚思淼茫云水冷，商声清脆管弦秋。"

【淼淼】 水势浩茫无际。蔡允恭《奉和出颍至淮应令》："波长泛淼淼，眺迥情依依。"刘长卿《饯王相公出牧括州》："江潮淼淼连天望，旌旆悠悠上岭翻。"武元衡《鄂渚送友》："云帆淼淼巴陵渡，烟树苍苍故郢城。"李绅《涉沅潇》："屈原死处潇湘阴，沧浪淼淼云沈沈。"

【淼然】 水势辽阔。张九龄《江上使风呈裴宣州耀卿》："江路与天连，风帆何淼然。"

【淼漫】 水流广远貌。李峤《和杜学士旅次淮口阻风》："淼漫烟波阔，参差林岸遥。"王维《渡河到清河作》："回瞻旧乡国，淼漫连云霞。"

添 〔tiān《广韵》他兼切，平添，透。〕❶增加，增多。太宗《咏雨》："濛柳添丝密，含吹织空罗。"张谓《邵陵作》："惟余帝子千行泪，添作潇湘万里流。"戴叔伦《和汴州李相公勉人日喜春》："烟添柳色看犹浅，鸟踏梅花落已频。"韦庄《三堂东湖作》："何处最添诗客兴，黄昏烟雨乱蛙声。"亦指增补。李贺《昌谷诗》："竹薮添堕简，石矶引钩饵。"李绅《题白乐天文集》："永添鸿宝集，莫杂小乘经。"❷增设。杜甫《送卢十四弟侍御护韦尚书灵榇归上都二十韵》："但促铜壶箭，休添玉帐旂。"李嘉祐《和张舍人中书宿直》："裁诏催添烛，将朝欲更衣。"张籍《和韦开州盛山十二首·上士泉瓶》："唯有护净僧，添瓶将盥漱。"❸生育。见"添丁"。

【添一字】 即添一"前"字。唐代新录取之进士，参加皇帝赐宴后，即登慈恩寺塔题名留念。如遇未及第时题名处，则于其上添一"前"字，省称"添一字"。参见五代王定保《唐摭言·慈恩寺题名游赏赋咏杂记》。姚合《及第后夜中书事》："新衔添一字，旧友逊前途。"

【添十歲爲相】 秦将甘茂之孙甘罗，十二岁事吕不韦为庶子。出使赵国有功，被封为上卿。事见《史记·樗里子甘茂列传》。因有甘罗十二岁为秦相之说，遂用以比附为少年通显之贺词。熊孺登《和窦中丞岁酒喜见小男两岁》："更添十岁应为相，岁酒从今把未休。"

【添丁】 唐卢仝生子名"添丁"，意谓为国家增加一个男子。韩愈《寄卢仝》："去年生儿名添丁，意令与国充耘耔。"后用以指生男孩。杜牧《分司东都叨承刘侍郎恩知上四十韵》："马群先去害，民籍更添丁。"

【添光】 增加光亮。陈希烈《赋得云生栋梁间》："下帘山足暗，开户日添光。"

【添年】 亦作"添歲"。增加年岁、年龄。元稹《除夜酬乐天》："莫道明朝始添岁，今年春在岁前三。"姚合《游春十二首》之五："疏顽无异事，随例但添年。"

【添池】 向池塘灌注水。钱起《春谷幽居》："扫径兰芽出，添池山影深。"李绅《龟山寺鱼池》："汲水添池活白莲，十千鬐鬣尽生天。"裴夷直《晚凉》："檐前蔽日多高树，竹下添池有小渠。"

【添香】 向炉中添加有香味的燃料。崔备《奉陪武相公西亭夜宴陆郎中》："剪烛清光发，添香暖气来。"刘禹锡《和乐天诮失婢榜者》："把镜朝犹在，添香夜不归。"

【添眉】 谓描画眉毛。李贺《恼公》："注口樱桃小，添眉桂叶浓。"

【添幽】 增加幽雅。刘兼《新竹》："近窗卧砌两三丛，佐静添幽别有功。"

【添記】 犹加上，加入。李绅《重到惠山》："还向窗间名姓下，数行添记别离愁。"

【添酒】 犹斟酒。戎昱《罗江客舍》："有兴时添酒，无聊懒整冠。"白居易《醉赠刘二十八使君》："为我引杯添酒饮，与君把箸击盘歌。"

【添歲】 参见"添年"。

【添愁】 增加忧愁，加上忧愁。李嘉祐《闻逝者自惊》："黄卷清琴总为累，落花流水共添悲。"陈季卿《别妻》："酒至添愁饮，诗成和泪吟。"

【添壽】 犹祝寿。顾况《闲居自述》："白发偏添寿，黄花不笑贫。"

【添興】 增加兴致。白居易《和汴州令狐相公新于郡内栽竹百竿偶题七言五韵》："千亩荒凉寻未得，百竿青翠种新成。墙开乍见重添兴，窗静时闻别有情。"

【添線】 谓冬至后白昼渐长。殷尧藩《寄太仆田卿二首》之二："若喜长生添线日，微微消息识天心。"亦作"添弱線"。杜甫《小至》："刺绣五纹添弱线，吹葭六琯动浮灰。"

渚 〔zhǔ《广韵》章與切，上語，章。〕❶水中的小块陆地，小洲。太宗《秋日斅庾信体》："晨浦鸣飞雁，夕渚集栖鸿。"崔颢《川上女》："日落青渚试轻楫，汀长花满正回船。"李嘉祐《送从弟永任饶州录事参军》："芦花渚里鸿相叫，苦竹丛边猿暗啼。"刘沧《题龙门僧房》："僧宿石龛残雪在，雁归沙渚夕阳空。"❷水边。王勃《滕王阁》："滕王高阁临江渚，珮玉鸣鸾罢歌舞。"孟浩然《耶溪泛舟》："落景余清辉，轻桡弄溪渚。"刘长卿《龙门八咏·水东渡》："夜泉发清响，寒渚生微波。"李叔卿《江南曲》："西山暮雨过江来，北渚春云沿海尽。"❸通"潴"。蓄水处。指池塘，陂塘。太宗《帝京篇十首》之六："飞盖去芳园，兰桡游翠渚。"李益《莲塘驿》："菱花覆碧渚，黄鸟双飞时。"薛逢《九华观废月池》："白鸟带将林外雪，绿荷枯尽渚中莲。”司马扎《漾陂晚望》：“柳暗鸟乍起，渚深兰自芳。”亦指浴池。高宗《过温汤》：“温渚停仙跸，丰郊驻晓旌。”

【渚山】 即西顾山。又名顾渚，在浙江长兴县西北，为名茶产地。皎然《顾渚行寄裴方舟》：“我有云泉邻渚山，山中茶事颇相关。”清昼、陆士修、崔子向有《渚山春暮会顾丞茗舍联句》。

【渚牙】 小洲上的草芽。韩愈《东都遇春》：“岸树共纷披，渚牙相纬经。”元稹《遣春十首》之四：“雪鹭远近飞，渚牙浅深出。”

【渚田】 小洲上或水边的田。岑参《晚发五渡》：“芋叶藏山径，芦花杂渚田。”司空曙《田鹤》：“散下渚田中，隐见菰蒲里。”卢纶《春日题杜叟山下别业》：“白鸟群飞山半晴，渚田相接有泉声。”

【渚花】 水涯之花木。杜甫《渡江》：“渚花兼素锦，汀草乱青袍。”罗邺《偶题离亭》：“谁似雨篷篷底客，渚花汀鸟自相亲。”

【渚芳】 犹“渚花”。皎然《冬至日陪裴端公使君清水堂集》：“渚芳迎气早，山翠向晴多。”参见“渚花”。

【渚風】 江边的风。丘齐云《王伯固邀游赤壁》：“焉知赤壁年，渚风吹水立。”

【渚柳】 池边杨柳。杜甫《寄李十四员外布十二韵》：“渚柳元幽僻，村花不扫除。”

【渚亭】 水边亭榭。曹著《曲江亭望慈恩寺杏园花发》：“渚亭临净域，凭望一开轩。”赵嘏《淮南丞相坐赠歌者虞姹》：“来值渚亭花欲尽，一声留得满城春。”

【渚宫】 ❶春秋楚国之宫名。楚成王建，在今湖北江陵县城内。张说《登九里台是樊姬墓》：“漠漠渚宫树，苍苍云梦田。”许浑《楚宫怨二首》之二：“猎骑秋来在内稀，渚宫云雨湿龙衣。”李商隐《宋玉》：“落日渚宫供观阁，开年云梦送烟花。”陆龟蒙《奉和袭美二游诗·徐诗》：“梁元渚宫日，尽取如蚳蝝。”❷借指帝王之别宫。王昌龄《夏日花萼楼酺宴应制》：“赐庆垂天泽，流欢旧渚宫。”储光羲《同诸公秋霁曲江俯见南山》：“岚气浮渚宫，孤光随曜灵。”❸代指江陵。孟浩然《陪张丞相自松滋江东泊渚宫》：“渚宫何处是，川暝欲安之。”刘长卿《送裴使君赴荆南充行军司马》：“故节辞江郡，寒笳发渚宫。”武元衡《酬严司空荆南见寄》：“帘卷青山巫峡晓，烟开碧树渚宫秋。”杜牧《送刘秀才归江陵》：“彩服鲜华觐渚宫，鲈鱼新熟别江东。”

【渚荷】 池塘荷花。许浑《月夜期友人不至》：“风过渚荷动，露含山桂幽。”

【渚隅】 池边。储光羲《同诸公秋日游昆明池思古》：“猨獭游渚隅，葭芦生湑湄。”

【渚雲】 洲上浮云。崔涂《孤雁》：“渚云低暗度，关月冷遥随。”

【渚禽】 犹水鸟。卢纶《送姨弟裴均尉诸暨》：“城开山日早，吏散渚禽喧。”韦庄《纪村事》：“雨多庭果烂，稻熟渚禽肥。”钱珝《江行无题一百首》之四四：“渚禽菱芡足，不向稻粱争。”

【渚蓮】 池塘莲花。赵嘏《长安晚秋》：“紫艳半开篱菊静，红衣落尽渚莲愁。”李商隐《陈后宫》：“渚莲参法驾，沙鸟犯句陈。”吴商浩《宿山驿》：“露华凝夜渚莲尽，月彩满轮山驿孤。”

【渚鳧】 洲上水鸟。殷尧藩《郊居作》：“碧树浓阴护短垣，苍江春暖渚凫喧。”

【渚煙】 水涯、岸边的雾气。李华《寄赵七侍御》：“渚烟见晨钓，山月闻夜舂。”皇甫冉《归渡洛水》：“渚烟空翠合，滩月碎光流。”刘禹锡《和东川王相公新涨驿池八韵》：“渚烟笼驿树，波日漾宾筵。”司空图《涔阳渡》：“两岸芦花正萧飒，渚烟深处白牛归。”

【渚蒲】 即蒲草。因生于水边，故称渚蒲。魏知古《奉和春日途中喜雨应诏》：“濯枝林杏发，润叶渚蒲生。”李白《鲁东门观刈蒲》：“鲁国寒事早，初霜刈渚蒲。”刘禹锡《和牛相公南溪醉歌见寄》：“渚蒲抽芽剑脊动，岸荻迸笋锥头铦。”鲍溶《归雁》：“南国春早暖，渚蒲正月生。”

【渚箬】 水边箭箬。箭箬，竹之一种。秆匀细而节长，中空极小。叶片大，可以作粽子、斗笠。清昼《与崔子向泛舟自招橘经箬里宿天居寺联韵》：“渚箬入里逢，野梅到村摘。”

【渚澤】 指水草丛生的洼地。柳宗元《首春逢耕者》：“园林幽鸟啭，渚泽新泉清。”元稹《书异》：“孟冬初寒月，渚泽蒲尚青。”

【渚檣】 江边樯帆。曹松《钟陵野步》：“渚樯齐驿树，山鸟入公田。”

【渚鴻】 栖息于小洲上的大雁。刘禹锡《秋江早发》：“渚鸿未矫翼，而我已遐征。”

【渚蘋】 即大萍。亦称“田字草”“四叶菜”。生浅水中，可供食用，古代常用于祭祀。杜甫《湘夫人祠》：“晚泊登汀树，微馨借渚蘋。”刘长卿《经漂母墓》：“渚蘋行客荐，山木杜鹃愁。”

【渚鶴】 水边仙鹤。马戴《送田使君牧蔡州》：“悬知蒋亭下，渚鹤伴闲行。”

淩 〔líng《广韵》力膺切，平蒸，來。〕❶乘。亦作“凌”。李白《飞龙吟二首》之一：“飘然挥手凌紫霞，从风纵体登鸾车。”见“淩風”。❷奔驰。《广雅·释言》：“淩，驰也”。顾况《送从兄使新罗》：“晨装凌莽渺，夜泊记招摇。”见“淩波”。❸经历。《广韵·蒸韵》：“淩，历也。”见“淩冬”“淩臨”。❹升登。李白《古风》之七：“五鹤西北来，飞飞凌太清。”权德舆《卧病喜惠上人李炼师茅处士见访因以赠》：“霓裳何飘飘，浩志凌紫氛。”见“凌天”。❺跨越。引申指超出，胜过。刘长卿《送路少府使东京便应制举》：“五言凌白雪，六翮向青云。”朱庆余《送崔拾遗赴阙》：“清貌凌寒玉，朝来拜拾遗。”❻冒着。见“凌霜”。引申为抵御。柳宗元《茅檐下始栽竹》：“谅无凌寒色，岂与青山辞。”❼战栗。《尔雅·释言》：“凌，慄也。”见“凌兢”。❽纷，杂。见“凌亂”。

【凌天】 升上天空。无名氏《云》(外编下)：“大梁白云起，氛氲殊未歇。锦文触石来，盖影凌天发。”一作李峤诗。“凌”，作“凌”。

【凌冬】 犹过冬。顾况《酬漳州张九使君》：“南方荣桂枝，凌冬舍温裘。”罗隐《四顶山》：“过夏僧无热，凌冬草不枯。”

【凌波】 奔腾的波浪。见《文选·郭璞〈江赋〉》及李善注。王仁裕《荆南席上吟胡琴妓二首》之一：“湘水凌波惭鼓瑟，秦楼明月罢吹萧。”

【凌風】 乘风。顾况《酬本部韦左司》：“安得凌风翰，肃肃宾天京。”李山甫《谒翰林刘学士不遇》：“平生只耻凌风翼，随得鸣珂上禁林。”

【凌亂】 纷乱。唐彦谦《秋晚高楼》：“晚蝶飘零惊宿雨，暮鸦凌乱报秋寒。”

【凌兢】 因寒凉而战栗的样子。唐彦谦《忆孟浩然》：“郊外凌兢西复东，雪晴驴背兴无穷。”

【凌霜】 冒着寒霜。卢纶《元日早朝呈故省诸公》：“万戟凌霜布，森森瑞气间。”

【凌臨】 经历，游历。顾况《酬房杭州》：“流水入洞天，窅豁欲凌临。”

【凌灘】 越过浅滩。李华《寄赵七侍御》：“凌滩出极浦，旷若天池通。”

淇 〔qí《广韵》渠之切，平之，羣。〕水名。古为黄河支流，东汉建安后为卫河支流，今名淇河。陈子昂《征东至淇门答宋十一参军之问》：“南星中大火，将子涉清淇。”高适《自淇涉黄河途中作十三首》之四：“南登滑台上，却望河淇间。”贾岛《访李甘原居》：“仍忆寻淇岸，同行采蕨回。”见“淇水”。

【淇上】 淇河之北。今河南淇县一带。储光羲《采莲词》：“独往方自得，耻邀淇上姝。”杜甫《洗兵马》：“淇上健儿归莫懒，城南思妇愁多梦。”李嘉祐《春日淇上作》：“淇上春风涨，鸳鸯逐浪飞。”

【淇口】 指淇水流入黄河之处。在今河南汲县东北淇门镇南。高适《自淇涉黄河途中作十三首》之八：“古堰对河壖，长林出淇口。”参见“淇水”。

【淇水】 即今淇河。王维《淇上田园即事》：“屏居淇水上，东野旷无山。”韩翃《送蓚县刘主簿楚》：“花深近县宿河阳，竹映春舟渡淇水。”姚合《寄送卢拱秘书游魏州》：“蓟门春不艳，淇水暖还清。”

【淇門】 地名。即今河南汲县东北淇门镇。陈子昂有《征东至淇门答宋十一参军之问》。朱湾《寒城晚角》：“寒城北临大河水，淇门贼烽隔岸是。”

淋[1] 〔lín《广韵》力尋切，平侵，來。〕❶山水奔流貌。贯休《东西二林寺流水》：“远历神仙窟，高淋竹树头。”亦指雨水连续不断。杜甫《秦州杂诗二十首》之十七：“檐雨乱淋幔，山云低度墙。”❷浇。《玉篇·水部》：“淋，以水浇也。”韩愈《石鼓歌》：“雨淋日炙野火燎，鬼物守护烦㧑呵。”白居易《微之到通州见仆旧诗因缀一章怀旧感今因酬长句》：“惆怅又闻题处所，雨淋江馆破墙头。”亦指水或其他液体自上落下。李贺《湖中曲》：“蜀纸封巾报云鬓，晚漏壶中水淋尽。”❸浸渍。《广雅·释诂二》：“淋，渍也。”引申为涂抹。李贺《恼公》：“井槛淋清漆，门铺缀白铜。”

淋[2] 〔lìn〕过滤。元稹《酬乐天东南行诗一百韵》：“酢醅荷裹卖，醨酒水淋沽。”原注“巴民造酒如淋醋法。”

【淋血】 犹流血。李贺《公莫舞歌》：“方花古础排九楹，刺豹淋血盛银罂。”

【淋涔】 水流滴貌。顾况《游子吟》：“蒲荷影参差，凫鹤雏淋涔。”

【淋浪】 流滴不止貌。李白《幽涧泉》：“客有哀时失职而听者，泪淋浪以沾襟。”

【淋淋】 ❶雨下貌。翁承赞《对雨述怀示弟承检》：“淋淋雺雺结秋霖，欲使秦城叹陆沈。”❷形容液体连续下滴。《霅溪夜宴诗》之九(卷八六四)：“血淋淋而滂流兮，顾江鱼之腹而将归。”

【淋森】 羽毛丰长貌。顾况《白鹭汀》：“靃靡汀草碧，淋森鹭毛白。”

【淋鈴】 ❶指雨声。韦庄《宿蓬船》：“夜来江雨宿蓬船，卧听淋铃不忍眠。”❷即《雨铃霖》。唐教坊曲名。杜牧《华清宫》：“行云不下朝元阁，一曲《淋铃》泪数行。”

【淋漓】 ❶沾湿貌。韩愈《醉后》：“淋漓身上衣，颠倒笔下字。”刘禹锡《酬令狐相公雪中游玄都见忆》：“照耀楼台变，淋漓松桂清。”皮日休《吴中苦雨因书一百韵寄鲁望》：“鸡犬并淋漓，儿童但咿噢。”❷流滴貌。卢纶《腊日观咸宁部曲娑勒擒豹歌》：“欻然扼颡批其颐，爪牙委地涎淋漓。”李贺《昆仑使者》：“金盘玉露自淋漓，元气茫茫收不得。”韩愈《和虞部卢四汀酬翰林钱七徽赤藤杖歌》：“共传滇神出水献，赤龙拔须血淋漓。”元稹《感梦》：“不省别时语，但省涕淋漓。”❸谓雨水连绵不断。皎然《赋得夜雨滴空阶送陆羽归龙山》：“断续清猿应，淋漓候馆空。”徐夤《喜雨上主人尚书》：“几日淋漓侵暮角，数宵滂沛彻晨钟。”李建勋《惜花寄孙员外》:“只恐雨淋漓,又见春萧索。”❹长而美好貌。见《楚辞·严忌〈哀时命〉》。“淋漓”,亦作“淋离”。宋之问《浣纱篇赠陆上人》:“淋漓翠羽帐,旖旎采云车。”李颀《王母歌》:“霓旌照耀麒麟车,羽盖淋漓孔雀扇。”❺盛多,充盛。李白《上云乐》:“淋漓飒沓,进退成行。”杜甫《奉先刘少府新画山水障歌》:“元气淋漓障犹湿,真宰上诉天应泣。”邵楚苌《题马侍中燧木香亭》:“淋漓玉露滴紫蕤,绵蛮黄鸟窥朱萼。”❻形容笔酣墨饱。李商隐《韩碑》:“公退斋戒坐小阁,濡染大笔何淋漓。”

淅〔xī《广韵》先擊切,入錫,心。〕❶淘(米)。白居易《初下汉江舟中作寄两省给舍》:“秋水淅红粒,朝烟烹白鳞。”见“淅蒸”。亦指淘过的米。见“淅玉”。❷寒凉。见“淅然”。❸象声词。见“淅尔”“淅淅”。❹水名。指淅水、淅河。元稹《归田》:“我亦今年去,商山淅岸村。”见“淅口”。❺古县名。见“淅川”。❻郡名。见“淅陽”。

【淅口】 淅水流入丹江处。《元和郡县志·邓州》:“析水北自卢氏县流入(内乡县),与丹水合,古今谓之析口。”析,同“淅”。卢纶《送邓州崔长史》:“绕郭桑麻通淅口,满川风景接襄州。”

【淅川】 县名。治所在今河南淅川县东。汉淅县地。北魏置淅川县,北周废。唐武德初复置,并置淅州于此。后并入内乡,属邓州。见清顾祖禹《读史方舆纪要·南阳府》。王维有《酬黎居士淅川作》。

【淅玉】 指淘净的米。韩愈、孟郊《城南联句》:“淅玉炊香粳,朝馔已百态。”

【淅淅】 ❶象声词。(1)风声。祖咏《过郑曲》:“旅怀劳自尉,淅淅有凉风。”杜甫《秋风二首》之一:“秋风淅淅吹巫山,下牢下牢修水关。”卢纶《送道士郄彝素归内道场》:“羽衣风淅淅,仙貌玉棱棱。”杜牧《秋浦途中》:“萧萧山路穷秋雨,淅淅溪风一岸蒲。”(2)雨声、水流声。陆龟蒙《寄吴融》:“霏霏晚砌烟华上,淅淅疏帘雨气通。”李咸用《闻泉》:“淅淅梦初惊,幽窗枕簟清。”(3)轻细的擦动声。元稹《种竹》:“清风犹淅淅,高节空团团。”白居易《竹窗》:“绕屋声淅淅,逼人色苍苍。”❷寒凉貌。孟云卿《伤怀赠故人》:“稍稍晨鸟翔,淅淅草上霜。”白居易《北亭》:“江风万里来,吹我凉淅淅。”朱景玄《宿新安村步》:“淅淅寒流涨浅沙,月明空渚遍芦花。”❸乐府曲名。《淅淅盐》之省称。本作《昔昔盐》。昔昔,即夕夕,夜夜之意。盐,犹“艳”,曲的别名。元稹《答姨兄胡灵之见寄五十韵》:“华奴歌淅淅,媚子舞卿卿。”自注:“歌者华奴,善歌淅淅盐。”

【淅然】 寒凉貌。韩愈《送刘师服》:“夏半阴气始,淅然云景秋。”

【淅陽】 郡名。隋大业初改南阳郡置,治所在内乡县(今河南淅川县西南),唐废。见《新唐书·地理志四》。元稹《画松》:“我去淅阳山,深山看真物。”

【淅爾】 形容微风之声。卢纶《和赵给事白蝇拂歌》:“皎然素色不因染,淅尔凉风非为秋。”

【淅蒸】 淘米煮饭。李华《云母泉诗》序:“泉出石,引流分渠,周遍庭宇。发如乳湩,末派如淳浆,烹茶、淅蒸、灌园、漱齿皆用之。”

【淅瀝】 ❶萧条,凄凉。李白《古风》之三八:“飞霜早淅沥,绿艳恐休歇。”皎然《送别》:“闻说情人怨别情,霜天淅沥在寒城。”无名氏《霜菊》(卷七八七):“淅沥降繁霜,离披委残菊。”❷象声词。(1)形容凄凉而细碎的声音。李昂《从军行》:“塞沙飞淅沥,遥裔连穷碛。”魏璀《湘灵鼓瑟》:“淅沥闻余响,依稀欲辨形。”韦应物《楼中阅清管》:“淅沥危叶振,萧瑟凉气生。”刘禹锡《游桃源一百韵》:“明灯坐遥夜,幽籁听淅沥。”(2)形容落叶声。孟浩然《渡扬子江》:“更闻风叶下,淅沥度秋声。”沈如筠《句》:“思酸寒雁断,淅沥秋树空。”高适《同群公题郑少府田家》:“秋林既清旷,穷巷空淅沥。”长孙佐辅《杭州秋日别故友》:“淅沥篱下叶,凄清阶上琴。”(3)形容风声。孟郊《夜集汝州郡斋听陆僧辩弹琴》:“胡为戛楚琴,淅沥起寒风。”柳宗元《笼鹰词》:“凄风淅沥飞严霜,苍鹰上击翻曙光。”白居易《玩止水》:“凄清早霜降,淅沥微风起。”李商隐《到秋》:“扇风淅沥簟流离,万里南风滞所思。”亦借指微风。元结《宴湖上亭作》:“远水入帘幕,淅沥吹酒舫。”(4)形容雨声。岑参《太一石鳖崖口潭旧庐招王学士》:“骤雨鸣淅沥,飕飗溪谷寒。”皎然《妙喜寺高房期灵澈上人不至重招之一首》:“如今谁山下,秋霖步淅沥。”张祜《夜雨》:“始从寒瓦中,淅沥断人肠。”李群玉《登宜春醉宿景星寺寄郑判官兼简空上人》:“松风洒寒雨,淅沥醒余醉。”(5)形容落雪声。高适《苦雪四首》之三:“濛濛洒平陆,淅沥至幽居。”韦应物《雪行寄褒子》:“淅沥覆寒骑,飘飖暗川容。”许浑《对雪》:“云度龙山暗绮城,先飞淅沥引轻盈。”亦借指飞雪。杜甫《白水县崔少府十九翁高斋三十韵》:“危阶根青冥,曾冰生淅沥。”(6)形容风吹枝叶发出的声音。朱放《竹》:“出墙同淅沥,开户满婵娟。”柳宗元《得卢衡州书因以诗寄》:“蒹葭淅沥含秋雾,橘柚玲珑透夕阳。”李绅《别石泉》:“微渡竹风涵淅沥,细浮松月透轻明。”刘得仁《和段校书冬夕寄题庐山》:“炉峰松淅沥,湓浦柳参差。”(7)形容机梭声。温庭筠《舞衣曲》:“金梭淅沥透空薄,剪落交刀吹断云。”

涷〔dòng《广韵》多貢切,去送,端。〕通“凍”。杜甫《阌乡姜七少府设脍戏赠长歌》:“河冻未渔不易得,凿冰恐侵河伯宫。”

涯 〔yá《广韵》五佳切，平佳，疑。又魚羈切，平支，疑。〕❶岸，水边。元结《招孟武昌》："欹石为水涯，半山在湖里。"韩愈《崔十六少府摄伊阳以诗及书见投因酬三十韵》："况住洛之涯，鲂鱒可罩汕。"裴夷直《方丈泉》："循涯不知浅，见底似非深。"李频《春日南游寄浙东许同年》："更想前途去，茫茫沧海涯。"❷边际，极限。张九龄《在郡秋怀二首》之一："悠悠沧江渚，望望白云涯。"杜甫《喜晴》："春夏各有实，我饥岂无涯。"窦群《晚自台中归永宁里南望山色怅然有怀呈上右司十一兄》："白发侵侵生有涯，青襟曾爱紫河车。"杜牧《正初奉酬歙州刺史邢群》："明时刀尺君须用，幽处田园我有涯。"❸方面，区域。寒山《诗三百三首》之五二："各在天一涯，何时得相见？"高适《重阳》："百年将半仕三已，五亩就荒天一涯。"刘禹锡《酬郓州令狐相公官舍言怀见寄兼呈乐天》："词人各在一涯居，声味虽同迹自疏。"白居易《裴侍中晋公以集贤林亭即事诗见赠辄广为五百言以献》："三江路千里，五湖天一涯。"❹量，度。宋昱《樟亭观涛》："委质任平视，谁能涯始终？"韩愈《奉和杜相公太清宫纪事陈诚上李相公十六韵》："垂祥纷可录，俾寿浩无涯。"鲍溶《送僧东游》："景物添新致，前程讵可涯。"贯休《送梦上人归京》："前程胜事未可涯，但恐圭峰难入手。"❺限制，约束。张谓《送僧》："此去不堪别，彼行安可涯。"刘长卿《湖上遇郑田》："沧州不可涯，孤帆去无迹。"元稹《酬乐天劝醉》："少年欲相饮，此乐何可涯！"朱庆余《吴兴新堤》："春堤一望思无涯，树势还同水势斜。"

【涯圻】 岸边。韩愈《宿曾江口示侄孙湘二首》之一："三江灭无口，其谁识涯圻。"

【涯畔】 边际。引申指界限。李白《南奔书怀》："南奔剧星火，北寇无涯畔。"

【涯涘】 ❶水边，岸边。崔护《五月水边柳》："结根挺涯涘，垂影覆清浅。"白居易《玩止水》："广狭八九丈，湾环有涯涘。"❷边际，尽头。韩愈《寄卢仝》："先生固是余所畏，度量不敢窥涯涘。"皮日休《七爱诗·卢征君》："高名无阶级，逸迹绝涯涘。"

【涯垠】 边际。顾云《池阳醉歌赠匡庐处士姚岩杰》："展开一卷读一首，四顾特地无涯垠。"

【涯際】 边际。张说《入海二首》之一："万里无涯际，云何测广深。"

浾 〔bèn〕《字彙补·水部》："浾，与奔音义同。"广大，辽阔。戎昱《塞下曲》："泱浾沙漠空，终日胡风吹。"

淹 〔yān《广韵》央炎切，平盬，影。又於劒切，去梵，影。〕❶浸渍，浸泡。顾况《同裴观察东湖望山歌》："水淹徐孺宅恒干，绳坠洪崖井无底。"张籍《江村行》："水淹手足尽有疮，山虻绕身飞飏飏。"韩偓《春尽日》："柳腰入户风斜倚，榆荚堆墙水半淹。"亦指浸润。贾岛《玩月》："久立双足冻，时向股髀淹。"薛能《关中送别》："黄河淹华岳，白日照潼关。"❷淹没。韦应物《善福阁对雨寄李儋幼遐》："郊途住成淹，默默阻中情。"耿湋《秋中雨田园即事》："为霖淹古道，积日满荒陂。"韩愈《雨中寄孟刑部几道联句》："秋潦淹辙迹，高居限参拜。"❸满。见"淹旬"。❹停留，滞留。张九龄《奉和圣制初出洛城》："东土淹龙驾，西人望翠华。"孟浩然《赠王九》："日暮田家远，山中勿久淹。"杜甫《巫峡敝庐奉赠侍御四舅别之澧朗》："行李淹吾舅，诛茅问老翁。"引申指停止。王建《远征归》："回车不淹辙，雨雪满衣裳。"❺留住，挽留。元万顷《奉和春日二首》之二："中堂促管淹春望，后殿清歌开夜扉。"❻久，长久。李白《题东溪公幽居》："杜陵贤人清且廉，东溪卜筑岁将淹。"张继《送窦十九判官使江南》："游客淹星纪，裁诗炼土风。"白居易《奉和汴州令狐令公二十二韵》："二年方得到，五日未为淹。"❼迟，迟缓。引申指迟晚。韩愈《晚寄张十八助教周郎博士》："吾生可携手，叹息岁将淹。"❽谓有才德而不得擢用。许景先《折柳篇》："自怜柳塞淹戎幕，银烛长啼愁梦著。"杜甫《秋日荆南送石首薛明府辞满告别三十韵》："扬子淹投阁，邹生惜曳裾。"白居易《酬张太祝晚秋卧病见寄》："高才淹礼寺，短羽翔禁林。"姚合《赠任士曹》："道直淹曹掾，命通侍玉除。"❾同"掩"。遮蔽。王周《西山晚景》："蔗竿闲倚碧，莲朵静淹红。"引申指埋没。唐彦谦《留别四首》之四："盐车淹素志，长坂入青云。"❿同"奄"。急遽。钱起《适楚次徐城》："行迈改乡邑，苦辛淹晦明。"陆龟蒙《秋日遣怀十六韵寄道侣》："共知时世薄，宁恨岁华淹！"

【淹中】 (—zhōng)春秋鲁国里名。在今山东曲阜市。古文《礼经》发现于此处。《汉书·艺文志》："《礼古经》者，出于鲁淹中。"颜师古注引苏林曰："淹中，里名也。"后用以指儒家经学中心。孟郊《同年春燕》："淹中讲精义，南皮献清词。"

【淹中術】 (中 zhōng)亦作"淹中學"。指儒家学说。皇甫冉《闲居作》："学谢淹中术，诗无邺下名。"李商隐《五言述德抒情诗四十韵》："废忘淹中学，迟回谷口耕。"

【淹中學】 参见"淹中術"。

【淹中篇】 指《礼记》。古文《礼经》五十六卷，出于鲁淹中。刘禹锡《有獭吟》："空余知礼重，载在淹中篇。"

【淹中館】 (中 zhōng)淹中的塾馆。借指儒者讲学的地方。卢照邻《文翁讲堂》："锦里淹中馆，岷山稷下亭。"参见"淹中"。

【淹旬】 经过十天。韦应物《移疾会诗客元生与释子法朗因贻诸祠曹》："抱瘵知旷职，淹旬非乐闲。"亦指久留十年。旬，十年。岑参《送颜平原》："为郡岂淹旬，政成应未秋。"

【淹玩】 犹流连。孟郊《送魏端公入朝》："东洛尚淹玩，西京足芳妍。"

【淹泊】 （一bó）❶停留，滞留。张九龄《奉和圣制送十道采访使及朝集使》："戒程有攸往，诏饯无淹泊。"王维《燕子龛禅师》："周商倦积阻，蜀物多淹泊。"白居易《观稼》："愧兹勤且敬，藜杖为淹泊。"皮日休《初夏游楞伽精舍》："遇胜即夷犹，逢幽且淹泊。"❷漂泊。杜甫《寄岳州贾司马巴州严八使君两阁老五十韵》："多病加淹泊，长吟阻静便。"岑参《敬酬杜华淇上见赠兼呈熊曜》："怜君独未遇，淹泊在他乡。"皇甫冉《江草歌送卢判官》："问君行迈将何之，淹泊沿洄风日迟。"亦指长期漂泊在外的人。高适《寄孟五少府》："知君念淹泊，忆我屡周旋。"杜甫《奉赠李八丈判官》："所亲问淹泊，泛爱惜衰朽。"

【淹屈】 谓屈居下位。牟融《寄永平友人》："直道未容淹屈久，暂劳踪迹寄天涯。"徐铉《和王明府见寄》："善政空多尚淹屈，不知谁是解忧民。"

【淹度】 淹忽度过，过得快。钱起《秋霖曲》："阴精离毕太淹度，倦鸟将归不知树。"

【淹時】 滞留多时。岑参《下外江舟怀终南旧居》："水宿已淹时，芦花白如雪。"韦应物《发广陵留上家兄兼寄上长沙》："执板身有属，淹时心恐惶。"

【淹留】 ❶逗留，停留。宋之问《雨从箕山来》："向夕闻天香，淹留不能去。"岑参《五月四日送王少府归华阴》："五月也须应到舍，知君不肯更淹留。"元稹《华岳寺》："山前古寺临长道，来往淹留为爱山。"崔道融《郊居友人相访》："不有小园新竹色，君来那肯暂淹留。"❷久留，长久羁留。寒山《诗三百三首》之四九："一向寒山坐，淹留三十年。"杜甫《久客》："羁旅知交态，淹留见俗情。"刘禹锡《谒柱山会禅师》："淹留郢南都，摧颓羽翰碎。"刘兼《对镜》："故国迢递千山外，荒郡淹留四载余。"❸流连玩赏。岑文本《安德山池宴集》："自得淹留趣，宁劳攀桂枝。"韦应物《游西山》："所爱唯山水，到此即淹留。"韩愈《韶州留别张端公使君》："已知奏课当征拜。那复淹留咏白蘋。"白居易《夜泛阳坞入明月湾即事寄崔湖州》："湖山处处好淹留，最爱东湾北坞头。"❹留存，保留。苏味道《单于川对雨二首》之一："清尊久不荐，淹留遂待君。"杜甫《凤凰台》："深衷正为此，群盗何淹留。"李德裕《比闻龙门敬善寺有红桂树因赋是诗》："犹疑翡翠宿，想待鹓雏食；宁止暂淹留，终当更封植。"❺挽留，留住。储光羲《吃茗粥作》："淹留膳茶粥，共我饭蕨薇。"杜甫《有客》："竟日淹留佳客坐，百年粗粝腐儒餐。"杜牧《洛中送冀处士东游》："幽魏多壮士，意气相淹留。"❻谓久居下位不得擢用。张谓《赠乔琳》："去年上策不见收，今年寄食仍淹留。"韩翃《送李湜下第归卫州便游河北》："一举青云在早秋，恐君从此便淹留。"戎昱《秋日感怀》："说向长安亲与故，谁怜岁晚尚淹留。"翁承赞《奉使封王次宜春驿》："微宦淹留鬓已斑，此心长忆旧林泉。"❼隐居，隐退。郑世翼《巫山高》："别有幽栖客，淹留攀桂情。"姚系《送周愿判官归岭南》："往复念遐阻，淹留慕平生。"徐铉《送王员外宰德安》："承明须再入，官满莫淹留。"❽犹相聚。韦应物《答刘西曹》："西曹得时彦，华月共淹留。"李中《都下再会友人》："谁言多难后，重会喜淹留。"

【淹留客】 指长久羁留异乡之人。杜甫《溪上》："峡内淹留客，溪边四五家。"

【淹晷】 久时。晷，时间。徐彦伯《拟古三首》之三："颓光无淹晷，逝水有迅流。"杜甫《送率府程录事还乡》："告别无淹晷，百忧复相袭。"

【淹滯】 ❶久留，迟延。孟浩然《岘山送张去非游巴东》："去矣勿淹滞，巴东猿夜吟。"❷谓有才德而久居下位。韩愈《合江亭》："淹滞乐闲旷，勤苦劝慵惰。"孟宾于《题梅仙馆》："后来岂合言淹滞，一尉升腾道最高。"

【淹寖】 淹没。寖，同"浸"。齐己《江上值春雨》："农田淹浸尽，客棹往来难。"

【淹暮】 谓时间久延、迟晚。韦应物《饯雍聿之潞州谒李中丞》："娱乐易淹暮，谅在执高情。"

【淹賞】 流连欣赏。李峤《二月奉教作》："乘春重游豫，淹赏玩芳菲。"

【淹駕】 称人久留在外的敬辞。杨巨源《夏日苦热同长孙主簿过仁寿寺纳凉》："淹驾殊未还，朱栏敞虚碧。"

【淹薄】 停泊，停留。见《文选·谢灵运〈富春渚〉诗》及李善注。杜甫《奉汉中王手札》："淹薄俱崖口，东西异石根。"

【淹爛】 浸泡而腐烂。司空图《听雨》："照泥星出依前黑，淹烂庭花不肯休。"

淶

〔lái《广韵》落哀切，平咍，來。〕水名。见"淶溝"。

【淶溝】 即涞水。在山东单县。清顾祖禹《读史方舆纪要·山东三·兖州府》："涞水，旧在城北。《志》云：'单县城东及县城俱有此水。'"李白《送族弟凝至晏堌》："鸣鸡发晏堌，别雁惊涞沟。"

涿

〔zhuō《广韵》竹角切，入覺，知。〕见“涿鹿”。

【涿鹿】 ❶地名。故城在今河北涿鹿县南。传说黄帝曾与蚩尤大战于涿鹿之野。见《史记·五帝本纪》。钱起《广德初銮驾出关后登高愁望二首》之一：“不知涿鹿战，早晚蚩尤死。”舒元舆《桥山怀古》：“洞庭张乐降玄鹤，涿鹿大战摧蚩尤。”❷借指征伐。杜甫《壮游》：“禹功亦命子，涿鹿亲戎行。”杨巨源《上刘侍中》：“位总云龙野，师临涿鹿乡。”皮日休《奉和鲁望徐方平后闻赦次韵》：“涿鹿未销初败血，新安顿雪已坑魂。”亦指征伐之战场。韦庄《和郑拾遗秋日感事一百韵》：“熊罴驱涿鹿，犀象走昆阳。”

【涿野】 ❶指涿鹿之野。黄帝大战蚩尤处。参见“涿鹿❶”。❷借指征伐的战场。魏征《享太庙乐章·大明舞》：“征师涿野，万国咸服。”高适《信安王幕府诗》：“讲戎喧涿野，料敌静居延。”参见“涿鹿❷”。

淒

〔qī《广韵》七稽切，平齊，清。〕❶凉冷，寒冷。陆海《题奉国寺》：“新秋夜何爽，露下风转淒。”司空曙《九日送人》：“水风淒落日，岸叶飒衰芜。”柳宗元《茅檐下始栽竹》：“清冷集浓露，枕簟淒已知。”白居易《冬夜与钱员外同直禁中》：“夜深草诏罢，霜月淒凜凜。”❷悲伤。陈元光《太母魏氏半径题石》：“竹符忠介凛，桐杖孝思淒。”杜甫《昔游》：“良觌违夙愿，含淒向寥廓。”刘长卿《别李氏女子》：“俯首戴荆钗，欲拜淒且嚬。”姚合《酬任畴协律夏中苦雨见寄》：“酒思淒方罢，诗情耿始抽。”亦指使之感伤。钱起《省试湘灵鼓瑟》：“苦调淒金石，清音入杳冥。”❸水流貌。见“淒淒❸”。❹沾湿貌。白居易《酬梦得早秋夜对月见寄》：“庭芜淒白露，池色澹金波。”见“淒淒❹”。❺草木盛貌。见“淒淒❺”。❻象声词。见“淒淒❺”“淒鏘”。

【淒切】 （—qiè）淒凉悲切。孟郊《古别曲》：“荒郊烟莽苍，旷野风淒切。”白居易《夜闻歌者》：“借问谁家妇，歌泣何淒切。”唐彦谦《过清凉寺王导墓下》：“永思陵下犹淒切，废屋寒风吹野薪。”吴融《子规》：“湘江日暮声淒切，愁杀行人归去船。”

【淒冷】 淒清寒凉。南唐后主李煜《秋莺》：“莫更留连好归去，露华淒冷蓼花愁。”

【淒其】 ❶寒凉。其，语助词。李颀《望秦川》：“客有归欤叹，淒其霜露浓。”萧颖士《有竹一篇七章》之五：“夏之日，炎景斯郁。我有珍簟，淒其以栗。”❷犹淒然。谓心情淒凉悲伤。李邕《铜雀妓》：“直节岂感激，荒淫乃淒其。”李白《秋夕书怀》：“感此潇湘客，淒其流浪情。”刘商《赋得月下闻蛩送别》：“清迥檐外见，淒其篱下闻。”白居易《和微之诗二十三首·和寄乐天》：“病魂黯然销，老泪淒其出。”

【淒咽】 （—yè）悲凉呜咽。孟郊《汝坟蒙从弟楚材见赠时郊将入秦楚材适楚》：“汝水忽淒咽，汝风流苦音。”

【淒怨】 悲凉哀怨。李绅《悲善才》：“南谯寂寞三春晚，有客弹弦独淒怨。”

【淒風】 寒风。《左传·昭公四年》：“春无淒风，秋无苦雨。”杜预注：“淒，寒也。”储光羲《同诸公秋日游昆明池思古》：“淒风披田原，横污溢山陂。”柳宗元《笼鹰词》：“淒风淅沥飞严霜，苍鹰上击翻曙光。”韩愈《江汉答孟郊》：“淒风结冲波，狐裘能御寒。”杜牧《陕州醉赠裴四同年》：“淒风洛下同羁思，迟日棠阴得醉歌。”

【淒迷】 淒凉迷茫。李贺《开愁歌》：“壶中唤天云不开，白昼万里闲淒迷。”

【淒戚】 淒凉悲伤。李群玉《送魏珪觐省》：“离觞有黄花，节物助淒戚。”

【淒爽】 凉爽。韦应物《郡斋感秋寄诸弟》：“户牖已淒爽，晨夜感深情。”

【淒清】 ❶寒露貌。韦应物《寄畅参军》：“淒清露华动，旷朗景气浮。”孟郊《喜雨》：“淒清湿高枝，散漫沾荒土。”白居易《早入皇城赠王留守仆射》：“津桥残月晓沈沈，风露淒清禁署深。”引申指寒凉。白居易《新秋喜凉因寄兵部杨侍郎》：“枕簟忽淒清，巾裳亦轻健。”无名氏《玉壶冰》（卷七八七）：“涸沍谁能伴，淒清讵可渝。”❷淒凉冷清。王维《哭殷遥》：“行人何寂寞，白日自淒清。”岑参《郊行寄杜位》：“峥嵘空城烟，淒清寒山景。”白居易《酬梦得霜夜对月见怀》：“淒清冬夜景，摇落长年情。”钱珝《江行无题一百首》之九三：“照人长一色，江月共淒清。”❸淒凉孤寂。储光羲《秋庭贻马九》：“何言相去远，闲言独淒清。”钱起《卧疾答刘道士》：“白露蚕已丝，空林日淒清。”顾况《青弋江》：“淒清回泊夜，沦波激石响。”❹形容声音淒凉。李白《自代内赠》：“犹有旧歌管，淒清闻四邻。”长孙佐辅《杭州秋日别故友》：“淅沥篱下叶，淒清阶上琴。”王周《再经秭归二首》之二：“独有淒清难改处，月明闻唱竹枝歌。”

【淒淒】 ❶寒凉貌。寒山《诗三百三首》之二六六：“盘陀石上坐，溪涧冷淒淒。”李白《长相思》：“络纬秋啼金井阑，微霜淒淒簟色寒。”孟郊《送韩愈从军》：“淒淒天地秋，凛凛军马令。”李群玉《九日巴丘杨公台上宴集》：“淒淒霜日上高台，水国秋深客思哀。”❷悲伤貌。皇甫冉《鲁山送别》：“淒淒游子若飘蓬，明月清樽只暂同。”韦应物《九日沣上作寄崔主簿倬二李端系》：“淒淒感时节，望望临沣涘。”长孙辅佐《关山月》：“淒淒还切切，戍客多离别。”韦庄《江上逢故人》：“江畔玉楼多美酒，仲宣怀土莫凄凄。”❸水流貌，雨下滴貌。拾得《诗》之五二：“松拂盘陀石，甘泉涌凄凄。”钱起《宿新里馆》：“愁人待晓鸡，秋雨暗凄凄。”白居易《久雨闲闷对酒偶吟》：“凄凄苦雨暗铜驼，袅袅凉风起漕河。”喻凫《监试夜雨滴空阶》：“霎霎复凄凄，飘松又洒槐。”❹湿润貌。韩翃《同题仙游观》：“仙台下见五城楼，风物凄凄宿雨收。”刘复《春雨》：“如烟飞漠漠，似露湿凄凄。”白居易《竹枝词四首》之三：“水蓼冷花红簇簇，江蓠湿叶碧凄凄。”刘沧《题郑中丞东溪》：“一境新开雉堞西，绿苔微径露凄凄。”❺草木茂盛貌。顾况《萧寺偃松》：“凄凄百卉病，亭亭双松迴。”赵嘏《昔昔盐二十首·那能惜马蹄》：“云中路杳杳，江畔草凄凄。”罗隐《孟浩然墓》：“数步荒榛接旧蹊，寒江漠漠草凄凄。”❻象声词。杜甫《暮归》：“客子入门月皎皎，谁家捣练风凄凄。”李商隐《戏题枢言草阁三十二韵》：“仲容铜琵琶，项直声凄凄。”伊梦昌《凤》：“岐阳今好去，律吕正凄凄。”

【凄凄切切】 犹言极其悲凉哀怨。多用以形容声音。白居易《新乐府·五弦弹》：“五弦并奏君试听，凄凄切切复铮铮。”殷尧藩《闻筝歌》：“凄凄切切断肠声，指滑音柔万种情。”吴融《李周弹筝歌》：“始似五更残月里，凄凄切切清露蝉。”

【凄凄清清】 形容十分凄凉清冷。韦庄《赠峨眉山弹琴李处士》：“凄凄清清松上风，咽咽幽幽陇头水。”

【凄凉】 ❶孤寂冷落。刘允济《见道边死人》：“凄凉徒见日，冥寞讵知年。”刘长卿《朱放自杭州与故里相使君立碑回》：“片石羊公后，凄凉江水滨。”司空曙《题江陵临沙驿楼》：“凄凉多独醉，零落半同游。”李商隐《过景陵》：“武皇精魄久仙升，帐殿凄凉烟雾凝。”❷寒凉，冷清。孟浩然《初秋》：“不觉初秋夜渐长，清风习习重凄凉。”皎然《与卢孟明别后宿南湖对月》：“旷望烟霞尽，凄凉天地秋。”赵嘏《长安晚秋》：“云物凄凉拂曙流，汉家宫阙动高秋。”李郢《江亭春霁》：“春风掩映千门柳，晓色凄凉万井烟。”❸犹荒凉。杜甫《北征》：“凄凉大同殿，寂寞白兽闼。”戴叔伦《过贾谊旧居》：“过客不须频太息，咸阳宫殿亦凄凉。”刘禹锡《酬乐天扬州初逢席上见赠》：“巴山楚水凄凉地，二十三年弃置身。”❹凄怆，悲伤。杜甫《狂夫》：“厚禄故人书断绝，恒饥稚子色凄凉。”顾况《登楼》：“凄凉故吴事，麋鹿走荒台。”窦叔向《夏夜宿表兄话旧》：“远书珍重何曾达，旧事凄凉不可听。”刘兼《江楼望乡寄内》：“独上江楼望故乡，泪襟霜笛共凄凉。”❺形容声音凄清悲凉。耿湋《新蝉》：“为问同怀者，凄凉听几声。”白居易《听芦管》：“幽咽新芦管，凄凉古《竹枝》。”鲍溶《秋夜对月怀李正封》：“坐忆执手时，七弦起凄凉。”高璩《和薛逢赠别》：“歌声婉转添长恨，管色凄凉似到秋。”

【凄情】 凄凉悲伤的情致。顾况《李湖州孺人弹筝歌》：“武帝升天留法曲，凄情掩抑弦柱促。”

【凄寂】 凄凉孤寂。李群玉《小弟艎南游近书来》：“秋归旧窗竹，永夜一凄寂。”

【凄然】 ❶寒凉貌。羊士谔《台中遇直晨览萧侍御壁画山水》：“虫思庭莎白露天，微风吹竹晓凄然。”徐夤《露》：“怵惕与霜同降日，蘋蘩思荐独凄然。”❷凄凉悲伤貌。李白《对酒忆贺监二首》之二：“念此杳如梦，凄然伤我情。”张继《冯翊西楼》：“城上西楼倚暮天，楼中归望正凄然。”朱庆余《夏末留别洞庭知己》：“清秋时节近，分袂独凄然。”

【凄恻】 悲凉，忧伤。杜甫《殿中杨监见示张旭草书图》：“及兹烦见示，满目一凄恻。”孟郊《送陆畅归湖州因凭题故人皎然塔陆羽坟》：“孤吟玉凄恻，远思景蒙笼。”

【凄惶】 悲伤惶恐。王昌龄《大梁途中作》：“今日无酒钱，凄惶向谁叹。”

【凄寒】 寒凉。唐彦谦《六月十三日上陈微博士》：“青青泽中蒲，九夏气凄寒。”

【凄紧】 谓寒气逼人。李白《北山独酌寄韦六》：“川光昼昏凝，林气夕凄紧。”亦指乐音疾厉急促。温庭筠《观舞妓》：“朱弦固凄紧，琼树亦迷人。”

【凄惨】 凄清惨淡。李玖《喷玉泉冥会诗八首·白衣叟述甘棠馆西楹诗》：“浮云凄惨日微明，沈痛将军负罪名。”

【凄凝】 形容声音徐缓而哀怨。张说《夕宴房主簿舍》：“交谈既清雅，琴吹亦凄凝。”

【凄斷】 犹凄绝。谓凄凉悲痛之极。骆宾王《夏日游德州赠高四》：“凄断韩王剑，生死翟公罗。”

【凄鏘】 象声词。形容节奏鲜明的音响。权德舆《只命赴京途次淮口因书所怀》：“彪炳睹奇采，凄锵闻雅音。”韦庄《村笛》：“箫韶九奏韵凄锵，曲度虽高调不伤。”亦用以形容风声。黄滔《奉和翁文尧员外经过七林书堂见寄之什》：“定恐故园留不住，竹风松韵漫凄锵。”

渠

〔qú《广韵》強魚切，平魚，羣〕❶人工开凿的水道。韦应物《与韩库部会王祠曹宅作》：“闲门荫堤柳，秋渠含夕清。”韩愈《早春与张十八博士籍游杨尚书林亭寄第三阁老兼呈白冯二阁老》：“墙下春渠入禁沟，渠冰初破满渠浮。”白居易《西风》：“浅渠销慢水，疏竹漏斜晖。”杜牧《题寿安县甘棠馆御沟》：“一渠东注芳华苑，苑锁池塘百岁空。”也指开渠。杜甫《自瀼西荆扉且移居东屯茅屋四首》之三：“子能渠细石，吾亦沼清泉。”❷首领。李商隐《射鱼曲》："思牢弩箭磨青石，绣额蛮渠三虎力。"司空图《句》："物望倾心久，凶渠破胆频。"❸他，她，它。寒山《诗三百三首》之三六："渠笑我在后，我笑渠在前。"戴叔伦《抚州对事后遂外生宋垓归饶州觐侍呈上姊夫》："念渠还领会，非敢独为师。"张祜《读曲歌五首》之二："看渠驾去车，定是无四角。"杜荀鹤《钓叟》："田不曾耕地不锄，谁人闲散得如渠。"

【渠州】 州名。治所在流江（今渠县）。羊士谔有《客有自渠州来说常谏议使君故事怅然成咏》。郑谷有《为户部李郎中与令季端公寓止渠州江寺偶作寄献》。

【渠江】 ❶水名。巴水自渠县以下的一段。元稹《南昌滩》："渠江明净峡逶迤，船到名滩拽篸迟。"❷县名。故治在今四川广安北。郑谷有《渠江旅思》。

【渠門】 春秋郑国都新郑（今属河南）城门名。储光羲《晚次东亭献郑州宋使君文》："霏霏渠门色，晻晻制岩光。"

【渠盌】 同"渠椀"。

【渠搜】 古西戎国名。历来认为在雍州境内。舒元舆《桥山怀古》："我乘驿骑到中部，古闻此地为渠搜。"

【渠碗】 亦作"渠盌"。用车渠壳制作的碗。車渠，大贝名。皮日休《奉和鲁望看压新醅》："一篑松花细有声，旋将渠碗撇寒清。"

【渠魁】 魁首。高适《酬裴员外以诗代书》："是时扫氛祲，尚未歼渠魁。"

【渠黎】 汉西域国名。岑参《轮台歌奉送封大夫出师西征》："羽书昨夜过渠黎，单于已在金山西。"

淺[1] 〔qiǎn《广韵》七演切，上獮，清。〕❶水不深。《说文·水部》："浅，不深也。"韦应物《授衣还田里》："山明始重叠，川浅更逶迤。"杨衡《南海苦雨寄赠王四侍御》："念近剧怀远，涉浅定知深。"皮日休《南阳润卿将归雷平因而有赠》："绛树实多分紫鹿，丹沙泉浅种红鱼。"❷从上到下或从外到内距离小。贾岛《黄鹄下太液池》："岸印行踪浅，波摇立影危。"杜荀鹤《和刘评事送海禅和归山》："未了群山浅，难休一室深。"王周《过武宁县》："岸回惊水急，山浅见天多。"❸肤浅，不深刻。骆宾王《咏怀》："少年识事浅，不知交道难。"张说《赠赵侍御》："长沙鹏作赋，任道可知浅！"戴叔伦《九日与敬处士左学士同赋》："徒忧征车重，自笑谋虑浅。"亦指见识短浅。王维《送韦大夫东京留守》："曾是巢许浅，始知尧舜深。"❹浅薄，不深厚。孟浩然《夜登孔伯昭南楼时沈太清朱升在座》："好我意不浅，登兹共话言。"韩翃《送客之上谷》："赏心知不浅，累月故人杯。"德宗《中春麟德殿会百僚观新乐诗》："德浅荷玄贶，乐成思治人。"白居易《初到忠州登东楼寄万州杨八使君》："平生已不浅，流落重相怜。"❺浅显，明白易懂。皇甫冉《杂言月洲歌送赵冽还襄阳》："不能随尔卧芳洲，自念天机一何浅。"❻颜色淡。孟浩然《登鹿门山》："渐至鹿门山，山明翠微浅。"李贺《河南府试十二月乐词·三月》："军装宫妓扫蛾浅，摇摇锦旗夹城暖。"张籍《酬白二十二舍人早春曲江见招》："柳色看犹浅，泉声觉渐多。"白居易《和答诗十首·答桐花》："夜色向月浅，暗香随风轻。"❼狭，窄小。白居易《晚池泛舟遇景成咏赠吕处士》："岸浅桥平池面宽，飘然轻棹泛澄澜。"❽微弱，微小。许敬宗《侍宴莎册宫应制得情字》："暖日晨光浅，飞烟旦彩轻。"萧颖士《重阳日陪元鲁山登北城因以赠别》："彭泽兴不浅，临风动归心。"白居易《镜换杯》："茶能散闷为功浅，萱纵忘忧得力迟。"亦指稀少。耿沣《留别解县韩明府》："寒芜下原浅，残雪过风微。"徐夤《经故翰林杨左丞池亭》："蔷薇藤老开花浅，翡翠巢空落羽奇。"❾不久，时间短暂。祖咏《家园夜坐寄郭微》："月出夜方浅，水凉池更深。"杜甫《送高三十五书记》："常恨结欢浅，各在天一涯。"韦应物《假中对雨呈县中僚友》："残莺知夏浅，社雨报年登。"姚合《寄郁上人》："此生修道浅，愁见未来身。"❿短小，不长。杜牧《旧游》："重寻春昼梦，笑把浅花枝。"见"淺草"。⓫轻，不重。杜甫《晚出左掖》："昼刻传呼浅，春旗簇仗齐。"钱起《奉送刘相公江淮催转运》："唯高饮水节，稍浅别家愁。"李贺《后园凿井歌》："井上辘轳床上转，水声繁，弦声浅。"温庭筠《太子西池二首》之一："鬓轻全作影，嚬浅未成眉。"⓬副词。表示程度，相当于"略""稍微"。杜甫《水槛遣心二首》之二："浅把涓涓酒，深凭送此生。"李贺《神弦别曲》："南山桂树为君死，云衫浅污红脂花。"殷尧藩《经靖安里》："悠然一曲泉明调，浅立闲愁轻闭门。"

淺[2] 〔jiān《广韵》则前切，平先，精。〕水流疾貌。见"淺₂淺"。

【淺才】 才能短浅。高适《登垄》："浅才登一命，孤剑通万里。"姚合《和太仆田卿酬殷尧藩侍御见寄》："浅才唯是我，高论更何人。"

【淺小】 微小。李咸用《谢友生遗端溪砚瓦》："浅小金为斗，泓澄玉作堤。"

【淺山】 指从上到下距离短的山，不高的山。方干《湖北有茅斋湖西有松岛因成四韵》："暑天移榻就深竹，月夜乘舟归浅山。"

【淺井】 指水与地面距离短的井，不深的井。杜甫《秦州杂诗二十首》之十七："鸬鹚窥浅井，蚯蚓上深堂。"李洞《送人之天台》："浅井仙人境，明珠海客灯。"可止《山居》："重猿围浅井，斗鼠下疏篱。"

【淺水】 不深的水。李嘉祐《送樊兵曹潭州谒韦大夫》:“江花铺浅水,山木暗残春。”司空曙《江村即事》:“纵然一夜风吹去,只在芦花浅水边。”李频《及第后还家过岘岭》:“石斑鱼鲊香冲鼻,浅水沙田饭绕牙。”

【淺石】 浅水中的沙石。许浑《送客江行》:“水寒澄浅石,潮落涨虚沙。”

【淺劣】 犹低下。韦应物《答刘西曹》:“浅劣见推许,恐为识者尤。”

【淺色】 淡淡的颜色。白居易《寄生衣与微之因题封上》:“浅色縠衫轻似雾,纺花纱袴薄于云。”陆畅《山出云》:“浓光藏半岫,浅色类飘尘。”罗虬《比红儿诗》之八八:“浅色桃花亚短墙,不因风送也闻香。”

【淺沙】 水浅的沙滩。祖咏《陆浑水亭》:“浅沙平有路,流水漫无声。”杜甫《春归》:“倚杖看孤石,倾壶就浅沙。”郎士元《酬王季友题半日村别业兼呈李明府》:“门通小径连芳草,马饮春泉踏浅沙。”王贞白《宿新安村步》:“淅淅寒流涨浅沙,月明空渚遍芦花。”

【淺茅】 低矮的茅草。李咸用《和吴处士题村叟壁》:“浅茅鸣斗雉,曲枿啸寒鸢。”

【淺淺】 ❶微小。裴说《怀素台歌》:“笔冢低低高如山,墨池浅浅深如海。”亦指少许,稍微。吴融《个人三十韵》:“鱼网徐徐襞,螺卮浅浅倾。”❷微微,淡淡。方干《牡丹》:“花分浅浅胭脂脸,叶堕殷殷腻粉腮。”吴融《玉女庙》:“愁黛不开山浅浅,离心长在草萋萋。”❸浅短,低矮。温庭筠《春野行》:“草浅浅,春如剪。”❹浅薄,肤浅。李适《奉和圣制九日侍宴应制得高字》:“王枚俱得从,浅浅愧飞毫。”

【淺₂淺】 (jiàn)水流疾貌。《楚辞·九歌·湘君》:“石濑兮浅浅,飞龙兮翩翩。”王逸注:“浅浅,流疾貌。”王维《辋川集·栾家濑》:“飒飒秋雨中,浅浅石溜泻。”

【淺淪】 微细的波纹。韦处厚《盛山十二诗·梅溪》:“夹岸凝清素,交枝漾浅沦。”

【淺拙】 浅薄笨拙。多用作自谦之词。康骈《广谪仙怨》序:“骈因更广其辞,盖欲两全其事,虽才情浅拙,不逮二公,而理或可观,贻诸识者。”郑谷《送吏部曹郎中免官南归》:“小生诚浅拙,早岁便依投。”

【淺岸】 狭窄的河岸。李绅《宿扬州水馆》:“舟依浅岸参差合,桥映晴虹上下连。”许棠《题李昌符丰东幽居》:“破门韦曲对,浅岸御沟通。”

【淺近】 浅薄卑俗。贯休《行路难》之一:“浅近轻浮莫与交,地卑只解生荆棘。”

【淺沮】 狭小而潮湿。白居易《履道新居二十韵》:“门闭深沉树,池通浅沮沟。”

【淺泥】 谓水浅泥淤,河道不畅。杜甫《水宿遣兴奉呈群公》:“泽国虽勤雨,炎天竟浅泥。”仇兆鳌注:“浅泥碍船,故缆系长堤。”

【淺昧】 浅陋愚昧。戴叔伦《抚州对事后送外生宋垓归饶州觐侍呈上姊夫》:“谤书喧朝市,抚己惭浅昧。”

【淺俗】 粗俗。孟郊《寒溪》:“始明浅俗心,夜结朝已津。”

【淺促】 犹仓促。张籍《送远曲》:“殷勤振衣两相嘱,世事近来还浅促。”

【淺泉】 微细的泉水。皮日休《太湖诗·晓次神景宫》:“浓露湿莎裳,浅泉渐草屩。”

【淺派】 细小的水流。张祜《题丹阳永泰寺练湖亭》:“浅派胤沙草,余波漂岸船。”

【淺紅】 犹淡红。杜甫《江畔独步寻花七绝句》之五:“桃花一簇开无主,可爱深红爱浅红。”白居易《写新诗寄微之偶题卷后》:“写了吟看满卷愁,浅红笺纸小银钩。”皮日休《重题蔷薇》:“可怜细丽难胜日,照得深红作浅红。”

【淺草】 小草,短草。刘禹锡《寄唐州杨八归厚》:“浅草遥迎鹔鹴马,春风乱飐辟邪旗。”白居易《钱塘湖春行》:“乱花渐欲迷人眼,浅草才能没马蹄。”温庭筠《过西堡塞北》:“浅草干河阔,丛棘废城高。”

【淺酌】 ❶小饮,慢慢地喝酒。白居易《泛太湖书事寄微之》:“玉杯浅酌巡初匝,金管徐吹曲未终。”苏郁《步虚词》:“流霞浅酌谁同醉,今夜笙歌第几重。”❷犹浅斟。少量地往杯里倒。白居易《花酒》:“香醅浅酌浮如蚁,雪鬓新梳薄似蝉。”

【淺恩】 薄恩,微小的恩惠。李白《感时留别从兄徐王延年从弟延陵》:“谁道溟渤深,犹言浅恩慈。”

【淺流】 细小的水流。李嘉祐《送陆士伦宰义兴》:“浅流通野寺,绿茗盖春山。”苑讪《暗投明珠》:“错落珍寰宇,圆明隔浅流。”

【淺浪】 细浪,轻浪。钱起《赋得浦口望斜月送皇甫判官》:“动摇生浅浪,明灭照寒沙。”

【淺莎】 (—suō)细小的莎草。莎,莎草。多生于潮湿地或河边沙地。王涯《宫词三十首》之二四:“迎风殿里罢云和,起听新蝉步浅莎。”

【淺黃】 淡黄色。刘禹锡《秋词二首》之二:“山明水净夜来霜,数树深红出浅黄。”又《杨枝词二首》之一:“迎得春光先到来,浅黄轻绿映楼台。”

【淺術】 粗浅的法术。吴筠《高士咏·壶丘子》:“季咸曜浅术,御寇初深疑。”

【淺清】 ❶浅淡清新。李贺《秦王饮酒》:“海绡红文香浅清,黄鹅跌舞千年觥。”❷谓水浅而明澈。鲍溶《南塘二首》之一:“南塘旅舍秋浅清,夜深绿蘋风不生。”杜牧《鸳鸯》:“好育顾栖息,堪怜泛浅清。”

【淺渚】 浅水池。储光羲《采莲词》："浅渚荇花繁，深潭菱叶疏。"

【淺深】 ❶浅和深。太宗《春日登陕州城楼俯眺》："烟峰高下翠，日浪浅深明。"李颀《与诸公游济渎泛舟》："浅深露沙石，蘋藻生虚空。"周贺《送张諲之睦州》："浅深看水石，来往逐云山。"杜牧《湖南正初招李郢秀才》："千里暮山重叠翠，一溪寒水浅深清。"❷指浅深的程度。徐凝《题缙云山鼎池二首》之二："到来唯见山高下，只是不知湖浅深。"引申指事物的大小、多少、轻重等。钱起《山居新种花药与道士同游赋诗》："浅深爱岩壑，疏凿尽幽奇。"元稹《梦游春七十韵》："一种薄地生，浅深何足妒。"李商隐《代越公房妓嘲徐公主》："应防啼与笑，微露浅深情。"李群玉《雨夜呈长官》："请量东海水，看取浅深愁。"❸指疏密。钱起《归义寺题震上人壁》："向背森碧峰，浅深罗古树。"皇甫冉《临平道赠同舟人》："远山谁辨江南北，长路空随树浅深。"白居易《菩提寺上方晚眺》："楼阁高低树浅深，山光水色暝沈沈。"李德裕《南梁行》："斜阳瞥映浅深树，云雨翻迷崖谷间。"❹指浓淡。裴度、刘禹锡《蔷薇花联句》："浅深皆有态，次第暗相催。"白居易《玩半开花赠皇甫郎中》："浅深妆驳落，高下火参差。"张又新《郡斋三月下旬作》："残红披独坠，初绿间浅深。"王毂《春草碧色》："浅深千里碧，高下一时春。"❺指距离之远近。贯休《避寇山中作》："浅深俱得地，好恶未知他。"

【淺深揭厲】 喻因时制宜。杜牧《除官归京睦州雨霁》："浅深须揭厉，休更学张纲。"

【淺紫】 淡紫色。杨行敏《失题二首》之二："杜鹃花里杜鹃啼，浅紫深红更傍溪。"

【淺飲】 小饮，少量饮酒。薛能《彭门解嘲二首》之二："耽吟乍可妨时务，浅饮无因致宿酲。"

【淺絳】 淡红色。吴仁璧《金钱花》："浅绛浓香几朵匀，日熔金铸万家新。"

【淺碧】 淡青绿色。薛涛《十离诗·马离厩》："雪耳红毛浅碧蹄，追风曾到日东西。"段成式《戏高侍御七首》之五："厌裁鱼子深红缬，泥觅蜻蜓浅碧绫。"周渍《山下水》："背云冲石出深山，浅碧泠泠一带寒。"

【淺漫】 谓水浅而到处流淌。元稹《缘路》："总是玲珑竹，兼藏浅漫溪。"

【淺綠】 淡绿色。高宗《守岁》："薄红梅色冷，浅绿柳轻春。"殷尧藩《访许浑》："浅绿垣墙绵薜荔，淡红池沼映芙渠。"

【淺磧】 沙石浅滩。清昼、崔子向《与崔子向泛舟联一十六韵以寄之》："倚舷息空曲，舍履行浅碛。"

【淺學】 谓学识短浅。马戴《摅情留别并州从事》："浅学长自鄙，谬承贤达知。"

【淺謀】 肤浅的谋划。耿沣《春日即事二首》之一："浅谋堪自笑，穷巷忆谁过。"

【淺薄】 ❶肤浅。多指人的学识、修养等。亦用作谦词。皇甫冉《秋日东郊作》："浅薄将何称献纳，临岐终日自迟回。"白居易《答马侍御见赠》："浅薄求贤思自代，嵇康莫寄绝交书。"姚鹄《虢州献杨抑卿二首》之二："疏愚只怯膺门险，浅薄争窥孔室深。"❷微薄，简陋。白居易《和微之诗二十三首·和我年三首》之一："才能本浅薄，心力虚劳苦。"贯休《砚瓦》："浅薄虽顽朴，其如近笔端。"

【淺繁】 谓管弦之音短促而繁密。李贺《神弦曲》："画弦素管声浅繁，花裙綷縩步秋尘。"

【淺磷磷】 形容水不深且清澈明净。殷尧藩《新昌井》："且共山麋同饮涧，玉沙铺底浅磷磷。"

【淺縹】 淡青色。李商隐《河阳诗》："幽兰泣露新香死，画图浅缥松溪水。"

【淺瀨】 浅水沙石滩。杜甫《送严侍郎至绵州同登杜使君江楼》："重船依浅濑，轻鸟度层阴。"张继《题严陵钓台》："鸟向乔枝聚，鱼依浅濑游。"李德裕《春暮思平泉杂咏二十首·流杯亭》："激水自山椒，析波分浅濑。"徐铉《和陈洗马山庄清泉》"便疏浅濑穿莎径，始有清光映竹林。"

【淺顰】 眉微蹙貌。韩偓《无题》："妆好方长叹，欢余却浅颦。"

淑 〔shū《广韵》殊六切，入屋，禪。〕❶清湛。见"淑清"。❷善，和善。杜甫《丽人行》："态浓意远淑且真，肌理细腻骨肉匀。"见"淑女"。❸美，美好。杜甫《过南岳入洞庭湖》："才淑随厮养，名贤隐锻炉。"见"淑景❶"。❹吉祥，幸运。沈千运《濮中言怀》："人生各有命，在余胡不淑。"见"淑祥"。❺温和。李咸用《春宫词》："风和气淑宫殿春，感阳体解思君恩。"见"淑氣"。

【淑人】 善人，有道德的人。萧颖士《菊荣一篇五章》之二："彼美淑人，应家之祯。"

【淑女】 贤良的女子。王维《故南阳夫人樊氏挽歌》："淑女诗长在，夫人法尚存。"鲍溶《湘妃列女操》："有虞夫人哭虞后，淑女何事又伤离。"

【淑郁】 香气浓郁。韩愈、孟郊《城南联句》："鼻偷困淑郁，眼剽强盯𥈭。"

【淑貞】 美好而坚贞。薛瑶《谣》："化云心兮思淑贞，洞寂灭兮不见人。"

【淑美】 贤淑美丽。崔少玄《留别卢陲》："淑美其真，体性刚柔。"

【淑氣】 ❶温和之气。崔日用《奉和圣制春日幸望春宫应制》："光风摇动兰英紫，淑气依迟柳色青。"李白《春日独酌二首》之一："东风扇淑气，水木荣春暉。”白行简《春从何处来》：“淑气空中变，新声雨后催。”❷祥和的瑞气。李适《人日宴大明宫恩赐彩缕人胜应制》：“朱城待风韶年至，碧殿疏龙淑气来。”徐彦伯《仪坤庙乐章·金奏》：“祥符淑气，庆集柔明。”王昌龄《驾出长安》：“淑气来黄道，祥云覆紫微。”

【淑祥】 犹祥瑞。徐彦伯《奉和幸新丰温泉宫应制》：“藻曜凝芳洁，葳蕤献淑祥。”

【淑問】 美好的名声。引申为赞美之声。萧颖士《江有枫一篇十章》之六：“我朋在矣，彼陆之子；如松如杞，淑问不已。”又《江有归舟三章》序：“今兹春连茹甲乙，淑问休阐，为时之冠。”韩愈《远游联句》：“名声照西海，淑问无时休。”

【淑華】 指美好的女子。沈亚之《湘中怨》：“隆佳秀兮昭盛时，播薰绿兮淑华归。”

【淑景】 ❶(—jǐng)(1)美景。太宗《芳兰》：“春晖开紫苑，淑景媚兰场。”韦应物《除日》：“淑景方转延，朝朝自难度。”宋齐丘《陪华林园试小妓羯鼓》：“因逢淑景开佳宴，为出花奴奏雅音。”欧阳炯《凤楼春》词：“因想玉郎何处去，对淑景谁同。”(2)指春光。魏征《奉和正日临朝应诏》：“淑景辉雕辇，高旌扬翠烟。”沈迴《小苑春望宫池柳色》：“变黄随淑景，吐翠逐新晴。”杜牧《酬王秀才桃花园见寄》：“桃满西园淑景催，几多红艳浅深开。”王仁裕《与诸门生春日会饮繁台赋》：“淑景即随风雨去，芳樽宜命管弦开。”❷(—yǐng)指日影。景，同“影”。杜甫《紫宸殿口号》：“香飘合殿春风转，花覆千官淑景移。”

【淑景殿】 宫殿名。在唐长安玄武门内之西。参见清徐松《唐两京城坊考》卷一。杜甫《秦州见敕目薛据毕曜迁官》：“焚香淑景殿，涨水望云亭。”仇兆鳌注引《长安志》：“西内安仁殿后有彩丝院，院西有淑景殿。”

【淑節】 (jié)犹佳节。李观《试中和节诏赐公卿尺诗》：“淑节韶光媚，皇明宠锡崇。”

【淑慝】 犹善恶。储光羲《晚次东亭献郑州宋使君文》：“大明潜照耀，淑慝自昭彰。”

【淑德】 美德。多用以称誉妇女。赵良器《郑国夫人挽歌词》：“淑德延公胄，宜家接帝姻。”权德舆《赠郑国庄穆公主挽歌二首》之二：“淑德图书在，皇慈礼命彰。”

【淑質】 美好的形体。吕岩《赠刘方处士》：“韶年淑质曾非固，花面玉颜还作土。”

【淑顏】 美好的面容。韩愈、孟郊《城南联句》：“遗灿飘的皪，淑颜洞精诚。”

【淑麗】 指贤淑美丽的女人。钱起《贞懿皇后挽歌词》：“淑丽诗传美，徽章礼饰哀。”

【淑靈】 神灵。徐彦伯《仪坤庙乐章·永和》：“国荐严祀，坤兴淑灵。”

混[1]

〔hùn《广韵》胡本切，上混，匣。〕❶杂糅，夹杂。李华《尚书都堂瓦松》：“影混鸳鸯色，光含翡翠容。”杜甫《舟中苦热遣怀奉呈阳中丞》：“中夜混黎氓，脱身亦奔窜。”刘长卿《京口怀洛阳旧居兼寄广陵二三知己》：“气混京口云，潮吞海门石。”南唐后主李煜《忆江南》词：“满城飞絮混轻尘，愁杀看花人！”❷齐同，混同。宋务光《海上作》：“天波混莫分，岛树遥难识。”高适《同颜六少府旅宦秋中之作》：“逸气旧来凌燕雀，高才何得混妍媸。”元稹《山竹枝》：“贵宅安危步，难将混俗材。”汪遵《淮阴》：“秦季贤愚混不分，只应漂母识王孙。”❸统一，合并。太宗《正日临朝》：“车轨同八表，书文混四方。”孙逖《丹阳行》：“自从龙见圣人出，六合车书混为一。”李白《金陵望汉江》“我君混区宇，垂拱众流安。”殷文圭《题胡州太学丘光庭博士幽居》：“舜轨尧文混九垓，明堂宏构集良材。”❹乱，杂乱。杜甫《夔州歌十绝句》之二：“白帝夔州各异城，蜀江楚峡混殊名。”白居易《六年寒食洛下宴游赠冯李二少尹》：“珠翠混花影，管弦藏水声。”李洞《送龙州田使君旧诗家》：“江灯混星斗，山木乱枪旗。”引申指不调和，不相称。杜甫《太子张舍人遗织成褥段》：“留之惧不祥，施之混柴荆。”❺混浊。《玉篇·水部》：“混，混浊”。见“混濁”。❻模糊，不分明。姚合《咏雪》：“愁云残腊下阳台，混却乾坤六出开。”❼蒙混，冒充。见“混真”。❽谓往来相处。张南史《早春书事奉寄中书李舍人》：“还令亲道术，倒欲混樵渔。”李绅《入扬州郭》：“堤绕门津喧井市，路交村陌混樵渔。”亦指往来交错。白居易《东南行一百韵》：“水市通阛阓，烟村混舳舻。”

混[2]

〔gǔn《集韵》古本切，上混，见。〕见“混$_2$混”。

【混一】 同一，统一。杜甫《黄河二首》之二：“愿驱众庶戴君王，混一车书弃金玉。”殷尧藩《金陵怀古》：“华夷混一归真主，端拱无为乐太和。”杜牧《江南怀古》：“车书混一业无穷，井邑山川今古同。”

【混元】 ❶指天地形成之初的混沌状态。许敬宗《奉和行经破薛举战地应制》：“混元分大象，长策挫修鲸。”刘禹锡《韩十八侍御见示岳阳楼别窦司直诗因成六十二韵》：“浩尔神骨清，如观混元始。”方干《叙龙瑞观胜异寄于尊师》：“混元融结致功难，山下平湖湖上山。”❷泛指天地。储光羲《舟中别武金坛》：“曰予轻皎洁，坦率宾混元。”李华《寄赵七侍御》：“君阳青嵯峨，开拆混元中。”陆龟蒙《迎潮送潮辞·迎潮》：“濡腴泽槁兮潮之恩，不尸其功兮归于混元。”❸谓开天辟地之时，指极古远之时代。韦渠牟《步虚词十九首》之十一："参差从太一，寿等混元初。"白居易《卯时酒》："似游华胥国，疑反混元代。"汪遵《渔父》："棹月眠流处处通，绿蓑苇带混元风。"

【混元圖】　道教书名。唐杜光庭著。阐述道教所谓天地万物化育生成前之元初时的景象。《宣和书谱·道士杜光庭》："尝撰《混元图》《纪圣赋》《广圣义》《历帝纪》及歌诗杂文仅百余卷。"

【混世】　谓随和世俗，不标新立异。李白《行路难三首》之三："含光混世贵无名，何用孤高比云月？"吕岩《七言》之三七："未去瑶台犹混世，不妨杯酒喜闲吟。"

【混同】　同一，统一。郭子仪《享太庙乐章·广运舞》："河海静谧，车书混同。"和凝《宫词百首》之六九："含元殿里行仁德，四海车书已混同。"

【混成】　浑然一体，自然生成。语本《老子》第二十五章："有物混成，先天地生。"王弼注："混然不可得而知，而万物由之以成，故曰混成也。"《郊庙歌辞·太清宫乐章·紫极舞》："至道生元气，重圆法混成。"则天皇后《唐享昊天乐·第三》："乾仪混成冲邃，天道下济高明。"刘禹锡《韩十八侍御见示岳阳窦司直诗因成六十二韵》："积涨在三秋，混成非一水。"

【混合】　❶混和，合并。萧颖士《重阳日陪元鲁山登北城因以赠别》："青霞半落日，混合疑晴曛。"白居易《自蜀江至洞庭湖口有感而作》："混合万丈深，淼茫千里白。"杜牧《寄内兄和州崔员外十二韵》："光尘能混合，擘画最分明。"❷混杂，掺杂。杜甫《秦州见敕目薛璩毕曜迁官三十韵》："华夷相混合，宇宙一膻腥。"

【混沌】　❶古代传说中指天地未开辟前元气未分、模糊一团的状态。阎朝隐《奉和登骊山应制》："混沌疑初判，洪荒若始分。"储光羲《仲夏入园中东陂》："暑雨若混沌，清明如空虚。"殷文圭《省试夜投献座主》："混沌分来融间气，欃枪灭处炫文星。"❷浑然一体貌。孙思邈《四言诗》："一体混沌，两精感激。"❸糊涂，无知。储光羲《献八舅东归》："诚亡真混沌，玉立方婵娟。"皮日休《正乐府十篇·贪官怨》："愚者若混沌，毒者如雄虺。"引申指浑浊不清。孟郊《泛黄河》："谁开昆仑源，流出混沌河。"❹古代传说的中央之帝。亦作混沌。见《庄子·应帝王》。韩愈《嘲鼾睡》："南帝初奋槌，凿窍泄混沌。"李商隐《寄罗劭兴》："混沌何由凿，青冥未有梯。"李咸用《临川逢陈百年》："自言混沌凿不死，大笑老彭非久视。"亦用以比喻自然淳朴的状态。白居易《偶作》："聪明伤混沌，烦恼污头陀。"徐铉《赠奚道士》："处世自能心混沌，全真谁见德支离。"

【混迹】　亦作"混跡"。❶谓使行踪混杂于其间。吴筠《高士咏·荷蓧晨门》："混迹是非域，纵怀天地间。"卢纶《送元赞府重任龙门县》："混迹威长在，孤清志自雄。"元稹《代曲江老人百韵》："毁容怀赤绂，混迹戴黄巾。"❷指隐身不露。白居易《送毛仙翁》："仙翁已得道，混迹寻岩泉。"罗隐《圣真观刘真师院十韵》："摄生门已尽，混迹世犹逢。"吕岩《又记》："守道且藏愚，忘机要混迹。"

【混跡和光】　谓同于尘俗，不露锋芒。李绅《赠毛仙翁》："曾师轩黄友尧汤，混迹和光佐周武。"

【混茫】　❶混沌蒙昧的状态。杜甫《寄彭州高三十五使君适虢州岑二十七长史参三十韵》："意惬关飞动，篇终接混茫。"李咸用《吴处士寄香兼劝入道》："须知十极皆臣妾，岂止遗生奉混茫。"齐己《寄谢高先辈见寄二首》之二："诗在混茫前，难搜到极玄。"❷广大无边，广阔辽远。杜甫《滟滪堆》："天意存倾覆，神功接混茫。"独孤及《观海》："廓然混茫际，望见天地根。"无名氏《纪游东观山》(卷七八六)："神鬼若剜刻，乾坤真混茫。"❸犹迷茫。吴融《赋雪》："未知融结判，唯见混茫包。"

【混俗】　❶谓混同于世俗。杨於陵《赠毛仙翁》："先生赤松侣，混俗游人间。"李中《赠重安寂道者》："寒松肌骨鹤心情，混俗陶陶隐姓名。"❷同于尘俗，不求特异。李益《赠毛仙翁》："玉树溶溶仙气深，含光混俗似无心。"顾非熊《送内乡张主簿赴任》："混俗故来分利禄，不教长作异人看。"廖匡图《和人赠沈彬》："逼真但使心无著，混俗何妨手强抄。"

【混涇渭】　喻指混同尘俗，随波逐流。骆宾王《夏日游德州赠高四》："夙昔怀江海，平生混泾渭。"参见"涇渭"。

【混混】　❶指模糊一片，迷漫不清的状态。张说《入海二首》之一："茫茫失方面，混混如凝阴。"❷杂乱，混杂。元结《引极三首·望仙府》："望不从兮知如何，心混混兮意浑和。"唐彦谦《和陶渊明贫士诗七首》之二："相逢樵牧徒，混混谁愚贤。"

【混$_{2}$混】　(—gǔn)同"滚滚"。水奔流不绝貌。蓝采和《踏歌》："古人混混去不返，今人纷纷来更多。"

【混淪】　(—lǔn)。《文选·郭璞〈江赋〉》："或泛潋于潮波，或混沦乎泥沙。"李善注："混沦，轮转之貌。"引申指车轮转陷没。杜甫《课伐木》序："为与虎近，混沦乎无良。宾客忧害马之徒，苟活为幸，可默息已。"

【混殽】　犹混杂。元稹《江边四十韵》："怪鹏频栖息，跳蛙颇混淆。"

【混然】　❶无所知之貌。寒山《诗三百三首》之一五九："凡圣皆混然，劝君休取相。"张白《武陵春色》："是非都不采，名利混然休。"❷无分别之貌。白居易《达理二首》之一："憎然与化俱，混然与俗同。"

【混跡】 参见“混迹”。

【混濁】 指泥水。杜甫《苦雨奉寄陇西公兼呈王征士》：“嘉蔬没混浊，时菊碎榛丛。”王起《浊水求珠》：“几被泥沙杂，常随混浊流。”

渦 〔wō《广韵》烏禾切，平戈，影。〕❶水的旋流。耿㵆《发南康夜泊灨石中》：“险石俯潭涡，跳湍碍沿溯。”孟郊《石淙》之九：“玉喷不生冰，瑶涡旋成井。”周繇《白石潭秋霁作》：“崖蹙盘涡翻蜃窟，滩吹白石上渔矶。”牛殳《方响歌》：“铿铿铛铛寒重重，盘涡蹙派鸣蛟龙。”❷漩涡状。杜甫《陪郑广文游何将军山林十首》之四：“碾涡深没马，藤蔓曲藏蛇。”

【渦水】 指有漩涡的大河。张说《奉和同皇太子过慈恩寺应制二首》之二：“还闻涡水曲，更绕白云飞。”严武《酬别杜二》：“斗城怜旧路，涡水惜归期。”

【渦盤】 漩涡。宋之问《下桂江县黎壁》：“倚离出漩划，缭绕避涡盘。”

涸 〔hé《广韵》下各切，入鐸，匣。〕❶水干枯。张说《喜度岭》：“弃杖枯还植，穷鳞涸更浮。”赵冬曦《滗湖作》：“水还波卷溪潭涸，绿草芊芊岸崭岜。”王建《织锦曲》：“锦江水涸贡转多，宫中尽著单丝罗。”朱庆余《过旧宅》：“空厩欲摧尘满枥，小池初涸草侵沙。”❷竭，尽。王建《秋夜曲二首》之一：“天清漏长霜泊泊，兰绿收荣桂膏涸。”白居易《新乐府·草茫茫》：“墓中下涸二重泉，当时自以为深固。”皮日休《初夏游楞伽精舍》：“千寻井犹在，万祀灵不涸。”❸堵塞。韩愈、李正封《晚秋郾城夜会联句》：“红尘羽书靖，大水沙囊涸。”❹通“沍”。冻结。元结《招孟武昌》：“穷冬涸江海，杯湖澄清漪。”见“涸沍”。

【涸井】 水枯之井。皎然《同薛员外谊久旱感怀寄兼呈上杨使君》：“涸井不累瓶，干溪一凭轼。”

【涸水】 干枯的水流。李白《长歌行》：“枯枝无丑叶，涸水吐清泉。”

【涸池魚】 亦称“涸轍魚”。韩翃《寄令狐尚书》：“他日感恩惭未报，举家犹似涸池鱼。”参见“涸轍魚”。

【涸沍】 （—hù）冰冻。陈至《荐冰》：“凌寒开涸沍，寝庙致精诚。”无名氏《玉壶冰》（卷七八七）：“涸沍谁能伴，凄清讵可渝。”

【涸沼】 干枯的池塘。李峤《晚秋喜雨》：“旱陂仍积水，涸沼更通流。”

【涸泉】 干枯的泉水。李群玉《哭小女痴儿》：“负尔五年恩爱泪，眼中惟有涸泉知。”

【涸流】 枯竭的水流。裴度、刘禹锡《度自到洛中与乐天为文酒之会因为联句》：“涸流寻轧轧，余刃转恢恢。”

【涸魚】 涸辙鱼之省称。元稹《酬卢秘书》：“涸鱼千丈水，僵燕一声雷。”白居易《香炉峰下新置草堂即事咏怀题于石上》：“倦鸟得茂树，涸鱼返清源。”李绅《趋翰苑遭诬构四十六韵》：“涸鱼思雨润，僵燕望雷苏。”参见“涸轍魚”。

【涸溜】 （—liù）干枯的小水流。卢纶《敬酬大府二十四舅览诗卷因以见示》：“彻底碧潭滋涸溜，压枝红艳照枯株。”元稹《三月三十日程氏馆饯杜十四归京》：“涸溜沾濡沫，余光照死灰。”

【涸鮒】 参见“涸轍魚”。

【涸轍】 喻指穷困的境地。李白《江夏使君叔席上赠史郎中》：“涸辙思流水，浮云失旧居。”参见“涸轍魚”。

【涸轍魚】 比喻身处困境，急待救助的人。见《庄子·外物》。王绩《薛记室收过庄见寻率题古意以赠》：“尔为背风鸟，我为涸辙鱼”，李白《拟古十二首》之五：“无事坐悲苦，块然涸辙鱼。”亦省作“涸鲋”。沈佺期《赦到不得归题江上石》：“少宽穷涸鲋，犹愍触藩羝。”

【涸鱗】 同“涸轍魚”。骆宾王《畴昔篇》：“涸鳞去辙还游海，幽禽释网便翔空。”杜甫《江陵望幸》：“早发云台仗，恩波起涸鳞。”杜牧《书事》：“失计抛鱼艇，何门化涸鳞。”张蠙《投所知》：“省郎门似龙门峻，应借风雷变涸鳞。”参见“涸轍魚”。

淛 同“浙”。（1）水名。见“淛水”“淛江”“淛河”。（2）地区名。见“淛東”。

【淛水】 浙水。即今浙江钱塘江、富春江。牟融《邵公母》：“浙水梦怀千里远，苏台愁望白云多。”方干《送友及第归浙东》：“吴山中路断，浙水半江分。”又《别孙蜀》：“由来浙水偏堪恨，截断千山作两乡。”参见“淛河”。

【淛江】 浙江。即今浙江钱塘江。李白《送王屋山人魏万还王屋》：“逸兴满吴云，飘飖浙江汜。”杜甫《八哀诗·故著作郎贬台州司户荥阳郑公虔》：“老蒙台州掾，泛泛浙江桨。”参见“淛河”。

【淛東】 即浙江东部地区。唐乾元元年置浙江东道。治所在越州（今浙江绍兴市）。见《元和郡县志·越州》。殷尧藩《喜雨》：“山上乱云随手变，浙东飞雨过江来。”赵嘏有《淛东赠李副使员外》。方干有《送友及第归浙东》。

【淛河】 即浙江。见《史记·项羽本纪》。李嘉祐《送严维归越州》：“艰难只用武，归向浙河东。”章孝标《赠杭州严使君》：“州青县白浙河濆，饱向苍龙阙下闻。”许浑《赠所知》：“因钓鲈鱼住浙河，挂帆千里亦相过。”李郢有《浙河馆》。

淮〔huái《广韵》户乖切，平皆，匣。〕水名。(1)淮河。崔国辅《漂母岸》："泗水入淮处，南边古岸存。"孟浩然《问舟子》："湾头正堪泊，淮里足风波。"韩愈《此日足可惜赠张籍》："淮之水舒舒，楚山直丛丛。"褚载《南徐晚望》："入浙孤帆知楚信，过淮疏雨带潮声。"(2)指秦淮河。见"淮水❷"。

【淮上】　淮河边上。孙逖《淮阴夜宿二首》之一："乡情淮上失，归梦郢中疑。"韦应物《淮上喜会梁川故人》："何因北归去，淮上对秋山。"皎然《兵后与故人别予西上至今在扬楚因有是寄》："淮上春草歇，楚子秋风生。"马戴《答光州王使君》："信来淮上郡，楚岫入秦云。"

【淮口】　❶淮河与其他水流交汇处。李绅《寿阳罢郡日·忆东湖》："淮口值春偏怅望，数株临水是寒梅。"马戴有《夕次淮口》。罗隐《广陵开元寺阁上作》："江蹙海门帆散去，地吞淮口树相依。"❷地名。在楚州山阳县(今江苏淮安县)。骆宾王有《早发淮口望盱眙》。宋之问有《初宿淮口》。

【淮山】　泛指淮河岸边的山峦。韩翃《送崔秀才赴上元兼省叔父》："淮山轻露湿，江树狂风扫。"温庭筠《寒食节日寄楚望二首》之一："心断入淮山，梦长穿楚雨。"章碣《送韦岫郎中典泗州》："有鸟尽巢垂汴柳，无楼不到隔淮山。"

【淮水】　❶即今淮河。孙逖《淮阴夜宿二首》之二："秋风淮水落，寒夜楚歌长。"韩愈《嗟哉董生行》："淮水出桐柏，东山驰遥遥千里不能休。"白居易《赠楚州郭使君》："淮水东南第一州，山围雉堞月当楼。"温庭筠《谢公墅歌》："江南王气系疏襟，未许苻坚过淮水。"❷指流经金陵(今南京市)城内的秦淮河。李白《留别曹南群官之江南》："淮水帝王州，金陵绕丹阳。"韩翃《送客之江宁》："朱雀桥边看淮水，乌衣巷里问王家。"刘禹锡《金陵五题·石头城》："淮水东边旧时月，夜深还过女墙来。"

【淮水不絕】　称美王氏宗族兴盛多贤才之词。见《晋书·王导传》。李白《赠华州王司士》："淮水不绝涛澜高，盛德未泯生英髦。"

【淮月】　淮上之月。殷遥《送杜士瞻楚州觐省》："淮月归心促，江花入兴新。"高适《酬河南节度使贺兰大夫见赠之作》："楚云随去马，淮月尚连营。"许浑《淮阴阻风寄呈楚州韦中丞》："淮月未明先倚槛，海云初起更维舟。"

【淮右】　淮河以西地区。韦应物《途中寄杨邈裴绪示褒子》："上宰领淮右，下国属星驰。"元稹《元和五年予官不了罚俸西归因投五十韵》："常山攻小寇，淮右择良师。"马戴《送田使君牧蔡州》："树多淮右地，山远汝南城。"

【淮北】　淮河北边。崔融《和宋之问寒食题黄梅临江驿》："春分自淮北，寒食渡江南。"杨凝《初渡淮北岸》："殷勤淮北岸，乡近去家遥。"

【淮市】　指淮阴的街市。閻丘晓《夜渡江》："夜火连淮市，春风满客帆。"

【淮西】　唐方镇名。淮南西道之省称。至德元年置。治所、辖境屡有改变。参阅《新唐书·方镇表二》。王建《赠李愬仆射》："独破淮西功业大，新除陇右世家雄。"元稹《连昌宫词》："官军又取淮西贼，此贼亦除天下宁。"刘禹锡《平蔡州三首》之三："九衢车马浑浑流，使臣来献淮西囚。"司空图《题裴晋公华岳庙题名》："岳前大队赴淮西，从此中原息鼓鼙。"

【淮西賊】　指淮西节度使吴元济。元和十二年十一月为唐军讨灭。元稹《连昌宫词》："官军又取淮西贼，此贼亦除天下平。"

【淮戍】　淮上的关戍。温庭筠《送淮阴孙令之官》："萧寺通淮戍，芜城枕楚壖。"

【淮夷】　❶古称居于淮河流域的部族。见《书·费誓》。王维《送李睢阳》："周间之，南淮夷。"赵殿成笺注："睢阳之南则淮海。"❷指唐代割据淮西镇之叛军。欧阳詹《东风二章》序："浚军自剿淮夷二孽，矜功多悖。"柳宗元《奏平淮夷雅表·皇武》："淮夷既平，震是朔南。"唐彦谦《咸通中始闻褚河南归葬阳翟因成二十韵》："近者淮夷戮，前年归马调。"参见"淮西"。

【淮光】　指月亮照淮河反射的光。岑参《送王著作赴淮西幕府》："月色冷楚城，淮光透霜空。"

【淮安】　郡名。治所在今河南泌阳。刘禹锡《寄唐州杨八归厚》："淮安古地拥州师，画角金饶旦夕吹。"

【淮圻】　淮河的崖岸。圻，同"碕"，曲岸头。蔡允恭《奉和出颍至淮应令》："久倦川涂曲，忽此望淮圻。"

【淮村】　泛指淮上之村落。崔峒《送陆明府之盱眙》："白烟横海戍，红叶下淮村。"

【淮甸】　淮河流域，淮河原野。高适《酬裴员外以诗代书》："拥旄出淮甸，入幕征楚材。"武元衡《古意》："开门面淮甸，楚俗饶欢宴。"李商隐《寄太原卢司空三十韵》："隋舰临淮甸，唐旗出井陉。"罗隐《淮南送节度卢端公将命之汴州》："醉离淮甸寒星下，吟指梁园密雪中。"

【淮泗】　淮河与泗水。虞世南《赋得吴都》："画野通淮泗，星躔应斗牛。"王维《送高适弟耽归临淮作》："少年客淮泗，落魄居下邳。"赵殿成笺注："淮、泗二水皆经临淮。"马戴《送吕郎中牧东海郡》："假道经淮泗，樯乌集隼旗。"

【淮南】　❶唐置淮南道。治所在扬州(今江苏扬州市)。唐、五代习称此地区为“淮南”。宋之问《初宿淮口》:“夜闻楚歌思欲断,况值淮南木落时。”李白《赠从弟宣州长史昭》:“淮南望江南,千里碧山对。”刘长卿《江州重别薛六柳八二员外》:“江上月明胡雁过,淮南木落楚山多。”喻坦之《晚泊盱眙》:“云湿淮南树,笳清泗水楼。”❷代指扬州。王泠然《汴堤柳》:“流从巩北分河口,直到淮南种官柳。”杜甫《解闷十二首》之二:“为问淮南米贵贱,老夫乘兴欲东流。”姚合《扬州春词三首》之三:“江北烟光里,淮南胜事多。”裴夷直《扬州寄诸子》:“遥思耿不眠,淮南夜风雨。”❸曲名。刘禹锡《观柘枝舞二首》之一:“燕秦有旧曲,淮南多冶词。”参见“淮南曲”。❹指汉淮南厉王刘长。李白《箜篌谣》:“汉谣一斗粟,不与淮南春。”参见《史记·淮南衡山列传》。❺指汉淮南王刘安。王维《赠焦道士》:“海上游三岛,淮南预八公。”卢纶《送吉中孚校书归楚州旧山》:“年来倦萧索,但说淮南乐。”李绅《端州江亭得家书二首》之二:“莫道淮南悲木叶,不闻摇落更堪愁。”刘兼《晨鸡》:“淮南也伴升仙犬,函谷曾容借晓人。”

【淮南太尉】 指高骈。见《旧唐书》本传。李洞有《和淮南太尉留题凤州王氏别业》。

【淮南方】 指汉淮南王刘安言神仙、黄老之术的书。参见《汉书·淮南王刘安传》。岑参《林卧》:“臼中西山药,袖里淮南方。”刘禹锡《游桃源一百韵》:“枕中淮南方,床下阜乡舄。”

【淮南曲】 古曲名。见《文选·张协〈七命〉》。王翰《子夜春歌》:“桑女淮南曲,金鞍塞北装。”

【淮南卧】 参见“淮南卧理”。

【淮南卧理】 亦省作“淮南卧”。同“淮陽卧理”。刘长卿《行营酬吕侍御诗以见谕》:“不敢淮南卧,来趋汉将营。”贾岛《送汲鹏》:“淮南卧理后,复逢君姓汲。”

【淮南法】 指汉淮南王刘安炼丹之术。见明李时珍《本草纲目·人·秋石》。吕岩《忆江南》词之一:“淮南法,秋石最堪夸。”

【淮南祠】 即淮渎祠。在泗州临淮县(治所在今江苏盱眙西北淮河西岸)。见宋乐史《太平寰宇记·河南道一·泗州》。王维《送高适弟耽归临淮作》:“江天海陵郡,云日淮南祠。”

【淮南師】 指李蔚。见《旧唐书·懿宗纪》。李嵘有《献淮南师》。

【淮南桂樹】 汉淮南王刘安之文士,以“小山”署名作《招隐士》赋。其首句为“桂枝丛生兮山之幽”,因称“淮南桂树”。刘禹锡《杨柳枝词九首》之一:“塞北梅花羌笛吹,淮南桂树小山词。”

【淮南藥】 汉淮南王刘安招揽方士炼丹,追求神仙之道。事见晋葛洪《神仙传·刘安》。后因以“淮南藥”喻得道成仙。说《河上公》:“济北神如在,淮南药未成。”

【淮南鷄犬】 亦作“淮王鷄犬”。见汉王充《论衡·道虚》。卢仝《忆金鹅山沈山人二首》之一:“自古圣贤放入土,淮南鸡犬驱上天。”罗隐《东归别所知》:“却羡淮南好鸡犬,也能终始逐刘安。”伊用昌《题酒楼壁》:“已在淮南鸡犬后,而今便到玉皇前。”

【淮南鷄舐藥】 喻依附权贵而得势。见晋葛洪《神仙传·刘安》。李商隐《井泥四十韵》:“淮南鸡舐药,翻向云中飞。”

【淮信】 指从淮上传来的消息。赵嘏有《淮信贺滕迈台州》。

【淮浦】 地名。西汉置县。唐属泗州涟水县。皇甫冉《使往寿州淮路寄刘长卿》:“乡路遥知淮浦外,故人多在楚云东。”李端有《宿淮浦忆司空文明》。

【淮海】 指扬州。刘允济《经庐岳回望江州想洛川有作》:“景物观淮海,云霄望河洛。”李白《送张秀才谒高中丞》:“高公镇淮海,谈笑却妖氛。”耿湋《津亭有怀》:“津亭一望乡,淮海晚茫茫。”许棠《讲德陈情上淮南李仆射八首》之六:“东来淮海拜旌旟,不把公卿一字书。”

【淮魚】 即淮白。淮河中之鱼名。刘得仁《送蔡京侍御赴大梁幕》:“梁园飞楚鸟,汴水走淮鱼。”薛能《秋雨》:“醉楼思蜀客,腥市想淮鱼。”方干《送朱二十赴涟水》:“为政必能安楚老,向公犹可钓淮鱼。”

【淮肥】 即淮河与淝河。郑綮《别郡后寄席中三兰》:“淮淝两水不相通,隔岸临流望向东。”亦指淮河与淝河间的地区。李绅《寿阳罢郡日·虎不食人》:“尔效驺虞护生草,岂徒柔伏在淮淝。”

【淮神】 淮水之神。传说在临淮县龟山下有水神,形若猕猴,夏禹获之,锁其颈于龟山脚下,淮水乃安流注海。见宋乐史《太平寰宇记·河南道一·泗州》。吴融《赠䛒光上人草书歌》:“又如夏禹锁淮神,波底出来手正拔。”

【淮陰】 ❶县名。秦置,治所在今江苏淮阴西南。东晋废。唐初复置,属楚州。参见《旧唐书·地理志三》。王维《送从弟蕃游淮南》:“读书复骑射,带剑游淮阴。”皇甫冉《宿淮阴南楼酬常伯能》:“淮阴日落上南楼,乔木荒城古渡头。”陈羽《宿淮阴作》:“秋灯点点淮阴市,楚客联樯宿淮水。”温庭筠《赠少年》:“酒酣夜别淮阴市,月照高楼一曲歌。”❷代指汉淮阴侯韩信。见《史记·淮阴侯列传》。韩翃《送王诞渤海使赴李太守行营》:“喜见明时钟太尉,功名一似旧淮阴。”戴叔伦《行路难》:“淮阴不免恶少辱,阮生亦作穷途悲。”王仁裕《题孤云绝顶淮阴祠》:“一握寒天古木深,路人犹说汉淮阴。”

【淮陰少年】 借指轻薄少年。李益《轻薄篇》："淮阴少年不相下，酒酣半笑倚市门。"

【淮陰行】 唐新乐府名。刘禹锡《淮阴行五首》引："古有长干行，言三江之事悉矣。余尝阻风淮阴，作淮阴行，以裨乐府。"

【淮陰客】 指客居淮阴的人。韦应物《和李二主簿寄淮上綦毋三》："请报淮阴客，春帆浪作期。"

【淮越】 唐之淮南道、江南道，皆为古扬州之域。长江以北为淮南，长江以南为江南，皆为吴、楚旧地，泛称"淮越"。刘长卿《奉饯郑中丞罢浙西节度还京》："烟波限吴楚，日夕事淮越。"

【淮揚】 唐时扬州大都督府领属地区，统称为"淮扬"。见《旧唐书·地理志三》。杨凌《奉酬韦滁州寄示》："淮扬为郡暇，坐惜流芳歇。"

【淮湖】 指淮河及与之相通的洪泽湖、射阳湖，泛指淮河下游一带。杜甫《送樊二十三侍御赴汉中判官》："萧索汉水清，缅通淮湖税。"钱起《海上卧病寄王临》："岁暮冰雪寒，淮湖不可越。"武元衡《奉酬淮南中书相公见寄》："蜀江分井络，锦浪入淮湖。"

【淮陽】 ❶郡名。李白有《颍阳别元丹丘之淮阳》。刘长卿《江楼送太康郭主簿赴岭南》："树色应无江北秋，天涯尚见淮阳月。"权德舆《唐开州文编远寄新赋聊书还答》："伫见征颍川，无为薄淮阳。"沈亚之《五月六日发石头城步望前船示舍弟兼寄侯郎》："客子去淮阳，逶迤别梦长。"❷指汉淮阳太守汲黯。皇甫冉《和樊润州秋日登城楼》："时同借河内，人是卧淮阳。"许浑《郡斋夜坐寄旧乡二侄》："千官奉职衮龙垂，旅卧淮阳鬓日衰。"参见"淮陽多病""淮陽卧理"。

【淮陽公】 指袁滋。《新唐书》本传："迁湖南观察使，累封淮阳郡公。"温庭筠《赠袁司录》注："即丞相淮阳公之犹子。"

【淮陽公主】 唐睿宗女。下嫁王承庆。见《新唐书·诸帝公主传》。李乂有《淮阳公主挽歌》。

【淮陽守】 指汉淮阳太守汲黯。李颀《奉送漪叔游颍川兼谒淮阳太守》："闻道淮阳守，东南卧理清。"参见"淮陽卧理"。

【淮陽多病】 亦作"淮陽病""淮陽疾"。汉淮阳太守汲黯，居官多病，常卧而治之，政绩斐然。见《史记·汲郑列传》。后因以"淮阳多病"婉称在地方官任中卧病。张说《相州冬日早衙》："河内功犹浅，淮阳疾未安。"羊士谔《暇日适值澄霁江亭游宴》："振卧淮阳病，悲秋宋玉文。"杜牧《初冬夜饮》："淮阳多病偶求欢，客袖侵霜与烛盘。"参见"淮陽卧理"。

【淮陽卧】 参见"淮陽卧理"。

【淮陽卧理】 亦作"淮陽效理""淮陽清淨理"。汉汲黯为东海太守时，多病，卧内室不出，而东海大治。事迹见《史记·汲郑列传》。后以"淮陽卧理"称美地方官吏为政清简，治理有成效。皇甫曾《韦使君宅海榴咏》："淮阳卧理有清风，腊月榴花带雪红。"李绅《寿阳罢郡日·肥河维舟阻冻祇待敕命》："淮阳效理空多病，疏受辞荣岂恋班。"亦省作"淮陽卧"。羊士谔《上元日紫极宫门观州民然灯张乐》："闲似淮阳卧，恭闻乐职吟。"

【淮陽效理】 参见"淮陽卧理"。

【淮陽病】 参见"淮陽多病"。

【淮陽疾】 参见"淮陽多病"。

【淮陽清淨理】 参见"淮陽卧理"。

【淮陽薄】 汉汲黯为东海太守，治官理民，政绩斐然。后召拜为淮阳太守，辞不受印。事见《史记·汲郑列传》。后因以"淮陽薄"谓不愿外任地方官。羊士谔《暮秋言怀》："非是淮阳薄，丘中只望还。"

【淮楚】 隋唐时于淮南置楚州。治所在山阳（今江苏淮安县），辖境相当于今江苏淮河以南、盱眙以东、盐城以北地区。当时习称此地区为"淮楚"。崔颢《赠怀一上人》："更出淮楚间，复来荆河口。"卢纶《畅博士当感怀前踪五十韵兼寄夏侯审侯钊》："侍郎文章宗，杰出淮楚灵。"刘商《观猎三首》之二："梁园射尽南飞雁，淮楚人惊阳鸟啼。"白居易《南湖晚秋》："有兄在淮楚，有弟在蜀道。"

【淮源】 淮河之源。亦指淮河上游。韦元旦《饯唐州高使君赴任》："传拥淮源路，尊空灞水流。"王泠然《淮南寄舍弟》："昔予从不调，经岁旅淮源。"

【淮寧軍】 唐方镇名。见《新唐书·方镇表二》。刘长卿有《献淮宁军节度使李相公》。

【淮潯】 淮河水涯。虞世南《奉和出颍至淮应令》："良晨喜利涉，解缆入淮浔。"

【淮館】 淮上的驿馆。张乔《送南陵尉李频》："客程淮馆月，乡思海船灯。"

【淮濟】 淮河与济水。徐夤《河流》："洪流盘砥柱，淮济不同波。"

【淮曛】 淮河上夕阳的余辉。李频《淮南送友人归沧州》："高帆背楚落，寒日逆淮曛。"

淦 〔gàn《广韵》古暗切，去勘，見。又古南切，平覃，見。〕❶水名。见"淦水""淦江"。❷地名用字。新淦县，唐属吉州。即今江西新干县。徐铉有《送孟宾于员外还新淦》。

【淦水】 水名。在江西省。徐铉《忆新淦觞池寄孟宾于员外》："往年淦水驻行轩，引得清流似月圆。"

【淦江】 即淦水。徐铉《孟君别后相续寄书作此酬之》："尺素寄天涯，淦江秋水色。"

【淦陽】 古地名。即清江县。五代南唐置。治所在今江西清江县西南临江镇。因地处淦水之北，故亦称“淦阳”。李中有《壬申岁承命之任淦阳再过庐山国学感旧寄刘钧明府》。按，李中于宋开宝五年(972)任淦阳县令。

淪[1]〔lún《广韵》力迍切，平諄，來。〕❶水之微波。《说文·水部》：“沦，小波为沦。”韩愈《送惠师》：“崔崒没云表，陂陀浸湖沦。”万俟造《龙池春草》：“细丛依远渚，疏影落轻沦。”见“淪漣”“淪漪”。❷沉没，隐没。《说文·水部》：“沦，没也。”徐彦伯《题东山子李适碑阴二首》之二：“夜台沦清镜，穷尘埋结绿。”李华《杂诗六首》之四：“阴魄沦宇宙，太阳假其明。”徐敞《圆灵水镜》：“明灭沦江水，盈虚逐砌蓂。”孟郊《寻裴处士》：“曾是欲轻举，谁言空隐沦。”❸埋藏，埋没。刘长卿《杂咏八首上礼部李侍郎·古剑》：“龙泉闲古匣，苔藓沦此地。”刘长卿《题虎丘寺》：“兹峰沦宝玉，千载唯丘墓。”罗立言《赋得沽美玉》：“几年沦瓦砾，今日出泥涂。”❹陷入，沉沦。李义府《在嶲州遥叙封禅》：“触网沦幽裔，乘徽限明时。”骆宾王《幽縶书情通简知己》：“一命沦骄饵，三缄慎祸胎。”唐尧臣《金陵怀古》：“晋末英雄起，神器沦荒服。”❺坠落，降落。沈亚之《虎丘山真娘墓》：“金钗沦剑壑，兹地似花台。”刘得仁《晚步》：“远空沦日脚，多稼没人头。”❻消亡，丧失。陈子昂《蓟丘览古赠卢居士藏用七首·邹衍》：“大运沦三代，天人罕有窥。”李白《古风》之一：“废兴虽万变，宪章亦已沦。”韦应物《冬夜》：“晚岁沦夙志，惊鸿感深哀。”白居易《赠樊著作》：“每惜若人辈，身死名亦沦。”

淪[2]〔lǔn《集韵》鲁本切，上混，來。〕见“混淪”。

【淪老】　指沦落之老翁。李白《游谢氏山亭》：“沦老卧江海，再欢天地清。”

【淪否】　(一pǐ)埋没，陷入困厄。李益《合源溪期张计不至》：“素志久沦否，幽怀方自吟。”

【淪汩】　(一gǔ)犹沦没。汩，汩没。储光羲《华阳作贻祖三咏》：“日余久沦汩，重此闻霜风。”

【淪亡】　❶灭亡，衰亡。陈子昂《感遇三十八首》之二七：“岂兹越乡感，忆昔楚襄王。朝云无处所，荆国亦沦亡。”李白《金陵望汉江》：“六帝沦亡后，三吴不足观。”高适《题尉迟将军新庙》：“家国共沦亡，精魂空在斯。”❷丧亡。元稹《赠吴渠州从姨兄士则》：“宁氏舅甥俱寂寞，荀家兄弟半沦亡。”王涣《惆怅诗十二首》之九：“狎客沦亡丽华死，他年江令独来时。”吕岩《别诗二首》之二：“为重本宗能寿永，因轻元祖遂沦亡。”

【淪没】　(一mò)❶沉没，湮没。张说《入海二首》之二：“金台此沦没，玉真时播迁。”李白《古风》之二：“圆光亏中天，金魄遂沦没。”元稹《遣兴十首》之九：“讬迹近北辰，周天无沦没。”陈陶《将进酒》：“周孔蓍龟久沦没，黄蒿谁认贤愚骨。”❷衰亡，死亡。高适《同观陈十六史兴碑》：“东周既削弱，两汉更沦没。”杜甫《哭王彭州抡》：“执友惊沦没，斯人已寂寥。”吴筠《游仙二十四首》之三：“愍俗从迁谢，寻仙去沦没。”

【淪祀】　丧失祭祀的处所。谓亡国。王无竞《北使长城》：“卯金竟握谶，反璧俄沦祀。”

【淪殁】　死亡。白居易《因梦有悟》：“交友沦殁尽，悠悠劳梦思。”

【淪忽】　没落，衰微。李白《古风》之三二：“良辰竟何许，大运有沦忽。”

【淪放】　沦落，流放。徐铉《和张先辈见寄二首》之二：“清时沦放在山州，邛竹纱巾处处游。”

【淪波】　水波，微波。骆宾王《在江南赠宋五之问》：“沦波通地穴，输委下归塘。”顾况《青弋江》：“凄清回泊夜，沦波激石响。”

【淪居】　谓流落居住于外地。宋之问《早发大庾岭》：“兄弟远沦居，妻子成异域。”

【淪昧】　没落，昏暗。陈子昂《蓟丘览古赠卢居士藏用七首·乐生》：“王道已沦昧，战国竞贪兵。”独孤及《酬皇甫侍御望天灊山见示之作》：“黄金竟何成，洪业遽沦昧。”

【淪匿】　隐没。李白《商山四皓》：“阴虹浊太阳，前星遂沦匿。”

【淪缺】　湮没，残缺。皎然《答苏州韦应物郎中》：“诗教殆沦缺，庸音互相倾。”

【淪替】　衰亡，衰落。李白《古风》之五八：“荒淫竟沦替，樵牧徒悲哀。”又《答高山人兼呈权顾二侯》：“延引故乡人，风义未沦替。”高适《赠别王十七管记》：“逢时愧名节，遇坎悲沦替。”

【淪惑】　隐没，昏暗。李白《古朗月行》：“阴精此沦惑，去去不足观。”

【淪喪】　(一sàng)沦没丧亡。郑世翼《登北邙还望京洛》：“伊余孤且直，生平独沦丧。”

【淪棄】　犹言被弃逐沦落。王昌龄《岳阳别李十七越宾》：“具陈江波事，不异沦弃迹。”刘商《胡笳十八拍·第八拍》：“如今沦弃念故乡，悔不当初放林表。”白居易《玉水记方流》：“玉人如不见，沦弃即千秋。”

【淪落】　❶流落，漂泊。崔曙《送薛据之宋州》：“我生早孤贱，沦落居此州。”戎昱《寄郑炼师》：“平生金石友，沦落向辰州。”白居易《闻李尚书拜相因以长句寄贺微之》：“那知沦落天涯日，正是陶钧海内年。”孙元晏《咏史诗·梁·庾信》：“苦心词赋向谁谈，沦落周朝志岂甘。”❷衰落，衰败。李如璧《明月》：“已悲芳岁徒沦落，复恐红颜坐销铄。”李白《题嵩山逸人元丹丘山居》：“家本紫云山，道风未沦落。”❸丧亡，亡故。

李白《赠友人三首》之二："其事竟不捷，沦落归沙尘。"刘禹锡《伤循州浑尚书》："贵人沦落路人哀，碧海连天丹旐回。"

【淪歇】衰落，衰亡。魏征《暮秋言怀》："岁芳坐沦歇，感此式微歌。"李贺《感讽五首》之二："一夕信竖儿，文明永沦歇。"

【淪照】指晚霞。李益《华阴东泉同张处士诣藏律师因寄齐中书》："苍崖抱寒泉，沦照洞金碧。"

【淪跡】❶湮没踪迹。许敬宗《奉和喜雪应制》："千里遍浮空，五轫咸沦迹。"❷隐没业绩。谓高蹈遗世，不显耀功名事迹。王昌龄《郑县宿陶太公馆中赠冯六元二》："拂衣易为高，沦迹难有趣。"

【淪滅】消失。吴筠《游仙二十四首》之十八："遂使区宇中，祆气永沦灭。"

【淪滓】犹言使蒙受污秽。高适《宋中送族侄式颜》："劝尔惟一言，家声勿沦滓。"

【淪溺】❶沉没。刘禹锡《游桃源一百韵》："层波一震荡，弱植忽沦溺。"❷谓陷入痛苦的境地。柳宗元《巽公院五咏・净土堂》："结习自无始，沦溺穷苦源。"

【淪誤】沉迷于谬误。皇甫冉《题裴二十一新园》："穷年无牵缀，往事惜沦误。"灵一《林公》："西晋尚虚无，南朝久沦误。"

【淪漣】❶微波。元结《演兴四首・招太灵》："招太灵兮山之巅，山屹岏兮水沦涟。"畅当《题沈八斋》："江斋一入何亭亭，因寄沦涟心杳冥。"权德舆《奉送韦起居老舅百日假满归嵩阳旧居》："旧壑穷杳窱，新潭漾沦涟。"陆龟蒙《引泉诗》："不拟争滴沥，还应会沦涟。"❷谓水波起伏。赵冬曦《滬湖作》："君讶今时尽陵陆，我看明岁更沦涟。"莫宣卿《赋得水怀珠》："沦涟冰彩动，荡漾瑞光铺。"陆龟蒙《奉和袭美二游诗・徐诗》："砥柱不我助，惊波涌沦涟。"

【淪漂】沦落漂荡。唐彦谦《咸通中始闻褚河南葬阳翟因成二十韵》："炎方无信息，丹旐竟沦漂。"

【淪漪】水之微波。柳宗元《南涧中题》："羁禽响幽谷，寒藻舞沦漪。"

【淪賤】谓身世沉沦微贱。李商隐《安平公诗》："古人常叹知己，况我沦贱艰虞多。"

【淪輝】失去光辉。喻死亡。韩愈《梁国惠康公主挽歌二首》之二："佩兰初应梦，奔月竟沦辉。"

【淪翳】犹隐蔽。刘长卿《送薛据宰涉县》："心镜常虚明，时人自沦翳。"

【淪謝】去世。张九龄《商洛山行怀古》："硕人久沦谢，乔木自森罗。"

【淪覆】沦亡；覆没。杨炯《广溪峡》："池台忽已倾，邦家遽沦覆。"吴融《绵竹山四十韵》："方诸沦海隔，欲去忧沦覆。"

【淪謫】谓被贬斥而沦落人世。李商隐《重过圣女祠》："白石岩扉碧藓滋，上清沦谪得归迟。"又《赠华阳宋真人兼寄清都刘先生》："沦谪千年别帝宸，至今犹谢蕊珠人。"

【淪躓】沦落困顿。李百药《春眺》："疲痾荷拙患，沦踬合幽襟。"高适《效古赠崔二》："邈然在云霄，宁肯更沦踬？"

淨〔jìng《广韵》疾政切，去劲，從。〕❶清洁，干净。杜甫《太平寺泉眼》："明涵客衣净，细荡林影趣。"孟郊《越中山水》："越水净难污，越天阴易收。"朱庆余《题钱宇别墅》："石净每因杉露滴，地幽渐觉水禽来。"韦庄《和薛先辈见寄初秋寓怀即事之作二十韵》："鸟喧从果烂，阶净任苔侵。"❷明净，明朗。李义府《宣正殿芝草》："色带朝阳净，光涵雨露滋。"李白《金陵城西楼月下吟》："解道澄江净如练，令人长忆谢玄晖。"顾况《初秋莲塘归》："秋光净无迹，莲消锦云红。"陆龟蒙《引泉诗》："除非净晴日，不见苍崖巅。"亦指清净。白居易《玩止水》："净分鹤翘足，澄见鱼掉尾。"❸洗净。皎然《妙喜寺高房期灵澈上人不至重招之一首》："扫雪开寺门，洒水净僧席。"张籍《宿天竺寺寄灵隐寺僧》："夜向灵溪息此身，风泉竹露净衣尘。"雍陶《和刘补阙秋园寓兴六首》之一："庭风吹故叶，阶露净寒莎。"❹净尽，无剩余。袁朗《秋夜独坐》："新秋百虑净，独夜九愁深。"杜甫《早发》："侧闻夜来寇，幸喜囊中净。"岑参《行军诗二首》之一："昨闻咸阳败，杀戮净如扫。"广宣《驾幸天长寺应制》："车马喧长路，烟云净远山。"亦指扫除干净。张聿《景风扇物》："晓来摇草树，轻度净尘蒙。"❺纯正，纯粹。杜甫《奉酬薛十二丈判官见赠》："羽毛净白雪，惨澹飞云汀。"岑参《秋夕听罗山人弹三峡流泉》："幽引鬼神听，净令耳目便。"张籍《答僧拄杖》："灵籐为拄杖，白净色如银。"❻用同"静"。宁静，寂静。孟浩然《来阇黎新亭作》："地偏香界远，心净水亭开。"钱起《杪秋南山西峰题准上人兰若》："返照乱流明，寒空千嶂净。"郑絪《寒夜闻霜钟》："净兼寒漏彻，闲畏曙更侵。"韦庄《题盘豆驿水馆后轩》："去雁数行天际没，孤云一点净中生。"❼冷貌。《方言》卷十三："溓，净也。"郭璞注："皆冷貌也。"张叔良《长至日上公献寿》："休光连雪净，瑞气杂炉香。"李贺《走马引》："朝嫌剑花净，暮嫌剑光冷。"范传质《荐冰》："色凝霜雪净，影照冕旒清。"❽佛教语。指破除情欲，无所沾染。张谓《哭护国上人》："昔喜三身净，今悲万劫长。"吕温《送僧归漳州》："修行四分律，护净七条衣。"姚合《过稠上人院》："蔬食常来此，人间护净稀。"

【淨人】指寺院中从事勤杂劳务的俗人。李群玉《龙安寺佳人阿最歌八首》之六："既为金界客，任改净人名。愿扫琉璃地，烧香过一生。"

【淨土】　佛教谓无尘世污浊之清净世界。后用以指寺庙。孙逖《和崔司马登称心山寺》："地灵资净土，水若护真如。"李山甫《题慈云寺僧院》："烟霞生净土，苔藓上高幢。"

【淨巾】　僧人所用之白色手巾。王建《原上新居十三首》之七："拟作读经人，空房置净巾。"韦蟾《题僧壁》："一竹横檐挂净巾，灶无烟火地无尘。"亦用以比喻飞瀑、悬泉。陈陶《题赠高闲上人》："海气成方丈，山泉落净巾。"

【淨水】　洁净之清水。姚合《武功县作三十首》之二三："从僧乞净水，凭客报闲书。"吴清妻《仙诗五首》之四："净水仙童调玉液，春宵羽客化金丹。"

【淨手】　洗手。王建《饭僧》："温泉调葛面，净手摘藤花。"

【淨心】　佛教语。清净无垢之心。宋之问《奉和幸三会寺应制》："净心遥证果，睿想独超禅。"

【淨居天】　佛教语。佛教谓无烦天、无热天、善见天、善现天等为净居天。此为圣人所居之处，无尘俗杂染，故名。王维《过卢四员外宅看饭僧共题七韵》："寒空法云地，秋色净居天。"

【淨地】　指寺院。皎然《送关小师还金陵》："蕉花铺净地，桂子落空坛。"费冠卿《答萧建》："幡花扑净地，台殿印晴空。"

【淨因】　佛门之因缘。卢纶《洛阳早春忆吉中孚校书司空曙主簿因寄清江上人》："年来百事皆无绪，唯与汤师结净因。"郑谷《忍公小轩二首》之二："旧游前事半埃尘，多向林中结净因。"

【淨行】　(—xíng)佛教语。谓修行。护国《访云母山僧》："森然古岩里，净行一番僧。"

【淨名】　❶昆摩罗诘(即维摩诘)佛的别称。亦指昆摩罗诘佛像。白居易《夜从法王寺下归岳寺》："可怜狮子座，舁出净名翁。"陆龟蒙《奉和袭美新秋言怀三十韵次韵》："仙因隐居信，禅是净名教。"❷佛经名。《维摩诘经》之别称。记维摩诘与舍利弗弥勒等及文殊大师问答之辞，说明大乘教理。白居易《早服云母散》："净名事理人难解，身不出家心出家。"郑谷《敷溪高士》："敷溪南岸掩柴荆，挂却朝衣爱净名。"❸对僧人的美称。赵嘏《题崇圣寺简云端僧录》："宋玉逢秋空雪涕，净名无地可容床。"皮日休、陆龟蒙《北禅院避暑联句》："终与净名游，还来雪山觅。"褚载《句》：："净名方丈虽然病，曼倩年涯未有多。"

【淨色】　指明净的月色。张籍《西楼望月》："幽光落水堑，净色在霜枝。"徐凝《八月灯夕寄游越施秀才》："四天净色寒如水，八月清辉冷似霜。"

【淨衣】　指僧衣。皎然《送赟上人还京》："沙鸟窥中食，江云入净衣。"贾岛《元日女道士受箓》："元日更新夜，斋身称净衣。"

【淨戒】　佛门戒律。白居易《拜表回闲游》："八关净戒斋销日，一曲狂歌醉送春。"

【淨床】　参见"淨牀"。

【淨君】　指扫帚。无名氏《商山馆》(外编下)："净居扫浮尘，凉友招清风。"题注："商山馆中窗颊上有八句诗云云。净君、凉友，是帚与扇，明矣。"

【淨侶】　僧侣。权德舆《湖上晚眺呈惠上人》："此时何所忆，净侣话玄关。"亦指佛门同伴。郑谷有《谷自离乱之后在西蜀半纪之余多寓止精舍与圆昉上人为净侣忽闻谢世怆吟四韵以吊之》。

【淨沼】　澄清的池塘。刘兼《郡楼闲望书怀》："莲披净沼群香散，鹭点寒烟玉片新。"

【淨牀】　亦作"淨床"。禅床。白居易《道场独坐》："整顿衣巾拂净床，一瓶秋水一炉香。"章孝标《方山寺松下泉》："野客偷煎茗，山僧惜净床。"

【淨居】　指寺庙。李适《奉和九日登慈恩寺浮图应制》："幸陪清汉跸，欣奉净居游。"

【淨食】　佛教语。佛教禁生食菜蔬、瓜果等。食必烧煮，或净除其皮核，谓之净食。贾岛《送天台僧》："寒蔬修净食，夜浪动禅床。"陆龟蒙《奉和袭美太湖诗二十首·雨中游包山精舍》："海客施明珠，湘蕤料净食。"

【淨洗】　洗涤干净。杜甫《洗兵马》："安得壮士挽天河，净洗甲兵长不用。"

【淨室】　清静干净的居室。多指寺庙中供歇息的房间。郑谷《为户部李郎中与令季端公寓止渠州江寺偶作寄献》："退居潇洒寄禅关，高挂朝簪净室间。"

【淨瓶】　即净水瓶。方干《赠玛瑙山禅者》："井味兼松粉，云根着净瓶。"

【淨容】　清明的容光。裴澄《春云》："旭日消寒翠，晴烟点净容。"

【淨院】　指寺院。姚合《寄灵一律师》："梵书钞律千余纸，净院焚香独受持。"

【淨理】　佛教语。清净之理。指佛教的教义。岑参《与高适薛据登慈恩寺浮图》："净理了可悟，胜因夙所宗。"

【淨域】　佛教语。原指弥陀所居之净土。后为寺院之别称。宋之问《送沙门泓景道俊玄奘还荆州应制》："三乘归净域，万骑饯通庄。"柳宗元《巽公院五咏·净土堂》："华堂开净域，图像焕且繁。"曹著《曲江亭望慈恩寺杏园花发》："渚亭临净域，凭望一开轩。"韩偓《残春旅舍》："禅伏诗魔归净域，酒冲愁阵出奇兵。"

【淨教】　(—jiào)指佛教。皇甫曾《赠沛禅师》：

“净教传荆吴，道缘止渔猎。”

【淨掃】 扫除干净。崔国辅《古意》：“净扫黄金阶，飞霜皎如雪。”杜甫《戏题寄上汉中王三首》之二：“终思一酩酊，净扫雁池头。”皮日休《新秋即事三首》之二：“秋期净扫云根瘦，山信回缄乳管粗。”曹唐《小游仙诗九十八首》之一：“净扫蓬莱山下路，略邀王母话长生。”

【淨處】 清净无垢之场所。杜甫《山寺》：“穷子失净处，高人忧祸胎。”

【淨清】 犹清净。储光羲《酬李壶关奉使行县忆诸公》：“非有净清心，同道同房若断金。”

【淨淘】 淘洗干净。白居易《池上小宴问程秀才》：“净淘红粒罯香饭，薄切紫鳞烹水葵。”

【淨琴】 即素琴。谓素朴而不用金、玉、珍宝装饰的琴。杜甫《夜宴左氏庄》：“风林纤月落，衣露净琴张。”

【淨衆寺】 寺名。在今四川成都西。开元十六年，新罗僧无相募建，为成都名胜之一。见《蜀中名胜记》卷二。郑谷有《西蜀净众寺松溪八韵兼寄小笔崔处士》。崔涂有《题净众寺古松》。

【淨業】 佛教语。清净的善业。佛教谓种善业者得往生西方净土，因多用以指笃修净土宗之业。杨炯《和旻上人伤果禅师》：“净业初中日，浮生大小年。”

【淨圓】 明净圆润。温庭筠《兰塘词》：“露凝荷卷珠净圆，紫菱刺短浮根缠。”

【淨業寺】 在鄠县(今陕西户县)终南山北麓附近。始建于隋末唐初。为中国佛教律宗创始人，唐代高僧道宣布道之所，被视为律宗的发祥地。贾岛有《净业寺与前鄠县李廓少府同宿》。

【淨滑】 明净光滑。鱼玄机《打球作》：“坚圆净滑一星流，月杖争敲未拟休。”

【淨甃】 谓以光洁的砖砌成。花蕊夫人徐氏《宫词》之二：“净甃玉阶横水岸，御炉香气扑龙床。”

【淨話】 谈佛之言。郑谷《谷自乱离之后在西蜀半纪之余多寓止精舍与圆昉上人谢世怆吟四韵以吊之》：“每思闻净话，雨夜对禅床。”

【淨筵】 素席。白居易《游悟真寺诗》：“上阶脱双履，敛足升净筵。”

【淨碧】 明净青碧。罗隐《秋霁后》：“净碧山光冷，圆明露点匀。”

【淨境】 净土。借指寺庙。樊忱《奉和九月九日登慈恩寺浮图应制》：“净境重阳节，仙游万乘来。”

【淨塵】 洗净污垢。喻指清平。丁儒《归闲诗二十韵》：“烽火无传警，江山已净尘。”

【淨潄】 谓冲洗干净。孟郊《寒溪》之一：“净潄一掬碧，远消千虑尘。”

【淨緑】 明净碧绿。白居易《新乐府·昆明春》：“今来净绿水照天，游鱼鲅鲅莲田田。”

【淨潔】 干净，清洁。寒山《诗三百三首》之一六一：“净洁空堂堂，光华明日日。”白居易《新乐府·官牛》：“马蹄踏沙虽净洁，牛领牵车欲流血。”又《偶吟二首》之二：“活计纵贫长净洁，池亭虽小颇幽深。”

【淨盡】 一点不剩，绝迹。刘禹锡《再游玄都观》：“百亩庭中半是苔，桃花净尽菜花开。”亦指完全洗净。方干《贻亮上人》：“人间学佛知多少，净尽心花只有师。”

【淨練】 洁白的绢帛。常用以形容清澈的江水。元稹《泛江玩月十二韵》：“委波添净练，洞照灭凝釭。”

【淨牖】 明净的窗户。刘兼《命妓不至》：“月穿净牖霜成隙，风卷残花锦作堆。”

【淨禪】 清静的禅房。司空图《赠信美寺岑上人》：“纱碧笼名画，灯寒照净禅。”

【淨瀨】 沙石上清澈的流水。张乔《青鸟泉》：“净濑烟霞古，寒原草木凋。”

【淨蘚】 清净的苔藓。郑巢《送象上人还山中》：“泉痕生净藓，烧力落寒花。”

【淨體】 清净无尘俗污垢之身。对僧人之身的敬称。崔颢《赠怀一上人》：“净体无众染，苦心归妙宗。”

【淨雖】 五代时洛阳(今属河南)首席沙门。《全唐诗》卷八二五录其《题广爱寺楞伽山》诗一首。

淫 〔yín《广韵》餘針切，平侵，以。〕❶侵淫，漫延。齐己《怀潇湘即事寄友人》：“浸野淫空澹荡和，十年邻住听渔歌。”❷滥，过度。王昌龄《小敷谷龙潭祠作》：“沉淫顷多昧，檐宇遂不葺。”白居易《秦中吟十首·重赋》：“厥初防其淫，明敕内外臣。”见“淫祀”。❸久雨。《尔雅·释天》：“久雨谓之淫，淫谓之霖。”刘猛《苦雨》：“古老传童歌，连淫亦兵象。”见“淫雨”。❹久；停留。见“淫滞”。❺浮华不实。见“淫文”“淫靡”。❻沉迷，沉溺。刘禹锡《乐天是月长斋遂为联句》：“定知于佛佞，岂复向书淫。”李商隐《自桂林奉使江陵途中感怀寄献尚书》：“佞佛将成传，耽书或类淫。”❼贪欲。白居易《反鲍明远白头吟》：“惩淫或应可，在道未为弘。”❽邪乱，放荡。元稹《桐花》：“安问宫角徵，先辨雅郑淫。”郑薰《赠巩畴》：“疏越舍朱弦，哇淫鄙秦筝。”李山甫《赠弹琴李处士》：“致身不似笙竽巧，悦耳宁如郑卫淫。”❾邪恶。见“淫人”。❿贪色；纵欲。吕岩《敲爻歌》：“不破戒，不犯淫，破戒真如性即沈。犯淫坏失长生宝，得者须由道力人。”⓫惑乱，乱杂。见“淫巫”“淫昏”“淫濁”。

【淫人】 邪恶的人。白居易《效陶潜体诗十六首》之一六：“谓神祸淫人，暴秦终霸王。”

【淫文】 浮华的文辞。白居易《和答诗十首》序："且奉新诗一轴，致于执事，凡二十章，率有兴比。淫文艳韵，无一字焉。"

【淫刑】 滥用刑罚。皇甫湜《悭石铭》："淫刑蹙迫，人力无施。"

【淫巫】 惑乱人心的巫师。柳宗元《贞符》序："其言类淫巫瞽吏，诳乱后代。"

【淫祀】 不合礼制的祭祀。杜甫《南池》："淫祀自古昔，非唯一川渎。"李嘉祐《夜闻江南人家赛神因题即事》："南方淫祀古风俗，楚妪解唱迎神曲。"徐凝《浙西李尚书奏毁淫昏庙》："传闻废淫祀，万里静山陂。"郑谷《题张衡庙》："远俗只凭淫祀切，多年平子固悠悠。"

【淫雨】 久雨。李义府《招谕有怀赠同行人》："永夕飞淫雨，崇朝蒸毒雾。"杜甫《苦雨奉寄陇西公兼呈王徵士》："今秋乃淫雨，仲月来寒风。"钱起《适楚次徐城》："畏途在淫雨，未暮息趋程。"

【淫泆】 放纵享乐。拾得《诗》之三四："唯贪淫泆业，此辈实堪伤！"

【淫昏】 淫乱昏愦。李颀《郑樱桃歌》："淫昏伪位神所恶，灭石者陵终不悟。"李白《雪谗诗赠友人》："彼妇人之淫昏，不如鹑之奔奔。"亦用以称滥设的祠庙。徐凝有《浙西李尚书奏毁淫昏庙》。

【淫放】 纵欲放荡。祖咏《古意二首》之一："夫差日淫放，举国求妃嫔。"

【淫威】 滥用权威和暴力。柳宗元《贞符》序："孰称古初朴蒙空侗而无争，厥流以讹，越乃奋敚斗怒振动，专肆为淫威？"

【淫哇】 (一wā)放荡的诗歌。薛能《寓题》："淫哇满眼关雎弱，犹贺清朝有此身。"

【淫思】 淫欲之念。卢仝《月蚀诗》："徒劳含淫思，旦夕遥相望。"

【淫風】 放荡淫乱的风气。李华《咏史十一首》之一一："艳质诚可重，淫风如礼何。"

【淫哀】 极其哀伤。鲍溶《子规》："三叹尚淫哀，向濶嘻流涕。"

【淫祠】 滥设的祠庙。刘长卿《西陵寄一上人》："了义惠心能善诱，吴风越俗罢淫祠。"熊孺登《董监庙》："仁杰淫祠废欲无，枯枫老栎两三株。"

【淫荒】 纵欲放荡。李白《雪谗诗赠友人》："秦皇太后，毒亦淫荒。"

【淫耽】 犹沉迷、沉溺。贾岛《玩月》："此景亦胡及，而我苦淫耽。"姚合《新昌里》："中下无正性，所习便淫耽。"

【淫惑】 荒淫昏乱。吴筠《览古十四首》之一："君臣恣淫惑，风俗日凋衰。"

【淫虐】 荒淫残暴。吴筠《建业怀古》："惜哉归命侯，淫虐败前勋。"

【淫痍】 极深的创伤。指由战乱所造成。卢肇《汉堤诗》："斯为淫痍，孰往膏傅。"

【淫淫】 ❶流不止貌。形容雨多。顾况《我行自东一章》："日中无禽，雾雨淫淫。"孟郊《连州吟》："万里愁一色，潇湘雨淫淫。"❷犹洋溢。形容歌声。李贺《相劝酒》："歌淫淫，管愔愔，横波好送雕题金。"

【淫淚】 泪流不止。韩愈《苦寒》："中宵倚墙立，淫泪何渐渐。"

【淫慆】 怠惰逸乐。柳宗元《游南亭夜还叙志七十韵》："处贱无溷浊，固穷匪淫慆。"

【淫溺】 沉迷于癖好。沈亚之《湘中怨》序："《湘中怨》者，事本怪媚，为学者未尝有述。然而淫溺之人，往往不寤。"

【淫滞】 长期停留。刘孝孙《送刘散员同赋陈思王诗游人久不归》："羁旅久淫滞，物色屡芳菲。"

【淫厲】 谓暴戾无度，过于威猛。元结《演兴四首·招太灵》："嗟魑魅兮淫厉，自古昔兮祟祭。"段成式等《光天帧赞联句》："虺脑淫厉，众魔膜拜。"

【淫慾】 犹情欲。吕岩《敲爻歌》："也饮酒，也食肉，守定胭花断淫欲。"

【淫潦】 (一lǎo)久雨积水。韩愈《答张彻》："淫潦忽翻野，平芜眇开溟。"

【淫樂】 (一lè)荒淫嬉乐。李白《古风》之四三："淫乐心不极，雄豪安足论？"又《上之回》："淫乐意何极？金舆向回中。"

【淫濁】 污浊混乱。韦应物《萼绿华歌》："世淫浊兮不可降，胡不来兮玉斧家。"

【淫聲】 浮靡之音。古代以传统的雅乐为正声，以郑卫之音等俗乐为淫声。李华《咏史十一首》之八："淫声流不返，慆荡日无端。"皎然《观李中丞洪二美人唱歌轧筝歌》："淫声已阕雅声来，游鱼噞喁鹤裴回。"

【淫靡】 谓文辞浮华艳丽。元结《刘侍御月夜宴会》序："诸公尝欲变时俗之淫靡，为后生之规范，今夕岂不能道达情性，成一时之美乎？"

【淫競】 沉迷于竞赛。元稹《竞舟》："节此淫竞俗，得为良政不。"

淰 〔shěn《广韵》式任切，上寝，書。〕见"淰淰"。

【淰淰】 散乱不定貌。杜甫《放船》："江市戎戎暗，山云淰淰寒。"

浽 〔shòu《集韵》是酉切，上有，禪。〕水貌。《玉篇·水部》："浽，水貌。"陈陶《和西江李助副便早登开元寺阁》："万事溺颓波，一航安可浽？"

淝 〔féi《广韵》符非切，平微，奉。〕水名。即淝水。《广韵·微韵》："淝，水名，在庐江，本作'肥'。"李绅《寿阳罢郡日·发寿阳分司敕到又遇新正感怀书事》："休为建隼临淝守，转作垂丝入洛人。"见"淝水"。

【淝口】 淝水与淮河交汇处。李绅《寿阳罢郡初出淝口入淮》："东风百里雪初晴，淝口冰开好濯缨。"

【淝水】 亦称"肥河"。在安徽合肥。韩愈《嗟哉董生行》："淝水出其侧，不能千里，百里入淮流。"李羽《献江淮郡守卢公》："塞诏东来淝水滨，时情惟望秉陶钧。"

【淝水陣】 指晋太和八年，晋将谢石、谢玄率兵迎击前秦苻坚，与前秦军隔淝水布阵而战之事。徐夤《咏笔二首》之二："势健岂饶淝水阵，锋铦还学历山耕。"

淘 〔táo《集韵》徒刀切，平豪，定。〕❶用水冲洗，去除杂质。刘禹锡《浪淘沙》之八："千淘万漉虽辛苦，吹尽狂沙始到金。"施肩吾《洗丹沙词》："千淘万洗紫光攒，夜火荧荧照玉盘。"殷文圭《次韵九华杜先辈重阳寄投宛陵丞相》："强酬小谢重阳句，沙恨无金尽日淘。"❷冲刷。李华《寄赵七侍御》："覆溪窈窕波，涵石淘溶溶。"刘禹锡《浪淘沙》之一："九曲黄河万里沙，浪淘风簸自天涯。"白居易《残暑招客》："谁能淘晚热，闲饮两三杯。"❸疏浚。白居易《西街渠中种莲叠石颇有幽致偶题小楼》："路笑淘官水，家愁费料钱。"朱庆余《送唐中丞开淘西湖夏日游泛因书示郡人》："萍岸新淘见碧霄，中流相去忽成遥。"

【淘米】 洗米。杜甫《示从孙济》："淘米少汲水，汲多井水浑。"白居易《即事》："自看淘酒米，倚杖小池前。"

【淘沙】 冲刷沙砾。刘禹锡《浪淘沙》之五："濯锦江边两岸花，春风吹浪正淘沙。"又之九："流水淘沙不暂停，前波未灭后波生。"

【淘沙子】 《全唐诗外编》(下)录淘沙子《诗》一首，注云："居蜀大东寺养病院，不知所从来及名氏。辛酉岁遁迹携畚锸，日循街坊沟渠内淘，时获碎铜及诸物，以给口食。人呼为淘沙子。能诗，或讥讽时态，或警励流俗，或说神仙之事。后乃出去不归。"按，《全唐诗》卷七六一收此诗署为丁元和作。丁元和，后蜀时人。自幼好道，不慕声利，为人行事异常，人称"淘沙子"。据《十国春秋》本传，此诗乃广政中后主孟昶之作。又，此诗与《全唐诗》卷八五八所录吕岩《赠李德成》诗大同小异。

【淘金】 用水选法去沙取金。刘禹锡《浪淘沙》之六："日照澄洲江雾开，淘金女伴满江隈。"李咸用《古意论交》："择友如淘金，沙尽不得宝。"

【淘金碛】 淘金的沙石浅滩。王周《淘金碛》："画船晚过淘金碛，不见黄金惟见石。"

【淘河】 鹈鹕的别名。见《尔雅·释鸟》《本草纲目·禽一·鹈鹕》。杜甫《赤霄行》："江中淘河嚇飞燕，衔泥却落羞华屋。"

涼 〔liáng《广韵》吕張切，平陽，來。又力讓切，去漾，來。〕❶薄。见《诗·大雅·桑柔》。玄宗《鹡鸰颂》："顾惟德凉，夙夜兢惶，惭化疏兮。"韦庄《和郑拾遗秋日感事一百韵》："法尧功已普，罪己德非凉。"❷微寒。孙逖《葛山潭》："凉哉草木腓，白露沾人衣。"杜甫《发秦州》："汉源十月交，天气凉如秋。"韦应物《秋夜南宫寄沣上弟及诸生》："空宇感凉至，颓颜惊岁周。"韦庄《秋日早行》："上马萧萧襟袖凉，路穿禾黍绕宫墙。"❸清凉，凉爽。孟浩然《宿业师山房期丁大不至》："松月生夜凉，风泉满清听。"刘长卿《昭阳曲》："芙蓉帐小云屏暗，杨柳风多水殿凉。"卢纶《送绛州郭参军》："董泽雷声发，汾桥水气凉。"薛能《夏日寺中有怀》："地燥苍苔裂，天凉晚月生。"❹指秋季。见"凉天❶""凉月"。❺人烟稀少，冷清。李白《晓晴》："野凉疏雨歇，春色遍萋萋。"戎昱《江城秋霁》："霁后江城风景凉，岂堪登眺只堪伤！"元稹《酬白太傅》："太空秋色凉，独鸟下微阳。"许棠《题慈恩寺元遂上人院》："径接河源润，庭容塔影凉。"❻愁苦。韦应物《悲纨扇》："掩嚬人已无，委箧凉空在。"刘沧《经过建业》："凄凉处处渔樵路，鸟去人归山影斜。"❼州名。见"凉州"。

【涼夕】 清凉的夜晚。骆宾王《送别》："寒更承夜永，凉夕向秋澄。"

【涼天】 ❶秋天。韦应物《秋夜寄丘二十二员外》："怀君属秋夜，散步咏凉天。"郎士元《送李骑曹之灵武宁侍》："一岁一归宁，凉天数骑行。"贾岛《寄无可上人》："僻寺多高树，凉天忆重游。"陆龟蒙《江南秋怀寄华阳山人》："栉发凉天曙，含毫故国情。"❷指秋天的天空。王维《赋得秋日悬清光》："寥廓凉天静，晶明白日秋。"于武陵《夜泊湘江》："凉天生片月，竟夕伴孤舟。"张乔《游华山云际寺》："晚木蝉相应，凉天雁并飞。"❸指凉爽的天气。李德裕《题罗浮石》："清景持芳菊，凉天倚茂松。"李商隐《河阳诗》："湘中寄到梦不到，衰容自去抛凉天。"陆龟蒙《奉和袭美宿报恩寺水阁》："周颙不用裁书劝，自得凉天证道情。"

【涼友】 扇子的别名。无名氏《商山馆》(外编下)："净君扫浮尘，凉友招清风。"题注："商山馆中窗颊上有八句诗云云，不知何人作。净君、凉友，是帚与扇，明矣。"参见宋陶穀《清异录·器具》。

【涼水】 清净的水。独孤及《送马郑州》："芳草成皋路，青山凉水源。"

【凉公】 指李玭。袭封凉国公，曾官至广州刺史、岭南节度使。李群玉有《凉公从叔春祭广利王庙》和《广州陪凉公从叔越台宴集》。

【凉月】 秋月。张九龄《和吏部李侍郎见示秋夜望月忆诸侍郎之什》："清秋发高兴，凉月复闲宵。"李白《感时留别从兄徐王延年从弟延陵》："策马摇凉月，通宵出郊圻。"顾况《山中夜宿》："凉月挂层峰，萝林落叶重。"温庭筠《秘书省有贺监知章草题诗因有此作》："几年凉月拘华省，一宿秋风忆故乡。"

【凉光】 月光。李贺《昌谷诗》："凉光入涧岸，廓尽山中意。"

【凉州】 ❶古州名。治所在今甘肃武威。王维《凉州赛神》："凉州城外少行人，百尺峰头望虏尘。"岑参《凉州馆中与诸判官夜集》："凉州七里十万家，胡人半解弹琵琶。"张籍《陇头行》："陇头路断人不行，胡骑夜入凉州城。"白居易《新乐府·西凉伎》："凉州陷来四十年，河陇侵将七千里。"❷乐曲名。原为凉州地方歌曲，后发展为不同宫调的大曲。见唐段安节《乐府杂录》。王昌龄《殿前曲二首》之二："胡部笙歌西殿头，梨园弟子和凉州。"元稹《琵琶歌》："凉州大遍最豪嘈，六么散序多笼撚。"白居易《秋夜听高调凉州》："促张弦柱吹高管，一曲凉州入泬寥。"薛能《清河泛舟》："绕郭烟波浮泗水，一船丝竹载凉州。"

【凉州曲】 (曲 qǔ)乐府近代曲名。刘景复《梦为吴泰伯作胜儿歌》："今朝闻奏凉州曲，使我心神暗超忽。"参见"凉州❷"。

【凉州破】 凉州大曲的第三部分。张祜《王家琵琶》："只愁拍尽凉州破，画出风雷是拨声"。参见"凉州曲。"

【凉州歌】 即《凉州曲》。《杂曲歌辞》有《凉州歌》。

【凉州詞】 乐府近代曲辞。唐人多以《凉州曲》调作歌词，描写边塞风光或战争情景。孟浩然、王翰、王之涣、耿沣及张籍等均作有《凉州词》，参见"凉州❷"。

【凉宇】 凉秋的天空。元稹《含风夕》："载欣凉宇旷，复念佳辰掷。"

【凉吹】 凉风。太宗《秋日翠微宫》："秋日凝翠岭，凉吹肃离宫。"颜真卿、杨凭《又溪馆听蝉联句》："高树多凉吹，疏蝉足断声。"钱起《早下江宁》："暮天微雨散，凉吹片帆轻。"齐己《新秋雨后》："静引闲机发，凉吹远思醒。"

【凉冷】 ❶清凉，凉爽。寒山《三字诗六首》之五："重岩中，足清风；扇不摇，凉冷通。"杜甫《望岳》："稍待西风凉冷后，高寻白帝问真源。"姚合《题凤翔西郭新亭》："清虚宜月入，凉冷胜风吹。"齐己《早秋雨后晚望》："欲承凉冷兴，西向碧嵩游。"❷凄凉冷清。赵嘏《江亭晚望》："碧江凉冷雁来疏，闲望江云思有余。"罗隐《淮南送工部卢员外赴阙》："遥想到时秋欲尽，禁城凉冷露槐疏。"

【凉花】 秋花。李白《将游衡岳留别族弟浮屠谈皓》："凉花拂户牖，天籁鸣虚空。"陆龟蒙《奉和袭美新秋言怀三十韵次韵》："早藕擎霜节，凉花束紫梢。"

【凉雨】 秋雨。岑参《暮秋山行》："苍旻霁凉雨，石路无飞尘。"李端《宿淮浦忆司空文明》："秦地故人成远梦，楚天凉雨在孤舟。"权德舆《陪包谏议湖墅路中举帆》："潇潇凉雨歇，境物望中闲。"

【凉氛】 清凉的雾气。王翰《赠唐祖二子》："瑶觞滋白露，宝瑟凝凉氛。"

【凉夜】 秋夜。薛奇童《和李起居秋夜之作》："高秋南斗转，凉夜北堂开。"钱起《秋夜寄张韦二主簿》："凉夜褰帘好，轻云过月初。"李德裕《思平泉树石杂咏一十首·泛池舟》："树悬凉夜月，风散碧潭烟。"钱珝《江行无题一百首》之三六："水天凉夜月，不是少清光。"

【凉波】 ❶清凉的水波。李贺《江南弄》："江中绿雾起凉波，天上叠巘红嵯峨。"❷指月光。李商隐《令狐舍人说昨夜西掖玩月因戏赠》："凉波冲碧瓦，晓晕落金茎。"

【凉空】 秋凉的天空。耿沣《喜侯十七校书见访》："谁为须张烛，凉空有望舒。"

【凉牀】 供纳凉用的床，多用竹子制成。薛逢《石膏枕》："朝来送在凉床上，只怕风吹日炙销。"

【凉思】 凄凉的情思。李贺《昌谷诗》："鸿珑数铃响，羁臣发凉思。"亦指凉秋的思念。李商隐有《凉思》。

【凉秋】 凉爽的秋天。岑参《胡笳歌送颜真卿使赴河陇》："凉秋八月萧关道，北风吹断天山草。"司空曙《送曹三同猗游山寺》："山蹋青芜尽，凉秋古寺深。"韩愈《远游联句》："即路涉献岁，归期眇凉秋。"戴司颜《江上雨》："星辰照何处，风雨送凉秋。"

【凉泉】 清凉的泉水。宋之问《温泉庄卧病寄杨七炯》："惜无载酒人，徒把凉泉掬。"

【凉風】 ❶秋风。孟浩然《秦中感秋寄远上人》："日夕凉风至，闻蝉但益悲。"刘长卿《送金昌宗归钱塘》："秋水照华发，凉风生褐衣。"崔宗之《赠李十二白》："凉风八九月，白露满空庭。"李绅《忆至巩县河宿待家累追怀》："今来忆事凉风晚，烟浦空悲黄菊花。❷凉爽的风。王翰《古蛾眉怨》："珠帘北卷待凉风，绣户南开向明月。"李白《游水西简郑明府》："凉风日潇洒，幽客时憩泊。"皎然《夏日题桐庐杨明府纳凉山斋》："放怀凉风至，缓步清阴重。"白居易《香山避暑二绝》之二："一路凉风十八里，卧乘篮舆睡中归。"周朴《题玄公院》："衣巾杂暑气，床榻向凉风。"

【涼風臺】　❶汉代台名。在长安(今西安)。储光羲《效古二首》之一："晨登凉风台，暮走邯郸道。"❷唐代台名。在郑县(今陕西华县)。独孤及《海上怀华中旧游寄郑县刘少府造渭南王少府崟》："凉风台上三峰月，不夜城边万里沙。"原注："王任郑县日，于城角筑小台，号'凉风台'。每与数公置酒登临，望二华云月。"

【涼風觀】　观名。在今内蒙古和林格尔县西北的土城子，北魏拓跋珪建。薛奇童《云中行》："忆昔魏家都此方，凉风观前朝百王。"

【涼亭】　供行人避雨或休息的亭子。杜牧《醉倒》："日晴空乐下仙云，俱在凉亭送使君。"

【涼宫】　即清凉宫。指佛寺。皎然《题报恩寺惟照上人房》："上界雨色干，凉宫日迟迟。"

【涼軒】　即凉阁。李益《宿冯翊夜雨赠主人》："凉轩辞夏扇，风幌揽轻裯。"刘禹锡《翠微寺有感》："朱旗迎夏早，凉轩避暑来。"崔道融《拟乐府子夜四时歌四首》之二："凉轩待月生，暗里萤飞出。"

【涼原】　凉州与原州之合称。白居易《新乐府·缚戎人》："自云乡管本凉原，大历年中没落蕃。"按，据《元和郡县志·凉州》："天宝元年，改为武威郡，乾元元年复为凉州。广德二年陷于吐蕃。"《新唐书·地理志一》："原州，平凉郡……广德元年没吐蕃。"凉、原在大历前已陷于吐蕃。

【涼氣】　清凉之气。孟浩然《夏日浮舟过陈大水亭》："水亭凉气多，闲棹晚来过。"韦应物《寄别李儋》："远郡卧残疾，凉气满西楼。"柳宗元《感遇二首》之一："西陆动凉气，惊乌号北林。"温庭筠《卢氏池上遇雨赠同游者》："簟翻凉气集，溪上润残棋。"

【涼候】　凉秋的节候。李德裕《早入中书行公主册礼事毕登集贤阁成咏》："皎月映高梧，轻风发凉候。"

【涼宵】　秋夜。元稹《遣兴十首》之四："凉宵露华重，低徊当月明。"吴融《败帘六韵》："凉宵何必卷，月自入轩流。"

【涼扇】　(—shàn)取凉用的扇子。杨衡《宿陟岵寺云律师院》："碧水洒尘缨，凉扇当夏日。"

【涼堂】　建于水边的楼阁。李频《秋夜宿重本上人院》："却忆凉堂坐，明河几度流。"

【涼野】　荒凉的原野。张九龄《九月九日登龙山》："郡庭常窘束，凉野求昭旷。"张继《登丹阳楼》："迢递高楼上，萧疏凉野间。"

【涼國惠康公主】　参见"梁國惠康公主"。

【涼陰】　阴凉之气。唐彦谦《咏竹》："醉卧凉阴沁骨清，石床冰簟梦难成。"胡宿《早夏》："雨径乱花埋宿艳，月轩修竹转凉阴。"

【涼雲】　秋云。耿沣《常州留别》："夜浦凉云过，秋塘好月闲。"齐己《答陈秀才》："野叠凉云朵，苔重草木阴。"亦指凉爽的云气。李贺《南园》："南山削秀蓝玉合，小雨归去飞凉云。"

【涼景】　凄凉的景色，冷清的景色。王勃《咏风》："肃肃凉景生，加我林壑清。"骆宾王《别李峤得胜字》："寒更承夜永，凉景向秋澄。"

【涼温】　❶春秋，寒暑。王泠然《淮南寄舍弟》："寄书迷处所，分袂隔凉温。"豆卢回《登乐游原怀古》："二曜屡回薄，四时更凉温。"❷冷暖，寒暄。指人的生活起居。高适《酬司空璲少府》："江山满词赋，札翰起凉温。"岑参《潼关镇国军句覆使院早春寄王同州》："各自限官守，何由叙凉温。"刘禹锡《韩十八侍御见示岳阳楼别窦司直诗因令属和》："契阔话凉温，壶觞慰迁徙。"

【涼葉】　秋天的树叶。贺敳《奉和九月九日应制》："寒花低岸菊，凉叶下庭梧。"杜甫《秋日夔府咏怀奉寄郑监李宾客一百韵》："甘子阴凉叶，茅斋八九椽。"陈羽《早秋浐水送人归越》："凉叶萧萧生远风，晓鸦飞度望春宫。"章碣《寄友人》："昨日西风动归思，满船凉叶在天涯。"

【涼暄】　犹冷暖。郭澹《东峰亭各赋一物得临轩桂》："共看霜雪后，终不变凉暄。"

【涼節】　指秋季。李贺《秋凉诗寄正字十二兄》："百日不相知，花光变凉节。"

【涼煙】　秋天的雾气。李白《观鱼潭》："凉烟浮竹尽，秋月照沙明。"柳中庸《秋怨》："玉树起凉烟，凝情一叶前。"陆龟蒙《送浙东德师侍御罢府西归》："行次野枫临远水，醉中衰菊卧凉烟。"

【涼殿】　即清凉殿。帝王夏日避暑之处。❶汉代之凉殿，在长安故城未央殿北。《三辅黄图》卷三："清凉殿，夏居之则清凉也。亦曰延清室。《汉书》曰'清室则中夏含霜'，即此也。"项斯《古扇》："寒尘妒尽秦王女，凉殿恩随汉主妃。"❷指唐代东都凉殿。在洛阳城南。李贺《十二月乐词·五月》："回雪舞凉殿，甘露洗空绿。"

【涼漢】　秋夜之银河。陆龟蒙《子夜四时歌·秋》："凉汉清泬寥，衰林怨风雨。"

【涼閣】　供纳凉的楼房。韦应物《张彭州前与冯少府各惠寄一篇未答张已云没因追哀叙事》："郡中有方塘，凉阁对红蕖。"

【涼潭】　指水井。贾岛《题山寺井》："此地如经劫，凉潭会共枯。"

【涼魄】　指秋月。元稹《赋得九月尽》："玄阴迎落日，凉魄尽残钩。”

【凉德】 薄德，缺少仁义。玄宗《早登太行山中言志》：“凉德惭先哲，徽猷慕昔皇。”周昙《咏史诗·春秋战国门·武公》：“猛兽来兵只为文，岂宜凉德拟图尊。”

【凉館】 秋馆。秋日的馆舍。李贺《听颖师弹琴歌》：“凉馆闻弦惊病客，药囊暂别龙须席。”

【凉燠】 冷暖，寒暑。李峤《刘侍读见和山邸十篇重申此赠》：“野气迷凉燠，山花杂古今。”

【凉曠】 谓凉风浩荡。旷，旷荡。李贺《昌谷诗》：“光洁无秋思，凉旷吹浮媚。”

【凉蟬】 秋蝉。王勃《三月曲水宴得烟字》：“日斜真趣远，幽思梦凉蝉。”孟浩然《家园卧疾毕太祝曜见寻》：“隙驹不暂驻，日听凉蝉悲。”

【凉簟】 凉席。武元衡《夏日陪冯许二侍郎与严秘书游昊天观》：“石甃古苔冷，水筠凉簟翻。”温庭筠《京兆公池上作》：“坏堤泉落处，凉簟雨来时。”陈陶《殿前生桂树》：“蕙楼凉簟翠波空，银缕香寒风皇薄。”

【凉飔】 凉风。许敬宗《奉和入潼关》：“是节岁穷纪，关树荡凉飔。”韦应物《重九登滁城楼忆前岁九日燕集悽然怀旧》：“楼中一长啸，恻怆起凉飔。”元晦《越亭二十韵》：“影气爽衣巾，凉飔轻杖履。”皮日休《太湖诗·销夏湾》：“敛袖弄轻浪，解巾敌凉飔。”

【凉蟾】 指秋月。李商隐《燕台四首·秋》：“月浪冲天天宇湿，凉蟾落尽疏星入。”

【凉露】 清凉的露水。李贺《塘上行》：“藕花凉露湿，花缺藕根涩。”白居易《赠内》：“漠漠暗苔新雨地，微微凉露欲秋天。”李商隐《昨夜》：“昨夜西池凉露满，桂花吹断月中香。”

【凉飆】 秋风。王勃《易阳早发》：“复此凉飙至，空山飞夜萤。”高适《同群公秋登琴台》：“犹是对夏伏，几时有凉飙?”陈存《寓居武丁馆》：“暑雨飘已过，凉飙触幽衿。”张乔《兴善寺贝多树》：“远根穿古井，高顶起凉飙。”

淳 〔chún《广韵》常倫切，平諄，禪。〕❶浓厚。白居易《效陶潜体诗十六首》之六：“床头残酒榼，欲尽味弥淳。”❷敦厚，质朴。杜审言《扈从出长安应制》：“省方称国阜，问道识风淳。”李白《送鲁郡刘长史迁弘农长史》：“及此留惠爱，庶几风化淳。”孟郊《献汉南樊尚书》：“异俗既从化，浇风亦归淳。”❸纯粹。卢纶《割飞二刀子歌》：“南中匠人淳用钢，再令盘屈随手伤。”见“淳精”。❹纯正，平和。皎然《奉酬于中丞使君郡斋卧病见示一首》：“以兹得高卧，任物化自淳。”

【淳元】 指天地之元气。齐己《孙支使来借诗集因有谢》：“冥搜从少小，随分得淳元。”又《石竹花》：“谁为根寻造化功，为君吐出淳元胆。”

【淳化】 敦厚的教化。吴筠《高士咏·臧丈人》：“一遵无为术，三载淳化宣。”权德舆《奉和圣制丰年多庆九日示怀》：“琐细何以报，翾飞淳化中。”张籍《董公诗》：“感应我淳化，生瑞我地中。”

【淳古】 质朴而有古风。李白《答高山人兼呈权顾二侯》：“衣貌本淳古，文章多佳丽。”高适《留上李右相》：“风俗登淳古，君臣挹大庭。”杜甫《岳麓山道林二寺行》：“潭府邑中甚淳古，太守庭内不喧呼。”

【淳朴】 参见“淳樸”。

【淳和】 （—hé）敦厚和谐。皇甫冉《和郑少尹祭中岳寺北访萧居士越上方》：“寂静求无相，淳和睹太初。”

【淳俗】 淳朴的风俗。殷尧藩《帝京二首》之二：“都将俭德熙文治，淳俗应还太古风。”

【淳風】 ❶敦厚质朴的风俗。陆敬《游隋故都》：“正始淳风被，人劳用息肩。”耿湋《赴许州留别洛中亲故》：“淳风今变俗，末学误为文。”鲍溶《辞辇行》：“汉家代久淳风薄，帝重微行极荒乐。”❷指淳古的风韵。李中《听郑羽人弹琴》：“秋月空山寂，淳风一夜生。”贯休《寿春节进》：“佳气宸居合，淳风乐府吹。”

【淳淳】 敦厚貌。语本《老子》：“其政闷闷，其民淳淳。”张绍《冲佑观》：“皇风荡荡，黔首淳淳。”

【淳源】 淳朴之源。李白《古风》之二五：“世道日交丧，浇风散淳源。”刘叉《野哭》：“哀哉异教溺颓俗，淳源一去何时还。”

【淳熙】 淳正光明。李商隐《韩碑》：“呜呼圣皇及圣相，相与煊赫流淳熙。”

【淳熟】 犹纯熟。很熟练。元稹《酬别致用》：“研几未淳熟，与世忽参差。”

【淳精】 精粹，精华。骆宾王《浮槎》序：“非夫禀乾坤之秀气，含宇宙之淳精，孰能负凌云概日之姿，抱积雪封霜之骨。”齐己《谢王先辈湘中回惠示卷轴》：“少小即怀风雅情，独能遗象琢淳精。”

【淳漿】 清淳的汁液。李华《云母泉诗》序：“泉出石，引流分渠，周遍庭宇。发如乳湩，末派如淳浆。”

【淳樸】 亦作“淳朴”。敦厚质朴。杜甫《五盘》：“喜见淳朴俗，坦然心神舒。”韦应物《与村老对饮》：“鬓眉雪色犹嗜酒，言辞淳朴古人风。”独孤绶《投珠于泉》：“至道归淳朴，明珠被弃捐。”

【淳默】 敦厚寡言。宋务光《海上作》：“吾君略仙道，至化孚淳默。”

液 〔yè《广韵》羊益切，入昔，以。〕❶汁；浆水。李华《云母泉诗》：“饮液尽眉寿，餐和皆体平。”韦应物《咏琥珀》：“曾为老茯神，本是寒松液。”刘禹锡《葡萄歌》：“米液溉其根，理疏看滲漉。”

唐彦谦《题证道寺》:“满涧洗岩液,插天排石牙。”❷溶化。崔日用《奉和人日重宴大明宫恩赐彩楼人胜应制》:“曲池苔色冰前液,上苑梅香雪里骄。”❸指丹液。相传服之可以长生。令狐楚《句》(句下注:见《锦绣万花谷》):“我愿从之游,深卜炼上液。”

淬 〔cuì《广韵》七内切,去隊,清。〕❶锻造刀剑时,加热到一定温度,就要浸入水中,急速冷却,以增加硬度。李峤《宝剑篇》:“淬绿水,鉴红云,五采焰起光氛氲。”王昌龄《宿灞上寄侍御玙弟》:“良马足尚踠,宝刀光未淬。”卢纶《难绾刀子歌》:“淬之几堕前池水,焉知不是蛟龙子。”齐己《古剑歌》:“古人手中铸神物,百炼百淬始提出。”❷锻炼,磨炼。权德舆《送杜尹赴东都》:“如纶披凤诏,出匣淬龙泉。”元稹《谕宝二首》之二:“镆铘无人淬,两刃幽壤铁。”李德裕《述梦诗四十韵》:“重价连悬璧,英词淬宝刀。”温庭筠《感旧陈情五十韵献淮南李仆射》:“涩剑犹堪淬,余朱或可研。”引申指勉励。齐己《晚夏金江寓居答友生》:“时难未可出,且欲淬豪曹。”❸磨治。古以金属为镜,须常加磨治,方可明亮照人。长孙佐辅《对镜吟》:“镜上有尘犹可淬,君恩讵肯无回时。”❹浸染,涂上。《玉篇·水部》:“淬,染也。”卫象《古词》:“鹊血雕弓湿未干,鸊鹈新淬剑光寒。”李贺《春坊正字剑子歌》:“蛟胎皮老蒺藜刺,鸊鹈淬花白鹇尾。”卢仝《赠金鹅山人沈师鲁》:“日月高挂玄关深,金膏切淬肌骨异。”❺指沉入水中。元稹《说剑》:“本是稽泥淬,果非雷焕有。”李绅《趋翰苑遭诬构四十六韵》:“度岭瞻牛斗,浮江淬辘轳。”李洞《送龙州田使君旧诗家》:“剑淬号猿岸,弓悬宿鹤枝。”

【淬礪】 ❶淬火磨砺。元稹《箭镞》:“箭镞本求利,淬砺良甚难。”又《三叹》:“淬砺当阳铁,刻为干镆名。”陆龟蒙《樵人十咏·樵斧》:“淬砺秋水清,携持远山曙。”❷激励。陈陶《圣帝击壤歌四十声》:“泥沙空淬砺,星斗屡低昂。”

涪 〔fú《广韵》缚谋切,平尤,奉。〕❶水名。见“涪水”。❷古州名。见“涪州”。

【涪川】 即“涪水”。李汶儒《和绵州于中丞登越王楼作》:“日照涪川阔,烟笼雪峤明。”参见“涪水”。

【涪水】 水名。在四川中部。贾岛《郑尚书新开涪江二首》之二:“涪水方移岸,浔阳有到舟。”

【涪右】 涪江之西。指梓州。杜甫《冬到金华山观因得故拾遗陈公学堂遗迹》:“涪右众山内,金华紫崔嵬。”

【涪州】 古州名。唐武德元年置,治所在涪陵,天宝初改为涪陵郡,乾元初复为涪州。戴叔伦有《渐至涪州先寄王员外使君纵》。元稹《黄草峡听柔之琴二首》之二:“怜君伴我涪州宿,犹有心情彻夜弹。”张祜有《送李长史归涪州》。

【涪江】 水名。即今涪江。骆宾王《艳情代郭氏答卢照邻》:“归云已落涪江外,还雁应过洛水瀍。”杜甫《去秋行》:“去秋涪江木落时,臂枪走马谁家儿。”李逢吉《望京楼上寄令狐华州》:“涪江适在下,为我久潺湲。”李洞《赠庞炼师》:“家住涪江汉语娇,一声歌戛玉楼箫。”参见“涪水”。

【涪城縣】 古县名。唐属绵州,治所在今四川三台县西北。参见《旧唐书·地理志四》。杜甫有《涪城县香积寺官阁》。

【涪陵】 郡名。唐天宝初改涪州为涪陵郡,乾元初复为涪州。贯休《晚春寄张侍郎》:“遐想涪陵岸,山花半已残。”

【涪萬】 涪州与万州的合称。杜甫《杜鹃》:“涪万无杜鹃,云安有杜鹃。”又《长江二首》之一:“众水会涪万,瞿塘争一门。”

淤 〔yū《广韵》央居切,平魚,影。又依倨切,去御,影。〕❶水中沉积的泥沙。杜甫《溪涨》:“马嘶未敢动,前有深填淤。”又《赠李八秘书别三十韵》:“杜陵斜晚照,潏水带寒淤。”❷指污泥。白居易《和微之诗二十二首·和三月三十日四十韵》:“紫蕨抽出畦,白莲埋在淤。”

【淤泥】 ❶泥沙冲积成的土壤。王季友《代贺若令誉赠沈千运》:“涧中磊磊十里石,河上淤泥种桑麦。”贾岛《寄武功姚主簿》:“驿路穿荒坂,公田带淤泥。”方干《东山瀑布》:“不缘真宰能开决,应向前山杂淤泥。”❷犹污泥。顾况《寻僧二首》之二:“莫怪狂人游楚国,莲花只在淤泥生。”马异《答卢仝结交诗》:“将吾剑兮切淤泥,使良骥兮捕老鼠。”李群玉《法性寺六祖戒坛》:“惊俗生真性,青莲出淤泥。”

淡[1] 〔dàn《广韵》徒濫切,去闞,定。又徒敢切,上敢,定。〕❶味不浓。《说文·水部》:“淡,薄味也。”杜甫《白水县崔少府十九翁高斋三十韵》:“玉觞淡无味,胡羯岂强敌。”亦指无盐或少盐。与“咸”相反。元稹《有酒十章》之八:“味作咸而若一,虽甘淡兮谁谓尔为良。”❷淡泊。孟郊《西斋养病夜怀多感因呈上从叔子云》:“守淡遗众俗,养疴念余生。”白居易《池上竹下作》:“水能性淡为吾友,竹解心虚即我师。”杜荀鹤《秋宿诗僧云英房因赠》:“同吟到明坐,此道淡谁知。”见“淡泊❶”。❸稀薄,含某种成分少。刘长卿《送贾侍御克复后入京》:“晴云淡初夜,春塘深慢流。”司空图《诗品二十四则·清奇》:“神出古异,淡不可收。”李中《云》:“不滞浓还淡,无心卷复伸。”引申指淡薄。清昼《渚山春暮会顾丞茗舍联句》:“云教淡机虑,地可遗名实。”❹轻微,微弱。李白

《陪族叔刑部侍郎晔及中书贾舍人至游洞庭五首》之五:“淡扫明湖开玉镜,丹青画出是君山。”韩愈《秋怀诗十一首》之七:“有琴具徽弦,再鼓听愈淡。”白居易《晚起》:“酒性温无毒,琴声淡不悲。”❺颜色浅。韦应物《西郊游瞩》:“东风散余冱,陂水淡已绿。”窦巩《陕府宾堂览房杜二公题纪手迹》:“仁寿元和二百年,濛笼水墨淡如烟。”崔峒《送苏修游上饶》:“芦花浅淡处,江月奈人何。”引申指明净。杜牧《题宣州开元寺水阁阁下宛溪夹溪居人》:“六朝文物草连空,天淡云闲今古同。”❻使清淡素净。岑参《自潘陵尖还少室居止秋夕凭眺》:“九月山叶赤,溪云淡秋容。”王初《书秋》:“千里南云度塞鸿,秋容无迹淡平空。”皮日休《奉和鲁望新夏东郊闲泛》:“水物轻明淡似秋,多情才子倚兰舟。”❼安静,闲适。储光羲《奉别长史庾公太守徐公应召》:“游子淡何思,江湖将永年。”清江《精舍遇雨》:“空门寂寂淡吾身,溪雨微微洗客尘。”❽冷淡,不热情。孟郊《劝友》:“至白涅不缁,至交淡不疑。”见“淡薄❸”。

淡2

〔yǎn《广韵》以冉切,上琰,以。〕见“淡₂淡”。

【淡日】 微弱的日光。杜牧《早春阁下寓直萧九舍人亦直内署因寄书怀四韵》:“玉漏轻风顺,金茎淡日残。”

【淡月】 不太明亮的月光。王周《自和》:“一片残阳景,朦胧淡月中。”

【淡水】 ❶喻友情单纯。王熊《奉别张岳州说二首》之一:“不期交淡水,暂时款忘年。”郑缙《咏浮沤为辛明府作》:“欲作微涓效,先从淡水游。”参见“淡水交情”。❷犹淡泊。不热衷名利。徐铉《得浙西郝判官书因问方判官田书记消息》:“淡水心情长若此,银钩踪迹更无知。”

【淡交】 不以势利相结合的交情。语本《庄子·山木》:“且君子之交淡若水,小人之交甘若醴;君子淡以亲,小人甘以绝。”郭象注:“无利故淡,道合故亲。”白居易《张十八员外以新诗二十五首见寄》:“阳春曲调高难和,淡水交情老始知。”杜甫《秋日夔府咏怀奉寄郑监李宾客一百韵》:“淡交随聚散,泽国绕回旋。”白居易《赠皇甫宾客》:“始信淡交宜久远,与君转老转相亲。”司空图《歌者十二首》之五:“转觉淡交言有味,此声知是古人心。”

【淡白】 犹“淡泊”。清爽明净。白居易《秋寄微之十二韵》:“淡白秋来日,疏凉雨后风。”

【淡光】 微弱的光线。李贺《河南府试十二月乐词·十二月》:“日脚淡光红洒洒,薄霜不销桂枝下。”

【淡竹】 竹的一种。亦称甘竹。唐彦谦《晚秋游中溪》:“淡竹冈前沙雁飞,小花尖下柘丸肥。”

【淡如】 犹淡薄,不深厚。储光羲《贻崔太祝》:“何以知君子,交情复淡如。”

【淡交】 参见“淡水之交”。

【淡泊】 (—bó)❶恬淡,不热衷名利。韦应物《寓居澧上精舍寄于张二舍人》:“道心淡泊对流水,生事萧疏空掩门。”李端《秋日旅舍别司空文明》:“素怀宗淡泊,羁旅念功勋。”牟融《赠杨处厚》:“客心淡泊偏宜静,吾道从容不厌贫。”齐己《渚宫莫问诗一十五首》之一一:“道应归淡泊,身合在空闲。”❷清淡寡味。韦应物《汉武帝杂歌三首》之二:“乃知甘酥皆是腐肠物,独有淡泊之水能益人。”贯休《桐江闲居作十二首》之四:“王孙莫指笑,淡泊味还长。”❸清爽明净。白居易《问秋光》:“身心转恬泰,烟景弥淡泊。”

【淡濘】 清新明净。贯休《和韦相公见示闲卧》:“宽平开义路,淡泞润清田。”

【淡紅】 浅红色。白居易《吴宫辞》:“淡红花帔浅檀蛾,睡脸初开似剪波。”韦庄《丙辰年鄜州遇寒食城外醉吟五首》之二:“肠断入城芳草路,淡红香白一群群。”

【淡黄】 浅黄色。崔涯《悼妓》:“淡黄衫子浑无色,肠断丁香画雀儿。”无名氏《鸡头》(卷七八五):“淡黄根老栗皱圆,染青刺短金罂熟。”

【淡掃蛾眉】 轻淡地画眉。指妇女化妆淡雅。张祜《集灵台二首》之二:“却嫌脂粉污颜色,淡扫蛾眉朝至尊。”

【淡淡】 ❶形容颜色浅,不浓艳。杜甫《行次盐亭县聊题四韵》:“云溪花淡淡,春郭水泠泠。”李商隐《菊》:“暗暗淡淡紫,融融冶冶黄。”李建勋《惜花》:“淡淡西园日又垂,一尊何忍负芳枝。”徐铉《寒食日作》:“过社纷纷燕,新晴淡淡霞。”❷轻淡,轻微。耿湋《贺李观察祷河神降雨》:“玉帛才敷云淡淡,笙镛未撤雨霏霏。”元稹《生春二十首》之二十:“满空愁淡淡,应豫忆芳丛。”许浑《朱坡故少保杜公池亭》:“楸梧叶暗潇潇雨,菱荇花香淡淡风。”左偃《江上晚泊》:“寒云淡淡天无际,片帆落处沙鸥起。”❸同“澹澹”。水波动貌。王维《赠裴十迪》:“欣欣春还皋,淡淡水生陂。”刘长卿《听笛歌》:“横笛能令孤客愁,绿波淡淡如不流。”

【淡₂淡】 (—yǎn)水流平缓貌。《文选·宋玉〈高唐赋〉》:“濞汹汹其无声兮,溃淡淡而并入。”李善注:“淡,以冉切,安流平满貌。”李颀《寄镜湖朱处士》:“鳞鳞远峰见,淡淡平湖春。”

【淡寂】 淡泊安闲。李中《游北山洞神宫》:“人居淡寂应难老,道在虚无不可闻。”

【淡菜】 将贻贝的肉烧煮、曝晒而制成的干食品。因煮、晒时不加盐,故名。李贺《画角东城》:“淡菜生寒日，鲕鱼潩白涛。”孙光宪《和南越诗》：“晓厨烹淡菜，春杼种橦花。”

【淡雲輕雨】　亦作“淡煙微雨”。形容烟雨濛濛。李商隐《席上作》：“淡云轻雨拂高唐，玉殿秋来夜正长。”

【淡然】　❶淡泊，不趋名利。吴筠《高士咏·黔娄先生》：“淡然常有怡，与物固无瑕。”刘沧《赠道者》：“真趣淡然居物外，忘机多是隐天台。”❷唐诗僧。俗名诸葛觉，越州人。与韩愈、孟郊友善。《全唐诗》卷八五一录其断句一联。

【淡蛾】　浅淡的眉毛。李贺《昌谷诗（五月二十七日作）》：“淡蛾流平碧，薄月眇阴悴。”毛熙震《临江仙》词之二：“淡蛾羞敛不胜情。暗思闲梦，何处逐行云。”

【淡愁】　轻微的忧愁。杜牧《夜雨》：“点滴侵寒梦，萧骚著淡愁。”

【淡煙】　轻淡的云雾。牟融《陈使君山庄》：“流水断桥芳草路，淡烟疏雨落花天。”刘沧《秋日山寺怀友人》：“萧寺楼台对夕阴，淡烟疏馨散空林。”

【淡煙微雨】　义同“淡雲輕雨”。

【淡漠】　淡泊清静。吴筠《高士咏·原宪》：“原生何淡漠，观妙自怡性。”

【淡潋】　洗涤。韩愈《纳凉联句》：“青荧文簟施，淡泌甘瓜濯。”

【淡翠】　犹青绿色。李德裕《春暮思平泉杂咏二十首·金松》：“照日含金晰，笼烟淡翠滋。”

【淡影】　暗淡的阴影。詹敦仁《柳堤诗》序：“俄而凉飙讽至，一叶惊秋，露滴疏枝，月筛淡影。”

【淡蕩】　❶和畅舒缓。多用以形容春天的景物。陈子昂《与东方左史虬修竹篇》：“春风正淡荡，白露已清泠。”储光羲《同武平一员外游湖五首》之四：“朦胧竹影蔽岩扉，淡荡荷风飘舞衣。”张仲素《汉苑行二首》之二：“春风淡荡景悠悠，莺啭高枝燕入楼。”❷借指反映春光、春色。王维《晦日游大理韦卿城南别业》之四：“淡荡动云天，玲珑映墟曲。”温庭筠《李先生别墅望僧舍宝刹因作双韵声》：“潭庐同淡荡，仿佛复芬芳。”知玄《答僧澈》：“萧寺讲轩横淡荡，帝乡云树正扶疏。”

【淡薄】　❶恬淡寡欲。孟郊《游枋口》之一：“恣闲饶淡薄，怠玩多淹留。”柳宗元《游朝阳岩遂登西亭二十韵》：“逍遥屏幽昧，淡薄辞喧呶。”周贺《赠神构上人》：“道情淡薄闲愁尽，霜色何因入鬓根。”裴说《访道士》：“惟有疏慵者，来看淡薄人。”❷清淡；稀薄。谓味不浓或密度小。姚合《送裴大夫赴亳州》：“一杯诚淡薄，四座愿留连。”郑薰《赠巩畤》：“淡薄贵无味，羊斟惭大羹。”宋齐丘《陪游凤皇台献诗》：“峨峨江令石，青苔何淡薄。”❸淡漠，冷淡。白居易《隐几赠客》：“宦情本淡薄，年貌又老丑。”陆龟蒙《古意》：“君心莫淡薄，妾意正栖讬。”李建勋《夏日酬祥松二公见访》：“从容非有约，淡薄不相志。”贯休《江西再逢周琏》：“交情终淡薄，诗语更清狂。”❹指妆饰淡雅朴素。张籍《倡女词》：“画罗金缕难相称，故着寻常淡薄衣。”罗虬《比红儿诗》之八八：“凝情尽日君知否，还似红儿淡薄妆。”殷文圭《赵侍郎看红白牡丹因寄杨状头赞图》：“剪裁偏得东风意，淡薄似矜西子妆。”

【淡靄】　轻淡的云气。李贺《河南府试十二月乐词·正月》：“薄薄淡靄弄野姿，寒绿幽风生短丝。”

淙[1]　〔cóng《广韵》藏宗切，平冬，從。又士江切，平江，崇。〕❶瀑布。《六书故·地理三》：“淙，飞流也。”见“淙流”“淙漻”。❷水流貌。《广韵·江韵》：“淙，水流貌。”徐彦伯《石淙》：“碧淀红涔崿嶂间，淙嵌洑岨洊成湾。”元稹《竞渡》：“龙门浚如泻，淙射不可援。”❸象声词。状水声。《说文·水部》：“淙，水声也。”见“淙淙”。

淙[2]　〔shuàng《广韵》色绛切，去绛，生。〕灌注，冲击。卢纶《郊居对雨寄赵涓给事包佶郎中》：“浊水淙深辙，荒兰拥败渠。”李德裕《重忆山居六首·罗浮山》：“其下多长溪，潺湲淙乱石。”贯休《秋末入匡山船行八首》之八：“雨淙山骨出，棹撼岸形卑。”

【淙₂注】　冲击，灌注。姚合《买太湖石》：“背面淙注痕，孔隙若琢磨。”

【淙琤】　指玉碰撞声，用以形容水流相激声。韩愈、孟郊《城南联句》：“竹影金琐碎，泉音玉淙琤。”

【淙流】　飞流。指瀑布。韦应物《简寂观西涧瀑布下作》：“淙流绝壁散，虚烟翠涧深。”又《龙门游眺》：“花树发烟华，淙流散石脉。”刘禹锡《海阳十咏·玄览亭》：“淙流冒石下，轻波触砌回。”

【淙淙】　流水声。高适《赋得还山吟送沈四山人》：“石泉淙淙若风雨，桂花松子常满地。”戴叔伦《下鼻亭泷行八十里聊状艰险寄青苗郑副端朔阳》：“淙淙振崖谷，汹汹竟朝夕。”杜牧《秋晚早发新定》：“悬缨未敢濯，严濑碧淙淙。”

【淙漻】　指瀑布。戴公怀《奉和郎中游仙山四瀑泉》：“淙漻泻三四，奔腾千万秋。”

【淙壑】　指山涧。阎防《宿岸道人精舍》：“秋风剪兰蕙，霜气冷淙壑。”

涴　〔wò《广韵》烏卧切，去過，影。〕❶污染，弄脏。杜甫《虢国夫人》：“却嫌脂粉涴颜色，澹扫蛾眉朝至尊。”元稹《和李校书新题乐府十二首·立部伎》：“明年十月燕寇来，九庙千门虏尘涴。”白居易《约心》：“墨鬓丝雪侵，青袍尘土涴。”❷沾染，沾上。钱起《暇日览旧诗因以题咏》:“逍遥心地得关关,偶被功名涴我闲。”杨巨源《大堤曲》:“自传芳酒涴红袖,谁调妍妆回翠娥。”慧净《冬日普光寺卧疾值雪简诸旧游》:“凝华照书阁,飞素涴琴弦。”引申为涂抹。顾云《池阳醉歌赠匡庐处士姚岩杰》:“戏操狂翰涴蛮笺,傍人莫笑我率然。”

【涴紙】 在纸上乱写乱画。元稹《哭女樊四十韵》:“涴纸伤余画,扶床念试行。”

【涴壁】 在墙壁上乱写。刘禹锡《答前篇》:“小儿弄笔不能嗔,涴壁书窗且当勤。”

淚 〔lèi《广韵》力遂切,去至,來。〕❶眼泪。《玉篇·水部》:“泪,涕泪也。”陈子良《于塞北春日思归》:“为许羁愁长下泪,那堪春色更伤心。”杜甫《谒先主庙》:“向来忧国泪,寂寞洒衣巾。”崔峒《宿江西窦主簿厅》:“前事成金石。凄然泪欲垂。”裴交泰《长门怨》:“自闭长门经几秋,罗衣湿尽泪还流。”❷流泪,泪下。杜甫《第五弟半独在江左觅使寄此二首》之一:“十年朝夕泪,衣袖不曾干。”刘言史《伤清江上人》:“往年偏共仰师游,闻过流沙泪不休。”刘兼《江楼望乡寄内》:“独上江楼望故乡,泪襟霜笛共凄凉。”引申指哀怜。元稹《和乐天刘家花》:“闲坊静曲同消日,泪草伤花不为春。”❸喻指某些形似眼泪的东西。陈叔达《自君之出矣》:“思君如明烛,煎心且衔泪。”李贺《恼公》:“蜡泪垂兰烬,秋芜扫绮栊。”李商隐《无题》:“春蚕到死丝方尽,蜡炬成灰泪始干。”刘沧《秋日望西阳》:“野花似泣红妆泪,寒露满枝枝不胜。”

【淚水】 眼泪。刘言史《潇湘游》:“清猿未尽鼯鼠切,泪水流到湘妃祠。”

【淚心】 谓泪流心中。唐彦谦《咸通中始闻褚河南归葬阳翟成二十韵》:“泪心传位日,挥涕授遗朝。”

【淚目】 犹泪眼。韩愈《南山诗》:“时天晦大雪,泪目苦矇瞀。”参见“淚眼”。

【淚光】 泪水的光泽。许浑《金谷桃花》:“泪光停晓露,愁态倚春风。”周朴《秋夜不寐寄崔温进士》:“枕上移窗月,分明是泪光。”

【淚竹】 即斑竹。郎士元《送李敖湖南书记》:“入楚岂忘看泪竹,泊舟应自爱江枫。”吴融《春晚书怀》:“帝子无踪泪竹繁,嫦娥断影霜轮冷。”

【淚成血】 ❶犹泣血。指无声而泣,意谓悲痛之极。李白《苏武》:“泣把李陵衣,相看泪成血。”窦常《凉国惠康公主挽歌》:“泪有潜成血,香无却返魂。”❷犹红泪。泪中带血,常用以形容女子与人别离悲哭。语出晋王嘉《拾遗记》卷七。温庭筠《塞寒行》:“彩毫一画竟何荣,空使青楼泪成血。”

【淚成河】 晋形容极其悲痛。杜甫《得舍弟消息》:“犹有泪成河,经天复东注。”

【淚血】 犹泣血。指极度悲痛而无声哭泣时流的泪。杜甫《奉送二十三舅录事之摄郴州》:“气春江上别,泪血渭阳情。”刘得仁《省试日上崔侍郎四首》之一:“衣上年年泪血痕,只将怀抱诉乾坤。”赵嘏《下第后上李中丞》:“鬓毛洒尽一枝桂,泪血滴来千里书。”

【淚花】 泪珠。李贺《湘妃》:“蛮娘吟弄满寒空,九山静绿泪花红。”韦庄《北原闲眺》:“欲问向来陵谷事,野桃无语泪花红。”

【淚泓泓】 犹泪汪汪。李贺《秦王饮酒》:“仙人烛树蜡烟轻,清琴醉眼泪泓泓。”

【淚珠】 泪滴如珠,眼泪。白居易《啄木曲》:“我有双泪珠,知君穿不得。”张祜《病宫人》:“惆怅近来消瘦尽,泪珠时傍枕函流。”黄滔《闺怨》:“待到乘轺入门处,泪珠流尽玉颜衰。”

【淚浪浪】 (—láng láng)形容泪流不断。杜甫《壮游》:“每趋吴太伯,抚事泪浪浪。”严维《赠送崔子向》:“何人作知己,送尔泪浪浪。”

【淚容】 指有泪痕的脸。鱼玄机《暮春有感寄友人》:“莺语惊残梦,轻妆改泪容。”

【淚眼】 含泪的眼。杜甫《薄游》:“巴城添泪眼,今夜复清光。”钱起《送时暹避难适荆南》:“相思昏若梦,泪眼几时明。”李贺《有所思》:“江上迢递无休绝,泪眼看灯乍明灭。”郑谷《奔向三峰寓止近墅》:“半年奔走颇惊魂,来谒行宫泪眼昏。”

【淚痕】 泪水的痕迹。杜审言《代张侍御伤美人》:“泪痕消夜烛,愁绪乱春风。”李白《怨情》:“但见泪痕湿,不知心恨谁。”刘方平《春怨》:“纱窗日落渐黄昏,金屋无人见泪痕。”沈彬《塞下三首》之二:“陇月尽牵乡思动,战衣谁寄泪痕深。”

【淚葉】 喻思念亲人而流泪。孟郊《古薄命妾》:“青山有蘼芜,泪叶长不干。”

【淚碑】 指羊祜碑。喻指德政。见《晋书·羊祜传》。罗隐《故洛阳公镇大梁时隐得游门下聊抒所怀》:“今日斯文向谁说,泪碑棠树两成空。”

【淚跡】 犹泪痕。鲍溶《琴曲歌辞·湘妃列女操》:“竹上泪迹生不尽,寄哀云和五十丝。”参见“淚痕”。

【淚綃】 即鲛绡。传说中鲛人所织的绡。顾况《送从兄使新罗》:“帝女飞衔石,鲛人卖泪绡。”

【淚墨】 以泪和墨。孟郊《归信吟》:“泪墨洒为书,将寄万里亲。”

【淚滴】 犹泪落。张文收《大酺乐》:“泪滴珠难尽,容残玉易销。”李贺《有所思》:“帘外花开二月风,台前泪滴千行竹。”李涉《送王六觐巢县叔父二首》之二:“老来放逐潇湘路,泪滴秋风引献之。”赵嘏《昔昔盐二十首·关山别荡子》:“肠为马嘶断,衣从泪滴斑。”亦指蜡烛燃烧时蜡油下滴。郑谷《蜡烛》：“泪滴杯盘何所恨，烬飘兰麝暗和香。”

【泪尽日南珠】 形容悲痛流泪。语出汉郭宪《别国洞冥记》卷二。李白《见京兆韦参军量移东阳二首》之一：“相逢问愁苦，泪尽日南珠。”

【泪堕岘亭碑】 晋羊祜都督荆州诸军事，镇襄阳十年，有德政。死后，襄阳百姓为之立碑于岘山。见其碑者，无不垂泪。见《晋书》本传。后因以“泪堕岘亭碑”咏襄阳怀古。白居易《代书诗一百韵寄微之》：“心摇汉皋珮，泪堕岘亭碑。”参见“泪碑”。

【泪點】 犹泪珠。杜甫《得广州张判官叔卿书使还以诗代意》：“却寄双愁眼，相思泪点悬。”李洞《吊曹监》：“甘露施衣封泪点，秘书取集印苔痕。”刘兼《新竹》：“无凭费叟烟波碧，莫信湘妃泪点红。”

【泪臉】 带泪的脸。杜甫《月三首》之三：“爽合风襟静，高当泪脸悬。”亦指脸上的泪水。无名氏《长门》（卷七八五）：“时看回辇处，泪脸湿夭桃。”

【泪燭】 蜡烛燃烧时滴下的油。皎然《春夜与诸公同宴呈陆郎中》：“月惭红泪烛，花笑白头人。”

淀 〔diàn《广韵》堂練切，去霰，定。〕❶浅水湖泊。徐彦伯《石淙》：“碧淀红涔嶨嶂间，淙嵌洑岨洊成湾。”❷同“澱”。淤积。杜牧《分司东都寓居履道叨承川尹刘侍郎大夫恩知上四十韵》：“宿雨回为沼，春沙淀作汀。”

深 〔shēn《广韵》式針切，平侵，書。又式禁切，去沁，書。〕❶从水面到水底的距离长。与“浅”相对。杜易简《湘川新曲二首》之一：“昭潭深无底，橘洲浅而浮。”杜甫《春日江村五首》之一：“农务村村急，春流岸岸深。”戴叔伦《喜雨》：“田家共欢笑，沟浍亦已深。”白居易《池上作》：“岂如白翁退老地，树高竹密池塘深。”❷从上到下或从外到内的距离长。李义府《和边城秋气早》：“溪深路难越，川平望超忽。”张谓《辰阳即事》：“水近偏逢寒气早，山深常见日光迟。”严维《宿法华寺》：“鱼梵空山静，纱灯古殿深。”谢邈《谢僧寄拄枝》：“峭壁猿啼采处深，一枝奇异出孤岑。”❸凹陷。戴叔伦《奉天酬别郑谏议卢拾遗见别之作》：“泥积辙更深，木冰花不发。”白居易《题新昌所居》：“宅小人烦闷，泥深马钝顽。”张起《早过梨岭喜雪书情》：“度岭逢朝雪，行看马迹深。”韦庄《早发》：“早雾浓于雨，田深黍稻低。”❹深奥，精微。王维《送韦大夫东京留守》：“曾是巢许浅，始知尧舜深。”刘长卿《秋夜有怀高三十五适兼呈空上人》：“晚节逢君趣道深，结茅栽树近东林。”薛能《春早选寓长安二首》之一：“道僻惟忧祸，诗深不敢论。”❺隐藏。李华《仙游寺》：“舍事入樵径，云木深谷口。”钱起《题温处士山居》：“苔绕溪边径，花深洞里人。”孟郊《秋怀》之七：“露才一见谗，潜智早已深。防深不防露，此意古所箴。”杜牧《有寄》：“云阔烟深树，江澄水浴秋。”❻深入。宋之问《初至崖口》：“微路从此深，我来限于役。”杨巨源《和卢谏议朝回书情即事》：“炉香深内殿，山色明前除。”韩愈、孟郊《斗鸡联句》：“事爪深难解，嗔睛时未怠。”❼精深，精通。储光羲《同王十三维哭殷遥》：“游道虽未深，举世莫能贤。”钱起《送李栖桐道举擢第还乡省侍》：“几年深道要，一举过贤关。”窦巩《江陵遇元九李六二侍御纪事书情呈十二韵》：“学深通古字，心直触危机。”陆龟蒙《奉和袭美太湖诗·三宿神景宫》：“徒深物外趣，未脱尘中病。”❽严重，厉害。虞世南《怨歌行》：“宠移恩稍薄，情疏恨转深。”杜甫《送顾八分文学适洪吉州》：“请哀疮痍深，告诉皇华使。”钱起《冬夜题旅馆》：“孤烛思何深，寒窗坐难曙。”周昙《咏史诗·春秋战国门·景公》：“觉病当宜早问师，病深难疗恨难追。”❾刻毒，苛刻。杜甫《赠裴南部》：“独醒时所嫉，群小谤能深。”刘长卿《送元八游汝南》：“田园顷失计，资用深相迫。”刘言史《苦妇词》：“何处摈逐深，一罪三见颠。”❿深刻，周密。李白《别韦少府》：“水国远行迈，仙经深讨论。”杜甫《洗兵马》：“成王功大心转小，郭相谋深古来少。”孟简《惜分阴》：“刺股情方励，偷光思益深。”⓫牢固，严密。杜审言《度石门山》：“坚贞深不惮，险涩谅难穷。”李华《长门怨》：“鸦鸣秋殿晓，人静禁门深。”白居易《村居苦寒》：“顾我当此日，草堂深掩门。”李商隐《无题二首》之二：“重帏深下莫愁堂，卧后清宵细细长。”⓬加高，加大。法振《河源破贼后赠袁将军》：“出关深汉垒，带月破蕃营。”丘光庭《补新宫》序：“土芀城绛以深其宫，梁伯沟其公宫，居处之宫也。”⓭情意浓厚。陆坚《奉和圣制送张说上集贤学士赐宴》：“尊贤泽既厚，式宴宠逾深。”孟浩然《洗然弟竹亭》：“吾与二三子，平生结交深。”戴叔伦《舟中见雨》：“梦远愁蝴蝶，情深愧鹡鸰。”白行简《夫子鼓琴得其人》：“慕德声逾感，怀人意自深。”⓮色彩浓。张谓《郡南亭子宴》：“柳枝经雨重，松色带烟深。”高修《东峰亭各赋一物得林中翠》：“清风光不散，过雨色偏深。”刘禹锡《同乐天和微之深春二十首》之十二：“多沽味浓酒，贵买色深花。”许棠《冬夜怀真里友人会宿》：“漏永星河没，堂寒月彩深。”⓯指云雾浓密。苏味道《始背洛城秋郊瞩目奉怀台中诸侍御》：“蟋蟀秋风起，蒹葭晚雾深。”杜甫《归梦》：“雨急青枫暮，云深黑水遥。”元结《欸乃曲五首》之三：“千里枫林烟雨深，无朝无暮有猿吟。”刘沧《过铸鼎原》：“天风乍起鹤声远，海雾渐深龙节遥。”亦指气味或情趣浓郁。卢纶《古艳诗》之二：“自拈裙带结同心，暖处偏知香气深。”于濆《旅馆秋思》：“何事觉归晚，黄花秋意深。”⓰茂盛，茂密。卢照邻《初夏日幽庄》：“苗深全覆陇，荷上半侵塘。”岑参《使君席夜送严河南赴长水》：“春城月出人皆醉，野戍花深马去迟。”权德舆《酬南园新亭宴会璩新第尉庆之作》：“树老欲连云，竹深疑入洞。”徐凝《再归松溪旧居宿西林》：“五粒松深溪水清，众山摇落月偏明。”⑰多。张九龄《初秋忆金均两弟》：“孤云愁自远，一叶感何深。”杜甫《屏迹三首》之一：“桑麻深雨露，燕雀半生成。”刘长卿《颍川留别司仓李万》：“客里相逢款话深，如何岐路剩沾襟。”无可《秋寄从兄贾岛》：“听雨寒更彻，开门落叶深。”引申指满盈。韦庄《对酒赋友人》：“白雪篇篇丽，清酤盏盏深。”⑱历时久。谓距离某段时间的起点长。谢偃《踏歌词三首》之三：“夜久星沉没，更深月影斜。”李白《忆旧游寄谯郡元参军》：“行来北凉岁月深，感君贵义轻黄金。”王建《乌栖曲》：“夜深宫殿门不锁，白露满山山叶堕。”黄滔《塞下》：“关山色死秋深日，鼓角声沉霜重天。”⑲远。卢照邻《赠益府裴录事》：“青山云路深，丹壑月华临。”杜甫《病马》：“乘尔亦已久，天寒关塞深。”卢景亮《寒夜闻霜钟》：“暗入繁霜切，遥传古寺深。”⑳副词。表示程度，相当于“甚”“很”“十分”。杜淹《召拜御史大夫赠袁天纲》：“伊吕深可慕，松乔定是虚。”孟浩然《游精思题观主山房》：“渐通玄妙理，深得坐忘心。”杜甫《绝句漫兴九首》之一：“即遣花开深造次，便觉莺语太丁宁。”李贺《白虎行》：“谁最苦兮谁最苦，报人义士深相许。”㉑古地名。见“深州”。

【深入】 ❶进入内部或中心。李义府《招谕有怀赠同行人》：“远游冒艰阻，深入劳存谕。”杜甫《北征》：“官军请深入，蓄锐何俱发。”戴叔伦《柳花歌送客往桂阳》：“移家深入桂水源，种柳新成花更繁。”郑谷《寄赠孙路处士》：“深入富春人不见，闲门空掩关庭莎。”❷谓潜沉水下。白居易《感兴二首》之二：“鱼能深入宁忧钓，鸟能高飞岂触罗。”❸谓透彻领会。宋之问《雨从箕山来》：“深入清净理，妙断往来趣。”

【深山】 与山外距离远的、人不常到的山岭。杜甫《送孔巢父归游江东兼呈李白》：“深山大泽龙蛇远，春寒野阴风景暮。”刘长卿《重送道标上人》：“春草青青新覆地，深山无路若为归。”戴叔伦《送吕少府》：“深山古路无杨柳，折取桐花寄远人。”杜荀鹤《山中寡妇》：“任是深山更深处，也应无计避征徭。”

【深山穷谷】 人迹罕至的远山幽谷。杜甫《君不见简苏徯》：“深山穷谷不可处，霹雳魍魉兼狂风。”刘商《送王闬归苏州》：“深山穷谷没人来，邂逅相逢眼渐开。”又《山中寄元二侍御二首》之二：“深山穷谷无人到，唯有狂愚独自来。”

【深井】 ❶井水与地面距离长的井。韦应物《夏冰歌》：“出自玄泉杳杳之深井，汲在朱明赫赫之炎辰。”无可《寄青龙寺原上人》：“高杉残子落，深井冻痕生。”方干《题赠李校书》：“众花交艳多成实，深井通潮半杂泉。”❷指幽深的庭院。李白《中山孺子妾歌》：“桃李出深井，花艳惊上春。”李贺《安乐宫》：“深井桐乌起，尚复牵情水。”

【深井里】 地名。在今河南济源。柳宗元《古东门行》：“安陵谁辨削砺功，韩国讵明深井里？”

【深木】 浓密的树木。严维《奉和独孤中丞游云门寺》：“深木鸣驺驭，晴山曜武贲。”

【深仁】 深厚仁爱，深厚仁德。李白《经乱离后天恩流夜郎忆旧游书怀赠江夏韦太守良宰》：“良牧称神明，深仁恤交道。”张断《送邹判官往陈留》：“深仁荷君子，薄赋恤黎甿。”孟郊《南阳公请东樱桃亭子春燕》：“此地独何力，我公布深仁。”

【深火爐】 参见“深爐”。

【深心】 ❶衷情；内心的感情。骆宾王《代女道士王灵妃赠道士李荣》：“想知人意自相寻，果得深心共一心。”杜甫《大云寺赞公房四首》之四：“晤语契深心，那能总箝口。”韩偓《踏青》：“收裙整髻故迟迟，两点深心各惆怅。”亦指内心。郑昉《人不易知》：“如面诚非一，深心岂易知。”❷犹一心，专心。李白《感时留别从兄徐王延年从弟延陵》：“深心紫河车，与我特相宜。”❸深刻的思虑；深远的用心。储光羲《贻鼓吹李丞王之所器者也》：“折节下谋士，深心论客卿。”张谓《送僧》：“深心大海水，广愿恒河沙。”

【深户】 内室的门。韩翃《题荐福寺衡岳暕师房》：“疏帘看雪卷，深户映花关。”

【深功】 ❶大功劳。陈子昂《送别出塞》：“单于不敢射，天子伫深功。”李白《送梁公昌从信安北征》：“旋应献凯入，麟阁伫深功。”魏兼恕《送张兵曹赴营田》：“选才当重委，足食乃深功。”❷深厚的功夫。王著《赠梦英大师》：“到处闻人乞篆踪，学来年久有深功。”

【深目】 谓眼睛凹陷。白居易《新乐府·西凉伎》：“紫髯深目两胡儿，鼓舞跳梁前致辞。”

【深冬】 犹暮冬。李频《送延陵韦少府》：“微泉声小雨，异木色深冬。”韩偓《梅花》：“梅花不肯傍春光，自向深冬著艳阳。”冯延巳《清平乐》词之一：“深冬寒月，庭户凝霜雪。”

【深寺】 幽静的寺庙。白居易《白牡丹》：“闭在深寺中，车马无来声。”

【深行】 谓进入内部或中心行走。张祜《题南陵隐静寺》：“松径上登攀，深行烟霭间。”又《题虎丘东寺》：“云树拥崔嵬，深行异俗埃。”

【深竹】 茂密的竹林。张南史《陆胜宅秋暮雨中探韵同作》：“同人永日自相将，深竹闲园偶辟疆。”许浑《送太昱禅师》：“禅床深竹里，心与径山期。”鱼玄机

《夏日山居》："轩槛暗传深竹径，绮罗长拥乱书堆。"

【深色】　谓颜色浓艳。白居易《秦中吟十首·买花》："一丛深色花，十户中人赋。"唐彦谦《红叶》："蜀纸裁深色，燕脂落靓妆。"

【深交】　深厚的交情。元稹《酬乐天东南行诗一百韵》："薄命知然也，深交有矣夫。"罗隐《杜处士新居》："寇余无故物，时薄少深交。"亦指挚友。熊皎《怀三茅道友》："丹桂有心凭至论，五峰无信问深交。"

【深州】　地名。唐武德四年置。在今河北。参见《旧唐书·地理志二》。韩翃有《送深州吴司马归使幕》。

【深江】　深深的江水。杜甫《泛江》："长日容杯酒，深江净绮罗。"贾岛《送汲鹏》："深江东泛舟，夕阳眺原隰。"

【深旨】　精微的旨义。姚合《听僧云端讲经》："无生深旨诚难解，唯是师言得正真。"

【深坑】　指墓坑、墓穴。无名氏《潜书七言四句》(外编下)："自从大驾去奔西，贵落深坑贱出泥。"亦指地狱。无名氏《五言白话诗》之一六(外编下)："智者天上去，愚者入深坑。"

【深志】　远大的志向。李中《赠史虚白》："致主嘉谋尚未伸，慨然深志与谁论。"

【深村】　僻远的村庄。李涉《木兰花》："今朝绕郭花看遍，尽是深村田舍儿。"白居易《春风》："荠花榆荚深村里，亦道春风为我来。"

【深更】　(—gēng)深夜。韦应物《寺居独夜崔主簿》："寒雨暗深更，流萤度高阁。"

【深見】　❶犹远望。王昌龄《西宫春怨》："斜抱云和深见月，朦胧树色隐昭阳。"❷深刻的见解。张彪《北游还酬孟云卿》："与君宿姻亲，深见中外怀。"

【深利】　犹厚利。黄滔《贾客》："大舟有深利，沧海无浅波。"

【深坐】　久坐。李白《怨情》："美人卷珠帘，深坐颦蛾眉。"张祜《题苏州楞伽寺》："上坡松径涩，深坐石池清。"

【深谷】　幽深的山谷。郑世翼《巫山高》："危峰入鸟道，深谷写猿声。"杜甫《光禄坂行》："马惊不忧深谷坠，草动只怕长弓射。"戴叔伦《建中癸亥岁奉天除夜宿武当山北茅平村》："驱传迷深谷，瞻星记北辰。"李商隐《赠田叟》："烧畬晓映远山色，伐树暝传深谷声。"

【深谷作陵】　参见"深谷爲陵"。

【深谷爲陵】　亦作"深谷作陵"。深谷变为山陵。喻人世间的重大变迁。张又新《帆游山》："君看深谷为陵后，翻覆人间未肯休。"罗隐《台城》："深谷作陵山作海，茂弘流辈莫伤情。"

【深沈】　(—chén)亦作"深沉"。❶深刻周密。高适《李云南征蛮诗》："肃穆庙堂上，深沈节制雄。"又《留上李右相》："深沈谋九德，密勿契千龄。"皎然《赠李中丞洪一首》："深沈阃外略，奕世当荣寄。"❷沉着持重。皎然《因游支硎寺寄刑端公》："旷达机何有，深沈器莫量。"钱俶《宫中作》："谢公未是深沈量，犹把输赢局上夸。"❸深邃隐蔽，幽深隐秘。张说《道家四首奉敕撰》之二："窈窕流精观，深沈紫翠庭。"韦应物《观早朝》："金门杳深沈，尚听清漏传。"元稹《酬许五康佐》："蓬阁深沈省，荆门远慢州。"方干《题睦州郡中千峰榭》："岂知平地似天台，朱户深沈别径开。"❹幽静。皇甫冉《同韩给事观毕给事画松石》："掖垣深沈昼无事，终日亭亭在人侧。"薛存诚《华清宫望幸》："肃穆瞻云辇，深沉闭绮栊。"白居易《酬郑侍御多雨春空过诗三十韵》："寂寞羁臣馆，深沈思妇房。"徐铉《月真歌》："殷郎去冬入翰林，九霄官署转深沉。"❺低沉。陆龟蒙《寄怀华阳道士》："深沈谷响含疏磬，片段岚光落画屏。"❻形容水深。李白《鲁郡尧祠送窦明府薄华还西京》："深沈百丈洞海底，那知不有蛟龙蟠。"李群玉《浔阳观水》："直至沧溟涵贮尽，深沈不动浸昭回。"曹松《题鹤鸣泉》："潋滟侵颜冷，深沉慰眼开。"❼形容幽深昏暗。韦应物《咏晓》："深沈犹隐帏，晃朗先分阁。"白居易《履道新居二十韵》："门闭深沈树，池通浅沮沟。"殷尧藩《闻筝歌》："花影深沈遮不住，度帏穿幕又残更。"

【深沉】　参见"深沈"。

【深花】　盛开的花。刘长卿《上阳宫望幸》："深花寂寂宫城闭，细草青青御路闲。"可朋《桐花鸟》："五色毛衣比凤雏，深花丛里只如无。"

【深林】　茂密的树林。王昌龄《送十五舅》："深林秋炎近日空，归棹演漾清阴中。"王维《辋川集·鹿柴》："返景入深林，复照青苔上。"杨衡《游陆先生故岩居》："深林无阳晖，幽水转鲜碧。"贾岛《咏怀》："中岳深林秋独往，南原多草夜无邻。"

【深杯】　满杯。指饮酒。杜甫《乐游园歌》："数茎白发那抛得，百罚深杯亦不辞。"

【深味】　❶深长的意味。白居易《和微之诗二十三首·和知非》："不如学禅定，中有甚深味。"❷深入体味。王周《志夹船具诗·百丈》："始得入峡诗，深味作诗旨。"

【深明】　犹通晓、精通。王维《送高适弟耽归临淮作》："深明戴家礼，颇学毛公诗。"

【深固】　深藏坚固。白居易《新乐府·草茫茫》："当时自以为深固，下流水银象江海。"

【深知】　❶深刻理解，十分了解。杜甫《咏怀古迹二首》之二："摇落深知宋玉悲，风流儒雅亦吾师。"

戎昱《听杜山人弹胡笳》："如今世上雅风衰，若个深知此声好。"白居易《丘中有一士二首》之一："岂是爱贫贱，深知时俗情。"李商隐《暮秋独游曲江》："深知身在情长在，怅望江头江水声。"❷深切赏识。杜甫《花底》："深知好颜色，莫作委泥沙。"罗隐《霅溪晚泊寄裴庶子》："满眼云山莫相笑，与君俱是受深知。"又《东归别常修》："唯惭鲍叔深知我，他日蒲帆百尺风。"亦指深切赏识自己的人。李廓《上令狐舍人》："近来唯俭静，持此答深知。"林宽《酬陈樵见寄》："失意闲眠起更迟，又将羁薄谢深知。"

【深夜】 指半夜以后。韦应物《答崔都水》："深夜竹亭雪，孤灯案上书。"权德舆《旅馆雪晴又睹新月众兴所感因成杂言》："寥寥深夜雪初晴，楼上云开月渐明。"沈传师《寄大府兄侍史》："积雪山阴马过难，残更深夜铁衣寒。"李商隐《春宵自遣》："晚晴风过竹，深夜月当花。"

【深刻】 严峻苛刻。陆龟蒙《再酬袭美先辈和读襄阳耆旧传之作》："名法在深刻，虚玄至希夷。"李瀚《蒙求》："张汤巧诋，杜周深刻。"

【深泥】 (—ní)很深的泥泞。杜甫《戏赠友二首》之二："驽骀漫深泥，何不避雨色。"独孤及《癸卯岁赴南丰道中寄权士繇韩幼深》："深泥驾疲牛，踸踔余何之。"

【深定】 深沉入定。定，佛教谓心专注于一境而不散乱。皎然《妙喜寺逵公院赋得夜磬送吕评事》："幽僧悟深定，归客忘远别。"

【深空】 指僻远空旷之地。张蠙《野泉》："温泉非尔数，源发在深空。"

【深房】 犹内房。屋宇深处的居室。高适《同卫八题陆少府书斋》："深房腊酒熟，高院梅花新。"元稹《晨起过王十一馆居二首》之二："密宇深房小火炉，饭香鱼熟近中厨。"白居易《何处难忘酒七首》之三："小院回罗绮，深房理管弦。"

【深門】 谓深院重门。韦应物《酒肆行》："深门潜醞客来稀，终岁醇酞味不移。"

【深居】 ❶指藏身于深密之处，很少外出。李峤《皇帝上礼抚事述怀》："凯乐深居镐，传歌盛饮丰。"杜甫《题忠州龙兴寺所居院壁》："淹泊仍愁虎，深居赖独园。"韩愈《东都遇春》："深居疑避仇，默卧如当暝。"白居易《读鄂公传》："高卧深居不见人，功名斗薮似灰尘。"亦指隐居。郑谷《深居》："吾道有谁同，深居自固穷。"❷幽静的住处。岑参《观楚国寺璋上人写一切经》："璋公不出院，群木闭深居。"武元衡《南徐别业早春有怀》："生涯扰扰竟何成，自爱深居隐姓名。"李商隐《晚晴》："深居俯夹城，春去夏犹清。"

【深契】 ❶深厚的情谊。王绩《薛记室收过庄见寻率题古意以赠》："故人有深契，过我蓬蒿庐。"白居易《和东川杨慕巢尚书府中独坐感戚在怀十四韵》："深契怜松竹，高情忆薜萝。"皮日休《江南书情二十韵寄韦贻之宋垂文二同年》："寡合无深契，相期有至诚。"❷犹奥妙。谓精微的契机。卢纶《送契玄法师赴内道场》："深契何相秘，儒宗本不殊。"

【深春】 暮春。杜甫《泛江送魏仓曹还京因寄岑参范季明》："迟日深春水，轻舟送别筵。"刘禹锡《送李策秀才还湖南因寄幕中亲故》："深春风日净，昼长幽鸟鸣。"许浑《深春》："故里千帆外，深春一雁飞。"

【深巷】 很长的街巷。岑参《草堂村寻罗生不遇》："数株溪柳色依依，深巷斜阳暮鸟飞。"刘长卿《长沙馆中与郭夏对雨》："长沙积雨晦，深巷绝人幽。"严维《剡中赠张卿侍御》："深巷乌衣盛，高门画戟闲。"刘沧《寓居寄友人》："芳草衡门无马迹，古槐深巷有蝉声。"

【深省】 (—xǐng)深刻地醒悟。杜甫《游龙门奉先寺》："欲觉闻晨钟，令人发深省。"

【深映】 长时间映照。元稹《晨起过王十一馆居二首》之一："过君未起房门掩，深映寒窗一盏灯。"

【深思】 ❶深刻的思念。戎昱《九日贾明府见访》："同人愿得长携手，久客深思一破颜。"李贺《洛姝真珠》："兰风桂露洒幽翠，红弦袅云咽深思。"秦韬玉《吹笙歌》："纤纤软玉捧暖笙，深思香风吹不去。"❷深入考虑；进一步想。张九龄《江上使风呈裴宣州耀卿》："常爱千钧重，深思万事捐。"吴融《御沟十六韵》："浅忆觞堪泛，深思杖可投。"

【深秋】 犹晚秋。耿湋《秋夜思归》："多雨逢初霁，深秋生夜寒。"杜牧《题宣州开元寺水阁》："深秋帘幕千家雨，落日楼台一笛风。"刘沧《江行书事》："人度深秋风叶落，鸟飞残照水烟开。"

【深重】 (—chóng)幽深，深邃。张九龄《晚憩王少府东阁》："披轩肆流览，云壑见深重。"亦指幽深的居室。韦应物《拟古诗十二首》之八："清镜理容发，褰帘出深重。"

【深庭】 深邃的庭院。窦群《晨游昌师院》："深庭芳草浓，晓井山泉溢。"

【深羞】 极大的耻辱。元结《系乐府十二首·贱士吟》："尝闻古君子，指以为深羞。"

【深洞】 ❶幽深的洞壑。许浑《将归涂口宿郁林寺道玄上人院二首》之二："藤花深洞水，槲叶满山风。"储嗣宗《春游望仙谷》："清无车马尘，深洞百花春。"王感化《奉元宗命咏苑中白野鹊》："碧岩深洞恣游遨，天与芦花作羽毛。"❷幽深的洞室。指仙人居处。广宣《寺中赏花应制》："却笑霞楼紫芝侣，桃源深洞访仙才。"张从《游东观山》："玉液寒深洞，秋光秀远山。”

【深室】 幽深的居室。储光羲《终南幽居献苏侍郎三首》之一：“灵阶曝仙书，深室炼金英。”韩愈《忆昨行和张十一》：“宿醒未解旧痁作，深室静卧闻风雷。”

【深宫】 指宫禁之中。即帝王居住处。王泠然《汴堤柳》：“隋家天子忆杨州，厌坐深宫傍海游。”李白《长门怨二首》之一：“月光欲到长门殿，别作深宫一段愁。”王涯《宫词三十首》之一三：“深宫更有何人到，只晓金阶吠晚萤。”杜牧《宫词二首》之一：“深宫锁闭犹疑惑，更取丹沙试辟宫。”

【深屋】 庭院深处的内室。宋之问《冬夜寓直麟阁》：“广庭怜雪净，深屋喜炉温。”

【深屏】 深室的屏障。李贺《秦宫诗》：“桐英永巷骑新马，内屋深屏生色画。”

【深柔】 深沉和润。元结《补乐歌十首·大韶》：“洋洋至化兮，日见深柔。”

【深幽】 偏远，僻静。李德裕《思归赤松村呈松阳子》：“昔人思避世，惟恐不深幽。”李群玉《古镜》：“忽惊行深幽，面落九秋井。”

【深紅】 浓郁的红色。杜甫《江畔独步寻花七绝句》之五：“桃花一簇开无主，可爱深红爱浅红。”徐凝《玩花五首》之四：“忆得倡楼人送客，深红衫子影门时。”项斯《旧宫人》：“自出先皇玉殿中，衣裳不更染深红。”皮日休《重题蔷薇》：“可怜细丽难胜日，照得深红作浅红。”亦指深红色的衣料。温庭筠《南歌子二首》之一：“一尺深红胜曲尘，天生旧物不如新。”

【深茸】 指浓密柔细的新芽。孟郊、韩愈《有所思联句》：“台镜晦旧晖，庭草滋深茸。”

【深草】 茂密之草丛。吕牧《泾渭扬清浊》：“岸虚深草掩，波动晓烟轻。”白居易《咏所乐》：“虫乐在深草，鸟乐在高枝。”又《三年冬随事铺设小堂寝处偶吟所怀》：“似鹿眠深草，如鸡宿稳枝。”

【深根】 谓树根扎得很深。杜甫《赠蜀僧闾丘师兄》：“豫章夹日月，岁久空深根。”引申指事物的根基深厚牢固。胡曾《咏史诗·邓城》：“邓侯城垒汉江干，自谓深根百世安。”

【深酌】 多饮。杜甫《敝庐遣兴奉寄严公》：“把酒宜深酌，题诗好细论。”又《赤甲》：“笑接郎中评事饮，病从深酌道吾真。”白居易《咏兴五首·小庭亦有月》：“请客稍深酌，愿见朱颜酡。”

【深夏】 晚夏。司空图《陈疾》：“闲得此身归未得，磬声深夏隔烟萝。”

【深恩】 大恩。王勃《秋日别王长史》：“别路余千里，深恩重百年。”刘商《观猎三首》之三：“松月东轩许独游，深恩未报复淹留。”姚鹄《书情献知己》：“深恩知尚在，何处问穷通。”罗隐《病中上钱尚父》：“深恩重德无言处，回首浮生泪泫然。”

【深峡】 幽深的峡谷。杜甫《晚登瀼上堂》：“所思注东北，深峡转修耸。”

【深耕】 谓耕作精细。杜甫《暇日小园散病兼书触目》：“深耕种数亩，未甚后四邻。”钱珝《江行无题一百首》之四七：“土旷深耕少，江平远钓多。”引申指务农。张乔《寄处士梁烛》：“早晚相招隐，深耕老此中。”

【深衷】 ❶内心，内心深处。太宗《重幸武功》：“况兹承眷德，怀旧感深衷。”孟浩然《书怀贻京邑同好》：“慈亲向羸老，喜惧在深衷。”元稹《阴山道》：“群臣利已要差僭，天子深衷空悯悼。”章孝标《上西川王尚书》：“下客低头来又去，暗堆冰炭在深衷。”❷深藏于心中的感情。李百药《谒汉高庙》：“沐兰祈泗上，谒帝动深衷。”岑参《送王著作赴淮西幕府》：“各自务功业，当须激深衷。”独孤及《夏中酬于逖毕燿问病见赠》：“新诗见久要，清论激深衷。”权德舆《送崔谕德致政东归》：“乞骸归故山，累疏明深衷。”亦指发自内心的忠言。高适《奉酬北海李太守丈人夏日平阴亭》：“两朝纳深衷，万乘无不听。”

【深浦】 深深的水湾。白居易《浦中夜泊》：“回看深浦停舟处，芦荻花中一点灯。”孟贯《江边闲步》：“远汀排晚树，深浦漾寒鸿。”

【深涉】 水深的渡口。独孤及《下弋阳江舟中代书寄裴侍郎》：“洞庭有深涉，曷日期归旋。”

【深流】 深的河道、水流。元结《补乐歌十首·大夏》“山有长岑兮，川有深流。”戴叔伦《从军行》：“老马思故枥，穷鳞忆深流。”

【深院】 幽深的庭院。沈佺期《红楼院应制》：“谁谓此中难可到，自怜深院得徊翔。”王维《书事》：“轻阴阁小雨，深院昼慵开。”李商隐《访人不遇留别馆》：“闲倚绣帘吹柳絮，日高深院断无人。”韦庄《春愁》：“落花寂寂黄昏雨，深院无人独倚门。”

【深莽】 茂密的草丛。储光羲《田家杂兴八首》之三：“网罟绕深莽，鹰鹯始轻翼。”

【深致】 深远的意趣。太宗《咏司马彪续汉志》：“文囿雕奇彩，艺门蕴深致。”韦应物《答故人见谕》：“省己已知非，枉书见深致。”段成式《中禅师影堂联句》：“当时乏支许，何人契深致。”

【深堂】 内堂，屋宇深处的厅堂。杜甫《秦州杂诗二十首》之十七：“鸬鹚窥浅井，蚯蚓上深堂。”元稹《桐花落》：“昔岁幽院中，深堂下帘幕。”鲍溶《秋夜闻郑山人弹楚妃怨》：“明月摇落夜，深堂清净弦。”

【深野】 僻远的荒野。何仲举《句》(句下注《秋日晚望》)：“树迎高鸟归深野，云傍斜阳过远山。”

【深造】 指达到精深的境界。清昼、汤衡《讲古文联句》：“孤标爽迈，深造精研。”

【深條】 犹深枝。谓枝叶茂盛处。杜甫《朝雨》："风鸳藏近渚，雨燕集深条。"

【深術】 精深的道术。刘得仁《秋夜寄友人二首》之一："如何得深术，相与舍浮名。"

【深情】 ❶深厚的感情。卢象《送赵都护赴西安》："上策应无战，深情属载驰。"杜甫《羌村》之三："请为父老歌，艰难愧深情。"权德舆《上巳日贡院以二绝句申赠》："禊饮寻春兴有余，深情婉婉见双鱼。"陆龟蒙《奉和袭美行次野梅次韵》："风怜薄媚留香与，月会深情借艳开。"❷谓情意深。白居易《夜闻筝中弹潇湘送神曲感旧》："苦调吟还出，深情咽不传。"

【深眷】 深切的关怀、照顾。杜甫《病后遇王倚饮赠歌》："老马为驹信不虚，当时得意况深眷。"又《积草岭》："来书语绝妙，远客惊深眷。"李商隐《送千牛李将军赴阙五十韵》："披豁惭深眷，睽离动素诚。"

【深淺】 ❶指水的深浅程度。刘禹锡《鄂渚留别李二十一表臣大夫》："欲问江深浅，应如远别情。"引申指事物的多少、大小、轻重等。独孤及《和赠远》："借问离居恨深浅，只应独有庭花知。"司空曙《云阳寺石竹花》："高低俱出叶，深浅不分丛。"朱庆余《同友人看花》："寻花不问春深浅，纵是残红也入诗。"贯休《避寇白沙驿作》："避乱无深浅，苍黄古驿东。"❷指浓淡。太宗《初夏》："阴阳深浅叶，晓夕重轻烟。"秦系《题章野人山居》："门前山色能深浅，壁上湖光自动摇。"朱庆余《近试上张籍水部》："妆罢低声问夫婿，画眉深浅入时无。"唐彦谦《玫瑰》："不知何事意，深浅两般红。"❸或深或浅。卢照邻《晚渡滹沱敬赠魏大》："霞明深浅浪，风卷去来云。"卢纶《同吉中孚梦桃源》："花水自深浅，无人知古今。"亦指或长或短。李绅《过吴门二十四韵》："绿杨深浅巷，青翰往来舟。"崔橹《临川见新柳》："岸南岸北往来渡，带雨带烟深浅枝。"❹偏义，指深。裴迪《崔九欲往南山马上口号》："归山深浅去，须尽丘壑美。"欧阳詹《与林蕴同之蜀途次嘉陵江》："伤心激念君深浅，共有离乡万里情。"元稹《黄明府诗》："不堪深浅酌，贪怆古今情。"裴澄《春云》："霏微将似灭，深浅又如重。"

【深深】 ❶深沉貌。元结《补乐歌十首·网罟》："吾人苦兮，水深深。"许昼《江南行》："客棹深深过，人家远远移。"贯休《山居诗二十四首》之一八："白衣居士深深说，青眼胡僧远远传。"❷浓密貌。皮日休《习池晨起》："荌叶深深埋钓艇，鱼儿漾漾逐流杯。"崔橹《华清宫三首》之一："草遮回磴绝鸣銮，云树深深碧殿寒。"李中《江边吟》："闪闪酒帘招醉客，深深绿树隐啼莺。"亦指花丛浓密处。杜甫《曲江二首》之二："穿花蛱蝶深深见，点水蜻蜓款款飞。"❸牢牢地。薛逢《君不见》："人生倏忽一梦中，何必深深固权位。"

【深密】 幽深隐蔽。薛能《吴姬十首》之七："画烛烧兰暖复迷，殿帏深密下银泥。"

【深冤】 犹沉冤。难以辩白或久未昭雪的冤枉。卢象《寒食》："深冤何用道，峻迹古无邻。"韩愈《谢自然诗》："往者不可悔，孤魂抱深冤。"司空图《冯燕歌》："已为不平能割爱，更将身命救深冤。"

【深閉】 紧闭。白居易《偶吟二首》之一："静念道经深闭目，闲迎禅客小低头。"温庭筠《杨柳八首》之三："黄莺不语东风起，深闭朱门伴细腰。"刘沧《题巫山庙》："十二岚峰挂夕晖，庙门深闭雾烟微。"

【深期】 深切期望。李白《赠徐安宜》："翳君树桃李，岁晚托深期。"杜甫《暮春江陵送马大卿公恩命追赴阙下》："尊前江汉阔，后会且深期。"

【深惠】 深重的恩惠。韩愈《雨中寄孟刑部几道联句》："温存感深惠，琢切奉明诫。"

【深雲】 浓厚的云层。借指隐士居处。张观《过衡山赠廖处士》："带雨小舟横别涧，隔花幽犬吠深云。"王元《句》(句下注：赠廖融)："伴行惟瘦鹤，寻步入深云。"李中《赠史虚白》："九重梦卜时终在，莫向深云独闭门。"

【深紫】 暗紫色。王建《题所赁宅牡丹花》："粉光深紫腻，肉色退红娇。"

【深嗟】 犹长叹。张九龄《感遇十二首》之十二："浩思极中夜，深嗟欲待谁。"元稹《哭子十首》之六："深嗟尔更无兄弟，自叹予应绝子孙。"

【深幃】 犹重帏。层层帷幔。李贺《兰香神女庙》："深帏金鸭冷，奁镜幽凤尘。"

【深智】 大智，多智。李百药《和许侍郎游昆明池》："积水浮深智，明珠曜雅篇。"罗隐《陇头水》："自古无长策，况我非深智。"

【深惻】 深沉的忧伤。韦应物《岁日寄京师诸季端武等》："献岁抱深恻，侨居念归缘。"

【深慨】 深沉的感慨。戴叔伦《从军行》："弹铗动深慨，浩歌气横秋。"

【深湛】 (—chén)深沉。卢鸿一《嵩山志十首·幂翠庭》序："幂翠庭者，盖崖巘积阴，林萝沓翠；其上绵幂，其下深湛，可以王神，可以冥道矣。"

【深淵】 深水。刘损《愤惋诗三首》之一："宝钗分股合无缘，鱼在深渊日在天。"亦用以比喻危险境地。《诗·小雅·小旻》："战战兢兢，如临深渊，如履薄冰。"

【深塢】 幽静的山坳。成彦雄《村行》："暖暖村烟暮，牧童出深坞。"

【深路】 幽静的道路。刘昚虚《寄阎防》："深路入古寺，乱花随暮春。"

【深圓】 谓声音浑厚圆润。白居易《题周家歌者》："清紧如敲玉，深圆似转簧。"

【深愁】 多愁。杜甫《江上值水如海势聊短述》："老去诗篇浑漫兴，春来花鸟莫深愁。"刘沧有《深愁喜友人至》。

【深塍】 指田埂边水洼处。刘得仁《晚步》："古木蝉齐噪，深塍水慢流。"

【深話】 犹深谈。谓坦诚相谈。张祜《将之衡阳道中作》："长年无爱物，深话少情人。"

【深誠】 极其忠诚，十分诚恳。杜甫《览柏中允兼子侄数人除官制词》："深诚补王室，戮力自元昆。"孟简《咏欧阳行周事》："抆泪取遗寄，深诚祈为传。"

【深意】 ❶很深的用意，深刻的含意。杜甫《塞芦子》："芦关扼两寇，深意实在此。"元稹《苦乐相倚曲》："转将深意谕旁人，缉缀瑕疵遣潜说。"许浑《赠高处士》："垂钓有深意，望山多远情。"陆龟蒙《庆封宅古井行》："因知富德不富财，颜氏箪瓢有深意。"❷内心深处。杜甫《寄岳州贾司马巴州严使君五十韵》："定知深意苦，莫使众人传。"

【深殿】 内殿。宫廷深处的殿宇。杜甫《寄李十二白二十韵》："白日来深殿，青云满后尘。"刘长卿《长门怨》："月移深殿早，春向后宫迟。"李贺《河南府试十二月乐词·三月》："复宫深殿竹风起，新翠舞衿净如水。"司马札《古边卒思归》："汉武在深殿，唯思廓寰瀛。"

【深遠】 ❶深厚长久。储光羲《苏十三瞻登玉泉寺峰入寺见赠作》："为情贵深远，作德齐隐见。"❷幽深。储光羲《贻阎处士防卜居终南》："竹林既深远，松宇复清虚。"牟融《写意二首》之二："萧萧华发满头生，深远蓬门倦送迎。"❸犹深奥。吕岩《沁园春》词："道要玄微，天机深远，下手忙修犹太迟。"

【深境】 僻静的处所。司空曙《过终南柳处士》："幽人老深境，喜发与青裳。"

【深榛】 茂密的草木丛。韦应物《采玉行》："绝岭夜无家，深榛雨中宿。"

【深語】 深入交谈，坦诚相谈。杨凝《与友人会》："真交无所隐，深语有余欢。"周贺《春喜友人至山舍》："更欲留深语，重城暮色催。"

【深廣】 深邃广阔。太宗《春日望海》："怀卑运深广，持满守灵长。"

【深慚】 非常羞愧。杜甫《酬韦韶州见寄》："深惭长者辙，重得故人书。"朱景玄《远闻本郡行春到旧山二首》之一："已领烟霞光野径，深惭老幼候柴关。"徐铉《闻雁寄故人》："久作他乡客，深惭薄宦非。"

【深閨】 指女子居住的内室。李白《长干行二首》之二："忆妾深闺里，烟尘不曾识。"杨凝《残花》："莺衔蝶弄红芳尽，此日深闺那得知。"白居易《长恨歌》："杨家有女初长成，养在深闺人未识。"张窈窕《春思二首》之一："门前梅柳烂春辉，闭妾闺绣舞衣。"

【深翠】 色彩青翠浓艳。卢嗣立《望九华山》："九华深翠落轩楹，迥眺澄江气象明。"李咸用《悲哉行》："云色阴沉弄秋气，危叶高枝恨深翠。"欧阳炯《贯休应梦罗汉画歌》："芭蕉花里刷轻红，苔藓文中晕深翠。"

【深歎】 深深感叹。崔融《哭蒋詹事俨》："不轻文举少，深叹子云疲。"

【深憂】 十分担忧。杜甫《见王监兵马使说近山有白黑二鹰请余赋诗》："鹏碍九天须却避，兔藏三窟莫深忧。"李商隐《赠送前刘五经映三十四韵》："勿谓孤寒弃，深忧讦直妨。"

【深慮】 多有忧虑。王周《自喻》："骑衡为垂堂，非不知深虑。"

【深僻】 幽深僻远。元稹《天坛上境》："野人性僻穷深僻，芸署官闲不似官。"方干《宁国寺》："深僻孤高无四邻，白云明月自相亲。"杜荀鹤《山居寄同志》："茅斋深僻绝轮蹄，门径绿莎细接溪。"亦指僻远之地。白居易《自江州至忠州》："今来转深僻，穷峡巅山下。"姚合《题李频新居》："赁居求贱处，深僻任人嫌。"

【深德】 深厚的恩德。王绩《古意六首》之六："凤言荷深德，微禽安足尚。"亦指深厚的德行。高适《信安王幕府诗》："乐善旌深德，输忠格上玄。"

【深篋】 牢固的小箱子。李白《感兴六首》之三："委之在深箧，蠹鱼坏其题。"

【深標二釋子】 深，法深；标，道标。均为琅琊山僧人。韦应物有《怀琅琊深标二释子》。

【深論】 深刻的议论。于頔《郡斋卧疾赠昼上人》："夙陪翰墨徒，深论穷文格。"

【深憐】 甚为怜惜，十分同情、爱护。郑谷《叙事感恩上狄右丞》："顾念梁间燕，深怜涧底松。"

【深潭】 深水池。李德裕《怀山居邀松阳子同作》："晨思小山桂，暝忆深潭月。"亦指河中深水回流处。上官仪《和太尉戏赠高阳公》："无情拂袂欲留宾，讵恨深潭不可越。"

【深潛】 隐蔽深，严密隐藏。韩愈《和侯协律咏笋》："深潜如避逐，远去若追奔。"元稹《开元观闲居酬吴士矩侍御三十韵》："风高云远逝，波骇鲤深潜。"

【深澗】 ❶幽深的涧谷。刘长卿《入百丈涧见桃花晚开》："百丈深涧里，过时花欲妍。"周贺《宿隐静寺上人》："疏林未落上方月，深涧忽生平地云。"贯休《山居诗二十四首》之一七："拾栗远寻深涧底，弄猿多在小峰头。"❷深谷中的溪流。白居易《山中五绝句·涧中鱼》："鲸吞蛟斗波成血，深涧游鱼乐不知。"许棠《寄盩厔薛能少府》："冰色封深涧，樵声出紫微。"

【深實】 坚固充实。元结《引极三首·思元极》："揖元气兮本深实，餐至和兮永终日。"

【深綠】 墨绿。张祜《赠窦家小儿》："深绿衣裳小小人，每来听里解相亲。"

【深蕪】 犹言杂草丛生，极为荒芜。贾岛《送朱休归剑南》："卓氏琴台废，深芜想径通。"

【深樹】 树丛深处。杜甫《杜鹃行》："业工窜伏深树里，四月五月偏号呼。"韦应物《滁州西涧》："独怜幽草涧边生，上有黄鹂深树鸣。"朱庆余《送虚上人游天台》："石桥隐深树，朱阙见晴天。"

【深樾】 浓荫。韩愈《送文畅师北游》："三年窜荒岭，守县坐深樾。"

【深機】 犹心机深。杜牧《怀紫阁山》："学他趋世少深机，紫阁青霄半掩扉。"韩偓《不见》："动静防闲又怕疑，佯佯脉脉是深机。"

【深徼】 (—jiào)幽深的小路。李贺《春归昌谷》："花蔓阂行辀，縠烟暝深徼。"

【深謀】 深远周密的谋划。刘允济《经庐岳回望江州想洛川有作》："盛业匡西夏，深谋赞禹亳。"朱庆余《送韦校书佐灵州幕》："边事何须问，深谋只在君。"徐夤《两晋》："三世深谋启帝基，可怜孀妇与孤儿。"

【深諳】 非常熟悉。白居易《秋思》："萧条秋气味，未老已深谙。"

【深憶】 极为思念。罗隐《安陆赠徐砺》："一榻偶依陈太守，三年深忆祢先生。"

【深壁】 坚固的壁垒。杜甫《八哀诗·赠司空王公思礼》："九曲非外蕃，其王转深壁。"

【深艱】 指深奥难明之事理。胡曾《咏史诗·广武山》："数罪楚师应夺气，底须多论破深艰。"

【深檐】 重檐。两层屋檐。韩愈《石鼓歌》："大厦深檐与覆盖，经历久远期无佗。"

【深謝】 甚为感谢。李涉《和尚书舅见寄》："深谢陈番怜寂寞，远飞芳字警沉迷。"李山甫《下第出春明门》："深谢灞陵堤畔柳，与人头上拂尘埃。"

【深隱】 ❶深深隐蔽。杜甫《雨》："万木云深隐，连山雨未开。"亦指隐藏于幽深之处。刘沧《题四皓庙》："雪髯仙侣何深隐，千古寂寥云水重。"❷幽深偏僻。司空图《即事九首》之二："十年深隐地，一雨太平心。"❸深沉隐私。张蠙《乱中寄友人》："若便怀深隐，还应圣主知。"

【深叢】 深密的树丛。杜甫《杜鹃行》："㲠形不敢栖华屋，短翮唯愿巢深丛。"韩愈《寄崔二十六立之》："傲兀坐试席，深丛见孤罴。"

【深壘】 高筑的壁垒。耿沣《代宋州将淮上乞师》："上将坚深垒，残兵斗落晖。"

【深鎖】 亦作"深鏁"。❶紧锁，严密封闭。刘禹锡《和乐天春词》："新妆面面下朱楼，深锁春光一院愁。"司空图《省试》："粉闱深锁唱同人，正是终南雪霁春。"高蟾《华清宫》："重门深锁禁钟后，月满骊山宫树秋。"❷久锁，长期关闭。许浑《客有卜居不遂薄游汧陇因题》："楼台深锁无人到，落尽春风第一花。"高骈《步虚词》："洞门深锁碧窗寒，滴露研朱点周易。"

【深齋】 幽静的书房。高适《武威同诸公过杨七山人》："穷巷在乔木，深斋垂古藤。"

【深邃】 ❶幽深，从外到内或从上到下距离大。杜甫《题衡山县文宣王庙新学堂呈陆宰》："下可容百人，墙隅亦深邃。"于濆《拟古讽》："洛阳大道傍，甲第何深邃。"石恪《赠雷殿直》："深邃门墙三楚外，清风池馆五峰前。"亦指幽深之地。颜真卿《赠僧皎然》："龙池护清激，虎节到深邃。"权德舆《郊居岁暮因书所怀》："三径日闲安，千峰对深邃。"❷深长遥远。萧颖士《蒙山作》："此焉多深邃，贤达昔所止。"贯休《寒月送玄士入天台》："想入红霞路深邃，孤峰纵啸仙飙起。"

【深藏】 ❶严密收藏，隐蔽躲藏。杜甫《大云寺赞公房四首》之二："深藏供老宿，取用及吾身。"刘言史《看山木瓜花二首》之二："深藏数片将归去，红缕金针绣取看。"卢殷《晚蝉》："深藏高柳背斜晖，能轸孤愁减昔围。"胡玢《石楠树》："重布绿阴滋藓色，深藏好鸟引雏声。"❷偏僻隐蔽。白居易《香山下卜居》："若要深藏处，无如此处深。"杜牧《大雨行》："今年阘茸鬓已白，奇游壮观唯深藏。"

【深嚴】 深沉庄严。温庭筠《台城晓朝曲》："大江敛势避辰极，两阙深严烟翠浓。"亦指深邃隐密。郑畋《中秋月直禁苑》："恍惚归丹地，深严宿绛霞。"

【深鏁】 参见"深鎖"。

【深穩】 深沉稳健。杜甫《韦讽录事宅观曹将军画马图》："可怜九马争神骏，顾视清高气深稳。"

【深識】 深知，深刻了解。储光羲《贻袁三拾遗谪作》："希声尽众人，深识唯知己。"

【深懷】 十分怀念。杜甫《王命》："深怀喻蜀意，恸哭望王官。"

【深蘢】 指竹树茂密的地方。李华《寄赵七侍御》："玄猿啼深茏，白鸟戏葱蒙。"原注："楚越谓竹树深者为茏。"

【深爐】 亦作"深火爐"。深房中的火炉。韦应物《永定寺辟强夜至》："深炉正燃火，空斋共掩扉。"白居易《竹楼宿》："小书楼下千竿竹，深火炉前一盏灯。"又《自题新昌居止因招杨郎中小饮》："春风小榼三升酒，寒食深炉一碗茶。"

【深響】 深远的响声。张祜《题杭州灵隐寺》："好是呼猿久，西岩深响连。"

【深蘿】 茂密的松萝。松萝,地衣门植物。附生于松树或石上,丝状,蔓延悬垂。李群玉《引水行》:"一条寒玉走秋泉,引出深萝洞口烟。"方干《夏日登灵隐寺后峰》:"深萝难透日,乔木更含风。"

【深讎】 深为憎恨。讎,同"仇"。韩偓《游江南水陆院》:"早于喧杂是深讎,犹恐行藏坠俗流。"

【深蠹】 进入内部的蛀虫。孟郊《湘弦怨》:"嘉木忌深蠹,哲人悲巧诬。"

【深灣】 指河流大弯曲处。王勃有《深湾夜宿》。杜荀鹤《钓叟》:"茅屋深湾里,钓船横竹门。"

渌[1] 〔lù《广韵》力玉切,入燭,來。〕❶清澈。《集韵·烛韵》:"渌,水清。"刘希夷《江南曲八首》之八:"冠盖星繁江水上,冲风摽落洞庭渌。"李白《登单父陶少府半月台》:"水色渌且明,令人思镜湖。"元稹《忆事》:"明月满庭池水渌,桐花垂在翠帘前。"李郢《和湖州杜员外冬至日白蘋洲见忆》:"千嶂雪消溪影渌,几家梅绽海波清。"❷同"醁"。美酒。杜甫《醉为马坠诸公携酒相看》:"共指西日不相贷,喧呼且覆杯中渌。"白居易《醉中得上都亲友书咏而报之》:"但得杯中渌,从生甑上尘。"陆龟蒙《看压新醅寄怀袭美》:"尊中若使常能渌,两绶通侯总强名。"❸同"琭"。玉貌。《老子》第三十九章:"不欲琭琭如玉,珞珞如石。""琭琭"亦作"渌渌"。后也单用。姚合《杏溪十首·溪路》:"路边何所有,磊磊青渌石。"❹同"绿"。见"渌萍"。

【渌水琴】 指弹奏《渌水曲》的琴声。李群玉《辱绵州于中丞书信》:"风标想见瑶台鹤,诗韵如闻渌水琴。"

【渌江】 清澄的江水。李白《寄远十一首》之五:"远忆巫山阳,花明渌江暖。"白居易《江楼夜吟元九律诗成三十韵》:"词飘朱槛底,韵堕渌江前。"李德裕《上巳忆江南禊事》:"为忆渌江春水色,更无宵梦向吴州。"

【渌池】 清澄的池塘。皎然《郭北寻徐主簿别业》:"还共岩中鹤,今朝下渌池。"元稹《有鸟二十章》之六:"皆曾偷食渌池鱼,前去后来更逼迫。"

【渌杯】 酒杯。借指美酒。渌,同"醁"。白居易《醉中戏赠郑使君》:"密座移红毯,酡颜照渌杯。"

【渌波】 清波。孟郊《送李翱习之》:"千巷分渌波,四门生早潮。"刘禹锡《伤秦姝行》:"冯夷蹁跹舞渌波,鲛人出听停绡梭。"舒元舆《桥山怀古》:"轩辕厌代千万秋,渌波浩荡东南流。"

【渌沼】 清澄的水池。赵嘏《昔昔盐二十首·水溢芙蓉沼》:"渌沼春光后,青青草色浓。"

【渌派】 犹碧流。吴融《玉女庙》:"檜横渌派王余掷,窗袅红枝杜宇啼。"

【渌茫茫】 形容一片清波,广阔无际。贯休《送僧之湖外》:"羡师终不及,湘浪渌茫茫。"

【渌酒】 清酒。亦指美酒。张说《安乐郡主花烛行》:"百壶渌酒千斤肉,大道连延障锦轴。"李白《前有一樽酒行二首》之一:"春风东来忽相过,金樽渌酒生微波。"张籍《和韦开州盛山十二首·流杯渠》:"渌酒白螺杯,随流去复回。"李群玉《中秋夜南楼寄友人》:"朗吟无渌酒,贱价买清秋。"

【渌萍】 同"綠萍"。孟郊《乐府三首》:"绿萍与荷叶,同此一水中;风吹荷叶在,渌萍西复东。"

【渌潭】 清澄的深水池。寒山《诗三百三首》之一三〇:"旭日衔青嶂,晴云洗渌潭。"

【渌醑】 美酒。渌,同"醁"。雍裕之《大言》:"四溟杯渌醑,五岳髻青螺。"

【渌觴】 指美酒。渌,同"醁"。白居易《酬李少府曹长官舍见赠》:"白马晚踏雪,渌觞春暖寒。"

渌[2] 〔lù《广韵》盧谷切,入屋,來。〕过滤。司空图《诗品二十四则·含蓄》:"如渌满酒,花时返秋。"

【渌水】 ❶清澈的水。寒山《诗三百三首》之十八:"山花笑渌水,岩岫舞青烟。"李白《别中都明府兄》:"城隅渌水明秋日,海上青山隔暮云。"刘长卿《送道标上人归南岳》:"白云留不住,渌水去无心。"罗隐《赠渔翁》:"逍遥此意谁人会,应有青山渌水知。"❷古曲名。见《文选·马融〈长笛赋〉》。虞世南《咏舞》:"繁弦奏渌水,长袖转回鸾。"陈子昂《春台引》:"酒既醉,乐未已,击青钟,歌渌水。"李颀《琴歌》:"铜炉华烛烛增辉,初弹渌水后楚妃。"白居易《琴茶》:"琴里知闻唯渌水,茶中故旧是蒙山。"

【渌水曲】 琴曲名。李白有《渌水曲》。杜甫《奉同郭给予事汤东灵湫作》:"浩歌《渌水曲》,清绝听者愁。"参见"渌水❷"。

涵 〔hán《广韵》胡男切,平覃,匣。〕❶滋润,浸润。《说文解字·水部》:"涵,水泽多也。"段玉裁注:"所受润泽多也。"王维《寒食城东即事》:"清溪一道穿桃李,演漾绿蒲涵白芷。"戴叔伦《题横山寺》:"露涵松翠湿,风涌浪花浮。"韩愈《奉和钱七兄曹长盆池所植》:"露涵两鲜翠,风荡相磨倚。"陆龟蒙《奉和袭美太湖诗二十首·桃花坞》:"朝为照花日,暮作涵花津。"❷沉浸,沉没。高适《东平路中遇大水》:"霖淫溢川原,澒洞涵田畴。"元结《游㶚泉示泉上学者》:"草堂在山曲,澄澜涵阶除。"元稹《含风夕》:"水镜涵玉轮,若见渊泉璧。"裴说《兜率寺》:"朽枿云斜映,平芜日半涵。"引申指隐没。陆龟蒙《夏日闲居作四声诗寄袭美·平上声》:"朝烟涵楼台,晚雨染岛屿。"❸包含,包容。《诗·小雅·巧言》:"乱之初生,僭始既涵。”毛传：“涵，容也。”李义府《宣正殿芝草》：“色带朝阳净，光涵雨露滋。”李白《咏山樽二首》之一：“外与金罍并，中涵玉醴虚。”刘言史《右军墨池》：“至今池水涵余墨，犹共诸泉色不同。”皮日休《友人以人参见惠因以诗谢之》：“开时的定涵云液，劚后还应带石花。”亦指宽容。杜甫《移居公安敬赠卫大郎》：“雅量涵高远，清襟照等夷。”陈陶《赠江西周大夫》：“渊伦照三古，磊落涵泾渭。”❹映照。万齐融《三日绿潭篇》：“蘋苔嫩色涵波绿，桃李新花照底红。”杜甫《太平寺泉眼》：“明涵客衣净，细荡林影趣。”刘禹锡《秋江晚泊》：“长泊起秋色，空江涵霁晖。”温庭筠《晓仙谣》：“玉妃唤月归海宫，月色澹白涵春空。”

【涵水】 沉浸水中。张祜《题杭州灵隐寺》：“溪沙涵水静，涧石点苔鲜。”

【涵物】 潜藏之鬼怪。物，特指鬼怪。窦冀《怀素人上草书歌》：“涵物为动鬼神泣，狂风入林花乱起。”

【涵育】 涵养化育。王维《送秘书晁监还日本国》序：“大道之行，先天布化。乾元广运，涵育无垠。”

【涵泳】 沉浸水中。韩愈《岳阳楼别窦司直》：“星河尽涵泳，俯仰迷下上。”又《盆池五首》之五：“且待夜深明月去，试看涵泳几多星。”皮日休《奉和添酒中六咏·酒船》：“但知涵泳好，不计风涛恶。”

【涵空】 (—kōng)指映照天空。武元衡《奉和圣制丰年多庆九日示怀》：“南山澄凝黛，曲水清涵空。”费冠卿《枕流石》：“不为幽岸隐，古色涵空出。”温庭筠《春江花月夜词》：“千里涵空澄水魂，万枝破鼻飘香雪。”方干《涵碧亭》：“闲云低覆草，片水静涵空。”

【涵春】 润泽春色。姜晞《龙池篇》：“灵沼萦回邸第前，浴日涵春写曙天。”

【涵胡】 含糊，不清晰。刘禹锡《和浙西李大夫霜夜对月听小童吹觱篥歌依本韵》：“涵胡画角怨边草，萧瑟清蝉吟野丛。”

【涵映】 水光摇荡地照着。元结《登白云亭》：“涵映满轩户，娟娟如镜明。”

【涵柔】 蕴含柔和。元结《补乐歌十首·五茎》：“五德涵柔兮，沨沨而生。”

【涵容】 包含，容纳。陆龟蒙《记事》：“忖度大为防，涵容宽作量。”

【涵虚】 谓容载天空。孟浩然《望洞庭湖赠张丞相》：“八月湖水平，涵虚混太清。”方干《叙龙瑞观胜异寄于尊师》：“万倾涵虚寒潋滟，千寻耸翠秀孱颜。”齐己《盆池》：“涵虚心不浅，待月底长圆。”

【涵淡】 亦作“涵澹”。水激荡貌。刘禹锡《平齐行二首》之二：“千钧猛簴顺流下，洪波涵淡浮熊罴。”

【涵泪】 犹含泪。韩愈《新竹》：“风枝未飘吹，露粉先涵泪。”

【涵贮】 包容积存。李群玉《浔阳观水》：“直至沧溟涵贮尽，深沈不动浸昭回。”

【涵象】 蕴含正道。象，道也。薛存诚《御制段太尉碑》：“宝思皆涵象，皇心永念勋。”

【涵碧亭】 亭名。在婺州东阳(今属浙江)。于兴宗有《东阳涵碧亭》。方干有《涵碧亭》。

【涵澹】 参见“涵淡”。

【涵濡】 滋润。元结《补乐歌十首·云门》：“类我圣泽兮，涵濡不穷。”韩偓《辛酉岁终冬十一月随驾幸岐下作》：“雨露涵濡三百载，不知谁拟杀身酬？”

【涵盪】 覆盖荡漾。储光羲《送丘健至州敕放作时任下邽县》：“欢声殷河岳，涵荡非烟浮。”

【涵露】 犹含露。崔橹《残莲花》：“倚风无力减香时，涵露如啼卧翠池。”

淄 〔zī《广韵》侧持切，平之，莊。〕❶水名。见“淄右”“淄渑”。❷古州名。见“淄州”。❸通“缁”。黑色。张九龄《酬宋使君见诒》：“但愿白心在，终然涅不淄。”见“淄涅”。

【淄川】 郡名。唐天宝元年改淄州置，治所在淄川县(今山东淄博)。岑参有《送裴校书从大夫淄川觐省》。《高苑令歌》(卷八七四)：“淄川之水浑已澄，邹邑之民仆已行。”

【淄右】 淄水之西。指淄川县。唐属淄州，为州治所在地。吴融《倒次元韵》：“身近从淄右，家元接观津。”参见“淄川”。

【淄州】 古州名。唐武德元年置，治所在淄川(今山东淄博市西南)。天宝元年改为淄川郡，乾元元年复为淄川。见《旧唐书·地理志一》。白居易《三月三日祓禊洛滨》序：“淄州刺史裴治……等十五人，合宴于舟中。”

【淄青】 又名淄青平户。唐方镇名。上元二年(761)置。韩翃有《送高员外赴淄青使幕》。鲍溶有《和淮南李相公夷简喜平淄青回军之作》。

【淄庭】 僧舍。僧侣多穿黑衣，故称。李峤《刘侍读见和山邸十篇重申此赠》：“梁驾陪玄赏，淄庭掩翠岑。”

【淄涅】 喻污点或不良品质。见《论语·阳货》。皎然《妙喜寺达公禅斋寄李司直公孙房都曹德裕从事方舟颜武康士骋四十二韵》：“颜生炯介士，有志不可越。仗义冒险难，持操去淄涅。”

【淄渑】 淄水与渑水的并称。皆在今山东省。相传二水味异，合则难辨，惟春秋齐国易牙尝而知之。见《吕氏春秋·精谕》。李瀚《蒙求》：“符朗皂白，易牙淄渑。”后以“淄渑”比喻合由难以辨别的事物。王湾《秋夜寓直即事怀赠萧令公裴侍郎兼通简南省诸友人》："摇怀及宾友，计曲辨淄渑。"

【淄磷】 "涅而不淄"与"磨而不磷"之略语。意即染而不黑、磨而不薄。后因以"淄磷"喻受环境的不良影响而起变化。多用"无淄磷""异淄磷"等称赞人坚持操守、坚贞不渝。清昼《讲古文联句》："时合风兴，或无淄磷。"徐铉《哭刑部侍郎乔公诗》："曾嗟混鸡鹤，终日异淄磷。"张绍《冲佑观》："皇献颂声，永绝缁磷。"亦用以比喻精粹无瑕的事物。司空图《诗品二十四则·洗炼》："犹矿出金，如铅出银；超心炼冶，绝爱淄磷。"

九 画

溱 〔còu《广韵》倉奏切，去候，清。〕亦作"凑"。❶会合，聚集。包佶《祀风师乐章·奠币登歌》："仰瞻肸蠁，群祥来溱。"权德舆《暮春闲居示同志》："小池泉脉溱，危栋燕雏喧。"姚合《病中书事寄友人》："万愁生雨夜，百病溱衰年。"陈陶《和西江李助副使早登开元寺阁》："秋槛祝融微，阴轩九江溱。"❷趋，奔赴。李元操《和从叔禄愔元日早朝》："众灵溱仙府，百神朝帝台。"韦应物《酬郑户曹骊山感怀》："海内溱朝贡，贤愚共欢荣。"韩愈《叉鱼招张功曹》："交头疑溱饵，骈首类同条。"

湛¹ 〔chén《广韵》直深切，平侵，澄〕"沈"的古字。❶隐没。韦应物《怀素友子西》："层城湛深夜，片月生幽林。"❷深沉。见"湛冥"。

湛² 〔zhàn《广韵》徒減切，上豏，定。《集韵》丈減切，上豏，澄。〕❶水深貌；深沉貌。孙欣《奉试冷井诗》："色湛青苔里，寒凝紫绠边。"高适《同薛司直诸公秋霁曲江俯见南山作》："南山郁初霁，曲江湛不流。"韩愈《南山诗》："因缘窥其湫，凝湛阏阴兽。"元稹《遭风二十韵》："怪族潜收湖黯湛，幽妖尽走日崔嵬。"亦用作动词，深或使之深。王勃《寒夜思友三首》之三："复此遥相思，清尊湛芳绿。"骆宾王《初秋登王司马楼宴得同字》序："于是肴开玉馔，交杂佩而熏兰；酒泛金翘，映清尊而湛菊。"皮日休《太湖诗·孤园寺》："萝岛凝清阴，松门湛虚翠。"❷露浓貌。李峤《露》："玉垂丹棘上，珠湛绿荷中。"韦应物《楼中月夜》："衰莲送余馥，华露湛新秋。"元稹《与杨十二李三早入永寿寺看牡丹》："笼处彩云合，露湛红珠莹。"❸澄澈貌。郭周藩《谭子池》："金出继灵泉，湛若清琉璃。"皮日休《太湖诗·游毛公坛》："凝于白獭髓，湛似桐马乳。"韦庄《杂题联锦》："金盘湛琼液，仙子无归迹。"齐己《和岷公送李评事往宜春》："雪湛将残腊，霞明向早春。"亦用作动词，透亮或被照亮。李峤《酒》："临风竹叶满，湛月桂香浮。"李白《闻丹丘子于城北营石门幽居因叙旧以寄之》："松风清瑶瑟，溪月湛芳樽。"又《姑孰十咏·桓公井》："石甃冷苍苔，寒泉湛孤月。"柳宗元《夏夜苦热登西楼》："山泽凝暑气，量汉湛光辉。"

【湛長史】 (長 zhǎng)指湛茂，南朝宋司徒右长史。丘丹有《经湛长史草堂》，题下注："一作《题湛长史旧居》。"吕渭有《经湛长史草堂》。于頔有《和丘员外题湛长史旧居》。

【湛法師】 湛然。僧人。善丹青，精词藻，人称"墨妙称古绝，词华精世人"。孟浩然有《还山遗湛法师》。皇甫冉有《福先寺寻湛然寺主不见》。

【湛₂恩】 深恩，大恩。张九龄《初发道中赠王司马兼寄诸公》："湛恩均大造，弱植愧空虚。"源乾曜《奉和御制乾曜与张说宋璟同日上官命宴都堂赐诗》："睿作超千古，湛恩育万人。"王翰《奉和圣制送张说上集贤学士赐宴得筵字》："和乐薰风解，湛恩时雨连。"权德舆《韦宾客宅与诸博士宴集》："累抗乞身章，湛恩比上庠。"

【湛賁】 唐诗人。祖籍常州无锡(今属江苏)。贞元十二年进士。任常州刺史。事见《唐摭言》卷八、《唐诗纪事》卷三五。《全唐诗》卷四六六录其诗三首。

【湛₂湛】 (—zhàn)❶露浓貌。袁郊《露》："湛湛腾空下碧霄，地卑湿处更偏饶。"❷浓重貌。韦应物《善福精舍示诸生》："湛湛嘉树阴，清露夜景沈。"❸水深貌。岑参《送王著作赴淮南幕府》："湛湛万顷陂，森森千丈松。"高适《和贺兰判官望北海作》："湛湛朝百谷，茫茫连九垓。"刘长卿《湖上遇郑田》："湛湛江色寒，濛濛水云夕。"❹澄澈貌。顾况《攲松漪》："湛湛碧涟漪，老松攲侧卧。"韩愈《谴疟鬼》："湛湛江水清，归居安汝妃。"白居易《小池二首》之二："有意不在大，湛湛方丈余。"郑谷《语溪》："湛湛清江叠叠山，白云白鸟在其间。"

【湛₂然】 ❶深沉貌。韦应物《善福精舍秋夜迟诸君》："广庭独闲步，夜色方湛然。"❷清澈貌。皇甫湜《出世篇》："支消体化膏露明，湛然无色茵席濡。"吕温《戏赠灵澈上人》："君看池水湛然时，何曾不受花枝影。"白居易《李都尉古剑》："湛然玉匣中，秋水澄不流。"陈元裕《送德林郎中学士赴东府》："上善湛然秋，恩波洽帝猷。"❸淡泊貌。拾得《诗》之二九："无去无来本湛然，不居内外及中间。"李白《庐山东林寺夜怀》："湛然冥真心，旷劫断出没。"朱湾《七贤庙》："湛然对一壶，土木为我形。"韩偓《地炉》："禅客钓翁徒自好，那知此际湛然心。"❹清静貌。吴清妻《仙诗五首》(卷八六三)之五："道合云霄游紫府，湛然真境瑞皇家。"

【湛₂盧】 剑名。相传为春秋时欧冶子所铸。后亦泛指宝剑。骆宾王《夕次旧吴》:“行叹鸱夷没,遽惜湛卢飞。”李白《送侯十一》:“宝余湛卢剑,赠尔托交亲。”杜甫《大历三年春白帝城放船出瞿塘峡四十韵》:“朝士兼戎服,君王按湛卢。”

【湛₂露】 ❶《诗·小雅》篇名。太宗《春日玄武门宴群臣》:“娱宾歌湛露,广乐奏钧天。”玄宗《春晚宴两相及礼官丽正殿学士探得风字》序:“同吟湛露之篇,宜振凌云之藻。”杜甫《夔府书怀四十韵》:“遂阻云台宿,常怀湛露。”后以为君王宴臣僚故实或喻君王恩泽。陈叔达《早春桂林殿应诏》:“轻舆临太液,湛露酌流霞。”韩翃《送田仓曹汴州觐省》:“玉杯分湛露,金勒借追风。”白居易《太平乐词二首》之二:“湛露浮尧酒,熏风起舜歌。”徐铉《纳后夕侍宴》:“天上轩星正,云间湛露垂。”❷浓露。梁德裕《感寓二首》:“叶洗玉泉水,珠清湛露滋。”羊士谔《南池荷花》:“湛露宜清暑,披香正满轩。”刘得仁《早行》:“马渡横流广,人行湛露寒。”李建勋《新竹》:“袅袅熏风软,娟娟湛露光。”

渫 〔xiè《广韵》私列切,入薛,心。〕清除污秽。耿沣《甘泉诗》序:“遂命水工浚渫余泥,葺栏备绠,维人所欲,万瓶继洁。”陆龟蒙《庆封宅古井行》:“古甓团团藓花碧,鼎渫寒泉深百尺。”

湖 〔hú《广韵》户吴切,平模,匣。〕积水的大泊。张九龄《临泛东湖》:“郡庭日休暇,湖曲邀胜践。”贾至《岳阳楼重宴别王八员外贬长沙》:“莫道巴陵湖水阔,长沙南畔更萧条。”朱庆余《送韦繇校书赴浙东幕》:“湖边寄家久,到日喜荣亲。”章碣《夏日湖上即事寄晋陵萧明府》:“亭午羲和驻火轮,开门嘉树庇湖渍。”

【湖口】 ❶地名。即今江西湖口,为鄱阳湖与长江交汇处。唐时置湖口戍,南唐设县。吴筠《晚到湖口见庐山作呈诸故人》:“夜舟达湖口,渐近庐山侧。”唐玄谦有《过湖口》。吴融《闲书》:“晋阳起义寻常见,湖口屯营取次闻。”钱珝《江行无题一百首》:之九五:“湖口分江水,东流独有情。”王周有《湖口县》。❷指湖南岳阳的城陵矶。刘长卿有《晚次湖口有怀》。王周《岳州众湖阻风二首》之一:“众湖湖口系兰船,睡起中餐又却眠。”

【湖山】 ❶湖泊和山峰,山水。孟浩然《九日龙沙作寄刘大昚虚》:“风俗因时见,湖山发兴多。”张继《会稽郡楼雪霁》:“数处微明销不尽,湖山清映越人家。”白居易《想东游五十韵》:“坐有湖山趣,行无风浪忧。”翁洮《赠方干先生》:“城头鼙鼓三声晓,岛外湖山一簇春。”❷湖上之山。岑参《送四镇薛侍御东归》:“梦去湖山阔,书停陇雁稀。”许彬《同友人会裴明府县楼》:“湖山万叠峰,汀树一行春。”

【湖目】 莲的别名。皮日休《夏景冲淡偶然作二首》之二:“天台画得千回看,湖目芳来百度游。”

【湖田】 围湖而造的水田。章孝标《上浙东元相》:“何言禹迹无人继,万顷湖田又斩新。”许浑《赠郑处士》:“且卖湖田酿春酒,与君书剑是生涯。”李频《送德清喻明府》:“水栅横舟闭,湖田立木分。”杜荀鹤《辞杨侍郎》:“霜岛树凋猿叫夜,湖田谷熟雁来时。”

【湖光】 湖面的反光,湖水的颜色。张子容《自乐城赴永嘉枉路泛白湖寄松阳李少府》:“树色烟轻重,湖光风动摇。”严维《夏日纳凉》:“杉松交日影,枕簟上湖光。”张又新《三月五日陪大夫泛长沙东湖》:“湖光迷翡翠,草色醉蜻蜓。”马戴《题章野人山居》:“门前山色能深浅,壁上湖光自动摇。”

【湖色】 湖水的颜色。刘长卿《过郘三湖上书斋》:“酒香开瓮老,湖色对门寒。”张继《会稽秋晚奉呈于太守》:“山光隐危堞,湖色上高楼。”元稹《重夸州宅旦暮景色兼酬前篇末句》:“人声晓动千门辟,湖色宵涵万象虚。”杜荀鹤《秋日闲居寄先达》:“风驱早雁冲湖色,雨挫残蝉点柳枝。”

【湖州】 州名。隋仁寿二年置,以在太湖南岸得名。治所在乌程(今湖州市)。唐辖境相当于今浙江湖州及德清、安吉、长兴等地。宋之问有《饯湖州薛司马》。李嘉祐有《送弘志上人归湖州》。白居易《泛小舲二首》之二:“亚竹乱藤多照岸,如从凤口向湖州。”周朴《董岭水》:“湖州安吉县,门与白云齐。”

【湖城】 县名。故城在今河南灵宝西北、黄河南岸。杜甫《湖城东遇孟云卿复归刘颢宅宿宴饮散因为醉歌》:“湖城城南一开眼,驻马偶识云卿面。”刘禹锡有《秋晚题湖城驿池上亭》。吴融有《题湖城县西道中槐树》。

【湖亭】 湖边的凉亭。元结《宴湖上亭作》:“广亭盖小湖,湖亭实清旷。”温庭筠《春日雨》:“细雨濛濛入绛纱,湖亭寒食孟珠家。”

【湖南】 ❶泛指湖的南岸。张翚《绝句》:“孤坐正愁绪,湖南谁捣衣?”崔国辅《湖南曲》:“湖南送君去,湖北送君归。”灵一《酬皇甫冉将赴无锡于云门寺赠别》:“湖南通古寺,来往意无涯。”❷专指洞庭湖南。唐至德年间置湖南观察使,治所在潭州(今长沙)。李白《草书歌行》:“湖南七郡凡几家,家家屏障书题遍。”韩愈《武关西逢配流吐蕃》:“嗟尔戎人莫惨然,湖南地近保生全。”周贺有《送耿山人归湖南》。齐己《送人往长沙》:“荆门归路指湖南,千里风帆兴可谙。”

【湖海】 ❶湖泊和海洋。韦应物《登重玄寺阁》:“山川表明丽,湖海吞大荒。”亦指大湖。李宾《登巴陵开元寺西阁赠衡岳僧方外》:“湖海落天镜,香阁凌银阙。”❷指朝廷以外的地方。李颀《送綦毋三谒房给事》:“惜哉湖海上,曾校蓬莱书。”孟浩然《自洛之越》:

"扁舟泛湖海,长揖谢公卿。"袁傪《喜陆侍御破石埭草寇东峰亭赋诗》:"因知越范蠡,湖海意何如。"戴叔伦《哭朱放》:"几年湖海挹余芳,岂料兰摧一夜霜。"

【湖海志】 隐逸之志。皮日休《奉和鲁望渔具十五咏·钓车》:"得乐湖海志,不厌华辀小。"

【湖陰曲】 杂曲歌辞名。温庭筠有《湖阴曲》。

【湖嵌】 指太湖石。韩愈、孟郊《城南联句》:"潇碧远输委,湖嵌费携擎。"

【湖湘】 洞庭湖和湘江的合称。指今湖南北部。张说有《游洞庭湖湘》。狄焕《送人游邵州》:"况入湖湘路,那堪花乱飞。"

【湖陽】 ❶湖的北岸。唐彦谦《索虾》:"姑孰多紫虾,独有湖阳优。"❷县名。汉置,晋废,北魏复置。唐时属唐州,故城在今河南境。李白《寄远十一首》之四:"玉筋落春镜,坐愁湖阳水。"

【湖煙】 湖面上笼罩的雾气。韩翃《送李司直赴江西使幕》:"竹露点衣巾,湖烟湿扃钥。"刘禹锡《吐绶鸟词》:"红绡剪出玲珑翅,湖烟始开山日高。"

【湖溝】 当作"潮沟"。故道在今南京市。李白《金陵白杨十字巷》:"白杨十字巷,北夹湖沟道。"

湘 〔xiāng《广韵》息良切,平陽,心。〕❶水名。李白《春滞沅湘有怀山中》:"沅湘春色还,风暖烟草绿。"柳宗元《酬曹侍御过象县见寄》:"春风无限潇湘意,欲采蘋花不自由。"白居易《读史五首》之一:"汉文疑贾生,谪置湘之阴。"刘沧《怀江南友人》:"湘岸风来吹绿绮,海门潮上没青蘋。"❷山名。见"湘山"。❸州名。见"湘州"。❹指湘水流域。李峤《石》:"入宋星初陨,过湘燕早归。"韩翃《赠别崔司直赴江东兼简常州独孤使君》:"楚酪沃雕胡,湘羹糁香饵。"刘言史《与孟郊洛北野泉上煎茶》:"湘瓷泛轻花,涤尽昏渴神。"李群玉《校书叔遗暑服》:"翠云箱里叠褷栊,楚葛湘纱净似空。"

【湘口館】 馆名。故址在永州(今湖南零陵)。柳宗元有《湘口馆潇湘二水所会》。

【湘夫人】 湘妃。传说中舜的二妃,名娥皇、女英。郎士元有《湘夫人二首》。

【湘山】 ❶泛指湘江边的山。刘长卿《送道标上人归南岳》:"江草将归远,湘山独往深。"❷洞庭湖中君山的别名。王昌龄《送薛大赴安陆》:"津头云雨暗湘山,迁客离忧楚地颜。"

【湘川】 即"湘水"。张说《伯奴边见归田赋因投赵侍御》:"黄陵浮汩渚,青草会湘川。"李德裕《思平泉树石杂咏一十首·舴艋舟》:"时游杏坛下,乍入湘川里。"李商隐《燕台四首·秋》:"双珰丁丁联尺素,内记湘川相识处。"卢汝弼《闻雁》:"潮海应嫌霜下早,湘川偏爱草初熏。"

【湘女】 即湘妃。李白《望夫石》:"有恨同湘女,无言类楚妃。"

【湘中】 指湘水流域。张九龄有《初入湘中有喜》。元结《欸乃曲五首》之四:"零陵郡北湘水东,浯溪形胜满湘中。"刘禹锡《赠刘景擢第》:"湘中才子是刘郎,望在长沙住桂阳。"马戴《夜下湘中》:"洞庭人夜别,孤棹下湘中。"

【湘水】 水名。即"湘江"。卢照邻《同崔录事哭郑员外》:"梁山送夫子,湘水吊王孙。"杜甫《建都十二韵》:"永负汉庭哭,遥怜湘水魂。"韩愈《忆昨行和张十一》:"念昔从君渡湘水,大帆夜划穷高桅。"邵谒《放歌行》:"屈原若不贤,焉得沈湘水。"

【湘水亭】 亭名。又名望湘亭。故址在湖南长沙西湘江边。刘长卿有《春日宴魏万成湘水亭》。

【湘西】 古县名。三国吴置。故城在今湖南湘潭市南。齐己有《题赠湘西龙安寺利禅师》。

【湘竹】 竹名。又名湘妃竹。相传舜妃娥皇、女英洒泪竹上而成斑痕。皇甫冉《题竹扇赠别》:"湘竹殊堪制,齐纨且未工。"白居易《题卢秘书夏日新栽竹二十韵》:"湘竹初封植,卢生此考槃。"项斯《苍梧云气》:"湿连湘竹暮,浓盖舜坟秋。"韦庄《春愁》:"露沾湘竹泪,花堕越梅妆。"

【湘州】 古州名。即潭州,治所在今长沙。张说有《湘州九日城北亭子》。元稹《寄庾敬休》:"今日江风好暄暖,可怜春尽古湘州。"李群玉《洞庭驿楼雪夜宴集奉赠前湘州张员外》:"昔与张湘州,闲登岳阳楼。"

【湘江】 即"湘水"。阎立本《巫山高》:"君不见巫山磕匝翠屏开,湘江碧水绕山来。"戎昱《赠别张驸马》:"一朝负谴辞丹阙,五年待罪湘江源。"庄南杰《湘弦曲》:"繁弦响绝楚魂遥,湘江水碧湘山绿。"李频《送胡休处士归湘江》:"见说湘江切,长愁有去时。"

【湘沅】 湘水和沅水的合称。王昌龄《寄陶副使》:"闻道将军破海门,如何远谪渡湘沅?"刘长卿《斑竹》:"苍梧千载后,斑竹对湘沅。"元稹《斑竹》:"一枝斑竹渡湘沅,万里行人感别魂。"温庭筠《春尽与友人入裴氏林探渔竿》:"适心在所好,非必寻湘沅。"

【湘吴】 ❶湘地与吴地。李白《鸣雁行》:"客居烟波寄湘吴,凌霜触雪毛体枯。"❷湘水和吴兴。独孤及《三月三日自京到华阴于水亭独酌寄裴六薛八》:"呼儿命长瓢,独酌湘吴醇。"窦牟《洛下闲居夜晴观雪寄四远诸兄弟》:"荆楚岁时知染翰,湘吴醇酎忆衔杯。"

【湘東】 ❶古郡名。三国吴置,治所在今湖南衡阳东。张九龄有《使还都湘东作》。张说《赠赵公》:"湘东股肱守,心与帝乡期。"❷指湘州(潭州)之东。曹邺

《送曾德迈归宁宜春》:"湘东山水有清辉,袁水词人得意归。"❸指南朝宋湘东王刘彧。周昙《咏史诗·六朝门·二废帝》:"自言威震为英武,肯虑湘东与玉夫。"

【湘弦】 亦作"湘絃"。即湘瑟。韩愈《送灵师》:"四座咸寂默,杳如奏湘弦。"李商隐《碧城三首》之二:"紫凤放娇衔楚佩,赤鳞狂舞拨湘弦。"张乔《将离江上作》:"寂寥闻蜀魄,清绝怨湘弦。"

【湘南】 古县名。汉置。岑参《送周子落第游荆南》:"且倾湘南酒,羞对关西尘。"朱庆余《送邵州林使君》:"轩车此去也逢时,地近湘南颇入诗。"李群玉《小弟艎南游近书来》:"湘南客帆稀,游子寡消息。"黄滔《河南府试秋夕闻新雁》:"湘南飞去日,蓟北乍惊秋。"

【湘洲】 即湘州。皎然《送张彝归长沙》:"片帆背风渚,万里还湘洲。"刘长卿《长沙馆中与郭夏对雨》:"云横全楚地,树暗古湘洲。"

【湘浦】 湘水边。耿㳺《发绵津驿》:"千丛野竹连湘浦,一派寒江下吉阳。"柳宗元《初秋夜坐赠吴武陵》:"美人隔湘浦,一夕生秋风。"李绅《新楼诗二十首·重台莲》:"游女汉皋争笑脸。二妃湘浦并愁容。"郑谷《南游》:"凄凉怀古意,湘浦吊灵均。"

【湘流】 指湘水。马戴《府试水始冰》:"乳窦悬残滴,湘流减恨声。"李群玉《客愁二首》之二:"凭送湘流水,绵绵入帝乡。"

【湘渚】 ❶湘水中的小洲。杜牧《闻范秀才自蜀游江湖》:"蜀道下湘渚,客帆应不迷。"储嗣宗《孤雁》:"湘渚烟波远,骊山风雨愁。"❷指湘妃死处。上官仪《高密长公主挽歌》:"湘渚韬灵迹,娥台静瑞音。"杜牧《李甘诗》:"幽兰思楚泽,恨水啼湘渚。"

【湘淚】 湘妃之泪。李商隐《潭州》:"湘泪浅深滋竹色,楚歌重叠怨兰丛。"

【湘陰】 县名。故城在今湖南湘阴县西。刘复省《送黄晔明府岳州湘阴赴任》。姚鹄《送人归吴》:"湘阴岛上寺,楚色月中潮。"李群玉有《湘阴县送迁客北归》。齐己有《夜次湘阴》。

【湘絃】 同"湘弦"。

【湘湖】 湘水和洞庭湖的合称。杜荀鹤有《将游湘湖有作》。齐己《送李秀才归湘中》:"词客携文访病夫,因吟送别忆湘湖。"又有《送人游湘湖》。

【湘楚】 泛指湘江流域的湖南之地。因春秋、战国时属楚国,故名。张祜有《送客归湘楚》。

【湘瑟】 湘妃所弹之瑟。孟郊《泛黄河》:"湘瑟飕飗弦,越宾呜咽歌。"潘存实《赋得玉声如乐》:"韵含湘瑟切,音带舜弦清。"李商隐《银河吹笙》:"不须浪作缑山意,湘瑟秦箫自有情。"

【湘筠】 犹"湘竹"。白居易《酬郑侍御多雨春空过诗三十韵》:"楚柳腰肢亸,湘筠涕泪滂。"刘兼《新回车院筵上作》:"黄金蜀柳笼朱户,碧玉湘筠映绮疏。"

【湘源】 ❶湘水上游一带。李白《古风》之五一:"比干谏而死,屈平窜湘源。"耿㳺《奉和第五相公登鄱阳郡城西楼》:"夕阳移梦土,芳草接湘源。"❷县名。故城在今广西全州西。宋之问有《自湘源至潭州衡山县》。张泌有《晚次湘源县》。

【湘魂】 指屈原。杜牧《昔事文皇帝三十二韵》:"一名为吉土,谁免吊湘魂。"韦庄《题李斯传》:"蜀魄湘魂万古悲,未悲秦相死秦时。"

【湘漢】 湘水和汉水的合称。皎然《寄崔万芳夔》:"我身岂遐远,如隔湘汉深。"李频有《南游过湘汉即事寄友人》。

【湘篁】 犹湘竹。李商隐《离思》:"朔雁传书绝,湘篁染泪多。"

【湘潭】 ❶县名。沈佺期《哭苏眉州崔司业二公》:"涕泗湘潭水,凄凉衡峤烟。"韦迢《早发湘潭寄杜员外院长》:"楚岫千峰翠,湘潭一叶黄。"张籍《送严大夫之桂州》:"旌旆过湘潭,幽奇得遍探。"韦庄《寄江南逐客》:"二年音信阻湘潭,花下相思酒半酣。"❷湘州在唐为潭州,故以湘潭指潭州。许浑《晓发天井关寄李师晦》:"湘潭归梦远,燕赵客程劳。"唐彦谦《登庐山》:"湘潭浮夜雨,巴蜀暝寒烟。"

【湘魄】 犹湘魂。张泌《秋晚过洞庭》:"莫把羁魂吊湘魄,九疑愁绝锁烟岚。"

【湘燕】 相传湖南零陵山有燕状之石,遇风雨即飞舞。许敬宗《奉和咏雨应识》:"舞商初赴节,湘燕远迎秋。"钱起《中书遇雨》:"湘燕皆舒翼,沙鳞岂曝腮。"刘禹锡《和牛相公题姑苏所寄太湖石兼寄李苏州》:"眇小欺湘燕,团圆笑落星。"李商隐《武侯庙古柏》:"叶凋湘燕雨,枝拆海鹏风。"

【湘簟】 用湘妃竹编的凉席。韦庄《和薛先辈见寄初秋寓怀即事之作二十韵》:"露白凝湘簟,风篁韵蜀琴。"

【湘纍】 (—léi)指屈原。无辜而死为累。陆龟蒙《袭美先辈以龟蒙所献再抒鄙怀用伸酬谢》:"人谣洞野老,骚怨明湘累。"

【湘灕】 湘水和漓水的合称。陆龟蒙《和袭美天竺寺八月十五夜桂子》:"如何两地无人种,却是湘漓是桂林。"

渤 〔bó《广韵》蒲没切,入没,並。〕❶大海。李白《天台晓望》:"凭高登远览,直下见溟渤。"杜甫《自京赴奉先县咏怀五百字》:"胡为慕大鲸,辄拟偃溟渤。"元稹《酬翰林白学士代书一百韵》:"溟渤深那测,穹苍意在谁。"❷海名。见"渤海❷"。❸水沸涌貌。见"渤潏"。

【渤海】 ❶大海。任华《寄李白》:"登天台,望渤海，云垂大鹏飞，山压巨鳌背。”李洞《秋宿青龙禅阁》：“日转须弥北，蟾来渤海西。”❷海名。在辽、冀、鲁、津三省一市间，为我国唯一内海。杨师道《奉和圣制春日望海》：“春山临渤海，征旅辍晨装。”梁锽《观王美人海图障子》：“自从图渤海，谁为觅湘娥。”❸汉郡名。杜荀鹤《寄温州朱尚书并呈军倅崔太博》：“教化静师龚渤海，篇章高体谢宣城。”也指西汉龚遂。遂曾任渤海太守。刘长卿《送赵都护赴安西》：“戎既昆山序，车同渤海单。”❹国名。韩翃《送王诞渤海使赴李太守行营》：“渤海名王曾折首，汉家诸将尽倾心。”刘禹锡《酬杨司业巨源见寄》：“渤海归人将集去，梨园弟子请词来。”温庭筠有《送渤海王子归本国》。徐夤有《渤海宾贡高元固先辈闽中相访云本国人写得夤斩蛇剑御沟水人生几何赋家皆以金书列为屏障因而有赠》。

【渤海尚書】 指封敖。曾任山南西道节度使。见《旧唐书》本传。李商隐有《行至金牛驿寄兴元渤海尚书》。

【渤溢】 水涌动溢出。元稹《有酒十章》之八：“鲸归穴兮渤溢，鳌载山兮低昂。”

【渤潏】 水沸涌貌。李白《万愤词投魏郎中》：“海水渤潏，人罹鲸鲵。”高适《自淇涉黄河途中作十三首》之十：“渤潏陵堤防，东郡多悲卒。”

【渤澥】 ❶大海。储光羲《送姚六昆客任会稽何大蹇任孟县》：“越城临渤澥，晋国在河汾。”戴叔伦《和河南罗主簿送校书兄归江南》：“上虞亲渤澥，东楚隔潇湘。”李贺《恼公》：“古时填渤澥，今日凿崆峒。”薛能《送浙东王大夫》：“渤澥流东鄙，天台压属城。”❷内海名。参见“渤海❷”。李义府《在嶲州遥叙封禅》：“岧峣临渤澥，隐嶙控河沂。”元稹《纪怀赠李六户曹崔二十功曹五十韵》：“一心吞渤澥，戮力拔嵩恒。”陆龟蒙《新沙》：“渤澥声中涨小堤，官家知后海鸥知。”

湮 〔yān《广韵》烏前切，平先，影。又於真切，平真，影。〕❶埋没。萧颖士《过河滨和文学张志尹》：“太息感悲泉，人往迹未湮。”元稹《赛神》：“岁暮雪霜至，稻珠随陇湮。”李商隐《戊辰会静中出贻同志二十韵》：“荆芜既以薙，舟壑永无湮。”❷堵塞。李白《公无渡河》：“杀湍湮洪水，九州始蚕麻。”

【湮厄】 沉沦困顿。白居易《送毛仙翁》：“何当悯湮厄，授道安虚孱。”

【湮没】 ❶淹没。韦应物《使云阳寄府曹》：“良苗免湮没，蔓草生宿昔。”张光朝《获塘西庄赠房元垂》：“苗稼尽湮没，兹乡独丰年。”❷陷落，沦陷。郑嵎《津阳门诗》：“湟中土地昔湮没，昨夜收复无疮痍。”❸埋没。殷尧藩《端午日》：“千载贤愚同瞬息，几人湮没几垂名。”皮日休《伤进士严子重诗》序：“噫！生徒以词闻于士大夫，竟不名而逝，岂止此而湮没耶?”

【湮沈】 （—chén）埋没。顾况《游子吟》：“圣主虽启迪，奇人分湮沈。”刘得仁《夏日感怀寄所知》：“趋时不圆转，自古易湮沈。”徐夤《寄两浙罗书记》：“进即湮沈退却升，钱塘风月过金陵。”李中《送阎侍御归阙》：“自愧湮沈者，随轩未有因。”

【湮淪】 埋没；沦落。骆宾王《帝京篇》：“故人有湮沦，新知无意气。”权德舆《早夏青龙寺致斋凭眺感物因书十四韵》：“许力自湮沦，霸仪终莽卤。”白居易《读张籍古乐府》：“愿藏中秘书，百代不湮沦。”郑谷《故少师从翁隐岩别墅乱后榛芜感旧怆怀遂有追纪》：“浮华重发作，雅正甚湮沦。”

【湮滅】 消失。苏颋《九月九日望蜀台》：“自昔登临湮灭尽，独闻忠孝两能传。”

減 〔jiǎn《广韵》古斬切，上豏，見。又下斬切，上豏，匣。〕❶去掉部分；消除。宗楚客《正月晦日侍宴浐水应制赋得长字》：“珠胎随月减，玉漏与年长。”杨巨源《夏日苦热同长孙主簿过仁寿纳凉》：“思减祝融权，期匡诸子宅。”李商隐《春深脱衣》：“减衣怜蕙若，展帐动烟波。”张蠙《盆池》：“选处离松影，穿时减药丛。”❷减轻；降低。孟浩然《他乡七夕》：“绪风初减热，新月始临秋。”杜甫《宿花石戍》：“谁能扣君门，下令减征赋。”钱起《中书王舍人辋川旧居》：“诵经连谷响，吹律减云寒。”❸逊于，亚于。上官仪《咏画障》：“未减行雨荆台下，自比凌波洛浦游。”张旭《柳》：“请君细看风流意，未减灵和殿里时。”李白《赠别从甥高五》：“能成吾宅相，不减魏阳元。”陆龟蒙《奉酬袭美先辈初夏见寄次韵》：“未必减宣子，何羡谢公荣。”❹分与。杜甫《秋野五首》之一：“盘餐老夫食，分减及溪鱼。”❺灭绝。见“减劫”。

【減少】 （—shǎo）由多变少。韩愈《重云李观疾赠之》：“饮食为减少，身体岂宁康。”

【減衣帶】 谓消瘦而腰围减小。刘长卿《送史判官奏事之灵武兼寄巴西亲故》：“空使沧洲人，相思减衣带。”又《严子濑东送马处直归苏》：“从此日相思，空令减衣带。”

【減劫】 指灭佛之灾。白居易《重修香山寺毕题二十二韵以纪元》：“曾随减劫坏，今遇胜缘修。”

【減却】 减少。杜甫《曲江二首》之一：“一片花飞减却春，风飘万点正愁人。”

【減省】 （—shěng）减少。成彦雄《新燕》：“减省雕梁并头语，画堂中有未归人。”

【減思】 谓思维变得迟钝。王维《宋进马哀词》：“草王言兮不得辞，我悲减思兮少时。”

【減除】 消除。白居易《咏怀》：“面上减除忧喜色，胸中消尽是非心。”

【減得】 减少。姚合《喜喻凫至》：“愁至为多病，贫来减得狂。”薛逢《镊白曲》：“虽然减得阖门忧，又加去国五年老。”

【減算】 缩短寿命。皮日休《太湖诗·入林屋洞》：“湫之恐减算，酌之必延龄。”

【減寢】 减少睡眠时间。姚月华《怨诗效徐淑体》：“损餐分减寝，带缓分罗裙。”

【減價】 跌落声价。《时人为黄筌语》（卷八七六）：“黄筌画鹤，薛稷减价。”

【減選】 （—suàn）义同“减算”。周贺《寄宁海李明府》：“家贫思减选，时静忆归耕。”

【減膳】 皇帝因天灾或天象变异而素食或减少肴馔，以示忧虑和自咎。李白《登黄山凌歊台送族弟溧阳尉济充泛舟赴华阴》：“君王减玉膳，早起思鸣鸡。”杜甫《病橘》：“寇盗尚凭陵，当君减膳时。”李商隐《送千牛李将军赴阙五十韵》：“蒸鸡殊减膳，屑曲异和羹。”

【減竈】 战国时，魏将庞涓攻韩，齐遣田忌、孙膑率军救助。孙膑用计，逐日减少军灶，使敌误以为逃亡增多。庞涓遂轻车简从，紧追不舍，至马陵道遭伏击，大败，庞涓自杀。后以为精于兵法的典故。太宗《经破薛举战地》：“沈沙无故迹，减灶有残痕。”刘长卿《至德三年春正月时谬蒙差摄海盐令五十韵》：“运筹初减灶，调鼎未和羹。”

湎 〔miǎn《广韵》彌兖切，上獮，明。〕沉迷于酒。李白《登广武古战场怀古》：“沈湎呼竖子，狂言非至公。”

【湎淫】 沉迷于酒。顾况《上古之什补亡训传十三章·燕于巢一章》：“昔在羲和，湎淫不修。”

湝 〔jiē《广韵》古諧切，平皆，見。〕水流貌。见“湝湝”。

【湝湝】 水流貌。尹元凯《五言同韦子游神泉诗》：“湝湝上善用，的的烦虑洗。”

湞 〔zhēn《广韵》陟盈切，平清，知。又宅耕切，平耕，澄。〕见“湞陽峡”。

【湞陽峡】 峡谷名。在广东英德南。张九龄有《浈阳峡》。

湨 〔jú《广韵》古闃切，入錫，見。〕水名。源出河南省济源西，流入黄河。见“湨梁”。

【湨梁】 湨水的大堤。春秋鲁襄公十六年，襄公与晋侯、宋公、卫侯、曹伯等会盟于此。权德舆《读谷梁传二首》之二：“忆昔湨梁会，岂伊无诸侯。”按，湨，《全唐诗》作“溴”，误。

湜 〔shí《广韵》常職切，入職，禪。〕清澈。见“湜湜”。

【湜湜】 清廉貌。牛僧孺《享太庙乐章》：“湜湜颀颀，融昭德辉。”

渺 〔miǎo《广韵》亡沼切，上小，明。〕❶水阔远貌。郑锡《送客之江西》：“乘轺奉紫泥，泽国渺天涯。”武元衡《冬日汉江南行将赴夏口途次江陵界寄裴尚书》：“烟景迷时候，云帆渺去程。”吴融《情》：“依依脉脉两如何，细似轻丝渺似波。”李洞《秋宿润州刘处士江亭》：“东西渺无际，世界半沧溟。”❷辽阔貌，悠远貌。李白《江西送友人之罗浮》：“乡关渺安西，流浪将何之。”李冶《相思怨》：“海水尚有涯，相思渺无畔。”白居易《立秋夕有怀梦得》：“所思渺千里，云外长洲城。”李群玉《将之吴越留别坐中文酒诸侣》：“涔浦纵孤棹，吴门渺三千。”❸虚无缥缈貌。苏涣《变律》之一：“阴阳无停机，造化渺莫测。”

【渺茫】 ❶辽阔貌，遥远貌。孟浩然《行出东山望汉川》：“征马疲登顿，归帆爱渺茫。”耿沣《送姚校书因归河中》：“去住人惆怅，东西路渺茫。”白居易《题郡中荔枝诗十八韵兼寄万州杨八使君》：“物少尤珍重，天高苦渺茫。”曹唐《玉女杜兰香下嫁于张硕》：“天上人间两渺茫，不知谁识杜兰香。”❷虚无模糊貌。张九龄《送窦校书见饯得云中辨江树》：“渺茫从此去，空复惜离群。”白居易《长恨歌》：“含情凝睇谢君王，一别音容两渺茫。”又《十年三月三十日别微之于沣上为他年会话张本也》：“往事渺茫都似梦，旧游流落半归泉。”陆龟蒙《自遣诗三十首》之一五：“古往天高事渺茫，争知灵媛不凄凉。”❸迷离不定貌。刘威《旅怀》：“物态人心渐渺茫，十年徒学钓沧浪。”

【渺莽】 辽阔貌。温庭筠《昆明池水战词》：“渺莽残阳钓艇归，绿头江鸭眠沙草。”张泌《河传》词之一：“渺莽云水，惆怅暮帆，去程迢递。”

【渺然】 ❶辽阔貌，遥远貌。王昌龄《途中作》：“渺然江南意，惜与中途违。”窦叔向《过担石湖》：“渺然从此去，谁念客帆孤。”杨凝《送客往夏州》：“怜君此去过居延，古塞黄云共渺然。”权德舆《渡江秋怨二首》之二：“渡秋江兮渺然，望秋月兮婵娟。”❷惆怅貌。孟浩然《送王大夫校书》：“云雨从兹别，林端意渺然。”皇甫冉《送田济之扬州赴选》：“相去诚非远，离心亦渺然。”杜牧《泊松江》：“南湖风雨一相失，夜泊横塘心渺然。”司马扎《上巳日曲江有感》：“向晚积归念，江湖心渺然。”❸虚无貌。张籍《罔象得玄珠》：“赤水今何处，遗珠已渺然。”❹悠然自得貌。刘希夷《秋日题汝阳潭壁》：“吟咏秋水篇，渺然忘损益。”李频《长安书情投知己》：“隐几闲瞻夜，临云兴渺然。”

【渺渺】 ❶辽阔貌，遥远貌。崔涤《望韩公堆》："韩公堆上望秦川，渺渺关山西接连。"杜甫《送覃二判官》："迟迟恋屈宋，渺渺卧荆衡。"郭良骥《自苏州至望亭驿有作》："远岫依依如送客，平田渺渺独伤春。"刘辟《登楼望月二首》之二："倚窗情渺渺，凭槛思悠悠。"❷虚无貌。薛涛《春望词四首》之三："风花日将老，佳期犹渺渺。"

【渺渺茫茫】 模糊不清貌。皎然《述梦》："梦中归见西陵雪，渺渺茫茫行路绝。"

【渺渺瀰瀰】 悠远貌。沈亚之《湘中怨》："醉融光兮渺渺瀰瀰，迷千里兮涵烟眉。"

【渺溟】 辽阔貌。赵居贞《云门山投龙诗》："大壑静不波，渺溟无际极。"

【渺漫】 ❶辽阔貌，遥远貌。张九龄《故刑部李尚书挽词三首》之三："渺漫野中草，微茫空里烟。"刘禹锡《晚步扬子游南塘望沙尾》："乡国殊渺漫，羁心目悬旌。"崔涂《题绝岛山寺》："骇浪摇空阔，灵山厌渺漫。"❷虚无貌。唐彦谦《无题十首》之五："谁知别易会应难，目断青鸾信渺漫。"

【渺綿】 悠远貌。张九龄《题画山水障》："对玩有佳趣，使我心渺绵。"李白《当涂赵炎少府粉图山水歌》："洞庭潇湘意渺绵，三江七泽情洄沿。"罗隐《广陵秋日酬进士臧溃见寄》："驿西斜日满窗前，独凭秋栏思渺绵。"

【渺默】 辽远貌。皇甫冉《上礼部杨侍郎》："渺默思乡梦，迟回知己情。"

【渺邈】 遥远貌。吴筠《高士咏》序："太初渺邈，难得而详。"鲍溶《归雁》："渺邈天外影，支离塞中莺。"姚合《山中寄友人》："路岐何渺邈，在客易蹉跎。"

【渺瀰】 辽阔貌，遥远貌。张九龄《南还以诗代书赠京师旧僚》："树晚犹葱蒨，江寒尚渺瀰。"白居易《代书诗一百韵寄微之》："林晚青萧索，江平绿渺瀰。"赵嘏《江上与兄别》："楚国湘江两渺瀰，暖川晴雁背帆飞。"韩偓《无题》："渺瀰三岛浪，平远一楼春。"

測

〔cè《广韵》初力切，入職，初。〕❶度量。太宗《春日望海》："有形非易测，无源讵可量。"高适《自淇涉黄河途中作十三首》之五："山河相映带，深浅未可测。"张籍《水》："汀洲杳难测，万古覆苍烟。"李商隐《咏怀寄秘阁旧僚二十六韵》："典籍将蠡测，文章若管窥。"❷猜测。杜甫《梦李白二首》之一："恐非平生魂，路远不可测。"白居易《新乐府·骠国乐》："时有击壤老农父，暗测君心闲独语。"郑还古《望思台》："谗语能令骨肉离，奸情难测事堪悲。"来鹄《圣政纪颂》："孰窥孰测，外夷内储。"❸知晓。李白《古风》之一三："海客去已久，谁人测沈冥？"施肩吾《经吴真君旧宅》："古仙炼丹处，不测何岁年。"卢肇《江陵府初试澄心如水》："莫测千寻底，难知一勺初。"韦庄《赠峨眉山弹琴李处士》："峨眉山下能琴客，似醉似狂人不测。"❹深。方干《山井》："不知测穴通潮信，却讶轻涟动镜心。"

【測度】 （—duó）猜想，猜测。薛能《行路难》："藏山难测度，暗水自波澜。"

【測量】 （—liáng）测算度量。韦庄《和郑拾遗秋日感事一百韵》："国运方夷险，天心讵测量。"

【測測】 寒冷貌。韦应物《再游西山》："测测石泉冷，暖暖烟谷虚。"鲍溶《湘妃列女操》："三湘测测流急绿，秋夜露寒蜀帝飞。"

湯[1]

〔tāng《广韵》吐郎切，平唐，透。〕❶沸水，热水。王邕《怀素上人草书歌》："怀素身长五尺四，嚼汤诵咒吁可畏。"顾况《归阳萧寺有丁行者能修无生忍担水施僧况归命稽首作诗》："此辈之死后，镬汤所熬煎。"白居易《新乐府·新丰折臂翁》："椒花落时瘴烟起，大军徒涉水如汤。"韦庄《和郑拾遗秋日感事一百韵》："中原初纵燎，下国竟探汤。"❷温泉。李贺《堂堂》："华清源中礜石汤，裴回白凤随君王。"王建《昭应官舍书事》："腊月近汤泉不冻，夏天临渭屋多凉。"韩愈《送侯参谋赴河中幕》："陆浑桃花间，有汤沸如蒸。"也指温泉浴池。王建《宫词》之八八："雨入珠帘满殿凉，避风新出玉盆汤。"赵嘏《华清宫和杜舍人》："因缘百司署，丛会一人汤。"郑嵎《津阳门诗》："汤成召浴果不至，潼关已溢渔阳师。"❸食物加水煮出的汁液。白居易《自咏老身示家属》："书听孙子读，汤看侍儿煎。"也指煎煮。贯休《寄怀楚和尚二首》之一："铁盂汤雪早，石炭煮茶迟。"张鸿《赠乔尊师》："静鼓三通齿，频汤一味参。"❹汤池，护城河。李商隐《览古》："莫恃金汤忽太平，草间霜露古今情。"❺人名。商朝的开国之君。吴筠《览古十四首》之三："瑶台既灭夏，琼室复陨汤。"杜甫《雷》："水旱其数然，尧汤免亲睹。"窦牟《元日喜闻大礼寄上翰林四学士中书六舍人二十韵》："汉魏文章盛，尧汤雨露霈。"

湯[2]

〔tàng《广韵》他浪切，去宕，透。〕冲撞；冒。贯休《长安道》："名汤风雨，利碾霜雪。"

湯[3]

〔shāng《广韵》式羊切，平陽，書。〕见"汤$_3$汤"。

【湯井】 温泉。张说《扈从幸韦嗣立山庄应制》："寒灰飞玉琯，汤井驻金舆。"又《奉酬韦祭酒自汤还都经龙门北溪庄见贻之作》："闻君汤井至，潇洒憩郊林。"

【湯火】 ❶沸水烈火。白居易《和微之诗二十三首·和晨兴因报问龟儿》："谁谓汤火热，汤火冷如澌。”❷比喻极度危险的境地。张九龄《夏日奉使南海在道中作》:“衔恩感深慈,且欲汤火蹈。”王维《燕支行》:“教战虽令赴汤火,终知上将先伐谋。”

【湯池】 ❶护城河。杜甫《秋日荆南送石首薛明府三十韵》:“汤池虽险固,辽海尚填淤。”❷温泉浴池。玄宗《初入秦川路逢寒食》:“远看骊岫入云霄,预想汤池起烟雾。”

【湯谷】 温泉。元稹《代曲江老人百韵》:“浴德留汤谷,蒐畋过渭滨。”

【湯沐】 ❶指盛殓前为死者梳洗装束。权德舆《赠郑国庄穆公主挽歌二首》之一:“追饰崇汤沐,遗芳蔼禁闱。”❷指汤沐邑,即皇帝、皇后、王子、公主等收取当地赋税以自奉的封地。李敬方《太和公主还宫》:“汤沐疏封在,关山故梦非。”

【湯舍人】 指汤悦。李中有《献中书汤舍人》。

【湯泉】 温泉。郑义真《奉和圣制过温汤》:“汤泉恒独涌,温谷岂知寒。”韦应物《骊山行》:“太平游幸今可待,汤泉岚岭还氛氲。”白居易《题庐山山下汤泉》:“一眼汤泉流向东,浸泥浇草暖无功。”杜荀鹤《送僧赴黄山沐汤泉兼参禅宗长老》:“闻有汤泉独去寻,一瓶一钵一无金。”

【湯祝】 参见“湯網”。苏颋《扈从凤泉和崔黄门喜恩旨解严罢围之作》:“舜韶同舞日,汤祝尽飞时。”

【湯原】 商汤的陵墓。薛能《送胡澳下第归蒲津》:“甚积汤原思,青青宿麦肥。”

【湯罟】 犹“湯網”。杜牧《李甘诗》:“其冬二凶败,涣汗开汤罟。”

【湯悦】 指殷崇义。池州青阳(今安徽青阳)人。《全唐诗》卷七五七录其诗五首,《全唐诗外编》(下)补录一首。

【湯$_2$雪】 冒雪。贯休《送僧入马头山》:“北风倒人,干雪不聚,满头霜雪汤雪去。”又《读刘得仁贾岛集二首》之二:“马病唯汤雪,门荒劣有人。”

【湯青河】 唐诗人。与颜真卿、陆羽等同时。《全唐诗外编》(上)录其与颜真卿《竹山连句潘氏书堂》一联。

【湯評事】 指汤衡。皎然(即清昼)有《伏日就汤评事衡湖上避暑》。清昼有《秋日潘述自长城至雪上与昼公汤评事游集累日时司李公瑕往苏州有阻良会因与二公联句以寄之》。李瑕,疑为“李纵”之误。

【湯$_3$湯】 (一shāng)水流浩大貌。卢鸿一《嵩山十志十首·涤烦矶》:“峨峨汤汤兮弹此曲,寄声知音兮同所欲。”韩愈《古风》:“天下汤汤,曷其而归。”白居易《游襄阳怀孟浩然》:“楚山碧岩岩,汉水碧汤汤。”贯休《赠景和尚院》:“怡然无一事,流水自汤汤。”

【湯鼎】 ❶犹“汤厨”。贺知章《奉和圣制送张说上集贤学士赐宴赋得谟字》:“三叹承汤鼎,千欢接舜壶。”❷商汤时所铸之鼎。温庭筠《感旧陈情五十韵献淮南李仆射》:“书迹临汤鼎,吟声接舜弦。”

【湯殿】 皇家温泉浴堂。王建《华清宫感旧》:“公主妆楼金锁涩,贵妃汤殿玉莲开。”温庭筠《题翠微寺二十二韵》:“火云如沃雪,汤殿似含霜。”又《过华清宫二十二韵》:“至今汤殿水,呜咽县前流。”嵩岳诸仙《嫁女诗》之八:“幽蓟烟尘别九重,贵妃汤殿罢歌钟。”

【湯餅】 水煮面食的通称。王维《赠吴官》:“江乡鲭鲊不寄来,秦人汤饼那堪许?”李颀《九月九日刘十八东堂集》:“菊花辟恶酒,汤饼茱萸香。”刘禹锡《送张盥赴举诗》:“引箸举汤饼,祝词天麒麟。”方干《赠山阴崔明府》:“平叔正堪汤饼试,风流不合问年颜。”

【湯誥】 泛指诏书。《书·汤誓》中有《汤诰》篇目。杨巨源《上裴中丞》:“六年西掖弘汤诰,三捷东堂总汉科。”

【湯網】 为帝王仁德的典故。见《史记·殷本纪》。杜牧《分司东都寓居四十韵》:“禹谟推掌诰,汤网属司刑。”马戴《新春闻赦》:“尧聪能下听,汤网本来疏。”李群玉《湘阴县送迁客北归》:“今日开汤网,冥飞亦未迟。”

【湯廚】 为吟咏宰相的典故。见《史记·殷本纪》。张说《奉和圣制爰因巡省途次旧居应制》:“丛觞祝尧寿,合鼎献汤厨。”

【湯劑】 中药制剂。将药材加水煎煮或浸泡后去渣取汁而制成。皮日休《友人以人参见惠因以诗谢之》:“从今汤剂如相续,不用金山焙上茶。”

温[1] 〔wēn《广韵》烏渾切,平魂,影。〕❶暖和。太宗《黄河》:“盘涡寒渐急,浅溆暑微温。”卢象《杂诗二首》之二:“须识苦寒士,莫矜狐白温。”司空曙《送人游岭南》:“浪晓浮青雀,风温解黑貂。”皮日休《醉中即席赠润卿博士》:“桐木布温吟倦后,桃花饭熟醉醒前。”❷热量。白居易《秦中吟十首·重赋》:“幼者形不蔽,老者体无温。”又《村居苦寒》:“褐裘覆絁被,坐卧有余温。”又《新制布裘》:“布重绵且厚,为裘有余温。”❸加温,使暖和。太宗《秋日敩庾信体》:“蝉啼觉树冷,萤火不温风。”元结《雪中怀孟武昌》:“烧柴为温酒,煮鳜为作沈。”姚合《答窦知言》:“我惨得子舒,我寒得子温。”唐彦谦《闻应德茂先离棠溪》:“端知弃城市,经席许频温。”❹温和。杜甫《别李义》:“丈人嗣三叶,之子白玉温。”王建《寄崔列中丞》:“我爱古人道,师君直且温。”元稹《和乐天赠樊著作》:“君为著作诗,志激词且温。”白居易《晚起》:“酒性温无毒,琴声淡不悲。”❺色泽柔润。见“温瑜”。❻姓。唐诗人有温庭筠。

温²〔yùn《集韵》紆問切，去問，影。〕通“蕴”。含蓄厚重。见“温₂克”。

【温上人】指温古。嵩山僧人。王维有《留别山中温古上人兄并示舍弟缙》。储光羲有《至岳寺即大通大昭禅塔上温上人》。

【温天】指温暖的南方。白居易《闻雷》：“瘴地风霜早，温天气候催。”

【温水】❶温泉。白居易《题庐山山下汤泉》：“骊山温水因何事，流入金铺玉甃中。”❷指洛水。参见“温洛”。韩愈《赠侯喜》：“吾党侯生字叔起，呼我持竿钓温水。”

【温古上人】唐僧人。善书法。王维有《留别山中温古上人兄并示舍弟缙》。

【温右史】指温造。曾官起居舍人。见《旧唐书》本传。刘禹锡有《寄朗州温右史曹长》。

【温仁】温厚仁爱。郭求《日暖万年枝》：“温仁临树久，煦妪在条偏。”

【温文】温和文雅。《郊庙歌辞·享太庙乐章·承光舞》：“孝友自衷，温文性与。”

【温存】❶抚慰，体贴。韩愈、孟郊《雨中寄孟刑部几道联句》：“温存感深惠，琢切奉明诫。”韩偓《寄湖南从事》：“莲花幕下风流客，试与温存遣逐情。”❷温暖。司空图《修史亭三首》之一：“渐觉一家看冷落，地炉生火自温存。”

【温色】温和的容颜。白居易《叙德书情四十韵上宣歙翟中丞》：“白玉惭温色，朱绳让直辞。”

【温州】州名。唐上元二年置。治所在永嘉(今温州市)。朱庆余有《送僧游温州》。赵嘏有《送张又新除温州》。

【温池】温泉。虞世南《拟饮马长城窟》：“温池下绝涧，栈道接危峦。”也指温泉水池。徐彦伯《奉和幸新丰温泉宫应制》：“仙石含珠液，温池孕璧房。”

【温伯雪】春秋时楚国人。因不满儒士，与孔子相见而不与语。孔子谓其“目击而道存”。见《庄子·田子方》。后遂借指高士。李白《送温处士归黄山白鹅峰旧居》：“亦闻温伯雪，独往今相逢。”

【温谷】指骊山温泉。张说《奉和圣制初入秦川路寒食应制》：“汉家行树直新丰，秦地骊山抱温谷。”王维《和仆射晋公扈从温汤》：“寒山天仗外，温谷幔城中。”耿湋《晚次昭应》：“骊宫户久闭，温谷泉长涌。”张乔《送沈先辈尉昭应》：“叶凋温谷晚，云出古宫迟。”

【温尚書】指温造。事迹见《旧唐书·文宗纪下》。刘禹锡有《美温尚书镇定兴元以诗寄贺》。

【温明】温润莹洁。李群玉《送魏珪觐省》：“见尔一开颜，温明乃珠璧。”

【温侍御】指温造。曾任殿中侍御史。见《旧唐书》本传。韦处厚《盛山十二诗·绣衣石榻》题下注：“为温侍御置。”

【温郎中】指温璋。曾官户部郎中。见《新唐书·温造传》和《郎官石柱题名著录》。厉玄有《寄婺州温郎中》。

【温泉】❶温度超过当地年平均气温的地下水。玄宗《温汤对雪》：“未见温泉冰，宁知火井灭。”元结《石宫四咏》之四：“石宫冬日暖，暖日宜温泉。”孙叔向《题昭应温泉》：“一道温泉绕御楼，先皇曾向此中游。”张蠙《野泉》：“温泉非尔数，源发在深空。”❷宫名。綦毋潜《送章彝下第》：“献赋温泉毕，无媒魏阙深。”韦应物《白沙亭逢吴叟歌》：“尝陪月夕竹宫斋，每返温泉灞陵醉。”刘禹锡《华清词》：“日出骊山东，裴回照温泉。”舒元舆《八月五日中部官舍读唐历天宝已来追怆故事》：“花萼笑繁华，温泉树容碧。”

【温泉宫】唐宫名。故址在今陕西临潼骊山下。天宝六载改名华清宫。李白有《侍从游宿温泉宫作》。岑参《送祁乐归河东》：“往年诣骊山，献赋温泉宫。”钱起有《温泉宫礼见》。又有《和李员外扈驾幸温泉宫》。

【温風】❶和暖的风。郭震《子夜四时歌六首·冬歌》之一：“北极严气升，南至温风谢。”戴叔伦《代书寄京洛旧游》：“今年十月温风起，湘水悠悠生白蘋。”方干《游张公洞陶校书》：“下蒸阴气松萝湿，外制温风杖屦寒。”❷热风。魏征《五郊乐章·舒和》：“千里温风飘降羽，十枝炎景媵朱干。”丘为《省试夏日可畏》：“赫赫温风扇，炎炎夏日徂。”

【温洛】指洛水。古代迷信，谓王者有盛德，则洛水升温，故名。则天皇后《唐大享拜洛乐章·显和》：“氾水初呈秘象，温洛荐表昌图。”苏味道有《奉和受图温洛应制》。高球《晦日宴高氏林亭》：“温洛年光早，皇州景望华。”

【温柔】❶温和柔顺。《郊庙歌辞·周宗庙乐舞辞·忠顺》：“称文既表温柔德，示武须成蹈厉容。”❷温暖柔软。白居易《赠吴丹》：“冬负南荣日，支体甚温柔。”❸柔和。管雄甫《戛玉有余声》：“漂渺浮烟远，温柔入耳轻。”❹指温柔乡。喻缠绵迷醉之境。孟郊《看花》之一：“家家有芍药，不妨至温柔。”

【温室】❶汉宫殿名。后多用作宫禁代称。参见“温室樹”。沈佺期《酬杨给事兼见赠台中》：“言从温室秘，籍向琐闱通。”沈东美《奉和苑舍人宿直晓玩新池寄南省友》：“温室言虽阻，文场契独全。”权德舆《奉和礼部尚书酬杨著作竹亭歌》：“晨摇玉佩趋温室，莫入竹溪颖洞天。”李绅《别双温树》：“故山手种空怀想，温室心知不敢言。”❷暖房。寇坦《同皇甫兵曹天官寺浴室新成招友人赏会》：“温室欢初就，兰交托胜因。”

【温室樹】 ❶为内廷近臣居官谨慎的典故，亦作为内官故实。见《汉书·孔光传》。韦元旦《早朝》：“词庭草欲奏，温室树无言。”白居易《和春深二十首》之七：“惯看温室树，饱识浴堂花。”❷借指朝廷。刘禹锡《和浙西李大夫晚下北固山依本韵》：“一辞温室树，几见武昌柳。”又《奉送浙西李仆射相公赴镇》：“诏下初辞温室树，梦中先到景阳楼。”

【温清】 冬温夏凊的省称。谓孝子之行，冬日温被使暖，夏日扇席使凉。皇甫冉《刘侍御朝命许停官归侍》：“幸遂温清愿，其甘稼穑难。”

【温恭】 温和恭敬。无可《赠王将军》：“雄勇明王重，温恭执友贤。”周昙《咏史诗·唐虞门·虞舜》：“进善惩奸立帝功，功成揖让益温恭。”

【温翁念】 唐诗人。官至太仆少卿。《全唐书外编》(下)录其《五言同韦子游神泉诗》一首。

【温席】 谓冬日以体温使席暖和，以侍父母安寝。张说《阙题》：“温席开华扇，梁门换裘衣。”孟浩然《送洗然弟进士举》：“昏定须温席，寒多未授衣。”白居易《思归》：“冬积温席恋，春违采兰期。”

【温庭皓】 唐诗人。太原祁(今山西祁县)人，温庭筠之弟。《全唐诗》卷五七九录其《观山灯献徐尚书》等诗四首。

【温庭筠】 唐诗人。本名岐，字飞卿，太原祁(今山西祁县)人。《全唐诗》录其诗九卷，三百余首；录其词五十九首。

【温處士】 李白友人。隐居于黄山白鹅峰，修道炼丹。李白有《送温处士归黄山白鹅峰旧居》。

【温凉】 犹“温清”。贾岛《送李余往湖南》：“昔去候温凉，秋山满楚乡。”

【温液】 温泉。越王李贞《奉和圣制过温汤》：“坎德疏温液，山隈派暖流。”苏味道《初春行宫侍宴应制》：“温液吐涓涓，跳波急应弦。”苏绾《奉和姚令公驾幸温汤喜雪应制》：“况逢温液霈，恩重御裘诗。”窦牟《奉使至邢州赠李八使君》：“茂阴延驿路，温液逗官渠。”

【温陵】 福建泉州的别名。徐夤《自咏十韵》：“梁苑二年陪众客，温陵十载佐双旌。”又有《温陵即事》。

【温婉】 宋人。字仲圭，与司马光同时。《全唐诗外编》(下)沿袭《华岳志》之误，署为唐人，又于其姓名下添一“女”字，录《华山》诗一首。

【温湯】 温泉。高宗有《过温汤》。杨巨源《方城驿逢孟侍御》：“走马温汤直隼飞，相逢矍铄理征衣。”白居易《江南遇天宝乐叟》：“金钿照耀石瓮寺，兰麝熏煮温汤源。”

【温達】 唐诗人。《全唐文坛逸》卷中录其《幽居》断句一联。

【温温】 ❶柔顺谦和貌。皎然《兵后与故人别予西上至今在扬楚因有是寄》：“温温独游迹，遥遥相望情。”杜甫《郑典设自施州归》：“温温诸侯门，礼亦如古昔。”又《八哀诗·赠太子太师汝阳王王进》：“温温昔风味，少壮已书绅。”权德舆《送别沅泛》：“温温禀义方，慥慥习书诗。”❷润泽貌。周昙《咏史诗·春秋战国门·卞和》：“磷磷谁能惑温温，至宝凡姿甚易分。”水神《霅溪夜宴诗》之九：“玉温温以呈器兮，因碔砆之争辉。”❸温暖貌。白居易《宿东亭晚兴》：“温温土炉火，耿耿纱笼烛。”吕岩《七言》之二五：“虎到甲边风浩浩，龙居庚内水温温。”又《沁园春》词之一：“正一阳初动，中宵漏永，温温铅鼎，光透帘帏。”

【温舒】 汉人。字长君。家贫，为人牧羊，裁蒲为简册，以抄写书籍，用来学习。见《汉书》本传。李瀚《蒙求》：“文宝缉柳，温舒截蒲。”

【温然】 ❶和暖貌。羊士谔《斋中有兽皮茵偶成咏》：“卧阁幸相宜，温然承宴息。”白居易《青毡帐二十韵》：“旁通门豁尔，内密气温然。”姚合《街西居三首》之二：“日出穷巷喜，温然胜重衣。”❷温润貌。陈中师《瑕瑜不相掩》：“出石温然玉，瑕瑜素在中。”

【温瑜】 温润的美玉。陆龟蒙《奉和袭美太湖诗二十首·太湖石》：“或剖出温瑜，精光具华瑱。”

【温會】 唐诗人。与段文昌、李敬伯等同时。《全唐诗》卷三三一录其《和段相公登武担寺西台》等诗二首。

【温飽】 穿得暖吃得饱。白居易《逸老》：“况加禄仕后，衣食常温饱。”

【温溜】 温暖的水流。叔孙玄观《洛出书》：“清洛含温溜，玄龟荐宝书。”

【温儀】 温和的仪表。元希声《赠皇甫侍御赴都八首》之二：“利器长材，温仪峻峙。”

【温潤】 ❶平和润泽。李程《玉壶冰》：“温润资天质，清贞禀自然。”白居易《游悟真寺诗》：“温润发于外，其间韫玙璠。”周昙《咏史诗·春秋战国门·宋子罕》：“子怜温润欲归仁，吾贵坚廉是宝身。”❷暖和湿润。张说《奉和圣制幸凤汤泉应制》：“温润宜冬幸，游畋乐岁成。”

【温樹】 “温室樹”的省略。参见“温室樹❶”。韦述《奉和圣制送张说上集贤学士赐宴》：“掖垣留宿鸟，温树落余花。”武元衡《途次近蜀驿蒙恩赐宝刀寄中书李郑二公》：“应怜宣室召，温树不同攀。”白居易《渭村退居寄礼部崔侍郎翰林钱舍人诗一百韵》：“风枝万年动，温树四时芳。”陆扆《禁林闻晓莺》：“语当温树近，飞觉禁园深。”

【温縣】 县名。今属河南。钱起有《送孙十尉温县》。

【温德彝】 曾官河中都将。见《旧唐书·温造传》。温庭筠有《伤温德彝》。

【温驸马】 指温曦。温彦博曾孙，娶凉国长公主。见《新唐书·温彦博传》。徐晶有《赠温驸女汝阳王》。

【温暾】 亦作“温燉”。温暖。王建《宫词》之四八：“新晴草色绿温暾，山雪初消渐出浑。”元稹《酬独孤二十六送归通州》：“宁爱寒切烈，不爱暘温暾。”白居易《送客春游岭南二十韵》：“蓊郁三光晦，温暾四气匀。”又《别氈帐火炉》：“婉软蛰鳞苏，温暾冻肌活。”

【温燠】 温暖。郑愔《奉和幸上官昭容院献诗四首》之三：“池栋清温燠，岩窗起沍寒。”韦应物《送冯著受李广州署为录事》：“建邦临日域，温燠御四时。”白居易《浔阳三题·溢浦竹》：“浔阳十月天，天气仍温燠。”薛能《赠歌人》：“温燠坐相侵，罗襦一水沈。”

【温燉】 同“温暾”。

【温憲】 唐诗人。太原祁(今山西祁县)人，温庭筠之子。《全唐诗》卷六六七录其《郊居》等诗四首。《全唐诗外编》(下)录其《梨花》诗一首。

【温颜】 温和的容色。刘长卿《送贾侍御克复后入京》：“温颜风霜霁，喜气烟尘收。”房白《送萧颖士赴东府得还字》：“今予亦云幸，谬得承温颜。”白居易《江西裴常侍以优礼见待又蒙赠诗辄叙鄙诚用伸感谢》：“一从簪笏事金貂，每借温颜放折腰。”

【温馨】 温暖芳香。韩愈《芍药歌》：“温馨熟美鲜香起，似笑无言习君子。”

【温黁】 当作“温馨”。唐彦谦《紫薇花》：“温黁终有思，暗淡岂无辉。”

【温黁】 犹“温馨”。刘禹锡《唐侍御寄游道林岳麓二寺诗并沈中丞姚员外所和见征继作》：“紫髯翼从红袖舞，竹风松雪香温黁。”李商隐《魏侯第东北楼堂郢叔言别聊用书所见成篇》：“疑穿花逶迤，渐近火温黁。”皮日休《奉和鲁望玩金鸂鶒戏赠》：“镂羽雕毛迥出群，温黁飘出麝脐熏。”

渴1

〔kě《广韵》若曷切，入曷，溪。〕❶口干。王维《留别山中温古上人兄并示舍弟缙》：“好依盘石饭，屡对瀑泉渴。”含曦《酬卢仝见访不遇题壁》：“渴读即不渴，饥读即不饥。”殷尧藩《新昌井》：“辘轳千转劳筋力，待得甘泉渴杀人。”陈陶《避世翁》：“渴饮寒泉水，饥餐紫术芝。”❷迫切。杜甫《晚登瀼上堂》：“黎民困逆节，天子渴垂拱。”贾岛《明月山怀独孤崇鱼琢》：“非不渴隐秀，却嫌他事侵。”李中《献乔侍郎》：“格论思名士，舆情渴直臣。”李节度姬《书红绡帕》之二：“金珠富贵吾家事，常渴佳期乃寂寥。”❸病名。即消渴病。杜甫《送顾八分文学适洪吉州》：“才尽伤形体，病渴污官位。”又《湘江宴饯裴二端公赴道州》：“永念病渴老，附书远山巅。”李商隐《令狐八拾遗见招送裴十四归华州》：“嗟予久抱临邛渴，便欲因君问钓矶。”钱珝《江行无题一百首》之一八：“不识相如渴，徒吟子美诗。”

渴2

〔jié《广韵》渠列切，入薛，羣。〕“竭”的古字。尽。见“渴₂日❶”。

【渴₂日】 ❶尽日，终日。钱起《广德初銮驾出关后登高愁望二首》之一：“渴日候河清，沈忧催暮齿。”❷旱日。杜甫《望岳》：“渴日绝壁出，漾舟清光旁。”

【渴心】 形容迫切的心情。卢仝《访含曦上人》：“辘轳无人井百尺，渴心归去生尘埃。”

【渴旦】 即渴鴠。俗名寒号虫，属蝙蝠类。又作鳱鴠、鶡鴠等。白居易《代书诗一百韵寄微之》：“暗雏啼渴旦，凉叶坠相思。”

【渴羌】 为嗜酒者典故。见晋王嘉《拾遗记·晋时事》。李端《晚春过夏侯校书值其沉醉戏赠》：“尝知渴羌好，亦觉醉胡贤。”皮日休《寄怀南阳润卿》：“鹿门山下捕鱼郎，今向江南作渴羌。”

【渴肺】 指燥热思饮的脏腑。郑嵎《津阳门诗》：“开垆引满相献酬，枯肠渴肺忘朝饥。”

【渴飢】 亦作“渴饑”。❶口干腹空。郭周藩《谭子池》：“不饮亦不食，未尝言渴饥。”❷比喻迫切的心情。李白《醉岑勋见寻就元丹丘对酒相待以诗见招》：“俄然素书及，解此长渴饥。”韦应物《洛都游寓》：“罢官守园庐，岂不怀渴饥。”

【渴烏】 古代吸水用的曲筒。李白《天马歌》：“尾如流星首渴乌，口喷红光汗沟朱。”

【渴病】 即消渴病。罗隐《听琴》：“不知一盏临邛酒，救得相如渴病无。”唐彦谦《奏捷西蜀题沱江驿》：“锦江不识临邛酒，且免相如渴病归。”

【渴鹿】 佛教形容迷妄之心。颜萱《送圆载上人》：“心静已能防渴鹿，鼙喧时为骇长鲸。”

【渴然】 迫切貌。李商隐有《四年冬以退居蒲之永乐渴然有农夫望岁之志遂作忆雪又作残雪诗各一百言以寄情于游旧》。

【渴賢】 迫切地慕求贤者。杜甫《赠崔十三评事公辅》：“入幕诸彦集，渴贤高选宜。”孟翔《奉和郎中游仙山四瀑布兼寄李吏部包秘监判官》：“渴贤寄珠玉，受馥寻兰荪。”

【渴饑】 同“渴飢”。

【渴驥】 口渴的骏马。形容流落的俊才。詹琲《永嘉乱衣冠南渡流落南泉作忆昔吟》：“南来频洒泪，渴骥每思泉。”

渭 〔wèi《广韵》于貴切，去未，云。〕水名。即“渭水”，黄河最大的支流。元稹《饮致用神曲酒三十韵》：“感君澄醴酒，不遣渭和泾。”白居易有《将归渭村先寄舍弟》。韩琮《骆谷晚望》：“秦川如画渭如丝，去国还家一望时。”

【渭上】 渭水边。冷朝阳有《晚次渭上》。温庭筠有《渭上题三首》。

【渭川】 ❶渭水。王维有《渭川田家》。武元衡《顺宗至德大圣皇帝换歌词三首》之三：“哀挽渭川曲，空歌汾水阳。”高骈有《渭川秋望寄右军王特进》。韦庄《登咸阳县楼望雨》：“乱云如兽出山前，细雨和风满渭川。”❷为竹的故实。见《史记·货殖列传》。孟浩然《登总持寺浮图》：“竹绕渭川遍，山连上苑斜。”徐铉《北苑侍宴杂咏诗·竹》：“自然名价重，不羡渭川侯。”

【渭川熊】 为帝王得贤相的典故。见《宋书·符瑞志上》。李商隐《今月二日不自量度辄以诗一首四十韵干渎尊严辄复五言四十韵诗献上亦诗人咏叹不足之义也》：“服箱青海马，入兆渭川熊。”

【渭水】 ❶水名。太宗《望终南山》：“重峦俯渭水，碧嶂插遥天。”权千舆《同陆太祝鸿渐崔法曹无事喜而有作三首》之三：“众人哺啜喜君醒，渭水由来不杂泾。”卢宗回《登长安慈恩寺塔》：“渭水寒光摇藻井，玉峰晴色上朱阑。”徐夤《开元即事》：“尘惊骑透潼关锁，云护龙游渭水波。”❷指吕尚事。参见“渭川熊”。李涉《咏古》：“空令渭水迹，千古独悠悠。”徐铉《纳后夕侍宴》：“礼容过渭水，宴喜胜瑶池。”徐光溥《题黄居寀秋山图》：“仿佛垂纶渭水滨，吾皇睹之思良臣。”

【渭水橋】 桥名。参见“渭橋”。孙逖《送杜侍御赴上都》：“地入没商山路。乡连渭水桥。”

【渭北】 ❶泛指今陕西省渭水以北地区。卢照邻《结客少年场行》：“斗鸡过渭北，走马向关东。”薛存诚《东都父老望幸》：“翠华翔渭北，玉检候关东。”吴融《金桥感事》：“饮马早闻临渭北，射雕今欲过山东。”钟谟《贻耀州将》：“渭北离愁春色里，江南家事战尘中。”❷方镇名。岑参有《奉送李太保兼御史大夫充渭北节度使》。皎然有《酬乌程杨明府华将赴渭北对月见怀》。李益有《赴渭北宿石泉驿南望黄堆烽》。李频有《送姚侍御充渭北掌书记》。

【渭曲】 （一qū）地名。在今陕西大荔县东南。皇甫冉《送云阳少府》：“渭曲春光无远近，池阳谷口倍芳菲。”杜牧《和野人殷潜之题筹笔驿十四韵》：“褒中秋鼓角，渭曲晚旌旗。”贾岛《寄武功姚主簿》：“居枕江沱北，情悬渭曲西。”方干《赠中岩王处士》：“商于避世堪同日，渭曲逢时必有年。”

【渭州】 州名。北魏永安三年置，唐时治所在今甘肃境。岑参有《西过渭州见渭水思秦川》。李频《赠李将军》：“走马辞中禁，屯军向渭州。”

【渭河】 即渭水。张继《华清宫》：“朝元阁峻临秦岭，羯鼓楼高俯渭河。”

【渭城】 ❶古县名。治所在今陕西咸阳东北。岑参《送杨子》：“斗酒渭城边，垆头耐醉眠。”李贺《金铜仙人辞汉歌》：“携盘独出月荒凉，渭城已远波声小。”温庭筠《秋日旅舍寄义山李侍御》：“一水悠悠隔渭城，渭城风物近柴荆。”韦庄《汧阳间》：“僧寻野渡归吴岳，雁带斜阳入渭城。”❷乐府曲名。又名《阳关》。王维《杂曲歌辞·渭城曲》：“渭城朝雨浥轻尘，客舍青青柳色春。”后谱曲传唱，更名为渭城曲。刘禹锡《与歌者何戡》：“旧人唯有何戡在，更与殷勤唱渭城。”白居易《和梦得冬日晨兴》：“理曲弦歌动，先闻唱渭城。”

【渭南】 县名。以处渭水之南得名。唐属于京畿道，今属陕西。独孤及有《海上怀华中旧游寄郑县刘少府造渭南王少府崟》。卢纶有《送渭南崔少府归徐郎中幕》。李商隐《戏题枢言草阁三十二韵》：“君从渭南至，我自仙游来。”司马扎有《自渭南晚次华州》。

【渭津】 渭水的渡口。高骈《马嵬驿》：“玉颜虽掩马嵬尘，冤气和烟锁渭津。”李昌符有《夜泊渭津》。

【渭流】 渭水。孟郊《罪松》：“泾流合渭流，清浊各自持。”

【渭陽】 ❶泛指渭水之北。储光羲《题崔山人别业》：“封君渭阳竹，逸士汉阴园。”元稹《赠咸阳少府萧郎》：“别时何处最肠断，日暮渭阳驱马行。”栖白《送造微上人游五台及礼本师》：“寒空金锡响，欲过渭阳津。”杜牧《梁秀才以早春旅次大梁二十韵走笔依韵》：“渭阳连汉曲，京口接漳滨。”❷《诗·秦风·渭阳》：“我送舅氏，曰至渭阳。”朱熹集传：“舅氏，秦康公之舅，晋公子重耳也。出亡在外，穆公召而纳之。时康公为太子，遂之渭阳而作此诗。”后因以“渭阳”为甥舅典故。杜甫《奉送二十三舅录事之摄郴州》：“气春江上别，泪血渭阳情。”❸舅父的代称。卢纶《秋中野望寄舍弟绶兼令呈上西川尚书舅》：“红旌渭阳骑，几日劳登涉。”郑谷《颜惠詹事即孤侄舅氏谪官黔巫舟中相遇怆然有寄》：“犹子在天末，念渠怀渭阳。”

【渭橋】 长安附近渭水上的三座桥梁之一。❶中渭桥。魏征《赋西汉》：“驱传渭桥上，观兵细柳屯。”崔颢《渭城少年行》：“双双挟弹来金市，两两鸣鞭上渭桥。”白居易《马上晚吟》：“上阳落叶飘宫树，中渡流澌拥渭桥。”❷东渭桥。刘希夷《采桑》：“回首渭桥东，遥怜春色同。”许景先《折柳篇》：“春色东来度渭桥，青门垂柳百千条。”李白《忆旧游寄谯郡元参军》：“余既还山寻故巢，君亦归家渡渭桥。”❸西渭桥。卢照邻有《晚渡渭桥寄示京邑游好》。李白《塞下曲六首》之三：“骏马似风飙，鸣鞭出渭桥。”黄滔《书怀》：“谁怕秋风起，听蝉度渭桥。”

【渭濱】 ❶渭水边。温庭筠《过五丈原》：“天晴杀气屯关右，夜半妖星照渭滨。”贯休《送吏部刘相公除东川》：“一日离君侧，千官送渭滨。”❷指周文王于渭滨得吕尚的典故。太宗《冬狩》：“心非洛汭逸，意在渭滨游。”罗邺《竹》：“渭滨若更征贤相，好作渔竿系钓丝。”胡曾有《咏史诗·渭滨》。也指称吕尚。太宗《登三台言志》：“所欣成大厦，宏材伫渭滨。”罗邺《吴门再逢方干处士》：“吾王若致升平化，可独成周只渭滨。”

湍 〔tuān《广韵》他端切，平桓，透。〕❶水势急且旋。见“湍波”。❷急流。虞世南《拟饮马长城窟》：“云昏无复影，冰合不闻湍。”阎防《夕次鹿门山作》：“喷薄湍上水，春容漂里山。”白居易《游悟真寺诗》：“或铺为慢流，或激为奔湍。”陆龟蒙《江南秋怀寄华阳山人》：“性湍休激浪，言莠罢抽萌。”

【湍波】 激流。李白《豳歌行上新平长史兄粲》：“豳谷稍稍振庭柯，泾水浩浩扬湍波。”李群玉《小弟艎南游近书来》：“何处泊扁舟，迢递湍波侧。”

【湍流】 激流。李德裕《东郡怀古二首·王京兆》：“湍流自此回，咫尺焉能侵。”齐己《龙潭作》：“乍临毛发竖，双壁夹湍流。”

【湍瀾】 急流和静止的水。韩愈、孟郊《城志联句》：“巨细各乘运，湍澜亦腾声。”

【湍險】 水势险急。孟浩然《入峡寄弟》：“未尝冒湍险，岂顾垂堂言。”

【湍濤】 犹“湍波”。杜甫《聂耒阳以仆阻水书致酒肉疗饥时属江涨泊于方田》：“知我碍湍涛，半旬获浩溔。”

【湍瀨】 浅急的水流。储光羲《奉别长史庾公太守徐公应召》：“水灵静湍濑，猛兽趋后先。”严维、周颂《一字至九字诗联句》：“静听林下潺潺足湍濑，厌问城中喧喧多鼓鼙。”李绅《趋翰苑遭诬构四十六韵》句注：“从吉州而南，历封康，并足湍濑，危险至极。”

【湍瀧】 水势险急。元结《宿丹崖翁宅》：“扁舟欲到泷口湍，春水湍泷上水难。”

滑¹ 〔huá《广韵》户八切，入黠，匣。〕❶食物咽下不粘滞。杜甫《茅堂检校收稻二首》之二：“谁云滑易饱，老籍软俱匀。”王建《原上新居十三首》之六：“野羹溪菜滑，山纸水苔香。”白居易《想东游五十韵》：“脍缕鲜仍细，莼丝滑且柔。”李洞《曲江渔父》：“值春游子怜尊滑，通蜀行人说鲙甜。”❷光滑。杜甫《石研诗》：“其滑乃波涛，其光或雷电。”元稹《景申秋八首》之三：“枕倾筒簟滑，幌飏案灯翻。”黄滔《题道成上人院》：“簟舒湘竹滑，茗煮蜀芽香。”❸打滑。储光羲《晚霁中园喜赦作》：“散衣出中园，小径尚滑履。”韩愈《崔十六少府摄伊阳以诗及书见投因酬三十韵》：“岁穷寒气骄，冰雪滑磴栈。”陈标《饮马长城窟》：“浴谷气寒愁坠指，断崖冰滑恐伤神。”韦庄《和薛先辈见寄二十韵·三用韵》：“蜗游苔径滑，鹤步翠塘深。”❹声音流利圆润。白居易《琵琶引》：“间关莺语花底滑，幽咽泉流冰下难。”张碧《林书记蔷薇》：“黄鹂舌滑跳柳阴，教看蔷薇吐金蕊。”殷尧藩《闻筝歌》：“凄凄切切断肠声，指滑音柔万种情。”❺刁滑，狡猾。孟郊《峡哀》之九：“滑心不可求，滑习积已长。”❻州名。王季友有《滑中赠崔高士瑾》。齐己《送乾康禅师入山过夏》：“由来喧滑镜，难驻寂寥踪。”

滑² 〔gǔ《广韵》古忽切，入没，見。又户骨切，入没，匣。〕乱。见“滑₂和”。

【滑甘】 指甘美的食物。元稹《酬郑从事四年九月宴望海亭次用旧韵》：“欲将滑甘柔藏府，已被郁噎冲喉咙。”

【滑州】 州名。唐时治所在今河南滑县。李嘉祐有《送马将军奏事毕归滑州使幕》。刘禹锡《吐绶鸟词》序：“滑州牧尚书李公以吐绶鸟词见示，兼命继声。”姚合《寄杨茂卿校书》：“君为使滑州，我来西入京。”王铎有《罢都统守镇滑州作》。

【滑₂和】 （一hé）谓扰乱本性。权德舆《奉送韦起居老舅百日假满归嵩阳旧居》：“滑和固难久，循性得所便。”

【滑習】 狡猾之性。孟郊《峡哀》之九：“滑心不可求，滑习积已长。”

【滑臺】 古城名。故址在今河南滑县东。高适《淇上送韦司仓往滑台》：“滑台门外见，淇水眼前流。”王季友《酬李十六岐》：“出谷迷行洛阳道，乘流醉卧滑台城。”白居易《伤唐衢二首》之一：“伊昔来相知，偶游滑台侧。”贾岛《黎阳寄姚合》：“惆怅心思滑台北，满杯浓酒与愁和。”

【滑₂稽】 形容应变善辩。崔枢《齐优开笼飞去所献楚王鹄》：“谁言滑稽理，千载戒禽荒？”周昙《咏史诗·春秋战国门·淳于髡再吟》：“戏问将何对所耽，滑稽无骨是常谭。”李瀚《蒙求》：“优旃滑稽，落下历数。”

【滑膩】 光滑润泽。元稹《寄赠薛涛》：“锦江滑腻蛾眉秀，幻出文君与薛涛。”《嘲崔垂休》（卷八七二）：“慈恩塔下亲泥壁，滑腻光华玉不如。”曹松《碧角簟》：“细皮重叠织霜纹，滑腻铺床胜锦茵。”

湃 〔pài《广韵》普拜切，去怪，滂。〕波浪。韩愈、孟郊《雨中寄孟刑部几道联句》：“气涵秋天河，有朗无惊湃。”

湫¹ 〔jiǎo《广韵》子了切，上篠，精。〕低下。见“湫隘”。

湫² 〔qiū《广韵》七由切，平由，清。〕深潭。杜甫《送韦十六评事充同谷郡防御判官》："鸟惊出死树，龙怒拔老湫。"白居易《想东游五十韵》："紫洞藏仙窟，玄泉贮怪湫。"薛逢《灵台家兄古镜歌》："百丈灵湫坐中至，溢匣水色如玉倾。"李洞《终南山二十韵》："劚竹烟岚冻，偷湫雨雹腥。"

【湫₂水】 潭水。韩愈《秋怀诗》之四："其下澄湫水，有蛟寒可罾。"

【湫隘】 低矮狭小。李峤《宅》："寂寞蓬蒿径，喧喧湫隘庐。"白居易《卜居》："但道吾庐心便足，敢辞湫隘与嚣尘。"

淵 〔yuān《广韵》烏玄切，平先，影。〕❶深潭。韩愈《河之水二首寄予侄老成》之二："采蕨于山，缗鱼于渊。"白居易《游悟真寺诗》："我来登上头，下临不测渊。"裴潾《前相国赞皇公早葺平泉山居辄抒怀赋四言诗十四首奉寄》之九："雨止雪旋，亦息于渊。"石殷士《日华川上动》："萍实空随浪，珠胎不照渊。"❷汇集之处。皮日休《鲁望昨以五百言见贻亦迭和之微旨也》："或作制诰薮，或为宫体渊。"❸深邃。元结《引东泉作》："众源发渊窦，殊怪皆不同。"❹通"鼘"。鼓声。见"淵淵❷"。

【淵泊】 如深潭般的恬静。王维《谒璿上人》序："舍法而渊泊，无心而云动，色空无碍，不物物也。"

【淵思】 深邃的思想。杨巨源《赠从弟茂卿》："扣寂由来在渊思，搜奇本自通禅智。"

【淵泉】 深泉。韩愈、孟郊《纳凉联句》："未能饮渊泉，立滞叫芳药。"

【淵客】 指鲛人。李瀚《蒙求》："渊客泣珠，交甫解佩。"

【淵淪】 ❶深潭之水。高适《同薛司直诸公秋霁曲江俯见南山作》："杳霭信难测，渊沦无暗投。"❷水深且清貌。豆卢荣《赋得春风扇微和》："池影动渊沦，山容发葱蒨。"陆龟蒙《奉酬袭美先辈吴中苦雨一百韵》："杂若碎渊沦，高如破镠镐。"

【淵雲】 汉文学家王褒和扬雄的并称。褒字子渊，雄字子云。权德舆《酬陆四十楚源春夜宿虎丘山对月寄梁四敬之兼见贻之作》："龙虎一门盛，渊云四海推。"

【淵淵】 ❶深广，悠远。元结《潓阳亭作》："外物自相扰，渊渊还复休。"皎然《观李中丞洪二美人唱歌轧筝歌》："夜静酒阑佳月前，高张水引何渊渊。"❷鼓声。皎然《春夜期裴都曹济集心上人院不至》："渐听寒鼙发，渊渊在郡城。"

【淵詠】 指含义深刻的诗作。孟郊《与王二十一员外涯游昭成寺》："玄讲岛岳尽，渊咏文字新。"

【淵源】 ❶水源。喻事物的本源。韩愈、张籍《会合联句》："张生得渊源，寒色拔山冢。"❷深邃。吕岩《满庭芳》词："大道渊源，高真隐秘，风流岂可知闻。"

【淵默】 深沉恬静。谢勮《游烂柯山》之四："仙僧会真要，应物常渊默。"

【淵禪】 (—chán)❶深沉地思考。元结《与党评事》："爱君得自遂，令我空渊禅。"❷深邃安静。元结《演兴四首·初祀》："云缨为帽兮愚木柄，洞渊禅兮揭巍巍。"

湼 同"涅"。

渙 〔huàn《广韵》火貫切，去换，曉。〕❶分散。刘禹锡《客有为余话登天坛遇雨之状因以赋之》："豁然重昏敛，涣若春冰溃。"❷同"焕"。见"渙然❶"。

【渙汗】 喻帝王的命令。沈佺期《哭苏眉州崔司业二公》："涣汗天中发，伶俜海外旋。"张署《赠韩退之》："涣汗几时流率土，扁舟西下共归田。"杜牧《李甘诗》："其冬二凶败，涣汗开汤罟。"吴融《赴阙次留献荆南成相公三十韵》："涣汗沾明主，沧浪别钓翁。"

【渙汗大號】 (號 hào)谓帝王号令，如人出汗，不可收回。储光羲《晚霁中园喜赦作》："涣汗发大号，坤元更资始。"

【渙散】 (—sàn)分散，离散。韩愈《南内朝贺归呈同官》："绿槐十二街，涣散驰轮蹄。"

【渙然】 ❶光明貌。张说《唐享太庙乐章·文舞》："三宗握镜，六合涣然。"❷更新貌。杜甫《题衡山县文宣王庙新学堂呈陆宰》："是以资雅才，涣然立新意。"

溲 〔sǒu《集韵》所九切，上有，生。〕以水拌和粉状物。皮日休《寄琼州杨舍人》："清斋净溲桄榔面，远信闲封荳蔻花。"

滫 〔xiǔ《广韵》息有切，上有，心。《集韵》踈鸠切，平尤，生。〕用淀粉拌和食物使之柔滑。见"滫瀡"。

【滫瀡】 糊状物。皮日休《奉和鲁望樵人十咏·樵火》："松膏作滫瀡，杉子为珠玑。"

湟 〔huáng《广韵》胡光切，平唐，匣。〕❶水名。即今西宁河。元稹《和李校书新题乐府十二首·西凉伎》："一朝燕贼乱中国，河湟没尽空遗丘。"李子昂《西戎即叙》："营收低陇月，旗偃度湟风。"❷水名。见"湟涧"。❸水名。见"湟水"。❹见"湟湟"。

【湟中】 指青海湟水流域地区。杨炯《送刘校书从军》："秋阴生蜀道，杀气绕湟中。"李嘉祐《送崔夷甫员外和蕃》："君过湟中去，寻源未是赊。"郑嵎《津阳门诗》："湟中土地昔湮没，昨夜收复无疮痍。"

【湟水】 水名。在广东。柳宗元《哭连州凌员外司马》："出守乌江浒，老迁湟水湄。"

【湟湟】 水光粼粼貌。卢鸿一《嵩山十志十首·金碧潭》："水碧色兮石金光，滟熠熠兮淡湟湟。"

【湟澗】 水名。故道在今河南巩县。刘允济《经庐岳回望江州想洛川有作》："帝乡徒可游，湟涧终旅泊。"

渝 〔yú《广韵》羊朱切，平虞，以。〕❶改变，变更。沈佺期《从驩州廨宅移住山间水亭赠苏使君》："日月渝乡思，烟花换客愁。"杜甫《槐叶冷淘》："路远思恐泥，兴深终不渝。"顾况《陵霜之华一章》："二仪分位，六气不渝。"孟郊《旅次湘沅有怀灵均》："且闻过称已，一何过不渝。"引申为违背。韩愈《别赵子》："相期风涛观，已久不可渝。"❷州名。韩翃《送巴州杨使君》："万里歌钟相庆时，巴童声节渝儿舞。"刘禹锡《送周使君罢渝州归郢州别墅》："君思郢上吟归去，故自渝南掷郡章。"元稹《书剑》："渝工剑刃皆欧冶，巴吏书踪尽子云。"罗隐《中元甲子以辛丑驾幸蜀四首》之二："爪牙柱石两俱销，一点渝尘九土摇。"

【渝州】 州名。隋开皇元年改楚州置。治所在巴县(今重庆市)。李白《峨眉山月歌》："夜发清溪向三峡，思君不见下渝州。"杜甫《三绝句》之一："前年渝州杀刺史，今年开州杀刺史。"刘禹锡有《送周使君罢渝州归郢州别墅》。王周《会哙岑山人》："渝州江上忽相逢，说隐西山最上峰。"

【渝舞】 巴渝地区的舞蹈。刘禹锡《奉和淮南李相公早秋即事寄成都武相公》："玉帐观渝舞，虹旌猎楚田。"

【渝濫】 犹言滥竽充数。虞世南《奉和月夜观星应令》："宿草诚渝滥，吹嘘偶搢绅。"

【渝瀘】 渝州和泸州的并称。郑谷《荔枝树》："肠断渝泸霜霰薄，不教叶似灞陵红。"又《将之泸郡旅次遂州遇裴晤员外谪居于此话旧凄凉因寄二首》之二："我拜师门更南去，荔枝春熟向渝泸。"

湲 〔yuán《广韵》王權切，平仙，云。又獲頑切，平山，匣。〕见"潺湲"。

湌 同"餐"。吃。王梵志《诗》之七六："吃肉多病报，知者不须湌。"

湓 〔pén《广韵》薄奔切，平魂，並。〕水名。白居易《首夏》："湓鱼贱如泥，烹炙无昏早。"无可《寄题庐山二林寺》："双流湓隐隐，九派棹憧憧。"李洞《题咸阳楼》："北马疑眠碛，南人忆钓湓。"

【湓口】 古城名。又称湓城。故址在今江西九江市。刘长卿《孙权故城下怀古兼送友人归建业》："烟际指金陵，潮时过湓口。"曹松《九江送方干归镜湖》："客路抛湓口，家林入镜中。"

【湓水】 水名。今名龙开河。李颀《送从弟游江淮兼谒鄱阳刘太守》："浔阳北望鸿雁回，湓水东流客心醉。"白居易《湓浦早冬》："日西湓水曲，独行吟旧诗。"许浑《送前东阳于明府由鄂渚归故林》："帆背夕阳湓水阔，棹经沧海甑山遥。"李中《思湓渚旧居》："昔岁曾居湓水头，草堂吟啸兴何幽。"

【湓江】 ❶即湓水。白居易《送毛仙翁》："惟余负忧谴，憔悴湓江壖。"❷指浔阳。李咸用《远公亭牡丹》："湓江太守多闲情，栏朱绕绛留轻盈。"

【湓城】 即"湓口"。苏味道《九江口南济北接蕲春南与浔阳岸》："近漱湓城曲，斜吹蠡泽隈。"郑常《谪居汉阳白沙口阻雨因题驿亭》："汉阳无远近，见说过湓城。"周贺《如空上人移居大云寺》："来往湓城下，三年两度逢。"韦庄《西塞山下作》："孤峰渐映湓城北，片月斜生梦泽南。"

【湓浦】 ❶湓水。耿湋《奉和第五相公登鄱阳郡城西楼》："湓浦潮声尽，钟陵暮色繁。"白居易《题浔阳楼》："深夜湓浦月，平旦炉峰烟。"赵嘏《江上逢许逸人》："收帆依雁湓浦宿，带雨别僧衡岳回。"孟贯《春江送人》："数雁别湓浦，片帆离洞庭。"❷指浔阳。张籍《寄白二十二舍人》："湓蒲城中为上佐，炉峰寺后著幽居。"李商隐《哭刘蕡》："广陵别后春涛隔，湓浦书来秋雨翻。"孙咸《题九天使者庙》："秦淮两岸沙埋骨，湓浦千家血染尘。"

【湓浦口】 即"湓口"。白居易《琵琶引》序："元和十年，予左迁九江郡司马。明年秋，送客湓浦口。"

【湓渚】 即湓浦。李中有《思湓渚旧居》。

渢 〔féng《广韵》房戎切，平東，奉。〕见"渢渢"。

【渢渢】 犹泛泛。广大盛多貌。元结《补乐歌十首·五茎》："五德涵柔兮，沨沨而至。"又《六英》："由六合兮，英华沨沨"。

渟 〔tíng《广韵》特丁切，平青，定。〕澄清。欧阳詹《咏德上韦检察》："渟如月临水，肃若松照日。"

【渟澄】 清澈貌。韩愈、孟郊《城南联句》："坌秀恣填塞，呀灵滀渟澄。"

渡 〔dù《广韵》徒故切，去暮，定。〕❶横越江河。崔国辅《宿范浦》："月暗潮又落，西陵渡暂停。"韩翃《送襄垣王君归南阳别墅》："愁眠客舍衣香满，走渡河桥马汗新。”孟郊《鸦路溪行呈陆中丞》：“鸦路不可越，三十六渡溪。”赵嘏《晓发》：“去去渡南渚，村深人出稀。”也指由此及彼。杨巨源《胡姬词》：“香渡传蕉扇，妆成上竹楼。”❷佛教指脱离苦海。王梵志《兀然无事》之四：“若欲渡众生，无过且自渡。”❸渡过。刘禹锡《乐天寄忆旧游因作报白君以答》：“报白君，别来已渡江南春。”杜牧《和州绝句》：“江湖醉渡十年春，牛渚山边六问津。”❹渡口。韦应物《淮上遇洛阳李主簿》：“结茅临古渡，卧见长淮流。”郎士元《冯翊西楼》：“近郭乱山横古渡，野庄乔木带新烟。”张籍《思江南旧游》：“杨柳东西渡，茫茫欲问谁。”白居易《北楼送客归上都》：“长津欲度回渡尾，残酒重倾簇马蹄。”

【渡口】 过河泊船之处。皎然《舟行怀阎士和》：“二月湖南春草遍，横山渡口花如霰。”李贺《湖中曲》：“横船醉眠白昼闲，渡口梅风歌扇薄。”陆龟蒙《夕阳》：“渡口和帆落，城边带角收。”孟贯《宿故人江居》：“渡口树冥冥，南山渐隐青。”

【渡吏】 管理渡口的官员。刘畋《晚泊汉江渡》：“渡吏已头白，透知客姓名。”

【渡杯】 相传晋宋时有一僧常乘杯渡河，因号“杯渡”。见南朝梁慧皎《高僧传·神异·杯渡》。后以为高僧典故。苏味道《和武三思于天中寺寻复礼上人之作》：“企躅瞻飞盖，攀游想渡杯。”孟浩然《韩大使东斋会岳上人诸学士》：“抗礼尊缝掖，临流揖渡杯。”

【渡虎】 相传东汉宋均任九江太守时革除弊政，境内为害之虎渡江而去。见《后汉书·宋均传》。后以为宋姓典故。李白《中丞宋公以吴兵三千赴河南军次寻阳脱余之囚参谋幕府因赠之》：“九江皆渡虎，三郡尽还珠。”

【渡船】 载人过河的船只。岑参《送刘郎将归河东》：“山雨醒别酒，关云迎渡船。”白居易《答微之为西陵驿见寄》：“知君台边望不见，暮潮空送渡船回。”许浑《暝投灵智寺渡溪不得却取沿江路往》：“却下临江路，潮深无渡船。”司空图《华上二首》之二：“村南寂寞时回望，一双鸳鸯下渡船。”

【渡遼水】 杂曲歌辞名。王建有《渡辽水》。

【渡頭】 渡口。王维《新晴野望》：“郭门临渡头，村树连溪口。”刘禹锡《思归寄山中友人》：“凉钟山顶寺，暝火渡头船。”顾非熊《瓜洲送朱万言》：“渡头风晚叶飞频，君去还吴我入秦。”崔涂《湖外送友人游边》：“两乡天外隔，一径渡头分。”

游 〔yóu《广韵》以周切，平尤，以。〕❶人或动物划水前进。宋鼎《酬故人还山》：“思鸟吟高树，游鱼戏浅沙。”秦系《春日闲居三首》之三：“游鱼牵荇没，戏鸟踏花摧。”白居易《小池二首》之二：“荷侧泻清露，萍开见游鱼。”牛殳《琵琶行》：“吹之于水，鱼不能游。”❷河流。刘长卿《重阳日鄂城楼送屈突司直》：“风景同前古，云山满上游。”❸游玩，游览。长孙无忌《新曲二首》之一：“结伴来游淇水上，旧长情。”窦痒《东都嘉量亭献守韩仆射》：“乍疑游汗漫，稍似入崆峒。”朱庆余《发凤翔后途中怀田少府》：“别来唯独宿，梦里尚同游。”徐铉《和张先辈见寄二首》之二：“清时沦放在山州，邛竹纱巾处处游。”❹外出求学、求官或作官等。薛据《泊震泽口》：“独坐嗟远游，登岸望孤州。”张籍《献从兄》：“我念出游时，勿吟康乐文。”项斯《晓发昭应》：“行人见雪愁，初作帝乡游。”唐求《客行》：“世人重金玉，无金徒远游。”❺交往，结交。刘斌《和许给事伤牛尚书》：“虽贞栋梁任，兼好艺文游。”袁瓘《鸿门行》：“晨过剧孟游，暮投咸阳宿。”张继《赠章八元》：“俗薄交游尽，时危出处难。”孟郊《立德新居》之六：“耻从新学游，愿将古农齐。”❻闲适。白居易《咏拙》：“优哉复游哉，聊以终吾身。”

【游人】 游玩的人。邵大震《九日登玄武山旅眺》：“寒雁一向南去远，游人几度菊花丛。”

【游女】 ❶出游的年轻女子。梁洽《观汉水》：“求思咏游女，投吊悲昭王。”王涤《和三乡诗》：“浣纱游女出关东，旧迹新词一梦中。”❷指汉水女神。见刘向《列仙传·江妃二女》。孟浩然《万山潭作》：“游女昔解佩，传闻于此山。”李绅《新楼诗二十首·重台莲》：“游女汉皋争笑脸，二妃湘浦并愁容。”

【游刃】 喻应付某事绰绰有余。张祜《送韦正字析贯赴制举》：“大战希游刃，长途在著鞭。”李商隐《城上》：“贾生游刃极，作赋又论兵。”

【游子】 离家远游的人。沈颂《早发西山》：“游子空有怀，赏心杳无路。”张南史《春日道中寄孟侍御》：“春来游子傍归路，时有白云遮独行。”曹邺《寄贾驰先辈》：“游子想万里，何必登高台。”齐己《送人归吴》：“春寒游子路，村晚主人家。”

【游子吟】 乐府杂曲歌辞名。李益有《游子吟》。

【游手】 指闲荡不务正业。白居易《赠友五首》之二：“相携作游手，皆道求金银。”

【游心】 潜心，留意。权德舆《酬别蔡十二见赠》：“游心羲文际，爱我相讨论。”

【游方】 指僧人云游四方。无可《禅林寺》：“终断游方念，炉香继此焚。”李中《送智雄上人》：“忽起游方念，飘然不可留。”修睦《喜僧友到》：“意欲相留住，游方肯舍么？”

【游步】 漫游。喻凫《游北山寺》：“烟冈影畔寺，游步此时孤。”

【游冶郎】 风流年少。史凤《闭门羹》：“一豆聊供游冶郎，去时忙唤锁仓琅。”

【游泳】❶动物在水中划水前进。皎然《答郑方回》："逸翮思冥冥，潜鳞乐游泳。"❷恣意游乐。韦应物《拟古诗十二首》之三："游泳属芳时，平生自云毕。"

【游畋】出游打猎。皮日休《鲁望昨以五百字见贻过有褒美亦迭和之微旨也》："流之为酌醬，变之为游畋。"

【游侠】指一种漫游无定、轻生重义、勇于排难解纷的行为。王维《送高适弟耽归临淮作》："自尔厌游侠，闭户方垂帷。"李白《少年行》："少年游侠好经过，浑身装束皆绮罗。"冯待征《虞姬怨》："逢君游侠英雄日，值妾年华桃李春。"

【游侠窟】指侠客会集之地。杜甫《七月三日亭午已后热退戏呈元二十一曹长》："惆怅白头吟，萧条游侠窟。"

【游衍】恣意游乐。王维《早春行》："游衍益相思，含啼向彩帷。"顾况《独游青龙寺》："春风入香刹，暇日独游衍。"元稹《春六十韵》："游衍关心乐，诗书对面聋。"温庭筠《寒食节日寄楚望二首》之二："三春谢游衍，一笑牵规矩。"

【游舍人】指游简言。曾官中书舍人。保大中为翰林学士。见马令《南唐书》本传。徐铉有《贺殷游二舍人入翰林江给事拜中丞》和《翰林游舍人清明日入院中途见余明日亦入西省上直因寄游君》。

【游宦】在外做官。李峤《田假限疾不获还庄赠杜幽素》："游宦劳牵网，风尘久化衣。"徐铉《宿蒋帝庙明日游山南诸寺》："登临莫怪偏留恋，游宦多年事事谙。"

【游客】❶游人。喻凫《夏日题岫禅师房》："花过少游客，日长无事心。"❷远游。子兰《饮马长城窟》："游客长城下，饮马长城窟。"

【游夏】孔子的学生子游和子夏的并称。孟浩然《同卢明府早秋宴张郎中海亭》："侧听弦歌宰，文书游夏徒。"程弥纶《怀鲁》："履风雩兮若见，游夏兴兮鲁颜。"杜甫《八哀诗·故著作郎贬台州司户荥阳郑公虔》："天然生知姿，学立游夏上。"元稹《和乐天赠樊著作》："是时游夏辈，不敢措舌端。"也借指长于文学者。刘禹锡《送韦秀才冲赴制举》："游夏无措词，阳秋垂不刊。"

【游息】❶游玩与休息。玄宗《为赵法师别造精院过院赋诗》序："秋九月，听政观风，存乎游息。"白居易《咏怀》："我今幸双遂，禄仁兼游息。"齐己《渚宫莫问诗一十五首》序："今王侯构室安之，给俸食之，使之乐然，万事都外，游息自得。"❷游学与止息。韩愈、孟郊《纳凉联句》："儒庠恣游息，圣籍饱商榷。"

【游從】相随同游。李端《逢王泌自东京至》："愁见游从处，如今花正繁。"许浑《将赴京师留题孙处士山居二首》之二："游从随野鹤，休息遇灵龟。"

【游揚】浮荡。章孝标《梦乡》："寻常梦在秋江上，钓艇游扬藕叶中。"

【游翔】随心所欲地游玩。张籍《祭退之》："籍时官休罢，两月同游翔。"

【游童】闲荡的少年。陈子昂《晦日宴高氏林亭》序："则有都人士女，侠客游童，出金市而连镳，入铜街而结驷。"

【游惰】游荡偷懒。元稹《酬翰林白学士代书一百韵》："坳窪饶尴尬，游惰压庸缁。"

【游絲】随风飘动的蛛丝。卢照邻《长安古意》："百丈游丝争绕树，一群娇鸟共啼花。"杜甫《白丝行》："落絮游丝亦有情，随风照日宜轻举。"雍裕元《游丝》："游丝何所似，应最似春心。"徐夤《竹》："游丝挂处渔竿去，绿水夹时龙影来。"

【游電】闪动的电光。颜真卿《赠裴将军》："剑舞若游电，随风萦且回。"

【游蜂】飞来飞去的蜜蜂。李商隐《当句有对》："但觉游蜂饶舞蝶，岂知孤凤忆离鸾。"

【游溶】水缓动貌。李贺《溪晚凉》："溪汀眠鹭梦征鸿，轻涟不语细游溶。"

【游魂】游散的精气。古人认为人由精气聚成，精气游散，则人死亡。语出《易·系辞上》："精气为物，游魂为变。"包佶《近获风痹之疾题寄所怀》："无医能却老，有变是游魂。"

【游説】(—shuì)原指战国时策士周游列国，劝说君王采纳其政治主张的活动。后泛指劝说，对象不限于君王。李白《南陵别儿童入京》："游说万乘苦不早，著鞭跨马涉远道。"

【游鞍】出游所乘的马。韩愈《寄崔二十六立之》："燕席谢不诣，游鞍悬莫骑。"

【游輪】指出游时的车辆。陈去疾《元夕京城和欧阳衮》："此时月色同沾醉，何处游轮陌上回。"

【游賞】游览观赏。花蕊夫人徐氏《宫词》之一二六："海棠花发盛春天，游赏无时引御筵。"

【游踐】游历。韦应物《因省风俗与从侄成绪游山水中道与归寄示》："每虑观省牵，中乖游践志。"

【游嬉】游乐嬉戏。郑嵎《津阳门诗》："相君侈拟纵骄横，日从秦虢多游嬉。"

【游歷】谓当门客。韩屿《赠进士李守微》："一定童颜老岁华，贫寒游历贵人家。"

【游龍】游动的蛟龙。韦应物《鼋头山神女歌》："精灵变态状无方，游龙宛转惊鸿翔。"李群玉《长沙九日登东楼观舞》之一："翩如兰苕翠，婉如游龙举。"

【游騎】担任巡逻任务的骑兵。白居易《新乐府·缚戎人》："游骑不听能汉语，将军遂缚作蕃生。"

【游獵】　游玩打猎。窦巩《新罗进白鹰》："汉星无事须游猎，雪乱争飞锦臂鞲。"

【游颺】　❶飞翔貌。王维《黄雀痴》："到大啁啾解游飏，各自东西南北飞。"❷悠然貌。南唐后主李煜《句》："游飏日已西，肃穆寒初至。"

【游藝】　谓游息于六艺之中。语本《论语·述而》："志于道，据于德，依于仁，游于艺。"薛逢《越王楼送高梓州入朝》："方当游艺依仁日，便到攀辕卧辙秋。"

【游覽】　游玩观览。《袁少年诗》(卷八六七)之三："千里来游览，幽情我自知。"

【游鱗】　游鱼。白居易《首夏》："翔禽爱密叶，游鳞悦新藻。"李群玉《大云池泛舟》："游鳞泳皎洁，洞见逍遥情。"

溠

〔zhā《广韵》側加切，平麻，莊。又側駕切，去禡，莊。又七何切，平歌，清。〕水湾。张说《同赵侍御乾湖作》："一湾一浦怅邅回，千曲千溠怳迷哉。"又《岳州观竞渡》："鼓发南湖溠，标争四驿楼。"尹懋《秋夜陪张丞相赵侍御游㴩湖二首》之二："巴俗将千溠，㴩湖凡几湾。"

渼

〔měi《广韵》無鄙切，上旨，明。又《集韵》母鄙切，上旨，明。〕见"渼陂"。

【渼陂】　古湖名。在今陕西境。岑参有《与鄠县群官泛渼陂》。杜甫《秋兴八首》之八："昆吾御宿自逶迤，紫阁峰阴入渼陂。"高骈《寄鄠杜李遂良处士》："吟社客归秦渡晚，醉乡渔去渼陂晴。"郑谷《郊墅》："渼陂水色澄于镜，何必沧浪始濯缨。"

湔

〔jiān《广韵》子仙切，平仙，精。又則前切，平先，精。又子賤切，去線，精。〕洗涤。李商隐《送从翁东川弘农尚书幕》："锦水湔云浪，黄山扫地春。"

【湔衣】　古代旧俗，正月元日至晦日，士女酹酒洗衣于水边，以求辟灾度厄。张说《晦日》："晦日嫌春浅，江浦看湔衣。"

【湔湔】　犹溅溅。水流声。独孤及《初晴抱琴登马退山对酒望远醉后作》："寒泉得日景，吐溜鸣湔湔。"吴融《忆山泉》："穿云落石细湔湔，杳杳疑闻并管弦。"

【湔裙】　犹"湔衣"。王季友《皇帝移晦日为中和节》："湔裙移旧俗，赐尺下新科。"王初《银河》："犹残仙媛湔裙水，几见星妃度袜尘。"

【湔裾】　犹"湔衣"。皎然《晦日陪颜使君白蘋洲集》："堤月吴风在，湔裾楚客同。"严维《晦日宴游》："晦日湔裾俗，春楼致酒时。"白居易《和春深二十首》之一五："弄水游童棹，湔裾小妇车。"

滋

〔zī《广韵》子之切，平之，精。〕❶生出，生长。苏颋《和杜主簿春日有所思》："揽镜尘网滋，当窗苔藓碧。"武元衡《秋日对酒》："事往怜神魄，感深滋涕洟。"许稷《闰月定四时》："月桂亏还正，阶蓂落复滋。"❷培植。元稹《有酒十章》之十："欲日盛而星微兮，欲滋兰而歼毒。"❸增加。钱起《酬考功杨员外见赠佳句》："潢潦难滋沧海润，萤光空尽太阳前。"❹沾湿。王翰《赠唐祖二子》："瑶觞滋白露，宝瑟凝凉氛。"杜甫《雷》："气暍肠胃融，汗滋衣裳污。"杜牧《李甘诗》："题此涕滋笔，以代投湘赋。"郑嵎《津阳门诗》："花肤雪艳不复见，空有香囊和泪滋。"❺浸润。储光羲《奉和韦判官献侍郎叔除河东采访使》："盛德滋冀方，仁风清汾浍。"刘商《梨树阴》："福庭人静少攀援，雨露偏滋影易繁。"翁承赞《题莒潭安闽院》："景福滋闽壤，芳名亘古今。"吕岩《鄂渚悟道歌》："阴云一布遍长空，膏泽连绵滋万物。"❻繁茂。刘长卿《明月湾寻贺九不遇》："楚水日夜绿，傍江春草滋。"戴叔伦《寄中书李舍人纾》："复入重城里，频看百草滋。"李德裕《思平泉树石杂咏一十首·叠石》："岁晚苔藓滋，怀贤盖惆怅。"栖白《寻山僧真胜上人不遇》："松下禅栖所，苔滋径莫分。"❼滋润。杜审言《望春亭侍游应诏》："万寿祯祥献，三春景物滋。"李白《泾川送族弟錞》："江湖发秀色，草木含荣滋。"元稹《大觜乌》："群乌饱粱肉，毛羽色泽滋。"姚合《题凤翔西郭新亭》："云峰晴转翠，烟树晓逾滋。"也指华滋之色。太宗《初秋夜坐》："露结林疏叶，寒轻菊吐滋。"韦应物《赋得暮雨送李胄》："海门深不见，浦树远含滋。"许昼《江南行》："涧泉傍借响，山木共含滋。"❽滋味。白居易《效陶潜体诗十六首》之四："持玩已可悦，观尝有余滋。"❾更加。元结《闵荒诗一首》："炀皇嗣君位，隋德滋昏幽。"又《系乐府十二首·陇上叹》："滋移有情教，草木犹可化。"

【滋水】　水名。即今陕西灞水的古名。王绩《策杖寻隐士》："新垂滋水钓，旧结茂陵罝。"

【滋生】　发生，引起。白居易《自问》："老慵难发遣，春病易滋生。"

【滋味】　❶美味。柳宗元《柳州城西北隅种柑树》："若教坐待成林日，滋味还堪养老夫。"李商隐《安定城楼》："不知腐鼠成滋味，猜意鹓雏竟未休。"薛能《送赵道士归天目旧山》："口无滋味人，身有羽仪生。"❷味道。高骈《依韵奉酬李迪》："而今共饮醇滋味，消得柳揄势利疏。"皮日休《酒中十咏·酒泉》："羲皇有玄酒，滋味何太薄。"卢延让《赠僧》："禅师莫问求名苦，滋味过于食蓼虫。"❸感受。白居易《舟中李山人访宿》："得意言语断，入玄滋味深。"和凝《醴泉院》："暂游颇爱闲滋味，久住翻嫌俗性情。"徐铉《和钟大监泛舟同游见示》："老去交亲难暂舍，闲中滋味更无过。"南唐后主李煜《相见欢》词之二："剪不断，理还乱，是离愁。别是一般滋味在心头。"

【滋茂】 茂盛。白居易《有木诗八首》之二："有木名樱桃，得地早滋茂。"

【滋泉】 泉名。水入渭水。相传姜太公在此钓鱼。太宗《秋暮言志》："抽思滋泉侧，飞想傅岩中。"

【滋莽】 （一mǔ）繁茂。杜牧《李甘诗》："岂知祸乱根，枝叶潜滋莽。"

【滋野員主】 日本国人。《全唐诗外编》（上）录其《春夜鸿胪馆简渤海入朝王大使》等诗三首。

【滋陽】 指灞水之北。王昌龄《灞上闲居》："鸿都有归客，偃卧滋阳村。"

【滋漫】 满溢。杜甫《通泉驿南去通泉县十五里山水作》："山色远寂寞，江光夕滋漫。"

【滋榮】 繁茂。王绩《阶前石竹》："自顾微且贱，亦得蒙滋荣。"柳宗元《首春逢耕者》："南楚春候早，余寒已滋荣。"白居易《步东坡》："种植当岁初，滋荣及春暮。"高退之《和主司王起》："昔年桃李已滋荣，今日兰荪又发生。"

【滋彰】 谓增加其名望。白居易《和微之诗二十三首·和知非》："重礼足滋彰，养神多避忌。"

【滋蔓】 ❶滋生蔓延。杜甫《除草》："顽根易滋蔓，敢使依旧丘。"又《种莴苣》："翻然出地速，滋蔓户庭毁。"白居易《紫藤》："毫末不早辨，滋蔓信难图。"又《有木诗八首》之五："年深已滋蔓，刀斧不可伐。"❷满溢。杜甫《行官张望补稻畦水归》："遗穗及众多，我仓戒滋蔓。"❸衍生增多。詹敦仁《复留侯从效问南汉刘岩改名龑字音义》："滥觞久滋蔓，伤心日益炽。"

【滋潤】 湿润。贾岛《送卢秀才游潞府》："雨余滋润在，风不起尘沙。"

【滋繁】 茂盛。杜牧《留诲曹师等诗》："根本既深实，柯叶自滋繁。"

湉 〔tián《广韵》徒兼切，平添，定。〕见"湉湉"。

【湉湉】 水平静貌。杜牧《怀钟陵旧游四首》之三："白鹭烟分光的的，微涟风定翠湉湉。"按，湉湉，《全唐诗》作"湉湉"，误。

渾¹ 〔hún《广韵》户昆切，平魂，匣。〕❶浑浊。薛能《黄河》："波浑经雁塞，声振自龙门。"杜甫《奉送王信州崟北归》："林热鸟开口，江浑鱼掉头。"姚合《酬任畴协律夏中苦雨见寄》："雷怒疑山破，池浑似土流。"齐己《潇湘二十韵》："阔去都凝白，傍来尽带浑。"❷混同，混合。郑瀚《赠毛仙翁》："胚浑造化，含吐阴阳。"陆龟蒙《江湖散人歌》："书散浑真草，酒散甘醇醨。"❸全，整个。杜牧《寄浙西李判官》："青云满眼应骄我，白发浑头少恨渠。"见"渾舍""渾家"。❹皆，都。表示范围。杜甫《夜听许十损诵诗爱而有作》："诵诗浑游衍，四座皆辟易。"韩愈《赠贾岛》："天恐文章浑断绝，更生贾岛著人间。"姚合《下第》："枉为乡里举，射鹄艺浑疏。"徐安期《催妆》："不须面上浑妆却，留著双眉待画人。"❺还，仍旧。表示频率。戴叔伦《题黄司直园》："门前空腊尽，浑未有花开。"白居易《重寄荔枝与杨使君时闻杨使君欲种植故有落句之戏》："映我绯衫浑不见，对公银印最相鲜。"欧阳衮《月峰寺忆理公》："禅榻浑依旧，心朝浩已空。"李山甫《夜吟》："终篇浑不寐，危坐到晨钟。"❻简直，几乎。表示程度。杜甫《春望》："白头搔更短，浑欲不胜簪。"元稹《酬乐天江楼夜吟稹诗因成三十韵》："手寻韦欲绝，泪滴纸浑穿。"陆龟蒙《奉和袭美太湖诗二十首·缥缈峰》："花奇忽如荐，树曲浑成几。"罗隐《焚书坑》："祖龙算事浑乖角，将谓诗书活得人。"❼姓。《浑家门客联句》（卷八六七）之一："自与浑家邻，馨香遂满身。"高适有《送浑将军出塞》。刘禹锡《送浑大夫赴丰州》："凤衔新诏降恩华，又见旌旗出浑家。"

渾² 〔hún《广韵》胡本切，上混，匣。〕❶大。秦韬玉《紫骝马》："膘大宜悬银压胯，力浑欺著玉衔头。"❷质朴。司空图《诗品二十四则·雄浑》："返虚入浑，积健为雄。"❸纯粹。杜易简《嘲格辅元》："有耻宿龙门，精彩先瞰浑。"❹糊涂。见"渾₂渾₂"。

渾³ 〔hùn《广韵》胡本切，上混，匣。〕❶混杂，混淆。孟郊《答昼上人止谗作》："渭水不可浑，泾流徒相侵。"李商隐《骄儿诗》："青春妍和月，朋戏浑甥侄。"❷胡乱。岑参《酒泉太守席上醉后作》："浑炙犁牛烹野驼，交河美酒归叵罗。"❸苟且度过。齐己《寄谷山长老》："游遍名山祖遍寻，却来尘世浑光阴。"

渾⁴ 〔gǔn《广韵》古本切，上混，見。〕见"渾₄渾"。

【渾大夫】 指浑锷。累官至丰州刺史，贬袁州司马。见《新唐书》本传。刘禹锡有《送浑大夫赴丰州》。

【渾牙】 整个叶芽。薛能《蜀州郑史君寄鸟觜茶因以赠答八韵》："鸟觜撷浑牙，精灵胜镆铘。"

【渾中允】 指浑镐。《全唐文》卷四八九权德舆《故朔方河中晋绛邠宁庆等州兵马副元帅浑公神道碑铭》："（贞元）十五年……十二月辛未，薨于理所……有子五人，曰殿中少监炼，太子中允镐，太子司议郎钜，栎阳尉钢，云阳尉锷。"卢纶有《秋晚河西县送浑中允赴朝阙》。

【渾$_2$水】 浊水。喻凫《晚次临泾》:“马怯奔浑水,雕沈莽苍云。”

【渾$_2$成】 天然生成。孟浩然《凉州词》之一:“浑成紫檀金屑文,作得琵琶声入云。”元稹《有酒十章》之一:“灏洞浩汗真无名,胡不终浑成。”

【渾邪王】 匈奴王名。见《汉书·霍去病传》。高适《送浑将军出塞》:“将军族贵兵且强,汉家已是浑邪王。”

【渾$_3$同】 混乱,混淆。秦韬玉《寄怀》:“总藏心剑事儒风,大道如今已浑同。”

【渾似】 完全像,全同。戴叔伦《过柳溪道院》:“溪上谁家掩竹扉,鸟鸣浑似惜春晖。”雍裕之《芦花》:“月明浑似雪,无处认渔家。”徐夤《十里烟笼》:“浮世宦名浑似梦,半生勤苦谩为文。”曹松《览春榜喜孙郃成名》:“旧愁浑似雪,见日总消时。”

【渾如】 犹“浑似”。杜甫《即事》:“雷声忽送千峰雨,花气浑如百和香。”陆龟蒙《归路》:“浑如七年病,初得一丸销。”皮日休《新秋言怀寄鲁望三十韵》:“老柏浑如疥,阴苔忽似胶。”

【渾身】 全身。李白《少年行三首》:“少年游侠好经过,浑身装束皆绮罗。”李山甫《下第卧疾卢员外召游曲江》:“麻衣未掉浑身雪,皂盖难遮满面尘。”杜荀鹤《蚕妇》:“年年道我蚕辛苦,底事浑身着苎麻。”欧阳炯《题景焕画应天寺壁天王歌》:“蟒蛇拖得浑身堕,精魅搦来双眼空。”

【渾$_2$沌】 (—tún)犹苍茫,混茫。储光羲《同诸公秋日游昆明池思古》:“秋色浮浑沌,清光随涟漪。”

【渾尚書】 指浑镐。事迹见《旧唐书》本传。刘禹锡有《伤循州浑尚书》。

【渾侍中】 指浑瑊。瑊曾官侍中。见《旧唐书·德宗纪上》。卢纶有《奉陪浑侍中上巳日泛渭河》。

【渾舍】 (—shè)全家。韩愈《寄卢仝》:“每骑屋山下窥阚,浑舍惊怕走折趾。”

【渾和】 (—hé)淡泊平和。元结《引极三首·望仙府》:“望不从兮知如何,心混混兮意浑和。”

【渾$_2$洪】 水势盛大貌。元结《演兴四首·初祀》:“仡浑洪兮馥阗阗,管化石兮洞刳天。”

【渾$_2$浩】 水势盛大貌。崔璐《览皮先辈盛制因作十韵以寄用伸款仰》:“浑浩江海广,葩华桃李敷。”

【渾家】 ❶全家。戎昱《苦哉行五首》之四:“身为最小女,偏得浑家怜。”❷即厕所。《全唐诗》卷八六七录有《浑家门客联句》,诗题后注:“文明初,毗陵滕庭俊之洛调选,至荥水西,投道傍庄家。见二人,一称麻大,名来和;一称和且耶,言同作浑家门客。邀庭俊赴其馆,饮啖,各赋诗。题曰《同在浑家平原门馆联句》。忽被主人觅唤,乃知坐厕屋下,傍有大苍蝇、秃扫帚而已。庭俊先患热疾,自此顿愈。”

【渾得】 完全,十分。姚合《题田将军宅》:“好是暗移城里宅,清凉浑得似江头。”

【渾脱】 舞名。由波斯传入。浑脱为囊袋译音。指戴囊形皮帽的人所表演的一种舞蹈。后演变为健舞,舞姿粗犷。李白《草书歌行》:“古来万事贵天生,何必要公孙大娘浑脱舞?”杜甫《观公孙大娘弟子舞剑器行》序:“开元三载,余尚童稚,记于郾城观公孙氏舞剑器浑脱,浏漓顿挫,独出冠时。”

【渾黄】 含泥沙而浑浊。孟郊《憩淮上观公法堂》:“淮水色不污,汴流徒浑黄。”元稹《有酒十章》之八:“济涓涓而缕贯,将奈何兮万里之浑黄。”

【渾無事】 完全没有事情。犹言全然不必担忧。刘言史《林中独醒》:“未得浑无事,瓜田草正繁。”姚合《寄崔之仁山人》:“几时身计浑无事,拣取深山一处居。”又《穷边词二首》之二:“沿边千里浑无事,唯见平安火入城。”和凝《宫词百首》之九二:“明庭转制浑无事,朝下空余鸡舌香。”

【渾鉅】 指浑瑊子。曾官太子司议郎、雅州刺史。见《全唐文》卷四九八权德舆《故朔方河中晋绛邠宁庆等州兵马副元帅浑公神道碑铭》和《新唐书·宰相世系五下》“浑氏”。杨巨源有《赠浑钜中允》。按,任太子中允者为浑钜之兄镐,巨源诗题恐误。

【渾閒事】 完全是小事。犹言不足挂齿。刘禹锡《赠李司空妓》:“司空见惯浑闲事,断尽苏州刺史肠。”杜荀鹤《晚鲁寄同年张曙先辈》:“无金润屋浑闲事,有酒扶头是了人。”徐夤《嘉运》:“家无寸帛浑闲事,身似浮云且自由。”

【渾$_2$然】 浑浊貌。齐己《还黄平素秀才卷》:“求己甚忘筌,得之经浑然。”

【渾渾】 (—hún)❶浑浊盛大貌。萧颖士《游马耳山》:“合沓尽溟涨,浑浑连太清。”韦应物《观沣水涨》:“夏雨万壑凑,沣涨暮浑浑。”元稹《意渡》:“群动皆搅挠,化作流浑浑。”贯休《江边祠》:“松森森,江浑浑,江边古祠空闭门。”❷纷乱杂沓貌。慧净《杂言》:“扰扰三界溺邪津,浑浑万品忘真匠。”刘禹锡《平蔡州三首》之三:“九衢车马浑浑流,使臣来献淮西囚。”

【渾$_2$渾$_2$】 ❶糊涂貌。长孙无忌《与欧阳询互嘲》之二:“只因心浑浑,所以面团团。”❷浑浊。杜甫《雨二首》之二:“落落出岫云,浑浑倚天石。”

【渾$_4$渾$_4$】 犹滚滚。刘禹锡《送鸿举游江西》引:“因思夫冉冉之光,浑浑之轮,时而言,有初中后之分。”

【渾箇】 如此,这样。皮日休《新秋言怀寄鲁望三十韵》:“桧身浑个矮,石面得能皺。”

【渾$_2$樸】 天然质朴。皎然《郑容全成蛟形木机歌》："浑朴无劳剞劂工，幽姿自可蛟龙质。"

【渾凝】 谓浑然一体。薛据《西陵口观海》："在昔胚浑凝，融为百川泱。"

【渾鴻臚】 指浑炼。曾官鸿胪卿。见《全唐文》卷四七八郑余庆《左补射贾耽神道碑》。柳宗元有《浑鸿胪宅闻歌效白纻》。

漑 〔gài《广韵》古代切，去代，見。又居豙切，去未，見。〕❶灌溉，浇灌。清昼、潘述《讲德联句》："以利通商，以漑嘉谷。"元稹《桐花》："和气浃寰海，易若漑蹄涔。"姚合《金州书事寄山中旧友》："漑稻长洲白，烧林远岫红。"罗虬《比红儿诗》之三七："定知不及红儿貌，枉却工夫漑玉田。"❷洗涤。张说《唐享太庙乐章·雍和二首》之一："火传阳燧，水漑阴精。"

【漑灌】 ❶浇灌。杜甫《行官张望补稻畦水归》："插秧适云已，引溜加漑灌。"王贞白《芦苇》："漑灌情偏重，琴尊赏不孤。"❷洗涤。杜甫《舟中苦热遣怀奉呈阳丞通简台省诸公》："人舟虽苦热，垢腻可漑灌。"

渥 〔wò《广韵》於角切，入覺，影。〕❶优厚。陈元光《示珦》："恩衔枫陛渥，策向桂渊弘。"❷润泽，光鲜。见"渥丹"。❸红色。柳宗元《自衡阳移桂十余本植零陵所住精舍》："芳意不可传，丹心徒自渥。"韩愈、孟郊《纳凉联句》："昼蝇食案繁，宵蚋肌血渥。"❹指皇恩。则天皇后《唐大享拜洛乐章·显和》："玄泽流恩载洽，丹襟荷渥增愉。"杜甫《寄李十二白二十韵》："文彩承殊渥，流传必绝伦。"李绅《忆夜直金銮殿承旨》："墨宣外渥催飞诏，草布深恩促换题。"吴融《赴阙次留献荆南成相公三十韵》："唯要臣诚显，那求帝渥隆。"

【渥水】 渥洼水的省称。张仲素《天马辞二首》之一："天马初从渥水来，郊歌曾唱得龙媒。"

【渥丹】 润泽的朱砂。多形容红润的面色。郑瀚《赠毛仙翁》："方口渥丹，浓眉刷青。"黄滔《花》："莫道颜色如渥丹，莫道馨香过蕖兰。"

【渥命】 犹言宠命，指朝廷的使命。权德舆《奉和李相公早朝呈门下相公中书相公》："渥命随三接，皇恩畅九垓。"又《送张曹长工部大夫奉使西蕃》："吊祠将渥命，导驿畅皇风。"

【渥洼】 ❶水名。在今甘肃安西县境，传说此地产神马。杜甫《遣兴五首》之二："君看渥洼种，态与驽骀异。"卢纶《送史兵曹判官赴楼烦》："渥洼龙种散云时，千里繁花乍别离。"顾云《苏君厅观韩幹马障歌》："思量动步应千里，谁见初离渥洼水。"韦庄《代书寄马》："驱驰曾在五侯家，见说初生自渥洼。"❷代指神马。柳宗元《同刘二十八院长禹锡述旧怀赠二君子》："京邑搜贞干，南宫步渥洼。"元稹《和王侍郎酬广宣上人观放榜后相贺》："渥洼徒自有权奇，伯乐书名世始知。"韩琮《公子行》："别殿承恩泽，飞龙赐渥洼。"黄滔《赠旌德吕明府》："渥洼步数太阿姿，争遣王侯不奉知。"

【渥恩】 指浩荡皇恩。钱起《和李员外扈驾幸温泉宫》："遥羡枚皋扈仙跸，偏承霄汉渥恩浓。"沈东美《奉和苑舍人宿直晓玩新池寄南省友》："弹冠声实贵，覆被渥恩偏。"贯休《赠抱麻刘舍人》："三峰宵旰切，万里渥恩新。"《郊庙歌辞·晋朝享乐章·群臣酒行歌》之一："渥恩颁美禄，咸濩听和音。"

【渥彩】 浓重的光彩。李程《观庆云图》："渥彩看犹在，轻阴望已无。"

【渥赭】 犹"渥丹"。温庭筠《会昌丙寅丰岁歌》："风如吹烟，日如渥赭。"

【渥澤】 犹"渥恩"。耿沣《元日早朝》："渥泽千年圣，车书四海家。"元稹《奉和浙西大夫李德裕述梦四十韵次本韵》："渥泽深难报，危心过自操。"薛逢《送西川梁常侍之新筑龙山城并锡赉两州刺史及部落酋长等》："渥泽濡三部，衣冠化雨林。"曹松《送胡中丞使日东》："渥泽遐宣后，归期抵万金。"

湄 〔méi《广韵》目悲切，平脂，明。〕水边。寒山《诗三百三首》之一〇九："戏入烟霄里，宿归沙岸湄。"韦应物《送冯著受李广州署为录事》："送君灞陵岸，纠郡南海湄。"王播《淮南游故居感旧酬西川李尚书德裕》："昔年献赋去江湄，今日行春到却悲。"

滁 〔chú《广韵》直魚切，平魚，澄。〕❶水名。源出安徽肥东县东北，东流经全椒、滁州、来安，至江苏六合县入长江。贾岛《送饶州张使君》："滁上郡斋离昨日，鄱阳农事劝今秋。"方干有《滁上怀周贺》。❷州名。见"滁州"。李白有《送族弟凝之滁求婚崔氏》。韦应物有《重九登滁城楼忆前岁九日归沣上赴崔都水及诸弟宴集凄然怀旧》。顾况有《在滁苦雨归桃花崦伤亲友略尽》。窦常《晚次方山精舍却寄张荐员外》："犹衔步兵酒，宿醉在滁东。"

【滁州】 州名。唐置，今安徽滁州市。刘长卿有《酬滁州李十六使君见赠》。窦常有《奉使西还早发小涧馆寄卢滁州迈》。卢纶有《送从侄滁州觐省》。赵嘏有《送裴延翰下第归觐滁州》。

【滁城】 指滁州州治。韦应物《郡斋感秋寄诸弟》："首夏辞旧国，穷秋卧滁城。"又有《将往滁城恋新竹简崔部水示端》。

【滁陽】 即滁州。州处滁水之北，故称。李绅有《守滁阳深秋忆登郡城望琅琊》。

湧〔yǒng《广韵》餘隴切，上腫，以。〕❶水从洞穴口激射而出。耿湋《甘泉诗》："带星凝晓露，拂雾涌秋华。"杜牧《题茶山》："泉嫩黄金涌，牙香紫璧裁。"裴说《般若寺》："一水涌兽迹，五峰排风仪。"❷水激荡翻腾。李颀《放歌行答从弟墨卿》："兴来逸气如涛涌，千里长江归海时。"戴叔伦《题横山寺》："露涵松翠湿，风涌浪花浮。"刘禹锡《和浙西李大夫霜夜对月听小童吹觱篥歌依本韵》："海门双青暮烟歇，万顷金波涌明月。"花蕊夫人徐氏《宫词》之三四："天外明河翻玉浪，楼西凉月涌金盆。"

【湧出】　喷出，冒出。岑参《与高适薛据登慈恩寺浮图》："塔势如涌出，孤高耸天宫。"

【湧泉】　泉眼处喷涌而出的水流。包融有《和崔会稽咏王兵曹厅前涌泉势城中字》。陆希声《山居即事二首》之一："涌泉回洑鱼龙气，怪石惊腾鸟兽形。"

【湧泉寺】　佛寺名。故址在台州(今浙江台州市)。段怀然有《挽涌泉寺僧怀玉》。

十　画

滎〔xíng《广韵》户扃切，平青，匣。〕水名。李商隐《寄太原卢司空三十韵》："身应瘠于鲁，泪欲溢为荥。"

【滎水】　古水名。早湮。唐时实指汴渠。储光羲《荥阳马氏二子》："瞑过荥水上，闻说郑卿贤。"钱起《送马使君赴郑州》："膏雨带荥水，归人耕圃田。"欧阳詹《福州送郑楚材赴京时监察刘公亮有感激郑意》："美人河岳灵，家本荥水濆。"

【滎陽】　❶古郡名。王珪《咏汉高祖》："鸿门既薄蚀，荥阳亦蒙尘。"许浑《经故太尉段公庙》："纪生不向荥阳死，争有山河属汉家。"胡曾《咏史诗·荥阳》："汉祖东征屈未伸，荥阳失律纪生焚。"荥阳为郑氏郡望，故郑氏前常冠以"荥阳"，有时亦作郑氏代称。李群玉《登宜春醉宿景星寺寄郑判官兼简空上人》："皎皎荥阳子，芳春富才义。"贯休《送明觉大师兼寄郑山人》："凭师将老倒，一向说荥阳。"❷县名。今属河南省。王维有《早入荥阳界》。储光羲有《荥阳马氏二子》。刘禹锡《送李策秀才还湖南兼简衡州吕八郎中》："一挥出荥阳，惠彼嗤嗤氓。"白居易《宿荥阳》："生长在荥阳，少小辞乡曲。"

【滎陽公】　指郑余庆。元和十四年，官检校司空，兼太子少师，封荥阳郡公。见《旧唐书》本传。元稹有《献荥阳公诗五十韵》

【滎澤】　❶古泽名。故址在今河南荥阳东北。赵嘏《送友人郑州归觐》："风消荥泽冻，雨静圃田沙。"❷县名。王维《早入荥阳界》："泛舟入荥泽，兹邑乃雄藩。"

溱〔zhēn《广韵》侧詵切，平臻，莊。〕水名。见"溱洧"。

【溱洧】　溱水和洧水的合称。王绩《古意六首》之三："溱洧源流狭，春秋不濡轨。"储光羲《晚次东亭献郑州宋使君文》："徒念京索近，犹悲溱洧长。"韩愈《酬别留后侍郎》："归去雪销溱洧动，西来旌旆拂晴天。"白居易《宿荥阳》："独有溱洧水，无情依旧绿。"

【溱洧贈】　为咏芍药的典故。见《诗·郑风·溱洧》。柳宗元《戏题阶前芍药》："愿致溱洧赠，悠悠南国人。"

【溱流】　即溱水。刘禹锡《酬郑州权舍人见寄十二韵》："汝海崆峒秀，溱流芍药芳。"

溝〔gōu《广韵》古侯切，平侯，見。〕❶田间水道。韦应物《答重阳》："城郭连榛岭，鸟雀噪沟丛。"白居易《想东游五十韵》："鳞差渔户舍，绮错稻田沟。"李郢《山行》："自忆东吴榜舟日，蓼花沟水半篙强。"也指其他通水渠道。徐凝《云封庵》："隐见浙江涛，一尺东沟水。"周贺《再过王辂原居纳凉》："扇风调病叶，沟水隔残云。"张祜《鸿沟》："龙蛇百战争天下，各制雄心指此沟。"南唐后主李煜《病起题山舍壁》："炉开小火深回暖，沟引新流几曲声。"❷挖沟。丘光庭《补新宫》序："士芀城绛以深其宫，梁泊沟县公宫，居处之宫也。"

【溝中斷】　指丢弃于沟中的残剩断木。韩愈《题木居士二首》之二："为神讵比沟中断，遇赏还同爨下余。"

【溝水分流】　犹"溝水東西"。独孤及《将赴京答李纾赠别》："帝乡今独往，沟水便分流。"李商隐《代应二首》之一："沟水分流西复东，九秋霜月五更风。"也简称"沟水流"。李商隐《与同年李定言曲水闲话戏作》："海燕参差沟水流，同君身世属离忧。"

【溝水東西】　为离别故实。见《宋书》卷二一《乐志三》之《白头吟》。庾抱《别蔡参军》："人世多飘忽，沟水易东西。"陈子昂《春晦饯陶七于江南同用风字》："离帆方楚越，沟水复西东。"杨凝《送客归淮南》："非关御沟上，今日各东西。"温庭筠《夜宴谣》："清夜恩情四座同，莫令沟水东西别。"

【溝坑】　泛指积水之处。林宽《苦雨》："淫霖翳日月，穷巷变沟坑。"

【溝洫】　田间水道。储光羲《同王十三维偶然作十首》之九："浮云蔽川原，新流集沟洫。"杜甫《与任城许主簿游南池》："秋水通沟洫，城隅进小船。"元结《治风诗五篇·至劳》之一："济尔九土，山川沟洫。"也指农田水利。玄宗《春中兴庆宫酺宴》序："尽力沟洫，不知宫室之已卑；致敬鬼神，不知饮食之斯薄。”

【溝脈】 (—mài)纵横的水渠。韦应物《使云阳寄府曹》：“周旋涉涂潦，侧峭缘沟脉。”

【溝郭】 挖城河和建城墙。张说《岳州行郡竹篱》：“山郡不沟郭，荒居无翳壅。”

【溝渠】 人工挖掘的水道。皮日休《奉酬鲁望夏日四声四首·平上声》：“沟渠通疏荷，浦屿隐浅莜。”

【溝隍】 无水的城壕。泛指沟壑。温宪《题崇庆寺壁》：“十口沟隍待一身，半年千里绝音尘。”

【溝塍】 田沟和田埂。苏味道《始背洛城秋郊瞩目奉怀台中诸侍御》：“场圃通圭甸，沟塍碍石林。”卢纶《早春游樊川野居却寄李端校书耿沣拾遗》：“白水遍沟塍，青山对杜陵。”赵嘏《寒食新丰别友人》：“缭绕沟塍含绿晚，荒凉树石向川微。”陆龟蒙《奉和袭美太湖诗二十首·崦里》：“沟塍堕微溜，桑柘含疏烟。”泛指野外。子兰《长安伤春》：“年年赏玩公卿辈，今委沟塍骨渐枯。”

【溝壑】 ❶山谷。裴说《对雪》：“路岐平即易，沟壑满应难。”❷指因饥荒或战乱而野死抛尸之处。吕温《道州观野火》：“家有京坻咏，人无沟壑戚。”王建《留别舍弟》：“与尔俱长成，尚为沟壑忧。”❸指困厄之地。杜甫《暮秋枉裴道州手札率尔遣兴寄近呈苏涣侍郎》：“虚名但蒙寒温问，泛爱不救沟壑辱。”耿沣《岐阳客舍呈张明府》：“逸妻稚子应沟壑，归路茫茫东去遥。”

【溝谿】 抛尸薄葬之处。杜甫《无家别》：“永痛长病母，五年委沟溪。”

【溝瀆】 犹“沟洫”。柳宗元《掩役夫张进骸》：“畚锸载埋瘗，沟渎护其危。”

【溝隴】 犹“沟塍”。李贺《马诗二十三首》之一五：“一朝沟陇出，看取拂云飞。”

溘 〔kè《广韵》口答切，入合，溪。〕❶忽然死亡。孟浩然《伤岘山云表观主》：“岂意餐霞客，溘随朝露先。”❷依附。李贺《马诗二十三首》之一一：“午时盐坂上，蹭蹬溘风尘。”又《七月一日晓入太行山》：“一夕绕山秋，香露溘蒙菉。”

【溘死】 突然死去。柳宗元《哭连州凌员外司马》：“溘死委炎荒，臧获守灵帷。”白居易《读邓鲂诗》：“少年无疾患，溘死于路岐。”

【溘然】 ❶突然。义净《道希法师求法西域终于庵摩罗跋国聊题一绝》：“如何未尽传灯志，溘然于此遇途穷。”白居易《和微之诗二十三首·和晨兴因报问龟儿》：“不如溘然逝，安用半活为。”❷指突然死去。白居易《思旧》：“微之炼秋石，未老身溘然。”

【溘溘】 水声。李贺《塘上行》：“飞下雌鸳鸯，塘水声溘溘。”

漭 〔mǎng《广韵》模朗切，上蕩，明。又莫浪切，去宕，明。〕水势盛大貌。韩愈《宿曾江口示侄孙湘二首》之一：“云昏水奔流，天水漭相围。”

【漭沆】 水势盛大貌。韦元旦《兴庆池侍宴应制》：“沧池漭沆帝城边，殊胜昆明凿汉年。”也代指大水。韩愈《送灵师》：“湖游泛漭沆，溪宴驻潺湲。”

【漭漭】 水势盛大貌。崔国辅《石头滩作》：“离离树木少，漭漭湖波大。”王昌龄《九江口作》：“漭漭江势阔，雨开浔阳秋。”

【漭蕩】 水势盛大貌。李白《送王屋山人魏万还王屋》：“烟绵横九疑，漭荡见五湖。”

漠 〔mò《广韵》慕各切，入鐸，明。〕❶沙漠。王维《使至塞上》：“大漠孤烟直，长河落日圆。”岑参《与独孤渐道别长句兼呈严八侍御》：“穷荒绝漠鸟不飞，万碛千山梦犹懒。”刘言史《送婆罗门归本国》：“出漠独行人绝处，碛西天漏雨丝丝。”王贞白《拟塞外征行》：“青泥方绝漠，怀剑始辞燕。”❷迷蒙貌。见“漠然❶”。❸寂静貌。见“漠漠❶”。❹广阔貌。见“漠漠❷”。❺布列貌。见“漠漠❹”。❻茂盛貌。见“漠漠❺”。

【漠北】 指蒙古高原大沙漠以北地区。李颀《古塞下曲》：“蓟城通漠北，万里别吾乡。”王昌龄《箜篌引》：“疮病驱来配边州，仍披漠北羔羊裘。”杨巨源《冬夜陪丘侍御先辈听崔校书弹琴》：“楚妃波浪天南远，蔡女烟沙漠北深。”张仲素《塞下曲五首》之二：“传声漠北单于破，火照旌旗夜受降。”

【漠南】 指蒙古高原大沙漠以南地区。李峤《奉和幸望春宫送朔方总管张仁亶》：“方销塞北祲，还靖漠南尘。”郭震《王昭君三首》之二：“思从漠南猎，一见汉家尘。”李益《临滹沱见蕃使列名》：“漠南春色到滹沱，碧柳青青塞马多。”

【漠然】 模糊貌。刘禹锡《昏镜词》：“昏镜非美金，漠然丧其晶。”

【漠漠】 ❶寂静貌。白居易《邓州路中作》：“漠漠谁家园，秋韭花初白。”张祜《思归引》：“焦桐弹罢丝自绝，漠漠暗魂愁夜月。”齐己《残春连雨中偶作怀故人》：“漠漠门长掩，迟迟日又西。”❷广阔貌。宋之问《嵩山天门歌》：“前纵纵兮未半，下漠漠兮无垠。”杜甫《滟滪》：“江天漠漠鸟双去，风雨时时龙一吟。”刘禹锡《插田歌》：“水平苗漠漠，烟火生墟落。”贯休《甘雨应祈》：“东海浪滔滔，西江波漠漠。”❸迷蒙貌。杨凭《巴江雨夜》：“纷纷轻汉暮，漠漠暗江春。”裴澄《春云》：“漠漠复溶溶，乘春任所从。”项斯《苍梧云气》：“何年化作愁，漠漠便难收。”刘兼《咸阳怀古》：“南山漠漠云常在，渭水悠悠事旋空。”❹布列貌，密集貌。王勃《落花落》：“落花落，落花纷漠漠。”杜甫《玄都坛歌寄元逸人》:“屋前太古玄都坛,青石漠漠常风寒。”李益《竹溪》:“宁知修干下,漠漠秋苔洁。”李郢《春日题山家》:“漠漠蚕生纸,涓涓水弄苔。”❺茂盛貌,浓郁貌。权德舆《田家即事》:“漠漠稻花资旅食,青青荷叶制儒衣。”白居易《和万州杨使君四绝句·江边草》:“漠漠凄凄愁满眼,就中惆怅是江蓠。”周贺《送李亿东归》:“别路青青柳发,前溪漠漠花生。”贯休《田家作》:“田家老翁无可作,昼甑蒸梨香漠漠。”

滇 〔diān《广韵》都年切,平先,端。〕❶古国名。韩愈《和虞部卢四汀酬翰林钱七徽赤藤杖歌》:“滇王扫宫避使者,跪进再拜语温呷。”❷湖名。见“滇池”。

【滇池】 湖名。又名昆明湖、昆明池、滇南泽。在云南昆明市西南。骆宾王《从军中行路难二首》:“灞城隅,滇池水,天涯望转积,地际行无已。”储光羲《同诸公送李云南伐蛮》:“昆明滨滇池,蠢尔敢逆常。”韩愈《和虞部卢四汀酬翰林钱七徽赤藤杖歌》:“赤藤为杖世未窥,台郎始携自滇池。”

漣 〔lián《广韵》力延切,平仙,來。〕❶波纹,微波。李贺《溪凉晚》:“溪汀眠鹭梦征鸿,轻涟不语细游溶。”刘禹锡《和东川王相公新涨驿池八韵》:“苞藏成别岛,沿浊致清涟。”王叡《竹》:“成韵含风已萧瑟,媚涟凝渌更檀栾。”石殷士《日华川上动》:“早暄依曲渚,微动触轻涟。”❷泪流不止貌。李白《玉壶吟》:“三杯拂剑舞秋月,忽然高咏涕泗涟。”❸水名。见“漣水❶”。高适《涟上别王秀才》:“浩荡对长涟,君行殊未休。”

【漣水】 ❶涟漪。李峤《雀》:“暮宿江城里,朝游涟水傍。”❷县名。隋开皇间置,唐属泗州,今属江苏省。方干有《送朱二十赴涟水》。《全唐诗》卷八七五有《涟水古冢瓶文》。

【漣如】 亦作“漣洳”。泪流貌。骆宾王《伤祝阿王明府》序:“某昔承嘉惠,曲荷恩光,留连啸歌,从容风月,抚心陈迹,泣血涟如。”韦应物《张彭州前与缑氏冯少府各惠寄一篇兼简冯生》:“秋风吹寝门,长恸涕涟如。”孟郊《哀孟云卿嵩阳荒居》:“徘徊未能去,为尔涕涟如。”白居易《和微之诗二十三首·和晨兴因报问龟儿》:“因兹涟洳际,一吐心中悲。”

【漣洏】 泪流貌。陈子昂《感遇诗三十八首》之三二:“登山望不见,涕泣久涟洏。”胡皓《奉和圣制送张尚书巡边》:“尝醪企行迈,听乐罢涟洏。”韩愈《岣嵝山》:“道人独上偶见之,我来咨嗟涕涟洏。”白居易《和酬郑侍御东阳春闷放怀追越游见寄》:“生何是养嵇著论,途何足泣杨涟洏。”

【漣洳】 参见“漣如”。

【漣漪】 波纹,微波。虞世南《赋得临池竹应制》:“龙鳞漾嶰谷,凤翅拂涟漪。”高适《同敬八卢五泛河间清河》:“昔陟乃平原,今来忽涟漪。”李德裕《思平泉树石杂咏一十首·二猿》:“钓濑水涟漪,富春山合沓。”陆龟蒙《和袭美馆娃宫怀古五绝》:“一宫花渚漾涟漪,倭堕鸦鬟出茧眉。”

【漣漣】 泪流貌。杜甫《秋日夔府咏怀奉寄郑监李宾客一百韵》:“别离忧怛怛,伏腊涕涟涟。”孟郊《吊卢殷》之四:“孪卧岁时长,涟涟但幽噫。”孟简《咏欧阳行周事》:“长跪听未毕,惊伤涕涟涟。”皮日休《醉中先起李縠戏赠走笔奉酬》:“麝烟苒苒生银兔,蜡泪涟涟滴绣闺。”

溥¹ 〔pǔ《广韵》滂古切,上姥,滂。〕❶广大,大。权德舆《奉和圣制中春麟德殿会百寮观新乐》:“时泰恩泽溥,功成行缀新。”薛能《国学试风化下》:“南熏歌自溥,北极响皆通。”❷普遍。唐彦谦《咸通中始闻褚河南归葬阳翟因成二十韵》:“圣泽覃将溥,贞魂喜定飘。”

溥² 〔fū《集韵》芳無切,平虞,敷。〕通“敷”。遍施。陈元光《示珦》:“袪灾剿猛虎,溥德翊飞龙。”元结《补乐歌十首·云门》之二:“类我圣德兮,溥被无方。”

【溥天】 普天,遍天下。张说《唐享太庙乐章·大明舞》:“溥天来祭,高祖之功。”

【溥洽】 周遍。玄宗《端午三殿宴群臣探得神字》序:“恭俭之仪有序,慈惠之意溥洽。”

【溥將】 (—jiāng)广大。张说《唐享太庙乐章·肃和》:“天子享孝,工歌溥将。”

【溥暢】 周遍畅达。柳宗元《唐铙歌鼓吹曲十二篇·奔鲸沛》:“赫炎溥畅,融大钧。”

溧 〔lì《广韵》力質切,入質,來。〕古水名。见“溧水❶”。

【溧水】 ❶水名。在今江苏溧阳。李白《游溧阳北湖亭望瓦屋山怀古赠同旅》:“闻有贞义女,振穷溧水湾。”又《自溧水道哭王炎三首》之一:“溧水通吴关,逝川去未央。”❷县名。今属江苏。韦应物有《送唐明府赴溧水》。杜荀鹤有《赠溧水崔少府》。韩熙载有《溧水无相寺赠僧》。

【溧陽】 县名。秦置,以处溧水之北得名。李白有《戏赠郑溧阳》《登黄山凌歊台送族弟溧阳尉济充泛舟赴华阴》。孟郊有《溧阳唐兴寺观蔷薇花同诸公饯陈明府》。许坚有《游溧阳下山寺》。

溽 〔rù《广韵》而蜀切,入燭,日。〕❶湿润。见“溽暑”。❷通“缛”。见“溽彩”。

【溽彩】 丰富的色彩。柳宗元《巽公院五咏·芙蓉亭》："清香晨风远，溽彩寒露浓。"

【溽暑】 湿热的盛夏。柳宗元《夏昼偶作》："南州溽暑醉如酒，隐几熟眠开北牖。"雍裕之《早蝉》："一声清溽暑，几处促流年。"李德裕《述梦诗四十韵》序："去年七月，溽暑之后，骊降，其夕五鼓未尽，凉风凄然，始觉枕簟微冷。"詹敦仁《柳堤诗》序："开卷自得，悠然而乐，虽盛夏溽暑，白扇可置。"也指闷热的湿气。皇甫冉《同裴少府安居寺对雨》："溽暑销珍簟，浮凉入绮疏。"柳宗元《茅檐下始栽竹》："瘴茅葺为宇，溽暑常侵肌。"唐彦谦《秋霁夜吟寄友人》："槐柳萧疏溽暑收，金商频伏火西流。"

【溽潤】 潮湿。徐浩《宝林寺作》："禅堂清溽润，高阁无恢炱。"

滅 〔miè《广韵》亡列切，入薛，明。〕❶熄灭。玄宗《温汤对雪》："未见温泉冰，宁知火井灭。"权德舆《玉台体十二首》之八："空闺灭烛后，罗幌独眠时。"白居易《禁中夜作书与元九》："五声宫漏初鸣夜，一点窗灯欲灭时。"杜荀鹤《夏日题悟空上人院》："安禅不必须山水，灭得心中火自凉。"❷除去，使消亡。太宗《经破薛举战地》："一挥氛沴静，再举鲸鲵灭。"杜甫《铁堂峡》："生涯抵弧矢，盗贼殊未灭。"牟融《谢惠剑》："犬戎从此灭，巢穴不时平。"杜牧《题商山四皓庙一绝》："南军不袒左边袖，四老安刘是灭刘。"❸淹没，湮没。韦应物《同李二过亡友郑子故第》："客车名未灭，没世恨应长。"见"滅頂"。❹消失，隐没。张说《过汉南城叹古坟》："松柏剪无余，碑记灭罔传。"窦巩《登玉钩亭奉献淮南李相公》："朱槛入云看鸟灭，绿杨如荠绕江流。"纪元皋《鱼上冰》："春生寒气灭，稍动伏泉鱼。"温庭筠《三洲词》："门前有路轻别离，唯恐归来旧香灭。"❺佛教语。"涅槃"的意译。见"滅度"。王昌龄《观江淮名胜图》："沙门既云灭，独往岂殊调。"也谓死亡。白居易《赠王山人》："不如学无生，无生即无灭。"徐夤《骄侈》："石家恃富身还灭，颜子非贫道不遭。"

【滅亡】 ❶消失，死亡。寒山《诗三百三首》之二七三："金台既摧折，沙丘遂灭亡。"姚合《从军行》："又无远筹略，坐使虏灭亡。"同谷子《五子之歌》之二："静思今古为君者，未或因兹不灭亡。"❷使其消失、死亡。王绩《赠梁公》："功成皆能退，在昔谁灭亡。"元稹《乐府古题·人道短》："仲尼留得孝顺语，千年万岁父子不敢相灭亡。"

【滅名】 除名。柳宗元《哭连州凌员外司马》："灭名竟不试，世义安可支。"

【滅身】 丧生。太宗《赋尚书》："灭身资累恶，成名由积善。"

【滅没】 （—mò）❶《列子·说符》："天下之马者，若灭若没，若亡若失。"后以"灭没"形容马疾。李白《天马歌》："嘶青云，振绿发，兰筋权奇走灭没。"顾况《梁司马画马歌》："画精神，画筋骨，一团旋风瞥灭没。"刘禹锡《学阮公体三首》之二："灭没驰绝塞，振迅拂华林。"郑嵎《津阳门诗》："雕弓绣韣不知数，翻身灭没皆蛾眉。"❷湮没，隐没。白居易《读张籍古乐府》："恐君百岁后，灭没人不闻。"陆龟蒙《水鸟》："孤翘侧睨瞥灭没，未是即肯驯檐楹。"徐铉《步虚词五首》之五："火铃空灭没，星斗晓阑干。"

【滅度】 佛教语。即"涅槃"的意译，意为灭烦恼、度苦海。也指僧侣死亡。崔颢《赠怀一上人》："但有灭度理，而生开济恩。"

【滅除】 消除。李白《与元丹丘方城寺谈玄作》："灭除昏疑尽，领略入精要。"白居易《咏怀》："面上灭除忧喜色，胸中消尽是非心。"又《郡斋暇日忆庐山草堂多叙贬官已来出处之意》："灭除残梦想，换尽旧心肠。"

【滅缺】 消失和残缺。元稹《有酒十章》之二："胡不日车杲杲昼夜行，胡为月轮灭缺星䵹盯。"

【滅息】 灭亡。段文昌《享太庙乐章》："生物咸遂，群盗灭息。"

【滅頂】 水漫过头顶，形容水大。陆龟蒙《奉酬袭美苦雨见寄》："愁霖愁霖尔何错，灭顶于余奚所作？"

【滅裂】 胡乱，草率。骆宾王《幽絷书情通简知己》："生涯一灭裂，岐路几裴徊。"蒋防《秋稼如云》："始惬仓箱望，终无灭裂忧。"贾岛《送令狐绹相公》："揠苗方灭裂，成器待陶钧。"

【滅景】 （—yǐng）隐蔽形迹。谓隐居。景，同"影"。羊士谔《郡斋读经》："解空囊不智，灭景谷何愚。"

【滅跡】 隐藏踪迹。谓隐居。杜甫《桃竹杖引赠章留后》："使我不得尔之扶持，灭迹于君山湖上之青峰。"钱起《宴郁林观张道士房》："灭迹人间世，忘归象外情。"白居易《养拙》："甘心谢名利，灭迹归丘园。"杨衡《游峡山寺》："会从香火缘，灭迹此山丘。"

【滅虢吞虞】 鲁僖公五年，晋献公假道虞国灭虢，返回又灭虞。为春秋大国兼并小国的著名例子。周昙《咏史诗·春秋战国门·文公》："灭虢吞虞未息兵，柔秦败楚霸威成。"

源 〔yuán《广韵》愚袁切，平元，疑。〕❶水流始发处。寒山《诗三百三首》之四〇："寻究无源水，源穷水不穷。"韩愈《花源》："源上花初发，公应日日来。"朱庆余《送唐中丞开淘西湖夏日游泛因书示郡人》："共知浸润同雷泽，何虑川源有旱苗。"张蠙《野泉》："温泉非尔数，源发在深空。"❷来源，根源。李华《杂诗二首》之二："圣人端其源，上下皆有则。"耿沣《陪宴湖州公堂》："文府重门奥，儒源积浪深。"李涉《怀古》："至今百王则，孰不挹其源？"刘驾《赠先达》："待君当要路，一指王化源。"❸寻求来源。孟郊《戏赠无本》之二："天高亦可飞，海广亦可源。"❹特指桃花源。独孤及《伤春怀归》："源桃不余欺，先发秦人家。"❺姓。唐诗人有源乾曜等。

【源中丞】 ❶指源寂。源乾曜之孙。事迹见《旧唐书·新罗传》。刘禹锡有《送源中丞充新罗册立使》。姚合有《送源中丞赴新罗》。❷指源休。休曾官御史中丞。事迹见《旧唐书》本传。刘长卿有《自夏口至鹦鹉洲望岳阳寄源中丞》。

【源光裕】 唐诗人。宰相源乾曜从孙。累迁中书舍人，历刑部、户部侍郎，迁尚书左丞。开元十三年为郑州刺史。《全唐诗》卷一〇七录其《祭汾阴乐章》一首。

【源休】 桐州临漳人。事迹见《旧唐书》本传。元结《寄源休》序："辛丑中，元结与族弟源休皆为尚书郎，在荆南府幕。"

【源花】 指桃源。杜甫《风疾舟中伏枕书怀三十六韵奉呈湖南亲友》："春草封归恨，源花费独寻。"

【源委】 起源和结果，本末。元稹《和李校书新题乐府十二首·骠国乐》："教化从来有源委，必将泳海先泳河。"

【源使君】 疑为源寂。张籍有《送汀州源使君》。

【源津】 犹"源流"。杜甫《敬寄族弟唐十八使君》："圣贤冠史籍，枝派罗源津。"

【源流】 ❶水的源头和支流。薛逢《嘉陵江》："但教清浅源流在，天路朝宗会有期。"方愚《读孝经》："星彩满天朝北极，源流是处赴东溟。"❷根源；学问的来源。杜荀鹤《投从叔补阙》："其来虽愧源流浅，所得须怜雅颂同。"❸亲属，世系。罗隐《送卢端公归台卢校书之夏县》："地推八米源流盛，才笑三张事业贫。"

【源乾曜】 唐诗人。湘州临漳（今属河北）人。《全唐诗》卷一〇七录其《奉和圣制送张说上集贤学士赐宴赋得迎字》等诗四首。

【源鄉】 指桃源。郑谷《倦客》："闲烹芦笋炊菰米，会向源乡作醉翁。"

【源頭】 水发源处。罗虬《比红儿诗》之二〇："戏水源头指旧踪，当时一笑也难逢。"

溼 〔shī《广韵》失入切，入缉，書。〕❶潮湿。张子容《永嘉即事寄赣县袁少府瓘》："题书报贾谊，此湿似长沙。"权德舆《戏和三韵》："君今复劳歌，鹤发吹湿薪。"白居易《和韩侍郎苦雨》："叶湿蚕应病，泥稀燕亦愁。"温庭筠《感旧陈情五十韵献淮南李仆射》："照日青油湿，迎风锦帐鲜。"❷沾湿。太宗《咏雨》："雁湿无行次，花沾色更鲜。"杨巨源《大堤曲》："细雨濛濛湿芰荷，巴东商侣挂帆多。"顾非熊《子夜夏秋二曲》之一："君筵呈妙舞，香汗湿鲛绡。"高骈《塞上寄家兄》："棣萼分张信使希，几多乡泪湿征衣。"❸佛教语。"四生"之一。谓从湿中生出的动物，如蛆虫等。白居易《和微之诗二十三首·和晨霞》："胎卵湿化类，蠢蠢难具陈。"

【溼光】 指寒光。方干《山井》："滟滟湿光凌竹树，寥寥清气袭衣襟。"

【溼風】 潮湿的风。独孤及《奉和李大夫同吕评事太行苦热行兼寄院中诸公》："已忘羊肠险，岂惮湿风热。"

【溼氣】 潮湿的空气。皮日休《吴中苦雨因书一百韵寄鲁望》："勃勃生湿气，人人牢于锔。"方干《雪中寄殷道士》："园林入夜寒光动，窗户凌晨湿气生。"

【溼雲】 乌云。刘湾《对雨愁闷寄钱大郎中》："九陌成泥海，千山尽湿云。"朱庆余《早发庐江途中遇雪寄李侍御》："芦苇声多雁满陂，湿云连野见山稀。"崔橹《华清宫三首》之三："红叶下山寒寂寂，湿云如梦雨如尘。"孙鲂《柳》之六："九衢春霁湿云凝，着地毵毵碍马行。"

【溼煙】 因气压低而不易飘散的烟雾。陆贽《赋得御园芳草》："湿烟摇不散，细影乱无行。"白居易《五凤楼晚望》："晴阳晚照湿烟销，五凤楼高天沉寥。"姚合《酬任畴协律夏中苦雨见寄》："湿烟凝灶额，荒草覆墙头。"韦庄《渔塘十六韵》："晚风轻浪叠，暮雨湿烟凝。"

【溼银】 形容寒光。李商隐《河阳诗》："湿银注镜井口平，鸾钗映月寒铮铮。"

【溼融融】 潮湿温暖貌。薛能《题彭祖楼》："新晴天状湿融融，徐国滩声上下洪。"

滉 〔huàng《广韵》胡廣切，上蕩，匣。〕❶水深广貌。见"滉瀁❶"。❷摇动，摇晃。元稹《代郡斋神答乐天》："夜怜星月多离烛，日滉波涛一下帷。"王周《和程刑部三首·清涟阁》："照影翻窗绮，层纹滉额波。"

【滉漭】 渺茫；不确定。卢仝《月蚀诗》："吾不遇二帝，滉漭不可知。"

【滉蕩】 空旷貌。韩愈《南内朝贺归呈同官》："滉荡天门高，著籍朝厥妻。"

【滉漾】 ❶广阔无涯貌。薛据《西陵口观海》："地形失端倪，天色潸滉漾。"❷荡漾，晃动。万齐融《三日绿潭篇》："春潭滉漾接隋宫，宫阙连延潭水东。"裴迪《辋川集二十首·临湖亭》："当轩弥滉漾，孤月正裴回。"李绅《涉沅潇》："举杯沥酒招尔魂，月影滉漾开乾坤。"

【涀瀁】 同"涀漾"。❶深广貌。卢照邻《奉使益州至长安发钟阳驿》:"葳蕤晓树滋,涀漭春江涨。"柳宗元《法华寺石门精舍三十韵》:"堑峭出蒙笼,墟险临涀漭。"刘禹锡《客有为余话登天坛遇雨之状因以赋之》:"涀漭雪海翻,槎牙玉山碎。"也指大水。张祜《苦雨二十韵》:"远愁超涀漭,高羡陟崔嵬。"朱休《春水绿波》:"涀漭滋兰杜,沦涟长芰荷。"❷闪动、摇动貌。白居易《新乐府·昆明春》:"影浸南山青涀漭,波沈西日红奫沦。"又《谓村退居寄礼部崔侍郎翰林钱舍人诗一百韵》:"涀漭经鱼藻,深沈近浴堂。"康翊仁《鲛人潜织》:"幽闲云碧牖,涀漭水精帘。"

湨 〔yún《广韵》王分切,平文,云。〕水名。李涉《题善光寺》:"早到可中湨南寺,免得翻经住几年。"

【湨口】 湨水入汉水之处,在今湖北境。刘长卿《使次安陆寄友人》:"暮雨不知湨口处,春风只到穆陵西。"

【湨川】 即湨水。李涉《经湨川馆寄使府群公》:"湨川水竹十家余,渔艇蓬门对岸居。"张祜有《湨川寺路》。

【湨水】 水名。源于湖北随州西南大洪山,流入汉水。刘长卿《闻虞沔州有替将归上都登汉东城寄赠》:"淮南摇落客心悲,湨水悠悠怨别离。"

溷 〔hùn《广韵》胡困切,去慁,匣。〕❶混乱。见"溷殽"。❷混浊。见"溷濁"。❸厕所。皇甫湜《出世篇》:"下顾人间,溷粪蝇蛆。"

【溷殽】 混淆,搅乱,杂乱。陆龟蒙《奉和袭美新秋言怀三十韵次韵》:"出处虽冥默,薰莸肯溷殽。"皮日休《新秋言怀寄鲁望三十韵》:"涧鹿从来去,烟萝任溷殽。"

【溷溷】 浑浊貌。《踏歌》(卷八六五):"河水流溷溷,山头种荞麦。"

【溷鼠】 厕所里的老鼠。语出《史记·李斯列传》。元稹《酬翰林白学士代书一百韵》:"溷鼠虚求洁,笼禽方讶饥。"薛逢《惊秋》:"长笑李斯称溷鼠,每多庄叟喻牺牛。"李咸用《物情》:"李斯溷鼠心应动,庄叟泥龟意已坚。"

【溷濁】 污浊。柳宗元《游南亭夜还叙志七十韵》:"处贱无溷浊,固穷匪淫慆。"

滍 〔zhì《广韵》直几切,上旨,澄。〕水名。见"滍川"。

【滍川】 即滍水。古称泜水,今名沙河。在今河南。萧颖士《重阳日陪元鲁山德秀登北城瞩对新霁因以赠别》:"绵连滍川回,杳渺鸦路深。"

滌 〔dí《广韵》徒歷切,入錫,定。〕❶清洗,洗刷。于邵《释奠武成王乐章·迎俎酌献》:"梡橛循,罍斝涤。"司空曙《过终南柳处士》:"两涤莓苔绿,风摇松桂香。"周贺《投江州张郎中》:"驿径曾冲雪,方泉省涤尘。"曹松《赠衡山麋明府》:"涤砚松香起,擎茶岳影来。"❷清除,扫荡。杜审言《和李大夫嗣真奉使存抚河东》:"雨沛鸿私涤,风行睿旨宣。"刘言史《与孟郊洛北野泉上煎茶》:"湘翁泛轻花,涤尽昏渴神。"崔珏《水晶枕》:"蕲簟蜀琴相对好,裁诗乞与涤烦襟。"

【滌耳】 洗耳,形容恭听。储光羲《贻阎处士防卜居终南》:"涤耳贵清言,披欢迟玉趾。"

【滌汰】 洗濯。《郊庙歌辞·明皇祀圆丘乐章·雍和》:"禋尊晋烛,纯牺涤汰。"

【滌武】 韦涤与韦武。韦涤,检校工部员外郎,兼泾阳县令;韦武,检校礼部员外郎,兼昭应县令。见陆贽《忧恤畿内百姓并除十县令诏》(《全唐文》卷六四三)。韦应物有《沣上醉题寄涤武》。

【滌除】 清除。杜甫《别张十三建封》:"汾晋为丰沛,暴隋竟涤除。"又《北风》:"涤除贪破浪,愁绝付摧枯。"

【滌瑕蕩垢】 谓清除坏人。韩愈《八月十五夜赠张功曹》:"迁者追回流者还,涤瑕荡垢清朝班。"

【滌煩】 清除烦闷。卢鸿一《嵩山十志十首·涤烦矶》序:"澡性涤烦,迥有幽致。"武元衡《秋日台中寄怀简诸僚》:"涤烦滞幽赏,永度瑶华音。"施肩吾《句》:"茶为涤烦子,酒为忘忧君。"

【滌蕩】 清除。李白《友人会宿》:"涤荡千古愁,留连百壶饮。"皮日休《二游诗·徐诗》:"剪除幽僻薮,涤荡玄微窟。"孙元晏《咏史诗·梁·分宫女》:"涤荡齐宫法令新,分张宫女二千人。"

【滌器】 洗涮器皿。杜甫《醉时歌》:"相如逸才亲涤器,子云识字终投阁。"

【滌盪】 犹"涤荡"。杜甫《八哀诗·故著作郎贬台州司户荥阳郑公虔》:"反复归圣朝,点染无涤荡。"

【滌濯】 洗刷,清除。韩休《祭汾阴乐章》:"涤濯静嘉,馨香在兹。"韩愈《元和圣德诗》:"涤濯划磢,磨来瑕垢。"李商隐《今月二日四十韵诗献上亦诗人咏叹不足之义也》:"涤濯临清济,巉岩倚碧嵩。"

準 〔zhǔn《广韵》之尹切,上準,章。〕❶标准,规律。储光羲《贻丁主簿仙芝别》:"人谋因无准,天德谅难知。"李白《答裴侍御先行至石头驿以书见招期月满泛洞庭》:"风水无定准,湍波或滞留。"张建封《竞渡歌》:"使君出时皆有准,马前已被红旗引。"❷测定。李白《北山独酌寄韦六》:"屏高而在云,窦深莫能准。"❸依照。无名氏《放榜诗》(卷八七二）："薛庶准前骑瘦马，范鄚依旧盖番毡。"❹抵押，典当。韩愈《赠崔主之评事》："墙根菊花好沽酒，钱帛纵空衣可准。"❺见"凖的"。❻据以核定乐律（音高）的乐器名。元稹《乐府古题》序："在音声者，因声以度词，审调以节唱，句度短长之数声韵平上之差，莫不由之准度。"

【凖擬】 ❶准定，一定。牟融《陈使君山庄》："秋成准拟重来此，沈醉何妨一榻眠。"❷盼望，料想。杜甫《十二月一日三首》之三："春来准拟开怀久，老去亲知见面稀。"王建《江南三台词四首》之四："准拟百年千岁，能得几许多时。"白居易《种柳三咏》之二："准拟三年后，青丝拂绿波。"刘得仁《悲老宫人》："曾缘玉貌君王宠，准拟人看似旧时。"❸准备，打算。拾得《诗》之五一："吞并田地宅，准拟承后嗣。"储光羲《同王十三维偶然作十首》之八："冽冽玄冬暮，衣裳无准拟。"元稹《乐府古题·董逃行》："何况曲针不能伸巧指，欲学裁缝须准拟。"白居易《送春归》："冗员无替五年罢，应须准拟再送浔阳春。"

【凖繩】 喻言行的表率。绳，丈量的工具。元希声《赠皇甫侍御赴都八首》之五："准绳有望，名器无假。"吕温《奉和李相公早朝于中书候传点偶书所怀奉呈门下武相公中书郑相公》："准绳临百度，领袖映千官。"

【凖平】 均衡。李白《送杨少府赴选》："大国置衡镜，准平天地心。"

【凖的】 （—dì）箭靶。杜甫《郑典设自施州归》："我有平肩舆，前途犹准的。"

【凖則】 标准和原则。梁宝《与赵神德互嘲》："天上既无云，闪电何以无准则。"

浉

〔shī《集韵》霜夷切，平脂，生。〕水名。见"浉水"。

【浉水】 水名。源于桐柏山，流入淮水。刘长卿《奉使至申州伤经陷没》："独怜浉水上，时乱亦能清。"又有《使还至菱陂驿渡浉水作》。

滤

〔sī《广韵》息移切，平支，心。〕水名。见"滤水"。

【滤水】 水名。在今河北邢台境。王镕《哭赵州和尚二首》之一："师离滤水动王侯，心印光潜麈尾收。"

溵

〔yīn《广韵》於斤切，平欣，影。〕同"濦""㶏"。水名。在河南境。柳宗元《奉平淮夷雅表·皇武》之一："皇耆其武，于溵于淮。"

滏

〔fǔ《广韵》扶雨切，上麌，奉。〕见"滏口"。

【滏口】 隘口名。为"太行八陉"之第四陉，在今河北磁县石鼓山，滏水发源于此。地势险要，历来为兵家必争之地。杜甫《秋日荆南送石首薛明府辞满告别奉寄薛尚书颂德叙怀斐然之作三十韵》："滏口师仍会，函关愤已抒。"

【滏陽】 县名。北周置。以在滏水之北得名。治所即今河北磁县城。岑参有《送郑少府赴滏阳》。

滔

〔tāo《广韵》土刀切，平豪，透。〕❶大水弥漫。见"滔天"。❷不绝貌。王勃《倬彼我系》之八："今我不养，岁月其滔。"

【滔天】 ❶弥漫至天。极言水势之大。王维《送秘书晁监还日本国》序："历岁方达，继旧好于行人；滔天无涯，贡方物于天子。"杜甫《天边行》："洪涛滔天风拔木，前飞秃鹙后鸿鹄。"李咸用《待旦》："蔽日群山雾，滔天四海波。"❷比喻罪恶、声势极大。李白《赠从孙义兴宰铭》："元恶昔滔天，疲人散幽草。"又《万愤词投魏郎中》："蓊胡沙而四塞，始滔天于燕齐。"

【滔滔】 ❶大水奔涌貌。张九龄《秋晚登楼望南江入始兴郡路》："滔滔不自辨，役役且何成。"顾况《拟古三首》之二："滔滔川之逝，日没月光辉。"元稹《奉和浙西大夫李德裕述梦四十韵次本韵》："量材分用处，终不学滔滔。"李节《赠释疏言还道林寺诗》之二："湘水滔滔兮四望何依，猿狖腾拏兮云树飞飞。"❷形容连续不断。杜甫《赴青城县出成都寄陶王二少尹》："文章差底病，回首兴滔滔。"刘长卿《客舍赠别韦九建赴任河南就便觐省》："春风亦未已，旅思空滔滔。"柳宗元《寄韦珩》："愿言未果身益老，起望东北心滔滔。"❸盛大，普遍。杜甫《惜别行送刘仆射判官》："刘侯奉使光推择，滔滔才略沧溟窄。"元稹《感梦》："我云滔滔众，好直者皆是。"杜牧《送沈处士赴苏州李中丞招以诗赠行》："予曰陇西公，滔滔大君子。"李咸用《春日》："滔滔天下者，何处问通津。"❹炎热貌。刘孝孙《游清都观寻沈道士得仙字》："滔滔清夏景，嘒嘒早秋蝉。"则天皇后《唐明堂乐章·徵音》："赫赫离精御炎陆，滔滔炽景开隆暑。"

【滔滔不竭】 比喻像大河一样长流不竭。《郊庙歌辞·汉宗庙舞辞·积善舞》："滔滔不竭，洪惟水行。"

溪

〔xī《广韵》若奚切，平齊，溪。〕❶山涧流水。太宗《赋得白日半西山》："岑霞渐渐落，溪阴寸寸生。"孟浩然《耶溪泛舟》："落景余清辉，轻桡弄溪渚。"孟郊《奉报翰林张舍人见遗之诗》："江调乐之远，溪谣生徒新。"皮日休《寒日书斋即事三首》

之三："暂听松风生意足，偶看溪月世情疏。"❷州名。见"溪州"。李宏皋《铜柱辞》："溪人畏威思纳质，弃污归明求立誓。"

【溪山】 流水和高山。刘禹锡《吏隐亭述》："溪山风物，城池为伍。"杜牧《睦州四韵》："州在钓台边，溪山实可怜。"杜荀鹤《寄李隐居》："溪山不必将钱买，赢得来来去去看。"孟贯《宿山寺》："溪山尽日行，方听远钟声。"

【溪水】 山涧之水。戴叔伦《雨》："啼鸟云山静，落花溪水香。"李郢《邵博士溪亭》："野茶无限春风叶，溪水千重返照波。"王周《巫山庙》："庙前溪水流潺潺，庙中修竹声珊珊。"

【溪户】 临溪的房屋。赵嘏《宛陵寓居上沈大夫二首》之一："人情已觉春长在，溪户仍将水共闲。"又《寻僧二首》之二："溪户无人谷鸟飞，石桥横木挂禅衣。"

【溪州】 州名。罗隐有《送溪州使君》。

【溪谷】 有水的山谷。贯休《别杜将军》："遽逢天步艰难日，深藏溪谷空长叹。"

【溪泉】 溪水。马戴《过野叟居》："呼儿采山药，放犊饮溪泉。"温庭筠《清旦题采药翁草堂》："解藤开涧户，踏石过溪泉。"又《过潼关》："片时无事溪泉好，尽日凝眸岳色秋。"

【溪亭】 临溪的亭子。张祜《题上饶亭》："溪亭拂一琴，促轸坐披衿。"成彦雄《暮春日宴溪亭》："寒食寻芳游不足，溪亭还醉绿杨烟。"

【溪流】 山涧小股水流。卢象《家叔征君东溪草堂二首》之二："云气转幽寂，溪流无是非。"徐凝《玩花五首》之二："曲尘溪上素红枝，影在溪流半落时。"李频《宋少府东溪泛舟》："落日乘醉归，溪流复几许。"

【溪紵】 指西施故里的苎萝山浣纱溪。韩偓《无题》："溪纻殊倾越，楼箫岂羡秦。"

【溪路】 溪边之路。张九龄《赴使泷峡》："溪路日幽深，寒空入两嵚。"柳宗元《入黄溪闻猿》："溪路千里曲，哀猿何处鸣。"司空图《赠步寄李员外》："危桥转溪路，经雨石丛荒。"

【溪溜】 （—liù）由瀑布汇成的溪流。李端《酬前驾部员外郎苗发》："涵苔溪溜浅，摇浪竹桥悬。"

【溪輪】 水碓的受水冲动的巨轮。许浑《题灞西骆隐居》："扫花眠石榻，捣药转溪轮。"

【溪澗】 山涧小溪。宣宗、黄檗禅师《瀑布联句》："溪涧岂能留得住，终归大海作波涛。"

【溪頭】 溪边。储光羲《蓝上茅茨期王维补阙》："酒熟思才子，溪头望玉珂。"李端《送客东归》："行人相见便东西，日暮溪头饮马别。"赵嘏《宿灵岩寺》："明月溪头寺，虫声满橘洲。"李群玉《寄友二首》之一："无因一向溪头醉，处处寒梅映酒旗。"

【溪潭】 溪流积水处。应物《龙潭》："暂收雷电九峰下，且饮溪潭一水间。"贾岛《黄子陂上韩吏部》："溪潭承到数，位秩见辞频。"贯休《避寇入银山》："傍山为店戌，永日绕溪潭。"

【溪聲】 溪流的响声。陈润《宿北乐馆》："庭木萧萧落叶时，溪声雨声听不辨。"孟贯《过秦岭》："苍苔留虎迹，碧树障溪声。"

【溪壑】 溪谷。杜甫《乾元中寓居同谷县所歌七首》之六："呜呼六歌兮歌思迟，溪壑为我回春姿。"刘得仁《和郑校书夏日游郑泉》："几脉成溪壑，何人测浅深。"

【溪灣】 溪流弯曲处。李贺《昌谷诗》："溪湾转水带，芭蕉倾蜀纸。"许浑《溪亭二首》之一："溪亭四面山，横柳半溪湾。"

滄 〔cāng《广韵》七冈切，平唐，清。又初亮切，去漾，初。〕❶沧海的略称。见"滄津""滄瀛"。❷青绿色。见"滄流"。❸灰白色。见"滄浪"。

【滄江】 ❶青苍的江流。王维《送康太守》："城下沧江水，江边黄鹤楼。"刘长卿《送李校书赴东浙幕府》："淼淼沧江外，青青春草生。"朱庆余《送浙东周判官》："久闻从事沧江外，谁谓无官已白头。"黄滔《寄友人山居》："断峤沧江上，相思恨阻寻。"❷借指隐居之地。杜甫《秋兴八首》之五："一卧沧江惊岁晚，几回青琐点朝班。"姚合《赠任士曹》："何计同归去，沧江有弊庐。"项斯《寄富春孙路处士》："上国一归去，沧江闲至今。"齐己《寄李洞秀才》："野水翻红藕，沧江老白禽。"

【滄州】 ❶州名。北魏熙平二年置。唐时治所在今河北沧州。李峤有《送崔主簿赴沧州》。周贺《寄韩司兵》："多病十年无旧识，沧州乱后只逢君。"贾岛《寄沧州李尚书》。无可《送吕郎中赴沧州》："出守沧州去，西风送旆旌。"❷犹沧洲。多借指隐居之地。王维《秋夜独坐怀内弟崔兴宗》："吾生将白首，岁宴思沧州。"刘长卿《送郑说之歙州谒薛侍郎》："老得沧州趣，春伤白首情。"杨巨源《怀德抒情寄上信州座主》："沧州值康乐，明月向元规。"殷尧藩《江行二首》之一："暝色沧州迥，秋声玉峡长。"

【滄池】 汉未央宫内池名。后泛指皇宫苑池。杨师道《初秋夜坐应诏》："沧池流稍洁，仙掌露方汚。"韦元旦《兴庆池侍宴应制》："沧池漭沆帝城边，殊胜昆明凿汉年。"苏颋《奉和圣制春台望应制》："三月沧池摇积水，万年青树缀新花。"

【滄波】 碧波。李百药《和许侍郎游昆明池》："神池望不极，沧波接远天。"卢纶《泊杨子江岸》："清镜催双鬓，沧波寄一身。"杨衡《夷陵郡内叙别》："皎月托言誓,沧波信浮沈。”韦庄《江上逢故人》:“来时旧里人谁在,别后沧波路几迷。”

【滄洲】 ❶水边之地。多借指隐居处。孟浩然《与黄侍御北津泛舟》:“闻君荐草泽,从此泛沧洲。”独孤及《登卯岁赴南丰道中闻京师失守寄权士繇韩幼深》:“但令迍难康,不负沧洲期。”刘禹锡《历阳书事七十韵》:“沙浦王浑镇,沧洲谢朓城。”李频《书怀》:“华发初生女,沧洲未有家。”❷“沧州”之讹。张籍《寄孙冲主簿》:“低折沧洲簿,无书整两春。”

【滄津】 指秦始皇欲在东海造的跨海桥梁。李白《古风》之四八:“逐日巡海右,驱石驾沧津。”

【滄茫】 犹苍茫。旷远貌。方干《题松江驿》:“帆势落斜依浦溆,钟声断续在沧茫。”

【滄島】 即沧海岛。参见“沧海❸”。李白《天台晓望》:“门标赤城霞,楼栖沧岛月。”

【滄海】 ❶大海。崔融《哭蒋詹事俨》:“雅量沧海纳,完才庙廊施。”崔峒《送侯山人赴会稽》:“且归沧海住,犹向白云看。”徐凝《寄海峤丈人》:“万丈只愁沧海浅,一身谁测岁华遥。”黄滔《故山》:“水从井底通沧海,山在窗中倚远天。”❷东海的别名。杜甫《橘柏渡》:“高通荆门路,阔会沧海潮。”白居易《江楼望归》:“悠悠沧海畔,十载避黄巾。”鲍溶《淮南卧病闻李相夷简移军山阳因抒长句》:“鲁连未必蹈沧海,应见麒麟新画图。”张祜《酬答柳宗言秀才见赠》:“任子偶垂沧海钓,戴逵虚认少微星。”❸神话中的海岛名。李白《怀仙歌》:“一鹤东飞过沧海,放心散漫知何在。”

【滄海人】 指浪迹四方的人。戴叔伦《江上别张欢》:“今日扁舟别,俱为沧海人。”李频《送友人下第归宛陵》:“共泣东风别,同为沧海人。”

【滄海成塵】 海枯涸扬起尘土。语本《神仙传》。参见“滄海桑田”。崔道融《天台陈逸人》:“绝粒空山秋复春,欲看沧海化成尘。”

【滄海君】 秦时一位贤者之号。沧,一作“仓”。李白《送张秀才谒高中丞》:“感激黄石老,经过沧海君。”

【滄海事】 犹云沧桑之事。李益《喜见外弟又言别》:“别来沧海事,语罢暮天钟。”

【滄海城】 沧州的别名。权龙褒《初到沧州呈州官》:“遥看沧海城,杨柳郁青青。”

【滄海桑田】 海枯成陆,耕为桑田。语本晋葛洪《神仙传·王运》。后以喻世事巨变。储光羲《献八舅东归》:“独往不可群,沧海成桑田。”

【滄海意】 指四海为家的志向。元稹《夜雨》:“平生沧海意,此去怯为鱼。”

【滄海横流】 大海泛滥。比喻时世动荡。刘长卿《登吴古城歌》:“黄池高会事未终,沧海横流人荡覆。”

【滄海遺珠】 海中珍珠被潜采者忽略。比喻大材不为世用。牟融《寄永平友人》之二:“青蝇点玉原非病,沧海遗珠世所嗟。”又《赠殷以道》:“肯信白圭终在璞,谁怜沧海竟遗珠。”

【滄流】 青色的水流。储光羲《同诸公秋日游昆明池思古》:“回塘清沧流,大曜悬金晖。”李白《江夏赠韦南陵冰》:“不然鸣笳按鼓戏沧流,呼取江南女儿歌棹讴。”皎然《送陆侍御士佳赴上京》:“清路黄尘飞,大河沧流静。”严维《余姚只役奉简鲍参军》:“万事无成新白首,两春虚掷对沧流。”

【滄浪】 (—láng)❶古水名。有汉水、汉水支流、汉水下游、夏水等诸说。梁洽《观汉水》:“一道入溟渤别流为沧浪。”白居易《初下汉江舟中作寄两省给舍》:“终使沧浪水,濯吾缨上尘。”李群玉《大云池泛舟》:“渔父一曲歌,沧浪遂知名。”于渍《戍客南归》:“孤舟下彭蠡,楚月沉沧浪。”❷青苍色。多指水色或天色。寒山《诗三百三首》之五十:“天高不可问,鹪鸩在沧浪。”刘长卿《京口怀洛阳旧居兼寄广陵二三知己》:“惆怅空伤情,沧浪有余迹。”韩愈《合江亭》:“长绠汲沧浪,幽蹊下坎坷。”罗隐《投浙东王大夫二十韵》:“可能因蹇拙,便合老沧浪。”❸苍白色;寒凉貌。李白《答王十二寒夜独酌有怀》:“孤月沧浪河汉清,北斗错落长庚明。”姚合《奉和前司封苏郎中喜严常侍萧给事见访惊斑鬓之什》:“绕鬓沧浪有几茎,珥貂相问夕郎惊。”陆龟蒙《新定陪太守一百五夜南馆玩月》:“风雨教春处处伤,一宵云尽见沧浪。”❹《孟子·离娄下》:“有孺子歌曰:‘沧浪之水清兮,可以濯我缨;沧浪之水浊兮,可以濯我足。’”后遂以“滄浪”指此歌。孟浩然《与崔二十一游镜湖寄包贺二公》:“沧浪醉后唱,因此寄同声。”钱起《避暑纳凉》:“无事始然知静胜,深垂纱帐咏沧浪。”元稹《酬乐天得微之诗知通州事因成四首》之三:“南歌未有东西分,敢唱沧浪一字歌。”陆龟蒙《奉和袭美添渔具五篇·背蓬》:“闲从翠微拂,静唱沧浪濯。”

【滄浪子】 (浪 láng)即《孟子·离娄下》中的孺子。后泛指隐者。王昌龄《悲哉行》:“若非沧浪子,安得从所愿。”皎然《访陆处士羽》:“莫是沧浪子,悠悠一钓船。”白居易《李卢二中丞各创山居卿戏二君》:“何言履道叟,便是沧浪子。”

【滄浪曲】 (浪 láng)即孺子沧浪之歌。参见“滄浪❹”。陈子昂《望荆门》:“既怜沧浪水,更爱沧浪曲。”吴筠《同刘主簿承介建昌江泛舟作》:“时歌沧浪曲,或诵逍遥篇。”白居易《春池闲泛》:“莫唱沧浪曲,无尘可濯缨。”

【滄浪老人】 (浪 láng)《楚辞·渔父》:“渔父莞

尔而笑，鼓枻而去。乃歌曰：'沧浪之水清兮，可以濯吾缨；沧浪之水浊兮，可以濯吾足。'"后以"沧浪老人"指隐者或渔父。李白《笑歌行》："君不见沧浪老人歌一曲，还道沧浪濯吾足。"

【滄浪吟】 (浪 láng)犹"滄浪曲"。储光羲《酬李壶关奉使行县忆诸公》："青枫江上沧浪吟，白月宫中鹦鹉林。"

【滄浪叟】 (浪 láng)即"滄浪老人"。李白《沐浴子》："沧浪有钓叟，吾与尔同归。"岑参《渔父》："扁舟沧浪叟，心与沧浪清。"刘长卿《洞庭驿逢郴州使还寄李汤司马》："莫使沧浪叟，长歌笑尔容。"

【滄浪客】 (浪 láng)❶犹"滄浪子"。皎然《访朱放山人》："应非矍铄翁，或是沧浪客。"❷指远处江湖的人。杜甫《惜别行送向卿进奉端午御衣之上都》："卿到朝廷说老翁，漂零已是沧浪客。"刘长卿《寄别朱拾遗》："天书远召沧浪客，几度临岐病未能。"

【滄浪峽】 (浪 láng)峡名。在今浙江桐庐富春江严子陵钓台处。白居易《家园三绝》之一："沧浪峡水子陵滩，路远江深欲去难。"刘沧有《过沧浪峡》。储嗣宗《沧浪峡》："自有沧浪峡，谁为无事人。"罗邺有《题沧浪峡》。

【滄浪詞】 (浪 láng)犹"滄浪曲"。陆龟蒙《江湖散人歌》："手提孤篁曳寒茧，口诵太古沧浪词。"

【滄浪意】 (浪 láng)犹言隐逸之志。白居易《舟行》："平生沧浪意，一旦来游此。"又《江上对酒二首》之二："欠贮沧浪意，初辞桎梏身。"

【滄桑】 "滄海桑田"的略语。萧颖士《过河滨和文学张志尹》："沧桑一以变，莽然翳荆榛。"夏方庆《谢真人仙驾还旧山》："沧桑今已变，萝蔓尚堪攀。"

【滄滄】 深远貌。南唐吉王李从谦《观棋》："若算机筹处，沧沧海未深。"

【滄溟】 ❶大海。崔国辅《宿范浦》："鸱夷近何去，空山临沧溟。"李端《送归中丞使新罗》："沧溟无旧路，何处问前期。"白居易《送韦侍御量移金州司马》："莫恨东西沟水别，沧溟长短拟同归。"高骈《南海神祠》："沧溟八千里，今古畏波涛。"❷苍天。李白《将游衡岳过汉阳双松亭留别族弟浮屠谈皓》："丹彩泻沧溟，精辉凌白虹。"黄滔《题灵峰僧院》："拟登绝顶留人宿，犹待沧溟月满时。"

【滄瀛】 沧海瀛洲。指海外。李白《东海有勇妇》："舍罪警风俗，流芳播沧瀛。"

滃 〔wěng《广韵》烏孔切，上董，影。〕见"滃泱"。

【滃泱】 洗荡。元稹《酬郑从事四年九月宴望海亭次用旧韵》："舟船骈比有宗侣，水云滃泱无始终。"

溜 〔liù《广韵》力救切，去宥，來。〕❶水流。太宗《咏饮马》："水光鞍上侧，马影溜中横。"司空曙《送郑况往淮南》："登戍因高望，停桡放溜闲。"王季则《鱼上冰》："冰消通浅溜，气变跃潜鱼。"郑嵎《津阳门诗》："破簪碎钿不足拾，金沟残溜和缨绥。"❷小股悬水，瀑布。元结《招陶别驾家阳华作》："岩高暖华阳，飞溜何潺潺。"白居易《题喷玉泉》："溜滴三秋雨，寒生六月风。"郑巢《泊灵溪馆》："溜从华顶落，树与赤城连。"贾岛《郊居即事》："叶书传野意，檐溜煮胡茶。"❸滴，淌。张说《游洞庭湖湘》："滴石香乳溜，垂崖灵草植。"杜甫《古柏行》："霜皮溜雨四十围，黛色参天二千尺。"又《陪诸公上白帝城宴越公堂之作》："柱穿蜂溜蜜，栈缺燕添巢。"郑损《玉声亭》："汉佩琮铮寒溜雨，秦箫缥缈夜敲风。"❹滑腻，打滑，滑落。胡皓《大漠行》："马蹄冻溜石，胡毳暖生冰。"杜甫《江阁卧病走笔寄呈崔卢两侍御》："溜匙兼暖腹，谁欲致杯罂。"可止《雪十二韵》："及夏清岩穴，经春溜石梯。"

漓 〔lí《广韵》吕支切，平支，來。〕见"淋漓"。

滂1 〔pāng《广韵》普郎切，平唐，滂。〕❶广大。崔禹锡《奉和圣制送张说巡边》："赫赫皇威振，油油圣泽滂。"韩愈《元和圣德诗》："孩养无告，仁滂施厚。"❷涌流。白居易《酬郑侍御多雨春空过诗三十韵》："楚柳腰肢亸，湘筠涕泪滂。"韦庄《和郑拾遗秋日感事一百韵》："话别心重结，伤时泪一滂。"

滂2 〔pēng《集韵》披庚切，平庚，滂。〕见"滂₂湃"。

【滂沛】 雨大貌。徐夤《喜雨上主人尚书》："几日淋漓侵暮角，数宵滂沛彻晨钟。"

【滂沱】 ❶雨大貌。杜甫《喜雨》："安得鞭雷公，滂沱洗吴越。"白居易《偶然二首》之一："月离于毕合滂沱，有时不雨何能测。"贾岛《送令孤绹相公》："早晚还霖雨，滂沱洗月轮。"皮日休《吴中苦雨因书一百韵寄鲁望》："茫然晦林麓，只是遇滂沱。"❷眼泪淋漓貌。李白《留别于十一兄逖裴十三游塞垣》："耻作易水别，临岐泪滂沱。"皇甫冉《怨回纥歌二首》之一："雕巢城上宿，吹笛泪滂沱。"韩愈《哭杨兵部凝陆歙州参》："晨兴为谁恸，还坐久滂沱。"李商隐《行次西郊作一百韵》："叩头出鲜血，滂沱污紫宸。"❸盛大貌。高适《自淇涉黄河途中作十三首》之十："汉迹方因循，坎德昔滂沱。"李商隐《安平公诗》："沥胆咒愿天有眼，君子之泽方滂沱。"

【滂流】 涌流。《雪溪夜宴诗》(卷八六四)之九：

"血淋淋而滂流兮,顾江鱼之腹而将归。"

【滂被】 谓恩泽如雨普及。《沧州百姓歌》(卷八七四):"昔日徒行今骋驷,美哉薛公德滂被。"

【滂₂湃】 澎湃。波浪拍击声。李颀《杂兴》:"行人夜秉生犀烛,洞照洪深辟滂湃。"

【滂葩】 犹磅礴。韩愈《送无本师归范阳》:"狂词肆滂葩,低昂见舒惨。"

【滂滄】 "滂沱"之讹。独孤及《奉和李大夫同吕评事太行苦热行兼寄院中诸公》:"摇策汗滂沧,登岸思纡结。"

【滂滂】 眼泪淋漓貌。韩愈《听颖师弹琴》:"推手遽止之,湿衣泪滂滂。"卢仝《月蚀诗》:"天狗下舐地,血流何滂滂。"

【滂澤】 大雨。僧鸾《苦热行》:"不发滂泽注天下,欲使风雷何所从?"

滾 〔gǔn《集韵》古本切,上混,見。〕❶大水涌流貌。王昌龄《上马当山神》:"直为猛风波滚骤,莫怪昌龄不下船。"刘叉《入蜀》:"峡色侵天去,江声滚地来。"❷翻转,翻动。郑愔《折杨柳》:"风花滚成雪,罗绮乱斑斑。"姚合《恶神行雨》:"龙喷黑气翻腾滚,鬼掣红光劈划揁。"

滀 〔chù《广韵》丑六切,入屋,徹。〕水积聚。韩愈、孟郊《城南联句》:"坌秀恣填塞,呀灵滀渟澄。"

溔 〔yǎo《广韵》以沼切,上小,以。〕大水无涯貌。杜甫《聂耒阳以仆阻水书致酒肉疗饥荒江诗得代怀泊于方田》:"知我碍湍涛,半旬获浩溔。"

溢 〔yì《广韵》夷質切,入質,以。〕❶水满而流出。贾至《送王员外赴长沙》:"春生云梦泽,水溢洞庭湖。"司空曙《田家》:"泉溢沟塍坏,麦高桑柘低。"许浑《湖南徐明府余之南邻久不还家因题林馆》:"鱼溢池塘秋雨过,鸟还洲岛暮潮回。"徐夤《和尚书咏泉山瀑布十二韵》:"名齐火浣溢山椒,谁把惊虹挂一条。"也指泛滥。高适《东平路中遇大水》:"霖霪溢川原,澒洞涵田畴。"杜甫《溪涨》:"秋夏忽泛溢,岂惟入吾庐。"❷充满,完善。魏征《五郊乐章·雍和》:"琼羞溢俎,玉酹浮觞。"卢纶《皇帝感词》之三:"归来献明主,歌舞溢春城。"沈亚之《文祝延二阕》之二:"馨炮䭀燔兮溢按豆,爵盎无虚兮果摭杂佑。"皮日休《寒夜文宴得泉字》:"蟹因霜重金膏溢,橘为风多玉脑鲜。"❸超过。见"溢價"。❹流布,流散。王维《奉和圣制登降圣观与宰臣等同望应制》:"佳气含风景,颂声溢歌咏。"元结《夜宴石鱼湖作》:"高烛照泉深,光华溢轩楹。"刘禹锡《磨镜篇》:"萍开绿池满,晕尽金波溢。"韩偓《无题·倒押前韵》:"粉化横波溢,衫轻晓雾春。"

【溢口】 满溢于口。言话语之多。韩愈《感春五首》之四:"前随杜尹拜表回,笑言溢口何欢咍。"

【溢價】 抬高价格。曹唐《和周侍御买剑》:"将军溢价买吴钩,要与中原静寇雠。"

溓 〔lián《广韵》勒兼切,平添,來。又力忝切,上忝,來。〕恬静貌。《郊庙歌辞·享太庙乐章·崇德舞》:"海溓星晖,远安迩肃。"

溶 〔róng《广韵》餘封切,平鍾,以。又余隴切,上腫,以。〕❶水盛貌。崔耿《晚眺》:"江溶流落景,山色凝暮烟。"❷盛多貌。见"溶溶❷"。❸安闲貌。见"溶溶❹"。❹通"榕"。摇动。李商隐《河阳诗》:"黄河摇溶天上来,玉楼影近中天台。"

【溶溶】 ❶水流盛大貌。李华《寄赵七侍御》:"覆溪窈窕波,涵石淘溶溶。"刘禹锡《松滋渡望峡中》:"渡头轻雨洒寒梅,云际溶溶雪水来。"白居易《旅次华州赠袁右丞》:"渭水绿溶溶,华山青崇崇。"胡曾《咏史·延平津》:"延平津路水溶溶,峭壁巍岑一万重。"❷盛多貌。贺知章《晓发》:"海潮夜约约,川露晨溶溶。"韦应物《凌雾行》:"浩浩合元天,溶溶迷朗日。"钱起《赋得归云送李山人归华山》:"只应函谷上,真气日溶溶。"畅当《自平阳馆赴郡》:"溶溶山雾披,肃肃沙鹭起。"❸宽广貌。李康成《玉华仙子歌》:"溶溶紫庭步,渺渺瀛台路。"白居易《晚秋夜》:"碧空溶溶月华静,月里愁人吊孤影。"❹闲适和缓貌。綦毋潜《春泛若耶溪》:"潭烟飞溶溶,林月低向后。"崔何《东峰亭各赋一物得岭上云》:"溶溶傍危石,片片宜夕曛。"李德裕《寄茅山孙炼师·又二绝》之一:"石上溪荪发紫茸,碧山幽蔼水溶溶。"韩偓《驿楼》:"流云溶溶水悠悠,故乡千里空回头。"

【溶瀛】 水波动荡貌。元结《宴湖上亭作》:"舫去若惊凫,溶瀛满湖浪。"

【溶溶曳曳】 荡漾貌。罗隐《浮云》:"溶溶曳曳自舒张,不向苍梧即帝乡。"

【溶溶漾漾】 水波荡漾貌。张祜《题御沟》:"万树垂杨拂御沟,溶溶漾漾绕神州。"杜牧《汉江》:"溶溶漾漾白鸥飞,绿净春深好染衣。"

滓 〔zǐ《广韵》阻史切,上止,莊。〕❶渣子。寒山《诗三百三首》之一三:"更过三十年,还成苷蔗滓。"杜甫《槐叶冷淘》:"新面来近市,汁滓宛相俱。"薛能《新雪八韵》:"鼎消微是滓,车碾半和尘。"韦庄《题安定张使君》:"成丹始见金无滓,冲斗方知剑有神。"❷肮脏的东西。寒山《诗三百三首》之九五:"此非天堂缘,纯是地狱滓。"拾得《诗》之四六:"唯作地狱滓,不修来世因。"韦应物《九日沣上作寄崔主簿倬二李端系》:"翠岭明华秋,高天澄遥滓。"刘禹锡《韩十八侍御见示岳阳楼别窦司直诗因令属和六十二韵》："明月出中央，青天绝纤滓。"❸喻卑鄙污浊的思想感情。白居易《玩止水》："迎眸洗眼尘，隔胸荡心滓。"贯休《送崔使君》："论文不文，话道无滓。"

【滓污】 污垢。李骘《慧山寺肄业送怀坦上人》："清怀去羁束，幽境无滓污。"

【滓淤】 污浊。贾岛《寄李辀侍郎》："语嘿曾延接，心源离滓淤。"

【滓濁】 污秽。罗隐《蝉》："风栖露饱今如此，应忘当年滓浊时。"

【滓秽】 污垢。李群玉《中秋维舟君山看月二首》之一："雨师清滓秽，川后扫波澜。"

【滓韻】 低俗的格调。孟郊《吊卢殷》之七："吟哦无滓韵，言语多古肠。"

溟[1] 〔míng《广韵》莫經切，平青，明。〕❶小雨貌。见"溟溟❶"。❷海。李白《登敬亭山南望怀古赠窦主簿》："下视宇宙间，四溟皆波澜。"窦庠《酬韩愈侍郎登岳阳楼见赠》："月车才碾浪，日御已翻溟。"鲍溶《与峨眉山道士期尽日不至》："若用壶中景，东溟又堪伤。"皮日休《吴中苦雨因书一百韵寄鲁望》："全吴临巨溟，百里到沪渎。"❸幽暗貌。杜甫《同李太守登历下古城员外新亭亭对鹊湖》："迹籍台观旧，气溟海岳深。"元稹《有酒十章》之四："有酒有酒兮黯兮溟，仰天大呼兮，天漫漫兮高兮青。"

溟[2] 〔mǐng《广韵》莫迥切，上迥，明。〕见"溟₂滓"。

【溟波】 海涛。韩愈《送惠师》："夜半起下视，溟波衔日轮。"也借指宽旷的水面。张说《游洞庭湖湘》："飞棹越溟波，维舟恣攀陟。"

【溟茫】 犹渺茫。沈佺期《答魑魅代书寄家人》："何堪万里外，云海已溟茫。"

【溟海】 ❶大海。陈子昂《感遇诗三十八首》之三八："溟海皆震荡，孤凤其如何。"李白《赠张相镐二首》之一："倒泻溟海珠，尽为入幕珍。"高适《和贺兰判官望北海作》："迢遥溟海际，旷望沧波开。"权德舆《酬陆四十楚源春夜宿虎丘山对月寄梁四敬之兼见贻之作》："雄词鼓溟海，旷达豁烟霄。"❷沙漠。崔融《塞垣行》："疾风卷溟海，万里扬沙砾。"

【溟₂滓】 指天地开辟前的混沌状态。李白《日出行》："吾将囊括大块，浩然与溟涬同科。"杜甫《夜听许十损诵诗爱而有作》："精微穿溟涬，飞动摧霹雳。"

【溟渤】 泛指大海。刘长卿《奉送从兄罢官之淮南》："何事浮溟渤，元戎弃镆铘。"张南史《月》："上虚空，生溟渤。"元稹《和李校书新题乐府十二首·缚戎人》："年年但捉两三人，精卫衔芦塞溟渤。"齐己《善哉行》："大鹏刷翮谢溟渤，青云万层高突出。"

【溟溟】 ❶小雨空蒙貌。于鹄《早上凌宵第六峰入紫溪礼白鹤观祠》："渐近神仙居，桂花湿溟溟。"皮日休《鲁望以轮钩相示缅怀高致因作三篇》之三："尽日悠然舴艋轻，小轮声细雨溟溟。"张泌《春江雨》："雨溟溟，风泠泠，老松瘦竹临烟汀。"❷迷茫。皇甫冉《赋得海边树》："历历缘荒岸，溟溟入远天。"

【溟碧】 指大海。李群玉《秋怨》："所思在溟碧，无因一相逢。"

【溟涨】 "溟海"与涨海。亦泛指大海。杜甫《殿中杨监见示张旭草书图》："连山蟠其间，溟涨与笔力。"权德舆《奉和许阁老酬淮南崔十七端公见寄》："溟涨前程险，炎荒旅梦孤。"元稹《酬乐天东南行诗一百韵》："鲸吞近溟涨，猿闹接黔巫。"李群玉《湘中别成威阇黎》："持杯挹溟涨，至理安可测。"

【溟濛】 ❶烟雨空蒙貌。郑谷《送许棠先辈之官泾县》："芜湖春荡漾，梅雨昼溟濛。"吴融《武牢关遇雨》："惆怅家山远，溟濛湿翠微。"李建勋《细雨遥怀故人》："江云未散东风暖，溟濛正在高楼见。"李中《吉水春暮访蔡文庆处士留题》："溟濛雨过池塘暖，狼藉花飞砚席香。"❷幽暗貌。高适《李云南征蛮诗》："将星独照耀，边色何溟濛。"刘禹锡《含辉洞述》："驾言从之，谷岸溟濛。"费冠卿《桂树藤》："蔓衍数条远，溟濛千朵垂。"罗隐《甘露寺看雪上周相公》："筛寒洒白乱溟濛，祷请功兼造化功。"

【溟壑】 大海和山谷。韩愈《咏雪赠张籍》："厚虑填溟壑，高愁捘斗魁。"

【溟藩】 海疆。长孙佐辅《闻韦驸马使君适拜台州》："溟藩轸帝忧，见说初鸣驺。"

【溟鹏】 北海的鲲鹏。语本《庄子·逍遥游》："北冥有鱼，其名为鲲。鲲之大，不知其几千里也。化而为鸟，其名为鹏。"韩愈《送侯参谋赴河中幕》："收绩开史牒，翰飞逐溟鹏。"

溺[1] 〔nì《广韵》奴歷切，入锡，泥。〕❶沉于水，水淹。元稹《有酒十章》之四："污高巢而凤去兮，溺厚地而芝兰以之不生。"舒元舆《八月五日中部官舍读唐历天宝已来追怆故事》："露囊与金镜，东逝惊波溺。"汪遵《西河》："花貌年年溺水滨，俗传河伯娶生人。"❷沉迷而难以自拔。皎然《苕溪草堂自大历三年复新营泊秋及春弥觉境胜四十三韵》："伊予战苦胜，览境情不溺。"孟郊《择友》："不谄亦不欺，不奢复不溺。"刘叉《野哭》："哀哉异教溺颓俗，淳源一去何时还。"白居易《新乐府·古冢狐》："女为狐媚害即深，日长月增溺人心。"❸喻陷于危难或不利境地。拾得《诗》之三五："一时同受溺，俱落大深坑。"陈子昂《感遇诗三十八首》之一七："仲尼溺东鲁，伯阳遁西溟。"于邵《释奠武成王乐章·亚献终献》："始神翊周，拯溺除凶。”❹人名。即桀溺。见“沮溺”。

溺[2] 〔niào《广韵》奴弔切，去嘯，泥。〕❶尿，小便。骆宾王《畴昔篇》：“治所非罪曾缧绁，长孺然灰也经溺。”❷撒尿。韩愈《读东方朔杂事》：“诋欺刘天子，正昼溺殿衙。”

【溺水】 淹于水中。岑参《精卫》：“玉颜溺水死，精卫空为名。”

【溺死】 淹死。李白《公无渡河》：“虎可搏，河难凭，公果溺死流海湄。”

【溺情】 深陷于感情。元稹《哭子十首》之三：“尔毋溺情连夜哭，我身因事有时悲。”

滃 〔yōng《集韵》於用切，去用，影。〕湖名。齐己《送中观进公归巴陵》：“应游到滃岸，相忆绕茶丛。”

【滃湖】 湖名。又名翁湖，在今湖南岳阳市南。张说《和尹懋秋夜游滃湖》：“滃湖佳可游，既近复能幽。”赵冬曦《滃湖作》：“三湖返入两山间，畜作滃湖弯复弯。”李白《与贾至舍人於龙兴寺剪落梧桐枝望滃湖》：“剪落青梧枝，滃湖坐可窥。”司空图《丑年冬》：“不堪病渴仍多虑，好向滃湖便出家。”

滕 〔téng《广韵》徒登切，平登，定。〕见“滕王阁”。

【滕王亭子】 亭名。故址在今四川阆中。杜甫有《滕王亭子》。

【滕王阁】 楼阁名。在江西南昌市。显庆四年太宗之弟滕王李元婴为洪州都督时建。王勃有《滕王阁》。白居易《钟陵饯送》：“路人指点滕王阁，看送忠州白使君。”杜牧《中丞业深韬略志在功名再奉长句一篇兼有咨劝》：“滕王阁上柘枝鼓，徐孺亭西铁轴船。”黄滔《钟陵故人》：“滕王阁下昔相逢，此地今难访所从。”

【滕阁】 即滕王阁。杜牧《怀钟陵旧游四首》之二：“滕阁中春绮席开，柘枝蛮鼓殷晴雷。”又《奉送中丞姊夫侍十二韵》：“滕阁丹霄倚，章江碧玉奔。”罗隐《钟陵见杨秀才》：“孺亭滕阁少踟蹰，三度南游一事无。”

十一画

潁 〔yǐng《广韵》餘頃切，上静，以。〕水名。见“潁水”。薛据《初去郡斋书怀》：“肃徒辞汝颍，怀古独凄然。”韩愈《县斋有怀》：“斫嵩开云扃，压颍抗风榭。”皮日休《三羞诗三首》之三：“就中颍之汭，转徒何累累。”

【潁上】 颍水边。崔曙《早发交崖山还太室作》：“萧萧过颍上，昽昽辨少阳。”岑参《送别》：“看君颍上去，新月到应圆。”钱起《题温处士山居》：“颍上逃尧者，何如此养真。”韩琮《颍亭》：“颍上新亭瞰一川，几重旧址敞幽关。”

【潁川】 ❶水名。即颍水。王绩《田家三首》之二：“家住箕山下，门枕颍川滨。”❷为隐士表明心迹的典故。见晋朝皇甫谧《高士传·许由》。李白《行路难三首》之三：“有耳莫洗颍川水，有口莫食首阳蕨。”赵嘏《十无诗寄桂府杨中丞》之七：“旌旆满江身不见，思言记得颍川无。”皮日休《三羞诗三首》之二：“念此向谁羞，悠悠颍川绿。”❸郡名。秦始皇十七年置，以颍水得名。刘长卿有《颍川留别司仓李万》。钱起有《山中春仲寄汝上王恒颍川沈冲》。白居易《池上篇》序：“先是，颍川陈孝山与酿法，酒味甚佳。”姚揆有《颍川客舍》。❹指西汉灌史。灌史为颍川颍阴人。郑愔《少年行》：“颍川豪横客，咸阳轻薄儿。”王维《老将行》：“誓令疏勒出飞泉，不似颍川空使酒。”韩翃《寄雍丘窦明府》：“入里亲过朗陵伯，出门高视颍川儿。”❺指西汉黄霸。黄霸曾在颍川为官，有德政。王湾《秋夜寓直即事怀赠萧令公裴侍郎兼通简南省诸友人》：“司徒汉家重，国典颍川征。”高适《真定即事奉赠韦使君二十八韵》：“尤多蜀郡理，更得颍川谟。”权德舆《唐开州文编远寄新赋聊书还答》：“伫见征颍川，无为薄淮阳。”杜牧《早春寄岳州李使君李善棋爱酒情地闲雅》：“分符颍川政，吊屈洛阳才。”❻指东汉陈蕃。陈氏为颍川郡望。杜甫《奉送王信州崟北归》：“徐榻不知倦，颍川何以酬。”❼指东汉荀氏八兄弟。荀氏为颍川人。权德舆《奉和史馆张阁老以许陈二阁长爱弟俱为尚书郎伯仲同时列在南北省会于左掖因而有咏》：“伯仲尽时贤，平舆与颍川。”❽指东汉陈寔。陈为颍川人。李峤《星》：“今宵颍川曲，谁识聚贤人。”董思恭《咏星》：“方知颍川集，别有太丘门。”薛稷《饯许州宋司马赴任》：“风月相思夜，劳望颍川星。”胡曾有《咏史诗·颍川》。

【潁川公】 指韩瑗。贞观中，累至兵部侍郎，袭颍川公。见《旧唐书》本传。上官仪有《奉和颍川公秋夜》。

【潁中】 指颍川郡。参见“潁川❼”。岑参《夏初醴泉南楼送太康颜少府》：“爱君兄弟好，书向颍中夸。”

【潁水】 水名。源于河南登封嵩山，东南流入淮河。卢照邻《释疾文三歌》之三：“茨山有薇兮颍水有漪，夷为柏兮秋为实。”李邕《铜雀妓》：“颍水有许由，西山有伯夷。”李端《送杨少府赴阳翟》：“井邑嵩山对，园林颍水连。”刘叉《代牛言》：“渴饮颍水流，饿喘吴门月。”

【潁谷】 地名。在今河南登封西南。刘长卿《送袁明府之任》：“雪覆淮南道，春生颍谷烟。”

【潁陰】　县名。汉置，属颍川郡。今属河南许昌市。朱昼有《赋得花藤药合寄颍阴故人》。

【潁陽】　❶颍水之北，许由所居。参见“潁川❷”。许景先《征君宅》：“道丧历千载，复存颍阳真。”皇甫冉《杂言湖山歌送许鸣谦》：“空山寂寂兮颍阳人，旦夕孤云随一身。”欧阳詹《送高士安下第归岷南宁觐》：“还看谢时去，有类颍阳人。”贾岛《寓兴》：“旷哉颍阳风，千载无其他。”❷县名。唐置。开元十五年改颍阳县。治所在今河南登封西南颍阳镇。崔曙有《颍阳东溪怀古》。卢纶《中书舍人李座上送颍阳徐少府》：“颍阳春色似河阳，一望繁花一县香。”韦庄有《颍阳县》。❸古县名。故城在今河南许昌西南。杜牧《李给事中敏二首》之一：“元礼去归缑氏学”句注：“李膺退罢，归纶氏，教授生徒，给事论郑注，告满归颍阳。”

【潁陽書】　指三国魏的钟繇书体。杨巨源《寄赠田仓曹湾》：“朝览夷吾传，暮司颍阳书。”

漦　〔chí《广韵》俟甾切，平之，崇。〕龙涎。卢象《马跑神泉》：“漦喷蛟龙穴，波跳赤鲤泉。”陆龟蒙《添酒中六咏·酒龙》：“潜倾郢宫酒，忽作商庭漦。”皮日休《初夏游楞伽精舍》：“藓厚滑似漦，峰尖利如锷。”又《虎丘寺殿前有古杉赋三百以见志》：“根应藏鬼血，柯欲漏龙漦。”

【漦龍】　喷沫之龙。李商隐《送从翁东川弘农尚书幕》：“雒虎如凭怒，漦龙性漫驯。”

漿　〔jiāng《广韵》即良切，平陽，精。〕❶汁液。杜甫《入奏行赠西山检察使窦侍御》：“蔗浆归厨金碗冻，洗涤烦热足以宁君躯。”白居易《想东游十韵》：“味苦莲心小，浆甜蔗节稠。”❷泛指水或其他饮料。徐彦伯《奉和幸新丰温泉宫应制》：“涌疑神瀵溢，澄若帝台浆。”韦应物《清都观答幼遐》：“兴高清露没，渴饮琼华浆。”王建《伤邻家鹦鹉词》：“十日不饮一滴浆，泪渍绿毛头似鼠。”温庭筠《鸿胪寺有开元中锡宴堂楼台池沼雅为胜绝荒凉遗址仅有存者偶成四十韵》：“盘斗九子粽，瓯擎五云浆。”

【漿糗】　水加干粮。指最粗陋的饮食。陆龟蒙《奉和袭美太湖诗二十首·入林屋洞》：“何人能挹嚼，饵以代浆糗。”

【漿藿】　水与豆苗。指最低的饮食水准。权德舆《侍从游后湖宴坐》：“轻肥何为者，浆藿自有余。”

漬[1]　〔zì《广韵》疾智切，去寘，從。〕❶浸泡。韩愈、孟郊《纳凉联句》：“扫宽延鲜飙，汲冷渍香穧。”韩偓《玉合》：“中有兰膏渍红豆，每回拈著长相忆。”亦谓淘洗。见“漬米”。❷沾染，濡染。杜淹《咏寒食斗鸡应秦王教》：“飞毛遍绿野，洒血渍芳丛。”元稹《乐府古题·出门行》：“持璞自枕头，泪痕双血渍。”李郢《郢自街西醉归马鞭坠失崔员外起秘书知其阙用皆许见贻仰酬珍锡》：“崖垂万仞知无影，藓渍千年合有灵。”南唐后主李煜《书灵筵手巾》：“汗手遗香渍，痕眉染黛烟。”亦指因接触而受影响。❸浸润，湿润。张锡《晦日宴高文学林亭》：“欲知多暇日，尊酒渍澄霞。”王建《伤邻家鹦鹉词》：“十日不饮一滴浆，泪渍绿毛头似鼠。”白居易《和梦游春诗一百韵》：“夏梅山雨渍，秋瘴江云毒。”陆龟蒙《奉和袭美太湖诗二十首·以毛公泉献大谏清河公》：“香实洒桂蕊，甘惟渍云根。”❹涂抹使匀。段成式《柔卿解籍戏呈飞卿三首》之一：“良人为渍木瓜粉，遮却红腮交午痕。”

漬[2]　〔sè《类篇》色責切。〕雨洒落。李珣《酒泉子》词之二：“雨渍花零，红散香凋池两岸。”

【漬米】　淘米。皮日休《吴中苦雨因书一百韵寄鲁望》：“空厨方欲炊，渍米未离箄。”

【漬墨】　以笔蘸墨。韩愈《答张彻》：“渍墨窜旧史，磨丹注前经。”

漢　〔hàn《广韵》呼旰切，去翰，曉。〕❶水名。即汉水。张九龄《咏史》：“沧溟所为大，江汉日来委。”萧颖士《重阳日陪元鲁山德秀登北城瞩对新霁因以赠别》：“何日谢百里，从君汉之澨。”元稹《酬乐天东南行诗一百韵》：“丹败罂浮汉，骖疲杖过邛。”罗隐《许由庙》：“高挂风瓢濯汉滨，土阶三尺愧清尘。”❷银河。高宗《七夕宴悬圃二首》之一：“羽盖飞天汉，凤驾越层峦。”张少博《雪夜观象阙侍漏》：“北斗横斜汉，东方落曙星。”李贺《夜来乐》：“南轩汉转帘影疏，桐林哑哑挟子乌。”杜牧《走笔送杜十三归京》：“烟鸿上汉声声远，逸骥寻云步步高。”❸成年男子。寒山《诗三百三首》之七六：“有汉姓傲慢，名贪字不廉。”权龙褒《初到沧州呈州官》：“中央一群汉，聚坐打杯觥。”李商隐《井泥四十韵》：“伊尹佐兴王，不藉汉父资。”杜荀鹤《友人赠舍弟依韵戏和》：“不觉裹头成大汉，昨来竹马作童儿。”❹朝代名。即刘邦建立的西汉和刘秀建立的东汉。唐人多借以称本朝。太宗《咏司马彪续汉志》：“炎汉承君道，英谟纂神器。”岑参《田使君美人舞如莲花北铤歌》：“此曲胡人传入汉，诸客见之惊且叹。”武少仪《诸葛丞相庙》：“因机定蜀延衰汉，以计连吴振弱孙。”李昌符《送人游边》：“地理全归汉，天威不在兵。”❺指五代时后汉。《郊庙歌辞》有《汉宗庙乐舞辞》。❻指中国或汉族。见“漢土”“漢語”。❼地名。指襄阳。卢肇《汉堤诗》序：“上元年秋，汉水大溢，啮襄堤以入，既沉汉郛，遂灭岘趾。”

【漢七國】　指汉景帝三年(前 154)以吴王刘濞、楚王刘戊为首的七王借“清君侧”之名而发动的叛乱。史称“吴楚七国之乱”。权德舆《读谷梁传二首》之一：

“下令汉七国，借此以为名。”

【漢人】 汉族人。司空图《河湟有感》：“汉儿尽作胡儿语，却向城头骂汉人。”

【漢三章】 《史记·高祖本纪》：“与父老约，法三章耳：杀人者死，伤人及盗抵罪。”后指最简明的刑法。李商隐《故番禺侯以赃罪致不辜事觉母者他日过其门》：“杀人须显戮，谁举汉三章。”

【漢土】 ❶汉人统治的地方。白居易《新乐府·缚戎人》：“没蕃被囚思汉土，归汉被劫为蕃虏。”郑洪业《诏放云南子弟还国》：“铜梁分汉土，玉垒驾鸾轩。”❷刘(邦)家的天下。李玖《白衣叟述甘棠馆两楹诗》：“六合茫茫皆汉土，此身无处哭田横。”王毂《鸿门宴》：“项王足底踏汉土，席上相看浑未悟。”

【漢上】 汉水边。张九龄《感遇十二首》之一〇：“汉上有游女，求思安可得。”权德舆《湖南观察使故相国袁公挽歌二首》之二：“湘南罢亥市，汉上改词曹。”元稹《奉和权相公行次临阙驿十四韵》：“汉上坛仍筑，褒西阵再图。”许浑《酬绵州于中丞使君见寄》：“荆巫夜隔巴西月，鄢郢春连汉上花。”

【漢口】 ❶指汉水与长江交汇处。又称“汉皋”。在今湖北武汉市。李白《赠汉阳辅录事二首》之二：“汉口双鱼白锦鳞，令传尺素报情人。”刘长卿《自夏口至鹦鹉洲夕望岳阳寄源中丞》：“汉口夕阳斜度鸟，洞庭秋水远连天。”韩偓有《过汉口》。齐己《送刘秀才归桑水宁觐》：“雁序分飞离汉口，鸰原骞翥在鳌头。”❷指汉渠入黄河处。汉渠又名唐来渠，渠口在今宁夏青铜峡附近。唐属朔方节度使治所灵武境。皇甫冉《送常大夫加散骑常侍赴朔方》：“澶漫沙中雪，依稀汉口山。”

【漢川】 ❶汉水。卢照邻《酬张少府柬之》：“昔余与夫子，相遇汉川阴。”张子容《乐城岁日赠孟浩然》：“更逢习凿齿，言在汉川湄。”刘长卿《别李氏女子》：“汉川若可涉，水清石磷磷。”武元衡《送魏正则擢第归江陵》：“关国通秦限，波涛隔汉川。”❷旧郡名。原为汉中郡，隋改为汉川郡。唐改梁州，兴元元年又改兴元府。治所在南郑，即今陕西汉中市。元稹《梁州梦》题注：“是夜宿汉川驿，梦与杓直、乐天同游曲江，兼入慈恩寺诸院，倏然而寤。”唐彦谦《登兴元城观烽火》：“汉川城上角三呼，扈跸防边列万夫。”❸指襄阳。孟浩然有《人日登南阳驿门亭子怀汉川诸友》。

【漢女】 ❶指传说中的汉水女神。孙逖《长洲苑》：“胜地虞人守，归舟汉女陪。”杜甫《渼陂行》：“湘妃汉女出歌舞，金支翠旗光有无。”郑锡《襄阳乐》：“渚边游汉女，桑下问庞公。”李群玉《临水蔷薇》：“似濯文君锦，如窥汉女妆。”❷指西汉水(今嘉陵江)流域的女子。王维《送梓州李使君》：“汉女输橦布，巴人讼芋田。”

【漢子】 成年男子。寒山《诗三百三首》之二五三：“碌碌群汉子，万事由天公。”罗绍威《硙驴鞍判》：“领鞴驴汉子科决，待驾车汉子喜欢。”

【漢王】 ❶指汉高祖刘邦。宋之问《奉和幸长安故城未央宫应制》：“汉王未息战，萧相乃营宫。”贯休《偶作五首》之五：“君不见汉王力尽得乾坤，如何秋雨洒庙门。”❷指汉武帝刘彻。徐夤《李夫人二首》之二：“汉王不及吴王乐，且与西施死处同。”

【漢王城】 指南郑(今陕西汉中市)。项羽封刘邦为汉王。刘邦遂都于南郑。岑参《赴嘉州过城因县寻永安超禅师房》：“汉王城北雪初霁，韩信台西日欲斜。”

【漢元】 汉元帝的省称。殷文圭《观贺皇太子册命》：“自有汉元争翊戴，不劳商皓定欹倾。”

【漢中】 郡名。天宝、至德时曾称汉中郡。岑参《过梁州奉赠张尚书大夫公》：“汉中二良将，今昔各一时。”皎然《奉送袁高使君诏征赴行在效曹刘体》：“天子幸汉中，轘辕阻氛烟。”杜甫有《送樊二十三侍御赴汉中判官》。胡曾有《咏史诗·汉中》。

【漢中山】 指汉中山靖王刘胜。韩翃《宴吴王宅》：“听歌吴季札，纵饮汉中山。”

【漢中王】 指李瑀。睿宗子，封汉中王。见《旧唐书·睿宗诸子传》。杜甫有《戏题寄上汉中王三首》《奉汉中王手札报韦侍郎萧尊师亡》和《奉汉中王手札》。元稹《和李校书新题乐府十二首·立部伎》：“明年十月燕寇来，九庙千门虏尘涴。”注：“太常丞宋沇传汉中王旧说云：明皇虽雅好度曲，然未尝使蕃汉杂奏。”

【漢中郎】 指汉末蔡邕。邕曾作中郎将。清江《赠淮西贾兵马使》：“破虏功成百战场，天书新拜汉中郎。”

【漢中壘】 指西汉刘向。向曾官中垒校尉。刘禹锡《韩十八侍御见示岳阳楼别窦司直诗因令属和重以自述故足成六十二韵》：“策慕宋前军，文师汉中垒。”

【漢日】 ❶汉代。张嗣初《赋得白云起封中》：“自叶尧年美，谁云汉日同。”李绅《逾岭峤止荒陬抵高要》：“汉日傅臣终委弃，如今衰叟重辉光。”白居易《读史五首》之三：“汉日大将军，少为乞食子。”❷汉地之日。借指祖国。孙頠《送薛大夫和蕃》：“一心倾汉日，万里望胡天。”

【漢公】 指杨汉公。曾任工部尚书、天平军节度使。白居易有《和杨六尚书喜两弟汉公转吴兴鲁士赐章服赋长句见示》。

【漢月】 ❶汉时之月。董思恭《昭君怨二首》之二："汉月正南远，燕山直北寒。"骆宾王《王昭君》："金钿明汉月，玉筯暗胡尘。"刘商《胡笳十八拍·第四拍》："漫漫胡天叫不闻，明明汉月应相识。"李贺《金铜仙人辞汉歌》："空将汉月出宫门，忆君清泪如铅水。"❷故乡之月。刘宪《奉和送金城公主入西蕃应制》："旌旆羌风引，轩车汉月随。"岑参《热海行送崔侍御还京》："蒸沙烁石然虏云，沸浪炎波煎汉月。"顾况《送从兄使新罗》："蟾蜍同汉月，螮蝀异秦桥。"罗邺《征人》："正怜汉月当空照，不奈胡沙满眼飞。"❸代指祖国或故乡。李白《塞下曲六首》之三："弯弓辞汉月，插羽破天骄。"杜甫《前出塞九首》之七："已去汉月远，何时筑城还。"捧剑仆《将窜留诗》："万里隔关山，一心思汉月。"❹《忆汉月》之省称。唐教坊曲名。内容多写戍边将士的思乡情怀。调式为七言四句，押二平韵。白居易《对酒吟》："合声唱汉月，齐手拍吴歈。"

【漢水】 水名。即今汉江。杜审言《登襄阳城》："楚山横地出，汉水接天回。"韩愈《寄崔二十六立之》："昨来汉水头，始得完孤羁。"白居易《洛下闲居寄山南令狐相公》："唯是相君忘未得，时思汉水梦巴山。"张蠙《吊孟浩然》："名与襄阳远，诗同汉水深。"

【漢氏】 指汉代。司马扎《感古》："祖龙已深惑，汉氏远徇欲。"黄滔《寄陈磻隐居》："新文汉氏史，别墅谢公村。"

【漢文】 汉文帝的省称。皎然《同明府章送沈秀才还石门读书》："肯谢申公辈，治诗事汉文。"刘长卿《长沙过贾谊宅》："汉文有道恩犹薄，湘水无情吊岂知？"刘禹锡《咏史二首》之二："同遇汉文时，何人居贵位？"司马扎《筑台》："汉文有遗美，对此清飙生。"

【漢火】 指汉代的烽火或劫火。李端《雨雪曲》："湿马胡歌乱，经烽汉火微。"吴融《送友赴阙》："空郊已叹周禾熟，旧苑应寻汉火残。"

【漢世】 汉代。李适《汾阴后土祠作》："昔予读旧史，遍睹汉世君。"

【漢世祖】 即东汉光武帝刘秀。刘希夷有《谒汉世祖庙》。

【漢田郎】 指东汉田凤。事迹见《初学记》卷一一引晋挚虞《三辅决录注》。钱起《和王员外雪晴早朝》："题柱盛名兼绝唱，风流谁继汉田郎。"

【漢甲】 借指唐朝的军士。陈子昂《感遇诗三十八首》之三："汉甲三十万，曾以事匈奴。"李益《从军夜次六胡北饮马磨剑石为祝殇辞》："韩公三城断胡路，汉甲百万屯边秋。"

【漢史】 指《东观汉记》。亦泛指汉代史书。卢纶《和常舍人晚秋集贤院即事十二韵寄赠江南徐薛二侍郎》："汲书荀勖定，汉史蔡邕专。"李山甫有《读汉史》。

【漢代】 汉朝。包括西汉和东汉。李颀《放歌行答从弟墨卿》："空歌汉代萧相国，肯事霍家冯子都。"杜甫《寄韩谏议》："似闻昨者赤松子，恐是汉代韩张良。"清江《喜严侍御蜀还赠严秘书》："多羡二龙同汉代，绣衣芸阁共荣亲。"聂夷中《公子行二首》之一："汉代多豪族，恩深益骄逸。"

【漢北】 指汉水之源一带。杜甫《王命》："汉北豺狼满，巴西道路难。"谭用之《塞上》之一："秋风汉北雁飞天，单骑那堪绕贺兰。"

【漢主】 指汉代皇帝。唐人多用以影射当时的皇帝。王昌龄《箜篌引》："五世属藩汉主留，碧毛毡帐河曲游。"皎然《酬姚补阙南仲云溪馆中戏题随书见寄》："补充周官贵，能名汉主思。"陈羽《长安早春言志》："汉主未曾亲羽猎，不知将底谏君王。"马戴《赠杨先辈》："汉主思清净，休书谏猎文。"

【漢主冠】 （冠 guān）又名"刘氏冠"。冠名。见《汉书·高帝纪上》。王叡《竹》："翠筠不乐湘娥泪，斑箨堪裁汉主冠。"

【漢地】 汉土。骆宾王《边夜有怀》："汉地行逾远，燕山去不穷。"刘言史《病僧二首》之一："如今汉地诸经本，自过流沙远背来。"又《送婆罗门归本国》："遥知汉地未有经，手牵白马绕天行。"周贺《赠胡僧》："背经来汉地，袒膊过冬天。"

【漢刑】 汉代的法律。韩愈、李正封《晚秋郾城夜会联句》："汉刑支郡黜，周制闲田削。"

【漢臣】 汉朝的大臣。也指本朝的臣子。王维《送刘司直赴安西》："苜蓿随天马，葡萄逐汉臣。"李涉《六叹》之三："汉臣一没丁零塞，牧羊西过阴沙外。"李商隐《九日》："不学汉臣栽苜蓿，空教楚客咏江蓠。"袁求贤《早春送郎官出宰》："今日都门外，悠悠别汉臣。"

【漢成】 汉成帝的省称。元稹《乐府古题·苦乐相倚曲》："汉成眼瞥飞燕时，可怜班女恩已衰。"

【漢光】 东汉光武帝的省称。李白《上云乐》："赤眉立盆子，白水兴汉光。"杜甫《述龙三首》之三："汉光得天下，祚永固有开。"

【漢曲】 （—qū）❶汉水弯曲处。杜牧《梁秀才以早春旅次大梁将归郊扉言怀走笔依韵》："渭阳连汉曲，京口接漳滨。"也指汉水女神故事。罗虬《比红儿诗》之八六："便教汉曲争明媚，应没心情更弄珠。"❷（—qǔ）汉代的曲子。窦庠《酬韩愈侍郎登岳阳楼见赠》："夜光疑汉曲，寒韵辨湘灵。"

【漢廷】 汉代的宫廷。多借指朝廷。杜甫《八哀诗·赠秘书监江夏李公邕》："几分汉廷竹，夙拥文侯篲。"韩翃《送李司直赴江西使幕》："敛版辞汉廷，进帆归楚幕。"李商隐《赠刘司户》："汉廷急诏谁先入，楚路高歌自欲翻。"李洞《送人之天台》："乃知真隐者，笑就汉廷征。”

【漢竹】　汉水流域出产的竹子。韩翃《家兄自山南罢归献诗叙事》：“襄橙随客路，汉竹引归船。”

【漢后】　❶汉代皇帝。杨师道《奉和圣制春日望海》：“北巡非汉后，东幸异秦皇。”元稹《有鸟二十章》之三：“汉后忍渴天岂知，骊姬坟地君宁觉？”李商隐《昭肃皇帝挽歌辞三首》之一：“周王传叔父，汉后重神君。”又《拟意》：“楚妃交荐枕，汉后共藏阄。”❷汉代皇后。指成帝后赵飞燕。李山甫《燕》：“整羽庄姜恨，回身汉后轻。”

【漢行】　(—xíng)汉族的歌行。许浑《伤虞将军》：“巴童戍久能番语，胡马调多解汉行。”

【漢州】　州名。治所在今四川广汉市。房琯有《题汉州西湖》。刘禹锡有《和西川李尚书汉州微月游房太尉西湖》。韦庄《汉州》：“比依初到汉州城，郭邑楼台触目惊。”

【漢江】　即汉水。丘为《渡汉江》：“漾舟汉江上，挂席候风生。”李端《江上逢司空曙》：“唯当执杯酒，暂食汉江鱼。”皮日休《南阳广文欲于荆襄卜居因而有赠》：“鲈鱼自是君家味，莫背松江忆汉江。”

【漢妃】　汉代的妃子。如王昭君等。罗邺《落第书怀寄友人》：“去国汉妃还似玉，亡家石氏岂无金？”罗隐《燕》：“汉妃金屋远，卢女杏梁高。”

【漢沔】　汉水，一称沔水。“汉沔”代指汉水流域。李益《送襄阳李尚书》：“汉沔分戎寄，黎元减圣忧。”

【漢初】　县名。南唐齐始置。故城在今四川武胜西北。司空曙《送刘侍御》：“黄叶辞荆楚，青山背汉初。”

【漢武】　汉武帝的省称。宋之问《奉和晦日幸昆明池应制》：“镐饮周文乐，汾歌汉武才。”李益《塞下曲》之二：“秦筑长城城已摧，汉武北上单于台。”韩愈《谢自然诗》：“秦皇虽骂好，汉武洪其源。”韦庄《白樱桃》：“只应汉武金盘上，泻得珊珊白露珠。”

【漢武泉】　泉名。在长安城南。李益有《将赴朔方早发汉武泉》。赵嘏《经汉武泉》：“芙蓉苑里起清秋，汉武泉声落御沟。”

【漢東】　❶郡名。隋改随州为汉东郡，以处汉水之东得名。唐复为随州，治所为随县，即今湖北随州市。李白《忆旧游寄谯郡元参军》：“银鞍金络倒平地，汉东太守来相迎。”刘长卿有《闻虞沔州有替将归上都登汉东城寄赠》。韩愈《自袁州还京行次安陆先寄随州周员外》：“行行指汉东，暂喜笑言同。”刘沧《雨后游南门寺》：“木叶萧萧动归思，西风画角汉东城。”❷代指隋朝。苏颋《奉和圣制行次成皋途经先圣擒建德之所感而成诗应制》：“汉东不执象，河朔方斗龙。”

【漢典】　汉代的法典。皎然《奉送陆中丞长源诏征入朝》：“才当持汉典，道可致尧君。”杨巨源《春日奉献圣寿无疆词十首》之六：“汉典方宽律，周官正采诗。”

【漢使】　汉朝的使者。也指本朝的使者。张九龄《使至广州》：“人非汉使橐，郡是越王台。”钱起《送萧常侍北使》：“戎城去日远，汉使隔年多。”李涉《奉使淮南》：“汉使征兵诏未休，西行旌旆接扬州。”温庭筠《苏武庙》：“苏武魂消汉使前，古祠高树两茫然。”

【漢佩】　亦作“漢珮”。指汉水二仙女解佩赠郑交甫的神话。郑损《玉声亭》：“汉佩琮琤寒溜雨，秦箫缥缈夜敲风。”孙光宪《临江仙》词之二：“终是有心投汉珮，低头但理秦筝。”

【漢兒】　汉族男子。司空图《河湟有感》：“汉儿尽作胡儿语，却向城头骂汉人。”

【漢戾】　指汉武帝太子刘据。郑畋《题缑山王子晋庙》：“望台悲汉戾，阅水笑梁昭。”

【漢法】　汉代的法律。刘长卿《酬皇甫侍御见寄时前相国姑臧公初临郡》：“伫看宣室召，汉法倚张纲。”

【漢河】　即汉水。皎然《送李少宾赴举》：“周谷雨未散，汉河流尚横。”

【漢官】　参见“漢官威儀”。张九龄《奉和圣制章晋阳宫》：“霸迹在沛庭，旧仪睹汉官。”严武《酬别杜二》：“独逢尧典日，再睹汉官时。”吴融《文德初闻车驾东游》：“晋客已知周礼在，秦人仍喜汉官存。”韦庄《铜仪》：“已喜汉官今再睹，更惊尧历又重开。”

【漢官威儀】　指汉朝官吏的服饰及典章制度等。用为光复旧物的典故。杜甫《狄明府》：“太宗社稷一朝正，汉官威仪重昭洗。”亦省作“汉官仪”。独孤及《季冬自嵩山赴洛道中作》：“不图汉官仪，今日忽再睹。”也省作“汉威仪”。皇甫曾《送汤中丞和蕃》：“已传尧雨露，更说汉威仪。”杨巨源《春日奉献圣寿无疆词十首》之十：“愿同东观士，长对汉威仪。”

【漢姓】　汉代人。卢照邻《酬杨比部员外暮宿琴堂朝跻书阁率尔见赠之作》：“桃源迷汉姓，松径有秦官。”

【漢苑】　借指皇家林园。郑愔《奉和幸上官昭容院献诗四首》之二：“尧茨姑射近，汉苑建章连。”张季略《小苑春望宫池柳色》：“韶光归汉苑，柳色发春城。”李商隐《令狐八拾遗见招送裴十四归华州》：“汉苑风烟吹客梦，云台洞穴接郊扉。”曹唐《病马五首呈吴十五先辈》之三：“未喷断云归汉苑，曾追轻练过吴门。”

【漢南】　❶山南东道的别名。孙逖《送魏骑曹充宇文侍御判官分按山南》：“观风布明诏，更是汉南春。”李商隐有《汉南书事》。皮日休有《吴中书事寄汉南裴尚书》。❷指襄阳(今湖北襄阳市)。山南东道治所在襄州,故名。张说有《过汉南城叹古坟》。孟浩然《与张折冲游耆阇寺》:"横行寒北尽,独步汉南来。"白居易《送冯舍人阁老往襄阳》:"莫恋汉南风景好,岘山花尽早归来。"薛逢有《送同年郑祥先辈归汉南》,题注:"时恩门相公镇山南。"❸为咏柳和感叹流年的典故。见北周庾信《枯树赋》。杜甫《柳边》:"汉南应老尽,霸上远愁人。"徐凝《浙东故孟尚书种柳》:"不似当时大司马,重来得见汉南春。"杜牧《柳长句》:"灞上汉南千万树,几人游宦别离中。"

【漢故城】 指汉代的长安城。在今陕西西安市西北龙首山麓。王绩有《过汉故城》。

【漢相】 (—xiàng)❶指汉高祖丞相萧何。张九龄《饯王尚书出边》:"汉相推人杰,殷宗伐鬼方。"❷指汉惠帝丞相曹参。温庭筠《鸿胪寺有开元中锡宴堂楼台池沼偶成四十韵》:"沈冥类汉相,醉倒疑楚狂。"❸指汉武帝丞相公孙弘。罗隐《暇日投钱尚父》:"望高汉相东西阁,名重淮王大小山。"李瀚《蒙求》:"魏储南馆,汉相东阁。"❹指晋相王衍。李商隐《有感二首》之一:"竟缘尊汉相,不早辨胡雏。"

【漢柱】 指汉灵帝题柱赞田凤事。参见"漢田郎"。沈佺期《酬苏员外味道夏晚寓直省中见赠》:"明朝题汉柱,三署有光辉。"

【漢界】 指国界。周繇《送边上从事》:"黄河穿汉界,青冢出胡沙。"张蠙《送卢尚书赴灵武》:"新地进图移汉界,古城遗碣见蕃书。"

【漢科】 借指国家法令。杨巨源《上裴中丞》:"六年西掖弘汤诰,三楼东堂总汉科。"

【漢皇】 汉朝皇帝。也暗指唐朝皇帝。李华《咏史十一首》之二:"汉皇修雅乐,乘舆临太学。"李正辞《赋得白云起封中》:"千年泰山顶,云起汉皇封。"白居易《长恨歌》:"汉皇重色思倾国,御宇多年求不得。"马戴《关山曲二首》之二:"犹闻汉皇怒,按剑待开边。"

【漢律】 犹"漢科"。皎然《今上初登极岁送皇甫孝廉赴选》:"北极天文正,东风汉律新。"

【漢風】 指汉地的风土习俗。姚鹄《送僧归新罗》:"汉风深习得,休恨本心违。"

【漢庭】 ❶汉朝或汉朝廷。刘长卿《淮上送梁二恩命追赴上都》:"贾生年最少,儒行汉庭闻。"张祜《昭君怨二首》之二:"汉庭无大议,戎虏几先和。"李商隐《四皓庙》:"本为留侯慕赤松,汉庭方识紫芝翁。"亦借指当朝。白居易《初到洛下闲游》:"汉庭重少身宜退,洛下闲居迹可逃。"又《早朝》:"汉庭方尚少,惭叹鬓如霜。"许浑《闻边将刘皋无辜受戮》:"却赖汉庭多烈士,至今犹自伏蒲轮。"❷指朝廷。李白《酬坊州王司马与阎正字对雪见赠》:"阎公汉庭旧,沈郁富才力。"钱起《过杨驸马亭子》:"衣冠在汉庭,台榭接天成。"刘禹锡《送从弟郎中赴浙西》:"汉庭无右者,梁苑重归欤。"张蠙《边情》:"圣主尚嫌蕃界近,将军莫恨汉庭遥。"

【漢音】 汉地的声调。吕敞《龟兹闻莺》:"娇非胡俗变,啼是汉音移。"

【漢帝】 犹"漢皇"。太宗《出猎》:"楚王云梦泽,汉帝长杨宫。"李益《从军有苦乐行》:"时逢汉帝出,谏猎至长杨。"李商隐《玄微先生》:"树栽嗤汉帝,桥板笑秦王。"邵谒《论政》:"朱云若不直,汉帝终自由。"

【漢津】 汉水。段成式、郑符《小小写真联句》:"复陇迷村径,重泉隔汉津。"

【漢室】 ❶汉朝。慧净《和卢赞府游纪国道场》:"日光通汉室,星彩晦周朝。"刘商《胡笳十八拍·第一拍》:"汉室将衰兮四夷不宾,动干戈兮征战频。"崔涂《赤壁怀古》:"汉室河山鼎势分,勤王谁肯顾元勋。"徐夤《闻司空侍郎讣音》:"园绮生虽逢汉室,巢由死不谒尧阶。"❷汉王室。王维《故太子太师徐公挽歌四首》之二:"齐侯疏土宇,汉室赖图书。"刘长卿《自夏口至鹦鹉洲夕望岳阳寄源中丞》:"贾谊上书忧汉室,长沙谪去古今怜。"

【漢宫】 汉朝宫殿。亦借指汉至唐历朝汉族政权的宫廷。陈叔达《听邻人琵琶》:"本是龙门桐,因妍入汉宫。"钱起《题秘书王迪城北池亭》:"西南汉宫月,复对绿窗琴。"苏郁《咏和亲》:"关山夜悬青冢镜,寒云秋薄汉宫罗。"韩琮《杨柳枝》:"那堪更想千年后,谁见杨花入汉宫。"

【漢宫人】 指赵飞燕。司空图《杨柳枝寿杯词十八首》之九:"客泪休沾汉水滨,舞腰羞杀汉宫人。"

【漢宫少年行】 乐府杂曲歌辞名。从古乐府《少年行》演变而来,专以宗室贵族子弟生活为题材。李益有《汉宫少年行》。

【漢宫妝】 即梅妆。韩偓《梅花》:"龙笛远吹胡地月,燕钗初试汉宫妆。"

【漢宫春】 调牌名。又名《庆千秋》等。双片九十六字,押平声韵。吕岩有《汉宫春》词。

【漢軍】 借指唐朝军队。张乔《河湟旧卒》:"十万汉军零落尽,独吹边曲向残阳。"韦庄《江上村居》:"闻道汉军新破虏,使来仍说近离京。"

【漢祖】 即汉高祖刘邦。王珪《咏汉高祖》:"汉祖起丰沛,乘运以跃鳞。"卢照邻《咏史四首》之一:"汉祖广招纳,一朝拜公卿。"戴叔伦《塞上曲二首》之一:"汉祖漫夸娄敬策,却将公主嫁单于。"杜牧《题青云馆》:"四皓有芝轻汉祖,张仪无地与怀王。"

【漢祖風】 指汉高祖的《大风歌》。参见"大風歌"。后作为帝王归故里的典故。玄宗《巡省途次上党旧宫赋》:"不学刘琨舞,先歌汉祖风。"

【漢祚】 汉朝的国运。刘宴《享太庙乐章》:“汉祚惟永,神功中兴。”杜甫《咏怀古迹五首》之五:“福移汉祚难恢复,志决身歼军务劳。”于濆《秦原览古》:“汉祚又千年,秦原草还绿。”徐夤《蜀》:“能均汉祚三分业,不负荆州六尺孤。”

【漢飛將】 指西汉李广。陶翰《旱王将军》:“尝闻汉飞将,可夺单于垒。”李益《赴邠宁留别》:“身承汉飞将,束发即言兵。”温庭筠《遐水谣》:“虏尘如雾昏亭障,陇首年年汉飞将。”

【漢珥貂】 汉代侍中、中常侍帽上所插的貂尾饰。亦借指汉代侍中、中常侍官。元稹《酬李浙西先因从事见寄之作》:“近日金銮直,亲于汉珥貂。”

【漢珮】 同“漢佩”。

【漢振】 即“漢震”,鼓名。元稹《新乐府·立部伎》:“胡部新声锦筵坐,中庭汉振高音播。”

【漢皋】 山名。在湖北襄阳市西北。相传为周人郑交甫遇二神女处。参见“汉佩”。孟浩然《初春汉中漾舟》:“羊公岘山下,神女汉皋曲。”李绅《新楼诗二十首·重台莲》:“游女汉皋争笑脸,二妃湘浦并愁容。”白居易《代书诗一百韵寄微之》:“心摇汉皋珮,洞堕岘亭碑。”陆龟蒙《奉和袭美暇日独处见寄》:“冷梦汉皋怀鹿隐,静怜烟岛觉鸿离。”

【漢高帝】 即汉高祖。刘叉《冰柱》:“又疑汉高帝,西方来斩蛇。”

【漢高祖】 即刘邦。王珪、于季子皆有《咏汉高祖》。

【漢高廟】 祭祀汉高祖刘邦的祠庙。故址在今陕西汉中市。李百药有《谒汉高庙》。唐彦谦有《南梁戏题汉高庙》。

【漢浦】 ❶即“漢皋”。薛能《赠歌者》:“汉浦蔑闻虚解佩,临邛焉用枉当垆。”❷代指孟浩然。孟浩然《冬至后过吴张二子檀溪别业》诗有“鸟泊随阳雁,鱼藏缩项鳊”之句。李群玉《石门韦明府为致东阳潭石鲫脍》:“太湖浪说朱衣鲋,汉浦休夸缩项鳊。”

【漢家】 汉代,汉室。亦借指本朝。灵一《项王庙》:“八千子弟归何处,万里鸿沟属汉家。”秦系《题章野人山居》:“向此隐来经几载,如今已是汉家朝。”鲍溶《辞辇行》:“汉家代久淳风薄,帝重微行极荒乐。”李频《朔中即事》:“自古边功何不立,汉家中外自相疑。”

【漢書】 史书名。东汉班固撰,其弟班超、妹班昭续补。全书分十二纪、八表、十志、七十列传,后人分为一百二十卷。白居易有《读汉书》。李商隐有《鄠杜马上念汉书》。

【漢掖】 汉朝后宫。郭元振《王昭君三首》之一:“自嫁单于国,长衔汉掖悲。”

【漢國】 ❶汉朝。唐人也借指本朝。骆宾王《夕次蒲类津》:“莫作兰山下,空令汉国羞。”张说《奉和圣制送金城公主适西蕃应制》:“戎王子婿宠,汉国舅家慈。”贺知章《送人之军》:“万里长城寄,无贻汉国忧。”杨凌《明妃怨》:“汉国明妃去不还,马驼弦管向阴山。”❷国都。杨炯《送郑州周司空》:“汉国临清渭,京城枕浊河。”

【漢畤】 汉代帝王祭天地、五帝的高台。西汉时在华阴县。崔颢《行经华阴》:“河山北枕秦关险,驿树西连汉畤平。”耿沣《旅次汉故畤》:“我行过汉畤,寥落见孤城。”

【漢章】 汉代的刑法。李益《送人流贬》:“汉章虽约法,秦律已除名。”

【漢將】 (—jiàng)汉代将军。也借指本朝将军。窦威《出塞曲》:“匈奴屡不平,汉将欲纵横。”李益《来从窦车骑行》:“汉将不封侯,苏卿劳远使。”杜牧《送王十至褒中因寄尚书》:“坛场新汉将,烟月古隋城。”

【漢陵】 汉代皇帝的陵寝。戴叔伦《赠徐山人》:“汉陵帝子黄金碗,晋代神仙白玉棺。”贾岛《京北原作》:“远山秦木上,清渭汉陵前。”皮日休《洛中寒食二首》之二:“洛水万年云母竹,汉陵千载野棠花。”崔涂《灞上》:“水侵秦甸阔,草接汉陵深。”

【漢陰】 ❶为识时知机的典故。见《庄子·天地》。陈子昂《题田洗马游岩桔槔》:“谁怜北陵井,未息汉阴机。”吴筠《题龚山人草堂》:“灭迹慕颍阳,忘机同汉阴。”杜甫《登舟将适汉阳》:“鹿门自此往,永息汉阴机。”权德舆《酬南园新亭宴会璩新第慰庆之作时任宾客》:“日抱汉阴翁,或成蝴蝶梦。”❷犹汉南。指襄阳。孟浩然《寻梅道士》:“我来从所好,停策汉阴多。”杜甫《喜晴》:“汉阴有鹿门,沧海有灵查。”李逢吉《奉送李相公重镇襄阳》:“海内埏埴遍,汉阴旆旆还。”李翱《奉酬刘言史宴光风亭》:“红袖青娥留永夕,汉阴宁肯羡山阴?”

【漢陰老】 即汉阴老父。汉末佚名隐士。为高士典故。张九龄《与生公寻幽居处》:“疑入武陵源,如逢汉阴老。”储光羲《过新丰道中》:“自愧无此容,归从汉阴老。”

【漢朝】 (—cháo)❶汉代。也借指本朝。杜甫《诸将五首》之一:“汉朝陵墓对南山,胡虏千秋尚入关。”贾岛《蒋亭和蔡湘州》:“潭连秦相井,松老汉朝根。”唐彦谦《曲江春望》:“汉朝冠盖皆陵墓,十里宜春汉苑花。”❷借指朝廷。李嘉祐《江湖秋思》:“共望汉朝多霈泽,苍蝇早晚得先知。”韦应物《相逢行》:“二十登汉朝,英声迈今古。”陆龟蒙《奉和袭美吴中言怀寄南海二同年》:“庭中必有君迁树,莫向空台望汉朝。”

【漢棧】 汉中通蜀的栈道。韩愈、孟郊《征蜀联句》:“汉栈罢嚣阗,獠江息澎汃。”陆龟蒙《寄怀华阳道士》:"初征汉栈宜飞檄,待破燕山好勒铭。"

【漢鼎】 汉代的铜鼎。鼎为礼器,多作为国家的象征。杜牧《故洛阳城有感》:"锢党岂能留汉鼎,清谈空解识胡儿。"司空图《杂题二首》之一:"若使只凭三杰力,犹应汉鼎一毫轻。"韦庄《喻东军》:"五运未教移汉鼎,六韬何必待秦师。"

【漢策】 汉代的史册。崔日用《奉和送金城公主适西蕃》:"受降追汉策,筑馆计戎和。"欧阳衮《秦原道中》:"缁化秦裘敝,尘惊汉策残。"

【漢陽】 ❶古郡名。东汉改西汉天水郡置。唐初改为成州(治今甘肃成县)。汉赵壹为汉阳西县人,因指代赵氏。骆宾王《幽挚书情通简知己》:"汉阳穷鸟客,梁浦卧龙才。"❷郡名。汉为江夏郡,隋为沔阳郡,唐置沔州,后改汉阳郡。治所在汉阳县,即今湖北武汉市汉阳区。李颀《送人归沔南》:"春饶汉阳梦,日寄武陵书。"刘禹锡《有所嗟二首》之二:"只应长在汉阳渡,化作鸳鸯一只飞。"李涉《早春霁后发头陀寺寄院长》:"红楼金刹倚晴冈,雨雪初收望汉阳。"李群玉《汉阳春晓》:"汉阳抱青山,飞楼映湘渚。"

【漢陽公主】 即李畅。顺宗长女。王建《宫词一百首》之五七:"走马犊车当御路,汉阳公主进鸡球。"

【漢皓】 唐诗人。《全唐诗选》卷中录其《对雨》断句一联。

【漢運】 借指国运。杜甫《述怀一首》:"汉运初中兴,生平老耽酒。"

【漢殿】 犹汉宫。李商隐《碧瓦》:"无双汉殿鬓,第一楚宫腰。"唐彦谦有《汉殿》。韦庄《和郑拾遗秋日感事一百韵》:"舜庭招谏鼓,汉殿上书囊。"徐夤《夜》:"剡川雪满子猷去,汉殿月生王母来。"

【漢疏】 指汉代的疏广和疏受叔侄。李林甫《送贺监归四明应制》:"挂冠知止足,岂独汉疏贤。"

【漢虜】 指本朝与敌国。杜甫《遣兴三首》之一:"汉虏互胜负,封疆不常全。"

【漢路】 指天空。汉,银河。韦庄《和郑拾遗秋日感事一百韵》:"汉路闲雕鹗,云衢驻骕骦。"

【漢嗣】 犹"漢儲"。唐彦谦《汉嗣》:"汉嗣安危系数君,高皇决意势难分。"

【漢節】 汉皇遣使所授予的节杖。李白《苏武》:"苏武在匈奴,十年持汉节。"李益《送客归振武》:"胡山通嗢落,汉节绕浑邪。"张籍《塞下曲》:"乌孙国乱多降胡,诏使名王持汉节。"李洞《蕃寇侵逼南归道中》:"敲关通汉节,倾府守河冰。"

【漢道】 汉代的道统。国祚。李密《淮阳感怀》:"秦俗犹未平,汉道将何冀。"冯待征《虞姬怨》:"谁误四面楚歌起,果知五星汉道雄。"

【漢源】 县名。唐置,以汉水得名,属陇右道成州。故城在今甘肃西部。杜甫《发秦州》:"汉源十月交,天气凉如秋。"

【漢壽】 古县名。东汉顺帝时建。故城在今湖南常德市东北。刘禹锡《汉寿城春望》:"汉寿城边野草春,荒祠古墓对荆榛。"

【漢酺】 借指御宴。张九龄《奉和圣制登封礼毕洛城酺宴》:"汉酺歌圣酒,韶乐舞熏风。"李白《流夜郎闻酺不预》:"汉酺闻奏钧天乐,愿得风吹到夜郎。"

【漢閣】 ❶指汉代扬雄校书的天禄阁。亦借指扬雄。卢照邻《同崔录事哭郑员外》:"凤词凌汉阁,龟辨罩周园。"杜甫《夔府书怀四十韵》:"文园终寂寞,汉阁自磷缁。"❷借指朝廷。沈彬《入塞二首》之二:"功多地远无人纪,汉阁笙歌日又曛。"

【漢語】 汉族的语言。岑参《与独孤渐道别长句兼呈严八侍御》:"花门将军善胡歌,叶河蕃王能汉语。"元稹《和李校书新题乐府十二首·缚戎人》:"中有一人能汉语,自言家本长城窟。"白居易《新乐府·缚戎人》:"自古此冤应未有,汉心汉语吐蕃身。"李洞《赠庞炼师》:"家住涪江汉语娇,一声歌戛玉楼箫。"

【漢寢】 汉帝的陵墓。卢照邻《七日登乐游故墓》:"汉寝眷遗灵,秦江想余吊。"许景先《奉和御制春台望》:"秦城连凤阙,汉寝疏龙殿。"

【漢網】 借指法网。李商隐《哭虔州杨侍郎》:"汉网疏仍漏,齐民困未苏。"

【漢燕】 家燕的别名。李贺《恼公》:"弄珠惊汉燕,烧蜜引胡蜂。"

【漢幟】 指本国军旗。李约《从军行三首》之三:"游军藏汉帜,降骑说蕃情。"

【漢儀】 汉官威仪。亦指中国的礼仪制度。杜甫《八哀诗·赠左仆射郑国公严公武》:"汉仪尚整肃,胡骑忽纵横。"刘禹锡《德宗神武孝文皇帝挽歌二首》之二:"汉仪陈秘器,楚挽咽繁声。"张乔《送宾贡金夷吾奉使归本国》:"渡海登仙籍,还家备汉仪。"殷文圭《寄广南刘仆射》:"汉仪一化南人后,牧马无因更夜闻。"

【漢劍】 指刘邦在芒砀山斩蛇的宝剑。传说晋时武库失火,人见此剑破屋飞去。李贺《出城寄权璩杨敬之》:"自言汉剑当飞去,何事还车载病身?"

【漢機】 指利禄之心。参见"漢陰❶"。李峤《田假限疾不获还庄赠杜幽素》:"彼美符商政,优游绝汉机。"

【漢魏】 西汉、东汉和三国魏的合称。杜甫《戏为六绝句》之三:"纵使卢王操翰墨,劣于汉魏近风骚。"韩愈、孟郊《城南联句》:"益大联汉魏,肇初迈周嬴。"

【漢營】 汉军驻地。也借指本国军队的营帐。

瘟庭筠《过五丈原》:“铁马云雕久绝尘,柳阴高压汉营春。”崔涂《已亥岁感事》:“正闻青犊起葭萌,又报黄巾犯汉营。”

【漢鞞】 同“漢鼙”。

【漢儲】 指刘邦的太子刘盈。李德裕《伊川晚眺》:“汉储何假终南客,闲里先生在谷中。”许浑《四皓庙》:“秦法欲兴鸿已去,汉储将废凤还来。”韦庄《寄从兄遵》:“不将高卧邀刘主,自吐清谈护汉储。”

【漢禮】 汉代礼法。李竦《长至日上公献寿》:“汉礼方传珮,尧年正捧觞。”刘禹锡《敬宗睿武昭愍孝皇帝挽歌三首》之一:“事亲崇汉礼,传圣法殷家。”

【漢闕】 汉代宫阙。亦借指朝廷。崔国辅《九日侍宴应制》:“尧尊列钟鼓,汉阙辟钩陈。”刘湾《李陵别苏武》:“李陵不爱死,心存归汉阙。”杜甫《赠李八秘书别三十韵》:“六龙瞻汉阙,万骑略姚墟。”无名氏《王昭君》(卷七八六):“朝辞汉阙去,夕见胡尘飞。”

【漢壘】 指汉、唐的塞上营垒。郎士元《送杨中丞和蕃》:“汉垒今犹在,遥知路不迷。”法振《河源破贼后赠袁将军》:“出关深汉垒,带月破蕃营。”李益《送常曾侍御使西蕃寄题西川》:“行当收汉垒,直可取蒲泥。”马戴《陇上独望》:“阴云藏汉垒,飞火照胡山。”

【漢雞】 为咏蜀中事物的典故。见《汉书·郊祀志下》。吴融《岐下闻杜鹃》:“怨已惊秦凤,灵应识汉鸡。”

【漢關】 汉、唐的边关。《薛将军歌》(卷八七四):“将军三箭定天山,战士长歌入汉关。”郑锡《千里思》:“渭水通胡苑,轮台望汉关。”

【漢鼙】 亦作“汉鞞”,指本国军队的战鼓声。皎然《从军行五首》之一:“汉鞞秋聒地,羌火昼烧云。”马戴《边城独望》:“河滩胡雁下,戎垒汉鼙惊。”

【漢靈】 东汉灵帝的省称。周昙《咏史诗·后汉门·献帝》:“汉灵早听侍中谏,安得献生称不辰?”

潢 〔huáng《广韵》胡光切,平唐,匣。〕❶积水。见“潢池”。❷银河。太宗《春日观海》:“积流横地纪,疏派引天潢。”许敬宗《奉和七夕宴悬圃应制二首》之二:“婺闺期今夕,娥轮泛浅潢。”高宗《七夕宴悬宴二首》之二:“霓裳转云路,凤驾俨天潢。”韦庄《和郑拾秋日感事一百韵》:“道孤悲海澨,家远隔天潢。”

【潢汙】 (—wū)亦作“潢污”“潢洿”。积聚不流之水。钱起《酬刘员外雨中见寄》:“潢污三径绝,砧杵四邻稀。”刘禹锡《酬皇甫十少尹暮秋久雨喜晴有怀见示》:“扫开云雾呈光景,流尽潢污见路歧。”李群玉《酬崔表仁》:“不应长啄潢污水,早晚归飞碧落云。”贯休《鼓腹曲》:“有酒如浊醽兮呼我吃,往往醉倒潢洿之水边兮人尽识。”亦自喻浅陋。权德舆《酬别蔡十二见赠》:“潢污忽朝宗,传骑令载奔。”

【潢污】 参见“潢汙”。

【潢池】 积水小池。《汉书·循吏·龚遂传》:“(宣帝)谓遂曰:‘渤海废乱,朕甚忧之。君欲何以息其盗贼,以称朕意?’遂对曰:‘海濒遐远,不沾圣化,其民困于饥寒而吏不恤,故使陛下赤子盗弄陛下之兵于潢池中耳。’”后以“潢池”为造反叛乱的典故。元稹《纪怀赠李六户曹崔二十功曹五十韵》:“每想潢池寇,犹稽赤族惩。”吕从庆《草堂坐雨》:“远望潢池上,萧然洗甲兵。”

【潢洿】 参见“潢汙”。

【潢星】 天潢星。指皇室贵胄。张说《奉和圣制送金城公主适西蕃应制》:“青海和亲日,潢星出降时。”

【潢潦】 (—lǎo)雨后积水。刘长卿《送元八游汝南》:“潢潦今正深,陂湖未澄碧。”韩愈《符读书城南》:“潢潦无根源,朝满夕已除。”姚合《酬任畴协律夏中苦雨见寄》:“青蛙多入户,潢潦欲胜舟。”徐夤《休说》:“时来不怕沧溟阔,道大却忧潢潦深。”

滿 〔mǎn《广韵》莫旱切,上缓,明。〕❶充满,布满。孟浩然《宿业师山房期丁大不至》:“松月生夜凉,风泉满清听。”顾况《团一章》:“为臧为获,致金满屋。”刘禹锡《奉送浙西李仆射相公赴镇》:“建节东行是旧游,欢声喜气满吴州。”刘沧《旅馆书怀》:“落叶虫丝满窗户,秋堂独坐思悠然。”❷充盈,充足。许敬宗《拟江令于长安归扬州九日赋》:“菊花应未满,请待诗人开。”王勃《落花落》:“落花春正满,春人归不归?”朱庆余《观涛》:“云日半阴川渐满,客帆皆过浪难平。”李郢《酬王舍人雪中见寄》:“三日柴门拥不开,阶庭平满白皑皑。”❸足,满足。太宗《春日望海》:“怀卑运深广,持满守灵长。”杜甫《骢马行》:“朝来久试华轩下,未觉千金满高价。”陆龟蒙《惜花》:“人寿期满百,花开唯一春。”❹达到,完成。吕岩《答僧见》:“行满逢莱为别馆,道成瓦砾尽黄金。”❺达到期限。王勃《送卢主簿》:“城阙居年满,琴尊俗事稀。”李嘉祐《送房明府罢长宁令湖州客舍》:“未满先求退,归闲不厌贫。”白居易《病免后喜除宾客》:“卧在漳滨满十旬,起为商皓伴三人。”贾岛《送邹明府游灵武》:“债多平剑与,官满载书归。”❻特指拉足弓弦。苏涣《变律》之二:“右手持金丸,引满无所疑。”戎昱《观卫尚书九日对中使射破的》:“腕回金镞满,的破绿弦低。”张祜《华清宫和杜舍人》:“下箭朱弓满,鸣鞭皓腕攘。”❼特指月圆。王湾《奉和贺监林月清韵》:“华月当秋满,朝英假兴同。”李白《寻阳送弟昌峒鄱阳司马作》:“与尔期此亭,期在秋月满。”韦应物《拟古诗十二首》之六:“月满秋夜长,惊鸟号北林。”韩翃《经月岩山》:“中有月轮满，皎洁如圆珪。”❸全，遍。刘长卿《杂咏八首上礼部李侍郎·幽琴》：“月色满轩白，琴声宜夜阑。”戴叔伦《妻亡后别妻弟》：“杨柳青青满路垂，赠行惟折古松枝。”张碧《农父》：“运锄耕斫侵星起，陇亩丰盈满家喜。”韦庄《览萧必先卷》：“满轴编新句，翛然大雅风。”

【满上人】　指智满。庐山东林寺僧。元和十二年四月四日，智满等十八人在东林寺举行法会。见《全唐文》卷六七五白居易《游大林寺序》。白居易有《宿西林寺早赴东林满上人之会同寄崔二十二员外》。

【满口】　口口声声。陆龟蒙《杂讽九首》之三：“至今东方生，满口自夸白。”

【满子】　最小的子女。陈裕《咏浑家乐二首》之二：“满子面甜糖脆饼，萧娘身瘦鬼常娥。”

【满月】　❶农历每月十五夜的圆月。骆宾王《送郑少府入辽共赋侠客远从戎》：“满月临弓影，连星入剑端。”李白《赠宣城宇文太守兼呈崔侍御》：“弯弓绿弦开，满月不惮坚。”杜甫《七月三日亭午已后较热退晚加小凉稳睡有诗因论壮年乐事戏呈元二十一曹长》：“长鈚逐狡兔，突羽当满月。”顾况《从军行二首》之一：“长弓挽满月，剑华霜雪明。”❷婴儿出生满一个月。李峤有《中宗降诞日长宁公主满月侍宴应制》。杜审言有《岁夜安乐公主满月侍宴应制》。张籍《哭胡十八遇》：“幼子见才满月，选书知写未呈人。”白居易《小岁日喜谈氏外孙女孩满月》：“新年逢吉日，满月乞名时。”

【满内】　整个后宫。李商隐《和郑愚赠汝阳王孙家筝妓二十韵》：“满内不扫眉，君王对西子。”

【满目】　充满视野。王维《登裴秀才迪小台》：“端户不出户，满目望云山。”郎士元《送粲上人兼寄梁镇员外》：“连空朔气横秦苑，满目寒云隔灞陵。”牟融《送范启东还京》：“萧萧行李上征鞍，满目离情欲去难。”韦庄《长安旧里》：“满目墙匡春草深，伤时伤事更伤心。”

【满耳】　盈耳。听觉为一种声音所充塞。郭震《蛩》：“苦吟莫向朱门里，满耳笙歌不听君。”岑参《客舍悲秋有怀两省旧游呈幕中诸公》：“不知心事向谁论？江上蝉鸣空满耳。”白居易《禁中闻蛩》：“西窗独暗坐，满耳新蛩声。”赵嘏《宛陵寓居上沈大夫二首》之一：“满耳歌谣满眼山，宛陵城郭翠微间。”

【满地】　❶遍地。窦庠《冬夜寓怀寄王翰林》：“满地霜叶芜下枝，几回吟断《四愁诗》。”邵楚苌《题马侍中燧木香亭》：“横汉碧云歌处断，满地花钿舞时落。”刘沧《宿苍溪馆》：“满地莓苔生近水，几株杨柳自成阴。”李习《凌云寺》：“僧禅寂寂无人迹，满地落花春又过。”❷到处。王维《哭祖六自虚》：“满地传都赋，倾朝看药船。”白居易《杨家南亭》：“小亭门向月斜开，满地凉风满地苔。”

【满把】　一束，指一手能握的数量。崔橹《村路菊花》：“不得重阳节，虚将满把看。”

【满足】　心满意足。刘峒《津阳门诗》：“朱衫马前未满足，更驱武卒罗旌旗。”

【满城】　县名。汉为北平县地，北魏改永乐县，唐天宝元年改满城县。故城在今河北满城县城西。张籍有《送杨少尹赴满城》。

【满盈】　❶充盈，充足。徐夤《尚书·命题瓦砚》：“洗处无瑕玷，添时识满盈。”❷自满。齐己《渚宫莫问诗一十五首》之五：“满盈如不戒，倚伏更何疑。”❸谓到尽头。陈子昂《感遇诗三十八首》之一三：“青春始萌达，朱火已满盈。”李商隐《送千牛李将军赴阙五十韵》：“神鬼收昏黑，奸凶首满盈。”

【满宫花】　词牌名。多写宫廷生活。双调，前后阕各五句，共五十字。魏承班、尹鹗皆有此调词作。

【满酌】　斟满酒杯。卢象《送祖咏》：“满酌野人酒，倦闻邻女机。”权德舆《敕赐长寿酒因口号以赠》：“满酌共君醉，一杯千万春。”李绅《州中小饮便别牛相》：“愁不解颜徒满酌，病非伤肺为忧怀。”毛文锡《酒泉子》词：“柳丝无力袅烟空，金盏不辞须满酌。”

【满挽】　弓弦拉到极点。刘禹锡《送裴处士应制举诗》：“古称射策如弯弧，一发偶中何时无？由来草泽无忌讳，努力满挽当亨衢。”

【满座】　❶坐满位子。李颀《行路难》：“宾客填街复满座，片言出口生辉光。”颜真卿、李崿《七言乐语联句》：“苦河既济真僧喜，新知满座笑相视。”❷整个集会场所。崔颢《孟门行》：“金罍美酒满座春，平原爱才多众宾。”❸指所有在座的人。白居易《和令狐仆射小饮听阮咸》：“古调何人识，初闻满座惊。”罗邺《牡丹》：“歌钟满座争欢赏，肯信流年鬓有华。”

【满规】　指正圆。韩愈《玩月喜张十八员外以王六秘书至》：“前夕虽十五，月长未满规。”

【满望】　满足所望。吴融《祝风三十二韵》：“吁余将四十，满望只如此。”

【满意】　心意得到满足。陆龟蒙《奉和袭美公斋四咏次韵·小桂》：“才高不满意，更自寒山移。”

【满魄】　满月。薛能《中秋夜寄李溟》：“满魄断埃氛，牵吟并舍闻。”

【满輪】　喻满月。卢纶《奉和太常王卿酬中书李舍人中书寓直春夜对月见寄》：“虚晕入池波自泛，满轮当苑桂多香。”

【满籯】　满筐。为教子有方的典故。见《汉书·韦贤传》。王勃《伤裴录事丧子》：“芝焚空叹息，流恨满籯金。”李峤《经》：“青紫方拾芥，黄金徒满籯。”权德舆《奉和韦谏议奉送水部家兄呈两省阁老院长》：“人望皆同照乘宝，家风不重满籯金。"李瀚《蒙求》："韦贤满籯，夏侯拾芥。"

【滿懷】 ❶充满前胸。薛逢《醉春风》："洛阳风俗不禁街，骑马夜归香满怀。"赵嘏《今年新先辈以遏密之际每有宴集必资清谈书此奉贺》："满怀春色向人动，遮路乱花迎马红。"南唐后主李煜《句》："揖让月在手，动摇风满怀。"❷指整个前胸。褚载《投节度邢公》："一卷新书满怀泪，频来门馆诉饥寒。"

【滿斟】 满酌。魏承班《玉楼春》词之二："玉斝满斟情未已，促坐王孙公子醉。"

【滿歲】 任职期满。羊士谔《寄黔府窦中丞》："满岁归龙阙，良哉伫作歌。"

【滿滿】 充盈貌。裴翛然《夜醉卧街》："遮莫鼕鼕动，须倾满满杯。"李商隐《河内诗二首》之二："閶门日下吴歌远，陂路绿菱香满满。"韦庄《对雨独酌》："榴花新酿绿于苔，对雨闲倾满满杯。"又《长干塘别徐茂才》："乱离时节别离轻，别酒应须满满倾。"

【滿眼】 满目。李绅《却入泗口》："望深江汉连天远，思起乡闾满眼愁。"白居易《登乐游园望》："车马徒满眼，不见心所亲。"李商隐《天津西望》："天津西望肠真断，满眼秋波出苑墙。"皮日休《奉和鲁望同游北禅院》："云林满眼空羁滞，欲对弥天却自伤。"

【滿勸】 斟满酒杯劝人痛饮。吕岩《七言》之九九："雨雪霏霏天已暮，金钟满劝抚焦桐。"

【滿聽】 满耳。韩愈《送文畅师北游》："出其囊中文，满听实清越。"

漆 〔qī《广韵》親吉切，入質，清。〕❶水名。今名漆水河，在陕西境。见"漆沮"。❷木名。落叶乔木，割干取汁，可作涂料。王维《燕子龛禅师》："种田烧白云，斫漆响丹壑。"杜甫《遣兴五首》之三："漆有用而割，膏以明自煎。"柳宗元《冉溪》："却学寿张樊敬侯，种漆南园待成器。"喻凫《送贾岛往金州谒姚员外》："溪沥椒花气，岩盘漆叶阴。"❸漆树之汁。骆宾王《畴昔篇》："不应白发顿成丝，直为黄沙暗如漆。"韦应物《宝观主白鸜鹆歌》："鸜鹆鸜鹆，众皆如漆。"李贺《长平箭头歌》："漆灰骨末丹水沙，凄凄古血生铜花。"皮日休《太湖诗·投龙潭》："气涌扑炱煤，波澄扫纯漆。"❹涂漆，蘸漆写。刘行敏《嘲李叔慎贺兰僧伽杜善贤》："叔慎骑乌马，僧伽把漆弓。"孟郊《题韦少保静恭宅藏书洞》："书秘漆文字，匣藏金蛟龙。"白居易《宿秋曲花下》："篮舆为卧舍，漆盝是行厨。"周贺《送宗禅师》："老大又思归岳里，当时来漆祖师身。"❺黑。曹松《拜访陆处士》："吟鬓渐无前度漆，寝衣犹有昨宵云。"贯休《轻薄篇二首》之二："不觉朱蔫脸红，霜劫鬓漆。"

【漆身】 以漆涂身。为忍辱报恩的典故。见《战国策·赵策一》。凝裕之《四色》之四："漆身恩未报，貂裘弊岂嫌。"

【漆林渡】 渡口名。故址在今安徽泾县。李白《早过漆林渡寄万巨》："西径大蓝山，南来漆林渡。"

【漆炬】 用干漆做的蜡烛。李贺《感讽五首》之三："漆炬迎新人，幽塘萤扰扰。"

【漆沮】 漆水和沮水的合称。耿沣《酬畅当》："同游漆沮后，已是十年余。"吕温《登少陵原望秦中诸川太原王至德妙用有水术因用感叹》："泾灞徒络绎，漆沮虚会同。"刘禹锡《酬郑州权舍人见寄十二韵》："人从橘柣至，书到漆沮旁。"

【漆室憂葵】 为忧国忧民的典故。见《列女传·鲁漆室女传》。李瀚《蒙求》："宿瘤采桑，漆室忧葵。"

【漆書】 用漆写的简书。皮日休《虎丘寺殿前有古杉一本形忧丑怪遂赋三百言以见志》："漆书明古本，铁室抗金师。"

【漆貨】 指漆器。许棠《送防州邬员外》："椒香近满郭，漆货远通京。"

【漆園】 ❶古地名。战国庄周为吏之处。其地说者纷纭，有河南商丘、山东菏泽、安徽定远诸说。孟浩然《与王昌龄宴王道士房》："漆园有傲吏，惠好在招呼。"李白《赠从弟冽》："自居漆园北，久别咸阳西。"高适《途中酬李少府赠别之作》："种瓜漆园里，凿井卢门边。"张观《过衡山赠廖处士》："未向漆园为傲吏，定应明代作征君。"❷指庄子。陆龟蒙《孤雁》："漆园《逍遥》篇，中亦载斥鷃。"李中《经古观有感》："漆园化蝶名空在，柱史犹龙去不归。"

【漆園人】 指庄子。庄子曾为漆园吏。钱起《县中池竹言怀》："却愁丹凤诏，来访漆园人。"蒋防《至人无梦》："翛然碧霞客，那此漆园人？"

【漆園吏】 指庄子。高适《宋中十首》之七："逍遥漆国吏，冥没不知年。"独孤及《得柳员外书封寄近诗书中兼报新主行营兵马因代书戏答》："说剑尝宗漆园吏，戒严应笑棘门军。"韩愈《赠崔立之》："好事漆园吏，书之存雄词。"

【漆園叟】 指庄子。吕温《同舍弟恭步暮寄晋州李六协律三十韵》："闲过漆园叟，醉看五陵儿。"

【漆園書】 指《庄子》。李德裕《重忆山居六首·漏潭石》："常疑六合外，来信漆园书。"

【漆園經】 指《庄子》。齐己《新秋雨后》："逍遥向谁说？时泣漆园经。"

【漆燈】 燃漆取明的灯具。李商隐《十字水期韦潘侍御同年不至时韦寓居水次故郭汾宁宅》："漆灯夜照真无数，蜡炬晨炊竟未休。"《深彬圹篆》(卷八七五)："漆灯犹未灭，留待沈彬来。"刘昭禹《句》："漆灯寻黑洞，之字上危峰。"

漸[1] 〔jiàn《广韵》慈染切，上琰，從。〕❶缓进，逐步。独孤及《送江陵金少卿赴府任》："固是攀云漸，何嗟趋府劳。"白居易《叹老三首》之一："万化成于漸，漸衰看不觉。"❷逐漸发展的过程。白居易《新乐府·牡丹芳》："重华直至牡丹芳，其来有漸非今日。"罗隐《酬丘光庭》："祸生有基妖有漸，翠华西幸蒙尘埃。"❸疏导。玄宗《游兴庆宫》："时康俗易漸，德薄政难施。"❹开端。张祜《读西汉书十四韵》："元、成真漸地，哀、少卒崩天。"❺依照次序。白居易《戊申岁暮咏怀三首》之一："犹被妻儿教漸退，莫求致仕且分司。"❻成长，滋长。见"漸苞"。❼逐漸。岑参《故仆射裴公挽歌三首》之三："遥知九原上，漸觉吊人稀。"元稹《会真诗三十韵》："遥天初缥缈，低树漸葱茏。"李商隐《杨本胜说于长安见小男阿衮》："漸大啼应数，长贫学恐迟。"于武陵《夜寻僧不遇》："数歇度烟水，漸非尘俗间。"❽正，正当。杜甫《白帝城楼》："彝陵春色起，漸拟放扁舟。"戴叔伦《客舍秋怀呈骆正字士则》："设被浮名系，归休漸欲迟。"刘威《早秋游湖上亭》："漸爱湖光冷，移舟月满空。"韦庄《江城子》词之二："出兰房，别檀郎，角声呜咽，星斗漸微茫。"

漸[2] 〔jiān《广韵》子廉切，平鹽，精。〕❶流入。张辞《上盐城令述德诗》："今日东漸桥下水，一条从此镇常清。"❷沾湿。韩愈《朝归》："顾影听其声，赪颜汗漸背。"❸沾染。见"漸₂染"。

【漸次】 逐漸。郑谷《江行》："殷勤听渔唱，漸次入吴音。"

【漸苞】 不断滋长丛生。孙逖《和左卫武仓曹卫中对雨创韵赠右卫李骑曹》："院暑便清旷，庭芜觉漸苞。"

【漸₂染】 滋润沾染。喻潜移默化。李绅《至宣武三十韵》："教通因漸染，人悦尚和平。"

【漸陸】 漸漸迁至岸上。参见"漸鸿"。骆宾王《初秋登王司马楼宴得同字》序："鸿飞漸陆，流断吹以来寒；鹤鸣在阴，振中天而警露。"

【漸階】 依官阶而漸次迁升。韩愈《答张彻》："漸阶群振鹭，入学诲螟蛉。"

【漸₂臺】 台名。故址在今陕西长安县。刘希夷《谒汉世祖庙》："春陵气初发，漸台首未传。"鲍溶《辞辇行》："千年名姓香氛氲，漸台水死何伤闻。"

【漸漸】 逐漸。太宗《赋得白日半西山》："岑霞漸漸落，溪阴寸寸生。"张籍《早春病中》："更怜晴日色，漸漸暖贫居。"杜牧《寄浙西李判官》："燕台上客意何如？四五年来漸漸疏。"罗隐《寄韦赡》："风催晚雁看看别，雨胁秋蝇漸漸痴。"

【漸₂漸】 （一jiān）❶吐穗貌。王维《送李睢阳》："麦漸漸，雉子斑；槐阴阴，到潼关。"胡宿《淮南王》："云中鸡犬无消息，麦秀漸漸遍故墟。"❷流淌貌。孟浩然《庭橘》："凝霜漸漸水，庭橘似悬金。"韩愈《苦寒》："中宵倚墙立，淫泪何漸漸。"

【漸鸿】 从水中到岸上的鸿雁。为仕进有序的典故。见《易·漸》。长孙佐辅《闻韦驸马使君迁拜台州》："无阶异漸鸿，有志漸驯鸥。"

漕 〔cáo《广韵》昨劳切，平豪，從。又在到切，去号，從。〕❶水道运输粮草。韩愈《荐士》："通波非难图，尺地易可漕。"元稹《和李校书新题乐府十二首·阴山道》："万束刍茭供旦著，千钟菽粟长牵漕。"❷指漕河。卢仝《冬行三首》之二："漕石生齿牙，洗滩乱相掫。"❸指掌管漕运的主要官吏。王揆《长沙六快诗》："然此一郡内，所乐人才六：漕与二宪僚，守连两通属。"

【漕水】 即漕河。李颀《送王昌龄》："漕水东去远，送君多暮情。"

【漕引】 漕运。李白《登黄山凌歊台送族弟溧阳尉济充泛舟赴华阴》："漕引救关辅，疲人免涂泥。"

【漕河】 以漕运为主的河道。岑参《偃师东上韩樽同诣景云晖上人即事》："烟深草湿昨夜雨，雨后秋风渡漕河。"

【漕橋】 桥名。又名漕渠桥、通济桥，在洛阳。因跨漕渠，故名。隋大业初造。苏颋有《奉和圣制漕桥东送新除岳牧》。

漱 〔shù《广韵》蘇奏切，去候，生。又所祐切，去宥，生。〕❶含水冲洗口腔。李白《望庐山瀑布二首》之一："无论漱琼液，还得洗尘颜。"司空曙《苦热》："漱泉齐饮酎，衣葛剧兼裘。"周贺《送陆判官防秋》："瀑浪行时漱，边笳语次闻。"薛能《泛觞池》："便应半酣后，清冷漱兼云。"❷洗涤。皮日休《鲁望读襄阳耆旧传见赠五百言次韵》："粤自灵均来，清才若天漱。"王贞白《芦苇》："惹烟轻弱柳，蘸水漱清蒲。"❸冲刷，冲荡。苏味道《九江口南济北接蕲春南与浔阳岸》："近漱湓城曲，斜吹蠡泽隈。"杜甫《三川观水涨二十韵》："漂沙坼岸去，漱壑松柏秃。"李德裕《重忆山居六首·巫山石》："此中多怪石，日夕漱寒流。"徐夤《和尚书咏泉山瀑布十二韵》："寒漱绿阴仙桂老，碎流红艳野桃夭。"❹吮吸，饮。骆宾王《和王记家从赵王春日游陀山寺》："雕谈签奥旨，妙辩漱玄津。"卢鸿一《嵩山十志十首·云锦淙》："漱灵液兮乐天休，实获我心兮夫何求？"杜甫《幽人》："咽漱元和津，所思烟霞微。"张祜《陪楚州韦舍人北闻门游宴》："赌气连呼采，麋心乍漱醪。"

【漱口】 用清水冲洗口腔。王维《胡居士卧病遗米因赠》："斋时不乞食，定应空漱口。"姚合《寄灵一律师》："童子病来烟火绝，清泉漱口过斋时。"

【漱玉】 谓泉落石上，声如敲玉。刘长卿《戏赠干越尼子歌》："却对香炉闲诵经，春泉漱玉寒泠泠。"张贾《和太原山亭怀古诗》："中庭起崖谷，漱玉下涟漪。"贾岛《雨后宿刘司马池上》："蓝溪秋漱玉，此地涨清澄。"方干《叙龙瑞观胜异亭于尊师》："夜溪漱玉常堪听，仙树垂珠可要攀。"

【漱石】 ❶冲刷岩石。卢纶《春日过李侍御》："折花朝露滴，漱石野泉清。"李德裕《思平泉树石杂咏一十首·叠石》："潺湲桂水湍，漱石多奇状。"方干《石门瀑布》："奔倾漱石亦喷苔，此是便随元化来。"李中《泉》："漱石苔痕滑，侵松鹤梦凉。"❷为善于应对的典故。见南朝宋刘义庆《世说新语·排调》。李瀚《蒙求》："孙楚漱石，郝隆晒书。"

【漱流】 以流水漱口，形容隐逸或幽居生活。上官昭容《游长宁公主流杯池二十五首》之一二："漱流清意府，隐几避嚣氛。"王维《纳凉》："漱流复濯足，前对钓鱼翁。"陆龟蒙《句》："但说漱流并枕石，不辞蝉腹与龟肠。"李洞《题玉芝赵尊师院》："漱流星入齿，照镜石差肩。"

【漱滌】 洗涤。白居易《官舍内新凿小池》："清浅可狎弄，昏烦聊漱涤。"

【漱齒】 洗牙齿。李华《云母泉诗》序："发如乳重，末派如淳浆，烹茶、浙蒸、灌园、漱齿皆用之。"戎昱《送吉州阎使君入道二首》之二："冰容入镜纤埃静，玉液添瓶漱齿寒。"章孝标《方山寺松下泉》："注瓶云母滑，漱齿茯苓香。"刘沧《送元叙上人归上党》："薄暮焚香临野烧，清晨漱齿涉寒流。"

【漱盥】 漱口洗手。皎然《春夜赋得漉水囊歌送郑明府》："夕望东峰思漱盥，昽昽斜月悬灯纱。"

漚[1] 〔òu《广韵》烏候切，去候，影。〕❶长时间浸泡。见"漚麻"。❷指沤麻。王建《送于丹移家洺州》："耕者求沃土，沤者求深源。"

漚[2] 〔òu《广韵》烏候切，去候，影。〕水中浮沫。许敬宗《奉和咏雨应诏》："飘丝交殿网，乱滴起池沤。"皎然《南湖春泛有客自北至说友人岑元和见怀因叙相思之志以寄焉》："深见人间世，飘如水上沤。"张祜《和岳州徐员外云梦新亭二十韵》："树失湘潭发，山明楚塞沤。"司空图《诗品二十四则·含蓄》："悠悠空尘，忽忽海沤。"

【漚苧】 沤麻。秦系《题镜湖野老所居》："沤苎成鱼网，枯根是酒卮。"

【漚麻】 将麻皮浸泡在水中，使之发酵变软以便于编织。祖咏《汝坟山庄留别卢象》："沤麻入南涧，刘表向东菑。"白居易《闲坐》："沤麻池水里，晒枣日阳中。"

【漚菅】 水泡茅草使之柔韧。元稹《台中鞫狱忆开元观旧事呈损之兼赠周兄四十韵》："阳坡自寻蕨，村沼看沤菅。"

漂[1] 〔piāo《广韵》撫招切，平宵，滂。〕❶浮，漂流。李白《楚江黄龙矶南宴杨执戟治楼》："一见醉漂月，三杯歌棹沤。"孟郊《浮石亭》："曾是风雨力，崔巍漂来时。"姚合《题宣义池亭》："花落能漂酒，萍开解避船。"罗隐《边夜》："光景漂如水，生涯转似蓬。"❷冲走，冲毁。杜甫《三川观水涨二十韵》："漂沙拆岸去，漱壑松柏秃。"皮日休《太湖诗·包山祠》："积雨晦州里，流波漂稻粱。"沈徽《古兴二首》之一："如何摧秀木，正为余波漂？"❸犹飘。李颀《题合欢》："黄衫漂细蕊，时拂女郎砧。"罗隐《燕》："不必嫌漂露，何妨养羽毛。"王贞白《下地日倚陆侍郎御宴赋得落花》："何处是落花，漂泥与藉沙。"齐己《送人赴官》："照砚花光淡，漂书柳絮干。"❹流浪。见"漂离"。

漂[2] 〔piǎo《广韵》匹妙切，去笑，滂。《集韵》匹沼切，上小，滂。〕冲洗。见"漂₂母"。

【漂₂母】 漂洗衣物的老妇。为感恩典故。见《史记·淮阴侯列传》。李白《赠新平少年》："千金答漂母，万古共嗟称。"

【漂沛】 漂流。韩愈、孟郊《秋雨联句》："地镜时昏晓，池星竟漂沛。"

【漂冏】 浮动闪亮。孟郊《石淙》之九："潜角时耸光，隐鳞乍漂冏。"

【漂沈】 （—chén）❶漂泊沉沦。白居易《初入峡有感》："自古漂沈人，岂尽非君子？"❷沉没。李绅《泛五湖》："漂沈自讵保，覆溺心长判。"❸浮沉。元稹《春六十韵》："漂沈随坏芥，荣茂委苍穹。"

【漂杵】 血流成河，能把舂杵浮起来，形容战争残酷。语见《书·武成》。李峤《戈》："富父舂喉日，殷辛漂杵年。"韦庄《辛丑年》："九衢漂杵已成川，塞上黄云战马闲。"

【漂泊】 （—bó）❶随流行止。张抃《题衡阳泗州寺》："漂泊渐摇青草外，乡关谁念雪园东。"陈存《楚州赠周愿侍御》："漂泊楚水来，舍舟坐高馆。"李德裕《忆金门旧游寄江西沈大夫》："人事升沉才十载，宦游漂泊过千峰。"罗虬《比红儿诗》之五六："一首长歌万恨来，惹愁漂泊水难回。"❷喻颠沛流离，行踪不定。高适《和崔二少府登楚丘城作》："绕梁即襟带，封卫多漂泊。"孟郊《病客吟》："丈夫久漂泊，神气自然沈。"白居易《孟夏思渭村旧居寄舍弟》："殊方我漂泊，旧里君幽独。"马戴《抒情留别并州从事》："年长惭漂泊，恩深惜别离。"

【漂浮】 ❶随波行止。韩愈《送灵师》："浪沫蹙翻涌，漂浮再生金。”❷行踪无定。孟郊《隐士》：“本末一相返，漂浮不还真。”

【漂流】 ❶漂浮流动。无名氏《晚秋登城之作》(外编上)之一：“漂流空叹东溪水，倏忽仍嗟西岭阴。”❷行踪无定。白居易《东南行一百韵寄通州元九侍御窦七校书》：“漂流随大海，锤锻任洪炉。”又《题年相公归仁里宅新成小滩》：“曾作天南客，漂流六七年。”牟融《寄范使君》：“心上惟君知委曲，眼前独我逐漂流。”

【漂寄】 犹“漂寓”。刘商《醉后》：“醒来还爱浮萍草，漂寄官河不属人。”

【漂麥】 汉高凤妻晒麦于庭，令凤看麦，凤持书诵读，时天暴雨，凤竟不觉。见《后汉书·逸民传·高凤》。后以为专心致志的典故。李瀚《蒙求》：“常林带经，高凤漂麦。”

【漂梗】 随水流漂荡的桃枝。语出《战国策·刘策三》。喻流落不定。辛常伯《军中行路难》：“漂梗飞蓬不暂安，扪萝引葛陟危峦。”杜甫《征夫》：“漂梗无安地，衔枚有荷戈。”徐凝《问渔叟》：“生事同漂梗，机心在野船。”杜牧《牧陪昭应卢郎中在江西西宣州佐成二十二韵用以投寄》：“聚散真漂梗，光阴极转邮。”

【漂旋】 (—xuán)水流的漩涡。李贺《易谷诗》：“漂旋弄天影，古桧拏云臂。”

【漂淪】 ❶漂流。寒山《诗三百三首》之二九九：“济渡不造筏，漂沦为采花。”❷漂泊流落。郭震《古剑篇》：“何言中路遭弃捐，零落漂沦古狱边。”韦应物《答王郎中》：“髦士久台阁，中路一漂沦。”白居易《对镜吟》：“三殿失恩宜放弃，九宫推命合漂沦。”徐铉《送薛少卿赴青阳》：“我志两不逐，漂沦浩无涯。”❸没落不振。孟郊《答姚忿见寄》：“大雅难具陈，正声易漂沦。”

【漂萍】 浮萍随水漂流。喻浪迹四方，踪迹无定。杜甫《东屯月夜》：“抱疾漂萍老，防边旧谷屯。”元稹《饮致用神曲酒三十韵》：“但令长泛蚁，无复恨漂萍。”李群玉《将之吴越留别坐中文酒诸侣》：“明朝即漂萍，离憾无由宣。”

【漂渺】 犹缥缈。管雄甫《戛玉有余声》：“漂渺浮烟远，温柔入耳轻。”

【漂然】 ❶浪游貌。杜甫《赠蜀僧闾丘师兄》：“漂流薄游倦，始与道侣敦。”❷流滴貌。元稹有《公安县远安寺水亭见展公壁漂然泪流因书四韵》。

【漂寓】 漂泊寄居。杜甫《送高司直寻封阆州》：“伏枕闻别离，畴能忍漂寓。”戎昱《湖南春日二首》之二：“三湘漂寓若流萍，万里湘乡隔洞庭。”

【漂零】 流落无定。杜甫《惜别行送向卿进奉端午御衣之上都》：“卿到朝廷说老翁，漂零已是沧浪客。”白居易《送客南迁》：“谁人劝言笑，何计慰漂零。”张祜《江南杂题三十首》之九：“悲伤自心语，谁复念漂零？”郑谷《漂泊》：“十口漂零犹寄食，两川消息未休兵。”

【漂溺】 淹没。韦应物《使云阳寄府曹》：“百里次云阳，闾阎问漂溺。”

【漂漂】 ❶浮动貌。刘长卿《赠元容州》：“何事沧波上，漂漂逐海槎。”陆龟蒙《和袭美友人许惠酒以诗征文》：“冻醪初漉嫩如春，轻蚁漂漂杂蕊尘。”乔舜《送德林郎中学士赴东府》：“飒飒翘沙雁，漂漂逐浪鸥。”郑缙《咏浮沤为辛明府作》：“皎皎珠同净，漂漂梗共流。”❷行踪无定貌。杜甫《严氏溪放歌行》：“天下甲马未尽销，岂免沟壑常漂漂。”白居易《宿桐庐馆同先存度醉后作》：“江海漂漂共旅游，一尊相劝散穷愁。”李昌符《夜泊渭津》：“漂漂东去客，一宿渭城边。”郑谷《咸阳》：“莫问今行止，漂漂不自知。”

【漂蕩】 ❶随流行止。白居易《感情》：“自吾谪江郎，漂荡三千里。”李商隐《河清与赵氏昆季宴集得拟杜工部》：“此中真得地，漂荡钓鱼船。”❷漂荡。杜甫《遣兴五首》之四：“蓬生非无根，漂荡随高风。”李商隐《流莺》：“流莺漂荡复参差，渡陌临流不自持。”❸行踪无定。杜甫《别赞上人》：“我生苦漂荡，何时有终极？”戴叔伦《同兖州张秀才过王侍御参谋宅赋十韵》：“漂荡海内游，淹留楚乡久。”刘商《滑州送人先归》：“自怜漂荡经年客，送别千回独未归。”罗隐《和禅月大师见赠》：“漂荡秦吴十余载，因循犹恨识师迟。”

【漂離】 漂泊，流浪。郑谷《投时相十韵》：“此生多轗轲，半世足漂离。”又《叙事感恩上狄右丞》：“寇难旋移国，漂离几听蛩。”

【漂蓬】 犹飘蓬。蓬被风拔起，随风飘转。喻流落无定。马云奇《被蕃军中拘系之作》：“何事逐漂蓬，悠悠过凿空。”

漘 〔chún《广韵》食倫切，平諄，船。〕水边。高瑾《上元夜效小庾体》：“连镳出巷口，飞毂下池漘。”杜甫《寄薛三郎中》：“青草洞庭湖，东浮沧海漘。”李贺《出城别张又新酬李汉》：“绿网缒金铃，霞光清池漘。”白居易《送客春游岭南二十韵》：“迢递天南面，苍茫海北漘。”

【漘湄】 水边。储光羲《同诸公秋日游昆明池思古》：“猨獭游渚隅，葭芦生漘湄。”

滞 〔zhì《广韵》直例切，去祭，澄。〕❶凝结，积压。白居易《闻庾七左降因咏所怀》：“无令怏怏气，留滞在心胸。”见“滞狱”。❷阻碍，不通畅。张九龄《酬周判官巡至始兴会改秘书少监见贻之作兼呈耿广州》：“无庸我先辈，同事君犹滞。”柳宗元《登柳州城楼寄漳汀封连四州》：“苦来百越文身地，犹自音书滞一乡。”姚鹄《寄赠许璋少府》：“不知尺水内，争滞北溟鱼？”隐峦《浮桥》：“行人到此全无滞，一片红云踏欲飞。”❸停止。丘为《幽渚云》：“勿为长幽滞，当飞第一峰。”钱起《海上卧病寄王临》：“一随浮云滞，几怨黄鹄别。”❹逗留。魏征《暮秋言怀》：“首夏别京辅，杪秋滞三河。”包何《送王汶宰江阴》：“应稼五斗米，数日滞渊明。”严公弼《题汉州西湖》：“见说凤池推独步，高才何事滞川中？”许棠《冬杪归陵阳别业五首》之五：“游秦复滞楚，不觉近衰年。”❺耽误，耽搁。卢纶《卧病寓居龙兴观因题十四韵寄冯生并赠乔尊师》：“步迟乘羽客，起晏滞书邮。”张祜《闲居作五首》之五：“看看花渐老，无复滞春光。”韦庄《送李秀才归荆溪》：“楚王宫却阳台近，莫倚风流滞少年。”卢群玉《投卢尚书》：“无力不任为走役，有文安敢滞清平？”❻局限，拘泥。王勃《怀仙》序：“思解缨绂，永咏山水，神与道超，迹为形滞。”戎昱《送僧法和》：“达士心无滞，他乡总是家。”吕温《戏题灵澈上人》：“僧家亦有芳春兴，自是禅心无滞境。”王贞白《赠刘凝评事》：“谈史曾无滞，攻书已造微。”❼久，长期。韦应物《自浦塘驿回驾经历山水》：“馆宿风雨滞，始晴行盖转。”见“滞雨”。❽迟缓。孟浩然《题云门山寄越府包户曹徐起居》：“白云日夕滞，沧海去来观。”元稹《忆杨十二》：“恋花从马滞，联句放杯迟。”姚合《同裴起居厉侍御放朝游曲江》：“此欢宜稍滞，此去与谁亲？”林宽《苦雨》：“叶底迟归蝶，林中滞出莺。”❾遗落，遗漏。杜甫《雨》：“清霜九月天，仿佛见滞穗。”李贺《苦昼短》：“刘郎茂陵多滞骨，嬴政梓棺费鲍鱼。”韦庄《含香》：“遇物旋添芳草句，逢春宁滞碧云才？”谭用之《古剑》：“雄应垓下收蛇阵，滞想溪头伴豹韬。”

【滞雨】 久雨。杜甫《赠蜀僧闾丘师兄》：“天涯歇滞雨，稉稻卧不翻。”韩愈《和侯协律咏笋》：“滞雨膏腴湿，骄阳气候温。”李商隐《滞雨》：“滞雨长安夜，残灯独客愁。”

【滞念】 不能排解的思绪。权德舆《祗命赴京途次淮口因书所怀》：“交欢谅如昨，滞念纷在今。”白居易《初领郡政衙退登东楼作》：“烦襟与滞念，一望皆遁逃。”韩偓《晨兴》：“已能消滞念，兼得散余酲。”

【滞客】 指久处外任不得升迁的人。卢纶《无题》：“才大不應成滞客，时危且喜是闲人。”

【滞留】 停留，久住。张九龄《高斋闲望言怀》：“坐惜昔时歇，胡然久滞留？”李白《答裴侍御先行至石头驿以书见招期月满泛洞庭》：“风水无定准，湍波或滞留。”韩愈《县斋读书》：“谪谴甘自守，滞留愧难任。”崔首融《归燕》：“海燕频来去，西人独滞留。”

【滞疾】 久病。孟郊《病客吟》：“况于滞疾中，何人免嘘欷。”

【滞務】 积压的事务。杜甫《园人送瓜》：“柏公镇夔国，滞务兹一扫。”

【滞淹】 （—yān）犹滞留。韦庄《冬日长安感志寄献虢州崔郎中二十韵》：“帝里无成久滞淹，别家三度见新蟾。”

【滞淫】 ❶久住。顾况《游子吟》：“艰哉远游子，所以悲滞淫。”窦牟《元日喜闻大礼寄上翰林四学士中书六舍人二十韵》：“末路甘贫病，流年若滞淫。”韩愈《孟生诗》：“所获则思返，无为久滞淫？”❷久雨不止。杜甫《风疾舟中伏枕书怀三十六韵奉呈湖南亲友》：“郁郁冬炎瘴，濛濛雨滞淫。”

【滞著】 （—zhuó）凝滞。苏味道《和武三思于天中寺寻复礼上人之作》：“是非宁滞著，空有掠嫌猜。”

【滞頑】 迟钝，固执。杜牧《奉和门下相公送西川相公兼领相印出镇全蜀诗十八韵》：“滞顽堪白屋，攀附亦同行。”

【滞想】 犹滞念。韦应物《慈因伽蓝清会》：“蔬食遵道侣，泊怀遗滞想。”

【滞跡】 ❶拘泥于形迹。钱起《送宋征君让官还山》：“至人无滞迹，谒帝复思玄。”❷窘困之迹。刘兼《再见从弟舍人》：“滞迹未偕朝北阙，高才方命入西川。”

【滞遊】 久客未归。韦应物《送崔叔清游越》：“方伯怜文士，无为成滞游。”司空曙《送柳震入蜀》：“多用滞游客，不似在天涯。”赵氏《杂言寄杜羔》：“临邛滞游地，肯顾浊水泥？”张祜《送蜀客》：“成都滞游地，酒客须醉杀。”

【滞獄】 长久未决的案件。方干《处州献卢员外》：“落地遗金终日在，经年滞狱当时空。”

【滞疑】 拘泥疑惑。崔湜《责躬诗》：“狱听除苛惨，刑章息滞疑。”张说《酬崔光禄冬日述怀赠答》：“名画披人物，良书讨滞疑。”元稹《酬别致用》：“一见肺肝尽，坦然无滞疑。”

【滞慮】 郁积的思绪。张九龄《感遇十二首》之二：“幽林独归卧，滞虑洗孤清。”

【滞澀】 谓心绪沉郁不畅快。孟郊《寿安西渡奉别郑相公》之二：“昧趣多滞涩，懒朋寡新僚。”

【滞礙】 阻碍，不通畅，不爽快。杜甫《信行运修水筒》：“秉心识本源，於事少滞碍。”白居易《裴侍中晋公以集贤林亭即事诗三十门韵见赠以伸酬献》：“沿洄无滞碍，向背穷幽奇。”鱼玄机《打球作》：“无滞碍时从拨弄，有遮栏处任钩留。”

滹

〔hū《广韵》荒烏切，平模，曉。〕见“滹沱”。

【滹河】 即滹沱河。刘长卿《疲兵篇》：“饮马滹河晓更清，行吹羌笛远归营。”

【滹沱】 水名。在今河北省西部。李白《发白马》:"铁骑若雪山,饮流涸滹沱。"李益《临滹沱见蕃使列名》:"漠南春色到滹沱,碧柳青青塞马多。"杜牧《感怀诗一首》:"骨添蓟垣沙,血涨滹沱浪。"周繇《送入蕃使》:"滹沱河冻军回探,逻逤城孤雁著行。"

滮 〔biāo《广韵》皮彪切,平幽,並。〕水流貌。李翱《江州南湖堤铭》:"漭漭南陂,冬干夏滮。"

【滮池水】 古水名,又名圣女泉、高都水。在今陕西西安西北。薛奇童《拟古》:"沈沈滮池水,人马不敢渡。"

漫 〔màn《广韵》莫半切,去换,明。〕❶大水无际貌。张九龄《登郡城南楼》:"澹澹澄江漫,飞飞度鸟疾。"祖咏《陆浑水亭》:"浅沙平有路,流水漫无声。"皎然《陪卢使君登楼送方巨之还京》:"春风潮水漫,正月柳条寒。"杜牧《南陵道中》:"南陵水面漫悠悠,风紧云轻欲变秋。"❷悠远貌。李峤《饯骆四二首》之二:"霜吹飘无已,星河漫不流。"崔融《登东阳沈隐侯八咏楼》:"越岩森其前,浙江漫其后。"裴夷直《献岁书情》:"圣期知有感,云海漫相连。"❸满溢,流溢。卢纶《酬李端长安寓居偶咏见寄》:"薄溜漫青石,横云架碧林。"吕温《道州途中即事》:"叠嶂青时合,澄湘漫处空。"❹覆盖,弥漫。杨衡《咏春色》:"夕迷鸳枕上,朝漫绮弦中。"张祜《题余杭县龙泉观》:"天晴花气漫,地暖鸟音和。"皮日休《追和虎丘寺清远道士诗》:"石涩古铁鉎,岚重轻埃漫。"李洞《越公上人洛中归寄南孟家兄弟》:"笠漫河岸雪,衣着虢城钟。"❺遍,周遍。杜甫《阆州奉送二十四舅使自京赴任青城》:"青城漫污染,吾舅意凄然。"曹松《都门送许棠东归》:"华岳无时雪,黄河漫处冰。"❻放纵,散漫。元结《漫酬贾沔州》:"云山与水木,似不憎吾漫。"张祜《王家五弦》:"五条弦出万端情,撚拨间关漫态生。"❼杂乱,散乱。戎昱《旅次寄湖南张郎中》:"寒江近户漫流声,竹影临窗乱月明。"杨衡《病中赴袁州次香馆》:"荒葛漫攲壁,幽禽啄朽株。"❽模糊。韦庄《途中望雨望归》:"满空寒雨漫霏霏,去路云深锁翠微。"❾随意,胡乱。严武《寄题杜拾遗锦江野亭》:"漫向江头把钓竿,懒眠沙草爱风湍。"李端《东门送客》:"逢花莫漫折,能有几多春?"元稹《见人咏韩舍人新律诗因有戏赠》:"莫漫裁章句,须饶紫禁仙。"张祜《劝饮酒》:"烧得硫黄漫学仙,未胜长付酒家钱。"❿沿,顺。刘长卿《奉送从兄罢官之淮南》:"溪路漫冈转,夕阳归鸟斜。"⓫聊,姑且。顾况《思归》:"青琐应须长别,白云漫与相亲。"韩愈《感春四首》之四:"干愁漫解坐自累,与众异趣谁相亲。"元稹《独醉》:"一树芳菲也当春,漫随车马拥行尘。"张祜《题弋阳馆》:"吴溪漫淬干将剑,却是猿声断客肠。"⓬徒然。杜审言《春日京中有怀》:"上林苑里花徒发,细柳营前叶漫新。"岑参《虢州南池候严中丞不至》:"徒教柳叶长,漫使梨花开。"施肩吾《戏咏榆荚》:"知尔不堪还酒家,漫教夷甫无行处。"罗隐《思故人》:"惆怅友朋尽,洋洋漫好音。"⓭休,莫。卢象《送綦毋潜》:"会有征书到,荷衣且漫裁!"杜甫《一百五日夜对月》:"牛女漫愁思,秋期犹渡河。"欧阳衮《雨》:"怀情方未已,清酒漫须斟。"⓮全。李建勋《春日尊前示从事》:"眼底好花浑似雪,瓮头春酒漫如油。"

【漫天】 ❶满溢及天。形容水势极大。张说《同赵侍御乾湖作》:"气色纷沦横罩海,波涛鼓怒上漫天。"白居易《登西楼忆行简》:"碍日暮山青蔟蔟,漫天秋水白茫茫。"❷满天,满空。韩愈《晚春》:"杨花榆荚无才思,惟解漫天作雪飞。"无名氏《玉乳泉壁间诗》(外编下):"骑马出门三月暮,杨花无奈秦雪漫天。"❸即"漫天岭"。李端《送少微上人入蜀》:"飞阁蝉鸣早,漫天过客稀。"元稹《漫天岭赠僧》:"五上两漫天,因师忏业缘。"韩昭《从幸秦川过白卫献诗》:"八骏似龙人似虎,何愁飞过大漫天?"

【漫天嶺】 山名。在今四川广元市,有大漫天、小漫天二山,古来为入蜀险要之处。元稹有《漫天岭赠僧》《题漫天岭智藏师兰若僧云住此二十八年》。

【漫汗】 广大貌。韩愈《咏雪赠张籍》:"万屋漫汗合,千株照曜开。"

【漫成】 随意吟就。杜甫有《漫成二首》《漫成一绝》。李商隐有《漫成三首》《漫成五章》。

【漫吟】 随意吟咏。元结《酬裴云客》:"甚醉或漫歌,甚闲亦漫吟。"

【漫空】 满天。李峤《过洞庭》:"动轴当新霁,漫空正仲秋。"齐己《落日》:"吹叶阴风发,漫空暝色回。"

【漫波】 洪波。元稹《和东天早春见寄》:"湖添水色消残雪,江送潮头涌漫波。"

【漫流】 ❶水满的河流。皎然《西溪独泛》:"道情何所寄,素舸漫流间。"杜牧《题池州弄水亭》:"漫流罥苔槎,饥凫晒雪羽。"马戴《浙江夜宿》:"远狖啼荒峤,孤萤溺漫流。"卷谷《蓼花》:"蔟蔟复悠悠,年年拂漫流。"❷满溢而流。戎昱《宿湘江》:"九月湘江水漫流,沙边唯览月华秋。"李郢《阙题》:"花当粉槛人闲立,燕拂青蘋水漫流。"

【漫浪】 散漫放浪,无所约束。元结《游潓泉示泉上学者》:"顾吾漫浪久,不欲有所拘。"

【漫叟】 元结自称。元结《将牛何处老二首》之二:"叔闲修农具,直者伴我耕。"作者自注:"叔闲,漫叟韦氏甥;直者,漫复长子也。"又《与漫酬贾沔州》序:"贾德方与漫叟者,惧漫叟不能穷独,惧漫叟又须为官,故作诗相喻。"又《疑乃曲五首》序:"大历丁未中,漫叟为道州刺史,以军事诣都使。还州,逢春水,盘行不进，作《疑乃》五首。”

【漫翁】　元结自称。元结《将船何处去》之一：“叔静能鼓桡，正者随弱翁。”作者自注：“叔静，漫翁李氏甥，正者漫翁次子也。”

【漫書】　随意书写。司空图有《漫书五首》。孙元晏《咏史诗·齐·郁林王》：“喜字漫书三十六，到头能得几多时。”

【漫遊】　随意游逛。元结《喻旧部曲》：“漫游樊水阴，忽见旧部曲。”又《漫酬贾沔州》：“漫游无远近，漫乐无早晏。”李群玉《放鱼》：“早觅为龙去，江湖莫漫游。”吴融《和韩致光侍郎无题三首十四韵》之二：“漫游多卜夜，慵起不知晨。”

【漫道】　空说，胡诌。王昌龄《送裴图南》：“漫道闺中飞破镜，犹看陌上别行人。”杨汝士《戏柳棠》：“文章漫道能吞凤，杯酒何曾解吃鱼？”司空图《白菊杂书四首》之四：“漫道南朝足流品，由来叔宝不宜多。”郑谷《九日偶寄左省张起居》：“浑元酒泛金英菊，漫道官趋玉笋班。”

【漫滅】　模糊不清。李商隐《江上》：“刺字从漫灭，归途尚阻修。”

【漫亂】　多而杂乱。韩愈《喜侯喜至赠张籍张彻》：“荒花穷漫乱，幽兽工腾闪。”

【漫誕】　散漫。韩愈《感春四首》之二：“皇天平分成四时，春气漫诞最可悲。”

【漫漫】　❶水势广阔貌。孟浩然《早寒江上有怀》：“迷津欲有问，平海夕漫漫。”耿沣《宋中》：“漫漫东流水，悠悠南陌人。”牟融《达蠡湖》：“东湖烟水浩漫漫，湘浦秋声入夜寒。”李商隐《咏史》：“北湖南埭水漫漫，一片降旗百尺竿。”❷悠长貌。寒山《诗三百三首》之六九：“秉芳兮欲寄，路漫漫兮难征。”岑参《醴泉东溪送程皓元镜微入蜀》：“蜀郡路漫漫，梁州过七盘。”沈颂《送金文学还日东》：“漫漫指乡路，悠悠如梦中。”护国《逢灵道士》：“缩地往来无定所，花源到处路漫漫。”❸时间漫长貌。宋之问《下桂江县黎壁》：“思君罢琴酌，泣此夜漫漫。”李白《南奔书怀》：“遥夜何漫漫，空歌白石烂。”岑参《凉州馆中与诸判官夜集》：“琵琶一曲肠堪断，风萧萧兮夜漫漫。”皎然《送别》：“长宵漫漫角声发，禅子无心恨亦生。”❹盛多貌。高适《使青夷军入居庸三首》之一：“莫方关塞极，云雪尚漫漫。”耿沣《和王怀州观西营秋射》：“谢公亲校武，草碧露漫漫。”温庭筠《遐水谣》：“狼烟堡上霜漫漫，枯叶号风天地干。”李建勋《春雪》：“随风竟日势漫漫，特地繁于故岁看。”❺繁盛貌。李嘉祐《送夏侯审参军游江东》：“荻花寒漫漫，鸥鸟暮群群。”卢纶《和崔侍郎游万固寺》：“石路青苔花漫漫，雪檐垂溜玉森森。”白居易《齐云楼晚望偶题十韵兼呈冯侍御周殷二协律》：“水光红漾漾，树色绿漫漫。”温庭筠《达摩支曲》：“君不见无愁高纬花漫漫，漳浦宴余清露寒。”❻迷茫貌。储光羲《使过弹筝峡作》：“皑皑坚冰白，漫漫阴云平。”王建《酬于汝锡晓雪见寄》：“欲明天色白漫漫，打叶穿帘雪未干。”白居易《新乐府·鸦九剑》：“不如持我决浮云，无令漫漫蔽白日。”张祜《胡渭州》：“乡国不如何处是，雪山漫漫使人愁。”

【漫漫汗汗】　广阔无际貌。顾况《范山人画山水歌》：“山峥嵘，水泓澄，漫漫汗汗一笔耕。”

【熳漶】　泥泞不堪。皮日休《关中苦雨因书一百韵寄鲁望》：“出门泥漫漶，恨无直辕辇。”

【漫說】　犹“漫道”。陈子昂《蓟丘览古赠卢居士藏用七首·邹衍》：“邹子何寥廓，漫说九瀛垂。”张祜《听歌二首》之一：“儿郎漫说转喉轻，须待情来意自生。”司空图《柳二首》之一：“漫说早梅先得意，不知春力暗分张。”

【漫糊】　模糊。白居易《和微之春日投简阳明洞天五十韵》：“泉岩雪飘洒，苔壁锦漫糊。”

【漫興】　（—xìng）谓一有诗兴就写，随便而成。杜甫《江上值水如海势聊短述》：“老去诗篇浑漫兴，春来花鸟莫深愁。”又有《绝句漫兴九首》。

【漫題】　随手题写。段成式、张希夏《赠诸上人联句》：“漫题存古壁，怪画匝长廊。”司空图有《漫题》。

【漫爛】　犹烂漫。李涉《却归巴陵途中走笔寄唐知言》：“不觉淹留两月余，风光漫烂生洲渚。”

漼

〔cuǐ《广韵》七罪切，上贿，清。〕泪垂貌。见“漼漼”。也指眼泪。孟郊《峡哀》之一：“黄金实相吊，幽泣无余漼。”

【漼漼】　泪垂貌。孟郊《秋怀》之一四：“夫子失古泪。当时落漼漼。”韩愈《忆昨行和张十一》：“危辞苦语感我耳，泪落不掩何漼漼。”

漰

〔pēng《广韵》普朋切，平登，滂。〕见“漰口”。

【漰口】　堰坝的闸口。杜甫《赠王二十四侍御契四十韵》：“漰口江如练，蚕崖雪似银。”

漴

〔chuáng《广韵》士绛切，去绛，崇。《集韵》鉏江切，平江，崇。〕水倾泻。姚合《恶神行雨》：“风击水凹波扑凸，雨漴山口地嵌坑。”杜牧《春日言怀寄虢州李常侍十韵》：“两派潨漴急，风畦芷若香。”喻凫《答刘录事夜月怀湘西友人见寄》：“竟夕空凭阁，长河漴石壕。”

【漴漴】　雨大貌。陈陶《赠别离》：“天姥剪霞铺晓空，漴漴大帝开明宫。”

潨〔cóng《集韵》徂聰切，平東，從。〕见“從從”。

【潨潨】 水声。宋之问《嵩山天门歌》：“登天门兮坐盘石之磷峋，前湫湫兮未半，下漠漠兮无垠。”

潊〔xù《广韵》徐吕切，上語，邪。〕水边。李百药《王师渡汉水经襄阳》：“高岸沈碑影，曲潊丽珠光。”皇甫冉《曾东游以诗寄之》：“如何潊花发，复对游子颜？”姚系《送周愿判官归岭南》：“易绡泉源近，拾翠沙潊明。”喻凫《夏日因怀阳羡旧游寄裴书记》：“藕花熏浦潊，菱蔓匿凫鷖。”

【潊浦】 县名。唐析义陵、辰溪二县置潊浦县。今属湖南。王昌龄《别皇甫五》：“潊浦潭阳隔楚山，离尊不用起愁颜。”

漁〔yú《广韵》語居切，平魚，疑。〕❶捕鱼。杜甫《阌乡姜七少府设脍戏赠长歌》：“河冻未渔不易得，凿冰恐侵河伯宫。”阎防《与永乐诸公夜泛黄河作》：“映水见山火，鸣榔闻夜渔。”杨巨源《郊居秋日酬奚赞府见寄》：“野老能亲牧，高人念远渔。”陆龟蒙《南泾渔父》：“问其所以渔，对我真蹈道。”❷捕鱼人。刘长卿《过鹦鹉洲王处士别业》：“白首此为渔，青山对结庐。”钱起《送严士良侍奉詹事南游》：“渔烟月下浅，花屿水中春。”李绅《新楼诗二十首·东武亭》：“兰鹢对飞渔棹急，彩虹翻影海旗摇。”陆龟蒙《谨和谏议罢郡叙怀六韵》：“待升熔造日，江海问渔扉。”❸侵占，掠夺。见“漁奪”。

【渔人】 以捕鱼为业的人。杜甫《发刘郎浦》：“白头厌伴渔人宿，黄帽青鞋归去来。”严维《秋夜船行》：“海燕秋还去，渔人夜不归。”许棠《洞庭湖》：“犹有渔人数家在，不成村落夕阳边。”欧阳宾《訾家洲》：“春风日暮江头立，不及渔人有钓舟。”

【渔弋】 捕鱼射禽。王昌龄《郑县宿陶太公馆中赠冯六元二》：“本家蓝田下，非为渔弋故。”

【渔山】 即鱼山。一名吾山，在今山东东阿南。王叡有《祠渔山神女歌二首》。

【渔子】 渔人。邢巨《游春》：“绿潭渔子钓，红树美人攀。”杜甫《滟滪》：“舟人渔子歌回首，估客胡商泪满襟。”李德裕《初归平泉过龙门南岭遥望山居即事》：“农夫馈鸡黍，渔子荐霜鳞。”裴说《游洞庭湖》：“白头渔子摇茎烟，瀏鹈眠沙晓惊起。”

【渔子溝】 地名。今名渔沟，在今江苏清江市西北。古为水陆要道。皇甫冉有《渔子沟寄赵员外裴补阙》。

【渔父】 (一fǔ)❶为避世隐逸者的典故。见《楚辞·渔父》。寒山《诗三百三首》之三〇：“此处闻渔父，时时鼓棹歌。”杜甫《秦州见敕目薛三璩授司议郎三十韵》：“侏儒应共饱，渔父忌偏醒。”刘禹锡《自江陵沿流道中》：“月夜歌谣有渔父，风天气色属商人。”许棠《秋江霁望》：“渔父时相问，羞真道姓名。”❷以捕鱼为业的成年男子。法振《别卢使君归故栅村》：“东道宿程投放栅，依依渔父解相迎。”钱起《和慕容法曹寻渔者寄城中故人》：“孤烟一点绿溪湄，渔父幽居即旧基。”姚合《陕下厉玄侍御宅五题·垂钓亭》：“欲同渔父舍，须自减逢迎。”陆龟蒙《南泾渔父》：“南泾有渔父，往往携稚造。”❸词牌名。张志和所创，单调二十七字，押四平韵。张松龄有《渔父》词一首，南唐后主李煜有《渔父》词二首。

【渔父行】 (父 fǔ，行 xíng)唐教坊曲名。亦作“渔父引”。元结《系乐府十二首·欸乃曲》：“遗曲今何在？逸为《渔父行》。”

【渔父詞】 (父 fǔ)❶描写渔父幽闲生活的诗。储光羲有《渔父》词。❷词牌名。即《渔父》。参见“渔父❸”。吕岩有《渔父词一十八首》。

【渔父歌】 (父 fǔ)❶指《沧浪歌》。参见“渔父❶”。清江《湘川怀古》：“浪势屈原冢，竹声渔父歌。”❷描写渔父生活的歌谣。高适有《渔父歌》。❸即《渔父》。参见“渔父❸”。和凝、欧阳炯、李珣皆有《渔父歌》词。

【渔火】 渔家灯火。钱起《送元评事归山居》：“水宿随渔火，山行到竹扉。”周贺《浔阳与孙郎中宴回》：“浔阳渡口月未上，渔火照江仍独眠。”许浑《访别韦隐居不值》：“栎坞炭烟晴过岭，蓼村渔火夜移湾。”方干《于秀才小池》：“鹢舟草际浮霜叶，渔火沙边驻小萤。”

【渔曲】 (一qǔ)渔歌。陆龟蒙《晚渡》：“半波风雨半波晴，渔曲飘秋野调清。”

【渔舟】 打鱼船。王维《酬虞部苏员外过蓝田别业不见留之作》：“渔舟胶冻浦，猎火烧寒原。”陈孙《移耶溪旧居呈陈元初校书》：“鸡犬渔舟里，长谣任兴行。”白居易《自思益寺次楞伽寺作》：“行逢禅客多相问，坐倚渔舟一自思。”杜荀鹤《秋宿临江驿》：“渔舟火影寒归浦，驿路铃声夜过山。”

【渔市】 水产交易场所。张祜《钟陵旅泊》：“渔市月中人静过，酒家灯下犬长眠。”李珣《南乡子》词之八：“渔市散，渡船稀，越南云树望中微。”

【渔权】 当作“渔槎”。捕鱼的木筏。苏颋《恩制尚书省僚宴昆明池同用尧字》：“泳广渔权溢，浮深妓舫摇。”

【渔具】 渔民捕鱼的工具或用具。陆龟蒙有《渔具诗》《奉和袭美添渔具五篇》。皮日休有《奉和鲁望渔具十五咏》。

【渔舍】 (一shè)渔人的居处。张乔《江上送友人南游》："买酒过渔舍，分灯与钓舟。"韦庄《夜雪泛舟游南溪》："因寻野渡逢渔舍，更泊前湾上酒家。"贯休《宋使君罢新定移出东馆》之二："火旆画旗风焰焰，橘洲渔舍浪茫茫。"

【渔舠】　一种刀形的小渔船。陆龟蒙《秋赋有期因寄袭美》："烟霞鹿弁聊悬著，邻里渔舠暂解还。"

【渔郎】　年轻的打鱼人。许浑《灞上逢元九处士东归》："旧交已变新知少，却伴渔郎把钓竿。"吕岩《桃花溪》："从此渔郎得消息，溯流直是到仙家。"

【渔客】　隐居水乡的高士。温庭筠《秘书省有贺监知章草题诗笔力遒健风尚高远拂尘寻玩因有此作》："越溪渔客贺知章，任达怜才爱酒狂。"皮日休《临顿为吴中偏胜之地奉题屋壁》之六："诗任传渔客，衣从递酒家。"徐夤《钓车》："荻湾渔客巧妆成，锤铸银星一点轻。"

【渔竿】　钓鱼的竹竿。多作为隐居的象征。刘长卿《奉送从兄罢字之淮南》："渔竿吾道在，鸥鸟世情赊。"李端《赋得山泉送房造》："圣朝无隐者，早晚罢渔竿。"白居易《新小滩》："石浅沙平流水寒，水边斜插一渔竿。"罗邺《谢友人遗华阳巾》："野客爱留笼鹤发，溪翁争乞配渔竿。"

【渔叟】　渔翁。赵嘏《山阳卢明府以双鹤寄遗白氏以诗回答因寄和》："自笑沧江一渔叟，何由似尔到层城。"陆龟蒙《渔具诗·鱼梁》："尽日水滨吟，殷勤谢渔叟。"吕从庆《寄弟》："丰溪渔叟生涯定，明月清风一钓竿。"

【渔屋】　渔舍。杜甫《过南岳入洞庭湖》："埌童犁雨雪，渔屋架泥涂。"

【渔師】　渔人。秦韬玉《题刑部李朗中山亭》："不是主人多野兴，肯开青眼重渔师？"韩偓《阻风》："平生情趣羡渔师，此日烟江惬所思。"孙元晏《咏史诗·宋·王方平》："著却貂裘将采药，任他人唤作渔师。"

【渔翁】　老渔民。皎然《奉酬李中丞时中丞量移湖州长史》："樵子逗烟墅，渔翁宿沙汀。"窦巩《江陵遇元九李六二侍御纪事书情呈十二韵》："渔翁随去处，禅客共因依。"白居易《李留守相公见过池上因城四韵以献之》："同时六学士，五相一渔翁。"项斯《杭州江亭留题登眺》："渔翁闲鼓棹，沙鸟戏迎潮。"

【渔浦】　❶打鱼的水边之地。李嘉祐《伤歙州陈二使君》："寂寞荒坟近渔浦，野松孤月即千秋。"独孤及《早发龙沮馆舟中寄东海徐司仓郑司户》："沙禽相呼曙色分，渔浦鸣榔十里闻。"李绅《毘陵东山》："重开渔浦连天月，更种春园满地花。"郑愚《幼作》："渔浦飏来笛，鸿逵翼去舟。"❷地名。在今浙江萧山市西南富春江边。孟浩然《将适天台留别临安李主簿》："定山既早发，渔浦亦宵济。"钱起《九日宴浙江西亭》："渔浦浪花摇素壁，西陵树色入秋窗。"严维《送崔峒使往睦州兼寄薛司户》："冰水近开渔浦出，青雀舟随白露涛。"许浑《寄天乡寺仲仪上人富春孙处士》："云带雁门雪，水连渔浦风。"

【渔家】　打鱼人家。王维《沈十四拾遗新竹生读经处同诸公之作》："乐府裁龙笛，渔家伐钓竿。"皇甫冉《送康判官往新安赋得江路西南永》："驿树收残雨，渔家带夕阳。"雍裕之《芦花》："月明浑似雪，无处认渔家。"韦庄《和李秀才郊墅早春吟兴十韵》："酒市多逋客，渔家是夜航。"

【渔唱】　渔人之歌。周瑀《潘司马别业》："湖边闻渔唱，天畔数雁行。"薛能《秋夜旅舍寓怀》："渔唱乱沿汀鹭合，雁声寒咽陇云深。"郑谷《江行》："殷勤听渔唱，渐次入吴音。"

【渔釣】　钓鱼。刘长卿《留题李明府霅溪水堂》："云峰向高枕，渔钓入前轩。"戴叔伦《喜雨》："樵歌野田中，渔钓沧江浔。"方干《再题路支使南亭》："爱邀旧友看渔钓，贪听新禽驻酒杯。"罗隐《严陵滩》："中都九鼎勤英髦，渔钓牛蓑且遁逃。"

【渔釣徒】　指隐士。陆龟蒙《记事》："本作渔钓徒，心将遂疏放。"

【渔笛】　渔人的笛声。无名氏《晦日同志昆明池泛舟》(卷七八七)："晓吹兼渔笛，闲云伴客愁。"

【渔艇】　渔舟。郑谷《夕阳》："僧窗留半榻，渔舸透疏篷。"

【渔船】　渔舟。张旭《桃花溪》："隐隐飞桥隔野烟，石矶西畔问渔船。"熊孺登《青溪村居二首》之一："渔船多在马长放，出处自由闲不闲。"温庭筠《赠考功卢郎中》："夜来风浪起，何处认渔船。"齐己《寄镜湖方干处士》："闻君与琴鹤，终日在渔船。"

【渔商】　贩鱼的人。张九龄《候使登石头驿楼作》："渔商多末事，耕稼少良畴。"苏味道《九江口南济北接蕲春南与浔阳岸》："鳞介多潜育，渔商几溯洄。"卢纶《江北忆崔汶》："全身出部伍，尽室农渔商。"

【渔情】　指去捕鱼的兴致。陆龟蒙《奉和袭美新秋言怀三十韵次韵》："渔情随锤网，猎兴起鸣髇。"

【渔梁】　❶即鱼梁，一种拦水捕鱼的堤堰。因突出水面如桥梁，故名。储光羲《渔父词》："渔梁不得意，下渚潜垂钩。"储嗣宗《南陂远望》："孤烟起蜗舍，飞鹭下渔梁。"皮日休有《奉和鲁望渔具十五咏·渔梁》。❷洲名。又名鱼梁，在今湖北襄樊附近的汉水中。孟浩然《夜归鹿门山歌》："山寺钟鸣昼已昏，渔梁渡头争渡喧。"

【渔鄉】　盛产鱼虾的水乡。杜荀鹤《寄从叔》："雁夜愁痴坐，渔乡老忆归。"

【漁艇】 一种捕鱼的快船。也泛指渔船。杜甫《雨二首》之二:"渔艇息悠悠,夷歌负樵客。"李涉《经涢川馆寄使府群公》:"涢川水竹十家余,渔艇蓬门对岸居。"李商隐《楚泽》:"集鸟翻渔艇,残虹拂马鞍。"李中《送黄秀才》:"蟾宫须展志,渔艇莫牵心。"

【漁童】 渔家小孩。陆龟蒙《奉和袭美添渔具五篇·背篷》:"见说万山潭,渔童尽能学。"又《夏日闲居作四声诗寄袭美·平上声》:"渔童惊狂歌,艇子喜野语。"

【漁陽】 ❶郡名。崔液《代春闺》:"妾恨十年长独守,君情万里在渔阳。"王建《送裴相公上太原》:"遥知塞雁从今好,直得渔阳已北愁。"郑嵎《津阳门诗》:"汤成召浴果不至,潼关已溢渔阳师。"杜荀鹤《献池州牧》:"池阳今日似渔阳,大变凶年作小康。"❷即"渔阳掺"。韩偓《赠吴颠尊师》:"狗窦号光逸,《渔阳》裸祢衡。"

【漁陽掺】 (掺 càn)鼓曲名。又称"渔阳掺挝"。李颀《听安万喜吹觱篥歌》:"忽然更作《渔阳掺》,黄云萧条白日暗。"李商隐《听鼓》:"欲问《渔阳掺》,时无祢正平。"皮日休《偶成小酌招鲁望不至以诗为解因次韵酬之》:"如何共是忘形者,不见《渔阳掺》一场。"

【漁絲】 渔竿的钓线。郑谷《渼陂》:"却展渔丝无野艇,旧题诗句没苍苔。"

【漁塘】 养鱼池。韦庄有《渔塘十六韵》。

【漁經】 关于捕鱼方法之类的书籍。皮日休《添鱼具诗·鱼庵》:"枕上悉渔经,门前空钓具。"

【漁蓑】 渔人的蓑衣。郑谷《予尝有雪景一绝为人所讽吟段赞善小笼精微忽为图画以诗谢之》:"爱予风雪句,幽绝写渔蓑。"

【漁奪】 侵夺,掠取。杜甫《送殿中杨监赴蜀见相公》:"难拒供给费,慎哀渔夺私。"又《遣遇》:"奈何黠吏徒,渔夺民逋逃。"

【漁歌】 渔人唱的歌曲。李白《赠友人三首》之三:"虎伏被胡尘,渔歌游海滨。"顾况《宿湖边山寺》:"蒲团僧定风过席,苇岸渔歌月堕江。"白居易《重到江州感旧游题郡楼十一韵》:"凤诏休挥翰,渔歌欲缨。"张乔《江上逢进士许棠》:"鹤发他乡老,渔歌故国闻。"

【漁箔】 捕鱼用的竹栅。陆龟蒙《迎潮送潮辞·迎潮》:"鸥巢卑兮渔箔短,远岸没兮光烂烂。"

【漁滬】 即"渔箔"。戴叔伦《留别道州李使君圻》:"渔沪拥寒溜,畲田落远烧。"

【漁網】 捕鱼用的网。储嗣宗《宿花水》:"露湿芙蓉渡,月明渔网船。"郑谷《访姨兄王斌渭口别墅》:"客帆悬极浦,渔网晒危轩。"

【漁潭】 渔人捕鱼的深潭。高适《淇上酬薛三据兼寄郭少府微》:"酒肆或淹留,渔潭屡栖泊。"耿湋《送郭正字归郢上》:"却别渔潭下,惊鸥那可亲。"

【漁樵】 ❶打鱼砍柴。杜甫《严氏溪放歌行》:"呜呼古人已粪土,独觉志士甘渔樵。"皇甫冉《夜集张諲所居》:"诸生陪讲诵,稚子给渔樵。"牟融《题李昭训山水》:"风月谩劳酬逸兴,渔樵随处度流年。"刘沧《经过建业》:"凄凉处处渔樵路,鸟去人归山影斜。"❷渔人与樵夫。包何《江上田家》:"市井谁相识,渔樵夜始归。"耿湋《岐阳客舍呈张明府》:"知己只今何处在?故山无事别渔樵。"李商隐《子初郊墅》:"阴移竹柏浓还淡,歌杂渔樵断更闻。"杜荀鹤《哭方干》:"渔樵共垒坟三尺,猿鹤同栖月一村。"❸指隐居生活。高适《同群公秋登琴台》:"物性各自得,我心在渔樵。"白居易《昔与微之在朝日同蓄休退之志迨今十年沦落老大追寻前约且结后期》:"稍无骨肉累,粗有渔樵资。"腾倪《留别吉州太守宗人迈》:"误攻文字身空老,却返渔樵计已迟。"陆龟蒙《奉各袭美见访不遇》:"只道府中持简牍,不知林下访渔樵。"

【漁燈】 渔家灯火。张抃《题衡阳泗水寺》:"未知今夜依何处,一点渔灯出苇丛。"皮日休《钓侣二章》之二:"烟浪溅篷寒不睡,更将枯蚌点渔灯。"杜荀鹤《江上送韦彖先辈》:"木叶新霜后,渔灯夜浪中。"毛文锡《应天长》词:"渔灯明远渚,兰棹今宵何处?"

【漁磯】 可供垂钓的伸入水中的岩石。戴叔伦《过故人陈羽山居》:"峰攒仙境丹霞上,水绕渔矶绿玉湾。"许棠《讲德陈情上涯南李仆射八首》之八:"应念无媒居选限,二年须更守渔矶。"张蠙《赠丘衙推》:"任醉宾筵莫深隐,绮罗丝竹胜渔矶。"刘兼《对雨》:"因忆故园闲钓处,苍苔斑驳满渔矶。"

【漁罾】 渔网的一种。韦庄《宿山家》:"背风开药灶,向月展渔罾。"姚揆《村行》:"罢吟思故国,窗外有渔罾。"

【漁獵】 ❶渔夫和猎人。皇甫曾《赠沛禅师》:"净教传荆吴,道缘止渔猎。"❷谓涉猎。皮日休《二游诗·任诗》:"有第可栖息,有书可渔猎。"

漪 〔yī《广韵》於離切,平支,影。〕波纹,微波。耿湋《题清萝翁双泉》:"侧弁向清漪,门中夕照移。"孟郊《送卢郎中汀》:"逸关岚气明,照渭空漪浮。"李贺《河南府试十二月乐词·四月》:"腻叶蟠花照曲门,金塘闲水摇碧漪。"陆龟蒙《袭美先辈以龟蒙所献五百言既蒙见和用伸酬谢》:"孤篺倚烟蔓,细木横风漪。"

【漪流】 微波细浪。司空图《诗品二十四则·清奇》:"娟娟群松,下有漪流。"

【漪連】 犹"漪漣"。齐己《采莲曲》:"浩唱发容与,清波生漪连。"

【漪漣】 微波,水波。孟郊《寒溪》之五:"凝精互相洗，漪涟竞将新。"又《峡哀》之三："上仄碎日月，下掣狂漪涟。"陆龟蒙《奉和袭美登初阳楼寄怀北平郎中》："无限恩波犹在目，东风吹起细漪涟。"韩偓《锡宴日作》："巨心净比漪涟水，圣泽深于潋滟杯。"

【漪瀾】 水波。白居易《府西池北新葺水斋即事招宾偶题十六韵》："清浅漪澜急，夤缘浦屿幽。"陆龟蒙《自遣诗三十首》之二五："漪澜未碧蒲犹短，不见鸳鸯正自由。"陈陶《圣帝击壤歌四十声》："岛屿征徭薄，漪澜泛稻凉。"冯延巳《清平乐》词之三："冰散漪澜生碧沼，寒流在梅花先老。"

滸[1] 〔hǔ《广韵》呼古切，上姥，曉。〕水边。李白《丁督护歌》："万人凿盘石，无由达江浒。"高适《自淇涉黄河途中作十三首》之九："朝从北岸来，泊船南河浒。"元稹《有鸟二十章》之三："行经水浒为毒流，羽拂酒杯为死药。"裴潾《前相国赞皇公早葺平泉山居奉寄》之五："好姱佳丽，于伊之浒。"

滸[2] 〔xǔ〕见"浒₂水"。

【滸₂水】 水名。在今江苏苏州市北。白居易《别苏州》："怅望武丘路，沈吟浒水亭。"

漉 〔lù《广韵》盧谷切，入屋，來。〕❶使干涸，竭尽。杜牧《蓝天事文皇帝三十二韵》："漉空沧海水，搜尽卓王孙。"❷液体往下渗流。岑参《太一石鳖崖口潭旧庐招王学士》："酿酒漉松子，引泉通竹竿。"❸过滤。王绩《尝春酒》："野觞浮郑酌，山酒漉陶巾。"权德舆《列绍相访夜话因书即事》："山僮漉野醞。稚子褰书帷。"刘言史《葛巾》："草堂窗前漉春醅，山寺门前逢暮雨。"李频《和友人下第北游感怀》："且须共漉边城酒，何必陶家有白纶。"❹用网捞捕。元稹《江边四十韵》："池清漉螃蟹，瓜蠹拾蟹蝨。"白居易《寄皇甫七》："邻女偷新果，家僮漉小鱼。"杜牧《秋岸》："船上呼呼稚，堤南趁漉鱼。"皮日休《钓侣二章》："惊怪儿童呼不得，尽冲烟雨漉车鳌。"

【漉酒】 过滤酒液，除去渣滓。李白《戏赠郑溧阳》："素琴本无弦，漉酒用葛巾。"秦系《赠乌程杨革明府》："漉酒近宾急，看花署字迟。"雍陶《寄永乐殷尧藩明府》："头巾漉酒临黄菊，手板支颐向白云。"杜荀鹤《寄益阳武灌明府》："月满弹琴夜，花香漉酒朝。"

【漉酒巾】 为陶潜故实或高士潇洒行为的典故。见《南史·隐逸传上·陶潜》。李嘉祐《登溢城浦望庐山初晴直省赍敕催赴江阴》："多负登山屐，深藏漉酒巾。"刘禹锡《柳絮》："萦回谢女题诗笔，点缀陶公漉酒巾。"姚合《哭砚山孙道士》："永秘《黄庭》诀，高悬漉酒巾。"汪遵《彭泽》："栽成五柳吟归去，漉酒巾边伴菊闲。"

【漉漉】 月光莹润貌。李贺《月漉漉篇》："月漉漉，波烟玉，莎青桂花繁，芙蓉别江木。"

漳 〔zhāng《广韵》諸良切，平陽，章。〕❶水名。见"漳水"。韩翃《送李湜下第归卫州便游河北》："路出司州胜景长，西山翠色带清漳。"韦庄《和郑拾遗秋日感事一百韵》："卒岁贫无褐，经秋病泛漳。"❷州名。见"漳州"。柳宗元有《登柳州城楼寄漳汀封连四州》。

【漳川】 即漳河。贾岛《宿姚少府北斋》："忆此漳川岸，如今是别离。"

【漳王】 指李湊。湊封漳王。杜牧《杜秋娘诗》序："穆宗即位，命秋为皇子傅姆，皇子壮，封漳王。"

【漳水】 水名。源于山西，流入卫河。骆宾王《在江南赠宋五之问》："采之将何遣？故人漳水滨。"郑锡《邯郸少年行》："家住丛台近，门前漳水流。"刘禹锡《伤丘中丞》："枯杨映漳水，野火上西陵。"贯休《偶作因怀大同道友》："蛮木叶不落，微吟漳水滨。"

【漳州】 州名。辖境相当于今福建九龙江流域及其西南地区。顾况《酬漳州张九使君》："鞭马广陵桥，出祖张漳州。"欧阳詹有《晚泊漳州营头亭》。张蠙有《逢漳州崔使君北归》。张登《漳州》："漳州悲远道，地里极东瓯。"

【漳江】 水名。即漳水。在江西境。张籍《寄虔州韩使君》："月明渡口漳江静，云散城头赣石高。"罗隐《钟陵见人》："云归洪井枝柯敛，水下漳江气色粗。"贯休《秋晚泊石头驿有寄》："萧萦漳江北，何人慰寂寥。"

【漳岸】 漳水之岸。王建《留别田尚书》："一旦甘为漳岸老，全家却作杜陵人。"贾岛《寄李辀侍郎》："井台怜操筑，漳岸想丕疏。"

【漳河】 ❶水名。参见"漳水"。张说《邺都引》："都邑缭绕西山阳，桑榆汗漫漳河曲。"王之涣《宴词》："长堤春水绿悠悠，畎入漳河一道流。"李远《听许丛台》："云遮襄国天边去，树绕漳河地里来。"罗隐《邺城》："台上年年掩翠蛾，台前高树木夹漳河。"❷水名。在湖北境。贯休《荆门暮冬与节公话别》："漳河湘岸柳关头，离别相逢四十秋。"

【漳宫】 指曹操在邺都(今河南临漳县西)的故宫。李商隐《烧香曲》："漳宫旧样博山炉，楚娇捧笑开芙蕖。"

【漳郡守】 漳浦郡守。漳浦郡治在漳浦县(今属福建)。《全唐诗》卷八六八录其《梦康仙示诗》一首，诗题下注："康仙，乾符闻卖药衢市，居圆山琵琶坂。郡守欲移之山椒。梦示以诗，庙遂不复移焉。"

【漳流】 即"漳河❷"。李白《入鼓鑫经松门观石镜缅怀谢康乐题诗书游览之志》："漾水向东去，漳流直南奔。”

【漳浦】 ❶漳河之滨。指邺都。郑愔《铜雀妓》：“日斜漳浦望，风起邺台寒。”马戴《雀台怨》：“西陵树不见，漳浦草空生。”温庭筠《达摩支曲》：“君不见无愁高纬花漫漫，漳浦宴余清露寒。”❷沮漳河之滨。贾岛《答王建秘书》：“信来漳浦岸，期负洞庭波。”刘昭禹《闻蝉》：“孤馆宿漳浦，扁舟离洞庭。”❸参见“漳滨❷”。孟浩然《寻陈逸人故居》：“始闻漳浦卧，奄作岱宗游。”白居易《梦微之》：“漳浦老身三度病，咸阳草树八回秋。”许浑《宣城崔大夫召联句偶疾不获赴因献》：“茂陵罢酒渐中圣，漳浦题诗怯大巫。”罗隐《寄杨秘书》：“漳浦病来情转薄，赤城吟苦意何如？”❹县名。今属福建。杨发有《和李卫公漳浦驿留题》。

【漳溪】 即沮漳河。张籍《酬秘书王丞见寄》：“相看头白来城阙，却忆漳溪旧往还。”

【漳溪郡】 漳州的别称。史维翰《漳州》：“漳溪郡省佳山水，适客因之作胜游。”

【漳濱】 ❶漳水之滨。骆宾王《夏日游德州赠高四》：“乐弦忘迈术，漳滨恣闲逸。”❷汉刘桢《赠五官中郎将》诗之二：“余婴沈痼疾，窜身卧漳滨。”后以为他乡卧病的典故。杜甫《哭李尚书之芳》：“漳滨与蒿里，逝水竟同年。”权德舆《送崔端公郎君入京觐省》：“过庭若有问，一为说漳滨。”杜牧《梁秀才以早春旅次见赠凡二十韵走笔依韵》：“渭阳连汉曲，京口接漳滨。”自注：“某自监察御史谢病归家，蒙除润州司马。”韦庄《婺州屏居蒙右省王拾遗车枉降访病中延候不得因成寄谢》：“三年流落卧漳滨，王粲思家拭泪频。”

滻 〔chǎn《广韵》所簡切，上産，生。〕水名。见“滻水❶”。骆宾王《畴昔篇》：“我住青门外，家临素浐滨。”杜甫《苦雨奉寄陇西公兼呈王征士》：“悄悄素浐路，迢迢天汉东。”柳宗元《皇武》之五：“既涉于浐，乃翼乃前。”温庭筠《早春浐水送友人》：“青门烟野外，渡浐送行人。”

【滻川】 即浐水。姚合《送裴中丞赴华州》：“我梦何曾应，看君渡浐川。”薛逢《猎骑》：“浐川桑落雕初下，渭曲禾收兔正肥。”张乔《城东寓居寄知己》：“花木闲门苔藓生，浐川特去得吟情。”郑谷《江际》：“兵车来息年华促，早晚闲吟向浐川。”

【滻水】 ❶水名。源于陕西蓝田，入渭水。刘宪《奉和春日幸望春宫应制》：“商山积翠临城起，浐水浮光共幕连。”王维《奉和圣制御春明楼临右相园亭赋东贤诗应制》“商山原上碧，浐水林端素。”韩愈《送诸葛觉往随州读书》：“送行过浐水，东望不转目。”吴融有《浐水席上献座主侍郎》。❷水名。故道在今河北沔阳（仙桃市）西北。刘长卿《安州道中经浐水有怀》：“征途逢浐水，忽似到秦川。”

【滻曲】 浐水之湾。马戴《白鹿原晚望》：“浐曲雁飞下，秦原人葬回。”

【滻州】 “滻川”之讹。薛能《题盐铁李尚书浐州别业》：“鹿原阴面浐州湄，坐觉林泉逼梦思。”

滴 〔dī《广韵》都歷切，入錫，端。〕❶液体一点点地下坠。崔国辅《宿法华寺》：“松雨时复滴，寺门清且凉。”韩愈《孟东野失子》：“滴地泪到泉，地祇为之悲。”张碧《山居雨霁即事》：“出门看反照，绕屋残溜滴。”李频《留题姚氏山斋》：“露滴从添砚，蝉吟便送杯。”❷点点滴滴的液体。骆宾王《秋露》：“泛掌光逾净，添荷滴尚微。”贾岛《感秋》：“朝云藏奇峰，暮雨洒疏滴。”❸量词。用于呈颗粒状下落的液休。韦应物《咏露珠》：“秋荷一滴露，清夜坠玄天。”唐求《和舒上人山居即事》：“仍弹一滴水，更读两张经。”卢注《酒胡子》：“酒胡一滴不入眼，空令酒胡名酒胡。”

【滴水能穿石】 比喻细微的变化积久而显著。周昙《咏史诗·晋门·吴隐之》：“徒言滴水能穿石，其那坚贞匪石心。”

【滴血】 ❶流血。温庭筠《雁门太守行》：“前头滴血心不回，闺中年少妻莫哀。”❷指杜鹃的啼鸣。相传此鸟声哀，往往口角滴血。雍陶《闻杜鹃二首》之一：“高处已应闻滴血，山榴一夜几枝红。”喻凫《送友人罢举归蜀》：“凄然莫滴血，杜宇正哀春。”韩偓《净兴寺杜鹃一枝繁艳无比》：“蜀魄未归长滴血，只应偏滴此丛多。”

【滴瀝】 ❶水珠下坠，虽少而不绝貌。吴筠《游庐山五老峰》：“玉膏正滴沥，瑶草多丰茸。”孟郊《秋怀》之一：“老泣无涕洟，秋露为滴沥。”张祜《苦旱》：“暂欣垂滴沥，终讶阻缠绵。”贯休《桐江闲居作十二首》之十：“红泉香滴沥，丹桂冷扶疏。”❷圆润明亮貌。李峤《露》：“滴沥明花苑，葳蕤泫竹丛。”皎然《顾渚行寄裴方舟》：“家园不远乘露摘，归时露彩犹滴沥。”刘禹锡《聚蚊谣》：“露花滴沥月上天，利觜迎人著不得。”程长文《狱中书情上使君》：“朱唇滴沥独衔冤，玉筋阑干叹非所。”❸象声词。状滴滴答答之声。张九龄《和崔尚书喜雨》：“听中声滴沥，望处影徘徊。”李冶《从萧叔子听弹琴赋得三峡流泉歌》：“时复滴沥平沙中，忆昔阮公为此曲。”张籍《奉和舍人叔直省时思琴》：“滴沥仙阁漏，肃穆禁池风。”吴融《梅雨》：“初从滴沥妨琴榭，渐到潺湲绕药畦。”❹分布稀疏貌。柳宗元《龟背戏》：“玉盘滴沥黄金钱，皎如文龟丽秋天。”贾岛《赠梁浦秀才斑竹柱杖》：“莫嫌滴沥经斑少，怜似湘妃泪尽时。”陆龟蒙《江南秋怀寄华阳山人》：“道源疏滴沥，儒肆售精诚。”❺涓滴。指极少的水。陆龟蒙《引泉诗》：“不拟争滴沥，还应会沦涟。”

【滴皪】 象声词。韩偓《闺情》:"轻风滴砾动帘钩,宿酒犹酣懒卸头。"

【滴羃】 犹"滴沥"。流滴。张祜《秋霁》:"滴羃侵檐露,虚疏入槛风。"

【滴滴】 ❶一滴一滴地下坠。苏颋《兴州出行》:"滴滴泣花露,微微出岫云。"韦应物《赠令狐曹》:"秋檐滴滴对床寝,山路迢迢联骑行。"令狐楚《赋山》:"古岩泉滴滴,幽谷鸟关关。"胡宿《次韵和朱况雨中之什》:"夕梦将成还滴滴,春心欲断正霏霏。"❷每滴。李商隐《所居永乐县久旱县宰祈祷得雨因赋诗》:"甘膏滴滴是精诚,昼夜如丝一尺盈。"❸滴滴答答之声。刘得仁《和郑校书夏日游郑泉》:"来闻鸣滴滴,照竦碧沈沈。"皮日休《酒中十咏·酒床》:"滴滴连有声,空疑杜康语。"花蕊夫人徐氏《宫词》之八一:"水车踏水上宫城,寝殿檐头滴滴鸣。"毛文锡《恋情深》词:"滴滴铜壶寒漏咽,醉红楼月。"❹湿润貌。李咸用《春宫词》:"眼光滴滴心振振,重瞳不转忧生民。"唐彦谦《留别四首》之二:"野花红滴滴,江燕语喃喃。"

【滴博】 岭名。又作"的博"。在今四川境。唐属维州。杜甫《奉和严大夫军城早秋》:"已收滴博云间戍,更夺蓬婆雪外城。"

【滴漏】 漏壶滴水。冯延巳《早朝》:"铜壶滴漏初昼,高阁鸡鸣半空。"也代指漏壶。严巨川有《太清宫闻滴漏》。

漩 〔xuán《集韵》旬宣切,平仙,邪。〕❶旋涡。宋之问《下桂江县黎壁》:"舣离出漩划,缭绕避涡盘。"杜甫《最能行》:"欹帆侧柁入波涛,撇漩捎濆无险阻。"元稹《楚歌十首》之九:"倒入黄牛漩,惊冲滟滪堆。"❷回旋。元稹《遭风二十韵》:"龙归窟穴深潭漩,蜃作波涛古岸颓。"

【漩洑】 (一fú)水流盘旋貌。司空图《诗品二十四韵·委曲》:"水理漩洑,鹏风翱翔。道不自器,与之圆方。"

漾¹ 〔yàng《集韵》以两切,上養,以。〕❶水受力而摇荡。上官昭容《游长宁公主流杯池二十五首》之十:"玳瑁凝春色,琉璃漾水波。"李白《送贺宾客归越》:"镜湖流水漾清波,狂客归舟逸兴多。"元稹《送王十一南行》:"夏水漾天末,晚旸依岸村。"郑玉《苇谷》:"水会三川漾碧波,雕阴人唱采花歌。"❷泛,荡。刘长卿《自鄱阳还道中寄褚征君》:"南风日夜起,万里孤帆漾。"元结《宴湖上亭作》:"岸曲坐客稀,杯浮上摇漾。"李德裕《思归赤松村呈松阳子》:"禽庆潜名岳,鸱夷漾钓舟。"李中《江馆秋思因成自勉》:"散逸怜渔父,波中漾小舟。"❸浮动,晃动。王维《辋川集·斤竹岭》:"檀栾映空曲,青翠漾涟漪。"杜甫《屏迹三首》之二:"竹光团野色,舍影漾江流。"刘禹锡《和东川王相公新涨驿池八韵》:"渚烟笼驿树,波日漾宾筵。"吴融《病中宜茯苓寄李谏议》:"金鼎煎云漾粉,玉瓯寒贮露含津。"

漾² 〔yàng《广韵》餘亮切,去漾,以。〕❶古水名。见"漾₂水"。武元衡《夕次播山下》:"漾波归海疾,危栈入云迷。"❷水长貌。见"漾₂漾"。

【漾₂水】 古水名,汉水上流,源于陕西。李白《入彭蠡经松门观石镜缅怀谢康乐题诗书游览之志》:"漾水向东去,漳流直南奔。"元稹《渡汉江》:"嶓冢去年寻漾水,襄阳今日渡江濆。"

【漾舟】 泛舟,荡舟。储光羲《舟中别武金坛》:"漾舟清潭里,慰我别离魂。"灵一《送殷判官归上都》:"漾舟云路客,来过夕阳时。"法振《月夜泛舟》:"漾舟人不见,卧入武陵花。"汪遵《东海》:"漾舟雪浪映花颜,徐福携将竟不还。"

【漾船】 即"漾舟"。姚合《扬州春词三首》之三:"市廛持烛入,邻里漾船过。"

【漾漾】 ❶摇荡貌。宋之问《宿云门寺》:"漾漾潭际月,飕飕杉上风。"刘长卿《登松涨驿楼北望故园》:"孤舟漾漾寒流潮小,极浦苍苍远树微。"白微易《泛小舲二首》之一:"水一塘,舲一只,舲头漾漾知风起,舲背萧萧闻雨滴。"钱珝《江行无题一百首》之五三:"雨余江始涨,漾漾见流薪。"❷闪烁貌。皇甫曾《山下泉》:"漾漾带山光,澄澄倒林影。"白居易《齐云楼晚望偶题十韵兼呈冯侍御周殷二协律》:"水光红漾漾,树色绿漫漫。"吴丹《赋得玉水记方流》:"映空虚漾漾,涵白净悠悠。"崔橹《闻笛》:"银河漾漾月晖晖,楼碍星边织女机。"

【漾₂漾】 (一yàng)流长貌。卢纶《重同畅当奘公院闻琴》:"漾漾硖流吹不尽,月华如在白波中。"张籍《城南》:"漾漾南涧水,来作曲池流。"张祜《题御沟》:"万树垂杨拂御沟,溶溶漾漾绕神州。"罗邺《流水》:"漾漾悠悠几派分,中浮短艇与鸥群。"

【漾影】 倒影在水中摇晃。褚亮《临高台》:"浮光随日度,漾影逐波深。"刘禹锡《九华山歌》:"云含幽兮月添冷,月凝晖兮江漾影。"张祜《晚次荆溪馆呈崔明府》:"长桥深漾影,远橹下摇声。"

【漾檝】 荡桨。戎昱《采莲曲二首》之一:"漾楫爱花远,回船愁浪深。"奚贾《严陵滩下寄常建》:"漾楫乘微月,振衣生早寒。"

潎 〔pì《广韵》匹蔽切。去祭,滂。〕见"潎潎"。

【潎潎】 游貌。姚合《杏溪十首·石潭》:"清冷无波澜,潎潎鱼相逐。"又《和门下李相公饯西蜀相公》:"冰销鱼潎潎,林暖鸟喍喍。"

演 〔yǎn《广韵》以淺切，上獮，以。〕❶推广。则天皇后《唐大享拜洛乐章·齐和》："沈潜演贶分三极，广大凝祯总万方。"《郊庙歌辞·序入破第一奏》："化演为无日，言昭有象初。"姚合《赠王山人》："教演归恭敬，名标中外钦。"李节《赠释疏言还道林寺诗》序："吾嘉收疏言，奉君之令，演释之宗，不惮寒暑之勤，德及远人。"❷流布，流传。杜荀鹤《寄温州朱尚书并呈军倅崔太博》："山从海岸妆吟景，水自城根演政声。"寇埴《题莹上人院》："舍筏求香偈，因泉演妙音。"❸推算。李峤《象》："万推方演梦，惠子正焚书。"岑参《赠西岳山人李冈》："莲花峰头饭黄精，仙人掌上演丹经。"韩愈《山南郑相公樊员外酬答不诗依赋十四韵以献》："樊子坐宾署，演孔刮老佛。"薛逢《题筹笔驿》："身依豪杰倾心术，目对云山演阵图。"

【演步】 漫步，信步。姚合《闲居遣怀十首》之七："演步怜山近，闲眠厌客频。"

【演法】 宣讲教义。李深《游烂柯山四首》之四："安禅即方丈，演法皆寂灭。"

【演漾】 ❶水波荡漾貌。王维《寒食城东即事》："清溪一道穿桃李，演漾绿蒲涵白芷。"王昌龄《同从弟销南斋玩月忆山阴崔少府》："清辉溪水木，演漾在窗户。"顾况《游子吟》："楚水殊演漾，名山窈崛嵚。"白居易《春池闲泛》："浅怜清演漾，深爱绿澄泓。"❷飘摇貌。孟浩然《与白明府游江》："沿洄洲渚趣，演漾弦歌音。"岑参《秋夕听罗山人弹三峡流泉》："青丝激潺湲，演漾怨楚云。"张籍《登楼寄胡家兄弟》："独上西楼尽日闲，林烟演漾鸟蛮蛮。"

【演興】 (—xìng)阐发。元结《演兴四首》序："商余山有太灵古祠，传云豢龙氏祠大帝所立。祠在少余西乳之下，邑人修之以祈田，予因为《招》《词》《讼》《闵》之交以演兴。"

【演瀁】 犹"演漾"。参见"演漾❶"。王鉴《赋得玉水记方流》："氤氲冥瑞景，演漭度方流。"

滬 〔hù《广韵》侯古切，上姥，匣。〕捕鱼的竹栅。陆龟蒙《渔具诗》序："列竹于海澨曰沪，错薪于水中曰槮。"又《江湖散人歌》："罛疏沪腐鲈鳜脱，止失检驭无谗疵。"皮日休有《奉和鲁望渔具十五咏·沪》。

【滬瀆】 古水名。相当于今黄浦江下游。因当地渔民首创捕鱼工具"沪"得名。皮日休《吴中苦雨因书一百韵寄鲁望》："全吴临巨溟，百里到沪渎。"又《开元寺佛钵诗》序："晋建兴二年，二圣像浮海而至沪渎，僧尼辈取之以归，今存于开元寺。"

漏 〔lòu《广韵》盧候切，去候，來。〕❶古时计时器，即漏壶。太宗《冬宵各为四韵》："雕宫静龙漏，绮阁宴公侯。"卢纶《酬包舍郎中临览拙卷后见寄》："禁路看山歌自缓，云司玩月漏应疏。"白居易《和梦得冬日晨兴》："漏传初五点，鸡报第三声。"贾岛《即事》："城静高岸树，漏多幽沼水。"也指更次。黄滔《贻张蠙》："驱车先五漏，把菊后重阳。"❷液体、气休或光线等从缝隙渗透而出。谢偃《乐府新歌应教》："细细轻裙全漏影，离离薄扇讵障尘。"杜甫《王录事许修草堂赀不到聊小诘》："昨属愁春雨，能忘欲漏时？"陆龟蒙《袭美以公斋小宴见招因代书寄之》："早云才破漏春阳，野客晨兴喜又忙。"秦韬玉《题竹》："卷帘阴薄漏山色，攲枕韵寒宜雨声。"❸因孔隙大而能使某些物体逸出。许敬宗《奉和执契静三边应诏》："疏网妖鲵漏，盘薮怪禽逋。"李商隐《哭虔州杨侍郎》："汉网疏仍漏，齐民困未苏。"❹遗漏。韩愈《南山诗》："团辞试提挈，挂一念万漏。"❺泄露。罗隐《芳树》："青帝固有心，时时漏天意。"❻显露。张祜《樱桃》："斜日庭前风嫋嫋，碧油千片漏红珠。"❼佛教语，谓烦恼。顾况《鄱阳大云寺一公房》："定中观有漏，言外证无生。"伏牛人上《三伤颂》之三："更将有漏身，自翳无生理。"

【漏川】 ❶溃决的河流。刘禹锡《韩十八侍御思示岳阳楼别窦司直诗因令属和重以自述故足成六十二韵》："卫足不如葵，漏川空叹蚁。"❷吸干河流。李绅《题法华寺五言二十韵》："龙喷疑通海，鲸吞想漏川。"

【漏夕】 即漏壶，古计时器。杜审言《扈从出长安应制》："龙旗萦漏夕，凤辇拂钩陈。"

【漏天】 地名，在今四川雅安。以其地多雨，故名。张籍《赠姚怤》："漏天日无光，泽土松不长。"元稹《和李校书新题乐府十二首·蛮子朝》："漏天走马春雨寒，沪水飞蛇瘴烟重。"李频《游蜀回简友人》："别来十二月，去到漏天边。"又《眉州别李使君》："毒草通蛮徼，秋林近漏天。"

【漏水】 漏壶滴出之水。王建《秋夜曲二首》之二："天河悠悠漏水长，南楼北斗两相当。"杨衡《白纻歌二首》之二："凉风萧萧漏水急，月华泛艳红莲湿。"王綮《晓日禁林闻清漏》："晓过宫垣侧，犹闻漏水频。"又《寒雨滴空阶》："远与岩泉杂，微将漏水谐。"

【漏板】 随更漏显示而敲击报时的板。李贺《宫娃歌》："象口吹香毾㲪暖，七星挂城闻漏板。"

【漏泄】 ❶泄露。韩愈《月蚀诗效玉川子作》："丁宁附耳莫漏泄，薄命正值飞廉慵。"韩愈、侯喜《石鼎联句》："常居顾盼地，敢看漏泄情。"❷泄出，渗漏。韩偓《绕廊》："浓烟隔帘香漏泄，斜灯映竹光参差。"曹松《山寺引泉》："山僧未肯言根本，莫是银河漏泄无？"吕岩《敲爻歌》："此时黄道会阴阳，三性元宫无漏泄。"

【漏刻】 ❶即漏壶。因漏箭上有刻度，故名。王维《奉和圣制十五夜然灯继以酺宴应制》:"上路笙歌满,春城漏刻长。"杜甫《奉送郭中丞兼太仆卿充陇右节度使三十韵》:"随肩趋漏刻,短发寄簪缨。"刘长卿《喜朱拾遗承恩拜命赴任上都》:"沧游离别风烟远,青琐幽深漏刻长。"权德舆《奉和张仆射朝天行》:"温室沈沈漏刻移,退朝宾侣每相随。"❷借指时间。卢殷《七夕》:"欢娱方在此,漏刻竟由谁?"

【漏缺】 遗漏。徐夤《尚书荣拜恩命夤疾中辄课恶诗二首以申攀赞》之一:"昨日诏书犹漏缺,未言商也最能诗。"

【漏唱】 宫人报时之声。卢纶《和常舍人晚秋集贤院即事十二韵寄赠江南徐薛二侍郎》:"霜满朝容备,钟余漏唱传。"

【漏鼓】 报更的鼓声。杜甫《奉送严公入朝十韵》:"漏鼓还思昼,宫莺罢啭春。"元稹《欲曙》:"江堤阅暗流,漏鼓急残筹。"

【漏奪】 遗漏。戴叔伦《敬酬陆山人二首》之一:"当时漏夺无人问,生宰东阳笑杀君。"

【漏滴】 漏壶之声。韩翃《访王起居不遇留赠》:"行闻漏滴随金仗,入对炉烟侍玉除。"徐夤《夜》:"愁人莫道何时旦,自的钟鸣漏滴催。"南唐后主李煜《锦堂春》词:"烛残漏滴频攲枕,起坐不能平。"

【漏盡】 漏滴已尽。谓时至黎明。崔峒《奉和给事寓直》:"夜闲方步月,漏尽欲朝天。"欧阳詹《赋得秋河曙耿耿送郭秀才应举》:"鸡唱漏尽东方作,曲渚苍苍晓霜落。"

【漏網】 ❶比喻侥幸逃脱法网。杜甫《建都十二韵》:"牵裙恨不死,漏网荷殊恩。"《与薛昭合婚诗》(卷八六三)之四:"误入宫垣漏网人,月华静洗玉阶尘。"❷破网。比喻法律的疏漏之处。杜甫《暮秋枉裴道州手札率尔遣兴寄近呈苏涣侍郎》:"授钺筑坛闻意旨,颓纲漏网期弥纶。"

【漏箭】 漏壶的部件。木制箭形物,上刻时辰度数,随水面高低而计时。也代指漏声。元稹《饮致用神曲酒三十韵》:"遥城传漏箭,乡寺响风铃。"白居易《闻杨十二新拜省郎遥以诗贺》:"晓日鸡人传漏箭,春风侍女护朝衣。"胡宿《侯家》:"洞户春迟漏箭长,短辕初返雒阳旁。"

【漏聲】 漏滴之声。钱起《和韦侍御寓直对雨》:"漏声过旦冷,云色向窗低。"李贺《官街鼓》:"几回天上葬神仙,漏声相将无断绝。"张祜《爱妾换马》之二:"侍宴永辞春色里,趁朝休立漏声中。"翁承赞《文明殿受册封闽王》:"龙墀班听漏声长,竹帛昭勋扑御香。"

【漏籤】 即"漏箭"。花蕊夫人徐氏《宫词》之四七:"烟引御炉香绕殿,漏签初刻上铜壶。"

漲1 〔zhǎng《广韵》知亮切,去漾,知。又陟良切,平陽,知。《集韵》展兩切,上養,知。〕❶水位上升。李嘉祐《春日淇上作》:"淇上春风涨,鸳鸯逐浪飞。"刘禹锡《韩十八侍御见示岳阳楼别窦司直诗因令属和重以自述故足成六十二韵》:"积涨在三秋,混成非一水。"周贺《京口赠崔固》:"宿馆横秋岛,归帆涨远田。"杜荀鹤《晚泊金陵水亭》:"夕照残荒垒,寒潮涨古壕。"也指上涨的水。王绩《古意六首》之六:"朝栖昆阆木,夕饮蓬壶涨。"陈子昂《万州晓发放舟乘涨还寄蜀中亲朋》:"苍茫林岫转,络绎涨涛飞。"❷抬高,积多。长孙正隐《晦日宴高氏林亭》:"细雨犹开日,深池不涨沙。"杜甫《缆船若风戏题四韵奉简郑十三判官》:"涨沙霾草树,舞雪渡江湖。"姚合《杭州观潮》:"岸摧连古道,洲涨踣丛林。"王贞白《宿新安村步》:"淅淅寒流涨浅沙,月明空渚遍芦花。"

漲2 (zhàng)❶弥漫,充满。高适《塞上》:"边尘涨北溟,虏骑正南驱。"元结《窊尊诗》:"尊中酒初涨,始有岛屿生。"元稹《除夜酬乐天》:"虚涨火尘龟浦北,无由阿伞凤城南。"李洞《寄东蜀幕中友》:"柳絮涨天笼地暖,角声经雨透云寒。"❷鼓胀。韩愈、轩辕弥明《石鼎联句》:"龙头缩菌蠢,豕腹涨彭亨。"

漲3 (zhāng)见"涨₃海"。

【漲海】 大海。杜甫《大历三年春日帝城放船出瞿塘峡四十韵》:"乾坤霾涨海,雨露洗春芜。"独孤及《东平蓬莱驿夜宴会平卢杨判官醉后赠别姚太守置酒留宴》:"驿楼涨海壖,秋月寒城边。"杨乘《南徐春日怀古》:"灵湖通涨海,天堑隔中原。"李频《浙东献郑大夫》:"圣主东忧涨海滨,思移副相倚陶钧。"

【漲₃海】 南海的古称。杜审言《南海乱石山作》:"涨海积稽天,群山高巃地。"杜甫《归雁》:"见花辞涨海,避雪到罗浮。"权德舆《送安南裴都护》:"戈船航涨海,旌旆卷炎云。"曹唐《南游》:"涨海潮生阴火灭,苍梧风暖瘴云开。"

漻 〔liáo《广韵》,落蕭切,平蕭,來。〕❶清澈貌。见"漻漻"。❷平静貌。柳宗元《贞符》序:"于是大圣乃起,丕降霖雨,浚涤荡沃,蒸为清氛,疏为泠风,人皆漻然休然,相睎以生,相持以成,相弥以宁。"

【漻漻】 清澈貌。李贺《南山田中行》:"秋野明,秋风白,塘水漻漻虫啧啧。"李商隐《楚宫》:"湘波如泪色漻漻,楚厉迷魂逐恨遥。"

滲 〔shèn《广韵》所禁切，去沁，生。〕❶液体慢慢透入或沁出。李商隐《景阳宫井双桐》："血滲两枯心，情多去未得。"吴融《御沟十六韵》："去应涵凤沼，来必滲龙湫。"❷使干涸。白居易《自蜀江至洞庭湖口有感而作》："滲作膏腴田，踏平鱼鳖宅。"

【滲漉】 ❶滲透。刘禹锡《葡萄歌》："米液溉其根，理疏看滲漉。"❷混杂。皮日休《吴中苦雨因书一百韵寄鲁望》："海物竞骈罗，水怪争滲漉。"

【滲瀝】 滴漏。元稹《大觜乌》："滲沥脂膏尽，凤皇那得知。"

十二画

潔 〔jié《广韵》古屑切，入屑，見。〕❶清洁，干净。郑孺华《赋得生刍一束》："至洁心将比，忘忧道不孤。"姚合《游谢公亭》："竹鲜多透石，泉洁亦无苔。"韩琮《秋晚信州推院亲友或责无书即事寄答》："洁水空澄鉴，持铅亦砺锋。"郑缙《咏浮沤为辛明府作》："法容无变染，圆知有谦柔。"亦谓使洁净。太宗《咏雪》："洁野凝晨曜，裴墀带夕晖。"韩愈《县斋读书》："哀狖醒俗耳，清泉洁尘襟。"李逢吉《享惠昭太子庙乐章》："既洁酒醴，聿陈熟腥。"❷洁净之物。许孟容《享文恭太子庙乐章》："磬达乐成，降歆丰洁。"❸洁白。李贺《昌谷诗》："光洁无秋思，凉旷吹浮媚。"白居易《江州赵忠州全至江陵已来舟中示舍弟五十韵》："玉向泥中洁，松经雪后贞。"又《睡后茶兴忆杨同州》："白瓷瓯甚洁，红炉炭方炽。"杜牧《题池州弄水亭》："光洁疑可揽，欲以襟怀贮。"❹清白无污垢。韦应物《喜园中茶生》："洁性不可污，为饮涤尘烦。"白居易《别宣上人》："性真悟泡幻，行洁离尘滓。"沈亚之《西蕃请谒庙》："礼终齐百拜，心洁表忠贞。"亦谓使保持清白。孟郊《送超上人归天台》："何以洁其性？滤泉去泥沙。"张祜《送徐彦夫南迁》："知君还自洁，更为酌贪泉。"

【潔己】 使自身清正廉洁。皮日休《七爱诗·卢征君》："天下皆哺糟，征君独洁己。"

【潔白】 ❶纯净的白色。皎然《白云歌寄陆中丞使君长源》："洁白不由阴雨积，高明肯共杂烟重。"马戴《府试水始冰》："洁白心虽识，空期饮此明。"温庭筠《三洲词》："团圆莫作波中月，洁白莫为枝上雪。"齐己《放鹭鸶》："洁白虽堪爱，腥膻不那何。"❷喻品行端正清白。《赠封陟》(卷八六三)："为爱君心能洁白，愿操箕帚奉屏帏。"陆龟蒙《素丝》："端然洁白心，可与神明通。"方干《宋从事》："虽将洁白酬知己，自有风流助少年。"

【潔色】 纯白色。刘言史《与孟郊洛北野泉上煎茶》："洁色既爽别，浮氲亦殷勤。"

【潔身】 保持自身清白。李绅《趋翰苑遭诬构四十六韵》："洁身酬雨露，利口扇谗谀。"姚合《街西居三首》之一："吁嗟世间事，洁身诚难为。"

【潔身亂倫】 指因自身保持清白而不顾君臣伦常。语本《论语·微子》："不仕无义。长幼之节不可废也；君臣之义，如之何其废之？欲洁其身，而乱大伦。"韩愈《寄卢仝》："故知忠孝生天性，洁身乱伦安足拟。"

【潔祀】 指皇帝在戒斋后举行的祭礼仪式。陈叔达《州城西园入斋祠社》："升坛预洁祀，诘早肃分司。"

【潔持】 指清白的操守。刘言史《初下东周赠孟郊》："素坚冰蘖心，洁持保坚贞。"

【潔素】 清洁。萧颖士《江有枫一篇十章》之九："皓然洁素，忘其猜妒。"

【潔朗】 纯净明亮。范传质《荐冰》："洁朗寒光彻，辉华素彩明。"

【潔冥】 清白沉静。卢鸿一《嵩山十志十首·云锦淙》："波连珠兮文沓缝，有洁冥者媚此幽。"

【潔淨】 清白。郑谷《蔡处士》："藜蔬贫洁净，中酒病风流。"

【潔滑】 清洁平滑。刘禹锡《国学新修五经壁歌》记："其制如版牍而高广，其平如粉泽而洁滑。"

【潔誠】 心意真诚。崔颢《赠怀一上人》："作礼忏前恶，洁诚期后因。"

【潔精】 谓祭品清洁精美。归登《享惠昭太子庙乐章》："风笙如闻，歆其洁精。"

【潔儉】 廉洁节约。张祜《投宛陵裴尚书二十韵》："洁俭遵明训，清通轨令图。"

【潔澈】 清洁透明。吴融《红白牡丹》："殷鲜一半霞分绮，洁澈旁边月飐波。"王棨《咏清》："洁澈浮天色，锵洋入乐声。"

【潔齋】 谓祭祀之前戒除女色和荤腥。权德舆《早夏青龙寺致斋凭眺感物因书十四韵》："洁斋奉明祀，凭览伤夐古。"刘禹锡《和河南裴尹侍郎宿斋天平寺诣九龙祠祈雨二十韵》："有事九龙庙，洁斋梵王祠。"

澆 〔jiāo《广韵》古尧切，平萧，見。〕❶灌溉。李嘉祐《晚春宴无锡蔡明府西亭》："井近时浇圃，城低下见河。"卢纶《送王录事赴任苏州》："潮作浇田雨，去成煮海烟。"张籍《和令狐尚书平泉东庄近居李仆射有寄十韵》："涨池闲绕屋，出野遍浇田。"徐夤《和尚书咏泉山瀑布十二韵》："民田凿断云根引，僧圃穿通竹影浇。"❷灌。姚合《舟行书事寄杭州崔员外》："张颐任酒浇，开眼信花烧。"许浑《题阴阳井》："尚冀丹砂力，当浇俗虑空。"黄滔《断酒》："何因浇得离肠烂，南浦东门恨不胜。"❸以酒洒淋。祭祀仪式之一。王维《凉州郊外游望》："洒酒浇刍狗，焚香拜木人。"李白《东山吟》："白鸡梦后三百岁，洒酒浇君同所欢。"❹薄。见"澆風"。

【澆波】　指浮薄的风气。陆龟蒙《江南秋怀寄华阳山人》："帝道将云辟，浇波渐砥平。"

【澆俗】　浮薄的社会风气。太宗《执契静三边》："浇俗庶反淳，替文聊就质。"李峤《羊》："绝饮惩浇俗，行驱梦逸才。"皇甫冉《杂言湖山歌送许鸣谦》序："伯仲邕友，家人怡怡，贞白之风，旁行于浇俗矣。"皮日休《七爱诗》序："镇浇俗者，必有真吏，以元鲁山为真吏焉。"

【澆風】　犹"澆俗"。李白《古风》之二六："世道日交丧，浇风散淳源。"吴筠《舟中遇柳伯存归潜山因有此赠》："浇风久成俗，真隐不可求。"孟郊《献汉南樊尚书》："异俗既从化，浇风亦归淳。"贯休《寄栖白大师二首》之二："莫话三峰去，浇风正荡淳。"

【澆酒】　洒酒。祭神或其他祭奠的仪式之一。卢纶《题伯夷庙》："落中满阶尘满座，不知浇酒为何人。"白居易《青冢》："不见青冢上，行人为浇酒。"姚合《别春》："随风未辨归何处，浇酒唯求住少时。"罗隐《归梦》："日晚向隅悲断梗，夜阑浇酒哭知音。"

【澆浮】　淡薄浮夸。多指社会风气。崔颢《澄水如鉴》："浇浮知不挠，滥浊固难侵。"高适《奉酬睢阳李太守》："岂伊齐政术，将以变浇浮。"朱庆余《行路难》："世事浇浮后，艰难向此生。"曹松《道中》："所以浇浮态，多令行者违。"

【澆訛】　浮薄欺诈。杜荀鹤《秋宿山馆》："蕴蓄天然性，浇讹世恶真。"贯休《寿春节进》："氛祲根株尽，浇讹朕兆隳。"

【澆淳】　谓使淳厚的社会风气变得浮薄。钱起《过温逸人旧居》："浮俗渐浇淳，斯人谁继妙。"

【澆溉】　灌溉。白居易《有木诗八首》之三："上受顾盼恩，下勤浇溉力。"

【澆腸】　灌进肚内。韩愈《感春四首》之四："数杯浇肠虽暂醉，皎皎万虑醒还新。"

【澆漓】　❶浮薄。权德舆《两庚岁若贫戏题》："巧智竞忧劳，展转生浇漓。"张绍《冲佑观》："开源嗜欲，浇漓俗盛。"❷指薄酒。薛能《寄唁张乔喻坦之》："何当见尧日，相与啜浇漓。"皮日休《酒中十咏·酒泉》："玉液是浇漓，金沙乃糟粕。"

【澆蕩】　谓社会风气浮薄动荡。欧阳詹《李评事公进示文集因赠之》："往来更后人，浇荡醨前源。"

【澆險】　浮薄险恶。陆龟蒙《彼农二章》之一："世路浇险，淳风荡除。"

【澆瀝】　谓洒酒祭神。顾况《送李侍御往吴兴》："若向洞庭山下过，暗知浇沥圣姑神。"

【澆灌】　灌溉。白居易《喜雨》："千日浇灌功，不如一霢霂。"

澒　〔hòng《广韵》胡孔切，上董，匣。《集韵》胡貢切，去送，匣。〕盛大貌。韩愈、孟郊《征蜀联句》："翻霓纷偃蹇，塞野澒坱圠。"元稹《琵琶歌》："澒声少得似雷吼，缠弦不敢弹羊皮。"

【澒洞】　（—tóng）❶弥漫貌。杜甫《种莴苣》："指麾赤白日，澒洞青光起。"韩愈《南山诗》："蒸岚相澒洞，表里忽通透。"李绅《泛五湖》："霞生澒洞远，月吐青荧乱。"皮日休《太湖诗·入林屋洞》："人语散澒洞，不响高玲玎。"❷波涛汹涌貌。高适《东平路中遇大水》："霖霪溢川原，澒洞涵田畴。"独孤及《观海》："澒洞吞百谷，周流无四垠。"元稹《酬乐天登乐游园见忆》："秋空压澶漫，澒洞无垢氛。"❸气势宏大貌。元稹《献荥阳公诗五十韵》："纤新撩造化，澒洞斡陶甄。"又《有酒十章》之一："浩思一气初彭亨，澒洞浩汗真无名。"李群玉《赠方处干兼以写别》："龙宫奉采觅，澒洞一千首。"李敻《恒岳晨望有怀》："澒洞镇河朔，嵯峨冠嵩丘。"

【澒溶】　汹涌貌。陆龟蒙《杂讽九首》之一："凶门尚儿戏，战血波澒溶。"

【澒湧】　❶波涛汹涌貌。白居易《江楼夜吟元九律诗成三十韵》："澒涌同波浪，铮鏦过管弦。"杜牧《赴京初入汴口晓景即事先寄兵部李郎中》："什伍持津梁，澒涌争追讨。"❷弥漫貌。卢鸿一《嵩山十志十首·倒景台》："天门豁兮仙台耸，杰屹崒兮云澒涌。"

濆1　〔fén《广韵》符分切，平文，奉。〕水边。李白《题元丹丘颍阳山居》："益愿狎青鸟，拂衣栖江濆。"张濯《题舜庙》："古都遗庙出河濆，万代千秋仰圣君。"周贺《宿隐静寺上人》："暂来此地歇劳足，望断故山沧海濆。"张乔《寄绩溪陈明府》："鼓角喧京口，江山尽汝濆。"

濆2　〔pēn《广韵》普魂切，平魂，滂。〕喷，喷涌之水。杜甫《最能行》："攲帆侧柁入波涛，撇漩捎濆无险阻。"姚合《赠少室山麻襦僧》："泉近濆瓶履，山深少垢尘。"王周《志峡船具诗·戙》："濆为生险艰，声发甚霹雳。"

【濆$_2$薄】　激荡。韩愈《嘲鼾睡》之二："黄河弄濆薄，梗涩连拙鲧。"

澍1　〔shù《广韵》之句切，去遇，禅。又之戍切，去遇，章。〕雨，多指时雨。皎然《同薛员外谊喜雨兼上杨使君》："积旱忽飞澍，烝民心亦倾。"

澍[2] 〔zhù《广韵》这戍切，去遇，章。〕通“注”。宋之问《景龙四年春祠海》：“地阔八荒近，天回百川澍。”

【澍雨】 大雨。元稹《献荥阳公诗五十韵》启：“大凡受褊狭者不可以语大，持杯棬而承澍雨，自满而止，又安能测其滂沛之所至或！”

澎 〔pēng《广韵》撫庚切，平庚，滂。〕见“澎汃”“澎湃”。

【澎汃】 （—pà）水波相击声。韩愈、孟郊《征蜀联句》：“汉栈罢嚣阗，獠江息澎汃。”也借指波涛。陆龟蒙《奉酬袭美先辈吴中苦雨一百韵》：“残闻秋穊穑，大半沈澎汃。”

【澎湃】 ❶汹涌。周岳秀《君山祠》：“风涛澎湃鱼龙舞，栋宇峥嵘燕雀迁。”❷波浪相击声。韩愈《送惠师》：“微风吹木石，澎湃闻韶钧。”皮日休《太湖诗·初入太湖》：“拖帆从所适，枕下闻澎湃。”

澾 〔tà《广韵》他達切，入曷，透。〕滑。韩愈《答张彻》：“磴藓澾拳跼，梯飙飐伶俜。”见“滑澾”。

濄 〔guō《广韵》古活切，入末，見。又户括切，入末，匣。〕见“濄濄”。

【濄濄】 流滴貌。寒山《诗三百三首》之一八五：“买肉血濄濄，买鱼跳鲅鲅。”

澌 〔sī《广韵》斯義切，去寘，心。《集韵》相支切，平支，心。〕通“凘”。浮冰。虞世南《奉和至寿春应令》：“泛沫萦河屿，寒澌拥急流。”岑参《送严维下第还江东》：“敝裘沾暮雪，归棹带流澌。”张祜《早春钱塘湖晚眺》：“轻澌流回浦，残雪明高峰。”陆龟蒙《江南冬至和人怀洛下》：“与看平湖上，东流或片澌。”亦泛指冰。孟郊《寒江吟》：“荻州素浩渺，碕岸澌硖磳。”郑巢《题崔行先不室别墅》：“桂阴生野菌，石缝结寒澌。”无可《送李少府之任临邛》：“山长风袅栈，江荫不和澌。”郑谷《寄膳部李郎中昌符》：“静灯微落烬，寒砚旋生澌。”

【澌澌】 散落貌。王建《宫词一百首》之五五：“月冷江清近猎时，玉阶金瓦雪澌澌。”李商隐《肠》：“隔树澌澌雨，通池点点荷。”张为《谢别毛仙翁》：“黄河浊衮衮，别泪流澌澌。”

潮 〔cháo《广韵》直遥切，平宵，澄。〕❶海洋及河流近海处因时而出现的水位涨落现象。太宗《春日望海》：“拂潮云布色，穿浪日舒光。”薛据《登秦望山》：“振缗迎早潮，弭棹候长风。”朱庆余《送长安罗少府》：“雪暗新雁斜行出，潮落残云远色鲜。”刘沧《长洲怀古》：“千年事往人何在，半夜月明潮自来。”❷州名。陈元光《落成会咏一首》：“泉潮天万里，一镇屹天中。”❸水名。见“潮源”。

【潮水】 海洋及沿海江河受月球引力影响而定时涨落的水流。崔颢《长干曲四首》之四：“三江潮水急，五湖风浪涌。”皇甫冉《送王司直》：“人心胜潮水，相送过浔阳。”裴夷直《水亭》：“门前即潮水，朝去暮常来。”贾岛《寄韩潮州愈》：“此心曾与木兰舟，直到天南潮水头。”

【潮文】 潮水的痕迹。姚合《郡中西园》：“密林生雨气，古石带湖文。”

【潮户】 赶海的人家。元稹《和乐天重题别东楼》：“鼓催潮户凌晨击，笛赛婆官彻夜吹。”又《去杭州》：“潮户迎潮击潮鼓，潮平潮退有潮痕。”白居易《和春深二十首》之一三：“何处春深好，春深潮户家。”

【潮平】 满潮。谓潮水涨至最高水位。刘希夷《江南曲八首》之五：“潮平见楚甸，天际望维扬。”王湾《次北固山下》：“潮平两岸阔，风正一帆悬。”白居易《松江亭旗携乐观渔宴宿》：“雁断知风急，潮平见月多。”李频《秋夜山中思归送友人》：“木落病身起，潮平归思悬。”

【潮田】 以潮水灌溉的田地。钱起《送族侄赴任》：“云山深郡郭，花木净潮田。”皮日休《二游诗·徐诗》：“潮田五万步，草屋十余椠。”

【潮州】 州名。隋开皇十一年置，治所在海阳（今广东潮州市）。唐属岭南道。独孤及有《送陆员外赴潮州》。韩愈《左迁至蓝关示侄孙湘》：“一封朝奏九重天，夕贬潮州路八千。”又有《从潮州量移袁州张韶州端公以诗相贺因酬之》。贾岛《寄韩湘》：“过岭行多少，潮州涨满川。”

【潮汐】 朝潮暮汐的全称。宋务光《海上作》：“旷哉潮汐池，大矣乾坤力。”吴筠《登北固山望海》：“跻览何所见，茫茫潮汐驰。”

【潮波】 潮水的波涛。崔颢《晚入汴水》：“长淮亦已尽，宁复畏潮波。”马戴《送从叔重赴海南从事》：“晚路潮波起，寒葭雾雨生。”

【潮信】 潮水。灵一《酬皇甫冉西陵见寄》：“西陵潮信满，岛屿没中流。”郎士元《送李遂之越》：“西兴待潮信，落日满孤舟。”白居易《想东游五十韵》：“逐日移潮信，随风变棹讴。”李频《富春赠孙璐》：“井气通潮信，窗风引海凉。”

【潮海】 大海。贺朝《宿香山阁》：“轩窗闭潮海，枕席拂烟虹。”孟浩然《夜泊中渚趁薛八船不及》：“明发泛潮海，茫茫何处期。”

【潮痕】 退潮后留下的痕迹。李嘉祐《仲夏江阴官舍寄裴明府》：“苔色侵衣桁，潮痕上井栏。”张祜《登杭州龙兴寺三门楼》：“沙背渐平人改路，潮痕初静鸟移滩。”杜荀鹤《送僧归国清寺》：“路沿山脚潮痕出，睡倚松根日色斜。”贯休《送人归新罗》：“蜃气生初霁，潮痕匝乱荒。”

【潮陽】 郡名。唐时潮州称潮阳郡。白居易《寄潮州杨继之》：“相府潮阳俱梦中，梦中何者是穷通?”

【潮溝】 泄潮的沟渠。徐铉《和钟大监泛舟同游见示》：“潮沟横趣北山阿，一月三游未是多。”又《题梁王旧园》：“梁王旧馆秋潮沟，共引垂藤系小舟。”又《送陈秘监归泉州》：“风满潮沟木叶飞，水边行客驻骖騑。”

【潮源】 潮河之源。在今河北丰宁县北。胡皓《大漠行》：“旌旆悠悠静潮源，鼙鼓喧喧动卢谷。”

【潮頭】 潮水的浪峰。法振《别卢使君归故栅村》：“塞口竹缘空成没，潮吏沙拥慢冈成。”刘禹锡《张郎中籍远寄长句仰酬高韵》：“云衔日脚成山雨，风驾潮头入渚田。”元稹《别后西陵晚眺》：“与君后会知何日，不似潮头暮却回。”罗隐《寄处默师》：“甘露卷帘看雨脚，樟亭倚柱望潮头。”

【潮濤】 潮波。张乔《送友人进士许棠》：“何处营甘旨，潮涛浸薄田。”

【潮雞】 鸡名。又名伺潮鸡、石鸡，潮来即鸣。李德裕《谪岭南道中作》：“五月畲田收火米，三更津吏报潮鸡。”

潸 同“潸”。

【潸然】 见“潸然”。

潸 〔shān《广韵》所姦切，平删，生。又數板切，上潸，生。〕亦作“潸”。流泪貌。柳宗元《酬韶州裴曹长使君寄道州吕八大使因以见示二十韵一首》：“御魅恩犹贷，思贤泪自潸。”崔公远《句》：“看花独不语，裴回双泪潸。”

【潸然】 亦作“潸然”。泪流貌。亦谓流泪。宋之问《新年作》：“乡心新岁切，天畔独潸然。”王季友《代贺若令誉赠沈千运》：“分手如何更此地，回头不语泪潸然。”章孝标《道者与金丹开合已失因为二首再有投掷》之一：“被他迷失却，叹息只潸然。”韩琮《露》：“几处花枝抱离恨，晓风残月正潸然。”

【潸潸】 泪流不止貌。元稹《台中鞫狱忆开元观旧事呈损之兼赠周兄四十韵》：“分司别兄弟，各各泪潸潸。”

潓 〔huì《广韵》胡佳切，去霽，匣。〕见“潓泉”。

【潓泉】 泉名。在今湖南境。元结《游潓泉示泉上学者》：“每到潓泉上，情性可安舒。”又《石鱼湖上作》序：“潓泉南上有独石在水中，忧如游鱼。”又《潓阳亭作》：“前轩临潓泉，凭几漱清流。”

潭 〔tán《广韵》徒含切，平覃，定。〕❶深渊。房琯《题汉州西湖》：“决渠信浩荡，潭岛成江湖。”秦系《张建封大夫奏系为校书郎因寄此作》：“久是烟霞客，潭深钓得鱼。”白居易《新乐府·百炼镜》：“琼粉金膏磨莹已，化作一片秋潭水。”贾岛《送觉兴上人归中条山兼谒河中李司空》：“暮磬潭泉冻，荒林野烧移。”❷深，深邃。孙逖《送杨法曹按括州》：“潭壑随星使，轩车绕春色。”❸州名。元稹《后湖》：“答云潭及广，以至鄂与吴。”

【潭州】 州名。隋开皇九年改湘州为潭州，治所在长沙(今湖南长沙市)。唐辖境相当于今湖南长沙、株洲、益阳、浏阳、湘乡、醴陵等地。宋之问有《自湘源至潭州衡山县》。杨凝《送客归湖南》：“湖南树色尽，了了辨潭州。”李商隐《潭州》：“潭州官舍暮楼空，今古无端入望中。”崔珏《道林寺》：“潭州城郭在何处，东边一片青模糊。”

【潭府】 即潭州。杜甫《岳麓山道林二寺行》：“潭府邑中甚淳古，太守庭内不喧呼。”

【潭洞】 深洞。裴度、贾悚《春池泛舟联句》：“潭洞迷仙府，烟霞认醉乡。”刘禹锡《答东阳于令寒碧图诗》：“新开潭洞疑仙境，远写丹青到雍州。”陆龟蒙《奉和袭美太湖诗二十首·投龙潭》：“名山潭洞中，自古多秘邃。”

【潭陽】 郡名。天宝元年改巫州为潭阳郡，乾元元年复旧。王昌龄《别皇甫五》：“溆浦潭阳隔楚山，离尊不用起愁颜。”

【潭潭】 深广貌。韩愈《符读书城南》：“一为公与相，潭潭府中居。”唐彦谦《拜越公墓因游定水寺有怀源老》：“越公已作飞仙去，犹得潭潭好墓田。”

潦1 〔lǎo《广韵》盧晧切，上晧，来。〕雨后积水。张说《岳州作》：“潦收江未清，火退山更热。”韦应物《使云阳寄府曹》：“周旋涉途潦，侧峭缘沟脉。”刘禹锡《韩十八侍御见示岳阳楼别窦司直诗足成六十二韵》：“炎蒸动泉源，积潦搜山趾。”

潦2 〔lào《广韵》郎到切，去号，来。〕同“涝”。水淹。陆龟蒙《南泾渔父》：“今年川泽旱，前岁山源潦。”

潦3 〔liǎo〕见“潦₃倒”。

【潦₃倒】 (—dǎo)❶举止散漫随意。杜甫《戏赠阌乡秦少公短歌》：“昨夜邀欢乐更无，多才依旧能潦倒。”刘禹锡《洛中酬福建陈判官见赠》：“潦倒声名拥肿材，一生多故若邅回。”左偃《寄庐山白上人》：“潦倒门前客，闲眠岁又残。”❷颓丧，失意。秦系《山中枉皇甫温大夫见招书》：“亚相已能怜潦倒，山花笑处莫啼猿。”元稹《答姨兄胡灵之见寄五十韵》：“潦倒沉泥滓，攲危践矫衡。”杜牧《冬至日寄小侄阿宜诗》：“我若自潦倒，看汝争翱翔。”罗邺《冬夕江上言事五首》之二：“久别羁孤成潦倒，回看书剑更苍黄。”❸衰老。杜甫《登高》：“艰难苦恨繁霜鬓，潦倒新停浊酒杯。”白居易《苏州李中丞以元日郡斋感怀诗寄微之及予奉答兼呈微之》：“领郡惭当潦倒年，邻州喜得平生友。”薛能《题彭祖楼》：“身防潦倒师彭祖，妓拥登临愧谢公。”齐已《谢人惠柱杖》：“深谢鲁儒怜潦倒，欲教撑拄绕禅床。”

潛〔qián《广韵》昨鹽切，平鹽，從。又慈豔切，去豔，從。〕❶没入水下游泳。孟浩然《登江中孤屿赠白云先生王迥》：“鲛人潜不见，渔父歌自逸。”钱起《蓝田溪杂咏二十二首·衔鱼翠鸟》：“擘波得潜鱼，一点翠光去。”王季则《鱼上冰》：“冰消通浅溜，气变跃潜鱼。”应物《龙潭》：“石激悬流雪满湾，五龙潜处野云闲。”❷隐藏，隐蔽。崔融《塞垣行》：“蔽山张旗鼓，间道潜锋镝。”顾况《十月之郊一章》：“阳潜地中，舒达句萌。”李德裕《惠泉》：“明玑难秘彩，美玉讵潜珍。”韦庄《和郑拾遗秋日感事一百韵》：“殷牛常在耳，晋坚欲潜肓。”❸秘密，暗中。岑参《尹相公京兆府中棠树降甘露诗》：“君臣日同德，祯瑞方潜施。”韦应物《酒肆行》：“深门潜醖客来稀，终岁醇醲味不移。”张祜《听岳州徐员外弹琴》：“玉律潜符一古琴，哲人心见圣人心。”卢嗣立《望九华山》：“得路归山期早诀，夜来潜已告精诚。”

【潛入】　暗中进入。白居易《松声》：“西南微风来，潜入枝叶间。”

【潛山】　山名。又名天柱山、皖公山。在安徽潜山县境。吴筠《舟中遇柳伯存归潜山固有此赠》之二：“君归潜山曲，我复庐山中。”皇甫冉有《送元晟归潜山所居》。

【潛山觀】　（观 guàn）道观名。故址在今湖北咸宁市南。窦参有《登潜山观》。

【潛夫】　隐者。祖咏《田家即事》：“方求静者赏，偶与潜夫论。”钱起《山斋读书寄时校书杜叟》：“丛兰齐稚子，蟠木老潜夫。”

【潛夫論】　书名。东汉王符撰。符隐居著书，评论时政。因不欲显名，故以“潜夫”为名。杜甫《偶题》：“漫作潜夫论，虚传幼妇碑。”

【潛心】　专心。徐彦伯《赠刘舍人古意》：“浩歌在四省，经传恣潜心。”韩愈《谒衡岳庙遂宿岳寺题门楼》：“潜心默祷若有应，岂非正直能感通。”

【潛穴】　❶深洞。张说《岳州西城》：“潜穴探灵诡，浮生挹圣仙。”❷偷偷打洞寄居。李远《咏壁鱼》：“潜穴河图内，吞钩乙字边。”

【潛光】　隐藏光彩。喻不使才华外露。李白《纪南陵题五松山》：“圣达有去就，潜光愚其德。”韩愈《喜雪献裴尚书》：“骋巧先投隙，潜光半入池。”吕价《浊水求珠》：“至宝诚难得，潜光在浊流。”亦喻隐居。李白《自梁园至敬亭山见会公因有此赠》：“水国饶英奇，潜光卧幽草。”又《赠嵩山焦炼师》：“潜光隐嵩岳，炼魄栖云幄。”又《避地司空原言怀》：“我则异于是，潜光皖水滨。”

【潛伏】　❶隐匿，隐藏。刘允济《经庐岳回望江州想洛川有作》：“阴崖暮萧索，潜伏屡鲸奔。”李华《咏史十一首》之一：“乱代乃潜伏，纵人为祸愆。”皮日休《吴中苦雨因书一百韵寄鲁望》：“帝命有严程，慈物敢潜伏。”张绍《冲佑观》：“翠阜丹丘，潜伏灵圣。”❷暗流，伏流。李绅《早渡扬子江》：“青嶂迴开蹲虎戍，碧流潜伏跃龙关。”

【潛行】　（—xíng）❶暗流。李白《安州应城玉女汤作》：“精览万殊入，潜行七泽连。”❷偷偷地走。王维《桃源行》：“山口潜行始隈隩，山开旷望旋平陆。”杜甫《哀江头》：“少陵野老吞声哭，春日潜行曲江曲。”李德裕《思平泉树石杂咏一十首·似鹿石》：“林中有奇石，仿佛兽潜行。”白居易《和答诗十首·答箭镞》：“闻有狗盗者，昼伏夜潜行。”

【潛州】　地名。灵一《於潜道中呈元八处士》：“苕水滩行浅，潜州路渐深。”皎然《送陆判官归杭州》：“芳草潜州路，乘轺忆再旋。”

【潛形】　隐藏形迹。宋之问《游云门寺》：“人天宵现景，神鬼昼潜形。”吕岩《酹江月》词：“水虎潜形，火龙伏体，万丈毫光烈。”

【潛虬】　亦作“潜蚪”。犹潜龙。多喻隐居的高士。李白《赠别舍人弟台卿之江南》：“潜虬隐尺水，著论谈兴亡。”岑参《与鄠县群官泛渼陂》：“闲鹭惊箫管，潜蚪傍酒尊。”孟郊《寄张籍》：“浮云何当来，潜蚪会飞腾。”杜牧《分司东都寓居履道叨承川尹刘侍郎大夫恩知上四十韵》：“隐豹窥重巘，潜蚪避浊泾。”

【潛兵】　秘密出兵。于鹄《出塞》之二：“分阵瞻山势，潜兵制马鸣。”

【潛身】　❶谓韬光隐晦。杜甫《前出塞九首》之八：“潜身备行列，一胜何足论。”杜牧《李甘诗》：“潜身九地底，转上青天去。”❷潜伏，隐藏。曹邺《奉命齐州推事毕寄本府尚书》：“忍学空城雀，潜身入官仓。”韩偓《五更》：“往年曾约郁金床，半夜潜身入洞房。”

【潛君】　指神话中深居于海底的神人。元结《引极三首·怀潜君》：“下何有兮人不闻，深溢漭兮居潜君。”

【潛苞】 指不知不觉结出的果实。韩愈《答张彻》："潜苞绛实坼，幽乳翠毛零。"

【潛蚪】 参见"潛虬"。

【潛岳】 即潜山。齐己《浣口泊舟晓望天柱峰》："根盘潜岳半，顶逼日轮边。"

【潛郎】 汉代颜驷于文帝时为郎。历文、景、武三朝而不迁，老于郎署。后以为久不升迁的典故。钱起《重赠赵给事》："应念潜郎守贫病，常悲休沐对蓬蒿。"

【潛英】 传说中的一种海石名。语出晋王嘉《拾遗记·前汉上》。陈至《荐冰》："形盐非近进，玉豆为潜英。"

【潛洞】 深穴。张九龄《与生公游石窟山》："潜洞黝无底，殊庭忽似梦。"

【潛軍】 犹"潛兵"。窦威《出塞曲》："潜军度马邑，扬旆掩龙城。"韩愈、李正封《晚秋郾城夜会联句》："间使断津梁，潜军索林薄。"

【潛匿】 隐藏。宋之问《浣溪篇赠陆上人》："山薮半潜匿，苎萝更蒙遮。"李白《经下邳圯桥怀张子房》："潜匿游下邳，岂曰非智勇。"

【潛流】 伏流。水在地下流动。李绅《别石泉》："素沙见底空无色，青石潜流暗有声。"

【潛移】 不知不觉地变化。岑参《过王判官西津所居》："潜移岷山石，暗引巴江流。"陆龟蒙《奉和袭美古杉三十韵》："鬼神应暗画，风雨恐潜移。"

【潛通】 暗中沟通。张嗣初《赋得白云起封中》："金泥光乍掩，玉检气潜通。"白居易《和答诗十首·和大觜乌》："老巫生奸计，与乌意潜通。"

【潛然】 ❶暗中点燃。温庭皓《观山灯献徐尚书》："九枝应并耀，午夜忽潜然。"❷谓无明火燃烧。秦韬玉《采茶歌》："倚云便酌泉声煮，兽炭潜然虬珠吐。"

【潛跡】 隐藏行踪。吴筠《高士咏·洞灵真人》："亢仓致虚极，潜迹依远岫。"

【潛搆】 参见"潛構"。

【潛構】 亦作"潛搆"。谓暗中设局陷害。宋之问《自洪府舟行直书其事》："安位衅潜构，退耕祸犹起。"柳宗元《咏史》："风波欻潜构，遗恨意纷纭。"

【潛精】 犹"潛光"。吴筠《高士咏·樊先生》："巢父志何远，潜精人莫知。"

【潛輝】 ❶犹"潛光"。李白《送岑征君归鸣皋山》："潜辉卧幽邻，探元入窈默。"❷隐没光辉。谓落山。南唐后主李煜《句》："乌照始潜辉，龙烛便争秉。"

【潛銷】 不知不觉地消除。戎昱《秋日感怀》："荷衣半浸缘乡泪，玉貌潜销是客愁。"杜牧《题村舍》："潜销暗烁归何处，万指侯家自不知。"张蠙《古战场》："荒骨潜销垒已平，汉家曾说此交兵。"

【潛潤】 暗暗滋润。温庭筠《握柘词》："宿雨香潜润，春流水暗通。"

【潛機】 暗设的猎具等机关。李绅《忆寿春废虎坑至余去郡三载》："每推至化宣余力，岂有潜机害尔生。"亦喻暗中用计。陆龟蒙《杂讽九首》之七："潜机取声利，自许臻乎妙。"

【潛龍】 ❶蛰伏的龙。杜甫《观打鱼歌》："潜龙无声老蛟怒，回风飒飒吹沙尘。"❷比喻尚未登基的帝王。太宗《咏司马彪续汉志》："潜龙既可跃，逵兔奚难致。"姚崇《奉和圣制龙池篇》："此时舜海潜龙跃，此地尧河带马巡。"钱起《归义寺题震上人壁》："往往无心云，犹起潜龙处。"贯休有《大蜀高祖潜龙日献陈情偈颂》。❸比喻失意的贤才。杜牧《使回枉唐州崔司马书兼寄四韵因和》："莫为霜台愁岁暮，潜龙须待一声雷。"❹谓阳气潜藏。吕岩《敲爻歌》："加添火候切防危，初九潜龙不可炼。"

【潛濩】 犹"潛流"。元结《系乐府十二首·寺翁兴》："清和存王母，潜濩无乱黩。"

【潛翳】 隐蔽。韦应物《送终》："方当永潜翳，仰视白日光。"

【潛懷】 暗中怀念。姚鹄《将归蜀留献恩地仆射二首》之二："应怜死节无门效，永叹潜怀似转蓬。"

【潛耀】 犹"潛光"。权德舆《仲秋朝拜昭陵》："文皇昔潜耀，隋季自颠覆。"

【潛竇】 暗洞。崔恭《和张相公太原山亭怀古诗》："潜窦激飞泉，石路跻且崇。"孟郊《与王二十一员外涯游枋口柳溪》："潜窦韵灵瑟，翠崖鸣玉珪。"

【潛躍】 出没。张若虚《春江花月夜》："鸿雁长飞光不度，鱼龙潜跃水成文。"

【潛聽】 ❶偷听。廖有力《题旅榇》记："余元和乙未岁落第，西征适此，闻呻吟之声，潜听而微惋也，问其疾苦住止。"❷细听，静听。李绅《江南暮春寄家》："想得心知近寒食，潜听喜鹊望归来。"陆龟蒙《奉和袭美初夏游楞伽精舍次韵》："潜听钟梵处，别有松桂壑。"

【潛鱗】 ❶潜泳的鱼。孙逖《奉和四月三日上阳水窗赐宴应制得春字》："此中歌在藻，还见跃潜鳞。"杜甫《秋野五首》之四："潜鳞输骇浪，归翼会高风。"李益《华阴东泉同张处士诣藏律师兼简县内同官因寄齐中书》："潜鳞孕明晦，山灵闷幽赜。"❷喻失意的处境。郑启《严塘经乱书事》之二："鲲为鱼队潜鳞困，鹤处鸡群病翅低。"

澁

同"澀"。

潰 〔kuì《广韵》胡對切，去隊，匣。〕❶水冲破堤岸。刘叉《冰柱》："骚然县宇，土崩水溃，畹中无熟谷，陇上无桑麻。"❷融解。刘禹锡《客有为余话登天坛遇雨之状因以赋之》："豁然重昏敛，涣若春冰溃。"❸消除。陆龟蒙《袭美先辈以龟蒙所献五百言既蒙见和复示荣唱用伸酬谢》："顾我迷未远，开怀溃其疑。"

【潰穴】 谓堤溃于蚁穴。吴融《御沟十六韵》："自有朝宗乐，曾无溃穴忧。"

【潰散】 (—sàn)破坏而分散。孟简《咏欧阳行周事》："哀哉浩然气，溃散归化元。"

【潰潰】 流貌。元稹《有酒十章》之四："河溃溃兮愈浊，济翻翻兮不宁。"

潬 〔tān《广韵》徒旱切，上旱，定。《集韵》他干切，平寒，透。〕水中沙洲。李贺《河阳歌》："花烧中潬城，颜郎身已老。"韩愈《此日足可惜赠张籍》："中流上沙潬，沙水不可详。"

澂 〔chéng《广韵》直陵切，平蒸，澄。〕"澄"的古字。清澈。许敬宗《奉和登陕州城楼应制》："挹河澂绿宇，御沟映朱宫。"柳宗元《湘口馆潇湘二水所会》："兹辰始澂霁，纤云尽褰开。"庚彦谦《薄津河亭》："宿雨清秋霁景澂，广亭高树向晨兴。"

【澂明】 明朗，明净。权德舆《与道者同守庚申》："斋心已恬愉，澡身自澂明。"

潿 〔wéi《广韵》雨非切，平微，云。〕混浊的积水。韩愈、孟郊《城南联句》："巨细各乘运，湍潿亦腾声。"

潨1 〔cóng《广韵》徂紅切，平東，從。又藏宗切，平冬，從。又職戎切，平東，章。〕急流。李白《送王屋山人魏万还王屋》："鬼谷上窈窕，龙潭下奔潨。"又《求崔山人百丈崖瀑布图》："但见瀑泉落，如潨云汉来。"孟郊《浮石亭》："翠激递明灭，清潨泻欹危。"又《送卢虔端公守复州》："商山无平路，楚水有惊潨。"

潨2 〔zōng《集韵》將容切，平鍾，精。〕高岸。皮日休《太湖诗·游毛公坛》："两水合一涧，潨崖却为浦。"

【潨射】 喷射。李白《望庐山瀑布水二首》之一："空中乱潨射，左右洗青壁。"

【潨流】 急流。孟浩然《入峡寄弟》："壁立千峰峻，潨流万壑奔。"

【潨漴】 (—chuáng)水大貌。杜牧《春日言怀寄虢州李常侍十韵》："雨派潨漴急，风畦芷若香。"

【潨潨】 水急貌。李白《玉真公主别馆苦雨赠卫尉张卿二首》之二："潨潨奔溜闻，浩浩惊波转。"皮日休《吴中苦雨因书一百韵寄鲁望》："化之为暴雨，潨潨射平陆。"

【潨瀉】 急流而下。韩愈、孟郊《秋雨联句》："潨泻殊未终，飞浮亦云泰。"

澳 〔yù《广韵》於六切，入屋，影。〕水边弯曲处。张九龄《岁初巡属县登高安南楼言怀》："深府东溪澳，远延南山樊。"赵冬曦《和燕公别湖》："湾澳陪临泛，岩峿共践窥。"

潘 〔pān《广韵》普官切，平桓，滂。〕❶姓。唐诗人有潘孟阳、潘存实等。❷州名。见"潘州"。

【潘子】 指晋潘岳。曾撰《橘赋》。李峤《橘》："既荣潘子赋，方重陆生言。"

【潘屯田】 指潘求仁。见《元和姓纂》卷四。张文琮有《同潘屯田冬日早朝》。

【潘仁】 即晋潘岳。潘岳，字安仁。沈东美《奉和苑舍人宿直晓玩新池寄南省友》："兴逸潘仁赋，名高谢朓篇。"

【潘户部】 指潘孟阳。见《旧唐书》本传。柳宗元《酬韶州裴曹长使君寄道州吕八大使》："乘轺参孔仅，按节服侯狦。"自注："韶州尝随潘户部出征赋。"

【潘生】 指晋潘岳。张九龄《酬王履震游园林见贻》："既负潘生拙，俄从周任言。"杜甫《秋日寄题郑监湖上亭三首》之二："官序潘生拙，才名贾传多。"

【潘令】 指晋潘岳。岳曾为河阳县令、怀县令。唐诗中常借以吟县令。卢纶《送申屠正字往湖南迎亲兼谒赵和州因呈上侍郎使君并戏简前历阳李明府》："坦腹定逢潘令醉，上楼应伴庾公闲。"施肩吾《酬张明府》："潘令新诗忽寄来，分明绣段对花开。"李贺《贾公闾贵婿曲》："潘令在河阳，无人死芳色。"

【潘存實】 唐诗人。字镇之，漳浦(今属福建)人。元和十三年进士，累迁户部员外郎、户部侍郎。《全唐诗》卷四九〇录其《赋得玉声如乐》诗一首。《全唐诗外编》(下)录其《藏剑铭》一篇。

【潘年】 晋潘岳自述三十二岁鬓生白发。后遂以"潘年"借指三十二岁。李山甫《蒲关西道中作》："来来去去身依旧，未及潘年鬓已斑。"韩偓《夏课成感怀》："谁怜愁苦多衰改，未到潘年有二毛。"

【潘州】 州名。唐武德四年置南宕州，六年改潘州，因晋道士潘茂名得道于此而得名。治所在今广东茂名市。李明远《送韦觐谪潘州》："天涯浮瘴水，岭外向潘州。"

【潘江】 南朝钟嵘《诗品》谓"陆(才)如海，潘才如江"。后遂以"潘江"为称美文才之典。骆宾王《和李明府》："藻挼潘江澈，尘虚范甑清。"

【潘安】 即晋潘岳。潘岳，字安仁。借指郎官。李端《同苗员外宿荐福寺僧舍》："潘安秋兴动，凉夜宿僧房。”又《山中寄苗员外》:“闻说潘安方寓直,与君相见渐难期。”

【潘安仁】 晋潘岳字。骆宾王《咏怀古意上裴侍郎》:“三十二余罢,鬢是潘安仁。”

【潘安縣】 晋潘岳,字安仁。为河阳令时,于县内遍种桃李,时有“河阳一县花”之称。见白居易《白氏六贴》卷二一。后遂以“潘安县”作咏花或县官之典。杜甫《花底》:“恐是潘安县,堪留卫玠车。”亦作“潘縣花”。卢纶《送黎燧尉阳翟》:“潘县花添发,梅家鹤暂来。”

【潘丞相】 指潘承祐。事迹见《十国春秋》本传。徐夤有《潘丞相旧宅》。

【潘求仁】 唐诗人。广宗(今河北威县)人。贞观十四年任杭州刺史。《全唐诗》卷七七三录其《咏烛寄人》诗一首。

【潘佐】 《全唐诗》卷七七〇录潘佐《送人往宣城》诗一首。按,此诗为潘佑所作,见《全唐诗》卷七三八。故“潘佐”即“潘佑”之讹。

【潘佑】 南唐诗人。《全唐诗》卷七三八录其《七岁吟》等诗四首。

【潘述】 唐诗人。与颜真卿、陆羽同时。曾任县丞。《全唐诗》卷七八八录其与颜真卿等《水堂送诸文士戏赠潘丞联句》数联,卷七九四录其与清昼等《讲德联句》等数十联。《全唐诗外编》(上)录其与颜真卿等《竹山连句题潘氏草堂》一联。卢纶有《送潘述应宏词下第归江南》。

【潘尚書】 指潘承佑。在南唐曾官礼部尚书,见《十国春秋》本传。徐铉有《送礼部潘尚书致仕还建安》。

【潘岳】 西晋文学家。字安仁,荥阳(今属河南)人。曾任河阳令、怀县令、著作郎、给事黄门侍郎等职。貌美,富文采。擅长诗赋、骈文。文辞绮丽,与陆机齐名。唐诗中常借以指郎官、县官等。祖咏《赠苗发员外》:“花惭潘岳貌,年称老莱衣。”李端《送畅少府赴阳翟》:“陆云还入洛,潘岳更张筵。”李林甫《秋夜望月忆韩席等诸侍郎因以投赠》:“作赋推潘岳,题诗许谢康。”李商隐《过招国李家南园二首》之一:“潘岳无妻客为愁,新人来坐旧妆楼。”

【潘舍人】 指潘佑。南唐后主时,官知制诰,迁内史舍人。李中有《献中书潘舍人》。

【潘炎】 唐诗人。信都(今河北冀县)人。《全唐诗》卷七二二录其《清如玉壶冰》诗一首。

【潘郎】 晋潘岳曾任郎官,后因以潘郎称潘岳。亦借指县官。因潘岳貌美,深受妇女爱慕,又借指女子爱慕的青年男子。乔知之《倡女行》:“昨宵绮帐迎韩寿,今朝罗袖引潘郎。”岑参《送李郎尉武康》:“潘郎腰绶新,霅上县花春。”权德舆《相思曲》:“少小别潘郎,娇羞倚画堂。”杨巨源《崔娘诗》:“清润潘郎玉不如,中庭蕙草雪消初。”

【潘孟陽】 唐诗人。信都(今河北冀县)人。与权德舆、张荐同时,有交往。历任殿中侍御史、兵部侍郎、大理卿。后出为华州刺史、东川节度使。武元衡为相,召为户部侍郎,判度支,兼京北五城营田使。官终左散骑常侍。《全唐诗》卷三三〇录其《和权载之离合诗》等诗三首。

【潘咸】 唐诗人。咸,一作“成”,又作“诚”,均误。《全唐诗》卷五四二录其《登明成堡》等诗六首,断句五联。《全唐诗》卷八八四补遗三录其《芍药》诗一首。

【潘省】 参见“潘騎省”。

【潘唐】 唐诗人。唐武宗会昌时人。《全唐诗》卷五六二录期《下第归宜春酬黄颇饯别》诗一首。

【潘陸】 晋潘岳与陆机的合称。钟荣《诗品》谓“陆才如海,潘才如江”。故后常用以借指两个以文名并称的人。杜甫《暮春江陵送马大卿公恩命追赴阙下》:“潘陆应同调,孙吴亦异时。”顾云《池阳醉歌赠匡庐处士姚岩杰》:“呵叱潘陆鄙琐屑,提挈扬孟归死门。”

【潘陵尖】 地名。在今河南嵩山附近。岑参《自潘陵尖还少室居止秋夕凭眺》:“月出潘陵尖,照见十六峰。”

【潘魚】 晋潘岳撰《悼亡诗》悼其妻,诗中有“如彼游川鱼,比目中路析”之语,故后遂以“潘鱼”为伤吊他人丧妻之典。沈佺期《天官崔侍郎卢氏挽歌》:“潘鱼从此隔,陈凤宛然飞。”

【潘散騎】 指晋潘岳。亦借指郎官。罗隐《寄礼部郑员外》:“近闻潘散骑,三十二悲秋。”

【潘楊】 晋潘岳与其妻杨氏为世亲联姻,他为其内侄杨仲武作《诔》,其中有“潘杨之穆”之语。见《文选·潘安仁〈杨仲武诔〉》。后遂以“潘杨”作为咏姻亲关系的典故。卢照邻《哭明堂裴主簿》:“潘杨称代穆,秦晋忝姻连。”李浩然《送桓子之郢成礼》:“为结潘杨好,言过鄢郢城。”柳宗元《弘农公以硕德伟材屈于诬枉左官三岁复为大僚献诗五十韵以毕微志》:“通家殊孔李,旧好即潘杨。”白居易《和梦游春诗一百韵》:“刘阮心渐忘,潘杨意方睦。”

【潘園】 晋潘岳为其老母于洛水之滨构筑一园。见《文选·晋潘岳〈闲居赋〉》。后遂以“潘园”指代家园,并用为孝亲的典实。钱起《送冷朝阳擢第后归金陵觐省》:“莱子昼归今始好,潘园景色夏偏浓。”李群玉《湖阁晓晴寄呈从翁二首》之二:“遥想潘园里,琴尊兴转清。”

【潘雍】 唐诗人。《全唐诗》卷七七八录其《赠葛氏小娘子》诗一首。

【潘滔】 唐诗人。《全唐诗外编》下录其《文斤山》诗一首，此实为潘滔所撰《文公祀记》文末之铭文，见《全唐文》卷七一三。

【潘圖】 唐诗人。袁州宜春(今属江西)人。进士。与卢肇友善。《全唐诗》卷七七〇录其《末秋到家》诗一首。

【潘縣花】 参见"潘安縣"。

【潘緯】 唐诗人。湘南人，咸通进士，与何涓齐名。《全唐诗》卷六〇〇录其《中秋月》等诗二首。

【潘錦】 南朝宋刘义庆《世说新语·文学》谓"潘文烂若披锦，无处不善"。后遂以"潘锦"指美好的诗文。王起《和李校书自秘书省见访知早入朝便入集贤不遇诗》："忽枉情人吐芳讯，临风不羡潘锦舒。"

【潘學士】 指潘徽。隋吴郡(今江苏苏州市)人。褚亮有《在陇头哭潘学士》。

【潘輿】 舆，指版舆，即板舆，车名。晋潘岳《闲居赋》有"太夫人乃御版舆"之句，后因以"潘舆"代指母亲。杜甫《奉贺阳城郡太夫人恩命加邓国太夫人》："卫幕衔恩重，潘舆送喜频。"

【潘鬢】 晋潘岳在《秋兴赋》中自述三十二岁鬓生白发，遂以"潘鬓"喻指鬓发初白。权德舆《奉酬张监阁老雪后过中书见赠加两韵简南省旧僚》："潘鬓年空长，齐竽艺本轻。"李端《长安感事呈卢纶》："蹉跎潘鬓至，蹭蹬阮途穷。"王叡《秋》："欲知潘鬓愁多少，一夜新添白数茎。"

【潘懷縣】 晋潘岳曾仁怀县令。后遂以"潘懷縣"称潘岳，亦用以美称县令。杜甫《九日杨奉先会白水崔明府》："今日潘怀县，同时陆浚仪。"

潙 〔wéi《广韵》居爲切，平支，見。又薳支切，平支，云。〕见"潙汭"。

【潙汭】 舜的居地。在今山西省境。《与崔渥冥会杂诗》(卷八六四)之四："愁闻黄鸟夜关关，沩汭春来有梦还。"

潼 〔tóug《广韵》從紅切，平東，定。〕水名。在今陕西潼关。杨师道《奉和入潼关》："济潼纡万乘，临河耀六师。"

【潼江】 水名。亦称小潼水。在四川梓潼境。李商隐《写意》："人间路有潼江险，天外山惟玉垒深。"郑谷《东蜀春晚》："潼江水上杨花雪，刚逐孤舟缭绕飞。"

【潼關】 关隘名。古称桃林塞。东汉设潼关，故址在今陕西潼关东南。王维《别綦毋潜》："渭水冰下流，潼关雪中启。"杜甫《览物》："曾为掾吏趋三辅，忆在潼关诗兴多。"孟迟《新安故关》："如今更有将军否，移取潼关向北来。"徐夤《开元即事》："尘惊骑透潼关锁，云护龙游渭水波。"

【潼關士子】 《全唐诗外编》(下)录潼关士子《待试诗》一首，诗题注："唐末，黄巢兵逼潼关，士子应试者方流连曲中以待试，其为诗云云。中土这文人，大抵无心肝如此。"按，此为孙棨诗，见《全唐诗》卷七二七。

澈 〔chè《广韵》直列切，入薛，澄。〕❶水澄清。骆宾王《夏日游德州赠高四》："林虚星华映，水澈霞光净。"崔何《喜陆侍御破石埭草寇东峰亭赋诗》："江澈烟尘静，川源草树闲。"灵一《宜丰新泉》："泉源新涌出，洞澈映纤云。"引申为清朗。玄宗《千秋节赐群臣镜》："台上冰华澈，窗中月影临。"钱起《登玉山诸峰偶至悟真寺》："数峰拔昆仑，秀色与空澈。"刘叉《冰柱》："特禀朝澈气，洁然自许靡间其迩遐。"❷尽。虞世南《和銮舆顿戏下》："雾澈轩营近，尘暗苑城遥。"元稹《代曲江老人百韵》："忽遇山光澈，遥瞻海气真。"

【澈底】 清澈见底。元稹《贻蜀五首·韦兵曹臧文》："摩天气直山曾拔，澈底心清水共虚。"

潾 〔lín《广韵》力珍切，平真，閑。又力闲切，平山，閑。〕清貌。萧颖士《过河滨和文学张志尹》："当其侧陋时，河水清且潾。"

【潾潾】 ❶水清貌。李珣《浣溪沙》词之四："翠叠画屏山隐隐，冷铺文簟水潾潾。"❷水波摇动貌。温庭筠《三洲词》："月随波动碎潾潾，雪似梅花不堪折。"崔涂《湘中弦》之一："苍山遥遥江潾潾，路旁老尽没闲人。"

涝[1] 〔lào《广韵》郎到切，去号，來。〕水灾。丁仙芝《赠朱中书》："十年种田滨五湖，十年遭涝尽为芜。"皮日休《吴中苦雨因书一百韵寄鲁望》："念涝为之灾，拜神再三告。"

涝[2] 〔láo《广韵》鲁刀切，平豪，來。又盧晧切，上晧，來。〕大波。宋昱《樟亭观涛》："激流起平地，吹涝上侵空。"

浔 〔xún《广韵》徐林切，平侵，邪。《集韵》徒南切，平覃，定。〕❶水边。刘希夷《江南曲八首》之一："烟景无留意，风波有异浔。"阎宽《晓入宜都渚》："问俗周楚甸，川行眇江浔。"李绅《端州江亭得家书二首》之一："雨中鹊语喧江树，风处蛛丝飏水浔。"高骈《池上送春》："持竿闭坐思沈吟，钓得江鳞出碧浔。"❷边际。王勃《出境游山二首》之二："振翮凌霜吹，正月伫天浔。"裴潾《前相国赞皇公早葺平泉山居赋四言诗十四首奉寄》之八："飞泉挂空，如决天浔。"

【潯陽】 ❶县名。唐武德四年置。治所在今江西九江市。骆宾王《在江南赠宋五之问》："井络双源浚，浔阳九派长。"苏味道有《九江口南济北接蕲春南与浔阳岸》。王维《送张舍人佐江州同薛璩十韵》："忽佐江上州，当自浔阳下。"❷郡名。唐天宝元年置。治所在今江西浔阳县。刘长卿《送郑十二还庐山别业》："浔阳数亩宅，归队掩柴关。"秦系《答泉州薛播使君重阳日赠酒》："共知不是浔阳郡，那得王弘送酒来。"章孝标《题东林寺寄江州李员外》："门前更有清江水，便是浔阳太守厅。"

【潯陽水】 古江名。指长江流经江西浔阳县境的一段水域。崔融《和宋之问寒食题黄梅临江驿》："忽见浔阳水，疑是宋家潭。"万齐融《赠别江头》："明岁浔阳水，相思寄采莲。"

【潯陽田】 晋陶潜隐居浔阳，后以"浔阳田"为隐居典故。独孤及《下弋阳江舟中代书寄裴侍御》："得餐武昌鱼，不顾浔阳田。"

【潯陽江】 即浔阳水。刘禹锡《登清晖楼》："浔阳江色潮添满，彭蠡秋声雁送来。"白居易《琵琶引》："浔阳江头夜送客，枫叶荻花秋索索。"黄滔《江州夜宴献陈员外》："多少欢娱簇眼前，浔阳江上夜开筵。"

【潯陽樓】 古楼名。故址在今江西九江市。韦应物《登郡寄京师诸季淮南子弟》："始罢永阳守，复卧浔阳楼。"白居易有《题浔阳楼》。

【潯陽隱】 指晋陶渊明。陶渊明弃官隐于浔阳柴桑故里。后以为隐居典故。司空曙《送菊潭王明府》："莫爱浔阳隐，嫌官计亦非。"

潤 〔rùn《广韵》如顺切，去稕，日。〕❶滋润，使湿润。玄宗《平胡》："流膏润沙漠，溅血染锋芒。"李端《赋得山泉送房造》："润松秋色净，落涧夜声寒。"吕温《衡州登楼望南馆临水花呈房戴段李诸公》："托根岂求润；照影非自媚。"薛能《黄河》："润可资农亩，清能表帝恩。"❷潮湿。陈希烈《赋得云生栋梁间》："偏使衣裘润，能令枕簟凉。"刘长卿《长沙馆中与郭夏对雨》："润上春衣冷，声连暮角愁。"韩翃《送故人归蜀》："客衣筒布润，山舍荔枝繁。"林宽《苦雨》："润侵书缝黑，冷浸鬓丝明。"❸细腻光泽。钱起《裴侍郎湘川回以青竹筒相遗因而赠之》："楚竹青玉润，从来湘水阴。"张籍《献从兄》："冬井无寒冰，玉润难为焚。"杜荀鹤《清溪来明府出二子请诗因遗一绝》："珠明玉润尽惊人，不称寒门不称贫。"❹指水分和细腻之物。戎昱《成都暮雨秋》："地卑多雨润，天暖少秋霜。"柳宗元《同刘二十八字长述旧言怀赠二君子》："瘴氛恒积润，讹火亟生煨。"庾敬休《春雪映早梅》："寒光添粉壁，积润履青苔。"❺恩泽。徐彦伯《饯唐州高使君赴任》："跂予望太守，流润及京师。"孟浩然《和张丞相春朝对雪》："润从河汉下，花逼艳阳开。"李收《和中书侍郎院壁画云》："独思作霖雨，流润及生灵。"可止《雪十二韵》："润比江河普，明将日月齐。"❻受益，施惠。骆宾王《挑灯杖》："终知不自润，何处用脂膏？"杜甫《秦州见敕目凡三十韵》："文章开突奥，迁擢润朝廷。"孟郊《吊卢殷》之五："他名润子孙，君名润泥沙。"杜荀鹤《读友人诗》："名应高日月，道可润公卿。"

【潤色】 ❶滋润之色。孟浩然《送崔遏》："江山增润色，词赋动阳春。"杜甫《雨四首》之二："高轩当滟滪，润色静书帷。"独孤授《花发上林》："润色笼轻霭，晴光艳晚霞。"❷修饰文字，使增文采。陆龟蒙《袭美先辈以龟蒙所献五百言既蒙见和复示荣唱用伸酬谢》："或许润色美，或嫌诋诃痴。"钱珝《江行无题一百首》之十："润色非东里，官曹更建章。"❸使增光。中宗《十月诞辰内殿宴群臣效柏梁体联句》："润色鸿业寄贤才，叨居右弼愧盐梅。"

【潤州】 州名。隋开皇十五年置。治所在延陵（唐改丹徒，今镇江市）。辖境相当于今江苏镇江、丹阳、句容、金坛等地。丁仙芝《渡扬子江》："林开扬子驿，山出润州城。"皇甫冉有《润州南郭留别》。杜牧有《润州二首》。周朴《题甘露寺》："几连扬子路，独倚润州城。"

【潤身】 谓使自己受益。祖咏《酬汴州李别驾赠》："所愧能投赠，清言益润身。"卢仝《感古四首》之四："读书书史东润身，负薪辛苦胝生肘。"

【潤物】 滋润万物。严武《题龙日寺西龛石壁》："圣泽久润物，皇明常烛幽。"杜甫《大雨》："则知润物功，可以贷不毛。"方干《侯郎中新置西湖》："远近利民因智力，周回润物像心源。"戴察《月夜梧桐叶上见寒露》："凝空流欲遍，润物净宜看。"

【潤屋】 ❶使居室华丽。李咸用《和友人喜相遇十首》之六："润屋必能知早散，辉山应是不轻沽。"杜荀鹤《晚春寄同年张曙先辈》："无金润屋浑闲事，有酒扶头是了人。"❷富家，富室。白居易《感兴二首》之一："只见火光烧润屋，不闻风浪覆虚舟。"舒元舆《坊州按狱》："奈何贪狼心，润屋沈脂膏。"王贞白《洛阳道》："覆车虽在前，润屋何曾惧？"

【潤氣】 湿气。白居易《和韩侍郎苦雨》："润气凝柱础，繁声注瓦沟。"贾岛《升道精舍南台对月寄姚合》："相思聊怅望，润气遍衣初。"

【潤浦城】 指润州。润浦，地名。在今镇江市东。润州即以润浦得名。徐铉《赠浙西顾推官》："梁王苑里相逢早，润浦城中得信疏。"

【潤筆】 泛指求人作文或书画所付的报酬。见《隋书·郑译传》。殷文圭《贻李南平》："润笔已曾经奏谢，更飞章句问张华。"李瀚《留题座主和凝旧阁》：

“玉堂旧阁多珍玩，可作西斋润笔不？”

【澗滋】 滋润。韦应物《秋集罢还途中作谨献寿春公黎公》：“山川降嘉岁，草木蒙润滋。”徐铉《忆新淦觞池寄孟宾于员外》：“润滋苔藓欺茵席，声入杉松当管弦。”

【澗腻】 润泽细腻。徐铉《依韵和令公大王蔷薇诗》：“光明烘昼景，润腻浥轻霏。”

【澗澤】 ❶滋润。刘叉《雪车》：“孰云润泽在枯荄，阛阓饿民冻欲死。”❷谓有光泽。皎然《杼山禅居寄赠东溪吴处士冯一首》：“青云何润泽，下有贤人隐。”❸谓雨露。张友正《春草凝露》：“已赖阳和长，仍惭润泽频。”

【澗礎】 湿润的支柱之石。古有“础润而雨”之说。白居易、王起《喜晴联句》：“柱边无润础，台上有游丝。”刘言史《广州王园寺伏日即事寄北中亲友》：“望霖窥润础，思吹候生条。”韦蟾《和柯古穷居苦日喜雨》：“方欣见润础，那虞悲烁石。”

澗 〔jiàn《广韵》古晏切，去諫，見。〕❶两山之间流水沟。太宗《咏雨》：“新流添旧涧，宿雾足朝烟。”耿沣《登钟山馆》：“涧花寒夕雨，潭水黑朝林。”姚合《武功县中作三十首》之一六：“引水远通涧，垒山高过城。”欧阳玭《榆溪道上》：“涧底凄泉气，岩前遍绿荑。”❷古水名。源于河南新安，流入洛水。见“澗瀍”。

【澗户】 ❶临涧的人家。王维《辋川集·辛夷坞》：“涧户寂无人，纷纷开且落。”刘长卿《栖霞寺东峰寻南齐明征君故宫》：“泉源通石径，涧户掩尘容。”皇甫冉《杂言湖山歌送许鸣谦》：“涧户岩扉兮身自老，东岭西峰兮同白云。”❷指山涧隐居处的门户。杨师道《还山宅》：“鸟散茅檐静，云披涧户斜。”王维《寄崇梵僧》：“落花啼鸟纷纷乱，涧户山窗寂寂闲。”李端《得山中道友书寄苗钱二员外》：“药栏遭鹿践，涧户被猿开。”温庭筠《清旦题采药翁草堂》：“解藤开涧户，踏石过溪泉。”

【澗芳】 涧谷中的花草香气。王维《蓝田石门精舍》：“涧芳袭人衣，山月映石壁。”孔德昭《送舍利宿定普岩》：“涧芳十步草，崖阴百丈松。”

【澗底松】 生在涧谷的松树。多喻贤者不得其位。李商隐《房中曲》：“今日涧底松，明日山头檗。”亦省作“涧松”。白居易《悲哉行》：“山苗与涧松，地势随高卑。”又《续古诗十首》之四：“风雪折劲木，涧松摧为薪。”陈陶《寄兵部任畹郎中》：“昆玉已成廊庙器，涧松犹是薜萝身。”

【澗房】 建于涧谷中的房屋。陆龟蒙《南阳广文博士还雷平后寄》：“微微春色染林塘，亲拨烟霞坐涧房。”

【澗泉】 山涧流水。玄宗《早登太行山中言志》：“涧泉含宿冻，山木带余霜。”戴叔伦《晖上人独坐亭》：“萝月明盘石，松风落涧泉。”李绅《过荆门》：“皎洁深看入涧泉，分明经见樵人径。”

【澗茶】 用山涧泉水泡的茶。温庭筠《和赵嘏题岳寺》：“岚翠暗来空觉润，涧茶余爽不成眠。”

【澗扉】 犹“澗户”。马戴《山中寄姚合员外》：“木叶摇山翠，泉痕入涧扉。”

【澗霓】 喻跨涧之桥。汤洙《登云梯》：“步步劳山屐，行行蹑涧霓。”

【澗壑】 山谷。温庭筠《古意》：“莫莫复莫莫，丝萝缘涧壑。”

【澗瀍】 涧水和瀍水的合称。二水皆洛水支流。杜审言《和李大夫嗣真奉使存抚河东》：“地即交风雨，都仍卜涧瀍。”杜甫《秋日夔府咏怀奉寄郑监李宾客一百韵》：“露菊班丰镐，秋蔬影涧瀍。”柳宗元《弘农公以硕德伟材屈于诬枉谨献诗五十韵以毕微志》：“涧瀍秋潋滟，嵩少暮微茫。”

潺 〔chán《广韵》士山切，平山，崇。又士連切，平仙，崇。〕❶见“潺湲”“潺潺”。❷通“孱”。见“潺颜”。

【潺湲】 ❶长流貌。李白《江上秋怀》：“恻怆心自悲，潺湲泪难收。”窦巩《洛中即事》：“高梧叶尽鸟巢空，洛水潺溪夕照中。”白居易《春江》：“唯有春江看未厌，萦砂绕石渌潺湲。”高骈《渭川秋望寄右军王特进》：“长川终日碧潺湲，知道天河与地连。”❷水流声。岑参《过缑山王处士黑石谷隐居》：“独有南涧水，潺湲如昔闻。”李端《宿深上人院听远泉》：“断续来方尽，潺湲咽又通。”鲍溶《周先生画洞庭歌》：“六月火光衣上生，斋心寂听潺湲声。”张蠙《过黄牛峡》：“多少人经过此去，一生魂梦怕潺湲。”❸代指流水。李穆《寄妻父刘长卿》：“舟人莫道新安近，欲上潺湲行自迟。”权德舆《酬陆四十楚源春夜宿虎丘山对月寄梁四敬之兼见贻之作》：“惭兹拥肿才，爱彼潺湲清。”李德裕《思平泉树石杂咏一十首·泛池舟》：“只可弄潺湲，焉能济大川？”贯休《上冯使君渡水僧障子》：“跳足拄巴藤，潺湲渡几曾。”

【潺湲洞】 洞名。在今浙江余姚市南四明山。陆龟蒙有《四明山诗·潺湲洞》。皮日休有《奉和鲁望四明山九题·潺湲洞》。

【潺潺】 ❶长流貌。拾得《诗》之五五：“云从岩嶂起，瀑布水潺潺。”张鼎《僧舍小池》：“引出白云根，潺潺涨藓痕。”权德舆《玉台体十二首》之五：“佳期不可见，尽日泪潺潺。”于邺《洛中有怀》：“潺潺伊洛河，寂寞少恩波。”❷水流声。灵一《送王颖悟归左绵》：“想得故山青霭里，泉声入夜独潺潺。”王建《昭应官舍》:"斜对寺楼分寂寂,远从溪路借潺潺。"张祜《宿武牢关》:"堪羡寒溪自无事,潺潺一夜宿关来。"陆龟蒙《四明山诗·潺湲洞》:"石浅洞门深,潺潺万古音。"

【潺颜】 同"孱颜"。高峻貌。齐己《谢兴公上寄山水簇子》:"半幅古潺颜,看来心意闲。"

澄[1] 〔chéng《广韵》直陵切,平蒸,澄。又直庚切,平庚,澄。〕❶水清澈而不流动。李白《送别得书字》:"日落看归鸟,潭澄羡跃鱼。"刘昚虚《浔阳陶氏别业》:"霁云明孤岭,秋水澄寒天。"刘禹锡《白侍郎大尹自河南寄示兼命同作》:"潭心澄晚镜,渠口起晴雷。"李群玉《洞庭遇秋》:"逍遥澄湖上,洗眼见秋色。"❷澄清,使澄清。太宗《执契静三边》:"烟波澄旧碧,尘火息前红。"孟郊《寄张籍》:"清汉徒自朗,浊河终无澄。"李中《访章禅老》:"此寻禅客叩禅机,澄却心如月在池。"《高苑令歌》(卷八七四):"高苑之树枯已荣,淄川之水浑已澄,邹邑之民仆已行。"❸明净。卢纶《早春游樊川野居却寄耿沣拾遗》:"掩帙蓬蒿晚,临川景气澄。"刘禹锡《浪淘沙》之六:"日照澄洲江雾开,淘金女伴满江隈。"安守范、周述《天台禅院联句》:"树老中庭寂,窗虚外境澄。"齐己《夜坐》:"月华澄有象,诗思在无形。"❹使净,洗涤。《郊庙歌辞·蜡百神乐章·送神》:"澄彝拂俎,报德酬功。"皎然《同薛员外谊喜雨诗兼上杨使君》:"毒暑澄为冷,高尘涤还清。"❺静止。刘禹锡《奉和吏部杨尚书太常李卿二相公十韵》:"诫满澄欹器,成功别大垆。"❻安定。高适《饯宋八充彭中丞判官之岭南》:"勿惮九嶷险,须令百越澄。"

澄[2] 〔dèng《集韵》唐亘切,去嶝,定。〕❶使水中的悬浮物沉淀。韩愈《岳阳楼别窦司直》:"自古澄不清,环混无归向。"白居易《招韬光禅师》:"滤泉澄葛粉,洗手摘藤花。"❷筛,滤。杜甫《东屯月夜》:"乔木澄稀影,轻云倚细根。"元稹《饮致用神曲涌三十韵》:"感君澄醴酒,不遣渭和泾。"

【澄水】 清澈不流的水。郭周藩《谭子池》:"澄水一百步,世名谭子池。"

【澄心】 使心境清静。周贺《寄宁海李明府》:"把疏寻书义,澄心得狱情。"方干《赠郑仁规》:"澄心不出风骚外,落笔全归教化间。"郑谷《驻跸华下寄赠》:"纵目怀青岛,澄心想碧流。"

【澄江】 清澈的江水。语出南朝齐谢朓《晚登三山还望京邑》。李白《金陵城西楼月下吟》:"解道澄江净如练,令人长忆谢玄晖。"戴叔伦《暮春游长沙东湖赠辛兖州巢父二首》之二:"古木畲田火,澄江荡桨人。"李商隐《江上忆严五广休》:"逢著澄江不敢咏,镇西留与谢功曹。"贯休《归东阳临岐上杜使君七首》之二:"不知何物为心地,赛却澄江彻底清。"

【澄₂沙】 砚名。又名澄泥砚,用过滤的泥沙制坯烧结而成。陆龟蒙《袭美以紫石砚见赠以诗迎之》:"澄沙脆弱闻应伏,青铁沉埋见亦羞。"

【澄陂】 清澈的池塘。李峤《荷》:"新溜满澄陂,圆荷影若规。"王维《晦日游大理韦卿城南别业四声依次用各六韵》之四:"高馆临澄陂,旷然荡心目。"

【澄明】 ❶清澈透明。李白《与周刚清溪玉镜潭宴别》:"回作玉镜潭,澄明洗心魂。"薛能《晚春》:"澄明烟水孤城立,狼藉风花落日眠。"吴融《秋池》:"冷涵秋水碧溶溶,一片澄明见底空。"齐己《题鹤鸣泉八韵》:"嘹唳遗踪去,澄明物掩难。"❷谓一种空明的境界。陆龟蒙《奉和袭美太湖诗二十首·三宿神景宫》:"万籁既无声,澄明但心听。"

【澄波】 清波。李颀《鲛人歌》:"轻绡文彩不可识,夜夜澄波连月色。"白居易《题牛相公归仁里宅新成小滩》:"翻浪雪不尽,澄波空共鲜。"温庭筠《病中书怀呈友人》:"芳草迷三岛,澄波似五湖。"徐铉《春尽日游后湖赠刘起居》:"今朝湖上送春归,万顷澄波照白髭。"

【澄泓】 清深。白居易《春池闲泛》:"浅怜清演漾,深爱绿澄泓。"陈陶《剑池》:"星斗卧来闲窟穴,雌雄飞去变澄泓。"

【澄空】 (—kōng)澄澈若无。指天空或秋水。常建《张山人弹琴》:"玄鹤下澄空,翩翩舞松林。"窦巩《题剑津》:"风前推折千年剑,岩下澄空万古潭。"

【澄城】 县名。唐属京畿道同州。今属陕西。《与夫同咏诗》(卷八六六)之二:"还吴东去过澄城,楼上清风酒半醒。"

【澄映】 朗照。韩愈《和李相公摄事南郊览物兴怀呈一二知旧》:"川原共澄映,云日还浮飙。"

【澄流】 清澈的江河。虞世南《赋得吴都》:"高台临茂苑,飞阁跨澄流。"刘驾《钓台怀古》:"澄流可濯缨,严子但垂纶。"

【澄清】 ❶清澈,明净。崔颢《澄水如鉴》:"洁白依全德,澄清有片心。"韦应物《郡斋感秋寄诸弟》:"高阁收烟雾,池水晚澄清。"吕温《风咏》:"扫都垂天云,澄清无私光。"朱庆余《中秋月》:"一宵当皎洁,四海尽澄清。"❷谓平息混乱局面。乔琳《绵州越王楼即事》:"三蜀澄清郡政闲,登楼携酌日跻攀。"钱起《送屈突司马充安西书记》:"制胜三军劲,澄清万里余。"亦谓安定。皇甫冉《寄江东李判官》:"澄清佐八使,纲纪案诸侯。"

【澄寂】 清静。权德舆《卧病喜惠上人李炼师茅处士见访因以赠》:"心源暂澄寂,世故方纠纷。"李群玉《将游罗浮登广陵楞伽台别羽客》:"波澜收日气,天自回澄寂。"

【澄習】 谓排除杂念，修养性情。王湾《奉使登终南山》："问性矜勤劳，示心教澄习。"

【澄虚】 犹清虚。谓表里澄澈、虚无缥缈。李益《春日晋祠同声会集得疏字韵》："菱茗生皎镜，金碧照澄虚。"周繇《和段成式》之二："玉树琼筵映彩霞，澄虚楼阁似仙家。"

【澄景】 雨后的阳光。孙逖《宴越府陈法曹西亭》："水木涵澄景，帘栊引霁氛。"

【澄然】 纯净貌。拾得《诗》之二一："一念不生心澄然，无去无来不生灭。"

【澄渟】 ❶平静，清静。白居易《狂吟七言十四韵》："性海澄渟平少浪，心田洒扫净无尘。"❷喻政治清明。贯休《送崔尚书朝觐》："澄渟消宿蠹，煦爱剧阳春。"

【澄陽】 雨后的阳光。陆龟蒙《江南曲五首》之五："鱼戏莲叶北，澄阳动微涟。"

【澄微】 清晰而微妙。吴筠《游仙二十四首》之一三："峻朗妙门辟，澄微真鉴通。"

【澄廓】 谓荡涤一清。张说《蜀路二首》之一："云埃夜澄廓，山日晓晴鲜。"

【澄肅】 谓放晴。皮日休《吴中苦雨因书一百韵寄鲁望》："太阴霍然收，天地一澄肃。"

【澄碧】 水清而碧绿。李白《赤壁歌送别》："君去沧江望澄碧，鲸鲵唐突留余迹。"刘长卿《送元八游汝南》："潢潦今正深，陂湖未澄碧。"李群玉《中秋维舟君山看月二首》之一："汗漫铺澄碧，朦胧吐玉盘。"

【澄漣】 澄波。刘长卿《夜宴洛阳程九主簿宅送杨三山人往天台寻智者禅师隐居》："落潮见孤屿，彻底观澄涟。"

【澄漪】 澄波。方干《题仙岩瀑布呈陈明府》："聚向山前更谁测，深沈见底是澄漪。"徐夤《门外闲田数亩长有泉源因筑直堤分为两沼》："左右澄漪小槛前，直堤高筑古平川。"

【澄寧】 清静安宁。陆龟蒙《战秋辞》："曾忘鏖剪，自意澄宁。"

【澄緑】 犹澄碧。刘侍读《生查子》诗："独步出幽闺，月晃波澄绿。"

【澄慮】 排除杂念。李白《与元丹丘方城寺谈玄作》："澄虑观此身，因得通寂照。"皮日休《初夏游楞伽精舍》："褫魄窥玉镜，澄虑闻金铎。"吕岩《秦州北山观留诗》："一到邽山宫阙内，销闲澄虑七弦琴。"

【澄輝】 清光。太宗《辽城望月》："玄兔月初明，澄辉照辽碣。"邵偃《河出荣光》："澄辉明贝阙，散彩入龙堂。"

【澄徹】 参见"澄澈"。

【澄瑩】 清澈明亮。吴筠《步虚词十首》之十："澄莹含元和，气同自相亲。"

【澄潔】 明净。贯休《拟齐梁体寄冯使君三首》之三："秋空共澄洁，美玉同贞素。"和凝《兴势观》："瘦柏握盘笼殿紫，灵泉澄洁浸花香。"

【澄澈】 亦作"澄徹"。❶水清见底。宋之问《龙门应制》："山壁崭岩断复连，清流澄澈俯伊川。"皎然《妙喜寺达公禅斋寄李司直四十二韵》："政与清渭同，分流自澄澈。"王损之《赋得浊水求珠》："积水非澄彻，明珠不易求。"皮日休《奉和鲁望渔具十五咏·鸣桹》："丁丁入波心，澄澈和清响。"❷明亮。裴度、刘禹锡《宴兴化池亭送白二十二东归联句》："澄澈连天镜，潺湲出地雷。"白居易《夜闻歌者》："夜泊鹦鹉洲，江月秋澄澈。"鲍溶《庐山石镜》："怪堕幽萝间，非时更澄彻。"❸清晰。孟郊《春集越州皇甫秀才山亭》："视听日澄澈，声光坐连绵。"

【澄澄】 明净貌。寒山《诗三百三首》之二四六："澄澄孤玄妙，如如无倚托。"仲子陵《秦镜》："烂烂金光发，澄澄物象生。"裴夷直《方丈泉》："永日无波浪，澄澄照我心。"许浑《送卢先辈自衡岳赴复州嘉礼二首》之二："醉倚西楼人已远，柳溪无浪月澄澄。"

【澄静】 清静。韦应物《简恒璨》："聊因遇澄静，一与道人期。"

【澄凝】 ❶明净貌。苏源明《秋夜小洞庭离宴诗》："月澄凝兮明空波，星磊落兮耿秋河。"孟郊《吊元鲁山》之五："贤人洁肠胃，寒日空澄凝。"❷沉静貌。白居易《和微之诗二十三首·和知非》："旷廓了如空，澄凝胜于睡。"

【澄澹】 清澈。皎然《奉酬于中丞使君郡斋卧病见示一首》："澄澹秋水影，用为字人心。"李夷简《西亭暇日书怀十二韵献上相公》："澄澹分沼沚，萦回间林丘。"

【澄鮮】 (—xiān)❶清澈。任希古《和东观群贤七夕临泛昆明池》："秋风始摇落，秋水正澄鲜。"白居易《池上夜境》："晴空星月落池塘，澄鲜净绿表里光。"贾岛《光州王建使君水亭作》："楚水临轩积，澄鲜一亩余。"韩偓《即目二首》之二："攻苦惯来无不可，寸心如水但澄鲜。"❷清新悦目。李白《秋登巴陵望洞庭》："秋色何苍然，际海俱澄鲜。"刘禹锡《张郎中籍远寄长句开缄之日已及新秋因举目前仰酬高韵》："京邑旧游劳梦想，历阳秋色正澄鲜。"薛能《题彭祖楼》："极目澄鲜无限景，入怀轻好可怜风。"

【澄₂濾】 沉淀过滤。郑谷《兵部卢郎中光济借示诗集以四韵谢之》："调和雅乐归时正，澄滤颓波到底清。"

【澄懷】 清心。波日休《夏景冲澹偶然作二首》之一："祇限蒲褥岸乌纱，味道澄怀景便斜。"

【澄瀛】 澄澈的海。储光羲《同诸公秋霁曲江俯见南山》："有若蓬莱下，浅深见澄瀛。"

【澄瀾】 清波。玄宗《巡省途次上党旧宫赋》："雁沼澄澜翠，猿岩落照红。"韦应物《答长宁令杨辙》："广川含澄澜，茂树擢华滋。"白居易《晚池泛舟遇景成咏赠吕处士》："岸浅桥平池面宽，飘然轻棹泛澄澜。"杨夔《送杜郎中入茶山修贡》："一道澄澜彻底清，仙郎轻棹出重城。"

【澄霽】 清朗。李颀《寄镜湖朱处士》："澄霁晚流阔，微风吹绿蘋。"韦建《湖中晚霁》："湖广舟自轻，江天欲澄霁。"姚合《中秋夜洞庭圆月》："沧波正澄霁，凉叶未飘零。"陆龟蒙《四明山诗》序："每天地澄霁，望之如牖户，相传谓之石窗，即四明之目也。"

【澄豔】 清丽。席夔《霜菊》："凝姿节堪重，澄艳景非淑。"

潑

〔pō《集韵》普活切，入末，滂。〕❶倾洒；使散开。白居易《新乐府・黑潭龙》："肉堆潭岸石，酒泼庙前草。"李群玉《洞庭风雨二首》之一："浪泼巴陵树，雷烧鹿角田。"波日休《奉和鲁望早春雪中作吴体见寄》："竹根乍烧玉节快，酒面新泼金膏寒。"沈彬《秋日》："薜荔惹烟笼蟋蟀，芰荷翻雨泼鸳鸯。"❷映照。见"潑眼"。

【潑火雨】 指寒食、清明时节下的雨。王建《宫词一百首》之五七："东风泼火雨新休，舁尽春泥扫雪沟。"白居易《洛桥寒食日作十韵》："蹴球尘不起，泼火雨新晴。"唐彦谦《上巳》："微微泼火雨，草草踏青人。"

【潑血】 形容颜色鲜红。卢仝《月蚀诗》："南方火鸟赤泼血，项长尾短飞跋躠。"元稹《山枇杷》："山枇杷，花似牡丹殷泼血。"卢延让《谢杨尚书惠樱桃》："揉蓝尚带新鲜叶，泼血犹残旧折条。"

【潑油】 形容富有光泽。白居易《想东游五十韵》："菡萏红涂粉，菰蒲绿泼油。"

【潑刺】 鱼尾击水声。任华《怀素上人草书歌》："翕若长鲸泼刺动海岛，欻若长蛇戌律透深草。"卢纶《书情上大尹十兄》："海鳞方泼刺，云翼暂徘徊。"

【潑銀】 形容闪亮。唐彦谦《过湖口》："云净山浮翠，风高浪泼银。"

【潑撒】 （—sǎ）江淮民间年终时家人宴集称"泼撒"。韦应物《至西峰兰若受田妇馈》："田妇有嘉献，泼撒新岁余。"

【潑醅】 重酿未滤的酒。白居易《初冬即事呈梦得》："走笔小诗能和否？泼醅新酒试尝看。"徐夤《白酒两瓶送崔侍御》："雪化霜融好泼醅，满壶冰冻向春开。"张直《宿顾城二首》之一："春酒新泼醅，香美连糟滤。"花蕊夫人徐氏《宫词》之六四："酒库新修近水傍，泼醅初熟五云浆。"

【潑墨】 中国画技法之一。陆龟蒙《奉和袭美赠魏处士五贶诗・华顶杖》："拄访谭玄客，持看泼墨图。"

【潑黛】 形容一片墨绿。顾况《华山西冈游赠隐玄叟》："群峰郁初霁，泼黛若鬟沐。"

潏

〔jué《广韵》古穴切，入屑，見。又余律切，入術，以。〕水涌流貌。李白《万愤词投魏郎中》："海水渤潏，人罹鲸鲵。"岑参《石犀》："江水初荡潏，蜀人几为鱼。"杜甫《北征》："邠郊入地底，泾水中荡潏。"

【潏水】 水名。一名泬水。源于陕西终南山，北流经西安市注入渭水。为关中"八水"之一。杜甫《义鹘》："近经潏水湄，此事樵夫传。"唐彦谦《重经冯家旧里》："冯家旧宅闭柴关，修竹犹存潏水湾。"

【潏河】 即潏水。罗隐《句》："赖家桥上潏河边。"

【潏潏】 水涌出貌。温庭筠《兰塘词》："东沟潏潏劳回首，欲寄一杯琼液酒。"李郢《山行》："小田微雨稻苗香，田畔清溪潏潏凉。"罗隐《野狐泉》："潏潏寒光溅路尘，相传妖物此潜身。"牛殳《琵琶行》："潏潏汩汩声不定，胡雏学汉语未正。"

潠

〔sùn《广韵》蘇困切，去慁，心。〕喷。李贺《画角东城》："淡菜生寒日，鲕鱼潠白涛。"

十三画

濩[1]

〔huò《广韵》胡郭切，入鐸，匣。〕见"濩落"。

濩[2]

〔hù《广韵》胡誤切，去暮，匣。〕❶布散。元结《补乐歌十首・大濩》序："大濩，有殷氏之乐歌也。其义盖称汤救天下，濩然得所。"❷通"頀"。商代乐名。李义府《在嶲州遥叙封禅》："张乐分韶濩，观礼纵华夷。"窦牟《元日喜闻大礼寄上翰林四学士中书六舍人二十韵》："窃忭闻韶濩，观光想袜任。"元稹《和李校书新题乐府十二首・法曲》："大夏濩武皆象功，功多已讶玄功薄。"《郊庙歌辞・晋朝飨乐章・群臣酒行歌》："渥恩颁美禄，咸濩听和音。"❸"护"字之讹。元结《系乐府十二首・寿翁兴》："清和存王母，潜濩无乱黩。"

【濩落】 ❶空旷貌。典出《庄子・逍遥游》。后以为大材无用、困顿失意的典故。李颀《东京寄万楚》："濩落久无用，隐身甘采薇。"刘禹锡《罢郡归洛阳寄友人》："濩落唯心在，平生有已知。"李商隐《七月二十九日崇让宅宴作》："悠扬归梦惟灯见，濩落生涯独酒知。"陈陶《续古二十九首》之二六："雄剑久濩落，夜吟秋风起。"❷寂寞空旷貌。白居易《近见慕巢尚书诗中屡有叹老思退之意戏而谕之》："新置林园犹濩落，未终婚嫁且踟蹰。"又《闲题家池寄王屋张道士》："深山太濩落，要路多险艰。"无可《寄题庐山二林寺》："濩落垂杨户，荒凉种杏封。"皮日休《秋晚留题鲁望郊居二首》之一："竹树冷濩落，入门神已清。"

濛〔méng《广韵》莫紅切，平東，明。〕❶小雨貌。见"濛雨"。❷弥漫笼罩。太宗《咏雨》："蒙柳添丝密，含吹织空罗。"武元衡《和杨弘微春日曲江南望》："烟蒙宫树晚，花咽石泉流。"李贺《自昌谷到洛后门》："寒凉十月末，露霰蒙晓昏。"陆龟蒙《奉酬袭美先辈吴中苦雨一百韵》："千家蒙瀑练，忽似好披拂。"❸朦胧貌。李白《白纻辞三首》之一："玉颜满堂乐未终，馆娃日落歌吹蒙。"白居易《酬郑侍御多雨春空过三十韵》："惨淡阴烟白，空濛宿雾黄。"南唐后主李煜《悼诗》："咽绝风前思，昏蒙眼上花。"

【濛汜】传说中日落之处。卢照邻《中和乐九章·总歌第九》："登若木兮坐明堂，池蒙汜兮家扶桑。"白居易《开成大行皇帝挽歌词四首奉敕撰进》之三："鼎湖龙渐远，蒙汜日初沈。"鲍溶《忆旧游》："日入蒙汜宿，石烟抱山门。"李群玉《饭僧》："奔曦入半百，冉冉颓蒙汜。"

【濛雨】毛毛细雨。宋之问《温泉庄卧病寄杨七炯》："是日蒙雨晴，返景入岩谷。"

【濛茸】朦胧。贯休《春末兰溪道中作》："山花零落红与绯，汀烟蒙茸江水肥。"无名氏《撷芳词》(卷八九九)："风摇荡，雨蒙茸，翠条柔弱花头重。"

【濛密】迷茫貌。姚合《句》："阴烟压幽屋，蒙密梦冥苗。"

【濛漪】细小的水波。许敬宗《奉和执契静三边应诏》："熏风交阊阙，就日泛蒙漪。"

【濛濛】❶迷茫貌。王昌龄《山行入泾州》："微雨随云收，蒙蒙傍山去。"韦建《河中晚霁》："杳杳涯欲斑，蒙蒙云复闭。"李贺《塞下曲》："露下旗蒙蒙，寒金鸣夜刻。"贯休《寄怀楚和尚二首》之二："永怀今已矣，吟坐雪蒙蒙。"❷密集纷乱貌。贾岛《送神邈法师》："柳絮落蒙蒙，西州道路中。"牛希济《中兴乐》词："池塘暖碧浸晴晖，蒙蒙柳絮轻飞。"孙光宪《河传》词之二："柳拖金缕，著烟笼雾，蒙蒙落絮。"❸茂密貌。寒山《诗三百三首》之二八："溪长石磊磊，涧阔草蒙蒙。"常衮《早秋望华清宫树因以成咏》："可怜云木丛，满禁碧蒙蒙。"姚合《杏溪十首·架水藤》："濛濛紫花藤，下复清溪水。"贯休《怀邻叟》："橘槔打水声嘎嘎，紫芋白薤肥蒙蒙。"

【濛鴻】模糊貌。韩愈《元和圣德诗》："渎鬼蒙鸿，岳祇嶪峩。"

【濛朧】犹朦胧。王昌龄《斋心》："女萝覆石壁，溪水幽蒙胧。"

【濛籠】犹朦胧。窦巩《陕府宾堂览房杜二公仁寿年中题纪手迹》："仁寿元和二百年，蒙笼水墨淡如烟。"

澣〔huàn《广韵》胡管切，上緩，匣。〕"浣"的异体字。❶洗涤。柳宗元《贞符》："泽熯于爨，沸炎以澣。"王建《送张籍归江东》："清泉澣尘缁，灵药释昏狂。"刘禹锡《谢窦员外旬休早凉见示诗》："新秋十日澣朱衣，铃阁无声公吏归。"❷唐官吏十日一休沐，称为"休澣"。孟浩然《奉先张明府休沐还乡海亭宴集》："归来休澣日，始得赏心谐。"清昼、潘述《秋日潘述自长城至联句以寄之》："休澣情自高，来思日云未。"

【澣濯】洗涤。韦应物《授衣还田里》："公门悬甲令，澣濯遂其私。"于鹄《寄卢俨员外秋衣词》："意欲都无言，澣濯耐岁时。"

濉〔suī《广韵》息遺切，平脂，心。〕水名。见"濉水"。

【濉水】水名。又名睢水，古代蒗荡渠的支流之一。自今河南开封东以渠分出，东流经杞县、睢县等地，注入古泗水。王珪《咏淮阴侯》："斩龙堰濉水，擒豹熸夏阳。"白居易《醉后走笔酬刘五主簿长句之赠兼简张大贾二十四先辈昆季》："陴湖绿爱白欧飞，濉水清怜红鲤肥。"

【濉陽】郡名。即睢阳。李涉《濉阳行》："黄昏日暮驱羸马，夜宿濉阳烽火下。"

濎〔tìng《集韵》他定切，去徑，透。又他頂切，上迥，透。〕见"濎濴"。

【濎濴】清澈貌。陆龟蒙《添酒中六咏·酒瓮》："溢处每淋漓，沈来还濎濴。"

潞〔lù《广韵》洛故切，去暮，來。〕见"潞州"。

【潞州】州名。北周置。唐时治所在上党(今山西长治)。玄宗有《赐崔日知往潞州》。韦应物有《饯雍聿之潞州谒李中丞》。元稹有《潞州张大宅病酒遇江使寄上十四兄》。白居易《河阳石尚书破回鹘迎贵主过上党称叹不足以诗美之》："乌孙公主归秦地，白马将军入潞州。"

【潞府】指潞州。王晶龄有《潞府客亭寄崔凤童》。韩翃有《送客之潞府》。元稹《戴光弓》："潞府筋角劲，戴光因合成。"贾岛有《送卢秀才游潞府》。

【潞國】　指潞州。春秋有潞国，故城在今山西潞城县东北。苏颋《奉和圣制途次旧居应制》："潞国临淄邸，天王别驾舆。"玄宗《赐崔日知往潞州》："潞国开新府，壶关宠旧林。"

澧　〔lǐ《广韵》盧啟切，上薺，來。〕❶水名。见"澧水"。岑参有《澧头送蒋侯》。又《冀州客舍酒酣贻王绮寄题南楼》："何当肯相寻，澧上一孤舟。"❷州名。杜甫《聂耒阳以仆阻水书致酒肉疗饥时属江涨泊于方田》："崔师乞已至，澧卒用矜少。"❸通"醴"。见"澧源"。

【澧水】　水名。源于湖南西北与湖北交界处大山中，流入洞庭湖。岑参《澧头送蒋侯》："君住澧水北，我家澧水西。"

【澧州】　州名。隋开皇九年置。治所在今湖南澧县。李白有《洞庭醉后送绛州吕使君果流澧州》。刘禹锡有《窦朗州见示与澧州元郎中早秋赠答命同作》。杜牧有《寄澧州张舍人笛》。曹邺有《送厉图南下第归澧州》。

【澧江】　即澧水。李群玉有《洞庭入澧江寄巴丘故人》。

【澧浦】　澧水岸边。刘长卿《送郭六侍从之武陵郡》："澧浦荆门行可见，知君诗兴满沧洲。"皇甫冉《归渡洛水》："澧浦饶芳草，沧浪有钓舟。"李群玉《将之京国赠薛员外》："澧浦一遗佩，郢南再悲秋。"

【澧陽】　❶县名。隋置，以在澧水之北得名。为澧阳郡治。唐为澧州州治。即今湖南澧县。贾岛《上杜驸马》："今日澧阳非久驻，伫为霖雨拜新恩。"❷指澧州。齐己有《寄澧阳吴使君》。

【澧源】　醴酒之源，借指泉眼。澧，通"醴"。孟郊《和钱侍郎甘露》："忽见垂书迹，还惊涌澧源。"

濃　〔nóng《广韵》女容切，平鍾，娘。〕❶露多。上官昭容《彩书怨》："露浓香被冷，月落锦屏虚。"元稹《表夏十首》之六："烟泛被笼香，露浓妆面湿。"皮日休《太湖诗·晓次神景宫》："浓露湿莎裳，浅泉渐草屐。"❷密，厚，多。太宗《冬狩》："霜浓凝广隰，冰厚结清流。"孟彦深《元次山居武昌之樊山新春大雪以诗问之》："江山十日雪，雪深江雾浓。"孟郊《离怨》之三："振此一生薄，空成万恨浓。"温庭筠《送北阳袁明府》："桑浓蚕卧晚，麦秀雉声春。"❸味道醇厚。张谓《送皇甫龄宰交河》："楼上胡笳传别怨，尊中腊酒为谁浓。"韩愈《燕河南府秀才得生字》："芳茶出蜀门，好酒浓且清。"白居易《六年寒食洛下宴游赠冯李二少尹》："米价贱如土，酒味浓于饧。"❹颜色深。白行简《贡院楼北新栽小松》："夜影看仍薄，朝岚色渐浓。"李商隐《无题四首》之一："梦为远别啼难唤，书被催成墨未浓。"高骈《边方春兴》："草色青青柳色浓，玉壶倾酒满金钟。"大愚《乞荆浩画》："近岩幽湿处，惟借墨烟浓。"❺程度深。卢僎《稍秋晓坐阁遇舟东下扬州即事寄上族父江阳令》："道浓礼自略，气舒文转遒。"卢仝《走笔谢孟谏议寄新茶》："日高丈五睡正浓，军将打门惊周公。"姚合《和门下李相饯西蜀相公》："乌台情已洽，凤阁分弥浓。"韦庄《颍阳县》："树老风声壮，山高腊候浓。"❻艳丽。杜甫《上牛头寺》："花浓春寺静，竹细野池幽。"卢纶《春日登楼有怀》："花正浓时人正愁，逢花却欲替花羞。"孟郊《古意》："人颜不再春，桃色有再浓。"吴融《即席》："桃花正浓暖，争不浪迷人。"

【濃日】　丽日。韩偓《荐福寺讲筵偶见又别》："见时浓日午，别处暮钟残。"

【濃妝】　谓妆饰艳丽。白居易《新乐府·盐商妇》："饱食浓妆倚柁楼，两朵红腮花欲绽。"薛昭蕴《浣溪沙》词之五："帘外三间出寺墙，满街垂柳绿阴长，嫩红轻翠间浓妆。"

【濃芳】　艳丽芳香。杨发《玩残花》："十日浓芳一岁程，东风初急眼偏明。"

【濃春】　犹芳春。李远《立春日》："暖日傍帘晓，浓春开箧红。"杜牧《洛中二首》之一："柳动晴风拂路尘，年年宫阙锁浓春。"韩偓《避地寒食》："浓春孤馆人愁坐，斜日空园花乱飞。"

【濃厚】　谓味醇。寒山《诗三百三首》之一一七："赫赫谁垆肆，其酒甚浓厚。"

【濃香】　浓烈的香气、香味。钱起《锄药咏》："莳药穿林复在巘，浓香秀色深能浅。"温庭筠《春江花月夜词》："四方倾动烟尘起，犹在浓香梦魂里。"皮日休《酒病偶作》："郁林步障昼遮明，一炷浓香养病酲。"罗虬《比红儿诗》之九二："浓艳浓香雪压枝，袅烟和露晓风吹。"

【濃姿】　艳丽的姿态。李商隐《临发崇让宅紫薇》："一树浓姿独看来，秋庭暮雨类轻埃。"

【濃笑】　大笑。李贺《唐儿歌》："东家娇娘求对值，浓笑画空作唐字。"

【濃陰】　深暗的阴影。侯冽《花发上林》："琼楼出高艳，玉辇驻浓阴。"温庭筠《法云寺双桧》："晋朝名辈此离群，想对浓阴去住分。"陆龟蒙《开元杂题七首·绣岭宫》："闲乘小驷浓阴下，时举金鞭半袖风。"罗隐《竹下残雪》："墙下浓阴对此君，小山尖险玉为群。"

【濃華】　浓艳华丽。温庭筠《和友人伤歌姬》："更能何事销芳念，亦有浓华委逝川。"

【濃睡】　酣睡，沉睡。张碧《美人梳头》："玉容惊觉浓睡醒，圆蟾挂出妆台表。"崔珏《美人尝茶行》："闲教鹦鹉啄窗响，和娇扶起浓睡人。"吴融《雨夜》："何人得浓睡，溪上钓鱼舟。”

【濃翠】 深绿。姚合《寄题尉迟少卿郊居》：“浓翠生苔点，辛香发桂丛。”李商隐《和郑愚赠汝阳王孙家筝妓二十韵》：“碧嶂愁不行，浓翠遥相倚。”王周《石首山》：“首出崔嵬占上游，迥存浓翠向荆州。”

【濃醉】 沉醉。郑谷《右省张补阙茂枢同在谏垣连居光德新春赋咏聊以寄怀》：“唯有朗吟偿晚景，且无浓醉厌春寒。”冯延巳《蝶恋花》词之五：“浓醉觉来莺乱语，惊残好梦无寻处。”

【濃藍】 犹“濃翠”。齐己《潇湘》：“毕竟输他老渔叟，绿蓑青竹钓浓蓝。”

【濃醪】 犹浓酒。罗隐《秋日禅智寺见裴郎中题名寄韦瞻》：“百盏浓醪成别梦，两行垂露浣羁愁。”顾甄远《惆怅诗九首》之七：“浓醪艳唱愁难破，骨瘦魂消病已成。”

【濃馨】 犹浓香。周昙《咏史诗·春秋战国门·管仲》：“美酒浓馨客要沽，门深谁敢强提壶？”

【濃豔】 艳丽。张祜《杭州开元寺牡丹》：“浓艳初开小药栏，人人惆怅出长安。”薛能《牡丹四首》之四：“浓艳冷香初盖后，好风干雨正开时。”翁洮《赠进士李德新接海棠梨》：“高轩日午争浓艳，小径风移旋落英。”熊皎《早梅》：“莫讶无浓艳，芳筵正好吹。”

澠1 〔shéng《广韵》食陵切，平蒸，船。〕古水名。源于今山东淄博市东北。久湮。《左传·昭公十二年》：“有酒如渑。”后以为狂饮典故。杜甫《苏端薛复筵简薛华醉歌》：“如渑之酒常快意，亦知穷愁安在哉。”耿湋《早春宴高陵滑少府》：“且宽沈簿领，应赖酒如渑。”韦庄《鄠杜旧居二首》之二：“归来满把如渑酒，何用伤时叹凤兮？”

澠2 〔miǎn《广韵》武盡切，上軫，明。《集韵》彌兖切，上獮，明。〕见“澠₂池”。

【澠₂池】 ❶古城名。一作黾池，因南有渑池得名。故址在今河南渑池县西。汪遵有《渑池》。胡曾有《咏史诗·渑池》。❷县名。汉置。今属河南省。韦应物有《送渑池崔主簿》。顾非熊有《送从叔尉渑池》。吴融《过渑池书事》：“渑池城郭半遗基，无限春愁挂落晖。”

澡 〔zǎo《广韵》子晧切，上晧，精。〕见“澡身”。

【澡身】 洗澡。权德舆《与道者同守庚申》：“斋心已恬愉，澡身自澄明。”

【澡性】 谓陶冶性情。卢鸿一《嵩山十志十首·涤烦矶》序：“飞流攒激，积漱成渠，澡性涤烦迥有幽致。”

【澡刷】 洗刷。陆龟蒙《白鸥诗》序：“一旦水有鲸鲵之患，陆有狐狸之忧，俦侣不得命啸，尘埃不得澡刷，虽蒙人之流赏，亦天地之穷鸟也。”

【澡浴】 沐浴。王建《霓裳词十首》之七：“敕赐宫人澡浴回，遥看美女院门开。”

【澡潔】 沐浴清理。吕温《奉敕祭南岳十四韵》：“澡洁事夙兴，簪佩思尽饰。”

【澡練】 修炼。韩偓《梦仙》：“澡练纯阳功力在，此心唯有玉皇知。”

澤 〔zé《广韵》場伯切，入陌，澄。〕❶水汇聚处，沼泽。高适《同群公出猎海上》：“尘惊大泽晦，为燎深林枯。”韩愈《陆浑火山和皇甫湜用其韵》：“皇甫补官古贲浑，时当玄冬泽干源。”许棠《题甘露寺》：“泽广方云梦，山孤数沃焦。”齐己《原上晚望》：“野势盘空泽，江流合暮云。”也指水草丛杂之地。韦庄《官庄》：“桑田稻泽今无主，新犯香醪没入官。”❷雨露。高适《酬庞十兵曹》：“雨泽感天时，耕耘忘帝力。”王季友《寄韦子春》：“夫子质千寻，天泽枝叶新。”刘禹锡《望衡山》：“还闻肤寸阴，能致弥天泽。”❸恩德。张九龄《奉和圣制次成皋先圣擒建德之所》：“威加昔运往，泽流今圣还。”钱起《奉和圣制登会昌山应制》：“泉壑凝神处，阳和布泽时。”封敖《春色满皇州》：“日近风先满，仁深泽共流。”李商隐《安平公诗》：“沥胆咒愿天有眼，君子之泽方滂沱。”❹湿润，滋润。陆敬《游隋故都》：“舞象文思泽，偃伯武功宣。”皎然《奉酬于中丞使君郡斋卧病见示一首》：“仁公施春令，和风来泽我。”韦应物《种药》：“汲井既蒙泽，插楥亦扶倾。”张籍《赠姚怤》：“漏天日无光，泽土松不长。”❺光亮，润泽。李颀《郑樱桃歌》：“樱桃美颜香且泽，娥娥侍寝专宫掖。”❻洗涤。见“澤手❶”。

【澤手】 ❶洗手。元稹《说剑》：“迎篋已焚香，近鞘先泽手。”❷搓手。形容犹豫无措。元稹《和乐天赠樊著作》：“解悬不泽手，拯溺无折旋。”

【澤州】 州名。隋开皇初改建州置。州治在山西晋城。陈子昂有《登泽州城北楼宴》。鱼玄机有《左名场自泽州至京使人传语》。

【澤車】 一种便于沼泽地行驶的短毂的轻便车。陆龟蒙《庄封宅古井行》：“泽车豪马驰似水，锦凤玉龙森若墙。”

【澤宫】 古代习射取士之处。贺敳《奉和九月九日应制》：“泽宫申旧典，相圃叶前模。”韩愈《县斋有怀》：“初随计吏贡，屡入泽宫射。”刘禹锡《泽宫诗》之一：“秩秩泽宫，有的维鹄。”

【澤畔】 指谪居处。李白《赠别郑判官》：“三年吟泽畔，憔悴几时回？”白居易《江南谪居十韵》：“泽畔长愁地，天边欲老身。”又《和万州杨使君四绝句·江边草》："闻君泽畔伤春草，忆在天门街里时。"徐铉《送写真成处士入京》："传神踪迹本来高，泽畔形容愧彩毫。"参见"澤畔吟"。

【澤畔吟】 为谪居所作诗歌的典故。李白《流夜郎至西塞驿寄裴隐》："空将泽畔吟，寄尔江南管。"贾至《岳阳楼宴王员外贬长沙》："忽与朝中旧，同为泽畔吟。"戎昱《送郑炼师贬辰州》："计日西归在，休为泽畔吟。"张祜《溪行寄京师故人道侣》："坐想天涯去，行悲泽畔吟。"

【澤國】 指水乡。岑参《送王大昌龄赴江宁》："泽国从一官，沧波几千里。"郑锡《送客之江西》："乘轺奉紫泥，泽国渺天涯。"武元衡《酬太常从兄留别》："泽国烟花度，铜梁雾雨愁。"李频《江夏春感旧》："泽国雪霜少，沙汀花木繁。"

【澤梁】 指可以作梁的大树。顾况《上古之什补亡训传十三章·十月之郊一章》："匠氏度思，登斧以时。泽梁蓁蓁，无或夭枝。"

【澤潞】 方镇名。李端有《将之泽潞留别王郎中》。姚合有《送张郎中副使赴泽潞》。朱庆余《送吴秀才之山西》："泽潞西边路，兰桡北去人。"

【澤蘭】 植物名。菊科，多年生草本植物。王勃《郊兴》："泽兰侵小径，河柳覆长渠。"

澴 〔huán《广韵》户關切，平删，匣。〕水回旋激涌貌。杜甫《万丈潭》："黑如湾澴底，清见光炯碎。"

濁 〔zhuó《广韵》直角切，入覺，澄。〕❶浑浊，不清纯。刘长卿《瓜洲驿奉饯张侍御先在淮南幕府》："回首青云里，应怜浊水澜。"元稹《酬东川李相公十六韵》："因持骇鸡宝，一照浊水昏。"姚合《题僧院引泉》："洗药溪流浊，浇花雨力微。"张为《谢别毛仙翁》："黄河浊衮衮，别泪流澌澌。"❷昏暗，使不明。王泠然《夜光篇》："浊烟熏月黑，高艳爇云红。"李白《商山四皓》："阴虹浊太阳，前星遂沦匿。"李益《五城道中》："天寒白登道，塞浊阴山雾。"元稹《酬乐天东南行诗一百韵》："气浊星难见，州斜日易晡。"❸沉闷。韩愈、孟郊《纳凉联句》："金柔气尚低，火老候愈浊。"白居易《新秋晓兴》："浊暑忽已退，清宵未全长。"姚合《过张邯郸庄》："两门延风凉，洗我昏浊肌。"❹污秽。《严含质诗》(卷八六七)："下浊界，景云元纪升太一。"王贞白《田舍曲》："时官苟贪浊，田舍生忧煎。"周昙《咏史诗·春秋战国门·屈原》："满朝皆醉不容醒，众浊如何拟独清？"❺音乐用词。指低沉厚重的声音。元结《系乐府十二首·颂东夷》："金石无全声，宫商乱清浊。"

【濁世】 ❶乱世。李群玉《升仙操》："浊世不久驻，清都路何穷。"韩偓《过汉口》："浊世清名一概休，古今翻覆剩堪愁。"❷佛教语，即"五浊恶世"的省称。指充满烦恼的现实世界。贯休《寿春节进大蜀皇帝五首》之五："能当浊世为清世，始见君心是佛心。"齐己《送僧归南岳》："浊世住终难，孤峰念永安。"

【濁劫】 即劫浊。为"五浊"之一。谓不断有饥饿、疾疫、战争等劫难。独孤及《诣开悟禅师问心法次第寄韩郎中》："浊劫相从惯，迷途自谓安。"

【濁氛】 污浊之气。孟郊《桐庐山中赠李明府》："静境无浊氛，清雨零碧云。"

【濁河】 浑浊的黄河。杨炯《送郑州周司空》："汉国临清渭，京城枕浊河。"皎然《从军行五首》之三："兵屯绝漠暗，马饮浊河干。"许棠《雕阴道作》："马依羶草聚，人抱浊河澄。"高蟾《感事》："浊河从北下，清洛向东流。"

【濁泥】 污泥。李商隐《景阳井》："肠断吴王宫外水，浊泥犹得葬西施。"徐夤《鬓发》："天地有炉长铸物，浊泥遗块待陶钧。"

【濁俗】 污浊庸俗。皮日休《太湖诗·入林屋洞》："对彼神仙窟，自厌浊俗形。"

【濁氣】 犹"濁氛"。孟郊《列仙文·安度明》："顾见魏贤安，浊气伤汝和。"

【濁酒】 未经过滤的酒。王绩《北山》："幽兰独夜清琴曲，桂树凌云浊酒杯。"戎昱《九日贾明府见访》："莫嫌浊酒君须醉，虽是贫家菊也斑。"牟融《题山庄》："床头浊酒时时漉，上客相过一任留。"储嗣宗《和顾非熊先生题茅山处干闲居》："浊酒自怜终日醉，古风时得野人言。"

【濁涇清渭】 语本《诗·邶风·谷风》："泾以渭浊，湜湜其沚。"孔颖达疏："言泾水以有渭水清，故见泾水浊。"比喻是非善恶分明。杜甫《秋雨叹三首》之二："去马来牛不复辨，浊泾清渭何当分。"

【濁涇】 浑浊的泾水。杜牧《分司东都寓居履道叨承川尹刘侍郎大夫恩知上四十韵》："隐豹窥重巘，潜虬避浊泾。"

【濁流】 浑浊的水流。王建《寄崔列中丞》："火山无冷地，浊流无清源。"项斯《浊水求珠》："灵魄自沉浮，从来任浊流。"吕价《浊水求珠》："至宝诚难得，潜光在浊流。"

【濁濫】 鄙俗。寒山《诗三百三首》之一一八："吁嗟浊滥处，罗刹共贤人。"又二三三："世间浊滥人，恰似黍黏子。"又二七五："浊滥即可知，愚痴爱财色。"

【濁醪】 犹浊酒。杜甫《晦日寻崔戢李封》："浊醪有妙理，庶用慰沈浮。"白居易《醉送李二十常侍赴镇浙东》："请安客舍花枝下，共脱青衫典浊醪。"杜牧《雨中作》："浊醪气色严，皤腹瓶罂古。"郑谷《访题表兄王藻渭上别业》："浊醪最称看山醉，冷句偏宜选竹题。”

澌 〔zhì《广韵》阻瑟切，入榔，莊。〕见“澌汩”。

【澌汩】 (—yù)毛发披散貌。柳宗元《寄韦珩》：“迩来气少筋骨露，苍白泲汩盈颠毛。”

激[1] 〔jī《广韵》古歷切，入錫，見。〕❶水流因受阻而腾涌。陆敬《巫山高》：“悬崖激巨浪，脆叶陨惊飙。”钱起《蓝田溪杂咏二十二首·砌下泉》：“穿云来自远，激砌流偏驶。”李绅《逾岭峤止荒陬抵高要》：“万壑奔伤溢作泷，湍飞浪激如绳直。”吴融《御沟十六韵》：“激石珠争碎，萦堤练不收。”❷阻挡水流使改变流向。李德裕《春暮思平泉杂咏二十首·流杯亭》：“激水自山椒，析波分浅濑。”❸搏击，冲荡。孟浩然《岘山送萧员外之荆州》：“再飞鹏激水，一举鹤冲天。”权德舆《酬穆七侍郎早登使院西楼感怀》：“小鸟抢榆枋，大鹏激三千。”元稹《哭吕衡州六首》之三：“势激三千壮，年应四十无。”陆希声《阳羡杂咏十九首·石兕台》：“大河波浪激潼关，青兕胡为伏此山?”❹震荡。杜甫《白水县崔少府十九翁高斋三十韵》：“长歌激屋梁，泪下流衽席。”孟郊《寄洺州李大夫》：“步闲洺水曲，笑激太行云。”韩愈《龙移》：“天昏地黑蛟龙移，雷惊电激雄雌随。”韦庄《和郑拾遗秋日感事一百韵》：“气激雷庭怒，神驱岳渎忙。”❺迅疾。韦应物《西郊燕集》：“野庖荐嘉鱼，激涧泛羽觞。”❻激发，激起。李白《古风》之一：“扬马激颓波，开流荡无垠。”韦应物《广陵遇孟九云卿》：“高文激颓波，四海靡不传。”卢仝《月蚀诗》：“太白真将军，怒激锋芒生。”张祜《送魏尚书赴镇州行营》：“坐激书生愤，行歌壮士吟。”❼感激，感奋。岑参《送王著作赴淮西幕府》：“各知务功业，当须激深衷。”高适《三君咏·魏郑公》：“道光先帝业，义激旧君恩。”杨巨源《赠李傅》：“知因公望掩能文，誓激明诚在致君。”温庭筠《余昔自西滨得兰数本遂寄情于此》：“贞隐谅无迹，激时犹拣名。”❽激烈。白居易《和答诗十首》序：“故理太周则辞繁，意太切则言激。”

激[2] 〔jiào《广韵》古弔切，去嘯，見。〕鲜明。见“激₂朱”。

【激切】 (—qiè)❶激动，兴奋。高适《酬河南节度使贺兰大夫见赠之作》：“感时常激切，于已即忘情。”❷激烈直率。孟郊《送淡公》之七：“兹焉激切句，非是等闲歌。”❸凄切。孟郊《夷门雪赠主人》：“酒声欢闲入雪销，雪声激切悲枯朽。”

【激壮】 激昂雄壮。贯休《晉光大师草书歌》：“雪压千峰横枕上，穷困虽多还激壮。”

【激直】 激烈率直。元稹《酬翰林白学士代书一百韵》：“略削荒凉苑，搜求激直词。”

【激昂】 ❶激励。李白《献从叔当涂宰阳冰》：“激昂风云气，终协龙虎精。”高适《题尉迟将军新庙》：“将军独激昂，誓欲酬恩私。”贾至《自蜀奉册命往朔方途中呈门下崔侍郎》：“激昂白刃前，溅血下沾巾。”王周《和杜运使巴峡地暖节物与中土异黯然有感诗三首》之三：“不知另有栽培力，流咏新诗与激昂。”❷感奋，激动。杜甫《入衡州》：“久客幸脱免，暮年惭激昂。”严维《送房元直赴北京》：“常欲激昂论上策，不应憔悴老明时。”柳宗元《笼鹰词》：“独立四顾时激昂，炎风溽暑忽然至。”白居易《渭村退居寄礼部崔侍郎翰林钱舍人诗一百韵》：“泥尾休摇掉，灰心罢激昂。”

【激怒】 刺激使发怒。陈子昂《感遇诗三十八首》之二一：“宁知山东客，激怒秦王肝。”周昙《咏史诗·春秋战国门·中山君》：“敌临烹子一何庸，激怒来军速自攻。”

【激烈】 ❶高亢激越。李白《拟古十二首》之二：“弦声何激烈，风卷绕飞梁。”杜甫《自京赴奉先县咏怀五百字》：“取笑同学翁，浩歌弥激烈。”❷慷慨激昂。杜甫《夏夜叹》：“况复烦促倦，激烈思时康。”又《冬到金华山观因得故拾遗陈公学堂遗迹》：“悲风为我起，激烈伤雄才。”❸猛烈。皎然《吊灵均词》：“风激烈兮楚竹死，国殇人悲兮雨飕飕。”何敬《题吉州龙溪》：“狂风激烈翻春涛，薄雾冥濛溢清泚。”

【激射】 喷涌，冲击。骆宾王《浮槎》序：“上为疾风冲飙所摧残，下为奔浪迅波所激射。”窦痒《于阗钟歌送灵彻上人归越》：“精气激射声冲融，护持海底诸鱼龙。”元稹《荥阳郑公以稹寓居严茅有池塘之胜寄诗四首因有意献》：“激射分流阔，湾环此地多。”李商隐《赋得月照冰池》：“金波双激激射，璧彩两参差。”

【激清】 激浊扬清。喻荡涤污浊，发扬正义。李白《上留田行》：“高风缅邈，颓波激清。”

【激越】 高亢。杜甫《曲江三章章五句》之二：“即事非今亦非古，长歌激越梢林莽。”

【激扬】 ❶激荡飞扬。高适《单父逢邓司仓覆仓库因而有赠》：“匹马度睢水，清风何激扬。”温庭筠《病中书怀呈友人》：“激扬衔箭虎，疑惧听冰狐。”❷激动振奋。李白《赠从孙义兴宰铭》：“独坐伤激扬，神融一开襟。”杜甫《承沈八丈东美除膳部员外阻雨未遂驰贺奉寄此诗》：“未暇申宴慰，含情空激扬。”温庭筠《过孔北海墓二十韵》：“激扬思壮志，流落叹颓龄。”❸激励播扬。萧颖士《江有归舟三章》序：“所务乎激扬雅训，彰宣事实而已。”独孤及《暮春于山谷寺上方遇恩命加官赐服酬皇甫侍御见贺之作》：“自笑无功德，殊恩谬激扬。”司空曙《同张参军喜李尚书寄新琴》：“远识贤人意，清风愿激扬。”皮日休《太湖诗·仓山祠》：“一奠若肝蠁，再祝如激扬。”❹激越昂扬。杜甫《暮春江陵送马大卿公恩命追赴阙下》：“激扬音韵彻，籍甚众多推。”无名氏《笙磬同音》(卷七八七)：“激扬音自彻，高下曲宜同。”

【激湍】　急流。牟融《题徐俞山居》：“青山重叠巧裁攒，引水流泉夜激湍。”徐夤《水》：“洪波激湍归何处，二月桃花满眼流。”

【激發】　激励。薛能《雁和韦侍御》：“唯应静向山窗过，激发英雄夜读书。”

【激楚】　古曲名。李白《白纻辞三首》之三：“激楚结风醉忘归，高堂月落烛已微。”韦应物《鼋头山神女歌》：“舟客经过奠椒醑，巫女南音歌激楚。”独孤及《东平蓬莱驿夜宴平卢杨判官留宴》：“齐童如花解郢曲，起舞激楚歌采莲。”《郊庙歌辞·周宗庙乐舞辞·善庆舞》：“奏激楚，转清商。”

【激電】　闪电。朱逵《怀素上人草书歌》：“笔下惟看激电流，字成只畏盘龙去。”

【激節】　激励气节。张九龄《送苏主簿赴偃师》：“激节轻华冕，移官徇彩衣。”又《饯王尚书出边》：“感恩身既许，激节胆犹尝。”

【激溜】　(—liù)同“激霤”。❶指飞泻的瀑布。卢鸿一《嵩山十志十首·云锦淙》序：“云锦淙者，盖激溜冲攒，倾石丛倚，鸣湍叠濯，喷若雷风，诡辉分丽，焕若云锦。”李华《寄赵七侍御》：“飞湍鸣金石，激溜鼓雷风。”❷指顺屋檐泻落的雨水。许敬宗《奉和咏雨应诏》：“激溜分龙阙，斜飞洒凤楼。”钱起《中书遇雨》：“纶阁飞丝度，龙渠激霤回。”

【激賞】　❶犹欣赏。任希古《和东观群贤七夕临泛昆明池》：“飞眺牵牛渚，激赏镂鲸川。”❷犹赞赏。李白《温泉侍从归逢故人》：“激赏摇天笔，承恩赐御衣。”

【激箭】　疾飞之箭。比喻急速。董思恭《咏弓》：“上弦明月半，激箭流星远。”白居易《江州赴忠州至江陵已来舟中示舍弟五十韵》：“年光同激箭，乡思极摇旌。”李洞《送曹郎中南归时南中用军》：“海气蒸鼙软，江风激箭偏。”

【激激】　急流声。韩愈《山石》：“当流赤足踏涧石，水声激激风吹衣。”

【激霤】　参见“激溜”。

【激蹙】　谓水受阻力而腾跃。方干《题仙岩瀑布呈陈明府》：“方知激蹙与喷飞，直恐古今同一时。”

【激瀨】　急流。岑文本《安德山池宴集》：“雕楹网萝薜，激濑合埙篪。”

【激勸】　激励。孟郊《立德新居》之八：“手锄手自勖，激劝亦已饶。”司空图《杂题二首》之二：“若教激劝由真宰，亦奖青松径寸心。”

【激觸】　冲击。姚合《拾得古砚》：“波澜所激触，背面生罅隙。”

澮[1]　〔kuài《广韵》古外切，去泰，見。〕田间排水沟。徐浩《谒禹庙》：“亩浍敷四海，川源涤九州。”元稹《荥阳郑公以稹寓居严茅有池塘之胜寄诗四首因有意献》：“自伤才畎浍，其奈赠珠何。”李咸用《和殷衙推春霖即事》：“忽起江湖兴，疑邻畎浍流。”

澮[2]　〔huì《广韵》古外切，去泰，見。〕水名。在山西西南部。汾河支流。岑参《骊姬墓下作》：“浍水日东注，恶名终不流。”

澹　〔dàn《广韵》徒敢切，上敢，定。又徒濫切，去闞。定。〕❶水波起伏。张九龄《西江夜行》：“外物寂无扰，中流澹自清。”裴迪《辋川集二十首·金屑泉》：“萦渟澹不流，金碧如可拾。”崔峒《送陆明府之盱眙》：“澹浪摇山郭，平芜到县门。”皮日休《太湖诗·初入太湖》：“连空澹无颣，照野平绝隙。”引申为飘动、摇动。李峤《燕》：“天女伺辰至，玄衣澹碧空。”李白《与贾至舍人于龙兴寺剪落梧桐枝望㴩湖》：“雨洗秋山净，林光澹碧滋。”李贺《神弦别曲》：“蜀江风澹水如罗，堕兰谁泛相经过。”李商隐《早起》：“风露澹清晨，帘间独起人。”❷恬淡，淡泊。王维《晦日游大理韦卿城南别业四声依次用各六韵》：“与世澹无事，自然江海人。”岑参《自潘陵尖还少室居止秋夕凭眺》：“心澹水木会，兴幽鱼鸟通。”白居易《游坊口悬泉偶题石上》：“相与澹忘归，自辰将及酉。”舒元舆《坊州按狱因成诗寄之》：“一言开我怀，旷然澹希夷。”❸淡薄，不浓烈。杜淹《寄赠齐公》：“结交澹若水，履道直如弦。”杜甫《院中晚晴怀西郭茅舍》：“幕府秋风日夜清，澹云疏雨过高城。”薛能《新雪》：“闲吟只爱煎茶澹，斡破平光向近轩。”荆浩《画山水图答大愚》：“笔尖寒树瘦，墨澹野云轻。”❹质朴无华。白居易《新乐府·五弦弹》：“一弹一唱再三叹，曲澹节稀声不多。”皮日休《鲁望昨以五百言见贻过有褒美内揣庸陋弥增愧悚亦迭和之微旨也》：“李宽包堪舆，孟澹拟漪涟。”贯休《遇叶进士》：“气隆多慷慨，语澹无他力。”齐己《荆门寄怀章供奉兼呈幕中知己》：“神凝无恶梦，诗澹老真风。”

【澹白】　清淡的白色。李贺《河南府试十二月乐词·九月》：“月缀金铺光脉脉，凉苑虚庭空澹白。”温庭筠《晓仙谣》：“玉妃唤月归海宫，月色澹白涵春空。”韩愈《嘲鼾睡》之二：“澹公坐卧时，长睡无不稳。”

【澹公】　即“澹然”。孟郊有《宿空侄院寄淡公》。韩愈《嘲鼾睡》之二：“澹公坐卧时，长睡无不稳。”

【澹交】　❶谓朋友平淡相交。骆宾王《咏水》：“终当挹上善，属意澹交人。”郑谷《池上》：“丧志嫌孤宦，忘机爱澹交。”❷唐诗僧。住苏州昭隐寺。《全唐诗》卷八二三录其《效古》等诗三首。《全唐诗外编》(下)录其《望樊川》诗一首。

【澹如】 恬淡貌。李颀《送綦毋三谒房给事》:"外物非本意,此生空澹如。"又《答高三十五留别便呈于十一》:"清冷池水灌园蔬,万物沧江心澹如。"

【澹佇】 犹"澹泞"。和舒貌。范传正《范成君击洞阴磬》:"澹伫人间听,铿锵古曲成。"

【澹妝】 淡雅的化妆。花蕊夫人徐氏《宫词》之七七:"欲试澹妆兼道服,面前宣与唾盂家。"

【澹泊】 (—bó)❶谓清心寡欲。李颀《晚归东园》:"澹泊真吾事,清风别自兹。"孟郊《隐士》:"澹泊味始真,陶公自放归。"高骈《途次内黄马病寄僧舍呈诸友人》:"依违讽刺因行得,澹泊供需不在求。"齐己《喜乾昼上人远相访》:"澹泊门难到,从容日易过。"❷清淡,淡薄。杜甫《飞仙阁》:"寒日外澹泊,长风中怒号。"韦应物《闲居赠友》:"园庐既芜没,烟景空澹泊。"又《襄武馆游眺》:"澹泊风景晏,缭绕云树幽。"❸朴实。令狐峘《释奠日国学观礼闻雅颂》:"澹泊调元气,中和美圣君。"罗隐《寄崔庆孙》:"交情澹泊应长在,俗态流离且勉旃。"

【澹泞】 荡漾貌。白居易《泛春池》:"泓澄动阶砌,澹泞映户牖。"又《送客回晚兴》:"参差乱山出,澹泞平江净。"

【澹沱】 (—duò)荡漾貌。杜甫《醉歌行》:"春光澹沱秦东亭,渚蒲牙白小荇青。"

【澹師】 澹(淡)然。韩愈《嘲鼾睡》之一:"澹师昼睡时,声气一何猥。"

【澹動】 犹澹荡。荡漾貌。陈羽《中秋夜临镜湖望月》:"澹动光还碎,婵娟影不沈。"

【澹清】 恬淡雅洁。牛僧孺《李苏州遗太湖石奇状绝伦因题二十韵奉呈梦得乐天》:"近水摇奇冷,依松助澹清。"

【澹淡】 (—yǎn)水波荡漾貌。王昌龄《岳阳别李十七越宾》:"湖小洲渚联,澹淡烟景碧。"

【澹寂】 恬淡。白居易《睡起晏坐》:"澹寂归一性,虚闲遗万虑。"

【澹景】 淡簿的日光。韦应物《司空主簿琴席》:"澹景发清琴,幽期默玄悟。"皮日休《夏景无事因怀章来二上人二首》之一:"澹景微阴正送梅,幽人逃暑瘿楠杯。"

【澹逸】 淡泊超逸。郑董《赠巩畴》序:"闻公恬养澹逸,不屑于荣悴,故以玄成来助成之。"

【澹然】 ❶恬淡貌。王维《赠裴十迪》:"澹然望远空,如意方支颐。"楼颖《伊水门》:"惬心乃成兴,澹然泛孤舟。"白居易《夏日独直寄萧侍御》:"澹然无他念,虚静是吾师。"温宪《杏花》:"澹然闲赏久,无以破妖娆。"❷安定貌,安静貌。李白《古风》之三四:"天地皆得一,澹然四海清。"杜甫《冬到金华山观因得故拾遗陈公学堂遗迹》:"四顾俯属巅,澹然川谷开。"温庭筠《利州南渡》:"澹然空水对斜晖,曲岛苍茫接翠微。"陆龟蒙《白芙蓉》:"澹然相对却成劳,月染风裁个个高。"

【澹爾】 ❶恬淡貌。王维《送綦毋秘书弃官还江东》:"和光鱼鸟际,澹尔蒹葭丛。"❷安静貌。王维《戏赠张五弟諲三首》之一:"徒然万象多,澹尔太虚缅。"

【澹蕩】 ❶舒缓荡漾貌。犹骀荡。崔湜《奉和春日幸望春宫》:"澹荡春光满晓空,逍遥御辇入离宫。"范传正《赋得春风扇微和》:"澹荡凝清昼,氤氲暖碧空。"白居易《西湖晚归回望孤山寺赠诸客》:"烟波澹荡摇空碧,楼殿参差倚夕阳。"皮日休《奉和鲁望叠韵双声二首·双声溪上思》:"草彩欲夷犹,云容空澹荡。"❷逍遥旷达貌。李白《古风》之十:"吾亦澹荡人,拂衣可同调。"朱庆余《夏日访贞上人院》:"炎夏寻灵境,高僧澹荡中。"

【澹澹】 ❶舒缓荡漾貌。韦承庆《南行别弟》:"澹澹长江水,悠悠远客情。"贾至《巴陵早秋寄荆州崔司马吏部阎功曹舍人》:"滔滔荡云梦,澹澹摇巴丘。"元稹《早春寻李校书》:"款款春风澹澹云,柳枝低作翠栊裙。"陆龟蒙《金陵道》:"北雁行行直,东流澹澹春。"❷广漠貌。孟郊《送黄构擢第后归江南》:"澹澹沧海气,结成黄香才。"杜牧《登乐游原》:"长空澹澹孤鸟没,万古销沈向此中。"郑谷《中年》:"漠漠秦云澹澹天,新年景象入中年。"❸素雅貌。李嘉祐《江上曲》:"江心澹澹芙蓉花,江口蛾眉独浣纱。"南唐后主李煜《长相思》词之二:"云一涡,玉一梭,澹澹衫儿薄薄罗。"❹淡貌,光不强貌。元稹《韦氏馆与周隐客杜归和泛舟》:"天色低澹澹,池光漫油油。"皮日休《胥口即事六言二首》之一:"波光杳杳不极,霁景澹澹初斜。"罗绍威《句》:"楼前澹澹云头日,帘外萧萧雨脚风。"陈陶《题赠高闲上人》:"拂岳萧萧竹,垂空澹澹津。"

【澹薄】 ❶谓清心寡欲。李白《连理枝》词之一:"斗压阑干,香心澹薄,梅梢轻倚。"邵谒《学仙词》:"上仙传秘诀,澹薄与无营。"徐夤《西寨寓居》之二:"功智争驰澹薄空,犹怀忠信拟何从。"贯休《上杜使君》:"从来苦清苦,近更加澹薄。"❷淡薄,不浓烈。卢纶《春思贻李方陵》:"渐知欢澹薄,转觉老殷勤。"韩偓《社后》:"社后重阳近,云天澹薄间。"又《袅娜》:"袅娜腰肢澹薄妆,六朝宫样窄衣裳。"牛峤《应天长》词之二:"双眉澹薄藏心事,清夜背灯娇又醉。"

【澹瀩】 荡漾貌。杜甫《万丈潭》:"削成根虚无,倒影垂澹瀩。"

【澹灩】 参见"澹豔"。

【澹豔】 淡雅清丽。刘希夷《孤松篇》:"澹艳烟雨姿,敷芬阳春陌。”

【澮灩】 亦作“澮灧”。荡漾貌。姚係《野居池上看月》:“泫露苍茫湿,沈波澮滟光。”柳宗元《游南亭夜还叙志七十韵》:“积翠浮澮滟,始疑负灵鳌。”白居易《杂兴三首》之二:“澮滟九折池,萦回十余里。”

澥

〔xiè《广韵》胡買切,上蟹,匣。〕海。李贺《恼公》:“古时填渤澥,今日凿崆峒。”

【澥海】 大海。元稹《奉和浙西大夫李德裕述梦四十韵次本韵》:“澥海沧波减,昆明劫火熬。”

澶

〔dàn《广韵》徒案切,去翰,定。〕见“澶漫”。

【澶漫】 ❶遥远貌。乔知之《羸骏篇》:“只应澶漫归田里,万里低昂任生死。”杜甫《承闻河北诸道节度入朝欢喜口号绝句十二首》之八:“澶漫山东一百州,削成如案抢青丘。”柳宗元《唐铙歌鼓吹曲十二篇·苞枿》:“澶漫万里,宣唐风。”❷广阔貌。皇甫冉《送常大夫加散骑常侍赴朔方》:“澶漫沙中雪,依稀汉口山。”皇甫湜《石佛谷》:“澶漫太行北,千里一块石。”元稹《酬乐天登乐游园见忆》:“秋空压澶漫,澒洞无垢氛。”无可《小雪》:“盖沙资澶漫,洒海助冲融。”

【澶谿】 “檀溪”之讹。乔知之《羸骏篇》:“楚水澶溪征战事,吴塞乌江辛苦地。”

澱

〔diàn《广韵》堂練切,去霰,定。〕通“靛”。见“澱澱”。

【澱澱】 清碧貌。淀,通“靛”。韩偓《南亭》:“松瘦石棱棱,山光溪淀淀。”

澼

〔pì《广韵》普擊切,入錫,滂。《集韵》匹辟切,入昔,滂。〕漂洗。陆希声《寄習光上人》:“寄言昔日不龟手,应念江头洴澼人。”

【澼絖】 为小技的典故。见《庄子·逍遥游》。胡宿《次韵徐爽见寄》:“侏儒自是长三尺,澼纩都来直数金。”

十四画

濤¹

〔tāo《广韵》徒刀切,平豪,定。〕大波浪。刘长卿《奉饯元侍郎加豫章采访兼赐章服》:“岭暗猿啼月,江寒鹭映涛。”元结《引极三首·怀潜君》:“海浩淼兮汩洪溶,流蕴蕴兮涛汹汹。”周贺《寄姚合郎中》:“晚柳蝉和角,寒城烛照涛。”李频《送侯郎中任新定二首》之二:“云闲分岛寺,涛静见沙鸥。”

濤²

〔cháo《集韵》陳留切,平尤,澄。〕通“潮”。潮汐。宋昱《樟亭观涛》:“涛来势转雄,猎猎驾长风。”权德舆《宿严陵》:“身羁从事驱征传,江入新安泛暮涛。”徐凝《云封庵》:“隐见浙江涛,一尺东沟水。”姚合《杭州观潮》:“楼有章亭号,涛来自古今。”

【濤₂江】 指钱塘江潮。韩愈《此日足可惜赠张籍》:“东野窥禹穴,李翱观涛江。”

【濤頭】 浪涛前端。元稹《重夸州宅旦暮景色兼酬前篇末句》:“为问西州罗刹岸,涛头冲突近何如?”姚合《酬薛奉礼见赠之作》:“山顶雨余青到地,涛头风起白连云。”

【濤瀾】 波澜,大浪。李白《赠华州王司士》:“淮水不绝涛澜高,盛德未泯生英髦。”

瀎

〔miè《广韵》莫結切,入屑,明。〕见“瀎潏”。

【瀎潏】 疾流貌。元稹《谕宝二首》之二:“艅艎无巨海,浮浮矜瀎潏。”

濫

〔làn《广韵》盧瞰切,去闞,來。〕❶水泛滥,溢出。薛能《早春书事》:“渠滥水泉花巷湿,日销冰雪柳营春。”引申为充满,布满。李商隐《七夕偶题》:“花果香千户,笙竽滥四邻。”❷过度,没有节制。王湾《秋夜寓直即事怀赠萧令公裴侍郎兼通简南省诸友人》:“位重恩宁滥,才轻慑不胜。”于鹄《哭王都护》:“史官如不滥,独传说英雄。”苏拯《医人》:“今人医在手,手滥药不神。”❸虚妄不实。李端《卧病闻吉中孚拜官寄元秘书昆季》:“毛遂登门虽异赏,韩非入传滥齐名。”韩愈《元和圣德诗》:“战不贪杀,擒不滥数。”❹冤屈。苏拯《断火谣》:“但究冤滥刑,天道无不可。”❺用作谦词。犹言才能不胜职守。张九龄《巡属县道中作》:“短才滥符竹,弱岁起柴荆。”李颀《放歌行答从弟墨卿》:“徒尔当年声籍籍,滥作词林两京客。”钱起《酬考功杨员外见赠佳句》:“虚名滥接登龙士,野性宁忘种黍田。”姚合《从军行》:“滥得进士名,才用苦不长。”

【濫吹】 比喻冒充凑数,名不副实。虞世南《奉和献岁宴宫臣》:“微臣同滥吹,谬得仰钧天。”杜甫《八哀诗·故著作郎贬台州司户荥阳郑公虔》:“词场竟疏阔,平昔滥吹奖。”刘禹锡《途次华州陪钱大夫登城北楼遂题此诗》:“莫怪老郎呈滥吹,宦途虽别旧情亲。”郑昉《人不易知》:“和玉翻为泣,齐竽或滥吹。”参见“滥吹竽”。

【濫吹竽】 喻无真才实学,或用以自谦。典见《韩非子·内储说上》。温庭筠《病中书怀呈友人》:“对虽希鼓瑟,名亦滥吹竽。”

【濫罰】 过量的刑罚。吴筠《览古十四首》之九："汉景称钦明，滥罚犹如斯。"

【濫濁】 淫泛，污浊。崔颢《澄水如鉴》："浇浮知不挠，滥浊固难侵。"

【濫觴】 ❶谓江河发源处水很小，仅可浮起酒杯。亦谓泛酒。孟郊《与王二十一员外涯游枋口柳溪》："宴位席兰草，滥觞惊凫鹥。"李德裕《重忆山居六首·平泉源》："山谷才浮芥，中园已滥觞。"❷喻事物的起源、发端。詹敦仁《复留侯从效问南汉刘岩改名龑字音义》："滥觞久滋蔓，伤心日益炽。"

濡 〔rú《广韵》人朱切，平虞，日。〕❶浸渍，沾湿。杜甫《夏日叹》："雨降不濡物，良田起黄埃。"元稹《酬乐天东南行诗一百韵》："鬓毛霜点合，襟泪血痕濡。"杨衡《秋夜桂州宴送郑十九侍郎》："鸦噪更漏飒，露濡风景鲜。"齐己《寄朱拾遗》："研冰濡谏笔，赋雪拥朝袍。"❷滋润。亦喻施受恩泽。贺敳《奉和九月九日应制》："庆展簪裾洽，恩融雨露濡。"皇甫曾《遇风雨作》："虔心若斋祷，濡体如沐浴。"权德舆《侍从游后湖宴坐》："繁香好风结，净质清露濡。"韩愈《元和圣德寺》："浃于族亲，濡及九有。"❸柔润而有光泽。贺知章《禅社首乐章·福和》："大裘如濡，执珽有颙。"皇甫湜《出世篇》："支消体化膏露明，湛然无色茵席濡。"

【濡印】 浸渍印章。柳宗元《同刘二十八院长之作因其韵增至八十通赠二君子》："染毫东国素，濡印锦溪砂。"

【濡沫】 用唾沫来湿润。喻同处困境而互救。韩愈《叉鱼招张功曹》："濡沫情虽密，登门事已辽。"柳宗元《酬娄秀才将之淮南见赠之什》："好音怜铩羽，濡沫慰穷鳞。"元稹《酬翰林白学士代书一百韵》："卧辙希濡沫，低颜受颔颐。"白居易《代书诗一百韵寄微之》："骢马卧霜羸，念涸谁濡沫？"

【濡首】 《易·未济》："上九，有孚于饮酒，无咎。濡其首，有孚失足。象曰：'饮酒濡首，亦不知节也。'"后谓沉湎于酒而有失本性常态。元稹《饮致用神麹酒》："讵敢辞濡首，并怜可鉴形。"

【濡染】 浸湿。指染墨书写诗文。李商隐《韩碑》："公退斋戒坐小阁，濡染大笔何淋漓！"齐己《谢人墨》："因君强濡染，舍此即忘筌。"又《寄黄晖处士》："濡染只应亲赋咏，风流不称近方刀。"

【濡毫】 濡笔。即用笔蘸墨书写。韦应物《酬刘侍郎使君》："濡毫意俛俛，一用写悁勤。"李德裕《述梦诗四十韵》："泉流初落涧，露滴更濡毫。"杜牧《和野人殷潜之题筹笔驿十四韵》："画地乾坤在，濡毫胜负知。"郑谷《寄左省韦起居序》："端简炉香里，濡毫洞案边。"

【濡須塢】 堡坞名。东汉建安时建，在今安徽无为县境。刘禹锡《历阳书事七十韵》："曹操祠犹在，濡须坞未平。"孙元晏《咏史诗·吴·濡须坞》："莫言有个濡须坞，几度曹公失志回。"

【濡須橋】 桥名。当在今安徽无为县东北。胡曾有《咏史诗·濡须桥》。

【濡翰】 蘸墨书写或绘画。刘宪《奉和幸韦嗣立山庄侍宴应制》："不才叨侍从，咏德以濡翰。"皇甫冉《酬包评事壁画山水见寄》："濡翰生新兴，群峰忽眼前。"李咸用《谢友生遗端溪砚瓦》："寻常濡翰次，恨不到端溪。"亦借指所书写的诗文。裴磷《前相国赞皇公作镇浙右辄抒怀赋四言诗十四首奉寄》之一四："何以代面？寄之濡翰。"

【濡霑】 沾湿。贾岛《玩月》："以手扪衣裳，零露已濡沾。"

濬 〔jùn《广韵》私闰切，去稕，心。〕❶疏通水道；挖掘井、池。清昼《讲德联句》："乃修堤防，乃濬沟洫。"李绅《泰伯井》："梁鸿重濬后，又历九千年。"李翱《江州南湖堤铭》序："长庆二年十二月，江州刺史李君濬之，截南陂筑堤三千五百尺，高若干尺，广若干尺，以通四邻之路，蓄水为湖。"李翰《朱都知嘉禾屯田纪绩诗》："故道既堙，变沟为田。朱公濬之，执用以先。"❷深。骆宾王《在江南赠宋五之问》："井络双源濬，浔阳九派长。"柳宗元《湘口馆潇湘二水所会》："九疑濬倾奔，临源委萦回。"权德舆《大行皇太后挽歌词三首》之一："筮水灵源濬，因山祔礼崇。"杜牧《长安杂题长句六首》之五："洪河清渭天池濬，太白终南地轴横。"

【濬川】 疏通河道。钱起《观法驾自凤翔回》："周惭散马出，禹让濬川回。"徐铉《欧阳太监雨中视决堤因堕水明日见于省中因戏之》："濬川非伯禹，落水异三公。"

【濬哲】 深邃的智慧。或曰明智。韩休《祭汾阴乐章》："于穆濬哲，维清缉熙。"

【濬湍】 深潭。薛逢《上吏部崔相公》："龙门曾共战惊澜，雷电浮云出濬湍。"

【濬源】 极深的本源。张说《唐享太庙乐章·光大舞》："肃肃艺祖，滔滔濬源。"

濕 同"濕"。

溼 〔shī《广韵》失入切，入缉，书。〕亦作"溼"。❶潮湿。许浑《神女祠》："龙气石床湿，鸟声山庙空。"❷沾湿。王昌龄《采莲曲二首》之一："吴姬越艳楚王妃，争弄莲舟水湿衣。"李洞《中秋月》："不寐清人眼，移栖湿鹤毛。"

【溼姑】　亦作“涇姑”。指蝼蛄。李贺《昌谷诗》：“嘹嘹湿姑声，咽源惊溅起。”

【溼雲】　亦作“溼雲”。湿度大的云。李颀《宋少府东溪泛舟》：“晚叶低众色，湿云带残暑。”

【溼絲】　亦作“溼絲”。指汲水的井绳。李贺《夜饮朝眠曲》：“玉转湿丝牵晓水，熟粉生香琅玕紫。”

【溼墊】　亦作“溼墊”。潮湿。元稹《虫豸诗》序：“州渚湿垫，其动物宜介。”

【溼銀】　亦作“溼銀”。形容镜光。李商隐《河阳诗》：“湿银注镜井口平，鸾钗映月寒铮铮。”冯浩笺注：“湿银，镜光。井口，镜形。”

【溼螢】　也作“溼螢”。即萤。古人谓腐草化为萤，故称。李贺《还自会稽歌》：“野粉椒壁黄，湿萤满梁殿。”

濮　〔pú《广韵》博木切，入屋，幫。〕❶水名。萧楚材有《奉和展礼岱宗途经濮济》。见“濮水”。❷州名。沈千运有《濮中言怀》。曹邺有《题濮庙》。韩偓《出官经硖石县》：“谪官过东畿，所抵州名濮。”见“濮州”。

【濮上】　指濮水之滨。春秋时此地以有侈靡之乐闻名，男女亦多于此处幽会。故后用以借指侈靡淫乱的音乐或风俗的流行之地。高适《赠别沈四逸人》：“疾风扫秋树，濮上多鸣砧。”王毂《玉树曲》：“圣唐御宇三百祀，濮上桑间宜禁止。”

【濮水】　水名。韩翃《河上寄故人》：“河流晓天，濮水清烟。”胡曾《咏史诗·濮水》：“青春行役思悠悠，一曲汀蒲濮水流。”齐己《刳肠龟》：“可怜濮水流，一叶泛庄子。”

【濮州】　州名。唐时治所在鄄城县（今山东鄄城县）。李洞有《送知己赴濮州》。

【濮陽】　❶郡名。即濮州。天宝元年改为濮阳郡。乾元元年复名濮州。治所在鄄城县（今属山东）。李端有《送濮阳录事赴忠州》。李洞《送知己赴濮州》：“濮阳流政化，一半布风骚。”❷复姓。参见“濮陽瓘”。

【濮陽女】　唐教坊曲名。《全唐诗》卷二七《杂曲歌辞》载《濮阳女》一首，未著作者姓名。任半塘《唐声诗》以为崔国辅作。岑参《醉后戏与赵歌儿》：“秦州歌儿歌调苦，偏能立唱濮阳女。”

【濮陽瓘】　唐诗人。郡望陈留（今河南开封南）。大历年间曾任岭南判官，校检刑部员外郎。《全唐诗》卷七八二录其《出笼鹘》诗一首。

濞[1]　〔pì《广韵》匹備切，去至，滂。〕象声词。状水声。见“濞濞”。

濞[2]　〔bì《广韵》匹詣切，去霽，滂。〕人名。刘濞。汉高祖刘邦侄，封吴，都广陵（今江苏扬州市）。后因叛乱被杀。杜牧《杜秋娘诗》：“濞既白首叛，秋亦红泪滋。”

【濞濞】　象声词。李颀《龙门送裴侍御监五岭选》：“稜稜静疏木，濞濞响寒流。”

濠　〔háo《广韵》胡刀切，平豪，匣。〕❶水名。李白《书情赠蔡舍人雄》：“投汨笑古人，临濠得天和。”❷护城河。祖咏《晚泊金陵水亭》：“夕照明残垒，寒潮涨古濠。”李德裕《述梦诗四十韵》：“岚气朝生栋，城阴夜入濠。”

【濠上】　濠水之上。借指别有会心、自得其乐之地。见《庄子·秋水》。张文琮《赋桥》：“别有临濠上，栖偃独观鱼。”皇甫冉《和郑少尹祭中岳寺北访萧居士越上方》：“海边曾狎鸟，濠上正观鱼。”姚合《送家兄赴任昭义》：“早得白眉名，之官濠上城。”陆希声《阳羡杂咏十九首·观鱼亭》：“不得庄生濠上旨，江湖何以见相忘？”

【濠州】　州名。治所在钟离县（今安徽凤阳）。李嘉祐有《司勋王郎中宅送韦九郎中往濠州》。独孤及有《自东都还濠州奉酬王八谏议见赠》。张祜有《濠州水馆》。阎敬爱有《题濠州高塘馆》。

【濠梁】　犹“濠上”。梁，桥梁。张文琮《咏水》：“独有蒙园吏，栖偃玩濠梁。”钱起《山斋读书寄时校书杜叟》：“濠梁时一访，庄叟亦吾徒。”白居易《池上寓兴二绝》之一：“濠梁庄惠谩相争，未必人情知物情。”参见“濠上”。

濟[1]　〔jì《广韵》子計切，去霽，精。〕❶渡河，涉水。太宗《元日》：“巨川思欲济，终以寄舟航。”王维《哭祖六自虚》：“不恨依穷辙，终期济巨川。”韩愈《琴操十首·将归操》：“秋之水兮，其色幽幽。我将济兮，不得其由。”喻坦之《发浙江》：“鸟屿遍含烟，烟中济大川。”❷救助。李华《咏史十一首》之九：“勿言君臣合，可以济黎元，为蜀谅不易，如曹难复论。”元结《补乐歌十首·丰年》：“分草实兮，济我生人。”白居易《秦中吟十首·重赋》：“厚地植桑麻，所要济生民。”又《朱藤杖紫骢吟》：“天生二物济我穷，我生合是栖栖者。”❸调剂，补益。储光羲《哥舒大夫颂德》：“直道济时宪，天邦遂轻刑。”钱起《长安客舍赠李行父明府》：“理烦善用简，济猛能兼宽。”❹齐全，充足。《郊庙歌辞·祭神州乐章·送神》：“神州阴祀，洪恩广济。”又《郊庙歌辞·享太庙乐章·钧天舞》：“功成日用，道济时康。”杜甫《二哀诗·赠秘书监江夏李公邕》：“分宅脱骖间，感激怀未济。”皇甫澈《礼部尚书门下侍郎平章事李岘》：“时来遇明圣，道济宁邦国。”❺成，成功。崔颢《赠怀一上人》：“事济身不守，更出淮楚间。”则天皇后《唐享昊天乐·第三》：“乾仪混成冲邃，天道下济高明。”❻够，足。李白《临路歌》：“大鹏飞兮振八裔，中天摧兮力不济。”❼停止。韩愈《感春五首》之三：“放车载草农事济，战马苦饥谁念哉?”

濟²〔jǐ《广韵》子禮切，上薺，精〕❶水名。元稹《有酒十章》之四：“河溃溃兮愈浊，济翻翻兮不宁。”姚合《答窦知言》：“格高思清冷，山低济浑浑。”李商隐《今月二日不自量度辄以诗一首四十韵干渎尊严辄复五言四十韵诗献上亦诗人咏叹不足之义也》：“涤濯临清济，巉岩倚碧嵩。”张南容《静女歌》：“河水自浊济自清，仙台蛾眉秦镜明。”❷见“濟₂濟❶”。❸见“濟₂濟❷”。

【濟人】　救助别人。王维《不遇咏》：“济人然后拂衣去，肯作徒尔一男儿?”李白《陪族叔当涂宰游化城寺升公清风亭》：“济人不利己，立俗无嫌猜。”白居易《赠友五首》序：“吾友有王佐之才者，以致君济人为己任。”贯休《水壶子》：“不应嫌器小，还有济人功。”

【濟₂上】　指济南、兖州一带。杜甫《临邑舍弟书至苦雨黄河泛溢堤防之患簿领所忧因寄此诗用宽其意》：“燕南吹畎亩，济上没蓬蒿。”苏源明《秋夜小洞庭离宴诗》序：“济上嫣然能歌者五六人共载，止洄源东柳门，入小洞庭。”张籍《田司空入朝》：“早变山东知顺命，新入济上立殊功。”

【濟₂口】　济河出口处。在今河南济源县王屋山附近。白居易《过温尚书旧庄》：“白石清泉抛济口，碧幢红旆照河阳。”

【濟川】　渡河。喻指辅佐君主。张说《送任御史江南发粮赈河北百姓》：“将兴泛舟役，必仗济川才。”独孤及《送陈兼应辟兼寄高适贾至》：“适会傅岩人，虚舟济川时。”李绅《却到金陵登北固亭》：“还叱楫师看五两，莫令辜负济川心。”项斯《黄州暮愁》：“岂无登陆计，宜弃济川材。”

【濟₂川陰】　指济州。唐济州故城在今山东长清西南，后为黄河所陷。王维《初出济州别城中故人》：“微官易得罪，谪去济川阴。”

【濟世】　救世，济助世人。太宗《还陕述怀》：“慨然抚长剑，济世岂邀名?”杜甫《晚登瀼上堂》：“济世数向时，斯人各枯冢。”白居易《山中戏问韦侍郎》：“我抱栖云志，君怀济世才。”刘沧《赠颛顼山人》：“知君济世有长策，莫问沧浪隐钓矶。”

【濟₂水】　水名。李颀《与诸公游济渎泛舟》：“济水出王屋，其源来不穷。”韩翃《寄裴郓州》：“乌纱灵寿对秋风，怅望浮云济水东。”白居易《效陶潜体诗十六首》之一六：“济水澄而洁，河水浑而黄。”曹邺《寄贾驰先辈》：“济水一入河，便与清流乖。”

【濟₂北】　地名。故城在今山东长清南。苏味道《咏石》：“济北飘神贶，河西濯锦文。”张说《河上公》：“济北神如在，淮南药未成。”王昌龄《缑氏尉沈兴宗置酒南溪留赠》：“缑岑信所克，济北余乃遂。”刘长卿《对雨赠济阴马少府考城蒋少府兼献成武五兄南华二兄》：“繁云兼家思，弥望连济北。”

【濟代】　济世。王昌龄《岳阳别李十七越宾》：“平明孤帆心，岁晚济代策。”李白《赠韦秘书子春二首》之一：“苟无济代心，独善亦何益!”高适《三君咏·魏郑公》：“济代取高位，逢时敢直言。”许彬《经李翰林庐山屏风叠所居》：“深居应有谓，济代岂无才。”

【濟₂州】　州名。北魏泰常八年置，治所在今山东茌平县西南。隋开皇初废。唐武德四年复置。天宝十三年废。王维有《初出济州别城中故人》。

【濟江什】　亦作“濟江篇”。指汉武帝泛汾水时所作《秋风辞》。借指优美诗文。耿湋《送郭正字归郢上》：“济江篇已出，书府俸犹贫。”欧阳詹《太原和严长官玩月寄中丞少尹》：“宜裁济江什，有阻惠连欢。”参见“濟汾”。

【濟江篇】　参见“濟江什”。

【濟旱】　救助干旱。钱起《京兆尹厅前甘棠树降甘露》：“孰谓天难知，济旱露为兆。”又《中书遇雨》：“济旱唯宸虑，为霖即上台。”

【濟私】　谓使自己得益。元稹《酬别致用》：“济人无大小，誓不空济私。”

【濟汾】　渡越汾水。汾水，即今山西黄河支流汾河。李乂《奉和登骊山高顶寓目应制》：“谬陪登岱驾，欣逢济汾篇。”又《奉和三日祓禊谓滨》：“今日欣逢临渭赏，昔年空道济汾词。”李适《侍宴安乐公主庄应制》：“贵主称觞万年寿，还轻汉武济汾词。”

【濟事】　成事。白居易《初罢中书舍人》：“性疏岂合承恩久，命薄元知济事难。”

【濟物】　济人，济世。崔颂《和张荆州九龄晨出郡舍林下》：“坐啸应无欲，宁辜济物情?”羊士谔《小园春至偶呈吏部窦郎中》：“君子当济物，丹梯谁共攀?”张祜《题御沟》：“都缘济物心无阻，从此恩波处处流。”罗隐《重过三衢哭孙员外》：“不唯济物工夫大，长忆容才尺度宽。”

【濟命】　救命。吕岩《七言》之十三：“功能济命长无老，只在人心不是难。”

【濟育】　救济抚育。《郊庙歌辞·祭太社乐章·迎神》：“播种百谷，济育兆人。”

【濟河】　渡河。苏颋《奉和幸韦嗣立山庄应制》：“恩如犯星夜，欢拟济河秋。”

【濟₂河】　即济水。李商隐《燕台四首·夏》：“浊水清波何异源，济河水清黄河浑。”

【濟₂南】　郡名。西汉初分齐郡置，治所在今山东章丘县西北。后曾改为济南国。西晋复为郡，移治历城县（今山东济南市）。隋开皇初废。唐天宝复为济南郡。李白《陪从祖济南太守泛鹊山湖三首》。杜甫《陪李北海宴历下亭》："海内此亭古，济南名士多。"

【濟南太守】 疑为李邕。李邕为北海太守，曾旅济南历下亭。李白有《陪从祖济南太守泛鹊山湖三首》。

【濟活】 救活。司空图《丁巳重阳》："乱来已失耕桑计，病后休论济活心。"原注："己且病焉，安能活人？"又《携仙箓九首》之五："若道阴功能济活，且将方寸自焚修。"

【濟時】 济世，救时。李白《邺中赠王大》："欲献济时策，此心谁见明？"刘禹锡《许给事见示哭工部刘尚书诗因命同作》："济时成国器，乐道任天真。"罗隐《投浙东王大夫二十韵》："暂凭开物手，来展济时方。"苏拯《邹律》："斯术未济时，斯律亦何益。"

【濟師】 军队渡水。吴筠《建业怀古》："魏后欲济师，临流遽旋军。"

【濟弱扶傾】 救济、扶植弱小者和倾败者。周昙《咏史诗·晋门·王夷甫》："是知济弱扶倾术，不属高谈虚论人。"

【濟貧】 救助穷人。皮日休《金钱花》："莫向人间逞颜色，不知还解济贫无？"

【濟₂陰】 县名。隋开皇十六年置，治所在今山东曹县西北。唐属曹州。张九龄有《饯济阴梁明府各探一物得荷叶》。刘长卿有《对雨赠济阴马少府考城蒋少府兼献成武五兄南华二兄》。张籍有《送人任济阴》。

【濟惡】 （一è）相助作恶。元稹《虫豸诗·〈蛒蜂〉之三》："可怜相济恶，勿谓祸无余。"

【濟渡】 渡过水面。佛教谓救度众生脱离苦海。寒山《诗三百三首》之二九九："济渡不造筏，漂沦为采花。"

【濟窘】 救助生活困窘者。李峤《晚秋喜雨》："济窘邦储发，蠲穷井赋优。"

【濟₂陽】 唐县名。属淄州（今山东邹平县）。岑参有《送孟孺卿落第归济阳》。

【濟₂源】 县名。隋开皇十六年置，治所在今河南济源。白居易《游坊口悬泉偶题石上》："济源山水好，老尹知之久。"居易又有《题崔常侍济源庄》。

【濟濟】 （一jǐ）❶众多貌。宋之问《扈从登封告成颂应制》："济济衣冠会，喧喧夷夏俱。"杜甫《寄薛三郎中》："凤池日澄碧，济济多士新。"李频《省试振鹭》："由来鸳鸯侣，济济列千官。"罗隐《酬丘光庭》："朝廷济济百揆序，宁将对面容奸回？"❷美好整齐貌。魏征《五郊乐章·雍和》："文物隶隶，声名济济。"高适《效古赠崔二》："缅怀当涂者，济济居声位。"殷寅《铨试后征山别业寄源侍御》："圣君性则哲，济济多英彦。"元稹《代曲江老人百韵》："班行容济济，文质道彬彬。"

【濟₂濟洋洋】 （濟 jǐ）盛美貌。张说《唐封泰山乐章·太和》："礼乐具举，济济洋洋。"

【濟₂瀆】 即济水。李颀有《与诸公游济渎泛舟》。

【濟顛】 登峰造极。戴叔伦《寄禅师寺华上人次韵三首》之三："德士名难避，风流学济颠。"

瀁 〔yàng《广韵》餘亮切，去漾，以。〕同"漾"。荡漾。太宗《临洛水》："霞处流萦锦，风前瀁卷罗。"罗隐《赠渔翁》："风瀁长歌笼月里，梦和春雨昼眠时。"贯休《晚泊湘江作》："烟浪瀁秋色，高吟似有邻。"

濴 〔yíng《广韵》烏迥切，上迥，影。〕❶莹澈。卢鸿一《嵩山十志十首·金碧潭》："水碧色兮石金光，滟熠熠兮濴湟湟。"❷水回旋貌。杜甫《桥陵诗三十韵因呈县内诸官》："高岳前嵂崒，洪河左滢濴。"见"瀅濴"。

濵 〔bīn《广韵》必鄰切，平真，幫。〕❶水边，近水之处。李泌《奉和圣制中和节曲江宴百僚》："轩车双阙下，宴会曲江滨。"钱起《县中池竹言怀》："自爱赏心处，丛篁流水滨。"李德裕《鸳鸯篇》："悠悠湘水滨，清浅漾初蘋。"王硕《和三乡诗》："无姓无名越水滨，芳词空怨路傍人。"❷靠近，临近。丁仙芝《赠朱中书》："十年种田滨五湖，十年遭涝尽为芜。"储光羲《同诸公送李云南伐蛮》："昆明滨滇池，蠢尔敢逆常。"元稹《旱灾自咎贻七县宰》："今年无大麦，计与珠玉滨。"

濘 〔nì《广韵》奴計切，去霽，泥。〕像烂泥一样地粘着。皮日休《吴中苦雨因书一百韵寄鲁望》："污莱既已泞，买鱼不获鲰。"

【濘淖】 （一nào）泥淖。韩愈《答柳柳州令食虾蟆》："跳掷虽云高，意不离泞淖。"

濛 〔liáo《字彙》速條切。〕通"寥"。寂静。见"漻寂"。

【漻寂】 寂静无声。慧宣《秋日游东山寺寻殊昙二法师》："木落树萧惨，水清流漻寂。"

濜 〔jìn《广韵》徐刃切，去震，邪。〕水名。见"濜河"。

【濜河】 水名。汉水支流。今名沙河。源于桐柏山南，经枣阳、襄阳东注入汉水。戎昱《收襄阳城二首》之二："五营飞将拥霜戈，百里僵尸满浕河。"

澀

〔sè《广韵》色立切，入缉，生。〕亦作“澁”。❶不光滑，不滑润，不灵活。杜甫《西枝村寻草堂地夜宿赞公土室二首》之一：“扪萝涩先登，陟巘眩反顾。”王建《当窗织》：“水寒手涩丝脆断，续来续去心肠烂。”白居易《答苏庶子月夜闻家僮奏乐见赠》：“不敢邀君无别意，弦生管涩未堪听。”杜牧《题寿安县甘棠馆御沟》：“水殿半倾蟾中涩，为谁流下蓼花中？”❷味不甘滑，像明矾或不熟的柿子那样使舌头感到麻木干燥的味道。杜甫《病橘》：“惜哉结实小，酸涩如棠梨。”李咸用《和吴处士题村叟壁》：“秋果楂梨涩，晨羞笋蕨鲜。”❸迟钝，生硬，不流畅。宋之问《宿云门寺》：“曙华忽葱茏，谷鸟啭尚涩。”耿湋《听早蝉歌》：“乍悲鸣兮欲长，犹嘶涩兮多断。”杜荀鹤《题江山寺》：“为诗多语涩，喜此得终篇。”李尧夫《燕诗〈句〉》：“花前语涩春犹冷，江上飞高雨乍晴。”❹道路险阻，不通畅。亦喻指人生道路艰难。王湾《奉使登终南山》：“尘飘宦情涩，辛苦久为吏。”韦应物《往云门郊居途经回流作》：“原谷径途涩，春阳草木敷。”杜甫《送率府程录事还乡》：“途穷见交态，世梗悲路涩。”张祜《途中逢李道实游蔡州》：“僻地人行涩，荒林虎迹稠。”❺生锈。刘长卿《杂咏八首上礼部李侍郎·古剑》：“铁衣今正涩，宝刃犹可试。”杜甫《秋日夔府咏怀奉寄郑监李宾客一百韵》：“雾雨银章涩，馨香粉署妍。”孟郊《劝善吟》：“烦恼不可欺，古剑涩亦雄。”韦庄《题许仙师院》：“院开金锁涩，门映绿篁深。”引申为腐烂。白居易《得微之到官后书备知通州之事怅然有感因成四章》之二：“衣斑梅雨长须熨，米涩畬田不解锄。”

【澀浪】 古代宫墙之墙基垒石凹入，作水纹状，谓之“涩浪”。温庭筠《过华清宫二十二韵》：“涩浪和琼甃，晴阳上彩斿。”

【澀路】 不通畅的道路。骆宾王《晚憩田家》：“悬梁接断岸，涩路拥崩查。”

【澀灘】 地名。在今安徽泾县西。李白有《下泾县陵阳溪至涩滩》。

濯1

〔zhuó《广韵》直角切，入覺，澄。又直教切，去效，澄。〕❶洗，洗涤。李峤《刘侍读见和山邸十篇重申此赠》：“方从仁智所，携手濯清浔。”杜甫《彭衙行》：“张灯启重门，暖汤濯我足。”白居易《咏所乐》：“冷泉灌我顶，暖水濯四肢。”徐铉《题画石山》：“锦段鲜须濯，罗屏展易穷。”❷清洗，祛除。孟浩然《腊月八日于剡县石城寺礼拜》：“愿承功德水，从此濯尘机。”柳宗元《贞符》序：“濯痍煦寒，以瘳以熙。”杨衡《病中赴袁州次香馆》：“谁能挹香水，一为濯烦纡？”张怀《吴江别王长史》：“见说新桥好风景，会须乘月濯烦襟。”❸浸润。孟郊《南阳公请东樱桃亭子春宴》：“初英濯紫霞，飞雨流清津。”

濯2

〔zhuó《集韵》仕角切，入覺，崇。〕见“濯₂濯”。

【濯足】 语出《孟子·高娄上》：“沧浪之水清兮，可以濯我缨；沧浪之水浊兮，可以濯我足。”本谓清除脚污，后以“濯足”喻清除世尘，保持高洁。储光羲《樵父词》：“清涧日濯足，乔本时曝衣。”杜甫《寄韩谏议》：“美人娟娟隔秋水，濯足洞庭望八荒。”白居易《招王质夫》：“濯足云水客，折腰簪笏身。”

【濯弄】 玩水。钱珝《江行无题一百首》之七十：“幽思正迟迟，沙边濯弄时。”

【濯枝】 “濯枝雨”的省称。指农历五、六月间的大雨。《初学记》卷二引晋周处《风土记》：“六月有大雨，名濯枝雨。”苏味道《单于川对雨二首》之二：“还从濯枝后，来应洗兵辰。”张祜《苦雨二十韵》：“濯枝怜鸟噤，流麦分人咍。”刘兼《对雨》：“濯枝霢霂榴花吐，吹渚飘飘暑气微。”

【濯垢】 洗去污垢。喻改正缺点。陆龟蒙《杂讽九首》之五：“攫疏成特雄，濯垢为具美。”

【濯髮】 洗发。钱起《蓝田溪与渔者宿》：“独游屡忘归，况此隐沧处。濯发清泠泉，月明不能去。”

【濯錦】 ❶成都一带所产之美锦。亦用以指漂洗这种织锦。钱起《苏端林亭对酒喜雨》：“濯锦翻红蕊，跳珠乱碧荷。”元稹《夜合》：“雨多疑濯锦，风散似分妆。”李商隐《拟意》：“濯锦桃花水，溅裙杜若洲。”徐铉《依韵和令公大王蔷薇诗》：“谁将新濯锦，挂向最长枝？”❷江名。参见“濯錦江”。

【濯錦江】 即锦江。岷江分支之一，流经四川成都平原。据传经此江水濯洗过的锦缎光彩异常。或说即成都市内之浣花溪。骆宾王《艳情代郭氏答卢照邻》：“峨眉山上月如眉，濯锦江上霞似锦。”李白《上皇西巡南京歌十首》之六：“濯锦清江万里流，云帆龙舸下扬州。”刘禹锡《浪淘沙》之五：“濯锦江边两岸花，春风吹浪正淘沙。”顾云《筑城篇》：“散花楼晚挂残虹，濯锦秋江澄倒碧。”

【濯龍】 ❶汉代宫苑名。在洛阳西南。李峤《和周记室从驾晓发合璧宫》：“濯龙春苑曙，翠凤晓旗舒。”沈佺期《夜宴安乐公主宅》：“濯龙门外主家亲，鸣凤楼中天上人。”杜甫《往在》：“侍祠恧先露，掖垣迩濯龙。”借指皇室。朱子奢《文德皇后挽歌》：“今日泉台路，非是濯龙游。”武元衡《昭德皇后挽歌词》：“国门车马会，多是濯龙亲。”❷厩名。杨师道《咏马》：“鸣珂屡度章台侧，细蹀经向濯龙傍。”

【濯澣】 洗涤。韩愈《游青龙寺赠崔大补阙》：“猿呼鼯啸鹧鸪啼，恻耳酸肠难濯澣。”

【濯₂濯】 （—zhuó）明净貌，清朗貌。乔知之《折杨柳》："可怜濯濯春杨柳，攀折将来就纤手。"张旭《柳》："濯濯烟条拂地垂，城边楼畔结春思。"沈回《小苑春望宫池柳色》："濯濯方含色，依依若有情。"孙元晏《咏史诗·晋·王恭》："春风濯濯柳容仪，鹤氅神情举世推。"

【濯鳞】　谓鱼冲洗鳞甲。韩愈《海水》："我将辞海水，濯鳞清泠池。"

【濯缨】　洗濯冠缨。喻超脱尘俗，操守高洁。孙逖《和登会稽山》："愿奉濯缨心，长谣反招隐。"白居易《答元八宗简同游曲江后明日见赠》："何必沧浪去，即此可濯缨。"李绅《寿阳罢郡日有诗十首·初出淝口入淮》："东风百里雪初晴，淝口水开好濯缨。"郑谷《郊墅》："渼陂水色澄于镜，何必沧浪始濯缨。"

十五画

瀆　〔dú《广韵》徒谷切，入屋，定。〕❶江河大川。陈元光《太母魏氏半径题石》："昭题盟岳渎，展墓庆重熙。"杜甫《夔府书怀四十韵》："四渎楼船泛，中原鼓角悲。"韩愈《元和圣德诗》："渎鬼濛鸿，岳祇嶪峩。"韦庄《和郑拾遗秋日感事一百韵》："气激雷霆怒，神驱岳渎忙。"❷贪求。陆龟蒙《奉酬袭美先辈吴中苦雨一百韵》："兼之渎财贿，不止行盗窃。"

瀔　〔gǔ《广韵》古禄切，入屋，見。〕古水名。即今谷水。在河南。贯休《故林偶作》："朗吟无一事，孤坐瀔江渍。"

瀦　〔zhū《广韵》陟魚切，平魚，知。〕亦作"潴"。❶水停聚处。韩愈《岳阳楼别窦司直》："潴为七百里，吞纳各殊状。"郑嵎《津阳门诗》："庆山污潴石瓮毁，红楼绿阁皆友离。"贾岛《寄李辀侍郎》："忆漱苏门涧，经浮楚泽潴。"陆龟蒙《江湖散人歌》序："水之局，为潴，为洳，为潢污。"❷蓄积。见"潴水""潴蓄"。

【潴水】　蓄水。亦指蓄水之湖池。李翱《江洲南湖堤铭》："堤既成止，冈联突起。坚若石城，障为潴水。"

【潴蓄】　储蓄物品。元稹《有酒十章》之八："信天地之潴蓄兮，我可奈何兮一杯又进兮包大荒。"

濾　〔lǜ《集韵》良據切，去御，來。〕过滤。包何《同李郎中浮律院梡子树》："滤水浇新长，燃灯暖更荣。"王建《上李益庶子》："藕绡纹缕裁来滑，镜水波涛滤得清。"护国《访云母山僧》："松下滤寒水，佛前挑夜灯。"智远《律僧》："滤水与龛灯，长长护有情。"

【濾水羅】　以轻纱、粗葛布等制成的滤水器。唐求《赠行如上人》："日日斋钟后，高悬滤水罗。"白行简有《滤水罗赋》。

【濾泉】　过滤泉水。灵一《丹铅录》："滤泉侵月起，扫径避虫行。"孟郊《送超上人归天台》："何以洁其性，滤泉去泥沙。"李洞《喜鸾公自蜀归》："扫石月盈帚，滤泉花满筛。"

瀑[1]　〔bào《广韵》薄報切，去号，並。〕❶急雨。贯休《寄澜公二首》之二："瀑爵群公社，江崩古帝墟。"❷水飞溅貌。皇甫曾《遇风雨作》："万窍相怒号，百泉暗奔瀑。"周贺《送陆判官防秋》："瀑浪行时漱，边笳语次闻。"见"瀑沫"。

瀑[2]　〔pù《广韵》蒲木切，入屋，并。〕瀑布。韩愈《送惠师》："是时雨初霁，悬瀑垂天绅。"李贺《昌谷诗》："莺唱闵女歌，瀑悬楚练帔。"周贺《怀西峰隐者》："高斋何日去，远瀑入城流。"李洞《送包处士》："闻说石门君旧隐，寒峰贱瀑坏书堂。"

【瀑$_2$水】　瀑布。吴巩《白云溪》："夏云生嶂远，瀑水引溪长。"秦系《题茅山李尊师山居》："洗药每临新瀑水，步虚时上最高峰。"王季文《九华山谣》："翠屏横截万里天，瀑水落深千丈玉。"刘斌《咏山》："石梁高鸟路，瀑水近天河。"

【瀑布】　从悬崖或河床纵断面陡坡处倾斜下来的水流，远看如白布，故名。拾得《诗》之四八："瀑布悬如练，月影落潭晖。"孟浩然《彭蠡湖中望庐山》："香炉初上日，瀑布喷成虹。"施肩吾《送人归台州》："醉后不忧迷客路，遥看瀑布识天台。"曹送《送僧入庐山》："庐山瀑布三千仞，画破青霄始落斜。"

【瀑$_2$布水】　即庐山瀑布泉。李白有《望庐山瀑布水二首》。参见"瀑布泉❷"。

【瀑布泉】　❶即瀑布。白居易《新乐府·缭绫》："应似天台山上月明前，四十五尺瀑布泉。"❷瀑布泉名。在今江西庐山。张继《江上送客游庐山》："花映新林岸，云开瀑布泉。"刘禹锡有《瀑布泉》。

【瀑沫】　飞溅的水沫。贯休《山居诗二十四首》之十二："翠窦烟岩画不成，桂华瀑沫杂芳馨。"

【瀑泉】　喷涌的泉水。王维《燕子龛禅师》："瀑泉吼而喷，怪石看欲落。"

【瀑$_2$泉】　瀑布。王维《留别山中温古上人兄并示舍弟缙》："好依盘石饭，屡对瀑泉渴。"李白《求崔山人百丈崖瀑布图》："但见瀑泉落，如潨云汉来。"姚合《寄华州李中丞》："庭分灵掌影，窗度瀑泉声。"张乔《送韩处士归少室山》："他年瀑泉下，亦拟置家林。"

【瀑泉亭】　亭名。在唐李德裕别墅平泉庄内。在今河南洛阳市南。李德裕有《春暮思平泉杂咏二十首·瀑泉亭》。

【瀑流】　汹涌的水流。李绅《逾岭峤止荒陬抵高要》："万壑奔伤溢作泷，湍飞浪激如绳直。"

【瀑₂流】　瀑布。太宗《赋得夏首启节》："瀑流还响谷，猿啼自应虚。"李白《蜀道难》："飞湍瀑流争喧豗，砯厓转石万壑雷。"朱庆余《送僧》："几处题青壁，袈裟溅瀑流。"齐己《夏日西霞寺书怀寄张逸人》："倚身柽几稳，洒面瀑流香。"

【瀑₂溜】　（—liù）瀑布。上官昭容《游长宁公主流杯池二十五首》之二十："瀑溜晴疑雨，丛篁昼似昏。"朱庆余《和处州韦使君新开南溪》："转旆驯禽起，褰帷瀑溜侵。"无可《寄题庐山二林寺》："半天倾瀑溜，数郡见炉峰。"理莹《送戴三征君还谷口旧居》："层崖悬瀑溜，万壑振清飙。"

【瀑₂練】　指瀑布。陆龟蒙《奉酬袭美先辈吴中苦雨一百韵》："千家濛瀑练，忽似好披拂。"

濺[1]　〔jiàn《广韵》子賤切，去線，精。〕液体迸射。万齐融《仗剑行》："仗剑遥叱路傍子，匈奴头血溅君衣。"杜甫《贻华阳柳少府》："涕泪溅我裳，悲气排帝阍。"白居易《卢侍御与崔评事为予于黄鹤楼置宴宴罢同望》："白花浪溅头陀寺，红叶林笼鹦鹉洲。"孙鲂《题金山寺》："过櫓妨僧定，惊涛溅佛身。"

濺[2]　〔jiān《广韵》則前切，平先，精。〕见"濺₂濺"。

【濺血】　❶流血。玄宗《平胡》："流膏润沙漠，溅血染锋铓。"贾至《自蜀奉册命往朔方途中呈韦左相文部房尚书门下崔侍郎》："激昂白刃前，溅血下沾巾。"杜甫《呀鹘行》："念尔此时有一掷，失声溅血非其心。"杨伦笺注："溅血，以病伤损注血也。"❷飞溅的鲜血。韩偓《感事三十四韵》："溅血惭嵇绍，迟行笑褚渊。"

【濺沫】　飞溅的水花。张九龄《入庐山仰望瀑布水》："洒流湿行云，溅沫惊飞鸟。"陆龟蒙《纪梦游甘露寺》："跳音簇鞞鼓，溅沫交矛戟。"

【濺淚】　落泪。杜甫《春望》："感时花溅泪，恨别鸟惊心。"

【濺裙】　北齐窦泰母怀孕，至时而不产，甚惧。有巫告之曰："渡河湔裙，产子必易。"泰母从之，俄而生泰。见《北齐书·窦泰传》。后以"溅裙"为典，意谓孕妇至水边洗裙，分娩必易。李商隐《拟意》："濯锦桃花水，溅裙杜若洲。"又《柳枝五首》序："柳枝丫鬟毕妆抱立扇下，风障一袖指曰：'若叔是？后三日邻当去溅裙水上，以博香山待，与郎俱过。'余诺之。"

【濺₂濺】　（—jiān）❶流水声。刘长卿《安州道中经浐水有怀》："映沙晴漾漾，出涧夜溅溅。"白居易《引泉》："谁教明月下，为我声溅溅。"陆龟蒙《引泉诗》："乱石抛落落，寒流响溅溅。"❷水疾流貌。李端《山下泉》："碧水映丹霞，溅溅度浅沙。"刘禹锡《海阳十咏·月窟》："溅溅漱幽石，注入团圆处。"樊宗师《蜀绵州越王楼诗》："石濑薄溅溅，上山杳穹穹。"温庭筠《西陵道士茶歌》："乳窦溅溅通石脉，绿尘愁草春江色。"

灦　〔huò《集韵》霍虢切，入陌，曉。〕水流声。见"灦灦"。

【灦灦】　水流声。陆贽《句》："绕阶流灦灦，来砌树阴阴。"

瀏　〔liú《广韵》力求切，平尤，來。又力久切，上有，來。〕❶见"瀏亮"。❷见"瀏灕"。❸见"瀏慄"。

【瀏亮】　指声音清楚响亮。南唐后主李煜《秋莺》："栖迟背世同悲鲁，浏亮如笙碎在缑。"

【瀏慄】　象声词。刘禹锡《和浙西李大夫霜夜对月听小童吹觱篥歌依本韵》："长江凝练树无风，浏慄一声霄汉中。"

【瀏灕】　流利飘逸貌。杜甫《观公孙大娘弟子舞剑器行》序："观公孙氏舞剑器浑脱，浏漓顿挫，独出冠时。"

瀍　〔chán《广韵》直連切，平仙，澄。〕水名。源于河南洛阳市西北，流入洛水。杜审言《和李大夫嗣真奉使存抚河东》："地即交风雨，都仍卜涧瀍。"骆宾王《艳情代郭氏答卢照邻》："归云已落涪江外，还雁应过洛水瀍。"见"瀍洛""瀍澗"。

【瀍洛】　瀍水和洛水的并称。洛阳为东周、东汉、魏、晋等朝都城，而其地处瀍水两岸，洛水之北，故多以二水称谓洛阳以至中原之地。李峤《安辑岭表事平罢归》："自我违瀍洛，瞻途屡挥霍。"高适《酬裴员外以诗代书》："一夕瀍洛空，生灵悲曝腮。"又《登百丈峰二首》之二："豺狼塞瀍洛，胡羯争乾坤。"胡开扬注："瀍洛指中原之地。"权德裕《送许著作分司东都》："分曹向瀍洛，守职正图书。"

【瀍穀】　瀍水和穀水的并称。韩愈《会合联句》："我家本瀍穀，有地介皋巩。"

【瀍澗】　瀍水和涧水的并称。瀍水直穿洛阳城中，涧水环其西，故多以二水连称谓古都洛阳及其附近地区。孟浩然《题李十四庄兼綦毋校书》："左右瀍涧水，门庭缑氏山。"韦应物《同德寺阁集眺》："三川浩东注，瀍涧亦来同。"蒋涣《登栖霞寺塔》："瀍涧临江北，郊原极海西。"李咸用《煌煌京洛行》："周公旧迹生红藓，瀍涧波光春照晚。"

瀌　〔biāo《广韵》甫嬌切，平宵，幫。又皮彪切，平幽，並。〕雨雪盛貌。萧颖士《有竹一篇七章》之四："冬之宵，霰雪斯瀌。"

瀅 〔yìng《广韵》烏定切，去徑，影。〕❶水清澈貌。贯休《赠景和尚院》："炭火邕湖瀅，山晴紫竹凉。"❷见"瀅熒"。

【瀅渟】 水清澈貌。皎然《奉和陆使君长源水堂纳凉效曹刘体》："瀅渟前溪上，旷望古郡西。"

【瀅熒】 亦作"瀅濴"。水流回旋貌。宋之问《洞庭湖》："晶耀目何在，瀅荧心欲无。"杜甫《桥陵三十韵因呈县内诸官》："高岳前嵂崒，洪河左瀅濴。"

【瀅濴】 参见"瀅熒"。

瀉 〔xiè《广韵》司夜切，去禡，心。又悉姐切，上馬，心。〕❶水往下急流、倾泻。孟浩然《游江西留别富阳裴刘二少府》："千山叠成嶂，万水泻为溪。"陆瀍《和张相公太原山亭怀古诗》："激水泻飞瀑，寄怀良在兹。"许浑《晚登龙门驿楼》："青嶂远分从地断，洪流高泻自天来。"张蠙《过黄牛峡》："黄牛来势泻巴川，叠日孤舟逐峡前。"❷倾注，倾倒。韦应物《寄释子良史酒》："应泻山瓢里，还寄此瓢来。"权德舆《放歌行》："银烛煌煌夜将久，侍婢金罍泻春酒。"白居易《题喷玉泉》："练垂青嶂上，珠泻绿盆中。"韦庄《酒渴爱江清》："泻瓯如练色，漱齿作泉声。"❸倾洒，飘散。顾况《宫词五首》之一："内官先向蓬莱殿，金合开香泻御炉。"曹松《题鹤鸣泉》："直峰抛影入，片月泻光来。"陈陶《上建溪》："崆峒一派泻苍烟，长揖丹丘逐水仙。"亦指映照。无名氏《合水县玉泉石崖刻》(卷七八六)："澄波涵万象，明镜泻天色。"❹吐露，宣泄。吴融《分水岭》："两派潺湲不暂停，岭头长泻别离情。"李洞《圭峰溪居寄怀韦曲曹秀才》："东西曲流水，千声泻别情。"❺盐碱地。见"瀉鹵"。

【瀉月】 形容泉水如月光倾洒。方干《山中》："飞泉高泻月，独树迥含风。"曹松《商山夜闻泉》："泻月声不断，坐来心益闲。"

【瀉泉】 泉水流泻。卢纶《和常舍人晚秋集贤院即事十二韵寄赠江南徐薛二侍郎》："御竹潜通笋，宫池暗泻泉。"孟郊《送萧炼师入四明山》："千寻直裂峰，百尽倒泻泉。"白居易《早发楚城驿》："荷塘翻露气，稻垄泻泉声。"

【瀉酒】 倾注酒浆。李贺《秦王饮酒》："龙头泻酒邀酒星，金槽琵琶夜枨枨。"李商隐《河阳诗》："龙头泻酒客寿杯，主人浅笑红玫瑰。"

【瀉鹵】 向外冒盐碱。亦指盐碱地。权德舆《晓发武阳馆即事书情》："泻卤成沃壤，枯株发柔荑。"

【瀉霧傾煙】 喷洒烟雾。褚载《瀑布》："泻雾倾烟撼撼雷，满山风雨助喧豗。"

瀋 〔shěn《广韵》昌枕切，上寑，昌。〕汁。元结《雪中怀孟武昌》："烧柴为温酒，煮鳜为作沈。"

十六画

瀚 〔hàn《广韵》侯旰切，去翰，匣。〕❶见"瀚海❶"。❷大，浩大。见"瀚海❷"。

【瀚海】 ❶地名。其含义随时代而变。唐代时对蒙古高原大沙漠以北及以西今准噶尔盆地一带广大地区的泛称。此为边患迭起之地，故唐诗中亦多用为征战、武功等典故。卢照邻《结客少年场行》："追奔瀚海咽，战罢阴山空。"高适《燕歌行》："校尉羽书飞瀚海，单于猎火照狼山。"钱起《送王使君赴太原行营》："不卖卢龙塞，能消瀚海波。"陈陶《水洞词十首》之八："瀚海长征古别离，华山归马是何时？"亦指沙漠。陶翰《出萧关怀古》："大漠横万里，萧条绝人烟。"❷大海。韦庄《寄薛先辈》："龙翻瀚海波涛壮，鹤出金笼燕雀惊。"❸指瀚海军。参见"瀚海亭"。

【瀚海亭】 当在唐瀚海军辖境。唐长安三年改烛龙军为瀚海军，治所在今新疆境。岑参有《陪封大夫宴瀚海亭纳凉》，陈铁民等校注："瀚海亭，未详，北庭有瀚海军，或亭因瀚海军而得名。"

瀟 〔xiāo《集韵》先彫切，平蕭，心。〕❶水清且深貌。北魏郦道元《水经注·湘水》："二妃从征溺于湘江，神游洞庭之渊，出入萧湘之浦。潇者，水清深也。"见"瀟湘❶"。❷水名。源于今湖南九疑山，至永州市西北入湘水。见"瀟湘❷"。

【瀟湘】 ❶指湘江。相传舜帝二妃娥皇、女英随舜南巡，死于湘水。李白《远别离》："古有皇英之二女，乃在洞庭之南，潇湘之浦。"张谓《邵陵作》："惟余帝子千行泪，添作潇湘万里流。"刘沧《江楼月夜闻笛》："河汉夜阑孤雁度，潇湘水阔二妃愁。"周昙《咏史诗·唐虞门·再吟舜妃》："潇湘何代泣幽魂，骨化重泉志尚存。"❷潇水和湘水的并称。多借指今湖南。李白《赠别舍人弟卿之江南》："因为洞庭叶，飘荡之潇湘。"贾至《送王道士还京》："借问清都旧花月，岂知迁客泣潇湘。"姚合《欲别》："惆怅与君烟景迥，不知何日到潇湘。"孟贯《归雁》："直应到秋日，依旧返潇湘。"

【瀟湘洲】 指潇水和湘江流域，即今湖南地区。李德裕《鸳鸯篇》："南有潇湘洲，且为千里游。"

【瀟湘神】 乐府杂曲歌辞。《乐府诗集》归入近代曲辞。刘禹锡作。见《全唐诗》卷二八。

【瀟湘瑟】 战国楚屈原《远游》："使湘灵鼓瑟兮，令海若舞冯夷。"湘灵，即湘水之神，传为舜之二妃所化。湘灵善于鼓瑟，故称。用以为典，表现幽思之情。孟郊《答郭郎中》："每弹潇湘瑟，独抱风波声。"

【瀟然】 清幽寂寞貌。牟融《题朱庆余闲居四首》之三:"闲落幽栖处,潇然一草庐。"

【瀟疏】 寥落,凄凉。皮日休《赤门垣白莲花》:"潇疏今若此,争不尽余尊。"

【瀟瀟】 ❶微雨貌。唐彦谦《逢韩喜》:"枭枭花骄客,潇潇雨净春。"❷凄清、寂冷貌。刘长卿《石梁湖有寄》:"潇潇清秋暮,嫋嫋凉风发。"徐夤《和尚书咏泉山瀑布十二韵》:"喷石似烟轻漠漠,溅崖如雨冷潇潇。"❸象声词。卢纶《题念济寺晕上人院》:"泉响竹潇潇,潜公居处遥。"王贞白《随计》:"何堪穆陵路,霜叶更潇潇。"

【瀟灑】 ❶洒脱不拘、超群脱俗貌。杨炯《和刘侍郎入隆唐观》:"参差凌倒影,潇洒轶浮埃。"杜甫《饮中八仙歌》:"宗之潇洒美少年,举觞白眼望青天,皎如玉树临风前。"杜牧《寄宣州郑谏议》:"大夫官重醉江东,潇洒名儒振古风。"贯休《春晚桐江上闲望作》:"可怜潇洒鸱夷子,散发扁舟去不回。"❷清闲自在貌。白居易《酬皇甫庶子见寄》:"春坊潇洒优闲地,秋鬓苍浪老大时。"杜牧《自宣城赴官上京》:"潇洒江湖十过秋,酒杯无日不淹留。"❸凄清、寂寞貌。李德裕《题奇石》:"蕴玉抱清辉,闲庭日潇洒。"白居易《登龙昌上寺望江南山怀钱舍人》:"虚槛晚潇洒,前山碧参差。"崔公信《和太原张相公山亭怀古》:"潇洒主人静,夤缘芳径幽。"贯休《题弘顗三藏院》:"仪清态淡雕琼瓌,卷帘潇洒无尘埃。"❹幽雅、整洁貌。牟融《题朱庆余闲居四首》之一:"潇洒藏修处,琴书与画图。"姚合《溪路》:"此路何潇洒,永无公卿迹。日日多往来,藜杖与桑屐。"杨夔《题郑山人郊居》:"谷口今逢避世才,入门潇洒绝尘埃。"❺清凉貌。李白《游水西简郑明府》:"凉风日潇洒,幽客时憩泊。"司空图《歌者十二首》之二:"清回烦暑成潇洒,艳逐寒云变惨凄。"❻雨落貌。韦应物《夏夜忆卢嵩》:"不知湘雨来,潇洒在幽林。"

瀨 〔lài《集韵》落盖切,去泰,來。〕❶沙石上流过的水。岑文本《安德山池宴集》:"雕楹网萝薜,激濑合埙篪。"储光羲《蓝上茅茨期王维补阙》:"浅濑寒鱼少,丛兰秋蝶多。"李绅《趋翰苑遭诬构四十六韵》:"暗滩朝不怒,惊濑夜无虞。"刘沧《过沧浪峡》:"出岩树色见来静,落洞泉声长自秋。"❷急流。李峤《军师凯旋自邕州顺流舟中》:"尚想江陵阵,犹疑下濑师。"皇甫冉《杂言月洲歌送赵冽还襄阳》:"流聒聒兮湍与濑,草青青兮春更秋。"李冶《从萧叔子听弹琴赋得三峡流泉歌》:"回湍曲濑势将尽,时复滴沥平沙中。"方干《路入剡中作》:"截湾冲濑片帆通,高枕微吟到剡中。"❸浅水沙石滩。皇甫松《浪淘沙二首》之一:"淮头细草接疏林,恶浪罾船半欲沈。"元稹《春分投简阳明洞天作》:"驯鸥眠浅濑,惊雉迸平芜。"皮日休《馆娃宫怀古五绝》之四:"吴王恨魄今如在,只合西施濑上游。"韦庄《桐庐县作》:"白羽鸟飞严子濑,绿蓑人钓季鹰鱼。"

【瀨鄉】 古地名。在今河南鹿邑东。李善夷《责汉水辞》序:"且楚实殷之始封,楚苦县濑乡,在汉水东北六百余里,则汉水于西周之际岂未属楚乎?"

瀝 〔lì《广韵》郎擊切,入錫。來。〕❶液体下滴。司空曙《哭苗员外呈张参军》:"因沥殊方泪,遥成墓下诗。"喻凫《送贾岛往金州谒姚员元》:"溪沥椒花气,岩盘漆叶阴。"罗隐《杜陵秋思》:"一杯渌酒他年忆,沥向清波寄五湖。"贯休《赠写经僧楚云》:"十指沥干终七轴,后来求法更无君。"❷水滴。杜甫《示獠奴阿段》:"郡人入夜争余沥,竖子寻源独不闻。"❸表露,倾思。薛元超《奉和同太子监守违恋》:"飞文映仙榜,沥思叶神飙。"见"瀝懇"。❹象声词。丁仙芝《渡杨子江》:"更闻风叶下,淅沥度秋声。"见"瀝瀝"。

【瀝血】 ❶流血。李绅《趋翰苑曹诬构四十六韵》:"胆为隳肝竭,心因沥血枯。"❷滴血以示竭诚。韩愈《归鼓城》:"刳肝以为纸,沥血以书辞。"

【瀝泣】 流泪。贾岛《重酬姚少府》:"欺暗少此怀,自明曾沥泣。"

【瀝酒】 洒酒于地,表示祝愿或发誓。王建《岁晚自感》:"沥酒愿从今日后,更逢二十度花开。"李绅《涉沅潇》:"举杯沥酒招尔魂,月影滉漾开乾坤。"姚合《晦日送穷三首》之一:"年年到此日,沥酒拜街中。"李商隐《偶成转韵七十二句赠四同舍》:"我来不见隆准人,沥酒空余庙中客。"

【瀝膽】 竭尽忠诚。李商隐《安平公虔诗》:"沥胆咒愿天有眼,君子之泽方滂沱。"杜荀鹤《将过湖南经马当山庙因书三绝》之二:"贪残官吏虔诚谒,毒害商人沥胆过。"

【瀝膽墮肝】 参见"瀝膽隳肝"。

【瀝膽隳肝】 亦作"瀝膽墮肝"。即披肝沥胆。李颀《行路难》:"世人逐势争奔走,沥胆堕肝惟恐后。"罗隐《冬暮寄裴郎中》:"仙郎旧有黄金约,沥胆隳肝更祷祈。"

【瀝瀝】 象声词。寒山《诗三百三首》之二二:"幽涧常沥沥,高松风飕飕。"姚合《早春山居寄城中知己》:"入户风泉声沥沥,当轩云岫影沉沉。"吕岩《题桐柏山黄先生庵门》:"寒泉沥沥气绵绵,上透昆仑还紫府。"贯休《东西二林寺流水》:"墙墙边沥沥,砌砌下啾啾。"

【瀝懇】 披露诚心。王縠《春草碧色》:"今当发生日,沥恳祝良辰。"

濩 〔huò《广韵》虚郭切，入鐸，曉。〕见“濩濩”。

【濩濩】 色彩闪烁貌。窦庠《金山行》：“飙然风生波出没，濩濩晶莹无定物。”

瀣 〔xiè《广韵》胡介切，去怪，匣。又胡槩切，去代，匣。〕夜间水气。吴融《赴阙次留献荆南成相公三十韵》：“神清餐沆瀣，气逸饮洪濛。”见“沆瀣”。

瀘 〔lú《广韵》落胡切，平模，來。〕❶水名。泸水，指今金沙江在四川宜宾以上与云南、四川交界的一段。李白《古风》之三四：“渡泸及五月，将赴云南征。”刘长卿《奉和李大夫同吕评事太行苦热行兼寄院中诸公仍呈王员外》：“通越事岂难，渡泸功未博。”贾岛《巴兴作》：“苏卿持节终还汉，葛相行师自流泸。”温庭筠《病中书怀呈友人》：“旅食常过卫，羁游欲渡泸。”❷古州名。南朝梁置，治所在江阳县(今四川泸州市)。隋大业初改为泸川郡。唐武德元年复改为泸州。后时称泸川郡，时称泸州。见“瀘郡”。

【瀘口】 即泸州。治所在泸川(今四川泸州市)，因其地为长江与沱江交汇处，故亦称“滬口”。岑参《阻戎泸间群盗》：“帝乡北近日，泸口南连蛮。”

【瀘水】 水名。指今金沙江在四川宜宾以上与云南、四川交界处的一段。岑参《巴南舟中思陆浑别业》：“泸水南州远，巴山北客稀。”白居易《新乐府·新丰折臂翁》：“闻道云南有泸水，椒花落时瘴烟起。”雍陶《答蜀中经蛮后友人马艾见寄》：“茜马渡泸水，北来如鸟轻。”薛能《闻官军破吉浪戎小而固虑史氏遗忽因记为二章》之二：“泸水断嚣氛，妖巢已自焚。”

【瀘戎】 泸州和戎州。杜甫《解闷十二首》之十：“忆过泸戎摘荔枝，青峰隐映石逶迤。”

【瀘郡】 即泸州。今四川泸州市。郑谷有《将之泸郡旅次遂州遇裴晤员外谪居于此因寄二首》。

瀩 〔duì《正字通》杜貴切。〕物影在水中晃动貌。杜甫《万丈潭》：“削成根虚无，倒影垂澹瀩。”

瀧[1] 〔lóng《广韵》盧紅切，平東，來。〕下雨貌。亦引申为下雨。元稹《送崔侍御之岭南二十韵》：“宿浦宜深泊，祈泷在至诚。”

瀧[2] 〔shuāng《广韵》所江切，平江，生。〕水名。即今武水，又名武溪，源于湖南临武县境。刘长卿《送韦赞喜使岭南》：“炎洲经瘴远，春水上泷迟。”杜牧《送容州唐中丞赴镇》：“鹢首冲泷浪，犀渠拂岭云。”贾岛《寄韩潮州愈》：“隔岭篇章来华岳，出关书信过泷流。”

瀧[3] 〔lóng《广韵》吕江切，平江，來。〕湍急的河流。元结《欸乃曲》之五：“下泷船似入深渊，上泷船似欲升天。”韩愈《泷吏》：“南行逾六旬，始下昌乐泷。”旧注：“昌乐泷，溪名。水湍浚为泷。”又《病中赠张十八》：“君乃昆仑渠，籍乃岭头泷。”亦泛称江水。李商隐《自桂林奉使江陵途中感怀寄献尚书》：“泷通伏波柱，帘对有虞琴。”

【瀧$_3$口湍】 疑为潇水中湍急的一段水流。元结《宿丹崖翁宅》：“扁舟欲到泷口湍，春水湍泷上水难。”聂文郁注：“本诗‘泷口湍’，既非武水，亦非八泷之一，疑为潇水中湍急的一段水流。”

【瀧$_3$夫】 善于在激流中游泳的人。李绅《逾岭峤止荒陬抵高要》：“泷夫拟撒劈高浪，瞥忽浮沈如电随。”自注：“南人渭水为泷，如原瀑流。自郴南至韶北，有八泷，其名神泷、伤泷、鸡附等泷，皆急险不可上。南中轻舟迅疾可入此水者，因名之泷船，善游者为泷夫。”

【瀧$_2$水】 ❶水名。即泷江。戴叔伦《下鼻亭泷行八十里聊状艰险寄青苗郑副端朔阳》：“泷水天际来，鼻山地中坼。”❷旧县名。隋置。唐属泷州，治所在今广东罗定县南。元结《丹崖公宅铭》：“零陵泷下三十里，得丹崖翁宅。有唐节者，曾为泷水令，去官家于崖下，自称丹崖翁。”周贺《寄韩司兵》：“已知罢秩辞泷水，相劝移家近岳云。”

【瀧$_3$吏】 长驻急流边以保行舟安全的小吏。韩愈《泷吏》：“泷吏垂手笑，官问之何愚！”

【瀧$_2$州】 州名。治所在泷水县(今广东罗定县南)。宋之问有《入泷州江》。徐夤《绿鬓》：“君看黄阁南迁客，一过泷州绝好音。”

【瀧$_2$江】 水名。今名武水，又名武溪，源出湖南临武县境，流至广东曲江县界。李商隐《过伊仆射旧宅》：“何能更涉泷江去，独立寒流吊楚宫。”

【瀧$_3$舠】 即“瀧船”。杜甫《重送表侄王砯评事使南海》：“北驱汉阳传，南泛上泷舠。”

【瀧$_2$峡】 疑为泷江附近的山峡，在今广东境。张九龄有《赴使泷峡》。

【瀧$_3$船】 南方一种能在急流中行驶的轻舟。元结《欸乃曲五首》之五：“下泷船似入深渊，上泷船似欲长天。”韩愈《题临泷寺》：“不觉离家已五千，仍将衰病入泷船。”元稹《和乐天送客游岭南二十韵》：“江馆连沙市，泷船泊水滨。”陆龟蒙《奉和袭美琼州杨舍人》：“酒满椰杯消毒雾，风随蕉叶下泷船。”

【瀧$_3$路】 湍急的水路。戴叔伦《留别道州李使君圻》：“泷路下丹徼，邮童挥画桡。”

瀛 〔yíng《广韵》以成切，平清，以。〕❶池中。韩愈、孟郊《城南联句》：“飞桥上架汉，缭岸俯规瀛。”❷海。亦喻仙境。崔轩《和主司王起》："国器旧知收片玉，朝宗转觉集登瀛。"吴融有《东归次瀛上》。见"瀛堵""瀛壖"。❸指水。见"瀛溶"。❹古州名。见"瀛州❸"。

【瀛岛】 海岛。陆龟蒙《奉和袭美太湖诗二十首·毛公坛》："相将望瀛岛，浩荡凌沧溟。"

【瀛洲】 亦作"瀛州"。❶传说中的仙山，为五仙山之一。见《列子·汤问》。王绩《游仙四首》之二："缑氏还程促，瀛洲会日长。"白居易《送萧炼师步虚词十首卷后以二绝继之》之一："欲上瀛州临别时，赠君十首步虚词。"鲍溶《秋暮送裴垍员外刺婺州》："婺女星边气不秋，金华山上似瀛州。"❷唐太宗为网罗人才，设置文学馆，任命杜如晦、房玄龄等人为学士。又命阎立本画像，褚亮作赞，名"十八学士"。时人羡之，谓"登瀛洲"。见《新唐书·褚亮传》。诗文中以"登瀛洲""瀛洲"喻士人获得殊荣，如至仙境。李白《侍从宜春苑奉诏赋龙池柳色初青听新莺百啭歌》："东风已绿瀛洲草，紫殿红楼觉春好。"刘禹锡《早秋集贤院即事》："幸依群玉府，末路尚瀛洲。"范质《诫儿侄入百字》："三十八翰苑，步武向瀛州。"❸古州名。北魏太和十一年分定、冀二州置，隋大业初改为河间郡。唐武德四年复为瀛州。沈佺期有《登瀛州南城楼寄远》。

【瀛海】 大海。李白《自巴东舟行经瞿唐峡登山最高峰晚还题壁》："望云知苍梧，记水辨瀛海。"元结《忝官引》："将家瀛海滨，自弃同刍粪。"武元衡《甫构西亭偶题因呈监军及幕中诸公》："瀛海无因泛，昆丘岳易寻。"吴武陵《龙虎山》："桃枝惯见花成实，瀛海宜闻海变田。"

【瀛渚】 海边。董思恭《咏李》："盘根植瀛渚，交干横倚天。"

【瀛溶】 水波浮动貌。陆龟蒙《迎潮送潮辞·送潮》："大几望兮微将晦翳，睆瀛溶兮敛然而退。"

【瀛臺】 即瀛洲。传说中的海中仙山。李康成《玉华仙子歌》："溶溶紫庭步，渺渺瀛台路。"

【瀛閬】 瀛洲与阆苑。传为神仙居处。陆龟蒙《奉和袭美公斋四咏次韵·鹤屏》："何由振玉衣，一举栖瀛阆。"

【瀛壖】 海岸。壖，岸。独孤及《海上寄萧立》："行行到瀛壖，归思生暮节。"

【瀛瀛】 深广貌。元结《二风诗·治风诗五篇·至仁》："猗皇至圣兮，至俭至明，化流瀛瀛。"又《二风诗·治风诗五篇·至慈》："至化之极兮，瀛瀛溶溶。"

濴

〔yíng《集韵》維傾切，平清，以。〕见"濴渟"。

【濴渟】 水停滞不前貌。刘禹锡《海阳十咏·蒙池》："潆渟幽壁下，深净如无力。"

濶

〔xuè《集韵》黑角切，入覺，曉。〕水沸涌。见"濶瀑"。

【濶瀑】 水沸涌貌。王维《白鼋涡》："南山之瀑水兮，激石濶瀑似雷惊。"

十七画

灌

〔guàn《广韵》古玩切，去换，見。〕❶浇，灌溉。刘长卿《奉和杜相公新移长兴宅呈元相公》："功高开北第，机静灌中园。"元结《说洄溪招退者》："洄溪正在此山里，乳水松膏常灌田。"白居易《嗟发落》："有如醍醐灌，坐受清凉乐。"刘驾《江村》："江水灌稻田，饥年稻亦熟。"❷用水冲、淹。周昙《咏史诗·春秋战国门·再吟管仲》："社鼠穿墙巧庇身，何由攻灌若为燻。"❸灌注，装入。韩愈《河南令舍池台》："灌池才盈五六丈，筑台不过七八尺。"顾非熊《题永福寺临淮亭》："引客闲垂钓，看僧静灌瓶。"李洞《题咸阳楼》："断碑移作砌，广第灌成园。"❹丛生。见"灌木""灌蘩"。

【灌口】 山名。在今四川灌县西北。岑参有《闻崔十二侍御灌口夜宿报恩寺》。杜甫《石犀行》："今年灌口损户口，此事或恐为神羞。"薛能《雨霁北归留题三学山》："灌口阙寻惭远客，峨嵋乖约负支郎。"

【灌夫】 西汉人。字仲儒，颍阴（今河南许昌）人。吴楚七国时从军，以功任中郎将。建元元年任太仆。次年徙为燕相，坐法免官。后因侮丞相田蚡，被劾，族诛。见《史记·魏其武安侯列传》。卢照邻《长安古意》："意气由来排灌夫，专权判不容萧相。"

【灌木】 丛生之木。太宗《出猎》："长烟晦落景，灌木振严风。"顾况《华山西冈游赠隐玄叟》："失风鼓唅呀，摇撼千灌木。"周贺《怀西峰隐者》："灌木藏岑色，天寒望即愁。"方干《题悬溜岩隐者居》："谷鸟暮蝉声四散，修篁灌木势交加。"

【灌田】 灌溉田地。元结《招陶别驾家阳华作》："清渠匝庭堂，出门仍灌田。"元季川《登云中》："灌田东山下，取乐在尔休。"

【灌注】 浇灌。韦应物《春月观省属城始憩东西林精舍》："东西竹林寺，灌注寒涧泉。"韩愈、孟郊《秋雨联句》："欢呶寻一声，灌注咽群籁。"

【灌畦】 灌溉田畦。杜甫《无家别》："方春独荷锄，日暮还灌畦。"罗隐《南园题》："搏击路终迷，南园且灌畦。"

【灌溉】 浇灌。陆龟蒙《丁隐君歌》序："疏繁导蒙，灌溉剟剞，皆自执绠缶斤劚辈。"齐己《禅庭芦竹十二韵呈郑谷郎中》："密谢编栏固，齐由灌溉平。"

【灌陽灘】 滩名。当在唐灌阳县（今属广西）。戴叔伦有《宿灌阳滩》。

【灌園】 ❶浇灌园圃。李华《云母泉诗》序："寺倚松岭，下有云母泉，泉出石，引流分渠，周遍庭宇。发如乳湩，未派如淳浆。烹茶、淅蒸、灌园、漱齿皆用之。"❷为退隐居家之典。张九龄《九月九日登龙山》："灌园亦何为，於陵乃逃相。"钱起《山园栖隐》："守静信推分，灌园乐在兹。"李德裕《春日独坐思归》："只有容身去，幽山自灌园。"陆龟蒙《江边》："无因得似灌园翁，十亩春蔬一藜杖。"

【灌壇】 为称颂有德政的地方官吏之典。见晋张华《博物志》卷七。高适《同房侍御山园新亭与邢判官同游》："灌坛有遗风，单父多鸣琴。"杜甫《题郪县郭三十二明府茅屋壁》："云散灌坛雨，春青鼓泽田。"钱起《长安客舍赠李行父明府》："凫鸟傍京辇，甿心悬灌坛。"

【灌叢】 灌木丛。权德舆《奉和韦曲庄言怀贻东曲外族诸弟》："疆畎分古渠，烟霞连灌丛。"

霝

〔líng《集韵》郎丁切，平青，來。〕亦作"澪"。水曲。窦庠《金山行》："西江中霝波四截，涌出一峰青堞塤。"许浑《岁首怀甘露寺自省上人》："南霝一回首，山碧水滔滔。"杜牧《分司东都寓居履道叨承川尹刘侍郎大夫恩知上四十韵》："商歌如不顾，归棹越南霝。"自注："甘家在朱方。杨子江界有南霝、北霝。"

澪

同"霝"。

濴

〔yíng《集韵》伊盈切，平清，影。〕见"濴溟"。

【濴溟】 水杳远貌。亦借指深远。元稹《饮致用神曲酒三十韵》："蚌珠悬皎晶，桂魄倒濴溟。"

瀹

〔yuè《广韵》以灼切，入藥，以。〕煮。李洞《和曹监春晴见寄》："兰台架列排书目，顾渚香浮瀹茗花。"

瀲

〔liàn《广韵》力驗切，去豔，來。又良冉切，上琰，來。〕❶水际。亦指水或水波。任希古《和东观群贤七夕临泛昆明池》："文峰开翠潋，笔海控清涟。"孟郊《浮石亭》："翠潋递明灭，清潨泻攲危。"又《寒峡》之四："碧潋卷已尽，彩缕飞飘零。"慧净《杂言》："定潋江清沐久结，智剑霜凝斩新雾。"❷见"潋潋"。❸见"潋灩"。

【瀲綠】 泛绿，呈绿色。杜牧《偶游石盎僧舍》："潋绿古津远，积洞苔基释。"

【瀲瀲】 ❶水波流动貌。杨夔《送郑谷》："春江潋潋清且急，春雨濛濛密复疏。"亦指风吹拂貌。吴融《御沟十六韵》："回风还潋潋，和月更悠悠。"❷冉冉。杜牧《题齐安城楼》："呜咽江楼角一声，微阳潋潋落寒汀。"

【瀲灩】 ❶水波荡漾貌。柳宗元《弘农公以硕德伟材屈于诬枉左官三岁复为大僚拜贺未由谨献诗五十韵以毕微志》："涧瀍秋潋滟，嵩少暮微茫。"温庭筠《郭处士击瓯歌》："佶栗金虬石潭古，勺陂潋滟幽修语。"方干《题应天寺上方兼呈谦上人》："势横绿野苍茫外，影落平湖潋滟间。"谭用之《江边秋夕》："千钟紫酒荐菖蒲，松岛兰舟潋滟居。"亦形容烟气缭绕。陈标《江南行》："晓惊白鹭联翩雪，浪蹙青荧潋滟烟。"❷水满貌。多指酒杯中酒满溢。白居易《对新家醖玩自种花》："玲珑五六树，潋滟两三杯。"皮日休《酒中十咏·酒楼》："金罍潋滟后，玉斝纷纶起。"韦庄《春愁》："睡怯交加梦，闲倾潋滟觞。"《郊庙歌辞·汉宗庙乐舞辞·章庆舞》："玉斝牺樽潋滟，龙旂凤辖逡巡。"❸光耀貌。萧颖士《越江秋曙》："潋滟信潮上，苍茫孤屿分。"卢纶《上巳日陪齐相公花楼宴》："树色参差绿，湖光潋滟明。"曹松《题鹤鸣泉》："潋滟侵颜冷，深沉慰眼开。"

濁

〔zhuó《广韵》士角切，入覺，崇。〕水声。见"濁濁"。

【濁濁】 雨声。贯休《酷吏词》："霰雨濁濁，风吼如厮。"

瀺

〔chán《广韵》士減切，上豏，崇。《集韵》鉏咸切，平咸，崇。〕见"瀺濁"。

【瀺濁】 ❶水声。薛能《寿安水馆》："惊鸥上树满池水，瀺濁一声中夜闻。"亦指水中或水边。韩愈、孟郊《纳凉联句》："目林恐焚烧，耳井忆瀺濁。"❷鱼游动貌。高瑾《三月三日宴王明府山亭》："间关黄鸟，瀺濁丹腮。"

瀼[1]

〔ráng《广韵》汝陽切，平陽，日。〕见"瀼瀼"。

瀼[2]

〔náng《集韵》乃朗切，上蕩，泥。〕水名。❶指瀼溪。在今江西。元结《与瀼溪邻里》："终以瀼滨讼，无令天下论。"又《喻瀼溪乡旧游》："往年在瀼滨，瀼人皆忘情。"❷指瀼水。在今重庆奉节县。杜甫《江雨有怀郑典设》："谷口子真正忆汝，岸高瀼滑限西东。"见"瀼$_2$西"。

【瀼$_2$西】 指今重庆奉节瀼水西岸地。杜甫曾迁居于此。杜甫《阻雨不得归瀼西甘林》："欲归瀼西宅，阻此江浦深。"又《柴门》："孤舟登瀼西，回首望两岸。"

又《夔州歌十绝句》之五："瀼东瀼西一万家，江北江南春冬花。"刘禹锡《竹枝词九首》之三："江上朱楼新雨晴，瀼西春水縠纹生。"

【瀼₂溪】 水名。在今江西九江附近。元结《与瀼溪邻里》序："乾元元年，元子将家自全于瀼溪。"

【瀼瀼】 露浓貌。韦庄《和郑拾遗秋日感事一百韵》："夜灯银耿耿，晓露玉瀼瀼。"

濆 〔fèn《广韵》方問切，去問，非。又匹問切，去問，敷。〕地下涌出的泉水。见"濆水神"。

【濆水神】 《全唐诗》卷八六四在"濆水神"名下录《月夜吟》断句一联，诗题后注："冯翊之属县夏阳，有濆泉，水清彻，毫缕无隐，大和中，有赵生者，尉于夏阳，与友步月泉上，见一人，貌甚黑，被绿袍，白水中流沿泳吟诗。久之，入水没。明日，又至泉所，有神祀曰濆水神。入庙，见偶人被绿袍者，前所见水中人也。"

瀾¹ 〔lán《广韵》落干切，平寒，來。又郎旰切，去翰，來。〕大波浪。亦泛称波浪。高宗《七夕宴悬圃二首》之一："谁能重操杼，纤手濯清澜。"张继《重经巴丘》："昔年高接李膺欢，月泛仙舟醉碧澜。"元稹《箭镞》："会射蛟螭尽，舟行无恶澜。"李绅《忆万岁楼望金山》："蜃嘘云拱飞江岛，鳌喷仙岩隔海澜。"

瀾² 〔làn《广韵》郎旰切，去翰，來。《字彙》郎患切。〕见"瀾₂漫"。

【瀾汍】 汍澜。泪流貌。罗隐《送臧渍下第谒窦鄜州》："万里故乡云缥缈，一春生计泪澜汍。"

【瀾₂漫】 分散杂乱貌。卢纶《赋得白鸥歌送李伯康归使》："今日还同看鸥鸟，如何羽翮复参差。"韩愈《远游联句》："离思春冰泮，澜漫不可收。"

【瀾翻】 水翻腾貌。喻言辞滔滔不绝。韩愈《记梦》："絜携陬维口澜翻，百二十刻须臾间。"

【瀾瀾】 流淌貌。元稹《听庾及之弹乌夜啼引》："今君为我千万弹，乌啼啄啄泪澜澜。"

瀰 〔nǐ 又读 mí《广韵》綿婢切，上紙，明。又武移切，平支，明。〕❶水深满貌。柳宗元《奉平淮夷雅表·方城》："汝水沄沄，既清而瀰。"见"瀰漫""瀰瀰"。❷充满，多。樊宗师《蜀绵州越王楼诗》序："绵之城，帝猲擞，掀明威，瀰石硝。"元稹《酬翰林白学士代书一百韵》："遇物伤凋换，登楼思漫瀰。"亦指旷远。刘得仁《送新罗人归本国》："眼穿乡井树，头白渺弥程。"

【瀰泛】 大水弥漫。韦应物《观沣水涨》："槎梗方瀰泛，涛沫亦洪翻。"

【瀰漫】 ❶水涨满貌。元季川《泉上雨后作》："谁是畹与畦，瀰漫连野芜。"杨衡《游峡山寺》："端溪弥漫驶，典涧潺湲流。"元稹《遣风二十韵》："洞庭瀰漫接天回，一点君山似措杯。"清远道士《同沈恭子游虎丘寺有作》："近峰何郁郁，平湖渺瀰漫。"引申为发展、壮大。韩愈《荐士》："五言出汉时，苏李首更号。东都渐瀰漫，派别百川导。"❷心绪浩瀚貌。綦毋潜《春泛若耶溪》："生事且瀰漫，愿为持竿叟。"❸空旷貌。高适《真定即事奉赠韦使君二十八韵》："旷野何瀰漫，长亭复郁纡。"

【瀰瀰】 水满貌。陈子昂《江上暂别萧四刘三旋欣接遇》："波潭一瀰瀰，临望几悠悠。"刘驾《唐乐府十首·祝河水》："河水青瀰瀰，照见远树枝。"郑谷《访题表兄王藻渭上别业》："桑林摇落渭川西，蓼水瀰瀰接稻泥。"

十八画

灊 〔qián《广韵》昨鹽切，平鹽，從。又昨淫切，平侵，從。又徐林切，平侵，邪。〕山名。即天柱山。在今安徽省潜山县。皎然《送常清上人还舒州》："潜人思尔法，楚信有回船。"见"灊山"。

【灊山】 山名。即天柱山。在今安徽潜山县。玄宗有《送玄同真人李抱朴谒潜山仙祠》。伍乔有《宿潜山》。徐铉《寄舒州杜员外》："潜山真隐地，凭为卜茅庐。"

【灊峯】 即天柱峰。罗隐《送舒州宿松县傅少府》："县好也知临浣水，官闲应得看潜峰。"

灃 〔fēng《广韵》敷戎切，平東，敷。〕古水名。源于陕西秦岭，西北流经咸阳市东南入渭水。岑参《冀州客舍酒酣贻王绮寄题南楼》："何当肯相寻，沣上一孤舟。"《全唐诗》本作"澧"，误。韦应物《观沣水涨》："夏雨万壑凑，沣涨暮浑浑。"又《答崔都水》："乙在沣郊时，携手望秋山。"见"灃水""灃西"。

【灃上】 ❶沣水边。韦应物有《沣上醉题寄涤武》和《沣上对月寄孔谏议》。❷沣水之上。岑参《冀州客舍酒酣贻王绮寄题南楼》："何当肯相寻，沣上一孤舟。"

【灃川】 即沣水。韦应物有《晚归沣川》。柳宗元《游朝阳岩遂登西亭二十韵》："故墅即沣川，数亩均肥硗。"

【灃水】 古水名。源于今陕西秦岭山中，入渭水。韦应物《秋集罢还途中作谨献寿春公黎公》："将从平门道，憩车沣水湄。"皇甫冉《沣水送郑丰鄠县读书》："麦秋中夏凉风起，送君西郊及沣水。"

【灃水橋】 沣水上的桥梁。在今陕西长安县西。白居易《醉后却寄元九》："蒲池村里匆匆别，沣水桥边兀兀回。”

【灃水店】 沣水桥边之旅店。白居易《十年三月三十日别微为他年会话张本也》：“沣水店头春尽日，送君上马谪通州。”

【灃西】 沣水西岸之地。元稹《沣西别乐天博载樊宗宪李景信两秀才侄谷三月三十日相饯送》：“忽到沣西总回去，一身骑马向通州。”

【灃涘】 沣水旁边。韦应物《九日沣上作寄崔主簿倬二李端系》：“凄凄感时节，望望临沣涘。”

【灃澇】 （—lāo）沣水和涝水。指此二水附近地区。柳宗元《游南亭夜还叙志七十韵》：“卜室有鄠杜，名田占沣涝。”

【灃頭】 即沣水边。岑参有《沣头送蒋侯》。

【灃壖】 沣水边空地。韦应物有《登西南冈卜居遇雨寻竹浪至沣壖云物可赏》。

灇 〔cóng《集韵》徂聰切，平東。從。〕水声。见“灇淙”。

【灇淙】 水声。陆龟蒙《引泉诗》：“灇淙一派堕，练带横斜牵。”

灕 〔lí《广韵》吕支切，平支，來。〕❶水波连绵貌。见“灕灕”“灕纚”。❷水名。即漓江。吴融《自讽》：“从来不解长流涕，也渡湘漓作逐臣。”见“灕水”。❸山名。见“灕山”。

【灕山】 在广西壮族自治区桂林市南。李渤《南溪诗》序：“桂水漓山，右汇阳江。”

【灕水】 即漓江。在今广西壮族自治区东北部。张九龄有《巡按自漓水南行》。柳宗元《寄韦珩》：“桂州西南又千里，漓水斗石麻兰高。”李渤《南溪诗》序：“西北曰玄岩洞，曲通坎隅，晴眺漓水。”

【灕灕】 水波连绵貌。马戴《府试水始冰》：“薄薄流澌聚，漓漓翠潋平。”

【灕纚】 连接不断貌。许瑶《题怀素上人草书》：“志在新奇无定则，古瘦漓缅半无墨。”

灖 〔fān《广韵》孚袁切，平元，敷。〕大波。《说文·水部》：“灖，大波也。”见“灖灖”。

【灖灖】 水流盛大貌。元结《引东泉作》：“此流又高悬，潘潘在长空。”按，“灖灖”《全唐诗》本作“潘潘”，又聂文郁注将“灖”注音为“shěn”，似均误。

十九画

灑[1] 〔sǎ《广韵》砂下切，上馬，生。又所蟹切，上蟹，生。又所寄切，去寘，生。〕❶把水泼散开来。张祜《题胜上人山房》：“清昼房廊山半开，一瓶新汲洒莓苔。”亦泛指事物播散开来。苏味道《和武三思于天中寺寻复礼上人之作》：“味同甘露洒，香似逆风来。”卢纶《送静居法师》：“薝蔔名花飘不断，醍醐法味洒何浓。”❷谓东西散落。太宗《咏雨》：“低飞昏岭腹，斜足洒岩阿。”司空曙《送王闰》：“因将自悲泪，一洒别离间。”白居易《题故元少尹集后二首》之一：“唯将老年泪，一洒故人文。”罗隐《甘露寺看雪上周相公》：“筛寒洒白乱溟濛，祷请功兼造化功。”❸挥，挥洒。多谓执笔写作。苏颋《奉和圣制漕桥东送新除岳牧》：“至言题睿札，殊渥洒仙翰。”李白《献从叔当涂宰阳冰》：“落笔洒篆文，崩云使人惊。”孟郊《归信吟》：“泪墨洒为书，将寄万里亲。”❹谓风吹动。孟浩然《云门寺西六七里闻符公兰若最幽与薛八同往》：“愿承甘露润，喜得惠风洒。”张鼎《江南遇雨》：“出户愁为听，从风洒客衣。”李纾《唐德明兴圣庙乐章·送神》：“风洒兰路，云摇桂旗。”韦庄《抚州江口雨中作》：“江上闲冲细雨行，满衣风洒绿荷声。”❺潇洒脱俗，不拘束。杜甫《饮中八仙歌》：“宗之萧洒美少年，举觞白眼望青天，皎如玉树临风前。”白居易《华城西北雉堞最高岁暮独游怅然成咏》：“高居称君子，潇洒四无邻。”见“灑落❷”。

灑[2] 〔shī《广韵》所綺切，上紙，生。〕通“釃”。斟。李洞《贾岛墓》：“我来因奠洒，立石用为标。”见“灑₂酒”。

灑[3] 〔xiǎn〕寒冷貌。见“灑₃灑”。

【灑巾】 洒泪于巾。谓伤心哭泣。杜牧《梁秀才见赠凡二十韵走笔依韵》：“旅馆将分被，婴儿共洒巾。”许棠《成纪书事二首》之一：“东吴远别客西秦，怀旧伤时暗洒巾。”

【灑水】 谓下雨。施肩吾《春日餐霞阁》：“洒水初晴物候新，餐霞阁上最宜春。”

【灑血】 流血。杜淹《咏寒食斗鸡应秦王教》：“飞毛遍绿野，洒血渍芳丛。”戎昱《辰州建中四年多怀》：“主恩堪洒血，边宦更何心。”

【灑砌】 飘洒或布满台阶。戎昱《开元观陪杜大夫中元日观乐》：“盘空双鹤惊几剑，洒砌三花度管弦。”白居易《香炉峰下新卜山居草堂初成偶题东壁》：“洒砌飞泉才有点，拂窗斜竹不成行。”李商隐《细雨成咏献尚书河东公》：“洒砌听来响，卷帘看已迷。”

【灑₂酒】 斟酒以祭奠。李白《秋夜板桥浦泛月独酌怀谢朓》：“玄晖难再得，洒酒气填膺。”郎士元《关羽祠送高员外还荆州》：“离筵对祠宇，洒酒暮天碧。”

【灑流】 泼洒水流。张九龄《入庐山仰望瀑布水》：“洒流湿行云，溅沫惊飞鸟。”

【灑掃】 ❶洒水于地弄湿灰尘，然后清除。王维《留别山中温古上人兄并示舍弟缙》："荆扉但洒扫，乘闲当过歇。"韩愈《招杨之罘》："洒扫县中居，引水经竹间。"李绅《过梅里七首·忆东郭居》："笙磬谅谐和，庭除还洒扫。"陆龟蒙《送润卿还华阳》："殷勤为向东乡荐，洒扫含真雪后台。"亦喻指摒除品质上的缺点。白居易《狂吟七言十四韵》："性海澄渟平少浪，心田洒扫净无尘。"❷专指扫墓。王建《寒食行》："牧儿驱牛下塚头，畏有家人来洒扫。"❸剪除。武元衡《出塞作》："要须洒扫龙沙净，归谒明光一报恩。"

【灑雪】 下雪。喻写下优美诗文。韦应物《答杨奉礼》："一咏舟中作，洒雪忽惊新。"

【灑淚】 挥泪。杜甫《咏怀古迹五首》之二："怅望千秋一洒泪，萧条异代不同时。"詹琲《永嘉乱衣冠南渡流落南泉作忆昔吟》："南来频洒泪，渴骥每思泉。"护国《伤蔡处士》："箧中遗草是琅玕，对此空令洒泪看。"

【灑筆】 挥毫。李白《酬张司马赠墨》："今日赠予兰亭去，兴来洒笔会稽山。"

【灑然】 ❶风吹雨洒貌。戴叔伦《喜雨》："川上风雨来，洒然涤烦襟。"❷挥泪貌。李郢《早秋书怀》："高梧一叶坠凉天，宋玉悲秋泪洒然。"❸洒脱貌。童翰卿《绝句》："争得荣辱心，洒然归西风。"

【灑落】 ❶散落。张九龄《湖口望庐山瀑布泉》："奔飞流杂树，洒落出重云。"杜甫《七月三日戏呈元二十一曹长》："洒落唯清秋，昏霾一空阔。"❷飘逸洒脱。李白《陪族叔当涂宰游化城寺升公清风亭》："飞文何洒落，万象为之摧。"顾况《萧郸草书歌》："见君数行之洒落，石上之松松下鹤。"郑谷《鹤》："羽翼光明欺积雪，风神洒落占高秋。"齐己《禅庭芦竹十二韵呈郑谷郎中》："对吟殊洒落，负气甚孤贞。"❸融洽无拘谨。杜甫《公安县怀古》："洒落君臣契，飞腾战伐名。"

【灑灑】 ❶四散貌。陆龟蒙《迎潮送潮辞·送潮》："潮西来兮又东下，日染中流兮红洒洒。"❷连绵不绝貌。钱珝《客舍寓怀》："洒洒滩声晚霁时，客亭风袖半披垂。"

【灑₃灑】 （—xiǎn）寒冷貌。李贺《河南府试十二月乐词·十二月》："日脚淡光红洒洒，薄霜不销桂枝下。"陆龟蒙《奉和袭美太湖诗二十首·晓次神景宫》："洒洒襟袖清，如临蕊珠屏。"

灘 〔tān《广韵》他干切，平寒，透。〕❶江河中水浅多沙石而流急之处。李白《送王屋山人魏万还王屋》："咆哮七十滩，水石相喷薄。"李绅《趋翰苑遭诬构四十六韵》："暗滩朝不怒，惊濑夜无虞。"李商隐《摇落》："滩激黄牛暮，云屯白帝阴。"齐己《鹭鸶二首》之二："影照翘滩浪，翎濡岛云。"❷滩头。李白《送殷淑三首》之三："醉歌惊白鹭，半夜起沙滩。"岑参《江上阻风雨》："云低岸花掩，水涨滩草没。"周贺《留别南徐故人》："潮回滩鸟下，月上客船明。"马戴《边城独望》："河滩胡雁下，戎垒汉鼙惊。"❸气力尽。白居易《琵琶引》："间关莺语花底滑，幽咽泉流冰下滩。"

【灘渾】 （—tān）水中沙滩。韩愈《此日足可惜赠张籍》："中流上滩浑，沙水不可详。"王伯大音释引郭璞曰："江东人呼水中沙滩堆为浑。浑即滩也。"

【灘頭】 江、河、湖、海边水涨淹没、水退显露的淤积平地。孟浩然《鹦鹉洲送王九之江左》："滩头日落沙碛长，金沙熠熠动飙光。"刘禹锡《送景玄师东归》："滩头蹑屐挑沙菜，路上停舟读古碑。"韦庄《题盘豆驿水馆后轩》："滩头鹭占清波立，原上人侵落照耕。"

【灘聲】 水激滩石发出的声音。岑参《春半与群公同游元处士别业》："草色带朝雨，滩声兼夜钟。"白居易《香山避暑二绝》之一："六月滩声如猛雨，香山楼北畅师房。"赵嘏《送权先辈归觐信安》："野色亭台晚，滩声枕簟凉。"钱珝《客舍寓怀》："洒洒滩声晚霁时，客亭风袖半披垂。"

【灘瀨】 ❶沙滩流过的水。杜甫《孟冬》："终然减滩濑，暂喜息蛟螭。"❷沙滩。陈陶《上建溪》："已判猿催鬓先白，几重滩濑在秋天。"

二十一画

灞 〔bà《广韵》必驾切，去祃，帮。〕❶水名。韩愈《县斋有怀》："怀书出皇都，衔泪渡清灞。"见"灞水"。❷地名。见"灞陵"。

【灞上】 又名灞头。在今陕西西安市东、灞水西高原上，故名。李白《司马将军歌》："细柳开营揖天子，始知灞上为婴孩。"钱起《送崔十三东游》："灞上春风留别袂，关东新月宿谁家。"周贺《送李亿东归》："灞上金樽未饮，宴歌已有余声。"戴休珽《古意》："虏骑掠河南，汉兵屯灞上。"

【灞上輕薄行】 乐府杂曲歌辞。孟郊作。见《全唐诗》卷二五。

【灞川】 即灞水。上官昭容《驾幸新丰温泉宫献诗三首》之一："三冬季月景龙年，万乘观风出灞川。"吴融《雪后过昭应》："灞川南北真图画，更待残阳一望看。"

【灞水】 亦作"霸水"。本名兹水（滋水），春秋秦穆公改名。即今陕西渭河支流灞河。古为关中八川之一。李峤《奉和幸韦嗣立山庄侍宴应制》："制下峒山跸，恩回灞水舆。"卢纶《送菊潭王明府》："晚凉经灞水，清昼入商山。”郑巢《送边使》：“灞水方为别，沙场又入冬。”黄滔《下第东归留辞刑部郑郎中諴》：“莺声历历秦城晓，柳色依依灞水春。”

【灞水橋】　即灞桥。姚合《敬宗皇帝挽词三首》之一：“漏滴秋风路，笳吟灞水桥。”李商隐《泪》：“朝来灞水桥边问，未抵青袍送玉珂。”又《灞岸》：“灞水桥边倚华表，平时二月有东巡。”

【灞西】　灞水之西。岑参《送王伯伦应制授正字归》：“半天城北雨，斜日灞西云。”许浑《送前东阳于明府由鄂渚归故林》：“结束征车换黑貂，灞西风雨正潇潇。”许浑又有《题灞西骆隐士》。喻凫《送友人下第归宁》：“灞西辞旧友，楚外忆新安。”

【灞曲】　（—qū）灞水弯曲处。崔峒《赠窦十九》：“山阳会里同人少，灞曲农时故老稀。”

【灞池】　池名。因在汉文帝陵墓灞陵上，故名。杨炯《送李庶子致仕还洛》：“灞池一相送，流涕向烟霞。”卢照邻《送幽州陈参军赴任寄呈乡曲父老》：“灞池水犹绿，榆关月早圆。”骆宾王《久戍边城有怀京邑》：“灞池遥夏国，秦海望阳纡。”

【灞岸】　灞水岸边，灞水堤岸。卢象《送綦毋潜》：“淮南枫叶落，灞岸桃花开。”卢纶《春日灞亭同苗员外寄皇甫侍御》：“谁堪登灞岸，还作旧乡悲。”戎昱《途中寄李二》：“杨柳烟含灞岸春，年年攀折为行人。”曹邺《送曾德迈归宁宜春》：“筵开灞岸临清浅，路去蓝关入翠微。”

【灞城】　旧县名。西汉文帝九年以芷阳县改名灞陵县，三国魏改名灞城县。治所在今陕西西安市东北。骆宾王《从军中行路难二首》之一：“灞城隅，滇池水，天涯望转积，地际行无已。”

【灞亭】　灞桥长亭。古人多于此送别。岑参《送祁乐归河东》：“置酒灞亭别，高歌披心胸。”刘长卿《送友人东归》：“对酒灞亭暮，相看愁自深。”韦应物《酬郑户曹骊山感怀》：“小臣职前驱，驰道出灞亭。”

【灞津】　灞水渡口。张九龄《三月三日登龙山》：“伊川与灞津，今日祓除人。”

【灞涘】　灞水旁边。太宗《度秋》：“桂白发幽岩，菊黄开灞涘。”耿𣲗《晚秋东游寄猗氏第五明府解县韩明府》：“灞涘哀安履，汾南宓贱琴。”刘禹锡《请告东归发灞桥却寄诸僚友》：“征徒出灞涘，回首伤如何？”

【灞原】　即“灞陵原”。马戴《灞上秋居》：“灞原风雨定，晚见雁行频。”刘沧《长安冬夜书情》：“古巷月高山色静，寒芜霜落灞原空。”又《下第后怀旧居》：“雨余秦苑绿芜合，春尽灞原白发生。”

【灞陵】　汉文帝陵。亦作“霸陵”。故址在今陕西西安市东。岑参《送郑堪归东京汜水别业》：“看君灞陵去，匹马成皋还。”刘商《姑苏怀古送秀才下第归江南》：“我逃名迹遁西林，不得灞陵倾别酒。”白居易《何处难忘酒七首》之六：“烟树灞陵岸，风尘长乐坡。”赵嘏《送卢緘归扬州》：“隋苑荒台风嫋嫋，灞陵残雨梦依依。”

【灞陵山】　当为灞陵原上的山峰。严维有《游灞陵山》。

【灞陵亭】　即灞亭。李白《灞陵行送别》：“送君灞陵亭，灞水流浩浩。”

【灞陵原】　一名白鹿原。在今陕西蓝田县西。李涉《送魏简能东游二首》之一：“灞陵原上重回首，十载长安似梦中。”

【灞陵橋】　即灞桥。赵璜《六月》：“行人断消息，更上灞陵桥。”黄滔《秋辞江南》：“灞陵桥上路，难负一年期。”又《遇罗员外衮》：“灞陵桥外驻征辕，此一分飞十六年。”

【灞滻】　灞水和浐水的合称。亦指二水流经之区域。崔日用《奉和立春游苑迎春应制》：“乘时迎气正璿衡，灞浐烟氛向晚清。”韩愈《赠张籍》：“如今更谁恨，便可耕灞浐。”白居易《长乐亭留别》：“灞浐风烟函谷路，曾经几度别长安。”徐铉《爱敬寺有老僧尝游长安言秦雍间事因赠此诗兼示同行客》：“白首栖禅者，尝谈灞浐游。”

【灞橋】　桥名。亦作“霸橋”。刘禹锡有《请告东归发灞桥却寄诸僚友》。郑谷《小桃》：“和烟和雨遮敷水，映竹映村连灞桥。”黄滔《入关言怀》：“落日灞桥飞雪里，已闻南院有看期。”谭用之《寄岐山林逢吉明府》：“莫役生灵种杨柳，一枝枝折灞桥边。”

灝　〔hào《广韵》胡老切，上晧，匣。〕❶浩大，广大。见“灝氣”“灝灝”。❷同“顥”。明净。王建《从元太守夏宴西楼》：“高风凉气来，灝景沉清源。”

【灝氣】　弥漫在天地间之气。羊士谔《和窦吏部雪中寓直》：“瑞花飘朔雪，灏气满南宫。”

【灝灝】　广大无际貌。柳宗元《贞符》序：“人乃并受休嘉，去隋氏，克归于唐，踯躅讴歌，灏灏和宁。”亦指浩大的气势。皮日休《鲁望昨以五百言见贻和之微旨也》：“亦能制灏灏，亦解攻翩翩。”

二十二画

灣　〔wān《广韵》鳥關切，平刪，影。〕❶水流弯曲处。薛能《黄河》：“湾中秋景树，阔外夕阳村。”刘长卿《明月湾寻贺九不遇》：“故人川上复何之，明月湾里空所思。”杜牧《中秋日拜起居表即事十六韵献居守相国崔公兼呈工部刘公》：“坛分中岳顶，城缭大河湾。”方干《采莲》：“才到河湾分首去，散在花间不知处。”❷量词。钱珝《江行无题一百首》之九一:“一湾斜照水,三版顺风船。”❸同“彎”。弯曲。见“灣曲❷”“灣灣”。

【灣曲】(—qū)❶水湾曲折处。李珣《渔歌子》词之一:“信浮沈,无管束,钓回乘月归湾曲。”❷即弯曲。湾,同“弯”。徐夤《月》:“莫见团圆明处远,须看湾曲鉴时偏。”

【灣頭】水湾边。孟浩然《问舟子》:“湾头正堪泊,淮里足风波。”李贺《冯小怜》:“湾头见小怜,请上琵琶弦。”

【灣澴】水流回旋汇集处。杜甫《万丈潭》:“黑如湾澴底,清见光炯碎。”

【灣環】曲水围绕。元稹《荥阳郑公寄诗四首因有意献》:“激射分流阔,湾环此地多。”白居易《玩止水》:“广狭八九丈,湾环有涯涘。”

【灣灣】弯曲貌。灣,同“彎”。刘禹锡《梦扬州乐妓和诗》:“夜深曲曲湾湾月,万里随君一寸肠。”

二十三画

灤 〔luán《广韵》落官切,平桓,來。〕水名。见“灤河”。

【灤河】水名。古称濡水。在今河北北部。张谓《同孙构免官后登蓟楼》:“寒沙榆塞没,秋水滦河涨。”

二十四画

灩 同“灎”。

灨 〔gàn《广韵》古暗切,去勘,見。又古禫切,上感,見。〕水名。即赣江。在江西,注入鄱阳湖。

【灨石】赣江中石滩名。孟浩然《下灨石》:“灨石三百里,沿洄千嶂间。”

二十八画

灎 〔yàn《详校篇海》以赡切。〕亦作“灩”。❶水浮动貌。王丘《咏史》:“云岩响金奏,空水滟朱颜。”❷水盈溢貌。韦应物《任鄠令渼陂游眺》:“野水滟长塘,烟花乱晴日。”白居易《杂兴三首》之二:“澹滟九折池,萦迴十余里。”❸水光耀貌。卢鸿一《嵩山十志十首·金碧潭》:“水碧色兮石金光,滟熠熠兮湙湟湟。”权德舆《中书宿斋有寄》:“铜壶漏滴斗阑干,泛灎金波照露盘。”白居易《宅西有流水偶题五绝句》之三:“日滟水光摇素壁,风飘树影拂朱栏。”杜牧《羊栏浦夜陪宴会》:“球来香袖依稀暖,酒凸觥心泛滟光。”

【灎堆】即“灎澦堆”。白居易《自江州至忠州》:“五月断行舟,滟堆正如马。”又《曲江感秋二首》之一:“夜听竹枝愁,秋看滟堆没。”

【灎澦】又作“灩澦”。即“灎澦堆”。白居易《初入峡有感》:“瞿唐呀直泻,滟滪屹中峙。”许棠《寄黔南李校书》:“中夜吴梦,知经滟滪波。”

【灎澦堆】亦作“灩澦堆”。长江瞿塘峡口的险滩,在今重庆奉节县东。李白《后干行二首》之一:“十六君远行,瞿塘灎滪堆。”刘隐辞有《咏滟滪堆》。白居易《夜入瞿唐峡》:“欲识愁多少,高于滟滪堆。”郑谷《下峡》:“波头未白人头白,瞥见春风滟滪堆。”

【灎灎】亦作“灩灩”。❶水光貌。张若虚《春江花月夜》:“滟滟随波千万里,何处春江无月明。”杜牧《登九峰楼》:“晴江滟滟含浅沙,高低绕郭滞秋花。”❷水浮动貌,水光闪动貌。张籍《未鹭》:“避人引子入深堑,动处水纹开滟滟。”赵嘏《广陵答崔琛》:“朱楼映日重重晚,碧水含光滟滟长。”李群玉《初月二首》之一:“滟滟流光浅,娟娟泛露轻。”罗邺《题笙》:“最宜轻动纤纤玉,醉送当观滟滟金。”亦指飘动貌。元稹《通州丁溪馆夜别李景信三首》之一:“蠢盏覆时天欲明,碧幌青灯风滟滟。”❸水盈溢貌。戴叔伦《和河南罗主簿送校书兄归江南》:“海门潮滟滟,沙岸荻苍苍。”赵嘏《广陵》:“高楼重重宿云雨,野水滟滟飞鸳鸯。”李商隐《曲池》:“张盖欲判江滟滟,回头更望柳丝丝。”李群玉《长沙陪裴大夫夜宴》:“泠泠五漏初三滴,滟滟金觞已半酡。”

部首目录

国家出版基金项目
NATIONAL PUBLICATION FOUNDATION

全唐诗词语通释

第二卷

《全唐诗词语通释》编纂组 编著

北京师范大学出版集团
BEIJING NORMAL UNIVERSITY PUBLISHING GROUP
安徽大学出版社

第二卷　部首表

第二卷 部首检字表

893 土(士)部

1714 戈部

1739 户部

1749 手部

土(士)部

土 〔tǔ《广韵》他鲁切，上姥，透。〕❶土壤；泥土。姚合《庄居野行》："边兵索衣食，此物同泥土。"杜牧《忍死留别献盐铁裴相公二十叔》："孤坟三尺土，谁可为培栽。"聂夷中《田家二首》之二："锄田当日午，汗滴禾下土。"薛能《新雪》："天迷皓色风何乱，地湿春泥土半翻。"❷田地；土地。张九龄《酬周判官巡至始兴会改秘书少监见贻之作兼呈耿广州》："瘠土资劳力，良书启蒙蔽。"刘禹锡《和李六侍御文宣王庙释奠作》："土田封后胤，冕服饰虚仪。"杜荀鹤《湘中秋日呈所知》："四海无寸土，一生惟苦吟。"❸尘土。白居易《奉使途中戏赠张常侍》："早风吹土满长衢，驿骑星轺尽疾驱。"贯休《送颢雅禅师》："苦却乐，乐却苦，卢至黄金忽如土。"薛昭蕴《喜迁莺》词之一："回看尘土似前生，休羡谷中莺。"见"塵土"。❹国土；领土。秦韬玉《塞下》："风林关外皆唐土，何日陈兵戍不毛。"周昙《咏史诗·唐虞门·平王》："犬戎西集杀幽王，邦土何由不便亡。"张绍《冲佑观》词："拓土开疆，经天纬地。"孙光宪《河传》词之二："龙争虎战分中土，人无主，桃叶江南渡。"❺指地方、地区。元稹《送崔侍御之岭南二十韵》序："古朋友别，皆赠以言，况南方物候饮食与北土异。"白居易《题郡中荔枝诗十八韵兼寄万州杨八使君》："奇果标南土，芳林对北堂。"薛存诚《东都父老望幸》："彼土虽凭固，兹川乃得中。"舒元舆《坊州按狱》："寄谢守土臣，努力清郡曹。"❻乡土；故乡。王勃《麻平晚行》："百年怀土望，千里倦游情。"白居易《吾土》："身心安处为吾土，岂限长安与洛阳？"薛能《寄题巨源禅师》："何年别乡土，一衲代袈裟。"杜荀鹤《将入关安陆遇兵寇》："四面烟尘少无处，不知吾土自如何。"❼指土著，当地的。见"土人"。❽八音之一。《周礼·春官·大师》："皆播之以八音：金、石、土、革、丝、木、匏、竹。"见"土鼓"。❾星宿名。见"土星"。

【土人】 ❶世代居住本地的人。孟郊《旅次湘沅有怀灵均》："悠哉风土人，角黍投川隅。"❷本国人。马总《赠日本僧空海离合》："增学助元机，土人如子稀。"

【土力】 土壤肥沃的程度。张蠙《华山孤松》："石罅引根非土力，冒寒犹助岳莲光。"

【土山】 ❶泥土堆积成的小山。杜甫《三川观水涨二十韵》："北上唯土山，连山走穷谷。"张祜《平阴夏日作》："可惜夏天明月夜，土山前面障南风。"皮日休《太湖石》："五侯土山下，要尔添岩齬。"白居易有《累土山》。❷地名，距江宁城二十五里，晋谢安携妓之所。李白《东山吟》："携妓东土山，怅然悲谢安。"

【土山頭】 唐时对不经历员外郎而直接升为郎中之人的戏称。贺遂涉《嘲赵谦光》："宁知粉署里，翻作土山头。"

【土王】 (—wàng)土气旺盛。汉班固《白虎通·五行》："土王四季……土所以王四季何？木非土不生，火非土不荣，金非土不成，水非土不高，土扶微助衰，历成其道，故五行更王亦须土也。"佚名《郊庙歌辞·五郊乐章·送神》："土王四月，时季一周。"

【土木】 ❶建筑，土木工程。贺知章《奉和御制春台望》："乃眷天晴兴隐恤，古来土木良非一。"杜甫《寄题江外草堂原》："敢谋土木丽，自觉面势坚。"张籍《沈千运旧居》："土木被丘墟，溪路不连通。"白居易《凶宅》："人疑不敢买，日毁土木功。"章孝标《题朱秀城南亭子》："土木欲知精洁处，社天归燕怯安巢。"徐夤《新屋》："耳顺何为土木勤，叔孙墙屋有前闻。"❷喻指自然不加修饰之躯。杜甫《八哀诗·故著作郎贬台州司户荥阳郑公虔》："形骸实土木，亲近唯几杖。"又《舟出江陵南浦奉寄郑少尹审》："形骸元土木，舟楫复江湖。"白居易《重题》之四："岂止形骸同土木，兼将寿夭任乾坤。"李群玉《始忝四座奏状闻荐蒙恩授官旋进歌诗延英宣赐言怀纪事呈同馆诸公二十四韵》："形骸日土木，志气随云风。"朱湾《七贤庙》："湛然对一壶，土木为我形。"

【土木形骸】 形体像土木一样自然。比喻人对本来面目不加修饰。白居易《中书寓直》："自嫌野物将何用，土木形骸麋鹿心。"

【土木身】 犹言土木形骸。杜甫《奉赠萧十二使君》："磊落衣冠地，苍茫土木身。"施肩吾《经桃花夫人庙》："谁能枉驾入荒榛，随例形相土木身。"

【土木骸】 犹言土木形骸。张祜《题灵隐寺师一上人十韵》："八十空门子，深山土木骸。"

【土中】 (—zhōng)泥土里。储光羲《田家即事》："蚯蚓土中出，田乌随我飞"韦应物《古剑行》："千年土中两刃铁，土蚀不入金星灭。"王建《雉将雏》："时时土中鼓两翅，引雏拾虫不相离。”又《宫词一百首》之八十五：“水中芹叶土中花，拾得还将避众家。”刘禹锡《西州李尚书知愚与元武昌有旧远示二篇吟之泫然因以继和二首》之二：“只应随玉树，同向土中销。”李贺《秋来》：“秋坟鬼唱鲍家诗，恨血千年土中碧。”元稹《感逝》：“三声啼妇卧床上，一寸断肠埋土中。”

【土中宅】 (中 zhōng)指坟墓。孟郊《达士》：“君看土中宅，富贵无偏颇。”

【土牛】 ❶用泥土制成的牛。古代在农历十二月出土牛以除阴气。后来，立春时造土牛以劝农耕，象征春耕开始。见《礼记·月令》。冷朝阳《立春》：“土牛呈岁稔，彩燕表年春。”白居易《和三月三十日四十韵》：“布泽木龙催，迎春土牛助。”和凝《宫词百首》之三十三：“三农皆已辟田畴，又见金门出土牛。”❷当地生产的牛。亦指行动不快的牛。寒山《诗三百三首》之六六：“土牛耕石田，未有得稻日。”李白《赠宣城赵太守悦》：“猕猴骑土牛，羸马夹双辕。”又《单父东楼秋夜送族弟沈之秦》：“沐猴而冠不足言，身骑土牛滞东鲁。”

【土毛】 本指土地上生长的五谷、桑麻、菜蔬等植物，后亦泛指土产。孟浩然《送王昌龄之岭南》：“土毛无缟纻，乡味有槎头。”薛能《送赵道士归天目旧山》：“土毛珍到越，尘发倦离京。”

【土化】 化为泥土；埋在土中腐烂。卢仝《叹昨日三首》之三：“白骨土化鬼入泉，生人莫负平生年。”

【土功】 指治水、筑城、建造宫殿等工程。刘宪《奉和幸长安故城未央宫应制》：“土功昔云盛，人英今所求。”沈佺期《初冬从幸汉故青门应制》：“当极土功壮，安知人力烦。”白居易《赠友五首》之一：“盛夏兴土功，方春剿人命。”苏拯《明禁忌》：“四面兴土功，四时妨农事。”

【土田】 土地；田地。苏颋《奉和圣制途次旧居应制》：“木行城邑望，皋落土田疏。”刘禹锡《和李六侍御文宣王庙释奠作》：“土田封后胤，冕服饰虚仪。”罗隐《钱塘府亭》：“九牧土田周制在，两藩茅社汉仪同。”

【土民】 土人；当地人。白居易《送客春游岭南二十韵》：“土民稀白首，洞主尽黄巾。”

【土圭】 用以测日影、正四时和测度土地的器具。韦应物《登高望洛城作》：“河岳出云雨，土圭酌乾坤。”

【土地】 ❶田地；土壤。白居易《自蜀江至洞庭湖口有感而作》：“水族窟穴多，农人土地窄。”❷领土；疆域。郑嵎《津阳门诗》：“湟中土地昔湮没，昨夜收复无疮痍。”罗隐《登夏州城楼》：“万里山河唐土地，千年魂魄晋英雄。”贯休《寿春节进》：“多于汤土地，还有禹胼胝。”贯休《贺郑使君》：“义为土地精灵伏，仁作金汤铁石卑。”❸泛指地区、地方。沈佺期《入鬼门关》：“土地无人老，流移几客还。”张子容《乐城岁日赠孟浩然》：“土地穷瓯越，风光肇建寅。”张籍《江南行》：“土地卑湿饶虫蛇，连木为牌入江住。”徐铉《和门下殷侍郎新茶二十韵》：“名随土地贵，味逐水泉迁。”

【土行】 (—xíng)犹土德。见《宋书·礼志一》。张说《皇帝降诞日集贤殿赐宴》：“仲秋金帝起，五日土行昭。”

【土宇】 ❶乡土和屋宅。王维《故太子太师徐公挽歌四首》之二：“齐侯疏土宇，汉室赖图书。”权德舆《伏蒙十六叔寄示喜庆感怀三十韵因献之》：“圭田接土宇，侯籍相纷纶。”❷疆土；国土。玄宗《春中兴庆宫酺宴》：“合酺覃土宇，欢宴接群臣。”陆坚《千秋节应制》：“风移覃土宇，云上浃群臣。”白居易《寄献北都留守裴令公》：“两河收土宇，四海定波涛。”许浑《朝台送客有怀》：“赵佗西拜已登坛，马援南征土宇宽。”王仁裕《和韩昭从驾过白卫岭》：“自学汉皇开土宇，不同周穆好神仙。”

【土花】 苔藓。李贺《金铜仙人辞汉歌》：“画栏桂树悬秋香，三十六宫土花碧。”李商隐《李夫人三首》之三：“土花漠漠云茫茫，黄河欲尽天苍苍。”

【土味】 泥土味。薛能《秋日将离滑台酬所知二首》之一：“僮汲野泉兼土味，马磨霜树作秋声。”

【土怪】 土中的妖怪。韩愈、孟郊《城南联句》：“里儒拳足拜，土怪闪眸侦。”

【土宜】 ❶指土壤的适合性。孟浩然《东陂遇雨率尔贻谢南池》：“予意在耕凿，因君问土宜。”杜甫《偶题》：“稼穑分诗兴，紫荆学土宜。”白居易《桐花》：“岂伊物理变，信是土宜别。”❷指故乡。杜甫《奉送魏六丈佑少府之交广》：“穷途仗神道，世乱轻土宜。”李商隐《酬令狐郎中见寄》：“土宜悲坎井，天怒识雷霆。”❸土产。吕温《道州将赴衡州酬别江华毛令》：“布帛精粗任土宜，疲人识信每先期。”方干《送永嘉王令之任二首》之二：“礼法未闻离汉制，土宜多说似吴风。”

【土門】 地名。杜甫《飞仙阁》：“土门山行窄，微径缘秋毫。”又《垂老别》：“土门壁甚坚，杏园度亦难。”贾岛《原居即事言怀赠孙员外》：“出入土门偏，秋深石色泉。”

【土星】 北斗星的第一星。见《星经·北斗》。卢仝《月蚀诗》：“土星与土性相背，反养福德生祸害。”

【土骨堆】 指坟墓。韩愈《饮城南道边古墓上逢中丞过赠礼部卫员外少室张道士》：“偶上城南土骨堆，共倾春酒三五杯。”

【土俗】 ❶当地的风土习俗。常建《空灵山应田叟》：“土俗不尚农，岂暇论肥硗。”❷本地，地方。白居易《代诸妓赠送周判官》：“阊门四望郁苍苍，始觉州雄土俗强。”

【土風】 ❶民间歌谣或乐曲。亦指咏地方的诗篇。阎朝隐《侍从途中口号应制》:“疵贱出山东,忠贞任土风。”张继《送窦十九判官使江南》:“游客淹星纪,裁诗炼土风。”白居易《洛中偶作》:“境兴周万象,土风备四方。”钟谟《贻耀州将》:“还同逐客纫兰佩,谁听缧囚奏土风。”❷地方风俗。张九龄《南还以诗代书赠京师旧僚》:“土风从楚别,山水入湘奇。”陈子昂《白帝城怀古》:“日落沧江晚,停桡问土风。”李颀《龙门送裴侍御监五岭选》:“夷俗富珍产,土风资宦游。”李白《古风》之六:“情性有所习,土风固其然。”白居易《送人贬信州判官》:“地僻山深古上饶,土风贫薄道程遥。”又《即事寄微之》:“想念土风今若此,料看生计合何如。”

【土音】 地方口音,方音。萧颖士《舟中遇陆棣兄西归数日得广陵二三子书知迟晚次沙垫西岸作》:“但见土音异,始知程路长。”

【土室】 ❶土屋。王绩《策杖寻隐士》:“石梁横涧断,土室映山斜。”杜甫《西枝村寻置草堂地夜宿赞公土室二首》之二:“土室延白光,松门耿疏影。”皮日休《初夏即事寄鲁望》:“土室作深谷,藓垣为干城。”临淄县主《与独孤穆冥会诗》:“华轩一惠顾,土室以为荣。”❷坟墓。杜甫《奉寄河南韦尹丈人》:“尸乡余土室,难说祝鸡翁。”

【土貢】 古代臣民或藩属向君主进献的土产。语出《书·禹贡》。钱起《奉送刘相公江淮催转运》:“将征任土贡,更发济川舟。”白居易《新乐府·道州民》:“市作矮奴年进送,号为道州任土贡。”

【土脈】 谓土壤开冻松化,生气勃发,如人身脉动。亦泛指土壤。语出《国语·周语上》。韦应物《新理西斋》:“春阳土脉起,膏泽发生初。”韩愈《苦寒》:“雪霜顿销释,土脉膏且黏。”韩偓《春阴独酌寄同年虞部李郎中》:“春阴漠漠土脉润,春寒微微风意和。”

【土著】 指世代居住本地的人。杜甫《往在》:“冗官各复业,土著还力农。”

【土梗】 泥塑偶像。亦以喻轻贱无用之物。见《庄子·田子方》。杜甫《雷》:“真龙竟寂寞,土梗空俯偻。”权德舆《与沈十九拾遗同游栖霞寺上方于亮上人院会宿二首》之二:“一生如土梗,万虑相桎梏。”又《六府诗》:“土梗乃虚论,康庄有逸轨。”

【土崩】 喻指崩溃破败,无法收拾。张九龄《和黄门卢监望秦始皇陵》:“人怨神亦怒,身死宗遂覆。土崩失天下,龙斗入函谷。”刘叉《冰柱》:“骚然县宇,土崩水溃。”胡曾《咏史诗·武昌》:“王浚戈铤发上流,武昌鸿业土崩秋。”

【土偶】 亦称“土偶人”。泥塑的人像。参见“土偶人”。

【土偶人】 犹言“土偶”。窦常《商山祠堂即事》:“后王不敢论珪组,土偶人前枳树秋。”周昙《咏史诗·春秋战国门·田文》:“秦关若待鸡鸣出,笑杀临淄土偶人。”

【土偶身】 犹言“土偶”。皮日休《偶书》:“至今顽愚者,生如土偶身。”

【土產】 地方产的物品。白居易《东南行一百韵寄通州元九侍御澧州李十一舍人窦七校书》:“渐觉乡原异,深知土产殊。”许棠《送龙州樊使君》:“土产唯宜药,王租只贡金。”

【土階】 土台阶。喻指居室简陋。杜甫《八哀诗·故右仆射相国张公九龄》:“寂寞想土阶,未遑等箕颍。”白居易《自题小草亭》:“土阶全垒块,山木半留皮。”罗隐《许由庙》:“高挂风瓢濯汉滨,土阶三尺愧清尘。”周昙《咏史诗·唐虞门·唐尧》:“传事四方无外役,茅茨深处土阶平。”贯休《大蜀皇帝寿春节进尧铭舜颂二首·尧铭》:“土阶苔绿,茅茨雪滴。”

【土酥】 地方出产的酥酪。杜甫《病后过王倚饮赠歌》:“长安冬菹酸且绿,金城土酥净如练。”

【土番】 即吐蕃。见《大藏音义》卷八一引唐李泰《括地志》。孟郊《新平歌送许问》:“早回儒士驾,莫饮土番河。”

【土運】 犹土德。见《旧唐书·玄宗纪下》。陈陶《圣帝击壤歌四十声》:“百六承尧绪,艰难土运昌。”

【土鼓】 古乐器名。鼓的一种。见《周礼·春官·龠章》。权德舆《八音诗》:“土鼓与污尊,颐神则为愈。”

【土境】 境界内的土地;领土。杜甫《前出塞九首》之一:“君已富土境,开边一何多。”

【土僧】 当地的和尚。见释空海《性灵集序》。皇甫湜《石佛谷》:“土僧何为者,老草毛发白。”

【土鉶】 即土形。古代一种盛汤羹的瓦器。见《韩非子·喻老》。李商隐《寄太原卢司空三十韵》:“禹贡思金鼎,尧图忆土铏。”

【土膏】 ❶土壤中所含适合植物生长的养分。皇甫冉《杂言无锡惠山寺流泉歌》:“土膏脉动知春早,隈隩阴深长苔草。”又《田家作》:“土膏消腊后,麦陇发春前。”柳宗元《首春逢耕者》:“土膏释原野,百蛰竞所营。”又《种术》:“土膏滋玄液,松露坠繁柯。”❷肥沃的土地。李嘉祐《送袁员外宣慰劝农毕赴洪州使院》:“气迎天诏喜,恩发土膏春。”钱起《南溪春耕》:“溪雨有余润,土膏宁厌开。”李贺《章和二年中》:“健犊春耕土膏黑,菖蒲丛丛沿水脉。”元稹《生春二十首》之十八:“土膏蒸足肿,天暖痒头风。”刘得仁《书事寄万年厉员外》:“土膏寒麦覆,人海昼尘蒙。”薛能《春日江居寓怀》:“斫春槎枿树,消雪土膏田。”

【土德】 ❶五德之一。古以五行相生相克附会王朝命运，谓土胜者为得土德。佚名《郊庙歌辞·享太庙乐章·宁和》："炎驭失天纲，土德承天命。"顾况《杂曲歌辞·乐府》："五星含土德，万姓彻中声。"❷用称帝后的功德。王昌龄《夏月花萼楼酺宴应制》："土德三元正，尧心万国同。"

【土銼】 炊具，犹今之砂锅。杜甫《闻斛斯六官未归》："荆扉深蔓草，土锉冷疏烟。"

【土龍】 泥土制成的龙，用以乞雨。见《淮南子·说山训》。李峤《晚秋喜雨》："服闲云骥屏，冗术土龙修。"李群玉《送崔使君萧山祷雨甘泽遽降》："不假土龙呈夭矫，自然石燕起参差。"陈陶《续古二十九首》之十八："楚国千里旱，土龙日已多。"赵抟《琴歌》："真龙不圣土龙圣，凤凰哑舌鸱枭鸣。"贯休《江边祠》："花残冷红宿雨滴，土龙甲湿鬼眼赤。"

【土藏】 谓挖土坑埋葬。寒山《诗三百三首》之七〇："猪死抛水内，人死掘土藏。"

【土疆】 领地；土地。白居易《渭村退居寄礼部崔侍郎翰林钱舍人诗一百韵》："隙地治场圃，闲时粪土疆。"

【土壤】 泥土；土地。韦应物《寄冯著》："春雷起萌蛰，土壤日已疏。"姚合《题金州西园九首·垣竹》："宣尼高数仞，固应非土壤。"

【土囊】 洞穴。杜甫《九成宫》："曾宫凭风回，岌嶪土囊口。"徐夤《风》："城上寒来思莫穷，土囊萍末两难同。"

士 〔shì《广韵》鉏里切，上止，崇。〕❶指未婚男子。见"士女❶"。❷成年男子的统称。张籍《行路难》："君不见床头黄金尽，壮士无颜色。"李益《自朔方还与郑式瞻崔称郑子周岑赞同会法云寺三门避暑》："予本疏放士，朅来非外矫。"齐己《重宿旧房与愚上人静话》："不知门下趋筵士，何似当时石解空。"❸卿士。泛指诸侯臣僚，各级官吏。张九龄《贺给事尝诣蔡起居郊馆有诗因命同作》："沉冥高士致，休浣故人过。"钱起《陪南省诸公宴殿中李监宅》："宦贵攀龙后，心倾待士时。"郑谷《右省补阙张茂枢同在谏垣邻居光德迭和篇什因抒酬寄》："紫垣名士推扬切，为话心孤倍感知。"徐夤《渤海宾贡高元固先辈闽中相访云本国人屏障因而有赠》："嗟嗟大国金门士，几个人能振素风。"❹将领。德宗《元日退朝观军仗归营》："眷此戎旅节，载嘉良士诚。"李白《闻李太尉大举秦兵百万出征东南懦夫请缨崔侍御十九韵》："天夺壮士心，长吁别吴京。"杜牧《夏州崔常侍自少常亚列出领麾幢十韵》："戈矛虓虎士，弓箭落雕兵。"❺武士，兵士。高适《燕歌行》："战士军前半死生，美人帐下犹歌舞。"刘长卿《送裴四判官赴河西军试》："武士伫明试，皇华难久留。"贾至《燕歌行》："六军将士皆死尽，战马空鞍归故营。"李逢吉《和严揆省中宿斋遇令狐员外当直之作》："曾驱爪士三边静，新赠髯参六义穷。"❻智者；贤者。指读书人，知识分子阶层。李百药《赋得魏都》："南馆招奇士，西园引上才。"卢象《追凉历下古城西北隅此地有清泉乔木》："闲阴七贤地，醉餐三士桃。"李颀《同张员外諲酬答之作》："洛中高士日沉冥，手自灌园方带经。"李白《访道安陵遇盖还为余造真箓临别留赠》："下笑世上士，沉魂北罗酆。"杜甫《送韦十六评事充同谷郡防御判官》："伤哉文儒士，愤激驰林丘。"

【士人】 ❶士大夫；儒生。泛指知识阶层。白居易《朱陈村》："世法贵名教，士人重冠婚。"姚合《送张宗原》："士人甚商贾，终日须东西。"又《过张邯郸庄》："时清士人闲，耕作唯文词。"❷士卒；将士。《全唐诗》卷七八四收有"河北士人"诗二首。

【士大夫】 ❶官吏或有声望、地位的文人。杜甫《八哀诗·故著作郎贬台州司户荥阳郑公虔》："地崇士大夫，况乃气精爽。"皮日休《伤进士严子重诗》序："噫！生徒以词闻于士大夫，竟不名而逝，岂止此而湮没耶?"❷士族；士族中的人。《全唐诗》卷八七六选人语："有钱石上好，无钱刘下好，士大夫张下好。"

【士子】 ❶男子的美称，多指年轻人。崔颢《江畔老人愁》："衣冠士子陷锋刃，良将名臣尽埋没。"❷士大夫官僚阶层。元稹《泛江玩月十二韵》："因依多士子，参画尽敦厖。"❸学子，读书人。杜甫《别董颋》："士子甘旨阙，不知道里寒。"又《惜别行送刘仆射判官》："俸钱时散士子尽，府库不为骄豪虚。"

【士女】 ❶指青年男女。或指未婚的青年男女。郭郧《寒食寄李补阙》："兰陵士女满晴川，郊外纷纷拜古埏。"韩愈《幽怀》："适与佳节会，士女竞光阴。"刘禹锡《经檀道济故垒》："秣陵多士女，犹唱白符鸠。"又《洛中送韩七中丞之吴兴口号五首》之五："溪中士女出笆篱，溪上鸳鸯避画旗。"元稹《春分投简阳明洞天作》："旌旗遮屿浦，士女满阛阓。"白居易《早春忆苏州寄梦得》："士女笙歌宜月下，使君金紫称花前。"薛涛《续嘉陵驿诗献武相国》："卓氏长卿称士女，锦江玉垒献山川。"❷泛指庶民百姓。戎昱《听杜山人弹胡笳》："回鹘数年收洛阳，洛阳士女皆驱将。"孙元晏《咏史诗·晋·卫玠》："江东士女无端甚，看杀玉人浑不知。"❸仕女。贵族妇女。韩愈《元和圣德诗》："皇帝曰然，嗟远士女。"

【士夫】 士大夫；读书人。刘叉《雪车》："士夫困征讨，买花载酒谁为适。"

【士友】 指在官僚知识阶层或普通读书人中的朋友。权德舆《哭刘四尚书》："士友惜贤人，天朝丧贤臣。”

【士君子】 指有学问且品德高尚的人。杜甫《赠郑十八賁》:“温温士君子,令我怀抱尽。”

【士林】 指文人士大夫阶层。柳宗元《同刘二十八哭吕衡州兼寄江陵李元二侍御》:“衡岳新摧天柱峰,士林憔悴泣相逢。”刘禹锡《送李中丞赴楚州》:“缇骑朱旗入楚城,士林皆贺振家声。”罗隐《寄前户部陆郎中》:“出驯桑雉入朝簪,萧洒清名映士林。”皎然《送乌程李明府得陟状赴京》:“士林推玉振,公府荐冰清。”

【士林英】 指文人士大夫阶层中的精英。皎然《酬乌程杨明府华将赴渭北对月见怀》:“开府集秀士,先招士林英。”

【士卒】 (—zú)甲士和步卒。泛指士兵。王昌龄《塞上曲》:“功多翻下狱,士卒但心伤。”常建《客有自燕而归哀其老而赠之》:“生别皆自取,况为士卒先。”李白《战城南》:“士卒涂草莽,将军空尔为。”韦应物《广陵行》:“翕习英豪集,振奋士卒骁。”杜甫《瘦马行》:“士卒多骑内厩马,惆怅恐是病乘黄。”曹唐《哭陷边许兵马使》:“故国暗回残士卒,新坟空葬旧衣裳。”皎然《武源行赠丘卿岑》:“纵横计出皆获全,士卒身先每轻死。”

【士则】 士大夫的楷模、榜样。杜甫《送卢十四弟侍御护韦尚书灵榇归上都二十韵》:“深衷见士则,雅论在兵机。”皎然《桃花石枕歌赠康从事》:“更有坚贞不易心,与君天下为士则。”

【士馬】 兵马,指军队。苏颋《奉和圣制过晋阳宫应制》:“圣期在宁乱,士马兴太原。”张嘉贞《奉和早登太行山中言志应制》:“瞻彼冈峦峻,凭兹士马妍。”岑参《灭胡曲》:“都护新灭胡,士马气亦粗。”白居易《寄献北都留守裴令公》:“晋国封疆阔,井州士马豪。”

【士庶】 士人和普通百姓,泛指人民百姓。杜甫《往在》:“尽驱诣阙下,士庶塞关中。”张叔良《长至日上公献寿》:“化被君臣洽,恩沾士庶康。”元稹《阳城驿》:“我实唐士庶,食唐之田畴。”李绅《拜三川守》序云:“又里巷比多恶少,皆免帽散衣,聚为群斗或差肩追绕击大球,里言谓之打棍谙论,士庶苦之。”苗仲方《仲秋太常寺观公辂车拜陵》:“士庶观祠礼,公卿习旧章。”

【士族】 泛指读书人。犹“士类”。刘禹锡《读张曲江集作》引:“嗟夫!身出于遐陬,一失意而不能堪,矧华人士族而必致丑地,然后快意哉。”河北士人《寄内诗》引《本事诗》云:“河北朱滔括兵,不择士族,悉令赴军。”

【士節】 (—jié)士大夫应有的节操。张籍《省试行不由径》:“今逢大君子,士节自光明。”

一 画

壬 〔rén《广韵》如林切,平侵,日。〕❶天干序数的第九位,在五行属水,位北方。张说《皇帝降诞日集贤殿赐宴》:“瑞表壬寅露,光传甲子宵。”韩愈《元和圣德诗》:“八月壬午,辟弃城走。”吕岩《敲爻歌》:“日精才现月华凝,二八相交在壬丙。”❷奸佞。元稹《桐花》:“奸声不入耳,巧言宁孔壬。”彭晓《参同契明镜图诀诗二首》之二:“女奼朱砂男孕雪,北藏荧惑丙含壬。”

【壬子歲】 即壬子年。白居易《花前有感兼呈崔相公刘郎中》:“何事同生壬子岁,老于崔相及刘郎。”

圠 〔yà《广韵》烏黠切,入黠,影。〕见“坱圠”。

二 画

圢 〔zhèng《集韵》丈梗切,上梗,澄。〕平地。见“圢圢”。

【圢圢】 平坦貌。元稹《有酒十章》之二:“地居方直天体明,胡不八荒圢圢如砥平。”

三 画

圭 〔guī《广韵》古攜切,平齊,見。〕❶古代帝王或诸侯举行朝聘、祭祀、丧葬等隆重仪式时所用的玉制礼器,上尖下方。苏颋《故高安大长公主挽词》:“彤管承师训,青圭备礼容。”沈佺期《赦到不得归题江上石》:“自幼输丹恳,何尝玷白圭。”钱起《白石枕》:“曾无白圭玷,不作浮磬鸣。”朱湾《咏玉》:“既哀黄鸟兴,还复白圭诗。”牟融《赠殷以道》:“肯信白圭终在璞,谁怜沧海竟遗珠。”张齐贤《郊庙歌辞・仪坤庙乐章・肃和》:“裸圭既濯,郁鬯既陈。”❷古代测日影的仪器叫圭表。石座上的横尺叫圭,南北两端的标杆叫表,用以测量日影长短。参见“圭影”“圭表”。陈昌言《赋得玉水记方流》:“类圭才有角,写月让成钩。”陆龟蒙《相和歌辞・子夜四时歌四首・冬歌》:“南光走冷圭,北籁号空木。”杜甫《秋日荆南述怀三十韵》:“盘石圭多翦,凶门毂少推。”元稹《青云驿》:“延我开荜户,凿窦宛如圭。”

【圭田】 指公卿、士大夫供祭祀用的田地。权德舆《伏蒙十六叔寄示喜庆感怀三十韵因献之》:“圭田接土宇,侯籍相纷纶。”

【圭角】 圭的棱角。泛指棱角,比喻锋芒。韩愈《游青龙寺赠崔大补阙》:“南山逼冬转清瘦,刻画圭角出崖窾。”元稹《纪怀赠李六户曹崔二十功曹五十韵》:“语到磨圭角,疑消破弩症。”吴融《绵竹山四十韵》:“方者露圭角,尖者钻箭簇。”韩愈、轩辕弥明《石鼎联句》:“磨砻去圭角,浸润著光精。”

【圭臬】 土圭和水臬。测日影、正四时和测度土地的器具。杜甫《八哀诗·故著作郎贬台州司户荥阳郑公虔》:“圭臬星经奥,虫篆丹青广。”

【圭峰】 ❶地名。在陕西终南山。雍陶《送前鄠县李少府》:“近出圭峰下,还期又不赊。”赵嘏《春尽独游慈恩寺南池》:“杏园花落游人尽,独为圭峰一举头。”韩琮《题圭峰下长孙家林亭》:“出树圭峰寒压坐,入篱沙濑碧流天。”贾岛《送无可上人》:“圭峰霁色新,送此草堂人。”郑谷《访姨兄王斌渭口别墅》:“三宿忘归去,圭峰恰对门。”贯休《上杜使君》:“休说卜圭峰,开门对林壑。”又《赠杨公杜之舅》:“金殿恩波将浩浩,圭峰意绪谩孜孜。”❷指佛门高僧圭峰禅师。参见“圭峰禪師”。

【圭峰禪師】 (禪 chán)高僧。即华严宗五祖宗密禅师,住于陕西圭峰,故称为圭峰大师。宗密(780—841),唐代果州(四川西充)人,俗姓何。世称圭峰禅师、圭山大师,谥号定慧禅师。无可有《赠圭峰禅师》。

【圭衮】 玉圭和衮衣。比喻朝廷的高位。李群玉《将之京国赠薛员外》:“圭衮照崇阅,文儒嗣箕裘。”

【圭組】 印绶。借指官爵。柳宗元《游朝阳岩遂登西亭二十韵》:“会有圭组恋,遂贻山林嘲。”皮日休《太湖诗·游毛公坛》:“三谏却归来,回头唾圭组。”徐铉《翰林游舍人清明日入院中途见过余明日因寄游君》:“辎軿隘城市,圭组坐曹司。”

【圭蓽】 荜,荜门,即柴门;圭,圭窦,即墙洞。指穷人的住处。储光羲《杂诗二首》之二:“寂寞掩圭荜,梦寐游蓬莱。”

【圭璋】 圭和璋,两种贵重的玉制礼器。见《礼记·礼器》。钱起《片玉篇》:“试作圭璋礼天地,何如瑞琙在阶墀。”元稹《代曲江老人百韵》:“羽翼皆随凤,圭璋肯杂珉。”

【圭影】 圭表上的日影。独孤铉《日南长至》:“轮辉犹惜短,圭影此偏长。”李洞《感知上刑部郑侍郎》:“静藓斜圭影,孤窗响锡枝。”

【圭璧】 贵重的玉器。韦应物《东林精舍见故殿中郑侍御题诗追旧书情涕泗横集冯少府》:“朝廷重英彦,时辈分圭璧。”柳宗元《巽上人以竹闲自采新茶见赠酬之以诗》:“圆方丽奇色,圭璧无纤瑕。”元稹《谕宝二首》之二:“圭璧无卞和,甘与顽石列。”又《开元观闲居酬吴士矩侍御三十韵》:“思拙惭圭璧,词烦杂米盐。”

【圭竇】 ❶形状如圭的墙洞。亦借指微贱之家的门户。陈陶《和西江李助副使早登开元寺阁》:“资斧念余生,湖光隐圭窦。”白居易、王起、刘禹锡《喜晴联句》:“无辞访圭窦,且愿见琼枝。”陆龟蒙《丁隐君歌》:“满城奔迸翰之闲,只把枯松塞圭窦。”❷借指寒微之家。杜甫《奉送郭中丞兼太仆卿充陇右节度使三十韵》:“圭窦三千士,云梯七十城。”陆龟蒙《读襄阳耆旧传因作五百言寄皮袭美》:“伊余抱沈疾,憔悴守圭窦。”又《奉和袭美太湖诗二十首·销夏湾》:“昔予守圭窦,过于回禄囚。”薛能《送李倍秀才》:“家园枣熟归圭窦,会府槐疏试射弓。”皮日休《二游诗·任诗》:“此时一圭窦,不肯饶閈闳。”又《吴中苦雨因书一百韵寄鲁望》:“低摧在圭窦,索漠抛偏裂。”

【圭瓚】 古代的一种玉制酒器,形状如勺,以圭为柄,用于祭祀。李舒《郊庙歌辞·让皇帝庙乐章·酌献》:“洁兹宗彝,瑟彼圭瓒。”佚名《郊庙歌辞·周郊祀乐章·武舞乐》:“圭瓒方陈礼,干旄乃象功。”元稹《何满子歌》:“古者诸侯飨外宾,鹿鸣三奏陈圭瓒。”皮日休《补周礼九夏系文·九夏歌九篇》:“王有虎臣,锡之圭瓒。”

在 〔zài《广韵》昨代切,去代,從。又昨宰切,上海,從。〕❶存在;在世。沈佺期《从驩州廨宅移住山间水亭赠苏使君》:“弃置一身在,平生万事休。”杜甫《羌村》之一:“妻孥怪我在,惊定还拭泪。”王建《塞上逢故人》:“百战一身在,相逢白发生。”李商隐《暮秋独游曲江》:“深知身在情长在,怅望江头江水声。”❷指保存。李颀《题卢五旧居》:“物在人亡无见期,闲庭系马不胜悲。”韦应物《行路难》:“连环可碎不可离,如何物在人自移。”❸居于;处于。张九龄《登临沮楼》:“同怀不在此,孤赏欲如何。”刘长卿《题王少府尧山隐处简陆鄱阳》:“解印二十年,委身在丘壑。”顾况《寄上兵部韩侍郎奉呈李户部卢刑部杜三侍郎》:“身在薜萝中,头刺文案边。”韩愈《芍药》:“觉来独对情惊恐,身在仙宫第几重。”❹担任。见“在職”。❺停留;逗留。杜甫《江亭》:“水流心不竞,云在意俱迟。”李端《忆故山赠司空曙》:“云在高天风会起,年如流水日长催。”❻终,终结。李中《对酒招陈昭用》:“良图有分终在,所欲无劳妄思。”❼处所。张说《登九里台是樊姬墓》:“万化茫无在,孤坟独岿然。”❽由于;取决于。张九龄《奉和圣制瑞雪篇》:“匪惟在人利,曾是扶天意。”韩愈《符读书城南》:“木之就规矩,在梓匠轮舆。”孟郊《自叹》:“二物不在天,安能免营营。”❾在乎;看重。见“在意”。❿介词。表示动作、行为进行的处所、时间、范围或事物存在的位置,有时表示与事物的性质、状态有关的方面。白居易《凶宅》:“长安多大宅,列在街东西。”⓫助词。表示行为动作的持续或情况的存在。杜甫《江畔独步寻花》之二:“诗酒尚堪驱使在,未须料理白头人。”

【在三】 指礼敬皇帝、老师、父亲事。语出《国语·晋语一》。萧颖士《江有归舟》序:“尊道成德,严师其难哉。故在三之礼,极乎君亲,而师也参焉。”

【在上】 ❶尊称帝王。张说《唐封泰山乐章·豫和六首》之四:“高在上,道光明。”贯休《怀张为周朴》:“圣君在上知不知,赤面浊醪许多好。”又《送崔使君》:“今朝天子在上,合雪必雪。”❷在上位。对长辈或上司等的敬语。韩愈《琴操十首·越裳操》:“我祖在上,四方在下。”张祜《雉朝飞操》:“圣人在上心不偏,翁得女妻甚可怜。”

【在亡】 犹存殁。指生者和死者。柳宗元《酬韶州裴曹长使君寄道州吕八大使因以见示二十韵一首》:“在亡均寂寞,零落间惸鳏。”

【在日】 在世之日。王维《过沈居士山居哭之》:“善卷明时隐,黔娄在日贫。”刘昚虚《寄江滔求孟六遗文》:“在日贪为善,昨来闻更贫。”羊士谔《偶题寄独孤使君》:“坐逢在日唯相望,袅袅凉风满桂枝。”孟郊《冬日》:“日愁疑在日,岁箭迸如雠。”又《吊李元宾坟》:“眼咽此时泪,耳凄在日言。”白居易《闲坐》:“莫论身在日,身后亦无忧。”贾岛《哭卢仝》:“在日赠我文,泪流把读时。”

【在公】 谓办理公事。张九龄《夏日奉使南海在道中作》:“肃事诚在公,拜庆遂及私。”岑参《安西馆中思长安》:“寂寞不得意,辛勤方在公。”钱起《偶成》:“始觉牵卑剧,宵眠亦在公。”陆龟蒙《奉和袭美病中书情寄上崔谏议次韵》:“或偃虚斋或在公,蔼然林下昔贤风。”又《奉和袭美醉中偶作见寄次韵》:“海鹤飘飘韵莫侪,在公犹与俗情乖。”

【在心】 留心;操心。元稹《悟禅三首寄胡果》之三:“近见新章句,因知见在心。”姚合《洛下夜会寄贾岛》:“乌府偶为吏,沧江长在心。”薛能《望蜀亭》:“前轩一望无他处,从此西川只在心。”贾岛《明月山怀独孤崇鱼琢》:“明月长在目,明月长在心。”无名氏《灵响词》之五:“存念长在心,展转无停音。”

【在世】 ❶谓流传于世间。白居易《奉和思黯相公以李苏州所寄太湖石奇状绝伦呈梦得》:“在世为尤物,如人负逸才。”❷活在世上。张说《巡边在河北作》:“人生在世能几时,壮年征战发如丝。”裴迪《青龙寺昙壁上人院集》:“吾师久禅寂,在世超人群。”李颀《欲之新乡答崔颢綦毋潜》:“男儿在世无产业,行子出门如转蓬。”李白《宣州谢朓楼饯别校书叔云》:“人生在世不称意,明朝散发弄扁舟。”李端《送郑宥入蜀迎觐》:“在世谁非客,还家即是乡。”刘商《归山留别子侄二首》之一:“车马驱驰人在世,东西南北鹤随云。”白居易《感时》:“人生讵几何,在世犹如寄。”胡曾《咏史诗·柯亭》:“中郎在世无甄别,争得名垂尔许年。”杜荀鹤《送九华道士游茅山》:“于身无切事,在世有余闲。”齐己《善哉行》:“人生在世何容易,眼浊心昏信生死。”

【在目】 在眼前;在视线之中。宋之问《温泉庄卧病寄杨七炯》:“赖有嵩丘山,高枕长在目。”刘长卿《江中晚钓寄荆南一二相识》:“楚郭微雨收,荆门遥在目。”李白《莹禅师房观山海图》:“丹崖森在目,清昼疑卷幔。”杜甫《三川观水涨二十韵》:“火云出无时,飞电常在目。”姚向《奉陪段相公晚夏登张仪楼》:“帝乡如在目,欲下尽裴回。”白居易《新乐府·杏为梁》:“俭存奢失今在目,安用高墙围大屋。”陆龟蒙《奉和袭美登初阳楼寄怀北平郎中》:“无限恩波犹在目,东风吹起细漪涟。”吴筠《秋日望倚帝山》:“远峰列在目,杳与神襟契。”

【在生】 犹在世。张谓《代北州老翁答》:“在生本求多子孙,及有谁知更辛苦。”王建《水运行》:“在生有乐当有苦,三年做官一年行。”杨巨源《奉和裴相公》:“在生本要求知己,垂老应怜值相公。”郑谷《哭进士李洞二首》之二:“若近长江死,想君胜在生。”

【在乎】 在于。指出事物的目的、本质所在。元稹《有酒十章》之四:“取人之仰者,无乃在乎昭昭乎曰与夫日星。”

【在在】 处处;到处。武元衡《春斋夜雨忆郭通微》:“桃源在在阻风尘,世事悠悠又遇春。”

【在列】 犹在位;在朝。褚亮《祭神州乐章·雍和》:“黝牲在列,黄琮俯映。”岑文本《奉和正日临朝》:“逾沙纷在列,执玉俨相趋。”韩愈《元和圣德诗》:“事始上闻,在列咸怒。”王涯《享惠昭太子庙乐章》:“宫臣展事,肃雍在列”

【在早】 早先;在于时间早。杜甫《遣兴三首》之三:“丰年孰云迟,甘泽不在早。”权德舆《八音诗》:“革道当在早,谦光斯可取。”

【在先】 ❶预先;事先。王建《赠人二首》之一:“每度报朝愁入阁,在先教示小千牛。”又《华清宫前柳》:“杨柳宫前忽地春,在先惊动探春人。”❷谓时间在前。苏涣《变律》之三:“祸亦不在大,福亦不在先。”姚合《游春十二首》之五:“同伴无辞困,游春贵在先。”李中《梅花》:“群木方憎雪,开花长在先。”寒山《诗三百三首》之七三:“冻骨衣应急,充肠食在先。”

【在行】 (—háng)指行伍。李绅《奉酬乐天立秋夕有怀见寄》:“屣履步前楹,剑戟森在行。”

【在行】 (—xíng)谓启程。杜甫《奉送二十三舅录事之摄郴州》:"从役何蛮貊,居官志在行。"

【在位】 ❶居于君主之位。白居易《新乐府·骊宫高》:"吾君在位已五载,何不一幸乎其中。"❷居官位;做官。富嘉谟《明冰篇》:"腰玉煌煌千官事,明冰毕赋周在位。"孟浩然《送丁大凤进士赴举呈张九龄》:"故人今在位,岐路莫迟回。"杜甫《遣兴五首》之四:"贺公雅吴语,在位常清狂。"耿沣《元日早朝》:"盛明多在位,谁得守蓬麻。"

【在坐】 见"在座"。

【在座】 亦作"在坐"。到席;在场。多指在聚会、会议等的座上。杜甫《送重表侄王砅评事使南海》:"秦王时在坐,真气惊户牖。"贯休《锦绣万花谷》:"客至多逢僧在坐,钓归惟许鹤随船。"

【在即】 谓某种情况在最近期间就要发生。韦安石《奉和九日幸临渭亭登高应制得枝字》:"临深应在即,居高岂忘危。"

【在昔】 从前;往昔。太宗《还陕述怀》:"在昔戎戈动,今来宇宙平。"王绩《赠梁公》:"功成皆能退,在昔谁灭亡。"又《过汉故城》:"在昔高门内,于今岐路傍。"张九龄《南阳道中作》:"佳气蔼厥初,霸图纷在昔。"元稹《遭风二十韵》:"在昔讵惭横海志,此时甘乏济川才。"李商隐《送千牛李将军赴阙五十韵》:"在昔王纲紊,因谁国步清。"陆龟蒙《奉和袭美二游诗·任诗》:"吴之辟疆园,在昔胜概敌。"

【在於】 ❶犹对于。表示所说的情况与后面的对象密切相关。杜甫《病后过王倚饮赠歌》:"尚看王生抱此怀,在于甫也何由羡。"❷指出事物的本质内容或目的等。尚颜《言兴》:"雅颂在于此,浮华致那边。"

【在官】 ❶在职为官;任职于官署。高适《别刘大校书》:"应犹作赋好,莫叹在官贫。"独孤及《喜辱韩十四郎中书兼封近诗示代书题赠》:"所叹在官成远别,徒言屼水才容舠。"白居易《秦中吟十首·立碑》:"在官有仁政,名不闻京师。"朱庆余《寄刘少府》:"唯爱图书兼古器,在官犹自未离贫。"黄滔《上刑部卢员外》:"谁识在官意,开门树色间。"❷谓在官府有名籍。姚合《送王嗣之典仪城》:"唯求采药者,不道在官名。"

【在後】 以后;后来。元稹《感旧》:"四人先去我在后,一枝蒲柳衰残身。"施肩吾《仙客归乡词二首》之一:"井边不认捎云树,多是门人在后栽。"皮日休《奉和鲁望招润卿博士辞以道侣将至之作》:"灵真散尽光来此,莫恋安妃在后无。"

【在宥】 指任物自在,无为而化。多用以赞美帝王的"仁政""德化"。语出《庄子·在宥》。德宗《中和节赐百官燕集因示所怀》:"至化恒在宥,保和兹息人。"魏知古《从猎渭川献诗》:"雍熙亮在宥,亭毒匪多伤。"独孤及《送陈兼应辟兼寄高适贾至》:"天子方在宥,朝廷张四维。"柳宗元《游南亭夜还叙志七十韵》:"安得奉皇灵,在宥解天弢。"元稹《宪宗章武孝皇帝挽歌词三首》之一:"触鳞曾在宥,偏哭堕髯前。"裴潾《前相国赞皇公早葺平泉山居暂还憩十四首奉寄》之二:"出纳帝命,弘兹在宥。"

【在室】 ❶女子已订婚而未嫁,或已嫁而被休回娘家,称"在室"。后亦泛指女子未婚。于溃《拟古意》:"国色久在室,良媒亦生疑。"❷在家;在屋。徐彦伯《仪坤庙乐章·永和》:"有几在室,有乐在庭。"

【在原】 指兄弟。语出《诗·小雅·常棣》:"脊令在原,兄弟急难。"王泠然《淮南寄舍弟》:"远道俱为客,他乡共在原。"韦应物《送李二归楚州》:"情人南楚别,复咏在原诗。"周昙《咏史诗·后汉门·赵孝》:"为感在原哀叫切,鹡鸰休报听双飞。"

【在家】 ❶居于家;没离家门。蔡希寂《同家兄题渭南王公别业》:"好闲知在家,退迹何必深。"孟浩然《寻菊花潭主人不遇》:"主人登高去,鸡犬空在家。"杜甫《喜晴》:"丈夫则带甲,妇女终在家。"又《吾宗》:"在家常早起,忧国愿年丰。"戎昱《长安秋夕》:"远客归去来,在家贫亦好。"白居易《和刘郎中曲江春望见示》:"芳景多游客,衰翁独在家。"杜牧《秋晚江上遣怀》:"贫病远行客,梦魂多在家。"许浑《将离郊园留示弟侄》:"久贫辞国远,多病在家稀。"❷犹在室。王建《促刺词》:"百年不遣踏君门,在家谁唤为新妇。"白居易《新乐府·井底引银瓶》:"忆昔在家为女时,人言举动有殊姿。"刘猛《晓》:"可耻垂拱时,老作在家女。"❸谓不离开家庭而做僧、尼、道士的人。对"出家"而言。皇甫冉《送从侄栖闲律师》:"能知出世法,讵有在家心?"

【在陳】 见"在陳之厄"。

【在陳之厄】 指遭遇饥贫等困境。见《论语·卫灵公》。亦省作"在陳"。韩愈《秋雨联句》:"吾人犹在陈,僮仆诚自郐。"

【在處】 到处;处处。张籍《赠别王侍御赴任陕州司马》:"京城在处闲人少,惟共君行并马蹄。"钱起《夜泊鹦鹉洲》:"小楼深巷敲方响,水国人家在处同。"白居易《西行》:"常闻俗间语,有钱在处乐。"朱庆余《送滕庶子致仕归江南》:"在处饶山水,堪行慰所心。"薛逢《六街尘》:"六街尘起鼓冬冬,马足车轮在处通。"贾岛《赠翰林》:"看花在处多随驾,召宴无时不及身。"许棠《写怀》:"在处有岐路,何人无别离?"崔涂《蜀城春》:"在处有芳草,满城无故人。"齐己《蝉八韵》:"在处声无别,何人泪欲流。"

【在堂】 ❶谓母亲健在。戎昱《送辰州郑使君》:"长子家无弟,慈亲老在堂。"❷在厅堂。归登《郊庙歌辞·享惠昭太子庙乐章·请神》:"闲歌在堂,万舞在庭。”

【在野】 ❶谓庶民处于乡野、田野。韦应物《观田家》:“丁壮俱在野,场圃亦就理。”杜甫《哀王孙》:“豺狼在邑龙在野,王孙善保千金躯。”又《天宝初南曹小司寇舅于我太夫人堂下累土为山而作是诗》:“望中疑在野,幽处欲生云。”元稹《雉媒》:“双雉在野时,可怜同嗜欲。”李商隐《赠田叟》:“抚躬道直诚感激,在野无贤心自惊。”❷与“在朝”“在位”相对,称不居官当政。杜甫《甘林》:“经过倦俗态,在野无所违。”郑启《严塘经乱书事》:“在野傅岩君不梦,乘轩卫懿鹤何功?”

【在望】 谓远处的东西在视野以内。朱均《贻常夷诗》:“乔木如在望,通衢良易遵。”

【在握】 犹言在手中。沈佺期《和元舍人万顷临池玩月戏为新体》:“夜光殊在握,了了见沉灰。”陶翰《经杀子谷》:“百万犹在握,可争天下权。”欧阳炯《题景焕画应天寺壁天王歌》:“曾持象简累为官,又有蛇珠常在握。”

【在斯】 在这里。卢照邻《芳树》:“芳树本多奇,年华复在斯。”韦承庆《直中书省》:“寄谢巢由客,尧年正在斯。”张九龄《上阳水窗旬宴得移字韵》:“河汉非应到,汀洲忽在斯。”柳宗元《哭连州凌员外司马》:“寂寞富春水,英气方在斯。”张弘靖《山亭怀古》:“谁能辨人野,寄适聊在斯。”吕温《道州南楼换柱》:“良工操斤斧,沉吟方在斯。”白居易《代书诗一百韵寄微之》:“想子今如彼,嗟予独在斯。”皮日休《三羞诗三首》之三:“方知圣人教,于民良在斯。”

【在朝】 (—cháo)列于朝堂,指担任朝廷官职。王维《丁寓田家有赠》:“在朝每为言,解印果成趣。”刘长卿《喜朱拾遗承恩拜命赴任上都》:“闾阖九天通奏籍,华亭一鹤在朝行。”窦常《之任武陵寒食日途次松滋渡先寄刘员外禹锡》:“幸得柱山当郡舍,在朝长咏卜居篇。”徐铉《谪居舒州累得韩高二舍人书作此寄之》:“会友少于分袂日,谪居多却在朝时。”

【在道】 ❶在于正道。孟郊《君子勿郁郁士有谤毁者作诗以赠之》之一:“折辀不在道,覆舟不在河。”白居易《反鲍明远白头吟》:“惩淫或应可,在道未为弘。”郑谷《试笔偶书》:“可凭唯在道,难解莫过诗。”❷谓正在路途之中。薛据《初去郡斋书怀》“感时惟责己,在道非怨天。”白居易《东归》:“方知无系者,在道如安居。”聂夷中《住京寄同志》:“在京如在道,日日先鸡起。”

【在意】 留意;放在心上。宋之问《湖中别鉴上人》:“愿与道林近,在意逍遥篇。”朱庆余《送祝秀才归衢州》:“高科如在意,当自惜光阴。”

【在職】 担任官职。卢照邻《中和乐九章·歌公卿第八》:“群龙在职,振鹭盈朝。”

圪 〔yì《广韵》魚乙切,入質,疑。又魚迄切,入迄,疑。〕见“圪圪”。

【圪圪】 墙高貌。贯休《上荆南府主三让德政碑》:“四海英雄尽戢兵,皆如圪圪天金柱。”

圮 〔pǐ《广韵》符鄙切,上旨,並。〕❶毁坏;坍塌。崔国辅《漂母岸》:“古地多陻圮,时哉不敢言。”李贺《昌谷诗(五月二十七日作)》:“待驾栖鸾老,故宫椒壁圮。”李商隐《送从翁东川弘农尚书幕》:“夏台曾圮闭,汜水敢逡巡。”❷衰微;衰败。元结《二风诗·治风诗五篇·至劳》:“至哉茂功,不升不圮。”萧颖士《羽山》:“夏祖何屯圮,迁殛此山隈。”

圯 〔yí《广韵》與之切,平之,以。〕古方言。桥。李百药《郢城怀古》:“运圯属驰驱,时屯恣敲朴。”韩愈《人日城南登高》:“扶杖凌圯阯,刺船犯枯葑。”来鹄《圣政纪颂》:“成天造地,不昏不圯。”

【圯橋】 此指秦末张良与一老父相遇并被授以《太公兵法》之桥。见《史记·留侯世家》。后来桥毁废,故址在今江苏省邳州市南。李白《经下邳圯桥怀张子房》:“我来圯桥上,怀古钦英风。”崔涂《读留侯传》:“偶成汉室千年业,只读圯桥一卷书。”韦庄《和郑拾遗秋日感事一百韵》:“霍庙神遐远,圯桥路杳茫。”

【圯橋書】 亦称“圯下兵法”。指秦末一老父于圯上授予张良的《太公兵法》。李白《酬张卿夜宿南陵见赠》:“身为下邳客,家有圯桥书。”

地 〔dì《广韵》徒四切,去至,定。〕❶大地。与“天”相对。宋之问《使至嵩山寻杜四不遇慨然复伤田洗马韩观主赠杜侯杜四》:“笙歌入玄地,诗酒坐寥天。”李贺《苦昼短》:“吾不识青天高,黄地厚,唯见月寒日暖,来煎人寿。”❷地面;陆地。刘长卿《夜中对雪赠秦系时秦初与谢氏离婚谢氏在越》:“月明花满地,君自忆山阴。”岑参《田使君美人舞如莲花北鋋歌》:“高堂满地红氍毹,试舞一曲天下无。”杜甫《秋兴八首》之七:“关塞极天唯鸟道,江湖满地一渔翁。”刘禹锡《牛相公留守见示城外新墅有溪竹秋月亲情多往兼命同作》:“光辉满地上,丝管发舟中。”元稹《酬乐天早夏见怀》:“荒草满田地,近移江上居。”陆龟蒙《奉和袭美开元寺客省早景即事次韵》:“褵褷满地贝多雪,料峭入楼于阗风。”❸领土,属地;地区。杨师道《陇头水》:“天山传羽檄,汉地急征兵。”骆宾王《早发淮口望盱眙》:“徙帝留余地,封王表旧城。”源乾曜《奉和圣制送张尚书巡边》:“匈奴迩河朔,汉地须戎旅。”韩愈《梁国惠康公主挽歌》之二:“秦地吹箫女,湘波鼓瑟妃。”刘禹锡《令狐相公自太原累示新诗因以酬寄》:“飞蓬卷尽塞云寒,战马闲嘶汉地宽。”李端《荆门歌送兄赴夔州》:"自是湘州石燕飞,那关齐地商羊舞。"❹土地;田地。元友让《复游浯溪》:"田地潜更主,林园尽废荒。"元稹《元和五年予官不了罚俸西归三月六日恺曩游因投五十韵》:"提携好音乐,翦铲空田地。同占杏花园,喧阗各丛萃。"白居易《九日寄行简》:"下邽田地平如掌,何处登高望梓州。"齐己《病起见庭莎》:"不缘田地窄,剩种任婆娑。"❺地方;场所。苏颋《赠司徒豆卢府君挽词》:"草闭坟将古,松阴地不春。"王维《送崔九兴宗游蜀》:"江汉风流地,游人何岁归。"崔国辅《襄阳曲二首》之二:"少年襄阳地,来往襄阳城。"李白《关山月》:"由来征战地,不见有人还。"刘禹锡《同乐天送河南冯尹学士》:"可怜五马风流地,暂辍金貂侍从才。"王建《春日五门西望》:"唯有教坊南草绿,古苔阴地冷凄凄。"❻地位。见"地位"。❼地步;余地。刘长卿《洛阳主簿叔知和驿承恩赴选伏辞一首》:"则知无不可,通变有余地。"杜甫《奉送魏六丈佑少府之交广》:"议论有余地,公侯来未迟。"刘禹锡《秋日题窦员外崇德里新居》:"莫言堆案无余地,认得诗人在此间。"❽指所达到的境界。皎然《送维谅上人归洞庭》:"孤月空天见心地,寥寥一水镜中山。"齐己《江寺春残寄幕中知己二首》之二:"闲忆遗民此心地,一般无染喻真空。"❾心意活动的领域。李颀《宿莹公禅房闻梵》:"始觉浮生无住著,顿令心地欲皈依。"钱起《暇日览旧诗因以题咏》:"逍遥心地得关关,偶被功名涴我闲。"薛能《赠韦氏歌人二首》之一:"弦管声凝发唱高,几人心地暗伤刀。"❿路程;面积。李白《妾薄命》:"长门一步地,不肯暂回车。"岑参《临洮泛舟赵仙舟自北庭罢使还京》:"云沙万里地,孤负一书生。"韩愈《送李尚书赴襄阳八韵得长字》:"五营兵转肃,千里地还方。"白居易《长斋月满寄思黯》:"似隔山河千里地,仍当风雨九秋天。"皮日休《汴河怀古二首》之一:"应是天教开汴水,一千余里地无山。"李煜《破阵子》词:"四十年来家国,三千里地山河。"⓫通"第"。门第。李群玉《登宜春醉宿景星寺寄郑判官兼简空上人》:"涨海豁心源,冰壶见门地。"韦庄《寄薛先辈》:"不说文章与门地,自然毛骨是公卿。"

【地力】　❶土地的出产能力。丁泽《良田无晚岁》:"人功虽未及,地力信非常。"郑谷《初还京师寓止府署偶题屋壁》:"火力不能销地力,乱前黄菊眼前开。"❷指土地的肥沃程度。白居易《东坡种花二首》之一:"天时有早晚,地力无高低。"

【地下】　❶地面以下,泥土里。戎昱《咏史》:"地下千年骨,谁为辅佐臣。"❷指阴间。沈佺期《天官崔侍郎夫人卢氏挽歌》:"埋镜泉中暗,藏镫地下微。"岑参《韩员外夫人清河县君崔氏挽歌二首》之二:"灯冷泉中夜,衣寒地下秋。"杜甫《怀旧》:"地下苏司业,情亲独有君。"又《骊山》:"地下无朝烛,人间有赐金。"白居易《哭刘尚书梦得二首》之一:"贤豪虽殁精灵在,应共微之地下游。"李商隐《与同年李定言曲水闲话戏作》:"莫惊五胜埋香骨,地下伤春亦白头。"方干《过朱协律故山》:"地下无余恨,人间得盛名。"韩偓《故都》:"天涯烈士空垂涕,地下强魂必噬脐。"

【地下郎】　"地下修文郎"之略称。杜甫《闻高常侍亡》:"虚历金华省,何殊地下郎。"参见"地下修文郎"。

【地下修文郎】　据王隐《晋书》载,中牟令苏韶死后现形,对其堂弟苏节说,颜渊、卜商现为地下修文郎;修文郎凡八人,皆鬼之圣者。韶今亦守其职。见《太平御览》卷八八三引。后因以"地下修文郎"为文士死亡的典故。司空图《狂题十八首》之九:"地下修文著作郎,生前饥处倒空墙。"徐夤《伤前翰林杨左丞》:"人间搦管穷苍颉,地上修文待卜商。"

【地上】　❶陆地上。亦指地面上。陈子昂《入东阳峡与李明府舟前后不相及》:"地上巴陵道,星连牛斗文。"李白《静夜思》:"床前看月光,疑是地上霜。"岑参《武威送刘单判官赴安西行营便呈高开府》:"地上多髑髅,皆是古战场。"刘禹锡《牛相公留守见示城外新墅有溪竹秋月亲情多往兼命同作》:"光辉满地上,丝管发舟中。"孟郊《杏殇》:"地上空拾星,枝上不见花。"❷指人间,阳世。杜甫《骢马行》:"近闻下诏喧都邑,肯使骐驎地上行。"韩愈《调张籍》:"顾语地上友,经营无太忙。"刘禹锡《酬乐天醉后狂吟十韵》:"散诞人间乐,逍遥地上仙。"卢仝《忆金鹅山沈山人二首》之二:"地上禽兽重血食,性命血化飞黄埃。"姚合《题崔驸马宅》:"诗人多说离君宅,不得青苔地上行。"

【地久天長】　(長 cháng)❶形容历时悠久。佚名《郊庙歌辞·晋朝飨乐章·再举酒》:"南山永固,地久天长。"❷形容爱情永久不变。犹言白头到老。卢照邻《释疾文三歌》之二:"岁去忧来兮东流水,地久天长兮人共死。"

【地中】　(—zhōng)地平面以下;地面以下。王昌龄《小敷谷龙潭祠作》:"崖谷喷疾流,地中有雷集。"韦应物《信州录事参军常曾古鼎歌》:"雕螭刻篆相错盘,地中岁久青苔寒。"张籍《废居行》:"去时禾黍埋地中,饥兵掘土翻重重。"张祜《题虎丘东寺》:"寺门山外入,石壁地中开。"裴说《牡丹》:"未尝贫处见,不似地中生。"周昙《咏史诗·唐虞门·再吟》:"若道地中休下泪,不应新竹有啼痕。"

【地分】　犹地位。杜甫《赠献纳使起居田舍人澄》:"献纳司存雨露边,地分清切任才贤。"

【地文】　地貌;谓地面山岳河海丘陵平原之形。李峤《和杜侍御太清台宿直旦有怀》:"欲啸迁乔侣,先飞掷地文。”

【地方】　处所，地点。皮日休《太湖诗·上真观》：“襹褷风声癣，跁踦地方瘆。”

【地火】　指炉火。花蕊夫人徐氏《宫词》之七〇：“密室红泥地火炉，内人冬日晚传呼。”

【地户】　地的门户。古代传说天有门，地有户，天门在西北，地户在东南。因称地之东南为“地户”。卢僎《让帝挽歌词二首》之一：“地户迎天仗，皇阶失帝兄。”张祜《游天台山》：“巉峻极天门，觑深窥地户。”李山甫《山中依韵答刘书记见赠》：“惊风出地户，虢虢似震雷。”

【地心】　指尘世之心。白居易《赠僧五首·钵塔院如大师》：“慈悲不瞬诸天眼，清净无尘几地心。”

【地平】　❶地面平坦。杜甫《奉和严中丞西城晚眺十韵》：“地平江动蜀，天阔树浮秦。”刘禹锡《八月十五日夜桃源玩月》：“群动翛然一顾中，天高地平千万里。”柳宗元《唐铙歌鼓吹曲十二篇·辅氏凭江淮竟东海为奔鲸沛第五》：“披攘蒙霿开海门，地平水静浮天根。”元稹《望云骓马歌》：“地平险尽施黄屋，九九属车十二纛。”❷地平面；地平线。张祜《题丘山寺》：“地平边海处，江出上山时。”

【地仙】　❶方士称住在人间的仙人。陈子昂《酬李参军崇嗣旅馆见赠》：“言从天上落，乃是地仙人。”卢纶《送饯从叔辞丰州幕归嵩阳旧居》：“吾翁致身殊得计，地仙亦是三千岁。”杜荀鹤《怀紫阁隐者》：“紫阁白云端，云中有地仙。”又《送九华道士游茅山》：“忽起地仙兴，飘然出旧山。”吴越僧《武肃王有旨石桥设斋会进一诗共六首》之五：“空中长似闻天乐，岩畔常疑有地仙。”❷喻指闲散享乐的人。刘禹锡《酬乐天闲卧见寄》：“散诞向阳眠，将闲敌地仙。”又《刑部白侍郎谢病长告改宾客分司以诗赠别》：“洛阳旧有衡茆在，亦拟抽身伴地仙。”白居易《池上即事》：“身闲当贵真天爵，官散无忧即地仙。”李涉《秋日过员太祝林园》：“望水寻山二里余，竹林斜到地仙居。”张贲《和鲁望白菊》：“雪彩冰姿号女华，寄身多是地仙家。”

【地皮】　❶地的表面。韩愈《游城南十六首·题于宾客庄》：“榆荚车前盖地皮，蔷薇蘸水笋穿篱。”❷比喻民财。与“卷”“刮”等连用，比喻搜刮民财。卢仝《萧宅二三子赠答诗二十首·客谢井》：“扬州恶百姓，疑我卷地皮。”

【地主】　❶当地的主人。对来往客人而言。岑参《使君席夜送严河南赴长水》：“使君地主能相送，河尹天明坐莫辞。”杜甫《湖城东遇孟云卿复归刘颢宅宿宴饮散因为醉歌》：“向非刘颢为地主，懒回鞭辔成高宴。”郎士元《春宴王补阙城东别业》：“地主同声复同舍，留欢不畏夕阳催。”皮日休《寄润卿博士》：“尘外乡人为许掾，山中地主是茅君。”❷田地的主人。陆龟蒙《和袭美寄毗陵魏处士朴》：“唯应地主公田熟，时送君家麹蘖材。”

【地穴】　❶指面积较大的凹陷地形。张说《岳阳早霁南楼》：“地穴穿东武，江流下西蜀。”❷地下的孔道或洞穴。骆宾王《在江南赠宋五之问》：“沧波通地穴，输委下归塘。”

【地光】　低空大气中出现的片状光、弧状光和带状光等，多为青白色。韩翃《送张渚赴越州》：“白面谁家郎，青骊照地光。”白居易《采地黄者》：“与君啖肥马，可使照地光。”

【地衣】　❶即地毯。白居易《新乐府·红线毯》：“地不知寒人要暖，少夺人衣作地衣。”秦韬玉《豪家》：“地衣镇角香狮子，帘额侵钩绣辟邪。”王建《宫词一百首》之四十：“连夜宫中修别院，地衣帘额一时新。”和凝《宫词百首》之四十七：“地衣初展瑞霞融，绣帽金铃舞舜风。”花蕊夫人徐氏《宫词》之三十三：“蜀锦地衣呈队舞，教头先出拜君王。”李煜《浣溪沙》：“金炉次第添香兽，红锦地衣随步皱。”❷低等植物的一类。植物体是菌和藻的共生体，种类很多，生长在地面、树皮或岩石上，特别能耐干、寒。薛涛《春郊游眺寄孙处士二首》之二：“今朝纵目玩芳菲，夹缬笼裙绣地衣。”

【地形】　❶地面的形状。李白《秋日与张少府楚城韦公藏书高斋作》：“地形连海尽，天影落江虚。”杜甫《奉酬薛十二丈判官见赠》：“卧病识山鬼，为农知地形。”又《诸将五首》之五：“西蜀地形天下险，安危须仗出群材。”孟郊《招文士饮》：“何言天道正，独使地形斜。”温庭筠《过潼关》：“地形盘屈带河流，景气澄明是胜游。”❷指地理位置。宋之问《梁宣王挽词三首》之二：“地形龟食报，坟土燕衔来。”刘禹锡《金陵怀古》：“兴废由人事，山川空地形。”姚合《寄送卢拱秘书游魏州》：“地形吞北虏，人事接东京。”又《题凤翔西郭新亭》：“地形当要处，人力是闲时。”

【地志】　专记地理情况的书。韩愈《南山诗》：“山经及地志，茫昧非受授。”

【地里】　❶两地相距的里程。杜甫《哭王彭州抡》：“蜀路江干窄，彭门地里遥。”❷土地、山川等的环境形势。朱庆余《和处州韦使君新开南溪》：“地里光图谶，樵人共说深。”李远《听话丛台》：“云遮襄国天边去，树绕漳河地里来。”陆龟蒙《忆袭美洞庭观步奉和次韵》：“地里方吴会，人风似冉庬。”❸指地理之学。陆龟蒙《和袭美寄同年韦校书》：“可中寄与芸香客，便是江南地里书。”❹区域；区划。李峤《史》：“马记天官设，班图地里新。”权德舆《送商州杜中丞赴任》：“安康地里接商於，帝命专城总赋舆。”

【地利】　❶对农业生产有利的土地条件。李华

《杂诗六首》之四:“上天降寒暑,地利乃可生。”麹信陵《移居洞庭》:“荷锄分地利,纵酒乐天真。”鲍溶《山行经樵翁》:“时清公赋薄,力勤地利繁。”张光朝《获塘西庄赠房元垂》:“往昔分地利,远近无闲田。”❷地理优势。杜甫《江陵望幸》:“地利西通蜀,天文北照秦。”卢纶《送何召下第后归蜀》:“水程通海货,地利杂吴风。”韩愈、孟郊《斗鸡联句》:“天时得清寒,地利挟爽垲。”

【地位】 人或团体在社会关系中所处的位置。卢仝《走笔谢孟谏议寄新茶》:“山上群仙司下土,地位清高隔风雨。”

【地角】 (—jiǎo)地的尽头。多比喻极僻远的地方。杨炯《奉和上元酺宴应诏》:“匈奴穷地角,本自远正朔。”岑参《宿铁关西馆》:“雪中行地角,火处宿天倪。”白居易《新乐府·昆明春》:“天涯地角无禁利,熙熙同似昆明春。”雍陶《再经天涯地角山》:“十年马足行多少,两度天涯地角来。”李商隐《临发崇让宅紫薇》:“天涯地角同荣谢,岂要移根上苑栽。”贯休《送人归新罗》:“积愁穷地角,见日上扶桑。”吕岩《七言》之二:“通灵一颗正金丹,不在天涯地角安。”

【地角天涯】 (角 jiǎo)形容极远的地方或彼此相隔很远。骆宾王《畴昔篇》:“玉垒铜梁不易攀,地角天涯眇难测。”杨凭《湘江泛舟》:“湘川洛浦三千里,地角天涯南北遥。”张仲素《燕子楼诗三首》之一:“相思一夜情多少,地角天涯不是长。”殷文圭《边将别》:“地角天涯倍苦辛,十年铅椠未酬身。”齐己《寄匡阜诸公二首》之二:“峰前林下东西寺,地角天涯来往僧。”

【地表】 地面,大地的表面。李中《庐山》:“势雄超地表,翠盛接天心。”

【地拆】 地裂。语出《礼记·月令》。杜甫《晓望》:“地拆江帆隐,天清木叶闻。”戎昱《闰春宴花溪严侍御庄》:“瓶开巾漉酒,地拆笋抽芽。”韩愈《桃源图》:“嬴颠刘蹶了不闻,地拆天分非所恤。”卢仝《扬子津》:“鹏腾鳌倒且快性,地拆天开总是闲。”

【地征】 土地税。见《周礼·地官·大司徒》。颜萱《过张祜处士丹阳故居》:“柴扉草屋无人问,犹向荒田责地征。”亦指征收地税。李商隐《城上》:“边遽稽天讨,军须竭地征。”

【地金】 埋在地下的黄金。典出孝子郭巨掘地埋儿得金事。见《太平御览》卷四一一引刘向《孝子图》。李士元《登阁》:“总输释氏青莲馆,依旧重重布地金。”

【地府】 迷信说法,人世之外,另有世界,设有百官,专管鬼魂死人,称为“地府”,又称“阴间”。贾岛《哭卢仝》:“天子未辟召,地府谁来追。”

【地底】 ❶指大地的低凹处。杜甫《北征》:“邠郊入地底,泾水中荡潏。”又《飞仙阁》:“歇鞍在地底,始觉所历高。”聂夷中《闻人说海北事有感》:“海隅久已无春色,地底真成有劫灰。”❷地面之下。李白《日出行》:“日出东方隈,似从地底来。”又《安州应城玉女汤作》:“地底烁朱火,沙傍歊素烟。”岑参《成王挽歌》:“地底孤灯冷,泉中一镜寒。”白居易《忆微之伤仲远》:“李三埋地底,元九谪天涯。”元稹《以州宅夸于乐天》:“星河似向檐前落,鼓角惊从地底回。”韩偓《冬至夜作》:“阴冰莫向河源塞,阳气今从地底回。”齐己《寓言》:“精华销地底,珠玉聚侯门。”

【地宜】 地理之所宜。指地理环境或条件。白居易《裴侍中晋公以集贤林亭即事诗三十六韵见赠以伸酬献》:“疏凿出人意,结构得地宜。”

【地官】 古代六官之一。见《周礼·地官·序官》。武则天曾改户部为地官,因亦以地官称户部长官。杨巨源《胡二十拜户部兼判度支》:“庙略已调天府实,国征方觉地官尊。”张籍《和户部令狐尚书喜裴司空见招看雪》:“谁共登春榭,唯闻有地官。”

【地祇】 地神。佚名《郊庙歌辞·祭方丘乐章·肃和》:“至矣坤德,皇哉地祇。”韩愈《孟东野失子》:“地祇为之悲,瑟缩久不安。”牛僧孺《李苏州遗太湖石奇状绝伦因题二十韵奉呈梦得乐天》:“地祇愁垫压,鳌足困支撑。”吕岩《敲爻歌》:“天神佑,地祇迎,混合乾坤日月精。”刘乙《晓望》:“地祇逃秀境,神化或殷雷。”

【地界】 田地的边界。亦指葬身之处。薛能《恭禧皇太后挽歌词三首》:“衔哀穷地界,亲莅泣天颜。”

【地骨】 大地的骨骼,指石。又称“土骨”。李乂《寄胡皓时在南中》:“江流通地骨,山道绕天台。”李颀《登首阳山谒夷齐庙》:“苍苔归地骨,皓首采薇歌。”

【地侯】 填星的别名。即土星。见《史记·天官书》。元稹《春分投简阳明洞天作》:“地侯鞭社伯,海若跨天吴。”

【地皇】 古代传说中的三皇之一。《史记·秦始皇本纪》:“古有天皇,有地皇,有泰皇。”杨炯《奉和上元酺宴应诏》:“业盛勋华德,兴包天地皇。”

【地首】 大地的头颅。指地的最高处。多指昆仑山。睿宗《石淙(相王时作)》:“地首地肺何曾拟,天目天台倍觉惭。”

【地神】 大地之神。欧阳炯《题景焕画应天寺壁天王歌》:“地神对出宝瓶子,天女倒披金缕衣。”

【地纪】 维系大地的绳子。古人认为天圆地方,传说天有九柱支撑,使天不下陷;地有大绳维系四角,使地有定位。借指大地。太宗《春日望海》:“积流横地纪,疏派引天潢。”骆宾王《咏水》:“列名通地纪,疏派合天津。”

【地根】 犹地底。指大地的最低凹处。岑参《与鄠县群官泛渼陂》:"万顷浸天色,千寻穷地根。"独孤及《观海》:"廓然混茫际,望见天地根。"皎然《寒栖子歌》:"停形为饵天地根,世人皆死我独存。"

【地財】 大地的财富。主要指谷物等。樊宗师《蜀绵州越王楼诗》:"地财无丛厚,人室安取丰。"

【地氣】 ❶地中之气。杨炯《早行》:"地气俄成雾,天云渐作霞。"元稹《生春二十首》之三:"水冻霜威庇,泥新地气融。"❷犹气候。张九龄《感遇十二首》之七:"岂伊地气暖,自有岁寒心。"崔颢《舟行入剡》:"地气秋仍湿,江风晚渐凉。"白居易《桐花》:"地气反寒暄,天时倒生杀。"方干《岁晚苦寒》:"地气寒不畅,严风无定时。"

【地租】 在封建社会中,土地占有者依靠土地所有权获得的收入。王绩《独坐》:"有客谈名理,无人索地租。"

【地脈】 ❶指地的脉络;地势。崔泰之《奉和圣制送张尚书巡边》:"地脉平千古,天声振九围。"沈佺期《塞北二首》之一:"虏障天骄起,秦城地脉分。"孟浩然《送吴宣从事》:"旌旆边庭去,山川地脉分。"张嘉贞《恩敕尚书省僚宴昆明池应制》:"地脉山川胜,天恩雨露饶。"皇甫冉《送处州裴使君赴京》:"别喜天书召,宁忧地脉长。"曹唐《送刘尊师祗诏阙庭三首》之二:"既扫山川收地脉,须留日月驻天颜。"❷指地下水。孟云卿《放歌行》:"地脉日夜流,天衣有时扫。"杜甫《大历三年春白帝城放船出瞿塘峡久居夔府将适凡四十韵》:"风雷缠地脉,冰雪耀天衢。"鲍溶《题吴征君岩居》:"地脉发醴泉,岩根生灵芝。"章孝标《和顾校书新开井》:"月轮开地脉,镜面写天心。"皮日休《太湖诗·游毛公坛》:"唯愁绝地脉,又恐折天柱。"又《奉和鲁望春雨即事次韵》:"山容洗得如烟瘦,地脉流来似乳肥。"曹松《立春日》:"木梢寒未觉,地脉暖先知。"❸地中穴道。綦毋潜《茅山洞口》:"方随地脉转,稍觉水晶寒。"杜甫《白水县崔少府十九翁高斋三十韵》:"何得空里雷,殷殷寻地脉。"李商隐《井泥四十韵》:"寄辞别地脉,因言谢泉扉。"韦庄《李氏小池亭十二韵》:"引泉疏地脉,扫絮积山嵌。"

【地脊】 古人谓大地的脊梁,指山。孟郊《登华严寺楼望终南山赠林校书兄弟》:"地脊亚为崖,耸出冥冥中。"

【地紘】 犹地维。古谓地有八纮。柳宗元《唐铙歌鼓吹曲十二篇·泾水黄》:"顿地纮,提天纲。"

【地理】 ❶土地、山川等的环境形势。亦指一个地区的山川、气候等自然环境及物产、交通、居民点等社会经济因素的总情况。骆宾王《早秋出塞寄东台详正学士》:"天阶分斗极,地理接楼烦。"赵冬曦《奉和圣制答张说扈从南出雀鼠谷》:"地理分中壤,天文照上台。"李邕《登历下古城员外孙新亭》:"太山雄地理,巨壑眇云庄。"韩愈、李正封《晚秋郾城夜会联句》:"地理画封疆,天文扫寥廓。"李商隐《献寄旧府开封公》:"地理南溟阔,天文北极高。"❷区域;区划。皇甫曾《送商州杜中丞赴任》:"安康地理接商於,帝命专城总赋舆。"李昌符《送人游边》:"地理全归汉,天威不在兵。"❸地址。陈陶《南海送韦七使君赴象州任》:"地理金城近,天涯玉树孤。"❹风水。李贺《出城别张又新酬李汉》:"地理阳无正,快马逐服辕。"

【地著】 指定居于一地。杜甫《行官张望补稻畦水归》:"公私各地著,浸润无天旱。"

【地黄】 药用植物。中医以根状茎入药。新鲜者称鲜地黄或鲜地,有清热生津的作用。干燥后称生地黄或生地,功能养阴凉血。经蒸制加工后称熟地黄或熟地,是滋肾补精血的要药。白居易《采地黄者》:"岁晏无口食,田中采地黄。"

【地黄杯】 指泡有地黄的茶杯。白居易《马坠强出赠同座》:"坐依桃叶枝,行呷地黄杯。"

【地黄粥】 指伴有地黄的粥。白居易《春寒》:"酥暖薤白酒,乳和地黄粥。"

【地區】 指人世。韩愈、孟郊《赠剑客李园联句》:"筑炉地区外,积火烧氛氲。"

【地望】 魏晋以下,行九品中正制,士族大姓垄断地方选举等权力,一姓与其所在郡县相联系,称为地望。李商隐《五言述德抒情诗一首四十韵献上杜七兄仆射相公》:"耿贾官勋大,荀陈地望清。"

【地極】 指大地的极远之处。徐浩《谒禹庙》:"地极临沧海,天遥过斗牛。"

【地軸】 ❶传说中大地的轴。杨炯《和辅先入昊天观星瞻》:"玉槛昆仑侧,金枢地轴东。"骆宾王《夏日游德州赠高四》:"风烟通地轴,星象正天枢。"杜甫《晦日寻崔戢李封》:"地轴为之翻,百川皆乱流。"又《后苦寒行二首》之二:"天兵斩断青海戎,杀气南行动地轴。"又《冬日洛城北谒玄元皇帝庙》:"森罗移地轴,妙绝动宫墙。"钱起《巨鱼纵大壑》:"龙摅回地轴,鲲化想天池。"杜牧《长安杂题长句六首》之五:"洪河清渭天池浚,太白终南地轴横。"❷泛指大地。杨师道《奉和圣制春日望海》:"洪波回地轴,孤屿映云光。"许敬宗《奉和入潼关》:"势逾回地轴,威盛转天机。"骆宾王《帝京篇》:"五纬连影集星躔,八水分流横地轴。"寇泚《度涂山》:"涂山横地轴,万里留荒服。"孔德绍《登白马山护明寺》"遥瞻尽地轴,长望极天隅。"

【地裂】 ❶由于地壳变动而土地开裂。徐彦伯《比干墓》:"山鸣鬼又哭,地裂川亦震。"杜甫《湖城东遇孟云卿复归刘颢宅宿宴饮散因为醉歌》:"天开地裂长安陌,寒尽春生洛阳殿。"皎然《赠李中丞洪一首》:

"地裂大将封，家传介珪瑞。"❷土地的裂缝。杜甫《后苦寒行》之一："玄猿口噤不能啸，白鹄翅垂眼流血；安得春泥补地裂！"

【地道】 ❶地面的道路。玄宗《王屋山送道士司马承祯还天台》："地道逾稽岭，天台接海滨。"卢照邻《西使兼送孟学士南游》："地道巴陵北，天山弱水东。"张说《游洞庭湖湘》："空宫闻莫睹，地道窥难测。"❷地下通道。张祜《送王昌涉侍御》："云梯曾险上，地道惯深行。"❸谓为人合乎一定的道德规范。鲍溶《忆郊天》："六龙日驭天行健，神母呈图地道光。"

【地寒】 指人的出身微贱，地位低下。白居易《郊陶潜体诗十六首》之一四："地寒命且薄，徒抱王佐才。"杜荀鹤《下第投所知》："落第愁生晓鼓初，地寒才薄欲何如。"

【地絡】 犹地脉，土地的脉络。亦指疆界。玄宗《登蒲州逍遥楼》："黄河分地络，飞观接天津。"李义府《在嶲州遥叙封禅》："飞声总地络，腾化抚干维。"

【地勢】 土地山川的形势。苏颋《夜发三泉即事》："天彭信方隅，地势诚斗绝。"刘长卿《入百丈涧见桃花晚开》："应缘地势下，遂使春风偏。"李华《尚书都堂瓦松》："天然斯所寄，地势太无从。"韦应物《广陵行》："雄藩镇楚郊，地势郁岧峣。"元稹《江边四十韵》："官借江边宅，天生地势坳。"白居易《湖亭晚望残水》："流注随地势，洼坳无定质。"章孝标《题紫微山上方》："地势连沧海，山名号紫微。"张祜《入潼关》："地势遥尊岳，河流侧让关。"温庭筠《江上别友人》："地势萧陵歇，江声禹庙空。"

【地雷】 一种爆炸性武器，一般多埋入地下，装有特种引火装置。胡曾《咏史诗・东晋》："石头城下浪崔嵬，风起声疑出地雷。"裴度、刘禹锡《宴兴化池亭送白二十二东归联句》："澄澈连天境，潺湲出地雷。"吕岩《步蟾宫》："地雷震动山头雨，要洗濯黄牙土。"

【地經】 犹地图。王建《闻故人自征戍回》："安得缩地经，忽使在我傍。"

【地圖】 ❶指地理位置、形势。张文琮《咏水》："地图罗四渎，天文载五潢。"窦庠《酬韩愈侍郎登岳阳楼见赠》："地图封七泽，天限锁重扃。"权德舆《送上虞丞》："云壑窥仙籍，风谣验地图。"杨衡《送人流雷州》："地图经大庾，水驿过长沙。"张祜《鸿沟》："宁似九州分国土，地图初割海中流。"周昙《咏史诗・春秋战国门・荆轲》："有心为报怀权略，可在於期与地图。"❷古指描摹土地山川等地理形势的图。今称说明地球表面的事物和现象分布情况的图，上面标着符号和文字，一般都着上颜色。杜甫《严公厅宴同咏蜀道画图得空字》："日临公馆静，画满地图雄。"元稹《说剑》："燕丹卷地图，陈平绾花绶。"白居易《重修香山寺毕，题二十二韵以纪之》："地图铺洛邑，天柱倚崧丘。"鲍溶《怀仙二首》之一："西母持地图，东来献虞舜。"陈陶《圣帝击壤歌四十声》："地图龟负出，天诰凤衔将。"

【地魄】 指月亮。吕岩《五言》之一一："天魂生白虎，地魄产青龙。"吕岩《敲爻歌》："十二宫中蟾魄现，时时地魄降天魂。"希道《授彖彀子歌二首》之一："木津天魂，金液地魄。"

【地獄】 梵文的意译，意为"苦的世界"。处于地下，有八寒、八热、无间等名目。古印度传说人在生前做了坏事，死后要堕入地狱，受种种苦。佛教也采用此说。卢仝《常州孟谏议座上闻韩员外职方贬国子博士有感五首》之五："功名生地狱，礼教死天囚。"荆人《嘲僧惟恭》："地狱千万重，莫厌排头入。"韩滉《判僧云晏五人聚赌喧诤语》："强说天堂难到，又言地狱长开。"寒山《诗三百三首》之九一："一死入地狱，长如镇库银。"

【地精】 指百谷。语出《黄庭内景经・百谷》。卢照邻《羁卧山中》："扣钟鸣天鼓，烧香厌地精。"

【地網】 地上的网罗。比喻危难凶险的境地。吕岩《七言》之四四："早使亢龙抛地网，岂知白虎出天真。"

【地維】 维系大地的绳子。古人以为天圆地方，天有九柱支持，地有四维系缀。故亦指地的四角。韦应物《送冯著受李广州署为录事》："大海吞东南，横岭隔地维。"李绅《忆万岁楼望金山》："山绝地维消虎踞，水浮天险尚龙盘。"韩偓《山院避暑》："运塞地维窄，气苏天宇空。"白居易、刘禹锡《喜晴联句》："白日开天路，玄阴卷地维。"

【地震】 由地球内部的变动引起的地壳的急剧变化和地面的震动。又称地动。杜牧《李甘诗》："烈风驾地震，狞雷驱猛雨。"

【地盤】 势力范围；活动范围。顾况《丘小府小鼓歌》："地盘山鸡犹可像，坎坎砰砰随手长。"张祜《洞庭南馆》："地盘云梦角，山镇洞庭心。"又《题樟亭》："地盘江岸绝，天映海门空。"又《登广武原》："地盘山入海，河绕国连天。"

【地鋪】 铺在地上。白居易《新乐府・缭绫》："中有文章又奇绝，地铺白烟花簇雪。"

【地險】 ❶大地险阻。玄宗《早度蒲津关》："地险关逾壮，天平镇尚雄。"陈子昂《白帝城怀古》："岩悬青壁断，地险碧流通。"唐尧臣《金陵怀古》："一时因地险，五世享天禄。"❷指险要之地。太宗《入潼关》："崤函称地险，襟带壮两京。"张文琮《蜀道难》："梁山镇地险，积石阻云端。"徐安贞《奉和圣制早度蒲津关》："两都分地险，一曲度河湾。"李商隐《南朝》："地险悠悠天险长，金陵王气应瑶光。"

【地機】 军事上指形势险要的关键之地。孟郊《上河阳李大夫》:“武牢锁天关,河桥纽地机。”

【地錦】 指地毯。李商隐《和孙朴韦蟾孔雀咏》:“地锦排苍雁,帘钉镂白犀。”

【地隱】 指隐居于偏僻之地。宋之问《奉和幸韦嗣立山庄侍宴应制》:“地隐东岩室,天回北斗车。”

【地藏】 埋葬于地。白居易《简简吟》:“十三行坐事调品,不肯迷头白地藏。”陈陶《吴苑思》:“今人地藏古人骨,古人花为今人发。”杜光庭《题空明洞》:“欲问空明奇胜处,地藏方石恰如金。”

【地轉】 ❶谓时势变迁。李白《上皇西巡南京歌十首》之四:“地转锦江成渭水,天回玉垒作长安。”欧阳詹《赠山南严兵马使》:“天旋地转烟云黑,共鼓长风六合清。”元稹《望云骓马歌》:“天旋地转日再中,天子却坐明光宫。”罗隐《寄虔州薛大夫》:“地转南康重,官兼亚相高。”❷指地动,地震。杜甫《江涨》:“大声吹地转,高浪蹴天浮。”

【地覆天翻】 形容变化巨大。贯休《山居诗二十四首》之十二:“从他人说从他笑,地覆天翻也只宁。”

【地邊】 指边区之地。齐已《荆渚寄怀西蜀无染大师兄》:“欲听吾宗旧山说,地边身老楚江边。”

【地羅】 犹地网。吕岩《七言》之二三:“月圆自觉离天网,功满方知出地罗。”

【地鏡】 指地面的积水。庾抱《卧痾喜霁开扉望月简宫内知友》:“高高侵地镜,皎皎彻天津。”韩愈、孟郊《秋雨联句》:“地镜时昏晓,池星竞漂沛。”杨炯《和辅先入昊天观星瞻》:

【地廬】 大地。李峤《扈从还洛呈侍从群官》:“申歌地庐骇,献寿衢尊溢。”

【地爐】 ❶《庄子·大宗师》:“今一以天地为大炉,以造化为大冶,恶乎往而不可哉?”后因以之指为大地陶冶万物的神炉。岑参《热海行送崔侍御还京》:“阴火潜烧天地炉,何事偏烘西一隅。”杨巨源《夏日苦热同长孙主簿过仁寿寺纳凉》:“火入天地炉,南方正何剧。”贯休《苦热寄赤松道者》:“天云如烧人如炙,天地炉中更何适。”❷就地挖砌的火炉。岑参《玉门关盖将军歌》:“军中无事但欢娱,暖屋绣帘红地炉。”白居易《即事重题》:“重裘暖帽宽毡履,小阁低窗深地炉。”李建勋《宿友人山居寄司徒相公》:“地炉僧坐暖,山枿火声肥。”贯休《古意九首》之九:“箬屋开地炉,翠墙挂藤衣。”❸火炕。又称地炕。皮日休《奉和鲁望樵人十咏·樵火》:“山客地炉里,然薪如阳辉。”

【地籟】 ❶风吹大地的孔穴而发出的声响。孔德绍《王泽岭遭洪水》:“地籁风声急,天津云色愁。”❷指穴谷。虞世南《奉和幽山雨后应令》:“山泉鸣石涧,地籁响岩风。”

【地變】 地体变动。多指地震、山崩。古人以之为天示凶兆。李商隐《曲江》:“天荒地变心虽折,若比阳春意未多。”李山甫《刘员外寄移菊》:“颜色不能随地变,风流唯解逐人香。”贯休《闻赤松舒道士下世》:“地变贤人丧,疮痍不可观。”

【地靈】 ❶土地山川的灵秀之气。刘宪《奉和幸大荐福寺应制》:“地灵传景福,天驾俨钩陈。”刘禹锡《和牛相公题姑苏所寄太湖石兼寄李苏州》:“震泽生奇石,沉潜得地灵。”罗隐《息夫人庙》:“一生虽抱楚王恨,千载终为息地灵。”韦庄《饶州余干县琵琶洲有故韩宾客宣城裴尚书修行因以和吟》:“已觉地灵因昴降,更闻川媚有珠生。”徐夤《依御史温飞卿华清宫二十二韵》:“地灵蒸水暖,天气待宸游。”❷谓土地山川灵秀。孙逖《和崔司马登称心山寺》:“地灵资净土,水若护真如。”杜甫《岳麓山道林二寺行》:“地灵步步雪山草,僧宝人人沧海珠。”刘禹锡《海阳十咏·蒙池》:“地灵草木瘦,人远烟霞逼。”方干《题龙瑞观兼呈徐尊师》:“或雨或云常不定,地灵云雨自无时。”又《题澄圣塔院上方》:“地灵直是饶风雨,杉桧老于云雨间。”韦庄《春云》:“山好只因人化石,地灵曾有剑为龙。”

四　画

坏[1] 〔pī《广韵》芳杯切,平灰,滂。〕抔。犹捧,掬。言其少。唐彦谦《长陵》:“耳闻明主提三尺,眼见愚民盗一坏。”

坏[2] 〔péi《集韵》蒲枚切,平灰,並。〕同“阫”。屋后的墙。杜甫《秋日荆南述怀三十韵》:“贤非梦傅野,隐类凿颜坏。”

址 〔zhǐ《广韵》諸市切,上止,章。〕❶根基;基础。杜甫《桥陵诗三十韵因呈县内诸官》:“金城蓄峻址,沙苑交回汀。”元稹《古社》:“古社基址在,人散社不神。”苏拯《金谷园》:“积金累作山,山高小于址。”❷地点;处所。张九龄《登古阳云台》:“楚国兹故都,兰台有余址。”王勃《上巳浮江宴韵得址字》:“披观玉京路,驻赏金台址。”刘商《姑苏怀古送秀才下第归江南》:“可怜荒堞晚冥濛,麋鹿呦呦达遗址。”张祜《江南杂题》:“积潦池新涨,颓垣址旧高。”无名氏《贺圣朝》:“故址颓垣,冷烟衰草,前朝宫阙。”

圻[1] 〔qí《广韵》渠希切,平微,羣。〕❶畿,京畿。古称天子直辖之地。亦指京城所领的地区。褚亮《祭神州乐章·雍和》:“泰圻严享,阴郊展敬。”❷疆界;地域。韦应物《始至郡》:“洪流荡北址,崇岭郁南圻。”刘禹锡《和窦中丞晚入容江作》:“分圻辨风物,入境闻讴谣。”陆龟蒙《战秋辞》:“南北畿圻,盗兴五期。”无名氏《观剑南献捷》:“遐圻新破虏，名将旧登坛。"张嘉贞《奉和早登太行山中言志应制》："九圻行若砥，万谷辗如川。"❸通"碕"。岸。蔡允恭《奉和出颍至淮应令》："久倦川涂曲，忽此望淮圻。"徐珩《日暮望泾水》："下濑波常急，回圻溜亦纡。"张九龄《自始兴溪夜上赴岭》："数曲迷幽嶂，连圻触暗泉。"宋之问《早入清远峡》："寂历环沙浦，葱茏转石圻。"孙逖《江行有怀》："秋水明川路，轻舟转石圻。"王维《送邢桂州》："赭圻将赤岸，击汰复扬舲。"韩愈《宿曾江口示侄孙湘二首》之一："三江灭无口，其谁识涯圻。"又《除官赴阙至江州寄鄂岳李大夫》："故人辞礼闱，旌节镇江圻。"

圻[2] 〔yín《广韵》語斤切，平欣，疑。又五根切，平痕，疑。〕同"垠"。边际。柳宗元《乐府杂曲·鼓吹铙歌·晋阳武》："斥田圻，流洪辉。"孙逖《登越州城》："封圻沧海合，廛市碧湖明。"李白《感时留别从兄徐王延年、从弟延陵》："策马摇凉月，通宵出郊圻。"高适《同陈留崔司户早春宴蓬池》："同官载酒出郊圻，晴日东驰雁北飞。"元稹《月三十韵》："殷勤入怀什，恳款堕云圻。"

坂 〔bǎn《广韵》府遠切，上阮，非。《集韵》部版切，上潸，並。〕斜坡；山坡。骆宾王《饯郑安阳入蜀》："彭山折坂外，井络少城隈。"李白《北上行》："汲水涧谷阻，采薪陇坂长。"卢纶《送李校书赴东川幕》："泥坂望青城，浮云与栈平。"贾岛《寄武功姚主簿》："驿路穿荒坂，公田带淤泥。"

圿 〔jiá《广韵》古黠切，入黠，見。〕污垢。韩愈、孟郊《征蜀联句》："蹋翻聚林岭，斗起成埃圿。"

坐 〔zuò《广韵》徂卧切，去過，從。又徂果切，上果，從。〕❶古人铺席于地，两膝着席，臀部压在脚后跟上，谓之"坐"。后来把臀部平放在椅子、凳子或其他物体上以支持身体称为"坐"。李白《夜坐吟》："冬夜夜寒觉夜长，沉吟久坐坐北堂。"❷居留，停留。王建《赠王枢密》："三朝行坐镇相随，今上春宫见小时。"阎选《八拍蛮》之一："光影不胜闺阁恨，行行坐坐黛眉攒。"❸拒守。见"坐鎮"。❹乘。见"坐車"。❺座。座席；座位。韩翃《赠别华阴道士》："卖鲊市中何许人，钓鱼坐上谁家子。"刘禹锡《洛中逢白监同话游梁之乐因寄宣武令狐相公》："开颜坐上催飞盏，回首庭中看舞枪。"徐商《贺襄阳副使节判同加章绶》："同年坐上联宾榻，宗姓亭中布锦裀。"王建《宫词一百首》之五："内人对御叠花笺，绣坐移来玉案边。"❻座。指在座的人。韦应物《贵游行》："忽闻艳阳曲，四坐亦已柔。"❼因为；由于。杜牧《山行》："停车坐爱枫林晚，霜叶红于二月花。"❽正；恰好。杜甫《答杨梓州》："闷到杨公池水头，坐逢杨子镇东州。"❾遂；乃。陈子昂《秋日遇荆州府崔兵曹使宴》："江湖一相许，云雾坐交欢。"白居易《别元九后咏所怀》："同心一人去，坐觉长安空。"❿渐；将。沈佺期《和杜麟台元志春情》："青春坐南移，白日忽西匿。"⓫聊；且。孟浩然《登安阳城楼》："才子乘春来骋望，群公暇日坐销忧。"岑参《使君席夜送严河南赴长水》："使君地主能相送，河尹天明坐莫辞。"⓬空；徒然。韦应物《清明日忆诸弟》："唯恨乖亲燕，坐度此芳年。"⓭殊，非常。张九龄《感遇二十首》："谁知林栖者，闻风坐相悦。"

【坐上】 座席上。韩翃《赠别华阴道士》："卖鲊市中何许人，钓鱼坐上谁家子。"韩愈《感春四首》之二："杂花妆林草盖地，白日坐上倾天维。"刘禹锡《洛中逢白监同话游梁之乐因寄宣武令狐相公》："开颜坐上催飞盏，回首庭中看舞枪。"又《寄毗陵杨给事三首》之三："东城南陌昔同游，坐上无人第二流。"方干《赠美人四首》之二："坐上弄娇声不转，尊前掩笑意难知。"鱼玄机《夏日山居》："庭前亚树张衣桁，坐上新泉泛酒杯。"

【坐上客】 座席上的宾客。韦应物《贵游行》："焉知坐上客，草草心所忧。"曹邺《和潘安仁金谷集》："莫怪坐上客，叹君庭前花。"

【坐尸】 犹坐享。尸，谓居其位而不做事。白居易《纳粟》："连授四命官，坐尸十年禄。"

【坐中】 (—zhōng)座席之中。薛稷《夜宴安乐公主新宅》："坐中香气排花出，扇后歌声逐酒来。"赵彦昭《奉和幸白鹿观应制》："云骖驱半景，星跸坐中天。"李颀《弹棋歌》："坐中齐声称绝艺，仙人六博何能继。"杜甫《苏端薛复筵简薛华醉歌》："坐中薛华善醉歌，歌辞自作风格老。"方干《元日》："才酌屠苏定年齿，坐中惟笑鬓毛斑。"韦庄《和集贤侯学士分司丁侍御秋日雨霁之作》："席上客知蓬岛路，坐中寒有柏台霜。"

【坐化】 佛教徒端坐安然而死，谓之"坐化"。李洞《哭栖白供奉》："闻说孤窗坐化时，白莎萝雨滴空池。"

【坐月】 坐于月下。李白《北山独酌寄韦六》："坐月观宝书，拂霜弄瑶轸。"白居易《老热》："卧风北窗下，坐月南池头。"方干《处州洞溪》："坐月何曾夜，听松不似晴。"张蠙《下第述怀》："如何直道为身累，坐月眠霜思枉干。"

【坐右】 座位的右边。刘禹锡《答裴令公雪中讶白二十二与诸公不相访之什》："迟迟未去非无意，拟作梁园坐右人。"

【坐右銘】 置于座右，用以自勉自戒的格言。徐夤《断酒》："窗间近火刘伶传，坐右新铭管仲辞。"

【坐令】 犹言致使；空使。包融《登翅头山题俨公石壁》:“坐令开心胸,渐觉落尘滓。”王昌龄《宿灞上寄侍御玙弟》:“若用匹夫策,坐令军围溃。”李白《答王十二寒夜独酌有怀》:“君不能狸膏金距学斗鸡,坐令鼻息吹虹霓。”柳宗元《杨白花》:“坐令宫树无颜色,摇荡春光千万里。”刘禹锡《咏庭梅寄人》:“何事上春日,坐令芳意阑。”

【坐地】 坐在地上。吕岩《绝句》之一七:“水飞石上迸如雪,立地看天坐地吟。”

【坐成】 空成,白白成为。孟浩然《将适天台留别临安李主簿》:“故林日已远,群木坐成翳。”李益《置酒行》:“日往不再来,兹辰坐成昔。”孟郊《别妻家》:“参差坐成阻,飘飖去无穷。”白居易《风雨晚泊》:“忽忽百年行欲半,茫茫万事坐成空。”贾岛《感秋》:“四序驰百年,玄发坐成白。”贯休《东阳罹乱后怀王慥使君五首》之三:“须发坐成三载雪,黎氓空负二天恩。”

【坐此】 因此;由此。李白《春日独坐寄郑明府》:“我在河南别离久,那堪坐此对窗牖。”

【坐次】 ❶座位。周贺《如空上人移居大云寺》:“夏高移坐次,菊浅露行踪。”❷座位的次序、位置。项斯《题赠宣州亢拾遗》:“坐次敧临水,门中独举杯。”

【坐收】 谓轻易而获。白居易《放鹰》:“所以爪翅功,而人坐收之。”

【坐車】 供人乘坐的一种小车。白居易《和春深二十首》之二十:“兰麝熏行被,金铜钉坐车。”李廓《长安少年行》之九:“游市慵骑马,随姬入坐车。”

【坐更】 夜间警卫。崔邠《礼部权侍郎阁老史馆张秘监阁老有离合酬赠聊继此章》:“坐更芝兰室,千载各芬芳。”

【坐見】 犹言眼看着,徒然看着。宋之问《明河篇》:“雁飞萤度愁难歇,坐见明河渐微没。”陈子昂《登泽州城北楼宴》:“复来登此国,临望与君同。坐见秦兵垒,遥闻赵将雄。”韩愈《石鼓歌》:“观经鸿都尚填咽,坐见举国来奔波。”孟郊《汴州留别韩愈》:“坐见绕岸水,尽为还海波。”张祜《濠州水馆》:“南轩更何待,坐见玉蟾蜍。”赵嘏《叙事献同州侍御三首》之三:“坐见一方金变化,独吟红药对残秋。”皎然《送郑孝廉淮西觐省》:“征途不用戒,坐见白波清。”

【坐作】 ❶坐与起,止与行。古代练兵的科目之一,多与“进退”连用。见《周礼·夏官·大司马》。储光羲《同诸公秋日游昆明池思古》:“坐作河汉倾,进退楼船飞。”❷安然而为。张说《唐享太庙乐章·凯安三首》之三:“奋扬增气,坐作为容。”孟简《咏欧阳行周事》:“忽如陇头水,坐作东西分。”孟郊《送韩愈从军》:“坐作群书吟,行为孤剑咏。”张祜《处士隐居》:“唯当饵仙术,坐作朱颜翁。”

【坐牀】 指坐具。杜荀鹤《入关寄九华友人》:“坐床难稳露蝉新,便作东西马上身。”

【坐忘】 道家谓物我两忘、与道合一的精神境界。见《庄子·大宗师》。张九龄《奉和圣制经河上公庙》:“迹为坐忘晦,言犹强著诠。”孟浩然《游精思题观主山房》:“渐通玄妙理,深得坐忘心。”钱起《闲居酬张起居见赠》:“能使幽兴苦,坐忘清景曛。”白居易《冬夜》:“不学坐忘心,寂莫安可过。”陆龟蒙《奉和袭美吴中言情见寄次韵》:“菰烟芦雪是侬乡,钓线随身好坐忘。”齐己《感时》:“可怜颜子能消息,虚室坐忘心最真。”

【坐卧】 坐和卧;坐或卧。常指日常起居。李颀《题璿公山池》:“指挥如意天花落,坐卧闲房春草深。”刘长卿《留题李明府霅溪水堂》:“荷香随坐卧,湖色映晨昏。”岑参《题云际南峰眼上人读经堂》:“云间独坐卧,只是对山松。”杜甫《百忧集行》:“即今倏忽已五十,坐卧只多少行立。”钟离权《题长安酒肆壁三绝句》之一:“坐卧常携酒一壶,不教双眼识皇都。”

【坐來】 ❶犹本来;向来。刘禹锡《戏题石门长老东轩》:“坐来念念非昔人,万遍莲花为谁用。”马戴《汧上劝旧友》:“坐来生白发,况复久从戎。”韩偓《蜻蜓》:“坐来迎拂波光久,岂是殷勤为蓼丛。”贯休《中秋十五夜月》:“坐来惟觉情无极,何况三湘与五湖。”❷犹适才;正当。李白《单父东楼秋夜送族弟沈之秦》:“坐来黄叶落四五,北斗已挂西城楼。”许浑《与张道士同访李隐君不遇》:“唯有西邻张仲蔚,坐来同怆别离心。”李商隐《裴明府居止》:“坐来闻好鸟,归去度疏钟。”❸移时;顷刻。岑参《西亭子送李司马》:“坐来一望无端倪,红花绿柳莺乱啼。”韦应物《暮相思》:“空馆忽相思,微钟坐来歇。”韩愈《春雪间早梅》:“玲珑开已遍,点缀坐来频。”徐夤《门外闲田数亩长有泉源因筑直堤分为两沼》:“坐来暗起江湖思,速问溪翁买钓船。”

【坐受】 白白地承受。元稹《寺院新竹》:“居然霄汉姿,坐受藩篱壅。”白居易《秋居书怀》:“况无治道术,坐受官家禄。”又《嗟发落》:“有如醍醐灌,坐受清凉乐。”卢仝《月蚀诗》:“何故瞳子上,坐受虫豸欺。”

【坐定】 犹言使稳定;安定。和凝《宫词百首》之九十:“坐定两军呈百戏,乐臣低折贺升平。”

【坐春風】 比喻承良师的教诲,犹如沐于春风。沈佺期《驩州南亭夜望》:“肝肠余几寸,拭泪坐春风。”

【坐思】 坐着思念。王维《李陵咏》:“少小蒙汉恩,何堪坐思此。”李白《寄远》之八:“坐思行叹成楚越,春风玉颜畏销歇。”王建《远征归》:“行见日月疾,坐思道路长。”李德裕《怀山居邀松阳子同作》:“坐思藤萝密,步忆莓苔滑。”

【坐看】 ❶犹行看,旋见。形容时间短暂。陈子昂《彩树歌》:“红荣碧艳坐看歇,素华流年不待君。”李白《古风》之二十六:“坐看飞霜满,凋此红芳年。”杜甫《凤凰台》:“坐看彩翮长,纵意八极周。”李绅《过梅里七首家今敝庐数堵犹存今列题于后·忆放鹤》:“凌励坐看空碧外,更怜凫鹭老江渍。”皎然《薛卿教长行歌》:“谁识兵奇势可保,坐看将军上一道。”❷坐着看。谓旁观而无行动。白居易《池上即事》:“行寻甃石引新泉,坐看修桥补钓船。”杜牧《秋夕》:“天阶夜色凉如水,坐看牵牛织女星。”李群玉《送隐者归罗浮》:“两卷素书留贳酒,一柯樵斧坐看棋。”韩偓《八月六日作四首》之四:“坐看包藏负国恩,无才不得预经纶。”

【坐待】　坐等。戴叔伦《二灵寺守岁》:“忧心悄悄浑忘寐,坐待扶桑日丽天。”柳宗元《柳州城西北隅种柑树》:“若教坐待成林日,滋味还堪养老夫。”吕温《衡州早春偶游黄溪口号》:“无事江城闭此身,不得坐待花间月。”白居易《湖亭晚归》:“起因残醉醒,坐待晚凉归。”许浑《月夜期友人不至》:“坐待故人宿,月华清兴秋。”杜荀鹤《秋宿山馆》:“山馆坐待晓,夜长吟役神。”

【坐食】　谓不劳而食。韩愈《送进士刘师服东归》:“猛虎落槛阱,坐食如孤豚。”又《朝归》:“坐食取其肥,无堪等聋瞶。”

【坐客】　❶座上的客人。卢照邻《行路难》“寄言坐客神仙署,一生一死交情处。”韦应物《与韩库部会王祠曹宅作》:“微风送荷气,坐客散尘缨。”杜甫《戏简郑广文虔兼呈苏司业源明》:“才名四十年,坐客寒无毡。”皎然《灵澈上人何山寺七贤石诗》:“跂禅服宜坏,坐客冠可隳。”虚中《听轩辕先生琴》:“坐客神魂凝,巢禽耳目倾。”❷谓留客入席。李白《门有车马客行》:“呼儿扫中堂,坐客论悲辛。”杜甫《孟氏》:“承颜胼手足,坐客强盘飧。”

【坐起】　❶安坐或起立。指举止行动。元结《酬裴云客》:“符印随坐起,守位常森森。”顾况《大茅岭东新居忆亡子从真》:“真静一时变,坐起唯从心。”施肩吾《买地词》:“所期在清凉,坐起闻香风。”杨乘《南徐春日怀古》:“且应中圣乐,坐起任昏昏。”❷起身而坐。韩愈《秋怀诗十一首》之一:“愁忧无端来,感叹成坐起。”元稹《闻乐天授江州司马》:“垂死病中惊坐起,暗风吹雨入寒窗。”伍乔《僻居谢何明府见访》:“风引柳花当坐起,日将林影入庭来。”冯延巳《蝶恋花》之一:“窗外寒鸡天欲曙,香印成灰,坐起浑无绪。”

【坐索】　守候索取。白居易《冬至夜》:“今宵始觉房栊冷,坐索寒衣托孟光。”

【坐夏】　佛教语。僧人于夏季三个月中安居不出,坐禅静修,称坐夏。其时正当雨季,亦称“坐雨安居”。具体日期因地而异。刘长卿《赠普门上人》:“山云随坐夏,江草伴头陀。”顾非熊《送造微上人归淮南觐兄》:“到家方坐夏,柳巷对兄禅。”项斯《寄坐夏僧》:“坐夏日偏长,知师在律堂。”李频《题荐福寺僧栖白上人院》:“长爱乔松院,清凉坐夏时。”黄滔《和王舍人崔补阙题天王寺》:“岳僧来坐夏,秦客会题诗。”

【坐夏僧】　指安居不出,坐禅静修的僧人。白居易《行香归》:“出作行香客,归如坐夏僧。”

【坐致】　轻易获得;轻易达到。白居易《同微之赠别郭虚舟炼师五十韵》:“黄芽与紫车,谓其坐致之。”刘威《伤曾秀才马》:“临轩振策休惆怅,坐致烟霄只在君。”齐己《荆州新秋寺居写怀诗五首上南平王》之一:“闲听谢朓吟为政,静看萧何坐致君。”

【坐部】　见“坐部伎”。

【坐部伎】　唐玄宗时宫廷燕乐分为坐部伎和立部伎。堂上坐奏,称坐部伎。见《新唐书·礼乐志十二》。白居易《新乐府·立部伎》:“堂上坐部笙歌清,堂下立部鼓笛鸣。”薛能《赠歌者》:“听时坐部音中有,唱后樱花叶里无。”

【坐家】　谓在家。鲍溶《山行经樵翁》:“下念草木年,坐家见重孙。”姚合《送王求》:“坐家心尚焦,况乃远作客。”李频《富春赠孙璐》:“青云求禄晚,白日坐家长。”胡曾《咏史诗·流沙》:“七雄戈戟乱如麻,四海无人得坐家。”

【坐曹】　指官吏在衙门里办公。刘禹锡《游桃源一百韵》:“起草香生帐,坐曹乌集柏。”

【坐堂】　❶坐于厅堂。杜甫《彭衙行》:“遂空所坐堂,安居奉我欢。”任华《怀素上人草书歌》:“骏马迎来坐堂中,金盆盛酒竹叶香。”贾岛《答王参》:“诗负属景同,琴孤坐堂听。”佚名《劝进疏引谶》之二:“何意坐堂里,中央有天子。”❷官吏出庭审理案件、处理公务。高适《奉酬睢阳李太守》:“坐堂风偃草,行县雨随辀。”

【坐视】　坐着观看。李商隐《安平公诗》:“仰看楼殿撮清汉,坐视世界如恒沙。”

【坐隅】　座位旁边。张九龄《晚憩王少府东阁》:“坐隅分洞府,檐际列群峰。”杜甫《北风》:“隐几看帆席,云山涌坐隅。”元结《游潓泉示泉上学者》:“松竹阴幽径,清源涌坐隅。”元季川《泉上雨后作》:“绿萝长新蔓,袅袅垂坐隅。”孟郊《和宣州钱判官使院厅前石楠树》:“耸异敷庭际,倾妍来坐隅。”元稹《陪诸公游故江西韦大夫通德湖旧居有感韦大夫旧僚也》:“烟波漾日侵颓岸,狐兔奔丛拂坐隅。”赵嘏《十无诗寄桂府杨中丞》:“僻爱江山俯坐隅,人间不是便为图。”罗隐《江都》:“淮王高宴动江都,曾忆狂生亦坐隅。”

【坐落】　❶山川、田地或建筑物等位置(在某处)。元稹《遣春十首》之八:“胡然不饮酒,坐落桐花树。”❷停留;落脚。戴衢《句》:“坐落千门日,吟残午夜灯。"齐己《孙支使来借诗集因有谢》:"坐落迟迟日,新题互把论。"

【坐朝】 君主临朝听政。玄宗《为赵法师别造精院过院赋诗》:"坐朝繁听览,寻胜在清幽。"白居易《江南遇天宝乐叟》:"是时天下太平久,年年十月坐朝元。"

【坐筵】 旧时地方婚俗的一种仪式。乔知之《拟古赠陈子昂》:"心事为谁道,抽琴歌坐筵。"

【坐飲】 入座宴饮。孟郊《送卢郎中汀》:"坐饮孤驿酒,行思独山游。"白居易《续古诗十首》之三:"坐饮白石水,手把青松枝。"灵一《与元居士青山潭饮茶》"野泉烟火白云间,坐饮香茶爱此山。"

【坐間】 (—jiān)❶顷刻,顿时。王绩《咏怀》:"故乡行云是,虚室坐间同。"❷座席之中。王彦威《宣武军镇作》:"前驱红旆关西将,坐间青娥赵国姬。"

【坐馳】 谓虽无举动而杂念不息。孟郊《感怀》:"坐驰悲风暮,叹息空沾缨。"

【坐蛻】 坐脱;坐化。皮日休《伤开元观顾道士》:"协晨宫上启金扉,诏使先生坐蜕归。"

【坐衙】 谓官长坐在公堂上治事。白居易《喜罢郡》:"樽前免被催迎使,枕上休闻报坐衙。"赵抟《废长行》:"耳厌人催坐衙早,才闻此戏身先到。"

【坐痹】 下肢麻痹症。杜甫《遣闷奉呈严公二十韵》:"老妻忧坐痹,幼女问头风。"

【坐歌】 犹歌唱。孟浩然《上巳日涧南园期王山人陈七诸公不至》:"坐歌空有待,行乐恨无邻。"司马扎《山中晚兴寄裴侍御》:"白酒一樽满,坐歌天地清。"

【坐語】 坐谈。张籍《祭退之》:"公既相邀留,坐语于阶楹。"

【坐誤】 犯误判罪。梁献《王昭君》:"图画失天真,容华坐误人。"

【坐論】 唐五代之制,宰相上殿议事,赐茶命坐,谓之坐论。权德舆《奉和新卜城南郊居得与卫右丞邻舍因赋诗寄赠》:"上宰坐论道,郊居仍里仁。"

【坐談】 犹谈论。陈陶《赠江南李偕副使》:"几日坐谈诛叛逆,列城归美见歌诗。"

【坐廢】 ❶获罪罢职。韩偓《余寓汀州沙县病中闻前郑左丞璘随外镇举荐感悟也》:"公干寂寥甘坐废,子牟欢抃促行期。"❷白白废弃不用。张说《岳州作》:"冠剑日苔藓,琴书坐废撤。"

【坐擁】 安坐而拥有。陆龟蒙《寒日逢僧》:"如何不向深山里,坐拥闲云过一生。"

【坐嘯】 ❶闲坐吟啸。张说《和尹懋秋夜游㴩湖》:"坐啸人事闲,佳游野情发。"皇甫冉《又送陆潜夫茅山寻友》:"坐啸青枫晚,行吟白日长。"武元衡《酬严司空荆南见寄》:"刘琨坐啸风清塞,谢朓题诗月满楼。"刘禹锡《春日寄杨八唐州二首》之二:"高斋有谪仙,坐啸清风起。"薛能《清河泛舟》:"都人层立似山丘,坐啸将军拥棹游。"❷指为官清闲或不理政事。岑参《过梁州奉赠张尚书大夫公》:"坐啸风自调,行春雨仍随。"高适《单父逢邓司仓覆仓库因而有赠》:"邦牧今坐啸,群贤趋纪纲。"钱起《送万兵曹赴广陵》:"楚城将坐啸,郢曲有余悲。"

【坐禪】 (—chán)佛教语。谓静坐息虑,凝心参究。宋之问《自衡阳至韶州谒能禅师》:"坐禅罗浮中,寻异穷海裔。"白居易《罢药》:"自学坐禅休服药,从他时复病沉沉。"又《正月十五日夜东林寺学禅偶怀蓝田杨主簿因呈智禅师》:"花县当君行乐夜,松房是我坐禅时。"杜牧《行经庐山东林寺》:"方趋上国期干禄,未得空堂学坐禅。"温庭筠《却经商山寄昔同行人》:"便同南郭能忘象,兼笑东林学坐禅。"李涛《题僧院》:"走却坐禅客,移将不动尊。"

【坐禪衣】 (禪 chán)犹僧衣。祖咏《题远公经台》:"苔侵行道席,云湿坐禅衣。"齐己《荆门秋日寄友人》:"谁论传法偈,自补坐禅衣。"

【坐隱】 下围棋的别称。杜牧《宣城赠萧兵曹》:"行吟值渔父,坐隐对樵人。"

【坐鎮】 ❶安坐而以德威服人。刘禹锡《和仆射牛相公追感韦裴六相登庸皆四十余并见寄之作》:"坐镇清朝独殷然,闲征故事数前贤。"❷官长亲自在某地镇守。王建《上武元衡相公》:"旌旗坐镇蜀江雄,帝命重开旧合崇。"

【坐觀】 坐视;旁观。德宗《奉和幸望春宫送朔方军大总管张仁亶》:"坐观膜拜人,朝夕受降城。"陈子昂《南山家园林木交映盛夏五月幽然清凉独坐思远率成十韵》:"坐观万象化,方见百年侵。"孟浩然《望洞庭湖赠张丞相》:"坐观垂钓者,徒有羡鱼情。"卢嗣立《望九华山》:"坐观风雪销烦思,惜别烟岚驻晓行。"

坌 〔bèn《广韵》蒲闷切,去慁,並。〕❶尘埃。郑嵎《津阳门诗》:"九门回望尘坌多,六龙夜驭兵卫疲。"吕岩《七言》之四十一:"药就功成身羽化,更抛尘坌出凡流。"❷尘埃等粉状物粘着于他物。元稹《说剑》:"君今困泥滓,我亦坌塵垢。"❸并;聚集在一起。韩愈、孟郊《城南联句》:"坌秀恣填塞,呀灵滀渟澄。"

坎 〔kǎn《广韵》苦感切,上感,溪。〕❶坑。地面凹陷处。沈佺期《从驩州廨宅移住山间水亭赠苏使君》:"遇坎即乘流,西南到火洲。"蔡希周《奉和扈从温泉宫承恩赐浴》:"自怜遇坎便能止,愿托仙槎路未通。"白居易《池上篇》:"如龟居坎,不知海宽。"陆龟蒙《奉和袭美太湖诗二十首·入林屋洞》:"中深剧苔井,傍坎才药臼。"齐己《潇湘二十韵》:"二水远难论，从离向坎奔。”❷墓穴；墓坑。韩愈《丰陵行》：“哭声訇天百鸟噪，幽坎昼闭空灵舆。”杜牧《伤猿》：“独折南园一朵梅，重寻幽坎已生苔。”❸古时祭月及川谷的坑穴。见《礼记·祭义》。则天皇后《唐大飨拜洛乐章·咸和》：“坎泽祠容备举，坤坛祭典爰申。”《郊庙歌辞·夕月乐章·肃和》：“坎祀贻则，郊禋展敬。”❹《易》卦名。八卦之一。坎象征险难，代表水，为北方之卦。王绩《建德破后入长安咏秋蓬示辛学士》：“遇坎聊知止，逢风或未归。”李峤《海》：“习坎疏丹壑，朝宗合紫微。”骆宾王《早发淮口望盱眙》：“养蒙分四渎，习坎奠三荆。”韩愈《送无本师归范阳》：“遂来长安里，时卦转习坎。”张良器《河出荣光》：“习坎灵逾久，居卑德有常。”❺扣。贯休《送杨秀才》：“抚长离，坎答鼓。”❻条状突起或台阶状物的统称。白居易《和答诗十首·和分水岭》：“有源殊不竭，无坎终难止。”皮日休《奉和鲁望读阴符经见寄》：“如何黄帝机，吾得多坎踬。”❼泛指坡。高适《赠别王十七管记》：“逢时愧名节，遇坎悲沦替。”孟郊《上达奚舍人》：“贫士在重坎，食梅有酸肠。”❽忧，恨。刘长卿《北游酬孟云卿见寄》：“行行无定止，懔坎难归来。”

【坎子】 即坎男，道教指汞，内丹家谓为人体内的阴精。吕岩《西江月》词之二：“北方坎子是金精，认得黄牙方盛。”

【坎井】 ❶亦作“埳井”。废井；浅井。见《庄子·秋水》。李商隐《酬令狐郎中见寄》：“土宜悲坎井，天怒识雷霆。”❷陷阱。井，通“阱”。喻艰难或险阻。韩愈《咏雪赠张籍》：“舞深逢坎井，集早值层台。”

【坎坎】 象声词。见《诗·魏风·伐檀》。丁仙芝《余杭醉歌赠吴山人》：“城头坎坎鼓声曙，满庭新种樱桃树。”白居易《郡中春宴因赠诸客》：“蛮鼓声坎坎，巴女舞蹲蹲。”皮日休《补周礼九夏系文·九夏歌九篇》之二：“杳杳阴竹，坎坎路鼓。”皎然《冬日天井西峰张炼师所居》：“坎坎山上声，幽幽林中语。”

【坎男】 道教指汞，内丹家谓为人体内的阴精。与“离女”相对。吕岩《直指大丹歌》：“欲得坎男求匹偶，须凭离女结因缘。”彭晓《参同契明镜图诀诗二首》之一：“离女驾龙为木婿，坎男乘虎作金翁。”

【坎坷】 ❶高低不平貌。韩愈《合江亭》：“长绠汲沧浪，幽蹊下坎坷。”李颀《送綦毋三谒房给事》：“高道时坎坷，故交愿吹嘘。”❷比喻困顿不得志。刘禹锡《送张盥赴举诗》：“今成一丈夫，坎坷愁风尘。”

【坎轲】 犹坎坷。冯著《行路难》：“男儿坎轲徒搔首，入市脱衣且沽酒。”韩愈《八月十五夜赠张功曹》：“州家申名使家抑，坎轲只得移荆蛮。”

【坎意】 指无私。张说《奉和圣制幸凤汤泉应制》：“坎意无私洁，乾心称物平。”

【坎鼓】 坎，鼓声。语出《诗·陈风·宛丘》。后因以“坎鼓”指击鼓。李咸用《短歌行》：“坎鼓铿钟杀愁贼，挼碎是非佯不识。”

【坎窞】 坑穴。喻险境。见《易·习坎》。皮日休《太湖诗·入林屋洞》：“试足值坎窞，低头避峥嵘。”

【坎德】 《易·说卦》：“坎为水。”坎德，指水就下的性质。因以喻君子谦卑的美德。徐敞《月映清淮流》：“处柔知坎德，持洁表阴精。”李贞《奉和圣制过温汤》：“坎德疏温液，山限派暖流。”高适《自淇涉黄河途中作十三首》之十：“坎德昔滂沱，冯夷胡不仁。”

【坎離】 ❶犹言铅汞、水火、阴阳。见《易·说卦》。吕岩《七言》之十三：“铅汞此时为至药，坎离今日结神丹。”又《窑头坯歌》：“坎离即是真常家，见者超凡须入圣。坎是虎，离是龙，二体本来同一宫。”希道《授炙毂子歌二首》之一：“坎离运行宽无成，金木有数秦晋合。”❷坎、离本为《周易》的两卦，道教以“坎男”借指汞，内丹家谓为人体内部的阴精；以“离女”借指铅，内丹家谓为人体内部的阳气。吕岩《百字碑》：“气回丹自结，壶中配坎离。”

均 〔jūn《广韵》居匀切，平諄，見。〕❶公平；均匀。刘洎《安德山池宴集》：“已均朝野致，还欣物我齐。”杜甫《送陵州路使君赴任》：“众僚宜洁白，万役但平均。”韦应物《登蒲塘驿沿路见泉谷村墅忽想京师旧居追怀昔年》：“均徭视属城，问疾躬里閭。”韩愈《孟东野失子》：“问天主下人，薄厚胡不均?”徐夤《日月无情》：“日月无情也有情，朝升夕没照均平。”清江《早春书情寄河南崔少府》：“春日春风至，阳和似不均。”❷普遍；全面。权德舆《奉和圣制中和节赐百官宴集因示所怀》：“万方庆嘉节，宴喜皇泽均。”❸等同。白居易《赠江州李十使君员外十二韵》：“长短才虽异，荣枯事略均。”❹调和；调节。杜荀鹤《喜从弟雪中远至有作》：“便均情爱同诸弟，莫更生疏似外人。”

【均分】 ❶公平分配；平均分配。皇甫湜《石佛谷》：“鸟迹巧均分，龙骸极癯瘠。”❷谓分配俸禄为若干等分。贾岛《重酬姚少府》：“俸利沐均分，价称烦嘘噏。”

【均平】 ❶平衡；均匀。吕岩《七言》之二十九：“水火均平方是药，阴阳差互不成丹。”❷平正；公允。白居易《郡厅有树晚荣早凋人不识名因题其上》：“岂量雨露恩，沾濡不均平。”徐夤《日月无情》：“日月无情也有情，朝升夕没照均平。”王绩《阶前石竹》：“上天布甘雨，万物咸均平。”

【均徭】 均平徭役。韦应物《登蒲塘驿沿路见泉谷村墅忽想京师旧居追怀昔年》：“均徭视属城，问疾躬里閭。”

【均赋】 指均平田赋。杜甫《夔府书怀四十韵》："恐乖均赋敛，不似问疮痍。"司空曙《九日送人》："均赋征三壤，登车出五湖。"薛能《送浙东王大夫》："察应均赋敛，逃必复桑耕。"王周《和程刑部三首·公会亭》："均赋乡原肃，详刑郡邑康。"

【均輸】 古代算法。为"九数"之一。包括以田地的多少、人户的上下求赋税；以道路的远近、负载的轻重求脚费；以物价的高低不一求平均数等。见《九章算术·均输》。戴叔伦《渐至涪州先寄王员外使君纵》："文教通夷俗，均输问火田。"武元衡《渐至涪州先寄王使君》："治教通夷俗，均输问大田。"皮日休《正乐府十篇·农父谣》："均输利其事，职司安敢评。"

坑[1] 〔kēng《广韵》客庚切，平庚，溪。〕❶地上洼陷处。杜甫《解忧》："呀坑瞥眼过，飞橹本无蒂。"元稹《相和歌辞·当来日大难行》："当来日大难行，前有坂，后有坑，大梁侧，小梁倾。"韩愈《病鸱》："勿讳泥坑辱，泥坑乃良规。"刘禹锡《历阳书事七十韵》："鸡笼为石颗，龟眼入泥坑。"卢仝《观放鱼歌》："开古孟渎三十里，四千顷泥坑为膏腴，刺史视之总若无。"姚合《恶神行雨》："风击水凹波扑凸，雨漴山口地嵌坑。"李群玉《浔阳观水》："朝宗汉水接阳台，呛呀填坑吼作雷。"于濆《古征战》："高峰凌青冥，深穴万丈坑。"林宽《苦雨》："霪霖翳日月，穷巷变沟坑。"❷指矿穴，矿场。见《旧唐书·食货志上》。白居易《新乐府·昆明春》："吴兴山中罢榷茗，鄱阳坑里休封银。"章孝标《送张使君赴饶州》："日暖提筐依茗树，天阴把酒入银坑。"❸活埋。李益《从军夜次六胡北饮马磨剑石为祝殇辞》："秦坑赵卒四十万，未若格斗伤戎虏。"李商隐《赠送前刘五经映三十四韵》："屋壁余无几，焚坑逮可伤。"高骈《过天威径》："豺狼坑尽却朝天，战马休嘶瘴岭烟。"元稹《夫远征》："赵卒四十万，尽为坑中鬼。"杜牧《东兵长句十韵》："上党争为天下脊，邯郸四十万秦坑。"❹代指腹部。卢仝《月蚀诗》："不独填饥坑，亦解尧心忧。"

坑[2] 〔gāng〕山脊。韩愈《酬司门卢四兄云夫院长望秋作》："驰坑跨谷终未悔，为利而止真贪馋。"

坑[3] 〔kàng〕同"炕"。薛能《送浙东王大夫》："香疍扃风诏，朱篆动龙坑。"

【坑阱】 犹陷阱。卢仝《常州孟谏议座上闻韩员外职方贬国子博士有感五首》之四："禄位埋坑阱，康庄垒剑棱。"

【坑谷】 沟壑溪谷。窦庠《金山行》："夜色晨光相荡沃，积翠流霞满坑谷。"韩愈《嘲鼾睡》："顽飙吹肥脂，坑谷相嵬磊。"孟郊《寒溪》之五："冻飙杂碎号，齑音坑谷辛。"

【坑降】 (—xiáng)活埋已经投降的兵将。李端《送彭将军云中觐兄》："设伏军谋密，坑降塞邑愁。"鲍溶《读史》："坑降嬴政在，衣锦人望替。"陈陶《塞下曲》之一："只为坑降罪，轻车未转勋。"李瀚《蒙求》："娄敬和亲，白起坑降。"

【坑焚】 指秦始皇焚书坑儒。陆龟蒙《袭美先辈以龟蒙所献五百言既蒙见和复示荣唱用伸酬谢》："加于挟书律，尽取坑焚之。"

【坑填】 谓埋葬。韩愈《送灵师》："同行二十人，魂骨俱坑填。"

【坑趙】 秦将白起破赵，活埋赵降卒四十万人。见《史记·白起王翦列传》。后遂以"坑赵"为杀降的典实。李益《从军夜次六胡北饮马磨剑石为祝殇辞》："秦坑赵卒四十万，未若格斗伤戎虏。"杜甫《聂耒阳以仆阻水书致酒肉疗饥荒江诗得代怀泊于方田》："人非西喻蜀，兴在北坑赵。"

【坑塹】 沟壑；山谷，喻险恶环境。郑谷《永日有怀》："能消永日是樗蒱，坑堑由来似宦途。"

【坑儒】 秦始皇三十五年，以儒生是古非今，于咸阳坑杀四百六十余人。史称"坑儒"。李益《华山南庙》："常闻坑儒后，此地返秦璧。"

【坑壕】 壕沟。杜甫《荆南兵马使太常卿赵公大食刀歌》："鬼物撇捩辞坑壕，苍水使者扪赤绦。"

坊[1] 〔fāng《广韵》府良切，平陽，非。〕❶城市居民聚居地的名称，与街市里巷相类似。王建《长安春游》："骑马傍闲坊，新衣著雨香。"张籍《祭退之》："公因同归还，居处隔一坊。"姚合《游昊天玄都观》："围外坊无禁，归时踏月明。"❷别室；专用的房舍。储光羲《至闲居精舍呈正上人》："宝坊若花积，宛转不可穷。"杜甫《西郊》："时出碧鸡坊，西郊向草堂。"权德舆《奉和鄜州刘大夫麦秋出师遮虏有怀中朝亲故》："兰坊分杳杳，麦垄望莓莓。"刘禹锡《和乐天洛城春齐梁体八韵》："草生季伦谷，花出莫愁坊。"姚合《和李绅助教不赴看花》："笑辞聘礼深坊住，门馆长闲似退居。"❸官署名。隋代太子官署有左右坊、门下坊、典书坊等，唐以后易为太子左春坊、右春坊。见《隋书·百官志上》。宋之问《奉和圣制闰九月九日登庄严总持二寺阁》："闰月再重阳，仙舆历宝坊。"白居易《琵琶引》："十三学得琵琶成，名属教坊第一部。"姚合《新昌里》："旧客常乐坊，井泉浊而咸。"李商隐《韩翃舍人即事》："通内藏珠府，应官解玉坊。"❹店铺。孟郊《严河南》："取次令坊沽，举止务在宽。"张籍《寄元员外》："月明台上唯僧到，夜静坊中有酒沽。"元稹《醉醒》："积善坊中前度饮，谢家诸婢笑扶行。"姚合《听僧云端讲经》："远近持斋来谛听，酒坊鱼市尽无人。”皮日休《新秋即事三首》之一：“酒坊吏到常先见，鹤料符来每探支。”❺手工业者的工作场所。薛能《并州》：“坊号偃松人在否，饼炉南畔曲西头。”

坊[2]〔fáng《广韵》符方切，平陽，奉。〕同“防”。堤防。防水或御敌的狭长建筑物。杜甫《崔氏东山草堂》：“盘剥白鸦谷口栗，饭煮青泥坊底芹。”

【坊曲】（一qǔ）泛指街巷。白居易《昭国闲居》：“勿嫌坊曲远，近即多牵役。”又《马上晚吟》：“如今不是闲行日，日短天阴坊曲遥。”

【坊門】古时街巷之门。白居易《失婢》：“宅院小墙庳，坊门帖牓迟。”

壯〔zhuàng《广韵》側亮切，去漾，莊。〕❶强壮；壮盛；盛大。杜荀鹤《伤病马》：“此马堪怜力壮时，细匀行步恐尘知。”韩愈《送侯参谋赴河中幕》：“尔时心气壮，百事谓己能。”刘禹锡《有僧言罗浮事因为诗以写之》：“渐高元气壮，汹涌来翼身。”韦庄《颍阳县》：“树老风声壮，山高腊候浓。”❷坚实；牢固。虞世南《从军行二首》之一：“凛凛严霜节，冰壮黄河绝。”李白《冬夜醉宿龙门觉起言志》：“开轩聊直望，晓雪河冰壮。”韩愈《石鼓歌》：“金绳铁索锁纽壮，古鼎跃水龙腾梭。”张祜《塞下曲》：“雪迷经塞夜，冰壮渡河朝。”❸勇猛；威猛。张祜《润州杨别驾宅送蒋侍御收兵归扬州》：“冷气清金虎，兵威壮铁冠。”权德舆《送韦行军员外赴河阳》：“离堂处处罗簪组，东望河桥壮鼙鼓。”❹豪壮；豪迈。玄宗《春台望》：“为想雄豪壮柏梁，何如俭陋卑茅室。”杜甫《壮游》：“七龄思即壮，开口咏凤皇。”韩愈《送侯参谋赴河中幕》：“尔时心气壮，百事谓己能。”❺壮观。杜甫《李潮八分小篆歌》：“吴郡张颠夸草书，草书非古空雄壮。”韦蟾《岳麓道林寺》：“沈裴笔力斗雄壮，宋杜词源两风雅。”见“壯觀”。❻男子年三十为“壮”。即壮年。后泛指成年。钱起《送鲍中丞赴太原军营》：“年壮才仍美，时来道易行。”鲍溶《秋怀五首》之五：“物生春不留，年壮老还迫。”❼少壮，年轻。指年未满二十岁。孟云卿《古别离》：“少壮无见期，水深风浩浩。”杜甫《湖中送敬十使君适广陵》：“少壮乐难得，岁寒心匪他。”羊士谔《题郡南山光福寺寺即严黄门所置即郄拾遗之词也》：“少壮称时杰，功名惜岁华。”李涉《与弟渤新罗剑歌》：“青光好去莫惆怅，必斩长鲸须少壮。”马戴《幽上留别令狐侍郎》：“辛勤今若是，少壮岂多时。”❽壮大；加强。徐凝《送日本使还》：“鲸波腾水府，蜃气壮仙宫。”见“壯大”。❾激烈；强烈。韩愈《嘲鼾睡》：“雄哮乍咽绝，每发壮益倍。”

【壯士】意气豪壮而勇敢的人；勇士。陈子良《赞德上越国公杨素》：“六郡多壮士，三边岂足平。”苏味道《咏虹》：“空因壮士见，还共美人沉。”骆宾王《于易水送人》：“此地别燕丹，壮士发冲冠。”王翰《饮马长城窟行》：“壮士挥戈回白日，单于溅血染朱轮。”李白《司马将军歌》：“将军自起舞长剑，壮士呼声动九垓。”元稹《四皓庙》：“诸侯战必死，壮士眉亦颦。”皮日休《题潼关兰若》：“壮士不言三尺剑，谋臣休道一丸泥。”周昙《咏史诗·秦门·项籍》：“壮士诚知轻性命，不思辜负八千人。”无名氏《琵琶》：“山僧扑破琉璃钵，壮士击折珊瑚鞭。”

【壯士吟】见“壯士歌”。张祜《送魏尚书赴镇州行营》：“坐激书生愤，行歌壮士吟。”

【壯士解腕】谓勇士手腕被蝮蛇咬伤，就立即截断，以免毒性扩散全身。比喻做事要当机立断，不可迟疑、姑息。语出《三国志·魏志·陈泰传》。陆龟蒙《别离》：“蝮蛇一螫手，壮士即解腕。”

【壯士歌】亦称“壯士聲”“壯士吟”。战国末，荆轲欲刺秦王，与燕太子丹诀别易水，作歌曰：“风萧萧兮易水寒，壮士一去兮不复还。”“壮士歌”即指此。陆龟蒙《杂讽九首》之九：“朝为壮士歌，暮为壮士歌。”

【壯夫】❶豪壮之士，豪杰。李白《东海有勇妇》：“要离杀庆忌，壮夫所素轻。”杜甫《故武卫将军挽歌三首》之一：“壮夫思感决，哀诏惜精灵。”李贺《送沈亚之歌》：“吾闻壮夫重心骨，古人三走无摧捽。”唐彦谦《奉使岐下闻唐弘夫行军为贼所擒伤而有作》：“报国捐躯实壮夫，楚囚垂欲复神都。”刘得仁《秋夜喜友人宿》：“无将簪绂意，只损壮夫心。”薛逢《题筹笔驿》：“出师表上留遗恳，犹自千年激壮夫。”韩偓《吴郡怀古》：“万古壮夫犹抱恨，至今词客尽伤情。”❷壮健的人；成年人。杜甫《赠韦左丞丈》：“有客虽安命，衰容岂壮夫。”韩愈《赠郑兵曹》：“尊酒相逢十载前，君为壮夫我少年。”

【壯心】豪壮的志愿，壮志。崔日用《奉和圣制送张说巡边》：“壮心看舞剑，别绪应悬旌。”王维《送韦大夫东京留守》：“壮心与身退，老病随年侵。”李白《走笔赠独孤驸马》：“长揖蒙垂国士恩，壮心剖出酬知己。”又《江夏寄汉阳辅录事》：“报国有壮心，龙颜不回眷。”许浑《洛中秋日》：“壮心能几许，伊水更东流。”方干《送喻坦之下第还江东》：“文战偶未胜，无令移壮心。”韩偓《半醉》：“壮心暗逐高歌尽，往事空因半醉来。”

【壯年】壮盛之年。多指三四十岁。张说《巡边在河北作》：“人生在世能几时，壮年征战发如丝。”高适《涟上别王秀才》：“行矣当自爱，壮年莫悠悠。”杜甫《徒步归行》：“明公壮年值时危，经济实藉英雄姿。”刘禹锡《和董庶中古散调词赠尹果毅》：“昔听东武吟，壮年心已悲。”白居易《每见吕南二郎中新文辄窃有所叹惜因成长句以咏所怀》:“壮年可惜虚销掷,遣把闲杯吟咏诗。”马戴《岐阳逢曲阳故人话旧》:“壮年俱欲暮,往事尽堪悲。”

【壯志】　豪壮的志愿、襟怀;伟大的志向。徐彦伯《拟古三首》之三:“歌笑当及春,无令壮志秋。”骆宾王《边城落日》:“壮志凌苍兕,精诚贯白虹。”刘长卿《狱中闻收东京有赦》:“壮志已怜成白首,余生犹待发青春。”孟浩然《送莫甥兼诸昆弟从韩司马入西军》:“壮志吞鸿鹄,遥心伴鹡鸰。”元稹《酬杨司业十二兄早秋述情见寄》:“壮志日萧条,那能竞朝幪。”温庭筠《过孔北海墓二十韵》:“激扬思壮志,流落叹颓龄。”韩偓《送人弃官入道》:“忸怩非壮志,摆脱是良图。”

【壯兒】　犹健儿。杜甫《高都护骢马行》:“长安壮儿不敢骑,走过掣电倾城知。”

【壯思】　豪壮的情思。李白《宣州谢朓楼饯别校书叔云》:“俱怀逸兴壮思飞,欲上青天览日月。”李端《酬前驾部员外郎苗发》:“素业高风继,青春壮思全。”

【壯勇】　壮勇者;壮丁。王建《送振武张尚书》:“尽收壮勇填兵数,不向蕃浑夺马群。”

【壯氣】　豪迈、勇壮的气概。太宗《经破薛举战地》:“昔年怀壮气,提戈初仗节。”李白《少年行三首》之一:“少年负壮气,奋烈自有时。”韩愈《赠徐州族侄》:“我年十八九,壮气起胸中。”孟郊《吊卢殷》:“戆叟老壮气,感之为忧云。”卢仝《扬州送伯龄过江》:“诸侯尽食肉,壮气吞八纮。”杜牧《史将军二首》之二:“壮气盖燕赵,耽耽魁杰人。”汪遵《函谷关》:“脱祸东奔壮气摧,马如飞电毂如雷。”

【壯健】　❶强壮;强健。杜甫《遣兴五首》之五:“丈夫贵壮健,惨戚非朱颜。”白居易《登龙尾道南望忆庐山旧隐》:“君恩壮健犹难报,况被年年老逼身。”又《和刘郎中曲江春望见示》:“羡君犹壮健,不枉度年华。”又《对酒五首》之四:“百岁无多时壮健,一春能几日晴明。”❷强健的人。杜甫《遣兴三首》之二:“降虏东击胡,壮健尽不留。”❸雄壮劲健的马。杜甫《惜别行送刘仆射判官》:“只收壮健胜铁甲,岂因格斗求龙驹。”❹雄壮劲健。欧阳炯《题景焕画应天寺壁天王歌》:“马头壮健多筋节,乌觜弯环如屈铁。”

【壯容】　青壮年时的容貌。张九龄《使还都湘东作》:“清节往来苦,壮容离别衰。”刘言史《广州王园寺伏日即事寄北中亲友》:“谁怜在炎客,一夕壮容销。”

【壯情】　豪壮的情怀、抱负。太宗《入潼关》:“弃繻怀远志,封泥负壮情。”

【壯遊】　谓怀抱壮志而远游。杜甫有《壮游》。

【壯歲】　壮年。白居易《叙德书情四十韵上宣歙翟中丞》:“盛时贫可耻,壮岁病堪嗤。”又《晚岁》:“壮岁忽已去,浮荣何足论。”鲍溶《途中旅思二首》之二:“跃马非壮岁,报恩无高功。”韩偓《寄京城亲友二首》之一:“壮岁空为客,初寒更忆家。”杜荀鹤《乱后送友人归湘中》:“渔竿壮岁别,鹤发乱时归。”怀浦《赠智舟三藏》:“壮岁心难伏,师心伏岂难。”

【壯節】　壮烈的节操。杜甫《投赠哥舒开府二十韵》:“壮节初题柱,生涯独转蓬。”薛逢《潼关驿亭》:“终军壮节埋黄土,杨震丰碑翳绿苔。”罗邺《春山山馆旅怀》:“孤剑向谁开壮节,流年催我自堪嗟。”郑谷《寄边上从事》:“男儿怀壮节,何不事嫖姚。”徐夤《题南寺》:“平生英壮节,何故旋消磨。”陈陶《闲居杂兴五首》之五:“莫道羔裘无壮节,古来成事尽书生。”徐铉《送元帅书记高郎中出为婺源建威军使》:“危言昔日尝无隐,壮节今来信不凡。”

【壯圖】　壮志,宏伟的意图。张九龄《初发道中寄远》:“壮图空不息,常恐发如丝。”孟浩然《家园卧疾毕太祝曜见寻》:“壮图哀未立,斑白恨吾衰。”韦应物《沣上寄幼遐》:“壮图非旦夕,君子勤令名。”罗隐《秋晚》:“宰邑惭良术,为文愧壮图。”徐夤《新葺茆堂》:“耨水耕山息故林,壮图嘉话负前心。”徐铉《闻查建州陷贼寄钟郎中》:“闻道将军轻壮图,螺江城下委犀渠。”

【壯髮】　❶额前丛生突下之发。杜牧《杜秋娘诗》:“燕禖得皇子,壮发绿緌緌。”❷谓成年人的头发,引申指壮盛时期。王昌龄《途中作》:“羁旅悲壮发,别离念征衣。”李白《秋日炼药院镊白发赠元六兄林宗》:“秋颜入晓镜,壮发凋危冠。”

【壯齒】　壮年。齿,年齿。权德舆《哭李晦群崔季文二处士》:“二贤无主后,贫贱大壮齿。”白居易《曲江感秋二首》之二:“荣名与壮齿,相避如朝暮。”又《岁暮》:“穷阴急景坐相催,壮齿韶颜去不回。”

【壯膽】　指胆略勇壮者。员半千《陇头水》:“喋血多壮胆,裹革无怯魂。”李贺《送韦仁实兄弟入关》:“坐来壮胆破,断目不能看。”

【壯麗】　❶健壮美丽。任华《怀素上人草书歌》:“虽有壮丽之骨,恨无狂逸之姿。”❷宏壮美丽。多指山川、建筑、图景、场面等。宋之问《奉和幸长安故城未央宫应制》:“壮丽一朝尽,威灵千载空。”苏颋《奉和圣制春台望应制》:“壮丽天之府,神明王者宅。”赵彦昭《奉和幸长安故城未央宫应制》:“崇高惟在德,壮丽岂为谟。”杜甫《岳麓山道林二寺行》:“塔劫宫墙壮丽敌,香厨松道清凉俱。”吴筠《缑山庙》:“大君弘至道,层构何壮丽。”❸宏伟瑰丽。多指文辞。戴叔伦《怀素上人草书歌》:“忽为壮丽就枯涩,龙蛇腾盘兽屹立。”

【壯懷】　豪壮的胸怀。韩愈《送石洪处士赴河阳幕得起字》:“风云入壮怀,泉石别幽耳。”孟郊《寄张籍》:“君其隐壮怀,我亦逃名称。”殷尧藩《九日》:“壮怀空掷班超笔，久客谁怜季子裘。”又《登凤凰台二首》之一：“始信人生如一梦，壮怀莫使酒杯干。”

【壯齡】 壮岁，壮年。羊士谔《郡斋读经》：“壮龄非济物，柔翰误为儒。”李德裕《思山居一十首・春日独坐思归》：“壮龄心已尽，孤赏意犹存。”

【壯觀】 ❶雄伟的景象。李百药《郢城怀古》：“大搜云梦掩，壮观章华筑。”李白《庐山谣寄卢侍御虚舟》：“登高壮观天地间，大江茫茫去不还。”杜甫《通泉驿南去通泉县十五里山水作》：“一川何绮丽，尽目穷壮观。”又《观薛稷少保书画壁》：“此行叠壮观，郭薛俱才贤。”杜牧《大雨行》：“今年阘茸鬓已白，奇游壮观唯深藏。”王瓒《冬日与群公泛舟焦山》：“沧溟壮观多，心目豁暂时。”❷景象雄伟。储光羲《贻袁三拾遗谪作》：“帝城多壮观，被服长如春。”李白《金陵三首》之一：“金陵空壮观，天堑净波澜。”杜甫《舟中苦热遣怀奉呈阳中丞通简台省诸公》：“美名光史臣，长策何壮观。”

五　画

坩 〔gān《广韵》苦甘切，平談，溪。〕盛物的陶器。陆龟蒙《京口与友生话别》：“蜀酒时倾瓯，吴虾遍发坩。”

坷 〔kě《广韵》枯我切，上哿，溪。又口箇切，去箇，溪。〕坎坷不平。李颀《送綦毋三谒房给事》：“高道时坎坷，故交愿吹嘘。”韩愈《合江亭》：“长绠汲沧浪，幽蹊下坎坷。”刘禹锡《送张盥赴举诗》：“今成一丈夫，坎坷愁风尘。”白居易《郡斋暇日辱常州陈郎中使君早春晚坐水西馆书事诗酬之》：“上申心款曲，下叙时坎坷。”

坯 〔pī《广韵》芳杯切，平灰，滂。〕❶没有烧过的砖瓦、陶器。元稹《酬乐天江楼夜吟稹诗因成三十韵》：“布鼓随椎响，坯泥仰匠圆。”❷特指土坯。杜甫《秋日荆南述怀三十韵》：“贤非梦傅野，隐类凿颜坯。”吕岩《窑头坯歌》：“窑头坯，随雨破，只是未曾经水火。”

坪 〔píng《广韵》符兵切，平庚，並。〕平地。多指山区和丘陵区局部的平地或平原。常用于地名中。温庭筠《观棋》：“闲对楸枰倾一壶，黄华坪上几成卢。”

坦 〔tǎn《广韵》他但切，上旱，透。〕❶平直；广阔。卢照邻《关山月》：“塞坦通碣石，虏障抵祁连。”又《咏史四首》之一：“处身孤且直，遭时坦而平。”戴叔伦《南野》：“治田长山下，引流坦溪曲。”韩愈《和李相公摄事南郊览物兴怀呈一二知旧》：“圆丘峻且坦，前对南山标。”王周《志峡船具诗・百丈》：“孤舟行其中，薄冰犹坦履。”❷敞开。白居易《和梦游春诗一百韵》：“既倾南国貌，遂坦东床腹。”佚名《张权舆作裴度伪谣》：“非衣小儿坦其腹，天上有口被驱逐。”❸直率开朗。张说《行从方秀川与刘评事文同宿》：“寓言情思惬，适兴真意坦。”❹露出。吐露。见“坦白”。来鹄《圣政纪颂》：“颂编坦轴，君出臣显。”

【坦平】 平坦。刘兼《到郡后有寄》：“蜀路新修尽坦平，交亲深幸再逢迎。”吕岩《七言》之十七：“四六关头路坦平，行人到此不须惊。”

【坦夷】 坦率平易。权德舆《送别沅泛》：“古人贵直道，内讼乖坦夷。”徐铉《同家兄哭乔侍郎》：“诸公长者郑当时，事事无心性坦夷。”王周《志峡船具诗・戙》：“拯危居坦夷，济险免兢惕。”

【坦坦】 平坦；广阔。白居易《和微之诗二十三首・和栉沐寄道友》：“出门向关路，坦坦无阻艰。”刘驾《青门路》：“青门有归路，坦坦高槐下。”

【坦牀賓】 指女婿。李端《送黎兵曹往陕府结婚》：“时称渡河妇，宜配坦床宾。”参见“坦腹❶”。

【坦率】 ❶坦白直率。段成式《游长安诸寺联句・光宅坊光宅寺・中禅师影堂联句》：“坦率对万乘，偶答无所避。”❷指粗疏，粗心。杜甫《将适吴楚留别章使君留后兼幕府诸公得柳字》：“常恐性坦率，失身为杯酒。”❸谓游憩。储光羲《舟中别武金坛》：“曰予轻皎洁，坦率宾混元。”

【坦然】 ❶平直广阔貌。石恪《赠雷殿直》：“衡阳去此正三年，一路程途甚坦然。”❷形容心里平静无顾虑。元稹《捉捕歌》：“主人坦然意，昼夜安寝寤。”又《酬别致用》：“一见肺肝尽，坦然无滞疑。”杜甫《五盘》：“喜见淳朴俗，坦然心神舒。”

【坦腹】 ❶见南朝宋刘义庆《世说新语・雅量》。后称人婿为“令坦”或“东床”，本此。黄崇嘏《辞蜀相妻女诗》：“幕府若容为坦腹，愿天速变作男儿。”卢纶《送申屠正字往湖南迎亲兼谒赵和州并戏简前历阳李明府》：“坦腹定逢潘令醉，上楼应伴庾公闲。”李白《送族弟凝之滁求婚崔氏》：“坦腹东床下，由来志气疏。”徐夤《山阴故事》：“坦腹夫君不可逢，千年犹在播英风。”❷舒身仰卧；坦露胸腹。杜甫《江亭》：“坦腹江亭暖，长吟野望时。”任华《寄李白》：“八咏楼中坦腹眠，五侯门下无心忆。”❸喻指赤诚。岑参《送秘省虞校书赴虞乡丞》：“看君有知己，坦腹向平津。”皮日休《七爱诗・卢征君鸿》：“坦腹对宰相，岸帻揖天子。”

【坦途】 平坦的道路。韩愈《寄卢仝》：“近来自说寻坦途，犹上虚空跨绿駬。”元稹《送林复梦赴韦令辟》：“蜀路危于剑，怜君自坦途。”白居易《新乐府・太行路》：“太行之路能摧车，若比人心是坦途。”

【坦蕩】 ❶形容胸襟开朗，心地纯洁。语出《论语・述而》。李颀《送陈章甫》：“陈侯立身何坦荡，虬须虎眉仍大颡。”李白《雪谗诗赠友人》:“坦荡君子,无悦簧言。”❷坦率任性;放达。韩愈《人日城南登高》:“人生本坦荡,谁使妄倥偬。”元稹《去杭州》:“与君言语见君性,灵府坦荡消尘烦。”王炎《赋得行不由径》:“且虑萦纡僻,将求坦荡情。”❸平坦宽阔。高骈《过天威径》:“归路崄巇今坦荡,一条千里直如弦。”

坤 〔kūn《广韵》苦昆切,平魂,溪。〕❶《易》卦名。亦指地,大地。《易·说卦》:“坤也者,地也。”德宗《重阳日赐宴曲江亭赋六韵诗用清字》:“乾坤爽气满,台殿秋光清。”李浩《大丹诗四首》之二:“人能认得其中理,夺尽乾坤造化权。”见“坤軸”。❷母,母亲。《易·说卦》:“坤,地也,故称乎母。”见“坤儀”。❸古以八卦定方位,西南方为坤。白居易《送严大夫赴桂州》:“地压坤方重,官兼宪府雄。”

【坤元】 与“乾元”对称。指大地滋生万物之德。《郊庙歌辞·中宗祀昊天乐章·中宫助祭升坛》:“坤元光至德,柔训阐皇风。”薛稷《仪坤庙乐章二首》之二:“乾道既亨,坤元以贞。”张九龄《入庐山仰望瀑布水》:“物情有诡激,坤元曷纷矫。”卢从愿《祭汾阴乐章》:“坤元载物,阳乐发生。”储光羲《晚霁中园喜赦作》:“涣汗发大号,坤元更资始。”又《奉别长史庾公太守徐公应召》:“煌煌逾涿鹿,穆穆更坤元。”

【坤牛】 《周易》取物象义,以牛的柔顺和负重载物作为坤卦之象,称为“坤牛”。后道教亦因以指至阴之精。吕岩《七言》之一一:“乾马屡来游九地,坤牛时驾出三天。”

【坤珍】 指大地呈现出的符瑞。柳宗元《登蒲州石矶望横江口潭岛深回斜对香零山》:“双江汇西奔,诡怪潜坤珍。”

【坤厚】 指大地博厚。佚名《郊庙歌辞·祭方丘乐章·顺和》:“坤厚载物,德柔垂祉。”

【坤隅】 西南方。柳宗元《唐铙歌鼓吹曲十二篇·突厥之大古夷狄莫强铁山碎第八》:“背北海,专坤隅。”又《李靖灭高昌为高昌第十一》:“龙旂翻海浪,馹骑驰坤隅。”

【坤軸】 古人想象中的地轴。杜甫《青阳峡》:“仰看日车侧,俯恐坤轴弱。”又《南池》:“安知有苍池,万顷浸坤轴。”韩愈《咏雪赠张籍》:“日轮埋欲侧,坤轴压将颓。”司空图《诗品二十四则·流动》:“荒荒坤轴,悠悠天枢。”

【坤道】 指大地的属性。见《易·坤》。褚亮《祭神州乐章·舒和》:“坤道降祥和庶品,灵心载德厚群生。”陈陶《剑池》:“霸图缭戾金龙蛰,坤道扶摇紫气生。”

【坤維】 ❶指南方。元稹《和李校书新题乐府十二首·胡旋女》:“翠华南幸万里桥,玄宗始悟坤维转。”❷指大地。元稹《有酒十章》之七:“干纲倒轧坤维旋,白日横空星宿见。”姚合《和郑相演杨尚书蜀中唱和诗》:“天福坤维厚,忠贤拥节旄。”姚鹄《虢州献杨抑卿二首》之一:“盖世英华更有谁,赋成传写遍坤维。”贯休《寿春节进大蜀皇帝五首》之一:“上玄大帝降坤维,箕尾为臣副圣期。”薛能《海棠》:“绕山生玉垒,和郡遍坤维。”成彦雄《露》:“银河昨夜降醍醐,洒遍坤维万象苏。”❸地名。李洞有《送韦太尉自坤维除广陵》,又《赠徐山人》:“徐生何代降坤维,曾伴园公采紫芝。”

【坤儀】 ❶大地。褚亮《祭神州乐章·肃和》:“大矣坤仪,至哉神县。”❷犹母仪。多以称颂帝后,言为天下母亲之表率。则天皇后《唐大飨拜洛乐章·拜洛》:“菲躬承睿顾,薄德忝坤仪。”徐铉《光穆皇后挽歌三首》之一:“仙驭期难改,坤仪道自光。”

【坤德】 ❶地德。褚亮《祭方丘乐章·肃和》:“至矣坤德,皇哉地祇。”❷喻指皇后的功德。则天皇后《唐大飨拜洛乐章·九和》:“祇荷坤德,钦若乾灵。”

【坤靈】 ❶古人对大地的美称。苏拯《药草》:“天子恤疲瘵,坤灵奉其职。”❷大地的灵秀之气。杜牧《故洛阳城有感》:“千烧万战坤灵死,惨惨终年鸟雀悲。”韦庄《北原闲眺》:“千年王气浮清洛,万古坤灵镇碧嵩。”

坱 〔yǎng《广韵》烏朗切,上蕩,影。〕尘埃。《说文·土部》:“坱,尘埃也。”柳宗元《法华寺石门精室三十韵》:“潜躯委缰锁,高步谢尘坱。”

【坱圠】 ❶漫无边际貌。韩愈《秋雨联句》:“坱圠游峡喧,飕飗卧江汰。”又《征蜀联句》:“翻霓纷偃蹇,塞野瀕坱圠。”❷地势高低不平貌。灵澈《奉和郎中题仙岩瀑布十四韵》:“扪险路坱圠,临深闻潺湲。”

【坱軋】 ❶漫无边际貌。顾况《上古之什补亡训传十三章·陵霜之华一章》:“坱轧陶钧,乃帝乃神,乃舒乃屯。”元稹《遭风二十韵》:“胜凌岂但河宫溢,坱轧浑忧地轴摧。”❷地势高低不平貌。卢照邻《怀仙引》:“山坱轧,磴连褰。”

【坱莽】 弥漫。杜甫《故著作郎贬台州司户荥阳郑公虔》:“晚就芸香阁,胡尘昏坱莽。”

【坱靄】 尘雾弥漫。温庭筠《东郊行》:“坱霭韶容锁澹愁,青筐叶尽蚕应老。”

坰 〔jiōng《广韵》古螢切,平青,見。〕远郊,野外。高适《送蔡少府赴登州推事》:“公才征郡邑,诏使出郊坰。”杨廉《奉和九日幸临渭亭登高应制得亭字》:“远目瞰秦坰,重阳坐灞亭。”周瑀《送潘三入京》:“故人嗟此别,相送出烟坰。”杜甫《桥陵诗三十韵因呈县内诸官》:“朝仪限霄汉,容思回林坰。”皎然《送崔判官还扬子》:“秋声满杨柳,暮色绕郊坰。”无名氏《郊坛听雅乐》:“泰坛恭祀事,彩仗下寒坰。”张绍《冲佑观》:“高峰为壑,区谷成坰。”

【坰林】　犹坰外。王昌龄《山行入泾州》:“垧林往或回,白日落何处?”

【坰野】　犹坰外。元稹《和李校书新题乐府十二首·阴山道》:“如今坰野十无一,尽在飞龙相践暴。”

六　画

垂〔chuí《广韵》是爲切,平支,禪。〕❶悬挂;挂下。杜甫《旅夜书怀》:“星垂平野阔,月涌大江流。”白居易《题喷玉泉》:“练垂青嶂上,珠泻绿盆中。”韩偓《大庆堂赐宴元珰而有诗呈吴越王·又和》:“云和缓奏泉声咽,珠箔低垂水影寒。”❷落下,流下。司空曙《登秦岭》:“从此思乡泪,双垂不复收。”张乔《寻桃源》:“水垂青霭断,松偃绿萝低。”见“垂涕”“垂泪”。❸流传;留传。杜甫《往在》:“千春荐陵寝,永永垂无穷。”吴融《绵竹山四十韵》:“勒铭燕然山,万代垂芬郁。”无名氏《焚裘》:“永垂恭俭德,千古揖皇猷。”❹伸展。施肩吾《听范玄长吟》:“诗兴未穷心更远,手垂青拂向云看。”❺笼罩;覆盖。元稹《桐花》:“胧月上山馆,紫桐垂好阴。”贾至《早朝大明宫呈两省僚友》:“千条弱柳垂青琐,百啭流莺绕建章。”❻赐予;施与。王丘《奉和圣制送张尚书巡边》:“文炳高天曜,恩垂湛露融。”元稹《酬乐天待漏入阁见赠》:“恩垂天语近,对久漏声闲。”见“垂恩”。❼将近。见“垂死”“垂年”。❽旁边。戴叔伦《妻亡后别妻弟》:“杨柳青青满路垂,赠行惟折古松枝。”柳宗元《掩役夫张进骸》:“奈何值崩湍,荡析临路垂。”

【垂天】　❶犹蔽天,笼罩天空。吕温《风咏》:“扫却垂天云,澄清无私光。”❷比喻凌云壮志。刘禹锡《和李相公以平泉新墅获方外之名因为诗兼见寄之什》:“垂天虽暂息,一举出人寰。”

【垂天翅】　犹垂天翼。皎然《因游支硎寺寄邢端公》:“切玉锋休淬,垂天翅罢翔。”

【垂天翼】　挂在天边的翅膀。比喻凌云壮志。高适《酬秘书弟兼寄幕下诸公》:“并负垂天翼,俱乘破浪风。”刘禹锡《和牛相公题姑苏所寄太湖石兼寄李苏州》:“寄言垂天翼,早晚起沧溟。”甘露寺鬼《西轩诗》之二:“伟哉横海鳞,壮矣垂天翼。”

【垂天鹏】　凌云的大鹏。韩愈《海水》:“海有吞舟鲸,邓有垂天鹏。”皮日休《奉和鲁望早秋吴体次韵》:“安得瑶池饮残酒,半醉骑下垂天鹏。”

【垂不朽】　流传下去,永不磨灭。杜甫《送重表侄王砯评事使南海》:“至尊均嫂叔,盛事垂不朽。”

【垂手】　❶伸手。王维《河南严尹弟见宿弊庐访别人赋十韵》:“拂衣迎五马,垂手凭双童。”张籍《楚宫行》:“巴姬起舞向君王,回身垂手结明珰。”❷手下垂。韩愈《泷吏》:“泷吏垂手笑,官何问之愚。”韩偓《想得》:“想得那人垂手立,娇羞不肯上秋千。”❸乐舞名。王翰《子夜春歌》:“行行小垂手,日暮渭川阳。”李益《登夏州城观送行人赋得六州胡儿歌》:“胡儿起作和蕃歌,齐唱呜呜尽垂手。”白居易《霓裳羽衣歌》:“小垂手后柳无力,斜曳裾时云欲生。”杜牧《分司东都寓居履道叨承川尹刘侍郎大夫恩知上四十韵》:“转喉空婀娜,垂手自娉婷。”李商隐《牡丹》:“垂手乱翻雕玉佩,招腰争舞郁金裙。”

【垂手語】　指乐舞。鲍溶《暮春戏赠樊宗宪》:“应和朝云垂手语,肯嫌夜色断刀光。”

【垂仁】　施仁爱。刘禹锡《卧病闻常山旋师策勋宥过王泽大洽因寄李六侍郎》:“无战陋丹水,垂仁轻槁街。”

【垂文】　❶留下文章。柳宗元《咏史》:“为忠不顾内,晏子亦垂文。”❷焕发文采。皎然《春日和卢使君幼平开元寺听妙奘上人讲》:“仁圣垂文在,虚空日月悬。”

【垂示】　犹言赐示。刘长卿《李侍御河北使回至东京相访》:“浊酒未暇斟,清文颇垂示。”

【垂四】　眼垂泪,鼻垂涕,谓涕泪交流。韩愈《寄皇甫湜》:“拆书放床头,涕与泪垂四。”

【垂白】　白发下垂,谓年老。王维《偶然作六首》之二:“田舍有老翁,垂白衡门里。”岑参《送颜少府投郑陈州》:“一尉便垂白,数年唯草玄。”杜甫《送率府程录事还乡》:“若人可数见,慰我垂白泣。”又《垂白》:“垂白冯唐老,清秋宋玉悲。”郑谷《贺左省新除韦拾遗》:“垂白郎官居座末,著绯人吏立阶前。”无可《送宜春裴宰是将军旻之孙》:“垂白方为县,徒知大父雄。”

【垂老】　将近老年。杨炯《送杨处士反初卜居曲江》:“雁门归去远,垂老脱袈裟。”岑参《佐郡思旧游》:“平生恒自负,垂老此安卑。”杜甫《衡州送李大夫七丈勉赴广州》:“王孙丈人行,垂老见飘零。”白居易《送敏中归豳宁幕》:“弟兄垂老相逢日,杯酒临欢欲散时。”张祜《边上逢歌者》:“垂老秋歌出塞庭,遏云相付旧秦青。”郑谷《闻进士许彬罢举归睦州怅然怀寄》:“桐庐归旧庐,垂老复樵渔。”齐己《秋夕寄诸侄》:“离别身垂老,艰难路去长。”

【垂耳】　❶两耳下垂,形容驯服的样子。张九龄《酬王六霁后书怀见示》:“作骥君垂耳,为鱼我曝鳃。”乔知之《羸骏篇》:“垂耳罢轻赍,弃置在寒溪。”元稹《哀病骢呈致用》:“自经梅雨长垂耳,乍食菰蒋欲折腰。”郑蕡《天骥呈材》:“王良如顾盼,垂耳欲长鸣。”❷

垂挂耳状之物。韩愈、孟郊《城南联句》:“木腐或垂耳,草珠竞骈睛。”

【垂芒】 焕发光芒。张籍《祭退之》:“月中登高滩,星汉交垂芒。”

【垂死】 接近死亡。杜甫《送郑十八虔贬台州司户伤其临老陷贼之故阙别情见于诗》:“万里伤心严谴日,百年垂死中兴时。”元稹《闻乐天授江州司马》:“垂死病中惊坐起,暗风吹雨入寒窗。”

【垂成】 接近完成;将成。杜甫《奉送郭中丞兼太仆卿充陇右节度使三十韵》:“疮痍亲接战,勇决冠垂成。”姚合《送狄兼谟下第归故山》:“慈恩塔上名,昨日败垂成。”周昙《咏史诗·六朝门·前赵刘聪》:“垂成却罢凤仪殿,仍改逍遥纳谏园。”

【垂光】 ❶比喻普施恩泽。张说《唐封泰山乐章·太和》:“贞璧就奠,玄灵垂光。”❷谓光芒俯射。杜甫《冬到金华山观因得故拾遗陈公学堂遗迹》:“上有蔚蓝天,垂光抱琼台。”

【垂休】 降福;显示祥瑞。李绅《渡西陵十六韵》:“望祷依前圣,垂休冀厚生。”许浑《和宾客相国咏雪》:“垂休编太史,呈瑞表中台。”李频《府试老人星见》:“垂休临有道,作瑞掩前经。”徐夤《府主仆射王抟生日》:“熊罴先兆庆垂休,天地氤氲瑞气浮。”

【垂名】 指流传声名。杜甫《赤霄行》:“丈夫垂名动万年,记忆细故非高贤。”殷尧藩《端午日》:“千载贤愚同瞬息,几人湮没几垂名。”陆龟蒙《奉酬袭美苦雨见寄》:“自爱垂名野史中,宁论抱困荒城侧。”韩偓《隰州新驿赠刺史》:“却笑昔贤交易极,一开东阁便垂名。”黄滔《二月二日宴中贻同年封先辈渭》:“垂名入甲成龙去,列姓如丁作鹤来。”李中《吉水作尉酬高援秀才见赠》:“怜君惠嘉句,资我欲垂名。”

【垂冰】 下垂的冰柱。卢纶《早春游樊川野居却寄李端校书兼呈司空曙主簿耿沣拾遗》:“阴桥全覆雪,瀑溜半垂冰。”柳宗元《再至界围岩水帘遂宿岩下》:“韵阳讶垂冰,白日惊雷雨。”

【垂衣】 “垂衣裳”的省文。太宗《重幸武功》:“垂衣天下治,端拱车书同。”张九龄《奉和圣制送十道采访使及朝集使》:“垂衣深共理,改瑟其咸若。”高适《古歌行》:“天子垂衣方晏如,庙堂拱手无余议。”钱起《奉和圣制登朝元阁》:“御气升银汉,垂衣俯锦城。”李山甫《又代孔明哭先主》:“提剑尚残吴郡国,垂衣犹欠魏山河。”贯休《送卢舍人朝觐》:“膻行无为日,垂衣帝道亨。”

【垂衣裳】 穿着长大的衣裳,形容无所事事或文绉绉的样子。亦用作称颂帝王无为而治的套语。王维《奉和圣制天长节赐宰臣歌应制》:“俨冕旒兮垂衣裳,金天净兮丽三光。”韦应物《骊山行》:“君不见开元至化垂衣裳,厌坐明堂朝万方。”齐己《煌煌京洛行》:“圣君垂衣裳,荡荡若朝旭。”

【垂戒】 垂示警戒。留给后人的训诫。韦应物《奉和圣制重阳日赐宴》:“捧藻千官处,垂戒百王程。”

【垂花】 ❶落花。李贺《河南府试十二月乐词·八月》:“傍檐虫缉丝,向壁灯垂花。”殷尧藩《和赵相公登鹳雀楼》:“晴峰耸日当周道,秋谷垂花满舜田。”❷下垂的花。张祜《周员外席上观柘枝》:“金丝蹙雾红衫薄,银蔓垂花紫带长。”

【垂芳】 留下芳香。比喻流传美名。王履贞《青云干吕》:“须使流千载,垂芳在典坟。”刘禹锡《龙阳县歌》:“鹧鸪惊鸣绕篱落,橘柚垂芳照窗户。”

【垂垂】 ❶渐渐。司空曙《赠衡岳隐禅师》:“垂垂身老将传法,因下人间遂北游。”贯休《陈情献蜀皇帝》:“一瓶一钵垂垂老,千水千山得得来。”❷缓慢貌。卢仝《常州孟谏议座上闻韩员外职方贬国子博士有感五首》之四:“力小垂垂上,天高又不登。”❸下落貌。薛能《盩厔官舍新竹》:“心觉清凉体似吹,满风轻撼叶垂垂。”❹延伸貌。裴说《闻砧》:“垂垂白练明如雪,独下闲阶转凄切。”

【垂泣】 无声而流泪。刘长卿《送丘为赴上都》:“帝乡何处是,歧路空垂泣。”薛据《古兴》:“投珠恐见疑,抱玉但垂泣。”姚合《送裴大夫赴亳州》:“杭人遮道路,垂泣浙江前。”

【垂祉】 赐福。褚亮《祈谷乐章·肃和》:“龙运垂祉,昭符启圣。”

【垂拱】 ❶垂衣拱手,谓不亲理事务。玄宗《左丞相说右丞相璟太子少傅乾曜同日上官命宴东堂赐诗》:“俾予成百揆,垂拱问彝伦。”段成式《三阶院联句》:“虚夸绝高鸟,垂拱议明堂。”❷两手重合而下垂,表示恭敬。萧嵩《奉和御制左丞相说右丞相璟太子少傅乾曜同日上官赐诗》:“垂拱咨元老,亲贤辅少阳。”❸形容无事可做。李白《金陵望汉江》:“我君混区宇,垂拱众流安。”杜甫《晚登瀼上堂》:“黎民困逆节,天子渴垂拱。”❹犹袖手旁观,置身事外。刘猛《晓》:“可耻垂拱时,老作在家女。”❺形容不费力气。姚合《文宗皇帝挽词三首》之一:“垂拱开成化,愔愔雅乐全。”

【垂柳】 柳树。因枝条下垂而得名。宗楚客《奉和圣制喜雪应制》:“似絮还飞垂柳陌,如花更绕落梅前。”杜审言《春日江津游望》:“烟销垂柳弱,雾卷落花轻。”秦韬玉《春游》:“小梅香里黄莺啭,垂柳阴中白马嘶。”唐彦谦《垂柳》:“垂柳碧髯茸,楼昏带雨容。”

【垂虹】 指垂虹桥。薛涛《江月楼》:“垂虹纳纳卧谯门,雉堞眈眈俯渔艇。”

【垂竿】 垂钓。沈佺期《钓竿篇》:“朝日敛红烟,垂竿向绿川。”刘长卿《夜宴洛阳程九主簿宅送杨三山人往天台寻智者禅师隐居》:"垂竿不在鱼,卖药不为钱。"李白《下陵阳沿高溪三门六剌滩》:"何惭七里濑,使我欲垂竿。"岑参《与鄠县源少府泛渼陂》:"吹笛惊白鹭,垂竿跳紫鳞。"严维《书情上李苏州》:"误著青袍将十载,忍令渔浦却垂竿。"方干《暮发七里滩夜泊严光台下》:"前贤竟何益,此地误垂竿。"齐己《严陵钓台》:"夫子垂竿处,空江照古台。"

【垂首】 低头。陆龟蒙《新秋杂题六首·倚》:"背烟垂首尽日立,忆得山中无事人。"

【垂祐】 赐予保佑。佚名《郊庙歌辞·享先农乐章·咸和》:"降歆肃荐,垂祐祇膺。"

【垂珠】 ❶珠串下垂。沈佺期《七夕曝衣篇》:"舒罗散縠云雾开,缀玉垂珠星汉回。"李白《金陵城西楼月下吟》:"白云映水摇空城,白露垂珠滴秋月。"杨於陵《郡斋有紫薇双本自朱明接于徂暑其花芳馥因诗纪述》:"摘霞晚舒艳,凝露朝垂珠。"方干《叙龙瑞观胜异寄于尊师》:"夜溪漱玉常堪听,仙树垂珠可要攀。"❷悬挂的珠串。柳宗元《柳州城西北隅种柑树》:"几岁开花闻喷雪,何人摘实见垂珠。"刘禹锡《送元简上人适越》:"更入天台石桥去,垂珠璀璨拂三衣。"

【垂珠泪】 像串珠一样的眼泪。陈标《公无渡河》:"黛娥芳脸垂珠泪,罗袜香裾赴碧流。"赵嘏《昔昔盐二十首·那能惜马蹄》:"妾久垂珠泪,君何惜马蹄。"

【垂翅】 犹垂翼。亦比喻不得意。杜甫《奉赠韦左丞丈二十二韵》:"青冥却垂翅,蹭蹬无纵鳞。"钱起《送员外侍御入朝》:"自怜江上鹤,垂翅羡飞鸣。"李贺《高轩过》:"我今垂翅附冥鸿,他日不羞蛇作龙。"元稹《虫豸诗·蛒蜂》之一:"近树禽垂翅,依原兽绝踪。"李商隐《喜闻太原同院崔侍御台拜兼寄在台三二同年之什》:"若向南台见莺友,为传垂翅度春风。"陈陶《冬夜吟》:"鲁家襜褕暗披水,雪花灯下甘垂翅。"

【垂翅客】 准备高飞的人。李贺《昌谷读书示巴童》:"君怜垂翅客,辛苦尚相从。"

【垂恩】 施予恩泽。李白《赠崔司户文昆季》:"垂恩倘丘山,报德有微身。"杨嗣复《仪凤》:"比屋初同俗,垂恩击壤人。"李频《长安书怀投知己》:"与善应无替,垂恩本有终。"喻坦之《陈情献中丞》:"奖善犹怜贡,垂恩必不轻。"

【垂條】 低垂的枝条。崔湜《折杨柳》:"落絮萦衫袖,垂条拂髻鬟。"徐彦伯《饯唐州高使君赴任》:"香萼媚红滋,垂条萦绿丝。"朱庆余《题蔷薇花》:"四面垂条密,浮阴入夏清。"罗隐《寄渭北徐从事》:"暖云慵堕柳垂条,骢马徐郎过渭桥。"无名氏《桃源行送友人》:"垂条落蕊暗春风,夹岸芳菲至山口。"

【垂訓】 垂示教训。李吉甫《癸巳岁吉甫圜丘摄事合于中书后阁呈集贤院诸学士》:"赠言因傅说,垂训在三篇。"

【垂涕】 哭泣。落泪,流涕。来济《出玉关》:"今日流沙外,垂涕念生还。"储光羲《狱中贻姚张薛李郑柳诸公》:"妻子垂涕泣,家僮日奔走。"赵嘏《山阳即席献裴中丞》:"好是仙家羽衣使,欲教垂涕问何人。"韩偓《故都》:"天涯烈士空垂涕,地下强魂必噬脐。"灵一《送人得荡子归倡妇》:"垂涕凭回信,为语柳园人。"

【垂陰】 亦作"垂蔭"。树木枝叶形成的阴影。储光羲《终南幽居献苏侍郎三首时拜太祝未上》之三:"卜筑青岩里,云萝四垂阴。"李白《赠清漳明府侄聿》:"举邑树桃李,垂阴亦流芬。"唐彦谦《西明寺威公盆池新稻》:"莲盆积润分畦小,藻井垂阴擢秀稀。"齐己《荆州贯休大师旧房》:"疏篁抽笋柳垂阴,旧是休公种境吟。"

【垂梢】 挂在枝头。刘禹锡《令狐相公见示赠竹二十韵仍命继和》:"垂梢覆内屏,迸笋侵前启。"张蠙《新竹》:"垂梢丛上出,柔叶箨间成。"

【垂堂】 靠近堂屋檐下。喻指危险的境地。崔泰之《同光禄弟冬日述怀》:"恩华惭服冕,友爱勖垂堂。"玄宗《早登太行山中言志》:"不因今展义,何以冒垂堂。"杜甫《早发》:"昔人戒垂堂,今则奚奔命。"《滟滪堆》:"干戈连解缆,行止忆垂堂。"王周《自喻》:"骑衡与垂堂,非不知前喻。"

【垂堂言】 犹垂堂戒。宋之问《自洪府舟行直书其事》:"昔闻垂堂言,将诫千金子。"孟浩然《入峡寄弟》:"未尝冒湍险,岂顾垂堂言。"

【垂堂戒】 或作"垂堂誡"。指避免坐在堂屋外边。比喻戒备危险。孟浩然《经七里滩》:"予奉垂堂诫,千金非所轻。"耿湋《发南康夜泊灨石中》:"岂唯垂堂戒,兼以临深惧。"李商隐《咏怀寄秘阁旧僚二十六韵》:"敢忘垂堂戒,宁将暗室欺。"

【垂帷】 放下室内的帷幕。喻指专心干事。王维《送高适弟耽归临淮作》:"自尔厌游侠,闭户方垂帷。"又《故人张諲工诗善易卜兼能丹青草隶顷以诗见赠聊获酬之》:"故园高枕度三春,永日垂帷绝四邻。"李颀《不调归东川别业》:"葛巾方濯足,蔬食但垂帷。"钱起《送任先生任唐山丞》:"上公频握发,才子共垂帷。"

【垂釣】 垂竿钓鱼。洪子舆《严陵祠》:"垂钓想遗芳,掇蘋羞野荐。"李颀《赠别高三十五》:"饮酒或垂钓,狂歌兼咏诗。"张谓《过从弟制疑官舍竹斋》:"不妨垂钓坐,时脍小江鱼。"杜甫《江上值水如海势聊短述》:"新添水槛供垂钓,故著浮槎替入舟。"元稹《修龟山鱼池示众僧》:"劝尔诸僧好护持,不须垂钓引青丝。"许浑《淮阴阻风寄呈楚州韦中丞》:"垂钓京江欲白头，江鱼堪钓却西游。”杜荀鹤《登灵山水阁贻钓者》：“未胜渔父闲垂钓，独背斜阳不采人。”

【垂釣翁】 ❶钓鱼的人。孟浩然《耶溪泛舟》：“白首垂钓翁，新妆浣纱女。”李白《和卢侍御通塘曲》：“何处沧浪垂钓翁，鼓棹渔歌趣非一。”徐夤《和人经隋唐间战处》：“伤魄何为者，五湖垂钓翁。”❷指辅佐周武王灭殷的吕尚。李白《效古二首》之一：“早达胜晚遇，羞比垂钓翁。”

【垂欲】 将要。孟浩然《美人分香》：“髻鬟垂欲解，眉黛拂能轻。”高适《李云南征蛮诗》：“饷道忽已远，悬军垂欲穷。”唐彦谦《奉使岐下闻唐弘夫行军为贼所擒伤而有作》：“报国捐躯实壮夫，楚囚垂欲复神都。”

【垂象】 显示征兆。王维《奉和圣制与太子诸王三月三日龙池春禊应制》：“宸章在云表，垂象满皇州。”丁泽《龟负图》：“天意将垂象，神龟出负图。”白居易《和微之春日投简阳明洞天五十韵》：“牛斗天垂象，台明地展图。”

【垂眷】 关怀；俯念。尹懋《奉陪张燕公登南楼》：“君子每垂眷，江山共流眄。”

【垂淚】 流泪。张说《送李问政河北简兵》：“因君阅河朔，垂泪语幽州。”孟浩然《登万岁楼》：“天寒雁度堪垂泪，日落猿啼欲断肠。”李商隐《别智玄法师》：“东西南北皆垂泪，却是杨朱真本师。”韩偓《游江南水陆院》：“关河见月空垂泪，风雨看花欲白头。”

【垂情】 谓专心于某事。曹唐《勖剑》：“垂情不用将闲气，恼乱司空犯斗牛。”

【垂紳】 大带下垂。亦借指在朝为官。元稹《代曲江老人百韵》：“老农羞荷锸，贪贾学垂绅。”贯休《送张拾遗赴施州司户》：“又不见仲尼遥奇司马子，珮玉垂绅合如此。”

【垂雲】 ❶指女性头发。李贺《春怀引》：“宝枕垂云选春梦，钿合碧寒龙脑冻。”❷低垂的云彩。羊士谔《野夫采鞭于东山偶得元者》：“苔斑自天生，玉节垂云长。”许浑《送卢先辈自衡岳赴复州嘉礼二首》之二：“湘南诗客海中行，鹏翅垂云不自矜。”

【垂裕】 为后人留下业绩和名声。佚名《郊庙歌辞・蜡百神乐章・肃和》：“百禩垂裕，万灵荐祉。”佚名《郊庙歌辞・太清宫乐章・第三奏》：“道德先垂裕，冲和已化淳。”司马扎《美刘太保》：“岂嗤生前乐，千载自垂裕。”

【垂絲】 ❶指白发。刘长卿《谪官后卧病官舍简贺兰侍郎》：“青春衣绣共称宜，白首垂丝恨不遗。”张继《清明日自西午桥至瓜岩村有怀》：“鸣玉惭时辈，垂丝学老翁。”刘言史《岁暮题杨录事江亭》：“垂丝蜀客涕濡衣，岁尽长沙未得归。”温庭筠《却经商山寄昔同行人》：“若教犹作当时意，应有垂丝在鬓边。”徐夤《温陵残腊书怀寄崔尚书》：“心学庭槐空发火，鬓同门柳即垂丝。”❷下垂的丝状枝条，多指柳条。李白《侍从宜春苑奉诏赋龙池柳色初青听新莺百啭歌》：“垂丝百尺挂雕楹，上有好鸟相和鸣。”黎逢《小苑春望宫池柳色》：“垂丝遍阁榭，飞絮触帘旌。”周贺《寄潘纬》：“杨柳垂丝与地连，归来一醉向溪边。”❸指垂丝枸杞。皎然《湛处士枸杞架歌》：“拖线垂丝宜曙看，裴回满架何珊珊。”

【垂蔭】 即垂阴。包何《阙下芙蓉》：“庆云垂荫开难落，湛露为珠满不倾。”

【垂楊】 下垂的杨柳。宋之问《春日郑协律山亭陪宴饯郑卿同用楼字》：“暗竹侵山径，垂杨拂妓楼。”刘长卿《上巳日越中与鲍侍郎泛舟耶溪》：“旧浦满来移渡口，垂杨深处有人家。”李白《南阳送客》：“离颜怨芳草，春思结垂杨。”韩翃《送张渚赴越州》：“风流似张绪，别后见垂杨。”李绅《却望无锡芙蓉湖》：“萧条落叶垂杨岸，隔水寥寥闻捣衣。”李咸用《冬日喜逢吴价》：“垂杨烟薄井梧空，千里游人驻断蓬。”

【垂鉤】 垂钓之钩。骆宾王《夏日游德州赠高四》：“言谢垂钩隐，来参负鼎职。”储光羲《渔父词》：“渔梁不得意，下渚潜垂钩。”刘禹锡《和牛相公题姑苏所寄太湖石兼寄李苏州》：“垂钩入空隙，隔浪动晶荧。”白居易《病中宴坐》：“头眩罢垂钩，手痹休援琴。”杜牧《秋晚与沈十七舍人期游樊川不至》：“杜村连潏水，晚步见垂钩。”徐铉《和张先辈见寄二首》之一：“几处垂钩依野岸，有时披褐到邻家。”

【垂意】 注意；留意。韩愈《感春五首》之三：“朝廷未省有遗策，肯不垂意瓶与罍。”罗隐《送陆郎中赴阙》：“不关雨露偏垂意，自是鸳鸾合著行。”

【垂旒】 指帝王。杜甫《秋日荆南述怀三十韵》：“垂旒资穆穆，祝网但恢恢。”

【垂裳】 见“垂衣”。玄宗《送张说巡边》：“端拱复垂裳，长怀御远方。”沈佺期《答魑魅代书寄家人》：“抱愁那去国，将老更垂裳。”

【垂餌】 钓钩上的食饵。刘长卿《赠湘南渔父》：“沈钩垂饵不在得，白首沧浪空自知。”郑准《代寄边人》：“圣泽如垂饵，沙场会息兵。”

【垂誡】 留给后人的训诫。韩愈《答张彻》：“悔狂已咋指，垂诫仍镌铭。”皮日休《二游诗・徐诗》：“圣人患不学，垂诫尤为切。”

【垂精】 发射光芒。刘禹锡《韩十八侍御见示岳阳楼别窦司直自述故足成六十二韵》：“翼轸粲垂精，衡巫屹环峙。”

【垂榮】 散发光彩。李白《古风》之二十二：“枭枭桑柘叶，萋萋柳垂荣。”

【垂綸】（—lún）❶垂丝钓鱼。也指钓鱼的人。武平一《奉和幸韦嗣立山庄侍宴应制》："筑岩思感梦，磻石想垂纶。"王昌龄《送韦十二兵曹》："看君孤舟去，且欲歌垂纶。"岑参《过王判官西津所居》："落日出公堂，垂纶乘钓舟。"杜甫《渡江》："戏问垂纶客，悠悠见汝曹。"钱起《同严逸人东溪泛舟》："朝霁收云物，垂纶独清旷。"柳宗元《酬娄秀才将之淮南见赠之什》："只应西涧水，寂寞但垂纶。"罗邺《吴门再逢方干处士》："天上高名世上身，垂纶何不驾蒲轮。"❷谓退隐或隐居。李颀《送乔琳》："汀洲芳杜色，劝尔暂垂纶。"

【垂髮】垂髫。指童年。张籍《江陵孝女》："孝女独垂发，少年唯一身。"

【垂髫】儿童垂下的头发。亦指童年。刘允济《经庐岳回望江州想洛川有作》："礼乐富垂髫，诗书成舞勺。"王维《叹白发》："宿昔朱颜成暮齿，须臾白发变垂髫。"杨巨源《送司徒童子》："两经在口知名小，百拜垂髫禀气殊。"李绅《初秋忽奉诏除浙东观察使检校右貂》："飞诏宠荣欢里舍，岂徒斑白与垂髫。"温庭筠《感旧陈情五十韵献淮南李仆射》："嵇绍垂髫日，山涛筮仕年。"

【垂輝】喻指流传美名。李白《古风》之一："我志在删述，垂辉映千春。"

【垂暉】发射光芒。李白《侍从宜春苑奉诏赋龙池柳色初青听新莺百啭歌》："是时君王在镐京，五云垂晖耀紫清。"

【垂頭】低头。指无可奈何的神气。杜甫《得舍弟消息》："旧犬知愁恨，垂头傍我床。"顾况《剡纸歌》："政是垂头蹋翼时，不免向君求此物。"李绅《赠毛仙翁》："九州争夺无时休，八骏垂头避豺虎。"温庭筠《醉歌》："驽马垂头抢暝尘，骅骝一日行千里。"陆龟蒙《正月十五惜春寄袭美》："花匠凝寒应束手，酒龙多病尚垂头。"

【垂頭掉尾】谓摇摇晃晃，站立不稳。张说《舞马千秋万岁乐府词》之二："更有衔杯终宴曲，垂头掉尾醉如泥。"

【垂翼】飞鸟敛翼下落。比喻人失势受挫。杨炯《和刘长史答十九兄》："怪鸟俄垂翼，修蛇竟暴鳞。"

【垂簾】放下帘子。谓休息。韦应物《趋府候晓呈两县僚友》："立马频惊曙，垂帘却避寒。"李嘉祐《元日无衣冠入朝寄皇甫拾遗冉从弟补阙纾》："秉烛千官去，垂帘一室眠。"李端《同苗员外宿荐福寺僧舍》："倚杖云离月，垂帘竹有霜。"朱庆余《夏日题武功姚主簿》："亭午无公事，垂帘树色间。"韩偓《春尽日》："外院池亭闻动锁，后堂阑槛见垂帘。"

【垂耀】照耀；光辉下照。德宗《人日宴大明宫恩赐彩缕人胜应制》："向夕凭高风景丽，天文垂耀象昭回。"

【垂露】❶露珠下滴。杜牧《川守大夫刘公早岁寓居敦行里肆有题壁十韵辄献此诗》："莫教垂露迹，岁晚杂苔痕。"许浑《送段觉归东阳兼寄窦使君》："秋茶垂露细，寒菊带霜甘。"杜荀鹤《赠元上人》："垂露竹粘蝉落壳，窣云松载鹤栖巢。"❷书法中竖的笔画名。李峤《书》："垂露春光满，崩云骨气余。"杜甫《观薛稷少保书画壁》："仰看垂露姿，不崩亦不骞。"薛存诚《御题国子监门》："更随垂露像，常以沐皇恩。"徐铉《送应之道人归江西》："名垂小篆矜垂露，诗作吴吟对绮霞。"

【垂韁】谓报恩。韦庄《和郑拾遗秋日感事一百韵》："但闻争曳组，讵见学垂韁。"

【垂纓】垂下冠带。亦指出任官职。储光羲《陆著作挽歌》之四："鸣玉朝双阙，垂缨游两地。"钱起《夕发箭场岩下作》："懿尔青云士，垂缨朝凤阙。"令狐楚《赠毛仙翁》："绀发垂缨光髧髧，细髯缘颔绿茸茸。"薛能《江柳》："条绿似垂缨，离筵日照轻。"陆龟蒙《四明山诗·鞠侯》："野蔓垂缨细，寒泉佩玉清。"

坼〔chè《广韵》丑格切，入陌，徹。〕❶裂开；分裂。王勃《倬彼我系》："晋历崩坼，衣冠扰弊。"沈佺期《辛丑岁十月上幸长安时扈从出西岳作》："颇闻首阳去，开坼此河道。"杜甫《登岳阳楼》："吴楚東南坼，乾坤日夜浮。"又《秋日荆南述怀三十韵》："汉庭和异域，晋史坼中台。"戎昱《闰春宴花溪严侍御庄》："瓶开巾漉酒，地坼笋抽芽。"❷特指植物的种子或花芽绽开。孟浩然《李氏园林卧疾》："春雷百卉坼，寒食四邻清。"元稹《琵琶歌》："暂辍归时寻著作，著作南园花坼萼。"李德裕《忆平泉杂咏·忆春耕》："郊外杏花坼，林间布谷鸣。"沈千运《感怀弟妹》："今日春气暖，东风杏花坼。"郑史《永州送侄归宜春》："到家黄菊坼，亦莫怪归迟。"❸拆毁。杜甫《临邑舍弟书至苦雨黄河泛溢堤防之患簿领所忧用宽其意》："闻道洪河坼，遥连沧海高。"卢仝《感古四首》之三："毁坼维鹊巢，不行鳲鸠仁。"❹崩落。孙逖《故右丞相赠太师燕文贞公挽词二首》之一："台星忽已坼，流恸轸皇情。"杜甫《奉送苏州李二十五长史丈之任》："星坼台衡地，曾为人所怜。"李群玉《宝剑》："自从星坼中台后，化作双龙去不归。"温庭筠《题丰安里王相林亭二首》之二："星坼悲元老，云归送墨仙。"

【坼裂】裂开；撕裂。韩愈《南山诗》："勃然思坼裂，拥掩难恕宥。"又《孟东野失子》："蝮蛇生子时，坼裂肠与肝。"

坻〔chí《广韵》直尼切，平脂，澄。《音韵阐微》呈夷切。〕❶水中小洲或高地。李义府《在嶲州遥叙封禅》："佳气浮丹谷，荣光泛绿坻。"白居易《东溪种柳》:"野性爱栽植,植柳水中坻。"又《裴侍中晋公以集贤林亭即事诗三十六韵见赠以伸酬献》:"主人命方舟,宛在水中坻。"❷涯岸。刘长卿《送南特进赴归行营》:"汗马河源饮,烧羌陇坻遮。"李颀《送东阳王太守》:"素沙静津濑,青壁带川坻。"陆龟蒙《袭美先辈以龟蒙所献五百言既蒙见和复示荣唱用伸酬谢》:"饵薄钩不曲,澄然守空坻。"❸泛指山。佚名《郊庙歌辞·汉宗庙乐舞辞·显仁舞》:"京坻长有积,宗社享无穷。"张九龄《奉和圣制瑞雪篇》:"草树纷早荣,京坻宛先积。"李峤《晚秋喜雨》:"野洽如坻咏,途喧击壤讴。"苏颋《夜发三泉即事》:"京坻有岁饶,亭障无边孽。"刘禹锡《送工部萧郎中刑部李郎中兼中丞分命充京西京北覆粮使》:"尊俎成全策,京坻阅见粮。"吕温《道州观野火》:"家有京坻咏,人无沟壑戚。"

幸 〔xìng《广韵》胡耿切,上耿,匣。〕❶幸运。宋璟《奉和御制璟与张说源乾曜同日上官命宴都堂赐诗应制》:"不知周勃者,荣幸定何如。"张说《恩赐乐游园宴》:"共持荣幸日,来赏艳阳春。"❷欢喜。宋璟《奉和圣制同二相已下群官乐游园宴》:"戴天惟庆幸,选地即殊尤。"❸幸亏;幸而。张九龄《始兴南山下有林泉尝卜居焉荆州卧病有怀此地》:"幸无迫贱事,聊可祛迷襟。"岑参《奉陪封大夫九日登高》:"边头幸无事,醉舞荷吾君。"杜甫《君不见简苏徯》:"君今幸未成老翁,何恨憔悴在山中。"白居易《家酿新熟每尝辄醉妻侄等劝令少饮因成长句以谕之》:"身上幸无疼痛处,瓮头正是撇尝时。"齐己《行次宜春寄湘西诸友》:"幸无名利路相迷,双履寻山上柏梯。"❹亲近;宠爱。白居易《青冢》:"同侪倾宠幸,异类为配偶。"温庭筠《过华清宫二十二韵》:"贵妃专宠幸,天子富春秋。"❺称皇帝亲临。李峤《汾阴行》:"柏梁赋诗高宴罢,诏书法驾幸河东。"沈佺期《扈从出长安应制》:"西宾让东主,法驾幸天中。"刘宪《奉和幸礼部尚书窦希玠宅应制》:"畴昔王门下,今兹御幸辰。"权德舆《细柳驿》:"息驾幸兹地,怀哉悚精神。"❻侥幸。李峤《宝剑篇》:"承平久息干戈事,侥幸得充文武备。"韩愈《射训狐》:"侵更历漏气弥厉,何由侥幸休须臾。"白居易《行简初授拾遗同早朝入阁因示十二韵》:"老去何侥幸,时来不料量。"❼正好;恰好。杜甫《除架》:"幸结白花了,宁辞青蔓除。"❽本来;原来。见"幸是"。❾还;尚。沈佺期《入卫作》:"绿芳幸未歇,泛滥此明波。"权德舆《奉和鄜州刘大夫麦秋出师遮虏有怀中朝亲故》:"间阔劳相望,欢言幸早陪。"白居易《不能忘情吟》:"吾疾虽作,年虽颓,幸未及项籍之将死。"❿姓。《全唐诗》卷七六一有诗人幸夤逊。

【幸人】❶得宠的人。崔峒《初入集贤院赠李献仁》:"九迁从命薄,四十幸人闻。"贾岛《欲游嵩岳留别李少尹益》:"孤策迟回洛水湄,孤禽嘹唳幸人知。"皮日休《喜鹊》:"何况佞幸人,微禽解如此。"❷幸运的人。白居易《见杨弘贞诗赋因题绝句以自谕》:"常嗟薄命形憔悴,若比弘贞是幸人。"又《喜入新年自咏》:"销磨岁月成高位,比类时流是幸人。"❸侥幸的人。白居易《新乐府》序:"《盐商妇》恶幸人也。"

【幸可】犹尽可。王维《送李员外贤郎》:"薏苡扶衰病,归来幸可将。"韦应物《洛都游寓》:"佳辰幸可游,亲友亦相追。"姚系《五老峰大明观赠隐者》:"丹术幸可授,青龙当未归。"韩愈《路傍堠》:"臣愚幸可哀,臣罪庶可释。"陆龟蒙《奉和袭美古杉三十韵》:"真宰诚求梦,春工幸可医。"

【幸生】❶谓有幸出生。肃宗《延英殿玉灵芝诗三章章八句》之三:"幸生芳本,当我扆旒。"❷谓侥幸偷生。贯休《酬周相公见赠》:"幸生白发逢今圣,曾梦青莲映玉沙。"

【幸臣】得宠的臣子。李商隐《行次西郊作一百韵》:"或出幸臣辈,或由帝戚恩。"温庭筠《龙尾驿妇人图》:"慢笑开元有幸臣,直教天子到蒙尘。"贯休《读玄宗幸蜀记》:"幸臣方赐死,野老不胜悲。"

【幸有】正有;本有。王维《登楼歌》:"亦幸有张伯英草圣兮龙腾虬跃,摆长云兮捩回风。"岑参《西蜀旅舍春叹寄朝中故人呈狄评事》:"却为文章累,幸有开济策。"杜甫《次空灵岸》:"幸有舟楫迟,得尽所历妙。"韩翃《赠别王侍御赴上都》:"幸有心期当小暑,葛衣纱帽望回车。"李中《对酒招陈昭用》:"幸有一壶清酒,且来闲语希夷。"

【幸存】侥幸存在;侥幸保存。丁泽《龟负图》:"乘流喜得路,逢圣幸存躯。"

【幸而】侥幸;幸亏。张九龄《洪州西山祈雨是日辄应因赋诗言事》:"灵心倏已应,甘液幸而飞。"

【幸自】本自,原来。戎昱《成都元十八侍御》:"骅骝幸自能驰骤,何惜挥鞭过柞桥。"韩愈《戏题牡丹》:"幸自同开俱隐约,何须相倚斗轻盈。"又《游城南十六首·楸树二首》之二:"幸自枝条能树立,可烦萝蔓作交加。"温庭筠《杨柳八首》之六:"春来幸自长如线,可惜牵缠荡子心。"陆龟蒙《和袭美先辈悼鹤》:"君才幸自清如水,更向芝田为刻铭。"罗隐《城西作》:"幸自同樗栎,何妨惬所怀。"

【幸好】(—hǎo)幸亏。齐己《新秋》:"幸好清光里,安仁谩起悲。"

【幸近】宠幸亲近。杜甫《苦竹》:"幸近幽人屋,霜根结在兹。"

【幸免】谓侥幸避免某种灾祸。严维《酬诸公宿镜水宅》:"幸免低头向府中,贵将藜藿与君同。"耿沣《赴许州留别洛中亲故》:"幸免投湘浦,那辞近汝坟。"

马戴《田氏南楼对月》:“幸免丹霞映,清光溢酒杯。”韩愈《雨中寄孟刑部几道联句》:“念初相遭逢,幸免因媒介。”

【幸災兒】 为别人遭灾而高兴的人。孟郊《饥雪吟》:“下有幸灾儿,拾遗多新争。”

【幸來】 希望前来。沈佺期《奉和晦日驾幸昆明池应制》:“战鹢逢时去,恩鱼望幸来。”孟浩然《同卢明府早秋宴张郎中海亭》:“故园欣赏竹,为邑幸来苏。”韩愈《宿神龟招李二十八冯十七》:“夜宿驿亭愁不睡,幸来相就盖征衣。”

【幸欣】 庆幸。太宗《正日临朝》:“虽无舜禹迹,幸欣天地康。”

【幸承】 犹幸蒙。李峤《奉和春日游苑喜雨应制》:“幸承天泽豫,无使日光催。”刘宪《奉和幸大荐福寺应制》:“幸承歌颂末,长奉属车尘。”张嘉贞《恩敕尚书省僚宴昆明池应制》:“幸承欢赉重,不觉醉归遥。”窦常《茅山赠梁尊师》:“幸承仙籍后,乞取大还方。”张惟俭《赋得西戎献白玉环》:“幸承提佩宠,多愧琢磨功。”

【幸是】 本是;正是。白居易《忆洛中所居》:“幸是林园主,惭为食禄牵。”薛能《老僧》:“劝师莫羡人间有,幸是元无免破除。”吴融《池上双凫二首》之一:“幸是羽毛无取处,一生安稳老菰蒲。”徐夤《蜀》:“君王幸是中山后,建国如何号蜀都。”齐己《送韩蜕秀才赴举》:“才器合居科第首,风流幸是缙绅门。”

【幸待】 宠爱优遇。王维《扶南曲歌词五首》之五:“同心勿遽游,幸待春妆竟。”

【幸偶】 有幸偶然得到。杨衡《冬夜举公房送崔秀才归南阳》:“南阳三顾地,幸偶价千金。”

【幸得】 ❶幸而;幸亏。张九龄《园中时蔬尽皆锄理唯秋兰数本委而不顾彼遂赋二章》之二:“幸得不锄去,孤苗守旧根。”李端《下第上薛侍郎》:“幸得皮存矣,须劳翼长之。”❷有幸得到。韩思彦《酬贺遂亮》:“愿言何所道,幸得岁寒名。”刘长卿《秋夜北山精舍观体如师梵》:“幸得风吹去,随人到世间。”岑参《左仆射相国冀公东斋幽居》:“幸得趋省闱,常欣在门阑。”李涉《寄峡州韦郎中》:“幸得休耕乐尧化,楚山深处最相宜。”方干《赠邻居袁明府》:“朝昏幸得同醒醉,遮莫光阴自下坡。”

【幸許】 赐允,允许。权德舆《送映师归本寺》:“幸许宗雷到,清谈不易闻。”

【幸喜】 幸好;幸亏。杜甫《早发》:“侧闻夜来寇,幸喜囊中净。”张乔《隐岩陪郑少师夜坐》:“幸喜陪驺驭,频来向此宵。”杜荀鹤《和友人送弟》:“我今骨肉虽饥冻,幸喜团圆过乱兵。”徐铉《奉和宫傅相公怀旧见寄四十韵》:“幸喜书生为将相,定由阴德致神仙。”

【幸然】 幸运。张九龄《咏史》:“势倾不幸然,迹在胡宁尔。”

【幸御】 指与皇帝同房。无名氏《王昭君》:“猗兰恩宠歇,昭阳幸御稀。”

【幸蒙】 客套话。犹言承蒙。宋之问《雨从箕山来》:“此时客精庐,幸蒙真僧顾。”王昌龄《放歌行》:“幸蒙国士识,因脱负薪裘。”韦应物《晦日处士叔园林燕集》:“幸蒙终夕欢,聊用税归鞅。”包佶《抱疾谢李吏部赠诃黎勒叶》:“幸蒙祛老疾,深愿驻韶华。”韩愈《东都遇春》:“幸蒙东都官,获离机与阱。”贯休《大蜀高祖潜龙日献陈情偈颂》:“幸蒙顾盼,词暖恩郁。”

【幸當】 (—dāng)犹言恰当,正处在。韩愈《荐士》:“幸当择珉玉,宁有弃珪瑁。”孟郊《喜符郎诗有天纵》:“幸当禁止之,勿使恣狂怀。”张籍《赠别孟郊》:“幸当清秋夜,流影及微形。”白居易《白云期》:“吾年幸当此,且与白云期。”姚合《新居秋夕寄李廓》:“幸当中秋夕,复此无云天。”蒋防《春风扇微和》:“幸当阳律候,惟愿及佳辰。”韩偓《宫柳》:“幸当玉辇经过处,不怕金风浩荡时。”

【幸會】 ❶幸运遇合。储光羲《同王十三维偶然作十首》之六:“刻画尚风流,幸会君招携。”王周《自喻》:“乞荐乡老书,幸会春官试。”麹崇裕《送司功入京》:“崇裕有幸会,得遇明流行。”❷敬辞。谓荣幸地会见。李商隐《可叹》:“幸会东城宴未回,年华忧共水相催。”

【幸夤遜】 夤亦作寅。夔州云安(今四川云阳)人,一说成都(今属四川)人。仕后蜀后主。事迹见《十国春秋》本传。《全唐诗》卷七六一录其诗一首。

【幸臨】 敬辞。犹惠临;光临。孟郊《寒溪》之一:“幸临虚空镜,照此残悴身。”

【幸願】 希望。赵彦昭《奉和幸安乐公主山庄应制》:“幸愿一生同草树,年年岁岁乐于斯。”王建《代故人新姬侍疾》:“奉君缠绵意,幸愿莫相忘。”韩愈《病中赠张十八》:“幸愿终赐之,斩拔枿与椿。”皎然《哭吴县房耸明府》:“幸愿示因业,代君运精专。”

坨

〔tuó〕堆;团。刘长卿《登吴古城歌》:“黍离离兮城坡坨,牛羊践兮牧竖歌。”

坲

〔fó《广韵》符弗切,入物,奉。〕灰尘扬起。韩愈《山南郑相公樊员外酬答为诗樊封以示愈依赋十四韵以献》:“帝咨女予往,牙纛前岔坲。”

坡

〔pō《广韵》滂禾切,平戈,滂。〕❶山的倾斜面。《说文・土部》:“坡,阪也。”杜甫《秦州杂诗二十首》之十三:“瘦地翻宜粟,阳坡可種瓜。”韦应物《野居》:“逐兔上坡冈,捕鱼缘赤涧。”岑参《暮秋山行》:"疲马卧长坡,夕阳下通津。"刘禹锡《同乐天送令狐相公赴东都留守》:"从发坡头向东望,春风处处有甘棠。"孟郊《边城吟》:"烧烽碧云外,牧马青坡巅。"李商隐《安平公诗》:"三月石堤冻销释,东风开花满阳坡。"❷平原;原野。苏颋《先是新昌小园期京兆尹一访兼郎官数子自顷沉疴成章》:"寂寞东坡叟,传呼北里人。"李白《酬王补阙惠翼庄庙宋丞泚赠别》:"勿踏荒溪坡,朅来浩然津。"王季友《代贺若令誉赠沈千运》:"平坡冢墓皆我亲,满田主人是旧客。"戎昱《赠宜阳张使君》:"旧郭多新室,闲坡尽辟田。"❸指田地。杜甫《佐还山后寄三首》之三:"几道泉浇圃,交横落慢坡。"欧阳詹《益昌行》:"人烟遍余田,时稼无闲坡。"项斯《边州客舍》:"开门不成出,麦色遍前坡。"韩偓《秋村》:"空坡路细见骑过,远田人静闻水行。"

【坡陀】 ❶山势起伏貌。杜甫《北征》:"坡陀望鄜畤,岩谷互出没。"又《桥陵诗三十韵因呈县内诸官》:"坡陀因厚地,却略罗峻屏。"元稹《黄明府诗》:"逦迤七盘路,坡陀数丈城。"许浑《广陵道中》:"城势已坡陀,城边东逝波。"❷不平坦。韩愈《记梦》:"石坛坡陀可坐卧,我手承颜肘拄座。"杜甫《奉同郭给事汤东灵湫作》:"坡陀金虾蟆,出见盖有由。"又《次晚洲》:"参错云石稠,坡陀风涛壮。"❸山;山坡。张又新《华盖山》:"一岫坡陀凝绿草,千重虚翠透红霞。"韩偓《净兴寺杜鹃一枝繁艳无比》:"一园红艳醉坡陀,自地连梢簇蒨罗。"

坳 〔ào《广韵》於交切,平肴,影。《集韵》於教切,去效,影。〕❶地面洼下处。韩愈《咏雪赠张籍》:"坳中初盖底,垤处遂成堆。"孙逖《和左卫武仓曹卫中对雨创韵赠右卫李骑曹》:"忽闻徵并作,观海愧堂坳。"杜甫《茅屋为秋风所破歌》:"高者挂罥长林梢,下者飘转沉塘坳。"杜甫《石研诗》:"联坳各尽墨,多水递隐现。"钱起《江行无题一百首》之六一:"堤坏漏江水,地坳成野塘。"柳宗元《游朝阳岩遂登西亭二十韵》:"台馆葺荒丘,池塘疏沉坳。"元稹《江边四十韵》:"官借江边宅,天生地势坳。"白居易《湖亭晚望残水》:"流注随地势,洼坳无定质。"杨嗣复《丁巳岁八月祭武侯祠堂,因题临淮公旧碑》:"酹酒成坳泽,持兵列偶人。"姚合《天竺寺殿前立石》:"补天残片女娲抛,扑落禅门压地坳。"卢肇《汉堤诗》:"缺落坳圮,由东讫西。"韩偓《赠渔者》:"城方四面墙阴直,江阔中心水脉坳。"贯休《怀匡山山长二首》之一:"杉罅龙涎溢,潭坳石发多。"❷山间的平地。王维《辋川集·孟城坳》:"新家孟城口,古木余衰柳。来者复为谁,空悲昔人有。"长孙佐辅《山行书事》:"行行近破村,一径欹还坳。"姚合《杭州观潮》:"坳如开玉穴,危似走琼岑。"韩偓《登楼有题》:"待潮生浦口,看雨过山坳。"吴融《赋雪》:"远不分山叠,低宜失地坳。"❸指殿阶两层之间螭头下的平台。见《新唐书·百官志二》。元稹《松鹤》:"渚宫本坳下,佛庙有台阁。"

【坳泓】 指凹地所积水。韩愈《城南联句》:"掘云破嵽嵲,采月漉坳泓。"白居易《双石》:"峭绝高数尺,坳泓容一斗。"

【坳塘】 犹坳堂。浩虚舟《盆池赋》:"方行潦而不浊,比坳塘而则深。"元晦《越亭二十韵》:"激水浚坳塘,缘崖欹磴步。"李涉《却归巴陵途中走笔寄唐知言》:"后辈无劳续出头,坳塘不合窥溟渤。"

【坳洼】 地面的低洼处。元稹《酬翰林白学士代书一百韵》:"坳洼饶尰矮,游惰压庸缁。"

六 画

型 〔xíng《广韵》户經切,平青,匣。〕浇铸器物用的模子。引申为法式,楷模。温庭筠《过孔北海墓二十韵》:"后尘遵轨辙,前席咏仪型。"

垣 〔yuán《广韵》雨元切,平元,云。〕❶指墙、城墙。韩愈《陆浑山火和皇甫湜用其韵》:"截然高周烧四垣,神焦鬼烂无逃门。"武元衡《幕中诸公有观猎之作因继之》:"旌旆遍张林岭动,豺狼驱尽塞垣空。"❷官署的代称。裴光庭《奉和御制左丞相说右丞相璟太子少傅乾曜同日上官赐诗》:"掖垣招近侍,虚薄侧清尘。"王维《同卢拾遗过韦给事东山别业二十韵给事首春不果斯诺》:"侍郎文昌宫,给事东掖垣。"钱起《和范郎中宿直中书晓玩清池赠南省同僚两垣遗补》:"自矜仙岛胜,宛在掖垣深。"无可《寄姚谏议》:"鸣鞭静路尘,籍籍谏垣臣。"❸星空区域名。权德舆《奉和张舍人阁老阁中直夜思闻雅琴因以书事通简僚友》:"紫垣宿清夜,蔼蔼复沈沈。"杜甫《奉汉中王手札》:"入期朱邸雪,朝傍紫微垣。"

【垣衣】 ❶墙上背阴处所生的苔藓植物。覆蔽如人之衣,故名。李益《赋得垣衣》:"漠漠复霏霏,为君垣上衣。"❷一种苔藓植物,可入药。陆龟蒙《酬袭美夏首病愈见招次韵》:"雨多青合是垣衣,一幅蛮笺夜款扉。"皮日休、陆龟蒙《药名联句》:"石耳泉能洗,垣衣雨为裁。"

【垣墉】 墙。元稹《度门寺》:"诸岩分院宇,双岭抱垣墉。"吴武陵《贡院楼北新栽小松》:"乘春濯雨露,得地近垣墉。"裴谞《储潭庙(大历三年戊申岁)》:"高垣墉兮大其门,洒扫丹雘壮神居。"

【垣牆】 院墙;围墙。储光羲《晚霁中园喜赦作》:"几悲衽席湿,长叹垣墙毁。"殷尧藩《访许浑》:"浅绿垣墙绵薜荔,淡红池沼映芙渠。"冯道《放鱼书所钥户》："高却垣墙钥却门，监丞从此罢垂纶。"广宣《安国寺随驾幸兴唐观应制》："东林何殿是西邻，禅客垣墙接羽人。"齐己《勉送吴国三五新戒归》："努力只须坚守护，三千八万是垣墙。"佚名《永淳中童谣》："追及八九月，狗吠空垣墙。"

城　〔chéng《广韵》是征切，平清，禅。〕❶都邑四周的墙垣。一般分内外两层，内层叫城，外层叫郭。韩愈《春雪》："城险疑悬布，砧寒未捣绡。"❷城池；城市。王维《同比部杨员外十五夜游有怀静者季》："夜出曙翻归，倾城满南陌。"刘禹锡《思黯南墅赏牡丹》："有此倾城好颜色，天教晚发赛诸花。"李商隐《隋宫守岁》："昭阳第一倾城客，不踏金莲不肯来。"万齐融《三日绿潭篇》："佳人祓禊赏韶年，倾国倾城并可怜。"

【城北徐】　城北徐公的省称。指战国时齐国的美男子。见《战国策·齐策一》。后泛指美男子。皎然《答郑方回》："时美城北徐，家承谷口郑。"张祜《寄朗州徐员外》："关西今孔子，城北旧徐公。"

【城寺】　官舍。李峤《田假限疾不获还庄载想田园兼思亲友率成短韵赠杜幽素》："疲疴旅城寺，延想属郊畿。"

【城尖】　城角。杜甫《白帝城最高楼》："城尖径昃旌旆愁，独立缥缈之飞楼。"

【城曲】　(一qū)城角。崔液《上元夜六首》之四："骖騑始散东城曲，倏忽还来南陌头。"柳宗元《田家三首》之三："古道饶蒺藜，萦回古城曲。"李贺《石城晓》："女牛渡天河，柳烟满城曲。"

【城池】　城墙和护城河。亦泛指城、城市。苏颋《侍宴安乐公主山庄应制》："骎骎羽骑历城池，帝女楼台向晚披。"崔尚《奉和圣制同二相已下群臣乐游园宴》："供帐凭高列，城池入回宽。"杜牧《题吴兴消暑楼十二韵》："台榭罗嘉卉，城池敞丽谯。"黄滔《和王舍人崔补阙题天王寺》："白云生院落，流水下城池。"皎然《送崔詹事论之上都》："金虎城池在，铜龙剑珮新。"

【城邑】　城和邑。泛指城镇。苏颋《奉和圣制途次旧居应制》："木行城邑望，皋落土田疏。"王湾《奉使登终南山》："渐平逢车骑，向晚睨城邑。"高适《真定即事奉赠韦使君二十八韵》："城邑推雄镇，山川列简图。"刘禹锡《连州腊日观莫徭猎西山》："日暮还城邑，金笳发丽谯。"方干《初归故里献侯郎中》："朝昏入闰春将逼，城邑多山夏却寒。"陈陶《番禺道中作》："常闻岛夷俗，犀象满城邑。"

【城角】　(一jiǎo)❶犹城边。张籍《新城甲仗楼》："谢氏起新楼，西临城角头。"李贺《莫愁曲》："何人此城里，城角栽石榴。"白居易《和微之诗二十三首·和望晓》："街心若流水，城角如断岸。"贾岛《杨秘书新居》："城角新居邻静寺，时从新阁上经楼。"❷指日暮在城头上吹笳报时。杜牧《闻角》："城角为秋悲更远，护霜云破海天遥。"韦庄《饮散呈主人》："更闻城角弄，烟雨不胜愁。"裴说《游洞庭湖》："露寒紫葛结新愁，城角泣断关河秋。"

【城社】　❶城池和祭祀地神的土坛。元稹《酬翰林白学士代书一百韵》："便殿承偏召，权臣惧挠私。庙堂虽稷契，城社有狐狸。"❷指邦国。李商隐《行次西郊作一百韵》："近年牛医儿，城社更扳援。"❸比喻依靠；靠山。徐铉《和江州江中丞见寄》："鼠穴依城社，鸿飞在泬寥。"

【城阻】　城池险要之地。韩愈《元和圣德诗》："遂劫东川，遂据城阻。"

【城狐】　见"城狐社鼠"。卢照邻佚句诗："城狐尾独束，山鬼面参覃。"李商隐《哭虔州杨侍郎》："甘心亲垤蚁，旋踵戮城狐。"

【城狐社鼠】　城墙洞中的狐狸，社坛里的老鼠。比喻有所凭依而为非作歹的人。曹邺《奉命齐州推事毕寄本府尚书》："社鼠不可灌，城狐不易防。"王周《自喻》："城狐与社鼠，巧佞谁从庇。"又《巫庙》："城狐与社鼠，琐细何足听。"

【城府】　犹官府。杜甫《别蔡十四著作》："主人薨城府，扶榇归咸秦。"又《奉酬严公寄题野亭之作》："枉沐旌麾出城府，草茅无径欲教锄。"又《哭韦大夫之晋》："城府深朱夏，江湖眇霁天。"又《风疾舟中伏枕书怀三十六韵，奉呈湖南亲友》："城府开清旭，松筠起碧浔。"

【城門】　城市出入口。李白《扶风豪士歌》："东方日出啼早鸦，城门人开扫落花。"杜甫《醉为马坠诸公携酒相看》："白帝城门水云外，低身直下八千尺。"韩愈《汴州乱二首》之一："汴州城门朝不开，天狗堕地声如雷。"张籍《赠姚合》："丹凤城门向晓开，千官相次入朝来。"白居易《醉后却寄元九》："行到城门残酒醒，万重离恨一时来。"

【城根】　犹城脚。韦应物《酬秦征君徐少府春日见寄》："城根山半腹，亭影水中心。"姚合《寄汴州令狐楚相公》："汴水从今不复浑，秋风鼙鼓动城根。"许浑《游楞伽寺》："碧烟秋寺泛潮来，水浸城根古堞摧。"贾岛《寄韩潮州愈》："峰悬驿路残云断，海浸城根老树秋。"方干《途中言事寄居远上人》："震泽风帆归橘岸，钱塘水府抵城根。"杜荀鹤《寄温州朱尚书并呈军倅崔太博》："山从海岸妆吟景，水自城根演政声。"

【城郭】　亦作"城廓"。城墙。城指内城的墙，郭指外城的墙。骆宾王《丹阳刺史挽词三首》之二："城郭三千岁，丘陵几万年。"王维《山中寄诸弟妹》："城郭遥相望，唯应见白云。"李白《博平郑太守自庐山千里相寻入江夏北市门见访立马赠别》:“五马入市门,金鞍照城郭。”杜甫《陪王侍御同登东山最高顶宴姚通泉晚携酒泛江》:“东山高顶罗珍羞,下顾城郭销我忧。”齐己《题赠湘西龙安寺利禅师》:“闲来松外看城郭,一片红尘隔逝波。”

【城陬】 城角。韦应物《麑获子鹿》:“麑获子鹿,畜之城陬。”戴叔伦《从军行》:“远游历燕蓟,独戍边城陬。”

【城陴】 犹城堞。韩愈《寄崔二十六立之》:“绵绵相纠结,状似环城陴。”元稹《酬翰林白学士代书一百韵》:“野莲侵稻陇,亚柳压城陴。”

【城隅】 ❶城墙角上作为屏障的女墙。张九龄《送广州周判官》:“城隅百雉映,水曲万家开。”张说《与赵冬曦尹懋子均登南楼》:“危楼泻洞湖,积水照城隅。”❷城角。多指城墙根下偏僻空旷处。贺知章《望人家桃李花》:“桃花红兮李花白,照灼城隅复南陌。”李白《赠丹阳横山周处士惟长》:“周子横山隐,开门临城隅。”杜甫《阻雨不得归瀼西甘林》:“伫立东城隅,怅望高飞禽。”柳宗元《柳州城西北隅种柑树》:“手种黄柑二百株,春来新叶遍城隅。”白居易《西楼夜》:“悄悄复悄悄,城隅隐林杪。”赵嘏《十无诗寄桂府杨中丞》之三:“遥闻桂水绕城隅,城上江山满画图。”

【城隈】 城角;城内偏僻处。骆宾王《饯郑安阳入蜀》:“彭山折坂外,井络少城隈。”张说《侍宴隆庆池应制》:“灵池月满直城隈,黻帐天临御路开。”杜甫《秋尽》:“秋尽东行且未回,茅斋寄在少城隈。”李敬伯《奉陪段相公晚夏登张仪楼》:“层屋架城隈,宾筵此日开。”白居易《九日登巴台》:“去年重阳日,漂泊湓城隈。”

【城隍】 ❶护城河。王绩《过汉故城》:“规模穷栋宇,表里浚城隍。”李峤《奉和幸长安故城未央宫应制》:“运改城隍变,年深栋宇摧。”❷泛指城池。寒山《诗三百三首》之一六九:“依家暂下山,入到城隍里。”❸守护城池的神。杜甫《送许八拾遗归江宁觐省甫昔时尝客游此县图样志诸篇末》:“赐书夸父老,寿酒乐城隍。”李咸用《赠山僧》:“高出城隍寺,野为云鹤邻。”李洞《题咸阳楼》“滩鼓城隍动,云冲太白昏。”

【城堞】 城上的矮墙。亦泛指城墙。李贺《莫愁曲》:“草生龙坡下,鸦噪城堞头。”元稹《欲曙》:“片月低城堞,稀星转角楼。”白居易《大水》:“闾阎半飘荡,城堞多倾坠。”皎然《奉和袁使君高郡中新亭会张炼师昼会二上人》:“置亭隐城堞,事简迹易幽。”

【城堡】 犹城垒。岑参《行军诗二首》之一:“干戈碍乡国,豺虎满城堡。”杜甫《送长孙九侍御赴武威判官》:“夺我同官良,飘飖按城堡。”张籍《塞下曲》:“边州八月修城堡,候骑先烧碛中草。”

【城鼓】 报更的鼓声。韦应物《晓坐西斋》:“冬冬城鼓动,稍稍林鸦去。”

【城禁】 城市的警戒防卫。多指京城而言。李商隐《谢往桂林至彤庭窃咏》:“城禁将开晚,宫深欲曙难。”

【城雉】 城上短墙。亦泛指城墙。白居易《泛溢水》:“城雉映水见,隐隐如蜃楼。”

【城溝】 城濠。卢纶《秋夜宴集陈翃郎中圃亭美校书郎张正元归乡》:“泉清兰菊稠,红果落城沟。”羊士谔《南池荷花》:“蝉噪城沟水,芙蓉忽已繁。”

【城塹】 护城河。韩愈《喜侯喜至赠张籍张彻》:“缤纷指瑕疵,拒捍阻城堑。”

【城樓】 城门上的望楼。张九龄《登城楼望西山作》:“城楼枕南浦,日夕顾西山。”王昌龄《宴南亭》:“城楼空杳霭,猿鸟备清切。”李白《单父东楼秋夜送族弟沈之秦》:“坐来黄叶落四五,北斗已挂西城楼。”韩翃《家兄自山南罢归献诗叙事》:“县舍多潇洒,城楼入醉眠。”齐己《寄怀钟陵旧游因寄知己》:“洗井僧来说旧游,西江东岸是城楼。”

【城頭】 城墙上。许景先《折柳篇》:“城头杨柳已如丝,今年花落去年时。”丁仙芝《余杭醉歌赠吴山人》:“城头坎坎鼓声曙,满庭新种樱桃树。”李颀《别梁锽》:“洛阳城头晓霜白,层冰峨峨满川泽。”王昌龄《出塞二首》之二:“城头铁鼓声犹振,匣里金刀血未干。”岑参《凉州馆中与诸判官夜集》:“弯弯月出挂城头,城头月出照梁州。”杜甫《日暮》:“日落风亦起,城头乌尾讹。”王建《古宫怨》:“乳乌哑哑飞复啼,城头晨夕宫中栖。”白居易《送人贬信州判官》:“溪畔毒沙藏水弩,城头枯树下山魈。”李商隐《听鼓》:“城头叠鼓声,城下暮江清。”韩偓《春恨》:“残梦依依酒力余,城头画角伴啼乌。”

【城壁】 犹城墙。白居易《新乐府·城盐州》:“如今边将非无策,心笑韩公筑城壁。”罗隐《送汝州李中丞十二韵》:“关防秋草白,城壁晚峰青。”

【城壕】 亦作“城濠”。护城河。卢象《追凉历下古城西北隅此地有清泉乔木》:“苍苔虞舜井,乔木古城壕。”李白《寻鲁城北范居士失道落苍耳中见范置酒摘苍耳作》:“城壕失往路,马首迷荒陂。”许浑《广陵送剡县薛明府赴任》:“车马楚城壕,清歌送浊醪。”温庭筠《送客偶作》:“鸡犬夕阳喧县市,凫鹥秋水曝城壕。”

【城牆】 为防卫而建筑在城周围的高且坚固的围墙。张谓《登金陵临江驿楼》:“山根盘驿道,河水浸城墙。”岑参《陪狄员外早秋登府西楼因呈院中诸公》:“千峰带积雪,百里临城墙。”元稹《古筑城曲五解》:“平城被虏围,汉劚城墙走。”白居易《春至》:“白片落梅浮涧水,黄梢新柳出城墙。”周贺《宿李主簿》:“独树倚亭新月入，城墙四面锁山多。”曹松《春草》：“春风有余力，引上古城墙。”

【城闉】（—yīn）城内重门。上官仪《安德山池宴集》：“方惜流觞满，夕鸟已城闉。”李峤《送骆奉礼从军》：“希君勒石返，歌舞入城闉。”卢藏用《奉和立春游苑迎春应制》：“天游龙辇驻城闉，上苑迟光晚更新。”李嘉祐《九日》：“孤楼闻夕磬，塘路向城闉。”吕温《久病初朝衢中即事》：“沉痾旷十旬，还过直城闉。”薛能《汉庙祈雨回阳春亭有怀》：“南荣轩槛接城闉，适罢祈农此访春。”徐铉《宿蒋帝庙明日游山南诸寺》：“便返城闉尚未甘，更从山北到山南。”

【城壘】城池营垒。张九龄《奉和圣制度潼关口号》：“嶙嶙故城垒，荒凉空戍楼。”张碧《鸿沟》：“吴娃捧酒横秋波，霜天月照空城垒。”杜牧《送沈士赴苏州李中丞招以诗赠行》：“念君苞材能，百工在城垒。”李商隐《浑河中》：“九庙无尘八马回，奉天城垒长春苔。”吴融《和座主尚书登布善寺楼》：“楚王城垒空秋色，羊祜江山只暝光。”

【城闕】❶京城；都城。韦应物《春日郊居寄万年吉少府中孚三原少府伟夏侯校书审》：“城阙应多事，谁忆此闲居。”杜甫《自京赴奉先县咏怀五百字》：“鞭挞其夫家，聚敛贡城阙。”张籍《使至蓝溪驿寄太常王丞》：“君今在城阙，肯见此中愁。”韦庄《江上逢史馆李学士》：“关河自此为征垒，城阙于今陷战鼙。”❷宫阙。帝王所居之处。孟云卿《邺城怀古》：“魏家旧城阙，寥落无人住。”李白《对酒》：“自古帝王宅，城阙闭黄埃。”韩愈《题楚昭王庙》：“丘坟满目衣冠尽，城阙连云草树荒。”杨巨源《春日题龙门香山寺》：“山河杳映春云外，城阙参差晓树中。”白居易《长恨歌》：“九重城阙烟尘生，千乘万骑西南行。”❸城门两边的望楼。上官仪《奉和秋日即目应制》：“楼台相掩映，城阙互相望。”孙逖《夜宿浙江》：“洛阳城阙何时见，西北浮云朝暝深。”曹邺《吴宫宴》：“吴宫城阙高，龙凤遥相倚。”

垤〔dié《广韵》徒結切，入屑，定。〕❶蚁冢。蚂蚁做窝时堆积在洞口周匝的浮土。权德舆《小言》：“蛛丝结构聊荫息，蚁垤崔嵬不可陟。”李商隐《哭虔州杨侍郎(虞卿)》：“甘心亲垤蚁，旋踵戮城狐。”马戴《题石瓮寺》：“人烟窥垤蚁，鸳瓦拂冥鸿。”❷小土堆。韩愈《雨中寄孟刑部几道联句》：“穿空细丘垤，照日陋营蒯。”陆龟蒙《奉酬袭美先辈吴中苦雨一百韵》：“何劳鼍吼岸，讵要鹳鸣垤。”❸凸起。韩愈《咏雪赠张籍》：“坳中初盖底，垤处遂成堆。”又《陆浑山火和皇甫湜用其韵》：“颓胸垤腹车掀辕，缇颜靺股豹两鞬。”

【垤塊】谓积土成堆。皮日休《二游诗・徐诗》：“楼船若夏屋，欲载如垤塊。”陆龟蒙《奉和袭美闻开元寺开笋园寄章上人》：“迸出似毫当垤塊，孤生如恨倚栏干。”

垌〔tǒng《玉篇》他孔切。〕地名用字。岑羲《九月九日幸临渭亭登高应制得涘字》：“爰豫瞩秦垌，升高临灞涘。”

垡〔fá《广韵》房越切，入月，奉。〕耕地翻土。韩愈《送文畅师北游》：“余期报恩后，谢病老耕垡。”皮日休《太湖诗・桃花坞》：“倚峰小精舍，当岭残耕垡。”

垢〔gòu《广韵》古厚切，上厚，見。〕❶污浊；秽恶。刘湾《虹县严孝子墓》：“草服蔽枯骨，垢容戴飞蓬。”李白《安州般若寺水阁纳凉喜遇薛员外乂》：“心垢都已灭，永言题禅房。”陆龟蒙《杂讽九首》之五：“攫疏成特雄，濯垢为具美。”唐彦谦《和陶渊明贫士诗七首》之六：“村郊多父老，面垢头如蓬。”徐夤《寺中偶题》：“名利罢烧心内火，雪霜偏垢鬓边毛。”皎然《答裴集阳伯明二贤各垂赠二十韵今以一章用酬两作》：“白日不可污，清源肯容垢。”❷污秽、肮脏的东西。王湾《晚夏马嵬卿叔池亭即事寄京都一二知己》：“人来殊景物，行复洗纷垢。”储光羲《狱中贻姚张薛李郑柳诸公》：“瑾瑜颇匿瑕，邦国方含垢。”王维《新晴野望》：“新晴原野旷，极目无氛垢。”韩愈《八月十五夜赠张功曹》：“迁者追回流者还，涤瑕荡垢清朝班。”姚合《赠少室山麻襦僧》：“泉近渍瓶履，山深少垢尘。”李敬方《题黄山汤院》：“形秽忻除垢，神嚣喜破昏。”❸耻辱。李白《僧伽歌》：“一言散尽波罗夷，再礼浑除犯轻垢。”独孤及《诣开悟禅师问心法次第寄韩郎中》：“得知身垢妄，始喜额珠完。”

【垢氛】污浊的气氛。陈子昂《感遇诗三十八首》之十一：“吾爱鬼谷子，青溪无垢氛。”李白《赠僧崖公》：“冥机发天光，独朗谢垢氛。”常建《梦太白西峰》：“遗我太白峰，寥寥辞垢氛。”薛据《出青门往南山下别业》：“及此离垢氛，兴来亦因物。”白居易《登乐游园望》：“爱此高处立，忽如遗垢氛。”元稹《大云寺》：“地胜宜台殿，山晴离垢氛。”皎然《步虚词》：“日华炼精魄，皎皎无垢氛。”

【垢紛】犹垢氛。皇甫冉《同李万晚望南岳寺怀普门上人》：“释子身心无垢纷，独将衣钵去人群。”

【垢塵】污垢，尘土。元稹《送岭南崔侍御》：“火布垢尘须火浣，木棉温软当绵衣。”白居易《访陶公旧宅》：“垢尘不污玉，灵凤不啄膻。”又《喜雨》：“似面洗垢尘，如头得膏沐。”姚合《赠少室山麻襦僧》：“泉近渍瓶履，山深少垢尘。”

【垢弊】又脏又破。齐己《荆州新秋病起杂题一十五首・病起见生涯》：“方袍嫌垢弊，律服变光华。”

【垢膩】犹污垢。多指粘附于人体或物体上的不洁之物。沈佺期《被弹》:"穷囚多垢腻,愁坐饶虮虱。"杜甫《北征》:"见爷背面啼,垢腻脚不袜。"又《舟中苦热遣怀,奉呈阳中丞通简台省诸公》:"人舟虽苦热,垢腻可溉灌。"又《回棹》:"火云滋垢腻,冻雨裛沉绵。"韩偓《驿步》:"物近刘舆招垢腻,风经庾亮污尘埃。"

【垢秽】 肮脏。白居易《自觉二首》之二:"斗擞垢秽衣,度脱生死轮。"

垛 〔duǒ《广韵》徒果切,上果,定。〕箭靶。温庭筠《病中书怀呈友人》:"粉垛收丹采,金髓隐仆姑。"元稹《江边四十韵》:"罗灰修药灶,筑垛阅弓弰。"

垓 〔gāi《广韵》古哀切,平咍,見。〕❶谓兼备天下八极九州之地。因古谓天下有九州,故亦以指州或一方之土地。佚名《郊庙歌辞·祀九宫贵神乐章·凯安》:"盛德陈万舞,威棱畅九垓。"杨思玄《奉和别鲁王》:"圣泽九垓普,天文七曜周。"张九龄《和崔尚书喜雨》:"直颂皇恩浃,崇朝遍九垓。"贯休《偶作》:"君子称一善,馨香遍九垓。"吕岩《绍兴道会》:"偶乘青帝出蓬莱,剑戟峥嵘遍九垓。"❷古数名。万万为垓。贯休《送卢舍人三首》之三:"君不见释梵诸天寿亿垓,天上人间去复来。"

【垓下】 古地名。在今安徽省灵璧县东南。汉高祖刘邦围困项羽于此。参阅《史记·项羽本纪》。栖一《垓下怀古》:"弓指阵前争日月,血流垓下定龙蛇。"张碧《鸿沟》:"须臾垓下贼星起,歌声缭绕凄人耳。"李频《送友人之扬州》:"绿树丛垓下,青芜阔楚西。"谭用之《古剑》:"雄应垓下收蛇阵,滞想溪头伴豹韬。"灵一《项王庙》:"弓断阵前争日月,血流垓下定龙蛇。"

垞 〔chá《广韵》直加切,平麻,澄。〕土丘。王维《辋川集·南垞》:"轻舟南垞去,北垞淼难即。"又《辋川集·北垞》:"北垞湖水北,杂树映朱阑。"裴迪《辋川集二十首·南垞》:"孤舟信一泊,南垞湖水岸。"又《辋川集二十首·北垞》:"南山北垞下,结宇临欹湖。"

垠 〔yín《集韵》語巾切,平真,疑。又語斤切,平欣,疑。又五根切,平痕,疑。〕❶限;边际。宋之问《嵩山天门歌》:"登天门兮坐盘石之嶙峋,前瀿瀿兮未半,下漠漠兮无垠。"赵冬曦《奉和张燕公早霁南楼》:"风帆摩天垠,鱼艇散弯曲。"李白《古风》之一:"扬马激颓波,开流荡无垠。"韦应物《登高望洛城作》:"高台造云端,遐瞰周四垠。"韩愈《和侯协律咏笋》:"攒生犹有隙,散布忽无垠。"郑洪业《诏放云南子弟还国》:"瘴岭蚕丛盛,巴江越巂垠。"贯休《胡无人》:"我闻之,天子富有四海,德被无垠。"吴筠《建业怀古》:"皇家一区域,玄化通无垠。"❷形状。原陵老翁《原陵老翁吟》之三:"呕沦吐萌,垠倪散截。"

【垠崖】 犹悬崖。韩愈《调张籍》:"垠崖划崩豁,乾坤摆雷硠。"

【垠堮】 悬崖;断岸。杜甫《万丈潭》:"跼步凌垠堮,侧身下烟霭。"

七 画

埏[1] 〔yán《广韵》以然切,平仙,以。〕❶大地的边际。太宗《春日玄武门宴群臣》:"粤余君万国,还惭抚八埏。"宋之问《使至嵩山寻杜四不遇慨然复伤田洗马韩观主赠杜侯杜四》:"田公谢昭世,韩子秘幽埏。"李白《雪谗诗赠友人》:"交乱四国,播于八埏。"陈陶《冬夜吟》:"八埏蝼蚁厌寒栖,早晚青旗引春帝。"❷墓道。郭郧《寒食寄李补阙》:"兰陵士女满晴川,郊外纷纷拜古埏。"皮日休《鲁望昨以五百言见贻过有褒美内揣庸陋弥增愧悚微旨也》:"埋骨采石圹,留神鹿门埏。"

埏[2] 〔shān《广韵》式連切,平仙,書。〕用水和土。寒山《诗三百三首》之一八八:"一瓶铸金成,一瓶埏泥出。"皮日休《补周礼九夏系文·九夏歌九篇》之七:"大块孰埏,播为山阿。"

【埏$_2$埴】 陶冶;培育。阎朝隐《鹦鹉猫儿篇》:"鹦鹉鸟,同禀阴阳兮异埏埴。"李逢吉《奉送李相公重镇襄阳》:"海内埏埴遍,汉阴旌旆还。"周繇《经故宅有感》:"昔年埏埴生灵地,今日生人为叹嗟。"

【埏道】 墓道。于鹄《古挽歌》:"莫愁埏道暗,烧漆得千年。"

【埏熔】 培育,栽培。陈陶《涂山怀古》:"旧物复光明,洪炉再埏熔。"

八 画

埼 〔qí《集韵》渠羈切,平支,羣。〕弯曲的岸。徐铉《临石步港》:"埼岸堕萦带,微风起细涟。"

埊 〔dì《广韵》徒四切,去至,定。〕"地"的古字。詹敦仁《复留侯从效问南汉刘岩改名龑字音义》:"乖龘囸团星,龘恧厓西埊。"

埙 〔xūn《广韵》況袁切,平元,曉。〕古代一种吹奏乐器。陶制,也有用石、骨、象牙制成者。大如鹅蛋或鸡蛋,顶部稍尖,底平,中空,有球形或椭圆形等多种。顶上有吹口,前面有三、四或五孔,后面有二孔,稍异。高适《酬裴员外以诗代书》:"金玉本高价,埙篪终易谐。"钱起《京兆尹厅前甘棠树降甘露》:"济旱露为兆,有如埙应篪。"韩愈《陆浑山火和皇甫湜用其韵》:"攒杂啾嚄沸篪埙,彤幢绛旃紫纛幡。"林宽《送许棠先辈归宣州》:"发枯穷律韵,字字合埙篪。"皮日休《太湖诗·销夏湾》:"沙屿扫粉墨,松竹调埙篪。"

【埙篪】 ❶埙、篪皆古代乐器,二者合奏时声音相应和。因常以"埙篪"比喻兄弟亲密和睦。岑文本《安德山池宴集》:"雕楹网萝薜,激濑合埙篪。"杜甫《奉赠萧二十使君》:"埙篪鸣自合,金石莹逾新。"韩愈《和虞部卢四酬翰林钱七赤藤杖歌》:"南宫清深禁闱密,唱和有类吹埙篪。"郑嵎《津阳门诗》:"月中秘乐天半间,丁珰玉石和埙篪。"陆龟蒙《袭美先辈以龟蒙所献五百言既蒙见和复示荣唱用伸酬谢》:"谁背如水火,谁同若埙篪。"❷比喻互相呼应和配合。刘禹锡《奉酬湖州崔郎中见寄五韵》:"同游翰墨场,和乐埙篪然。"❸借指兄弟。刘禹锡《乐天寄洛下新诗兼喜微之欲到因以抒怀也》:"宫徵不独运,埙篪自相寻。"杜牧《寄内兄和州崔员外十二韵》:"恩义同钟李,埙篪实弟兄。"

埻 〔bó《广韵》蒲没切,入没,並。〕尘土。见"埻土"。

【埻土】 尘土。贯休《野田黄雀行》:"深花中睡,埻土里浴。"

【埻埻】 尘土飞扬貌。元稹《酬乐天东南行诗一百韵》:"破窗尘埻埻,幽院鸟呜呜。"寒山《诗三百三首》之一四四:"风至搅其中,灰尘乱埻埻。"

埂 〔gěng《广韵》古杏切,上梗,見。又古行切,平庚,見。〕土坑,小坑。元稹《梦井》:"土厚圹亦深,埋魂在深埂。"

埋 〔mái《广韵》莫皆切,平皆,明。〕❶藏于土中或其他细碎的物体中。韩愈《游青龙寺赠崔大补阙》:"当忧复被冰雪埋,汲汲来窥戒迟缓。"贾岛《经苏秦墓》:"沙埋古篆折碑文,六国兴亡事系君。"❷埋葬。张九龄《故刑部李尚书挽词三首》之三:"永叹常山宝,沈埋京兆阡。"于鹄《悼孩子》:"裸送不以衣,瘗埋于中衢。"韩偓《代小玉家为蕃骑所虏后寄故集贤裴公相国》:"折钗伴妾埋青冢,半镜随郎葬杜邮。"❸掩盖,遮蔽。玄宗《早登太行山中言志》:"白雾埋阴壑,丹霞助晓光。"李白《登金陵凤凰台》:"吴宫花草埋幽径,晋代衣冠成古丘。"唐末僧《题户诗》:"尘埋床下履,风动架头巾。"

【埋玉】 ❶指埋葬有才华的人。窦巩《哭吕衡州八郎中》:"还家路远儿童小,埋玉泉深昼夜长。"白居易《商山路有感》:"杓直泉埋玉,虞平烛过风。"罗隐《湖上岁暮感怀有寄友人》:"音书久绝应埋玉,编简难言竟委尘。"齐己《乱中闻郑谷吴廷保下世》:"小谏才埋玉,星郎亦逝川。"❷祭神的一种仪式。李峤《汾阴行》:"埋玉陈牲礼神毕,举麾上马乘舆出。"

【埋玉人】 犹"埋玉❶"。令狐楚《李相薨后题断金集》:"一览断金集,载悲埋玉人。"

【埋玉樹】 犹"埋玉❶"。张说《崔司业挽歌二首》之二:"古来埋玉树,流恨满山川。"李白《宣城哭蒋征君华》:"敬亭埋玉树,知是蒋征君。"李端《慈恩寺怀旧》:"鲤庭埋玉树,那忍见门人。"

【埋名】 ❶埋没姓名,不为人知。白居易《题故元少尹集后二首》之二:"龙门原上土,埋骨不埋名。"❷隐姓埋名,不让人知。皎然《妙喜寺达公禅斋寄李司直公孙房都曹德裕从事方舟颜武康士骋四十二韵》:"埋名虽殊迹,悟道宁异辙。"

【埋没】 (—mò)❶埋藏;埋在地下。张九龄《眉州康司马挽歌词》:"从兹匣中剑,埋没罢冲天。"王翰《古蛾眉怨》:"一朝埋没茂陵田,贱妾蛾眉不重顾。"赵嘏《题曹娥庙》:"青娥埋没此江滨,江树飕飗惨暮云。"李群玉《莲叶》:"在君塘下种,埋没任春蒲。"卢士衡《钟陵铁柱》:"千年埋没竟何为,变化宜将万物齐。"❷湮没;泯灭。白居易《对酒》:"贤愚共零落,贵贱同埋没。"❸谓使人不能尽其才,隐而不彰。韩愈《送进士刘师服东归》:"公心有勇气,公口有直言。"薛能《送李殷游京西》:"埋没餐须强,炎蒸醉莫频。"

【埋骨】 埋藏尸骨。王维《送殷四葬》:"埋骨白云长已矣,空余流水向人间。"刘长卿《双峰下哭故人李宥》:"怜君孤垅寄双峰,埋骨穷泉复几重。"元稹《放言五首》之三:"纵使被雷烧作烬,宁殊埋骨飏为尘。"罗邺《过王濬墓》:"埋骨千年近路尘,路傍碑号晋将军。"沙碛女子《五原夜吟》:"云鬟消尽转蓬稀,埋骨穷荒失所依。"

【埋香】 谓埋葬美女。《王承检掘得墓铭》:"深深葬玉,郁郁埋香。"

【埋冤】 埋没冤屈。孟郊《答韩愈李观别因献张徐州》:"有土不埋冤,有仇皆为雪。"

【埋落】 埋没,流落。沈佺期《古镜》:"埋落今如此,照心未尝歇。"

【埋魂】 埋葬英魂。元稹《梦井》:"土厚圹亦深,埋魂在深埂。"

【埋照】 犹韬光。喻藏匿不显露。杜甫《暮冬送苏四郎徯兵曹适桂州》:"尔贤埋照久,余病长年悲。"钱起《片玉篇》:"空山埋照凡几年,古色苍痕宛自然。"又《过温逸人旧居》:"酹酒片阳微,空山想埋照。"

【埋滅】 犹埋没。韩愈《秋怀诗十一首》之七:"有琴具徽弦,再鼓听愈淡。"

【埋塵】 埋入尘土。谓下世。陈子昂《同旻上人伤寿安傅少府》:“金兰徒有契,玉树已埋尘。”

【埋輪】 ❶车轮被埋于泥土中。白居易《雪中晏起偶咏所怀兼呈张常侍韦庶子皇甫郎中》:“穷阴苍苍雪雰雰,雪深没胫泥埋轮。”❷指东汉张纲埋轮洛阳都亭,表示决心弹劾权贵。见《后汉书·张纲传》。后作为美称直臣敢于抨击权贵的典故。刘长卿《送侯侍御赴黔中充判官》:“须令荒徼外,亦解惧埋轮。”刘禹锡《早秋送台院杨侍御归朝》:“圣朝寰海静,所至不埋轮。”崔涂《寄舅》:“致君期折槛,举职在埋轮。”罗隐《淮南送卢端公归台》:“应笑张纲谩生事,埋轮不得在长安。”徐铉《送和州张员外为江都令》:“塞诏官班聊慰否,埋轮意气尚存无。”薛涛《赠苏十三中丞》:“洛阳陌上埋轮气,欲逐秋空击隼飞。”❸喻指月落。唐彦谦《七夕》:“露白风清夜向晨,小星垂佩月埋轮。”

【埋輪地】 指东汉张纲于洛阳都亭埋轮之地。蒋冽《经埋轮地》:“千载埋轮地,无人兴一言。”。

【埋輪者】 本指东汉人张纲。后借指纠察吏治者。戴叔伦《奉同汴州李相公勉送郭布殿中出巡》:“却想埋轮者,论功此日多。”

【埋劍】 喻指被埋没或不得彰显。见《晋书·张华传》。沈佺期《移禁司刑》:“埋剑谁当辨,偷金以自诬。”刘长卿《题虎丘寺》:“埋剑人空传,凿山龙已去。”孟郊《赠李观》:“埋剑谁识气,匣弦日生尘。”

【埋瘞】 (—yì)埋葬;埋藏。柳宗元《掩役夫张进骸》:“畚锸载埋瘗,沟渎护其危。”

【埋頭】 形容专心致志。寒山《诗三百三首》之八九:“汝为埋头痴兀兀,爱向无明罗刹窟。”又之二四一:“痴福暂时扶,埋头作地狱。”齐己《荆渚病中因思匡庐遂成三百字寄梁先辈》:“埋头逐小利,没脚拖长裾。”

【埋藏】 (—cáng)❶掩埋尸体。周昙《咏史诗·春秋战国门·孙叔敖》:“童稚逢蛇叹不祥,虑悲来者为埋藏。”❷隐藏。白居易《予以长庆二年冬十月到杭州明年秋九月始与范阳卢贾汝南周元范俯视朱绶仰睇白云有愧于心遂留绝句》:“云水埋藏恩德洞,簪裾束缚使君身。”

【埋翳】 掩埋,遮盖。李白《门有车马客行》:“北风扬胡沙,埋翳周与秦。”

【埋覆】 遮蔽;覆盖。韩愈《南山诗》:“夏炎百木盛,荫郁增埋覆。”

袁

〔yuán《广韵》雨元切,平元,云。〕姓氏。唐诗人有袁朗、袁晖、袁恕己、袁瓘、袁邕、袁高等。骆宾王《寓居洛滨对雪忆谢二》:“谢庭赏方逸,袁扉掩未开。”杜甫《秋尽》:“篱边老却陶潜菊,江上徒逢袁绍杯。”白居易《旅次华州赠袁右丞》:“安得天下守,尽得如袁公。”罗隐《寄池州郑员外》:“衣同莱子曾分笔,扇似袁宏别有天。”

【袁公】 ❶神话传说中白猿的自称。见汉赵晔《吴越春秋·勾践阴谋外传》。崔日知《冬日述怀奉呈韦祭酒张左丞兰台名贤》:“袁公论剑术,孙子叙兵篇。”❷指汉袁安。皇甫曾《酬郑侍御秋夜见寄》:“袁公方卧雪,尺素及柴荆。”参见“袁安高卧”。骆宾王《冬日宴》:“赏洽袁公地,情披乐令天。”吴融《陈琳墓》:“纵道笔端由我得,九泉何面见袁公。”❸指盛唐人袁某,曾官大理丞。张九龄有《尝与大理丞袁公太府丞田公偶诣一所林沼尤胜因并坐其次相得甚欢遂赋诗焉以咏其事》。

【袁安】 东汉大臣。字邵公,汝阳(今河南商水西南)人。高适《苦雪四首》之二:“惠连发清兴,袁安念高卧。”何频瑜《墙阴残雪》:“谁怜高卧处,岁暮叹袁安。”姚康《礼部试早春残雪》:“玉尘销欲尽,穷巷起袁安。”许浑《看雪》:“红楼知有酒,谁肯学袁安。”皮日休《奉和鲁望早春雪中作吴体见寄》:“全吴缥瓦十万户,惟君与我如袁安。”韩偓《八月六日作四首》之四:“袁安坠睫寻忧汉,贾谊濡毫但过秦。”吴仁璧《春雪》:“雪霁凝光入坐寒,天明犹自卧袁安。”徐铉《奉和宫傅相公怀旧见寄四十韵》:“袁安辞气忠仍恳,吴汉精诚直且专。”李瀚《蒙求》:“袁安倚赖,黄霸政殊。”

【袁安舍】 本指汉人袁安所居之所。后借指高洁之士的居处。王维《冬晚對雪忆胡处士》:“借问袁安舍,翛然尚闭关。”

【袁安高卧】 义同“袁安睡”。高适《苦雪四首》之二:“惠连发清兴,袁安念高卧。”

【袁安墜睫】 东汉和帝时,司徒袁安担心外戚误国,谈及国事,常常流泪。见《后汉书·袁安传》。后遂用作忠臣忧国之典。韩偓《八月六日作四首》之四:“袁安坠睫寻忧汉,贾谊濡毫但过秦。”

【袁安睡】 汉时袁安未达时,洛阳大雪,人多出乞食,安独僵卧不起,洛阳令按行至安门,见而贤之,举为孝廉,除阴平长、任城令。后因以袁安卧雪为典,指身处困穷但仍坚守节操的行为。李中《和友人喜雪》:“谢女诗成处,袁安睡起初。”

【袁安履】 指治政严明有方。耿沣《晚秋东游寄猗氏第五明府解县韩明府》:“灞涘袁安履,汾南宓贱琴。”

【袁宏】 晋人,字彦伯,小字虎。年少家贫,曾为人运租(输送租税)为生。在牛渚吟咏《咏史》,受到谢尚的赞赏。出任东阳太守,谢安饯送以一扇相赠。袁宏答以“当奉扬仁风”。见《晋书·袁宏传》、南朝宋刘义庆《世说新语·言语》及《文学》等。温庭筠《寄岳州李外郎远》:“独有袁宏正憔悴,一樽惆怅落花时。”罗隐《寄池州郑员外》:“衣同莱子曾分笔,扇似袁宏别有天。”又《途中献晋州孟中丞》:“楼移庾亮千山月,树待袁宏一扇风。”

【袁虎】 袁宏小字。罗隐《虚白堂前牡丹相传云太傅手植在钱塘》:“香暖几飘袁虎扇,格高长对孔融樽。”

【袁門】 指汉袁安的家门。白居易《雪中酒熟欲携访吴监先寄此诗》:“陈榻无辞解,袁门莫懒开。”

【袁郎】 指晋袁宏。罗隐《投宣武郑尚书二十韵》:“庾监高楼月,袁郎满扇风。”参见“袁宏”。

【袁耽】 东晋人。曾任建威将军。少年时爽朗豪迈,狂放不羁,曾应桓温之请,同其债主赌博,获大胜,助温摆脱负债困境。见南朝宋刘义庆《世说新语·任诞》。李瀚《蒙求》:“阮简狂达,袁耽俊迈。”

【袁校尉】 (校 jiào)指袁绍。绍为东汉末八大校尉之一。汉献帝时,绍以讨董卓、复兴汉室为号召招揽了众多豪杰,对曹操作战失败后,曾收集散兵。见《后汉书·袁绍传》。唐彦谦《奉使岐下闻唐弘夫行军为贼所擒伤而有作》:“散卒半随袁校尉,寡妻休问辟司徒。”

【袁盎】 汉人,文帝时任中郎将。文帝游上林苑,与皇后、慎夫人同席,盎根据尊卑有序的原则,将慎夫人引却他坐。经他说道理,使文帝和慎夫人释怒为悦。见《史记·袁盎列传》。李瀚《蒙求》:“袁盎却座,卫瓘抚床。”

【袁許】 汉许负和唐袁天纲的并称。二人皆精相人之术。卢肇《嘲游使君》:“莫言世上无袁许,客子由来是相师。”

【袁紹杯】 指东汉袁绍大会宾客,郑玄后至,满座倾倒事。见《后汉书·郑玄传》。后喻指受人敬重。杜甫《秋尽》:“篱边老却陶潜菊,江上徒逢袁绍杯。”

【袁董】 袁绍和董卓的合称。二人于东汉末年都曾以诛宦官为名拥兵自专,并争相谋求挟天子以令诸侯。韩偓《感事三十四韵》:“袁董非徒尔,师昭岂偶然。”

【袁絲】 汉袁盎字丝,文帝时任中郎将。他曾担心文帝乘车马下坡危险而为之揽辔,并进言文帝当自重。后向景帝进言反对立梁孝王为太子,被梁孝王派刺客暗杀于安陵郭门外。见《史记·袁盎列传》。李德裕《述梦四十韵》:“辔待袁丝揽,书期蜀客操。”又《清冷池怀古》:“袁丝徒伏剑,长孺欲成灰。”

埒 〔liè《广韵》力辍切,入薛,來。〕❶矮墙。上官昭容《游长宁公主流杯池二十五首》之八:“玉环腾远创,金埒荷殊荣。”宋之问《宴安乐公主宅得空字》:“玳梁翻贺燕,金埒倚晴虹。”沈佺期《奉和春初幸太平公主南庄应制》:“买地铺金曾作埒,寻河取石旧支机。”❷马射场。宗楚客《安乐公主移入新宅侍宴应制》:“马向铺钱埒,箫闻弄玉台。”李峤《马武骑挽歌二首》之二:“试马依红埒,吹箫弄紫霞。谁言东郭路,翻枉北门车。”沈佺期《安乐公主移入新宅》:“马香遗旧埒,凤吹绕新台。”许敬宗《奉和九月九日应制》:“汗浃镳流赭,尘生埒散红。”刘禹锡《题于家公主旧宅》:“马埒蓬蒿藏狡兔,凤楼烟雨啸愁鸱。”

埆 〔què《广韵》苦角切,入覺,溪。〕土地不平而贫瘠。宋齐丘《陪游凤皇台献诗》:“画栋泥金碧,石路盘硗埆。”

埇 〔yǒng《广韵》餘隴切,上腫,以。〕地名用字。薛能有《酬泗州韦中丞埇上日寄赠兼次本韵》。见“埇橋”。

【埇城】 即埇桥。白居易《埇桥旧业》:“别业埇城北,抛来二十春。”

【埇橋】 地名,在今安徽宿州。权德舆有《埇桥达奚四于十九陈大三侍御夜宴叙各赋二韵》。白居易有《埇桥旧业》。

埃 〔āi《广韵》烏開切,平咍,影。〕灰尘。上官仪《酬薛舍人万年宫晚景寓直怀友》:“奕奕九成台,窈窕绝尘埃。”施肩吾《杂古词五首》之二:“归时即暖热,去罢生尘埃。”韩愈《咏雪赠张籍》:“纬缅观朝萼,冥茫瞩晚埃。”卢纶《书情上大尹十兄》:“紫陌绝纤埃,油幢千骑来。”姚合《杏园》:“欲待无人连夜看,黄昏树树满尘埃。”温庭筠《题丰安里王相林亭二首》之一:“花竹有薄埃,嘉游集上才。”

【埃塩】 见“埃壒”。刘禹锡《和河南裴尹侍郎宿斋天平寺诣九龙祠祈雨二十韵》:“吏散埃塩息,月高庭宇宜。”姚合《赋月华临静夜》:“长空埃塩灭,皎皎月华临。”

【埃玠】 (—jiá)尘垢。韩愈、孟郊《征蜀联句》:“踢翻聚林岭,斗起成埃玠。”

【埃氛】 充满尘埃的大气。独孤申叔《终南精舍月中闻磬》:“精庐残夜景,天宇灭埃氛。”薛能《升平词十首》之四:“曙质绝埃氛,彤庭列禁军。”又《中秋夜寄李溟》:“满魄断埃氛,牵吟并舍闻。”刘沧《游上方石窟寺》:“苔径萦回景渐分,翛然空界静埃氛。”卢汝弼《闻雁》:“秋风萧瑟静埃氛,边雁迎风响咽群。”无可《禅林寺》:“台山朝佛陇,胜地绝埃氛。”齐已《夏云曲》:“天若闻,必能使尔为润泽,洗埃氛。”

【埃塵】 尘埃。张潮《江风行》:“婿贫如珠玉,婿富如埃尘。”王维《过沈居士山居哭之》:“闲檐喧鸟鹊,故榻满埃尘。”王昌龄《为张偾赠阎使臣》:“犹畏谗口疾,弃之如埃尘。”刘禹锡《燕尔馆破屏风所画至精人多叹赏题之》:“唯有多情往来客,强将衫袖拂埃尘。”高骈《寄题罗浮别业》:“不将真性染埃尘,为有烟霞伴此身。”唐彦谦《新丰》:“惆怅故园前事远,晓风长路起埃尘。"贯休《山居诗二十四首》之十一："尘埃中更有埃尘，时复双眉十为颦。"

【埃壒】　亦作"埃壒"。犹尘土。欧阳詹《玩月》序云："况埃不流，大空悠悠，婵娟裴回。"

【埃雾】　尘雾。卢纶《酬苗员外仲夏归郊居遇雨见寄》："因兹屏埃雾，一咏一开颜。"

【埃燼】　燃料烧成的灰烬。翁洮《冬》："迴夜炉翻埃烬色，天河冰辗辘轳声。"

堵　〔dǔ《广韵》當古切，上姥，端。〕❶古代筑墙的计量单位名。古以版筑法筑土墙，一版之长，五版之高，为堵。见《诗·大雅·緜》。岑参《过梁州奉赠张尚书大夫公》："百堵创里闾，千家恤茕嫠。"崔颢《邯郸宫人怨》："百堵涂椒接青琐，九华阁道连洞房。"李绅《移九江》："容膝有匡床，及肩才数堵。"林宽《和周繇校书先辈省中寓直》："衰藓墙千堵，微阳菊半畦。"黄滔《和王舍人崔补阙题天王寺》："粉垣千堵束，金塔九层支。"段成式《游长安诸寺联句·常乐坊赵景公寺·吴画联句》："惨澹十堵内，吴生纵狂迹。"❷泛指墙。李颀《答高三十五留别便呈于十一》："藜羹被褐环堵中，岁晚将贻故人耻。"杜甫《秋雨叹三首》之三："长安布衣谁比数，反锁衡门守环堵。"白居易《遣怀》："颓然环堵客，萝蕙为巾带。"杜牧《题池州弄水亭》："杉树碧为幢，花骈红作堵。"又《题宣州开元寺》："溪声入僧梦，月色晖粉堵。"温庭筠《寒食节日寄楚望二首》之一："旷望恋曾台，离忧集环堵。"❸谓居处。顾云《筑城篇》："画阁团团真铁瓮，堵阔巉岩齐石壁。"戴叔伦《过申州》："井邑初安堵，儿童未长成。"韩愈《崔十六少府摄伊阳以诗及书见投因酬三十韵》："谓言安堵后，贷借更何患。"卢肇《汉堤诗》："以隳我堵，以剥我庐。"❹阻挡；堵塞。李百药《赋礼记》："重广开环堵，至道轶金籯。"杜牧《李甘诗》："贤者须丧亡，谗人尚堆堵。"寒山《诗三百三首》之一八三："若无一堵物，不啻冷如霜。"❺憋闷；不舒畅。陆龟蒙《五歌·刈获》："我来愁筑心如堵，更听农夫夜深语。"❻量词。用于整段的墙。张祜《游天台山》："回首望四明，矗若城一堵。"

【堵牆】　❶如墙而立，形容站在一起的人很多。杜甫《莫相疑行》："集贤学士如堵墙，观我落笔中书堂。"❷墙垣。杜甫《瘦马行》："东郊瘦马使我伤，骨骼硉兀如堵墙。"又《入衡州》："寡妻从为郡，兀者安堵墙。"

垩　〔è《广韵》烏各切，入鐸，影。〕白色泥土。杨嗣复《丁巳岁八月祭武侯祠堂因题临淮公旧碑》："薙草轩墀狭，涂墙赭垩新。"皮日休《初夏游楞伽精舍》："树杪见觚棱，林端逢赭垩。"陆龟蒙《奉和袭美初夏游楞伽精舍次韵》："薝卜冠诸香，琉璃代华垩。"

基　〔jī《广韵》居之切，平之，見。〕❶建筑物的根脚。太宗《登三台言志》："扇天裁户旧，砌地翦基新。"王绩《过汉故城》："余基不可识，古墓列成行。"李峤《和同府李祭酒休沐田居》："地藉朱邸基，家在青山足。"阎丘均《临水亭》："高馆基曾山，微幂生花草。"沈佺期《初冬从幸汉故青门应制》："故基仍岳立，遗堞尚云屯。"钱起《和慕容法曹寻渔者寄城中故人》："孤烟一点绿溪湄，渔父幽居即旧基。"权德舆《成南阳墓》："枯荄没古基，驳藓蔽丰碑。"柳宗元《游南亭夜还叙志七十韵》："磻溪近余基，阿城连故濠。"韦庄《汴堤行》："绿杨千里无飞鸟，日落空投旧店基。"❷引申为最下面的。陈子昂《夏日晖上人房别李参军崇嗣》："户牖观天地，阶基上杳冥。"❸事物的根本。崔融《哭蒋詹事俨》："镇国山基毁，中天柱石颓。"张说《徐高御挽歌》："公卿传世范，仁义续灵基。"罗隐《隐尝在江陵忝故中令白公叨蒙知遇遂成长句》："才怜曼倩三冬后，艺许由基一箭中。"❹起始。卢照邻《登封大酺歌四首》之四："千年圣主应昌期，万国淳风王化基。"罗隐《姑苏台》："让高泰伯开基日，贤见延陵复命时。"杜荀鹤《友人赠舍弟依韵戏和》："吾家此弟有何知，多愧君开道业基。"❺创建；奠定基础。皮日休《虎丘寺殿前有古杉一本形状丑怪图之不尽三百言以见志》："他年如入用，直构太平基。"❻事业。则天皇后《曳鼎歌》："上玄降鉴，方建隆基。"魏征《享太庙乐章·永和》："用光武志，永固鸿基。"赵彦昭《奉和幸大荐福寺》："千花开国界，万善累皇基。"白居易《代书诗一百韵寄微之》："万言经济略，三策太平基。"李商隐《赠送前刘五经映三十四韵》："叔世何多难，兹基遂已亡。"韦庄《长年》："大盗不将炉冶去，有心重筑太平基。"

【基地】　❶犹门第，地位。杜审言《泛舟送郑卿入京》："相宅开基地，倾都送别人。"❷作为某种事业基础的地区。徐夤《依韵和尚书再赠牡丹花》："烂银基地薄红妆，羞杀千花百卉芳。"

【基阯】　见"基趾"。喻事业的根基、根本。韩愈《寄卢仝》："苗裔当蒙十世宥，岂谓贻厥无基阯。"

【基址】　建筑物的地基，亦指事物的基础。元稹《古社》："古社基址在，人散社不神。"刘兼《长春节》："太平基址千年永，混一车书万古存。"

【基階】　建筑物的基础和台阶。元稹《度门寺》："翦凿基阶正，包藏景气浓。"

【基業】　❶作为根基的事业。多指国家政权。陆龟蒙《江湖散人歌》："太宗基业甚牢固，小丑背叛当歼夷。"罗隐《送支使萧中丞赴阙》："今日风流卿相客，旧时基业帝王家。"孙元晏《咏史诗·吴·黄金车》：

"分擘山河即渐开，许昌基业已倾颓。"❷产业。于濆《越溪女》："妾家基业薄，空有如花面"

【基構】　建筑物的基础和结构。皮日休《二游诗·徐诗》："以此为基构，将斯用贻厥。"

堇[1]　〔qín《广韵》巨巾切，平真，羣。〕黏土。《说文·堇部》："堇，黏土也。"刘禹锡《送湘阳熊判官孺登府罢归钟陵因寄呈江西裴中丞二十三兄》："汾阴有宝气，赤堇多奇铓。"

堇[2]　〔jìn《集韵》渠吝切，去稕，羣。〕❶药名，即乌头，有毒。柳宗元《游南亭夜还叙志七十韵》："螟蛉愿亲燎，荼堇甘自薅。"❷草本植物，堇菜。杜甫《赠郑十八贲》："步趾咏唐虞，追随饭葵堇。"白居易《喜雨》："圃旱忧葵堇，农旱忧禾菽。"

埴　〔zhí《广韵》常職切，入職，禪。又昌志切，去志，昌。〕❶黏土。柳宗元《登蒲州石矶望横江口潭岛深回斜对香零山》："陶埴兹择土，蒲鱼相与邻。"❷泛指泥土；土地。阎朝隐《鹦鹉猫儿篇》："鹦鹉鸟，同禀阴阳兮异埏埴。"李逢吉《奉送李相公重镇襄阳》："海内埏埴偏，汉阴旌旆还。"周繇《经故宅有感》："昔年埏埴生灵地，今日生人为叹嗟。"❸用作人名。《全唐诗》卷七七八收有诗人寇埴。

域　〔yù《广韵》雨逼切，入職，云。〕❶疆界；疆域。张说《送郭大夫元振再使吐蕃》："知君万里侯，立功在异域。"刘长卿《同崔载华赠日本聘使》："怜君异域朝周远，积水连天何处通。"杜荀鹤《献郑给事》："化行邦域二年春，樵唱渔歌日日新。"皇甫松《怨回纥》之一："白首南朝女，愁听异域歌。"❷地区；区域。太宗《两仪殿赋柏梁体》："绝域降附天下平，八表无事悦圣情。"殷文圭《边将别》："行行独止干戈域，毳帐望谁为主人。"❸范围。杜甫《大云寺赞公房四首》之一："心在水精域，衣沾春雨时。"吴少微《过汉故城》："宫阙谁家域，蓁芜罥我裳。"权德舆《小言》："酰鸡伺晨驾蚊翼，毫端棘刺分畛域。"吴筠《高士咏·荷蓧晨门》："混迹是非域，纵怀天地间。"❹封邑。张九龄有《郢城西北有大古冢数十观其封域多是楚时诸王因后人为植松柏故行路尽知之》。李群玉《凉公从叔春祭广利王庙》："从此华夷封域静，潜熏玉烛奉尧年。"❺茔地；坟地。权德舆《浩歌》："得丧同一域，是非亦何常。"温庭筠《鸿胪寺有开元中锡宴堂楼台池沼雅为胜绝荒凉遗址仅有存者偶成四十韵》："群生到寿域，百辟趋明堂。"❻局限。张祜《宪宗皇帝挽歌词》："寿域无千载，泉门是九重。"

【域中】　（—zhōng）国中；寰宇间。玄宗《春晚宴两相及礼官丽正殿学士探得风字》："介胄清荒外，衣冠佐域中。"杨炯《奉和上元酺宴应诏》："大号域中平，皇威天下惊。"王维《哭祖六自虚》："域中君道广，海内我情偏。"崔元翰《奉和圣制中元日题奉敬寺》："域中信称大，天下乃为轻。"

【域外】　境外。韦庄《渔塘十六韵》："路熟云中客，名留域外僧。"

堅　〔jiān《广韵》古賢切，平先，見。〕❶硬。王绩《游仙四首》之一："金精飞欲尽，石髓溜应坚。"张九龄《杂诗五首》之五："木直几自寇，石坚亦他攻。"韦应物《酬韩质舟行阻冻》："至柔反成坚，造化安可恒。"高适《咏马鞭》："绕指柔，纯金坚。"高骈《筇竹杖寄僧》："坚轻筇竹杖，一枝有九节。"陆龟蒙《四明山诗·青棂子》："外形坚绿壳，中味敌璚英。"❷牢固。张说《邺都引》："昼携壮士破坚阵，夜接词人赋华屋。"韦应物《赠李儋》："何因知久要，丝白漆亦坚。"杜甫《又于韦处乞大邑瓷碗》："大邑烧瓷轻且坚，扣如哀玉锦城传。"韩偓《感事三十四韵》："去梯言必尽，仄席意弥坚。"❸谓牢固坚硬之物。独孤及《初晴抱琴登马退山对酒望远醉后作》："王旅方伐叛，虎臣皆被坚。"杨收《笔》："虽匪囊中物，何坚不可钻。"❹强劲；坚强。鲍溶《塞上行》："西风应时筋角坚，承露牧马水草冷。"高骈《叹征人》："心坚胆壮箭头亲，十载沙场受苦辛。"许棠《陈情献江西李常侍五首》之一："东堂曾受荐，垂白志犹坚。"❻坚决，不改变。韦应物《学仙二首》之一："云气冉冉渐不见，留语弟子但精坚。"独孤及《答李滁州见寄》："白发俱生欢未再，沧洲独往意何坚。"

【堅久】　坚固耐久。白居易《寄杨六》："唯君于我分，坚久如金石。"吕岩《沁园春》："不坚久，似石中迸火，水上浮沤。"

【堅心】　❶坚定的心志。孟郊《择友》："若是效真人，坚心如铁石。"汪遵《杞梁墓》："南邻北里皆孀妇，谁解坚心继此来。"❷犹一心。许棠《寄华阴刘拾遗》："坚心持谏诤，自古亦艰难。"

【堅白】　形容志节坚贞，不可动摇。语出《论语·阳货》。谓君子虽在浊乱而不能污。张说《送宋休远之蜀任》："如何从宦子，坚白共缁磷。"武元衡《秋日对酒》："波澜暗超忽，坚白亦磷缁。"王季友《玉壶冰》："坚白能虚受，清寒得自凝。"刘禹锡《送华阴尉张苕赴邕府使幕》："风霜苦摇落，坚白无缁磷。"李咸用《山中夜坐寄故里友生》："可怜任永真坚白，净洗双眸看太平。"

【堅守】　坚决守卫。白居易《代书诗一百韵寄微之》："繁张获鸟网，坚守钓鱼坻。"周昙《咏史诗·春秋战国门·虞卿》："割地求和国必危，安知坚守绝来思。"

【堅冰】　喻指积过成祸，困难重重。语出《易·坤》。王绩《赠梁公》："履霜成坚冰，知足胜不祥。"储光羲《贻阎处士防卜居终南》:“坚冰生绿潭,又客三千里。”蒴信陵《过真律师旧院》:“坚冰销尽还成水,本自无形何足伤。”孟郊《求友》:“北风临大海,坚冰临河面。”元稹《分水岭》:“坚冰一时合,井深冻不成。”李商隐《赋得月照冰池》:“皓月方离海,坚冰正满池。”贾岛《送僧归太白山》:“坚冰连夏处,太白接青天。”

【堅利】 代指兵器。陆龟蒙《杂讽九首》之九:“群儿被坚利,索手安冯河。”

【堅坐】 形容久坐。杜甫《季秋苏五弟缨江楼夜宴崔十三评事韦少府侄三首》之一:“老人因酒病,坚坐看君倾。”韩愈《赠侯喜》:“晡时坚坐到黄昏,手倦目劳方一起。”张祜《赠庐山僧》:“树黑云归去,山明日上来。便知心是佛,坚坐对寒灰。”

【堅完】 坚固完好;壮盛充沛。吕岩《窑头坯歌》:“棱角坚完不复坏,扣之声韵堪磨镌。”

【堅牢】 牢固。白居易《简简吟》:“大都好物不坚牢,彩云易散琉璃脆。”喻凫《广德官舍二松》:“杨公休簿领,二木日坚牢。”曹邺《寄监察从兄》:“松根已坚牢,松叶岂不荣。”净显《题广爱寺楞伽山》:“珍重昔贤留像迹,陵迁谷变自坚牢。”

【堅苦】 坚毅刻苦。喻凫《送潘咸》:“坚苦今如此,前程岂渺茫。”

【堅卧】 谓按兵不动。元稹《使东川·邮亭月》:“今夜山邮与蛮嶂,君应坚卧我还行。”

【堅昆】 古部族名。唐时称黠戛斯,在今叶尼塞河上游。杜甫《喜闻盗贼蕃寇总退口号五首》之四:“勃律天西采玉河,坚昆碧碗最来多。”赵嘏《送从翁中丞奉使黠戛斯六首》之二:“料得坚昆受宣后,始知公主已归朝。”

【堅固】 ❶结实;牢固。王建《坏屋》:“坚固传后人,从今勉劳力。”卢仝《哭玉碑子》:“怪哉坚贞姿,忽脆不坚固。”魏氏《赠外》:“谐和类琴瑟,坚固同胶漆。”❷坚定。元稹《梦游春七十韵》:“浮生转经历,道性尤坚固。”南唐后主《病中书事》:“病身坚固道情深,宴坐清香思自任。”杨衡《宿陟岵寺云律师院》:“肆陈坚固学,破我梦幻质。”寒山《诗三百三首》之二八七:“自怜心的实,坚固等金刚。”

【堅城】 坚固的城池。陆龟蒙《筑城词二首》之一:“筑城畏不坚,坚城在何处。”

【堅持】 执意不改,始终如一。李颀《题神力师院》:“坚持日月珠,豁见沧江长。”

【堅貞】 ❶谓节操坚定不变。韦应物《睢阳感怀》:“甘从锋刃毙,莫夺坚贞志。”玄宗《经河上公庙》:“矫然翔寥廓,如何屈坚贞。”高适《观李九少府翥树宓子贱神祠碑》:“形胜驻群目,坚贞指苍穹。”刘禹锡《许给事见示哭工部刘尚书诗因命同作》:“特达圭无玷,坚贞竹有筠。”白居易《赠能七伦》:“岂不知坚贞,芳馨诱其心。”贾岛《送李登少府》:“流水潺潺处,坚贞玉涧珉。”周昙《咏史诗·晋门·吴隐之》:“徒言滴水能穿石,其那坚贞匪石心。”❷谓质地坚硬纯正,经久不变。杜审言《度石门山》:“坚贞深不惮,险涩谅难穷。”陈子昂《与东方左史虬修竹篇》:“始愿与金石,终古保坚贞。”张说《杂诗四首》之二:“剖珠贵分明,琢玉思坚贞。”钱起《赋得余冰》:“更随舟楫去,犹可助坚贞。”元稹《梦游春七十韵》:“徒谓自坚贞,安知受砻铸。”聂夷中《客有追叹后时者作诗勉之》:“荆山产美玉,石石皆坚贞。”费冠卿《枕流石》:“愿以清泚流,鉴此坚贞质。”

【堅重】 坚定而从容。《萧宅二三子赠答诗二十首·竹答客》:“随分有萧瑟,实无坚重心。”韩愈等《石鼎联句》:“徒示坚重性,不过升合盛。”

【堅陣】 坚固的阵势。张说《邺都引》:“昼携壮士破坚阵,夜接词人赋华屋。”

【堅剛】 ❶犹坚硬。皎然《桃花石枕歌送安吉康丞》:“立性坚刚平若砥,君子偏将交道比。”❷犹坚强。白行简《金在镕》:“坚刚由我性,鼓铸任君心。”杜牧《冬至日寄小侄阿宜诗》:“指挥群儿辈,意气何坚刚。”

【堅執】 犹坚持。胡曾《咏史诗·绵山》:“如何坚执尤人意,甘向岩前作死灰。”

【堅密】 坚固致密。白居易《和微之诗二十三首·和寄乐天》:“松筠与金石,未足喻坚密。”

【堅强】 强固有力,不可动摇或摧毁。王建《寄李益少监兼送张实游幽州》:“伟哉清河子,少年志坚强。”白居易《桐花》:“草木坚强物,所禀固难夺。”张仲方《赠毛仙翁》:“芝椿禀气本坚强,龟鹤计年应不死。

【堅頑】 犹言顽强坚定。白居易《微之重夸州居寄怀》:“谁知太守心相似,抵滞坚顽两有余。”

【堅誠】 犹至诚。骆宾王《咏怀古意上裴侍郎》:“为国坚诚款,捐躯忘贱贫。”王炎《赋得行不由径》:“始知夫子道,从此得坚诚。”

【堅確】 犹坚定。吕岩《题桐柏山黄先生庵门》:“既修真,须坚确,能转乾坤泛海岳。”

【堅潔】 坚贞纯洁。无名氏《天竺国胡僧水晶念珠》:“碧莲花下独提携,坚洁何如幻泡影。”

【堅操】 坚定的节操。张祜《哭汴州陆大夫》:“利剑太坚操,何妨拔一毛。”王贞白《太湖石》:“一片至坚操,那忧岁月侵。”

【堅壁】 ❶加固壁垒。韦应物《睢阳感怀》:“坚壁梁宋间,远筹吴楚利。”❷坚固的壁垒。许天正《和陈元光平潮寇诗》:“四野无坚壁,群生未化融。”

【堅壘】 坚固的营垒。陆龟蒙《吴俞儿舞歌·弩俞》:“达坚垒,残雄师,可以冠猛乐壮曲。”

堂〔táng《广韵》徒郎切，平唐，定。〕❶建于高台上的厅房。祖咏《宿陈留李少府揆厅》："旅泊倦愁卧，堂空闻曙更。"储光羲《新丰主人》："新丰主人新酒熟，旧客还归旧堂宿。"李白《同族弟金城尉叔卿烛照山水壁画歌》："高堂粉壁图蓬瀛，烛前一见沧洲清。"杜甫《赠卫八处士》："焉知二十载，重上君子堂。"❷官府议论政事、审理案件的地方。王昌龄《送欧阳会稽之任》："缓带屏纷杂，渔舟临讼堂。"《送苏州姚长史》："别有心期处，湖光满讼堂。"❸厅室、书斋。王昌龄《裴六书堂》："闲堂闭空阴，竹林但清响。"韦应物《雪中》："空堂岁已晏，密室独安眠。"杜荀鹤《和舍弟题书堂》："兄弟将知大自强，乱时同葺读书堂。"❹尊称他人的母亲。卢纶《送恒操上人归江外觐省》："依佛不违亲，高堂与寺邻。"齐己《送休师归长沙宁觐》："高堂亲老本师存，多难长悬两处魂。"❺指同一祖父的亲戚关系。卢纶《送王录事赴任苏州》题注："即舍人堂弟。"❻高大。见"堂堂"。

【堂下】　宫殿、厅堂阶下。李颀《听董大弹胡笳声兼寄语弄房给事》："迸泉飒飒飞木末，野鹿呦呦走堂下。"杜甫《种莴苣》："堂下可以畦，呼童对经始。"孟郊《劝酒》："堂上陈美酒，堂下列清歌。"白居易《庭松》："堂下何所有，十松当我阶。"裴諝《储潭庙》："女巫纷纷堂下儛，色似授兮意似与。"

【堂上】　殿堂上；正厅上。王维《扶南曲歌词五首》之二："堂上青弦动，堂前绮席陈。"又《羽林骑闺人》："离人堂上愁，稚子阶前戏。"李白《赠宣城赵太守悦》："三千堂上客，出入拥平原。"杜甫《秋雨叹三首》之一："堂上书生空白头，临风三嗅馨香泣。"王建《题应圣观》："精思堂上画三身，回作仙宫度美人。"白居易《采诗官》："君之门兮九重闷，君耳唯闻堂上言。"王仁裕《题麦积山天堂》："檐前下视群山小，堂上平分落日低。"

【堂印】　宰相居政事堂所用的官印。王建《送裴相公上太原》；"还携堂印向并州，将相兼权是武侯。"韩愈《次潼关上都统相公》："暂辞堂印执兵权，尽管诸军破贼年。"

【堂邑】　犹住宅。张说《晦日诏宴永穆公主亭子赋得流字》："堂邑山林美，朝恩晦日游。"

【堂坳】　低洼之处。孙逖《和左卫武仓曹卫中对雨创韵赠右卫李骑曹》："忽闻征并作，观海愧堂坳。"

【堂封】　坟墓。柳宗元《同刘二十八哭吕衡州兼寄江陵李元二侍御》："三亩空留悬磬室，九原犹寄若堂封。"

【堂皇】　❶亦作"堂隍"。广大的殿堂。徐彦伯《奉和幸新丰温泉宫应制》："桂枝笼騕褭，松叶覆堂皇。"❷厅堂。刘禹锡《奉和裴令公新成绿野堂即书》："堂皇临绿野，坐卧看青山。"❸灵堂。张籍《祭退之》："衣器陈下帐，醪饵奠堂皇。"❹形容气势宏大。李商隐《春深脱衣》："睥睨江鸦集，堂皇海燕过。"

【堂前】　❶正房前面。杜甫《又呈吴郎》："堂前扑枣任西邻，无食无儿一妇人。"王维《扶南曲歌词五首》之二："堂上青弦动，堂前绮席陈。"杜甫《示从孙济》："堂前自生竹，堂后自生萱。"赵嘏《座上献元相公》："寂寞堂前日又曛，阳台去作不归云。"胡令能《观郑州崔郎中诸妓绣样》："日暮堂前花蕊娇，争拈小笔上床描。"齐己《升天行》："三五仙子乘龙车，堂前碾烂蟠桃花。"❷正厅。朱庆余《近试上张籍水部》："洞房昨夜停红烛，待晓堂前拜舅姑。"王建《早起》："堂前候姑起，环珮生晨辉。"刘禹锡《金陵五题·乌衣巷》："旧时王谢堂前燕，飞入寻常百姓家。"白居易《重到毓村宅有感》："轩窗帘幕皆依旧，只是堂前欠一人。"司空图《乐府》："五更窗下簇妆台，已怕堂前阿母催。"牛殳《方响歌》："此乐不教外人闻，寻常只向堂前宴。"

【堂室】　厅堂和内室。白居易《杏为梁》："杏为梁，桂为柱，何人堂室李开府。"又《新昌新居书事四十韵因寄元郎中张博士》："门闾堪驻盖，堂室可铺筵。"

【堂屋】　正屋。顾非熊《下第后寄高山人》："我家堂屋前，仰视大茅颠。"成辅端《戏语》："一顷麦苗硕伍米，三间堂屋二千钱。"

【堂陛】　厅堂和台阶。韩愈《酬蓝田崔丞立之咏雪见寄》："不觉侵堂陛，方应折屋椽。"

【堂堂】　❶形容盛大。杜甫《承闻河北诸道节度入朝欢喜口号绝句十二首》之一二："十二年来多战场，天威已息阵堂堂。"元稹《酬段丞与诸棋流会宿弊居见赠二十四韵》："堂堂排直阵，衮衮逼羸师。"鲍溶《萧史图歌》："霜绡数幅八月天，彩龙引凤堂堂然。"李咸用《升天行》："堂堂削玉青蝇喧，寒鸦啄鼠愁飞鸾。"❷形容志气宏大。韦蟾《送卢潘尚书之灵武》："心源落落堪为将，胆气堂堂合用兵。"❸形容容貌壮伟。温庭筠《春野行》："东城年少气堂堂，金丸惊起双鸳鸯。"唐彦谦《过浩然先生墓》："人间万卷庞眉老，眼见堂堂入草莱。"❹明亮；光耀。方干《送婺州许录事》；"之官便是还乡路，白日堂堂著锦衣。"贯休《古塞下曲七首》之三："汉月堂堂上，胡云惨惨微。"❺犹公然。薛能《春日使府寓怀二首》之一："青春背我堂堂去，白发欺人故故生。"寒山《诗三百三首》之一五九："我见世间人，堂堂好仪相。"❻乐曲名。白居易《法曲》："法曲法曲歌堂堂，堂堂之庆垂无疆。"温庭筠《堂堂曲》："一曲堂堂红烛筵，长鲸泻酒如飞泉。"❼远大；悠远。赵嘏《成名年献座主仆射兼呈同年》："除却今年仙侣外，堂堂又见两三春。"黄滔《寄陈磻隐居》："须到三征处，堂堂谒帝阍。"

【堂階】 厅堂前的台阶。杜甫《戏简郑广文虔兼呈苏司业源明》:“广文到官舍,系马堂阶下。”王建《镜听词》:“嗟嗟际际下堂阶,独自灶前来跪拜。”孟郊《游子》:“萱草生堂阶,游子行天涯。”李建勋《春词》:“日高闲步下堂阶,细草春莎没绣鞋。”

【堂隍】 见“堂皇”。杜甫《铁堂峡》:“峡形藏堂隍,壁色立积铁。”

【堂溪劍】 剑名。陈陶《赠江南李偕副使》:“雷封始贺堂溪剑,花府寻邀玉树枝。”

【堂構】 房舍。杜甫《偶题》:“车轮徒已斫,堂构惜仍亏。”

【堂廡】 堂及四周的廊屋。亦泛指屋宇。元稹《苦雨》:“凌晨坐堂庑,努力泥中趋。”

【堂簷】 厅堂之顶向旁边伸出的边沿部分。元稹《纪怀赠李六户曹崔二十功曹五十韵》:“白草堂檐短,黄梅雨气蒸。”

堌 〔gù《正字通》公悟切。〕土堡;土堆。多用于地名。李白《送族弟凝至晏堌》:“鸣鸡发晏堌,别雁惊涞沟。”。

垷 〔nì《广韵》五計切,去霽,疑。又研啟切,上薺,疑。〕城上矮墙。李德裕《述梦诗四十韵》:“椅梧连鹤禁,壀垷接龙韬。”

堆 〔duī《广韵》都回切,平灰,端。〕❶丘阜。多用于地名。刘禹锡《竹枝词九首》之六:“城西门前滟滪堆,年年波浪不能摧。”❷堆积。韩愈《元和圣德诗》:“帛堆其家,粟塞其庾。”❸指堆积之物体。韩愈《咏雪赠张籍》:“坳中初盖底,垤处遂成堆。”❹喻指众多,聚集。见“堆積如山”。❺量词。杜甫《喜闻盗贼蕃寇总退口号五首》之四:“旧随汉使千堆宝,少答胡王万匹罗。”

【堆阜】 小丘。薛能《送人归上党》:“霏微对岸漳边雨,堆阜邻疆蓟北沙。”

【堆金】 谓聚集财富。李贺《马诗二十三首》之一三:“堆金买骏骨,将送楚襄王。”白居易《悲哉行》:“平封还酒债,堆金选蛾眉。”又《劝酒》:“身后堆金拄北斗,不如生前一樽酒。”又《尝黄醅新酎忆微之》:“醉来枕麹贫如富,身后堆金有若亡。”秦韬玉《豪家》:“四邻池馆吞将尽,尚自堆金为买花。”杜荀鹤《自遣》:“粝食粗衣随分过,堆金积帛欲如何?”陈璠《临刑诗》:“积玉堆金官又崇,祸来倏忽变成空。”

【堆金積玉】 形容财富充裕。吕岩《敲爻歌》:“堆金积玉满山川,神仙冷笑应不采。”

【堆金疊玉】 形容富丽。韩愈《华山女》:“抽簪脱钏解环佩,堆金叠玉光青荧。”

【堆砌】 犹堆积。魏承班《谒金门》词之二:“春欲半,堆砌落花千片。”

【堆紅】 漆器工艺名。在物体上用灰泥堆成花纹,再涂抹朱漆。尹鹗《拨棹子》词之一:“羞睹见,绣被堆红闲不彻。”

【堆案】 堆积案头。谓文书甚多。戴叔伦《酬骆侍御答诗》:“堆案绕床君莫怪,已经愁思古时人。”司空曙《送庞判官赴黔中》:“堆案青油暮,看棋画角长。”杨巨源《早春即事呈刘员外》:“且任文书堆案上,免令杯酒负花时。”刘禹锡《秋日题窦员外崇德里新居》:“莫言堆案无余地,认得诗人在此间。”皎然《夏日题桐庐杨明府纳凉山斋》:“何事亲堆案,犹多高世踪。”又《早秋陪韩明府泛阮元公溪》:“前事虽堆案,闲情得溯溪。”

【堆堵】 堆积;堵塞。杜牧《李甘诗》:“贤者须丧亡,谗人尚堆堵。”

【堆堆】 兀立貌。韩愈《路傍堠》:“堆堆路傍堠,一双复一只。”崔橹《过南城县麻姑山》之一:“似前如却玉堆堆,薄带轻烟翠好裁。”

【堆雲】 形容密集而盛多。李山甫《代崇徽公主意》:“金钗坠地鬓堆云,自别朝阳帝岂闻。”

【堆積】 谓聚集成堆。李群玉《送郑子宽弃官东游便归女儿》:“一饭玉露蔬,中肠展堆积。”司空图《力疾山下吴村看杏花十九首》之一八:“更恨新诗无纸写,蜀笺堆积是谁家?”贯休《鄂渚赠祥公》:“寂寥堆积者,自为是高僧。”又《听僧弹琴》:“今朝乡思浑堆积,琴上闻师大蟹行。”齐己《短歌寄鼓山长老》:“雪峰雪峰高且雄,峨峨堆积青冥中。”

【堆積如山】 集聚成堆,宛如小山。形容极多。卢仝《月蚀诗》:“此外尽扫除,堆积如山冈。”

埤1 〔pí《广韵》符支切,平支,並。〕增益,增补。李商隐《送千牛李将军赴阙五十韵》:“下殿言终验,增埤事早萌。”

埤2 〔pì《集韵》匹計切,去霽,滂。〕亦作“壀$_{1}$”。泛指短墙或短篱。杜甫《入衡州》:“华表云鸟埤,名园花草香。”又《题省中院壁》:“掖垣竹埤梧十寻,洞门对霤常阴阴。”

堋1 〔péng《广韵》步崩切,平登,並。〕❶箭靶;箭垛子。张说《玄武门侍射》序:“尔其射堋新成,布侯既设,槊仗林立,帷轩雾布。”❷分水的堤坝。卢殷有《堋口逢友人》。

堋2 〔bèng《广韵》方隥切,去嶝,幫。〕象声词。见“堋堋”。

【堋堋】 水冲山石声。沈亚之《文祝延二阕》:“闽山之杭杭兮水堋堋,吞荒抱大兮香叠层。”

埳 〔kǎn《广韵》苦感切，上感，溪。〕同“坎”。地面凹陷之处；坑穴。储光羲《同诸公秋日游昆明池思古》：“坎埳四十里，填游今已微。”

培^1 〔péi《广韵》薄回切，平灰，並。〕❶于植物根部或墙、堤等的根基部分堆土。于濆《烧金曲》：“积土培枯根，自谓松柏坚。”皮日休《怀鹿门县名离合二首》之一：“山瘦更培秋后桂，溪澄闲数晚来鱼。”陆龟蒙《和袭美江南书情二十韵寄秘阁韦校书贻之商洛次韵》：“洗笔烟成段，培花土作枕。”韩偓《湖南梅花一冬再发偶题于花援》：“湘浦梅花两度开，直应天意别栽培。”吕岩《七言》之一五：“栽培全赖中宫土，灌溉须凭上谷泉。”❷引申为增益，加厚。韩愈《咏雪赠张籍》：“松篁遭挫抑，粪壤获饶培。”郑澣《中书相公任兵部侍郎日后阁植四松逾数年澣忝此官因献拙什》：“几寻珠履迹，愿比角弓培。”❸培养，培育。李山甫《刘员外寄移菊》：“深谢栽培与知赏，但惭终岁待重阳。”王周《和杜运使巴峡地暖节物与中土异黯然有感诗三首》之三：“不知别有栽培力，流咏新诗与激昂。”唐扶《和兵部郑侍郎省中四松诗》：“还闻旧凋契，凡在此中培。”

培^2 〔pǒu《广韵》蒲口切，上厚，並。〕土丘。见“培$_2$塿”。

【培栽】 培育栽种。杜牧《忍死留别献盐铁裴相公二十叔》：“孤坟三尺土，谁可为培栽。”

【培$_2$塿】 小土丘。杜甫《可叹》：“王生早曾拜颜色，高山之外皆培塿。”元稹《再酬复言》：“顾我小才同培塿，知君险斗敌都卢。”殷尧藩《闲居》：“虚游心在鸿濛外，穴处身疑培塿中。”陆龟蒙《奉和袭美公斋四咏次韵·小松》：“那兴培塿叹，免答邻里病。”陈陶《草木言》：“勿轻培塿阜，或有奇栋梁。”齐己《假山》：“经营惭培塿，赏玩愧童儿。”

【培壅】 于植物根部堆土以保护其根系，促其生长。引申为养护；巩固。贯休《古意九首》之二：“茫茫尘土飞，培壅名利根。”

執 〔zhí《广韵》之入切，入缉，章。〕❶拘捕。见“執索”。❷拿；持。曹邺《将赴天平职书怀寄翰林从兄》：“手执王粲笔，闲吟向旌旗。”柳泌《玉清行》：“仙郎执玉节，侍女捧金书。”❸持守。白居易《蜀路石妇》：“其妇执妇道，一一如礼经。”温庭筠《秋日》：“投迹倦攸往，放怀志所执。”拾得《诗》：“各执一般见，互说非兼是。”❹主持；掌管。顾况《赠韦清将军》：“身执金吾主禁兵，腰间宝剑重横行。”姚合《寄陕府内兄郭冏端公》：“相府执文柄，念其心专精。”❺控制；统御。韩愈《驽骥》：“王良执其辔，造父挟其鞘。”见“執持”。❻从事；操持。见“執爨”。

【執干】 手持盾斧等兵器。佚名《郊庙歌辞·善胜舞》：“持羽执干，舞文不废。”

【執友】 志同道合的朋友。杜甫《哭王彭州抡》：“执友惊沦没，斯人已寂寥。”白居易《感旧》序：“四君子，予之执友也。”韦庄《和郑拾遗秋日感事一百韵》：“执友知谁在，家山各已荒。”无可《赠王将军》：“雄勇明王重，温恭执友贤。”

【執手】 ❶犹拉手；握手。綦毋潜《送平判官入秦》：“同声愿执手，驿骑到门扉。”孟浩然《与白明府游江》：“执手恨为别，同舟无异心。”李白《金陵江上遇蓬池隐者》：“共语一执手，留连夜将久。”刘湾《李陵别苏武》：“发声天地哀，执手肺肠绝。”孟郊《送李翱习之》：“执手复执手，唯道无枯凋。”翁宏《送廖融处士南游》：“今朝忽相遇，执手一开颜。”钟离权《赠吕洞宾》：“执手相别意如何，今日为君重作歌。”魏承班《诉衷情》词之二：“临行执手重重属，几千回。”❷执手礼。亲朋见面时赠与的礼物。王毂《赠苍溪王明府有文在手曰长生》：“执手长生在，人皆号地仙。”

【執殳】 《诗经·卫风·伯兮》：“伯也执殳，为王前驱。”毛传：“殳，长丈二而无刃。”后以“执殳”指为王室效力或做士兵。元稹《酬乐天东南行诗一百韵》：“馈饷人推辂，谁何吏执殳。”白居易《题座隅》：“手不任执殳，肩不能荷锄。”又《东南行一百韵寄通州元九侍御澧州李十一舍人窦七校书》：“大道全生棘，中丁尽执殳。”韩愈、李正封《晚秋郾城夜会联句》：“凭轼谕昏迷，执殳征暴虐。”

【執心】 心志专一坚定。顾况《瑶草春》：“执心轻子都，信节冠秋胡。”权德舆《建除诗》：“执心思报国，效节在忘躯。”

【執玉】 ❶执玉圭，古以不同形制的玉圭以区别爵位，因亦指仕宦。岑文本《奉和正日临朝》：“逾沙纷在列，执玉俨相趋。”骆宾王《畴昔篇》：“涂山执玉应昌期，曲水开襟重文会。”张循之《送泉州李使君之任》：“执玉来朝远，还珠入贡频。”王昌龄《甘泉歌》：“乘舆执玉已登坛，细草沾衣春殿寒。”独孤及《酬皇甫侍御望天灊山见示之作》：“焚柴百神趋，执玉万方会。”❷手握玉器，谓祭神。张濯《迎春东郊》：“衣冠宵执玉，坛墠晓清尘。”韦庄《和郑拾遗秋日感事一百韵》：“纡金光照耀，执玉意藏昂。”

【執古】 坚守古道。语本《老子》。刘叉《勿执古寄韩潮州》：“古人皆执古，不辞冻饿悲。”

【執圭】 ❶犹“執玉❶”。李白《赠从弟冽》：“报国有长策，成功羞执圭。”❷犹“執玉❷”。陈陶《涂山怀古》：“当时执圭处，佳气仍童童。”

【執别】 握手告别。戎昱《寄梁淑》：“长忆江头执别时，论文未有不相思。”李建勋《残牡丹》：“肠断题诗如执别，芳茵愁更绕阑铺。”

【執言】　拿出主张。来鹄《圣政纪颂》：“执言直注，史文直敷。”

【執玩】　拿在手中欣赏。武元衡《酬崔使君寄麈尾》：“执玩驰心处，迢迢巴峡东。”

【執板】　❶手持檀板，谓仕宦。韦应物《发广陵留上家兄兼寄上长沙》：“执板身有属，淹时心恐惶。”❷执板歌唱。白衫举子《歌》：“执板狂歌乞个钱，尘中流浪且随缘。”

【執事】　❶从事工作；主管其事。韦应物《答韩库部》：“岂不愿攀举，执事府庭中。”又《答裴丞说归京所献》：“执事颇勤久，行去亦伤乖。”❷官员；有职守的人。韩愈《东都遇春》：“在庭百执事，奉职各祗敬。”李商隐《行次西郊作一百韵》：“敢问下执事，今谁掌其权。”陆龟蒙《奉酬袭美先辈吴中苦雨一百韵》：“吾皇自神圣，执事皆间杰。”郑锨《邯郸侠少年》：“执事非无胆，高堂念有亲。”

【執金吾】　（吾 yù）官名。担任保卫京城之职。王翰《饮马长城窟行》：“长安少年无远图，一生惟羡执金吾。”岑参《玉门关盖将军歌》：“行年三十执金吾，身长七尺颇有须。”曹唐《暮春戏赠吴端公》：“年少英雄好丈夫，大家望拜执金吾。”

【執性】　秉性。李咸用《依韵修睦上人山居十首》之三：“柏缘执性长时瘦，梅为多知两番生。”

【執卷】　手持书卷，谓读书。刘禹锡《令狐相公见示赠竹二十韵仍命继和》：“抱琴恣闲玩，执卷堪斜倚。”卢仝《寄赠含曦上人》：“高殿排名僧，执卷坐累累。”郑谷《赠咸阳王主簿》：“登科未足酬多学，执卷犹闻惜寸阴。”知玄《答僧澈》：“一振微言冠千古，何人执卷问吾庐。”

【執法】　执行或执掌法令。杜甫《伤春五首》之三：“不成诛执法，焉得变危机。”羊士谔《春日朝罢呈台中寮友》：“时清执法惭无事，未有长杨汉主知。”卢仝《月蚀诗》：“荧惑矍铄翁，执法大不中。”曹邺《奉命齐州推事毕寄本府尚书》：“受命大执法，草草是行装。”

【執契】　（—qì）把握契机。玄宗《执契静三边》：“执契静三边，持衡临万姓。”则天皇后《唐享昊天乐·第九》：“荷恩承顾托，执契恭临抚。”佚名《郊庙歌辞·享太庙乐章·迎神》：“道光执契，化笼提象。”

【執政】　❶掌握国家政事。席豫《奉和圣制送张说巡边》：“中军仍执政，丞相复巡边。”❷掌握国家大权的人。王维《初出济州别城中故人》：“执政方持法，明君照此心。”刘禹锡《同乐天和微之深春二十首》之三：“何处深春好，春深执政家。”白居易《和春深二十首》之三：“何处春深好，春深执政家。”❸执正，主持正义。杜甫《狄明府》：“狄公执政在末年，浊河终不污清济。”

【執持】　握持；掌握；控制。钟离权《赠吕洞宾》：“大丈夫，遇真诀，须要执持心猛烈。”

【執迷】　固执不悟。嵩山女《临去书赠》：“君子既执迷，无由达情素。”

【執迷不悟】　固执己见，坚持错误而不觉悟。吕岩《窑头坯歌》：“执迷不悟修真理，焉知潜合造化功。”

【執袂】　拉住衣袖。形容分别时依依不舍。亦指送别者。骆宾王《畴昔篇》：“解鞅欲言归，执袂怆多违。”李白《答高山人兼呈权顾二侯》：“运阔英达稀，同风遥执袂。”杜甫《送樊二十三侍御赴汉中判官》：“回风吹独树，白日照执袂。”杜牧《重送王十》：“执袂还应立马看，向来离思始知难。”邵谒《送从弟长安下第南归觐亲》：“征徒忽告归，执袂殷勤论。”

【執珪】　❶先秦楚国爵位名。指庄舄。杜甫《卜居》：“归羡辽东鹤，吟同楚执珪。”❷以手持圭，谓仕宦。卢纶《送浑炼归觐却赴阙庭》：“执珪期已迫，捧膳步宁徐。”

【執索】　犹捕捉。卢仝《月蚀诗》：“汝若蚀开齱齵轮，御辔执索相爬钩。”

【執訊】　掌握讯息。张随《河中献捷》：“将军初执讯，明主欲论功。”

【執著】　（—zhuó）原为佛教语。后用以指对某一事物坚持不放，不能超脱。刘得仁《和范校书赠造微上人》：“得性见微公，何曾执着空。”司空图《与伏牛长老偈二首》之一：“不算菩提与阐提，惟应执着便生迷。”吕岩《敲爻歌》：“若还缺一不芳非，执着波查应失路。”

【執紼】　指丧葬时用手牵引灵柩的大绳，以助于行进。亦泛指送殡。李嘉祐《故吏部郎中赠给事中韦公挽歌二首》之二：“闻笳春色惨，执绋故人哀。”杜甫《送卢十四弟侍御护韦尚书灵榇归上都二十韵》：“长路更执绋，此心犹倒衣。”张籍《庄陵挽歌词三首》之三：“行帷六宫出，执绋万方来。”周朴《哭李端》：“不及此时亲执绋，石门遥想泪沾襟。”

【執靮】　手握马缰绳。借指骑马。韩偓《病中初闻复官二首》之一：“抽毫连夜侍明光，执靮三年从省方。”

【執戟】　❶手持兵戟。亦借指卫官。卢照邻《咏史四首》之四：“何必疲执戟，区区在封侯。”骆宾王《畴昔篇》：“赋文惭昔马，执戟叹前扬。”杜牧《春日言怀寄虢州李常侍十韵》：“今日还珠守，何年执戟郎。”罗隐《升仙桥》：“执戟君乡里，荣华竟若为。”❷指扬雄。李白《古风》之四六：“独有扬执戟，闭关草太玄。”又《楚江黄龙矶南宴杨执戟治楼》：“故人杨执戟，春赏楚江流。”李端《赠康洽》：“声名恒压鲍参军，班位不过扬执戟。”卫象《伤李端》：“官卑扬执戟，年少贾长沙。”

【埶筆】 持笔。任华《怀素上人草书歌》：“或逢花笺与绢素，凝神执笔守恒度。”李端《送少微上人入蜀》：“戴颙常执笔，不觉此身非。”

【埶蓋】 道教称侍奉天帝的仙官、侍从。陆龟蒙《上元日道室焚修寄袭美》：“执盖冒花香寂历，侍晨交佩响阑珊。”

【埶簡】 手持简册。亦指任史官、御史之职。张九龄《巡按自漓水南行》：“纷吾谬执简，行郡将移檄。”陶翰《赠房侍御》：“褐衣东府召，执简南台先。”岑参《送赵侍御归上都》：“执简皆推直，勤王岂告劳。”钱起《送上官侍御》：“执简朝方下，乘轺去不赊。”韩翃《赠别王侍御赴上都》：“翩翩马上郎，执简佩银章。”李频《送陆肱尉江夏》：“如何执简去，便作挂帆期。”

【埶節】 （—jié）❶手持符节。常建《第三峰》：“逶迤非天人，执节乘赤龙。”韦渠牟《步虚词十九首》之七：“执节仙童小，烧香玉女春。”佚名《金桥童谣》：“圣人执节度金桥。”❷坚守节操。鲍溶《壮士行》：“苏武执节归，班超束书起。”

【埶轡】 谓手持马缰绳驾车。王维《夷门歌》：“公子为嬴停驷马，执辔愈恭意愈下。”

【埶經】 手持经书。刘禹锡《酬国子崔博士立之见寄》：“胄子执经瞻讲坐，郎官共食接华茵。”

【埶熱】 手执灼热之物。杜甫《大云寺赞公房四首》之四：“近公如白雪，执热烦何有。”又《夏夜叹》：“何由一洗濯，执热互相望。”又《大雨》：“执热乃沸鼎，纤絺成缊袍。”陆龟蒙《读襄阳耆旧传因作诗五百言寄皮袭美》：“执热濯清风，忘忧饮醇酎。”

【埶幡】 手执幡旗。吕岩《七言》之四九：“天上双童持珮引，月中娇女执幡迎。”

【埶衡】 权衡。薛昭纬《华州榜寄诸门生》：“开卷固难窥浩汗，执衡空欲慕公平。”

【埶憲】 持宪节，执行法令。李嘉祐《送崔侍御入朝》：“十年犹执宪，万里独归春。”又《送韦侍御湖南幕府》：“执宪随征虏，逢秋出故关。”崔元翰《清明节郭侍御偶与李侍御孔校书王秀才呈马十八郎丞公》：“执宪纠奸邪，刊书正讹谬。”李频《送鄂渚韦尚书赴镇》：“执宪倾民望，衔恩赴主忧。”

【埶縛】 捆绑；逮捕。柳宗元《唐铙歌鼓吹曲十二篇·李轨保河右师临之河右平第七》：“乃溃乃奋，执缚归厥命。”

【埶馘】 （—guó）谓杀敌献功。杨乘《甲子岁书事》：“武士日曳柴，飞将兢执馘。”

【埶禮】 指对人的礼节。苏颋《蜀城哭台州乐安少府》：“执礼谁为赗，居常不徇财。”

【埶贄】 古代礼制，谒见人时携带礼物相赠。佚名《舞曲歌辞·凯乐歌辞·应圣期》：“殊方歌帝泽，执贽贺升平。”

【埶鞭】 ❶执教。孟浩然《书怀贻京邑同好》：“执鞭慕夫子，捧檄怀毛公。”顾况《归阳萧寺有丁行者能修无生忍担水施僧况归命稽首作诗》：“化佛示持帚，仲尼称执鞭。”张籍《赠殷山人》：“讲序居重席，群儒愿执鞭。”杜牧《怀钟陵旧游四首》之一：“陆公余德机云在，如我酬恩合执鞭。”皮日休《七爱诗·房杜二相国》：“苟得同其时，愿为执鞭竖。”❷持鞭驾车。多指卑贱的差使。张籍《筑城词》：“重重土坚试行锥，军吏执鞭催作迟。”杜荀鹤《和友人见题山居水阁八韵》：“未称执鞭奔紫陌，惟宜策杖步苍苔。”陈陶《涂山怀古》：“恨不当际会，预为执鞭僮。”

【埶讎】 结仇。周昙《咏史诗·后汉门·吕母》：“狱无良吏雪无由，处处戈铤自执仇。”

【埶爨】 做饭；司炊。方干《山中言事寄赠苏判官》：“执爨纵曾炊橡实，纫针曾解补荷衣。”

埿　〔ní《广韵》奴低切，平齊，泥。〕湿土。杜甫《秋雨叹三首》之三：“秋来未曾见白日，埿污后土何时干。”又《雨》：“山雨不作埿，江云薄为雾。”

埭　〔dài《广韵》徒耐切，去代，定。〕堵水的土坝。古时于水浅不利行船处，筑土遏水，两岸树立转轴，遇有船过，以缆系船，用人或畜力挽之而渡。宋之问《登北固山》：“埭横江曲路，戍入海中山。”李商隐《咏史》：“北湖南埭水漫漫，一片降旗百尺竿。”温庭筠《雉场歌》：“茭叶萋萋接烟曙，鸡鸣埭上梨花露。”孙逖有《下京口埭夜行》。徐铉有《邵伯埭下寄高邮陈郎中》。

【埭口】 渡口；码头。李商隐《南朝》：“玄武湖中玉漏催，鸡鸣埭口绣襦回。”

埽[1]　〔sǎo《广韵》蘇老切，上晧，心。又蘇到切，去号，心。〕同“掃$_1$”。用扫帚除去尘土、垃圾等物。张祜《夏日梅溪馆寄庞舍人》：“扫簟因松叶，篸瓜使竹枝。”

埽[2]　〔sào《广韵》蘇到切，去号，心。〕用石块、树枝等做成的挡水建筑物。亦泛指堤岸。温庭筠《汉皇迎春词》：“春草芊芊晴扫烟，宫城大锦红殷鲜。”见“埽岸”。

【埽$_2$尾】 彗星的尾巴。温庭筠《春愁曲》：“锦迭空床委坠红，飔飔扫尾双金凤。”

【埽$_2$岸】 用石头、树枝等建成的挡水堤岸。无可《陪姚合游金州南池》：“张筵白鸟起，扫岸使君来。”

【埽塵】 除去尘土。温庭筠《汉皇迎春词》：“钜公步辇迎句芒，复道扫尘鸾彗长。”

九　画

堯〔yáo《广韵》五聊切，平蕭，疑。〕传说中古帝陶唐氏之号。鲍氏君徽《奉和麟德殿宴百僚应制》："愿将亿兆庆，千祀奉神尧。"姚崇《奉和圣制龙池篇》："此时舜海潜龙跃，此地尧河带马巡。"齐己《苦热行》："何当一雨苏我苗，为君击壤歌帝尧。"贯休《长安道》："上有尧禹，下有夔卨。"

【堯天】本谓尧能法天地而行教化，后用以称颂帝王盛德和太平盛世。杜审言《蓬莱三殿侍宴奉敕咏终南山应制》："小臣持献寿，长此戴尧天。"钱起《乐游原晴望上中书李侍郎》："不知凤沼霖初霁，但觉尧天日转明。"韩琮《露》："长随圣泽堕尧天，濯遍幽兰叶叶鲜。"贯休《和韦相公见示闲卧》："休说惭如捷，尧天即梵天。"

【堯心】指圣君的心愿和抱负。张说《奉和圣制赐诸州刺史应制以题坐右》："文明遍禹迹，鳏寡达尧心。"徐安贞《奉和喜雪应制》："自有三农歌帝力，还将万庾答尧心。"刘禹锡《善卷坛下作》："先生见尧心，相与去九有。"卢仝《月蚀诗》："帝见尧心忧，勃然发怒决洪流。"元稹《和乐天赠樊著作》："尧心惟舜会，因著为话言。"

【堯母族】指皇室。宋之问《梁宣王挽词三首》之一："贵藩尧母族，外戚汉家亲。"

【堯年】❶喻指太平盛世。卢照邻《行路难》："但愿尧年一百万，长作巢由也不辞。"胡元范《奉和太子纳妃太平公主出降三首》之三："小臣同百兽，率舞悦尧年。"张嗣初《赋得白云起封中》："自叶尧年美，谁云汉日同。"元稹《赋得数蓂》"尧年始今岁，方欲瑞千龄。"❷相传帝尧寿一百六十岁，因以指长寿。于季子《奉和圣制夏日游石淙山》："微臣献寿迎千寿，愿奉尧年倚万年。"钱起《田园雨后赠邻人》："尧年尚恬泊，邻里成太古。"李竦《长至日上公献寿》："汉礼方传珮，尧年正捧觞。"

【堯舜】唐尧虞舜的并称。传说中的圣明君主。张说《东都酺宴》："尧舜传天下，同心致太平。"王维《送韦大夫东京留守》："曾是巢许浅，始知尧舜深。"崔曙《奉酬中书相公至日圆丘摄事合于中书后阁宿斋移止之作》："年年佐尧舜，相与致雍熙。"李白《远别离》："云凭凭兮欲吼怒，尧舜当之亦禅禹。"罗隐《华清宫》："也知道德胜尧舜，争奈杨妃解笑何。"唐彦谦《宿田家》："空怀伊尹心，何补尧舜治？"韦庄《关河道中》："平生志业匡尧舜，又拟沧浪学钓翁。"齐己《月下作》："何当见尧舜，重为造生灵。"

【堯舜力】圣君的功治。宋之问《寒食还陆浑别业》："野老不知尧舜力，酣歌一曲太平人。"钱起《山园栖隐》："且忘尧舜力，宁顾尚书期。"

【堯舜文】太平盛世的文章。李贺《赠陈商》："学为尧舜文，时人责衰偶。"

【堯舜心】明君的志向。曹邺《文宗陵》："千年尧舜心，心成身已殁。"

【堯舜日】喻指太平盛世。王翰《奉和圣制同二相已下群官乐游园宴》："空惭尧舜日，至德杳难名。"

【堯舜君】即尧舜。谓圣明君主。杜甫《自京赴奉先县咏怀五百字》："生逢尧舜君，不忍便永诀。"权德舆《伏蒙十六叔寄示喜庆感怀三十韵因献之》："愧非夔龙姿，忽佐尧舜君。"

【堯舜道】犹尧舜心。古之奇《秦人谣》："微生祖龙代，却思尧舜道。"詹敦仁《柳堤诗》："以乐尧舜道，同是耕莘夫。"

【堯舜門】明君朝廷。欧阳詹《答韩十八驽骥吟》："室在周孔堂，道通尧舜门。"

【堯舜意】犹尧舜心。白居易《太平乐词二首》之二："愿同尧舜意，所乐在人和。"

【堯舜篇】犹尧舜文。孟郊《大隐坊·赵记室俶在职无事》："时吟尧舜篇，心向无为开。"

【堯舜德】盛德。张说《奉和圣制温泉言志应制》："始知尧舜德，心与万人同。"

【堯禪】(—shàn)传说帝尧年老，让位于舜。后指盛世政治清明，明主相继。沈佺期《从驩州廨宅移住山间水亭赠苏使君》："古来尧禅舜，何必罪驩兜。"

堪〔kān《广韵》口含切，平覃，溪。〕❶指天道。见"堪舆"。❷胜任。吕岩《忆江南》之一："淮南法，秋石最堪夸。"❸能承受。孙逖《宴越府陈法曹西亭》："江南归思逼，春雁不堪闻。"刘长卿《朱放自杭州与故里相使君立碑回因以奉简吏部杨侍郎制文》："不堪相顾恨，文字日生尘。"黄滔《广州试越台怀古》："不堪登览处，花落与花开。"齐己《戊辰岁湘中寄郑谷郎中》："不堪思翠巘，西望独沾襟。"又《酬欧阳秀才卷》："不堪更有精搜处，谁见萧萧雨夜堂。"❹能够；可以。卢照邻《过东山谷口》："野老堪成鹤，山神或化鸠。"宋之问《入崖口五渡寄李适》："碧潭可遗老，丹砂堪学仙。"王仁裕《过平戎谷吊胡翙》："不缘魂寄孤山下，此地堪名鹦鹉洲。"卢士衡《再游紫阳洞重题小松》："只是十年五年间，堪作大厦之宏材。"贯休《过商山》："天际峰峰尽堪住，红尘中去大悠哉。"❺那堪的省称。何况，更兼。陈季卿《江亭晚望题书斋》："不缘齿发未迟暮，吟对远山堪白头。"尹鹗《清平乐》词之二："酒倾琥珀杯时，更堪能唱新词。"

【堪笑】可笑。白居易《萧相公宅遇自远禅师有感而赠》："宦途堪笑不胜悲，昨日荣华今日衰。"许棠

《写怀》："此生居此世，堪笑复堪悲。"皮日休《新秋即事三首》之二："堪笑高阳病酒徒，幅巾潇洒在东吴。"陆龟蒙《和袭美新秋即事次韵三首》之三："当时任使真堪笑，波上三年学炙鱼。"司空图《力疾山下吴村看杏花十九首》之十五："还有酸寒堪笑处，拟夸朱绂更峥嵘。"齐己《读参同契》："堪笑修仙侣，烧金觅大还。"又《荆州新秋病起杂题一十五首·病起见闲云》："滞留堪笑我，舒卷不如君。"

【堪憐】　怜惜。唐彦谦《游阳明洞呈王理得诸君》："堪怜尹叟非关吏，犹向江南逐老聃。"徐铉《和尉迟赞善秋暮僻居》："登高节物最堪怜，小岭疏林对槛前。"徐夤《郊村独游》："岁闰堪怜历候迟，出门惟与野云期。"贯休《上冯使君山水障子》："忆山归未得，画出亦堪怜。"崔橹《题山驿新桐花》："堪怜翠盖奇于画，更惜芳庭冷似秋。"

【堪輿】　指天地。皮日休《鲁望昨以五百言见贻过有褒美内揣庸陋弥增愧悚亦迭和微旨也》："李宽包堪舆，孟澹拟漪涟。"陆龟蒙、皮日休《开元寺楼看雨联句》："须臾造化惨，倏忽堪舆变。"

堞　〔dié《广韵》徒協切，入帖，定。〕城上呈齿形的矮墙，也称女墙。李百药《秋晚登古城》："颓墉寒雀集，荒堞晚乌惊。"骆宾王《秋夜送阎五还润州》："素风啼迥堞，惊月绕疏枝。"张说《岳州西城》："危堞临清境，烦忧暂豁然。"沈佺期《初冬从幸汉故青门应制》："故基仍岳立，遗堞尚云屯。"白居易《赠楚州郭使君》："淮水东南第一州，山围雉堞月当楼。"李商隐《游灵伽寺》："碧烟秋寺泛湖来，水打城根古堞摧。"温庭筠《送卢处士游吴越》："吴苑夕阳明古堞，越宫春草上高台。"罗隐《自湘川东下立春泊夏口阻风登孙权城》："危怜坏堞犹遮水，狂爱寒梅欲傍人。"

【堞壘】　犹城垒。潘咸《登明戍堡》："峰峦当阙古，堞垒对云空。"

【堞勢】　矮墙的形势。张均《和尹懋登南楼》："楼形写北潭，堞势凌青岛。"

【堞堄】　小山峰。窦庠《金山行》："西江中濡波四截，涌出一峰青堞堄。"

塔　〔tǎ《广韵》吐盍切，入盍，透。〕❶佛塔的简称。则天皇后《从驾幸少林寺》："花台无半影，莲塔有全辉。"上官昭容《九月九日上幸慈恩寺登浮图群臣上菊花寿酒》："塔类承天涌，门疑待佛开。"齐己《寄居道林寺作》："岚湿南朝殿塔寒，此中因得谢尘寰。"杜甫《江畔独步寻花七绝句》之五："黄师塔前江水东，春光懒困倚微风。"郑谷《谷自乱离之后在西蜀半纪之余多寓止精舍四韵以吊之》："梦绕长松塔，遥焚一炷香。"❷塔形建筑物。王建《九日登丛台》："平原池阁在谁家，双塔丛台野菊花。"白居易《重题别东楼》："海仙楼塔晴方出，江女笙箫夜始吹。"黄滔《成名后呈同年》："名推颜柳题金塔，饮自燕秦索玉姝。"曹松《送陈樵校书归泉州》："巨塔列名题，诗心亦罕齐。"❸亦作"嗒"。见"塔然"。

【塔院】　指建有佛塔的院落。钱起《夜宿灵台寺寄郎士元》："石潭倒献莲花水，塔院空闻松柏风。"贾岛《哭柏岩和尚》："塔院关松雪，经房锁隙尘。"

【塔然】　自然超脱，物我两忘貌。塔，亦作"嗒"。皮日休《奉和鲁望读阴符经见寄》："自禹及文武，天机嗒然弛。"

【塔廟】　塔。亦泛指寺院佛塔。徐浩《宝林寺作》："塔庙崇其巅，规模称壮哉。"杜甫《八哀诗·赠秘书监江夏李公邕》："龙宫塔庙涌，浩劫浮云卫。"陈润《登西灵塔》："塔庙出招提，登临碧海西。"羊士谔《西郊兰若》："云天宜北户，塔庙似西方。"刘禹锡《送僧仲剬东游兼寄呈灵澈上人》："荆州本自重弥天，南朝塔庙犹依然。"

堰1　〔yàn《广韵》於扇切，去線，影。〕❶挡水的低坝。王勃《仲春郊外》："东园垂柳径，西堰落花津。"张柬之《与国贤良夜歌二首》之一："柳台临新堰，楼堞相重复。"高适《自淇涉黄河途中作十三首》之八："古堰对河壖，长林出淇口。"张籍《寄和州刘使君》："送客特过沙口堰，看花多上水心亭。"元稹《竞舟》："积水堰堤坏，拔秧蒲稗稠。"刘得仁《西园》："水声翻败堰，山翠湿疏篱。"贾岛《永福湖和杨郑州》："旧渠通郭下，新堰绝湖西。"皎然《买药歌送杨山人》："夜惊潮没鸬鹚堰，朝看日出芙蓉楼。"❷田边用以分界或防止水土流失的埂子。孟浩然《夕次蔡阳馆》："鲁堰田畴广，章陵气色微。"朱冲和《嘲张祜》："冬瓜堰下逢张祜，牛屎堆边说我能。"

堰2　〔yǎn《广韵》於建切，去願，影。又於幰切，上阮，影。〕筑堰堵塞。卢照邻《行路难》："谁家能驻西山日，谁家能堰东流水。"王珪《咏淮阴侯》："斩龙堰濉水，擒豹熸夏阳。"

塥　〔bì《广韵》芳逼切，入職，滂。《集韵》筆力切，入職，幫。〕土块。韩愈《南山诗》："茫如试矫首，塥塞生怐愗。"

堙　〔yīn《广韵》於真切，平真，影。〕❶填充，堵塞。韩愈《剥啄行》："欲不出纳，以堙其源。"又《嘲鼾睡》："何能堙其源，惟有土一畚。"元稹《代曲江老人百韵》："村落空垣坏，城隍旧井堙。"又《和李校书新题乐府十二首·骠国乐》："秦霸周衰古官废，下堙上塞王道颇。"❷埋没；泯灭。袁高《茶山诗》："皇帝尚巡狩，东郊路多堙。"韩愈《送惠师》："幽踪邈难得，圣路嗟长堙。"

【堙厄】　亦作"堙阨"。阻塞；险阻。皎然《苕溪草堂自大历三年夏新营泊秋及春四十三韵》:"蹈善嗟沈冥,履仁伤堙厄。"

【堙圮】 堵塞,毁坏。崔国辅《漂母岸》:"古地多堙圮,时哉不敢言。"

【堙沈】 埋没,沦落。顾况《杂曲歌辞·游子吟》:"圣主虽启迪,奇人分堙沉。"

【堙淪】 堙没;沉沦。权德舆《寓兴》:"世德既颠坠,素怀亦堙沦。"

堧 同"壖"。韦应物《登乐游庙作》:"颓堧久凌迟,陈迹翳丘荒。"

堤 〔dī《广韵》都奚切,平齊,端。〕沿着江、河、湖、海用土、石等修筑的防水建筑物。马怀素《奉和圣制春日幸望春宫应制》:"遍野园亭开帟幕,连堤草树狎衣簪。"李商隐《井泥四十韵》:"他日井甃毕,用土益作堤。"姚揆《秋日江东晚行》:"一撮秋烟堤上白,半轮残日岭头红。"张泌《思越人》:"燕双飞,莺百转,越波堤下长桥。"

【堤防】 ❶堤。杜甫《石犀行》:"终藉堤防出众力,高拥木石当清秋。"又《课伐木》:"虎穴连里闾,堤防旧风俗。"杜牧《昔事文皇帝三十二韵》:"川口堤防决,阴车鬼怪掀。"皎然《讲德联句》:"乃修堤防,乃濬沟洫。"❷提防。杜审言《春日江津游望》:"忽叹人皆浊,堤防水至清。"高适《自淇涉黄河途中作十三首》之十:"激潏陵堤防,东郡多悲辛。"吴融《祝风三十二韵》:"堤防苟不时,泛滥即无已。"杜甫《四松》:"所插小藩篱,本亦有堤防。"白居易《自咏》:"句检簿书多卤莽,堤防官吏少机关。"韩偓《八月六日作四首》之四:"堤防瓜李能终始,免愧于心负此身。"

【堤岸】 堤。韩愈《此日足可惜赠张籍》:"下马步堤岸,上船拜吾兄。"柳宗元《田家三首》之三:"蓼花被堤岸,陂水寒更绿。"元稹《茅舍》:"边缘堤岸斜,诘屈檐楹亚。"白居易《水堂醉卧问杜三十一》:"为问魏王堤岸下,何如同德寺门前。"

【堤封】 堤岸;崖岸。亦比喻人的风操。皮日休《奉和鲁望四明山九题·鞠侯》:"烟萝为印绶,云壑是堤封。"

【堤草】 生长在堤坝上的花草。李绅《却入泗口》:"洪河一派清淮接,堤草芦花万里秋。"罗隐《送卢端公归台卢校书之夏县》:"绵绵堤草拂征轮,龙虎俱辞楚水滨。"花蕊夫人徐氏《宫词》之五十:"三月金明柳絮飞,岸花堤草弄春时。"

【堤柳】 生长在堤坝上的柳树。沈佺期《奉和晦日驾幸昆明池应制》:"山花缇骑绕,堤柳幔城开。"岑参《敷水歌送宝渐入京》:"岸花仍自羞红脸,堤柳犹能学翠眉。"顾况《洛阳陌二首》之一:"莺声满御堤,堤柳拂丝齐。"李约《江南春》:"池塘春暖水纹开,堤柳垂丝间野梅。"杜牧《怀钟陵旧游四首》之三:"十顷平湖堤柳合,岸秋兰芷绿纤纤。"司空图《退居漫题七首》之二:"堤柳自绵绵,幽人无恨牵。"方壶居士《隋堤词》:"伤心一觉兴亡梦,堤柳无情识世愁。"

【堤畔】 堤坝边。温庭筠《题城南杜邠公林亭》:"卓氏垆前金线柳,隋家堤畔锦帆风。"李山甫《下第出春明门》:"深谢灞陵堤畔柳,与人头上拂尘埃。"韦庄《中渡晚眺》:"魏王堤畔草如烟,有客伤时独扣舷。"徐铉《柳枝辞十二首》之六:"濛濛堤畔柳含烟,疑是阳和二月天。"慕幽《柳》:"隋皇堤畔依依在,会惹当时歌吹声。"

【堤障】 堤。韩愈《岳阳楼别窦司直》:"朝过宜春口,极北缺堤障。"

場1 〔cháng《广韵》直良切,平陽,澄。〕❶翻晒作物和脱粒的平坦空地。卢照邻《山林休日田家》:"归休乘暇日,馌稼返秋场。"杜甫《从驿次草堂复至东屯二首》之二:"筑场看敛积,一学楚人为。"又《暂往白帝复还东屯》:"筑场怜穴蚁,拾穗许村童。"韩愈《汴泗交流赠张仆射》:"汴泗交流郡城角,筑场十步平如削。"雍裕之《农家望晴》:"白发老农如鹤立,麦场高处望云开。"❷圃地。万楚《题江潮庄壁》:"禾黍积场圃,楂梨垂户扉。"孟浩然《过故人庄》:"开筵面场圃,把酒话桑麻。"韦应物《休沐东还胄贵里示端》:"竹木稍摧翳,园场亦荒芜。"韦应物《观田家》:"丁壮俱在野,场圃亦就理。"杜甫《雷》:"吾衰尤拙计,失望筑场圃。"权德舆《早夏青龙寺致斋凭眺感物因书十四韵》:"首夏谅清和,芳阴接场圃。"张籍《江村行》:"耕场磷磷在水底,短衣半染芦中泥。"❸祭坛旁的平地。张九龄《奉和圣制烛龙斋祭》:"我后其勤,告于坛场。"李峤《汾阴行》:"回旌驻跸降灵场,焚香奠醑邀百祥。"刘禹锡《送深法师游南岳》:"十方传句偈,八部会坛场。"罗隐《升平公主旧第》:"坛场客散香街暝,惆怅齐竽取次吹。"张蠙《赠闻一上人》:"坛场在三殿,应召入焚修。"灵一《妙乐观》:"坛场月路几千年,往往吹笙下天半。"❹量词。用于事情的经过或行为的次数。刘长卿《早春》:"人好千场醉,花无百日开。"窦庠《段都尉别业》:"曾识将军段匹磾,几场花下醉如泥。"白居易《九日宴集醉题郡楼兼呈周殷二判官》:"须知菊酒登高会,从此多无二十场。"陈陶《赠江南李偕副使》:"从军莫厌千场醉,即是金銮宠命时。"贯休《和韦相公话婺州陈事》:"千场花下醉,一片梦中游。"徐铉《抛球乐》之一:"一笑千场醉,浮生任白头。"

場2 〔chǎng《广韵》直良切,平陽,澄。〕❶处所;多人聚集或事情发生的地方。宋之问《伤王七秘书监寄呈扬州陆长史通简府僚广陵以广好事》："书乃墨场绝，文称词伯雄。"李峤《奉使筑朔方六州城率尔而作》："马牛被路隅，锋镝销战场。"沈佺期《送韦商州弼》："累年同画省，四海接文场。"李林甫《秋夜望月忆韩席等诸侍郎因以投赠》："多才众君子，载笔久词场。"杜牧《大雨行》："尽召邑中豪健者，阔展朱盘开酒场。"❷指科举时代的考试之所。张籍《送李余及第后归蜀》："十年人咏好诗章，今日成名出举场。"朱庆余《上翰林李舍人》："免令汨没惭时辈，与作声名彻举场。"韦应物《送章八元秀才擢第往上都应制》："决胜文场战已酣，行应辟命复才堪。"《全唐诗》卷八七六载《举场语》："欲入举场，先问苏张 。"❸指科举考试。白居易《酬卢秘书二十韵》："谬历文场选，惭非翰苑才。"又《喜敏中及第偶示所怀》："自知群从为儒少，岂料词场中第频。"王仁裕《贺王溥入相》："一战文场拔赵旗，便调金鼎佐无为。"刘复《送黄晔明府岳州湘阴赴任》："拟占名场第一科，龙门十上困风波。"❹指表演技艺的空地。张九龄《奉和圣制南郊礼毕酺宴》："春发三条路，酺开百戏场。"宋之问《长安路》："日晚斗鸡场，经过狭斜看。"张仲素《春游曲三首》之三："当年重意气，先占斗鸡场。"

【場苗】《诗·小雅·白驹》："皎皎白驹，食我场苗。"后以为延揽贤才或思念贤者之典。白居易《和微之诗二十三首·和我年三首》之二："野萍始宾荐，场苗初絷维。因读管萧书，窃慕大有为。"

【場$_2$屋】❶戏场。元稹《连昌宫词》："夜半月高弦索鸣，贺老琵琶定场屋。"❷科场。《全唐诗》卷七〇七殷文圭传："唐末，词场请托公行，文圭与游恭独步场屋。"

【場圃】❶农家种菜蔬和收打作物的地方。苏味道《始背洛城秋郊瞩目奉怀台中诸侍御》："场圃通圭甸，沟塍碍石林。"万楚《题江潮庄壁》："禾黍积场圃，楂梨垂户扉。"孟浩然《过故人庄》："开筵面场圃，把酒话桑麻。"杜甫《雷》："吾衰尤拙计，失望筑场圃。"白居易《夏旱》："但见棘与茨，罗生遍场圃。"❷指收获等农事。韦应物《观田家》："丁壮俱在野，场圃亦就理。"

【場場】全；都。谓每一场。薛奇童《赵将军歌》："将军纵博场场胜，赌得单于貂鼠袍。"黄滔《御试二首》之一："明朝莫惜场场醉，青桂新香有紫泥。"

【場藿】犹场苗。张九龄《园中时蔬尽皆锄理唯秋兰数本委而不顾彼遂赋二章》之一："场藿已成岁，园葵亦向阳。"李白《古风》之四五："去去乘白驹，空山咏场藿。"玄宗《首夏花萼楼观群臣宴宁王山亭回楼下又申之以赏乐赋诗》序："衢尊意洽，场藿思苗。"

堮〔è《广韵》五各切，入鐸，疑。〕崖岸；边际。杜甫《万丈潭》："局步凌垠堮，侧身下烟霭。"

堡〔bǎo《广韵》博抱切，上晧，幫。〕土石筑的小城；堡垒。储光羲《哥舒大夫颂德》："大非四决轧，石堡高峥嵘。"李白《答王十二寒夜独酌有怀》："君不能学哥舒横行青海夜带刀，西屠石堡取紫袍。"岑参《行军诗二首》之一："干戈碍乡国，豺虎满城堡。"杜甫《送长孙九侍御赴武威判官》："夺我同官良，飘飖按城堡。"贯休《古塞下曲七首》之二："旗插蒸沙堡，枪担卓槊泉。"贯休《边上行》："朔气生荒堡，秋尘满病容。"温庭筠有《过西堡塞北》。李涉有《题连云堡》。潘咸有《登明戍堡》。

塊〔kuài《广韵》苦對切，去隊，溪。《集韵》苦怪切，去怪，溪。〕❶土块。韦嗣立《偶游龙门北溪忽怀骊山别业因以言志示弟淑奉呈诸大僚》："助岳无纤块，输溟谢末涓。"刘禹锡《有獭吟》："渔翁以为妖，举块投其咽。"元稹《田家词》："旱块敲牛蹄趵趵，种得官仓珠颗谷。"白居易《自题小草亭》："土阶全垒块，山木半留皮。"徐夤《鬓发》："天地有炉长铸物，浊泥遗块待陶钧。"贯休《上孙使君》："万卷似无书，三山如历块。"❸安然。见"塊然❸"。❹浑然一体；整体。李白《日出行》："吾将囊括大块，浩然与溟涬同科。"孟郊《喜与长文上人宿李秀才小山池亭》："块岭笑群岫，片池轻众流。"元稹《梦上天》："下视五岳块累累，仰天依旧苍苍色。"吕岩《敲爻歌》："结成一块紫金丸，变化飞腾天地久。"❺充足的。和凝《宫词百首》之三十三："块雨条风符圣化，嘉禾看却报新秋。"❻孤独；孑然。见"塊然❶"。❼量词。用于块状、片状的东西。寒山《诗三百三首》之五八："投之一块骨，相与啀喋争。"皇甫湜《石佛谷》："澶漫太行北，千里一块石。"韩愈、刘师服《石鼎联句》："一块元气闭，细泉幽窦倾。"张祜《游天台山》："三茅即拳石，二室犹块土。"吕岩《敲爻歌》："结成一块紫金丸，变化飞腾天地久。"

【塊然】❶孤独貌；独处貌。张九龄《南山下旧居闲放》："块然屏尘事，幽独坐林间。"骆宾王《海曲书情》："坐惜风光晚，长歌独块然。"赵冬曦《奉酬燕公见归田赋垂赠之作》："覆载虽云广，涔阳直块然。"李德裕《题奇石》："块然天地间，自是孤生者。"韦应物《答崔主簿问兼简温上人》："即此抱余素，块然诚寡俦。"白居易《效陶潜体诗十六首》之二："不以酒自娱，块然与谁语。"❷木然无知貌。李群玉《岳阳春晚》："不觉春物老，块然湖上楼。"❸安然。张九龄《杂诗五首》之三："终日块然坐，有时劳者歌。"李白《拟古十二首》之五："无事坐悲苦，块然涸辙鱼。"❹形容具体、真切。

岑参《行军诗二首》之一："块然伤时人，举首哭苍昊。"❺犹魁然。形容高大。韩愈、孟郊《会合联句》："块然堕岳石，飘尔罥巢氄。"皎然《灵澈上人何山寺七贤石诗》："佚火玉亦害，块然长在兹。"

【塊獨】　犹孤独。杜甫《送重表侄王砅评事使南海》："争夺至徒步，块独委蓬蒿。"

堠　〔hòu《广韵》胡遘切，去候，匣。〕❶瞭望敌情的土堡。陈子昂《答韩使同在边》："边城方晏闭，斥堠始昭苏。"高适《塞上》："亭堠列万里，汉兵犹备胡。"陆龟蒙《读襄阳耆旧传因作诗五百言寄皮袭美》："其余文武家，相望如斥堠。"姚合《送少府田中丞入西蕃》："萧关路绝久，石堠亦为尘。"❷记里程或分界的土坛。韩愈《路傍堠》："堆堆路傍堠，一双复一只。"柳宗元《诏追赴都回寄零陵亲故》："岸傍古堠应无数，次第行看别路遥。"张籍《泾州塞》："道边古双堠，犹记向安西。"许棠《银州北书事》："雕依孤堠立，鸥向迴沙沉。"

【堠子】　筑在路旁用以分界或计里数的土坛。每五里筑单堠，十里筑双堠。罗隐《堠子》："终日路岐旁，前程亦可量。未能惭面黑，只是恨头方。雅旨逾千里，高文近两行。君知不识字，第一莫形相。"

【堠火】　烽火。项斯《边游》："天寒明堠火，日晚裂旗风。"李端《送古之奇赴安西幕》："堠火经阴绝，边人接晓行。"李频《朔中即事》："山头堠火孤明后，星外行人四绝时。"

【堠館】　犹馆驿。杜牧《渡吴江》："堠馆人稀夜更长，姑苏城远树苍苍。"

塠　〔duī〕同"堆"。指堆积之物。马逢《从军》："沙塠风起红楼下，飞上胡天作阵云。"贯休《寄西山胡汾吴樵》："云塠临案冷，鹿队过门迟。"

【塠阜】　小山丘。杜甫《沙苑行》："累累塠阜藏奔突，往往坡陀纵超越。"

報　〔bào《广韵》博耗切，去号，幫。〕❶祭祀。见"報歲"。❷回赠；回报。韩愈《答张彻》："辱赠不知报，我歌尔其聆。"❸报效；报答。韩愈《县斋有怀》："只缘恩未报，岂谓生足藉。"孟郊《答郭郎中》："何以报知者，永存坚与贞。"刘得仁《陈情上李景让大夫》："此生如遂意，誓死报知音。"❹报复。李白《东海有勇妇》："捐躯报夫仇，万死不顾生。"元稹《四皓庙》："遂令英雄意，日夜思报秦。"薛逢《凉州词》："昨夜蕃兵报国仇，沙州都护破凉州。"❺犹言报应；果报。见"報應"。❻复命；奉命办事完毕，回来报告。亦泛指报告；告知。杜甫《秦州杂诗》之十三："船人近相报，但恐失桃花。"❼复信。佚名《杂曲歌辞·簇拍陆州》："陇山鹦鹉能言语，为报闺人数寄书。"见"報書"。❽告知。张籍《春日行》："草堂晨起酒半醒，家僮报我园花满。"

【報人】　❶报告消息的人；探子。刘商《吊从甥》："儿童惊走报人来，孀妇开门一声哭。"李贺《白虎行》："谁最苦兮谁最苦，报人义士深相许。"吴融《高侍御话及皮博士池中白莲因成一章寄博士兼奉呈》："白玉花开绿锦池，风流御史报人知。"❷告知人们。韩愈《早春雪中闻莺》："带涩先迎气，侵寒已报人。"

【報功】　酬报有功者；报答功德。魏征《五郊乐章·黑帝羽音》："享祀报功，方祚来岁。"宋之问《谒禹庙》："峻命终不易，报功畴敢渝。"张说《奉和圣制喜雪应制》："圣德与天同，封峦欲报功。"元稹《宪宗章武孝皇帝挽歌词三首》之三："共嗟封石检，不为报功泥。"姚合《送杨尚书祭西岳》："报功严祀典，宠诏下明庭。"

【報本】　受恩思报，不忘本源。鲍溶《郊天回》："始知报本终朝礼，旧典时巡只自难。"赵光逢《梁郊祀乐章·庆和》之六："于焉报本，是用告虔。"

【報主】　报答皇上。乔知之《羸骏篇》："持来报主不辞劳，宿昔立功非重利。"郑愔《塞外三首》之一："丈夫期报主，万里独辞家。"李白《赠张相镐二首》之一："一生欲报主，百代思荣亲。"岑参《轮台歌奉送封大夫出师西征》："亚相勤王甘苦辛，誓将报主静边尘。"又《奉和杜相公初发京城作》："衔恩期报主，授律远行师。"杜甫《八哀诗·赠左仆射郑国公严公武》："以兹报主愿，庶或裨世程。"许浑《送陆拾遗东归》："文章报主非无意，书剑还家素有期。"李商隐《无题》："益德冤魂终报主，阿童高义镇横秋。"

【報狀】　指邸报。王建《赠华州郑大夫》："报状拆开知足雨，赦书宣过喜无囚。"

【報春】　报告春天的到来。则天皇后《腊日宣诏幸上苑》："明朝游上苑，火急报春知。"杜甫《百舌》："百舌来何处，重重只报春。"王绰《迎春东郊》："玉管潜移律，东郊始报春。"顾况《白蘋洲送客》："莫信梅花发，由来谩报春。"姚合《送春》："为向春风道，明年早报春。"方干《除夜》："寒灯短烬方烧腊，画角残声已报春。"

【報春鳥】　鸟名。见南朝梁任昉《述异记》卷上。陆龟蒙《奉和袭美茶具十咏·茶人》："唯应报春鸟，得共斯人知。"

【報春榜】　科举发榜。曹松《览春榜喜孙郃成名》："门外报春榜，喜君天子知。"

【報政】　❶指到地方任职。刘禹锡《送李尚书镇滑州》："南徐报政入文昌，东郡须才别建章。"白居易《初下汉江舟中作，寄两省给舍》："期年庶报政，三年当退身。"徐锴《送程德琳郎中学士》："报政秋云静，微吟晓月生。"❷陈报政绩。陈陶《赠江西周大夫》："报政黄霸惭，提兵吕蒙醉。”

【報施】 ❶报应。刘禹锡《游桃源一百韵》：“才能疑木雁，报施迷夷跖。”❷报答；赐予。白居易《薛中丞》：“悠哉上天意，报施纷回互。”

【報珠】 指报恩。见晋干宝《搜神记》卷二〇。杜甫《寄韦有夏郎中》：“饮子频通汗，怀君想报珠。”

【報時】 报告时间。储光羲《同诸公秋日游昆明池思古》：“帝梦鲜鱼索，明月当报时。”姚鹄《风不鸣条》：“吾君理化清，上瑞报时平。”

【報恩】 报答恩惠。卢照邻《刘生》：“报恩为豪侠，死难在横行。”张九龄《荆州作二首》之二：“徇义在匹夫，报恩犹一餐。”沈佺期《奉和春初幸太平公主南庄应制》：“自有神仙鸣凤曲，并将歌舞报恩晖。”李颀《鲛人歌》：“泣珠报恩君莫辞，今年相见明年期。”李白《扶风豪士歌》：“堂中各有三千士，明日报恩知是谁。”皮日休《宏词下第感恩献兵部侍郎》：“犹有报恩方寸在，不知通塞竟何如。”殷文圭《春草碧色》：“杜回如可结，誓作报恩身。”

【報恩珠】 犹报珠。沈佺期《移禁司刑》：“汉皇虚诏上，容有报恩珠。”杜甫《舟出江陵南浦，奉寄郑少尹》：“寂寥相呴沫，浩荡报恩珠。”戎昱《上桂州李大夫》：“唯于方寸内，暗贮报恩珠。”

【報恩腮】 指报恩鱼。杜甫《秋日荆南述怀三十韵》：“苦摇求食尾，常曝报恩腮。”

【報恩環】 见晋干宝《搜神记》卷二〇。后以黄雀衔环谓报恩。沈佺期《黄鹤》：“明珠世不重，知有报恩环。”

【報稱】 (—chèn)犹报答。宋之问《自洪府舟行直书其事》：“铭骨怀报称，逆鳞让金紫。”

【報效】 酬谢；报恩效力。于季子《咏萤》：“直念恩华重，长嗟报效微。”杜甫《社日两篇》之一：“报效神如在，馨香旧不违。”韩愈《答柳柳州食虾蟆》：“虽蒙句践礼，竟不闻报效。”白居易《自到郡斋仅经旬日方专公务未及宴游偷闲仍呈吴中诸客》：“以兹为报效，安敢不躬亲。”高骈《言怀》：“主圣扶持易，恩深报效难。”

【報書】 回信。杜甫《重过何氏五首》之一：“问讯东桥竹，将军有报书。”元稹《酬乐天书怀见寄》：“凭人寄将去，三月无报书。”白居易《答微之夸越州州宅》：“贺上人回得报书，大夸州宅似仙居。”又《老慵》：“近来渐喜知闻断，免恼嵇康索报书。”又《初冬月夜得皇甫泽州手札并诗数篇因遣报书偶题长句》：“心逐报书悬雁足，梦寻来路绕羊肠。”朱庆余《酬萧员外见寄》：“麦风吹雨正徘徊，忽报书从郡阁来。”

【報捷】 报告胜利的消息。贾岛《送李傅侍郎剑南行营》：“移军刁斗逐，报捷剑门开。”

【報國】 为国家效力尽忠。德宗《送徐州张建封还镇》：“报国尔所向，恤人予是资。”宋之问《梁宣王挽词三首》之一：“爱贤唯报国，乐善不防身。”刘长卿《疲兵篇》：“赤心报国无片赏，白首还家有几人。”李白《幽州胡马客歌》：“出门不顾后，报国死何难。”杜甫《秋日荆南送石首薛明府辞满告别奉寄薛尚书颂德三十韵》：“闻道和亲入，垂名报国余。”无可《赠王将军》：“刻心思报国，吁气欲开边。”

【報章】 ❶回信。韦迢《早发湘潭寄杜员外院长》：“相忆无南雁，何时有报章。”❷谓诗文。李商隐《促漏》：“促漏遥钟动静闻，报章重叠杳难分。”又《夜思》：“往事经春物，前期托报章。”❸酬答以诗文。徐铉《亚元舍人不替深知猥贻佳作三篇清绝不敢轻庶资一笑耳》：“报章欲托还京信，笔拙纸穷情未尽。”

【報喜】 报告喜讯。白居易《秦中吟十首·五弦》：“又如鹊报喜，转作猿啼苦。”张祜《乌夜啼》：“不妨还报喜，误使玉颜低。”徐夤《鹊》：“香闺报喜行人至，碧汉填河织女回。”

【報答】 ❶报谢恩惠。杜甫《遣怀》：“杀人红尘里，报答在斯须。”又《江畔独步寻花七绝句》之三：“报答春光知有处，应须美酒送生涯。”韩愈《卢郎中云夫寄示送盘谷子诗两章歌以和之》：“家请官供不报答，何异雀鼠偷太仓。”曹唐《长安客舍叙邵陵旧宴寄永州萧使君五首》之二：“招携永感双鱼在，报答空知一剑存。”曹松《哭陈陶处士》：“如何稽古力，报答甚茫茫。”❷答复。元稹《酬乐天余思不尽加为六韵之作》：“次韵千言曾报答，直词三道共经纶。”白居易《晚春欲携酒寻沈四著作先以六韵寄之》：“篇章慵报答，杯宴喜经过。”

【報復】 ❶报积怨、愤恨。徐彦伯《比干墓》：“锋剑剿遗孽，报复一何迅。”❷往复。杜甫《义鹘》：“物情有报复，快意贵目前。”

【報道】 报告；告知。宋之问《燕巢军幕》：“故来呈燕颔，报道欲封侯。”白居易《酬钱员外雪中见寄》：“烦君想我看心坐，报道心空无可看。”赵虚舟《戏赠》：“报道不须鸦鸟乱，他家自有凤凰栖。”皎然《寻陆鸿渐不遇》：“报道山中去，归时每日斜。”乾康《投谒齐己》：“烹茶童子休相问，报道门前是衲僧。”

【報歲】 每年收获后祭神，谓报岁。穆寂《冬至日祥风应候》：“更绕炉烟起，殷勤报岁功。”

【報衙】 官吏升堂治事时，衙役鸣鼓以告众，谓报衙。柳宗元《同刘二十八院长述旧言怀感时书事奉寄澧州赠二君子》：“蹀躞驺先驾，笼铜鼓报衙。”

【報德】 报答别人的恩德。卢怀慎《奉和圣制龙池篇》：“大川既济惭为楫，报德空思奉细涓。”刘长卿《送李将军》：“征西诸将一如君，报德谁能不顾勋。”李白《赠崔司户文昆季》：“垂恩倪丘山，报德有微身。”韦应物《宝观主白鸲鹆歌》:“日夕依仁全羽翼,空欲衔环非报德。”李洞《感恩书事寄上集义司徒相公》:“镇时贤相回人镜,报德慈亲点佛灯。”罗泰《暗投明珠》:“报德能欺暗,投人自欲明。”

【報曉】 报告天明。元稹《哭女樊四十韵》:“暗窗风报晓,秋幌雨闻更。”李绅《忆春日太液池亭候对》:“宫莺报晓瑞烟开,三岛灵禽拂水回。”李商隐《马嵬二首》之二:“空闻虎旅传宵柝,无复鸡人报晓筹。”吴融《和韩致光侍郎无题三首十四韵》之二:“鹖鸮偏报晓,乌鸮惯惊晨。”严郾《赋百舌鸟》:“星未没河先报晓,柳犹粘雪便迎春。”白居易《秋霖即事联句三十韵》:“鸣鸡潜报晓,急景暗雕年。”

【報曉雞】 ❶鸣叫告知天明的鸡。韩偓《凄凄》:“风雨今如晦,堪怜报晓鸡。”❷报告天亮的鸡鸣声。吴融《阌乡寓居十首·茆堂》:“犹嫌未远函关道,正睡刚闻报晓鸡。”

【報曉鐘】 告知天明的钟声。韩愈《大行皇太后挽歌词三首》之二:“无复临长乐,空闻报晓钟。”齐己《移居西湖作二首》之一:“残更正好眠凉月,远寺俄闻报晓钟。”

【報點】 报时。张籍《拜丰陵》:“寒更报点来山殿,晓炬分行照柏城。”殷尧藩《寒夜》:“鸡催梦枕司晨早,更咽寒城报点迟。”

【報應】 (—yìng)古人有天人感应之说,把一些自然界的变化看成是对人事治乱的反应或预示。此称报应。吕岩《劝世》:“天眼昭昭,报应甚速。”

【報賽】 指农事完毕后举行谢神的祭祀。王建《赛神曲》:“但愿牛羊满家宅,十月报赛南山神。”白居易《偶以拙诗数首寄呈裴少尹侍郎蒙以盛制四篇美而谢之》:“一麋丽龟绝报赛,五鹿连柱难支梧。”

【報讎】 采取行动,打击仇敌。李白《少年行》:“呼卢百万终不惜,报仇千里如咫尺。”又《送张秀才谒高中丞》:“壮士挥金槌,报仇六国闻。”高适《邯郸少年行》:“千场纵博家仍富,几度报仇身不死。”周繇《嘲段成式》:“报仇惭选耎,存想恨逶迟。”胡曾《咏史诗·博浪沙》:“山东不是无公子,何事张良独报仇。”

壹〔yī《广韵》於悉切,入質,影。〕❶数字“一”的大写。赵居贞《云门山投龙诗刻》:“晓登云门山,直上壹千尺。”❷用于人名。李峤《钱》:“赵壹囊初乏,何曾箸欲收。”李贺《出城别张又新酬李汉》:“赵壹赋命薄,马卿家业贫。”李群玉《将之京国赠薛员外》:“赵壹赋命薄,陈思多世忧。”皮日休《江南书情二十韵寄秘阁韦校书贻之商洛宋先辈垂文二同年》:“才非师赵壹,直欲效陈咸。”甘露寺鬼《西轩诗》:“赵壹能为赋,邹阳解献书。”李瀚《蒙求》:“赵壹坎壈,颜驷蹇剥。”

壺〔hú《广韵》戶吳切,平模,匣。〕容器名。敛口,深腹,多为圆形、方形或椭圆形。太宗《仪鸾殿早秋》:“提壶菊花岸,高兴芙蓉池。”李白《月下独酌四首》之一:“花间一壶酒,独酌无相亲。”杜甫《江亭送眉州辛别驾升之》:“柳影含云幕,江波近酒壶。”皮日休《樱桃花》:“婀娜枝香拂酒壶,向阳疑是不融酥。”❷古代滴水计时的器具。徐彦伯《同韦舍人元旦早朝》:“夕转清壶漏,晨惊长乐钟。”李白《乌栖曲》:“银箭金壶漏水多,起看秋月坠江波。”武元衡《奉酬中书相公至日圜丘行事于集贤院叙情见寄之什》:“风溢铜壶漏,香凝绮阁烟。”温庭筠《鸡鸣埭曲》:“铜壶漏断梦初觉,宝马尘高人未知。”罗隐《七夕》:“铜壶漏报天将晓,惆怅佳期又一年。”❸古代宴饮时投壶的用具。高适《钜鹿赠李少府》:“投壶华馆静,纵酒凉风夕。”李白《梁甫吟》:“雷公砰訇震天鼓,帝傍投壶多玉女。”杜甫《江陵节度阳城郡王新楼成王请严侍御判官赋七字句同作》:“杖钺褰帷瞻具美,投壶散帙有余清。”李商隐《寄远》:“姮娥捣药无时已,玉女投壶未肯休。”唐彦谦《游南明山》:“阄令促传觞,投壶更联句。”

【壺人】 掌管刻漏报时的人。刘宪《奉和幸三会寺应制》:“戒旦壶人集,翻霜羽骑来。”

【壺天】 出《后汉书》卷八二《费长房传》。后以“壶天”谓仙境,胜境。张乔《题古观》:“洞水流花早,壶天闭雪春。”

【壺中天】 犹壶天。李白《赠饶阳张司户燧》:“蹉跎人间世,寥落壶中天。”白居易《酬吴七见寄》:“谁知市南地,转作壶中天。”参见“壶公”。

【壺中物】 指酒。张祜《题上饶亭》:“唯是壶中物,忧来且自斟。”又《题陆敦礼山居伏牛潭》:“幸挈壶中物,期君正兴酣。”

【壺公】 传说中的仙人。杜甫《寄司马山人十二韵》:“家家迎蓟子,处处识壶公。”钱起《药堂秋暮》:“勉事壶公术,仙期待赤龙。”窦牟《陪韩院长韦河南同寻刘师不遇》:“不题三五字,何以达壶公。”章孝标《玄都观栽桃十韵》:“艳阳迷俗客,幽邃失壶公。”唐彦谦《乱后经表兄琼华观旧居》:“长忆映碑逢若士,未曾携杖逐壶公。”皎然《贻李汤》:“茅氏常论七真记,壶公爱说三山事。”

【壺丘】 复姓。王维《酬慕容十一》:“为报壶丘子,来人道姓蒙。”吴筠《高士咏·冲虚真人》:“不受子阳禄,但饮壶丘宗。”又《高士咏·壶丘子》:“壶丘道为量,玄虚固难知。”

【壺漿】 指茶水、酒浆。刘长卿《行营酬吕侍御时尚书问罪襄阳军次汉东境上诗以见谕》:“井税鹑衣乐,壶浆鹤发迎。”李白《丁督护歌》:“水浊不可饮,壶浆半成土。”王建《古从军》：“马上悬壶浆，刀头分颊肉。”李咸用《公无渡河》：“有叟有叟何清狂，行搔短发提壶浆。”贯休《送吏部刘相公除东川》：“渥泽番番降，壶浆处处陈。”

【壶觴】 酒器。苏颋《陈仓别陇州司户李维深》：“中作壶觞饯，回添道路悲。”刘长卿《题冤句宋少府厅留别》：“壶觞招过客，几案无留事。”白居易《将至东都先寄令狐留守》：“东都添个狂宾客，先报壶觞风月知。”皮日休《军事院霜菊盛开因书一绝寄上谏议》：“金华千点晓霜凝，独对壶觞又不能。”唐彦谦《金陵九日》：“野菊西风满路香，雨花台上集壶觞。”

【壶關】 地名。在今山西。玄宗《赐崔日知往潞州》：“潞国开新府，壶关宠旧林。”李商隐《登霍山驿楼》：“壶关有狂孽，速继老生功。”罗隐《寄金吾李荪常侍》：“请问何功德，壶关寇始平。”郑谷《送进士许彬》：“泗上未休兵，壶关事可惊。”韦庄《壶关道中作》：“黄昏欲到壶关寨，匹马寒嘶野草中。”鱼玄机《情书寄李子安》：“饮冰食檗志无功，晋水壶关在梦中。”

壻 〔xù《广韵》蘇計切，去霽，心。〕❶女婿。女儿的丈夫。张说《奉和圣制送金城公主适西蕃应制》：“戎王子婿宠，汉国舅家慈。”杜甫《李监宅》：“门阑多喜色，女婿近乘龙。”李端《乌栖曲》：“东房少妇婿从军，每听乌啼知夜分。”无名氏《题房鲁题名后》：“姚家新婿是房郎，未解芳颜意欲狂。”❷丈夫；夫婿。乔知之《和李侍郎古意》：“自矜夫婿胜王昌，三十曾作侍中郎。”张潮《江风行》：“婿贫如珠玉，婿富如埃尘。”王昌龄《闺怨》：“忽见陌头杨柳色，悔教夫婿觅封侯。”刘言史《乐府杂词三首》之三：“梦中无限风流事，夫婿多情亦未知。”郭绍兰《寄夫》：“我婿去重湖，临窗泣血书。”❸作丈夫。权德舆《古乐府》：“身年二八婿侍中，幼妹承恩兄尚主。”

【壻家】 犹婆家。李端《杂歌》：“为姑偏忌诸嫂良，作妇翻嫌婿家恶。”

墓 〔mù《广韵》莫故切，去暮，明。〕坟墓。埋葬死者，封土隆起的叫坟，平的叫墓。灵澈《远公墓》：“古墓石棱棱，寒云晚景凝。”张祜《过石头城》：“累累墟墓葬西原，六代同归蔓草根。”

【墓田】 指坟地。张说《崔司业挽歌二首》之二：“象设存华馆，威仪下墓田。”李华《咏史十一首》之一：“身死名不灭，寒风吹墓田。”权德舆《工部发引日属伤足卧疾不遂执绋》：“笳箫里巷咽，龟筮墓田开。”白居易《病中哭金銮子》：“送出深村巷，看封小墓田。”齐己《乱中闻郑谷、吴延保下世》：“兵火焚诗草，江流涨墓田。”

【墓松】 植在坟墓上的松树。白居易《醉中见微之旧卷有感》：“闻道墓松高一丈，更无消息到如今。”

【墓門】 墓道之门。刘湾《虹县严孝子墓》：“墓门白日闭，泣血黄泉中。”白居易《元相公挽歌词三首》之二：“墓门已闭笳箫去，唯有夫人哭不休。”

【墓庭】 坟墓四周院庭。张说《李工部挽歌三首》之三：“墓庭人已散，祭处鸟来过。”

【墓銘】 刻在石上埋入坟中的文字，用韵文写成，是对死者的赞扬或悼念。《全唐诗》卷八七五有《京西市放生池墓铭》《卫先生墓铭》。

【墓磚】 建筑墓道所用的砖头。顾况《筑城二章》题注：“寺人临戎，以墓砖为城壁。”

【墓頭】 坟墓边。白居易《寄李苏州兼示杨琼》：“真娘墓头春草碧，心奴鬓上秋霜白。”

【墓樹】 植于坟墓的树木。白居易《对镜吟》：“少于我者半为土，墓树已抽三五枝。”郑谷《中台五题·樗里子墓》：“贤人骨已销，墓树几荣凋。”

十　画

填 〔tián《广韵》徒年切，平先，定。又堂練切，去霰，定。〕❶填塞。路德延《小儿诗》：“蚁窠寻迳劚，蜂穴逐阶填。”李洞《雪》：“细填虫穴满，重压鹤巢攲。”孙元晏《咏史诗·苻坚投箠》：“投箠填江语未终，谢安乘此立殊功。”巴峡鬼《夜吟》：“秋迳填黄叶，寒摧露草根。”❷塞满；充满。李颀《行路难》：“宾客填街复满座，片言出口生辉光。”白居易《酬微之》：“满袠填箱唱和诗，少年为戏老成悲。”马戴《题章野人山居》：“闲花散落填书帙，戏鸟低飞碍柳。”吴融《戏》：“根极同填海，情长抵导江。”唐求《和舒上人山居即事》：“败叶填溪路，残阳过野亭。”郑琼罗《叙幽冤》：“痛填心兮不能语，寸断肠兮诉何处。”❸在器物上加色。韩愈《谒衡岳庙遂宿岳寺题门楼》：“粉墙丹柱动光彩，鬼物图画填青红。”❹按一定方式写入文字或数字。元稹《和王侍郎酬广宣上人观放榜后相贺》：“都中纸贵流传后，海外金填姓字时。”❺抵偿；补充。王建《送振武张尚书》：“尽收壮勇填兵数，不向蕃浑夺马群。”李涉《却归巴陵途中走笔寄唐知言》：“酒家债负有填日，恣意颇敢排青缗。”

【填死】 犹送死。元稹《夫远征》：“赵王未信赵母言，犹点新兵更填死。”

【填坑】 充于坑穴。韩溉《浔阳观水》：“朝宗汉水接阳台，喑呀填坑吼作雷。”

【填委】 堆积；纷集。崔颢《结定襄郡狱效陶体》：“谤书盈几案，文墨相填委。”孟浩然《登龙兴寺阁》：“兹郡何填委，遥山复几哉。”杜甫《白水县崔少府十九翁高斋三十韵》：“猛将纷填委，庙谋蓄长策。”

【填河】 亦称“填橋”。古代传说每年农历七月七日，牛郎织女相会，群鹊聚集填河为桥以渡银河。沈叔安《七夕赋咏成篇》："彩凤齐驾初成辇，雕鹊填河已作梁。"李峤《奉和七夕两仪殿会宴应制》："灵匹三秋会，仙期七夕过。查来人泛海，桥渡鹊填河。"薛能《鄜州进白野鹊》："不忧云路填河远，为对天颜送喜忙。"徐夤《鹊》："香闺报喜行人至，碧汉填河织女回。"

【填咽】 犹填噎。韩愈《石鼓歌》："观经鸿都尚填咽，坐见举国来奔波。"

【填門】 塞满门户。形容登门的人多。杜牧《夏州崔常侍自少常亚列出领麾幢十韵》："对客犹褒博，填门已旆旌。"

【填宫】 指犯人家属没入宫廷。李玖《喷玉泉冥会诗八首·白衣叟述甘棠馆西楹诗》："佳人暗泣填宫泪，厩马连嘶换主声。"

【填海】 指精卫鸟填海的传说。亦喻指冤恨极深或意志坚定。李乂《奉和晦日幸昆明池应制》："乌疑填海处，人似隔河秋。"韦应物《难言》："掬土移山望山尽，投石填海望海满。"杜甫《寄岳州贾司马六丈、巴州严八使君两阁老五十韵》："浪作禽填海，那将血射天。"李商隐《北禽》："石小虚填海，芦铦未破矰。"聂夷中《客有追叹后时者作诗勉之》："精卫一微物，犹恐填海平。"吴融《戏》："恨极同填海，情长抵导江。"

【填淤】 淤泥。亦指沉积；淤塞。储光羲《同诸公秋日游昆明池思古》："坎埳四十里，填淤今已微。"杜甫《溪涨》："马嘶未敢动，前有深填淤。"又《秋日荆南送石首薛明府辞满告别奉寄薛尚书颂德叙怀斐然之作三十韵》："汤池虽险固，辽海尚填淤。"

【填街】 充满街道。谓数量大。上官昭容《游长宁公主流杯池二十五首》之九："结驷填街术，闾阎满邑居。"李颀《行路难》："宾客填街复满座，片言出口生辉光。"

【填填】 形容声音大。张说《凯安三首》之三："总总干戚，填填鼓钟。"

【填溝壑】 谓填尸于沟壑。指死，多用作婉辞。孟浩然《晚春卧病寄张八》："常恐填沟壑，无由振羽仪。"杜甫《醉时歌》："但觉高歌有鬼神，焉知饿死填沟壑。"又《狂夫》："欲填沟壑唯疏放，自笑狂夫老更狂。"

【填塞】 (—sāi)填充堵塞。韩愈、孟郊《城南联句》："辅弼登阶清，坌秀恣填塞。"

【填噎】 亦作"填咽"。堵塞；拥挤。徐彦伯《拟古三首》之二："廨署相填噎，僚吏纷纵横。"

【填橋】 犹填河。郑愔《奉和幸上官昭容院献诗四首》之四："河鹊填桥至，山熊避槛来。"

【填還】 (—huán)偿还；报偿。白居易《斋戒》："酒魔降伏终须尽，诗债填还亦欲平。"

【填壓】 累积挤压。皮日休《二游诗·任诗》："权豪暂翻覆，刑祸相填压。"

【填壑】 填充沟壑。韦应物《游琅琊山寺》："填壑跻花界，叠石构云房。"

【填膺】 充塞于胸膛。李白《秋夜板桥浦泛月独酌怀谢朓》："玄晖难再得，洒酒气填膺。"高适《饯宋八充彭中丞判官之岭南》："睹君济时略，使我气填膺。"卢纶《秋中野望寄舍弟绶兼令呈上西川尚书舅》："旧恨尚填膺，新悲复萦睫。"徐夤《偶题》："闲补亡书见废兴，偶然前古也填膺。"齐己《酬元员外见寄八韵》："雨声连洒竹，诗兴继填膺。"

【填瓤】 果瓤。白居易《题郡中荔枝诗十八韵兼寄万州杨八使君》："紫罗裁衬壳，白玉裹填瓤。"

塒 〔shí《广韵》市之切，平之，禪。〕凿垣为鸡窝。亦指在墙上凿的鸡窝。元稹《感梦》："闪闪灯背壁，胶胶鸡去埘。"杜牧《商山麻涧》："雉飞鹿过芳草远，牛巷鸡埘春日斜。"

塌¹ 〔tā《集韵》託盍切，入盍，透。〕❶坍塌；塌陷。杜甫《苏端薛复筵简薛华醉歌》："忽忆雨时秋井塌，古人白骨生青苔，如何不饮令心哀。"❷落下。温庭筠《鸿胪寺有开元中锡宴堂楼台池沼雅为胜绝荒凉遗址仅有存者偶成四十韵》："败荷塌作泥，死竹森如枪。"❸同"踏"。用脚踩踏。皮日休《南阳》："废路塌平残瓦砾，破坟耕出烂图书。"

塌² 〔dā《集韵》敵盍切，入盍，定。〕下垂貌。犹今北方方言的耷拉。见"塌₂翼"。

【塌然】 ❶哀痛、失意或落陷之貌。杜甫《垂老别》："弃绝蓬室居，塌然摧肺肝。"白居易《秋池二首》之二："天旱水暗消，塌然委空地。"❷犹安然。白居易《有感三首》之三："不如兀然坐，不如塌然卧。"

【塌₂翼】 垂翅。亦以喻失意消沉。杜甫《毒热寄简崔评事十六弟》："林下有塌翼，水中无行舟。"又《别苏徯》："十年犹塌翼，绝倒为惊吁。"

塏 〔kǎi《广韵》苦亥切，上海，溪。〕高燥；干燥。张说《至尉氏》："夕次阮公台，啸歌临爽垲。"赵冬曦《奉和圣制同二相已下群官乐游园宴》："爽垲三秦地，芳华二月初。"韩愈、孟郊《斗鸡联句》："天时得清寒，地利挟爽垲。"

㙞 〔niè《集韵》逆乙切，入質，疑。〕小山。窦庠《金山行》："西江中濡波四截，涌出一峰青堞㙞。"皮日休《二游诗·徐诗》："楼船若夏屋，欲载如垤㙞。"陆龟蒙《奉和袭美闻开元寺开笋园寄章上人》："迸出似毫当垤㙞，孤生如恨倚栏干。"

塢 〔wù《广韵》安古切，上姥，影。《集韵》烏故切，去暮，影。〕❶小型城堡。杜甫《郑驸马池台喜遇郑广文同饮》："然脐郿坞败，握节汉臣回。”皮日休《太湖诗·游毛公坛》：“三休且半日，始到毛公坞。”又《太湖诗·以毛公泉一瓶献上谏议因寄》：“刘根昔成道，兹坞四百年。”陆龟蒙《奉和袭美公斋四咏次韵·新竹》：“别坞破苔藓，严城树轩楹。”❷四面高中间低的地方；村落。羊士谔《山阁闻笛》：“临风玉管吹参差，山坞春深日又迟。”杜甫《夏日李公见访》：“贫居类村坞，僻近城南楼。”柳宗元《雨后晓行独至愚溪北池》：“宿云散洲渚，晓日明村坞。”白居易《过郑处士》：“闻道移居村坞间，竹林多处独开关。”贯休《题友人山居》：“卜居邻坞寺，魂梦又相关。”❸四面如屏的花木深处，或四面挡风的建筑物。刘长卿《初贬南巴至鄱阳题李嘉祐江亭》：“柳色迎高坞，荷衣照下帷。”钱起《赋得绵绵思远道，送岑判官入岭》：“夜月松江戍，秋风竹坞亭。”白居易《夜泛阳坞入明月湾即事寄崔湖州》：“湖山处处好淹留，最爱东湾北坞头。”杜牧《雨中作》：“一褐拥秋寒，小窗侵竹坞。”李商隐《宿骆氏亭寄怀崔雍崔衮》：“竹坞无尘水槛清，相思迢递隔重城。”

堉 〔jí《广韵》秦昔切，入昔，從。〕（土地）贫瘠。亦指贫瘠的土地。见“堉土”。

【堉土】 贫瘠的土地。钱起《观村人牧山田》：“贫民乏井税，堉土皆垦凿。”薛逢《邻相反行》：“夜开沟水绕稻田，晓叱耕牛垦堉土。”

塘 〔táng《广韵》徒郎切，平唐，定。〕❶堤岸；堤防。严维《陪皇甫大夫谒禹庙》：“夕阳陪醉止，塘上鸟咸迟。”韩愈《独钓四首》之三：“独往南塘上，秋晨景气醒。”见“塘下行”。❷土筑的大道。泛指大道。温庭筠《雪夜与友生同宿晓寄近邻》：“寂寞寒塘路，怜君独阻寻。”皎然《同袁高使君送李判官使回》：“为出塘边柳，荣归府中花。”❸水池。李嘉祐《送王牧往吉州谒王使君叔》：“野渡花争发，春塘水乱流”白居易《酬裴相公题兴化小池见招长句》：“为爱小塘招散客，不嫌老监与新诗。”方干《夜会郑氏昆季林亭》；“卷帘圆月照方塘，坐久尊空竹有霜。”李珣《定风波》之四：“雁过秋空夜未央，隔窗烟月锁莲塘。”

【塘上行】 （行 xíng）乐府相和歌辞清调曲名。李贺、李咸用分别有《塘上行》。

【塘水】 池塘里的水。元稹《寒》：“扣冰浅塘水，拥雪深竹阑。”李贺《塘上行》：“飞下雌鸳鸯，塘水声溢溢。”温庭筠《张静婉采莲歌》：“鸂鶒交交塘水满，绿芒如粟莲茎短。”又《兰塘词》：“塘水汪汪凫唼喋，忆上江南木兰檝。”

【塘路】 船行路；水路。李嘉祐《九日》：“孤楼闻夕磬，塘路向城闉。”温庭筠《雪夜与友生同宿晓寄近邻》：“寂寞寒塘路，怜君独阻寻。”皎然《与李司直令从荻塘联句》：“画舸悠悠荻塘路，真僧与我相随去。”

塑 〔sù《广韵》桑故切，去暮，心。〕❶塑造。《全唐诗·语·时人为杨惠之语》：“道子画，惠之塑，夺得僧繇神笔路。”❷犹垒砌。韦蟾《岳麓道林寺》：“北方部落檀香塑，西国文书贝叶写。”

塋 〔yíng《广韵》餘傾切，平清，以。〕❶葬地。王维《哭祖六自虚》：“本家清渭曲，归葬旧茔边。”杜甫《又上后园山脚》：“不及祖父茔，累累冢相当。”叶元良《御制段太尉碑》：“园茔标石篆，雨露降天文。”方干《哭胡珪》：“才高登上第，孝极殁庐茔。”❷坟墓。沈佺期《邙山》：“北邙山上列坟茔，万古千秋对洛城。”李白《上留田行》：“借问谁家地，埋没蒿里茔。”白居易《相和歌辞·挽歌》：“苍苍上古原，峨峨开新茔。”颜胄《适思》：“宠终禁樵采，立嗣修坟茔。”卢延让《哭李郢端公》：“北固暴亡兼在路，东都权葬未归茔。”❸埋葬。王维《达奚侍郎夫人寇氏挽词二首》之二：“卜茔占二室，行哭度千门。”窦叔向《贞懿皇后挽歌三首》之一：“幼王亲捧土，爱女复边茔。”

【塋壠】 坟堆。丘丹《经湛长史草堂》序：“年世虽邈，茔垅尚存。”

塗 〔tú《广韵》同都切，平模，定。又宅加切，平麻，澄。〕❶泥。贺知章《奉和圣制送张说上集贤学士赐宴赋得谟字》：“迹同游汗漫，荣是出泥涂。”❷道路。杨思玄《奉和圣制过温汤》：“地接幽王垒，涂分郑国渠。”高适《苦雨寄房四昆季》：“泥涂拥城郭，水潦盘丘墟。”白居易《醉后走笔酬刘五主簿长句之赠兼简张大贾二十四先辈昆季》：“岁月徒催白发貌，泥涂不屈青云心。”许浑《酬副使郑端公见寄》：“郢中白雪惭新唱，涂上青山忆旧游。”❸涂抹。白居易《题令狐家木兰花》：“腻如玉指涂朱粉，光似金刀剪紫霞。”杨嗣复《丁巳岁八月祭武侯祠堂因题临淮公旧碑》：“薙草轩墀狭，涂墙赭垩新。”李商隐《酬崔八早梅有赠兼示之作》：“何处拂胸资蝶粉，几时涂额藉蜂黄。”毛文锡《纱窗恨》词：“双双蝶翅涂铅粉，咂花心。”❹涂饰。以颜料、油漆等附着于房屋、器物等的表面。李贺《兰香神女庙》：“舞珮剪鸾翼，帐带涂轻银。”无可《李常侍书堂》：“涂油窗日早，阅架幌风轻。”❺犹布满。韦应物《悲故交》：“唯见荒丘原，野草涂朝露。”独孤及《季冬自嵩山赴洛道中作》：“死人成为阜，流血涂草莽。”

【塗山】 山名。在今安徽怀远县。《左传·哀公七年》：“禹合诸侯于涂山，执玉帛者万国。”杜预注：“涂山，在寿春东北。”魏征《奉和正日临朝应诏》：“百灵侍轩后，万国会涂山。”虞世南《从军行二首》之一：“涂山烽候惊，弭节度龙城。”骆宾王《畴昔篇》：“涂山执玉应昌期，曲水开襟重文会。”寇泚《度涂山》：“一朝事鞞鼓，策马度涂山。”包佶《送日本国聘贺使晁巨卿东归》：“早识来朝岁，涂山玉帛均。”权德舆《昭德皇后挽歌词》：“淮水源流远，涂山礼命升。”胡曾《咏史诗·涂山》：“大禹涂山御座开，诸侯玉帛走如雷。”吴融《岐州安西门》：“自从辽水烟尘起，更到涂山道路迷。”陈陶《涂山怀古》：“涂山间来上，敬爱如登龙。”

【塗山寺】　古寺名。白居易《涂山寺独游》：“涂山来去熟，唯是马蹄知。”

【塗山曲】　（曲 qǔ）犹涂山歌。谓颂盛传不衰。杨炯《和刘长史答十九兄》：“街巷涂山曲，门闾洛水滨。”

【塗地】　❶谓涂抹，漫布于地。玄宗《旋师喜捷》：“诈虏脑涂地，征夫血染衣。”刘希夷《谒汉世祖庙》：“犷兽血涂地，巨人声沸天。”陆龟蒙《庆封宅古井行》：“一朝云梦围兵至，胸陷锋铓脑涂地。”❷惨死；遭受残害。许浑《送沈卓少府任江都》：“三千宫女自涂地，十万人家如洞天。”❸指彻底失败而不可收拾。温庭筠《马嵬佛寺》：“才信倾城是真语，直教涂地始甘心。”韦庄《睹军回戈》：“漫教韩信兵涂地，不及刘琨啸解围。”沈彬《金陵杂题二首》之一：“正惭海内皆涂地，来保江南一片天。”归仁《悼罗隐》：“长安冠盖皆涂地，仍喜先生葬碧岑。”

【塗車】　泥车。送葬用的器物。孟云卿《古挽歌》：“草草闾巷喧，涂车俨成位。”权德舆《赠文敬太子挽歌词二首》之二：“铜壶晓漏初，羽翣拥涂车。”

【塗改】　抹去或用粉涂在原字画上，重新写画。李商隐《韩碑》：“点窜尧典舜典字，涂改清庙生民诗。”

【塗抹】　（—mǒ）使颜料、油漆等附着在物体上。亦借指画画。卢仝《示添丁》：“忽来案上翻墨汁，涂抹诗书如老鸦。”

【塗林果】　指石榴。见晋陆机《与弟云书》：“张骞为汉使外国十八年，得涂林安石榴也。”沈佺期《题椰子树》：“不及涂林果，移根随汉臣。”

【塗泥】　❶泥泞的路途。李白《赠从弟冽》：“羌戎事未息，君子悲涂泥。”又《登黄山凌歊台送族弟溧阳尉济充泛舟赴华阴》：“漕引救关辅，疲人免涂泥。”❷泥土。杨衡《南海苦雨寄赠王四侍御》：“涂泥亲杖屦，苔藓渍衣襟。”

【塗炭】　❶泥沼和炭灰。比喻污浊之地。詹琲《永嘉乱衣冠南渡流落南泉作忆昔吟》：“衣冠坠涂炭，舆辂染腥膻。”吴筠《览古十四首》之一：“庶物坠涂炭，区中若棼丝。”❷比喻极困难的境遇。杜甫《奉送郭中丞兼太仆卿充陇右节度使三十韵》：“人频坠涂炭，公岂忘精诚。”陆龟蒙《读阴符经寄鹿门子》：“生民坠涂炭，比屋为冤魂。”慧宣《奉和窦使君同恭法师咏高僧二首·竺佛图澄》：“大誓悯涂炭，乘机入生死。”❸蹂躏；摧残。杜甫《逃难》：“已衰病方入，四海一涂炭。”齐己《乱中闻郑谷吴延保下世》：“长安已涂炭，追想更凄然。”蒋贻恭《咏安仁宰捣蒜》：“半醉半醒齐出县，共伤涂炭不胜愁。”

【塗芻】　涂车与刍灵。谓送葬之物。王维《故西河郡杜太守挽歌三首》之三：“涂刍去国门，秘器出东园。”权德舆《奉和郑宾客相公摄官丰陵扈从之作》：“涂刍联法从，营骑肃旌门。”又《观葬者》：“涂刍随昼哭，数里至松门。”

【塗塈】　用泥涂抹屋顶或墙壁。亦泛指涂饰修缮。杜甫《题衡山县文宣王庙新学堂呈陆宰》：“讲堂非曩构，大屋加涂塈。”

【塗路】　犹道路。元稹《连昌宫词》：“平明大驾发行宫，万人歌舞涂路中。”

【塗塗】　浓厚貌。武元衡《津梁寺采新茶与幕中诸公遍赏芳香尤异四韵兼呈陆郎中》：“涂涂犹宿露，采采不盈筐。”权德舆《拜昭陵过咸阳墅》：“涂涂沟塍雾，漠漠桑柘烟。”又《奉和许阁老酬淮南崔十七端公见寄》：“春山岚漠漠，秋渚露涂涂。”又《祗役江西路上以诗代书寄内》：“晰晰窥晓星，涂涂践朝露。”

【塗潦】　（—lǎo）犹行潦。谓道路泥泞积水。韦应物《使云阳寄府曹》：“周旋涉涂潦，侧峭缘沟脉。”

【塗蘇】　酒名。古代风俗于农历正月初一，家人按长幼顺序依次而饮，以避瘟气。元稹《酬乐天东南行诗一百韵》：“芋羹真暂淡，𩙪炙漫涂苏。”

塞[1]　〔sāi，或读 sè《广韵》蘇則切，入德，心。〕❶填塞；堵塞。韩愈《苦寒歌》：“填窗塞户慎勿出，暄风暖景明年日。”李洞《赠入内供奉僧》：“石枕纹含山里叶，铜瓶口塞井中柴。”温庭筠《公无渡河》：“神锥凿石塞神潭，白马趁趰赤尘起。”《全唐诗》卷八七七载《谚》：“枣子塞鼻孔，悬栖阁却种。”❷掩蔽；隔绝。杜甫《赠韦七赞善》：“北走关山开雨雪，南游花柳塞云烟。”李涉《濉阳行》：“层冰塞断隋朝水，一道银河贯千里。”❸充塞；充满。李白《扶风豪士歌》：“我亦东奔向吴国，浮云四塞道路赊。”杜甫《园官送菜》：“小人塞道路，为态何喧喧。”又《往在》：“尽驱诣阙下，士庶塞关中。”王建《公无渡河》：“渡头恶天两岸远，波涛塞川如叠坂。”贯休《将入匡山别芳书二公二首》之一：“喷岚堆黛塞寒碧，窗前古雪如白石。”❹犹满足。见“塞望”。❺抵偿；弥补。见“塞責”。❻困厄；时运不通。皮日休《三羞诗》之一：“利则侣轩裳，塞则友松月。”

塞[2]　〔sài《广韵》先代切，去代，心。〕❶险要之地。多指边界可以据险固守的要地。陈子良《于塞北春日思归》：“我家吴会青山远，他乡关塞白云深。”卢照邻《和吴侍御被使燕然》：“春归龙塞北，骑指雁门垂。”武元衡《送徐员外还京》：“蕙兰秋意晚，关塞别魂惊。”罗隐《西塞山》：“吴塞当时指此山，吴都亡后绿孱颜。”❷一种棋戏。杜甫《今夕行》：“咸阳客舍一事无，相与博塞为欢娱。”元稹《寄吴士矩端公五十韵》：“藉草送远游，列筵酬博塞。”

【塞₂下曲】（曲 qǔ）组诗名。唐代卢纶作。戎昱、李益分别有《塞下曲》。

【塞₂上】边境地区。亦泛指北方长城内外。陈子昂《赠赵六贞固二首》之一：“回中烽火入，塞上追兵起。”张说《冬日见牧牛人担青草归》：“塞上绵应折，江南草可结。”刘长卿《赠别于群投笔赴安西》：“塞上归限赊，尊前别期促。”杜甫《送长孙九侍御赴武威判官》：“尊前失诗流，塞上得国宝。”韦庄《辛丑年》：“九衢漂杵已成川，塞上黄云战马闲。”贯休《古塞下曲四首》之三：“岂知塞上望乡人，日日双眸滴清血。”

【塞₂上兒】守边的士卒。王维《李陵咏》：“长驱塞上儿，深入单于垒。”

【塞₂上曲】（曲 qǔ）新乐府辞，由汉横吹曲辞演化而来。顾况有《塞上曲》。

【塞₂上翁】塞翁。寓塞翁失马意。上官仪《从驾闾山咏马》：“定惑由关吏，徒嗟塞上翁。”李颀《别梁锽》：“不见古时塞上翁，倚伏由来任天作。”高适《金城北楼》：“垂竿已羡磻溪老，体道犹思塞上翁。”包佶《酬于侍郎湖南见寄十四韵》：“责谢庭中吏，悲宽塞上翁。”刘禹锡《览董评事思归之什因以诗赠》：“文儒自袭胶西相，倚伏能齐塞上翁。”

【塞口】窄口；小口。韩愈《石鼎联句》：“直柄未当权，塞口且吞声。”

【塞₂口】犹塞门。高适《睢阳酬别畅大判官》：“榆关夜不扃，塞口长萧萧。”又《同吕判官从哥舒大夫破洪济城回登积石军多福七级浮图》：“塞口连浊河，辕门对山寺。”卢纶《送张郎中还蜀歌》：“塞口云生火候迟，烟中鹤唳军行早。”法振《别卢使君归故栅村》：“塞口竹缘空戍没，潮头沙拥慢冈成。”无名氏《塞姑》：“昨日卢梅塞口，整见诸人镇守。”

【塞井】填井；堵塞井口。顾况《行路难三首》之一：“君不见担雪塞井空用力，炊砂作饭岂堪食。”

【塞₂月】边关的月亮。张嘉贞《奉和圣制送张说巡边》：“不待河冰合，犹防塞月明。”崔国辅《从军行》：“刀光照塞月，阵色明如昼。”刘长卿《代边将有怀》：“暮笳吹塞月，晓甲带胡霜。”白居易《听李士良琵琶》：“声似胡儿弹舌语，愁如塞月恨边云。”

【塞₂内】边境之内。罗隐《塞外》：“塞外偷儿塞内兵，圣君宵旰望升平。”

【塞₂北】长城以北。泛指唐代北方边境地区。虞世南《出塞》：“山西多勇气，塞北有游魂。”杨炯《战城南》：“塞北途辽远，城南战苦辛。”王翰《饮马长城窟行》：“黄昏塞北无人烟，鬼哭啾啾声沸天。”杜甫《归雁二首》之二：“塞北春阴暮，江南日色曛。”张籍《送裴相公赴镇太原》：“明年塞北清蕃落，应建生祠请立碑。”韦庄《鄜州留别张员外》：“江南相送君山下，塞北相逢朔漠中。”

【塞₂北江南】塞外富庶之地．王昌龄《寄穆侍御出幽州》：“一从恩谴度潇湘，塞北江南万里长。”韦蟾《送卢潘尚书之灵武》：“贺兰山下果园成，塞北江南旧有名。”韦应物《调笑令》：“愁人起望相思，塞北江南别离。”

【塞₂外】边塞以外。亦泛指北方边境地区。杨炯《出塞》：“塞外欲纷纭，雌雄犹未分。”郑愔《塞外三首》之一：“塞外萧条望，征人此路赊。”李颀《送司农崔丞》：“塞外貔将虎，池中鸳与鸾。”岑参《玉门关盖将军歌》：“我来塞外按边储，为君取醉酒剩沽。”徐凝《蛮入西川后》：“纷纷塞外乌蛮贼，驱尽江头濯锦娘。”韩偓《乱后却至近甸有感》：“关中忽见屯边卒，塞外翻闻有汉村。”

【塞₂寺】边塞上的寺院。罗邺《秋日留别义初上人》：“塞寺穷秋别远师，西风一雁倍伤悲。”周贺《送分定归灵夏》：“塞寺几僧在，关城空自归。”

【塞耳】堵住耳朵，谓有意不听。李白《上留田行》：“尺布之谣，塞耳不能听。”王建《垄头水》：“征人塞耳马不行，未到垄头闻水声。”

【塞₂曲】（—qǔ）边远地区的乐曲。杜甫《夜闻觱篥》：“邻舟一听多感伤，塞曲三更欻悲壮。”郑谷《江宿闻芦管》：“塞曲凄清楚水滨，声声吹出落梅春。”

【塞₂色】指塞外的景色。钱起《送鲍中丞赴太原军营》：“云旂临塞色，龙笛出关声。”杨巨源《赠邻家老将》：“誓心清塞色，斗血杂沙光。”马戴《赠淮南将》：“塞色侵旗动，寒光锁甲明。”刘沧《边思》：“偷号甲兵冲塞色，衔枚战马踏寒芜。”李频《送姚侍御充渭北掌书记》：“饮马河声暮，休兵塞色春。”曹松《边上送友人归宁》：“独树河声外，凝笳塞色中。”贯休《古出塞曲三首》之二：“塞色干戈束，军容喜气屯。”

【塞₂邑】边塞的城邑。李端《送彭将军云中觐兄》：“设伏军谋密，坑降塞邑愁。”

【塞₂角】（—jiǎo）塞外所吹的号角。刘得仁《回中夜访独孤从事》：“拥裘听塞角，酌醴话湘云。”

【塞₂表】犹塞外。指长城以北地区。王丘《奉和圣制送张尚书巡边》：“建牙之塞表，鸣鼓接云中。”

【塞₂氛】边境上的气氛。指敌方的威胁。韩休《奉和御制平胡》：“南牧正纷纷，长河起塞氛。”

【塞₂草】边境的野草。刘长卿《平蕃曲三首》之二：“渺渺戍烟孤，茫茫塞草枯。”张继《奉送王相公赴幽州》:“塞草连天暮,边风动地愁。”韩愈《奉酬振武胡十二丈大夫》:“横飞玉盏家山晓,远蹀金珂塞草春。”鲍溶《寄归》:“塞草黄来见雁稀,陇云白后少人归。”钱珝《春恨三首》之二:“身轻愿比兰阶蝶,万里还寻塞草飞。”陈陶《陇西行四首》之三:“陇戍三看塞草青,楼烦新替护羌兵。”

【塞門】 谓门户阻塞。韩愈《和侯协律咏笋》:“穰穰疑翻地,森森竞塞门。”

【塞₂門】 边关。卢照邻《紫骝马》:“塞门风稍急,长城水正寒。”皇甫冉《出塞》:“吹角出塞门,前瞻即胡地。”李商隐《崇让宅东亭醉后沔然有作》:“一帆彭蠡月,数雁塞门霜。”喻凫《即事》:“抱杖立溪口,迎秋看塞门。”刘沧《洛阳月夜书怀》:“一声边雁塞门雪,几处远砧河汉风。”李频《赠泾州王侍御》:“塞门无事春空到,边草青青战马肥。”黄滔《塞上》:“塞门关外日光微,角怨单于雁驻飞。”

【塞₂門鴻】 边关的鸿雁。皎然《自义亭驿送李长史纵夜泊临平东湖》:“寒生洞庭水,夜度塞门鸿。”

【塞₂姑】 犹征夫之妇。《全唐诗》卷八九九载有无名氏《塞姑》。

【塞₂柳】 边地的柳树。黄滔《雁》:“楚岸花晴塞柳衰,年年南北去来期。”皎然《从军行五首》之五:“雾暗津蒲失,天寒塞柳疏。”

【塞₂垣】 指北方边境地带。苏颋《奉和圣制过晋阳宫应制》:“率西见汾水,奔北空塞垣。”骆宾王《早秋出塞寄东台详正学士》:“溪月明关陇,戎云聚塞垣。”郑愔《奉和幸望春宫送朔方大总管张仁亶》:“御跸下都门,军麾出塞垣。”李白《赠武十七谔》:“狄犬吠清洛,天津成塞垣。”韦庄《送人游并汾》:“风雨萧萧欲暮秋,独携孤剑塞垣游。”

【塞₂城】 边城。罗邺《早发》:“此中来往本迢递,况是驱羸客塞城。”温庭筠《送并州郭书记》:“塞城收马去,烽火射鹛归。”

【塞₂馬】 ❶边塞上的马。骆宾王《久戍边城有怀京邑》:“忘情同塞马,比德类宛驹。”李益《临滹沱见蕃使列名》:“漠南春色到滹沱,碧柳青青塞马多。”元稹《塞马》:“塞马倦江渚,今朝神彩生。”吴融《赴阙次留献荆南成相公三十韵》:“去曾忧塞马,归欲逐边鸿。”❷比喻世事多变,得失无常,吉凶莫测。亦谓超然于得失福祸之外。杜牧《李侍郎于阳羡里富有泉石牧亦于阳羡粗有薄产四韵》:“冥鸿不下非无意,塞马归来是偶然。”

【塞₂翁】 塞北之老翁。其失马事见《淮南子·人间训》。后用以指忘身物外,乐天知命,不计得失的人。戴叔伦《赠韦评事儹》:“是非园吏梦,忧喜塞翁心。”杜牧《题白云楼》:“才微分薄忧何益,却欲回心学塞翁。”

【塞₂風】 边塞的风。周朴《寄塞北张符》:“陇树塞风吹,辽城角几枝。”

【塞責】 尽责;补过。杜甫《两当县吴十侍御江上宅》:“相看受狼狈,至死难塞责。”柳宗元《哭连州凌员外司马》:“盖棺未塞责,孤旐凝寒飔。”

【塞₂笳】 塞外的胡笳。窦常《立春后言怀招汴州李匡衙推》:“每听塞笳离梦断,时窥清鉴旅愁多。”

【塞望】 谓满足别人的期望。杜甫《八哀诗·赠司空王公思礼》:“肃宗登宝位,塞望势敦迫。”

【塞₂雁】 犹塞鸿。杜甫《公安送李二十九弟晋肃入蜀,余下沔鄂》:“樯乌相背发,塞雁一行鸣。”耿湋《发绵津驿》:“欲问长安今远近,初年塞雁有归行。”王建《送裴相公上太原》:“遥知塞雁从今好,直得渔阳已北愁。”杨巨源《太原赠李属侍御》:“路入桑干塞雁飞,枣郎年少有光辉。”

【塞₂道】 边塞要道。无名氏《送薛大夫和蕃》:“往途遵塞道,出祖耀都门。”

【塞₂虜】 犹胡虏。侵犯边境的外族武装。宋之问《送朔方何侍郎》:“河兵守阳月,塞虏失阴山。”李白《塞下曲六首》之五:“塞虏乘秋下,天兵出汉家。”王涯《塞上曲二首》之二:“塞虏常为敌,边风已报秋。”

【塞₂雲】 边地的云雾。常建《塞上曲》:“塞云随阵落,寒日傍城没。”刘禹锡《令狐相公自太原累示新诗因以酬寄》:“飞蓬卷尽塞云寒,战马闲嘶汉地宽。”张祜《塞上闻笛》:“北风吹尽向何处,高入塞云燕雁稀。”刘沧《秋日登醴泉县楼》:“人行直路入秦树,雁截斜阳背塞云。”亦指边城战事引起的空中尘雾。虞世南《从军行二首》之二:“孤城塞云起,绝阵虏尘飞。”杜甫《喜闻盗贼蕃寇总退口号五首》之一:“萧关陇水入官军,青海黄河卷塞云。”

【塞絕】 堵塞断绝。白居易《和答诗十首·和雉媒》:“至今不平气,塞绝泜水源。”

【塞路】 充塞道路。谓很多。王建《海人谣》:“恶波横天山塞路,未央宫中常满库。”元稹《酬乐天春寄微之》:“千山塞路音书绝,两地知春历日同。”

【塞₂路】 边塞的道路。刘希夷《将军行》:“黄尘塞路起,走马追兵急。”张籍《送远使》:“塞路依山远,戍城逢笛秋。”马戴《别家后次飞狐西即事》:“鸣蛩闻塞路,冷雁背龙沙。”许棠《旅怀》:“夏游穷塞路,春醉负秦花。”

【塞塞】 (—sāi)往来流动貌。元稹《梦上天》:“日月之光不到此,非暗非明烟塞塞。”

【塞₂管】 塞外胡乐器。以芦为首,竹为管,声悲切。杜牧《张好好诗》:“繁弦迸关纽,塞管裂圆芦。”冯延巳《清平乐》词:“风雁过时魂断绝,塞管数声呜咽。”

【塞₂塵】 塞外的风尘。代指边塞战事。宋之问《赠严侍御》:"受脤清边服,乘骢历塞尘。"王维《送刘司直赴安西》:"绝域阳关道,胡沙与塞尘。"李约《从军行三首》之二:"杀尽金河卒,年年添塞尘。"韩愈《烽火》:"登高望烽火,谁谓塞尘飞。"刘沧《怀江南友人》:"久绝音书隔塞尘,路岐谁与子相亲。"李咸用《关山月》:"雪压塞尘清,雕落沙场阔。"

【塞默】 沉默;不作声。李白《效古二首》之二:"低头不出气,塞默少精神。"

【塞₂聲】 塞外胡族的乐曲。李颀《古意》:"今为羌笛出塞声,使我三军泪如雨。"岑参《田使君美人舞如莲花北铤歌》:"忽作出塞入塞声,白草胡沙寒飒飒。"戎昱《听杜山人弹胡笳》:"更闻出塞入塞声,穹庐毡帐难为情。"元稹《黄草峡听柔之琴二首》之一:"胡笳夜奏塞声寒,是我乡音听渐难。"韦庄《汧阳间》:"牧童何处吹羌笛,一曲梅花出塞声。"

【塞聰】 谓塞住耳朵,不予听外声。聂夷中《杂兴》:"两叶能蔽目,双豆能塞聪。"

【塞₂鴻】 ❶塞外的鸿雁。以此比喻对亲人的思念。陈子昂《宿襄河驿浦》:"卧闻塞鸿断,坐听峡猿愁。"崔颢《题沈隐侯八咏楼》:"江静闻山狖,川长数塞鸿。"刘长卿《登润州万岁楼》:"江客不堪频北望,塞鸿何事又南飞。"李白《白纻辞三首》之一:"寒云夜卷霜海空,胡风吹天飘塞鸿。"韦庄《赠边将》:"万里只携孤剑去,十年空逐塞鸿归。"❷代指信使。许棠《送厉校书从事凤翔》:"日有来巴使,秋高出塞鸿。"罗邺《征人》:"锦字莫辞连夜织,塞鸿长是到春归。"罗隐《登夏州城楼》:"离心不忍听边马,往事应须问塞鸿。"刘兼《征妇怨》:"曾寄锦书无限意,塞鸿何事不归来。"

【塞₂壘】 犹塞关。许彬《黔中书事》:"巴蜀水南偏,山穷塞垒宽。"

【塞₂蘆】 席萁草的别名。可供编织用具。杨巨源《送殷员外使北蕃》:"塞芦随雁影,关柳拂驼花。"

【塞₂關】 边境上的关隘。元结《系乐府十二首·去乡悲》:"踌躇古塞关,悲歌为谁长。"

十一画

壸 〔kǔn《广韵》苦本切,上混,溪。〕古时宫中道路。引申指内宫。亦泛指妇女居住的内室。见"壸奥"。

【壸奥】 阃奥。壸谓宫巷,奥谓室隅。比喻事理的奥秘精微。陆龟蒙《南泾渔父》:"窟穴与生成,自然通壸奥。"

塾 〔diàn《广韵》都念切,去桥,端。〕❶陷没;下陷。孟浩然《秦中苦雨思归赠袁左丞贺侍郎》:"岂直昏垫苦,亦为权势沈。"钱起《苦雨忆皇甫冉》:"疲痾苦昏垫,日夕开轩屏。"元稹《虫豸诗·虻》:"阴深山有瘴,湿垫草多虻。"❷下垂。杜甫《江头五咏·丁香》:"丁香体柔弱,乱结枝犹垫。"牛僧孺《李苏州遗太湖石奇状绝伦因题二十韵奉呈梦得乐天》:"地祇愁垫压,鳌足困支撑。"❸用别的东西衬在下面,使物加高、加厚或起隔离作用。白居易《酬郑侍御多雨春空过诗三十韵》:"居士巾皆垫,行人盖尽张。"见"塾巾"。

【塾巾】 《后汉书·郭太传》载:郭太字林宗,有盛名。出行遇雨,"巾一角垫,时人乃故折巾一角,以为'林宗巾'"。后用"垫巾""垫角"谓模仿高雅。胡宿《城南》:"荡桨远从芳草渡,垫巾还傍绿杨堤。"

【塾昏】 陷溺;困阨。亦作"昏塾"。柳宗元《唐铙歌鼓吹曲十二篇·辅氏凭江淮竟东海为奔鲸沛第五》:"帝怒下顾,哀垫昏。"

【塾裂】 塌陷破裂。罗隐《江亭别裴饶》:"乾坤垫裂三分在,井邑摧残一半空。"

【塾溺】 淹入水中。白居易《自蜀江至洞庭湖口有感而作》:"千年不拥溃,万姓无垫溺。"钱起《秋霖曲》:"愁阴惨淡时殷雷,生灵垫溺若寒灰。"

【塾濡】 谓溺水。元稹《后湖》:"万里尽泽国,居人皆垫濡。"

【塾壓】 陷入压迫。牛僧孺《李苏州遗太湖石奇状绝伦因题二十韵奉呈梦得乐天》:"地祇愁垫压,鳌足困支撑。"

墐 〔jìn《广韵》渠遴切,去震,羣。〕用泥土涂塞。宋之问《冬宵引赠司马承祯》:"河有冰兮山有雪,北户墐兮行人绝。"《霅溪夜宴诗(屈大夫歌)》(卷八六四):"当侯门之四辟兮,墐嘉谟之重扉。"

【墐北】 涂塞朝北的窗户。黄滔《和吴学士对春雪献韦令公次韵》:"掩扉皆墐北,移律愧居东。"

【墐塗】 用泥涂抹。刘禹锡《武陵观火诗》:"山木行剪伐,江泥宜墐涂。"

塹 〔qiàn《广韵》七豔切,去豔,清。〕亦作"壍"。❶沟壕。杨炯《和石侍御山庄》:"阔堑防斜径,平堤夹小渠。"李白《金陵三首》之一:"金陵空壮观,天堑净波澜。"杜甫《乘雨入行军六弟宅》:"水花分堑弱,巢燕得泥忙。"韩愈《喜侯喜至赠张籍张彻》:"缤纷指瑕疵,拒捍阻城堑。"杜牧《题武关》:"山墙谷堑依然在,弱吐强吞尽已空。"许昼《江南行》:"叶扫秋空静,根横古堑危。"❷阻断,间隔。唐尧臣《金陵怀古》:"巨蟞隍北壖,长江堑西隩。"❸比喻挫折,困难。皮日休《新秋言怀寄鲁望三十韵》:"王余落败堑,胡孟入空庖。"李郢《酬友人春暮寄枳花茶》:"如云正护幽人堑,似雪才分野老家。"❹挖掘。杜甫《千秋节有感二首》:“风纪编生日,龙池堑劫灰。”韩愈《答张彻》:“防泄堑夜塞,惧冲城昼扃。”李商隐《河阳诗》:“梓泽东来七十里,长沟复堑埋云子。”❺堕入堑壕。张说《扈从幸韦嗣立山庄应制》:“门旗堑复磴,殿幕裹通渠。”陆龟蒙《战秋辞》:“可堑溺颠陷,可夭札迷冥。”

【塹水】 沟水。贯休《春寄西山陈陶》:“堑水成文去,庭柯擎翠低。”又《偶作因怀大同道友》:“堑水平芳草,山花落净巾。”

【塹花】 长在沟边的草花。魏元忠《银潢宫侍宴应制》:“堑花仍吐叶,岩木尚抽枝。”喻凫《夏日龙翔寺居即事寄崔侍御》:“落日穷荒雨,微风古堑花。”

【塹鳥】 栖息在沟边的鸟。贯休《寄令狐郎中》:“堑鸟眠堪画,庭柽夜益香。”

【塹雪】 低洼处的积雪。贯休《夜寒寄卢给事二首》之一:“堑雪消难尽,邻僧睡太奇。”

【塹蔓】 沟边的藤蔓。韩偓《南亭》:“堑蔓坠长茸,岛花垂小蒨。”

【塹籬】 围在沟边的篱笆。廖融《题伍彬屋壁》:“犊随原草远,蛙傍堑篱鸣。”

堰 〔ōu《广韵》烏后切,上厚,影。《集韵》烏侯切,平侯,影。〕同“甌”。

【堰埞】 有底座的瓯。陆龟蒙《奉和袭美茶具十咏·茶瓯》:“昔人谢堰埞,徒为妍词饰。”

堿 〔cè《广韵》七則切,入德,清。〕❶台阶。卢照邻《中和乐九章·歌明堂第二》:“左平右堿,上圆下方。”❷垒砌。顾况《上古之什补亡训传十三章·十月之郊一章》:“缭以周墉,堿以崇阶。”

墟 〔xū《广韵》去魚切,平魚,溪。〕❶山;大丘。储光羲《至岳寺即大通大照禅塔上温上人》:“山墟响信鼓,蘅薄生蕙香。”白居易《寒食野望吟》:“丘墟郭门外,寒食谁家哭。”孟郊《和宣州钱判官使院厅前石楠树》:“因谢丘墟木,空采落泥涂。”陆龟蒙《奉和袭美怀华阳润卿博士三首》之一:“金墟福地能容否,愿作冈前蒋负刍。”徐夤《忆潼关》:“洞壑双扉入到初,似从深阱睹高墟。”❷故城;废址。王勃《晚留凤州》:“宝鸡辞旧役,仙凤历遗墟。”苏颋《饯泽州卢使君赴任》:“关路通秦壁,城池接晋墟。”高适《古大梁行》:“遗墟但见狐狸迹,古地空余草木根。”韦应物《休沐东还胄贵里示端》:“休沐遂兹日,一来还故墟。”张南史《早春书事奉寄中书李舍人》:“思贤乘朗月,览古到荒墟。”白居易《冀城北原作》:“昔人城邑中,今变为丘墟。”李绅《忆登栖霞寺峰》:“茅岭感仙客,萧园成古墟。”齐己《丙寅岁寄潘归仁》:“九土尽荒墟,干戈杀害余。”❸荒废。孟郊《新卜清罗幽居奉献陆大夫》:“翳翳桑柘墟,纷纷田里欢。”薛逢《重送徐州李从事商隐》:“尺组挂身何用处,古来名利尽丘墟。”❹村落;乡间集市。王维《晦日游大理韦卿城南别业四声依次用各六韵》之三:“冬中余雪在,墟上春流驶。”高适《寄宿田家》:“村墟日落行人少,醉后无心怯路岐。”杜甫《季秋江村》:“乔木村墟古,疏篱野蔓悬。”刘禹锡《客有为余话登天坛遇雨之状因以赋之》:“洞府撞仙钟,村墟起夕霭。”❺毁为废墟。王绩《薛记室收过庄见寻率题古意以赠》:“豺狼塞衢路,桑梓成丘墟。”李白《荆州贼平,临洞庭言怀作》:“郢路方丘墟,章华亦倾倒。”刘长卿《登吴古城歌》:“野无人兮秋草绿,园为墟兮古木多。”胡曾《咏史诗·吴宫》:“草长黄池千里余,归来宗庙已丘墟。”

【墟曲】 (—qū)犹墟里。王维《晦日游大理韦卿城南别业四声依次用各六韵》之四:“淡荡动云天,玲珑映墟曲。”

【墟里】 村落。王维《辋川闲居赠裴秀才迪》:“渡头余落日,墟里上孤烟。”储光羲《贻王侍御出台掾丹阳》:“墟里献薇蕨,群公致衣缕。”于頔《和丘员外题湛长史旧居》:“依依瞩烟霞,眷眷返墟里。”皮日休《奉和鲁望四明山九题·云南》:“墟里生红药,人家发白泉。”又《屧步访鲁望不遇》:“雪晴墟里竹欹斜,蜡屐徐吟到陆家。”

【墟烟】 犹烟尘。喻指虚无的事物。张说《崔司业挽歌二首》之二:“帷盖墟烟没,干旌陇日悬。”

【墟落】 村落。王维《渭川田家》:“斜阳照墟落,穷巷牛羊归。”又《千塔主人》:“鸡犬散墟落,桑榆荫远田。”储光羲《赴冯翊作》:“葱茏墟落色,泱漭关河气。”高适《和崔二少府登楚丘城作》:“事古悲城池,年丰爱墟落。”郎士元《送钱拾遗归兼寄刘校书》:“墟落岁阴暮,桑榆烟景昏。”皇甫冉《上礼部杨侍郎》:“烟花迷戍谷,墟落接阳城。”刘禹锡《插田歌》:“水平苗漠漠,烟火生墟落。”陆龟蒙《迎潮送潮辞·迎潮》:“江霜严兮枫叶丹,潮声高兮墟落寒。”司空图《河上二首》之一:“沙痕傍墟落,风色入牛羊。”李涉《濉阳行》:“此地新经杀戮来,墟落无烟空碎瓦。”

【墟墓】 墓地;丘墓。白居易《西原晚望》:“南阡有烟火,北陌连墟墓。”张祜《过石头城》:“累累墟墓葬西原,六代同归蔓草根。”

墅[1] 〔shù《广韵》承與切,上語,禪。〕❶田庐;村舍。祖咏《渡淮河寄平一》:“天色混波涛,岸阴匝村墅。”储光羲《田家杂兴八首》之一:“春至鸧鹒鸣,薄言向田墅。”柳宗元《游朝阳岩遂登西亭二十韵》:“故墅即沣川,数亩均肥硗。”李商隐《访隐者不遇成二绝》之一:“秋水悠悠浸墅扉,梦中来数觉来稀。”❷别馆,家宅以外另置的游息之所。刘宪《奉和幸安乐公主山庄应制》:“主家别墅帝城隈,无劳海上觅蓬莱。"李颀《裴尹东溪别业》:"别墅临都门,惊湍激前后。"刘长卿《宿严维宅送包佶》:"岁储无别墅,寒服羡邻机。"白居易《自咏五首》之五:"洛中有小宅,渭上有别墅。"李商隐《少将》:"族亚齐安陆,风高汉武威。烟波别墅醉,花月后门归。"

墅²〔yě《集韵》以者切,上馬,以。〕同"野"。《正字通·土部》:"后人家庐外立别墅,因借郊野之野加土,转声,故《集韵》云:墅,或作野。盖墅借古野字,非野为古墅字也。"徐彦伯《侍宴韦嗣立山庄应制》:"每驰东墅策,遥弄北溪琴。"王维《送祢郎中》:"孤莺吟远墅,野杏发山邮。"权德舆《陪包谏议湖墅路中举帆(同用山字)》:"断桥通远浦,野墅接秋山。"卢纶《寒食》:"莺啼远墅多从柳,人哭荒坟亦有花。"韩愈《南山诗》:"前寻径杜墅,岔蔽毕原陋。"元稹《生春二十首》之七:"何处生春早,春生野墅中。"姚合《游春十二首》之四:"土融凝墅色,冰败满池声。"司空图《偶书五首》之:"独步荒郊暮,沉思远墅幽。"

【墅舍】(—shè)犹别墅。权德舆《奉和韦曲庄言怀贻东曲外族诸弟》:"公台睦中外,墅舍邻西东。"

塿〔lǒu《广韵》郎斗切,上厚,來。〕❶尘土。杜甫《可叹》:"王生早曾拜颜色,高山之外皆培塿。"元稹《再酬复言》:"顾我小才同培塿,知君险斗敌都卢。"殷尧藩《闲居》:"虚游心在鸿濛外,穴处身疑培塿中。"陆龟蒙《奉和袭美公斋四咏次韵·小松》:"那兴培塿叹,免答邻里病。"陈陶《草木言》:"勿轻培塿阜,或有奇栋梁。"齐己《假山》:"经营惭培塿,赏玩愧童儿。"❷小坟。白居易《青冢》:"茫茫边雪里,一掬沙培塿。"

墁〔màn《广韵》莫半切,去换,明。又母官切,平桓,明。〕墙壁上的涂饰。温庭筠《病中书怀呈友人》:"转蓬随款段,耘草辟墁垆。"

墉〔yōng《广韵》餘封切,平鍾,以。〕❶城墙。李百药《秋晚登古城》:"颓墉寒雀集,荒堞晚乌惊。"杨炯《途中》:"悠悠辞鼎邑,去去指金墉。"欧阳詹《和太原郑中丞登龙兴寺阁》:"晋国颓墉生草树,皇家瑞气在楼台。"李贺《恼公》:"宜男生楚巷,栀子发金墉。"❷墙垣。李百药《郢城怀古》:"客心悲暮序,登墉瞰平陆。"韦应物《使云阳寄府曹》:"颓墉满故墟,喜返将安宅。"皇甫冉《曾东游以诗寄之》:"朱槿列摧墉,苍苔遍幽石。"韩愈《剥啄行》:"窅窅深堑,其墉甚完。"❸特指高墙。骆宾王《帝京篇》:"平台戚里带崇墉,炊金馔玉待鸣钟。"杜甫《剑门》:"两崖崇墉倚,刻画城郭状。"元稹《度门寺》:"诸岩分院宇,双岭抱垣墉。"薛能《相国陇西公南征能以留务独宿府城作》:"高墉撼铎思巴栈,老木嗥风念野营。"皎然《同李洗马入余不溪经辛将军故城》:"高墉暮草遍,大树野风悲。"胡曾《咏史诗·叶县》:"叶公丘墓已尘埃,云矗崇墉亦半摧。"

【墉城】传说中西王母的居处。孙光宪《女冠子》:"真侣墉城会,梦魂通。"

塵〔chén《广韵》直珍切,平真,澄。〕❶飞扬的灰土。顾况《送友失意南归》:"衣挥京洛尘,完璞伴归人。"韩愈《春雪间早梅》:"谁令香满座,独使净无尘。"王建《华清宫前柳》:"晓来唯欠骊山雨,洗却枝头绿上尘。"许浑《下第归朱方寄刘三复》:"素衣京洛尘,归棹过南津。"❷污染。白居易《看常州柘枝赠贾使君》:"莫惜新衣舞柘枝,也从尘污汗沾垂。"刘禹锡《秘书崔少监见示坠马长句因而和之》:"尘污腰间青襞绶,风飘掌下紫游缰。"❸踪迹。宋之问《过史正议宅》:"旧交此零落,雨泣访遗尘。"刘长卿《郧上送韦司士归上都旧业》:"前朝旧业想遗尘,今日他乡独尔身。"高适《同群公秋登琴台》:"静然顾遗尘,千载如昨朝。"刘禹锡《题招隐寺》:"隐士遗尘在,高僧精舍开。"张乔《经隐岩旧居》:"尝期结茅处,来往蹑遗尘。"齐己《寄岘山愿公三首》之一:"心期重西去,一共吊遗尘。"❹世俗。宗教称俗世,隐者称仕途皆曰尘。如佛教称人间为尘,道家称一世为"一尘"。杜牧《途中逢故人话西山读书早曾游览》:"经过事寄烟霞远,名利尘随日月长。"张乔《秦原春望》:"无穷名利尘,轩盖逐年新。"❺比喻战事;祸乱。贾至《燕歌行》:"匈奴慑窜穷发北,大荒万里无尘飞。"卢群《淮西席上醉歌》:"江河潜注息浪,蛮貊款塞无尘。"刘禹锡《送李二十九兄员外赴邠宁使幕》:"城外草黄秋有雪,烽头烟静虏无尘。"李商隐《浑河中》:"九庙无尘八马回,奉天城垒长春苔。"❻天花板。孟郊《黄雀吟》:"黄雀舞承尘,倚恃主人仁。"许浑《经故丁补关郊居》:"鹏上承尘才一日,鹤归华表已千年。"潘佑《失题》:"香飞绿琐人未归,巢燕承尘默无语。"

【塵土】❶细小的灰土。孟郊《石淙》之一:"雪霜有时洗,尘土无由和。"韩偓《雨后月中玉堂闲坐》:"唯对松篁听刻漏,更无尘土翳虚空。"伍乔《九江旅夜寄山中故人》:"尘土积年粘旅服,关山无处寄归心。"贯休《樵叟》:"樵父貌饥带尘土,自言一生苦寒苦。"❷指尘世;尘事。白居易《咏怀》:"岁去年来尘土中,眼看变作白头翁。"沈亚之《送文颖上人游天台》:"莫说人间事,崎岖尘土中。"杜牧《江南送左师》:"惆怅不同尘土别,水云踪迹去悠悠。"韦庄《放榜日作》:"回首便辞尘土世,彩云新换六铢衣。"贯休《闻叶蒙及第》:"尘土茫茫晓,麟龙草草骑。"薛昭蕴《喜迁莺》:"回看尘土似前生,休羡谷中莺。"❸喻庸俗肮脏或指庸俗肮脏的事物。罗隐《出试后投所知》:"岛外音书应有意,眼前尘土渐无情。"齐己《送玉泉道者回山寺》:"应悲尘土里，追逐利名僧。”司马退之《洗心》：“不践名利道，始觉尘土腥。”

【塵下】 ❶尘埃下落。元稹《何满子歌》：“定面凝眸一声发，云停尘下何劳算。”❷指泥土。任翻《洛阳道》：“憧憧洛阳道，尘下生春草。”

【塵化】 化为尘土。指消失；死亡。顾非熊《铜雀妓》：“往事与尘化，新愁生曲终。”

【塵心】 指凡俗之心，名利之念。张翚《游栖霞寺》：“一从方外游，顿觉尘心变。”王维《桃源行》：“不疑灵境难闻见，尘心未尽思乡县。”白居易《冯阁老处见与严郎中酬和诗因戏赠绝句》：“纵有旧游君莫忆，尘心起即堕人间。”钱起《酬苗发员外宿龙池寺见寄》：“郢曲传甘露，尘心洗几重。”黄滔《宿李少府园林》：“尝频异茗尘心净，议罢名山竹影移。”

【塵末】 犹言尘埃；微末。孟郊《题从叔述灵岩山壁》：“远念尘末宗，未疏俗间名。”又《送魏端公入朝》：“局促尘末吏，幽老病中弦。”

【塵世】 犹言人间；俗世。王维《愚公谷三首》之三：“寄言尘世客，何处欲归临。”元稹《度门寺》：“心源虽了了，尘世苦憧憧。”戴叔伦《寄禅师寺华上人次韵三首》之三：“尘世休飞锡，松林且枕泉。”齐己《寄谷山长老》：“游遍名山祖遍寻，却来尘世浑光阴。”

【塵外】 犹言世外。张说《灉湖山寺》：“禅室从来尘外赏，香台岂是世中情。”沈佺期《同工部李侍郎适访司马子微》：“绪言霞上开，机事尘外扫。”王维《韦侍郎山居》：“幸忝君子顾，遂陪尘外踪。”孟浩然《武陵泛舟》：“坐听闲猿啸，弥清尘外心。”皎然《和阎士和李蕙冬夜重集》：“如何股肱守，尘外得相从。”

【塵市】 犹尘世；市井。宋之问《宿清远峡山寺》：“寥寥隔尘市，何异武陵源。”

【塵灰】 灰尘，尘土。白居易《杂兴三首》之三：“今看君王眼，视之如尘灰。”又《卖炭翁》：“满面尘灰烟火色，两鬓苍苍十指黑。”

【塵色】 ❶尘土色。骆宾王《从军中行路难》之二：“君不见玉关尘色暗边亭，铜鞮杂虏寇长城。”姚合《杭州官舍即事》：“苔藓疏尘色，梧桐出雨声。”韩偓《草书屏风》：“虽多尘色染，犹见墨痕浓。”❷指尘世。吕岩《苏幕遮》词：“虚无中，尘色内。尽是还丹，历历堪收采。”

【塵妄】 佛教语。谓世俗的虚妄。白居易《题座隅》：“犹恐尘妄起，题此于座隅。”韦应物《同元锡题琅琊寺》：“情虚澹泊生，境寂尘妄灭。”

【塵污】 ❶尘垢污染。刘禹锡《秘书崔少监见示坠马长句因而和之》：“尘污腰间青襞绶，风飘掌下紫游缰。”项斯《山友赠藓花冠》：“尘污出华发，惭君青藓冠。”❷指尘垢。白居易《看常州柘枝赠贾使君》：“莫惜新衣舞柘枝，也从尘污汗沾垂。”

【塵劫】 佛教称一世为一劫，无量无边劫为尘劫。后亦泛指尘世的劫难。张说《送考功武员外学士使嵩山署舍利塔》：“我念过去微尘劫，与子禅门同正法。”李洞《和刘驾博士赠庄严律禅师》：“尘劫自营还自坏，禅门无住亦无归。”

【塵役】 犹尘事。李渤《南溪诗》：“若值浮丘翁，从此谢尘役。”卢纶《太白西峰偶宿车祝二尊师石室晨寄呈凤翔齐员外张侍御》：“吁嗟系尘役，又负灵仙迹。”郑良士《题兴化高田院桥亭》：“何时脱尘役，杖履愿相依。”刘昭禹《忆天台山》：“何当尘役了，重去听猿啼。”冯道之《山中作》：“此即契吾生，何为苦尘役。”

【塵坌】 ❶灰尘，尘土。郑嵎《津阳门诗》：“九门回望尘坌多，六龙夜驭兵卫疲。”❷尘俗；世俗之人。吕岩《七言》之四〇：“药就功成身羽化，更抛尘坌出凡流。”

【塵沙】 ❶尘埃与沙土。储光羲《效古二首》之二：“河洲尘沙起，有若黄云浮。”王昌龄《塞下曲四首》之一：“从来幽并客，皆共尘沙老。”戴叔伦《边城曲》：“尘沙晴天迷道路，河水悠悠向东去。”贾岛《送张校书季霞》：“南境异北候，风起无尘沙。”❷喻污浊，战乱。李希仲《蓟北行二首》之二：“前军飞鸟断，格斗尘沙昏。”杜甫《行次昭陵》：“松柏瞻虚殿，尘沙立暝途。”又《偶题》：“尘沙傍蜂虿，江峡绕蛟螭。”李约《从军行三首》之三：“候火起雕城，尘沙拥战声。”李涉《与弟渤新罗剑歌》：“刃边飒飒尘沙缺，瘢痕半是蛟龙血。”项斯《送殷中丞游边》：“还须见边将，谁拟静尘沙。”❸犹尘世。杜甫《大云寺赞公房四首》之三：“明朝在沃野，苦见尘沙黄。”姚合《寄不疑上人》：“尘沙千万劫，劫尽佛长存。”

【塵表】 ❶指人品超世绝俗。语出《晋书·王戎传》：“如瑶林琼树，自然是风尘表物。”韦应物《天长寺上方别子西有道》：“高旷出尘表，逍遥涤心神。”独孤及《三月三日自京到华阴于水亭独酌寄裴六薛八》：“裴子尘表物，薛侯席上珍。”❷世外；世俗之外。李峤《早发苦竹馆》：“方解宠辱情，永托累尘表。”韦应物《沣上精舍答赵氏外生伉》：“远迹出尘表，寓身双树林。”吴筠《高士吟·颜阖》：“托聘嚣尘表，放浪世莫知。”

【塵忝】 谦词。犹言忝列。多谓自己的才能有辱于所任的职位。王昌龄《武陵开元观黄炼师院三首》之二：“先贤盛说桃花源，尘忝何堪武陵郡。”白居易《郡中春宴因赠诸客》：“尘忝亲近地，孤负圣明恩。”又《再授宾客分司》：“伊予再尘忝，内愧非才哲。”黄滔《寄同年崔学士》：“半因同醉杏花园，尘忝鸿炉与铸颜。”

【塵坱】　犹尘埃。引申指尘世。柳宗元《法华寺石门精舍三十韵》："潜躯委缰锁，高步谢尘坱。"

【塵事】　尘俗之事。张九龄《题画山水障》："尘事固已矣，秉意终不迁。"宋之问《秋晚游普耀寺》："平生厌尘事，过此忽悠悠。"陈子昂《酬晖上人夏日林泉》："方释尘事劳，从君袭兰杜。"王维《赠徐中书望终南山歌》："晚下兮紫微，怅尘事兮多违。"张泌《题华严寺木塔》："休将世路悲尘事，莫指云山认故乡。"

【塵氛】　❶犹言灰尘烟雾。赵嘏《送从翁中丞奉使黠戛斯六首》之四："牢山望断绝尘氛，滟滟河西拂地云。"❷尘俗的气氛。裴迪《青龙寺昙壁上人院集》："灵境信为绝，法堂出尘氛。"杜甫《观李固请司马弟山水图三首》之二："此生随万物，何路出尘氛。"牟融《题孙君山亭》："长年乐道远尘氛，静筑藏修学隐沦。"厉玄《缑山月夜闻王子晋吹笙》："缑山明月夜，岑寂隔尘氛。"刘驾《钓台怀古》："清气不零雨，安使洗尘氛。"权德舆《竹径偶然作》："退朝此休沐，闭户无尘氛。"

【塵物】　世俗之物。张说《相州山池作》："日见尘物空，如何静心阙。"

【塵委】　废置；委弃。刘长卿《杂咏八首上礼部李侍郎·春镜》："岂虑高鉴偏，但防流尘委。"

【塵侣】　世俗的侣伴。韦应物《郡内闲居》："栖息绝尘侣，孱钝得自怡。"苏拯《山中道者》："是时天气清，四迴无尘侣。"

【塵刹】　(一chà)佛教语。刹为梵语国土之意，尘刹谓微尘数的无量世界。杜牧《题孙逸人山居》："长悬青紫与芳枝，尘刹无应免别离。"

【塵念】　尘俗之念。包融《酬忠公林亭》："尘念到门尽，远情对君深。"孟浩然《云门寺西六七里闻符公兰若最幽与薛八同往》："上人亦何闻，尘念都已舍。"元稹《酬东川李相公十六韵》："徒令霄汉外，往往尘念存。"又《酬乐天八月十五夜禁中独直玩月见寄》："何意枚皋正承诏，瞥然尘念到江阴。"黄滔《题山居逸人》："世人谁到此，尘念自应忘。"

【塵昏】　尘积昏暗。朱庆余《题开元寺》："长廊画剥僧形影，石壁尘昏客姓名。"温庭筠《和友人悼亡》："宝镜尘昏鸾影在，钿筝弦断雁行稀。"吴融《敷水有丐者云是马侍中诸孙悯而有赠》："天地尘昏九鼎危，大貂曾出武侯师。"李中《春闺辞二首》之一："尘昏菱鉴懒修容，双脸桃花落尽红。"齐己《寄洛下王彝训先辈二首》之一："阳春堪永恨，郢路转尘昏。"又《宿沈彬进士书院》："旧山春暖生薇蕨，大国尘昏惧杀伤。"

【塵泥】　犹尘土。杜甫《无家别》："存者无消息，死者为尘泥。"卢纶《同薛存诚登栖岩寺》："尘泥来自晚，猿鹤到何先。"孟郊《与王二十一员外涯游枋口柳溪》："江调摆衰俗，洛风远尘泥。"又《鸦路溪行呈陆中丞》："应怜泣楚玉，弃置如尘泥。"白居易《庭松》："朝昏有风月，燥湿无尘泥。"李旭《及第后呈朝中知己》："真珠每被尘泥陷，病鹤多遭蝼蚁侵。"

【塵床】　尘榻。白居易《秋夕》："夜深方独卧，谁为拂尘床。"

【塵封】　❶搁置已久，被尘土盖满。卢纶《送李校书赴东川幕》："编简尘封阁，戈铤雪照营。"❷犹尘世。齐己《怀匡阜》："荆州连岁滞游方，拄杖尘封六尺光。"

【塵垢】　❶灰尘和污垢。韦应物《杂体五首》之一："沉沉匣中镜，为此尘垢蚀。"白居易《沐浴》："经年不沐浴，尘垢满肌肤。"韦处厚《盛山十二诗·上士瓶泉》："愿洒尘垢余，一雨根茎润。"贯休《谢卢少卿惠千文》："庐山有石镜，高倚无尘垢。"寒山《诗三百三首》之二八一："身上无尘垢，心中那更忧。"❷犹世俗。元稹《说剑》："君今困泥滓，我亦坌尘垢。"白居易《浔阳三题·东林寺白莲》："我惭尘垢眼，见此琼瑶英。"又《咏兴五首·池上有小舟》："可洗机巧心，可荡尘垢肠。"❸犹污染；污损。韦应物《答令狐侍郎》："白玉虽尘垢，拂拭还光辉。"❹佛教谓烦恼。顾况《归阳萧寺有丁行者能修无生忍担水施僧况归命稽首作诗》："野叉罗刹鬼，亦赦尘垢缠。"

【塵相】　(一xiàng)尘俗的表相。白居易《履道新居二十韵》："地与尘相远，人将境共幽。"

【塵軌】　尘世的轨辙。犹言世途。吴筠《高士咏·韩康》："逃遁从所尚，萧萧绝尘轨。"宋之问《自洪府舟行直书其事》："贵身贱外物，抗迹远尘轨。"

【塵面】　尘污的脸面。梁锽《代征人妻喜夫还》："千日废台还挂镜，数年尘面再新妆。"

【塵昧】　世俗的愚昧。王勃《忽梦游仙》："流俗非我乡，何当释尘昧。"

【塵冒】　谦词。犹言充数。李建勋《离阙下日感恩》："二年尘冒处中台，喜得南归退不才。"

【塵界】　佛教以色、声、香、味、触、法为六尘。为十八界之一科。六尘所构成的虚幻世界叫尘界。赵彦昭《奉和九月九日登慈恩寺浮屠应制》："皇心满尘界，佛迹现虚空。"喻凫《游云际寺》："心源无一事，尘界拟休回。"崔涂《秋宿天彭僧舍》："难将尘界事，话向雪山僧。"

【塵香】　指一种粉末状的香料。杨巨源《酬于驸马二首》之一："绮陌尘香曙色分，碧山如画又逢君。"

【塵俗】　❶犹尘世，人间。刘孝孙《游清都观寻沈道士得仙字》："聊袪尘俗累，宁希龟鹤年。"刘希夷《嵩岳闻笙》："昔去落尘俗，愿言闻此曲。"卢纶《过楼观李尊师》："不知尘俗士，谁解种胡麻。"黄滔《题友人山居》："亦在乾坤内，独无尘俗喧。"❷世俗。指日常的礼法习惯等。顾况《华山西冈游赠隐玄叟》："遂令巢许辈，于焉谢尘俗。"韩察《和张相公太原山亭怀古诗》："轩冕迹自逸，尘俗无由牵。"白居易《玩新庭树因咏所怀》："偶得幽闲境，遂忘尘俗心。"

【塵客】 凡俗之人。雍裕之《豪家夏冰咏》："无论尘客闲停扇，直到消时不见蝇。"白居易《送文畅上人东游》："悠悠尘客思，春满碧云中。"杨夔《题宣州延庆寺益公院》："长年门外无尘客，时见元戎驻旆旌。"

【塵埋】 犹埋没。郭震《古剑篇》："虽复尘埋无所用，犹能夜夜气冲天。"元稹《连昌宫词》："尘埋粉壁旧花钿，乌啄风筝碎珠玉。"唐末僧《题户诗》："尘埋床下履，风动架头巾。"

【塵埃】 ❶微细的灰土。王勃《散关晨度》："关山凌旦开，石路无尘埃。"杜审言《登襄阳城》："习池风景异，归路满尘埃。"张说《赠工部尚书冯公挽歌三首》之三："石碑填駁藓，珠服聚尘埃。"刘长卿《北游酬孟云卿见寄》："善道居贫贱，洁服蒙尘埃。"孟浩然《同张明府清镜叹》："自从生尘埃，有若雾中月。"姚合《送陈偶赴江陵从事》："江村竹树多于草，山路尘埃半是云。"温庭筠《昆明池水战词》："箭羽枪缨三百万，踏翻西海生尘埃。"❷犹尘俗。上官仪《酬薛舍人万年宫晚景寓直怀友》："奕奕九成台，窈窕绝尘埃。"张九龄《登城楼望西山作》："勿复尘埃事，归来且闭关。"刘宪《奉和幸三会寺应制》："豫游仙唱动，潇洒出尘埃。"张祜《题润州甘露寺》："千重构横险，高步出尘埃。"雍陶《再经天涯地角山》："每忆云山养短才，悔缘名利入尘埃。"罗隐《寄无相禅师》："何如一衲尘埃外，日日香烟夜夜灯。"❸指社会的底层。韩愈《八月十五夜赠张功曹》："判司卑官不堪说，未免捶楚尘埃间。"❹污染，蒙受污秽。柳宗元《湘口馆潇湘二水所会》："天秋日正中，水碧无尘埃。"

【塵根】 佛教以色、声、香、味、触、法为六尘，眼、耳、鼻、舌、身、意为六根。根尘相接，便产生六识，导致种种烦恼。温庭筠《春初对暮雨》："暝姿看远树，春意入尘根。"

【塵氣】 犹尘雾，烟尘。《旱热二首》之二："勃勃旱尘气，炎炎赤日光。"

【塵煙】 尘埃烟雾。张说《安乐郡主花烛行》："五方观者聚中京，四合尘烟涨洛城。"齐己《谢虚中寄新诗》："相思把行坐，南望隔尘烟。"

【塵涓】 微尘与细流。犹言涓埃。喻微薄之力。宇文融《奉和圣制左丞相说右丞相璟太子少傅干曜同日上官命宴都堂赐诗》："誓将同竭力，相与效尘涓。"

【塵容】 尘俗的容态。刘长卿《栖霞寺东峰寻南齐明征君故居》："泉源通石径，涧户掩尘容。"岑参《因假归白阁西草堂》："误徇一微官，还山愧尘容。"卢纶《得耿沣司法书因叙长安故友零落兵部郑仓曹畅参军昆季》："尘容带病何堪问，泪眼逢秋不喜开。"陆龟蒙《秋日遣怀十六韵寄道侣》："故疾因秋召，尘容畏日黔。"

【塵冥】 犹世外。比喻高远。白居易《梦仙》："半空直下视，人世尘冥冥。"李群玉《规公业在净名得甚深义仆近获顾长康月宫真影以屈瞻礼》："五浊之世尘冥冥，达观栖心于此经。"

【塵務】 世俗的事务。白居易《题西亭》："始觉芳岁晚，复嗟尘务拘。"段成式《游长安诸寺联句・永安坊永寿寺・闲中好》："闲中好，尘务不萦心。"

【塵累】 ❶佛教语。指烦恼、恶业的种种束缚。王绩《薛记室收过庄见寻率题古意以赠》："使我视听遣，自觉尘累祛。"刘禹锡《游桃源一百韵》："尘累与时深，流年随漏滴。"李程《赠毛仙翁》："茫茫尘累愧腥膻，强把蜉蝣望列仙。"吴筠《游仙二十四首》之四："体妙尘累隔，心微玄化并。"❷世俗事务的牵累。李白《登峨眉山》："烟容如在颜，尘累忽相失。"耿沣《夏日寄东溪隐者》："惆怅多尘累，无由访钓翁。"

【塵喧】 尘世的烦扰。亦指尘世。刘孝孙《游灵山寺》："曳裾欣扈从，方悟屏尘喧。"孟浩然《田园作》："弊庐隔尘喧，惟先养恬素。"韦应物《南园》："顿洒尘喧意，长啸满襟风。"李商隐《明禅师院酬从兄见寄》："人非四禅缚，地绝一尘喧。"储嗣宗《和顾非熊先生题茅山处士闲居》："归耕地肺绝尘喧，匣里青萍未报恩。"

【塵勞】 ❶佛教徒谓世俗事务的烦恼。白居易《和微之诗二十三首・和知非》："既得脱尘劳，兼应离惭愧。"又《斋戒》："每因斋戒断荤腥，渐觉尘劳染爱轻。"法照《送清江上人》："越人僧体古，清虑洗尘劳。"❷泛指事务劳累或旅途劳累。权德舆《早夏青龙寺致斋凭眺感物因书十四韵》："尘劳期抖擞，陟降聊俯偻。"吕温《道州敬酬何处士书情见赠》："意气曾倾四国豪，偶来幽寺息尘劳。"方干《赠玛瑙山禅者》："尘劳如醉梦，对此暂能醒。"徐夤《寺中偶题》："听话金仙眉相毫，每来皆得解尘劳。"李珣《渔父歌三首》之三："终日醉，绝尘劳，曾见钱塘八月涛。"

【塵間】 (—jiān)人间。王勃《临高台》："狭路尘间黯将暮，云间月色明如素。"卢纶《送畅当还旧山》："常逢明月马尘间，是夜照君归处山。"刘叉《雪车》："小小细细如尘间，轻轻缓缓成朴簌。"姚合《闲居遣怀十首》之十："不能行户外，宁解走尘间。"许棠《秋日陪陆校书游玉泉》："尘间喧与闷，须向此中逃。"

【塵夢】 尘世的梦幻。戴叔伦《赠月溪羽士》："自知尘梦远，一洗道心清。"牟融《写意二首》之一："白发颠狂尘梦断，青毡泠落客心存。"崔橹《春晚岳阳言怀二首》之二："江国草花三月暮，帝城尘梦一年间。"杜荀鹤《早发》："东窗未明尘梦苏，呼童结束登征途。"齐己《送禅者游南岳》："尘梦是非都觉了，野云心地更何妨。"李中《寄赠致仕沈彬郎中》："尘梦年来息，诗魔老亦狂。"

【塵蒙】❶被灰尘蒙蔽。无名氏《长安早春》："风送飞珂响，尘蒙翠辇光。"❷喻尘世的束缚或烦扰。寒山《诗三百三首》之二三五："人生在尘蒙，恰似盆中虫。"李益《府试古镜》："幸居君子室，长愿免尘蒙。"孟郊《酬友人见寄新文》："安闲赖禅伯，复得疏尘蒙。"刘得仁《宿普济寺》："饮茶除假寐，闻磬释尘蒙。

【塵想】犹俗念。皮日休、陆龟蒙《北禅院避暑联句》："俱怀出尘想，共有吟诗癖。"皎然《杼山禅居寄赠东溪吴处士冯一首》："悠然遗尘想，邈矣达性说。"

【塵路】布满尘土的道路。亦以喻尘俗。白居易《曲江亭晚望》："尘路行多绿袍故，风亭立久白须寒。"王质《金谷园花发怀古》："今日经尘路，凄凉讵可论。"赵嘏《过喷玉泉》："两京尘路一双鬓，不见玉泉千万秋。"杜牧《逢故人》："尘路事不尽，云岩闲好归。"齐己《过鹿门作》："尘路谁回眼，松声两处风。"

【塵跡】犹陈迹。韦应物《答冯鲁秀才》："仿佛谢尘迹，逍遥舒道心。"王建《七泉寺上方》："回看尘迹遥，稍见麋鹿踪。"储嗣宗《宿甘棠馆》："尘迹入门尽，悄然江海心。"羊士谔《梁国惠康公主挽歌词二首》之一："汤沐成陈迹，山林遂寂寥。"齐己《题玉泉寺》："时移两板成尘迹，犹挂吾师旧影堂。"佚名《与崔渥冥会杂诗》："春鸟交交引思浓，岂期尘迹拜仙宫。"

【塵意】世俗的意念。方干《夜听步虚》："多年远尘意，此地欲铺平。"杜牧《池州送孟迟先辈》："奉披尘意惊，立语平生豁。"又《许七侍御弃官东归潇洒江南颇闻自适高秋企望十韵》："尘意迷今古，云情识卷舒。"

【塵煩】人世间的烦恼。戴叔伦《留宿罗源西峰寺示辉上人》："一宿西峰寺，尘烦暂觉清。"韦应物《喜园中茶生》："洁性不可污，为饮涤尘烦。"元稹《去杭州》："与君言语见君性，灵府坦荡消尘烦。"

【塵滓】❶比喻世间烦琐的事务。包融《登翅头山题俨公石壁》："坐令开心胸，渐觉落尘滓。"李德裕《舴艋舟》："永日歌濯缨，超然谢尘滓。"白居易《赠别宣上人》："性真悟泡幻，行洁离尘滓。"刘禹锡《令狐相公见示赠竹二十韵仍命继和》："犹复隔墙藩，何因出尘滓。"杨嗣复《赠毛仙翁》："满朝将相门弟子，随师尽愿抛尘滓。"❷喻污秽或污秽的事物。元稹《遣昼》："密竹有清阴，旷怀无尘滓。"

【塵境】原为佛教语。佛教以色、声、香、味、触、法为六尘，因称现实世界为"尘境"。李白《春日归山寄孟浩然》："朱绂遗尘境，青山谒梵筵。"韦应物《庄严精舍游集》："即此尘境远，忽闻幽鸟殊。"司空曙《寄卫明府》："翠竹黄花皆佛性，莫教尘境误相侵。"陈光《题桃源僧》："定拟辞尘境，依师过晚年。"

【塵鞅】世俗事务的束缚。鞅，套在马颈上的皮带。刘长卿《游四窗》："对此脱尘鞅，顿忘荣与辱。"牟融《寄羽士》："使我浮生尘鞅脱，相从应得一盘桓。"又《访请上人》："不能尘鞅脱，聊复一登临。"白居易《登香炉峰顶》："纷吾何屑屑，未能脱尘鞅。"

【塵榻】《后汉书·徐稚传》载，陈蕃为太守，在郡不接宾客，唯稚来特设一榻，去则悬之。稚不至则灰尘积于榻。后因以"尘榻"为优礼宾客、贤士之典。刘长卿《夜宴洛阳程九主簿宅送杨三山人往天台寻智者禅师隐居》："落日扫尘榻，春风吹客船。"元稹《鄂州寓馆严涧宅》："花枝满院空啼鸟，尘榻无人忆卧龙。"牟融《题朱庆余闲居四首》之二："白屋悬尘榻，清樽忆故人。"又《有感》："无客空尘榻，闲门闭草庐。"

【塵塵】佛教语。犹言世世，无量数。常达《山居八咏》之五："真性寂无机，尘尘祖佛师。"

【塵漲】指飞扬障目的尘土。韩愈《同李二十八夜次襄城》："云垂天不暖，尘涨雪犹乾。"

【塵網】❶旧谓人在世间受到种种束缚，如鱼在网，故称尘网。杨炯《游废观》："悠然出尘网，从此狎神仙。"王勃《八仙径》："终希脱尘网，连翼下芝田。"张说《别平一师》："皎皎独往心，不为尘网欺。"王维《普提寺禁口号又示裴迪》："安得舍尘网，拂衣辞世喧。"王起《赠毛仙翁》："若许随师去尘网，愿陪鸾鹤向三山。"裴夷直《戏酬惟赏上人》："师是浮云无著身，我居尘网敢相亲。"❷沾满灰尘的蛛网。形容环境凄凉。苏颋《和杜主簿春日有所思》："揽镜尘网滋，当窗苔藓碧。"

【塵緇】语本晋陆机《为顾彦先赠妇》之一："京洛多风尘，素衣化为缁。"后因以"尘缁"谓尘污；污垢。张九龄《使还都湘东作》："当须报恩已，终尔谢尘缁。"王建《送张籍归江东》："清泉浣尘缁，灵药释昏狂。"于鹄《寄卢俨员外秋衣词》："斜缝密且坚，游客多尘缁。"

【塵鞍】落满尘土的马鞍。亦代指车马。韩愈《秋怀诗十一首》之九："迷复不计远，为君驻尘鞍。"

【塵慮】犹俗念。孟浩然《经七里滩》："挥手弄潺湲，从兹洗尘虑。"刘禹锡《游桃源一百韵》："道芽期日就，尘虑乃冰释。"钱起《自终南山晚归》："逍遥不外求，尘虑从兹泯。"李程《春台晴望》："登高尘虑息，观徼道心清。"吴筠《缑山庙》："伊余超浮俗，尘虑久已闭。"

【塵編】指古旧之书。唐彦谦《题宗人故帖》："所忠无处访相如，风箧尘编迹尚余。"

【塵緣】　佛教、道教谓与尘世的因缘。韦应物《春月观省属城始憩东西林精舍》："佳士亦栖息，善身绝尘缘。"殷晓藩《奉送刘使君王屋山隐居》："尘缘难著眼，晚兴寄青云。"熊皎《游嵩山》："独背焦桐访洞天，暂攀灵迹弃尘缘。"吕岩《七言》之三十三："四海皆忙几个闲，时人口内说尘缘。"又《沁园春》词："凡间，只恋尘缘，又谁信壶中别有天。"

【塵機】　犹言尘俗的心计与意念。孟浩然《腊月八日于剡县石城寺礼拜》："愿承功德水，从此濯尘机。"韦应物《和吴舍人早春归沐西亭言志》："名虽列仙爵，心已遣尘机。"独孤及《酬皇甫侍御望天灊山见示之作》："早岁慕五岳，尝为尘机碍。"元稹《和乐天仇家酒》："病嗟酒户年年减，老觉尘机渐渐深。"欧阳炯《渔父歌二首》之一："摆脱尘机上钓船，免教荣辱有流年。"

【塵曀】　指尘烟弥漫，阴晦不明。张说《东都酺宴四首》之二："朱城尘曀灭，翠幕景情开。"

【塵膩】　犹言污浊。元稹《野节鞭》："金坚无缴绕，玉滑无尘腻。"又《元和五年予官不了罚俸西归三月六日怆曩游因投五十韵》："春衫未成就，冬服渐尘腻。"

【塵寰】　人世间。权德舆《送李城门罢官归嵩阳》："归去尘寰外，春山桂树丛。"杨於陵《赠毛仙翁》："千年犹孺质，秘术救尘寰。"李群玉《送隐者归罗浮》："自此尘寰音信断，山川风月永相思。"齐己《寄居道林寺作》："岚湿南朝殿塔寒，此中因得谢尘寰。"吕岩《渔父词一十八首・朝帝》："餐饵了，别尘寰，足蹑青云突上天。"又《满庭芳》词："君知否，尘寰走遍，端的少知音。"

【塵翳】　❶被灰尘遮掩。比喻受蒙蔽。李中《投所知》"孤琴尘翳剑慵磨，自顾泥蟠欲奈何。"❷犹尘垢。慧净《杂言》："回斯少福润生津，共会龙华舍尘翳。"

【塵點】　污染，玷辱。贾岛《病蝉》："露华凝在腹，尘点误侵睛。"佚名《青萝帐女赠穆郎(榕树)》："此后莫教尘点染，他年长照岁寒姿。"

【塵霧】　尘土和烟雾；尘土飞扬如雾。常建《古意》："回头望京邑，合沓生尘雾。"白居易《长恨歌》："回头下望人寰处，不见长安见尘雾。"

【塵雜】　人世间的繁杂琐事。张籍《寄韩愈》："读书避尘杂，方觉此地闲。"

【塵顔】　尘容。李白《望庐山瀑布水二首》之一："无论漱琼液，还得洗尘颜。"薛能《留题汾上旧居》："尘颜不见应消落，庭树曾栽已合围。"

【塵襟】　世俗的胸襟。张九龄《出为豫章郡途次庐山东岩下》："迨兹刺江郡，来此涤尘襟。"韦应物《夜偶诗客操公作》："尘襟一潇洒，清夜得禅公。"韩愈《县斋读书》："哀狖醒俗耳，清泉洁尘襟。"白居易《答元八宗简同游曲江后明日见赠》："赖闻瑶华唱，再得尘襟清。"齐己《崔秀才宿话》："开门又言别，谁竟慰尘襟。"

【塵轍】　尘轨。柳宗元《游南亭夜还叙志七十韵》："外曲徇尘辙，私心寄英髦。"

【塵韻】　凡庸之声。孟郊《上包祭酒》："琼音独听时，尘韵固不同。"

【塵壤】　犹尘世。白居易《闭关》："回顾趋时者，役役尘壤间。"

【塵躅】　踪迹。霍总《郡楼望九华歌》："日日遥看机已静，未离尘躅思真境。"陆龟蒙《奉和袭美太湖诗二十首・晓次神景宫》："人间附尘躅，固陋真钳颈。"

【塵響】　犹尘嚣。杨衡《赠罗浮易炼师》："晓籁息尘响，天鸡叱幽声。"

【塵露】　犹言风霜，比喻辛劳。李从远《奉和九月九日登慈恩寺浮图应制》："愿将尘露点，遥奉光明台。"

【塵囂】　世间的纷扰、喧嚣。玄宗《经河上公庙》："迹与尘嚣隔，心将道德并。"韩愈《和李相公摄事南郊览物兴怀呈一二知旧》："顾瞻想岩谷，兴叹倦尘嚣。"白居易《栽杉》："虽然遇赏玩，无乃近尘嚣。"许棠《题甘露寺》："何年增造化，万古出尘嚣。"陆龟蒙《奉和袭美见访不遇》："为愁烟岸老尘嚣，扶病呼儿劚翠苕。"吴融《宪丞裴公上洛退居有寄二首》："瘦如仙鹤爽风篁，外却尘嚣兴绪长。"

【塵聽】　尘俗之音。孟郊《同茅郎中使君送河南裴文学》："送君无尘听，舞鹤清瑟音。"

【塵籠】　指尘世的羁束。武三思《秋日于天中寺寻复礼上人》："愿随方便力，长冀释尘笼。"李栖筠《张公洞》："我本道门子，愿言出尘笼。"朱庆余《夏日访贞上人院》："此时袪万虑，直似出尘笼。"李群玉《将游罗浮登广陵楞伽台别羽客》："飘如出尘笼，想望吹箫客。"吕岩《七言》之二六："刀圭饵了丹书降，跳出尘笼上九天。"

【塵纓】　❶指尘俗之事。苏颋《小园纳凉即事》："奈何夸大隐，终日系尘缨。"白居易《长乐亭留别》："尘缨世网重重缚，回顾方知出得难。"丘为《渡汉江》："聊复与时顾，暂欲解尘缨。"温庭筠《题僧泰恭院二首》之一："所归心自得，何事倦尘缨。"❷谓布满灰尘的头饰。王维《别綦毋潜》："荷蓧几时还，尘缨待君洗。"韦应物《与韩库部会王祠曹宅作》："微风送荷气，坐客散尘缨。"白居易《嗟发落》："脱置垢巾帻，解去尘缨络。"又《龙门下作》："龙门涧下濯尘缨，拟作闲人过此生。"又《戏问牛司徒》："抖擞尘缨捋白须，半酣扶起问司徒。”

境 〔jìng《广韵》居影切,上梗,見。〕❶疆界。刘长卿《赠别于群投笔赴安西》:“汉境天西穷,胡山海边绿。”钱起《送丁著作佐台郡》:“扬舲望海岳,入境背风尘。”顾况《塞上曲》:“黠虏初南下,尘飞塞北境。”戴叔伦《奉天酬别郑谏议云逵卢拾遗景亮见别之作》:“知心三四人,越境千余里。”❷地域;处所。张九龄《出为豫章郡途次庐山东岩下》:“攀崖犹昔境,种杏非旧林。”王维《济州过赵叟家宴》:“虽与人境接,闭门成隐居。”权德舆《与沈十九拾遗同游栖霞寺上方于亮上人院会宿二首》之二:“偶来人境外,心赏幸随君。”齐己《寄归州马判官》:“郡带女媭名,民康境亦宁。”尚颜《早春送人归岳阳》:“岳阳多异境,搜思勿令疏。”❸境地;境界。孙逖《酬万八贺九云门下归溪中作》:“晚从灵境出,林壑曙云飞。”李白《与周刚清溪玉镜潭宴别》:“此中得佳境,可以绝嚣喧。”泠然《宿九华化成寺庄》:“佛寺孤庄千嶂间,我来诗境强相关。”❹佛教指心意对象之世界。韦应物《郡中西斋》:“似与尘境绝,萧条斋舍秋。”司空曙《寄卫明府常见短靴褐裘又务持诵是以有末句之赠》:“翠竹黄花皆佛性,莫教尘境误相侵。”施肩吾《闻山中步虚声》:“仙词偶逐东风来,误飘数声落尘境。”皎然《遥酬袁使君高春暮行县过报德寺见怀》:“江春行求瘼,偶与真境期。”

【境物】 环境景物。权德舆《陪包谏议湖墅路中举帆》:“萧萧凉雨歇,境物望中闲。”

【境界】 境况;情景。李颀《长寿寺粲公院新甃井》:“境界因心净,泉源见底寒。”白居易《偶题阁下厅》:“平生闲境界,尽在五言中。”

【境象】 景象;情景。郑颢《续梦中十韵》:“境象非曾到,崇严昔未经。”

【境會】 聚会。白居易《夜闻贾常州崔湖州茶山境会想羡欢宴因寄此诗》:“遥闻境会茶山夜,珠翠歌钟俱绕身。”

壽 〔shòu《广韵》承呪切,去宥,禪。又殖酉切,上有,禪。〕❶年寿。亦指事物使用的期限。卢照邻《中和乐九章·歌南郊第四》:“皇之庆矣,万寿千秋。”李白《赠历阳褚司马》:“北堂千万寿,侍奉有光辉。”李咸用《巫山高》:“忍听凭虚巧佞言,不求万寿翻求死。”刘禹锡《纥那曲二首》之二:“愿郎千万寿,长作主人翁。”李商隐《汉南书事》:“陛下好生千万寿,玉楼长御自云杯。”❷生日。广宣《降诞日内庭献寿应制》:“庆寿千龄远,敷仁万国通。”❸长寿,活的岁数大。赵彦昭《奉和九月九日登慈恩寺浮屠应制》:“日月宜长寿,人天得大通。”权德舆《敕赐长寿酒因口号以赠》:“恩沾长寿酒,归遗同心人。”陈陶《蒲门成观海作》:“即此聘牛女,日祈长寿方。”齐己《病起见庭柏》:“衰残想长寿,时倚就闲吟。”❹祝寿。多指奉酒祝福人长寿。韦安石《梁王宅侍宴应制同用风字》:“小臣陪宴镐,献寿奉维嵩。”杜牧《春日言怀寄虢州李常侍十韵》:“无计披清裁,唯持祝寿觞。”❺婉词。为死者生前预备的东西。见“壽堂”。

【壽山】 即山。或指用石堆砌的假山。喻指寿如山高。郑谷《丞相孟夏祗荐南郊纪献十韵》:“寿山横紫阁,瑞霭抱皇州。”又《入阁》:“寿山晴叆叇,颢气暖连延。”

【壽木】 仙木。皮日休《五贶诗·乌龙养和》:“寿木拳数尺,天生形状幽。”

【壽夭】 ❶寿限。元稹《忆云之》:“百龄颇踢促,况复迷寿夭。”白居易《重题》之四:“岂止形骸同土木,兼将寿夭任乾坤。”❷长寿与夭折。白居易《桐花》:“强羸寿夭间,安得依时节。”又《赠悼怀太子挽歌辞二首》之一:“寿夭由天命,哀荣出圣慈。”卢骈《题青龙精舍》:“寿夭虽云命,荣枯亦大偏。”

【壽丘】 地名。在今山东曲阜东。太宗《幸武功庆善宫》:“寿丘惟旧迹,酆邑乃前基。”

【壽母】 长寿的母亲;对老母亲的尊称。李端《送杨少府赴阳翟》:“冠带仁兄后,光辉寿母前。”

【壽考】 年高;长寿。李颀《谒张果先生》:“二仪齐寿考,六合随休憩。”韦应物《信州录事参军常曾古鼎歌》:“持示世人不知宝,劝君炼丹永寿考。”白居易《和答诗十首·和大觜乌》之三:“上以致寿考,下可宜田农。”又《朱陈村》:“所以多寿考,往往见玄孙。”又《逸老》:“皤然七十翁,亦足称寿考。”刘得仁《赠陶山人》:“闲能资寿考,健不换公卿。”徐夤《逐臭苍蝇》:“穷寂不妨延寿考,贪狂总待算毫厘。”贯休《大蜀皇帝潜龙日述圣德诗五首》之四:“尽祝庄椿同寿考,人间岁月岂能催。”

【壽安】 县名。即寿安县。县治在今河南宜阳。白居易《西行》:“寿安流水馆,硖石青山郭。”

【壽身】 长寿之身。司空图《新岁对写真》:“得见明时下寿身,须甘岁酒更移巡。”

【壽昌】 长寿昌盛。杜甫《寄韩谏议》:“周南留滞古所惜,南极老人应寿昌。”

【壽岳】 指南岳衡山。齐己《回雁峰》:“壮堪扶寿岳,灵合置仙坛。”

【壽命】 生存的年限。卢照邻《登封大酺歌四首》之三:“借问乾封何所乐,人皆寿命得千秋。”孟云卿《伤怀赠故人》:“人生早罹苦,寿命恐不长。”韩愈《落齿》:“人言齿之落,寿命理难恃。”皎然《还丹可成诗联句》:“持此保寿命,服之颐性情。”吕岩《别诗二首》之二:“时人受气禀阴阳,均体乾坤寿命长。”

【壽星】 ❶十二星次之一。白居易《司天台》："明朝趋入明光殿，唯奏庆云寿星见。"皮日休《奉和鲁望四明山九题·云北》："云北昼冥冥，空疑背寿星。"唐彦谦《贺李昌时禁苑新命》："黄扉议政参元化，紫殿称觞拂寿星。"❷即老人星。南部天空一颗光度较亮的二等星。赵蕃《老人星》："大史占南极，秋分见寿星。"李频《府试老人星见》："海内逢康日，天边见寿星。"

【壽宫】 ❶墓祠。窦叔向《贞懿皇后挽歌三首》之二："寿宫星月异，仙路往来赊。"武元衡《德宗皇帝挽歌词三首》之二："寿宫开此地，仙驾缈何乡。"白居易《昭德皇后挽歌词》："春归金屋少，夜入寿宫长。"❷供神之处。元稹《奉和浙西大夫李德裕述梦四十韵大夫本题言次本韵》："尚看恩诏湿，已梦寿宫牢。"许浑《学仙二首》之二："心期仙诀意无穷，采画云车起寿宫。"薛逢《题上皇观》："云驻寿宫三洞启，日回仙仗六龙归。"❸寝宫。杜牧《奉陵宫人》："玉颜不是黄金少，泪滴秋山入寿宫。"李商隐《李夫人三首》之三："寿宫不惜铸南人，柔肠早被秋眸割。"

【壽翁】 高寿的男子。元结《系乐府十二首·寿翁兴》："借问多寿翁，何方自修育。"

【壽酒】 祝寿的酒。王维《奉和圣制庆玄元皇帝玉像之作应制》："斗回迎寿酒，山近起炉烟。"刘长卿《岁日作》："春衣试稚子，寿酒劝衰翁。"刘禹锡《元日乐天见过因举酒为贺》："与君同甲子，寿酒让先杯。"李商隐《谢往桂林至彤庭窃咏》："共贺高禖应，将陈寿酒欢。"贯休《寿春进祝圣七首·搜扬草泽》："寿酒今朝进，无非出世才。"

【壽宴】 祝寿的宴会。李商隐《有感二首》之二："近闻开寿宴，不废用咸英。"

【壽陵】 ❶寿陵余子的省称。见《庄子·秋水》。李白《古风》之三十五："寿陵失本步，笑杀邯郸人。"刘禹锡《和武中丞秋日寄怀简诸僚故》："空愧寿陵步，芳尘何处寻。"❷古地名。战国燕邑。鲍溶《倚瑟行》："因高知处邯郸道，寿陵已见生秋草。"❸指帝王生前预修的陵墓。皎然《与崔子向泛舟自招橘经箬里宿天居寺联一十六韵以寄之》："坏寺邻寿陵，古坛留劫石。"

【壽域】 ❶指人人得以尽天年的太平盛世。梁升卿《奉和圣制答张说扈从南出雀鼠谷》："日御仙途远，山灵寿域长。"杜甫《上韦左相二十韵》："八荒开寿域，一气转洪钧。"杜牧《郡斋独酌》："生人但眠食，寿域富农桑。"杜牧《忍死留别献盐铁裴相公二十叔》："贤相辅明主，苍生寿域开。"薛逢《伏闻令公疾愈对见延英因有贺诗远封投献》："光启四门通寿域，深疏万顷溉情田。"李群玉《始忝四座奏状闻荐蒙恩授官旋进歌诗延英宣二十四韵》："寰瀛纳寿域，翔泳皆冲融。"温庭筠《鸿胪寺有开元中锡宴堂楼台池沼雅为胜绝荒凉成四十韵》："群生到寿域，百辟趋明堂。"贯休《寿春节进》："寿春嗟寿域，万国尽虔祈。"❷年寿；寿限。张祜《宪宗皇帝挽歌词》："寿域无千载，泉门是九重。"

【壽堂】 停放死者棺木以供行祭的厅堂。司空曙《哭苗员外呈张参军》："寿堂乖一恸，奠席阻长辞。"权德舆《赠郑国庄穆公主挽歌二首》之二："旧馆闭平阳，容车启寿堂。"白居易《夜哭李夷道》："家人哀临毕，夜锁寿堂门。"

【壽陽】 地名。即寿州(安徽寿县)。李白《送张遥之寿阳幕府》："寿阳信天险，天险横荆关。"韩翃《送寿州陈录事》："寿阳南渡口，敛笏见诸侯。"皇甫冉《使往寿州淮路寄刘长卿》："日夕烟霜那可道，寿阳西去水无穷。"唐彦谦《送樊琯司业归朝》："红粟填郿坞，青袍过寿阳。"❷指寿阳公主。和凝《望梅花》："何事寿阳无处觅，吹入谁家横笛。"

【壽陽公主】 南朝宋武帝女。相传梅花落其额上，人以为美，而出现寿阳妆。李商隐《蝶三首》之三："寿阳公主嫁时妆，八字宫眉捧额黄。"罗隐《人日新安道中见梅花》："不上寿阳公主面，怜君开得却无端。"牛峤《红蔷薇》："若缀寿阳公主额，六宫争肯学梅妆。"

【壽歲】 指人活的年数。徐夤《赠董先生》："寿岁过于百，时闲到上京。"

【壽器】 棺材。杜牧《池州李使君没后十一日处州新命始到后见归妓感而成诗》："缙云新命诏初行，才是孤魂寿器成。"

【壽爵】 犹寿觞。许敬宗《奉和守岁应制》："寿爵传三礼，灯枝丽九微。"

【壽藤】 生长年岁长久之藤。元结《演兴四首·讼木魅》："求寿藤与蟠木，吾将出于东方。"

【壽觴】 祝寿的酒杯。马怀素《奉和立春游苑迎春应制》："仙舆暂下宜春苑，御醴行开荐寿觞。"权德舆《侍从游后湖宴坐》："寿觞既频献，乐极随歌呼。"韩愈《送郑十校理得洛字》："寿觞佳节过，归骑春衫薄。"刘禹锡《赠致仕滕庶子先辈》："寿觞每使曾孙献，胜境长携众妓行。"司空图《杨柳枝寿杯词十八首》之一八："年年织作升平字，高映南山献寿觞。"

堕

〔duò《广韵》徒果切，上果，定。又他果切，上果，透。〕❶落下。韩愈《次同冠峡》："落英千尺堕，游丝百丈飘。"顾况《宿湖边山寺》："蒲团僧定风过席，苇岸渔歌月堕江。"刘禹锡《泰娘歌》："自言买笑掷黄金，月堕云中从此始。"章孝标《古行宫》："残粉水银流砌下，堕环秋月落泥中。"罗隐《闲居早秋》："槐杪清蝉烟雨余，萧萧凉叶堕衣裾。"陆龟蒙《病中晓思》："月堕霜西竹井寒，辘轳丝冻下瓶难。"❷

脱落。聂夷中《短歌》:"八月木阴薄,十叶三堕枝。"韦庄《春暮》:"流水绿萦砌,落花红堕枝。"王言史《广州王园寺伏日即事寄北中亲友》:"堕枝伤翠羽,萎叶惜红蕉。"❸通"惰"。懈怠;懒散。白居易《妻初授邑号告身》:"倚得身名便慵堕,日高犹睡绿窗中。"罗隐《寄渭北徐从事》:"暖云慵堕柳垂条,骢马徐郎过渭桥。"贯休《闲居拟齐梁四首》之三:"池痕放文彩,雨气增慵堕。"

【墮地】 落地;出生。杜甫《锦树行》:"生男堕地要膂力,一生富贵倾邦国。"王建《开池得古钗》:"当时堕地觅不得,暗想窗中还夜啼。"韩愈《汴州乱二首》之一:"汴州城门朝不开,天狗堕地声如雷。"罗隐《芳树》:"年高枝犹堕地,今年低枝已憔悴。"黄滔《和吴学士对春雪献韦令公次韵》:"连天宁认月,堕地屡兼风。"

【墮馬】 ❶落马;从马上摔下。刘禹锡《同乐天和微之深春二十首》之一五:"从来不堕马,故遣髻鬟斜。"❷指落马髻,一种发型。李颀《缓歌行》:"二八蛾眉梳堕马,美酒清歌曲房下。"皮日休《奉和鲁望蔷薇次韵》:"低拂地时如堕马,高临墙处似窥邻。"

【墮馬鬟】 一种发型名。张昌宗《太平公主山亭侍宴》:"扇掩将雏曲,钗承堕马鬟。"

【墮淚】 ❶因伤心而落泪。孟郊《览崔爽遗文因纾幽怀》:"堕泪数首文,悲结千里坟。"许浑《京口津亭送张崔二侍御》:"爱树满西津,津亭堕泪频。"叶元良《御制段太尉碑》:"国人皆堕泪,王府已铭勋。"无名氏《听琴》:"田文堕泪曲未终,子规啼血哀猿死。"❷指堕泪碑。喻指死者德高望重,百姓望其碑而落泪。刘长卿《朱放自杭州与故里相使君立碑回因以奉简吏部杨侍郎制文》:"好辞千古事,堕泪万家人。"李白《忆襄阳旧游赠马少府巨》:"空思羊叔子,堕泪岘山头。"皇甫曾《奉送杜侍御还京》:"怀恩偏感别,堕泪向旌麾。"羊士谔《题郡南山光福寺寺即严黄门所置即郄拾遗之词也》:"碑残犹堕泪,城古自归鸦。"胡曾《咏史诗·岘山》:"松间残露频频滴,酷似当时堕泪人。"齐己《读岘山碑》:"何人更堕泪,此道亦殊时。"

【墮淚碑】 晋羊祜都督荆州诸军事,驻守襄阳。死后,其部属在岘山祜生前游息之地,建碑立庙。见其碑者莫不流泪。杜预因称此碑为堕泪碑。李白《襄阳曲四首》之三:"上有堕泪碑,青苔久磨灭。"熊孺登《题逍遥楼伤故韦大夫》:"逍遥楼上雕龙字,便是羊公堕泪碑。"齐己《送惠空北游》:"叮咛堕泪碑前过,写取斯文寄我来。"

【墮淚碣】 即堕泪碑。陈子昂《岘山怀古》:"犹悲堕泪碣,尚想卧龙图。"

【墮落】 ❶沦落;流落。南卓《赠副戎》:"翱翔曾在玉京天,堕落江南路几千。"曹松《天台瀑布》:"欲知便是银河水,堕落人间合却回。"❷掉落;脱落。曹松《哭胡处士》:"空余赤枫叶,堕落钓鱼舟。"

【墮雲】 ❶落入云雾中。赵嘏《赠歙州妓》:"滟滟横波思有余,庾楼明月堕云初。"徐夤《咏帘》:"无情几恨黄昏月,才到如钩便堕云。"❷指一种发型。温庭筠《瑟瑟钗》:"翠染冰轻透露光,堕云孙寿有余香。"王涣《惆怅诗十二首》之八:"青丝一绺堕云鬟,金剪刀鸣不忍看。"

【墮業】 荒废学业或事业。王湾《秋夜寓直即事怀赠萧令公裴侍郎兼通简南省诸友人》:"忠梗大勋立,寰瀛堕业惩。"

【墮樓】 跳楼自杀。邵谒《妓女》:"一种为埃尘,不学堕楼死。"

【墮樓人】 指晋石崇侍女绿珠。杜牧《金谷园》:"日暮东风怨啼鸟,落花犹似堕楼人。"志定《句》:"惟有樽前今夜月,当时曾照堕楼人。"

【墮樓客】 犹堕楼人。于濆《金谷感怀》:"四者俱不闻,空传堕楼客。"

【墮髻】 堕马髻的省称。李贺《美人梳头歌》:"西施晓梦绡帐寒,香鬟堕髻半沉檀。"白居易《代书诗一百韵寄微之》:"风流夸堕髻,时世斗啼眉。"韩偓《无题》:"堕髻还名寿,修蛾本姓秦。"冯延巳《菩萨蛮》:"欹鬟堕髻摇双桨,采莲晚出清江上。"

墜 〔zhuì《广韵》真類切,去至,澄。〕❶落下;坠入。李白《乌栖曲》:"银箭金壶漏水多,起看秋月坠江波。"韦应物《咏露珠》:"秋荷一滴露,清夜坠玄天。"杜甫《光禄坂行》:"马惊不忧深谷坠,草动只怕长弓射。"张籍《惜花》:"濛濛庭树花,坠地无颜色。"❷丧失;败坏。韦应物《睢阳感怀》:"饥喉待危巢,悬命中路坠。"权德舆《寓兴》:"世德既颠坠,素怀亦堙沦。"卢仝《赠金鹅山人沈师鲁》:"凿儒关决文泉彰,风雅因君不复坠。"白居易《薛中丞》:"张为坠网纲,倚作颓檐柱。"❸毁坏。杜甫《哀江头》:"翻身向天仰射云,一箭正坠双飞翼。"又《哭王彭州抡》:"赠诗焉敢坠,染翰欲无聊。"畅当《自平阳馆赴郡》:"恭承共理诏,恒惧坠诸地。"权德舆《郊居岁暮因书所怀》:"纷吾守孤直,世业常恐坠。"❹因分量重而下垂;垂挂。刘禹锡《初夏曲三首》之二:"巢禽命子戏,园果坠枝斜。"皇甫松《抛球乐》:"红拨一声飘,轻球坠越绡。"❺垂挂而下的东西。窦牟《望终南》:"九陌峰如坠,千门翠可团。"

【墜子】 (—zǐ)坠落果实。李贺《神弦曲》:"桂叶刷风桂坠子,青狸哭血寒狐死。"

【墜地】 ❶衰落;丧失。杜甫《送重表侄王砅评事使南海》:"家声肯坠地,利器当秋毫。"欧阳詹《李评事公进示文集因赠之》："风雅不坠地，五言始君先。"❷物体落地。杨巨源《奉酬窦郎中早入省苦寒见寄》："天狼看坠地，霜兔敢拒穴。"孟郊《覆巢行》："枝倾巢覆雏坠地，乌鸢下啄更相呼。"张籍《远别离》："谁言远别心不易，天星坠地能为石。"李贺《上之回》"天高庆雷齐坠地，地无惊烟海千里。"元稹《小胡笳引》："秋霜满树叶辞风，寒雏坠地乌啼血。"李山甫《代崇徽公主意》："金钗坠地鬓堆云，自别朝阳帝岂闻。"陈陶《赠别离》："碧玉飞天星坠地，玉剑分风交合水。"❸指婴儿刚生下来。郭周藩《谭子池》："坠地便能语，九岁多须眉。"

【墜羽】 指曾遭箭伤之鸟。骆宾王《途中有怀》："涸鳞惊照辙，坠羽怯虚弯。"

【墜枝】 落枝。刘言史《广州王园寺伏日即事寄北中亲友》："坠枝伤翠羽，萎叶惜红蕉。"

【墜果】 掉下的水果。张籍《雨中寄元宗简》："街径多坠果，墙隅有蜕蜩。"

【墜典】 指已废除的典章制度。佚名《郊庙歌辞·晋朝飨乐章·初举酒》："文兴坠典，礼复旧章。"韦庄《和郑拾遗秋日感事一百韵》："志求扶坠典，力未振颓纲。"

【墜馬】 从马身落下。刘禹锡《秘书崔少监见示坠马长句因而和之》："麟台少监旧仙郎，洛水桥边坠马伤。"

【墜香】 犹落花。吴融《和僧咏牡丹》："都是支郎足情调，坠香残蕊亦成吟。"

【墜紅】 落花。窦巩《悼妓东东》："芳菲美艳不禁风，未到春残已坠红。"李贺《巫山高》："古祠近月蟾桂寒，椒花坠红湿云间。"陆龟蒙《连昌宫词二首·阶》："草没苔封叠翠斜，坠红千叶拥残霞。"

【墜珥】 下垂的耳饰。李群玉《长沙九日登东楼观舞》："坠珥时流盼，修裾欲溯空。"

【墜淚】 流出的眼泪。岑参《杨固店》："夜来尝有梦，坠泪缘思归。"

【墜落】 掉落；下落。张碧《林书记蔷薇》："秦娥晚凭栏干立，柔枝坠落青罗襟。"

【墜睫】 指流泪。韩偓《八月六日作四首》之四："袁安坠睫寻忧汉，贾谊濡毫但过秦。"

【墜葉】 落叶。孔绍安《别徐永元秀才》："坠叶还相覆，落羽更为群。"贺遂亮《赠韩思彦》："落霞静霜景，坠叶下风林。"宋之问《游禹穴回出若邪》："水低寒云白，山边坠叶红。"张说《和朱使欣二首》之二："自怜如坠叶，泛泛侣仙舟。"沈佺期《长门怨》："玉阶闻坠叶，罗幌见飞萤。"杨衡《秋夜闲居即事寄庐山郑员外蜀郡符处士》："坠叶寒拥砌，灯火夜悠悠。"

【墜魂】 魂魄。孟郊《上昭成阁不得于从侄僧悟空院叹嗟》："手手把惊魄，脚脚踏坠魂。"

【墜影】 下落的身影。董思恭《咏星》："流辉下月路，坠影入河源。"

【墜墮】 落下。卢肇《谪后再书一绝》："坠堕阎浮南斗下，不知何事犯星官。"

【墜樓】 跳楼自杀。郑还古《赠柳氏妓》："不堪金谷水，横过坠楼前。"许浑《金谷园》："二十四友一朝尽，爱妾坠楼何足言。"李昌符《绿珠咏》："谁遣当年坠楼死，无人巧笑破孙家。"李咸用《落花》："只应公子见，先忆坠楼红。"罗虬《比红儿诗》："金谷园中花正繁，坠楼从道感深恩。"韩偓《代小玉家为蕃骑所虏后寄故集贤裴公相国》："动天金鼓逼神州，惜别无心学坠楼。"李瀚《蒙求》："绿珠坠楼，文君当垆。"

【墜樓人】 指晋石崇侍妓绿珠。杜牧《题桃花夫人》："至竟息亡缘底事，可怜金谷坠楼人。"

【墜遺】 (—yí)犹坠绪。谓行将断绝的统绪。郑谷《试笔偶书》："世路多艰梗，家风免坠遗。"

【墜履】 喻指不轻易遗弃旧物或故物失而复得。见汉贾谊《新书·谕诫》。后遂用作寻回失物或不弃旧侣的典故。李端《晚春过夏侯校书值其沉醉戏赠》："失杯犹离席，坠履反登筵。"白居易《酬卢秘书二十韵》："旧恩收坠履，新律动寒灰。"刘言史《江陵客舍留别樊尚书》："坠履忘情后，寒灰更湿时。"韩偓《余自刑部员外郎为时权所挤值盘石出镇藩屏长句寄所知》："他日陶甄寻坠履，沧洲何处觅渔翁。"

【墜翮】 鸟脱落的羽毛。亦指落鸟。张说《同赵侍御乾湖作》："云间坠翮散泥沙，波上浮查栖树木。"

【墜髻】 坠马髻的省称。堕马髻，一种发式。毛熙震《浣溪沙》："一只横钗坠髻丛，静眠珍簟起来慵，绣罗红嫩抹苏胸。"

【墜霜】 落霜。李白《白鹭鹚》："白鹭下秋水，孤飞如坠霜。"

【墜露】 下落的露水。乔备《长门怨》："坠露清金阁，流萤点玉除。"姚系《荆山独往》："杂芳被阴岸，坠露方消绿。"羊士谔《郡中端居有怀袁州王员外使君》："丽日流莺早，凉天坠露初。"又《褒城驿池塘玩月》："鹤飞闻坠露，鱼戏见增波。"张籍《秋山》："草堂不闭石床静，叶间坠露声重重。"

十二画

墝 〔qiào《集韵》口教切，去效，溪。〕土地不平。见"墝埆"。

【墝埆】 地形险要处。宋齐丘《陪游凤凰台献诗》："画栋泥金碧，石路盘墝埆。"

墳 〔fén《广韵》符分切,平文,奉。〕❶堤岸;水边高地。厉玄《缑山月夜闻王子晋吹笙》:"坐惜千岩曙,遗音过汝坟。"❷墓之封土隆起者。后泛指坟墓。玄宗《过王浚墓》:"长戟今何在,孤坟此路傍。"徐夤《十里烟笼》:"北邙坡上青松下,尽是锵金佩玉坟。"温庭筠《过陈琳墓》:"曾于青史见遗文,今日飘蓬过此坟。"齐己《吊杜工部坟》:"域中诗价大,荒外土坟卑。"司空图《旅中重阳》:"今岁节唯南至在,旧交坟向北邙新。"❸泛称古代的典籍。张说《奉和圣制经邹鲁祭孔子应制》:"孔圣家邹鲁,儒风蔼典坟。"韦应物《送李侍御益赴幽州幕》:"二十挥篇翰,三十穷典坟。"张观《过衡山赠廖处士》:"传家奕世无金玉,乐道经年有典坟。"齐己《贺行军太傅得白氏东林集》:"百尺典坟随丧乱,一家风雅独完全。"

【墳土】 指墓葬。宋之问《梁宣王挽词三首》之二:"地形龟食报,坟土燕衔来。"白居易《青石一激忠烈也》:"不愿作人家墓前神道碣,坟土未干名已灭。"李咸用《悼范摅处士》:"安车未至柴关外,片玉已藏坟土新。"

【墳山】 用做坟地的山。泛指坟地。苏颋《武担山寺》:"武担独苍然,坟山下玉泉。"

【墳史】 指典籍史书。陆龟蒙《杂讽九首》之五:"安得东壁明,洪洪用坟史。"

【墳丘】 坟墓。崔少玄《留别卢陲》:"百岁之后,空余坟丘。"

【墳地】 埋葬死人的地方;坟墓所在地。元稹《有鸟二十章》之三:"汉后忍渴天岂知,骊姬坟地君宁觉。"

【墳典】 三坟、五典的并称,后转为古代典籍的通称。太宗《帝京篇十首》之二:"对此乃淹留,欹案观坟典。"刘太冲《送萧颖士赴东府得浅字》:"吾师继微言,赞述在坟典。"杜甫《八哀诗·故秘书少监武功苏公源明》:"读书东岳中,十载考坟典。"卢纶《雪谤后书事上皇甫大夫》:"有泪沾坟典,无家集弟兄。"

【墳索】 三坟八索的并称。亦泛指古代典籍。陆龟蒙《奉和袭美二游诗》:"日既不暇给,坟索何由专。"

【墳塚】 坟墓。李群玉《秣陵怀古》:"市朝迁变秋芜绿,坟冢高低落照红。"

【墳陵】 帝王的陵墓。沈佺期《初冬从幸汉故青门应制》:"朝市俱东逝,坟陵共北原。"白居易《草茫茫》:"一朝盗掘坟陵破,龙椁神堂三月火。"

【墳墓】 墓之封土成丘者为坟,平者为墓;对称有别,合称相通。后指埋葬死人的穴和上面的坟头。常特指祖坟。白居易《朱陈村》:"死者不远葬,坟墓多绕村。"韩愈《南山诗》:"又如游九原,坟墓包椁柩。"罗隐《姑苏真娘墓》:"春草荒坟墓,萋萋向虎丘。"佚名《黄州左公歌》:"我欲逃乡里,我欲去坟墓。"

【墳塋】 坟墓;坟地。沈佺期《邙山》:"北邙山上列坟茔,万古千秋对洛城。"岑参《河西太守杜公挽歌四首》之二:"鼓角城中出,坟茔郭外新。"颜胄《适思》:"宠终禁樵采,立嗣修坟茔。"寒山《诗三百三首》之一一:"高低旧雉堞,大小古坟茔。"

【墳頭】 (—tóu)埋葬死人之后在地面上筑起的土堆,也有用砖石砌的。张籍《哭胡十八遇》:"送君帐下衣裳白,数尺坟头柏树新。"

【墳壟】 坟墓。沈佺期《赦到不得归题江上石》:"坟垄无由谒,京华岂重跻。"

【墳籍】 古代典籍。杜甫《夔府书怀四十韵》:"钓濑疏坟籍,耕岩进弈棋。"李频《江上送从兄群玉校书东游》:"坟籍因穷览,江湖却纵游。"皮日休《二游诗·徐诗》:"唯写坟籍多,必云清俸绝。"无可《李常侍书堂》:"结构因坟籍,檐前竹未生。"

墠 〔shàn《广韵》常演切,上獮,禅。〕❶经过整治的郊野平地。见《诗·郑风·东门之墠》。陆龟蒙《奉和袭美太湖诗二十首·缥缈峰》:"高帆大于鸟,广墠才类蚁。"❷供祭祀用的经清扫的场地。见《礼记·祭法》。见"壇墠"。张说《侍宴蘘荷亭应制》:"园林看化塔,坛墠识余封。"沈佺期《上之回》:"坛墠经过远,威仪侍从雄。"张濯《迎春东郊》:"衣冠宵执玉,坛墠晓清尘。"元稹《古社》:"狐死魅人灭,烟消坛墠存。"

墨 〔mò《广韵》莫北切,入德,明。〕❶书画所用的黑色颜料。李白《赠参寥子》:"毫墨时洒落,探玄有奇作。"韦应物《对韩少尹所赠砚有怀》:"白水浮香墨,清池满夏云。"孟郊《寄陕府邓给事》:"磨墨零落泪,楷字贡仁贤。"温庭筠《题李相公敕赐锦屏风》:"丰沛曾为社稷臣,赐书名画墨犹新。"陆龟蒙《奉和袭美赠魏处士五贶诗·太湖砚》:"坐久云应出,诗成墨未干。"皎然《观裴秀才松石障歌》:"谁工此松唯拂墨,巧思丹青营不得。"贯休《春游凉泉寺》:"几多僧只因泉在,无限松如泼墨为。"❷黑色。李峤《奉和幸三会寺应制》:"竹是蒸青外,池仍点墨余。"孟浩然《寻陈逸人故居》:"池水犹含墨,风云已落秋。"韩翃《送刘将军》:"青巾校尉遥相许,墨稍将军莫大夸。"刘禹锡《古词二首》之二:"吾观苏令绰,朱墨一何工。"❸气色昏暗。陆龟蒙《奉酬袭美苦雨见寄》:"顽云猛雨更相欺,声似虓号色如墨。"❹指诗文书画等。杨炯《和郑雠校内省眺瞩思乡怀友》:"翰墨三余隙,关山四望悬。"薛稷《饯许州宋司马赴任》:"远朋驰翰墨,胜地写丹青。"马怀素《奉和九月九日登慈恩寺浮图应制》:"顾惭文墨职,无以颂时康。"殷尧藩《送韦侍御报使西蕃》："本是诸生守文墨，今将匹马静烟尘。"皎然《同明府章送沈秀才还石门山读书》："文墨应经世，林泉漫诱君。"韦庄《惊秋》："不向烟波狎钓舟，强亲文墨事儒丘。"❺墨子的省称。王维《赠东岳焦炼师》："不能师孔墨，何事问长沮。"吕温《同舍弟恭岁暮寄晋州李六协律三十韵》："伊吕偶然得，孔墨徒尔为。"杜光庭《怀古今》："不能劳神效杨朱墨翟兮挥涕以沾襟。"❻绳墨。木工用以校正曲直的墨斗线。引申为准则、法度。骆宾王《叙寄员半千》："嗟为刀笔吏，耻从绳墨牵。"韦应物《送冯著受李广州署为录事》："富豪虞兴戎，绳墨不易持。"白居易《迂叟》："应须绳墨机关外，安置疏愚钝滞身。"韦瓘《留题桂州碧浔亭》："轮奂未成绳墨在，规模已壮闳闳高。"韩偓《闲居》："刀尺不亏绳墨在，莫疑张翰恋鲈鱼。"

【墨子】　即墨翟。《淮南子·说林训》："墨子见练丝而泣之，为其可以黄可以黑。"又墨子曾因不听占卜者勿向北行的劝告，向北受阻而回。见《黑子·贵义》。司空曙《长林令卫象饧丝结歌》："主人雕盘盘素丝，寒女眷眷墨子悲。"陆龟蒙《素丝》："如何墨子泪，反以悲途穷。"

【墨仙】　指潘谷。谷精于制墨，醉饮郊外，跌死枯井中。温庭筠《题丰安里王相林亭二首》之二："星坼悲元老，云归送墨仙。"

【墨汁】　用墨加水研磨成或用制墨原料制成的汁水。卢仝《示添丁》："忽来案上翻墨汁，涂抹诗书如老鸦。"

【墨色】　墨的色泽。亦泛指如墨之色。李白《草书歌行》："笺麻素绢排数厢，宣州石砚墨色光。"杜甫《茅屋为秋风所破歌》："俄顷风定云墨色，秋天漠漠向昏黑。"白居易《游悟真寺诗》："素屏有褚书，墨色如新干。"韩偓《无题》："茜袖啼痕数，香笺墨色新。"

【墨池】　❶指砚台。骆宾王《冬日过故人任处士书斋》："雪明书帐冷，水静墨池寒。"李白《草书歌行》："墨池飞出北溟鱼，笔锋杀尽中山兔。"韦应物《感事》："霜雪皎素丝，何意坠墨池。"权德舆《马秀才草书歌》："犹轻昔日墨池学，未许前贤团扇书。"陆龟蒙《顾道士亡弟子奉束帛乞铭于袭美因赋戏赠》："唯我有文无卖处，笔锋销尽墨池荒。"❷洗笔砚的池子。苏涣《赠零陵僧》："南中纸价当日贵，只恐贪泉成墨池。"裴说《怀素台歌》："永州东郭有奇怪，笔冢墨池遗迹在。"❸指习书写字处。刘禹锡《唐秀才赠端州紫石砚以诗答之》："此日佣工记名姓，因君数到墨池前。"又《酬令狐留守巡内至集贤院见寄》："墨池半在颓垣下，书带犹生蔓草中。"柳宗元《重赠二首》之一："闻道将雏向墨池，刘家还有异同词。"元稹《酬乐天早春闲游西湖颇多野趣亦欲粗为恬养之赠耳》："墨池怜嗜学，丹井羡登真。"齐己《送人游南》："子美遗魂地，藏真旧墨池。"

【墨花】　❶指砚台上的墨渍花纹。李贺《杨生青花紫石砚歌》："纱帷昼暖墨花春，轻沤漂沫松麝薰。"❷指水墨花卉画。方干《卢卓山人画水》："海色未将蓝汁染，笔锋犹傍墨花行。"

【墨妙】　❶精妙的诗文。孟浩然《还山贻湛法师》："墨妙称古绝，词华惊世人。"权德舆《奉和圣制九日言怀赐中书门下及百寮》："天文丽庆霄，墨妙惊飞鸾。"❷精妙的书法。岑参《刘相公中书江山画障》："相府征墨妙，挥毫天地穷。"鲁收《怀素上人草书歌》："吾观文士多利用，笔精墨妙诚堪重。"任华《怀素上人草书歌》："负颠狂之墨妙，有墨狂之逸才。"❸精妙的绘画。皇甫冉《刘方平壁画山》："墨妙无前，性生笔先。"权德舆《河南崔尹即安喜从兄宜于室家四十余岁因成绝句》："五色金光鸾凤飞，三川墨妙巧相辉。"

【墨沼】　犹墨池。钱起《和刘七读书》："云阴留墨沼，萤影傍华编。"柳宗元《叠前》："小学新翻墨沼波，羡君琼树散枝柯。"刘得仁《哭鲍溶有感》："古苔封墨沼，深竹映书堂。"陆龟蒙《和袭美寄毗陵魏处士朴》："经苑初成墨沼开，何人林下肯寻来。"

【墨宣】　犹墨诏。李绅《忆夜直金銮殿承旨》："墨宣外渥催飞诏，草布深恩促换题。"

【墨研】　研磨墨水。贾岛《原东居喜唐温琪频至》："墨研秋日雨，茶试老僧铛。"李洞《宿凤翔天柱寺穷易玄上人房》："墨研青露月，茶吸白云钟。"

【墨突】　形容事情繁忙，犹言席不暇暖。见汉班固《答宾戏》。谓墨翟东奔西走，每至一地，烟囱尚未熏黑，又到别处去了。张九龄《南阳道中作》："岂暇墨突黔，空持辽豕白。"陆龟蒙《早春雪中作吴体寄袭美》："山炉瘿节万状火，墨突乾衰孤穗烟。"

【墨客】　对文人的统称。李颀《魏仓曹东堂柽树》："洛阳墨客游云间，若到麻源第三谷。"陶翰《送集贤学士伊阙史少府放归江东觐省》："墨客钟张侣，材高吴越珍。"李白《自梁园至敬亭山见会公谈陵阳山水兼期同游因有此赠》："雪山扫粉壁，墨客多新文。"元稹《献荥阳公诗五十韵》："墨客膺潜服，谈宾膝误前。"白居易《春送卢秀才下第游太原谒严尚书》："墨客投何处，并州旧翰林。"皮日休《追和虎丘寺清远道士诗》："风日采幽什，墨客学灵翰。"皮日休、陆龟蒙《寂上人院联句》："有情惟墨客，无语是禅家。"

【墨卿】　文人的别称。孟浩然《送袁太祝尉豫章》："随牒牵黄绶，离群会墨卿。"陆龟蒙《奉酬袭美先辈初夏见寄次韵》："末裔实渔者，敢怀干墨卿。"皎然、崔逵《安吉崔明甫山院联句一首》："禅客至，墨卿过。"贯休《哭灵一上人》："经论传缁侣，文章遍墨卿。"

【墨家】　指战国初年墨翟所创立的学派。皎然

《妙喜寺达公禅斋寄李司直公孙房都曹德裕四十二韵》:“墨家伤刻薄,儒氏知优劣。”

【墨曹】 官名。州郡主管刑法的官吏。韩翃《赠别崔司直赴江东兼简常州独孤使君》:“官重法家流,名高墨曹吏。”许孟容《答权载之离合诗》:“亦有擅风骚,七联文墨曹。”刘禹锡《韩十八侍御见示岳阳楼别窦司直诗自述故足成六十二韵》:“假守亦高卧,墨曹正垂耳。”

【墨敕】 由皇帝亲笔书写,不经外廷盖印而直接下达的命令。黄滔《寓题》:“纷纷墨敕除官日,处处红旗打贼时。”

【墨彩】 指图画中深浅不同的颜色。澹交《写真》:“水花凝幻质,墨彩染空尘。”

【墨煙】 指绘画作品。贯休《怀洛下卢缙云》:“木落多诗稿,山枯见墨烟。”

【墨跡】 书画真迹。张籍《和左司元郎中秋居十首》之二:“学书求墨迹,酿酒爱朝和。”黄滔《东林寺贯休上人篆隶题诗》:“墨迹两般诗一首,香炉峰下似相逢。”

【墨痕】 ❶指前人留下的诗文等。唐彦谦《闻应德茂先离棠溪》:“苜蓿穷诗味,芭蕉醉墨痕。”❷墨黑的痕迹。韩偓《草书屏风》:“虽多尘色染,犹见墨痕浓。”

【墨組】 黑丝带。李贺《赠陈商》:“风雪直斋坛,墨组贯铜绶。”

【墨場】 (—chǎng)谓诗词画家会集之所。宋之问《伤王七秘书监寄呈扬州陆长史通简府僚广陵以广好事》:“书乃墨场绝,文称词伯雄。”钱起《太子李舍人城东别业与二三文友逃暑》:“兹夕兴难尽,澄罍照墨场。”

【墨詔】 皇帝亲笔书写的诏旨。卢纶《送李尚书郎君昆季侍从归觐滑州》:“冰河一曲旌旗满,墨诏千封雨露繁。”张籍《赠道士宜师》:“旧住红楼通内院,新承墨诏赐斋钱。”元稹《和李校书新题乐府十二首·上阳白发人》:“满怀墨诏求嫔御,走上高楼半酣醉。”

【墨翟】 春秋战国之际思想家,墨家学派的创始人。李白《秋夜独坐怀故山》:“庄周空说剑,墨翟耻论兵。”胡曾《咏史诗·朝歌》:“长嗟墨翟少风流,急管繁弦似寇仇。”权德舆《戏和三韵》:“墨翟突不黔,范丹甑生尘。”

【墨綬】 结在印纽上的黑色丝带。李白《经乱后将避地剡中留赠崔宣城》:“无以墨绶苦,来求丹砂要。”岑参《送宇文舍人出宰元城》:“县花迎墨绶,关柳拂铜章。”钱起《送任先生任唐山丞》:“腰章佐墨绶,耀锦到茅茨。”方干《嘉兴许明府》:“腰悬墨绶三年外,身去青云一步间。”徐铉《送刘司直出宰》:“低飞从墨绶,逸志在青云。”

【墨翰】 指诗文。方干《月》:“庾亮恃才高更逸,方闻墨翰已成章。”

【墨靈】 犹墨仙。蒋贻恭《题张道隐太山祠画龙》:“世人空解竞丹青,惟子通玄得墨灵。”

【墨畫】 水墨画。王建《早秋过龙武李将军书斋》:“重装墨画数茎竹,长著香薰一架书。”

【墨幘】 黑头巾。韩翃《赠郓州马使君》:“路人趋墨帻,官柳度青丝。”

【墨澤】 墨水浸渍。亦指诗画等。韦应物《东林精舍见故殿中郑侍御题诗追旧书情涕泗横集冯少府》:“墨泽传洒余,磨灭亲翰迹。”

【墨竈】 墨翟的灶突。钱起《穷秋对雨》:“翟门悲暝雀,墨灶上寒苔。”

墺 〔ào《广韵》烏到切,去号,影。又於六切,入屋,影。〕可供居住的山间平地。元稹《酬郑从事四年九月宴望海亭次用旧韵》:“一拳墺伏东武小,两山斗构秦望雄。”

墩 〔dūn《广韵》都昆切,平魂,端。〕❶土堆。李白《登金陵冶城西北谢安墩》:“冶城访古迹,犹有谢安墩。”李商隐《行次西郊作一百韵》:“农具弃道旁,饥牛死空墩。”❷墩子;堆状物。高适《同李员外贺哥舒大夫破九曲之作》:“唯有关河眇,苍茫空树墩。”李白《淮阴书怀寄王宗成》:“沙墩至梁苑,二十五长亭。”贯休《陪冯使君游六首·锦沙墩》:“临水登山兴自奇,锦沙墩上最多时。”崔国辅《漂母岸》:“茫茫水中渚,上有一孤墩。”❸量词。李白《游溧阳北湖亭望瓦屋山怀古赠同旅》:“高坟五六墩,崒兀栖猛虎。”

增1 〔zēng《广韵》作滕切,平登,精。又子鄧切,去嶝,清。〕❶加多;加添。王绩《过汉故城》:“群后崇长乐,中朝增建章。”张九龄《奉和圣制谒玄元皇帝庙斋》:“追兹事追远,轮奂复增鲜。”陈子昂《彩树歌》:“青春兮不可逢,况蕙色之增芬。”郑愔《中宗降诞日长宁公主满月侍宴应制》:“月满增祥荚,天长发瑞灵。”祖咏《终南望余雪》:“林表明霁色,城中增暮寒。”吴筠《苦春霖作寄友》:“万流注江湖,日夜增波澜。”❷更加。陈子昂《春台引》:“曷余情之荡漾,瞩青云以增愁。”刘长卿《夜宴洛阳程九主簿宅送杨三山人往天台寻智者禅师隐居》:“流尘既寂寞,缅想增婵娟。”李白《月夜江行寄崔员外宗之》:“怀君不可见,望远增离忧。”❸重新。王维《奉和圣制送不蒙都护兼鸿胪卿归安西应制》:“上卿增命服,都护扬归旆。”贾岛《哭宗密禅师》:“几尘增灭后,树色改生前。”

增²〔céng《字彙补》徂棱切。〕通“層”。见“增累”。

增³〔zèng《广韵》子鄧切，去嶝，精。〕同“贈”。韩愈《陆浑山火和皇甫湜用其韵》：“要余和增怪又烦，虽欲悔舌不可扪。”

【增加】 增添；在原有基础上加多。白居易《任老》：“面黑眼昏头雪白，老应无可更增加。”又《病眼花》：“头风目眩乘衰老，只有增加岂有瘳。”李煜《悼诗》：“雨深秋寂莫，愁引病增加。”

【增年】 年龄增加。罗隐《简令生日》：“龟衔玉柄增年算，鹤舞琼筵献寿杯。”

【增波】 生起波澜。薛稷《秋日还京陕西十里作》：“隔河望乡邑，秋风水增波。”皇甫冉《三月三日义兴李明府后亭泛舟》：“更使轻桡徐转去，微风落日水增波。”羊士谔《登乐游原寄司封孟郎中卢补阙》：“神皋值宿雨，曲水已增波。”又《褒城驿池塘翫月》：“鹤飞闻坠露，鱼戏见增波。”

【增₂城】 神话传说中的地名。刘禹锡《思黯南墅赏牡丹》：“偶然相遇人间世，合在增城阿姥家。”

【增高】 增加高度。韩愈《喜雪献裴尚书》：“自下何曾污，增高未觉危。”孟郊《君子勿郁郁士有谤毁者作诗以赠之》：“须知一尺水，日夜增高波。”

【增氣】 添加气氛。张说《唐享太庙乐章·凯安三首》之三：“奋扬增气，坐作为容。”元稹《饮致用神曲酒三十韵》：“胆壮还增气，机忘反自冥。”李景俭《道州春日感兴》：“且持增气酒，莫滴伤心泪。”

【增₂累】 (—lěi)重叠。陈子昂《感遇诗三十八首》之十九：“夸愚适增累，矜智道逾昏。”

【增設】 增添；添设。佚名《郊庙歌辞·隐太子庙乐章·送神》：“皇情悼往，祀议增设。”

【增添】 加多；添加。吕岩《大云寺茶诗》：“断送睡魔离几席，增添清气入肌肤。”

【增戟】 大量兵器。张说《奉和圣制赐崔日知往潞州应制》：“增戟雄都府，高车转太常。”

【增傷】 更加悲伤。李百药《王师渡汉水经襄阳》：“阅川已多叹，遐睇几增伤。”宋之问《自洪府舟行直书其事》：“事往每增伤，宠来常誓止。”

【增飾】 增补修饰。韩愈《奉和虢州刘给事使君伯刍三堂新题二十一咏》序云：“刘兄自给事中出刺此州，在任逾岁，职修人治，州中称无事，颇复增饰。”

【增廣】 增加；扩大。贺知章《唐禅社首乐章·顺和》：“圣心事能察，增广陈厥诚。”

【增榮】 增添荣耀。苏颋《奉和魏仆射秋日还乡有怀之作》：“明发辉光至，增荣驷马车。”张说《奉和圣制幸凤汤泉应制》：“帝歌流乐府，溪谷也增荣。”

【增價】 涨价。冯伉《和权载之离合诗时为给事中》：“亦曾吟鲍谢，二妙尤增价。”无名氏《又嘲》：“不意今日却增价，不画罗汉画驼马。”

【增輝】 增添光辉。张说《咏尘》：“禅山期益峻，照日幸增辉。”李颀《琴歌》：“铜炉华烛烛增辉，初弹渌水后楚妃。”王建《寄李益少监兼送张实游幽州》：“国风人已变，山泽增辉光。”孟郊《悼亡》：“山头明月夜增辉，增辉不照重泉下。”赵蕃《老人星》：“增辉延宝历，发曜起祥经。”

墢〔fá《集韵》房越切，入月，奉。〕❶耕地翻起的土块。亦用作量词。陆龟蒙《奉酬袭美先辈吴中苦雨一百韵》：“却问渔樵津，重耕烟雨墢。”❷特指与植物的根部结聚在一起的土块。陆龟蒙《奉和袭美见访不遇》：“花盘小墢晴初压，叶拥疏篱冻未烧。”

十三画

壒〔ài《广韵》於蓋切，去泰，影。〕灰尘，尘埃。刘禹锡《和牛相公题姑苏所寄太湖石兼寄李苏州》：“凡禽不敢息，浮壒莫能停。”元稹《玉泉道中作》：“谷深烟壒净，山虚钟磬长。”韩愈《秋雨联句》：“白日悬大野，幽泥化轻壒。”姚合《赋月华临静夜》：“长空埃壒灭，皎皎月华临。”贯休《上孙使君》：“芙蓉开帟幕，锦帐无纤壒。”

墾〔kěn《广韵》康很切，上很，溪。〕❶开垦；翻耕。李白《笑歌行》：“张仪所以只掉三寸舌，苏秦所以不垦二顷田。”杜甫《秋行官张望督促东渚耗稻向毕清晨遣女奴阿稽竖子阿段往问》：“青春具所务，勤垦免乱常。”张祜《悲纳铁》：“谁谓今来正耕垦，却销农器作戈矛。”薛逢《邻相反行》：“夜开沟水绕稻田，晓叱耕牛垦塉土。”❷损伤。元稹《奉和浙西大夫李德裕述梦四十韵大夫本题言次本韵》：“旱弯摧虎兕，便铸垦蓬蒿。”

【墾田】 开荒耕地。吕温《顺宗至德大圣大安孝皇帝挽歌词三首》之二：“礼因驰道著，明自垦田彰。”

【墾草】 开垦荒地。吕温《道州弘道县主簿知县三年颇著廉慎秩满赴衡州题其厅事》：“废田方垦草，新柘未成阴。”

【墾耕】 开垦耕作。贾至《燕歌行》：“彤弓黄钺授元帅，垦耕大漠为内地。”

【墾鑿】 对荒地进行开发。钱起《观村人牧山田》：“贫民乏井税，塉土皆垦凿。”柳宗元《茅檐下始栽竹》：“楚壤多怪石，垦凿力已疲。”

壇 〔tán《广韵》徒干切,平寒,定。〕❶高台。古代祭祀天地、先王、远祖或举行朝会、盟誓及拜将的场所,多用土石等建成。张九龄《奉和圣制谒玄元皇帝庙斋》:"洞府香林处,斋坛清汉边。"岑参《陪狄员外早秋登府西楼因呈院中诸公》:"亚相自登坛,时危安此方。"张继《会稽郡楼雪霁》:"夏禹坛前仍聚玉,西施浦上更飞沙。"孟郊《寄张籍》:"辚辚车声辗冰玉,南郊坛上礼百神。"韦庄《登汉高庙闲眺》:"独寻仙径上高原,云雨深藏古帝坛。"❷僧道过宗教生活或举行祈祷法事的场所。亦指某些会道门拜神集会的场所或组织。卢照邻《赠李荣道士》:"圆洞开丹鼎,方坛聚绛云。"王勃《寻道观》:"碧坛清桂阈,丹洞肃松枢。"许浑《重游飞泉观题故梁道士宿龙池》:"云开星月浮山殿,雨过风雷绕石坛。"李商隐《天平公座中呈令狐令公时蔡京在坐京曾为僧徒故有第五句》:"罢执霓旌上醮坛,慢妆娇树水晶盘。"杜光庭《题都庆观》:"三仙一一驾红鸾,仙去云闲绕古坛。"❸讲学或发表言论的场所。钱起《幽居春暮书怀》:"更怜童子宜春服,花里寻师指杏坛。"张希复《咏宣律和尚袈裟》:"共覆三衣中夜寒,披时不镇尼师坛。"齐己《寄蜀国广济大师》:"冰压霜坛律格清,三千传授尽门生。"❹指职业、工作相同的一些社会成员的总体。牟融《过蠡湖》:"几度篝帘相对处,无边诗思到吟坛。"陆龟蒙《奉酬袭美先辈吴中苦雨一百韵》:"文坛如命将,可以持玉钺。"❺垒土种花之所。卢纶《虢州逢侯钊同寻南观因赠别》:"放鹤登云壁,浇花绕石坛。"❻量词。用于与坛有关的事物。高骈《和王昭符进士赠洞庭赵先生》:"为爱君山景最灵,角冠秋礼一坛星。"

【壇宇】 指法坛、讲坛。杜牧《洛中送冀处士东游》:"坛宇宽帖帖,符彩高酋酋。"

【壇場】 (—chǎng)❶古代设坛举行祭祀、继位、盟会、拜将等大典的场所。张九龄《奉和圣制烛龙斋祭》:"我后其勤,告于坛场。"李峤《安辑岭表事平罢归》:"声朔臣天子,坛场拜老夫。"又《汾阴行》:"豪雄意气今何在,坛场宫馆尽蒿蓬。"苏颋《奉和圣制经河上公庙应制》:"辇路曾经此,坛场即宛然。"卢从愿《奉和圣制送张说巡边》:"占星引旌节,择日拜坛场。"储光羲《祭风伯坛应张太祝作》:"帟幕宵联事,坛场晓降神。"元稹《代曲江老人百韵》:"池籞呈朱雁,坛场得白麟。"❷法坛。佛家讲经说法之所。皇甫冉《送延陵陈法师赴上元》:"翻译推多学,坛场最少年。"王建《新授戒尼师》:"自知戒相分明后,先出坛场礼大僧。"刘禹锡《送深法师游南岳》:"十方传句偈,八部会坛场。"白居易《赠僧五首·清闲上人》:"梓潼眷属何年别,长寿坛场近日开。"张蠙《赠闻一上人》"坛场在三殿,应召入焚修。"❸指政坛,政治舞台。刘长卿《送徐大夫赴广州》:"上将坛场拜,南荒羽檄招。"杜牧《送王十至褒中因寄尚书》:"坛场新汉将,烟月古隋城。"

【壇墠】 古代祭祀的场所。见《礼记·祭法》。张说《侍宴蘘荷亭应制》:"园林看化塔,坛埠识余封。"沈佺期《上之回》:"坛埠经过远,威仪侍从雄。"张濯《迎春东郊》:"衣冠宵执玉,坛埠晓清尘。"元稹《古社》:"狐死魅人灭,烟消坛埠存。"

【壇廟】 指天坛、地坛和祖庙及诸神庙。《周礼·春官》有典祀,负责四郊坛庙的祭祀。其后历代都有掌坛庙祭祀的官员。李夐《恒岳晨望有怀》:"禋祠彰旧典,坛庙列平畤。"

【壇壝】 坛场。祭祀之所。太宗《咏司马彪续汉志》:"类禋遵令典,坛壝资良地。"

壈 〔lǎn《广韵》盧感切,上感,來。〕见"壈坎"。

【壈坎】 坎壈。不得志。张彪《北游还酬孟云卿》:"行行无定心,壈坎难归来。"

壅 同"壅"。皮日休《江南书情二十韵寄祕阁韦校书贻之商洛宋先辈垂文二同年》:"壅泉教咽咽,垒石放巉巉。"

壅 〔yōng《广韵》於容切,平鐘,影。又於隴切,上腫,影。〕❶堵塞;阻挡。卢纶《书情上大尹十兄》:"圣泽初忧壅,群心本在台。"羊士谔《乾元初严黄门自京兆少尹贬牧巴郡十四韵刻于石壁》:"绕席流还壅,浮杯咽复沉。"柳宗元《韦道安》:"横溃非所壅,逆节非所婴。"元稹《寺院新竹》:"居然霄汉姿,坐受藩篱壅。"杜荀鹤《山中对雪有作》:"一浑乾坤万象收,唯应不壅大江流。"❷障蔽;遮盖。张说《岳州行郡竹篱》:"山郡不沟郭,荒居无翳壅。"元稹《度门寺》:"影帐纱全落,绳床土半壅。"又《和李校书新题乐府十二首·蛮子朝》:"西南六诏有遗种,僻在荒陬路寻壅。"见"壅蔽"。❸聚积;堆积。柳宗元《自衡阳移桂十余本植零陵所住精舍》:"倾筐壅故壤,栖息期鸾鷟。"白居易《杂兴三首》之二:"流水不入田,壅入王宫里。"吴融《雪十韵》:"壅应边尽北,填合海无东。"❹在植物根部培土或施肥。白居易《东坡种花二首》之二:"划土壅其本,引泉溉其枯。"无可《寄题庐山二林寺》:"棕径新苞拆,梅篱故叶壅。"贯休《古意九首》之二:"茫茫尘土飞,培壅名利根。"

【壅蔽】 遮蔽;阻塞。白居易《采诗官》:"君兮君兮愿听此,欲开壅蔽达人情,先向歌诗求讽刺。"

壁 〔bì《广韵》北激切,入錫,幫。〕❶墙壁。用砖土或木板等材料做成。卢照邻《文翁讲堂》:"空梁无燕雀,古壁有丹青。"杜甫《绝句》之五:"舍下笋穿壁,庭中藤刺檐。"齐己《闻尚颜上人创居有寄》:“可想乍移禅榻处,松阴冷湿壁新泥。”白居易《自题小草亭》:“壁宜藜杖倚,门称荻帘垂。”吕岩《浪淘沙》:“我有屋三椽,住在灵源。无遮四壁任萧然。”❷军垒。崔湜《塞垣行》:“精骑突晓围,奇兵袭暗壁。”崔融《从军行》:“坐看战壁为平土,近待军营作破羌。”岑参《函谷关歌送刘评事使关西》:“君不见函谷关,崩城毁壁至今在。”高适《独孤判官部送兵》:“出关逢汉壁,登陇望胡天。”见“壁壘”。❸陡峭高耸的山石。宋之问《下桂江县黎壁》:“江回云壁转,天小雾峰攒。”杜甫《青阳峡》:“林迥硖角来,天窄壁面削。”又《虎牙行》:“壁立石城横塞起,金错旌竿满云直。”李德裕《题剑门》:“参差霞壁耸,合沓翠屏连。”薛逢《题剑门先寄上西蜀杜司徒》:“峭壁横空限一隅,划开元气建洪枢。”见“壁立”。❹星宿名。刘升《奉和圣制送张说上集贤学士赐宴》:“台曜临东壁,乾光自北辰。”李白《陈情赠友人》:“愿假东壁辉,余光照贫女。”

【壁立】 像墙壁一样耸立。孟浩然《入峡寄弟》:“壁立千峰峻,漈流万壑奔。”杜甫《虎牙行》:“壁立石城横塞起,金错旌竿满云直。”白居易《舒员外游香山寺数日不归兼辱尺书大夸胜事长句以赠之》:“香山石楼倚天开,翠屏壁立波环回。”薛逢《五峰隐者》:“烟霞壁立水溶溶,路转崖回旦暮中。”詹墩仁《遣子访刘乙》:“石崖壁立题诗处,知是当年凤阁人。”

【壁衣】 装饰墙壁的帷幕,用织锦或布帛做成。岑参《玉门关盖将军歌》:“暖屋绣帘红地炉,织成壁衣花氍毹。”

【壁門】 营门。温庭筠《觱篥歌》:“十二楼前花正繁,交枝簇蒂连壁门。”

【壁記】 嵌在墙上的碑记。刘禹锡《题集贤阁》:“曾是先贤翔集地,每看壁记一惭颜。”又《和杨侍郎初至郴州纪事书情题郡斋八韵》:“郡斋堪四望,壁记有三台。”元稹《和乐天过秘阁书省旧厅》:“壁记欲题三漏合,吏人惊问十年来。”李洞《送卢少府之任巩洛》:“印床寒鹭宿,壁记醉僧书。”

【壁魚】 衣服及书籍上的蠹虫。杜甫《归来》:“开门野鼠走,散帙壁鱼干。”张祜《题朱兵曹山居》:“我来穿穴非无意,愿向君家作壁鱼。”

【壁畫】 绘在墙壁上的画。杨炯《游废观》:“岁时无壁画,朝夕有阶烟。”骆宾王《四月八日题七级》:“铭书非晋代,壁画是梁年。”韦蟾《岳麓道林寺》:“静听林飞念佛鸟,细看壁画驮经马。”贯休《寄天台道友》:“石碑文不直,壁画色多枯。”

【壁間】 (—jiān)犹墙壁上。权德舆《早夏青龙寺致斋凭眺感物因书十四韵》:“遗韵留壁间,凄然感东武。”唐扶《使南海道长沙题道林岳麓寺》:“两祠物色采拾尽,壁间杜甫真少恩。”皮日休《过云居院玄福上人旧居》:“龛上已生新石耳,壁间空带旧茶烟。”王播《淮南游故居感旧酬西川李尚书德裕》:“壁间潜认偷光处,川上宁忘结网时。”

【壁燈】 装置在墙上的灯。喻凫《酬王檀见寄》:“酬难尘鬓皓,坐久壁灯青。”

【壁壘】 军垒。皎然《同李洗马入余不溪经辛将军故城》:“壁垒今惟在,勋庸近可思。”

【壁龕】 墙壁上的佛龛。崔日用《乞金鱼词》:“台中鼠子直须谙,信足跳梁上壁龛。”

十四画

壓 〔yā《广韵》烏甲切,入狎,影。〕❶从上向下加以重力。韩愈《咏雪赠张籍》:“日轮埋欲侧,坤轴压将颓。”刘得仁《西园》:“绿滑莎藏径,红连果压枝。”韦庄《对梨花赠皇甫秀才》:“林上梨花雪压枝,独攀琼艳不胜悲。”❷以权势或强力逼迫;抑制。沈佺期《辛丑岁十月上幸长安时扈从出西岳作》:“磅礴压洪源,巍峨壮清昊。”❸逼近。刘兼《初至郡界》:“莲塘小饮香随艇,月榭高吟水压天。”见“壓境”。❹超越;居于其他事物之上。刘长卿《登扬州栖灵寺塔》:“北塔凌空虚,雄观压川泽。”岑参《冬宵家会饯李郎司兵赴同州》:“沙苑逼官舍,莲峰压城池。”李商隐《奉同诸公题河中任中丞新创河亭四韵之作》:“万里谁能访十洲,新亭云构压中流。”❺笼罩;覆盖。钱起《广德初銮驾出关后登高愁望二首》之一:“黄云压城阙,斜照移烽垒。”李贺《雁门太守行》:“黑云压城城欲摧,甲光向日金鳞开。”❻藏;搁。王维《送方尊师归嵩山》:“山压天中半天上,洞穿江底出江南。”❼同“押”。寒山《诗三百三首》之二八六:“平侧不解压,凡言取次出。”❽镇住,以优势或力量使人服从。张乔《华山》:“力疑擎上界,势独压中区。”❾酿酒的一种方法。见“壓酒”。

【壓枝】 布满枝头。刘长卿《晦日陪辛大夫宴南亭》:“蓂草全无叶,梅花遍压枝。”

【壓酒】 压榨取酒。酿酒的一个环节。李白《金陵酒肆留别》:“风吹柳花满店香,吴姬压酒劝客尝。”张籍《山中秋夜》:“横琴当月下,压酒及花时。”吴融《宪丞裴公上洛退居有寄二首》之二:“门前立使修书懒,花下留宾压酒忙。”方干《赠山阴崔明府》:“压酒晒书犹检点,修琴取药似交关。”罗隐《江南行》:“水国多愁又有情,夜槽压酒银船满。”

【壓酒聲】 酿酒时,压榨取酒,酒水滴下的声音。郑谷《郊墅》:“画成烟景垂杨色,滴破春愁压酒声。”

【壓境】 指敌军紧逼国境。李宣远《近无西耗》:“远戎兵压境,迁客泪横襟。”

壖 〔ruán《集韵》而宣切，平僊，日。〕空地；边缘余地。陶翰《赠房侍御》："浩荡临海曲，迢遥济江壖。"韦应物《岁日寄京师诸季端武等》："少事河阳府，晚守淮南壖。"高适《信安王幕府诗》："振玉登辽甸，摐金历蓟壖。"柳宗元《南省转牒欲具江国图令尽通风俗故事》："圣代提封尽海壖，狼荒犹得纪山川。"杜牧《行经庐山东林寺》："离魂断续楚江壖，叶坠初红十月天。"

壑 〔hè《广韵》呵各切，入铎，晓。〕❶水沟；水坑。孟浩然《入峡寄弟》："壁立千峰峻，潨流万壑奔。"杜甫《乾元中寓居同谷县作歌七首》之六："呜呼六歌兮歌思迟迟，溪壑为我回春姿。"刘得仁《和郑校书夏日游郑泉》："几脉成溪壑，何人测浅深。"吕温《道州观野火》："家有京坻咏，人无沟壑戚。"卢肇《御沟水》："万壑朝溟海，萦回岁月多。"❷山谷；两山之间的洼地。上官仪《奉和山夜临秋》："滴沥露枝响，空濛烟壑深。"温庭筠《宿辉公精舍》："橡霜诸壑霁，杉火一炉空。"贯休《山居诗二十四首》之十五："千岩万壑路倾攲，杉桧蒙蒙独掩扉。"灵澈《奉和郎中题仙岩瀑布十四韵》："遥将大壑近，暗与方壶连。"吴筠《游倚帝山二首》之一："振衣超烦滓，策杖追岑壑。"❸城壕。沈亚之《虎丘山真娘墓》："金钗沦剑壑，兹地似花台。"❹指海。钱起《巨鱼纵大壑》："巨鱼纵大壑，遂性似乘时。"赵居贞《云门山投龙诗》："大壑静不波，渺溟无际极。"元稹《和乐天送客游岭南二十韵》："大壑浮三岛，周天过五均。"曹邺《长城下》："远水犹归壑，征人合忆乡。"

【壑舟】 比喻事物在不知不觉中不断变化、迁移。见《庄子·大宗师》。赵彦昭《哭仆射鄂公杨再思》："壑舟今已去，宁有济川期。"

【壑谷】 山沟；低洼之地。皇甫湜《石佛谷》："平腹有壑谷，深广数百尺。"

壎 〔xūn《广韵》况袁切，平元，晓。〕古代一种吹奏乐器。陶制，也有用石、骨、象牙制成者。大如鹅蛋或鸡蛋，顶部稍尖，底平，中空，有球形或椭圆形等多种。顶上有吹口，前面有三、四或五孔，后面有二孔，古今各异。詹敦仁《复留侯从效问南汉刘岩改名龑字音义》："乖亷囜囝星，亷思厓丙垦。"

壕 〔háo《广韵》胡刀切，平豪，匣。〕❶护城河。卢象《追凉历下古城西北隅此地有清泉乔木》："苍苔虞舜井，乔木古城壕。"李白《寻鲁城北范居士失道落苍耳中见范置酒摘苍耳作》："城壕失往路，马首迷荒陂。"杜甫《新安吏》："掘壕不到水，牧马役亦轻。"司空曙《梁城老人怨》："相看父子血，共染城壕水。"温庭筠《途中偶作》："鸡犬夕阳喧县市，凫鹥秋水曝城壕。"❷沟道。杜甫《新安吏》："掘壕不到水，牧马役亦轻。"李约《从军行三首》之二："栅壕三面斗，箭尽举烽频。"许浑《故洛城》："鸦噪暮云归古堞，雁迷寒雨下空壕。"喻凫《答刘录事夜月怀湘西友人见寄》："竟夕空凭阁，长河漾石壕。"薛能《寄河南郑侍郎》："三峡与三壕，门阑梦去劳。"

【壕木】 生长在沟渠边的树木。耿湋《奉和第五相公登鄱阳郡城西楼》："童牛耕废亩，壕木绕新村。"

【壕水】 护城河水。刘禹锡《平蔡州三首》之一："蔡州城中众心死，妖星夜落照壕水。"

壙 〔kuàng《广韵》苦謗切，去宕，溪。〕墓穴。元稹《恭王故太妃挽歌词二首》之二："文卫罗新圹，仙娥掩暝山。"又《梦井》："土厚圹亦深，埋魂在深埂。"李贺《感讽五首》之三："漆炬迎新人，幽圹萤扰扰。"曹邺《始皇陵下作》："累累圹中物，多于养生具。"李商隐《哭遂州萧侍郎二十四韵》："不成穿圹入，终拟上书论。"

【壙篆】 墓穴前头的篆文。《全唐诗》卷八七五有《沈彬圹篆》。

十五画

壝 〔wēi《广韵》以水切，上旨，以。又以追切，平脂，以。〕❶坛、埠及其矮土围墙的总称。见《周礼·地官·大司徒》。见"壝壇"。❷指整个祭祀场所。太宗《咏司马彪续汉志》："类禋遵令典，坛壝资良地。"

【壝壇】 指祭坛。李华《咏史十一首》之二："至今壝坛下，如有箫韶声。"

壘[1] 〔lěi《广韵》力軌切，上旨，來。〕❶军营墙壁或防御工事。杜甫《前出塞九首》之八："单于寇我垒，百里风尘昏。"又《不寐》："多垒满山谷，桃源无处求。"皎然《同李洗马入余不溪经辛将军故城》："壁垒今惟在，勋庸近可思。"张蠙《古战场》："荒骨潜销垒已平，汉家曾说此交兵。"李商隐《浑河中》："九庙无尘八马回，奉天城垒长春苔。"陆龟蒙《奉和袭美寄滑州李副使员外》："清秋月色临军垒，半夜淮声入贼壕。"❷堆砌。杜荀鹤《山居寄同志》："垂钓石台依竹垒，待宾茶灶就岩泥。"皮日休《江南书情二十韵寄秘阁韦校书贻之商洛宋先辈垂文二同年》："壅泉教咽咽，垒石放巉巉。"薛涛《燕离巢》："衔泥秽污珊瑚枕，不得梁间更垒巢。"❸山岳；土堆。罗邺《望仙》："千金垒土望三山，云鹤无踪羽卫还。"❹竖立。杜甫《万丈潭》："高萝成帷幄，寒木垒旌旗。"❺巢；窝。无名氏《鱼游春水》："秦楼东风里，燕子还来寻旧垒。"

壘2 〔léi《集韵》倫追切，平脂，來。〕❶硕大，魁伟。张籍《和韦开州盛山十二首·盘石磴》："垒石盘空远，层层势不危。"❷重叠。见"壘₂壘"。

【壘石】 堆砌石块。张籍《忆故州》："垒石为山伴野夫，自收灵药读仙书。"皮日休《江南书情二十韵寄秘阁韦校书贻之商洛宋先辈垂文二同年》："壅泉教咽咽，垒石放巉巉。"齐己《夏日寄清溪道者》："不知谁为收灰骨，垒石栽松傍寺桥。"

【壘塊】 堆结成块。白居易《自题小草亭》："土阶全垒块，山木半留皮。"

【壘₂壘】 (—léi)重积貌。杜甫《秋日夔府咏怀奉寄郑监审李宾客之芳一百韵》："鸂鶒双双舞，猕猿垒垒悬。"王建《荆南赠别李肇著作转韵诗》："文涧泻潺潺，德峰来垒垒。"寒山《诗三百三首》之九三："须看郭门外，垒垒松柏下。"

十六画

壢 〔lì《集韵》狼狄切，入錫，來。〕马槽。宋之问《游称心寺》："顾㭨仍留马，乘杯久弃船。"

壚 〔lú《广韵》落胡切，平模，來。〕❶黑色或黄黑色坚硬而质粗不粘的土壤。刘禹锡《华山歌》："洪垆作高山，元气鼓其橐。"温庭筠《病中书怀呈友人》："转蓬随款段，耘草辟墁垆。"❷古时酒店里安放酒瓮的炉形土台子。借指酒店。刘长卿《送李七之笮水谒张相公》："惆怅青春晚，殷勤浊酒垆。"韦应物《酒肆行》："繁丝急管一时合，他垆邻肆何寂然。"杜甫《遣怀》："忆与高李辈，论交入酒垆。"杜牧《郡斋独酌》："旗亭雪中过，敢问当垆娘。"皎然《张伯英草书歌》："黄公酒垆兴偏入，阮籍不嗔嵇亦顾。"李瀚《蒙求》："绿珠坠楼，文君当垆。"韦庄《菩萨蛮》："垆边人似月，皓腕凝双雪。"❸通"爐"。齐己《中春感兴》："应是正人持造化，尽驱幽细入垆锤。"吴筠《晚到湖口见庐山作呈诸故人》："石镜启晨晖，垆烟凝寒色。"李峤《幸白鹿观应制》："玉酒仙垆酿，金方暗壁题。"陆龟蒙《杂讽九首》之七："魁其垆冶姿，形质惟所召。"

【壚肆】 酒店。寒山《诗三百三首》之一一六："赫赫谁垆肆，其酒甚浓厚。"

【壚頭】 酒店。李白《送别》："斗酒渭城边，垆头醉不眠。"岑参《送魏四落第还乡》："莫令别后无佳句，只向垆头空醉眠。"又《送宇文南金放后归太原寓居因呈太原郝主簿》："送君系马青门口，胡姬垆头劝君酒。"

壜 〔tán《广韵》徒含切，平覃，定。〕同"壇"。一种口小肚大、用以盛醋或酒等的圆形陶制容器。许浑《夜归驿楼》："窗下覆棋残局在，桥边沽酒半壜空。"

壞 〔huài《广韵》胡怪切，去怪，匣。〕❶败坏；衰亡。杜甫《忆昔二首》之一："邺城反覆不足怪，关中小儿坏纪纲。"又《咏怀二首》之二："邦危坏法则，圣远益愁慕。"元稹《度门寺》："蕉非难败坏，槿喻暂丰茸。"白居易《八骏图一戒奇物、惩佚游也》："穆王得之不为戒，八骏驹来周室坏。"❷倾圮，倒塌。储光羲《野田黄雀行》："水长路且坏，恻恻与心违。"崔湜《襄阳作》："宅坏仍思凤，碑存更忆羊。"鲍溶《隋宫》："炀帝春游古城在，坏宫芳草满人家。"周贺《送僧归江南》："饥鼠缘危壁，寒狸出坏坟。"温庭筠《经旧游》："坏墙经雨苍苔遍，拾得当时旧翠翘。"❸崩溃。骆宾王《同辛簿简仰酬思玄上人林泉四首》之三："今日徒招隐，终知异凿坏。"钱起《江行无题一百首》之六一："堤坏漏江水，地坳成野塘。"刘禹锡《平齐行二首》之一："春来群乌噪且惊，气如坏山堕其庭。"元稹《竞舟》："积水堰堤坏，拔秧蒲稗稠。"周贺《送省己上人归太原》："出定闻残角，休兵见坏锋。"李洞《和刘驾博士赠庄严律禅师》："尘劫自营还自坏，禅门无住亦无归。"❹变质；变得不好或有害。徐浩《谒禹庙》："梅梁今不坏，松祏古仍留。"杜甫《病柏》："岂知千年根，中路颜色坏。"❺毁坏，指败事。李白《感兴六首》之三："委之在深箧，蠹鱼坏其题。"卢仝《月蚀诗》："轮如壮士斧斫坏，桂似雪山风拉摧。"元稹《哭女樊四十韵》："败槿萧疏馆，衰杨破坏城。"白居易《郊陶潜体诗十六首》之二："行潦毁我墉，疾风坏我宇。"罗隐《王夷甫》："莫言麈尾清谭柄，坏却淳风是此人。"李洞《送包处士》："闻说石门君旧隐，寒峰溅瀑坏书堂。"广宣《安国寺随驾幸兴唐观应制》："初传宝诀长生术，已证金刚不坏身。"❻不好；恶。常衮《登栖霞寺》："何方非坏境，此地有归人。"薛能《题后集》："常感道孤吟有泪，却缘风坏语无情。"吕岩《敲爻歌》："犯淫坏失长生宝，得者须由道力人。"❼破坏。郭震《春江曲》："竹叶坏水色，郎亦坏人心。"杜甫《大历三年春白帝城放船出瞿塘峡久居夔府将适凡四十韵》："落霞沉绿绮，残月坏金枢。"朱昼《喜陈懿老示新制》："忧愁方破坏，欢喜重补塞。"周贺《逢播公》："衲衣风坏帛，香印雨沾灰。"❽破旧的，已经被毁坏的。綦毋潜《经陆补阙隐居》："琴锁坏窗风自响，鹤归乔木隐难呼。"元结《喻常吾直》："山泽多饥人，闾里多坏屋。"严维《赠别至弘上人》："衲衣求坏帛，野饭拾春蔬。"卢纶《酬李端长安寓居偶咏见寄》："坏檐藤障密，衰菜棘篱深。"李商隐《偶成转韵七十二句赠四同舍》："顷之失职辞南风，破帆坏桨荆江中。"皮日休《襄阳闲居与友生夜会》："旧丝再上琴调晚，坏叶重烧酒暖迟。"❾使变坏。元稹《台中鞫狱忆开元观旧事呈损之兼赠周兄四十韵》："唯恐坏情性，安能惧谤讪。"白居易《紫藤》："奇邪坏人室，夫惑不能除。"马戴《霁后寄白阁僧》："久披山衲坏，孤坐石床寒。"贾岛《崇圣寺斌公房》："落日寒山磬，多年坏衲衣。"皎然《灵澈上人何山寺七贤石诗》："跂禅服宜坏，坐客冠可隳。"❿生病。白居易《游悟真寺诗》："身坏口不坏，舌根如红莲。"⓫成灾。陆龟蒙《峡客行》："蛮溪雪坏蜀江倾，滟滪朝来大如屋。"

【壞山】　倒塌的山。刘禹锡《平齐行二首》之一："春来群乌噪且惊，气如坏山堕其庭。"

【壞色】　非正色。常指僧衣的颜色。白居易《岁晚旅望》："万物秋霜能坏色，四时冬日最凋年。"

【壞衣】　即袈裟。僧尼避用五种正色和五种间色，故僧衣皆以坏色染成，因名坏衣。李端《送惟良上人归润州》："寄世同高鹤，寻仙称坏衣。"杜荀鹤《题江寺禅和》："江寺禅僧似悟禅，坏衣芒履住茅轩。"

【壞陵】　❶汉蔡邕所撰《琴操》中的十二曲，传为伯牙所作。李商隐《蜀桐》："枉教紫凤无栖处，斲作秋琴弹坏陵。"皎然《风入松》："流波坏陵安足论，美人夜坐月明里。"❷塌陷的陵墓。朱昼《赠友人古镜》："我有古时镜，初自坏陵得。"朱庆余《题开元寺》："萧帝坏陵深虎迹，广师遗院闭松声。"温庭筠《秘书刘尚书挽歌词二首》之二："坏陵殷浩谪，春墅谢安棋。"皎然《奉陪陆使君长源裴端公枢春游东西武丘寺》："金精落坏陵，剑彩沈古池。"

【壞滅】　毁灭；磨灭。王昌龄《诸官游招隐寺》："金色身坏灭，真如性无主。"

壠　同"壟"。

壟　〔lǒng《广韵》力踵切，上腫，來。〕亦作"壠"。❶坟墓。见《礼记·曲礼上》。骆宾王《乐大夫挽词五首》之四："宁知荒垄外，吊鹤自裴徊。"白居易《李白墓》："可怜荒垄穷泉骨，曾有惊天动地文。"牟融《翁母些》："先垄每怀风木夜，画堂无复彩衣时。"黄滔《乌石村》："故人殁后城头月，新鸟啼来垄上花。"❷高地，高丘。孙逖《途中口号》："无复新妆艳红粉，空余故垄满青苔。"卢纶《同王员外雨后登开元寺南楼因寄西岩警上人》："数穗远烟凝垄上，一枝繁果忆山中。"李益《送韩将军还边》："雨雪移军远，旌旗上垄迟。"李中《听蝉寄朐山孙明府》："垄笛悲犹少，巴猿恨未多。"❸田野，田地。于濆《苦辛吟》："垄上扶犁儿，手种腹长饥。"黄滔《壬癸岁书情》："江头寒夜宿，垄上歉年耕。"❹田埂，田间分界的高地。王绩《田家三首》之一："倚床看妇织，登垄课儿锄。"齐己《题郑郎中谷仰山居》："檐壁层层映水天，半乘冈垄半民田。"❺成行种植农作物的土埂。杜甫《晚登瀼上堂》："雉堞粉如云，山田麦无垄。"卢纶《早春归盩厔旧居却寄耿拾遗沣李校书端》："野日初晴麦垄分，竹园相接鹿成群。"李端《野寺病居喜卢纶见访》："青青麦垄白云阴，古寺无人新草深。"王建《雉将雏》："麦垄浅浅难蔽身，远去恋雏低怕人。"李贺《新夏歌》："野家麦畦上新垄，长畛裴回桑柘重。"❻像垄的东西。朱子奢《文德皇后挽歌》："寒光向垄没，霜气入松楸。"陆龟蒙《奉和袭美太湖诗二十首·晓次神景宫》："玄津荡琼垄，紫汞啼金鼎。"吕岩《别诗二首》之一："朝朝炼液归琼垄，夜夜朝元养玉英。"❼地积单位。白居易《秋居书怀》："不种一株桑，不锄一垄谷。"❽通"陇"。沟塍。张说《岳州行郡竹篱》："差池截浦沙，缭绕缘限垄。"王湾《秋夜寓直即事怀赠萧令公裴侍郎兼通简南省诸友人》："还家新长幼，巡垄旧沟塍。"戴叔伦《从军行》："西风垄水寒，明月关山悠。"汪遵《比干墓》："一沉冤骨千年后，垄水虽平恨未平。"崔膺《别佳人》："垄上流泉垄下分，断肠呜咽不堪闻。"

【壟草】　指生长在坟茔上的野草。李洞《吊郑宾客》："骨寒依垄草，家尽逐边鸿。"

【壟畝】　❶田亩；田野。储光羲《田家杂兴八首》之四："田家趋垄亩，当昼掩虚关。"姚合《庄居野行》："居人尽东西，道路侵垄亩。"张蠙《赠信安太守》："甲士散教耕垄亩，书生闲许从旌旗。"❷犹耕作。白居易《村居苦寒》："幸免饥冻苦，又无垄亩勤。"

【壟蝶】　指田野间的蝴蝶。庄南杰《阳春曲》："芳草绵延锁平地，垄蝶双双舞幽翠。"

【壟樹】　指生长在坟茔周围的树木。刘长卿《哭魏兼遂》："垄树随人古，山门对日曛。"权德舆《赠郑国庄穆公主挽歌二首》之二："凄凉霸川曲，垄树已成行。"方干《经故侯郎中旧居》："一朝寂寂与冥冥，垄树未长坟草青。"陈陶《经徐稚墓》："千年垄树何人哭，寂寞苍苔内史碑。"无可《哭张籍司业》："乐章谁与集，垄树即勘攀。"

【壟頭】　指高地。张籍《牧童词》："陂中饥乌啄牛背，令我不得戏垄头。"邵谒《览张骞传》："仙骨若求得，垄头无新坟。"亦指分别之地。高适《登垄》："垄头远行客，垄上分流水。"王建《陇头水》："垄水何年垄头别，不在山中亦呜咽。"

十七画

壤〔rǎng《广韵》如两切，上養，日。〕❶土，土壤。则天皇后《石淙》："均露均霜标胜壤，交风交雨列皇畿。"贯休《春山行》："黑壤生红黍，黄猿领白儿。"羊士谔《野夫采鞭于东山偶得元者》："追风岂无策，持斧有遐想。凤去留孤根，岩悬非朽壤。"齐己《苦热行》："何当一雨苏我苗，为君击壤歌帝尧。"韦璜《赠姊》："断肠泉壤下，幽忧难具陈。"❷土地；田地。长孙佐辅《山居雨霁即事》："篱崩瓜豆蔓，圃壤牛羊迹。"郑玉《苇谷》："旧时白翟今荒壤，苇谷凄凄风雨多。"韦应物《晦日处士叔园林燕集》："岚岭对高斋，春流灌蔬壤。"杜甫《野望》："云山兼五岭，风壤带三苗。"陈元光《太母魏氏半径题石》："剑埋龙守壤，石卧虎司碑。"❸地方，地区。柳宗元《法华寺石门精舍三十韵》："淹留值颓暮，眷恋睇遐壤。"无可《送灵武李侍御》："地得江南壤，程分碛裹砂。"❹与"天"对应，指"地"。储光羲《贻丁主簿仙芝别》："敛衽归故山，敷言播天壤。"白居易《不出门》："不知天壤内，目我为何人。"韩愈《山南郑相公赋十四韵以献》："威风挟惠气，盖壤两劘拂。"吴筠《步虚词十首》之一："余庆逮天壤，平和王道融。"❺指疆域，疆土。骆宾王《送吴七游蜀》："日观分齐壤，星桥接蜀门。"张九龄《城南隅山池春中田袁二公盛称其美夏首获赏果会夙言故有此咏》："异壤风烟绝，空山岩径迷。"李白《留别金陵诸公》："黄旗一扫荡，割壤开吴京。"苏源明《小洞庭洄源亭燕四郡太守诗》序："天宝十二载七月辛丑，东平太守扶风苏源明，觞濮阳太守清河崔公季重、鲁郡太守陇西李公兰、济南太守太原田公琦、济阳太守陇西李公倓于洄源亭。既尊封壤，乃密惠好。"

【壤石】　指破土动工。张九龄《林亭咏》："偶怀因壤石，真意在蓬瀛。"

【壤芥】　指泥土和小草。喻指微不足道的事物。元稹《酬翰林白学士代书一百韵》："浮荣齐壤芥，闲气咏江蓠。"

【壤童】　指从事农事的年轻人。杜甫《过南岳入洞庭湖》："壤童犂雨雪，渔屋架泥涂。"

【壤歌】　即《击壤歌》。传说尧时有老人击壤而歌，后以此喻指太平盛世。杜甫《奉送王信州崟北归》："壤歌唯海甸，画角自山楼。"

【壤牆】　指泥土筑成的墙。刘山甫《题青草湖神祠》："壤墙风雨几经春，草色盈庭一座尘。"

夊 部

夊 〔suī《广韵》息遺切，平脂，心。又楚危切，平支，初。〕缓行。《玉篇·夊部》"思佳切，行迟貌。《诗》云：'雄狐夊夊。'"今《诗·齐风·南山》作"雄狐绥绥"。

二 画

冬 〔dōng《广韵》都宗切，平冬，端。〕

【冬郎】 韩偓小名。见《唐诗纪事》卷六五。李商隐有《韩冬郎即席为诗相送一座尽惊因成二绝寄酬畏之员外》。

七 画

夏 〔xià《广韵》胡雅切，上馬，匣。〕❶古代汉民族自称为"夏"，或称"华夏""诸夏"，后遂泛指中原，全国。骆宾王《从军中行路难二首》："中外分区宇，夷夏殊风土。"宋之问《范阳王挽词二首》之一："公才掩诸夏，文体变当时。"岑参《入剑门作寄杜杨二郎中时二公并为杜元帅判官》："陡觉烟景殊，杳将华夏隔。"杜牧《闻开江相国宋下世二首》之二："位极乾坤三事贵，谤兴华夏一夫冤。"温庭筠《题李卫公诗二首》之二："势欲凌云威触天，权倾诸夏力排山。"❷大。见《方言》第一。见"夏屋"。❸朝代名。约建立于公元前22世纪或公元前21世纪。姒姓，相传禹为第一代王，史称夏朝，为我国历史上第一个朝代。陈子昂《奉和皇帝上礼抚事述怀应制》："卑宫昭夏德，尊老睦尧亲。"武元衡《顺宗至德大圣皇帝挽歌词三首》之三："缵夏功传启，兴周业继昌。"吕温《题梁宣帝陵二首》之二："祀夏功何薄，尊周义不成。"❹夏季；夏天。骆宾王《晚泊江镇》："荷香销晚夏，菊气入新秋。"岑参《过王判官西津所居》："树密昼先夜，竹深夏已秋。"韩愈《送刘师服》："夏半阴气始，淅然云景秋。"李商隐《李肱所遗画松诗书两纸得四十韵》："是时方暑夏，座内若严冬。"❺乐舞名。相传为夏禹时的乐舞。见《史记·乐书》。周代用于祭祀山川，为六舞之一。唐代亦制为郊庙祭祀的乐舞。所用乐器以竹苇制成的编管乐器"籥"为主，故又称"夏籥"。白居易《渭村退居寄礼部崔侍郎翰林钱舍人诗一百韵》："齐竽混韶夏，燕石厕琳琅。"陆龟蒙《江南秋怀寄华阳山人》："琮璜陈始毕，韶夏教初成。"《郊庙歌辞·武后大享拜洛乐章·禋和》："奏夏登列，歌雍彻肆。"❻水名。见"夏水"。❼孔子弟子卜商的简称。卜商，字子夏，卫国人，才优德高，尤以文学见称。居西河（今山西临汾），魏文侯任为太常，以师事之。见《史记·仲尼弟子列传》。崔日用《冬日述怀奉呈韦祭酒张左丞兰台名贤》："上异西河夏，中非北海玄。"孟浩然《同卢明府早秋宴张郎中海亭》："侧听弦歌宰，文书游夏徒。"杜甫《又示宗武》："曾参与游夏，达者得升堂。"高适《鲁郡途中遇徐十八录事》："圣人久已矣，游夏遥相望。"❽佛教词。见"夏臘"。❾姓。唐诗人有夏方庆等。

【夏口】 地名。汉水入江处。三国吴黄武二年(223)，吴在大江东岸今湖北武汉市黄鹤山东北筑城，因名夏口城，为军事重地。王维《送封太守》："扬舲发夏口，按节向吴门。"李端《江上逢司空曙》："夏口帆初落，涔阳雁正疏。"李频《鄂州头陀寺上方》："西江帆挂东风急，夏口城衔楚塞遥。"郑谷《舟行》："蓼渚白波喧夏口，柿园红叶忆长安。"参见"夏水"。

【夏天】 ❶夏季。高适《奉酬北海李太守丈人夏日平阴亭》："春野变木德，夏天临火星。"王建《昭应官舍书事》："腊月近汤泉不冻，夏天临渭屋多凉。"周贺《再过王辂原居纳凉》："夏天多忆此，早晚得秋分。旧月来还见，新蝉坐忽闻。"❷夏天的白天。韦应物《南园》："清露夏天晓，荒园野气通。"张祜《平阴夏日作》："西来渐觉细尘红，扰扰舟车路向东。可惜夏天明月夜，土山前面障南风。"

【夏王】 即夏禹。宋之问《谒禹庙》："夏王乘四载，兹地发金符。"储光羲《巩城东庄道中作》："夏王纪冬令，殷人乃正月。"

【夏中】 (—zhōng)谓盛夏。戴叔伦《送裴判官回湖南》："莫怕南风且尽欢，湘山多雨夏中寒。"白居易《题卢秘书夏日新栽竹二十韵》："莫同凡草木，一种夏中看。"杜荀鹤《夏日留题张山人林亭》："此中偏称夏中游，时有风来暑气收。"刘兼《中夏昼卧》："寂寂无聊九夏中，傍檐依壁待清风。"

【夏中丞】 (—zhōng)李端有《送夏中丞赴宁国

任》,"中"乃"侯"之讹。夏侯丞即夏侯审,曾官宁国县丞。参见"夏侯丞"。

【夏日】 ❶夏天;夏天白昼。徐知仁《奉和圣制送张说巡边》:"耀威当夏日,杀气指秋天。"孟浩然《夏日辨玉法师茅斋》:"夏日茅斋里,无风坐亦凉。"张籍《夏日闲居》:"无事门多闭,偏知夏日长。"❷夏天的太阳。杜甫《夏日叹》:"夏日出东北,陵天经中街。"杨衡《宿陟岵寺云律师院》:"碧水洒尘缨,凉扇当夏日。"王贞白《雨后从陶郎中登庾楼》:"庾楼逢霁色,夏日欲西曛。"❸形容人的威严。见《左传·文公七年》。张说《赠工部尚书冯公挽歌三首》之二:"昔焉称夏日,今也谥冬卿。"

【夏水】 ❶水名。汉水自湖北仙桃市以下至入长江口段,古代亦称夏水。张九龄《夏日奉使南海在道中作》:"秋瘴宁我毒,夏水胡不夷。"元稹《送王十一南行》:"夏水漾天末,晚旸依岸村。"❷夏天的水流。姜皎《龙池篇》:"日日芙蓉生夏水,年年杨柳变春湾。"元结《石湖上醉歌·石宫四咏》之二:"石宫夏水寒,寒水宜高林。"

【夏月】 夏天。岑参《登嘉州凌云寺作》:"僧房云濛濛,夏月寒飕飕。"羊士谔《寄黔府窦中丞》:"夏月天无暑,秋风水不波。"杨巨源《夏日裴尹员外西斋看花》:"始知清夏月,更胜艳阳人。"齐己《山中答人》:"夏月山常往,霜天寺独寻。"

【夏正】 指夏历。正,一年的开始。我国古代在历法上有"三正",即夏正、殷正、周正。夏正(即夏历)以农历正月为岁首。见《史记·历书》。夏历,又称"农历""阴历"。李百药《奉和正日临朝应诏》:"化历昭唐典,承天顺夏正。"

【夏至】 二十四节气之一。约在公历6月21日或22日。采用土圭来观测日影以定节气。一年之中当太阳在正北方之时,日影最长,即白昼最长,这一天就叫日长至,因为在夏天,故又名夏至。夏至以后,即进入炎热季节。白居易《思归》:"夏至一阴生,稍稍夕漏迟。"又《和梦得夏至忆苏州呈卢宾客》:"忆在苏州日,常谙夏至筵。粽香筒竹嫩,炙脆子鹅鲜。"

【夏伏】 指伏天。有初伏、中伏和末伏,总称三伏。三伏是我国最热的时候,约在公历七月中旬至八月下旬之间。高适《同群公秋登琴台》:"犹是对夏伏,几时有凉飙。"

【夏后】 即夏禹。杜甫《上白帝城》:"江流思夏后,风至忆襄王。"韩愈《南山诗》:"余闻古夏后,象物知神奸。"李商隐《九成宫》:"云随夏后双龙尾,风逐周王八骏蹄。"

【夏州】 州名。北魏太和十一年(487)改统万镇置。治所为岩绿县(今山西靖边县东北白城子)。黄滔《夏州道中》:"征行浑与求名背,九月中旬往夏州。"杨凝有《送客往夏州》。

【夏汭】 春秋楚国地名。在今安徽凤台县西南。见《左传·昭公四年》。罗隐《题方干诗》:"中间李建州,夏汭偶同游。"

【夏典】 夏代的典籍。《郊庙歌辞·祀九宫贵神乐章·豫和》:"虞经夏典,兹礼未遑。"

【夏服】 ❶又名繁弱,古代良箭名。见《文选·司马相和〈子虚赋〉》。一说为上古时射箭能手后羿的箭囊。见《史记·司马相如列传》司马贞索隐。后因以泛指良箭或箭囊。许敬宗《奉和九月九日应制》:"鹫岭飞夏服,娥魄乱雕弓。"李益《从军行有苦乐行》:"一矢弢夏服,我弓不再张。"❷夏天的服装。元稹《含风夕》:"夏服稍轻清,秋堂已岑寂。"白居易《秋霁》:"冬衣殊未制,夏服行将绽。"又《夏日闲放》:"夏服亦无多,蕉纱三五事。"

【夏服箭】 良弓名。太宗《出猎》:"雕戈夏服箭,羽骑绿沉弓。"参见"夏服❶"。

【夏首】 ❶地名。在今湖北荆州市东南。见《楚辞·九章·哀郢》。南朝时亦称夏口(今汉水入江之口)为夏首,即今武汉市武昌区。李百药《郢城怀古》:"阵云埋夏首,穷阴惨荒谷。"张九龄《九月九日登龙山》:"东弥夏首阔,西拒荆门壮。"❷谓初夏。王维《资圣寺送甘二》:"柳色蔼春余,槐阴清夏首。"孟浩然《将适天台留别临安李主簿》:"念离当夏首,漂泊指炎裔。"韦应物《始夏南园思旧里》:"夏首云物变,雨余草木繁。"

【夏官】 古代六官之一。见《周礼·夏官·序官》。北周亦有设置。唐光宅元年(684),改兵部为夏官,神龙元年(705)复称兵部。后遂沿用以称兵部或其首长。张说《奉和圣制太行山中言志应制》:"扈跸参天老,承荣忝夏官。"岑参《上嘉州青衣山中峰题惠净上人幽居寄兵部杨郎中》序:"友人夏官弘农杨侯,清谈之士也。"

【夏政】 夏代的政治及制度。苏晋《奉和圣制送张说巡边》:"算车申夏政,茇舍启戎田。"

【夏城】 即夏县。罗隐《送卢端公归台卢校书之夏县》:"一种西归一般达,柏台霜冷夏城春。"

【夏律】 即夏历。太宗《度秋》:"夏律昨留灰,秋箭今移晷。"参见"夏正"。

【夏禹】 人名。又称"禹""大禹"。相传为夏后氏部落的领袖,奉舜之命治理洪水。开山劈水,疏导江河,治水十三年,三过家门而不入。因治水有功,而成为继任舜以后的部落联盟领袖。武元衡《德宗皇帝挽歌词三首》之一:"道启轩皇圣,威扬夏禹功。"薛能《龙门八韵》:"高波万丈泻,夏禹几年功。"

【夏禹祠】　祭祠。纪念夏禹的祠庙。刘长卿《送荀八过山阴旧县兼寄剡中诸官》:“旧石曹娥篆,空山夏禹祠。”李建勋《春水》:“轻鸥散绕夫差国,远树微分夏禹祠。”

【夏禹穴】　又名禹穴。传说为夏禹的葬地。一说为夏禹的藏书之处。在今浙江绍兴市东南会稽山麓禹祠南。见《史记·太史公自序》。孟浩然《与崔二十一游镜湖寄包贺二公》:“将探夏禹穴,稍背越王城。”

【夏祠】　即夏禹祠。宋之问《郡宅中斋》:“越俗镜中行,夏祠云表见。”严维《陪皇甫大夫谒禹庙》:“竹使羞殷荐,松龛拜夏祠。”

【夏屋】　❶丰盛的食馔。见《诗·秦风·权舆》。皮日休《太湖诗·雨中游包山精舍》:“施稀无夏屋,境僻乏朝膳。”❷大屋。见《楚辞·大招》。刘禹锡《含辉洞述》(外编下):“吾得异境于近郊,自城西门并南山俯江水,有石穹如夏屋,其左右前后,又加回廊曲房,藻绣雕形之象。”皮日休《二游诗·徐诗》:“楼船若夏屋,欲载如垤塿。”

【夏侯丞】　夏侯审。审曾官宁国县丞。司空曙有《送夏侯审赴宁国》。卢纶有《送宁国夏侯丞》。李端有《送夏中丞赴宁国任》,“中”乃“侯”之讹。

【夏侯侍郎】　韩翃有《送夏侯侍郎》。诗云:“御史府中新正名。”知题中“郎”乃“御”之讹。夏侯侍御,疑为夏侯审。《新唐书·卢纶传》:“〔夏侯〕审,侍御史。”

【夏侯相公】　(相 xiàng)夏侯孜。咸通元年(860)十一月检校尚书右仆射、同平章事、剑南西川节度使。薛逢有《奉和仆射相公送东川李支使归使府夏侯相公》。

【夏侯校書】　(校 jiào)夏侯审。韦应物有《春日郊居寄万年吉少府中孚三原少府伟夏侯校书审》。卢纶有《送夏侯校书归华阴别墅》。

【夏時】　❶指夏历,夏代的历法。王维《送秘书晁监还日本国》序:“正朔本乎夏时,衣裳同乎汉制。”参见“夏正”。❷谓夏天;夏季。韦应物《答李博士》:“缄书当夏时,开缄时已度。”朱庆余《送惠雅上人西游》:“还想安居日,应当后夏时。”

【夏條】　夏天树木的枝条。沈佺期《夏日梁王席送张岐州》:“芃芃秋麦盛,苒苒夏条垂。”崔翘《送友人使夷陵》:“开襟春叶短,分手夏条长。”韦应物《慈恩伽蓝清会》:“岚岭晓城分,清阴夏条长。”又《夏花明》:“夏条绿已密,朱萼缀明鲜。”

【夏氣】　夏日的暑气。李德裕《奉和韦侍御陪相公游开义五言六韵》:“石渠清夏气,高树激鲜飙。”李频《夏日题盩厔友人书斋》:“四时无夏气,三伏有秋风。”

【夏卿】　兵部长官的别称。因《周礼》以夏官司马掌兵,故名。崔日用《奉和圣制送张说巡边》:“轩相推风后,周官重夏卿。”张说《奉和圣制送王晙巡边应制》:“六月歌周雅,三边遣夏卿。”韩林《奉和圣制送张说巡边》:“一德光台象,三军掌夏卿。”张嘉贞《奉和圣制送张说巡边》:“天锡我宗盟,元戎付夏卿。”

【夏浦】　❶地名。夏水会合长江处。即今湖北武汉市汉江江口段。见《楚辞·屈原〈九章·哀郢〉》。❷夏天的水滨。陈子昂《春晦饯陶七于江南同用风字》:“芙蓉生夏浦,杨柳送春风。”

【夏家】　指上古时期的夏朝。见《左传·襄公四年》。韩愈《奉和杜相公太清室纪事陈诚上李相公十六韵》:“耒耜兴姬国,輴樏建夏家。”

【夏畦】　夏天田野中劳动的人。见《孟子·滕文公下》。亦谓夏天在田野中劳动。李商隐《大卤平后移家到永乐县居书怀十韵寄刘韦二前辈二公尝于此县寄居》:“自悲秋获少,谁惧夏畦难。”

【夏陽】　县名。在今陕西。王珪《咏淮阴侯》:“斩龙堰濉水,擒豹熸夏阳。”张说《崔礼部园亭得深字》:“水连伊阙近,树接夏阳深。”岑参《送崔主簿赴夏阳》:“常爱夏阳县,往年曾再过。”

【夏晝】　夏季的白天。韦应物《沣上寄幼遐》:“夏昼人已息,我怀独未宁。”又《酬刘侍郎使君》:“重门深夏昼,赋诗延众宾。”柳宗元有《夏昼偶作》。

【夏景】　❶夏天的景色,景物。刘孝孙《游清都观寻沈士得仙字》:“滔滔清夏景,嘒嘒早秋蝉。”窦牟《望终南》:“日爱南山好,时逢夏景残。”李德裕《思山居一十首·初夏有怀山居》:“山中有所忆,夏景始清幽。”李频《送凤翔范书记》:“西京无暑气,夏景似清秋。”❷夏季的白天,夏昼。李峤《五月奉教作》:“绿树炎氛满,朱楼夏景长。”元稹《表夏十首》之六:“忽厌夏景长,今春行已及。”白居易《昼寝》:“独行还独卧,夏景殊未暮。”司空图《华下》:“簪冠新带步池塘,逸韵偏宜夏景长。”❸夏天的太阳,日光。张籍《寄韩愈》:“夏景常昼毒,密林无鸣蝉。”皮日休《太湖诗·销夏湾》:“我来此游息,夏景方赫曦。”

【夏暑】　夏天的暑热。张说《寄姚司马》:“共君春种瓜,本期清夏暑。”岑参《送赵侍御归上都》:“霜随驱夏暑,风逐振江涛。”又《六月三十日水亭送华阴王少府还县得潭字》:“残云收夏暑,新雨带秋岚。”

【夏税】　赋税名。唐德宗建中元年(780),采纳杨炎的建议实行两税法。分夏秋两次征收。规定夏税必须在六月以前完成收纳。白居易《赠友五首》之三:“胡为秋夏税,岁岁输铜钱。”

【夏葛】　夏天穿的葛衣。白居易《闲居春尽》:

“冬裘夏葛相催促，垂老光阴速似飞。”薛能《水帘吟》：“豪客每来清夏葛，愁人才见认秋檐。”

【夏臺】 上古夏代的狱名。又名均台。故址在今河南省禹县南。见《史记·夏本纪》。后用以代指监狱。骆宾王《幽縶书情通简知己》“揆画惭周道，端忧滞夏台。”李白《上崔相百忧章》：“微诚不感，犹縶夏台。”李琪《奉试诏用拓拔思恭为京北收复都统》：“飞骑经巴栈，鸿恩及夏台。”无可《书事寄万年厉员外》：“不惊卢犬吠，渐见夏台空。”

【夏圖】 ❶夏朝的典籍图书。见《吴越春秋·越王无余外传》。虞世南《奉和幸江都应诏》：“南国行周化，稽山秘夏图。”参见“禹穴”。❷即洛书。相传大禹治书时，有神龟出于洛水，背上有裂纹，纹如文字，禹取法而作《尚书·洪范》之“九畴”(治理天下的九类大法)。见《书·洪范》。白居易《开成大行皇帝挽歌词四首奉敕撰进》之二：“蓂晚余尧历，龟新启夏图。”参见“洛書”。

【夏滿】 佛教用词。谓僧人坐夏期满。时间在农历七月十五日之后。坐夏，佛教用语。僧人的修行方法。在静室中结跏趺坐，静坐思维。从农历四月十六日开始，至七月十五日结束。周贺《赠神邃上人》：“夏满寻医还出寺，晴来晒疏暂开门。”朱庆余《送僧游温州》：“夏满随所适，江湖非系缘。”曹松《贻住山僧》：“腊高犹伴鹿，夏满不归城。”雍陶《怀无可上人》：“山寺秋时后，僧家夏满时。”

【夏箙】 良箙名。贺敳《奉和九月九日应制》：“带星飞夏箙，映月上轩弧。”参见“夏服❶”。

【夏課】 唐代科举考试之后，落第举子遂在长安或其他名山、寺院等地的僻静之处，继续习业，谓之过夏，又谓之夏课。见李肇《国史补》卷下和钱易《南部新书》乙部。郑谷《送吏部曹郎中免官南归》：“夏课每垂奖，雪天常见忧。”韩偓《夏课成感怀》：“凄凉身事夏课毕，濩落生涯秋风高。”

【夏樂】 (—yuè)相传为夏禹的乐名。见《史记·乐书》。徐浩《谒禹庙》：“不复闻夏乐，唯余奏楚幽。”严维《奉和皇甫大夫祈雨应时雨降》：“九成陈夏乐，三献奉殷罍。”

【夏縣】 县名。北魏太和十八年(494)以北安邑县改名，治所即今山西夏县西北禹王城。李颀有《送刘四赴夏县》。卢纶有《送赵其长归夏县旧山依阳征君读书》。

【夏講】 佛教用语。僧人在夏天为僧众讲经说法。张蠙《赠可伦上人》：“游吴累夏讲，还与虎溪同。”李洞《赠三惠大师》：“诏落五天开夏讲，两街人竞礼长眉。”

【夏蟲】 ❶夏天的虫。杜甫《苦竹》：“苦味夏虫避，丛卑春鸟疑。”元稹《表夏十首》之七：“莫厌夏虫多，蜩螗定相扰。”李建勋《新竹》：“懒嫌吟客倚，甘畏夏虫伤。”❷喻人识见短浅。见《庄子·秋水》。陆龟蒙《奉和袭美太湖诗二十首·晓次神景宫》：“肯信抃鳌倾，犹疑夏虫永。”

【夏簟】 即竹席。因为夏天所用，故名。杜甫《郑驸马宅宴洞中》：“主家阴洞细烟雾，留客夏簟清琅玕。”刘禹锡《送蕲州李郎中赴任》：“薤叶照人呈夏簟，松花满碗试新茶。”元稹《友封体》：“雨送浮凉夏簟清，小楼腰褥怕单轻。”

【夏臘】 佛教用语。也称“戒腊”“法腊”。僧人出家为僧的年数。以每年坐夏安居结束的农历七月十五日为结束之日，十六日以后为新岁的开始。耿湋《题惟幹上人房》：“是非齐已久，夏腊比应难。”鲍溶《怀惠明禅师》：“雪岭无人又问来，十年夏腊平安否?”崔峒《题空山人石室》：“云山知夏腊，猿鸟见修行。”李洞《山寺老僧》：“护茶高夏腊，爱火老春秋。”

十一画

敻 〔xiòng《广韵》休正切，去劲，晓。〕❶远；遥远。顾况《游子吟》：“佳人敻青天，尺素重于金。”韩愈《寒食日出游》：“念君又署南荒吏，路指鬼门幽且敻。”王周《自喻》：“妻儿敻限越，容颜几憔悴。”戴叔伦《九日与敬处士左学士同赋采菊上东山便为首句》：“江湖乍辽敻，城郭亦在眼。”❷深远；悠长。李冶《从萧叔子听弹琴赋得三峡流泉歌》：“玉琴弹出转寥敻，直是当时梦里听。”皎然《答郑方回》：“远情偶兹夕，道用增寥敻。”贾岛《登楼》：“远近涯寥敻，高低中太虚。”❸高；高尚。皮日休《公斋四咏·小松》：“亭亭向空意，已解凌辽敻。”陆龟蒙《奉和袭美公斋四咏次韵·小松》：“因求饰清閟，遂得辞危敻。”刘禹锡《送华阴尉张苕赴邕府使幕》：“高视缅今古，清风敻无邻。”❹绝然；全然。吴融《风雨吟》：“敻无禽影，寂无人音。”黄滔《奉和翁文尧十九员外中谢日蒙恩赐金紫之什》：“敻为胜事垂千古，题作新诗启七微。”郑畋《禁直寄崔员外》：“银台楼北蕊珠宫，敻与人间路不同。”

【敻古】 远古。权德舆《早夏青龙寺致斋凭眺感物因书十四韵》：“洁斋奉明祀，凭览伤敻古。”

【敻絕】 皆绝；全都断绝。元稹《有酒十章》之六：“灵芝敻绝荆棘多，荆棘多兮可奈何。”

【敻寥】 遥远寂寥。孟郊《晚雪吟》：“睿气流不尽，瑞仙何敻寥。”

十八画

夔〔kuí《广韵》渠追切，平脂，羣。〕❶人名。历史传说为舜时的乐官。见《书·舜典》。丁仙芝《越裳贡白雉》："圣哲承休运，伊夔列上台。"潘存实《赋得玉声如乐》："后夔如为听，从此振琮琤。"贯休《寿春进祝圣七首·文有武备》："还闻夔进曲，吹出泰阶平。"❷春秋时国名。见"夔子國"。❸唐代州名。见"夔州"。❹恭敬戒慎。见"夔夔"。

【夔子國】　原为春秋时国名。见《左传·僖公二十六年》。唐时多借以指夔州。杜甫《大历二年九月三十日》："瘴余夔子国，霜薄楚王宫。"又《续得观书迎就当阳居止正月中旬定出三峡》："天旋夔子国，春近岳阳湖。"又《复阴》："君不见夔子之国杜陵翁，牙齿半落左耳聋。"

【夔州】　州名。唐武德二年(619)以信州改名，治所在鱼复县(贞观改为奉节县，今四川奉节县东白帝城。杜甫《夔州歌十绝句》之一："白帝高为三峡镇，夔州险过百牢关。"张祜《送曾黯游夔州》："不远夔州路，层波滟滪连。"郑谷《峡中》："万重烟霭里，隐隐见夔州。"

【夔府】　夔州府署。在夔州府治白帝城。杜甫《秋兴八首》之二："夔府孤城落日斜，每依南斗望京华。"又有《秋日夔府咏怀奉寄郑监李宾客一百韵》。

【夔城】　即夔州城。齐已《送周秀游峡》："又向夔城去，知难动旅魂。"

【夔契】　(一xiè)二人均为舜时的贤能之臣。夔典乐，为乐正；契为司徒。见《书·舜典》。后以"夔契"代指贤能之大臣。白居易《闻李尚书拜相因以长句寄贺微之》："夔契定求才济世，张雷应辨气冲天。"

【夔皋】　夔，舜时的典乐之官；皋，即皋陶，舜时的典刑之官。二人为舜时的贤能之臣。见《书·舜典》。后以"夔皋"并称，代指朝廷的贤能大臣。韩愈《八月十五夜赠张功曹》："昨者州前捶大鼓，嗣皇继圣登夔皋。"

【夔卨】　(一xiè)同"夔契"。卨，"契"的古字。贯休《长安道》："上有尧禹，下有夔卨。"

【夔國】　同"夔子國"。杜甫《园人送瓜》："柏公镇夔国，滞务兹一扫。"

【夔樂】　(一yuè)乐名。夔，相传为舜时的乐官。见《书·舜典》。后因以"夔乐"指太常寺所属之乐。杜甫《奉赠太常张卿二十韵》："伶官诗必诵，夔乐典犹稽。"

【夔龍】　夔，舜时的典乐之官；龙，舜时的谏官。见《书·舜典》。夔与龙为舜的贤能大臣，后因以代指朝廷的宰相等贤能大臣。李峤《扈从还洛呈侍从群官》："叨承廊庙选，谬齿夔龙弼。"李白《答高山人兼呈权顾二侯》："应运生夔龙，开元扫氛翳。"姚合《和门下李相饯西蜀相公》："圣朝同舜日，作相有夔龙。"李群玉《将之京国赠薛员外》："天子坐宣室，夔龙奉谟猷。"

【夔夔】　恭敬戒慎貌。见《书·大禹谟》。李白《寓言三首》之一："周公负斧扆，成王何夔夔。"

夕　部

夕〔xī《廣韻》祥易切，入昔，邪。〕❶傍晚，日暮。太宗《入潼关》："冠盖往来合，风尘朝夕惊。"李白《猛虎行》："一输一失关下兵，朝降夕叛幽蓟城。"韩愈《感春五首》之五："朝明夕暗已足叹，况乃满地成摧颓。"白居易《秋江送客》："秋鸿次递过，哀猿朝夕闻。"❷谓日向西，偏西。见《诗·王风·君子于役》。沈佺期《邙山》："城中日夕歌钟起，山上唯闻松柏声。"杜甫《返照》："牛羊识童仆，既夕应传呼。"韦应物《寄子西》："日夕上高斋，但望东园绿。"贾彦璋《王龙骧墓》："唯余孤垅上，日夕起松飙。"❸夜。见《诗·唐风·绸缪》。王昌龄《赠史昭》："是夕鸿始来，斋中起长叹。"刘长卿《湖上遇郑田》："湛湛江色寒，濛濛水云夕。"杨巨源《上刘侍中》："欲奋三年翼，频回一夕肠。"刘言史《广州王园寺伏日即事寄北中亲友》："谁怜在炎客，一夕壮容销。"

【夕月】　傍晚的月亮。李白《怨歌行》："荐枕娇夕月，卷衣恋春风。"薛能《碧鲜亭春题竹》："夕月阴何乱，春风叶尽轻。"又《失鹤二首》之二："但见空笼抛夕月，若何无树宿荒坡。"

【夕死】　语出《论语·里仁》。谓为追求真理，死而无憾的精神。杜光庭《纪道德》："语不云乎，仲尼有言，朝闻道，夕死可矣，所以传万古历百王，不敢离云于顷刻。"

【夕郎】　亦作"夕拜"。黄门侍郎的别称。汉时，黄门郎可加官给事中，因亦称给事中为夕郎。见汉应劭《汉官仪》卷上。又见宋洪迈《容斋四笔·官称别名》。宋之问《和姚给事寓直之作》："清论满朝阳，高才拜夕郎。"钱起《酬赵给事相寻不遇留赠》："忽看童子扫花处，始愧夕郎题凤来。"姚合《和卢给事酬裴员外》："夕郎夜直吟仙掖，天乐和声下禁楼。"徐铉《寄江州萧给事》："夕郎忧国不忧身，今向天涯作逐臣。"

【夕兔】　月亮。传说月中有玉兔，故云。骆宾王《艳情代郭氏答卢照邻》："抱膝当窗看夕兔，侧耳空房听晓鸡。"

【夕陽】　❶傍晚的太阳。沈佺期《巫山高二首》之二："神女向高唐，巫山下夕阳。"刘长卿《晚次湖口有怀》："朝气和楚云，夕阳映江树。"薛能《柘枝词三首》之一："战血沾秋草，征尘搅夕阳。"马戴《新秋雨际宿王处士东郊》："夕阳逢一雨，夜木洗清阴。"❷比喻晚年。杜甫《上白帝城》："老去闻悲角，人扶报夕阳。"白居易《秦中吟十首·不致仕》："朝露贪名利，夕阳忧子孙。"

【夕陽亭】　亭名。故址在河南省洛阳市西。东汉延光年间，太尉杨震被谮遣归，饮鸩死于此亭。晋贾充出镇关中，百僚饯行于此亭。唐亦以此亭为饯送之所，改名"河亭"。后借指送行饯别之所。唐彦谦《寄怀》："有客伤春复怨离，夕阳亭畔草青时。"

【夕陽春】　旧习。日落时舂米。薛能《游嘉州后溪》："山屐经过满径踪，隔溪遥见夕阳舂。"

【夕陽樓】　❶布满夕阳的楼观。殷尧藩《九日》："万里飘零十二秋，不堪今倚夕阳楼。"杜牧《登池州九峰楼寄张祜》："百感中来不自由，角声孤起夕阳楼。"韦庄《咸阳怀古》："城边人倚夕阳楼，城上云凝万古愁。"姚揆《颍川客舍》："回首帝京归未得，不堪吟倚夕阳楼。"❷古迹名。在河南荥阳。李商隐有《夕阳楼》。原注："在荥阳。是所知今遂宁萧侍郎牧荥阳日作也。萧侍郎，萧澣也。"

【夕拜】　义同"夕郎"。宋之问《故赵王属赠黄门侍郎上官公挽词二首》之二："昔枉朝歌骑，今虚夕拜闱。"权德舆《奉和李给事省中书情寄刘苗崔三曹长因呈许陈二阁老》："常寮几处伏明光，新诏联翩夕拜郎。"

【夕烽】　边塞烽烟，在傍晚点燃，以报平安，故谓之"夕烽"。杜甫《夕烽》："夕烽来不近，每日报平安。"

【夕陰】　傍晚阴晦的气象。太宗《赋得李》："丽景光朝彩，轻霞散夕阴。"张说《岳州山城》："东旷迎朝色，西楼引夕阴。"白居易《渭村雨归》："复兹夕阴起，野色重萧条。"刘沧《经古行宫》："御沟流水长芳草，宫树落花空夕阴。"

【夕惕】　谓至夜晚仍怀忧惧，工作不懈。见《易·乾》。杜甫《送李校书二十六韵》："羡君齿发新，行己能夕惕。"白居易《咏兴五首》之五："朝饥口忘味，夕惕心忧失。"李德裕《早入中书行公主册礼事毕登集贤阁成咏》："晨兴念始辱，夕惕思致寇。"陆龟蒙《杂讽九首》："如闻恭俭语，謇謇事夕惕。"

【夕嵐】　暮霭，傍晚山林中的雾气。王维《辋川集·木兰柴》："彩翠时分明，夕岚无处所。"孟浩然《腊月八日于剡县石城寺礼拜》："夕岚增气色，余照发光辉。”戎昱《送张秀才之长沙》:“山靄生朝雨,江烟作夕岚。”曹松《题湖南岳麓寺》:“蜩沾高雨断,鸟遇夕岚沈。”

【夕景】　夕阳。亦指傍晚景象。李白《答从弟幼成过西园见赠》:“一笑复一歌,不知夕景昏。”王表《赋得花发上林》:“晴光来戏蝶,夕景动栖禽。”刘得仁《宿普济寺》:“广陌车音急,危楼夕景通。”李建勋《题魏坛二首》之一:“萧条夕景空坛畔,朽桧枝斜绿蔓垂。”

【夕煙】　傍晚时的烟靄。亦指黄昏时的炊烟。王勃《圣泉宴》:“兴洽林塘晚,重岩起夕烟。”

【夕鼓】　傍晚报时的鼓。元稹《答姨兄胡灵之见寄五十韵》:“春郊才烂熳,夕鼓已砰轰。”白居易《答元八宗简同游曲江后明日见赠》:“坐愁红尘里,夕鼓咚咚声。”

【夕暉】　夕阳的光辉。亦指日暮前余晖映照。太宗《咏雪》:“洁野凝晨曜,装墀带夕晖。”韦应物《赠别河南李功曹》:“云霞未改色,山川犹夕晖。”刘沧《题巫山庙》:“十二岚峰挂夕晖,庙门深闭烟雾微。”韦庄《题袁州谢秀才所居》:“主人年少已能诗,更有松轩挂夕晖。”

【夕照】　夕阳;傍晚的阳光。太宗《望雪》:“萦空惭夕照,破彩谢晨霞。”刘长卿《赠西邻卢少府》:“犬吠寒烟里,鸦鸣夕照中。”武元衡《经严秘校维故宅》:“丽藻浮名里,哀声夕照中。”颜真卿《题杼山癸亭得暮字》:“迟回未能下,夕照明村树。”

【夕熏】　夕香。熏,香。李商隐《促漏》:“舞鸾镜匣收残黛,睡鸭香炉换夕熏。”

【夕漏】　借指夜晚。漏,古代计时器。张文恭《七夕》:“欢余夕漏尽,怨结晓骖归。”李憕《和户部杨员外伯成寓直》:“双阙天河近,千门夕漏长。”韦应物《效何水部二首》之二:“夕漏起遥恨,虫响乱秋阴。”孔德绍《夜宿荒村》:“绵绵夕漏深,客恨转伤心。”

【夕輪】　指圆月。骆宾王《久戍边城有怀京邑》:“莨繁秋色引,桂满夕轮虚。”

【夕影】　日暮时的阴影。李峤《乌》:“日路朝飞急,霜台夕影寒。”刘沧《留别山中友人》:“大河风急寒声远,高岭云开夕影深。”

【夕曛】　落日的余晖。戴叔伦《晚望》:“山气碧氤氲,深林带夕曛。”

二　画

夙　〔sù《廣韻》息逐切,入屋,心。〕❶早;早年。见《诗·齐风·东方未明》。见“夙昔”“夙夜”“夙德”“夙興”。❷旧;平素。见“夙志”“夙尚”“夙願”“夙懷”。

【夙世】　前世。皮日休《奉和鲁望樵人十咏·樵家》:“云萝共夙世,猿鸟同生涯。”

【夙心】　平素的心愿。刘希夷《嵩岳闻笙》:“神仙乐吾事,笙歌铭夙心。”孟浩然《听郑五愔弹琴》:“予意在山水,闻之谐夙心。”白居易《酬皇甫庶子见寄》:“别诏忽惊新命出,同寮偶与夙心期。”许浑《寄契盈上人》:“婚嫁乖前志,功名异夙心。”

【夙好】　(—hǎo)旧交,故友。孟郊《献襄阳于大夫》:“曩游常抱忆,夙好今尚睽。”

【夙志】　平素的志愿。张九龄《巡属县道中作》:“流芳日不待,夙志蹇无成。”韦应物《冬夜》:“晚岁沦夙志,惊鸿感深哀。”柳宗元《酬韶州裴曹长使君寄道州吕八大使因以见示二十韵一首》:“夙志随忧尽,残肌触瘴瘠。”李德裕《忆平泉山居赠沈吏部一首》:“嗟予寡时用,夙志在林间。”

【夙昔】　昔时,往日。徐贤妃《长门怨》:“一朝歌舞荣,夙昔诗书贱。”韦应物《感镜》:“夙昔尝许人,镜成人已没。”独孤及《丙戌岁正月出洛阳书怀》:“穷鳞遂蹭蹬,夙昔事罕存。”元稹《冬夜怀李侍御王太祝段丞》:“感念夙昔意,华尚簪与裾。”

【夙尚】　平素的心愿或志愿。钱起《蓝溪林沐寄赵八给事》:“即事郭夙尚,衡门方再关。”又《同严逸人东溪泛舟》:“渔舟在溪水,曾是敦夙尚。”刘禹锡《谒柱山会禅师》:“夙尚一何微,今得信可大。”

【夙夜】　朝夕,日夜。见《书·旅獒》。李栖筠《张公洞》:“夙夜备蘋藻,诏书祠张公。”钱起《送薛判官赴蜀》:“单车动夙夜,越境正炎节。”白居易《贺雨》:“忧勤不遑宁,夙夜心忡忡。”李中《献中书潘舍人》:“远宦联绵历,卑栖夙夜勤。”

【夙負】　平生的抱负。玄宗《巡省途次上党旧宫赋》:“长怀问鼎气,夙负拔山雄。”

【夙德】　早成之德。杜甫《赠特进汝阳王二十韵》:“特进群公表,天人夙德升。”

【夙興】　(—xīng)早起。见《汉书·武帝纪》。张文琮《同潘屯田冬日早朝》:“假寐怀古人,夙兴瞻晓月。”白居易《早祭风伯因怀李十一舍人》:“夙兴祭风伯,天气晓冥冥。”

【夙願】　平素的心愿。杜甫《昔游》:“良觌违夙愿,含凄向寥廓。”

【夙齡】　早年,少年。宋之问《灵隐寺》:“夙龄尚遐异,搜对涤烦嚣。”

【夙懷】　平素的情怀。白居易《和微之诗二十三首·和我年三首》之三:“夙怀慕箕颍,晚节期松筱。”

外　〔wài《廣韻》五會切,去泰,疑。〕❶外面。与“内”或“里”相对。太宗《赋得李》:“莺啼密叶外,蝶戏脆花心。”韩愈《秋怀诗十一首》之八:"童子自外至,吹灯当我前。"元稹《何满子歌》:"我来湖外拜君侯,正值灰飞仲春琯。"白居易《短歌行二首》之二:"彼来此已去,外余中不足。"❷以外。见《诗·魏风·十亩之间》。白居易《新乐府·城盐州》:"尽牧牛羊夜捉生,长去新城百里外。"宋之问《登禅定寺阁》:"函谷青山外,昆池落日边。"杜牧《别鹤》:"声断碧云外,影孤明月中。"韦庄《古离别》:"更把玉鞭云外指,断肠春色在江南。"❸外表。李白《咏山樽二首》之一:"外与金罍并,中涵玉醴虚。"又《白鸩辞》:"白鹭亦白非纯真,外洁其色心匪仁。"白居易《新秋喜凉因寄兵部杨侍郎》:"外强火未退,中锐金方战。"❹古时称母亲、妻子、姐妹及女儿方面的亲属为外。刘长卿《北游酬孟云卿见寄》:"幸君夙姻亲,深见中外怀。"李端《送杨皋擢第归江东》:"拜手终凄怆,恭承中外亲。"见"外戚""外祖""外甥"。❺外诸侯国;外国。骆宾王《从军中行路难二首》之一:"中外分区宇,夷夏殊风土。"陈希烈《奉和圣制三月三日》:"皇情被群物,中外洽恩光。"《郊庙歌辞·享太庙乐章·崇德舞》:"翔泳归仁,中外禔福。"《郊庙歌辞·享太庙乐章·升和》:"中外同轨,夷狄来思。"

【外人】　他人,别人。李白《湖边采莲妇》:"长兄行不在,莫使外人逢。"杜甫《宿昔》:"宫中行乐秘,少有外人知。"李端《戏赠韩判官绅卿》:"齿发未知何处老,身名且被外人愁。"姚合《寄国子杨臣源祭酒》:"云山今作主,还借外人寻。"

【外户】　从外面关闭的门。见《礼记·礼运》。亦泛指大门。赵冬羲《陪张燕公行郡竹篱》:"外户人无闭,浮江兽已行。"顾况《险竿歌》:"中丞方略通变化,外户不扃从女嫁。"白居易《偶吟》:"松身为外户,池面是中庭。"费冠卿《答萧建》:"外户凭云掩,中厨课水舂。"

【外丹】　道家烧炼金石而成的丹药,俗称"金丹"。与"内丹"相对。吕岩《敲爻歌》:"内丹成,外丹就,内外相接和谐偶。"

【外方】　外地,远方。元结《系乐府十二首·颂东夷》:"尔为外方落,何为独能觉。"许棠《题慈恩寺元遂上人院》:"竹槛匝回廊,城中似外方。"黄滔《喜侯舍人蜀中新命三首》之二:"来时走马随中使,到日援毫定外方。"

【外心】　用心于外。见《礼记·礼器》。皎然《因游支硎寺寄邢端公》:"外心亲地主,内学事空王。"

【外史】　古代官名。掌管宣布京畿以外地区的王令、四方地志等。见《周礼·春官·大宗伯》。皎然《奉陪颜使君修韵海毕东溪泛舟饯诸文士》:"外史刊新韵,中郎定古文。"

【外兄】　表兄。刘禹锡《酬朗州崔员外与任十四兄侍御同过鄙人旧居时守吴郡》:"何人万里能相忆,同舍仙郎与外兄。"

【外生】　外甥。李嘉祐《与从弟正字从兄兵曹宴集林园》:"辅嗣外生还解易,惠连群从总能诗。"元稹《赠咸阳少府萧郎》:"陆家幼女托良婿,阮氏诸房无外生。"

【外地】　外乡。刘得仁《塞上行作》:"生人居外地,寒雪下中秋。"韦庄《思归》:"外地见花终寂寞,异乡闻乐更凄凉。"

【外夷】　外族。刘长卿《送徐大夫赴广州》:"当令输贡赋,不使外夷骄。"来鹄《圣政纪颂》:"孰窥孰测,外夷内储。"金真德《太平诗》:"外夷违命者,翦覆被大殃。"

【外州】　京都以外各州的统称。章孝标《钱唐赠武翊黄》:"鸳鸿待侣飞清禁,山水缘情住外州。"白居易《长安道》:"君不见外州客,长安道,一回来,一回老。"

【外形】　外貌;外在的形象。顾况《归阳萧寺有丁行者能修无生忍担水施僧况归命稽首作诗》:"露足沙石裂,外形巾褐穿。"陆龟蒙《四明山诗·青棂子》:"外形坚绿壳,中味敌璚英。"

【外臣】　❶方外之臣。指隐居不仕者。卢照邻《元日述怀》:"筮仕无中秩,归耕有外臣。"任华《寄李白》:"高歌大笑出关去,且向东山为外臣。"朱放《经故贺宾客镜湖道士观》:"已得归乡里,逍遥一外臣。"❷藩臣。权德舆《送袁中丞持节册南诏五韵》:"上国洽恩波,外臣遵礼命。"白居易《新乐府·骠国乐》:"曲终王子启圣人,臣父愿为唐外臣。"

【外江】　江名。(1)在四川境内,沱湔称为外江,濞江称为内江。杜甫《寄岑嘉州》:"外江三峡且相接,斗酒新诗终自疏。"李商隐《武侯庙古柏》:"阴成外江畔,老向惠陵东。"(2)指浙江。戴叔伦《临流送顾东阳》:"兰桡起唱逐流去,却恨山溪通外江。"

【外形】　外貌,外在的形貌。顾况《归阳萧寺有丁行者能修无生忍担水施僧况归命稽首作诗》:"露足沙石裂,外形巾褐穿。"段成式《中禅师影堂联句》:"尔如毗沙门,外形如脱履。"陆龟蒙《四明山诗·青棂子》:"外形坚绿壳,中味敌璚英。"

【外求】　求之于外。宋之问《送许州司马赴任》:"河润在明德,人康非外求。"高适《同薛司直诸公秋霁曲江俯见南山作》:"得意在乘兴,忘怀非外求。"杜甫《凤凰台》:"心以当竹实,炯然无外求。"白居易《尝酒听歌招客》:"管弦渐好新教得,罗绮虽贫免外求。"

【外身】　置身于世外。麹信陵《移居洞庭》:"万事更何有,吾今已外身。"

【外言】　男子所说关于公务的话。见《礼记·曲礼上》。张九龄《郡舍南有园畦杂树聊以永日》："内讼诚知止，外言犹匪忱。"

【外事】 ❶家庭或个人以外的事。祖咏《汝坟别业》："山中无外事，樵唱有时闻。"孟浩然《冬至后过吴张二子檀溪别业》："外事情都远，中流性所便。"刘长卿《东湖送朱逸人归》："莫道野人无外事，开田凿井白云中。"权德舆《过张监阁老宅对酒奉酬所赠》："里仁无外事，徐步一开颜。"❷指政务，政事。沈佺期《伤王学士》："闭囚断外事，昧坐半余期。"韦应物《示全真元长》："余辞郡符去，尔为外事牵。"李白《赠从孙义兴宰铭》："退食无外事，琴堂向山开。"

【外典】 佛教徒称佛法以外的典籍为外典。韬光《答僧澈》："五车外典知谁敌，九趣多才恐不如。"

【外牧】 指地方官。马怀素《饯唐州高使君赴任》："外牧资贤守，斯人奉帝俞。"

【外物】 ❶身外之物。多指利欲功名之类。宋之问《自洪府州行直书其事》："贵身贱外物，抗迹远尘轨。"高适《同群公宿开善寺赠陈十六所居》："谈空忘外物，持诫破诸邪。"❷谓超脱于物欲之外。李颀《送綦毋三谒房给事》："外物非本意，此生空澹如。"杜甫《渼陂西南台》："劳生愧严郑，外物慕张邴。"❸ 指外界的人或事物。张九龄《西江夜行》："外物寂无扰，中流澹自清。"韦应物《幽居》："独无外物牵，遂此幽居情。"元稹《赠乐天》："不是眼前无外物，不关心事不经心。"白居易《伤唐衢二首》之一："自我心存道，外物少能逼。"

【外府】 指京都以外的州郡官署。杜审言《和李大夫嗣真奉使存抚河东》："中军归战敌，外府绝兵权。"

【外官】 地方官。与京官相对。张籍《答白杭州群楼登望画图见寄》："见君问此闲吟意，肯恨当时作外官？"

【外門】 ❶大门。王建《九仙公主旧庄》："仙居五里外门西，石路亲回御马蹄。"❷指外祖家。郑谷《中台五题・石柱》："末郎何所取，叨继外门荣。"

【外城】 内城外之郭，即内城外围修筑的又一层城墙。崔元翰《奉和圣制中元日题奉敬寺》："凤吹从上苑，龙宫连外城。"

【外政】 指国事。见《国语・吴语》。邵谒《论政》："内政由股肱，外政由诸侯。"

【外按】 冬日以鹰犬出近畿演习狩猎。见唐韩愈《唐正议大夫尚书左丞孔公墓志铭》。王建《外按》："日暮秦陵尘土起，从东外按使初回。"

【外相】 （一xiàng）外表形貌。白居易《酒筵上答张居士》："但要前尘减，无妨外相同。"

【外面】 外边。方干《对花》："含风欲绽中心朵，似火应烧外面枝。"

【外祖】 外祖父。母之父。郑谷《中台五题・石柱》题下注："外祖在南宫，七转名曹，镌记皆在。"

【外屏】 门屏。白居易《奉和裴令公新成午桥庄绿野堂即事》："青山为外屏，绿野是前堂。"

【外郵】 城外的驿站。李绅《过吴门二十四韵》："候火分通陌，前旌驻外邮。"

【外翁】 外祖父。白居易《谈氏小外孙玉童》："外翁七十孙三岁，笑指琴书欲遣传。"元稹《答友封见赠》："扶床小女君先识，应为些些似外翁。"

【外庭】 ❶亦作"外廷"。国君听政的地方。对内廷、禁中而言。也借指朝臣。权德舆《户部王曹长杨考功崔刑部二院长因书所怀且叙所知》："外庭时接式，广陌更连镳。"朱庆余《上翰林蒋防舍人》："清重可过知内制，从前礼绝外庭人。"❷指靠外的庭舍。李商隐《和友人戏赠二首》之一："翠袖自随回雪转，烛房寻类外庭空。"

【外孫】 女之子女。包佶《近获风痺之疾题寄所怀》："衾枕同羁客，图书委外孙。"权德舆《七夕见与诸孙题乞巧文》："外孙争乞巧，内子共题文。"白居易《题文集柜》："只应分付女，留与外孙传。"

【外域】 本国以外的地区或国家。宋之问《入泷州江》："运启中兴历，时逢外域清。"张说《奉和圣制爰因巡省途次旧居应制》："武威棱外域，文教靡中区。"孙逖《送李补阙摄御史充河西节度判官》："早赴前军幕，长清外域尘。"

【外戚】 指帝王的母族、妻族。宋之问《梁宣王挽词三首》之一："贵藩尧母族，外戚汉家亲。"苏颋《奉和圣制幸礼部尚书窦希玠宅应制》："尚书列侯第，外戚近臣家。"李商隐《少年》："外戚平羌第一功，生年二十有重封。"周昙《咏史诗・前汉门・王莽》："新室不因崇外戚，水中安敢寄生营。"

【外累】 （一lěi）身外事物的拖累、烦扰。卢纶《酬李端长安寓居偶咏见寄》："自别前峰隐，同为外累侵。"权德舆《奉和李大夫题郑评事江楼》："达士无外累，隐几依南郭。"白居易《夏日独直寄萧侍御》："中臆一以旷，外累都若遗。"又《委顺》："外累由心起，心宁累自息。"

【外國】 本国以外的国家。王维《送刘司直赴安西》："当令外国惧，不敢觅和亲。"皇甫曾《送和西蕃史》："恩华通外国，徒御发中朝。"张祜《咏史二首》之一："外国雠虚结，中华愤莫伸。"张蠙《抒怀》："翻思未是离家久，更有人从外国来。"

【外情】 受外界事物触动而生之情。见《史记・乐书》。殷尧藩《赠龙阳尉马戴》："向来名姓茂，空被外情牵。"

【外甥】 姐或妹的孩子。杜甫《奉送二十三舅录事之摄郴州》:“徐庶高交友,刘牢出外甥。”

【外視】 言自外视之。储光羲《游茅山五首》之四:“良以直心旷,兼之外视闲。”

【外監】 (—jiàn)唐代奉皇命在外监军的宦官。许浑《闻边将刘皋无辜受戮》:“外监多假帝尊,威胁偏裨势不存。”

【外賓】 外国来的宾客。元稹《何满子歌》:“古者诸侯飨外宾,鹿鸣三奏陈圭瓒。”

【外憂】 外来的忧患。韩愈《秋怀诗十一首》之十:“世累忽进虑,外忧遂侵诚。”

【外篇】 古人因事理有别,故书分为内外篇。内篇为作者要旨所在,外篇则属余论或附论性质。如《庄子》《晏子春秋》都分内外篇。见唐成玄英《〈庄子〉序》。司空曙《过卢秦卿旧居》:“韩康助采君臣药,支遁同看内外篇。”皮日休《五贶诗·太湖砚》:“寄与先生后,应添内外篇。”薛少殷《临川羡鱼》:“不逐沧波叟,还宗内外篇。”

【外頭】 外面,外边。李白《白微时募县小吏入令卧内尝驱牛经堂下令妻怒将加诘责白亟以诗谢云》:“素面倚栏杓,娇声出外头。”王建《宫词百首》之五六:“未承恩泽一家愁,乍到宫中忆外头。”陆龟蒙《鹤媒歌》:“而况世间有名利,外头笑语中猜忌。”李谔、张荐《七言大言联句》:“四方上下无外头,一啜顿涸沧溟流。”

【外學】 佛教指佛经以外的典籍为外学。按,东汉儒生以“六经”为外学。至佛学兴盛则指佛经以外的典籍为外学。戴叔伦《送道虔上人游方》:“律仪通外学,诗思入禅关。”张籍《送闲师归江南》:“多生修律业,外学得诗名。”鲍溶《送僧东游》:“风流东晋后,外学入僧家。”齐己《寄倪署郎中》:“海内檀名君作赋,林间外学我为诗。”

【外親】 外戚。李贺《许公子郑姬歌》:“许史世家外亲贵,宫锦千端买沉醉。”

【外緣】 佛教语。谓眼、耳、舌等感觉,缘起于色、香、味等外物。遂泛指使人与外界发生关系的各种因素。白居易《朝归书寄元八》:“自此聊以适,外缘不能干。”又《授太子宾客洛》:“白首外缘少,红尘前事非。”

【外館】 天子嫁女,从宫中迁出后所居之馆。宋之问《宴安乐公主宅得空字》:“英藩筑外馆,爱主出王宫。”刘宪《奉和送金城公主入西蕃应制》:“外馆于河右,行营指路岐。”赵彦昭《安乐公主移入新宅》:“云物中京晓,天人外馆开。”权德舆《赠魏国宪穆公主挽歌词二首》之一:“外馆留图史,阴堂闭德容。”

【外藩】 指地方上的高级官吏。岑参《潼关镇国军句覆使院早春寄王同州》:“何为廊庙器,至今居外藩。”

【外邊】 外面。指超出某一范围的地方。刘言史《赠陈长史妓》:“春风不怕君王恨,引出幽花落外边。”裴谈《回波乐》:“外边只有裴谈,内里无过李老。”吴融《华清宫二首》之一:“绿树碧檐相掩映,无人知道外边寒。”

三 画

多 〔duō《廣韻》得何切,平歌,端。〕❶数量大。与少、寡相对。太宗《赋尚书》:“纵情昏主多,克己明君鲜。”玄宗《过晋阳宫》:“顾循丞丕构,怵惕多忧虞。”杜甫《前出塞九首》之六:“苟能制侵陵,岂在多杀伤。”陆龟蒙《婕妤怨》:“后宫多窈窕,日日学新声。”❷称赞,重视。李白《叙旧赠江阳宰陆调》:“多君秉古节,岳立冠人曹。”武之衡《桃源行送友》:“多君此去从仙隐,令人晚节悔营营。”独孤及《送游员外赴淮西》:“多君有奇略,投笔佐元戎。”❸过分,不必要的。杜牧《东都送郑处海校书归上都》:“此别无多语,期君晦盛名。”齐己《春兴》:“柳暖莺多语,花明草尽出。”见“多慮”“多疑”。❹副词。表示某种程度。太宗《帝京篇十首》之三:“阅赏诚多美,于兹乃忘倦。”李峤《刘侍读见和山邸十篇重申此赠》:“丘壑信多美,烟霞得所钦。”陈政《赠窦蔡二记室入蜀》:“风流信多美,朝夕豫平台。”李商隐《对雪二首》之一:“龙山万里无多远,留待行人二月归。”❺表示估量、猜度。孟郊《弔元鲁山》之四:“贤人多自霾,道理与俗乖。”齐己《酬元员外见寄》:“时闻得新意,多是此忘缘。”见“多是”。

【多力】 力气大,有气力。元稹《树上乌》:“攫麑啄卵方可食,男女群强最多力。”李商隐《杏花》:“援少风多力,墙高月有痕。”

【多士】 众多的贤士。亦指百官。太宗《冬宵各为四韵》:“琐除任多士,端扆竟何忧。”王湾《哭补阙亡友綦毋潜》:“明代资多士,儒林得异才。”皇甫冉《适荆州途次南阳赠何明府》:“清节迈多士,斯文传古风。”刘得仁《晚夏》:“学浅惭多士,秋成羡老农。”

【多才】 指富于才智,有才能。杜甫《戏赠阌乡秦少公短歌》:“昨夜邀欢乐更无,多才依旧能潦倒。”韩愈《酬裴十六功曹巡府西驿途中见寄》:“多才自劳苦,无用只因循。”刘禹锡《和乐天南园试小乐》:“多才遇景皆能咏,当日人传满凤城。”郑谷《寄南浦谪官》:“多才翻得罪,天末抱穷忧。”

【多少】 ❶指数量的大小。多与少。孟浩然《春晓》:“夜来风雨声,花落知多少?”李白《赠汉阳辅录事二首》之二:“其中字数无多少,只是相思秋复春。”独孤及《萧文学山池宴集》:“莫问愁多少,今皆付酒樽。”皇甫冉《问李二司直所居云山》:“山色东西多少,朝朝几度云遮?”❷犹多,许多。王维《少年行四首》之一:“新丰美酒斗十千,咸阳游侠多少年。”郑渥《洛阳道》:“客亭门外路东西,多少喧腾事不齐。”戴叔伦《闺怨》:“看花无语泪如倾,多少春风怨别情。”杜牧《江南春绝句》:“南朝四百八十寺,多少楼台烟雨中。”❸犹少,小许。杜甫《客亭》:“多少残生意,飘零似转蓬。”❹叹词。犹多么。费冠卿《久居京师感怀诗》:“上国无交亲,请谒多少难。”

【多日】 指一段较长的日子。杜甫《大云寺赞公房四首》之一:“把臂有多日,开怀无愧辞。”王建《题法云禅院僧》:“不剃头多日,禅来白发长。”许浑《题陆侍御林亭》:“定知别后天多日,海柳江花次第开。”张蠙《乱中寄友人》:“鬓黑无多日,尘清是几时。”

【多方】 多种方法。萧祜《游石堂观》:“始惊知周无小大,力寡多方验斯在。”

【多出】 ❶多半出于。王维《济上四贤咏·郑霍二山人》:“翩翩繁华子,多出金张门。”崔膺《感兴》:“古来忠烈士,多出贫贱门。”❷多半出门。于鹄《寻李暹》:“任性常多出,人来得见稀。”白居易《问诸亲友》:“趁醉春多出,贪欢夜未归。”

【多生】 佛教语。佛教以众生造善恶之业,受轮回之苦,生死相续,谓之“多生”。卢伦《送静居法师》:“愿比灵山前世别,多生还得此相逢。”白居易《味道》:“此日尽知前境妄,多生曾被外尘侵。”又《病中诗十五首·自解》:“我亦定中观宿命,多生债负是歌诗。”杜荀鹤《赠休禅和》:“多生觉悟非关衲,一点分明不在灯。”

【多半】 大半,超过半数。张籍《送邵州林使君》:“郭外相连排殿阁,市中多半用金银。”方干《送孙百篇游天台》:“更有仙花与灵草,恐君多半不知名。”

【多年】 许多年月,谓时间长久。包佶《双山过信公所居》:“积雨封苔径,多年亚石松。”杜甫《茅屋为秋风所破歌》:“布衾多年冷似铁,骄儿恶卧踏里裂。”张籍《书怀寄元郎中》:“重作学官闲尽日,一离江坞病多年。”薛能《京兆府试极目千里》:“献赋多年客,低眉恨不前。”

【多多】 过多。白居易《酬舒三员外见赠长句》:“头风不敢多多饮,能酌三分相劝无。”

【多言】 多说,好讲闲话。武元衡《行路难》:“非故败他却成此,苏张终作多言鬼。”白居易《晚出西郊》:“老来何所用,少兴不多言。”卢钰《勖曹生》:“游峰采掇何时已,只恐多言议短长。”贯休《读刘得仁贾岛集二首》之二:“役思曾冲尹,多言阻国亲。”

【多金】 多钱财,财物丰饶。见《战国策·秦策一》。武元衡《行路难》:“笙歌鼎沸君莫矜,豪奢未必长多金。”唐彦谦《春风四首》之三:“我见朱颜人,多金亦成翁。”

【多門】 多家多户。杜甫《后出塞五首》之五:“我本良家子,出师亦多门。”又《白马》:“丧乱死多门,呜呼泪如霰。”张祜《感河上兵》:“多门徒可入,尺室且思行。”

【多是】 大多是,多半是。含估量、猜度意。刘长卿《茱萸湾北答崔载华问》:“苍苍古木中,多是隋家苑。”王建《送魏州李相公》:“旗下可闻诛败将,阵头多是用降兵。”白居易《竹枝词四首》:“怪来调苦缘词苦,多是通州司马诗。”姚合《亲仁里居》:“饮酒自缘防冷病,寻人多是为闲行。”

【多歧】 亦作“多岐”。谓多岔道。李白《行路难三首》之一:“行路难,行路难,多歧路,今安在。”许浑《晓发鄞江北渡寄崔韩二先辈》:“南北信多歧,生涯半别离。”又《白马寺不出院僧》:“禅空心已寂,世路任多岐。”曹松《江外除夜》:“不是多岐渐平稳,谁能呼酒祝昭回。”

【多岐】 见“多歧”。

【多思】 多情思;多相思。韩愈《戏题牡丹》:“双燕无机还拂掠,游蜂多思正经营。”元稹《红芍药》:“采之谅多思,幽赠何由果。”白居易《秋思》:“病眠夜少梦,闲立秋多思。”徐铉《和王庶子寄题兄长建州廉使新亭》:“阿连诗句偏多思,遥想池塘昼梦成。”

【多時】 很长时间。岑参《西亭送蒋侍御还京》:“欲语多时别,先愁计日回。”刘长卿《题灵祐和尚故居》:“多时行径空秋草,几日浮生哭故人。”王建《贫居》:“眠底贫家计,多时总莫嫌。”白居易《醉后》:“犹嫌小户长先醒,不得多时住醉乡。”

【多般】 多种多样。李成用《依韵修睦上人山居十首》之一:“老去转谙无是事,本来何处有多般。”贯休《行路难》之二:“不会当时作天地,刚有多般愚与智。”

【多病】 患有多种疾病。祖咏《汝坟别业》:“独愁常废卷,多病久离群。”刘长卿《送裴二十一》:“多病长无事,开筵暂送君。”戴叔伦《行营送马侍御》:“故人多病尽归去,唯有刘桢不得眠。”李绅《入扬州郭》:“非为掩身羞白发,自缘多病喜肩舆。”

【多疾】 多病,患有多种疾病。岑参《寄韩樽》:“夫子素多疾,别来未得书。”刘得仁《题吴先生山居》:“念我要多疾,开炉药许分。”聂夷中《客有追叹后时者作诗勉之》:“后达多晚荣,速得多疾倾。”

【多累】 (—lěi)多辛累,多拖累。韦应物《经少林精舍寄都邑亲友》:“独往虽暂适,多累终见牵。”耿沣《题清源寺》："内学销多累，西林易故居。"杜牧《望少华三首》之一："今对晴峰无十里，世缘多累暗生悲。"李商隐《崇让宅东亭醉后沔然有作》："俗态虽多累，仙标发近狂。"

【多感】 谓易感伤；多感触。刘希夷《蜀城怀古》："叹世已多感，怀心亦自伤。"卢纶《落第后归山下旧居留别刘起居昆季》："醉里因多感，愁中欲强言。"白居易《除夜》："病眼少眠非守岁，老心多感又临春。"刘得仁《陈情上李景让大夫》："遇物唯多感，居常只是吟。"

【多愁】 经常忧愁。李端《古别离二首》之一："人老自多愁，水深难急流。"白居易《叹发落》："多病多愁心自知，行年未老发先衰。"李远《送人入蜀》："蜀客本多愁，君今是胜游。"罗隐《江南行》："水国多愁又有情，夜槽压酒银船满。"

【多罪】 罪恶多。亦指罪恶很多之人。许彬《经李翰林庐山屏风叠所居》："放逐非多罪，江湖偶不回。"徐铉《和萧郎中午日见寄》："多罪静思如剉蘖，赦书才听似含饴。"《郊庙歌辞·享太庙乐章·凯安四首》："黄钺诛群盗，朱旗扫多罪。"

【多嫌】 多被人嫌弃。张籍《新除水曹郎答白舍人见贺》："诸曹纵许为仙侣，群吏多嫌是老翁。"徐夤《上卢三拾遗以言见黜》："疾危必厌神明药，心惑多嫌正直言。"齐己《次韵酬郑谷郎中》："每许题成晚，多嫌雪阻期。"

【多疑】 ❶多疑惑，疑心重。张籍《罗道士》："寻常行处皆逢见，世上多疑是谪仙。"白居易《寄卢少尹》："遂使世俗心，多疑仙道书。"鲍溶《古意》："客心固多疑，肯信非人意。"司空图《商山二道》之二："关头传说开元事，指点多疑孟浩然。"韩偓《欲去》："恨深书不尽，宠极意多疑。"❷多怀疑。白居易《醉后重赠晦叔》："岂是今投分，多疑宿结缘。"姚合《寻僧不遇》："别有游人见，多疑住此中。"

【多绪】 多端，多样。杨师道《中书寓直咏雨简褚起居上官学士》："兹晨怅多绪，怀友自难裁。"李百药《渡汉江》："客心既多绪，长歌且代劳。"张九龄《湘中作》："永路日多绪，孤舟天复冥。"元稹《西州院》："感怆正多绪，鸦鸦相唤惊。"

【多慮】 疑虑过甚。戎昱《晚次荆江》："渔翁闲自乐，樵客纷多虑。"司空图《丑年冬》："不堪病渴仍多虑，好向灉湖便出家。"又《丙午岁旦》："多虑无成事，空休是吉人。"

【多謝】 ❶殷勤问候。卢照邻《过东山谷口》："多谢青溪客，去去赤松游。"刘禹锡《和乐天春词》："春去也，多谢洛城人。"❷感谢。玄宗《巡省途次上党旧宫赋》："多谢时康理，良惭实赖功。"南唐后主李煜《赐宫人庆奴》词："多谢长条似相识，强垂烟态拂人头。"齐己《折杨柳词四首》："多谢将军绕营种，翠中闲卓战旗红。"❸犹言逊色。于结《赋得生刍一束》："每惭蘋藻用，多谢茝兰荣。"

【多羅】 ❶梵文译音。树名，即贝多树。其形如棕榈，叶长稠密，久雨无漏。其叶可供书写，称贝叶。杜甫《山寺》："吾知多罗树，却忆莲华台。"李嘉祐《奉陪韦润州游鹤林寺》："禅心超忍辱，梵语问多罗。"❷脂粉盒。见《太平御览》卷七一七引南朝宋何承天《纂文》。也用作脂粉的代称。顾甄远《惆怅诗九首》之七："若为多罗年少死，始甘人道有风情。"

【多難】 ❶(—nán)众多难成之事；很多困难。见《诗·周颂·访落》。李峤《皇帝让礼抚事书怀》："负图济多难，脱履归成功。"刘长卿《和州留别穆郎中》："今日犹多难，何年更此逢。"又《送崔升归上都》："白发经多难，沧洲欲暮春。"窦常《项亭怀古》："力取诚多难，天亡路亦穷。"❷(—nàn)犹多故，多患难。见《礼记·檀弓上》。李白《南奔书怀》："历数方未迁，云雷屡多难。"杜甫《奉送严公入朝十韵》："四海犹多难，中原忆旧臣。"又《登楼》："花近高楼伤客心，万方多难此登临。"

【多識】 大多熟识。杨臣源《大堤曲》："岁岁逢迎沙岸间，北人多识绿云鬟。"

【多露】 露水多。见《诗·召南·行露》。宋之问《早发始兴江口》："桂香多露裛，石响细泉回。"杜甫《西枝村寻置草堂地夜宿赞公土室二首》之一："层巅余落日，早蔓已多露。"贾棱《御沟新柳》："轻云度斜景，多露滴行尘。"亦指遭受霜露之苦，王维《和陈监四郎秋雨中思从弟据》："忽有愁霖唱，更陈多露言。"亦喻指遭人议论、猜疑。吕温《同舍弟恭岁暮寄晋州李六协律三十韵》："早行多露悔，强进触藩羸。"

舛

〔chuǎn《廣韻》昌兗切，上獮，昌。〕❶不顺。骆宾王《畴昔篇》："判将命运赋穷通，从来奇舛任西东。"张说《五君咏五首·郭代公元振》："大勋书王府，舛命沦江路。"❷困厄，不幸。王昌龄《出郴山口至叠石湾野人室中寄张十一》："孰云议舛降，岂是娱宦游。"白居易《初入峡有感》："况吾时与命，蹇舛不足恃。"又《渭村退居寄礼部崔侍郎翰林钱舍人诗一百韵》："不才甘命舛，多幸遇时康。"姚月华《怨诗效徐淑体》："所遭兮多舛，玉体兮难亲。"❸违背。骆宾王《晚憩田家》："心迹一朝舛，关山万里赊。"❹交错。骆宾王《久戍边城有怀京邑》："盈虚一易舛，心迹两难俱。"

十　画

夢1 〔mèng《廣韻》莫鳳切，去送，明。〕❶睡眠局部大脑皮层还没有完全停止活动而引起的脑中的表象活动。王勃《江南弄》："江南弄，巫山连楚梦，行雨行云几相送。"玄宗《傀儡吟》："须臾弄罢寂无事，还是人生一梦中。"卢仝《有所思》："梦中醉卧巫山云，觉来泪滴湘江水。"贯休《古出塞曲三首》："圣君应入梦，半路遣封侯。"❷做梦。张若虚《春江花月夜》："昨夜闲潭梦落花，可怜春半不还家。"李白《梦游天姥吟留别》："我欲因之梦吴越，一夜飞度镜湖月。"刘希夷《采桑》："相逢不相识，归去梦青楼。"

夢2 〔méng《廣韻》莫中切，平東，明。〕最细的雨。金王若虛《诗话》："萧闲云'风头梦，吹无迹。'盖雨之至细，若有若无者谓之梦。"见"夢₂雨"。

【夢卜】　比喻帝王求得良相。李中《赠史虚白》："九重梦卜时终在，莫向深云独闭门。"

【夢刀】　为官吏升迁之典。见《晋书・王濬传》。玄宗《过王濬墓》："叹嗟悬剑陇，谁识梦刀祥。"施肩吾《古别离二首》之一："三更风作切梦刀，万转愁成系肠线。"元稹《寄赠薛涛》："纷纷辞客多停笔，个个公卿欲梦刀。"亦借指益州。杜光庭《赠蜀州刺史》："再扶日月归行殿，却领山河镇梦刀。"

【夢刀州】　指益州。李远《送人入蜀》："不知烟雨夜，何处梦刀州。"参见"夢刀"。

【夢日】　古代以为梦日是生贵子的吉兆。见《汉书・外戚传上・孝景王皇后》。张说《皇帝降诞日集贤殿赐宴》："阴风吹大泽，梦日照昌朝。"

【夢中】　(—zhōng)睡梦之中。李白《登高丘而远望》："银台金阙如梦中，秦皇汉武空相待。"韦应物《与村老对饮》："乡村年少生离乱，见话先朝如梦中。"白居易《梦裴相公》："梦中如往日，同直金銮宫。"温庭筠《哭王元裕》："箧里诗书疑谢后，梦中风貌似潘前。"

【夢中夢】　(中 zhōng)喻幻境。极言虚幻。见《庄子・齐物论》。李群玉《自遣》："浮生暂寄梦中梦，世事如闻风里风。"白居易《和微之诗二十三首・和送刘道士游天台》："况此梦中梦，悠哉何足云。"澹交《写真》："已是梦中梦，更逢身外身。"

【夢中説夢】　(中 zhōng，説 shuō)佛教语。喻虚幻之甚。见《大般若波罗蜜多经》卷五九六。白居易《读禅经》："言下忘言一时了，梦中说梦两重虚。"

【夢月】　古人迷信，谓梦月是生大贵子女的吉兆。典籍屡载。见如晋干宝《搜神记》卷十。骆宾王《在江南赠宋五之问》："占星非聚德，梦月讵悬名。"

【夢幻】　梦中幻境。多喻指空妄。白居易《和微之诗二十三首・和送刘道士游天台》："仙中有大仙，首出梦幻群。"杨衡《宿陟岵寺云律师院》："肆陈坚固学，破我梦幻质。"李绅《鉴玄影堂》："定心池上浮泡没，招手岩边梦幻通。"齐己《荆门勉怀寄道林寺诸友》："生下便知真梦幻，老来何必叹流年。"

【夢仙】　梦见自己成仙或有关他人修道成仙之事。白居易《梦仙》："人有梦仙者，梦身升上清。"元稹《梦游春七十韵》："近作梦仙诗，亦知劳肺腑。"项斯和韩偓有《梦仙》。祝之膺、李沇、廖融有《梦仙谣》。

【夢回】　迹作"夢迴"。从梦中醒来。李绅《姑苏台杂句》："云木梦迴多感叹，不惟惆怅至长洲。"伍乔《僻居秋思寄友人》："梦回月夜虫吟壁，病起茅斋药满瓢。"殷尧藩《寄太仆田卿二首》之一："蓦上心来消未得，梦迴又听五更钟。"徐铉《十日和张少监》："每因佳节知身老，却忆前欢似梦回。"

【夢見】　梦中见到。王建《望行人》："梦见离珠浦，书来在桂州。"朱湾《假摄池州留别东溪隐居》："今后松溪月，还应梦见君。"白居易《梦微之》："不知忆我因何事，昨夜三回梦见君。"曹邺《下第寄知己》："夜来远心起，梦见潇湘月。"

【夢₂雨】　迷濛细雨。李商隐《重过圣女祠》："一春梦雨常飘瓦，尽日灵风不满旗。"

【夢枕】　传说中会使人做梦的枕头。李洞《观水墨障子》："挂衣岚气湿，梦枕浪头春。"刘兼《寄高书记》："醉琴自寄陶家意，梦枕谁听益郡刀。"

【夢周孔】　孔子因久不梦见周公而自叹衰老。见《论语・述而》。后遂以不复梦见周孔为感叹衰老之典。杜甫《晚登瀼上堂》："凄其望吕葛，不复梦周孔。"

【夢迴】　见"夢回"。

【夢松】　指十八年。见《三国志・吴志・孙皓传》。欧阳澥《句》："离家已是梦松年。"

【夢兒亭】　亭名。亦称"梦谢亭""客儿亭"。在今浙江杭州市。相传此亭系杜明师为谢灵运所建。灵运父居会稽，携灵运至钱塘杜明师家寄养，杜夜梦有贤人来访，及晓，乃灵运至，因以名亭。灵运小字客儿，故一名客儿亭。见《清统一志・杭州府二・梦谢亭》。白居易《余杭形胜》："梦儿亭古传名谢，教妓楼新道姓苏。"

【夢思】　梦中的思念。李颀《送崔侍御赴京》："惜别醉芳草，前山劳梦思。"岑参《还东山洛上作》："莫道东山远，衡门在梦思。"白居易《因梦有悟》："交友沦殁尽，悠悠劳梦思。"李商隐《代魏宫私赠》："来时西馆阻佳期，去后漳河隔梦思。"

【夢草】　南朝宋诗人谢灵运欣赏族弟谢惠连，自称见到他可触发诗的灵感。据说："池塘生春草"名句，即得于梦见谢惠连之后。见《南史·谢惠连传》。后以"夢草"为典，谓制有佳作。张又新《春草池》："谢公梦草一差微，谪宦当时道不机。"

【夢華】　谓追忆往事如同梦境。见《列子·黄帝》。杨敬真《会真诗》："人世徒纷扰，其生似梦华。"杨敬真成仙事，见诗题后注。

【夢破】　梦醒。张孜《句》："梦破青宵春，烟霞无去尘。"方干《秋夜》："梦破寂寥思，灯残零落明。"徐夤《再幸华清宫》："霓裳旧曲飞霜殿，梦破魂惊绝后期。"

【夢梓】　为新朝创制的吉兆。见《竹书纪年》卷下。刘祎之《奉和太子纳妃太平公主出降》："梦梓光青陛，秾桃霭紫宫。"

【夢鳥】　喻诗文才思之富。见《晋书·文苑传·罗含》。骆宾王《初秋登王司马楼宴得同字》："顾惭非梦鸟，滥此厕雕虫。"钱起《和刘七读书》："梦鸟富清藻，通经仍妙年。"李商隐《送从翁东川弘农尚书幕》："斯文虚梦鸟，吾道欲悲麟。"

【夢渚】　即云梦泽。李白《留别曹南群官之江南》："朝云落梦渚，瑶草空高堂。"王琦注："梦渚，即云梦泽。"皇甫冉《适荆州途次南阳赠何明府》："梦渚夕愁远，山丘晴望通。"戎昱《云梦故城秋望》："梦渚鸿声晚，荆门树色秋。"李群玉《乌夜号》："层波隔梦渚，一望青枫林。"

【夢鄉】　思念故乡，梦见乡土。卢纶《送潘述应宏词下第归江南》："感年怀阙久，失意梦乡多。"白居易《山鹧鸪》："梦乡迁客展转卧，抱儿寡妇彷徨立。"罗邺《春夜赤水驿旅怀》："九衢春色休回首，半夜溪声正梦乡。"

【夢雲】　指美女，亦指幽会欢娱之事。见战国楚宋王《高唐赋》。杜牧《润州二首》之二："城高铁瓮横强弩，柳暗朱楼多梦云。"

【夢傅野】　殷高宗武丁，由于梦兆，在傅岩之野得到贤相傅说。见《史记·殷本纪》。后遂以"梦傅野"作起用贤才的典故。杜甫《秋日荆南述怀三十韵》："贤非梦傅野，隐类凿颜坯。"

【夢筆】　多用以指才思敏捷，文章华美。见《晋书·王珣传》。又见《江淹传》。耿湋《送郭秀才赴举》："新经梦笔夜，才比弃繻年。"卢纶《雪谤后书事上皇甫大夫》："画图规阵势，梦笔纪山行。"李商隐《江上忆严五广休》："征南幕下带长刀，梦笔深藏五色毫。"

【夢與丘遲】　传说南朝梁文学家江淹曾梦到西晋文学家张协，张向江淹索回存锦，转赠梁文学家丘迟。自此，淹文才锐减。见《南史·江淹传》。后用以为典，咏叹文才，亦借以咏锦。萧昕《临风舒锦》："既与丘迟梦，深知卓氏功。"

【夢游】　见"夢遊"。

【夢遊】　亦作"夢游"。睡梦中游历。贾曾《孝和皇帝挽歌》："梦游长不返，何国是华胥。"白居易《和梦游春诗一百韵》："昔君梦游春，梦游仙山曲。"薛逢《酬牛秀才登楼见示》："骨肉凭书问，乡关托梦游。"韩偓《六言三首》之三："忆泪因成恨泪，梦游常续心游。"

【夢寐】　指睡梦。张九龄《别乡人南还》："吾亦江乡子，思归梦寐深。"刘长卿《别陈留诸官》："音尘倘未接，梦寐徒相思。"孟郊《送晓公归庭山》："兹焉不可继，梦寐空清辉。"杜牧《闺情代作》："佳人刀杵秋风外，荡子从征梦寐希。"

【夢魂】　古人以为人的灵魂在睡梦中会离开肉体，故称"梦魂"。刘希夷《巫山怀古》："颓想卧瑶席，梦魂何翩翩。"李白《大堤曲》："春风复无情，吹我梦魂散。"顾况《游子吟》："梦魂无重阻，离忧因古今。"温庭筠《春江花月夜词》："四方倾动烟尘起，犹在浓香梦魂里。"

【夢蝶】　此本为寓言，后以之表示人生原属虚幻的思想，或咏作梦。见《庄子·齐物论》。沈佺期《赦到不得归题江上石》："梦蝶翻无定，蓍龟讵有倪。"李嘉祐《奉和杜相公长兴新宅即事呈元相公》："梦蝶留清簟，垂貂坐绛纱。"羊士谔《斋中咏怀》："无心唯有白云知，闲卧高斋梦蝶时。"

【夢熊】　古人以梦中见熊罴为生男子的征兆。见《诗·小雅·斯干》。刘禹锡《苏州白舍人寄新诗有叹早白无儿之句因以赠之》："幸免如新分非浅，祝君长咏梦熊诗。"又《答前篇》："闻彼梦熊犹未兆，女中谁是卫夫人。"李贺《恼公》："匀脸安斜雁，移灯想梦熊。"

【夢熊羆】　义同"夢熊"。李群玉《哭小女痴儿》："平生未省梦熊罴，稚女如花坠晓枝。"

【夢盡失歡娛】　楚襄王梦遇神女，醒来后"罔兮不乐，怅然失志"的惆怅心情。见宋玉《神女赋》。诗人咏其事。杜甫《大历三年春有诗凡四十韵》："曲留明怨惜，梦尽失欢娱。"

【夢餘】　梦后。许浑《秦楼曲》："秦女梦余仙路遥，月窗风簟夜迢迢。"又《途中逢故人话西山读书早曾游览》："湖上梦余波滟滟，岭头愁断路茫茫。"温庭筠《归国遥》词："画堂照帘残烛，梦余更漏促。"韦庄《浣溪沙》词："惆怅梦余山月斜，孤灯照壁背红纱，小楼高阁谢娘家。"

【夢斷】　梦醒。李白《忆秦娥》词："箫声咽，秦娥梦断秦楼月。"柳宗元《梅雨》："愁深楚猿夜，梦断越鸡晨。"许浑《题舒女庙》："孤舟梦断行云散，何限离心寄晓猿。"司马扎《东门晚望》："信回陵树老，梦断灞流分。"

【夢蘭】　传说春秋时郑文公妾燕姞梦天使赠兰，

并言“以是为而子”。既而侍寝文公，果然得子。事见《左传·宣公三年》。后以“梦兰”为怀孕生子。杜甫《同豆卢峰知字韵》：“梦兰他日应，折桂早年知。”

【夢覺】（—jué）梦醒。杜甫《奉酬薛十二丈判官见赠》：“千秋一拭泪，梦觉有微馨。”韩愈《宿龙宫滩》：“梦觉灯生晕，宵残雨磅凉。”姚合《秋夜寄默然上人》：“霜月静幽居，闲吟梦觉初。”温庭筠《太子西池二首》之一：“懒逐妆成晓，春融梦觉迟。”

【夢魘】睡眠中做一种感到恐惧而呼吸困难的梦。旧谓惊梦。韩愈《陪杜侍御游湘西两寺独宿有题一首因献杨常侍》：“犹疑在波涛，怵惕梦成魇。”

十一画

夤〔yín《廣韻》翼真切，平真，以。〕❶恭敬。见《汉书·叙传下》。《郊庙歌辞·封泰山乐章·寿和》：“烝烝我后，享献惟夤。”《郊庙歌辞·周宗庙乐舞辞·章德舞》：“享必信，貌惟夤。”《郊庙歌辞·梁郊祀乐章·庆和》：“钦夤宝命，恭肃礼容。”❷攀附。见“夤缘❶”。❸绵延。见“夤缘❷”。

【夤畏】敬畏。贺知章《唐禅社首乐章·肃和》：“夤畏诚絜，匪遑宁舍。”

【夤恭】恭敬。《郊庙歌辞·享文敬太子庙乐章·请神》：“祝道夤恭，神仪昭晰。”

【夤缘】❶攀援；攀附。见《文选·左思〈吴都赋〉》。刘长卿《湘中纪行十道·石围峰》：“夤缘不可到，苍翠空在前。”韩愈《古意》：“我欲求之不惮远，青壁无路难夤缘。”刘宗元《法华寺石门精舍三十韵》：“松溪窈窱入，石栈夤缘上。”王季文《九华山谣》：“杉松一岁抽数尺，琼草夤缘秀层壁。”❷绵延，连绵。卢鸿一《嵩山十志十首·云锦淙》：“苔驳荦兮草夤缘，芸幂幂兮濑溅溅。”杜甫《宇文晁崔彧重泛郑监前湖》：“不但习池归酩酊，君看郑谷去夤缘。”罗隐《蟋蟀诗》：“周隙伺榻，繁咽夤缘。”❸犹循依而行。宋之问《宿云门寺》：“夤缘绿筱岸，遂得青莲宫。”刘长卿《泛曲阿后湖简同游诸公》：“夤缘白蘋际，日暮沧浪舟。”

大 部

大〔dà《广韵》徒盖切，去泰，定。又唐佐切，去箇，定。〕❶与“小”相对。形容体积、面积、数量、力量等方面超过一般或超过所比较的对象。骆宾王《浮槎》序：“观其根柢盘古，枝干扶疏，大则有栋梁丹楫之材，小则有轮辕榱桷之用。”李白《古风》之五七：“羽族禀万化，小大各有依。”白居易《春雪》：“大似落鹅毛，密如飘玉屑。”李商隐《五言述德抒情诗一首四十韵献上杜七兄仆射相公》：“耿贾官勋大，荀陈地望清。”❷粗，形容条状物横剖面大。见《庄子·逍遥游》。李白《寓言三首》之一：“天风拔大木，禾黍咸伤萎。”杜甫《相和歌辞·后苦寒行二首》之二：“晚来江门失大木，猛风中夜吹白屋。”畅当《春日过奉诚园》：“咏德先臣没，成蹊大树存。”白居易《东坡种花二首》之二：“小树低数尺，大树长丈余。”❸敬辞。见《史记·樗里子甘茂列传》。卢照邻《咏史四首》之二：“大汉昔云季，小人道遂振。”李峤《雪》：“大周天阙路，今日海神朝。”郑遨《哭张道古》：“生前卖卜居三蜀，死后驰名遍大唐。”周朴《赠大沩》：“禅是大沩诗是朴，大唐天子只三人。”❹排行第一。卢照邻有《晚渡滹沱敬赠魏大》。高适有《别董大二首》。❺骄傲，自大。见《国语·鲁语下》。舒元舆《桥山怀古》：“知勇神天不自大，风后力牧输长筹。”❻年岁大，时间长。见《尔雅·释木》。贺知章《回乡偶书二首》之一：“少小离乡老大回，乡音难改鬓毛衰。”杜甫《曲江对酒》：“吏情更觉沧洲远，老大悲伤未拂衣。”张籍《书怀》：“老大登朝如梦里，贫穷作活似村中。”贯休《轻薄篇二首》之二：“方今少壮不努力，老大徒伤悲，如何?”❼善，好。见《孟子·梁惠王下》。杜甫《太子张舍人遗织成褥段》：“服饰定尊卑，大哉万古程。”孟郊《读张碧集》：“大哉国风本，丧而王泽竭。”贯休《大蜀皇帝寿春节进尧铭舜颂二首·舜颂》：“大哉大同，为光为龙。”《郊庙歌辞·享太庙乐章·肃和》：“大哉至德，允兹明圣。”❽扩大，光大。杜甫《送高司直寻封阆州》：“拔为天军佐，崇大王法度。”❾夸大，夸张。李白《上李邕》：“大鹏一日同风起，抟摇直上九万里。”又《鞠歌行》：“君不见蔡泽嵌枯诡怪之形状，大言直取秦丞相。”❿表示程度深。杜甫《岁晏行》：“去年米贵阙军食，今年米贱大伤农。”白居易《自诲》：“乐天乐天，可不大哀，汝胡不惩往而念来。”《曹著与客谜》注：“著曰：‘我谜吞得你谜。’客大惭。”吴融《祝风三十二韵》：“籴贱兼粜贵，凶年翻大喜。”

【大一】 古代道家用语。谓大到极点而囊括一切。见《庄子·天下》。亦指宇宙。贯休《经普化禅师影院》：“大一今何处，登堂似昔时。”

【大人】 ❶在位者。李白《驾去温泉后赠杨山人》：“王公大人借颜色，金璋紫绶来相趋。”任华《怀素上人草书歌》：“朝骑王公大人马，暮宿王公大人家。”李贺《仁和里杂叙皇甫湜》：“大人乞马癯乃寒，宗人贷宅荒厥垣。”❷指王者。陈子昂《庆云章》：“大人作矣，五色氤氲。”❸德行高尚、志趣高远之人。李白《相和歌辞·梁甫吟》：“风云感会起屠钓，大人峣屼当安之。”❹对父母伯叔等长辈的敬称。白居易《新乐府·井底引银瓶》：“到君家舍五六年，君家大人频有言。”康翊仁《鲛人潜织》：“七襄牛女恨，三日大人嫌。”

【大人作】 即《大人赋》。李白《相和歌辞·白头吟》：“一朝再览大人作，万乘忽欲凌云翔。”

【大人赋】 赋名。西汉司马相如撰。见《汉书·司马相如传》。以后为典，称颂有才干者会受到常识。独狐及《送陈兼应辟兼寄高适贾至》：“预知大人赋，掩却归来词。”

【大力】 大自然的力量。李白《长歌行》：“大力运天地，羲和无停鞭。”

【大刀】 ❶古代一种兵器，带有长柄的刀。亦泛称一般较大的刀。李白《赠清漳明府侄聿》：“小邑且割鸡，大刀伫烹牛。”罗隐《夏州胡常侍》：“百尺高台勃勃州，大刀长戟汉诸侯。”❷即“大刀頭”之省。杜甫《八月十五夜月二首》之一：“满目飞明镜，归心折大刀。”

【大刀頭】 汉武帝时李陵败降匈奴，至昭帝即位，遣陵故人任立政等三人到匈奴招陵。单于置酒赐汉使者，“立政等见陵，未得私语，即目视陵，而数数自循其刀环，握其足，阴谕之，言可还归汉也。”见《汉书·李陵传》。刀环在刀之头，后即以“大刀头”作“还”字的隐语。宋之问《望月有怀》：“佳期应借问，为报大刀头。”高适《送刘评事充朔方判官赋得征马嘶》：“赠君从此去，何日大刀头。”韩翃《送刘侍御赴令公行营》：“东城跃紫骝，西路大刀头。”李商隐《拟意》：“空看小垂手，忍问大刀头。”

【大士】 ❶豪士。李白《宴陶家亭子》:"曲巷幽人宅,高门大士家。"❷佛教对菩萨的通称。沈佺期《九真山净居寺谒无碍上人》:"大士生天竺,分身化日南。"贯休《施万病丸》:"曾闻古德有深言,由来大士皆如此。"齐己《寄清溪道友》:"终去焚香老,同师大士踪。"❸对高僧的称呼。钱起《静夜酬通上人问疾》:"大士看心后,中宵清漏长。"

【大才】 堪当重任之才。刘长卿《湖南使还留辞辛大夫》:"大才生间气,盛业拯横流。"岑参《使交河郡献封大夫》:"吾君方忧边,分阃资大才。"韩愈《送郑尚书赴南海》:"事事皆殊异,无嫌屈大才。"秦韬玉《送友人罢举授南陵令》:"共言愁是酌离杯,况值弦歌枉大才。"

【大丈夫】 有志气、有节操、有作为的男子。见《孟子·滕文公下》。骆宾王《久戍边城有怀京邑》:"弱龄小山志,宁期大丈夫。"白居易《送阵许高仆射赴镇》:"敦诗说礼中军帅,重士轻财大丈夫。"皮日休《七爱诗·李太尉》:"所谓大丈夫,动合惊乾坤。"

【大千】 "大千世界"的省称。佛教语。后亦指广阔无垠的世界。李峤《闰九月九日幸总持寺登浮图应制》:"闰节开重九,真游下大千。"毕乾泰《奉和九月九日登慈恩寺浮图应制》:"重九昭皇庆,大千扬帝休。"柳宗元《法华寺石门精舍三十韵》:"小劫不逾瞬,大千若在掌。"韦瓘《留题桂州碧浔亭》:"从此归耕洛川上,大千江路任风涛。"

【大千沙界】 佛教所谓恒沙数,大千世界。吕岩《绝句》之二:"大千沙界须臾至,石烂松枯经几秋。"

【大小】 大和小。杨炯《和旻上人伤果禅师》:"净业初中日,浮生大小年。"王维《横吹曲辞·陇头吟》:"身经大小百余战,麾下偏裨万户侯。"杜甫《李潮八分小篆歌》:"陈仓石鼓又已讹,大小二篆生八分。"白居易《自蜀江至洞庭湖口有感而作》:"洞庭与青草,大小两相敌。"

【大小山】 即大山和小山。汉淮南王刘安招集文士从事著述,各造辞赋,以类相从,分别称之为"大山"和"小山",犹《诗》之有《大雅》和《小雅》。见汉王逸《楚辞章句·招隐士序》。一说"大山""小山"是人名,见汉高诱《淮南子序》。罗隐《暇日投钱尚父》:"望高汉相东西阁,名重淮王大小山。"

【大山】 ❶高山,巨大的山。刘禹锡《晚步扬子游南塘望沙尾》:"薄暮大山上,翩翩双鸟征。"❷喻指某种社会势力。李赞华《立木海上刻诗》:"小山压大山,大山全无力。"原题下注:"《辽史》:突欲初为太子,以淳钦后爱德光,不得已让位。国于东平,不得志,明宗招之,立木刻诗云云,遂携高美人并载书籍浮海至。"

【大川】 大河。崔融《拟古》:"日夕大川阴,云霞千里色。"王维《纳凉》:"前临大川口,豁达来长风。"杨巨源《同薛侍御登黎阳县楼眺黄河》:"倚槛恣流目,高城临大川。"徐铉《再领制诰和王明府见贺》:"从来不解为身计,一叶悠悠任大川。"

【大凡】 表示总结一般情况,犹大抵。杜荀鹤《将过湖南经马当山庙因书三绝》之一:"大凡君子行藏是,自有龙神卫过湖。"

【大女】 成年女子。王建《织锦曲》:"大女身为织锦户,名在县家供进簿。"

【大子夜歌】 《子夜歌》的变调。《乐府诗集》卷四四·《子夜歌四十二首》:"乐府解题曰:'后人更为四时行乐之词,谓之《子夜四时歌》,又有《大子夜歌》《子夜警歌》《子夜变歌》,皆曲之变也。"陆龟蒙《大子夜歌二首》。

【大王風】 见战国楚宋玉《风赋》。后以"大王風"作为颂圣之词。张聿《景风扇物》:"开襟若有日,愿睹大王风。"严维《奉和刘祭酒伤白马》:"性柔君子德,足逸大王风。"

【大夫】 ❶古代官名。周代在国君之下有卿、大夫、士三等,各等中又分上、中、下三级。后以大夫为任官职者之称。秦汉以后,中央要职有御史大夫,备顾问者有谏议大夫、中大夫、光禄大夫等。唐末尚存御史大夫及谏议大夫。李白《悲歌行》:"汉帝不忆李将军,楚王放却屈大夫。"岑参《陪封大夫宴瀚海亭纳凉》:"吾从大夫后,归路拥旗旌。"韩翃《寄上田仆射》:"仆射临戎谢安石,大夫持宪杜延年。"杜牧《寄宣州郑谏议》:"大夫官重醉江东,潇洒名儒振古风。"❷指裴敦复。敦复天宝四载(745)自刑部尚书贬缁川太守,见《资治通鉴》卷一五。岑参有《送裴校书从大夫淄川觐省》。

【大夫七事】 指越大夫文种教王勾践伐吴的七种策略。见《史记·越王勾践世家》。贯休《读〈吴越春秋〉》:"宰嚭一言终杀伍,大夫七事只须三。"参见"七事"。

【大夫松】 作咏松树的典故。见《史记·秦始皇本纪》。鲍溶《闻国家将行封禅聊抒臣情》:"清跸间过素王庙,翠华高映大夫松。"亦作"大夫材""大夫枝""大夫樹"。唐扶《和兵部郑侍郎省中四松诗》:"寄怀丞相业,因擢大夫材。"张说《药园宴武辂沙将军赋得洛字》:"风高大夫树,露下将军药。"李峤《松》:"鹤栖君子树,风拂大夫枝。"

【大夫材】 见"大夫松"。

【大夫枝】 见"大夫松"。

【大夫樹】 见"大夫松"。

【大牙】 指旗杆上饰以象牙的大旗。多为主帅标志旗，亦为仪仗用旗。耿沣《元日早朝》："紫贝为高阙，黄龙建大牙。"

【大中】 (—zhōng)❶指无过与不及的中正之道。见《易·大有》。陆复礼《试中和节诏赐公卿尺诗》："春仲令初吉，欢娱乐大中。"权德舆《奉和圣制重阳日即事六韵》："天道光下济，睿词敷大中。"裴度《中和节诏赐公卿尺》："荷宠承佳节，倾心立大中。"❷唐宣宗年号(847—859)。马植《奉和白敏中圣道和平致兹休运岁终功就合咏盛明呈上》："天留此事还英主，不在他年在大中。"孟宾于《湘江亭》："独宿大中年里寺，樊笼得出事无心。"沈彬《纳省卷赠为首刘象》："曾应大中天子举。四朝风月鬓萧疏。"贯休《杜侯行》："我闻大中咸通真令主，相惟大杜兼小杜。"

【大水】 ❶洪水，水灾。高适《东平路上遇大水》："傍沿钜野泽，大水纵横流。"白居易《大水》："浔阳郊郭间，大水岁一至。"《占四时甲子雨》："鹊巢下地，其年大水。"❷巨大的水面，深水。杜甫《三韵三篇》之二："自非风动天，莫置大水中。"又《多病执热奉怀李尚书》："大水淼茫炎海接，奇峰硉兀火云升。"

【大内】 皇宫。白居易《和刘郎中学士题集贤阁》："傍闻大内笙歌近，下视诸司屋舍低。"贾岛《送僧》："大内曾持论，天南化俗行。"子兰《夜直》："大内隔重墙，多闻乐未央。"李晔《菩萨蛮》词之一："安得有英雄，迎归大内中。"

【大手】 指高手，工于文辞的大家。僧鸾《赠李粲秀才》："飒风驱雷暂不停，始向场中称大手。"

【大手笔】 东晋时，王珣为尚书右仆射。曾梦被授予如椽大笔，以为"此当有大手笔事"之兆，果应，为帝崩草哀册谥议。见《晋书·王珣传》。后遂用"大手笔"喻指朝廷的诏令文书，并用作朝廷秘书官员的典实。李商隐《韩碑》："古者世称大手笔，此事不系于职司。"亦省作"大笔"。李群玉《送唐侍御福建省兄》："世掌纶言传大笔，官分鸿序压霜台。"

【大化】 ❶宇宙，大自然。陈子昂《感遇诗三十八首》之二五："群物从大化，孤英将奈何。"孟云卿《句》："群物归大化，六龙颓西荒。"皇甫松《古松感兴》："昭昭大化光，共此遗芳馨。"乐伸《闰月定四时》："愿言符大化，永永作元龟。"❷佛的教化。贯休《春送禅师归闽中》："大化宗门辟，孤禅海树凉。"❸谓死亡。齐己《题玉泉寺大师影堂》："大化终华顶，灵踪示玉泉。"

【大方】 ❶指方正之极。见《老子》。权德舆《奉和新卜城南郊居得与卫右丞邻舍因赋诗寄赠》："大方本无隅，盛德必有邻。"杨衡《赋得直如朱丝弦》："大方闻正位，乐府动清声。"❷指大地。见《管子·内业》。孟元卿《伤时二首》之一："大方载群物，先死有常伦。"刘禹锡《游桃源一百韵》："大方播群类，秀气肖翕辟。"孟郊《答韩愈李观别因献张徐州》："有客步大方，驱车独迷辙。"喻凫《送友人南中访旧知》："春尽大方游，思君便白头。"❸谓见识广博之人。语出《庄子·秋水》。刘禹锡《有僧罗浮事因为诗以写之》："悠悠想大方，此乃杯水滨。"

【大父】 祖父。见《史记·留侯世家》。无可《送宜春裴宰是将军旻之孙》："垂白方为县，徒知大父雄。"

【大火】 ❶烈火。宋之问《早发韶州》："身经大火热，颜入瘴江消。"❷星宿名。即心宿。见《尔雅·释天》。李峤《奉和天枢成宴夷夏群僚应制》："山类丛云起，珠疑大火悬。"李白《黄葛篇》："苍梧大火落，暑服莫轻掷。"杜甫《立秋雨院中有作》："山云行绝塞，大火复西流。"陆龟蒙《奉和袭美太湖诗二十首·上真观》："人间方大火，此境无朱夏。"❸十二星次之一。与十二辰相配为卯，与二十八宿相配为氐、房、心三宿。李峤《中宗降诞日长宁公主满月侍宴应制》："大火乘天正，明珠对月圆。"

【大户】 酒量大。亦指酒量大者。元稹《答姨兄胡灵之见寄五十韵》："米碗诸贤让，蠡杯大户倾。"

【大尹】 对府县行政长官的称呼。韩愈《寄卢仝》："劝参留守谒大尹，言语才及辄掩耳。"白居易《劝我酒》："洛阳女儿面似花，河南大尹头如雪。"郑谷《府中寓止寄赵大谏》："神州容寄迹，大尹是同年。"安锜《题贾岛墓》："骑驴冲大尹，夺卷忤宣宗。"

【大尹十兄】 卢纶从兄卢綦。曾官左司郎中、京兆少尹，迁大尹。后贬抚州司马同正。见《旧唐书》本传。卢纶有《书情上大尹十兄》。

【大功】 巨大的功勋。张九龄《奉和圣制过王濬墓》："入蜀举长算，平吴成大功。"杜甫《高都护骢马行》："此马临阵久无敌，与人一心成大功。"李益《溪中月下寄杨子尉封亮》："小人谅处阴，君子树大功。"徐铉《文献太子挽歌词五首》之三："出处成交让，经纶有大功。"

【大田】 沃土。见《诗·小雅·大田》。文宗《上元日二首》之一："丹诚傥彻玉帝座，且共吾人庆大田。"羊士谔《送张郎中副使自南省赴凤翔府幕》："亚夫高垒静，充国大田秋。"周昙《咏史诗·晋门·愍帝》："耕牛吃尽大田荒，二两黄金籴斗粮。"

【大兄】 指王昌龄。王维《青龙寺昙壁上人兄院集》序："时江宁大兄持片石，命维序之。"昌龄，江宁人，又曾官江宁丞。

【大布衣】 指平头百姓。杜甫《送从弟亚赴安西判官》："帝曰大布衣，藉卿佐元帅。"

【大仙】 ❶尊称仙人。李峤《宝剑篇》："一朝运偶逢大仙，虎吼龙鸣腾上天。”储光羲《述降圣观》：“自昔大仙下，乃知元化功。”白居易《和微之诗二十三首·和送刘道士游天台》：“仙中有大仙，首出梦幻群。”无名氏《汤周山》(卷七八六)：“汤周二大仙，庐此得升天。”❷指佛。德宗《七月十五日题章敬寺》：“尝闻大仙教，清净宗无生。”顾况《归阳萧寺有丁行者能修无生忍担水施僧况归命稽首作诗》：“身披六铢衣，亿劫为大仙。”

【大白】 大酒杯。段成式《怯酒赠周繇》：“大白东西飞正狂，新刍石冻杂梅香。”

【大半】 多半，大多。白居易《商山路有感》：“所经多旧馆，大半主人非。”陆龟蒙《奉酬袭美先辈吴中苦雨一百韵》：“或闻秋稼穑，大半沈澎汃。”李咸用《和友人喜相遇十首》之十：“唯应乐处无虚日，大半危时得道心。”韩偓《旧馆》：“前欢往恨分明在，酒兴诗情大半亡。”

【大包】 指宇宙。张说《郊庙歌辞·享太庙乐章·福和》：“大包天域，长亘不极。”韩愈《苦寒》：“芒砀大包内，生类恐尽歼。”钱仲联集释引方崧卿曰：“大包以宇宙言也。”

【大司成】 唐国子监祭酒，掌儒学训导之政，相当于西汉的博士仆射、东汉的博士祭酒。高宗龙朔二年(662)改国子监为司成馆，祭酒为大司成。咸亨元年(670)复旧。张籍《祭退之》：“我官麟台中，公为大司成。”

【大司空】 (空 kōng)春秋时晋国有大司空，掌管土木。汉成帝时改御史大夫为司空，哀帝时曾复旧称，后再改为大司空，与大司徒、大司马并称“三公”，成为共同执掌最高国务的长官。东汉以后，但称“司空”。杨巨源《薛司空自青州归朝》：“天眷君陈久在东，归朝人看大司空。”张籍《和裴司空酬满城杨少尹》：“圣朝偏重大司空，人咏元和第一功。”

【大司馬】 官名。《周礼·夏官》有大司马，掌军政。汉承秦制，置丞相、御史大夫、太尉。汉武帝罢太尉置大司马。宣帝时授霍光以大司马将军之职，实则掌握朝内政务，丞相已无实权。到哀帝时丞相之名亦废，改为大司徒，而大司徒、大司空变为共同负责的政务长官，职务上并无大区别。杜甫《诸将五首》之四：“殊锡曾为大司马，总戎皆插侍中貂。”徐凝《浙东故孟尚书种柳》：“不似当时大司马，重来得见汉南春。”

【大司農】 官名。秦置治粟内史，汉景帝改称“大农令”。武帝大初元年(前104)更名“大司农”。掌租税、钱谷、盐铁和国家的财政收支，为九卿之一。北齐时称“司农寺卿”，隋唐以后所置略同。李颀《送李回》：“知君官属大司农，诏幸骊山职事雄。”

【大司樂】 (樂 yuè)《周礼》官名。又称“乐正”。为乐官之长，掌乐舞教育之事。见《周礼·春官·大司乐》。皮日休《鲁望昨以五百言见贻过有褒美……微旨也》：“遂命大司乐，度之如星躔。”

【大奴】 身材高大的奴仆。见《汉书·昌邑哀王刘髆传》。杜甫《天育骠骑歌》：“遂令大奴守天育，别养驥子怜神俊。”

【大圭】 佩玉，作丁形，用途如笏，插在腰带间以记事备忘。见《周礼·考工记·玉人》。亦泛指上尖下方的佩玉。白居易《答友问》：“大圭廉不割，利剑用不缺。”尉迟汾《府尹王侍郎准制拜岳因状嵩高灵胜寄呈三十韵》：“端仪大圭立，兴俛声玲珑。”

【大刑】 重刑。柳宗元《奉平淮夷雅表·皇武大功也》：“狡众昏嚚，甚毒于酲。狂奔叫呶，以干大刑。”

【大邦】 ❶大国。储光羲《述韦昭应画犀牛》：“大邦柔远人，以之居山林。”❷大的州郡。储光羲《观范阳递俘》：“大邦武功爵，固与炎皇殊。”柳宗元《奉平淮夷雅表·方城淮右》：“畴允大邦，俾惠我人。”元稹《泛江玩月十二韵》：“楚塞分形势，羊公压大邦。”方干《上越州杨严中丞》：“连枝棣萼世无双，未秉鸿钧拥大邦。”

【大有】 ❶丰收。王维《奉和圣制重阳节宰臣及群官上寿应制》：“四海方无事，三秋大有年。”储光羲《观竞渡》：“能令秋大有，鼓吹远相催。”又《述华清宫五首》之五：“三雪报大有，孰为非我灵。”蒋防《秋稼如云》：“肆目如云处，三田大有秋。”❷犹常有，很有。白居易《寄太原李相公》：“世间大有虚荣贵，百岁无君一日欢。”又《履道居三首》之一：“大有高门锁宽宅，主人到老不曾归。”许浑《蝉》：“朱门大有长吟处，刚傍愁人又送愁。”皮日休《馆娃宫怀古五绝》之一：“越王大有堪羞处，只把西施赚得吴。”

【大有爲】 (爲 wéi)大有作为。白居易《和微之诗二十三首·和我年三首》之二：“因读管萧书，窃慕大有为。”元稹《酬翰林白学士代书一百韵》：“脱俗殊常调，潜工大有为。”

【大匠】 ❶技艺高超的木工。韩愈《送张道士》：“大匠无弃材，寻尺各有施。”卢仝《月蚀诗》：“操斧代大匠，两手不怕伤。”❷指学业等方面有成就而为人崇仰的人。蒋防《玉卮无当》：“赋形期大匠，良璞勿同斯。”皎然《奉和颜使君真卿修〈韵海〉毕会诸文士东堂重校》：“亲承大匠琢，况睹颓波振。”贾岛《即事》：“心被通人见，文叨大匠称。”齐己《谢虚中寄新诗》：“此文经大匠，不见已多年。”

【大吕】 古代乐律名。古乐分十二律，阴阳各六，六阴皆称吕，其四为大吕。见《楚辞·招魂》。李德裕《奉和圣制南郊礼毕诗》：“磬筦歌大吕，冕裘旅天神。”《郊庙歌辞·祀圜丘乐章·舒和》：“已奏黄钟歌大吕，还符宝历祚昌年。”

【大行】（—xíng）❶普遍流行。韩愈《燕河南府秀才得生字》：“文人得其职，文道当大行。”❷古代称刚死而尚未定谥号的皇帝、皇后。权德舆、韩愈均有《大行皇太后挽歌词三首》。

【大行臺】（行 xíng）晋以后，在地方代表朝廷行尚书省事的机构称为“行台”。若任职者权位特重，则称“大行台”。唐贞观以后废行台。借指节度使。刘禹锡《江陵严司空见示成都武相公唱和因命同作》：“南荆西蜀大行台，幕府旌门相对开。”

【大同】❶战国末期至汉初的儒家学派提出的一种理想社会。见《礼记·礼运》。卢僎《季冬送户部郎中使黔府选补》：“握镜均荒服，分衡得大同。”李岑《玄元皇帝应见贺圣祚无疆》：“大同齐日月，兴废应乾坤，”贯休《大蜀皇帝寿春节进尧铭舜颂二首·舜颂》：“大哉大同，为光为龙。”❷大体相同；大的方面相同。韩愈《别赵子》：“识一已忘十，大同细自殊。”孟郊《送陆畅归湖州因凭题故人皎然塔陆羽坟》：“不然洛岸亭，归死为大同。”姚合《和膳部李郎中秋夕》：“此生难免老，举世大同愁。”

【大同殿】在长安兴庆宫勤政楼北，为唐玄宗经常接受臣子朝见处。杜甫《北征》：“凄凉大同殿，寂寞白兽闼。”

【大臣書】据《汉书·东方朔传》载，东方朔曾向汉武帝上书自荐。此自荐书，即所谓“大臣书”。陈子昂《春夜别友人二首》之二：“怀君欲何赠，愿上大臣书。”按，此取：“信若尾生”意，向友人表示自己忠于友情。

【大年】指高寿者。见《庄子·逍遥游》。储光羲《题辛道士房》：“大年方橐籥，小智即蜉蝣。”刘真《七老会诗》：“垂丝今日幸同筵，朱紫居身是大年。”

【大舟】大船。李白《登黄山凌歊台送族弟溧阳尉济充泛舟赴华阴》：“小舟若凫雁，大舟若鲸鲵。”刘驾《古意》：“大舟不相载，买宅令委住。”黄滔《贾客》：“大舟有深利，沧海无浅波。”

【大名】好名声，大名望。张说《东都酺宴》：“锡命承丕业，崇亲享大名。”沈佺期《哭苏眉州崔司业二公》：“大名齐弱岁，高德并中年。”杜甫《送窦九归成都》：“非尔更苦节，何人符大名。”司空图《喜王驾小仪重阳相访》：“拟将寂寞同留住，且劝康时立大名。”

【大江】长江。张九龄《登荆州城望江二首》之一：“滔滔大江水，天地相终始。”刘希夷《江南曲八首》之六：“城临大江汜，回映洞浦清。”孟浩然《自浔阳泛舟经明海》：“大江分九流，淼淼成水乡。”李贺《乐府杂曲·鼓吹曲辞·巫山高》：“碧丛丛，高插天，大江翻澜神曳烟。”

【大江朝綱】（朝 cháo）日本国人。约生于886年，卒于957年。官历左右中大辨，至参议，世称“后江相公”。有集二卷。《全唐诗外编上》录其诗九首。

【大宅】大的住宅。刘驾《相和歌辞·贾客词》：“扬州有大宅，白骨无地归。”张籍《杂曲歌辞·伤歌行》：“长安里中荒大宅，朱门已除十二戟。”张籍《离妇》：“洛阳买大宅，邯郸买侍儿。”白居易《凶宅》：“长安多大宅，列在街西东。”

【大好】很好。唐中宗朝优人《回波词》：“回波尔时栲栳，怕妇也是大好。”

【大羽】一种四羽大箭、长箭。杜甫《丹青引赠曹将军霸》：“良相头上进贤冠，猛将腰间大羽箭。“仇兆鳌注：“唐太宗好用四羽大箭长箭。”

【大孝】非常孝顺。则天皇后《唐明堂乐章·皇嗣出入升降》：“至人光俗，大孝通神。”韩愈《元和圣德诗》：“皇帝大孝，慈祥悌友。”《郊庙歌辞·享太庙乐章·景云舞》：“舜惭大孝，尧推让王。”《梁郊祀乐章·庆熙》：“皇祖以配，大孝以振。”

【大杜】指杜悰。见《金华子杂编》卷上。贯休《杜侯行》：“我闻大中咸通真令主，相惟大杜兼小杜。”又同篇：“宣宗懿宗调舜琴，大杜小杜为殷霖。”

【大巫】指为首的或法术高明的巫师。见《太症御览》卷七二五引《庄子》逸篇。后以“大巫”喻指自己所敬服的人。杜甫《赠韦左丞丈》：“不谓矜余力，还来谒大巫。”权德舆《奉和许阁老酬淮南崔十七端公见寄》：“文行蕴良图，声华挹大巫。”许浑《宣城崔大夫召联句偶疾不获赴因献》：“茂陵罢酒惭中圣，漳浦题诗怯大巫。”温庭筠《病中书怀呈友人》：“文囿陪多士，神州试大巫。”

【大位】❶帝位。徐彦伯《比干墓》：“大位天下宝，维贤国之镇。”❷显贵的官位。刘禹锡《酬乐天请裴令公开春加宴》：“高名大位能兼有，恣意遨游是特恩。”

【大旱】严重的干旱。杜甫《雷》：“大旱山岳燋，密云复无雨。”又《火》：“楚山经月火，大旱则斯举。”

【大男】长子。杜甫《遭田父泥饮美严中丞》：“回头指大男，渠是弓弩手。”

【大易】亦作太易，公安（今属湖北）僧。杜甫大历三年（768）经公安，曾有诗留别。大易又曾与司空曙唱和。分别见《钱注杜诗》卷一七、《司空文明诗集》卷上。《全唐诗》卷八一〇录其《湘夫人祠》和《赠司空拾遗》二首，《全唐诗外编上》在太易名下收《宿天柱观》一首，而此诗又作灵一诗，见《全唐诗》卷八〇九。

【大邑】❶大的都邑或都会。李颀《寄綦毋三》：“新加大邑绶仍黄，近与单车去洛阳。”❷唐县名，属邛州，今属四川。杜甫《又于韦处乞大邑瓷碗》：“大邑烧瓷轻且坚，扣如哀玉锦城传。”

【大兵】　人数众多的军队。借指战争。武元衡《秋日对酒》：“山川大兵后，牢落空城池。”韦庄《洛北村居》：“十亩松篁百亩田，归来方属大兵年。”

【大伴氏】　日本国人，官大内记。《全唐诗外编上》录其《渤海入朝》一首。诗云：“自从明皇御宝历，悠悠渤海再三朝。乃知玄德已深远，归化纯情是最昭。”

【大谷】　❶巨大的山谷。喻凫《献知己》：“大谷非无暖，幽枝自未春。”❷地名。在今河南洛阳市南。其地以产梨著名。见《文选·潘岳〈闲居赋〉》。李峤《梨》：“色对瑶池紫，甘依大谷红。”崔兴宗《和王维敕赐百官樱桃》：“未胜晏子江南橘，莫比潘家大谷梨。”独孤及《代书寄上裴六冀刘二颖》：“尔来大谷梨，白花再成雪。”

【大角】　星名。北天的橙色亮星，属亢宿，在摄提间，为牧夫座第一星。见《史记·天官书》。故以之喻帝王。杜甫《伤春五首》之三：“大角缠兵气，钩陈出帝畿。”又《秋日荆南奉送石首薛明府辞满告别奉寄薛尚书颂德叙怀斐然之作三十韵》：“紫微临大角，皇极正乘舆。”

【大言】　❶正大的言论。见《庄子·齐物论》。崔璐《览皮先辈盛制因作十韵以寄用伸款仰》：“小言入无间，大言塞空虚。”❷荒诞不经，夸大的言辞。李白《上李邕》：“世人见我恒殊调，闻余大言皆冷笑。”又《鞠歌行》：“君不见蔡泽嵌枯诡怪之形状，大言直取秦丞相。”元稹《说剑》：“俗耳惊大言，逢人少开口。”❸古代一种俳谐诗体，描摹事物极言其大。见清沈德潜《说诗晬语》卷下。权德舆、雍裕之有《大言》。谭峭有《大言诗》。

【大帝】　❶天帝。见《公羊传·宣公三年》。元稹《青云驿》：“大帝直南北，群侍东西。”李咸用《春雨》：“大帝闲吹破冻风，青云融液流长空。”陈陶《赠别离》：“天姥剪霞铺晓空，漴漴大帝开明宫。”《郊庙歌辞·祀圜丘乐章·雍和》：“钦惟大帝，载仰皇穹。”

【大君】　天子。见《易·师》。李白《相和歌辞·君道曲》：“大君若天覆，广运无不至。”杜甫《有感五首》之二：“大君先息战，归马华山阳。”孟郊《献汉南樊尚书》：“天下昔崩乱，大君识贤臣。”杜牧《长安杂题长句六首》之六：“谁识大君谦让德，一毫名利斗蛙蟆。”

【大君子】　道德文章受人敬佩和地位高的人。王维《献始兴公》：“侧闻大君子，安问党与雠。”张籍《省试行不由径》：“今逢大君子，士节自光明。”杜牧《送沈处士赴苏州李中丞招以诗赠行》：“予曰陇西公，滔滔大君子。”齐己《夏日寓居寄友人》：“多谢扶风大君子，相思时到寂寥间。”

【大長秋】　（長 cháng）官名。汉置，为皇后近侍，多由宦官充任，职掌宣达皇后旨意，管理宫中事宜。见《汉书·百官公卿表上》。崔颢《相和歌辞·相逢行》：“使君何假问，夫婿大长秋。”

【大事】　重大事宜。张籍《董公诗》：“朝廷有大事，就决其所从。”孟简《赋得亚父碎玉斗》：“而嗟大事返，当起千里悔。”

【大雨】　降雨量较大的雨。刘方平《巫山神女》：“今宵为大雨，昨日作孤云。”韩愈《读东方朔杂事》：“噫欠为飘风，濯手大雨沱。”

【大抵】　大都，表示总括一般的情况。见《汉书·杜周传》。杜甫《四松》：“四松初移时，大抵三尺强。”韩愈《泷吏》：“岭南大抵同，官去道苦辽。”白居易《谕亲友》：“适情处处皆安乐，大抵园林胜市朝。”陆龟蒙《丁隐居歌》：“连江大抵多奇岫，独话君家最奇秀。”

【大明】　❶指日，太阳。李白《古风》之二：“蟾蜍入紫微，大明夷朝晖。”徐知仁《奉和圣制送张说巡边》：“大明均照物，小丑未宁边。”储光羲《晚次东亭献郑州宋使君文》：“大明潜照耀，淑慝自昭彰。”《郊庙歌辞·祀九宫贵神乐章·太和》：“帝在灵坛，大明登光。”❷指月，月亮。员半千《陇头水》：“严霜敛曙色，大明辞朝暾。”李白《古朗月行》：“蟾蜍蚀圆影，大明夜已残。”❸指帝王。《郊庙歌辞·晋朝飨乐章·举酒》：“大明御宇，至德动天。”❹指大明宫。韦元旦《奉和人日宴大明宫恩赐彩缕人胜应制》：“鸾凤旌旗拂晓陈，鱼龙角觝大明辰。”苏颋《人日重宴大明宫恩赐彩缕人胜应制》：“是日皇灵知窃幸，群心就捧大明来。”

【大明宫】　唐代宫名。贞观八年(634)建永安宫，九年改“大明宫”。龙朔二年(662)增建，改名“蓬莱宫”，长安元年(701)复称“明宫”，亦称“东内”。内有麟德、含元、宣政、紫宸等殿。宣政殿左右为中书、门下二省。自高宗以后，皇帝常居东内。故址在今陕西长安县东。令狐楚《杂曲歌辞·宫中乐》五首之一：“万方无一事，端拱大明宫。”张籍《田司空入朝》：“阊阖晓开铜漏静，身当受册大明宫。”鲍溶《元日早朝行》：“东方岁星大明宫，南山喜气摇晴空。”广宣《降诞日内庭献寿应制》：“修斋长乐殿，讲道大明宫。”

【大明朝】　（朝 cháo）大唐朝。孙逖《送杜侍御赴上都》：“还因贡赋礼，来谒大明朝。”

【大明殿】　大明宫。储光羲《登秦岭作时陷贼归国》：“鹿游大明殿，雾湿华清宫。”

【大垂手】　乐府杂曲歌辞名。聂夷中有此作。

【大兒】　长子，年长的儿子。杜甫《徐卿二子歌》：“大儿九龄色清澈，秋水为神玉为骨。”又《奉先刘少府新画山水障歌》：“大儿聪明到，能添老树巅崖里。”又《最能行》：“小儿学问止论语，大儿结束随商旅。”元稹《相和歌辞·估客乐》：“大儿贩材木，巧识梁栋形。”

【大兒輕孔融】　后汉祢衡少有才辩，矫时慢物，初至颍川，身怀名刺而觉无所投，唯推许孔融和杨修，谓：“大儿孔文举，小儿杨德祖。余子碌碌，莫足数也。”见《后汉书·文苑传·祢衡》。后因用作自负才俊的典故。李端《长安感事呈卢纶》：“十五事文翰，大儿轻孔融。”

【大命】　天命。见《文选·陆机〈吊魏武帝文〉》。《郊庙歌辞·享隐太子庙乐章·诚和》：“门集大命，俾歆嘉祀。”

【大享】　合祀先王的祭礼。见《书·盘庚上》。泛称各种隆重的祭礼。《郊庙歌辞·祭方丘乐章·顺和》：“大享爰终，洪休是举。”《郊庙歌辞·蜡百神乐章·雍和》：“大享明祇，永绥多祐。《郊庙歌辞·享先蚕乐章·絜诚》：“絜粢申大享，庭宇冀降祥。”

【大夜】　❶沉沉的黑夜。李群玉《湘成别成威阇黎》：“群迷行大夜，浩浩一昏黑。”❷长夜。特指人死长眠地下。孟郊《悼吴兴汤衡评事》：“大夜不复晓，古松长闭门。”方干《哭江西处士陈陶》：“巢父精灵归大夜，客儿才调振遗风。”罗隐《暇日感怀因寄同院吴蜕拾遗》：“今日二难俱大夜，当时三幅谩高才。”黄滔《伤翁外甥》：“青春成大夜，新雨坏孤坟。”

【大庖】　帝王的庖厨。见《诗·小雅·车攻》。《郊庙歌辞·祀九宫贵神乐章·寿和》：“大庖载盈，旨酒斯醇。”

【大法】　国家重要的法令或根本法。韩愈《双鸟诗》：“不停两鸟鸣，大法失九畴。”

【大法鼓】　佛寺中的大鼓。亦喻说法诫众。见《法华经·序品》。储光羲《同房宪部应旋》：“直心视惠光，在此大法鼓。”崔珏《道林寺》：“香阁朝鸣大法鼓，天宫夜转三乘书。”

【大官】　高官。沈佺期《酬苏员外味道夏晚寓直省中见赠》：“大官供宿膳，侍史护朝衣。”杜甫《草堂》：“大官喜我来，遣骑问所须。”司空曙《和耿拾遗元日观早朝》：“大官陈禹玉，司历献尧蓂。”张浑《七老会诗》：“幽亭春尽共为欢，印绶居身是大官。”

【大宛】　(—yuān)古国名。西域三十六国之一。北通康居，南面和西南面与大月氏相接，产汗血马。大约在中亚费尔干纳一带。乔知之《羸骏篇》：“大宛蒲海北，滇壑隽崖西。”储光羲《和张太祝冬祭马步》：“今日歌天马，非关征大宛。”耿沣《横吹曲辞·入塞曲》：“首登平乐宴，新破大宛归。”元稹《和李校书新题乐府十二首·西凉伎》：“大宛来献赤汗马，赞普亦奉翠茸裘。”

【大宛馬】　(宛 yuān)古代西域大宛国所产的良马。见《史记·大宛列传》。后亦泛指骏马。王昌龄《殿前曲二首》之一：“仗引笙歌大宛马，白莲花发照池台。”李白《江夏赠韦南陵冰》：“昔骑天子大宛马，今乘款段诸侯门。”岑参《武威送刘单判官赴安西行营便呈高开府》：“浑驱大宛马，系取楼兰王。”高适《送浑将军出塞》：“控弦尽用阴山儿，登阵常骑大宛马。”

【大房】　古代祭祀时盛牲畜的用具，即俎。见《诗·鲁颂·閟宫》。《郊庙歌辞·周宗庙乐舞辞·明德舞》：“黍稷惟馨，笾豆大房。”

【大門】　建筑物通向外面主要的门。方干《李侍御上虞别业》：“寻君未要先敲竹，且棹渔舟入大门。”

【大孤山】　山名。在江西鄱阳湖出口处。顾况《小孤山》：“大孤山远小孤出，月照洞庭归客船。”

【大荒】　荒远之地，边远之地。王昌龄《从军行二首》：“向夕临大荒，朔风轸归虑。”贾至《燕歌行》：“匈奴慑窜穷发北，大荒万里无尘飞。”独孤及《海上寄萧立》：“远海入大荒，平芜际穷发。”周繇《送入蕃使》：“猎猎旗幡过大荒，敕出犹带御烟香。”

【大荒經】　《山海经》有《大荒东经》《大荒南经》《大荒西经》《大荒北经》诸篇，根据传说描述了四周荒远之地的山川风物。后以“大荒經”指荒远之地。李商隐《寄太原卢司空三十韵》：“那劳出师表，尽入大荒经。”

【大故】　指严重的过失或罪恶。见《论语·微子》。滕传胤《赠人》：“自叹无大故，君子莫相疏。”

【大星】　星宿中大而亮者。见《史记·天官书》。杜甫《故武卫将军挽歌三首》之一：“严警当寒夜，前军落大星。”韩愈《东方半明》：“东方半明大星没，独有太白配残月。”

【大禹】　对夏禹的美称。见《书·大禹谟》。李白《公无渡河》：“大禹理百川，儿啼不窥家。”刘禹锡《九华山歌》：“轩皇封禅登云亭，大禹会寄临东溟。”李群玉《送萧绾之桂林》：“大禹惜寸阴，况我无才身。”胡曾《咏史诗·涂山》：“大禹涂山御座开，诸侯玉帛走如雷。”

【大風】　❶强劲的风。储光羲《述华清宫五首》之四：“高山大风起，肃肃随龙驾。”柳宗元《奉平淮夷雅表·方城》：“雨雪洋洋，大风来加。”皮日休《鲁望昨以五百言见贻过有褒美内揣庸陋弥增愧悚因成一千言亦迭和之微旨也》：“大风荡天地，万阵黄须膻。”司空图《诗品二十四则·悲慨》：“大风卷水，林木为摧。”❷见“大風歌”。

【大風曲】　(曲 qǔ)见“大風歌”。

【大風歌】　汉高祖刘邦还乡，置酒沛宫，召故人父老子弟纵酒，发沛中儿得一百二十人，教之歌。酒酣，高祖击筑，自为歌诗曰：“大风起兮云飞扬，威加海内兮归故乡，安得猛士兮守四方！”见《史记·高祖本纪》。遂以“大風歌”为歌咏帝王或勇士的典故。刘祎之《奉和别越王》：“延襟小山路，还起大风歌。”李峤《云》：“会入大风歌，从龙赴圆阙。”鲍溶《苦哉远征人》：“掩仰大风歌，裴回少年场。”李咸用《待旦》：“吾皇思壮士，谁应大风歌。”亦作“大風詩”“大風曲”“大風篇”。太宗《幸武功庆善宫》：“共乐还乡宴，欢比大风诗。”赵彦昭《奉和幸大荐福寺》：“同沾小雨润，窃仰大风诗。”亦作“大風詞”。林宽《歌风台》：“蒿棘空存百尺基，酒酣曾唱大风词。”郑愔《奉和幸大荐福寺》：“欣承大风曲，窃预小童讴。”王德真《奉和圣制过温汤》：“停舆兴睿览，还举大风篇。”亦省作“大風”。太宗《过旧宅二首》之二：“八表文同轨，无劳歌大风。”张说《奉和圣制登骊山瞩眺应制》：“岩壑清音暮，天歌起大风。”薛稷《慈恩寺九日应制》：“日宇开初景，天词掩大风。”张俨《贞元八年十二月谒先主庙绝句三首》之一：“天命屈雄图，谁歌大风起。”

【大計】　重大的谋略与计划。杜甫《暮秋枉裴道州手札率尔遣兴寄近呈苏涣侍御》：“郭钦上书见大计，刘毅答诏惊群臣。”姚合《寄陕府内兄郭冏端公》：“蹇钝无大计，酷嗜进士名。”

【大度】　胸襟开阔，气量宽宏。唐彦谦《和陶渊明贫士七首》之三：“由来大度士，不受流俗侵。”

【大哀】　极大的哀伤。白居易《自诲》：“乐天乐天，可不大哀，汝胡不惩往而念来。”

【大庭】　❶外朝之廷。见《逸周书·大匡》。后指朝廷。白居易《和答诗十首·和思归乐》：“所以事君日，持宪立大庭。”❷即大庭氏，传说中的古帝之名。见《左传·昭公十八年》。高适《留上李右相》：“风俗登淳古，君臣挹大庭。”杜甫《同元使君舂陵行》：“致君唐虞际，纯朴忆大庭。”元稹《饮致用神麴酒三十韵》：“仿佛中圣日，希夷夹大庭。”李商隐《寄太原卢司空三十韵》：“祖业隆盘古，孙谋复大庭。”

【大庭庫】　地名。在今山东曲阜。李白《大庭库》：“朝登大庭库，云物何苍然。”

【大音】　❶巨大的声响。姚合《杭州观潮》：“怒雪驱寒气，狂雷散大音。”❷见《老子》。意谓至大之音则不辨宫商，如同无声，后遂以“大音”指美妙的音乐。李白《赠临洺县令皓弟》之一：“大音自成曲，但奏无弦琴。”

【大軍】　人数众多、声势浩大的军队。张说《将赴朔方军应制》：“连年大军后，不日小康辰。”王维《李陵咏》：“既失大军援，遂婴穹庐耻。”刘长卿《平蕃曲三首》之三：“绝漠大军还，平沙独戍闲。”罗隐《定远楼》：“前年上将定妖氛，曾筑岩城驻大军。”

【大屋】　大房屋。冯著《燕衔泥》：“豪家大屋尔莫居，骄儿少妇采尔雏。”杜甫《八哀诗·故司徒李公光弼》：“大屋去高栋，长城扫遗堞。”白居易《新乐府·杏为梁》：“俭存奢失今在目，安用高墙围大屋。”唐扶《使南海道长沙题道林岳麓寺》：“松根踏云二千步，始见大屋开三门。”

【大珠】　大粒珍珠。白居易《琵琶引》：“嘈嘈切切错杂弹，大珠小珠落玉盘。”

【大都】　❶大都会。陆龟蒙《战秋辞》：“南北畿圻，盗兴五期。方州大都，虎节龙旗。”❷大多。高适《送郑侍御谪闽中》：“大都秋雁少，只是夜猿多。”元稹《靖安穷居》：“喧静不由居远近，大都车马就权门。”白居易《感兴二首》之一：“虽异匏瓜难不食，大都食足早宜休。”皮日休《夏景无事因怀章来二上人二首》之一：“啸馆大都偏见月，醉乡终竟不闻雷。”

【大哥】　指宁王李宪。玄宗有《过大哥山池题石壁》《同玉真公主过大哥山池》和《过大哥宅探得歌字韵》。张说有《奉和圣制过宁王宅应制》。

【大麥】　禾本科植物。一、二年生草本，叶子呈宽条形，子实的外壳有长芒。李颀《送陈章甫》：“四月南风大麦黄，枣花未落桐阴长。”杜甫《杂歌谣辞·大麦行》：“大麦干枯小麦黄，妇女行泣夫走藏。”亦指大麦的子实。元稹《旱灾自咎贻七县宰》：“今年无大麦，计与珠玉滨。”

【大笑】　❶大声地笑。李白《短歌行》：“天公见玉女，大笑亿千场。”岑参《凉州馆中与诸判官夜集》：“一生大笑能几回，斗酒相逢须醉倒。”任华《寄李白》：“有敕放君却归隐沦处，高歌大笑出关去。”许浑《客至》：“残花几日小斋闭，大笑一声幽抱开。”❷大加讥笑。见《老子》第四十一章。李白《来日大难》：“下士大笑，如苍蝇声。”鲁收《怀素上人草书歌》：“自言转腕无所拘，大笑羲之用阵图。”高适《塞下曲》：“大笑向文士，一经何足穷。”刘威《赠道者》：“儒生也爱长生术，不见人间大笑人。”

【大乘】　(—chéng)梵文(摩诃衍那)的意译。公元1世纪左右逐步形成的佛教派别。在印度经历了中观学派、瑜珈行派和密教三个发展时期。传入中国以后，又有所发展。大乘强调利他普度一切众生，提高以“六度”为主的菩萨，如发大心者所乘的大车，故名“大乘”。岑参《寄青城龙溪奂道人》：“久欲谢微禄，誓将归大乘。”杜甫《陪章留后惠义寺饯嘉州崔都督赴州》：“永愿坐长夏，将衰栖大乘。”刘得仁《送智玄首座归蜀中旧山》：“像教得重兴，因师说大乘。”薛能《题平等院》：“还应笑我功名客，未解嫌官学大乘。”

【大峴】　山名。在今山东临朐县东南，即穆陵，旧称齐地无险。东晋刘裕攻南燕慕容超，南燕大将公孙五楼谓宜断大岘，坚壁清野，以绝晋军粮饷，超不从。即此山。高适《送蔡少府赴登州推事》："峥嵘大岘口，逦迤汶阳亭。"孙元宴《宋·大岘》："大岘才过喜可知，指空言己副心期。"

【大師】 佛的十尊号之一。即无人师。见《瑜珈师地论》卷八二。后用为僧人的敬称。张说《书香能和尚塔》："大师捐世去，空余法力在。"杜甫《赠蜀僧闾丘师兄》："大师铜梁秀，籍籍名家孙。"刘言史《送婆罗门归本国》："龟兹碛西胡雪黑，大师冻死来不得。"齐己《寄文秀大师》："世岂无英主，天何惜大师。"

【大旆】 大旗。王维《燕支行》："画戟雕戈白白寒，连旗大旆黄尘没。"皇甫曾《送王相公赴幽州》："暮日平沙迥，秋风大旆翻。"郑巢《送魏校书赴夏口从事》："独梦诸山外，高谈大旆前。"贾岛《赠李金州》："溯流随大旆，登岸见全军。"

【大唐】 尊称唐朝。卢照邻《元日述怀》："人歌小岁酒，花舞大唐春。"李泌《奉和圣制重阳赐会聊示所怀》："大唐造昌运，品物荷时成。"周朴《赠大沩》："禅是大沩诗是朴，大唐天子只三人。"广宣《驾幸圣容院应制》："大唐国里千年圣，王舍城中百亿身。"

【大海】 宽阔的海洋。常建《赠三侍御》："湖月映大海，天空何漫漫。"孟云卿《放歌行》："落落大海中，飘浮数洲岛。"皇甫湜《出世篇》："经太山，绝大海，一长吁。"孟郊《寄崔纯亮》："百川有余水，大海无满波。"

【大家】 (一jiā)❶宫中近臣或后妃对皇帝的称呼。顾况《露青竹枝歌》："争爱大家把此鞭，禄山入关关破年。"戴叔伦《白苎词》："大家为欢莫延伫，顷刻铜龙报天曙。"孟郊《送卢郎中汀》："朝谒大家事，唯余去无由。"白居易《新乐府·上阳白发人》："今日宫中年最老，大家遥赐尚书号。"❷众人，大伙。王建《酬柏侍御答酒》："茱萸酒法大家同，好是盛来白碗中。"欧阳詹《送潭州陆户曹之任》："三语又为掾，大家闻屈声。"张祜《听歌二首》之一："只是眼前丝竹和，大家声里唱新声。"曹唐《暮春戏赠吴端公》："年少英雄好丈夫，大家望拜执金吾。"杜荀鹤《重阳日有作》："大家拍手高声唱，日未沉山且莫回。"

【大家】 (一gū)即大姑。古代对女子的尊称。见《后汉书·列女传》。郎大家宋氏有《采桑》《朝云引》《宛转歌》和《长相思》等。

【大家東征】 (家 gū)大家，即曹大家，亦即东汉班昭，班彪之女，扶风曹世叔之妻，故称曹大家。《文选》卷九载其《东征赋》。杜甫《送王十五判官扶侍还黔中》："大家东征逐子回，风生洲渚锦帆开。"

【大被】 为招贤接友之典。见《三国志·吴志·孙皓传》。李贺《出城别张又新酬李汉》："时宜裂大袂，剑客车盘茵。"

【大通和尚】 禅宗北宗六祖神秀。神秀卒谥大通禅师，见《旧唐书·神秀传》。储光羲有《至岳寺即大通大照禅塔上温上人》。崔曙有《宿大通和尚塔敬赠如上人兼呈常孙二山人》。

【大娘】 对成年妇人的敬称。杜甫《观公孙大娘弟子舞剑器行》序："问其所师，曰余公孙大娘弟子也。"

【大教】 (一jiào)重大的教导。欧阳詹《李评事进文集因赠之》："大教护微旨，哲人生令孙。"

【大帶】 古代贵族礼服用带，有革带、大带之别。革带以系佩韨，大带加于革带之上，用素或练制成。见《诗·曹风·鸤鸠》"其带伊丝"汉郑玄笺。李贺《昌谷诗》："大带委黄葛，紫蒲交狭涘。"元稹《酬乐天早春闲游西湖颇多野趣亦欲粗为恬养之赠耳》："柳条黄大带，茭葑绿文茵。"白居易《高仆射》："故作仆射诗，书之于大带。"韩偓《此翁》："岩光一唾垂绥紫，何胤三遗大带红。"

【大雪】 降雪量很大的雪。韦应物《送令狐岫宰恩阳》："大雪天地闭，群山夜来晴。"卢纶《和张仆射塞下曲》之三："欲将轻骑逐，大雪满弓刀。"孟郊《饥雪吟》："大雪压梧桐，折柴堕峥嵘。"杜荀鹤《喜从弟雪中远至有作》："深山大雪懒开门，门径行踪自尔新。"

【大卤】 太原。唐高祖起兵太原。李商隐《送千牛李将军赴阙五十韵》："大卤思龙跃，苍梧失象耕。"又有《大卤平后移家到永乐县居书怀十韵寄刘韦二前辈》。

【大野】 广阔的原野。孟浩然《宴包二融宅》："闲居枕清洛，左右接大野。"高适《车平旅游奉赠薛太守二十四韵》："郡国长河绕，川原大野幽。"李贺《秋凉诗寄正字十二兄》："大野生素空，天地旷肃杀。"李中《腊中作》："劲风吹大野，密雪翳高空。"

【大國】 ❶强大的国家。张九龄《和许给事中直夜简诸公》："声华大国宝，夙夜近臣心。"戎昱《苦哉行五首》之一："冀雪大国耻，翻是大国辱。"王建《元日早朝》："大国礼乐备，万邦朝元正。"杜荀鹤《寄窦处士》："半生因酒废，大国几时宁。"❷指大的州郡。唐时一般州郡分为雄、望、紧、上、中、下六等，望郡相当于古之诸侯大国。高适《送崔录事赴宣城》："大国非不理，小官皆用才。"

【大患】 大的祸害。柳宗元《哭连州凌员外司马》："才难不其然，卒与大患期。"

【大舸】 大船。杜甫《最能行》："富豪有钱驾大舸，贫穷取给行艓子。"周贺《送郭秀才归金陵》："鸟下独山秋寺磬，人随大舸晚江波。"

【大象】 ❶大道，常理。见《老子》。《郊庙歌辞·太清宫乐章·紫极舞》："无为观大象，冲用体常名。"《郊庙歌辞·太清宫乐章·真和》:"杳归大象,霈流嘉福。"许敬宗《奉和行经薛举战地应制》:"混元分大象,长策挫修鲸。"杜审言《和李大夫嗣真奉使存抚河东》:"不宰神功运,无为大象悬。"❷指天象。指日月星辰运行等天文现象。顾况《大茅岭新居忆亡子从真》:"大象无停轮,倏忽成古今。"❸形象,物相。齐己《寄欧阳侍郎》:"大象影和山面落,两江声合郡前流。"此指乐山大拂。赵锐《玄元皇帝应见贺圣祚无疆》:"咫尺真容近,巍峨大象悬。"此指玄元皇帝即老子身相。

【大庾嶺】　五岭之一。相传汉武帝有庾姓将军筑城于此,因有大庾之名。在今江西大余、广东南雄交界处,向为岭南、岭北的交通咽喉。杜甫《八哀诗·故右仆射相国张公九龄》:"波涛良史笔,芜绝大庾岭。"李商隐《对雪二首》之一:"梅花大庾岭头发,柳絮章台街里飞。"

【大章】　犹大法。见《国语·周语中》。俞樾《群经平议·国语一》:"大章犹言大法也,谓以私劳变前人之大法也。"来鹄《圣政纪颂》:"国之大章,如何寝略。"

【大商客】　大商人。白居易《新乐府·盐商妇》:"本是扬州小家女,嫁得西江大商客。"

【大梁】　❶房屋的主梁。元稹《当来日大难行》:"当来日大难行,前有坂,后有坑,大梁侧,小梁倾。"❷古地名。战国魏都。在今河南开封市西北。隋唐以后通称今开封市为"大梁"。李峤《云》:"大梁白云起,氛氲殊未歇。"储光羲《奉酬张五丈垂赠》:"彩服去江汜,白云生大梁。"岑参《梁园歌送河南王说判官》:"大梁一旦人代改,秋月春风不相待。"李商隐《偶成转韵七十二句赠四同舍》:"路逢邹枚不暇揖,腊月大雪过大梁。"亦作"大梁城""大梁镇"。李白《杂曲歌辞·侠客行》:"千秋二壮士,烜赫大梁城。"李涉《与弟渤新罗剑歌》:"昨夜大梁城下宿,不借硖跌光颜看。"罗隐《送友人归夷门》:"二年流落大梁城,每送君归即有情。"张籍《送令狐尚书赴东都留守》:"勋业新城大梁镇,恩荣更守洛阳宫。"

【大梁公】　杜牧《题永崇西平王宅太尉愬院六韵》:"家呼小太尉,国号大梁公。"梁,当作"凉"。宪宗时,李愬以平蔡州吴元济功,封凉国公,死后赠太尉。大凉公,指李愬。

【大梁城】　见"大梁❷"。

【大梁镇】　见"大梁❷"。

【大將】　(一jiàng)古代军中的主将。后亦泛指高级将领。储光羲《次天元十载华阴发兵作时有郎官点发》:"神皇麒麟阁,大将不书名。"杜甫《横吹曲辞·后出塞五首》之二:"借问大将谁,恐是霍嫖姚。"孟郊《上河阳李大夫》:"大将奚以安,守此称者稀。"元稹《遣病》:"赵昌八十余,三拥大将旌。"

【大將軍】　(將 jiāng)古代武官名。战国时始置。楚有大将军,职掌统兵征战。汉沿置。三国时魏吴并置上大将军,位在大将军之上。唐左右羽林、左右龙武、十六卫均置大将军。亦泛称高级将领。李白《述德兼陈情上哥舒大夫》:"卫青谩作大将军,白起真成一竖子。"张谓《饯田尚书还兖州》:"明朝郭门外,长揖大将军。"白居易《读史五首》之三:"汉日大将军,少为乞食子。"又《新乐府·母别子》:"关西骠骑大将军,去年破虏新策勋。"

【大將不書名】　(將 jiàng)汉宣帝于麒麟阁画功臣之像署其官名和姓氏,"唯霍光不名,曰大司马将军博陆侯姓霍氏"。见《汉书·武帝本纪》。古代不称名讳为尊敬。储光羲《次天元十载华阴发兵作》:"神皇麒麒阁,大将不书名。"

【大隊】　大批军队。司空图《题裴晋公华岳庙题名》:"岳前大队赴淮西,从此中原息鼓鼙。"

【大婦】　长妻。董思恭《相和歌辞·三妇艳诗》:"大妇裁纨素,中妇弄明珰。"王绍宗《三妇艳》:"大妇能调瑟,中妇咏新诗。"张谓《春园家宴》:"南园春色正相宜,大妇同行少妇随。"李贺《题赵生壁》:"大妇然竹根,中妇舂玉屑。"李商隐《行次西郊作一百韵》:"大妇抱儿哭,小妇攀车轓。"

【大鄉】　大的乡村。元结《舂陵行》:"大乡无十家,大族命单羸。"

【大堤】　堤名。在今湖北襄阳县。《乐府诗集·襄阳乐一》:"朝发襄阳城,暮至大堤宿。"李白《相和歌辞·大堤曲》:"汉水临襄阳,花开大堤暖。"张柬之《相和歌辞·大堤曲》:"南国多佳人,莫若大堤女。"杨巨源《相和歌辞·大堤曲》:"二八婵娟大堤女,开炉相对依江渚。"李贺《相和歌辞·大堤曲》:"莲风起,江畔春,大堤上,留北人。"刘禹锡《堤上行三首》之一:"酒旗相望大堤头,堤下连樯堤上楼。"

【大堤曲】　(曲 qǔ)乐府西曲歌名。见《乐府诗集》卷九四引《古今乐录》。《乐府诗集》卷四十八载梁简文帝《雍州曲三首》有以《大堤》为题的,为唐《大堤曲》《大堤行》所本。张柬之、李白、杨巨源、李贺均有此作。

【大堤行】　(行 xíng)乐府西曲歌名。出自《襄阳乐》。孟浩然有《大堤行寄万七》。参见"大堤曲"。

【大喜】　特别高兴。姚合《拾得古砚》:"大喜豪贵嫌,久长得保惜。"吴融《祝风三十二韵》:"籴贱兼粜贵,凶年翻大喜。"

【大塊】　大自然;大地。见《庄子·齐物论》。李白《日出行》:"吾将囊括大块,浩然与溟涬同科。"高适

《登广陵栖灵寺塔》:“轩车疑蠢动,造化资大块。”白居易《齐物二首》之一:“同生大块间,长短各有分。”陆龟蒙《奉和袭美太湖诗二十首·缥缈峰》:“身为大块客,自号天随子。”

【大報】 指遍祭天神。见《礼记·郊特牲》。《郊庙歌辞·梁太庙乐舞辞·登歌》:“昭事上帝,欢心万国。大报严禋,四海述职。”

【大耋】 指老年人,或指高寿。王绩《古意六首》之四:“寄言悠悠者,无为嗟大耋。”孟郊《晚雪吟》:“小儿击玉指,大耋歌圣朝。”陆龟蒙《彼农二章》之一:“大耋既鲐,童子未黳。”

【大彭】 指彭祖。相传其寿八百岁。见《国语·郑语》。刘禹锡《历阳书事七十韵》:“捧日皆元老,宣风尽大彭。”按此指诸侯,州郡长官。

【大蒐】 谓大力搜集和整理。王勃《倬彼我系》之五:“爰述帝制,大蒐王道。”

【大軫】 弦乐器上系弦线的小柱。可转动以调节弦的松紧。李贺《听颖师琴歌》:“古琴大轸长八尺,峄阳老树非桐孙。”

【大朝】 (—cháo)❶谓天子大会诸侯郡臣。李颀《送崔侍御赴京》:“千官大朝日,奏事临赤墀。”李商隐《行次西郊作一百韵》:“大朝会万方,天子正临轩。”❷圣朝。对朝廷的美称。李咸用《送人》:“况今大朝公道,天子文明,团团月树悬青青。”郑谷《寄边上从事》:“高叠观诸寨,全师护大朝。”黄滔《别友人》:“大朝多事还停举,故国经荒未有家。”贯休《和毛学士舍人早春》:“大朝名益重,后进力皆覃。”

【大雄】 百丈山旧名大雄山,最高峰名大雄峰。在今江西奉新县南一百二十里,与修水县接界。宣宗《百丈山》:“大雄真迹枕危峦,梵宇层楼耸万般。”诗题下注:“《庚溪诗话》:帝为光王时,为武宗所忌,多晦迹为方外游,至百丈山作诗云。”

【大雅】 《诗经》的组成部分之一。旧训雅为正,谓诗歌之正声。见《诗大序》。《雅》为周王畿内乐调。《大雅》多为西周王室贵族的作品,主要歌颂周王室的功绩,有些诗篇也反映了周王室一些昏君的暴虐昏乱及其统治危机。后亦指闳雅淳正的诗篇。李白《古风》之一:“大雅久不作,吾衰竟谁陈。”皇甫冉《奉和独孤中丞游法华寺》:“法证无生偈,诗成大雅篇。”孟郊《出东门》:“一生自组织,千首大雅言。”徐凝《送李补阙归朝》:“礼乐中朝贵,文章大雅存。”杜荀鹤《读友人诗》:“君诗通大雅,吟觉古风生。”

【大悲】 佛教语。救人苦难之心,谓之悲;佛菩萨悲心广大,故称“大悲”。刘长卿《狱中见壁画佛》:“不谓衔冤处,而能窥大悲。”白居易《和微诗二十三首·和晨霞》:“弘愿在救拔,大悲忘辛勤。”

【大暑】 二十四节气之一。在农历六月中,阳历七月二十三日或二十四日,是一年中最热的时候。元结《登殊亭作》:“时节方大暑,试来登殊亭。”徐夤《萤》:“欲知应候何时节,六月初迎大暑风。”

【大筆】 ❶很大的笔。刘禹锡《奉和裴侍中将赴汉南留别诗上诸公》:“暂辍洪炉观剑戟,还将大笔注春秋。”李商隐《韩碑》:“公退斋戒坐小阁,濡染大笔何淋漓。”❷大手笔。指重要著作。李群玉《送唐侍御福建省兄》:“世掌纶言传大笔,官分鸿序压霜台。”陆龟蒙《奉酬袭美苦雨见寄》:“惯曾掀搅大笔多,为我才情也如此。”

【大智】 极大的智慧。亦指具有极大智慧之人。李涉《咏古》:“大智思济物,道行心始休。”司空图《洛阳咏古》:“晋朝不是王夷甫,大智何由得预知。”

【大鈞】 指天或自然。见《文选·贾谊〈鹏鸟赋〉》。李白《相和歌辞·门有车马客行》:“恻怆竟何道,存亡任大钧。”

【大徧】 唐宋大曲用语。遍,乐曲的一章。每套大曲由十余遍组成,凡完整演唱的,称大遍。元稹《琵琶歌》:“凉州大遍最豪嘈,六公散序多笼撚。”又《连昌宫词》:“逡巡大遍凉州彻,色色龟兹轰录续。”

【大道】 ❶宽阔的道路。蔡孚《郊庙歌辞·享龙池乐章·第二章》:“帝宅王家大道边,神马龙龟涌圣泉。”王勃《乐府杂曲·鼓吹曲辞·临高台》:“复有青楼大道中,绣户文窗雕绮栊。”徐延寿《折杨柳》:“大道连国门,东西种杨柳。”❷自然法则。见《庄子·天下》。李白《相和歌辞·上云乐》:“大道是文康之严父,元气乃文康之老亲。”❸成仙之道。韦渠牟《相和歌辞·步虚词》之十:“大道何年学,真符此日催。”

【大溈】 指灵祐,俗姓赵,祖、父俱福州长溪(今福建霞浦)人。元和末,因过大沩山,遂欲栖之,群信共营梵宇。见《宋高僧传》卷一一《唐大沩山灵祐传》。周朴有《赠大沩和尚》和《赠大沩》。

【大運】 ❶天命,上天的旨意。陈子昂《感遇诗三十八首》之十七:“幽居观天运,悠悠念群生。”又《感遇诗三十八首》之三八:“大运自盈缩,春秋递来过。”❷天体的运行。李白《古风》之三二:“良辰竟何许,大运有沦忽。”❸命运。李白《相和歌辞·门有车马客行》:“大运且如此,苍穹宁匪仁。”

【大嫂】 长兄之妻。李白《湖边采莲妇》:“大嫂采芙蓉,溪湖千万重。”

【大閑】 事迹不详。《全唐诗逸》卷中录其断句一联。

【大勢】 总的趋势。李商隐《即目》:“大势真无利,多情岂自由。”

【大觜烏】 大嘴乌鸦。白居易《和答诗十首·和大鶺乌》："乌者种有二，名同性不同。鶺小者慈孝，鶺大者贪庸。鶺大命又长，生来十余冬。"

【大聖】 ❶古谓道德最完善、智能最趋绝、通晓万物之道的人。见《荀子·哀公》。储光羲《述华清宫五首》之一："大圣不私己，精禋为群氓。"李白《杂歌谣辞·箜篌谣》："周公称大圣，管蔡宁相容。"李颀《杂兴》："济水自清河自浊，周公大圣接舆狂。"孟郊《择友》："古人形似兽，皆有大圣德。"❷指佛，菩萨。顾况《归阳萧寺有丁行者能修无生忍担水施僧况归命稽首作诗》："大圣于其中，领我心之虔。"齐己《寄灵羽上人游五台》："此去清凉顶，期瞻大圣容。"又《经公安寺》："大圣威灵地，安公宴坐踪。"❸极有神通。李白《舞曲歌辞·白鸠辞》："凤皇虽大圣，不愿以为臣。"

【大聖朝】 （朝 cháo）美称大唐王朝。顾况《杂曲歌辞·游子吟》："赫赫大圣朝，日月光照临。"

【大椿】 古代寓言中的树名。以一万六千岁为一年。见《庄子·逍遥游》。后亦用喻指人之寿或植物生命周期长久等。元稹《代曲江老人百韵》："晚岁多衰柳，先秋愧大椿。"顾封人《月中桂树》："能齐大椿长，不与小山同。"皮日休《七爱诗·李翰林》："大鹏不可笼，大椿不可植。"陈陶《草木言》："拥肿若无取，大椿命为伤。

【大夢】 古人用以喻人生。见《庄子·齐物论》。李白《与元丹丘方城寺谈玄作》："茫茫大梦中，唯我独先觉。"李嘉祐《故燕国相公挽歌二首》之一："大梦依禅定，高坟共化城。"章孝标《游云际寺》："云领浮名去，钟撞大梦醒。"李群玉《伤友》："短期存大梦，旧好委浮烟。"

【大裘】 ❶古时天子祭天的礼服。见《周礼·天官、司裘》。《郊庙歌辞·禅社首乐章·福和》："穆穆天子，告成岱宗。大裘如濡，执珽有颙。"《郊庙歌辞·梁郊祀乐章·庆和》："就阳位，升圆丘，佩双玉，御大裘。"❷大皮衣。白居易《新制绫袄感而有咏》："争得大裘长万丈，与君都盖洛阳城。"又《醉后狂言赠萧殷二协律》："我有大裘君未见，宽广和暖如阳春。"

【大雷書】 大雷，地名。在今安徽望江县。晋置大雷戍，义熙六年（410）刘裕攻卢循，自雷池进攻大雷，即此。南朝宋鲍照有《登大雷岸与妹书》，见《鲍参军集》卷二。大雷书，指此，亦作为致书家人的典故。李白《秋浦寄内》："结荷倦水宿，却寄大雷书。"

【大號】 （一hào）帝王的号令。见《易·涣》。储光羲《晚霁中园喜赦作》："涣汗发大号，坤元更资始。"杨炯《奉和上元酺宴应制》："大号域中平，皇威天下惊。"《郊庙歌辞·明皇祀圜丘乐章·豫和》："大号成命，思文配天。"

【大路】 大道，宽广的道路。高适《宋中别司功叔各赋一物得商丘》："地与辰星在，城将大路迁。"杜甫《题郑县亭子》："云断岳莲临大路，天晴宫柳暗长春。"韩愈《驽骥》："嘶鸣当大路，志气若有余。"王炎《赋得行不由径》："长衢贵高步，大路自规行。"

【大愚】 五代时郢都青莲寺僧。《全唐诗》卷八二五录其《乞荆浩画》一首。荆浩有《画山水图答大愚》。

【大照】 禅宗北宗六祖神秀弟子普及。开元二十七年（739）赐号大照禅师。见《旧唐书·神秀传》。储光羲有《至岳寺即大通大照禅塔上温上人》。

【大節】 （一jié）高尚的节操，临难不苟的节操。卢僎《让帝挽歌词二首》之一："阖棺追大节，树羽册鸿名。"贾至《自蜀奉册往朔方途中呈韦左相文部房尚书门下崔侍郎》："豳公秉大节，临难不顾身。"权德舆《伏蒙十六叔寄示喜庆感怀三十韵因献之》："先公秉明义，大节逢艰屯。"胡曾《咏史诗·河梁》："不是子卿全大节，也应低首拜单于。"

【大義】 ❶正道，大道理。聂夷中《相和歌辞·胡无人行》："男儿徇大义，立节不沽名。"李白《舞曲歌辞·东海有勇妇》："割此伉俪愤，粲然大义明。"戴叔伦《奉天酬别郑谏议云逵卢拾遗景亮见别之作》："大义弃妻子，至淳易生死。"杜牧《郡斋独酌》："谓言大义小不义，取易卷席如探囊。"❷夫妇之义。谓婚姻。韩愈《琴曲歌辞·别鹄操》："巢成不生子，大义当乖离。"❸要义，要旨。李峤《经》："汉室鸿儒盛，邹堂大义明。"赵冬曦《和燕公岳州山城》："访道精言合，论经大义通。"杜甫《题衡山县文宣王庙新学堂呈陆宰》："衡山虽小邑，首唱恢大义。"姚合《过不疑上人院》："九经通大义，内典自应精。"

【大漠】 指我国西北部广大的沙漠地区。沈佺期《横吹曲辞·出塞》："十年通大漠，万里出长平。"高适《相和歌辞·燕歌行》："大漠穷秋塞草衰，孤城落日斗兵稀。"武元衡《单于晓角》："胡儿吹角汉城头，月皎霜寒大漠秋。"齐己《边上》："草上孤城白，沙翻大漠黄。"

【大經】 指国家大事。顾况《思归》："不能经纶大经，甘作草莽闲臣。"

【大酺】 ❶大饮宴。见《史记·秦始皇本纪》。张祜《杂曲歌辞·大酺乐》："车驾东来值太平，大酺三日洛阳城。"又《邠娘羯鼓》："新教邠娘羯鼓成，大酺初日最先呈。"❷唐教坛曲名。见《乐府诗集》卷八〇引《乐苑》。杜审言有《大酺》二首，张祜有《大酺乐二首》。

【大旗】 巨大的旗帜。杜甫《横吹曲辞·后出塞五首》之二："落日照大旗，马鸣风萧萧。"李贺《乐府杂曲·鼓吹曲辞·上之回》："上之回，大旗喜。"又《公莫舞歌》:“铁枢铁楗重束关,大旗五丈撞双环。”

【大族】 大的家族。元结《舂陵行》:“大乡无十家,大族命单羸。”罗隐《送前南昌崔令替任映摄新城县》:“大族不唯专礼乐,上才终是惜生灵。”

【大漢】 ❶对汉朝的尊称。王绩《过汉故城》:“大汉昔未定,强秦犹擅场。”郑世翼《过严君平古井》:“卖卜成都市,流名大汉中。”吴筠《览古十四首》之一:“大汉历五叶,斯文复崇推。”吴融《御沟十六韵》:“不劳夸大汉,清渭贯神州。”唐诗中往往借汉说唐。张乔《书边事》:“大汉无兵阻,穷边有客游。”法振《送常大夫赴朔方》:“大汉嫖姚入,乌孙部曲随。”❷身材高大的汉子。杜荀鹤《友人赠舍弟依韵戏和》:“不觉裹头成大汉,昨来竹马作童儿。”

【大賢】 才德超群者。李白《相和歌辞·梁甫吟》:“大贤虎变愚不测,当年颇似寻常人。”岑参《故仆射裴公挽歌三首》之二:“五府瞻高位,三台丧大贤。”杜甫《狄明府》:“大贤之后竟陵迟,浩荡古今同一体。”权德舆《严陵钓台下作》:“人知大贤心,不独私其身。”

【大敵】 ❶强大的敌人。胡曾《咏史诗·昆阳》:“谁知大敌昆阳败,却笑前朝困楚歌。”皎然《赠李中丞洪一首》:“重围逼大敌,六月守孤城。”又《酬乌程杨明府华将赴渭北对月见怀》:“大敌折齐俎,一书下聊城。”❷亦指在诗文等方面的旗鼓相当的对手。任华《寄杜拾遗》:“曹刘俯仰惭大敌,沈谢逡巡称小儿。”皎然《酬薛员外谊见戏一首》:“遗弓逢大敌,摩垒怯偏师。”

【大徹禪師】 (禪 chán)惟宽。俗姓祝氏。衢州信安(今浙江衢县)人。元和四年(809)宪宗诏于安国寺。十二年二月卒,诏谥大彻禅师。见《崇高僧传》卷一。《唐京兆兴善寺惟宽传》。雍陶有《宿大彻禅师故院》。

【大駕】 皇帝的车驾。张说《奉和圣制过晋阳宫应制》:“传呼大驾来,文物如云从。”李白《流夜郎半道承恩放还兼欣克复之美书怀示息秀才》:“大驾还长安,两日忽再中。”元稹《连昌宫词》:“平明大驾发行宫,万人歌舞涂路中。”贯休《闻前王使君在泽潞居》:“大驾已西幸,飘零何处去。”

【大樹】 ❶巨大的树木。韩愈《调张籍》:“蚍蜉撼大树,可笑不自量。”又《游城南十六首·楸树二首》之一:“几岁生成为大树,一朝缠绕因长藤。”李贺《春归昌谷》:“听讲依大树,观书临曲沼。”白居易《东坡种花二首》之二:“小树低数尺,大树长丈余。”❷指东汉冯异。见《东观汉记·冯异传》。常作歌颂将军的典故。杜甫《故武卫将军挽歌三首》之三:“无由睹雄略,大树日萧萧。”李商隐《武侯庙古柏》:“大树思冯异,甘棠忆召公。”吴融《赴阙次留献荆南成相公三十韵》:“甘裳名异奭,大树姓非冯。”李瀚《蒙求》:“冯异大树,千秋小车。”

【大曆】 唐代宗李豫年号(766—779)。杜甫《喜闻贼蕃寇总退口号五首》之五:“大历二年调玉烛,玄元皇帝圣云孙。”白居易《新乐府·缚戎人》:“自云乡管本凉原,大历年中没落蕃。”崔玄亮《临终诗》:“许时为客今归去,大历元年是我家。”郭周藩《谭子池》:“大历元年春,此儿忽来归。”

【大器當晚成】 谓贵重器物需要长时间方能完成。常喻指伟大之人成就往往较晚。欧阳詹《徐十八晦落第》:“嘉谷不夏熟,大器当晚成。”

【大戰元鼎年】 出《汉书·五行志中》。此年,十万汉军征南越开九郡。韩愈《答柳柳州食虾蟆》:“大战元鼎年,孰强孰败桡。”

【大還】 (—huán)即大还丹。钱起《暇日览旧诗因以题咏》:“何穷默识轻洪范,未丧斯文胜大还。”李秘《禁中送任山人》:“子去非长往,君恩取大还。”姚合《赠王尊师》:“犬随鹤去游诸洞,龙作人来问大还。”贯休《了仙谣》:“紫术黄精心上苗,大还小还行中宝。”

【大還方】 (還 huán)即大还丹。窦常《茅山赠梁尊师》:“幸承仙籍后,乞取大还方。”

【大還丹】 (還 huán)道教丹药名。又称九还金丹。见《云笈七籤》卷六八。白居易《寻王道士药堂因有题赠》:“白石先生小有洞,黄芽姹女大还丹。”又《天坛峰下赠杜录事》:“顶上将探小有洞,喉中须咽大还丹。”卢仝《忆金鹅山沈山人二首》之一:“莫合九转大还丹,莫读三十六部大洞经。”

【大儒】 儒家大师。亦指饱读诗书者。李白《古风》之三十:“大儒挥金椎,玩之诗礼间。”卢纶《敬酬大府二十四舅览诗卷因以见示》:“九门洞启延高论,百辟联行挹大儒。”

【大澤】 大湖沼,大薮泽。储光羲《采莲词》:“广江无术阡,大泽绝方隅。”张说《皇帝降诞日集贤殿赐宴》:“阴风吹大泽,梦日照昌朝。”常建《赠三侍御》:“高山临大泽,正月芦花干。”白居易《玩松竹二首》之一:“龙蛇隐大泽,麋鹿游丰草。”

【大辨】 深邃精密的识见。太宗《咏司马彪续汉志》:“大辨良难仰,小学终先匮。”

【大隱】 ❶指居住在朝市而追求隐逸情趣的人。见晋王康琚《反招隐诗》。钱起《过王舍人宅》:“大隐心何远,高风物自疏。”姚合《和裴令公新成绿野堂即事》:“古今功独出,大小隐俱成。”储嗣宗《题云阳高少府衙斋》:“大隐能兼济,轩窗逐胜开。”许棠《题郑侍郎岩隐十韵》:“朝退常归隐,真修大隐情。”❷指真正的隐士。皇甫冉《寻戴处士》:“车马长安道,谁知大隐心。”

【大藏】 (—zàng)指大藏经。佛教经典的总和,南北朝时称"一切经"，隋以后始有此称。杜荀鹤《题护国大师塔》："吾师觉路余知处，大藏经门一夜吟。"

【大點】 大的雨点或水点。李端《荆门歌送兄赴夔州》："重阴大点过欲尽，碎浪柔文相与翻。"张祜《高闲上人》："长波溢海岸，大点出嵩丘。"韩偓《雨》："树带繁声出竹闻，溪将大点穿篱入。"

【大謝】 指南朝宋谢灵运。灵运有诗名，其族弟谢惠连亦能诗。南朝梁钟嵘《诗品》将二人并举，称为小谢，南朝齐诗人谢朓。亦被称为小谢。因称谢灵运为大谢。贯休《山中作》："有时鬼笑两三声，疑是大谢小谢李白来。"又《归东阳临岐上杜使君七首》之一："小谢清高大谢才，圣君令泰此方来。"

【大翼】 巨大的翅膀。见《庄子·逍遥游》。大鹏有大翼，后亦以"大翼"代称大鹏，用以设喻。顾况《送从兄使新罗》："南溟垂大翼，西海饮文鳐。"杜牧《寄李播评事》："大翼终难戢，奇锋且自韬。"

【大藥】 道家的金丹。杜甫《赠李白》："苦乏大药资，山林迹如扫。"卢仝《忆金鹅山沈山人二首》之二："呜呼沈君大药成，兼须巧会鬼物情。"白居易《不二门》："亦曾烧大药，消息乖火候。"吕岩《献郑思远施真人二仙》："比见至人论九鼎，欲穷大药访三清。"

【大麓】 ❶犹总领。谓领录天子之事。见《书·舜典》。权德舆《仲秋朝拜昭陵》："神祇戴元圣，君父纳大麓。"❷广大的山林。见《淮南子·泰族训》。柳宗元《乐府杂曲·鼓吹铙歌·兽之穷》："兽之穷，奔大麓。"

【大羅】 即大罗天。王建《同于汝锡游降圣观》："秦时桃树满山坡，骑鹿先生降大罗。"刘言史《赠成炼师四首》之三："大罗过却三千岁，更向人间魅阮郎。"吴筠《步虚调十首》之六："琼台劫万仞，孤映大罗表。"

【大羅天】 道教所称三十六天中最高一重天。杨炯《游废观》："独知小山桂，尚识大罗天。"王维《送王尊师归蜀中拜扫》："大罗天上神仙客，濯锦江头花柳春。"钱起《题嵩阳焦道士石壁》："玉体才飞西蜀雨，霓裳欲向大罗天。"方干《送王侍郎浙东入朝》："恩爱已苏句践国，程途却上大罗天。"

【大羅宫】 即大罗天。元稹《春六十韵》："便从威仰座，随入大罗宫。"

【大羅仙】 天仙。广宣《早秋降诞日献寿二首应制》之一："道光中国主，人识大罗仙。"

【大謬】 大错。李白《经乱离后天恩流放夜郎忆旧游书怀赠江夏韦太守良宰》："时命乃大谬，弃之海上行。"白居易《朱陈村》："以此自桎梏，信为大谬人。"贯休《经孟浩然鹿门旧居二首》之一："孔圣嗟大谬，玄宗争奈何。"

【大難】 （—nàn）巨大的灾难。元稹《当来日大难行》："当来日大难行。前有阪，后有坑，大梁侧，小梁倾。"

【大願和尚】 庐山东林寺僧人，与贯休有交往。贯休有《寄大愿和尚》，诗称"吾师隐庐岳"。贯休又有《宿东林寺愿公院》，愿公即大愿也。

【大鵬】 鹏，传说中的大鸟。《庄子》寓言中的大鹏鸟可真上九万里高空，从北海迁往南海。见《庄子·逍遥游》。后因以喻指志向远大、气概不凡者。李峤《海》："三山巨鳌涌，万里大鹏飞。"刘商《姑苏怀古送秀才下第归江南》："大鹏矫翼翻云衢，嵩峰霁后凌天孤。"刘禹锡《和仆射牛相公见示长句》："大鹏六月有闲意，仙鹤千年无躁容。"贯休《偶作五首》之三："岂不见大鹏点翼盖十洲，是何之物鸣啾啾。"

【大羹】 不和五味的肉汁。见《礼记·乐记》。《郊庙歌辞·德名兴圣庙乐章·迎俎》："有飶嘉豆，既和大羹。"

【大嚼屠門】 谓凭想象满足自己的渴望，聊以自慰。见《文选·三国魏曹植〈与季重书〉》。罗隐《黄鹤驿寓题》："高歌酒市非狂者，大嚼屠门亦偶然。"

【大覺】 （—jué）指佛。见北齐颜之推《颜氏家训·归心》。刘宪《奉和幸大荐福寺应制》："甚欢延故吏，大觉拯生人。"

【大覺禪師】 （禅 chán）法钦，俗姓朱氏。吴郡昆山（今属江苏）人。大历初代宗高其名而征之。贞元八年（792）卒，赠谥曰大觉禅师，见《全唐文》卷五一二李吉甫《杭州径山寺大觉禅师碑铭》，张祜有《题径山大觉禅师影堂》。

【大爐】 喻指天地。见《庄子·大宗师》。沈佺期《移禁司刑》："天子开昌箓，群生偶大炉。"杜甫《遣怀》："拓境功未已，元和辞大炉。"又《北风》："向晚霾残日，初宵鼓大炉。"刘长川《将赴东都上李相公》："谁知大炉下，还有不然灰。"

【大體】 大要，纲领。杜甫《石笋行》："政化错迕失大体，坐看倾危受厚恩。"又《夔府书怀四十韵》："总戎存大体，降将饰卑词。"白居易《长庆二年七月自中书舍人出守杭州路次蓝溪作》："伏阁三上章，戆愚不称旨。圣人存大体，优贷容不死。"李商隐《行次西郊作一百韵》："直求输赤诚，所望大体全。"

【大觀】 （—guān）宏远的观察。齐己《煌煌京洛行》："大观无遗物，四夷来率服。"

一　画

天 〔tiān《广韵》他前切，平先，透。〕❶天空。《诗·唐风·绸缪》："绸缪束薪，三星在天。"杨炯《送丰城王少府》："愁结乱如麻，长天照落霞。"李白《赠汉阳辅录事二首》之一："天清江月白，心静海鸥知。”白居易《晚秋有怀郑中旧隐》：“天高风袅袅，乡思绕关河。”李商隐《霜月》：“初闻征雁已无蝉，百尺楼高水接天。”❷天神，古代人们想象中的万事万物的主宰者。杨炯《奉和上元酺宴应诏》：“赤县空无主，苍生欲问天。”李白《闻李太尉大举秦兵百万出征东南留别金陵崔侍御十九韵》：“天夺壮士心，长吁别吴京。”白居易《咏怀》：“穷通不由己，欢戚不由天。”柳宗元《哭连州凌员外司马》：“举声但呼天，孰知神者谁。”❸迷信者指神佛所居之处。顾况《相和歌辞·短歌行》之六：“周流三十六洞天，洞中日月星辰连。”章碣《对月》：“别有洞天三十六，水晶台殿冷层层。”曹唐《小游仙九十八首》之九一：“可怜三十六天路，星月满空琼草青。”徐铉《赠王贞素先生》：“三十六天皆有籍，他年何处问归程。”❹称君王，天子。王维《菩提寺禁裴迪来相看说逆贼等凝碧池上作音乐供奉人等举声便一时泪下私成口号诵示裴迪》：“万户伤心生野烟，百僚何日更朝天。”李白《玉壶吟》：“朝天数换飞龙马，敕赐珊瑚白玉鞭。”韦应物《送宫人入道》：“舍宠求仙畏色衰，辞天素面立天墀。”曹松《送胡中丞使日本》：“辞天理玉簪，指日使鸡林。”❺位置在顶部的，凌高架设的。宋之问《入崖口五渡寄李适》：“时攀乳窦憩，屡薄天窗眠。”窦巩《洛中即事》：“寂寂天桥车马绝，寒鸦飞入上阳宫。”杨衡《登紫霄峰赠黄仙师》：“玉箓掩不开，天窗微微风。”杜牧《洛阳秋夕》：“泠泠寒水带霜风，更在天桥夜景中。”❻天然，天生。见《庄子·秋水》。韦应物《赠李判官》：“决狱兴邦颂，高文禀天机。”韩愈《赠徐州族侄》：“自云有奇术，探妙知天工。”白居易《和答诗十首·和松树》：“杀身获其所，为君构明堂。不然终天年，老死在南冈。”徐夤《牡丹花二首》之一：“天纵秾华刳鄙吝，春教妖艳毒豪奢。”❼天时，指天气、季节等。卢照邻《过东山谷口》：“日暮餐龟壳，天寒御鹿裘。”李白《日出行》：“草不谢荣于春风，木不怨落于秋天。”白居易《春雪》：“月晦寒食天，天阴夜飞雪。”张泌《浣溪沙》之九：“小市东门欲雪天，众中依约见神仙。”

【天人】❶仙人，神人。李白《古朗月行》：“羿昔落九乌，天人清且安。杜甫《八哀诗·赠太子太师汝阳郡王琎》：“汝阳让帝子，眉宇真天人。”白居易《游悟真寺诗》：“玉笛何代物，天人施祇园。”❷天和人。白居易《戒药》：“天人阴骘间，亦恐无此理。”❸特指天子。沈佺期《夏日都门送司马员外逸客孙员外佺北征》：“庙略天人授，军麾相国持。”

【天人際】“天人之际”省语。天道与人事之间的关系。见《汉书·司马迁传》。杜甫《八哀诗·赠秘书监江夏李公邕》：“情穷造化理，学贯天人际。”

【天工】天然形成的工巧。与“人工”相对。韩愈《赠徐州族侄》：“自云有奇术，探妙知天工。”白居易《想东游五十韵》：“静阅天工妙，闲窥物状幽。”

【天下】古时多指中国范围内的全部土地，全国。杨炯《和刘长史答十九兄》：“友爱光天下，恩波浃后尘。”白居易《秦中吟十首·议婚》：“天下无正声，悦耳即为娱。”李商隐《南朝》：“休夸此地分天下，只得徐妃半面妆。”

【天下士】才能非凡之士。语出《史记·鲁仲连邹阳列传》。卢照邻《咏史四首》之二：“悠悠天下士，相送洛桥津。”高适《咏史》：“不知天下士，犹作布衣看。”

【天下無雙】指西汉名将李广。见《汉书·李广传》。后用以指杰出的将才。杜牧《题永崇西平王宅太尉愬院六韵》：“天下无双将，关西第一雄。”

【天上】天空中。借指天界、朝廷等。卢照邻《登封大酺歌四首》之三：“翠凤逶迤登介丘，仙鹤裴回天上游。”卢照邻《杂曲歌辞·结客少年场行》：“将军下天上，虏骑入云中。”白居易《新乐府·缭绫》：“去年中使宣口敕，天上取样人间织。”李商隐《七夕偶题》：“灵归天上匹，巧遗世间人。”

【天上人間】（間 jiān）❶天上和人间。骆宾王《代女道士王灵妃赠道士李荣》：“别有众中称黜帝，天上人间少流例。”崔颢《七夕》：“仙裙玉佩空自知，天上人间不相见。”白居易《长恨歌》：“但教心似金钿坚，天上人间会相见。”❷一在天上，一在人间。喻境遇悬殊。李煜《浪淘沙》词之一：“流水落花春去也，天上人间。”

【天上將】（將 jiàng）指西汉车骑将军周亚夫。景帝时亚夫征讨吴楚，赵涉建议绕道行军。突然袭击，如此敌人“会以将军从天而下”。“太尉如其计”，结果获大胜。见《汉书》本传。后遂为歌颂武将善用兵之典。陈子昂《横吹曲辞·出塞》：“忽闻天上将，关塞重横行。”

【天上麒麟】南朝陈徐陵字孝穆，传说降生前，母有异兆，生后早慧，几岁时，有僧人说他是“天上石麒麟”。见《陈书》本传。后用作称美青年才士的典故。杜甫《徐卿二子歌》：“孔子释氏亲抱送，并是天上麒麟儿。”又《和江陵宋大少府暮春雨后同诸公及舍弟宴书斋》：“渥洼汗血种，天上麒麟儿。”杜牧《赠李秀才》：“天上麒麟时一下，人间不独有徐陵。”

【天才】天赋的卓越才能；有天赋才能的人。姚合《喜览泾州卢侍御诗卷》：“自是天才健，非关笔砚灵。”沈佺期《哭苏眉州崔司业二公》：“国宝亡双杰，天才丧两贤。”杨凭《赠窦牟》：“直用天才众却瞋，应欺李杜久为尘。”司空图《偶诗五首》之二：“谁似天才李山甫，牡丹属思亦纵横。”齐己《寄欧阳侍郎》：“棋轻国手知难敌，诗是天才肯易酬。”

【天山】 唐时称伊州、西州以北一带山脉为“天山”。伊州，在今新疆哈密县；西州，在今吐鲁番盆地一带。骆宾王《晚度天山有怀京邑》：“忽上天山路，依然想物华。”李白《独不见》：“天山三丈雪，岂是远行时。”又《奔亡道中五首》之一：“苏武天山上，田横海岛边。”岑参《天山雪歌送萧治归京》：“天山有雪常不开，千峰万岭雪崔嵬。”

【天女】 天上的神女。见《维摩诘经·观众生品》。祖咏《七夕》：“闺女求天女，更阑意未阑。”李群玉《恼自澄》：“常闻天女会，玉指散天花。”顾云《华清词》：“太上符箓龙蛇踪，散花天女侍香童。”

【天子】 古以君权为神所授，故称帝王为天子。骆宾王《夏日游德州赠高四》：“天子不见知，群公讵相识。”李白《上云乐》：“天子九九八十一万岁，长倾万岁杯。”白居易《初授拾遗》：“天子方从谏，朝廷无忌讳。”李商隐《马嵬二首》之二：“如何四纪为天子，不及卢家有莫愁。”

【天子之馬】 指周穆王的八骏。后为歌咏骏马的典故。见《穆天子传》卷一。杜甫《天育骠骑歌》：“吾闻天子之马走千里，今之画图无乃是。”

【天子氣】 帝王头上显现的瑞气。旧谓帝王出生或活动的地方，常有此种瑞气。见《史记·项羽本纪》。李群玉《石头城》：“东南天子气，扫地入函京。”

【天王】 天子。春秋时特指周天子。见清顾炎武《日知录·天王》。亦以称帝王。杜甫《九成宫》：“天王守太白，驻马更搔首。”又《忆昔二首》之一：“犬戎直来坐御林，百官跣足随天王。”又《八哀诗·赠司空王公思礼》：“天王拜跪毕，谠议果冰释。”又《诸将五首》之四：“炎风朔雪天王地，只在忠臣翊圣朝。”

【天囚】 ❶获罪于天的囚犯。见《汉书·王莽传下》。后亦喻指受礼教的拘囿、束缚。卢仝《常州孟谏议座上闻韩员外职方贬国子博士有感五首》之五：“功名生地狱，礼教死天囚。”❷春秋时王室衰微，公羊家以周王为天囚，后用以贬称帝王。见汉何休《春秋公羊传序》。元结《闵荒诗》：“天囚正凶忍，为我万姓仇。”

【天目】 天目山。张万顷《登天目山下作》：“泪添天目水，发变海头山。”杨衡《送郑丞之罗浮中习业》：“始从天目游，复作罗浮行。”白居易《奉和李大夫题新诗二首各六韵·因严亭》：“似移天目石，疑入武丘山。”李频《送吴秘书归杭州》：“海崖归有业，天目近何峰。”

【天目山】 在今浙江临安县境内。有两峰，峰顶各一池，左右相对，故名。见《元和郡县图志》卷二五。张万顷有《登天目山下作》。皎然有《对陆迅饮天目山茶因寄元居士晟》。

【天目僧】 唐诗作者。姓名事迹不详。《全唐诗外编》(上)录其《答赞宁》一首。

【天中】 (—zhōng)❶天之中，天上。阎宽《古意》：“天中有灵匹，日夕嚬蛾眉。”王羡门《都中闲居》：“云物天中少，烟花岁后来。”❷指朝廷。赵良器《三月三日曲江侍宴》：“睿藻天中降，恩波海外流。”

【天公】 天。以人拟天，故称。李白《相和歌辞·短歌行》：“天公见玉女，大笑亿千场。”顾况《谅公洞庭孤橘歌》：“待取天公放恩赦，侬家定作湖中客。”李贺《野歌》：“男儿屈穷心不穷，枯荣不等嗔天公。”姚合《寄王度居士》：“天公与贫病，时辈复轻欺。”

【天月】 月。乔知之《定情篇》：“始如经天月，终若流星驰。”崔禹锡《奉和圣制送张说巡边》：“旌摇天月迥，骑入塞云长。”李端《古别离二首》之二：“昨夜天月明，长川寒且清。”

【天文】 日月星辰等天体在宇宙间分布运行等现象。古人把风、云、雨、露、霜、雪等地文现象也列入天文范围。李白《送张秀才谒高中丞》：“胡月入紫微，三光乱天文。”杜甫《江陵望幸》：“地利西通蜀，天文北照秦。”白居易《偶然二首》之一：“人事多端何足怪，天文至信犹差忒。”李商隐《自桂林奉使江陵途中感怀寄献尚书》：“水势初知海，天文始识参。”

【天心】 ❶天意。肃宗《延英殿玉灵芝诗三章章八句》之二：“天心有眷，王道惟直。”❷指君主的心意、意志。王维《奉和圣制送不蒙都护兼鸿胪卿归安西应制》：“无战是天心，天心同覆载。”❸天空中央。李白《临江王节士歌》：“白日当天心，照之可以事明主。”可朋《中秋月》：“海面乍浮犹隐映，天心高挂最分明。”

【天用莫如龍】 谓行天者莫比于龙。见《史记·平准书》。杜甫《遣兴五首》之一：“天用莫如龙，有时系扶桑。”

【天仗】 天子的仪卫。借指天子。沈佺期《白莲花亭侍宴应制》：“九日陪天仗，三秋幸禁林。”顾况《乐府》：“云随天仗转，风入御帘轻。”皇甫冉《温泉即事》：“天仗星辰转，霜冬景气和。”罗隐《寄金吾李荪常侍》：“晓色严天仗，春寒避火城。”

【天仙】 ❶天上神仙。见晋葛洪《抱朴子·论仙》。沈佺期《同工部李侍郎適访司马子微》：“紫衣降天仙，丹地投云藻。”李白《拟古十二首》之四：“清都绿玉树，灼烁瑶台春。攀花弄秀色，远赠天仙人。”白居易《新乐府·海漫漫》：“山上多生不死药，服之羽化为天仙。”❷特指仙女。多喻美女。白居易《简简吟》：“恐是天仙谪人世，只合人间十三岁。”又《玉真张观主下小女冠阿容》：“绰约小天仙，生来十六年。”

【天外】 天之外。极言高远。唐诗中多用以指极远之处。李白《古风》之四一："永随长风去，天外恣飘扬。"又《酬王补阙惠翼庄庙宋丞泚赠别》："喜结海上契，自为天外宾。"岑参《送崔子还京》："匹马西从天外归，扬鞭只共鸟争飞。"李商隐《写意》："人间路有潼江险，天外山惟玉垒深。"

【天生】 天然生成。李白《乐府杂曲·鼓吹曲辞·将进酒》："天生我材必有用，千金散尽还复来。"刘长卿《题冤句宋少府厅留别》："世上无此才，天生一公器。"

【天半】 半空中。阎朝隐《奉和登骊山应制》："龙行踏绛气，天半语相闻。"顾况《宫词五首》之二："玉楼天半起笙歌，风送宫嫔笑语和。"张乔《北山书事》："黄河一曲山，天半锁重关。"刘得仁《宿僧院》："破月斜天半，高河下露微。"

【天台】 (台 tāi)山名。在今浙江天台县北。宋之问《灵隐寺》："待入天台路，看余度石桥。"李白《梦游天姥吟留别》："天台四万八千丈，对此欲倒东南倾。"杜甫《有怀台州郑十八司户》："天台隔三江，风浪无晨暮。"白居易《寄题上强山精舍寺》："惯游山水住南州，行尽天台及虎丘。"

【天台山】 (台 tāi)山名。在浙江天台县北。见南朝梁陶弘景《真诰》。白居易《想东游五十韵》序："太和三年春，予病免官后，忆游浙右数郡，兼思到越一访微之。故两浙之间，一物以上，想皆在目，吟且成篇，不能自休，盈五百字，亦犹孙兴公想天台山而赋之也。"

【天台女】 (台 tāi)天台山仙女。白居易《县南花下醉中留刘五》："愿将花赠天台女，留取刘郎到夜归。"李煜《菩萨蛮》词之二："蓬莱院闭天台女，画堂昼寝无人语。"

【天台客】 (台 tāi)指东汉刘晨、阮肇。据传他们入天台山采药，遇二女，留住半年，归家时子孙已历七世，乃知二女为仙女。见《太平御览》卷四一引南朝宋刘义庆《幽明灵》。李中《送孙孔二秀才游庐山》："莫学天台客，逢山即驻留。"

【天台峰】 (台 tāi)天台山。白居易《题赠郑秘书征君石沟溪隐居》："蒲轮入翠微，迎下天台峰。"

【天台嶺】 (台 tāi)天台山。白居易《厅前桂》："天台岭上凌霜树，司马厅前委地丛。"

【天台觀】 (台 tāi；觀 guàn)道观名。在天台山上。《天台观石简记》："海水竭，台山缺，皇家宝祚无休歇。"题下注："咸通十三年，台州刺史姚鹄于天台山天台观观讲堂后创老君殿，得石函，中有玉简，上有文云云。具以上闻，敕宣付史馆，颁示四方。"

【天老】 见《韩诗外传》卷八，天老，传说是黄帝的贤能臣。后用以代称辅弼重臣。储光羲《刘先生闲居》："期之比天老，真德辅帝鸿。"李白《金陵凤凰台置酒》："明君越羲轩，天老坐三台。"杜甫《奉留赠集贤院崔于二学士》："天老书题目，春官验讨论。"

【天地】 ❶天和地。指自然界或社会。太宗《两仪殿赋柏梁体》："云披雾敛天地明，登封日观禅云亭。"玄宗《答司马承祯上剑镜》："宝照含天地，神剑合阴阳。"又《巡省途次上党旧宫赋》："天地犹惊否，阴阳始遇蒙。"德宗《中和节日宴百僚赐诗》："肇兹中和节，式庆天地春。"❷天下，国家。太宗《正日临朝》："虽无舜禹迹，幸欣天地康。"玄宗《经河上公庙》："讵以天地累，宁为宠辱惊。"❸境界，境地。李白《山中问答》："桃花流水窅然去，别有天地非人间。"

【天地爲幕席】 (爲 wéi)刘伶以天为幕，以地为席。后以此为典，吟咏豪放不羁的生活情怀。见《文选·刘伶〈酒德颂〉》。白居易《和微之诗二十三首·和新楼北园偶集从孙公度周巡官韩秀才卢秀才范处士小饮郑侍御判官周刘二从事皆先归》："天地为幕席，富贵如泥沙。"又《咏兴五首·小庭亦有月》："幕天而席地，谁奈刘伶何。"

【天刑】 ❶上天的法则。见《国语·鲁语下》。李白《望鹦鹉洲怀祢衡》："才高竟何施，寡识冒天刑。"王维《赠房卢氏琯》："将从海岳居，守静解天刑。"❷上天的刑罚。柳宗元《游石角过小岭至长乌村》："始惊陷世议，终欲逃天刑。"陆龟蒙《五歌·水鸟》："超然可继义勇后，恰似有志行天刑。"

【天光】 ❶日光，天空的光辉。李白《狱中上崔相涣》："应念覆盆下，雪泣拜天光。"刘长卿《上湖田馆南楼忆朱宴》："天光映波动，月影随江流。"荆冬倩《奉试咏青》："路辟天光远，春还月道临。"崔湜《大漠行》："云沙泱漭天光闭，河塞阴沉海色凝。"❷喻君主或君恩。贺知章《奉和圣制送张说上集贤学士赐宴赋得谟字》："天光烛武殿，时宰集鸿都。"韦述《奉和圣制送张说上集贤学士赐宴赋得华字》："谬此天光及，衔恩醉日斜。"李白《北上行》："何日王道平，开颜睹天光。"

【天年】 自然的寿数。柳宗元《行路难三首》之一："啾啾饮食滴与粒，生死亦足终天年。"白居易《闲卧有所思二首》之二："虫全性命缘无毒，木尽天年为不才。"又《胡吉郑刘卢张等六贤皆多年寿因成七言六韵以纪之传好事者》："天年高过二疏傅，人数多于四皓图。"又《和答诗十首·和松树》："不然终天年，老死在南冈。"

【天邦】 对朝廷的美称。储光羲《哥舒大夫颂德》："直道济时宪，天邦遂轻刑。"

【天休】 天赐福佑。见《左传·宣公三年》。唐肃宗《延英殿玉灵芝诗三章章八句》之三："端拱思惟，永荷天休。"卢鸿一《嵩山十志十首·云锦淙》："有洁冥者媚此幽，漱灵液兮乐天休，实获我心兮夫何求。”周昙《咏史诗·三代门·文王》：“昭然明德报天休，礿祭惟馨胜杀牛。”亦指天子的恩庥。许浑《江西郑常侍赴镇之日有寄因酬和》：“即应归凤沼，中外赞天休。”

【天行健】（行 xíng）咏天体运行，亦用以喻帝王的出行。见《易·乾》。鲍溶《忆郊天》：“六龙日驭天行健，神母呈图地道光。”

【天池】❶海。见《庄子·逍遥游》。钱起《巨鱼纵大壑》：“龙摅回地轴，鲲化想天池。”羊士谔《乾元初严黄门自京兆少尹贬牧巴郡乃赋诗十四韵刻于石壁》：“谁谓天池翼，相期宅畔吟。”❷天上之池，仙界之池。韩偓《漫作二首》之一：“悬圃珠为树，天池玉作砂。”❸山顶上之水池。杜甫《天池》：“天池马不到，岚壁鸟才通。”

【天后】道教神名。陆龟蒙《奉和袭美太湖诗二十首·入林屋洞》：“题之为左神，理之以天后。”自注：“林屋洞为左神幽居之天，即天后真君之便阙。”

【天色】❶天空的颜色。亦借指时间的早晚。岑参《与鄠县群官泛渼陂》：“万顷浸天色，千寻穷地根。”白居易《秋槿》：“风露飒已冷，天色亦黄昏。”❷天气。杜甫《北征》：“仰观天色改，坐觉祆气豁。”李贺《梦天》：“老兔寒蟾泣天色。云楼半开壁斜白。”白居易《同诸客携酒早看樱桃花》：“天色晴明少，人生事故多。”又《效陶潜体诗十六首》之二：“开帘望天色，黄云暗如土。”

【天衣】❶佛教谓诸天人所着之衣。见《菩萨璎珞本业经》卷下。张说《奉和同皇太子过慈恩寺应制二首》之二：“圣君成愿果，太子拂天衣。”赵彦昭《奉和幸大荐福寺》：“天衣拂旧石，王舍起新祠。”宋昱《题石窟寺》：“瑞莲生佛步，瑶树挂天衣。”卢纶《慈恩寺石磬歌》：“珠穴沈成绿浪痕，天衣拂尽苍苔色。”亦指仙人所着之衣。白居易《和微之诗二十三首·和送刘道士游天台》：“灵旗星月象，天衣龙凤纹。”❷帝王所着之衣。卢纶《杂曲歌辞·皇帝感词》：“天衣五凤彩，御马六龙文。”

【天江】即天河。李贺《上云乐》：“天江碎碎银沙路，嬴女机中断烟素。”

【天宇】❶天空。张九龄《秋晚登楼望南江入始兴郡路》：“潦收沙衍出，霜降天宇晶。”储光羲《同房宪部应旋》：“长风散繁云，万里静天宇。”王昌龄《斋心》：“日月荡精魄，寥寥天宇空。”刘禹锡《有僧言罗浮事》：“海黑天宇旷，星辰来逼人。”任希古《和李公七夕》：“悠悠天宇平，昭昭月华度。”

【天形】❶天生的形态；天然的形体。独孤及《题思禅寺上方》：“山中有良药，吾欲隳天形。”按“隳天形”，谓削发为僧。❷指天体的形态。钱起《东城南山佛寺》：“洗足解尘缨，忽觉天形宽。”顾非熊《秋日陕州道中作》：“树势标秦远，天形到岳低。”江为《送客》：“天形围泽国，秋色露人家。”林璠《季夏入北山》：“天形逼峰尽，地势入溪无。”

【天花】❶佛教语。天界仙花。见《维摩诘经·观众生品》。太宗《谒并州大兴国寺诗》：“宝刹遥承露，天花近足春。”綦毋潜《题栖霞寺》：“天花飞不著，水月白成路。”李迥秀《奉和九月九日登慈恩寺浮图应制》：“御酒调甘露，天花拂彩旒。”李群玉《恼自澄》：“常闻天女会，玉指散天花。”❷指雪。熊孺登《雪中答僧书》：“八行银字非常草，六出天花尽是梅。”

【天材】❶天才。元稹《酬孝甫见赠十首》之二：“杜甫天材颇绝伦，每寻诗卷似情亲。”❷天然之质。戴叔伦《酬赠张众甫》：“野人无本意，散木任天材。”

【天戒】指上天给予人的儆戒。白居易《贺雨》：“上思答天戒，下思致时邕。”

【天旱】天气干旱，久不雨。杜甫《行官张望补稻畦水归》：“公私各地著，浸润无天旱。”张籍《云童行》：“云童童，白龙之尾垂江中。今年天旱不作雨，水足墙上有禾黍。”白居易《秋池二首》之二：“天旱水暗消，塌然委空地。”贯休《休粮僧》：“身轻嫌衲重，天旱为民愁。”

【天車】神话传说中羲和载日之车。李白《早秋赠裴十七仲堪》：“光景不可回，六龙转天车。”

【天步】天之行步。指时运、国运等。见《诗·小雅·白华》。杜甫《喜闻官军已临贼境二十韵》：“天步艰方尽，时和运更遭。”又《奉送严公入朝十韵》：“感激张天步，从容静塞尘。”又《赠李八秘书别三十韵》：“玄朔回天步，神都忆帝车。”

【天吴】神话中水神名。见《山海经·海外东经》。韦应物《汉武帝杂歌三首》之三：“鼓鼙余响数日在，天吴深入鱼鳖惊。”钱起《雨中望海上怀郁林观中道侣》：“大块怒天吴，惊潮荡云路。”李贺《浩歌》：“南风吹山作平地，帝遣天吴移海水。”陆龟蒙《奉和袭美太湖诗二十首·初入太湖》：“何当授真检，得召天吴术。”

【天兵】❶神话传说中谓天神之兵。卢仝《月蚀诗》：“天唯两眼失一眼，将军何处行天兵。”❷美称朝廷的军队。李子昂《西戎即叙》：“悬首藁街中，天兵破犬戎。”李白《胡无人》：“天兵照雪下玉关，虏箭如沙射金甲。”戴叔伦《送崔融》：“王者应无敌，天兵动远征。”张蠙《边情》：“穷荒始得静天骄，又说天兵拟渡辽。”

【天位】天子之位，帝位。见《易·需》。韩愈《永贞行》：“国家功高德且厚，天位未许庸夫干。”豆卢回《登乐游原怀居》：“一朝风云会，竟登天位尊。”

【天作】（—zuò）犹天造，天生。谓自然形成，非人力所为。见《诗·周颂·天作》。李颀《别梁锽》："不见古时塞上翁，倚伏由来任天作。"李白《放后遇恩不沾》："天作云与雷，霈然德泽开。"刘驾《冯叟居》："天作冯叟居，山僧尚嫌僻。"

【天身】 自然形成的形体。孙佺《奉和九月九日登慈恩寺浮图应制》："一忻陪雁塔，还似得天身。"

【天泉】 ❶池名。在河南洛阳东，为晋人游宴之地。张九龄《上阳水窗旬宴得移字韵》："今朝游宴所，莫比天泉池。"宋之问《桂州三月三日》："昆明御宿侍龙媒，伊阙天泉复几回。"储光羲《玉真公主山居》："山北天泉苑，山西凤女家。"李商隐《一片》："天泉水暖龙吟细，露畹春多凤舞迟。"❷美称皇家池苑。刘宪《兴庆池侍宴应制》："苍龙阙下天泉池，轩驾来游箫管吹。"张说《三月三日诏宴定昆池宫庄赋得筵字》："凤皇楼下对天泉，鹦鹉洲中匝管弦。"

【天角】 （—jiǎo）❶天之一隅。陈陶《送江西周尚书赴滑台》："天角雄都分节钺，蛟龙旧国罢楼船。"❷天涯。杜荀鹤《冬末投长沙裴侍郎》："吹梦风天角，啼愁雪岳猿。"

【天牢】 星名。即贯索。见《史记·天官书》。李商隐《燕台四首·春》："研丹擘石天不知，愿得天牢锁冤魄。"此仅用其字面。天牢锁其冤魂，天总会有知其冤之时。

【天灾】 天降的灾害，自然灾害。高适《酬裴员外以诗代书》："乙未将星变，贼臣候天灾。"又《东平路中遇大水》："天灾自古有，昏垫弥今秋。"柳宗元《行路难三首》之二："柏梁天灾武库火，匠石狼顾相愁冤。"

【天長地久】 （長 cháng）原指天地存在的久远。后用以形容时间悠久。见《老子》。杜审言《杂曲歌辞·大酺乐》："大德不官逢道泰，天长地久属年丰。"孟云卿《行路难》："君不见高山万仞连苍旻，天长地久成埃尘。"白居易《长恨歌》："天长地久有时尽，此恨绵绵无绝期。"

【天長久詞】 （長 cháng）乐府诗题。唐代宗间卢纶作词，颂皇朝久安之意。别名《天长词》《天地长久词》。五言，四句，三平韵，有和声。见任半塘《唐声诗》下编第一。日本有《天长久》，并在《五弦谱》二十二曲之内。卢纶《天长久词》三首，见《全唐诗》卷二七八。

【天長寺】 （長 cháng）当在长安。其地未详。韦应物有《天长寺上方别子西有道》。

【天長路遠】 （長 cháng）时间长，道路远。李白《长相思》："天长路远魂飞苦，梦魂不到关山难。"

【天長節】 （長 cháng）唐玄宗的生日。见《旧唐书·唐玄宗纪》。王维有《奉和圣制天长节赐宰臣歌应制》。梁锽有《天长节》。

【天表】 犹天外。谓极远处。薛逢《君不见》："或闻羁旅甘常调，簿尉文参各天表。"

【天幸】 天赐之幸；侥幸。王维《老将行》："卫青不败由天幸，李广无功缘数奇。"

【天枝】 皇族后裔。李白《赠从孙义兴宰铭》："天子思茂宰，天枝得英才。"

【天杪】 天边，天际。元稹《忆云之》："幽芳被兰径，安得寄天杪。"吴筠《游仙二十四首》之九："导我升绛府，长驱出天杪。"

【天苑】 天子的御苑。宋之问《扈从登封告成颂》："后骑回天苑，前山入御营。"郑愔《奉和春日幸望春宫》："忽排花上游天苑，却坐云边看帝京。"李白《效古二首》之一："朝入天苑中，谒帝蓬莱宫。"刘得仁《访曲江胡处士》："卜居天苑畔，闲步禁楼前。"

【天杯】 天子饮宴所用之酒杯。中宗《十月诞辰内殿宴群臣效柏梁体联句》："陈师振旅清九垓，欣承顾问侍天杯。"上官昭容《驾幸三会寺应制》："宸翰陪瞻仰，天杯接献酬。"杜审言《岁夜安乐公主满月侍宴应制》："戚里生昌胤，天杯宴重臣。"乔知之《梨园亭子侍宴》："天杯承露酌，仙管杂风流。"无可《菊》："野香盈客袖，禁蕊泛天杯。"

【天雨】 天降雨。杜甫《久雨期王将军不至》："天雨萧萧滞茅屋，空山无以慰幽独。"

【天明】 天亮。李白《杂曲歌辞·朗月行》："蟾蜍蚀圆影，天明夜已残。"杜甫《石壕吏》："天明登前途，独与老翁别。"郭良《早行》："早行星尚在，数里未天明。"李益《春夜闻笛》："洞庭一夜无穷雁，不待天明尽北飞。"

【天垂】 天边，天际。吴筠《游仙二十四首》之六："结驾从之游，飘飘出天垂。"

【天和】 指自然的和顺之理，天地之和气。白居易《劝酒寄元九》："一杯驱世虑，两杯反天和。"又《吟四虽》："忘荣知足委天和，亦应得尽生生理。"又《自咏》："只要天和在，无令物性违。"孟郊《蜘蛛讽》："万类皆有性，各各禀天和。"

【天竺】 ❶印度之古称。见《后汉书·西域传》。无名氏《天竺国胡僧水晶念珠》："天竺胡僧踏云立，红精素贯鲛人泣。"❷山峰名。亦为寺名。在今浙江杭州市灵隐寺飞来峰之南。山上有上、中、下天竺寺。下天竺寺隋开皇中就晋慧理翻经院改建。唐诗中所称天竺寺均指此。

【天竺寺】 佛寺名。在今浙江杭州天竺峰上。山上有上、中、下三天竺寺，下天竺寺隋开皇中就晋慧理翻经院改建。唐诗中所云天竺寺皆指此寺。白居易有《天竺寺七叶堂避暑》《天竺寺送坚上人归庐山》。许浑有《天竺寺题葛洪井》。姚合有《天竺寺殿前立石》。皮日休有《天竺寺八月十五日夜桂子》。

【天竺山】　即天竺峰。白居易《三年为刺史二首》之二:“唯向天竺山,取得两片石。”参见“天竺❶”

【天使】　❶上天的使者,仙使。卢照邻《赠李荣道士》:“锦节衔天使,琼仙驾羽君。”❷天子的使者。宋之问《望月有怀》:“天使下西楼,含光万里秋。”孙逖《送靳十五侍御使蜀》:“天使出霜台,行人择吏才。”薛逢《君不见》:“清明纵便天使来,一把纸钱风树杪。”

【天皇】　当为“天师”之误。天师,谓潘师正,道士,居中岳嵩阳观,高宗为访其道,曾会师正于此观。见王适《体玄先生潘尊师碣》(《全唐文》卷二八二)。储光羲有《至嵩阳观观即天皇故宅》。

【天皇寺】　在湖北江陵。见《历代名画记》卷七。杜甫《大历三年春四十韵》:“喜近天皇寺,先披古画图。”

【天狗】　星名。即陨星。见《史记·天官书》。古代星象家认为天狗堕地是战乱的征兆。韩愈《汴州乱二首》之一:“汴州城门朝不开,天狗堕地声如雷。”

【天昏】　天气昏暗。李白《拟古十二首》之十二:“日落知天昏,梦长觉道远。”

【天昏地黑】　天地昏暗。韩愈《龙移》:“天昏地黑蛟龙移,雷惊电激雄雌随。”

【天京】　京都,京城。宋之问《鲁忠王挽词三首》之二:“别向天京北,悠悠此路长。”储光羲《哥舒大夫颂德》:“嘉命列上第,德辉照天京。”司空曙《御制雨后出城观览敕朝臣已下属和》:“史官何所录,称瑞满天京。”刘禹锡《河南白尹有喜崔宾客归洛兼见怀长句因而继和》:“双鸾游处天京好,五马行时海峤春。”

【天府】　❶朝廷的府库。王维《送元中丞转运江淮》:“薄赋归天府,轻徭赖使臣。”岑参《登千福寺楚金禅师法华院多宝塔》:“既空泰山木,亦罄天府赀。”杨巨源《胡二十拜户部兼判度支》:“庙略已调天府实,国征方觉地官尊。”刘得仁《书事寄万年厉员外》:“赋税充天府,歌谣入圣聪。”❷土地肥沃,物产丰饶之地。袁朗《和洗掾登城南坂望京邑》:“宸居法太微,建国资天府。”李峤《城》:“四塞称天府,三河建洛都。”杜牧《题青云馆》:“虬蟠千仞剧羊肠,天府由来百二强。”李频《送凤翔范书记》:“天府来相辟,高人去自由。”❸借指古城长安。骆宾王《和孙长史秋日卧病》:“霍第疏天府,潘园近帝台。”姚合《寄马戴》:“天府鹿鸣客,幽山秋未归。”

【天放】　放任自然。见《庄子·马蹄》。司空图《诗品二十四则·疏野》:“若其天放,如是得之。”

【天育】　皇家马厩名。杜甫《天育骠骑歌》:“遂令大奴守天育,别养骥子怜神俊。”诗题下注:“天育,厩名,未详所出。”

【天性】　❶犹天命,指上天的意志或上天安排的命运。见《书·古伯戡黎》。杜甫《清明二首》之一:“钟鼎山林各天性,浊醪粗饭任吾年。”❷先天具有品质或性情。白居易《感鹤》:“物心不可知,天性有时迁。”

【天河】　即银河。杜甫《洗兵马》:“安得壮士挽天河,净洗甲兵长不用。”又《酬孟云卿》:“但恐天河落,宁辞酒盏空。”又《江边星月二首》之一:“天河元自白,江浦向来澄。”韦应物《拟古诗十二首》之六:“天河横未落,斗柄当西南。”李贺《天上谣》:“天河夜转漂回星,银浦流云学水声。”又《宫娃歌》:“梦入家门上沙渚,天河落处长洲路。”

【天定】　上天注定。李洞《锦江陪兵部郑侍郎话书著棋》:“海枯搜不尽,天定著长新。”

【天空】　(空 kōng)❶日月星辰罗列的广大空间。岑参《送王著作赴淮西幕府》:“天空信寥廓,翔集何时同。”常建《赠三侍御》:“湖月映大海,天空何漫漫。”韩愈《南山诗》:“天空浮修眉,浓绿画新就。”又《送张道士》:“天空日月高,下照理不遗。”❷天宇空阔。沈佺期《绍隆寺》:“云盖看木秀,天空见藤盘。”孟浩然《云门寺西六七里闻符公兰若最幽与薛八同往》:“云簇兴座隅,天空落阶下。”许棠《五原书事》:“碛迥人防寇,天空雁避雕。”刘沧《咸阳怀古》:“天空绝塞闻边雁,叶尽孤村见夜灯。”

【天官】　❶官名。《周礼》分设六官,以天官冢宰居首,总御百官。唐武后光宅元年(684)改吏部为天官,旋复旧。后通称吏部为天官。李峤有《天官崔侍郎夫人吴氏挽歌》。沈佺期有《天官崔侍郎夫人卢氏挽歌》。岑参《送严诜擢第归蜀》:“十月天官待,应须早赴秦。”李商隐《偶成转韵七十二句赠四同舍》:“天官补吏府中趋,玉骨瘦来无一把。”亦特指吏部尚书。刘禹锡《送前进士蔡京赴学究科》:“幸遇天官旧丞相,知君无翼上空虚。”❷泛称百官。见《汉书·李寻传》。高适《送虞城刘明府谒魏郡苗太守》:“天官苍生望,出入承明庐。”李贺《仁和里杂叙皇甫湜》:“欲雕小说干天官,宗孙不调为谁怜。”❸仙官。李九龄《上清辞五首》之五:“新拜天官上玉都,紫皇亲授五灵符。群个个来相问,人世风光似此无。”谓司天文之官。《史记》有《天官书》,司马贞索隐:“天文有五官。官者,星官也。星座有尊卑,若这官曹列位,故曰天官。”李贺《杂曲歌辞·十二月乐辞·闰月》:“帝重光,年重时,七十二候回环推。天官玉琯灰剩飞,今岁何长来岁迟。”王琦汇解:“天官,谓司天文之官。”李峤《史》:“马记天官设,班图地里新。”亦指天文,天象。苏颋《恩制尚书省僚宴昆明池同用尧字》:“露渥洒云霄,天官次斗杓。”王维《送赵都督赴代州得青字》:“天官动将星,汉上柳条青。”权德舆《过隐者湖上所居》：“兵法窥黄石，天官辨白榆。”

【天居】 ❶天子所居。王维《和尹谏议史馆山池》：“云馆接天居，霓裳侍玉除。”钱起《宴曹王宅》：“林沼葱茏多贵气，楼台隐映接天居。”❷仙人所居。李益《入华山访隐者经仙人石坛》：“前惊羽人会，白日天居肃。”韩愈《会合联句》：“鬼窟脱幽妖，天居觌清栱。”吴筠《游仙二十四首》之十一：“倏已过太微，天居焕煌煌。”

【天弧】 星名，属于南方七宿中的井宿。凡九星，形如弓弧。正对天狼星而有光，古人以为主弭兵盗。贺知章《奉和圣制送张说巡边》：“胄出天弧上，谋成帝幄中。”

【天垠】 天边。指极远处。赵冬曦《奉和张燕公早霁南楼》：“风帆摩天垠，鱼艇散弯曲。”杜甫《别蔡十四著作》：“若凭南辕使，书札到天垠，”

【天柱】 ❶古代神话中支天的大柱。见《神异经·中荒经》。杜甫《自京赴奉先县咏怀五百字》：“疑是崆峒来，恐触天柱折。”独孤及《季冬自嵩山赴洛道中作》：“斩鲸安溟波，截鳌作天柱。”高蟾《春》之一：“天柱几条支白日，天门几扇锁明时。”❷山名。(1)又名天潜山、潜山、皖山等，在今安徽潜山县。李白《避地司空原言怀》：“卜筑司空原，北将天柱邻。”又《杭州送裴大泽赴庐州长史》：“西江天柱远，东越海门深。”(2)在浙江余杭县西，四面陡绝，中空一峰如柱。李频《富春赠孙璐》：“天柱与天目，曾栖绝顶房。”❸山峰名。南岳衡山五峰之一。韩愈《谒衡岳庙遂宿岳寺题门楼》：“紫盖连延接天柱，石廪腾掷堆祝融。”原注：“衡山有五峰：紫盖、天柱、石廪、祝融、芙蓉。”

【天柱峰】 天潜山最高峰。独孤及《酬皇甫侍御望天潜山见示之作》：“孰知天柱峰，今与郡斋对。”

【天威】 帝王的威严，朝廷的声威。杜甫《承闻河北诸道节度入朝欢喜口号绝句十二首》之十二：“十二年来多战场，天威已息阵堂堂。”又《秦州杂诗二十首》之十八：“西戎外甥国，何得迕天威。”又《秦州见敕目薛三璩授司议郎毕四曜除监察与二子有故远喜千官兼述索居凡三十韵》：“帝力收三统，天威总四溟。”

【天殃】 天降的灾殃。韩愈《晚秋郾城夜会联句》：“人怨童聚谣，天殃鬼行疟。”

【天畏斯文墜】 孔子在困厄中把自己的命运与天是否“丧斯文”联系在一起，表现了乐观态度。后用为称美文、文士之典。见《论语·子罕》。李咸用《九江和人赠陈生》：“天畏斯文坠，凭君助素风。”

【天星】 星。骆宾王《相和歌辞·从军行》：“野日分戈影，天星合剑文。”李白《秋夕旅怀》：“梦长银汉落，觉罢天星稀。”李端《送吉中孚拜官归楚州》：“海雾寒将尽，天星晓欲稀。”张籍《远别离》：“谁言远别心不易，天星坠地能为石。”

【天香】 ❶芳香的美称，特指桂、梅、牡丹等花香。宋之问《灵隐寺》：“桂子月中落，天香云外飘。”李白《庐山东林寺夜怀》：“天香生虚空，天乐鸣不歇。”白居易《山石榴花十二韵》：“此时逢国色，何处觅天香。”贯休《山居诗二十四首》之二十二：“岂知知足金仙子，霞外天香满毳袍。”❷宫廷中用的薰香；御香。皮日休《送令狐补阙归朝》：“朝衣正在天香里，谏草应焚禁漏中。”黄滔《奉和翁文尧员外经过七林书堂见寄之什》：“驷马宝车行锡礼，金章紫绶带天香。”❸祭神礼佛的香。沈佺期《乐城白鹤寺》：“潮声迎法鼓，雨气湿天香。”

【天秋】 时令秋天。李白《秋思》：“天秋木叶下，月冷莎鸡悲。”高适《送蔡少府赴登州推事》：“地迥云偏白，天秋山更青。”戎昱《闻颜尚书陷贼中》：“国破无家信，天秋有雁群。”柳宗元《湘口馆潇湘二水所会》：“天秋日正中，水碧无尘埃。”

【天倫】 天然伦次。指兄弟。见《穀梁传·隐公元年》。李白《颍阳别元丹丘之淮阳》：“吾将元夫子，异姓为天伦。”杜甫《八哀诗·赠太子太师汝阳郡王琎》：“宛彼汉中郡，文雅见天伦。”

【天皇】 天帝。见《后汉书·张衡传》。李颀《王母歌》：“若能炼魄去三尸，后当见我天皇所。”

【天鬼】 天和鬼。贯休《续姚梁公坐右铭》：“反此之徒，天鬼必诛。”

【天風】 风。风行天空，故称。李白《新林浦阻风寄友人》：“潮水定可信，天风难与期。”杜甫《阌乡姜七少府设脍戏赠长歌》：“姜侯设脍当严冬，昨日今日皆天风。”又《遣怀》：“天风随断柳，客泪堕清笳。”韩愈《辛卯年雪》：“波涛何飘扬，天风吹幡旂。”白居易《和柳公权登齐云楼》：“路傍花日添衣色，云里天风散珮声。”

【天庭】 ❶天帝的宫廷。李白《留别西河刘少府》：“白衣千万乘，何事去天庭。”❷帝王的宫廷。沈佺期《奉和洛阳玩雪应制》：“洒瑞天庭里，惊春御苑中。”李白《东海有勇妇》：“北海李使君，飞章奏天庭。”

【天帝】 ❶上帝，上天之帝。见《战国策·楚策一》。李白《枯鱼过河泣》：“谁使尔为鱼，徒劳诉天帝。”又《感兴六首》之一：“瑶姬天帝女，精彩化朝云。”❷皇帝。白居易《酬别微之》：“君归北阙朝天帝，我住东京作地仙。”李商隐《咸阳》：“自是当时天帝醉，不关秦地有山河。”

【天姿】 ❶天赋之资质；天然之材质。祖咏《汝坟秋同仙州王长史翰闻百舌鸟》：“高飞凭力致，巧啭任天姿。”储光羲《苏十三瞻登玉泉寺峰入寺中见赠作》："贞信发天姿，文明叶邦选。"刘长卿《观李凑所画美人障子》："爱尔含天姿，丹青有殊智。"郎士元《关羽祠送高员外还荆州》："将军禀天姿，义勇冠今昔。"❷天性，秉性。元稹《有鸟二十章》之五："有鸟有鸟名野鸡，天姿耿介行步齐。"

【天保】 指上天之保佑，使之安定。见《诗·小雅·天保》。引申指皇统，国祚。《郊庙歌辞·明皇祀圜丘乐章·凯安》："馨香惟后德，明命光天保。"

【天津】 ❶银河。见《楚辞·离骚》。骆宾王《咏水》："列名通地纪，疏派合天津。"李绅《奉酬乐天立秋夕有怀见寄》："天津落星河，一苇安可航。"❷指天津桥。李白《扶风豪士歌》："天津流水波赤血，白骨相撑如乱麻。"又《赋武十七谔》："狄犬吠清洛，天津成塞垣。"参见"天津橋"。

【天津橋】 古浮桥名。故址在今河南洛阳市西南。隋炀帝大业元年(605)迁都，以洛水贯都，有天汉桥梁的气象，因建此桥，名曰"天津"。隋末为李密烧毁，唐宋屡次改建加固，金以后废圮。李白《忆旧游寄谯郡元参军》："忆昔洛阳董糟丘，为余天津桥南造酒楼。"白居易《和友人洛中春感》："莫悲金谷园中月，莫叹天津桥上春。"顾非熊有《天津桥晚望》。

【天室】 指河南登封少室山。宋之问《幸少林寺应制》："绀宇横天室，回銮指帝休。"

【天軍】 天子的军队。杜甫《送高司直寻封阆州》："拔为天军佐，崇大王法度。"刘言史《赋蕃子牧马》："蕃落多晴尘扰扰，天军猎到鹛鹈泉。"李昌符《书边事》："朔野烟尘起，天军又举戈。"

【天宫】 指天帝、神仙居住的宫殿，天上的宫廷。李白《陪族叔当涂宰游化城寺升公清风亭》："化城若化出，金榜天宫开。"于鹄《秦越人洞中咏》："但愿逢一人，自得朝天宫。"

【天宫水西寺】 寺名。在今安徽泾县西山。李白《游水西简郑明府》："天宫水西寺，云锦照东郭。"王琦注："按《江南通志》有水西寺、水西首寺、天宫水西寺，皆在泾县西五里之水西山中。"

【天宫閣】 洛阳天宫寺阁。白居易《天宫阁早春》："天宫高阁上何频，每上令人耳目新。"又《早秋登天宫寺阁赠诸客》："天宫阁上醉萧辰，丝管闲听酒慢巡。"白居易又有《天宫阁秋晴晚望》和《早春独登天宫阁》。

【天祐】 唐哀帝李柷年号(904—907)。翁承赞有《天祐元年以右拾遗使册闽王而作》。《天祐中江南童谣》："东海鲤鱼飞上天。"

【天神】 指上天诸神，包括主宰宇宙之神及主司日月、星辰、风雨、生命等神。卢仝《月蚀诗》："愿天神圣心，无信他人忠。"李德裕《奉和圣制南郊礼毕诗》："磬筦歌大吕，冕裘旅天神。"吕岩《敲爻歌》："天神佑，地祇迎，混合乾坤日月精。"

【天姥】 (—mǔ)山名。在今浙江嵊州市与新昌县之间。见《太平寰宇记·江南东道八·越州》。李白《梦游天姥吟留别》："越人语天姥，云霓明灭或可睹。天姥连天向天横，势拔五岳掩赤城。"杜甫《奉先刘少府新画山水障歌》："悄然坐我天姥下，耳边已似闻清猿。"又《壮游》："归帆拂天姥，中岁贡旧乡。"

【天姥岑】 (姥 mǔ)(即天台山。在今浙江嵊州市与新昌县之间。灵澈有《天姥岑望天台山》。

【天姻】 与仙人所结之姻亲。李商隐《戊辰会静中出贻同志二十韵》："玉管会玄圃，火枣承天姻。"

【天紀】 上天之纪纲。亦借指国家纪纲、法纪。储光羲《哥舒大夫颂德》："天纪启真命，君生臣亦生。"李白《古风》之五一："殷后乱天纪，楚怀亦已昏。"陆龟蒙《杂讽九首》之五："无人语其事，偶坐窥天纪。"贯休《寿春节进》："圣运关天纪，龙飞古帝基。"

【天姝】 天上美女，仙女。皇甫湜《出世篇》："旦旦狎玉皇，夜夜御天姝。"

【天怒】 上天的愤怒。暴风疾雷等，古人谓之天怒。见《诗·大雅·板》。卢仝《与马异结交诗》："女娲本是伏羲妇，恐天怒，捣炼五色石，引日月之针，五星之缕把天补。"李商隐《酬令狐郎中见寄》："土宜悲坎井，天怒识雷霆。"李咸用《大雪歌》："同云惨惨如天怒，寒龙振鬣飞乾雨。"薛准《临终诗》："谁知天怒无因息，积愧终身乞速休。"

【天矜】 上天怜悯。吴筠《游仙二十四首》之五："畴昔希道念，而今果天矜。"

【天馬】 骏马的美称。汉武帝得西域乌孙马与大宛汗血马，先后皆名之为"天马"。见《史记·大宛列传》。后遂"天馬"作咏骏马和塞外部族入贡的典故。李峤《马》："天马本来东，嘶惊御史骢。"吴少微《过汉故城》："天马来东道，佳人倾北方。"周存《西戎献马》："天马从东道，皇威被远戎。"鲍防《杂感》："天马常衔苜蓿花，胡人岁献葡萄酒。"

【天都】 指京师。宋之问《游法华寺》："江郡将何匹，天都亦未加。"王维《终南山》："太乙近天都，连山接海隅。"皎然《陪颜使君饯宣谕萧常侍》："江涛凋瘵后，远使发天都。"储光羲《贻崔太祝》："天都分礼阁，肃肃临清渠。"

【天真】 ❶指不受礼俗拘束的品性。见《庄子·渔父》。王维《偶然作六首》之四："陶潜任天真，其性颇耽酒。"杜甫《寄李十二白二十韵》："剧谈怜野逸，嗜酒见天真。"戴叔伦《暮春感怀》之二："四十无闻懒慢身，放情丘壑任天真。"李敬方《劝酒》："若非杯酒里，何以寄天真。"❷指事物的天然性质或本来面目。玄宗《题梅妃画真》:"忆昔娇妃在紫宸,铅华不御得天真。"李白《赠清漳明府侄聿》:"心和得天真,风俗犹太古。"权德舆《严陵钓台下作》:"弛张有深致,耕钓陶天真。"李商隐《赠荷花》:"惟有绿荷红菡萏,卷舒开合任天真。"

【天荒】 边远荒僻。亦指未经开辟的或荒芜的土地。元稹《古社》:"良田千万顷,占作天荒田。"

【天荒地老】 极言时间久远。李贺《致酒行》:"吾闻马周昔作新丰客,天荒地老无人识。"

【天荒地變】 指时间久远、世事变化。李商隐《曲江》:"天荒地变心虽折,若比阳春意未多。"

【天莊】 指京城。卢照邻《至陈仓晓晴望京邑》:"今朝好风色,延瞰极天庄。"

【天時】 天道运行的规律。见《易·乾》。亦指时序。白居易《客路感秋寄明准上人》:"孰能不憯凄,天时牵人情。"又《桐花》:"地气反寒暄,天时倒生杀。"又《东坡种花二首》之一:"天时有早晚,地力无高低。"

【天畔】 天边,天际。指极远处。宋之问《新年作》:"乡心新岁切,天畔独潸然。"杜甫《春日梓州登楼二首》之二:"天畔登楼眼,随春入故园。"又《太平寺泉眼》:"石间见海眼,天畔萦水府。"白居易《寄微之》:"帝城行乐日纷纷,天畔穷愁我与君。"

【天根】 ❶星名。即氐宿。东方七宿的第三宿,凡四星。见《尔雅·释天》。皎然《同薛员外谊久旱感怀寄兼呈上杨使君》:"秋郊天根见,我疆看稼穑。"又《寓兴》:"天下生白榆,白榆直上连天根。"柳宗元《乐府杂曲·鼓吹铙歌·奔鲸沛》:"地平水静,浮天根。羲和显耀,乘清氛。"❷天之常情。储光羲《同诸公秋日游昆明池思古》:"太阴连晦朔,雨与天根违。"

【天恩】 帝王的恩泽。张说《奉萧令嵩酒并诗》:"乐奏天恩满,杯来秋兴高。"王建《田侍郎归镇》之二:"对时先奏牙间将,次第天恩与节旄。"贾岛《明月山怀独孤崇鱼琢》:"愿缩地脉还,岂待天恩临。"权龙褒《岭南归后献诗》:"龙褒有何罪,天恩放岭南。"

【天造】 指自然生成,对人为而言。杜甫《宿花石戍》:"茫茫天造间,理乱岂恒数。"白居易《首夏》:"不如放身心,冥然任天造。"又《除官去未间》:"有时骑马醉,兀兀冥天造。"

【天笑】 ❶用作咏投壶的典故。见汉东方朔《神异家·东王公》。杜甫《能画》:"每蒙天一笑,复似物皆春。"❷指天子之笑。杜甫《八哀诗·赠太子太师汝阳郡王琎》:"胡人虽获多,天笑不为新。"

【天氣】 气候。杜甫《杂曲歌辞·丽人行》:"三月三日天气新,长安水边多丽人。"韦应物《郡斋感秋寄诸弟》:"昔游郎署间,是月天气晴。"戴叔伦《劝陆三饮酒》:"寒郊好天气,劝酒莫辞频。"王建《送张籍归江东》:"五月天气热,波涛毒于汤。"

【天秩】 指国家礼法制度。赵彦昭《哭仆射鄂公杨再思》:"两揆光天秩,三朝奉帝熙。"

【天倪】 ❶自然的分界。见《庄子·齐物论》。后多指自然之道。王维《座上走笔赠薛璩慕容损》:"君徒视人文,吾固和天倪。"❷天边,天际。李白《君子有所思行》:"紫阁连终南,青冥天倪色。"高适《宋中遇林虑杨十七山人因而有别》:"遥见林虑山,苍苍戛天倪。"岑参《宿铁关西馆》:"雪中行地角,火处宿天倪。"

【天師】 东汉张道陵创五斗米道,其孙鲁传道汉沔间,信奉者称陵为"天师"。后亦以称儒道术士等。拾得《诗》之三三:"生生勤苦学,必定睹天师。"严维《题茅山李尊师所居》:"天师百岁少如童,不到山中更不逢。"方干《夜听步虚》:"寂寂永宫里,天师朝礼声。"侯道华《题院诗》:"惭愧深珍重,珍重邓天师。"

【天殺】 指上天所杀。白居易《南阳小将张彦硖口镇税人场射虎歌》:"天生天杀岂天怒,忍使朝朝喂猛虎。"

【天翁】 天公。韩愈《嗟哉董生行》:"嗟哉董生孝且慈,人不识,惟有天翁知,生祥下瑞无时期。"可朋《耕田鼓诗》:"愿我天翁,降之以雨。"

【天狼】 星名。天空中非常明亮的恒星,属大犬座。有一个伴星,古以为主侵略。见《楚辞·九歌·东君》。后遂以喻指残暴的侵略者。李白《横吹曲辞·幽州胡马客歌》:"何时天狼灭,父子得闲安。"柳宗元《唐铙歌鼓吹曲十二篇·泾水黄》:"泾水黄,陇野茫。负太白,腾天狼。"刘禹锡《捣衣曲》:"天狼正芒角,虎落定相攻。"韦庄《和郑拾遗秋日感事一百韵》:"永期传子姓,宁误犯天狼。"

【天討】 上天的惩治。指朝廷的征讨。见《书·皋陶谟》。后以王师征伐为"天讨",意谓禀承天意而讨伐之。李商隐《城上》:"边遽稽天讨,军须竭地征。"

【天酒】 甘露。古人附会为仙酒。见汉东方朔《神异经》。李峤《甘露殿侍宴应制》:"御筵陈桂醑,天酒酌榴花。"张说《端午三殿侍宴应制探得鱼字》:"甘露垂天酒,芝花捧御书。"岑参《尹相公京兆府中棠树降甘露诗》:"为君下天酒,麴糵将用时。"陆龟蒙《奉和袭美太湖诗二十首·入林屋洞》:"又坐紫泉光,甘如酌天酒。"

【天海】 ❶喻指浩如烟海的天空。刘眘虚《暮秋扬子江寄孟浩然》:"林山相晚暮,天海空青苍。"❷谓极远处。高适《赠别王十七管记》:"云沙自回合,天海空迢递。"又《李云南征蛮诗》:"鼓行天海外,转战蛮夷中。"刘禹锡《送华阴尉张苕赴邕府使幕》:"从此孤舟去,悠悠天海春。"❸天与海。白居易《读谢灵运诗》:

“大必笼天海，细不遗草树。”裴夷直《忆家》：“天海相连无尽处，梦魂来往尚应难。”❹指巨大的水面。窦庠《金山行》：“此时天海风浪清，吴楚万家皆在掌。”

【天容】 ❶天空的景象。马怀素《奉和人日宴大明宫恩赐彩缕人胜应制》：“日宇千门平旦开，天容万象列昭回。”皎然《奉和陆使君长源夏月游太湖》：“万顷合天容，洗然无云族。”❷天子的容颜。《郊庙歌辞·享太庙乐章·太和》：“绳绳云步，穆穆天容。”花蕊夫人徐氏《宫词》之四八：“御按横金殿幄红，扇开云表露天容。”

【天家】 对天子的尊称。见汉蔡邕《独断》。韩翃《题张千牛》：“蓬莱阙下是天家，上路新回白鼻䯄。急管昼催平乐酒，春衣夜宿杜陵花。”徐铉《纳后夕侍宴》：“汉主承乾帝道光，天家花烛宴昭阳。”亦指天帝。项斯《梦游仙》：“梦游飞上天家楼，珠箔当风挂玉钩。”

【天祥】 上天所赐福祉。玄宗《千秋节宴》：“风传率土庆，日表继天祥。”

【天書】 帝王的诏书。李白《相和歌辞·东武吟》：“天书美片善，清芬播无穷。”又《赠参寥子》：“白鹤飞天书，南荆访高士。”又《答杜秀才五松见赠》：“飞笺络绎奏明主，天书降问回恩荣。”李商隐《汉南书事》：“西师万众几时回，哀痛天书近已裁。”

【天孫】 ❶星名。即织女星。见《史记·天官书》。亦指传说中善于织造的仙女。宋之问《寿阳王花烛图》：“仙媛乘龙日，天孙捧雁来。”张说《安乐郡主花烛行》：“鸾车凤传王子来，龙楼月殿天孙出。”吴兢《永泰公主挽歌二首》之一：“河汉天孙合，潇湘帝子游。”鲍溶《霓裳羽衣歌》：“人言天孙机上亲手迹，有时怨别无所惜。”❷泰山的别称。见晋张华《博物志》卷一。卢照邻《中和乐九章·歌诸王第七》：“星陈帝子，岳列天孙。”

【天陲】 天边。韩愈《寄崔二十六立之》：“安有巢中縠，插翅飞天陲。”

【天理】 天道，自然法则。卢鸿一《嵩山十志十首·草堂》序：“及靡者居之，则妄为剪饰，失天理矣。”武元衡《行路难》：“休说编氓朴无耻，至竟终须合天理。”权德舆《和兵部李尚书东亭诗》：“岂烦禽尚游，所贵天理全。”贯休《行路难》：“休说遗编行者几，至竟终须合天理。”

【天赦】 上天或皇帝的赦宥。李益《大礼毕皇帝御丹凤门改元建中大赦》：“灵鸡鼓舞承天赦，高翔百尺垂朱幡。”

【天曹】 道家所称的天上的官署。《田四郎求婚联句》：“天曹使者徒回首，何不从他九族卑。”

【天授】 上天所授。陈子昂《庆云章》：“九万八千，天授皇年。”张说《五君咏五首·李赵公峤》：“李公实神敏，才华乃天授。”欧阳詹《及第后酬故园亲故》：“才非天授学非师，以此成名曩岂期。”陆龟蒙《和袭美送孙发百篇游天台》：“直应天授与诗情，百咏唯消一日成。”

【天梯】 古人想象中登天的阶梯。后多喻指高险的山路。李白《相和歌辞·蜀道难》：“地崩山摧壮士死，然后天梯石栈方钩连。”柳宗元《法华寺石门精舍三十韵》：“稍疑地脉断，悠若天梯往。”吕岩《百字碑》：“都来二十句，端的上天梯。”

【天械】 喻名位官禄等。以其对人的束缚似无形之枷锁，故云。韩愈《雨中寄孟刑部几道联句》：“美君知道腴，逸步谢天械。”

【天梭】 天上织女所用之梭。贾岛《早起》：“秋寝独前兴，天梭星落织。”

【天頂】 天空。张说《三月二十日诏宴乐游园赋得风字》：“北阙连天顶，南山对掌中。”杨牢《句》：“魁形下方天顶亚，二十四寸窗中月。”

【天眼】 ❶佛教所称五眼之一。又称天趣眼，能透视六道、远近、上下、前后、内外及未来等。见《大智度论》卷五。王维《夏日过青龙寺谒操禅师》：“山河天眼里，世界法身中。”❷古人常以日、月为天之眼。诗文中常指月亮。卢仝《月蚀诗》：“再得见天眼，感荷天地力。”

【天堂】 一些宗教指人死后灵魂居住的美好的地方。与“地狱”相对。亦喻指美好的生活环境。拾得《诗》之二：“一度造天堂，百度造地狱。”元稹《人道短》：“老君留得五千字，子孙万万称圣唐。谥作玄元帝，魂魄坐天堂。”韩滉《判僧云晏五人聚赌喧诤语》：“强说天堂难到，又言地狱长开。”《员庄谚》：“上有天堂，下有员庄。”

【天常】 ❶天地常理。王建《送张籍归江东》：“复令五彩姿，洁白归天常。”❷国家纲常。许敬宗《奉和春日望海》：“韩夷愆奉贶，凭险乱天常。”周昙《咏史诗·前汉门·又吟》：“铜马朱眉满四方，总缘居摄乱天常。”

【天符】 上天的符命。则天皇后《唐大飨拜洛乐章·致和》：“天符既出兮帝业昌，愿临明祀兮降祯祥。”亦指天庭的诏命。贯休《江边祠》：“天符早晚下空碧，昨夜前村行霹雳。”吕岩《题凤翔府天庆观》：“玉皇未有天符至，且货乌金混世流。”又《七言》之三四：“水得天符下玉都，三千日里积功夫。”

【天假】 天授。韩愈《谒衡岳庙遂宿岳寺题门楼》：“火维地荒足妖怪，天假神柄专其雄。”郑澣《中书相公任兵部侍郎日后阁植四松逾数年澣忝此官因献拙什》：“人知舟楫器，天假栋梁材。”章孝标《送陈校书赴蔡州幕》：“天假纵横入幕筹，东南顿减一方忧。”又

《赠刘宽夫昆季》:“天假声名悬日月,国凭骚雅变浮华。”

【天街】 ❶星名。见《史记·天官书》张守节正义。借指边境。杨炯《奉和上元酺宴应诏》:“骄子起天街,由来亏礼乐。”李贺《马诗二十三首》之二:“腊月草根甜,天街雪似盐。”❷亦指城中的街道。长安宫城承天门前有南北大街,称承天门街,街东西皆百僚廨署。韩愈《早春呈水部张十八员外二首》之一:“天街小雨润如酥,草色遥看近却无。”许浑和胡宿各有《天街晓望》。

【天術】 天道。孟郊《吊元鲁山》之六:“善教复天术,美词非俗箴。”

【天釤】 大镰。元结《闵荒诗》:“人将引天钐,人将持天锼。”

【天象】 天空中的景象。如日月星辰的运行等。古人常据以占吉凶。宋之问《奉和春初幸太平公主南庄应制》:“文移北斗成天象,酒递南山作寿杯。”贾岛《寄丘儒》:“此心镇悬悬,天象固回转。”刘瑰《三让月成魄》:“为礼依天象,周旋逐月成。”

【天旋】 ❶天体旋转。形容气势雄伟、景象壮观。杜甫《续得观书迎就当阳居止正月中旬定出三峡》:“天旋夔子国,春近岳阳湖。”❷喻巨大变动。参见“天旋日轉”。

【天旋日轉】 (轉 zhuàn)喻指世局大变。白居易《长恨歌》:“天旋日转回龙驭,到此踌躇不能去。”

【天鹿】 传说中灵兽名。见《汉书·西域传上·乌弋山离国》。张说《舞马词》之二:“天鹿遥征卫叔,日龙上借羲和。”

【天產】 天然出产,天然产物。孟郊《自叹》:“太行耸巍峨,是天产不平。”薛能《水帘吟》:“万滴相随万响兼,路尘天产尽旁沾。”苏拯《西施》:“吴王从骄佚,天产西施出。”

【天眷】 ❶上天的眷顾。陆贽《禁中春松》:“倘得回天眷,全胜老碧峰。”常沂《禁中春松》:“还知沐天眷,千载更葱茏。”樊阳源《赋得风动万年枝》:“长令占天眷,四气借全功。”韩偓《露》:“名因霈泽随天眷,分与浓霜保岁寒。”❷天子的恩宠。许敬宗《奉和初春登楼即目应诏》:“旭日临重壁,天眷极中京。”任华《寄杜拾遗》:“英才特达承天眷,公卿无不相钦羡。”陈标《倢伃怨》:“笙歌处处回天眷,独自无情长信宫。”罗隐《贺淮南节度卢员外赐绯》:“御题彩服垂天眷,袍展花心透縠纹。”

【天涯】 天边。指极远的地方。语出《古诗十九首·行行重行行》:“相去万余里,各在天一涯。”骆宾王《杂曲歌辞·从军中行路难二首》之一:“天涯望转积,地际行无已。”李白《洞庭醉后送绛州吕使君果流澧州》:“昔别若梦中,天涯忽相逢。”白居易《寄微之三首》之一:“江州望通州,天涯与地末。”李商隐《天涯》:“春日在天涯,天涯日又斜。”

【天啓】 指上天的启示。见《左传·闵公元年》。李白《古风》之三:“明断自天启,大略驾群才。”徐浩《谒禹庙》:“鼎革固天启,运兴匪人谋。”杜甫《狄明府》:“在汝更用文章为,长兄白眉复天启。”亦指上天生成。张九龄《奉和圣制龙池篇》:“天启神龙生碧泉,泉水灵源浸迤延。”

【天將】 (—jiàng)美称将军。杨炯《送刘校书从军》:“天将下三宫,星门召五戎。”乔知之《羸骏篇》:“忽闻天将出龙沙,汉主持将驾鼓车。”王维《燕支行》:“汉家天将才且雄,来时谒帝明光宫。”

【天陽】 太阳。韩愈《送无本师归范阳》:“天阳熙四海,注视首不颔。”

【天隅】 天边。指极远之处。杜甫《雨四首》之三:“物色岁将晏,天隅人未归。”又《送何侍御归朝》:“春日垂霜鬓,天隅把绣衣。”又《别苏徯》:“故人有游子,弃掷傍天隅。”

【天階】 ❶宫殿的台阶。亦借指朝廷。岑参《至大梁却寄匡城主人》:“无由谒天阶,却欲归沧浪。”❷天宫的台阶。韩愈《月蚀诗效玉川子作》:“无梯可上天,天阶无由有臣踪。”李商隐《重过圣女祠》:“玉郎会此通仙籍,忆向天阶问紫芝。”❸星名。即三台。《晋书·天文志上》:“又曰三台为天街,太一蹑以上下。”骆宾王《早秋出塞寄东台详正学士》:“天阶分斗极,地理接楼烦。”

【天陰】 天气阴晦。李华《咏史十一首》之十一:“归径虽可寻,天阴光景促。”施肩吾《诮山中叟》:“天阴伛偻带嗽行,犹向岩前种松子。”白居易《雨夜忆元九》:“天阴一日便堪愁,何况连宵雨不休。”姚合《送崔约下第归扬州》:“日晚山花当马落,天阴水鸟傍船飞。”

【天紳】 从天垂下的带子。喻指瀑布。韩愈《送惠师》:“是时雨初霁,悬瀑垂天绅。”

【天景】 天色,天气。卢纶《萧常侍瘿柏亭歌》:“松间汲井烟翠寒,洞里围棋天景好。”羊士谔《九月十日郡楼独酌》:“棂轩一尊泛,天景洞虚碧。”柳宗元《游南亭夜还叙志七十韵》:“旷朗天景霁,樵苏远相号。”孟郊《灞上轻薄行》:“长安无缓步,况值天景暮。”

【天晴】 天气明朗。岑参《登嘉州凌云寺作》:“天晴见峨眉,如向波上浮。”李端《古离别二首》之一:“天晴见海樯,月落闻津鼓。”韩愈《次同冠峡》:“今日是何朝,天晴物色饶。”温庭筠《过五丈原》:“天晴杀气屯关右,夜半妖星照渭滨。”

【天朝】 (—cháo)对朝廷的尊称。储光羲《奉酬张五丈垂赠》："日望天朝近，时忧郢路长。"岑参《青山峡口泊舟怀狄侍御》："谁念在江岛，故人满天朝。"王维《留别山中温古上人兄并示舍弟缙》："解薜登天朝，去师偶时哲。"张谓《送韦侍御赴上都》："天朝辟书下，风宪取才难。"权德舆《哭刘四尚书》："士友惜贤人，天朝丧守臣。"

【天棘】 即天门冬。杜甫《巳上人茅斋》："江莲摇白羽，天棘梦青丝。"一说天棘指杨柳。见宋惠洪《冷斋夜话》。

【天雲】 云。阎宽《春宵览月》："月生东荒外，天云收夕阴。"崔颂《和张荆州九龄晨出郡舍林下》："天云抗真意，郡阁晦高名。"

【天黑】 天色黑暗。杜甫《大云寺赞公房四首》之三："天黑闭春院，地清栖暗芳。"

【天策】 星名。即傅说星。《左传·僖公五年》："鹑之贲贲，天策焞焞。"杜预注："天策，傅说星。"孔颖达疏："傅说，殷高宗之相，死而托神于此星，故名。"又武德四年(621)，高祖加号李世民为天策上将。骆宾王《宿温城望军营》："兵符关帝阙，天策动将军。"

【天然】 ❶自然赋予的，生来具备的。杜甫《八哀诗·故著作郎贬台州司户荥阳郑公虔》："天然生知姿，学立游夏上。"❷自然形成的，自然生成的(区别于人工、人造)。杜甫《白小》："白小群分命，天然二寸鱼。"高适《咏马鞭》："龙竹养根凡几年，工人截之为长鞭，一节一目皆天然。"陆龟蒙《大子夜歌二首》之一："慷慨吐清音，明转出天然。"皮日休《五贶诗·太湖砚》："求于花石间，怪状乃天然。"亦指事物不加修饰的本色。李白《经乱离后天恩流夜郎忆旧游书怀赠江夏韦太守良宰》："清水出芙蓉，天然去雕饰。"

【天詔】 皇帝的诏命。韦应物《送常侍御却使西蕃》："归奏圣朝行万里，却衔天诏报蕃臣。"李嘉祐《送袁员外宣慰劝农毕赴洪州使院》："气迎天诏喜，恩发土膏春。"

【天童】 山名。在今浙江鄞县，上有天童寺。贯休《偶作因怀大同道友》："天童好真伴，何日更相亲。"

【天道】 ❶天理，天意。白居易《读史五首》之四："人事虽可罔，天道终难欺。"❷指自然界变化规律。孟郊《感怀》之六："四时更变化，天道有亏盈。"

【天道無親】 指天道公正，无偏无私。见《史记·伯夷列传》。李商隐《送从翁东川弘农尚书幕》："人心诚未去，天道亦无亲。"张说《唐封泰山乐章·豫和六首》之五："天道无亲，至诚与邻。"

【天淵】 深渊。储光羲《同诸公送李云南伐蛮》："回溪深天渊，揭厉逾舟梁。"

【天琛】 天然出产的珍宝。见《文选·木华〈海赋〉》。权德舆《送韦中丞奉使新罗》："斗柄辨宵程，天琛宜昼赏。"顾况《游子吟》："引烛窥洞穴，凌波睥天琛。"

【天喜】 谓上天喜悦。玄宗《首夏花萼楼观群臣宴宁王山亭赋诗》："天喜时相合，人和事不违。"陆龟蒙《奉酬袭美苦雨见寄》："其如玉女正投壶，笑电霏霏作天喜。"

【天葩】 非凡之花。亦喻指优美的诗文。韩愈《醉赠张秘书》："东野动惊俗，天葩吐奇芬。"皮日休、陆龟蒙《寂上人院联句》："水堪伤聚沫，风合落天葩。"

【天極】 天边。柳宗元《乐府杂曲·鼓吹铙歌·高昌》："平沙际天极，但见黄云驱。"

【天貺】 上天的恩赐。德宗《重阳日即事》："寡德荷天贶，顺时休百工。"郭邕《洛出书》："德合天贶呈，龙飞圣人作。"

【天廄】 皇家养马处。杜甫《沙苑行》："王有虎臣司苑门，入门天厩皆云屯。"

【天遊】 帝王的游幸活动。张说《奉和圣制幸白鹿观应制》："洞府寒山曲，天游日旰回。"卢藏用《奉和立春游苑迎春应制》："天游龙辇驻城闉，上苑迟光晚更新。"沈佺期《初冬从幸汉故青门应制》："天游戒东首，怀昔驻龙轩。"储光羲《述华清宫五首》之三："群方趋顺动，百辟随天游。"

【天寒】 天气寒冷。李白《古风》之三二："天寒悲风生，夜久众星没。"杜甫《悲青坂》："我军青坂在东门，天寒饮马太白窟。"白居易《醉后狂言酬赠萧殷二协律》："天寒身上犹衣葛，日高甑中未拂尘。"又《赠皇甫庶子》："妻知年老添衣絮，婢报天寒拨酒醅。"

【天窗】 ❶指山崖、洞窟部分透光的缝隙。宋之问《入崖口五渡寄李适》："时攀乳窦憩，屡薄天窗眠。"李白《题嵩山逸人元丹丘山居》："凭雷蹑天窗，弄影憩霞阁。"钱起《寻华山云台观道士》："飞鸟下天窗，袅松际云壁。"李商隐《因书》："猿声连月槛，鸟影落天窗。"

【天扉】 ❶天门。则天皇后《唐享昊天乐·第十二》："式乾路，辟天扉。回日驭，动云衣。"❷君王宫殿的门。借指朝廷。韩愈《送区弘南归》："业成志树来颀颀，我当为子言天扉。"

【天運】 ❶犹天命。自然的气数。陈子昂《感遇诗三十八首》之十七："幽居观天运，悠悠念群生。"白居易《渭村退居寄礼部崔侍郎翰林钱舍人诗一百韵》："由是推天运，从兹乐性场。"杨洵美《答李昌期》："吾道如未丧，天运何时通。"唐彦谦《和陶渊明贫士诗七首》之一："人生系天运，何用发深悲。"❷天体的运行。韩愈《君子法天运》："君子法天运，四时可前知。"唐尧臣《金陵怀古》："吁嗟王气尽，坐悲天运倏。"

【天禄】 ❶天赐的福禄。见《书·大禹谟》。后常以指帝位。李颀《杂歌谣辞·郑樱桃歌》："石季龙，僭天禄，擅雄豪，美人姓郑名樱桃。”❷指俸禄。王珪《咏淮阴侯》：“功成享天禄，建旗还南昌。”❸阁名。用于藏书。参见“天禄阁”。

【天禄署】 见“天禄阁”。

【天禄閣】 汉宫中藏书阁名。汉高祖时创建，在未央宫内。见《三辅黄图·未央宫》。辞赋家扬雄曾校书于此。唐诗中多作咏词臣的典故。武元衡《闻相公三兄小园置宴以元衡寓直因寄上兼呈中书三兄》：“位高天禄阁，词异畔牢愁。”韩愈《送郑十校理得洛字》：“才子富文华，校雠天禄阁。”亦作“天禄署”。柳宗元《同刘二十八院长述旧言怀之作增至八十通赠二君子》：“继酬天禄署，俱尉甸侯家。”

【天絲】 ❶蜘蛛等昆虫所吐的飘荡于空中的游丝。王建《春词》：“红烟满户日照梁，天丝软弱虫飞扬。”温庭筠《吴苑行》：“小苑有门红扇开，天丝舞蝶共徘徊。”❷天上织女纺织用的丝线。王建《七夕曲》：“河边独自看星宿，夜织天丝难接续。”鲍溶《霓裳羽衣歌》：“遂令武帝厌云韶，金针天丝缀飘飘。”

【天瑞】 上天降下的祥瑞。见《史记·司马相如列传》。崔日用《奉和九月九日登慈恩寺浮图应制》：“临幸浮天瑞，重阳日再中。”窦牟《元日喜闻大礼寄上翰林四学士中书六舍人二十韵》：“岁华春更早，天瑞雪犹深。”《郑仁表自语》：“天瑞有五色云，人瑞有郑仁表。”《郊庙歌辞·太清宫乐章·第三奏》：“人风齐太古，天瑞叶惟新。”

【天鼓】 天神所击之鼓。传说天鼓震则有雷声。见《史记·天官书》。李白《玉真仙人词》：“清晨鸣天鼓，飙欻腾双龙。”又《相和歌辞·梁甫吟》：“我欲攀龙见明主，雷公砰訇震天鼓。”

【天蓋】 天。天圆如车盖覆于地上，故云。语出《淮南子·原道训》。独孤及《季冬自嵩山赴洛道中作》：“天盖西北倾，众星陨如雨。”刘禹锡《韩十八侍御见示岳阳楼别窦司直诗因令属和重以自述故足成六十二韵》：“荡漾浮天盖，四环宣地理。”

【天幕】 ❶天。天空如幕覆盖大地，故云。李商隐《假日》：“谁向刘灵天幕内，更当陶令北窗风。”❷美称幕府。曹松《上广州支使王拾遗》：“明时应不谏，天幕称仙才。”

【天業】 帝王之业。王昌龄《驾幸河东》：“开唐天业盛，入沛圣恩浓。”知玄《祝尧诗》：“生天本自生天业，未必求仙便得仙。”

【天暉】 帝王的光辉。借指帝王。麴瞻《奉和九月九日登慈恩寺浮图应制》：“献觞乘菊序，长愿奉天晖。”

【天路】 ❶天上的路。陈子昂《春日登金华观》：“还疑赤松子，天路坐相邀。”李白《赠崔司户文昆季》：“路傍已窃笑，天路将何因。”❷高远艰险之路。王维《双黄鹄歌送别》：“天路来兮双黄鹄，云上飞兮水上宿，抚翼和鸣整羽族。”李白《流夜郎至西塞驿寄裴隐》：“鸟去天路长，人愁春光短。”杜甫《雨晴》：“天路看殊俗，秋江思杀人。”❸借指京城，朝廷。杜甫《承沈八丈东美除膳部员外阻雨未遂驰贺奉寄此诗》：“天路牵骐骥，云台引栋梁。”韦庄《和陆谏议避地寄东阳进退未决见寄》：“未归天路紫云深，暂驻东阳岁月侵。”❹喻及第出仕等。王建《山中寄及第故人》：“如何弃我去，天路忽腾骧。”

【天誅】 指天子的诛罚。杜甫《承闻河北诸道节度入朝欢喜口号绝句十二首》之一：“禄山作逆降天诛，更有思明亦已无。”鲍溶《淮南卧病闻李相夷简移军山阳以靖东寇感激之下因抒长句》：“太白星前龙虎符，元臣出将顺天诛。”周昙《咏史诗·秦门·赵高》：“赵高胡亥速天诛，率土兴兵怨毒痡。”

【天禀】 天赋，天性。司空图《效陈拾遗子昂感遇二首》之一：“强欺自天禀，刚吐信吾徒。”

【天意】 ❶上天的旨意。张九龄《奉和圣制瑞雪篇》：“匪惟在人利，曾是扶天意。天意岂云遥，雪下不崇朝。”王维《大同殿柱产玉芝龙池上有庆云神光照殿即事》：“共欢天意同人意，万岁千秋奉圣君。”杜甫《病橘》：“汝病是天意，吾谂罪有司。”李商隐《晚晴》：“天意怜幽草，人间重晚晴。”❷帝王的心意。储光羲《哥舒大夫颂德》：“嘉谋即天意，骤胜由师贞。”王建《上裴度舍人》：“天意皆从彩毫出，宸心尽向紫烟来。”孟郊《赠韩郎中愈》：“愿君保此节，天意当察微。”杜荀鹤《送黄补阙南迁》：“得罪非天意，分明谪去身。”

【天慈】 天子的慈爱。张九龄《酬宋使君见诒》：“庭闱际海曲，轺传荷天慈。”严维《书情上李苏州》：“手持国宪群僚畏，口喻天慈百姓安。”贯休《寿春节进》：“急贤彰帝业，解网见天慈。”又《寿春节进大蜀皇帝五首》之四：“远人玉帛尽来归，及物天慈物物肥。”

【天福】 上天所赐之福；天子所赐之福。姚合《和郑相演杨尚书蜀中唱和诗》：“天福坤维厚，忠贤拥节旄。”贯休《寿春节进大蜀皇帝五首》之一：“今日降神天上会，愿将天福比须弥。”

【天際】 天边。李白《望终南山寄紫阁隐者》：“有时白云起，天际自舒卷。”杜甫《郪城西原送李判官兄武判官弟赴成都府》：“天际伤愁别，离筵何太频。”白居易《和梦游春诗一百韵》：“月中照形影，天际辞骨肉。”

【天經】 天之常道。李白《献从叔当途宰阳冰》：“金镜霾六国，亡新乱天经。”郑蕡《天骥呈材》：“毛骨合天经，拳奇步骤轻。”

【天碧】 天空青碧。亦谓青碧如天空之色。白居易《和答诗十首·和思归乐》:"汉水照天碧,楚山插云青。"杜牧《扬州三首》之三:"天碧台阁丽,风凉歌管清。"李煜《句》之十:"日映仙云薄,秋高天碧深。"欧阳炯《浣溪沙》:"天碧罗衣拂地垂,美人初著更相宜,宛风如舞透香肌。"

【天獄】 天然的牢狱。元结《闵荒诗》:"四海非天狱,何为非天囚。"

【天誡】 天戒,上天给的儆戒。见《汉书·五行志》。杜牧《李甘诗》:"九年夏四月,天诫若言语。"

【天語】 ❶天上仙人之言语。李白《琴曲歌辞·飞龙引二首》之二:"造天关,闻天语,长云河车载玉女。"❷谓天子诏谕。刘禹锡《送源中丞充新罗册立使》:"身带霜威辞凤阙,口传天语到鸡林。"

【天潢】 ❶星名。见《史记·天官书》。刘禹锡《墙阴歌》:"白日左右浮天潢,朝晡影入东西墙。"❷即天河。太宗《春日望海》:"积流横地纪,疏派引天潢。"

【天漢】 ❶天河。见《诗·小雅·大东》。高宗《七夕宴悬圃二首》之一:"羽盖飞天汉,凤驾越层峦。"储光羲《同诸公登慈恩寺塔》:"谁道天汉高,逍遥方在兹。"张籍《秋夜长》:"秋天如水夜未央,天汉东西月色光。"宗楚客《安乐公主移入新宅侍宴应制》:"借问游天汉,谁能取石回。"❷汉朝之美称。见《汉书·萧何传》。借以指大唐。王维《送韦大夫东京留守》:"晨扬天汉声,夕卷大河阴。"

【天漏】 指雨量过多。杜甫《九日寄岑参》:"安得诛云师,畴能补天漏。"刘言史《送婆罗门归本国》:"出漠独行人绝处,碛西天漏雨丝丝。"贾岛《题刘华书斋》:"渡叶司天漏,惊蛩远地人。"许棠《送徐侍御充南诏判官》:"地偏风自杂,天漏月稀明。"

【天奬】 皇帝的劝勉。崔璞《蒙恩除替将还京洛偶叙所怀因成六韵呈军事院诸公郡中一二秀才》:"共理乖天奖,分忧值岁饥。"

【天随子】 陆龟蒙别号。陆龟蒙《奉和袭美太湖诗二十首·缥缈峰》:"身为大块客,自号天随子。"又《战秋辞》:"天随子爽駴恂栗,恍军庸之我当。"

【天網】 ❶上天布下的罗网。见汉班固《幽通赋》。参见"天網恢恢"。❷比喻朝廷的统治。见三国魏曹植《与杨德祖书》。以天网作广罗人才的典故。独孤及《送陈兼应辟兼寄高适贾至》:"天网忽摇顿,公才难弃遗。"李贺《春归昌谷》:"天网信崇大,矫士常慅慅。"特指国家的法律。李涉《硖石遇赦》:"天网初开释楚囚,残骸已废自知休。"

【天網恢恢】 指天道如大网,无有漏失。语出《老子》。吕岩《哭陈先生》:"天网恢恢万象疏,一身亲到华山区。"

【天綱】 天之纲维。李白《大鹏赋》:"跨蹑地络,周旋天纲。"王琦注:"天纲者,天之纲维。"李白《上崔相百忧章》:"台星再朗,天纲重恢。"杜甫《石犀行》:"安得壮士提天纲,再平水土犀奔茫。"韦应物《睢阳感怀》:"豺虎犯天纲,升平无内备。"

【天維】 天的纲维。见《文选·张衡〈西京赋〉》。魏征《大明舞》:"上纽天维,下安地轴。"李白《上崔相百忧章》:"共公赫怒,天维中摧。"又《窜夜郎于乌江留别宗十六璟》:"斩鳌翼娲皇,炼石补天维。"又《雪谗诗赠友人》:"天维荡覆,职此之由。"

【天慧】 天赋的智慧。刘禹锡《海阳湖别浩初师》引:"自公侯守相,必赐其清问,耳目灌注,习浮于性。而里中儿贤适与浩初比者,婴冠带,豢妻子,吏得以乘凌之。汩没天慧,不得自奋,莫可望浩初之清光于侯门上坐,第自吟羡而已。"

【天駟】 ❶房星的别名。见《国语·周语下》。杜甫《魏将军歌》:"星躔宝校金盘陀,夜骑天驷超天河。"皮日休《酒中十咏·酒星》:"唯忧犯帝座,只恐骑天驷。"❷神马,骏马。薛曜《舞马篇》:"承云嘈囋骇日灵,调露铿鋐动天驷。"

【天墀】 帝王宫殿的台阶。韦应物《送宫人入道》:"舍宠求仙畏色衰,辞天素面立天墀。"贾至《侍宴曲》:"云陛褰珠扆,天墀覆绿杨。"

【天憂】 指担心天坠。比喻不必要和无根据的忧虑。杜甫《夔府书怀四十韵》:"庙算高难测,天忧实在兹。"仇兆鳌注:"天忧,用《列子》杞人忧天崩事。"

【天樞】 ❶星名。北斗第一星。见《星经》卷上。骆宾王《夏日游德州赠高四》:"天枢限南北,地轴殊乡国。"❷唐延载元年(694)武则天所立自纪功德的柱子。开元初昭令毁之。见《旧唐书·则天皇后纪》。李休烈《咏毁天枢》:"天门街上倒天枢,火急先须卸火珠。"《天枢谣》:"一条麻索挽,天枢绝去也。"

【天輪】 指天地。见《文选·木华〈海赋〉》。李白《相和歌辞·上云乐》:"抚顶弄盘古,推车转天轮。"

【天賦】 ❶上天赋予,天授。贯休《大蜀皇帝寿春节进尧铭舜颂二首·尧铭》:"君既天赋,相亦天锡。"❷禀受于天,生来具有。陆龟蒙《奉和袭美茶具十咏·茶人》:"天赋识灵草,自然钟野姿。"

【天衝】 星名。见《晋书·天文志中》。《天冲星占》:"天冲抱极泣帝前,血浊雾下天下冤。"题下注:"天祐元年四月,有星状如人,首赤身黑,在北斗下紫微中,后三日,黑风晦冥,其星盖天冲也。占曰。"

【天廟】 庙堂。李贺《唐儿歌》:"骨重神寒天庙器,一双瞳人剪秋水。"陆龟蒙《奉和袭美酒中十咏·酒星》:"不独祭天庙,亦应邀客星。"贯休《寄韩团练》:"君子天庙器,头骨何巉崱。"

【天端】 天边。吕岩《七言》之十三:"九曲江边坐卧看，一条长路入天端。”

【天賜】 ❶上天赐予。罗隐《梅》：“天赐胭脂一抹腮，盘中磊落笛中哀。”❷天子所赐。崔枢《赐耆老布帛》：“布帛忻天赐，生涯作主恩。”白居易《春日闲居三首》之三：“安得不歌咏，默默受天赐。”

【天峤遊人】 唐诗作者。姓名未详。尝游江西麻姑山，即兴题诗，自称天峤游人。见《云溪友议》卷上。《全唐诗》卷七八四录其《题邓仙客墓》一首。

【天廚】 皇家的庖厨。刘宪《奉和圣制幸望春宫送朔方大总管张仁亶》：“推食天厨至，投醪御酒传。”岑参《送郭仆射节制剑南》：“玉馔天厨送，金杯御酒倾。”韩濬《清明日赐百僚新火》：“朱骑传红烛，天厨赐近臣。”王贞白《御试后进诗》：“三时赐食天厨近，再宿偷吟禁漏清。”

【天潯】 天涯。见《文选·谢庄〈宋孝武宣贵妃诔〉》。王勃《出境游山二首》之二：“振翮凌霜吹，正月伫天浔。”苏味道《咏虹》：“纡余带星渚，窈窕架天浔。”裴潾《前相国赞皇公早葺平泉山居暂还憩赋四言诗十四首奉寄》之八：“飞泉挂空，如决天浔。”

【天漿】 天上的饮料，浆汁。韩愈《调张籍》：“刺手拔鲸牙，举瓢酌天浆。”亦喻指甘美的饮料、果汁。窦牟《李舍人少尹惠家酝一小榼立书绝句》：“禁琐天浆嫩，虞行夜月寒。”

【天險】 指地势高险。见《易·坎》。亦指地势高险之地，天然隐要之地。李白《送张遥之寿阳幕府》：“寿阳信天险，天险横荆关。”又《题瓜州新河饯族叔舍人贲》：“吴关倚此固，天险自兹设。”杜甫《怀锦水居止二首》之一：“天险终难立，柴门岂重过。”又《峡口二首》之一：“开辟多天险，防隅一水关。”李商隐《南朝》：“地险悠悠天险长，金陵王气应瑶光。”

【天樂】 （—yuè）❶仙乐。常指美妙的音乐。李白《庐山东林寺夜怀》：“天香生虚空，天乐鸣不歇。”杜甫《岳麓山道林二寺行》：“五月寒风冷佛骨，六时天乐朝香炉。”王建《题应圣观》：“赐额御书金字贵，行香天乐羽衣新。”刘禹锡《游桃源一百韵》：“虚无天乐来，僁窣鬼兵役。”❷指宫廷的音乐。戎昱《相和歌辞·苦哉行五首》之一：“何意天乐中，至今奏胡曲。”王建《华清宫感旧》：“有时云外闻天乐，知是先皇沐浴来。”李绅《悲善才》：“三月曲江春草绿，九霄天乐下云端。”姚合《和卢给事酬裴员外》：“夕郎夜直吟仙掖，天乐和声下禁楼。”

【天璞】 未经雕琢的璞玉。比喻人的天性，本性。孟郊《吊元鲁山》：“天璞本平一，人巧生异同。”

【天壇】 王屋山的绝顶，相传为黄帝祈天之所。杜甫《昔游》：“王乔下天坛，微月映皓鹤。”元稹《天坛上境》：“万里洞中朝玉帝，九光霞外宿天坛。”元稹又有《天坛归》。白居易《早冬游王屋偶吟成章寄温谷周尊师中书李相公》：“天坛在天半，欲上心迟迟。”

【天壇峰】 即王屋山绝顶，相传为黄帝祈天之所。白居易有《天坛峰下赠杜录事》。

【天橋】 ❶即天津桥。窦巩《洛中即事》：“寂寂天桥车马绝，寒鸦飞入上阳宫。”张籍《送令狐尚书赴东都留守》：“行香暂出天桥上，巡礼常过禁殿中。”杜牧《洛阳秋夕》：“泠泠寒水带霜风，更在天桥夜景中。”❷仙桥。曲龙山仙《玩月诗》之三：“造化天桥碧海东，玉轮还过辗晴虹。”

【天機】 ❶灵性。天赋灵机。窦冀《怀素上人草书歌》：“狂僧挥翰狂且逸，独任天机摧格律。”杜甫《奉先刘少府新画山水障歌》：“刘侯天机精，爱画入骨髓。”又《西枝村寻置草堂地夜宿赞公土室二首》之二：“大师京国旧，德业天机秉。”又《甘林》：“喧静不同科，出处各天机。”韦应物《赠李判官》：“决狱兴邦颂，高文禀天机。”❷国家机要事宜。崔湜《襄阳早秋寄岑侍郎》：“故人金华省，肃穆秉天机。”羊士谔《和武相早朝中书候传点书怀奉呈》：“星辰拱帝座，剑履翊天机。”柳宗元《乐府杂曲·鼓吹铙歌·晋阳武》：“皇烈烈，专天机。号以仁，扬其旗。”❸天立机密，天意。杜甫《独立》：“天机近人事，独立万端忧。”鲍溶《秋怀五首》之五：“天机杳何为，长寿与松柏。”❹传说中的仙人织机。李峤《奉和七夕两仪殿会宴应制》：“帝缕升银阁，天机罢玉梭。”❺星名。即斗宿。许敬宗《奉和入潼关》：“势逾回地轴，威盛转天机。”

【天龍】 ❶天上的龙。白居易《新乐府·百炼镜》：“人间臣妾不合照，背有九五飞天龙。”皮日休《太湖诗·缥缈峰》：“暴光隔云闪，仿佛亘天龙。”刘言史《赠成炼师四首》之二：“黄昏骑得下天龙，巡遍茅山数十峰。”❷佛教语。指诸天与龙神。见《法华经·序品》。高适《同马太守听九思法师讲金刚经》：“鸣钟山虎伏，说法天龙会。”严维《宿法华寺》：“天龙来护法，长老密看心。”喻凫《宿石窟寺》：“野鹤立枯枿，天龙吟净潭。”齐己《赠持〈法华经〉僧》：“但恐天龙夜叉乾闼众，齀塞虚空耳皆耸。”❸铸有龙纹的钱币。见《史记·平准书》。李峤《钱》：“天龙带泉宝，地马列金沟。”

【天澤】 ❶上天的恩泽。薛据《怀哉行》：“我闻雷雨施，天泽罔不该。”❷君王的恩泽。张九龄《奉和圣制登封礼毕洛城酺宴》：“春华顿觉早，天泽倍知崇。”王昌龄《别皇甫五》：“明祠灵响期昭应，天泽俱从此路还。”权德舆《奉和张仆射朝天行》：“专城一鼓妖氛静，拥旆十年天泽深。”杜荀鹤《献郑给事》：“未降诏书酬善政，不知天泽答何人。”❸大泽。指太湖。陆龟蒙《奉和袭美太湖诗二十首·练渎》：“越恃君子众，大将压全吴。吴将派天泽，以练舟师徒。”

【天閽】 帝宫之门。蒋防《藩臣恋魏阙》：“恩波怀魏阙，献纳望天阍。”

【天壁】 高耸入云的崖壁。宋之问《初至崖口》：“崖口众山断，嵚崟耸天壁。”李白《泾溪南蓝山下有落星潭可以卜筑余泊舟石上寄何判官昌浩》：“蓝岑竦天壁，突兀如鲸额。”杜甫《醉为马坠诸公携酒相看》：“粉堞电转紫游缰，东得平冈出天壁。”又《上白帝城》：“城峻随天壁，楼高更女墙。”

【天聲】 ❶天上的响声。李白《古风》之七：“去影忽不见，回风送天声。”❷佛音。孟郊《读经》：“海萍国教异，天声各泠泠。”❸喻盛大的声威。崔日用《奉和圣制送张说巡边》：“暂劳期永逸，赫矣振天声。”

【天聰】 对天子听闻的美称。白居易《贺雨》：“稽首再三拜，一言献天聪。”

【天壑】 大壑，巨大的山壑。尹懋《秋夜陪张丞相赵侍御游滍湖二首》之一：“杳霭入天壑，冥茫见道心。”

【天蹕】 皇帝出行时的车驾。赵彦昭《奉和幸长安故城未央宫应制》：“夙驾移天跸，凭轩览汉都。”萧至忠《奉和九月九日登慈恩寺浮图应制》：“天跸三乘启，星舆六辔行。”孙逖《丹阳行》：“青枫林下回天跸，杜若洲前转国容。”

【天鍾】 上天钟秀，上天所赋予。薛能《新柳》：“天钟和气元无力，时遇风光别有情。”李中《献中书潘舍人》：“运叶半千数，天钟许国臣。”

【天鏝】 指刀斧。元结《闵荒诗》：“人将引天钐，人将持天镘。”

【天爵】 天然的爵位。反映高尚的道德修养。德高受人尊敬，胜于有爵位。故云。见《孟子·告子上》。王勃《倬彼我系》序：“因陈先人之迹，以议出处，致天爵之艰难也。”权德舆《酬别蔡十二见赠》：“伊人茂天爵，恬澹卧郊园。”白居易《池上即事》：“身闲当贵真天爵，官散无忧即地仙。”赵嘏《东归道中二首》之一：“传家有天爵，主祭用儒衣。”

【天綍】 皇帝的诏书。郑愔《同韦舍人早朝》：“才良寄天绋，趋拜侣朝簪。”

【天縱】 天所放任，意谓上天赋予。鲁收《怀素上人草书歌》：“身上艺能无不通，就中草圣最天纵。”高适《淇上别刘少府子英》：“逸思乃天纵，微才应陆沉。”窦常《过宋氏五女旧居》：“谢庭风韵婕妤才，天纵斯文去不回。”徐夤《牡丹花二首》之一：“天纵秾华刳鄙吝，春教妖艳毒豪奢。”

【天覆】 上天覆万物。喻指帝王仁德广被。许敬宗《奉和执契静三边应诏》：“寰区无所外，天覆今咸育。”李峤《安揖岭表事平罢归》：“既弘天覆广，且谕皇恩博。”刘晏《享太庙乐章》：“夙驱氛祲，天覆黎蒸。”李白《君道曲》：“大君若天覆，广运无不至。”

【天鵝】 鸟名，即鹄。似鹅而体大，全身白色，嘴分黄色和黑色两部分，脚和尾均短，脚黑色，有蹼。生大海滨湖边，吃植物和昆虫，善飞。李商隐《镜槛》：“拨弦惊火凤，交扇拂天鹅。”

【天翻地覆】 喻形势发生根本性的变化。刘商《琴曲歌辞·胡笳十八拍》之六：“天翻地覆谁得知，如今正南看北斗。”

【天邊】 ❶指天空与地平线交会的远处。孟浩然《秋登兰山寄张五》：“天边树若荠，江畔舟如月。”❷犹天涯。指极远的地方。李白《广陵赠别》：“天边看渌水，海上见青山。”杜甫《天边行》：“天边老人归未得，日暮东临大江哭。”又《寄司马山人十二韵》：“关内昔分袂，天边今转蓬。”白居易《江南谪居十韵》：“泽畔长愁地，天边欲老身。”❸指在皇帝左右。韦庄《婺州屏居蒙右省王拾遗车枉降访病中延候不得因成寄谢》：“自为江上樵苏客，不识天边侍从臣。”

【天雞】 神话中天上的鸡。见南朝梁任昉《述异记》卷下。李白《梦游天姥吟留别》：“半壁见海日，空中闻天鸡。”刘禹锡《有僧言罗浮事因为诗以写之》：“咿喔天鸡鸣，扶桑色昕昕。”施肩吾《海边远望》：“扶桑枝边红皎皎，天鸡一声四溟晓。”司马扎《山斋会别》：“星月半山尽，天鸡出海迟。”

【天颜】 天子容颜。亦借指天子。杜甫《紫宸殿退朝口号》：“昼漏希闻高阁报，天颜有喜近臣知。”朱放《九日陪刘中丞宴昌乐寺送梁廷评》：“仍闻西上客，咫尺谒天颜。”许棠《送裴拾遗宰下邽》：“县斋高枕卧，犹梦犯天颜。”

【天闕】 ❶天子的宫阙。亦借指朝廷或京都。李峤《雪》：“大周天阙路，今日海神朝。”岑参《送王大昌龄赴江宁》：“群公满天阙，独去过淮水。”孟郊《出门行》之二：“美人相思隔天阙，长望云端不可越。”章碣《赠边将》：“行收部落归天阙，旋进封疆入帝聪。”❷两峰对峙之处。其怪似双阙，故云。杜甫《游龙门奉先寺》：“天阙象纬逼，云卧衣裳冷。”仇兆鳌注引韦述《东都记》：“龙门号双阙，与大内对峙，若天阙然。”

【天藻】 天子的文章。李适《游禁苑幸临渭亭遇雪应制》：“写曜衔天藻，呈祥拂御衣。”刘宪《奉和立春日内出彩花树应制》：“欲识王游布阳气，为观天藻竞春晖。”韦安石《侍宴旋师喜捷应制》：“厚眷纡天藻，深慈解御衣。”王景《奉和九月九日登慈恩寺浮图应制》：“缀叶披天藻，吹花散御筵。”

【天羅】 天网。韩愈《月蚀诗效玉川子作》：“后时食月罪当死，天罗磕匝何处逃汝刑。”

【天鏡】 指月。宋之问《游禹穴回出若邪》：“石帆摇海上，天镜落湖中。”李白《登巴陵开元寺西阁赠衡岳僧方外》：“明湖落天镜，香阁凌银阙。”亦指月影。李白《渡荆门送别》：“月下飞天镜，云生结海楼。”又《下寻阳城泛彭蠡寄黄判官》：“开帆入天镜，直向彭湖东。”又《春日陪杨江宁及诸官宴北湖感古作》：“楼船入天镜，帐殿开云衢。”

【天寵】 帝王的宠幸。韦应物《送冯著受李广州署为录事》：“州伯荷天宠，还当翊丹墀。”韩翃《送田仓曹汴州觐省》：“拜庆承天宠，朝来辞汉宫。”

【天關】 ❶犹天门。李白《上云乐》：“举足蹋紫微，天关自开张。”又《琴曲歌辞·飞龙引二首》之二：“乘鸾飞烟亦不还，骑龙攀天造天关。”又《登太白峰》：“太白与我语，为我开天关。”孟郊《杏殇》之七：“灵凤不衔诉，谁为扣天关。”❷指地势险要的关隘。张九龄《奉和圣制次成皋先圣擒建德之所》：“绍成即我后，封岱出天关。”杜甫《后苦寒行二首》之一：“蛮夷长老怨苦寒，昆仑天关冻应折。”孟郊《上河阳李大夫》：“武牢锁天关，河桥纽地机。”❸指朝廷。皎然《览史》：“嘉谋匡帝道，高步游天关。”

【天壤】 天地。卢照邻《咏史四首》之四：“名与日月悬，义与天壤俦。”李白《赠丹阳横山周处士惟长》：“当其得意时，心与天壤俱。”白居易《不出门》：“不知天壤内，目我为何人。”

【天寶】 唐玄宗李隆基年号(742—756)。杜甫《无家别》：“寂寞天宝后，园庐但蒿藜。”又《八哀诗·故司徒李公光弼》：“司徒天宝末，北收晋阳甲。”白居易《赠康叟》：“再三怜汝非他意，天宝遗民见渐稀。”顾况有《天宝题壁》。

【天寶宫人】 唐诗作者。姓名不详。《全唐诗》卷七九七录其《题洛苑梧叶上》一首，全诗注：“天宝末，洛苑宫娥题诗梧叶，随御沟流出。顾况见之，亦题诗叶上，泛于波中。后十余日，于叶上又得诗一首。后闻于朝，遂得遣出。”

【天寶時人】 唐诗作者。姓名未详。《全唐诗》卷七八四录其《玉龙子诗》一首，全诗题解：“《太平广记》云：玉龙子，本唐太宗晋阳宫物。文德皇后赏赐大帝。广不数寸，而温润精巧，非人间所有。后则天以赐唐玄宗。开元中，三辅旱，祈祷无应，乃密投于南山龙池，风雨随作。及上皇幸西蜀，回次渭水，左右临流濯弄，沙中得之。”

【天魔】 佛教用语。天子魔之略称。为欲界第六天主。常为修道者设置障碍。见《百喻经·小儿得大龟喻》。顾况《归阳萧寺有丁行者能修无生忍担水施僧况归命稽首作诗》：“天魔波旬等，降伏金刚坚。”刘禹锡《答乐天戏赠》：“知君技痒思欢宴，欲倩天魔破道场。”白居易《题孤山寺山石榴花示诸僧众》：“瞿昙弟子君知否，恐是天魔女化身。”

【天潛山】 即潜山，又名“皖山”“皖公山”，在怀宁县(唐舒州治所，今安徽潜山县)西北。其主峰称“天柱”，故又称“天柱山”。独孤及有《酬皇甫侍御望天潜山见示之作》。

【天屬】 天性相连。见《庄子·山木》。后遂称父子、兄弟、姊妹有血缘关系的亲属为“天屬”。杜甫《行次昭陵》：“天属尊尧典，神功协禹谟。”刘商《胡笳十八拍·第十五拍》：“不缘生得天属亲，岂向仇雠结恩信。”

【天聽卑】 意谓天帝高高在上，却能听到下面人世间的言论，而察知其是非善恶，喻指天子圣明，能洞察下情。见《史记·宋微子世家》。白居易《寄唐生》：“但自高声歌，庶几天听卑。”舒元舆《坊州按狱》：“须知听甚卑，勿谓天之高。”

【天驕】 见“天之驕子”。

【天驕子】 汉时匈奴用以自称。后亦泛称强盛的边地少数民族及其首领。见《汉书·匈奴传上》。亦省称“天驕”。陈子昂《感遇诗三十八首》之三七：“藉藉天骄子，猖狂已复来。”杜甫《留花门》：“北门天骄子，饱肉气勇决。”郎士元《送李将军赴定州》：“莫断阴山路，天骄已请和。”李频《太和公主还宫》：“天骄发使犯边尘，汉将推功遂夺亲。”

【天體】 天的形体。元稹《有酒十章》之二：“地居方直天体明，胡不八荒圢圢如砥平。”

【天聽】 帝王的听闻。綦毋潜《经陆补阙隐居》：“谠言昨叹离天听，新象今闻入县图。”

【天籟】 ❶自然界的声响，如风声、鸟声、流水声等。见《庄子·齐物论》。杜甫《寄张十二山人彪三十韵》：“鼓角凌天籁，关山信月轮。”李涉《题清溪鬼谷先生旧居》：“寂寞天籁息，清迥鸟声曙。”刘禹锡《客有为余话登天坛遇雨之状因以赋之》：“遥光泛物色，余韵吟天籁。”温庭筠《秋日》：“天籁思林岭，车尘倦都邑。”❷指诗文浑然天成，得自然之趣。陆龟蒙《奉和袭美酬前进士崔潞盛制见寄因赠至一百四十言》：“唱既野芳坼，酬还天籁疏。”

【天衢】 ❶天空。天空广阔，任意通行，如世之广衢，故云。杜甫《自京赴奉先县咏怀五百字》：“天衢阴峥嵘，客子中夜发。”又《别张十三建封》：“高义在云台，嘶鸣望天衢。”又《大历三年春四十韵》：“风雷缠地脉，冰雪耀天衢。”❷京都。见《文选·张衡〈西京赋〉》。李白《天马歌》：“曾陪时龙蹑天衢，羁金络月照皇都。”杜甫《客堂》：“循文庙算正，献可天衢直。”李贺《汉唐姬饮酒歌》：“御服沾霜露，天衢长蓁棘。”

【天驥】 天马，神马。见《文选·张协〈七命〉》。亦美称“骏马”。元稹《三叹》之三：“天骥失龙偶，三年常夜嘶。"唐彦谦《咸通中始闻褚河南归葬阳翟成二十韵》:"奇踪天骥活,遗轴锦鸾翘。"贯休《闻知己入翰林》:"天骥头似鸟,倏忽四天下。"又《避地毗陵上王慥使君》:"仙松添瘦碧,天骥减丰膘。"卢征、郑蒉和徐仁嗣等均有《天骥呈材》。

夫[1] 〔fū《广韵》甫無切,平虞,非。〕❶成年男子的通称。见《孟子·万章下》。太宗《赐萧瑀》:"勇夫安识义,智者必怀仁。"李白《乐府杂曲·鼓吹曲辞·君马黄》:"猛虎落陷阱,壮夫时屈厄。"孟郊《相和歌辞·杂怨三首》之二:"浪水不可照,狂夫不可从。浪水多散影,狂夫多异踪。"❷指服劳役或从事某种体力劳动的人。王维《渭川田家》:"田夫荷锄至,相见语依依。"张籍《贾客乐》:"农夫税多长辛苦,弃业长为贩宝翁。"刘禹锡《贾客词》:"农夫何为者,辛苦事寒耕。"王驾《夏雨》:"又作丰年望,田夫笑向人。"王建《宫词》之六九:"宫人早起笑相呼,不识阶前扫地夫。"❸女子的配偶。李白《舞曲歌辞·东海有勇妇》:"捐躯报夫仇,万死不顾生。"王建《望夫石》:"望夫处,江悠悠。化为石,不回头。"孟郊《织妇辞》:"夫是田中郎,妾是田中女。"白居易《蜀路石妇》:"夫行竟不归,妇德转光明。"❹古代井田制,一夫受田百亩,故以百亩为夫。见《周礼·地官·小司徒》。亦用为一级生产组织之称。杨炯《从军行》:"宁为百夫长,胜作一书生。"

夫[2] 〔fú《广韵》防無切,平虞,奉。〕❶代词。(1)表示近指,此,这。见《礼记·檀弓上》。陈子昂《山水粉图》:"信夫人之好道,爱云山以幽求。"(2)表示远指。骆宾王《浮槎》序:"观其根柢盘屈,枝干扶疏,大则有栋梁舟辑之材,小则有轮辕榱角之用,非夫禀乾坤之秀气,含宇宙之淳精,孰能负凌云概日之姿,抱积雪封霜之骨。"萧颖士《江有归舟三章》序:"文也者,非云尚形似,牵比类,以局夫俪偶,放于奇靡。"❷助词。(1)用于句首,表示发端。骆宾王《夏日游德州赠高四》序:"夫在心为志,发言为诗。"陈子昂《观荆玉篇》序:"夫目照五色,口分五味,玄黄甘苦,亦可断而不惑矣。"白居易《长恨歌》引陈鸿《长恨歌传》:"夫希代之事,非遇出世之才润色之,则与时消没,不闻于世。"又《和梦游春诗一百韵》序:"夫感不甚则悔不熟,感不至则悔不深。"又《题裴晋公女几山刻石诗后》序:"夫嗟叹不足则咏歌之,故居易作诗二百言,继题公之篇末,欲使采诗者、修史者、后之往来观者,知公之功德本末前后也。"(2)用于句末,表示感叹或疑问。见《论语·子罕》。白居易《东南行一百韵》:"险阻尝之矣,栖迟命也夫。"贯休《轻薄篇二首》之一:"谁云不颠不狂,其名不彰,悲夫!"(3)用于句中。见《礼记·少仪》。卢鸿一《嵩山十志十首·枕烟庭》:"闻夫至诚必感兮祈此巅,契颢气,养丹田,终仿像兮觏灵仙。"

【夫人】 ❶诸侯之妻。见《论语·季氏》。储光羲《田家杂兴八首》之三:"楚国有夫人,性情本贞直。鲜禽徒自致,终岁竟不食。"宋之问《息夫人》:"可怜楚破息,肠断息夫人。"施肩吾《经桃花夫人庙》:"不及连山种桃树,花开犹得识夫人。"白居易《杂兴三首》之一:"有一愚夫人,其名曰樊姬。"❷帝王的妾。见《礼记·曲礼下》。李白《相和歌辞·阳春歌》:"飞燕皇后轻身舞,紫宫夫人绝世歌。"白居易《新乐府·李夫人》:"夫人病时不肯别,死后留得生前恩。"鲍溶《湘妃列女操》:"有虞夫人哭虞后,淑女何事又伤离。"❸对已婚妇女的尊称。李白《上元夫人》:"上元谁夫人,偏得王母娇。"岑参《河西太守杜公挽歌四首》之二:"雨随思太守,云从送夫人。"顾况《梁广画花歌》:"上元夫人最小女,头面端正能言语。"❹古代命妇的封号。王莽时封崔篆母师为义城夫人,为命妇有"夫人"封号之始。至唐,文武官一品及国公的母或妻为国夫人,三品以上官员的母或妻为郡夫人。杜甫《虢国夫人》:"虢国夫人承主恩,平明上马入宫门。"

【夫人城】 城名,故址在今湖北襄阳西北。见《晋书·朱序传》。岑参《饯王岑判官赴襄阳道》:"津头习氏宅,江上夫人城。"

【夫子】 ❶古代对男子的敬称。卢照邻《酬张少府柬之》:"昔余与夫子,相遇汉川阴。"李白《将进酒》:"岑夫子,丹丘生,将进酒,杯莫停。"岑参《寄韩樽》:"夫子素多疾,别来未得书。"孟郊《和丁助教塞上吟》:"哭雪复吟雪,广文丁夫子。"❷孔门尊称孔子为夫子。后世因以特指孔子。玄宗《经邹鲁祭孔子而叹之》:"夫子何为者,栖栖一代中。"孟浩然《书怀贻京邑同好》:"执鞭慕夫子,捧檄怀毛公。"程弥纶《怀鲁》:"曲阜国,尼丘山。周公邈难问,夫子犹启关。"

【夫子牆】 孔子学生子贡曾以墙为喻,称颂孔子道德学问高深。见《论语·子张》。后遂以为典实,称颂道德学问。钱起《寻司勋李郎中不遇》:"重花不隔陈蕃榻,修竹能深夫子墙。"柳宗元《弘农公以硕德伟才屈于诬枉谨献诗五十韵以毕微志》:"独弃伧人国,难窥夫子墙。"李德裕《仆射相公偶话于故集贤张学士厅写得德裕与仆射旧唱和诗辄献此诗》:"赋感邻人笛,诗留夫子墙。"姚合《和座主相公西亭秋日即事》:"夫子墙还峻,鄭侯宅过谦。"

【夫妻】 丈夫和妻子。李白《江夏行》:"自从为夫妻,何曾在乡土。"顾况《洛阳行送洛阳韦七明府》:"疏家父子错挂冠,梁鸿夫妻虚适越。"元稹《感逝(浙东)》:"头白夫妻分无子,谁令兰梦感衰翁。"白居易《自咏老身示诸家属》:"夫妻偕老日,甥侄聚居年。"

【夫君】 ❶称友人。张说《酬崔光禄冬日述怀赠答》:"夫君迈前侣,观国骋奇姿。"王维《送孙二》:"郊外谁相送,夫君道术亲。"李端《长安书事寄薛戴》:"夫君又离别,而我加寂寞。"李绅《奉酬乐天立秋夕有怀见寄》:"独坐有所思,夫君鸾凤章。"❷妻子称夫。孟简《咏欧阳行周事》:"座上转横波,流光注夫君。"高骈《闺怨》:"人世悲欢不可知,夫君初破黑山归。"

【夫差】 (—chāi)春秋时吴国国君。伐越后不听忠谏,终于亡国,自杀。见《史记·吴太伯世家》。祖咏《古意二首》之一:"夫差日淫放,举国求妃嫔。"张祜《题苏州楞伽寺》:"树隔夫差苑,溪连勾践城。"陆龟蒙《和袭美馆娃宫怀古五绝》:"三千虽衣水犀珠,半夜夫差国暗屠。"

【夫婦】 夫妻。张说《安乐郡主花烛行》:"清歌棠棣美王姬,流化邦人正夫妇。"储光羲《田家杂兴八首》之七:"迢迢两夫妇,朝出暮还宿。"张籍《促促词》:"促促复促促,家贫夫妇欢不足。"皮日休《三羞诗三首》之三:"夫妇相顾亡,弃却抱中儿。"

【夫婿】 丈夫。王昌龄《相逢行》:"使君何假问,夫婿大长秋。"乔知之《杂曲歌辞·定情篇》:"更忆倡家楼,夫婿事封侯。"张籍《离妇》:"夫婿乘龙马,出入有光仪。"刘言史《乐府杂词三首》之三:"梦中无限风流事,夫婿多情亦未知。"

夭[1] 〔yāo《广韵》於喬切,平宵,影。〕❶草木茂盛貌。见《汉书·地理志上》。见"夭桃"。❷美艳,妖艳。萧颖士《凉雨一章》:"有女斯夭,式歌且谣。"

夭[2] 〔yāo《广韵》於兆切,上小,影。〕❶短命;早死。见《书·高宗肜日》。许景先《奉和御制春台望》:"昆虫不夭在春蒐,稼穑常艰重农术。"顾况《在滁苦雨归桃花崦伤亲友略尽》:"废弃忝残生,后来亦先夭。"又《大茅岭东新居忆亡子从真》:"其夭非不幸,炼形由太阴。"王建《喻时》:"讵知行者夭,岂悟壮者衰。"见"夭₂亡""夭₂死"。❷摧折。陈子昂《蓟丘览古赠卢居士藏用七首·乐生》:"雄图竟中夭,遗叹寄阿衡。"

夭[3] 〔wāi《字彙补》烏哉切。〕见"夭₃斜"。

【夭₂亡】 早死。白居易《效陶潜体诗十六首》之十六:"颜回与黄宪,何辜早夭亡。"

【夭夭】 美盛貌。见《诗·周南·桃夭》。王諲《后庭怨》:"君不见红闺少女端正时,夭夭桃李仙容姿。"柳宗元《酬贾鹏山人郡内新栽松寓兴见赠二首》之一:"夭夭日放花,荣耀将安穷。"元稹《红芍药》:"艳艳锦不如,夭夭桃未可。"施肩吾《桃源词二首》之一:"夭夭花里千家住,总为当时隐暴秦。"张南容《静女歌》:"夭夭邻家子,百花装首饰。"

【夭₂札】 遭疫病而早死。见《左传·昭公四年》。白居易《念金銮子二首》之一:"况念夭札时,呕哑初学语。"陆龟蒙《战秋辞》:"可霾可电,可风可霆。可堑溺颠陷,可夭札迷冥。"

【夭₂死】 早死。白居易《赠杓直》:"人情爱年寿,夭死者颜渊。"

【夭行】 (—xíng)曲行。谓行失其度。韩愈《重云李观疾赠之》:"夭行失其度,阴气来干阳。"

【夭枝】 弯曲的枝干。顾况《上古之什补亡训传十三章·十月之郊一章》:"无或夭枝,有巨根蒂。"

【夭₂折】 (—zhé)短命早死。徐彦伯《题东山子李适碑阴二首》之二:"回也实夭折,贾生亦脆促。"

【夭₂促】 夭折,短命。王维《过太乙观贾生房》:"夭促万涂尽,哀伤百虑新。"白居易《寄同病者》:"穷饿与夭促,不如我者多。"李白《咏槿》:"芬荣何夭促,零落在瞬息。"

【夭容】 艳丽的姿容。王周《小园桃李始花偶以成咏》:"半红半白无风雨,随分夭容解笑人。"孙鲂《主人司空后亭牡丹》:"佳卉挺芳辰,夭容乃绝伦。"

【夭紅】 鲜红。亦指鲜红的花。裴夷直《春色满皇州》:"夭红妆暖树,急绿走阴沟。"

【夭妍】 指妍丽的花。方干《海石榴》:"亭际夭妍日日看,每朝颜色一般般。"

【夭桃】 ❶艳丽的桃花。见《诗·周南·桃夭》。沈佺期《乐府杂曲·鼓吹曲辞·芳树》:"夭桃色若绶,秾李光如练。"贺朝《孤兴》:"晴日暖珠箔,夭桃色正新。"吕温《衡州登楼望南馆临水花呈房戴段李诸公》:"夭桃临方塘,暮色堪秋思。"李商隐《赋得桃李无言》:"夭桃花正发,秾李蕊方繁。"❷喻女子容颜美丽。崔珏《有赠》之二:"两脸夭桃从镜发,一眸春水照人寒。"郑轨《观兄弟同夜成婚》:"棠棣开双萼,夭桃照两花。"无名氏《长门》(卷七八五):"时看回辇处,泪脸湿夭桃。"

【夭桃子】 艳如桃花的美人。陈子昂《感遇诗三十八首》之十五:"昔称夭桃子,今为春市徒。"

【夭桃穠李】 以桃李之花兴新人之美。见《诗·周南·桃夭》等。后遂以"夭桃穠李"为赞颂新人年少美艳之词。张说《安乐郡主花烛行》:"星昴殷冬献吉日,夭桃秾李遥相匹。"

【夭₃斜】 袅娜多姿貌。白居易《和春深二十首》之二十:"杭州苏小小,人道最夭斜。"

【夭喬】 纵恣貌。吕岩《七言》之三十:"庚虎循环餐绛雪,甲龙夭乔进灵泉。"

【夭₂傷】 夭折损伤。沈千运《感怀弟妹》:"近世多夭伤，喜见鬓发白。”

【夭摇】　摇曳貌。陈至《赋得芙蓉出水》：“菡萏迎秋吐，夭摇映水滨。”

【夭$_{2}$壽】　短命与长寿。权德舆《古离别》：“夭寿既常数，奈何生别离。”白居易《不二门》：“唯有不二门，其间无夭寿。”贾岛《哭胡遇》：“夭寿知齐理，何曾免叹嗟。”

【夭$_{2}$殤】　夭折。韩愈《此日足可惜赠张籍》：“谁云经艰难，百口无夭殇。”李咸用《和友人喜相遇十首》之十：“命达夭殇同白首，价高砖瓦即黄金。”

【夭$_{2}$閼】　夭折，死亡。独孤及《代书寄上李广州》：“疲民保中和，性足无夭阏。”白居易《夏日作》：“庶几无夭阏，得以终天年。”

【夭矯】　❶亦作“夭蟜”。屈伸貌。见《史记·司马相如列传》。任华《怀素上人草书歌》：“夭矫偃蹇，入乎苍穹。”刘禹锡《平蔡州三首》之一：“狂童面缚登槛车，太白夭矫垂捷书。”温庭筠《病中书怀呈友人》：“叶龙图夭矫，燕鼠笑胡卢。”吴融《绵竹山四十韵》：“初疑昆仑下，夭矫龙衔烛。”❷木枝屈曲貌。见《汉书·扬雄传上》。李商隐《李肱所遗画松诗书两纸得四十韵》：“樛枝势夭矫，忽欲蟠拏空。”

太　〔tài《广韵》他盖切，去泰，透。〕❶身分最高或辈分更高的。见“太上皇”。❷副词。表示程度过分。杜甫《新婚别》：“暮婚晨告别，无乃太匆忙。”

【太一】　亦作“太乙”。❶《史记·封禅书》：“天神贵者太一”索隐宋均曰：“天一、太一，北极神之别名。”杨炯《出塞》：“二月河魁将，三千太乙军。”孟郊《婵娟篇》：“夜半姮娥朝太一，人间本自无灵匹。”白居易《新乐府·海漫漫》：“徐福文成多诳诞，上元太一虚祈祷。”许浑《卢山人自巴蜀由湘潭归茅山因赠》：“太乙灵方炼紫荷，紫荷飞尽发皤皤。”❷星名，即帝星。又名北极二。因离北极星最近，故隋唐以前文献多以之为北极星。窦庠《陪留守韩仆射巡内至上阳宫感兴二首》之二：“愁云漠漠草离离，太乙句陈处处疑。”❸山名。见《文选·张衡〈西京赋〉》。曹松《别湖上主人》：“不辞更住醒还醉，太一东峰归梦频。”

【太一元君】　女仙名。曹唐《小游仙诗九十八首之五十》：“太一元君昨夜过，碧云高髻绾婆娑。”

【太一真人】　北极神名，用以指道士。赵嘏《赠王先生》：“太一真人隐翠霞，早年曾降蔡经家。”

【太一壇】　亦作“太乙壇”。汉武帝置太一坛以祠太一神。见《史记·封禅书》。曹唐《汉武帝于宫中宴西王母》：“鳌岫云低太一坛，武皇斋洁不胜欢。”崔珏《门前柳》：“晨沾太一坛边雨，暮宿凤皇城里鸦。”

【太乙】　❶见“太一”。❷见“太乙先生”。

【太乙子】　天台山道士之号。孟浩然《寻天台山》：“吾友太乙子，餐霞卧赤城。”又有《越中逢天台太乙子》。

【太乙先生】　同“太一真人”。李郢《终南山》：“终南雨后绝纤埃，太乙先生石室开。”

【太乙宫】　祭祀太一神的宫殿。在唐京城长安。王维《和仆射晋公扈从温汤时为右补阙》：“奠玉群座，焚香太乙宫。”

【太乙池】　即太液池。汉武帝元封元年(前110)开凿。在今陕西长安县西。刘禹锡《奉送李户部侍郎自河南尹再除本官归阙》：“华星却复文昌位，别鹤重归太乙池。”

【太乙真君】　神仙名。《全唐诗》卷八六二录其诗《送紫微处士酒》一首。

【太乙庙】　祭祀太乙神之祠庙。李益有《同萧炼师宿太乙庙》。

【太乙壇】　见“太一壇”。

【太乙爐】　道家炼丹之炉。褚载《赠道士》：“惟教鹤探丹丘信，不使人窥太乙炉。

【太上】　❶犹太古，上古。见《礼记·曲礼上》。张说《东都酺宴四首》序：“太上功德不宰。夏后命子之初，皇帝孝理无为，汉祖事亲之日，生尧舜于天属，见文武于同时。”❷道教最高尊之神的名前常冠以“太上”二字，以示尊敬。《郊庙歌辞·太清宫乐章·第二奏》：“百灵朝太上，万法祖重圆。”顾云《华清词》：“太上符箓龙蛇踪，散花天女侍香童。”

【太上皇】　皇帝父亲的尊号。见《史记·秦始皇本纪》。后特指把皇位让给太子而自己退位的皇帝。刘禹锡《华清词》：“言昔太上皇，常居此祈年。”

【太上道君】　即太上老君，道家尊老子为始祖，因尊称之。卢仝《忆金鹅山沈山人二首》之二：“太上道君莲花台，九门隔阔安在哉。”

【太上隱者】　隐士。姓名未详。《全唐诗》卷七八四录其诗《答人》一首。

【太山】　即泰山。李邕《登历下古城员外孙新亭》：“太山雄地理，巨壑眇云庄。”韩愈《调张籍》：“流落人间者，太山一毫芒。”李商隐《今月二日不自量度辄以诗一首四十韵干渎尊严辄复五言四十韵诗献上亦诗人咏叹不足之义也》：“含霜太山竹，拂雾峄阳桐。”贯休《寄大愿和尚》：“道朗居太山，达磨住熊耳。”

【太山稽】　相传为黄帝师。见《淮南子·览冥训》。李白《相和歌辞·君道曲》：“轩后爪牙常先太山稽，如心之使臂。”

【太子】　❶古代嗣君的称号，为皇帝选定并册立的预定继承君位之人。一般为嫡长子，但亦有例外，此称始于周时之天子及诸侯嫡长子，但其初尚不甚严，列国称王，子亦称太子，战国时各国都有此称。自汉至宋，一般只有立为嗣君的嫡子才能称为太子。郭震《同徐员外除太子舍人寓直之作》："太子擅元良，宫臣命伟长。"杜甫《八哀诗·赠司空王公思礼》："太子入朔方，至尊狩梁益。"白居易《和答诗十首·答四皓庙》："先生道既光，太子礼甚卑。"周昙《咏史诗·春秋战国门·田子方》："太子无嫌礼乐亏，愿听贫富与安危。"❷指李治。见《旧唐书·高宗纪》。韩王元嘉有《奉和同太子监守违恋》。薛元超有《奉和同太子监守违恋》，题下注："高宗在东宫时，元超为舍人。唐太宗征高丽，元超、韩王元嘉同太子监守，赋违恋诗。"❸指李显。永隆元年(680)，章怀太子废，显立为皇太子。见《旧唐书·唐中宗纪》。高宗有《太子纳妃太平公主出降》。

【太子太師】　辅导太子之官，与太子太傅、太子太保合称三师。据《大戴礼记》，师传授知识，傅监督其行为。保照管其身体。西晋设太子太师、太傅、太保；太子少师、少傅、少保，称三师、三少。唐制，东宫置太子太师、太傅、太保各一人，均从一品。职掌辅导皇太子。地位甚崇。每见，太子迎拜殿门，三师答拜，每门必让，三师坐，太子乃坐。太子与三师书。前名"惶恐"，后名"惶恐再拜"。太子出则乘辂备仪以从。王维有《故太子太师徐公挽歌四首》。

【太子少傅】　(少 shào)东宫官名。唐制东宫少师、少傅、少保各一人，从二品。掌晓三师德行，以喻皇太子，奉太子以观三师之道德。唐玄宗有《左丞相说右丞相璟太子少傅乾曜同日上官命宴东堂赐诗》。白居易《三月三日祓禊洛滨》序："令公明日，召太子少傅白居易……等一十五人合宴于舟中。"又《香山居士写真诗》序："会昌二年，罢太子少傅，为白衣居士，又写真于香山寺藏经堂。"

【太子池】　在三国吴都城建业(今南京市)。吴主孙权子和所穿，故称。温庭筠《雍台歌》："太子池南楼百尺，入窗新树疏帘隔。"曾益等笺注引徐爰《释问》注："西明内有太子池，孙权子和所穿，有土山台，晋帝在储宫所筑，故俗称太子池。"

【太子舍人】　东宫官名。唐制，太子右春坊置太子舍人四员，正六品上，掌行书令、表启。阎朝隐《鹦鹉猫儿篇》序："臣叨践太子舍人，朝暮侍从，预见其事。"

【太子笙】　即仙人王子乔所吹之笙。王子乔，传为周灵王太子，故称。见《列仙传》卷上。陆龟蒙《江南秋怀寄华阳山人》："丝曳灵妃瑟，金涵太子笙。"

【太子詹事】　东宫官名。唐制，詹事府置太子詹事一人，正三品。掌统三寺、十率府之政，少詹事为之贰。李白有《张相公出镇荆州寻除太子詹事赠余诗余答以此诗》。

【太子賓客】　东宫官名。唐制，东宫置太子宾客四人，正三品，贞观十八年(644)，以宰相兼宾客。开元中，定员四人，掌侍从规谏，赞相礼仪。白居易《三月三日祓禊洛滨》序："令公明日，召太子少傅白居易、太子宾客萧籍、李仍叔、刘禹锡……等一十五人，合宴于舟中。"又《池上篇》序："太和三年夏，乐天始得请为太子宾客，分秩于洛下，息躬于池上。"

【太夫人】　对官员之母的尊称。骆宾王《夏日游德州赠高四》序："而太夫人在堂，义须捧檄，因仰长安而就日，赴帝乡以望云。"岑参有《送李明府赴睦州便拜觐太夫人》。杜甫《送李校书二十六韵》："何时太夫人，堂上会亲戚。"

【太元】　太元，东晋孝武帝年号。《桃花源记》首句即为"晋太元中"。金行，五行家说，晋为金德，五行属金，故以金行为晋王朝之代称。刘禹锡《游桃源一百韵》："金行太元岁，渔者偶探赜。"

【太元經】　即《太玄经》。汉扬雄撰。晋范望注。今本十卷。书仿《周易》，分八十一首，以拟六十四卦。曹崧《赠陈先生》："读太元经秋醮罢，注参同契夜灯微。"

【太公】　❶同"太公望"。孟浩然《冬至后过吴张二子檀溪别业》："闲垂太公钓，兴发子猷船。"李白《留别于十一兄逖裴十三游塞垣》："太公渭川水，李斯上蔡门。"皎然《奉和颜鲁公真卿落玄真子舴艋舟歌》："太公取璜我不取，龙伯钓鳌我不钓。"白居易《秦中吟十首·立碑》："铭勋悉太公，叙德皆仲尼。"❷汉高祖刘邦之父。周昙《咏史诗·前汉门·高祖》："太公悬命临刀几，忍取杯羹欲为谁。"

【太公望】　即吕尚。姓姜名子牙。东海上人，年老，以渔钓于周文王。文王猎，遇之于渭阳，与语，大悦，曰："吾先君太公曰'当有圣人适周，周以兴'。子真是邪？吾太公望子久矣。"故号之曰"太公望"。立为师，武王即位，尊为师尚父，劝武王伐商，平天下，封于营丘。事迹见《史记·齐太公世家》。贾至《自蜀奉册命往朔方途中呈韦左相文部房尚书门下崔侍郎》："岂惟太公望，往昔逢周文"。

【太公籌】　《隋书·经籍三》著录《太公六韬》五卷。分文、武、龙、虎、豹、犬六韬，记周文王和武王问太公兵战之事。汉人伪托吕尚所著。因书中有《豹韬》，故作为咏豹之典。李峤《豹》："还将君子变，来蕴太公筹。"

【太玉】　大玉。《郊庙歌辞·明皇祀圜丘乐章·肃和》："太玉躬奉，参钟首奠。"

【太古】　远古，上古。指唐、虞以前历史时期。李白《古风》之三十："玄风变太古，道丧无时还。"杜甫

《后苦寒行二首》之一："南纪巫庐瘴不绝，太古以来无尺雪。"李中《听郑羽人弹琴》："因感浮华世，谁怜太古情。"

【太平】 ❶指天下形势安定和平。孟浩然《长安早春》："咸歌太平日，共乐建寅春。"顾况《酬柳相公》："天下如今已太平，相公何事唤狂生。"韩愈《归彭城》："天下兵又动，太平竟何时。"唐彦谦《金陵怀古》："太平时节殊风景，山自青青水自流。"❷即太平公主。《斜封官语》："太平用事，正不如邪。"

【太平人】 太平盛世之民。高适《九曲词三首》之二："到处尽逢欢洽事，相看总是太平人。"杜甫《中夜》："胡雏负恩泽，嗟尔太平人。"杨乘《建邺怀古》："见此即须知帝力，生来便作太平人。"

【太平天子】 指能治国平天下之天子。花蕊夫人徐氏《宫词》之一："三十六宫连内苑，太平天子住昆山。"

【太平世】 社会安宁昌盛的时代。鲍溶《寄宋申锡评事时从李少师移军回归》："心期共贺太平世，去去故乡亲食薇。"皮日休《正乐府十篇·路臣恨》："如何太平世，动步却途穷。"

【太平日】 社会安宁昌盛的年月。张子容《长安早春》："咸歌太平日，共乐建寅春。"秦韬玉《寄怀》："若使重生太平日，也应回首哭途穷。"

【太平公主】 (？—713)高宗小女，武则天所生。事迹见新旧《唐书》本传。李峤、苏颋皆有《奉和初春幸太平公主南庄应制》。

【太平曲】 (曲 qǔ)歌颂太平盛世的歌曲。李洞《绣岭宫词》："绣岭宫前鹤发翁，犹唱开元太平曲。"徐铉《又听霓裳羽衣曲送陈君》："此是开元太平曲，莫教偏作别离声。"

【太平年】 社会安宁昌盛的年代。顾况《听刘安唱歌》："子夜新声何处传，悲翁更忆太平年。"杨巨源《春日奉献圣寿无疆词十首》之二："无究艳阳月，长照太平年。"温庭筠《长安春晚二首》之二："四方无事太平年，万象鲜明禁火前。"刘兼《初至郡界》："锦字莫嫌归路远，华夷一统太平年。"

【太平坊】 唐京城长安(今陕西西安)坊里名。含光门西南，延寿坊东。子兰有《太平坊寻裴郎中故宅》。

【太平基】 ❶建筑物的牢固安全的基柱。皮日休《虎丘寺殿前有古杉一本遂赋三百言以见志》："他年如入用，直构太平基。"❷社会安宁昌盛的基础。韦庄《长年》："大盗不将炉冶去，有心重筑太平基。"贯休《读玄宗幸蜀记》："因知纳谏诤，始是太平基。"

【太平颂】 歌颂太平盛世的诗文。皮日休《七爱诗·李太尉晟》："愿以太平颂，题向甘泉春。"

【太平樂】 (樂 yuè)唐教坊舞曲。《乐府诗集》入《杂曲歌辞》。唐中宗景龙以前人作。咏调名本意。五言，四句，二十字，二平韵。传辞如五绝，首句多以仄起，前二句对。白居易、王涯、张仲素均有此作。

【太平萬歲字】 乐舞名。即《对寿乐》舞。武后所作。见《旧唐书·音乐志》。王建《宫词一百首》之十七："每遍舞时分两向，太平万岁字当中。"

【太平管】 吹奏的乐器。李贺《申胡子觱篥歌》："谁截太平管，列点排空星。"

【太平興龍寺】 (興 xīng)在今江西庐山。本晋东林寺。晋武帝太和十年建。唐更此名，最为庐山之古刹。寺有慧远袈裟。有刘孝标、孟浩然、李白、崔融、钱起、裴休、皇甫冉、杜荀鹤、白居易等题诗。

【太甲】 ❶星名。即太乙。杜甫《大历三年春将适江陵漂泊有诗四十韵》："五云高太甲，六月旷抟扶。"❷商王名。汤嫡长孙，太丁之子。事迹见《史记·殷本纪》。一说，伊尹放太甲于桐而自立，太甲潜出，杀伊尹。见晋杜预《春秋经传集解后序》引《竹书纪年》。来鹄《圣政纪颂》："伊尹直心，太甲须圣。"

【太史】 官名。西周和春秋时太常史掌管起草文书，策命诸卿大夫，记载史实，编写史书，兼管国史令，汉属太常，掌天时星历，魏晋以后，修史之职归著作郎，太史仅掌天文历法，隋改称太子监。唐改为太史局，肃宗时又改为司天台，五代时沿置。储光羲《送丘健至州敕放作时任下邽县》："太史登观台，天街耀旄头。"杜甫《阆州奉送二十四舅使自京赴任青城》："闻道王乔舄，名因太史传。"白居易《新乐府·司天台》："是时非无太史官，眼见心知不敢言。"李山甫《司天台》："太史只知频奏瑞，苍生无计可防灾。"亦指史书。无可《和宾客相国咏雪诗》："垂休编太史，呈瑞表中台。"

【太史公】 即汉司马迁。迁父谈为太史公，迁继之。杜甫《敬简王明府》："叶县郎官宰，周南太史公。"吴筠《览古十四首》之十一："吾观太史公，可谓识道规。"

【太史氏】 史官。权德舆《唐开州文编远寄新赋聊书还答》："君为太史氏，弱质羁楚乡。"

【太史書】 即《史记》。司马迁所撰《史记》原称《太史公书》。王维《和尹谏议史馆山池》："洞有仙人箓，山藏太史书。"赵嘏《江亭晚望》："无愁自得仙翁术，多病能忘太史书。"

【太史慈】 (166—206)字子义。汉东策黄(今山东黄县)人。事迹见《三国志·吴志》本传。孙元晏有《吴·太史慈》。

【太丘】 ❶即汉陈寔。寔曾任太丘长，世称"陈太丘"。董思恭《咏星》："方知颍川集，别有太丘门。"

储光羲《敬酬陈掾亲家翁秋夜有赠》："仲举登宰辅，太丘荣缙绅。"李端《下第上薛侍郎》："终惭太丘道，不为小生私。"❷据传陈寔率子元方、季方、孙长文造访荀淑父子时，曾出现"德星聚"的天象。见《世说新语·德行》刘孝标注引檀道鸾《续晋阳秋》。后用作咏星之典。董思恭《咏星》："方知颍川集，别有太丘门。"

【太丘道】　太丘，东汉名士陈寔，字仲躬，曾任太丘长。人称"陈太丘"。见《后汉书·许劭传》。后用作称颂广结高朋之典。李端《下第上薛侍郎》："终惭太丘道，不为小生私。"

【太白】　❶星名。即太白星。张易之《出塞》："将军占太白，小妇怨流黄。"李白《相和歌辞·胡无人行》："云龙风虎尽交回，太白入月敌可摧。"韩愈《东方半明》："东方半明大星没，独有太白配残月。"杨夔《送张相公出征》："儒德尼丘降，兵钤太白传。"❷旗名。见《逸周书·克殷》。刘禹锡《平蔡州三首》之一："狂童面缚登槛车，太白夭矫垂捷书。"❸山名。即太白山。李白《蜀道难》："西当太白有鸟道，可以横绝峨眉巅。"岑参《冬夜宿仙游寺南凉堂呈谦道人》："太乙连太白，两山知几重。"杜牧《长安杂题长句六首》之五："洪河清渭天池浚，太白终南地轴横。"林宽《送僧游太白峰》："云深游太白，莫惜遍探奇。"

【太白】　即李白。白字太白。崔成甫《赠李十二白》："天外常求太白老，金陵捉得酒仙人。"钱珝《江行无题一百首》之八七："笔端降太白，才大语终奇。"

【太白山】　在今陕西眉县东南。为秦岭秀峰，高矗入云。山顶高寒不生草木，常有积雪不消，盛夏视之犹灿然，故名。顾非熊《寄太白无能禅师》："太白山中寺，师居最上方。"无可有《送清散游太白山》。韦庄《闻再幸梁洋》："遥思万里行宫梦，太白山前月欲低。"贾岛《送僧归太白山》："坚冰连夏处，太白接青天。"

【太白山玄士】　道士。姓名未详。《全唐诗》卷八六二录其诗《画地吟》一首。

【太白星】　即金星，早晨出现于东方称启明，晚上出现于西方称长庚。星象家以为太白星主杀伐，故多以喻兵戍。徐九皋《送部四镇人往单于别知故》："马饮长城水，军占太白星。"鲍溶《淮南卧病因抒长名》："太白星前龙虎符，元臣出将顺天诛。"陈陶《古镜篇》："野老曾耕太白星，神狐夜哭秋天片。"

【太白食昴】　用作精诚感天之典。见《汉书·邹阳传》。李白《南奔书怀》："太白夜食昴，长虹日中贯。"

【太白峰】　即太白山。李白《登太白峰》："西上太白峰，夕阳穷登攀。"白居易《送王十八归山寄题仙游寺》："曾于太白峰前住，数到仙游寺里来。"李频《送薛能少府任盩厔》："相送昆明岸，同看太白峰。"林宽有《送僧游太白峰》。

【太白窟】　指太白山之山谷。杜甫《悲青坂》："我军青坂在东门，天寒饮马太白窟。"

【太白樓】　楼名，在今武汉汉阳。李白尝饮于此。李群玉有《汉阳太白楼》。

【太主】　皇帝姑母之称号。见《汉书·东方朔传》。李迥秀《奉和幸安乐公主山庄应制》："诘旦重门闻警跸，传言太主奏山林。"

【太玄】　书名。汉扬雄撰。见《汉书·扬雄传下》。书仿《周易》，分八十一首，以拟六十四卦。李白《古风》之四六："独有扬执戟，闭关草太玄。"韩愈《送灵师》："古气参象系，高标摧太玄。"陆龟蒙《寄友人》："敬亭寒夜溪声里，同听先生讲太玄。"皮日休《苦雨杂言寄鲁望》："两床茄席一素几，仰卧高声吟太玄。"

【太玄書】　书名。即《太玄经》。汉扬雄撰。李群玉《感兴四首》之一："子云吞白凤，遂吐太玄书。"参见"太玄"。

【太玄經】　书名。汉扬雄撰。李白《杂曲歌辞·侠客行》："谁能书阁下，白首太玄经。"司空曙《和耿拾遗元日观早朝》："自怜扬子贱，归草太玄经。"储嗣宗《和茅山高拾遗忆山中杂题五首·小楼》："空忆去年春雨后，燕泥时污太玄经。"参见"太玄"。

【太半】　大半，多半。独孤及《初晴抱琴登马退山对酒望远醉后作》："人生几何时，太半百忧煎。"白居易《代梦得吟》："后来变化三分贵，同辈凋零太半无。"又《慕巢尚书以诗相报因而和之》："富贵大都多老大，欢娱太半为亲宾。"

【太后】　帝王之母。杜甫《寄刘峡州伯华使君四十韵》："太后当朝肃，多才接迹升。"

【太行】　（—háng）❶山名。在今山西、河北、河南三省交界处。王维《偶然作六首》之三："日夕见太行，沉吟未能去。"孟郊《出门行》之二："驱车旧忆太行险，始知游子悲故乡。"白居易《和梦游春诗一百韵》："车摧太行路，剑落酆城狱。"于渍《赠太行开路者》："手劚太行山，心齐太行巅。"❷太行山山高路险，故用以借指人心险恶难测。李白《拟古十二首》之七："世路今太行，回车竟何托。"刘禹锡《萋兮吟》："勿谓行大道，斯须成太行。"孟郊《赠别崔纯亮》："小人智虑险，平地生太行。"

【太行山】　（行 háng）在今山西、河北、河南三省交界处，自东北向西延伸，北起拒马河谷，南至晋豫边境黄河沿岸。西缓东陡，受河流切割，多河谷，为东西交通孔道。张九龄有《奉和圣制早登太行山率尔言志》。王昌龄《悲哉行》："北上太行山，临风阅吹万。"刘禹锡《墙阴歌》："君看眼前光阴促，中心莫学太行山。"韦庄《天井关》："太行山上云深处，谁向云中筑女墙。”

【太行關】 (行 háng)亦名天井关。在今山西晋城市南。刘沧《送元叙上人归上党》:“太行关路战尘收,白日思乡别沃州。”

【太忙生】 非常忙碌。罗隐《晚眺》:“云向岭头闲不彻,水流溪里太忙生。”参见“太瘦生”。

【太守】 官名,秦设郡守,主管一郡政务。汉景帝时更名为太守,为一郡之最高行政长官。历代沿置不改。隋炀帝及唐玄宗时曾两度改州为郡,改刺史为太守,旋均复旧。此后太守已非正式官名,用为知府、知州的别称。储光羲《同诸公送李云南伐蛮》:“冢宰统元戎,太守齿军行。”杜甫《石犀行》:“君不见秦时蜀太守,刻石立作三犀牛。”杜牧《歙州卢中丞见惠名酝》:“谁怜贱子启穷途,太守封来酒一壶。”曹邺《和潘安仁金谷集》:“太守龙为马,将军金作车。”

【太守李公】 李少康。少康曾官睢阳郡太守。见独孤及《唐故睢阳太守赠秘书监李公(少康)神道碑铭》(《全唐文》卷三九〇)。高适《宓公琴台诗三首》序:“首章怀宓公之德,千祀不朽,次章美太守李公,能嗣子贱之政,再造琴台。”

【太妃】 尊称诸王之母。花蕊夫人徐氏《宫词》之一一三:“缘是太妃新进人,座前颁赐小罗箱。”

【太折】 (—zhé)亦作“泰折”。古代封土为坛进行祭地的处所。见《礼记·祭法》。元稹《谕宝二首》之二:“璧充传国玺,圭用祈太折。”

【太伯】 春秋周太王嫡子,季历之兄。太王欲立季历及其子昌,于是辞行采药,奔荆蛮,文身断发,示不可用,以避季历。自号句吴,武王追封为吴伯,故称吴太伯。事迹见《史记·吴太伯世家》。吴筠《高士咏·太伯延陵》:“太伯全至让,远投蛮夷间。”刘禹锡《和浙西李大夫晚下北固山并浙东元相公所和依本韵》:“风俗太伯余,衣冠永嘉后。”

【太冲】 即晋左思。思字太冲。宋之问《范阳王挽词二首》之一:“洛阳今纸贵,犹写太冲词。”

【太牢】 ❶指牛、羊、豕三牲。见《庄子·至乐》。李德裕《寒食日三殿侍宴奉进诗一首》:“焕若游玄圃,欢如享太牢。”皮日休《吴中苦雨因书一百韵寄鲁望》:“似馁见太牢,如迷遇华烛。”陆龟蒙《袭美先辈以龟蒙所献五百言既蒙见和复示荣唱再抒鄙怀用伸酬谢》:“况将太牢味,见啖逋悬饥。”❷对唐牛僧孺的辱称。因《大戴礼记·曾子天圆》有“牛曰太牢”语,故称。《京师人号牛杨语》:“牛僧孺与杨虞卿兄弟驱驾轻薄,有不附己者,潜被疮痏。京师为之语云:‘太牢笔,少牢口,东西南北何处走。’”原注:“太牢,僧孺;少年,虞卿也。”

【太社】 古代帝王为百姓祈福报功而设立的祭祀土神、谷神的场所。梁宝《与赵神德互嘲》:“磨公小拇指,涂得太社北。”

【太初】 指太古时期。张说《奉和圣制经河上公庙应制》:“化将和气一,风与太初邻。”皇甫冉《和郑少尹祭中岳寺北访萧居士越上方》:“寂静求无相,淳和睹太初。”吴筠《游仙二十四首》之二四:“返视太初先,与道冥至一。”

【太君】 女仙。李商隐《燕台四首·夏》:“安得薄雾起缃裙,手接云軿呼太君。”

【太武】 即北魏太武帝拓跋焘。王毂《后魏行》:“力微皇帝谤天嗣,太武凶残人所畏。”周昙《咏史诗·六朝门·后魏武帝》:“太武南征似卷蓬,徐阳兖蔡杀皆空。”

【太叔】 指晋太叔广,东平(今属山东)人。为博士,善辩。见《晋书·挚虞传》。李瀚《蒙求》:“太叔辨洽,挚仲辞翰。”

【太昊】 见“太皞”。

【太易】 ❶指原始混沌之状态。语出《列子·天瑞》。李白《草创大还赠柳官迪》:“天地为橐籥,周流行太易。”又《古风》之十三:“观变穷太易,探元化群生。”李咸用《依韵修睦上人山居十首》之九:“太玄太易小窗明,古义寻来醉复醒。”❷人名。公安(今属湖北人)。曾住庐山寺,大历、贞元间人。与杜甫、司空曙有交往。杜甫有《留别公安太易沙门》。司空曙有《送太易上人赴东洛》。事迹略见《唐才子传》卷三。《全唐诗》卷八一〇作大易,录其诗二首。《全唐诗补逸》卷十八录其诗一首。

【太易上人】 见“太易❷”。

【太易沙門】 见“太易❷”。

【太和】 (—hé)❶谓天地间冲和之气。见《易·乾》。元稹《竞渡》:“数极斗心息,太和蒸混元。”卢仝《赠金鹅山人沈师鲁》:“人皆食谷与五味,独食太和阴阳气。”司空图《诗品二十四则·冲淡》:“饮之太和,独鹤与飞。”❷人的平和冲淡的精神状态。刘长卿《同姜濬题裴式微余干东斋》:“藜杖全吾道,榴花养太和。”刘禹锡《吴方之见示独酌小醉辄呈滥吹益美来章》:“闲门共寂任张罗,静室同虚养太和。”❸太平。殷尧藩《金陵怀古》:“华夷混一归真主,端拱无为乐太和。”❹乐名。(1)魏鼓吹曲名。见《晋书·乐志下》。唐人有仿作。《乐府诗集》归入近代曲辞。《全唐诗·杂曲歌辞》有《太和》五首。(2)雅乐名。见唐段安节《乐府杂录·雅乐部》。《郊庙歌辞》之《祀圜丘乐章》《唐中宗祀昊天乐章》《明皇祀圜丘乐章》《封泰山乐章》《祀九宫贵神乐乐》均有《太和》。❺唐文宗李昂年号。大和(827—835)唐诗中往往讹为“太和”。元稹《酬白乐天杏花园》:“算得贞元旧朝士,几人同见太和春。”白居易《池上篇》序："太和三年夏，乐天始得请为太子宾客，分秩于洛下，息躬于池上。"又《饱食闲坐》："是岁太和八，兵销时渐康。"杜牧《大雨行》："太和六年亦如此，我时壮气神洋洋。"❻城名。即云南大理县太和村。唐开元二十七年(739)南诏王皮罗阁徙都于此。刘湾《云南曲》："白门太和城，来往一万里。"

【太和公主】 宪宗之女，穆宗第十妹。长庆元年(821)封太和公主。事迹见《新唐书》本传。杨巨源有《送太和公主和蕃》。许浑有《破北虏太和公主归宫阙》。

【太府】 官名。《周礼·天官》有太府，掌府藏会计。秦汉并其职于司农少府。南朝梁与北魏始复置太府卿，掌库藏财物。北齐称太府寺，北周有太府中大夫，掌贡赋货财。隋炀帝又分太府寺置少府监。唐龙朔曾改太府为外府，光宅又改为司府，神龙复旧称。为九寺之一。韦应物《登高望洛城作》："熙熙居守化，泛泛太府恩。"权德舆有《从叔将军宅蔷薇花开太府韦卿有题壁长句因以和作》。姚合《寄杨工部闻毗陵舍弟自罨溪入茶山》："芳贻千里外，怡怡太府吟。"

【太府丞】 官名，太府寺属官。唐太府寺置丞四人，从六品上，掌判寺事。张九龄有《尝与大理丞袁公太府丞田公偶诣一所遂赋诗焉以咏其事》。

【太府韦卿】 韦渠牟。曾官太府卿。见《旧唐书·卢纶传》。权德舆有《从叔将军宅蔷薇花开太府韦卿有题壁长句因以和作》。

【太宗】 即李世民。杜甫《北征》："煌煌太宗业，树立甚宏达。"白居易《新乐府·七德舞》："太宗十八举义兵，白旄黄钺定两京。"贯休《送王毂及第后归江西》："太宗罗俊彦，桂玉比光辉。"亦称"太宗皇帝"。无名氏《画墁录》："太宗皇帝真长策，赚得英雄尽白头。"

【太宗皇帝】 见"太宗"。

【太官】 官名。秦有太官令、丞，属少府。两汉因之，掌王之膳食及燕享之事。北魏时太官掌百官之馔，属光禄卿。唐太官署属光禄寺。置令二人，丞四人。太官令掌供膳食之事。王维《送李睢阳》："天子当殿俨衣裳，大官尚食陈羽觞。"

【太空】 (—kōng)❶天空。储光羲《登秦岭作时陷贼归国》："僮仆履云雾，随我行太空。"李正封《禅门寺暮钟》："游人忆到嵩山夜，叠阁连楼满太空。"僧鸾《赠李粲秀才》："高若太空露云物，片白激青皆仿佛。"❷天地间；宇宙。韦应物《咏声》："万物自生听，太空恒寂寥。"杨衡《登紫霄峰赠黄仙师》："焚香杳忘言，默念合太空。"司空图《诗品二十四则·雄浑》："具备万物，横绝太空。"

【太穹】 天空，天。吴越王钱镠《青史楼引宾从同登》："洪涛日日来沧海，碧嶂联联倚太穹。"

【太始雪】 指多年不化之积雪。杜甫《铁堂峡》："修纤无垠竹，嵌空太始雪。"

【太阿】 (—ē)❶剑名。骆宾王《杂曲歌辞·从军行路难二首》之一："向月弯繁弱，连星转太阿。"钱起《秋霖曲》："焉得太阿决屏翳，还令率土见朝曦。"❷指商伊尹。伊尹辅太甲为阿衡，故称。黄滔《赠旌德吕明府》："渥洼步数太阿姿，争遣王侯不奉知。"

【太阿匣】 (阿 ē)剑匣。太阿，宝剑名。张九龄《赠澧阳韦明府》："谁开太阿匣，持割武城鸡。"参见"太阿劍"。

【太阿劍】 (阿 ē)古宝剑名。传为春秋时欧冶子、干将所铸。见《史记·李斯列传》。钱起《送屈突司马充安西书记》："遥知太阿剑，计日斩鲸鱼。"

【太保】 ❶太子太保之省称。三师之一。岑参《奉送李太保兼御史大夫充渭北节度使》："上公周太保，副相汉司空。"❷古三师之一，位次于太傅。置于西周，春秋后废。秦无此官。汉平帝元始元年复置太保。东汉废，西晋初复置，与太傅同执朝政，共当宰相之任。后代沿置，多为重臣加衔，以示恩宠，并无实职。吴融有《太保中书令军前新楼》。徐夤有《贺清源太保王延彬》。

【太保岐公】 杜佑，佑封岐国公，以太保致仕，见《旧唐书·宪宗纪下》。窦常有《奉贺太保岐公承恩致政》。

【太皇】 即太上皇。贾至《自蜀奉册命往朔方途中皇韦左相文部房尚书门下崔侍郎》："太皇时内禅，神器付嗣君。"韩愈《永贞行》："君不见太皇谅阴未出令，小人乘时偷国柄。"

【太音】 幽微之声。殷尧藩《寄太仆田卿二首》之一："一阳才动伏群阴，万物于令寓太音。"

【太室】 山名。即嵩山。在今河南登封县北。宋之问《使至嵩山赠杜侯杜四》："洛桥瞻太室，期子在云烟。"皇甫冉《杂言无锡惠山寺流泉歌》："宛如太室临九潭，讵减天台望三井。"欧阳詹《咏德上韦检察》："少华类太华，太室似少室。"杜光庭《山居三首》之二："冥心栖太室，散发浸流泉。"

【太祖】 指三国魏太祖武帝曹操。张祜《和岳州徐员外云梦新亭二十韵》："缚将高皇策，烧舡太祖羞。"

【太祝】 官名，相传殷置太祝，为六太之一。《周礼·春官》有太祝，掌祝辞祈祷。秦汉有太祝令丞。隋唐以后均置此官。为太常属官。唐太常寺置太祝六人，正九品上。掌出纳社主于太庙之九室及有关祭礼祈祷之事。綦毋潜有《冬夜寓居寄储太祝》。元稹《见人咏韩舍人新律诗因有戏赠》："殷勤闲太祝，好去老通川。”姚合《赠张籍太祝》:“圣朝文物盛,太祝独低眉。”方干有《送郭太祝归江东》。

【太祠】 太灵祠。祭祀太一天神之祠庙。元结《演兴四首·初祀》:“山之乳兮葺太祠,木孙为桷兮木母榱。”

【太素】 ❶古谓最原始之物质。见《列子·天瑞》。王维《赠东岳焦炼师》:“自有还丹术,时论太素初。”李白《送于十八应四子举落第还嵩山》:“归根复太素,群动熙元和。”李咸用《大雪歌》:“应是羲和倦晓昏,暂反元元归太素。”❷天地。储光羲《贻王侍御出台掾丹阳》:“深沉复清净,偃仰视太素。”顾况《相国晋公挽歌二首》之一:“中和方作圣,太素忽收神。”❸谓太素三元山。李白《古风》之四一:“呼我游太素,玉杯赐琼浆。”

【太荒】 即大荒。荒远之地。薛能《将赴镇过太康县有题》:“时人欲识征东将,看取欃枪落太荒。”

【太原】 地名。秦置太原郡,治所在晋阳(今山西太原市西南),辖今山西中部地区,隋改晋阳县为太原县,唐改太原郡为太原府。治所在太原县(今山西太原市)。崔湜《大漠行》:“科斗连营太原道,鱼丽合阵武威川。”岑参《送宇文南金放后归太原寓居因呈太原郝主簿》:“为问太原贤主人,春来更有新诗否。”白居易《新乐府·红线毯》:“太原毯涩毳缕硬,蜀都褥薄锦花冷。”徐铉《酬郭先辈》:“太原郭夫子,行高文炳蔚。”

【太原公】 指王茂元。王氏郡望太原,故称。李商隐《奉和太原公送前杨秀才戴兼招杨正字戎》。

【太原妓】 太原节度使乐妓。贞元八年(792),欧阳詹进士及第,游太原。二人相悦,情甚相得。及返,詹与之盟曰:“至都,当相迎耳。”赠诗洒泪而别,妓思之不已,经年得疾而卒。临终截发于匣,又赠诗一首于詹。詹启匣,又见诗,一恸而卒,时当贞元末,元和初。事见《太平广记》卷二七四引唐黄璞《闽川名士传》。《全唐诗》卷八〇二录其诗一首。

【太原學士】 指宋王古。太原为王之郡望,古曾为学士。钟离权有《诗寄太原学士》。按,诗为宋人依托。

【太真】 ❶即晋温峤。峤字太真。李瀚《蒙求》:“太真玉台,武子金埒。”❷仙女。西王母之女。见《云笈七签》卷九八。杨嗣复《赠毛仙翁》:“令威子晋皆俦侣,东岳同寻太真女。”❸即唐玄宗贵妃杨玉环。玉环道号太真。见《旧唐书·后妃上·唐玄宗杨贵妃传》。李益《过马嵬二首》之一:“太真血染马蹄尽,朱阁影随天际空。”白居易《新乐府·胡旋女》:“中有太真外禄山,二人最道能胡旋。”张祜《连昌宫》:“玄宗上马太真去,红树满园香自销。”张蠙《青冢》:“太真虽是承恩死,只作飞尘向马嵬。”❸刘太真,萧颖士弟子。萧颖士《江有归舟三章》序:“孔圣称颜子,有视余犹父叹,其至欤!今吾于太真也然乎尔。”

【太真元昆】 刘太真长兄刘太冲。萧颖士《江有归舟三章》序:“而太真元昆,前已甲科,未始间岁,翩其连举,谓予不信,岂其然乎!”

【太真妃】 即唐玄宗贵妃杨玉环。贵妃道号太真。张保胤《又留别同院》:“鹘子背钻高力士,婵娟翻画太真妃。”

【太息】 长叹,深深地叹息。戴叔伦《过贾谊旧居》:“过客不须频太息,咸阳宫殿亦凄凉。”卢仝《感古四首》之二:“抱剑长太息,泪堕秋风前。”李群玉《秋怨》:“岁暮空太息,年华逐遗踪。”

【太師】 ❶指太子太师。岑参《送魏四落第还乡》:“魏侯池馆今尚在,犹有太师歌舞台。”❷西周始置,原为军队的最高统帅。春秋时晋楚等国沿置,为辅弼国君之官。秦废。西汉复置,位于太傅之上。历代相沿以太师、太傅、太保为“三公”,唐为三师。多为重臣加衔,以示恩宠,并无实际职务。历代均以太师为最高荣典。晋避司马师讳,改太师为太宰。其后历代仍称为太师。太师多作勋臣死后之赠官。孙逖有《故右丞相赠太师燕文贞公挽词二首》。权德舆有《故太尉兼中书令赠太师西平王挽词》。白居易《新乐府·青石》:“愿为颜氏段氏碑,雕镂太尉与太师。”

【太倉】 京师储谷之大仓。李颀《送司农崔丞》:“维监太仓粟,常对府小史。”杜甫《伤春五首》之五:“难分太仓粟,竟弃鲁阳戈。”王建《水运行》:“坏舟畏鼠复畏漏,恐向太仓折升斗。”刘驾《空城雀》:“饥啄空城土,莫近太仓粟。”

【太倉稊米】 大谷仓中一粒小米,喻极渺小,语出《庄子·秋水》。白居易《和答诗十首·和思归乐》:“太仓一稊米,大海一浮萍。”又《无可奈何歌》:“嗟吾生之几何,寄瞬息乎其中。又如太仓之稊米,委一粒于万钟。”

【太宰】 官名。相传殷置此官,周名冢宰,为天官之长,佐天子以治国。春秋时列国多称太宰。吴伯嚭以功升太宰,史称太宰嚭。秦汉魏不设,隋、唐亦无此官。张祜《吴中怀古十六韵》:“旧战储宫尽,新加太宰诛。”

【太常】 ❶指太常寺。岑参《东归留题太常徐卿草堂》。卢纶有《送太常李主簿归觐省》。刘禹锡《送王司马之陕州》:“暂辍清斋出太常,空携诗卷赴甘棠。”严巨川《仲秋太常寺观公卿辂车拜陵》:“卤簿辞丹阙,威仪列太常。”参见“太常寺”。❷谓太常卿或太常少卿。岑参《东归留题太常徐卿草堂》:“不谢古名将,吾知徐太常。”杜甫《荆南兵马使太常卿赵公大食刀歌》："太常楼船声嗷嘈，问兵刮寇趋下牢。"权德舆有《酬张秘监阁老喜太常中书二阁老与德舆同日迁官相代之作》。李贺《送秦光禄北征》："太常犹旧宠，光禄是新隮。"参见"太常卿"和"太常少卿"。

【太常十二兄】 武少仪，行十二，官太常少卿，武元衡从兄。武元衡有《酬太常从兄留别》，一作《送太常十二兄罢册南诏却赴上都》。

【太常三卿】 唐太常寺置卿一员，正三品；少卿二员，正四品。合称"太常三卿"。白居易《新乐府·立部伎》："工师愚贱安足云，太常三卿尔何人。"

【太常少卿】 （少 shào）官名。太常寺属官。隋置少卿二人，从四品，唐武德置一人。贞观加置一人，正四品。贾岛有《贺庞少尹除太常少卿》。李山甫有《寄太常王少卿》。

【太常主簿】 官名。太常寺属官。唐太常寺置主簿二人，从七品上。负责掌印、勾检稽失。王维有《和太常韦主簿五郎温汤寓目之作》。卢纶有《和太常李主簿秋中山下别墅即事》。

【太常寺】 官署名。秦置奉常之官，汉景帝时改称太常，为九卿之一。北魏称太常卿。北齐始设太常寺，置卿和少卿各一人。太常卿职掌礼乐、郊社、医药、卜筮之事。权德舆有《太常寺宿斋有寄》。徐元鼎有《太常寺观舞圣寿乐》。

【太常妻】 为冷淡妻室之典。见《后汉书·周泽传》。李白《赠内》："虽为李白妇，何异太常妻。"权德舆《太常寺宿斋有寄》："转枕挑灯候晓鸡，相君应叹太常妻。"

【太常第】 指礼部举行的科举考试。礼部掌天下礼仪、祭享、贡举之政令，并指导节制太常的礼乐，与太常寺关系密切，故称。吕温《及第后答潼关主人》："一沾太常第，十过潼关门。"白居易《和春深二十首》之十："何处春深好，春深经业家。唯求太常第，不管曲江花。"亦省作"太常"。韩翃《送李湜下第归卫州便游河北》："莫嗟太常屈，便入苏门啸。"

【太常從兄】 武少仪。武元衡从兄，官太常少卿。武元衡有《酬太常从兄留别》，又有《八月十五酬从兄常望月有怀》。"从兄常"乃"太常从兄"之倒脱。

【太常博士】 官名。太常寺属官。唐太常寺置博士四人，从七品上。其职为掌辨五礼之仪式、大祭礼及大礼时赞导礼仪，并拟议五公及三品以上官谥号，为朝廷礼仪方面之权威。张九龄有《答太常靳博士见赠一绝》。权德舆有《国子柳博士兼领太常博士辄申贺赠》。

【太常雅樂】 （樂 yuè）唐雅乐名。亦称大唐雅乐。唐初命太常少卿祖孝孙、协律郎张文收等采撷《三礼》，斟酌南北，考定古韵，参照隋代雅乐，作大唐雅乐，造十二和乐，合四十八曲八十四调。元稹《和李校书新题乐府·立部伎》："太常雅乐备宫悬，九奏未终百寮惰。"亦省作"太常樂"。翁承赞《辞闽王归朝寄倪先辈》："驷马高车太常乐，登庸门下忆贤良。"

【太常卿】 官名。太常寺长官。梁置十二卿，太常卿为一。唐太常寺卿一员，正三品。龙朔二年(662)改为司礼卿，神龙复称太常卿。亦称乐卿，于卿监中地位最高。掌邦国礼乐、郊庙、社稷之事。杜甫有《荆南兵马使太常卿赵公大食刀歌》。岑参有《东归留题太常徐卿草堂》。卢纶有《和太常王卿立秋日即事》。

【太常齋】 后汉周泽任太常卿，清洁循行，严守斋戒，其妻哀其老病，窥问所苦，泽怒而收其妻送诏狱谢罪。事见《后汉书·周泽传》，后用以指清净而又寂寞的生活。高适《酬裴员外以诗代书》："卧看中散论，愁忆太常斋。"皮日休《醉中偶作呈鲁望》："争得草堂归卧去，共君同作太常斋。"

【太常閤老】 指高郢。曾官刑部郎中，改中书舍人，凡九岁，后拜礼部侍郎。见《旧唐书》本传。权德舆有《酬张秘监阁老喜太常中书二阁老与德舆同日迁官相代之作》。

【太常醉】 后汉周泽官太常卿，常事斋禁，时人谓："生世不谐，作太常妻，一岁三百六十日，三百五十九日斋，一日不斋醉如泥。"事见《后汉书·周泽传》。后用"太常醉"作为冷淡妻室之典。李百药《妾薄命》："太常先已醉，刘君恒带醒。"参见"太常妻"。

【太康】 ❶指社会太平安定。李白《流夜郎闻酺不预》："北阙圣人歌太康，南冠君子窜遐荒。"吕温《顺宗至德大圣大安孝皇帝挽歌词三首》之二："积渐承鸿业，从容守太康。"❷夏王名，启之子。荒淫暴虐，为有穷之君后羿所逐。同谷子《五子之歌》之四："惆怅太康荒坠后，覆宗绝祀灭其门。"❸县名，相传夏太康筑太康城，汉置为阳夏县，隋改太康，唐属陈州。今属河南省。岑参有《夏初醴泉南楼送太康颜少府》。刘长卿有《江楼送太康郭主簿赴岭南》。薛能《将赴镇过太康县有题》："才入东郊便太康，自听何暮岂龚黄。"

【太清】 ❶天空。张九龄《奉和圣制早登太行山率尔言志》："日御驰中道，风师卷太清。"高适《同吕判官登积石军多福七级浮图》："七级凌太清，千崖列苍翠。"柳宗元《浑鸿胪宅闻歌效白纻》："下沉秋火激太清，天高地迥凝日晶。"齐己《秋夜听业上人弹琴》："湘水泻秋碧，古风吹太清。"❷三清之一。道教谓元始天尊所化法身道德天尊所居之地，其境在玉清、上清之上，唯成仙方能入此境。李白《庐山谣寄卢侍御虚舟》："先期汗漫九垓上，愿接卢敖游太清。"又《古风》之十九："素手把芙蓉，虚步蹑太清。"李商隐《令狐舍人说昨夜西掖玩月因戏赠》:"昨夜玉轮明,传闻近太清。"陆龟蒙《奉和袭美太湖诗二十首·毛公坛》:"飘飖驾翔螭,白日朝太清。"❸指太清宫。李益、广宣等《红楼下联句》:"佛刹接重城,红楼切太清。"《郊庙歌辞·太清宫乐章·煌煌》:"煌煌道宫,肃肃太清。"

【太清宫】 道教观名,即玄元皇帝庙。"太清"相传为神仙居处,故常用作宫观名。韩愈有《奉和杜相公太清宫纪事陈诚上李相公十六韵》。张仲素有《上元日听太清宫步虚》。严巨川有《太清宫闻滴漏》。

【太清台】 指太清宫楼阁。李峤有《和杜待御太清台宿直旦有怀》。参见"太清宫"。

【太液】 即太液池。❶在汉宫苑。唐诗中多借以指唐宫太液池。太宗《登三台言志》:"镜池波太液,庄苑丽宜春。"陈季《鹤警露》:"吾君开太液,愿得应皇明。"白居易《长恨歌》:"归来池苑皆依旧,太液芙蓉未央柳。"贾岛《黄鹄下太液池》:"太液无弹射,灵禽翅不垂。"参见"太液池❶"。❷在唐都大明宫内。上官仪《早春桂林殿应诏》:"步辇出披香,清歌临太液。"司空曙《酬崔峒见寄》:"素浪遥疑太液水,青枫忽似万年枝。"王涯《秋思二首》之二:"宫连太液见沧波,暑气微消秋意多。"参见"太液池❷"。

【太液池】 古地名。❶在汉宫苑内,汉武帝于建章宫北兴建。杜审言《望春亭侍游应诏》:"帝出明光殿,天临太液池。"温庭筠《太液池歌》。参见"太液黄鹤"。❷唐太液池在大明宫内,在蓬莱宫后,玄武殿前。元稹《寄浙西李大夫四首》之二:"蕊珠深处少人知,网索西临太液池。"李绅有《忆春日太液池亭候对》。吴融《中秋陪熙用学士禁中玩月》:"太液池南岸,相期到晓吟。"

【太液黄鶴】 用以作帝王宫廷生活之典。见晋葛洪《西京杂记》卷一。苏颋《龙池乐章》:"恩鱼不入昆明钓,瑞鹤长如太液仙。"玄宗《春台望》:"太液池中下黄鹤,昆明水上映牵牛。"李商隐《寄令狐学士》:"赓歌太液翻黄鹄,从猎陈仓获碧鸡。"姚鹄《送贺知章入道》:"太液始同黄鹤下,仙乡已驾白云归。"

【太尉】 官名。秦始置,汉沿置。为最高武官。职掌全国军事,为全国军队首脑,与丞相、御史大夫并称"三公"。汉武帝时改称"大司马"。东汉光武帝时复称"太尉",与司徒、司空并称"三公"。历代多沿置,但一般为加衔,以示恩宠。并无实职。特指长孙无忌。高宗即位,无忌进拜太尉。见《旧唐书》本传。上官仪有《和太尉戏赠高阳公》。

【太尉營】 太尉,指西汉名将周亚夫,景帝时,任太尉。事见《史记·绛侯周勃世家》。后以"太尉营"泛称军营、军队。罗隐《感旧》:"剑佩孙弘阁,戈铤太尉营。"

【太陸】 指平地。张祜《苦雨二十韵》:"太陆青苹泛,曾崖白浪蹙。"

【太陰】 ❶北极。见《汉书·司马相如传下》。杜甫《戏为双松图歌》:"白摧朽骨龙虎死,黑入太阴雷雨垂。"❷阴阳五行家以为北方属水,太阴为北方,故亦借指水。杜甫《滟滪》:"滟滪既没孤根深,西来水多愁太阴。"❸幽暗之所,地下。韦应物《鼋头山神女歌》:"魂同魍魉潜太阴,身与空山长不灭。"❹阴湿,阴雾。储光羲《过新丰道中》:"太阴蔽皋陆,莫知晚与早。"韦应物《善福阁对雨寄李儋幼遐》:"太阴布其地,密雨垂八纮。"朱景玄《溪东岑望天都山》:"群峰争入冥,巉巉生太阴。"❺谓月亮。则天皇后《唐享昊天乐·第一》:"太阴凝至化,真耀蕴轩仪。"刘禹锡《监祠夕月坛书事其礼昼》:"西皞司分昼夜平,羲和停午太阴生。"

【太陰精】 指月亮。古以月为太阴之精。卢仝《月蚀诗》:"念此日月者,太阴太阳精。"张祜《中秋夜杭州玩月》:"万古太阴精,中秋海上生。"

【太陰煉形】 道教谓使死者炼形于地下,爪发潜长,尸体如生,久之成道之术。见唐段成式《酉阳杂俎续集·支诺皋中》。顾况《大茅岭东新居忆亡子从真》:"其夭非不幸,炼形由太阴。"李商隐《戊辰会静中出贻同志二十韵》:"托质属太阴,炼形复为人。"

【太華】 山名。即西岳华山。在今陕西华阴县南。以其西有少华山,故称。崔颢《行经华阴》:"岧峣太华俯咸京,天外三峰削不成。"岑参《潼关使院怀王七季友》:"开门见太华,朝日映高掌。"欧阳詹《咏德上韦检察》:"少华类太华,太室似少室。"虚中《寄华山司空图二首》之二:"肯要为邻者,西南太华青。"亦用以喻学行高超之人。李贺《赠陈商》:"李生师太华,大坐看白昼。"

【太華峰】 即太华山。卢纶《陈翃中丞东斋赋白玉簪》:"美矣新成太华峰,翠莲枝折叶重重。"杨汝士《题画山水》:"太华峰前是故乡,路人遥指读书堂。"吴融《病中宜茯苓寄李谏议》:"千年茯菟带龙鳞,太华峰头得最珍。"刘兼《宣赐锦袍设上赠诸郡客》:"深冬若得朝丹阙,太华峰前衣锦归。"

【太項】 即项橐。吴筠《高士咏·项橐》:"太项冥虚极,微远不可究。"

【太極】 ❶指元始混沌之气。见《易·系辞上》。陈子昂《感遇诗三十八首》之一:"太极生天地,三元更废兴。"徐灵府《自咏二首》之一:"寂寂凝神太极初,无心应物等空虚。"❷谓天宫,仙界。陈陶《洛城见贺自真飞升》:"谁能白昼相悲泣,太极光阴亿万年。"吴筠《高士咏·南华真人》:"况乃资九丹,轻举归太极。"亦用以喻朝廷。李商隐《五言述德抒情诗一首四十韵献上杜七兄仆射相公杜悰》："有人扶太极，惟岳降元精。"符载《题李八百洞》："太极之年混沌坼，此山亦是神仙宅。"❸宇宙，天地。李白《短歌行》："苍穹浩茫茫，万劫太极长。"元稹《痁卧闻幕中诸公征乐会饮因有戏呈三十韵》："诚知通有日，太极浩无涯。"

【太極殿】　唐宫殿名，本为隋大兴宫，唐武德元年改称。龙朔后，皇帝常居大明宫，遇大礼大事居太极宫，以其在皇城之西，故亦称西内。故址在今陕西长安县北故宫城内。张说《酬崔光禄冬日述怀赠答》序："太极殿众君子，分司洛城。"

【太虚】　❶指空寂玄奥之境。常达《山居八咏》之六："太虚同万象，相谓话玄微。"齐己《荆渚病中寄梁先辈》："梦冷通仙阙，神融合太虚。"❷天空，太空。拾得《诗》之四二："圆晖挂太虚，莹净能萧洒。"焦郁《白云向空尽》："影收元气表，光灭太虚中。"李群玉《送陶少府赴选》："迹同飞鸟栖高树，心似闲云在太虚。"❸宇宙，乾坤。李白《赠别从甥高五》："忽见无端倪，太虚可包括。"元稹《景申秋八首》之五："廊庙应多算，参差斡太虚。"陆龟蒙《江湖散人歌》序："天地，大者也，在太虚中一物耳。"

【太無】　空旷虚无之境。柳泌《玉清行》："遥遥寒冬时，萧萧蹑太无。"

【太傅】　官名。三公之一。周置，秦废。汉复置。为辅弼国君之官。地位次于太师。与太师、太保一起，作为重臣参与朝政，共掌全国军政大权。东汉每一帝即位，必设太傅。后代多以他官兼领，为优待大臣之荣职，亦无实职。唐代太师、太傅、太保称"三师"，均为正一品，多作赠官或加衔之用，亦无实职。李端《送赵给事侄尉丹阳》："太傅怜群从，门人亦贱回。"司空曙《奉和张大夫酬高山人》："苍生须太傅，山在岂容归。"权德舆《故司徒兼侍中赠太傅北平王挽词》。《郊庙歌辞・梁太庙乐舞辞・象功舞》："累赠太傅，俄登魏王。"

【太傅相公】　（相 xiàng）即南唐殷崇义。殷崇义曾任右仆射、太子太傅。故称。入宋，避宋讳，改姓名汤悦。徐铉有《太傅相公深感庭梅再成绝唱曲垂借示倍认知怜谨用旧韵攀和》，又有《太傅相公以庭梅二篇许舍弟同赋再迂藻思曲有虚称谨依韵奉和庶申感谢》。

【太傅翊周】　指姜尚辅佐周文王事。见《史记・齐太公世家》。后作为咏熊之典。李峤《熊》："昭仪忠汉日，太傅翊周年。"

【太湖】　❶湖名。古称震泽，为我国第三大淡水湖。湖中有岛屿四十八个，以洞庭西山、洞庭东山、马迹山、鼋头渚为最著，在今江苏无锡市以南，浙江长兴、吴兴以北。王昌龄有《太湖秋夕》。刘禹锡《和牛相公南溪醉歌见寄》："怪石钓出太湖底，珠树移自天台尖。"温庭筠《寄裴生乞钓钩》："今日太湖风色好，却将诗句乞鱼钩。"皮日休《太湖诗・初入太湖》："闻有太湖名，十年未曾识。"❷泛称大湖。元结《系乐府十二首・思太古》："东南三千里，沅湘为太湖。"此指洞庭湖。吴筠《秋日彭蠡湖中观庐山》："泛舟太湖上，回瞰兹山限。"此指彭蠡湖。

【太湖石】　产于江苏太湖的多孔而玲珑剔透的石头，可供点缀庭院或堆作假山之用。白居易《寄庾侍郎》："一双华亭鹤，数片太湖石。"又《池上作》："华亭双鹤白矫矫，太湖四石青岑岑。"李绅《开元寺》序："此寺多太湖石，有峰峦奇状者。"齐己《寄松江陆龟蒙处士》："闲敲太湖石，醉听洞庭秋。"

【太湖砚】　用太湖石研磨而成的砚台。皮日休《五贶诗》序："有龟头山叠石砚一，高不二寸，其仞数百，谓之太湖砚。"

【太湖精】　指唐书法家张旭。旭性嗜酒，每醉则狂呼奔走，乃下笔作书，因其生长吴县，故名。李颀《赠张旭》："皓首穷草隶，时称太湖精。"

【太陽】　日。李华《杂诗六首》之四："阴魄沦宇宙，太阳假其明。"钱起《归义寺题震上人壁》："太阳忽临照，物象俄光煦。"鲍溶《辞辇行》："愿陪阿母同小星，敢使太阳齐万物。"刘采春《啰嗊曲六首》之二："自无枝叶分，莫怨太阳偏。"

【太陽及葵】　用作臣僚自述忠君之典。见《三国志・魏志・陈思王传》。李元纮《奉和圣制送张说上集贤学士赐宴》："自惊一何幸，太阳还及葵。"

【太陽宫】　武陵（唐朗州武陵郡治所，今湖南常德市）龙兴观宫殿名。王昌龄《武陵龙兴观黄道士房问易因题》："斋心问易太阳宫，八卦真形一气中。"

【太陽精】　❶指日，古人以日为太阳之精。卢仝《月蚀诗》："念此日月者，太阴太阳精。"❷最旺盛的阳气。白居易《戒药》："朝吞太阳精，夕吸秋石髓。"

【太階】　❶古星名。即三台。上台、中台、下台各二星，共六星，相比而斜上如阶，上阶上星为天子，下星为女主，中阶上星为诸侯三公，下星为卿大夫；下阶上星为元士，下星为庶人。三阶平，谓太平。皇甫冉《东郊迎春》："彩云天仗合，玄象太阶平。"员南溟《玉烛》："四时佳气满，五纬太阶平。"❷指三公之位。储光羲《奉别长史庾公太守徐公应召》："明王朝太阶，远迩望嘉言。"

【太歲】　❶古代天文学家假想之星名。古人将黄道分为十二等分，自西向东依次命名为星纪、玄枵至大火、析木等十二次。又以为岁星十二年绕天一周，每年行经一个星次。如岁星行经星纪，则该年称"岁在星纪"。是为"岁星纪年法"。但岁星自西向东运行，和将黄道分为十二支的方向正好相反，不便纪年，故假设有一太岁星作与岁星运行相反的方向运动，以每年太岁所在的部分纪年。卢仝《悲新年》："太岁只游桃李径，春风肯管岁寒枝。"白居易《夏旱》："太阴不离毕，太岁仍在午。"陆龟蒙《祝牛宫辞》："太岁在亥，余不足数。"❷指太岁之神。《钟传客占历日包橘》："太岁当头坐，诸神不敢当。"

【太蒙】　古谓日落处。《尔雅·释地》："西至日所入为大蒙。"借指西方极远之地。岑参《北庭贻宗学士道别》："曾逐李轻车，西征出太蒙。"吴筠《游仙二十四首》之一〇："遂入素中天，停轮太蒙侧。"

【太微】　❶古代星官名。三垣之一。位于北斗之南，轸翼之北，大角之西，轩辕之东。诸生以五帝座为中心，作藩屏诚意。袁朗《和洗掾登城南坂望京邑》："宸居法太微，建国资天府。"李白《酬张卿夜宿南陵见赠》："客星动太微，朝去洛阳殿。"卢仝《月蚀诗》："不纠蚀月虫，年年十月朝太微。"❷天庭。吴筠《步虚词十首》之九："爰从太微上，肆觐虚皇尊。"又《游仙二十四首》之十一："倏已过太微，天居焕煌煌。"则天皇后《唐明堂乐章·配飨》："晬影临芳奠，休光下太微。"曹唐《汉武帝思李夫人》："夜深池上兰桡歇，断续歌声彻太微。"❸朝廷或帝王之居。储光羲《晚次东亭献郑州宋使君文》："骧首入丹掖，抟空趋太微。"刘禹锡《裴祭酒尚书见示春归城南青松坞别墅命同作》："二公如长离，比翼翔太微。"

【太微仙】　天上仙人。皮日休《奉送浙东德师侍御罢府西归》："建安才子太微仙，暂上金台许二年。"

【太微宫】　天帝之宫殿。借指朝廷。皮日休《奉和鲁望秋赋有期次韵》："太微宫里环冈树，无限瑶枝待尔攀。"

【太瘦生】　太瘦，很瘦。生，语助，无义。李白《戏赠杜甫》："借问别来太瘦生，总为从前作诗苦。"

【太漠】　大漠，空旷的原野。吴筠《游仙二十四首》之一六："灵风生太漠，习习吹人襟。"

【太寧】　指极其宁静的境界。吴筠《高士咏·广成子》："三光入无穷，寂默返太宁。"

【太醉】　大醉。元稹《酬郑从事四年九月宴望海亭次用旧韵》："君今劝我酒太醉，醉语不复能冲融。"

【太霄】　天空之极高处。顾况《金珰玉珮歌》："赠君金珰太霄之玉珮，金锁禹步之流珠。"

【太儀】　❶天帝之宫廷。见《楚辞·远游》。吴筠《游仙二十四首》之十二："停骖太仪侧，整服金阙前。"❷谓公主之母。唐以诸王之母为太妃。贞元六年又从吏部郎中柳冕议，以公主之母为太仪，以公主本封加太仪。王建《宫词一百首》之七四："太仪前日暖房来，嘱向昭阳乞药栽。"

【太皞】　亦作"太昊"。❶即伏羲氏。风姓。苏源明《小洞庭洄源亭宴四郡太守诗》序："太皞苗裔，可记任宿。"温庭筠《过华清宫二十二韵》："剑锋挥太皞，旗焰拂蚩尤。"❷相传伏羲氏以木德王天下，死，祀于东方，为木德之神。李中《祀风师神曲》："太皞御气，勾芒肇功。"韩愈《苦寒》："太昊弛维纲，畏避但守谦。"姚合《杏园宴上谢座主》："得陪桃李植芳丛，别感生成太昊功。"韦庄《放榜日作》："邹阳暖艳催花发，太皞春光簇马归。"

【太廟】　帝王之祖庙。韩愈《石鼓歌》："十鼓只载数骆驼，荐诸太庙比郜鼎。"白居易《新乐府·二王后》："明堂太庙朝享时，引居宾位备威仪。"方干《送弟子伍秀才赴举》："天遣相门延积庆，今同太庙荐嘉宾。"

【太廟犧】　用作典实，喻凶险的显宦生活。见《庄子·列御寇》。韩愈《寄崔二十六立之》："孤豚眠粪壤，不慕太庙牺。"

【太學】　古代设于京城的最高学府。一般认为始于西周。汉元朔五年(前124)设五经博士，置子弟员五十人，为西汉建立太学之始。唐国子学与太学并设，隶于国子监。招生对象为：文武官五品以上子孙；职事官五品期亲；若三品曾阳；勋官三品以上有封之子。分《周礼》《仪礼》《礼记》《毛诗》《春秋公羊传》《春秋穀梁传》。储光羲《酬李处士山中见赠》："厥初游太学，相与极周旋。"滕珦《释奠日国学观礼闻雅颂》："太学时观礼，东方晓色分。"刘禹锡《寄杨八拾遗》："忽领簿书游太学，宁劳侍从厌承明。"李频《送太学吴康仁及第南归》："因为太学选，志业彻春闱。"

【太學生】　在太学肄业之生员。元稹《阳城驿》："唯有太学生，各具粮与糇。"参见"太学"。

【太僕】　官名。《周礼》夏官之属有太仆，职掌传达王命，侍从出入，秦汉以后为九卿之一，专掌舆马及牧畜之事。唐太仆寺有卿一员，从三品上，龙朔间曾更名为司驭卿，光宅间曾更名为司仆卿，神龙间复旧名。少卿二员，从四品上，卿之职，掌邦国厩牧、车舆之政令，总乘黄、典厩、车府、典牧四署及诸监牧之官属，少卿为之贰。杜甫《天育骠骑歌》："伊昔太仆张景顺，监牧攻驹阅清峻。"又《丹青引赠曹将军霸》："至尊含笑催赐金，圉人太仆皆惆怅。"无可有《冬晚与诸文士会太仆田卿宅》。

【太霞】　高空之云霞。亦借指极高处。陈子昂《卧病家园》："犹忆灵台友，栖真隐太霞。"吴筠《步虚词十首》之一："逍遥太霞上，真鉴靡不通。"又《游仙二十四首》之二三："纵身太霞上，眇眇虚中浮。"

【太嶽】　极高之山。徐彦伯《比干墓》："骊龙暴双骨，太岳摧孤仞。"熊孺登《至日荷李常侍过郊居》：

“遇觉沧溟浅，恩疑太岳轻。”许棠《留别从弟郴》：“同承太岳胤，俱值太平时。”秦韬玉《仙掌》：“已擘峻流穿太岳，长扶王气拥强秦。”

【太簇】 亦作“太蔟”。❶十二律的第三律，阳律的第二律。见《国语·周语下》。《郊庙歌辞》有《祭汾阴乐章·太簇角》。❷农历正月的别称。古以十二律与十二月相配，太簇配正月，故名。陈子昂《晦日宴高氏林亭》序：“于时律穷太簇，气淑中京，山河春而霁景华，城阙丽而年光满。”

【太簇管】 用于吹奏簇调的竹制律管，长八寸，为黄钟管长度的九分之八。为十二管之一。白居易《和微之诗二十三首·和三月三十日四十韵》：“律迟太簇管，日缓羲和驭。”参见“太簇”。

【太羹】 大羹。刘叉《独饮》：“尽欲调太羹，自古无好手。”皮日休《鲁望昨以五百言见贻因成一千言》：“明水在稿秸，太羹临豆笾。”

【太靈】 天神，亦即太一神。元结《演兴四首·招太灵》：“招太灵兮山之巅，山屹岏兮水沦涟。”

夬 〔guài《广韵》古邁切，去夬，見〕坚决；果断。见《易·夬》。韩愈、孟郊《雨中寄孟刑部几道联句》：“何以验高明，柔中有刚夬。”

【夬夬】 断绝貌。韩愈《南山诗》：“延延离又属，夬夬叛还遘。”

二 画

央 〔yāng《广韵》於良切，平陽，影。〕❶中心，中央。杜甫《客居》：“我在路中央，生理不得论。”韦庄《王道者》：“五云遥指海中央，金鼎曾传肘后方。”❷尽，到头。杨师道《奉和夏日晚景应诏》：“幸属无为日，欢娱尚未央。”欧阳詹《宿建溪中宵即事》：“隆窮一席眠还坐，蛙噪萤飞夜未央。”沈亚之《文祝延二阕》之二：“语神欢兮酒云央，望吾侯兮遵赏事。”韦庄《少年行》：“乐事殊未央，年华已云晚。”❸请求，恳求。曹唐《小游仙诗九十八首》之四二：“无央公子停鸾辔，笑泥娇妃索玉鞭。”

失 〔shī《广韵》式質切，入質，書。〕❶失掉，丢失。王绩《古意六首》之三：“一朝失运会，刳肠血流死。”王湾《晚春诣苏州敬赠武员外》：“爰从姻娅贬，岂失忠信防。”杜甫《石笋行》：“政化错迕失大体，坐看倾危受厚恩。”白居易《和微之诗二十三首·和晨兴因报问龟儿》：“双目失一目，四肢断两肢。”梁献《王昭君》：“图画失天真，容华坐误人。”❷离开，分离。崔国辅《相和歌辞·采莲曲》：“相逢畏相失，并著采莲舟。”杜甫《忆昔二首》之二：“齐纨鲁缟车班班，男耕女桑不相失。”元稹《所思二首》之一：“相逢相失还如梦，为雨为云今不知。”齐己《归雁》：“莫失南来伴，衡阳树即红。”❸迷失，错乱。李白《寻鲁城北范居士失道落苍耳中见范置酒摘苍耳作》：“城壕失往路，马首迷荒陂。”孟浩然《途次望乡》：“雪深迷郢路，云暗失阳台。”王建《镜听词》：“卷帷上床喜不定，与郎裁衣失翻正。”孟郊《过分水岭》：“十步九举辔，回环失西东。”孔德绍《登白马山护明寺》：“今日桃源客，相顾失归涂。”❹把握不住，控制不了。见“失手”“失笑”“失喜”。❺错误，失误。许景先《奉和御制春台望》：“明主卑宫诫前失，辅德钦贤政惟一。”杜甫《醉歌行》：“暂蹶霜蹄未为失，偶然擢秀非难取。”钱起《送张将军征西》：“始笑子卿心计失，徒看海上节旄稀。”白居易《赠友五首》之一：“谁能救其失，待君佐邦柄。”❻延误；错过。孟浩然《途中遇晴》：“已失巴陵雨，犹逢蜀坂泥。”耿沣《太原送许侍御出幕归东都》：“荒庭增别梦，野雨失行期。”❼谓时光、年华流逝。沈千运《濮中言怀》：“壮年失宜尽，老大无筋力。”羊士谔《九月十日郡楼独酌》：“嘉辰怅已失，残菊谁为惜。”韩愈《幽怀》：“但悲时易失，四序迭相侵。”❽失去某种东西；失去的东西。孟浩然《登江中孤屿赠白云先生王迥》：“南望鹿门山，归来恨如失。”韩愈《三星行》：“名声相乘除，得少失有余。”邵谒《自叹》：“每念古人言，有得则有失。”❾神色改变。李白《答王十二寒夜独酌有怀》：“一谈一笑失颜色，苍蝇贝锦喧谤声。”顾非熊《舒州酬别侍御》：“故交他郡见，下马失愁容。”见“失色❷”“失颜”。❿违背。钱起《送杨錥归隐》：“今年芳草色，不失故山期。”⓫失色，逊色。杜甫《咏怀古迹五首》之五：“伯仲之间见伊吕，指挥若定失萧曹。”

【失匕箸】 用为形容受惊失措之典。见《三国志·蜀志·先主传》。刘禹锡《平蔡州三首》之三：“四夷闻风失匕箸，天子受贺登高楼。”

【失口】 谓脱口而出。即失声称赞。张祜《大唐圣功诗》：“杨眉爱姿度，失口真王英。”

【失水】 指鱼、龙等离开河海，失去凭依。白居易《寓意诗五首》之三：“君为得风鹏，我为失水鲸。”牟融《春日山亭》：“龙鱼失水难为用，龟玉蒙尘未见珍。”参见“失水魚”。

【失水魚】 离水之鱼。喻处困境之人。元稹《酬乐天得微之诗知通州事因成四首》之四：“饥摇困尾丧家狗，热暴枯鳞失水鱼。”

【失手】 ❶不慎从手中掉下。杜牧《破镜》：“佳人失手镜初分，何日团圆再会君。”❷举手失当，造成不良后果。刘兼《中春登楼》之二：“失手已惭蛇有足，用心休为鼠无牙。”❸从手中失去。喻失利。方干《题赠李校书》：“名场失手一年年，月桂尝闻到手边。”陈陶《谪仙词》：“上清鸡犬音书绝，蜺旌失手远于天。”

【失火】　发生火灾。李白《琴曲歌辞・双燕离》："柏梁失火去，因入吴王宫。"

【失去】　失掉。方干《东山瀑布》："遥夜看来疑月照，平明失去被云迷。"

【失主】　失去主人。杜甫《瘦马行》："见人惨澹若哀诉，失主错莫无晶光。"白居易《过元家履信宅》："鸡犬丧家分散后，林园失主寂寥时。"

【失地】　指处非其所。元稹《种竹》："失地颜色改，伤根枝叶残。"

【失行】　(—háng)失去行列。卢纶《赴池州拜觐舅氏留上考功郎中舅》："应怜失行雁，霜霰寄烟波。"

【失名】　指名场失利。孟郊《长安羁旅行》："失名谁肯访，得意争相亲。"

【失色】　❶失去颜色、光彩。唐彦谦《牡丹》："开日绮霞应失色，落时青帝合伤神。"❷因恐惧等因而改变神色。韩愈《石鼎联句》序："二子怛然失色，不敢喘。"李商隐《射鱼曲》："寻潮背日伺泅鳞，贝阙夜移鲸失色。"

【失次】　失去常态。刘禹锡《游桃源一百韵》："观者皆失次，惊追纷络绎。"

【失次第】　❶心神不定，失去常态。李白《寄东鲁二稚子》："念此失次第，肝肠日忧煎。"❷语无伦次。孟郊《秋怀》之十一："语中失次第，身外生疮痍。"

【失守】　防地失陷。刘兼《蜀都道中》："千载龟城终失守，一堆鬼录漫留名。"

【失志】　失意，不得志。钱起《送郭秀才制举下第南游》："失志思浪迹，知君晦近名。"又《陇右送韦三还京》："举目情难尽，羁离失志间。"韩愈《马厌谷》："彼其得志兮，不我虞；一朝失志兮，其何如。"陈季卿《题潼关普通院门》："度关悲失志，万绪乱心机。"

【失却】　失掉。陈裕《有一秀才忽赎酒家青衣为妇因嘲之》："一自土和逃走后，至今失却亲家翁。"

【失步】　失其故步。见《庄子・秋水》。后用以喻仿摹别人不成，反而忘了自己原来的东西。胡曾《咏史诗・邯郸》："青娥莫怪频含笑，记得当年失步人。"

【失利】　战败，失败。寒山《诗三百三首》之八七："得利渠即死，失利汝即殂。"

【失伴】　失去伴侣。皮日休《病中有人惠海蟹转寄鲁望》："离居定有石帆觉，失伴唯应海月知。"

【失身】　❶失去生命。杜甫《将适吴楚留别章使君留后兼幕府诸公得柳字》："常恐性坦率，失身为杯酒。"❷谓女子丧失贞操。权德舆《杂兴五首》之一："一颦一笑千金重，肯似成都夜失身。"又《杂诗五首》之五："失身不自还，万恨随玉箸。"司空图《偶诗五首》之四："当歌莫怪频垂泪，得地翻惭早失身。"

【失言】　言语有差。殷尧藩《郊居作》："相逢谓我迂疏甚，欲辨还憎恐失言。"

【失枕】　指失眠。许浑《早行》："失枕惊先起，人家半梦中。"

【失明】　失去视力。吕岩《窑头坯歌》："又不见九江张尚书，服药失明神气枯。"

【失侣】　失去伴侣。杜甫《寄岳州贾司马六丈巴州严八使君两阁老五十韵》："他乡饶梦寐，失侣自屯邅。"许棠《亲仁里双鹭》："三楚几时初失侣，五陵何树又栖身。"

【失所】　❶谓处之失当。孟郊《吊元鲁山》："一声苟失所，众憾来相排。"王周《金盘草诗》："一物苟失所，万金惟可叹。"❷无存身之地。孟郊《寄洺州李大夫》："儒道一失所，贤人多在军。"吴融《赠李长史歌》："长史长史听我语，从来艺绝多失所。"

【失卻】　同"失却"，失掉。王建《失钗怨》："贫女铜钗惜于玉，失却来寻一日哭。"孟郊《赠城郭道士》："望里失却山，听中遗却泉。"皮日休《李处士郊居》："满引红螺诗一首，刘桢失却病心情。"

【失律】　军无纪律。《易师》："师出以律，失律，凶也。"后指战事失败。王昌龄《宿灞上寄侍御玙弟》："诸将多失律，庙堂始追悔。"杜甫《入衡州》："老将一失律，清边生战场。"胡曾《咏史诗・荥阳》："汉祖东征屈未伸，荥阳失律纪生焚。"

【失風】　指恶风。顾况《华山西冈游赠隐玄叟》："失风鼓唅呀，摇撼千灌木。"

【失計】　❶谋划错误。刘商《合肥至日愁中寄郑明府》："失计为卑吏，三年滞楚乡。"司空图《感时》："爱毁亦自遭，掩谤终失计。"郑谷《投时相十韵》："失计辞山早，非才得仕迟。"❷无计，没有办法。李颀《崔五宅送刘跂入京》："躬耕守贫贱，失计在林端。"岑参《送二十二兄北游寻罗中》："无媒谒明主，失计干诸侯。"杜牧《书事》："失计抛鱼艇，何门化涸鳞。"

【失馬翁】　出《淮南子・人间训》。后多用"失马翁"表示因祸得福。许浑《泛溪》："遁迹驱鸡吏，冥心失马翁。"李群玉《自遣》："一壶浊酒暄和景，谁会陶然失马翁。"郑渥《塞上》："帐前影落传书雁，日下声交失马翁。"

【失桂】　唐人谓登科为折桂。失桂，谓科举落第。卢纶《送魏广下第归扬州》："独归初失桂，共醉忽停杯。"

【失時】　❶失去时机。李白《赠张相镐二首》之一："圣智不失时，建功及良辰。"❷指违误农时。杜荀鹤《送人宰德清》："乱世人多事，耕桑或失时。"

【失笑】　情不自禁地发笑。成彦雄《元日》："好是灯前偷失笑，屠苏应不得先尝。"

【失涕】 流泪。杜甫《送卢十四弟侍御护韦尚书灵榇归上都二十韵》："悲鸣驷马顾，失涕万人挥。"

【失容】 改变神色。卢纶《腊日观咸宁王部曲娑勒擒豹歌》："拖自深丛目如电，万夫失容千马战。"

【失措】 指举动失当。事见《左传·定公十年》。胡曾《咏史诗·夹谷》："来时不见侏儒死，空笑齐人失措年。"

【失常】 不正常。沈亚之《文祝延二阕》："惠流吾兮乐且康，恭闻侯兮饮食失常。"

【失得】 失和得。韩愈《招杨之罘》："我令之罘归，失得柏与马。"

【失脚】 举步不慎而跌倒。喻受挫。白居易《东南行一百韵》："翻身落霄汉，失脚倒泥涂。"

【失途】 ❶迷失道路。指失去正确的行动方向，走错了路。储光羲《登秦岭作时陷贼归国》："失途走江汉，不能有其功。"❷谓仕途失意。卢纶《纶有所酬以申悲旧兼寄夏侯侍御审侯仓曹钊》："悄悄失途子，分将秋草并。"孟郊《伤时》："男儿得路即荣名，邂逅失途成不调。"白居易《臼口阻风十日》："世上方为失途客，江头又作阻风人。"

【失彩】 失去光彩。李群玉《中秋寄南海梁侍御》："海静天高景气殊，鲸睛失彩蚌潜珠。"

【失望】 ❶丧失希望。杜甫《雷》："吾衰尤拙计，失望筑场圃。"❷因希望未遂而不快。张说《寄姚司马》："瓜成人已去，失望将谁语。"❸犹言没有料到。李商隐《哭刘司户二首》之一："离居星岁易，失望死生分。"

【失喜】 喜不自禁。宋之问《牛女》："失喜先临镜，含羞未解罗。"杜甫《远游》："似闻胡骑走，失喜问京华。"韩愈《元和圣德诗》："踊跃欢呀，失喜噎欧。"

【失策】 谋划失误。杜牧《东兵长句十韵》："屈指庙堂无失策，垂衣尧舜待升平。"

【失御】 失去驾驭。喻失去统治能力。吴筠《建业怀古》："炎精既失御，宇内为三分。"

【失鄉】 离开家乡。薛能《题逃户》："几界曹农桑，凶年竟失乡。"徐铉《爱敬寺有老僧尝游长安因赠此诗兼示同行客》："能令过江客，偏起失乡愁。"

【失統】 失去国统、纲纪。张鼎《邺城引》："君不见汉家失统三灵变，魏武争雄六龙战。"詹敦仁《劝王氏入贡宠予以官作辞命篇》："争霸图王事总非，中原失统可伤悲。"

【失勢】 ❶失去所依靠的自然形势。韩愈《听颖师弹琴》："跻攀分寸不可上，失势一落千丈强。"❷失去权势、威势。李白《窜夜郎于乌江留别宗十六璟》："失势青门傍，种瓜复几时。"又《自代内赠》："妾家三作相，失势去西秦。"无名氏《明月湖醉后蔷薇花歌》(卷七八五)："一朝失势当如此，万事如灰壮心死。"❸谓失去优势。薛逢《观竞渡》："前船抢水已得标，后船失势空挥桡。"

【失業徒】 指流离失所之人。杜甫《自京赴奉先县咏怀五百字》："默思失业徒，因念远戍卒。"

【失跡】 失足，喻产生错误。韩愈《送灵师》："中间不得意，失迹成延迁。"

【失路】 ❶迷失道路。李颀《送人归沔南》："梅花今正发，失路复何如？"严维《荆溪馆呈丘义兴》："失路荆溪上，依人忽暝投。"武元衡《河东赠别炼师》："游人甘失路，野鹤亦离群。"李商隐《杏花》："吴王采香径，失路入烟村。"❷喻不得志。王绩《晚年叙志示翟处士》："失路青门隐，藏名白社游。"钱起《送郢三落第还乡》："十年失路谁知己，千里思亲独远归。"

【失路反占龜】 出《楚辞·离骚》。后作为典实，表示失意而欲求索的心情。卢照邻《山行寄刘李二参军》："狂歌欲叹凤，失路反占龟。"

【失意】 ❶不遂心；不得志。寒山《诗三百三首》之一二一："亡羊罢补牢，失意终无极。"韦迢《潭州留别杜员外院长》："去留俱失意，把臂共潸然。"赵嘏《和令狐补阙春日独游西街》："此时失意哀吟客，更觉风流不可攀。"徐铉《寄江都路员外》："吾兄失意在东都，闻说襟怀任所如。"❷不合别人心意。杜甫《两当县吴十侍御江上宅》："上官权许与，失意见迁斥。"

【失道】 ❶迷失道路。杜甫《送人从军》："马寒防失道，雪没锦鞍鞯。"灵一《溪行即事》："孤舟屡失道，但听秋泉声。"❷失去准则；违背道义。李白《览镜书怀》："得道无古今，失道还衰老。"

【失道襄野】 出《庄子·徐无鬼》。后用作帝王出巡之典。杜甫《释闷》："失道非关出襄野，扬鞭忽是过胡城。"

【失運】 失去机遇。张祜《读狄梁公传》："失运庐陵厄，乘时武后尊。"

【失群】 脱离群伍。李颀《听董大弹胡笳声兼寄语弄房给事》："嘶酸雏雁失群夜，断绝胡儿恋母声。"耿湋《赴许州留别洛中亲故》："谁念联翩翼，烟中独失群。"李商隐《偶成转韵七十二句赠四同舍》："依稀南指阳台云，鲤鱼食钩猿失群。"李建勋《白雁》："差池失群久，幽独依人切。"

【失寢】 失眠。姚合《答李频秀才》："思归知病长，失寝觉神劳。"

【失趣】 失去兴趣。张祜《投陈许崔尚书二十韵》："无能甘画虎，失趣奈雕虫。"

【失墜】 ❶遗失，丧失。李观《试中和节诏赐公卿尺诗》："奉之无失坠，恩泽自天中。"李商隐《送从翁东川弘农尚书幕》："永嘉几失坠，宣政遽酸辛。"❷坠落。杜甫《梦李白二首》之二："江湖多风波，舟楫恐失坠。"❸遗忘。白居易《感时》："斯言胜金玉，佩服无失坠。"❹遗弃。杜甫《送顾八分文学适洪吉州》："一论朋友难，迟暮敢失坠。"

【失遺】 遗失，丢失。贾岛《哭卢仝》："从兹加敬重，深藏恐失遗。"

【失學】 失去上学机会或辍学。杜甫《屏迹三首》之二："失学从儿懒，长贫任妇愁。"又《不离西阁二首》之一："失学从愚子，无家住老身。"

【失險】 失去险要。李逢吉《奉酬忠武李相公见寄》："剑门失险曾缚虎，淮水安流缘斩鲸。"

【失聲】 泣不成声。杜甫《呀鹘行》："念尔此时有一掷，失声溅血非其心。"

【失職】 失去官职。李白《幽涧泉》："客有哀时失职而听者，泪淋浪以沾襟。"韩愈《送灵师》："失职不把笔，珠玑为君编。"李商隐《偶成转韵七十二句赠四同舍》："顷之失职辞南风，破帆坏桨荆江中。"

【失題】 诗文失去题目。或不便标题，往往以"失题"二字为题。李颀、李商隐、许棠、宋雍等均有《失题》。

【失鵠】 未中鹄的。见《战国策·齐策》。喻指未达目的。赵嘏《献淮南李仆射》："早年曾谒富民侯，今日难甘失鹄羞。"

【失轍】 脱离车道。韩愈《春雪》："暝见迷巢鸟，朝逢失辙车。"

【失寵】 失去宠幸。李商隐《宫辞》："君恩如水向东流，得宠忧移失宠愁。"萧意有《长门失宠》。

【失饑】 忘记饥饿。薛能《海棠》："负赏惭休饮，牵吟分失饥。"

【失聽】 所听讹误。储光羲《狱中贻姚张薛李郑柳诸公》："诬善不足悲，失听一何丑。"

三 画

夸 〔kuā《广韵》苦瓜切，平麻，溪。〕❶炫耀。韩翃《送客之江宁》："从来此地夸羊酪，自有莼羹定却人。"元稹《寄隐客》："今人夸富贵，肉食与妖姬。"陆龟蒙《奉酬袭美先辈吴中苦雨一百韵》："先夸屋舍好，又恃头角凸。"❷浮夸，华而不实。见《逸周书·谥法》。刘禹锡《白太守行》："夸者窃所怪，贤者默思齐。"❸空，虚。见《吕氏春秋·本生》。孟郊《立德新居》之六："虚食日相投，夸肠讵能低。"元稹《哭吕衡州六首》之一："髀股惟夸瘦，膏肓岂暇除。"❹赞美。皮日休《正乐府十篇·惜义鸟》："吾闻凤之贵，仁义亦足夸。"

【夸父】 神话人物。相传能逐日，道渴而死。见《山海经·海外经》。皎然《效古》："夸父亦何愚，竞走先自疲。"僧鸾《苦热行》："饮流夸父毙长途，如见当中印王字。"杜光庭《怀古今》："夸父兴怀于落照，田文起怨于鸣琴。"

【夸毗】 谄媚，卑屈。见《诗·大雅·板》。陈子昂《感遇诗三十八首》之一〇："便便夸毗子，荣耀更相持。"

【夸娥】 神话人物。相传为大力神，其二子亦为大力神。受天帝之命背太行、王屋二山。见《列子·汤问》。陆龟蒙《奉和袭美古杉三十韵》："恐是夸娥怒，教临巀嶭衰。"

【夸蛾】 即夸娥。韩愈《南山诗》："巨灵与夸蛾，远贾期必售。"又《月蚀诗效玉川子作》："终令夸蛾抉汝出，卜师烧锥钻灼满板如星罗。"

【夸誕】 言词夸大虚假，不合实际。元稹《何满子歌》："自外徒烦记得词，点拍才成已夸诞。"

【夸奪子】 （子 zǐ）谓争名夸利之徒。韩愈《杂诗》："向者夸夺子，方坟厌其巅。"

夷 〔yí《广韵》以脂切，平脂，以。〕❶古代中原以外的各族。杜甫《后出塞五首》之三："六合已一家，四夷且孤军。"羊士谔《郡斋读经》："华夷参吏事，巴汉混州图。"贾岛《寄沧州李尚书》："弋者罗夷鸟，桴人思峤猿。"❷平坦。韩愈《出门》："出门各有道，我道方未夷。"赵光逢《梁郊祀乐章·庆和》："帝业显，王道夷。"亦引申为太平，平静。太宗《幸武功庆善宫》："指麾八荒定，怀柔万国夷。"宋华《蝉鸣一篇五章》之三："亦既觏止，我心则夷。"韩愈《元和圣德诗》："乾清坤夷，境落褰举。"❸讨平。见"夷凶""夷項"。❹齐同，等同。李峤《和同府李祭酒休沐田居》："若人兼吏隐，率性夷荣辱。"❺铲平，削平。张九龄《登荆州城楼》："枕席夷三峡，关梁豁五湖。"顾况《上古之什补亡训传十三章·十月之郊一章》："乃炕蒺藜，乃夷荆棘。"柳宗元《贞符》："殄厥凶德，乃驱乃夷。"❻屠戮，诛灭。柳宗元《咏荆轲》："夷城芟七族，台观皆焚污。"吴筠《览古十四首》之九："世主竟不辨，身戮宗且夷。"❼寂静。李商隐《题郑大有隐居》："偃卧蛟螭室，希夷鸟兽群。"❽人名。伯夷。卢照邻《释疾文三歌》之三："茨山有薇兮颍水有漪，夷为柏兮秋有实，叔为柳兮春向飞。"见"夷跖""夷巢"。

【夷人】 古代中国东部各少数民族之人。司空曙《送柳震入蜀》："夷人祠竹节，蜀鸟乳桐花。"马戴《送吕郎中牧东海郡》："海鹤空庭下，夷人远岸居。"

【夷山】 亦称焦山。在今江苏镇江市东九里大江中，与金山并峙。孟浩然《扬子津望京口》："北固临京口，夷山近海滨。"

【夷女】 指古代中国东部少数民族地区的女人。

刘言史《潇湘游》："夷女采山蕉，缉沙浸江水。"

【夷王】 指东方邻国君。姚合《送源中丞使新罗》："玉节在船清海怪，金函开诏抚夷王。"贯休《送僧归日本》："想到夷王礼，还为上寺迎。"

【夷凶】 铲除凶顽。韩愈、李正封《晚秋郾城夜会联句》："遇主贵陈力，夷凶匪兼弱。"

【夷平】 太平。卢纶《纶有所酬以申悲旧兼寄夏侯侍御审侯仓曹钊》："官曹虽检率，国步日夷平。"

【夷代】 太平时代。权德舆《送信安刘少府》："夷代轻远游，上才随薄禄。"

【夷老】 指少数民族年长者。卢纶《送从叔牧永州》："今朝小阮同夷老，欲问明年借几年。"

【夷臣】 指少数民族国家的臣僚。皮日休《正乐府十篇·颂夷臣》："所以尸禄人，反为夷臣忌。"

【夷羊】 神兽，怪兽。见《国语·周语上》。后用以喻乱世中的贤者。李白《古风》之五一："夷羊满中野，菉葹盈高门。"

【夷吾】 ❶（？—前637）即晋惠公。献公之子，小戎子所生。岑参《骊姬墓下作》自注："夷吾、重耳墓，隔河相去十三里。"❷春秋齐管仲之字。陈子昂《酬李参军崇嗣旅馆见赠》："乐广云虽睹，夷吾风未春。"李白《鞠歌行》："听曲知宁戚，夷吾因小妻。"杨巨源《寄赠田仓曹湾》："朝览夷吾传，暮习颍阳书。"

【夷甫】 晋王衍字，衍尚清谈，口不言钱。刘长卿《罪所留系寄张十四》："治长空得罪，夷甫岂言钱。"吕温《题石勒城二首》之二："夷甫自能疑倚啸，忍将虚诞误时人。"施肩吾《戏咏榆荚》："知尔不堪还酒家，漫散夷甫无行处。"

【夷希】 谓寂静微妙。无声曰希，无形曰夷。语出《老子》。李中《游茅山二首》之二："茅许仙踪在，烟霞一境清。"

【夷狄】 ❶古称东方部族为夷，北方部族为狄。后常用以指华夏以外的各族。亦泛称四境之国。玄宗《送张说巡边》："鼓吹威夷狄，旌轩溢洛阳。"刘长卿《至德三年春正月寄上浙西节度李侍郎中丞行营五十韵》："鬼神潜释愤，夷狄远输诚。"薛能《杂曲歌辞·升平词十首》之六："虫蝗初不害，夷狄近全销。"《郊庙歌辞·享太庙乐章·升和》："中外同轨，夷狄来思。"❷指边远少数民族地区。元稹《塞马》："夷狄寝烽候，关河无战声。"聂夷中《行路难》："莫言行路难，夷狄如中国。"

【夷言】 指古代中国东方少数民族语言。韩愈《县斋有怀》："夷言听未惯，越俗循犹乍。"

【夷坦】 ❶平坦。张九龄《始兴南山下有林泉尝卜居焉荆州卧病有怀此地》："世路少夷坦，孟门未岖嵚。"❷安详自若貌。元稹《何满子歌》："此时有态蹋华筵，未吐芳词貌夷坦。"

【夷则】 十二律之一。阴律六为吕，阳律六为律。夷则为阳律的第五律。律吕相配为十二律中之第九律。则天皇后《唐明堂乐章·商音》："律中夷则，序应收成。"

【夷門】 ❶战国魏都城的东门。故址在今河南开封市东北。王维《夷门歌》："嬴乃夷门抱关者，非但慷慨献良谋。"李白《博平郑太守见访却之武陵立马赠别》："夷门得隐沦，而与侯生亲。"陈羽《将归旧山留别》："信陵死后无公子，徒向夷门学抱关。"薛涛《送卢员外》："信陵公子如相问，长向夷门感旧恩。"李华《奉寄彭城公》："应怜抱关者，贫病老夷门。"于武陵《送鄜县董明府之任》："东道听游子，夷门歌主人。"❷大梁（开封）的别称。高适《送杨山人归嵩阳》："夷门二月柳条色，流莺数声泪沾臆。"白居易《奉和汴州令狐令公二十二韵》："客有东征者，夷门一落帆。"李商隐《汴上送李郢之苏州》："人高诗苦滞夷门，万里梁王有旧园。"唐尧客《大梁行》："旧国多孤垒，夷门荆棘生。"

【夷胡傳】 （傳 zhuàn）谓史书中有关少数民族的传记。杨衡《寄赠田仓曹湾》："朝览夷胡传，暮习颍阳书。"

【夷俗】 外族之风俗。韦元旦《奉和送金城公主适西蕃应制》："柔远安夷俗，和亲重汉年。"李颀《龙门送裴侍御监五岭选》："夷俗富珍产，土风资宦游。"武元衡《渐至涪州先寄王员外使君纵》："文教通夷俗，均输问火田。"殷尧藩《早朝》："衣冠一变无夷俗，律令重颁有正条。"

【夷師】 指少数民族国家之教师。皮日休《正乐府十篇·颂夷臣》："夷师本学外，仍善唐文字。"

【夷音】 ❶指外族语言。杜甫《奉汉中王手札》："夷音迷咫尺，鬼物傍黄昏。"元稹《酬乐天东南行诗一百韵》："夷音啼似笑，蛮语谜相呼。"李商隐《风》："楚色分西塞，夷音接下牢。"❷谓外族音乐。元稹《代曲江老人百韵》："文物千官会，夷音九部陈。"又《和李校书新题乐府十二首·法曲》："雅弄虽云已变乱，夷音未得相参错。"

【夷夏】 夷狄与华夏的并称。多指中原地区和中原以外的地区、汉人与其他民族人。宋之问《扈从登封告成颂应制》："济济衣冠会，喧喧夷夏俱。"骆宾王《从军中行路难二首》之一："中外分区宇，夷夏殊风土。"姚合《文宗皇帝挽词三首》之三："关河佳气散，夷夏哭声连。"方干《献浙东王大夫二首》之二："王臣夷夏仰清名，领镇犹为失意行。"

【夷宴】 太平安定。温庭筠《鸿胪寺偶成四十韵》："四海正夷宴，一尘不飞扬。"

【夷教】 （—jiào）谓边远少数民族地区之教化。

刘言史《苦妇词》:“穷荒夷教卑,骨肉病弃捐。”

【夷陵】 ❶县名。本为楚先王墓地,汉置县。晋宋以前故城在今湖北宜昌市东。刘禹锡《松滋渡望峡中》:“梦渚草长迷楚望,夷陵土黑有秦灰。”胡曾《咏史诗·夷陵》。参见“夷陵火”。❷郡名。南朝梁置宜州。西魏改拓州,北周更名硖州,隋废州改曰夷陵郡。唐改硖州,天宝元年又改为陵郡。今湖北宜昌市。李白《酬张司马赠墨》:“上党碧松烟,夷陵丹砂末。”李涉《再谪夷陵题长乐寺》:“当时谪宦向夷陵,愿得身闲便作僧。”

【夷陵火】 夷陵,为楚先王墓地,楚顷襄王二十一年,秦将白起击败楚军。烧夷陵。事见《史记·白起王翦列传》。李百药《郢城怀古》:“莫救夷陵火,无复秦庭哭。”曹邺《过白起墓》:“夷陵火焰灭,长平生气低。”

【夷陬蠻落】 古谓少数民族居住地区。崔珏《门前柳》:“夷陬蛮落相连接,故乡莫道心先死。”

【夷巢】 伯夷、巢父的连称。二人皆上古高士。柳宗元《游朝阳岩遂登西亭二十韵》:“所怀缓伊郁,讵欲肩夷巢。”

【夷項】 讨平项羽的势力。亦借指铲除强敌。张九龄《奉和圣制次成皋先圣擒建德之所》:“剪商自文祖,夷项在兹山。”于季子《咏汉高祖》:“百战方夷项,三章且代秦。”

【夷猶】 ❶犹豫不决,迟疑不前。储光羲《效古二首》之二:“君门峻且深,踠足空夷犹。”刘长卿《弄白鸥歌》:“归客正夷犹,爱此沧江闲白鸥。”韩愈《远游联句》:“归哉孟夫子,归去无夷犹。”李郢《晚泊松江驿》:“片帆孤客晚夷犹,红蓼花前水驿秋。”❷悠闲自得貌。张籍《城南》:“桥低竞俯偻,亭近闲夷犹。”杨衡《游峡山寺》:“高居何重沓,登览自夷犹。”皮日休《初夏游楞伽精舍》:“遇胜即夷犹,逢幽且淹泊。”

【夷寇】 铲除敌寇。沈佺期《夏日都门送司马员外逸客孙员外佺北征》:“计日方夷寇,旋闻杕杜诗。”

【夷落】 少数民族居住地区。亦借指少数民族。骆宾王《从军中行路难二首》之一:“将军拥旄宣庙略,战士横行静夷落。”刘长卿《送乔判官赴福州》:“夷落人烟迥,王程鸟路通。”杨巨源《上刘侍中》:“深入平夷落,横行辟汉疆。”许棠《送徐侍御充南诏判官》:“西去安夷落,乘轺从节行。”

【夷貊】 古代对东方和北方民族的称谓。借指各少数民族。罗衮《赠罗隐》:“寰区叹屈瞻天问,夷貊闻诗过海求。”陈陶《赠漳州张怡使君》:“已见嘉祥生北户,尝嫌夷貊蠹南薰。”

【夷涂】 平坦的道路。韩愈《秋怀诗十一首》之五:“归愚识夷涂,汲古得修绠。”

【夷歌】 夷人的歌曲。亦泛指外族的歌曲。宋之问《送杨六望赴金水》:“勿以西南远,夷歌寝盛容。”杜甫《送杨六判官使西蕃》:“边酒排金盏,夷歌捧玉盘。”顾况《永嘉》:“何处乐神声,夷歌出烟岛。”陈羽《犍为城下夜泊闻夷歌》:“此夜可怜江上月,夷歌铜鼓不胜愁。”

【夷齊】 商末周初伯夷、叔齐之连称。李白《笑歌行》:“巢由洗耳有何益,夷齐饿死终无成。”卢仝《扬州送伯龄过江》:“夷齐饿死日,武王称圣明。”周昙有《咏史诗·三代门·夷齐》。

【夷漫】 平坦而广阔。孙逖《长洲苑》:“可怜夷漫处,犹在洞庭隈。”又《立秋日题安昌寺北山亭》:“览古嗟夷漫,凌空爱泬寥。”

【夷齊廟】 亦作伯夷庙。李颀有《登首阳山谒夷齐庙》。卢纶《题伯夷庙》:“中条山下黄礓石,垒作夷齐庙里神。”

【夷獠】 对西南少数民族的蔑称。岑参《上嘉州青衣山中峰题惠净上人幽居寄兵部杨郎中》:“尚以名宦拘,聿来夷獠乡。”

【夷樂】 (—yuè)古指少数民族音乐。亦指外国音乐。章孝标《送金可纪归新罗》:“想把文章合夷乐,蟠桃花里醉人参。”

【夷蕩】 安定与动荡。刘宪《奉和幸长安故城未央宫应制》:“夷荡长如此,威灵不复留。”

【夷險】 ❶平坦与险阻。张九龄《九月九日登龙山》:“夷险虽异时,古今岂殊状。”魏氏《赠外》:“义重恩欲深,夷险贵如一。”❷艰险。韦庄《和郑拾遗秋日感事一百韵》:“国运方夷险,天心讵测量。”

【夷聲】 夷地音乐。白居易《新乐府·法曲》:“法曲法曲合夷歌,夷声邪乱华声和。”

【夷曠】 平坦开阔。陆长源《酬孟十二新居见寄》:“大道本夷旷,高情亦冲虚。”

【夷蠻】 对东方和南方各民族的泛称。柳宗元《构法华寺西亭》:“北望间亲爱,南瞻杂夷蛮。”

四　画

夾[1] 〔jiā《集韵》古洽切,入洽,見。〕❶从左右相持或相对。袁朗《和洗掾登城南坂望京邑》:“飞甍夹御沟,曲台临上路。”元结《朝阳岩下歌》:“零陵城郭夹湘岸,岩洞幽奇带郡城。”李廓《夏日途中》:“树夹炎风路,行人正午稀。”冯延巳《清平乐》词之三:“西园春早,夹径抽新草。”❷环绕,围绕。王维《寓言二首》之二:“君家御沟上,垂柳夹朱门。”白居易《春葺新居》:“移花夹暖室,徙竹覆寒池。”刘得仁《宣义池上》:“修篁夹绿池,幽絮此中飞。”喻坦之《晚泊盱眙》:“广苇夹深流,萧萧到海秋。”❸从两个相对的方面施加影响。韩愈《元和圣德诗》:"解脱挛索,夹以砧斧。"❹接近;跟随。杜甫《赠蜀僧闾丘师兄》:"豫章夹日月,岁久空深根。"❺辅佐。见"夾輔"。

夾2 〔jiá《集韵》吉協切,入帖,見。〕双层的。见"夾衣""夾衫""夾羅"。

夾3 〔xié《集韵》檄頰切,入帖,匣。〕❶携带。韩翃《别李明府》:"胡儿夹鼓越婢随,行捧玉盘尝荔枝。"❷挟制,控制。李白《相和歌辞·北上行》:"奔鲸夹黄河,凿齿屯洛阳。"

【夾₂衣】 有里有面的双层衣服。韩翃《送李舍人携家归江东觐省》:"夜月回孤烛,秋风试夹衣。"杜牧《闺情》:"暗砌匀檀粉,晴窗画夹衣。"徐铉《茱萸诗》:"芳排红结小,香透夹衣轻。"

【夾谷】 古地名。春秋齐地。故址在今山东莱芜县夹谷峡。鲁定公曾于此会齐侯。胡曾《咏史诗·夹谷》:"夹谷莺啼三月天,野花芳草整相鲜。"

【夾岸】 河流的两岸或堤岸的两边。戴叔伦《过友人隐居》:"春花正夹岸,何必问桃源。"刘禹锡《竞渡曲》:"彩旂夹岸照蛟室,罗袜凌波呈水嬉。"白居易《府西池北新葺水斋即事招宾偶题十六韵》:"夹岸铺长簟,当轩泊小舟。"杜牧《隋堤柳》:"夹岸垂杨三百里,只应图画最相宜。"

【夾注】 夹在书中正文下的注解,字体较正文小。杜荀鹤《戏题王处士书斋》:"欺春只爱和醅酒,讳老犹看夹注书。"

【夾₂衫】 夹衣。李贺《酬答二首》之一:"金鱼公子夹衫长,密装腰鞓割玉方。"

【夾巷】 夹在街道两旁的小巷。吴融《长安里中闻猿》:"夹巷重门似海深,楚猿争得此中吟。"

【夾城】 ❶围绕着城墙。上官昭容《驾幸三会寺应制》:"四山缘塞合,二水夹城流。"白居易《自题新昌居止因招杨郎中小饮》:"宿雨长齐邻舍柳,晴光照出夹城花。"❷瓮城,大城外的小城。李商隐《晚晴》:"深居俯夹城,春去夏犹清。"❸两边筑有高墙的通道。见《旧唐书·玄宗纪上》。杜甫《秋兴八首》之六:"花萼夹城通御气,芙蓉小苑入边愁。"李贺《河南府试十二月乐词·三月》:"摇摇锦旗夹城暖,曲水漂香去不归。"沈亚之《春色满皇州》:"花明夹城道,柳暗曲江头。"杜牧《长安杂题长句六首》之三:"南苑草芳眠锦雉,夹城云暖下霓旄。"

【夾砌】 排列在台阶两旁。白居易《秦中吟十首·伤宅》:"绕廊紫藤架,夹砌红药栏。"

【夾₂帽】 指棉帽。白居易《岁暮》:"夹帽长覆耳,重裘宽裹身。"

【夾階】 环绕台阶两侧。白居易《咏闲》:"树合阴交户,池分水夹阶。"

【夾路】 列在道路两边。王翰《古蛾眉怨》:"传声走马开金屋,夹路鸣环上玉墀。"岑参《稠桑驿喜逢严河南中丞便别》:"驷马映花枝,人人夹路窥。"元结《与瀼溪邻里》:"修竹多夹路,扁舟皆到门。"

【夾道】 义同"夾路"。李峤《汾阴行》:"五营夹道列容卫,三河纵观空里闾。"岑参《晦日陪侍御泛北池》:"日暮舟中散,都人夹道看。"无可《送姚中丞赴陕州》:"夹道行霜骑,迎风满草人。"王毂《刺桐花》:"南国清和烟雨辰,刺桐夹道花开新。"

【夾幕】 厅堂廊庑中所悬挂的帷幕。白居易《日高卧》:"夹幕绕房深似洞,重裀衬枕暖于春。"徐昌图《木兰花》词:"长垂夹幕孤鸾舞,旋炙银笙双凤语。"

【夾輔】 辅佐。语出《左传·僖公四年》:"五侯九伯,女实征之,夹辅周室。"杜甫《送从弟亚赴安西判官》:"龙吟回其头,夹辅待所致。"

【夾膝】 古时暑天置于床席间以憩手足的消暑器。温庭筠《晚坐寄友人》:"晓梦未离金夹膝,早寒先到石屏风。"常理《古别离》:"粟钿金夹膝,花错玉搔头。"陆龟蒙有《以竹夹膝寄赠袭美》。

【夾轂】 本指跟随在车子两侧担任护卫。亦用以时刻跟随车后。李白《相逢行》:"夹毂相借问,疑从天上来。"

【夾牆】 两座距离很近、中间有狭窄道路的墙壁。花蕊夫人徐氏《宫词》之九:"三面宫城尽夹墙,苑中池水白茫茫。"

【夾₂羅】 双层罗衣。李商隐《燕台四首·春》:"夹罗委箧单绡起,香肌冷衬琤琤珮。"

【夾鐘】 十二乐律中六阴律之一。见《礼记·月令》。故用以指二月。韩愈《忆昨行和张十一》:"忆昨夹钟之吕初吹灰,上公礼罢元侯回。"

【夾纈】 古代一种印花染色的方法。最早不迟于北朝末期便采用此法,盛唐时极为流行。其法是用两块雕镂相同的图案花板,将布帛夹于其间,然后入染,亦有染成二、三种色彩的。唐时夹缬多作妇女的披巾、衣裙和家具的装饰品。薛涛《春郊游眺寄孙处士二首》之二:"今朝纵目玩芳菲,夹缬笼裙绣地衣。"白居易《泛太湖书事寄微之》:"黄夹缬林寒有叶,碧琉璃水净无风。"又《玩半开花赠皇甫郎中》:"成都新夹缬,梁汉碎胭脂。"

五 画

奉 〔fèng《广韵》扶攏切,上腫,奉。〕❶捧着。郑锡《送客之江西》:"乘轺奉紫泥,泽国渺天涯。"李观《试中和节诏赐公卿尺诗》:"奉之无失坠，恩泽自天中。”元稹《瘴塞》：“殷勤奉药来相劝，云是前年欲病时。”于濆《古宴曲》：“燕娥奉卮酒，低鬟若无力。”❷进献。太宗《正日临朝》：“百蛮奉遐赆，万国朝未央。”杜甫《后出塞五首》之三：“誓开玄冥北，持以奉吾君。”常衮《奉和圣制麟德殿燕百僚应制》：“台鼎资庖膳，天星奉酒浆。”徐夤《荔枝二首》之一：“蛮山踯晓和烟摘，拜捧金盘奉越王。”❸给予，赠与。孙逖《和崔司马登称心山寺》：“尝闻宝刀赠，今日奉琼琚。”刘叉《自古无长生劝姚合酒》：“奉子一杯酒，为子照颜色。”孟郊《和宣州钱判官使院厅前石榴树》：“养此奉君子，赏觌日为娱。”元稹《感梦》：“前时奉橘丸，攻疾有神功。”曹邺《文宗陵》：“留此奉天下，所以无征伐。”❹侍奉，侍候。李峤《床》：“愿奉罗帷夜，长乘秋月光。”窦巩《忝职武昌初至夏口书事献府主相公》：“时奉登楼宴，闲修上水船。”韩愈《赴江陵途中寄三学士》：“逾岭到所任，低颜奉君侯。”白居易《送苏州李使君赴郡二绝句》之二：“风月不知人世变，奉君直似奉吴王。”罗虬《比红儿诗》之十一：“应缘近似红儿貌，始得深宫奉五官。”❺尊奉，信奉。则天皇后《唐大飨拜洛乐章·九和》：“恭崇礼则，肃奉仪形。”刘禹锡《郡内书情献裴侍中留守》：“兵符今奉黄公略，书殿曾随翠凤翔。”张籍《祭退之》：“子符奉其言，甚于亲使令。”杨嗣复《丁巳岁八月祭武侯祠堂因题临淮公旧碑》：“谋猷期作圣，风俗奉为神。”❻供给。李峤《瓜》：“终朝奉絺绤，谒帝伫非赊。”张说《岳州行郡竹篱》：“藩栅聊可固，筠篁近易奉。”王维《酬诸公见过》：“岁晏输税，以奉粢盛。”杜甫《彭衙行》：“遂空所坐堂，安居奉我欢。”❼奉养。白居易《秦中吟十首·伤宅》：“如何奉一身，直欲保千年。”❽奉祀。李纾《唐德明兴圣庙乐章·登歌奠币》：“尊祖奉宗，严禋大帝。”❾接受，接到，多用于对尊长或上级。含表敬之意。宋之问《桂州三月三日》：“赐金分帛奉恩辉，风举云摇入紫微。”杜甫《湘江宴饯裴二端公赴道州》：“鄙人奉末眷，佩服自早年。”权德舆《送张仆射朝见毕归镇》：“独奉新恩来谒帝，感深更见新诗丽。”❿助，有助于。南巨川《美玉》：“饰樽光宴赏，入珮奉威仪。”⓫奉示，奉告。熊曜《送杨谏议赴河西节度判官兼呈韩王二侍御》：“王师已无战，传檄奉良臣。”⓬施行，奉行。陈子昂《西还至散关答乔补阙知之》：“昔君事胡马，余得奉戎旃。”岑参《初过陇山途中呈宇文判官》：“万里奉王事，一身无所求。”⓭环绕。贺知章《望人家桃李花》：“的皪长奉明光殿，氛氲半入披香苑。”权德舆《顺宗至德大安孝皇帝挽歌三首》之三：“弓剑随云气，衣冠奉月游。”⓮敬词，用于自己的动作涉及对方时。王维有《既蒙宥罪旋复拜官伏感圣恩窃书鄙意兼奉简新除使君等诸公》。杜甫有《奉同郭给事汤东灵湫作》《奉赠严八阁老》《奉酬李都督表丈早春作》。李商隐有《奉寄安国大师兼简子蒙》。⓯通“俸”。俸禄。韩愈《雪后寄崔二十六丞公》：“秩卑俸薄食品众，岂有酒食开容颜。”

【奉上】 侍奉君主。皎然《奉和颜使君真卿修〈韵海〉毕会诸文士东堂重校》：“著书裨理化，奉上表诚信。”

【奉己】 奉养自己。韩愈《陪杜侍御游湘西两寺独宿有题一首因献杨常侍》：“礼贤道何优，奉己事苦俭。”

【奉天】 ❶奉行天命。太宗《帝京篇十首》之十：“奉天竭诚敬，临民思惠养。”❷唐县名。属京兆府。故城在今陕西乾县。戴叔伦有《奉天酬别郑谏议云逵卢拾遗景亮见别之作》。许棠有《奉天寒食书事》。韩偓有《乾宁三年丙辰在奉天重围作》。

【奉公】 奉行公事，办理公事。皮日休《病中书情寄上崔谏议》：“十日来来旷奉公，闭门无事忌春风。”

【奉引】 导引车驾。见《汉书·郊祀志下》。王维《奉和圣制十五夜然灯继以酺宴应制》：“奉引迎三事，司义列万方。”杜甫《寄岳州贾司马六丈巴州严八使君两阁老五十韵》：“此时沾奉引，佳气拂周旋。”韩翃《扈从郊庙因呈两省诸公》：“奉引乘舆金仗里，亲尝赐食玉盘中。”亦泛指在前导引。杜甫《忆昔二首》之一：“我昔近侍叨奉引，出兵整肃不可当。”又《奉酬严公寄题野亭之作》：“奉引滥骑沙苑马，幽栖真钓锦江鱼。”

【奉先】 唐县名。旧蒲城县。秦名“重泉”。后魏称“白水”，又改“蒲城”。开元四年(716)升为赤县。今陕西蒲城治所。孟浩然有《奉先张明府休沐还乡海亭宴集》。杜甫有《自京赴奉先县咏怀五百字》和《奉先刘少府新画山水障歌》。皇甫冉有《玄元观送李源李风还奉先华阴》。罗衮有《清明登奉先城楼》。

【奉先寺】 寺院名，在唐河南伊阙县北四十五里。今河南洛阳南。杜甫有《游龙门奉先寺》。

【奉行】 (—xíng)谓奉引前行。白居易《赠友五首》之一：“君出臣奉行，谓之握金镜。”参见“奉引”。

【奉佛】 信奉佛教。包佶《客自江南话过亡友朱司议故宅》：“奉佛栖禅久，辞官上疏频。”

【奉役】 服役。卢纶《酬灵澈上人》：“军人奉役本无期，落叶花开总不知。”

【奉君】 侍奉君王。王建《白纻歌二首》之二：“回昼为宵亦不寐，年年奉君君莫弃。”刘禹锡《团扇歌》：“团扇复团扇，奉君清暑殿。”

【奉和】 (—hè)做诗词与别人唱和。李峤有《奉和送金城公主适西蕃应制》。杜甫有《奉和严中丞西城晚眺十韵》。李商隐有《奉和太原公送前杨秀才戴兼招杨正字戎》。皮日休有《奉和鲁望读阴符经见寄》。

【奉使】　奉命出使。郑愔《塞外三首》之三："子卿犹奉使，常向节旄看。"杜甫《石砚诗》："奉使三峡中，长啸得石砚。"韩愈《送汴州监军俱文珍》："奉使羌池静，临戎汴水安。"

【奉命】　奉行使命，遵照命令。韦应物《秋集罢还途中作谨献寿春公黎公》："束带自衡门，奉命宰王畿。"曹邺有《奉命齐州推事毕寄本府尚书》。

【奉迎】　❶恭迎。王维《华岳》："上帝伫昭告，金天思奉迎。"李峤《汾阴行》："河东太守亲扫除，奉迎至尊导銮舆。"❷犹逢迎。司空图《丁巳元日》："星变当移幸，人心喜奉迎。"

【奉帚】　持帚洒扫。借指嫔妃失宠而被冷落。王昌龄《长信秋词五首》之三："奉帚平明金殿开，且将团扇暂裴回。"

【奉春】　西汉刘敬封奉春君。他首献对匈奴和亲之策，且为高祖刘邦所采用。见《史记·刘敬叔孙通列传》。胡曾《咏史诗·平城》："当时已有吹毛剑，何事无人杀奉春。"

【奉春長策】　（長 cháng）汉高祖时，刘敬上言，力排定都洛阳之议，主张入关定都关中，被高祖采用。见《史记·刘敬叔孙通列传》。后作为歌咏谋臣之典。徐夤《忆潼关》："隋炀远游宜不反，奉春长策竟何如。"

【奉律上人】　僧人。精通《维摩诘经》。与李德裕有交往。李德裕有《赠奉律上人》，自注："律公精于维摩纪"。参见"奉蚌"。

【奉蚌】　僧人。《全唐诗逸》卷中录其《思故乡》佚句一联。按僧人法号无有作"蚌"者，当为"奉律"之讹。

【奉恩】　秉承恩惠。朱庆余《羽林郎》："紫髯年少奉恩初，直阁将军尽不如。"

【奉宴】　侍奉宴席。沈亚之《题海榴树呈八叔大人》："几时奉宴瑶台下，何日移荣玉砌前。"

【奉教】　（—jiào）接受教导，秉承指示。李峤有《奉教追赴九成宫途中口号》和《八月奉教作》。

【奉敕】　奉皇帝的命令。杜审言有《蓬莱三殿侍宴奉敕咏终南山应制》。无名氏《广州三樵歌》："奉敕追三樵，随侯傍道走。"

【奉常】　官名。秦置，为九卿之一，掌宗庙礼仪，汉景帝中元年间改名"太常"。唐置太常寺。掌礼乐、郊庙、社稷之事。胡直钧《太常观阅骠国新乐》："异音来骠国，初被奉常人。"

【奉晨昏】　指终日侍奉父母。语出《礼记·典礼上》。权德舆《暮春闲居示同志》："灌园输井税，学稼奉晨昏。"

【奉國】　服务国家；以身殉国。则天皇后《唐武氏享先庙乐章》："奉国忠诚每竭，承家至孝纯深。"徐彦伯《比干墓》："奉国历三朝，观窍明一瞬。"源乾曜《奉和圣制送张尚书巡边》："奉国知命轻，忘家以身许。"

【奉御】　指供奉。成彦雄《柳枝辞九首》之七："朝朝奉御临池上，不羡青松拜大夫。"

【奉陪】　陪伴的敬称。刘长卿有《奉陪使君西庭送淮西魏判官》。杜牧《早春寄岳州李使君李善棋爱酒情地闲雅》："此兴予非薄，何时得奉陪。"李郢有《奉陪裴相公重阳日游安乐池亭》。

【奉詔】　接受皇帝的命令。贾至《自蜀奉册命往朔方途中呈韦左相文部房尚书门下崔侍郎》："捧册自南服，奉诏趋北军。"韩愈《元和圣德诗》："崇文奉诏，进退规矩。"皮日休《临顿为吴中偏胜之地因成五言十首奉题屋壁》之十："画臣谁奉诏，来此写姜肱。"吴融《闻李翰林游池上有寄》："花飞絮落水和流，玉署词臣奉诏游。"

【奉酬】　以文字相酬答。杜甫有《奉酬严公寄题野亭之作》。李益有《奉酬崔员外副使携琴宿使院见示》。李绅有《奉酬乐天立秋夕有怀见寄》。皮日休有《奉酬崔璐进士见寄次韵》。

【奉誠園】　园名。原为唐司徒燧旧宅。见唐冯翊子《桂花丛谈·史遗》。后用为盛衰无常之典。元稹《遣兴十首》之二："草没奉诚园，轩车昔曾满。"白居易《新乐府·杏为梁》："君不见马家宅，尚犹存，宅门题作奉诚园。"又《秦中咏十首·伤宅》："不见马家宅，今作奉诚园。"薛逢《君不见》："奉诚园里蒿棘生，长兴街南沙路平。"

【奉義】　尊奉道义。孟郊《汝州陆中丞席喜张从事至同赋十韵》："有客乘白驹，奉义惬所适。"

【奉道】　崇奉道教。韩愈《华山女》："华山女儿家奉道，欲驱异教归仙灵。"

【奉親】　侍奉父母。元稹《和乐天初授户曹喜而言志》："君求户曹掾，贵以禄奉亲。"李频《旅怀》："奉亲无别业，谒帝有何门。"杜荀鹤《行次荥阳却寄诸弟》："难把归书说远情，奉亲多阙拙为兄。"

【奉養】　侍奉赡养。王昌龄《放歌行》："但营数斗禄，奉养每丰羞。"韩愈《寄卢仝》："辛勤奉养十余人，上有慈亲下妻子。"

【奉餞】　饯别的敬辞。李白有《对雪奉饯任城六父秩满归京》和《鸣皋歌奉饯从翁清归五崖山居》。刘长卿有《余干夜宴奉饯前苏州韦使君新除婺州作》。

【奉禮】　官名。即奉礼部，太常寺属官。唐太常寺奉礼郎二员，从九品上，掌朝会祭祀君臣之牌位。李峤有《送骆奉礼从军》。李贺有《始为奉礼忆昌谷山居》，又《听颖师琴歌》："请歌直请卿相歌，奉礼官卑复何益。”

【奉賮】　进献的财物。许敬宗《奉和春日望海》：“韩夷愆奉赆，凭险乱天常。”

【奉職】　奉行职责。韩愈《东都遇春》：“在庭百执事，奉职各只敬。”许浑《郡斋夜坐寄旧乡二侄》：“千官奉职衮龙垂，旅卧淮阳鬓日衰。”

【奉觴】　举杯敬酒。李贺《致酒行》：“零落栖迟一杯酒，主人奉觞客长寿。”裴度、白居易《度自到洛中与乐天为文酒之会因为联句》：“奉觞承曲蘖，落笔捧琼瑰。”李绅《却渡西陵别越中父老》：“倾手奉觞看故老，拥流争拜见孩提。”

【奉贈】　敬辞。赠送，敬赠。王维《重酬苑郎中》序：“顷辄奉赠，忽枉见酬。”杜甫有《奉赠韦左丞丈二十二韵》和《奉赠射洪李四丈》。

【奉辭】　指奉君主之正辞。杜甫《大云寺赞公房四首》之四：“奉辞还杖策，暂别终回首。”

【奉獻】　进献。皮日休有《奉献致政裴秘监》。

奈〔nài《广韵》奴帶切，去泰，泥。又奴箇切，去箇，泥〕❶对付，处置。杜甫《江梅》：“绝知春意好，最奈客愁何。”刘长卿《月下呈章秀才》：“自古悲摇落，谁人奈此何。”白居易《赠诸少年》：“官给俸钱天与寿，些些贫病奈吾何。”孙郃《古意二首》之二：“小国有其人，大国奈之何。”❷无奈，怎奈。皇甫冉《送包佶赋得天津桥》：“岂无朝夕轩车度，其奈相逢非所亲。”韩愈《醉后》：“煌煌东方星，奈此众客醉。”元稹《梦游春七十韵》：“江花纵可怜，奈非心所慕。”陈季卿《别兄弟》：“谋身非不早，其奈命来迟。”❸通“耐”。禁得起。受得住。韩翃《送丹阳刘太真》：“下箸已怜鹅炙美，开笼不奈鸭媒娇。”杨凌《剡溪看花》：“还同异方乐，不奈客愁多。”皮日休《重送》：“不奈此时贫且病，乘桴直欲伴师游。”韦庄《曲池作》：“若无诗自遣，谁奈寂寥春。”

【奈向】　奈何，如何。韩翃《送客归广平》：“到时杨柳色，奈向故园看。”

【奈何】　❶怎么，为何。苏颋《小园纳凉即事》：“奈何夸大隐，终日系尘缨。”杜甫《太子张舍人遗织成褥段》：“奈何田舍翁，受此厚贶情。”孟郊《隐士》：“奈何贪竞者，日与患害亲？”卢仝《月蚀诗》：“奈何万里光，受此吞吐厄？”孙元晏《咏史诗·齐·王亮》：“后见梁王未免哀，奈何无计拯倾颓。”❷怎么样；怎么办。寒山《诗三百三首》之一九：“自古如此多，君今争奈何。”武元衡《行路难》：“风飘雨散今奈何，绣闼雕甍绿苔多。”李中《听蝉寄朐山孙明府》：“忽听新蝉发，客情其奈何？”刘象《早春池亭独游三首》之三：“万虑从相拟，今朝欲奈何。”❸办法。寒山《诗三百三首》之二四三：“处处无奈何，耽财好淫杀。”白居易《相和歌辞·短歌行二首》之二：“从古无奈何，短歌听一曲。”徐铉《梦游三首》之一：“魂梦悠扬不奈何，夜来还在故人家。”❹用何种方法、手段对付。李白《陈情赠友人》：“奈何成离居，相去复几许。”舒元舆《坊州按狱》：“奈何贪狼心，润屋沉脂膏。”苏拯《猎犬行》：“猎犬未成行，狐兔无奈何。”齐己《寄诗友》：“他人虽欲解，此道奈何深。”

【奈何天】　指无可奈何的时光。表示无可排遣的思绪。陶谷《春光好》词：“好因缘，恶因缘，奈何天。”

【奈何許】　即奈何，怎么办。许，语助，无义。韩愈《感春四首》之一：“三杯取醉不复论，一生长恨奈何许。”

【奈許】　奈何，怎么办。许敬宗《奉和七夕宴悬圃应制二首》之一：“奈许今宵度，长婴离恨多。”

【奈菀】　（—yuàn）菀，通“苑”。原指佛经中的奈园。后借指寺院。贯休《陈情献蜀皇帝》：“奈菀幽栖多胜景，巴歈陈贡愧非才。”

奔〔bēn《广韵》博昆切，平魂。幫〕❶急走，跑。刘允济《经庐岳回望江州想洛川有作》：“潜伏屡鲸奔，雄飞更鸷搏。”李白《赠宣城赵太守悦》：“出牧历三郡，所居猛兽奔。”杜甫《示从孙济》：“阿翁懒惰久，觉儿行步奔。”韩愈《南山诗》：“超超出犹奔，蠢蠢骇不懋。”亦引申为行走，行至。王建《寄崔列中丞》：“贪泉誓不饮，邪路誓不奔。”黄滔《和王舍人崔补阙题天王寺》：“清斋奔井邑，玄发剃熊罴。”❷鸟疾飞。刘沧《过北邙山》：“白杨落日悲风起，萧索寒巢鸟独奔。”❸快速，猛烈。李白《避地司空原言怀》：“弄景奔日驭，攀星戏河津。”李商隐《魏侯第东北楼堂郢叔言别聊用书所见成篇》：“旧欢尘自积，新岁电犹奔。”吕岩《七言》之二九：“日影元中合自然，奔雷走电入中原。”❹奔波，奔忙。沈传师《次潭州酬唐侍御姚员外游道林岳麓寺题示》：“承明年老辄自论，乞得湘守东南奔。”姚合《答窦知言》：“陕城城西边，逢子亦且奔。”❺败逃，逃亡。李希仲《蓟北行二首》之二：“寒日鼓声急，单于夜将奔。”杜甫《前出塞九首》之八：“雄剑四五动，彼军为我奔。”李商隐《行次西郊作一百韵》：“昔闻举一会，群盗为之奔。”❻投奔。韦庄《鸡公帻》：“不鸣非有意，为怕客奔齐。”丘光庭《补茅鸱》序：“襄二十八年左传：齐庆封奔鲁，叔孙穆子食庆封。”❼奔流。杜甫《贻华阳柳少府》：“并坐石下堂，俯视大江奔。”杜牧《奉送中丞姊夫俦十二韵》：“滕阁丹霄倚，章江碧玉奔。”❽驱使，驱赶。皮日休《三羞诗三首》之一：“蹇蹄可再奔，退羽可后歇。”❾争奔。陆龟蒙《奉和袭美二游诗·徐诗》：“人间盛传写，海内奔穷研。”❿私奔。旧指女子私与男子结合或跟他一起逃走。

白居易《新乐府·井底引银瓶》："聘则为妻奔是妾，不堪主祀奉蘋蘩。"⓫奔放。任华《寄李白》："古来文章有能奔逸气，耸高格，清人心神，惊人魂魄，我闻当今有李白。"

【奔亡】　逃亡；逃跑。李白《经乱离后书怀赠江夏韦太守良宰》："乐毅倘再生，于今亦奔亡。"

【奔月】　古代神话。后羿之妻嫦娥偷吃其夫不死之药飞奔月中。见《淮南子·览冥训》。后作为咏月或登仙之典。包何《同阎伯均宿道士观有述》："纵令奔月成仙去，且作行云入梦来。"武元衡、崔备《中秋夜听歌联句》："此夕来奔月，何时去上天。"韩愈《梁国惠康公主挽歌二首》之二："佩兰初应梦，奔月竟沦辉。"李群玉《龟》："扬花输蚌蛤，奔月恨蟾蜍。"

【奔屯】　(—tún)聚集。罗隐《中元甲子以辛丑驾幸蜀四首》之三："邪气奔屯瑞气移，清平过尽到艰危。"

【奔北】　败逃。元稹《痁卧闻幕中诸公征乐会饮因有戏呈三十韵》："奔北翻成勇，司南却是咼。"

【奔走】　❶急行，疾走。李华《仙游寺》："巋然龙潭上，石势若奔走。"姚合《寄旧山隐者》："奔走衢路间，四枝不属身。"元稹《兔丝》："下有狐兔穴，奔走亦纵横。"王贞白《洛阳道》："喧喧洛阳路，奔走争先步。"❷奔波劳碌。储光羲《狱中贻姚张薛李郑柳诸公》："妻子垂涕泣，家僮日奔走。"杜甫《大云寺赞公房四首》之四："既未免羁绊，时来憩奔走。"柳宗元《觉衰》："齿疏发就种，奔走力不任。"吴融《海棠二首》之一："太尉园林两树春，年年奔走探花人。"❸趋途，迎合。李颀《行路难》："世人逐势争奔走，沥胆堕肝惟恐后。"❹驱使。元稹《感梦》："君如冬月阳，奔走不必召。"

【奔車】　❶飞奔之车。李华《杂诗六首》之六："奔车得停轨，风火何相逼。"白居易《新乐府·胡旋女》："人间物类无可比，奔车轮缓旋风迟。"亦用以指飞奔的车状之船。皮日休《奉和鲁望渔具十五咏·钓车》："何处觅奔车，平波今渺渺。"❷驱车快行。白居易《邓鲂张彻落第》："奔车看牡丹，走马听秦筝。"

【奔兕】　奔跑的犀牛。林滋《望九华山》："大者嶙峋若奔兕，小者崑嵬如婴儿。"

【奔沙】　飞沙。许棠《出塞门》："暴雨声同瀑，奔沙势异尘。"

【奔奔】　鸟类雌雄相随之貌。见《诗·鄘风·鹑之奔奔》。李白《雪谗诗赠友人》："彼妇人之淫昏，不如鹑之奔奔。"

【奔命】　❶奔走应命。杜甫《早发》："昔人戒垂堂，今则奚奔命。"李讷《命妓盛小丛歌饯崔侍御还阙》："绣衣奔命去情多，南国佳人敛翠娥。"❷谓忙于应付。皮日休《吴中苦雨因书一百韵寄鲁望》："奔命既不暇，乞降但相续。"

【奔放】　急速流淌，不受拘束。韩愈《岳阳楼别窦司直》："南汇群崖水，北注何奔放。"

【奔河】　出《山海经·海外北经》。后用作描叙天热口渴之典。韩愈、孟郊《纳凉联句》："化邓渴且多，奔河诚已悫。"

【奔注】　奔流灌注。李义府《招谕有怀赠同行人》："蜀山自纷纠，岷水恒奔注。"孟浩然《经七里滩》："彩翠相氛氲，别流乱奔注。"白居易《不二门》："流年似江水，奔注无昏昼。"皮日休《奉和添酒中六咏·酒池》："八齐竞奔注，不知深几丈。"

【奔波】　❶奔腾的波涛。武元衡《奉酬淮南中书相公见寄》："岁月奔波尽，音徽雾雨濡。"元稹《楚歌十首》之九："三峡连天水，奔波万里来。"❷奔走忙碌。杜甫《寄柏学士林居》："自胡之反持干戈，天下学士亦奔波。"韩愈《送惠师》："奔波自追及，把手问所因。"赵嘏《歙州道中仆逃》："去跳风雨几奔波，曾共辛勤奈若何。"张震《宿金河戍》："奔波急王程，一日千里路。"

【奔空】　(—kōng)谓奔入月宫。李群玉《感兴四首》之二："昔窃不死药，奔空有嫦娥。"参见"奔月"。

【奔星】　流星。见《汉书·司马相如传上》。李绅《移九江》："五两剧奔星，樯乌疾飞鸟。"

【奔迫】　匆忙奔驰。李白《淮南卧病书怀寄蜀中赵征君蕤》："功业莫从就，岁光屡奔迫。"吕温《道州观野火》："虫蛇尽烁烂，虎兕出奔迫。"白居易《和答诗十首·和分水岭》："萦纡用无所，奔迫流不已。"

【奔突】　横冲直撞。杜甫《巴山》："盗贼还奔突，乘舆恐未回。"又《沙苑行》："累累塠阜藏奔突，往往坡陀纵超越。"

【奔馬】　奔跑之马。喻迅速。李绅《入淮至盱眙》："岸惊目眩同奔马，浦溢心疑睹抃鳌。"

【奔峭】　❶崩坍绝迹。见《文选·谢灵运〈七里濑〉》。储光羲《巩城南河作寄徐三景晖》："舟楫去潆回，湍溆行奔峭。"引申为崎岖。李白《经乱后将避地剡中留赠崔宣城》："王城皆荡覆，世路成奔峭。"❷谓势若奔涌的山峰。杜甫《入宅三首》之一："奔峭背赤甲，断崖当白盐。"又《次空灵岸》："空灵霞石峻，枫栝隐奔峭。"钱起《罢章陵令山居过中峰道者二首》之一："幽人还绝境，谁道苦奔峭。"

【奔迸】　奔逃，逃散。刘太真《顾十二况左迁因亦成篇以继三君子之风焉》："奔迸历畏途，缅邈赴偏陬。"戴叔伦《抚州对事后送外生宋垓归饶州觐侍呈上姊夫》："与君随亲族，奔迸辞故里。"陆龟蒙《丁隐君歌》："满城奔迸翰之闲，只把枯松塞圭窦。"

【奔流】　❶急速流淌。李白《将进酒》："君不见黄河之水天上来，奔流到海不复回。"韩愈《宿曾江口示侄孙湘二首》之一:“云昏水奔流,天水漭相围。”李缜《奉和郎中游仙岩四瀑布十四韵》:“中有四瀑水,奔流状千般。”❷奔腾的流水。太宗《咏饮马》:“骏骨饮长泾,奔流洒络缨。”韩愈《宿曾江口示侄孙湘二首》之二:“林间无所有,奔流但潺潺。”何敬《题吉州龙溪》:“奔流百折银河通,落花滚滚浮霞红。”

【奔浪】 奔腾的水浪。吴融《江树》:“终日冲奔浪,何年坠乱风。”

【奔蛇】 传说中一种能飞之蛇。见《淮南子·冥览训》。亦用以形容道路曲折。杜审言《度石门山》:“泥拥奔蛇径,云埋伏兽丛。”

【奔從】 (—cóng)奔跑。元结《引极三首·怀潜君》:“思假鳞兮鲲龙,激沆浪兮奔从。”

【奔雲】 急速飞驶之云。李商隐《李肱所遗画松诗书两纸得四十韵》:“又如惊螭走,默与奔云逢。”

【奔晷】 快速行驶的太阳。孟浩然《晚春卧病寄张八》:“遥情每东注,奔晷复西驰。”

【奔策】 以鞭击马使之快跑。王勃《易阳早发》:“饬装侵晓月,奔策候残星。”

【奔凑】 集聚,会合。岑参《与高适薛据登慈恩寺浮图》:“连山若波涛,奔凑似朝东。”刘商《金井歌》:“闾阎少长竞奔凑,黄金满袖家富有。”

【奔湍】 急速的水流。杜甫《营屋》:“萧萧见白日,汹汹开奔湍。”

【奔渾】 犹奔涌。浑,水流声。元稹《春蝉》:“安得天上雨,奔浑河海倾。”又《书异》:“奔浑驰暴雨,骤鼓轰雷霆。”吴融《登鹳雀楼》:“冻开河水奔浑急,雪洗条山错落寒。”

【奔馳】 ❶车马疾驶。任华《寄杜拾遗》:“沧海无风似鼓荡,华岳平地欲奔驰。”刘禹锡《送僧仲剬东游兼寄呈灵澈上人》:“前时学得经论成,奔驰象马开禅扃。”白居易《叙德书情四十韵上宣歙翟中丞》:“磨铅重剸割,策蹇再奔驰。”周昙《咏史诗·春秋战国门·晏婴》:“麋鹿命悬当有处,驱车何必用奔驰。”亦泛称动物疾走、奔跑。元结《演兴四首·讼木魅》:“且忧颙之翮翮,又愁狖之奔驰。”❷奔走;奔波。王建《求友》:“遂作名利交,四海争奔驰。”曹邺《奉命齐州推事毕寄本府尚书》:“四顾无相识,奔驰若投荒。”

【奔雷】 响雷。杜甫《朝二首》之二:“巫山冬可怪,昨夜有奔雷。”吴融《汴上观》:“千里风清闻戛玉,几人东下忆奔雷。”吕岩《七言》之二九:“日影元中合自然,奔雷走电入中原。”

【奔傾】 急速地倾泻。林宽《苦雨》:“骤洒纤枝折,奔倾坏堵平。”

【奔傷】 奔荡,奔流,激荡。伤,通“荡”。李绅《愈岭峤止荒陬抵高要》:“万壑奔伤溢作泷,湍飞浪激如绳直。”

【奔逾】 奔越。许棠《汴河十二韵》:“奔逾怀许竭,澄彻泗滨休。”

【奔溜】 (—liù)急泻的小股水流。杨师道《中书寓直咏雨简褚起居上官学士》:“长檐响奔溜,清簟肃浮埃。”李正封《夏游招隐寺暴雨晚晴》:“石渠写奔溜,金刹照颓阳。”

【奔隘】 谓奔于险隘。卢纶《秋晚河西县楼送浑中允赴朝阙》:“岐路自奔隘,壶觞终寂寥。”

【奔駟】 急驶的四马之车。喻急驰之日。杨衡《游峡山寺》:“奔驷非久耀,驰波肯暂留。”

【奔厲】 恶鬼。李贺《汉唐姬饮酒歌》:“强枭噬母心,奔厉索人魄。”

【奔箭】 飞驰之箭。喻快速。储光羲《苏十三瞻登玉泉寺峰入寺中见赠作》:“天籁激微风,阳光轹奔箭。”

【奔衝】 (—chōng)奔驰,猛冲。李白《魏郡别苏明府因北游》:“淇水流碧玉,舟车日奔冲。”李华《寄赵七侍御》:“丹丘忽聚散,素壁相奔冲。”白居易《白云泉》:“何必奔冲山下去,更添波浪向人间。”

【奔澌】 奔腾的水流。澌,解冻的水流。卢仝《冬行三首》之二:“奔澌嚼篙枝,夹岸雪龙吼。”

【奔橈】 飞速行驶之船。桡,船桨。陈子昂《万州晓发放舟乘涨还寄蜀中亲朋》:“啸旅乘明发,奔桡骛断矶。”

【奔濤】 奔腾的波涛。沈佺期《塞北二首》之一:“锋刃奔涛色,旌旗焰火文。”李绅《渡西陵十六韵》:“雨送奔涛远,风收骇浪平。”

【奔避】 奔逃。郑谷《黯然》:“搢绅奔避复沦亡,消息春来到水乡。”

【奔蹙】 ❶急促,匆忙。元稹《雉媒》:“敛翮远投君,飞驰势奔蹙。”❷集聚,会合。宋之问《游陆浑南山以诗代书答李舍人适》:“细岑互攒倚,浮巘竞奔蹙。”李白《泾溪南蓝山下有落星潭可以卜筑余泊舟石上寄何判官昌浩》:“奔蹙横澄潭,势吞落星石。”钱起《美杨侍御清文见示》:“层峰与清流,逸势竞奔蹙。”

【奔瀑】 奔泻而形成的瀑布。皇甫曾《遇风雨作》:“万窍相怒号,百泉暗奔瀑。”

【奔竄】 逃走隐匿;慌乱逃跑。杜甫《破船》:“所悲数奔窜,白屋难久留。”《湖南童谣》:“百姓奔窜无一事,只是憔芒织草鞋。”

【奔鯨】 奔驰的鲸鱼。喻不义凶暴之人或强敌。李白《北上行》:“奔鲸夹黄河,凿齿屯洛阳。”又《古风》之三四:“困兽当猛虎,穷鱼饵奔鲸。”

【奔鯨沛】 乐府歌辞。《乐府诗集》归入鼓吹曲辞。唐柳宗元作。《全唐诗》卷十七载柳宗元《乐府杂曲·鼓吹铙歌》。中有《奔鲸沛》，序云："奔鲸沛，言辅氏凭江淮，竟东海，命将平之也。"

【奔曦】 ❶飞驰的太阳。崔知贤《三月三日宴王明府山亭》序："挥鲁阳之戈，奔曦可驻；骋山公之骑，余兴方遒。"❷谓时光飞速流逝。李群玉《饭僧》："奔曦入半百，冉冉颓濛汜。"

【奔腾】 ❶飞奔急驰。杜甫《病橘》："忆昔南海使，奔腾献荔支。"白居易《贺雨》："奔腾道路人，伛偻田野翁。"唐彦谦《留别四首》之四："老骥春风里，奔腾独异群。"❷奔流，奔涌。戴公怀《奉和郎中游仙山四瀑泉兼寄李吏部包秘监赵婺州齐处州》："淙漻泻三四，奔腾千万秋。"

【奔競】 奔走竞争。孟郊《吊元鲁山》之二："奔竞立诡节，凌侮争怪辉。"温庭筠《病中书怀呈友人》："正使猜奔竞，何尝计有无。"韩偓《春阴独酌寄同年虞部李郎中》："闲嗤入甲奔竞态，醉唱落调渔樵歌。"

【奔驛】 急驰的驿车。赵居贞《云门山投龙诗》："玉策奉诚信，仙佩俟奔驿。"

【奔驥】 奔驰的良马。贾岛《落第东归逢僧伯阳》："逸足思奔骥，随群且退鳞。"

奇[1] 〔qí《广韵》渠羈切，平支，羣。〕❶珍奇；稀奇。太宗《帝京篇十首》之五："芳辰追逸趣，禁苑信多奇。"杜甫《李鄠县丈人胡马行》："自矜胡骝奇绝代，乘出千人万人爱。"李德裕《思平泉树石杂咏一十首·似鹿石》："林中有奇石，仿佛兽潜行。"徐夤《经故翰林杨左丞池亭》："蔷薇藤老开花浅，翡翠巢空落羽奇。"❷奇异，奇秀，奇美。刘长卿《游四窗》："四明山绝奇，自古说登陆。"钱起《送河南陆少府》："云间陆生美且奇，银章朱绶映金羁。"任华《寄杜拾遗》："杜拾遗，名甫第二才甚奇。"杜荀鹤《顾云侍御出二子请诗因遗一绝》："二雏毛骨秀仍奇，小小能吟大大诗。"❸新奇。王邕《怀素上人草书歌》："此中灵秀众所知，草书独有怀素奇。"李商隐《怀素上人草书歌》："句奇语重喻者少，谗之天子言其私。"韦庄《题许浑诗卷》："江南才子许浑诗，字字清新句句奇。"❹出人意料，使人难以预测。岑参《虢中酬陕西甄判官见赠》："阃外佐戎律，幕中吐兵奇。"张俨《贞元八年十二月谒先主庙绝句三首》之二："得股肱贤明，能以奇用兵。"❺以为奇，着重。钱起《片玉篇》："至宝未为代所奇，韫灵示璞荆山陲。"刘禹锡《吐绶鸟词》："越人偶见而奇之，因名吐绶江南知。"韩愈《归彭城》："缄封在骨髓，耿耿空自奇。"元稹《酬李六醉后见寄口号》："潦倒惭相识，平生颇自奇。"❻谓奇异之人或奇异之事物。沈如筠《寄张征古》："张子海内奇，久为岩中客。"杜甫《猿》："惯习元从众，全生或用奇。"任华《怀素上人草书歌》："吾尝好奇，古来草圣无不知。"韩愈《城南联句》："窥奇摘海异，恣韵激天鲸。"刘禹锡《秋江早发》："纳爽耳目变，玩奇筋骨轻。"❼甚，很。牛僧孺《李苏州遗太湖石因题二十韵奉呈梦得乐天》："近水摇奇冷，依松助澹清。"

奇[2] 〔jī《广韵》居宜切，平支，見。〕❶单数。引申为命运坎坷。韩愈《寄崔二十六立之》："不脱吏部选，可见偶与奇。"骆宾王《早秋出塞寄东台详正学士》："数奇何以托，桃李自无言。"杜甫《西枝村寻置草堂地夜宿赞公土室二首》之二："数奇谪关塞，道广存箕颍。"张祜《寓怀寄苏州刘郎中》："天子好文才自薄，诸侯力荐命犹奇。"黄滔《送翁员外承赞》："谁言吾党命多奇，荣美如君历数稀。"❷零数，余数。见"奇强"。

【奇人】 异人。非常之人。贯休《怀武夷红石子二首》之一："曾见奇人说，烟霞恨太遥。"

【奇₂人】 命运坎坷之人。顾况《游子吟》："圣主虽启迪，奇人分湮沉。"

【奇工】 技艺不凡的工匠。陆龟蒙《开元杂题七首·玉龙子》："何代奇工碾玉英，细髯纤角尽雕成。"又《和袭美江南书情二十韵次韵》："大乐宁忘缶，奇工肯顾瑊。"

【奇士】 非凡之士。崔璐《览皮先辈盛制因作十韵以寄用伸款仰》："襄阳得奇士，俊迈真龙驹。"韦庄《辛丑年》："但有羸兵填渭水，更无奇士出商山。"

【奇才】 ❶非凡的才能。李峤《笔》："何当遇良史，左右振奇才。"张谔《满月》："社金流茂祉，庭玉表奇才。"杜甫《短歌行赠王郎司直》："王郎酒酣拔剑斫地歌莫哀，我能拔尔抑塞磊落之奇才。"赵氏《夫下第》："良人的的有奇才，何事年年被放回。"❷非凡的人才。慧宣《奉和窦使君同恭法师咏高僧二首·释僧肇》："适验方袍里，奇才复挺生。"

【奇毛】 奇特的毛羽。许圉师《咏牛应制》："逸足还同骥，奇毛自偶麟。"杜甫《见王监兵马使说近山有白黑二鹰请余赋诗》："雪飞玉立尽清秋，不惜奇毛恣远游。"

【奇文】 ❶即奇纹。奇妙的纹理。萧颖士《仰答韦司业垂访五首》之二："错落负奇文，荧煌耀丹金。"白居易《文柏床》："以其多奇文，宜升君子堂。"❷奇妙的诗文。吴融《寄杨侍郎》："奇文已刻金书券，秘语看镌玉检封。"

【奇巧】 非常精巧。皮日休《鲁望读襄阳耆旧传见赠五百言次韵》："斯文纵奇巧，秦玺新雕镂。"

【奇功】 非凡的功勋。王维《送陆员外》："无为费中国，更欲邀奇功。"李白《送族弟绾从军安西》："尔随汉将出门去，剪虏若草收奇功。"刘长卿《观校猎上淮西相公》："三十拥旄谁不羡，周郎少小立奇功。"

【奇古】 奇特古朴。杜甫《题李尊师松树障子歌》："老夫平生好奇古，对此兴与精灵聚。"

【奇伏】 出人意料的埋伏。韩愈《征蜀联句》："石潜设奇伏，穴覰骋精察。"

【奇$_2$舛】 命运不佳，遇事不顺利。骆宾王《畴昔篇》："从来奇舛任西东，不应永弃同刍狗。"

【奇名】 非凡的名声。皎然《陈氏童子草书歌》："书家孺子有奇名，天然大草令人惊。"温庭筠《清凉寺》："妙迹奇名竟何在，下方烟暝草萋萋。"

【奇色】 奇特的颜色。严武《题龙日寺西龛石壁》："奇色艳草满，珍名嘉树稠。"

【奇字】 指怪异之字。詹敦仁《复留侯从效问南汉刘岩改名龑字音义》："奇字难雄博，摛文伏韩智。"

【奇形】 奇怪的形状。上官昭容《游长宁公主流杯池二十五首》之一六："泉石多仙趣，岩壑写奇形。"李咸用《水仙操》："大波相拍流水鸣，蓬山鸟兽多奇形。"欧阳炯《题景焕画应天寺壁天王歌》："逡巡队仗何颠逸，散漫奇形皆涌出。"

【奇形怪狀】 奇怪的形状。吴融《太湖石歌》："铁索千寻取得来，奇形怪状谁能识。"

【奇志】 非凡的志向。崔融《拟古》："夙龄负奇志，中夜三叹息。"

【奇技】 奇巧的技艺。薛能《升平词十首》之五："奇技皆归朴，征夫亦服田。"

【奇材】 指珍奇的木材。刘廷坚《观岳寿寺松因课留题》："为爱奇材看不尽，题诗留在远公房。"

【奇兵】 出乎敌人意料而突然袭击的军队。崔湜《塞垣行》："精骑突晓围，奇兵袭暗壁。"杜甫《观安西兵过赴关中待命二首》之二："奇兵不在众，万马救中原。"高适《同李员外贺哥舒大夫破九曲之作》："奇兵邀转战，连弩绝归奔。"韩偓《残春旅舍》："禅伏诗魔归净域，酒冲愁阵出奇兵。"

【奇妙】 新奇巧妙。张祜《叙诗》："江词骋奇妙，鲍趣出孤危。"

【奇玩】 供人观赏的珍品。李德裕《追和太师颜公同清远道士游虎丘寺》："乃知造化意，回斡资奇玩。"

【奇花】 稀有的花卉。司空图《诗品二十四则·精神》："明漪绝底，奇花初胎。"王毂《梦仙谣三首》之三："瑶台绛节游皆遍，异果奇花香扑面。"毛文锡《西溪子》词："昨夜西溪游赏，芳树奇花千样。"亦用以喻指优美的诗文。李咸用《览文僧卷》："怪石难为古。奇花不敢妖。"

【奇花怪木】 奇异的花木。徐光溥《题黄居寀秋山图》："珍禽异兽皆自驯，奇花怪木非因植。"

【奇物】 稀奇之物。顾云《苏君厅观韩干马障歌》："朱崖谪掾从亡殁，更有何人鉴奇物。"

【奇秀】 奇物秀丽。陆龟蒙《丁隐君歌》："连江大抵多奇岫，独话君家最奇秀。"

【奇服】 新奇的服装。李群玉《晚莲》："楚客罢奇服，吴姬停棹歌。"

【奇怪】 ❶稀奇特异，异乎一般。韩愈《南山诗》："吁嗟信奇怪，峙质能化贸。"又《喜侯喜至赠张籍张彻》："地遐物奇怪，水镜涵石剑。"卢仝《与马异结交诗》："欲动不动千变万化总是鳞皴皮，此奇怪物不可欺。"白居易《玉泉寺题诗以示游者》："玉泉南涧花奇怪，不似花丛似火堆。"吕岩《鄂渚悟道歌》："数篇奇怪文人手，一夜挑灯读不了。"❷谓稀奇特异之现象与事物。杜甫《蕃剑》："如何有奇怪，每夜吐光芒。"裴说《怀素台歌》："永州东郭有奇怪，笔冢墨池遗迹在。"

【奇狀】 奇异的形状。李渤《南溪诗》序："北又有石室，参差呀豁，延景宿云，其洞室并乳溜凝北，诡势奇状。"李德裕《思平泉树石杂咏一十首·叠石》："潺湲桂水湍，漱石多奇状。"朱庆余《题仙游寺》："长松瀑布饶奇状，曾有仙人驻鹤看。"曹唐《望九华寄池阳杜员外》："奇状却疑人画出，岚光如为客添浓。"

【奇英】 奇雄的英杰。徐彦伯《比干墓》："伟哉烈士图，奇英千古徇。"

【奇香】 奇异的香气。李德裕《遥伤茅山县孙尊师三首》之三："数日奇香在，何年白鹤归。"陆龟蒙《重忆白菊》："月朵暮开无绝艳，风茎时动有奇香。"又《奉和袭美茶具十咏·茶灶》："奇香袭春桂，嫩色凌秋菊。"和凝《宫词百首》之七三："暖殿奇香馥绮罗，窗间初学绣金鹅。"

【奇俊】 指奇特非凡之人。李贺《感讽五首》之二："奇俊无少年，日车何躃躃。"

【奇$_2$命】 坏运，厄运。李山甫《赴举别所知》："腰剑囊书出户迟，壮心奇命两相疑。"

【奇計】 奇妙的计策。陆龟蒙《杂讽九首》之五："如能出奇计，坐可平贼垒。"

【奇音】 奇妙的声音。李峤《麟》："奇音中钟吕，成角喻英才。"

【奇姿】 非凡的仪表。柳宗元《酬贾鹏山人郡内新栽松寓兴见赠二首》之二："奇姿来远山，忽似人家生。"陈昌言《赋得玉水记方流》："明媚如怀玉，奇姿自托幽。"杜牧《送沈处士赴苏州李中丞招以诗赠行》："处士魁奇姿，必展平生志。"

【奇客】 奇人，非凡之人。邢象玉《古意》："忽闻有奇客，何姓复何名。"

【奇秘】 新奇秘密。颜荛《戏张道人不饮酒》："言自云山访我来，每闻奇秘觉叨陪。"

【奇峰】 奇异的山峰。陈希烈《省试白云起封中》："不作奇峰状，宁分触石容。"李德裕《思平泉树石杂咏一十首·海上石笋》："常爱仙都山，奇峰千仞悬。"贾岛《感秋》："朝云藏奇峰，暮雨洒疏滴。"陆龟蒙《江南秋怀寄华阳山人》："晚树参差碧，奇峰逦迤晴。"

【奇骨】 非凡的形体相貌。张谓《同孙构免官后登蓟楼》："尝矜有奇骨，必是封侯相。"秦韬玉《紫骝马》："渥洼奇骨本难求，况是豪家重紫骝。"李瀚《蒙求》："桓温奇骨，邓艾大志。"

【奇特】 ❶异常，特别。苏拯《药草》："生药不生草，无以彰奇特。"修雅《闻诵法华经歌》："大矣哉，甚奇特，空王要使群生得。"❷谓异常特别之物。曹邺《题广福岩》："书言不尽画难成，留与人间作奇特。"

【奇彩】 奇异的光彩。太宗《咏司马彪续汉志》："文囿雕奇彩，艺门蕴深致。"于頔《郡斋卧疾赠昼上人》："的皪曜奇彩，凄清流雅音。"李绅《新楼诗二十首·海棠》："海边佳树生奇彩，知是仙山取得栽。"

【奇₂衺】 (—xié)亦作"奇邪"。诡邪，诈伪不正。语出《周礼·天官·宫正》。柳宗元《同刘二十八院长述旧言怀感时书事之作因其韵境至八十通赠二君子》："已闻施恺悌，还睹正奇邪。"白居易《紫藤》："奇邪坏人室，夫惑不能除。"又《续古诗十首》之七："冢妇独守礼，群妾互奇邪。"

【奇迹】 指不平凡的事物。崔湜《九龙潭作》："结侣寻绝径，周流观奇迹。"

【奇祥異瑞】 指奇异的兆示祥瑞之物。杜甫《洗兵马》："寸地尺天皆入贡，奇祥异瑞争来送。"

【奇書】 奇特之书。李白《赠张相镐二首》之二："十五观奇书，作赋凌相如。"

【奇崛】 奇特挺拔。齐己《江上夏日》："无处清阴似剡溪，火云奇崛倚空齐。"

【奇異】 奇特，特别。吕温《古兴》："必能绝疑惑，然后论奇异。"李渤《喜弟淑再至为长歌》："第三之兄更奇异，昂昂独负青云志。"吕岩《七言》之一九："浮生不实为轻忽，衲服深藏奇异骨。"亦用以指奇特之物。欧阳詹《建溪行待陈诩》："空忆丽词能状物，每看奇异但相思。"谢邈《谢僧寄拄杖》："峭壁猿啼采处深，一枝奇异出孤岑。"

【奇略】 奇策，奇伟的谋略。独孤及《送游员外赴淮西》："多君有奇略，投笔佐元戎。"

【奇貨】 珍奇之物。喻杰出人才。元稹《酬乐天东南行诗一百韵》："数子皆奇货，唯予独朽株。"

【奇偉】 奇特不凡。韩愈《县斋有怀》："少小尚奇伟，平生足悲吒。"

【奇術】 奇异的本领。太宗《伤辽东战亡》："未展六奇术，先亏一篑功。"韩愈《寄皇甫湜》："悲哉无奇术，安得生两翅。"

【奇₂剥】 (—bō)命运不利。剥，《易》卦名。宋之问《自洪府舟行直书其事》："问余何奇剥，迁窜极炎鄙。"

【奇章】 即奇章公。白居易《分司洛中多暇数与诸客宴游醉后狂吟偶成十韵因招梦得宾客兼呈思黯奇章公》："不论招梦得，兼拟诱奇章。"罗虬《比红儿诗》之五七："昔年黄阁识奇章，爱说真珠似窈娘。"

【奇章公】 即牛僧孺。僧孺敬宗时封奇章郡公。白居易有《分司洛中多暇数与诸客宴游醉后狂吟偶成十韵因招梦得宾客兼呈思黯奇章公》。

【奇稀】 稀奇。无名氏《游仙窟诗·咏崔五嫂》(《全唐诗逸》卷下)："真成物外奇稀物，实是人间断绝人。"

【奇勝】 (—shèng)奇异的名胜。李建勋《道林寺》："虽向钟峰数寺连，就中奇胜出其间。"

【奇童】 才能卓异的儿童。见《宋书·羊欣传》。后用作歌咏书法之典。徐夤《山阴故事》："爱竹只应怜直节，书裙多是为奇童。"

【奇絶】 十分绝妙。郭震《古剑篇》："龙泉颜色如霜雪，良工咨嗟叹奇绝。"钱起《片玉篇》："美人之鉴明且彻，玉指提携叹奇绝。"白居易《新乐府·牡丹芳》："秾姿贵彩信奇绝，杂卉乱花无比方。"徐光溥《题黄居寀秋山图》："天与黄筌艺奇绝，笔精回感重瞳悦。"

【奇葩】 珍奇的花。吕岩《桃花溪》："东风昨夜落奇葩，散作春江万顷霞。"

【奇勢】 奇特的形势、形态。段成式、张希复《游长安诸寺联句·崇仁坊资圣寺·诸画联句》："吴生画勇矛戟攒，出变奇势千万端。"

【奇跡】 同"奇迹"。皎然《桃花石枕歌送安吉康丞》："君吏桃州尚奇迹，桃州采得桃花石。"

【奇策】 奇妙的策略。司空图《即事二首》之二："御礼征奇策，人心注盛时。"吴融《赴阙次留献荆南成相公三十韵》："临事成奇策，全身仗至忠。"刘兼《中夏昼卧》："壮图奇策无人问，不及南阳一卧龙。"杜光庭《景福中作》："闷见戈铤匝四溟，恨无奇策救生灵。"

【奇節】 (—jié)奇特的节操。亦指具有奇特节操之士。虞南世《杂曲歌辞·结客少年场行》："韩魏多奇节，倜傥遗名利。"高适《酬别薛三蔡大留简韩十四主簿》："韩公有奇节，词赋凌群彦。"戴休珽《古意》："弱龄负奇节，侠客多招访。"

【奇態】 奇状，奇特的形态。元稹《画松》："流传画师辈，奇态尽埋没。"

【奇説】 宋人华元解围用的说辞。见《左传·宣公十五年》。高适《宋中十首》之八："解围幸奇说，易子伤吾衷。"

【奇趣】 特大的趣味、兴趣。皎然《出游》:“少时不见山,便觉无奇趣。”又《讲古文联句》:“灵运山水,实多奇趣。”

【奇様】 奇特的样式。李群玉《李远获贵妃袜》:“拗连绮锦分奇样,终合飞蝉饮瑞光。”

【奇魂】 高峻貌。畅当《蒲中道中二首》之一:“苍苍中条山,厥形极奇魂。”

【奇賞】 指可供人赏玩的奇异景象。骆宾王《代女道士王灵妃赠道士李荣》:“御沟大道多奇赏,侠客妖容递来往。”

【奇鋒】 极其锐利的刀刃。喻非凡的才智。杜牧《寄李播评事》:“大翼终难戢,奇锋且自韬。”

【奇質】 非凡的资质。徐仁嗣《天骥呈材》:“追风奇质异,喷玉彩毛轻。”

【奇調】 (—diào)非凡的格调。谓举止行为超群脱俗。王绩《晚年叙志示翟处士》:“弱龄慕奇调,无事不兼修。”

【奇瘡】 奇特的疮。柳宗元《寄韦珩》:“奇疮钉骨状如箭,鬼手脱命争纤毫。”

【奇編】 指与众不同的著作。陆龟蒙《奉和袭美怀华阳润卿博士三首》之二:“奇编早晚教传授,免以神仙问葛洪。”

【奇璞】 珍奇的美玉。喻杰出的人才。李白《答王十二寒夜独酌有怀》:“巴人谁肯和阳春,楚地由来贱奇璞。”皎然《桃花石枕歌赠康从事》:“卞山幽石产奇璞,荆人至死采不著。”

【奇操】 非凡的节操。司马逸客《雅琴篇》:“将军塞外多奇操,中散林间有正声。”

【奇樹】 珍奇的树木。杜审言《赠崔融二十韵》:“太息幽兰紫,劳歌奇树黄。”

【奇器】 奇巧的器物。陆龟蒙《添酒中六咏·酒枪》:“奇器质含古,挫糟未应醇。”

【奇謀】 非凡的谋略。皎然《从军行五首》之四:“飞将下天来,奇谋阃外裁。”

【奇$_2$强】 (—qiáng)余剩,有余。张祜《江南杂题三十首》之二七:“寻常登峻岭,丈六得奇强。”

【奇邁】 奇特超群。刘长卿《送元八游汝南》:“元生实奇迈,幸此论畴昔。”

【奇聲】 奇异的声音。褚载《移石》:“磨看粹色何殊玉,敲有奇声直异金。”

【奇踪】 奇迹,不平常的事物。李白《送通禅师还南陵隐静寺》:“我闻隐静寺,山水多奇踪。”陆龟蒙《奉和袭美初夏游楞伽精舍次韵》:“奇踪欲探讨,灵物先瘵瘼。”又《奉和袭美太湖诗二首·石板》:“往事不足问,奇踪安可论。”欧阳炯《题景焕画应天寺壁天王歌》:“昔年长老遇奇踪,今日门师识景公。”

【奇獸】 奇异之兽。陆龟蒙《樵人十咏·樵火》:“或似坐奇兽,或如焚异香。”

【奇勳】 非凡的功勋。李白《送张秀才从军》:“当令千古后,麟阁著奇勋。”

【奇靡】 新奇靡丽。萧颖士《江有归舟三章》序:“文也者,非云尚形似,牵比类,以局夫俪偶,放于奇靡。”

【奇瓌】 珍品。白居易《杂兴三首》之三:“吴王心日侈,服玩尽奇瑰。”

【奇藻】 奇妙辞藻。借指优美的诗文。卢照邻《初夏日幽庄》:“知君振奇藻,还嗣海隅芳。”李白《赠从孙义兴宰铭》:“河阳富奇藻,彭泽纵名杯。”

【奇觀】 (—guān)稀奇罕见的景象。岑参《太一石鳖崖口潭旧庐招王学士》:“幽趣倏万变,奇观非一端。”钱起《登玉山诸峰偶至悟真寺》:“真赏无前程,奇观宁暂辍。”

奄[1] 〔yǎn《广韵》衣俭切,上琰,影。〕❶覆盖。引申为尽,包括。见《诗·鲁颂·閟宫》。韦应物《张彭州云没国追叙事兼远简冯生》:“覆视缄中字,奄为昔人书。”见“奄有”。❷忽然,骤然。孟浩然《寻陈逸人故居》:“始闻漳浦卧,奄作岱宗游。”元稹《和李校书新题乐府十二首·胡旋女》:“旋得明王不觉迷,妖胡奄到长生殿。”又《有酒十章》之四:“何三光之并照兮,奄云雨之冥冥。”见“奄忽”“奄然。”❸通“掩”,隐蔽,隐藏。韩愈《琴曲歌辞·龟山操》:“龟之大兮只以奄鲁,知将隳兮哀莫余伍。”

奄[2] 〔yān《洪武正韵》衣炎切,平,鹽。〕同“淹”。久。豆卢回《登乐游原怀古》:“雄图奄已谢,余址空复存。”见“奄$_2$息”。

【奄有】 全部占有。李白《上清宝鼎诗》:“咽服十二环,奄有仙人房。”刘禹锡《和浙西李大夫偶题临江亭并浙东元相公所和依本韵》:“自古称佳丽,非贤谁奄有。”《明皇祀圜丘乐章·寿和》:“底定万国,奄有四方。”

【奄$_2$息】 停留,休息。张籍《怀别》:“远程未奄息,别念在朝昏。”

【奄忽】 ❶急遽貌。言时光易逝,生命短促。王绩《薛记室收过庄见寻率题古意以赠》:“追念甫如昨,奄忽成空虚。”韩愈《此日足可惜赠张籍》:“人事安可恒,奄忽令我伤。”柳宗元《行路难三首》之三:“星躔奔走不得止,奄忽双燕栖虹梁。”❷谓死亡。韦应物《送终》:“奄忽逾时节,日月获其良。”柳宗元《掩役夫张进骸》:“偶来纷喜怒,奄忽已复辞。”

【奄然】 忽然。于鹄《悼孩子》:“生来岁未周,奄然却归无。”

【奄$_2$然】 悲伤貌。元稹《大觜乌》:“左右虽无语,奄然皆泪垂。”

奅　〔pào《广韵》匹皃切，去效，滂。〕山岩间的空穴。韩愈《征蜀联句》：“投奅闹碚礮，填隍傶傄傄。”

六　画

契[1]　〔qì《广韵》苦計切，去霽，溪。〕❶刻。古谓占卜时以刀凿刻龟甲，后泛指刻物。引申为铭记或留存。李栖筠《张公洞》：“宿昔勤梦想，契之在深衷。”顾况《华山西冈游赠隐玄叟》：“想是悠悠云，可契去留躅。”❷契约，文卷。古用以泛称合同、案卷、具结等。则天皇后《唐享昊天乐·第九》：“荷恩承顾托，执契恭临抚。”裴潾《前相国赞皇公作镇右辅抒怀赋四言诗十四首奉寄》之四：“今则合契，行斯中虑。”李商隐《井泥四十韵》：“汉祖把左契，自言一布衣。”司空图《偶书五首》之五：“有名人易困，无契债难还。”❸约期，相约之时日。李端《早春会王逵主人得蓬字》：“莫负归山契，君看陌上蓬。”❹符合；投合。李峤《奉和幸韦嗣立山庄侍宴应制》：“南洛师臣契，东岩王佐居。”杜甫《大云寺赞公房四首》之四：“晤语契深心，那能总箝口。”权德舆《和李大夫西山祈雨因感张曲江故事十韵》：“斋祷期灵贶，精诚契昔贤。”和凝《宫词百首》之五九：“君圣臣贤鱼水契，鸿基须贺永清平。”❺情意投合的朋友。孟浩然《张七及辛大见寻南亭醉作》：“世外交初得，林中契已并。”耿㳊《赠兴平郑明府》：“深情先结契，薄宦早趋尘。”赵嘏《十无诗寄桂府杨中丞》之一〇：“早忝阿戎诗友契，趋庭曾荐祢生无?”皮日休《开元寺客省早景即事》：“如何尘外虚为契，不得支公此会同。”❻指乐声和合，和谐。吕炅《贡举人谒先师闻雅乐》：“调朗能谐竹，声微又契丝。”❼达到，实现。卢仝《赠稚禅师》：“我来契平生，目击道自存。”许浑《与侯春时同年南池夜话》：“素志应难契，清言岂易求。”❽体会，领悟。则天皇后《唐大享拜洛乐章·拜洛》：“未能弘至道，何以契明祇。”❾意气，意兴。杜审言《和韦承庆过义阳公主山池五首》之一：“情悬朱绂望，契动赤泉游。”❿休憩。白居易《题遗爱寺前溪松》：“独契依为舍，闲行绕作蹊。”⓫祈求；希求。则天皇后《唐享昊天乐·第七》：“陈诚菲奠，契福神猷。”《郊庙歌辞·絜诚》：“神其覃有庆，契福永无疆。”义净《道希法师求法西域聊题一绝》：“百苦忘劳独进影，四恩在念契流通。”⓬折断。唐彦谦《木兰》：“众花摇落正无憀，脉脉芳丛契后凋。”

契[2]　〔qì《广韵》去訖切，入迄，溪。〕我国古代少数民族名称用字。见“契₂丹”。

契[3]　〔xiè《集韵》私列切，入薛，心。〕人名。传说中殷商族之祖先，虞舜时司徒，掌教化，封于商，赐姓子氏。契传十四代，至成汤灭夏，建立商朝。参见《尚书·舜典》《史记·殷本纪》。李白《书怀赠南陵常赞府》：“赖得契宰衡，持钧慰风俗。”亦用以借指贤臣。杜甫《客居》：“稷契易为力，犬戎何足吞。”又《自京赴奉先县咏怀五百字》：“许身一何愚，窃比稷与契。”秦系《会稽山居寄薛播侍郎袁高给事高参舍人》：“稷契今为相，明君复为尧。”

契[4]　〔qiè《广韵》苦結切，入屑，溪。〕见“契₄阔”。

【契上人】　❶即道契上人。皎然有《送道契上人之越觐大夫叔》和《送契上人游扬州》。❷即契直上人。许浑有《早发中岩寺别契直上人》。

【契直上人】　台州中岩寺僧，与许浑有交往。许浑有《早发中岩寺别契直上人》。

【契分】　(—fèn)朋友间的感情。李端《慈恩寺怀旧》序：“观者必不以秩位不侔，则契分曾厚；词理不至，则悲哀在中。”

【契₂丹】　古民族名，亦古国名。源于东胡，居今辽河上游西拉木伦河一带，以游牧为生，北魏时自号契丹，唐以其地置松漠都督府，并任契丹首领为都督。《幽州谣》：“但看五月里，清水河边见契丹。”

【契玄法师】　长安孝感寺僧。善讲佛经，被选往内道场讲经。卢纶有《送契玄法师赴内道场》。

【契合】　❶投合，意气相投。杜甫《投赠哥舒开府二十韵》：“策行遗战伐，契合动昭融。”❷符合。王武陵《宿慧山寺》序：“余亦乐天知命，怡然契合，视富贵如浮云。”

【契苾】　复姓。见“契苾使君”。

【契苾使君】　即契苾通。通会昌中任蔚州刺史。李商隐有《赠别前蔚州契苾使君》。

【契盈】　闽人。吴越广顺中，居杭州兴龙寺，赐号广辨周智禅师。事迹略见宋陶岳《五代史补》卷五。《全唐诗》卷八五一录其逸句一联。

【契託】　好友间的嘱托。祖咏《酬汴州李别驾赠》：“情因恩旧好，契托死生亲。”杜甫《奉赠卢五丈参谋》：“老矣逢迎拙，相于契托饶。”

【契₄阔】　❶勤苦，劳苦。见《诗·邶风·击鼓》。李白《赠别从甥高五》：“自笑我非夫，生事多契阔。”高适《哭单父梁九少府》：“契阔多别离，绸缪到生死。”韩愈《合江亭》：“萧条绵岁时，契阔继庸懦。”陆龟蒙《奉酬袭美先辈吴中苦雨一百韵》：“因之成否塞，十载真契阔。”❷久别。卢纶《春日书情赠别司空曙》：“风尘交契阔，老大别离难。”李中《安福县秋吟寄陈锐秘书》："苦恨交亲多契阔，未知良会几时同。"亦用以指久别之情。韦应物《宴别幼遐与君贶兄弟》："契阔未及展，晨星出东方。"❸指艰难的处境或路程。王珪《咏汉高祖》："忆昔与项王，契阔时未伸。"杜甫《彭衙行》："有时经契阔，竟日数里间。"❹疏阔。李贺《秋凉诗寄正字十二兄》："闭门感秋风，幽姿任契阔。"

奏1 〔zòu《广韵》则候切，去候，精。〕❶进，前。韩愈《南山诗》："旋归道回睨，达枿壮复奏。"❷臣子对国君进言陈事。张子容《赠司勋萧郎中》："作相开黄阁，为郎奏赤墀。"王季友《古塞曲》："射杀左贤王，归奏未央殿。"李绅《寿阳罢郡日有诗十首·肥河维舟阻冻祇待敕命》之一："西奏血诚遥稽首，乞容归病老江干。"和凝《宫词百首》之三五："昨夜盘中甘露满，婕妤争去奏官家。"❸对神灵进言陈事。王昌龄《上马当山神》："青骢一匹昆仑牵，奏上大王不取钱。"陆龟蒙《送润卿还华阳》："封题玉洞虚无奏，点检霜坛沆瀣杯。"李洸《醮词》："一封红篆书，为奏尘寰事。"❹臣子上于君主的文书。韦应物《送郗詹事》："书奏蒙省察，命驾乃东征。"又《送李十四山东游》："权豪非所便，书奏寝禁门。"李贺《酒罢张大彻索赠诗》："太行青草上白衫，匣中章奏密如蚕。"亦用以指向神仙诉事之文书。吴融《和皮博士赴上京观中修灵斋赠威仪尊师兼见寄》："精诚有为天应感，章奏无私鬼怕闻。"❺吹奏，演奏。太宗《春日玄武门宴群臣》："娱宾歌湛露，广乐奏钧天。"陈季《湘灵鼓瑟》："遗音如可赏，试奏为君听。"白居易《邓鲂张彻落第》："古琴无俗韵，奏罢无人听。"韦庄《听赵秀才弹琴》："不须更奏幽兰曲，卓氏门前月正明。"亦用以指歌、调。李贺《南园》："郑公乡老开酒尊，坐泛楚奏吟招魂。"❻取得，建立。耿湋《送王将军出塞》："更就燕然石，行看奏虏功。"

奏2 〔zǒu《广韵》则候切，去候，精。〕通"走"。引申为至，到。韩愈《元和圣德诗》："凤凰应奏，舒翼自拊。"或撰写低级通俗的诗文。骆宾王《和王记室从赵王春日游陀山寺》："雅曲终难和，徒自奏巴人。"

【奏巴人】 曲调愈高，和者愈少。见《文选·宋玉〈对楚王问〉》。后以"奏巴人"指演奏低级通俗的音乐。骆宾王《和王记室从赵王春日游陀山寺》："雅曲终难和，徒自奏巴人。"

【奏曲】 （一qǔ）演奏乐曲。李白《寄远十一首》之一："奏曲有深意，青松交女萝。"沈颂《春旦歌》："常闻嬴女玉箫台，奏曲情深彩凤来。"

【奏伎】 表演技艺。裴延有《隔壁闻奏伎》。

【奏表】 向皇帝奏事的表文。黄滔《寄献梓橦山侯侍御》："赐衣僧脱去，奏表主批还。"

【奏芝房】 芝房，汉郊祀歌名。后用以指演奏称颂祥瑞之乐曲。见《汉书·武帝纪》。王绩《过汉故城》："钩陈被兰锜，乐府奏芝房。"

【奏直】 陈奏在宫中值宿的情形。姚合《省直书事》："立朝班近殿，奏直上知名。"

【奏事】 向皇帝陈述事情。韩翃《送王光辅归青州兼寄储侍郎》："几回奏事建章宫，圣主偏知汉将功。"

【奏金】 弹奏钟镈等乐器。尉迟汾《府尹王侍郎准制拜岳因状嵩高灵胜寄呈三十韵》："挹瓒椒桂馥，奏金岩壑空。"

【奏計】 指上奏朝廷的谋略。沈佺期《夏日梁王席送张岐州》："奏计何时入，台阶望羽仪。"

【奏記】 向公府等长官陈述意见的文书。刘长卿《送孔巢父赴河南军》："共许陈琳工奏记，知君名行未蹉跎。"白居易《闻李六景俭自河东令授唐邓行军司马以诗贺之》："不独文词供奏记，定将谈笑解兵戈。"

【奏書】 臣下向君主进呈文书。元结《别何员外》："吾欲探时谣，为公伏奏书。"

【奏章】 臣下向皇帝进言陈事的文书。杜牧《昔事文皇帝三十二韵》："奏章为得地，齰齿负明恩。"李商隐《偶成转韵七十二句赠四同舍》："诘旦九门传奏章，高车大马来煌煌。"

【奏陳】 向皇帝陈述意见、事宜。李绅《却到浙西》序："是岁，王播不奏饥旱，反怒邻境所救，以为卖己，遂与王涯合计诬构，罔上奏陈，米非官米，足私求利。"

【奏琴】 弹琴。孟郊《读张碧集》："高秋数奏琴，澄潭一轮月。"

【奏凱】 谓战胜而奏庆功之乐。后以泛称胜利。见《周礼·春官·大司乐》。李乂《奉和幸望春宫送朔方军大总管张仁亶》："勿谓公孙老，行闻奏凯归。"苏晋《奉和圣制送张说巡边》："具僚诚寄望，奏凯秋风前。"

【奏最】 向朝廷奏报优等的考绩。苏颋《赠彭州权别驾》："莫怆分飞岐路别，还当奏最掖垣来。"杨持《寄朗陵兄》："行看换龟组，奏最谒承明。"

【奏钧天】 奏《钧天广乐》。指宫廷乐舞。见《史记·赵世家》。太宗《春日玄武门宴群臣》："娱宾歌湛露，广乐奏钧天。"

【奏節】 弹奏节这种乐器。节，用竹编成，箕形，拍之发声。杜审言《守岁侍宴应制》："弹弦奏节梅风入，对局探钩柏酒传。"

【奏課】 把对官吏的考绩上奏朝廷。韩愈《韶州留别张端公使君》："已知奏课当征拜，那复淹留咏白蘋。"

【奏論】 奏陈论说。白居易《新乐府·阴山道》："咸安公主号可敦，远为可汗频奏论。"

【奏樂】 (—yuè)演奏乐曲。王维《过福禅师兰若》:"羽人飞奏乐,天女跪焚香。"白居易、王起《会昌春连宴即事》:"松声添奏乐,草色助铺筵。"许尧佐《石季伦金谷园》:"轻风思奏乐,衰草忆行轩。"

【奏舉】 向朝廷举荐。刘兼《寄高书记》:"补衮应星曾奏举,北山南海孰为高。"

【奏繁】 指所弹奏的乐器声细碎轻柔。窦庠《留守府酬皇甫曙侍御弹琴之什》:"洞箫又奏繁,寒磬一声起。"

奎 〔kuí《广韵》苦圭切,平齊,溪。〕星宿名。见"奎光""奎婁"。

【奎光】 奎宿之光。旧以为星宿耀光为文运昌盛之兆。李郃《贺州思九疑作》:"腾章控多逊,遗珠映奎光。"

【奎婁】 奎宿和娄星。奎宿十六星,娄宿三星。各为二十八宿之一。高适《东平旅游奉赠薛太守二十四韵》:"遗墟当少昊,悬象逼奎娄。"

奐 〔huàn《广韵》火貫切,去换,曉。〕见"奐奐"。

【奐奐】 光彩鲜明貌。语本《礼记·檀弓下》。丘光庭《补新宫》之二:"奐奐新宫,既奂而轮。"

奕 〔yì《广韵》羊益切,入昔,以。〕❶高大。见"奕奕❶"。❷光明貌。段成式、郑符《游长安诸寺联句·常乐坊赵景公寺·吴画联句》:"此际忽仙子,猎猎衣舄奕。"见"奕奕❷"。❸纷纭众多貌。见"奕奕❸"。❹娴静貌。见"奕奕❹"。❺累,重。见"奕代""奕世""奕葉"。❻通"弈"。下棋。吕从庆《夏日即事》:"坐石唯看奕,行田或课耘。"见"奕棋"。

【奕世】 累世,代代。李白《送岑征君归鸣皋山》:"奕世皆夔龙,中台竟三拆。"李商隐《赠别前蔚州契苾使君》:"何年部落到阴陵,奕世勤王国史称。"温庭筠《病中书怀呈友人》:"奕世参周禄,承家学鲁儒。"陆龟蒙《奉和袭美二游诗·徐诗》:"吾闻徐氏子,奕世皆才贤。"

【奕代】 奕世,累世。皮日休《二游仙·徐诗》:"东莞为著姓,奕代皆隽喆。"

【奕制】 指赫奕的形制、规模。韩愈、孟郊《城南联句》:"奕制尽从赐,殊私得逾程。"

【奕奕】 ❶高大貌。见《诗·大雅·韩奕》。上官仪《酬薛舍人万年宫晚景寓直怀友》:"奕奕九成台,窈窕绝尘埃。"杨炯《和辅先入昊天观星瞻》:"天门开奕奕,佳气郁葱葱。"李纾《唐德明兴圣庙乐章·德明酌献》:"清庙奕奕,和乐雍雍。"顾况《上古之什补亡训传十三章·筑城二章》之二:"筑城奕奕,于以固敌。"❷光明貌;亮光闪动貌。孟郊、韩愈《赠剑客李园联句》:"山磨电奕奕,水淬龙蝹蝹。"温庭筠《七夕》:"微光奕奕凌天河,鸾咽鹤唳飘飖歌。"亦引申为昭著,明显。吴筠《览古十四首》之十:"苏生佩六印,奕奕为殃源。"❸纷纭众多貌。张谔《奉和圣制瑞雪篇》:"奕奕纷纷何所如,顿忆杨园二月初。"李建勋《雪有作》:"霏霏奕奕满寒空,况是难逢值腊中。"❹娴静貌。孟郊《寄院中诸公》:"奕奕秋水傍,鬖鬖绿云蹄。"

【奕葉】 累代,累世。孙逖《故陈州刺史赠兵部尚书韦公挽词》:"奕叶金章贵,连枝鼎位尊。"颜真卿《咏陶渊明》:"呜呼陶渊明,奕叶为晋臣。"杜甫《奉贺阳城郡王太夫人恩命加邓国太夫人》:"奕叶班姑史,芬芳孟母邻。"贯休《寿春节进》:"赓歌随羽籥,奕叶敩伊祁。"

【奕赫】 光显貌。独孤及《酬梁二十宋中所赠兼留别梁少府》:"奕赫连丝衣,荣养能锡类。"

七 画

奚 〔xī《广韵》胡雞切,平齊,匣。〕❶古代奴隶的一种。李贺《贵主征行乐》:"奚骑黄铜连锁甲,罗旗香干金画叶。"见"奚奴❶"。❷古族名。分布在饶乐水(今内蒙古自治区西拉木伦河)流域。南北朝时称库莫奚,隋唐时称奚,以游牧为主。后渐与契丹人同化。见《新唐书·北狄传》。亦泛称北方少数民族。王建《塞上》:"夜来山下哭,应是送降奚。"张籍《渔阳将》:"放火烧奚帐,分旗筑汉城。"李贺《送秦光禄北征》:"趁譠西旅狗,蹙额北方奚。"❸犹"何",疑问词。(1)为何,为什么。李白《日出行》:"羲和羲和,汝奚汨没于荒淫之波?"杜甫《早发》:"昔人戒垂堂,今则奚奔命。"韩愈《闲游二首》之二:"子云只自守,奚事九衢尘。"皮日休《正乐府十篇·农父谣》:"奚不车其粟,用以供天兵。"(2)何处,什么地方。韩愈《古风》:"此州之役,去我奚适。"元稹《含风夕》:"来者良未穷,去矣定奚适。"(3)什么。李颀《赠别穆元林》:"赠贶亦奚贵,流乱期早旋。"韩愈《奉和杜相公太清宫纪事陈诚上李相公十六韵》:"亵味陈奚取,名香荐孔嘉。"元稹《分水岭》:"褊浅无所用,奔波奚所营。"(4)怎么,难道。哪里。李白《鸣皋歌送岑徵君》:"若使巢由桎梏于轩冕兮,亦奚异乎夔龙蹩躠于风尘。"尉迟汾《府尹王侍郎准制拜岳因状嵩高灵胜寄呈三十韵》:"金象语奚应,玉人光想融。"

【奚十】 即奚陟。陟字殷卿。排行第十。窦常有《早发金钩店寄奚十唐大二茂才》。

【奚以】 因为什么;怎么。孟浩然《齿坐呈山南诸隐》:"于此无奇策,苍生奚以为。"孟郊《上河阳李大夫》："大将奚以安，守此称者稀。"罗隐《蟋蟀诗》："不冠不绥，尔奚以悲。"

【奚奴】 ❶本指女奴。见《周礼·天官·序官》。后通称男女奴仆。顾况《杜秀才画立走水牛歌》："奚奴跨马不搭鞍，立走水牛惊汉官。"❷指北方少数民族之为奴者。曹唐《暮春戏赠吴端公》："深院吹笙闻汉婢，静街调马任奚奴。"

【奚生】 指奚贾。郎士元《送奚贾归吴》："今日奚生去，新安江正秋。"

【奚似】 何似。萧颖士《蒙山作》："白鹿凡几游，黄精复奚似。"

【奚其】 犹言何其。苏颋《奉和圣制至长春宫登楼望稼穑之作》："帝迹奚其远，皇符之所祟。"

【奚兒】 奚人。杜甫《悲青坂》："黄头奚儿日向西，数骑弯弓敢驰突。"

【奚官】 养马官，晋置。薛逢《题上皇观》："门前卫士传清警，砌下奚官扫翠微。"

【奚胡】 指奚胡人。杜牧《寄唐州李玭尚书》："累代功勋照世光，奚胡闻道死心降。"

【奚斯】 春秋鲁国公子子鱼字。见《文选·班固〈两都赋序〉》李善注。后作为撰写赋颂之典。来鹄《圣政纪颂》："惟我之有颂兮，奚斯跃而董孤蹶。"

【奚爲】 （—wéi）❶干什么。李白《公无渡河》："被发之叟狂而痴，清晨临流欲奚为？"白居易《和答诗十首·和大觜乌》："慈乌尔奚为，来往何憧憧。"❷怎么样。杜甫《病橘》："群橘少生意，虽多亦奚为。"

【奚寇】 指安禄山叛军。叛军中多奚族人。李商隐《行次西郊作一百韵》："奚寇西北来，挥霍如天翻。"

【奚賈】 富春人。与常建、朗士元有交往。朗士元有《送奚贾归吴》。《全唐诗》卷二九五录其诗三首。

【奚僮】 奴仆。元稹《估客乐》："越婢脂肉滑，奚僮眉眼明。"

八　画

奢 〔shē《广韵》式車切，平麻，書。〕❶奢侈，浪费。太宗《登三台言志》："在危犹骋丽，居奢遂役人。"钱起《行路难》："由来人事何尝定，且莫骄奢笑贱穷。"殷尧藩《上巳日赠都上人》："鞍马皆争丽，笙歌尽斗奢。"皮日休《女坟湖》："万贵千奢已寂寥，可怜幽愤为谁娇。"❷大。徐凝《长洲览古》："吴王上国长洲奢，翠黛寒江一道斜。"❸过分。卢仝《走笔谢孟谏议寄新茶》："摘鲜焙芳旋封裹，至精至好且不奢。"薛能《绵楼》："未有销忧赋，梁王礼欲奢。"❹美好。刘禹锡《和乐天柘枝》："柘枝本出楚王家，玉面添娇舞态奢。"

【奢侈】 挥霍浪费，过分追求享受。元结《二风诗·治风诗五篇·至劳》："戒尔万代，奢侈荒淫。"于濆《里中女》："珠玉不到眼，遂无奢侈心。"罗隐《秦中富人》："粪土金玉珍，犹嫌未奢侈。"李瀚《蒙求》："甘宁奢侈，陆机贵盛。"

【奢妍】 艳丽。薛能《牡丹四首》之一："众芳殊不类，一笑独奢妍。"

【奢泰】 奢侈。曹邺《贵宅》："自是愁人眼，见之若奢泰。"

【奢華】 ❶奢侈，豪华。寒山《诗三百三首》之一二七："张公富奢华，孟子贫轗轲。"李中《红花》："染出轻罗莫相贵，古人崇俭诫奢华。"❷犹艳丽。韩愈《李花二首》之二："当春天地争奢华，洛阳园苑尤纷拏。"

【奢踰】 奢侈过分。苏颋《奉和圣制春台望应制》："诗书焚爇散学士，高阁奢逾娇美人。"

九　画

奠 〔diàn《广韵》堂練切，去霰，定〕❶摆置祭品祭祀鬼神或亡灵。褚亮《明堂乐章·雍和》："八牖晨披，五精朝奠。"滕珦《释奠日国学观礼闻雅颂》："圣上尊儒学，春秋奠茂勋。"杜牧《闻开江相国宋下世二首》之二："月落清湘棹不喧，玉杯瑶瑟奠蘋蘩。"吴融《南迁途中作七首·溪翁》："应嗟独上涔阳客，排比椒浆奠楚魂。"❷祭品。李纾《唐德明兴圣庙乐章·登歌奠币》："礼先苍璧，奠备黝制。"姚合《文宗皇帝挽词三首》之三："彻奠新阡起，登山吉从全。"❸定，奠定。骆宾王《早发淮口望盱眙》："养蒙分四渎，习坎奠三荆。"韩愈《郓州溪堂诗》："帝奠九廛，有叶有年。"刘禹锡《登司马错古城》："将军将秦师，西南奠遐服。"

【奠玉】 以玉置地以奠祭。王维《和仆射晋公扈从温汤》："奠玉群座，焚香太乙宫。"柳宗元《韦使君黄溪祈雨见召从行至祠下口号》："焚香秋雾湿，奠玉晓光初。"

【奠享】 置酒食以祭祀。则天皇后《唐大飨拜洛乐章·禋和》："奠享咸周，威仪毕备。"

【奠桂】 用桂酒祭奠。见《楚辞·九歌·东皇太一》。李群玉《湖中古愁三首》之二："奠桂开古祠，朦胧入幽萝。"

【奠席】 摆设祭品的筵席。王维《哭祖六自虚》："赠言为挽曲，奠席是离筵。"司空曙《哭苗员外呈张参军》："寿堂乖一恸，奠席阻长辞。"参见"奠筵"。

【奠酒】 洒酒于地以祭神。刘言史《北原情三首》之一："萧条黄蒿中，奠酒花翠新？"

【奠幣】 用缯帛作为祭品祭祀。币，缯帛；古作为祭品。包佶有《郊庙歌辞·祀雨师乐章·奠币登歌》。李纾有《唐德明兴圣庙乐章·迎神》。

【奠斝】 奠酒。斝，铜制酒器。裴度《郊庙歌辞·享惠昭太子庙乐章·亚献终献》："奠斝致馨香，在庭纷羽籥。"

【奠筵】 摆设祭品的筵席。见《周礼·春官·序官》。卢纶《宿定陵寺》："禅室夜闻风过竹，奠筵朝启露沾裳。"

【奠酹】 以酒洒地以示祭奠。李白《九日登山》："灵仙如仿佛，奠酹遥相知。"

【奠醑】 奠酒。醑，美酒。李峤《汾阴行》："回旌驻跸降灵场，焚香奠醑邀百祥。"

【奠謁】 奠祭和祷告。则天皇后《唐明堂乐章·登歌》："絜诚斯著，奠谒方申。"

【奠璧】 置璧玉于地以祭祀。赵冬曦《奉和圣制同二相已下群官乐游园宴》："酺承奠璧罢，宴是合钱余。"李颀《与诸公游济渎泛舟》："分官祷灵庙，奠璧沉河宫。"韩愈《元和圣德诗》："宵升于丘，奠璧献斝。"元稹《代曲江老人百韵》："酹金光照耀，奠璧彩璘玢。"

【奠獻】 献祭品以祀死者。李舒《郊庙歌辞·让皇帝庙乐章·送神》："奠献已事，昏昕载分。"

奥 〔ào《广韵》烏到切，去號，影。〕❶室内西南隅。祭祀设神主或尊长居坐之处。见《礼仪·少年馈食礼》。刘禹锡《赠别君素上人诗》序："犹示行者以室庐之奥耳，求其径术而布武，未易得也。"亦用以指边荒之地。刘禹锡《韩十八侍御见示诗因令属和重以自述故足成六十二韵》："熊武走蛮落，潇湘来奥鄙。"❷深邃。耿沣《陪宴湖州公堂》："文府重门奥，儒源积浪深。"❸深奥。杜甫《八哀诗·故著作郎贬台州司户荥阳郑公虔》："圭臬星经奥，虫篆丹青广。"来鹄《圣政纪颂》："德宣五帝，道奥三皇。"《道者遗记》："刻乎其壁，奥乎其义。"亦用以指深奥之处。杜甫《秦州三十韵》："文章开突奥，迁擢润朝廷。"陆龟蒙《袭美先辈以龟蒙所献五百言既蒙见和复示荣唱再抒鄙怀用伸酬谢》："争入鬼神奥，不容天地私。"❹奥妙。贾耽《赋虞书歌》："能方正，不隳倒，功夫未至难寻奥。"白行简《夫子鼓琴得其人》："宣父穷玄奥，师襄授素琴。"❺灶神。见《礼记·礼器》。元稹《华之巫》："与其媚于奥，不若媚于灶。

【奥旨】 奥义，要旨。骆宾王《和王记室从赵王春日游陀山寺》："雕谈筌奥旨，妙辩漱玄津。"钱起《奉和中书常舍人晚秋集贤院即事寄徐薛二侍御》："典坟探奥旨，造化睹权舆。"冯涯《太学创置石经》："奥旨悦诗书，遗文分篆隶。"吕岩《西江月》词："秘要俱皆览过，神仙奥旨重吟。"

【奥里】 腹地。宋之问《酬李丹徒见赠之作》："镇吴称奥里，试剧仰通才。"

【奥位】 指帝王。王绩《过汉故城》："奥位匪虚校，贪天竟速亡。"

【奥妙】 深奥微妙。贾岛《寄武功姚主簿》："静棋功奥妙，闲作韵清凄。"

【奥法】 深奥的佛法。白居易《和微之诗二十三首·和送刘道士游天台》："慈光一照烛，奥法相细缊。"

【奥祕】 (—mì)奥妙，隐秘。吕温《古兴》："安得命世客，直来开奥秘。"卢仝《赠金鹅山人沈师鲁》："肉眼不识天上书，小儒安敢窥奥秘。"崔璐《览皮先辈盛制因作十韵以寄用伸款仰》："鬼神争奥秘，天地惜洪炉。"

【奥浩區】 奥区，腹地。元稹《后湖》："百年废滞所，一旦奥浩区。"

【奥區】 腹地。见《后汉书·班固传上》。袁朗《和洗掾登城南坂望京邑》："奥区称富贵，重险擅雄强。"中宗《登骊山高顶寓目》："贯渭称天邑，含岐实奥区。"杜甫《桥陵诗三十韵因呈县内诸官》："永与奥区固，川原纷眇冥。"

【奥義】 深奥的义理。吴筠《览古十四首》之十四："圣人垂大训，奥义不苟设。"

【奥學】 深奥的学问。岑参《入剑门作寄杜杨二郎中》："高文出诗骚，奥学穷讨赜。"李中《献徐舍人》："奥学群英伏，多才万乘钦。"

十一画

奩 〔lián《广韵》力鹽切，平鹽，來。〕镜匣。李贺《恼公》："晓奁妆秀靥，夜帐减香筒。"李商隐《骄儿诗》："凝走弄香奁，拔脱金屈戌。"

【奩鏡】 匣之镜。李贺《兰香神女庙》："深帏金鸭冷，奁镜幽凤尘。"

奪 〔duó《广韵》徒活切，入末，定。〕❶强取，攘夺。岑参《行军诗二首》之一："胡兵夺长安，宫殿生野草。"韦应物《鸢夺巢》："野鹊野鹊巢林梢，鸱鸢恃力夺鹊巢。"元结《春陵行》："去冬山贼来，杀夺几无遗。"白居易《宿紫阁山北村》："夺我席上酒，掣我盘中飧。"❷压倒；胜过。李峤《素》："妙夺鲛绡色，光腾月扇辉。"岑参《刘相公中书江山画障》："始知丹青笔，能夺造化功。"李绅《望鹤林寺》："红照日高殷夺火，紫凝霞曙莹销尘。"李京《除夜长安作》："鬓丝饶镜色，隙雪夺灯辉。"❸裁定；决定取舍。白居易《念金銮子二首》之二："念兹庶有悟，聊用遣悲辛。"❹剥夺；被剥夺。杜审言《赋得妾薄命》："宠移新爱夺，泪落故情留。"李益《汉宫少年行》："椒房宠移子爱夺，一夕秋风生戾园。"元稹《苦乐相倚曲》："主今被夺心应苦，妾夺深恩初为主。”❺丧失，使丧失。张说《奉和圣制赐诸州刺史应制以题坐右》：“三时农不夺，午夜犬无侵。”杜甫《北征》：“圣心颇虚伫，时议气欲夺。”陈述《叹美人照镜》：“就中还妒影，恐夺可怜名。”《袁仁敬歌》：“天不恤冤人兮，何夺我慈亲兮。”❻改变。杜甫《自京赴奉先县咏怀五百字》：“葵藿倾太阳，物性固莫夺。”韦应物《睢阳感怀》：“甘从锋刃毙，莫夺坚贞志。”白居易《喜钱左丞再除华州以诗伸贺》：“民望悬难夺，天心慈易回。”❼乱，使乱。陈子昂《观荆玉篇》序：“予心知必是，犹以独见之故，被夺于众人。”杨浚《广武怀古》：“天夺项氏谋，卒成汉家业。”皎然《答道素上人别》：“以兹夺尔怀，常恐道不成。”❽相矛盾。孟郊《杏殇》之四：“儿月两相夺，儿命果不长。”韩愈《符读书城南》：“恩义有相夺，作诗劝踌躇。”❾光线或色彩特盛，令人眼花。参见“奪目”“奪眼”。

【奪目】 谓光彩耀眼。李德裕《南梁行》：“涧底红光夺目燃，摇风有毒愁行客。”

【奪印】 夺去官印，将赋予的权力收回。韩愈《永贞行》：“一朝夺印付私党，懔懔朝士何能为。”唐彦谦《咸通中始闻褚河南归葬阳翟追叙风概因成二十韵》：“北军那夺印，东海漫难桥。”

【奪朱】 出《论语·阳货》。后用以喻邪恶胜过正义或异端冒充真理。杨于陵《郡斋有紫薇双本因诗纪述》：“濯质非受彩，无心那夺朱。”

【奪志】 迫使改变志向。权德舆《送崔谕德致政东归》：“大君不夺志，命锡忽以崇。”

【奪氣】 挫折锐气。胡曾《咏史诗·广武山》：“数罪楚师应夺气，底须多论破深艰。”

【奪袍】 武后诏从臣赋诗，赐袍东方虬，后因宋之问的诗更佳，夺袍以赐。见《新唐书·宋之问传》。后因以为竞赛中取胜之典。杜甫《寄李十二白二十韵》：“龙舟移棹晚，兽锦夺袍新。”

【奪眼】 义同“奪目”。王毂《红蔷薇歌》：“晚日春风夺眼明，蜀机锦彩浑疑黣。”浩虚舟《赋得琢玉成器》：“玷灭随心正，瑕消夺眼明。”皮日休《以紫石砚寄鲁望兼酬见赠》：“骚人白芷伤心暗，狎客红筵夺眼明。”

【奪移】 改变转移。孟郊《同年春燕》：“愿保金石志，无令有夺移。”

【奪嫡】 剥夺嫡君位继承权，而以庶子嗣位。窦常《商山祠堂即事》：“夺嫡心萌事可忧，四贤西笑暂安刘。”

【奪魄】 惊心动魄。宋之向《嵩山天门歌》：“试一望兮夺魄，况众妙之无穷。”

【奪攘】 抢夺。韩愈《病鸱》：“夺攘不愧耻，饱满盘天嬉。”

【奪寵】 争夺宠幸。王涯《宫词三十首》之十：“春风帘里旧青娥，无奈新人夺宠何。”

十二画

奫 〔晕 yūn《广韵》於倫切，平真，影。〕水深貌。见“奫淪”。

【奫淪】 水深广貌。独孤及《题玉潭》：“唯当寂照心，可并奫沦色。”刘禹锡《有僧言罗浮事因为诗以写之》：“倏若万马驰，旌旗耸奫沦。”白居易《新乐府·昆明春》：“影浸南山青滉漾，波沉西日红奫沦。”又《和微之诗二十三首·和三月三十日四十韵》：“鱼尾上奫沦，草芽生沮洳。”

奬 〔jiǎng《广韵》即兩切，上養，精。〕❶劝勉；鼓励。王维《偶然作六首》之一：“孔丘与之言，仁义莫能奖。”李白《酬裴侍御对雨感时见赠》：“平生多感激，忠义非外奖。”德宗《九月十八赐百僚追赏因书所怀》：“至乐非外奖，浃欢同中诚。”郑谷《送吏部曹郎中免官南归》：“夏课每垂奖，雪天常见优。”❷赞许；夸奖。李峤《刘侍读见和山邸十篇重申此赠》：“奖价逾珍石，酬文重振金。”杜甫《八哀诗·故著作郎贬台州司户荥阳郑公虔》：“词场竟疏阔，平昔滥吹奖。”杨巨源《上刘侍中》：“王浑知武子，陈寔奖元方。”李商隐《今月二日不自量度辄以诗一首四十韵干渎尊严辄复五言四十韵》：“远途哀跛鳖，薄艺奖雕虫。”❸辅助，帮助。罗隐《徐寇南逼感事献江南知己次韵》：“万里飘零身未了，一家知奖意曾同。”

【奬知】 奖掖和知遇。郑谷《叙事感恩上狄右丞》：“庾公垂顾遇，王粲许从容。”自注：“顷年庾给事崇出守同州，右丞在幕席，谷退飞游谒，始受奖知。”

【奬善】 对人品、学问等长处予以称许。喻坦之《陈情献中丞》：“奖善犹怜贡，垂恩必不轻。”

奭 〔shì《广韵》施隻切，入昔，書。〕人名。姓姬名奭，周的支族，周武王之臣，因封地在召，故称召公或召伯。吴融《赴阙次留献荆南成相公三十韵》：“甘棠名异奭，大树姓非冯。”

十三画

奮 〔fèn《广韵》方問切，去問，非。〕❶鸟展翅。见“奮翅”“奮飞”“奮翻”“奮翼”。❷喻人奋起而有作为。韦应物《酬元伟过洛阳夜燕》：“问我犹杜门，不能奋高飞。”杨巨源《上刘侍中》：“欲奋三年翼，频回一夕肠。”白居易《咏拙》：“亦曾奋六翮，高飞到青云。”李商隐《寄太原卢司空三十韵》：“旧族开东岳，雄图奋北溟。”皮日休《鲁望昨以五百言见贻因成一千言迹迭和之微旨也》："惜哉不得时，将奋犹拘挛。"❸扬起，翘起。韩愈《三星行》："牛奋其角，箕张其口。"又《汴泗交流赠张仆射》："球惊杖奋合且离，红牛缨绂黄金羁。"元稹《有鸟二十章》之十七："贵人腕软怜易臂，奋肘一挥前后呼。"❹用力挥动、挥舞。王珪《咏汉高祖》："手奋三尺剑，西灭无道秦。"羊士谔《送张郎中副使自南省赴凤翔府幕》："当奋燕然笔，铭功向陇头。"韩愈《嘲鼾睡》之二："南帝初奋槌，凿窍泄混沌。"舒元舆《八月五日中部官舍读唐历天宝已来追怆故事》："燕戎伺其便，百万奋长戟。"❺施展，示威。韩愈《谴疟鬼》："如何不肖子，尚奋疟鬼威。"王贞白《拟塞外征行》："长城威十万，高岭奋三千。"❻愤怒；激愤。韩愈《石鼎联句》序："道士奋曰：不然，章不可不成也。"❼震动。见"奮豫"。

【奮衣】　犹拂袖。表示气愤、伤感等。王维《偶然作六首》之四："奋衣野田中，今日嗟无负。"颜胄《适思》："感物增忧思，奋衣出游行。"

【奮迅】　❶形容鸟飞或兽跑迅速而有气势。卢照邻《浴浪鸟》："奋迅碧沙前，长怀白云上。"刘禹锡《连州腊日观莫徭猎西山》："猜鹰虑奋迅，惊鹿时局跳。"郑嵎《津阳门诗》："骊驹吐沫一奋迅，路人拥彗争珠玑。"❷精神振奋，行动迅速。王维《老将行》："汉兵奋迅如霹雳，虏骑崩腾畏蒺藜。"元稹《酬许五康佐》："奋迅君何晚，羁离我讵俦。"❸迅速抖动。白居易《新乐府·西凉伎》："奋迅毛衣摆双耳，如从流沙来万里。"

【奮身】　奋力投身于某一活动。杜甫《后出塞五首》之三："遂使貔虎士，奋身勇所闻。"

【奮呼】　奋力高呼。白居易《新乐府·七德舞》："含血吮创抚战士，思摩奋呼乞效死。"

【奮怒】　大怒，震怒。杜甫《青阳峡》："磎西五里石，奋怒向我落。"

【奮翅】　奋力展翅。喻奋发有为。皎然《答裴济从事》："迟迟云鹤意，奋翅知有期。"

【奮烈】　奋发猛烈。李白《少年行二首》之一："少年负壮气，奋烈自有时。"

【奮迹】　摆脱奋起投身某种活动。李商隐《咏怀寄秘阁旧僚二十六韵》："奋迹登弘阁，摧心对董帷。"

【奮疾】　谓动作快速。见《礼记·乐记》。崔邠《享文恭太子庙乐章》："奋疾合威容，定利舒皦泽。"

【奮飛】　❶振翼高飞。徐夤《燕》："吴王宫女娇相袭，合整双毛预奋飞。"詹琲《追和秦隐君辞荐之韵上陈侯乞归凤山》："心随倦鸟甘栖宿，目远征鸿远奋飞。"❷喻不受拘束，大有作为。王维《偶然作六首》之三："几回欲奋飞，踟蹰复相顾。"顾况《上古之什补亡训传十三章·上古一章》："我姑自思，胡不奋飞？"白居易《读史五首》之二："当彼戮辱时，奋飞无翅羽。"

【奮庸】　谓奋力建立功业。见《书·尧典》。苏颋《奉和圣制行次成皋途经先圣擒建德之年感而成诗应制》："夏灭渐宁乱，唐兴终奋庸。"张说《奉和圣制过晋阳宫应制》："太原俗尚武，高皇初奋庸。"

【奮揚】　奋发昂扬。《郊庙歌辞·享太庙乐章·凯安四章》："奋扬争气，坐作为容。"

【奮逸】　腾起，奔放。见《文选·嵇康〈琴赋〉》。皎然《翔隼歌送王端公》："穷阴万里落寒日，气杀草枯增奋逸。"

【奮發】　振作，振发。韦庄《绛州过夏留献郑尚书》："因循每被时流诮，奋发须由国士怜。"徐铉《酬郭先辈》："念君介然气，感时思奋发。"

【奮髯】　抖动胡须。刘禹锡《和牛相公南溪醉歌见寄》："座宾尽欢恣谈谑，愧我掉头还奋髯。"无名氏《骊龙》(卷七八七)："奋髯云乍起，矫首浪还冲。"

【奮翮】　展翅，振羽。张仲素《缑山鹤》："迢迢烟路逸，奋翮讵能攀。"

【奮豫】　勃发，震荡。储光羲《贻王侍御出台掾丹阳》："四月纯阳初，雷雨始奋豫。"

【奮擊】　奋力攻击；奋力搏击。白居易《新乐府·青石》："如观奋击朱泚日，似见叱诃希烈时。"郑嵎《津阳门诗》："马知舞彻下床榻，人惜曲终更羽衣。"原注："其舞马，禄山亦将数匹以归，而私习之。其后田承嗣代安，有存者，一旦于厩上闻鼓声，顿挫其舞，厩人恶之，举彗以击之，其马尚为怒未极妍，因更奋击宛转，曲尽其态。"

【奮翼】　奋翅，喻人振奋而起。刘长卿《小鸟篇上裴尹》："不辞奋翼向君去，唯怕金丸随后来。"戴叔伦《孤鸿篇》："鸿志不汝较，奋翼起高飞。"刘斌《送刘散员同赋陈思王诗得好鸟鸣高枝》："枝交难奋翼，谷静易流声。"

【奮騰】　奋涌奔腾。欧阳詹《益昌行》："云雷既奋腾，草木遂萌芽。"

【奮躍】　奋力跳跃。钱起《巨鱼纵大壑》："奋跃风生鬣，腾凌浪鼓鳍。"

【奮鬣】　兽、畜等扬起颈上的长毛。郑嵎《津阳门诗》："马知舞彻下床榻，人惜曲终更羽衣。"原注："又设连榻，令马舞其上。马衣纨绮而被铃铎，骧首奋鬣，举趾翘尾，变态动容，皆中音律。"

十五画

奰　〔bì《广韵》平祕切，去至，並。〕愤怒。元结《二风诗·乱风诗五篇·至惑》："上下隔塞，人神怨奰。"

女 部

女[1] 〔nǚ《广韵》尼吕切，上語，娘。〕❶女性；女人。李白《相和歌辞·乌夜啼》："机中织锦秦川女，碧纱如烟隔窗语。"孟郊《杂曲歌辞·车遥遥》："丈夫四方志，女子安可留。"❷指青年未婚女子。邢凤《梦中美人歌》："长安少女踏春阳，何处春阳不断肠。"白居易《秋槿》："男儿老富贵，女子晚婚姻。"❸指女儿。崔珏《有赠》："虽然不似王孙女，解爱临邛卖赋郎。"李咸用《访友人不遇》："短僮应捧杖，稚女学擎茶。"邵谒《寒女行》："青楼富家女，才生便有主。"曹邺《怨歌行》："中妹寻适人，生女亦嫁夫。"白居易《自到浔阳生三女子因诠真理用遣妄怀》："远谪四年徒已矣，晚生三女拟如何。"孟郊《寄义兴小女子》："小女未解行，酒弟老更痴。"❹柔的，弱的。见"女桑"。❺星宿名。见"女宿"。李煜《句》："粲粲黄姑女，耿耿遥相望。"又指织女星。见"女牛"。

女[2] 〔rǔ《集韵》忍與切，上語，日。〕代词，通作"汝"。你。韩愈《孟东野失子》："吾不女之罪，知非女由因。"

【女丁妇壬】 阴阳家以丁为火，以壬为水。丁为阳中阴，壬为阴中阳。以丁女而为妇于壬，则水火相合，谓之"女丁妇壬"。韩愈《陆浑山火和皇甫湜用其韵》："我如禁之绝其殉，女丁妇壬传世婚。"

【女人】 （—rén）泛指成年女性。薛逢《追昔行》："前年因出长安陌，见一女人头雪白。日中扶杖憩树阴，仿佛形容认相识。"寒山《诗三百三首》之三十五："三月蚕犹小，女人来采花。"

【女工】 ❶指从事纺织、刺绣、缝纫等工作的女性。韦应物《感事》："女工再三叹，委弃当此时。"韩愈《赠张徐州莫辞酒》："请看女工机上帛，半作军人旗上红。"元稹《和李校书新题乐府十二首·阴山道》："元和天子念女工，内出金银代酬犒。"❷指女性所作纺织、刺绣、缝纫等事。罗隐《绣》："一片丝罗□□□，洞房西室女工劳。"张何《织鸟》："候惊蚕事晚，织向女工裁。"

【女儿】 山名。在今河南宜阳西。相传杜兰香登仙，遗几此山，故名。李白《赠韦秘书子春二首》之一："却顾女几峰，胡颜见云月。"白居易《题裴晋公女几山刻石诗后》："麟麟高阁上，女几小山前。"李群玉《送郑子宽弃官东游便归女几》。皮日休《太湖诗》序："咸通九年，自京东游，复得宿太华，乐荆山，赏女几。"

【女士】 有士人操行的女性。权德舆《和九华观见怀贡院八韵》："真宫集女士，虚室涵春辉。"又《和九日从杨氏姊游》："易象家人吉，闺门女士贤。"

【女子】 ❶女性。司空图《剑器》："楼下公孙昔擅场，空教女子爱军装。"刘驾《送友下第游雁门》："若不化女子，功名岂无期。"韩愈《秋怀诗十一首》之三："丈夫意有在，女子乃多怨。"❷未婚女孩。刘长卿《戏赠干越尼子歌》："鄱阳女子年十五，家本秦人今在楚。"韦应物《送杨氏女》："女子今有行，大江溯轻舟。"杜甫有《送大理封主簿五郎亲事不合却赴通州主簿前阆州贤子余与主簿平章郑氏女子垂欲纳郑氏伯父京书至女子已许他族亲事遂停》。❸女儿。张祜《捉搦歌》："养男男娶妇，养女女嫁夫。"

【女牛】 织女星和牵牛星。储光羲《同诸公秋日游昆明池思古》："石鲸既蹭蹬，女牛亦流离。"李贺《石城晓》："女牛渡天河，柳烟满城曲。"唐彦谦《夜泊东溪有怀》："酒醒推篷坐，凄凉望女牛。"

【女功】 妇女从事的纺织、刺绣、缝纫等。于鹄《寄卢俨员外秋衣词》："缝制虽女功，尽度手自持。"

【女史】 ❶女官名。以知书女性充任，掌管有关王后礼仪等事。王维《达奚侍郎夫人寇氏挽词二首》之二："女史悲彤管，夫人罢锦轩。"❷对知识女性的美称。许浑《赠萧炼师》："暗记神仙传，潜封女史箴。"

【女史箴】 古代劝诫妇女使遵妇道的文辞。箴，文体名，规诫之意。东汉皇甫规、西晋张华都曾作《女史箴》。许浑《赠萧炼师》："暗记神仙传，潜封女史箴。"

【女兄】 姐姐。韦庄《秦妇吟》："仰天掩面哭一声，女弟女兄同入井。"

【女仙】 仙姑。赵嘏有《赠女仙》。

【女市】 杂有妓馆的集市。韩翃《送崔秀才赴上元兼省叔父》："练湖东望接云阳，女市西游入建康。"

【女冠子】 词牌名。原为教坊曲名，后用于词牌，内容亦咏女道士。双调四十一字，押平声。温庭筠《女冠子》二首，是这一词牌的最早作品。

【女奴】 婢女、侍女。储光羲《次天元十载华阴发兵作时有郎官点发》："阏氏为女奴，单于作边氓。"李华《杂诗六首》之二："女奴厌金翠，倾海未满臆。"

【女色】　女子的美色。李咸用《春宫词》:“男力百岁在,女色片时新。”

【女伎】　见“女妓”。

【女巫】　❶歌舞迎神、掌占卜祈祷的女官。王维《相和歌辞·祠渔山神女歌·迎神》:“女巫进,纷屡舞。”李建勋《迎神》:“擂蛮鼍,吟塞笛,女巫结束分行立。”耿湋《岳祠送薛近贬官》:“迁客无辜祝史告,神明有喜女巫知。”❷指以装神弄鬼、搞迷信活动为职业的女性。王维《凉州郊外游望》:“女巫纷屡舞,罗袜自生尘。”刘禹锡《梁国祠》:“梁国三郎威德尊,女巫箫鼓走乡村。”王建《华岳庙二首》之一:“女巫遮客买神盘,争取琵琶庙里弹。”李愿《思妇》:“憔悴衣宽日,空房问女巫。”元稹《听庾及之弹乌夜啼引》:“君来到舍是乌力,妆点乌盘邀女巫。”李贺《神弦》:“女巫浇酒云满空,玉炉炭火香冬冬。”

【女伴】　女性伴侣。孟浩然《庭橘》:“女伴争攀摘,摘窥碍叶深。”戎昱《古意》:“女伴朝来说,知君欲弃捐。”于鹄《江南曲》:“偶向江边采白蘋,还随女伴赛江神。”殷尧藩《宫人入道》:“绿鬟女伴含愁别,释尽当年妒宠私。”司空图《灯花三首》之二:“姊姊教人且抱儿,逐他女伴卸头迟。”无名氏《杂诗》之四:“不洗残妆凭绣床,也同女伴绣鸳鸯。”李白《清平乐》:“女伴莫话孤眠,六宫罗绮三千。”

【女床】　见“女牀”。李商隐《碧城三首》之一:“阆苑有书多附鹤,女床无树不栖鸾。”

【女妓】　亦作“女伎”。歌舞伎。李咸用《铜雀台》:“但见西陵惨明月,女妓无因更相悦。”司空曙有《病中嫁女妓》。刘禹锡《白舍人自杭州寄新诗有柳色春藏苏小家之句因而戏酬兼寄浙东元相公》:“女妓还闻名小小,使君谁许唤卿卿。”

【女牀】　山名。见《山海经·西山经》徐彦伯《赠刘舍人古意》:“女床阏灵鸟,文章世所希。”韩偓《有感》:“万里关山如咫尺,女床唯待凤归巢。”

【女兒】　指年轻女子。寒山《诗三百三首》之六十:“洛阳多女儿,春日逞华丽。”杨巨源《杨花落》:“人家女儿出罗幕,静扫玉庭待花落。”薛能《吴姬十首》之八:“此日杨花初似雪,女儿弦管弄参军。”李暇《拟古东飞伯劳歌》:“谁家女儿抱香枕,开衾灭烛愿侍寝。”

【女弟】　妹妹。骆宾王《帝京篇》:“延年女弟双凤入,罗敷使君千骑归。”崔国辅《白纻辞二首》之二:“董贤女弟在椒风,窈窕繁华贵后宫。”王翰《飞燕篇》:“皇孙不死燕啄折,女弟一朝如火绝。”韦庄《秦妇吟》:“仰天掩面哭一声,女弟女兄同入井。”

【女郎】　❶年轻女子。李白《和卢侍御通塘曲》:“浦边清水明素足,别有浣沙吴女郎。”刘禹锡《踏歌词四首》之一:“春江月出大堤平,堤上女郎连袂行。”薛能《圣冈》:“昼静唯禅客,春来有女郎。”郑谷《曲江红杏》:“女郎折得殷勤看,道是春风及第花。”❷女儿。薛逢《元日田家》:“蛮榼出门儿妇去,乌飞迎路女郎来。”韦庄《姬人养蚕》:“仍道不愁罗与绮,女郎初解织桑篮。”

【女郎花】　玉兰花的别称。白居易《题令狐家木兰花》:“从此时时春梦里,应添一树女郎花。”

【女英】　人名。相传为尧的次女,其与娥皇皆为舜妃。卢仝《小妇吟》:“啼鸟休啼花莫笑,女英新喜得娥皇。”魏炎《历山》之三:“济南郡里多沮洳,娥皇女英汲井处。”

【女垣】　即女墙。李贺《贵主征行乐》:“女垣素月角咿咿,牙帐未开分锦衣。”又《石城晓》:“月落大堤上,女垣栖乌起。”

【女桑】　柔桑,嫩桑。陆龟蒙《丹阳道中寄友生》:“旧栽奴橘老,新刈女桑肥。”

【女貞】　木名。经冬不凋,子可入药。李白《秋浦歌十七首》之十:“千千石楠树,万万女贞林。”

【女星】　犹女宿。参见“女宿”。陈陶《投赠福建路罗中丞》:“未闻建水窥龙剑,应喜家山接女星。”

【女冠】　女道士。唐时道士戴黄冠,故名。元结《登九疑第二峰》:“何人居此处,云是鲁女冠。”顾况《崦里桃花》:“崦里桃花逢女冠,林间杏叶落仙坛。”王建《唐昌观玉蕊花》:“女冠夜觅香来处,唯见阶前碎月明。”花蕊夫人徐氏《宫词》之一百二十九:“会仙观内玉清坛,新点宫人作女冠。”

【女真】　女道士。韦渠牟《杂歌谣辞·步虚词》之十二:“道学已通神,香花会女真。”薛能《子夜》:“此日相逢眉翠尽,女真行李乞斋粮。”郑谷《黄莺》:“应为能歌系仙籍,麻姑乞与女真衣。”

【女校书】　(—jiào)女校书郎。成都名妓薛涛能诗,时人因以戏称。胡曾《咏史诗·赠薛涛》:“万里桥边女校书,枇杷花里闭门居。”

【女師】　女子的楷模。李颀《达奚吏部夫人寇氏挽歌》:“阴堂从此闭,谁诵女师篇。”王建《宋氏五女》:“圣朝有良史,将此为女师。”

【女郎祠】　祠名。旧址在褒城(今属陕西)西南。见北魏郦道元《水经注·沔水》。王维《送杨长史赴果州》:“官桥祭酒客,山木女郎祠。”

【女郎廟】　即女郎祠。曹邺有《题女郎庙》。

【女娥】　美女。杜牧《洛阳》:“疑有女娥西望处,上阳烟树正秋风。”

【女孫】　孙女。元稹《春六十韵》:“女孙新在内,婴稚近封公。”

【女曹】　犹言女流。韦应物《冬夜》:“抱此女曹恨,顾非高世才。”

【女宿】（一xiù）星宿名。又称须女、婺女，二十八宿之一。罗隐《暇日投钱尚父》："牛斗星边女宿间，栋梁虚敞丽江关。"

【女華】菊花的别称。见《太平御览》卷九九六引《吴氏本草经》。张贲《和鲁望白菊》："雪彩冰姿号女华，寄身多是地仙家。"

【女婿】女儿之夫。杜甫《李监宅》："门阑多喜色，女婿近乘龙。"卢纶《王评事驸马花烛诗》："一人女婿万人怜，一夜调疏抵百年。"孙元晏《咏史诗·晋·卫玠》："叔宝羊车海内稀，山家女婿好风姿。"

【女湖】女坟湖的简称。白居易《长洲曲新词》："茂苑绮罗佳丽地，女湖桃李艳阳时。"

【女媧】称帝的神女。或以为伏羲后，或以为伏羲妹，或以为与伏羲、神农为三皇。相传女娲造人，一日中七十化变，以黄泥仿照自己抟土造人，创造人类社会并建立婚姻制度；后因世间天塌地陷，于是熔彩石以补苍天，斩鳌足以立四极。李白《相和歌辞·上云乐》："女娲戏黄土，团作愚下人。"韩琮《兴平县野中得落星石移置县斋》："何时成五色，却上女娲天。"皮日休《偶书》："女娲掉绳索，绖泥成下人。"

【女媧補天】李贺《李凭箜篌引》："女娲炼石补天处，石破天惊逗秋雨。"姚合《天竺寺殿前立石》："补天残片女娲抛，扑落禅门压地坳。"司空图《杂言》："女娲只解补青天，不解煎胶黏日月。"李瀚《蒙求》："女娲补天，长房缩地。"

【女嫁男婚】女儿出嫁，儿子完婚。白居易《早饮醉中除河南尹敕到》："应须了却丘中计，女嫁男婚三径资。"又《逸老》："又从风疾来，女嫁男婚了。"

【女道士】女性道士。骆宾王有《代女道士王灵妃赠道士李荣》。刘长卿有《故女道士婉仪太原郭氏挽歌词》。秦系有《题女道士居》。施肩吾有《赠女道士郑玉华二首》。贾岛有《元日女道士受箓》。

【女僕】侍女，婢女。韦庄有《女仆阿汪》。

【女誡】书名。汉班昭（即曹大家）告诫女儿所作，分《卑弱》《夫妇》《敬慎》《妇行》《专心》《曲从》《和叔妹》七篇，宣扬妇道，影响深远。徐夤《赠月君》："懿德好书添女诫，素容堪画上银屏。"

【女墳湖】湖名。在吴县（今属江苏）西北。相传吴王葬女之处，后陷为湖，故名。张籍《苏州江岸留别乐天》："莫忘使君吟咏处，女坟湖北武丘西。"陆龟蒙有《和袭美女坟湖》。皮日休有《女坟湖》。

【女嬃】亦作"女须"。屈原之姐。见《楚辞·离骚》。李白《古风》之五十二："虎口何婉娈，女嬃空婵媛。"齐己《寄归州马判官》："郡带女嬃名，民康境亦宁。"

【女嬃砧】女嬃用过的捣衣石。见北魏郦道元《水经注·江水二》。后成为咏姊典故。李商隐《念远》："床空鄂君被，杵冷女嬃砧。"

【女樂】（一yuè）指歌舞伎。杜甫《观公孙大娘弟子舞剑器行》："梨园子弟散如烟，女乐余姿映寒日。"又《斗鸡》："仙游终一闷，女乐久无香。"王建《宫词一百首》之四十七："移来女乐部头边，新赐花檀木五弦。"

【女學】女学士的简称。宫中女官名。白居易《和春深二十首》之七："何处春深好，春深女学家。"

【女騎】（一jì）女骑兵。李颀《杂歌谣辞·郑樱桃歌》："官军女骑一千匹，繁花照耀漳河春。"

【女牆】城上的凸凹形矮墙。刘长卿《登余干古县城》："官舍已空秋草绿，女墙犹在夜乌啼。"杜甫《上白帝城》："城峻随天壁，楼高更女墙。"耿沣《奉和第五相公登鄱阳郡城西楼》："女墙分吏事，远道启津门。"白居易《腊后岁前遇景咏意》："郡中起晚听衙鼓，城上行慵倚女墙。"韦庄《天井关》："太行山上云深处，谁向云中筑女墙。"

【女龍】母龙，雌龙。李商隐《燕台四首·冬》："天东日出天西下，雌凤孤飞女龙寡。"

【女臂】瓜名。见《艺文类聚》卷八七引晋郭义恭《广志》。李峤《瓜》："龙蹄远珠履，女臂动金花。"

【女蘿】植物名。属于地衣门松萝科。长数尺，色黄绿，悬挂于树石上，松树附生尤多。王昌龄《斋心》："女萝覆石壁，溪水幽濛胧。"鲍溶《古意》："女萝寄青松，绿蔓花绵绵。"马戴《山中兴作》："高高丹桂枝，袅袅女萝衣。"沈彬《赠王定保》："闻公已有平生约，谢绝女萝依兔丝。"

二　画

奴〔nú《广韵》乃都切，平模，泥。〕❶依附于主子，并为之服役的人。储光羲《次天元十载华阴发兵作时有郎官点发》："阏氏为女奴，单于作边氓。"杜牧《重送》："爬头峰北正好去，系取可汗钳作奴。"李群玉《龙安寺佳人阿最歌八首》之五："何须同泰寺，然后始为奴。"❷特指男仆。杜甫《哀王孙》："问之不肯道姓名，但道困苦乞为奴。"韩愈《寄卢仝》："一奴长须不裹头，一婢赤脚老无齿。"白居易《东南行一百韵寄通州元九侍御窦七校书》："绣面谁家婢，鸦头几岁奴？"无名氏《无言白话诗》（外编下）："唤女作家生，将儿作奴使。"❸女子自称。韩偓《偶见》："小叠红笺书恨字，与奴方便寄卿卿。"

【奴人】仆人。李涉《却归巴陵途中走笔寄唐知言》："余瞿二家同爱客，园蔬任遣奴人摘。"无名氏《五言白话诗》（外编下）之十五："奴人赐酒食，恩言出义气。”

【奴子】 僮仆。李白《梁园吟》:“平头奴子摇大扇,五月不热疑清秋。”又《酬张司马赠墨》:“黄头奴子双鸦鬟,锦囊养之怀袖间。”韩翃《别汜水县尉》:“奴子平头骏马肥,少年白皙登王畿。”白居易《池上逐凉二首》之二:“棹遣秃头奴子拨,茶教纤手侍儿煎。”李咸用《远公亭牡丹》:“湑湑绿醴当风倾,平头奴子啾银笙。”

【奴婢】 男奴女婢,泛指仆人。孟郊《雪》:“奴婢晓开户,四肢冻徘徊。”卢仝《寄男抱孙》:“乘凉劝奴婢,园里耨葱韭。”白居易《和微之诗二十三首・和除夜作》:“妻孥常各饱,奴婢亦盈庐。”无名氏《五言诗》(外编下):“槽人饲肥马,仍更买奴婢。”

【奴童】 僮仆。李商隐《李肱所遗画松诗书两纸得四十韵》:“平生握中玩,散失随奴童。”

【奴虜】 奴隶。吕温《蕃中答退浑词二首》之一:“万群铁马从奴虏,强弱由人莫叹时。”杜牧《李甘诗》:“平生负奇节,一旦如奴虏。”

【奴僕】 仆人。杜甫《秋日夔府咏怀奉寄郑监李宾客一百韵》:“奴仆何知礼,恩荣错与权。”戎昱《苦哉行五首》之三:“昔年买奴仆,奴仆来碎叶。”韦庄《虢州涧东村居作》:“儿童见少生于客,奴仆骄多倨似兄。”

【奴橘】 即桔奴。参加“木奴”。陆龟蒙《丹阳道中寄友生》:“旧栽奴橘老,新刈女桑肥。”

【奴隸】 奴仆。李商隐《行次西郊作一百韵》:“中原困屠解,奴隶厌肥豚。”

【奴颜婢膝】 形容献媚逢迎的奴相。陆龟蒙《江湖散人歌》:“奴颜婢膝真乞丐,反以正直为狂痴。”王周《自喻》:“奴颜与婢膝,丑直谁从媚?”

三　画

奸[1] 〔gān《广韵》古寒切,平寒,見。〕干求。唐彦谦《和陶渊明贫士诗七首》之二:“以兹乱心曲,智计无他奸。”

奸[2] 〔jiān〕❶邪恶。韩愈《射训狐》:“谁谓停奸计尤剧,意欲唐突羲和乌。”卢仝《门箴》:“贪残奸酗,狡佞讦愎,身之八杀。”❷歹徒;恶人。韩愈、孟郊《同宿联句》:“儒门虽大启,奸首不敢闯。”❸淫乱。见“奸淫”

【奸回】 邪恶。罗隐《酬丘光庭》:“朝廷济济百揆序,宁将对面容奸回。”贯休《上孙使君》:“奸回改精魄,礼教书绅带。”又《上杭州令狐使君》:“视事奸回尽,登楼海岳春。”

【奸邪】 奸诈邪恶。吴筠《览古十四首》之五:“奸邪起狡猾,骨肉相残夷。”白居易《新乐府・紫毫笔》:“臣有奸邪正衙奏,君有动言直笔书。”薛能《汉南春望》:“奸邪用法原非法,唱和求才不是才。”罗隐《宿纪南驿》:“不知无忌奸邪骨,又作何山野葛苗。”

【奸計】 奸刁的计谋。白居易《和答诗十首・和大觜乌》:“老巫生奸计,与乌意潜通。”

【奸淫】 淫乱。高适《辟阳城》:“奸淫且不戮,茅土孰云宜。”

【奸盗】 淫乱偷窃。王梵志《诗》之三十二:“若不行奸盗,相构即樗蒲。”

【奸强】 (—qiáng)邪恶跋扈之徒。卢仝《月食诗》:“似天会事发,叱喝诛奸强。”陆龟蒙《读〈阴符经〉寄鹿门子》:“奸强自林据,仁弱无枝蹲。”

【奸猾】 奸诈刁滑。高适《过卢明府有赠》:“奸猾唯闭户,逃亡归种田。”张祜《投陈许李司空二十韵》:“鬼神愁运思,奸猾恐回情。”

【奸弊】 欺诈舞弊。张蠙《赠南昌宰》:“每锄奸弊同荆棘,唯抚孤惸似子孙。”

【奸豪】 犹奸强。刘长卿《至德三年春正月寄上浙西节度李侍郎中丞行营五十韵》:“凶丑将除蔓,奸豪已负荆。”白居易《薛中丞》:“奸豪与佞巧,非不憎且惧。”刘兼《去年今日》:“奸豪已息时将泰,疲瘵全苏岁又周。”

【奸禍】 任用小人而造成的灾难。周昙《咏史诗・后汉门・桓帝》:“襄楷忠言谁佞惑,忍教奸祸起萧墙。”

【奸聲】 淫邪的声音。元稹《桐花》:“奸声不入耳,巧言宁孔壬。”又《和李校书新题乐府十二首・立部伎》:“奸声入耳佞入心,侏儒饱饭夷齐饿。”

【奸纖】 奸诈卑劣。韩偓《感事三十四韵》:“谅直寻钳口,奸纤益比肩。”

【奸釁】 欺诈和仇恨。皇甫澈《赋四相诗・中书令钟绍京》:“景龙仙驾远,中禁奸衅结。”

如 〔rú《广韵》人諸切,平魚,日。又人恕切,去御,日。〕❶顺遂。张彪《杂诗》:“儒生未遇时,衣食不自如。”顾况《石上藤》:“空山无鸟迹,何物如人意。”❷像,相似。陈叔达《早春桂林殿应诏》:“朱楼云似盖,丹桂雪如花。”杜甫《丹青引赠曹将军霸》:“先帝天马玉花骢,画工如山貌不同。”白居易《白羽扇》:“飒如松起籁,飘似鹤翻空。”曹邺《浐川寄进士刘驾》:“自是相忆苦,忽如经年别。”❸及,比得上。太宗《登三台言志》:“岂如家四海,日宇罄朝伦。”张谓《辰阳即事》:“自恨不如湘浦雁,春来即是北归时。”韩愈《示儿》:“安能坐如此,比肩于朝儒。”韦庄《对酒赋友人》:“浮生都是梦,浩叹不如吟。”❹往,去。杜淹《召拜御史大夫赠袁天纲》:“系风终不得,脱屣欲安如。”刘禹锡《令狐仆射与余投分素深纵山川阻修然音问相继焚之缌帐之前附于旧编之末》:“文章虽不朽,精魄竟焉如。”李贺《箜篌引》:“公乎公乎,提壶将焉如。”李绅《涉沅潇》:“行来击棹独长叹,问尔精魄何所如。”❺际遇,遭际。德宗《重阳日中外同欢以诗言志因示群官》:“万实行就稔,百工欣所如。”❻奈。王维《别辋川别业》:“忍别青山去,其如绿水何。”杨凝《行思》:“千里岂云去,欲归如路穷。”白居易《诏授同州刺史病不赴任因咏所怀》:“诚爱俸钱厚,其如身力衰。”杜荀鹤《冬末投长沙裴侍郎》:“欲露尘中事,其如不易言。”❼乃,是。权德舆《送韩孝廉侍从赴举》:“贡士去翩翩,如君最少年。”韩愈《合江亭》:“初如遗宦情,终乃最郡课。”❽假如。李白《古风》之二十一:“秦帝如我求,苍苍但烟雾。”杜甫《入衡州》:“重镇如割据,轻权绝纪纲。”韩愈《落齿》:“如其落并空,与渐亦同指。”黄滔《和王舍人崔补阙题天王寺》:“良游如不宿,明月拟何之。”❾于。李翱《广庆寺》:“传者不足信,见景胜如闻。”李郢《春晚与诸同舍出城迎座主侍郎》:“东风柳絮轻如雪,应有偷游曲水人。”❿形容词词尾,犹然。李峤《晚秋喜雨》序:“君子小人,惶惶如也。”玄宗《鹡鸰颂》序:“每听政之后,延入宫掖,申友于之志,咏棠棣之诗,邕邕如,怡怡如,展天伦之爱也。”刘禹锡《昏镜词》引:“发奁而视,其一皎如,其九雾如。”韦庄《和人岁宴旅舍见寄》:“积雪满前除,寒光夜皎如。”

【如一】 一致。戴叔伦《竹》:“岂独对芳菲,终年色如一。”

【如上人】 即如信上人(750—824),洛阳圣善寺僧,自建中至长庆,凡九迁大寺居,十补大德位,莅法会、主僧盟二十二年。事迹见白居易《如信大师功德幢记》。白居易有《感悟妄缘题如上人壁》。

【如毛】 形容纷乱。杜甫《王阆州筵奉酬十一舅惜别之作》:“穷愁但有骨,群盗尚如毛。”刘叉《偶书》:“日出扶桑一丈高,人间万事细如毛。”

【如今】 ❶现在。王维《齐州送祖二》:“为报故人憔悴尽,如今不似洛阳时。”张谓《赠乔琳》:“如今七贵方自尊,羡君不过七贵门。”元稹《酬乐天重寄别》:“武牢关外虽分手,不似如今衰白时。”❷至今。韦庄《洛阳吟》:“如今父老偏垂泪,不见承平四十年。”黄滔《寄南海黄尚书》:“五羊城下驻行车,此事如今八载余。”李洞《叙旧游寄栖白》:“吟诗五岭寻无可,倏忽如今四十霜。”

【如今而后】 从今以后。贯休《杜侯行》:“四海无波八表臣,如今而后君看取。”

【如水如魚】 比喻君臣关系融洽。和凝《宫词百首》之八十七:“如水如鱼何际会,尽言金鼎得盐梅。”

【如之何】 怎么办。元结《二风诗·乱风诗五篇·至虐》之二:“于斯不寤,当如之何。”

【如玉】 形容年轻女子肌肤莹洁。薛蕴《赠故人》:“昔别容如玉,今来鬓若丝。”司空图《诗品二十四则·清奇》:“可人如玉,步屧寻幽。”

【如此】 这般,这样。寒山《诗三百三首》之十九:“自古如此多,君今争奈何。”钱起《白石枕》:“比德无磷缁,论交亦如此。”杨衡《赠庐山道士》:“悠悠万古皆如此,秋比松枝春比兰。”豆卢回《登乐游原怀古》:“天道尚如此,人理安可论。”

【如同】 好像。李洞《鄠郊山舍题赵处士林亭》:“只隔门前水,如同万里余。”杨希道《咏舞》:“二八如同雪,三春类早花。”寒山《诗三百三首》之二百三十九:“虽有一灵台,如同客作汉。”冯延巳《薄命妾》:“三愿如同梁上燕,岁岁长相见。”

【如如】 佛教语。指永恒存在的真如,即绝对真理。卢照邻《赤谷安禅师塔》:“如如数冥昧,生生理氛氲。”白居易《读禅经》:“摄动是禅禅是动,不禅不动即如如。”姚合《寄紫阁无名头陀》:“峭行得如如,谁分圣与愚。”引申为永恒。贾岛《寄无得头陀》:“落涧水声来远远,当空月色自如如。”

【如何】 ❶怎样。寒山《诗三百三首》之五一:“无物堪比伦,教我如何说?”刘商《姑苏怀古送秀才下第归江南》:“当时雄盛如何比,千仞无根立平地。”刘言史《惜花》:“如何遂得心中事,每要花时不厌风?”刘沧《经炀帝行宫》:“此地曾经翠辇过,浮云流水竟如何。”❷为什么,怎么。卢象《送綦毋潜》:“如何天覆物,还遣世遗才?”杜甫《遭田父泥饮美严中丞》:“久客惜人情,如何拒邻叟?”元稹《酬乐天赴江州路上见寄之首》之三:“如何远相失,各作万里云。”皮日休《三羞诗三首》之一:“如何有是心,不能叩丹阙。”❸奈何,怎么办。刘禹锡《酬令狐相公杏园花下饮有怀见寄》:“三春看又尽,两地欲如何。”白居易《冬初酒熟二首》之一:“秋怀久寥落,冬计又如何。”李商隐《安平公诗》:“明年徒步吊京国,宅破子毁哀如何?”贯休《轻薄篇二首》之二:“方今少壮不努力,老大徒伤悲,如何?”❹犹“何如”。何似。哪像,哪儿比得上。太宗《咏桃》:“如何仙岭侧,独秀隐遥芳。”王维《奉和圣制幸玉真公主山庄因题石壁十韵之作应制》:“如何连帝苑,别自有仙家?”贾至《寓言二首》之一:“叹息良会晚,如何桃李时?”于溃《述己叹》:“如何幽并儿,一箭取功勋?”王周《早春西园》:“如何将此景,收拾向图中。”❺如此这般。叙述中表示省略。贯休《酷吏词》:“吁叹自语,云太守酷,如何如何,掠脂干肉。”

【如初】 犹如故。徐铉《赠浙西顾推官》:“狼藉杯盘重会面,风流才调一如初。”

【如花】 形容年轻女子貌美。白居易《新乐府·

母别子》："敕赐金钱二百万，洛阳迎得如花人。"赵嘏《悼亡二首》之二："门前虽有如花貌，争奈如花心不同。"于濆《越溪女》："妾家基业薄，空有如花面。"韦庄《长安春》："家家楼上如花人，千枝万枝红艳新。"

【如坻】 形容粮食丰收，堆积如山。语出《诗经·小雅·甫田》。李峤《晚秋喜雨》："野洽如坻咏，途喧击壤讴。"

【如其】 如果。李白《万愤词投魏郎中》："如其听卑，脱我牢狴。"

【如來】 佛的别号。梵文的意译。如谓真如，指佛所说的绝对真理。如来即从实道来，揭示真理的人。佛教指释迦牟尼。李从远《奉和九月九日登慈恩寺浮图应制》："中霄日天子，半座宝如来。"白居易《内道场永欢上人就郡见访善说维摩经临别请诗因以此赠》："正传金粟如来偈，何用钱唐太守诗。"孙偓《赠南岳僧全玭》："窠居过后更何人，传得如来法印真。"

【如虎傅翅】 像虎添翼，更增其勇猛。杜牧《送沈士赴苏州李中丞招以诗赠行》："今依陇西公，如虎傅两翅。"

【如法】 守法，照规矩。白居易《归田三首》之一："不如归山下，如法种春田。"

【如泥】 形容烂醉颓然的状态。李白《赠内》："三百六十日，日日醉如泥。"杜甫《将赴成都草堂途中有作先寄严郑公五首》之三："岂藉荒庭春草色，先判一饮醉如泥。"窦庠《段都尉别业》："曾识将军段匹磾，几场花下醉如泥。"元稹《饮致用神麹酒三十韵》："刮骨都无痛，如泥未拟停。"

【如故】 与原来一样。白居易《赠王山人》："容颜尽怪长如故，名姓多疑不是真。"

【如是】 如此，像这样。白居易《答崔侍郎钱舍人书问因继以诗》："如是用身心，无乃自伤残？"又《叹鲁二首》之一："虫兽尚如是，岂谓无因缘？"司空图《诗品二十四则·疏野》："若其天放，如是得之。"

【如約】 照约定去做。孟简《咏欧阳行周事》序："请待至都而来迎，许之，乃去。生竟以蹇连不克如约，过期。"

【如皋】 为悦妻典故。见《左传·昭公二十八年》。李瀚《蒙求》："贾氏如皋，颜回箪瓢。"罗虬《比红儿诗》之六四："休话如皋一笑时，金髇中臆锦离披。"

【如展】 荆州松滋碧涧寺僧。与元稹有唱酬。卒于元和六年至九年(811－814)之间。元稹有《八月六日与僧如展有龙女洞能兴云雨诗中喷字以平声韵》，又有《僧如展及韦载同游碧涧寺予方属和未毕自此不复撰成徒以四韵为识》。

【如斯】 犹如此。李商隐《井泥四十韵》："不独帝王耳，臣下亦如斯。"裴说《塞上曲》："如斯名利役，争不老天涯？"贯休《怀四明亮公》："不下便不下，如斯太可怜。"又《怀邻叟》："千门万户皆车马，谁爱如斯太古风？"

【如晦】 如同晦日(每月三十日)晚上那样昏暗。语出《诗经·郑风·风雨》。韩偓《凄凄》："风雨今如晦，堪怜报晓鸡。"

【如許】 ❶如此，这么。寒山《诗三百三首》之二三一："如许多宝贝，海中乘坏舸。"❷如此多，这么多。李义府《咏乌》："上林如许树，不借一枝栖。"

【如麻】 ❶形容纷乱。李白《金陵歌送别范宣》："扣剑悲吟空咄嗟，梁陈白骨乱如麻。"杜甫《茅屋为秋风所破歌》："床床屋漏无干处，雨脚如麻未断绝。"李商隐《病中闻河东公乐营置酒口占寄上》："可怜漳浦卧，愁绪独如麻。"❷形容繁多。李白《相和歌辞·蜀道难》："磨牙吮血，杀人如麻。"

【如寄】 好像寄居人间，比如生命短促。韦应物《出还》："咨嗟日复老，错莫身如寄。"

【如雲】 ❶形容盛多或茂盛。王维《送魏郡李太守赴任》："想君行县日，其出从如云。"白居易《秦中吟十首·轻肥》："夸赴军中宴，走马去如云。"吴融《祝风三十二韵》："他稼已如云，我田方欲莳。"❷形容轻浮不定。杜牧《宣州留赠》："满面风流虽似玉，四年夫婿恰如云。"

【如棠】 如，往；棠，地名，在今山东金乡东。隐公欲亲自去棠地观捕鱼，臣子以为不是君主应做之事。见《左传·隐公五年》。后以为鱼的故实。韩愈《叉鱼招张功曹》："如棠名既误，钓渭日徒消。"

【如畫】 ❶形容美丽异常。白居易《和微之春日投简阳明洞天五十韵》："涧远松如画，洲平水似铺。"李商隐《陈后宫》："茂苑城如画，阊门瓦欲流。"韦庄《东林寺再遇僧益大德》："当时可爱人如画，今日相逢鬓已凋。"❷如同划开，形容边缘整齐。韦庄《渔塘十六韵》："壁峻苔如画，山昏雾似蒸。"

【如傷】 视民如伤，是说对待百姓要像照护伤员一样地无微不至。见《左传·哀公元年》。后以为劝诫治民的典故。玄宗《赐诸州刺史以题座右》："视人当如子，爱人亦如伤。"

【如傾】 形容液体流泻之速。岑参《送魏升卿擢第归东都因怀魏校书陆浑乔潭》："垆头青丝白玉瓶，别时相顾酒如倾。"戴叔伦《闺怨》："看花无语泪如倾，多少春风怨别情。"

【如意】 ❶称心，合意。权德舆《古兴》："沉忧戚戚多浩叹，不得如意居太半。"李德裕《怀山居邀松阳子同作》："人生不如意，十乃居七八。"❷器物名。长二、三尺，质地有金属，竹木，水晶等。前端作爪形。背痒而手不及处，用此无不如意，故名。也作为防身之物。和尚讲经也有手持如意的。王维《赠裴十迪》:“澹然望远空,如意方支颐。”李端《晚春过夏侯校书值其沉醉戏赠》:“欹冠枕如意,独寝落花前。”张祜《题画僧二首》之二:“终年不语看如意,似证禅心人大乘。”孙棨《题妓王福娘墙》之三:“寒肌不耐金如意,白獭为膏郎有无?”

【如意娘】 乐曲名。见《乐府诗集·近代曲辞二·如意娘》。《全唐诗》卷五“则天皇后”及卷二七,“杂曲歌辞”皆收此首。

【如意瓶】 安放舍利子(佛骨)的瓶。皮日休《送圆载上人归日本国》:“贝多纸上经文动,如意瓶中佛爪飞。”

【如意舞】 王戎喜持铁如意起舞,后以为起舞故实。见《世说新语·任诞》。杜甫《宴忠州使君侄宅》:“昔曾如意舞,牵率强为看。”又《舍弟观赴蓝田取妻子到江陵喜寄三首》之二:“剩欲提携如意舞,喜多行坐白头吟。”李商隐《拟意》:“真防舞如意,佯盖卧箜篌。”

【如意館】 宫室名。后赵石虎所造,故址在邺(今河北临漳)。李颀《杂歌谣辞·郑樱桃歌》:“凤阳重门如意馆,百尺金梯倚银汉。”

【如新】 谓相交虽久,但相至还像初识一样陌生。刘禹锡《苏州白舍人寄新诗有叹早白无儿之句因以赠之》:“幸免如新分非浅,祝君长咏梦熊诗。”

【如澠酒】 有酒如渑。渑,渑水。见《左传·昭公十二年》。杜甫《苏端薛复筵简薛华醉歌》:“如渑之酒常快意,亦知穷愁安在哉。”又《寄刘峡州伯华使君四十韵》:“展怀诗诵鲁,割爱酒如渑。”耿沣《早春宴高陵滑少府》:“且宽沈簿领,应赖酒如渑。”韦庄《鄠杜旧居二首》之二:“归来满把如渑酒,何用伤时叹凤兮?”

【如夢令】 词牌名。单调三十三字,押仄声韵,相传为五代后唐庄宗所创,因有“如梦,如梦”句,故名。别名《忆仙姿》《宴桃源》《比梅》。《全唐诗》卷八八九收后唐庄宗《如梦令》。

【如綸】 为圣旨故实。见《礼记·缁衣》。权德舆《送杜尹赴东都》:“如纶披凤诏,出匣淬龙泉。”

【如簧舌】 比喻善于蛊惑人心的言词。簧,乐器中的簧片。徐夤《楚国史》:“君王不剪如簧舌,再得张仪欲奈何?”

【如織】 形容浓密。李白《菩萨蛮》词:“平林漠漠烟如织,寒山一带伤心碧。”

【如獻上人】 湖州僧。与皎然有交往。皎然有《秋居法华寺下院望高顶赠如献上人》,又有《送如献上人游长安》。

【如痴如醉】 比喻神情恍惚呆滞的状态。韦庄《倚柴关》:“杖策无言独倚关,如痴如醉又如闲。”

妄 〔wàng《广韵》巫放切,去漾,微。〕❶虚无不实。崔颢《赠怀一上人》:“观生尽入妄,悟有皆成空。”耿沣《诣顺公问道》:“此身知是妄,远远诣支公。”萧祜《游石堂观》:“可惜所游俱是妄,蕴怀耿耿谁与言。”白居易《念金銮子二首》之二:“恩爱元是妄,缘合暂为亲。”❷随意,胡乱。裴迪《青雀歌》:“动息自适性,不曾妄与燕雀群。”卢鸿一《嵩山十志十首·草堂》序:“及靡者居之,则妄为剪饰,失天理矣。”李逢吉《酬致政杨祭酒见寄》:“妄比鄘侯功蔑尔,每怀疏傅意悠然。”陆龟蒙《袭美先辈以龟蒙所献五百言既蒙见和复示荣唱用伸酬谢》:“不肯少选妄,恐贻后世嗤。”❸徒然,白白地。皎然《杂兴》:“人生分已定,富贵岂妄来?”韩愈《入关咏马》:“不知何故翻骧首,牵过关门妄一鸣。”孟郊《题从叔述灵岩山壁》:“桂枝妄举手,萍路空劳生。”李绅《虎不食人》:“不竞牛甘令买患,免遭狐假妄凭威。”

【妄心】 佛教语。谓妄生分别之心。元稹《酬知退》:“莫著妄心销彼我,我心无我亦无君。”

【妄求】 非分地要求。孟郊《求仙曲》:“持心若妄求,服食安足论。”徐夤《润屋》:“润屋丰家莫妄求,眼看多是与身雠。”

【妄私】 不法和不公。元结《系乐府十二首·谢大龟》:“自昔保方正,顾尝无妄私。”

【妄作】 ❶无故而起。陈子昂《夏日晖上人房别李参军崇嗣》:“是非纷妄作,宠辱坐相惊。”❷虚谬之作品。卢鸿一《嵩山十志十首·洞元室》序:“及邪者居之,则假容窃次,妄作虚诞,竟以盗言。”韩愈《送侯参谋赴河中幕》:“侵官固非是,妄作谴可惩。”

【妄言】 胡言。杜荀鹤《题江寺禅和》:“懒求施主修真像,翻说经文是妄言。”

【妄花】 非时而开的花。孟郊《送超上人归天台》:“何以静双目?扫山除妄花。”

【妄念】 不切实际的念头。张乔《雨中宿僧院》:“劳生无了日,妄念起微尘。”

【妄故】 虚妄之事。元晦《越亭二十韵》:“一瞬契真宗,百年成妄故。”

【妄施】 随便使用。无名氏《玉卮无当》(卷七八七):“江海诚难满,盘筵莫妄施。”

【妄執】 佛教语。虚诞的执念。王湾《奉使登终南山》:“辛苦久为吏,劳生何妄执。”

【妄動】 ❶轻率行动。杜甫《别崔潩因寄薛据孟云卿》:“志士惜妄动,知深难固辞。”裴说《旅中作》:“妄动远抛山,其如馁与寒?”❷妄念生成。白居易《元和十二年淮寇未平诏停岁仗愤然有感率尔成章》:“从来妄动多如此,自笑何曾得事成?”

【妄情】 犹妄念。郑薰《赠巩畴》:“圆澈保直性,客尘排妄情。"吕岩《七言》之二十二："本来无作亦无行，行着之时是妄情。"

【妄想】 ❶佛教语。谓妄为分别而取种种之相。权德舆《送文畅上人东游》："宗通知不染，妄想自堪哀。"❷胡思乱想。白居易《强酒》："若不坐禅销妄想，即须行醉放狂歌。"又《饮后夜醒》："直至晓来犹妄想，耳中如有管弦声。"

【妄意】 妄想，胡思乱想。吕岩《西江月》词之一："世有学人无数，愚痴妄意如麻。"

【妄語】 佛教所谓"十恶"之一。王梵志《诗》之七十五："邪淫及妄语，知非惣勿作。"

【妄説】 胡说。元稹《有鸟二十章》之十四："古来妄说衔花报，纵解衔花何所为？"贯休《上冯使君山水障子》："新诗宁妄说，旧隐实如然。"

【妄徵】 随便征集。韩愈《永贞行》："具书目见非妄征，嗟尔既往宜为惩。"

【妄談】 犹妄言。李白《雪谗诗赠友人》："如或妄谈，昊天是殛。"朱存《金陵览古·天阙山》："牛头天际碧凝岚，王导无稽亦妄谈。"

【妄識】 犹妄见。佛家语。"真如"的对立。佛教以永恒存在、无生无灭为真如，若分生灭则为妄见。王维《哭褚司马》："妄识皆心累，浮生定死媒。"

妃 〔fēi《广韵》芳非切，平微，敷。〕❶配偶。韩愈《猛虎行》："朝怒杀其子，暮还食其妃。"又《谴疟鬼》："湛湛江水清，归居安汝妃。"也指妻子。韩愈《琴曲歌辞·雉朝飞操》："生身七十年，无一妾与妃。"❷匹配。韩愈《送区弘南归》："处子窈窕王所妃，苟有令德隐不腓。"❸帝王的妾。王维《西施咏》："朝仍越溪女，暮作吴宫妃。"玄宗《题梅妃画真》："忆昔娇妃在紫宸，铅华不御得天真。"李绅《新楼诗二十首·重台莲》："游女汉皋争笑脸，二妃湘浦并愁容。"孙元晏《咏史诗·陈·狎客》："八宫妃尽赋篇章，风揭歌声锦绣香。"

【妃子】 ❶皇帝的妾，位次于后。王建《宫词一百首》之七十一："妃子院中初降诞，内人争乞洗儿钱。"李建勋《残牡丹》："失意婕妤妆渐薄，背身妃子病难扶。"❷特指唐玄宗的贵妃杨玉环。元稹《连昌宫词》："开元之末姚宋死，朝廷渐渐由妃子。"张祜《太真香囊子》："蹙金妃子小花囊，销耗胸前结旧香。"杜牧《过华清宫绝句三首》之一："一骑红尘妃子笑，无人知是荔枝来。"赵嘏《华清宫和杜舍人》："血埋妃子艳，创断禄儿肠。"

【妃后】 妃子与皇后，泛指皇帝后宫。杜甫《送重表侄王砅评事使南海》："六宫师柔顺，法则化妃后。"段成式《汉宫词二首》之二："岂知妃后多娇妒，不许君前唱一声。"

【妃妾】 犹妃子。韦庄《立春日作》："今日不关妃妾事，始知辜负马嵬人。"

【妃嬪】 皇帝的姬妾。妃位次于后，嫔又次于妃。崔颢《江畔老人愁》："父兄三叶皆尚主，子女四代为妃嫔。"杜甫《青丝》："不闻汉主放妃嫔，近静潼关扫蜂蚁。"

好¹ 〔hǎo《广韵》呼晧切，上晧，晓。〕❶女子貌美。顾况《弃妇词》："物情弃衰歇，新宠方妍好。"元稹《和乐天示杨琼》："汝今无复小腰身，不似江陵时好女。"李郢《自水口入茶山》："蒨蒨红裙好女儿，相偎相倚看人时。"❷美好。崔兴宗《和王维敕赐百官樱桃》："闻道令人好颜色，神农本草自应知。"杜甫《遣兴三首》之三："时来展材力，先后无丑好。"刘禹锡《和乐天鹦鹉》："谁遣聪明好颜色，事须安置入深笼。"杜牧《留诲曹师等诗》："万物有丑好，各一姿状分。"❸合宜。戎昱《长安秋夕》："远客归去来，在家贫亦好。"韩愈《闲游二首》之一："雨后来更好，绕池遍青青。"韩琮《骆谷晚望》："公子王孙莫来好，岭花多是断肠枝。"❹慈善。杜甫《奉赠射洪李四丈》："丈人屋上乌，人好乌亦好。"❺友好，交亲。乔知之《弃妾篇》："不因媒结好，本以容相知。"王维《送秘书晁监还日本国》序："历岁方达，继旧好于行人。"郎士元《送杨中丞和蕃》："旧好寻君长，新愁听鼓鼙。"❻可以，宜于。李白《江夏行》："如今正好同欢乐，君去容华谁得知？"钱起《独往覆釜山寄郎士元》："赏心无远近，芳月好登望。"杜牧《汉江》："溶溶漾漾白鸥飞，绿净春深好染衣。"李山甫《山下残夏偶作》："自许红尘外，云溪好漱流。"❼正，恰。骆宾王《代女道士王灵妃赠道士李荣》："只言柱下留期信，好欲将心学松蕣。"韩翃《送丹阳刘太真》："相访不辞千里远，西风好借木兰桡。"赵嘏《江上逢许逸人》："清秋华发好相似，却把钓竿归去来。"南唐后主李煜《菩萨蛮》词之一："好为出来难，教君恣意怜。"❽好好地。杜甫《秋尽》："不辞万里长为客，怀抱何时得好开？"张祜、令狐绹《酒令》："上水船，风大急，帆下人，须好立。"❾真，的确。见"好是❸"。❿岂，难道。见"好是❹"。⓫完毕。韩偓《无题》之一："妆好方长叹，欢余却浅颦。"

好² 〔hào《广韵》呼到切，去号，晓。〕❶喜爱，爱好。陈子昂《感遇诗三十八首》之二六："荒哉穆天子，好与白云期。"王建《喻时》："好闻苦不乐，好视忽生疵。"白居易《常乐里闲居偶题十六韵时为校书郎》："幸逢太平代，天子好文儒。"徐夤《辇下赠屯田何员外》："内翰好才兼好古，秋来应数到君家。"❷易于。寒山《诗三百三首》之二二三："聪明好短命，痴騃却长年。"张渐《朗月行》："代情难重论，人事好乖移。"皇甫冉《送裴员外往江南》："岸草知春晚，沙禽好夜惊。”钟离权《题长安酒肆壁三绝句》之三：“莫厌追欢笑语频，寻思离乱好伤神。”

【好人】 品行端正的人。寒山《诗三百三首》之二一八：“何曾见好人，岂闻长者语?”罗隐《野狐泉》：“又应改换皮毛后，何处人间做好人?”

【好天】 宜人的天气。魏承班《玉楼春》词之一：“好天凉月尽伤心，为是玉郎长不见。”

【好日】 ❶好天气。王建《调笑令》词之三：“遥看歌舞玉楼，好日新妆坐愁。”刘禹锡《淮阴行五首》之一：“好日起樯竿，乌飞惊五两。”花蕊夫人徐氏《宫词》之一三八：“为逢好日先移入，续向街西索牡丹。”❷吉日。岑参《凤翔府行军送程使君赴成州》：“程侯新出守，好日发行军。”

【好手】 ❶有本事。拾得《诗》之二六：“不顾他心怨，唯言我好手。”❷精于此道的人物。杜甫《奉先刘少府新画山水障歌》：“画师亦无数，好手不可遇。”刘叉《独饮》：“尽欲调太羹，自古无好手。”赵抟《琴歌》：“七弦脆断虫丝朽，辨别不曾逢好手。”黄文《湘江》：“丹青欲画无好手，稳提玉勒沈吟久。”

【好月】 指美好的月色。刘长卿《月下呈章秀才》：“家贫惟好月，空愧子猷过。”崔珏《道林寺》：“不如兴罢过江去，已有好月明归途。”罗隐《苏小小墓》：“好月当年事，残花触处情。”

【好$_2$文】 ❶崇尚文治。钱起《卢龙塞行送韦掌记》：“圣主好文兼好武，封侯莫比汉皇年。”司空图《争名》：“只此共栖尘外境，无妨亦恋好文时。”又《浙上重阳》：“好文时可见，学稼老无成。”❷喜爱文事。张继《冯翊西楼》：“陶令好文常对酒，相招那惜醉为眠。”

【好去】 送别之词。犹言好走。高适《送杨山人归嵩阳》：“山人好去嵩阳路，惟余眷眷长相忆。”窦巩《放鱼》：“好去长江千万里，不须辛苦上龙门。”刘禹锡《杨柳枝词九首》之九：“春尽絮花留不得，随风好去落谁家?”白居易《送王处士》：“好去采薇人，终南山正绿。”

【好$_2$古】 对古代的事情有癖好。吴筠《高士咏·汉阴丈人》：“野哉汉阴叟，好古遂忘机。”韩愈《石鼓歌》：“嗟予好古生苦晚，对此涕泪双滂沱。”杜牧《冬至日寄小侄阿宜诗》：“吾兄苦好古，学问不可量。”李山甫《赠弹琴李处士》：“世上几时曾好古，人前何必更沾襟?”

【好$_2$生】 不嗜杀生，使生灵得遂本性。虞世南《赋得慎罚》：“明慎全无枉，哀矜在好生。”杨巨源《圣恩洗雪镇州寄献裴相公》：“好生本是君王德，忍死何妨壮士心。”李商隐《汉南书事》：“陛下好生千万寿，玉楼长御白云杯。”

【好在】 问候之词，犹言无恙。杜甫《送蔡希曾都尉还陇右因寄高三十五书记》：“因君问消息，好在阮元瑜。”白居易《代人赠王员外》：“好在王员外，平生记得不?”

【好似】 胜过。元结《欸乃曲》之三：“倚桡静听曲中意，好似云山韶濩音。”白居易《卢侍御小妓乞诗座上留赠》：“好似文君还对酒，胜于神女不归云。”

【好色】 美丽的色泽。李贺《老夫采玉歌》：“采玉采玉须水碧，琢作步摇徒好色。”

【好$_2$色】 沉湎女色。李白《感兴六首》之二：“好色伤大雅，多为世所讥。”

【好多】 更好。韩偓《新上头》：“为要好多心转惑，遍将宜称问傍人。”

【好好】 ❶认真，努力。寒山《诗三百三首》之一百六十八：“好好善思量，思量知轨则。”李商隐《送崔珏往西川》：“浣花笺纸桃花色，好好题诗咏玉钩。”又《西溪》：“京华他夜梦，好好寄云波。”❷人名。即张好好。杜牧《张好好诗》序：“牧太和三年，佐故吏部沈公江西幕。好好年十三，始以善歌来乐籍中。后一岁，公移镇宣城，复置好好于宣城籍中。”

【好身手】 体魄雄壮，武艺高强。杜甫《哀王孙》：“朔方健儿好身手，昔何勇锐今何愚。”

【好住】 行者临别安慰居者之词，犹言安居珍重。戎昱《送李参军》：“好住好住王司户，珍重珍重李参军。”王建《别自栽小树》：“好住守空院，夜间人不来。”元稹《酬乐天醉别》：“好住乐天休怅望，匹如元不到京来。”白居易《答林泉》：“好住旧林泉，回头一怅然。”

【好$_2$武】 崇尚武功。钱起《送张将军征西》：“长安少年唯好武，金殿承恩争破虏。”杨巨源《卢龙塞行送韦掌记二首》之二：“圣主好文兼好武，封侯莫比汉皇年。”李频《赠李将军》：“吾宗偏好武，汉代将家流。”

【好事】 ❶吉利，顺利的事情。司空图《漫书五首》之四：“世路快心无好事，恩门嘉话合书绅。”李山甫《寓怀》：“长疑好事皆虚事，却恐闲人是贵人。”顾敻《木兰花》词之三：“良宵好事枉教休，无计那他狂耍婿。”❷善事，益事。宋之问《过史正议宅》：“剑几传好事，池台伤故人。”姚合《武功县中作三十首》之二：“养身成好事，此外更空虚。”杜荀鹤《访蔡融因题》：“每见苦心修好事，未尝开口怨平交。”冯道《天道》：“但知行好事，莫要问前程。”

【好$_2$事】 ❶喜欢多事。白居易《自咏》：“仍闻好事者，将我画屏风。”陆龟蒙《二遗诗》序：“盘根大柯，文理曲折，尽为好事者得而致于人间，以为耳目之异。”李咸用《红薇》：“王孙多好事，携酒寄吟倾。”❷对某种事物爱好或感兴趣。韩愈《桃源图》：“武陵太守好事者，题封远寄南宫下。”李德裕《思平泉树石杂咏一十首·海鱼骨》:"陶潜虽好事,观海只披图。"李咸用《水仙操》:"后人好事传其曲,有时声足意不足。"❸喜欢热闹,喜欢助人。韦应物《闲居赠友》:"非君好事者,谁来顾寂寞?"周贺《题何氏池亭》:"主人偏好事,终不厌频来。"薛能《怀汾上旧居》:"好事喜逢投宿客,刘田因得自生瓜。"徐铉《寒食日作》:"东风不好事,吹落满庭花。"

【好直上人】 (783—839)唐僧。会稽诸暨(今属浙江)人,俗姓丁。喜交游名士,亦能诗。开成初入宫为内大德。许浑有《再游越中伤朱余庆协律好直上人》。

【好$_2$奇】 ❶爱好新奇,喜标新立异。孟郊《观种树》:"胡为好奇者,无事自买忧?"陆龟蒙《白鸥诗》序:"君好奇乐异,喜文学名理之士,所得皆清散凝莹,袭美知而偕诣。"顾云《苏君厅观韩干马障歌》:"乃孙屈迹宁百里,好奇学古有祖风。"❷对某些事物以为奇怪而喜探知究竟。杜甫《渼陂行》:"岑参兄弟皆好奇,携我远来游渼陂。"任华《坏素上人草书歌》:"吾尝好奇,古来草圣无不知,岂不知右军与献之?"陆龟蒙《奉和袭美太湖诗二十首·入林屋洞》:"唯君好奇士,复啸忘情友。"

【好$_2$尚】 爱好崇尚。杜牧《初上船留寄》:"烟水本好尚,亲交何惨凄。"刘得仁《题从伯舍人道正里南园》:"风流才子调,好尚古人心。"陆龟蒙《闲居杂题五首·当轩鹤》:"自笑与人乖好尚,田家山客共柴车。"郑谷《兵部卢郎中光济借示诗集以四韵谢之》:"叶公好尚浑疏阔,忽见真龙几丧明。"

【好兒】 有为的儿辈。杜甫《偶题》:"騄骥皆良马,骐骦带好儿。"杨巨源《题贾巡官林亭》:"许询本爱交禅侣,陈寔由来是好儿。"

【好官】 较好的官职。主要指地理优越和政务清闲等。白居易《偶吟》:"好官病免曾三度,散地归休已七年。"孙元晏《咏史诗·宋·羊玄保》:"运命将来各有期,好官才阙即思之。"梁补阙《赠米都知》:"贪将乐府歌明代,不把清吟换好官。"

【好是】 ❶最好在于。王维《送孟六归襄阳》:"好是一生事,无劳献子虚。"裴度《白二十二侍郎有双鹤留在洛下予西园多野水长松可以栖息遂以诗请之》:"好是长鸣处,西园白露中。"朱庆余《赠江夏卢使君》:"好是能骑马,相逢见鄂州。"张蠙《宿山寺》:"好是潺湲水,房房伴诵经。"❷恰是,正是。戎昱《移家别湖上亭》:"好是春风湖上亭,柳条藤蔓系离情。"王建《江楼对雨寄杜书记》:"好是主人无事日,应持小酒按新歌。"姚合《武功县中作三十首》之一六:"好是吟诗夜,披衣坐到明。"高骈《平流园席上》:"却缘龙节为萦绊,好是狂时不得狂。"❸真是,甚是。岑参《喜韩樽相过》:"与君兄弟日携手,世上虚名好是闲。"窦巩《赠萧都官》:"好是关身事,从人道性偏。"戴叔伦《抚州对事后送外生宋垓归饶州觐侍呈上姊夫》:"时入闾巷醉,好是羲皇人。"张籍《寄孙洛阳格》:"久持刑宪声名远,好是中朝正直臣。"❹岂是。岑参《临河客舍呈狄明府兄留题县南楼》:"城上望乡应不见,朝来好是懒登楼。"张祜《题程氏书斋》:"缘君寻小阮,好是更题诗?"罗邺《谒宁祠》:"好是精灵偏有感,能于乡里不为灾?"

【好看】 美观悦目。李中《和浔阳宰感旧绝句五首》之二:"浔阳物景真难及,练泻澄江最好看。"

【好音】 ❶悦耳之声。张九龄《尝与大理丞袁公太府丞田公偶诣一所林沼尤胜以咏其事》:"蘋藻复佳色,凫鹥亦好音。"杜甫《蜀相》:"映阶碧草自春色,隔叶黄鹂空好音。"陆扆《禁林闻晓莺》:"绣户惊残梦,瑶池啭好音。"❷佳音,好消息。杜牧《寄远人》:"终日求人卜,回回道好音。"温庭筠《洞户二十二韵》:"武库方题品,文园有好音。"又《寄渚宫遗民弘里生》:"未肯睽良愿,空期嗣好音。"徐夤《新葺茆堂》之二:"同年二十八君子,游楚游秦断好音。"

【好$_2$勇】 喜逞勇敢。孟浩然《送告八从军》:"好勇方过我,多才便起予。"

【好姱】 美好。裴潾《前相国赞皇公早葺平泉山居辄抒怀赋四言诗十四首奉寄》之五:"好姱佳丽,于伊之浒。"

【好客】 嘉宾。王维《登裴秀才迪小台》:"好客多乘月,应门莫上关。"刘禹锡《酬乐天小台晚坐见忆》:"高门勿遽掩,好客无前期。"姚合《过张云峰院宿》:"隔篱招好客,扫室置芳筵。"韦庄《旅中感遇寄呈李秘书昆仲》:"刘桢病后新诗少,阮籍贫来好客稀。"

【好$_2$客】 乐意接待宾客。杜甫《答郑十七郎一绝》:"把文惊小陆,好客见当时。"

【好逑】 佳偶,好配偶。元稹《有鸟二十章》之四:"飞飞渐上高高阁,百鸟不猜称好逑。"

【好時光】 词牌名。双调四十五字,押平声。传为唐玄宗创制,因取结句"莫负好时光"末三字为名。

【好笑】 可笑。寒山《诗三百三首》之一百二十七:"大有好笑事,略陈三五个。"徐夤《上卢三拾遗以言见黜》:"冷眼静看真好笑,倾怀与说却为冤。"

【好恶】 (一è)好坏。杜甫《莫相疑行》:"寄谢悠悠世上儿,不争好恶莫相疑。"韦应物《寇季膺古刀歌》:"酬恩结思心自知,死生好恶不相弃。"白居易《除忠州寄谢崔相公》:"忠州好恶何须问,鸟得辞笼不择林。"贯休《避寇山中作》:"浅深俱得地,好恶未知他。"

【好$_2$恶】 (一wù)喜爱与厌恶。白居易《新乐府·太行路》:"人心好恶苦不常,好生毛羽恶生疮。"又《薛中丞》:"岂与小人意,昏然同好恶。"陆龟蒙《袭美先辈以龟蒙所献五百言既蒙见和复示荣唱用伸酬谢》:“惊奔失壮士,好恶随纤儿。”

【好處】 (—chù)❶完好之处。王梵志《幸门》:“若还都塞了,好处却穿破。”❷美好的时候或处所。韩愈《早春呈水部张十八员外二首》之一:“最是一年春好处,绝胜烟柳满皇都。”皮日休《太湖诗·明月湾》:“好境无处住,好处无境删。”❸恩典。无名氏《消失婢榜诗》之一:“内家方妒杀,好处任从归。”

【好得】 正应。刘长卿《客舍喜郑三见寄》:“十年未称平生意,好得辛勤谩读书。”岑参《送崔主簿赴夏阳》:“知君新称意,好得奈春何。”

【好彩】 指骰子有好的颜色。古时骰子无点子,只画彩色,数面全红为最好,故名。李白《送外甥郑灌从军三首》之一:“六博争雄好彩来,金盘一掷万人开。”

【好景】 ❶美丽的风景。唐彦谦《留别四首》之一:“好景当三月,春光上国浓。”徐铉《送史馆高员外使岭南》:“春江多好景,莫使醉吟疏。”刘兼《春晚寓怀》:“好景几将官吏醉,名山时领管弦游。”❷指晴天的太阳。魏承班《木兰花》词:“迟迟好景烟花媚,曲渚鸳鸯眠锦翅。”

【好$_2$勝】 逞强,专意胜过别人。李廓《长安少年行》之四:“好胜耽长夜,天明烛满楼。”

【好$_2$善】 助人为乐。白居易《奉和汴州令狐令公二十二韵》:“心因好善乐,貌为礼贤谦。”

【好語】 ❶吉利话。李贺《沙路曲》:“沙路归来闻好语,旱火不光天下雨。”❷佳音,好消息。白居易《秋霖中奉裴令公见招早出赴会马上先寄六韵》:“素书传好语,绛帐赴佳期。”何蒙《赠赵叟》:“唯有赵翁知仔细,相传好语待来年。”詹敦仁《寄刘乙处士》:“好语传来如昨梦,离情欲剖带春愁。”❸悦耳之声。皮日休《夏景无事因怀章来二上人二首》之二:“幽鸟见贫留好语,白莲知卧送清香。”

【好個】 ❶好一个。表示赞美。黄幡绰《嘲刘文树》:“可怜好个刘文树,髭须共颏颐别住。”姚合《游春十二首》之二:“好个林间鹊,今朝足喜声。”祝元膺《梦仙谣》:“好个分明天上路,谁教深入武陵溪。”郑谷《山鸟》:“惊飞失势粉墙高,好个声音好羽毛。”❷真的,确实。白居易《如梦令》词之二:“落月西窗惊起,好个匆匆些子。”皮日休《病中有人惠海蟹转寄鲁望》:“族类分明连琐玮,形容好个似蟛蜞。”

【好$_2$學】 喜爱学习。崔湜《襄阳作》:“好学风犹扇,夸才俗未忘。”储光羲《游茅山五首》之四:“垂纶非钓国,好学异希颜。”刘禹锡《送李友路秀才赴举》:“荣亲在名字,好学弃官班。”

【好憐】 可怜,可爱。崔橹《莲花》:“人间有笔应难画,雨后无尘更好怜。”

【好聲】 悦耳之音。丘光庭《补茅鸱》之四:“汝食汝饱,莫我好声。”

【好辭】 妙语。相传东汉蔡邕在《孝女曹娥碑》上题“黄娟幼妇外孙齑臼”八字,隐含“绝妙好辞”之语。后作为碑文典故。刘长卿《朱放自杭州与故里相使君立碑回因以奉简吏部杨侍郎制文》:“好辞千古事,堕泪万家人。”

【好懷】 好兴致。殷尧藩《夜酌溪楼》:“得意引杯须痛饮,好怀那许负年华。”

【好識】 好友。无名氏《晚秋羁情》(外编上):“知音好识竟何在?黯然已矣山河隔。”

四 画

妍 〔yán《广韵》五堅切,平先,疑。〕美好,美丽。陈叔达《听邻人琵琶》:“本是龙门桐,因妍入汉宫。”杜甫《秋日夔府咏怀奉寄郑监李宾客一百韵》:“雾雨银章涩,馨香粉署妍。”孟郊《婵娟篇》:“妓婵娟,不长妍。”皮日休《太湖诗·圣姑庙》:“常云三五夕,尽会妍神侣。”

【妍好】 美丽姣好。顾况《弃妇词》:“物情弃衰歇,新宠方妍好。”

【妍冶】 华美。元稹《八骏图诗》:“华辀本修密,翠盖尚妍冶。”

【妍妙】 美妙。郑嵎《津阳门诗》注:“其马尚为怒未妍妙。因更奋击宛转,曲尽其态。”

【妍芳】 美丽芬芳。韦应物《拟古十二首》之一二:“芳树自妍芳,春禽自相求。”也指美丽的花。武元衡《旬假南亭寄熊郎中》:“妍芳落春后,旅思生秋前。”

【妍和】 (—hé)美好暖和。白居易《梦行简》:“天气妍和水色鲜,闲吟独步小桥边。”李商隐《骄儿诗》:“青春妍和月,朋戏浑甥侄。”

【妍姝】 美人。刘得仁《长门怨》:“争得一人闻此怨,长门深夜有妍姝。”

【妍華】 ❶美艳华丽。韦应物《效陶彭泽》:“霜露悴百草,时菊独妍华。”陆龟蒙《自遣诗三十首》之二七:“妍华须是占时生,准拟差肩不近情。”吴融《追咏棠梨花十韵》:“更应无软弱,别自有妍华。”❷喻指青春芳华。李峤《拟古东飞伯劳西飞燕》:“庭前芳树朝夕改,空驻妍华欲谁待?”刘希夷《江南曲八首》之七:“自惜妍华三五岁,已叹关山千万重。”

【妍詞】 优美的文词。胡证《和张相公太原亭怀古诗》:“居然尽精道,得以书妍词。”陆龟蒙《奉和袭美茶具十咏·茶瓯》:“昔人谢塸埞,徒为妍词饰。”

【妍暖】 犹妍和。韩愈《游青龙寺赠崔大补阙》:

"须知节候即风寒，幸及亭午犹妍暖。"

【妍媸】 美丑。高适《同颜六少府旅宦秋中之作》："逸气旧来凌燕雀，高才何得混妍媸？"白居易《吴宫辞》："妍媸各有分，谁敢妒恩多？"李频《投京兆府试官任文学先辈》："长安未归去，为倚鉴妍媸。"

【妍醜】 美丑。刘禹锡《和乐天以镜换酒》："妍丑太分迷忌讳，松乔俱傲绝嫌猜。"

【妍辭】 同"妍詞"。韩愈《和虞部卢四汀酬翰林钱七徽赤藤杖歌》："妍辞丽句不可继，见寄聊且慰分司。"

【妍艷】 艳丽。杨巨源《胡姬词》："妍艳照江头，春风好客留。"方干《惜花》："可怜妍艳正当时，刚被狂风一夜吹。"

妓 〔jì《广韵》渠綺切，上紙，羣。〕以歌舞娱人为业的女子。李白《江上吟》："美酒尊中置千斛，载妓随波任去留。"元稹《哭女樊四十韵》："和蛮歌字拗，学妓舞腰轻。"沈亚之《文祝延二阕》之二："右持妓兮左夫人，太修邃兮佻眇。"温庭筠《过华清宫二十二韵》："绣毂千门妓，金鞍万户侯。"

【妓人】 歌舞伎。以歌舞娱人的女艺人。张说有《伤妓人董氏四首》。李绅《真娘墓》序："吴之妓人，歌舞有名者，死葬于吴武丘寺前。"

【妓女】 犹妓人。李白《少年行》："蕙兰相随喧妓女，风光去处满笙歌。"李君房《石季伦金谷园》："残芳迷妓女，衰草忆王孙。"白居易《和春深二十首》之二十："何处春深好？春深妓女家。"李中《柴司徒宅牡丹》："愿陪妓女争调乐，欲赏宾朋预课诗。"

【妓衣】 见《梁书·夏侯亶传》。后以为帘子典故。陆龟蒙《帘》："逆风障燕寻常事，不学人前当妓衣。"

【妓妾】 女乐姬妾。王建《寄崔列中丞》："妓妾随他人，家事幸获存。"

【妓房】 家中妓女居处。白居易《老病幽独偶吟所怀》："觞咏罢来宾阁闭，笙歌散后妓房空。"

【妓亭】 妓人献艺之处。白居易《偶饮》："三盏醺醺四体融，妓亭檐下夕阳中。"

【妓席】 有娱乐助兴的宴席。杜审言《和韦承庆过义阳公主山池五首》之四："鹿麛冲妓席，鹤子曳童衣。"白居易《郡斋旬假始命宴呈座客示郡寮》："侑食乐悬动，佐欢妓席陈。"又《对酒吟》："公门衙退掩，妓席客来铺。"李商隐有《妓席暗记送同年独孤云之武昌》。

【妓舫】 载歌伎的游船。苏颋《恩制尚书省僚宴昆明池同用尧字》："泳广渔杈溢，浮深妓舫摇。"

【妓堂】 妓女献艺之处。钱起《奉陪郭常侍宴浐川山池》："向竹过宾馆，寻山到妓堂。"白居易《题故曹王宅》："山当宾阁出，溪绕妓堂回。"又《过高将军墓》："妓堂宾阁无归日，野草山花又欲春。"

【妓船】 犹妓舫。白居易《西湖留别》："绿藤阴下铺歌席，红藕花中泊妓船。"

【妓筵】 犹妓席。孟浩然《从张丞相游南纪城猎戏赠裴迪张参军》："十里届宾馆，征声匝妓筵。"白居易《代诸妓赠送周判官》："妓筵今夜别姑苏，客棹明朝向镜湖。"又《闲夜咏怀因招周协律刘薛二秀才》："若厌雅吟须俗饮，妓筵勉力为君铺。"又《奉酬淮南牛相公思黯见寄二十四韵》："雪夜寻僧舍，春朝列妓筵。"

【妓樓】 妓人献艺之楼。宋之问《春日郑协律山亭陪宴饯郑卿同用楼字》："暗竹侵山径，垂杨拂妓楼。"沈佺期《同李舍人冬日集安乐公主山池》："紫岩妆阁透，青嶂妓楼悬。"孙逖《同和咏楼前海石榴二首》之一："传君妓楼好，初落海榴花。"李商隐《赠赵协律晳》："南省恩深宾馆在，东山事往妓楼空。"

【妓樂】 （—yuè）❶指妓人表演的音乐舞蹈。刘宪《闰九月九日幸总持寺登浮图应制》："驻辇天花落，开筵妓乐陈。"刘禹锡《令狐相公自太原累示新诗因以酬寄》："灯前妓乐留宾宴，雪后山河出猎看。"张籍《寒食书事二首》之二："妓乐州人戏，使君心寂寥。"白居易《初夏闲吟兼呈韦宾客》："杯觞留客切，妓乐取人宽。"❷指歌舞伎。卢纶《雪谤后书事上皇甫大夫》："赐欢征妓乐，陪醉问公卿。"白居易《和梦游春诗一百韵》："亲宾盛辉赫，妓乐纷晔煜。"姚合《题凤翔西郭新亭》："宴赏军容静，登临妓乐随。"贯休《陪冯使君游六首·锦沙墩》："翛然别是神仙趣，岂羡东山妓乐随？"

【妓館】 妓院。妓女出卖声色的地方。吕岩有《题东都妓馆壁》。

姉 "姊"的异体字。白居易《和微之诗二十三首·和李势女》："抚背称阿姉，归我如归乡。"

【姉妹】 同"姊妹"。

妙[1] 〔miào《广韵》彌笑切，去笑，明。〕❶精微，玄妙。皎然《戏呈吴冯》："世人不知心是道，只言道在他方妙。"戴叔伦《怀素上人草书歌》："人人细问此中妙，怀素自言初不知。"白居易《和微之春日投简阳明洞天五十韵》："学禅超后有，观妙造虚无。"牟融《题山房壁》："玄奥凝神久，禅机入妙深。"❷高明，神妙。张说《赠赵公》："精意微绝简，从权讨妙棋。"冯伉《和权载之离合诗》："亦曾吟鲍谢，二妙尤增价。"李远《赠殷山人》："谁能将此妙，一为奏金阶？"韦庄《和郑拾遗秋日感事一百韵》："上略咸推妙，前锋讵可当？"❸佳妙，美好。孟浩然《题终南翠微寺空上人房》："遂造幽人室，始知静者妙。"杜甫《次空灵岸》："幸有舟楫迟，得尽所历妙。"潘存实《赋得玉声如乐》："静将金并响，妙与乐同声。"齐己《酬尚颜》："取尽风骚妙，名高身倍闲。"❹年轻。钱起《送傅管记赴蜀军》："赐璧腰金应可料，才略纵横年且妙。"司空图《偶书五首》之三："蜀妓轻成妙，吴娃狎共纤。"

妙²〔miǎo《集韻》弭沼切，上小，明。〕通"眇"。远。见"妙₂思"。

【妙手】 ❶指技艺高超的人。高适《画马篇》："感兹绝代称妙手，遂令谈者不容口。"吴融《病中宜茯苓寄李谏议》："飞檄愈风知妙手，也须分药救漳滨。"欧阳炯《题景焕画应天寺壁天王歌》："奇哉妙手传孙公，能如此地留神踪。"花蕊夫人徐氏《宫词》之一〇〇："尽对君王称妙手，一人来射一人输。"❷神妙之手。白行简《夫子鼓琴得其人》："泠泠传妙手，摵摵振空林。"

【妙用】 神妙的效用。李白《草创大还赠柳官迪》："自然成妙用，孰知其指的？"钱起《玛瑙杯歌》："宁及琢磨当妙用，燕歌楚舞长相随。"李群玉《送房处士闲游》："刀圭藏妙用，岩洞契冥搜。"方干《赠许牍秀才》："理论与妙用，皆从人外来。"

【妙有】 道家指超乎"有"和"无"之上的原始存在。李白、高霁《改九子山为九华山联句》："妙有分二气，灵山开九华。"《梦舜抚琴歌》（卷八六八）："南风薰薰兮草芊芊，妙有之音兮归清弦。"

【妙曲】 （一qǔ）美妙的乐曲。张子容《除夜乐城逢孟浩然》："妙曲逢卢女，高才得孟嘉。"权德舆《杂诗五首》之四："碧树泛鲜飙，玉琴含妙曲。"李绅《悲善才》："紫髯供奉前屈膝，尽弹妙曲当春日。"韩偓《御制春游长句》（卷六八二）："比屋管弦呈妙曲，连营罗绮斗时妆。"

【妙年】 少年之时。宋之问《琴曲歌辞·绿竹引》："妙年秉愿逃俗纷，归卧嵩丘弄白云。"李白《当涂赵炎少府粉图山水歌》："南昌仙人赵夫子，妙年历落青云士。"钱起《海上卧病寄王临》："妙年即沉痾，生事多所阙。"张南容《静女歌》："妙年工诗书，弱岁勤组织。"

【妙好】 （一hǎo）精巧美丽。寒山《诗三百三首》之二六一："七宝镇随身，庄严甚妙好。"

【妙旨】 精微奥妙的意蕴。李商隐《和郑愚赠汝阳王孙家筝妓二十韵》："秦人昔富家，绿窗闻妙旨。"

【妙色】 美丽的颜色。李咸用《升天行》："引余再拜归仙班，清声妙色视听安。"

【妙妓】 姿容技艺皆好的歌舞伎。张九龄《龙门旬宴得月字韵》："花迎妙妓至，鸟避仙舟发。"韩偓《锡宴日作》："清商适向梨园降，妙妓新行峡雨回。"

【妙吹】 美妙的管乐曲。卢肇《句》："妙吹应谐凤，工书定得鹅。"

【妙命】 美好的生命。李商隐《戊辰会静中出贻同志二十韵》："相期保妙命，腾景侍帝宸。"

【妙性】 颖悟之性。王梵志《兀然无事》之五："妙性及灵台，何曾受熏炼？"

【妙空】 五代僧名。名守纳。为唐末高僧义存弟子。王继勋有《赠和龙妙空禅师》。

【妙門】 道教谓领悟教义的门径。玄宗《经河上公庙》："玄玄妙门启，肃肃祠宇清。"吴筠《游仙二十四首》之一三："俊朗妙门辟，澄微真鉴通。"

【妙契】 神妙地相合。司空图《诗品二十四则·形容》："俱似大道，妙契同尘。"

【妙思】 精妙的构思。殷潜之《题筹笔驿》："山秀扶英气，川流入妙思。"

【妙₂思】 精深的思想。卢鸿一《嵩山十志十首·洞元室》："泽妙思兮草玄经，结幽门兮在黄庭。"

【妙香】 佛教谓清妙脱俗的香气。杜甫《大云寺赞公房四首》之三："灯影照无睡，心清闻妙香。"

【妙音】 ❶美妙的音乐。王棨《上巳日曲江锡宴群臣》："妙音回舜乐，浓味降尧樽。"❷佛教谓法事的钟磬之音。贯休《题弘顗三藏院》："次听妙音大随求，更觉人间万事深悠悠。"寇埴《题莹上人院》："舍筏求香偈，因泉演妙音。"

【妙理】 精深的道理。刘长卿《早春赠别赵居士还江左时长卿下第归嵩阳旧居》："且将穷妙理，兼欲寻胜概。"灵一《题东兰若》："更惜片阳谈妙理，归时莫待暝钟催。"司空图《携仙箓九首》之三："决事还须更事酬，清谭妙理一时休。"陆希声《阳羡杂咏十九首·观妙庵》："妙理难观旨甚深，欲知无欲是无心。"

【妙奘上人】 湖州开元寺僧。与湖州刺史卢幼平、皎然有交往。皎然有《春日和卢使君幼平开元寺听妙奘上人讲》。

【妙略】 高妙的策略。杜甫《警急》："才名旧楚将，妙略拥兵机。"韩翃《寄令狐尚书》："妙略多推霍骠骑，能文独见沈尚书。"陆龟蒙《秋日遣怀十六韵寄道侣》："尽日临风坐，雄词妙略兼。"

【妙術】 精妙的法术。薛涛《送扶炼师》："山阴妙术人传久，也说将鹅与右军。"

【妙喜寺】 佛寺名。在越州（今浙江绍兴）。六朝古刹，唐元和中重建。又名龟山寺。皎然有《妙喜寺达公禅斋寄李司直四十二韵》。又《妙喜寺高房期灵澈上人不至重招之一首》。又《酬李司直纵诸公冬日游妙喜寺题照昱二上人房寄长城潘丞述》。徐凝有《将至妙喜寺》。

【妙絕】 精妙绝伦。杜甫《赠蜀僧闾丘师兄》："晚看作者意，妙绝与谁论？"李群玉《古镜》："得非轩辕作，妙绝世莫并。"陆龟蒙《袭美先辈以龟蒙所献五百言既蒙见和复示荣唱用伸酬谢》："或有妙绝赏，或为独步推。"黄滔《寄同年卢员外》："休恋一台惟妙绝，已经三字入精求。"

【妙詞】 美妙的文词。太宗《咏司马彪续汉志》："前史殚妙词，后昆沉雅思。"

【妙跡】 指书法中的精品。李峤《纸》："妙迹蔡侯施，芳名左伯驰。"温庭筠《清凉寺》："妙迹奇名竟何在，下方烟暝草萋萋。"

【妙圓塔院】 僧人骨灰存放处，故址在四川成都大东门外。慈觉有《书妙圆塔院张道者屋壁》。

【妙義】 精妙的义理。修雅《闻诵〈法华经〉歌》："我闻此经有深旨，觉帝称之有妙义。"

【妙道】 精微的道理。皇甫冉《酬崔侍御期籍道士不至兼寄》："一心求妙道，几岁候真师。"

【妙舞】 美妙的舞蹈。阎朝隐《鹦鹉猫儿篇》："离宫别馆临朝市，妙舞繁弦杂宫徵。"王维《奉和圣制十五夜然灯继以酺宴应制》："定应偷妙舞，从此学新妆。"司马扎《猎客》："清歌杂妙舞，临欢度曲长。"崔道融《铜雀妓二首》之一："严妆垂玉箸，妙舞对清风。"

【妙算】 高明的筹划，精确的计算。卢纶《杂曲歌辞·皇帝感词》之三："妙算干戈止，神谋宇宙清。"许稷《闰月定四时》："月余因妙算，岁遍自成时。"

【妙管】 优美的管乐曲。许敬宗《奉和圣制登三台言志应制》："妙管含秦凤，仙姿丽斗牛。"韦应物《骊山行》："羽旗旄节憩瑶台，清丝妙管从空来。"

【妙說】 精妙之论。郑薰《赠巩畴》："直须持妙说，共诣毗耶城。"

【妙樂觀】 道观名。故址在今河南新安县西南三十五里烂柯山。此山相传为王乔遇仙处。灵一有《妙乐观》。

【妙墨】 神妙的笔墨，指书画佳品。张九龄《题画山水障》："良工适我愿，妙墨挥岩泉。"

【妙彈】 (—tán)美妙的弹奏。李峤《筝》："蒙恬芳轨设，游楚妙弹开。"

【妙機】 ❶玄妙的征兆。司空图《诗品二十四则·冲淡》："素处以默，妙机其微。"❷玄妙的关键。常达《山居八咏》之六："古寺凭栏危，时闻举妙机。"

【妙選】 理想的选择，多指择婿。杜甫《奉赠卢五丈参谋》："恭惟同自出，妙选异高标。"李商隐《寄太原卢司空三十韵》："羲之当妙选，孝若近归宁。"又《拟意》："妙选茱萸帐，平居翡翠楼。"

【妙瞬】 谓美目流波。段成式、郑符《吴画联句》："妙瞬乍疑生，参差夺人魄。"

【妙鍵】 玄妙的关纽。指佛法深奥难解之处。苏味道《和武三思于天中寺寻复礼上人之作》："五行幽机畅，三蕃妙键开。"

【妙麗】 美妙艳丽。裴谐《观修处士画桃花图歌》："工夫妙丽实奇绝，似对韶光好时节。"

【妙躅】 对他人游踪的赞美之词。王勃《游梵宇三觉寺》："遽忻陪妙躅，延赏涤烦襟。"

【妙辯】 高妙的论辩。骆宾王《和王记室从赵王春日游陀山寺》："雕谈筌奥旨，妙辩漱玄津。"

【妙譽】 美好的声誉。唐彦谦《送樊琯司业归朝》："夫君居太学，妙誉继中行。"

妖 〔yāo《广韵》於喬切，平宵，影。〕❶美丽，窈窕。武平一《杂曲歌辞·妾薄命》："有女妖且丽，裴回湘水湄。"杨衡《白纻歌二首》之二："轻身起舞红烛前，芳姿艳态妖且妍。"李山甫《牡丹》："晓露精神妖欲动，暮烟情态恨成堆。"杜光庭《咏西施》："素面已云妖，更著花钿饰。"❷妖媚惑人。刘禹锡《赏牡丹》："庭前芍药妖无格，池上芙蕖净少情。"白居易《紫藤》："又如妖妇人，绸缪蛊其夫。"又《有木诗八首》之四："狐媚言语巧，鸟妖声音恶。"雍陶《状春》："含春笑日花心艳，带雨牵风柳态妖。"❸惑乱。毛熙震《临江仙》词之一："纤腰婉约步金莲，妖君倾国，犹自至今传。"❹邪恶不正。裴漼《奉和御制旋师喜捷》："中军才受律，妖寇已亡精。"元稹《酬刘猛见送》："种花有颜色，异色即为妖。"李咸用《览文僧卷》："怪石难为古，奇花不敢妖。"苏拯《鸱枭》："地若默尔声，与夫妖为讳。"❺反常，怪异。王建《题所赁宅牡丹花》："赁宅得花饶，初开恐是妖。"来鹄《晓鸡》："不嫌惊破纱窗梦，却怕为妖半夜啼。"❻精怪，妖精。孟郊《寄义兴小女子》："山怪夜动门，水妖时弄池。"章孝标《览杨校书文卷》："谁有轩辕古铜片，为持相并照妖看。"李商隐《寄太原卢司空三十韵》："酣战仍挥日，降妖亦斗霆。"

【妖人】 美女。杜牧《将赴池州道中作》："妖人笑我不相问，道者应知归路心。"

【妖土】 酝酿灾祸的地方。雍陶《蜀中战后感事》："已谓无妖土，那知有祸胎。"

【妖女】 美女。元结《二风诗·乱风诗五篇·至惑》序："古有惑王，用奸臣以虐外，宠妖女以乱内。"张仲方《赠毛仙翁》："紫霞妖女琼华飞，秘法虔心传付与。"

【妖兇】 蛊惑凶残，喻作乱的人。宋若昭《奉和御制麟德殿宴百僚应制》："修文招隐伏，尚武殄妖凶。"

【妖妍】 美艳。太宗《帝京篇十首》之九："建章欢赏夕，二八尽妖妍。"骆宾王《代女道士王灵妃赠道士李荣》："个时无数并妖妍，个里无穷总可怜。"钱起《山花》："别有妖妍胜桃李，攀来折去亦成蹊。"齐己

《还黄平素秀才卷》："僻能离诡差，清不尚妖妍。"

【妖巫】 有妖术的巫人。李建勋《迎神》："阴风窣窣吹纸钱，妖巫瞑目传神言。"

【妖邪】 邪恶的妖人。韩湘《言志》："一瓢藏世界，三尺斩妖邪。"

【妖芳】 指美色。刘商《姑苏怀古送秀才下第归江南》："瓦解冰销真可耻，凝艳妖芳安足恃？"

【妖氛】 不祥之气。指兵灾、祸乱等。太宗《辽城望月》："驻跸俯九都，停观妖氛灭。"李白《塞下曲六首》之六："横行负勇气，一战净妖氛。"李涉《邠州词献高尚书三首》之三："今日兵符归上将，旄头不用更妖氛。"胡宿《塞上》："云沈老上妖氛断，雪照回中探骑闲。"

【妖物】 妖怪。罗隐《野狐泉》："潏潏寒光溅路尘，相传妖物此潜身。"

【妖昏】 异常的昏暗。李绅《逾岭峤止荒陬抵高要》："幸逢雷雨荡妖昏，提挈悲欢出海门。"

【妖狐】 变妖之狐。古以为狐狸易成精惑人。白居易《和答诗十首·和古社》："为作妖狐窟，心空身未摧。"郑嵎《津阳门诗》："赤鹰黄鹘云中来，妖狐狡兔无所依。"

【妖怪】 旧谓草木、动物等变化而成的害人之物。元结《演兴四首·闵岭中》："且舂刺乎恶毒，又引射夫妖怪。"韩愈《谒衡岳庙遂宿岳寺题门楼》："火维地荒足妖怪，天假神柄专其雄。"元稹《大觜乌》："音声甚吠喈，潜通妖怪词。"张为《谢别毛仙翁》："兰炷飘灵烟，妖怪立诛夷。"

【妖星】 不祥之星。古人以为天象能预示人事祸福。彗星非时而现，故看作是不祥之兆，称为"妖星"。杨炯《奉和上元酺宴应诏》："妖星六丈出，沴气七重悬。"王建《送魏州李相公》："当朝面受新恩去，算料妖星不敢生。"张籍《赠赵将军》："当年胆略已纵横，每见妖星气不平。"韦庄《和郑拾遗秋日感事一百韵》："雅道何销德，妖星忽耀芒。"

【妖鬼】 非正统的神，淫祠祭祀的偶像。元稹《赛神》："村落事妖神，林木大如村。"

【妖紅】 ❶喻春花窈窕之色。钱起《梨花》："桃花徒照地，终被笑妖红。"韩愈《晚春》："谁收春色将归去，慢绿妖红半不存。"韩偓《哭花》："曾愁香结破颜迟，今见妖红委地时。"❷指女子青春红颜。刘言史《七夕歌》："玉幌相逢夜将极，妖红惨黛生愁色。"

【妖姬】 美女。王勔《咏妓》："妖姬饰靓妆，窈窕出兰房。"刘禹锡《马嵬行》："军家诛戚族，天子舍妖姬。"林宽《曲江》："倾国妖姬云鬓重，薄徒公子雪衫轻。"吉师老《看蜀女转昭君变》："妖姬未著石榴裙，自道家连锦水濆。"

【妖桃】 喻美女容色。张祜《杂曲歌辞·爱妾换马》："一面妖桃千里蹄，娇姿骏骨价应齐。"

【妖娥】 美女。刘瑶《阖闾城怀古》："唯有妖娥曾舞处，古台寂寞起愁烟。"

【妖氣】 犹妖氛。司空图《戊午三月晦二首》之一："笔砚近来多自弃，不关妖气暗文星。"郑启《严塘经乱书事》之一："星落夜原妖气满，汉家麟阁待英雄。"韦庄《中渡晚眺》："妖气欲昏唐社稷，夕阳空照汉山川。"苏拯《水旱祷》："阴阳和也无妖气，阴阳愆期乃人致。"

【妖容】 妖冶的容颜，指倡家女子。骆宾王《代女道士王灵妃赠道士李荣》："御沟大道多奇赏，侠客妖容递来往。"

【妖彗】 犹妖星。元稹《代曲江老人百韵》："斗柄侵妖彗，天泉化逆鳞。"

【妖患】 迷幻害人的灾难。韩愈《谢自然诗》："木石生怪变，狐狸骋妖患。"

【妖訛】 惑乱荒诞。陆龟蒙《奉酬袭美先辈吴中苦雨一百韵》："可口是妖讹，恣情专赏罚。"徐夤《寓题述怀》："大道真风早晚还，妖讹成俗污乾坤。"

【妖惑】 妖艳迷人。罗虬《比红儿诗》之四五："琥珀钗成恩正深，玉儿妖惑荡君心。"

【妖童】 ❶美少年，指娈童，即男妓。卢照邻《长安古意》："妖童宝马铁连钱，娼妇盘龙金屈膝。"❷犹言坏小子。刘禹锡《平蔡州三首》之三："妖童擢发不足数，血污城西一抔土。"

【妖韶】 婀娜多姿。乔知之《杂曲歌辞·定情篇》："鬌玉步河堤，妖韶援绿荑。"李商隐《西溪》："色染妖韶柳，光含窈窕萝。"温庭筠《惜春词》："愿君留得长妖韶，莫逐东风还荡摇。"

【妖精】 ❶妖怪。李颀《听董大弹胡笳声兼寄语弄房给事》："董夫子，通神明，深山窃听来妖精。"章孝标《上太皇先生》："围棋看局势，对镜戮妖精。"孙纬《中秋夜思郑延美有作》："中秋中夜月，世说慑妖精。"许碏《题南岳招仙观壁上》："妖精鬼魅斗神通，只自干邪不干正。"❷对敌人的蔑称。皎然《酬乌程杨明府华将赴渭北对月见怀》："闻说武安君，万里驱妖精。"

【妖魅】 妖魔鬼怪。郭周藩《谭子池》："恐为妖魅假，不如早平夷。"司空图《月下留丹灶》："瑶函真迹在，妖魅敢扬威？"苏拯《巫山》："从来圣明君，可听妖魅语。"

【妖嬈】 ❶妖媚。何希尧《海棠》："著雨胭脂点点消，半开时节最妖娆。"温宪《杏花》："澹然闲赏久，无以破妖娆。"徐仲雅《湘湖故事》："衰兰寂寞含愁绿，小杏妖娆弄色红。"❷指美女。法宣《和赵王观妓》："桂山留上客，兰室命妖娆。"周昙《咏史诗·隋门·贺若弼》："破敌将军意气豪，请除倾国斩妖娆。"❸婉转动听。唐彦谦《汉代》："艳词传静婉，新曲定妖娆。"

【妖嫻】 闲雅。柳宗元《酬韶州裴曹长使君寄道州吕八大使因以见示二十韵一首》："空劳慰憔悴，妍唱剧妖嫻。"

【妖魑】 犹妖魅。李颀《爱敬寺古藤歌》："风雷霹雳连黑枝，人言其下藏妖魑。"

【妖孽】 对敌人的蔑称。杜甫《遣闷》："妖孽关东臭，兵戈陇右创。"方干《狂寇后上刘尚书》："孙武倾心与万夫，削平妖孽在斯须。"

【妖魔】 犹妖怪。程太虚《磨剑泉》："桥下斩蛟余事耳，断除天下几妖魔。"

【妖靈】 犹妖精、妖怪。李咸用《巫山高》："通蜀连秦山十二，中有妖灵会人意。"

【妖豔】 ❶美艳。刘希夷《春女行》："自怜妖艳姿，妆成独见时。"白居易《新乐府·牡丹芳》："我愿暂求造化力，减却牡丹妖艳色。"施肩吾《山石榴花》："莫言无物堪相比，妖艳西施春驿中。"❷指美女。韦应物《杂体五首》之三："长安贵豪家，妖艳不可数。"贯休《经吴宫》："妖艳恩余宫露浊，忠臣心苦海山青。"《青衣春条诗》(卷八六七)："幽室锁妖艳，无人兰蕙芳。"❸指美花。韦庄《句》："不随妖艳开，独媚玄冥节。"徐夤《牡丹花二首》之一："天纵秾华刳鄙吝，春教妖艳毒豪奢。"

妥 〔tuǒ《广韵》他果切，上果，透。〕❶安坐。韩愈《南山诗》："或妥若弭伏，或竦若惊雊。"《郊庙歌辞·周宗庙乐舞辞·肃雍舞》："以妥以侑，既和且平。"❷安置，使安定。陈元光《太母魏氏半径题石》："乔岳标仙迹，玄扃妥寿姬。"顾况《春游曲二首》之二："柘弹连钱马，银钩妥堕鬟。"❸平静。唐彦谦《九日游中溪》："何知是节序，风日自清妥。"❹落下。杜甫《重过何氏五首》之一："花妥莺捎蝶，溪喧獭趁鱼。"李贺《申胡子觱篥歌》："花娘篸绥妥，休睡芙蓉屏。"

【妥帖】 ❶平稳。韩愈《石鼓歌》："剜苔剔藓露节角，安置妥帖平不颇。"又《荐士》："横空盘硬语，妥帖力排奡。"❷安定。杜甫《八哀诗·故司徒李公光弼》："拥兵镇河汴，千里初妥帖。"温庭筠《鸿胪寺有开元中锡宴堂偶成四十韵》："昭融廓日月，妥帖安纪纲。"❸平静。陆龟蒙《奉和袭美太湖诗二十首·初入太湖》："斯须风妥帖，若受命平秩。"

【妥㦤】 (—mó)垂落貌。杜牧《代人作》："绿鬟羞妥㦤，红颊思天偎。"

姊 〔zǐ《广韵》將几切，上旨，精。〕姐姐。李白《寄东鲁二稚子》："小儿名伯禽，与姊亦齐肩。"李贺《谢秀才有妾缟练改从于人秀才引留之不得后生感忆座人制诗嘲谢贺复继四首》之一："月明啼阿姊，灯暗会良人。"

【姊姊】 姐姐。司空图《灯花三首》之二："姊姊教人且抱儿，逐他女伴卸头迟。"

【姊妹】 姐姐与妹妹。王翰《飞燕篇》："君心见赏不见忘，姊妹双飞入紫房。"李商隐《燕台四首·冬》："当时欢向掌中销，桃叶桃根双姊妹。"花蕊夫人徐氏《宫词》之一三八："小殿初成粉未干，贵妃姊妹自来看。"

妨 〔fáng《广韵》敷方切，平陽，敷。又敷亮切，去漾，敷。〕❶伤害，损害。杜甫《雨晴》："今朝好晴景，久雨不妨农。"白居易《洛城东花下作》："白头无藉在，醉倒亦何妨。"温庭筠《偶题》："细雨无妨烛，轻寒不隔帘。"齐己《夏雨》："应祷尤难得，经旬甚不妨。"❷阻碍，妨碍。杜审言《和韦承庆过义阳公主山池五首》之二："径转危峰逼，桥回缺岸妨。"李白《秦女卷衣》："愿君采葑菲，无以下体妨。"吕温《合江亭槛前多高竹不见远岸花客命剪之感而成咏》："常言契君操，今乃妨众目。"贾岛《寄龙池寺贞空二上人》："受请终南住，俱妨去石桥。"

【妨賢】 阻碍有德之人的仕途。司空图《乙巳岁愚春秋四十九辞疾拜章将免左掖重阳独登上方》："退居还有旨，荣路免妨贤。"

妒 〔dù《广韵》當故切，去暮，端。〕亦作"妬"。❶妇女相忌。王勃《河阳桥代窦郎中佳人答杨中舍》："披风听鸟长河路，临津织女遥相妒。"李端《杂歌》："人生照镜须自知，无盐何用妒西施。"张萧远《送宫人入道》："从来宫女皆相妒，闻向瑶台尽泪垂。"刘皋《长门怨》："妾妒亦知非，君恩那不借。"❷见人比己好而生恨心。张说《同赵侍御巴陵早春作》："江上春来早可观，巧将春物妒余寒。"任华《寄李白》："权臣妒盛名，群犬多吠声。"章孝标《题朱秀城南亭子》："瘿挂眼开欺鸲鹆，花缘网结妒螵蛸。"贯休《偶作》："小人妒一善，处处生嫌猜。"

【妒忌】 亦作"妬忌"。因别人比自己好而忌恨。韩愈《陪杜侍御游湘西两寺独宿有题一首因献杨常侍》："椒兰争妒忌，绛灌共谗谄。"卢仝《感古四首》之四："乃知愚妇人，妒忌阴毒心。"

【妒殺】 妒忌得要死，极言相妒之深。李白《玉壶吟》："君王虽爱蛾眉好，无奈宫中妒杀人。"无名氏《消失婢榜诗》(外编下)："内家方妒杀，好处任从归。"

【妒害】 亦作"妬害"。犹妒忌。杜甫《园官送菜》序："伤小人妒害君子，菜不足道也，比而作诗。"徐夤《邑宰相访翼日有寄》："残阳妒害催归客，薄酒甘尝罚主人。"

【妒嫉】 亦作"妬嫉"。犹妒忌。孟郊《婵娟篇》：

“汉宫承宠不多时，飞燕婕妤相妒嫉。”唐彦谦《六月十三日上陈微博士》：“蚊蝇如俗子，正尔相妒嫉。”

妝 〔zhuāng《广韵》側羊切，平陽，莊〕❶梳妆。丁仙芝《相和歌辞·江南曲》之四：“未晓已成妆，乘潮去茫茫。”王涯《闺人赠远五首》之二：“妆成对春树，不语泪千行。”朱庆余《近试上张籍水部》：“妆罢低声问夫婿，画眉深浅入时无?”罗隐《咏白菊》：“已疑素手能妆出，又似金钱未染来。”❷化妆的容颜。杨容华《新妆诗》：“妆似临池出，人疑向月来。”刘禹锡《同乐天和微之深春二十首》之一六：“妆坏频临镜，身轻不占车。”白居易《忆杭州梅花因叙旧游寄萧协律》：“伍相庙边繁似雪，孤山园里丽如妆。”韦庄《春愁》：“露沾湘竹泪，花堕越梅妆。”❸妆饰的样式。高适《听张立本女吟》：“危冠广袖楚宫妆，独步闲庭逐夜凉。”白居易《新乐府·时世妆》：“时世妆，时世妆，出自城中传四方。”殷尧藩《宫人入道》：“卸却宫妆锦绣衣，黄冠素服制相宜。”罗虬《比红儿诗》之一二：“金缕浓薰百和香，脸红眉黛入时妆。”❹装点，点缀。太宗《春日登陕州城楼俯眺原野即目川岫聊以命篇》：“斑红妆蕊树，圆青压溜荆。”李峤《床》：“玳瑁千金起，珊瑚七宝妆。”白居易《想东游五十韵》：“驿舫妆青雀，官槽秣紫骝。”杜荀鹤《献长沙王侍郎》：“云妆岳色供吟景，月浩湘流递政声。”

【妝光】 盛妆的丰采。白居易《奉和汴州令狐令公二十二韵》：“发滑歌钗坠，妆光舞汗沾。”

【妝束】 梳妆穿着。刘禹锡《历阳书事七十韵》：“容华本南国，妆束学西京。”白居易《和梦游春诗一百韵》：“风流薄梳洗，时世宽妆束。”薛能《黄蜀葵》：“记得玉人初病起，道家妆束厌禳时。”孙光宪《女冠子》词之一：“淡花瘦玉，依约神仙妆束。”

【妝匣】 放梳妆用品的盒子。杨炯《和崔司空伤姬人》：“妆匣凄余粉，熏炉灭旧烟。”《嫁女诗》(卷八六二)之八：“妆匣尚留金翡翠，暖池犹浸玉芙蓉。”

【妝服】 犹妆束。元稹《江陵三梦》：“依稀旧妆服，晻淡昔容仪。”

【妝治】 梳妆打扮。徐铉《奉和御制茱萸》：“柔条细叶妆治好，紫蒂红芳点缀匀。”

【妝面】 化妆之后的面庞。李峤《梅》：“妆面回青镜，歌尘起画梁。”李白《晓晴》：“野花妆面湿，山草纽斜齐。”罗虬《比红儿诗》之四五：“莫教回首看妆面，始觉曾虚掷万金。”吴融有《赋得欲晓看妆面》。

【妝粉】 ❶妇女化妆所用铅粉。苏颋《立春日侍宴内出剪彩花应制》：“剪刀因裂素，妆粉为开红。”❷指盛妆。孟郊《南阳公请东樱桃亭子春宴》：“碧玉妆粉比，飞琼秾艳均。”

【妝粉錢】 也称“脂粉钱”。后宫发放的梳妆费用。白居易《新乐府·陵园妾》：“四季徒支妆粉钱，三朝不识君王面。”

【妝梳】 ❶妆扮梳洗。崔颢《邯郸宫人怨》：“日暮笙歌君驻马，春日妆梳妾断肠。”元稹《酬郑从事四年九月宴望海亭次用旧韵》：“妆梳伎女上楼榭，止欲欢乐微茫躬。”杜牧《春末题池州弄水亭》：“嘉宾能啸咏，宫妓巧妆梳。”郑畋《五月一日紫宸候对时属禁直穿内而行因书六韵》：“禁扉犹锁钥，宫妓已妆梳。”❷指妆饰的样式。白居易《新乐府·时世妆》：“元和妆梳君记取，髻堆面赭非华风。”

【妝淚】 妆面之泪。白居易《琵琶引》：“夜深忽梦少年事，梦啼妆泪红阑干。”

【妝華】 犹妆光。王维《扶南曲歌词五首》之三：“香气传空满，妆华影箔通。”郑轨《观兄弟同夜成婚》：“分庭含佩响，隔扇偶妆华。”

【妝窗】 女子内室之窗。李商隐《和郑愚赠汝阳王孙家筝妓二十韵》：“玉砌衔红兰，妆窗结碧绮。”王涣《悼亡》：“春来得病夏来加，深掩妆窗卧碧纱。”

【妝飾】 打扮。孟郊《和蔷薇花歌》：“忽惊锦浪洗新色，又似宫娃逞妆饰。”卢注《酒胡子》：“雕镌匠意苦多端，翠帽朱衫巧妆饰。”

【妝殿】 指后宫之宫殿。王建《宫词一百首》之七九：“更筑歌台起妆殿，明朝先进画图来。”

【妝臺】 ❶犹妆奁。太宗《咏雪》：“色洒妆台粉，花飘绮席衣。”刘禹锡《和乐天题真娘墓》：“幡盖向风疑舞袖，镜灯临晓似妆台。”罗虬《比红儿诗》之七一：“晓向妆台与画眉，镜中长欲助娇姿。”韩偓《席上有赠》：“莫道风流无宋玉，好将心力事妆台。”❷妇女居住的楼台。卢纶《送黎兵曹往陕府结亲》：“步帐歌声转，妆台烛影重。”李贺《许公子郑姬歌》：“先将芍药献妆台，后解黄金大如斗。”李郢《七夕》：“欲减烟花饶俗世，暂烦烟月掩妆台。”欧阳瑾《折杨柳》：“垂柳拂妆台，葳蕤叶半开。”

【妝奩】 亦作“妝匳”“妝籢”。女子梳妆所用镜匣，又称“妆镜台”。柳宗元《龟背戏》：“修门象棋不复贵，魏宫妆奁世所弃。”韩愈《大行皇太后挽歌词三首》之三：“只有朝陵日，妆奁一暂开。”杨衡《他乡七夕》：“寝幌凝宵态，妆奁闭晓愁。”韩偓《懒卸头》：“侍女动妆奁，故故惊人睡。”

【妝嫮】 妆扮之美。元晦《越亭二十韵》：“环流驰羽觞，金英妒妆嫮。”

【妝閣】 妇女居住的楼阁。王维《相和歌辞·班婕妤三首》之三：“怪来妆阁闭，朝下不相迎。”白居易《新乐府·两朱阁》：“妆阁伎楼何寂静，柳似舞腰池似镜。”徐夤《泪》：“滴尽绮筵红烛暗，坠残妆阁晓花羞。”薛昭蕴《相见欢》词：“卷罗幕，凭妆阁，思无穷。”

【妝樓】 妇女居住的楼台。岑参《崔驸马山池重送宇文明府》:“凤去妆楼闭,凫飞叶县遥。”卢储《催妆》:“今日幸为秦晋会,早教鸾凤下妆楼。”李商隐《过招国李家南园二首》之一:“潘岳无妻客为愁,新人来坐旧妆楼。”唐暄《还渭南感旧二首》之一:“寝室悲长簟,妆楼泣镜台。”

【妝匳】 同“妝奩”。

【妝點】 ❶化妆。元稹《恨妆成》:“晓日穿隙明,开帷理妆点。”❷装饰,点缀。白居易《酬微之开拆新楼初毕相报末联见戏之作》:“无妨却有他心眼,妆点亭台即不能。”章孝标《玄都观栽桃十韵》:“薰香丹凤阙,妆点紫琼宫。”秦韬玉《贵公子行》:“乱花织锦柳撚线,妆点池台画屏展。”

【妝鏡】 妆奁之镜。万齐融《三日绿潭篇》:“垂菱布藻如妆镜,丽日晴天相照映。”权德舆《相思曲》:“鹊语临妆镜,花飞落绣床。”杜牧《见刘秀才与池州妓别》:“待得枚皋相见日,自应妆镜笑蹉跎。”吴融《即席十韵》:“翡翠交妆镜,鸳鸯入画图。”

【妝籢】 同“妝奩”。

姒 〔sì《广韵》詳里切,上止,邪。〕见“褒姒”。

好 〔yú《广韵》以諸切,平魚,以。〕见“婕好”。

五 画

妹 〔mèi《广韵》莫佩切,去隧,明。〕女弟,妹妹。卢象《八月十五日象自江东止田园小弟幼妹尤嗟其别兼赋诗三首》之二:“两妹日长成,双鬟将及人。”韩愈《赴江陵途中寄赠翰林三学士》:“病妹卧床褥,分知隔明幽。”元稹《哭女樊四十韵》:“最怜贪栗妹,频救懒书兄。”韦庄《贼中与萧韦二秀才同卧重疾因有题》:“弟妹不知处,兵戈殊未休。”

【妹壻】 妹夫。白居易《杨六尚书新授东川节度使代妻戏贺兄嫂二绝》之二:“觅得黔娄为妹婿,可能空寄蜀茶来。”

姑 〔gū《广韵》古胡切,平模,見。〕❶丈夫之母。李颀《达奚吏部夫人寇氏挽歌》:“事姑称孝妇,生子继先贤。”孟郊《尧歌》:“一言应对姑,一度为出妻。”白居易《秦中吟十首·议婚》:“贫家女难嫁,嫁晚孝于姑。”曹邺《弃妇》:“此日年且少,事姑常有仪。”❷父亲的姐妹,姑母。杜甫《送舍弟频赴齐州三首》之三:“诸姑今海畔,两弟亦山东。”❸丈夫的姐妹。顾况《弃妇词》:“记得初嫁君,小姑始扶床。”李端《杂歌》:“为姑偏忌诸嫂良,作妇翻嫌婿家恶。”王建《新嫁娘词三首》之三:“未谙姑食性,先遣小姑尝。”❹姑且,暂且。苏源明《小洞庭洄源亭宴四郡太守诗》序:“已事修宴,姑以为别。”顾况《上古之什补亡训传十三章·上古一章》:“我姑自思,胡不奋飞?”白居易《不能忘情吟》:“我姑酌彼金罍,我与尔归醉乡去来。”

【姑山】 姑射山的省称。无名氏《奉和咏雪应制》(外篇下):“色映姑山质,舞对洛川神。”李商隐《喜雪》:“洛水妃虚妒,姑山客漫夸。”

【姑洗】 (—xiǎn)❶十二律之一。《郊庙歌辞·祭汾阴乐章·姑洗徵》。❷指农历三月。上古将十二月与十二律相配。季春之月即三月是“律中姑洗”。故以为代称。杜审言《南海乱石山作》:“昔去景风涉,今来姑洗至。”

【姑峯】 犹姑山。许敬宗《奉和喜雪应制》:“姑峰映仙质,郢路杂歌尘。”元稹《月临花》:“巫峡隔波云,姑峰漏霞雪。”又《答姨兄胡灵之见寄五十韵》:“芸阁怀铅暇,姑峰带雪晴。”

【姑射】 (—yè)❶山名。在山西临汾西。又名九孔山。赵中虚《游清都观寻沈道士得芳字》:“青溪阻千仞,姑射藐汾阳。”杨师道《奉和夏日晚景应诏》:“青岩类姑射,碧涧似汾阳。”杜审言《和李大夫嗣真奉使存抚河东》:“姑射聊长望,平阳遂宛然。”黄滔《寄徐正字夤》:“八月月如冰,登楼见姑射。”❷见《庄子·逍遥游》。(1)作为神仙典实。白居易《同微之赠别郭虚舟炼师五十韵》:“不闻姑射上,千岁冰雪肌?”于瑰《和绵州于中丞登越王楼作二首》之一:“山宜姑射貌,江泛李膺舟。”皮日休《七爱诗·李翰林》:“蓬壶不可见,姑射不可识。”齐己《谢人惠十才子图》:“丹青妙写十才人,玉峭冰棱姑射神。”(2)作为冰雪典实。刘庭琦《奉和圣制瑞雪篇》:“姑射山中符圣寿,芙蓉阙下降神车。”柳宗元《夏夜苦热登西楼》:“谅非姑射子,静胜安能希?”李绅《山出云》:“姑射朝凝雪,阳台晚伴神。”

【姑孰】 亦作“姑熟”。地名,即今安徽当涂。李白《洗脚亭》:“白道向姑熟,洪亭临道傍。”许浑有《送曾主簿归楚州省觐予亦明日归姑孰》。唐彦谦《索虾》:“姑孰多紫虾,独有湖阳优。”徐铉有《送黄秀才姑孰辟命》。

【姑孰溪】 水名。在安徽当涂县城南,上承丹阳湖,于城侧入长江。李白有《姑孰十咏·姑孰溪》。

【姑舅】 丈夫的父母,公婆。杜甫《牵牛织女》:“虽无姑舅事,敢昧织作功。”于濆《宫怨》:“父兄未许人,畏妾事姑舅。”

【姑嫜】 公婆。杜甫《新婚别》:“妾身未分明,何以拜姑嫜?”陈羽《古意》:“姑嫜严肃有规矩,小姑娇憨意难取。”张籍《离妇》:“堂上谢姑嫜,长跪请离辞。”

【姑蔑城】　古城名。春秋越地，在今浙江龙游北。孟郊有《姑蔑城》。

【姑餘】　海名。在辽东一带。见《文选·左思〈魏都赋〉》。陈子昂《送著作左郎崔融等从梁王东征》序："方且猎九都，穷踏顿，存肃慎，吊姑余，彷徨赤山，巡御日域，以昭我王师，恭天讨也。"

【姑臧公】　即李揆。揆乾元二年(759)三月由中书舍人为中书侍郎、同中书门下平章事，修国史，封姑臧县伯。见《新唐书·肃宗纪》及本传。刘长卿有《酬皇甫侍御见寄时前相国姑臧公初临郡》。

【姑蘇】　❶山名。在江苏吴县西南，又名灵岩。李白《送王屋山人魏万还王屋》："稍稍来吴都，裴回上姑苏。"皇甫冉《送魏十六还苏州》："归舟明日毗陵道，回首姑苏是白云。"白居易《九日宴集醉题郡楼兼呈周殷二判官》："姑苏台榭倚苍霭，太湖山水含清光。"谭用之《江上闻笛》："风当阊阖庭初静，月在姑苏秋正明。"❷台名。在姑苏山上，相传为春秋吴王夫差所筑。李绅《姑苏台杂句》："姑苏百尺晓铺开，楼楣尽化黄金台。"杜牧《杜秋娘诗》："西子下姑苏，一舸逐鸱夷。"刘驾《姑苏台》："笙歌入海云，声自姑苏来。"吴融《即席十韵》："城堪迷下蔡，台合上姑苏。"❸苏州的古称。王维《同崔傅答贤弟》："洛阳才子姑苏客，桂苑殊非故乡陌。"张继《枫桥夜泊》："姑苏城外寒山寺，夜半钟声到客船。"牛僧孺《李苏州遗太湖石奇状绝伦因题二十韵奉呈梦得乐天》："珍重姑苏守，相怜懒慢情。"李频《送罗著作两浙按狱》："归来重过姑苏郡，莫忘题名在虎丘。"

【姑蘇山】　山名。参见"姑蘇❶"。皎然《姑苏行》："世人空对姑苏山，山中精灵安可睹？"

【姑蘇臺】　台名。参见"姑蘇❷"。李白《口号吴王美人半醉》："风动荷花水殿香，姑苏台上宴吴王。"刘商《姑苏怀古送秀才下第归江南》："姑苏台枕吴江水，层级鳞差向天倚。"曹邺《姑苏台》："南宫酒未销，又宴姑苏台。"卫万《吴宫怨》："句践城中非旧春，姑苏台下起黄尘。"

妬

同"妒"。

【妬忌】　同"妒忌"。

【妬害】　同"妒害"。

【妬猜】　妒嫉猜忌。白居易《新乐府·陵园妾》："忆昔宫中被妒猜，因谗得罪配陵来。"

【妬腸】　妒忌之心。韩愈、孟郊《斗鸡联句》："妒肠务生敌，贼性专相醢。"

【妬嫉】　同"妒嫉"。

【妬敵】　忌恨对手。李商隐《赋得鸡》："稻粱犹足活诸雏，妒敌专场好自娱？"

【妬寵】　见人受宠而心怀忌恨。殷尧藩《宫人入道》："绿鬟女伴含愁别，释尽当年妒宠私。"霍总《雉朝飞》："觇叶逢人处，惊媒妒宠时。"

妻

〔qī《广韵》七稽切，平齊，清。〕正室，妻子。李白《赠内》："虽为李白妇，何异太常妻。"韩愈《元和圣德诗》："载妻与妾，包裹稚乳。"刘叉《狂夫》："大妻唱舜歌，小妻鼓湘瑟。"皮日休《又寄次前韵》："妻仍嫌酒癖，医只禁诗情。"

【妻女】　妻子和儿女。白居易《狂吟七言十四韵》："补绽衣裳愧妻女，支持酒肉赖交亲。"

【妻子】　❶妻。杜甫《新婚别》："结发为妻子，席不暖君床。"孟郊《病客吟》："主人夜呻吟，皆入妻子心。"白居易《读史五首》之五："富贵家人重，贫贱妻子欺。"方干《山中寄吴磻十韵》："禅生知见理，妻子笑无名。"❷妻与子。寒山《诗三百三首》之九五："啧啧买鱼肉，担归喂妻子。"韩愈《此日足可惜赠张籍》："我时留妻子，仓卒不及将。"赵嘏《赠道者》："应怜有客外妻子，思在长生一顾中。"贯休《怀卢延让》："姓名归紫府，妻子在沧洲。"

【妻父】　岳父。孙元晏《咏史诗·晋·王郎》："自家妻父犹如此，谁更逢君得折腰？"

【妻公】　岳父。周昙《咏史诗·六朝门·宣帝》："乘危自有妻公在，安许鸾凰是尉迟？"

【妻奴】　同"妻孥"。薛逢《邻相反行》："春秋伏腊长在家，不许妻奴暂违礼。"

【妻兒】　妻与子。王梵志《五言》之四："满堂何所用？妻儿日夜忙。"白居易《戊申岁暮咏怀三首》之一："犹被妻儿教渐退，莫求致仕且分司。"姚合《罢武功县将入城》之一："妻儿尽怕为逋客，亲故相邀遣到城。"陆龟蒙《和袭美钓侣二章》之二："归时月堕汀洲暗，认得妻儿结网灯。"

【妻妾】　正妻与小妾。张巡《铁笔歌》："食马革兮计尽，杀妻妾兮心悲。"白居易《禽虫十二章》之三："江鱼群从称妻妾，塞雁联行号弟兄。"曹唐《小游仙诗九十八首》之九三："悔不长留穆天子，任将妻妾住瑶池。"

【妻孥】　妻与子。杜甫《彭衙行》："从此出妻孥，相视涕阑干。"元稹《春分投简阳明洞天作》："题诗叹城郭，挥手谢妻孥。"李绅《趋翰苑遭诬构四十六韵》："海标传信使，江棹认妻孥。"徐夤《自咏十韵》："僧俗共邻栖隐乐，妻孥同爱水云清。"

【妻族】　妻子娘家人。杜牧《梁秀才以早春旅次大梁走笔依韵》："儒流当自勉，妻族更谁亲？"胡曾有《戏妻族语不正》。

【妻嫂】　为势利故实。见《战国策·秦策一》。

李绅《忆东郭居》："旌旄光里舍，骑服欢妻嫂。"沈亚之《送庞子肃》："都作无成不归去，古来妻嫂笑苏秦。"

妲 〔dá《广韵》當割切，入曷，端。〕人名用字。见"妲己"。

【妲己】 有苏氏之女。商纣王妃。极得纣王之宠，助纣王为虐。周武王灭纣，亦被杀。事迹见《史记·殷本纪》。李白《雪谗诗赠友人》："妲己灭纣，褒女惑周。"苏拯《西施》："在周名褒姒，在纣名妲己。"

姐 〔jiě《广韵》兹野切，上馬，精。〕见"姐姐"。

【姐姐】 对妓女的昵称。孙光宪《浣溪沙》词之一五："醉后爱称娇姐姐，夜来留得好哥哥。"

姓 〔xìng《广韵》息正切，去勁，心。〕❶标志家族系统的称号，姓氏。李颀《杂歌谣辞·郑樱桃歌》："擅雄豪，美人姓郑名樱桃。"郎士元《赴无锡别灵一上人》："高僧本姓竺，开士旧名林。"韩愈《送灵师》："灵师皇甫姓，胤胄本蝉联。"赵嘏《昔昔盐二十首·采桑秦氏女》："南陌采桑出，谁知妾姓秦。"❷子孙之通称。韦庄《和郑拾遗秋日感事一百韵》："永期传子姓，宁误犯天狼。"

【姓丁】 鹤的典故。参见"丁令威"。秦系《题洪道士山院》："闲行池畔随孤鹤，若问多应道姓丁。"卢纶《和马郎中画鹤赞》："削玉点漆，乘轩姓丁。"鲍溶《感兴》："黄鹤亦姓丁，寥寥何处飞？"赵嘏《送王龟拾遗谢官后归浐水山居》："还似当时姓丁鹤，羽毛成后一归来。"

【姓氏】 ❶姓。卢携《题司空图壁》："姓氏司空贵，官班御史卑。"❷姓名。元稹《黄明府诗》："依稀迷姓氏，积渐识平生。"殷尧藩《下第东归作》："辛勤几逐英雄后，乙榜犹然姓氏虚。"

【姓名】 姓和名。崔融《和梁王众传张光禄是王子晋后身》："中郎才貌是，柱史姓名非。"耿湋《华州客舍奉和崔端公春城晓望》："贫病催年齿，风尘掩姓名。"李虞《题李宾客旧居》："逢时不得致升平，岂是明君忘姓名？"韦蟾《长乐驿谑李汤给事题名》："只应学得虞姬婿，书字才能记姓名。"

【姓字】 姓名。元结《橘井》："乡园不见重归鹤，姓字今为第几仙？"刘禹锡《客有话汴州新政书事寄令狐相公》："三省壁中题姓字，万人头上见仪形。"朱庆余《上张水部》："不忘将姓字，常说向公卿。"杜荀鹤《访道者不遇》："题诗留姓字，他日此相亲。"无可《送喻凫及第归阳羡》："姓字载科名，无过子最荣。"田达诚宅鬼《诗》："要识吾家真姓字，天地南头一段红。"

姝 同"姪"。

委[1] 〔wěi《广韵》於詭切，上紙，影。〕❶随顺，听任。杜甫《寄薛三郎中》："余今委修短，岂得恨命屯？"权德舆《跌伤伏枕有劝醵酒者暂忘所苦因有一绝》："一杯宜病士，四体委胡床。"白居易《足疾》："应须学取陶彭泽，但委心形任去留。"❷顺畅，安适。元稹《韦氏馆与周隐客杜归和泛舟》："神恬津藏满，气委支节柔。"又《和乐天赠吴丹》："委气荣卫和，咽津颜色好。"李中《江行值暴风雨》："风狂雨暗舟人惧，自委神明志不邪。"❸跟随，追逐。白居易《送客南迁》："客似惊弦雁，舟如委浪萍。"又《松斋自题》："形骸委顺动，方寸付空虚。"❹流注，汇聚。张九龄《咏史》："沧溟所为大，江汉日来委。"柳宗元《湘口馆潇湘二水所会》："九疑浚倾奔，临源委萦回。"吴仁璧《客路》："人寰急景如波委，客路浮云似盖轻。"❺属意，倾心。张说《郊庙歌辞·享太庙乐章·永和三首》之三："神休委，帝孝成。"窦庠《敕目至家兄蒙淮南仆射杜公奏授秘校兼节度参谋同书寄上》："草奏才偏委，嘉谋事最亲。"白居易《和答诗十首·和思归乐》："身委逍遥篇，心付头陀经。"❻托付。王维《观别者》："切切委兄弟，依依向四邻。"韦应物《伤逝》："仕公不及私，百事委令才。"包佶《近获风痹之疾题寄所怀》："衾枕同羁客，图书委外孙。"❼委任。张九龄《酬周判官巡至始兴会改秘书少监见贻之作兼呈耿广州》："忽捧天书委，将革海隅弊。"白居易《喜钱左丞再除华州以诗伸贺》："左辖辍中台，门东委上才。"宣宗《重阳锡宴群臣》："款塞旋征骑，和戎委庙贤。"王建《赠别唐太师道袭》："褒斜旧地委勋贤，从此生灵永泰息。"❽寄托。贾至《寓言二首》之二："玉以委贞心，盘以荐嘉餐。"黄滔《寄越从事林嵩侍御》："应念都城旧吟客，十年踪迹委沧浪。"❾舍弃。骆宾王《咏怀古意上裴侍郎》："出笼穷短翮，委辙涸枯鳞。"元结《贼退示官吏》："思欲委符节，引竿自刺船。"刘禹锡《武陵观火诗》："市人委百货，邑令遗双凫。"周昙《咏史诗·前汉门·毛延寿》："不拔金钗赂汉臣，徒嗟玉艳委胡尘。"❿陨落，谓人死。褚亮《伤始平李少府正己》："声华满昭代，形影委穷尘。"杜甫《无家别》："永痛长病母，五年委沟溪。"雍裕之《宫人斜》："几多红粉委黄泥，野鸟如歌又似啼。"子兰《长安伤春》："年年赏玩公卿辈，今委沟塍骨渐枯。"⓫下垂。韩愈《赠郑兵曹》："戢鳞委翅无复望，当今贤俊皆周行。"白居易《云居寺孤桐》："一株青玉立，千叶绿云委。"杜牧《洛阳长句二首》之二："桥边游女珮环委，波底上阳金碧明。"⓬坠落，凋零。杜甫《花底》："深知好颜色，莫作委泥沙。"萧祜《游石堂观》:"天风微微夕露委,松梢飕飕晓声起。"赵嘏《赠金刚三藏》:"洗足柳遮寺,坐禅花委苔。"江为《送客》:"水馆萤交影,霜洲橘委花。"⑬知悉。杜甫《赠苏四徯》:"有才何栖栖,将老委所穷。"韦应物《雨夜宿清都观》:"适悟委前妄,清言怡道心。"《挽歌》(卷八七四):"红轮决定沈西去,未委魂灵往那方。"⑭根由。韩愈《泷吏》:"官当明时来,事不待说委。"⑮通"萎"。委顿,衰败。李峤《田假限疾不获还庄赠杜幽素》:"十旬俄委疾,三径且殊归。"杜甫《客堂》:"形骸今若是,进退委行色。"元稹《西斋小松二首》之二:"柔芷渐依条,短莎还半委。"陈陶《番禺道中作》:"千年赵佗国,霸气委原隰。"

委[2]〔wēi《广韵》於爲切,平支,影。〕见"委迤"。

委[3]〔wèi《集韵》於僞切,去寘,影。〕积聚,堆积。张九龄《奉和圣制瑞雪篇》:"皇情玩无斁,雪委方盈尺。"张南史《早春书事奉寄中书李舍人》:"风尘游上路,简册委空庐。"刘禹锡《竞渡曲》:"风俗如狂重此时,纵观云委江之湄。"杨衡《赋得夜雨滴空阶送魏秀才》:"委檐方滴滴,沾红复洒绿。"

【委化】　听任自然的变化。王绩《石竹咏》:"弃置勿重陈,委化何足惊?"白居易《冬夜》:"兀然身寄世,浩然心委化。"又《无可奈何歌》:"何不与道逍遥,委化从容,纵心放志,泄泄融融。"

【委分】　(—fèn)听任天命。陆龟蒙《奉酬袭美先辈吴中苦雨一百韵》:"甘心付天壤,委分任回斡。"

【委心】　❶倾心。韦应物《怀素友子西》:"耿耿何以写? 密言空委心。"❷谓毫无牵挂。白居易《我身》:"赋命有厚薄,委心任穷通。"

【委付】　交付。孙元晏《咏史诗·宋·黄罗襦》:"到头委付何曾是? 虚把罗襦与彦回。"

【委地】　❶坠地。刘禹锡《柳花词三首》之二:"轻飞不假风,轻落不委地。"白居易《蔷薇花一丛独死不知其故因有是篇》:"仍怜委地日,正是带花时。"聂夷中《赠农》:"清霜一委地,万草色不绿。"张泌《惜花》:"看多记得伤心事,金谷楼前委地时。"卢士衡《再游紫阳洞重题小松》:"不同矮桧终委地,定向晴空倚天碧。"❷喻萎靡不振。朱可名《应举日寄兄弟》:"愁人久委地,诗道未闻天。"薛能《投杜舍人》:"风骚委地苦无主,此事圣君终若何?"❸拖地。白居易《春尽日宴罢感事独吟》:"金带缒腰衫委地,年年衰瘦不胜衣。"

【委吏】　古代粮仓小官。孔子曾为委吏,见《孟子·万章下》。李商隐《赠送前刘五经映三十四韵》:"泣麟犹委吏,歌凤更佯狂。"

【委曲】　❶蜿蜒,弯曲。宋之问《下桂江县黎壁》:"企予见夜月,委曲破林峦。"顾况《石上藤》:"委曲结绳文,离披草书字。"刘禹锡《城东闲游》:"竹径萦纡入,花林委曲巡。"皮日休《褚家林亭》:"广亭遥对旧娃宫,竹岛萝溪委曲通。"也指弯曲之处。刘言史《与孟郊洛北野泉上煎茶》:"以兹委曲静,求得正味真。"❷抑扬婉转。王湾《观挡筝》:"弦多弄委曲,柱促语分明。"王建《观蛮妓》:"欲说昭君敛翠蛾,清声委曲怨于歌。"白居易《九日思杭州旧游寄周判官及诸客》:"笙歌委曲声延耳,金翠动摇光照身。"子兰《蝉二首》之一:"独蝉初唱古槐枝,委曲悲凉断续迟。"❸形容含蓄而曲尽其意。寒山《诗三百三首》之一四六:"孝经末后章,委曲陈情毕。"李白《寄远十一首》之十:"行数虽不多,字字有委曲。"孟郊《雪》:"强起吐巧词,委曲多新裁。"司空图《诗品二十四则·委曲》篇。❹隐晦曲折。寒山《诗三百三首》之二八九:"心真无委曲,不作诸缠盖。"欧阳詹《答韩十八驽骥吟》:"委曲感既深,咨嗟词亦殷。"刘禹锡《韩十八侍御见示岳阳楼别窦司直诗因令属和重以自述故足成六十二韵》:"委曲风涛事,分明穷达旨。"❺周详,详细。张九龄《当涂界寄裴宣州》:"委曲风波事,难为尺素传。"韦渠牟《步虚词十九首》之七:"应须绝岩内,委曲问皇人。"孟郊《寄义兴小女子》:"所忧痴酒肠,不解委曲辞。"白居易《妇人苦》:"为君委曲言,愿君再三听。"❻殷勤,无微不至。李适《答宋十一崖口五渡见赠》:"殷勤独往事,委曲炼药说。"杜甫《奉贺阳城郡王太夫人恩命加邓国太夫人》:"委曲承颜体,鶱飞报主身。"李端《长安书事寄薛戴》:"委曲见提携,因循成蹇剥。"张籍《赠赵将军》:"寻常得对论边事,委曲承恩掌内兵。"

【委任】　❶信任。卢仝《月蚀诗》:"药成满臼不中度,委任白兔夫何为。"胡曾《题周瑜将军庙》:"交锋魏帝旌旂退,委任君王社稷安。"❷谓当官。范质《诫儿侄八百字》:"生逢世多僻,委任信沉浮。"

【委羽】　❶传说中的山名。见《淮南子·地形训》。李白《杂曲歌辞·鸣雁行》:"胡雁鸣,辞燕山,昨发委羽朝度关。"❷犹委身。陈子昂《感遇诗三十八首》之二十三:"杀身炎州里,委羽玉堂阴。"

【委形】　置身。白居易《赠杓直》:"委形老小外,忘怀生死间。"又《登天宫阁》:"委形群动里,任性一生间。"又《齿落辞》:"我身非我有也,盖天地之委形。"

【委别】　舍弃而去。陈子昂《宿空舲峡青树村浦》:"委别高堂爱,窥觎明主恩。"

【委身】　❶置身。王维《白鼋涡》:"白鼋涡涛戏濑兮,委身以纵横。"刘长卿《题王少府尧山隐处简陆鄱阳》:"解印二十年,委身在丘壑。"韦应物《始除尚书郎别善福精舍》:"简略非世器,委身同草木。"❷弃身。

杜甫《奉赠李八丈判官》："垂白乱南翁，委身希北叟。"孟郊《立德新居》之三："仰笑鹍鹏辈，委身拂天波。"白居易《卯时酒》："浩气贮胸中，青云委身外。"❸女子将身体交给男人，即出嫁。白居易《琵琶引》序："年长色衰，委身为贾人妇。"

【委和】 顺应自然。张说《岳州守岁》："至乐都忘我，冥心自委和。"萧颖士《江有枫一篇十章》之十："我闻先师，体命委和。"

【委佩】 佩玉下拖于地，表示恭敬。刘禹锡《送裴处士应制举诗》："中贵腰鞭立倾酒，宰臣委佩观摇笔。"也指下垂的佩玉。储光羲《贻主客吕郎中》："委佩云霄里，含香日月前。"杜甫《宣政殿退朝晚出左掖》："宫草微微承委佩，炉烟细细驻游丝。"公乘亿《赋得郎官上应列宿》："委佩摇秋色，峨冠带晚霜。"刘禹锡《赴连山途次德宗山陵寄张员外》："常时并冕奉天颜，委佩低簪彩仗间。"

【委命】 听任天命安排。吴筠《览古十四首》之十一："至人顺通塞，委命固无疵。"陈子昂《赠严仓曹乞推命录》："栖遑长委命，富贵未知天。"吕温《同舍弟恭岁暮寄晋州李六协律三十韵》："不如任行止，委命安所宜？"白居易《四十五》："老来尤委命，安处即为乡。"雍陶《自述》："无谋常委命，转觉命堪疑。"罗隐《秋晚》："纵饶长委命，争奈渐非夫。"

【委泥】 寄身于泥途，喻极不得志。薛能《国学试风化下》："因今委泥者，睹此忘途穷。"

【委咽】 （一yè）犹幽咽，哽噎。张九龄《初发道中赠王司马兼寄诸公》："恋亲唯委咽，思德更踌躇。"徐彦伯《淮亭吟》："崩湍委咽日夜流，孤客危坐心自愁。"

【委迤】 同"逶迤"。李适《送友人向恬州》："委迤吴山云，演漾洞庭水。"

【委珠】 钟离意不接受显宗所赐之珠宝。见《东观汉记·钟离意传》。后以为廉洁官吏的典故。李瀚《蒙求》："端木辞金，钟离委珠。"

【委躬】 犹委身。吴筠《建业怀古》："衔璧入洛阳，委躬为晋臣。"

【委託】 托付。可止《雪十二韵》："道路依凭马，朝昏委托鸡。"

【委₂蛇】 （一yí）雍容自得貌。韩愈《石鼓歌》："陋儒编诗不收入，二雅褊迫无委蛇。"

【委寄】 委任托付。温庭筠《感旧陈情五十韵献淮南李仆射》："委寄崇推毂，威仪压控弦。"李中《海上和郎戬员外赴倅职》："宋玉逢秋何起悲，新恩委寄好开眉。"

【委顺】 ❶谓顺应自然。张九龄《杂诗五首》之二："悠悠天地间，委顺无不乐。"宋华《蝉鸣一篇五章》之五："何以赠言，委顺浮沉。"权德舆《与道者同守庚申》："吉祥能止止，委顺则生生。"元稹《思归乐》："身外皆委顺，眼前随所营。"白居易《咏怀》："知分心自足，委顺身常安。"❷顺从听话。张祜《庚子岁寓游扬州赠崔荆四十韵》："委顺容如妾，幽迂论若僧。"

【委棄】 舍弃，弃置。杜甫《瘦马行》："当时历块误一蹶，委弃非汝能周防。"韦应物《感事》："女工再三叹，委弃当此时。"耿湋《送姚校书因归河中》："委弃秋来稻，雕疏采后桑。"吕温《登少陵原望秦中诸川太原王至德妙用有水术因用感叹》："如何盛明代，委弃伤豳风。"白居易《折剑头》："缺落泥土中，委弃无人收。"李绅《逾岭峤止荒陬抵高要》："汉日傅臣终委弃，如今衰叟重辉光。"

【委絕】 衰败零落。委，通"萎"。杜甫《晚晴》："泊乎吾生何飘零，支离委绝同死灰。"皇甫冉《秋夜寄所思》："芙蓉已委绝，谁复可为媒？"

【委照】 低照，斜映。庚抱《卧疴喜霁开扉望月简宫内知友》："忽对荆山璧，委照越吟人。"乔知之《定情篇》："妾无光寂寂，委照影依依。"元稹《有酒十章》之九："有酒有酒兮日将落，余光委照在林薄。"李绅《橘园》："惧同枳棘愁迁徙，每抱馨香委照临。"刘兼《对雨》："半岫金乌才委照，一川石燕又交飞。"也指倾斜的太阳。陶拱《秋日悬清光》："悬空寒色净，委照曙光盈。"

【委置】 犹委弃。白居易《和微之诗二十三首·和自劝二首》之一："屋中有一曝背翁，委置形骸如土木。"

【委蜕】 ❶造化赋予的躯壳。白居易《有感三首》之一："子孙非我有，委蜕而已矣。"❷丢下躯壳。王维《宋进马哀词》："观未始兮有物，同委蜕兮胡悲？"

【委顿】 衰弱。皮日休《太湖诗·晓次神景宫》："终然合委顿，刚亦慕寥廓。"

【委瑣】 细碎琐屑。韩愈《咏雪赠张籍》："隐匿瑕疵尽，包罗委琐该。"

【委塵】 零落于地。刘言史《惜花》："年少共怜含露色，老人偏惜委尘红。"赵嘏《重阳日寄韦舍人》："节过重阳菊委尘，江边病起杖扶身。"杜荀鹤《春闺怨》："朝喜花艳春，暮悲花委尘。"

【委₂塵】 积满灰尘。白居易《卧疾来早晚》："酒瓮全生醭，歌筵半委尘。"温庭筠《经故翰林袁学士居》："剑逐惊波玉委尘，谢安门下更何人。"罗隐《湖上岁暮感怀有寄友人》："音书久绝应埋玉，编简难言竟委尘。"

【委綬】 去弃印绶，指辞官。李益《罢秩后入华山采茯苓逢道者》："委绶来名山，观奇恣所停。"

【委質】 ❶献身。李峤《奉教追赴九成宫途中口号》："委质承仙翰，祇命逍遥策。"李白《纪南陵题五松山》："三年帝道明，委质终辅翼。"皎然《答黎士曹黎生前适越后之楚》："委质在忠信，苦心无变渝。"温庭筠《感旧陈情五十韵献淮南李仆射》："倘能容委质，非敢望差肩。"❷弃置，弃身。王勃《秋夜长》："北风受节南雁翔，崇兰委质时菊芳。"李峤《豹》："委质超羊鞟，飞名列虎侯。"白居易《感鹤》："委质小池内，争食群鸡前。"❸奉献。白居易《咏兴五首·四月池水满》："尔无羡沧海，蒲藻可委质。"❹臣服。白居易《栽杉》："不见郁郁松，委质山上苗？"

【委廢】　弃置。令狐楚《发潭州寄李宁常侍》："委废从兹日，旋归在几年？"

【委墮】　犹委坠。温庭筠《春愁曲》："锦叠空床委堕红，飕飕扫尾双金凤。"

【委墜】　下垂貌。温庭筠《郭处士击瓯歌》："兰钗委坠垂云发，小响丁当逐回雪。"又《咏寒宵》："委坠金釭烬，阑珊玉局棋。"

【委₂輸】　❶指积聚谷物运送首都。玄宗《春晚宴两相及礼官丽正殿学士探得风字》序："既家六合，时巡两京，函秦则委输斯远，鼎邑则朝宗所利。"独孤及《送相里郎中赴江西》："委输资外府，诹谋寄贤良。❷汇聚而流注。骆宾王《在江南赠宋五之问》："沦波通地穴，输委下归塘。"

【委積】　❶堆积，汇聚。杜甫《课伐木》："苍皮成委积，素节相照烛。"卢纶《题念济寺晕上人院》："世尘徒委积，劫火定焚烧。"白居易《自蜀江至洞庭湖口有感而作》："胡为不讫功，余水斯委积。"❷充塞，繁密。刘禹锡《游桃源一百韵》："昏旦递明媚，烟岚分委积。"李绅《海棠》："浅深芳萼通宵换，委积红英报晓开。"许浑《送人之任邛州》："黄卷新书芸委积，青山旧路菊离披。"

【委薦】　放置供品祭献神灵。则天皇后《唐享昊天乐·第六》："兰羞委荐，桂醑盈斟。"

【委翳】　萎谢。委，通"萎"。鲍溶《子规》："再啼孟夏林，密叶堪委翳。"

【委戲】亲近玩弄。皮日休《正乐府十篇·惜义鸟》："惜哉仁义禽，委戏于宫娥。"

【委賮】　入贡而归附。魏征《享太庙乐章·大明舞》："殊域委赆，怀生介福。"

【委鬱】　抑郁貌。高适《铜雀妓》："萧森松柏望，委郁绮罗情。"

【委囑】　托付，嘱咐。成彦雄《柳枝辞九首》词之三："委嘱露华并细雨，莫教迟日惹风尘。"

妾

〔qiè《广韵》七接切，入葉，清。〕❶正妻以外所娶的女子。李白《长信宫》："谁怜团扇妾，独坐怨秋风。"韩愈《琴操十首·雉朝飞操》："生身七十年，无一妾与妃。"元稹《春六十韵》："蚕役投筐妾，耘催荷蓧翁。"卢殷《妾换马》："伴凤楼中妾，如龙枥上宛。"❷女子自称。王维《杂诗》："楚国无如妾，秦家自有夫。"白居易《续古诗十首》之一："伶俜独居妾，迢递长征客。"曹邺《代罗敷诮使君》："常言爱嵩山，别妾向东京。"王贞白《长门怨二首》之一："从来非妾过，偶尔失君恩。"❸女子通称。孟郊《寄义兴小女子》："渔妾性崛强，耕童手皴厘。"李贺《天上谣》："玉宫桂树花未落，仙妾采香垂珮缨。"

【妾媵】　泛指侍妾。白居易《寄卢少尹》："妾媵填后房，竟寿百余岁。"

【妾薄命】　乐府古题名。见宋郭茂倩《乐府诗集·杂曲歌辞·妾薄命》引《乐府解题》。杜审言有《赋得妾薄命》。武平一、李白、张籍、李咸用、刘元叔等人皆有《妾薄命》。

始

〔shǐ《广韵》詩止切，上止，書。〕❶开端。郭震《二月乐游诗》："二月芳游始，开轩望晓池。"韦应物《观田家》："微雨众卉新，一雷惊蛰始。"白居易《贺雨》："敢贺有其始，亦愿有其终。"韦庄《上春词》："四时轮环终又始，百年不见南山摧。"❷初，开始。《郊庙歌辞·五郊乐章·舒和》："执龠持羽初终曲，朱干玉戚始分行。"李白《五月东鲁行答汶上君》："五月梅始黄，蚕凋桑柘空。"刘禹锡《始闻蝉有怀白宾客兼遣报君知之句》："蝉韵极清切，始闻何处悲？"齐己《寓言》："始作骄奢本，终为祸乱根。"❸昔，当初。杜甫《发同谷县》："始来兹山中，休驾喜地僻。"又《横吹曲辞·前出塞九首》之五："我始为奴仆，几时树功勋？"韦应物《经武功旧宅》："历载俄二九，始往今来复。"❹先，首先。皎然《奉和颜使君真卿修〈韵海〉毕会诸文士东堂重校》："探讨始河图，纷纶归海韵。"戴叔纶《怀素上人草书歌》："始从破体变风姿，一一花开春景迟。"杨衡《赋得夜雨滴空阶送魏秀才》："始兼泉响细，稍杂更声促。"❺方才，刚刚。卢象《永城使风》："一别故乡道，悠悠今始归。"韩愈《元和圣德诗》："事始上闻，在列咸怒。"白居易《咏家酝十韵》："常嫌竹叶犹凡浊，始觉榴花不正真。"李商隐《览古》："回头一吊箕山客，始信逃尧不为名。"❻仅，只。李白《梁园吟》："天长水阔厌远涉，访古始及平台间。"韩愈《崔十六少府摄伊阳以诗及书见投因酬三十韵》："冬惟茹寒荠，秋始识瓜瓣。"李商隐《赠孙绮新及第》："陆机始拟夸文赋，不觉云间有士龙。"韩偓《小隐》："灵椿朝菌由来事，欲笑庄生始欲齐。"

【始末】　始终。李频《长安书情投知己》："道即穷通守，才应始末怜。"白居易《燕子楼三首》序："缋之从事武宁军累年，颇知盼盼始末。"

【始平】　❶古县名。三国魏黄初元年(220)改平陵县置,县治在今陕西咸阳西北。隋时移治今兴平。唐景龙四年(710)金城公主入吐蕃和亲,中宗送别于此,因改名金城。石抱忠《始平谐诗》:“平明发始平,薄暮至何城?”王勃有《始平晚息》。❷才平。李商隐《淮阳路》:“猜贰谁先致,三朝事始平。”罗隐《寄金吾李荪常侍》:“请问何功德,壶关寇始平。”徐夤《咏笔二首》之二:“毛干时有何人润,尽把烧焚恨始平。”

【始安】 ❶郡名。三国吴甘露元年(256)分零陵郡置。治所在始安(今广西桂林)。南朝宋改名始建,南齐复旧,隋开皇初废。大业间又曾改桂林为始安郡,至德二载(757)改名建陵。宋之问有《始安秋日》。刘禹锡《读张曲江集作》并引:“及今读其文,自内职牧始安,有瘴疠之叹。”❷刚刚安宁。权德舆《奉使宜春夜渡新淦江陆路至黄蘗馆路上遇风雨作》:“晓霁心始安,林端见初旭。”贯休《闻赤松舒道士下世》:“阴骘那虚掷,深山近始安。”

【始者】 以前。陈子昂《观荆玉篇》序:“余倏尔而笑曰,始者与此君别,不图至是而见之,岂非神明嘉惠,将欲扶吾寿也。”

【始皇】 即秦始皇。吴筠《览古十四首》之七:“始皇重韩子,及睹乃不全。”鲍溶《倚瑟行》:“始皇有训二世哲,君独何人至于斯。”杜牧《过骊山作》:“始皇东游出周鼎,刘项纵观皆引颈。”熊皦《谪居海上》:“堪恨此身何处老,始皇桥畔又经年。”贯休《了仙谣》:“始皇不得此深旨,远遣徐福生忧恼。”窦叔向《青阳馆望九子山》:“武帝南游曾驻跸,始皇东幸亦祈年。”

【始皇陵】 即秦始皇陵墓。在今陕西临潼。韦检亡姬《梦后自题》:“始皇陵上千年树,银鸭金凫也变灰。”罗隐有《始皇陵》。曹邺有《始皇陵下作》。

【始皇墓】 即秦始皇陵。王维有《过始皇墓》。

【始夏】 初夏,指农历四月。韦应物有《始夏南园思旧里》。

【始終】 ❶自始至终。贯休《上新定宋使君》:“碧云诗里终难到,白藕花经讲始终。”❷谓事情的始末。元稹《琵琶歌》:“我为含凄叹奇绝,许作长歌始终说。”❸指产生和死灭。李白《访道安陵遇盖还为余造真箓临别留赠》:“举手谢天地,虚无齐始终。”焦郁《白云向空尽》:“乘化随舒卷,无心任始终。”罗隐《投宣武郑尚书二十韵》:“雁影相承接,龙图共始终。”❹指一生。杜荀鹤《秋夕》:“自我夜来霜月下,到头吟魄始终身。”❺毕竟,终究。王建《山中寄及第故人》:“始终名利途,慎勿罹咎殃。”崔珏《席间咏琴客》:“唯有河南房次律,始终怜得董庭兰。”喻坦之《陈情献中丞》:“始终谁肯荐?得失自难明。”

【始寧】 古县名。东汉时分上虞县(今属浙江)置。隋初废。严维《赠送朱放》:“欲依天目住,新自始宁移。”

【始寧墅】 东晋谢安在始宁的别墅。李颀《送山阴姚丞携妓之任兼寄苏少府》:“他日知寻始宁墅,题诗早晚寄西人。”皇甫冉《曾东游以诗寄之》:“迢迢始宁墅,芜没谢公宅。”

【始興】 (—xīng)郡名。三国吴甘露元年(256)分桂阳郡置。治所在曲江(今广东韶关市南)。隋开皇九年(589)废。唐天宝、至德时又曾改韶州为始兴郡。沈佺期《自昌乐郡溯流至白石岭下行入郴州》:“溯舟始兴廨,登践桂阳郭。”张九龄有《酬周判官巡至始兴会改秘书少监见贻之作兼呈耿广州》《始兴南山下有林泉尝卜居焉荆州卧病有怀此地》。房融有《谪南海过始兴广胜寺果上人房》。高适《饯宋八充彭中丞判官之岭南》:“海岸出交趾,江城连始兴。”陈陶有《早发始兴》。

【始興公】 (興 xīng)即张九龄。九龄开元二十三年封始兴县伯。王维有《献始兴公》。张祜有《读始兴公传》。

【始興江】 (興 xīng)水名。发源于大庾岭,于始兴(今广东韶关南)与武水汇成北江。宋之问有《早发始兴江口至虚氏村作》。韩愈有《过始兴江口感怀》。

【始興寺】 (興 xīng)寺名。杜甫有《别李秘书始兴寺所居》。

【始興郡】 (興 xīng)郡名。参见“始興”。张九龄有《秋晚登楼望南江入始兴郡路》。

【始興溪】 (興 xīng)同“始興江”。张九龄有《自始兴溪夜上赴岭》。

【始願】 最初的愿望,夙愿。宋之问《送赵六贞固》:“始愿今不从,春风恋携手。”陈子昂《与东方左史虬修竹篇》:“始愿与金石,终古保坚贞。”刘长卿《赴宣州使院夜宴寂上人房留辞前苏州韦使君》:“白云乖始愿,沧海有微波。”钱起《登覆釜山遇道人二首》之一:“郭璞赋游仙,始愿今可就。”又《长安落第作》:“始愿今如此,前途复若何。”皎然《答苏州韦应物郎中》:“安可诱我性,始愿愆素诚。”

姆 〔mǔ《广韵》莫候切,去候,明。《集韵》满補切,上姥,明。〕保姆,女师傅。杜牧《杜秋娘诗》:“画堂授傅姆,天人亲捧持。”

六　画

娃 〔wá《广韵》於佳切,平桂,影。〕❶美女。刘禹锡《乐天寄忆旧游因作报白君以答》:“吴娃足情言语黠,越客有酒巾冠斜。”白居易《春尽劝客酒》:“尝酒留闲客,行茶使小娃。”许浑《观章中丞夜按歌舞》:“夜按双娃禁曲新,东西箫鼓接云津。”

孙光宪《河传》词之四："木兰舟上，何处吴娃越艳，藕花红照脸。"❷泛指女子。周昙《咏史诗·春秋战国门·颜叔子》："夜雨邻娃告屋倾，一宵从寄念悲惊。"❸稚嫩，幼小。杜牧《朱坡》："小莲娃欲语，幽笋稚相携。"

【娃宫】 馆娃宫的省称。白居易《登阊门闲望》："云埋虎寺山藏色，月耀娃宫水放光。"又《重答汝州李六使君见和忆吴中旧游五首》："为忆娃宫与虎丘，玩君新作不能休。"皮日休《褚家林亭》："广亭遥对旧娃宫，竹岛萝溪委曲通。"又《馆娃宫怀古五绝》之三："半夜娃宫作战场，血腥犹杂宴时香。"

【娃僮】 小僮。李贺《恼公》："曲池眠乳鸭，小阁睡娃僮。"

【娃館】 宫名。犹馆娃宫。白居易《霓裳羽衣歌》："娇花巧笑久寂寥，娃馆苎萝空处所。"又《题笼鹤》："虎丘惭客问，娃馆妒人过。"又《代诸妓赠送周判官》："兰亭月破能回否，娃馆秋凉却到无。"

姥 〔mǔ《广韵》莫補切，上姥，明。〕老妇。元稹《有鸟二十章》之一八："君不见隋朝陇头姥，娇养双鹦嘱新妇。"

【姥山】 山名。在巢湖（今属安徽）之中。传说有老妇知城邑将沉，率民避此山，故名。罗隐有《姥山》。

要 〔shuǎ《字彙》沙雅切。〕见"要娘"。

【要令】 唐宋时流行的民间技艺。说唱兼伴舞蹈。李宣古《杜司空席上赋》："争奈夜深抛要令，舞来挼去使人劳。"

【要娘】 指以演唱歌曲为业的女子。张祜《要娘歌》："便唤要娘歌一曲，六宫生老是蛾眉。"

娔 〔kuā《广韵》苦瓜切，平麻，溪。〕美好。柳宗元《同刘二十八院长述旧言怀感时书事赠二君子》："同病忧能老，新声厉似娔。"裴潾《前相国赞皇公早葺平泉山居辄抒怀赋四言诗十四首奉寄》之五："好娔佳丽，于伊之浒。"

姮 〔héng《集韵》胡登切，平登，匣。〕见"姮娥"。

【姮娥】 神话人物。相传为后羿之妻，羿请不死之药于西王母，姮娥窃而食之以奔月，遂为月中女神。见《淮南子·览冥训》。郑世翼《看新婚》："姮娥对此夕，何用久裴回。"李白《感遇四首》之三："昔余闻姮娥，窃药驻云发。"元稹《八月十四日夜玩月》："谁能唤得姮娥下，引向堂前子细看。"徐夤《追和白舍人咏白牡丹》："裁分楚女朝云片，剪破姮娥夜月光。"李商隐《寄远》："姮娥捣药无时已，玉女投壶未肯休。"文丙《牡丹》："开时若也姮娥见，落日那堪公子知。"

姨 〔yí《广韵》以脂切，平脂，以。〕❶妻的姐妹。卢仝《寄男抱孙》："姨舅非吾亲，弟妹多老丑。"元稹《连昌宫词》："百官队仗避岐薛，杨氏诸姨车斗风。"❷母亲的姐妹。白居易《琵琶引》："弟走从军阿姨死，暮去朝来颜色故。"

【姨子弟】 姨表弟。刘长卿有《送姨子弟往南郊》。

【姨兄】 姨表兄。元稹有《答姨兄胡灵之见寄五十韵》。郑谷有《访姨兄王斌渭口别墅》。

姪 〔zhí《广韵》直一切，入質，澄。又徒結切，入屑，定。〕同"侄"。男子称兄弟之子。杜甫《送韦十六评事充同谷郡防御判官》："令侄才俊茂，二美又何求。"韩愈《人日城南登高》："亲交既许来，子姝亦可从。"李商隐《骄儿诗》："青春妍和月，朋戏浑甥侄。"王驾《过故友居》："乱来儿侄皆分散，惆怅僧房认得书。"

【姪兒】 犹侄。白居易《和微之诗二十三首·和晨兴因报问龟儿》："西院病孀妇，后床孤侄儿。"

姻 〔yīn《广韵》於真切，平真，影。〕❶婚姻，联姻。寒山《诗三百三首》之五六："西舍竞来问，愿姻夫妻活。"高宗《太子纳妃太平公主出降》："欢凝欢懿戚，庆叶庆初姻。"刘长卿《见秦系离婚后出山居作》："岂知偕老重，垂老绝良姻。"❷因婚姻关系而结成的亲戚。韦应物《寄令狐侍郎》："始自风尘交，中结绸缪姻。"又《滁州园池燕元氏亲属》："一展私姻礼，屡叹芳樽前。"赵良器《郑国夫人挽歌词》："淑德延公胄，宜家接帝姻。"❸通"因"。见"姻缘"。

【姻戚】 犹姻亲。杜甫《赠比部萧郎中十兄》："宅相荣姻戚，儿童惠讨论。"白居易《寄杨六》："何况老大来，人情重姻戚。"

【姻婭】 犹姻亲。王湾《晚春诣苏州敬赠武员外》："爰从姻娅贬，岂失忠信防。"杜甫《简吴郎司法》："却为姻娅过逢地，许坐曾轩数散愁。"又《送高司直寻封阆州》："与子姻娅间，既亲亦有故。"武元衡《送李秀才赴滑州诣大夫舅》："东武扬公姻娅重，西州谢傅舅甥贤。"韩愈《县斋有怀》："名声荷朋友，援引乏姻娅。"

【姻族】 犹姻亲。由婚姻关系而确认的亲戚。白居易《和梦游春诗一百韵》："提携小儿女，将领旧姻族。"又《二年三月五日斋毕开素当食偶吟赠妻弘农郡君》："况观姻族间，夫妻半存亡。"

【姻缘】 因缘，缘分。李涉《题善光寺》："云门天竺旧姻缘，临老移家住玉泉。"裴诚《新添声杨柳枝词》之一："思量大是恶姻缘，只得相看不得怜。"鲍家四弦《送鲍生酒》："风飐荷珠难暂圆，多情信有短姻缘。"

【姻親】 由婚姻而确定的亲戚关系。王维《休假还旧业便使》:“上堂嘉庆毕,顾与姻亲齿。”李白《杂曲歌辞·少年行三首》之三:“遮莫姻亲连帝城,不如当身自簪缨。”刘长卿《北游酬孟云卿见寄》:“幸君夙姻亲,深见中外怀。”杜牧《郡斋独酌》:“姻亲骨肉舍,烟火遥相望。”

姝 〔shū《广韵》昌朱切,平虞,昌。〕❶美好。宋之问《伤曹娘二首》之二:“河伯怜娇态,冯夷要姝妓。”元稹《酬乐天东南行诗一百韵》:“众口贪归美,何颜敢妒姝?”又《春分投简阳明洞天作》:“似木吴儿劲,如花越女姝。”白居易《秦中吟十首·议婚》:“人间无正色,悦目即为姝。”❷美女。骆宾王《畴昔篇》:“寻姝入酒肆,访客上琴台。”李白《邯郸南亭观妓》:“歌鼓燕赵儿,魏姝弄鸣丝。”孟郊《和宣州钱判官使院厅前石楠树》:“雨洗新妆色,一枝如一姝。”于濆《苦辛吟》:“我愿燕赵姝,化为嫫母姿。”

【姝子】 美女。白居易《过昭君村》:“亦如彼姝子,生此遐陋村。”

【姝麗】 指美女。和凝《宫词百首》之七一:“越溪姝丽入深宫,俭素皆持马后风。”

姤 〔gòu《广韵》古候切,去候,見。〕《易》卦名。六十四卦之一。韩愈《南山诗》:“或前横若剥,或后断若姤。”

娩 〔guǐ《广韵》過委切,上紙,見。又魚毁切,上紙,疑。〕柔美。见“婐娩”。

姚[1] 〔yáo《广韵》餘昭切,平宵,以。〕姓。见“姚崇”“姚合”。

姚[2] 〔yào《集韵》弋笑切,去笑,以。〕见“嫖姚”。

【姚太守】 即姚訚。至德二载(757)在东平太守任,为安庆绪所杀。独孤及有《东平蓬莱驿夜宴平卢杨判官醉后赠别姚太守置酒留宴》。

【姚太祝】 指姚俟。俟为係之弟,官太常寺太祝。皎然有《兵后送姚太祝赴选》。

【姚少府】 (少 shào)指姚合。合曾任富平、万年二县尉。朱庆余有《与贾岛顾非熊无可上人宿万年姚少府宅》。贾岛有《酬姚少府》。李频有《夏日盩厔郊居寄姚少府》。

【姚少監】 (少 shào)即姚合。合官终秘书少监。方干有《哭秘书姚少监》。

【姚中丞】 (中 zhōng)❶指姚合。合开成四年(839)任陕虢观察使兼御史中丞。刘禹锡有《寄陕州姚中丞》。无可有《送姚中丞赴陕州》。周贺有《上陕府姚中丞》。❷指姚鹄。鹄咸通十三年(872)任台州刺史兼御史中丞。杜荀鹤有《寄临海姚中丞》,又有《春日行次钱塘却寄台州姚中丞》。

【姚月華】 籍贯世次未详。聪慧过人,容色艳异。少失母。曾随父寓于扬子江,江上端午有龙舟之戏,与邻舟书生杨达邂逅。达见其貌美,每日怀思,示以所作《昭君怨》。月华见其“匣中纵有菱花镜,羞对单于照旧颜”句,情不能已,命侍女乞其旧稿。达立缀艳诗以致其情。自后尺牍往来,屡相唱酬。工诗及笔札,兼及丹青。《全唐诗》卷八〇〇录其诗五首,所作多为怨旷之诗。其中《有期不至》一首,实为白居易《期不至》。

【姚公】 指姚崇。崇封梁国公。贯休《相和歌辞·阳春曲》:“历数雍熙房与杜,魏公姚公宋开府。”杜甫《陪王侍御同登东山最高顶宴姚通泉晚携酒泛江》:“姚公美政谁与俦,不减昔时陈太丘。”

【姚六】 见“姚崑客”。

【姚令公】 即姚崇。崇睿宗朝官中书令。苏颋有《奉和姚令公温汤旧馆永怀故人卢公之作》《扈从温泉奉和姚令公喜雪》。苏绾有《奉和姚令公驾幸温汤喜雪应制》。张九龄有《和姚令公从幸温汤喜雪》,又有《和姚令公哭李尚书乂》。

【姚主簿】 指姚合。合曾任武功县主簿。贾岛有《寄武功姚主簿》。朱庆余有《夏日题武功姚主簿》。

【姚司法】 姚司马之讹。即姚绍之。王昌龄有《送姚司法归吴》。

【姚司馬】 即姚绍之。绍之曾官岳州司马。张说有《寄姚司马》。

【姚向】 籍贯未详。长庆二年(822),段文昌在剑南西川节度使任,奏为节度判官。入朝为司勋员外郎,户部员外郎。事迹略见《唐诗纪事》卷五〇。《全唐诗》卷三三一录其诗二首。

【姚合】 (779—846)陕州硖石(今河南陕县)人,郡望吴兴(今属浙江)。崇之曾侄孙。元和十一年(816)登进士第。授武功县主簿,世称“姚武功”。事迹附见新旧《唐书·姚崇传》,《唐诗纪事》卷四九,《唐才子传》卷六。《新唐书·艺文志四》著录《姚合诗集》十卷。《全唐诗》卷四九六至五〇二录其诗七卷。

【姚安之】 吴兴(今属浙江)人。登童子、学究二科。任太子詹事府春坊属官,出任秋浦县令。与罗隐有交往。罗隐有《送姚安之赴任秋浦》。

【姚孝子】 即姚栖筠。栖筠永乐县人。其父贞元中戍边战死,时栖筠方六岁,招魂葬其父,庐于墓侧,终身哀慕不衰。河东尹浑瑊上其事,诏加优赐,旌表其间,名其乡曰孝悌,社曰节义,里曰钦爱。见宋邵伯温《邵氏闻见录》卷十七。李商隐有《过姚孝子庐偶书》。

【姚秀才】　指姚合。刘叉有《姚秀才爱予小剑因赠》。

【姚宋】　姚崇、宋璟之连称。二人皆为贤相，辅玄宗，致开元之治，史称“姚宋”。顾况《八月五日歌》：“丹青庙里贮姚宋，花萼楼中宴岐薛。”元稹《代曲江老人百韵》：“裴王持藻镜，姚宋斡陶钧。”李涉《题温泉》：“当时姚宋并燕许，尽是骊山从驾人。”张蠙《言怀》：“唐祖本来成大业，岂非姚宋是平人。”《斜封官语》（卷八七六）：“姚宋为相，邪不如正。”

【姚杭州】　即姚合。合大和八年（834）出为杭州刺史。贾岛有《送姚杭州》。白居易有《送姚杭州赴任因思旧游二首》。

【姚侍御】　❶指姚绍之。绍之神龙末以诛王同皎等功擢左台侍御史。宋之问有《送姚侍御出使江东》。❷指姚子彦。子彦玄宗朝曾任监察御史。丁仙芝有《戏赠姚侍御》。❸指姚合。合宝历中曾任监察御史。白居易有《姚侍御见过戏赠》。无可有《冬夜姚侍御宅送李廓少府》。马戴有《雒中寒夜姚侍御宅怀贾岛》。

【姚使君】　❶指姚骥。骥贞元十二年在信州刺史任。卢纶有《送信州姚使君》。❷指姚合。合大和中任金州刺史。马戴有《寄金州姚使君员外》。❸名未详。开元中，为山南东道节度使、襄州刺史。孟浩然有《陪姚使君题惠上人房》。

【姚南仲】　（729—803）华州下邽（今陕西渭南东北）人。事迹见新旧《唐书》本传。皎然有《酬姚补阙南仲云溪馆中戏题随书见寄》。

【姚繫】　河中（治所在今山西永济西）人。崇之曾孙，伦之从兄。贞元元年（785）进士及第。官门下典仪。有诗名，工古调，并善弹琴，好游名山，与隐居之士往还唱酬，兴趣超然。与韦应物有交往。《全唐诗》卷二五三录其诗十首。

【姚洎】　吴兴（今浙江湖州）人。曾官拾遗，天复二年（902）在翰林学士任。贯休有《送姚洎拾遗自江陵幕赴京》。

【姚郎中】　（中 zhōng）指姚合。合大和中曾任刑部、户部郎中。贾岛有《喜姚郎中自杭州回》。郑巢有《送姚郎中罢郡游越》。方干有《上杭州姚郎中》。

【姚員外】　指姚合。合宝历、太和间曾任户部员外郎。刘禹锡有《唐侍御寄游道林岳麓二寺诗并沈中丞姚员外所和见征继作》。顾非熊有《送杭州姚元外》。喻凫有《送贾岛往金州谒姚员外》。

【姚部】　姚部之讹。李频有《送姚部先辈赴汝州辟》。

【姚秘監】　即姚合。合官终秘书少监。郑谷《故少师从翁隐岩别墅乱后榛芜感旧怆怀遂有追纪》：“近将姚监比，僻与段卿亲。”自注：“自姚秘监合主张风雅后，孤卿一人而已。”

【姚倉曹】　指姚伦。伦官终扬州大都督府仓曹参军。刘商有《杂言同豆卢郎中郭南七里桥哀悼姚仓曹》。

【姚倫】　姚崇之曾孙，姚系之从弟。官终扬州大都督府仓曹参军。与刘商、豆卢峰有交往。所作之诗，风格清丽。《全唐诗》卷二七二录其诗二首。

【姚徐】　姚义、徐道士之连称。二人皆与王绩交友。王绩《薛记室收过庄见寻率题古意以赠》：“同志亦不多，西庄有姚徐。”

【姚孫】　姚系之讹。韦应物有《送姚孙还河中》，注：“孙，一作系。”

【姚崑客】　排行第六。会稽令。与储光羲有交往。储光羲有《送姚六昆客任会稽何大蹇任孟县》。

【姚崇】　（651—721）陕州硖石（今河南陕县）人。事迹见新旧《唐书》本传。《全唐诗》卷六四录其诗六首。

【姚偓】　籍贯世次皆未详。《全唐诗》卷七七五录其诗一首。

【姚從事】　名未详。会昌中，为山南西道节度从事。顾非熊有《行经褒城寄兴元姚从事》。

【姚康】　字汝谐，华州（今陕西渭南东北）人。南仲之孙。元和十五年（820）进士及第，试左武卫仓曹参军。事迹略见《唐诗纪事》卷五十。《全唐诗》卷三三一录其诗四首。

【姚梁公】　即姚崇。崇封梁国公。贯休有《续姚梁公坐右铭》。又《蜀王入大慈寺听讲》：“谢太傅须同八凯，姚梁公可并三台。”

【姚紹之】　湖州武康（今属浙江）人。解褐，授鸾台典仪。累迁监察御史。事迹见新旧《唐书·酷吏传》。张说有《岳州宴姚绍之》。

【姚萇】　（330—393）字景茂。十六国时南安赤亭（今甘肃陇西）人，羌族。事迹见《魏书》本传。李商隐《张恶子庙》：“如何铁如意，独自与姚苌？”

【姚揆】　籍贯世次未详。官温州郡丞。《全唐诗》卷七七四、八八六各录其诗二首。

【姚開府】　即姚崇。崇开元四年（716）援开府仪同三司。孟浩然有《姚开府山池》等。

【姚監】　即姚合。合官终秘书少监。李频有《夏日宿秘书姚监宅》。李洞《叙事寄荐福栖白》：“兔满期姚监，蝉稀别楚公。”齐己《还黄平素秀才卷》：“冷澹闻姚监，精奇见浪仙。”

【姚發】　华州下邽（今陕西渭南东北）人。南仲之父。萧颖士门人。天宝十二载（753）登进士第。官至右领军卫将军。《全唐诗》卷二〇九录其诗一首。

【姚殿中】 （中 zhōng）指姚合。合宝历中曾任殿中侍御史。马戴有《集宿姚殿中宅期僧无可不至》。

【姚端】 籍贯未详。进士及第。李中有《送姚端秀才游毗陵》，又有《送姚端先辈归宁》《暮春吟怀寄姚端先辈》。

【姚端公】 指姚合。合曾官殿中侍御史。无可有《冬中与诸公会宿姚端公宅怀永乐殷侍御》，又有《秋暮与诸文士集宿姚端公所居》。

【姚察】 （533—606），字伯审。吴兴武康（今属浙江）人。初事南朝简文帝。事迹见《陈书》《南史》本传。孙元晏《咏史诗·陈·姚察》："曾佐徐陵向北游，剖陈疑事动名流。却归掌选清何甚，一匹花練不肯收。"

【姚潛】 姚合之子。乡贡进士。与曹邺有交往。曹邺有《关试前送进士姚潜下第归南阳》。

【姚興】 （366—416）字子略。苌之长子。事迹见《晋书》载记、《魏书》本传、《北史·僭伪附庸录》。孙元晏《咏史诗·宋·放宫人》："姚兴侍女方承宠，放出宫闱若等闲。"

【姚諫議】 即姚合。合开成初召为谏议大夫。无可有《冬晚姚谏议宅会送元绪上人归南山》。刘得仁有《寄姚谏议》。李频有《陕下投姚谏议》。

【姚嶸】 籍贯未详。中晚唐人。乡贡进士。《全唐诗》卷八七〇录其诗一首。

【姚鵠】 字云居。蜀人。事迹略见《唐诗纪事》卷五五、《唐才子传》卷七。《全唐诗》卷五五三录其诗一卷。

【姚馥】 字世芬。三国末晋初人，羌族。苌之先祖。充厩养马，精阴阳之术。好读书，嗜酒。每醉时，好言帝王兴亡之事。善戏笑，滑稽无穷。见晋王嘉《拾遗记》卷九。李端《晚春过夏侯校书值其沉醉戏赠》："姚馥清时醉，边韶白日眠。"

【姚曠】 籍贯未详。乾元初为叶县吏，大历、建中间在世。岑参有《怀叶县关操姚旷韩涉李叔齐》。

【姚嚴傑】 崇之裔孙。幼时聪悟绝伦，弱冠博通典故。慕司马迁、班固之为文，时称大儒。事迹略见《唐诗纪事》卷六六。《全唐诗》卷六六七录其诗一首。

姣

〔jiāo《广韵》古巧切，上巧，見。〕美好。见"姣服"。

【姣服】 谓服饰华美。陈子昂《感遇诗三十八首》之二四："挈瓶者谁子，姣服当青春。"

姜

〔jiāng《广韵》居良切，平陽，見。〕姓。张说《安乐郡主花烛行》："姬姜本来舅甥国，卜筮俱道凤皇飞。"王维《送秘书晁监还日本国》序："必齐之姜，不归娶于高国。"欧阳詹有《旅次舟中对月寄姜公》。李商隐《过姚孝子庐偶书》："鱼因感姜出，鹤为吊陶来。"

【姜七】 即姜皎。张说有《代书答姜七崔九》。

【姜川】 姜诗孝行感天而出现的河流。参见"姜詩"。李峤《和麹典设扈从东郊忆弟使往安西冬至日恨不得同申拜庆》："桓岭嗟分翼，姜川限馈鱼。"

【姜子牙】 即吕尚。吕尚本姓姜，其先封于吕，遂以封地为姓，名尚，字子牙。钓于渭水，以干谒周文王。辅文王、武王。事迹见《史记·齐太公世家》。李咸用《寓意》："不知姜子牙，何处钓流水？"

【姜牙】 姜子牙的省称。孟郊《感怀》之四："姜牙佐周武，世业永巍巍。"徐夤《贺清源太保王延彬》之一："姜牙兆寄熊罴内，陶侃文成掌握间。"

【姜公】 名未详。建中时，泉州刺史丁琼门客。欧阳詹有《旅次舟中对月寄姜公》，自注："此公，丁泉州门客。"丁泉州指泉州刺史丁琼，建中时在任。

【姜生】 指姜宣。元稹《小胡笳引》："哀笳慢指董家本，姜生得之妙思忖。"

【姜伯約】 即三国蜀姜维，维字伯约。韩翃《送刘将军》："胆大欲期姜伯约，功多不让李轻车。"

【姜侍郎】 指姜晦。晦为皎之弟，为吏部侍郎，眼不识字，手不解书，滥掌铨衡，选人怨之。《选人歌》（卷八七四）："案后一腔冻猪肉，所以名为姜侍郎。"

【姜肱】 （97—173）字伯淮。汉彭城广戚（今江苏沛县东）人。事迹见《后汉书》本传。吴融《祝风三十二韵》："将正陶令巾，又盖姜肱被。"

【姜宣】 籍贯未详。善弹小胡笳。元稹《小胡笳引》自注："桂府王推官出蜀匠雷氏金徽琴，请姜宣弹。"此诗又误作无名氏（卷七八六）诗，题作《姜宣弹小胡笳引歌》。

【姜師度】 （？—723）魏州魏县（今属河北）人。举明经，调丹陵尉、龙岗令。事迹见《旧唐书·良吏传下》《新唐书》本传。《先天时京中语》（卷八七六）："姜师度一心看地，傅孝忠两眼相天。"

【姜被】 即姜肱被。姜肱对弟友爱，婚后与弟共被而眠。见《后汉书》本传。杜甫《寄张十二山人彪三十韵》："历下辞姜被，关西得孟邻。"又《秋日荆南送石首薛明府三十韵》："荆门留美化，姜被就离居。"杜牧《冬至日遇京使发寄舍弟》："旅馆夜忧姜被冷，暮江寒觉晏裘轻。"

【姜晞】 秦州上邽（今甘肃天水）人。謩之曾孙，皎之从兄。事迹见《旧唐书·姜謩传》。《全唐诗》卷七五录其诗一首。

【姜皎】 （673—722）秦州上邽（今甘肃天水）人。謩之曾孙，晞之从兄弟，晦之兄。事迹见新旧《唐书》

本传,《唐诗纪事》卷十五。《全唐诗》卷七五录其诗一首。

【姜楚公】 即姜皎。皎先天二年(713)封楚国公。杜甫有《姜楚公画角鹰歌》。

【姜詩】 出《东观汉记》卷十。后以为孝子典故。李瀚《蒙求》:"盛彦感蛴,姜诗跃鲤。"

【姜嫄廟】 庙名。祭祀周人始祖后稷之母姜嫄。在岐山县(今属陕西)西北十五里凤鸣山下,周公庙之后。怀楚《送新平故人》:"姜嫄庙北与君别,应笑薄寒悲落花。"

【姜維】 (202—264)字伯约。三国蜀时天水冀(今甘肃甘谷)人。事迹见《三国志·蜀志》本传。李瀚《蒙求》:"姜维胆斗,卢植音钟。"

姿 〔zī《广韵》即夷切,平脂,精。〕❶情貌,姿态。张子容《相和歌辞·春江花月夜二首》之二:"沉沉绿江晚,惆怅碧云姿。"任华《怀素上人草书歌》:"虽有壮丽之骨,恨无狂逸之姿。"刘言史《潇湘游》:"昔人幽恨此地遗,绿芳红艳含怨姿。"李郢《上裴晋公》:"四朝忧国鬓如丝,龙马精神海鹤姿。"❷资质,才具。杜甫《徒步归行》:"明公壮年值时危,经济实藉英雄姿。"耿沣《春日书情寄元校书伯和相国元子》:"卫玠琼瑶色,玄成鼎鼐姿。"权德舆《伏蒙十六叔寄示喜庆感怀三十韵因献之》:"愧非夔龙姿,忽佐尧舜君。"李商隐《韩碑》:"元和天子神武姿,彼何人哉轩与羲。"

【姿狀】 形貌。杜牧《留诲曹师等诗》:"万物有丑好,各一姿状分。"

【姿首】 美丽的容貌。王梵志《诗》之三十三:"纵使无姿首,终成有礼仪。"

【姿致】 容貌举止。胡皓《同蔡孚起居咏鹦鹉》:"鹦鹉殊姿致,鸾皇得比肩。"

【姿容】 容貌。欧阳詹《有所恨二章》序:"自别来,无忆不至于襟怀,无想不至于姿容,愿一促膝,惄如也。"白居易《对镜吟》:"闲看明镜坐清晨,多病姿容半老身。"又《自思益寺次楞伽寺作》:"照水姿容虽已老,上山筋力未全衰。"伍乔《林居喜崔三博远至》:"姿容虽有尘中色,巾屦犹多岳上清。"无名氏《牡丹》(外篇下):"倾国姿容别,多开富贵家。"

【姿彩】 仪容风度。白居易《想东游五十韵》:"精神昂老鹤,姿彩媚潜虬。"

【姿媚】 妩媚。韩愈《石鼓歌》:"羲之俗书趁姿媚,数纸尚可博白鹅。"

【姿語】 指借助动作以增强语势。孟郊《寄崔纯亮》:"群辩有姿语,众欢无行歌。"

【姿態】 ❶情貌体态。董思恭《相和歌辞·三妇艳诗》:"小妇多姿态,登楼红粉妆。"岑参《田使君美人舞如莲花北鋋歌》:"世人学舞只是舞,恣态岂能得如此?"梁锽《艳女词》:"美人姿态里,春色上罗衣。"杨巨源《艳女词》:"美人姿态里,春色上罗衣。"来鹄《鹭鸶》:"若使见鱼无羡意,向人姿态更应闲。"❷指物体呈现出的样子。李咸用《远公亭牡丹》:"双成腻脸偎云屏,百般姿态因风生。"

姹 〔chà《集韵》丑下切,上馬,徹。〕娇柔,艳丽。韩愈《县斋有怀》:"闲爱老农愚,归弄小女姹。"温庭筠《夜宴谣》:"莺咽姹唱圆无节,眉敛湘烟袖回雪。"陆龟蒙《奉和袭美太湖诗二十首·上真观》:"霄裙或霞粲,侍女忽玉姹。"又《村夜二篇》之二:"吹嘘川可倒,眄睐花争姹。"

【姹女】 ❶少女,美人。张九龄《剪彩》:"姹女矜容色,为花不让春。"元稹《送王协律游杭越十韵》:"章甫官人戴,莼丝姹女提。"杜牧《悲吴王城》:"解舞细腰何处往,能歌姹女逐谁回?"陈陶《飞龙行》:"散花童子鹤衣短,投壶姹女蛾眉长。"毛文锡《月宫春》:"玉兔银蟾争守护,姮娥姹女戏相偎。"❷炼丹术士对水银的昵称。李白《草创大还赠柳官迪》:"姹女乘河车,黄金充辕轭。"徐夤《梅花》:"琼瑶初绽岭头葩,蕊粉新妆姹女家。"权德舆《晚秋陪崔阁老张秘监阁老苗考功同游昊天观斐然酬和有愧芜音》:"泛菊贤人至,烧丹姹女飞。"白居易《寻王道士药堂因有题赠》:"白石先生小有洞,黄芽姹女大还丹。"陆龟蒙《自遣诗三十首》之二八:"姹女精神似月孤,敢将容易入洪炉。"孙思邈《四言诗》:"姹女气索,婴儿声寂。"

【姹姹】 ❶姿容美丽貌。齐己《送王处士游蜀》:"自修姹姹炉中物,拟作飘飘水上仙。"❷炼丹术士对水银的昵称。贯休《寄李道士》:"倘修阴姹姹,一望寄余焉。"又《怀武夷红石子二首》之一:"窗外猩猩语,炉中姹姹娇。"

【姹娘】 少女。《赠段何》(卷八六六):"乐广清羸经几年,姹娘相托不论钱。"

娜 〔nuó《广韵》奴可切,上哿,泥。〕见"婀娜","嫋娜"。

姦[1] 〔jiān《广韵》古颜切,平删,見。〕亦作"奸""姧"。❶邪恶。李颀《龙门送裴侍御监五岭选》:"举善必称最,持奸当去尤。"孟浩然《赠萧少府》:"去诈人无谄,除邪吏息奸。"❷歹徒。韩愈《元和圣德诗》:"尽逐群奸,靡有遗侣。"吕岩《化江南简寂观道士侯用晦磨剑》:"奸血默随流水尽,凶豪今逐渍痕消。"❸狡猾。王建《宫词一百首》之七六:"鹦鹉谁教转舌关,内人手里养来奸。"舒元舆《坊州按狱》:"探情与之言,变态如奸猱。"

姦[2]

〔gān〕同“奸”。干犯。卢肇《汉堤诗》：“阴沴奸阳，来暴于襄。”

【姦人】　奸诈之人。罗隐《泪》：“自从鲁国潸然后，不是奸人即妇人。”

【姦宄】　违法作乱的人。李咸用《览友生古风》：“奸宄欺雷霆，魑魅嫌日月。”

【姦臣】　包藏祸心，误国殃民之臣。李白《古风》之五三：“奸臣欲窃位，树党自相群。”杜甫《北征》：“奸臣竟菹醢，同恶随荡析。”古之奇《秦人谣》：“奸臣弄民柄，天子恣衷抱。”许浑《送从兄别驾归蜀》：“道直奸臣屏，冤深圣主知。”汪遵《望思台》：“不忧家国任奸臣，骨肉翻为蓦路人。”秦韬玉《读五侯传》：“汉亡金镜道将衰，便有奸臣竞佐时。”吴筠《览古十四首》之九：“奸臣负旧隙，乘衅谋相危。”

【姦吏】　不法官吏。曹邺《奉命齐州推事毕寄本府尚书》：“截断奸吏舌，擘开冤人肠。”

【姦回】　同“奸回”。

【姦兇】　奸诈凶恶。元结《酬孟武昌苦雪》：“奸凶正驱驰，不合问君子。”李商隐《送千牛李将军赴阙五十韵》：“神鬼收昏黑，奸凶首满盈。”

【姦利】　非法牟取之利。柳宗元《感遇二首》之一：“众情嗜奸利，居货捐千金。”

【姦佞】　奸诈谄媚。元结《二风诗·乱风诗五篇·至惑》之二：“黜奸佞之臣，所以长久也。”袁高《茶山诗》：“亦有奸佞者，因兹欲求伸。”司空图《南北史感遇十首》之五：“奸佞岂能惭误国，空令怀古更徘徊。”

【姦邪】　同“奸邪”。

【姦非】　奸邪不法。卢仝《月蚀诗》：“长嗟白兔捣灵药，恰似有意防奸非。”

【姦倖】　邪恶的宠臣。皮日休《鲁望读襄阳耆旧传见赠五百言次韵》：“奸幸却乘衅，播迁遂终寿。”

【姦偷】　违法盗窃。韩愈《赴江陵途中寄赠翰林三学士》：“何况亲犴狱，敲搒发奸偷。”

【姦情】　奸诈之心。郑还古《望思台》：“谗语能令骨肉离，奸情难测事堪悲。”

【姦雄】　奸人之雄，指有智谋的奸诈之徒。王昌龄《失题》：“奸雄乃得志，遂使群心摇。”杜甫《咏怀二首》之一：“倏忽向二纪，奸雄多是非。”刘复《长歌行》：“奸雄窃命风尘昏，函谷重关不能守。”刘叉《天津桥》：“谁令汉祖都秦关，从此奸雄转相炽。”李商隐《井络》：“将来为报奸雄辈，莫向金牛访旧踪。”

【姦欺】　奸诈欺骗。陆龟蒙《江湖散人歌》：“多方恼乱元气死，日使文字生奸欺。”

【姦智】　奸诈的谋略。元结《寄源休》：“纵有一直方，则上似奸智。”

【姦詐】　刁钻诡诈。拾得《诗》之一：“那肯细寻思，日夜怀奸诈。”李山甫《读汉史》：“每逢奸诈须挼手，真遇英雄始醒心。”

【姦强】　同“奸强”。

【姦猾】　同“奸猾”。

【姦豪】　同“奸豪”。

【姦蔽】　欺诈蒙蔽。来鹄《圣政纪颂》：“不知奸蔽，文失汪洋。”

【姦慝】　邪恶小人。刘叉《雪车》：“天子端然少旁求，股肱耳目皆奸慝。”

【姦諂】　奸诈谄媚。王贞白《经故洛城》：“几主任奸谄，诸侯各战争。”

【姦聲】　同“奸聲”。

【姦膽】　邪恶之心。元稹《谕宝二首》之二：“镜悬奸胆露，剑拂妖蛇裂。”

【姦黠】　狡猾聪慧。韩愈《醉留东野》：“韩子稍奸黠，自惭青蒿倚长松。”

七　画

姬

〔jī《广韵》居之切，平之，見。又與之切，平之，見。〕❶周朝的代称。周，姬姓。李义府《在巂州遥叙封禅》：“创封超昔夏，修禅掩前姬。”李峤《钱》：“汉日五铢建，姬年九府流。”徐彦伯《奉和幸新丰温泉宫应制》：“姬典歌时迈，虞篇记省方。”周朴《望中怀古》：“尧水永销天际去，姬风一变世间平。”❷女子美称。李白《金陵酒肆留别》：“风吹柳花满店香，吴姬压酒唤客尝。”岑参《送宇文南金放后归太原寓居因呈太原郝主簿》：“送君系马青门口，胡姬垆头劝君酒。”韦应物《逢杨开府》：“朝持樗蒲局，暮窃东邻姬。”白居易《新乐府·八骏图》：“璧台南与盛姬游，明堂不复朝诸侯。”❸汉代宫中女官名。白居易《新乐府·缭绫》：“织者何人衣者谁？越溪寒女汉宫姬。”❹侍妾。刘沧有《代友人悼姬》。皮日休《鲁望悯承吉之孤为诗序邀予属和欲用塞良友》：“儿过旧宅啼枫影，姬绕荒田泣稗花。”❺妓女。韩愈《龊龊》：“妖姬坐左右，柔指发哀弹。”刘禹锡《同乐天和微之深春二十首》之八：“傲客多凭酒，新姬苦上车。”元稹《酬翰林白学士代书一百韵》：“密携长上乐，偷宿静坊姬。”李廓《长安少年行》之七：“开锁通新客，教姬屈醉人。”

【姬人】　侍妾。杨炯有《和崔司空伤姬人》。卢仝有《听萧君姬人弹琴》。李群玉有《戏赠姬人》。韦庄有《姬人养蚕》，又有《赠姬人》。

【姬公】　即周公。沈佺期《枉系二首》之一：“吾怜姬公旦，非无鸱鸮诗。”皮日休《奉和鲁望读阴符经见寄》：“姬公树其纲，贼之为圣智。”

【姬孔】 姬旦、孔丘之连称。二人皆被称为圣人。唐彦谦《送樊琯司业归朝》："圣域探姬孔，皇风乐禹汤。"

【姬旦】 即周公。周公姓姬名旦。王绩《赠程处士》："礼乐囚姬旦，诗书缚孔丘。"刘希夷《故园置酒》："卒卒周姬旦，栖栖鲁孔丘。"

【姬國】 指周朝。韩愈《奉和杜相公太清宫纪事陈诚上李相公十六韵》："耒耜兴姬国，輴欙建夏家。"

娙 〔xíng《广韵》户經切，平青，匣。又五莖切，平耕，疑。〕女子体态修长轻盈。韩愈、孟郊《城南联句》："海岳错口腹，赵燕锡媌娙。"

娟 〔juān《广韵》於緣切，平仙，影。〕❶美好。王昌龄《山中别庞十》："幽娟松筱径，月出寒蝉鸣。"❷见"娟娟"。

【娟妙】 秀美。杜甫《大历三年春白帝城放船出瞿塘峡四十韵》："神女峰娟妙，昭君宅有无。"

【娟娟】 ❶美好貌。宋之问《下桂江龙目滩》："鸟游溪寂寂，猿啸岭娟娟。"杜甫《寄韩谏议》："美人娟娟隔秋水，濯足洞庭望八荒。"元稹《献荥阳公诗五十韵》："漫劳成悬悬，那得美娟娟。"司空图《诗品二十四则·清奇》："娟娟群松，下有漪流。"❷明亮貌。张九龄《晨出郡舍林下》："复见林上月，娟娟犹未沉。"岑参《杨雄草玄台》："娟娟西江月，犹照草玄处。"元稹《月三十韵》："的的当歌扇，娟娟透舞衣。"李群玉《初月二首》之一："滟滟流光浅，娟娟泛露轻。"❸通"涓涓"，缓流貌。韦庄《过旧宅》："莫问此中销歇寺，娟娟红泪滴芭蕉。"又《夜景》："欲把伤心问明月，素娥无语泪娟娟。"何光远《与何光远赠答诗》："玉漏涓涓银汉清，鹊桥新架路初成。"

【娟魄】 指明月。王昌龄《句》："娟魄已三孕。"

娱 〔yú《广韵》遇俱切，平虞，疑。又五故切，去暮，疑。〕❶欢乐。李白《鲁东门观刈蒲》："织作玉床席，欣承清夜娱。"韩愈《别赵子》："不谓小郭中，有子可与娱。"皮日休《补周礼九夏系文·九夏歌九篇》之四："乐德而至，如宾之娱。"❷使欢乐。则天皇后《唐享昊天乐·第八》："始奏承云娱帝赏，复歌调露畅韶英。"牟融《赠殷以道》："闲来抚景穷吟处，尊酒临风不自娱。"李商隐《赋得鸡》："稻粱犹足活诸雏，妒敌专场好自娱。"罗衮《清明赤水寺居》："浮生浮世只多事，野水野花娱病身。"

【娱人】 使人欢乐。李白《莹禅师房观山海图》："即事能娱人，从兹得消散。"刘禹锡《百舌吟》："何许相逢绿杨路，绵蛮宛转似娱人。"

【娱心】 使心情愉快。太宗《秋日二首》之二："蓬瀛不可望，泉石且娱心。"

【娱耳】 悦耳。白居易《和答诗十首·和思归乐》："孟尝平居时，娱耳琴泠泠。"于武陵《匣中琴》："何以经时废，非为娱耳音？"

【娱情】 犹娱心。上官昭容《游长宁公主流杯池二十五首》之三："不烦歌吹，自足娱情。"刘得仁《陈情上李景让大夫》："望喜潜凭鹊，娱情愿有琴。"

【娱遊】 游乐。刘宪《侍宴长宁公主东庄》："文酒娱游盛，忻叨侍从余。"

【娱賓】 使宾客欢乐。太宗《春日玄武门宴群臣》："娱宾歌湛露，广乐奏钧天。"岑参《与鄠县源少府泛渼陂》："怜君公事后，陂上日娱宾。"高适《同鲜于洛阳于毕员外宅观画马歌》："主人娱宾画障开，只言骐骥西极来。"白居易《新乐府·西凉伎》："娱宾犒士宴监军，狮子胡儿长在目。"谭用之《寄许下前管记王侍御》："昔年南去得娱宾，顿逊杯前共好春。"

【娱樂】 （—lè）欢乐。《郊庙歌辞·昭德皇后庙乐章·肃和》："诚心达，娱乐分。"陈子昂《奉和皇帝上礼抚事述怀应制》："承平信娱乐，王业本艰辛。"韦应物《饯雍聿之潞州谒李中丞》："娱乐易淹暮，谅在执高情。"元稹《忆云之》："娱乐不及时，暮年壮心少。"谭峭《句》："云外星霜如走电，世间娱乐似抛砖。"

【娱戲】 娱乐。韩愈《病中赠张十八》："文章自娱戏，金石日击撞。"

娉¹ 〔pìn《广韵》匹正切，去劲，滂。〕今写作"聘"。指男方遣媒向女方问名求婚。元稹《去杭州》："君今远娉奉明祀，得不齐励亲蘋蘩。"长孙佐辅《对镜吟》："忆昔逢君新纳娉，青铜铸出千年镜。"

娉² 〔pīng《篇海》披耕切。〕见"娉婷"。

【娉₂娉裹裹】 形容体态轻盈美好。杜牧《赠别二首》之一："娉娉裹裹十三余，豆蔻梢头二月初。"

【娉₂婷】 ❶姿态美好貌。长孙无忌《新曲二首》之二："婉约娉婷工语笑，侍兰房。"杜甫《秦州见敕目薛三璩授司议郎三十韵》："唤人看騕褭，不嫁惜娉婷。"刘商《姑苏怀古送秀才下第归江南》："宫娃酣态舞娉婷，香飙四飒青城坠。"李商隐《垂柳》："娉婷小苑中，婀娜曲池东。"❷指美人。乔知之《绿珠篇》："石家金谷重新声，明珠十斛买娉婷。"杜甫《奉酬薛十二丈判官见赠》："空中右白虎，赤节引娉婷。"韩愈《和崔舍人咏月二十韵》："牖光窥寂寞，砧影伴娉婷。"杜牧《池州送孟迟先辈》："篱落见娉婷，机丝弄哑轧。"于濆《古征战》："齐鲁足兵甲，燕赵多娉婷。"

娥 〔é《广韵》五何切，平歌，疑。〕❶美女。岑参《梁园歌送河南王说判官》："娇娥曼脸成草蔓，罗帷珠帘空竹根。"张仲素《王昭君》："仙娥今下嫁，骄子自同和。”李贺《罗浮山父与葛篇》：“欲剪箱中一尺天，吴娥莫道吴刀涩。”李绅《题法华寺五言二十韵》：“化娥腾宝像，留影闷金仙。”❷指嫦娥。韩愈《咏雪赠张籍》：“娥嬉华荡漾，胥怒浪崔嵬。”薛能《恭禧皇太后挽歌词三首》之二：“月落娥兼隐，宫空后岂还？”❸指娥皇。杜甫《祠南夕望》：“山鬼迷春竹，湘娥倚暮花。”❹通“蛾”。指眉毛。罗虬《比红儿诗》之三十二：“鹦鹉娥如裛露红，镜前眉样自深宫。”

【娥女】 娥皇和女英的合称。孟郊《尧歌》之一：“娥女无礼数，污家如粪泥。”

【娥妆】 娥通“蛾”。指女子把眉毛画成黛色。李贺《三月过行宫》：“渠水红繁拥御墙，风娇小叶学娥妆。”

【娥皇】 相传为尧之女，舜之妃。卢仝《小妇吟》：“花莫笑女英，新喜得娥皇。”又《秋梦行》：“娥皇不语启娇靥，女英目成转心惬。”鲍溶《悲湘灵》：“娥皇五十弦，秋深汉江水。”朱庆余《题娥皇庙》：“娥皇挥涕处，东望九疑天。”

【娥皇廟】 庙名。又名皇陵庙，在湖南湘阴北，湘水之畔。元稹《斑竹》：“知是娥皇庙前物，远随风雨送啼痕。”朱庆余有《题娥皇庙》。

【娥眉】 即蛾眉。宋之问《王昭君》：“非君惜鸾殿，非妾妒娥眉。”张说《邺都引》：“邺傍高冢多贵臣，娥眉曼睩共灰尘。”李绅《赠毛仙翁》：“桂窗一别三千春，秦妃镜里娥眉新。”苏拯《古塞下》：“早得用娥眉，免陷边戍卒。”无名氏《王昭君怨诸词人连句》（外编上）：“掖庭娇幸在娥眉，争用黄金写艳姿？”

【娥娥】 美好貌。刘希夷《公子行》：“的的珠帘白日映，娥娥玉颜红粉妆。”张说《安乐郡主花烛行》：“蔼蔼绮庭嫔从列，娥娥红粉扇中开。”沈佺期《七夕曝衣篇》：“宫中扰扰曝衣楼，天上娥娥红粉席。”李颀《杂歌谣辞·郑樱桃歌》：“樱桃美颜香且泽，娥娥侍寝专宫掖。”司马扎《猎客》：“娥娥燕赵人，珠箔闭高堂。”

【娥婺】 指月亮和婺女星。韩愈、孟郊《城南联句》：“蹙绳觐娥婺，斗草撷玑珵。”

【娥臺】 指娥皇庙。《武后大享昊天乐章十二首》之一：“德迈娥台敞，仁高姒幄披。”上官仪《高密长公主挽歌》：“湘渚韬灵迹，娥台静瑞音。”

【娥輪】 指月亮。许敬宗《奉和七夕宴悬圃应制二首》之二：“婺闺期今夕，娥轮泛浅潢。”

【娥影】 指月光。鲍溶《上阳宫月》：“学织机边娥影静，拜新衣上露华沾。”

【娥輝】 指月光。李乂《高安公主挽歌二首》之一：“嫔则留中馈，娥辉没下春。”

【娥魄】 指月亮。许敬宗《奉和九月九日应制》：“鹫岭飞夏服，娥魄乱雕弓。”

娩 〔wǎn《广韵》無遠切，上阮，微。又亡辨切，上獮，明。〕见“婉娩”。

娑 〔suō《广韵》素何切，平歌，心。〕❶见“娑婆”。❷助词。无名氏《五言白话诗》（外篇下）之五：“长头爱床坐，饱吃没娑肚。”

【娑勒】 人名。吐蕃壮士。卢纶有《腊日观咸宁王部曲娑勒擒豹歌》。

【娑婆】 ❶犹婆娑。枝叶扶疏貌。寒山《诗三百三首》之四：“今日娑婆树，几年为一春？”戎昱《戏题秋月》：“近来数夜飞霜重，只畏娑婆树叶凋。”❷“娑婆世界”的省称。娑婆，梵语的音译，意为“堪忍”。“娑婆世界”为释迦牟尼所教化的三千大千世界的总称。法进《七言伤大和上》：“化毕分身归净国，娑婆谁复为验龙？”

【娑葛】 （？—709）西突厥突骑施酋长乌质勒长子。继父统兵，受唐封为金河郡王。后叛唐。元稹《三月三十日程氏馆饯杜十四归京》：“消梨抛五遍，娑葛瞌三台。”

【娑羅】 木名。梵语的译音。即柳安树。后附会为七叶树或月中桂树。徐光溥《题黄居寀秋山图》：“娑罗掩映迷仙洞，薜荔累垂缴古松。”

【娑羅會】 又名“涅槃会”。佛教徒纪念释迦牟尼逝世举行的法会。一般定在夏历二月十五日。相传释迦牟尼涅槃在娑罗双树下，故名。张说《送考功武员外学士使嵩山署舍利塔》：“山中二月娑罗会，虚呗遥遥愁思人。”

娣 〔dì《广韵》特計切，去霽，定；又徒禮切，上薺，定。〕同夫之妾。沈亚之《湘中怨》诗后自解：“是夕，谓生曰：我湘中蛟宫之娣也，谪而从君，今岁满，无以久留君所，欲为诀耳。”

【娣姪】 古代出嫁的诸侯之女，称从嫁的妹妹为“娣”，称兄弟之女为“侄”。后也称弟妇。李商隐《和郑愚赠汝阳王孙家筝妓二十韵》：“斗粟配新声，娣侄徒纤指。”

娘 〔niáng《广韵》女良切，平陽，娘。〕❶年轻女子。贺朝《赠酒店胡姬》：“上客无劳散，听歌乐世娘。”杜甫《江畔独步寻花七绝句》之六：“黄四娘家花满蹊，千朵万朵压枝低。”刘言史《偶题》：“迟日新妆游冶娘，盈盈彩艇白莲塘。”杜牧《大雨行》：“奔觥槌鼓助声势，眼底不顾纤腰娘。”❷妻子。《李后主童谣》（卷八七八）：“索得娘来忘却家，后园桃李不生花。”

【娘子】 ❶妻子。李昌符《婢仆诗》之一：“推道那家娘子卧，且留教住待梳头。”无名氏《五言诗》（外编下）：“奴富欺郎君，婢富远娘子。”潘雍有《赠葛氏小娘子》。❷妃子的敬称。花蕊夫人徐氏《宫词》之十三："诸院各分娘子位，羊车到处不教知。"❸歌妓。《贺筵占赠营妓》："一曲高歌红一匹，两头娘子谢夫人。"

婀〔ē《玉篇》於可切。〕见"婀娜"。

【婀娜】 ❶柔美貌。乔知之《长信宫中树》："婀娜当轩树，丰茸倚兰殿。"张说《代书答姜七崔九》："婀娜金闺树，离披野田草。"杜甫《忆昔行》："悬圃沧洲莽空阔，金节羽衣飘婀娜。"许稷《赋得风动万年枝》："婀娜摇仙禁，缤翻映玉池。"皮日休《樱桃花》："婀娜枝香拂酒壶，向阳疑是不融酥。"❷多姿貌。白居易《立春后五日》："立春后五日，春态纷婀娜。"李商隐《李肱所遗画松诗书两纸得四十韵》："竦削正稠直，婀娜旋敷峰。"杜牧《梁秀才以早春旅次大梁将归郊扉言怀兼别示亦蒙见赠凡二十韵走笔依韵》："藤龛红婀娜，苔磴绿嶙峋。"

婴〔ē《广韵》烏何切，平歌，影。〕见"媕婴"。

娭〔xī《广韵》許其切，平之，曉。〕"嬉"的古字。见"娭娭"。

【娭娭】 和乐貌。元结《补乐歌十首·九渊》："生类娭娭兮，孰知其然？"又《二风诗·治风诗五篇·至慈》："至化之深兮，猗猗娭娭。"

八　画

娬同"嫵"。

【娬媚】同"嫵媚"。

娅¹〔yà《广韵》衣嫁切，去禡，影。〕姐妹的丈夫即连襟间的互称。杜甫《送高司直寻封阆州》："与子姻娅间，既亲亦有故。"

娅²〔yǎ《集韵》倚下切，上馬，影。〕见"娅₂姹"。

娅³〔yā《集韵》於加切，平麻，影。〕见"娅₃鬟"。

【娅₂姹】 娇态貌。黄滔《赠郑明府》："垂柳五株春娅姹，鸣琴一弄水潺湲。"路德延《小儿诗》："倦书饶娅姹，憎药巧迁延。"和凝《江城子》词之四："娅姹含情娇不语，纤玉手，抚郎衣。"

【娅₃鬟】 即丫鬟。古代少女的一种发式。李绅《莺莺歌》："绿窗娇女字莺莺，金雀娅鬟年十七。"

娶〔qǔ《广韵》七句切，去遇，清。〕男子成亲。王维《偶然作六首》之三："小妹日成长，兄弟未有娶。"又《送秘书晁监还日本国》序："必齐之姜，不归娶于高国；在楚犹晋，亦何独于由余。"李颀《送刘十》："三十不官亦不娶，时人焉识道高下？"杨衡《夷陵郡内叙别》："礼娶嗣明德，同牢夙所钦。"

【娶妻】 男子娶得配偶。包何《相里使君第七男生日》："娶妻生子复生男，独有君家众所谈。"韩愈《琴操十首·别鹄操》序："商陵穆子，娶妻五年无子。"拾得《诗》之四："养儿与娶妻，养女求媒娉。"无名氏《五言诗》(外编下)之三："儿大须娶妻，女大须嫁处。"

【娶妇】 犹娶妻。王建《斜路行》："世间娶容非娶妇，中庭牡丹胜松树。"白居易《秦中吟十首·议婚》："闻君欲娶妇，娶妇意何如？"又《和春深二十首》之十九："何处春深好，春深娶妇家。"张祜《横吹曲辞·捉搦歌》："养男男娶妇，养女女嫁夫。"温庭筠《会昌丙寅丰岁歌》："丰茸单衣麦田路，村南娶妇桃花红。"

媌〔miáo《广韵》莫交切，平肴，明；又莫飽切，上巧，明。〕见"媌娙"。

【媌娙】 指美女。韩愈、孟郊《城南联句》："海岳错口腹，赵燕锡媌娙。"

婪〔lán《广韵》盧含切，平覃，來。〕贪。见"婪酣"。

【婪酣】 贪吃贪喝。韩愈《月蚀诗效玉川子作》："婪酣大肚遭一饱，饥肠彻死无由鸣。"

婕〔jié《广韵》即葉切，入葉，精。〕见"婕妤"。

【婕妤】 宫中女官名。汉武帝时置，位比上卿。后代多沿置。和凝《宫词百首》之三五："昨夜盘中甘露满，婕妤争去奏官家。"花蕊夫人徐氏《宫词》之八七："婕妤生长帝王家，常近龙颜逐翠华。"亦特指西汉成帝的班婕妤。刘孝孙《赋得春莺送友人》："翅掩飞燕舞，啼恼婕妤悲。"窦常《过宋氏五女旧居》："谢庭风韵婕妤才，天纵斯文去不回。"吕温《上官昭容书楼歌》："汉家婕妤唐昭容，工诗能赋千载同。"李延璧《愁诗》："潘岳愁丝生鬓里，婕妤悲色上眉头。"

【婕妤怨】 乐府楚调曲名。见《乐府诗集·相和歌辞十八·婕妤怨》。崔湜、皇甫冉、翁绶、刘云皆有此题诗。

【婕妤詠】 犹婕妤诗。齐己《荆州新秋病起杂题一十五首·病起见秋扇》:"不同婕妤咏,托意怨君王。"

【婕妤詩】 指班婕妤托物伤情的《怨歌行》。和凝《宫词百首》之八二:"要对君王说幽意,低头佯念婕妤诗。"

婥 〔chuò《广韵》昌約切,入藥,昌。〕见"婥婥"。

【婥婥】 姿态美好貌。杜牧《张好好诗》:"洛城重相见,婥婥为当垆。"

【婥態】 指美女。苏源明《小洞庭洄源亭宴四郡太守诗》序:"婥态目成以留客,嫮容色授以劝酒。"

婐 〔wǒ《广韵》烏果切,上果,影;又古華切,平麻,見。〕见"婐姬"。

【婐姬】 柔美貌。韩愈《元和圣德诗》:"日君月妃,焕赫婐姬。"

娼 〔chāng《集韵》蚩良切,平陽,昌。〕妓女。王维《济上四贤咏·成文学》:"身为平原客,家有邯郸娼。"屈同仙《乌江女》:"青春犹未嫁,红粉旧来娼。"温庭筠《鸿胪寺有开元中锡宴堂偶成四十韵》:"双琼京兆博,七鼓邯郸娼。"

【娼家】 ❶妓院。卢照邻《长安古意》:"俱邀侠客芙蓉剑,共宿娼家桃李蹊。"刘希夷《公子行》:"此日遨游邀美女,此时歌舞入娼家。"❷妓女。王勃《采莲曲》:"今已暮,摘莲花,今渠那必尽倡家。"元稹《崔徽歌》:"崔徽本不是娼家,教歌按舞娼家长。"

【娼婦】 妓女。卢照邻《长安古意》:"妖童宝马铁连钱,娼妇盘龙金屈膝。"

婁 〔lóu《广韵》落侯切,平侯,來。〕姓。见"婁師德""婁敬""婁護"。

【婁子】 指娄敬。韦应物《经函谷关》:"炎灵讵西驾,娄子非经国。"

【婁秀才】 指娄图南。师德之后。柳宗元有《酬娄秀才将之淮南见赠之什》,又有《酬娄秀才寓居开元寺早秋月夜病中见寄》。

【婁師德】 (630—699)字宗仁。郑州原武(今河南原阳西)人。贞观中登进士第,授江都尉。事迹见新旧《唐书》本传。《洛中人语》(卷八七二):"昔娄师德园,今袁德师楼。"

【婁卿】 娄君卿之略,即娄护。护字君卿。武元衡《酬谈校书长安秋夜对月寄诸故旧》:"莫怪孔融悲岁序,五侯门馆重娄卿。"

【婁敬】 秦末汉初齐人,初为戍卒。赐姓刘氏,拜为郎中,号为奉春君。高祖欲击匈奴,敬以为不可,不听,被困。遂封关内侯,号建信侯。事迹见《史记·刘敬叔孙通列传》。戴叔伦《塞上曲二首》之一:"汉祖谩夸娄敬策,却将公主嫁单于。"李瀚《蒙求》:"娄敬和亲,白起坑降。"

【婁護】 娄又作楼,字君卿。汉齐人,初随父为医于长安,出入贵戚家。后学经传,为京兆吏数年。事迹见《汉书·游侠传》"五侯"事见《西京杂记》卷二。武元衡《寒食下第通简长安故人》:"尝闻娄护因名达,君试将余问五侯。"

媧 〔wō《广韵》古蛙切,平佳,見。又古華切,平麻,見。〕女娲。见"娲皇""娲后"。

【媧女】 即女娲。张祜《游天台山》:"巉巉割秋碧,娲女徒巧补。"

【媧天】 女娲所补之天。李咸用《谢友生遗端溪砚瓦》:"娲天补剩石,昆剑切来泥。"

【媧后】 即女娲。张说《唐享太庙乐章·钧天舞》:"合位娲后,同称伏羲。"

【媧皇】 即女娲。女娲为古神女而称帝者。一说与伏羲、神农称为三皇。李白《窜夜郎于乌江留别宗十六璟》:"斩鳌翼娲皇,炼石补天维。"吴融《太湖石歌》:"用时应不称娲皇,将去也堪随博望。"王毂《吹笙引》:"娲皇遗音寄玉笙,双成传得何凄清。"陈陶《小笛弄》:"丹穴饥儿笑风雨,娲皇碧玉星星语。"

【媧補】 谓女娲补天。刘乙《晓望》:"裂汉娲补合,高峰剑跃开。"

婑 〔wǒ《集韵》鄔果切,上果,影。〕见"婑那"。

【婑那】 (—nuó)犹婀娜,轻柔多姿貌。沈亚之《湘中怨》:"舞婑那之秾条兮,骋盈盈以披迟。"

【婑媠】 柔美貌。皮日休《木兰后池三咏·重台莲花》:"欹红婑媠力难任,每叶头边半米金。"

【婑墮】 同"婑媠"。鲍溶《章华宫行》"小腰婑堕三千人,宫衣水碧颜青春。"

婢 〔bì《广韵》便俾切,上紙,並。〕女佣,使女。岑参《玉门关盖将军歌》:"灯前侍婢泻玉壶,金铛乱点野酡酥。"权德舆《古乐府》:"绿窗珠箔绣鸳鸯,侍婢先焚百和香。"杜牧《杜秋娘诗》:"珊瑚破高齐,作婢舂黄糜。"

【婢子】 (—zǐ)女仆。韩愈《芍药歌》:"娇痴婢子无灵性,竞挽春衫来此并。"卢仝《楼上女儿曲》:"谁家女儿楼上头,指挥婢子挂帘钩。"又《与马异结交诗》:"却返顾,一双婢子何足云。"李贺《静女春曙曲》:"恋屏孔雀摇金尾,莺舌分明呼婢子。"

【婢妾魚】 鱼名,又名婢鱼、妾鱼。白居易《禽虫十二章》之三自注:“江沱间有鱼,每游辙三,如胜随妻,一先二后,土人号为婢妾鱼。”

【婢僕】 男女仆人。杜甫《秋行官张望督促东渚耗稻向毕清晨遣女奴阿稽竖子阿段往问》:“清朝遣婢仆,寄语逾崇冈。”韩愈《和侯协律咏笋》:“成行齐婢仆,环立比儿孙。”《六年春遣怀八首》之四:“婢仆晒君余服用,娇痴稚女绕床行。”白居易《续古诗十首》之七:“豪家多婢仆,门内颇骄奢。”又《能无愧》:“婢仆遣他尝药草,儿孙与我拂衣巾。”李昌符有《婢仆诗》。

【婢膝】 形容低声下气、俯首帖耳的奴才相。王周《自喻》:“奴颜与婢膝,丑直谁从媚?”

婗 〔ní《广韵》五稽切,平齊,凝。〕婴啼声。张谔《三日岐王宅》:“玉女贵妃生,嫛婗始发声”。

婬 〔yín《广韵》餘針切,平侵,以。〕通“淫”。淫荡,沉迷女色。元稹《桐花》:“北里当绝听,祸莫大于淫。”

【婬舍】 指妓院。白居易《和梦游春诗一百韵》序:“亦犹法华经序火宅、偈化城,维摩经入婬舍、过酒肆之义也。”

【婬殺】 滥杀。寒山《诗三百三首》之五六:“烹羊煮众命,聚头作淫杀。”又《诗三百三首》之二四三:“处处无奈何,耽财好淫杀。”

【婬欲】 无度的情欲。寒山《诗三百三首》之二三四:“贪财爱淫欲,心恶若豺狼。”吕岩《敲爻歌》:“也饮酒,也食肉,守定胭花断淫欲。”

婚 〔hūn《广韵》呼昆切,平魂,曉。〕男女结为夫妇,结亲。王绩《独坐》:“三男婚令族,五女嫁贤夫。”杜甫《新婚别》:“暮婚晨告别,无乃太匆忙。”元稹《去杭州》:“今君别我欲何去?自言远结迢迢婚。”邵谒《苦别离》:“十五为君婚,二十入君门。”

【婚宦】 结婚与作官。韦应物《登蒲塘驿沿路见泉谷村墅忽想京师旧居追怀昔年》:“荏苒斑鬓及,梦寝婚宦初。”

【婚姻】 ❶嫁娶;成亲。张说《安乐郡主花烛行》:“黄金两印双花绶,富贵婚姻古无有。”陈羽《古意》:“繁华全盛两相敌,与郎年少为婚姻。”白居易《赠友五首》之五:“近代多离乱,婚姻多过期。”又《百日假满少傅官停自喜言怀》:“疏傅不朝悬组绶,尚平无累毕婚姻。”又《秋槿》:“男儿老富贵,女子晚婚姻。”李群玉有《送萧十二校书赴郢州婚姻》。❷亲家。张籍《祭退之》:“亲朋有孤稚,婚姻有办营。”白居易《朱陈村》:“一村唯两姓,世世为婚姻。”

【婚娶】 结婚;嫁娶。吴筠《高士咏·向子平》:“一朝毕婚娶,五岳遂长适。”李白《闻丹丘子于城北营石门幽居中有高凤遗迹仆离群远怀亦有栖遁之志因叙旧以寄之》:“久欲入名山,婚娶殊未毕。”王建《自伤》:“四授官资元七品,再经婚娶尚单身。”权德舆《祗役江西路上以诗代书寄内》:“终当税鞿鞅,岂待毕婚娶。”元稹《梦游春七十韵》:“一梦何足云?良时事婚娶。”

【婚媾】 姻亲。韩愈《寄卢仝》:“凭依婚媾欺官吏,不信令行能禁止。”又《南山诗》:“或戾若仇雠,或密若婚媾。”

【婚嫁】男婚女嫁。王维《早秋山中作》:“岂厌尚平婚嫁早,却嫌陶令去官迟。”拾得《诗》之十二:“男女为婚嫁,俗务是常仪。”刘长卿《使回次杨柳过元八所居》:“薜萝诚可恋,婚嫁复如何?”张籍《赠殷山人》:“家贫念婚嫁,身老恋云烟。”薛能《寄吉谏议》:“终凭二顷谋婚嫁,谬著千篇断斧斤。”贯休《怀高真动二首》之二:“诸孤婚嫁苦,求己世情疏。”

【婚禮】 结婚的礼节,古代包括纳采、问名、纳吉、纳征、请期、亲迎六礼。张说《阙题》:“婚礼知无贺,承家叹有辉。”白居易《赠友五首》之五:“谁能正婚礼,待君张国维。”陆龟蒙《孤雁》:“况是婚礼须,忧为弋者篡。”

婆 〔pó《广韵》薄波切,平戈,並。〕❶母亲。张祜《捉搦歌》:“阿婆六十翁七十,不知女子长日泣,从他嫁去无悒悒。”❷丈夫之母。见“婆舍”。❸见“婆娑”。

【婆舍】 婆家。张祜《捉搦歌》:“洛阳大道徒自直,女子心在婆舍侧。”

【婆官】 传说中的风神,又称孟婆。元稹《和乐天重题别东楼》:“鼓催潮户凌晨击,笛赛婆官彻夜吹。”

【婆娑】 ❶舞貌。徐浩《谒禹庙》:“婆娑非舞羽,镗鞳异鸣球。”司空曙《迎神》:“吹参差兮正苦,舞婆娑兮未已。”❷醉态蹒跚貌。白居易《胡吉郑刘卢张等六贤皆多年寿予亦次焉因成七言六韵以纪之传好事者》:“嵬峨狂歌教婢拍,婆娑醉舞遣孙扶。”刘驾《效陶》:“醉舞日婆娑,谁能记朝暮?”❸逍遥,闲适。王维《凉州郊外游望》:“婆娑依里社,箫鼓赛田神。”韩愈《奉酬卢给事云夫四兄曲江荷花行见寄并呈上钱七兄阁老张十八助教》:“我今官闲得婆娑,问言何处芙蓉多?”白居易《夏日作》:“婆娑庭前步,安稳窗下眠。”方干《送陈秀才将游霅上便议北归》:“婆娑恋酒山花尽,绕缭还家水路通。”❹盘桓,流连。岑参《优钵罗花歌》序:“为山凿池,婆娑乎其间,足以寄傲。”韩愈《别赵子》:“婆娑海水南,簸弄明月珠。”白居易《闲题家池寄王屋张道士》:“有叟头似雪,婆娑乎其间。”徐夤《北山秋晚》:“燕秦正戎马,林下好婆娑。”❺衰飒凋疏貌。

颜真卿、皎然《七言重联句》："独赏谢吟山照耀，共知殷叹树婆娑。"刘长卿《奉和赵给事使君留赠李婺州舍人兼谢舍人别驾之什》："庭顾婆娑老，邦传蔽芾新。"耿沣《听早蝉歌》："依婆娑之古树，思辽落之荒城。"戴叔伦《族兄各年八十余见招游洞》："鹤发婆娑乡里亲，相邀共看往年春。"❻犹扶疏，纷披貌。王维《辋川集·漆园》："偶寄一微官，婆娑数株树。"杜甫《树间》："岑寂双甘树，婆娑一院香。"李端《折杨柳》："突兀临荒渡，婆娑出旧营。"白居易《春江闲步赠张山人》："藉莎怜软暖，憩树爱婆娑。"❼佛教语。即娑婆。一钵和尚《一钵歌》："多中少，少中多，莫笑野人一钵歌，缘持此钵度婆娑。"

【婆羅門】 ❶印度古代宗教名。以《吠陀》为最古经典，信仰多神。刘禹锡有《赠眼医婆罗门僧》。也指婆罗门僧。刘言史有《送婆罗门归本国》。清江有《送婆罗门》。❷曲调名。天宝中西凉都督杨敬述进献，玄宗改为《霓裳羽衣曲》。孟郊《晓鹤》："晓鹤弹古舌，婆罗门叫音。"《杂曲歌辞》有《婆罗门》。郑嵎《津阳门诗》："宸聪听览未终曲，却到人间迷是非。"

婠 〔wān或读wà《广韵》一九切，平桓，影。又古玩切，去换，見。又烏八切，入黠，影。〕见"婠妠"。

【婠妠】 ❶体态美好貌。韩愈、孟郊《征蜀联句》："邛文裁斐亹，巴艳收婠妠。"❷女名。寒山《诗三百三首》之一一五："弄璋字乌兔，掷瓦名婠妠。"

婉 〔wǎn《广韵》於阮切，上阮，影。〕❶委婉。权德舆《唐开州文编远寄新赋聊书还答》："深情婉如此，善祝何可忘。"❷曲折，宛转。李群玉《长沙九日登东楼观舞》："翩如兰苕翠，婉如游龙举。"王仁裕《荆南席上咏胡琴妓二首》之一："寒敲白玉声偏婉，暖逼黄莺语自娇。"❸美好。权德舆《送别沅泛》："徇吾刺促心，婉尔康庄姿。"

【婉如】 犹婉然。美好貌。贯休《善哉行》："有美一人兮，婉如青扬。"权德舆《唐开州文编远寄新赋累惠良药咏叹仰佩不觉斐然走笔代书聊书还答》："深情婉如此，善祝何可忘？"李群玉《长沙九日登东楼观舞》："翩如兰苕翠，婉如游龙举。"

【婉娜】 犹婀娜。刘言史《看山木瓜花二首》之一："裛露凝氛紫艳新，千般婉娜不胜春。"

【婉約】 ❶柔美。长孙无忌《新曲二首》之二："婉约娉婷工语笑，侍兰房。"毛熙震《临江仙》词之一："纤腰婉约步金莲，妖君倾国，犹自至今传。"❷柔顺矜持。李咸用《咏柳》："解引人情长婉约，巧随风势强盘纡。"毛熙震《浣溪沙》词之五："佯不觑人空婉约，笑和娇语太猖狂。"

【婉軟】 柔和软弱。白居易《小童薛阳陶吹觱栗歌》："有时婉软无筋骨，有时顿挫生棱节。"又《别毡帐火炉》："婉软蛰鳞苏，温燉冻肌活。"杜牧《寄内兄和州崔员外十二韵》："好风初婉软，离思苦萦盈。"

【婉娩】 （一wǎn）❶柔顺貌。阎德隐《薛王花烛行》："同心婉娩若琴瑟，更笑天河有灵匹。"韩愈《送湖南李正字归》："孤游怀耿介，旅宿梦婉娩。"❷柔美。徐夤《蜀葵》："文君惭婉娩，神女让娉婷。"❸婉转含蓄。柳宗元《种术》："留连树蕙辞，婉娩采薇歌。"❹曲折漫长。储光羲《酬李处士山中见赠》："斯须旷千里，婉娩将十年。"温庭筠《寒食日作》："彩索平时墙婉娩，轻球落处晚寥梢。"❺迟暮。孟郊、韩愈《有所思联句》："年光坐婉娩，春泪销颜容。"温庭筠《休浣日西掖谒所知》："荀令凤池春婉娩，好将余润变鱼龙。"贯休《送越将归会稽》："冉冉春光方婉娩，黯然别我归稽巘。"

【婉婉】 ❶柔弱貌。李白《秋浦感主人归燕寄内》："寥寥金天廓，婉婉绿红潜。"韩愈《元和圣德诗》："婉婉弱子，赤子伛偻。"❷委婉貌。韦应物《端居感怀》："沈沈积素抱，婉婉属之子。"权德舆《上巳日贡院考杂文不遂赴九华观祓禊之会以二绝句申赠》之二："禊饮寻春兴有余，深情婉婉见双鱼。"又《杂诗五首》之四："佳人掩鸾镜，婉婉凝相瞩。"❸宛转自得貌。权德舆《酬陆四十楚源春夜宿虎丘山对月寄梁四敬之兼见贻之作》："骎骎步骤襄，婉婉翥长离。"又《送穆侍御归东都》："婉婉成名后，翩翩相传归。"❹美好。储光羲《奉和韦判官献侍郎叔除河东采访使》："超超青云器，婉婉竹林会。"熊曜《送杨谏议赴河西节度判官兼呈韩王二侍御》："行行弄文翰，婉婉光使臣。"

【婉媚】 柔美迷人。孙光宪《更漏子》词之六："能婉媚，解娇羞，王孙忍不攀留。"

【婉態】 柔顺的情态。郭震《子夜四时歌六首·冬歌》之二："婉态不自得，宛转君王床。"

【婉儀】 宫中女官名。玄宗时置"六仪"，婉仪为第四。刘长卿有《故女道士婉仪太原郭氏挽歌词》。司空曙《故郭婉仪挽歌》："婉仪余旧德，乃载礼经中。"

【婉轉】 （一zhuǎn）❶弯曲而美丽。宋之问《有所思》："婉转蛾眉能几时？须臾鹤发乱如丝。"薛曜《舞马篇》："婉转盘跚殊未已，悬空步骤红尘起。"鲍溶《人日陪宣州范中丞传正与范侍御宴》："丝柳向空轻婉转，玉山看日渐裴回。"❷形容声音抑扬优美。灵澈《听莺歌》："偶然弄枢机，婉转凌烟霞。"温庭筠《和友人伤歌姬》："一曲艳歌留婉转，九原春草妒婵娟。"高璩《和薛逢赠别》："歌声婉转添长恨，管色凄凉似到秋。"冯延巳《金错刀》："歌婉转，醉模糊，高烧银烛卧流苏。"

【婉變】 委婉的变化。陈子昂《感遇诗三十八首》之三六："婉孌时永矣，感悟不见之。"李白《寓言三首》之二："摇裔双彩凤，婉孌三青禽。"韩愈《秋怀诗十一首》之十一："运穷两值遇，婉孌死相保。"又《南内朝贺归呈同官》："婉孌自媚好，几时不见挤。"

【婉孌】　亦作"婉戀"。❶姿容美丽貌。徐彦伯《拟古三首》之三："敷愉东城际，婉孌南陌头。"李白《古风》之五五："彼美佞邪子，婉孌来相寻。"❷缠绵。陆敬《七夕赋咏成篇》："婉孌夜分能几许，靓妆冶服为谁新？"宋之问《内题赋得巫山雨》："裴回作行雨，婉恋逐荆王。"李白《淮阴书怀寄王宗成》："眷言王乔舄，婉孌故人情。"韩愈《岳阳楼别窦司直》："欢穷悲心生，婉孌不能忘。"❸依恋貌。李白《古风》之五一："虎口何婉孌，女嬃空婵媛。"顾况《游子吟》："客从洞庭来，婉孌潇湘深。"李群玉《感兴四首》之一："婉孌猛虎口，甘言累其初。"刘沧《洛神怨》："心寄碧沉空婉恋，梦残春色自悠扬。"

【婉戀】　见"婉孌"。

婦　〔fù《广韵》房久切，上有，奉。〕❶已婚女子。韦应物《拟古诗十二首》之四："但感离恨情，不知谁家妇？"元结《登九疑第二峰》："妇中有高人，相望空长叹。"刘言史《苦妇词》："哀哉苦妇身，夫死百殃缠。"❷妻子。王维《送张道士归山》："别妇留丹诀，驱鸡入白云。"李端《杂歌》："为姑偏忌诸嫂良，作妇翻嫌婿家恶。"韩愈《送陆畅归江南》："迎妇丞相府，夸映秀士群。"冯延巳《金错刀》词之二："鸠逐妇，燕穿帘，狂蜂浪蝶相翩翩。"❸儿媳。储光羲《同王十三维偶然作十首》之三："使妇提蚕筐，呼儿榜渔船。"杜甫《遭田父泥饮美严中丞》："叫妇开大瓶，盆中为吾取。"李郢《南池》："小男供饵妇搓丝，溢榼香醪倒接离。"

【婦人】　成年女子，多指已婚者。崔颢《邯郸宫人怨》："邯郸陌上三月春，暮行逢见一妇人。"杜甫《新婚别》："妇人在军中，兵气恐不扬。"戎昱《咏史》："社稷依明主，安危托妇人。"刘商《胡笳十八拍·第七拍》："男儿妇人带弓箭，塞马蕃羊卧霜霰。"白居易《新乐府·太行路》："人生莫作妇人身，百年苦乐由他人。"周昙《咏史诗·三代门·幽王》："狼烟篝火为边尘，烽候那宜悦妇人？"刘兼《旭川祢宰思家而卒因述意呈秦川知己》："岂同龌龊祢员外，至死悲凉一妇人。"

【婦女】　成年女子，多指已婚者。李白《幽州胡马客歌》："妇女马上笑，颜如赪玉盘。"杜甫《喜晴》："丈夫则带甲，妇女终在家。"寒山《诗三百三首》之七三："妇女慵经织，男夫懒耨田。"韩愈《元和圣德诗》："枷脰械手，妇女累累。"朱庆余《望萧关》："儿童能探火，妇女解缝旗。"陆龟蒙《江湖散人歌》："人间所谓好男子，我见妇女留须眉。"韩愈等《石鼎联句》："形模妇女笑，度量儿童轻。"

【婦子】　妇女与小孩。无名僧《禅诗》之三："恩则普同妇子，义则上下漠然。"

【婦言】　指嫔妃的主意。李商隐《送从翁东川弘农尚书幕》："妇言终未易，庙算况非神。"

【婦兒】　妇女和小孩。王梵志《诗》之十四："和同相用语，莫取妇儿言。"

【婦姑】　婆媳。王建《寒食行》："远人无坟水头祭，还引妇姑望乡拜。"又《雨过山村》："妇姑相唤浴蚕去，闲看中庭栀子花。"《捣衣曲》："妇姑相对神力生，双揎白腕调杵声。"张籍《江村行》："桑林椹黑蚕再眠，妇姑采桑不向田。"白居易《观刈麦》："妇姑荷箪食，童稚携壶浆。"白居易《和答诗十首·和大觜乌》："随巫拜复祝，妇姑亦相从。"

【婦姑城】　地名，匡城（今河南长垣）的旧名。故城在长垣县南十里。岑参《醉题匡城周少府厅壁》："妇姑城南风雨秋，妇姑城中人独愁。"

【婦道】　指妇女应遵守的道德、规范，如孝敬、贞节等。吴兢《永泰公主挽歌二首》之一："秾华从妇道，釐降适诸侯。"韦应物《送杨氏女》："孝恭遵妇道，容止顺其猷。"窦叔向《贞懿皇后挽歌三首》之一："二陵恭妇道，六寝盛皇情。"白居易《蜀路石妇》："其妇执妇道，一一如礼经。"刘驾《桑妇》："妾颜不如谁，所贵守妇道。"

【婦德】　指妇女应有的操行。王贞白《妾薄命》："妾专修妇德，媒氏却相轻。"白居易《蜀路石妇》："夫行竟不归，妇德转光明。"

九　画

媒　〔méi《广韵》莫杯切，平灰，明。〕❶说合婚姻的人。李贺《南国十三首》之一："可怜日暮嫣香落，嫁与春风不用媒。"鲍溶《山行经樵翁》："女无良媒识，知入何人门？"❷引荐的人。綦毋潜《送章彝下第》："献赋温泉毕，无媒魏阙深。"刘商《合肥至日愁中寄郑明府》："拙宦惭知己，无媒悔自强。"贯休《途中逢周朴》："傥遇中兴主，还应不用媒。"❸向导。《贾言忠引谚》（卷八七七）："军无媒，中道回。"李绅《登禹庙回降雪五言二十韵》："疾飘风作驭，轻集霰为媒。"韩偓《早玩雪梅有怀亲属》："冻白雪为伴，寒香风是煤。"❹媒介，诱因。韩愈《咏雪赠张籍》："助留风作党，劝坐火为煤。"皮日休《行次野梅》："共月已为迷眼伴，与春先作断肠媒。"❺猎人驯养用来招引同类的鸟兽。陈子昂《感遇诗三十八首》之一二："呦呦南山鹿，罹罟以媒和。"刘禹锡《历阳书事七十韵》："游鱼将婢从，野雉见媒惊。"陆龟蒙《奉和袭美吴中书事寄汉南裴尚书》："三洲凉波鱼藨动，五茸春草雉媒娇。"齐己《新燕》："不同黄雀意，迷逐网罗媒。"❻酒母。见"媒孽"。

【媒人】　说合婚姻的人。吕岩《寄白龙洞刘道人》："时节正，用媒人，金翁姹女结亲姻。"

【媒介】　介绍。韩愈、孟郊《雨中寄孟刑部几道联句》："念初相遭逢，幸免因媒介。"

【媒氏】　犹媒人。王琚《美女篇》："何能见此不注心？惜无媒氏为传音。"白居易《谈氏外孙生三日喜是男偶吟成篇兼戏呈梦得》："庆传媒氏燕先贺，喜报谈家乌预知。"王贞白《妾薄命》："妾专修妇德，媒氏却相轻。"

【媒娉】　指通过媒人而寻得夫家。拾得《诗》之四："养儿与娶妻，养女求媒娉。"

【媒衒】　指通过不正当的手段谋求进身。司空图《自诫》："媒衒士所耻，慈俭道所尊。"

【媒孽】　酒母。喻指被人诬陷，酿成大罪。白居易《同微之赠别郭虚舟炼师五十韵》："直躬易媒孽，浮俗我瑕疵。"

媟〔xiè《广韵》私列切，入薛，心。〕狎昵。见"媟黩"。

【媟黩】　亵狎。徐彦伯《比干墓》："媟黩皆佞谀，虔刘尽英隽。"

媞〔tí《广韵》杜奚切，平齊，定。又徒禮切，上齊，定。〕见"媞媞"。

【媞媞】　安乐貌。张九龄《酬通事舍人寓直见示篇中兼起居陆舍人景献》："飞鸣复何远，相顾幸媞媞。"

媪〔ǎo《广韵》烏晧切，上晧，影。〕老妇人。温庭筠《题贺知章故居叠韵作》："老媪饱藁草，愚儒输逋租。"吕岩《题广陵妓屏二首》之一："他年鹤发鸡皮媪，今日玉颜花貌人。"贯休《书匡山老僧庵》："白麏作梦枕藤屦，东峰山媪贡瓜乳。"

㛹〔pián《广韵》房連切，平仙，並。〕见"㛹姸"。

【㛹姸】　姿容美丽。张鷟《舞词》："千看千处妩媚，万看万处㛹姸。"

媿〔kuì《广韵》俱位切，去至，見。〕"愧"的异体字。❶惭愧。白居易《村居苦寒》："念彼深可媿，自问是何人！"❷感谢。崔峒《酬李补阙雨中寄赠》："独媿东垣友，新诗慰旅魂。"皮日休《夏景冲淡偶然作二首》之一："红印寄泉惭郡守，青筐与笋媿僧家。"

嫂〔sǎo《广韵》蘇老切，上晧，心。〕❶兄之妻。储光羲《同王十三维偶然作十首》之一："归来悲困极，兄嫂共相诶。"李白《湖边采莲妇》："大嫂采芙蓉，溪湖千万重。"沈亚之《送庞子肃》："都作无成不归去，古来妻嫂笑苏秦。"❷泛称已婚女子。寒山《诗三百三首》之一一五："柳郎八十二，蓝嫂一十八。"

媮〔tōu《广韵》託侯切，平侯，透。〕苟且。见"媮合"。

【媮合】　苟且迎合。皮日休《鲁望昨以五百言见贻过有褒美亦迭和之微旨也》："无颜解媮合，底事居冗员？"

媕〔ān《广韵》烏含切，平覃，影。〕见"媕婀"。

【媕婀】为求容取媚而曲意逢迎。韩愈《石鼓歌》："中朝大官老于事，讵肯感激徒媕婀。"白居易《有木诗八首》序："余尝读汉书列传，见佞顺媕婀。"

媛〔yuàn《广韵》王眷切，去線，云。〕美女。宋之问《七夕》："传道仙星媛，年年会水隅。"王初《银河》："犹残仙媛湔裙水，几见星妃度袜尘。"张光朝《天门街西观荣王聘妃》："仙媛来朱邸，名山出紫微。"李商隐《寿安公主出降》："沩水闻贞媛，常山索锐师。"

婷〔tíng《集韵》唐丁切，平青，定。〕见"婷婷"。

【婷婷】　美好貌。元稹《句》："玉颜婷婷阶下立。"

媚〔mèi《广韵》明祕切，去至，明。〕❶爱悦。孟浩然《晚春卧病寄张八》："世途皆自媚，流俗寡相知。"韩愈《示儿》："跹跹媚学子，墙屏日有徒。"卢仝《月蚀诗》："天媚蟆，被蟆瞎。"柳曾《险竿行》："始以险技悦君目，终以贪心媚君禄。"❷献媚取悦。杜甫《石笋行》："惜哉俗态好蒙蔽，亦如小臣媚至尊。"郑嵎《津阳门诗》："四方节制倾附媚，穷奢极侈沽恩私。"贯休《读孟郊集》："举世言多媚，无人师此师。"❸迷惑。白居易《和答诗十首·和古社》："岁媚少年客，十去九不回。"又《有木诗八首》之四："狐媚言语巧，鸟妖声音恶。"❹美艳。陈子昂《入峭峡安居溪伐木溪源幽邃林岭相映有奇致焉》："岩潭相映媚，溪谷屡环周。"欧阳詹《小苑春望宫池柳色》："媚作千门秀，连为一道春。"杜牧《夏州崔常侍自少常亚列出领麾幢十韵》："榆塞孤烟媚，银川绿草明。"齐己《闲居》："渐觉春光媚，尘销作土膏。”也指美好的容色。元稹《山枇杷》：“秾姿秀色人皆爱，怨媚羞容我偏别。”白居易《长恨歌》：“回眸一笑百媚生，六宫粉黛无颜色。”

【媚子】 爱子。张说《岳州宴姚绍之》：“难兄金作友，媚子玉为人。”元稹《答姨兄胡灵之见寄五十韵》：“华奴歌淅淅，媚子舞卿卿。”

【媚世】 取悦于世人。贯休《故林偶作》：“媚世非吾道，良图有白云。”

【媚色】 艳丽的色彩。莫宣卿《赋得水怀珠》：“长川含媚色，波底孕灵珠。”

【媚好】 （一hào）爱怜。韩愈《南内朝贺归呈同官》：“婉娈自媚好，几时不见挤？”

【媚眼】娇媚的眼睛。张祜《赠内人》：“禁门宫树月痕过，媚眼唯看宿燕窠。”

【媚景】 ❶春日的景色。皇甫冉《杂言湖山歌送许鸣谦》：“幽芳媚景兮当嘉月，践石扪萝兮恣超忽。”张聿《景风扇物》：“水上微波动，林前媚景通。”吴晃《鱼上冰》：“戏广怜空洁，浮清媚景虚。”朱庆余《长安春日野中》：“烟霞装媚景，霄汉指前程。”罗虬《比红儿诗》之五二：“年年媚景归何处？长作红儿面上春。”❷在阳光下更显美丽。岑参《优钵罗花歌》序：“攒花中折，骈叶外包，异香腾风，秀色媚景。”

【媚態】 娇美的姿容。罗虬《比红儿诗》之六〇：“总似红儿媚态新，莫论千度笑争春。”

【媚竈】 献媚求宠。韩愈《荐士》：“行身践规矩，甘辱耻媚灶。”

【媚靥】 美丽迷人的酒窝。元稹《春六十韵》：“醉圆双媚靥，波溢两明瞳。”刘言史《赠陈长史妓》：“宝钿云和玉禁仙，深含媚靥袅朱弦。

婺〔wù《广韵》亡遇切，去遇，微。〕❶星宿名。婺女的简称。高宗《太子纳妃太平公主出降》：“艳日浓妆影，低星降婺辉。”裴守真《奉和太子纳妃太平公主出降三首》之一：“金屋真离象，瑶台起婺徽。”❷州名。见“婺州”。韦应物《寄二严》题注：“士良，婺牧。”贯休《闻前王使君王在泽潞居》：“婺人空悲哀，对生祠泣沾莓苔。”

【婺女】 ❶即织女。张循之《婺州留别邓使君》：“江山婺女分，风月隐侯诗。”唐彦谦《牡丹》：“嫦娥婺女曾相送，留下鸦黄作蕊尘。”毛文锡《浣溪沙》词：“每恨蟪蛄怜婺女，几回娇妒下鸳机。”❷同“婺女星”。刘长卿《余干夜宴奉饯前苏州韦使君新除婺州作》：“山过康郎近，星看婺女临。”又《奉寄婺州李使君舍人》：“天清婺女出，土厚绛人多。”包何《婺州留别邓使君》：“江山婺女分，风月隐侯诗。”厉玄《寄婺州温郎中》：“婺女家空在，星郎手未携。”齐己《闻贯休下世》：“锦江新冢树，婺女旧山秋。”

【婺女星】 即织女星。其分野为婺州，故用以代指婺州。鲍溶《秋暮送裴垍员外刺婺州》：“婺女星边气不秋，金华山水似瀛州。”章孝标《上浙东元相》：“婺女星边喜气频，越王台上坐诗人。”刘长卿《余干夜宴奉饯前苏州韦使君新除婺州作》：“山过康郎近，星看婺女临。”马戴《送顾少府之永康》：“婺女星边去，春生即有花。”方干《和剡县陈明府登县楼》：“烟霞若接天台地，分野应侵婺女星。”韦庄《夏口行寄婺州诸弟》：“回头烟树各天涯，婺女星边远寄家。”

【婺州】 州名。三国吴东阳郡地。开皇九年(589)改吴州，十三年(593)改婺州，治金华(今浙江金华市)。张循之有《婺州留别邓使君》。权德舆《送卢评事婺州省觐》。姚合有《送薛二十三郎中赴婺州》。路应有《仙岩四瀑布即事寄上秘书包监侍郎七兄吏部李侍郎十七兄婺州赵中丞处州齐谏议明州李九郎十四韵》。

【婺州山中人】 （中 zhōng）姓名未详。《全唐诗》卷七八四录其诗一首。

【婺源】 县名。今属江西省。唐开元二十四年(736)始置。徐铉有《送元帅书记高郎中出为婺源建威军使》。

十　画

媾〔gòu《广韵》古候切，去候，見。〕❶结为婚姻。韩愈《南山诗》：“或戾若仇雠，或密苦婚媾。”❷会合。李白《草创大还赠柳官迪》：“造化合元符，交媾腾精魄。”吕岩《敲爻歌》：“龙虎媾，外持盈，走圣飞灵在宝瓶。”

嫫〔mó《广韵》莫胡切，平模，明。〕即嫫母。元稹《献荥阳公诗五十韵》启：“诸儒有不安者，随为刮削，变嫫为妍，不废暮而珠贯成就。”白居易《杏园中枣树》：“枣亦在其间，如嫫对西子。”

【嫫母】 上古丑妇。相传为黄帝妃，生苍林。李白《鸣皋歌送岑征君》：“嫫母衣锦，西施负薪。”孟郊《投所知》：“何殊嫫母颜，对彼寒塘月。”白居易《青冢》：“遂使君眼中，西施作嫫母。”又《山石榴寄元九》：“花中此物似西施，芙蓉芍药皆嫫母。”于濆《苦辛吟》：“我愿燕赵姝，化为嫫母姿。”郑谷《闲题》：“若教嫫母临明镜，也道不劳红粉施。”刘兼《倦学》：“乐广亡来冰镜稀，宓妃嫫母混妍媸。”吕岩《题广陵妓屏二首》之一：“嫫母西施共此身，可怜老少隔千春。”

媸〔chī《广韵》赤之切，平之，昌。〕丑陋。席豫《奉和敕赐公主镜》：“妍媸冰鉴里，从此愧非才。”

【媸妍】 丑与美。皮日休《鲁望昨以五百言见贻亦送迭和之微旨也》："其物无同异，其人有媸妍。"齐己《盆池》："何须照菱镜，即此鉴媸妍。"

媵 〔yìng《广韵》以證切，去證，以。又實證切，去證，船。〕❶古诸侯女儿出嫁时陪嫁或随嫁的人。元稹《和李校书新题乐府十二首·上阳白发人》："王无妃媵主无婿，阳亢阴淫结灾累。"❷陪随。魏征《五郊乐章·舒和》："千里温风飘降羽，十枝炎景媵朱干。"

媲 〔pì《广韵》匹詣切，去霽，滂。〕❶匹配。韩愈《谁氏子》："或云欲学吹凤笙，所慕灵妃媲萧史。"❷匹敌。韩愈《醉赠张秘书》："险语破鬼胆，高词媲皇坟。"陆龟蒙《袭美先辈以龟蒙所献五百言既蒙见和用伸酬谢》："作颂媲吉甫，直言过祖伊。"❸比拟。牛僧孺《李苏州遗太湖石奇状绝伦因题二十韵奉呈梦得乐天》："媲人当绮皓，视秩即公卿。"

嫉 〔jì《广韵》秦悉切，入質，從。又疾二切，去至，從。〕❶妒恨，忌恨人善。孟郊《懊恼》："好诗更相嫉，剑戟生牙关。"皮日休《鲁望读襄阳耆旧传见赠五百言次韵》："知者竞欲戴，嫉者或将诟。"方干《赠赵崇侍御》："才因出众人皆嫉，势欲摩霄自不知。"王仁裕《过平戎谷吊胡翙》："莫道文章为众嫉，只应轻薄是身雠。"❷憎恨。杜甫《赠裴南部闻袁判官自来欲有按问》："独醒时所嫉，群小谤能深。"韩愈《送惠师》："吾嫉惰游者，怜子愚且谆。"陆龟蒙《彼农二章》之二："诗之穷辞，以嫉悍吏。"贯休《续姚梁公坐右铭》："嫉人之恶，酬恩报义。"

【嫉妒】 又作"嫉妬"。忌恨他人。寒山《诗三百三首》之七四："口惭神佛少，心怀嫉妒多。"又《诗三百三首》之二三四："共语如木石，嫉妒似颠狂。"

【嫉妬】 同"嫉妒"。

【嫉邪】 憎恨邪恶。杜甫《八哀诗·赠左仆射郑国公严公武》："历职匪父任，嫉邪常力争。"孟郊《投赠张端公》："嫉邪霜气直，问俗春辞柔。"

【嫉恶】 （一è）犹嫉邪。杜甫《壮游》："性豪业嗜酒，嫉恶怀刚肠。"

嫌 〔xián《广韵》户兼切，平添，匣。〕❶嫌疑。权德舆《送别沅泛》："废业固相受，避嫌诚自私。"❷妨碍。寒山《诗三百三首》之七六："一身无所解，百事被他嫌。"❸避忌。见"嫌名"。❹忌恨。杜甫《暇日小园散病将种秋菜督勒耕牛兼书触目》："不爱入州府，畏人嫌我真。"韩愈《县斋有怀》："指摘两憎嫌，睢盱互猜讶。"李绅《趋翰苑遭诬构四十六韵》："地嫌稀魍魉，海恨止番禺。"❺弃，厌恶。杜甫《送张二十参军赴蜀州因呈杨五侍御》："皇华吾善处，于汝定无嫌。"李廓《落第》："榜前潜制泪，众里自嫌身。"姚合《赠刘叉》："避时曾变姓，救难似嫌身。"韦鹏翼《戏题盱眙壁》："岂肯闲寻竹径行，却嫌丝管好蛙声。"❻指意有所憾。王维《扶南曲歌词五首》之五："散黛恨犹轻，插钗嫌未正。"钱起《锄药咏》："对之不觉忘疏懒，废卷荷锄嫌日短。"白居易《宿张云举院》："棋罢嫌无敌，诗成愧在前。"曹邺《代班姬》："常嫌鬓蝉重，乞人白玉钗。"

【嫌名】 与人名字相近的字。古代避讳法避嫌名一种。司空图《赠圆昉公》："道胜嫌名出，身闲觉老迟。"詹敦仁《复留侯从效问南汉刘岩改名龑字音义》："古者不嫌名，周公始称讳。"

【嫌官】 厌弃官场的束缚而辞官。司空曙《送菊潭王明府》："莫爱浔阳隐，嫌官计亦非。"姚合《寄东都分司白宾客》："诗中得意应千首，海内嫌官只一人。"薛能《题平等院》："还应笑我功名客，未解嫌官学大乘。"

【嫌怨】 怨恨。韩愈《初南食贻元十八协律》："不祈灵珠报，幸无嫌怨并。"

【嫌笑】 嘲讽。贯休《离乱后寄九峰和尚二首》之一："还应嫌笑我，世路独悠悠。"

【嫌猜】 猜忌。苏味道《和武三思于天中寺寻复礼上人之作》："是非宁滞著，空有掠嫌猜。"杜甫《示从孙济》："勿受外嫌猜，同姓古所敦。"柳宗元《酬娄秀才将之淮南见赠之什》："机事齐飘瓦，嫌猜比拾尘。"元稹《酬卢秘书》："文工犹畏忌，朝士绝嫌猜。"赵嘏《江上逢许逸人》："是非处处生尘埃，唯君襟抱无嫌猜。"韩偓《席上有赠》："矜严标格绝嫌猜，嗔怒虽逢笑靥开。"贯休《偶作》："小人妒一善，处处生嫌猜。"

【嫌疑】 指被人猜疑有某种行为的可能性。杜甫《送魏二十四司直充岭南掌选崔郎中判官兼寄韦韶州》："明白山涛鉴，嫌疑陆贾装。"又《哭台州郑司户苏少监》："摆落嫌疑久，哀伤志力输。"白居易《杂感》："嫌疑远瓜李，言动慎毫芒。"

嫈 〔yīng《广韵》烏莖切，平耕，影；又於營切，平清，影。又鷖逆切，去静，影。〕见"嫈嫇"。

【嫈嫇】 娇羞貌。韩愈、孟郊《城南联句》："春游轹靃靡，彩伴飒嫈嫇。"

嫁 〔jià《广韵》古訝切，去禡，見。〕❶女子结婚，出嫁。郭震《王昭君三首》之一："自嫁单于国，长衔汉掖悲。"杜甫《兵车行》："生女犹是嫁比邻，生男埋没随百草。"孟郊《织妇辞》："当年嫁得君，为君秉机杼。"于渍《马嵬驿》："当时嫁匹夫，不妨得头白。"❷转移。元稹《茅舍》："遗烬一星然，连延祸相嫁。"

【嫁娶】 嫁女娶媳。白居易《自到浔阳生三女子因诠真理用遣妄怀》："预愁嫁娶真成患，细念因缘尽是魔。”又《题裴晋公女几山刻石诗后》：“生子已嫁娶，种桑亦丝绵。”又《将归渭村先寄舍弟》：“子平嫁娶贫中毕，元亮田园醉里归。”徐铉《奉和宫傅相公怀旧见寄四十韵》：“羊公剩有登临兴，尚子都无嫁娶牵。”

【嫁禍】 谓将灾祸转移于他人。周昙《咏史诗·春秋战国门·陈灵公》：“谁与陈君嫁祸来？孔宁行父夏姬媒。”

【嫁盧】 为女子出嫁之典。见《乐府诗集》卷八五南朝梁武帝《河中之水歌》。吴融《即席十韵》：“住处方窥宋，平生未嫁卢。”

娱〔míng《广韵》莫經切，平青，明。又莫耕切，平耕，明。〕见“嫈娱”。

嫋〔niǎo《广韵》奴鳥切，上篠，泥。〕亦作“嬝”。❶摇曳，扭摆。卢纶《奉陪侍中游石笋溪十二韵》：“彩蛤攒锦囊，芳萝嫋花索。”白居易《新乐府·立部伎》：“嫋巨索，掉长竿。”金厚载《风不鸣条》：“露华摇有滴，林业嫋无声。”韦庄《诉衷情》词：“垂玉佩，交带，嫋纤腰。”❷悠扬貌。章孝标《闻角》：“余韵嫋空何处尽，戍天寥落晓星稀。”赵嘏《春日书怀》：“应嫋绿窗残梦断，杏园零落满枝风。”

【嫋娜】 ❶柔美轻盈貌。徐延寿《折杨柳》：“葳蕤君不见，嫋娜垂来久。”陈羽《小苑春望宫池柳色》：“嫋娜方遮水，低迷欲醉人。”白居易《郡斋暇日辱常州陈郎中十六韵见寄亦以十六韵酬之》：“遥思毗陵馆，春深物嫋娜。”孙鲂《柳》之一一：“到头嫋娜成何事，只解年年断客肠。”❷摇曳。杜甫《桔柏渡》：“连笮动嫋娜，征衣飒飘飖。”

【嫋嫋】 亦作“嬝嬝”。❶纤弱柔美貌。李白《古风》之二二：“嫋嫋桑柘叶，萋萋柳垂荣。”冯宿《御沟新柳》：“嫋嫋分游骑，依依驻旅人。”雍裕之《江边柳》：“嫋嫋古堤边，青青一树烟。”徐铉《题殷舍人宅木芙蓉》：“怜君庭下木芙蓉，嫋嫋纤枝淡淡红。”❷摇曳貌。寒山《诗三百三首》之一四七：“猿来树嫋嫋，鸟入林啾啾。”皎然《奉和颜鲁公真卿落玄真子舴艋舟歌》：“龙伯钓鳌我不钓，竹竿嫋嫋鱼簁簁。”李白《送箫三十一之鲁中兼问稚子伯禽》：“夫子如何涉江路，云帆嫋嫋金陵去。”❸吹拂貌。陈子昂《感遇诗三十八首》之二：“迟迟白日晚，嫋嫋秋风生。”郎士元《酬二十八秀才见寄》：“清光到枕上，嫋嫋凉风时。”徐凝《将至妙喜寺》：“清风嫋嫋越水陂，远树苍苍妙喜寺。”林滋《望九华山》：“萝烟石月相蔽亏，天风嫋嫋猿咿咿。”❹悠扬貌。张说《东都酺宴四首》之四：“入云歌嫋嫋，向日伎丛丛。”鲍溶《采葛行》：“殷勤十指蚕吐丝，当窗嫋嫋声高机。”欧阳衮《听郢客歌阳春白雪》：“连连贯珠并，嫋嫋遏云频。”赵嘏《宛陵寓居上沈大夫二首》之二：“醉叩玉盘歌嫋嫋，暖鸣幽涧鸟关关。”

十一画

嫠〔lí《广韵》里之切，平之，來。〕寡妇。李颀《送东阳王太守》：“彤襜问风俗，明主寄茕嫠。”岑参《过梁州奉赠张尚书大夫公》：“百堵创里闾，千家恤茕嫠。”窦常《奉使西还早发小硐馆寄卢滁州迈》：“试与茕嫠话，犹坚借寇心。”

【嫠婦】 寡妇。吴融《风雨吟》：“虽然小或可谋大，嫠妇之忧史尚存。”

嫣〔yān《广韵》於乾切，平仙，影。又許延切，平仙，曉；又於蹇切，上獮，影。又於建切，去願，影。〕❶美丽。李商隐《壬申七夕》：“风轻惟响珮，日薄不嫣花。”冯延巳《三台令》词之一：“日斜柳暗花嫣，醉卧春色少年。”❷芳香。李商隐《燕台四首·夏》：“桂宫留影光难取，嫣薰兰破轻轻语。”

【嫣香】 指美艳芳香的花。李贺《南园十三首》之一：“可怜日暮嫣香落，嫁与春风不用媒。”

【嫣紅】 指浓艳的红花。李贺《牡丹种曲》：“归霞帔拖蜀帐昏，嫣红落粉罢承恩。”李商隐《河阳诗》：“百尺相风插重屋，侧近嫣红伴柔绿。”

【嫣然】 ❶笑貌。王翰《古蛾眉怨》：“王母嫣然感君意，云车羽旆欲相迎。”刘商《赋得射雉歌送杨协律表弟赴婚期》：“白羽风驰碎锦毛，青娥怨处嫣然笑。”❷美好貌。苏源明《秋夜小洞庭离宴诗》序：“御馔新尊，移方舟中，有宿鼓，有汶篁，济上嫣然能歌者五六人共载。”白居易《霓裳羽衣歌》：“飘然转旋回雪轻，嫣然纵送游龙惊。”

嫛〔yī《广韵》烏奚切，平齊，影。〕

【嫛婗】 婴儿。张谓《三日岐王宅》：“玉女贵妃生，嫛婗始发声。”

嫩〔nèn《广韵》奴困切，去慁，泥。〕❶指植物初生时的柔弱状态。李白《冬日归旧山》：“嫩篁侵舍密，古树倒江横。”李贺《静女春曙曲》：“嫩叶怜芳抱新蕊，泣露枝枝滴夭泪。”李商隐《题李上谟壁》：“嫩割周颙韭，肥烹鲍照葵。”王贞白《芦苇》：“嫩喜日光薄，疏忧雨点粗。”❷指事物处于新鲜阶段。杜甫《九日奉寄严大夫》：“小驿香醪嫩，重岩细菊斑。”白居易《游宝称寺》：“酒嫩倾金液，茶新碾玉尘。”姚合《过张云峰院宿》：“家酝香醪嫩，时新异果鲜。”杜牧《题茶山》：“泉嫩黄金涌，牙香紫璧裁。”❸指时间早。杜牧《初春有感寄歙州邢员外》：“梅衰未减态，春嫩不禁寒。”又《奉送中丞姊夫俦十二韵》：“灞岸秋犹嫩，蓝桥水始暄。”徐仲雅《赠齐己》：“真宰夜来调暖律，声声吹出嫩青春。”❹指年轻。白居易《赠同座》：“春黛双蛾嫩，秋蓬两鬓侵。”徐夤《赠董先生》：“餐松双鬓嫩，绝粒四支轻。”❺形容颜色浅淡。岑参《暮秋会严京兆后厅竹斋》：“瓯香茶色嫩，窗冷竹声干。”白居易《杨柳枝词》：“一树春风千万枝，嫩于金色软于丝。”张祜《黄蜀葵花》：“名花八叶嫩黄金，色照书窗透竹林。”曹修古《池上》：“荷叶罩芙蓉，园青映嫩红。”❻形容轻或薄。李观《御沟新柳》：“嫩阴初覆水，高影渐离尘。”姚合《游春十二首》之六：“嫩云轻似絮，新草细如毛。”杜牧《华清宫三十韵》：“嫩岚滋翠葆，清渭照红妆。”韦庄《春陌二首》之二：“嫩烟轻染柳丝黄，句引花枝笑凭墙。”❼指咀嚼容易。皮日休《送润卿博士还华阳》：“仙市鹿胎如锦嫩，阴宫燕肉似酥肥。”

【嫩水】 指春水。杜牧《早春赠军事薛判官》：“晴梅朱粉艳，嫩水碧罗光。”

【嫩色】 新鲜浅淡的颜色。赵彦昭《奉和圣制立春日侍宴内殿出剪彩花应制》：“嫩色惊衔燕，轻香误采人。”万齐融《三日绿潭篇》：“蘋苔嫩色涵波绿，桃李新花照底红。”段成式《折杨柳七首》之一：“枝枝交影锁长门，嫩色曾沾雨露恩。”刘禹锡、白居易《乐天是月长斋遂为联句所期解闷焉敢惊禅》：“绿杨垂嫩色，绠棘露长针。”陆龟蒙《奉和袭美茶具十咏·茶灶》：“奇香袭春桂，嫩色凌秋菊。”欧阳瑾《折杨柳》：“嫩色宜新雨，轻花伴落梅。”

【嫩風】 微风。刘宪《奉和圣制立春日侍宴内殿出剪彩花应制》：“色浓轻雪点，香浅嫩风吹。”

【嫩酒】 新酿成的酒。张祜《闲居作五诗》之四：“旋碾新茶试，生开嫩酒尝。”

【嫩涼】 新凉，微凉。唐彦谦《咏葡萄》：“西园晚霁浮嫩凉，开尊漫摘葡萄尝”

【嫩黄】 浅黄。张祜《黄蜀葵花》：“名花八叶嫩黄金，色照书窗透竹林。”王贞白《述松》：“秋露落松子，春深裛嫩黄。”刘兼《春宴河亭》：“柳摆轻丝拂嫩黄，槛前流水满池塘。”阎选《八拍蛮》：“云锁嫩黄烟柳细，风吹红蒂雪梅残。”

【嫩碧】 新绿，浅绿。崔涯《黄蜀葵》：“嫩碧浅轻态，幽香闲澹姿。”李群玉《新荷》：“嫩碧才平水，圆阴已蔽鱼。”

【嫩绿】 植物初生之色。王建《杜中丞书院新移小竹》：“嫩绿卷新叶，残黄收故枝。”崔护《郡斋三月下旬作》：“残红披独坠，嫩绿间浅深。”白居易《日高卧》：“小青衣动桃根起，嫩绿醅浮竹叶新。”姚合《乞新茶》：“嫩绿微黄碧涧春，采时闻道断荤辛。”李九龄《过相思谷》：“悠悠信马春山曲，芳草和烟铺嫩绿。”张复元《风光草际浮》：“浅深浮嫩绿，轻丽拂余香。”

【嫩蕊】 初放的花朵。杜甫《滕王亭子》：“清江锦石伤心丽，嫩蕊浓花满目班。”韩琮《牡丹》：“嫩蕊包金粉，重葩结绣囊。”徐商《贺襄阳副使节判同加章绶》：“芳菲解助今朝喜，嫩蕊青条满眼新。”无名氏《明月湖醉后蔷薇花歌》：“柔条嫩蕊轻鲭鳃，一低一昂合又开。”

【嫩籜】 初破土的竹笋。朱庆余《震为苍筤竹》：“嫩箨沾微雨，幽根绝细尘。”李商隐《初食笋呈座中》：“嫩箨香苞初出林，于陵论价重如金。”

嫖 〔piào《广韵》撫招切，平宵，滂。又匹妙切，去笑，滂。〕轻疾貌。见“嫖姚”。

【嫖姚】 官名。即嫖姚校尉。汉霍去病曾任此职，因用以专指霍去病。李元纮《绿墀怨》：“征马噪金珂，嫖姚向北河。”杜甫《赠田九判官》：“宛马总肥春苜蓿，将军只数汉嫖姚。”法振《送常大夫赴朔方》：“大汉嫖姚入，乌孙部曲随。”郑谷《寄边上从事》：“男儿怀壮节，何不事嫖姚。”

嫭 〔hù《集韵》胡故切，去莫，匣。〕美好。苏源明《小洞庭洄源亭宴四郡太守诗》序：“婥态目成以留客，嫭容色授以劝酒。”权德舆《侍从游后湖宴坐》：“丹霞无容辉，嫭色亦踟蹰。”元晦《越亭二十韵》：“环流驰羽觞，金英妒妆嫭。”

嫗[1] 〔yù《广韵》衣遇切，去遇，影。〕老妇。李嘉祐《夜闻江南人家赛神因题即事》：“南方淫祀古风俗，楚妪解唱迎神曲。”张祜《箜篌》：“乱流公莫度，沉骨妪空嗥。”

嫗[2] 〔yǔ《集韵》委羽切，上噳，影。〕以体相温。蒋防《日暖万年枝》：“自与恩光近，那关煦妪偏？”

【嫗婦】 老妇人。吕从庆《阅田禾》：“道傍妪妇呼鸡返，坡外儿童跨犊行。”

【嫗$_2$煦】 也作“煦嫗”。养育。贯休《宋使君罢新定移出东馆二首》之一：“无为政化更何为？到即生人妪煦肥。”

嫦 〔cháng《篇海》市羊切。〕见“嫦娥”。

【嫦娥】 神话人物。相传为后羿之妻，后羿请不死之药于西王母，嫦娥窃而食之以奔月，遂为月中女神。见《淮南子·览冥训》。李白《把酒问月》：“白兔捣药秋复春，嫦娥孤栖与谁邻？”刘禹锡《七夕二首》之一：“河鼓灵旗动，嫦娥破镜斜。”李群玉《感兴四首》之二：“昔窃不死药，奔空有嫦娥。”

嫜 〔zhāng《集韵》諸良切，平陽，章。〕丈夫的父亲。见“姑嫜”。

嫡 〔dí《广韵》都歷切，入錫，端，又陟格切，入陌，知。〕正妻所生之子。元结《二风诗·乱风诗五篇·至惑》之二：“废嫡立庶，忍为祸谟。”窦常《商山祠堂即事》：“夺嫡心萌事可忧，四贤西笑暂安刘。”

【嫡長】 （—zhǎng）正妻所生的长子。李商隐《送千牛李将军赴阙五十韵》：“庆流归嫡长，贻厥在名卿。”

嫪 〔lào（广韵）郎到切，去号，來；又鲁刀切，平豪，來。〕留恋。韩愈《荐士》：“念将决焉去，感物增恋嫪。”陆龟蒙《南泾渔父》：“江流背村落，偶往心已嫪。”又《奉和袭美添渔具五篇·渔庵》：“闲凭山叟占，晚有溪禽嫪。”

十二画

嬈 〔ráo《音韵阐微》日遥切，平蕭。〕妍媚。见“嬌嬈”。

嬉 〔xī《广韵》許其切，平之，曉。又許記切，去志，曉。〕欢乐，游乐。李峤《月》：“愿言从爱客，清夜幸同嬉。”钱起《巨鱼纵大壑》：“方快吞舟意，尤殊在藻嬉。”孟郊《喷玉布》：“俗玩讵能近，道嬉方可淹。”皮日休《三羞诗三首》之三：“一写落第文，一家欢复嬉。”

【嬉笑】 欢乐戏闹。李白《南陵别儿童入京》：“呼童烹鸡酌白酒，儿女嬉笑牵人衣。”权德舆《览镜见白发数茎光鲜特异》：“一曲酣歌还自乐，儿孙嬉笑挽衣裳。”

【嬉游】 亦作“嬉遊”。游乐；玩乐。张九龄《与生公游石窟山》：“造物良有寄，嬉游乃惬衷。”宋之问《桂州三月三日》：“愚谓嬉游长似昔，不言流寓欻成今。”李德裕《鸳鸯篇》：“春光兮宛转，嬉游兮未反。”陈陶《圣帝击壤歌四十声》：“寤寐华胥国，嬉游太素乡。”吴筠《步虚词十首》之五：“倏欻造西域，嬉游金母家。”《游庐山五老峰》：“整策务探讨，嬉游任从容。”

【嬉遊】 同“嬉游”。

【嬉嬉】 ❶喜乐貌。白居易《观儿戏》：“弄尘复斗草，尽日乐嬉嬉。”❷和悦安恬貌。皮日休《茶中杂咏·茶舍》：“阳崖枕白屋，几口嬉嬉活。”

【嬉戲】 玩乐。李益《汉宫少年行》：“巧为柔媚学优孟，儒衣嬉戏冠沐猿。”韩愈《符读书城南》：“少长聚嬉戏，不殊同队鱼。”白居易《官舍》：“稚女弄庭果，嬉戏牵人裾。”白居易《闲坐》：“婆娑放鸡犬，嬉戏任儿童。”陆龟蒙《读襄阳耆旧传因作诗五百言寄皮袭美》：“尝闻儿童岁，嬉戏陈俎豆。”

嬋 〔chán《广韵》市連切，平仙，禪。〕见“嬋娟”。

【嬋娟】 ❶姿容美好。王翰《赋得明星玉女坛送廉察尉华阴》：“蛾眉婵娟又宜笑，一见樵人下灵庙。”李德裕《鸳鸯篇》：“亦有少妇破瓜年，春闺无伴独婵娟。”杜荀鹤《春宫怨》：“早被婵娟误，欲妆临镜慵。”崔萱《豪家子》：“马非躞蹀宁酬价，人不婵娟肯动心？”❷指美人。李白《飞龙引二首》之二：“古人传道留其间，后宫婵娟多花颜。”刘言史《潇湘游》：“翠华寂寞婵娟没，野筱空余红泪情。”鲍溶《秋夜闻郑山人弹楚妃怨》：“中间楚妃奏，十指哀婵娟。”于濆《烧金曲》：“南陌试腰裹，西楼歌婵娟。”❸才华出众貌。法照《寄钱郎中》：“寄语婵娟客，将心向薜萝。”皎然《妙喜寺达公禅斋寄李司直四十二韵》：“婵娟羡门子，斯语岂徒设？”❹形容植物美好清丽。杜甫《法镜寺》：“婵娟碧鲜净，萧摵寒箨聚。”李端《鲜于少府宅看花》：“烂熳绿苔前，婵娟青草里。”姚合《陕下厉玄侍御宅五题·竹里径》：“微径婵娟里，唯闻静者知。”❺形容月色美好。韦应物《再游西郊渡》：“婵娟昨夜月，还向波中见。”杨巨源《月宫词》：“江上无云夜可怜，冒沙披浪自婵娟。”陆畅《新晴爱月》：“野性平生惟爱月，新晴半夜睹婵娟。”陈陶《海昌望月》：“贾客不爱月，婵娟闲沧洲。”❻犹婵媛。刘长卿《夜宴洛阳程九主簿宅送杨三山人往天台寻智者禅师隐居》：“流尘既寂寞，缅想增婵娟。”钱起《诏许昌崔明府拜补阙》：“惜哉效颦客，心想劳婵娟。”独孤及《东平蓬莱驿夜宴平卢杨判官醉后赠别姚太守置酒留宴》：“固知别多相逢少，乐极哀至心婵娟。”

【嬋娟子】 指美女。张九龄《登古阳云台》：“方此全盛时，岂无婵娟子。”刘希夷《江南曲八首》之八：“谁言此处婵娟子，珠玉为心以奉君。”沈佺期《凤笙曲》：“岂无婵娟子，结念罗帏中。”鲍溶《悲湘灵》：“女颜万岁后，岂复婵娟子？”《燕台四首·冬》：“浪乘画舸忆蟾蜍，月娥未必婵娟子。”

【嬋媛】 思绪牵系貌。李白《古风》之五一：“虎口何婉娈，女媭空婵媛。”

嫵 〔wǔ《广韵》文甫切，上麌，微。〕亦作“娬”。妩媚。张说《赠崔二安平公乐世词》：“自怜京兆双眉妩，会待南来五马留。”

【嫵媚】 亦作“娬媚”。❶娇娆可爱。赵鸾鸾《柳眉》：“妩媚不烦螺子黛，春山画出自精神。”❷指美女。吴融《和韩致光侍郎无题三首十四韵》之一：“可怜三五夕，娍媚善为邻。”又《上巳日花下闲看》：“可便无心邀妩媚？还应有泪忆袁熙。”❸献媚取悦。韩愈《永贞行》：“狐鸣枭噪争署置，睗睒跳踉相妩媚。”

嬌〔jiāo《广韵》舉喬切，平宵，見；又巨嬌切，平宵，羣。又居夭切，上小，見。〕❶艳丽。张谔《岐王席上咏美人》：“香艳王分帖，裙娇敕赐罗。”韩愈，孟郊《城南联句》：“绮语洗晴雪，娇辞哢雏莺。”孟郊《严河南》：“何必红烛娇，始言清宴阑。”❷妩媚。李白《渌水曲》：“荷花娇欲语，愁杀荡舟人”刘禹锡《和乐天柘枝》：“柘枝本出楚王家，玉面添娇舞态奢。”唐彦谦《九日游中溪》：“蓼花最无数，照水娇婀娜。”❸指媚态柔情。李峤《莺》：“声分折杨吹，娇韵落梅风。”梁锽《代征人妻喜夫还》：“征夫走马发渔阳，少妇含娇开洞房。”元稹《会真诗三十韵》：“无力慵移腕，多娇爱敛躬。”吕敞《龟兹闻莺》：“娇非胡俗变，啼是汉音移。”❹倦怠。李白《口号吴王美人半醉》：“西施醉舞娇无力，笑倚东窗白玉床。”王建《宫词一百首》之四四：“白日卧多娇似病，隔帘教唤女医人。”张籍《吴宫怨》：“吴王醉后欲更衣，座上美人娇不起。”无名氏《宫词》(卷七八六)：“金钱掷罢娇无力，笑倚栏干屈曲中。”❺指美人。李商隐《梦泽》：“梦泽悲风动白茅，楚王葬尽满城娇。”❻宠爱。李白《上元夫人》：“上元谁夫人？偏得王母娇。”杜甫《北征》：“平生所娇儿，颜色白胜雪。”元稹《江陵三梦》之一：“悲君所娇女，弃置不我随。”白居易《池上早夏》：“慵闲无一事，时弄小娇孙。”❼娇气。戴叔伦《少女生日感怀》：“欲教针线娇难解，暂弄琴书性已便。”❽撒娇。刘禹锡《三阁辞四首》之一：“不应有恨事，娇甚却成愁。”魏承班《菩萨蛮》词之二：“声颤觑人娇，云鬟嫋翠翘。”顾敻《虞美人》词之三：“谢娘娇极不成狂，罢朝妆。”❾宛转动听。太宗《赋得樱桃》：“乔柯啭娇鸟，低枝映美人。”李峤《人日侍宴大明宫恩赐彩缕人胜应制》：“鱼猜水冻行犹涩，莺喜春熙弄欲娇。”白居易《池鹤二首》之一：“转觉鸬鹚毛色下，苦嫌鹦鹉语声娇。”李洞《赠庞炼师》：“家住涪江汉语娇，一声歌戛玉楼箫。”❿娇嫩，幼小。杜牧《街西长句》：“碧池新涨浴娇鸦，分锁长安富贵家。”王毂《吹笙引》：“丹穴娇雏七十只，一时飞上秋天鸣。”⓫轻柔。杜牧《茶山下作》：“娇云光占岫，健水鸣分溪。”⓬通“驕”。(1)骄横。见“嬌奢”。(2)骄逸。陈羽《公子行》：“马娇郎半醉，躞蹀望楼台。”欧阳炯《春光好》词之五：“叠雪罗袍接武，团花骏马娇行。”无名氏《咏美人骑马》(卷七八六)：“骏马娇仍稳，春风灞岸晴。”⓭通“驍”。古代投壶之戏，矢投入壶中后跃出，复还于投者之手，称之为骁。唐彦谦《汉代》：“饮酒阑三雅，投壶赛百娇。”

【嬌小】 ❶年幼而美。李白《江夏行》：“忆昔娇小姿，春心亦自持。”刘商《胡笳十八拍·第八拍》：“忆昔私家恣娇小，远取珍禽学驯扰。”权德舆《玉台体十二首》之四：“破颜君莫怪，娇小不禁羞。”元稹《表夏十首》之七：“百舌渐吞声，黄莺正娇小。”又《遣病十首》之六：“寄言娇小弟，莫作官家官。”常理《妾薄命》：“娇小恣所爱，误人金指环。”李暇《怨诗三首》之一：“罗敷初总髻，蕙芳正娇小。”❷形容声音细柔动听。元稹《元和五年予官不了罚俸西归三月六日至陕府与吴十一兄端公崔二十二院长思怆曩游因投五十韵》：“新莺语娇小，浅水光流利。”又《酬翰林白学士代书一百韵》：“莺声爱娇小，燕翼玩逶迤。”

【嬌女】 ❶爱女。李白《寄东鲁二稚子》：“娇女字平阳，折花倚桃边。”又《题嵩山逸人元丹丘山居》：“拙妻好乘鸾，娇女爱飞鹤。”刘禹锡《秋萤引》：“谁言向晦常自明，儿童走步娇女争。”柳宗元《叠前》：“左家弄玉唯娇女，空觉庭前鸟迹多。”李商隐《王十二兄与畏之员外相访见招小饮时予以悼亡日近不去因寄》：“嵇氏幼男犹可悯，左家娇女岂能忘。”❷美女。刘禹锡《和乐天题真娘墓》：“吴王娇女坟相近，一片行云应往来。”元稹《江陵三梦》之一：“悲君所娇女，弃置不我随。”李绅《莺莺歌》：“绿窗娇女字莺莺，金雀娅鬟年十七。”吕岩《七言》之四九：“天上双童持珮引，月中娇女执幡迎。”❸诗篇名。晋左思所作。李颀《送康洽入京进乐府歌》：“朝吟左氏娇女篇，夜诵相如美人赋。”

【嬌子】 美女。韦元甫《木兰歌》：“昔为烈士雄，今为娇子容。”

【嬌利】 妩媚有神貌。薛能《吴姬十首》之一：“夜锁重门昼亦监，眼波娇利瘦岩岩。”

【嬌妙】 细柔美妙。元稹《和李校书新题乐府十二首·五弦弹》：“风入春松正凌乱，莺含晓舌怜娇妙。”

【嬌妒】 亦作“嬌妬”。❶恃宠而骄。王翰《飞燕篇》：“明月薄蚀阳精昏，娇妒倾城惑至尊。”李白《白头吟》：“此时阿娇正娇妒，独坐长门愁日暮。”段成式《汉宫词二首》之二：“岂知妃后多娇妒，不许君前唱一声。”于濆《经馆娃宫》：“馆娃宫畔顾，国变生娇妒。”❷撒娇貌。毛文锡《浣溪沙》词；“每恨蟪蛄怜婺女，几回娇妒下鸳机。”魏承班《诉衷情》词之五；“春情满眼脸红消，娇妒索人饶。”

【嬌幸】 宠幸。无名氏《王昭君怨诸词人连句》(外编上)：“掖庭娇幸在娥眉，争用黄金写艳姿？”

【嬌妻】 年轻美貌的妻子。李绅《莺莺歌》：“家家玉帛弃泥土，少女娇妻愁被虏。”

【嬌妬】 同“嬌妒”。

【嬌兒】 爱子。杜甫《北征》：“平生所娇儿，颜色白胜雪。”又《羌村》之二：“娇儿不离膝，畏我复却去。”

王建《闲居即事》："小婢偷红纸，娇儿弄白髯。"韩愈《崔十六少府摄伊阳以诗及书见投因三十韵》："娇儿好眉眼，袴脚冻两骭。"又《喜雪献裴尚书》："悲嘶闻病马，浪走信娇儿。"杜牧《别家》："初岁娇儿未识爷，别爷不拜手吒叉。"李商隐《杨本胜说于长安见小男阿衮》："闻君来日下，见我最娇儿。"皮日休《吴中苦雨因书一百韵寄鲁望》："娇儿未十岁，枵然自啼哭。"

【嬌怯】　犹娇羞。崔橹《莲花》："何限断肠名不得，倚风娇怯醉腰偏。"

【嬌波】　妩媚的眼波。玄宗《题梅妃画真》："霜绡虽似当时态，争奈娇波不顾人。"

【嬌妍】　娇艳。公乘亿《赋得秋菊有佳色》："散漫摇霜彩，娇妍漏日华。"

【嬌面】　娇美的容颜。刘希夷《公子行》："愿作轻罗著细腰，愿为明镜分娇面。"元稹《月临花》："镜匀娇面粉，灯泛高笼缬。"

【嬌思】　(—sì)艳情。指求爱的心意。卢仝《卓女怨》："迷魂随凤客，娇思入琴心。"

【嬌姿】　娇媚的姿容。罗虬《比红儿诗》之七〇："倚槛还应有所思，半开东阁见娇姿。"又《比红儿诗》之七一："晓向妆台与画眉，镜中长欲助娇姿。"李珣《临江仙》之二："强整娇姿临宝镜，小池一朵芙蓉。"

【嬌郎】　美少年。李贺《湖中曲》："燕钗玉股照青渠，越王娇郎小字书。"李商隐《房中曲》："娇郎痴若云，抱日西帘晓。"

【嬌娃】　美女。刘禹锡《馆娃宫在旧郡西南砚石山前因赋二章》之一："宫馆贮娇娃，当时意大夸。"元稹《梦游春七十韵》："鹦鹉饥乱鸣，娇娃睡犹怒。"

【嬌紅】　指美丽的红花。王建《路中上田尚书》："可怜池阁秋风夜，愁绿娇红一遍新。"方干《牡丹》："莫道娇红怕风雨，经时犹自未凋残。"

【嬌羞】　娇媚羞涩。岑参《醉戏窦子美人》："朱唇一点桃花殷，宿妆娇羞偏髻鬟。"权德舆《相思曲》："少小别潘郎，娇羞倚画堂。"洛中举子《赠妓茂英》："忆昔当初过柳楼，茂英年小尚娇羞。"吕岩《渔父词一十八首·灿烂》："交会处，更娇羞。"

【嬌容】　妩媚的容颜。刘云《婕妤怨》："莫言朝花不复落，娇容几夺昭阳殿。"

【嬌娥】　美女。岑参《梁园歌送河南王说判官》："娇娥曼脸成草蔓，罗帷珠帘空竹根。"又《田使君美人舞如莲花北铤歌》："慢脸娇娥纤复秾，轻罗金缕花葱茏。"林藻《吴宫教战》："尽出娇娥辈，先观上将风。"叶季良《省试吴宫教美人战》："尽出娇娥妓，先观上将风。"顾夐《献衷心》："几多心事，暗地思惟。被娇娥牵役，魂梦如痴。"

【嬌娘】　美女。李贺《唐儿歌》："东家娇娘求对值，浓笑画空作唐字。"

【嬌奢】　骄横奢侈。娇通"驕"。沈佺期《七夕曝衣篇》："椒房金屋宠新流，意气娇奢不自由。"王翰《飞燕篇》："孝成皇帝本娇奢，行幸平阳公主家。"胡曾《咏史诗·陈宫》："陈国机权未可涯，如何后主恣娇奢。"成都醉道士《示胡二郎歌》(卷八六二)："与君说尽只如斯，莫恋娇奢不肯去。"

【嬌黄】　嫩黄色。薛能《黄蜀葵》："娇黄新嫩欲题诗，尽日含毫有所思。"

【嬌貴】　得宠而自恃高贵。崔颢《卢姬篇》："人生今日得娇贵，谁道卢姬身细微？"又《邯郸宫人怨》："岁岁年年奉欢宴，娇贵荣华谁不羡？"

【嬌啼】　撒娇的啼哭。李贺《南山田中行》："云根苔藓山上石，冷红泣露娇啼色。"白居易《罗子》："顾念娇啼面，思量老病身。"李涉《山中五无奈何》之三："无奈阿鼎何，娇啼索梨栗。"韦庄《与小女》："一夜娇啼缘何事？为嫌衣少缕金华。"

【嬌喘】　指女子细微的喘息声。李商隐《独居有怀》："怨魂迷恐断，娇喘细凝沈。"韩偓《秋千》："下来娇喘未能调，斜倚朱阑久无语。"

【嬌逸】　美丽风流。王毂《玉树曲》："陈宫内宴明朝日，玉树新妆逞娇逸。"

【嬌愛】　宠幸。宋之问《浣纱篇赠陆上人》："自昔专娇爱，袭玩唯矜奢。"崔湜《婕妤怨》："容华尚春日，娇爱已秋风。"刘希夷《春女行》："娇爱犹未终，悲凉从此始。"王諲《后庭怨》："念君娇爱无终始，使妾长啼后庭里。"刘长卿《铜雀台》："娇爱更何日？高台空数层。"长孙佐辅《古宫怨》："盛衰倾夺欲何如，娇爱翻悲逐佞谀。"

【嬌歌】　美妙的歌声。崔颢《渭城少年行》："小妇春来不解羞，娇歌一曲杨柳花。"李白《宫中行乐词八首》之六："艳舞全知巧，娇歌半欲羞。"岑参《过梁州奉赠张尚书大夫公》："置酒宴高馆，娇歌杂青丝。"又《武威送刘单判官赴安西行营便呈高开府》："红泪金烛盘，娇歌艳新妆。"罗虬《比红儿诗》之九十三："楼上娇歌袅夜霜，近来休数踏歌娘。"贯休《上卢使君二首》之二："楼耸娇歌疏雨过，风含和气满城春。"

【嬌魂】　指美女的魂魄。李贺《感讽六首》之二："娇魂从回风，死处悬乡月。"李商隐《燕台四首·春》："风光冉冉东西陌，几日娇魂寻不得。"司空图《冯燕歌》："凤皇钗碎各分飞，怨魄娇魂何处追？"

【嬌語】　柔声细语。毛熙震《浣溪沙》之二："紫燕一双娇语碎，翠屏十二晚峰齐。"温庭筠《舞衣曲》："管含兰气娇语悲，胡槽雪腕鸳鸯丝。"

【嬌慵】　娇柔困倦。李贺《美人梳头歌》："春风烂熳恼娇慵，十八鬟多无气力。"顾夐《虞美人》之二：

"翠匀粉黛好仪容,思娇慵。"

【嬌榮】 妩媚繁茂。卢仝《月蚀诗》:"幸且非春时,万物不娇荣。"

【嬌態】 娇美的姿态。李从善《蔷薇诗一首十八韵呈东海侍郎徐铉》:"晚香难暂舍,娇自态相窥。"宋之问《伤曹娘二首》:"河伯怜娇态,冯夷要姝妓。"又《河阳》:"曹娘娇态尽,春树不堪过。"王维《西施咏》:"君宠益娇态,君怜无是非。"吴融《即席》:"醉波疑夺烛,娇态欲沈春。"徐夤《依韵和尚书再赠牡丹花》:"龙分夜雨资娇态,天与春风发好香。"

【嬌翠】 指女子美丽的双眉。温庭筠《湘东宴曲》:"湘东夜宴金貂人,楚女含情娇翠嚬。"

【嬌憐】 宠爱怜惜。刘禹锡《历阳书事七十韵》:"谑浪容优孟,娇怜许智琼。"白居易《谈氏小外孙玉童》:"才与不才争料得,东床空后且娇怜。"

【嬌憨】 犹娇痴。陈羽《古意》:"姑嫜严肃有规矩,小姑娇憨意难取。"

【嬌嬈】 (—ráo)❶妩媚多姿。张说《伤妓人董氏四首》之一:"董氏娇娆性,多为窈窕名。"杜牧《屏风绝句》:"斜倚玉窗鸾发女,拂尘犹自妒娇娆。"刘驾《效古》:"娇娆不自持,清唱嚬双蛾。"徐铉《柳枝辞十二首》之一一:"仙乐春来按舞腰,清声偏似傍娇娆。"和凝《麦秀两岐》词:"娇娆不争人拳跼,黛眉微蹙。"❷即董娇饶,美女名。杜牧《题武关》:"郑袖娇娆酣似醉,屈原憔悴去如蓬。"郑畋《题缑山王子晋庙》:"西城要绰约,南岳命娇娆。"温庭筠《题柳》:"香随静婉歌尘起,影伴娇娆舞袖垂。"又《经旧游》:"珠箔金钩对彩桥,昔年于此见娇娆。"

【嬌騃】 犹娇痴。白居易《和杨师皋伤小姬英英》:"自从娇騃一相依,共见杨花七度飞。"又《二年三月五日赠妻弘农郡君》:"娇騃三四孙,索哺绕我傍。"

【嬌聲】 柔媚的声音。李白《白微时募县小吏人令卧内尝驱牛经堂下令妻怒将加诘责白亟以诗谢云》:"素面倚栏钩,娇声出外头。"崔怀宝《忆江南》词:"得近玉人纤手子,研罗裙上放娇声。"欧阳炯《春光好》之七:"几见纤纤动处,时闻款款娇声。"

【嬌獰】 清脆激越。李贺《秦王饮酒》:"花楼玉凤声娇狞,海绡红文香浅清。"

【嬌囀】 (—zhuǎn)指鸣禽婉转的叫声。"囀"后来写作"囀"。牛峤《应天长》:"黄鹂娇转声初歇,杏花飘尽龙山雪。"顾敻《虞美人》词之五:"黄鹂娇转泥芳妍,杏枝如画倚轻烟。"

【嬌顔】 犹娇容。李康成《玉华仙子歌》:"转态凝情五云里,娇颜千岁芙蓉花。"

【嬌嚬】 亦作"嬌顰"。谓蹙眉含愁的美丽姿态。李百药《火凤词二首》之二:"娇嚬眉际敛,逸韵口中香。"张祜《孟才人叹》:"偶因歌态咏娇嚬,传唱宫中十二春。"

【嬌癡】 天真不懂事。韩愈《芍药歌》:"娇痴婢子无灵性,竞挽春衫来此并。"元稹《六年春遣怀八首》之四:"婢仆晒君余服用,娇痴稚女绕床行。"白居易《秦中吟十首·议婚》:"见人不敛手,娇痴二八初。"又《岁日家宴戏示弟侄等兼呈殷判官二十三兄》:"弟妹妻孥小侄甥,娇痴弄我助欢情。"又《念金銮子二首》之一:"衰病四十身,娇痴三岁女。"又《初除尚书郎脱刺史绯》:"无奈娇痴三岁女,绕腰啼哭觅金鱼。"又《岁日家宴戏示弟侄等兼呈张侍御二十八丈殷判官二十三兄》:"弟妹妻孥小侄甥,娇痴弄我助欢情。"郑嵎《津阳门诗》:"绣翎衣褓日屃赑,甘言狡计愈娇痴。"

【嬌懶】 犹娇慵。毛熙震《后庭花》词之三:"春残日暖莺娇懒,满庭花片。"

【嬌寵】 宠爱。张潮《襄阳行》:"只言一世长娇宠,那悟今朝见别离。"

【嬌饒】 ❶犹娇宠。元稹《哭女樊四十韵》:"为占娇饶分,良多眷恋诚。"❷妩媚。卢仝《与马异结交诗》:"此婢娇饶恼杀人,凝脂为肤翡翠裙。"李商隐《无题二首》之二:"露花终裛湿,风蝶强娇饶。"郑谷《海棠》:"秾丽最宜新著雨,娇饶全在欲开时。"韩偓《意绪》:"娇饶意态不胜羞,愿倚郎肩永相著。"又《无题》:"羞涩佯牵伴,娇饶欲泥人。"徐铉《山路花》:"不共垂杨映绮寮,倚山临路自娇饶。"❸美人名。即董娇饶(通"娆")。杜甫《春日戏题恼郝使君兄》:"细马时鸣金騕褭,佳人屡出董娇饶。"李贺《恼公》:"宋玉愁空断,娇饶粉自红。"❹代指美人。李商隐《碧瓦》:"他时未知意,重叠赠娇饶。"李咸用《轻薄怨》:"明朝何处逢娇饶,门前桃树空夭夭。"韦庄《谒金门》词之二:"有个娇饶如玉,夜夜绣屏孤宿。"牛希济《临江仙》之三:"世间屏障,彩笔画娇饶。"温庭筠《张静婉采莲歌》:"抱月飘烟一尺腰,麝脐龙髓怜娇饶。"

【嬌鶯】 幼莺。骆宾王《代女道士王灵妃赠道士李荣》:"分念娇莺一种啼,生憎燕子千般语。"薛稷《春日登楼野望》:"娇莺弄新响,斜日散余晖。"孟浩然《送卢少府使入秦》:"愿及芳年赏,娇莺二月初。"杜甫《江畔独步寻花七绝句》之六:"留连戏蝶时时舞,自在娇莺恰恰啼。"韩偓《夏日》:"相风不动乌龙睡,时有娇莺自唤名。"裴谐《观修处士画桃花图歌》:"燕支乍湿如含露,引得娇莺痴不去。"徐铉《月真歌》:"风前弱柳一枝春,花里娇莺百般语。"牛希济《临江仙》之四:"江绕黄陵春庙闲,娇莺独语关关。"

【嬌歡】 指男女欢爱。卢汝弼《薄命妾》:"君恩已断尽成空,追想娇欢恨莫穷。"

【嬌靨】 妩媚的酒窝。卢仝《楼上女儿曲》:"我有娇靥待君笑，我有娇蛾待君扫。”又《秋梦行》：“娥皇不语启娇靥，女英目成转心惬。”

【嬌豔】 艳丽。寒山《诗三百三首》之二九八：“可怜娇艳情，年多转成老。”刘长卿《王昭君歌》：“自矜娇艳色，不顾丹青人。”毛熙震《临江仙》词之一：“潘妃娇艳独芳妍，椒房兰洞。”张泌《满宫花》：“娇艳轻盈香雪腻，细雨黄莺双起。”

嬃 〔xū《广韵》相俞切，平虞，心。〕见“女嬃”。

嬀 〔guī《广韵》居爲切，平支，見。〕❶水名。见“嬀汭”。❷姓氏。韦庄《庭前桃》：“带露似垂湘女泪，无言如伴息妫愁。”按：息夫人姓妫，史称“息妫”。❸指舜。任希古《和左仆射燕公春日端居述怀》：“丰野光三杰，妫庭赞五臣。”

【嬀汭】 妫水弯曲内侧处。大舜所居，相传尧在此将二女嫁舜。见《水经注·河水四》。后以为帝王联姻故实。《郊庙歌辞·褒德庙乐章·进德》：“涂山懿戚，妫汭崇姻。”

十三画

嬙 〔qiáng《广韵》在良切，平陽，徒。又所力切，入職，生。〕宫中女官名。杜甫《杜鹃行》：“岂知昔日居深宫，嫔嫱左右如花红。”皮日休《奉和鲁望叠韵吴宫词二首》之二：“主房部伍苦，嫱亡房廊香。”

嬖 〔bì《广韵》博計切，去霽，幫。〕宠爱。杜甫《八哀诗·赠秘书监江夏李公邕》：“往者武后朝，引用多宠嬖。”温庭筠《过华清宫二十二韵》：“内嬖陪行在，孤臣预坐筹。”

【嬖奴】 宠婢。李贺《秦宫诗》序：“汉人秦宫，将军梁冀之嬖奴也。”

【嬖寵】 宠爱。白居易《和答诗十首·答四皓庙》：“汉高之季年，嬖宠钟所私。”

【嬖孽】 受君王宠幸的小人。杜甫《释闷》：“但恐诛求不改辙，闻道嬖孽能全生。”

十四画

嬰 〔yīng《广韵》於盈切，平清，影。〕❶系住。刘禹锡《海阳湖别浩初师》引：“而里中儿贤适与浩初比者，婴冠带，豢妻子，吏得以乘凌之，汩没天慧，不得自奋。”❷围绕。杜甫《上后园山脚》：“朱夏热所婴，清旭步北林。”又《太子张舍人遗织成褥段》：“煌煌珠宫物，寝处祸所婴。”钱起《送毕侍御谪居》：“自怜黄绶老婴身，妻子朝来劝隐沦。”❸缠绵不解。杜甫《秋日荆南送石首薛明府三十韵》：“十年婴药饵，万里狎樵渔。”韦应物《东林精舍呈阎澧州冯少府》：“方婴存殁感，岂暇林泉适？”许浑《病中二首》之一：“三年婴酒渴，高卧似袁安。”李中《赠谦明上人》：“新试茶经煎有兴，旧婴诗病舍终难。”❹纠缠，羁绊。张九龄《出为豫章郡途次庐山东岩下》：“纷吾婴世网，数载忝朝簪。”顾况《幽居弄》：“独去沧洲无四邻，身婴世网此何身？”柳宗元《从崔中丞过卢少尹郊居》：“寓居湘岸四无邻，世网难婴每自珍。”白居易《江州赴忠州至江陵已来舟中示舍弟五十韵》：“但在前非悟，期无后患婴。”❺遭受，遇到。崔湜《景龙二年余自门下平章事削阶途中言志》：“常恐婴悔吝，不得少酬私。”萧颖士《仰答韦司业垂访五首》之四：“岂知晋叔向，无罪婴囚拘。”杜甫《赠别贺兰铦》：“高贤世未识，固合婴饥贫。”元稹《何满子歌》：“婴刑系在囹圄间，水调哀音歌愤懑。”❻施加。卢照邻《咏史四首》之二，“玉帛委奄尹，斧锧婴缙绅。”温庭筠《过孔北海墓二十韵》：“鸾凰婴雪刃，狼虎犯云屏。”❼触犯。柳宗元《韦道安》：“横溃非所壅，逆节非所婴。”❽婴儿，幼儿。孟郊《吊元鲁山》之十：“遗婴尽雏乳，何况骨肉枝。”李贺《老夫采玉歌》：“村寒白屋念娇婴，古台石磴悬肠草。”❾幼小。张祜《江南杂题三十首》之一二：“酒肠婴女笑，棋路老僧谙。”❿通“罂”。杨苎萝《咏垂丝蜘蛛嘲云辨僧》：“吃得肚婴撑，寻思绕寺行。”

【嬰心】 关心，萦怀。钱起《春暮过石龟谷题温处士林园》：“丘园自得性，婚嫁不婴心。”

【嬰困】 缠绕困扰。寒山《诗三百三首》之二九：“六极常婴困，九维徒自论。”

【嬰兒】 ❶初生之孩。白居易《叹老三首》之三：“去岁新婴儿，今年已学步。”皎然《潘丞孩子》：“我识婴儿意，何须待佩觿？”林滋《望九华山》：“大者嶙峋若奔兕，小者嵓嵬如婴儿。”❷小儿，幼童。高适《题尉迟将军新庙》：“周室既板荡，贼臣立婴儿。”杜甫《杜鹃行》：“声音咽咽如有谓，号啼略与婴儿同。”刘禹锡《白太守行》：“苏州十万户，尽作婴儿啼。”权德舆《七夕见与诸孙题乞巧文》：“羡此婴儿辈，欢呼彻曙闻。”孟郊《偷诗》：“亦如婴儿食，饧桃口旋旋。”张祜《喜王子载话旧》：“欢娱非老大，成长是婴儿。”杜牧《梁秀才以早春旅次大梁将归郊扉言怀兼别示亦蒙见赠凡二十韵走笔依韵》：“旅馆将分被，婴儿共洒巾。”❸道家谓铅为婴儿，水银为姹女。李咸用《临川逢陈百年》：“不如含德反婴儿，金玉满堂真可贵。”吕岩《七言》之三三（卷八五六）：“婴儿迤逦降瑶阶，手握玄珠直下来。”又《七言》之八（卷八五七）：“婴儿只恋阳中母，姹女须朝顶上尊。”又《七言》之六二（卷八五七）：“婴儿日吃黄婆髓，姹女时餐白玉杯。”又《崔中举进士游岳阳遇真人录沁园春词诘其姓名荐之李守排户而入惟见留诗于壁》：“腹内婴儿养已成，且居廛市暂娱情。”孙思邈《四言诗》：“姹女气索，婴儿声寂。”

【婴城】 谓环城固守。刘禹锡《平齐行二首》之一：“去秋诏下诛东平，官军四合犹婴城。”韩偓《隰州新驿》：“本期将系虏，末策但婴城。”

【婴孩】 幼儿。李白《司马将军歌》：“细柳开营揖天子，始知灞上为婴孩。”李颀《谒张果先生》：“彭聃犹婴孩，松期且微细。”韦应物《伤逝》：“单居移时节，泣涕抚婴孩。”杜甫《山寺》：“思量入道苦，自哂同婴孩。”元结《系乐府十二首·思太古》：“婴孩寄树颠，就水捕鷠鲈。”于鹄《悼孩子》：“婴孩无哭仪，礼经不可逾。”韩愈《忆昨行和张十一》：“自期殒命在春序，屈指数日怜婴孩。”刘禹锡《同乐天和微之深春二十首同用家花车斜四韵》之六：“宾客珠成履，婴孩锦缚车。”白居易《哭李三》：“落然身后事，妻病女婴孩。”方干《送道人归旧岩》：“目睹婴孩成老叟，手栽松柏有枯枝。”贯休《山居诗二十四首》之三：“诗里从前欺白雪，道情终遣似婴孩。”吕岩《五言》之一：“有人明此道，立使返婴孩。”

【婴提】 孩提，幼儿。韦庄《信州西三十里山名仙人城过其下聊赋是诗》：“群峰若侍从，众阜如婴提。”

【婴啼】 喻铅汞炼丹将成。刘禹锡《和乐天烧药不成命酒独醉》：“婴啼鼎上去，老貌镜前悲。”

【婴童】 儿童。李绅《泛五湖效谢惠莲》：“吴越郡异乡，婴童及为玩。”吕岩《忆江南》词之六：“丹田流注气交通，耆老反婴童。”

【婴稚】 犹言婴孩。元稹《春六十韵》：“女孙新在内，婴稚近封公。”

【婴痼】 身患绝症。义净《玄逵律师言离广府还望桂林去留怆然自述赠怀》：“婴痼乖同好，沈情阻若抽。”

【婴網】 触陷罗网。刘禹锡《游桃源一百韵》：“自从婴网罗，每事问龟策。”薛能《丁巳上元日放三雉》：“婴网虽皆困，褰笼喜共归。”

【婴瘵】 患病。孟郊《雨中寄孟刑部几道联句》：“追兹更凝情，暂阻若婴瘵。”

【婴孺】 犹言婴孩。卢肇《汉堤诗》：“滔滔襄郊，捽我婴孺。”

【婴缴】 （—zhuó）鸟被带有丝绳的箭射中。李德裕《近于伊川卜山居将命者画图而至欣然有感聊赋此诗兼寄上浙东元相公大夫使求青田胎化鹤乙巳岁作》：“寄世知婴缴，辞荣类触藩。”

【婴纆】 犹言牵挂萦系。皇甫冉《送陆潜夫往茅山赋得华阳洞》：“有昏嫁兮婴缠，绵归来兮已久。”

嬪 〔pín《广韵》符真切，平真，並。〕❶宫廷女官名，皇帝及诸侯侍妾。杜甫《伤春五首》之四：“夺马悲公主，登车泣贵嫔。”元稹《代曲江老人百韵》：“鱼龙华外戏，歌舞洛中嫔。”崔涂《过昭君故宅》：“以色静胡尘，名还异众嫔。”陈陶《西川座上听金五云唱歌》：“自言本是宫中嫔，武皇改号承恩新。”❷妇女美称。见“嬪風”。

【嬪女】 泛指宫中女官。皎然《杂兴六首》之二：“嫔女身后空，欢娱梦中好。”

【嬪妃】 宫中姬妾。白居易《杂兴三首》之一：“楚王多内宠，倾国选嫔妃。”曹唐《小游仙诗九十八首》之二十一：“嫔妃久立帐门外，暗笑夫人推酒声。”徐夤《汉宫新宠》：“位在嫔妃最上头，笑他长信女悲秋。”周昙《咏史诗·后汉门·马后》：“粗衣闲寂阅群书，荐达嫔妃广帝居。”

【嬪妓】 嫔妃及宫中乐伎。韩愈《丰陵行》：“设官置卫锁嫔妓，供养朝夕象平居。”

【嬪風】 妇女的风范。张九龄《故荥阳君苏氏挽歌词三首》之一：“门绪公侯列，嫔风诗礼行。”李峤《天官崔侍郎夫人吴氏挽歌》：“唯当青史上，千载仰嫔风。”

【嬪娥】 宫中姬妾和宫女。元稹《望云骓马歌》：“嫔娥相顾倚树啼，鹓鹭无声仰天立。”南唐后主李煜《木兰花》词：“晓妆初了明肌雪，春殿嫔娥鱼贯列。”

【嬪從】 犹嫔御。张说《安乐郡主花烛行》：“蔼蔼绮庭嫔从列，娥娥红粉扇中开。”

【嬪御】 宫中女官和侍女。卢纶《送契玄法师赴内道场》：“嫔御呈心镜，君王赐髻珠。”元稹《和李校书新题乐府十二首·上阳白发人》：“满怀墨诏求嫔御，走上高楼半酣醉。”白居易《续古诗十首》之五：“宜当备嫔御，胡为守幽独。”皮日休《太湖诗·练渎》：“君王掩面死，嫔御不敢哭。”陈陶《西川座上听金五云唱歌》：“武皇铸鼎登真箓，嫔御蒙恩免幽辱。”

【嬪儀】 指贵妇的容止。权德舆《赠梁国惠康公主挽歌词二首》之一：“外馆嫔仪贵，中参睿渥深。”

【嬪嫱】 宫中女官、姬妾。杜甫《杜鹃行》：“岂知昔日居深宫，嫔嫱左右如花红。”郑谷《顺动后蓝田偶作》：“宫阙飞灰烬，嫔嫱落里闾。”韩偓《北齐二首》之一：“任道骄奢必败亡，且将繁盛悦嫔嫱。”李平《句》：“龙髯已断嫔嫱老，豹尾不来岐路长。”贯休《寿春节进》：“玉辇嫔嫱拥，宫花锦绣攲。”

十六画

嬿 〔yàn《广韵》於甸切，去霰，影。又於殄切，上銑，影。〕美好。见“嬿婉”。

【嬿婉】 美好貌。孙元晏《咏史诗·陈·后庭舞》：“嬿婉回风态若飞，丽华翘袖玉为姿。”

嬾 〔lǎn《广韵》落旱切，上旱，來。〕懒惰，懈怠。张籍《酬韩庶子》：“西街幽僻处，正与懒相宜。”韦庄《秦妇吟》：“斜开鸾镜懒梳头，闲凭雕栏慵不语。”吕岩《题崇元观》：“褰裳懒步寻真宿，清景一宵吟不足。”

十七画

孀 〔shuāng《广韵》色莊切，平陽，生。〕❶寡妇。孟郊《寒溪》之二：“仄步下危曲，攀枯闻孀啼。”施肩吾《古别离二首》之二：“惟恐征战不还乡，母化为鬼妻为孀。”❷守寡。李贺《河南府试十二月乐词·八月》：“孀妾怨夜长，独客梦归家。”曹邺《翠孤至渚宫寄座主相公》：“其下有孤侄，其上有孀嫂。”罗隐《中秋不见月》：“天为素娥孀怨苦，并教西北起浮云。”

【孀妻】 寡妇。沈佺期《伤王学士》：“孀妻知己叹，幼子路人悲。”顾况《哭李别驾》：“不欲频回步，孀妻正哭时。”刘商《同诸子哭张元易》：“伯道共悲无后嗣，孀妻老母断根蓬。”白居易《雨中听琴者弹别鹤操》：“莫教迁客孀妻听，嗟叹悲啼泥杀君。”刘言史《恸柳论》：“孀妻栖户仍无嗣，欲访孤坟谁引至。”唐求《伤张玖秀才》：“入关词客秋怀友，出户孀妻晓望夫。”

【孀居】 守寡。陈陶《海昌望月》：“孀居应寒冷，捣药青冥愁。”

【孀娥】 丧夫的年轻女子。孟郊《秋怀》之三：“孀娥理故丝，孤哭抽余思。”

【孀妇】 寡妇。韦应物《子规啼》：“邻家孀妇抱儿泣，我独展转何时明。”耿沣《哭张融》：“有家孀妇少，无子吊人稀。”刘商《吊从甥》：“儿童惊走报人来，孀妇开门一声哭。”于鹄《哭刘夫子》：“孀妇归乡里，书斋属四邻。”孟郊《看花》之五：“料得一孀妇，经时独泪垂。”白居易《和晨兴因报问龟儿》：“西院病孀妇，后床孤侄儿。”汪遵《杞梁墓》：“南邻北里皆孀妇，谁解坚心继此来。”徐夤《两晋》：“三世深谋启帝基，可怜孀妇与孤儿。”胡玢《巢燕》：“莫巢孀妇家，孀妇怨孤坐。”

【孀雌】 丧偶的雌性动物。李白《双燕离》：“憔悴一身在，孀雌忆故雄。”

【孀闺】 寡妇的居处。白居易《酬和元九东川路诗十二首·江岸梨花》：“最似孀闺少年妇，白妆素袖碧纱裙。”

【孀獨】 丧夫而独身。王初《青帝》：“青帝邀春隔岁还，月娥孀独夜漫漫。”李商隐《和韩录事送宫人入道》：“凤女颠狂成久别，月娥孀独好同游。”

孃 〔niáng《广韵》女良切，平陽，娘。〕母亲。杜甫《兵车行》：“耶娘妻子走相送，尘埃不见咸阳桥。”顾况《梁广画花歌》：“心相许，为白阿娘从嫁与。”寒山《诗三百三首》之一五九：“个个惜妻儿，爷娘不供养。”

十九画

孌 〔luán《广韵》力兖切，上獮，來。又力眷切，去線切，來。〕美好貌。见“婉孌”。

子　部

子[1] 〔zǐ《广韵》即里切，上止，精。〕❶古代兼称儿女。见《仪礼·丧服》。后专指儿子。玄宗《赐诸州刺史以题座右》："视人当如子，爱人亦如伤。"元结《漫酬贾沔州》："家中孤弱子，长子未及冠。"柳宗元《韦道安》："父子更抱持，涕血纷交零。"陆龟蒙《和袭美泰伯庙》："迩来父子争天下，不信人间有让王。"❷视如己子；慈爱。见《诗·周颂·时迈》。薛能《牡丹四首》之一："种堪收子子，价合易贤贤。"贯休《施万病丸》："贤守运心亦相似，不吝亲亲拘子子。"❸泛称人。见《诗·邶风·匏有苦叶》。诸光羲《同王十三维偶然作十首》之三："荷蓧者谁子，皤皤来息肩。"戴叔伦《偶成》："沧浪者谁子，一曲醉中听。"杜甫《北风》："再宿烦舟子，衰容问仆夫。"齐己《江行早发》："舟子相呼起，长江未五更。"❹古代对男子的尊称或美称。见《左传·昭公十二年》。陈子昂《春台引》："星台秀士，月旦诸子。"李白《送别得书字》："迁人发佳兴，吾子访闲居。"颜真卿《谢陆处士杼山折青桂花见寄之什》："群子游杼山，山寒桂花白。"皎然《支公诗》："道家诸子论自然，此公唯许逍遥篇。"❺我国古代五等爵位中的第四等。见"子男"。❻指动物遗传的下一代。见《诗·小雅·小宛》。杜甫《夔州歌十句绝句》之五："背飞鹤子遗琼蕊，相趁凫雏入蒋牙。"翁承赞《题故居》："一为鹅子二连花，三望青湖四石斜。"张籍《猛虎行》："年年养子在空谷，雌雄上山不相逐。"李贺《猛虎行》："乳孙哺子，教得生狞。"❼动物的卵。张说《奉和圣制初入秦川路寒食应制》："便幕那能镂鸡子，行宫善巧帖毛球。"元稹《寒食夜》："红染桃花雪压梨，玲珑鸡子斗赢时。"白居易《和春深二十首》之十六："玲珑镂鸡子，宛转彩球花。"徐仲雅《赠齐己》："混沌凿开鸡子黄，散作纯风如胆苦。"❽植物的果实、种子。李贤《黄台瓜辞》："种瓜黄台下，瓜熟子离离。"杜甫《少年行二首》之二："巢燕养雏浑去尽，江花结子已无多。"李绅《古风二首》之一："春种一粒粟，秋收万颗子。"温庭筠《红南曲》："花开子留树，草长根依土。"❾小而坚硬的块状物或颗粒状物。特指棋子。王建《看棋》："两边对坐无言语，尽日时闻下子声。"白居易《池上二绝》之一："映竹无人见，时闻下子声。"郑谷《寄棋客》："覆图闻夜雨，下子对秋灯。"李中《石棋局献时宰》："公退启枰书院静，日斜收子竹阴移。"❿地支的第一位。与天干相配，用以纪年。亦用以纪日。见《仪礼·士丧礼》。《东阳夜怪诗》(卷八六七)："一从离子卯，应见海桑田。"白居易《花前有感兼呈崔相公刘郎中》："何事同生壬子岁，老于崔相及刘郎。"唐彦谦《咸通中始闻褚河南归葬阳翟成二十韵》："文忠徒谥议，子卯但箫韶。"王周《齿落词》："已卯至庚辰，仲夏晦之暮。"⓫十二时辰之一。旧时把一昼夜分为十二个时辰，用十二地支表示。夜十一时至次晨一时为子时。吕岩《谷神歌》："修炼还须夜半子，河车般载上昆仑。"见"子夜❶"。⓬利钱，利息。见《史记·货殖列传》。元稹《估客乐》："子本频蕃息，货贩日兼并。"⓭派生的，从属的。与本体或母体相对。见"子母錢""子城"。⓮代词。表示第二人称，相当于"您"。韩愈《送惠师》："吾言子当去，子道非吾遵。"

子[2] 〔zi〕名词后缀。卢纶《割飞二刀子歌》："改锻割飞二刀子，色迎霁雪锋含霜。"王建《宫词一百首》之六三："众中遗却金钗子，拾得从他要赎么。"又《宫词一百首》之一百："宛转黄金白柄长，青荷叶子画鸳鸯。"《神龙后乌鹊窠谣》："镰柯不凿孔，斧子不施柯。"

【子山】 庾信，字子山，为南北朝时由梁入周的著名作家，在两朝都官居显位。其所著《哀江南赋》《伤心赋》和《小园赋》等颇负盛名。杜甫《赠李十五丈别》："玄成美价存，子山旧业传。"皎然《赠颜主簿》："更见尚书后，能文在子山。"皮日休《友人许惠酒以诗征之》："子山病起无余事，只望蒲台酒一车。"徐夤《赠杨著》："李广不侯身渐老，子山操赋恨何深。"

【子夫】 卫子夫。原为平阳主侍者，因侍汉武帝更衣，被看中，遂代陈皇后为后。见《史记·外戚世家》。武平一《妾薄命》："子夫前入侍，飞燕复当时。"

【子曰】 《论语·学而》等篇反复以"子曰"发端，记叙孔子的言论。后遂以"子曰"指儒家圣人的教导。贾岛《赠智朗禅师》："率赋赠远言，言惭非子曰。"

【子午】 ❶指南北。古人以子为正北，以午为正南。见"子午谷"。❷指夜半和正午。旧时计时法，以夜间十一时至次晨一时为子时，以白昼十一时至一时为午时。白居易《同微之赠别郭虚舟炼师五十韵》："六一闷扃镉，子午守雄雌。"吕岩《渔父词一十八首·延寿》："子午常餐日月精，玄关门户启还扃。"又《忆江南》词之一:“位应乾坤白露节,象移寅卯紫河车。子午结朝霞。”又《步蟾宫》词:“坎离乾兑逢子午,须认取,自家根祖。”

【子午山】 即子午谷。王维《送崔五太守》:“子午山里杜鹃啼,嘉陵水头行客饭。”

【子午谷】 谷名。在今陕西西安南终南山中。子为北方,午为南方,古为川陕间南北相通要道,故名子午。杜甫《玄都坛歌寄元逸人》:“故人今居子午谷,独在阴崖结茅屋。”

【子午關】 在唐长安县南一百里子午道中。李白《答长安崔少府叔封游终南翠微寺太宗皇帝金沙泉见寄》:“早行子午关,却登山路远。”杨凝《送客入蜀》:“明朝骑马摇鞭去,秋雨槐花子午关。”

【子兮】 嗟叹之词。见《诗·唐风·绸缪》。韩愈《赠别元十八协律六首》之一:“子兮何为者,冠珮立宪宪。”又:“子兮独如何,能自媚婉娩。”

【子玉】 崔瑗字子玉,东汉大儒,居官清正,善为箴铭。见《后汉书·崔骃传》附《崔瑗传》。权德舆《户部王曹长杨考功崔刑部二院长并同钟陵使府之旧因以寄赠又陪郎署喜甚常僚因书所怀且叙所知》:“子玉谅贞实,持刑慎丹笔。”又《奉和崔阁老清明日候许阁老交直之际辱裴阁老书招云与考功苗曹长先城南游览独行口号因以简赠》:“谏曹将列宿,几处期子玉。”杜牧《寄崔钧》:“缄书报子玉,为我谢平津。”周朴《春中途中寄南巴崔使君》:“子玉和予去,应怜恨不穷。”

【子玉銘】 指后汉崔瑗(字子玉)所作《座右铭》。见《文选·崔瑗〈座右铭〉》。张荐《奉酬礼部阁老转韵离合见赠》:“劝深子玉铭,力竞相如赋。”

【子本】 利息和本金。元稹《估客乐》:“子本频蕃息,货贩日兼并。”

【子平】 东汉高士向长,字子平,隐居不仕,子女婚嫁已毕,即离家游名山。见《后汉书·逸民传》。王绩《北山》:“子平一去何时返,仲叔长游遂不来。”钱起《东溪杜野人致酒》:“万重云树下,数亩子平居。”李德裕《近于伊川卜山居聊赋此诗兼寄上浙东元相公大夫使求青田胎化鹤》:“欲追绵上隐,况近子平村。”

【子犯】 春秋晋臣,曾追随重耳出亡。见《左传·僖公二十四年》。韩愈《除官赴阙至江州寄鄂岳李大夫》:“子犯亦有言,臣犹自知之。”

【子母錢】 传说,以青蚨母、子之血分别涂于钱币上,钱币会互相吸引,飞还相聚。见晋干宝《搜神记》卷十三。许浑《赠王山人》:“君臣药在宁忧病,子母钱成岂患贫。”吴融《和韩致光侍郎无题三首十四韵》之三:“子母钱征笑,西南月借嚬。”

【子幼】 西汉杨恽,字子幼,司马迁外孙。今传其《报孙会宗书》,为西汉散文名篇。白居易《谈氏小外孙玉童》:“中郎余庆钟羊祜,子幼能文似马迁。”

【子西】 卢康字。韦应物有《天长寺上方别子西有道》,自注:“时任京兆府功曹,摄高陵宰,别田曹卢康、户曹韩质,因而有作。”韦应物又有《同长源归南徐寄子西子烈有道》和《寄子西》。

【子西掩袂】 子西为春秋时楚国令尹。见《左传·哀公十六年》。后遂以“子西掩袂”比喻朝臣遇危。柳宗元《古东门行》:“魏王卧内藏兵符,子西掩袂真无辜。”

【子列】 即列御寇,战国郑人。道家奉他为先辈。见《列子·天瑞》。杜牧《寄李播评事》:“子列光殊价,明时忍自高。”

【子年】 前秦王嘉字子年。传说他能预言未来之事。他曾暗示苻坚将遭挫败,苻坚未信。见《晋书·王嘉传》。陈子昂《感遇诗三十八首》之九:“赤精既迷汉,子年何救秦。”

【子先】 仙人名。见《列仙传》卷下。玄宗《途经华岳》:“仿佛看高掌,依稀听子先。”

【子安】 仙人名。见刘向《列仙传·陵阳子明》。李白《自梁园至敬亭山见会公谈陵阳山水兼期同游因有此赠》:“黄鹤久不来,子安在苍茫。”又《登敬亭山南望怀古赠窦主簿》:“白龙降陵阳,黄鹤呼子安。”

【子牟】 魏公子名牟,自称“身在江海之上,心居魏阙之下”。后遂以“子牟意”等喻指眷念朝廷之心。张九龄《忝官二十年尽在内职及为郡尝积恋因赋诗焉》:“仲尼在川上,子牟存阙下。”孟浩然《初下浙江舟中口号》:“回瞻魏阙路,空复子牟心。”蒋防《藩臣恋魏阙》:“如何子牟意,今古道斯存。”贯休《送崔使君》:“子牟恋阙归阙,王粲下楼相别。”

【子羽】 澹台灭明,字子羽,孔子弟子,鲁国武城(在今山东费县境内)人,为人公正。见《论语·雍也》。张籍《省试行不由径》:“子羽有遗迹,孔门传旧声。”

【子男】 子爵和男爵的合称。古制禄爵分公、侯、伯、子、男五等。见《礼记·王制》。诗文中借指州县官吏。戴叔伦《敬酬陆山人二首》之二:“却掌山中子男印,自看犹是旧潜夫。”李频《寄辛明府》:“何处无苛政,东南有子男。”

【子初】 令狐绪,令狐绹兄。见《旧唐书·令狐楚传》。王达津《唐诗丛考·李商隐诗杂考》云,绹字子直,故子初当是令狐绪字。

【子罕辭寶】 子罕,春秋宋大夫。宋国有人向他献玉,子罕谓自己“以不贪为宝”,辞而不受。在献玉人的请求下,他将宝玉换得财富,归还给献玉者。见《左传·襄公十五年》。李翰《蒙求》:“澹台毁璧,子罕辞宝。”

【子直】　令狐绹字子直。会昌初，任户部员外郎，李商隐为秘书省正字。李商隐有《赠子直花下》。

【子英】　刘子英，刘长卿从兄。曾任主簿。见《旧唐书·刑法志》。刘长卿有《硖石遇雨宴前主簿从兄子英宅》。

【子明】　即陵阳窦子明，古代传说中的仙人。陵阳，山名，在今安徽宣城市。见汉刘向《列仙传·陵阳子明》。后遂作游历或游仙之典。李白《过汪氏别业二首》之一："游山谁可游，子明与浮丘。"霍总《郡楼望九华歌》："子明龙驾腾九垓，陵阳相对空崔嵬。"

【子夜】　❶夜半子时，半夜。耿沣《秋夜会宿李永宅忆江南旧游》："子夜高梧冷，秋阴远漏微。"岑参《行军雪后月夜宴王卿家》："子夜雪华余，卿家月影初。"吕温《奉和张舍人阁中直夜思闻雅琴因书事通简僚友》："凉生子夜后，月照禁垣深。"杜牧《和野人殷潜之题筹笔驿十四韵》："子夜星才落，鸿毛鼎便移。"❷"子夜歌"之省。李白《白纻辞三首》之二："郢中白雪且莫吟，子夜吴歌动君心。"顾况《听刘安唱歌》："子夜新声何处传，悲翁更忆太平年。"武元衡《春分与诸公同宴呈陆三十四郎中》："更闻歌子夜，桃李艳妆新。"李商隐《俳谐》："莺能歌子夜，蝶解舞宫城。"

【子夜四時歌】　南朝乐府《吴声歌曲》名，根据《子夜歌》变化而成。见《乐府诗集》卷四四《子夜歌四十二首》解题。郭元振有《子夜四时歌六首》、陆龟蒙有《子夜四时歌》，均为四时行乐词。

【子夜歌】　乐府《吴声歌曲》名。见《宋书·乐志一》。现存晋、宋、齐三代歌词四十二首，写爱情生活的悲欢离合，多用双关隐语。南朝乐府又有《子夜四时歌》，系据《子夜歌》变化而成。亦省作"子夜"。孟浩然《崔明府宅夜观妓》："长袖平阳曲，新声子夜歌。"李商隐《离思》："气尽前溪舞，心酸子夜歌。"薛能《子夜》："嫖姚家宴敌吴王，子夜歌声满画堂。"韦庄《忆昔》："昔年曾向五陵游，子夜歌清月满楼。"

【子夜變】　半夜里所发生的负情的变故。陆龟蒙《子夜变歌三首》之一："三更开门去，始知子夜变。"

【子夜變歌】《子夜歌》的变调。陆龟蒙有《子夜变歌三首》。参见"子夜四時歌"。

【子夜警歌】《子夜歌》的变调。陆龟蒙有《子夜警歌二首》。参见"子夜四時歌"。

【子房】　张良字子房。为汉王刘邦的谋臣。事迹见《史记·留侯世家》。诗文中借指当朝谋臣。徐坚《奉和圣制送张说巡边》："累相承安世，深筹协子房。"钱起《奉送户部李郎中充晋国副节度出塞》："子房推庙略，汉主托兵权。"元稹《酬翰林白学士代书一百韵》："心轻马融帐，谋夺子房帷。"费冠卿《闲居即事》："子房仙去孔明死，更有何人解指踪。"

【子建】　三国魏陈思王曹植字子建，以善于诗文见称。事迹见《三国志·魏志·陈思王植传》。杜甫《奉赠韦左丞丈二十二韵》："赋料扬雄敌，诗看子建亲。"又《别李义》："子建文笔壮，河间经术存。"范元凯《章仇公席上咏真珠姬》："应知子建怜罗袜，顾步裴回拾翠钗。"

【子姓】　泛指子孙、后辈。见《礼记·丧记》。韦庄《和郑拾遗秋日感事一百韵》："永期传子姓，宁误犯天狼。"

【子春傷足】　子春，乐正子春，曾子弟子。子春有足疾，痊愈后，仍不释忧，以为有失孝道。见《大戴礼·曾子大孝》。权德舆《工部发引日属伤足卧疾不遂执绋》："子春伤足日，况有寝门哀。"

【子衿】《诗·郑风》篇名。《诗序》以为刺"学校废"，谓"乱世则学校不修焉"。孔绍安《伤顾学士》："忆昔江湖上，同咏子衿诗。"

【子城】　大城所属的小城，即内城或附郭的瓮城或月城。权德舆《朝回阅乐寄绝句》："子城风暖百花初，楼上龟兹引导车。"张籍《哭丘长史》："每到子城东路上，忆君相逐入朝时。"

【子星】　星名。属井宿，即天鸽座中间二星。见《晋书·天文志上》。沈佺期《岁夜安乐公主满月侍宴》："除夜子星回，天孙满月杯。"

【子胥】　春秋时吴国大夫伍员字子胥。其逃亡期间曾向溧阳女子乞食。见《越绝书·荆平王内传》。李白《游溧阳北湖亭望瓦屋山怀古赠同旅》："子胥昔乞食，此女倾壶浆。"

【子姪】　儿子与侄子辈的统称。杜甫《示侄佐》："嗣宗诸子侄，早觉仲容贤。"韩愈《人日城南登高》："亲交既许来，子姝亦可从。"

【子泰】　唐诗作者。事迹不详。《全唐诗逸》卷中录其断句一联。

【子都】　冯子都。西汉贵戚霍光家奴，常仗势横行，百官畏避。见《汉书·霍光传》。顾况《瑶草春》："执心轻子都，信节冠秋胡。"

【子真】　❶西汉高士郑朴字子真，修身持礼，隐居不仕，耕于岩石之下，名震京师。见《汉书·王贡两龚鲍传》。后用以喻指隐逸高士。杜甫《江雨有怀郑典设》："谷口子真正忆汝，岸高瀼滑限西东。"卢纶《关口逢徐迈》："废寺连荒垒，那知见子真。"武元衡《春暮郊居寄朱舍人》，"幽深不让子真居，度日闲眠世事疏。"❷西汉儒者梅福字马真，九江寿春（今安徽寿县）人，曾任南昌尉，后弃官，传说成仙而去。见《汉书·梅福传》。后常用咏县尉的典故。独孤及《海上怀华中旧游寄郑县刘少府造渭南王少府崟》："离别莫言关塞远，梦魂长在子真家。"耿沣《赠别安邑韩少府》："子真能自在，江海意何如。”贾岛《送友人弃官游江左》：“别后吴中使，应须访子真。”❸后汉崔寔字子真，曾两度拜议郎。见《后汉书·崔骃传》附《崔寔传》。后因此喻指议郎。李端《酬晋侍御见寄》：“本求文举识，不在子真官。”

【子夏】　孔子弟子卜商，字子夏，居西河。因丧子而失明，曾子批评他伤心过分，他有“吾离群而素居，亦已久矣”之语。见《礼记·檀弓上》。诗文中常作自伤寥落的典故。杜甫《上韦左相二十韵》：“长卿多病久，子夏索居频。”韩愈《县斋有怀》：“犹嫌子夏儒，肯学樊迟稼。”张贲《贲中间有吴门旅泊之什蒙鲁望垂和更作一章以伸酬谢》：“清秋将落帽，子夏正离群。”

【子晉】　王子晋。为周灵王太子。传说他得道成仙，曾骑鹤吹笙降于缑山上。见汉刘向《列女传·王子乔》，后多作咏仙家的典故。储光羲《同王十三维偶然作十首》之七：“安得如子晋，与之游太清。”杨嗣复《赠毛仙翁》：“令威子晋皆俦侣，东岳同寻太真女。”杜牧《寄题甘露寺北轩》：“孤高堪弄桓伊笛，缥缈宜闻子晋笙。”高骈《闻河中王铎加都统》：“不知子晋缘何事，只学吹箫便得仙。”

【子息】　子嗣，儿子。贾岛《哭孟郊》：“寡妻无子息，破宅带林泉。”

【子卿】　西汉名臣苏武字子卿，他出使匈奴十九年，历尽艰辛，宁死不屈，完节而归。见《汉书·苏建传》附《苏武传》。郑愔《塞外三首》之三：“子卿犹奉使，常向节旄看。”钱起《送张将军征西》：“始笑子卿心计失，徒看海上节旄稀。”

【子章】　段子璋。梓州刺史。上元二年(761)反。见《资治通鉴》卷二二二。杜甫《戏作花卿歌》：“子章髑髅血模糊，手提掷还崔大夫。”

【子符】　韩愈子韩昶小名符。张籍《祭退之》：“子符奉其言，甚于亲使令。”

【子蒙】　卢真字。元稹《答子蒙》：“报卢尹，门外雪纷纷。”按卢真，《全唐诗》作卢贞，字子蒙，官河南尹。开成中为大理卿，终福建观察使。见《全唐诗》卷四六三卢贞小传。

【子陵】　东汉高士严光字陵。严光隐于渔钓，不应故人汉光武帝刘秀的征聘。见《后汉书·逸民传·严光》。后用以比清高隐逸之士。刘长卿《对酒寄严维》：“门前七里濑，早晚子陵过。”钱起《同严逸人东溪泛舟》：“子陵江海心，高迹此闲放。”顾况《严公钓台作》：“汉后虽则贵，子陵不知高。”贯休《秋送夏郢归钱塘》：“从兹江岛意，应续子陵名。”

【子陵臺】　即严陵钓坛。见《后汉书·逸民传·严光》。谭用之《寄王侍御》：“鸟尽弓藏良可哀，谁知归钓子陵台。”亦借指他处钓矶。杜牧《丹水》：“翠岩三百尺，谁作子陵台。”柳宗元《桂州北望秦驿手开竹径至钓矶留待徐容州》：“王程倘余暇，一上子陵台。”

【子陵瀨】　即子陵滩。刘长卿《严子濑东送马处直归苏》：“秋色姑苏台，寒流子陵濑。”又《严陵钓台送李康成赴江东使》：“潺湲子陵濑，仿佛如在目。”

【子陵灘】　即七里滩。又名七星濑、严陵濑。富春江的一段。北岸富春山（严陵山）相传为东汉严光隐居垂钓处。见南朝梁顾野王《舆地志》。崔颢《发锦沙村》：“行行泊不可，须及子陵滩。”刘长卿《使还七里濑上逢薛承规赴江西贬官》：“迁客归人醉晚寒，孤舟暂泊子陵滩。”白居易《家园三绝》之一：“沧浪峡水子陵滩，路远江深欲去难。”张蠙《钱塘夜宴留别郡守》：“沉醉不愁归棹远，晚风吹上子陵滩。”

【子孫】　儿子和孙子。亦泛指后代。王昌龄《长歌行》：“高皇子孙尽，千载无人过。”高适《行路难二首》之二：“子孙成行满眼前，妻能管弦妾能舞。”王建《求友》：“各愿贻子孙，永为后世资。”刘驾《冯叟居》：“累累子孙墓，秋风吹古柏。”

【子規】　杜鹃鸟的别称。传为蜀帝杜宇的魂魄所化。常夜鸣，鸣声凄切，故借以抒悲苦哀伤之情。李白《蜀道难》：“又闻子规啼夜月，愁空山。”韦应物《子规啼》：“高林滴露夏夜清，南山子规啼一声。”顾况《子规》：“若教恨魄皆能化，何树何山著子规。”李群玉《题二妃庙》：“黄陵庙前春已空，子规啼血滴松风。”

【子推】　即介之推，又称“介推”。从晋文公流亡，有功不愿受禄，隐入绵山，不顾晋文公焚山逼迫，抱树烧死。传说寒食节即为纪念他。见《左传·僖公二十四年》。后常用于咏寒食。孟云卿《寒食》：“贫居往往无烟火，不独明朝为子推。”

【子野】　即师旷，春秋时晋平公的大师，乐官之长，是中国古代著名音乐家。见《孟子·离娄上》。李白《雪谗诗赠友人》：“子野善听，离娄至明。”孟郊《失意归吴因寄东台刘复侍御》：“离娄岂不明，子野岂不聪。”又《答昼上人止谗作》：“子野真遗却，浮浅藏渊深。”韦庄《赠峨嵋山弹琴李处士》：“子期子野俱不见，乌啼鬼哭空伤悲。”

【子產】　即公孙侨，字子产，春秋时郑国政治家。曾平定贵族叛乱。见《史记·郑世家》。李夷简《西亭暇日书怀十二韵献上相公》：“文翁旧学校，子产昔田畴。”

【子粒】　粮食作物穗上的种子或豆类作物豆荚内的豆粒。杜甫《暂往白帝复还东屯》：“落杵光辉白，除芒子粒红。”

【子將】　(—jiāng)后汉许劭，字子将。少峻名节，好品藻人物。《后汉书》卷六八有传。权德舆《奉和许阁老酬淮南崔十七端公见寄》："子将陪禁掖，亭伯限江湖。"此借指许阁老。

【子細】 ❶认真，细致。杜甫《九日蓝田崔氏庄》："明年此会知谁健，醉把茱萸子细看。"戴叔伦《抚州被推昭雪答陆太祝三首》之一："如今谤起翻成累，唯有新人子细知。"元稹《八月十四日夜玩月》："谁能唤得姮娥下，引向堂前子细看。"皮日休《寄题玉霄峰叶涵象尊师所居》："子细扪心无偃骨，欲随师去肯相容。"❷清晰，分明。杜甫《观李固请司马弟山水图三首》之三："野桥分子细，沙岸绕微茫。"❸小心，谨慎。白居易《除夜寄微之》："家山泉石寻常忆，世路风波子细谙。"

【子婿】 儿女的丈夫，女婿。张说《奉和圣制送金城公主适西蕃应制》："戎王子婿宠，汉国舅家慈。"

【子期】 即钟子期。传说春秋时楚人伯牙善弹琴，他的弹奏，深为钟子期所理解。钟子期死，伯牙认为世无知音之人，破琴绝弦。见《吕氏春秋·孝行览·本味》。后用以喻指知音或知己。李峤《琴》："子期如可听，山水响余哀。"李山甫《赠弹琴李处士》："三尺焦桐七条线，子期师旷两沉沉。"韦庄《赠峨嵋山弹琴李处士》："子期子野俱不见，乌啼鬼哭空伤悲。"元孚《送李四校书》："莫学楚狂隳姓字，知音还有子期听。"

【子敬】 晋王献之字子敬。王徽之之弟，弟亡，兄往吊之，弹子敬之琴，琴不成音，伤，人琴俱亡。月余，徽之亦卒。见《世说新语·伤逝》。后遂用作恸悼亡者的典故。张九龄《故徐州刺史赠吏部侍郎苏公挽歌词三首》之二："相如只谢病，子敬忽云亡。"窦蒙《题弟臮述书赋后》："季江留被在，子敬与琴亡。"戴叔伦《吊畅当》："徒闻子敬遗琴在，不见相如驷马归。"

【子敬氈】 晋人王献之字子敬，夜间发现家中被盗，要求偷儿将先代遗物——青毡留下。见《晋书·王羲传》附《王献之传》。后以"子敬氈"喻指家无长物、生计艰难。杜甫《秋日夔府咏怀奉寄郑监李宾客一百韵》："卜羡君平杖，偷存子敬毡。"

【子雲】 扬雄字子云，西汉文学家。他工于作赋，曾侍从汉成帝游猎，历仕成、哀、平三朝，不得升迁。后常借指能文的才士，亦借以寄托怀才不遇的感叹。崔融《哭蒋詹事俨》："不轻文举少，深叹子云疲。"王维《和太常韦主薄五郎温汤寓目之作》："闻道甘泉能献赋，悬知独有子云才。"杜甫《八哀诗·故著作郎贬台州司户荥阳郑公虔》："子云窥未遍，方朔谐太枉。"韩愈《闲游二首》之二："子云只自守，奚事九衢尘。"

【子雲宅】 见"子雲居"。

【子雲居】 汉扬雄，字子云，家贫，家产不过十金，乏无儋石之储，门前冷落。见《汉书·扬雄传》。后遂以"子云居"指居室简陋。王绩《田家三首》之一："草生元亮径，花暗子云居。"高适《哭单父梁九少府》："夜台今寂寞，独是子云居。"牟融《题朱庆余闲居四首》之三："路通元亮宅，门对子云居。"亦作"子雲宅"。李白《淮南卧病书怀寄蜀中赵征君蕤》："朝忆相如台，夜梦子云宅。"

【子雲閣】 汉扬雄，字子云，曾校书天禄阁。见《汉书·扬雄传》。后因以"子云阁"代称宫内校理书籍的殿阁。上官仪《酬薛舍人万年宫晚景寓直怀友》："东望安仁省，西临子云阁。"

【子虛】 指《子虚赋》。汉司马相如著，以之讽谏天子游猎之事，汉武帝读赋甚喜，任相如为郎。见《史记·司马相如列传》。王维《戏赠张五弟諲三首》之二："染翰过草圣，赋诗轻子虚。"钱起《送沈仲》："举酒常叹息，无人达子虚。"温庭筠《送襄州李中丞赴从事》："汉庭文采有相如，天子通宵爱子虚"。张乔《题友人草堂》："坚话长如此，何年献子虚。"

【子喬】 王子乔。传说中上古时代的仙人，据说即周灵王太子王子晋。事迹见汉刘向《列仙传·王子乔》。后因用作咏仙家的典故。钱起《题秘书王迪城北池亭》："子乔来魏阙，明主赐衣簪。"顾况《谢王郎中见赠琴鹤》："子乔翔邓林，王母游层城。"贯休《了仙谣》："海中紫雾蓬莱岛，安期子乔去何早。"

【子淵】 颜回字子渊。孔子弟子，品德高尚，安于贫贱，多次受到孔子的称赞。见《史记·仲尼弟子列传》《论语·雍也》。后常用来喻指安贫乐道之士。权德舆《哭李晦群崔季文二处士》："子渊将叔度，自古不得已。"

【子游】 言偃字子游，孔子弟子，曾任武城宰。见《史记·仲尼弟子列传》。后遂以代称县令。戎昱《秋馆雨后得弟兄书即事呈李明府》："试以他乡事，明朝问子游。"

【子路】 仲由字子路，孔子弟子。他好勇耿直，为卫大夫孙悝邑宰，反对孔悝迎立蒯聩为卫公，终至身亡。见《史记·仲尼弟子列传》。后常用以喻指忠勇之士。孟郊《乱离》："子路已成血，嵇康今尚嗤。"

【子猷】 晋王徽之字子猷，著名书法家王羲之之子。以性情直率、狂放不羁的名士风度著称。孟浩然《冬至后过吴张二子檀溪别业》："闲垂太公钓，兴发子猷船。"魏万《金陵酬李翰林谪仙子》："长卿慕蔺久，子猷意已深。"元稹《寺院新竹》："未遭伶伦听，非安子猷宠。"罗隐《竹》："子猷死后知音少，粉节霜筠谩岁寒。"

【子桑】《庄子》寓言中的一个寒士，友人马舆在大雨中接济他饭食。见《庄子·太宗师》。后因用作称颂贫困之交的典故。韩愈《赠崔立之》："昔年十日雨，子桑苦寒饥。”

【子實】　豆类作物豆荚内的豆粒。杜甫《甘林》：“子实不得吃，货市送王畿。”

【子賤】　宓子贱，名不齐，春秋时鲁人，孔子弟子。为单父宰，善于用人，受到孔子和时人称赞。善鸣琴，身不下堂而单父治。见《史记·仲尼弟子列传》。诗文中常作称美县令的典故。李白《赠闾丘宿松》：“何惭宓子贱，不减陶渊明。”杜甫《夏日杨长宁宅送崔侍御常正字入京》：“醉酒扬雄宅，升堂子贱琴。”严维《酬普选二上人期相曾见寄》：“本意宿东林，因听子贱琴。”贾岛《别徐明府》：“口尚袁安节，身无子贱名。”

【子嬰】　秦始皇孙。秦二世三年（前207）赵高杀二世，立他为秦王。他设计杀死赵高，并灭其三族。在位四十六日，即降刘邦，后为项羽所杀。见《史记·秦始皇本纪》。后遂作咏亡国的典故。邵谒《论政》：“子婴一失国，渭水东悠悠。”

【子鵝】　幼鹅，嫩鹅。白居易《和梦得夏至忆苏州呈卢宾客》：“粽香筒竹嫩，炙脆子鹅鲜。”陆龟蒙《蔬食》：“孔融不要留残脍，庾悦无端吝子鹅。”罗隐《旅梦》：“子鹅京口远，粳米会稽赊。”孙元晏《咏史诗·晋·庾悦鹅炙》：“春暖江南景气新，子鹅炙美就中珍。”

【子蘭】　❶唐末诗人。昭宗时为文章供奉。《全唐诗》卷八二四收录其诗一卷，二十四首。❷僧子兰。《全唐诗》卷二〇录其《相和歌辞·饮马长城窟行》一首。

【子囊城郢】　春秋时楚国公子贞字子囊，临死不忘国家安全，遗言建筑郢城。见《左传·襄公十四年》。李翰《蒙求》：“史鱼黜殡，子囊城郢。”

【子驥】　刘子骥，名璘之，东晋时人。陶渊明《桃花源记》中提到，他曾探求桃花源，没有结果。见《晋书·隐逸传·刘璘之》。刘禹锡《游桃源一百韵》：“渊明著前志，子骥思远蹠。”

孑　〔jié《广韵》居列切，入薛，見。〕❶特出，独立貌。见“孑孑❶”。❷孤单，独立貌。见“孑孑❷”“孑然”。❸倏忽，突然。见“孑孑❸”。

【孑孑】　❶特出、独立貌。见《诗·鄘风·干旄》。李贺《神弦别曲》：“绿盖独穿香径归，白马花竿前孑孑。”张祜《马嵬归》：“云愁鸟恨驿坡前，孑孑龙旗指望贤。”《霅溪夜宴诗》（卷八六四）：“矜孑孑于空江兮，靡群援之可依。”❷孤单，孤独。韩愈《食曲河驿》：“而我抱重罪，孑孑万里程。”刘禹锡《和董庶中古散调词赠尹果毅》：“衰容蔽逸气，孑孑无人知。”❸倏忽，突然。卢仝《观放鱼歌》：“或掉尾孑孑，或奋鬣愉愉。”❹细小。薛能《题龙兴寺》：“地遍磷磷石，江移孑孑樯。”

【孑然】　孤立，孤单。孟郊《忆江南弟》：“孑然忆忆言，落地何由通。”孟贯《送人游南越》：“孑然南越去，替尔畏前程。”

【孑遺】　遗留；残存。见《诗·大雅·云汉》。李华《咏史十一首》之七：“况不禁樵采，茅莎无孑遗。”杜甫《送殿中杨监赴蜀见相公》：“相公镇梁益，军事无孑遗。”白居易《寓意诗五首》之一：“一朝为灰烬，柯叶无孑遗。”又《和答诗十首·和阳城驿》：“一一皆实录，事事无孑遗。”

一　画

孔　〔kǒng《广韵》康董切，上董，溪。〕❶洞孔，窟窿。见《墨子·备城门》。韩愈《昼月》：“王碗不磨著泥土，青天孔出白石补。”陆岩梦《桂州筵上赠胡予女》：“眼睛深却湘江水，鼻孔高于华岳山。”《谚》（卷八七七）：“枣子塞鼻孔，悬栖阁却种。”元稹《有鸟二十章》之八：“偏啄邓林求一虫，虫孔未穿长觜秃。”《谣·神龙后乌鹊窠谣》：“镰柯不凿孔，斧子不施柯。”❷大，盛。见“孔壬”“孔威”“孔海”。❸指孔雀。见“孔翠”。❹指孔子。见“孔墨”。❺副词。甚，很。顾况《上古之什补亡训传十三章·燕于巢一章》：“彼日之差，亦孔斯丑。”见“孔明❶”“孔棘”。❻姓，唐诗人有孔绍安、孔温业、孔颙等。

元稹《桐花》：“奸声不入耳，巧言宁孔壬。”

【孔父】　（一fǔ）指孔子。杜甫《通泉驿南去通泉县十五里山水作》：“伤时愧孔父，去国同王粲。”吴筠《高士咏·混元黄帝》：“孔父叹犹龙，谁能知所如。”又《高士咏·长沮桀溺》：“孔父栖栖者，征途方问津。”又《高士咏·项橐》：“孔父惭至理，颜生赖真授。”

【孔公】　指孔子。宋之问《鲁忠王挽词三首》之三：“唯余孔公宅，长接鲁王家。”

【孔氏】　唐诗作者。其亡后成鬼赠夫诗事，见《本事诗·征异》。其《赠夫诗三首》见《全唐诗》卷八六六。诗题后注：“开元中，有幽州衙将姓张者，妻孔氏，生五子而卒。后娶妻李氏，悍妒，虐遇五子，日鞭箠之。五子不堪其苦，哭于其母墓前。母忽于冢中出，抚其子，悲恸久之，因以白布巾题诗赠张，令五子呈其父。连帅上闻，敕李氏决一百，流岭南。张停所职。”

【孔文舉】　东汉孔融字文举。储光羲《秋庭贻马九》：“迭宕孔文举，风流石季伦。”

【孔北海】　东汉名士孔融曾任北海相，有“孔北海”之称。见《后汉书》本传。后常以喻指州郡长官。高适《奉酬睢阳李太守》：“朝瞻孔北海，时用杜荆州。”武元衡《送兄归洛使谒严司空》：“殷勤孔北海，时节易流移。"李德裕《余所居平泉村舍近蒙韦常侍大尹特改嘉名因寄诗以谢》:"多惭孔北海,传教及衡门。"

【孔丘】 孔子名丘,字仲尼。见《史记·孔子世家》。王绩《赠程处士》:"礼乐囚姬旦,诗书缚孔丘。"刘希夷《故园置酒》:"卒卒周姬旦,栖栖鲁孔丘。"诸光羲《同王十三维偶然作十首》之二:"孔丘贵仁义,老氏好无为。"白居易《疑梦二首》之一:"黄帝孔丘无处问,安知不是梦中身。"

【孔伋緼袍】 孔伋,即孔子之孙子思。缊袍,以乱麻(一说旧丝棉絮)为衬的袍子。子思贫着缊袍而接受田子云狐白裘之赠,见汉刘向《说苑·立节》。李翰《蒙求》:"孔伋缊袍,祭遵布被。"

【孔穴】 洞孔,洞穴。元稹《有鸟二十章》之十:"有鸟有鸟名为鸮,深藏孔穴难动摇。"又《分水岭》:"有时遭孔穴,变作呜咽声。"

【孔光】 西汉人。哀帝时为丞相,曾为迎合哀帝抬举佞臣董贤的心理,故意屈己尊董。见《汉书·佞幸传·董贤》。李华《杂诗六首》之五:"孔光尊董贤,胡广惭李固。"

【孔多】 很多。李白《雪谗诗赠友人》:"擢发续罪,罪乃孔多。"

【孔江州】 孔戣。戣曾官江州刺史,谏议大夫。见《全唐文》卷五三六。权德舆有《送孔江州》。

【孔尚書】 孔戣。见《旧唐书》本传。张籍有《赠孔尚书》。

【孔坐】 孔子参与的酒宴。见《初学记》卷二六引《孔丛子·儒服》。李峤《酒》:"孔坐洽良俦,陈筵几献酬。"

【孔丞】 孔戡。戡曾官卫尉丞,分司东都。韩愈《感春五首》之四:"孔丞别我适临汝,风骨峭峻遗尘埃。"

【孔周】 孔子和周公的并称。韩愈《赴江陵途中寄赠三学士》:"生平企仁义,所学皆孔周。"

【孔明】 ❶很完备,很洁净,很鲜明。见《诗·小雅·楚茨》。张九龄《南郊文武出入舒和之乐》:"祀事孔明,祚流万叶。"归登《郊庙歌辞·享惠昭太子庙乐章·请神》:"嘉荐既陈,祀事孔明。"赵光逢《梁郊祀乐章·庆平》:"享祀不忒,礼容孔明。"❷很明达,很明晰。见《文选·张衡〈思玄赋〉》。韩愈《琴操十首·残形操》:"其身孔明矣,而头不知。"❸诸葛亮,字孔明,三国蜀丞相。杜甫《遣兴五首》之一:"嵇康不得死,孔明有知音。"费冠卿《闲居即事》:"子房仙去孔明死,更有何人解指踪。"《承闻故房相公灵榇自阆州启殡归葬东都有作二首》之一:"孔明多故事,安石竟崇班。"

【孔京兆】 孔戢。曾官京兆尹,大和三年(829)正月卒。见《旧唐书·文宗纪上》。白居易《和微之诗二十三首·和自劝二首》之二:"请看韦孔与钱崔,半月之间四人死。"原注:"韦中书,孔京兆,钱尚书,崔华州,十五日间,相次而逝。"

【孔門】 孔子门下。借指儒家。张乔《赠边将》:"应笑孔门客,年年羡四科。"杜甫《题衡山县文宣王庙新学堂呈陆宰》:"周室宜中兴,孔门未应弃。"白居易《饮后戏示弟子》:"孔门有遗训,复坐吾告尔。"赵嘏《赠李秘书》:"束带临风气调新,孔门才业独谁伦。"

【孔威】 很威严,很庄严。韩愈《琴操十首·越裳操》:"厥临孔威,敢戏以侮。"

【孔皆】 普遍。见《诗·周颂·丰年》。后指普遍降福。元稹《痁卧闻幕中诸公征乐会饮》:"布卦求无妄,祈天愿孔皆。"

【孔宣】 即孔子。唐追谥孔子为文宣王,故称。元稹《和乐天赠樊著作》:"缅然千载后,后圣曰孔宣。"白居易《赠杓直》:"世路重禄位,栖栖者孔宣。"

【孔宣父】 (父 fǔ)旧时对孔子的尊敬。见《曲阜县志》卷二二。吴筠《高士咏·荷蓧晨门》:"同讥孔宣父,匿景杳不还。"

【孔席】 指孔子四处奔走,席不暇暖之事。见《文选·班固〈答宾戏〉》。岑参《西蜀旅舍春叹寄朝中故人呈狄评事》:"早须归天阶,不得安孔席。"

【孔悝】 春秋时卫庄公的大夫。卫成公、献公、庄公,皆失国得返,孔悝及其祖先对此三君返国均有勋劳。卫庄公令孔悝将其先人勤劳国事的功绩铭刻在鼎,即孔悝铭。后以"孔悝铭"作为大臣勤劳国事的典故。窦庠《酬韩愈侍郎登岳阳楼见赠》:"自悲由也瑟,敢坠孔悝铭。"

【孔家禽】 见南朝宋刘义庆《世说新语·言语》。后遂以"孔家禽"代指孔雀。张祜《送苏绍之归岭南》:"珠繁杨氏果,翠耀孔家禽。"

【孔戡】 (754—810)字君胜。进士及第,补修武县尉。自金吾卫录事为大理评事,佐昭仪节度使李长荣、卢从史,为掌书记,兼监察御史,迁殿中侍御史。从史骄横不轨,常极谏以折之。见两《唐书》本传。白居易《赠樊著作》:"其佐曰孔戡,舍去不为宾。"居易又有《哭孔戡》。

【孔翊】 晋人。洛阳令。不讲私情。得私人书信,皆不开封,投于水中。见《鲁国先贤志》。李翰《蒙求》:"孔翊绝书,申嘉私谒。"

【孔雀】 ❶鸟名。头上有冠羽。雄鸟颈部羽毛呈绿色,多带有金属光泽。尾羽延长成巨大尾屏,上具五色金翠钱纹,开屏时如彩扇,艳丽可观。雌鸟无尾屏,羽色较差。产于热带。我国仅见于云南。可供观赏,羽毛亦为装饰品。白居易《秋日与张宾客舒著作同游龙门醉中狂歌凡二百三十八字》:"翠藻蔓长孔雀尾，彩船橹急寒雁声。”温庭筠《偶题》：“孔雀眠高阁，樱桃拂短檐。”孔光宪《八拍蛮》：“孔雀尾拖金线长，怕人飞起入丁香。”亦指镶嵌或刺绣在饰物和衣饰上的孔雀图形。杜甫《丽人行》：“绣罗衣裳照暮春，蹙金孔雀银麒麟。”皇甫松《抛球乐》之一：“带翻金孔雀，香满绣蜂腰。”李贺《静女春曙曲》：“恋屏孔雀摇金尾，莺舌分明呼婢子。”元稹《桐花落》：“都绣六七枝，斗成双孔雀。”李商隐《风》：“撩钗盘孔雀，恼带拂鸳鸯。”❷指羽扇。杜甫《至日遣兴奉寄北省旧阁老两院故人二首》之二：“麒麟不动炉烟上，孔雀徐开扇影还。”

【孔雀扇】 用孔雀尾制作的长柄大扇。呈椭圆形，径约三尺，柄长丈余，为宫建仪仗用物。李颀《王母歌》：“霓旌照耀麒麟车，羽盖淋漓孔雀扇。”薛逢《宣政殿前陪位观册顺宗宪宗皇帝尊号》：“孔雀扇分香案出，衮龙衣动册函来。”

【孔淳】 即孔淳之。字彦深南朝刘宋时鲁人。性好山水，每有所游，必穷其幽境，或旬日忘归。见《南史》本传。后借以指辞官不就的隐士。王绩《赠李征君大寿》：“孔淳辞散骑，陆昶谢中郎。”

【孔紹安】 唐诗人。越州山阴（今浙江绍兴）人。年十三，陈亡入隋，徙居京兆鄠县（今陕西户县）。闭门攻读，通古文集数十万言。外兄虞世南甚为叹异。安与孙万寿皆以文辞称，世人谓之“孙孔”。事见《旧唐书》本传，《新唐书·孔若思传》附、《唐诗纪事》卷三。《旧唐书》本传谓有文集五卷，《旧唐书·经籍志》作三卷、《新唐书·艺文志》作五十卷，已佚。《全唐诗》卷三八录其诗七首。

【孔棘】 很紧急，很急迫。见《诗·小雅·采薇》。崔融《西征军行遇风》：“览史怀浸骄，读诗叹孔棘。”

【孔鼎】 正考父庙之鼎。正考父为孔子先祖。见《左传·昭公七年》。李商隐《韩碑》：“汤盘孔鼎有述作，今无其器存其辞。”

【孔溫業】 唐诗人。字逊志，兖州曲阜（今山东曲阜）人。长庆元年（821）进士及第。事迹见《新唐书》本传。《全唐诗》卷五〇八录其《鸟散余花落》省试诗一首。

【孔隙】 空隙；孔窍。卢仝《月蚀诗》：“今夜吐焰长如虹，孔隙千道射户外。”姚合《买太湖石》：“背面淙注痕，孔隙若琢磨。”

【孔聖】 对孔子的尊称。李白《答王十二寒夜独酌有怀》：“孔圣犹闻伤凤麟，董龙更是何鸡狗。”皇甫冉《送孔党赴举》：“家承孔圣后，身上鲁儒名。”白居易《春日闲居三首》之二：“缅思山梁雉，时哉感孔圣。”贯休《经孟浩然鹿门旧居二首》之一：“孔圣嗟大谬，玄宗争奈何。”

【孔嘉】 非常美好。见《诗·豳风·东山》。韩愈《奉和杜相公太清宫纪事陈诚上李相公十六韵》：“褒昧陈奚取，名香荐孔嘉。”

【孔碩】 硕大。见《诗·大雅·楚茨》。贾曾《祭汾阴乐章》：“有豆孔硕，为羞既臧。”顾况《上古之什补亡训传十三章·左车二章》：“曷可去之，于党孔硕。”

【孔僅】 西汉人，武帝时曾任大农丞，领盐铁事，见《汉书·食货志下》。柳宗元《酬韶州裴曹长使君寄道州吕八大使因见示二十韵一首》：“乘轺参孔仅，按节服侯珊。”

【孔賓客】 孔述睿。述睿贞元九年（793）以太子宾客赐金鱼袋致仕。见《旧唐书》本传。权德舆有《奉送孔十兄宾客承恩致政归东都旧居》。

【孔翠】 孔雀和翠鸟。亦单指孔雀。见《文选·左思〈蜀都赋〉》。杜甫《八哀诗·故著作郎贬台州司户荥阳郑公虔》：“孔翠望赤霄，秋思雕笼养。”韩愈、孟郊《城南联句》：“买养驯孔翠，远苞树蕉栟。”李商隐《题鹅》：“那解将心怜孔翠，羁雌长共故雄分。”

【孔璋】 陈琳字孔璋，广陵（今江苏扬州市）人，建安七子之一。见《三国志·魏志·王粲传》附《陈琳传》。诗文中借以咏军府幕宾。刘长卿《行营酬吕侍御时尚书问罪襄阳军次汉东境上》：“孔璋才素健，早晚檄书成。”武元衡《河东赠别炼师》：“孔璋才素健，羽檄定纷纷。”刘禹锡《令狐相公自天平移镇太原以诗申贺》：“孔璋旧檄家家有，叔度新歌处处听。”

【孔墨】 孔丘、墨翟的合称。孔丘为春秋末思想家，被尊为儒家创始人。墨翟为战国初思想家，被尊为墨家创始人。王维《赠东岳焦炼师》：“不能师孔墨，何事问长沮。”吕温《同舍弟恭岁暮寄晋州李六协律三十韵》：“伊吕偶然得，孔墨徒尔为。”

【孔德紹】 唐诗人。会稽（今浙江绍兴）人。仕隋为景城县丞。隋末事窦建德，为中书令。唐武德四年（621），窦氏败亡后，孔被杀。《全唐诗》卷七三三录其诗十二首。事见《隋书·文学传》《旧唐书·刘李标传》。

【孔融】 东汉后人，自文举。欲见河南尹李膺，自称与李为世交，登门求见，得晤面。与祢衡为忘年交，曾多次上书举荐。见《后汉书·孔融传》和《祢衡传》。刘禹锡《同乐天送河南冯尹学士》：“阁上掩书刘向去，门前修刺孔融来。”许浑《送张厚浙东谒丁常侍》：“定知洛下声名士，共说膺门得孔融。”赵嘏《十无诗寄桂府杨中丞》：“孔融襟抱称名儒，爱物怜才与世殊。”姚鹄《书情献知己》：“谒蔡惭王粲，怜衡冀孔融。”

【孔諫議】 即孔述睿。代宗朝，述睿每加恩命，均以疾辞；德宗践祚，以谏议大夫征聘。见《旧唐书》本传。韦应物有《沣上对月寄孔谏议》。

【孔壁】 汉人鲁共王刘余，扩充宫室，坏孔子旧宅，从壁中得古文经传多种。见《汉书·艺文志》。崔日知《冬日述怀奉呈韦祭酒张左丞兰台名贤》："孔壁采遗篆，周韦考绝编。"

【孔颙】 唐诗人。元和间人。《全唐诗》卷八七〇录其《上浙东孟尚书》一首。诗题后注："浙东孟简尚书六衙按覆囚徒。其间一人自曰鲁人孔颙献诗启云：'偶长街柳阴吟咏，忽被虞侯拘缧数日，责以罪名，敢露血诚，伏请申雪。'孟公立以宾客待之，批其状曰：'薛陟不知典教，岂辨贤良。驱遣健徒，凭陵国士，殊无忌惮。辄恣威权，翻成刺许之宾，何异吠尧之犬。然以久施公效，尚息杖刑，退补散将，外镇收管。'"参见《云溪友议》卷下。

【孔颜】 孔子与其弟子颜渊的并称。韩愈《读皇甫湜公安园池诗书其后二首》之二："用将济诸人，舍得业孔颜。"贾岛《赠智朗禅师》："涕辞孔颜庙，笑访禅寂室。"韩愈、孟郊《遣兴联句》："蘧宁知卷舒，孔颜识行藏。"杜光庭《句》："降因天下思姚宋，出为儒门继孔颜。"

【孔懷】 原谓甚相思念。见《诗·小雅·常棣》。后遂以之为兄弟的代称。李峤《被》："孔怀欣共寝，棣萼几含芳。"

【孔鸞】 孔雀和鸾鸟。常喻指美好而高贵者。见《文选·司马相如〈子虚赋〉》。韩愈《南内朝贺归呈同官》："明庭集孔鸾，曷取于凫鹭。"

二　画

孕〔yùn《广韵》以證切，去證，以。〕❶怀胎。见《易·渐》。见"孕育"。❷包含；包裹。则天皇后《唐大飨拜洛乐章·致和》："神功不测兮运阴阳，包藏万宇兮孕八荒。"钱起《禁闱玩雪寄薛左丞》："怒涛堆砌石，新月孕帘钩。"耿沣《酬张少尹秋日凤翔西郊见寄》："鼎气孕河汾，英英济旧勋。"戴叔伦《赋得古井送王明府》："仙源通海水，灵液孕山精。"

【孕育】 亦作"孕鬻"。怀胎生育。见《礼记·乐记》。孟郊《覆巢行》："阳和发生均孕育，鸟兽有情知不足。"

【孕鬻】 见"孕育"。

三　画

存〔cún《广韵》徂尊切，平魂，從。〕❶慰问，问候。见《文选·曹操〈短歌行〉》。王维《瓜园诗》："穷巷正传呼，故人傥相存。"元结《与瀼溪邻里》："我尝有不安，邻里能相存。"❷顾恤，抚慰。李昂《赋戚夫人楚舞歌》："不奈君王容鬓衰，相存相顾能几时。"李白《来日大难》："仙人相存，诱我远学。"❸思念，相念。语出《诗·郑风·出其东门》。卢象《八月十五日象自江东止田园移庄诗三首》之一："论旧或余悲，思存且相喜。"❹存在，存有。魏征《出关》："纵横计不就，慷慨志犹存。"崔国辅《王昭君》："汉使南还尽，胡中妾独存。"鲍溶《悲哉行》："贵年不惧老，贱老伤久存。"吕岩《谷神歌》："谷神不死玄牝门，出入绵绵道若存。"见"存急""存期"。❺废存，保全。太宗《执契静三边》："翦暴兴先废，除凶存昔亡。"骆宾王《咏怀》："宝剑思存楚，金锤许报韩。"吴筠《高士咏·郑商人弦高》："赏神义不受，存公灭其私。"

【存亡】 ❶存在或灭亡；生存或死亡。李白《猛虎行》："张良未遇韩信贫，刘项存亡在两臣。"薛业《洪州客舍寄柳博士芳》："年年为客不到舍，旧国存亡那得知。"姚系《送陆浑主簿赵宗儒之任》："存亡区中事，影响羽人情。"白居易《二年三月五日斋毕开素当食偶吟赠妻弘农郡君》："况观姻族间，夫妻半存亡。"❷生者和死者。杜审言《赠崔融二十韵》："相逢慰畴昔，相对叙存亡。"卢藏用《宋主簿鸣皋梦赵六予未及报而陈子云亡今追为此诗答宋兼贻平昔游旧》："存亡一暌阻，岐路方悠悠。"韦应物《送终》："生平同此居，一旦异存亡。"柳宗元《长沙驿前南楼感旧》："海鹤一为别，存亡三十秋。"

【存心】 ❶犹居心。谓心里怀有的意念。见《孟子·离娄下》。皮日休《太湖诗·晓次神景宫》："存心服燕胎，叩齿读龙蹻。"又《怀华阳润卿博士三首》之三："数行玉札存心近，一掬云浆漱齿空。"李中《赠重安寂道者》："壶中日月存心近，岛外烟霞入梦清。"❷专心，一心一意。皮日休《寒夜文宴润卿有期不至》："料得焚香无别事，存心应降月夫人。"

【存老】 抚慰老人。玄宗《赐诸州刺史以题座右》："恤惸且存老，抚弱复绥强。"张说《奉和圣制幸凤汤泉应制》："献禽天子孝，存老圣皇情。"

【存存】 存在，保持。孟郊《上昭成阁不得于从侄僧悟空院叹嗟》："此诚徒切切，此意空存存。"姚合《答窦知言》："金玉日消费，好句长存存。"《明皇祀圜丘乐章·肃和》："昭事颙若，存存以伣。"《郊庙歌辞·享太庙乐章·光大舞》："春秋无极，享奏存存。"

【存没】 （—mò）❶同"存殁❶"。生存和死亡。犹言生死。韦应物《同德精舍旧居伤怀》："山河不可望，存没意多违。"钱起《哭辛霁》："旦暮余生几息在，不应存没未尝悲。"卢纶《春江夕望》："东西兄弟远，存没友朋稀。"李端《同皇甫侍御题惟一上人房》："东西皆是梦，存没岂关心。"❷同"存殁❷"。生者与死者。宋之问《鲁忠王挽词三首》之二："邦家锡宠光，存没贵忠良。”刘商《哭韩淮端公兼上崔中丞》：“别离长春草，存没隔楚乡。”罗隐《送梅处士归宁国》：“乱罹具喜身俱在，存没那堪耳更闻。”周朴《题赤城中岩寺》：“存没诗千首，废兴经数函。”

【存殁】 ❶生存和死亡。犹言生死。褚亮《伤始平李少府正己》：“风期嵇吕好，存殁范张亲。”李颀《达奚吏部夫人寇氏挽歌》：“存殁令名传，青青松柏田。”韦应物《答河南李士巽题香山寺》：“旧游况存殁，独此泪交横。”郑渥《洛阳道》：“顷刻知音几存殁，半回依约认轮蹄。”❷生者和死者。韦应物《喜于广陵拜觐家兄奉送发还池州》：“俯仰叙存殁，哀肠发酸悲。”

【存念】 想念。无名氏《灵响词》(卷八六二)：“存念长在心，展转无停音。”

【存恤】 抚慰。白居易《新乐府·缚戎人》：“配向东南卑湿地，定无存恤空防备。”

【存貞】 保存忠贞。玄宗《巡省途次上党旧宫赋》：“存贞期历试，佐贰伫昭融。”

【存省】 (一xǐng)慰问，问候。许棠《重归江南》：“耆旧休存省，胡为止泪行。”

【存思】 认真思索。皇甫冉《题蒋道士房》：“轩窗缥缈起烟霞，诵诀存思白日斜。”张籍《不食姑》：“护气常稀语，存思自见神。”贾岛《赠温观主》：“胎息存思当黑处，井华悬绠取朝间。”齐己《移居》：“欲问存思搜抉妙，几联诗许敌三都。”

【存信】 存养忠信。李端《慈恩寺怀旧》：“存信松犹小，缄哀草尚新。”

【存活】 使生存，使活命。元结《舂陵行》：“奈何重驱逐，不使存活为。”白居易《同梦得和思黯见赠兼吟鄙怀》：“教他伯道争存活，无子无孙亦白头。”

【存神】 保存或存养精神。白居易《不与老为期》：“存神机虑息，养气语言迟。”又《题石山人》：“存神不许三尸住，混俗无妨两鬓斑。”吕岩《七言》之二六：“闭目存神玉户观，时来火候递相传。”

【存撫】 存恤，安抚。杜审言有《和李大夫嗣真奉使存抚河东》。

【存楚】 春秋时吴中攻破楚国，楚申包胥赴秦国求救，立依于庭墙而哭，日夜不绝声，勺饮不入口七日，秦乃发兵败吴而存楚。见《左传·定公四年》。后用以指为国效忠。骆宾王《咏怀》：“宝剑思存楚，金锤许报韩。”

【存道】 存养道义。白居易《伤唐衢二首》之一：“自我心存道，外物少能逼。”

【存滅】 存在和磨灭；或明或灭。刘蜕《览陈拾遗文集》：“剜刓存灭半，势欲入沟渎。”

【存魯】 存于鲁，在鲁国。见《左传·昭公二年》。李商隐《赠送前刘五经映三十四韵》：“周礼仍存鲁，隋师果禅唐。”

【存問】 探望，问候。张籍《答刘竞》：“昨日街西相近住，每来存问老夫身。”白居易《京使回累得南省诸公书因以长句诗寄谢》：“雪压泥埋未死身，每劳存问愧交亲。”

【存期】 思念，想往。徐彦伯《和李适答宋十一入崖口五渡见赠》：“秉愿理方协，存期迹易寻。”

【存想】 ❶想象，想念。杜甫《寄张十二山人彪三十韵》：“存想青龙秘，骑行白鹿驯。”周繇《和段成式》：“只缘存想归兰室，不向春风看夜花。”❷道家谓修真须渐进，一曰斋戒，二曰安处，三曰存想，四曰坐忘，五曰神解。凝心反省，谓之“存想”。见唐司马承桢《无隐子·渐门》。刘叉《修养》：“世人逢一不逢一，一回存想一回出。”皮日休《华山李炼师所居》：“深夜寂寥存想歇，月天时下草堂来。”

【存誠】 指心怀坦诚。语本《易·乾》。《郊庙歌辞·德明兴圣庙乐章·兴圣酌献》：“震澹存诚，庶几迪尝。”孟云卿《汴河阻风》：“丈夫苟未达，所向须存诚。”

【存諭】 存问，慰问。李义府《招谕有怀同赠同行人》：“远游冒艰阻，深入劳存谕。”

字 〔zì《广韵》疾置切，去志，從。〕❶抚爱，爱护。见《左传·成公四年》。孟郊《峡哀》之一：“字孤徒仿佛，衔雪犹惊猜。”杜荀鹤《献钱塘县罗著作判官》：“还乡夫子遇贤侯，抚字情知不自由。”❷文字。见汉许慎《说文解字序》。上官昭容《驾幸三会寺应制》：“释子谈经处，轩臣刻字留。”刘元济《相和歌辞·怨诗》：“玉关芳信断，兰闺锦字新。”张籍《少年行》：“日日斗鸡都市里，赢得宝刀重刻字。”贯休《行路难》之四：“或偶因片言只字登第光二亲，又不能献可替否航要津。”❸书信等文字材料。杜甫《登岳阳楼》：“亲朋无一字，老病有孤舟。”韦应物《寄恒璨》：“今日郡斋闲，思问楞伽字。”赵嘏《昔昔盐二十首·关山别荡子》：“傥见征西雁，应传一字还。”牛峤《应天长》词之二：“别经时，无限意，虚道相思憔悴。莫信彩笺书里，赚人肠断字。”❹人的表字。在本名外听取的与本名意义相关的另一名字。李忱《吊白居易》：“浮云不系名居易，造化无为字乐天。”杜甫《杂曲歌辞·少年行三首》之三：“不通姓字粗豪甚，指点银瓶索酒尝。”李端《妾薄命》：“容颜南国重，名字北方闻。”姚合《寄酬卢侍御》：“今到诗家浑手战，欲题名字倩人书。”

【字人】 抚治百姓。皎然《奉酬于中丞使君郡斋卧病见示一首》：“澄澹秋水影，用为字人心。”李频《送狄明府赴九江》：“字人修祖德，清白定闻传。”方干《与桐庐郑明府》：“字人心苦达神明，何止重门夜不扃。”杜荀鹤《送人宰吴县》：“字人无异术，至论不如清。”

【字句】 文章里的字眼和句子。欧阳炯《贯休应梦罗汉画歌》:"五七字句一千首,大小篆书三十家。"

【字不滅】 作珍视友人书札或表示友人间深情厚谊之典。见《文选·古诗十九首》之十七。李白《酬崔十五见招》:"长吟字不灭,怀袖且三年。"顾况《赠别崔十三长官》:"相识三十年,致书字不灭。"

【字字雙】 词牌名。单词,二十八字,四句,四平韵。因每句有叠字,故名。王丽真有《字字双》词:"床头锦衾斑复斑,架上朱衣殷复殷。空庭明月闲复闲,夜长路远山复山。"

【字形】 文字的形体。卢纶《送李校书赴东川幕》:"字形知国号,眉势识山名。"许浑《赠裴处士》:"字形翻鸟迹,诗调合猿声。"

【字孤】 抚爱孤儿。语本《左传·成公十一年》。孟郊《峡哀》:"字孤徒仿佛,衔雪犹惊猜。"李瀚《蒙求》:"氾毓字孤,郗鉴吐哺。"

【字勢】 字的运笔结构。薛存诚《御题国子监门》:"笔锋回日月,字势动乾坤。"

【字體】 文字的不同体式。如汉字有篆书、隶书、楷书、草书、行书等。韩愈《石鼓歌》:"辞严义密读难晓,字体不类隶与科。"

四　画

孝 〔xiào《广韵》呼教切,去效,曉。〕❶祭,祭祀。见"孝享""孝鄉"。❷孝顺。寒山《诗三百三首》之一五九:"今为不孝子,世间多此样。"韩愈《嗟哉董生行》:"嗟哉董生孝且慈,人不识,惟有天翁知。"白居易《蜀路石妇》:"传是此乡女,为妇孝且贞。"李宣古《听蜀道士琴歌》:"孝为子,忠为臣,不独语言能教人。"❸孝道。萧颖士《江有归舟三章》之一:"兄矣弟矣,孝斯践矣。"韦元甫《木兰歌》:"忠孝两不渝,千古之名焉可灭。"戴叔伦《奉天酬别郑谏议云逵卢拾遗景亮见别之作》:"郑君间世贤,忠孝乃双全。"贯休《续姚梁公坐右铭》:"忠孝信行,越食逾衣。"❹孝顺之人,孝子。则天皇后《唐明堂乐章·皇嗣出入升降》:"至人光俗,大孝通神。"《郊庙歌辞·享太庙乐章·景云舞》:"舜惭大孝,尧推让王。"

【孝女】 有孝行之女子。张籍《江陵孝女》:"孝女独垂发,少年唯一身。"

【孝子】 孝顺父母的儿子。孟郊《远游》:"慈乌不远飞,孝子念先归。"白居易《赠友五首》之五:"庶使孝子心,皆无风树悲。"黄损《读史》:"家肥生孝子,国霸有余臣。"陈陶《题僧院紫竹》:"笋非孝子泣,文异湘灵哭。"

【孝王】 即汉梁王刘武。刘禹锡《和令狐相公郡斋对紫薇花》:"香闻荀令宅,艳入孝王家。"又《洛中逢白监同话游梁之乐因寄宣武令狐相公》:"曾经谢病各游梁,今日相逢忆孝王。"

【孝文皇帝】 指汉文帝。祖咏《谒河上公庙》:"孝文皇帝后,章句至今传。"

【孝武】 指汉武帝。李贺《官街鼓》:"磓发千年日长白,孝武秦王听不得。"

【孝友】 对父母孝顺,对兄弟友爱。储光羲《同张侍御鼎和京兆萧兵曹华岁晚南园》:"阙下忠贞志,人间孝友心。"李逢吉《奉酬忠武李相公见寄》:"直继先朝卫与英,能移孝友作忠贞。"无可《送赞律师归嵩山》:"清贫修道苦,孝友别家难。"杜牧《寄内兄和州崔员外十二韵》:"台阁仁贤誉,闺门孝友声。"

【孝伯】 晋王恭之子。李瀚《蒙求》:"刘惔倾酿,孝伯痛饮。"

【孝心】 对双亲及长辈孝顺之心。白居易《赠友五首》之五:"欲报亲不待,孝心无所施。"又《蜀路石妇》:"至今为妇者,见此孝心生。"

【孝成皇帝】 指汉成帝。王翰《飞燕篇》:"孝成皇帝本娇奢,行幸平阳公主家。"

【孝行】 (—xíng)孝养双亲之美德。孟郊《旅次湘沅有怀灵均》:"怀沙灭其性,孝行焉能俱。"

【孝弟】 亦作"孝悌"。孝顺父母,敬爱兄长。萧颖士《江有归舟三章》序:"先师孝弟谨信,泛爱亲仁,余力学文之训,尔其志之。"玄宗《游兴庆宫作》:"所希覃率土,孝弟一同规。"

【孝享】 亦作"孝饗"。祭礼;祭献。魏征《郊庙歌辞·享太庙乐章·永和》:"是用孝享,神其格思。"苏味道《奉和受图温洛应制》:"天旋俄制跸,孝享属严禋。"

【孝若】 晋夏侯湛之字。刘禹锡《闻韩宾擢第归觐以诗美之兼贺韩十五曹长时韩牧永州》:"孝若归来成画赞,孟阳别后有山铭。"李商隐《寄太原卢司空三十韵》:"羲之当妙选,孝若近归宁。"

【孝和皇帝】 唐中宗。景龙四年(710)六月,唐中宗崩于神龙殿。九月,百官上谥孝和皇帝。见《旧唐书·中宗纪》。贾曾有《孝和皇帝挽歌》。

【孝思】 孝亲之思。魏征《享太庙乐章·永和》:"肃肃清祀,烝烝孝思。"陈叔达《太庙祼地歌辞》:"大哉孝思,严恭祖祢。"韩休《祭汾阴乐章》:"肃事昭配,永言孝思。"孟浩然《仲夏归汉南园寄京邑耆旧》:"忠欲事明主,孝思侍老亲。"

【孝恭】 孝顺恭敬。韦应物《送杨氏女》:"孝恭遵妇道,容止顺其猷。"

【孝高】 南唐烈祖李昪谥号。李中有《烈祖孝高挽歌二首》。

【孝悌】 义同"孝弟"。范质《诫儿侄八百字》："戒尔学立身，莫若先孝悌。"

【孝理】 犹孝道。谓以孝道治国救民。杜甫《桥陵诗三十韵因呈县内诸官》："孝理敦国政，神凝推道经。"韩偓《过茂陵》："不悲霜露但伤春，孝理何因感兆民。"成崿《登圣善寺阁望龙门》："报慈弘孝理，行道得真源。"

【孝婦】 能尽孝道之妇。李颀《达奚吏部夫人寇氏挽歌》："事姑称孝妇，生子继先贤。"白居易《效陶潜体诗十六首》之十："东海杀孝妇，天旱逾年月。"

【孝惠帝】 指汉惠帝。元稹《四皓庙》："安存孝惠帝，摧悴戚夫人。"

【孝景】 指汉景帝。罗隐《大梁见乔诩》："战代安厘国，封崇孝景朝。"

【孝筍】 三国吴人孟宗之母嗜笋，冬天竹笋未生，孟宗入竹林哀叹，而笋为之出，得以供母。事见《三国志·吴志·孙皓传》注引《楚国先贤传》。后用作孝亲之典。赵彦照《奉和幸安乐公主山庄应制》："灵泉巧凿天孙渚，孝笋能抽帝女枝。"

【孝順】 孝敬父母，顺从父母意志。元稹《人道短》："仲尼留得孝顺语，千年万岁父子不敢相灭亡。"

【孝然】 三国魏焦先之字。王绩《策杖寻隐士》："孝然纵有舍，威辇遂无家。"

【孝敬】 孝顺父母，尊敬亲长。张说《唐封泰山乐章·太和》："孝敬中发，和容外彰。"白居易《饮后戏示弟子》："孝敬不在他，在兹而已矣。"许浑《题卫将军庙》序："既而以孝敬睦闺门，以然信居乡里。"

【孝敬皇帝】 即高宗皇太子李弘。弘上元二年(675)卒，谥孝敬皇帝。刘祎之有《孝敬皇帝挽歌》。

【孝廉】 孝，指孝子；廉，指廉洁之士。本为汉代选拔人才的两种科目，始于董仲舒的奏请，与贤良同由各郡国所属吏民中荐举。举孝廉者往往任为郎。汉武帝元光元年(前134)初，令郡国举孝、廉各一人。后来合称孝廉。历代因之，州举秀才，郡举孝廉。东汉为仕进者必由之路。至隋唐只有秀才之科，无孝廉之举。高适《同熊少府题卢主簿茅斋》："孝廉趋下位，才子出高门。"李商隐《赠送前刘五经映三十四韵》："策非方正士，贡绝孝廉郎。"陆龟蒙《秋日遣怀十六韵寄道侣》："有路求真隐，无媒举孝廉。"李咸用《赠陈望尧》："若说精通事艺长，词人争及孝廉郎。"

【孝廉船】 晋张凭举孝廉，负其才气，谓必参时彦。曾谒丹尹刘惔，请言弥日，因留宿到晓。次日，刘遣人寻张孝廉船，邀张过船同访抚军大将军司马昱(简文帝)，被任命为太常博士，官至御史中丞。事见《世说新语·文学》。后用作赞赏贤才之典。李白《送王孝廉覲省》："宁亲候海色，欲动孝廉船。"杜甫《得广州张判官叔卿书使还以诗代意》："云深骠骑幕，夜隔孝廉船。"李端《送耿拾遗沣使江南括图书》："将过夫子宅，前问孝廉船。"张贲《奉和袭美醉中即席见赠次韵》："文阵已推忠信甲，穷波犹认孝廉船。"

【孝義】 行孝重义。牟融《翁母些》："独有贤人崇孝义，伤我共咏蓼莪诗。"贯休《行路难》之四："寄言世上为人子，孝义团圆莫如此。"

【孝道】 孝顺父母的道德规范。崔融《哭蒋詹事俨》："养亲光孝道，事主竭忠规。"

【孝慈】 对上辈孝敬，对下辈慈爱。见《论语·为政》。白居易《和答诗十首·和阳城驿》："乡人化其风，少长皆孝慈。"

【孝經】 书名。为宣扬封建孝道和孝治思想的儒家经典。有古文、今文两种版本。今本称郑玄注，分十八章；古文本称孔安国注，分二十二章。孔注本亡于梁，隋刘炫伪作孔注传世。今通行之《十三经注疏》本，即用唐玄宗注和宋邢昺疏。寒山《诗三百三首》之一四六："孝经末后章，委曲陈情毕。"杜甫《可叹》："群书万卷常暗诵，孝经一通看在手。"薛逢《邻相反行》："又有儿孙还稼穑，家藏一卷古孝经。"杜荀鹤《贺顾云侍御府主与子弟奏官》："孝经始向堂前彻，官诰当从幕下迎。"

【孝標】 南朝梁刘峻之字。李咸用《古意论交》："无令后世士，重广孝标文。"唐彦谦《题宗人故帖》："惟有孝标情最厚，一编遗在茂陵书。"

【孝養】 竭尽孝心侍奉父母。语出《书·酒诰》。殷遥《送杜士瞻楚州覲省》："共道官犹小，怜君孝养亲。"

【孝饗】 义同"孝享"。郭子仪《郊庙歌辞·享太庙乐章·广运舞》："虔恭孝飨，穆穆玄风。"

孛 〔bèi《广韵》蒲昧切，去隊，並，又蒲没切，入没，並。〕❶彗星。见"孛彗"。❷谓彗星出现时光芒四射的现象。古以为不祥之兆，预示有兵灾悖乱发生。刘长卿《至德三年春正月五十韵》："天上胡星孛，人间反气横。"吴越王钱镠《巡衣锦军制还乡歌》："斗牛无孛兮民无欺，吴越一王兮驷马归。"

【孛彗】 孛星和彗星，孛星光芒短，其光四出；彗星光芒长，状如扫帚。见《汉书·文帝纪》颜师古注。陆龟蒙《舞曲歌辞·吴俞儿舞歌·矛俞》："前冲函礼穴，上指孛彗灭，与君一用来有截。"

孜 〔zī《广韵》子之切，平之，精。〕见"孜孜"。

【孜孜】 ❶勤勉不怠貌。语出《书·益稷》。韩愈《荐士》："孜孜营甘旨，辛苦久所冒。"王建《励学》："孜孜日求益，犹恐业未博。"白居易《代书诗一百韵寄微之》:"攻文朝矻矻,讲学夜孜孜。"方干《送永嘉王令之任二首》之一:"定拟孜孜化海边,须判素发侮流年。"❷急切诚恳貌。吴筠《览古十四首》之十四:"謇謇陈蕃徒,孜孜抗忠节。"陆龟蒙《南泾渔父》:"孜孜戒吾属,天物不可暴。"贯休《寿春节进》:"守文情的的,无逸戒孜孜。"❸象声词,状鸟声。白居易《燕诗示刘叟》:"四儿日夜长,索食声孜孜。"❹形容词结构中的叠音附加成分。加强程度。贯休《赠杨公杜之舅》:"金殿恩波将浩浩,圭峰意绪谩孜孜。"

孚〔fú《广韵》芳無切,平虞,敷。〕❶信,取信于人。苏颋《奉和圣制登蒲州逍遥楼应制》:"尚德既无险,观风谅有孚。"玄宗《过晋阳宫》:"尚恐威不逮,复虑化未孚。"皎然《讲德联句》:"我政载孚,我邦载绥。"德宗《重阳日中外同欢以诗言志因示群官》:"此乐匪足耽,此诚期永孚。"❷使信从,服从。陈子昂《送著作佐郎崔融等从梁王东征》序:"皇帝哀北鄙之人。罹其辛螫,以东征之义,降彼偏裨,犹恐威令未孚,亭塞仍梗,乃谋元帅,命佐军,得朱邸之天人,乃黄阁之元老。"李绅《趋翰苑遭诬构四十六韵》:"燕客书方诈,尧门信未孚。"❸相宜,符合。宋务光《海上作》:"吾君略仙道,至化孚淳默。"贯休《大蜀皇帝寿春节进尧铭舜颂二首·尧铭》:"永孚于休,垂衣飘飖。"

五　画

孟〔mèng《广韵》莫更切,去映,明。〕❶四季中每季之首月,即农历正月、四月、七月、十月。欧阳詹《玩月》序:"秋之于时,后夏先冬;八月于秋,季始孟终。"韩愈《岳阳楼别窦司直》:"时当冬之孟,隙窍缩寒涨。"元稹《旱灾自咎贻七县宰同州时》:"六月天不雨,秋孟亦既旬。"❷大。见"孟蕨"。❸姓。唐诗人中有孟浩然、孟迟、孟简、孟贯等。

【孟二十二】　名未详,孟郊之从叔,贞元间官郎中。孟郊有《抒情因上郎中二十二叔监察十五叔兼呈李益端公柳缜评事》。

【孟十二】　即孟郊。郊排行第十二。陆长源《酬孟十二新居见寄》。

【孟十五】　名未详,孟郊之从叔,贞元间官监察御史。孟郊有《抒情因上郎中二十二叔监察十五叔兼呈李益端公柳缜评事》,又有《监察十五叔东斋招李益端公会别》。

【孟十六】　即孟简。简排行第十六。孟郊有《送谏议十六叔至孝义渡后奉寄》。

【孟八】　孟浩然排行第六,"八"当为"六"之讹。张子容有《送孟八浩然归襄阳二首》。

【孟九】　即孟云卿。云卿排行第九。韦应物有《广陵遇孟九云卿》。

【孟士源】　即孟彦深。彦深字士源。元结《招孟武昌》序:"孟士源尝黜官,无情干进,在武昌不为人厌,可游退谷,可泛杯湖,故作诗招之。"

【孟才人】　(?—846)武宗才人。有宠于武宗,嫔御之中,莫与之比。无擅歌及笙。会昌六年(846),武宗病笃,在御榻前为歌《何满子》一曲,声调和悽切,闻者莫不流泪。唱毕,气亟而死。张祜有《宫词二首》,孙光宪有《何满子》词,即为之而作。张祜《孟才人叹》序:"武宗皇帝疾笃,迁便殿。孟才人以歌笙获宠者,密侍其右。上目之曰:'吾当不讳,尔何为哉?'指笙囊泣曰:'请以此就缢。'上悯然。复曰:'妾尝艺歌,请对上歌一曲,以泄其愤。'上以恳许之。乃歌一声何满子,气亟立殒。"

【孟子】　❶即孟轲。寒山《诗三百三首》之一二七:"张公富奢华,孟子贫轗轲。"孟郊《题韦承总吴王故城下幽居》:"韦生堪继相,孟子愿依邻。"罗隐《雪中怀友人》:"未知邹孟子,何以奉梁王?"❷指孟浩然。陈羽《襄阳过孟浩然旧居》:"孟子死来江树老,烟霞犹在鹿门山。"贯休《经孟浩然鹿门旧居二首》之一:"孟子终焉处,游人得得过。"齐己《过鹿门作》:"鹿门埋孟子,岘首载羊公。"❸指孟云卿。杜甫《解闷十二首》之五:"李陵苏武是吾师,孟子论文更不疑。"

【孟子雲】　孟郊之从叔。孟郊有《西斋养病夜怀多感因呈上从叔子云》。

【孟夫子】　❶指孟浩然。李白《赠孟浩然》:"吾爱孟夫子,风流天下闻。"❷指孟云卿。元结《送孟校书往南海》:"忽见孟夫子,欢然游此方。"❸指孟郊。韩愈《远游联句》:"归哉孟夫子,归去无夷犹。"卢仝有《孟夫子生生亭赋》。

【孟中丞】　(中 zhōng)❶指孟皞。皞广德二年(764)为湖南观察使御史中丞。元结有《题孟中丞茅阁》。❷指孟简。简元和九年(814)为浙东观察使兼御史中丞。鲍溶有《上巳日寄樊瓘樊宗宪兼呈上浙东孟中丞简》。❸指孟球。球,咸通初任晋州刺史兼御史中丞。罗隐有《途中献晋州孟中丞》。

【孟公】　❶指春秋鲁人孟氏。孟氏邻居施氏有二子,一好学,干齐侯,齐侯以为公子傅;一好兵,干楚王,楚王以为军正。孟氏亦二子,羡施氏之子,问进趋之方。施氏以实告。孟氏之子一干秦王,被宫而放之;一干卫侯,被刖而还之。孟氏父子让施氏,施氏曰:"凡得时者昌,失时者亡。子道与吾同,而功与吾异,失时者也,非行之谬也。"见《列子·说符》。寒山《诗三百三首》之一〇八:"孟公问其术,我子亲教汝。"❷汉陈遵之字。元稹《酬窦校书二十韵》:"潜投孟公辖，狂乞莫愁钱。”❸指晋孟嘉。唐彦谦《九日游中溪》：“此日山中怀，孟公不如我。”

【孟月】 四季中的首月，农历正月、四月、七月、十月。张九龄《奉和圣制早登太行山率尔言志》：“孟月摄提贞，乘时我后征。”韩翃《送客归广平》：“孟月途中破，轻冰水上残。”元稹《表夏十首》之四：“孟月夏犹浅，奇云未成峰。”

【孟氏】 ❶扬州大商人万贞之妻。初为妓。美容姿，能歌舞，薄知书，稍有词藻。《全唐诗》卷八〇〇录其诗二首。❷指孟浩然。浩然排行第六。王维有《送孟六归襄阳》。刘昚虚有《寄江滔求孟六遗文》。

【孟功曹】 见“孟司功”。

【孟明府】 名未详。中和间官荆州长林县令。杜荀鹤有《长林山中闻贼退寄孟明府》，又有《和友人寄长林孟明府》。

【孟生】 ❶指孟郊。韩愈《孟生诗》：“孟生江海士，古貌又古心。”又《赠游城南十六首·张十八助教》：“忽见孟生题竹处，相看泪落不能收。”❷指孟浩然。浩然隐于鹿门山，以诗自适。见《旧唐书》本传。施肩吾有《登岘亭怀孟生》。

【孟冬】 冬季之第一月，农历十月。李峤《扈从还洛呈侍从群官》：“孟冬霜霰下，是月农功毕。”杜甫《郑典设自施州归》：“孟冬方首路，强饭取崖壁。”白居易《寓意诗五首》之一：“孟冬草木枯，烈火燎山陂。”曹邺《代谢玄晖新亭送范零陵》：“孟冬衣食薄，梦寐亦未遗。”

【孟司功】 名未详。元和十年(815)稍后官江州功曹参军。白居易《夜送孟司功》：“浔阳白司马，夜送孟功曹。”

【孟母】 孟轲之母。孟轲幼时，曾数次择邻迁居，最后迁于学宫之旁。教育孟轲学六艺，卒使成为大儒。李峤《宅》：“孟母迁邻罢，将军辞第初。”杜甫《奉贺阳城郡王太夫人恩命加邓国太夫人》：“奕叶班姑史，芬芳孟母邻。”

【孟刑部】 即孟简。简元和初官刑部。参见“孟畿道”。

【孟匡明】 孟匡朝之讹。开元末官监察御史，适左司郎中，擢翰林学士。《全唐诗》卷七八一录其诗一首。

【孟光】 字德曜。汉扶风平陵(今陕西咸阳西)人，状肥丑而黑，力能举石臼。择对不嫁，年至三十。父母问其故，曰：“欲得贤如梁伯鸾者。”梁鸿(字伯鸾)闻而聘之。用嫁，装饰入门，鸿七日不答。乃更为椎髻，著布衣，操作而前。鸿大喜曰：“此真梁鸿一如既往也。”因为之取名及字。事迹见《后汉书·逸民·梁鸿传》。后多用作贤妻之典。王绩《山中叙志》：“孟光傥未嫁，梁鸿正须妇。”白居易《赠内》：“梁鸿不肯仕，孟光甘布裙。”徐夤《人事》：“颜氏岂嫌瓢里饮，孟光非取镜中妍。”

【孟竹】 竹之一种，又名江南竹。其笋供食用。见《三国志·吴志·孙皓传》。后用作孝亲之典。方干《题故人废宅二首》之二：“旧径已知无孟竹，前溪应不浸荀星。”

【孟守】 字处中。事迹略见《唐诗纪事》卷五五。《全唐诗》卷五五二录其诗一首。

【孟秀才】 指孟郊。皎然有《答孟秀才》。孟郊有《答昼上人止谗作》。

【孟君】 指孟宾于。仕南唐为水部员外、新淦令。徐铉有《送孟宾于员外还新淦》和《孟君别后相续寄书作此酬之》等诗。

【孟武昌】 即孟彦深。彦深宝应元年(762)在武昌令任。元结有《雪中怀孟武昌》，又《酬孟武昌苦雪》：“云是孟武昌，令献苦雪篇。”

【孟花乳】 孟郊之女。元和三年(808)生，未数日而夭折。孟郊《杏殇》之一：“零落小花乳，斓斑昔婴衣。”

【孟東野】 即孟郊。郊字东野。陆长源有《乐府答孟东野戏赠》。韩愈有《孟东野失子》。贾岛有《哭孟东野》。

【孟协律】 指孟郊。元和初，河南尹郑余庆召郊为水陆转运从事，试协律郎。贾岛《寄孟协律》，又有《吊孟协律》。

【孟叔度】 节度判官。死于贞元十五年(799)汴州兵乱。见《旧唐书·德宗纪下》。韩愈《寄随州周员外》自注：“愈与陆长源、孟叔度、丘颖、杨凝及君巢，同为董晋幕客。”

【孟尚書】 指孟简。简元和中以检校尚书为浙东观察使。孔颙有《上浙东孟尚书》。徐凝有《浙东故孟尚书种柳》。

【孟昌圖】 (?—881)孟昭图之讹。中和元年(881)七月，在左拾遗任。僖宗朝，宦官田令孜专权，僖宗日夕与宦官同处论事，疏远大臣。遂上疏极谏。事见《新唐书》本传。裴澈有《吊孟昌图》。

【孟侍御】 ❶指孟匡朝。匡朝开元末为监察御史。张南史有《宣城雪后还望郡中寄孟侍御》，又有《春日道中寄孟侍御》。❷指孟十五。名未详。郊之从叔，简之从兄。曾任监察御史。杨巨源有《方城驿逢孟侍御》。孟郊有《陪侍御叔游城南山墅》。姚合有《答孟侍御早朝见寄》。

【孟宗】 (?—371)字恭武。避孙皓之字，改名仁。三国吴江夏(今湖北鄂州城)人。事迹见《三国志·吴志·孙皓传》裴松之注引张勃《吴录》《楚国先贤传》。李端《送吉中孚拜官归业》:"孟宗应献鲊,家近守渔官。"

【孟宗寄鲊】 指三国吴孟宗结网捕鱼作鲊以寄母之事。见《三国志·吴志·孙皓传》裴松之注引张勃《吴录》。李瀚《蒙求》:"文伯羞鳖,孟宗寄鲊。"

【孟門】 山名,在今河南辉县西。春秋时为晋国要塞。张九龄《始兴南山下有林泉尝卜居焉荆州卧病有怀此地》:"世路少夷坦,孟门未岖嵚。"储光羲《猛虎词》:"太室为我宅,孟门为我邻。"李益《杂曲》:"遥望孟门山,殷勤报君子。"长孙佐辅《对镜吟》:"开帘览镜悲难语,对面相看孟门阻。"

【孟門行】 (行 xíng)乐府诗题。《乐府诗集》归入新乐府辞。崔颢有此作。

【孟春】 春季之第一月,农历正月。唐代科举于此月发榜。曹邺《下第寄知己》:"长安孟春至,枯树花亦发。"又《成名后献恩门》:"年年孟春时,看花不如雪。"

【孟彦深】 字士源。天宝二年(743)登进士第,为陶岘之客,与孟云卿、焦遂共游。入朝为官。上元、宝应间,贬为武昌令。时元结居樊上,引为知己。往来唱酬。事迹略见《唐诗纪事》卷二四。《全唐诗》卷一九六录其诗一首。

【孟兖州】 即孟休鉴。休鉴大历八年(773)任兖州都督。韩翃有《送卢大理赵侍御祭东岳兼寄孟兖州》。

【孟郊】 (751—814)字东野。湖州武康(今浙江德清)人。长于五言,诗思苦涩。与韩愈之文并称,时号"孟诗韩笔",风格与贾岛相类。苏轼称之为"郊寒岛瘦"。事迹见新旧《唐书》本传。《新唐书·文艺志四》著录其《诗集》十卷。《全唐诗》卷三七二至三八一录其诗十卷。

【孟津】 古黄河津渡名。在今河南孟津县东北、孟县西南。相传周武王在此盟会诸侯并渡河,故名盟津,后误为孟津。王维《寄河上段十六》:"与君相见即相亲,闻道君家在孟津。"李涉《寄河阳从事杨潜》:"落日驱车出孟津,高歌共叹伤心地。"杜牧《梁秀才见赠二十韵走笔依韵》:"雪树交梁苑,冰河涨孟津。"胡曾《咏史诗·孟津》:"秋风飒飒孟津头,立马沙边看水流。"

【孟津河】 孟津,黄河岸边的一渡口,在今河南孟县南。孟津河,指黄河孟津地方。王维《杂诗三首》之一:"家住孟津河,门对孟津口。"

【孟津渚】 指黄河孟津渡口处。刘知几《次河神庙虞参军船先发余阻风不进寒夜旅泊》:"朝谒冯夷祠,夕投孟津渚。"

【孟姥】 船神名。见唐段公路《北户录·鸡骨卜》。张说《岳州观竞渡》:"齐歌迎孟姥,独舞送阳侯。"

【孟珠】 晋丹阳人。家富多金。晋有《孟珠》,一曰《心愿阳孟珠歌》,专咏其人。见宋郭茂倩《乐府诗集·清商曲辞六》。温庭筠《春日雨》:"细雨濛濛入绛纱,湖亭寒食孟珠家。"

【孟都督】 即孟休鉴。贞观十四年(640)兖州置都督府,辖兖泰沂三州。据裴孝智《文宣王庙新门记》(《全唐文》卷四五八),大历八年(773)孟休鉴在兖州刺史任。休鉴当以都督而兼刺史。韩翃有《祭岳回重赠孟都督》《赠兖州孟都督》和《陪孟都督祭岳途中有赠》。

【孟校書】 (校 jiào)❶指孟云卿。云卿永泰元年(765)授秘书省校书郎。元结有《送孟校书往南海》。❷指孟简。简贞元七年(791)进士及第,授秘书省校书郎。孟郊有《感别送从叔校书简再登科东归》,又有《送从叔校书简南归》。

【孟城口】 在今陕西蓝田县西南,辋川风景区内,本为宋之问别墅,后王维搬入此处。王维《辋川集·孟城坳》:"新家孟城口,古木余衰柳。"

【孟城坳】 即孟城口。王维有《辋川集·孟城坳》。

【孟夏】 夏季之第一月,农历四月。李颀《送裴腾》:"新晴荷卷叶,孟夏雉将雏。"高适《自淇涉黄河途中作十三首》之十一:"孟夏桑叶肥,秾阴夹长津。"鲍溶《子规》:"再啼孟夏林,密叶堪委翳。"刘驾《送李殷游边》:"孟夏出都门,红尘客衣热。"

【孟虔州】 即孟瑶。瑶大历中为虔州刺史。包何有《和孟虔州闲斋即事》。

【孟郢】 孟郊之弟。孟郊有《送从弟郢东归》。

【孟員外】 ❶指孟简。简元和初任吏部员外郎。羊士谔有《故萧尚书瘿柏斋前玉蕊树与王起居吏部孟员外同赏》,又有《和萧侍御监祭白帝城西村寺斋沐览镜有怀吏部孟员外并见赠》。❷卢员外之讹。卢员外指卢汀。汀元和四年(809)以虞部员外郎分司东都。羊士谔有《郡中玩月寄江南李少尹虞部孟员外三首》。❸指孟宾于。在南唐为水部员外郎、新淦县令。徐铉有《送孟宾于员外还新淦》《忆新淦觞池寄孟宾于员外》。

【孟涉】 籍贯未详。为李师光神策将。德宗登玄武楼观射,作诗赐涉。崔元翰有《奉和登玄武楼观射即事书怀赐孟涉应制》。

【孟浩然】 ❶(687—740)字浩然。襄州襄阳(今湖北襄樊)人。早年隐于鹿门山,闭门读书,"为学三十载"。开元十二年(724),入洛阳求仕,不果。皮日休称之为"文章大匠"。所作田园山水诗,与王维齐名，也号“王孟”。事迹见《旧唐书·文苑传下》《新唐书·文艺传下》。天宝四载(745)，宜城王士源搜辑其遗文，编成《孟浩然诗集》三卷，《新唐书·艺文志四》即据此著录。《全唐诗》卷一五九、一六〇录其诗二卷。❷应浩然之讹。唐彦谦有《忆孟浩然》。

【孟家】 指孟浩然。张子容《送孟八浩然归襄阳二首》之一：“因怀故园意，归与孟家邻。”刘眘虚《寄江滔求孟六遗文》：“偏知汉水广，应与孟家邻。”张蠙《别后寄友生》：“襄阳曾卜隐，应与孟家邻。”

【孟家珠】 即孟珠。徐凝《八月灯夕寄游越施秀才》：“想得越人今夜见，孟家珠在镜中央。”

【孟郎中】 (中 zhōng)❶指孟简。简元和三年(808)任司封郎中。羊士谔有《登乐游原寄司封孟郎中卢补阙》。❷指孟二十二，名未详。郊之从叔。李益有《惜春伤同幕故人孟郎中兼呈去年看花友》。孟郊有《抒情因上郎中二十二叔监察十五叔兼呈李益端公柳缜评事》。

【孟孫】 春秋鲁大夫。即仲孙何忌，更姓孟，故称孟孙。谥懿，又称孟懿子。曾问孝于孔子。见《论语·为政》。皇甫冉《刘侍御朝命许停官归侍》：“孟孙唯问孝，莱子复辞官。”

【孟球】 字廷玉。会昌三年(843)进士及第。累迁金部员外郎，历司勋、户部郎中。事迹略见《唐诗纪事》卷五五。《全唐诗》卷五五二录其诗一首。

【孟堅】 汉班固之字。姚合《送任畹评事赴沂海》：“孟坚勒燕然，岂独在汉朝。”

【孟常州】 指孟简。简元和六年(811)由谏议大夫出为常州刺史。贾岛《双鱼谣》自注：“时韩职方书中以孟常州简诗见示。”

【孟處士】 (處 chǔ)指孟浩然。张祜有《题孟处士宅》。

【孟崙】 刘禹锡二子之名。柳宗元有《殷贤戏批书后寄刘连州并示孟仑二童》。

【孟寂】 孟郊之从弟。贞元十五年(799)进士及第。孟郊有《送孟寂赴举》。张籍有《哭孟寂》。

【孟參軍】 指晋孟嘉。嘉曾为桓温参军。严维《九日陪崔郎中北山宴》：“府中官最小，唯有孟参军。”权德舆《九日北楼宴集》：“不见携觞王太守，空思落帽孟参军。”

【孟逸人】 即孟融。贾岛有《孟融逸人》和《和孟逸人林下道情》。

【孟貫】 字一之。建州建安(今福建建瓯)人。少好学，游庐山。以礼义、文章、节俭为当世师范。后居广陵，有诗名。事迹见《唐才子传》卷十。《全唐诗》卷七五八录其诗一卷。

【孟陳】 孟浩然、陈子昂之连称。陆龟蒙《袭美先辈以龟蒙所献五百言既蒙见和复示荣唱再抒鄙怀用伸酬谢》：“李杜气不易，孟陈节难移。”

【孟賁】 (？—前307)即孟说。战国卫人，一说齐人。生有勇力，能生拔牛角。事迹略见《史记·秦本纪》。罗隐《乐府杂曲·鼓吹曲辞·芳树》：“若使威可以制，力可以止，则秦皇不肯敛手下沙丘，孟贲不合低头入蒿里。”

【孟軻】 (前372—前289)字子舆，一说字子居。战国鲁邹(今山东邹县东南)人。春秋鲁桓公子仲孙之后。主张“法先王”“行仁政”“道性善”。事迹见《史记·孟子荀卿列传》、赵岐《孟子题辞》。岑参《西河郡太原守张夫人挽歌》：“从夫元凯贵，训子孟轲贤。”孟郊《君子勿郁郁士有谤毁者作诗以赠之》：“叔孙毁仲尼，臧仓掩孟轲。”孙郃《古意二首》之二：“君子战必胜，斯言闻孟轲。”

【孟雲卿】 (726—?)排行第九。河南(今河南洛阳)人。与刘长卿为中表姻亲。天宝初进士，不第。张为《诗人主客图》以之为“高古奥逸主”。事迹见《唐诗纪事》卷二五、《唐才子传》卷二。《全唐诗》卷一五七录其诗一卷。

【孟翔】 孟翱之讹。《全唐诗》卷八八七录其诗一首。

【孟温舒】 即孟舒，温字衍。舒，汉人。事见《史记·田叔便传》《汉书·田叔传》。贯休《怀二三朝友》：“只记得田叔孟温舒，帝王满口呼长者。”

【孟陽】 晋张载之字。储光羲《酬李处士山中见赠》：“孟阳题剑阁，子云献甘泉。”刘禹锡《闻韩宾擢第归觐以诗美之兼贺韩十五曹长时韩牧永州》：“孝若归来成画赞，孟阳别后有山铭。”王仁裕《和蜀后主题剑门》：“孟阳曾有语，刊在白云棱。”

【孟幾道】 即孟简。简字几道。韩愈、孟郊有《雨中寄孟刑部几道联句》。

【孟楚材】 孟郊从弟。居豫州汝阳(今河南汝南)。孟郊有《汝坟蒙从弟楚材见赠时郊将入秦楚材适楚》。

【孟嘗】 ❶即战国齐孟尝君。骆宾王《伤祝阿王明府》序：“孟尝高台，承睫下闻琴之泪。”卢仝《走笔追王内丘》：“平原孟尝骨已土，始有夫子堪知音。”白居易《和答诗十首·和思归乐》：“孟尝平居时，娱耳琴泠泠。”❷字伯周。汉会稽上虞(今属浙江)人。少修操行，仕郡为户曹史。策孝廉，举茂才，拜徐令。事迹见《后汉书·循吏传》。张祜《江上旅泊呈杜员外》：“野人未必非毛遂，太守还须是孟尝。”李瀚《蒙求》：“孟尝还珠，刘昆反火。”

【孟嘗君】 战国齐人。姓田名文。齐威王之孙，靖郭君田婴之子。婴封于薛，称薛公。文代立，曰薛文，亦称薛公。事迹见《史记·孟尝君列传》。李白《与诸公送陈郎将归衡阳》："门前食客乱浮云，世人皆比孟尝君。"

【孟嘉】 字万年。晋江夏阳新(今属湖北)人。三国吴司空宗之曾孙，晋陶侃之婿，陶潜之外祖。事迹见《晋书》本传、陶潜《晋故征西大将军长史孟府君传》、南朝宋刘义庆《世说新语·识鉴》刘峻注引《孟嘉别传》。阴行先《和张燕公湘中九日登高》："今日桓公座，多愧孟嘉才。"杨衡《九日陪樊尚书龙山宴集》："孟嘉从宴地，千乘复登临。"李郢《奉陪裴相公重阳日游安乐池亭》："莲沼昔为王俭府，菊篱今作孟嘉杯。"

【孟椵】 连州连山(今广东连山北)人。宾于之宗人。曾登第捷名。《全唐诗续补遗》卷十八录其诗一首，佚句一联。

【孟監察】 见"孟十五"。

【孟賓于】 字国仪。连州连山(今广东连山北)人。归唐之父，椵之宗人。事迹见宋马令《南唐书》卷二三、《唐才子传》卷十。《宋史·艺文志七》著录其《金鳌诗集》二卷。《全唐诗》卷七四〇录其诗八首。

【孟德茂】 应德茂之讹。唐彦谦有《赠孟德茂》，原注："浩然子。"按，诗云："平生万卷应夫子，两世功名穷布衣。"是诗犹未讹。唐彦谦又有《闻应德茂先离棠溪》。

【孟諸】 古泽薮名。故址在今河南商丘县东北。高适《封丘作》："我本渔樵孟诸野，一生自是悠悠者。"又《宋中十首》之二："朝临孟诸上，忽见芒砀间。"又《送虞城刘明府谒魏郡苗太守》："长路出雷泽，浮云归孟诸。"杜甫《秋日颂德叙怀斐然之作三十韵》："烟雨封巫峡，江淮略孟诸。"

【孟遲】 字须仲，一字迟之。池州青阳(今属安徽)人。开成二年(837)至宣州，与杜牧相识。会昌四年(844)，牧守池州，荐之于朝。次年，登进士第。事迹见《唐诗纪事》卷五四、《唐才子传》卷七。《新唐书·艺文志四》著录其诗一卷。《全唐诗》卷五五七录其诗十七首。

【孟蕨】 肥大的蕨菜。贯休《闻无相道人顺世五首》之四："土肥多孟蕨，道老如婴孺。"

【孟縣】 春秋晋河阳邑。汉置河阳县。唐置孟州。今属河南省。储光羲有《送姚六昆客任会稽何大蹇任孟县》。

【孟學士】 指孟利贞。利贞高宗时为著作郎。加弘文馆学士。卢照邻有《西使兼送孟学士南游》。

【孟館】 指孟尝君的馆舍。借指托身之幕府。韦庄《江南送李明府入关》："我为孟馆三千客，君继宁王五代孙。"

【孟諫議】 指孟简。简元和四年(809)，拜谏议大夫。七年，出为常州刺史。卢仝有《走笔谢孟谏议寄新茶》，又有《常州孟谏议座上闻韩员外职方贬国子博士有感五首》。

【孟翱】 里贯未详。贞元七年(791)，曾与戴公怀、李缜同酬温州刺史兼御史中丞路应之诗。《全唐诗》卷七八一录其诗一首。

【孟襄陽】 即孟浩然。浩然襄阳人。齐己《题玉泉寺》："高韵双悬张曲江，联题兼是孟襄阳。"

【孟孺卿】 淄州济阳(今山东邹平北)人。天宝十二载(753)前后应进士举，不第。岑参有《送孟孺卿落第归济阳》。包何有《赋得称送孟孺卿》。

【孟簡】 (?—823)字几道，排行第十六。汝州梁县(今河南临汝)人，诰之曾孙，郊之从叔。贞元七年(791)，登进士第，授秘书省校书郎。事迹见新旧《唐书》本传。《全唐诗》卷四七三录其诗七首。

【孟瀆】 水名。在今江苏武进县奔牛镇东南，接运河，北流入江。唐元和间刺史孟简因故渠而开之，故名。卢仝《观放鱼歌》："开古孟渎三十里，四千顷泥坑为膏腴。"

季 〔jì《广韵》居悸切，去至，見。〕❶兄弟姊妹排行中最小者。亦泛称诸弟。沈佺期《赦到不得归题江上石》："翰墨思诸季，裁缝忆老妻。"李白《答从弟幼成西园见赠》："二季过旧壑，四邻驰华轩。"❷少小，年纪轻。见"季女""季弟"。❸末，指一个时期的末了。韦元旦《早朝》："震维芳月季，宸极众星尊。"权德舆《奉酬从兄南仲见示十九韵》："晋季天下乱，安丘佐关中。"又《广陵诗》："广陵实佳丽，隋季此为京。"❹衰微。李白《读诸葛武侯传书怀赠长安崔少府叔封昆季》："汉道昔云季，群雄方战争。"❺一年分春夏秋冬四季，三个月为一季。白居易《新乐府·陵园妾》："四季徒支妆粉钱，三朝不识君王面。"权德舆《太原郑尚书远寄新诗走笔酬赠因代书贺》："曲台分季奉斋祠，直笔系年陪侍从。"❻一年四季中每季的最后一个月份。欧阳詹《玩月》序："秋之于时，后夏先冬；八月于秋，季始孟终。"见"季春""季夏""季秋""季冬"。❼指季布。高适《东平旅游奉赠薛太守二十四韵》："然诺长怀季，栖遑辄累丘。"❽姓。唐诗人中的"季方"。

【季大夫】 汤悦有《送季大夫牧舒州》。"季"当作"李"。季大夫，李匡明。见《全唐文》卷八七九徐铉《李匡明舒州刺史制》。

【季子】 ❶即季札。刘长卿《送李挚赴延陵令》："清风季子邑，想见下车时。"司空曙《哭苗员外呈张参军》："季子生前别，羊昙醉后悲。"卢仝《寄赠含曦上人》："未达不敢尝，孔子疑季子。"❷战国苏秦之字。李白《江上答崔宣城》："貂裘非季子，鹤氅似王恭。"权德舆《拜昭陵过咸阳墅》:"季子乏二顷,扬雄才一廛。"杜荀鹤《遣怀》:"题桥每念相如志,佩印当期季子荣。"

【季子祠】 季札之祠,在润州延陵(今江苏丹阳南)。见唐李吉甫《元和郡县图志·江南道一·润州》。喻凫《送卫尉之延陵》:"乳滴茅君洞,鸦鸣季子祠。"

【季子廟】 同"季子祠"。郎士元《送韩司直路出延陵》:"季子留遗庙,停舟试一过。"李季华有《题季子庙》。

【季女】 少女,小女。见《诗·小雅·车辖》。岑参《冬宵家会饯李郎司兵赴同州》:"季女犹自小,老夫未令归。"

【季月】 农历每季的最后一个月份,即三、六、九、十二月。上官昭容《驾幸新丰温泉宫献诗三首》之一:"三冬季月景龙年,万乘观风出灞川。"杜甫《课伐木》:"秋光近青岑,季月当泛菊。"郎士元《送粲上人兼寄梁镇员外》:"季月还乡独未能,林行溪宿厌层冰。"元稹《春六十韵》:"季月行当暮,良辰坐叹穷。"

【季月管】 管,律管。用竹管或金属管制成的定音器具。古人亦用作测候季节变化的器具。季月管,谓每季末月之律管。见《梦溪笔谈·气数一》引晋司马彪《续汉书》。韩愈《游青龙寺赠崔大补阙》:"秋灰初吹季月管,日出卯南晖景短。"

【季氏】 ❶指春秋鲁季平子(?—前505),又称季孙意如、季孙。昭公十三年(前529),为上卿。二十三年,执鲁政。事见《左传·昭公二十五年》《史记·鲁周公世家》。皮日休《江南书情二十韵寄秘阁韦校书贻之商洛宋先辈垂文二同年》:"季氏唯谋逐,臧仓只拟谗。"❷指汉季布。许浑《寄献三川守刘公》:"长闻季氏千金诺,更望刘公一纸书。"

【季心】 汉楚人。布之弟。以勇闻于世,气盖关中,遇人恭谨,为任侠,方数千里,士皆争为之死。事迹见《史记·季布栾布列传》《汉书·季布传》。李商隐《今月二日不自量度辄以诗一首四十韵干渎尊严辄复五言四十韵诗献上亦诗人咏叹不足之义也》:"未曾周颛醉,转觉季心恭。"

【季札】 春秋吴人。吴王寿梦第四子,最小,故称季子。事迹见《史记·吴太伯世家》。王维《送秘书晁监还日本国》序:"郑献缟衣,季札始通于上国。"窦常《故秘监丹阳郡公延陵包公挽歌词》:"郤诜为胄子,季札是乡人。"元稹《和李校书新题乐府十二首·立部伎》:"逌滞难令季札辨,迟回但恐文侯卧。"

【季札挂劍】 指徐君生前爱季札之剑,死后季札将剑挂其冢树之事。见《史记·吴太伯世家》。李瀚《蒙求》:"季札挂剑,徐稚致刍。"

【季布】 汉楚人。秦末为项羽将,数困刘邦。事迹见《史记·季布栾布列传》《汉书》本传。魏征《述怀》:"季布无二诺,侯嬴重一言。"李白《江上赠窦长史》:"汉求季布鲁朱家,楚逐伍胥去章华。"皮日休《宏词下第感恩献兵部侍郎》:"空惭季布千金诺,但负刘弘一纸书。"

【季生】 指汉季布。卢照邻《咏史四首》之一:"季生昔未达,身辱功不成。"

【季代】 季世,末世。徐彦伯《比干墓》:"季代猖狂主,蓄怒提白刃。"

【季冬】 冬季最后的一个月份,即农历十二月。杜审言《守岁侍宴应制》:"季冬除夜接新年,帝子王孙捧御筵。"杜甫《石柜阁》:"季冬日已长,山晚半天赤。"高适《酬卫八雪中见寄》:"季冬忆淇上,落日归山樊。"又《赠别王十七管记》:"相逢季冬月,怅望穷海裔。"

【季冬誅】 见司马迁《报任安书》。按汉代于十二月处决犯人,后因以"季冬诛"表示处死刑。李商隐《哭虔州杨侍郎》:"深知狱吏贵,几迫季冬诛。"

【季主】 ❶王朝末代的君主。高适《同观陈十六史兴碑》:"季主尽荒淫,前王徒贻厥。"周昙《咏史诗·三国门·吴后主》:"吴宫季主恣骄奢,移尽江南百媚花。"❷人名。即汉司马季主。季主,楚人。通《易经》,行黄帝、老子之术。游学长安,与弟子三四人卖卜于东市。事迹见《史记·日者列传》。李白《寻阳紫极宫感秋作》:"懒从唐生决,羞访季主卜。"

【季年】 末年;衰微的年代。白居易《新乐府·胡旋女》:"天宝季年时欲变,臣妾人人学圜转。"又《和答诗十首·答四皓庙》:"汉高之季年,嬖宠钟所私。"刘兼《蜀都道中》:"季年必不延昏主,薄赏那堪激懦兵。"

【季江】 即汉季江,名未详。肱之字。见《后汉书·姜肱传》。储光羲《秋庭贻马九》:"伯淮与季江,清濬各孤峙。"窦蒙《题弟皋述书赋后》:"季江留被在,子敬与琴亡。"

【季序】 指每季最后一月。《郊庙歌辞·五郊乐章·黄郊迎神》:"朱明季序,黄郊王辰。"

【季弟】 最小的弟弟。韦应物《送苏评事》:"季弟仕谯都,元兄坐兰省。"白居易《和答诗十首》序:"仆职役不得去,命季弟送行。"

【季長】 (—cháng)汉马融之字。司马逸客《雅琴篇》:"弹弦本自称仁祖,吹管由来许季长。"

【季明府】 名未详,约大历中任泗州徐城县令。刘商有《同徐城季明府游重光寺题晃师壁》。

【季孟】 ❶指春秋时鲁国贵族季孙氏和孟孙氏。见《论语·微子》。韩愈《东都遇春》:"悠悠度朝昏,落落捐季孟。"❷犹伯仲之间,相差无几。罗隐《途中逢刘知远》:"吴楚烟波里,巢由季孟间。"

【季春】 春季的最后一个月份，即农历三月。刘长卿《洛阳主簿叔知和驿承恩赴选伏辞一首》："此行季春月，时物正鲜媚。"严维《状江南·季春》："江南季春天，莼叶细如弦。"皮日休《奉和鲁望药名离合夏月即事三首》之一："季春人病抛芳杜，仲夏溪波绕坏垣。"张何《织鸟》："季春三月里，戴胜下桑来。"

【季咸】 春秋郑神巫。见《庄子·应帝王》。吴筠《高士咏·壶丘子》："季咸曜浅术，御寇初深疑。"元稹《送崔侍御之岭南二十韵》："荆俗欺王粲，吾生问季咸。"

【季秋】 秋季的最后一个月份，即农历九月。吕岩《鄂渚悟道歌》："纵横天际为闲客，时遇季秋重阳节。"

【季姜】 即季敬姜。春秋鲁大夫公甫穆伯之妻。事迹见《国语·鲁语下》。孙逖《故程将军妻南阳郡夫人樊氏挽歌》："德配程休甫，名高鲁季姜。"

【季孫】 ❶指春秋鲁季孙氏。季孙氏自季文子、季武子、季平子、季桓子至季康子，世代执鲁政。因用以指权臣。徐夤《温陵即事》："争得千钟季孙粟，沧州归与故人分？"❷指春秋鲁季孙宿，即季桓子。见《左传·襄公二十三年》。周昙《咏史诗·春秋战国门·臧孙》："季孙爱我如甘疾，疾足亡身药故宁。"

【季桓】 （？—前492）即季孙斯。又称季孙，谥桓，故称季桓子。季平子之子。春秋鲁大夫。定公九年（前501）执鲁政，至哀公三年（前492）卒，历时十年。白居易《叹鲁二首》之一："季桓心岂忠，其富过周公。"

【季夏】 夏季的最后的一个月份，即农历六月。孟郊《将见故人》："故人季夏中，及此百余日。"

【季倫】 晋石崇之字。崔知贤《三月三日宴王明府山亭》序："舞蝶成行，无忝季伦之伎。"刘禹锡《和乐天洛城春齐梁体八韵》："草生季伦谷，花出莫愁坊。"李沇《方响歌》："季伦怒击珊瑚摧，灵芸整鬓步摇折。"

【季羔】 （前521—？）即高柴，字子高，亦曰季羔。孔子之弟子。事迹见《史记·仲尼弟子列传》。李商隐《送从翁东川弘农尚书幕》："魂销季羔窦，衣化子张绅。"

【季展】 即春秋鲁大夫柳下惠。柳下惠名展禽，字季。故称展季。见汉张衡《西京赋》。卢仝《寄赠含曦上人》："季展即此僧，孤立无依倚。"按，此以季展代桑门，谓桑门即此僧。桑门同沙门，即佛门。

【季常】 三国蜀马良之字。卢僎《送苏八给事出牧徐州用芳韵》："金鼎属元方，琐闱连季常。"

【季野】 晋褚裒之字。见南朝宋刘义庆《世说新语·赏誉》和《晋书·外戚·褚裒传》。李瀚《蒙求》："泰初日月，季野阳秋。"

【季葉】 犹季世。李白《古风》之三十："扰扰季叶人，鸡鸣趋四关。"又《赠常侍御》："大贤有卷舒，季叶轻风雅。"

【季路】 孔子弟子仲由之字。仲由字子路，一字季路。李中《已未岁冬捧宣头离下蔡》："无心惭季路，负米觐亲闱。"

【季隨】 春秋周文王（一说武王，一说宣王）八士之一。见《论语·微子》。萧颖士《蒙山作》："子尚捐俗纷，季随蹑遐轨。"

【季歷】 古公亶父之季子，周文王昌之父。古公有子三人，长曰太伯，次曰虞仲，太姜生少子季历。季历娶太任，生昌。见《史记·周本纪》。张说《郊庙歌辞·唐享太庙乐章·大成舞》："帝舞季历，龙圣生昌。"

【季鷹】 晋张翰字。刘长卿《九日岳阳待黄遂张涣》："季鹰久疏旷，叔度早畴昔。"韩偓《格卑》："南朝峻洁推弘景，东晋清狂数季鹰。"李咸用《和友人喜相遇十首》之五："和羹使用非胥靡，忆鲙言词小季鹰。"郑谷《舟行》："季鹰可是思鲈鲙，引退知时自古难。"

【季鷹杯】 指晋张翰放纵不拘之事。见南朝宋刘义庆《世说新语·任诞》。孟浩然《永嘉别张子容》："何时一杯酒，重与季鹰倾？"高适《酬裴员外以诗代书》："辛酸陈侯诔，叹息季鹰杯。"

【季鷹魚】 指晋张翰思家乡莼菜羹、鲈鱼脍之事。翰字季鹰。杜牧《许七侍御弃官东归萧洒江南颇闻自适高秋企望题诗寄赠十韵》："冻醪元亮秫，寒鲙季鹰鱼。"韦庄《桐庐县作》："白羽鸟飞严子濑，绿蓑人钓季鹰鱼。"

孤

〔gū《广韵》古胡切，平模，見。〕❶幼年丧父或父母双亡之孤儿。杜甫《乾元中寓居同谷县作歌七首》之四："有妹有妹在钟离，良人早殁诸孤痴。"戴叔伦《舟中见雨》："抚孤终日意，身世尚流萍。"刘禹锡《再经故元九相公宅池上作》："六尺孤安在，人间未有名。"皮日休《鲁望悯承吉之孤为诗序邀予属和用塞良友》："先生清骨葬烟霞，业破孤存孰为嗟。"❷老而无子。李德裕《雪霁晨起》："四望无行迹，谁怜孤老翁。"贯休《杂曲歌辞·杞梁妻》："上无父兮中无夫，下无子兮孤复孤。"❸小。见"孤豚"。❹孤单；单独。杜甫《江汉》："片云天共远，永夜月同孤。"韩愈《寄崔二十六立之》："傲兀坐试席，深丛见孤罴。"元稹《感梦》："白生道亦孤，谗谤销骨髓。"白居易《新乐府·新丰折臂翁》："不然当时泸水头，身死魂孤骨不收。"王周《赠怤师》："庭前有孤柏，竦秀岁寒期。"❺孤寒；孤弱。严维《送李端》："少孤为客早，多难识君迟。"李绅《趋翰苑遭诬构四十六韵》："掷地声名寡，摩天羽翮孤。"❻寡，少。张说《奉和圣制过王濬墓应制》："援孤因势屈，功重为谗偏。"韩愈《琴操十首·雉朝飞操》："雉之飞，于朝日，群雌孤雄，意气横出。"刘禹锡《聚蚊谣》："我躯七尺尔如芒，我孤尔众能我伤。"❼独特，特出。见"孤桐❶""孤特""孤高❷"。❽辜负，对不起。陈元光《落成会咏一首》："无孤南国仰，庶补圣皇功。"韩愈《食曲河驿》："下负明义重，上孤朝命荣。"曹邺《奉命齐州推事毕寄本府尚书》："恐孤食恩地，昼夜心不遑。"李珣《中兴乐》词："暗思量，忍孤前约，教人花貌，虚老风光。"❾远，深远。白居易《酬微之夸镜湖》："我嗟身老岁方徂，君更官高兴转孤。"朱庆余《闲居冬末寄友人》："短亭分袂后，倚槛思偏孤。"赵嘏《杂曲歌辞·昔昔盐·靡芜叶复齐》："叶齐谁复见，风暖恨偏孤。"

【孤士】　不同凡俗的孤高之士。韩愈《汴州乱二首》之一："诸侯咫尺不能救，孤士何者自兴哀。"

【孤山】　❶孤耸之山。柳宗元《登蒲州石矶望横江口潭岛深迥斜对香零山》："孤山乃北峙，森爽栖灵神。"李涉《六叹》序："清江、白云、孤山、远屿，皆得时之人吟咏性情耳。"❷谓孤岛。许棠《送金吾侍御奉使日东》："孤山无返照，积水合苍旻。"❸山名。因孤峙在今浙江杭州西湖的里与外湖之间，故称。又因多梅花，故亦名梅屿。白居易《忆杭州梅花因叙旧游寄萧协律》："伍相庙边繁似雪，孤山园里丽如妆。"

【孤山寺】　在杭州西湖孤山上的寺院，一名永福寺。白居易《钱塘湖春行》："孤山寺北贾亭西，水面初平云脚低。"又有《题孤山寺山石榴花示诸僧众》。许浑有《夜归孤山寺却寄卢郎中》。

【孤子】　指孤介之士。孙元晏《咏史诗·宋·刘伯龙》："位重何如不厌贫，伯龙孤子只修身。"

【孤孑】　孤独，孤单。白居易《妇人苦》："妇人一丧夫，终身守孤孑。"

【孤木】　独生之树。贾岛《题隐者居》："虽有柴门常不关，片云孤木伴身闲。"

【孤月】　❶即月亮。明月独悬天空，故称。王昌龄《送人归江夏》："晓夕双帆归鄂渚，愁将孤月梦中寻。"孟郊《晓鹤》："如开孤月口，似说明星心。"翁承赞《晨兴》："早凉生户牖，孤月照关河。"❷喻铜镜。李益《罢镜》："欲令孤月掩，从遣半心疑。"

【孤亢】　孤高，特立高耸。李郃《贺州思九疑作》："云开跻峦顶，万丈诚孤亢。"

【孤玉】　独玉，超群的玉石。孟郊《秋怀》之十二："老虫干铁鸣，惊兽孤玉咆。"方干《贻高说》："石上长松自森秀，雪中孤玉更凝明。"

【孤平】　孤陋平庸。张蠙《投所知》："自闻离乱开公道，渐数孤平少屈人。"

【孤囚】　孤单的囚徒，借指孤独无侣者。柳宗元《放鹧鸪词》："二子得意犹念此，况我万里为孤囚。"

【孤生】　❶独生，独自生长。李峤《天官崔侍郎夫人吴氏挽歌》："簟怆孤生竹，琴哀半死桐。"李颀《双笋歌送李回兼呈刘四》："为君当面拂云日，孤生四远何足论。"曹邺《成名后献恩门》："自怜孤生竹，出土便有节。"❷谓孤陋之人。用以自谦。张九龄《郡舍南有园畦杂树聊以永日》："荣达岂不伟，孤生非所任。"❸谓孤独之人。王维《酬诸公见过》："嗟予未丧，哀此孤生。"柳宗元《南涧中题》："孤生易为感，失路少所宜。"

【孤立】　❶孤独无援，得不到同情或援助。卢仝《寄赠含曦上人》："季展即此僧，孤立无依倚。"罗隐《感旧》："重言虚有位，孤立竟无成。"崔涂《苦吟》："举世轻孤立，何人念苦心。"❷独立，无所依傍或联系。李颀《送东阳王太守》："野鹤每孤立，林鼯常昼悲。"刘沧《月夜闻鹤唳》："莓苔石冷想孤立，杨柳叶疏闻转清。"许棠《寄江上弟妹》："孤立皆难进，非关命独违。"黄滔《省试内出白鹿宣示百官》："已驯瑶草别，孤立雪花团。"❸孤高特异。寒山《诗三百三首》之一〇五："三端自孤立，六艺越诸君。"白居易《醉后走笔酬刘五主簿长句之赠兼简张大贾二十四先辈昆季》："刘兄文高行孤立，十五年前名翕习。"许棠《陈情献江西李常侍五首》之五："孤立时全蹇，求名势转难。"

【孤汀】　孤独的小洲。无名氏《白雪歌》(卷七八五)："流泉不下孤汀咽，断臂老猿声欲绝。"

【孤永】　超逸隽永。孟郊《石淙》之九："物色多瘦削，吟笑还孤永。"

【孤幼】　年幼之孤儿。孟云卿《伤情》："兄弟先我没，孤幼盈我傍。"

【孤老】　孤苦伶仃的老人。元结《系乐府十首·去乡悲》："日行见孤老，羸弱相提将。"

【孤臣】　孤立无援或不受重用的远臣。崔融《和宋之问寒食题黄梅临江驿》："明主阍难叫，孤臣逐未堪。"韩愈《赴江陵途中寄赠三学士》："孤臣昔放逐，血泣追愆尤。"柳宗元《入黄溪闻猿》："孤臣泪已尽，虚作断肠声。"温庭筠《过华清宫二十二韵》："内嬖陪行在，孤臣预坐筹。"

【孤戍】　孤立的边城。杜甫《发秦州》："日色隐孤戍，乌啼满城头。"许棠《秋江霁望》："山高孤戍断，野极暮天平。"

【孤光】　❶孤独之光，单独之光。储光羲《同诸公秋霁曲江俯见南山》："岚气浮渚宫，孤光随曜灵。"周匡物《古镜歌》："欲向高台对晓开，不知谁是孤光主。"李玖《噴玉泉冥会诗八首·四大夫同赋》之三："惆怅林间中夜月，孤光曾照读书筵。"罗隐《萤》："不思因腐草，便拟倚孤光。"❷谓孤影。李颀《登首阳山谒夷齐庙》："千里一飞鸟，孤光东逝波。"杜甫《桔柏渡》："孤光隐顾眄，游子怅寂寥。"仇兆鳌注："孤光，孤影也。”

【孤帆】　一张船帆。借指孤单的船只。包何《送乌程王明府贬巴江》：“一片孤帆无四邻，北风吹过五湖滨。”许浑《留别裴秀才》：“孤帆夜别潇湘雨，广陌春期鄠杜花。”李频《苏州寒食日送人归觐》：“几宿投山寺，孤帆过海门。”

【孤竹】　❶独生的竹。见《周礼·春官·大司乐》。皮日休《江南书情二十韵寄二同年》：“孤竹宁收笛，黄琮未作瑊。”程长文《狱中书情上使君》：“妾家本住鄱阳曲，一片贞心比孤竹。”❷一种管乐器。因以孤竹制成，故称。《郊庙歌辞·梁太庙乐舞辞·饮福》：“戛玉枞金永颂声，檿丝孤竹和且清。”《郊庙歌辞·周郊祀乐章·昭顺乐》：“云门孤竹，苍璧黄琮。”温庭筠《病中书怀呈友人》：“百神歆仿佛，孤竹韵含胡。”❸商周时国名。在今河北省卢龙县。胡曾《咏史诗·首阳山》：“孤竹夷齐耻战争，望尘遮道请休兵。”许棠《过中条山》：“孤竹人藏处，无因认本峰。”❹见《庄子·让王》。伯夷、叔齐为孤竹君之二子。后用以指伯夷、叔齐。李白《上留田行》：“孤竹延陵，让国扬名。”

【孤竹子】　指伯夷、叔齐。他们为商代孤竹国国君之二子，故称。借指隐逸之士。白居易《访陶公旧宅》：“永惟孤竹子，拂衣首阳山。”参见“孤竹❸”。

【孤竹庙】　即伯夷、叔齐庙。韦庄《鹧鸪》：“孤竹庙前啼暮雨，汨罗祠畔吊残晖。”

【孤彴】　独木桥。韦庄《三用韵》：“涧柳横孤彴，岩藤架密阴。”

【孤舟】　孤独之船。戴叔伦《送郎士元》：“交情分两地，行色载孤舟。”刘沧《江行夜泊》：“白浪连空极渺漫，孤舟此夜泊中滩。”王周《志峡船具诗·百丈》：“孤舟行其中，薄冰犹坦履。”

【孤危】　❶孤立自危。郑谷《投时相十韵》：“何以保孤危，操修自不知。”又《转正郎后寄献集贤相公》：“自贺孤危终际会，别将流涕感阶缘。”❷谓孤立高耸之处。苏拯《闻猿》：“漫向孤危惊客心，何曾解入笙歌耳。”❸谓孤高俊异的诗格。张祜《叙诗》：“江词骋奇妙，鲍趣出孤危。”

【孤村】　孤单的村庄。韦应物《自巩洛舟行入黄河即事寄府县僚友》：“孤村几岁临伊岸，一雁初晴下朔风。”刘沧《咸阳怀古》：“天空绝塞闻边雁，叶尽孤村见夜灯。”许棠《早发洛中》：“孤村人尚梦，无处暂停桡。”王贞白《宿新安村步》：“离人偶宿孤村下，永夜闻砧一两家。”

【孤岑】　孤独的小山。钱珝《江行无题一百首》之五八：“近戍离金落，孤岑望火门。”

【孤秀】　孤拔秀丽。李峤《桐》：“孤秀峄阳岑，亭亭出众林。”刘长卿《送裴四判官赴河西军试》：“英姿挺孤秀，清论含古流。”皎然《采实心竹杖寄赠李萼侍御》：“初生在榛莽，孤秀岂封殖。”李商隐《题小松》：“怜君孤秀植庭中，细叶轻阴满座风。”

【孤身】　单身。韩愈《南内朝贺归呈同官》：“余惟戆书生，孤身无所赍。”

【孤坐】　独坐。徐铉《和方泰州见寄》：“更残月落知孤坐，遥望船窗一点星。”

【孤吟】　独自吟咏。韩愈《感春五首》之二：“孤吟屡阕莫与和，寸恨至短谁能裁。”曹邺《故人寄茶》：“半夜招僧至，孤吟对月烹。”许棠《塞外书事》：“征路出穷边，孤吟傍戍烟。”翁宏《送廖融处士南游》：“孤吟牛渚月，老忆洞庭山。”

【孤花】　仅存之花。韦应物《游开元精舍》：“绿阴生昼静，孤花表春余。”朱庆余《和刘补阙秋园寓兴之什十首》之五：“翠筱寒愈静，孤花晚更明。”

【孤芳】　独秀之花。常喻人的高洁品质。韩愈《孟生诗》：“异质忌处群，孤芳难寄林。”白居易《和答诗十首·答桐花》：“岁月不尔驻，孤芳坐凋零。”贾岛《投孟郊》：“月中有孤芳，天下聆薰风。”陆龟蒙《奉和袭美古杉三十韵》：“众木尽相遗，孤芳独任奇。”

【孤㹠】　小猪。韩愈《送进士刘师服东归》：“猛虎落槛阱，坐食如孤㹠。”

【孤拙】　孤僻迂拙。喻坦之《陈情献中丞》：“孤拙竟何营，徒希折桂名。”

【孤抱】　独特的怀抱志向。韦应物《答徐秀才》：“清诗舞艳雪，孤抱莹玄冰。”

【孤松】　单独生长的松树。张说《遥同蔡起居偃松篇》：“清都众木总荣芬，传道孤松最出群。”邵谒《送徐群宰望江》：“孤松自有色，岂夺众草荣。”徐仲雅《赠齐己》：“调何雅，涧底孤松秋雨洒。”

【孤枕】　独枕。指独宿、孤眠。张渐《朗月行》：“洞房怨孤枕，挟琴爱前墀。”孟郊《吴安西馆赠从弟楚客》：“孤枕楚水梦，独帆楚江程。”李商隐《戏赠张书记》：“别馆君孤枕，空庭我闭关。”韦庄《寄江南逐客》：“记得竹斋风雨夜，对床孤枕话江南。”

【孤直】　❶孤耸挺直。宋之问《题张老松树》：“百尺无寸枝，一生自孤直。”李白《古风》之十二：“松柏本孤直，难为桃李颜。”白行简《贡院楼北新栽小松》：“山苗不可荫，孤直俟秦封。”❷孤高拙直。高适《酬庞十兵曹》：“世情恶疵贱，之子怜孤直。”权德舆《郊居岁暮因书所怀》：“纷吾守孤直，世业常恐坠。”白居易《云居寺孤桐》：“寄言立身者，孤直当如此。”刘得仁《送雍陶侍御赴兖州裴尚书命》：“纶阁知孤直，翻论北巷贤。”

【孤明】　独自明彻。齐己《盆池》：“盆沼陷花边，孤明似玉泉。”

【孤岫】 孤独的峰峦。翁承赞《题莒潭安闽院》："窗含孤岫影，牧卧断霞阴。"

【孤兒】 死去父亲或父母俱亡之儿童。刘长卿《哭张员外继》："独闻山吏部，流涕访孤儿。"郑嵎《津阳门诗》："时平亲卫号羽林，我才十五为孤儿。"储嗣宗《哭彭先生》："主祭孤儿初学语，无媒旅榇未还乡。"徐夤《两晋》："三世深谋启帝基，可怜孀妇与孤儿。"

【孤兒寡婦】 男子死后所留下的妻子、儿女。周昙《咏史诗·隋门·隋文帝》："孤儿寡妇忍同欺，辅政刚教篡夺为。"

【孤征】 独自远行。陈子昂《晚次乐乡县》："故乡杳无际，日暮且孤征。"陈存《楚州赠别周愿侍御》："途穷在中路，孤征慕前伴。"

【孤芳自愛】 独秀之花。自我珍惜。喻人洁身自好。徐铉《赠泰州掾令狐克己》："孤芳自爱凌霜处，咏取文公白菊诗。"

【孤店】 孤单的客店。元稹《雪后宿同轨店上法护寺钟楼望月》："烟火渐稀孤店静，月明深夜古楼中。"张乔《望巫山》："溪叠云深转谷迟，暝投孤店草虫悲。"

【孤性】 孤傲的性格。严维、吴筠《中元日鲍端公宅遇吴天师联句》："何意迷孤性，含情恋数贤。"

【孤泳】 独自游弋。韩愈《东都遇春》："有船魏王池，往往纵孤泳。"

【孤負】 ❶违背；对不住。刘长卿《送郭六侍从之武陵郡》："空怜世界迫，孤负桃源心。"韦应物《杂体五首》之二："孤负肉食恩，何异城上鸱。"白居易《郡中春宴因赠诸客》："尘忝亲近地，孤负圣明恩。"沈亚之《答殷尧藩赠罢泾源记室》："孤负平生剑，空怜射斗光。"❷犹言错过。李颀《送乔琳》："今君不得意，孤负帝乡春。"白居易《负春》："孤负春风杨柳曲，去年断酒到今年。"

【孤城】 孤独的城镇或城寨。亦特指边远地区的孤独的城镇或城寨。王昌龄《从军行七首》之四："青海长云暗雪山，孤城遥望玉门关。"戴叔伦《江行》："芦洲隐遥嶂，露日映孤城。"张祜《和杜使君九华楼见寄》："孤城高柳晓鸣鸦，风帘半钩清露华。"许棠《边城晚望》："广漠杳无穷，孤城四面空。"

【孤貞】 ❶特立坚贞。李端《单推官厅前双桐咏》："封植因高兴，孤贞契素期。"成彦雄《松》："大夫名价古今闻，盘屈孤贞更出群。"❷孤直忠贞人。崔湜《景龙二年春日赴襄阳途中言志》："群籍备所见，孤贞每自饬。"窦常《故秘监丹阳郡公延陵包公挽歌词》："卓绝明时第，孤贞贵后贫。"陆龟蒙《奉和袭美伤史拱山人》："唯君独在江云外，谁诔孤贞置岘岑。"

【孤省】 （—xǐng）独自醒悟。孟郊《寄陕府邓给事》："孤省痴皎皎，默吟写绵绵。"

【孤星】 单独出现之星。李商隐《河内诗二首》之一："灵香不下两皇子。孤星直上相风竿。"

【孤峙】 孤立对峙。储光羲《秋庭贻马九》："伯淮与季江，清濬各孤峙。"

【孤迴】 寂寞。杜牧《南陵道中》："正是客心孤回处，谁家红袖凭江楼。"

【孤香】 孤芳。孤花。郑谷《梅》："素艳照尊桃莫比，孤香黏袖李须饶。"

【孤侄】 丧父或父母双亡之侄子。韩愈《河之水二首寄子侄老成》之一："我有孤侄在海陬，三年不见兮使我生忧。"曹邺《翠孤至渚宫寄座主相公》："其下有孤侄，其上有孀嫂。"

【孤侮】 轻视、欺凌。杜牧《题池州弄水亭》："风俗知所尚，豪强耻孤侮。"

【孤亭】 孤立的亭子。林琨《晚望》："清晨孤亭里，极目对前岑。"

【孤恨】 孤独失意。曹生《献卢常侍》："拜玉亭前闲送客，此时孤恨感离乡。"

【孤客】 单身旅居外地之人。崔涂《望韩公堆》："孤客一身千里外，未知归日是何年。"白居易《续古诗十首》之二："茫茫绿野中，春尽孤客情。"徐凝《见少室》："适我一箪孤客性，问人三十六峰名。"刘沧《经无可旧居兼伤贾岛》："书空萧寺一僧去，雪满巴山孤客寒。"

【孤窆】 无主之坟墓。陆龟蒙《次幽独君韵》之一："如何孤窆里，犹自读三坟。"

【孤軍】 孤立无援之军。罗隐《淮口军葬》："一阵孤军不复回，更无分别只荒堆。"徐夤《和人经隋唐间战处》："孤军前度战，一败一成功。"周昙《咏史诗·六朝门·再吟》："空知勇锐不知兵，困兽孤军未可轻。"

【孤飛】 单飞。喻孤独无侣。卢象《赠程秘书》："孤飞畏不偶，独立谁见用。"曹邺《奉命齐州推事毕寄本府尚书》："越鸟栖不定，孤飞入齐乡。"又《杏园即席上同年》："自怜孤飞鸟，得接鸾凤翅。"皮日休《鸳鸯二首》之一："应念孤飞争别宿，芦花萧瑟雨黄昏。"

【孤陋】 见闻不广，学识浅陋。张九龄《荆州作二首》之二："崇高自有配，孤陋何足干。"杜甫《赠李十五丈别》："孤陋忝末亲，等级敢比肩。"陈陶《和西江李助副使早登开元寺阁》："珠玉难赓音，纵辕愧孤陋。"

【孤桐】 ❶特生的桐树。见《书·禹贡》。张九龄《杂诗五首》之一："孤桐亦胡为，百尺傍无枝。"顾况《晋公魏国夫人柳氏挽歌》："双剑来时合，孤桐去日凋。"孟郊《送卢虔端公守复州》："师旷听群木，自然识孤桐。"❷因峄阳孤桐宜作琴瑟，故用"孤桐"代称琴。

王昌龄《琴》："孤桐秘虚鸣，朴素传幽真。"

【孤根】　❶独生之根。喻孤立无援者。张九龄《叙怀二首》之一："孤根亦何赖，感激此为邻。"又《苏侍郎紫薇庭各赋一物得芍药》："孤根若可用，非直爱华滋。"严维《书情献相公》："孤根独弃惭山木，弱质无成状水萍。"李商隐《李肱所遗画松诗书两纸得四十韵》："孤根邈无倚，直立撑鸿濛。"❷谓独立的根基。杜甫《滟滪》："滟滪既没孤根深，西来水多愁太阴。"

【孤眠】　独宿。白居易《戏答皇甫监》："寒宵劝酒君须饮，君是孤眠七十身。"蔡瑰《夏日闺怨》："全由独自羞看影，艳是孤眠疑夜永。"吴象之《阳春歌》："孤眠愁不转，点泪声相及。"

【孤恩】　负恩，背弃恩惠。王梵志《诗》之六六："有恩须报上，得济莫孤恩。"

【孤峭】　❶突兀峭立。方干《赠处州段郎中》："幸见仙才领郡初，郡城孤峭似仙居。"王贞白《太湖石》："谁怜孤峭质，移在太湖心。"❷喻品格孤傲，不与众和同。孟郊《哭刘言史》："诗人业孤峭，饿死良已多。"夏鸿《和赠和龙妙空禅师》："翰林遗迹镜潭前，孤峭高僧此处禅。"齐己《酬湘幕徐员外见寄》："东海儒宗事业全，冰棱孤峭类神仙。"❸谓文学、艺术高雅脱俗。方干《送陈秀才将游霅上便议北归》："诗句因余更孤峭，书题不合忘江东。"

【孤峰】　孤立高耸之山峰。白居易《宿诚禅师山房题赠》："不出孤峰上，人间四十秋。"徐光溥《题黄居寀秋山图》："雁过孤峰帖远青，鹿傍小溪饮残绿。"

【孤峻】　❶孤峭高峻。张九龄《岁初巡属县登高安南楼言怀》："山城本孤峻，凭高结层轩。"❷孤高严正。杜牧《奉送大理卿出镇江西》："精明如定国，孤峻似陈蕃。"

【孤特】　孤立特出。皮日休《秋夜有怀》："处世既孤特，传家无承袭。"

【孤島】　远离陆地的孤立岛屿。朱庆余《过洞庭》："旅雁投孤岛，长天下四维。"许浑《朱坡故少保杜公池亭》："杜陵池榭绮城东，孤岛回汀路不穷。"

【孤卿】　指少卿、少保、少傅。见《汉书·百官公卿表上》。安鸿渐《题杨少卿书后》："更得孤卿老书札，人间无此五般高。"郑谷《故少师从翁隐岩别墅乱后榛芜感旧怆怀遂有追纪》："理论知清越，生徒得李频。"自注："清越，江左诗僧，孤卿待之甚厚。"

【孤跡】　独有的政绩。张九龄《岁初巡属县登高安南楼言怀》："行复徇孤迹，亦云吾道存。"

【孤高】　❶独立高耸。李颀《望鸣皋山白云寄洛阳卢主簿》："孤高鹤来傍，胜气欣有逢。"方干《宁国寺》："深僻孤高无四邻，白云明月自相亲。"郑谷《华山》："孤高不可状，图写尽应非。"黄滔《壶公山》："八面峰峦秀，孤高可偶然。"❷独特高洁。李白《行路难三首》之三："含光混世贵无名，何用孤高比云月。"皎然《送顾处士歌》："人中黄宪与颜子，物表孤高将片云。"李中《献张拾遗》："官资清贵近丹墀，性格孤高世所稀。"贯休《怀高真动二首》之一："知尔今何处，孤高独不群。"

【孤悄】　孤寂。栖白《赠李溟秀才》："孤悄欺何谢，云波不可寻。"

【孤浦】　孤独的水湾。许棠《江上行》："戍影临孤浦，潮痕在半山。"

【孤宦】　孤独无侣之官。司空图《寄赠诗僧秀公》："冷曹孤宦甘寥落，多谢携筇数访寻。"郑谷《小北厅闲题》："冷曹孤宦本相宜，山在墙南落照时。"又《池上》："丧志嫌孤宦，忘机爱澹交。"王周《下瞿塘寄时同年》："须信孤云似孤宦，莫将乡思附归艎。"

【孤莖】　独茎。独一之主干。无名氏《嘉禾合颖》(卷七八七)："六穗垂兼倒，孤茎袅复斜。"

【孤頂】　绝顶。张九龄《晨坐斋中偶而成咏》："孤顶乍修耸，微云复相续。"王元《登祝融峰》："草叠到孤顶，身齐高鸟翔。"

【孤虛】　古代方术用语。即计日时，以十天干顺次与十二地支相配为一旬，所剩二地支称之为"孤"，与"孤"相对者为"虚"。见《孟子正义》《史记·龟策列传》及裴骃集解。古人常用以推算吉凶祸福及事业成败。玄宗《春晚宴两相及礼官丽正殿学士探得风字》序："乃命将士，擐介胄，砺矢石，审山川之向背，应岁月之孤虚，所以静边陲也。"

【孤禽】　孤单的禽鸟。贾岛《欲游嵩岳留别李少尹益》："孤策迟回洛水湄，孤禽嘹唳幸人知。"

【孤貧】　孤苦贫寒。任翻《秋晚途次》："孤贫游上国，少壮有衰颜。"

【孤豚】　小猪。见《史记·老子韩非列传》。韩愈《寄崔二十六立之》："孤豚眠粪壤，不慕太庙牺。"

【孤族】　孤单寒微的家族。郑谷《访姨兄王斌渭口别墅》："哀荣孤族分，感激外兄恩。"

【孤情】　孤洁的情怀。欧阳炯《贯休应梦罗汉画歌》："西岳高僧名贯休，孤情峭拔凌清秋。"

【孤清】　孤高而清净。张九龄《感遇十二首》之二："幽林归独卧，滞虑洗孤清。"卢纶《送元赞府重任龙门县》："混迹威长在，孤清志自雄。"陈子昂《感遇诗三十八首》之十三："林居病时久，水木澹孤清。"王周《题厅壁》："永日无他念，孤清吏隐心。"

【孤寂】　孤单寂寞。于濆《旅馆秋思》："旅馆坐孤寂，出门成苦吟。"黄滔《退居》："老归江上村，孤寂欲何言。"

【孤琴】　孤单的琴。徐仁友《古意赠孙翃》："云日落广厦，莺花对孤琴。”

【孤棲】 独居无偶。李白《把酒问月》：“白兔捣药秋复春，嫦娥孤栖与谁邻。”卢殷《月夜》：“树绕孤栖鹊，窗飞就暗萤。”

【孤棹】 义同“孤櫂”。韦应物《答杨奉礼》：“应当整孤棹，归来展殷勤。”钱起《送弹琴李长史往洪州》：“抱琴为傲吏，孤棹复南行。”李绅《溯西江》：“孤棹自迟从蹭蹬，乱帆争疾竞浮沉。”徐夤《帆》：“岂劳孤棹送行舟，轻过天涯势未休。”

【孤雁】 离群孤单之雁。杜甫《孤雁》：“孤雁不饮啄，飞鸣声念群。”储嗣宗《孤雁》：“孤雁暮飞急，萧萧天地秋。”

【孤雲】 ❶单独飘浮的云片。喻居无定所之人。于頔《郡斋卧疾赠昼上人》：“万景徒有象，孤云本无心。”刘昭禹《经费冠卿旧隐》：“圣主情何切，孤云性本闲。”刘兼《寄滑州文秀大师》：“薄宦偶然来左蜀，孤云何事在南燕。”❷喻贫士。见《文选·陶潜〈咏贫士〉》。后用为典实。郑谷《谷自乱离之后在西蜀半纪之余多寓止精舍与圆昉上人为净侣忽闻谢世怆吟四韵以吊之》：“孤云终负约，薄宦转堪伤。”

【孤景】 指落日。韦应物《往云门郊居途经回流作》：“明灭泛孤景，杳霭含夕虚。”李贺《昌谷诗》：“岑光晃縠襟，孤景拂繁事。”

【孤單】 孤独，孤身无依靠。白居易《阿崔》：“孤单同伯道，迟暮过商瞿。”李频《投京兆府试官任文学先辈》：“孤单虽有托，际会别无期。”郑谷《次韵和王驾校书结绶见寄之什》：“勤苦常同业，孤单共感恩。”无作《谢武肃王》：“云鹤性孤单，争堪名利关。”

【孤嵐】 孤独的山岚。皮日休《太湖诗·缥缈峰》：“片白作越分，孤岚为吴宫。”

【孤幃】 孤单的床帏。谓独宿无偶。周仲美《书壁》：“三载无朝昏，孤帏泪如洗。”

【孤策】 独杖。谓单孤扶杖出游。钱起《寻华山云台观道士》：“秋日西山明，胜趣引孤策。”李幼卿《游烂柯山四首》之一：“拂雾理孤策，薄霄眺层岑。”贾岛《欲游嵩岳留别李少尹益》：“孤策迟回洛水湄，孤禽嘹唳幸人知。”

【孤進】 指孤意进取而成就突出者。樊骧《和主司王起》：“孤进自今开道路，至公依旧振寰瀛。”

【孤竦】 同“孤耸”。孤高特出，不同流俗。杨希道《咏琴》：“久擅龙门质，孤竦峄阳名。”

【孤惸】 指孤独之人。张蠙《赠南昌宰》：“每锄奸弊同荆棘，唯抚孤茕似子孙。”

【孤寒】 ❶出身微贱。白居易《秦中吟十首·伤友》：“陋巷孤寒士，出门苦恓恓。”李商隐《赠送前刘五经映三十四韵》：“勿谓孤寒弃，深忧讦直妨。”罗隐《丁亥岁作》：“早知世事长如此，自是孤寒不合来。”杜荀鹤《下第出关投郑拾遗》：“况是孤寒士，兼行苦涩诗。”❷谓出身微贱的贫寒士人。李咸用《投知》：“自是远人多蹇滞，近来仙榜半孤寒。”杜荀鹤《别舍弟》：“孤寒将五字，何以动诸侯。”又《送友人入关》：“况当朝野搜贤日，正是孤寒取士时。”

【孤絶】 ❶高峻，高耸。顾况《弋阳溪中望仙人城》：“何草乏灵姿，无山不孤绝。”孙鲂《甘露寺》：“寒暄皆有景，孤绝画难形。”❷孤单，孤独。薛能《一叶落》：“无双浮水面，孤绝落关头。”❸清幽僻静。郑损《星精亭》：“星沉万古痕，孤绝势无邻。”❹特立超群。储光羲《酬李处士山中见赠》：“声尘邈超越，比兴起孤绝。”

【孤達】 孤拙放达。郑谷《咏怀》：“澹交终不破，孤达晚相宜。”

【孤塚】 孤坟。常建《客有自燕而归哀其老而赠之》：“忆亲拜孤冢，移葬双陵前。”

【孤斟】 独自饮酒。韩愈《闲游二首》之一：“独坐殊未厌，孤斟讵能醒。”又《县斋读书》：“诗成有共赋，酒熟无孤斟。”

【孤園寺】 寺名。在江苏太湖中，原为梁散骑常侍吴猛宅。皮日休《太湖诗·孤园寺》：“萦纡泊一碕，宛到孤园寺。”原题下注：“梁散骑常侍吴猛宅。”陆龟蒙有《奉和袭美太湖诗二十首·孤园寺》。

【孤稚】 孤儿。张籍《祭退之》：“亲朋有孤稚，婚姻有办营。”

【孤愁】 孤独的愁思。王周《早春西园》：“静意崖穿溜，孤愁笛破空。”

【孤節】 （—jié）谓高尚的节操。吕温《道州城北楼观李花》：“岂是花感人，自怜抱孤节。”

【孤猿】 孤单的猿猴。李商隐《和郑愚赠汝阳王孙家筝妓二十韵》：“孤猿耿幽寂，西风吹白芷。”司马扎《江上秋夕》：“孤猿啼后夜，久客病高秋。”

【孤鳳】 用以作为感叹生不逢时、不被重用之典。见《论语·微子》。陈子昂《感遇诗三十八首》之三八：“溟海皆震荡，孤凤其如何。”李商隐《当句有对》：“但觉游蜂饶舞蝶，岂知孤凤忆离鸾。”

【孤烟】 ❶远处独起的炊烟。王维《辋川闲居赠裴秀才迪》：“渡头余落日，墟里上孤烟。”❷烽火与燧烟，古时边塞告警或平安的信号。燧烟燃狼粪，取其烟直而聚。王维《使至塞上》：“大漠孤烟直，长河落日圆。”

【孤塋】 孤坟，无人祭扫之坟茔。黄滔《经安州感故郑郎中二首》之一：“岳客出来寻古剑，野猿相聚叫孤茔。”

【孤煢】 孤独无依。白居易《蜀路石妇》：“夫行二十载，妇独守孤茕。”

【孤隔】　孤僻隔阂。孟郊《秋怀》之十：“孤隔文章友，亲密蒿莱翁。”

【孤遠】　孤零而遥远。张九龄《晨出郡舍林下》：“片云自孤远，丛筱亦清深。”

【孤嫠】　孤儿寡妇。殷潜之《题筹笔驿》：“江东矜割据，邺下夺孤嫠。”

【孤魂】　孤独无依之灵魂。张祜《过阴陵》：“生前此路已迷失，寂寞孤魂何处游。”杜牧《青冢》：“蛾眉一坠穷泉路，夜夜孤魂月下愁。”张仁宝《题芭蕉叶上》：“如今空有孤魂梦，半在嘉陵半锦川。”

【孤歌】　独自歌唱。杜牧《题池州弄水亭》：“孤歌倚桂岩，晚酒眠松坞。”

【孤鳴】　独自鸣叫。李绅《移九江》：“独有西庭鹤，孤鸣白露天。”又《到宣武三十韵》：“虚裘朝独坐，雄剑夜孤鸣。”

【孤嶂】　孤立的高山。杜甫《登兖州城楼》：“孤嶂秦碑在，荒城鲁殿余。”

【孤微】　孤独微贱。许棠《讲德陈情上淮南李仆射八首》之六：“孤微自省恩非次，际会谁知分有余。”

【孤艇】　孤独的小船。刘长卿《送方外上人之常州依萧使君》：“夕阳孤艇去，秋水两溪分。”陆龟蒙《丹阳道中寄友生》：“短篴携稚去，孤艇载鱼归。”

【孤寡】　孤儿寡妇。韩愈《元和圣德诗》：“哀怜阵没，廪给孤寡。”李绅《闻里谣效古歌》：“上有明王颁诏下，重选贤良恤孤寡。”

【孤寢】　独眠。李白《捣衣篇》：“琼筵宝幄连枝锦，灯烛荧荧照孤寝。”杨凝《春怨》：“绿窗孤寝难成寐，紫燕双飞似弄人。”

【孤翠】　挺拔苍翠。陈子昂《与东方左史虬修竹篇》：“龙种生南岳，孤翠郁亭亭。”亦用指挺拔苍翠之景物。刘太真《宣州东峰亭各赋一物得古壁苔》：“光含孤翠动，色与暮云寂。”

【孤墳】　寂寞孤单的坟茔。刘言史《北原情三首》之三：“卜地起孤坟，全家送葬去。”徐夤《伤进士谢庭皓》：“惟有春风护冤魄，与生青草盖孤坟。”张蠙《吊孟浩然》：“每每樵家说，孤坟亦夜吟。”黄滔《伤翁外甥》：“青春成大夜，新雨坏孤坟。”

【孤蓬】　随风飘转的蓬草。喻漂泊无定的游子或孤客。见《文选·鲍照〈芜城赋〉》。寒山《诗三百三首》之一一：“自振孤蓬影，长凝拱木声。”刘长卿《至饶州寻陶十七不在寄赠》：“孤蓬向何处，五柳不开门。”苏涣《赠零陵僧》：“西河舞剑气凌云，孤蓬自振唯有君。”欧阳詹《自淮中却赴洛途中作》：“惆怅策疲马，孤蓬被风吹。”罗隐《隐感事悲身遂成长句》：“往岁鄭侯镇渚宫，曾将清律暖孤蓬。”

【孤墩】　孤立的土丘。特指漂母冢。亦称泰山墩，在今江苏清江市西南。见《嘉庆一统志》卷九三。崔国辅《漂母岸》：“茫茫水中渚，上有一孤墩。”

【孤撑】　单独的支柱。韩愈《南山诗》：“孤撑有巉绝，海浴褰鹏噣。”又韩愈、孟郊《城南联句》：“浮虚有新劚，摧扤饶孤撑。”

【孤標】　❶指山、树、建筑物等特出的顶端。戴叔伦《游清溪兰若》：“西看叠嶂几千重，秀色孤标此一峰。”白居易《重修香山寺毕题二十二韵以纪之》：“四望穷沙界，孤标出赡州。”李山甫《松》：“孤标百尺雪中见，长啸一声风里闻。”❷形容人或事物高洁脱俗。杜甫《醉歌行赠公安颜少府请顾八题壁》：“神仙中人不易得，颜氏之子才孤标。”皎然《咏敡上人座右画松》：“真树孤标在，高人立操同。”白居易《有木诗八首》之七：“有木名凌霄，擢秀非孤标。”崔道融《梅花》：“数萼初含雪，孤标画本难。”贯休《大蜀皇帝寿春节进尧铭舜颂二首·尧铭》：“金册昭昭，列圣孤标。”

【孤輪】　❶指月亮。月亮独悬空中，圆如车轮，故称。刘禹锡《洞庭秋月行》：“孤轮徐转光不定，游气濛濛隔寒镜。”又《奉和中书崔舍人八月十五夜玩月二十韵》：“迥见孤轮出，高从倚盖旋。”❷谓孤独的轮钩。张祜《杨下采桑》：“飞丝惹绿尘，软叶对孤轮。”皮日休《鲁望以轮钩相示缅怀高致因作三篇》之一：“角柄孤轮细腻轻，翠篷十载伴君行。”

【孤賞】　独自赏玩。张九龄《登临沮楼》：“同怀不在此，孤赏欲如何。”李德裕《思山居一十首·春日独坐思归》：“壮龄心已尽，孤赏意犹存。”又《潭上喜见新月》：“还将孤赏意，暂寄玉琴声。”皎然《送李秀才赴婺州招》：“山开江色上，孤赏去应迟。”

【孤賤】　孤苦贫贱。崔曙《送薛据之宋州》：“我生早孤贱，沦落居此州。”孙鲂《题梅岭泉》：“孤贱今何幸，跻攀奈有缘。”

【孤影】　孤单的影子。杜甫《义鹘》：“斗上捩孤影，噭哮来九天。”杜牧《早雁》：“仙掌月明孤影过，长门灯暗数声来。”无名氏《青鸾镜诗》(外编上)：“青鸾不用羞孤影，开匣当如见故人。”

【孤嶠】　孤立的高山。方干《上杭州杜中丞》：“寒角细吹孤峤月，秋涛横卷半江云。”

【孤僻】　孤独的怪僻。郑谷《喜秀上人相访》：“忧荣栖省署，孤僻谢朝衣。”吕岩《又记》：“我师机行密，怀量性孤僻。”

【孤質】　孤独的性格。韩愈《玩月喜张十八员外以王六秘书至》：“孤质不自惮，中天为君施。”

【孤劍】　独剑，一把剑。亦借指单独游宦者或武士。陈子昂《东征答朝臣相送》：“孤剑将何托，长谣塞上风。”戴叔伦《从军行》：“酬恩仗孤剑，十年弊貂裘。”

韦庄《旅中感遇寄呈李秘书昆仲》："犹喜故人天外至，许将孤剑日边归。"

【孤憤】 耿直愤世，嫉俗孤行。韩非曾著《孤愤》篇。见《史记·老子韩非列传》。陈子昂《喜马参军相遇醉歌》："孤愤遐吟，谁知我心。"储光羲《贻袁三拾遗谪作》："寸心因梦断，孤愤为年移。"罗隐《秋日怀贾随进士》："长缨惭贾谊，孤愤忆韩非。"李瀚《蒙求》："韩子孤愤，梁鸿五噫。"

【孤潔】 孤高清白。洁身自好。李白《留别广陵诸公》："还家守清真，孤洁励秋蝉。"方干《题慈溪张丞壁》："伫看孤洁成三考，应笑愚疏舍一枝。"李群玉《感兴四首》之二："盈盈天上艳，孤洁栖金波。"郑谷《寄前水部贾员外嵩》："白鹭同孤洁，清波共渺茫。"

【孤窮】 指孤独穷困之人。赵抟《废长行》："门前有吏吓孤穷，欲诉门深抱冤哭。"

【孤磬】 指孤独单调的磬声。卢纶《同薛存诚登栖岩寺》："万壑应孤磬，百花通一泉。"姚合《寄元绪上人》："闲云春影薄，孤磬夜声长。"

【孤醒】 独自清醒。见《楚辞·渔父》。李群玉《自洋浦东游江表途出巴丘投员外从公虞》："孤醒立众醉，古道何由昌。"

【孤嶼】 ❶孤立的岛屿。太宗《重幸武功》："孤屿含霜白，遥山带日红。"韩翃《又题张逸人园林》："露色点衣孤屿晓，花枝妨帽小园春。"郑谷《送人之九江谒郡侯苗员外绅》："晓饭临孤屿，春帆入乱流。"无名氏《晦日同志昆明池泛舟》(卷七八七)："兴因孤屿起，心为白蘋留。"❷地名。在今浙江温州市北永嘉江中，渚长三百丈，阔七十步，屿有二峰，谢灵运曾登临此屿，并有诗作。孟浩然《永嘉上浦馆逢张八子容》："众山遥对酒，孤屿共题诗。"李白《与周刚清溪玉镜潭宴别》："江亭有孤屿，千载迹犹存。"钱起《送包何东游》："子好谢公迹，常吟孤屿诗。"

【孤興】 (—xìng)孤独无侣时的心情。张九龄《登郡城南楼》："远怀不我同，孤兴与谁悉。"钱起《夜雨寄寇校书》："佳期阻清夜，孤兴发离心。"

【孤館】 孤寂的客馆。李贺《有所思》："自从孤馆深锁窗，桂花几度圆还缺。"许浑《瓜州留别李诩》："孤馆宿时风带雨，远帆归处水连云。"刘沧《宿苍溪馆》："孤馆门开对碧岑，竹窗灯下听猿吟。"刘昭禹《闻蝉》："孤馆宿漳浦，扁舟离洞庭。"

【孤獨】 孤立无援。亦用以指孤立无援者。陈陶《题僧院紫竹》："色静曼仙花，名高给孤独。"

【孤燈】 ❶孤单的灯。借反映孤独寂寞。杜牧《寄李起居四韵》："自怜穷律穷途客，正怯孤灯一局棋。"韦庄《章台夜思》："孤灯闻楚角，残月下章台。"王周《夔州病中》："隐几经旬疾未痊，孤灯孤驿若为眠。"❷指墓穴中的长明灯。岑参《成王挽歌》："地底孤灯冷，泉中一镜寒。"

【孤蹇】 单人单骑。谓独自在外旅行。薛能《边城寓题》："孤蹇复飘零，天涯若堕萤。"

【孤霞】 孤云。单独飘浮的云霞。杨衡《经端溪峡中》："重林宿雨晦，远岫孤霞明。"

【孤嘯】 ❶孤鸣。白居易、刘禹锡《秋霖即事联句三十韵》："断行随雁翅，孤啸耸鸢肩。"❷独自啸咏。法振《病愈寄友》："西山有清士，孤啸不可追。"

【孤聳】 ❶突出高耸。赵居贞《云门山投龙诗》："绝顶弥孤耸，盘途几倾窄。"❷谓诗思孤高特出。韩愈、孟郊《会合联句》："剑心知未死，诗思犹孤耸。"

【孤燭】 独燃之蜡烛。徐彦伯《孤烛叹》："切切夜闺冷，微微孤烛然。"

【孤鴻】 孤单的鸿雁。张九龄《感遇十二首》之四："孤鸿海上来，池潢不敢顾。"贾至《初至巴陵与李十二白裴九同泛洞庭湖三首》之一："明月秋风洞庭水，孤鸿落叶一扁舟。"牟融《赠韩翃》："细雨孤鸿远，西风一棹轻。"杜牧《题安州浮云寺楼寄湖州张郎中》："恨如春草多，事与孤鸿去。"

【孤隱】 独自隐居。王昌龄《山中别庞十》："散发卧其下，谁知孤隐情。"

【孤績】 独有的功绩。张九龄《奉和圣制过王濬墓》："孤绩沦千载，流名感圣衷。"

【孤櫂】 (—zhào)亦作"孤棹"。独浆。借指孤舟。徐铉《送黄秀才姑孰辟命》："水云孤棹去，风雨暮春寒。"又《走笔送义兴令赵宣辅》："闻君孤棹泛荆溪，陇首云随别恨飞。"

【孤嚬】 孤独而皱眉。李商隐《燕台四首·秋》："云屏不动掩孤嚬，西楼一夜风筝急。"

【孤蟾】 指月亮。寒山《诗三百三首》之一二三："远望孤蟾明皎皎，近闻群鸟语啾啾。"

【孤廬】 孤独的房舍。殷尧藩《忆家二首》之一："故乡今夜月，犹得照孤庐。"

【孤韻】 独特的风格。李夔《使至汴州喜逢宋之问》："阮籍蓬池上，孤韵竹林才。"孟郊《奉报翰林张舍人见遗之诗》："孤韵耻春俗，余响逸零雰。"李商隐《安平公诗》："清词孤韵有歌响，击触钟磬鸣环珂。"

【孤懷】 孤高的情怀。孟贯《怀友人》："孤怀谁慰我，夕鸟自成群。"贯休《怀白阁道侣》："终必相寻去，孤怀久不胜。"

【孤櫬】 孤寂的棂柩。于鹄《哭李暹》："唯有山僧与樵客，共舁孤榇入幽坟。"

【孤鸞】 孤单的鸾鸟。喻人之孤独。卢照邻《长安古意》："生憎帐额绣孤鸾，好取门帘帖双燕。"李贺《李夫人歌》："翩联桂花坠秋月，孤鸾惊啼商丝发。"

【孤鰥】 孤单无嗣。韩愈《孟东野失子》："细腰不自乳，举族常孤鳏。"

【孤鶯】 孤单的黄莺。刘长卿《过郑山人所居》："寂寂孤莺啼杏园，寥寥一犬吠桃源。"武元衡《春晓闻莺》："寥寥兰台晓梦惊，绿林残月思孤莺。"

【孤騫】 ❶高升，腾达。杜甫《览柏中允兼子侄数人除官制词因述父子兄弟四美载歌丝纶》："作歌挹盛事，推毂期孤骞。"❷超逸出群。杜甫《赠比部萧郎中十兄》："词华倾后辈，风雅蔼孤骞。"

【孤竈】 独灶、孤单的炉灶。徐铉《和门下殷侍郎新茶二十韵》："轻瓯浮绿乳，孤灶散余烟。"

【孤鶴】 孤单之鹤。喻孤高特出之人。许棠《题张乔升平里居》："心同孤鹤静，行过老僧真。"李商隐《西亭》："梧桐莫更翻清露，孤鹤从来不得眠。"皮日休《七爱诗·白太傅》："处世似孤鹤，遗荣同脱蝉。"王周《会昑岑山人》："略坐移时又分别，片云孤鹤一枝筇。"

【孤羈】 孤旅。单身旅居在外。韩愈《寄崔二十六立之》："昨来汉水头，始得完孤羁。"

【孤驛】 孤独的驿站。王周《夔州病中》："隐几经旬疾未痊，孤灯孤驿若为眠。"

【孤鸞舞镜】 出《艺文类聚》卷九十引南朝宋范泰《鸾鸟诗序》。后用以作失偶悲怆或夫妻分离之典。权德舆《赠魏国宪穆公主挽歌词二首》之二："凝笳悲驷马，清镜掩孤鸾。"李商隐《破镜》："秦台一照山鸡后，便是孤鸾罢舞时。"陆贞洞《和三乡诗》："惆怅残花怨暮春，孤鸾舞镜倍伤神。"

孥 〔nú《广韵》乃都切，平模，混。〕儿女。杜甫《赴青城县出成都寄陶王二少尹》："老耻妻孥笑，贫嗟出入劳。"刘叉《饿咏》："妻孥从饿死，敢爱黄金篆。"元稹《春分投简阳明洞天作》："题诗叹城郭，挥手谢妻孥。"白居易《岁日家宴戏示弟侄等兼呈张侍御二十八丈殷判官二十三兄》："弟妹妻孥小侄甥，娇痴弄我助欢情。"

六 画

孩 〔hái《广韵》户来切，平咍，匣。〕❶小儿笑。李商隐《行次西效作一百韵》："儿孙生未孩，弃之无惨颜。"见"孩提❶"。❷幼小；幼稚。王湾《哭补阙亡友綦毋学士》："反哭魂犹寄，终丧子尚孩。"杜甫《百忧集行》："忆年十五心尚孩，健如黄犊走复来。"见"孩幼❷"。❸幼儿；孩子。《巴州薛刺史歌》："有孩有童，愿以名垂。"见"孩儿""孩童""孩婴"。❹当作幼孩看待，引申为抚爱。韩愈《元和圣德诗》："孩养无告，仁滂施厚。"

【孩子】 孩儿，小孩，护国有《许州郑使君孩子》。

【孩幼】 ❶幼儿。陆龟蒙《读襄阳耆旧传因作诗五百言寄皮袭美》："却视五霸图，股掌弄孩幼。"❷幼小。卢象《八月十五日诗三首》之三："小弟更孩幼，归来不相识。"

【孩兒】 小孩。吕岩《勉牛生夏侯生》："孩儿喘而不死，腹空虚兮长斋。"特指儿子。李家明《题纸鸢止宋齐丘哭子》："一个孩儿拼不得，让皇百口合何如？"

【孩提】 ❶幼小；年幼。语出《孟子·尽心上》。元稹《寒食日毛空路示侄晦及从简》："我昔孩提从我兄，我今衰白尔初成。"❷幼儿，儿童。元稹《夜坐》："孩提万里何时见，狼籍家书满卧床。"又《红荆》："直到孩提尽惊怪，一家同是北来人。"李绅《却渡西陵别越中父老》："倾手奉觞看故老，拥流争拜见孩提。"

【孩童】 小孩，儿童。韩愈《岳阳楼别窦司直》："主人孩童旧，握手乍忻怅。"白居易《前有别杨柳枝绝句梦得继和又复戏答》："谁能更学孩童戏，寻逐春风捉柳花。"

【孩童笑叔癡】 晋王湛，曾为汝南内史，善《周易》，破析玄理，微妙有奇趣，而少语言，才不外露，兄弟宗族皆以为痴。兄浑子济，才气抗迈，于湛略无子侄之敬。日久，济发现叔学行远胜于己，乃喟然叹曰："家有名士。三十年而不知！"事见《晋书·王湛列传》和《世说新语·赏誉》。后用以作为进取沉滞、取笑于后辈之典。李商隐《咏怀寄秘阁旧僚二十六韵》："仆御嫌夫懦，孩童笑叔痴。

【孩嬰】 幼儿。元稹《哭女樊四十韵》："此中临老泪，仍自哭孩婴。"

【孩穉】 幼年，幼儿。权德舆《祗役江西路上以诗代书寄内》："羁孤望予禄，孩稚待我哺。"韩愈《月蚀诗效玉川子作》："虽忿大伤，忍杀孩稚。"皮日休《奉和鲁望读阴符经见寄》："爰从幽厉余，宸极若孩稚。"

七 画

孫[1] 〔sūn《广韵》思浑切，平魂，心。〕❶子之子。杜甫《石壕吏》："室中更无人，惟有乳下孙。"王季友《代贺若令誉赠沈千运》："相逢问姓名亦存，别时无子今有孙。"朱元《迎孙刺史》："今朝竹马诸童子，尽是当时竹马孙。"❷泛称后代子孙。王维《寓言二首》之一："朱绂谁家子，无乃金张孙。"耿沣《仙山行》："看毕初为局，归逢几世孙。"贾岛《刘景阳东斋》："景阳公干孙，诗句得真景。"陆龟蒙《读阴符经寄鹿门子》："微臣与轩辕，亦是万世孙。"韦庄《江南送李明府入关》："我为孟馆三千客，君继宁王五代孙。"❸植物再生或兹生的。周贺《赠神遘上人》："草履蒲团山意存，坐看庭木长桐孙。”❹动物之后代。陆龟蒙《自遣诗三十首》之一：“五年重别旧山村，树有交柯犊有孙。”❺喻指相较两物中之小者。白居易《太湖石》：“三峰具体小，应是华山孙。”❻姓。唐诗人中有孙元晏、孙魴、孙逖等。

孫² 〔xùn《集韵》蘇困切，去慁，心。〕通“遜”。见“孫謀”。

【孫子】 ❶指后代子孙。杜甫《吾宗》：“吾宗老孙子，质朴古人风。”元稹《和李校书新题乐府十二首·缚戎人》：“常教孙子学乡音，犹话平时好城阙。”贯休《田家作》：“自云孙子解耕耘，四五年来腹多实。”亦特指子之子。李端《奉和元丞侍从游南城别业》：“垂朱领孙子，从宴在池塘。”❷人名。即孙武。颜粲《吴宫教美人战》：“至今孙子术，犹可静边隅。”李德裕《寒食日三殿侍宴奉进诗一首》：“不劳孙子法，自得太公韬。”李涉《送孙尧夫赴举》：“却教孙子藏兵法，空把文章向礼闱。”

【孫子多】 晚唐扬州伶人。《全唐诗》卷八七〇录其诗一首。

【孫子荆】 即晋孙楚。楚字子荆。皮日休《孙发百篇将游天台请诗赠行因以送之》：“孙子荆家思有余，元戎曾荐入公车。”

【孫元晏】 籍贯生平未详。《宋史·艺文志七》著录其《六朝咏史诗》一卷，七十五首。《全唐诗》卷七六七录其诗一卷。

【孫支使】 即孙魴。魴长兴初官荆南节度支使。与齐己有唱酬，诗佚。齐己有《和孙支使惠示院中庭竹之什》，又有《孙支使来借诗集因有谢》。

【孫中丞】 (中 zhōng)即孙魴。魴长兴初曾任荆南节度支使兼御史中丞。齐己有《因览支使孙中丞看可准大师诗序有寄》。《全唐诗人名汇考》谓孙中丞为孙光宪。

【孫仁本】 袁州道士。与韩偓有交往。韩偓有《赠孙仁本尊师》。

【孫公】 ❶指晋孙绰。李商隐《赠赵协律晳》：“俱识孙公与谢公，二年歌哭处还同。”❷指孙仡。欧阳炯《题景焕画应天寺壁天王歌》：“奇哉妙手传孙公，能如此地留神踪。”

【孫公和】 即晋孙登，登字公和。吴筠有《高士咏·孙公和》。

【孫公度】 即孙胜。胜字公度。白居易有《和微之诗二十三首·和新楼北园偶集从孙公度周巡官韩秀才范处士小饮郑侍御判官周刘二从事皆先归》。

【孫氏】 乐安(今山东惠民东南)人。一本作乐昌(今属广东)人，误。进士孟昌期之妻。善为诗。一日忽焚其诗集，以为才思非妇人之事，自是专以妇道内治。《全唐诗》卷七九九录其诗三首。

【孫玄照】 生平未详，与女仙王仙仙有交往。王仙仙有《答孙玄照》。《全唐诗》卷八六三录王仙仙《琴中歌赠王仙仙》一绝。

【孫弘】 即汉公孙弘。李商隐《哭刘司户蕡》：“空闻迁贾谊，不待相孙弘。”韩偓《和王舍人抚州饮席赠韦司空》：“孙弘莫惜频开阁，韩信终期别筑坛。”

【孫弘閣】 指汉公孙弘开东阁以延贤人之事。见《汉书·公孙弘传》。骆宾王《帝京篇》：“汲黯薪逾积，孙弘阁未开。”韩翃《送韦秀才》：“几日孙弘阁，当年谢朓诗。”罗隐《感旧》：“剑佩孙弘阁，戈铤太尉营。”

【孫朴】 会昌中进士及第，大中初登宏词科。大中二年(848)，与李商隐同官盩。五年，从辟剑南西川节度使府，为掌书记。李商隐有《和孙朴韦蟾孔雀咏》。

【孫百篇】 指孙发。发曾登百篇科。方干有《送孙百篇游天台》，又有《越中逢孙百篇》。

【孫光憲】 (900？—968)字孟文，号葆光子。杭州富春(今浙江富阳)人，生于贵平(今四川仁寿东北)。事迹见《宋史·荆南高氏世家》《十国春秋》本传。《全唐诗》卷七六二录其诗五首，卷八九七录其词八十首。

【孫休】 (235—264)即三国吴景帝。字子烈，孙权第六子。太元二年(252)，封琅邪王。事迹见《三国志·吴志·三嗣主传》。詹敦仁《复留侯从效问南汉刘岩改名龑字音义》：“孙休命子名，吴国尊王意。”

【孫吴】 ❶战国时孙武、吴起之连称。孙武为吴王阖闾将，吴起为魏武侯将，皆以精通兵术知名。刘希夷《从军行》：“近取韩彭计，早知孙吴术。”高适《送浑将军出塞》：“李广从来先将士，卫青未肯学孙吴。”欧阳詹《许州送张中丞出临颍镇》：“孙吴去后无长策，谁敌留侯直下孙？”贯休《大蜀皇帝潜龙日述圣德诗五首》之四：“紫髯青眼代天才，韩白孙吴稍可陪。”❷三国时孙权在江东建吴国，后人称为孙吴。朱存《金陵览古·段石岗》：“孙吴纪德旧刊碑，草没蟠螭与伏龟。”

【孫秀】 (？—301)字俊忠。琅邪(今山东临沂东北)人。事迹略见《晋书·赵王伦传》。张说《五君咏五首·李赵公峤》：“南浦去莫归，嗟嗟蔑孙秀。”贯休《洛阳尘》：“孙秀若不杀，晋室应更贫。”

【孫位】 后改名遇，号会稽山人。会稽(今浙江绍兴)人。事迹见宋黄休復《益州名画记》卷上，宋郭若虚《图画见闻志》卷二。徐光溥《题黄居采秋山图》：“孙位画水多汹涌，惊湍怒涛人见恐。”贯休有《题成都玉局观孙位画龙》。

【孫沅】　句章(今浙江鄞县南)人,曾居睦州。与刘长卿有交往。刘长卿有《送州人孙沅自本州却归句章新营所居》。按刘长卿时为睦州刺史。

【孫長史女】　(zhǎng)名未详,某都督府孙长史之女。少适王茂,茂客死长安,寡居。见《太平广记》卷四四六引《潇湘录》。《全唐诗》卷八六七录其诗二首。

【孫武】　字长卿。其先为齐田完。完五世孙为齐大夫,伐莒有功,景公赐姓孙氏,食采于乐安。事迹见《史记·孙子吴起列传》《汉书·艺文志》著录《吴孙子兵法》八十二篇,图九卷,今存十三篇。李商隐《南山赵行军新诗盛称游宴之洽因寄一绝》:"梁王司马非孙武,且免宫中斩美人。"罗虬《比红儿诗》之六十:"任伊孙武心如铁,不办军前杀此人。"

【孫枝】　新生的枝干。语出《太平御览》卷九一六引应劭《风俗通》。后用以指梧桐。郑澣《和李德裕房公旧竹亭闻琴》:"石室寒飙骛,孙枝雅器裁。"元稹《酬乐天东南行首一百韵》:"祖竹丛新笋,孙枝压旧梧。"无名氏《镇氏雷威琴》(外编下):"峄阳孙枝,匠成雅器。"亦泛称他树新枝。李商隐《李肱所遗画松诗书两纸得四十韵》:"孙枝擢细叶,旖旎狐裘茸。"

【孫刺史】　指孙愿。愿家自贞元以后三代为池州刺史,朱元有《迎孙刺史》。

【孫叔敖】　春秋楚人。楚庄王十七年(前597),令尹虞丘(一说沉尹)举以自代。三月为相,民皆乐其生。三得相而不喜,三去相而不悔。事迹见《史记·循吏列传》,又见汉刘向《新序·杂事一》。周昙《咏史诗·春秋战国门·孙叔敖》:"童稚逢蛇叹不祥,虑悲来者为埋藏。是知阳报由阴施,天爵昭然契日彰。"

【孫叔無謀】　指春秋楚伍参称孙叔敖无作战谋略之事。见《左传·宣公十二年》。张九龄《经江宁览旧迹至玄武湖》:"驹王信不武,孙叔是无谋。"张说《南中送北使二首》之二:"廉颇诚未老,孙叔且无谋。"

【孫昌胤】　登天宝间进士第。贞元初,犹为其子行冠礼,为人所笑。见柳宗元《答韦中立论师道书》。事又略见《唐诗纪事》卷四六。《全唐诗》卷一九六录其诗四首。

【孫明府】　❶指孙颋。颋曾任永康县令。戴叔伦有《永康孙明府颋秩满将归枉路访别》。❷指孙革。雍陶有《和孙明府怀旧山》。❸指孙霁。霁曾任朐山县令。李中有《海城秋日书怀寄朐山孙明府》,又有《听蝉寄朐山孙明府》。

【孫使君】　即孙微。微广明元年(880)在常州刺史任。贯休有《上孙使君》。

【孫佺】　(?—712)字麟德。汝州郏城(今河南郏县)人。宰相处约之子。长安二年(702),在主客员外郎任。事迹见新旧《唐书》本传。《全唐诗》卷一〇五录其诗一首。

【孫兒】　❶子之子。牛僧孺《乐天梦得有岁夜诗聊以奉和》:"凄凉数流辈,欢喜见孙儿。"杜荀鹤《和吴太守罢郡山村偶题二首》之二:"纵饶稽岁月,犹说向孙儿。"又《田翁》:"白发星星筋力衰,种田犹自伴孙儿。"❷泛称子孙辈。王播《淮南游故居感旧酬西川李尚书德裕》:"三径仅存新竹树,四邻惟见旧孙儿。"❸谓生徒。释元康《与讲师互谑》:"轮王千个子,巷伯勿孙儿。"

【孫舍人】　❶指孙逖。逖开元二十四年(736)为中书舍人。梁陟有《送孙舍人归湘州》。❷指孙棨。参见"孫棨"。

【孫欣】　籍贯未详。开元中,与高适俱客宋中。《全唐诗》卷二〇三录其诗一首。参见"孫訢"。

【孫征虜】　即三国吴孙权。见《三国志·吴志·吴主传》《张纮传》。征虏、讨虏义同。李商隐《漫成五章》之三:"生儿古有孙征虏,嫁女今无王右军。"

【孫定】　字志元。涪州刺史元族子。景福二年(893)下第。晚年丧志,放意酒杯,有诗歌千首,毁于兵火。无成而卒。事迹略见《唐诗纪事》卷六六。《全唐诗》卷七一五录其诗一首。

【孫郎中】　(中 zhōng)即孙光宪。齐已有《谢荆幕孙郎中见示〈乐府歌集〉二十八字》《寄荆幕孙郎中》和《谢孙郎中寄示》。

【孫狀元】　即孙偓。偓为乾符五年(878)状元。卢嗣业有《致孙状元诉醵罚钱》。

【孫革】　革,一作華,误,进士及第。《极玄集》卷下载韩翃《送孙革及第归江南》。元和间为监察御史、洛阳令,长庆时召为刑部员外郎、拜刑部侍郎。大和时为太子左庶子。《全唐诗》卷四七三录其诗一首。

【孫咸】　南唐宋初人。善为诗,长于预知灾异。《全唐诗》卷七七〇录其诗一首,又重见卷八七五。

【孫思邈】　(?—682)京兆华原(今陕西耀县)人。七岁就学,日诵千余言。弱冠,善谈庄、老及百家之说,兼好释典。尤精于医药。隐居太白山。事迹见《旧唐书·艺文志》著录其著述有:《老子注》《庄子注》、《摄生真箓》《养生要录》《气诀》《枕中素书》《会三教论》各一卷、《千金月令》三卷、《千金方》三十卷等。《全唐诗》卷八六〇录其诗一首。

【孫郃】　学韩愈为文,故字希韩。明州奉化(今属浙江)人。乾宁四年(897)登进士第。授校书郎,为河南府文学。唐末,为左拾遗。事迹见《唐诗纪事》卷六一、《十国春秋》本传。《新唐书·艺文志四》著录其《孙子文纂》四十卷、《孙氏小集》三卷、《文格》二卷。《全唐诗》卷六九四录其诗三首。

【孫室】 晋孙康之书室。令狐楚《省中直夜对雪寄李师素侍郎》:“孙室临书幌,梁园泛酒杯。”参见“孫康映雪。”

【孫洛陽】 指孙革。革曾任洛阳令。张籍有《酬孙洛阳》,注:“一本此下有‘革’字。”又有《寄孙洛阳格》,注:“一作《寄洛阳孙明府》。”按,格当作革,音同而误。

【孫姪】 孙子和侄子。泛称晚辈子孙。李涉《杪春再游庐山》:“孙侄皆后来,非我昔所知。”

【孫孩】 指儿孙。权德舆《端午日礼部宿斋有衣服彩结之贶以诗还答》:“更想传觞处,孙孩遍目前。”又《早春南亭即事》:“独有开怀处,孙孩戏目前。”

【孫秦】 乡贡进士。居西京延福坊南街。与郑谷有交往。郑谷有《访题进士孙秦延福南街居》。

【孫敖】 即孙叔敖。李德裕《寒食日三殿侍宴奉进诗一首》:“寝谋惭汲黯,秉羽贵孙敖。”按,孙叔敖秉羽之事,见《庄子·徐无鬼》。

【孫格】 孙革之讹。参见“孫洛陽”“孫革”。

【孫翃】 孙翌之讹,翌亦写作翊。又讹为翃。翌一名季良,河南偃师(今属河南)人。尹知章门人。事迹见《旧唐书·儒学传下》《新唐书·儒学传中》。《新唐书·艺文志四》著录其所编总集《正声集》三卷。《全唐诗》卷一一三录其诗一首。

【孫員外】 ❶指孙济。孙思邈之孙。曾任左司郎中,润州刺史,殿中侍御史。见《元和姓纂》卷四华原孙氏和《册府元龟》卷八五。张谔有《赠吏部孙员外济》。❷指孙佺。佺长安二年(702)五月以主客员外郎从相王旦北征。李九、沈佺期有《夏日都门送司马员外逸客孙员外佺北征》。❸指孙革。曾官刑部员外郎,见《唐会要》卷三九。贾岛有《原居即事言怀赠孙员外》。❹指孙玉汝。玉汝咸通中任尚书员外郎、衢州刺史。罗隐有《龙泉东下却寄孙员外》,又有《三衢哭孙员外》。❺指孙鲂。齐己有《寄江西幕中孙鲂员外》。见《南唐书·孙鲂传》。李建勋有《惜花寄孙员外》《阙下偶书寄孙员外》。

【孫岘】 字文山。虔州南康(今属江西)人。官郎中,元宗时,信王李昆景遏为虔州节度使,辟为掌书记。《全唐诗》卷七五七录其诗一首。

【孫海】 即陆海。《全唐诗》卷一二四录陆海诗三首。注:“一作孙海。”按,《唐诗纪事》卷三二:“陆余庆与陈子昂、卢藏用为方外十友。孙海,工于五言。”谓陆余庆之孙名海,注乃误以“孙”为姓。

【孫宰】 名未详。天宝十五载(756)官同州白水县令。杜甫《彭衙行》:“故人有孙宰,高义薄曾云。”

【孫家】 ❶指三国吴孙策。杜牧《题横江馆》:“孙家兄弟晋龙骧,驰骋功名业帝王。”❷指孙岘。徐铉《文彧少卿文山郎中交好深至二纪已余睽别数年二子长逝奉使岭表途次南康吊孙氏之孤于其家留题此诗》:“孙家虚座吊诸孤,张叟僧房见手书。”

【孫郎】 指孙权。见《三国志·吴志·赵达传》裴松之注引张勃《吴录》。王维《故人张諲工诗善易卜兼能丹青草隶顷以诗见赠聊获酬之》:“屏风误点惑孙郎,团扇草书轻内史。”

【孫郎中】 ❶长孙郎中之脱文。名未详。以郎中出任江州刺史。周贺有《浔阳与孙郎中宴回》。按,周贺又有《忆浔阳旧居兼感长孙郎中》,即此长孙郎中。❷指孙鲂。鲂以尚书郎中佐荆南节度使幕。齐己有《题画鹭鸶兼简孙郎中》,又有《谢孙郎中寄示》。

【孫被】 指汉公孙弘位至三公犹盖布被之事。见《史记·平津侯主父列传》。又见晋葛洪《西京杂记》卷二。李峤《布》:“孙被登三相,刘衣阐四方。”

【孫堅后】 (?—202)即孙破虏夫人,孙权母。本吴(今江苏苏州)人,徙钱塘(今浙江杭州)。事迹见《三国志·吴志·妃嫔传》。孙元晏有《吴·孙坚后》。

【孫盛】 (302—372)字安国。太原中都(今山西平遥西南)人。陶侃为荆州太守,辟为参军。事迹见《晋书》本传。张祜《和杜牧之齐山登高》:“不堪孙盛嘲时笑,愿送王弘醉夜归。”

【孫處】 籍贯生平均未详。《全唐诗续补遗》卷十九录其诗一首。

【孫處士】 (處 chǔ)指孙路。许浑有《寄天乡寺仲仪上人富春孙处士》,又有《将赴京师留题孙处士山居二首》。许彬有《寄怀孙处士》。

【孫處玄】 处玄,一作处立,误。润州江宁(今属江苏)人。事迹《旧唐书·隐逸传》《唐诗纪事》卷二九。《旧唐书·经籍志上》《新唐书·艺文志二》著录其《润州图经》二十卷。《全唐诗》卷一一四录其诗三首。

【孫常州】 指孙会。会约贞元初为常州刺史。戴叔伦有《敬报孙常州二首》,又有《答孙常州见忆》。

【孫常侍】 指孙简。简开成三年(838)为陕虢观察使兼散骑常侍。刘禹锡有《述旧贺迁寄陕虢孙常侍》。

【孫晨】 字元公。汉三辅人。家贫,冬月无被,卧于藁草之中。事迹见汉赵岐《三辅决录》卷一。李瀚《蒙求》:“孙晨槁席,原宪桑枢。”

【孫偓】 字龙光。冀州武邑(今属河北)人。乾符五年(878)状元,授右补阙。事迹见《新唐书》本传。《全唐诗》卷六八八录其诗三首。

【孫從事百篇】 即孙发。发登百篇科,授华亭尉。辟为台州从事。方干有《寄台州孙从事百篇》。

【孫逖】 (696—761)博州武水(今山东聊城西

南)人。事迹见新旧《唐书》本传。《新唐书·艺文志四》著录《孙逖集》二十卷。《全唐诗》卷一一八录其诗一卷。

【孫卿子】 即战国赵人荀况。避汉宣帝讳改,卿为尊称。李峤《赋》:"布义孙卿子,登高楚屈平。"

【孫康】 晋京兆(今陕西西安)人。好学而家贫。曾于冬月映雪读书。为人清介,不敬交游,官至御史大夫。綦幽《灯》:"孙康勤苦谁能念,少减余光借与伊。"无名氏《白雪歌》(卷七八五):"孙康冻死读书闱,火井不暖温泉微。"

【孫康映雪】 指晋孙康因家贫无油而映雪读书之事。见《初学记》卷二引《宋齐语》。又见《文选·任昉〈为萧扬州荐士表〉》。李瀚《蒙求》:"孙康映雪,车胤聚萤。"

【孫甥】 孙子和外甥。韩愈、孟郊《城南联句》:"馆儒养经史,缀戚觞孙甥。"

【孫通】 即汉叔孙。吴筠《览古十四首》之四:"箕子作周辅,孙通为汉臣。"

【孫策】 (175—200)字伯符。三国吴郡富春(今浙江富阳)人。权之兄。事迹见《三国志·吴志》本传。罗隐《吴门晚泊寄句曲道友》:"十万梅销空寸土,三分孙策竟荒丘。"

【孫皓】 (242—283)即三国吴末帝。皓当作晧。字元宗,一名彭祖,字晧宗。权之孙,知之子。事迹见《三国志·吴志·三嗣主传》。吕温《晋王龙骧墓》:"孙皓小儿何足取,便令千载笑争功。"李商隐《药转》:"长筹未必输孙皓,香枣何劳问石崇。"

【孫胜】 字公度。与元稹、白居易有交往。元稹有《送孙胜》。

【孫尊师】 即孙智清。茅山道士。桃源黄先生传法弟子。李德裕有《遥伤茅山县孙尊师三首》。

【孫棨】 字文威,号无为。潞州涉县(今属山西)人。逖之玄孙。简之从子。大顺间官拾遗,迁侍御史,入充翰林学士。天复间迁中书舍人。宋陈振孙《直斋书录解题》卷七二七录其诗六首。

【孫登】 字公和。三国魏、晋汲郡共(今河南辉县)人。无家属,于郡北山为土窟居之。好读《易》,抚一弦琴,性无恚怒。事迹见《三国志·魏志·嵇康传》裴松之注引《魏氏春秋》《嵇康集目录》等,又见《晋书·隐逸传》。杜甫《赠特进汝阳王二十韵》:"淮王门有客,终不愧孙登。"元稹《放言五首》之四:"孙登不语启期乐,各自当情各自欢。"

【孫登土窟】 指三国魏晋之时隐士孙登于汲郡北山为土窟而居之事。见《三国志·魏志·嵇康传》裴松之注引《嵇康集目录》。又见《晋书·隐逸传》。贯休《山居诗二十四首》之十三:"龙猛金膏虽未作,孙登土窟且相宜。"

【孫登長嘯】 (長 cháng)指三国魏、晋之时隐士孙登对嵇康、阮籍长啸之事。见《三国志·魏志·嵇康传》裴松之注引晋孙盛《晋阳秋》。张昌宗《奉和圣制夏日游石淙山》:"叔夜弹琴歌白雪,孙登长啸韵清风。"

【孫登長嘯臺】 (長 cháng)在今河南辉县西北七里百门山。王维《偶然作六首》之三:"孙登长啸台,松竹有遗处。"

【孫發】 苏州吴(今属江苏)人,以刺史荐,赴选。登百篇科,授县尉。后游天台。皮日休有《孙发百篇将游天台请诗赠行因以送之》。陆龟蒙有《和袭美送孙发百篇游天台》。方干有《酬孙发》。

【孫陽】 即伯乐。见《庄子·马蹄》。平曾《絷白马诗上薛仆射》:"自知毛骨还应异,更请孙阳仔细看。"李群玉《辱绵州于中丞书信》:"一缄垂露到云林,中有孙阳念骥心。"胡曾《咏史诗·虞坂》:"未省孙阳身没后,几多骐骥困盐车。"

【孫敬】 字文质。汉楚人。好学,人称闭户先生。见《艺文类聚》卷五五引《后汉书》。按,今本《后汉书》未见。《太平御览》卷六一一引《楚国先贤传》所载略同。李瀚《蒙求》:"匡衡凿壁,孙敬闭户。"

【孫楚】 (?—298)字子荆。晋太原中部(今山西平遥西北)人。事迹见《晋书》本传。宋之问《送杜审言》:"别路追孙楚,维舟吊屈平。"杜甫《投赠哥舒开府二十韵》:"军事留孙楚,行间识吕蒙。"谭用之《寄左先辈》:"万卷祖龙坑外物,一泓孙楚耳中泉。"

【孫楚酒樓】 遗址在今江苏南京城西。见《清统一志·江宁府二》。李白《玩月金陵城西孙楚酒楼达曙歌吹日晚乘醉往石头访崔四侍御》:"朝沽金陵酒,歌吹孙楚楼。"

【孫楚漱石】 指晋孙楚误将"枕石漱流"说为"漱石枕流"之事。见南朝宋刘义庆《世说新语·排调》。又见《晋书》本传。李瀚《蒙求》:"孙楚漱石,郝隆晒书。"

【孫輅】 即孙路。方干有《途中逢孙辂因得李频消息》。参见"孫路"。

【孫園】 园林名,在苏州吴县。元稹《戏赠乐天复言》:"孙园虎寺随宜看,不必遥遥羡镜湖。"

【孫遇】 即孙位。位入蜀后改名遇。贯休《题成都玉局观孙位画龙》:"又闻蜀国玉局观有孙遇迹,蟠屈身长八十尺。"参见"孫位"。

【孫路】 杭州富春(今浙江富阳)人。未仕。姚合有《寄孙路秀才》。郑谷有《寄赠孙路处士》。贯休有《旅中怀孙路》。

【孫蜀】 苏州吴(今属江苏)人。与方干有交往。

方干有《别孙蜀》。事迹略见《唐诗纪事》卷七一。《全唐诗》卷六〇七录其诗一首。

【孫逸】 孙逸人之脱文。逸人名未详。刘长卿有《送孙逸归庐山》。按，此诗云："炉峰绝顶楚云衔，楚客东归栖此岩。"必为逸人无疑。

【孫歆】 三国吴宗室。事见《晋书·杜预传》。李商隐《随师东》："军令未闻诛马谡，捷书惟是报孙歆。"

【孫慎行】 （行 xíng）籍贯未详。事见宋宋绶《岁时杂咏》卷十六。《全唐诗》卷七二崔知贤《三月三日宴王明府山亭》下录其所作之序。或以为即明末礼部尚书孙慎行，误。

【孫賓】 即汉孙嵩，嵩字宾石，略称宾。约生于永和初，北海安丘（今属山东人）。事见《后汉书·赵岐传》。卢照邻《结客少年场行》："孙宾遥见待，郭解暗相通。"陈子昂《酬李参军崇嗣旅馆见赠》："青云傥可致，北海忆孙宾。"

【孫壽】 （？—159）汉梁冀之妻，诏封襄城君，加赐赤绂，比长公主。事见《后汉书·梁冀传》。温庭筠《瑟瑟钗》："翠染冰轻透露光，堕云孙寿有余香。"皮日休《临顿宅将有归于之日鲁望以诗见贶因抒怀酬之》："居然自是幽人事，辄莫教他孙寿闻。"罗隐《题袁溪张逸人所居》："芳树文君机上锦，远山孙寿镜中眉。"

【孫壽折腰】 指汉梁冀之妻孙寿善为妖态，作折腰步以为媚惑之事。《艺文类聚》卷十八引华峤《后汉书》曰："梁冀妻孙寿色美，能作愁眉、啼妆、堕马髻、折腰步、齲齿笑，以为媚惑也。"又见《后汉书·梁冀传》，李贤注引《风俗通》曰："折腰步者，跳不任体。"谓双脚若不能胜任身体重量。李瀚《蒙求》："西施捧心，孙寿折腰。"

【孫構】 京兆（今陕西西安）人。从戎营州十载。开元二十年（732），主将幽州长史赵含章坐赃流瀼州，赐死于道。构亦免官，流滞蓟门。张谓有《同孙构免官后登蓟楼》。

【孫鄴】 唐末进士及第。曹松有《览春榜喜孙鄴成名》。按，曹松光化四年（901）进士及第，鄴之及第当在松后。

【孫鳳】 （？—956）即孙晟。晟初名凤，又名忌。密州高密（今属山东）人。有文辞，尤长于诗。事迹见《旧五代史·周书》本传、《新五代史·死事传》。齐己有《送孙凤秀才赴举》。

【孫端公】 指孙棨。棨曾官侍御史。郑谷有《偶怀寄台院孙端公棨》。

【孫肇】 当为孙棨之讹。韩偓有《奉和峡州孙舍人肇荆南重围中寄诸朝士二篇余久有是债今至湖南方暇牵课》。按，棨天复四年（904）在峡州刺史兼中书舍人任。

【孫綺】 进士及第。李商隐有《赠孙绮新及第》。

【孫綽】 （314—371）字兴公。晋太原中都（今山西平遥西北）人。事迹见《晋书》本传。李商隐《访隐》："相留笑孙绰，空解赋天台。"

【孫綽才冠】 （冠 guàn）指晋阳绰之才能，冠于当世名士。见《文选集注》卷六二唐公孙罗《文选钞》引《文录》。又见《晋书·孙绰传》。李瀚《蒙求》："贺循儒宗，孙绰才冠。"

【孫德諭】 黔州（今四川彭水）人。曾官池州刺史。历事肃、代二朝。与苗发有交往。苗发有《送孙德谕罢官往黔州》。注："孙父曾牧此州，因寄家也。"

【孙頠】 杭州富春（今浙江富阳）人，永泰、大历间人。进士及第。与郎士元、薛景均有交往。《全唐诗》卷七七九录其诗二首。

【孫魴】 字伯鱼。洪州南昌（今属江西）人。事迹见宋马令《南唐书》本传、《唐诗纪事》卷七一。《全唐诗》卷七四三录其诗四首，又卷八八六录其诗二十八首。

【孫瑩】 孙鎣之讹。鎣蜀（今四川）人。初任京监。天宝六载（747）进士及第。刘长卿有《送孙莹京监擢第归蜀觐省》。

【孫劉】 三国吴孙权、蜀刘备之连称。王仁裕《和蜀后主题剑门》："李杜常挨托，孙刘亦恃凭。"

【孫緯】 字中隐。冀州武邑（今属河北）人。逖之玄孙。简之从子。事迹略见《新唐书·宰相世系表三下》《唐诗纪事》卷六十。《全唐诗》卷六〇〇录其诗一首。

【孫樵】 字可之，一字隐之。自称关东（今河南一带）人。韩愈门生，大中九年（855）登进士第，累迁中书舍人。宋陈振孙《直斋书录解题》卷十六著录《孙樵集》十卷。《全唐诗续补遗》卷十一录其诗一首。

【孫頲】 籍贯未详，大历末为婺州永康县令，建中元年（780）离任。戴叔伦有《永康孙明府颋秩满将归枉路访别》。

【孫₂謀】 应顺天下人心的谋略。语出《诗·大雅·文王有声》。唐诗中多用指子孙。王勃《倬彼我系》之五："贻厥孙谋，永为家宝。"杜审言《岁夜安乐公主满月侍宴应制》："睿作尧君宝，孙谋梁国珍。"李商隐《寄太原卢司空三十韵》："祖业隆盘古，孙谋复大庭。"

【孫璐】 即孙路。李频有《富春赠孙璐》。

【孫聲】 指晋孙绰谓自己所作《游天台赋》掷地有金石声之事。见南朝宋刘义庆《世说新语·文学》。李峤《金》："祭天封汉岭，掷地警孙声。"

【孫煉師】 即孙尊师，孙智清。李德裕有《寄茅山孙炼师》。

【孫鐘】 汉吴郡富春(今浙江富阳)人。坚之祖，权之曾祖。以种瓜为业。见《艺文类聚》卷八七、《太平御览》卷五五九引南朝刘义庆《幽明府》《太平广记》卷三八九引《祥瑞记》。李瀚《蒙求》:“漂母进食，孙钟设瓜。”

【孫徽】 潞州涉县(今属山西)人，逖之玄孙，简之子。累迁左司郎中，广明元年(880)在常州刺史任。贯休有《避地毗陵寒月上孙徽使君兼寄东阳王使君三首》。

【孫儲】 字文府。冀州武邑(今属河北)人。偓之兄。广明后，曾任刺史。事迹略见《新唐书·孙偓传》《宰相世系表三下》。孙定有《寄孙储》。

【孫臏】 战国齐人。开之后代，生于阿鄄(今山东东阿、鄄城)之间。事迹见《史记·孙子吴起列传》。《汉书·艺文志》著录《齐孙子》八十九篇，图四卷，久佚。1972年山东临沂银雀山汉墓出土《孙膑兵法》残简四百四十余枚，一万一千字，共三十篇。韩愈《赠崔立之评事》:“尔来但欲保封疆，莫学庞涓怯孙膑。”周昙《咏史诗·春秋战国门·孙膑》:“曾嫌胜己害贤人，钻火明知速自焚。断足尔能行不足，逢君谁肯不酬君。”

【孫願】 孙頠之讹。郎士元有《送孙愿》。注:“一作頠”。参见“孙頠”。

【孫寶】 字子严。汉颍川鄢陵(今属河南)人。事迹见《汉书》本传。李瀚《蒙求》:“龚胜不屈，孙宝自劾。”

【孫顧】 孙頠之讹。《全唐诗》卷七七九录其诗二首。参见“孙頠”。

【孫權】 (182—252)字仲谋。三国吴富春(今浙江富阳)人。策之弟。事迹见《三国志·吴志·吴主传》。韦庄《润州显济阁晓望》:“地壮孙权气，云凝庾信愁。”徐夤《吴》:“一主参差六十年，父兄犹庆授孙权。”

【孫權故城】 三国吴孙权所建之都武昌。遗址在今湖北鄂城。《三国志·吴志·吴主传》。又见唐李吉甫《元和郡县图志》卷二七。刘长卿有《孙权故城下怀古兼送友人归建业》。亦作“孙权城”。罗隐有《自湘川东下立春泊夏口阻风登孙权城》。

【孫權城】 见“孫權故城”。

【孫霽】 籍贯未详。官朐山令。受寿州刺史之辟，任掌书记。李中有《送孙霁书记赴寿阳辟命》。按，寿阳为县，无掌书记，诗谓“吟达寿春城”，则秦阳当作寿春，即寿州。

【孫闢】 乐安(今山东惠民东南)人。与齐己多有唱酬。齐己有《寄孙辟呈郑谷郎中》。

八 画

孰 〔shú《广韵》殊六切，入屋，禪。〕❶“熟”的古字。(1)谨慎周密。储光羲《献华阴罗丞别》:“孰想古人言，乃知悲风雨。”杜甫《敬寄族弟唐十八使君》:“一失不足伤，念子孰自珍。”(2)明月；深切。见“孰知❶”❷疑问代词。(1)谁。玄宗《送忠州太守康昭远等》:“不有台阁英，孰振循良美。”杜甫《病后遇王倚饮赠歌》:“疟疠三秋孰可忍，寒热百日相交战。”孟郊《赠竟陵卢使君虔别》:“孰不苦焦灼，所行为贫侵。”李商隐《行次西郊作一百韵》:“抢攘互间谍，孰辨枭与鸾?”(2)什么。李益《答郭黄中孤云首章见赠》:“君其勉我怀，岁暮孰不凋。”白居易《放鹰》:“孰能使之然，有术甚易知。”(3)哪个；哪些。用于几项事物的比较。白居易《送客春游岭南二十韵》:“北与南殊俗，身将货孰亲。”李山甫《寓怀》:“万古交驰一片尘，思量名利孰如身。”(4)怎么。孟云卿《田园观雨兼晴后作》:“五行孰堪废，万物当及时。”柳宗元《掩役夫张进骸》:“为役孰贱辱，为贵非神奇。”白居易《归田三首》之三:“孰能俄顷间，将心系荣辱。”

【孰雲】 ❶犹言何能。李白《陈情赠友人》:“论交但若此，友道孰云丧。”高适《苦雪四首》之四:“孰云久闲旷，本自保知寡。”又《淇上酬薛三据兼寄郭少府微》:“永愿拯刍荛，孰云干鼎镬?”又《辟阳城》:“奸淫且不戮，茅土孰云宜?”耿㳉《安邑王校书居》:“多君不家食，孰云事岩耕。”❷谁说。杜甫《遣兴三首》之三:“丰年孰云迟，甘泽不在早。”又《梦李白二首》之二:“孰云网恢恢，将老身反累。”韩愈《驽骥》:“孰云时与命，通塞皆自由。”

【孰知】 ❶分明知晓。杜甫《垂老别》:“孰知是死别，且复伤其寒。”又《解闷十二首》之七:“孰知二谢将能事，颇学阴何苦用心。”张籍《省试行不由径》:“孰知求捷步，又恐异端成。”❷谁知。元结《补乐歌十首·咸池》:“元化油油兮，孰知其然。”皎然《饮茶歌诮崔石使君》:“孰知茶道全尔真，唯有丹丘得如此。”白居易《续古诗十首》之九:“出游欲遣忧，孰知忧有余。”殷尧藩《久雨》:“孰知春有地，微露小桃红。”

【孰與】 (—yū)❶与谁。姚合《过李处士山居》:“萧洒身无事，名高孰与齐?”❷谁人给予。孟郊《赠郑夫子鲂》:“苟非圣贤心，孰与造化该。”

九 画

孳 〔zī《广韵》子之切，平之，精。又疾置切，去志，從。〕❶生育，繁殖。韩愈《琴操十首·越裳操》:“雨之施物以孳，我何意于彼为。”❷

滋长；增益。元稹《大觜乌》："转见乌来集，自言家转孳。"又《代曲江老人百韵》："山泽长孳货，梯航竞献珍。"

【孳生】　❶繁殖；生育。白居易《和微之春日投简阳明洞天五十韵》："产业论蚕蚁，孳生计鸭雏。"又《感白莲花》："埋殁汉父祖，孳生胡子孙。"❷滋养，滋味。拾得《诗》之二五："元不出孳生，便将充口腹。"

【孳養】　养育。陆龟蒙《南泾渔父》："大小参去留，候其孳养报。"

孱〔chán《广韵》士山切，平山，祟。又土連切，平仙，祟。〕❶窄小。皮日休《鲁望昨以五百言见贻过有褒美内揣庸陋弥增愧悚因成一千言亦迭和之微旨也》："俾其羁旅死，实觉天地孱。"❷怯懦；怯弱。李白《送张遥之寿阳幕府》："张子勇且英，少轻卫霍孱。"见"孱天""孱性""孱孫""孱懦"。❸瘦弱；衰弱。李华《寄赵七侍御》："余生得携手，遗此两孱翁。"杜甫《秋日夔府咏怀一百韵》："勇猛为心极，清羸任体孱。"孟郊《杏殇》之七："失劳蝶既狂，失子老亦孱。"又《吊卢殷》之一："久病床席尸，护丧童仆孱。"❹卑陋；浅陋。见"孱微""孱愚"。❺通"巉"。高貌。见"孱顏❷"。

【孱夫】　懦夫，懦弱之人。权德舆《危语》："举人看榜闻晓鼓，孱夫孽子遇妒母。"

【孱性】　懦弱的本性。吕温《道州夏日郡内北桥新亭书怀赠何元二处士》："僻远宜孱性，优游赖废材。"

【孱弱】　❶贫穷衰弱。元结《舂陵行》："顾惟孱弱者，正直当不亏。"❷瘦弱。张祜《投太原李司空》："栖遑穷蔡泽，孱弱病刘桢。"

【孱孫】　怯弱无能之子孙。杜牧《感怀诗一首》："誓将付孱孙，血绝然方已。"陆龟蒙《奉酬袭美先辈吴中苦雨一百韵》："孱孙诚瞢昧，有志常搰搰。"

【孱鈍】　懦弱愚钝。韦应物《郡内闲居》："栖息绝尘侣，孱钝得自怡。"舒元舆《坊州按狱》："自顾孱钝姿，利器非能操。"

【孱愚】　浅陋拙直。贾岛《酬姚少府》："枯槁彰清镜，孱愚友道书。"齐己《渚宫莫问诗一十五首》之四："莫问孱愚格，天应只与闲。"

【孱微】　卑贱低微。齐己《寄许州清古》："敢望多相示，孱微老不胜。"

【孱懦】　怯懦软弱。杜甫《石柜阁》："信甘孱懦婴，不独冻馁迫。"张籍《寒食书事二首》之一："为政多孱懦，应无酷吏名。"姚合《省直书事》："孱懦难封诏，疏愚但掷觥。"

【孱顏】　❶参差不齐貌。刘禹锡《和牛相公题姑苏所寄太湖石兼寄李苏州》："孱颜傲林薄，飞动向雷霆。"元晦《越亭二十韵》："孱颜石户启，杳霭溪云度。"皮日休《太湖诗·游毛公坛》："松根碍幽径，孱颜不能斧。"亦指参差不齐之物。徐铉《又和游光睦院》："寺门山水际，清浅照孱颜。"❷斑驳陆离貌。方干《叙龙瑞观胜异寄于尊师》："万倾涵虚寒潋滟，千寻耸翠秀孱颜。"李咸用《苔》："几年风雨迹，叠在石孱颜。"❸险峻、高耸貌。李商隐《荆山》："压何连华势孱颜，鸟没云归一望间。"罗隐《西塞山》："吴塞当时指此山，吴都亡后绿孱颜。"徐光溥《题黄居寀秋山图》："高低向背无遗势，重峦叠嶂何孱颜。"王周《志峡船具诗·百丈》："孱颜屹焉立，汹涌勃然起。"❹指高峻的山岭。李绅《逾岭峤止荒陬抵高要》："周王止化惟荆蛮，汉武凿远通孱颜。"陆龟蒙《奉和袭美太湖诗二十首·缥缈峰》："清晨跻磴道，便是孱颜始。"齐己《回雁峰》："瘴雨过孱颜，危边有径盘。"

十三画

學〔xué《广韵》胡覺切，入覺，匣。〕❶学习。王无竞《凤台曲》："遗曲此台上，世人多学吹。"严维《宿法华寺》："无生久已学，白发浪相侵。"白居易《丘中有一士二首》之二："何必见其面，但在学其心。"李商隐《碧瓦》："歌从雍门学，酒是蜀城烧。"❷效法；模仿。杜甫《北征》："学母无不为，晓妆随手抹。"刘禹锡《题于家公主旧宅》："邻家犹学宫人髻，园客争偷御果枝。"张氏女《梦王尚书口授吟》："鬟梳闹扫学宫妆，独立闲庭纳夜凉。"❸描绘。李适《人日宴大明宫恩赐彩缕人胜应制》："宝帐金屏人已帖，图花学鸟胜初裁。"吴融《倒次元韵》："鱼子封笺短，蝇头学字真。"❹学校。刘禹锡有《国学新修五经壁歌》。❺学问。杜审言《和李大夫嗣真有奉使存抚河东》："学总八千卷，文倾三百篇。"窦巩《江陵遇元九李六二侍御纪事书情呈十二韵》："学深通古字，心直触危机。"韦夏卿《送顾况归茅山》："法尊称大洞，学浅忝初真。"薛涛《酬李校书》："才游象外身虽远，学茂区中事易闻。"❻学术。玄宗《集贤书院成送张说上集贤学士赐宴得珍字》："广学开书院，崇儒引席珍。"❼学说。包佶《立春后休沐》："渐穷无相学，惟避不材讥。"❽述说，诉说。陆龟蒙《奉和袭美添渔具五篇·背蓬》："见说万山潭，渔童尽能学。"❾如，像。张九龄《秋怀》："忆随鸿向暖，愁学马思边。"长孙佐辅《答边信》："莫如书字故难久，愿学同心长可同。"姚合《题宜义池亭》："苔文翻古篆，石色学秋天。"皮日休《虎丘寺殿前有古杉一本遂赋三百言以见志》："劲质如尧瘦，贞容学舜霉。"

【學人】　❶求学之人。王维有《与胡居士皆病寄此诗兼示学人二首》。❷学者，在学术上有一定造诣之人。张乔《题玄哲禅师影堂》："岩谷藏虚塔，江湖散学人。"吕岩《窑头坯歌》："学人学人细寻觅，且须研究古金碧。"

【學力】　在学问上所达到的程度。贯休《览皎然渠南乡集》："学力不相敌，清还仿佛同。"

【學士】　❶读书人，有学问的人。寒山《诗三百三首》之一二九："尽号曰先生，皆称为学士。"苏颋《奉和圣制春台望应制》："诗书焚爇散学士，高阁奢逾娇美人。"❷官名。魏晋和六朝征文学之士掌典礼、编纂、撰述诸事，通称学士。唐玄宗开元年间置学士院，内设学士，为天子起草诏令文书。杜甫《折槛行》："呜呼房魏不复见，秦王学士时难羡。"王建《上杜元颖相公》："学士金銮殿后居，天中行坐侍龙舆。"白居易《李留守相公见过因成四韵以献之》："同时六学士，五相一渔翁。"顾云《苏君厅观韩干马障歌》："秦王学士居武功，六印名家声价雄。"❸南朝陈后主以宫女能文者袁大捨等为女学士，常令能文的朝臣江总等辈十余人和女学士一同参加后庭宴会，共同赋诗。见《南史・张贵妃传》和《江总传》。李商隐《南朝》："满宫学士皆颜色，江令当年只费才。"

【學太常】　后汉周泽为太常，清洁循行，尽敬宗庙，常卧疾斋宫，时语云："作太常妻，一年三百六十天，三百五十九日斋。"见《后汉书・周泽传》。后用为夫妻调侃之典。苏颋《春晓紫微省直寄内》："别离不惯无穷忆，莫误卿卿学太常。"

【學公】　即无学禅师。李洞有《题学公院池莲》。

【學丹砂】　指学仙。丹砂，炼仙药用的上等药物。王绩《赠学仙者》："相逢宁可醉，定不学丹砂。"

【學古】　学习古代文化和道德规范。刘驾《山中有招》："学古以求闻，有如石上耕。"陆龟蒙《记事》："稍离饥寒患，学古真可强。"顾云《苏君厅观韩干马障歌》："乃孙屈迹宁百里，好奇学古有祖风。"

【學生】　在校学习之人。王建《洛中张籍新居》："借倩学生排药合，留连处士乞松栽。"颜真卿、张荐等《七言乐语联句》："戍客归来见妻子，学生放假偷向市。"元稹《酬乐天江楼夜吟稹诗因成三十韵》："定遭才子笑，恐赚学生癫。"《高宗时语》："三馆学生放散，五台令史经明。"

【學仙】　学习仙术，学习道家所谓长生不老之术。太宗《三层阁上置音声》："不似秦楼上，吹箫空学仙。"李白《入彭蠡经松门观石镜缅怀谢康乐题诗书游览之志》："吾将学仙去，冀与琴高言。"朱庆余《题王丘长史宅》："更无人吏在门前，不似居官似学仙。"项斯《送华阴隐者》："自说能医死，相期更学仙。"

【學行】　(—xíng)学问品行。《二贺诗》："学行可师贺德基，文质彬彬贺德仁。"

【學宇】　校舍。刘禹锡《国学新修五经壁歌》："我有学宇，既倾而成之。"

【學步】　❶小孩学习走路。白居易《叹老三首》之三："去岁新婴儿，今年已学步。"❷见《庄子・秋水》。后用以喻学人未成、反而失去自己故技之典。骆宾王《早秋出塞寄东台详正学士》："昔余迷学步，投迹忝词源。"杜甫《风疾舟中伏枕书怀三十六韵奉呈湖南亲友》："蹉跎翻学步，感激在知音。"李绅《州中小饮便别牛相》："耻矜学步贻身患，岂慕醒狂蹑祸阶。"

【學佛】　学习佛法。谓出家当和尚。方干《贻亮上人》："人间学佛知多少，净尽心花只有师。"黄滔《送僧》："才年七岁便从师，犹说辞家学佛迟。"徐夤《山寺寓居》："披缁学佛应无分，鹤氅谈空亦不妨。"

【學究】　科举中的科目。唐代取士，科目有秀才、明经。明经又分五经、三经、二经、学究一经等四科。刘禹锡有《送前进士蔡京赴学究科》。

【學究天人】　指学问广博，通晓天与人之间的关系。语出司马迁《报任安书》。皎然《赠和评事判官》："学究天人知远识，权分盐铁许良筹。"

【學者】　❶求学之人，做学问的人。王维《同崔兴宗送衡岳瑗公南归》序："滇阳有曹溪学者，为我谢之。"高适《同熊少府题卢主簿茅斋》："乃继幽人静，能令学者尊。"薛存诚《太学创置石经》："儒林道益广，学者心弥锐。"❷在学术上有一定造诣之人。玄宗《春晚宴两相及礼官丽正殿学士探得风字》序："乃命学者，缮落简，缉遗编，綦鲁壁之文章，缀秦坑之煨烬，所以修文教也。"

【學取】　学得。元稹《六年春遣怀八首》之八："小于潘岳头先白，学取庄周泪莫多。"

【學府】　学问之府库。谓学识渊博。骆宾王《夏日游德州赠高四》："灵台万顷浚，学府九流深。"

【學定】　学习禅定，即学习佛家静坐敛心的修养方法。杨巨源《送定法师归蜀法师即红楼院供奉广宣上人兄弟》："孤猿学定前山夕，远雁伤离几地秋。"

【學官】　主持学务的官员和官学教师。唐中央学校和地方学校均有博士、助教、直讲等学官。张籍《书怀寄元郎中》："重作学官闲尽日，一离江坞病多年。"又《哭元九少府》："初作学官常共宿，晚登朝列暂同时。"白居易《渭村酬李二十见寄》："莫叹学官贫冷落，犹胜村客病支离。"

【學空】　(—kōng)学佛。空，指佛门。韦应物《夏日》："悟澹将遗虑，学空庶遗境。"曹松《书翠岩寺壁》："入郭非无路，归林自学空。"

【學省】　(—shěng)即太学。古代中央政府所立的国学。唐以国子监总辖国子、太学、四门学。《文选·沈约〈直学省愁卧〉诗》李善题注："学省，国学也。"张籍《拜丰陵》："岁朝园寝遣公卿，学省班中亦摄行。"张籍《寄陆浑赵明府》："与君学省同官处，常日相随说道情。"刘禹锡《裴祭酒尚书见示春归城南青松坞别墅寄王左丞高侍郎之什命同作》："时从学省出，独望郊园归。"

【學眉】 汉张敞为京兆尹，常为其妻画眉。事见《汉书·张敞传》。后以"学眉"作吟咏闺阁韵事之典。杨巨源《月宫词》："迴过前殿曾学眉，回照长门惯催泪。"

【學校】 专门进行教育的机构。韩愈《答柳柳州食虾蟆》："端能败笙磬，仍工乱学校。"

【學圃】 学习种菜。语出《论语·子路》。方干《寄谢麟》："后来若要知优劣，学圃无过老圃知。"

【學射山】 山名。亦名斛石山。今四川成都市外北凤凰山。武元衡《送柳郎中裴起居》："望乡台上秦人在，学射山中杜魄哀。"

【學徒】 ❶有学问之人，读书人。张说《赴集贤院学士上赐宴应制得辉字》："位将贤士设，书共学徒归。"朱庆余《送祝秀才归衢州》："学徒花下别，乡路雪边寻。"陆龟蒙《江南秋怀寄华阳山人》："学徒羞说霸，佳士耻为跎。"❷学佛之人。李中《访庐山归章禅伯》："多少学徒求妙法，要于言下悟无生。"

【學海】 ❶指学识渊博。亦指学识渊博之人。见晋王嘉《拾遗记·后汉》。后用作博学之典。中宗《景龙四年正月五日重为柏梁体联句》："文江学海思济航，万邦考绩臣所详。"皮日休《二游诗·徐诗》："学海正狂波，矛头向中颎。"张贲《奉和袭美醉中即席见赠次韵》："桂枝新下月中仙，学海词锋誉蔼然。"韦庄《和薛先辈见寄初秋寓怀即事之作二十韵》："义心孤剑直，学海怒涛深。"❷指学术界。崔珏《哭李商隐》："词林枝叶三春尽，学海波澜一夜干。"

【學浪詞鋒】 喻学问深广，言词锋利。王建《寄上韩愈侍郎》："重登大学领儒流，学浪词锋压九州。"参见"學海"。

【學書】 读书。方干《过姚监故居》："学书弟子何人在，检点犹逢谏草无。"

【學院】 学校。王建《赠田将军》："初从学院别先生，便领偏师得战名。"

【學曹】 指国子监。张籍《酬浙东元尚书见寄绫素》："越地缯纱纹样新，远封来寄学曹人。"

【學堂】 学校。韩愈《秋怀诗十一首》之三："学堂日无事，驱车适所愿。"刘禹锡《酬郑州权舍人见寄二十韵》："学堂青玉案，彩服紫罗囊。"

【學問】 学识，知识。韩愈《符读书城南》："学问藏之身，身在则有余。"杜牧《冬至日寄小侄阿宜诗》："吾兄苦好古，学问不可量。"无名氏《笔精诗》之二（卷八六七）："学问从君有，诗书从我传。"

【學術】 指治国之术。许浑《重伤杨攀处士二首》之一："绿云多学术，黄发竟无成。"原题下注："攀自号绿云翁。"

【學情】 指恋佛之情。孟郊《赠文应上人》："斋性空转寂，学情深更专。"

【學植】 犹学稼。李商隐《永乐县即事一章》："学植功虽倍，成蹊迹尚赊。"

【學童】 小学生。刘兼有《贻诸学童》。

【學楚吟】 效仿《楚辞》叙述哀怨。李贺《伤心行》："咽咽学楚吟，病骨伤幽素。"

【學業】 学问。杜甫《赠特进汝阳王二十韵》："学业醇儒富，辞华哲匠能。"

【學筵】 犹教席。苏颋《故右散骑常侍舒国公褚公挽词》："学筵尊授几，儒服宠乘轩。"温庭筠《秘书刘尚书挽歌词二首》之一："学筵开绛帐，谈柄发洪钟。"

【學鳳】 出《左传·庄公二十二年》。后用以作咏吟夫妇和谐之典。张谓《玉清公主挽歌》："学凤年犹小，乘龙日尚赊。"

【學詩】 学习和研究《诗经》。王维《送秘书晁监还日本国》序："晁司马结发游圣，负笈辞亲，问礼于老聃，学《诗》于子夏。"亦泛指学习和研究诗歌。马戴《怀故山寄贾岛》："心偶羡明代，学诗观国风。"

【學語】 学习语言，学习说话。杜甫《戏作花卿歌》："成都猛将有花卿，学语小儿知姓名。"

【學道】 ❶学习儒家道义。卢纶《留别耿湋侯钊冯著》："学道功难就，为儒事本迟。"牟融《寄周韶州》："十年学道困穷庐，空有长才重老儒。"姚合《武功县作三十首》之十九："守官常卧病，学道别称名。"❷学习道行。(1)学仙。李白《落日忆山中》："愿游名山去，学道飞丹砂。"又《送内寻庐山女道士李腾空二首》："多君相门女，学道爱神仙。"李群玉《别尹炼师》："学道玉笥山，烧丹白云穴。"(2)学佛。韩愈《广宣上人频见过》："学道穷年何所得，吟诗竟日未能回。"

【學舞】 ❶晋刘琨与祖逖同为司州主簿，至为友善，共被同寝。他们有志恢复中原，中夜闻鸡鸣，琨起而舞剑，以励大志。玄宗《巡省途次上党旧宫赋》："不学刘琨舞，先歌汉祖风。"❷见《太平御览》卷九一六引淮南八公《相鹤经》。后用以喻青年得志。李白《赋得鹤送史司马赴崔相公幕》："正有乘轩乐，初当学舞时。"

【學稼】 学习种庄稼。语出《论语·子路》。后多用以指文士务农。钱起《东皋早春寄郎四校书》："禄微赖学稼，岁起归衡茅。"卢纶《酬李端长安寓居偶咏见寄》："学稼功还弃，论边事亦沉。"皎然《送张孝廉赴举》："春田休学稼，秋赋出儒宫。"李咸用《山居》："邻居皆学稼，客至亦无官。"

【學劍】　学习剑术。泛称学习武艺。见《史记·项羽本纪》。李益《来从窦车骑行》："读书良有感，学剑惭非智。"贾岛《送雍陶及第时成都宁亲》："勿以攻文捷，而将学剑轻。"韦庄《寓言》："学剑已应晚，归山今又迟。"

【學館】　学校。郑谷《送太学颜明经及第东归》："闲来思学馆，犹梦雪窗明。"

【學禪】　（—chán）学佛；学习佛家之参禅。白居易《和微之春日投简阳明洞天五十韵》："学禅超后有，观妙造虚无。"张乔《省中偶作》："乳毛松雪春来好，直夜清闲且学禅。"郑谷《中秋》："此际难消遣，从来未学禅。"谭用之《忆南中》："长记学禅青石寺，最思共醉落花村。"

【學嚬】　效颦，亦指美女蹙眉。许敬宗《奉和登陕州城楼应制》："学嚬齐柳嫩，妍笑发春丛。"

【學識】　学问知识。罗隐《昭明太子庙》："神通高学识，天下鬼神师。"

十四画

孺

〔rú《广韵》而遇切，去遇，日。〕❶幼小。见"孺質"。❷幼儿。贯休《闻无相道人顺世五首》之四："土肥多孟蕨，道老如婴孺。"❸见"孺慕"。

【孺人】　古称大夫之妻。见《礼记·曲礼下》。后亦用以泛称妻。储光羲《田家杂兴八首》之八："孺人喜逢迎，稚子解趋走。"韩愈《感春五首》之一："已呼孺人戛鸣瑟，更遣稚子传清杯。"张籍《祭退之》："公疾浸日加，孺人视药汤。"

【孺子】　❶幼儿，儿童。语出《孟子·公孙丑上》。元结《雪中怀孟武昌》："天寒未能起，孺子惊人寝。"韩翃《送郑员外》："孺子亦知名下士，乐人争唱卷中诗。"皎然《陈氏童子草书歌》："书家孺子有奇名，天然大草令人惊。"杜光庭《山居三首》之一："醉劝头陀酒，闲教孺子吟。"❷谓天子、诸侯、世卿的继承人。元稹《四皓庙》："张良韩孺子，椎碎属车轮。"罗隐《筹笔驿》："千里山河轻孺子，两朝冠剑恨谯周。"❸人名。(1)指汉陈平。参见"孺子贫"。(2)汉徐稚之字。孟浩然《送韩使君除洪州都曹》："无才惭孺子，千里愧同声。"罗隐《重送朗州张员外》："一榻早年容孺子，双旌今日别文翁。"孙元晏《咏史诗·齐·王伦之》："更奠子将并孺子，为君千载作知音。"

【孺子亭】　即思贤亭。在江西南昌城西。为汉徐稚而立。见曾巩《徐孺子祠堂记》。徐铉《南都遇前嘉鱼刘令言游闽岭作此与之》："洪厓坛上长岑寂，孺子亭前自别离。"亦作"孺亭"。罗隐《钟陵见杨秀才》："孺亭滕阁少踟蹰，三度南游一事无。"

【孺子貧】　指汉陈平早年家境贫困。陈平人称陈孺子。见《史记·陈丞相世家》。陈子昂《酬李参军崇嗣旅馆见赠》："未及冯公老，何惊孺子贫。"

【孺亭】　见"孺子亭"。

【孺慕】　出《礼记·檀弓下》。后用以为典，以示对父母的哀悼、悼念。权德舆《大行皇太后挽歌词三首》之二："容车攀望处，孺慕切皇情。"

【孺質】　幼小的资质。杨于陵《赠毛仙翁》："千年犹孺质，秘术救尘寰。"

十六画

孽

〔niè《广韵》魚列切，入薛，疑。〕❶庶子，非正妻所生之子。见"孽子"。❷妖孽，作奸或邪恶之人。杜甫《遣闷》："妖孽关东臭，兵戈陇右创。"李商隐《登霍山驿楼》："壶关有狂孽，速继老生功。"韦庄《和郑拾遗秋日感事一百韵》："小孽乖躔次，中兴系昊苍。"❸罪孽，罪过。卢仝《门箴》："背惠，恃己，狎不肖，妒贤能，命之四孽。"❹通"蘖"。幼芽。刘禹锡《畬田行》："下种暖灰中，乘阳拆牙孽。"孽，一作"蘖"。

【孽子】　庶子，非正妻所生之子。权德舆《危语》："举人看榜闻晓鼓，孱夫孽子遇妒母。"

十七画

孾

〔yīng〕同"婴"。《玉篇·子部》："孾，孩也"。见"孾兒""孾孺"。

【孾兒】　男婴。韦庄《秦妇吟》："舞伎歌姬尽暗损，婴儿稚女皆生弃。"

【孾孺】　幼儿。贯休《闻无相道人顺世五首》之四："土肥多孟蕨，道老如婴孺。"

宀　部

二　画

宂〔rǒng《广韵》而隴切，上腫，日。〕亦作“冗”。❶闲散。杜甫《晚登瀼上堂》：“衰老自成病，郎官未为冗。”❷多余。见“冗長”“冗騰”。❸繁多，众多。见“冗冗❶”。❹凡庸，庸劣。清昼、王遘《建安寺西院喜王郎中遘恩命初至联句》：“住持良有愿，朝谒冗无缘。”韩愈、张籍《会合联句》：“瘴衣常腥腻，蛮器多疏冗。”

【冗冗】　❶犹累累，形容众多。寒山《诗三百三首》之二二七：“递互相食啖，冗冗痴肉团。”❷凡庸，一般。寒山《诗三百三首》之二三二：“寄语冗冗人，叮咛再三读。”

【冗長】　（長 zhàng，今读 cháng）多余无用。杜甫《奉赠李八丈判官曛》：“艰难体贵安，冗长吾敢取。”又《赠崔十三评事公辅》：“官联辞冗长，行路洗皴危。”白居易《得微之到官后书怅然有感因成四章》之四：“通州海内恓惶地，司马人间冗长官。”

【冗官】　闲散的官员。杜甫《往在》：“冗官各复业，土著还力农。”又《送高司直寻封阆州》：“司直非冗官，荒山甚无趣。”

【冗員】　无专门职事之散吏。李嘉祐《元日无衣冠入朝寄皇甫拾遗冉从弟补阙纾》：“伏奏随廉使，周行外冗员。”

【冗書】　繁多之书。郑谷《赠杨夔二首》之一：“散赋冗书高且奇，百篇仍有百篇诗。”

【冗騰】　指冗员散吏，多余人员。陆龟蒙《奉酬袭美先辈吴中苦雨一百韵》：“诸侯急兵食，冗剩方剪截。”

宄〔guǐ《广韵》居洧切，上旨，見。〕奸贼。作乱或偷盗之人。李咸用《览友生古风》：“奸宄欺雷霆，魑魅嫌日月。”

它〔tuō，今读 tā《玉篇》託何切。〕❶别的，另外的。见“它山”。❷第三人称代词，他。见“它誰”。施肩吾《赠王屋刘道士》：“出门即寻常处，未可还它跨鹤鞭。”张贲《和袭美寒夜见访》：“云孤鹤独且相亲，仿效从它折角巾。”❸代词。指代人以外之事物。犹云别的什么。杜甫《散愁二首》之一：“百万传深入，寰区望匪它。”孟郊《看花》之四：“红波荡谏心，谏心终无它。”

【它山】　别处的山。李咸用《石版》：“高人好自然，移得它山碧。”

【它誰】　谁人。哪个人。元稹《郡务稍简因得整比旧诗仅逾百轴偶在自叹因寄乐天》：“天遣两家无嗣子，欲将文集与它谁。”

三　画

宇〔yǔ《广韵》王矩切，上麌，云。〕❶天地之间，上下四方。张说《唐封泰山乐章・太和》：“腾华照宇，如升太阳。”❷屋檐。史俊《题巴州光福寺楠木》：“凌霜不肯让松柏，作宇由来称栋梁。”王维《文杏馆》：“文杏裁为梁，香茅结为宇。”白居易《效陶潜体诗十六首》之二：“行潦毁我墉，疾风坏我宇。”马戴《题庐山寺》：“白茅为屋宇编荆，数处阶墀石叠成。”❸屋舍；居室。储光羲《至嵩阳观观即天皇故宅》：“念兹宫故宇，多此地新泉。”李白《庐山东林寺夜怀》：“我寻青莲宇，独往谢城阙。”元稹《晨起送使病不行因过王十一馆居二首》之二：“密宇深房小火炉，饭香鱼熟近中厨。”李洞《迁村居二首》之一：“移居入村宇，树阙见城隍。”

【宇下】　❶屋檐下，借指屋中，宇室内。严维《题鲍行军小阁》：“宇下无留事，经营意独新。”❷喻指在某人治上或庇荫之下。刘长卿《奉饯元侍郎加豫章采访兼赐章服》：“豫章生宇下，无使翳蓬蒿。”

【宇内】　犹海内，天下。吴筠《建业怀古》：“炎精既失御，宇内为三分。”

【宇文】　复姓。传鲜卑君长攞得皇帝玺，遂自号宇文氏，意为天子。北周有宇文泰。唐有宇文融、宇文鼎等。

【宇文十】　疑即宇文籍。窦群有《经潼关赠文宇十》。窦巩有《汉阴驿与宇文十相遇旋归西川因以赠别》。

【宇文太守】　名未详。天宝十二载(753)任宣城郡太守。王维有《送宇文太守赴宣城》。李白有《赠宣城宇文太守兼呈崔侍御》，又有《宣州九日闻崔四侍御与宇文太守游敬亭余时登响山不同此赏醉后寄崔侍御二首》。

【宇文中丞】 (中 zhōng)❶指宇文邈。邈贞元中为澧州制史兼御史中丞。畅当有《南充谢郡客游澧州留赠宇文中丞》。❷指宇文鼎。邈之子。大和三年(829)至六年任御史中丞。李商隐有《赠宇文中丞》。

【宇文三】 名未详。天宝中为河西节度使行军司马。王维有《送宇文三赴河西充行军司马》。

【宇文石首】 即宇文晁。晁广德年间以郎官出为石首(今属湖北)县令。杜甫有《夏夜李尚书筵送宇文石首赴县联句》。

【宇文正】 生平事迹无考。《全唐诗补逸》卷一七录其诗一首。

【宇文判官】 名未详。天宝六载(747)稍后,为安西四镇节度使高仙芝节度判官。岑参有《初过陇山途中呈宇文判官》,又有《寄宇文判官》《武威春暮闻宇文判官西使还已到晋昌》。

【宇文明府】 名未详。天宝十二载(753)前后,以中书舍人出为元城县令。岑参有《崔驸马山池重送宇文明府》。参见"宇文舍人❷"

【宇文侍御】 宇文融。融曾为监察御史。见《唐会要》卷八五。孙逖有《送魏骑曹充宇文侍御判官分按山南》。张说有《奉和圣制送宇文融安辑户口应制》。

【宇文舍人】 ❶指宇文临。大中元年(847)十二月自礼部郎中充翰林学士。次年六月特恩迁中书舍人。杜牧有《寄珉笛与宇文舍人》。❷名未详。天宝十二载(753)前后,以中书舍人出为元城县令。岑参有《送宇文舍人出宰元城》。参见"宇文明府"。

【宇文炫】 唐玄宗相宇文融之孙,贞元二年(786),为右补阙。十四年,官刑部郎中。韩愈《合江亭》:"老郎来何暮,高唱久乃和。"自注:"宇文郎中炫又增其制。"

【宇文郎中】 (中 zhōng)见"宇文炫"。

【宇文晁】 礼部尚书李之芳之甥。曾为石首(今属湖北)县令。杜甫有《宇文晁尚书之甥崔彧司业之孙尚书之子重泛郑监前湖》。

【宇文黄門】 即宇文融。融开元十七年(729)拜黄门侍郎。张说有《奉宇文黄门融酒》。

【宇文評事】 即宇文审,融之子。官大理评事。李端有《夜宴虢县张明府宅逢宇文评事》。

【宇文鼎】 字周重。御史中丞邈之子。长庆初,为谏官。历左司、吏部员外郎。大和三年(829)十二月,由吏部郎中迁御史中丞。《全唐诗》卷八八七、《全唐诗补逸》卷一二各录其诗一首。

【宇文逸】 籍贯未详。宝应初曾摄丰城县令。刘长卿有《送宇文明府赴洪州张观察追摄丰城令》。

【宇文遷】 曾官协律。豫章县令。见独孤及《送宇文协律赴江西序》(《全唐文》卷三八七)。刘长卿有《送宇文迁明府赴洪州张观察追摄丰城令》。

【宇文融】 (? —730)京兆万年(今陕西西安)人。开元初,累转为富平主簿。九年(721)正月,在监察史仕,上言检括逃户,因令充使,所获甚众,迁兵部员外郎,兼侍御史。事迹见新、旧《唐书》本传。《全唐诗》卷一〇八录其诗一首。

【宇文邈】 河南(今河南洛阳)人,鼎之父。大历二年(767)进士。累官至左司郎中,贞元十年(794),在御史中丞任。事迹略见柳宗元《先君石表阴先友记》。姚系有《杨参军庄送宇文邈》。

【宇文籍】 (770—828)字夏龟。吴人。登进士第。元和末,贬江陵户曹参军。入为侍御史,转著作郎。长庆初,迁驾部员外郎、史馆修撰。事迹见《旧唐书》本传。窦巩有《襄阳寒食寄宇文籍》。

【宇宙】 ❶天地。李华《杂诗六首》之四:"阴魄沦宇宙,太阳假其明。"韩愈《苦寒》:"凶飙搅宇宙,铓刃甚割砭。"齐已《登祝融峰》:"宇宙知何极,华夷见细流。"❷犹海内。天下。王珪《咏汉高祖》:"高抗威宇宙,贵有天下人。"杜甫《咏怀古迹五首》之五:"诸葛大名垂宇宙,宗臣遗像肃清高。"卢纶《皇帝感词》之三:"妙算干戈止,神谋宇宙清。"李商隐《送从翁东川弘农尚书幕》:"蒸黎今得请,宇宙昨还淳。"

【宇縣】 寰宇,天下。县,赤县。卢照邻《中和乐九章·歌东军第三》:"休兵宇县,献馘天阍。"苏颋《奉和圣制登骊山高顶寓目应制》:"圣图恢宇县,歌赋小横汾。"杜甫《壮游》:"圣哲体仁恕,宇县复小康。"吕温《望思台作》:"宇县犹能治,闺门讵不平。"

守[1]

〔shǒu《广韵》書九切,上有,書。〕❶守卫,防守。储光羲《同诸公秋日游昆明池思古》:"穆穆轩辕朝,耀德守方陲。"杜甫《忆昔二首》之一:"为留猛士守未央,致使岐雍防西羌。"韦应物《经函谷关》:"古今虽共守,成败良可识。"刘长卿《奉使至申州伤经陷没》:"归人失旧里,老将守孤城。"❷看守,看管。王维《和陈监四郎秋雨中思从弟据》:"相如今老病,归守茂陵园。"裴玄智《书化度藏院壁》:"将肉遣狼守,置骨向狗头。"韦庄《访含弘山僧不遇留题精舍》:"池竹闭门教鹤守,琴书开箧任僧传。"❸守候;等待。李商隐《到秋》:"守到清秋还寂寞,叶丹苔碧闭门时。"黄滔《宿李少府园林》:"一壶浊酒百家诗,住此园林守选期。"❹保持,守持。则天皇后《制袍字赐狄仁杰》:"敷政术,守清勤。"高适《宋中遇陈二》:"如何守苦节,独此无良媒。"韦应物《登乐游庙作》:"归当守冲漠,迹寓心自忘。"张仲方《赋得竹箭有筠》:"爱此守坚贞,含歌属时彦。"❺拘守,囿于。多指长期置身于一事业或某种境遇而不变。丁仙芝《赠朱中书》："会应怜尔居素约，可即长年守贫贱。"岑参《武威送刘单判官赴安西行营便呈高开府》："中岁学兵符，不能守文章。"徐九皋《送部四镇人往单于别知故》："国恩行可报，何必守经营。"李商隐《骄儿诗》："当为万户侯，勿守一经帙。"齐己《丙寅岁寄潘归仁》："更须忧去国，未可守贫居。"亦指长期任某一微官而不升迁。岑参《题新乡王釜厅壁》："怜君守一尉，家计复清贫。"刘长卿《送严侍御充东畿观察判官》："谁访江城客，年年守一官。"韦应物《高陵书情寄三原卢少府》："直方难为进，守此微贱班。"❻相伴，伴守。王维《早秋山中作》："无才不敢累明时，思向东溪守故篱。"元稹《哭女樊四十韵》："灯火徒相守，香花只浪擎。"李贺《平城下》："饥寒平城下，夜夜守明月。"许棠《寄江上弟妹》："垂老登云路，犹胜守钓矶。"引申指挨、受，谓伴随难耐之事物而艰难熬时。李白《杂曲歌辞·少年子》："夷齐是何人，独守西山饿。"阎防《宿岸道人精舍》："敛迹辞人间，杜门守寂寞。"钱起《故王维右丞堂前芍药花开悽然感怀》："主人不在花长在，更胜青松守岁寒。"白居易《和答诗十首·和雉媒》："青鸾一失侣，至死守孤单。"❼奉守，遵行。杜甫《宿花石戍》："山东残逆气，吴楚守王度。"元结《忝官引》："实欲辞无能，归耕守吾分。"白居易《访陶公旧宅》："心实有所守，口终不能言。"曹松《书怀》："默默守吾道，望荣来替愁。"周昙《咏史诗·三代门·周公》："文武传芳百代基，几多贤哲守成规。"❽保，保有。李白《悲歌行》："天虽长，地虽久，金玉满堂应不守。"杜甫《枯棕》："死者即已休，生者何自守？"又《蒹葭》："摧折不自守，秋风吹若何。"刘长卿《孙权故城下怀古兼送友人归建业》："雄图争割据，神器终不守。"❾指女子独居而守贞节。灵一《送人得荡子归倡妇》："情知独难守，又是一阳春。"❿指守岁。杜审言《除夜有怀》："故节当歌守，新年把烛迎。"

守[2]〔shòu《广韵》舒救切，去宥，书。〕❶戍守。孟郊《古意》："荡子守边戍，佳人莫相从。"❷太守，刺史。李颀《奉送漪叔游颍川兼谒淮阳太守》："闻道淮阳守，东南卧理清。"王维《老将行》："莫嫌旧日云中守，犹堪一战取功勋。"刘禹锡《送鸿举游江西》："钟陵八郡多名守，半是西方社中友。"牛僧孺《李苏州遗太湖石奇状绝伦因题二十韵奉呈梦得乐天》："珍重姑苏守，相怜懒慢情。"❸任职，任地方官。王昌龄《留别岑参兄弟》："副职守兹县，东南棹孤舟。"韦应物《寄大梁诸友》："分竹守南谯，弭节过梁池。"权德舆《送浑邓州》："年少守南阳，新恩印绶光。"韩愈《送文畅师北游》："三年窜荒岭，守县坐深樾。"

【守土】　指地方官治理其所辖区域。羊士谔《酬礼部崔员外备独永宁里弊居见寄来诗云图书锁尘阁符节守山城》："守土亲巴俗，腰章□汉仪。"白居易《初下汉江舟中作寄两省给舍》："尚想到郡日，且称守土臣。"又《自到郡斋仅经旬日走笔题二十四韵兼寄常州贾舍人湖州崔郎中仍呈吴县中诸客》："渭北离乡客，江南守土臣。"舒元舆《坊州按狱》："寄谢守土臣，努力清郡曹。"

【守中】　（—zhōng）保持内在的充实。司空图《诗品二十四则·劲健》："饮真茹强，蓄素守中。"

【守犬】　犹言看家狗。陆龟蒙《江墅言怀》："树少栖禽杂，村孤守犬重。"又《江南秋怀寄华阳山人》："荷笠渔翁古，穿篱守犬狞。"

【守分】　安守本分。谓无分外之求。李从谦《观棋》："恃强斯有失，守分固无侵。"李白《杂曲歌辞·空城雀》："天命有定端，守分绝所欲。"元结《舂陵行》："前贤重守分，恶以福祸移。"

【守月】　对月坐赏，通宵不眠之守月。周贺《寄宁海李明府》："守月通宵坐，寻花回路行。"

【守文】　遵守周文王之法制法度。贯休《寿春节进》："守文情的的，无逸戒孜孜。"

【守方】　犹守土。指地方官治其所守一方土地。刘兼《秋夕书怀》："守方半会蛮夷语，贺厦全忘燕雀心。"

【守心】　指守持君子之心，不为时势所移。元稹《分水岭》："君看守心者，井水为君盟。"

【守四方】　汉高祖刘邦《大风歌》中之词句。见《史记·高祖本纪》。亦泛指为王守卫疆土。孙处玄《失题》："一遇风尘起，令谁守四方。"韦应物《弹棋歌》："不见短兵反掌收已尽，唯有猛士守四方。"

【守朴】　见"守樸"。

【守吏】　防守关隘、宫陵等要地的官吏。元结《欸乃曲五首》之二："唱桡欲过平阳戍，守吏相呼问姓名。"张祜《华清宫和杜舍人》："守吏齐鸳瓦，耕民得翠珰。"许棠《过穆陵关》："荒关无守吏，亦耻白衣过。"韦庄《天井关》："守吏不教飞鸟过，赤眉何路到吾乡。"

【守臣】　镇守一方之大臣。权德裕《哭刘四尚书》："士友惜贤人，天朝丧守臣。"

【守志】　谓守持志向不普通。吕岩《七言》之六："真个夫妻齐守志，立教牵惹在阴阳。"

【守困】　安守贫困。寒山《诗三百三首》之一三三："丈夫莫守困，无钱须经纪。"

【守伯】　指享有"伯"之尊位。伯，上古一方官长之称。张良器《河出荣光》："位尊常守伯，道泰每呈祥。"按此指河伯，古代传说中黄河之神。

【守直】　坚守正直之道。韦应物《再游西山》："守直虽多忤，视险方晏如。"白居易《薛中丞》："中丞薛存诚，守直心甚固。”

【守拙】 甘守愚拙，不趋竞名利。骆宾王《咏怀》：“忘机殊会俗，守拙异怀安。”韦应物《答僩奴重阳二甥》：“弃职曾守拙，玩幽遂忘喧。”钱起《闲居酬张起居见赠》：“在林非避世，守拙自离群。”

【守奈】 “守柰”之讹。果名，晋司空王祥性至孝。有丹柰结实，母命守之，每风雨，辄抱树而泣。事见《晋书·王祥传》。后遂以“守柰”为咏孝亲之典。李瀚《蒙求》：“王祥守奈，蔡顺分椹。”

【守庚申】 道教所行道术之一。于庚申日彻夜不眠，谓可防止人身之三尸虫上天言人罪过。权德舆有《与道者同守庚申》。徐夤《鬓发》：“减食为缘疏五味，不眠非是守庚申。”程紫霄《示守庚申众》：“不守庚申亦不疑，此心常与道相依。”

【守官】 犹居官。王维《送张舍人佐江州同薛璩十韵》：“束带趋承明，守官唯谒者。”李白《寄从弟宣州长史昭》：“尔佐宣州郡，守官清且闲。”姚合《武功县中作三十首》之十九：“守官常卧病，学道别称名。”亦指奉守为官之职责。元结《舂陵行》：“亦云贵守官，不爱能适时。”

【守封】 守其封疆。韩愈、孟郊《城南联句》：“罢旄奉环卫，守封践忠贞。”

【守持】 执持不放。欧阳詹《智达上人水精念珠歌》：“朝自守持纤掌透，夜来月照红绦空。”

【守貞】 守持贞操。刘叉《古怨》：“君莫嫌丑妇，丑妇死守贞。”徐凝《山鹧鸪词》：“南越岭头山鹧鸪，传是当时守贞女。”

【守信】 守信用。亦特指按时如约。徐夤《鸡》：“守信催朝日，能鸣送晓阴。”

【守後】 担任留后。系临时代理节度使之职务。韩愈《元和圣德诗》：“韦皋去镇，刘辟守后。”

【守宫】 本指蜥蜴。见晋张华《博物志》卷四。李贺《宫娃歌》：“蜡光高悬照纱空，花房夜捣红守宫。”李商隐《河阳诗》：“巴西夜市红守宫，后房点臂斑斑红。”

【守素】 安于寒素之平民生活。韦应物《闲居赠友》：“闲居养痾瘵，守素甘葵藿。”卢纶《纶与吉侍郎中孚司空郎中曙风尘追游向三十载博士当感怀前踪有五十韵见寄辄见寄辄有所酬兼寄侯仓曹钊》：“百年甘守素，一顾乃拾青。”

【守株待兔】 喻指死守一隅，不知权变，或比喻甘守愚拙。见《韩非子·五蠹》。《东阳夜怪诗》之七：“不是守株空待兔，终当逐鹿出林丘。”亦省作“守株”。白居易《东南行一百韵寄通州元九侍御澧州李十一舍人果州崔二十二使君窦七校书》：“贫室如悬磬，端忧剧守株。”温庭筠《病中书怀呈友人》：“定为鱼缘木，曾因兔守株。”罗隐《自贻》：“纵无显效亦藏拙，若有所成甘守株。”韩偓《送人弃官入道》：“社稷俄如缀，雄豪讵守株。”

【守真】 守持真率之本性。钱起《过曹钧隐居》：“之子秉高节，攻文还守真。”

【守章句】 借指死守习文读经。方干《王将军》：“大志无心守章句，终怀上略致殊功。”

【守郡】 居守于郡衙之中。韦应物《答王郎中》：“守郡犹羁寓，无以慰嘉宾。”又《简郡中诸生》：“守郡卧秋阁，四面尽荒山。”姚鹄《虢州献杨抑卿二首》之一：“名科累中求贤日，苦节高标守郡时。”

【守祧】 周官名。掌守先王先公之庙祧。杜甫《冬日洛城北谒玄元皇帝庙》：“守祧严具礼，掌节镇非常。”

【守淡】 守持淡泊，不趋名利之情操。孟郊《西斋养病夜怀多感因呈上从叔子云》：“守淡遗众俗，养痾念余生。”

【守黑】 谓安于暗昧、静默。语本《老子》。徐夤《尚书命题瓦砚》：“守黑还全器，临池早著名。”杜光庭《纪道德》：“在洗心而息虑，亦知白而守黑。”亦作“守墨”。李山甫《古石砚》：“抱真唯守墨，求用每虚心。”

【守歲】 民间风俗，旧历除夕夜通宵不眠，谓之守岁。丁仙芝《京中守岁》：“守岁多燃烛，通宵莫掩扉。”孟浩然《除夜有怀》：“守岁家家应未卧，相思那得梦魂来。”戴叔伦《二灵寺守岁》：“守岁山房迥绝缘，灯光香灺共萧然。”白居易《除夜》：“病眼少眠非守岁，老心多感又临春。”

【守愚】 守持愚拙，不学巧伪奸诈。韩偓《守愚》：“守愚不觉世途险，无事始知春日长。”吴筠《览古十四首》之二：“余智入九霄，守愚沦重泉。”

【守節】 ❶保持高尚之节操。岑参《范公丛竹歌》：“守节偏凌御史霜，虚心愿比郎官笔。”陆龟蒙《奉酬袭美先辈吴中苦雨一百韵》：“敢云嗣良弓，但欲终守节。”方干《上郑员外》：“忧民一似清吟苦，守节还如未达贫。”李涉《六叹》之六：“五十余年忠烈臣，临难守节羞谋身。”❷指女子守持贞节而不嫁。曹邺《下第寄知己》：“愿怜闺中女，晚嫁唯守节。”

【守道】 ❶守持儒家之道德规范。岑参《送费子归武昌》：“勿叹蹉跎白发新，应须守道勿羞贫。”戴叔伦《奉天酬别郑谏议云逵卢拾遗景亮见别之作》：“可怜长守道，不觉五逢春。”张乔《赠进士顾云》：“不知守道归何日，相对无言尽几春?”❷奉守老子之道。杜牧《送国棋王逢》：“守道还如周柱史，鏖兵不羡霍嫖姚。”按此处系双关亦兼指弈棋之道。

【守隘】 防守关隘。徐凝《蛮入西川后》：“守隘一夫何处在，长桥万里只堪伤。”

【守雌】 谓安于柔弱。语本《老子》。杜甫《赠崔十三评事公辅》："黠吏因封己，公才或守雌。"

【守漁官】 专司渔捕之事的官吏。李端《送吉中孚拜官归业》："孟宗应献鲊，家近守渔官。"

【守墨】 见"守黑"。

【守衛】 担任防守护卫之人。元结《游石溪示学者》："阶庭无争讼，郊境罢守卫。"

【守静】 安于幽居静处。王维《赠房卢氏琯》："将从海岳居，守静解天刑。"钱起《山园栖隐》："守静信推分，灌园乐在兹。"朱庆余《题胡氏溪亭》："主人能守静，略与客心同。"

【守樸】 亦作"守朴"。守持质朴真率之本性。钱起《酬考功杨员外见赠佳句》："相国无私人守朴，何辞老去上皇年。"又《山斋读书寄时校书杜叟》："幽人自守朴，穷谷也名愚。"左偃《寄韩侍郎》："言诗幸遇明公许，守朴甘遭俗者轻。"吴筠《高士咏·汉阴丈人》："抱瓮诚亦勤，守朴全道微。"

【守默】 安于暗昧、静默。语本《老子》。韦应物《与韩库部会王祠曹宅作》："守默共无吝，抱冲俱寡营。"高辇《棋》："不言如守默，设计似平雠。"

【守器】 原指守护国家重器，因太子主宗庙之器，故亦借指太子。李元嘉《奉和同太子监守违恋》："卜征从献吉，守器属元良。"

【守蟄】 安于蛰伏，潜隐。卢纶《寄赠畅当山居》："虬龙宁守蛰，鸾鹤岂矜飞。"

【守護】 防守护怀。韩愈《石鼓歌》："雨淋日炙野火燎，鬼物守护烦㧑呵。"白居易《寄献北都留守裴令公》："保厘东宅静，守护北门牢。"寒山《诗三百三首》之一九八："龙王守护安耳里，剑客星挥无处搜。"

宅 〔zhái《广韵》場伯切，入陌，澄。〕❶住宅；居中之处。陈元光《落成会咏一首》："篮宅龙钟地，承恩燕翼宫。"杜甫《舍弟观赴蓝田取妻子到江陵喜寄三首》之三："庾信罗含俱有宅，春来秋去作谁家。"符载《题李八百洞》："太极之年混沌坼，此山亦是神仙宅。"陆龟蒙《奉和袭美二游诗·任诗》："不知清景在，尽付任君宅。"❷以之为居住地；栖身。袁朗《和洗掾登城南坂望京邑》："我后膺灵命，爰求宅兹土。"王绩《古意六首》之三："宝龟尺二寸，由来宅深水。"白居易《凶宅》："周秦宅殽函，其宅非不同。"张祜《游天台山》："傍洞窟神仙，中岩宅龙虎。"亦指使君住于某地。张说《南中赠高六戬》："北极辞明代，南溟宅放臣。"韩愈《此日足可惜赠张籍》："仆射南阳公，宅我睢水阳。"❸犹包含，囊括。虞世南《赋得吴都》："三分开霸业，万里宅神州。"李商隐《题汉祖庙》："乘运应须宅八荒，男儿安在恋池隍。"❹喻指安身之处，犹寄寓。韦应物《寄李儋》："心神自安宅，烦虑顿可捐。"司空图《诗品二十四则·疏野》："惟性所宅，真取弗羁。"

【宅土】 指居住于平地之上。语出《书·禹贡》。徐浩《谒禹庙》："肇开宅土业，永庇昏垫忧。"韩愈、孟郊《城南联句》："宅土尽华族，连田间强甿。"

【宅中圖大】 谓居于中心位置而谋划天下。语出张衡《东京赋》。魏征《五郊乐章·肃和》："眇眇方舆，苍苍圆盖，至哉枢纽，宅中图大。"

【宅兆】 墓地。张说《李工部挽歌三首》之二："宅兆西陵上，平生雅志从。"顾况《经徐侍郎墓作》："宅兆乡关异，平生翰墨空。"

【宅舍】 房舍，住宅。寒山《诗三百三首》之二四一："奴马满宅舍，金银盈帑屋。"杜甫《示从孙济》："诸孙贫无事，宅舍如荒村。"

【宅房】 宅舍，住房。杜牧《悲吴王城》："吴王宫殿柳含翠，苏小宅房花正开。"

【宅相】 （—xiàng）指住宅风水之相，亦借指外甥。语本《晋书·魏舒传》。李白《赠别从甥高五》："能成吾宅相，不减魏阳元。"高适《别从甥万盈》："宅相予偏重，家丘人莫轻。"

【宅院】 住宅之庭院。白居易《失婢》："宅院小墙庳，坊门帖榜迟。"

【宅基】 屋基，住宅所在之地皮。施肩吾《经吴真君旧宅》："至今空宅基，时有五色烟。"吴融《过丹阳》："山带梁朝陵路断，水连刘尹宅基平。"

【宅第】 官宦士绅人家之住宅。卢纶《留别耿湋侯钊冯著》："笙镛新宅第，岐路古山陂。"

安 〔ān《广韵》烏寒切，平寒，影。〕❶安居；安然处于。骆宾王《夏日游德州赠高四》："聊安张蔚庐，讵扫陈蕃室？"韦应物《赠李儋》："心神自安宅，烦虑顿可捐。"韩愈《元和圣德诗》："各安尔位，训厥甿亩。"白居易《江上对酒二首》之一："家乡安处是，那独在神京。"亦指习于、安于。杜甫《吾宗》："耕凿安时论，衣冠与世同。"韦应物《幽居》："自当安蹇劣，谁谓薄世荣。"李绅《移九江》："体瘦寡行立，家肥安啜哺。"吴融《自讽》："世路升沉合自安，故人何必苦相干。"❷安宁平静，安定。姚崇《秋夜望月》："明月有余鉴，羁人殊未安。"岑参《西蜀旅舍春叹寄朝中故人呈狄评事》："四海犹未安，一身无所适。"白居易《酬郑侍御多雨春空过诗三十韵》："德胜令灾弭，人安在吏良。"张蠙《钱塘夜宴留别郡守》："四方骚动一州安，夜列樽罍伴客欢。"引申指静止、止歇。杜甫《水会渡》："山行有常程，中夜尚未安。"见"安税"。❸使安宁、平静。王维《戏赠张五弟諲三首》之三："此是安口腹，非关慕隐沦。"李白《书情题蔡舍人雄》："暂因苍生起，谈笑安黎元。"白居易《贺雨》："二年戮李锜，不战安江东。"❹安适，安逸。李白《赠从弟南平太守之遥二首》之一:“少年不得意,落魄无安居。”白居易《睡觉偶吟》:“起坐思量更无事,身心安乐复谁知。”见“安便”“安恬”。❺平安,安好。见“安稳”“安妥”。❻安抚;存慰。元稹《思归乐》:“开门待宾客,寄书安弟兄。”见“安民”“安辑”。❼平稳;安稳。见“安坐”“安流”。❽舒缓,徐缓。来鹄《圣政纪颂》序:“故言事者,安论纾词,无疑权虑势。”见“安歌”。❾放置;安置。崔颢《行路难》:“看来看去心不忘,攀折将安镜台上。”张籍《招周居士》:“已扫书斋安药灶,山人作意早经过。”许浑《游钱塘青山题李隐居西斋》:“林间扫石安棋局,岩下分泉递酒杯。”胡令能《观郑州崔郎中诸妓绣样》:“绣成安向春园里,引得黄莺下柳条。”❿安装;设置。王勃《临高台》:“为君安宝髻,蛾眉罢花丛。”李峤《银》:“玉壶初下箭,桐井共安床。”白居易《偶吟二首》之二:“厨香炊黍调和酒,窗暖安弦拂拭琴。”李商隐《李夫人三首》之一:“一带不结心,两股方安髻。”亦指构建。白居易《和李相公留守题漕上新桥六韵》:“选石铺新路,安桥压古堤。”李洞《吊膳曹从叔郎中》:“安坟对白阁,买石折朱衣。”⓫疑问代词。犹哪里、何处。常置谓语动词前。杜淹《召拜御史大夫赠袁天纲》:“系风终不得,脱屣欲安如?”卢象《送綦毋潜》:“出处暂为耳,沉浮安系哉。”储光羲《同王十三维偶然作十首》之二:“我心若虚空,此道将安施。”孟浩然《陪张丞相自松滋江东泊渚宫》:“渚宫何处是,川暝欲安之。”⓬疑问副词。犹怎么、岂。张九龄《郡舍南有园畦杂树聊以永日》:“苟能秉素节,安用叨华簪。”王建《求友》:“若无傍人见,形疾安自知。”李商隐《今月二日不自量度辄以诗一首四十韵干渎尊严伏蒙仁恩府赐披览咏叹不足之义也》:“所求因渭浊,安肯与雷同。”鱼玄机《暮春即事》:“安能追逐人间事,万里身同不系舟。”

【安人】 安民,使人民安宁、安泰。李适《奉和送金城公主适西蕃应制》:“主歌悲顾鹤,帝策重安人。”源乾曜《奉和圣制送张尚书巡边》:“安人在勤恤,保大殚襟腑。”武瓘《九日卫使君筵上作》:“共贺安人丰乐岁,幸陪珠履侍银章。”贯休《送吏部刘相公除东川》:“政乱皆因乱,安人必藉仁。”

【安土】 安守乡土。钱起《赠汉阳隐者》:“乐道复安土,遗荣长隐身。”

【安上門】 唐长安皇城南三门之一。位于朱雀门之东。至德三载(758)曾改为光天门,寻复旧。李搏《复谑廷裕》:“曾随风水化凡鳞,安上门前一字新。”

【安大夫】 即安禄山。禄山天宝三载(744)以御史中丞为范阳节度、河北采访等使,六载,为御史大夫。刘长卿有《落第赠杨侍御兼拜员外仍充安大夫判官赴范阳》。

【安世】 即汉张安世。徐坚《奉和圣制送张说巡边》:“累相承安世,深筹协子房。”李瀚《蒙求》:“应奉五行,安世三箧。”

【安不忘危】 谓居于安定、安适之时,能不忘防止可能出现的危难。语本《易·系辞下》:“是故君子安而不忘危,存而不忘亡。”周昙《咏史诗·春秋战国门·鲍叔》:“安不忘危臣所愿,愿思危困必无危。”

【安止】 犹安居,安处。白居易《风雪中作》:“我心既知足,我身自安止。”

【安仁】 晋潘岳字。上官仪《酬薛舍人万年宫晚景寓直怀友》:“东望安仁省,西临子云阁。”任华《寄杜拾遗》:“只缘汲黯好直言,遂使安仁却为掾。”李商隐《属疾》:“许靖犹羁宦,安仁复悼亡。”

【安仁拙】 潘岳字安仁。见晋潘岳《闲居赋》序。后遂以“安仁拙”喻指仕途疏懒,拙于为官。韩琮《秋晚信州推院亲友或责无书即事寄答》:“官信安仁拙,书非叔夜慵。”

【安仁省】 (省 shěng)安仁,潘岳之字。省,指散骑省官署。见晋潘岳《秋兴赋》序。后遂以“安仁省”借指朝廷官员寓值之三省官置。上官仪《酬薛舍人万年宫晚景寓直怀友》:“东望安仁省,西临子云阁。”郑絪《奉和武相公省中宿斋酬李相公见寄》:“高阁安仁省,名园广武庐。”

【安仁悼亡】 晋潘岳字安仁,有《悼亡诗三首》伤悼亡妻,悽惋哀侧。后遂用为哀丧妻之典。李商隐《属疾》:“许靖犹羁宦,安仁复悼亡。”

【安仁港】 地名。在饶州余干县(今江西余干)。顾况有《安仁港口望仙人城》。

【安仁擲果】 《晋书》卷五五《潘岳传》:“岳美姿仪……少时常挟弹出洛阳道,妇人遇之者,皆连手萦绕,投之以果,遂满车而归。”后因用为咏美男子之典。欧阳炯《春光好》:“虽似安仁掷果,未闻韩寿分香。”

【安分】 安守本分。卢纶《纶与吉侍郎中孚司空郎中曙苗员外发崔补阙峒侯仓曹钊》:“命蹇固安分,祸来非有萌。”又《寄赠畅当山居》:“君子固安分,毋听劳者讥。”白居易《咏拙》:“以此自安分,虽穷每欣欣。”

【安公】 即晋释道安。灵一有《安公》。

【安心】 心情安定。郑颋《临刑诗》:“安心自有处,求人无有人。”皎然《寒食日同陆处士行报德寺宿解公房》:“安心生软草,灌顶引春泉。”许大《西山吟》:“不是藏名混时俗,卖药沽酒要安心。”

【安石】 晋谢安字。李白《赠常侍御》:“安石在东山,无心济天下。”李端《冬夜集张尹后阁》:“安石还须起,泉明不得归。”温庭筠《题丰安里王相林亭二首》之一:“白蘋安石渚,红叶子云台。”

【安石榴】 即石榴。传系汉张骞出使西域,自安石国(安息国)得其种传回,故名。刘禹锡《百花行》:"唯有安石榴,当轩慰寂寞。"

【安石泛溟渤】　为咏度量宏大,处变不惊之典,亦用为咏逸游之典。见南朝宋刘义庆《世说新语·雅量》。李白《与南陵常赞府游五松山》:"安石泛溟渤,独啸长风还。"

【安兄不道】　三国魏嵇康因拒钟会造访,为钟所深衔。后吕巽淫其弟吕安妻,反诬告吕安不孝,嵇康与吕安素善,乃为吕安辩白。钟会乘机劝司马懿除之。嵇康与吕安遂被杀。事见《三国志·魏志》卷二一。白居易《杂感》:"吕安兄不道,都市杀嵇康。"

【安史】　安禄山、史思明之连称。杜牧《史将军二首》之二:"河湟非内地,安史有遗尘。"又《咏歌圣德远怀天宝因题关亭长句四韵》:"君王若悟治安论,安史何人敢弄兵?"

【安平】　韩泰字。刘禹锡有《微之镇武昌中路见寄蓝桥怀旧之作凄然继和兼寄安平》。

【安平公】　❶指崔日知,日知封安平县侯。张说有《赠崔二安平公乐世词》。❷指崔戎。戎封安平县公。李商隐有《安平公诗》,又有《彭城公薨后赠杜二十七胜李十七潘二君并与愚同出故尚书安平公门下》。

【安丘】　权德舆十二代祖权翼封安丘公。权德舆《奉酬从兄南仲见示十九韵》:"晋季天下乱,安丘佐关中。"

【安丘敬公】　权翼,字子良,前秦右仆射、安丘敬公。见《新唐书·宰相世系五下》权氏。权德舆《伏蒙十六因献之》:"圭田接土宇,侯籍相纷纶。"注:"十二代祖,前秦仆射安丘敬公,事具《十六国春秋》及《晋书》。"

【安民】　安抚人民,使人民安居乐业。方干《上杭州杜中丞》:"苦心多为安民术,援笔皆成出世文。"周昙《咏史诗·晋门·再吟》:"君人为理在安民,论道求贤德自新。"徐铉《送薛少卿赴青阳》:"安民即是道,投足皆为家。"

【安吉】　县名,属淮南道湖州。即今浙江安吉。皎然有《兵后送薛居士移家安吉》《桃花石枕歌送安吉康丞》。周朴《董岭水》:"湖州安吉县,门与白云齐。"

【安地】　安定、平安之地。杜甫《征夫》之一:"漂梗无安地,衔枚有荷戈。"

【安西】　地名。唐安西都护府所在地。显庆二年(657)府治在龟兹国旧地(在今新疆库车县)。李峤有《和麹典设扈从东郊忆弟使往安西冬至日恨不得同申拜庆》。李端《胡腾儿》:"安西旧牧收泪看,洛下词人抄曲与。"曹松《塞上行》:"上将拥黄须,安西逐指呼。"

【安西行營】　(行 xíng)安西节度使之行营。岑参有《武威送刘单判官赴安西行营便呈高开府》。

【安西都護】　安西都护府之长官。从二品,掌"抚慰诸书蕃,辑宁外寇"。唐于阗以西,波斯以东西域诸国所分置之十六都督府,俱隶属安西都护府。杜甫《高都护骢马行》:"安西都护胡青骢,声价欻然来向东。"按此指仙芝。

【安行】　(—xíng)徐步缓行。韩愈、李正封《晚秋郾城夜会联句》:"安行庇松篁,高卧枕莞蒻。"

【安全】　平安,无危险。周昙《咏史诗·春秋战国门·子产》:"为政何门是化源,宽仁高下保安全。"

【安危】　❶安全与危险。卢象《送赵都护赴安西》:"不应行万里,明主寄安危。"戎昱《咏史》:"社稷依明主,安危托妇人。"杨巨源《重送胡大夫赴振武》:"人间文武能双捷,天下安危待一论。"孙元晏《咏史诗·晋·王坦之》:"晋祚安危只此行,坦之何必苦忧惊。"❷偏义复词。偏指安,安全。杜甫《诸将五首》之五:"西蜀地形天下险,安危须仗出群材。"贯休《送张拾遗赴施州司户》:"社稷安危在直言,须历尧阶挝谏鼓。"

【安州】　州名。属淮南道。隋安陆郡。州治即今湖北安陆。刘长卿有《安州道中经浐水有怀》《时平后送范伦归安州》。李白有《安州般若寺水阁纳凉喜遇薛员外乂》《安州应城玉女汤作》。杜牧有《题安州浮云寺楼寄湖州张郎中》。黄滔有《经安州感故郑郎中二首》。

【安守範】　(?—954)后蜀彭州刺史安思谦之子。倚籍父威,恣横国中。《全唐诗》卷七九三录其联句一联。

【安宅】　犹安居。谓安居于家宅。语出《诗·小雅·鸿雁》。杜甫《送李校书二十六韵》:"乾元元年春,万姓始安宅。"韦应物《使云阳寄府曹》:"颓墉满故墟,喜返将安宅。"

【安車】　❶古代乘车,立而不坐;唯妇人或年老男子可以坐乘,称安车。后亦泛指可以安坐之车。权德舆《送张詹事致政归嵩山旧隐》:"明诏优筋力,安车适性灵。"唐彦谦《楚世家》:"张仪重入怀王手,驷马安车却放归。"徐铉《和陈赞善致仕还京口》:"已驾安车归故里,尚通闺籍在龙楼。"❷指朝廷征召贤人之车。见《汉书·申光传》。王维《送高适弟耽归临淮作》:"公吏奉缥组,安车去茅茨。"白居易《和答诗十首·答四皓庙》:"安车留不住,功成弃如遗。"李商隐《灵仙阁晚眺寄郓州韦评事》:"想就安车召,宁期负矢还。"

【安邑】　❶地名。传夏禹曾都于此,汉置县,唐因之,属陕州。耿湋有《赠别安邑韩少府》。周昙《咏史诗·春秋战国门·公叔》:"无谋纵欲离安邑,可免河沟徙大梁。”❷里名，在长安东市之南，宜平里之北。武元衡《安邑里中秋怀寄高员外》。白居易《酬吴七见寄》：“君住安邑里，左右车徒喧。”杜牧《过田家宅》：“安邑南门外，谁家板筑高。”

【安邑坊女】　长安安邑坊陆氏宅中女子。事见《太平广记》卷三四六引《河东记》。《全唐诗》卷八六六录其诗一首。

【安邦】　使国家安定。韦庄《和郑拾遗秋日感事一百韵》：“去国时虽久，安邦志不常。”张蠙《赠水军都将》：“平生为有安邦术，便别秋曹最上阶。”

【安身】　存身；立身。寒山《诗三百三首》之二〇七：“丈夫不识字，无处可安身。”白居易《对镜》：“静中得味何须道，稳处安身更莫疑。”朱湾《咏壁上酒瓢呈萧明府》：“安身未得所，开口欲从谁。”

【安坐】　稳坐，安然而坐。董思恭《相和歌辞·三妇艳》：“丈人且安坐，初日渐流光。”杨衡《白纻辞二首》之一：“令君安坐听终曲，坠叶飘花难再复。”

【安妥】　犹平安，安泰。白居易《郡斋暇日辱常州陈郎中使君书事十六韵见寄亦以十六韵酬之》：“敢辞官远慢，且贵身安妥。”

【安枕】　亦作安枕席。安寝，安睡。皇甫曾《遇风雨作》：“向若家居时，安枕春梦熟。”薛能《牡丹四首》之三：“欲就栏边安枕席，夜深闲共说相思。”

【安枕席】　见“安枕”。

【安命】　安守命分，安于命运的安排。綦毋潜《送平判官入秦》：“谪远自安命，三年已忘归。”杜甫《回棹》：“宿昔试安命，自私犹畏天。”钱起《送邬三落第还乡》：“荷衣垂钓且安命，金马招贤会有时。”

【安法師】　法名全称未详。山阴（今浙江绍兴）人。张籍有《送安法师》。

【安定】　地名。汉为安定郡，后魏于此置泾州，隋改为安定郡。唐武德初复改为泾州，治所在保定县（今甘肃泾川县北）。李商隐有《安定城楼》。

【安定美人】　喻指唐皇甫湜。古人常以美人喻指有才德之男子，而湜为安定人，故称。李贺《仁和里杂叙皇甫湜》：“安定美人截黄绶，脱落缨裾瞑朝酒。”

【安宜】　地名。即唐淮南道楚州宝应县（今江苏宝应）。汉为平安县。肃宗于此县得定国宝十二枚，遂改元宝应，县亦改名宝应。储光羲有《大酺得长字韵时任安宜尉》。李嘉祐有《送皇甫冉往安宜》。刘长卿有《过前安宜张明府郊居》。

【安居】　❶安住，安然居住。裴迪《游感化寺昙兴上人山院》：“不远灞陵边，安居向十年。”张籍《野居》：“贫贱易为适，荒郊亦安居。”白居易《东归》：“方知无系者，在道如安居。”段成式、升上人等《题约公院》：“丈室安居，延宾不扃。”亦指置身于，处于。吕岩《七言》之十四：“河清海晏乾坤净，世世安居道德中。”❷安定之住处。李白《赠从弟南平太守之遥二首》之一：“少年不得意，落魄无安居。”

【安居谿】　水名。亦称安居水。在唐剑南道普州安居县（今四川安岳）。陈子昂有《入峭峡安居溪伐木溪源幽邃林岭相映有奇致焉》。

【安南】　地名。隋为交州郡。唐高祖武德五年（622），改为交州都督府。高宗调露元年（679），改为安南都护府，治交趾（今越南河内）。后为安南府。杜审言有《旅寓安南》。韩翃《送中兄典邵州》：“百城兼领安南国，双笔遥挥王左君。”贯休《送僧之安南》：“安南千万里，师去趣何长。”

【安便】　安适；舒泰。白居易《新秋喜凉因寄兵部杨侍郎》：“老夫纳秋候，心体殊安便。”

【安卑】　安于卑位。崔湜《赠苏少府赴任江南余时还京》：“丈夫不叹别，达士自安卑。”高适《同郭十题杨主簿新厅》：“勿改安卑节，聊闲理剧心。”岑参《佐郡思旧游》：“平生恒自负，垂老此安卑。”

【安恬】　安静，安适恬静。韩愈《苦寒》：“悲哀激愤叹，五藏难安恬。”

【安泰】　平安康泰。寒山《诗三百三首》之二七二：“斩却魔军辈，安泰湛如苏。”白居易《自在》：“安泰良有以，与君论梗概。”又《幽居早秋闲咏》：“且得身安泰，从他世险艰。”

【安時】　❶安于时运。储光羲《同王十三维哭殷遥》：“处顺与安时，及此乃空言。”❷安泰之时世。李邕《登历下古城员外孙新亭》：“负郭喜粳稻，安时歌吉祥。”

【安眠】　❶安睡，安然熟睡。元结《石宫四咏》之四：“晨光静水雾，逸者犹安眠。”韩愈《秋怀诗十一首》之八：“顾谓汝童子，置书且安眠。”贾岛《处州李使君改任遂州因寄赠》：“趁静野禽曾后到，休吟邻叟始安眠。”徐夤《寄僧寓题》：“安眠静笑思何报，日夜焚修祝郡侯。”❷死之婉词。元稹《哭女樊四十韵》：“秘祝休巫觋，安眠放使令。”

【安倍吉人】　日本国人。官中务大辅。《全唐诗补逸》录其诗一首。

【安流】　❶平稳流动。储光羲《洛桥送别》：“河桥送客舟，河水正安流。”徐敞《月映清淮流》：“安流方利涉，应鉴此时情。”亦喻指车船等平稳徐缓地前行。虞世南《奉和幸江都应诏》：“安流进玉轴，戒道翼金吾。”❷平稳的水流。权德舆《昼》：“安流日正昼，净绿天无风。”白居易《太行路》：“巫峡之水能覆舟，若比人心是安流。”罗隐《郑州献卢舍人》：“海槎闲暇阆风轻，不是安流不肯行。”陈元裕《送德林郎中学士赴东府》：“谩言生险浪，岂爽见安流。”

【安家】 安置家庭。李宏皋《题桃源》："当时避世乾坤窄，此地安家日月长。"

【安神】 安定心神。杜荀鹤《题衡阳隐士山居》："松醪腊酝安神酒，布水宵煎觅句茶。"

【安堵】 安家；安居。韩愈《崔十六少府摄伊阳以诗及书见投因酬三十韵》："谓言安堵后，贷借更何患。"方干《过申州作》："井邑初安堵，儿童未长成。"

【安排】 ❶顺应自然，顺从造化之安排。语本《庄子·大宗师》。杜甫《寄岳州贾司马六丈巴州严八使君两阁老五十韵》："安排求傲吏，比兴展归田。"钱起《田园雨后赠邻人》："安排常任性，偃卧晚开户。"司空图《光启三年人日逢鹿》："浮世仍逢乱，安排赖佛书。"❷有意识地做主观努力，与自然相对。白居易《谕友》："推此自豁豁，不必待安排。"❸有计划的措置、处理。杜荀鹤《闻笛》："只知断送豪家酒，不解安排旅客情。"花蕊夫人徐氏《宫词》之七四："安排竹栅与笆篱，养得新生鹁鸽儿。"亦指结构经营。沈彬《献李昇山水图诗》："须知手笔安排定，不怕山河整顿难。"花蕊夫人徐氏《宫词》之十六："六宫官职总新除，宫女安排入画图。"❹筹谋，筹划。罗隐《春日叶秀才曲江》："安排贱迹无良策，裨补明时望重才。"李家明《题纸鸢止宋齐丘哭子》："安排唐祚革强吴，尽是先生作计谟。"❺安放，安置。李九龄《写庄子》："圣泽安排当散地，贤侯优贷借新居。"李中《竹》："闲约羽人同赏处，安排棋局就清凉。"李煜《蝶恋花》："一片芳心千万绪，人间没个安排处。"

【安處】 安居之处。白居易《四十五》："老来尤委命，安处即为乡。"

【安國】 寺名。全名大安国寺，在唐长安东北之长乐坊。本为睿宗在藩时之旧宅，景云元年立为寺。以本封安国为名。无可有《宿安国简公院》。

【安國大師】 长安安国寺法师。李商隐有《奉寄安国大师兼简子蒙》。

【安得】 ❶怎得，何处可得。杜甫《茅屋为秋风所破歌》："安得广厦千万间，大庇天下寒士俱欢颜，风雨不动安如山。"韩愈《忽忽》："安得长翮大翼如云生我身，乘风振奋出六合。"李商隐《燕台四首·夏》："安得薄雾起缃裙，手接云軿呼太君。"司马扎《山中晚兴寄裴侍御》："安得蓬丘侣，提携采瑶英。"❷怎样才能够。薛耀《相和歌辞·子夜冬歌》："借问月中人，安得长不老。"白居易《赠友五首》之四："宽猛政不一，民心安得淳。"曹邺《夜坐有怀》："吾道固如此，安得苦伥伥。"

【安貧】 安于清贫，不慕富贵。李峤《田》："宁知帝王力，击壤自安贫。"俞简《行不由径》："为计安贫乐，当从大道行。"司空图《漫书》："乐退安贫知是分，成家报国亦何惭。"张乔《赠友人》："自说安贫归未得，竹边门掩小池冰。"

【安康】 地名。即唐之金州。因原为晋之安康郡，故有此称。即今陕西安康。皇甫曾《送商州杜中丞赴任》："安康地理接商于，帝命专城总赋舆。"姚合有《寄安陆友人》。

【安陸】 ❶地名。南朝宋置安陆郡。后魏改安州。唐因之，仍以安陆县为安州之治所。即今湖北安陆县。王昌龄《送薛大赴安陆》："遥送扁舟安陆郡，天边何处穆陵关。"郎士元《送别》："穆陵关上秋云起，安陆城边远行子。"韩愈有《自袁州还京行次安陆先寄随州周员外》。❷指南朝齐安陆侯萧缅。李商隐《少将》："族亚齐安陆，风高汉武威。"

【安陵】 ❶唐县名。晋置安陵县属渤海郡，隋属冀州。今属山东德州。李白《访道安陵遇盖还为余造真箓临别留赠》："安陵盖夫子，十岁与天通。"❷汉县名。属右扶风。惠帝置。在今咸阳东北。汉袁盎之故乡。见《汉书·袁盎传》。柳宗元《古东门行》："安陵谁辨削砺功，韩国讵明深井里。"

【安巢】 安顿窠巢。李商隐《越燕二首》之二："命侣添新意，安巢复旧痕。"

【安喜】 见"安喜縣君"。

【安喜縣君】 即权德舆之妻崔氏。崔氏，造之女。元和元年(806)封安喜县君。权德舆有《元和元年蒙恩封成纪县伯时室中封安喜县君感庆兼怀聊申贺赠》。亦省称"安喜"。权德舆有《河南崔尹即安喜从兄宜于室家四十余岁一昨寓书病传永写告身既枉善祝因成绝句》。

【安期】 即安期生。上官昭容《游长宁公主流杯池二十五首》之十五："携琴侍叔夜，负局访安期。"李白《古风》之七："仙人绿云上，自道安期名。"崔鄘《赠毛仙翁》："存亡去住一壶中，兄事安期弟葛洪。"

【安期公】 即安期生。李白《寄王屋山人孟大融》："亲见安期公，食枣大如瓜。"

【安期生】 传说中东海边仙人。见汉刘向《列仙传》。李颀《赠张旭》："时人不识者，即是安期生。"

【安期先生】 即安期生。韦应物《马明生遇神女歌》："安期先生来起居，请示金铛玉佩天皇书。"李涉《寄河阳从事杨潜》："安期先生不可见，蓬莱目极沧海长。"

【安期舄】 见"安期生"。又见晋嵇含《南方草木状》卷上。后遂以"安期舄"为咏仙隐之典。王昌龄《观江淮名胜图》："安期始遗舄，千古谢荣耀。"李白《赠张相镐二首》之二："惟有安期舄，留之沧海隅。"

【安期棗】 传说为仙人安期生所食之仙枣。语本《史记·封禅书》。元稹《和乐天赠吴丹》："冥搜方朔桃，结念安期枣。"

【安税】　(—tuǒ)安歇；休息。杜甫《八哀诗·赠秘书监江夏李公邕》："荣枯走不暇，星驾无安税。"

【安舒】　安适舒畅。元结《游潓泉示泉上学者》："每到潓泉上，情性可安舒。"张祜《濠州水馆》："高阁去烦燠，客心遂安舒。"

【安然】　❶安稳、平静状。韩愈、张籍《会合联句》："君胡眠安然，朝鼓声汹汹。"高骈《南海神祠》："此日征南将，安然渡万艘。"亦特指心神安定貌。李颀《赠苏明府》："出入虽一杖，安然知始终。"白居易《赠邻里往还》："问予何故独安然，免被饥寒婚嫁牵。"吕岩《七言》之三十："才吞一粒便安然，十二重楼九曲连。"❷太平、安泰。周朴《望中怀古》："从此安然寰海内，后来无复谩相倾。"

【安閑】　安适，安逸。储光羲《同诸公秋日游昆明池思古》："君臣日安闲，远近无怨思。"皇甫冉《庐山歌送至弘法师兼呈薛江州》："政成人野皆不扰，遂令法侣性安闲。"白居易《履道西门二首》之一："豪华肥壮虽无分，饱暖安闲即有余。"杜荀鹤《早发》："青云快活一未见，争得安闲钓五湖。"

【安陽】　❶晋县名。北周改邺县，隋复为安阳县。唐因之，属河东道相州，即今河南安阳。王维有《送熊九赴任安阳》。❷后汉县名。属汉中郡。晋武帝改为安康县，唐属金州。旧址在今陕西安康西。孟浩然有《登安阳城楼》。

【安禄山】　(？—757)营州柳城(今辽宁朝阳)人。本姓康，名轧荦山。母嫁突厥安延偃，遂冒父姓安，更名禄山。开元二十八年(740)，为平卢兵马使。次年，为营州刺史兼御史中丞。充平卢军节度副使。事迹见《旧唐书》本传，《新唐书·逆臣传上》。卢言有《上安禄山》。郑嵎《津阳门诗》："幽州晓进供奉马，玉珂宝勒黄金羁。"

【安馴】　温和，驯良。李白《舞曲歌辞·白鸠辞》："食不咽，性安驯。"

【安萬善】　开元时人。乐工，擅长吹龟兹觱篥。李颀有《听安万善吹觱篥歌》。

【安業】　指安于所从事之业。杜牧《秋日》："有计自安业，秋风罢远吟。"

【安置】　放置；安排。杜甫《简吴郎司法》："有客乘舸自忠州，遣骑安置瀼西头。"元稹《乐府古题·将进酒》："主今颠倒安置妾，贪无僭地谁不为。"陆龟蒙《袭美以公斋小宴见招因代书寄之》："自与酌量煎药水，别教安置晒书床。"李茂复《马上有见》："无端眼界无分别，安置心头不肯销。"

【安逸】　❶安闲，安适。白居易《梦上山》："昼行虽蹇涩，夜步颇安逸。"❷安稳，平静。李中《留题胡参卿秀才幽居》："竹荫庭除藓色浓，道心安逸寂寥中。"

【安道】　晋戴逵字。蔡希寂《同家兄题渭南王公别业》："朝庆老莱服，夕闲安道琴。"萧颖士《越江秋曙》："伯鸾常去国，安道惜离群。"刘禹锡《奉和中书崔舍人八月十五日夜玩月二十韵》："兴掩寻安道，词胜命仲宣。"

【安詳】　神态平静从容貌。孟郊《谢李辀再到》："生光非等闲，君其且安详。"

【安寧】　❶安定、平静。白居易《和答诗十首·和思归乐》："因听思归鸟，神气独安宁。"❷平安、太平。章孝标《骆谷行》："若比争名求利处，寻思此路却安宁。"同谷子《五子之歌》："邦惟固本自安宁，临下常须驭朽惊。"❸安泰、安康。白居易《蜀路石妇》："其夫有父母，老病不安宁。"

【安歌】　舒缓平和之歌。魏征《五郊乐章·舒和》："御征乘宫出郊甸，安歌率舞递将迎。"羊士谔《乾元初严黄门自京兆少尹贬牧巴郡士谔谬因出守得继兹赏乃赋诗十四韵刻于石壁》："横吹多凄调，安歌送好音。"

【安鳳】　寿春(今安徽寿县)人。与乡里徐侃友善。相期同赴长安应举，十年不达。事迹略见《太平广记》卷三四四引《潇湘录》。《全唐诗》卷七七〇录其诗一首。

【安適】　安逸舒适。元稹《遣病十首》之七："岁晚我独留，秋深尔安适。"白居易《昭国闲居》："平生尚恬旷，老大宜安适。"

【安寢】　安睡，安眠。董思恭《咏月》："北堂未安寝，西园聊骋望。"白居易《晓寝》："转枕重安寝，回头一欠伸。"李频《宣州献从叔大夫》："万家闾井俱安寝，千里农桑竟起耕。"唐彦谦《宿田家》："停车息茅店，安寝正鼾睡。"

【安福】　县名。本汉安平县，吴分置安城郡。隋废郡为安复县。唐武德中改安福县，属江南道吉州，即今江西安福。无可有《送姚宰任吉州安福县》。李中有《安福县秋吟寄陈锐秘书》。

【安肅】　清平，安定。钱弘宗《登蓬莱阁怀武肃王》："十载兴隆吴与越，二邦安肃弟兼兄。"

【安撫】　指安抚使等官员对百姓进行安顿抚慰。李洞《送安抚从兄夷偶中丞》："六州安抚后，万户解衣眠。"

【安德】　即杨师道。师道国初封安德郡公。岑本文、刘洎、褚遂良、杨续等均有《安德山池宴集》。

【安僻陋】　为咏安于穷僻宅舍之典。见《史记·萧相国世家》。李益《喜入兰陵望紫阁峰呈宣上人》："从今安僻陋，萧相是吾师。"

【安劉】　❶用汉周勃诛吕而安刘氏天下事。语本《史记·高祖本纪》。高适《酬裴员外以诗代书》："诛吕鬼神动，安刘天地开。"按此以"安刘"喻指陈元礼诛杨国忠而安定李唐天下。❷指商山四皓阻刘邦废太子而安定刘氏天下事。典出《史记·留侯世家》。元稹《四皓庙》："虽怀安刘志，未若周与陈。"窦常《商山祠堂即事》："杀嫡心萌事可忧，四贤西笑暂安刘。"杜牧《题商山四皓庙一绝》："南军不袒左边袖，四老安刘是灭刘。"❸安置汉高祖刘邦之遗体。唐彦谦《长陵》："长安高阙此安刘，祔葬累累尽列侯。"按，长陵系刘邦之陵墓。

【安慰】 慰藉。使心境安适。元稹《酬孝甫见赠十首》之一："亲情书札相安慰，多道萧何作判司。"白居易《好听琴》："尤宜听三乐，安慰白头翁。"又《南园试小乐》："不饮一杯听一曲，将何安慰老心情。"陆龟蒙《小雪后书事》："邻翁意绪相安慰，多说明年是稔年。"

【安樂】 （—lè）❶安适，快乐。白居易《谕亲友》："适情处处皆安乐，大抵园林胜市朝。"杜牧《牧陪昭应卢郎中在江西宣州佐今吏部沈公幕叙旧成二十二韵用以投寄》："井闾安乐易，冠盖惬依投。"贯休《寄澜公二首》之一："不知安乐否，何以近无生。"❷即安乐公主。李郢有《奉陪裴相公重阳日游安乐池亭》。

【安樂山】 （樂 lè）山名。在唐剑南道泸州合江县（今四川合江）。见李吉甫《元和郡县图志》卷三三《泸州·合江县》。传隋刘珍曾于此山登仙。先汪有《题安乐山》。

【安樂公主】 （樂 lè）（？—710）名裹儿。唐中宗幼女，韦后所生。初封安乐郡主。事迹见《新唐书·唐中宗八女传》。杜审言有《岁夜安乐公主满月侍宴应制》。李适有《安乐公主移入新宅》。苏颋有《侍宴安乐公主山庄应制》。

【安樂郡主】 （樂 lè）即安乐公主。张说有《安乐郡主花烛行》。

【安輯】 谓朝廷官员安抚、安定民众。李峤有《安辑岭表事平罢归》。张说有《奉和圣制送宇文融安辑户口应制》。

【安錡】 程锜之讹。锜，蜀州唐安（今四川崇庆东南）人。《全唐诗》卷七六八录其诗一首，一作郑锜；《全唐诗续补遗》卷一三据《鉴诫录》卷八载此诗，作者崔锜。按郑锜、崔锜均误。《唐诗纪事》卷四〇载此诗作唐安程锜，唐安为其籍贯。《诗话总龟》前集卷一一引《唐宋遗史》亦作程锜。《方舆胜览》卷六三引作唐安锜，夺其姓，并误以籍贯为名。

【安親】 奉养、孝敬父母。元结《漫酬贾沔州》："天子许安亲，官又得闲散。"戴叔伦《逢友生言怀》："安亲非避地，羁旅十余年。"罗隐《送魏校书兼呈曹使君》："雠书发迹官虽屈，负米安亲路不赊。"杜荀鹤《送福昌周繇少府归宁兼谋隐》："登科作尉官虽小，避世安亲禄已荣。"

【安禪】 （—chán）佛家语。即坐禅入定。佛教禅宗的主要修行方式。裴迪《夏日过青龙寺谒操禅师》："安禅一室内，左右竹亭幽。"杜甫《陪李梓州王阆州苏遂州李果州四使君登惠义寺》："谁能解金印，潇洒共安禅。"李端《同皇甫侍御题惟一上人房》："得道轻年暮，安禅爱夜深。"孙魴《金山寺》："结宇孤峰上，安禅巨浪间。"

【安徽】 犹安车。徽，作为标志之旗幡，因插于车上，故代指车。梁载言《咏傅岩监祠》："很傍索传马，偬动出安徽。"

【安鴻漸】 生平籍贯未详。《全唐诗》卷七七〇录其诗一首。

【安豐】 地名。汉置县，属六安国。南朝梁置安丰郡。隋复为县。唐因之，属淮南道州。即今安徽寿县安丰塘。韩愈《嗟哉董生行》："寿州属县有安丰，唐贞元时县人董生召南隐居行义于其中。"

【安釐】 即战国魏安釐王。罗隐《大梁见乔诩》："战代安釐国，封崇孝景朝。"

【安穩】 ❶安适，平静。卢仝《客淮南病》："且喜闭门无俗物，四肢安稳一张床。"白居易《春眠》："枕低被暖身安稳，日照房门帐未开。"姚合《寄李群玉》："居住应安稳，黄金几灶新。"皮日休《临顿为吴中偏胜之地余每机访疑然惜去因成五言十首奉题屋壁》之八："闭门无一事，安稳卧凉天。"❷平稳。李绅《溯西江》："空阔远看波浪息，楚山安稳过云岑。"赵嘏《答友人》："窗户动摇三岛树，琴尊安稳五湖船。"❸平安无事。杜甫《早花》："西京安稳未，不见一人来。"司空图《狂题十八首》之十七："莫道太行同一路，大都安稳属闲人。"郑谷《久不得张乔消息》："乱离何处甚，安稳到家无。"吴融《池上双凫二首》之一："幸是羽毛无取处，一生安稳老菰蒲。"

【安邊】 安定边境。卢从愿《奉和圣制送张说巡边》："安边俟帷幄，制胜在岩廊。"张谓《代北州老翁答》："安边自合有长策，何必流离中国人。"权德舆《送灵武范司空》："上略在安边，吴钩结束鲜。"曹唐《羽林贾中丞》："胸中别有安边计，谁睬髭须白似银。"

【安邊使】 差遣官之一种。奉命安抚或安定边境之使臣。陈子昂《答韩使同在边》："闻诏安边使，曾是故人谟。"

四　画

完[1]　〔wán《广韵》胡官切，平桓，匣。〕❶完整；全备。杜甫《石壕吏》："有孙母未去，出入无完裙。"白居易《访陶公旧宅》："肠中食不充，身上衣不完。"《郊庙歌辞·周郊祀乐章·治顺乐》："黼黻龙衣备，琮璜宝器完。"❷完善，完好。杜甫《哀王孙》："已经百日窜荆棘，身上无有完肌肤。"韩愈《剥啄行》："窅窅深堑，其墉甚完。"又《读皇甫湜公安园池诗书其后二首》之二："观之乱我意，不如不观完。"❸保全。韦应物《广德中洛阳作》："王师涉河洛，玉石俱不完。"孟彦深《元次山居武昌之樊山新春大雪以诗问之》："山中应大寒，短褐何以完。"杜甫《垂老别》："子孙阵亡尽，焉用身独完。"❹终了，了结。韩愈《寄崔二十六立之》："昨来汉水头，始得完孤羁。"白居易《和答诗十首·和雉媒》："张陈刎颈交，竟以势不完。"

完[2]　〔kuān《广韵》枯官切，平桓，溪。〕"宽"之古字。《说文·宀部》："完，古文以为宽字。"韩愈《送文畅师北游》："当今圣政初，恩泽完貔貅。"韩愈、孟郊《城南联句》："德孕厚生植，恩熙完刖黥。"

【完才】　完美之人才。崔融《哭蒋詹事俨》："雅量沧海纳，完才庙廊施。"

【完月】　满月，圆月。韩愈《酬司门卢四兄云夫院长望秋作》："楼头完月不共宿，其奈就缺行攕攕。"

【完全】　完整齐全，完好无损。白居易《咏怀》："顾我信为幸，百骸且完全。"又《卯时酒》："一性既完全，万机皆破碎。"齐己《贺行军太傅得白氏东林集》："百尺典坟随丧乱，一家风雅独完全。"亦指充足。刘真《七老会诗》："赏景尚知心未退，吟诗犹觉力完全。"

【完完】　犹云圆圆。韩愈《月蚀诗效玉川子作》："月形如白盘，完完上天东。"

【完備】　完善齐备。刘叉《雪车》："人家千里无烟火，鸡犬何太怨。"

【完璞】　完美之璞玉。顾玉、顾况《送友失意南归》："衣挥京洛尘，完璞伴归人。"

宋　〔sòng《广韵》蘇統切，去宋，心。〕❶周代之诸侯国名。国都商丘，战国初曾迁彭城（今江苏徐州）。辖地在今河南东部及皖北、苏北与鲁西南一带。李峤《石》："人宋星初陨，过湘燕早归。"高适《宋中十首》之八："五霸递征伐，宋人无战功。"元稹《和李校书新题乐府十二首·立部伎》："宋晋郑女歌声发，满堂会客齐喧呵。"丘光庭《补新宫》序："叔孙昭子聘于宋，公享之，赋《新宫》。"❷指宋国旧地。亦特指商丘及其附近一带。其地汉为梁国，唐为宋州，故亦称梁宋。孙逖《送李给事归徐州觐省》："春水经梁宋，晴山入海沂。"孟云卿《伤时二首》之一："徘回宋郊上，不睹平生亲。"韩愈《刘生诗》："弃家如遗来远游，东走梁宋暨扬州。"高蟾有《宋汴道中》。❸朝代名。指南朝刘宋。吴筠《建业怀古》："荏苒宋齐末，斯须变梁陈。"丘丹《奉使过石门瀑布》序："谢康乐，宋景平中为永嘉守。"戴叔伦《题招隐寺》："宋时有井如今在，却种胡麻不买山。"陆龟蒙《袭美先辈以龟蒙所献五百言既蒙见和复示荣唱再抒鄙怀用酬谢》："下臻宋与齐，上指轩从羲。"❹姓。唐诗人有宋之问等。

【宋十一】　即宋之问。田游岩有《弘农清岩曲有磐石可坐宋十一每拂拭待余寄诗赠之》。陈子昂有《征东至淇门答宋十一参军之问》。李适有《答宋十一崖口五渡见赠》。

【宋八】　名未详。天宝四载(745)充岭南五府经略使彭杲判官。高适有《饯宋八充彭中丞判官之岭南》。

【宋人不辨玉】　出《太平御览》卷五一引《阚子》。后常用为讥不辨真伪、视愚若贤之典。李白《送薛九被谗去鲁》："宋人不辨玉，鲁贱东家丘。"

【宋大】　名未详。大历三年(768)，在江陵尉任。杜甫有《和江陵宋大少府暮春雨后同诸公及舍弟宴书斋》。

【宋大夫】　❶即宋璟，于先天及开元初再拜御史大夫。张说有《岳州赠广平公宋大夫》。❷李大夫之讹。即李岘。李栖筠有《投宋大夫》。

【宋之问】　(?—712)一名少连，字延清。汾州(今山西汾阳)人。一说虢州弘农(今河南灵宝南)人。工诗，弱冠即知名，尤善五言，与沈佺期齐名，学者宗之，号为"沈宋"，张说论文，以为："李峤、崔融、薛稷、宋之问，皆如良金美玉，无施不可。"事迹见《旧唐书·文苑传中》《新唐书·文艺传中》。《全唐诗》卷五一至五三录其诗三卷。

【宋之悌】　之问之弟。有勇力。开元中，自右羽林军出为益州长史、剑南节度兼采访使。事迹见《旧唐书·文苑传中》《新唐书·文艺传中》。李白有《江夏别宋之悌》。

【宋女】　指周代宋国鲍苏妻女宗。见汉刘向《列女传》卷二。后遂用为咏女子恪守妇道之典。李绅《到宣武三十韵》："望宋怜思女，游梁念客卿。"李瀚《蒙求》："宋女愈谨，敬姜犹绩。"

【宋子罕】　亦称司城子罕。姓乐名喜。事见《左传·襄公十五年》。周昙有《咏史诗·春秋战国门·宋子罕》。

【宋王】　即战国宋康王(？—前286)。名偃。事迹见《史记·宋微子世家》。邵谒《金谷园怀古》:"不学韩侯妇,衔冤报宋王。"

【宋元素】　京兆高陵(今属陕西)人。事迹见段成式《酉阳杂俎·黥》。《全唐诗》卷八七三录其刺臂诗一首。

【宋五】　即宋之问。之问排行第五。骆宾王有《在兖州饯宋五之问》《送宋五之问得凉字》。

【宋太史】　太史。一作大使。据孟诗中"符竹"字,作大使是。即宋鼎。鼎开元二十四年(726)在襄州刺史、山南东道采访使任。孟浩然《和宋太史北楼新亭》。

【宋少府】　指宋陟。陟至德元载(756)为溧阳县尉。李白有《赋得白鹭鸶送宋少府入三峡》。参见"宋陟"。

【宋中】　指唐河南宋州境,今河南商丘一带。杜甫《遣怀》:"昔我游宋中,惟梁孝王都。"

【宋中丞】　即宋若思。若思天宝十五载(756)六月自监察御史迁中丞充置顿使。王维有《和宋中丞夏日游福贤观天长寺寺即陈左相宅所施之作》。李白有《陪宋中丞武昌夜饮怀古》。李端有《奉送宋中丞使河源》。

【宋中舍】　即宋昱。昱曾官中书舍人。李嘉祐有《送朱中舍游江东》,注"一作宋"。按,作宋是,形近而讹。

【宋公】　❶指战国楚宋玉。宋之问有《宋公宅送宁谏议》。❷指南朝宋武帝刘裕。裕于晋安帝义熙十二年(416)封宋公。储光羲《登戏马台作》:"君不见宋公仗钺诛燕后,英雄踊跃争趋走。"曹邺有《和谢豫章从宋公戏马台送孔令谢病》。❸指萧瑀。唐开元初封宋国公。欧阳询《嘲萧瑀射》:"借问谁为此,乃应是宋公。"❹指御史中丞宋若思。李白有《中丞宋公以吴兵三千赴河南军次寻阳脱余之囚参谋幕府因赠之》。❺指中书舍人宋昱。王维《宋进马哀词》序:"宋进马者,中书舍人宋公之子也。"

【宋氏五女】　即贝州清阳(今山东清河)处士宋庭(一作廷)之女若莘、若昭、若伦、若宪、若荀。事迹见新旧《唐书·后妃传下》。窦常有《过宋氏五女旧居》。王建有《宋氏五女》。

【宋玉】　战国楚都(今湖北宜城)人。屈原弟子。曾为楚顷襄王大夫,顷襄王称为先生。《汉书·艺文志》著录其赋十篇。《楚辞》《文选》录其骚、赋六篇。事迹见汉王逸《楚辞序》。李白《赠溧阳宋少府陟》:"宋玉事襄王,能为高唐赋。"李端《赠岐山姜明府》:"马卿兼病老,宋玉对秋悲。"李商隐《宋玉》:"何事荆台百万家,惟教宋玉擅才华。"

【宋玉田】　指楚云梦之地。见战国楚宋玉《小言赋》。李白《安州应城玉女汤作》:"散下楚王国,分浇宋玉田。"

【宋玉宅】　战国楚宋玉之旧宅。传说在归州秭归县(今湖北秭归)。杜甫《奉汉中王手札》:"悲秋宋玉宅,失路武陵源。"

【宋玉東家】　见"宋家東"。

【宋玉風】　为咏和风之典。见战国楚宋玉《风赋》。齐己《折杨柳词四首》之三:"秾低以中陶潜酒,软极如伤宋玉风。"亦用为咏王室礼遇宾客之典。齐己《荆州新秋寺居写怀诗五首上南平王》之四:"尊罍岂识曹参酒,宾客还亲宋玉风。"

【宋玉逢秋】　见"宋玉悲秋"。

【宋玉悲】　见"宋玉悲秋"。

【宋玉悲秋】　亦作"宋玉悲""宋玉逢秋"。为伤秋之典。见宋玉《九辩》。李白《赠易秀才》:"地远虞翻老,秋深宋玉悲。"赵嘏《寄悲阑》:"宋玉逢秋正高卧,一篇吟尽奈情何。"李郢《早秋书怀》:"高梧一叶坠凉天,宋玉悲秋泪洒然。"

【宋玉鄰】　见"宋家東"。

【宋玉牆】　见"宋家東"。

【宋申锡】　(？—853)字庆臣。登进士第,释褐秘书省校书郎。事迹见新旧《唐书》本传。鲍溶有《寄宋申锡评事时从李少师移军回归》。

【宋生】　指宋玉。卢纶《和太常王卿立秋日即事》:"遥仰凭轩夕,惟应喜宋生。"陆龟蒙《读襄阳耆旧传因作诗五百言寄皮袭美》:"自从宋生贤,特立冠耆旧。"

【宋主簿】　❶即宋之问。之问神龙二年(706)擢鸿胪寺主簿。卢藏用有《宋主簿鸣皋梦赵六予未及报而陈子云亡今追为此诗答宋兼贻平昔游旧》。❷宋之问有《春日宴宋主簿山亭得寒字》,《文苑英华》卷二一四"宋"作"宗"。宗主簿,当即宋邕,宋楚客之子。

【宋司馬】　疑为宋之逊。宋之问之弟。宋之问有《送许州宋司马赴任》。李乂、李适、薛稷、马怀素均有《饯许州宋司马赴任》。宋之问《送许州宋司马赴任》诗考。

【宋弘】　字仲子。汉京兆长安(今陕西西安)人。事迹见《后汉书》本传。刘兼《命妓不至》:"苏子黑貂将已尽,宋弘青鸟又空回。"

【宋弘不諧】　宋弘,后汉大臣,字仲子,京兆长安人。事见《后汉书》卷二六。后遂用为咏富不易妻之典。李瀚《蒙求》:"颜叔秉烛,宋弘不谐。"

【宋休】　籍贯仕履不详。《全唐诗逸》卷中录其佚句一联。

【宋自然】　(？—930)遂州(今四川遂宁)人。家贫，常于街市乞讨。后唐长兴元年(930)，遂州被围，饿死。有相识以箪裹埋城下。《全唐诗续补遗》卷十七录其诗。

【宋州】 地名。唐武德四年(621)置宋州。天宝元年(742)，改睢阳郡。乾元元年(758)，复为宋州。李嘉祐有《宋州东登望题武陵驿》。张祜有《观宋州于使君家乐琵琶》。储嗣宗有《宋州月夜感怀》。

【宋次都】 即宋邧，邧字次都。许浑《重游练湖怀旧》序："余尝与故宋补阙次都秋夕游永泰寺后湖亭，今复登赏，怆然有感，因赋是诗。"

【宋均】 (11？—76)字叔庠，南阳安众(今河南邓县东北)人。事迹见《后汉书》本传。贯休《送崔尚书朝觐》："宋均颜未老，刘宠骨应贫。"

【宋杜】 宋之问、杜甫之连称。韦蟾《岳麓道林寺》："沈裴笔力斗雄壮，宋杜词源两风雅。"齐己《游道林寺四绝亭观宋杜诗版》："宋杜诗题在，风骚到此真。"

【宋汴州】 即宋州。汴字衍。刘长卿有《送杨于陵归宋汴州别业》。汴字下注："一无此字。"按，无此字是。

【宋沇】 唐玄宗时宰相璟之孙。曾任太乐令，官到太常丞。知音律，擅羯鼓。事迹略见唐南卓《羯鼓录》。元稹《和李校书新题乐府十二首·立部伎》："宋沇尝传天宝季，法曲胡音忽相和。"

【宋武】 即宋武帝。杜牧《题池州贵池亭》："势比凌歊宋武台，分明百里远帆开。"

【宋武帝】 (363—422)即南宋高祖刘裕，字德舆，小名寄奴。事迹见《宋书》《南史》本纪。周昙有《咏史诗·六朝门·宋武帝》。

【宋若荀】 贝州清阳(今山东清河)人，庭芬幼女。事迹略见新旧《唐书·后妃传下》。《全唐诗》卷七录若宪诗一百，《唐侍纪事》卷七九作者若荀诗。

【宋若昭】 (？—825)贝州清阳(今山东清河)人，庭芬之女。文淡丽，性闲雅。事迹见新旧《唐书·后妃传下》。《全唐诗》卷七录其诗一首。

【宋若華】 华当作莘。贝州清阳(今山东清河)人，庭芬长女。文淡丽，性闲雅。教诲四妹，著《女论语》十篇，贞元四年(788)，与四妹俱召入宫。事迹见新旧《唐书·后妃传下》。《全唐诗》卷七录其诗一首。

【宋若憲】 (？—835)贝州清阳(今山东清河)人，庭芬四女。事迹见新旧《唐书·后妃传下》。《全唐诗》卷七录其诗一首。

【宋明府】 ❶名未详。唐玄宗时宰相璟之孙。约贞元、元和间人。曾为鄂州从事，后为岳州沅江县令，有政声。无可有《送沅江宋明府即开府璟之孙》。❷名未详。南唐时任县令。李建勋有《柳花寄宋明府》。

【宋迪】 袁州(今江西宜春)人。贞元十三年(797)登进士第。《全唐诗》卷七八二录其诗一首。

【宋垂文】 名未详。字垂文。咸通八年(867)进士及第。官录事参军，与皮日休为同年。皮日休有《江南书情二十韵寄秘阁韦校书贻之商洛宋先辈垂文二同年》。

【宋使君】 ❶指宋鼎。鼎开元十四年(726)任荆州长史。张九龄有《酬宋使君见赠之作》，又有《酬宋使君见诒》。❷指宋文。文开元中任郑州刺史。储光羲有《晚次东亭献郑州宋使君文》。❸指宋震。震咸通、乾符间任睦、杭二州刺史。贯休有《上新定宋使君》，又有《寄宋使君》。

【宋宗】 即宋处宗。晋沛国(治所在今安徽濉溪西北)人。官兖州刺史。事迹略见《艺文类聚》卷九一引南朝宋刘义庆《幽明录》。李瀚《蒙求》："萧史凤台，宋宗鸡窗。"

【宋宗鷄窗】 指晋宋处宗与鸡对语事。典出南朝宋刘义庆《幽明录》。(《艺文类聚》卷九一引)李瀚《蒙求》："萧史凤台，宋宗鸡窗。"

【宋城】 唐县名。宋州之州治，汉为睢阳县，隋改宋城。即今河南商丘。李白有《送族弟单父主簿凝摄宋城主簿至郭南月桥却回栖霞山留饮赠之》。

【宋垓】 润州金坛(今属江苏)人。戴叔伦外甥。司文艺，兼通史。戴叔伦有《抚州对事后送外生宋垓归饶州觐侍呈上姊夫》。

【宋拾遺】 即宋邧，邧开成三年(838)授右拾遗。杜牧有《见宋拾遗题名处感而成诗》。

【宋昱】 (？—756)籍贯未详。天宝二年(743)，贬官岭南。旋迁中书舍人。十载，以中书舍人知选事，选才多滥。附杨国忠，财货山积。十五载六月，国忠诛，亦被杀。《全唐诗》卷一二一录其诗三首。

【宋侯】 即宋华。萧颖士有《菊荣一篇五章》，其序云："贤宰宋侯惠而好予。"宋华有《蝉鸣一章五篇》，其序云："僻守外邑，而兰陵子相过。"兰陵子即萧颖士。

【宋風迴鷁】 喻指遭受挫折。见《左传·僖公十六年》。贯休《和李判官见新榜为兄下第》："休说宋风回鹢首，即看雷火燎龙鳞。"

【宋帝】 指南朝宋武帝。陆龟蒙《京口》："可怜宋帝筹帷处，苍翠无烟草自生。"

【宋前軍】 指南朝宋鲍照。因鲍于临海王刘子顼镇守荆州时，曾任前军参军，故称。刘禹锡《韩十八侍御见示岳阳楼别窦司直诗故足成六十二韵》："策慕宋前军，文师汉中垒。"

【宋祖】 即南朝宋武帝。许浑《凌歊台》："宋祖凌高乐未回，三千歌舞宿层台。”

【宋陟】 籍贯未详。至德元载(756)为溧阳县尉。李白的《赠溧阳宋少府陟》。参见“宋少府”。

【宋都迴鶂】 亦作“宋都鶂”，同“宋風回鷁”。周颛《和座客》：“十载文场敢惮劳，宋都回鶂为风高。”李群玉《送魏珪觐省》：“未折月中枝，宁随宋都鶂。”

【宋華陽姊妹】 名均未详。长安华阳观女道士宋氏姊妹。李商隐有《月夜重寄宋华阳姊妹》。参见“宋真人”。

【宋真人】 名未详。长安华阳观女道士宋氏姊妹之一。李商隐有《赠华阳宋真人兼寄清都刘先生》。

【宋株自守】 即守株待兔。喻指甘守愚拙。因出自宋人故事，故称。杜牧《新转南曹未叙朝散初秋暑退出守吴兴书此篇以自见志》：“宋株聊自守，鲁酒怕旁围。”参见“守株待兔”。

【宋員外】 即宋之问。之问景龙二年(708)迁户部员外郎，转考功员外郎。韦述有《广陵送别宋员外佐越郑舍人还京》。杜甫有《过宋员外之问旧庄》。

【宋卿】 名未详。汧阳(今陕西千阳)人。兴元元年(784)在司农卿任，主管为赠太尉段秀实立碑。于鹄有《饯司农宋卿立太尉碑了还江东》。

【宋家】 指战国楚宋玉。崔融《和宋之问寒食题黄梅临江驿》：“忽见浔阳水，疑是宋家潭。”权德舆《玉台体十二首》之九：“莫作经时别，西邻是宋家。”崔涯《杂嘲二首》之一：“二年不到宋家东，阿母深居僻巷中。”

【宋家東】 亦作“宋玉鄰”“宋玉牆”“宋玉東家”。宋玉东邻之女子。为咏美女之典。见宋玉《登徒子好色赋》。元稹《会真诗三十韵》：“因游李城北，偶向宋家东。”方干《赠美人四首》之四：“昔岁曾为萧史伴，今朝应作宋家邻。”罗隐《桃花》：“数枝艳拂文君酒，半里红欹宋玉墙。”王硕《和三乡诗》：“莫教才子偏惆怅，宋玉东家是旧邻。”徐夤《忆牡丹》：“宋玉邻边腮正嫩，文君机上锦初裁。”

【宋家宮様髻】 指穆宗时宫中宋若华等五姐妹之发髻式样。事见《新唐书》卷七七。白居易《和春深二十首》之七：“宋家宫样髻，一片绿云斜。”

【宋家娘子】 籍贯事迹未详。《补全唐诗》录其诗二首。按《全唐诗》卷八〇一有郎大家宋氏，疑即其人。

【宋家鄰】 见“宋家東”。

【宋陸】 宋之问、陆余庆之连称。卢藏用《宋主簿鸣皋梦赵六予未及报而陈子云亡今追为此诗答宋兼贻平昔游旧》：“荣哉宋与陆，名宦美中州。”

【宋務光】 一名烈，字子昂。汾州西河(今山西汾阳)人。进士及第，调洛阳尉。事迹见《新唐书》本传。《全唐诗》卷一〇一录其诗一首。一作宋光，误。

【宋邕】 见“宋雍”。

【宋處士】 名未详。垓之父。戴叔伦之姊夫。戴叔伦有《留别宋处士》。

【宋國高風】 同“宋風迴鷁”。李咸用《与刘三礼陈孝廉言志》：“宋国高风休敛翼，圣朝公道易酬身。”

【宋進馬】 名未详。昱之子。官殿中省进马。卒于天宝时。王维《宋进马哀词》序：“宋进马者，中书舍人宋公之子也。”

【宋参军】 即宋之问。之问曾任洛、泷二州参军。陈子昂有《征东至淇门答宋十一参军之问》，又有《同宋参军之问梦赵六赠卢陈二子之作》。

【宋朝】 (—cháo)朝代名。指南朝刘宋。宋武帝刘裕建于公元420年，至顺帝刘準昇明元年(477)，为齐所代。湛贲《题历山司徒右长史祖宅》：“丽句传黄绢，香名播宋朝。”

【宋雲】 北魏敦煌(今属甘肃)人。事见北魏杨衒之《洛阳伽蓝记·宋云家纪》。温庭筠《重游圭峰宗密禅师精庐》：“故山弟子空回首，葱岭唯应见宋云。”

【宋鼎】 官监察御史、殿中侍御史。历吏部员外郎、兵部郎中。《全唐诗》卷一一三录其诗二首。

【宋開府】 即宋璟。璟以开元八年(720)拜开府仪同三司，进爵广平郡公。贯休《阳春曲》：“历数雍熙房与杜，魏公姚公宋开府。”

【宋景】 贞元时人。曾奉诏讨伐吴少诚。张籍有《寄宋景》。

【宋補闕】 即宋邧。邧大和、开成间为补阙。许浑《重游练湖怀旧》序：“余尝与故宋补阙次都秋夕游永泰寺后湖亭，今复登赏，怆然有感，因赋是诗。”

【宋雍】 雍一作邕。晚唐人。籍贯未详。《全唐诗》卷七七一录其诗二首。《全唐诗续补遗》卷十九录其诗一首。

【宋齊丘】 (887—959)字超回，改字子嵩。高安(今属江西南昌)人。进士。好学，喜纵横短长之术。事迹见宋马令、陆游二《南唐书》、清吴任臣《十国春秋》本传。《全唐诗》卷七三八录其诗四首。

【宋態宜】 湖州歌伎。李涉有《遇湖州妓宋态宜二首》。

【宋維】 进士及第。官尚书员外郎。与李中有交往。李中有《暮春有感寄宋维员外》，又有《杪秋夕吟怀寄宋维先辈》《春日招宋维先辈》。

【宋震】 高安(今属江西)怀旧乡人。会昌二年(842)进士及第。贯休有《寄杭州灵隐寺宋震使君》。

【宋璟】 (663—737)邢州南和(今属河北)人。调露二年(680)进士及第。事迹见新旧《唐书》本传。《全唐诗》卷六四录其诗六首。

【宋濟】 排行第五。始与符载、杨衡栖于蜀青城山。《全唐诗》卷四七二录其诗二首。

【宋鵲】 ❶犬名。为春秋时宋国之良犬，与韩卢常并称。李贺《追赋画江潭苑四首》之四："练香熏宋鹊，寻箭踏卢龙。"❷走狗。喻指受人豢养之小人。陈陶《经徐稚墓》："禁掖衣冠加宋鹊，湖山耕钓没尧时。"

【宋聾】 出《左传·宣公十四年》。意谓宋国暗昧不明事理，后常用以指年高耳聋而迟钝。李端《长安感事呈卢纶》："少壮矜齐德，高年觉宋聋。"

【宋纖】 (274—355)字令艾。晋敦煌(今属甘肃)效谷人。隐居酒泉南山。事迹见《晋书·隐逸传》。韦庄《冬日长安感志寄献虢州崔郎中二十韵》："如今正困风波力，更向人中问宋纤。"

宏 〔hóng《广韵》户萌切，平耕，匣。〕宏大，亦指广远。李白《游水西简郑明府》："郑公诗人秀，逸韵宏寥廓。"韩愈《合江亭》："梁栋宏可爱，结构丽匪过。"又韩愈、孟郊《城南联句》："是惟礼之盛，永用表其宏。"亦指声音洪大。韩愈《岳阳楼别窦司直》："声音一何宏，轰輵车万两。"

【宏才】 人才。亦指才大之人。皮日休《鲁望读襄阳耆旧传见赠五百言因而寄答亦诗人无言不酬之义也次韵》："巨德耸神鬼，宏才轹前后。"方干《赠许牍秀才》："山河澄正气，雪月助宏才。"又《赠上虞胡少府百篇》："宏才尚遣居卑位，公道何曾雪至冤。"

【宏材】 堪作栋梁之大木材。太宗《登三台言志》："所欣成大厦，宏材伫渭滨。"卢士衡《再游紫阳洞重题小松》："只是十年五年间，堪作大厦之宏材。"

【宏拔】 宏伟出众。徐铉《酬郭先辈》："古诗尤精奥，史论皆宏拔。"

【宏阜】 大山。刘允济《经庐岳回望江州想洛川有作》："宏阜自郁盘，高标复回薄。"

【宏規】 ❶宏大之规模。则天皇后《唐明堂乐章·外办将出》："宏规则天地，神用叶陶钧。"宋之问《奉和荐福寺应制》："梵筵光圣邸，游豫览宏规。"❷宏大深远之谋略。裴耀卿《敬酬张九龄当涂界留赠之作》："旷别心弥轸，宏规义转倾。"

【宏梁】 大的栋梁。崔珏《道林寺》："宏梁大栋何足贵，山寺难有山泉俱。"

【宏量】 宽宏的器量、胸怀。王湾《秋夜寓直即事怀赠萧令公裴侍郎兼通简南省诸友人》："古灵传岳秀，宏量禀川澄。"

【宏詞】 唐代科举名目之一种。开元十九(731)年始置。系常选之外另设科目，由吏部主试，试文三篇中者即授官。王昌龄有《送刘昚虚归取宏词解》。钱起有《送钟评事应宏词下第东归》。皮日休有《宏词下第感恩献兵部侍郎》。

【宏湎】 谓沉湎于奢靡宏丽之中。卢鸿一《嵩山十志十首·樾馆》序："苟事宏湎，乘其宾矣。"

【宏達】 ❶指才识宏博通达。玄宗《鹡鸰颂》序："左清道率府长史魏光乘……以其宏达博识，召至轩槛，预观其事。"❷宏伟，宏大。杜甫《北征》："煌煌唐太宗业，树立甚宏达。"

【宏溥】 广泛，普遍。韩愈《元和圣德诗》："赠官封墓，周匝宏溥。"

【宏遠】 宏大。刘得仁《马上别单于刘评事》："庙谋宏远人难测，公主生还帝感深。"

【宏構】 宏伟的建筑。殷文圭《题胡州太学丘光庭博士幽居》："舜轨尧文混九垓，明堂宏构集良材。"张祜《投常州从兄中丞》："广厦当宏构，洪钟并待撞。"

【宏圖】 宏伟远大的规划。虞世南《赋得吴都》："玉牒宏图表，黄旗美气浮。"殷潜之《题筹笔驿》："霸略非匡汉，宏图欲佐谁。"

【宏製】 宏大之规模。孟郊《奉报翰林张舍人见遗之诗》："苔趾识宏制，沙漻游崩津。"

五 画

宗 〔zōng《广韵》作冬切，平冬，精。〕❶祖先。贺知章《唐禅社首乐章·太和》："列祖应命，四宗顺则。"李纾《唐德明兴圣庙乐章·登歌奠币》："尊祖奉宗，严禋大帝。"韩愈《元和圣德诗》："正月元日，初见宗祖。"❷宗族。张九龄《和黄门卢监望秦始皇陵》："人怨神亦怒，身死宗遂覆。"吴筠《览古十四首》之九："世主竟不辨，身戮宗且夷。"亦指同宗或同姓之人。李邕《登历下古城员外孙新亭》："吾宗固神秀，体物写谋长。"韩愈《赠徐州族侄》："击门者谁子，问言乃吾宗。"罗隐《寄酬邺王罗令公五首》之二："良时难得吾宗少，应念寒门更寂寥。"❸尊尚，归依。亦指效仿、遵从。岑参《与高适薛据登慈恩寺浮图》："净理了可悟，胜因夙所宗。"独孤及《得柳员外书封寄近诗书中兼报新主行营兵马因代书戏答》："说剑尝宗漆园吏，戒严应笑棘门军。"卢纶《雪谤后书事上皇甫大夫》："阅古宗文举，推才慕正平。"鲍溶《辞辇行》："周末幽王不可宗，妾闻上圣遗休风。"陆龟蒙《袭美先辈以龟蒙所献五百言即蒙见和复示荣唱再抒鄙怀用伸酬谢》："所宗既不同，所得亦异宜。"❹犹宗主、宗师。所尊崇、依奉之人。刘舟《送萧颖士赴东府得适字》："德遂天下宗，官为幕中客。"司空曙《奉和常舍人晚秋集贤院即事寄徐薛二侍郎》："官附三台贵，儒开百氏宗。"皎然《妙喜寺达公禅斋寄李司直公孙房都曹康士骋四十二韵》："涓子非我宗，然公有真诀。"❺指众水流归。刘禹锡《武陵书怀五十韵》："百川宗渤澥，五岳辅昆仑。”陆龟蒙《京口与友生话别》：“宗溟虽畎浍，成厦必楩楠。”亦喻指汇入、总汇。皎然《奉和颜使君真卿修韵海毕州中重宴》：“九流宗韵海，七字揖文江。”❻犹派系、宗派。贾岛《送宣皎上人游太白》：“得句才邻约，论宗意在南。”许浑《冬日宣城开元寺赠元孚上人》：“一钵事南宗，僧仪称病容。”❼宗教教义之主旨。孟郊《求仙曲》：“仙教生为门，仙宗静为根。”郭仁表《梦中辞》：“吾道之宗正可依，万物之先数在兹，不能行此欲何为。”❽量词。元稹《生春二十首》之六：“数宗船载足，商妇两眉丛。”

【宗一】 即柳宗一，宗元之弟。柳宗元有《别舍弟宗一》。

【宗十六】 见“宗璟”。

【宗人】 同宗族之人。李贺《仁和里杂叙皇甫湜》：“大人乞马癯乃寒，宗人贷宅荒厥垣。”郑谷《宗人惠四药》：“宗人忽惠西山药，四味清新香助茶。”詹琲《永嘉乱衣冠南渡流落南泉作忆昔吟》：“国势多危厄，宗人苦播迁。”

【宗子】 指唐太宗之嫡长子。亦泛指嫡长子。刘希夷《谒汉世祖庙》：“宗子行旧邑，恭闻清庙篇。”李峤《石》：“宗子维城固，将军饮羽威。”

【宗文】 杜甫长子。杜甫有《催宗文树鸡栅》，又有《熟食日示宗文宗武》。

【宗之】 即崔宗之。日用之子。杜甫《饮中八仙歌》：“宗之潇洒美少年，举觞白眼望青天。”

【宗兄】 对同宗同辈而年长于己者之称谓。亦用为对同姓而年龄相当者之敬称。王维《留别山中温古上人兄并示舍弟缙》：“舍弟官崇高，宗兄此削发。”

【宗生】 簇生，丛生。杜甫《种莴苣》：“野苋迷汝来，宗生实于此。”

【宗臣】 为人所尊仰之大臣。杜甫《咏怀古迹五首》之五：“诸葛大名垂宇庙，宗臣遗像肃清高。”又《江陵望幸》：“甲兵分圣旨，居守付宗臣。”李岑《玄元皇帝应见贺圣祚无疆》：“圣后趋庭礼，宗臣稽首言。”温庭筠《奉天西佛寺》：“宗臣欲舞千钧剑，追骑犹观七宝鞭。”

【宗旨】 佛教语。指所奉之宗及其教义。权德舆《李韶州著书常论释氏之理诗以问之》：“曹溪有宗旨，一为勘心源。”皎然《送沙弥长文游京》：“应须学心地，宗旨在关东。”又《春日和卢使君幼平开元寺听妙奘上人讲》：“陵迟追哲匠，宗旨发幽诠。”张乔《题兴善寺僧道深院》：“甚愿依宗旨，求闲未有因。”杜荀鹤《题江寺禅和》：“行人莫问师宗旨，眼不浮华耳不喧。”

【宗匠】 大匠，在某方面有极高造诣而为众人所尊崇追随之人。杜甫《八哀诗·故秘书少监武功苏公源明》：“射君东堂策，宗匠集精选。”孟郊《赠转运陆中丞》：“不是宗匠心，谁怜久栖蓬。”

【宗伯】 官名。《周礼》称春官宗伯。后亦称礼部尚书为宗伯，礼部侍郎为少宗伯。宋璟《奉和圣制答张说扈从南出雀鼠谷》：“四时宗伯叙，六义宰臣铺。”冯伉《和权载之离合诗》：“动词宗伯雄，重美良史功。”朱庆余《酬萧员外见寄》：“道薄谬应宗伯选，诗成徒费谢公才。”徐夤《忆长安上省年》：“宗伯帐前曾献赋，相君门下再投书。”

【宗系】 宗族世系。清昼、王构等《冬日建安寺西院喜昼公自吴兴至联句》：“宗系传康乐，精修学远公。”按皎然本姓谢，字清昼，故云。

【宗社】 宗庙与社稷之合称。常以代指国家。李白《赠常侍御》：“燕赵期洗清，周秦保宗社。”白居易《新乐府·隋堤柳》：“上荒下困势不久，宗社之危如缀旒。”罗隐《钱尚父生日》：“大昴分光降斗牛，兴唐宗社作诸侯。”

【宗祀】 对祖宗之祭祀。则天皇后《唐明堂乐章·登歌》：“礼崇宗祀，志表严禋。”又《唐大飨拜洛乐章·昭和》：“宗祀展敬，冀表深衷。”

【宗武】 杜甫次子。杜甫有《宗武生日》，又有《熟食日示宗文宗武》。

【宗枝】 宗族之分支。李峤《扈从还洛呈侍从群官》：“宗枝旦奭辅，侍从王刘匹。”杜甫《奉赠李八丈判官》：“我丈时英特，宗枝神尧后。”

【宗侣】 同宗之伴。元稹《送王十一南行》：“远戍宗侣泊，暮烟洲渚昏。”又《酬郑从事四年九月宴望海亭次用旧韵》：“舟船骈比有宗侣，水云滃泱无始终。”

【宗周】 指周王朝。因周天子为各姬姓诸侯国之大宗，故称。李峤《豹》：“车法肇宗周，鬣文阐大猷。”王翰《飞燕篇》：“明明天子咸戒之，赫赫宗周褒姒灭。”元稹《代曲江老人百韵》：“杂虏同谋夏，宗周暂去豳。”按，此喻指唐天子。杜牧《洛中送冀处士东游》：“四百年炎汉，三十代宗周。”

【宗祊】 宗庙。祊，庙门。陆敬《游隋故都》：“宗祊旷无象，声朔缅谁传。”

【宗門】 ❶族中，宗族。张登《送王主簿游南海》：“行矣无为恨，宗门有大贤。”❷佛教禅宗之自称。贯休《春送禅师归闽中》：“大化宗门辟，孤禅海树凉。”

【宗居士】 即南朝宗炳。李端《书志赠畅当》：“请问宗居士，君其奈老何。”

【宗英】 宗族之精英。亦特指皇族中之精英。陈子昂《晦日宴高氏林亭》序：“岂如光华启旦，朝野资观，有渤海之宗英，是平阳之贵戚。”李颀《春送从叔游襄阳》：“言别恨非一，弃置我宗英。”李白《赠从弟宣州长史昭》：“宗英佐雄郡，水陆相控带。”杜甫《舟中苦热遣怀奉呈阳中丞通简台省诸公》："宗英李端公，守职甚昭焕。"

【宗炳】 (357—443)字少英。南阳(今属河南)人。刘裕累辟，皆不受。事迹见《宋书》《南史》本传、宋陈舜俞《庐山记·十八贤传》。司空曙《赠庾侍御》："唯应逐宗炳，内学愿为师。"皎然《答俞校书冬夜》："子真仙曹吏，好我如宗炳。"齐己《荆渚逢禅友》："社思匡岳无宗炳，诗忆扬州有鲍昭。"

【宗室】 同宗族之人。亦特指与君主同宗族之人。王维《送李睢阳》："宗室子弟君最贤，分忧当为百辟先。"张继《河间献王墓》："汉家宗室独称贤，遗事闲中见旧编。"独孤及《送李宾客荆南迎亲》："宗室刘中垒，文场谢客儿。"

【宗祏】 宗庙中藏木主之石室，借指宗庙、社稷。李益《华山南庙》："自古害忠良，神其辅宗祏。"

【宗祖】 祖宗，祖先。韩愈《元和圣德诗》："正月元日，初见宗祖，躬执百礼，登降拜俯。"白居易《德宗皇帝挽歌词四首》之三："业大承宗祖，功成付子孙。"《东柯院妖谑杜令》(卷八六七)："虽共蒿兰伍，南朝有宗祖。"

【宗姓】 同宗，同姓。徐商《贺襄阳副使节判同加章绶》："同年坐上联宾榻，宗姓亭中布锦裀。"

【宗師】 ❶为人崇仰、奉为师表之大师。邬载《送萧颖士赴东府得君字》："宗师忽千里，使我心氛氲。"李潜《和主司王起》："文学宗师心秤平，无私三用佐贞明。"薛能《下第后春日长安寓居三首》之二："犹将琢磨意，更欲候宗师。"❷师法，效法。李商隐《漫成五章》之一："当时自谓宗师妙，今日惟观对属能。"❸对僧人、道士之敬称。谓其为能传宗法之大师。宋之问《自衡阳至韶州谒能禅师》："宗师信舍法，摈落文史艺。"玄宗《为赵法师别造精院过院赋诗》："宗师心物外，为道运虚舟。"皎然《乌程李明府水堂同卢使君幼平送奘上人游五台》："有此宗师在，应知我法存。"贯休《海觉禅师山院》："人言海觉老宗师，隐绝层巅世莫知。"

【宗卿】 官名，宗寺卿之省称。为宗正寺长官，掌天子宗族及外戚人事。杜甫《别李义》："丈人领宗卿，肃穆古制敦。"

【宗卿寺】 官置名。即宗正寺。唐九寺之一。龙朔二年(662)曾改称司宗寺，光宅元年(684)又改称司属寺。长官称宗正卿，从三品，次官为宗正少卿。其余官职有丞、主簿、录事等职。张籍《送和蕃公主》："邑司犹属宗卿寺，册号还同虏帐人。"

【宗祧】 宗庙。《郊庙歌辞·享章怀太子庙乐章·迎俎酌献》："宗祧是寄，礼乐其亨。"

【宗孫】 宗族中之孙辈。卢纶《送饯从叔辞丰州幕归嵩阳旧居》："白须宗孙侍坐时，愿持寿酒前致词。"亦指皇族之孙辈。李贺《仁和里杂叙皇甫湜》："欲雕小说干天官，宗孙不调为谁怜。"

【宗從】 宗亲。同族之从祖、叔伯及堂兄弟等亲戚。马戴《送从叔重赴海南从事》："念此别离苦，其如宗从情。"郑谷《故少师从翁隐岩别墅乱后榛芜感旧怆怀遂有追纪》："宗从今何在，依栖素有因。"

【宗國】 ❶宗主之国。李沛《海水不扬波》："岂只朝宗国，惟闻有越裳。"❷犹故国。颜真卿《咏陶渊明》："自以公相后，每怀宗国屯。"

【宗族】 同宗之族人。杜甫《示从孙济》："所来为宗族，亦不为盘飧。"又《奉使崔都水翁下峡》："别离终不久，宗族忍相遗。"白居易《把酒》："借问宗族间，几人拖金紫。"

【宗盟】 会盟。王传《和襄阳徐相公商贺徐副使加章绶》："华筵重处宗盟地，白雪飞时郢曲春。"

【宗許】 南朝宋宗炳与晋许询之连称。二人皆为高士。耿湋《寻觉公因寄李二端司空十四曙》："为我谢宗许，尘中难久留。"

【宗密上人】 同"宗密禪師"。刘禹锡有《送宗密上人归南山草堂寺因谒河南尹白侍郎》。白居易有《赠草堂宗密上人》。马戴有《送宗密上人》。

【宗密禪師】 (禪 chán)姓何氏。果州西充(今属四川)人。少通儒书。元和二年(807)，谒遂州圆禅师。事迹见唐裴休《圭峰禅师碑铭并序》。贾岛有《哭宗密禅师》。温庭筠有《重游圭峰宗密禅师精庐》。

【宗測】 (？—495)字敬微，一字茂深。南朝齐南阳(今属河南)人，世居江陵(今湖北荆州)。事迹见《南齐书》《南史》本传。陆龟蒙《和袭美寄毗陵魏处士朴》："若非宗测图山后，即是韩康卖药回。"

【宗楚客】 (？—710)字叔敖。其先南阳(今属河南)人。武后从姊之子。进士及第。事迹见新旧《唐书》本传。《全唐诗》卷四六录其诗七首。

【宗雷】 南朝宋宗炳、雷次宗之连称。二人皆为白莲社成员。李端《得山中道友书寄苗钱二员外》："诗人识何谢，居士别宗雷。"权德舆《送映师归本寺》："幸许宗雷到，清谈不易闻。"贯休《秋居寄王相公三首》之一："饼唯餐喜悦，社已得宗雷。"

【宗傳】 佛教语。指佛教禅宗之传衣。张祜《赠禅师》："坐见三生事，宗传一衲来。"

【宗資】 字叔都。汉南阳安众(今河南邓县东北)人。举孝廉，拜议郎，延熹三年(160)，在中郎将任。补御史中丞。事迹见《后汉书·党锢》李贤注引谢承《后汉书》《太平御览》卷四六五引司马彪《汉书》。李瀚《蒙求》："宗资主诺，成瑨坐啸。"

【宗資主諾】 见《后汉书》卷六七《党锢传》。为咏知人善任之典。李瀚《蒙求》:“宗资主诺,成瑨坐啸。”

【宗遠】　南朝宋宗炳与慧远之连称。二人曾同结白莲社。南唐后主李煜《病起题山舍壁》:“暂约彭涓安朽质,终期宗远问无生 。”

【宗僧】　族人之为僧者。李白《答族侄僧中孚赠玉泉仙人掌茶》序:“余游金陵,见宗僧中孚,示余茶数十片。”

【宗實上人】　洛阳僧。与白居易有交往。白居易有《送宗实上人游江南》。

【宗禋】　祭祖,对祖先之祭祀。《明堂乐章·肃和》:“严配申虔,宗禋展敬。”宋之问《扈从登封告成颂应制》:“宗禋仰神理,刊木望川途。”

【宗賢】　族中之贤人。王湾《晚夏马嵬卿叔池亭即事寄京都一二知己》:“宗贤开别业,形胜代希偶。”

【宗魯】　字子初。籍贯事迹均未详。李商隐有《赠宗鲁筇竹杖》。

【宗廟】　❶帝王、诸侯祭祀祖宗之庙。张说《唐享太庙乐章·大政舞》:“宗庙观德,笙镛乐勋。”杜甫《忆昔二首》之二:“洛阳宫殿烧焚尽,宗庙新除狐兔穴。”元稹《和李校书新题乐府十二首·法曲》:“作之宗庙见艰难,作之军旅传糟粕。”❷借指朝廷、王朝。胡曾《咏史诗·轵道》:“汉祖西来秉白旄,子婴宗庙委波涛。”

【宗璟】　李白妻宗氏之弟,楚客之后。李白有《窜夜郎于乌江留别宗十六璟》。

【宗儒】　宗尚大儒,从之学习。卢照邻《中和乐九章·歌储宫第六》:“宗儒侧席,问道横经。”杜甫《八哀诗·赠秘书监江夏李公邕》:“宗儒俎豆事,故吏去思计。”

【宗親】　同宗之亲属。刘兼《从弟舍人惠茶》:“珍重宗亲相寄惠,水亭山阁自携持。”

【宗禮】　即吕恭别名,后以为字。温之弟。吕温有《宗礼欲往桂州苦雨因以戏赠》。

【宗彝】　宗庙祭祀之酒器。李舒《让皇帝庙乐章·酌献》:“洁兹宗彝,瑟彼圭瓒。”

【宗黨】　宗亲,乡党。储光羲《敬酬陈掾亲家翁秋夜有赠》:“宗党无远近,敬恭依仁人。”李白《门有车马客行》:“借问宗党间,多为泉下人。”顾非熊《送从叔尉渑池》:“虽有田园供海畔,且无宗党在朝班。”郑谷《宗人作尉唐昌官署幽胜而又博学精富得以言谈将欲他之留书屋壁》:“宗党相亲离乱世,春秋闲论战争年。”

定　〔dìng《广韵》徒徑切,去徑,定。〕❶安定,平静。太宗《幸武功庆善宫》:“指麾八荒定,怀柔万国夷。”杜甫《承闻河北诸道节度入朝欢喜口号绝句十二首》之一:“汹汹人寰犹不定,时时斗战欲何须。”孟郊《送韩愈从军》:“一章喻檄明,百万心气定。”修雅《闻诵〈法华经〉歌》:“能使迷者醒,狂者定,垢者净,邪者正,凡者圣。”❷平定,平息。杜甫《徒步归行》:“国之社稷今若是,武定祸乱非公谁。”白居易《新乐府·捕蝗》:“一虫虽死百虫来,岂将人力定天灾。”黄滔《喜侯舍人蜀中新命三首》之二:“来时走马随中使,到日援毫定外方。”无名氏《薛将军歌》:“将军三箭定天山,战士长歌入汉关。”❸完成;成功。韦表微《池州夫子庙麟台》:“诗书既删,礼乐大定。”❹稳定;固定。太宗《采芙蓉》:“游莺无定曲,惊凫有乱行。”严维《同韩员外宿云门寺》:“潭空观月定,涧静见云多。”温庭筠《酬友人》:“闲云无定貌,佳树有余阴。”王贞白《随计》:“归期无定日,乡思羡回潮。”亦指守定不移。卢群玉《投卢尚书》:“从来若把耕桑定,免恃雕虫误此生。”❺静止;停息。杜甫《茅屋为秋风所破歌》:“俄顷风定云墨色,秋天漠漠向昏黑。”戎昱《入剑门》:“征战何年定,家家有画旗。”王建《春燕词》:“新燕新燕何不定,东家绿池西家井。”张祜《峰顶寺》:“夜半深廊人语定,一枝松动鹤来声。”张蠙《宿开照寺光泽上人院》:“钟定遥闻水,楼高别见星。”亦指积久而不更改。李商隐《春日寄怀》:“青袍似草年年定,白发如丝日日新。”❻确定;决定。杜甫《君不见简苏徯》:“丈夫盖棺事始定,君今幸未成老翁。”张籍《白纻歌》:“裁缝长短不能定,自持刀尺向姑前。”陆龟蒙《算山》:“周郎计策清宵定,曹氏楼船白昼灰。”亦指确立、建立。杜甫《晦日寻崔戢李封》:“晚定崔李交,会心真罕俦。”元稹《戴光弓》:“因君怀胆气,赠我定交情。”❼勘定,校订。皎然《奉陪颜使君修韵海毕东溪泛舟饯诸文士》:“外史刊新韵,中郎定古文。”❽预先规定。韩愈《送李翱》:“行行何时到,谁能定归期?”白居易《和答诗十首·和思归乐》:“穷达有前定,忧喜无交争。”❾聘订。元稹《赠吕三校书》:“共占花园争赵辟,竞添钱贯定秋娘。”唐彦谦《汉代》:“王氏怜诸谢,周郎定小乔。”❿子女晚间侍奉父母使安定入睡称“定”。孟浩然《送洗然弟进士举》:“昏定须温席,寒多未授衣。”见“定省”。⓫佛家语。梵文的意译,音译“三昧”。在中国,则常与“禅”并称为“禅定”。修持时闭目打坐,精神专注,不散不动,称为“入定”。包佶《观壁画九想图》:“夜阑鸟鹊相争处,林下真僧在定中。”秦系《题僧明惠房》:“入定几时将出定,不知巢燕污袈裟。”元稹《定僧》:“野僧偶向花前定,满树狂风满树花。”曹松《宿山寺》:“入院逢僧定,登楼见月生。”⓬副词。(1)必定。武三思《奉和宴小山池赋得溪字应制》:“九韶从此验,三月定应迷。”李白《酬张卿夜宿南陵见赠》:“故山定有酒,与尔倾金罍。”刘禹锡《咏庭梅寄人》:

"夭桃定相笑，游妓肯回看。"杨鸾《即事》："每到更深人静后，定来头上咬杨鸾。"(2)犹应当。多以表揣测语气。崔融《拟古》："离梦当有魂，愁容定无力。"皇甫冉《与张补阙王炼师自徐方清路同舟南下杂题一首》："悬知白日斜，定是犹相望。"权德舆《清明日次弋阳》："家人定是持新火，点作孤灯照洞房。"李商隐《对雪二首》之一："欲舞定随曹植马，有情应湿谢庄衣。"(3)究竟。表疑问语气。苏晋《过贾六》："努力持所趣，空名定何益。"李白《题雍丘崔明府丹灶》："九转但能生羽翼，双凫忽去定何依。"杜甫《第五弟丰独在江左，近三四载寂无消息，觅使寄此二首》之二："闻汝依山寺，杭州定越州。"郎士元《闻蝉寄友人》："朱颜向华发，定是几年程。"⓭助词。置动词后，表动作完成。犹了。王建《长门》："长门闭定不求生，烧却头花卸却筝。"

【定力】　佛教语。集中精神修炼禅定而获得佛家五力之一。王维《青龙寺昙璧上兄院集》序："吾兄大开荫中，明彻物外，以定力胜敌，以惠用解严。"钱起《题延州圣僧穴》："定力无涯不可称，未知何代坐禅僧。"章孝标《送无相禅师入关》："斋心无外事，定力见前身。"贾岛《赠庄上人房》："流年衰此世，定力见他生。"

【定山】　山名。在今杭州东南，钱塘江西北岸。崔国辅《宿范浦》："路转定山绕，塘连范浦横。"严维《送崔峒使往睦州兼寄薛司户》："冰水近开渔浦出，雪云初卷定山高。"

【定子】　牛僧孺之小妾。杜牧《隋苑》："红霞一抹广陵春，定子当筵睡脸新。"

【定止】　固定的栖止之所。李白《猛虎行》："颇似楚汉时，翻覆无定止。"高适《渔父歌》："料得孤舟无定止，日暮持竿何处归。"姚合《客游旅怀》："客行无定止，终日路岐间。"李珣《渔歌子》词："任东西，无定止，不议人间醒醉。"

【定中】　(一zhōng)佛教语。入定之中，谓集中精神作禅定修炼之时。李益《入南山至全师兰若》："吾师亦何爱，自起定中吟。"白居易《正月十五日夜东林寺学禅偶怀蓝田杨主簿因呈智禅师》："不觉定中微念起，明朝更问雁门师。"施肩吾《题禅僧院》："谷鸟自啼猿自叫，不能愁得定中人。"吴融《酬僧》："吟处远峰横落照，定中黄叶下青苔。"

【定水】　佛教语。静止之水。喻入定之心，专注而不散乱。高宗《谒慈恩寺题奘法师房》："幡虹遥合彩，定水迥分晖。"杨廉《奉和九月九日登慈恩寺浮图应制》："慈云浮雁塔，定水映龙宫。"白居易《题玉泉寺》："闲心对定水，清净两无尘。"又《赠僧五首·神照上人》："心如定水随形应，口似悬河逐病治。"

【定水寺】　唐佛寺名。在长安太平坊。郑谷有《定水寺行香》。

【定分】　(一fèn)前定之命分。宿命论观点谓人生一切皆由命运前定，非人力所能更改。杜甫《飞仙阁》："浮生有定分，饥饱岂可逃。"又《述古三首》之一："贤人识定分，进退固其宜。"温庭筠《四皓》："但得戚姬甘定分，不应真有紫芝翁。"韩偓《冬至夜作》："不道惨舒无定分，却忧蚊响又成雷。"

【定心】　安定之心。张彪《北游还酬孟云卿》："行行无定心，壈坎难归来。"

【定心池】　池名。在唐无锡惠山南峰下鉴定玄影堂。李绅《鉴玄影堂》："定心池上浮泡没，招手岩边梦幻通。"

【定功】　成就大功，建立功业。韩休《奉和圣制送张说巡边》："定功彰武事，陈颂纪天声。"

【定立】　立定，稳定。吴融《燕雏》："瓦苔难定立，檐雨忽喧归。"

【定西番】　词牌名。原为唐教坊曲名，双调，上下片各四句。平韵，共三十五字，上十五，下二十。《全唐诗》卷八九一有温庭筠《定西蕃》词三首，卷八九五有毛熙震《定西蕃》词一首。

【定光上人】　成都福感寺僧。事迹见宋赞宁《宋高僧传》本传。白居易有《题赠定光上人》。

【定交】　❶订交，结交。结为朋友。卢纶《送太常李主簿归觐省》："定交分玉剑，发咏写冰壶。"白居易《赠元稹》："所得惟元君，乃知定交难。"又《寓意诗五首》之三："与君定交日，久要如弟兄。"皮日休《新秋言怀寄鲁望三十韵》："白日须投分，青云合定交。"❷犹至交。谓关系亲密之朋友。孟郊《哀孟云卿嵩阳荒居》："定交昔何在，至戚今或疏。"

【定衣】　僧人入定打坐时所著之衣。郑巢《寄贞法师》："远瀑穿经室，寒萤发定衣。"

【定身】　僧人入定之身。张乔《闻仰山禅师往曹溪因赠》："四海求玄理，千峰绕定身。"

【定昆池】　池名。在唐长安韦曲之北(今陕西长安县西南)，为唐中宗女安乐公主开凿。传安乐公主求以昆明池为私沼，未得，乃私凿定昆池，以与昆明池媲美。事见《旧唐书·安乐公主传》。唐张鷟《明野佥载》卷三。张说有《三月三日定昆池奉和萧令得潭字韵》。杜甫《陪郑广文游何将军山林十首》之八："忆过杨柳渚，走马定昆池。"

【定所】　固定的停歇栖止之所。孟郊《离思》："怨彼浮花心，飘飘无定所。"刘禹锡《送深法师游南岳》："飞锡无定所，宝书留旧房。"姚合《独居》："生计如云无定所，穷愁似影每相随。"李商隐《重过圣女祠》："萼绿华来无定所，杜兰香去未移时。"

【定性】　指僧人修习禅定时精神专注、忘身物外之性。刘商《题道济上人房》："门外水流风叶落，唯将定性对前山。"

【定法師】 俗姓廖。法名全称未详。交州（今越南河内）人；一说蜀人，误。内供奉广宜之兄弟。元和间亦为内供奉。杨巨源有《供奉定法师归安南》，又有《送定法师归蜀法师即红楼院供奉广宜上人兄弟》。

【定沼】 指佛寺之池沼。定。禅定。武三思《秋日于天中寺寻复礼上人》："定沼寒光素，禅枝暝色葱。"

【定定】 久定一处而不动。李商隐《忆梅》："定定住天涯，依依向物华。"

【定居】 ❶固定之住处。杜甫《将别巫峡赠南卿兄瀼西果园四十亩》："苔竹素所好，萍蓬无定居。"贾岛《喜无可上人游山回》："一食复何如，寻山无定居。"朱庆余《送石协律归吴兴别业》："识来无定居，此去复何如。"罗隐《早发》："北去南来无定居，此生生计竟何如。"❷固定于某处居住。张蠙《逢道者》："只寻隐迹归何处，方说烟霞不定居。"

【定面】 谓面部静止不动。元稹《河满子歌》："定面凝眸一声发，云停尘下何劳算。"

【定品】 定其品类、性质。宋之问《药》："扁鹊功成日，神农定品年。"按此指神农尝百草以定药类。

【定界】 确定疆界。温庭筠《送渤海王子归本国》："定界分秋涨，开帆到曙霞。"

【定省】 （—xǐng）❶昏定晨省之略语。谓子女早晚向父母问安。语本《礼记·曲礼上》。张九龄《与弟游家园》："定省荣君赐，来归是昼游。"❷佛教语。犹定水。喻指禅定之心，静如止水。李绅《新楼诗二十首·寒林寺》："地无尘染多灵草，室鉴真空有定泉。"

【定風波】 词牌名。原为唐教坊曲名。双调，六十二字，上片三韵三十字，下片三韵三十二字，平仄韵间互用。《全唐诗》卷八九六收有欧阳炯《定风波》词一首，李珣《定风波》词五首。

【定哀】 春秋鲁定公、哀公之连称。韦表微《池州夫子庙麟台》："上无文武，下有定哀。"

【定度】 一定之数。借指一定之时限。李咸用《哭所知》："风灯无定度，露薤亦逡巡。"

【定計】 ❶制订、确定计谋。白居易《新乐府·城盐州》："德宗按图自定计，非关将略与庙谋。"❷一定的生意、计划。张籍《襄国别友》："独游无定计，不欲道来期。"

【定音】 确定的音阶、音准。白居易《秦中吟十首·五弦》："十指无定音，颠倒宫徵羽。"

【定國】 即汉于定国。苏颋《寒食宴于中舍别驾兄弟宅》："子推山上歌龙罢，定国门前结驷来。"杜牧《奉送中丞姊夫俦自大理卿出镇江西叙事书怀因成十二韵》："精明如定国，孤峻似陈蕃。"

【定情】 见东汉繁钦作有《定情》。后遂将男女互赠信物或盟誓以表示确定爱情关系称为"定情"。赵嘏《代人赠别》："平子定情词丽绝，诗人匪石誓分明。"孟简《咏欧阳行周事》："定情非一词，结念誓青山。"晁采《子夜歌十八首》之一四："一双连素缕，与郎聊定情。"

【定陵寺】 寺名，在唐中宗李哲墓定陵之内。旧址在今陕西富平县西北十五里龙泉山。卢纶有《宿定陵寺》。

【定陶】 汉县名，属济阴郡。唐为河南道曹州济阴县，即今山东定陶。李昂《赋戚夫人楚舞歌》："定陶城中是妾家，妾年二八颜如花。"

【定場】 谓表演者出场开始表演，使场内安静下来。白居易《东南行一百韵寄通州元九侍御窦七校书》："定场排越伎，促坐进吴歈。"

【定場屋】 唐代剧场术语。谓技艺精湛，压倒全场。元稹《连昌宫词》："夜半月高弦索鸣，贺老琵琶定场屋。"

【定期】 一定的期限，固定的日期。姚合《答胡遇》："一会一分离，贫游少定期。"伍乔《冬日道中》："去去天涯无定期，瘦童羸马共依依。"

【定極】 犹止境。谓固定的极限、限止。钱起《过桐柏山》："赏心无定极，仙步亦清远。"

【定鼎】 ❶传说禹铸九鼎以象天下九州，夏商周三代均以九鼎置于国都，后遂以"定鼎"指定立国都，亦代指建国。宋之问《龙门应制》："先王定鼎山河固，宝命乘周万物新。"韦应物《登高望洛城作》："雄都定鼎地，势据万国尊。"又《赋得鼎门送卢耿赴任》："名因定鼎地，门对凿龙山。"裴度、刘禹锡《刘二十八自汝赴左冯涂经洛中相见联句》："镇嵩知表德，定鼎为铭勋。"❷城门名。唐洛阳城南有三门，其正中者称定鼎门。褚载有《定鼎门》。贯休《送僧之东都》："定鼎门连岳，黄河冻过春。"

【定睛】 目不转睛地注视。吴融《春词》："羞多转面语，妒极定睛看。"

【定程】 既定的路程。白居易《东归》："食宿无定程，仆马多缓驱。"皮日休《初夏即事寄鲁望》："廨宇有幽处，私游无定程。"张乔《送人归江南》："贫归无定程，水宿与山行。"

【定策】 亦作"定册"。指尊立皇帝。因立帝时必书其事于简策以告宗庙，故谓。周昙《咏史诗·六朝门·齐废帝东昏侯》："定策谁扶捕鼠儿，不忧萧衍畏潘妃。"

【定罪】 判定罪名。韩偓《八月六日作四首》之一："丹笔不知谁定罪，莫留遗迹怨神孙。"

【定亂】 平定叛乱。亦指平定兵荒马乱之局面。吴越王钱镠《青史楼引宾从同登》:“如今分野无狼孛,青史楼标定乱功。”

【定準】 一定的标准,可以测知的准确度。张潮《襄阳行》:“玉盘转明珠,君心无定准。”李白《答裴侍御先行至石头驿以书见招期月满泛洞庭》:“风水无定准,湍波或滞留。”

【定遠】 同“定遠侯”。杨师道《咏砚》:“将军欲定远,见弃不应赊。”王昌龄《从军行二首》之一:“虽投定远笔,未坐将军树。”李益《塞下曲》:“伏波惟愿裹尸还,定远何须生入关。”李商隐《送千牛李将军赴阙五十韵》:“中郎推贵婿,定远重时英。”

【定遠侯】 即汉班超。超封定远侯。王维《送平澹然判官》:“不识阳关路,新从定远侯。”岑参《北庭西郊候封大夫受降回军献上》:“自逐定远侯,亦著短后衣。”戎昱《桂州西山登高上陆大夫》:“早晚朝天去,亲随定远侯。”张籍《送远使》:“为问征行将,谁封定远侯。”

【定僧】 入定之僧。刘得仁《宿僧院》:“树摇幽鸟梦,萤入定僧衣。”

【定端】 ❶犹定数。一定之命数。李白《空城雀》:“天命有定端,守分绝所欲。”❷固定之处。李白《古风》之三九:“白日掩徂晖,浮云无定端。”

【定道者】 法名全称未详。宣州开元寺僧。许浑有《南亭夜坐贻开元禅定二道者》。

【定慧】 佛教语。指戒、定、慧三学中之定学、慧学。即思虑集中,观悟佛理之“禅定”与可使修持者得到解脱之“智慧”。刘长卿《送薛据宰涉县》:“既将慕幽绝,兼欲看定慧。”顾况《从江西至彭蠡入浙西淮南界道中寄齐相公》:“无边尽未来,定惠双修功。”

【定數】 犹定准,准数。李商隐《玄微先生》:“仙翁无定数,时入一壶藏。”

【定價】 一定的价格。元稹《茅舍》:“度材无强略,庀役有定价。”

【定襄】 地名。本汉太原郡阳曲县,后改定襄县。隋为平定县。唐武德四年(621)复为定襄县,属河东道忻州,即今山西定襄县。天宝元年(742),曾改忻州为定襄郡。崔颢《结定襄郡狱效陶体》:“定襄诸小儿,争讼纷城市。”马戴有《留别定襄卢军事》。

【定蹤】 固定之踪迹。张乔《江村》:“贫游无定踪,乡信转难逢。”崔涂《长安逢江南僧》:“孤云无定踪,忽到又相逢。”

【定難】 (—nàn)消除灾难。韦庄《和郑拾遗秋日感事一百韵》:“定难输宸算,胜灾减御粱。”

【定邊】 安定边境,平定边境之寇乱。钱起《奉送户部李郎中充晋国副节度出塞》:“始愿文经国,俄看武定边。”张蠙《蓟北书事》:“逢人皆上将,谁有定边功?”

【定鐘】 即寺钟,因僧人依钟声修习禅定,故称。鲍溶《得僧书》:“想随香驭至,不假定钟催。”

宕

〔dàng《广韵》徒浪切,去宕,定。〕见“宕渠”。

【宕渠】 唐县名。本汉巴郡之宕渠县。以县有宕渠(今四川渠江)故名。后周武帝改属蓬州。郑谷《笔峰》:“宕渠花里发,秦垄竹间分。”

宜

〔yí《广韵》魚羈切,平支,疑。〕❶适宜;合适。刘长卿《谪官后卧病官舍简贺兰侍郎》:“青春衣绣共称宜,白首垂丝恨不遗。”元稹《赋得雨后花》:“红芳怜静色,深与雨相宜。”姚合《和秘书崔少监春日游青龙寺僧院》:“九陌城中寻不尽,千峰寺里看相宜。”徐铉《和萧少卿见庆新居》:“鼓声到晚知坊远,山色来多与静宜。”亦指使人感到适宜,满意。孟浩然《秦中苦雨思归赠袁左丞贺侍郎》:“跃马非吾事,狎鸥宜我心。”刘长卿《送子婿崔真父归长城》:“桃叶宜人诚可咏,柳花如雪若为看。”《上阳铜器篆》(卷八七五):“长宜子孙。”❷宜于;适合于。张子容《春江花月夜二首》之一:“分明石潭里,宜照浣纱人。”李白《玉壶吟》:“西施宜笑复宜颦,丑女效之徒累身。”白居易《江楼早秋》:“楼阁宜佳客,江山入好诗。”杜荀鹤《春日访独孤处士》:“地僻春来静,深宜长者居。”❸应该,应当。白居易《八月十五日夜同诸客玩月》:“清景难逢宜爱惜,白头相劝强欢娱。”李商隐《韩碑》:“帝曰汝度功第一,汝从事愈宜为辞。”王毂《玉树曲》:“圣唐御宇三百祀,濮上桑间宜禁止。”❹犹言自然会,本来就该。李德裕《东郡怀古二首·王京兆》:“诚信不虚发,神明宜尔临。”陆龟蒙《奉和袭美二游诗·徐诗》:“洛阳且煨烬,载籍宜为烟。”❺恰当,正确。刘禹锡《国学新修五经壁歌》序:“名儒张参为国子司业,始详定五经书于论堂东西厢之壁,辨齐鲁之音取其宜。考古今之文取其正。”

【宜人】 合人心意,使人感到可心、满意。杜甫《寄杨五桂州谭》:“五岭皆炎热,宜人独桂林。”元稹《离思五首》之三:“第一莫嫌材地弱,些些纰缦最宜人。”

【宜臼】 周幽王太子之名。即周平王。继位后避犬戎,迁都于雒邑(今河南洛阳)。周昙《咏史诗·三代门·平王》:“宜臼东来年更远,川流难绝信源长。”

【宜年】 丰年;太平年。韦元旦《奉和人日宴大明宫恩赐彩缕人胜应制》:“垂旒一庆宜年酒,朝野俱欢荐寿新。”

【宜男】 即宜男草。李贺《恼公》:“宜男生楚巷,栀子发金墉。”温庭筠《生禖屏风歌》:“宜男漫作后庭草,不似樱桃千子红。”

【宜男草】 萱草之别名,旧谓孕妇佩之必生男,故名。于鹄《题美人》:“胸前空带宜男草,嫁得萧郎爱远游。”李贺《河南府试十二月乐词·二月》:“二月饮酒采桑津,宜男草生兰笑人。”

【宜君縣】 唐县名。后魏始置,唐贞观十七年(643)废,二十年复置,属雍州。韦庄有《宜君县比卜居不遂留题王秀才别墅二首》。

【宜芬公主】 姓豆卢,有才色。《全唐诗》卷七录其诗一首。

【宜春】 ❶唐县名,属江南道袁州,即今江西宜春。李白有《送窦司马贬宜春》。耿沣《登钟山馆》:“匹马宜春路,萧条背馆心。”韩愈《别赵子》:“及我迁宜春,意欲携以俱。”雍陶《送宜春裴明府之任》。❷指秦宜春苑故址,在唐长安曲江南。太宗《登三台言志》:“镜池波太液,庄苑丽宜春。”孙逖《和韦兄春日南亭宴兄弟》:“门向宜春近,郊连御宿长。”王维《登楼歌》:“却瞻兮龙首,前眺兮宜春。”钱起《和王员外雪晴早朝》:“长信月留宁避晓,宜春花满不飞香。”❸指唐东宫之宜春院。为宫内歌伎居住之所。杜甫《观公孙大娘弟子舞剑器行》序:“自高头宜春、梨园二伎坊内人洎外供奉晓是舞者,圣文神武皇帝初,公孙一人而已。”张祜《耍娘歌》:“宜春花夜雪千枝,妃子偷行上密随。”❹旧时风俗,于立春日剪贴“宜春”二字,与剪彩花同为庆春之饰物。崔道融《春闺二首》之二:“欲剪宜春字,春寒入剪刀。”❺宜于春天。施肩吾《春日餐霞阁》:“洒水初晴物候新,餐霞阁上最宜春。”

【宜春苑】 ❶秦苑名。在下杜,即唐长安(今陕西西安)东南隅之曲江附近。秦于该地筑有宜春宫,故名。汉划为上林苑之一部分。储光羲《同诸公登慈恩寺塔》:“苍芜宜春苑,片碧昆明池。”温庭筠《杨柳枝八首》之一:“宜春苑外最长条,闲袅春风伴舞腰。”❷唐禁苑中之小苑名。在禁苑东部望春楼西,今陕西西安大明宫旧址之东。李适《人日宴大明宫恩赐彩缕人胜应制》:“林香近接宜春苑,山翠遥添献寿杯。”苏颋《立春日侍宴内出剪彩花应制》:“晓入宜春苑,秾芳吐禁中。”马怀素《奉和立春游苑迎春应制》:“仙舆暂下宜春苑,御醴行开荐寿觞。”

【宜春院】 唐代宫内歌伎所居之院名。位于东宫之北隅,承恩殿东。王涯《宫词三十首》之八:“宜春院里驻仙舆,夜宴笙歌总不如。”王建《宫词一百首》之六五:“逢着五弦琴绣袋,宜春院里按歌回。”

【宜城】 唐县名,后魏改宜城郡。唐天宝七载(748),改宜城县,属山南东道襄州,以产美酒著名。孟浩然《九日怀襄阳》:“宜城多美酒,归与葛强游。”王维《过李楫宅》:“一罢宜城酌,还归洛阳社。”钱起《送卫功曹赴荆南》:“碧云愁楚水,春酒醉宜城。”韩翃《送李司直赴江西使幕》:“好酒近宜城,能诗谢康乐。”

【宜城酒】 酒名。产于宜城,汲城东金沙泉之水酿造,名宜城春,又名竹叶酒,以味美著称于一时。宋之问《宋公宅送宁谏议》:“尊溢宜城酒,笙裁曲沃匏。”白居易《和答诗十首·和思归乐》:“江陵橘似珠,宜城酒如饧。”温庭筠《常林欢歌》:“宜城酒熟花覆桥,沙晴绿鸭鸣咬咬。”韦庄《和元秀才别业书事》:“莫饮宜城酒,愁多醉易沉。”亦作“宜城醑”。皎然《送李丞使宣州》:“聊持剡山茗,以代宜城醑。”

【宜城醑】 见“宜城酒”。

【宜笑】 适宜于笑。谓笑时更显出容颜之美。王翰《赋得明星玉女坛送廉察尉华阴》:“蛾眉婵娟又宜笑,一见樵人下灵庙。”李端《赠康洽》:“君今已反我正来,朱颜宜笑能几回。”

【宜家】 谓能使合家和睦安适。语本《诗·周南·桃夭》。骆宾王《艳情代郭氏答卢照邻》:“别日分明相约束,已取宜家成诫勖。”张说《安乐郡主花烛行》:“先祝圣人寿万年,复祷宜家承百禄。”赵良器《郑国夫人挽歌词》:“淑德延公胄,宜家接帝姻。”

【宜都】 唐县名。属山南东道硖州。本汉之南郡宜道县,陈改为宜都。唐武德间改属江州。陈子昂《感遇诗三十八首》之二七:“朝发宜都渚,浩然思故乡。”阎宽有《晓入宜都渚》。杜甫《大历三年春白帝城放船出瞿塘峡漂泊有诗凡四十韵》:“前闻辨陶牧,转眄拂宜都。”

【宜陵】 唐镇名,属淮南道扬州府江都县,即今江苏江都宜陵镇。罗邺有《早发宜陵即事》。

【宜陽】 ❶汉县名,属弘农郡,春秋为晋地,战国时属韩。隋置宜阳郡于此。唐武德间改为福昌县,属熊州,显庆二年(657)改属河南府,即今河南宜阳。李峤《熊》:“导洛宜阳右,乘春别馆前。”李华《春行寄兴》:“宜阳城下草萋萋,涧水东流复向西。”周昙《咏史诗·春秋战国门·韩昭侯》:“去年秦伐我宜阳,今岁天灾旱且荒。”❷指唐袁州。其州治在宜春县,本为汉之旧县,晋武帝太康元年,以太后讳春,改为宜阳县。隋开皇十一年(591)于县置袁州,唐因之。即今江西宜春。李嘉祐有《暮春宜阳郡斋愁坐忽枉刘七侍御新诗因以酬答》。曹邺《送曾德迈归宁宜春》:“想到宜阳更无事,并将欢庆奉庭闱。”李伉《谪宜阳到荆渚》:“汉江江水水连天,被谪宜阳路几千。”

【宜稱】 (—chèn)相宜,相称。韩偓《新上头》:“为要好多心转惑,遍将宜称问傍人。”

【宜新】 适宜于新春。旧俗于立春日剪彩为燕,戴之，贴“宜春”二字，故云。阎朝隐《奉和立春游苑迎春应制》：“鹊入巢中言改岁，燕衔书上道宜新。”

【宜當】 ❶（—dāng）犹应当。白居易《反鲍明远白头吟》：“宜当委之去，寥廓高飞腾。”❷（—dàng）犹恰当。韩愈《岳阳楼别窦司直》：“于嗟苦驽缓，但惧失宜当。”

【宜僚】 春秋楚勇士名。居于市南，号市南子。见《左传·哀公十六年》。后遂以宜僚为排解纷难之勇士。元稹《楚歌十首》之五：“宜僚南市住，未省食人恩。”

【宜豐寺】 唐佛寺名。在杭州。唐诗僧灵一曾居此寺。灵一有《再还宜丰寺》。

【宜嚬】 适合皱着眉头，谓颦眉时动人。李白《玉壶吟》：“西施宜笑复宜颦，丑女效之徒累身。”

宙 〔zhòu《广韵》直祐切，去宥，澄。〕❶指古往今来之时间。见“宇宙”。❷犹言环宇，天下。《郊庙歌辞·享太庙乐章·钧天舞》：“睿感通寰，孝思浃宙。”

官 〔guān《广韵》古丸切，平桓，見。〕❶官府；政府。杜甫《枯棕》：“伤时苦军乏，一物官尽取。”韦应物《鼙鼓行》：“何况鳏孤火绝无晨炊，独妇夜泣官有期。”白居易《赠诸少年》：“官给俸钱天与寿，些些贫病奈吾何。”梁宝《与赵神德互嘲》：“官里料朱砂，半眼供一国。”❷官府所有的，公有的。见“官車”。❸官员任职之所。韩翃《赠长洲何主簿》：“到官无一事，清静有诸侯。”❹官职、官位。李颀《送山阴姚丞携妓之任兼寄苏少府》：“才子风流苏伯玉，同官晓暮应相逐。”杜甫《醉时歌》：“诸公衮衮登台省，广文先生官独冷。”严维《九日陪崔郎中北山宴》：“府中官最小，唯有孟参军。”李珣《渔父歌三首》之二：“避世垂纶不记年，官高争得似君闲。”❺官员，官吏。杜甫《九成宫》：“虽无新增修，尚置官居守。”白居易《读张籍古乐府》：“时无采诗官，委弃如泥尘。”❻做官，任官。李颀《送刘十》：“三十不官亦不娶，时人焉识道高下。”薛据《题丹阳陶司马厅壁》：“诏书增宠命，才子益能官。”皮日休《寄毗陵魏处士朴》：“文籍先生不肯官，絮巾冲雪把鱼竿。”王揆《长沙六快诗》：“昔贤官是邦，仁泽流丰沃。”❼对帝王之称呼。花蕊夫人徐氏《宫词》之一〇七：“明朝腊日官家出，随驾先须点内人。”❽仙官；仙人。包佶《宿庐山赠白鹤观刘尊师》：“苍苍五老雾中坛，杳杳三山洞里官。”

【官人】 做官之人。李颀《龙门送裴侍御监五岭选》：“万里番禺地，官人继帝忧。”杜甫《逢唐兴刘主簿弟》：“剑外官人冷，关中驿骑疏。”元稹《织妇词》：“早征非是官人恶，去岁官家事戎索。”杜牧《冬至日寄小侄阿宜诗》：“去年学官人，竹马绕四廊。”

【官水土】 指任司空。见《尚书·虞书·舜典》。韩偓《和王舍人抚州饮席赠韦司空》：“削玉风姿官水土，黑头公自古来难。”

【官方】 为官者之礼仪。姚合《武功县中作三十首》之七：“爱闲求病假，因醉弃官方。”

【官田】 官府或皇室所有之田。唐彦谦《六月十三日上陈微博士》：“平生官田粟，长此礼义躯。”

【官司】 ❶官吏。元稹《和李校书新题乐府十二首·阴山道》：“税户逋逃例摊配，官司折纳仍贪冒。”花蕊夫人徐氏《宫词》之九八：“别色官司御辇家，黄衫束带脸如花。”❷官府。徐铉《奉和宫傅相公怀旧见寄四十韵》：“已知瑕玷劳磨莹，又得官司重接连。”❸官务。徐铉《亚元舍人不替深知猥贻佳作三篇因为长歌聊以为报兼寄陈君庶资一笑耳》：“王言简静官司闲，朋好殷勤多往还。”

【官奴】 ❶旧说为晋王献之小字。传献之父王羲之书《乐毅论》与献之，题云：“书赐官奴”（一说官奴为羲之女小字）。后遂用为咏书贴之典。刘禹锡《酬柳柳州家鸡之赠》：“日日临池弄小雏，还思写论付官奴。”❷借指官妓。李商隐《妓席》：“劝君书小字，慎莫唤官奴。”

【官寺】 ❶官府，官置。李颀《送刘四》：“洛阳十二门，官寺郁相望。”❷官府之所之寺庙。白居易《闲吟二首》之一：“官寺行香少，僧房寄宿多。”

【官吏】 官与吏。政府行政官之总称。元结《宿丹崖翁宅》：“官吏随人往未得，却望丹崖惭复羞。”高亭《讥元载诗》：“上元官吏务剥削，江淮之人皆白著。”皮日休《正乐府十篇·卒妻怨》：“官吏按其籍，伍中斥其妻。”杜荀鹤《将过湖南经马当山庙因书三绝》之二：“贪残官吏虔诚谒，毒害商人沥胆过。”

【官休】 所任之官罢职。白居易《履道西门二首》之二：“履道西门独掩扉，官休病退客来稀。”

【官色】 官服之色。孟郊《忽不贫喜卢仝书船归洛》：“我去官色衫，肩经入君庐。”

【官次】 ❶官位，官阶。崔颢《奉和许给事夜直简诸公》：“顾己无官次，循涯但自怜。”❷犹官衙，官府。白居易《府西亭纳凉归》：“路经府门过，落日照官次。”

【官守】 官员之职守。岑参《潼关镇国军句覆使院早春寄王同州》：“各自限官守，何由叙凉温。”

【官收】 为官府没收。白居易《杏为梁》：“素泥朱版光未灭，今日官收别赐人。”

【官車】 官府之车。刘叉《雪车》：“死中犹被豺狼食，官车初还城垒未完备。”白居易《新乐府·官牛》：“官牛官牛驾官车，浐水岸边般载沙。”

【官私】 公私。谓官府与百姓，公家与私人。周昙《咏史诗·晋门·惠帝》："蛙鸣堪笑问官私，更劝饥人食肉糜。"

【官兵】　政府之军队。张籍《寄宋景》："诏发官兵取乱臣，将军弓箭不离身。"

【官作】　官府之劳役。杜甫《盐井》："官作既有程，煮盐烟在川。"

【官位】　官员之职位阶品。卢真《七老会诗》："非论官位皆相似，及至年高亦共同。"

【官序】　官职之等第，升官之次序。孙逖《送李补阙摄御史充河西节度判官》："官序惭先达，才名畏后人。"杜甫《秋日寄题郑监湖上亭三首》之二："官序潘生拙，才名贾傅多。"元稹《酬翰林白学士代书一百韵》："何曾爱官序，不省计家资。"罗隐《寄大理徐郎中》："官序诜枝老，幽尘范甑空。"

【官况】　居官之境遇。李中《赠永真杜翱少府》："爱静不嫌官况冷，苦吟从听鬓毛苍。"

【官妓】　古代供奉官员之歌伎。杜牧有《不饮赠官妓》。

【官長】　（—zhǎng）长官。行政部门之主管官员。杜甫《偪仄行赠毕曜》："徒步翻愁官长怒，此心炯炯君应识。"柳宗元《田家三首》之二："各言官长峻，文字多督责。"李涉《却归巴陵途中走笔寄唐知言》："逡巡未得见官长，梦寝但觉生愁忧。"李郢《友人适越路过桐庐寄题江驿》："莫言独有山川秀，过日仍闻官长清。"

【官俸】　官员之俸禄。白居易《书事咏怀》："官俸将生计，虽贫岂敢嫌。"周繇《送人尉黔中》："公庭飞白鸟，官俸请丹砂。"

【官事】　官务，官员之行政事务。白居易《朱陈村》："县远官事少，出深人俗淳。"

【官使】　出使之官吏。宋之问《度大庾岭》之二："城边问官使，早晚发西京。"

【官舍】　官署，官衙。李颀《答高三十五留别便呈于十一》："故园壁挂乌纱帽，官舍尘生白接䍦。"岑参《送柳录事赴梁州》："江树连官舍，山云到卧床。"羊士谔《登郡前山》："岘首当时为风景，岂将官舍作池笼。"

【官所】　任官之处所。韩愈《八月十五夜赠张功曹》："十生九死到官所，幽居默默如藏逃。"

【官府】　政府。王维《田园乐七首》之一："官府鸣珂有底，崆峒散发何人。"李郢《茶山贡焙歌》："殷勤绕焙复长叹，官府例成期如何。"陆龟蒙《祝牛宫辞》："上缔蓬茅，下远官府。"唐彦谦《宿田家》："良民惧官府，听之肝胆碎。"

【官河】　即运河。刘商《醉后》："醒来还爱浮萍草，漂寄官河不属人。"韦庄《过扬州》："二十四桥空寂寂，绿杨摧折旧官河。"徐铉《赠维扬故人》："楼台寂寞官河晚，人物稀疏驿路长。"

【官局】　官署。王周《和杜运使巴峡地暖节物与中土异黯然有感诗三首》之二："揽辔巴西官局冷，几凭春酒沃乡愁。"

【官契】　朝廷之符契。王建《赠胡沍将军》："朱牌面上分官契，黄纸头边押敕符。"

【官苗】　指政府征收之租税。唐时分夏秋两季计征，亦称夏秋苗税。杜荀鹤《田翁》："官苗若不平平纳，任是丰年也受饥。"

【官柳】　官路、官渠边属官府所有之柳树。王泠然《汴堤柳》："流从巩北分河口，直到淮南种官柳。"杜甫《西郊》："市桥官柳细，江路野梅香。"钱起《送崔十三东游》："官柳依依两乡色，谁能此别不相忆。"蒋防《春风扇微和》："绿摇官柳散，红待禁花新。"

【官品】　官职阶品之等第。罗隐《奉使宛陵别二三从事》："官品共传胜囊日，酒杯争肯忍当时。"又《送汝州李中丞十二韵》："官品尊台秩，山河拥福星。"

【官科】　政府规定的科律条令。白居易《赠沙鸥》："老逼教垂白，官科遣著绯。"

【官差】　受官府差遣。王建《射虎行》："自去射虎得虎归，官差射虎得虎迟。"

【官宦】　官吏，官员。亦指仕宦，做官。罗隐《寄酬邺王罗令公五首》之二："脉散源分历几朝，纵然官宦只卑僚。"

【官軍】　朝廷、政府之军队。杜甫《悲陈陶》："都人回面向北啼，日夜更望官军至。"刘禹锡《平蔡州三首》之二："老人收泣前致辞，官军入城人不知。"薛逢《狼烟》："传声却报边无事，自是官军入抄回。"吴融《风雨吟》："官军扰人甚于贼，将臣怕死唯守城。"

【官娃】　官妓。白居易《洛桥寒食日作十韵》："府酝伤教送，官娃岂要迎。"

【官馬】　归官府所有之马。杜甫《偪仄行赠毕曜》："自从官马送还官，行路难行涩如棘。"窦巩《奉使蓟门》："今日一茎新白发，懒骑官马到幽州。"杨汝士《题画山水》："如今老大骑官马，羞向关西道姓杨。"

【官班】　官职之品位等级。张籍《赠王秘书》："赋来诗句无闲语，老去官班未在朝。"朱庆余《夏日题武功姚主簿》："吟诗老不倦，未省话官班。"卢携《题司空图壁》："姓氏司空贵，官班御史卑。"

【官租】　农民向官府交纳之田租。韩愈《县斋有怀》："官租日输纳，村酒时邀迓。"

【官秩】　官吏之俸禄。因俸禄官位阶品而定，故亦指官吏之等第阶品。白居易《自宾客迁太子少傅分司》："形容逐日老，官秩随年高。"又《喜照密闲实四上人见过》："官秩三回分洛下，交游一半在僧中。"罗隐

《寄渭北徐从事》:“官秩旧参荀秘监,樽罍今伴霍嫖姚。”

【官倉】 官府之粮仓。张籍《野老歌》:“苗疏税多不得食,输入官仓化为土。”曹邺《官仓鼠》:“官仓老鼠大如斗,见人开仓亦不走。”皮日休《正乐府十篇·橡媪叹》:“农时作私债,农毕归官仓。”罗隐《空城雀》:“雀入官仓中,所食能损几。”

【官健】 唐代州府之兵。因官府给衣粮以养之,故称。李商隐《行次西郊作一百韵》:“官健腰佩弓,自言为官巡。”

【官師】 百官,众官。窦牟《元日喜闻大礼寄上翰林四学士中书六舍人十二韵》:“麟爵来称纪,官师退绝箴。”

【官庫】 官府之府库、兵库。任翻《哭友人》:“官库惟留剑,邻僧共结坟。”

【官酒】 官府酿制并专卖之酒。韩翃《送高员外赴淄青使幕》:“山驿尝官酒,关城度客衣。”白居易《府酒五绝·变法》:“唯是改张官酒法,渐从浊水作醍醐。”

【官家】 ❶官府;公家。张籍《寄衣曲》:“官家亦自寄衣去,贵从妾手著君身。”白居易《喜罢郡》:“自此光阴为己有,从前日月属官家。”唐彦谦《采桑女》:“愁听门外催里胥,官家二月收新丝。”齐己《西山叟》:“官家不问孤老身,还在前山山下住。”❷对皇帝的称呼。韩愈《月蚀诗效玉川子作》:“从官百余座,嚼啜烦官家。”和凝《宫词百首》之三五:“昨夜盘中甘露满,婕妤争去奏官家。”花蕊夫人徐氏《宫词》之九九:“日高房里学围棋,等候官家未出时。”又《宫词》之一三一:“法云寺里中元节,又是官家诞降辰。”

【官書】 官府之文书簿籍。李商隐《赠子直花下》:“官书推小吏,侍史从清郎。”

【官莊】 官府之庄园。包括没收入官之田庄。韦庄有《官庄》,题注云:“江南富民悉以犯酒没家产,因以此诗讽之。”

【官梅】 官府所种之梅树。杜甫《和裴迪登蜀州东亭送客逢早梅相忆见寄》:“东阁官梅动诗兴,还如何逊在扬州。”

【官曹】 官府,官衙。孟浩然《从张丞相游南纪城猎戏赠裴迪张参军》:“世禄金张贵,官曹幕府贤。”杜甫《投简成华两县诸子》:“赤县官曹拥材杰,软裘快马当冰雪。”王建《初授太府丞言怀》:“除书亦下属微班,唤作官曹便不闲。”喻凫《送越州高录事》:“官曹权纪纲,行李半舟航。”

【官符】 朝廷授命所用之符信。元结《别何员外》:“忽然逢知己,数月领官符。”

【官渡】 ❶官府所设渡口。杜甫《自京赴奉先县咏怀五百字》:“北辕就泾渭,官渡又改辙。”武元衡《送李秀才赴滑州诣大夫舅》:“长亭叫月新秋雁,官渡含风古树蝉。”张萧远《句》:“日暮风吹官渡柳,白鸦飞出石头墙。”韩偓《早起五言三韵》:“依依官渡头,晴阳照行旅。”❷古地名。在今河南中牟县东北。即东汉末曹操与袁绍决战之处。王维《送魏郡李太守赴任》:“古木官渡平,秋城邺宫故。”独孤及《官渡柳歌送李员外承恩往扬州觐省》:“君不见官渡河两岸,三月杨柳枝。”

【官給】 (一jǐ)官府所供给。多指政府人员之俸禄、给养。孟郊《雪》:“官给未入门,家人尽以灰。”

【官場】 官设之贸易市场。杜甫《寄张十二山人彪三十韵》:“官场罗镇碛,贼火近洮岷。”

【官勳】 官爵与功勋。李商隐《五言述德抒情诗一首四十韵献上杜七兄仆射相公》:“耿贾官勋大,荀陈地望清。”

【官街】 大街,长街。孟郊《宿空侄院寄澹公》:“官街不相隔,诗思空愁予。”孔颙《上浙东孟尚书》:“尚书近日清如镜,天子官街不许行。”李贺《十二月乐辞·正月》:“官街柳带不堪折,早晚菖蒲胜绾结。”

【官街鼓】 官府置于街隅之鼓。晨击而坊市门启,暮击而门闭,夜击以止行李,备盗贼。李贺有《官街鼓》。

【官閑】 官务清闲。元稹《天坛上境》:“野人性僻穷深僻,芸署官闲不似官。”姚合《寄送卢拱秘书游魏州》:“官闲身自在,诗逸语纵横。”高骈《途次内黄马病寄僧舍呈诸友人》:“官闲马病客深秋,肯学张衡咏四愁。”

【官階】 古代散官之阶品。白居易《妻初授邑号告身》:“我转官阶常自愧,君加邑号有何功?”贾岛《老将》:“自夸勋业重,开府是官阶。”

【官業】 为官之事,仕宦之事。罗隐《投宣武郑尚书二十韵》:“世家惟蹇谔,官业即清通。”郑谷《献大京兆薛常侍能》:“耻将官业竞前途,自爱篇章古不如。”

【官園】 官府之林园。齐己《移居西湖作二首》:“官园树影昼阴阴,咫尺清凉莫浣心。”

【官路】 官修之大路。杨炯《骢马》:“帝畿平若水,官路直如弦。”周瑀《送潘三入京》:“柳色分官路,荷香入水亭。”韩愈《题广昌馆》:“丘坟发掘当官路,何处南阳有近亲。”牛峤《杨柳枝五首》之一:“无端袅娜临官路,舞送行人过一生。”

【官署】 官员办公之衙门;政府机关。钱起《送王谏议任东都居守》:“官署名台下,云山旧苑中。”徐铉《将去广陵别史员外南斋》:“家声曾与金张辈,官署今居何宋间。”又《月真歌》:“殷郎去冬入翰林,九霄官署转深沉。”

【官裏】　官府里；衙门里。梁宝《与赵神德互嘲》：“官里料朱砂，半眼供一国。”

【官道】　大路，大道。王勃《采莲归》：“官道城南把桑叶，何如江上采莲花。”祖咏《观华岳》：“作镇当官道，雄都俯大川。”崔子向《题越王台》：“古木多年无子孙，牛羊践踏成官道。”罗炯《行县至浮查山寺》：“野老竞遮官道拜，沙鸥遥避隼旟飞。”

【官資】　官员之职位资历。王建《自伤》：“四授官资元七品，再经婚娶尚单身。”徐夤《贺清源太保王延彬》：“心地阔于云梦泽，官资高却太行山。”子兰《寄乾陵杨侍郎》：“冷落官资不畏贫，司曹且共内官分。”

【官渠】　官府所修之渠。窦牟《奉使至邢州赠李八使君》：“茂阴延驿路，温液逗官渠。”白居易《杂兴三首》之二：“国中新下令，官渠禁流水。”韩偓《拥鼻》：“殷勤凭仗官渠水，为到西溪动钓舟。”

【官禄】　官员之俸禄。白居易《宿溪翁》：“醉翁向朝市，问我何官禄。”又《和微之诗二十三首·和自劝二首》之一：“不知有益及民无，二十年来食官禄。”

【官槐】　官府所植之槐树。唐两京官街所植常为槐树。李贺《勉爱行二首送小季之庐山》之二：“别柳当马头，官槐如兔目。”

【官僚】　官员；官吏。李颀《缓歌行》：“五陵宾从莫敢视，三省官僚揖者稀。”戴叔伦《送谢夷甫宰余姚县》：“邑中残老小，乱后少官僚。”李郢《秦处士移家富春发樟亭怀寄》：“尝闻郭邑山多秀，更说官僚眼尽青。”

【官銜】　官员之头衔，包括官职、员品、勋爵之名称。刘禹锡《酬太原狄尚书见寄》：“身上官衔如座主，幕中谭笑取同年。”白居易《重到城七绝句·张十八》：“独有咏诗张太祝，十年不改旧官衔。”李商隐《咏怀寄秘阁旧僚二十六韵》：“官衔同画饼，面貌乏凝脂。”周朴《喜贺拔先辈衡阳除正字》：“李膺门客为闲客，梅福官衔改旧衔。”

【官養】　官府供养。据《礼记·王制》载，上古有养老之礼，由官府对年高德重之人按时享以酒食。岑参《阌乡送上官秀才归关西别业》：“亲老无官养，家贫在外多。”

【官滿】　官员任职期满。白居易《别草堂三绝句》之三：“山色泉声莫惆怅，三年官满却归来。”来鹄《宛陵送李明府罢任归江州》：“官满便寻垂钓侣，家贫已用卖琴钱。”

【官閣】　官府修建之楼阁，供人登览憩息用。储光羲《洛阳道五首献吕四郎中》之四：“上枝覆官阁，下枝覆车马。”杜甫《涪城县香积寺官阁》：“寺下春江深不流，山腰官阁迥添愁。”

【官槽】　官方饲养马匹之处所。白居易《想东游五十韵》：“驿舫妆青雀，官槽秣紫骝。”

【官样】　官家之式样。王涯《宫词三十首》之七：“一丛高鬓绿云光，官样轻轻淡淡黄。”

【官賦】　官府征收之赋税。司马扎《蚕女》：“妾家非豪门，官赋日相追。”又《锄草怨》：“亦念官赋急，宁知荷锄劳。”

【官罷】　官职罢除。耿湋《春日即事二首》之二：“家贫僮仆慢，官罢友朋疏。”杜牧《冬至日寄小侄阿宜诗》：“官罢得丝发，好买百树桑。”

【官儀】　官府之礼仪。刘禹锡《门下相公荣加册命天下同欢忝沐眷私辄感申贺》：“册命出宸衷，官仪自古崇。”

【官箴】　❶官员向帝王所进之箴言。王维《送韦大夫东京留守》：“慷慨念王室，从容献官箴。”❷为官者之箴言，用为自警之戒规。王周《和程刑部三首·公会亭》：“官箴居座右，夙夜算难忘。”

【官寮】　官僚；官职。白居易《求分司东都寄牛相公十韵》：“官寮幸无事，可惜不分司。”

【官聯】　官衔，官职。杜甫《赠崔十三评事公辅》：“官联辞冗长，行路洗欹危。”

【官樹】　官路旁归官府所有之树。刘宪《奉和圣制登骊山高顶寓目应制》：“直城如斗柄，官树似星榆。”岑参《青门歌送东台张判官》：“东出青门路不穷，驿楼官树灞陵东。”钱起《送兴平王少府游梁》：“日斜官树闻蝉满，雨过关城见月新。”温庭筠《送客偶作》：“故山有梦不归去，官树陌尘何太劳。”

【官橋】　官府修建之桥。王维《送杨长史赴果州》：“官桥祭酒客，山木女郎祠。”杜甫《长吟》：“江渚翻鸥戏，官桥带柳阴。”牟融《送范启东还京》：“官桥杨柳和愁折，驿路梅花带雪看。”

【官曆】　岁历；官定之历法。罗隐《岁除夜》：“官历行将尽，村醪强自倾。”

【官錦】　官锦坊织造之锦，常用为贡品。织锦人《吟》（卷七八四）：“莫教官锦行家见，把此文章笑杀他。”

【官壁】　官署中之厅壁。项斯《赠金州姚合使君》：“官壁题诗尽，衙庭看鹤多。”

【官爵】　官职与爵位。卢仝《月蚀诗》：“岁星主福德，官爵奉董秦。”白居易《哭崔二十四常侍》：“薤露歌词非白雪，旌铭官爵是浮云。”

【官雞】　官府所养之斗鸡。杜甫《壮游》：“国马竭粟豆，官鸡输稻粱。”

【官謗】　因居官不称职而招致的批评指责。源乾曜《奉和御制乾曜与张说宋璟同日上官命宴都堂赐诗》：“窃位思官谤，凋容谢木春。”高适《途中酬李少府赠别之作》:“终嗟州县劳,官谤复迍邅。”刘长卿《登迁仁楼酬子婿李穆》:“非才受官谤,无政作人谣。”

【官燭】 官府供给之办公用蜡烛。李白《送杨山人归天台》:“诗人多见重,官烛未曾然。”杜甫《将晓二首》之二:“军吏回官烛,舟人自楚歌。”羊昭业《皮袭美见留小宴次韵》:“知君不肯然官烛,争得华筵彻夜明。”

【官騎】 官府之骑兵。王维《酬慕容十一》:“挟毂双官骑,应门五尺僮。”韩翃《送巴州杨使君》:“愁看野马随官骑,笑取秦人带客旗。”

【官職】 官吏职位。寒山《诗三百首》之一二九:“未能得官职,不解秉耒耜。”朱庆余《赠凤翔柳司录》:“点检生涯与官职,一茎野竹在身边。”王易简《官左拾遗归隐作》:“青山得去且归去,官职有来还自来。”

【官廬】 官舍。官吏之房舍。刘长卿《送张判官罢使东归》:“落潮回野艇,积雪卧官庐。”

【官屬】 下属诸官吏。张谓《西亭子言怀》:“官属不令拘礼数,时时缓步一相寻。”杜甫《桥陵诗三十韵因呈县内诸官》:“官属果称是,声华真可听。”韩翃《送刘评事赴广州使幕》:“征南官属似君稀,才子当今刘孝威。”

【官鹽】 官府专卖之盐。杜甫《盐井》:“卤中草木白,青者官盐烟。”

宛1 〔wǎn《广韵》於阮切,上阮,影。〕❶弯曲;曲折。苏颋《长相思》:“杨柳青青宛地垂,桃红李白花参差。”钱起《病鹤篇》:“云山隔路不隔心,宛颈和鸣长在想。”孟郊《邀人赏蔷薇》:“丽蕊惜未扫,宛枝长更纡。”刘禹锡《历阳书事七十韵》:“柳长千丝宛,田塍一线絣。”❷亦指卷;卷曲。杜甫《陪诸贵公子丈八沟携妓纳凉晚际遇雨二首》之二:“缆侵堤柳系,幔宛浪花浮。”鲍溶《水殿采菱歌》:“火华啼露卷横塘,金堤四合宛柔扬。”张祜《观杨瑗柘枝》:“紫罗衫宛蹲身处,红锦靴柔踏节时。”❸仿佛;犹若。张九龄《与生公游石窟山》:“日寻高深意,宛是神仙中。”沈千运《赠史修文》:“念离宛犹昨,俄已经数期。”权德舆《酬李二十二兄主簿马迹山见寄》:“若闻笙鹤声,宛在耳目前。”陆龟蒙《奉和袭美太湖诗二十首·初入太湖》:“又云构浮玉,宛与昆阆匹。”❹真切,分明可见貌。沈佺期《答魑魅代书寄家人》:“缘体分殊昔,回眸宛异常。”李程《观庆云图》:“五云从表瑞,藻绘宛成图。”贯休《寿春节进》:“盛如唐创业,宛胜晋朝仪。”❺依然;依旧。裴夷直《八月十五日夜》:“宛是依依旧颜色,自怜人换几般愁。”薛能《申湖》:“旧境深相恼,新春宛不殊。”李中《庐山》:“白莲池宛在,翠辇事难寻。”

宛2 〔yuān《广韵》於袁切,平元,影。〕❶古地名。本楚国宛邑,秦昭襄王置县。汉为南阳郡治所。隋改南阳县,属邓州。唐因之。即河南南阳。孟浩然《南归阻雪》:“我行滞宛许,日夕望京豫。”李白《酬坊州王司马与阎正字对雪见赠》:“游子东南来,自宛适京国。”❷古代西域大宛之省称。见“宛馬”。

【宛水】 水名。即宛溪。在唐江南西道宣州境。源出宣城东南峄山。李白《九日登山》:“筑土按响山,俯临宛水湄。”杜牧《牧陪昭应卢郎中在江西宣州佐今吏部沈公幕叙旧成二十二韵用以投寄》:“宛水环朱槛,章江敞碧流。”

【宛丘】 地名。汉陈县,隋改宛丘县。唐因之,属河南陈州。即今河南淮阳县。卢纶有《送宛丘任少府》。

【宛句】 地名。亦作“宛朐縣”。汉置县,景帝时属济阴郡。唐属河南道曹州。故城在今山东定陶西。张九龄有《送宛句赵少府》。

【宛$_1$地】 宛曲于地上。包何《和程员外春日东郊即事》:“藤垂宛地萦珠履,泉迸侵阶浸绿钱。”

【宛$_2$地】 指汉之南阳郡。因郡治在宛县,故称。宛县在隋改称南阳县,属邓州,唐因之。邓州属县有菊潭,地当今河南内乡西北。司空曙《送菊潭王明府》:“林多宛地古,云尽汉山稀。”

【宛似】 恰似,正像。李白《与谢良辅游泾川陵岩寺》:“乘君素舸泛泾西,宛似云门对若溪。”岑参《题平阳郡汾桥边柳树》:“此地曾居住,今来宛似归。”颜真卿、皇甫曾《七言重联句》:“诗书宛似陪康乐,少长还同宴永和。”郑中丞《登汾上阁》:“汾桂秋水阔,宛似到阊门。”

【宛如】 ❶好像,犹如。李白《游敬亭寄崔侍御》:“相去数百年,风期宛如昨。”皇甫冉《杂言无锡惠山寺流泉歌》:“宛如太室临九潭,讵减天台望三井。”刘言史《与孟郊洛北野泉上煎茶》:“宛如摘山时,自歠指下春。”罗绍威《柳》:“花密宛如飘六出,叶繁何惜借双眉。”❷宛然;宛曲。姚康《赋得巨鱼纵大壑》:“得志宁相忌,无心任宛如。”

【宛宛】 ❶曲折、弯曲貌。张九龄《登襄阳岘山》:“宛宛樊城岸,悠悠汉水波。”柳宗元《奉平淮夷雅表·皇武命丞相度董师集大功也》:“宛宛周道,于山于川。”孟郊《古意》:“宛宛青丝线,纤纤白玉钩。”亦指迂曲、盘曲貌。储光羲《同诸公秋霁曲江俯见南山》:“阴阴豫章馆,宛宛百花亭。”岑参《龙女祠》:“祠堂青林下,宛宛如相语。”张籍《废居行》:“宅边青桑垂宛宛,野蚕食叶还成茧。”陆龟蒙《奉和袭美公斋四咏次韵·小桂》:“宛宛别云态,苍苍出尘姿。”❷形容歌乐之声缭绕婉曲。罗隐《席上歌水调》:"余声宛宛拂庭梅,通济渠边去又回。"❸盘旋飞翔貌。柳宗元《哭连州凌员外司马》:"宛宛凌江羽,来栖翰林枝。"王建《春来曲》:"光风暾暾蝶宛宛,绕树气匝枝柯软。"❹犹分明、真切可见貌。张九龄《登城楼望西山作》:"宛宛鸾鹤处,高高烟雾间。"沈千运《感怀弟妹》:"杖藜竹树间,宛宛旧行迹。"

【宛宛舒舒】　柔婉安舒。皇甫湜《出世篇》:"当御者几人,百千为番,宛宛舒舒。"

【宛宛轉轉】　(轉 zhuǎn)蜿蜒盘曲貌。王建《宛转词》:"宛宛转转胜上纱,红红绿绿苑中花。"

【宛若】　恰似,好像。苏颋《夜发三泉即事》:"宛若银碛横,复如瑶台结。"李白《月夜听卢子顺弹琴》:"忽闻悲风调,宛若寒松吟。"权德舆《新月与儿女夜坐听琴举酒》:"乃知大隐趣,宛若沧洲心。"陆龟蒙《鹤媒歌》:"梳翎宛若相逢喜,只怕才来又惊起。"

【宛城】　❶指汉西域国大宛都城。杨师道《咏马》:"徒令汉将连年去,宛城今已献名王。"刘希夷《谒汉世祖庙》:"宛城剑鸣匣,昆阳镝应弦。"高适《同鲜于洛阳于毕员外宅观画马歌》:"永日恒思单父中,有时心到宛城下。"❷城名。魏属荆州。唐置县,属山南道荆州。即今湖北荆门。王昌龄《留别》:"桑林映陂水,雨过宛城西。"

【宛委山】　山名。会稽山之支峰。在今浙江绍兴东南。传夏禹曾得到金简玉字于此。顾况《剡纸歌》:"宛委山里禹余粮,石中黄子黄金屑。"

【宛洛】　南阳与洛阳之并称。宛,南阳之旧名。郑世翼《登北邙还望京洛》:"宛洛盛皇居,规模穷大壮。"张说《出湖寄赵冬曦》:"何时与美人,载酒游宛洛。"李白《南都行》:"遨游盛宛洛,冠盖随风还。"李端《送客赴江陵寄郢州郎士元》:"沅湘莫留滞,宛洛好遨游。"

【宛約】　女子步态媚貌。孙光宪《浣溪沙》词:"半踏长裾宛约行,晚帘疏处见分明,此时堪恨昧平生。"

【宛$_2$馬】　古代西域大宛所产之良马。杜甫《秦州杂诗二十首》之八:"牵牛去几许,宛马至今来。"李德裕《述梦诗四十韵》:"宛马嘶寒枥,吴钩去锦弢。"杜牧《街西长句》:"银鞦騕褭嘶宛马,绣鞅璁珑走钿车。"郑繇《入塞曲》:"宛马随秦草,胡人问汉花。"

【宛陵】　地名。本汉宛陵县,即今安徽宣城。李白《赠从孙义兴宰铭》:"誓雪会稽耻,将奔宛陵道。"窦常《哭张仓曹南史》:"春风宛陵路,丹旐在沧波。"鲍溶《送僧之宣城》:"昔从谢太守,宾客宛陵城。"许浑《陪宣城大夫崔公泛后池兼北楼宴二首》之二:"宛陵行乐金陵住,遥对家山未忆归。"

【宛葉】　弯垂之叶。张祜《江南杂题三十首》之五:"茈姑交宛叶,喜子抱游丝。"

【宛$_2$葉】　古代二城邑之并称。宛即宛县,今河南南阳,叶本春秋楚邑,唐属河南道汝州,故城在今河南叶县西南。贾至《巴陵早秋寄荆州崔司马吏部阎功曹舍人》:"宛叶遍蓬蒿,樊邓无良畴。"高适《酬裴员外以诗代书》:"登顿宛叶下,栖遑襄邓限。"岑参《怀叶县关操姚旷韩涉李叔齐》:"数子皆故人,一时吏宛叶。"

【宛然】　❶真切分明,历历可见貌。杜审言《和李大夫嗣真奉使存抚河东》:"姑射聊长望,平阳遂宛然。"李玖《喷玉泉冥会诗八首·四丈夫同赋》之三:"落花寂寂草绵绵,云影山光尽宛然。"❷仿佛;犹如。赵冬曦《和燕公岳州山城》:"江边悠尔处,泗上宛然同。"李白《赠崔秋浦三首》之一:"吾爱崔秋浦,宛然陶令风。"钱起《和慕容法曹寻渔者寄城中故人》:"胜事宛然怀抱里,顷来新得谢公诗。"❸依然,依旧。王建《李处士故居》:"风景宛然人自改,却经门外马频嘶。"元稹《楚歌十首》之十:"各自埋幽恨,江流终宛然。"又《连昌宫词》:"庄园烧尽有枯井,行客门闭树宛然。"亦指如常。贾岛《送孙逸人》:"衣屦犹同俗,妻儿亦宛然。"

【宛溪】　亦称宛水。源出唐宣州(今安徽宣州)东南驿山,绕县城东复北流经当涂境为水阳江。李白《题宛溪馆》:"吾怜宛溪好,百尺照心明。"又《寄崔侍御》:"宛溪霜夜听猿愁,去国长为不系舟。"杜牧有《题宣州开元寺水阁阁下宛溪夹溪居人》。

【宛演】　犹蜿蜒。曲折延伸貌。谢勮《游烂柯山》:"宛演横半规,穹崇翠微上。"

【宛$_2$駒】　大宛马驹。犹言千里驹。骆宾王《久戍边城有怀京邑》:"忘情同塞马,比德类宛驹。"张仲素《天马辞二首》之二:"躞蹀宛驹齿未齐,摐金喷玉向风嘶。"亦常以比喻英俊少年。刘复《杂曲》:"赵女颜虽少,宛驹齿正齐。"

【宛頸】　曲颈。钱起《病鹤篇》:"云山隔路不隔心,宛颈和鸣长在想。"

【宛轉】　(—zhuǎn)❶弯曲,蜿蜒曲折。张若虚《相和歌辞·春江花月夜》:"江流宛转绕芳甸,月照花林皆似霰。"韩翃《相和歌辞·江南曲》:"春楼不闭葳蕤锁,绿水回通宛转桥。"白居易《新乐府·井底引银瓶》:"婵娟两鬓秋蝉翼,宛转双蛾远山色。"崔珏《门前柳》:"如今宛转稀著地,常向绿阴劳梦思。"❷回环,转动;圆转。孟郊《路病》:"愁环在我肠,宛转终无端。"白居易《和春深二十首》之十六:"玲珑镂鸡子,宛转彩球花。"又《别杨颖士卢克柔殷尧藩》:"离忧绕心曲,宛转如循环。"鱼玄机《打球作》:"不辞宛转长随手,却恐相将不到头。"❸回旋;回环舞动。寒山《诗三百三首》

之二三一:“宛转任风吹,高低随浪簸。”苏涣《变律》之二:“身如万箭攒,宛转迷所之。”方干《叙雪献员外》:“纷纭宛转更堪看,压竹摧巢井径漫。”亦指回旋萦绕。孟浩然《和张二自穰县还途中遇雪》:“宛转随香骑,轻盈伴玉人。”白居易《江南遇天宝乐叟》:“贵妃宛转侍君侧,体弱不胜珠翠繁。”❹盘曲,蟠曲。徐凝《郑女出参丈人词》:“凤钗翠翘双宛转,出见丈人梳洗晚。”章碣《赠边将》:“宛转龙蟠金剑雪,连钱豹躩绣旗风。”吴融《个人三十韵》:“髻学盘桓绾,床依宛转成。”❺反侧,转侧。谓不断翻来覆去转动身体。郭震《子夜四时歌六首·冬歌》:“婉态不自得,宛转君王床。”储光羲《明妃曲四首》之一:“毳幕夜来时宛转,何由得似汉王边。”卢纶《和赵给事白蝇拂歌》:“金屏成点玉成瑕,昼眠宛转空咨嗟。”❻辗转。谓不断地从一处转至另一处。王绩《古意六首》之三:“浮游五湖内,宛转三江里。”❼指声音抑扬顿挫。孟郊《吊房十五次卿少府》:“可惜宛转莺,好音与佗人。”牟融《题寺壁》:“宛转数声花外鸟,往来几叶渡头船。”温庭筠《鸿胪寺有开元中锡宴堂楼台池沼雅为胜绝荒凉成四十韵》:“萦盈舞回雪,宛转歌绕梁。”❽指时光流转,流逝。李德裕《鸳鸯篇》:“春光兮宛转,嬉游兮未反。”❾谓以绳丝等缠绕。韩翃《寄哥舒仆射》:“辘轳宝剑初出鞘,宛转角弓初上弦。”王建《宫词一百首》之一〇〇:“宛转黄金白柄长,青荷叶子画鸳鸯。”❿指“宛转歌”。刘方平《琴曲歌辞·宛转歌二首》之一:“歌宛转,宛转恨无穷。”顾况《王郎中妓席五咏·歌》:“柳拂青楼花满衣,能歌宛转世应稀。”李端《王敬伯歌》:“侍婢奏箜篌,女郎歌宛转。”

【宛轉歌】 (轉 zhuǎn)乐府琴曲歌辞。名亦称《神女宛转歌》。相传晋王敬伯还乡过吴,于渚亭遇女子名刘妙容,刘命大婢酌酒,小婢弹箜篌作“宛转歌”,已以金钗叩琴弦而和之。凡八曲,而敬伯仅忆二曲。歌词略云:“一情歌宛转,宛转凄以哀,愿为星与汉,光影共徒怀。”崔液有《拟古神女宛转歌二首》,郎大家宋氏有《宛转歌》。

宓 〔fú《篇海》房六切。〕❶通“伏”,见“宓妃”。❷(今读 mì)姓。见“宓子賤”。

【宓子】 即宓子贱。高适《宓公琴台诗三首》之一:“宓子昔为政,鸣琴登此台。”杜甫《七月一日题终明府水楼二首》之二:“宓子弹琴邑宰日,终军弃繻英妙时。”温庭筠《送淮阴孙令之官》:“故老青葭岸,先知宓子贤。”

【宓子賤】 (前 521—?)名不齐。春秋鲁人。孔子弟子,为单父宰,弹鸣琴,身不下堂而单父大治。事迹见《史记·仲尼弟子列传》、汉刘向《说苑·政理》。唐人多用为县令之典。李白《赠闾丘宿松》:“何惭宓子贱,不减陶渊明。”高适《宋中十首》之九:“常爱宓子贱,鸣琴能自亲。”

【宓公】 即宓子贱。高适有《宓公琴台诗三首》。

【宓生】 即宓子贱。岑参《梁园歌送河南王说判官》:“单父古来称宓生,只今为政有吾兄。”

【宓妃】 相传为伏羲之女,溺于洛水,遂为洛水之神。见《史记·司马相如列传》司马贞索隐。李白《感兴六首》之二:“洛浦有宓妃,飘飖雪争飞。”李德裕《鸳鸯篇》:“既逢解佩游女,更值凌波宓妃。”李商隐《涉洛川》:“宓妃漫结无穷恨,不为君王杀灌均。”唐彦谦《紫薇花》:“见欲迷交甫,谁能状宓妃。”

【宓君】 即宓子贱。郎士元《留别常著》:“宓君堂上能留客,明日还家应未迟。”

【宓賤】 即宓子贱。卢纶《送绛州郭参军》:“府趋随宓贱,野宴接王祥。”许棠《题闻琴馆》:“城非宓贱邑,馆亦号闻琴。”

【宓賤抱琴】 见“宓賤彈琴”。

【宓賤琴】 见“宓賤彈琴”。

【宓賤彈琴】 (彈 tán)亦作“宓贱抱琴”“宓賤琴”。指春秋鲁单父宰宓子贱弹琴而治单父之事。《吕氏春秋·察贤》,宓子贱治单父,弹鸣琴,身不下堂,而单父治。又见《韩诗外传》卷二、汉刘向《说苑·政理》。李瀚《蒙求》:“巫马戴星,宓贱弹琴。”亦用为有治绩县令之典实。刘长卿《送宇文迁明府赴洪州张观察追摄丰城令》:“陈蕃待客应悬榻,宓贱之官独抱琴。”耿湋《晚秋东游寄猗氏第五明府解县韩明府》:“灞涘袁安履,汾南宓贱琴。”

六 画

宣 〔xuān《广韵》須緣切,平仙,心。〕❶广大,普遍。李绅《到宣武三十韵》:“泽广豚鱼洽,恩宣岂弟生。”亦指广布、遍及。褚亮《奉和禁苑饯别应令》:“惠化宣千里,威风动百城。”《郊庙歌辞·后唐宗庙乐舞辞·永平舞》:“功宣四海,化被八区。”❷显彰,显扬,显露。李峤《奉和杜员外扈从教阅》:“礼振军容肃,威宣武节扬。”韦应物《酬张协律》:“匪人等鸿毛,斯道何由宣。”刘禹锡《望衡山》:“青冥结精气,磅礴宣地脉。”皮日休《鲁望昨以五百言见贻因成一千言上述吾唐文物之盛次叙相得之欢亦迭和之微旨也》:“被此文物盛,由乎声诗宣。”❸宣泄;抒发。杜甫《赠李十五丈别》:“于迈恨不同,所思无由宣。”韦应物《广陵遇孟九云卿》:“新知虽满堂,中意颇未宣。”独孤及《初晴抱琴登马退山对酒望远醉后作》:“一弹一引满,耳热知心宣。”刘禹锡《酬乐天闲卧见寄》："诗情茶助爽，药力酒能宣。"❹宣布，公开说出。杜审言《和李大夫嗣真奉使存抚河东》："雨霈鸿私涤，风行睿旨宣。"王建《赠华州郑大夫》："报状拆开知足雨，赦书宣过喜无囚。"刘商《金井歌》："山泽藏金与万人，宣言郡邑无专利。"翁承赞《御命归乡蒙赐锦衣》："九重宣旨下丹墀，面对天颜赐锦衣。"亦泛指说、说出。王维《哭祖六自虚》："生前不忍别，死后向谁宣。"卢仝《秋梦行》："声断续，思绵绵，中含幽意两不宣。"李商隐《行次西郊作一百韵》："列圣蒙此耻，含怀不能宣。"❺宣召。谓皇帝召见。张籍《和裴司空即事通简旧僚》："独对赤墀下，密宣黄阁中。"韩偓《与吴子华侍郎同年玉堂同直怀恩叙恳因成长句四韵兼呈诸同年》："二纪计偕劳笔研，一朝宣入掌丝纶。"和凝《宫词百首》之八四："金马词臣夜受宣，授毫交直八花砖。"❻尽，全。权德舆《奉和刘侍郎司徒奉诏伐叛书情呈宰相》："缘情词律外，宣力庙谋中。"李绅《忆寿春废虎坑》："每推至化宣余力，岂用潜机害尔生。"❼指周宣王。周代中兴之君。杜甫《北征》："周汉获再兴，宣光果明哲。"❽犹"喧"。谓歌乐之声扬起。刘允济《经庐岳回望江州想洛川有作》："池榭宣琼管，风花乱珠箔。"阎济美《下第献座主张渭》："南国幽沉尽，东堂礼乐宣。"

【宣大師】　即广宣。李益有《赠宣大师》。

【宣上人】　即广宣。李益有《喜入兰陵望紫阁峰呈宣上人》。朱湾有《过宣上人湖上兰若》。白居易有《赠别宣上人》。

【宣子】　即晋阮修。修字宣子。见南朝宋刘义庆《世说新语·任诞》。陆龟蒙《奉酬袭美先辈初夏见寄次韵》："未必减宣子，何羡谢公荣。"

【宣王】　❶即周宣王。崔日用《奉和圣制送张说巡边》："吉日四黄马，宣王六月兵。"韩愈《石鼓歌》："周纲陵迟四海沸，宣王愤起挥天戈。"杜牧《奉和白相公圣德和平致兹休运岁终功就合咏盛明呈上三相公长句四韵》："吉甫裁诗歌盛业，一篇江汉美宣王。"丘光庭《补新宫》序："考，成也，若宣王斯干考成室之类是也。"❷即三国魏司马懿。懿追封为晋宣王。武少仪《诸葛丞相庙》："宣王请战贻巾帼，始见才吞亦气吞。"

【宣化】　为皇帝布德、教化百姓。李德裕《北固怀古》："近世二千石，毕公宣化厚。"

【宣父】　即孔子。贞观十一年(637)，诏尊孔子为宣父，作庙于兖州。见《通典·礼十三》《新唐书·礼乐志五》。李白《上李邕》："宣父犹能畏后生，丈夫未可轻年少。"魏万《金陵酬李翰林谪仙子》："宣父敬项橐，林宗重黄生。"白行简《夫子鼓琴得其人》："宣父穷玄奥，师襄授素琴。"罗隐《淮南送李司空朝觐》："宣父道高休叹凤，武侯才大本吟龙。"

【宣示】　官令展示。黄滔《省试内出白鹿宣示百官》："推于五灵少，宣示百寮观。"

【宣正殿】　即宣政殿。在唐长安大明宫内，含元殿之北。李义府有《宣正殿芝草》。

【宣平里】　亦称宣平坊。在唐长安安邑坊之南，永宁坊之东，与曲江池相隔四坊。属万年县辖。韦应物《月晦忆去年与亲友曲水游宴》："骑出宣平里，饮对曲池流。"雍陶《哭饶州吴谏议使君》："授馆曾为门下客，几回垂泪过宣平。"张蠙《和友人许裳题宣平里古藤》。

【宣尼】　即孔子。见《汉书·平帝纪》。骆宾王《伤祝阿王明府》序："是以宣尼旧馆，流襟动激楚之悲。"杜甫《八哀诗·赠秘书监江夏李公邕》："呜呼江夏姿，竟掩宣尼袂。"李商隐《五言述德抒情诗一百四十韵献上杜七兄仆射相公》："经出宣尼壁，书留晏子楹。"方愚《读孝经》："为臣为子不忠孝，辜负宣尼一卷经。"

【宣光】　周宣王、汉光武帝之连称。二人皆为中兴之祖。杜甫《北征》："周汉获再兴，宣光果明哲。"

【宣曲】　汉宫名，在昆明池西，孝宣帝晓音律，常于此度曲，故名。温庭筠《东驾西游因而有作》："宣曲长杨瑞气凝，上林狐兔待秋鹰。"

【宣名】　读出、说出姓名。易重《寄宜阳兄弟》："内庭再考称文异，圣主宣名奖艺奇。"

【宣州】　唐州名。属江南西道。本隋宣城郡。唐武德三年置总管府，七年改置宣州都督。天宝元年改宣城郡。乾元元年(758)，复为宣州。州治在宣城。即今安徽宣城。邢巨有《游宣州琴溪同武平一作》。李白有《宣州谢朓楼饯别校书叔云》。令狐楚《赠毛仙翁》："宣州浑是上清宫，客有真人貌似童。"白居易《新乐府·红线毯》："不如此毯温且柔，年年十月来宣州。"

【宣州長史】　(長 zhǎng)宣州刺史之佐官。从五品，与长史或别驾俱为州之上佐，掌贰州事。纪纲众多，通判列曹。刺史阙时，可代主州政。李昭曾任此职。李白有《赠从弟宣州长史昭》与《宣州长史弟昭赠余琴溪中双舞鹤诗以见志》等诗。

【宣州筆】　产于宣州之毛笔。唐宣州有诸葛高氏，世工为笔，称誉一时，所制号称"宣笔"。耿湋有《咏宣州笔》。

【宣旨】　宣布旨诏。花蕊夫人徐氏《宫词》之九三："春早寻花入内园，竞传宣旨欲黄昏。"

【宣武】　见"宣武軍"。

【宣武相公】　(相 xiàng)令狐楚。长庆四年(824)九月，以河南尹令狐楚检校礼部尚书、汴州刺史、宣武军节度使。见《旧唐书·敬宗纪》。李逢吉有《再赴襄阳辱宣武相公贻诗今用奉酬》。

【宣武軍】 唐方镇名。建中二年(781)以宋亳节度为宣武军,治宋州。李绅有《拜宣武军节度使》。王彦威有《宣武军镇作》。张鲁封有《谑池亳二州宾佐兼寄宣武军掌书记李昼》。亦省称"宣武"。令狐楚有《节度宣武酬乐天梦得》。

【宣明】 公开表明,明白地宣布。李峤《檄》:"羽檄本宣明,由来□木声。"

【宣呼】 宣唤。帝王传唤。吴融《便殿候对》:"宣呼昼入蕊珠宫,玉女窗扉薄雾笼。"

【宣供奉】 即广宣。广宣元和、长庆间曾为内供奉。李益有《乞宽禅师瘿山罍呈宣供奉》。

【宣使】 犹宣令。谓皇帝下令使做某事。花蕊夫人徐氏《宫词》之一二:"旋移红树斫新苔,宣使龙池更凿开。"又《宫词》之九四:"圣人正在宫中饮,宣使池头旋折花。"

【宣命】 宣布命令。李绅《趋翰苑遭诬构四十六韵》:"砺吻矜先搏,张罗骋疾驱。"自注:"余遭逢吉构成遂,敬宗听政之前一日,宣命于月华门外窜逐。"

【宣宗】 即唐宣宗李忱。李克恭《吊贾岛》:"宣宗谪去为闲事,韩愈知来已振名。"安锜《题贾岛墓》:"骑驴冲大尹,夺卷忤宣宗。"

【宣宗宫人】 宣宗时宫人。曾于红叶题诗,置御沟中,卢渥赴举,得之,后宣宗放宫人,许从百官。渥得一人,即为题诗红叶者。渥后为中书舍人。见唐范摅《云溪友议·题红怨》。《全唐诗》卷七九七录其《题红叶》一首。

【宣房】 汉宫名。《史记·河渠书》载:"汉武帝元光年间,黄河决于瓠子堤(在今河南濮阳县南),堵塞无效,元封二年(前109),复发卒数万人塞决口,武帝祷万里沙(在今陕西华县)祭泰川,亲临瓠子,沉白马玉璧于黄河,令群臣从官自将军以下,皆负薪填决口,终塞瓠子,遂于其上筑宫,名宣房宫。"后遂为咏治黄之典。高适《自淇涉黄河途中作十三首》之十:"宣房今安在,高岸空嶙峋。"段成式《河出荣光》:"冯夷矜海若,汉武贵宣房。"

【宣城】 地名。即唐江南西道宣州。晋为宣城郡。南朝齐谢朓曾为宣城太守。李白有《赠宣城赵太守悦》。孟郊《送任载齐古二秀才自洞庭游宣城》:"宣城文雅地,谢守声闻融。"白居易《新乐府·红线毯》:"宣城太守加样织,自谓为臣能竭力。"安鸿渐《题杨少卿书后》:"端溪石砚宣城管,王屋松烟紫兔毫。"

【宣政】 指"宣政殿"。白居易《待漏入阁书事奉赠元九学士阁老》:"衙排宣政仗,门启紫宸关。"李商隐《送从翁东川弘农尚书幕》:"永嘉几失坠,宣政遽酸辛。"

【宣政門】 唐代宫门名。在大明宫内宣政殿前。王建《宫词一百首》之三:"龙烟日暖紫曈曈,宣政门当玉殿风。"

【宣政衙】 见"宣政殿"。

【宣政殿】 唐宫殿名,在大明宫内,含元殿之后。杜甫有《宣政殿退朝晚出左掖》。薛逢有《宣政殿前陪位观册顺宗宪宗皇帝尊号》。因皇帝常朝于此,故亦称宣政衙。韩愈有《和水部张员外宣政衙赐百官樱桃诗》。

【宣敕】 宣布皇帝之敕命。张籍《朝日敕赐百官樱桃》:"捧盘小吏初宣敕,当殿群臣共拜恩。"

【宣昭】 显扬,显彰。韩愈《和李相公摄事南郊览物兴怀呈一二知旧》:"圣贤相遇少,功德今宣昭。"

【宣皇】 即唐肃宗李亨。谥号为文明武德大圣大宣孝皇帝。见《唐会要》卷一。杜牧《感怀诗一首》:"宣皇走豪杰,谈笑开中否。"

【宣風】 宣扬风教德化。杜甫《鹿头山》:"仗钺非老臣,宣风岂专达。"武元衡《送冯谏议赴河北宣慰》:"待诏孤城启,宣风万岁和。"刘禹锡《浙西李大夫述梦四十韵并浙东元相公酬和斐然继声》:"建节辞乌柏,宣风看鹭涛。"

【宣帝】 ❶即汉宣帝刘询。王绩《赠梁公》:"成王已兴诮,宣帝如负芒。"❷即北周宣帝宇文赟。周昙《咏史诗·六朝门·宣帝》:"宣帝骄奢恣所为,后宫升降略无时。"

【宣室】 ❶汉宫名。即未央宫之宣室殿,为皇帝所居正室。见《史记·屈原贾生列传》。后常以"宣室"或"宣室召"为咏贾谊受皇帝召见之典。章八元《酬刘员外月下见寄》:"宣室思前席,行看拜主恩。"柳宗元《闻籍田有感》:"宣室无由问鳌事,周南何处托成书。"黄滔《喜侯舍人蜀中新命三首》之三:"贾谊才承宣室召,左思唯预秘书流。"❷借指帝王所居之殿。袁朗《和洗掾登城南坂望京邑》:"万国朝前殿,群公议宣室。"李白《放后遇恩不沾》:"何时入宣室,更问洛阳才。"独孤及《奉和中书常舍人晚秋集贤院即事寄赠徐薛二侍御》:"早晚朝宣室,归时道路光。"徐铉《奉使九华山中途遇青阳薛郎中》:"甘泉从幸余知忝,宣室征还子未迟。"

【宣索】 ❶犹宣唤。传旨召唤。花蕊夫人徐氏《宫词》之六六:"宣索教坊诸伎乐,傍池催唤入船来。"❷传旨寻索、求取。花蕊夫人徐氏《宫词》之七:"日午殿头宣索鲙,隔花催唤打鱼人。"

【宣威】 宣扬。显示武威。岑参《九日使君席奉饯卫中丞赴长水》:"预知汉将宣威日,正是胡尘欲灭时。"

【宣恩】 宣扬皇帝之恩德。李昌符有《下第后蒙侍郎示意指于新先辈宣恩感谢》。

【宣峰寺】 “宜峰寺”之讹。寺在唐江南东道杭州余杭县。《宋高僧传》有《唐余杭宜丰寺灵一传》。刘长卿有《重过宣峰寺山房寄灵一上人》。

【宣赦】 宣布赦令。王建《宫词一百首》之十一：“楼前立仗看宣赦，万岁声长拜舞齐。”和凝《宫词百首》之一：“千声鼓定将宣赦，竿上金鸡翅欲飞。”

【宣教】 (一jiào)宣布教令。薛能《吴姬十首》之四：“君知一夜恩多少，明日宣教放德音。”

【宣毫】 宣笔。宣州(今安徽宣城)所产之毛笔。唐宣州以产笔闻名，被定为贡品。元稹《自述》：“延英引对碧衣郎，江砚宣毫备别床。”齐己《谢人自钟陵寄纸笔》：“霜雪剪裁新剡硾，锋铓管束本宣毫。”

【宣麻】 唐代凡拜将相，号令征伐，皆用白麻纸书写唐令公布，称为“宣麻”。郑谷《壬戌西幸后》：“夜来梦到宣麻处，草没龙墀不见人。”

【宣華】 前蜀苑名，即宣华苑，在蜀都成都。罗隐《隋堤柳》：“春风未借宣华意，犹费工夫长绿条。”

【宣喚】 指帝王下令召唤。花蕊夫人徐氏《宫词》之十八：“斜望花开遥举袖，传声宣唤近臣来。”又《宫词》之十九：“小球场近曲池头，宣唤勋臣试打球。”

【宣詔】 宣布诏命。则天皇后有《猎日宣诏幸上苑》。

【宣陽里】 唐长安坊名。在皇城东南，平康里之南，东市之西。属万年县。陈子昂、郭元振、杨国忠、韦臣源等曾宅于此坊。朱庆余《哭胡遇》：“每向宣阳里中过，遥闻哭临泪先垂。”

【宣聖】 即孔子。汉追谥孔子为褒成宣尼公，称圣人。黄滔《放榜日》：“郄诜联臂升天路，宣圣飞章奏日华。”

【宣傳】 (一chuán)❶宣讲传播经文。白居易《赠草堂宗密上人》：“口藏宣传十二部，心台照耀百千灯。”❷宣布传达圣旨。薛能《升平词十首》之二：“宣传无草动，拜舞有衣声。”

【宣義】 唐长安之坊名。在怀贞坊南，永安坊东，属长安县辖。坊有安禄山池亭及李逢吉宅。刘禹锡有《题王郎中宣义里新居》。姚合有《题宣义池亭》。刘得仁有《宿宣义池亭》。郑谷有《宣义里舍冬暮自贻》。

【宣猷堂】 南朝梁殿堂名。在梁都建业(今江苏南京)东宫之内。徐铉《奉和七夕应令》：“谁见宣猷堂上宴，一篇清韵振金铛。”

【宣溪】 水名。在唐岭南道韶州曲江县(今广东曲江)南。韩愈《晚次宣溪辱韶州张端公使君惠书叙别酬以绝句二章》之一：“韶州南去接宣溪，云水苍茫日向西。”

【宣隘】 指声音洪细、抑扬。孟郊《答卢仝》：“君文真凤声，宣隘满铿锵。”

【宣綍】 犹秉钧，执政。代指官位。王湾《秋夜寓直即事怀赠萧令公裴侍郎兼通简南省诸友人》：“秉钧调造化，宣綍慰黎烝。”

【宣遠】 即南朝宋谢瞻。韩翃《送中兄典邵州》：“他日新诗应见报，还如宣远在安城。”

【宣抚使】 临时性差遣官之一种。唐代尝委朝臣任此职，以赴兵乱或灾荒区巡视存抚。《续谣》(卷八七八)：“糊心宣抚使，眯目圣神皇。”

【宣賜】 宣诏赐怀。皇帝赐予。王建《朝天词十首寄上魏博田侍中》之五：“殿头宣赐连催上，未解红缨不敢骑。”韩偓《湖南绝少含桃偶有人以新摘者见惠感事伤怀因成四韵》：“金銮岁岁长宣赐，忍泪看天忆帝都。”

【宣德】 指皇帝之恩德。李义府《宣正殿芝草》：“且标宣德重，更引国恩施。”

【宣慰】 宣抚和慰问。唐代常临时委朝官以宣慰使之职，代表朝廷赴外慰问存抚。武元衡有《送冯谏议赴河北宣慰》。

【宣頭】 文书之一种。五代后唐禁中发至枢密院之诏书称“宣”，为小事而发者称“头子”，亦称“宣头”。李中有《己未岁冬捧宣头离下蔡》与《捧宣头许归侍养》。

【宣錫】 同“宣赐”。指皇帝宣恩赏赐。花蕊夫人徐氏《宫词》之二八：“内家宣锡生辰宴，隔夜诸宫进御花。”

【宣諭】 宣布，晓谕。杨巨源《送裴中丞出使》：“宣谕生灵真重任，回轩应问石渠郎。”

【宣徽】 ❶指宣徽使。王建《宫词一百首》之三九：“往来旧院不堪修，近敕宣徽别起楼。”❷指宣徽院。唐大历末始置，后分宣徽南院与宣徽北院，统管皇宫内诸司使。后宫宫女所属六尚二十四司均隶属之。王建《宫词一百首》之五二：“再三博士留残拍，索向宣徽作御章。”白居易《贺雨》：“宫女出宣徽，厩马减飞龙。”

【宣徽使】 宣微院之长官，唐肃宗时设宣徽南北院使，由宦官担任，总领宫中诸司及三班内侍的名籍及郊祀、朝会、宴飨等事宜。后位职渐尊，五代时常以枢密院官充任。韩昭裔《与李专美》：“何如且作宣徽使，免被人呼粥饭僧。”

【宣徽殿】 唐宫殿名，在大明宫内。元稹《望云骓马歌》：“御马齐登拟用槽，君王自试宣徽殿。”

宦 〔huàn《广韵》胡慣切，去諫，匣。〕❶做官；为政。骆宾王《边夜有怀》："苏武封犹薄，崔骃宦不工。"李颀《送卢少府赴延陵》："问君从宦所，何日府中趋。"韦应物《登蒲塘驿忽想京师旧居追怀昔年》："荏苒斑鬓及，梦寝婚宦初。"温庭筠《感旧陈情五十韵献淮南李仆射》："宦无毛义檄，婚乏阮修钱。"❷官职、官位。张九龄《在郡秋怀二首》之一："宦成名不立，志存岁已驰。"刘长卿《雨中登沛县楼赠表兄郭少府》："小邑务常闲，吾兄宦何薄。"刘禹锡《历阳书事七十韵》："齿衰亲药物，宦薄傲公卿。"翁承赞《奉使封王次宜春驿》："微宦淹留鬓已斑，此心长忆旧林泉。"

【宦名】 仕宦功名。萧颖士《游马耳山》："太息宦名路，迟回忠孝情。"戴叔伦《送万户曹之任扬州便归旧隐》："拟归云壑去，聊寄宦名中。"元稹《赠别杨员外巨源》："忆昔西河县下时，青山憔悴宦名卑。"韩偓《此翁》："高阁群公莫忌侬，侬心不在宦名中。"

【宦序】 犹官位。谓官职之品第次序。白居易《和梦游春诗一百韵》："心期正萧索，宦序仍拘跼。"

【宦者】 官员，做官之人。韦庄《秦妇吟》："阴云晕气若重围，宦者流星如血色。"

【宦侣】 仕宦之友，官场之同伴。崔备《使院忆山中道侣兼怀李约》："与君非宦侣，何日共樵渔。"皎然《重联句一首》："清高素非宦侣，疏散从来道流。"

【宦况】 宦情。为官之心境、心意。顾况《南归》："鲈鱼消宦况，鸥鸟识归心。"

【宦家】 官家，官府。杜牧《斫竹》："寺废竹色死，宦家宁尔留。"

【宦途】 仕途；官场。李颀《送顾朝阳还吴》："宦途已可识，归卧包山春。"韩愈《寄崔二十六立之》："怜我还好古，宦途同险巇。"刘禹锡《途次华州陪钱大夫登城北楼春望遂题此诗》："莫怪老郎呈滥吹，宦途虽别旧情亲。"裴皞《示门生马侍郎胤孙》："宦途最重是文衡，天与愚夫著盛名。"

【宦情】 ❶做官之意愿。张九龄《郡内闲斋》："拙病宦情少，羁闲秋气悲。"岑参《行军雪后月夜宴王卿家》："晚岁宦情薄，行军欢宴疏。"元稹《酬友封话旧叙怀十二韵》："春深乡路远，老去宦情微。"许浑《晚自东郭回留一二游侣》："乡心迢递宦情微，吏散寻幽竟落晖。"❷羁宦之情；为官之情。柳宗元《柳州二月榕叶落尽偶题》："宦情羁思共凄凄，春半如秋意转迷。"王周《泊巴东》："偶泊巴东古县前，宦情乡思两绵绵。"刘兼《芳春》："宦情归兴休相挠，隼旆渔舟总未厌。"

【宦达】 官运亨通，达于高位。杜甫《寄高三十五詹事》："时来如宦达，岁晚莫情疏。"白居易《悲哉行》："纵有宦达者，两鬓已成丝。"徐夤《岚似屏风》："宦达到头思野逸，才多未必笑清贫。"

【宦路】 仕途。仕宦之路。司空图《率题》："宦路前衔闲不记，醉乡佳境兴方浓。"唐彦谦《寄台省知己》："宦路终推毂，亲帏且著书。"徐夤《自咏十韵》："未游宦路叨卑宦，才到名场得大名。"徐铉《重游木兰亭》："宦路尘埃成久别，仙家风景有谁寻。"

【宦游】 为求官或做官而离乡外游。王勃《杜少府之任蜀州》："与君离别意，同是宦游人。"李颀《龙门送裴侍御监五岭选》："夷俗富珍产，土风资宦游。"李德裕《忆金门旧游奉寄江西沈大夫》："人事升沉才十载，宦游漂泊过千峰。"方干《登新城县楼赠蔡明府》："杨震东来是宦游，政成登此自消忧。"

【宦游子】 为求官或做官而离乡外游之人。高适《初至封丘作》："可怜薄暮宦游子，独卧虚斋思无已。"白居易《寓意诗五首》之二："传语宦游子，且来归故乡。"陆龟蒙《樵人十咏·樵火》："堪嗟宦游子，冻死道路傍。"

宥 〔yòu《广韵》于救切，去宥，云。〕❶宽仁，宽厚。德宗《中和节赐百官燕集因示所怀》："至化恒在宥，保和兹息人。"元稹《宪宗章武孝皇帝挽歌词三首》之一："触鳞曾在宥，偏哭堕髯前。"裴潾《前相国赞皇公早葺平泉山居暂还憩十四首奉寄》之二："出纳帝命，弘兹在宥。"❷宽恕。王维有《既蒙宥罪旋复拜官伏感圣恩窃书鄙意兼奉简新除使君等诸公》。韩愈《寄卢仝》："苗裔当蒙十世宥，岂谓贻厥无基阯。"❸深邃，宏深。见"宥密"。❹通"佑"。福佑，保佑。沈佺期《则天门赦改年》："圣人宥天下，幽钥动圜狴。"

【宥死】 赦免死罪。白居易《贺雨》："宥死降五刑，责已宽三农。"

【宥州】 唐州名。开元二十六年(738)置，辖延恩、归仁、怀德三县。元和十五年(820)移治长泽县(今陕西靖边西)。贾岛《送李溟谒宥州李权使君》："英雄典宥州，迢递苦吟游。"参阅《旧唐书·地理志》。李吉甫《元和郡县志》卷四。

【宥密】 指存有宽厚宁人之心。密，安宁。语本《诗·周颂·昊天有成命》。《郊庙歌辞·禅社首乐章·雍和》："夙夜宥密，不敢宁宴。"

室 〔shì《广韵》式質切，入質，書。《集韵》式吏切，去志，書。〕❶房室，居室。丘为《寻西山隐者不遇》："扣关无僮仆，窥室唯案几。"郑孺华《赋得生刍一束》："芝兰方入室，萧艾莫同途。"李绅《过吴门二十四韵》："朱户千家室，丹楹百处楼。"刘沧《经无可旧居兼伤贾岛》："尘室寒窗我独看，别来人事几凋残。"❷家，户。杜甫《三川观水涨二十韵》："应沈数州没，如听万室哭。"韦应物《往富平伤怀》："出门无所忧，返室亦熙熙。”孟郊《尧歌》：“尔室何不安，尔孝无与齐。”韩愈《送无本师归范阳》：“欲以金帛酬，举室常顑颔。”❸妻子。白居易《赠友五首》之五：“三十男有室，二十女有归。”❹王室；王朝。高适《题尉迟将军新庙》：“周室既板荡，贼臣立婴儿。”杜甫《送元二适江左》：“晋室丹阳尹，公孙白帝城。”刘商《胡笳十八拍·第一拍》：“汉室将衰兮四夷不宾，动干戈兮征战频。”

【室人】 家人。亦特指妻子。鲍溶《悼豆卢策先辈》：“室人万里外，久望君官职。”

【室女】 处女，未出嫁之女子。吕岩《七言》之一〇五：“武氏死时应室女，陈王没后是童男。”

【室居】 房室，居室。高适《东平路中遇大水》：“室居相枕藉，蛙黾声啾啾。”

【室家】 妻子。沈佺期《驩州南亭夜望》：“室家谁道别，儿女案尝同。”刘长卿《北游酬孟云卿见寄》：“慈母忧疾疹，室家念栖莱。”韩愈《月蚀诗效玉川子作》：“姮娥还宫室，太阳有室家。”

【室妇】 家中之妻。语本《诗·豳风·东山》。韩愈、李正封《晚秋郾城夜会联句》：“室妇叹鸣鹳，家人祝喜鹊。”

【室廬】 居室，庐舍。刘禹锡《赠别君素上人诗》引：“然而斯言也，犹示行者以室庐之奥耳。”

宫 〔gōng《广韵》居戎切，平東，見。〕❶皇宫；宫廷。王维《听宫莺》：“春树绕宫墙，宫莺啭曙光。”白居易《和刘郎中曲江春望见示》：“寺路随江曲，宫墙夹道斜。”李商隐《隋宫守岁》：“消息东郊木帝回，宫中行乐有新梅。”沈亚之《秦梦诗三首·挽公主》之一：“梨花寒食夜，深闭翠微宫。”亦指帝王之宫馆，包括离宫别馆。贺知章《奉和御制春台望》：“自昔秦奢汉穷武，后庭万余宫百数。”❷借指皇帝。杜甫《壮游》：“两宫各警跸，万里遥相望。”❸泛指寺观祠庙。杜甫《古柏行》：“忆昨路绕锦亭东，先主武侯同閟宫。”❹短垣，围墙。权德舆《奉酬从兄南仲见示十九韵》：“诗成三百篇，儒有一亩宫。”白居易《咏怀》：“如何办得归山计，两顷村田一亩宫。”姚合《病中辱谏议惠甘菊药苗因以诗赠》：“萧萧一亩宫，种菊十余丛。”❺五音之一。宫音。宋璟《奉和圣制答张说扈从南出雀鼠谷》：“征作宫常应，星环日每纡。”白居易《秦中吟十首·五弦》：“十指无定音，颠倒宫徵羽。”❻乐曲调式之一，以宫音为主之调式。戎昱《听杜山人弹胡笳》：“须臾促轸变宫徵，一声悲兮一声喜。”鲍溶《霓裳羽衣歌》：“鸾凤有声不见身，出宫入徵随伶人。”

【宫人】 嫔妃、宫人之通称。任华《寄李白》：“新诗传在宫人口，佳句不离明主心。”韦应物有《送宫人入道》。刘禹锡《同乐天和微之深春二十首》之五：“欲进宫人食，先薰命妇车。”马逢《宫词二首》之二：“玉楼天半起笙歌，风送宫人笑语和。”

【宫人斜】 唐代宫女墓葬之地。在唐长安(今陕西西安)城东北。窦巩有《宫人斜》。羊士谔有《和李都官郎中经宫人斜》。王建《宫人斜》：“未央墙西青草路，宫人斜里红妆墓。”陆龟蒙有《宫人斜》。

【宫人髻】 宫廷内流行之妇女发髻式样。刘禹锡《题于家公主旧宅》：“邻家犹学宫人髻，园客争偷御果枝。”

【宫女】 在皇宫服役之女子。张谔《百子池》：“宫女厌镜笑窥池，身前影后不相见，无数容华空自知。”李白《宫中行乐词》之六：“更怜花月夜，宫女笑藏钩。”徐凝《汴河览古》：“炀帝龙舟向此行，三千宫女采桡轻。”李洞《怀圭峰影林泉》：“鹤去帝移宫女散，更堪呜咽过楼前。”

【宫井】 宫廷中之水井。温庭筠《鸡鸣埭曲》：“绣龙画雉填宫井，野火风驱烧九鼎。”

【宫牙】 隶属宫廷之衙署。李贺《经沙苑》：“野水泛长澜，宫牙开小蒨。”

【宫月】 照入宫廷之月。白居易《答马侍御见赠》：“苑花似雪同随辇，宫月如眉伴直庐。”李商隐《宫中曲》：“云母滤宫月，夜夜白于水。”

【宫火】 宫廷之灯笼火烛。皇室之人夜行，侍从仪卫则执宫火以照明。梁铉《天门街西观荣王聘妃》：“两行宫火出，十里道铺筵。”

【宫之奇】 春秋虞大夫。晋献公十九年(前658)，假虞道伐虢，宫之奇谏，虞公不听；二十二年，复假道伐虢，宫之奇又谏。虞公复不听，晋灭虢，师还，遂灭虞。见《左传·僖公三年》《僖公五年》《国语·晋语二》。周昙《咏史诗·春秋战国门·宫之奇》：“虞虢相依自保安，谋臣吞度不为难。贪怜璧马迷香饵，肯信之奇谕齿寒。”

【宫户】 照料、修缮行宫之人。王建《行宫词》：“官家乏人作宫户，不泥宫墙斫宫树。”李商隐《旧顿》：“犹锁平是旧行殿，尽无宫户有宫鸦。”

【宫仗】 皇帝之仪仗。权德舆《惠昭皇太子挽歌词二首》之一：“宫仗黄麾出，仙游紫府遥。”白居易《德宗皇帝挽歌词四首》之一：“宫仗辞天阙，朝仪出国门。”徐铉《奉和宫傅相公怀旧见寄四十韵》：“行止不离宫仗影，衣裾尝惹御炉烟。”

【宫主】 宫内对皇后之称谓。意谓后宫之主。花蕊夫人徐氏《宫词》之二八：“后殿末闻宫主人，东门先报下金车。”

【宫市】 唐德宗贞元末，宫中派宦官为使，至市面以低价强买民物，名为“宫市”。白居易《新乐府·卖炭翁》题注：“苦宫市也。”

【宫司】 唐代宫女职务名称之一。唐后宫宫女分隶六尚二十四司。其中尚宫局下隶司记、司言等四司，故称。韩偓《感事三十四韵》："宫司持玉研，书省擘香笺。"注云："宫司、书省，皆宫人职名。"

【宫刑】 古代五刑之一。阉割男性生殖器，约始于殷商。仅次于死刑。白居易《杂感》："都尉身降虏，宫刑加子长。"

【宫臣】 ❶太子所居东宫之官属。郭震《同徐员外除太子舍人寓直之作》："太子擅元良，宫臣命伟长。"钱起《太子李舍人城东别业与二三文友逃暑》："宫臣礼嘉客，林表开兰堂。"❷皇帝之近臣。杜甫《秋日荆南述怀三十韵》："迟暮宫臣忝，艰危衮职陪。"钱珝《蜀国偶题》："佩兰应语宫臣道，莫向金盘进荔枝。"

【宫后】 皇后。薛能《孔雀》："天仙黼黻毛应是，宫后屏帏尾忽开。"

【宫衣】 ❶宫内所制之衣。亦尝用以赏赐外臣。杜甫《端午日赐衣》："宫衣亦有名，端午被恩荣。"曹唐《三年冬大礼五首》之四："禁火曙然烟焰袅，宫衣寒拂雪花轻。"❷宫女所穿之衣。李贺《追赋画江潭苑四首》之一："吴苑晓苍苍，宫衣水溅黄。"鲍溶《章华宫行》："小腰婑堕三千人，宫衣水碧颜青春。"

【宫池】 宫苑中之池沼。丁位《小苑春望宫池柳色》："小苑宜春望，宫池柳色轻。"张祜《题苏州灵岩寺》："山行今佛寺，水见旧宫池。"许浑《和宾客相国咏雪》："暗涨宫池水，平封辇路埃。"

【宫羽】 古代音乐术语。指五音中之宫声与羽声。亦借指音乐。元结《补乐歌十首》序："诚不足全化金石，反正宫羽，而或存之，犹乙乙冥冥，有纯古之声。"

【宫車】 帝王皇后所乘之车。亦常指帝王出葬之灵车。崔颢《邯郸宫人怨》："宫车出葬茂陵田，贱妾独留长信殿。"王翰《古蛾眉怨》："宫车晚出向南山，仙卫逶迤去不还。"李山甫《代孔明哭先主》："南面未能成帝业，西陵那忍送宫车。"

【宫廷】 亦作"宫庭"，皇帝及其后妃所居之处。储光羲《敬酬陈掾亲家翁秋夜有赠》："曜曜趋宫廷，洸洸迈徐陈。"司空曙《金陵怀古》："辇路江枫暗，宫庭野草春。"韩愈《华山女》："街东街西讲佛经，撞钟吹螺闹宫庭。"和凝《宫词百首》之三二："宫庭皆应紫微垣，壮丽宸居显至尊。"

【宫局】 即尚宫局。后宫六局之一。凡宫内簿籍文书印署管篇诸事均属其管辖。王建《宫词一百首》之七五："宫局总来为喜乐，院中新拜内尚书。"参阅《旧唐书·职官志三》。

【宫妝】 宫廷内女子之妆束。高适《听张立本女吟》："危冠广袖楚宫妆，独步闲庭逐夜凉。"郑嵎《津阳门诗》："鸣鞭后骑何躞蹀，宫妆襟袖皆仙姿。"唐彦谦《玫瑰》："宫妆临晓日，锦段落东风。"

【宫妓】 ❶宫中之歌伎。亦泛指宫妇。李贺《杂曲歌辞·十二月乐辞·三月》："军装宫妓扫蛾浅，摇摇锦旗夹城暖。"郑畋《五月一日紫宸候对时属禁直穿内而行因书六韵》："禁扉犹锁钥，宫妓已妆梳。"张蠙《宴驸马宅》："别向庭芜寘吟石，不教宫妓踏成蹊。"❷官妓。侍奉官府饮宴之歌伎。杜牧《春末题池州弄水亭》："嘉宾能啸咏，宫妓巧妆梳。"

【宫花】 皇宫庭苑之花。李益《隋宫燕》："燕语如伤旧国春，宫花一落已成尘。"王建《宫词一百首》之七二："宫花不共外花同，正月长生一半红。"陆畅《长安新晴》："一夜城中新雨晴，御沟流得宫花出。"

【宫使】 宫内之使者。即中使，宦官。白居易《新乐府·卖炭翁》："一车炭，千余斤，宫使驱将惜不得。"又《江南遇天宝乐叟》："唯有中官作宫使，每年寒食一开门。"

【宫妾】 宫女，宫人。罗隐《感怀》："掩耳恶闻宫妾语，低颜须向路人羞。"

【宫沼】 宫苑中之池沼。白居易《西掖早秋直夜书意》："凉风起禁掖，新月生宫沼。"

【宫官】 宫内之官；宦官。戎昱《闺情》："侧听宫官说，知君宠尚存。"韩愈《丰陵行》："群臣杂沓驰后先，宫官穰穰来不已。"王涯《宫词三十首》之九："永巷重门渐半开，宫官著锁隔门回。"韦庄《洛阳吟》："宫官试马游三市，舞女乘舟上九天。"

【宫門】 皇宫之门。王维《春日直门下省早朝》："官舍梅初紫，宫门柳欲黄。"元稹《和李校书新题乐府十二首·上阳白发人》："宫门一闭不复开，上阳花草青苔地。"无名氏《长信宫》："细草侵阶乱碧鲜，宫门深锁绿杨天。"

【宫門掌事】 掌管宫门锁钥启闭之官。李贺《秦王饮酒》："银云栉栉瑶殿明，宫门掌事报一更。"

【宫弦】 五音中宫音之弦。古代以五音与四时及方位相配。宫音于四时与春相应，于方位与中相应。又《史记·乐书》云："居中总四方宫弦最大，用八十一丝，声重而尊。"故亦以宫弦为帝王之音。元稹《桐花》："宫弦春以君，君若春日临。"

【宫垣】 宫墙，宫禁之围墙。王枀《晓日禁林闻清漏》："晓过宫垣侧，犹闻漏水频。"

【宫城】 ❶唐代皇帝及其后妃所居之区。(1)亦称"西内"。在西京长安城北端，南与皇城相接，北抵禁苑，东西四里，南北二里许，周十三里余。张祜《大唐圣功诗》："降王与拘窦，亲待入宫城。"(2)在唐东都洛阳，面积与长安之宫城相近。白居易《因梦得酬牛相公初到洛中小饮见赠》："宫城烟月饶全占，关塞风光请半分。"刘沧《晚秋洛阳客舍》:"庭叶霜浓悲远客,宫城日晚度寒鸦。"❷泛指皇宫,亦包括帝王之离宫别馆。刘长卿《温汤客舍》:"冬狩温泉岁欲阑,宫城佳气晚宜看。"徐敞《赋得金茎露》:"岧峣捧瑞气,巃嵸出宫城。"李商隐《俳谐》:"莺能歌子夜,蝶解舞宫城。"温庭筠《汉皇迎春词》:"春草芊芊晴扫烟,宫城大锦红殷鲜。"❸帝王所居宫殿群之外围墙垣。刘长卿《上阳宫望幸》:"深花寂寂宫城闭,细草青青御路闲。"花蕊夫人徐氏《宫词》之九:"三面宫城尽夹墙,苑中池水白茫茫。"

【宫苑】　皇家之林苑,供赏游田猎之所。钱起《送蒋尚书居守东都》:"肃肃保厘处,水流宫苑清。"刘禹锡《将赴苏州途出洛阳留守李相公累申宴饯宠行以申仰谢》:"岁杪风物动,雪余宫苑晴。"李涉《登北固山亭》:"海绕重山江抱城,隋家宫苑此分明。"徐铉《北苑侍宴杂咏诗·竹》:"劲节生宫苑,虚心奉豫游。"

【宫相】　(—xiàng)太子詹事与左右庶子别称。因二者俱为太子所居东宫之显官,其职位分别相当于东宫之宰相与中书令,故称。白居易《九日思杭州旧游寄周判官及诸客》:"风景不随宫相去,欢娱应逐使君新。"又《与皇甫庶子同游城东》:"白马朱衣两宫相,可怜天气出城来。"

【宫柳】　宫苑之柳树。李白《古风》之八:"咸阳二三月,宫柳黄金枝。"钱起《奉和中书常舍人晚秋集贤院即事寄徐薛二侍御》:"露盘侵汉耸,宫柳度鸦疏。"杨衡《咏春色》:"密添宫柳翠,暗泄路桃红。"

【宫省】　(—shěng)❶唐内侍、殿中、秘书三省俱供于宫内,中书、门下二省其官署亦设于宫内,故称"宫省"。杜牧《昔事文皇帝三十二韵》:"宫省咽喉任,戈矛羽卫屯。"❷指太子所居之东宫官属。包括太子詹羲及左右庶子等。罗隐《裴庶子除太仆卿因贺》:"宫省旧推皇甫谧,寺曹今得夏侯婴。"

【宫星】　魁星,北斗七星中之第一颗星。刘禹锡《许给事见示哭工部刘尚书诗因命同作》:"宫星徒列位,隙日不回轮。"

【宫囿】　宫廷之苑囿。白居易《浔阳三题》序:"东林寺有白莲花,皆植物之贞劲秀异者,虽宫囿省寺中,未必能尽有。"

【宫律】　犹音律,乐律。白居易《寄唐生》:"非求宫律高,不务文字奇。"又《和答诗十首》序:"言有为,章有旨,迨于宫律体裁,皆得作者风。"

【宫音】　五音之一。亦指以宫音为主之调式。则天皇后有《唐明堂乐章·宫音》。《郊庙歌辞·五郊乐章·黄郊迎神》:"宫音式奏,奏以迎神。"

【宫庭】　见"宫廷"。

【宫澤】　道家语。脑神,脑宫之神。道家谓头有九宫。宫有真神,故称。李商隐《戊辰会静中出贻同志二十韵》:"暂将覆宫泽,安此真与神。"

【宫室】　帝王之宫殿房室。储光羲《同诸公登慈恩寺塔》:"宫室低逦迤,群山小参差。"玄宗《春中兴庆宫酺宴》序:"尽力沟洫,不知宫室之已卑。"皮日休《鲁望读襄阳耆旧传见赠五百言过褒庸材靡有称是次韵》:"秘于龙宫室,怪于天篆籀。"丘光庭《补新宫》序:"盖文王作丰之时,新建宫室。"

【宫軍】　由女子组成之宫廷羽卫仪仗队。李颀《郑樱桃歌》:"宫军女骑一千匹,繁花照耀漳河春。"自注:"(石)龙以女骑一千为卤薄。"

【宫神】　道家谓守护天宫之门神。李贺《绿章封事》:"青霓扣额呼宫神,鸿龙玉狗开天门。"

【宫眉】　宫中流行之女子描眉式样。李商隐《蝶三首》之三:"寿阳公主嫁时妆,八字宫眉捧额黄。"又《效徐陵体赠更衣》:"楚腰知便宠,宫眉正斗强。"

【宫屏】　宫内之屏风、画屏。杜牧《分司东都叨承川尹刘侍郎大夫恩知上四十韵》:"水精悬御幄,云母展宫屏。"

【宫娃】　宫女。王维《从岐王夜宴卫家山池应教》:"座客香貂满,宫娃绮幔张。"卢纶《华清宫》之二:"宫娃几许经歌舞,白首翻令忆建章。"孟迟《宫人斜》:"云惨烟愁苑路斜,路傍丘冢尽宫娃。"翁承赞《柳》之四:"炀帝东游意绪多,宫娃眉翠两相和。"

【宫桃】　仙桃,仙宫之桃。杜甫《千秋节有感二首》之二:"仙人张内乐,王母献宫桃。"

【宫恩】　皇恩。杜甫《多病执热奉怀李尚书》:"思沾道暍黄梅雨,敢望宫恩玉井冰。"

【宫扇】　皇帝仪卫之一种。唐用雉羽障扇,受朝时,将出则扇合,不使人见;坐定始撤扇。出行,则以障蔽风尘。杜甫《秋兴八首》之五:"云移雉尾开宫扇,日绕龙鳞识圣颜。"

【宫袍】　官服。官员之礼服。殷尧藩《登凤凰台二首》之一:"凤凰台上望长安,五色宫袍照水寒。"

【宫娥】　宫女。鲍溶《章华宫行》:"烟渚南鸿呼晓群,章华宫娥怨行云。"姚合《咏雪》:"飞随郢客歌声远,散逐宫娥舞袖回。"刘赞《柳枝词》:"絮花飞起雪漫漫,长得宫娥带笑看。"李玉箫《宫词》:"鸳鸯瓦上瞥然声,昼寝宫娥梦里惊。"

【宫院】　宫观庭院。耿湋《宿青龙寺故昙上人院》:"年深宫院在,闲客自相逢。"李绅《赠毛仙翁》:"海光悠容天路长,春风玉女开宫院。"

【宫莎】　宫苑之青草。杜甫《寄岳州贾司马六丈巴州严八使君两阁老五十韵》:"内蕊繁于缬,宫莎软胜绵。"许浑《广陵道中》:"绿桑非苑树,青草是宫莎。"

【宫曹】　宫内之衙署。亦包括东宫之官属,如太子宾客等。张籍《送白宾客分司东都》:"病辞省闼归闲地,恩许宫曹作上宾。"

【宮掖】 宫廷,皇宫。唐长安宫城内西端为西掖庭宫。郑愔《奉和幸上官昭容院献诗四首》之三:"宫掖贤才重,山林高尚难。"玄宗《鹡鸰颂》序:"每听政之后,延入宫掖,申友于之志,咏常棣之诗。"柳宗元《龟背戏》:"长安新技出宫掖,喧喧初遍王侯宅。"李商隐《送从翁东川弘农尚书幕》:"宫掖方为蛊,边隅忽遘迍。"

【宮釵】 宫人所戴之钗。项斯《旧宫人》:"宫钗折尽垂空鬓,内扇穿多减半风。"陆龟蒙《奉和袭美馆娃宫怀古次韵》:"草碧未能忘帝女,燕轻犹自识宫钗。"

【宮廊】 皇宫中之走廊。王建《宫词一百首》之一〇二:"每到日中重掠鬓,衩衣骑马绕宫廊。"罗虬《比红儿诗》之五四:"若见红儿此中住,不劳盐筱洒宫廊。"

【宮商】 ❶五音中之宫音与商音。亦代指五音。元结《系乐府十二首·颂东夷》:"金石无全声,宫商乱清浊。"胡直钧《太常观阅骠国新乐》:"才可宫商辨,殊惊节奏新。"高骈《风筝》:"夜静弦声响碧空,宫商信任往来风。"黄滔《省试一一吹竽》:"次第教单进,宫商乃异宜。"❷乐曲调式名。宫,以宫声为主之调式;商,以商声为主之调式。杨衡《赋得直如朱丝弦》:"文武音初合,宫商调屡更。"崔珏《和人听歌》:"气吐幽兰出洞房,乐人先问调宫商。"❸泛指音乐。王邕《湘灵鼓瑟》:"诚能传此意,雅奏在宫商。"刘禹锡《韩十八侍御见示岳阳楼别窦司直诗自述故足成六十二韵》:"轩后奏宫商,骚人咏兰芷。"元晦《越亭二十韵》:"松籁韵宫商,鸳甍势翔溯。"秦韬玉《吹笙歌》:"檀唇呼吸宫商改,怨情渐逐清新举。"❹音律;声韵格律。寒山《诗三百三首》之三〇三:"若遣趁宫商,余病莫能罢。"王建《寄李益少监兼送张实游幽州》:"自顾音韵乖,无因合宫商。"陆龟蒙《读襄阳耆旧传因作诗五百言寄皮袭美》:"有时谐宫商,自喜真邂逅。"

【宮棋】 古代棋艺之一种。亦称逼棋。王建《夜看美人宫棋》:"宫棋布局不依经,黑白分明子数停。"白居易《代书诗一百韵寄微之》:"双声联律句,八面对宫棋。"赵光远《咏手二首》之二:"象床珍簟宫棋处,拈定文楸占角边。"

【宮傅侍郎】 即白居易。居易曾官刑部侍郎,时以太子少傅分司,故称宫傅。皇甫曙有《立春日祭宫傅侍郎》。

【宮傅相公】 (相 xiàng)即南唐殷崇义。崇义为右仆射、太子太傅,故称。入宋,避宋讳,改姓名为汤悦。徐铉有《奉和宫傅相公怀旧见寄四十韵》。

【宮詞】 诗体之一种。以宫中生活为题材,多为七言绝句。王建与花蕊夫人均有《宫词一百首》。王涯有《宫词三十首》。徐夤《献内翰杨侍郎》:"欲言温署三缄口,闲赋宫词八斗才。"和凝《宫词百首》之一〇〇:"葵藿一心期捧日,强搜狂斐拟宫词。"

【宮閫】 犹宫禁,皇宫。唐中书、门下二省及翰林苑史馆等亦在皇宫之内。杜甫《题衡山县文宣王庙新学堂呈陆宰》:"因见县尹心,根源旧宫阃。"

【宮禁】 皇宫之内。因禁卫森严,故称。玄宗《为赵法师别造精院过院赋诗》:"不恋岩泉赏,来从宫禁游。"刘长卿《故女道士婉仪太原郭氏挽歌词》之二:"宫禁恩长隔,神仙道已分。"杜甫《秋日夔府咏怀奉寄郑监李宾客一百韵》:"宫禁经纶密,台阶翊戴全。"

【宮車】 皇宫之大车。李端《代宗挽歌》:"警跸移前殿,宫车上渭桥。"

【宮紫】 紫色颜料。因以宫中所用者色最正,故称。温庭筠《苦楝花》:"天香薰羽葆,宫紫晕流苏。"

【宮署】 宫禁中之衙署。唐西京长安与东都洛阳宫禁中均有宫署。白居易《酬令狐留守尚书见赠十韵》:"嵩少当宫署,伊瀍入禁渠。"

【宮雉】 宫墙。皇宫之围墙。雉,古代计算城墙面积之单位,高一丈长三丈为一雉。元稹《楚歌十首》之三:"生居宫雉闷,死葬寝园尊。"

【宮鈿】 宫女所戴嵌有金花之首饰,借指宫女。郑谷《入阁》:"对扬称法吏,赞引出宫钿。"

【宮腰】 宫女之细腰。喻指细柔之柳枝。李商隐《回中牡丹为雨所败二首》之一:"章台街里芳菲伴,且问宫腰损几枝。"

【宮殿】 ❶帝王所居之宏丽宫室殿堂。王维《和贾舍人早朝大明宫之作》:"九天阊阖开宫殿,万国衣冠拜冕旒。"李白《送祝八之江东赋得浣纱石》:"未入吴王宫殿时,浣纱古石今犹在。"刘皁《相和歌辞·长门怨》:"宫殿沉沉月欲分,昭阳更漏不堪闻。"周渍《重门曲》:"憔悴容华怯对春,寂寥宫殿锁闲门。"❷亦泛指一般的高大殿堂房舍。姚合《书县丞旧厅》:"宫殿半山上,人家向下居。"

【宮瑣】 宫中之门窗。琐,门窗上雕绘之连环形图案。长孙佐辅《相和歌辞·宫怨》:"忆昔妆成候仙杖,宫琐玲珑日新上。"

【宮樓】 宫中之楼阁。张籍《寒食内宴二首》之一:"朝光瑞气满宫楼,彩纛鱼龙四周稠。"张祜《玉环琵琶》:"宫楼一曲琵琶声,满眼云山是去程。"薛能《升平词十首》之一:"瑞气绕宫楼,皇居信上游。"齐己《杨花》:"旆冲离馆驿,莺扑绕宫楼。"

【宮槐】 槐树之别名。因周代宫庭植有三槐以表三公之位,故称。陆敬《游清都观寻沈道士得都字》："宫槐散绿穗，日槿落青柎。"王维《辋川集·宫槐陌》："仄径荫宫槐，幽阴多绿苔。"白居易《早入皇城赠王留守仆射》："城柳宫槐谩摇落，悲愁不到贵人心。"徐铉《和门下殷侍郎新茶二十韵》："甘荠非予匹，宫槐让我先。"

【宫監】（一jiàn）宫内司监理之职的宦官，即太监。花蕊夫人徐氏《宫词》之一五一："裹头宫监堂前立，手把牙鞘竹弹弓。"

【宫漏】宫中之刻漏。因用滴漏报时，故称。张说《行从方秀川与刘评事文同宿》："静闻宫漏疏，卧视庭月满。"戴叔伦《宫词》："紫禁迢迢宫漏鸣，夜深无语独含情。"鲍溶《杂歌谣辞·李夫人歌》："宫漏丁丁夜向晨，烟销雾散愁方士。"吴融《玉堂种竹六韵》："有韵和宫漏，无香杂畹兰。"

【宫閣】宫殿。皇宫内之殿阁。储光羲《群鸦咏》："河低宫阁深，灯影鼓钟曙。"卫万《吴宫怨》："君不见吴王宫阁临江起，不见珠帘见江水。"

【宫樣】流行于宫中的妆束、服装等式样。玄宗《好时光》："宝髻偏宜宫样，莲脸嫩，体红香。"刘禹锡《赠李司空妓》："高髻云鬟宫样妆，春风一曲杜韦娘。"韩偓《袅娜》："袅娜腰肢淡薄妆，六朝宫样窄衣裳。"又《忍笑》："宫样衣裳浅画眉，晚来梳洗更相宜。"

【宫鴉】宫苑中之乌鸦。王建《和胡将军寓直》："宫鸦栖定禁枪攒，楼殿深严月色寒。"柳宗元《同刘二十八院长述旧言怀赠二君子》："分行参瑞兽，传点乱宫鸦。"鲍溶《水殿采菱歌》："宫鸦叫赤光，潮声入宫宫影凉。"李商隐《旧顿》："犹锁平时旧行殿，尽无宫户有宫鸦。"

【宫徵】（一zhǐ）❶五音中之宫音与徵音。刘禹锡《乐天寄洛下新诗兼喜微之欲到因以抒怀也》："宫徵不独运，埙篪自相寻。"元稹《桐花》："安问宫徵角，先辨雅郑淫。"李商隐《和郑愚赠汝阳王孙家筝妓二十韵》："因令五十丝，中道分宫徵。"亦泛指五音。阎朝隐《鹦鹉猫儿篇》："离宫别馆临朝市，妙舞繁弦杂宫徵。"韦应物《杂体五首》之四："铿锵发宫徵，和乐变其哀。"孟郊《上张徐州》："至乐无宫徵，至声遗讴歌。"❷泛指音乐、乐曲，或抑扬顿挫音乐之声。杨炯《和刘长史答十九兄》："宫徵谐鸣石，光辉掩烛银。"王迥《同孟浩然宴赋》："共赋新诗发宫徵，书于屋壁彰厥美。"《明皇祀圜丘乐章·太和》："丹青寰宇，宫徵山川。"

【宫調】（一diào）古代乐曲调式之总称。以宫音为主之调式称"宫"，以商、角、徵、羽和变宫、变徵为主之调式称"调"，统称"宫调"。以七声配十二律，可得十二宫、七十二调，共八十四宫调。元稹《琵琶歌》："琵琶宫调八十一，旋宫三调弹不出。"亦泛指乐曲。白居易《小童薛阳陶吹觱栗歌》："碎丝细竹徒纷纷，宫调一声雄出群。"又《寄崔少监》："弹为古宫调，玉水寒泠泠。"

【宫厨】宫廷内之厨房。李商隐《梦泽》："未知歌舞能多少，虚减宫厨为细腰。"韩偓《无题》："乐府降清唱，宫厨减食珍。"

【宫廟】宗庙。陈陶《南海石门戍怀古》："鬼神寻覆族，宫庙变荒丘。"

【宫寮】宫僚。太子所居东宫之属官。白居易《赠悼怀太子挽歌辞二首》之二："宫寮不逮事，哭送出都门。"

【宫髻】宫廷式样的女子发髻。李敬方《太和公主还宫》："宫髻怜新样，庭柯想旧围。"

【宫樹】皇家宫苑之林木。王维《奉和圣制御春明楼临右相园亭赋乐贤诗应制》："小苑接侯家，飞甍映宫树。"白居易《新乐府·骊宫高》："袅袅兮秋风，山蝉鸣兮宫树红。"陆龟蒙《连昌宫词二首·门》："日暮鸟归宫树绿，不闻鸦轧闭春风。"李士元《登阁》："破落侯家通永巷，萧条宫树接疏林。"

【宫縣】同"宫懸"。县，"悬"之古字。玄宗《千秋节宴》："玉宇开花萼，宫县动会昌。"

【宫館】帝王之离宫别馆。元稹《楚歌十首》之四："万事捐宫馆，空山云雨期。"许浑《天街晓望》："关防浮瑞气，宫馆耀神光。"又《姑苏怀古》："宫馆余基辍棹过，黍苗无限独悲歌。"

【宫錦】宫廷所制锦缎，亦指仿宫样之锦缎。岑参《胡歌》："黑姓蕃王貂鼠裘，葡萄宫锦醉缠头。"张籍《旧宫人》："宫锦不传样，御香空记名。"李商隐《隋宫》："春风举国裁宫锦，半作幛泥半作帆。"

【宫燭】宫廷内所用蜡烛。韩愈《答张彻》："梅花灞水别，宫烛骊山醒。"

【宫燭分烟】指寒食节。韩翃《寒食》："日暮汉宫传蜡烛，轻烟散入五侯家。"

【宫闈】后妃所居后宫。刘长卿《故女道士婉仪太原郭氏挽歌词》之一："作范宫闱睦，归真道艺超。"杜甫《承闻河北诸道节度入朝欢喜口号绝句十二首》之六："燕赵休矜出佳丽，宫闱不拟选才人。"张祜《退宫人二首》之二："歌喉渐退出宫闱，泣话伶官上许归。"孙元晏《咏史诗·宋·放宫人》："姚兴侍女方承宠，放出宫闱若等闲。"

【宫牆】皇宫之围墙。王维《听宫莺》："春树绕宫墙，宫莺啭曙光。"白居易《和刘郎中曲江春望见示》："寺路随江曲，宫墙夹道斜。"杜牧《故洛阳城有感》："一片宫墙当道危，行人为尔去迟迟。"

【宫嬪】皇帝之嫔妃。顾况《宫词五首》之二："玉楼天半起笙歌，风送宫嫔笑语和。"窦牟《天津晓望因寄呈分司一二省郎》："望幸宫嫔老，迎春海燕初。"

李群玉《王内人琵琶引》:“三千宫嫔推第一,敛黛倾鬟艳兰室。”和凝《宫词百首》之七四:“温汤头进瓜初熟,后至宫嫔未得尝。”

【宫驂】 宫廷之舞马。张祜《投魏博李相国三十二韵》:“舞席宫驂出,宾盘海馔盈。”

【宫額】 宫人涂有宫黄之前额,亦泛指女子前额。因宫内女子流行以涂黄色于额为饰,故称。李商隐《相和歌辞·江南曲》:“扫黛开宫额,裁裙约楚腰。”

【宫闕】 (—què)帝王之宫殿。因古代皇宫门前两侧之双阙,故称宫阙。崔融《嵩山石淙侍宴应制》:“树作帷屏阳景翳,芝如宫阙夏凉生。”李嘉祐《伤吴中》:“忆昔吴王在宫阙,馆娃满眼看花发。”陈标《秦王卷衣》:“秦王宫阙霭春烟,珠树琼枝近碧天。”郑启《严塘经乱书事》:“尘生宫阙雾濛濛,万骑龙飞幸蜀中。”

【宫辭】 同“宫詞”。李商隐有《宫辞》。

【宫懸】 古代王与诸侯、卿、士乐悬(悬挂钟、磬等乐器于架)之形制因身份差别而异,王者四面悬,象宫室四面有墙,故称宫悬。王维《奉和圣制重阳节宰臣及群官上寿应制》:“玉堂开右个,天乐动宫悬。”李纾《让皇帝庙乐章·奠币》:“祀用商武,乐备宫悬。”《郊庙歌辞·周宗庙乐舞辞·肃顺》:“仰瞻庙貌,夙设宫悬。”

【宫籍】 古人之名册簿籍。张籍《送宫人入道》:“名初出宫籍,身未称霞衣。”

【宫纈】 宫中所制之印花绢绸。杜牧《池州送孟池先辈》:“竹冈森羽林,花坞团宫缬。”

【宫蠱】 宫中之蛊,指汉武帝末年发生掘宫中之巫蛊冤案。吕温《望思台作》:“浸润成宫蛊,苍黄弄父兵。”

【宫體】 诗体名。内容以表现中廷生活及男女艳情为主,形式上则追求辞藻艳丽,始于南朝梁简文帝。李贺《还自会稽歌》序:“庾肩吾于梁时,尝作宫体谣引,以应和皇子。”皮日休《孙发百篇将游天台请诗赠行因以送之》:“百篇宫体喧金屋,一日官衔下玉除。”陆龟蒙《和过张祜处士丹阳故居》序:“张祜,字承吉。元和中,作宫体小诗,辞曲艳发。”

【宫籥】 宫钥,宫廷之锁钥,喻指守卫皇宫或王土之镇守要地。白居易《寄献北都留守裴令公》:“宠重移宫籥,恩新换阃旄。”

【宫觀】 (—guàn)❶帝王之离宫别馆。赵彦昭《奉和幸长安故城未央宫应制》:“山河寸土尽,宫观尺椽无。”刘庭琦《铜雀台》:“铜台宫观委灰尘,魏主园林漳水滨。”高适《古大梁行》:“魏王宫观尽禾黍,信陵宾客随灰尘。”卢纶《寒食》:“驱车西近长安好,宫观参差半隐霞。”❷道观祠庙。张九龄《登古阳云台》:“色荒神女至,魂荡宫观启。”薛能《华岳》:“发地连宫观,冲天接井星。”

客 〔kè《广韵》苦格切,入陌,溪。〕❶客人,来客。孙逖《和左卫武仓曹卫中对雨创韵赠右卫李骑曹》:“美酒怀公宴,玄谈侯客嘲。”岑参《送颜少府投郑陈州》:“爱客多酒债,罢官无俸钱。”张籍《晚秋闲居》:“家贫常畏客,身老转怜儿。”李商隐《花下醉》:“客散酒醒深夜后,更持红烛赏残花。”❷旅客。离乡客游之人。袁朗《秋夜独坐》:“危弦断客心,虚弹落惊禽。”宋之问《新年作》:“老至居人下,春归在客先。”崔备《清溪路中寄诸公》:“野笋资公膳,山花慰客心。”刘沧《匡城寻薛闵秀才不遇》:“匹马东西何处客,孤城杨柳晚来蝉。”❸旅居,客游。沈颂《送人还吴》:“人心不忘乡,矧余客已久。”常衮《逢南中使寄岭外故人》:“炎方难久客,为尔一沾襟。”卢纶《长安春望》:“谁念为儒逢世难,独将衰鬓客秦关。”皮日休《初夏即事寄鲁望》:“顾予客兹地,薄我皆为伧。”❹门客。李华《奉寄彭城公》:“公子三千客,人人愿报恩。”李白《自广平乘醉走马六十里至邯郸登城楼览古书怀》:“平原三千客,谈笑尽豪英。”刘长卿《送刘萱之道州谒崔大夫》:“信陵门下三千客,君到长沙见几人。”❺对他人之客气称谓。韦承庆《直中书省》:“寄谢巢由客,尧年正在斯。”刘禹锡《送前进士蔡京赴学究科》:“已是世间能赋客,更攻窗下绝编书。”翁承赞《访建阳马驿僧亚齐》:“应笑乘轺青琐客,此时无暇听猿啼。”亦用以称从事某类活动之人。薛据《登秦望山》:“而多渔商客,不悟岁月穷。”孟郊《寻裴处士》:“悠哉炼金客,独与烟霞亲。”❻佣雇。无名氏《五言诗》之五(外编下):“妇即客舂捣,夫即客扶犁。”❼对前朝王室后裔之称谓。白居易《新乐府·二王后》:“唐兴十叶岁二百,介公酅公世为客。”介公,北周亡后,隋封周静帝为介国公,酅公,隋亡后,唐以隋恭帝为酅国公。❽外国。外地人之官于此境者。见“客卿”。❾外地迁来者。见“客土”“客鳥”。

【客人】 ❶宾客。裴度、白居易《度自到洛中与乐天为文酒之会因为联句》:“室随亲客入,席许旧寮陪。”❷旅客,客游他乡之人。鲍溶《秋怀五首》之四:“一忆故乡居,一望客人还。”李浩弼《从幸秦川赋鸷兽诗》:“天子纪纲犹被弄,客人穷独固难过。”

【客土】 ❶移来之土。李白《杂曲歌辞·树中草》:“客土植危根,逢春犹不死。”❷借指异乡、外地。阎宽《秋怀》:“秋风已振衣,客去何时归。”

【客子】 离乡在外之人。卢照邻《送二兄入蜀》:“关山客子路,花柳帝王城。”杜甫《暮归》:“客子入门月皎皎,谁家捣练风凄凄。”卢殷《七夕》:“全胜客子妇,十载泣生离。”宝月《行路难》:“空城客子心肠断,幽闺思妇气欲绝。”亦指旅途作客之人。李端《长安书事寄薛戴》："主人恩则厚，客子才自薄。"韩愈《潭州泊船呈诸公》："主人看使范，客子读离骚。"

【客中】 （—zhōng）客游之中，谓远游异乡之途程中。孟浩然《早寒江上有怀》："乡泪客中尽，孤帆天际看。"李白有《客中行》。于武陵有《客中》。晁采《雨中忆夫》之二："春风送雨过窗东，忽忆良人在客中。"

【客心】 客子之心。客游异乡者之心情、思绪。姚崇《夜渡江》："唯看孤帆影，常似客心悬。"李白《寻鲁城北范居士见范置酒摘苍耳作》："客心不自得，浩漫将何之。"牟融《写意二首》："白发颠狂尘梦断，青毡冷落客心存。"杨夔《题甘露寺》："客心还惜去，新月挂楼西。"

【客户裹女子】 名未详。当系鬼魂。事见《太平广记》卷二四九引《河东记》。《全唐诗》卷八六六鬼诗下录其诗一首。

【客地】 客居之地；外地。张祜《题僧壁》："客地多逢酒，僧房却厌花。"

【客行】 （—xíng）犹旅行，客游异乡之行。李峤《和杜学士旅次淮口阻风》："客行殊未已，川路几迢迢。"李白《书情寄从弟邠州长史昭》："自笑客行久，我行定几时。"温庭筠《商山早行》："晨起动征铎，客行悲故乡。"

【客舟】 客游异乡所乘之船。贾至《别裴九弟》："西江万里向东流，今夜江边驻客舟。"方泽《武昌阻风》："江上春风留客舟，无穷归思满东流。"法振《送褚先生海上寻封炼师》："潮落风初定，天吴避客舟。"

【客衣】 异乡客游人之衣。祖咏《泊杨子津》："客衣今日薄，寒气近来饶。"高适《使青夷军入居庸三首》之一："不知边地别，只讶客衣单。"刘沧《送友人下第东归》："九衢春尽生乡梦，千里尘多满客衣。"张蠙《叙怀》："十年九陌寒风夜，梦扫芦花絮客衣。"

【客帆】 旅人客子所乘船上之帆。亦借指客船。孟浩然《夜泊宣城界》："湖平津济阔，风止客帆收。"韩翃《送刘评事赴广州使幕》："为报苍梧云影道，明年早送客帆归。"许浑《闻范秀才自蜀游江湖》："蜀道下湘渚，客帆应不迷。"陆龟蒙《京口》："东风料峭客帆远，落叶夕阳天际明。"

【客次】 客居之处；客舍。何元上《所居寺院凉夜书情呈上吕和叔温郎中》："幸以薄才当客次，无因弱羽逐鸾翔。"

【客位】 宾客之席位。杜甫《赠虞十五司马》："过逢联客位，日夜倒芳尊。"孟郊《井上枸杞架》："迸子邻沟外，飘香客位中。"

【客作兒】 （作 zuò）对佣工之鄙称。拾得《诗》之三七："博钱沽酒吃，翻成客作儿。"

【客身】 居于异乡之身，离乡外游之人。杜甫《春日江村五首》之二："客身逢故旧，发兴自林泉。"

【客枕】 居于异地时所用之枕头。李商隐《酬令狐郎中见寄》："朝吟支客枕，夜读漱僧瓶。"

【客侣】 犹宾朋。白居易《分司初到洛中偶题六韵兼戏呈冯尹》："招呼新客侣，扫掠旧池台。"

【客兒】 南朝宋谢灵运之小字。温庭筠《访知玄上人遇暴经因有赠》："客儿自有翻经处，江上秋来蕙草荒。"方干《哭江西处士陈陶》："巢父精灵归大夜，客儿才调振遗风。"

【客舍】 ❶旅店。营业性供过客投宿之处。杜甫《今夕行》："咸阳客舍一事无，相与博塞为欢娱。"刘长卿《温汤客舍》："君门献赋谁相达，客舍无钱辄自安。"白居易《醉送李二十常侍赴镇浙东》："靖安客舍花枝下，共脱青衫典浊醪。"伍乔《九江旅夜寄山中故人》："江城雪尽寒犹在，客舍灯孤夜正深。"亦指主人留客人居住之客馆。韩翃《别汜水县尉》："五侯客舍偏留宿，一县人家争看归。"❷犹客居。谓在异乡居住。亦作动词，居住。贾岛《渡桑干》："客舍并州已十霜，归心日夜忆咸阳。"刘沧《和友人忆洞庭旧居》："客舍经时益苦吟，洞庭犹忆在前林。"

【客念】 异乡客游人之思绪。王勃《春游》："客念纷无极，春泪倍成行。"

【客邸】 客舍，旅舍。唐彦谦《寄友三首》之一："别来客邸空翘首，细雨春风忆往年。"

【客店】 旅舍。供过客住宿之处。白居易《闲夜咏怀因招周协律刘薛二秀才》："高置寒灯如客店，深藏夜火似僧炉。"

【客居】 在外乡寄居。杜甫《客居》："客居所居堂，前江后山根。"一说此客居即指客游异乡之居舍。参见仇兆鳌注。韩愈《寄崔二十六立之》："客居京城中，十日营一炊。"

【客牀】 客居他处时所眠之床。皮日休《太湖诗·三宿神景宫》："客省高且敞，客床蟠复奇。"

【客星】 ❶指严光，并用为咏隐士之典故。见《后汉书·逸民传·严光传》。李白《酬崔侍御》："自是客星辞帝座，元非太白醉扬州。"张继《题严陵钓台》："客星沈夜壑，钓台俯春流。"司空图《狂题十八首》之四："偶作客星侵帝座，却应虚薄是严光。"崔道融《钓鱼》："醉头倒向芦花里，却笑无端犯客星。"❷用为咏客游之典。亦喻指客游之人或客人。见晋张华《博物志》卷十。李德裕《临海太守惠予赤城石报以是诗》："若值客星去，便应随海槎。"陆龟蒙《奉和袭美酒中十咏·酒星》："不独祭天庙，亦应邀客星。"罗邺《行次》："路傍君子莫相笑，天上由来有客星。"

【客星臺】 即严子陵钓台。在唐江南道睦州桐庐（今浙江桐庐）县西三十里。传为东汉严子陵隐居钓鱼处。林宽《送李员外频之建州》:“勾践江头月,客星台畔松。”

【客省】(—shěng)唐鸿胪寺下属之接待外来使节或四方来宾之处所。因唐僧尼诸事亦曾归鸿胪寺掌管,故寺观中亦有之。温庭筠《和赵嘏题岳寺》:“疏钟细响乱鸣泉,客省高临似水天。”皮日休《开元寺客省早景即事》:“客省萧条柿叶红,楼台如画倚霜空。”又《太湖诗·三宿神景宫》:“客省高且敞,客床蟠复奇。”

【客思】离乡客游之人的思绪。孙翃《奉酬张洪州九龄江上见赠》:“怅别秋阴尽,怀归客思长。”元稹《生春二十首》之一九:“何处生春早,春生客思中。”许浑《下第贻友人》:“人心高下月中桂,客思往来波上萍。”

【客計】客游之计虑。刘沧《旅馆书怀》:“客计倦行分陕路,家贫休种汶阳田。”

【客亭】驿亭。官府于驿道边所建用以迎送或宴饯官员、宾客之所。亦供驿使或过往官员住宿。王维《登河北城楼作》:“井邑傅岩上,客亭云雾间。”白居易《逢张十八员外籍》:“客亭同宿处,忽似夜归乡。”杜牧《分司东都叨承川尹刘侍郎大夫恩知上四十韵》:“赐第成官舍,佣居起客亭。”郑渥《洛阳道》:“客亭门外路东西,多少喧腾事不齐。”

【客旅】宾客;旅客。李商隐《街西池馆》:“国租容客旅,香熟玉山禾。”

【客恨】❶异乡客子之愁怨。李端《送刘侍郎》:“唯有夜猿知客恨,峄阳溪路第三声。”刘沧《八月十五日夜玩月》:“中秋朗月静天河,乌鹊南飞客恨多。”❷客子愁怨。郑谷《蜀中三首》之一:“江楼客恨黄梅后,村落人歌紫芋间。”

【客卿】❶秦官名,秦昭王时,魏人范雎入秦,曾拜为客卿。李绅《到宣武三十韵》:“望宋怜思女,游梁念客卿。”❷泛指到本国入仕之外国人。王维《送秘书晁监还日本国》序:“晁司马结发游圣、负笈辞亲……名成太学,官至客卿。”刘禹锡《题淳于髡墓》:“应以客卿葬,故临官道边。”❸借指有才识之异乡人。耿湋《之江淮留别京中亲故》:“前路诸侯贵,何人重客卿。”皎然《送潘秀才之舒州》:“东道思才子,西人望客卿。”亦指客居本地之外乡人。皮日休《初夏即事寄鲁望》:“唯有陆夫子,尽力提客卿。”

【客容】客人之面容表情。白居易《初除户曹喜而言志》:“置酒延贺客,客容亦欢欣。”

【客曹】本汉代官名。汉成帝始置,掌外邦朝聘之事。晋分设南北左右四主客,唐属礼部主客司,下设主客郎中、主客员外郎各一人。张籍《赠主客刘郎中》:“谁知二十余年后,来作客曹相替人。”白居易《闻行简恩赐章服喜成长句寄之》:“齿发恰同知命岁,官衔俱是客曹郎。”自注:“予与行简,俱年五十始著绯,皆是主客郎中。”令狐楚《节度宣武酬乐天梦得》:“蓬莱仙监客曹郎,曾枉高车客大梁。”

【客處】(—chǔ)客居,在异乡旅居。崔曙《送薛据之宋州》:“客处不堪别,异乡应共愁。”司空图《石楠》:“客处偷闲未是闲,石楠虽好懒频攀。”

【客堂】❶客游外乡所居之房舍。杜甫《客堂》:“客堂序节改,具物对羁束。”顾况《游子吟》:“客堂无丝桐,落叶如秋霖。”周贺《送郭秀才归金陵》:“夏后客堂黄叶多,又怀家国起悲歌。”项斯《泾州听张处士弹琴》:“边州独夜正思乡,君又弹琴在客堂。”❷寺庙中供客人住宿之室。韩愈《陪杜侍御游湘西两寺独宿有题一首因献杨常侍》:“客堂喜空凉,华榻有清簟。”张籍《宿广德寺寄从舅》:“古寺客堂空,开帘四面风。”许浑《寓居开元精舍酬薛秀才见贻》:“芰荷风起客堂静,松桂月高僧院深。”徐夤《山寺寓居》:“白云送雨笼僧阁,黄叶随风入客堂。”

【客貨】外地运来之货物、商品。杜荀鹤《献池州牧》:“江路静来通客货,郡城安后绝戎装。”

【客鳥】外地飞来之鸟。常喻指异乡游子。张说《杂诗四首》之二:“客鸟怀主人,衔花未能去。”李白《献从叔当涂宰阳冰》:“群凤怜客鸟,差池相哀鸣。”顾况《海鸥咏》:“万里飞来为客鸟,曾蒙丹凤借枝柯。”鲍溶《鸣雁行》:“江南羽族本不少,宁得网罗此客鸟。”

【客情】离乡游子之情怀。刘沧《秋日夜怀》:“砧杵寥寥秋色长,绕枝寒鹊客情伤。”韦庄《冬夜》:“睡觉寒炉酒半消,客情乡梦两遥遥。”姚揆《颍川客舍》:“乡梦有时生枕上,客情终日在眉头。”

【客旌】官员出行途中所用之旌节。骆宾王《畴昔篇》:“赖有边城月,常伴客旌悬。”亦喻指客游之行踪。杜甫《敬赠郑谏议十韵》:“多病休儒服,冥搜信客旌。”

【客淚】离乡客人之眼泪。杜甫《九成宫》:“哀猿啼一声,客泪迸林薮。”韩愈《晚次宣溪辱韶州张端公使君惠书叙别酬以绝句二章》之一:“客泪数行先自落,鹧鸪休傍耳边啼。”许浑《别张秀才》:“凌晨客泪分东郭,竟夕乡心共北楼。”

【客雁】即大雁。因其春来秋去,有似客然,故称。李贺《梁台古愁》:“芦洲客雁报春来,寥落野篁秋漫白。”

【客程】行程。客游之途程。岑参《送许子擢第归江宁拜亲因寄王大昌龄》:“楚云引归帆,淮水浮客程。”戴叔伦《赴抚州对酬崔法曹夜雨滴空阶五首》之四:“离室雨初晦,客程云陡暗。”崔橹《春晚泊船江村》:“家信不来春又晚,客程难尽水空流。”吴融《东归望华山》："碧莲重叠在青冥，落日垂鞭缓客程。"

【客船】　旅客所乘之船。张继《枫桥夜泊》："姑苏城外寒山寺，夜半钟声到客船。"清昼、卢藻《秋日卢郎中使君幼平泛舟联句一首》："共载清秋客船，同瞻皂盖朝天。"杜牧《往年随故府吴兴公夜泊芜湖口今赴官西去因成十六韵》："往事惟沙月，孤灯但客船。"

【客魂】　异乡游之魂魄、神魂。骆宾王《冬日野望》："劳歌徒自奏，客魂谁为招。"

【客路】　异乡之路。亦指客游之途程。王湾《次北固山下》："客路青山外，行舟绿水前。"皇甫冉《赴李少府庄失路》："月照烟花迷客路，苍苍何处是伊川。"牟融《送陈衡》："云迷楼曲亲庭远，梦绕通山客路长。"欧阳玭《巴陵》："客路何曾定，栖迟欲断魂。"

【客睡】　客游他乡之夜眠。杜甫《客夜》："客睡何曾著，秋天不肯明。"

【客愁】　离乡客游人之愁伤、愁思。孟浩然《宿建德江》："移舟泊烟渚，日暮客愁新。"权德舆《二月二十七日社兼春分端居有怀简所思者》："看花诗思发，对酒客愁轻。"温庭筠《客愁》："客愁看柳色，日日逐春深。"

【客裏】　客游外乡之时。牟融《送范启东还京》："客里故人尊酒别，天涯游子弊裘寒。"

【客意】　离乡客游人之意绪、意愿。杜甫《送舍弟频赴齐州三首》之二："客意长东北，齐州安在哉。"温庭筠《西游书怀》："客意自如此，非关行路难。"

【客游】　离乡外游。王维《济上四贤咏·成文学》："中年不得意，谢病客游梁。"高适《酬别薛三蔡大留简韩十四主簿》："始谓吾道存，终嗟客游倦。"吴融《金陵怀古》："只应江令偏惆怅，头白归来是客游。"朱延《再登河阳城怀古》："客游倦旅思，憩驾陟崇墉。"

【客道】　为客之道。杜牧《宣城赠萧兵曹》："客道耻摇尾，皇恩宽犯鳞。"

【客夢】　游子思乡之梦。王昌龄《送高三之桂林》："留君夜饮对潇湘，从此归舟客梦长。"

【客境】　外界；尘世。牟融《天台》："洞里无尘通客境，人间有路入仙家。"

【客裳】　离乡客游人之衣裳。刘长卿《移使鄂州次岘阳馆怀旧居》："草露深山里，朝朝落客裳。"

【客槎】　传说中自海上通往天河之船。典出晋张华《博物志》卷十。罗隐《黄河》："高祖誓功衣带小，仙人占斗客槎轻。"参见"客星❷"。

【客塵】　旅途风尘。戴叔伦《精舍对雨》："空门寂寂澹吾身，溪雨微微洗客尘。"

【客履】　游子之鞋。温庭筠《题中南佛塔寺》："涧苔侵客履，山雪入禅衣。"

【客館】　招待宾客居住之馆舍。岑参《河西春暮忆秦中》："边城细草出，客馆梨花飞。"贾岛《送邹明府游灵武》："灵州听晓角，客馆未开扉。"李中《秋雨二首》之一："送寒来客馆，滴梦在庭梧。"

【客禮】　待客之礼。杜甫《奉赠严八阁老》："客礼容疏放，官曹可接联。"李商隐《寓兴》："谈谐叨客礼，休浣接冥搜。"

【客櫂】　借指客船。司空曙《送严使君游山》："酒杯同寄世，客棹任销年。"齐己《南归舟中二首》之一："南归乘客棹，道路免崎岖。"

【客邊】　犹客中。客游异乡之时。戎昱《成都暮雨秋》："不知更漏意，惟向客边长。"牟融《有感二首》之二："搔首临风独倚栏，客边惊觉岁华残。"又《山中有怀李十二》："客边秋兴悲张翰，病里春情笑沈郎。"

【客懷】　离乡游子之情怀。戴叔伦《题友人山居》："四郭青山处处同，客怀无计答秋风。"牟融《秋夜醉归有感而赋》："多少客怀消不得，临风搔首浩漫漫。"

【客鬢】　离乡客游人之鬓发。杜甫《早花》："直苦风尘暗，谁忧客鬓催。"李商隐《河清与赵氏昆季宴集得拟杜工部》："客鬓行如此，沧波坐渺然。"于濆《边游录戍卒言》："今来客鬓改，知学弯弓错。"

七　画

害〔hài《广韵》胡蓋切，去泰，匣。〕❶伤害，损害。李颀《杂兴》："水滨丈人曾有语，物或恶之当害汝。"李绅《龟山》："不学大蛟凭水怪，等闲雪雨害生灵。"皮日休《吴中苦雨因书一百韵寄鲁望》："兹淋既浃旬，无乃害九谷。"亦指被损害。罗隐《空城雀》："所恨往复频，官仓乃害尔。"❷灾害；祸患。韩愈《赠刘师服》："丈夫命存百无害，谁能点检形骸外。"王建《春燕词》："求食慎勿爱高飞，空中饥鸢为尔害。"白居易《紫藤》："谁谓好颜色，而为害有余。"齐己《蝴蝶》："远害终防雀，争先不避蜂。"❸妨害，妨碍。欧阳詹《玩月》序："月之为玩，冬则繁霜大寒，夏则蒸云大热，云蔽月，霜侵人，蔽与侵，俱害乎玩。"❹为害。薛能《升平词十首》之六："虫蝗初不害，夷狄近全销。"❺患病。吴融《太湖石歌》："又如成人枫，又如害瘿柏。"吕岩《寄白龙洞刘道人》："问他金木是何般，噤口不言如害哑。"

【害心】　欲使对方受害之心。元稹《虫豸诗·蛒蜂》之三："害心俱毒螫，妖焰两吹嘘。"

【害物】　危害他物。孟郊《蜘蛛讽》："济物几无功，害物日已多。"白居易《有木诗八首》之三："中含害物意，外矫凌霜色。"又《新乐府·杜陵叟》："虐人害物即豺狼,何必钩爪锯牙食人肉。”

【害馬】 害马者,指过分调护反而危害马之自然生长之举。见《庄子·徐无鬼》。引申指扰民害民之政。李白《赠从孙义兴宰铭》:“蠹政除害马,倾巢有归禽。”高适《饯宋八充彭中丞判官之岭南》:“若将除害马,慎勿信苍蝇。”

【害群】 犹害马。本指违背马群自然生成习性的养马之道,喻指扰民之政、苛政。岑参《饯王岑判官赴襄阳道》:“害群应自慑,持法固须平。”

【害氣】 害人之邪气。韩休《奉和御制平胡》:“袄星乘夜落,害气入朝分。”

宸 〔chén《广韵》植鄰切,平真,禪。〕❶三垣之一。即北极星所在之紫微垣。亦借指帝王所居之所。元稹《春六十韵》:“龙骧紫宸北,天压翠坛东。”❷喻指帝王。韩王元嘉《奉和同太子监守违恋》:“储诚虔晓夕,宸爱积炎凉。”徐铉《春雪应制》:“欲识宸心悦,云谣慰兆人。”

【宸文】 帝王所作之诗文。苏颋《奉和圣制春台望应制》:“清吹遥遥发帝台,宸文耿耿照天回。”

【宸心】 帝王之心意。李峤《奉和幸长安故城未央宫应制》:“宸心千载合,睿律九韵开。”王建《上裴度舍人》:“天意皆从彩毫出,宸心尽向紫烟来。”

【宸札】 帝王之手札。李乂《奉和幸长安故城未央宫应制》:“肆览飞宸札,称觞引御杯。”

【宸念】 帝王之思虑、挂念。刘祎之《奉和太子纳妃太平公主出降》:“德优宸念远,礼备国姻崇。”

【宸居】 帝王所居之处。袁朗《和洗掾登城南坂望京邑》:“宸居法太微,建国资天府。”沈佺期《晦日浐水应制》:“素浐接宸居,青门盛祓除。”李远《赠弘文杜校书》:“高倚霞梯万丈余,共看移步入宸居。”和凝《宫词百首》之三二:“宫庭皆应紫微垣,壮丽宸居显至尊。”亦借指帝王。李益《大礼毕皇帝御丹凤门改元建中大赦》:“宸居穆清受天历,建中甲子合上元。”按此借指德宗。

【宸威】 帝王之威。宋之问《松山岭应制》:“芳声耀今古,四海警宸威。”

【宸恩】 皇帝之恩德。张说《奉和同皇太子过慈因寺应制二首》之一:“翼翼宸恩永,煌煌福地开。”

【宸衷】 帝王之心意。许敬宗《奉和九月九日应制》:“讲艺遵先轨,睹德畅宸衷。”王丘《奉和圣制送张尚书巡边》:“赠行光睿什,宴别感宸衷。”陈陶《赠江西周大夫》:“划释自宸衷,平戎在连帅。”赵嘏《淮信贺滕迈台州》:“凋瘵民思太古风,上贤绥辑副宸衷。”

【宸扆】 帝王座后之屏风,借指帝王宫廷或帝位。窦牟《元日喜闻大礼寄上翰林四学士中书六舍人二十韵》:“宸扆亲唯敬,钧衡近匪侵。”刘禹锡《送湘阳熊判官孺登府罢归钟陵因寄呈江西裴中丞二十三兄》:“前年初缺守,慎简由宸扆。”无名氏《焚裘》(卷七八七):“丽彩辞宸扆,余香在御楼。”

【宸章】 帝王所作之诗文。苏味道《初春行宫侍宴应制》:“圣酒千钟洽,宸章七曜悬。”王维《奉和圣制与太子诸王三月三日龙池春禊应制》:“宸章在云表,垂象满皇州。”鲍君徽《奉和麟德殿宴百僚应制》:“圣祚山河固,宸章日月昭。”杨巨源《春日奉献圣寿无疆词十首》之一:“瑶池供寿酒,银汉丽宸章。”

【宸眷】 帝王的恩宠、眷顾。李峤《奉和幸韦嗣立山庄侍宴应制》:“幽情遗绂冕,宸眷属樵渔。”卢纶《送静居法师》:“九天论道当宸眷,七祖传心合圣踪。”李绅《趋翰苑遭诬构四十六韵》:“碧海同宸眷,鸿毛比贱躯。”

【宸極】 北极星。借指帝王、帝宫。韦元旦《早朝》:“震维芳月季,宸极众星尊。”杜甫《奉送郭中丞兼太仆卿充陇右节度使三十韵》:“宸极袄星动,园陵杀气平。”陈陶《圣帝击壤歌四十声》:“鹰象敷宸极,宸瀛作瑞坊。”皮日休《奉和鲁望读阴符经见寄》:“爰从幽厉余,宸极若孩稚。”

【宸幄】 帝王之帷帐。韦元旦《兴庆池侍宴应制》:“云峰四起迎宸幄,水树千重入御筵。”

【宸象】 指三垣中之紫微星相。骆宾王《久戍边城有怀京邑》:“璧殿规宸象,金堤法斗枢。”

【宸渥】 皇帝之恩泽。胡元范《奉和太子纳妃太平公主出降三首》之二:“紫极流宸渥,清规仁慈诲。”宇文融《奉和圣制左丞相说右丞相璟太子少傅乾曜同日宴都堂赐诗》:“北极回宸渥,南宫饰御筵。”理莹《送戴三征君还谷口旧居》:“渔歌思坐酌,宸渥宠行轺。”

【宸睠】 帝王之眷顾、恩宠。张九龄《奉和圣制经河上公庙》:“道在纡宸睠,风行动睿篇。”又《饯王尚书出边》:“武德舒宸睠,文思饯乐章。”

【宸暉】 帝王之光辉,喻指帝王。狄仁杰《奉和圣制夏日游石淙山》:“宸晖降望金舆转,仙路峥嵘碧涧幽。”

【宸游】 帝王之出游。刘宪《奉和春日幸望春宫应制》:“欢娱节物今如此,愿奉宸游亿万年。”许景先《奉和御制春台望》:“复道晓光披,宸游出禁移。”薛存诚《御箭连中双兔》:“宸游经上苑,羽猎向闲田。”林滋《人日》:“闻道宸游方命赏,应随恩赉喜昭回。”

【宸慈】 皇帝之仁惠慈爱。沈佺期《赦到不得归题江上石》:“天鉴诛元恶,宸慈恤远黎。”

【宸歌】 帝王之歌,喻指帝王之德政。李峤《奉和天枢成宴夷夏群僚应制》:“帝泽倾尧酒,宸歌掩舜弦。”

【宸算】 帝王之妙算、谋略。韦庄《和郑拾遗秋日感事一百韵》:“定难输宸算,胜灾减御粱。”

【宸輦】 御辇。皇帝之车驾。无名氏《观南郊回仗》:“候刻移宸辇,尊时集观台。”

【宸慮】 皇帝之思谋、筹谋。钱起《中书遇雨》:“济旱惟宸虑,为霖即上台。”卢纶《送崔邠拾遗》:“谏修郊庙开宸虑,议按休征浅瑞图。”

【宸賞】 帝王之游赏。徐彦伯《幸白鹿观应制》:“花洞留宸赏,还旗绕夕烟。”沈佺期《仙萼亭初成侍宴应制》:“山中气色和,宸赏第中过。”

【宸儀】 帝王出行之仪卫。韦安石《奉和九日幸临渭亭登高应制得枝字》:“重九开秋节,得一动宸仪。”

【宸翰】 ❶帝王所用之毛笔。贯休《詧光大师草书歌》:“好文天子挥宸翰,御制本多推玉案。”亦指中书舍人所用之笔。因其常用以起草皇帝诏书,故称。沈佺期《哭苏眉州崔司业二公》:“崔昔挥宸翰,苏尝济巨川。”刘禹锡《奉和中书崔舍人八月十五日夜玩月二十韵》:“静对挥宸翰,闲临襞彩笺。”❷帝王之笔迹,手书。上官昭容《驾幸三会寺应制》:“宸翰陪瞻仰,天杯接献酬。”薛存诚《御题国子监门》:“宸翰符玄造,荣题国子门。”❸帝王所作诗文。沈佺期《立春日内出彩花应制》:“花迎宸翰发,叶待御筵披。”李林甫《送贺监归四明应制》:“睿文含日月,宸翰动云烟。”袁晖《奉和圣制送张尚书巡边》:“离章宸翰发,祖宴国门开。”

【宸機】 皇帝之事务。宋之问《故赵王属赠黄门侍郎上官公挽词二首》之二:“绿车随帝子,青琐翊宸机。”

【宸聰】 帝王之听闻。权德舆《送崔谕德致政东归》:“直道侍太子,昌言沃宸聪。”郑嵎《津阳门诗》:“宸聪听览未终曲,却到人间迷是非。”无名氏《册上公太常奏雅乐》(卷七八七):“寂寥高曲尽,犹自满宸聪。”

【宸輿】 帝王所乘之车。王维《故太子太师徐公挽歌四首》之二:“谋猷为相国,翊戴奉宸舆。”

【宸豫】 帝王秋日外出巡游。魏谟《和重阳锡宴御制诗》:“四方无事去,宸豫杪秋来。”

【宸襟】 ❶帝王之心怀,亦指帝王之思虑。许敬宗《奉和秋日即目应制》:“乃眷情何极,宸襟豫有旃。”宋之问《夏日仙萼亭应制》:“睿藻光岩穴,宸襟洽薜萝。”苏味道《嵩山石淙侍宴应制》:“天洛宸襟有余兴,裴回周矚驻归銮。”李绅《趋翰苑遭诬构四十六韵》:“尧门信未孚”自注“敬宗即位之初,遭逢吉等诬构,宸襟未察,衔怨遂深。”❷借指帝王。李敬玄《奉和别越王》:“飞盖回兰坂,宸襟伫柏梁。”李商隐《思贤顿》:“宸襟他日泪,薄暮望贤西。”

【宸贈】 君主所赠。许景先《奉和圣制送张尚书巡边》:“赏延颁赐重,宸赠出车荣。”

【宸嚴】 帝王之威严。裴漭《前相国赞皇公十四首奉寄》之十一:“宸严再临,俾抚百城。”

【宸藻】 帝王所作之诗文。沈佺期《奉和洛阳玩雪应制》:“宸藻光盈尺,赓歌乐岁丰。”苏颋《奉和圣制答张说出雀鼠谷》:“更知西向乐,宸藻协盐梅。”徐知仁《奉和圣制送张说巡边》:“北阙纡宸藻,南桥列祖筵。”

【宸矚】 帝王之瞩目、赏鉴。刘祎之《酬郑沁州》:“缉图昭国典,按部留宸瞩。”许敬宗《奉和过慈恩寺应制》:“梵境留宸瞩,掞发丽天才。”徐彦伯《游禁苑幸临渭亭遇雪应制》:“琼树留宸瞩,璇花入睿词。”

家[1] 〔jiā《广韵》古牙切,平麻,見。〕❶家宅;人之住房。刘长卿《奉和杜相公新移长兴宅呈元相公》之一:“窗闻汉宫漏,家识杜陵源。”白居易《伤唐衢二首》之一:“同宿李翱家,一言如旧识。”刘沧《晚春宿僧院》:“萧寺春风正落花,淹留数宿惠休家。”亦喻指禽兽之栖宿处、窠巢。陆龟蒙《问吴宫辞》:“波摇疏兮雾濛箔,菡萏国兮鸳鸯家。”❷家庭。长孙无忌《新曲二首》之一:“依阿家住朝歌下,早传名。”杜甫《后出塞五首》之三:“六合已一家,四夷且孤军。”张偁《辞房相公》:“辞君且作随阳鸟,海内无家何处归。”徐仲雅《赠齐己》:“我唐有僧号齐己,未出家时宰相器。”❸量词,用以计家庭之数。一户人家称“一家”。杜甫《三绝句》之二:“二十一家同入蜀,惟残一人出骆谷。”韩愈《出门》:“长安百万家,出门无所之。”❹家庭,宗族。储光羲《饯张七琚任宗城即环之季也》:“他日曾游魏,魏家余趾存。”李群玉《别尹炼师》:“吾家五千言,至道悬日月。”❺安家,居家于。王勃《倬彼我系》:“田彼河曲,家乎汾浦。”王维《哭祖六自虚》:“本家清渭曲,归葬旧茔边。”钱起《中书王舍人辋川旧居》:“几年家绝壑,满径种芳兰。”❻使成为一家,统一。许敬宗《奉和过旧宅应制》:“自尔家寰海,今兹返帝乡。”杜牧《题武关》:“今日圣神家四海,戍旗长卷夕阳中。”❼对人称本家之长辈亲戚。见“家兄”“家叔”。❽国家。李白《杂曲歌辞·行路难三首》之二:“君不见昔时燕家重郭隗,拥篲折腰无嫌猜。”❾王朝;朝代。顾况《杂曲歌辞·桃花曲》:“魏帝宫人舞凤楼,隋家天子泛龙舟。”窦庠《冬夜寓怀寄王翰林》:“汉家若欲论封禅,须及相如未病时。”李端《赠康洽》:“汉家尚壮今则老,发短心长知奈何。”文宗《上巳日赐裴度》:“我家柱石衰,忧来学丘祷。”❿门派;流派。杜甫《送从弟亚赴安西判官》:“兵法五十家,尔腹为箧笥。”⓫指某人。王贞白《御试后进诗》:“二十五家齐拔宅,人间已写上升名。”亦指某性之人。白居易《见殷尧潘侍御忆江南诗三十首因继和之》:“江南名郡数苏杭,写在殷家三十章。”⑫从事某一事业、行业之人。杜甫《赠郑十八贲》：“示我百篇文，诗家一标准。”又《醉歌行赠公安颜少府请顾八题壁》：“诗家笔势君不嫌，词翰升堂为君扫。”白居易《观刈麦》：“田家少闲月，五月人倍忙。”⑬担任某种官府职务之人。韩愈《八月十五夜赠张功曹》：“州家申名使家抑，坎轲只得移荆蛮。”⑭犹言种、样。白居易《听琵琶妓弹略略》：“莫欺江外手，别是一家声。”李商隐《寄恼韩同年二首》：“龙山晴雪凤楼霞，洞里迷人有几家。”⑮名词词尾。置人称代词或表人之名词后，无义。杜甫《吹笛》：“吹笛秋山风月清，谁家巧作断肠声。”于鹄《赠碧玉》：“霓裳禁曲无人解，暗问梨园弟子家。”司空图《力疾山下吴村看杏花十九首》之六：“侬家自有麒麟阁，第一功名只赏诗。”薛涛《柳絮》：“他家本是无情物，一任南飞又北飞。”

家² 〔gū《正字通》音姑。〕古时对女子的尊称。见大部“大家”。

【家人】 家庭中人。沈佺期有《答魑魅代书寄家人》。戴叔伦《再巡道永留别》：“从今不学四方事，已共家人海上期。”白居易《读史五首》之五：“富贵家人重，贫贱妻子欺。”沈彬《吊边人》：“白骨已枯沙上草，家人犹自寄寒衣。”

【家口】 家庭人口；家眷。沈佺期《答魑魅代书寄家人》：“兴言叹家口，何处待赢粮。”白居易《诏授同州刺史病不赴任因咏所怀》：“野心惟怕闹，家口莫愁饥。”姚合《赠终南山傅山人》：“生涯枯叶下，家口乱云中。”

【家山】 借指家乡。则天皇后《游九龙潭》：“故验家山赏，惟有风入松。”钱起《送李栖桐道举擢第还乡省侍》：“莲舟同宿浦，柳岸向家山。”韩常侍《忆山泉》：“情多不似家山水，夜夜声声旁枕流。”白居易《除夜寄微之》：“家山泉石寻常忆，世路风波子细谙。”

【家天下】 指帝王将天下作为自家私产。语本《礼记·礼运》。元稹《有酒十章》之三：“家天下耶，荣后嗣耶。于后嗣之荣则可耶，于天下之荣其可耶。”鲍溶《长城》：“奈何家天下，骨肉尚无恩。”亦指国家统一、天下一家。陆龟蒙《算山》：“何如今日家天下，阊阖门临万国开。”

【家世】 家族之世系、门第。孟浩然《书怀贻京邑同好》：“维先自邹鲁，家世重儒风。”秦韬玉《贵公子行》：“斗鸡走狗家世事，抱来皆佩黄金鱼。”

【家田】 百姓自家之田地。白居易《观刈麦》：“家田输税尽，拾此充饥肠。”韦庄《虢州涧东村居作》：“试望家田还自适，满畦秋水稻苗平。”

【家兄】 对人称自己之兄长。高骈有《塞上寄家兄》。

【家丘】 “东家丘”之省称。见《文选·陈琳〈为曹洪与魏文帝书〉》。后遂以喻指尚未被人了解其真实价值之人。高适《别从甥万盈》：“宅相予偏重，家丘人莫轻。”

【家生】 奴婢在主人家所生之子女称“家生”。无名氏《五言白话诗》之四：“唤女作家生，将儿作奴使。”

【家代】 家世。唐讳“世”字，改用“代”。苏颋《故高安大长公主挽词》：“孟孙家代宠，元女国朝封。”崔颢《江畔老人愁》：“自言家代仕梁陈，垂朱拖紫三十人。”

【家母】 对人称自己的母亲。无名氏《五言白话诗》之六：“儿替阿耶来，新妇替家母。”

【家老】 家长；家中之尊长。李贺《春归昌谷》：“少健无所就，入门愧家老。”

【家臣】 ❶春秋各诸侯国卿大夫之臣属。亦泛指诸侯、王公之僚佐。顾况《寄上兵部韩侍郎奉呈李户部卢刑部杜三侍郎》：“国士分如此，家臣亦依然。”李贺《荣华乐》：“绣段千寻贻皂隶，黄金百镒贶家臣。”周昙《咏史诗·春秋战国门·豫让》：“门客家臣义莫俦，漆身吞炭不能休。”❷家僮；属员。杜甫《行官张望补稻畦水归》：“主守问家臣，分明见溪伴。”

【家邦】 家与国。亦泛指国、国家。周昙《咏史诗·春秋战国门·再吟智伯》：“攻城来下惜先分，一旦家邦属四邻。”《郊庙歌辞·汉宗庙乐舞辞·积善舞》：“造我家邦，斡我璿衡。”

【家宅】 住宅。张籍《樵客吟》：“松柏生枝直且坚，与君作屋成家宅。”

【家具】 家用器具。孟郊《借车》：“借车载家具，家具少于车。”无名氏《五言白话诗》之五（外编下）：“频年勤生儿，不肯收家具。”

【家私】 ❶家中之私事。刘驾《唐乐府十首·输者讴》：“力尽心不怨，同我家私事。”❷家产、家财。张籍《送邵州林使君》：“知君不作家私计，迁日还同到日贫。”

【家君】 对人称自己的父亲。见《易·家人》。息夫牧《冬夜宴萧十丈因饯殷郭二子西上》序：“冬十有二月，家君宰邑许下。”

【家林】 家有之林木、林园。(1)借指家乡。耿湋《巴陵逢洛阳邻舍》：“又说家林尽，凄伤泪满衣。”雍陶《和刘补阙秋园寓兴六首》之三：“自得家林趣，常时在外稀。”方干《将谒商州吕郎中道出楚州留献章中丞》：“江流盘复直，浮棹出家林。”张蠙《送友人及第归》：“家林沧海东，未晓日先红。”(2)借反映家宅、家园。张乔《送韩处士归少室山》：“他年瀑泉下，亦拟置家林。”(3)喻指家中子弟。权德舆《酬陆四十楚源春夜宿虎丘山对月寄梁四敬之兼见贻之作》:“悬圃尽琼树,家林轻桂枝。”

【家事】 家中之事情、事务。刘长卿有《秦系顷以家事获谤感其流寓诗以赠之》。白居易《在家出家》:“衣食支吾婚嫁毕,从今家事不相仍。”陆龟蒙《村夜二篇》之一:“吾家在田野,家事苦辽夐。”

【家叔】 对人称自己的叔父。卢象有《家叔征君东溪草堂二首》。韦庄有《家叔南游却归因献贺》。

【家舍】 家宅。家庭之住房。储光羲《同王十三维偶然作十首》之八:“不道无家舍,效他养妻子。”元稹《连昌宫词》:“两京定后六七年,却寻家舍行宫前。”白居易《自戏三绝句·身报心》:“是君家舍君须爱,何事论恩自说功。”

【家法】 师法。经学传授中代代师承的一家之法。权德舆《奉送孔十兄宾客承恩致政归东都旧居》:“家法遥传阙里训,心源早逐嵩丘侣。”徐铉《和歙州陈使君见寄》:“韬钤家法在,儒雅素风存。”

【家門】 ❶借反映家人。李贺《题归梦》:“家门厚重意,望我饱饥腹。”❷犹家族、家世。杜牧《嘲妓》:“盘古当时有远孙,尚令今日逞家门。”

【家居】 家宅,家舍。白居易《无长物》:“莫讶家居窄,无嫌活计贫。”

【家政】 家庭之管理工作。崔颢《澄水如鉴》:“廉慎传家政,流芳合古今。”

【家信】 传送家书之信使。亦指家人之信件。周朴《寄塞北张符》:“那堪朔烟起,家信正相离。”刘溉《赠窦丞》:“喜得逢君传家信,后会茫茫何处期。”崔橹《春晚泊船江村》:“家信不来春又晚,客程难尽水空流。”

【家食】 ❶自家食用之粮。王维《赠刘蓝田》:“晚田始家食,余布成我衣。”❷借指在家赋闲,不食俸禄。语出《易·大畜》:“不家食,吉。”孔颖达疏:“不使贤人在家自食,如此乃吉也。”耿湋《安邑王校书居》:“多君不家食,孰云事岩耕。”

【家風】 家庭风尚;家门之传统作风。许景先《征君宅》:“家风缅多尚,玄德谢无邻。”李嘉祐《送张惟俭秀才入举》:“以吾为世旧,怜尔继家风。”卢纶《送李绅》:“嵇康书论多归兴,谢氏家风有学名。”

【家計】 ❶关于家事之计划。引申指家政、家务。张籍《杂曲歌辞·别离曲》:“早知今日当别离,成君家计良为谁。”白居易《闲居偶吟招郑庶子皇甫郎中》:“家计不一问,园林聊自娱。”❷家庭生计。岑参《赠酒泉韩太守》:“俸钱尽供客,家计常清贫。”张籍《寄王六侍御》:“贵得药资将助道,肯嫌家计不如人。”李中《感秋书事》:“宦途憔悴雪生头,家计相牵未得休。”❸家产。陈裕《咏浑家乐二首》之二:“北郡南州处处过,平生家计一驴驮。”

【家庭】 庭院。李贺《出城别张又新酬李汉》:“讥笑断冬夜,家庭疏筱穿。”

【家音】 家信。寄给家人之书信。吕从庆《寄弟》:“函罢家音又拆看,添书绝句报平安。”

【家室】 家眷;家庭。李颀《赠苏明府》:“不复有家室,悠悠人世中。”杜甫《北征》:“杜子将北征,苍茫问家室。”贾岛《送沈秀才下第东归》:“东归家室远,掉辔时参差。”皮日休《三羞诗三首》之一:“苍惶出班行,家室不容别。”

【家財】 家庭之财产。白居易《开龙门八节石滩诗二首》之一:“振锡导师凭众力,挥金退傅施家财。”罗隐《夏州胡常侍》:“国计已推肝胆许,家财不为子孙谋。”吕岩《敲爻歌》:“寿同天地一愚夫,权物家财无主柄。”

【家徒】 家中之人。白居易《自喜》:“自喜天教我少缘,家徒行计两翩翩。”

【家訓】 家长对子孙后辈之训诫教诲。卢纶《题杨虢县竹亭》:“家训资风化,心源隐政能。”

【家家】 每家,每户。戎昱《入剑门》:“征战何年定,家家有画旗。”孟郊《终南山下作》:“家家梯碧峰,门门锁青烟。”朱庆余《自萧关望临洮》:“寺寺院中无竹树,家家壁上有弓刀。”刘象《鄴中感怀》:“忆得几家欢宴处,家家家业尽成灰。”

【家宴】 在家中举行宴会。薛能《子夜》:“嫖姚家宴敌吴王,子夜歌声满画堂。”

【家書】 家人之书信。孟浩然《登万岁楼》:“今朝偶见同袍友,却喜家书寄八行。”刘言史《偶题二首》之二:“中使不知何处住,家书莫寄向春州。”李绅《江亭》:“瘴江昏雾连天合,欲作家书更断肠。”崔涂《泛楚江》:“九重城外家书远,万里洲前客棹还。”

【家神】 旧传可保家庭平安之神。元稹《春分投简阳明洞天作》:“乡味尤珍蛤,家神爱事乌。”

【家規】 要求家人遵守的行为准则、规矩。韩愈《寄崔二十六立之》:“诸男皆秀朗,几能守家规。”

【家常】 ❶日常家居。王建《宫词一百首》之五一:“家常爱著旧衣裳,空插红梳不作妆。”❷僧人化缘用语。指日常饭食。齐己《寄山中叟》:“应笑晨持一盂苦,腥膻市里叫家常。”

【家累】 家眷,家属。李绅《趋翰苑遭诬构四十六韵》:“惊湫夜无虞”自注:“余在南中日,知家累以其年九月九日发衡州。”

【家國】 家与国。亦指国家。白居易《裴侍中晋公以集贤林亭即事诗三十六韵见赠辄广为五百言以伸酬献》:“岂若公今日,身安家国肥。”周贺《送郭秀才归金陵》:“夏后客堂黄叶多,又怀家国起悲歌。”汪遵

《望思台》："不忧家国任奸臣，骨肉翻为蓦路人。"

【家第】　宅第，家宅。戎昱《戏赠张使君》："如今野客无家第，醉处寻常是主人。"李益《答广宣供奉问兰陵居》："劳师问家第，山色是南邻。"

【家族】　❶同一姓氏而有血统关系的几辈人。皎然《送沈居士还太原》："辞官因世难，家族盛南朝。"❷家属。储光羲《晚霁中园喜赦作》："曛朗天宇开，家族跃以喜。"黄冠野夫《授马氏女诗》："若遇寇相凌，稳便抛家族。"

【家產】　家庭之财产。刘禹锡《武夫词》："家产既不事，顾盼自生光。"白居易《和答诗十首·和大觜乌》："此乌所止家，家产日夜丰。"

【家眷】　家属。寒山《诗三百三首》之八五："家眷实团圆，一呼百诺至。"

【家鄉】　故乡。祖辈以来世代居住之地。李颀《听董大弹胡笳声兼寄语弄房给事》："乌孙部落家乡远，逻娑沙尘哀怨生。"杜甫《无家别》："家乡既荡尽，远近理亦齐。"杨巨源《和侯大夫秋原山观征人回》："戍闲部伍分岐路，地远家乡寄旆旌。"许浑《西山草堂》："徒劳问归路，峰叠绕家乡。"

【家無四壁】　犹家徒四壁。谓家中贫困，空无一物。吴象之《少年行》："一掷千金浑是胆，家无四壁不知贫。"

【家貨】　私家之财物。韩愈《合江亭》："萧林迁神祠，买地费家货。"

【家集】　家人之著作集。杜牧《冬至日寄小侄阿宜诗》："家集二百编，上下驰皇王。"虚中《献郑都官》："代移家集在，身老诏书重。"

【家禽】　家养之禽。白居易《家园三绝》之三："何似家禽双白鹤，闲行一步亦随身。"贯休《春晚书山家屋壁二首》之二："水香塘黑蒲森森，鸳鸯鸂鶒如家禽。"

【家童】　家中之童仆。皇甫冉《闲居》："花落家童未扫，莺啼山客犹眠。"卢纶《中秋过独孤郊居》："开园过水到郊居，共引家童拾野蔬。"白居易《归履道宅》："驿吏引藤舆，家童开竹扉。"陆龟蒙《袭美以巨鱼之半见分因以酬谢》："今朝最是家童喜，免泥荒畦掇野蔬。"

【家尊】　称别人的父亲。韩愈《送进士刘师服东归》："携持令名归，自足贻家尊。"

【家業】　犹家产。李贺《出城别张又新酬李汉》："赵壹赋命薄，马卿家业贫。"许彬《归山夜发湖中》："北归家业就，深处更逾年。"刘象《鄴中感旧》："忆得几家欢宴处，家家家业尽成灰。"

【家園】　家庭之园林。皎然《顾渚行寄裴方舟》："家园不远乘露摘，归时露彩犹滴沥。"亦借指家乡。刘禹锡《酬乐天请裴令公开春加宴》："二室烟霞成步障，三川风物是家园。"白居易《送萧处士游黔南》："生计抛来诗是业，家园忘却酒为乡。"薛能《送胡澳下第归蒲津》："岁月终荣在，家园近且归。"

【家道】　家庭之境遇，多指家业状况。皮日休《鲁望以花翁之什见招因次韵酬之》："不知家道能多少，只在句芒一夜风。"

【家資】　家庭之资财，家产。白居易《渭村退居寄礼部崔侍郎诗一百韵》："生计虽勤苦，家资甚渺茫。"又《吾庐》："莫道两都空有宅，林泉风月是家资。"皮日休《奉和鲁望病中秋怀次韵》："因分鹤料家资减，为置僧餐口数添。"

【家甞】　即"家常"。尝，"常"之讹字。僧人化缘用语，指家常饭食。王梵志《诗》之九〇："师僧来乞食，必莫惜家尝。"

【家僮】　同"家童"。储光羲《狱中贻姚张薛李郑柳诸公》："妻子垂涕泣，家僮日奔走。"白居易《放鱼》："晓日提竹篮，家僮买春蔬。"卢延让《旅舍言怀》："名纸毛生五门下，家僮骨立六街中。"

【家諜】　家谱。记载家族世系之谱谍。权德舆《奉酬从兄南仲见示十九韵》："德辉霭家谍，侯籍推时功。"范传正《范成君击洞阴磬》："为祥家谍久，偏识洞阴名。"

【家慶】　❶"拜家庆"之省称。久别归家拜见尊亲称拜家庆。卢象《八月十五日象自江东止田园移庄诗三首》："上堂家庆毕，愿与亲姻迩。"❷家中喜庆之事。杜荀鹤《赠张员外儿》："天生便是成家庆，年长终为间世才。"

【家蔬】　自家种植之蔬菜。刘长卿《过鹦鹉洲王处士别业》："问人寻野笋，留客馈家蔬。"

【家醞】　家庭自酿之酒。杜甫《王十七侍御抡许携酒至草堂奉寄请邀高三十五使君同到》："绣衣屡许携家酝，皂盖能忘折野梅。"白居易《香山寺二绝》之一："家酝满瓶书满架，半移生计入香山。"又《与梦得沽酒闲饮且约后期》："更待菊黄家酝熟，共君一醉一陶然。"

【家學】　世代家传之学。刘禹锡《闻董评事疾因以书赠》："繁露传家学，青莲译梵书。"又《衢州徐员外使君遗以缟纻兼竹书箱因成一篇用答佳贶》："远放歌声分白纻，知传家学与青箱。"

【家緣】　犹家业、家产。吕岩《沁园春》词："劝处少，把家缘弃了，海上来游。"

【家聲】　世代相传之家门声誉、名声。沈佺期《和户部岑尚书参迹枢揆》："盐梅和鼎食，家声众所归。"杜甫《送重表侄王砅评事使南海》："家声肯坠地，利器当秋毫。"张籍《送李仆射愬赴镇凤翔》："旌幢独继家声外，竹帛新添国史中。”郑谷《寄左省张起居》：“家声三相后，公事一人前。”

【家儲】 家中储存之粮。陆龟蒙《京口与友生话别》：“国计徒盈策，家储不满甑。”

【家藏】 （—cáng）私家收藏。陆龟蒙《奉和袭美二游诗·徐诗》：“直至沈范辈，始家藏简编。”

【家鷄】 ❶《太平御览》卷九一八引《晋书》：“（庾翼）书，少时与右军齐名，右军后进，庾犹不分，在荆州与都下人书云：‘小儿辈贱家鸡爱野鸡，皆学逸少书’。”后遂以“家鸡”喻指家传之书法。柳宗元《殷贤戏批书后寄刘连州并示孟仑二童》：“闻道近来诸子弟，临池寻已厌家鸡。”❷家中驯养之鸡。白居易《池鹤八绝句·鹤答鸡》：“不可遗他天下眼，却轻野鹤重家鸡。”苏拯《猎犬行》：“狡兔何曾擒，时把家鸡捉。”

【家屬】 眷属。家长以外之家人。王维《哭祖六自虚》：“候门家属苦，行路国人怜。”冯衮《戏酒妓》：“醉眼从伊百度斜，是他家属是他家。”

【家釀】 家庭自酿之酒。韩愈《岳阳楼别窦司直》：“开筵交履舄，烂漫倒家酿。”刘禹锡《裴侍郎大尹雪中遗酒一壶兼示喜眼疾平斐然仰酬》：“若倾家酿招来客，何必池塘春草生。”白居易有《家酿新熟每尝辄醉妻侄等劝令少饮因成长句以谕之》。

宵1 〔xiāo《广韵》相邀切，平宵，心。〕夜。长孙无忌《新曲二首》之二：“长愿今宵奉颜色，不爱吹箫逐凤皇。”李白《鲁郡尧祠送窦明府薄华还西京》：“酒中乐酣宵向分，举觞酹尧尧可闻。”李正封《咏露》：“宵润玉堂帘，曙寒金井索。”黄滔《出京别崔学士》：“欲逐飘蓬向岐路，数宵垂泪恋清芬。”

宵2 〔xiào《字彙》先弔切。〕通“肖”。类似，相像。见“宵形”。

【宵分】 中夜；夜半。张九龄《西江夜行》：“犹有汀洲鹤，宵分乍一鸣。”元稹《遭风二十韵》：“那知否极休征至，渐觉宵分曙气催。”李绅《泛五湖》：“举棹未宵分，维舟方日旰。”李群玉《中秋越台看月》：“宵分凭槛望，应合见蓬莱。”

【宵月】 夜月；夜晚之月光。赵嘏《昔昔盐·风月守空闺》：“绣户流宵月，罗帷坐晚风。”

【宵民】 小民；平民。李群玉《宵民》：“大雅无忧怨，宵民有爱憎。”

【宵光】 黎明之天光。虞世南《凌晨早朝》：“万瓦宵光曙，重檐夕雾收。”

【宵行】 （—xíng）夜行；夜间出行。李百药《咏萤火示情人》：“不辞逢露湿，只为重宵行。”阎朝隐《鹦鹉猫儿篇》：“钩爪锯牙也，宵行昼伏无以当，遇之兮忘味。”白居易《新乐府·缚戎人》：“昼伏宵行经大漠，云阴月黑风沙恶。”

【宵衣】 天未明即穿衣起床，形容勤于政务。许浑《秋日早朝》：“宵衣应待绝更筹，环佩锵锵月下楼。”李咸用《秋夕》：“吟余何所忆，圣主尚宵衣。”贯休《寿春进祝圣七首·文有武备》：“旰食炉烟细，宵衣隙月明。”

【宵衣旰食】 天未明即起床，天已黑方用餐。形容君主勤于国事而废寝忘食。玄宗《端午三殿宴群臣探得神字》序：“朕宵衣旰食，辑声教于万方；卜战行师。总兵钤于四海。”杜牧《闻开江相国宋下世二首》之二：“宵衣旰食明天子，日伏青蒲不为言。”来鹄《圣政纪颂》序：“以闻之而又亡之，则陛下徒有宵衣旰食之名，规天条地之绩，与群臣言后，若飙然拂冠过冕，湮时销日，无得用于后。”

【宵形】 指人。谓人之形像有似天地，故云，语本《汉书·刑法志》：“人宵天地之貌。”高适《留上李右相》：“恩荣初就列，含育忝宵形。”

【宵旰】 “宵衣旰食”之省称。杜甫《秋日夔府咏怀奉寄郑监李宾客一百韵》：“宵旰忧虞轸，黎元疾苦骈。”陆龟蒙《奉酬袭美先辈吴中苦雨一百韵》：“宵旰悯烝黎，谟明问征伐。”罗隐《淮南送李司空朝覲》：“圣君宵旰望时雍，丹诏西来雨露浓。”

【宵吟】 夜吟，谓夜间叹咏、创作诗文。皇甫镛《和武相公闻莺》：“不知台座宵吟久，犹向花窗惊梦声。”

【宵雨】 夜间之雨。张蠙《和友人许棠题宣平里古藤》：“昼风圆影乱，宵雨细声重。”

【宵直】 夜间值班。杨凝《和直禁省》：“宵直丹宫近，风传碧树凉。”白居易《酬和元九东川路诗十二首·夜深行》：“百牢关外夜行客，三殿角头宵直人。”

【宵征】 夜行。李白《自金陵溯流过白璧山玩月达天门寄句容王主簿》：“幽人停宵征，贾客忘早发。”吴筠《舟中夜行》：“榜人识江路，挂席从宵征。”

【宵柝】 巡夜所敲之梆声。李商隐《马嵬二首》之二：“空闻虎旅传宵柝，无复鸡人报晓筹。”又《昭肃皇帝挽歌辞三首》之二：“玉塞惊宵柝，金桥罢举烽。”

【宵蚋】 夜间之蚊蚋。韩愈、孟郊《纳凉联句》：“昼蝇食案繁，宵蚋肌血渥。”

【宵唤】 夜之吟唤。指夜间所闻外界诸声。上官仪《奉和颍川公秋夜》：“千秋流夕景，万籁含宵唤。”

【宵宴】 夜宴。白居易《自罢河南已换七尹偶题西壁兼呈韦尹常侍》：“暖阁谋宵宴，寒庭放晚衙。”

【宵祲】 夜之寒气。韩愈《同宿联句》：“曦光霁曙物，景曜铄宵祲。”

【宵程】 夜间之行程。权德舆《送韦中丞奉使新罗》："斗柄辨宵程，天琛宜昼赏。"

【宵寐】 夜眠，夜梦。吕温《奉敕祭南岳十四韵》："鸣涧惊宵寐，清猿递时刻。"

【宵暉】 指月亮。元稹《春六十韵》："昼漏频加箭，宵晖欲半弓。"

【宵遁】 夜间逃跑。白居易《和渭北刘大夫借便秋遮虏寄朝中亲友》："夏苗侵虎落，宵遁失蕃营。"

【宵會】 （—huì）夜间聚会、宴会。李端《杂诗》："主第辞高饮，石家赴宵会。"

【宵話】 夜语，夜谈。元稹《郎亭月》序："忆得崔生好持确论，每于宵话之中，常曰：'人生昼务夜安，步月闲行，吾不与也。'"

【宵游】 夜间游赏。徐凝《正月十五夜呈幕中诸公》："宵游二万七千人，独坐重城圈一身。"

【宵煙】 夜晚之烟雾。太宗《三层阁上置音声》："绮筵移暮景，紫阁引宵烟。"

【宵夢】 夜梦；睡梦。窦群《晨游昌师院》："生期半宵梦，忧绪仍非一。"李德裕《上巳忆江南禊事》："为忆渌江春水色，更无宵梦向吴州。"贾岛《送南卓归京》："入城宵梦后，待漏月沉时。"

【宵魄】 夜月，月亮。韩愈《会合联句》："夏阴偶高庇，宵魄接虚拥。"

【宵漏】 夜间刻漏滴水之声。亦代指夜晚。漏，刻漏。古代以滴水计时之器。韦应物《夏至避暑北池》："昼晷已云极，宵漏自此长。"窦常《立春后言怀招汴州李匡衙推》："初惊宵漏丁丁促，已觉春风习习和。"

【宵態】 夜眠之睡姿。张籍《宛转行》："妍姿结宵态，寝臂幽梦长。"

【宵濟】 夜渡。孟浩然《将适天台留别临安李主簿》："定山既早发，渔浦亦宵济。"李白《纪南陵题五松山》："归来归去来，宵济越洪波。"

【宵鞭】 借指夜行之马。孟郊《寄陕府邓给事》："病书凭昼日，驿信寄宵鞭。"

【宵襟】 借指夜间之思绪、情怀。杨衡《夷陵郡内叙别》："荆台理晨辙，巫渚疑宵襟。"

【宵鐘】 夜间之钟声。李峤《夏晚九成宫呈同僚》："一枰移昼景，六著尽宵钟。"杜审言《秋夜宴临津郑明府宅》："露白宵钟彻，风清晓漏闻。"陆贽《禁中春松》："高枝分晓日，虚吹杂宵钟。"

【宵露】 夜露，露水。郑师贞《日暖万年枝》："宵露犹残润，薰风更共吹。"裴杞《风光草际浮》："叶似翻宵露，丛疑扇夕阳。"

宴 〔yàn《广韵》於甸切，去霰，影。又於殄切，上銑，影。〕❶安闲；闲常。见"宴居""宴休""宴語"。❷休息，憩息。见"宴寝"。❸安定；太平。见"宴如"。❹宴会。刘长卿《晦日陪辛大夫宴南亭》："月晦逢休浣，年光逐宴移。"刘禹锡《八月十五夜半云开因书一时之景寄呈乐天》："斜辉犹可玩，移宴上西楼。"李谨言《水殿抛球曲二首》之一："侍宴黄昏晓未休，玉阶夜色月如流。"李舜弦《随驾游青城》："只恐西追王母宴，却忧难得到人间。"❺设宴，举办宴会。崔国辅《题预章馆》："向晚宴且久，孤舟冋然逝。"李白《将进酒》："陈王昔时宴平乐，斗酒十千恣欢谑。"元稹《晚宴湘亭》："晚日宴清湘，晴空走艳阳。"❻宴请，设宴招待。太宗《冬宵各为四韵》："雕宫静龙漏，绮阁宴公侯。"李白《口号吴王美人半醉》："风动荷花水殿香，姑苏台上宴吴王。"皎然《春夜与诸公同宴呈陆郎中》："南国宴佳宾，交情老倍亲。"

【宴休】 公余闲居休憩之时。杨於陵《郡斋有紫薇双本迥无其伦予嘉其美而能久因诗纪述》："簿领幸无事，宴休谁与娱。"

【宴如】 安然平静貌。权德舆《奉和圣制重阳日中外同欢以诗言志因示百僚》："百辟皆醉止，万方今宴如。"

【宴安】 犹逸乐，谓安逸享乐。白居易《新制绫袄成感而有咏》："宴安往往欢侵夜，卧稳昏昏睡到明。"

【宴豆】 饮宴时所用盛食品之器。权德舆《八音诗》："匏居容宴豆，儒室贵环堵。"

【宴别】 犹饯别。王丘《奉和圣制送张尚书巡边》："赠行光睿什，宴别感宸衷。"

【宴私】 公余之闲憩游宴。徐晶《赠温驸马汝阳王》："忆昨陪临泛，于今阻宴私。"

【宴位】 宴饮之席位。孟郊《与王二十一员外涯游枋口柳溪》："宴位席兰草，滥觞惊凫鹭。"张籍《新城甲仗楼》："暑雨熇烝隔，凉风宴位留。"

【宴坐】 ❶佛家语。指坐禅。孙逖《送新罗法师还国》："苦心归寂灭，宴坐得精微。"李白《庐山东林寺夜怀》："宴坐寂不动，大千入毫发。"元稹《悟禅三首寄胡杲》之二："病宜多宴坐，贫似少攀缘。"李群玉《湘中别成威阇黎》："游心杳何境，宴坐入冥默。"❷泛指静坐、闲坐。白居易《病中宴坐》："宴坐小池畔，清风时动襟。"李煜《病中书事》："病身坚固道情深，宴坐清香思自任。"

【宴言】 从容之言；安然闲谈。钱起《过沈氏山居》："空林留宴言，永日清耳目。"又《赠李十六》："自尔宴言后，至今门馆清。"

【宴幸】 谓帝王临幸宴游。司空图《华清宫》："帝业山河固，离宫宴幸频。"

【宴居】 平日闲居，多指公余之时。权德舆《伏蒙十六叔寄示喜庆感怀三十韵因献之》："筮仕就色养，宴居忘食贫。”

【宴衎】　宴饮欢乐。马怀素《夜宴安乐公主宅》：“复道中宵留宴衎，弥令上客想踟蹰。”杜甫《陪诸公上白帝城宴越公堂之作》：“英灵如过隙，宴衎愿投胶。”

【宴洽】　犹言欢宴，谓宴饮欢洽。李峤《汾阴行》：“欢娱宴洽赐群后，家家复除户牛酒。”

【宴息】　休息；憩息。孟浩然《游景空寺兰若》：“宴息花林下，高谈竹屿间。”杜甫《太平寺泉眼》：“广深丈尺间，宴息敢轻侮。”羊士谔《斋中有兽皮茵偶成咏》：“卧阁幸相宜，温然承宴息。”

【宴席】　酒宴，酒席。杜审言《赠崔融二十韵》：“琴樽横宴席，岩谷卧词场。”岑参《醴泉东溪送程皓元镜微入蜀》：“溪逼春衫冷，林交宴席寒。”白居易《小童薛阳陶吹觱栗歌》：“明旦公堂陈宴席，主人命乐娱宾客。”

【宴宴】　安居貌。孟郊《哀孟云卿嵩阳荒居》：“戚戚抱幽独，宴宴沉荒居。”

【宴娱】　宴饮娱乐。高适《真定即事奉赠韦使君二十八韵》：“起草征调墨，焚香即宴娱。”

【宴喜】　宴饮喜乐。裴漼《奉和圣制送张说上集贤学士赐宴》：“宴喜明时洽，光辉湛露凝。”萧颖士《江有枫一篇十章》之四：“君子游焉，于以宴喜，其乐亹亹。”权德舆《六府诗》：“金罍映玉俎，宾友纷宴喜。”

【宴睨】　设宴供奉。魏征《郊庙歌辞·五郊乐章·雍和》：“式资宴睨，用调霜序。”

【宴集】　宴饮聚会。李洞《送龙州田使君旧诗家》：“无心陪宴集，吟苦忆京师。”

【宴飫】　犹宴饮；宴会。白居易《新乐府·骊宫高》：“八十一车千万骑，朝有宴饫暮有赐。”

【宴飲】　设宴饮酒。萧颖士《菊荣一篇五章》之四：“良辰旨酒，宴饮无算。”

【宴會】　聚会宴饮。李泌《奉和圣制曲江宴百僚》：“轩车双阙下，宴会曲江滨。”杜甫《陪章留后惠义寺饯嘉州崔都督赴州》：“羁旅惜宴会，艰难怀友朋。”李建勋《雪有作》：“未白已堪张宴会，渐繁偏好去帘栊。”吕岩《七言》之一〇三：“恰值嫦娥排宴会，瑶浆新熟味氤氲。”

【宴游】　宴饮游乐。杜审言《和韦承庆过义阳公主山池五首》之三：“宴游成野客，形胜得仙家。”杜甫《简吴郎司法》：“古堂本买藉疏豁，借汝迁居停宴游。”独孤良弼《上巳接清明游宴》：“吁嗟名未立，空咏宴游诗。”花蕊夫人徐氏《宫词》之九六：“梨园子弟簇池头，小乐携来候宴游。”

【宴筵】　宴会，酒筵。刘孝孙《冬日宴于庶子宅各赋一字得鲜》：“解襟游胜地，披云促宴筵。”

【宴語】　宴会时共语；闲谈。杜甫《移居公安敬赠卫大郎钧》：“白头供宴语，乌几伴栖迟。”钱起《淮上别范大》：“穷年将别离，寸晷申宴语。”权德舆《送黔中裴中承阁老赴任》：“宴语睽兰室，辉荣亚柏台。”张籍《董公诗》：“端居任僚属，宴语常从容。”

【宴寢】　寝室，起居休息之室。韦应物《郡斋雨中与诸文士燕集》：“兵卫森画戟，宴寝凝清香。”白居易《文柏床》：“朝为风烟树，暮为宴寝床。”

【宴賞】　设宴赏饮。魏元忠《修书院学士奉敕宴梁王宅》：“大君敦宴赏，万乘下梁园。”孙逖《奉和李右相赏会昌林亭》：“地胜林亭好，时清宴赏频。”杜甫《陪王侍御宴通泉东山野亭》：“异方同宴赏，何处是京华。”

【宴慰】　宴居，闲居。刘长卿《题冤句宋少府厅留别》：“一言重然诺，累夕陪宴慰。”

【宴樂】　（—lè）❶宴饮行乐。崔日用《奉和人日重宴大明宫恩赐彩缕人胜应制》：“新年宴乐坐东朝，钟鼓铿锽大乐调。”杜审言《和韦承庆过义阳公主山池五首》之二：“犹言宴乐少，别向后池塘。”储光羲《同诸公秋霁曲江俯见南山》：“大君及群臣，宴乐方嘤鸣。”《嫁女诗》（卷八六二）：“自从频见市朝改，元复瑶池宴乐心。”❷（—yuè）古代内廷之音乐，即雅乐。王维有《大同殿柱产玉芝龙池上有庆云神光照殿百官共睹圣恩赐宴乐敢书即事》。

【宴醑】　犹宴饮。萧颖士《江有枫一篇十章》之五：“君子居焉，惟以宴醑，其乐徐徐。”

【宴錫】　宴赏，设宴赐赏。张九龄《奉和圣制赐诸州刺史以题座右》：“岂徒任遇重，兼尔宴锡繁。”

【宴餞】　犹宴饮。徐彦伯《送特进李峤入都祔庙》：“绸缪金鼎席，宴饯玉潢川。”

【宴鎬】　为咏君臣饮宴之典。见《诗·小雅·鱼藻》。李适《帝幸兴庆戏竞渡应制》：“横汾宴镐欢无极，歌舞年年圣寿杯。”张说《奉和圣制暇日与兄弟同游兴庆宫作应制》：“汉武横汾阳，周王宴镐年。”王维《大同殿柱产玉芝即事》：“欲笑周女歌宴镐，遥轻汉武乐横汾。”杨巨源《春日奉献圣寿无疆词十首》之三：“戈偃征苗后，诗传宴镐初。”

容　〔róng《广韵》餘封切，平锺，以。〕❶容纳。盛放。王维《送杨长史赴果州》：“褒斜不容幰，之子去何之。”常非月《咏谈容娘》：“不知心大小，容得许多怜。”韩愈《洞庭湖阻风赠张十一署》：“相去不容步，险如碍山丘。”白居易《寄两银榼与裴侍郎因题两绝句》之二：“小器不知容几许，襄阳米贱酒升宽。”亦指接受，不排斥。魏万《金陵酬李翰林谪仙子》：“才高世难容，道废可推命。”崔峒《赠窦十九》：“幸得汉皇容宜谏，怜君未遇觉人非。”李商隐《自桂林奉使江陵途中感怀寄献尚书》：“社内容周续，乡中保展禽。”徐夤《燕》：“雕鹗不容应不怪，栋梁相庇愿相依。”❷容许，许可。王维《游李山人所居因题屋壁》：“药倩韩康卖，门容尚子过。”刘长卿《对酒寄严维》：“郡简容垂钓，家贫学弄梭。”张籍《伤歌行》：“亲戚相逢不容语，辞成谪尉南海州。”吴融《三峰府内矮柏十韵》：“不容萝茑附，只耐雪霜侵。”❸宽容。孙元晏《咏史诗·齐·谢朏》：“此时忠节还希有，堪羡君王特地容。”❹容貌；美丽之容颜。李白《代别情人》：“我悦子容艳，子倾我文章。”戎昱《送吉州阎使君入道二首》之二：“冰容入镜纤埃静，玉液添瓶漱齿寒。”王建《斜路行》：“世间娶容非娶妇，中庭牡丹胜松树。”苏拯《金谷园》：“徒有绝世容，不能楼上死。”亦指佳人。徐夤《尚书筵中咏红手帕》：“鹤绫三尺晓霞浓，送与东家二八容。”❺容饰，装扮。贺知章《望人家桃李花》：“南陌青楼十二重，春风桃李为谁容。”韦应物《拟古诗十二首》之八：“慊慊情有待，赠芳为我容。”杜荀鹤《春宫怨》：“承恩不在貌，教妾若为容。”❻引荐、介绍。骆宾王《浮槎》：“徒怀万乘器，谁为一先容。”阎朝隐《奉和圣制春日幸望春宫应制》：“醉倒君前情未尽，愿因歌舞自为容。”见“先容”。❼状貌，气象。刘长卿《同郭参谋咏崔仆射淮南节度使厅前竹》：“蔼蔼军容静，萧萧郡宇宽。”李季何《立春日晓望三素云》：“薄影随风度，殊容向日分。”温庭筠《烧歌》：“谁知苍翠容，尽作官家税。”❽或许，也许。王建《看石楠花》：“明朝独上铜台路，容见花开少许时。”

【容才】　容纳才识之士。罗隐《重过三衢哭孙员外》：“不唯济物工夫大，长忆容才尺度宽。”

【容止】　仪容举止。刘庭琦《奉和圣制瑞雪篇》：“美人含笑出联翩，艳逸相轻斗容止。”韦应物《送杨氏女》：“孝恭遵妇道，容止顺其猷。”

【容光】　❶可容光亮照进之缝隙。语本《孟子·尽心上》：“日月有明，容光必照焉。”张九龄《奉和圣制赐诸州刺史以题座右》：“容光无不照，有象必为言。”❷仪容风采。陈子昂《同宋参军之问梦赵六赠卢陈二子之作》：“白云失处所，梦想暧容光。”萧颖士《舟中遇陆棣兄西归数日得广陵二三子书知迟晚次沙垫西岸作》：“故人江皋上，永日念容光。”杨巨源《赠张将军》：“关西诸将揖容光，独立营门剑有霜。”刘禹锡《酬令狐相公岁暮远怀见寄》：“容光一以间，梦想是耶非。”亦特指女子之姣好容颜。白居易《续古诗十首》之七：“容光未销歇，欢爱忽蹉跎。”❸景物风貌。刘禹锡《酬乐天闻新蝉见赠》：“碧树鸣蝉后，烟云改容光。”

【容曳】　迁延飘曳貌。王良士《南至日隔霜仗望含元殿炉烟》：“霏微双阙丽，容曳九门连。”

【容成子】　道教所奉之仙人，传为黄帝大臣，创制历法。《汉书·艺文志》录有《容成子》十四篇。薛令之《太姥山》：“为问容成子，刀圭乞驻颜。”

【容色】　❶容颜面貌。李白《送李青归南叶阳川》：“伯阳仙家子，容色如青春。”施肩吾《喜友再相逢》：“三十年前与君别，可怜容色夺花红。”李群玉《小弟艎南游近书来》：“笑言频梦寐，独立想容色。”❷特指女子美色，红颜。卢照邻《乐府杂曲·鼓吹曲辞·芳树》：“容色朝朝落，思君君不知。”张九龄《剪彩》：“姹女矜容色，为花不让春。”王翰《春女行》：“罗袖婵娟似无力，行拾落花比容色。”田娥《携手曲》：“行乐逶迤念容色，色衰只恐君恩歇。”亦借指美女、女色。崔颢《邯郸宫人怨》：“何知汉帝好容色，玉辇携登归建章。”刘禹锡《咏古二首有所寄》之一：“金屋容色在，文园词赋新。”❸表情，神色。韩愈《元和圣德诗》：“戚见容色，泪落入俎，侍祠之臣，助我恻楚。”李郢《茶山贡焙歌》：“使君忧民惨容色，就焙尝茶坐诸客。”❹风貌，景象。王勃《寒夜思友三首》之一：“久别侵怀抱，他乡变容色。”

【容衣】　亦称芝衣。即魂衣，供人祭奠先帝之冠，亦指皇后入敛时之寿衣。韩愈《大行皇太后挽歌词三首》之三：“画翣登秋殿，容衣入夜台。”

【容州】　唐州名。本隋合浦郡之北流县。贞观元年改为容州。即今广西北流县。郎士元有《送崔侍御往容州宣慰》。元稹《奉和窦容州》：“明公莫讶容州远，一路潇湘景气浓。”又《褒城驿二首》之一：“容州诗句在褒城，几度经过眼暂明。”贾岛《送张校书季霞》：“从京去容州，马在船上多。”

【容奸】　容纳庇藏奸邪。袁郊《月》：“后羿遍寻无觅处，谁知天上却容奸。”

【容足】　指面积仅可容下双足，借指狭小的立身之地。刘商《与于中丞》：“万顷荒林不敢看，买山容足拟求安。”杜牧《台城曲二首》之一：“谁怜容足地，却羡井中蛙。”罗邺《留献彭门郭常侍》：“层构尚无容足地，尺波宁有跃鳞时。”杜荀鹤《冬末自长沙游桂岭留献所知》：“四海内无容足地，一生中有苦心诗。”

【容身】　犹安身、存身。张籍《送辛少府任乐安》：“才多不肯浪容身，老大诗章转更新。”姚合《武功县中作三十首》之二六：“漫作容身计，今知拙有余。”司空图《证因亭》：“峰北幽亭愿证因，他生此地却容身。”灵澈《东林寺酬韦丹刺史》：“年老心闲无外事，麻衣草座亦容身。”

【容兒】　张祜之子。张祜《容儿钵头》：“两边角子羊门里，犹学容儿弄钵头。”

【容直】　容纳正直之人。刘长卿《瓜洲驿奉饯张侍御使之岭南时侍御先在淮南幕府》：“异议那容直，专权本畏弹。”

【容車】　❶丧葬之车，用以载运死者衣冠画像者。权德舆《大行皇太后挽歌词三首》之二:“容车攀望处,孺慕切皇情。”❷谓道路之宽窄可容纳车辆。岑参《与鲜于庶子自梓州同行至利州道中作》:“岩倾劣通马,石窄难容车。”

【容易】 ❶不费力,不费事。杜甫《枯柟》:“种榆水中央,成长何容易。”元结《寄源休》:“况当在兵家,言之岂容易。”孟郊《逢江南故昼上人会中郑方回》:“永谢平生言,知音岂容易。”温庭筠《简同志》:“留侯功业何容易,一卷兵书作帝师。”❷等闲,寻常。元稹《野节鞭》:“此遗不寻常,此鞭不容易。”皮日休《新秋言怀寄鲁望三十韵》:“等闲逢毒蠚,容易遇咆哮。”韦庄《旧居》:“青云容易散,白日等闲斜。”❸轻率,轻忽;不经心。寒山《诗三百三首》之九八:“凡事莫容易,尽爱讨便宜。”拾得《诗》之九:“不得生容易,依此学修行。”欧阳炯《本兰花》词:“儿家夫婿心容易,身又不来书不寄。”❹轻松自如,无滞碍。宋之问《下桂江龙目滩》:“停午出滩险,轻舟容易前。”杜甫《独立》:“飘飖搏击便,容易往来游。”白居易《旱热二首》之一:“端坐犹挥汗,出门岂容易。”胡幽贞《归四明》:“海色连四明,仙舟去容易。”亦指徐缓从容。杜甫《雨》:“前雨伤卒暴,今雨喜容易。”韩偓《夕阳》:“不管相思人老尽,朝朝容易下西墙。”❺谓时光流逝很快。熊皎《怀三茅道友》:“尘事何年解客嘲,十年容易到三茅。”❻谓事情发生的可能性大、频率高。戴叔伦《织女词》:“难得相逢容易别,银河争似妾愁深。”李益《轻薄篇》:“死生容易如反掌,得意失意由一言。”姚合《寄嵩岳程光范》:“相别何容易,相逢便岁年。”

【容舠】 可容纳小舟,形容水面极狭。李白《鸣皋歌送岑征君》:“洪河凌竞不可以径度,冰龙鳞兮难容舠。”又《下泾县陵阳溪至涩滩》:“白波若卷雪,侧足不容舠。”独孤及《喜辱韩十四郎中书兼封近诗示代书题赠》:“所叹在官成远别,徒言岏水才容舠。”

【容府】 唐岭南道容管经略使府之略称。曹唐有《奉送严大夫再领容府三首》。陈陶有《贺容府韦中丞大府贤兄新除黔南经略》。参见“容州”。

【容南】 指唐代容管经略使之辖地。即容州(今广西容县)一带。陈陶有《赠容南韦中丞》。

【容姿】 容貌姿色。温庭筠《鄠郊别墅寄所知》:“南塘遇新雨,百草生容姿。”

【容息】 ❶容于一息之间,形容时间极短。王昌龄《悲哉行》:“百年不容息,是处生意蔓。”❷谓可供栖息。沈鹏《寒蝉树》:“大干时容息,乔枝或借鸣。”

【容針】 放得进一根针,喻指极微小之地。顾况《杂曲歌辞·游子吟》:“立身计几误,道险无容针。”

【容彩】 姿容风采。李商隐《凤》:“万里峰峦归路迷,未判容彩借山鸡。”

【容容】 表多貌。德宗《元日退朝观军仗归营》:“历历趋复道,容容映层城。”

【容許】 ❶宽容许可。王建《初到昭应呈同僚》:“同官若容许,长借老僧房。”❷容或;或许。李商隐《赠送前刘五经映三十四韵》:“莫逾巾屦念,容许后升堂。”

【容華】 容颜;美好之姿容。董思恭《咏雪》:“良时竟何在,坐见容华销。”贺知章《望人家桃李花》:“徒言南国容华晚,遂叹西家飘落远。”姚合《惜别》:“桃李容华犹叹月,风流才器亦悲秋。”常浩《寄远》:“却念容华非昔好,画眉犹自待君来。”

【容衆】 能容纳下众人。形容心胸宽广、为人宽厚。元稹《有鸟二十章》之十四:“秋鹰欺小嫌不食,凤皇容众从尔随。”

【容媚】 水波柔媚清明貌。温庭筠《春洲曲》:“韶光染色如蛾翠,绿湿红鲜水容媚。”

【容飾】 妆饰打扮。白居易《新乐府·太行路》:“为君盛容饰,君看金翠无颜色。”

【容裔】 亦作“容滳”。行动自由自在、无滞碍貌。(1)旗帜自由飘摆貌。杜正伦《玄武门侍宴》:“参差歌管飏,容裔羽旗悬。”(2)鸟从容飞翔貌。储光羲《同王十三维偶然作十首》之五:“凤皇飞且鸣,容裔下天津。”(3)云彩自在漂移、舒卷自如貌。刘长卿《送薛据宰涉县》:“鸟倦自归飞,云闲独容滳。”(4)舟车行进无碍、从容自如貌。李颀《送刘主簿归金坛》:“云帆晓容裔,江日昼清和。”李端《送宋校书赴宣州幕》:“浮舟压芳草,容裔逐江春。”

【容與】 ❶盘桓、犹豫不前貌。虞世南《侍宴应诏赋韵得前字》:“芬芳禁林晚,容与桂舟前。”皇甫冉《庐山歌送至弘法师兼呈薛江州》:“释子去兮访名山,禅舟容与兮住仍前。”白居易《舒员外游香山寺数日不归兼辱尺书走笔题长句以赠之》:“轩骑逶迟棹容与,留连三日不能回。”❷随波浮动貌。白居易《题西亭》:“池鸟澹容与,桥柳高扶疏。”又《府中夜赏》:“舞袖飘飖棹容与,忽疑身是梦中游。”❸云彩自在漂浮貌。刘长卿《杪秋洞庭中怀亡道士谢太虚》:“空余白云在,容与随孤舟。”司空曙《送神》:“神之去,回风嫋嫋云容与。”苏拯《巫山》:“只今峰上云,徒自生容与。”亦指心情宽舒自如。韩翃《送山阴姚丞携妓之任兼寄苏少府》:“东风香草路,南客心容与。”❹形容歌声悠扬悦耳。李颀《采莲》:“浩唱发容与,清波生漪涟。”柳宗元《弘农公以硕德伟材屈于诬枉左官三岁复为大僚谨献诗五十韵以毕微志》:“留欢唱容与,要醉对清凉。”

【容髮】 容颜与鬓发。韦应物《拟古诗十二首》之一:“忧欢容发变,寒暑人事易。”又《拟古诗十二首》之八:“清镜理容发,褰帘出深重。”

【容輝】 容颜神采。王维《黄雀痴》:“凤凰九雏亦如此,慎莫愁思憔悴损容辉。”韦应物《酬元伟过洛阳夜燕》:“思怀方耿耿,忽得观容辉。”李端《慈恩寺怀旧》:“伊昔会禅宫,容辉在眼中。”张夫人《拜新月》:“昔年拜月逞容辉,如今拜月双泪垂。”

【容儀】 仪容,容貌仪态。骆宾王《畴昔篇》:“莫教憔悴损容仪,会得高秋云雾廓。”李白《上云乐》:“巉岩容仪,戍削风骨。”元稹《江陵三梦》:“依稀旧妆服,晻淡昔容仪。”程长文《狱中书情上使君》:“当年二八盛容仪,红笺草隶恰如飞。”

【容質】 容貌姿质。玄宗《答司马承祯上剑镜》:“写鉴表容质,佩服为身防。”白居易《曲江感秋二首》之一:“销沉昔意气,改换旧容质。”

【容德】 容貌与品德。李白《鞠歌行》:“人生容德不自保,圣人安用推天道。”白居易《续古诗十首》之五:“窈窕双鬟女,容德俱如玉。”

【容貌】 容颜相貌。寒山《诗三百三首》之一六九:“逢见一群女,端正容貌美。”孟郊《下第东南行》:“失意容貌改,畏途性命轻。”皇甫曙《立春日呈宫傅侍郎》:“不知容貌潜消落,且喜春光动物华。”冯待征《虞姬怨》:“君王是日无神彩,贱妾此时容貌改。”

【容範】 仪容风范。钱起《哭辛霁》:“音徽寂寂空成梦,容范朝朝无见时。”

【容衛】 仪卫。帝王或官员之仪仗、侍卫。李峤《汾阴行》:“五营夹道列容卫,三河纵观空里闾。”徐浩《谒禹庙》:“象筵陈玉帛,容卫俨戈矛。”顾况《宫词五首》之三:“玉阶容卫宿千官,风猎青旂晓仗寒。”皎然《项王古祠联句》:“英灵今寂寞,容卫尚森沈。”

【容潏】 见“容裔”。

【容膝】 容纳双膝,谓地方狭小仅可容身。卢鸿一《嵩山十志十首·草堂》序:“昭简易,叶乾坤之德。道可容膝休闲。”又《咏兴五首·四月池水满》:“吾亦忘青云,衡茅足容膝。”李绅《移九江》:“容膝有匡床,及肩才数堵。”

【容顏】 面容神色。崔湜《同李员外春闺》:“容颜离别尽,流恨满长城。”宜芬公主《虚池驿题屏风》:“沙塞容颜尽,边隅粉黛残。”韩愈《雪后寄崔二十六丞公》:“秩卑俸薄食口众,岂有酒食开容颜。”徐铉《寄萧给事》:“容颜别后应如故,诗咏年来更不闻。”

【容鬚】 容颜与须发。李绅《过梅里七首·上家山》:“昔去松桂长,今来容须老。”

【容鬢】 容颜与鬓发。岑参《北庭贻宗学士道别》:“容鬓老胡尘,衣裘脆边风。”韦应物《淮上即事寄广陵亲故》:“风波离思满,宿昔容鬓改。”李益《盐州过胡儿饮马泉》:“莫遣行人照容鬓,恐惊憔悴入新年。”赵嘏《宿何书记先辈延福新居》:“小榼提携终永日,半斑容鬓漫生愁。”

宰 〔zǎi《广韵》作亥切,上海,精。〕❶主宰;治理。宋璟《奉和圣制送张说巡边》:“宰国推良器,为军挹壮声。”孟郊《吊国殇》:“尧舜宰乾坤,器农不器兵。”白居易《喜雨》:“方知宰生灵,何异活草木。”李山甫《雨后过华岳庙》:“知君暗宰人间事,休把苍生梦里裁。”❷官员。亦特指县令。沈佺期《饯唐永昌》:“洛阳旧有神明宰,辇毂由来天地中。”李白《对酒醉题屈突明府厅》:“故人建昌宰,借问几时回。”戴叔伦《送谢夷甫宰余姚县》:“君去方为宰,干戈尚未销。”李商隐《偶成转韵七十二句赠四同舍》:“忆昔公为会昌宰,我时入谒虚怀待。”见“宰官”“宰輔”。❸任县令。李白《别中都明府兄》:“吾兄诗酒继陶君,试宰中都天下闻。”韩愈《县斋读书》:“出宰山水县,读书松桂林。”厉玄《送黄晔明府岳州湘阴赴任》:“恩沾ildren雪几人同,归宰湘阴六月中。”张乔《送龙门令刘沧》:“去宰龙门县,应思变化年。”❹宰杀,屠宰。拾得《诗》之二:“昨日设个斋,今朝宰六畜。”岑参《武威送刘单判官赴安西行营便呈高开府》:“军中宰肥牛,堂上罗羽觞。”李绅《过荆门》:“阴森鬼庙当邮亭,鸡豚日宰闻膻腥。”❺分割。见“宰割❷”。❻坟墓。见“宰樹”。

【宰牛】 ❶犹解牛。喻指为政精于治道,如庖丁解牛。邵谒《送徐群宰望江》:“为刀若不利,焉得宰牛名?”参阅《庄子·养生主》。❷杀牛。李白《将进酒》:“烹羊宰牛且为乐,会须一饮三百杯。”戴叔伦《行路难》:“白眼向人多意气,宰牛烹羊如折葵。”

【宰予】 字子我。春秋鲁人,孔子弟子。尝昼寝,孔子讥之,谓“朽木不可雕”。见《论语·公冶长》。事迹见《史记·孔子弟子列传》。李群玉《昼寐》:“筠桂晚萧疏,任人嘲宰予。”

【宰司】 掌领百官者。多指宰相、宰辅大臣。张说《奉和御制与宋璟源乾曜同日上官命宴东堂赐诗应制》:“赐釜同荣拜,拟金宴宰司。”

【宰臣】 皇帝之辅弼大臣;宰相。宋璟《奉和圣制答张说扈从南出雀鼠谷》:“四时宗伯叙,六义宰臣铺。”李颀《送司农崔丞》:“宰臣应记识,明主必迁官。”周昙《咏史诗·春秋战国门·郤成子》:“陈乐无欢璧在隅,宰臣怀智有微谟。”

【宰邑】 掌政县邑;任县令。李白《献从叔当涂宰阳冰》:“宰邑艰难时,浮云空古城。”李嘉祐《承恩量移宰江邑临鄱江怅然之作》:“谁言宰邑化黎庶,欲别云山如弟兄。”皮日休《奉献致政裴秘监》:“宰邑著嘉政,为郡留高致。”罗邺《赠东川梓桐县韦德孙长官》:“前代高门今宰邑,怀才重义古来无。”

【宰君】 对县令之敬称。郎士元《送大德讲时河东徐明府招》:“宰君迎说法,童子伴随缘。”刘兼《晨鸡》:"此日卑栖随饮啄,宰君驱我亦相驯。"

【宰制】 犹宰辅。钱起《李四劝为尉氏尉李七勉为开封尉》:"庙堂为宰制,几日试龙泉。"

【宰物】 为政治理民众。权德舆《奉和于司空兼呈李裴相公》:"宰物归心匠,虚中即化源。"

【宰府】 宰相之官府。罗隐《春晚寄钟尚书》:"宰府初开忝末尘,四年谈笑隔通津。"

【宰官】 宰相。孟郊《溧阳唐兴寺观蔷薇花同诸公饯陈明府》:"群官饯宰官,此地车马来。"亦泛指官吏。耿湋《题惟翰上人房》:"苦行无童子,忘机避宰官。"

【宰社】 主持对土地神之祭祀。周昙《咏史诗·前汉门·曲逆侯》:"一朝如得宰天下,必使还如宰社时。"

【宰相】 (—xiàng)辅佐帝王之最高行政长官。唐代为三省长官、同平章事。李白《登黄山凌歊台送族弟溧阳尉济充泛舟赴华阴》:"宰相作霖雨,农夫得耕犁。"王建《寄贺田侍中东平功成》:"府中独拜将军贵,门下兼分宰相权。"谭用之《赠索处士》:"山中宰相陶弘景,洞里真人葛稚川。"

【宰相器】 (—xiàng)宰相之才器、器度。徐仲雅《赠齐己》:"我唐有僧号齐己,未出家时宰相器。"

【宰執】 宰相;执掌大政之宰辅重臣。来鹄《圣政纪颂》序:"自永徽之后,宰执不正,窥伺是忌。"

【宰割】 ❶屠宰,宰杀。刘禹锡《有獭吟》:"天意不宰割,菲祭徒虔虔。"❷割据称霸。孟郊《和令狐侍郎郭郎中题项羽庙》:"当时独宰割,猛志谁能降。"

【宰輔】 宰相;辅弼大臣。储光羲《敬酬陈椽亲家翁秋夜有赠》:"仲举登宰辅,太丘荣缙绅。"徐夤《塔院小屋四壁皆是卿相题名因成四韵》:"题名尽是台衡迹,满壁堪为宰辅图。"金真德《太平诗》:"维岳降宰辅,维帝用忠良。"

【宰樹】 坟墓上之树。赵彦昭《哭仆射鄂公杨再思》:"坐叹公槐落,行闻宰树悲。"刘禹锡《王思道碑堂下作》:"苍苍宰树起寒烟,尚有威名海内传。"又《后梁宣明二帝碑堂下作》:"千行宰树荆州道,暮雨萧萧闻子规。"

【宰衡】 "周公为太宰,伊尹为阿衡"。见《汉书·平帝纪》颜师古注。后遂以"宰衡"指宰相。李白《书怀赠南陵常赞府》:"赖得契宰衡,持钧慰风俗。"

【宰嚭】 即伯嚭。春秋楚伯州黎之孙。为吴太宰,故称"太宰嚭"。越灭吴,被诛。事迹略见《史记·吴太伯世家》。崔道融《西施滩》:"宰嚭亡吴国,西施陷恶名。"贯休《读吴越春秋》:"宰嚭一言终杀伍,大夫七事只须三。"

八　画

寇〔kòu《广韵》苦候切,去候,溪。〕❶劫掠,侵夺。韩愈《南山诗》:"鱼虾可俯掇,神物安敢寇?"❷侵略,侵犯。贺朝《从军行》:"朔胡乘月寇边城,军书插羽刺中京。"贾至《出塞曲》:"传道五原烽火急,单于昨夜寇新秦。"钱起《寇中送张司马归洛》:"戎狄寇周日,衣冠适洛年。"李益《夜发军中》:"半夜军书至,匈奴寇六城。"❸敌人,入侵之敌兵。王光庭《奉和圣制送张说巡边》:"寇息军容偃,尘销朔野空。"杜甫《塞芦子》:"芦关扼两寇,深意实在此。"白居易《新乐府·城盐州》:"相看养寇为身谋,各握强兵固恩泽。"张乔《再书边事》:"万里沙西寇已平,犬羊群外筑空城。"❹盗匪。亦指叛军乱兵。李嘉祐《早秋京口旅泊章侍御寄书相问因以赠之时七夕》:"移家避寇逐行舟,厌见南徐江水流。"韩翃《送秘书谢监赴江西使幕》:"小寇不足问,新诗应渐清。"李益《过马嵬》:"汉将如云不直言,寇来翻罪绮罗恩。"林宽《送人宰浦城》:"东南犹阻寇,梨岭更谁登。"❺姓。唐诗人有寇坦等。

【寇十】 见"寇錫"。

【寇氏】 寇洋女,达奚珣夫人。王维有《达奚侍郎夫人寇氏挽词二首》。李颀有《达奚吏部夫人寇氏挽歌》。

【寇戎】 敌军,叛军。罗隐《岁除夜》:"岁月已如此,寇戎犹未平。"周昙《咏史诗·晋门·惠帝》:"蒙昧万机犹妇女,寇戎安得不纷披?"《郊庙歌辞·享节愍太子庙乐章·武舞作》:"武德谅雍雍,由来扫寇戎。"

【寇坦】 开元时人。曹州长史思远之孙,泚之子,锡之兄。曾官武卫骑曹参军。《全唐诗》卷一二〇录其诗二首。

【寇恂】 (?—36)字子翼,汉上谷昌平(今属北京)人。王莽时,为上谷郡功曹。刘秀起兵,拜为偏将军,号承义侯。事迹见《后汉书》本传。杜甫《奉寄章十侍御》:"湘西不得归关羽,河内犹宜借寇恂。"钱起《送张中丞赴桂州》:"寇恂朝望重,计日谒承明。"白居易《喜钱左丞再除华州以诗伸贺》:"那知不隔岁,重借寇恂来。"方干《睦州吕郎中郡中环溪亭》:"暂来此地非多日,明主那容借寇恂。"

【寇泚】 上谷昌平(今属北京)人。曹州长史思远之子。锡之父。《全唐诗》卷一〇一录其诗一首。

【寇填】 开元天宝时人,曹州长史思远之孙,锡之兄。《全唐诗》卷七七八录其诗一首。

【寇盗】 ❶盗贼,盗匪。白居易《凶宅》:"四者如寇盗,日夜来相攻。"李商隐《迎寄韩鲁州》:"寇盗缠三辅，莓台滑百牢。”刘驾《贾客词》：“寇盗伏其路，猛兽来相追。”❷谓盗贼攻掠侵城。罗隐《乱后逢友人》：“生灵寇盗尽，方镇改更贫。”曹邺《翠孤至渚宫寄座主相公》：“中肠自相伐，日夕如寇盗。”

【寇尊師】 疑即寇含光。常建有《听琴秋夜赠寇尊师》。

【寇賊】 盗匪；匪兵。韦应物《寄畅当》：“寇贼起东山，英俊方未闲。”

【寇鄧】 汉寇恂、邓禹之连称。二人辅助光武帝定天下。杜甫《述古三首》之三：“吾慕寇邓勋，济时信良哉。”

【寇錫】 (701—777)字子锡。擢监察御史，监岭南选事。迁殿中侍御史、膳部员外郎，终工部郎中。杜甫有《奉酬寇十侍御锡见寄四韵复寄寇》。

【寇騎】 敌军之骑兵。元稹《望云骓马歌》：“朱泚围兵抽未尽，怀光寇骑追行及。”王贞白《拟塞外征行》：“寇骑满鸡田，都护欲临边。”

【寇難】 (—nàn)兵匪战乱灾难。舒元舆《八月五日中部官舍读唐历天宝已来追怆故事》：“肃宗传宝图，寇难连年击。”郑薰《赠巩畴》序：“老氏毕业，而寇难作，与巩各散去，不知其何如。”郑谷《叙事感恩上狄右丞》：“寇难旋移国，漂离几听蛩。”

【寇讎】 敌寇；仇敌。杜甫《送韦十六评事充同谷郡防御判官》：“挺身艰难际，张目视寇仇。”吕温《岳阳怀古》：“宋齐纷祸难，梁陈成寇雠。”

寅 〔yín《广韵》翼真切，平真，以。又以脂切，平脂，以。〕❶地支之第三位。与天干相配，用以纪年、月、日。张说《皇帝降诞日集贤殿赐宴》：“瑞表壬寅露，光传甲子宵。”白居易《与诸客空腹饮》：“曲神寅日合，酒圣卯时欢。”温庭筠《会昌丙寅丰岁歌》：“丙寅岁，休牛马。风如吹烟，日如渥赭。”韦庄《岁除对王秀才作》：“雪向寅前冻，花从子后春。”❷恭敬。张说《唐封泰山乐章·寿和》：“烝烝我后，享献惟寅。”张充《梁郊祀乐章·庆熙》：“王恭无斁，严祀惟寅。”见“寅恭”。❸引导。见“寅賓”。

【寅卯】 ❶十二辰中之寅时、卯时。相当于清晨三点至七点钟。方干《送僧归日本》：“西方尚在星辰下，东域已过寅卯时。”❷干支纪年法中地支为寅或卯之年。《劝进疏引谶》之五(卷八七五)：“寅卯如欲定，龙蛇伏四方。”按此指唐建国之戊寅、己卯年。

【寅恭】 恭敬。许孟容《享文恭太子庙乐章·请神》：“祝道寅恭，神仪昭晰。”

【寅賓】 恭敬导引。语本《书·尧典》。任希古《和左仆射燕公春日端居述怀》：“星回应缇管，日御警寅宾。”

【寅緣】 沿着某物前行。白居易《咏兴五首·池上有小舟》：“寅缘潭岛间，水竹深青苍。”

【寅餞】 恭敬地饯别、送行。徐坚《奉和圣制送张说巡边》：“出郊开帐饮，寅饯盛离章。”王翰《奉和圣制送张尚书巡边》：“宠行流圣作，寅饯照台华。”

寄 〔jì《广韵》居羲切，去寘，見〕❶托付，委托。徐坚《奉和圣制送张说巡边》：“寄崇专斧钺，礼备设坛场。”严维《奉和皇甫大夫夏日游花严寺》：“禅庭未可恋，圣主寄苍生。”元稹《旱灾自咎贻七县宰同州时》：“上羞朝廷寄，下愧闾里民。”亦指接受重托负有重任之人。张九龄《登郡城南楼》：“谬忝为邦寄，多惭理人术。”❷凭借，依赖。太宗《元日》“巨川思欲济，终以寄舟航。”独孤及《送相里郎中赴江西》：“委输资外府，诹谋寄贤良。”崔峒《客舍有怀因呈诸在事》：“暮雪犹驱马，晡餐又寄人。”皎然《送赟上人还京》：“久游春草尽，还寄北船归。”❸依附；搭载。寒山《诗三百三首》之三四：“一虫从傍来，苦死欲求寄。”白居易《有木诗八首》之七：“托根附树身，开花寄树梢。”鲍溶《古意》：“女萝寄青松，绿蔓花绵绵。”❹羁旅；客居。王维《资圣寺送甘二》：“浮生信如寄，薄宦夫何有。”孟云卿《古挽歌》：“薤露歌若斯，人生尽如寄。”刘沧《旅馆书怀》：“秋看庭树换风烟，兄弟飘零寄海边。”❺寄放；寓存。常兖《代员将军罢战后归故里》：“雄剑依尘橐，兵符寄药囊。”元稹《邮竹》：“嚣静本殊途，因依偶同寄。”陆龟蒙《奉和袭美太湖诗二十首·投龙潭》：“掌职一不行，精灵又何寄。”亦指寄托思想感情。权德舆《月夜江行》：“幽兴惜瑶草，素怀寄鸣琴。”鱼玄机《感怀寄人》：“恨寄朱弦上，含情意不任。”❻托人带送、传递。王维《赠吴官》：“江乡鲭鲊不寄来，秦人汤饼那堪许。”李白《有所思》：“西来青鸟东飞去，愿寄一书谢麻姑。”张籍《寄衣曲》：“织素缝衣独苦辛，远因回使寄征人。”徐铉《附池州薛郎中书因寄歙州张员外》：“因附邻州寄消息，接舆今日信为狂。”❼寄赠；赠送。元稹《奉和浙西大夫李德裕述梦四十韵次本韵》：“近酬新乐录，仍寄续离骚。”贯休《闲居拟齐梁四首》之三：“山翁寄术药，幸得秋病可。”❽犹借。杜甫《杜鹃行》：“寄巢生子不自啄，群鸟至今与哺雏。”皮日休《访寂上人不遇》：“何处寻云暂废禅，客来还寄草堂眠。”

【寄人】 寄居于他人之家。李商隐《杨本胜说于长安见小男阿衮》：“寄人龙种瘦，失母凤雏痴。”

【寄世】 寄居于世上。司空曙《送严使君游山》：“酒杯同寄世，客棹任销年。”白居易《冬夜》：“兀然身寄世，浩然心委化。”许浑《盈上人》：“寄世何殊客，修身未到僧。”

【寄切】 谓寄托之希望深切。蒋冽《台中书怀》：“寄切才恨薄，职雄班匪大。”《郊庙歌辞·享节愍太子庙乐章·迎神》:"储后望崇,元良寄切。"

【寄内】 寄赠妻子,多用于诗题。刘兼有《江楼望乡寄内》。

【寄心】 寄托心意。崔曙《对雨送郑陵》:"寄心海上云,千里常相见。"

【寄目】 注目,注视。张说《幽州别阴长河行先》:"寄目云中鸟,留欢酒上歌。"皎然《苕溪草堂四十三韵》:"境净万象真,寄目皆有益。"

【寄生】 ❶依附其他树木生长之植物。张祜《江西道中作三首》之三:"落日啼乌桕,空林露寄生。"参见"寄生枝"。❷谓植物移植外地长生。白居易《六年秋重题白莲》:"本是吴州供进藕,今为伊水寄生莲。"

【寄生枝】 植物名。因寄生于他树之上,故名。李白《秋浦歌十七首》之八:"天倾欲堕石,水拂寄生枝。"

【寄立】 指立于他人之地。韩愈《题炭谷湫祠堂》:"寄立尺寸地,敢言来途艰。"

【寄耳】 犹倾耳、侧耳。谓注意倾听。孟郊《严河南》:"诗人偶寄耳,听苦心多端。"

【寄名】 挂名。白居易《分司洛中醉后狂吟偶成十韵因招梦得宾客兼呈思黯奇章公》:"寄名朝士籍,寓兴少年场。"

【寄宅】 在外在临地安置家宅。戴叔伦《同兖州张秀才过王侍御参谋宅赋十韵》:"因参戎幕下,寄宅湘川口。"

【寄安】 为求平安而寄居。韦庄《自孟津舟西上雨中作》:"百口寄安沧海上,一身逃难绿林中。"

【寄形】 寄托形骸。犹托身、置身。李白《古风》之四二:"寄形宿沙月,沿芳戏春洲。"白居易《琴茶》:"兀兀寄形群动内,陶陶任性一生间。"又《老病幽独偶吟所怀》:"已将身出浮云外,犹寄形于逆旅中。"

【寄住】 寄居;旅居。无名氏《五言白许诗》之八(外编下):"长命得八十,恰同寄住客。"

【寄身】 置身;托身。刘长卿《江州重别薛六柳八二员外》:"寄身且喜沧洲近,顾影无如白发何。"白居易《赠侯三郎中》:"老爱东都好寄身,足泉多竹少埃尘。"张贲《和鲁望白菊》:"雪彩冰姿号女华,寄身多是地仙家。"石召《送人归山》:"亦有栖闲意,何年可寄身。"

【寄言】 寄语;带话告知。王绩《古意六首》之四:"寄言悠悠者,无为嗟大耋。"李白《观放白鹰二首》:"寄言燕雀莫相啅,自有云霄万里高。"徐凝《杭州祝涛头二首》之一:"寄言飞白雪,休去打青山。"贯休《寄匡山纪公》:"寄言无别事,琢句似终身。"

【寄命】 谓生活有所依托。张九龄《和黄门卢监望秦始皇陵》:"黔首无寄命,赭衣相追逐。"

【寄泊】 寄居。徐夤《依韵赠南安方处士五首》之三:"无家寄泊南安县,六月门前也似冰。"

【寄泣】 寄泪水。谓寄托愁苦之情思。孟郊《闻夜啼赠刘正元》:"寄泣须寄黄河泉,此中怨声流彻天。"

【寄居】 离家而居住外乡或他人处。寒山《诗三百三首》之二〇九:"人身亦如此,阎浮是寄居。"许浑《再游姑苏玉芝观》:"高梧一叶下秋初,迢递重廊旧寄居。"卿云《秋日江居闲咏》:"寄居江岛边,闲咏见秋残。"

【寄信】 交人递送书信。贾岛《题朱庆余所居》:"寄信船一只,隔乡山万重。"孟宾于《怀连上旧居》:"城边寄信归云外,花下倾杯到日西。"

【寄食】 依赖他人接济维持生活。崔国辅《漂母岸》:"王孙初未遇,寄食何足论。"张渭《赠乔琳》:"去年上策不见收,今年寄食仍淹留。"卢纶《落第后归山下旧居留别刘起居昆季》:"寄食依邻里,成家望子孙。"杜荀鹤《春日行次钱塘却寄台州姚中丞》:"花前不独垂乡泪,曾是朱门寄食身。"

【寄恨】 借某事物以寄托遗憾愁怨之情。刘禹锡《伤愚溪三首》引:"一闻僧言,悲不能自胜,遂以所闻为七言以寄恨。"张祜《听简上人吹芦管三首》之二:"细芦僧管夜沈沈,越鸟巴猿寄恨吟。"李商隐《夜思》:"寄恨一尺素,含情双玉珰。"徐铉《赋得有所思》:"忘情好醉青田酒,寄恨宜调绿绮琴。"

【寄客】 离乡客居之人。刘禹锡《赴苏州酬别乐天》:"梁氏夫妻为寄客,陆家兄弟是州民。"

【寄根】 移植于异地之根。张蠙《观江南牡丹》:"北地花开南地风,寄根还与客心同。"

【寄眠】 犹借宿,在寄宿之处睡眠。周贺《送朱庆余》:"寄眠僧阁静,赠别橐金空。"

【寄託】 ❶依附;托身。韩愈《枯树》:"寄托惟朝菌,依投绝暮禽。"❷委托;托付之任务。刘威《尉迟将军》:"江河定后威风在,社稷危来寄托深。"

【寄哀】 寄托哀思。鲍溶《湘妃列女操》:"竹上泪迹生不尽,寄哀云和五十丝。"

【寄酒】 寄托情怀于饮酒。皇甫冉《送朱逸人》:"寄酒全吾道,移家爱远山。"李频《春日南游寄浙东许同年》:"旅怀多寄酒,寒意欲留花。"

【寄家】 在外乡安置家宅。杨炯《送杨处士反初卜居曲江》:"萧寺休为客,曹溪便寄家。"刘长卿《送舍弟之鄱阳居》:"鄱阳寄家处,自别掩柴扉。"许浑《送黄隐居归南海》:"瘴雾南边久寄家,海中来往信流槎。"韦庄《夏口行寄婺州诸弟》:"回头烟树各天涯,婺女星边远寄家。"

【寄書】 托送书信。卢纶《题念济寺》:"故友九泉留语别，逐臣千里寄书来。”元稹《思归乐》：“开门待宾客，寄书安弟兄。”白居易《古意》：“寄书多不达，加饭终无益。”

【寄望】 寄托希望。苏晋《奉和圣制送张说巡边》：“具僚诚寄望，奏凯秋风前。”

【寄情】 寄托情怀、情思。孟郊《分水岭别夜示从弟寂》：“嘉期何处定，此晨堪寄情。”白居易有《令狐相公与梦得交情素深眷予分亦不浅一闻薨逝相顾泫然哀吟悲叹寄情于诗诗成示予感而继和》。

【寄宿】 借宿。临时在他处住宿。李颀《鲛人歌》：“有时寄宿来城市，海鸟青冥无极已。”李嘉祐《送苏修往上饶》：“世事关心少，渔家寄宿多。”白居易《游丰乐招提佛光三寺》：“山寺每游多寄宿，都城暂出即经旬。”李洞《送包处士》：“秋思枕月卧潇湘，寄宿慈恩竹里房。”

【寄問】 借问。通过第三者间接询问。李商隐《圣女祠》：“寄问钗头双白燕，每朝珠馆几时归。”

【寄巢】 借用他鸟之巢。杜甫《杜鹃行》：“寄巢生子不自啄，群鸟至今与哺雏。”

【寄報】 犹寄语、报知。岑参《冬夜宿仙游寺南凉堂呈谦道人》：“寄报乘辇客，簪裾尔何容。”

【寄棲】 禽鸟暂时栖息。喻指人暂时安身、寄居。清江《春游司直城西鸬鹚溪别业》：“越客初投分，南枝得寄栖。”

【寄傲】 寄托傲世之情。高适《陪窦侍御灵云南亭宴诗得雷字》序：“况水具舟楫，山兼亭台，始临泛而写烦，俄登陟以寄傲。”权德舆《哭张十八校书》：“芸阁为郎一命初，桐州寄傲十年余。”殷尧藩《闲居》：“百年寄傲聊容膝，何必高车驷马通。”皮日休《七爱诗·白太傅》：“忘形任诗酒，寄傲遍林泉。”

【寄筌】 注意语言形式。见《庄子·外物》。宋之问《游称心寺》：“理契都无象，心冥不寄筌。”

【寄箋】 托送信笺。韩愈《月蚀诗效玉川子作》：“寄笺东南风，天门西北祈风通。”

【寄詠】 寄托情怀于诗歌吟咏。朱庆余《和刘补阙秋园寓兴之什十首》之六：“杯瓢闲寄咏，清绝是知音。”

【寄詞】 托人带信、带话。白居易《长恨歌》：“临别殷勤重寄词，词中有誓两心知。”

【寄惱】 诗题用语。犹言“戏寄”。恼，戏谑。李商隐有《寄恼韩同年二首》。

【寄葬】 犹寄殡。暂时放置灵柩。杜甫《哭王彭州抡》：“之官方玉折，寄葬与萍漂。”

【寄跡】 犹寄身、托身。李颀《赠别高三十五》：“寄迹栖霞山，蓬头雎水湄。”崔恭《和张相公太原山亭怀古诗》：“高情乐闲放，寄迹山水中。”林宽《送惠补阙》：“清俸供僧尽，沧洲寄迹深。”

【寄意】 ❶寄托情意。李适《饯唐永昌赴任东都》：“因声寄意三花树，少室岩前几过香。”亦指作诗以寄托心意。李郢有《为妻作生日寄意》。❷犹在意。李商隐《哭遂州萧侍郎二十四韵》：“青云宁寄意，白骨始沾恩。”❸艺术作品中的托兴寓意。徐铉《亚元舍人不替深知猥贻佳作三篇因为长歌聊以为报兼寄陈君庶资一笑耳》：“短韵三篇皆丽绝，小梅寄意情偏切。”

【寄遠】 寄送书信或衣物给远方之人。韩愈《短灯檠歌》：“裁衣寄远泪眼暗，搔头频挑移近床。”裴度、张籍《西池送白二十二东归兼寄令狐相公联句》：“送行欢共惜，寄远意难忘。”刘沧有《寄远》。

【寄語】 传语；转告。李峤《雁》：“寄语能鸣侣，相随入帝乡。”孟浩然《和卢明府送郑十三还京兼寄之什》：“寄语朝廷当世人，何时重见长安道。”白居易《王昭君二首》之二：“汉使却回凭寄语，黄金何日赎蛾眉。”张修之《长门怨》：“寄语临邛客，何时作赋成。”

【寄適】 寄托闲适之心情。张弘靖《山亭怀古》：“谁能辨人野，寄适聊在斯。”

【寄鮓】 为咏贤母子之典。见《三国志·吴志·孙皓传》。李瀚《蒙求》：“文伯羞鳖，孟宗寄鲊。”

【寄聲】 寄语，转告。卢鸿一《嵩山十志十首·涤烦矶》：“峨峨汤汤兮弹此曲，寄声知音兮同所欲。”岑参《使君席夜送严河南赴长水》：“寄声报尔山翁道，今日河南胜昔时。”

【寄謝】 犹寄语。带话告知。崔融《拟古》：“寄谢闺中人，努力加飧食。”李白《独酌清溪江石上寄权昭夷》：“寄谢山中人，可与尔同调。”耿湋《寄钱起》：“寄谢南宫客，轩车不见亲。”李绅《入淮至盱眙》：“寄谢云帆疾飞鸟，莫夸回雁卷轻毛。”

【寄題】 诗题用语。为某处题诗而未能亲往题写于壁者称“寄题”。杜甫有《寄题江外草堂》。白居易有《寄题庐山旧草堂兼呈二林寺道侣》，注云：“此诗凭钱知进侍御往题草堂中也。”李郢有《友人适越路过桐庐寄题江驿》。皮日休有《寄题镜岩周尊师故居》。

【寄辭】 传话。使人转达言辞。喻指不费气力。李商隐《五言述德抒情诗一首四十韵献上杜七兄仆射相公》：“寄辞收的博，端坐扫欃枪。”

【寄懷】 ❶寄托情怀。许浑《晨起二首》之二：“清镜晓看发，素琴秋寄怀。”储嗣宗《晚眺徐州延福寺》：“今日惜携手，寄怀吟白蘋。”❷遥怀，怀想。李逢吉《望京楼上寄令狐华州》：“寄怀三峰守，岐路隔云烟。”

寂 〔jì《广韵》前磨切，入錫，從。〕❶寂静无声，默不出声。刘孝孙《游灵山寺》：“永怀筌了义，寂念启玄门。”李白《日夕山中忽然有怀》：

“鼯啼桂方秋，风灭籁归寂。”戴叔伦《相思曲》：“紫萧横笛寂无声，独向瑶窗坐愁绝。”李群玉《山中秋夕》：“境寂良夜深，了与人间别。”❷静止不动；无动静。玄宗《傀儡吟》：“须臾弄罢寂无事，还似人生一梦中。”白居易《松下琴赠客》：“松寂风初定，琴清夜欲阑。”皮日休《奉和鲁望渔具十五咏·射鱼》：“注矢寂不动，澄潭晴转烘。”❸心神专注，无杂念。钱起《梦寻西山准上人》：“言忘心更寂，迹灭云自起。”刘言史《登甘露台》：“身心未寂终为累，非想天中独退还。”佛教指澄思静虑之入定状态。孟郊《赠文应上人》：“斋性空转寂，学情深更专。”白居易《酬梦得以予五月长斋延僧徒绝宾友见戏十韵》：“禅后心弥寂，斋来体更轻。”❹清闲，清静。戎昱《长安秋夕》：“闭门寂无事，满院生秋草。”❺寂寞冷清。包融《酬忠公林亭》：“江外有真隐，寂居岁已侵。”韦应物《过昭国里故第》：“物变知景暄，心伤觉时寂。”戴叔伦《冬日有怀李贺长吉》：“岁晚斋居寂，情人动我思。”❻寂灭。亦借指死亡。韦应物《答崔主簿问兼简温上人》：“诸境一已寂，了将身世浮。”又《东林精舍见故殿中郑侍御题诗因寄呈阎澧州冯少府》：“精思长悬世，音容已归寂。”

【寂士】　甘守寂寞之人，多指修心学道者。陆敬《游清都观寻沈道士得都字》：“青溪冥寂士，思玄徇道枢。”

【寂泊】　宁静淡泊。谓不追求功名利禄。王绩《春旦直疏》：“谁知忘机者，寂泊存其精。”

【寂寂】　❶寂静无声；默默无语。张九龄《登荆州城楼》：“累累见陈迹，寂寂想雄图。”李白《久别离》：“待来竟不来，落花寂寂委青苔。”张祜《夜雨》：“愁肠方九回，寂寂夜未央。”李群玉《醴陵道中》：“无端寂寂春山路，雪打溪梅狼籍香。”❷寂寞冷清。寒山《诗三百三首》之三一：“啾啾常有鸟，寂寂更无人。”李白《赠韦秘书子春二首》之一：“秘书何寂寂，无乃羁豪英。”清江《精舍对雨》：“空门寂寂淡吾身，溪雨微微洗客尘。”翁洮《冬》：“寂寂栖心向杳冥，苦吟寒律句偏清。”❸静止无为。白居易《酬杨九弘贞长安病中见寄》：“伏枕君寂寂，折腰我营营。”❹犹悄悄。孟郊《与王二十一员外涯游昭成寺》：“洛友寂寂约，省骑霏霏尘。”

【寂寂寥寥】　犹言空空荡荡，空无形影貌。一钵和尚《一钵歌》：“亦无悭，亦无舍，寂寂寥寥无可把。”

【寂然】　寂静、静默之状。白居易《偶作二首》之二：“寂然无他念，但对一炉香。”李绅《悲善才》：“天颜静听朱丝弹，众乐寂然无敢举。”李郢《题惠山》：“黄昏飞尽白蝙蝠，茶火数星山寂然。”亦指淡泊宁静。寒山《诗三百三首》之二八二：“倏尔过春秋，寂然无尘累。”

【寂绝】　杳然断绝；空无。白居易《病中得樊大书》：“荒村破屋经年卧，寂绝无人问病身。”李群玉《江楼闲望怀关中亲故》：“音书寂绝秦云外，身世蹉跎楚水头。”周朴《秋深》：“长城哭崩后，寂绝至如今。”

【寂照】　佛家语。指修习“定”（心神不散）、“慧”（佛教之“智慧”）所至之精神境界。丁仙芝《和荐福寺英公新构禅堂》：“寂照出群有，了心清众缘。”李白《与元丹丘方城寺谈玄作》：“澄虑观此身，因得通寂照。”

【寂滅】　❶沉寂，冷清。李白《题江夏修静寺》：“平生种桃李，寂灭不成春。”亦指寂静冷清之境。孙逖《奉和崔司马游云门寺》：“更言穷寂灭，回策上南峰。”❷佛家语。“涅槃”之意译。指超脱生死轮回而达到无生无死之最高境界。皎然《禅思》：“寂灭本非寂，喧哗曾未喧。”柳宗元《巽公院五咏·曲讲堂》：“寂灭本非断，文字安可离。”齐己《荆渚病中因思匡庐遂成三百字寄梁先辈》：“应当入寂灭，乃得长销除。”❸指僧尼圆寂死去。张说《送考功武员外学士使嵩山署舍利塔》：“寂灭真心不可见，空留影塔嵩岩下。”张九龄《祠紫盖山经玉泉山寺》：“归真已寂灭，留迹岂湮沉。”崔曙《宿大通和尚塔敬赠如上人兼呈常孙二山人》：“支公已寂灭，影塔山上古。”亦转指凡人之死。李嘉祐《故燕国相公挽歌二首》之一：“自应怜寂灭，人世但伤情。”

【寂曆】　❶凋疏，凋零。张九龄《郡舍南有园畦杂树聊以永日》：“江城何寂历，秋树亦萧森。”殷遥《春晚山行》：“寂历青山晚，山行趣不稀。”柳宗元《零陵赠李卿元侍御简吴武陵》：“朔云吐风寒，寂历穷秋时。”和凝《宫词百首》之五六：“秋光寂历银河转，已见宫花露滴疏。”❷寂寞，冷清。皎然《西白溪期裴方舟不至》：“应向秦时武陵路，花间寂历一人行。”韩愈《晚秋郾城夜会联句》：“羁客方寂历，惊乌时落泊。”❸寂静，清静。韦应物《骊山行》：“玉阶寂历朝无事，碧树萎蕤寒更芳。”朱湾《同清江师月夜听坚正二上人为怀州转〈法华经〉歌》：“清泠霜磬有时动，寂历空堂宜夜深。”李九龄《宿张正字别业》：“茅屋萧寥烟暗后，松窗寂历月明初。”❹萧疏，稀疏零落。宋之问《早入清远峡》：“寂历环沙浦，葱茏转石圻。”柳宗元《秋晓行南谷经荒村》：“寒花疏寂历，幽泉微断续。”长孙佐辅《山行经村径》：“依稀听机杼，寂历看桑麻。”皮日休《寒日书斋即事三首》之一：“移时寂历烧松子，尽日殷勤拂乳床。”

【寂爾】　犹寂然。寂静无声状。欧阳詹《同诸公过福先寺律院宣上人房》：“寂尔方丈内，莹然虚白间。”陆龟蒙、皮日休《寒夜联句》：“寂尔万籁清，皎然诸霭灭。”

【寂虑】　静思默想。徐彦伯《淮亭吟》：“贞寂虑兮淮山幽，怜芳若兮揽中洲。”唐彦谦《汉殿》：“君王寂虑无消息，却就闲人觅巨公。”

【寂漠】　同“寂寞”，寂静。李群玉《穆天子》：“寂漠崦巇幽，绝迹留空文。”

【寂寞】❶空虚无物。张九龄《感遇十二首》之十一：“归来扣寂寞，人愿天岂从。”柳宗元《酬韶州裴曹长使君寄道州吕八大使因以见示二十韵一首》：“在亡均寂寞，零落间茕鳏。”鲍溶《秋夜闻郑山人弹楚妃怨》：“寂寞物无象，依稀语空烟。”皮日休《初夏游楞伽精舍》：“念彼上人者，将生付寂寞。”亦指杳茫。李中《悼怀王丧妃》：“音容寂寞春牢落，谁会楼中独立情。”❷寂静无声；沉寂。陈子昂《月夜有怀》：“寂寞夜何久，殷勤玉指繁。”刘长卿《龙门八咏·石楼》：“寂寞群动息，风泉清道心。”羊士谔《西郊兰若》：“寂寞传心印，玄言亦已忘。”张公乂《金谷园花发怀古》：“窥临莺欲语，寂寞李无言。”❸孤独冷清。王维《哭殷遥》：“行人何寂寞，白日自凄清。”郎士元《咸阳西楼别窦审》：“亭皋寂寞伤孤客，云雪萧条满众山。”刘禹锡《泰娘歌》：“安知鹏鸟座隅飞，寂寞旅魂招不归。”贯休《怀张为周朴》：“我又闻二公，心与人不同，一生常在寂寞中。”亦指萧条冷落。孟浩然《长乐宫》：“欢娱此事今寂寞，惟有年年陵树哀。”张继《春申君祠》：“萧条寒景傍山村，寂寞谁知楚相尊。”刘方平《春怨》：“寂寞空庭春欲晚，梨花满地不开门。”崔珏《道林寺》：“长卿之门久寂寞，五言七字夸规模。”❹凄清；凄凉；凄伤。王建《故行宫》：“寥落古行宫，宫花寂寞红。”白居易《长恨歌》：“玉容寂寞泪阑干，梨花一枝春带雨。”刘言史《七夕歌》：“寂寞低容入旧机，歇著金梭思往夕。”李昌符《秋夜作》：“数亩池塘近杜陵，秋天寂寞夜云凝。”❺闲静；恬淡。王维《同比部杨员外十五夜游有怀静者季》：“独有仙郎心寂寞，却将宴坐为行乐。”柳宗元《夏初雨后寻愚溪》：“沉吟亦何事，寂寞固所欲。”韩愈《县斋有怀》：“身将老寂寞，志欲死闲暇。”❻稀疏；残剩。白居易《秋思》：“寂寞余雨晴，萧条早寒至。”又《晚春闲居杨工部寄诗杨常州寄茶同到因以长句答之》：“宿醒寂寞眠初起，春意阑珊日又斜。”赵嘏《宿楚国寺有怀》：“风动衰荷寂寞香，断烟残月共苍苍。”

【寂寥】❶无有声影；空绝。杜甫《诸将五首》之四：“越裳翡翠无消息，南海明珠久寂寥。”皇甫冉《玄元观送李源李风还奉先华阴》：“华山秦塞长相忆，无使音尘顿寂寥。”白居易《霓裳羽衣歌》：“娇花巧笑久寂寥，娃馆苎萝空处所。”陆龟蒙《奉和袭美吴中书事寄汉南裴尚书》：“风清地古带前朝，遗事纷纷未寂寥。”亦指死去。杜甫《哭王彭州抡》：“执友惊沦没，斯人已寂寥。”❷寂静无声，清静沉寂。韦应物《咏声》：“万物自生听，太空恒寂寥。”又《沣上西斋寄诸友》：“群公正云集，独予忻寂寥。”刘禹锡《调瑟词》：“日暮声未和，寂寥一枯木。”许棠《登凌歊台》：“立久斜阳尽，无言似寂寥。”❸孤寂，寂寞。张九龄《酬王六寒朝见诒》：“贾生流寓日，扬子寂寥时。”杜甫《桔柏渡》：“孤光隐顾眄，游子怅寂寥。”张籍《寒食二首》之二：“妓乐州人戏，使君心寂寥。”曹松《送左协律京西从事》：“若遣关中使，烦君问寂寥。”❹萧条冷落；衰颓。杜甫《奉赠卢五丈参谋》：“天子多恩泽，苍生转寂寥。”李绅《宿瓜州》：“柳经寒露看萧索，人改衰容自寂寥。”曹邺《下第寄知己》：“中庭广寂寥，但见薇与蕨。”亦指凄清，凄凉。杜牧《雨》：“连云接塞添迢递，洒幕侵灯送寂寥。”刘沧《江楼月夜闻笛》：“南浦蒹葭疏雨后，寂寥横笛怨江楼。”❺空廓，旷远。王维《登河北城楼作》：“寂寥天地暮，心与广川闲。”韦应物《同德寺阁集眺》：“寂寥氛氲廓，超忽神虑空。”马戴《楚江怀古三首》之三：“屈宋魂冥寞，江山思寂寥。”❻寡少。杜甫《舟出江陵南浦奉寄郑少尹》：“寂寥相呴沫，浩荡报恩珠。”

【寂蔑】沉寂无闻。张九龄《岁初巡属县登高安南楼言怀》：“美化犹寂蔑，迅节徒飞奔。”贾岛《寄丘儒》：“仪形信寂蔑，风雨岂乖间。”

【寂默】❶静默不语；沉寂无声。吴筠《高士咏·广成子》：“三光入无穷，寂默返太宁。”韩愈《送灵师》：“四座咸寂默，杳如奏湘弦。”李商隐《赋得桃李无言》：“芬芳光上苑，寂默委中园。”刘兼《秋夕书怀呈戎州郎中》：“谭鸡寂默纱窗静，梦蝶萧条玉漏长。”❷闲静，安静。元稹《解秋十首》之五：“夜闲心寂默，洞庭无垢氛。”

【寂静】❶静谧无声；安静。白居易《香山寺二绝》之一：“空山寂静老夫闲，伴鸟随云往复还。”皮日休《醒闻桧》：“耳根无厌听佳木，会尽山中寂静源。”徐铉《奉和宫傅相公怀旧见寄四十韵》：“棋枰寂静陈虚阁，诗笔沉吟劈彩笺。”❷佛教指修行时澄心静虑的入定状态。皇甫冉《和郑少尹祭中岳寺北访萧居士越上方》：“寂静求无相，淳和睹太初。”皎然《答俞校书冬夜》：“诗情聊作用，空性惟寂静。”

【寂樂】（—lè）寂静、恬静中之乐趣、快乐。孟浩然《夜泊庐江闻故人在东寺以诗寄之》：“闻君寻寂乐，清夜宿招提。”欧阳衮《南涧寺》：“为耽寂乐亲禅侣，莫怪闲行费马蹄。”皎然《因游支硎寺寄邢端公》：“山情何寂乐，尘世自飞扬。”又《乌程李明府水堂同卢使君幼平送樊上人游五台》：“同心常寂乐，为别岂伤魂。”

宿[1]

〔sù《广韵》息逐切，入屋，心。〕❶住宿；过夜。王勃《临高台》：“银鞍绣毂盛繁华，可怜今夜宿倡家。”贺兰进明《行路难五首》之三：“独宿自然堪下泪，况复时闻乌夜啼。”王建《于主簿厅看花》：“若无别事为留滞，应便抛家宿看来。”温庭筠《宿城南亡友别墅》：“水流花落叹浮生，又伴游人宿杜城。”亦指值宿、值夜。杜甫有《春宿左省》。❷指禽、猿等栖息。韦承庆《直中书省》："唯应集鸾鹭，何为宿羁雌。"刘长卿《山鹌鸪歌》："青云杳杳无力飞，白露苍苍抱枝宿。"戴叔伦《桂阳北岭聊书即事呈王永州邕李道州圻》："畦叶藏春雉，庭柯宿旅猿。"❸指物体居停于某处。骆宾王《宿山庄》："林虚宿断雾，磴险挂悬流。"杜甫《宿江边阁》："薄云岩际宿，孤月浪中翻。"权德舆《送清洨上人谒信州陆员外》："滩经水濑逢新雪，路过渔潭宿暝烟。"韩愈《三星行》："我生之辰，月宿南斗。"❹宿卫；警卫。德宗《元日退朝观军仗归营》："彩仗宿华殿，退朝归禁营。"❺夜。庾承宣《赋得冬日可爱》："宿雾开天霁，寒郊见初日。"项斯《春日题李中丞樊川别墅》："上路移时立，中轩隔宿来。"薛能《吴姬十首》之二："何人画得天生态，枕破施朱隔宿妆。"亦指隔夜，经夜。王建《宫词百首》之二二："射生宫女宿红妆，把得新弓各自张。"薛能《并州》："庭前蛱蝶春方好，床上樗蒲宿未收。"见"宿雾""宿火"。❻素常；积久。张说《杂诗四首》之三："簪缨非宿好，文史弃前言。"李白《望庐山瀑布水二首》之一："且谐宿所好，永愿辞人间。"元稹《哭女樊四十韵》："宿恶诸荤味，悬知众物名。"❼先前的；旧有的。见"宿世""宿因""宿謀""宿疾"。❽残剩，残余。见"宿酒""宿醉"。❾地名。古代之宿国，隋改为宿城县。唐为河南道郓州之东平县。即今山东省东平县。苏源明《小洞庭洄源亭宴四郡太守诗》序："前此济阳以河堤之虞，夫役之弊，请南略我宿及鲁之中都。"

宿^{2}　〔xiǔ《广韵》息逐切，入屋，心。〕量词。用以计夜。张潮《襄阳行》："下床一宿不可保，况乃万里襄阳城。"王季友《代贺若令赠沈千运》："村南村西车马道，一宿通舟水浩浩。"张籍《宿邯郸馆寄马磁州》："几宿得欢笑，如今成别离。"刘沧《晚春宿僧院》："萧寺春风正落花，淹留数宿惠休家。"

宿^{3}　〔xiù《广韵》息救切，去宥，心。〕星宿。指某些星群。骆宾王《望乡夕泛》："落宿含楼近，浮月带江寒。"杜甫《久雨期王将军不至》："异兽如飞星宿落，应弦不碍苍山高。"权德舆《奉和崔阁老清明日昼裴阁老书招城南游览因以简赠》："谏曹将列宿，几处期子玉。"按此处星宿喻指郎官。李山甫《赠徐三十》："从今不羡乘槎客，曾到三星列宿傍。"

【宿世】　前世；前生。王维《偶然作六首》之六："宿世谬词客，前身应画师。"李嘉祐《送弘志上人归湖州》："诗从宿世悟，法为本师传。"吕岩《寄白龙洞刘道人》："宿世若无仙骨分，容易如何得遇之。"

【宿片】　隔夜积存之雪片。喻坦之《长安雪后》："宿片攀檐取，凝花就砌窥。"

【宿火】　隔夜之火，前夜残剩之火。韦应物《上方僧》："空林无宿火，独夜汲寒泉。"景云《老僧》："冻瓶粘柱础，宿火焰炉灰。"司空图《赠圆昉公》："晓香延宿火，寒磬度高枝。"

【宿心】　夙愿，本心。宋之问《自洪府舟行直书其事》："群议负宿心，获戾光华始。"萧颖士《游马耳山》："宿心尚葛许，弥愿栖蓬瀛。"杜甫《寄李十二白二十韵》："乞归优诏许，遇我宿心亲。"皎然《苕溪草堂自秋及春弥觉境胜因纪其事简潘丞述汤评事衡四十三韵》："应物非宿心，遗身是吾策。"

【宿艾】　积年未除之艾草。喻指恶劣之事物或人。孟郊《立德新居》："芳兰与宿艾，手撷心不迷。"

【宿因】　佛教语。界定之因果、因缘。张乔《雨中宿僧院》："千灯有宿因，长老许相亲。"贯休《刘相公见访》："庄叟因先觉，空王有宿因。"又《赠抱麻刘舍人》："禅叟知何幸，玄谈有宿因。"

【宿州】　唐州名。属河南道。元和四年（809）置。大和三年（829）废。七年复，自符离移治于埇桥。今属安徽。白居易《夜雨有念》："吾兄寄宿州，吾弟客东川。"吕岩有《宿州天庆观殿门留赠符离道士》。

【宿好】　❶（—hào）素来之爱好。李白《郢门秋怀》："清旷谐宿好，缁磷及此年。"❷（—hǎo）原有之友情；旧交。崔备《奉陪武相公西亭夜宴陆郎中》："令君敦宿好，更为一裴回。"

【宿羽】　宿鸟。栖宿之鸟。韩愈、孟郊《城南联句》："宿羽有先晓，食鳞时半横。"陆龟蒙《奉和袭美太湖诗二十首·三宿神景宫》："频窥宿羽丽，三吸晨霞盛。"钱众仲《贡院楼北新栽小松》："枝低无宿羽，叶静不留尘。"

【宿羽亭】　又称宿羽台。在唐洛阳神都苑东北隅之宿羽宫内。唐高宗调露元年建。杜审言有《宿羽亭侍宴应制》。

【宿志】　素志，素有之志向、意愿。李峤《刘侍读见和山邸十篇重申此赠》："寓言摅宿志，窃吹简知音。"

【宿妆】　犹残妆。谓前夜之面妆。岑参《醉戏窦子美人》："朱唇一点桃花殷，宿妆娇羞偏髻鬟。"羊士谔《雨中寒食》："佳人宿妆薄，芳树彩绳闲。"温庭筠《遐方怨》词："宿妆眉浅粉山横，约鬟鸾镜里，绣罗轻。"

【宿花】　昨夜之花。白居易《劝酒寄元九》："薤叶有朝露，槿枝无宿花。"

【宿昔】　❶往昔；过去。王绩《薛记室收过庄见寻率题古意以赠》："追道宿昔事，切切心相于。"皎然《妙喜寺达公禅斋寄李司直公孙房都曹四十韵》："宿昔庐峰期，流芳已再歇。"白居易《代邻叟言怀》："宿昔愁身不得老，如今恨作白头翁。"❷旦夕之间，顷刻之间。王维《叹白发》:"宿昔朱颜成暮齿,须臾白发变垂髫。"李白《春日独酌二首》之二:"但恐光景晚,宿昔成秋颜。"杜甫《别赞上人》:"古来聚散地,宿昔长荆棘。"唐暄《赠亡妻张氏》:"如何宿昔内,空负百年心。"❸朝夕。谓时刻不断,经常。李栖筠《张公洞》:"宿昔勤梦想,契之在深衷。"皎然《新秋送卢判官》:"故人念宿昔,欲别增远情。"❹夜晚。崔湜《饯唐州高使君赴任》:"远道不可思,宿昔梦见之。"孟云卿《古别离》:"宿昔梦同衾,忧心常倾倒。"

【宿直】 值夜班。李峤有《和杜侍御太清台宿直旦有怀》。李嘉祐有《和张舍人中书宿直》。权德舆有《初秋月夜中书宿直因呈杨阁老》。徐铉有《右省仆射后湖亭闲宴铉以宿直先归赋诗留献》。

【宿松】 唐县名。隋改置宿松县。唐因之,属淮南道舒州,今属安徽。李白《赠张相镐二首》之一:"卧病宿松山。苍茫空四邻。"罗隐《送舒州宿松县傅少府》:"江蓠漠漠树重重,东过清淮到宿松。"黄滔有《赠宿松杨明府》。

【宿雨】 夜雨。杜审言《赠崔融二十韵》:"三川宿雨霁,四月晚花芳。"王维《春园即事》:"宿雨乘轻屐,春寒著弊袍。"李端《茂陵山行陪韦金部》:"宿雨朝来歇,空山秋气清。"温庭筠《握柘词》:"宿雨香潜润,春流水暗通。"亦指夜来之雨水。皇甫冉《闲居》:"桃红复含宿雨,柳绿更带春烟。"

【宿例】 前例,旧例。薛能《使院栽苇》:"从军无宿例,空想夜风吹。"

【宿命】 佛教指前世之生命、生活。朱逵《怀素上人草书歌》:"几年出家通宿命,一朝却忆临池圣。"白居易《病中诗十五首·自解》:"我亦定中观宿命,多生债负是歌诗。"

【宿氛】 宿雾。孙逖《山行遇雨》:"涉涧猜行潦,缘崖畏宿氛。"

【宿契】 前定之因缘、契约。唐彦谦《游南明山》:"投闲息万机,三生有宿契。"

【宿省】 在三省所属官府值夜班。郑谷《寄同年礼部赵郎中》:"桦飘红烬趋朝路,兰纵清香宿省时。"

【宿香】 夜间积留之香气。皮日休《闻鲁望游颜家林园病中有寄》:"细挑泉眼寻新脉,轻把花枝嗅宿香。"

【宿食】 睡眠与吃饭之时,借指时段。刘禹锡《淮阴行五首》之四:"衔泥趁樯竿,宿食长相见。"

【宿疢】 旧病,积久之病。温庭筠《感旧陈情五十韵献淮南李仆射》:"懒多成宿疢,愁甚似春眠。"

【宿客】 ❶留宿之客。白居易《和微之诗二十三首·和自劝二首》之二:"门无宿客共谁言,暖酒挑灯对妻子。"朱庆余《和刘补阙秋园寓兴之什十首》之十:"宿客论文静,闲灯落烬重。"陆龟蒙《京口与友生话别》:"系帆留宿客,吟句任羸骖。"亦指投宿之旅客。贾岛《宿村家亭子》:"宿客未眠过夜半,独闻山雨到来时。"❷留客人住宿。司空曙《田家》:"呼儿催放犊,宿客待烹鸡。"

【宿约】 事前之约定;旧有之约定。孟简《咏欧阳行周事》:"宿约始乖阻,彼忧已缠绵。"姚合《谢秦校书与无可上人见访》:"道同无宿约,三伏自从容。"

【宿草】 ❶隔年之草。司空曙《酬郑十四望驿不得同宿见赠因寄张参军》:"月烟高有鹤,宿草净无虫。"白居易《自问》:"依仁台废悲风晚,履信池荒宿草春。"❷坟墓上之隔年荒草,借指坟墓。杜甫《赠韦左丞丈》:"鸰原荒宿草,凤沼接亨衢。"戴叔伦《游清溪兰若》:"丹灶久闲荒宿草,碧潭深处有潜龙。"李绅《趋翰苑遭诬构四十六韵》:"旧交封宿草,衰鬓重生刍。"

【宿疾】 旧病。刘得仁《和郑校书夏日游郑泉》:"饮疑蠲宿疾,见自失烦襟。"薛能《秋日将离滑台酬所知二首》之一:"松吹竹簟朝眠冷,雨湿蔬餐宿疾生。"

【宿涷】 经夜未消之残冰。玄宗《早登太行山中言志》:"涧泉含宿冻,山木带余霜。"

【宿酒】 前夜饮酒之余醉。白居易《早兴》:"半销宿酒头仍重,新脱冬衣体乍轻。"又《早春即事》:"眼重朝眠足,头轻宿酒醒。"刘兼《春宵》:"宿酒未醒珠箔卷,艳歌初阕玉楼空。"孙光宪《浣溪沙》词:"何处去来狂太甚,空推宿酒睡无厌,争教人不别猜嫌。"

【宿浪】 夜晚之水浪。骆宾王《晚泊河曲》:"叠花开宿浪,浮叶下凉飙。"权德舆《晚渡扬子江却寄江南亲故》:"树晚叠秋岚,江空翻宿浪。"李绅《宿瓜州》:"冲浦回风翻宿浪,照沙低月敛残潮。"

【宿冤】 前世之冤仇。楚儿《贻郑昌图》:"应是前生有宿冤,不期今世恶因缘。"

【宿舂】 隔夜舂出备用之粮,借指很少的食粮。语出《庄子·逍遥游》。丘为《冬至下寄舍弟时应赴入京》:"适远才过宿舂料,相随惟一平头奴。"

【宿莽】 隔年之草,经冬不死之草。骆宾王《至分水戍》:"阴岩常结晦,宿莽竞含秋。"李白《酬裴侍御对雨感时见赠》:"鞭尸辱已及,堂上罗宿莽。"唐尧客《大梁行》:"河洲褰宿莽,日夕泪沾缨。"亦指长满宿草之地。孙逖《淮阴夜宿二首》之二:"宿莽非中土,鲈鱼岂我乡。"

【宿麦】 即冬小麦。以秋冬种之,隔岁方熟,故称。羊士谔《郡斋读经》:"翳桑俄有绩,宿麦复盈租。"韩愈《奉和兵部张侍郎酬郓州马尚书祗召途中见寄之作》:"暖风抽宿麦,清雨卷归旗。"元稹《南昌滩》:"畬余宿麦黄山腹,日背残花白水湄。"薛能《送胡澳下第归蒲津》:"甚积汤原思,青青宿麦肥。"

【宿雪】 经冬之积雪。杨汝士《和段相公夏登张仪楼》:"远山标宿雪,末席本寒灰。"

【宿鳥】 ❶栖息过夜之鸟。刘禹锡《酬乐天小亭寒夜有怀》:"寒夜阴云起,疏林宿鸟惊。"白居易《咏怀》:"心似虚舟浮水上,身同宿鸟寄林间。"张蠙《经荒驿》:"夜灯移宿鸟,秋雨禁行人。"❷投宿之鸟。李白《菩萨蛮》词:"玉阶空伫立,宿鸟归飞急。"刘兼《晚楼寓怀》:"薄暮疏林宿鸟还,倚楼垂袂复凭栏。"

【宿禽】 夜晚栖息之禽鸟。李益《水亭夜坐赋得晓雾》:"宿禽啭木散,山泽一苍然。"杨衡《宿陟岵寺云律师院》:"宿禽讵相保,迸火烟欲失。"李绅《早发》:"沙洲月落宿禽惊,潮起风微晓雾生。"

【宿設】 祭祀前预设置。张说《享太庙乐章·永和三章》之一:"礼宿设,乐妙寻。"吕温《奉敕祭南岳十四韵》:"致斋紫盖下,宿设祝融侧。"

【宿將】 (—jiàng)久经战场之将领。李希仲《蓟门行二首》之一:"汉家爱征战,宿将今已老。"韦应物《睢阳感怀》:"宿将降贼庭,儒生独全义。"李端《题故将军庄》:"塞北征儿谙用剑,关西宿将许登坛。"

【宿習】 前世之秉习,前生之心性。元稹《大云寺二十韵》:"多生沉五蕴,宿习乐三坟。"刘禹锡《送宗密上人归南山草堂寺因谒河南尹白侍郎》:"宿习修来得慧根,多闻第一却忘言。"

【宿雲】 夜晚之云气。欧阳詹《题别业》:"不信扁舟回在晚,宿云先已到柴扉。"欧阳兖《秦原道中》:"宿云依岭断,初月入江寒。"亦指经久未散之云气。宋之问《早发始兴江口至虚氏村作》:"宿云鹏际落,残月蚌中开。"王昌龄《风凉原上作》:"阴岑宿云归,烟雾湿松柏。"王观《早行》:"路明残月在,山露宿云收。"李煜《喜迁莺》词:"晓月坠,宿云微,无语枕频攲。"

【宿債】 前世所欠之债。司空图《狂题十八首》之十二:"应是阿刘还宿债,剩拚才思折供钱。"

【宿飯】 隔夜之饭。贾岛《赠无怀禅师》:"捧盂观宿饭,敲磬过清流。"

【宿煙】 夜晚之烟雾。熊皎《湘江晓望》:"笙歌欢罢散离筵,水色朦胧蘸宿烟。"

【宿酲】 宿醉。隔夜未解之余醉。严维《九月十日即事》:"宿酲犹落帽,华发强扶冠。"刘禹锡《西山兰若试茶歌》:"悠扬喷鼻宿酲散,清峭彻骨烦襟开。"牛僧孺《李苏州遗太湖石奇状绝伦因题二十韵奉呈梦得乐天》:"旺兴添魔力,消烦破宿酲。"李中《送人南游》:"越鸟惊乡梦,蛮风解宿酲。"

【宿蝶】 栖息之蝴蝶。李绅《新楼诗二十首·城上蔷薇》:"新蕊度香翻宿蝶,密房飘影戏晨禽。"

【宿寢】 住宿寝眠。李峤《汾阴行》:"斋宫宿寝设储供,撞钟鸣鼓树羽旂。"

【宿醉】 经夜未消之余醉。窦常《晚次方山精舍却寄张荐员外》:"犹衔步兵酒,宿醉在除东。"杨衡《早春即事》:"眼重朝眠足,头轻宿醉醒。"王初《望雪》:"银花珠树晓来看,宿醉初醒一倍寒。"韩偓《浣溪沙》词之二:"宿醉离愁慢髻鬟,六铢衣薄惹轻寒。"

【宿鴉】 栖宿之乌鸦。林宽《华清宫》:"殿角钟残立宿鸦,朝元归驾望无涯。"

【宿憊】 积久之疲倦。韩愈、孟郊《雨中寄孟刑部几道联句》:"欲知相益多,神药销宿惫。"

【宿衛】 宫廷之侍卫。李洞《赠永崇李将军充襄阳制置使》:"拜官门外发辉光,宿卫阴符注几行。"贯休《寿春节进》:"煌煌还宿卫,亹亹叶声诗。"亦指在宫廷值宿、警卫。贾岛《赠王将军》:"宿卫炉烟近,除书墨未干。"罗邺《老将》:"年年宿卫天颜近,曾把功勋奏建章。"

【宿瘤采桑】 指战国齐采桑女,以贤德为后,终使齐国风化大行事。宿瘤,积年之肉瘤,采桑女患此疾,人遂以为号。典出汉刘向《列女传·齐宿瘤女》。李瀚《蒙求》:"宿瘤采桑,漆室忧葵。"

【宿潤】 犹夜露。李峤《奉和春日游苑喜雨应制》:"叶向朝阶密,花含宿润开。"

【宿槳】 收起船桨,借指停舟歇宿。杜甫《宿青草湖》:"宿桨依农事,邮签报水程。"

【宿緣】 前世之缘分;前定之因缘。皎然《春日和卢使君幼平开元寺听妙奘上人讲》:"顾我从今日,闻经悟宿缘。"姚合《寄主客刘郎中》:"汉朝共许贾生贤,迁谪还应是宿缘。"

【宿謀】 预定之计谋、计划。长孙佐辅《楚州盐墉古墙望海》:"明发促归轸,沧波非宿谋。"

【宿諾】 ❶先前之许诺、诺言。裴迪《辋川集二十首·漆园》:"好闲早成性,果此谐宿诺。"王维《同卢拾遗过韦给事东山别业二十韵》:"顾已负宿诺,延颈惭芳荪。"李端《长安书事寄薛戴》:"贵者已朝餐,岂能敦宿诺。"❷未按时兑现之诺言。高适《东平留赠狄司马》:"古人无宿诺,兹道以为难。"又《淇上酬薛三据兼寄郭少府微》:"才望忽先鸣,风期无宿诺。"

【宿龍】 归宿之龙。张籍《山中古祠》:"近门潭水黑,时见宿龙归。"

【宿齋】 祭祀前之斋戒。权德舆《端午日礼部宿斋有衣服彩结之贶以诗还答》。刘禹锡《庙庭偃松诗》:"影入岩廊行乐处,韵含天籁宿斋时。"白居易《晨兴》:"何以解宿斋,一杯云母粥。"

【宿霧】 经夜之积雾。杜甫《客亭》:"日出寒山外,江流宿雾中。"元稹《早归》:"远山笼宿雾,高树影朝晖。"刘沧《赠天台隐者》:"天开宿雾海生日,水泛落花山有风。"

【宿儲】 隔夜之储备粮。韦应物《观田家》："仓廪无宿储，徭役犹未已。"

【宿愿】 素来之愿望。韩愈《南山诗》："昨来逢清霁，宿愿忻始副。"姚合《暮春书事》："宿愿眠云峤，浮名系锁闱。"

【宿露】 夜露，经夜之露。元稹《清都春霁寄胡三吴十一》："蜂怜宿露攒芳久，燕得新泥拂户忙。"徐铉《茱萸诗》："宿露沾犹重，朝阳照更明。"刘昭禹《送人红花栽》："叶战青云韵，花零宿露痕。"

【宿鹭】 栖宿之鹭鸶。郑谷《江际》："万顷白波迷宿鹭，一林黄叶送残蝉。"徐铉《送龚明府九江归宁》："解缆垂杨绿，开帆宿鹭飞。"

【宿蠹】 喻指积久之弊政。贯休《送崔尚书朝觐》："澄渟消宿蠹，煦爱剧阳春。"

【宿霽】 喻夜雾消散。张九龄《岁初巡属县登高安南楼言怀》："余滋含宿霁，众妍在朝暾。"

【宿靄】 积久之云雾、水气。韩愈《秋雨联句》："安得发商飙，廓然吹宿霭。"张籍《新城甲仗楼》："睥睨斜光彻，阑干宿霭浮。"

寀 〔cǎi《广韵》倉宰切，上海，清。〕官吏。孟浩然《秋日陪李侍御渡松滋江》："僚寀争攀鹢，鱼龙亦避骢。"

寃 同"冤"。

【寃骨】 冤屈而死者之尸骨。张碧《野田行》："风昏昼色飞斜雨，冤骨千堆髑髅语。"

【寃家】 ❶对情人的昵称。无名氏《醉公子》词(卷八九九)："划袜下香阶，冤家今夜醉。"❷犹言吃冤枉之人。王梵志《五言诗》之七："相牵入地狱，此最是冤家。"

【寃禽】 本精卫鸟之别名。亦指杜鹃。因旧传系蜀王魂魄所化，故称。武元衡《春晓闻莺》："犹疑蜀魄千年恨，化作冤禽万啭声。"

【寃憤】 冤屈愤恨。韦庄《秦妇吟》："皆言冤愤此时销，必谓妖徒今日死。"

【寃魄】 冤魂。蔡京《咏子规》："千年冤魄化为禽，永逐悲风叫远林。"

密 〔mì《广韵》美畢切，入質，明。〕❶隐蔽；隐僻。李义府《堂堂》之二："春风别有意，密处也寻香。"韦应物《偶入西斋院示释子恒璨》："僧斋地虽密，忘子迹要赊。"❷秘密；不公开。苏颋《奉和姚令公温汤旧馆永怀故人卢公之作》："曾联野外游，尚记帷中密。"韦应物《和吴舍人早春归沐西亭言志》："亭高性情旷，职密交游稀。"元稹《听庾及之弹乌夜啼引》："四五年前作拾遗，谏书不密丞相知。"张祜《耍娘歌》："宜春花夜雪千枝，妃子偷行上密随。"❸严密；森严。戎昱《赠韦况征君》："回看药灶封题密，强入蒲轮引步迟。"韩愈《和虞部卢四酬翰林钱七赤藤杖歌》："南宫清深禁闱密，唱和有类吹埙篪。"李商隐《正月崇让宅》："密锁重关掩绿苔，廊深阁迥此徘徊。"亦指深奥，深邃。韩愈《石鼓歌》："辞严义密读难晓，字体不类隶与科。"❹精密，缜密。张钦敬《洛出书》："含微卜筮远，抱数阴阳密。"❺细密，紧密。陆龟蒙《袭美先辈以龟蒙所献五百言即蒙见和复示荣唱再抒鄙怀用伸酬谢》："谁轻如鸿毛，谁密如凝脂。"齐己《禅庭芦竹十二韵呈郑谷郎中》："密谢编栏固，齐由灌溉平。"❻封藏，封闭。裴潾《前相国赞皇公作镇浙石辄抒怀赋四言诗十四首》之十四："无密玉音，以慰我魂。"元稹《说剑》："吾友有宝剑，密之如密友。"❼稠密，繁多。太宗《冬狩》："兽忙投密树，鸿惊起砾洲。"杜甫《梅雨》："茅茨疏易湿，云雾密难开。"李贺《酒罢张大彻索赠诗》："太行青草上白衫，匣中章奏密如蚕。"罗绍威《柳》："花密宛如飘六出，叶繁何惜借双眉。"亦指频繁。杜甫《上水遣怀》："篙工密逞巧，气若酣杯酒。"又《自平》："近供生犀翡翠稀，复恐征戎干戈密。"❽接近，靠近。杜甫《陪柏中丞观宴将士二首》之一："无私齐绮馔，久坐密金章。"韦应物《道晏寺主院》："往来地已密，心乐道者居。"❾亲近；亲密。王湾《哭补阙亡友綦毋学士》："位联情易感，交密痛难裁。"王季友《寄韦子春》："山中谁余密，白发日相亲。"戴叔伦《感怀二首》之一："新交意虽密，中道生怨尤。"贾岛《寄远》："始知相结密，不及相结疏。"❿静。常衮《咏冬瑰花》："密来惊叶少，动处觉枝长。"窦群《晨游昌师院》："幽岩鸟飞静，晴岭云归密。"⓫地名。即唐之密州(今山东诸城)。苏颋《晓济胶川南入密界》："饮马胶川上，傍胶南趣密。"

【密人】 亲密之人。卢纶《纶与吉侍郎中孚风尘追游向三十载畅博士当感怀前踪有五十韵见寄辄有所酬》："始趋甘棠阴，旋遇密人迎。"刘言史《送僧归山》："楚俗翻花自送迎，密人来往岂知情。"

【密友】 关系亲密之朋友。姚合《喜胡遇至》："病少闲人问，贫唯密友来。"

【密公】 即宓子贱。《淮南子·泰族训》作密子，汉王充《论衡·本性》作密子贱。卢纶《题杨虢县竹亭》："夜宿密公室，话余将昼兴。"

【密勿】 ❶黾勉，勤勉。李白《赠崔司户文昆季》："布衣侍丹墀，密勿草丝纶。"高适《留上李右相》："深沉谋九德，密勿契千龄。"杜甫《北征》："君诚中兴主，经纬固密勿。"❷机密。白居易《和梦游春诗一百韵》："密勿奏封章，清明操宪牍。"温庭筠《病中书怀呈友人》："触邪承密勿，持法奉讦谟。"亦指机密机要之职。贯休《上孙使君》："具瞻从密勿，旦夕调鼎鼐。"又《寄翰林陆学士》："颜冉商参甲，鸾凰密勿才。"

【密用】 微妙深密之作用。顾况《归阳萧寺有丁行者能修无生忍况归命稽首作诗》："韬照多密用，为君吟此篇。"

【密印】 道教指修炼内丹之心印。谓参玄修真，以使心与教义相印证。元稹《和乐天赠吴丹》："密印视丹田，游神梦三岛。"

【密竹】 生长密集之竹。韦应物《与幼遐君贶兄弟同游白家竹潭》："密竹已成暮，归云殊未极。"李商隐《崇让宅东亭醉后沔然有作》："密竹沈虚籁，孤莲泊晚香。"

【密行】 (—xíng)佛教修行方法之一，小乘指持戒严格之修行，大乘指注重内蕴之修行。刘长卿《宿北山禅寺兰若》："密行传人少，禅心对虎闲。"欧阳詹《送少微上人归德峰》："灰心闻密行，菜色见羸容。"郑谷《故少师从翁隐岩别墅乱后榛芜感旧怆怀遂有追纪》："密行称闺阃，明诚动搢绅。"

【密州】 唐州名。隋之高密郡。唐武德五年(622)改为密州，属河南道。州治即今山东诸城。王维有《送崔三往密州觐省》。

【密字】 密集之字。李商隐《河阳诗》："南浦老鱼腥古涎，真珠密字芙蓉篇。"

【密旨】 秘密的圣旨。朱庆余《上翰林李舍人》："一自凤池承密旨，今因世路接余光。"韩偓《侍宴》："密旨不教江令醉，丽华微笑认皇慈。"

【密往】 秘密前往。孟简《咏欧阳行周事》序："过期，命甲遣乘，密往迎妓。"

【密坐】 挨近而坐。钱起《太子李舍人城东别业与二三文友逃暑》："鲜风吹印绶，密坐皆馨香。"白居易《秦中吟十首·歌舞》："欢酣促密坐，醉暖脱重裘。"

【密言】 内心默语。韦应物《怀素友子西》："耿耿何以写，密言空委心。"

【密林】 树木密集之林。孟浩然《游精思题观主山房》："舞鹤过闲砌，飞猿啸密林。"杨衡《夷陵郡内叙别》："灯彩凝寒风，蝉思噪密林。"姚合《题郑驸马林亭》："密林行不尽，芳草坐难移。"

【密招】 秘密地招抚。王建《寄贺田侍中东平功成》："密招残寇防人觉，遥斩元凶恐自专。"

【密雨】 密集之雨。柳宗元《登柳州城楼寄漳汀封连四州》："惊风乱飐芙蓉水，密雨斜侵薜荔墙。"

【密侍】 皇帝之近侍，亦指近臣。李商隐《哭遂州萧侍郎二十四韵》："密侍荣方入，司刑望愈尊。"

【密近】 贴近帝王身边之亲信，亦指帝王左右之机要职位。白居易《醉后走笔酬刘五主簿兼简张大贾二十四韵先辈昆季》："晚松寒竹新昌第，职居密近门多闭。"杜牧《洛下送张曼容赴上党召》："七叶汉貂真密近，一枝诜桂亦徒然。"

【密定】 暗中决定。白居易《新乐府·缚戎人》："誓心密定归乡计，不使蕃中妻子知。"

【密房】 密集之花房。李绅《新楼诗二十首·城上蔷薇》："新蕊度香翻宿蝶，密房飘影戏晨禽。"

【密陀僧】 女子名。年十七八，为鬼。大和中，沈恭礼为湖城尉，常往来献媚，达一年余。事见《太平广记》卷三四八引谷神子《博异记》。《全唐诗》卷八六六鬼诗下录其诗一首。

【密契】 密交，亲密的友情。王勔《山名》："倾盖雕炎远，班荆密契新。"

【密奏】 秘密上奏章。方干《送王侍郎浙东入朝》："密奏无非经济术，从容几刻在炉烟。"

【密封】 严密封缄。王建《赠郭将军》："密封计策非时奏，别赐衣裳到处薰。"

【密思】 纷繁思绪。胡皓《感春》："纡寂融密思，韶和洗纷瞩。"

【密席】 座席紧密相接。韩愈《送灵师》："强留费日月，密席罗婵娟。"

【密室】 深密隐蔽之室。韦应物《雪中》："空堂岁已晏，密室独安眠。"陆龟蒙《寄怀华阳道士》："凝神密室多生白，叙事联编尽杀青。"花蕊夫人徐氏《宫词》之七十："密室红泥地火炉，内人冬日晚传呼。"吕岩《明胎息》："密室静存神，阴阳重一斤。"

【密約】 秘密约会。韩偓《幽窗》："密约临行怯，私书欲报难。"

【密書】 避着人书写信札。李贺《恼公》："密书题豆蔻，隐语笑芙蓉。"

【密雪】 大雪。耿湋《立春日宴高陵任明府宅》："春灰今变候，密雪又霏霏。"

【密處】 (—chù)浓密之处。李商隐《谑柳》："长时须拂马，密处少藏鸦。"方干《杜鹃花》："疏中从间叶，密处莫烧枝。"

【密帳】 纹理细密之床帐。李商隐《效徐陵体赠更衣》："密帐真珠络，温帏翡翠装。"

【密途】 近道。苏颋《奉和圣制答张说出雀鼠谷》："密途汾水卫，清跸晋郊陪。"

【密密】 ❶细密，密度很大。孟郊《游子吟》："临行密密缝，意恐迟迟归。"子兰《对雪》："密密无声坠碧空，霏霏有韵舞微风。"❷迷茫貌。李贺《公无出门》："天迷迷，地密密，熊虺食人魂，雪霜断人骨。"

【密爾】 僻静、幽静貌。刘禹锡《游桃源一百韵》："寂寂无何乡，密尔天地隔。"

【密密濛濛】 形容繁密而相融如雾状。张泌《河传》："红杏，交枝相映，密密濛濛。"

【密陰】　浓阴，浓重之阴影。严武《题巴州光福寺楠木》："香殿萧条转密阴，花龛滴沥垂清露。"

【密葉】　稠密之树叶。权德舆《从叔将军宅蔷薇花开太府韦卿有题壁长句因以和作》："莺藏密叶宜新霁，蝶绕低枝爱晚晖。"裴度《首夏犹清和联句》："余花数种在，密叶几重垂。"雍陶《武侯庙古柏》："密叶四时同一色，高枝千岁对孤峰。"

【密須】　古国名。商代姞姓之国，后为周文王所灭。故址在今甘肃省灵台县西。骆宾王《久戍边城有怀京邑》："拜井开疏勒，鸣桴动密须。"

【密詔】　机密之诏书。王建《上杜元颖相公》："承恩不许离床谢，密诏常教倚案书。"杜牧《寄内兄和州崔员外十二韵》："只宜裁密诏，何自取专城。"曹唐《小游仙诗九十八首》之四九："欲书密诏防人见，佯喝青虬使莫来。"

【密疏】　❶亲近与疏远。韦应物《城中卧疾知阎薛二子屡从邑令饮因以赠之》："即此吝音素，焉知中密疏。"❷秘密的奏疏。温庭筠《题李卫公诗二首》之一："两行密疏倾天下，一夜阴谋达至尊。"徐铉《奉和宫傅相公怀旧见寄四十韵》："密疏尚应劳献替，清谈唯见论空玄。"

【密署】　掌管机要事务之官署。杨巨源《和人与人分惠赐冰》："天水藏来玉堕空，先颁密署几人同。"

【密策】　秘密之计策。韩偓《奉和峡州孙舍人肇荆南重围中寄诸朝士二篇》之二："多端莫撼三珠树，密策寻遗七宝鞭。"

【密意】　深意。李白《相逢行》："持此道密意，毋令旷佳期。"

【密網】　细密之网。喻指繁细严苛之法令。刘长卿《狱中闻收东京有赦》："持法不须张密网，恩波自解惜枯鳞。"

【密語】　亲密对话。白居易《神照禅师同宿》："晏坐自相对，密语谁得知。"

【密緒】　织帛时割下之丝头。李商隐《寓怀》："星机抛密绪，月杵散灵氛。"

【密謀】　机密之谋划、谋略。罗隐《上鄂州韦尚书》："文穷典诰虽余力，俗致雍熙尽密谋。"

【密論】　密章论说。杜甫《八哀诗·赠左仆射郑国公严公武》："密论贞观体，挥发岐阳征。"

【密諍】　秘密之谏奏。来鹄《圣政纪颂》："不传亲问，不写密诤，孰示来朝，以光神政。"

【密談】　亲密谈话。曹唐《小游仙诗九十八首》之二十："清思密谈谁第一，不过邀取小茅君。"

【密機】　秘密之机谋。马戴《赠淮南将》："密机曾制敌，忧国更论兵。"

【密縣】　唐县名。属河南道河南府。本古密国地，汉置密县。唐武德四年(621)划属郑州。龙朔二年(662)改属河南府。即今河南密县。汪遵有《密县》。

【密篠】　丛密竹林。聂夷中《题贾氏林泉》："轻流逗密篠，直干入宽空。"

【密親】　犹亲人。李白《摩多楼子》："从戎向边北，远行辞密亲。"

【密邇】　贴近，靠近。陈子昂《感遇诗三十八首》之三七："胡秦何密迩，沙朔气雄哉。"杜甫《寄柏学士林居》："盗贼纵横甚密迩，形神寂寞甘辛苦。"卢仝《月蚀诗》："密迩玉几前擘坼，奏上臣仝顽愚胸。"李商隐《当句有对》："密迩平阳接上兰，秦楼鸳瓦汉宫盘。"

【密護】　暗中保护。綦毋潜《题栖霞寺》："龙蛇争翕习，神鬼皆密护。"

九　画

寒　〔hán《广韵》胡安切，平寒，匣。〕❶寒冷；寒凉。太宗《初秋夜坐》："露结林疏叶，寒轻菊吐滋。"王维《敕赐百官樱桃》："饱食不须愁内热，大官还有蔗浆寒。"白居易《马上晚吟》："出早冒寒衣校薄，归迟侵黑酒全消。"宣宗《百丈山》："仙峰不间三春秀，灵境何时六月寒。"❷受寒，挨冻。白居易《寄唐生》："唐生者何人，五十寒且饥。"❸指某些事物所给予人的一种寒凉、寒悚之感觉。虞世南《从军行二首》之一："剑寒花不落，弓晓月逾明。"孟浩然《秋宵月下有怀》："庭槐寒影疏，邻杵夜声急。"刘禹锡《八月十五日夜桃源玩月》："云軿欲下星斗动，天乐一声肌骨寒。"刘沧《经麻姑山》："帆飞震泽秋江远，雨过陵阳晚树寒。"❹冷清寂寥。崔峒《送侯山人赴会稽》："猿叫江天暮，虫声野浦寒。"见"寒浦""寒寺""寒汀"。❺清冷素洁。见"寒玉"。❻凋零，枯萎。见"寒草"。❼声音凄清。刘长卿《听弹琴》："泠泠七丝上，静听松风寒。"刘沧《江城晚望》："静听潮声寒木杪，远看风色暮帆舒。"灵一《江行寄张舍人》："林色晚分残雪后，角声寒奏落帆时。"见"寒笳""寒柝"。❽贫寒。韩愈《崔十六少府摄伊阳以诗及书见投因酬三十韵》："男寒涩诗书，妻瘦剩腰襻。"见"寒士""寒女"。❾谦词。见"寒殿"。

【寒丁丁】　声凄清状。牛殳《琵琶行》："飘飘飙飙寒丁丁，虫豸出蛰神鬼惊。"

【寒人】　受冻之人。白居易《新制布裘》："稳暖皆如我，天下无寒人。"

【寒士】　出身寒微之书生。杜甫《茅屋为秋风所破歌》："安得广厦千万间，大庇天下寒士俱欢颜。"刘长卿《送张起崔载华之闽中》："朝无寒士达，家在旧山贫。”白居易《效陶潜体诗十六首》之十五：“北里有寒士，瓮牖绳为枢。”曹邺《城南野居寄知己》：“身为苦寒士，一笑亦感恩。”

【寒山】 ❶凄清冷寂之山。秋天等寒凉时节之山。李白《寄当涂赵少府炎》：“寒山饶积翠，秀色连州城。”刘长卿《宿北山禅寺兰若》：“青松临古路，白月满寒山。”姚合《山中述怀》：“为客久未归，寒山独掩扉。”杜牧《山行》：“远上寒山石径斜，白云生处有人家。”❷山名。即浙江天台之寒岩。为唐诗僧寒山子栖居之处。寒山《诗三百三首》之三：“可笑寒山道，而无车马踪。”又《诗三百三首》之二〇三：“我家本住在寒山，石岩栖息离烦缘。”❸人名。名氏未详。贞观间人。一说大历间人。据其诗，知为长安（今陕西西安）人。隐天台始丰县（今浙江天台）西七十里翠屏山寒岩，自号寒山子。事迹见《太平广记》卷五五引唐杜光庭《仙传拾遗》。《全唐诗》卷八〇六录其诗一卷。

【寒山子】 即寒山。李山甫《山中寄梁判官》：“康乐公应频结社，寒山子亦患多才。”

【寒山寺】 佛寺名。在今江苏苏州市西之枫桥镇。因传唐朝僧人寒山曾居于此，故名。寺建于南朝梁，原名妙利普明塔院。韦应物《寄恒璨》：“独寻秋草径，夜宿寒山寺。”张继《枫桥夜泊》：“姑苏城外寒山寺，夜半钟声到客船。”

【寒川】 寒凉季节之河川。皇甫曾《晚至华阴》：“野渡冰生岸，寒川烧隔林。”柳宗元《游石角过小岭至长乌村》：“磴回茂树断，景晏寒川明。”许彬《经李翰林庐山屏风叠所居》：“叠巘晴舒障，寒川暗动雷。”

【寒女】 贫寒人家之女子。杜甫《自京赴奉先县咏怀五百字》：“彤庭所分帛，本自寒女出。”钱起《效古秋夜长》：“白玉窗中闻落叶，应怜寒女独无衣。”杨巨源《古意赠王常侍》：“组紃常在佳人手，刀尺空摇寒女心。”邵谒《寒女行》：“寒女命自薄，生来多贱微。”

【寒子】 寒天树木之籽实。储嗣宗《宿甘棠馆》：“风桂落寒子，岚烟凝夕阴。”

【寒天】 ❶冷天，冬天。白居易《自题》：“热月无堆案，寒天不趁朝。”李频《送姚郃先辈赴汝州辟》：“行李事寒天，东来聘礼全。”齐己《剃发》：“向老凋疏尽，寒天不出房。”❷寒凉清寂之天空。沈佺期《陇头水》：“陇山飞落叶，陇雁度寒天。”贾岛《哭孟郊》：“故人相吊后，斜日下寒天。”

【寒木】 ❶寒冷季节之树木。寇泚《度涂山》：“流月挥金戈，惊风折寒木。”亦借指寒天之树叶。❷木柴。顾况《焙茶坞》：“旋旋续新烟，呼儿劈寒木。”

【寒日】 寒凉时节之太阳。李百药《登叶县故城谒沈诸梁庙》：“总辔临秋原，登城望寒日。”杜甫《观公孙大娘弟子舞剑器行》：“梨园子弟散如烟，女乐余姿映寒日。”赵征明《挽歌词》：“寒日蒿上明，凄凄郭东路。”贾岛《送去华法师》：“秋江洗一钵，寒日晒三衣。”

【寒水】 寒凉之水。清江《春游司直城西鸬鹚溪别业》：“韶景浮寒水，疏杨映绿堤。”杜牧《泊秦淮》：“烟笼寒水月笼沙，夜泊秦淮近酒家。”张蠙《丛苇》：“丛丛寒水边，曾折打鱼船。”

【寒月】 清寒凄冷之月亮、月光。李白《望月有怀》：“寒月摇清波，流光入窗户。”于鹄《赠王道者》：“学琴寒月短，写易晚窗明。”韦庄《睹军回戈》：“御苑绿莎嘶战马，禁城寒月捣征衣。”黄滔《商山赠隐者》：“数只珍禽寒月在，千株古木热时稀。”

【寒文】 寒天之水纹。杜甫《太平寺泉眼》：“北风起寒文，弱藻舒翠缕。”

【寒心】 犹痛心、忧心。太宗《赋尚书》：“寒心睹肉林，飞魄看沉湎。”温庭筠《病中书怀呈友人》：“赋分知前定，寒心畏厚诬。”

【寒玉】 ❶玉石。白居易《苦热中寄舒员外》：“藤床铺晚雪，角枕截寒玉。”❷喻指如玉之事物。(1)喻指品质高洁。耿湋《赠别刘员外长卿》：“清如寒玉直如丝，世故多虞事莫期。”(2)喻指声音清越悦耳如敲玉之声。权德舆《寄临海郡崔稚璋》：“新诗寒玉韵，旷思孤云秋。”李玖《白衣叟喷玉泉感旧游书怀》：“伤心谷口东流水，犹喷当时寒玉声。”王毂《吹笙引》：“水泉迸泻急相续，一束宫商裂寒玉。”刘兼《新竹》：“影镂碎金初透月，声敲寒玉乍摇风。”(3)喻指水。李群玉《引水行》：“一条寒玉走秋泉，引出深萝洞口烟。”(4)喻指月。李贺《江南弄》：“吴歈越吟未终曲，江上团团帖寒玉。”(5)喻指竹。雍陶《韦处士郊居》：“门外晚晴秋色老，万条寒玉一溪烟。”(6)喻指细匀之肌肤。吴融《即席十韵》：“暖金轻铸骨，寒玉细凝肤。”(7)喻指牙齿。庄布《石榴歌》：“满口含尝琼液甘，一堂齿冷敲寒玉。”(8)喻指寒凉之山峰。殷文圭《楼上看九华》之二：“九条寒玉罩云中，雨外霞分海日红。”(9)喻指风姿高雅清峻。贯休《题淮南惠照寺律师院》：“仪冠凝寒玉，端居似沃州。”

【寒石】 寒凉之岩石。杜甫《前出塞九首》之七：“径危抱寒石，指落曾冰间。”

【寒仗】 丧葬时之仪仗。袁瓘《惠文太子挽歌》：“寒仗丹旐引，阴堂白日违。”

【寒令】 气候寒冷之时令。郑谷《小桃》：“撩乱春风耐寒令，到头赢得杏花娇。”徐夤《牡丹花二首》之一：“不随寒令同时放，倍种双松与辟邪。”

【寒瓜】 秋冬寒凉季节之瓜。李白《寻鲁城北范居士见范置酒摘苍耳作》：“酸枣垂北郭，寒瓜蔓东篱。”柳宗元《同刘二十八院长述旧言怀之作赠二君子》：“风枝散陈叶，霜蔓綖寒瓜。”

【寒冬】 寒冷的冬天。韩愈《赠张籍》："喜气排寒冬，逼耳鸣睍睆。"

【寒地】 贫瘠之地。白居易《晚桃花》："寒地生材遗校易，贫家养女嫁常迟。"

【寒灰】 ❶死灰，燃烧之后所剩之灰烬。李白《金陵歌送别范宣》："冠盖散为烟雾尽，金舆玉座成寒灰。"刘言史《长门怨》："手持金箸垂红泪，乱拨寒灰不举头。"方干《雪中寄薛郎中》："深拥红炉听仙乐，忍教愁坐画寒灰。"齐己《谢炭》："正拥寒灰次，何当惠寂寥。"亦指腐蚀风化后之灰。李白《古风》之三："但见三泉下，金棺葬寒灰。"张祜《题虎丘东寺》："伤心万古意，金玉葬寒灰。"❷喻指死寂绝望之事物。钱起《秋霖曲》："愁阴惨淡时殷雷，生灵垫溺若寒灰。"徐夤《西寨寓居》之一："解报可能医病雀，重燃谁肯照寒灰。"子兰《悲长安》："何事天时祸未回，生灵愁悴苦寒灰。"亦喻凄凉心境。韦应物《秋夜二首》之二："岁晏仰空宇，心事若寒灰。"张瀛《赠琴棋僧歌》："河沙世界尽空空，一寸寒灰冷灯畔。"贯休《山居诗二十四首》之七："慵甚嵇康竟不回，何妨方寸似寒灰。"❸谦称自身，谓自己无用如死灰。中宗、宋之问等《十月诞辰内殿宴群臣效柏梁体联句》："帝歌难续仰昭回，微臣捧日变寒灰。"杨汝士《和段相公夏登张仪楼》："远山标宿雪，末席本寒灰。"❹见《史记·韩长孺列传》。后因以"寒灰"借指坐法抵罪之人。李白《赠别郑判官》："窜逐勿复哀，惭君问寒灰。"按此系李白自称。❺指葭灰。古人用以占节候。其法烧苇膜成灰，分置十二律管，存密室内。某一节候至，则相应之律管内葭灰即自行飞出。元稹《春六十韵》："节应寒灰下，春生返照中。"白居易《酬卢秘书二十韵》："旧恩收坠履，新律动寒灰。"

【寒光】 冷光。使人感到寒凉之光。(1)指雪色、雪光。李峤《梅》："大庾敛寒光，南枝独早芳。"刘长卿《重过宣峰寺山房寄灵一上人》："寒光生极浦，暮雪映沧洲。"韦庄《对雪献薛常侍》："门外寒光利如剑，莫推红袖诉金船。"(2)指水光。刘沧《夏日登西林白上人楼》："寒光远动天边水，碧影出空烟外山。"魏谟《和重阳锡宴御制诗》："八水寒光起，千山霁色开。"罗隐《野狐泉》："潏潏寒光溅路尘，相传妖物此潜身。"(3)月光。刘沧《宿题天坛观》："紫霞晓色秋山霁，碧落寒光霜月空。"亦指水中月光。李德裕《潭上喜见新月》："皓彩松上见，寒光波际轻。"杜荀鹤《湘江秋夕》："三湘月色三湘水，浸骨寒光似练铺。"(4)珠玉等反射之光。许浑《对雪》："帘帷增曙色，珠翠发寒光。"叶季良《赋得琢玉成器》："冰映寒光动，虹开晚色明。"(5)铠甲反射之光。马戴《赠淮南将》："塞色侵旗动，寒光锁甲明。"(6)剑光、刀光。卢纶《难绾刀子歌》："轻冰薄玉状不分，一尺寒光堪决云。"(7)孤灯之微光。白居易《在家出家》："清唳数声松下鹤，寒光一点竹间灯。"(8)指雾气、山岚。马戴《楚江怀古三首》之一："露气寒光集，微阳下楚丘。"高蟾《长安旅怀》："唯有终南寂无事，寒光不入帝乡尘。"

【寒竹】 ❶即竹。因其岁寒不凋，故称。刘兼《梦归故园》："夜窗飒飒摇寒竹，秋枕迢迢梦故山。"谭用之《途次宿友人别墅》："半帘绿透偎寒竹，一榻红侵坠晚桃。"❷指送葬人所执之苴杖。李商隐《圣女祠》："从骑裁寒竹，行车荫白榆。"❸指箫、笛、笙等竹制之管乐器。南唐后主李煜《菩萨蛮》词："铜簧韵脆锵寒竹，新声慢奏移纤玉。"

【寒色】 冷色。秋冬等寒凉季节或夜晚等寒凉时候之颜色、景色。(1)冬天之景色。许敬宗《冬日宴于庶子宅各赋一字得归》："油云澹寒色，落景霭霜霏。"陆龟蒙《奉和袭美行次野梅次韵》："飞棹参差拂早梅，强欺寒色尚低徊。"陆希声《阳羡杂咏十九首·梅花坞》："知君有意凌寒色，羞共千花一样春。"(2)秋色、秋光。郎士元《送李骑曹之灵武宁侍》："新鸿引寒色，回日满京城。"王贞白《芦苇》："寒色暮天映，秋声远籁俱。"谭用之《塞上》："貂披寒色和衣冷，剑佩胡霜隔匣寒。"(3)秋天之日色或月色。陶拱《秋日悬清光》："悬空寒色净，委照曙光盈。"刘沧《八月十五日夜玩月》："寒色满窗明枕簟，清光凝露拂烟萝。"(4)暮色；夜色。韦应物《秋景诣琅琊精舍》："苍茫寒色起，迢递晚钟鸣。"马戴《雒中寒夜姚侍御宅怀贾岛》："夜木动寒色，雒阳城阙深。"(5)寒凉之草木颜色。宋之问《题张老松树》："日落西山阴，众草起寒色。"秦韬玉《桧树》："唯堆寒色资琴兴，不放秋声染俗尘。"唐求《庭竹》："知道雪霜终不变，永留寒色在庭前。"狄焕《咏南岳径松》："一阵雨声归岳峤，两条寒色下潇湘。"(6)寒凉之山色。贾岛《宿山寺》："众岫耸寒色，精庐向此分。"(7)寒水之色。张蠙《野泉》："清声萦乱石，寒色入长空。"

【寒衣】 御寒之衣。王勃《秋夜长》："君在天一方，寒衣徒自香。"崔颢《辽西作》："寒衣著已尽，春服与谁成?"张祜《和杜牧之齐山登高》："流落正怜芳意在，砧声徒促授寒衣。"沈彬《吊边人》："白骨已枯沙上草，家人犹自寄寒衣。"

【寒冰】 寒冷的冰。钱众仲《玉壶冰》："冬律初阴结，寒冰贮玉壶。"

【寒江】 秋冬等寒凉时节之江河。杜甫《缚鸡行》："鸡虫得失无了时，注目寒江倚山阁。"戎昱《旅次寄湖南张郎中》："寒江近户漫流声，竹影临窗乱月明。"柳宗元《江雪》："孤舟蓑笠翁，独钓寒江雪。"司马扎《江上秋夕》："欲寄乡关恨，寒江无北流。"

【寒村】 寒陋之乡村。卢纶《送李缃》："波翻远水蒹葭动，路入寒村机杼鸣。”唐彦谦《韦曲》：“穷郊二月初离别，独傍寒村嗅野梅。”

【寒更】（—gēng）寒夜报更之声，亦借指寒夜。骆宾王《别李峤得胜字》：“寒更承夜永，凉景向秋澄。”王维《冬晚对雪忆胡居士家》：“寒更传晓箭，清镜览衰颜。”张籍《拜丰陵》：“寒更报点来山殿，晓炬分行照柏城。”

【寒吹】寒风。韦应物《出还》：“凄凄动幽幔，寂寂惊寒吹。”温庭筠《原隰荑绿柳》：“腰肢弄寒吹，眉意入春闺。”

【寒岑】寒天之山。张均《和尹懋秋夜游灉湖二首》之二：“湾潭幽意深，杳霭涌寒岑。”皎然《晚冬废溪东寺怀李司直纵》：“游从间芳趾，摇落栖寒岑。”

【寒角】（—jiǎo）军营之号角。因多于夜间吹奏，且声音凄厉使人心寒，故称。韦应物《广陵行》：“严城动寒角，晚骑踏霜桥。”法振《送常大夫赴朔方》：“高旌天外驻，寒角月中吹。”白居易《晚望》：“江城寒角动，沙洲夕鸟还。”赵嘏《降虏》：“广武溪头降虏稀，一声寒角怨金微。”

【寒谷】寒凉之山谷。宋之问《游法华寺》：“寒谷梅犹浅，温庭桔未华。”李白《经乱离后天恩流夜郎忆旧游书怀赠江夏韦太守良宰》：“暖气变寒谷，炎烟生死灰。”许棠《奉天寒食书事》：“晓林花落雨，寒谷鸟啼风。”

【寒狖】秋冬之猿。柳宗元《答刘连州邦字》：“负弩啼寒狖，鸣枹惊夜狵。”

【寒序】寒冷季节、节令。欧阳詹《太原旅怀呈薛十八侍御齐十二奉礼》：“眼见寒序臻，坐送秋光除。”

【寒沙】寒凉时节之沙漠，沙滩。太宗《饮马长城窟行》：“寒沙连骑迹，朔吹断边声。”戴叔伦《昭君词》：“汉宫若远近，路在寒沙上。”钱珝《江行无题一百首》之四三：“无人争晓渡，残月下寒沙。”吴商浩《塞上即事》：“寒沙万里平铺月，晓角一声高卷风。”

【寒青】即绿色。多指草树青山之色。以其色调冷，给人以寒凉之感，故称。齐己《舟中晚望祝融峰》：“天际卓寒青，舟中望晚晴。”徐铉《北苑侍宴杂咏诗·松》：“细韵风中远，寒青雪后浓。”

【寒芽】寒秋时植物萌生之幼芽。雍陶《和刘补阙秋园寓兴六首》之四：“疏篁抽晚笋，幽药吐寒芽。”

【寒花】菊、桂、梅等秋冬寒天开放之花。贺敳《奉和九月九日应制》：“寒花低岸菊，凉叶下庭梧。”颜真卿、皎然《五言夜集联句》：“寒花护月色，坠叶占风音。”陈羽《游洞灵观》：“风吹青桂寒花落，香绕仙坛处处闻。”贾岛《哭胡遇》：“祭回收朔雪，吊后折寒花。”

【寒芳】寒天之花。马戴《楚江怀古三首》之三：“欲折寒芳荐，明神讵可招。”

【寒林】秋冬等寒凉季节之树林。王维《过李楫宅》：“客来深巷中，犬吠寒林下。”严维《自云阳归晚泊陆澧宅》：“孤棹所思久，寒林相见初。”周元范《和白太守拣贡桔》：“影下寒林沈绿水，光摇高树照晴空。”陈季卿《题禅窟兰若》：“霜钟鸣时夕风急，乱鸦又望寒林集。”

【寒枝】秋冬之树木。颜真卿、李崿《七言重联句》：“荧荧远火分渔浦，历历寒枝露鸟窠。”徐铉《文献太子挽歌词五首》之五：“愁烟锁平甸，朔吹绕寒枝。”

【寒杵】寒秋时节捣衣之杵声。岑参《宿关西客舍寄东山严许二山人》：“孤灯然客梦，寒杵捣乡愁。”杜甫《与李十二白同寻范十隐居》：“落景闻寒杵，屯云对古城。”皇甫曾《寻刘处士》：“隔城寒杵急，带月早鸿还。”

【寒松】即松树。因其岁寒不凋，故称。常以此比喻坚贞不移之操守。杜甫《哭王彭州抡》：“翠石俄双表，寒松竟后凋。”白居易《梦得前所酬篇有炼尽美少年之句重以长句答之》：“昔饶春桂长先折，今伴寒松取后凋。”李商隐《五言述德抒情诗一首献上杜七兄仆射相公》：“恶草虽当路，寒松实挺生。”

【寒事】❶秋冬等寒冷季节使自然界产生的变化。王昌龄《秋山寄陈谠言》：“岩间寒事早，众山木已黄。”皇甫冉《西陵寄灵一上人》：“汀洲寒事早，鱼鸟兴情新。”徐铉《和尉迟赞善秋暮僻居》：“江城秋早催寒事，望苑朝稀足晏眠。”❷收贮、防寒等准备过冬之事。李白《鲁东门观刈蒲》：“鲁国寒事早，初霜刈渚蒲。”杜甫《小园》：“问俗营寒事，将诗待物华。”陆龟蒙《自和次前韵》：“莫忧寒事晚，江上少严冬。”又《和袭美初冬偶作寄南阳润卿次韵》：“逐日生涯敢计冬，可嗟寒事落然空。”

【寒雨】冷雨。多指秋雨。刘长卿《送李使君贬连州》：“秋风散千骑，寒雨泊孤舟。”徐凝《宿冽上人房》：“觉后始知身是梦，更闻寒雨滴芭蕉。”刘沧《题巫山庙》：“触石晴云凝翠鬓，度江寒雨湿罗衣。”许棠《陇州旅中书事寄李中丞》：“乱叶随寒雨，孤蝉起暮关。”

【寒氛】寒气。岑参《天山雪歌送萧治归京》：“晻霭寒氛万里凝，阑干阴崖千丈冰。”孟郊《奉报翰林张舍人见遗之诗》：“自然蹈终南，涤暑凌寒氛。”

【寒狐】秋冬之狐狸。于鹄《野田行》：“寒狐上青冢，鬼火烧白杨。”

【寒服】寒衣。御寒之衣服。李益、广宣《重阳夜集兰陵居与宣上人联句》：“蟋蟀催寒服，茱萸滴露房。”

【寒兔】❶传说中之月中玉兔，借指月亮。李贺《李凭箜篌引》：“吴质不眠倚桂树，露脚斜飞湿寒兔。”

❷秋冬之兔。孟浩然《南归阻雪》:“积雪覆平皋,饥鹰捉寒兔。”韦庄《观浙西府相畋游》:“带箭彩禽云外落,避雕寒兔月中惊。”按此用月中玉兔典,泛指兔子。

【寒夜】 寒冷的夜晚,多指冬夜或秋夜。刘禹锡《酬乐天小亭寒夜有怀》:“寒夜阴云起,疏林宿鸟惊。”陆龟蒙《夜泊咏栖鸿》:“同是江南寒夜客,羽毛单薄稻粱微。”

【寒郊】 秋冬季节冷寂之郊野。沈佺期《扈从出长安应制》:“是节严阴始,寒郊散野蓬。”戴叔伦《送萧二》:“拟向田间老此身,寒郊怨别甚于春。”李商隐《少年》:“灞陵夜猎随田窦,不识寒郊自转蓬。”崔涂《江行晚望》:“木落曙江晴,寒郊极望平。”

【寒波】 寒凉之水波。白居易《重过寿泉忆与杨九别时因题店壁》:“寒波与老泪,此地共潺湲。”

【寒空】 (—kōng)清寒之天空,多指秋冬之天空或夜空。杜牧《秋梦》:“寒空动高吹,月色满清砧。”李峤《中秋月二首》之二:“圆魄上寒空,皆言四海同。”张蠙《吊万人冢》:“兵罢淮边客路通,乱鸦来去噪寒空。”

【寒房】 寒冷之房室。杜甫《夜》:“绝岸风威动,寒房烛影微。”无可《题青龙寺纵公房》:“夕磬城霜下,寒房竹月圆。”李群玉《雨夜呈长官》:“孤灯冷素艳,虫响寒房幽。”

【寒門】 ❶贫寒低微之门第、人家。张碧《贫女》:“自是生寒门,良媒不相识。”罗邺《寄酬郡王罗令公五首》之二:“良时难得吾宗少,应念寒门更寂寥。”郑谷《投时相十韵》:“故旧寒门少,文章外族衰。”杜荀鹤《清溪来明府出二子请诗因遗一绝》:“珠明玉润尽惊人,不称寒门不称贫。”❷传说中的北极之门,为北方极寒之地。李白《北风行》:“烛龙栖寒门,光曜犹旦开。”❸地名。即谷口,以其地寒凉,故称。在今陕西淳化西北。韩愈等《纳凉联句》:“凄如狃寒门,皓若攒玉璞。”

【寒牀】 寒凉之床铺。亦指孤寂独眠之床。雍陶《同贾岛宿无可上人院》:“静境唯闻铎,寒床但枕肱。”

【寒城】 秋冬等寒天之城。王维《赠房卢氏琯》:“苍翠临寒城,视事兼偃卧。”

【寒苦】 ❶寒冷艰苦。李白《颍阳别元丹丘之淮阳》:“松柏虽寒苦,羞逐桃李春。”开元宫人《袍中诗》:“沙场征戍客,寒苦若为眠。”❷贫寒凄苦。李白《怨歌行》:“寒苦不忍言,为君奏丝桐。”方干《赠萧山彭少府》:“作尉孜孜更寒苦,操心至癖不为清。”

【寒草】 寒天之草;枯草。孟郊《寻裴处士》:“寒草不藏径,灵峰知有人。”刘长卿《杂咏八首上礼部李侍郎·疲马》:“犹恋长城外,青青寒草春。”皇甫冉《奉和王相公早春登徐州城》:“壁垒依寒草,旌旗动夕阳。”王景中《风草不留霜》:“繁霜当永夜,寒草正惊风。”

【寒苗】 寒秋之禾苗。李峤《晚秋喜雨》:“晚穗萎还结,寒苗瘁复抽。”

【寒英】 寒天之花。(1)指梅花。柳宗元《早梅》:“寒英坐销落,何用慰远客。”(2)指菊花。李山甫《刘员外寄移菊》:“烟含细叶交加碧,露拆寒英次第黄。”

【寒苞】 微薄之物品。苞,席草。喻指低廉之物品。皮日休《早春以桔子寄鲁望》:“知君多病仍中圣,尽送寒苞向枕边。”此指桔子。

【寒柝】 寒夜报更之木拆声。欧阳詹《除夜长安客舍》:“虚牖传寒柝,孤灯照绝编。”

【寒威】 严寒之威力。方干《岁晚言事寄乡中亲友》:“寒威半入龙蛇窟,暖气全归草树根。”徐铉《和明上人除夜见寄》:“夜色开庭燎,寒威入砚冰。”

【寒星】 ❶寒夜之星。罗隐《淮南送节度卢端公将命之汴州》:“醉离淮甸寒星下,吟指梁园密雪中。”郑谷《送祠部曹郎中郯出守洋州》:“郡阁清吟夜,寒星识望郎。”❷喻指寒泉之水星、水花。孟郊《石淙》之六:“百尺明镜流,千曲寒星飞。”❸喻指剑芒,刀剑之寒光。谭用之《古剑》:“铸时天匠待英豪,紫焰寒星匣倍牢。”

【寒香】 清冷之香气。多指秋冬或早春时节梅、桂等花的香气。杜牧《早春寄岳州李使君》:“返照三声角,寒香一树梅。”李群玉《二辛夷》:“空庭向晚春雨微,却敛寒香抱瑶萼。”韩偓《早玩雪梅有怀亲属》:“冻白雪为伴,寒香风是媒。”

【寒俊】 出身于寒微门第之俊杰。高元裕《赠知贡举陈商》逸句:“中丞为国拔贤才,寒俊欣逢藻鉴开。”

【寒泉】 寒凉之水泉或井水。李赤《姑熟杂咏·桓公井》:“石甃冷苍苔,寒泉湛孤月。”李绅《皋桥》:“故桥秋月无家照,古井寒泉见底清。”李郢《晓井》:“桐阴覆井月斜明,百尺寒泉古甃清。”

【寒律】 冬令。翁洮《冬》:“寂寂栖心向杳冥,苦吟寒律句偏清。”

【寒食】 ❶即寒食节。孙逖《和上巳连寒食有怀京洛》:“行乐光辉寒食借,太平歌舞晚春饶。”韦应物《寒食寄京师诸弟》:“把酒看花想诸弟,杜陵寒食草青青。”韩翃《寒食》:“春城无处不飞花,寒食东风御柳斜。”徐夤《辇下赠屯田何员外》:“厨非寒食还无火,菊待重阳拟泛茶。”❷冷食。寒食节停厨火时所用之食物。白居易《送李校书趁寒食归义兴山居》:“到舍将何作寒食,满船唯载树阴归。”

【寒食球】 寒食节游戏所用之球。唐俗寒食以打球为戏。韩愈、侯喜等《石鼎联句》："可惜寒食球，掷此傍路坑。"

【寒食會】　寒食节期间之聚会。皎然《遥和康录事李侍御萼小寒食夜重集康氏园林》："习家寒食会何频，应恐流芳不待人。"王建《上田仆射》："却忆去年寒食会，看花犹在水堂前。"白居易《会昌元年春五绝句·赠举之仆射》："一月三回寒食会，春光应不负今年。"

【寒食節】　节日名。在清明前一日（一说二日），即冬至后一百五日（一说一百六日）。旧说春秋晋文公烧绵山逼隐于此山之介子推出仕，子推坚不出，抱树焚死，后人为纪念子推，遂于其忌日禁火冷食，积久成俗，谓之寒食节。唐俗于此节禁厨火三日，并祭坟扫墓。白居易《六年寒食洛下宴游赠冯李二少尹》："丰年寒食节，美景洛阳城。"方干《东阳道中作》："野父不知寒食节，穿林转壑自烧云。"

【寒風】　❶寒冷的风。贾岛《题郑常侍厅前竹》："乱枝低积雪，繁叶亚寒风。"许浑《赠李伊阙》："舟横野渡寒风急，门掩荒山夜雪深。"张蠙《叙怀》："十年九陌寒风夜，梦扫芦花絮客衣。"❷亦称寒风子。传为古代之善相马者。李白《天马歌》："不逢寒风子，谁采逸景孙。"

【寒姿】　孤寒之姿。权德舆《奉陪李大夫九日龙沙宴会》："烟芜敛暝色，霜菊发寒姿。"

【寒客】　受冻之人。白居易《蓝田刘明府携酌相过与皇甫郎中卯时同饮醉后赠之》："腊月九日暖寒客，卯时十分空腹杯。"

【寒衲】　单薄之僧衣。寒山《诗三百三首》之一九七："不学白云岩下客，一条寒衲是生涯。"

【寒素】　❶指出身门第低微。范质《诫儿侄八百字》："吾家本寒素，门地寡公侯。"❷指布帛。因可用以制寒衣，故称。李贺《秋来》："桐风惊心壮士苦，衰灯络纬啼寒素。"

【寒桂】　即桂花树。以其开花于寒秋，故称。无名氏《秋风生桂枝》（卷七八七）："寒桂秋风动，萧萧自一枝。"

【寒栖子】　姓名未详，道者。曾居庐山，又至罗浮山。与皎然有交往。皎然有《寒栖子歌》。

【寒株】　秋冬衰凋之树。喻指病衰之人。王建《早春病中》："日日春风阶下起，不吹光彩上寒株。"

【寒原】　寒天之原野。韦应物《送五经赵随登科授广德尉》："寒原正芜漫，夕鸟自西东。"郎士元《咸阳西楼别窦审》："西楼迥起寒原上，霁日遥分万井间。"刘沧《题王校书山斋》："猿鸟无声昼掩扉，寒原隔水到人稀。"

【寒砧】　寒秋捣衣之石。借指寒秋捣衣之声。沈佺期《古意呈补阙乔知之》："九月寒砧催木叶，十年征戍忆辽阳。"刘长卿《秋夜有怀高三十五适兼呈空上人》："北渚三更闻过雁，西城万里动寒砧。"韩愈等《晚秋郾城夜会联句》："语阑壮气衰，酒醒寒砧作。"李商隐《独居有怀》："只闻凉叶院，露井近寒砧。"

【寒骨】　尸骨。皮日休《奉和鲁望谢惠巨鱼之半》："冷鳞中断榆钱破，寒骨平分玉箸光。"

【寒耕】　在寒冷时节耕耘。刘禹锡《贾客词》："农夫何为者，辛苦事寒耕。"

【寒氣】　寒冷之气。王公亮《鱼上冰》："春生寒气减，稍动久潜鱼。"姚合《杭州观潮》："怒雪驱寒气，狂雷散大音。"曹邺《送进士下第归南海》："雪过蓝关寒气薄，雁回湘浦怨声长。"郑述诚《华林园早梅》："独凌寒气发，不逐众花开。"

【寒條】　寒天之树枝。皎然《宿道士观》："琼葩被修蔓，柏实满寒条。"戴叔伦《登楼望月寄凤翔李少尹》："陌上凉风槐叶凋，夕阳清露湿寒条。"

【寒隼】　寒天之鹰。凶猛善捕猎。卢纶《和赵给事白蝇拂歌》："君如寒隼惊暮禽，飒若繁埃得轻雨。"

【寒皋】　犹寒浦。寒天冷寂之水岸。钱起《晚出青门望终南别业》："远山新水下，寒皋微雨余。"张继《登丹阳楼》："寒皋那可望，旅客又初还。"

【寒徑】　阴凉僻静之小路。李百药《谒汉高庙》："竹皮聚寒径，枌社落霜丛。"徐仲雅《赠江处士》："薄雾笼寒径，残风恋绿萝。"

【寒衾】　单薄寒凉的被子。唐彦谦《夜蝉》："羁人此夕如三岁，不整寒衾待曙鸡。"

【寒凍】　指天寒水冻。贯休《寒月送玄士入天台》："芒鞋竹杖寒冻时，玉霄忽去非有期。"

【寒浦】　寒凉冷清之山岸。无可《暮秋宿友人居》："寒浦鸿相叫，风窗月欲沈。"许棠《讲德陈情上淮南李仆射八首》之七："寒浦一从抛钓艇，旧林无处认风飙。"

【寒流】　寒凉清冽之水流。王维《答裴迪辋口遇雨忆终南山之作》："淼淼寒流广，苍苍秋雨晦。"韦应物《休暇日访王侍御不遇》："怪来诗思清人骨，门对寒流雪满山。"李德裕《重忆山居六首·巫山石》："此中多怪石，日夕漱寒流。"朱景玄《宿新安村步》："淅淅寒流涨浅沙，月明空渚遍芦花。"

【寒宵】　寒夜。崔玄亮《和白乐天》："相对忆刘刘在远，寒宵耿耿梦长洲。"白居易《戏答皇甫监》："寒宵劝酒君须饮，君是孤眠七十身。"于武陵《客中》："异国久为客，寒宵频梦归。"成彦雄《寒夜吟》："洞房脉脉寒宵永，烛影香消金凤冷。"

【寒梅】　梅花，冬梅或春梅。李绅《忆东湖》："淮口值春偏怅望，数株临水是寒梅。"温庭筠《和道溪君别业》:"风飘弱柳平桥晚,雪点寒梅小苑春。"吴融《旅馆梅花》:"清香无以敌寒梅,可爱他乡独看来。"

【寒雀】 寒秋之麻雀。李百药《秋晚登古城》:"颓墉寒雀集,荒堞晚乌惊。"

【寒野】 寒凉冷寂之原野。太宗《冬日临昆明池》:"寒野凝朝雾,霜天散夕霞。"刘沧《秋日登醴泉县楼》:"闲上高楼时一望,绿芜寒野静中分。"

【寒崖】 寒冬之山岩。卢象《竹里馆》:"腊月闻山鸟,寒崖见蛰熊。"

【寒缸】 寒灯。或作"寒釭"。刘长卿有《杂咏八首上礼部李侍郎·寒釭》。白居易《不睡》:"焰短寒缸尽,声长晓漏迟。"李咸用《和友人喜相遇十首》之二:"愁成旅鬓千丝乱,吟得寒缸短焰终。"

【寒筇】 竹制手杖。刘兼《江岸独步》:"醉卓寒筇傍水行,渔翁不会独吟情。"

【寒笛】 凄清之笛声。方干《过朱协律故山》:"难收故交意,寒笛一声声。"杜荀鹤《登石壁禅师水阁有作》:"渔父晚船分浦钓,牧童寒笛倚牛吹。"孙光宪《定西番》词:"何处戍楼寒笛,梦残闻一声。"

【寒笳】 凄清之胡笳声。刘长卿《送裴使君赴荆南充行军司马》:"故节辞江郡,寒笳发渚宫。"王贞白《塞上曲》:"夕照低烽火,寒笳咽戍楼。"

【寒饑】 寒冷与饥饿。韩愈《符读书城南》:"不见三公后,寒饥出无驴。"陆龟蒙《江湖散人歌》:"四方贼垒犹占地,死者暴骨生寒饥。"唐彦谦《和陶渊明贫士诗七首》之一:"不如行其素,辛苦奈寒饥。"

【寒鳥】 寒天之鸟。刘长卿《月下呈章秀才》:"夜蛩偏傍枕,寒鸟数移柯。"韦应物《同越琅琊山》:"余食施庭寒鸟下,破衣挂树老僧亡。"司马扎《涂中寄薛中裕》:"空山连野外,寒鸟下霜枝。"

【寒魚】 秋冬等寒天之鱼。储光羲《蓝上茅茨期王维补阙》:"浅濑寒鱼少,丛兰秋蝶多。"

【寒郭】 寒天之城郭。徐铉《雪中作》:"疏钟寒郭晚,密雪水亭深。"

【寒族】 门第寒微之家族。杜荀鹤《入关因别舍弟》:"莫愁寒族无人荐,但愿春官把卷看。"

【寒清】 寒凉清冽之酒。语本《山海经·中山经》。皮日休《奉和鲁望看压新醅》:"一篑松花细有声,旋将渠碗撇寒清。"

【寒渚】 寒凉凄寂之水洲。刘长卿《秋杪江亭有作》:"寒渚一孤雁,夕阳千万山。"卢纶《酬陈翃郎中冬至携柳郎窦郎归河中见寄》:"终期买寒渚,同此利蒲鱼。"陈羽《赠人》:"草堂竹径在何处,落日孤烟寒渚西。"公乘亿《赋得临江迟来客》:"暮山期共眺,寒渚待同临。"

【寒涼】 寒冷,清凉。韩愈《重云李观疾赠之》:"重云闭白日,炎燠成寒凉。"又韩愈、轩辕弥明等《石鼎联句》:"宁依暖爇弊,不与寒凉并。"

【寒淤】 即寒洲。杜甫《赠李八秘书别三十韵》:"杜陵斜晚照,潏水带寒淤。"

【寒陰】 寒凉之阴气。李白《登瓦官寺阁》:"山空霸气灭,地古寒阴生。"姚合《早春山居寄城中知己》:"阳和潜发荡寒阴,便使川原景象深。"

【寒葉】 寒秋树木之枯叶、落叶。李百药《王师渡汉水经襄阳》:"乔木下寒叶,亭林落晓霜。"刘沧《秋夕山斋即事》:"半夜秋风江色动,满山寒叶雨声来。"

【寒菜】 寒冬之菜蔬。岑参《宿东溪王屋李隐者》:"霜畦吐寒菜,沙雁噪河田。"皇甫冉《题高云客舍》:"清秋香粳获,白露寒菜长。"

【寒菹】 腌菜,咸菜。卢纶《首冬寄河东昭德里书事贻郑损仓曹》:"寒菹供家食,腐叶宿厨烟。"陆龟蒙《秋思三首》之二:"至今思秃尾,无以代寒菹。"

【寒菊】 秋菊,菊花。韦应物《奉和圣制重阳日赐宴》:"寒菊生池苑,高树出宫城。"许浑《送段觉归东阳兼寄窦使君》:"秋茶垂露细,寒菊带霜甘。"刘兼《重阳感怀》:"重阳不忍上高楼,寒菊年年照暮秋。"

【寒蛩】 寒秋之蟋蟀。以其鸣于深秋,似催人备寒衣,故又称促织。韦应物《拟古诗十二首》之六:"寒蛩悲洞房,好鸟无遗音。"张籍《冬夕》:"寒蛩独罢织,湘雁犹能鸣。"郑巢《秋思》:"寒蛩鸣不定,郭外水云幽。"温庭筠《秋日旅舍寄义山李侍御》:"寒蛩乍响催机杼,旅雁初来忆弟兄。"

【寒勢】 严寒之威势。司空图《新岁对写真》:"生情暗结千重恨,寒势常欺一半春。"

【寒森森】 阴寒、寒气袭人貌。贾岛《寄友人》:"君看明月夜,松桂寒森森。"

【寒棲】 ❶寒夜之鸡埘,寒冷之鸡巢。秦系《晓鸡》:"黯黯严城罢鼓鼙,数声相续出寒栖。"❷犹贫居。贯休《商山道者》:"五千言外得玄音,石屋寒栖隔雪林。"

【寒粟】 寒秋之谷粒。罗邺《九华山协济祠》:"龙起阴云生画壁,鸟归寒粟落苍苔。"

【寒硤】 即寒峡。寒冷之峡谷。杜甫《寒硤》:"寒硖不可度,我实衣裳单。"

【寒硯】 寒冷的砚台。郑谷《寄膳部李郎中昌符》:"静灯微落烬,寒砚旋生澌。"

【寒雁】 寒秋之大雁。白居易《秋日与张宾客舒著作同游龙门醉中狂歌》:"翠藻蔓长孔雀尾,彩船橹急寒雁声。"李商隐《野菊》:"已悲节物同寒雁,忍委芳心与暮蝉。"刘沧《旅馆书怀》:"云低远塞鸣寒雁,雨歇空山噪暮蝉。"徐锴《秋词》:"井梧纷堕砌,寒雁远横空。"

【寒雲】 寒凉之云;寒天之云。郎士元《盩厔县郑礒宅送钱大》:"荒城背流水,远雁入寒云。"杨凭《雨中怨秋》:"辞家远客怆秋风,千里寒云与断蓬。"司空图《石楠》:"如何风叶西归路,吹断寒云见故山。"翁绶《陇头吟》:"马嘶斜日朔风急,雁过寒云边思长。"

【寒暑】 ❶寒冷与炎热的季节。多指冬与夏,亦借指四季。张九龄《杂诗五首》之二:"运命虽为宰,寒暑自回薄。"李华《杂诗六首》之四:"上天降寒暑,地利乃可生。"苏涣《变律》之一:"日月东西行,寒暑冬夏易。"吕岩《七言》之一一二:"功满自然居物外,人间寒暑任轮回。"❷指四季更替、季节变化。顾况《归阳萧寺有丁行者能修无生忍担水施僧况归命稽首作诗》:"独出违顺境,不为寒暑还。"李绅《新楼诗二十首·桔园》:"怜尔结根能自保,不随寒暑换贞心。"许浑《南亭夜坐贻开元禅定二道者》:"光阴难驻迹如客,寒暑不惊心似僧。"引申指行为的变化。韩愈《君子法天运》:"小人惟所遇,寒暑不可期。"❸借指一年。白居易《念金銮子二首》之一:"忘怀日已久,三度移寒暑。"皮日休《鲁望昨以五百言之微旨也》:"尔来五寒暑,试艺称精专。"亦泛指岁月,光阴。杜牧《分司东都叨承川尹刘侍郎大夫恩知上四十韵》:"寒暑逾流电,光阴甚建瓴。"子兰《短歌行》:"四季倏往来,寒暑变为贼。"❹指气候的冷暖。姚鹄《送僧归新罗》:"寒暑途中变,人烟岭外稀。"引申指人情的炎凉,关系的亲疏。杜荀鹤《别敬侍郎》:"交道有寒暑,在人无古今。"❺犹寒暄。指问候衣食起居安否。韦应物《相逢行》:"邂逅两相逢,别来问寒暑。"

【寒景】 冬日之阳光。白居易《和微之诗二十三首·和三月三十日四十韵》:"寒景尚苍茫,和风已吹嘘。"

【寒晚】 指贫苦之晚岁。郑谷《卷末偶题三首》之二:"如今寒晚无功业,何以胜任国士知!"

【寒筍出林】 三国孟宗哭竹生笋。见《三国志·吴志·孙皓传》"司空孟仁卒"裴松之注引《楚国先贤传》。后遂为咏孝子之典。司空曙《送李嘉祐正字括图书兼往扬州觐省》:"归来喜调膳,寒笋出林中。"

【寒禽】 寒天之禽鸟。司空曙《贼平后送人北归》:"寒禽与衰草,处处伴愁颜。"

【寒温】 ❶寒冷与温暖。元稹《酬独孤二十六送归通州》:"金石有销烁,肺腑无寒温。"李绅《逾岭峤止荒陬抵高要》:"西日眼明看少长,北风身醒辨寒温。"白居易《裴侍中晋公以集贤林亭即事诗三十六韵见赠辄广为五百言以伸酬献》:"后有开阖堂,寒温变天时。"❷用为问候语,指饮食起居。杜甫《暮秋枉裴道州手札率尔遣兴寄近呈苏涣侍御》:"虚名但蒙寒温问,泛爱不救沟壑辱。"许浑《下第归蒲城墅居》:"不知余正苦,迎马问寒温。"

【寒渡】 寒天之渡口。贾岛《送周判官元范赴越》:"城上秋山生菊早,驿西寒渡落潮迟。"

【寒窗】 寒冷凄清之窗户。元稹《闻乐天授江州司马》:"垂死病中惊坐起,暗风吹雨入寒窗。"牟融《客中作》:"千里云山恋旧游,寒窗凉雨夜悠悠。"刘沧《洛阳月夜书怀》:"独榻闲眠移岳影,寒窗幽思度烟空。"

【寒粥】 炒米或炒米粉等干粮和冷水而成之粥。雍陶《陪少师李相国崔宾客宴居守狄仆射池亭》:"暖醅松叶嫩,寒粥杏花香。"

【寒瑟瑟】 寒冷。雍陶《和河南白尹西池北新葺水斋招赏十二韵》:"坐中寒瑟瑟,床下细泠泠。"

【寒塘】 寒凉之水塘。王维《奉寄韦太守陟》:"寒塘映衰草,高馆落疏桐。"刘长卿《送陆沣仓曹西上》:"舟从故里难移棹,家住寒塘独掩扉。"张籍《寒塘曲》:"寒塘沉沉柳叶疏,水暗人语惊栖凫。"崔珏《和友人鸳鸯之什》之一:"暂分烟岛犹回首,只渡寒塘亦共飞。"

【寒歲】 寒冷之年月;寒冬。白居易《村居卧病三首》之三:"葺庐备阴雨,补褐防寒岁。"

【寒暖】 亦作"寒煖"。❶寒冷与温暖。徐铉《寄和州韩舍人》:"风头乍寒暖,天色半阴晴。"❷冷热。借指被关切者之冷热饥饱等一切状况。伏牛上人《三伤颂》之一:"停腾怕饥渴,抚养知寒煖。"

【寒暄】 ❶冷热,冷暖。李福业《岭外守岁》:"寒暄一夜隔,客鬓两年催。"宋璟《奉和圣制答张说扈从南出雀鼠谷》:"忽视寒暄隔,深思险易殊。"白居易《对酒闲吟赠同老者》:"饥饱进退食,寒暄加减衣。"❷寒凉与暑热之季节。多指冬与夏。亦泛指四季。孟云卿《古别离》:"寒暄有时谢,憔悴难再好。"皇甫冉《巫山峡》:"朝暮泉声落,寒暄树色同。"杜荀鹤《山寺老僧》:"草鞋无尘心地闲,静随猿鸟过寒暄。"孙魴《甘露寺》:"寒暄皆有景,孤绝画难形。"❸年。裴说《喜友人再面》:"一别几寒暄,迢迢隔塞垣。"❹喻指形势的好坏,力量对比的优劣胜负。李商隐《送千牛李将军赴阙五十韵》:"覆载还高下,寒暄急改更。"❺用于问候语,指问候饮食起居安否。李商隐《留赠畏之》之二:"待得郎来月已低,寒暄不道醉如泥。"

【寒暉】 冬天之阳光。卢象《送祖咏》:"东原多烟火,北涧隐寒晖。"

【寒園】 寒天之林园。皎然《劳劳山居寄呈吴处士》:"寒园扫绽栗,秋浪拾干薪。"

【寒微】 指出身门第贫寒低微。杨賁《时兴》:"贵人昔未贵,咸愿顾寒微。"

【寒節】 ❶寒令节。曹松《钟陵寒食日与同年裴颜李先辈郑校书郊外闲游》:"寒节钟陵香骑随,同年相命楚江湄。”齐己有《寒节日寄乡友》。❷寒凉之节令。鱼玄机《次韵西邻新居兼乞酒》：“况逢寒节添乡思，叔夜佳醪莫独斟。”

【寒意】 寒凉的感觉。张鼎《江南遇雨》：“江天寒意少，冬月雨仍飞。”李频《春日南游寄浙东许同年》：“旅怀多寄酒，寒意欲留花。”

【寒慄】 因受寒，皮肤上所生之鸡皮疙瘩。韦应物《凌雾行》：“霏微误嘘吸，肤腠生寒栗。”

【寒煙】 寒凉之烟雾或水汽。陆敬《游隋故都》：“平原悴秋草，乔木敛寒烟。”温庭筠《题谷隐兰若》：“半坡新路畲才了，一谷寒烟烧不成。”吴融《秋色》：“曾从建业城边路，蔓草寒烟锁六朝。”刘兼《郡楼闲望书怀》：“莲披净沼群香散，鹭点寒烟玉片新。”

【寒煖】 见“寒暖”。

【寒潭】 寒凉之水潭。卢肇《题绿阴亭》：“亭边古木昼阴阴，亭下寒潭百丈深。”刘昭禹《送休公归衡》：“衡阳旧寺春归晚，门锁寒潭几树蝉。”谭用之《幽居寄李秘书》：“印开夕照垂杨柳，画破寒潭老芰荷。”

【寒溪】 寒天之水溪；寒凉之水流。卢纶《送万巨》：“人愁荒村路细，马怯寒溪水深。”李商隐《淮阳路》：“断雁高仍急，寒溪晓更清。”欧阳炯《渔父歌二首》之二：“风浩寒溪照胆明，小君山上玉蟾生。”

【寒溜】 （—liù）寒凉之水流。权德舆《与沈十九拾遗同游栖霞寺上方于亮上人院会宿二首》之二：“岩花点寒溜，石磴扫春云。”周贺《送忍禅师归庐岳》：“泉水带冰寒溜涩，薜萝新雨曙烟腥。”欧阳詹《智达上人水精念珠歌》：“连连寒溜下阴轩，荧荧泫露垂秋草。”

【寒塞】 （—sài）寒冷之边塞。皎然《塞下曲二首》之一：“寒塞无因见落梅，胡人吹入笛声来。”

【寒殿】 寒凉冷寂之寺殿。司空曙《废庆宝寺》：“黄叶前朝寺，无僧寒殿开。”许浑《岁暮自广江至新兴往复中题峡山寺四首》之二：“山风寒殿磬，溪雨夜船灯。”

【寒裝】 冬服。许浑《送李溟秀才西行》：“万里不辞劳，寒装叠缊袍。”

【寒碧】 清冷寒凉之绿色。(1)指寒天草之绿色。牟融《闽中回》：“千山积雪凝寒碧，梦入枫宸绕御床。”(2)指寒凉的碧空。陆龟蒙《吴俞儿舞歌·剑俞》：“枝月喉，棹霜脊，北斗离离在寒碧。”

【寒夢】 寒天之梦。周贺《赠朱庆余校书》：“风泉尽结冰，寒梦彻西陵。”杜牧《夜雨》：“点滴侵寒梦，萧骚著淡愁。”

【寒歌】 悲歌。(1)指易水歌。李白《发白马》：“武安有振瓦，易水无寒歌。”(2)指春秋卫宁戚之《饭牛歌》。李白《秋浦歌十七首》之七：“醉上山公马，寒歌宁戚牛。”

【寒酸】 犹穷酸。形容书生因贫穷而窘迫局促之状。杜荀鹤《秋日怀九华旧居》：“烛共寒酸影，蛩添苦楚吟。”

【寒碪】 寒秋的捣衣声。同“寒砧”。碪，“砧”之异体字。顾况《游子吟》：“苔衣上闲阶，蟋蟀催寒砧。”李贺《龙夜吟》：“寒砧能捣百尺练，粉泪凝珠滴红线。”

【寒蝶】 寒秋之蝴蝶。于渍《旅馆秋思》：“寒蝶恋衰草，轸我离乡心。”

【寒蜩】 寒蝉。方干《题龟山穆上人院》：“寒蜩远韵来窗里，白鸟斜行起砌边。”

【寒鳴】 凄切之鸣声。徐夤《蝉》：“寒鸣宁与众虫同，翼鬓緌冠岂道穷。”

【寒銅】 铜镜。因其以铜铸成，触之寒凉，故称。孟郊《君子勿郁郁士有谤毁者作诗以赠之》之二：“玄发不知白，晓入寒铜觉。”

【寒獄】 寒冷的监狱。白居易《新沐浴》：“穷途绝粮客，寒狱无灯囚。”

【寒塵】 寒天之灰尘、尘埃。张蠙《塞下曲》：“夜烧冲星赤，寒尘翳日愁。”

【寒榮】 寒天之花。李白《九日》：“携壶酌流霞，搴菊泛寒荣。”孟郊《秋怀》之九：“草木亦趣时，寒荣似春余。”

【寒漱】 寒凉之悬泉、激流。贾岛《送僧归太白山》：“夜禅临虎穴，寒漱撇龙泉。”徐夤《和尚书咏泉山瀑布十二韵》：“寒漱绿阴仙桂老，碎流红艳野桃夭。”

【寒漏】 寒夜计时漏壶之滴水声。亦借指寒夜。王维《同崔员外秋宵寓直》：“九门寒漏彻，万井曙钟多。”钱起《效古秋夜长》：“含情纺织孤灯尽，拭泪相思寒漏长。”郑絪《寒夜闻霜钟》：“净兼寒漏彻，闲畏曙更侵。”刘禹锡《牛相公留守见示城外新墅有溪竹秋月因成四韵兼命同作》：“高情限清禁，寒漏滴深宫。”

【寒漲】 寒天之湖水。韩愈《岳阳楼别窦司直》：“时当冬之孟，隙窍缩寒涨。”

【寒翠】 给人以寒凉感觉之绿色，多指寒天草木之色。元载《别妻王韫秀》：“看取海山寒翠树，苦遭霜霰到秦封。”权德舆《郊居岁暮因书所怀》：“独鸟带晴光，疏篁净寒翠。”张仲素《宫中乐五首》之五：“奇树留寒翠，神池结夕波。”顾在镕《题光福上方塔》：“烟凝远岫列寒翠，霜染疏林堕碎红。”

【寒墟】 寒寂冷落之村墟。李洞《鄠郊山舍题赵处士林亭》：“圭峰秋后叠，乱叶落寒墟。”

【寒醅】 寒冬酿制之酒。萧遘《春诗》：“青旗问沽酒，何处拨寒醅。”

【寒鴉】 寒天之乌鸦。刘长卿《步登夏口古城作》：“但见荒郊外，寒鸦暮暮飞。”于邺《野外行》：“寒鸦噪晚景，乔木思故乡。”

【寒膚】 受寒而冷缩之皮肤。元稹《病减逢春期白二十二辛大不至十韵》："寒肤渐舒展，阳脉乍虚盈。"

【寒魄】 指月亮，月光。刘得仁《对月寄雍陶》："圆明寒魄上，天地一光中。"方干《中秋月》："泉澄寒魄莹，露滴冷光浮。"齐己《荆州新秋寺居写怀诗五首上南平王》之四："又见去年三五夕，一轮寒魄破烟空。"

【寒影】 阴影，暗影，以其使人有寒凉之感，故称。苏味道《咏霜》："带日浮寒影，乘风进晚威。"徐铉《侍宴赋得归雁》："清音天际远，寒影月中微。"

【寒鋩】 寒光闪闪之剑铓。曹汾《早发灵芝望九华寄杜员外使君》："嵯嵯玉剑寒铓利，袅袅青莲翠叶重。"

【寒牖】 寒窗。杜牧《寄内兄和州崔员外十二韵》："雨侵寒牖梦，梅引冻醪倾。"

【寒餒】 寒冷饥饿。方干《山中言事八韵寄李支使》："阮瑀如能问寒馁，风光当日入沧洲。"

【寒燈】 寒夜之灯光；孤凄冷清之灯光。刘长卿《岁夜喜魏万成郭夏雪中相寻》："寒灯映虚牖，暮雪掩闲扉。"谭用之《秋夜同友人话旧》："数茎白发生浮世，一盏寒灯共故人。"

【寒澌】 寒冰。郑巢《题崔行先石室别野》："桂阴生野菌，石缝结寒澌。"

【寒潮】 寒凉之潮水。宋之问《夜渡吴松江怀古》："寒潮顿觉满，暗浦稍将分。"刘长卿《送张十八归桐庐》："正落寒潮水，相随夜到门。"温庭筠《送人》："绿树绕村含细雨，寒潮背郭卷平沙。"

【寒漿】 寒凉的汁浆。李商隐《柳枝五首》之三："嘉瓜引蔓长，碧玉冰寒浆。"此指瓜汁。

【寒蕪】 寒天之荒草。皇甫曾《送郑秀才贡举》："晚色寒芜远，秋声候雁多。"戴叔伦《和河南罗主簿送校书兄归江南》："古戍阴传火，寒芜晓带霜。"刘驾《空城雀》："不闻庄辛语，今日寒芜绿。"刘沧《长安冬夜书情》："古巷月高山色静，寒芜霜落灞原空。"

【寒蕊】 借指寒天之花。刘禹锡《酬令狐相公庭前白菊花谢偶书所怀见寄》："寒蕊差池落，清香断续来。"

【寒蔬】 寒天之菜蔬。贾岛《送天台僧》："寒蔬修净食，夜浪动禅床。"

【寒磬】 凄清之磬声。刘长卿《奉陪萧使君入鲍达洞寻灵山寺》："古寺隐青冥，空中寒磬夕。"杨巨源《题清凉寺》："一声寒磬空心晓，花雨知从第几天。"许浑《送无梦道人先归甘露寺》："夜灯江北见，寒磬水西闻。"

【寒機】 寒夜之织布机。吴融《鲛绡》："云供片段月供光，贫女寒机枉自忙。"

【寒磧】 寒寂之沙漠。于鹄《出塞》之三："空山朱戟影，寒碛铁衣声。"

【寒錫】 僧人所持之锡杖。刘商《送濬上人》："木落前山霜露多，手持寒锡远头陀。"

【寒鐘】 寒天之钟声。武元衡《酬谈校书长安秋夜对月寄诸故旧》："惊鹊绕枝风满幌，寒钟送晓月当楹。"刘得仁《秋晚与友人游青龙寺》："暮鸟投嬴木，寒钟送夕阳。"方干《登龙瑞观北岩》："促韵寒钟催落照，斜行白鸟入遥空。"

【寒鷗】 寒天之鸥鸮。李频《题卢五旧居》："怅望秋天鸣坠叶，巑岏枯柳宿寒鸱。"

【寒燒】 焚烧落叶枯草。指寒秋。刘沧《深愁喜友人至》："落叶已经寒烧尽，衡门犹对古城荒。"

【寒燠】 冷与热；寒与暑。韩愈、孟郊《城南联句》："芒端转寒燠，神助溢杯觥。"白居易《春雪》："寒燠苟反常，物生皆夭阏。"又《短歌曲》："少壮与荣华，相避如寒燠。"李绅《逾岭峤止荒陬抵高要》："天将南北分寒燠，北被羔裘南卉服。"

【寒營】 寒天之军营。蒋吉《出塞》："北风吹起寒营角，直至榆关人尽闻。"

【寒鴻】 寒秋之雁。贾岛《送李骑曹》："萧关分碛路，嘶马背寒鸿。"孟贯《江边闲步》："远汀排晚树，深浦漾寒鸿。"

【寒聲】 寒天之风水松竹等物发出使人感到凄凉之声响。李白《劳劳亭歌》："苦竹寒声动秋月，独宿空帘归梦长。"高适《燕歌行》："杀气三时作阵云，寒声一夜传刁斗。"韩溉《松》"翠色本宜霜后见，寒声偏向月中闻。"王沂《送钟员外》："猛势资新雁，寒声伴暮潮。"

【寒霜】 即秋霜。太宗《赋得临池竹》："贞条障曲砌，翠叶贯寒霜。"皮日休《石榴歌》："蝉噪秋枝槐叶黄，石榴香老愁寒霜。"

【寒點】 寒夜之报更点声。温庭筠《走马楼三更曲》："帘间清唱报寒点，丙舍无人遗烬香。"

【寒燭】 寒夜之烛光；冷寂之烛光。于武陵《宿友生林居因怀贾区》："那堪对寒烛，更赋别离吟。"

【寒螿】 ❶寒天之螀。螀，一种青赤色小蝉。寒露后始鸣。李白《陌上桑》："寒螀爱碧草，鸣凤栖青梧。"刘禹锡《乐天以愚相访沽酒致欢因成七言聊以奉答》："犹胜独居荒草院，蝉声听尽到寒螀。"❷泛指寒秋之鸣虫。张仲素《秋思二首》之一："碧窗斜日蔼深晖，愁听寒螀泪湿衣。"李群玉《自澧浦东游江表投员外从公虞》："哀砧捣秋色，晓月啼寒螀。"温庭筠《鸿胪寺有开元中锡宴堂凉遗址仅有存者偶成四十韵》："枯池接断岸，唧唧啼寒螀。"

【寒壘】 寒寂冷清之故垒。杨巨源《长城闻笛》："静过寒垒遍，暗入故关深。"

【寒蟲】 秋冬寒天之昆虫。常建《听琴秋夜赠寇尊师》："寒虫临砌急，清吹袅灯频。"张籍《羁旅行》："寒虫入窟鸟归巢，僮仆问我谁家去。"

【寒蟬】 ❶即寒蜇、寒蜩。似蝉而小，色青赤。天寒始鸣，故称。钱起《送李兵曹赴河中》："寒蝉思关柳，匹马向蒲城。"白居易《酬牛相公宫城早秋寓言见示兼呈梦得》："碧树未摇落，寒蝉始悲鸣。"韦庄《闺月》："清风行处来，白露寒蝉急。"沈鹏《寒蝉树》："一叶初飞日，寒蝉益易惊。"❷深秋天寒时之蝉。其时蝉皆因大寒而噤口不鸣。韩愈《秋怀诗十一首》之二："寒蝉暂寂寞，蟋蟀鸣自恣。"

【寒簟】 凉席。司空曙《早夏寄元校书》："珠荷荐果香寒簟，玉柄摇风满夏衣。"

【寒雛】 受冻之幼禽。无名氏《姜宣弹小胡笳引歌》(卷七八六)："秋霜满树叶辞风，寒雏坠地乌啼血。"此指幼小之乌鸦。

【寒韻】 ❶凄清之声韵；如乐之声音。贾岛《送贞空二上人》："石磬疏寒韵，铜瓶结夜澌。"陆龟蒙《袭美初植松桂偶题》："轩阴冉冉移斜日，寒韵泠泠入晚风。"❷清俊的神韵、姿态。李咸用《谢友生遗端溪砚瓦》："贞姿还落落，寒韵或凄凄。"

【寒濤】 寒凉之波涛、潮水。马戴《江亭赠别》："衰柳风难定，寒涛雪不分。"

【寒壟】 寒瘠之垄亩、田埂。王建《塞上逢故人》："走马登寒垅，驱羊入废城。"

【寒藤】 寒天之枯藤。杜甫《解闷十二首》之八："不见高人王右丞，蓝田丘壑漫寒藤。"韩偓《草书屏风》："怪石奔秋涧，寒藤挂古松。"

【寒鵲】 寒天之鸟鹊。刘沧《秋日夜怀》："砧杵寥寥秋色长，绕枝寒鹊客情伤。"

【寒曦】 寒天惨淡之日光。韩愈《寄崔二十六立之》："举头庭树豁，狂飙卷寒曦。"

【寒蟾】 指月亮。以传说月中有蟾蜍，故称。刘禹锡《和汴州令狐相公到镇改月偶书所怀》："管弦喧夜景，灯烛掩寒蟾。"

【寒檐】 冷寂之屋檐，指代寒星。崔璀《赠营妓》："寒檐寂寂雨霏霏，候馆萧条烛烬微。"白居易《早寒》："半卷寒檐幕，斜开暖阁门。"

【寒雞】 寒夜之鸡。韩愈《秋怀诗十一首》之七："寒鸡空在栖，缺月烦屡瞰。"

【寒瀨】 寒凉的激流。段成式《猿》："影沈巴峡夜岩色，踪绝石塘寒濑声。"

【寒鶩】 寒天之水鸭。李商隐《幽居冬暮》："晓鸡惊树雪，寒鹜守冰池。"

【寒關】 处于寒冷之地的关隘、关口。李嘉祐《送王谏议充东都留守判官》："衰柳寒关道，高车左掖臣。"张籍《送郑尚书出镇南海》："画角天边月，寒关岭上梅。"

【寒藻】 寒凉之水藻。柳宗元《南涧中题》："羁禽响幽谷，寒藻舞沦漪。"

【寒爐】 寒天之火炉。郑愚《茶诗》："夜臼和烟捣，寒炉对雪烹。"罗邺《冬夕江上言事五首》之四："僻居多与懒相宜，吟拥寒炉过腊时。"

【寒櫻】 寒天之樱花树。白居易《早冬》："老柘叶黄如嫩树，寒樱枝白是狂花。"

【寒露】 寒秋之露水；寒凉之露水。张九龄《晨坐斋中偶而成咏》："寒露洁秋空，遥山纷在瞩。"韩愈《木芙蓉》："新开寒露丛，远比水间红。"李绅《宿瓜州》："柳经寒露看萧索，人改衰容自寂寥。"陈季卿《别妻》："月斜寒露白，此夕去留心。"

【寒巖】 寒冷之山崖。方干《题龙泉寺绝顶》："古树含风长带雨，寒岩四月始知春。"廖融《句》："古寺寻僧饭，寒岩衣鹿裘。"

【寒籜】 枯落之笋皮。杜甫《法镜寺》："婵娟碧鲜净，萧摵寒箨聚。"

【寒齏】 腌菜。韩愈《崔十六少府摄伊阳以诗及书见投因酬三十韵》："冬惟茹寒齑，秋始识瓜瓣。"

【寒艷】 冷艳，清冷而艳丽。鲍溶《和王璠侍御酬友人赠白角冠》："芙蓉寒艳镂冰姿，天朗灯深拨豸时。"

【寒鷺】 水鹭，鹭鸟。唐彦谦《东韦曲野思》："野莲随水无人见，寒鹭窥鱼共影知。"李洞《送卢少府之任巩洛》："印床寒鹭宿，壁记醉僧书。"

【寒鱠】 寒秋之鲈鲙。鱼鲙，切细之鱼肉。见南朝宋刘义庆《世说新语・识鉴》。后遂以"寒鲙"为咏思乡归隐之典。杜牧《许七侍御弃官东归高秋企望题诗寄赠十韵》："冻醪元亮秫，寒鲙季鹰鱼。"

【寒廳】 寒陋之厅室。多用为对自家居处之谦称。韩愈《答张彻》："勤来得晤语，勿惮宿寒厅。"

富 〔fù《广韵》方富切。去宥，非。〕❶财物多。与"贫"相对。杜甫《遣兴五首》之一："北里富熏天，高楼夜吹笛。"白居易《闲吟》："人生不富即贫穷，光阴易过闲难得。"杜荀鹤《自遣》："百年身后一丘土，贫富高低争几多。"亦指使富裕。白居易《自题酒库》："身更求何事，天将富此翁。"❷多；富有。李白《酬坊州王司马与阎正字对雪见赠》："阎公汉庭旧，沈郁富才力。"沈传师《次潭州酬唐侍御姚员外游道林岳麓寺题示》："为闻楚国富山水，青嶂逦迤僧家园。"❸姓。见"富駱"。

【富人】 钱财多的人。王维《奉和圣制御春明楼临右相园亭赋乐贤诗应制》:“将非富人宠,信以平戎故。”白居易《西行》:“我虽非富人,亦不苦寂寞。”

【富人侯】　即富民侯。唐避李世民讳,改“民”为“人”。窦巩《奉使蓟门》:“自从身属富人侯,蝉噪槐花已四秋。”朱湾《长安喜雪》:“平地已沾盈尺润,年丰须荷富人侯。”薛逢《越王楼送高梓州入朝》:“乘递初登建外州,倾心喜事富人侯。”

【富才】　富有才华。张泌《碧户》:“卓氏仍多酒,相如正富才。”

【富水驛】　唐驿站名,原名阳城驿,在商州(今陕西商县)东。杜牧有《商山富水驿》。吴融有《富水驿东楹有人题诗》。参阅元稹《阳城驿》。

【富父】　指富父终甥,春秋鲁大夫。见《左传·文公十一年》。李峤《戈》:“富父春喉日,殷辛漂杵年。”

【富平】　❶唐县名,属关内道京兆府,即今陕西富平。韦应物有《往富平伤怀》。郑谷有《赠富平李宰》。❷富平侯之省称。张祜《投陈许李司空二十韵》:“历战长诸葛,封侯小富平。”

【富平侯】　即张安世。安世汉昭帝元凤六年(前75)以右将军封富平侯。李商隐《富平少侯》:“七国三边未到忧,十三身袭富平侯。”

【富平少侯】　(少 shào)即汉张安世玄孙放。安世封富平侯,世代袭爵。李商隐有《富平少侯》。

【富民侯】　即车千秋。千秋汉武帝征和四年(前89)拜丞相,封富民侯。后亦用以称贤相。赵嘏《献淮南李仆射》:“早年曾谒富民侯,今日难甘失鹄羞。”

【富足】　富有,财物丰富充足。寒山《诗三百三首》之三二:“饮酒食生命,谓言我富足。”

【富兒】　富人;富家子弟。杜甫《奉赠韦左丞丈二十二韵》:“朝扣富儿门,暮随肥马尘。”韩愈《醉赠张秘书》:“长安众富儿,盘馔罗膻荤。”

【富室】　富户,有钱人家。刘禹锡《同乐天和微之深春二十首》之十一:“何处深春好,春深富室家。”白居易《自题小草亭》:“龌龊豪家笑,酸寒富室欺。”

【富春】　❶秦县名。晋避郑太后讳,改名富阳。唐因之,属江南道杭州。境有富春江、富春山,为汉严光隐居之处。以风景秀丽著称。王维《同崔傅答贤弟》:“夜火人归富春郭,秋风鹤唳石头城。”皎然《送文会上人还富阳》:“长忆孤洲二三月,春山偏爱富春多。”孟郊《送无怀道士游富春山水》:“造化绝高处,富春独多观。”李德裕《重忆山居六首·钓石》:“严光隐富春,山色溪又碧。”❷指富春江。王维《送李判官赴东江》:“树色分扬子,潮声满富春。”韩翃《送王少府归杭州》:“归舟一路转青蘋,更欲随潮向富春。”柳宗元《哭连州凌员外司马》:“寂寞富春水,英气方在斯。”

【富春山】　山名。在唐江南道睦州桐庐县(今浙江桐庐)境。南临富春江,山下有严子陵钓台。李白《古风》之十二:“长揖万乘君,还归富春山。”李德裕《思平泉树石杂咏一十首·二猿》:“钓濑水涟漪,富春山合沓。”

【富春江】　江名。即浙江在唐江南道杭州富阳县(今浙江富阳)境之一段。权德舆有《早发杭州泛富春江寄陆三十一公佐》。崔涂《和进士张曙闻雁见寄》:“试向富春江畔过,故园犹合有池台。”

【富春秋】　年少,年轻。谓来日方长。杜甫《送韦讽上阆州录事参军》:“韦生富春秋,洞彻有清识。”刘禹锡《敬宗睿武昭愍孝皇帝挽歌三首》之二:“任贤劳梦寐,登位富春秋。”温庭筠《过华清宫二十二韵》:“贵妃专宠幸,天子富春秋。”

【富春渚】　富春江畔。亦泛指富春一带。孙逖《夜宿浙江》:“富春渚上潮未还,天姥岑边月初落。”张渭《读后汉逸人传二首》之一:“东过富春渚,乐此佳山川。”朗士元《送奚贾归吴》:“东南富春渚,曾是谢公游。”皎然《送陆判官归杭州》:“明朝富春渚,应见谢公船。”

【富庶】　物产丰富、人口众多。韩愈《酬裴十六功曹巡府西驿途中见寄》:“四海日富庶,道途隘蹄轮。”韩偓《过汉口》:“居杂商徒偏富庶,地多词客自风流。”亦指使财厚人丰。樊宗师《蜀绵州越王楼诗》:“既乏富庶能,千万惭文翁。”

【富家】　富人之家,有钱人家。杜甫《驱竖子摘苍耳》:“富家厨肉臭,战地骸骨白。”白居易《和答诗十首·和大觜乌》:“主人富家子,身老心童蒙。”张祜《送人归蜀》:“长怨相如留滞处,富家还忆卓王孙。”邵谒《岁丰》:“工佣输富家,日落长叹息。”

【富國】　使国家富裕。牟融《送沈侯之京》:“刘旻才高能富国,萧何人杰足封侯。”

【富國安民】　使家国富裕、人民安定。韩偓《朝退书怀》:“孜孜莫患劳心力,富国安民理道长。”

【富國强兵】　使国家富裕、兵力强盛。王翰《饮马长城窟行》:“富国强兵二十年,筑怨兴徭九千里。”

【富貴】　富裕显贵,谓财物多而位高。寒山《诗三百三首》之一二四:“富贵疏亲聚,只为多钱米。”杜甫《丹青引赠曹将军霸》:“丹青不知老将至,富贵于我如浮云。”姚合《庄居即事》:“时过无心求富贵,身闲不梦见公卿。”韩琮《题圭峰下长孙家林亭》:“明知富贵非身物,莫为金章堕地仙。”

【富貴荣華】　富裕显贵荣耀。李峤《汾阴行》:“山川满目泪沾衣,富贵荣华能几时。”李群玉《请告出春明门》:“鹿裘藜杖且归去,富贵荣华春梦中。”阎德隐《薛王花烛行》:“富贵荣华实可怜,路傍观者谓神仙。”

【富强】 富裕强盛。李商隐《赠送前刘五经映三十四韵》:“草草临盟誓,区区务富强。”

【富陽】 唐县名,本汉之会稽郡富春县。晋避郑太后讳改名富阳。唐属江南东道杭州。即今浙江富阳县。孟浩然有《游江西留别富阳裴刘二少府》。白居易《醉送李协律赴湖南辟命因寄沈八中丞》:“富阳山底樟亭畔,立马停舟飞酒盂。”牟融《闽中回》:“帆影随风过富阳,橹声摇月下钱塘。”韦庄有《南游富阳江中作》。

【富農】 富裕之农民。于濆《富农诗》序:“濆寓居尧山南六十里,里有富农……人指其貌,此多藏者也,积粟万庾,马牛无算。”

【富豪】 大富之人;有钱有势之人。杜甫《最能行》:“富豪有钱驾大舸,贫穷取给行艓子。”韦应物《送冯著受李广州署为录事》:“富豪虞兴戎,绳墨不易持。”

【富嘉謨】 (?—706)雍州武功(今属陕西)人。举进士,累转晋阳尉、寿安尉。事迹见《旧唐书·文苑传》《新唐书·文苑传》。《全唐诗》卷九四录其诗一首。

【富壽】 富裕而长寿。白居易《偶吟自慰兼呈梦得》:“尊荣富寿难兼得,闲坐思量最要身。”陆龟蒙《江南秋怀寄华阳山人》:“地与膏腴错,人多富寿并。”

【富鄭公】 即富弼。弼宋英宗即位初拜枢密使,封郑国公。吕岩《窑头坯歌》:“君不见洛阳富郑公,说与金丹如盲聋。”

【富樂山】 山名。在唐剑南道绵州巴西县(今四川绵阳)东五里。传刘备入蜀,刘璋迎于此山。因得见全蜀兴盛而喜乐,故名。薛曜有《登绵州富乐山别李道士策》。

【富駱】 初唐文学家富嘉谟、骆宾王之并称。杜甫《寄彭州高三十五使君适虢州岑二十七长史参三十韵》:“举天悲富骆,近代惜卢王。”

【富齋】 施舍给僧人的丰盛斋饭。王梵志《五言》之三:“贫斋行则迟,富斋行则疾。”

【富饒】 富裕,财物多。无名氏《五言诗》之五(外编下):“富饶田舍儿,论情实好事。”

寓 〔yù《广韵》牛具切,去遇,疑。〕❶寄居。萧颖士《赵载同游焦湖夜归作》:“安得傲吏隐,弥年寓兹山。”杜甫《送高司直寻封阆州》:“伏枕闻别离,畴能忍漂寓。”张籍《病中寄白学士拾遗》:“自寓城阙下,识君弟事焉。”韦蟾《和柯古穷居苦日喜雨》:“黎侯寓于卫,六义非凡格。”❷寄托。许景先《征君宅》:“探炼备海峤,赏心寓情人。”储光羲《田家即事答崔二东皋作四首》之三:“所寓非幽深,梦寐相追随。”权德舆《酬崔千牛四郎早秋见寄》:“相爱每不足,因兹寓深衷。”❸寄存,放置。白居易《遣怀》:“寓心身体中,寓性方寸内。”❹托人传递。见“寓书”。

【寓止】 寓居,寄住。张翱《自状》:“有张翱兮,寓止淮阴。”韩偓《无题》序:“丙寅年九月,在福建寓止。”

【寓目】 寄目,过目,观览。赵中虚《游清都观寻沈道士得芳字》:“寓目虽灵宇,游神乃帝乡。”王维《林园即事寄舍弟紞》:“寓目一萧散,销忧冀俄顷。”元稹《卢十九子蒙吟卢七员外洛川怀古命余和》:“寓目终无限,通辞未有因。”李建勋《中春写怀寄沈彬员外》:“寓目不能闲一日,闭门长胜得千金。”

【寓名】 托名,取名。韦绶《郡治楼望黄山》:“莫怪寓名同岳号,暂图瞻眺近长安。”

【寓形】 寄身,寄托身形。独孤及《客舍月下对酒醉后寄毕四耀》:“寓形薪火内,甘作天地客。”白居易《和答诗十首·和思归乐》:“人生百岁内,天地暂寓形。”

【寓言】 ❶不直接表露而借他事以寓意的言辞。白居易《禽虫十二章》序:“庄列寓言,风骚比兴,多假虫鸟,以为筌蹄。”❷借诗文言辞以寄托思想感情。李峤《刘侍读见和山邸十篇重申此赠》:“寓言摅宿志,窃吹简知音。”张说《行从方秀川与刘评事文同宿》:“寓言情思惬,适兴真意坦。”阎宽《春宵览月》:“乘兴得至乐,寓言因永吟。”刘禹锡《题淳于髡墓》:“寓言本多兴,放意能合权。”❸诗题用语。犹言寄意,寄兴。王维、李白、杜牧均有《寓言》。

【寓直】 本指寄于其他官署值夜,后泛指于官署值夜班。宋之问《和姚给事寓直之作》:“寓直恩徽重,乘秋藻翰扬。”李端《山中寄苗员外》:“闻说潘安方寓直,与君相见渐难期。”郑谷《春夕伴同年礼部赵员外省直》:“锦帐名郎重锦科,清宵寓直纵吟哦。”

【寓居】 寄居,客居。杜甫《酬高使君相赠》:“古寺僧牢落,空房客寓居。”韩愈《酬司门卢四兄云夫院长望秋作》:“白首寓居谁借问,平地寸步扃云岩。”喻凫《书怀》:“只是守琴书,僧中独寓居。”亦指寄居之处。唐求的《题友人寓居》。

【寓思】 寄托情思。韦庄《春愁》:“寓思本多伤,逢春恨更长。”

【寓眠】 寄眠,借他人之处睡眠。白居易《洛阳有愚叟》:“野食或烹鲜,寓眠多拥褐。”

【寓書】 寄信;托带书信。刘蜕《览陈拾遗文集》:“寓书托宰君,请为试摩拭。”

【寓望】 犹寓目,览望。刘兼有《登楼寓望》。

【寓宿】 (—sù)寄宿。李颀《渔父歌》:“寓宿湍与濑,行歌秋复春。”崔曙《宿大通和尚塔敬赠如上人兼呈常孙二山人》："一承微妙法，寓宿清净土。"阎敬爱《题濠州高塘馆》："今宵寓宿高塘馆，神女何曾入梦来。"

【寓感】 寄托所感。王延彬有《春日寓感》。

【寓跡】 犹寄身，寄留行迹。黄滔《湘中赠张逸人》："曾为蜀山成寓迹，又因湘水拟营家。"

【寓遊】 客游，异地之游。李颀《谒张果先生》："寓游城郭里，浪迹希夷际。"元稹《竞舟》："自为里中戏，我亦不寓游。"

【寓蝶】 借蝴蝶以寓意。语本《庄子·齐物论》。清江《上都酬章十八兄》："寓蝶成庄梦，怀人识祢贤。"

【寓賞】 犹观赏。温庭筠《余昔自西滨得兰数本遂寄情于此》："寓赏本殊致，意幽非我情。"温宪《郊居》："村前村后树，寓赏有余情。"

【寓興】 （—xìng）寄托兴致。白居易《分司洛中醉后狂吟因招梦得宾客兼呈思黯奇章公》："寄名朝士籍，寓兴少年场。"李商隐、林宽有《寓兴》。李建勋《闲出书怀》："闲游河用问东西，寓兴皆非有所期。"

【寓懷】 寄托情怀。用为诗题，犹言抒怀。李商隐有《寓怀》。刘沧有《秋日寓怀》。

寐 〔mèi《广韵》彌二切，去至，明。〕睡眠。厍狄履温《夏晚初霁南省寓直用余字》："寐来冠不解，奏罢草仍书。"窦常《七夕》："斜汉没时人不寐，几条蛛网下风庭。"朱庆余《宿陈处士书斋》："闲得相逢少，吟多寐不成。"杜牧《闺情代作》："佳人刀杵秋风外，荡子从征梦寐希。"

十　画

寞 〔mò《广韵》慕各切，入鐸，明。〕寂静，冷清。见"寂寞"。

寬 〔kuān《广韵》苦官切，平桓，溪。〕❶宽阔，宽广。崔尚《奉和圣制同二相已下群臣乐游园宴》："供帐凭高列，城池入迥宽。"岑参《送张秘书充刘相公通汴河判官便赴江外觐省》："万里江海通，九州天地宽。"杨巨源《和吕舍人喜张员外自北番回至境上先寄二十韵》："突兀阴山迥，苍茫朔野宽。"李群玉《浔阳观水》："南经梦泽宽浮日，西出岷山劣泛杯。"亦指使宽，增宽。曹松《石头怀古》："虽宽百姓土，渐缺六朝坟。"❷指气度、风格等恢宏，博大。刘长卿《洛阳主簿叔知和驿承恩赴选伏辞一首》："器宇溟渤宽，文锋镆铘利。"皮日休《鲁望昨以五百言见贻因成一千言》："李宽包堪舆，孟澹拟漪涟。"❸指胸怀、心地开阔，开朗。杜甫《别董颋》："飘荡兵甲际，几时怀抱宽。"白居易《自江州司马授忠州刺史仰荷圣泽聊书鄙诚》："乡党前程近，心随外事宽。"❹宽裕有余；多。薛令之《自悼》："饭涩匙难绾，羹稀箸易宽。"杜甫《遣闷戏呈路十九曹长》："晚节渐于诗律细，谁家数去酒杯宽。"又《垂老别》："势异邺城下，纵死时犹宽。"武元衡《途次》："地崇秦制险，人乐汉恩宽。"❺指衣服、衣带宽松、宽大。多以形容人瘦损。白居易《闺怨词》之三："苦战应憔悴，寒衣不要宽。"陆龟蒙《酬袭美夏首病愈见招次韵》："蕙带又闻宽沈约，茅斋犹自忆王微。"河北士人《寄内诗》："瘦尽宽衣带，啼多渍枕檀。"❻指为政、执法、取人等尺度宽松、宽大不苛严。虞世南《拟饮马长城窟》："拓地勋未赏，亡城律岂宽。"孟浩然《陪张丞相登荆城楼因寄蓟州张使君》："出守声弥远，投荒法未宽。"杜甫《严公仲夏枉驾草堂兼携酒馔》："非关使者征求急，自识将军礼数宽。"白居易《初冬即事呈梦得》："临老交亲零落尽，希君恕我取人宽。"❼指为人宽厚，宽和。韩愈《奉酬天平马十二仆射暇日言怀见寄之作》："清为公论重，宽得士心降。"❽宽宥；宽恕。沈佺期《赦到不得归题江上石》："少宽穷涸鲋，犹愍触藩羝。"李商隐《送千牛李将军赴阙五十韵》："梼杌宽之久，防风戮不行。"❾松弛；舒缓。刘希夷《送友人之新丰》："宾游宽旅宴，王事促严程。"耿湋《早春宴高陵滑少府》："且宽沈簿领，应赖酒如渑。"亦指安舒，不担心。崔道融《村墅》："正月二月村墅闲，余粮未乏人心宽。"❿宽解，宽慰。卢象《乡试后自巩还田家因谢邻友见过之作》："置酒共君饮，当歌聊自宽。"李白《江夏赠韦南陵冰》："赤壁争雄如梦里，且须歌舞宽离忧。"李涉《寄河阳从事杨潜》："秦中豪宠争出群，巧将言智宽明君。"杜荀鹤《别从叔》："世路既如此，客心须自宽。"⓫减轻。杜甫《营屋》："草茅虽薙葺，衰疾方少宽。"

【寬大】 ❶宽阔，宽广。杜甫《赠苏四徯》："乾坤虽宽大，所适装囊空。"❷待人宽厚、大度。元结《舂陵行》："更无宽大恩，但有迫促期。"又《别何员外》："公能独宽大，使之力自输。"

【寬仁】 宽大仁慈。周昙《咏史诗·春秋战国门·子产》："为政何门是化源？宽仁高下保安全。"

【寬心】 使心情安舒、宽慰。杜甫《可惜》："宽心应是酒，遣兴莫过诗。"

【寬平】 宽阔平坦。杜牧《题茶山》："等级云峰峻，宽平洞府开。"贯休《和韦相公见示闲卧》："宽平开义路，淡泞润清田。"

【寬征】 从宽征收租赋，薄赋。韩愈、孟郊《城南联句》："蔬甲喜临社，田毛乐宽征。"

【寬免】 减免。韩愈《元和圣德诗》："经战伐地，宽免租薄。"

【寬法】 放宽律法，谓从宽处理。杜甫《寄杜位》："近闻宽法离新州，想见怀归尚百忧。"

【寬空】（—kōng）广阔之天空。聂夷中《题贾氏林泉》："轻流逗密蓧，直干入宽空。"

【寬政】指为政宽仁，不苛严。许敬宗《奉和初春登楼即目应诏》："璇玑体宽政，隆栋象端衡。"韦应物《高陵书情寄三原卢少府》："促戚下可哀，宽政身致患。"韩愈《寒食日出游》："自嗟孤贱足瑕疵，特见放纵荷宽政。"

【寬恩】宽厚施恩。无名氏《五言白话诗》之四（外编下）："日月甚宽恩，不照五逆鬼。"

【寬律】指刑律放宽。杨巨源《春日奉献圣寿无疆词十首》之六："汉典方宽律，周官正采诗。"

【寬宥】宽恕原谅。柳宗元《奉平淮夷雅表》："臣负罪窜伏，违尚书笺奏十有四年。圣恩宽宥，命守遐壤。"

【寬柔】松弛柔软。张籍《野居》："四肢暂宽柔，中肠郁不舒。"

【寬勉】宽慰勉励。李中《途中作》："得信慈亲痫瘵减，当时宽勉采兰心。"

【寬窄】❶指面积的阔狭、大小。白居易《小宅》："何劳问宽窄，宽窄在心中。"又《题新居元八》："阶庭宽窄才容足，墙壁高低粗及肩。"❷指衣服之肥瘦。孟郊《乙酉岁舍弟扶侍归兴义庄居后独止舍待替人》："饮食迷精粗，衣裳失宽窄。"李商隐《燕台四首·春》："衣带无情有宽窄，春烟自碧秋霜白。"裴说《闻砧》："愁捻银针信手缝，惆怅无人试宽窄。"

【寬容】❶宽厚大度，能容让。杜甫《遣闷奉呈严公二十韵》："宽容存性拙，剪拂念途穷。"郑嵎《津阳门诗》："上皇宽容易承事，十家三国争光辉。"❷从宽减免赋税。齐己《寄监利司空学士》："宽容民赋税，憔悴吏精神。"

【寬赦】宽宥赦罪。韩愈《县斋有怀》："投荒诚职分，领邑幸宽赦。"

【寬猛】指为政之宽和与严厉。白居易《赠友五首》之四："宽猛政不一，民心安得淳。"罗隐《送汝州李中丞十二韵》："理必资宽猛，谋须藉典刑。"

【寬裕】宽容大量。周昙《咏史诗·后汉门·光武》："萧王得众能宽裕，吴汉归来帝业昌。"

【寬頑】宽大的顽石，指砚台。李贺《杨生青花紫石砚歌》："圆毫促点声静新，孔砚宽顽何足云。"

【寬赊】宽赦；宽恕。李白《秦女休行》："金鸡忽放赦，大辟得宽赊。"

【寬廣】❶宽宏，宽厚。拾得《诗》之十八："运心常宽广，此则名为布。"❷宽阔，广大。白居易《醉后狂言酬赠萧殷二协律》："我有大裘君未见，宽广和暖如阳春。"

【寬慰】宽解安慰。白居易《答苏六》："更无别计相宽慰，故遣阳关劝一杯。"

【寬禪師】（禅 chán）即行宽禅师。李益有《乞宽禅师瘿山罍呈宣供奉》。

【寬闊】宽广阔大。寒山《诗三百三首》之二六二："平野水宽阔，丹丘连四明。"

【寬織】谓编织得阔大。杜甫《江头四韵·鸂鶒》："故使笼宽织，须知动损毛。"

【寬懷】宽心，宽解心怀。綦毋潜《送郑务拜伯父》："奉料竹林兴，宽怀此别晨。"

【寬饒】即汉司隶校尉盖宽饶。字次公，魏郡人。任司察，劾奏无所回避。见《汉书》卷七七《盖宽饶传》。戴叔伦《奉天酬别郑谏议云逵见别之作》："宽饶狂自比，汲黯直为邻。"刘禹锡《酬杨八庶子喜韩吴兴与余同迁见赠》："文轻傅武仲，酒逼盖宽饶。"

寘1

〔zhì《广韵》支義切，去寘，章。〕放置；安置。萧颖士《江有枫一篇十章》之十："此惧惟何，惧寘于罗。"陆龟蒙《渔具诗·笭箵》："盛鱼自足餐，寘壁能为害。"张蠙《宴驸马宅》："别向庭芜寘吟石，不教宫妓踏成蹊。"郑昉《人不易知》："周行虽有寘，殷鉴在前规。"

寘2

〔tián〕同"窴"，填满，充塞。见"寘₂寘"。

【寘₂寘】充溢、塞满貌。元稹《感梦》："寘寘满心气，不得说向人。"

寖

〔jìn《五音集韵》子鴆切，去沁。〕❶渗透。吕温《岳阳怀古》："二湖豁南浸，九派驶东流。"❷逐渐。李商隐《幽居冬暮》："急景忽云暮，颓年浸已衰。"

【寖大】逐渐增大。韩愈《和侯协律咏笋》："萌芽防浸大，覆载莫偏恩。"

【寖廣】逐渐扩大、增广。韦表微《池州夫子庙麟台》："楚国浸广，秦封益侈。"

寗

同"寧 2"。姓。见"寧處州"。

十一画

寡

〔guǎ《广韵》古瓦切，上馬，見〕❶少。与"多"相对。李绅《趋翰苑遭诬构四十六韵》："掷地声名寡，摩天羽翮孤。"❷缺乏；短少。李义府《诏谕有怀赠同年人》："临泛多苦怀，登攀寡欢趣。"王维《赠从弟司库员外绿》："既寡遂性欢，恐招负时累。"李端《长安书事寄卢纶》："翻同老夫见，殊寡少年心。"韦蟾《长乐驿谑李汤给事题名》："渭水秦川拂眼明，希仁何事寡诗情。"❸指女子丧夫。杜甫《奉酬薛十二丈判官见赠》："卓氏近新寡，豪家朱门扃。"元稹《紫踯躅》："文君新寡乍归来，羞怨春风不能哭。"李商隐《哭遂州萧侍郎二十四韵》："有女悲初寡，无男泣过门。"亦指女子远离丈夫而独居孤守。杜甫《月》："斟酌姮娥寡，天寒耐九秋。"❹丧偶之人。多指寡妇。韩愈《题炭谷湫祠堂》："至令乘水旱，鼓舞寡与鳏。"

【寡尤】　少犯过错。骆宾王《宿山庄》："牵迹犹多蹇，劳生未寡尤。"

【寡合】　指相投合的人少。白居易《酬张十八访宿见赠》："平生虽寡合，合即无缁磷。"皮日休《江南书情二十韵寄韦校书宋先辈二同年》："寡合无深契，相期有至诚。"

【寡色】　无色；缺乏色彩。顾况《我行自东一章》："烛龙寡色，何枉不直。"皮日休《虎丘寺殿前有古杉一本形状丑怪遂赋三百言以见志》："寡色诸芳笑，无声众籁疑。"

【寡言】　很少说话。白居易《寄行简》："郁郁眉多敛，默默口寡言。"

【寡妻】　守寡之妻。杜甫《无家别》："四邻何所有，一二老寡妻。"贾岛《哭孟郊》："寡妻无子息，破宅带林泉。"罗隐《韩信庙》："寡妻稚女俱堪恨，却把余杯奠蒯通。"唐彦谦《奉使岐下闻唐弘夫行军为贼所擒伤而有作》："散卒半随哀校尉，寡妻休问辟司徒。"

【寡和】　（—hè）能和唱之人。常形容诗文或思想超逸不群。犹如《阳春白雪》，曲高和寡。孟浩然《和贾主簿弁九日登岘山》："国人咸寡和，遥愧洛阳才。"王维《送友人归山歌二首》之一："文寡和兮思深，道难知兮行独。"元稹《酬乐天雪中见寄》："满空飞舞应为瑞，寡和高歌只自娱。"参见"曲高和寡"。

【寡况】　犹言单调乏味。杜荀鹤《善从弟雪中远至有作》："无酒御寒虽寡况，有书供读且资身。"

【寡味】　乏味，无意味。陆龟蒙《奉和袭美二游诗·徐诗》："惠怀亟寡昧，戎羯俄腥膻。"

【寡偶】　寡合；不轻易与人相投合。权德舆《祗命赴京途次淮口因书所怀》："弱植素寡偶，趋时非所任。"

【寡欲】　欲望少，无奢欲。皎然《观李中丞洪二美人唱歌轧筝歌》："爱君天然性寡欲，家贫禄薄常知足。"白居易《永崇里观居》："寡欲虽少病，乐天心不忧。"李咸用《和友人喜相遇十首》之八："寡欲自应刚正立，无私翻觉友朋稀。"贯休《上荆南府主三让德政碑》："荆州化风何卓异，寡欲无为合天地。"

【寡妇】　丧夫之妻，亦指丈夫远离之孤独妇人。李嘉祐《南浦渡口》："寡妇共租税，渔人逐鼓鼙。"白居易《山鹧鸪》："梦乡迁客展转卧，抱儿寡妇彷徨立。"杜荀鹤有《山中寡妇》。

【寡罪】　犹容罪，不降罪。李绅《七年初到洛阳寓居宣教里时已春暮》："圣朝寡罪容衰齿，愚叟多惭未退身。"

【寡德】　缺少德行。常用为谦词。德宗《重阳日即事》："寡德荷天贶，顺时休百工。"贾岛《斋中》："低扉碍轩辔，寡德谢接诺。"

【寡俦】　缺少友伴。孟郊《投赠张端公》："鸾步独无侣，鹤音仍寡俦。"陆龟蒙《补沈恭子诗》："自然失远裔，安得怨寡俦。"

【寡营】　淡泊无欲，不营谋名利。韦应物《与韩库部会王祠曹宅作》："守默共无吝，抱冲俱寡营。"

【寡鹄】　孤鹄。丧偶之天鹅，喻指寡居孤守之女子。李商隐《圣女祠》："寡鹄迷苍壑，羁凰怨翠梧。"

【寡識】　缺少见识。亦指不识时务，不随流俗。李白《望鹦鹉洲怀祢衡》："才高竟何施，寡识冒天刑。"

【寡鶴】　丧偶之孤鹤。白居易《松下琴赠客》："寡鹤当徽怨，秋泉应指寒。"

【寡歡】　少欢娱。白居易《游悟真寺诗一百三十韵》："以此自惭惕，戚戚常寡欢。"

寠　〔jù《广韵》其矩切，上麌，羣。〕寠同"窭"。贫穷。杜甫《自京赴奉先县咏怀五百字》："岂知秋未登，贫窭有仓卒。"又《早发射洪县南途中作》："将老忧贫窭，筋力岂能及。"

察　〔chá《广韵》初八切，入黠，初。〕❶仔细观看，察看。魏征《享太庙乐章·大明舞》："望云彰德，察纬告征。"❷明辨，明察。太宗《帝京篇十首》之十："纳善察忠谏，明科慎刑赏。"贺知章《唐禅杜首乐章·顺和》："圣心事能察，增广陈厥诚。"白居易《续古诗十首》之七："但信言有玷，不察心无瑕。"❸考察；审理。高适《奉酬睢阳李太守》："讼简知能吏，刑宽察要囚。"❹苛察。谓明察太过。李颀《杂兴》："青青兰艾本殊香，察见泉鱼固不祥。"❺察觉，察知。李白《代赠远》："相思欲有寄，恐君不见察。"元稹《赋得数蓂》："坠叶推前事，新芽察未形。"李敬方《闻高侍御卒贬所》："官移人未察，身没事多符。"

【察判】　观察判官之省称。李建勋有《岁暮晚泊望庐山不见因怀岳僧呈察判》。

【察俗】　观察民俗、民情。宋璟《蒲津迎驾》："省方知化洽，察俗觉时清。"

【察眉】　谓通过观察人之面容而得知实情。语本《列子·说符》。杜甫《夔府书怀四十韵》："即事须尝胆，苍生可察眉。"

【察院】　御史台所属三院之一。为监察御史所掌之官署。掌分察百僚，巡按郡县，肃整朝仪。温庭筠《病中书怀呈友人》序："因书怀奉寄殿院徐侍御、察院陈李二侍御。"郑谷有《寄察院李侍御文炬》。

【察廉】 汉代由州官经过考察荐举廉明之任官职称为察廉。后泛指能够荐贤。白居易《奉和汴州令狐令公二十二韵》："俗阜知敦劝，民安见察廉。"

【察獄】 察看审理狱讼案情。陈子昂《座右铭》："理讼唯正直，察狱必审情。"

【察察】 清楚明白，能明察事理。司空图《自诫》："众人皆察察，而我独昏昏。"

寧[1] 〔nínɡ《广韵》奴丁切，平青，泥。〕❶安宁。孟浩然《陪姚使君题惠上人房》："迷心应觉悟，客思未遑宁。"刘禹锡《客有话汴州新政书事寄令狐相公》："天下咽喉今大宁，军城喜气彻青冥。"汪遵《桐江》："光武重兴四海宁，汉臣无不受浮荣。"郑准《寄进士崔鲁范》："会待路宁归得去，酒楼渔浦重相期。"❷使安宁。杜甫《入奏行赠西山检察使窦侍御》："蔗浆归厨金碗冻，洗涤烦热足以宁君躯。"韦应物《送常侍御却使西蕃》："此去多应收故地，宁辞沙塞往来频。"❸省视父母。李白《送张秀才从军》："长策扫河洛，宁亲归汝坟。"钱起《送外甥怀素上人归乡侍奉》："飞锡离乡久，宁亲喜腊初。"

寧[2] 〔nìnɡ《集韵》乃定切，去徑，泥。〕❶宁可，宁愿。李颀《绝缨歌》："宁爱贤，不爱色。"王维《献始兴公》："宁栖野树林，宁饮涧水流。"赵征明《思归》："寸心宁死别，不忍生离忧。"温庭筠《江南曲》："不作浮萍生，宁为藕花死。"❷岂，哪。陈叔达《咏菊》："但令逢采摘，宁辞独晚荣。"戎昱《感春》："名位未沾身欲老，诗书宁救眼前贫。"令狐楚《游晋祠上李逢吉相公》："少壮同游宁有数，尊荣再会便无缘。"杜牧《过魏文贞公宅》："蟪蛄宁与雪霜期，贤哲难教俗士知。"❸岂不。李峤《奉和幸韦嗣立山庄侍宴应制》："宁知天子贵，尚忆武侯庐。"权德舆《郊居岁暮因书所怀》："宁知肉食尊，自觉儒衣贵。"❹竟。杜荀鹤《钱塘别罗隐》："吾道天宁丧，人情日可疑。"花蕊夫人徐氏《述国亡诗》："十四万人齐解甲，宁无一个是男儿。"❺姓。见"寧₂戚"。

【寧王】 即李宪。原名成器，唐玄宗之兄，开元四年(716)改名宪，七年封宁王。张说有《清明日诏宴宁王山池赋得飞字》。张祜《热戏乐》："上皇失喜宁王笑，百尺幢竿果动摇。"温庭筠《弹筝人》："天宝年中事玉皇，曾将新曲教宁王。"韦庄《江南送李明府入关》："我为孟馆三千客，君继宁王五代孙。"

【寧止】 安居，安静憩息。祖咏《题远公经台》："世间长不见，宁止暂忘归。"贾至《自蜀奉册命往朔方途中呈韦左相文部房尚书门下崔侍郎》："将来荡沧溟，宁止蹴昆仑。"于敖《闻莺》："能将百啭清心骨，宁止闲窗梦不成。"

【寧₂可】 宁愿。表示在对比事物中的抉择意愿。王绩《赠学仙者》："相逢宁可醉，定不学丹砂。"无名氏《五言白话诗》之十五(外编下)："宁可出头坐，谁肯被鞭耻？"

【寧₂成】 汉南阳(今属河南)人。事迹见《汉书·酷吏传》。李瀚《蒙求》："郅都苍鹰，宁成乳虎。"

【寧₂成乳虎】 为咏酷吏之典。见《汉书》卷九〇《义纵传》。李瀚《蒙求》："郅都苍鹰，宁成乳虎。"

【寧州】 唐代州名。本隋北地郡，唐武德元年改宁州。属关内道。李益有《立春日宁州行营因赋朔风吹飞雪》。杨巨源有《登宁州城楼》。杨夔有《宁州道中》。

【寧₂肯】 岂肯，哪愿。表示反诘语气。裴说《对雪》："豪家宁肯厌，五月画图看。"

【寧₂知】 岂知，怎么。李白《和卢侍御通塘曲》："梁鸿德耀会稽日，宁知此中乐事多。"卢纶《过楼观李尊师》："宁知樵子径，得到葛洪家。"韩愈《桃源图》："世俗宁知伪与真，至今传者武陵人。"司马扎《锄草怨》："亦念官赋急，宁知荷锄劳。"

【寧居】 安居。詹敦仁《入局吟》："明命初颁得美除，惭惶下拜敢宁居。"

【寧省】 (—xǐnɡ)返家省视父母尊亲。钱起《送虞说擢第南归觐省》："得意且宁省，人生难此还。"

【寧哥】 即李宪。宪为宁王，又为唐玄宗之兄，故称。张祜《宁哥来》："黄翻绰指向西树，不信宁哥回马来。"

【寧宴】 宴处，安居。贺知章《唐禅社首乐章·雍和》："夙夜宥密，不敢宁宴。"

【寧₂戚】 同"宁戚"。李中《投所知》："题桥木展相如志，叩角谁怜宁戚歌？"李瀚《蒙求》："伊尹负鼎，宁戚叩角。"

【寧₂處州】 寧，亦作"甯"。沈佺期有《答宁处州书》。《文苑英华》卷二四一作《答宁爱州书》，是，宁爱州，宁道务，字惟清，曾任爱州刺史。见《全唐文补遗》第七辑《宁道务墓志》。

【寧國】 唐代县名，本宛陵南乡，后汉分置为县，属丹阳郡。唐武德六年(623)废，天宝三载(744)复置，属江南道宣州，即今安徽宁国。卢纶有《送宁国夏侯丞》。罗隐有《送梅处士归宁国》。

【寧國寺】 佛寺名。在唐江南道杭州新城(今浙江新登)境。方干有《宁国寺》。

【寧₂唯】 亦作"寧惟"，岂仅，何止。杜审言《赠崔融二十韵》："复此开悬榻，宁唯入后堂。"蔡希寂《同家兄题渭南王公别业》："曾为诗书癖，宁惟耕稼任。"钱起《送崔校书从军》："宁唯玉剑报知己，更有龙韬佐师律。”又《送李四擢第归觐省》：“独揽还珠美，宁唯问绢情。”

【寧許】　犹如许。陆畅《惊雪》：“天人宁许巧，剪水作花飞。”

【寧康】　安宁康泰。韩愈《重云李观疾赠之》：“饮食为减少，身体岂宁康？”

【寧惟】　见“寧₂唯”。

【寧陵】　唐代县名。本战国魏之宁邑。魏信陵君曾食邑于此。汉置宁陵县，属河南道宋州。故城在今河南宁陵之南。刘长卿有《送史九赴任宁陵兼呈单父史八》。

【寧₂敢】　哪敢，岂敢。戎昱《闺情》：“昭阳今再入，宁敢恨长门。”

【寧₂復】　岂复，岂还。项斯《子规》：“游魂自相叫，宁复记前身。”温庭筠《病中书怀呈友人》：“宁复机难料，庸非信未孚。”

【寧歲】　太平岁月。杜甫《送樊二十三侍御赴汉中判官》：“威弧不能弦，自尔无宁岁。”又《喜雨》：“何由见宁岁，解我忧思结。”

【寧亂】　靖乱，使战乱平定。苏颋《奉和圣制行次成皋途经先圣擒建德之所感而成诗应制》：“夏灭渐宁乱，唐兴终奋庸。”

【寧₂解】　岂知。姚合《闲居遣怀十首》之十：“不能行户外，宁解走尘间？”

【寧₂歌】　见“寧戚歌”。

【寧静】　安宁平静。杜甫《垂老别》：“四郊未宁静，垂老不得安。”又《别董颋》：“汉阳颇宁静，岘首试考槃。”

【寧獨】　岂仅，岂止。杜审言《送和西蕃使》：“宁独锡和戎，更当封定远。”

【寧諫議】　宁原悌。唐玄宗时，原悌曾任谏议大夫。宋之问有《宋公宅送宁谏议》。

【寧親】　返家省视父母。王维《送严秀才还蜀》：“宁亲为令子，似舅即贤甥。”贾岛有《送雍陶及第归成都宁亲》。张乔《送僧鸾归蜀宁亲》：“坐夏宫钟近，宁亲剑阁深。”杜荀鹤《下第东归道中作》：“一回落第一宁亲，多是途中过却春。”

【寧覲】　返乡省视尊亲。齐己有《送刘秀才归桑水宁觐》，又有《送休师归长沙宁觐》。

【寧謐】　安定宁静。《中宗祀昊天乐章·舒和》：“璇图宝历欣宁谧，晏俗淳风乐太平。”

【寧馨】　魏晋俗语。犹言如此，这样。馨，语气助词。刘禹锡《赠日本僧智藏》：“为问中华学道者，几人雄猛得宁馨。”

寤　〔wù《广韵》五故切，去暮，疑。〕❶睡醒。孟郊《秋怀》之六：“单床寤皎皎，瘦卧心兢兢。”元稹《江陵三梦》：“惊悲忽然寤，坐卧如狂痴。”白居易《梦仙》：“再拜受斯言，既寤喜且惊。”又《梦裴相公》：“既寤知是梦，悯然情未终。”❷觉悟，觉醒。元结《二风诗·乱风诗五篇·至虐》：“于斯不寤，当如之何。”窦常《谒三闾庙》：“君非三谏寤，礼许一身逃。”元稹《出门行》：“一朝龙醒寤，本问偷珠事。”❸通“晤”，会面。见“寤言”。

【寤言】　晤言。储光羲《题眄上人禅居》：“结宇邻居邑，寤言非远寻。”

【寤寐】　❶醒与睡。醒时与睡时。常借指日夜、时时刻刻。蔡希寂《同家兄题渭南王公别业》：“文章遥颂美，寤寐增所钦。”钱起《秋夜作》：“寤寐怨佳期，美人隔霄汉。”韩愈《赠别元十八协律六首》之三：“寤寐想风采，于今已三年。”陆龟蒙《和袭美寒日书斋即事三首》之三：“茅洞烟霞侵寤寐，檀溪风月挂樵渔。”❷睡眠，梦寐。丁泽《上元日梦王母献白玉环》：“仙圣非相远，昭昭寤寐间。”白居易《庾顺之以紫霞绮远赠以诗答之》：“不如缝作合欢被，寤寐相思如对君。”张祜《忆云阳宅》：“聊当因寤寐，归思浩无涯。”

【寤語】　说梦话。郑谷《赠刘神童》：“灯前犹恶睡，寤语读书声。”

【寤歎】　夜不成寐而叹息。张九龄《在郡秋怀二首》之一：“寂寞游子思，寤叹何人知。”息夫牧《冬夜宴萧十丈因饯殷郭二子西上》：“喟我寤叹，吁其别矣。”

寢　〔qǐn《广韵》七稔切，上寑，清。〕❶睡眠；躺卧。太宗《执契静三边》：“衣宵寝二难，食旰餐三惧。”冯著《洛阳道》：“蓬莱殿中寝胡人，鸩鹊桥楼前放胡马。”杨衡《春梦》：“空庭日照花如锦，红妆美人当昼寝。”汤悦《春早寄华下同志》：“正是花时节，思君寝复兴。”❷卧室，眠宿之处。《道者遗记》（卷八七五）：“我弃其寝，我去其扆。”见“寝宫”。❸陵寝。帝王陵墓之正殿。岑参《送郑少府赴滏阳》：“若到铜台上，应怜魏寝荒。”罗邺《长城》：“珠玑旋见陪陵寝，社稷何曾保子孙。”❹止息，隐没。王无竞《北使长城》：“仁义寝邦国，狙暴行终始。”李贺《汉唐姬饮酒歌》：“玉堂歌声寝，芳林烟树隔。”❺废置；搁置不用。李峤《安辑岭表事平罢归》：“绛宫韬将略，黄石寝兵符。”王维《不遇咏》：“北阙献书寝不报，南山种田时不登。”韦应物《送李十四山东游》：“权豪非所便，书奏寝禁门。”欧阳詹《除夜长安客舍》：“十上书仍寝，如流岁又迁。”

【寢其皮】　以其皮为褥席而寝卧其上，形容仇恨之深。语本《左传·襄公二十一年》。元稹《大觜乌》：“向言池上鹭，啄肉寝其皮。”杜牧《雪中书怀》：“如蒙一召议，食肉寝其皮。”

【寢房】　卧室。张籍《祭退之》：“门仆皆逆遣，独我到寝房。”

【寢門】　古礼大夫二门，诸侯三门，天子五门，其最内之门曰寝门。有丧事，主人立于寝门处迎吊丧者，后泛指内室之门。薛元超《奉和同太子监守违恋》：“空怀寿街吏，尚隔寝门朝。”苏颋《蜀城哭台州乐安少府》：“变衣寝门外，挥涕少城限。”孟郊《哭李丹员外并寄杜中丞》：“十年同在平原客，更遣何人哭寝门。”李商隐《哭刘蕡》：“平生风义兼师友，不敢同君哭寝门。”

【寢室】　卧室。白居易《赠朱道士》：“醮坛北向宵占斗，寝室东开早纳阳。”唐暄《还渭南感旧二首》之一：“寝室悲长簟，妆楼泣镜台。”

【寢食】　睡眠与饮食，借指日常生活。韦应物《答崔都水》：“终年不事业，寝食长慵顽。”权德舆《夜泊有怀》：“窅然风水上，寝食疲朝晡。”曹松《言怀》：“冥心坐似痴，寝食亦如遗。”亦借指时时。刘得仁《送友人下第归扬州觐省》：“园林知自到，寝食计相思。”

【寢宫】　帝王之陵寝、陵墓。白居易《新乐府·陵园妾》：“命如叶薄将奈何，一奉寝宫年月多。“

【寢屏】　卧室之屏风。许浑《题舒女庙》：“妆镜尚疑山月满，寝屏犹认野花繁。”

【寢息】　睡眠休息。王建《送张籍归江东》：“相亲惜昼夜，寝息不异床。”

【寢疾】　卧病。储光羲《献八舅东归》：“寝疾乃就枕，情感唯灵仙。”白居易《凶宅》：“后主为公卿，寝疾殁其中。”虚中《哭悼朝贤》：“前昨回私第，旋闻寝疾终。”

【寢郡】　谓宿于郡斋、州衙。周贺《投江州张郎中》：“借山年涉闰，寝郡月逾旬。”

【寢處】　(—chǔ)寝息居处。杜甫《太子张舍人遗织成褥段》：“煌煌珠宫物，寝处祸所婴。”皇甫湜《石佛谷》：“寝处容身龛，足膝隐成迹。”亦指寝皮。坐卧于皮上。杜甫《遣兴五首》之四：“忽看皮寝处，无复睛闪烁。”参见“寝其皮”。

【寢堂】　卧室，寝室。张祜《硫黄》：“一粒硫黄入贵门，寝堂深处问玄言。”吴融《和峡州冯使君题所居》：“晓岫近排吟阁冷，夜江遥响寝堂虚。”

【寢畧】　犹罢止，停废。来鹄《圣政纪颂》：“国之大章，如何寝略。”

【寢帳】　床帐；寝卧处之帐幔。皇甫冉《奉和汉祖庙下之作》：“寝帐巢禽出，香烟水雾和。”李贺《追赋画江潭苑四首》之二：“泪痕沾寝帐，匀粉照金鞍。”

【寢訛】　指牛羊之卧与起，休息与活动。语本《诗·小雅·无羊》。韩愈、李正封《晚秋郾城夜会联句》：“尔牛时寝讹，我仆或歌咢。”

【寢宿】　眠宿，睡卧。寒山《诗三百三首》之二三：“儿家寝宿处，绣被满银床。”

【寢殿】　帝王之寝宫、眠宿处。郑嵎《津阳门诗》：“飞霜殿前月悄悄，迎春亭下风飔飔。”自注：“飞霜殿即寝殿。”和凝《宫词百首》之十：“寝殿香浓玉漏严，云随凉月下西南。”

【寢寐】　睡眠，眠宿。张籍《南归》：“惧离其寝寐，百忧伤性灵。”

【寢園】　帝王之寝庙陵园。王维《敕赐百官樱桃》：“才是寝园春荐后，非关御苑鸟衔残。”元稹《楚歌十首》之三：“生居宫雉闳，死葬寝园尊。”白居易《德宗皇帝挽歌词四首》之四：“寝园愁望远，宫仗哭行迟。”许浑《凌歊台》：“行殿有基荒荠合，寝园无主野棠开。”

【寢幌】　卧床之帐幔。杨衡《他乡七夕》：“寝幌凝宵态，妆奁闭晓愁。”

【寢飯】　睡眠与吃饭。韩愈《赠别元十八协律六首》之一：“瞢瞢莫訾省，默默但寝饭。”

【寢樓】　寝室所在之楼。韩偓《朝退书怀》：“鹤帔星冠羽客装，寝楼西畔坐书堂。”

【寢庙】　即宗庙。其前殿供神者称庙，后殿为藏衣冠处，称寝，合称寝庙。顾况《樱桃曲》：“遥知寝庙尝新后，敕赐樱桃向几家。”陈至《荐冰》：“凌寒开涸沍，寝庙致精诚。”鲍溶《荐冰》：“西陆宜先启，春寒寝庙清。”刘沧《秋日过昭陵》：“寝庙徒悲剑与冠，翠华龙驭杳漫漫。”

【寢興】　(—xīng)睡眠与起床。指代日常起居，亦指日夜。崔湜《大漠行》：“穷徼上幽陵，吁嗟倦寝兴。”杜甫《赠特进汝阳王二十韵》：“服礼求毫发，惟忠忘寝兴。”李益《五城道中》：“寝兴倦弓甲，勤役伤风露。”孟郊《隐士》：“寝兴思其义，澹泊味始真。”

【寢謀】　停止出谋划策，亦指未能进献谋略。李德裕《寒食日三殿侍宴奉进诗一首》：“寝谋惭汲黯，秉羽贯孙敖。”

【寢齋】　卧室。韦应物《答裴丞说归京所献》：“家贫无僮仆，吏卒升寝斋。”又《晓坐西斋》：“寝斋有单梯，灵药为朝茹。”贾岛《玩月》：“强步望寝斋，步步情不堪。”

寥　〔liáo《广韵》落萧切，平萧，來。又部繫切，入錫，來。〕❶空虚，空无所有。见“寥寥❶”。❷空旷，广阔。见“寥空”。❸稀少，稀疏。见“寥落❶”。❹寂寞冷清。见“寥寂”。

【寥山】　“松寥山”之讹。一名海门山。唐江南道润州丹徒县(今江苏镇江)北长江之中，焦山之侧。李白有《焦山望寥山》。

【寥天】　❶见《庄子·大宗师》。后遂以“寥天”

指道教所谓太虚仙境。宋之问《使至嵩山寻杜四不遇因以题壁赠杜侯杜四》:"笙歌入玄地,诗酒坐寥天。"李白《大庭库》:"我来寻梓镇,观化入寥天。"白居易《晓上天津桥闲望偶逢卢郎中张员外携酒同倾》:"空阔境疑非下界,飘飖身似在寥天。"方干《赠李支使》:"药成平地是寥天,三十人中最少年。"❷高远空阔之天空。钱起《远山钟》:"欲知声尽处,鸟灭寥天远。"皎然《宿道士观》:"影殿山寂寂,寥天月昭昭。"陈讽《赋得冬日可爱》:"寒日临清昼,寥天一望时。"姚鹄《玉真观寻赵尊师不遇》:"尽日独思风驭返,寥天几望野云飞。"

【寥泬】 ❶空阔清朗。薛能《升平词十首》之二:"寥泬敞延英,朝班立位横。"贯休《古镜词上刘侍郎》:"仙人手胼胝,寥泬秋沉沉。"❷指天空。李商隐《井泥四十韵》:"浮云不相顾,寥泬谁为梯。"刘得仁《监试莲花峰》:"当秋倚寥泬,人望似芙蓉。"王周《巫庙》:"纷纷飏寥泬,远近随虚舲。"齐己《潇湘二十韵》:"寥泬晴方映,冯夷信忽翻。"❸寂寥,孤寂。陆龟蒙《奉和袭美开元寺客省早景即事次韵》:"水榭初抽寥泬思,作窗犹挂梦魂中。"

【寥空】 (—kōng)辽阔高远之天空。李体仁《飞鸿响远音》:"清声流迥野,高韵入寥空。"

【寥朗】 ❶空阔清朗。蒋防《至人无梦》:"寥朗壶中晓,虚明洞里春。"❷指天空。鲍溶《途中旅思二首》之二:"青冥见古柏,寥朗闻疏鸿。"

【寥梢】 轻寒、微冷貌。温庭筠《寒食日作》:"彩索平时墙婉娩,轻球落处晚寥梢。"

【寥寂】 寂静冷清。耿沣《盩厔客舍》:"寥寂荒垒下,客舍雨微微。"刘禹锡《秋萤引》:"夜空寥寂金气净,千门九陌飞悠扬。"

【寥然】 虚无缥缈状。白居易《早服云母散》:"晓服云英漱井华,寥然身若在烟霞。"

【寥落】 ❶稀疏,零落。刘长卿《孙权故城下怀古兼送友人归建业》:"寥落几家人,犹依数株柳。"韦应物《酬元伟过洛阳夜燕》:"晨装复当行,寥落星已稀。"皇甫冉《送庐山人归林虑山》:"寥落人家少,青冥鸟道深。"❷寂寞;冷清。王昌龄《听弹风入松阕赠杨补阙》:"寥落幽居心,飕飗青松树。"元稹《行宫》:"寥落古行宫,宫花寂寞红。"苏广文《夜归华川因寄幕府》:"山村寥落野人稀,竹里衡门掩翠微。"❸衰落萧条。王维《老将行》:"苍茫古木连穷巷,寥落寒山对虚牖。"皇甫冉《送云阳少府》:"官舍村桥来几日,残花寥落待君归。"李贺《梁台古愁》:"芦洲客雁报春来,寥落野篁秋漫白。"李商隐《端居》:"阶下青苔与红树,雨中寥落月中愁。"❹空虚;空无所有。高适《淇上酬薛三据兼寄郭少府微》:"十年守章句,万事空寥落。"杜甫《别蔡十四著作》:"贾生恸哭后,寥落无其人。"

【寥廓】 ❶旷远广大。刘宪《奉和九月九日圣制登慈恩寺浮图应制》:"登临凭季月,寥廓见中州。"岑参《送王著作赴淮西幕府》:"天空信寥廓,翔集何时同。"卢仝《月下寄徐希仁》:"上天何寥廓,下地何峥嵘。"孔德绍《行经太华》:"寥廓风尘远,杳冥川谷深。"❷指天空。赵中虚《游清都观寻沈道士得芳字》:"即此翔寥廓,非复控榆枋。"李白《游敬亭寄崔侍御》:"独立窥浮云,其心在寥廓。"白居易《奉和晋公侍中蒙除留守斐然成咏之作》:"鸾凤翱翔在寥廓,貂蝉萧洒出埃尘。"卢士衡《灵溪老松歌》:"横出一枝戛楼阁,直上一枝扫寥廓。"❸旷远杳茫。韦应物《仙人祠》:"千载去寥廓,白云遗旧踪。"于濆《边游录戍卒言》:"目断望君门,君门苦寥廓。"❹空虚,虚无之境。韦庄《悼杨氏妓琴弦》:"魂归寥廓魄归烟,只住人间十八年。"❺指天气晴爽,开朗。皮日休《初夏游楞伽精舍》:"人声渐疏旷,天气忽寥廓。"❻指胸怀、意蕴等开阔远大。陈子昂《蓟丘览古赠卢居士藏用七首·邹衍》"邹子何寥廓,漫说九瀛垂。"李白《游水西简郑明府》:"郑公诗人秀,逸韵宏寥廓。"元稹《苦雨》:"此意倍寥廓,时来本须臾。"贯休《上杜使君》:"一登君子堂,顿觉心寥廓。"

【寥寥】 ❶空虚,空无所有。许景先《征君宅》:"寥寥虚白宇,夙创招提因。"❷广阔,空旷。崔曙《山下晚晴》:"寥寥远天净,溪路何空濛。"韦应物《拟古诗十二首》之八:"寒月野无绿,寥寥天宇空。"陆贽《晓过南宫闻太常清乐》:"九奏明初日,寥寥天地清。"曹松《月》:"寥寥天地内,夜魄爽何轻。"❸高貌。孟郊《送李翱习之》:"湖榜轻袅袅,酒旗高寥寥。"韩愈《感春三首》之一:"青天高寥寥,两蝶飞翻翻。"❹寂寞,冷清。宋之问《温泉庄卧病寄杨七炯》:"移疾卧兹岭,寥寥倦幽独。"储光羲《同王十三维偶然作十首》之一:"夜深星汉明,庭宇虚寥寥。"武元衡《春晓闻莺》:"寥寥兰台晓梦惊,绿林残月思孤莺。"黄滔《客舍秋晚夜怀故山》:"寥寥深巷客中居,况值穷秋百事疏。"❺寥落,稀疏。李邕《铜雀妓》:"颂声何寥寥,唯闻铜雀诗。"高适《苦雨寄房四昆季》:"滴沥檐宇愁,寥寥谈笑疏。"刘长卿《过郑山人所居》:"寂寂孤莺啼杏园,寥寥一犬吠桃源。"❻声音清越嘹亮。戴叔伦《听霜钟》:"渺渺飞霜夜,寥寥远岫钟。"武元衡《春题龙门香山寺》:"众香天上梵仙宫,钟磬寥寥半碧空。"孙光宪《渔歌子》词:"风浩浩,笛寥寥,万顷金波重叠。"❼豁达旷放。元结《别何员外》:"终不病贫贱,寥寥无所拘。"❽雄劲。陆龟蒙《新秋》之一:"风初寥寥月乍满,杉篁左右供余清。"司空图《诗品二十四则·雄浑》:"荒荒油云,寥寥长风。"

【寥敻】 空廓;旷远。皎然《答郑方回》:"远情偶兹夕，道用增寥夐。”贾岛《登楼》：“远近涯寥夐，高低中太虚。”李治《从萧叔子听弹琴赋得三峡流泉歌》：“玉琴弹出转寥夐，直是当时梦里听。”

【寥翘】 受寒瑟缩貌。韩偓《雨》：“饷妇寥翘布领寒，牧童拥肿蓑衣湿。”

【寥阒】 寂寥阒静。卢鸿一《嵩山十志十首·枕烟庭》序：“及机士登焉，则寥阒戃怳，愁怀情累矣。”杜甫《夜听许十损诵诗爱而有作》：“君意人莫知，人间夜寥阒。”

【寥邈】 空茫遥远。吴筠《游仙二十四首》之六：“高真诚寥邈，道合不我遗。”

【寥亮】 ❶声音清越嘹亮。岑参《裴将军宅芦管歌》：“海树萧索天雨霜，管声寥亮月苍苍。”郎士元《闻吹杨叶者二首》之二：“天生一艺更无伦，寥亮幽音妙入神。”施肩吾《夜笛词》：“皎洁西楼月未斜，笛声寥亮入东家。”徐铉《陈侍郎宅观花烛》：“佩声寥亮和金奏，烛影荧煌映玉钩。”❷寥落而明亮。李群玉《紫极宫斋后》：“紫府空歌碧落寒，晓星寥亮月光残。”

實 〔shí《广韵》神質切，入質，船。〕❶充足，富裕。张九龄《登郡城南楼》：“驽铅虽自勉，仓廪素非实。”杜甫《忆昔二首》之二：“稻米流脂粟米白，公私仓廪俱丰实。”杨巨源《胡二十拜户部兼判度支》：“庙略已调天府实，国征方觉地官尊。”亦指饱食。贯休《田家作》：“自云孙子解耕耘，四五年来腹多实。”❷充塞，填满。刘长卿《送营田判官郑侍御赴上都》：“幸论开济力，已实海陵仓。”杜甫《丽人行》：“箫鼓哀吟感鬼神，宾从杂遝实要津。”耿湋《送叶尊师归处州》：“石髓调金鼎，云浆实玉缸。”皮日休《奉和鲁望渔具十五咏·笭箵》：“朝空笭箵去，暮实笭箵归。”❸坚实；结实。白居易《夜琴》：“蜀桐木性实，楚丝音韵清。”王建《赠王屋道士赴诏》：“法成不怕刀枪利，体实常欺石榻寒。”❹果实，籽实。郭震《米囊花》：“开花空道胜于草，结实何曾济得民。”钱起《酬长孙绎蓝溪寄杏》：“拂径清阴合，临流彩实悬。”羊士谔《西郊兰若》：“石泉盈掬冷，山实满枝香。”张蠙《观江南牡丹》：“举世只将华胜实，真禅元喻色为空。”亦指结籽。李白《古风》之二：“桂蠹花不实，天霜下严威。”❺实际，事实。与“名”“虚”相对。王勃《悼彼我系》之九：“名存实爽，负信愆义。”李华《杂诗六首》之六：“求名不考实，文弊反成蠹。”白居易《新乐府·骠国乐》：“感人在近不在远，太平由实非由声。”❻确实，真正。骆宾王《艳情代郭氏答卢照邻》：“流风回雪傥便娟，骥子鱼文实可怜。”杜甫《严氏溪放歌行》：“东游西还力实倦，从此将身更何许。”李涉《谢王连州送海阳图》：“谢家为郡实风流，画得青山寄楚囚。”杜牧《过骊山作》：“削平天下实辛勤，却为道傍穷百姓。”❼通“寔”。是，就是。崔融《登东阳沈隐侯八咏楼》：“此地实东阳，由来山水乡。”崔颢《赠怀一上人》：“法师东南秀，世实豪家子。”

【實上人】 即宗实禅师。白居易有《喜照密闲实四上人见过》。

【實仁上人】 湖北当阳玉泉寺僧人，与齐己有交往。齐己有《寄玉泉实仁上人》和《苦热怀玉泉寺寄仁上人》。仁上人，亦即实仁。

【實心】 物体内部无空隙。皎然《采实心竹杖寄赠李萼侍御》：“实心去内矫，全节无外饰。”此双关指诚心实意。

【實用】 有用于实际的才干谋略。白居易《有木诗八首》序：“又见外状恢弘，中无实用者，又见附离权势，随之覆亡者……莫不合于始而败于终也。”

【實年】 实际年龄。张籍《罗道士》：“城里无人得实年，衣襟常带臭黄烟。”白居易《照镜》：“岂复更藏年，实年君不信。”

【實事】 犹实惠，切实有益之事。白居易《新制绫袄成感而有咏》：“鹤氅毳疏无实事，木棉花冷得虚名。”又《老夫》：“世事劳心非富贵，人间实事是欢娱。”

【實相】 (—xiàng)佛教语。或称本无、真如。佛家指为世俗所不能感知的世界万物的真实性质或本来面目。这种实相只有修习获得般若智慧才能认识。寒山《诗三百三首》之一六六：“若能明实相，岂用陈虚愿。”张说《江中诵经》：“实相归悬解，虚心暗在通。”王维《胡居士卧病遗米因赠》：“即病即实相，趋空定狂走。”

【實腹】 果腹，吃食。王季友《滑中赠崔高士瑾》：“实腹以芝术，贱形乃刍狗。”罗隐《秋虫赋》序：“秋虫，蜘蛛也，致身网罗间，实腹亦网罗间。”吴融《绵竹山四十韵》：“纫兰以围腰，采芝将实腹。”

【實境】 诗歌风格之一种。指直抒思想感情，或白描客观景物之写实风格。司空图《诗品二十四则》有《实境》一品。

【實際】 佛教语。即真知、本无、实相。皎然《禅诗》：“实际且何有，物先安可存?”解彦融《雁塔》：“实际罔他寻，波罗必可致。”

【實操】 实在的操行。陈子昂《座右铭》：“幸能修实操，何俟钓虚声?”

【實録】 ❶编年史体裁之一种。专记某皇帝在位之政事。杜甫《别张十三建封》：“尝读唐实录，国家草昧初。”张籍《赠孔尚书》：“能将直道历荣班，事著元和实录间。”❷真实可靠的记录。陈子昂《喜马参军相遇醉歌》序：“毕大拾遗、陆六侍御……当知吾此评是实录也。”白居易《和答诗十首·和阳城驿》：“一一皆实录，事事无孑遗。”❸如实地记录、写下。白居易《赠樊著作》：“何不自著书，实录彼善人。”又《霓裳羽衣歌》："四幅花笺碧间红，霓裳实录在其中。"韩偓《感事三十四韵》："焦劳皆实录，宵旰岂虚传。"

十二画

寮 〔liáo《广韵》落蕭切，平蕭，來。〕❶小窗。姚合《句》："皎洁钩高挂，玲珑影落寮。"李商隐《碧瓦》："碧瓦衔珠树，红轮结绮寮。"唐彦谦《汉代》："汉代金为屋，吴宫绮作寮。"胡宿《残花》："愁将玉笛传遗恨，苦被芳风透绮寮。"❷通"僚"。官吏；官职。杜甫《狄明府》："比看叔伯四十人，有才无命百寮底。"韦应物《广陵行》："列郡何足数，趋拜等卑寮。"李绅《苏州不住遥望武丘报恩两寺》："官备散寮身却累，往来惭谢二莲宫。"方干《送钱特卿赴职天台》："山下县寮张乐送，海边津吏棹舟迎。"亦指同僚。韩偓《感旧》："入室故寮流落尽，路人惆怅见灵光。"

【寮友】 同僚。一起做官之人。刘商有《上巳日两县寮友会集时主邮不遂驰赴》。白居易《病中辱张常侍题集贤院诗因以继和》："图书皆帝籍，寮友尽仙才。"

【寮宷】 宷僚，官吏。李德裕《忆平泉山居赠沈吏部一首》："张何旧寮宷，相勉在悬舆。"此指僚友。

【寮屬】 （一shǔ）僚属，下属。李频《送鄂渚韦尚书赴镇》："谁知旧寮属，攀饯泪仍流。"

審 〔shěn《广韵》式荏切，上寑，書。〕❶仔细。吕岩《赠刘方处士》："刘方刘方审听我，流光迅速如飞过。"❷详察，细究。骆宾王《在狱咏蝉》序："顺阴阳之数，应节为变，审藏用之机，有目斯开。"顾况《十月之郊》："审方面势，姑博其制，作为公室。"贯休《入塞曲三首》之一："塞垣须静谧，师旅审安危。"❸审知。李白《月下独酌四首》之三："一樽齐死生，万事固难审。"❹慎重。见"審交"。❺明白。见"審諭"。

【審分】 （一fèn）详察命分。白居易《吟四虽》："省躬审分何侥幸，值酒逢歌且欢喜。"

【審交】 慎交，慎于交友。孟郊有《审交》。

【審固】 仔细加固。李咸用《与刘三礼陈孝廉言志》："大须审固穿杨箭，莫遣参差鬓雪新。"

【審官】 考察选拔官员。萧嵩《奉和御制左丞相说右丞相璟太子少傅乾曜同日上官命宴都堂赐诗》："审官思共理，多士属惟唐。"

【審思】 慎思，仔细思虑。寒山《诗三百三首》之二四二："中流心清净，审思云甚要。"

【審看】 细看。无名氏《五言诗》之一（外编下）："审看世上人，有贱亦有贵。"

【審食其】 （？—前177）（食其 yìjī）汉沛（今江苏沛县）人。刘邦为汉王时，为楚所败，以吕后为人质，食其以舍人侍吕后。事迹略见《史记·吕后本纪》《郦生陆贾列传》。高适《辟阳城》："传道汉天子，而封审食其。"

【審音】 细辨音律。白居易《新乐府·法曲》："乃知法曲本华风，苟能审音与政通。"

【審時】 细辨时辰。无名氏《尚书郎上直闻春漏》（卷七八七）："审时传玉漏，直夜递星郎。"

【審情】 细察案情。陈子昂《座右铭》："理讼唯正直，察狱必审情。"

【審細】 仔细。周繇《以人参遗段成式》："惭非叔子空持药，更请伯言审细看。"吕岩《忆江南》词："治生客，审细察微言。"

【審諭】 明白开导。苏颋《故右散骑常侍舒国公褚公挽词》："审谕留中密，开陈与上言。"

【審諦】 审慎，慎重仔细。岑参《送狄员外巡按西山军》："儒生识损益，言事皆审谛。"

寫[1] 〔xiě《广韵》悉姐切，上馬，心。〕❶移置；倾卸，倒物。杜甫《野人送朱樱》："数回细写愁仍破，万颗匀圆讶许同。"韩愈《和水部张员外宣政衙赐百官樱桃诗》："香随翠笼擎初到，色映银盘写未停。"侯喜、韩愈等《石鼎联句》："不值输写处，焉知怀抱清。"白居易《放鱼》："倾篮写地上，拨刺长尺余。"❷宣泄，抒发，倾吐。陈子昂《春台引》："怀宇宙以伤远，登高台而写忧。"李白《于五松山赠南陵常赞府》："远客投名贤，真堪写怀抱。"李端《宿淮浦忆司空文明》："别恨转深何处写，前程唯有一登楼。"薛涛《和郭员外题万里桥》："万里桥头独越吟，知凭文字写愁心。"❸模仿。引申指似，相仿。太宗《帝京篇十首》之三："雕弓写明月，骏马疑流电。"韦元旦《奉和幸安乐公主山庄应制》："刻凤蟠螭凌桂邸，穿池叠石写蓬壶。"崔国辅《七夕》："扇风生玉漏，置水写银河。"❹摹画，绘画。李颀《崔五六图屏风各赋一物得乌孙佩刀》："主人屏风写奇状，铁鞘金环俨相向。"杜甫《通泉县署屋壁后薛少保画鹊》："薛公十一鹤，皆写青田真。"元稹《崔徽歌》："有客有客名丘夏，善写仪容得恣把。"胡宿《淮南王》："贪铸金钱盗写符，何曾七国戒前车。"❺映：映照。姜晞《龙池篇》："灵沼萦回邸第前，浴日涵春写曙天。"李白《忆旧游寄谯郡元参军》："红妆欲醉宜斜日，百尺清潭写翠娥。"章孝标《和顾校书新开井》："月轮开地脉，镜面写天心。"朱休《春水绿波》："晚光扶翠潋，潭影写青莎。"❻书写，抄写。韩愈《醉赠张秘书》："诗成使之写，亦足张吾军。"元稹《阆州开元寺壁题乐天诗》："忆君无计写君诗，写尽千行说向谁。"姚合《赠王建司马》："仙方小字写，行坐把相随。"温庭筠《感旧陈情五十韵献淮南李仆射》："赋成攢笔写，歌出满城传。”❼描写。蒋冽《巫山之阳香溪之阴明妃神女旧迹存焉》：“至今词赋里，凄怆写遗风。”白居易《见殷尧藩侍御忆江南诗三十首诗中多叙苏杭胜事因继和之》：“江南名郡数苏杭，写在殷家三十章。”❽写作，创作。韩愈《燕河南府秀才得生字》：“惟求文章写，不敢妒与争。”姚合《武功县中作三十首》之二五：“新诗久不写，自算少人看。”杜牧《冬至日寄小侄阿宜诗》：“多是抚州写，今来五纪强。”花蕊夫人徐氏《宫词》之一五：“能向彩笺书大字，忽防御制写新诗。”

寫2 〔xiè《集韵》四夜切，去禡，心。〕❶倾泻。李白《赠裴十四》：“黄河落天走东海，万里写入胸怀间。”韦应物《游龙门香山泉》：“潺湲写幽磴，缭绕带嘉树。”韩愈《元和圣德诗》：“末乃取辟，骇汗如写。”李正封《夏游招隐寺暴雨晚晴》：“石渠写奔溜，金刹照颓阳。”亦喻指事物如水之倾泻、流注。刘孝孙《冬日宴于庶子宅各赋一字得鲜》：“清文振笔妙，高论写言泉。”刘禹锡《韩十八侍御见示岳阳楼别窦司直诗故足成六十二韵》：“孤城寄远目，一写无穷已。”黄颇《闻宜春诸举子陪郡主登河梁玩月》：“虹影迥分银汉上，兔辉全写玉筵中。”❷泄漏。王建《宫词一百首》之一〇一：“内中不许相传出，已被医家写与人。”

【寫月】 ❶似月，与月亮相仿。苏颋《游禁苑幸临渭亭遇雪应制》：“写月含珠缀，从风薄绮疏。”陈昌言《赋得玉水记方流》：“类圭才有角，写月让成钩。”❷唐代女子之一种面妆，以黄色画作射月形。骆宾王《棹歌行》：“写月涂黄罢，凌波拾翠通。”

【寫2月】 流注之月光。羊士谔《南馆林塘》：“清池如写月，珍树尽凌霜。”

【寫心】 舒心。吴筠《登庐山东峰观九江合彭蠡湖》：“写心陟云峰，纵目还缥缈。”

【寫字】 书写文字。练习书法。高骈《寄鄠杜李遂良处士》：“池边写字师前辈，座右题铭律后生。”

【寫物】 描写景物、风物。曹邺《从天平节度使游平流园》：“自怜不羁者，写物心常简。”

【寫念】 抒发相思之情意。李康成《玉华仙子歌》：“羽盖霓裳一相识，传情写念长无极。”

【寫姜肱】 出《后汉书》卷五三《姜肱传》。后遂以“写姜肱”为咏隐逸之典。皮日休《临顿为吴中偏胜之地陆鲁望居之五言十首》之十：“画臣谁奉诏，来此写姜肱。”

【寫真】 ❶画人之像。杜甫《丹青引赠曹将军霸》：“将军画善盖有神，必逢佳士亦写真。”白居易《新乐府·李夫人》：“君恩不尽念未已，甘泉殿里令写真。”又《赠写真者》：“区区尺素上，焉用写真为。”司空图《新岁对写真》：“自伤衰飒慵开镜，拟与儿童别写真。”❷人的肖像画。李涉《寄荆娘写真》：“召得丹青绝世工，写真与身真相同。”司空图《歌者十二首》之十一：“绕壁依稀认写真，更须粉绘饰羸身。”郑谷《为人题》：“杏花杨柳年年好，不忍回看旧写真。”❸犹写生。为动物或自然景物绘出真实图像。赵彦昭《奉和立春日侍宴内殿出剪彩花应制》：“剪彩迎初候，攀条故写真。”李白《求崔山人百丈崖瀑布图》：“闻君写真图，岛屿备萦回。”杜甫《天育骠骑歌》：“故独写真传世人，见之座右久更新。”又《姜楚公画角鹰歌》：“此鹰写真在左绵，却嗟真骨遂虚传。”

【寫規】 摹画，映，眼见。《司马承桢含象鉴文》（卷八七五）：“写规万物，洞鉴百灵。”

【寫望】 纵目远望。郑世翼《登北邙还望京洛》：“步登北邙坂，踟蹰聊写望。”高骈有《锦城写望》。

【寫照】 映照。席豫《奉和敕赐公主镜》：“含灵万象入，写照百花开。”

【寫溜】 谓水流奔泻。李适《帝幸兴庆池戏竞渡应制》：“南山倒影从云落，北涧摇光写溜回。”

【寫意】 抒发、抒写心意。李白《扶风豪士歌》：“原尝春陵六国时，开心写意君所知。”又《流夜郎永华寺寄寻阳群官》：“写意寄庐岳，何当来此地。”李商隐有《写意》。

【寫煩】 抒散烦忧。高适《陪窦侍御灵云南亭宴诗得雷字》序：“始临泛而写烦，俄登陟以寄傲。”

【寫鞚】 犹纵马，谓放开马勒。李白《自广平乘醉走马六十里至邯郸登城楼览古书怀》：“扬鞭动柳色，写鞚春风生。”

【寫貌】 写真，画像。白居易《题旧写真图》：“我昔三十六，写貌在丹青。”

【寫謀】 犹规划、设计。李邕《登历下古城员外孙新亭》：“吾宗固神秀，体物写谋长。”

【寫曜】 放光；闪光。李适《游禁苑幸临渭亭遇雪应制》：“写曜衔天藻，呈祥拂御衣。”

【寫懷】 抒发情怀。高骈有《写怀》二首。

【寫囀】 流泻鸣啭，谓声音清脆、悠扬如水之流泻。李乔《莺》：“写啭清弦里，迁乔暗木中。”

【寫鑑】 照，映。指镜子映出影像。玄宗《答司马承祯上剑镜》：“写鉴表容质，佩服为身防。”

十三画

寰 〔huán《广韵》户關切，平删，匣，又黄練切，去霰，匣。〕❶王畿。京都周围之广大地域。黄滔《寄同年崔学士》：“毕使海涯能拔宅，三秦二十四畿寰。”❷指幅员广大之地域。项斯《李处士道院南楼》："从容更南望，殊欲外人寰。"白居易《游悟真寺诗》："闻名不可到，处所非人寰。"❸犹居住。韩愈《题炭谷湫祠堂》："万生都阳明，幽暗鬼所寰。"❹宇内；天下。《郊庙歌辞·享太庙乐章·钧天舞》："睿感通寰，孝思浃宙。"见"寰宇"。

【寰中】（—zhōng）环宇之内，天下。骆宾王《畴昔篇》："既托寰中赏，方承膝下欢。"杨廉《奉和九月九日登慈恩寺浮图应制》："天文将瑞色，辉焕满寰中。"刘禹锡《和浙西李大夫伊川卜居》："镇压海西门，清望寰中许。"周朴《喜贺拔先辈衡阳除正字》："寰中不用忧天旱，霖雨看看属傅岩。"

【寰外】 人寰之外，形容广远。萧颖士《江有归舟》序："四牡骈骈，薄言旋归，声动日下，浃于寰外。"

【寰宇】 天下。高适《别韦参军》："国风冲融迈三五，朝廷欢乐弥寰宇。"韦应物《骊山行》："凭高览古嗟寰宇，造化茫茫思悠哉。"欧阳詹《除夜侍酒呈诸兄示舍弟》："悠悠寰宇同今夜，膝下传杯有几人。"翁洮《秋》："宋玉高吟思万重，澄澄寰宇振金风。"

【寰海】 海内；全中国。许敬宗《奉和过旧宅应制》："自尔家寰海，今兹返帝乡。"杜甫《遣怀》："先帝正好武，寰海未凋枯。"鲍溶《赠李黯将军》："圣人唯有河湟恨，寰海无虞在一劳。"王毂《鸿门谯》："寰海沸兮争战苦，风云愁兮会龙虎。"

【寰區】 天下，宇内。许敬宗《奉和执契静三边应诏》："寰区无所外，天覆今咸育。"杜甫《昔游》："是时仓廪实，洞达寰区开。"孙元晏《咏史诗·晋·王坦之》："谢公合定寰区在，争遣当时事得成。"

【寰極】 指众星之环绕北极星，喻指皇宫，禁苑。阎朝隐《奉和立春游苑迎春应制》："管籥周移寰极里，乘舆望幸斗城闉。"

【寰縣】 寰宇，天下。《享先农乐章·肃和》："神之听之，福流寰县。"杨炯《奉和上元酺宴应诏》："深仁洽蛮徼，恺乐周寰县。"

【寰瀛】 ❶海内，天下。李泌《奉和圣制中和节曲江宴百僚》："慈恩匝寰瀛，歌咏同君臣。"韦建《河中晚霁》："言垂星汉明，又睹寰瀛势。"欧阳詹《咏德上韦检察》："中外行分途，寰瀛待清谧。"裴翻《和主司王起》："文柄久持殊岁纪，恩门三启动寰瀛。"❷尘世，凡世。白居易《江州赴忠州至江陵舟中示舍弟五十韵》："无妨隐朝市，不必谢寰瀛。"

十六画

寵〔chǒng《广韵》丑隴切，上腫，徹。〕❶尊显，荣耀。岑参《韩员外夫人清河县君崔氏挽歌二首》之一："从夫荣已绝，封邑宠难追。"耿湋《晚次昭应》："为问全盛时，何人最荣宠。"柳宗元《同刘二十八院长述旧言怀五十二韵之作因其韵增至八十通赠二君子》："宠即郎官旧，威从太守加。"贾彦璋《王龙骧墓》："昔擅登坛宠，爰光典午朝。"❷尊崇。白居易《仆射来示有三春向晚四者难并之说诚哉是言辄引起题重为联句呈仆射兼简尚书》："旧仪尊右揆，新命宠春卿。"❸宠爱，宠幸。骆宾王《艳情代郭氏答卢照邻》："绿珠犹得石崇怜，飞燕曾经汉皇宠。"李白《万愤词投魏郎中》："树榛拔桂，囚鸾宠鸡。"李商隐《咏怀寄秘阁旧僚二十六韵》："乘轩宁见宠，巢幕更逢危。"齐己《寄哭西川坛长广济大师》："千万僧中宝，三朝帝宠身。"亦指受宠爱。张籍《送宫人入道》："旧宠昭阳里，寻仙此最稀。"或指被宠幸之人。徐贤妃《长门怨》："旧爱柏梁台，新宠昭阳殿。"❹恩宠；宠爱之情。虞世南《怨歌行》："宠移恩稍薄，情疏恨转深。"韩翃《送田仓曹汴州觐省》："拜庆承天宠，朝来辞汉宫。"孟郊《婵娟篇》："汉宫承宠不多时，飞燕婕妤相妒嫉。"❺指皇帝所赐。见"寵葬"。❻敬辞。见"寵餙"。

【寵光】 ❶恩宠荣耀。徐坚《奉和圣制送张说巡边》："圣锡加恒数，天文耀宠光。"韩翃《别李明府》："宠光五世腰青组，出入珠宫引箫鼓。"李绅《南梁行》："青天诏下宠光至，颁籍金闺征石渠。"薛能《加阶》："二年中散似嵇康，此日无功换宠光。"❷谓雨露之恩使生光润。杜甫《江雨有怀郑典设》："宠光蕙叶与多碧，点注桃花舒小红。"

【寵任】 宠爱重用。杨嗣复《丁巳岁八月祭武侯祠堂因题临淮公旧碑》："非才膺宠任，异代揖芳尘。"

【寵行】 （—xíng）赠诗文以送行。崔日用《奉和圣制送张说巡边》："睿锡承优旨，乾文复宠行。"王翰《奉和圣制送张尚书巡边》："宠行流圣作，寅饯照台华。"孟浩然《同卢明府饯张郎中除义王府司马海园作》："故人分职去，潘令宠行来。"

【寵别】 以诗文送别。刘长卿《夜宴洛阳程九主薄宅送杨三山人往天台寻智者禅师隐居》："主人琼枝秀，宠别瑶华篇。"

【寵私】 宠爱与偏私。殷尧藩《宫人入道》："绿鬟女伴含愁别，释尽当年妒宠私。"

【寵位】 受恩宠之职位，显要之职位。钱起《春题刘相公山斋》："能以功成疏宠位，不将心赏负云霞。"杨巨源《和卢谏议朝回书情即事寄两省阁老》："宠位资寂用，回头怜二疏。"

【寵佞】 犹佞幸，得到宠信之奸人。张祜《华清宫和杜舍人》："益知迷宠佞，惟恨丧贤良。"李九龄《望思台》："直饶四老依前出，消得江充宠佞无。"

【寵幸】 宠爱，多用于皇帝对后妃。白居易《青冢》："同侪倾宠幸，异类为配偶。"温庭筠《过华清宫二十二韵》："贵妃专宠幸，天子富春秋。"

【寵命】 对上司任命之敬称，犹言恩赐之荣命。李适《奉和幸望春宫送朔方军大总管张仁亶》"解衣延宠命，横剑总威名。"裴光庭《奉和御制左丞相说右丞相璟太子少傅乾曜同日上官命都堂赐诗》："既荷恩荣旧，俱承宠命新。"张籍《送邵州林使君》："词客南行宠命新，潇湘郡入曲江津。"王贞白《赠刘凝评事》："即膺新宠命，称庆向庭闱。"

【寵妹】 称宠爱之女子。李贺《恼公》："黄娥初出座，宠妹始相从。"

【寵拜】 受宠而拜命。王贞白《送韩从事归本道》："献捷灵州倅，归时宠拜新。"

【寵重】 ❶受宠信而荣耀显贵。白居易《立秋夕凉风忽至即事咏怀寄汴州节度使李二十尚书》："君位日宠重，我年日摧颓。"❷恩宠深重。白居易《寄献北都留守裴令公》："宠重移宫籥，恩新换阃旄。"

【寵辱】 荣宠与耻辱，受宠与受辱。岑文本《冬日宴于庶子宅各赋一字得平》："于兹欢宴洽，宠辱讵相惊。"萧颖士《重阳日陪元鲁山德秀登北城瞩对新霁因以赠别》："仅能泯宠辱，未免伤别离。"元稹《思归乐》："惨舒在方寸，宠辱将何惊。"崔涂《夏日书怀寄道友》："终期道向希夷得，未省心因宠辱惊。"

【寵移】 谓皇帝对后妃之宠爱转移。李益《汉宫少年行》："椒房宠移子爱夺，一夕秋风生戾园。"此指汉武帝时卫后及戾太子以巫蛊被陷害事。参阅《汉书·孝武卫皇后传》。

【寵族】 受恩宠而光显之宗族、世家。韩愈、孟郊《城南联句》："食家行鼎鼐，宠族饫弓旌。"

【寵章】 高阶品的官员章服，以其能显示皇帝之恩宠，故称。储光羲《陆著作挽歌》之五："令德弃人世，明朝降宠章。"又《晚次东亭献郑州宋使君文》："天眷择循良，惟贤降宠章。"

【寵姬】 宠爱之姬妾。白居易《读史五首》之四："掇蜂杀爱子，掩鼻戮宠姬。"此指战国魏王赠楚王之美人。后遭郑袖陷害被劓鼻。

【寵將】 (—jiàng)宠信之将领。杨巨源《赠邻家老将》："功成封宠将，力尽到贫乡。"

【寵遇】 恩遇，宠爱厚待。刘长卿《和中丞出使恩命过终南别业》："不过林园久，多因宠遇偏。"

【寵詔】 皇帝之优诏、恩命。李绅《拜三川守》："恭承宠诏临伊洛，静守朝章化比间。"

【寵渥】 皇帝之深宠厚恩。杜甫《奉送韦中丞之晋赴湖南》："宠渥征黄渐，权宜借寇频。"罗隐《台城》："丽华承宠渥，江令捧杯盘。"

【寵禄】 荣禄；宠荣与禄位。张九龄《骊山下逍遥公旧居游集》："已云宠禄过，况在华发衰。"司空图《效陈拾遗子昂》："宠禄既非安，于吾竟何有。"李山甫《迁居清溪和刘书记见示》："还似村家无宠禄，时将邻叟话幽栖。"徐铉《京使回自临川得从兄书寄诗依韵和》："别离长挂梦，宠禄不关身。"

【寵葬】 谓受皇帝宠遇而赐葬。钱起《故相国苗公挽歌》："灞陵谁宠葬，汉主念萧何。"

【寵號】 帝王赐予之封号、名号。王涯《宫词三十首》之八："传索金笺题宠号，镫前御笔与亲书。"

【寵愛】 宠幸怜爱。多用于对后妃姬妾，或上对下。崔颢《邯郸宫人怨》："恩情莫比陈皇后，宠爱全胜赵飞燕。"元稹《代曲江老人百韵》："世族功勋久，王姬宠爱亲。"白居易《长恨歌》："后宫佳丽三千人，三千宠爱在一身。"

【寵飾】 犹褒誉、饰美。指他人对己的过奖之词。许浑《酬钱汝州》序："汝州钱中丞以浑赴郢城，见寄佳什，恩怜过等，宠饰逾深。"

【寵榮】 尊荣显贵。宋璟《奉和圣制送张说巡边》："画阃崇威信，分麾盛宠荣。"孟浩然《送韩使君除洪州都曹》："述职抚荆衡，分符袭宠荣。"李绅《初秋忽奉诏除浙东观察使检校右貂》："飞诏宠荣欢里舍，岂徒斑白与垂髫。"薛能《送浙东王大夫》："天爵擅忠贞，皇恩复宠荣。"

【寵獎】 称皇帝所给之奖励、恩赐。韩偓《乙丑岁九月在萧滩镇驻泊忽得杨迢员外书还缄后因书四十字》："紫泥虚宠奖，白发已渔樵。"

【寵德】 犹崇德，尊崇贤德。萧嵩《奉和御制左丞相说右丞相同日上官命宴都堂赐诗》："登庸崇礼送，宠德耀宸章。"

【寵餞】 饯别宴会，设酒食以送行。胡皓《奉和圣制送张尚书巡边》："宠饯纷郊道，充厨竭御司。"杜甫《江亭王阆州筵饯萧遂州》："二天开宠饯，五马烂生光。"岑参《送颜平原》序："上亲赋诗觞群公，宴于蓬莱前殿，仍赠以缯帛，宠饯加等。"韦应物《送刘评事》："旭霁开郡阁，宠饯集文人。"

【寵贈】 指死后天子之恩赐。苏颋《赠司徒豆卢府君挽词》："宠赠追胡广，亲临比贺循。"岑参《故仆射裴公挽歌三首》之二："礼容还故绛，宠赠冠新田。"蒋涣《故太常卿赠礼部尚书李公及夫人挽歌二首》之二："扬名将宠赠，泉路满光辉。"

【寵錫】 称帝王之赏赐。张九龄《奉和圣制送尚书燕国公赴朔方》："宠锡从仙禁，光华出汉京。"高适《信安王幕府诗》："剪桐光宠锡，题剑美贞坚。"李观《试中和节诏赐公卿尺诗》："淑节韶光媚，皇明宠锡崇。"张籍《庄陵挽歌词三首》之一："佞幸威权薄，忠良宠锡饶。"

【寵譽】 尊荣，荣誉。吴筠《高士咏·颜阖》："世情矜宠誉，效节徼当时。"

【寵鶴】　指春秋卫懿公好鹤之事。典出《左传·闵公二年》。高适《赠别王十七管记》："画龙俱在叶，宠鹤先居卫。"杜甫《投赠哥舒开府二十韵》："轩墀曾宠鹤，畋猎旧非熊。"

十七画

寶〔bǎo《广韵》博抱切，上晧，幫。〕❶玉石之总称，亦泛指珍宝。韦应物《赠李判官》："良玉定为宝，长材世所稀。"钱起《玛瑙杯歌》："瑶溪碧岸生奇宝，剖质披心出文藻。"韩愈《送文畅师北游》："开张箧中宝，自可得津筏。"殷尧藩《李节度平房诗》："燕警无烽清朔漠，秦文有宝进蓝田。"❷喻指珍贵之物，或杰出的人才、才华。王勃《倬彼我系》："贻厥孙谋，永为家宝。"魏万《金陵酬李翰林谪仙子》："各称希代宝，万里遥相烛。"白居易《杂兴三首》之三："古称国之宝，谷米与贤才。"齐己《寄哭西川坛长广济大师》："千万僧中宝，三朝帝宠身。"❸用宝物制作或装饰。见"寶釧""寶釵""寶勒"。❹帝王之符信印玺，古代天子诸侯以圭璧为符信，称宝。陈元光《落成会咏一首》："凌烟乔木茂，献宝介圭崇。"❺珍爱，重视。王维《送秘书晁监还日本国》序："牺牲玉帛，以将厚意；服食器用，不宝远物。"孟郊《酬李侍御书记秋夕雨中病假见寄》："达人不宝药，所保在闲情。"白居易《赠言》："临觞赠一言，此言真可宝。"韦庄《李氏小池亭十二韵》"家藏何所宝？清韵满琅函。"❻珍贵的，华贵的。见"寶枕""寶馬""寶檀"。❼称美之词。(1)称与皇家有关之事。见"寶尺""寶運""寶祚"。(2)称与佛、道有关之事物。见"寶瓶""寶倡""寶幡"等。(3)对一般事物的称美之词。见"寶思""寶炬""寶鏡"。

【寶刀】　珍贵之战刀、佩刀。亦用为刀之美称。李白《赠华州王司士》："知君先负庙堂器，今日还须赠宝刀。"朱冲和《遗临平监吏》："今日宝刀无杀气，只缘君处受恩多。"贾岛《赠王将军》："马曾金镞中，身有宝刀瘢。"马戴《出塞词》："卷旗夜劫单于帐，乱斫胡儿缺宝刀。"

【寶山】　对佛所居之山的誉称。李绅《开元寺》："攒立宝山中色界，散周香海小轮围。"

【寶王】　对佛之尊称。张说《送考功武员外学士使嵩山署舍利塔》："宝王四海转千轮，金昙百粒送分身。"拾得《诗》之三三："各有天真佛，号之为宝王。"

【寶月】　❶月亮之美称。卢照邻《石镜寺》："铢衣千古佛，宝月两重圆。"韩翃《同中书刘舍人题青龙上房》："笑说金人偈，闲听宝月诗。"鲍溶《怀惠明禅师》："雪山世界此凉夜，宝月独照琉璃宫。"李山甫《山中依韵答刘书记见赠》："宝月当秋空，高洁无纤埃。"❷人名。(1)称康宝月。南朝齐武帝时僧，善解音律。事迹略见南朝梁钟嵘《诗品》卷下。齐己《荆渚寄怀西蜀无染大师兄》："大沩心付白崖前，宝月分辉照蜀天。"(2)《全唐诗》卷八〇八作者，小传云："开元时，与无畏法师译经十余部。诗一首。"见《宋高僧传》卷二，无诗行世，《全唐诗》误。(3)事迹未详。与陈陶有交往。陈陶有《哭宝月三藏大禅师》。

【寶尺】　皇宫所用之尺。陆复礼《试中和节诏赐公卿尺诗》："皇恩贞百度，宝尺赐群公。"

【寶玉】　美玉，宝贵之玉。刘长卿《题虎丘寺》："兹峰沦宝玉，千载唯丘墓。"白居易《新乐府·草茫茫》："可怜宝玉归人间，暂借泉中买身祸。"裴次元《赋得亚父碎玉斗》："雄谋竟不决，宝玉将何爱。"

【寶地】　对佛寺之地的誉称。綦毋潜《登天竺寺》："佛身瞻绀发，宝地践黄金。"杜甫《陪章留后惠义寺饯嘉州崔都督赴州》："前驱入宝地，祖帐飘金绳。"牟融《题山房壁》："珠林春寂寂，宝地夜沉沉。"

【寶衣】　❶宝贵之衣。杜甫《即事》："秋思抛云髻，腰支胜宝衣。"刘禹锡《荆门道怀古》："风吹落叶填宫井，火入荒陵化宝衣。"阎选《临江仙》词："宝衣行雨在云端，画帘深殿，香雾冷风残。"❷僧、道之衣。皮日休《奉和鲁望上元日道室焚修》："飙御有声时杳杳，宝衣无影自珊珊。"

【寶坊】　对佛寺之誉称。宋之问《奉和圣制闰九月九日登庄严总持二寺阁》："闰月再重阳，仙舆历宝坊。"欧阳炯《题景焕画应天寺壁天王歌》："当时此艺实难有，镇在宝坊称不朽。"

【寶車】　装饰华贵之车。黄滔《奉和翁文尧员外经过七林书堂见寄之什》："驷马宝车行锡礼，金章紫绶带天香。"

【寶匣】　放置贵重器物之匣子。刘禹锡《西州李尚书知愚远示二篇因以继和二首》之二："宝匣从此闲，朱弦谁复调。"陈至《赋得芙蓉出水》："剑芒开宝匣，峰影写蒲津。"李暇《拟古东飞伯劳歌》："秦王龙剑燕后琴，珊瑚宝匣镂双心。"

【寶貝】　本指珍异之贝壳，后泛指珍宝。寒山《诗三百三首》之二三一："如许多宝贝，海中乘坏舸。"杜甫《送重表侄王砅评事使南海》："大夫出卢宋，宝贝休脂膏。"《方龟精为钱元懿卜词》(卷八八〇)："太乙接天河，金华宝贝多。"

【寶位】　指帝位。语本《易·系辞》。李白《流夜郎半道承恩放还书怀示息秀才》："一朝让宝位，剑玺传无穷。"吴筠《高士咏·许先生》："大名贤所尚，宝位圣所珍。"孟简《赋得亚父碎玉斗》："宝位方苦竞，玉斗何情爱。"《南唐升元殿基下石记》(卷八七五)："抱鸡升宝位，跨犬出金陵。”

【寶玦】 玉玦，半环状之佩玉。杜甫《哀王孙》：“腰下宝玦青珊瑚，可怜王孙泣路隅。”李贺《送秦光禄北征》：“宝玦麒麟起，银壶狒狖啼。”

【寶枕】 珍贵的枕头。李贺《春怀引》：“宝枕垂云选春梦，钿合碧寒龙脑冻。”

【寶命】 天命；国祚。旧谓帝王享国系承天之命。宋之问《龙门应制》：“先王定鼎山河固，宝命乘周万物新。”姚崇《奉和圣制龙池篇》：“既协翠泉光宝命，还符白水出真人。”王维《奉和圣制庆玄元皇帝玉像之作应制》：“明君梦帝先，宝命上齐天。”赵光逢《梁郊祀乐章·庆和》：“钦奠宝命，恭肃礼容。”

【寶剎】 (—chà)佛寺之美称。太宗《谒并州大兴国寺诗》：“宝刹遥承露，天花近足春。”李端《同苗发慈恩寺避暑》：“追凉寻宝刹，畏日望璇题。”白居易《菩提寺上方晚望香山寺寄舒员外》：“晚登西宝刹，晴望东精舍。”

【寶函】 对匣子、函套之美称。(1)书籍之函套。陆龟蒙《奉和袭美二游诗·徐诗》：“宝函映玉轴，彩翠明霞鲜。”(2)首饰匣。温庭筠《菩萨蛮》词之十：“宝函钿雀金鸂鶒，沉香阁上吴山碧。”

【寶柱】 琴、筝等乐器上柱之美称。刘禹锡《伤秦姝行》：“青牛文梓赤金簧，玫瑰宝柱秋雁行。”温庭筠《猎骑辞》：“宝柱惜离弦，流黄悲赤县。”尹鹗《江城子》词：“宝柱秦筝弹向晚，弦促雁，更思量。”

【寶界】 佛教语。指佛国、净土。即佛所居住之处。陈子昂《夏日晖上人房别李参军崇嗣》：“金台可攀陟，宝界绝将迎。”郑愔《奉和幸大荐福诗》：“紫云成宝界，白水作禅流。”广宣《贺幸普济寺应制》：“南方宝界几由旬，八部同瞻一佛身。”

【寶思】 对人之久思、谋虑等称美之词。宋之问《奉和幸大荐福寺》：“水入禅心定，云从宝思飞。”李峤《奉和幸三会寺应制》：“天文光圣草，宝思合真如。”薛存诚《御制段太尉碑》：“宝思皆涵象，皇心永念勋。”

【寶重】 (—zhòng)珍爱，看重。元稹《小胡笳吟》：“雷氏金徽琴，王君宝重轻千金。”

【寶氣】 宝物所发之光气。孟郊《西上经灵宝观》：“真文秘中顶，宝气浮四楹。”

【寶炬】 蜡烛之美称。罗隐《台城》：“宴罢明堂烂，诗成宝炬残。”

【寶祚】 国运，帝位。魏征《享太庙乐章·寿和》：“宝祚惟永，晖光日新。”李颀《谒张果先生》：“祈年宝祚广，致福苍生惠。”刘禹锡《武陵书怀五十韵》：“御历昌期远，传家宝祚蕃。”《天台观石简记》：“海水竭，台山缺，皇家宝祚无休歇。”

【寶冠】 (—guān)金玉等宝物装饰之冠。欧阳炯《题景焕画应天寺壁天王歌》：“宝冠动总生威容，趋跄左右来倾恭。”

【寶屏】 屏风、画屏之美称。杜府《夔府歌十绝句》之八：“巫峡曾经宝屏见，楚宫犹对碧峰疑。”

【寶馬】 好马之美称。袁瓘《鸿门行》：“宝马青丝辔，狐裘貂鼠服。”许浑《同韦少尹伤故卫尉李少卿》：“香街宝马嘶残月，暖阁佳人哭晓风。”司空图《乐府》：“宝马跋尘光，双驰照路旁。”

【寶校】 “宝鉸”之讹。以金丝丹青等装饰之马具。杜甫《魏将军歌》：“星躔宝校金盘陀，夜骑天驷超天河。”

【寶帶】 饰以金玉之束衣腰带。卢照邻《长安古意》：“罗襦宝带为君解，燕歌赵舞为君开。”吴融《和韩致光无题三首十四韵》：“瘦难胜宝带，轻欲驭飙轮。”

【寶座】 神佛之座位。张景源《奉和九月九日登慈恩寺浮图应制》：“金壶新泛菊，宝座即披莲。”

【寶書】 ❶宝贵之书籍。李白《北山独酌寄韦六》：“坐月观宝书，拂霜弄瑶轸。”李德裕《雨中自秘书省访王三侍御同院张学士亦余特厚故以诗赠之》：“顾我蓬莱静无事，玉版宝书藏众瑞。”❷指佛教经书。刘禹锡《送僧仲剬东游兼寄呈灵澈上人》：“松间白月照宝书，竹下香泉洒瑶席。”李群玉《怀初公》：“何处开宝书，秋风海光寺。”❸书信之美称。温庭筠《春日》：“宝书无寄处，香縠有来期。”❹指洛书。传说伏羲氏时洛水所出神龟背负之图文。其形如八卦，后遂据以作《周易》。叔孙玄观《洛出书》：“清洛含温溜，玄龟荐宝书。”

【寶扇】 后妃或贵妇仪仗中之幛扇。王维《洛阳女儿行》：“罗帏送上七香车，宝扇迎归九华帐。”张继《明德宫》：“碧瓦朱楹白昼闲，金衣宝扇晓风寒。”陆畅《扇》：“宝扇持来入禁宫，本教花下动香风。”阎德隐《薛王花烛行》：“玉盘错落银灯照，珠帐玲珑宝扇开。”

【寶襪】 亦称腰彩，女子束于裙腰外之彩带。徐贤妃《赋得北方有佳人》：“纤腰宜宝袜，红衫艳织成。”卢照邻《行路难》：“娼家宝袜蛟龙帔，公子银鞍千万骑。”

【寶勒】 金玉等宝物装饰之马络头。郑嵎《津阳门诗》：“幽州晓进供奉马，玉珂宝勒黄金羁。”

【寶帳】 帷帐之美称。李适《人日宴大明宫恩赐彩缕人胜应制》：“宝帐金屏人已帖，图花学鸟胜初裁。”韦应物《长安道》：“中有流苏合欢之宝帐，一百二十凤凰罗列含明珠。”吴融《还俗尼》：“空门付与悠悠梦，宝帐迎回暗暗春。”

【寶貨】 犹财宝，钱财。贾岛《送去华法师》：“囊中无宝货，船户夜扃稀。”杜荀鹤《旅泊遇郡中叛乱示同志》：“遍搜宝货无藏处，乱杀平人不怕天。”

【寶釵】　首饰名。金银珠玉制作之双股簪，插发用。王建《鸡鸣曲》："宝钗命妇灯下起，环珮玲珑晓光里。"李贺《少年乐》："陆郎倚醉牵罗袂，夺得宝钗金翡翠。"张萧远《观灯》："宝钗骤马多遗落，依旧明朝在路傍。"刘损《愤惋诗三首》之一："宝钗分股合无缘，鱼在深渊日在天。"

【寶符】　❶朝廷封官授权之符节。见《史记·赵世家》。后遂以"宝符"为咏形胜之典。骆宾王《夏日游德州赠高四》："紫云浮剑匣，青山孕宝符。"李白《赠宣城赵太守悦》："赵得宝符盛，山河功业存。"❷天赐之符命。宋之问《扈从登封告成颂应制》："文卫严清跸，幽仙读宝符。"张昭《汉宗庙乐舞辞》："巢阿丹凤衔书命，入昴飞星献宝符"。

【寶笥】　置贵重物品之箱笥。李商隐《李肱所遗画松诗书两纸得四十韵》："宝笥十八九，香缇千万重。"

【寶釧】　以珠玉等制成之手镯。李百药《寄杨公》："高阁浮香出，长廊宝钏鸣。"

【寶舶】　装载珍宝异物之海船。刘禹锡《南海马大夫远示著述兼酬拙诗轧著微诚再有长句》："连天浪静长鲸息，映日帆多宝舶来。"

【寶猊】　狻猊(狮子)形状之香炉。李白《连理枝》词之一："喷宝猊香烬麝烟浓，馥红绡翠被。"

【寶訣】　道家谓修炼得道之秘诀。李白《古风》之五："我来逢真人，长跪问宝诀。"广宣《安国寺随驾幸兴唐观应制》："初传宝诀长生术，已证金刚不坏身。"

【寶瓶】　对佛道所用之瓶的美称，多指盛水之瓶。顾况《题歙山栖霞寺》："宝瓶无破响，道树有低枝。"李沇《方响歌》："宝瓶下井辘轳急，小娃弄索伤清冰。"吕岩《敲爻歌》："龙虎媾，外持盈，走圣飞灵在宝瓶。"

【寶琴】　琴之美称。温庭筠《洞户二十二韵》："唳鹤调蛮鼓，惊蝉应宝琴。"

【寶葉】　佛家宝树之叶，亦泛指佛寺之树叶。宋之问《游称心寺》："宝叶交香雨，金沙吐细泉。"

【寶軸】　借指华贵之车。郑嵎《津阳门诗》："画轮宝轴从天来，云中笑语声融怡。"

【寶粟】　指女子佩带之金玉饰物，以其上雕琢有细粒如粟状，故称。李贺《河南府试十二月乐词·五月》："罗袖从徊翔，香汗沾宝粟。"

【寶戟】　帝王仪仗中之戟。王良士《南至日隔霜仗望含元殿炉烟》："宝戟罗仙仗，金炉引御烟。"

【寶幄】　华贵之帐帷。李白《捣衣篇》："琼筵宝幄连枝锦，灯烛荧荧照孤寝。"

【寶筏】　佛教语。普度众生脱离迷津之舟筏，喻指引导世人到达彼岸净土之佛法。李白《春日归山寄孟浩然》："金绳开觉路，宝筏度迷川。"

【寶勝】　妇女首饰名，彩胜之美称。或为人形，或为花形，称人胜或花胜。崔日用《奉和人日重宴大明宫恩赐彩缕人胜应制》："金屋瑶筐开宝胜，花笺彩笔颂春椒。"

【寶婺】　指婺女星。在织女星之南。常喻指织女之女伴，亦泛喻女子。薛稷《奉和送金城公主适西蕃应制》："月下琼娥去，星分宝婺行。"李商隐《七夕偶题》："宝婺摇珠佩，常娥照玉轮。"

【寶肆】　珠宝店。喻指人才荟萃或佳作连篇。李商隐《偶成转韵七十二句赠四同舍》："蓝山宝肆不可入，玉中仍是青琅玕。"陆龟蒙《奉酬袭美先辈吴中苦雨一百韵》："开缄窥宝肆，玑贝光比栉。"

【寶瑟】　瑟之美称。卢象《八月十五日象自江东止田园移庄庆会兼赋是诗三首》之二："已能持宝瑟，自解掩罗巾。"王翰《赠唐祖二子》："瑶觞滋白露，宝瑟凝凉氛。"武元衡《送徐员外还京》："宝瑟连宵怨，金罍尽醉倾。"刘兼《芳春》："宝瑟不能邀卓氏，彩毫何必梦江淹。"

【寶塔】　寺塔；佛塔。宋之问《奉和九月九日登慈恩寺浮屠应制》："散花多宝塔，张乐布金田。"孟浩然《登总持寺浮图》："半空跻宝塔，晴望尽京华。"顾况《归阳萧寺有丁行者能修无生忍担水施僧况归命稽首作诗》："宝塔宝楼阁，重檐交梵天。"

【寶鼎】　鼎之美称。铜铸之三足炊器，后被视为国之重器，政权之象征，故称宝鼎。崔玄童《祭汾阴乐章》："祥符宝鼎，礼备黄琮。"

【寶鼎食】　犹言列鼎而食，形容贵族豪门生活之奢华。王绩《过汉故城》："清晨宝鼎食，闲夜郁金香。"

【寶照】　镜子之美称。玄宗《答司马承祯上剑镜》："宝照含天地，神剑合阴阳。"

【寶称寺】　唐代寺名，在庐山。白居易有《游宝称寺》。

【寶貴】　珍视。周昙《咏史诗·春秋战国门·少孺》："宝贵亲仁与善邻，邻兵何要互相臻。"

【寶偈】　(—jì)佛教之偈子，僧人之唱词。赵彦昭《奉和九月九日登慈恩寺浮屠应制》："喜闻题宝偈，受记莫由同。"

【寶鈿】　(—diàn)以珠宝嵌制成的妇女首饰。张柬之《东飞伯劳歌》："谁家绝世绮帐前，艳粉红脂映宝钿。"戎昱《送零陵妓》："宝钿香蛾翡翠裙，装成掩泣欲行云。"刘言史《赠陈长史妓》："宝钿云和玉禁仙，深含媚靥袅朱弦。"

【寶鉞】　钺之美称。古代黄钺为统兵者之权威象征，故称。源乾曜《奉和圣制送张尚书巡边》："流星下闾阖，宝钺专公辅。”

【寶鳳】 金玉等制成凤形饰物。王翰《古娥眉怨》：“忽闻天子忆蛾眉，宝凤衔花揲两鬓。”

【寶意寺】 唐代寺名。在京兆府武功县（今陕西武功）。韦应物有《登宝意寺上方旧游》。

【寶窟】 藏聚珍宝之窖窟。韦庄《和薛先辈见寄初秋寓怀即事之作二十韵》：“采珠逢宝窟，阅石见瑶林。”

【寶運】 国运。孙逖《故右丞相赠太师燕文贞公挽词二首》之一：“一言兴宝运，三入济群生。”王绰《迎春东郊》：“銮舆应宝运，天仗出佳辰。”皎然《因游支硎寺寄邢端公》：“身执金吾贵，时遭宝运昌。”《郊庙歌辞·享太庙乐章·通和》：“长隆宝运，永锡休征。”

【寶殿】 ❶佛寺之大殿。杨衡《游峡山寺》：“宝殿敞丹扉，灵幡垂绛旒。”齐己《荆州新秋寺居写怀诗五首上南平王》之三：“金汤里面境何求？宝殿东边院最幽。”❷帝王之宫殿。吕岩《朗州戏笔二首》之一：“朝觐玉皇登宝殿，暮随王母宴琼楼。”

【寶蓋】 华盖。帝王或佛道仪仗中之伞盖。骆宾王《帝京篇》：“宝盖雕鞍金络马，兰窗绣柱玉盘龙。”此指车辇上之伞盖。刘禹锡《谢寺双桧》：“龙象界中成宝盖，鸳鸯瓦上出高枝。”贾岛《送僧》：“晓了莲经义，堪任宝盖迎。”韦庄《耒阳县浮山神庙》：“绕坐香风吹宝盖，傍檐烟雨湿岩扃。”此指神像上之伞盖。

【寶蓮】 ❶佛所坐之莲花座，亦借指僧人修行之座。滕传胤《赠僧》：“今日英雄气冲盖，谁能久坐宝莲花。”❷后妃所乘饰有莲花图案之车辇。袁不约《长安夜游》：“千乘宝莲珠箔卷，万条银烛碧纱笼。”

【寶臺】 佛塔之美称。岑羲《奉和九月九日登慈恩寺浮屠应制》：“宝台耸天外，玉辇步云端。”亦为佛寺之美称。柳明献《游昌化精舍》：“宝台侵汉远，金地接霞高。”

【寶鞍】 华贵之马鞍，借指马。李商隐《无题四首》之三：“归去横塘晓，华星送宝鞍。”

【寶奩】 梳妆匣之美称。李商隐《垂柳》：“宝奁抛掷久，一任景阳钟。”

【寶圖】 指天命，帝位。见《初学记》卷三〇引《春秋合诚图》。舒元舆《八月五日中部官舍读唐历天宝已来追怆故事》：“肃宗传宝图，寇难连年击。”赵光逢《梁郊祀乐章·庆和》：“膺宝图，执左契。”

【寶算】 计算帝王之寿命。亦用为帝王寿数之称。徐彦伯《奉和幸新丰温泉宫应制》：“五龙归宝算，九扈叶时康。”赵彦照《奉和幸白鹿观应制》：“玉杯鸾荐寿，宝算鹤知年。”

【寶箏】 筝之美称。李绅《忆被牛相留醉州中时无他宾牛公夜出真珠辈数人》：“银烛坐隅听子夜，宝筝筵上起春风。”廖融《退宫妓》：“宝筝钿剥阴尘覆，锦帐香消画烛幽。”

【寶像】 佛之像。李绅《题法华寺五言二十韵》：“化娥腾宝像，留影閟金仙。”

【寶閣】 佛寺或仙境殿阁之美称。章孝标《题东林寺寄江州李员外》：“日映砌阴移宝阁，风吹天乐动金铃。”张为《秋醉歌》：“宝阁香敛苒，琪树寒玲珑。”

【寶裝】 用金玉等宝物装饰。韦庄《和郑拾遗秋日感事一百韵》：“宝装军器丽，麝裛战袍香。”

【寶駕】 皇宫之车驾。李治《太子纳妃太平公主出降》：“雕轩回翠陌，宝驾归丹殿。”

【寶輦】 ❶帝王所乘之辇车。广宣《驾幸圣容院应制》：“深殿虔心随宝辇，广庭徐步引金轮。”贯休《寄翰林陆学士》：“宝辇千官捧，宫花九色开。”❷仙人所乘之车。牟融《送羽衣之京》：“香浮宝辇仙风润，花落瑶坛绛雨消。”❸华贵之车。李商隐《正月十五夜闻京有灯恨不得观》：“月色灯光满帝都，香车宝辇隘通衢。”

【寶樓】 佛寺楼阁之美称。罗隐《代文宣王答》：“释氏宝楼侵碧汉，道家宫殿拂青云。”

【寶賢】 珍视贤才。苏颋《奉和圣制漕桥东送新除岳牧》：“宝贤不遗俊，台阁尽鹓鸾。”

【寶幡】 称佛寺中之旗幡。綦毋潜《题鹤林寺》：“珊珊宝幡挂，焰焰明灯烧。”易思《题袁州龙兴寺》：“百尺古松松下寺，宝幡朱盖画珊珊。”

【寶箱】 衣箱之美称。翁承赞《御命归乡蒙赐锦衣》：“中使擎来三殿晓，宝箱开处五云飞。”

【寶劍】 珍贵之好剑，亦用为一般剑之美称。刘长卿《南楚怀古》：“精魂托古木，宝剑捐江皋。”顾况《赠别崔十三长官》：“真玉烧不热，宝剑拗不折。”杜牧《寄沈褒秀才》：“雄如宝剑冲牛斗，丽似鸳鸯养羽毛。”

【寶劍篇】 诗篇。唐郭元振作。一名《古剑篇》。郭曾盗铸及掠卖部中剑千余，武后欲诘之。既与语，奇之，索所为文章，上《宝剑篇》，后览嘉叹，授右武卫铠曹参军。崔国辅《杂诗》：“何肯相救援，徒闻宝剑篇。”杜甫《过郭代公故宅》：“高咏宝剑篇，神交付冥漠。”李商隐《风雨》：“凄凉宝剑篇，羁泊欲穷年。”

【寶髻】 女发髻之一种。王勃《临高台》：“为君安宝髻，蛾眉罢花丛。”顾敻《木兰花》之三：“懒展罗衾垂玉箸，羞对菱花篸宝髻。”

【寶樹】 佛教所谓极乐世界中的七宝合成之树。孙逖《和崔司马登称心山寺》：“宝树谁攀折，禅云自卷舒。”

【寶曆】 ❶帝位；皇朝享国之年。褚亮《明堂乐章·舒和》：“御扆合宫承宝历，席图重馆奉明灵。”张说《东都酺宴四首》之一：“重华升宝历，轩帝眇闲居。”

白居易《贺雨》："皇帝嗣宝历，元和三年冬。"孔德绍《观太常奏新乐》："大君膺宝历，出豫表功成。"❷唐敬宗年号名(825—827)。李渤《南溪诗》序："宝历三年三月七日。"

【寶鴨】 鸭形之香炉。孙鲂《夜坐》："划多灰杂苍虬迹，坐久烟消宝鸭香。"

【寶器】 珍贵之器物。卢纶《送尹枢令狐楚及第后归觐》："宝器金罍重，清音玉珮寒。"李德裕《赠奉律上人》："饭色不应殊宝器，树香皆遣入禅薰。"

【寶篋】 珍藏宝物之小箱箧。路德延《小儿诗》："宝箧拏红豆，妆奁拾翠钿。"

【寶龜】 占卜用龟之一种。《尔雅》谓龟有神龟、灵龟、摄龟、宝龟等十种。王绩《古意六首》之三："宝龟尺二寸，由来宅深水。"皮日休《虎丘寺殿前有古杉一本形状丑怪遂赋三百言以见志》："品格齐辽鹤，年龄等宝龟。"

【寶燄】 珠宝之光彩。李商隐《七月二十八日夜与王郑二秀才听雨后梦作》："初梦龙宫宝焰然，瑞霞明丽满晴天。"

【寶燈】 ❶犹华灯。崔液《上元夜六首》之三："鳷鹊楼前新月满，凤皇台上宝灯燃。"❷假拟之道人名。李商隐《无题》："紫府仙人号宝灯，云浆未饮结成冰。"

【寶環】 金玉等制成之手镯。张乔《杨花落》："宝环纤手捧更飞，翠羽轻裾承不著。"

【寶檢】 封缄简牍文籍之印记。李绅《新楼诗二十首·禹庙》："秘文镂石藏青壁，宝检封云化紫泥。"

【寶櫛】 梳子、篦子之美称。毛女正美《赠华山游人》："曾折松枝为宝栉，又编栗叶代罗襦。"

【寶檀】 檀香木之美称。毛文锡《虞美人》词之二："宝檀金缕鸳鸯枕，绶带盘宫锦。"

【寶應】 ❶唐年号名。肃宗李亨上元三年(762)改元宝应。代宗李豫继位之始仍沿用。首尾共二年(762—763)。杜甫《寄题江外草堂》："经营上元始，断手宝应年。"❷唐代县名。属淮南道。本汉平安县，唐初改安宜县，因肃宗得宝于此，改元宝应，县名亦改宝应，即今江苏宝应县。韦应物有《将发楚州经宝应县访李二因简李宝应》。

【寶騎】 宝马；良马。骆宾王《代女道士王灵妃赠道士李荣》："宝骑连花铁作钱，香轮骛水珠为网。"王维《同比部杨员外十五夜游有怀静者季》："聊看侍中千宝骑，强识小妇七香车。"

【寶藏】 (—zàng)❶藏储之珍宝或珍贵物品。张祜《题善权寺》："金函崇宝藏，玉树閟灵根。"❷藏聚珍宝之处，宝窟，宝库。寒山《诗三百三首》之二四四："掘得一宝藏，纯是水精珠。"吕岩《敲爻歌》："三车搬运珍珠宝，送归宝藏自通灵。"

【寶題】 寺殿之榱题，即屋檐之椽头处。温庭筠《长安寺》："宝题斜翡翠，天井倒芙蓉。"

【寶闕】 宫阙之美称。李山甫《蜀中寓怀》："春装宝阙重重树，日照仙州万万楼。"

【寶鏡】 ❶皇帝所赐之镜。亦泛指镜子，铜镜。张说《奉和圣制赐王公千秋镜应制》："宝镜颁神节，凝规写圣情。"孟浩然《春情》："青楼晓日珠帘映，红粉春妆宝镜催。"雍裕之《杂曲歌辞·自君之出矣》："自君之出矣，宝镜为谁明。"徐凝《览镜词》："宝镜磨来寒水清，青衣把就绿窗明。"❷喻指月亮。吕从庆《对月有感》："天开悬宝镜，皓魄满栏杆。"

【寶礦】 金银玉石等宝物，喻指精美的文字。李贺《送沈亚之歌》："雄光宝矿献春卿，烟底蓦波乘一叶。"

【寶爐】 香炉之美称。司空图《步虚》："云韶韵俗停瑶瑟，鸾鹤飞低拂宝炉。"

【寶鐸】 佛寺之风铎，即檐前所悬之铃。宋之问《游韶州广界寺》："宝铎摇初霁，金池映晚沙。"杨廉《奉和九月九日登慈恩寺浮图应制》："宝铎含飙响，仙轮带日红。"徐源《题灵泉寺》："云起灵峰隐，风来宝铎鸣。"

【寶雞】 唐县名。本秦之陈仓县。唐肃宗时改名凤翔。旧传秦穆公时陈仓有二童子化为神鸡，得其雄者可王，得雌者为伯。穆公猎获其雌，果成霸业。后改名为宝鸡。即今陕西宝鸡。王勃《晚留凤州》："宝鸡辞旧役，仙凤历遗墟。"卢纶有《九日同司直九叔崔侍御登宝鸡南楼》。

【寶籙】 ❶象征天命之图箓。见《初学记》卷三〇引《春秋合诚图》。杜审言《和李大夫嗣真奉使存抚河东》："祯符龙马出，宝箓凤皇传。"❷道家之符箓。宋之问《函谷关》："欲访乘牛求宝箓，愿随鹤驾遍瑶空。"郑畋《题缑山王子晋庙》："二景神光秘，三元宝箓饶。"

【寶靨】 女面饰之一，贴于面颊之花钿。杜甫《琴台》："野花留宝靥，蔓草见罗裙。"

【寶靈】 帝王之灵佑，福祚。吴少微《过故汉城》："何其赫隆盛，自谓宝灵长。"

寸　部

寸〔cùn《广韵》倉困切，去慁，清。〕❶谓极小之长度。一指宽为寸。见《公羊传·僖公三十一年》。王昌龄《悲哉行》："长云数千里，倏忽还肤寸。"玄宗《同刘晃喜雨》："繁云先合寸，膏雨自依旬。"❷长度单位。十分为寸。贺兰进明《行路难五首》之一："君不见山上苗，数寸凌云烟。"杜甫《白小》："白小群分命，天然二寸鱼。"卢仝《蜻蜓歌》："篙工楫师力且武，进寸退尺莫能度。"白居易《秋凉闲卧》："薄暮宅门前，槐花深一寸。"❸喻微小。贺遂亮《赠韩思彦》："意气百年内，平生一寸心。"杜甫《前出塞九首》之九："从军十年余，能无分寸功。"裴夷直《秦中卧病思归》："病身归处吴江上，一寸心中万里愁。"赵嘏《新月》："玉钩斜傍画檐生，云匣初开一寸明。"❹喻短暂。王贞白《白鹿洞二首》之一："读书不觉已春深，一寸光阴一寸金。"

【寸匕】　即方寸匕，服药用的量器，犹今之小茶匙。形制正方一寸，故称。马戴《谒仙观二首》之二："三更礼星斗，寸匕服丹霜。"

【寸土】　一小片土地，极少的土地。赵彦昭《奉和幸长安故城未央宫应制》："山河寸土尽，宫观尺椽无。"杜荀鹤《湘中秋日呈所知》："四海无寸土，一生惟苦吟。"

【寸寸】　❶每寸，每节。杜甫《风疾舟中伏枕书怀三十六韵奉呈湖南亲友》："乌几重重缚，鹑衣寸寸针。"崔涂《涧松》："寸寸凌霜长劲条，路人犹笑未干霄。"徐夤《笋鞭》："累累节转苍龙骨，寸寸珠联巨蚌胎。"刘兼《秋夕书怀呈戎州郎中》："鸾胶处处难寻觅，断尽相思寸寸肠。"❷一小段一小段地。元稹《野节鞭》："惜令寸寸折，节节不虚坠。"白居易《李都尉古剑》："可使寸寸折，不能绕指柔。"❸犹逐渐。太宗《赋得白日半西山》："岑霞渐渐落，溪阴寸寸生。"王建《和元郎中玩月五首》之三："立多地湿舁床坐，看过墙西寸寸迟。"白居易《中书连直寒食不归因怀元九》："鬓发茎茎白，光阴寸寸流。"徐铉《陪郑王相公赋筵前垂冰应教依韵》："长廊瓦叠行行密，晚院风高寸寸增。"❹形容微小。公乘亿《赋得临江迟来客》："柳结重重眼，萍翻寸寸心。"

【寸木】　方寸之木。皮日休《吴中苦雨因书一百韵寄鲁望》："一苞势欲隊，将撑乏寸木。"

【寸火】　微小的火光。用以形容欲望、意念。李咸用《遣兴》："旅鬓一丝出，乡心寸火生。"又《和吴处士题村叟壁》："因阅乡居景，归心寸火然。"

【寸心】　❶指心。旧时认为心之大小约一方寸，故称。杜淹《寄赠齐公》："此时寸心里，难用尺书传。"杨炯《战城南》："寸心明白日，千里暗黄尘。"韩翃《别孟都督》："一饮留欢分有余，寸心怀思复何如。"李密《淮阳感怀》："此夕穷涂士，郁陶伤寸心。"❷心愿；心事。李白《春滞沅湘有怀山中》："所愿归东山，寸心于此足。"高适《秋胡行》："妾家夫婿经离久，寸心誓与长相守。"赵征明《思归》："寸心宁死别，不忍生离忧。"方干《山中言事寄赠苏判官》："寸心似火频求荐，两鬓如霜始息机。"❸区区心意。储光羲《秦中初霁献给事二首》之二："寸心何所望，东掖有贤臣。"刘长卿《送姨子弟往南郊》："一展慰久阔，寸心仍未伸。"独孤及《酬梁二十宋中所赠兼留别梁少府》："逢君道寸心，暂喜一交臂。"

【寸功】　微小的功业。杜荀鹤《题弟侄书堂》："少年辛苦终身事，莫向光阴惰寸功。"

【寸地】　每一块土地。皮日休《奉和鲁望闲居杂题五首·寺钟暝》："百缘斗薮无尘土，寸地章煌欲布金。"

【寸地尺天】　意谓普天之下。杜甫《洗兵马》："寸地尺天皆入贡，奇祥异瑞争来送。"

【寸步】　极小的步子，喻很近的距离。杜甫《九日寄岑参》："寸步曲江头，难为一相就。"韩愈《寒食日出游》："关山远别固其理，寸步难见始知命。"张籍《使行望悟真寺》："无端来去骑官马，寸步教身不得游。"皮日休《奉和鲁望四明山九题·过云》："片时迷鹿迹，寸步隔人声。"

【寸步千里】　喻相见之难。卢照邻《狱中学骚体》："寸步千里兮不相闻，思公子兮日将曛。"

【寸長】　(—cháng)微小的长处。杜甫《赠特进汝阳王二十韵》："寸长堪缱绻，一诺岂骄矜。"

【寸枝】　小枝。宋之问《题张老松树》："百尺无寸枝，一生自孤直。"

【寸金】　小块金子。孟郊《古意赠梁肃补阙》："不有百炼火，孰知寸金精。"

【寸念】　微小的念头。段成式《光天帧赞联句》：

"寸念不生，未遇乎而。"

【寸恨】 些许的遗憾。韩愈《感春五首》之二："孤吟屡阕莫与和，寸恨至短谁能裁。"

【寸草】 小草。孟郊《抒情因上郎中二十二叔监察十五叔兼呈李益端公柳缜评事》："寸草贱子命，高山主人恩。"韩愈《秋怀诗十一首》之十："败虞千金弃，得比寸草荣。"亦用以喻子女报答父母养育之恩。牟融《邵公母》："劬劳常想三春恨，思养其如寸草何。"

【寸草心】 喻子女对父母的微小心意。孟郊《游子吟》："谁言寸草心，报得三春晖。"

【寸莖】 指小苗，树枝。白居易《续古诗十首》之四："百丈涧底死，寸茎山上春。"鲍溶《云溪竹园翁》："乱林不可留，寸茎不可轻。"

【寸眸】 眼睛之代称。储光羲《夏日寻蓝田唐丞登高宴集》："山河临咫尺，宇宙穷寸眸。"刘禹锡《海阳十咏·切云亭》："九疑南面事，尽入寸眸中。"

【寸毫】 毛笔的代称。陆龟蒙《奉酬袭美先辈吴中苦雨一百韵》："文兮乏寸毫，武也无尺铁。"

【寸陰】 短暂的光阴。语出《淮南子·原道训》。太宗《帝京篇十首》之八："得志重寸阴，忘怀轻尺璧。"綦毋潜《送章彝下第》："三十名未立，君还惜寸阴。"刘禹锡《早秋雨后寄乐天》："且喜炎前别，安能怀寸阴。"徐至《闰月定四时》："寸阴宁越度，长历信无欺。"引申为指日影，喻时间。白居易《和春深二十首》之十："官场泥补处，最怕寸阴斜。"

【寸粟】 一点儿粮食。皮日休《吴中苦雨因书一百韵寄鲁望》："尽日欠束薪，经时无寸粟。"

【寸景】 短暂之光景。李颀《崔五宅送刘跂入京》："行人惜寸景，系马暂留欢。"独孤及《客舍月下对酒醉后寄毕四耀》："别时前盟在，寸景莫自掷。"

【寸晷】 指一小段时间。晷，日影，喻光阴。张九龄《洪州西山祈雨因赋诗言事》："穷年滞远想，寸晷阅清晖。"钱起《送张少府》："寸晷如三岁，离心在万里。"元稹《去杭州》："今君三十朝未与，得不寸晷倍玙璠。"贾岛《答王参》："寸晷不相待，四时互如竞。"

【寸進】 微小之进展。顾况《从江西至彭蠡入浙西淮南界道中寄齐相公》："蹇步惭寸进，饰装随转蓬。"柳宗元《法华寺石门精舍三十韵》："寸进谅何营，寻直非所枉。"

【寸尋】 犹尺寸之地。寻，古代长度单位，一般为八尺。李贺《赠陈商》："旁古无寸寻，一上戛牛斗。"

【寸腸】 ❶谓肝肠寸断。语出《世说新语·黜免》。李远《咏鸳鸯》："试取鸳鸯看，多应断寸肠。"后因以"寸肠"喻悲痛至深。吴融《松江晚泊》："寸肠无计免，应只楚猿知。"❷犹衷肠，内心的感情。李商隐《肠》："有怀非惜恨，不奈寸肠何。"韩偓《感旧》："省趋弘阁侍貂珰，指座深恩刻寸肠。"吴融《和韩致光侍郎无题三首十四韵》之二："寸肠谁与达，洞府四无邻。"牛峤《更漏子》词："招手别，寸肠结，还是去年时节。"

【寸節】 (—jié)马鞭。古时马鞭之柄用竹根制成，长约四五寸，或有铁制者，亦刻竹根状，故名。戎昱《赋得铁马鞭》："为怜持寸节，长拟静三边。"

【寸筳鉅鐘】 谓以小击大，徒劳无功。寸筳即小竹枝，巨钟即大钟。语出《文选·东方朔〈答客难〉》："以管窥天，以蠡测海，以筳撞钟，岂能通其条贯，考其文理，发其音声哉！"韩愈《醉留东野》："东野不回头，有如寸筳撞巨钟。"

【寸誠】 一点诚心。韩愈《辛卯年雪》："善祷吾所慕，谁言寸诚微。"又《学诸进士作精卫衔石填海》："鸟有偿冤者，终年抱寸诚。"

【寸義】 微薄的情谊。吕温《送段九秀才归澧州》："寸义薄联组，片诚敌兼金。"

【寸資】 很少的资财。韦应物《答长宁令杨辙》："宰邑视京县，归来无寸资。"

【寸祿】 微薄的俸禄。李颀《赠别张兵曹》："一身轻寸禄，万物任虚舟。"沈千运《濮中言怀》："一生但区区，五十无寸禄。"薛逢《潼关驿亭》："寸禄应知沾有分，一官常惧处非才。"杜荀鹤《行次荥阳却寄诸弟》："早知寸禄荣家晚，悔不深山共汝耕。"

【寸碧】 指远方山林景色。遥望之，一抹青翠才寸许，故称。韩愈孟郊《城南联句》："遥岑出寸碧，远目增双明。"

【寸截】 每一节，每一段。白居易《江楼夜吟元九律诗成三十韵》："寸截金为句，双雕玉作联。"

【寸管】 指律管。用以定音或候气，由竹管或金属管做成。鲍溶《秋怀五首》之一："恩荣不可恃，天道归寸管。"

【寸輝】 ❶指灯光。李贺《秋凉诗寄正字十二兄》："房寒寸辉薄，迎风绛纱折。"❷犹寸阴。元稹《酬复言长庆四年元日郡斋感怀见寄》："椒花丽句闲重检，艾发衰容惜寸辉。"

三　画

寺[1] 〔sì《广韵》祥吏切，去志，邪。〕❶衙署。见清顾炎武《日知录》卷二八。杜甫《送顾八分文学适洪吉州》："高歌卿相宅，文翰飞省寺。"参见"寺曹"。❷佛教的庙宇。见《广韵·志韵》。岑参《赴嘉州过城固县寻永安超禅师房》："满寺枇杷冬著花，老僧相见具袈裟。"耿沣《赠隐公》："东海经长在，南朝寺最多。"赵嘏《宿楚国寺有怀》："寒生晚寺波摇壁，红堕疏林叶满床。"刘昭禹《冬日暮国清寺留题》:"天台山下寺,冬暮景如屏。"

寺² 〔shì《集韵》時吏切,去志,禪。〕"侍"的古字。近侍之内臣,通指宦官。见清顾炎武《日知录》卷二八。顾况《筑城二章》之一:"咨尔寺兮,发郊外冢墓。"见"寺₂人"。

【寺₂人】 古代宫中近侍,多以阉人充任。见《诗·秦风·车邻》。顾况《筑城二章》序:"寺人临戎,以墓砖为城壁。"

【寺寺】 诸寺,所有的寺;各个寺。杜牧《念昔游三首》之一:"秋山春雨闲吟处,倚遍江南寺寺楼。"段成式《桃源僧舍看花》:"前年帝里探春时,寺寺名花我尽知。"皮日休《奉和鲁望闲居杂题五首·好诗景》:"寺寺云萝堪度日,京尘到死扑侯门。"

【寺門】 ❶佛寺之大门。杜甫《岳麓山道林二寺行》:"寺门高开洞庭野,殿脚插入赤沙湖。"白居易《慈恩寺有感》:"自问有何惆怅事,寺门临入却迟回。"欧阳炯《题景焕画应天寺壁天王歌》:"寺门左壁图天王,威仪部从来何方。"❷代指寺院。杜甫《望兜率寺》:"树密当山径,江深隔寺门。"徐铉《又和游光睦院》:"寺门山水际,清浅照孱颜。"

【寺秩】 官吏的俸禄。孟郊《立德新居》:"寺秩虽贵家,浊醪良可哺。"

【寺曹】 九卿官署。罗隐《裴庶子除太仆卿因贺》:"宫省旧推皇甫谧,寺曹今得夏侯婴。"

【寺塔】 我国寺院多建有塔。寺院建筑以佛塔为主体布局的称塔庙。亦有另辟塔院,置于寺前、寺后或两侧。寺塔初为供奉佛骨之处,后亦用于供奉佛像、收藏佛经或保存僧人遗骨。张祜《途次杨州赠崔荆二十韵》:"寺塔排云直,阊门架水牢。"

【寺碑】 寺庙之碑碣。姚合《题山寺》:"未暇寻僧院,先看置寺碑。"

【寺號】 犹寺名。太宗《题龟峰山》:"山高每有神仙过,寺号能仁天子封。"

【寺閣】 寺院之殿阁。周贺《赠朱庆余校书》:"寺阁边官舍,行吟过几层。"

【寺磬】 佛寺磬声。磬,佛寺中敲击以集僧众的钵型鸣器。周贺《寻北冈韩处士》:"逆风沈寺磬,初日晒邻桑。"又《送郭秀才归金陵》:"鸟下独山秋寺磬,人随大舸晚江波。"

【寺樓】 寺庙之殿宇。岑参《陪群公龙冈寺泛舟》:"汉水天一色,寺楼波底看。"王建《昭应官舍》:"斜对寺楼分寂寂,远从溪路借潺潺。"杜牧《池州送孟迟先辈》:"寺楼最骞轩,坐送飞鸟没。"薛逢《早发剡山》:"南岩气爽横郛郭,天姥云晴拂寺楼。"

【寺鐘】 寺院的钟声。刘沧《江行夜泊》:"岳阳秋霁寺钟远,渡口月明渔火残。"亦指寺院之钟。牛殳《方响歌》:"高楼漏滴金壶水,碎电打著山寺钟。"

【寺觀】 (—guàn)佛寺和道观。僧人所居曰寺,道士所居曰观。元稹《奉和浙西大夫李德裕述梦四十韵次本韵》:"分阻杯盘会,闲随寺观遨。"

六 画

封 〔fēng《广韵》府容切,平锺,非。又方用切,去用,非。〕❶邦域;辖境。元载《别妻王韫秀》:"看取海山寒翠树,苦遭霜霰到秦封。"武元衡《冬日汉江南行途次江陵界寄裴尚书》:"舟楫不可驻,提封如任情。"李贺《白虎行》:"天授秦封祚未移,衮龙衣点荆卿血。"李洞《题刘相公光德里新构茅亭》:"唐封三万里,人偃翠微间。"❷疆界;田界。见《小尔雅·广诂》。韩愈《郓州溪堂诗》:"凡公四封,既富以强。"❸封地;领地。杜甫《饮中八仙歌》:"汝阳三斗始朝天,道逢曲车口流涎,恨不移封向酒泉。"见"封土""封内"。❹帝王以土地、爵位、名号等赐人。虞世南《奉和幸江都应诏》:"封唐昔敷锡,分陕被荆吴。"张宣明《使至三姓咽面》:"卒使功名建,长封万里侯。"韩翃《寄上田仆射》:"家封薛县异诸田,报主荣亲义两全。"韦庄《和郑拾遗秋日感事一百韵》:"遍命登坛将,巡封异姓王。"❺将土填入,将土堆上。白居易《病中哭金銮子》:"送出深村巷,看封小墓田。"李绅《趋翰苑遭诬构四十六韵》:"旧交封宿草,衰鬓重生刍。"韩愈《大行皇太后挽歌词三首》之二:"配地行新祭,因山托故封。"❻土坛,土台。柳宗元《同刘二十八哭吕衡州兼寄江陵李元二侍御》:"三亩空留悬磬室,九原犹寄若堂封。"❼帝王筑坛祭天及四方山岳之神。苏颋《广达楼下夜侍酺宴应制》:"东岳封回宴洛京,西墉通晚会公卿。"储光羲《荥阳马氏二子》:"圣君封太岳,十月建行旂。"王建《行宫词》:"休封中岳六十年,行宫不见人眼穿。"薛存诚《东都父老望幸》:"昔因封泰岳,今伫蹑维嵩。"❽帝王封禅时所建的祭坛或刻石。陈希烈《省试白云起封中》:"千年泰山顶,云起汉王封。"林藻《青云干吕》:"还同起封上,更似出横汾。"吕温《白云起封中诗》:"封开白云起,汉帝坐斋宫。"唐彦谦《望岳时贼据华夏》:"幽人闲望封中地,好为吾皇起白云。"❾关闭;堵塞。柳宗元《柳州寄丈人周韶州》:"印文生绿经旬合,砚匣留尘尽日封。"吴融《赋雪》:"气应封兽穴,险必堕禽巢。"韦庄《冬日长安感志寄献虢州崔郎中二十韵》:"积冻慢封寒溜细,暮云高拔远峰尖。"❿覆盖。李华《尚书都堂瓦松》:"宁知深涧底,霜雪岁兼封。"刘长卿《赠西邻卢少府》:"苔封三径绝,溪向数家通。"卢纶《送李校书赴东川幕》:"编简尘封阁,戈鋋雪照营。"刘沧《雨后游南门寺》:"苔封石室云含润,露滴松枝鹤有声。"引申为布满；散布。杜甫《将赴成都草堂途中有作先寄严郑公五首》："书签药裹封蛛网，野店山桥送马蹄。"窦庠《酬韩愈侍郎登岳阳楼见赠》："地图封七泽，天限锁重扃。"⑪笼罩，涂抹。杜甫《秋日荆南送石首薛明府三十韵》："烟雨封巫峡，江淮略孟诸。"窦庠《赠道芬上人》："云湿烟封不可窥，画时唯有鬼神知。"王涯《望禁门松雪》："金阙晴光照，琼枝瑞色封。"白居易《东楼竹》："森然一万竿，白粉封青玉。"⑫包封；封缄。李贺《湖中曲》："蜀纸封巾报云鬓，晚漏壶中水淋尽。"张籍《寄汉阳故人》："归使雨中发，寄书灯下封。"杜牧《出宫人二首》之一："十年一梦归人世，绛缕犹封系臂纱。"皮日休《寄同年韦校书》："唯有故人怜未替，欲封干鲙寄终南。"⑬封装物，多指书信。李商隐《酬令狐郎中见寄》："封来江渺渺，信去雨冥冥。"杨牢《奉酬于中丞登越王楼见寄之什》："剑外书来日，惊忙自折封。"朱琳《开缄怨》："懒寄云中服，慵开海上封。"亦指封装东西的器物。元稹《酬乐天得稹所寄纻丝以诗报之》："湓城万里隔巴庸，纻薄绨轻共一封。"白居易《与微之唱和来去常以竹筒贮诗陈协律美而成篇因以此答》："烦君赞咏心知愧，鱼目骊珠同一封。"⑭封寄。上官昭容《彩书怨》："欲奏江南曲，贪封蓟北书。"刘禹锡《牛相公见示新什谨依本韵次用以抒下情》："封来真宝物，寄与愧交朋。"长孙佐辅《答边信》："结成一夜和泪封，贮书只在怀袖中。"许浑《酬李当》："知有瑶华手自开，巴人虚唱懒封回。"⑮培育；培植。戎昱《送吉州阎使君入道二首》之一："金汞封仙骨，灵津咽玉池。"陆龟蒙《京口与友生话别》："玉封千挺藕，霜闭一筒柑。"⑯密藏；敛藏。太宗《山阁晚秋》："古石衣新苔，新巢封古树。"元结《二风诗·治风诗五篇·至慈》："如涵如封，如随如从，而不知其功。"⑰人。见"封豕""封狼"。⑱富厚。元结《二风诗·治风诗五篇·至仁》序："古有仁帝，能全仁明以封天下。"⑲增添。杜甫《风疾舟中奉呈湖南亲友》："春草封归恨，源花费独寻。"裴度《至日登乐游园》："那堪封得意，空对物华情。"⑳量词，用于封缄物。如信件、奏章、文书等。高适《送李少府贬峡中王少府贬长沙》："巫峡啼猿数行泪，衡阳归雁几封书。"韩愈《左迁至蓝关示侄孙湘》："一封朝奏九重天，夕贬潮州路八千。"元稹《酬乐天书怀见寄》："行逢贺州牧，致书三四封。"李频《长安寓居寄柏侍郎》："独向灞陵东北望，一封书寄万重心。"亦用以称骆驼。李商隐《镜槛》："传书两行雁，取酒一封驼。"今多作"峰"。㉑古州名。指封州。柳宗元有《登柳州城楼寄漳汀封连四州》。白居易《六年立春日人日作》："试作循潮封眼想，何由得见洛阳春。"见"封州"。㉒姓。王勃有《九日怀封元寂》。苏味道有《赠封御史入台》。王维有《送封太守》。

【封人】　古官名。《周礼》地官司徒的属官，掌守帝王社坛及京畿的疆界。春秋时为典守封疆之官。参阅《周礼·地官·封人》《左传·隐公元年》。孟简《嘉禾合颖》："玉烛将成岁，封人亦自歌。"韦庄《题颍源庙》："临川试问尧年事，犹被封人劝濯缨。"和凝《宫词百首》之五："封人争献南山寿，五色云中御辇平。"

【封人願】　尧巡视华地，华地守封疆之人祝尧长寿、富有、多男子。见《庄子·天地》。后因用以表示祝福君王之辞。钱起《观法驾自凤翔回》："欲识封人愿，南山举酒杯。"

【封土】　封地，帝王赐予的领地。杜甫《奉贺阳城郡王太夫人恩命加邓国太夫人》："郡依封土旧，国与大名新。"李商隐《井泥四十韵》："长沙启封土，岂是出程姬。"齐己《秋日钱塘作》："英雄贵黎庶，封土绝精灵。"

【封大夫】　指封常清。常清于天宝十三载(754)以安西四镇节度使入朝，加御史大夫，兼北庭节度使。岑参有《轮台歌奉送封大夫出师西征》，又有《北庭西郊候封大夫受降回军献上》。

【封山】　封土于山，筑坛祭天以告成功之事。席豫《奉和圣制送张说巡边》："已勒封山记，犹闻遣戍篇。"储光羲《哥舒大夫颂德》："宾从俨冠盖，封山纪天声。"

【封己】　厚己。语出《国语·晋语八》。杜甫《种莴苣》："贤良虽得禄，守道不封己。"又《赠崔十三评事公辅》："黠吏因封己，公才或守雌。"

【封王】　封立为王。黄滔《下第》："何人立功业，新命到封王。"

【封五郎】　名未详。排行第五，官大理寺主簿。其父约天宝中为阆州刺史。杜甫曾为其做媒，未成。杜甫有《送大理封主簿五郎亲事不合却赴通州主簿前阆州贤子余与主簿平章郑氏女子垂欲纳采郑氏伯父京书至女子已许他族亲事遂停》。

【封太守】　名未详。约天宝中任江夏郡太守，改吴郡太守。王维有《送封太守》。

【封内】　天子或诸侯的领地之内。见《荀子·正论》。杜甫《赠李十五丈别》："封内如太古，时危独萧然。"又《别苏徯》："数论封内事，挥发府中趋。"耿湋《奉和第五相公登鄱阳郡城西楼》："封内群甿复，兵间百赋存。"

【封公】　因子孙显贵而受封典者。元稹《春六十韵》："女孙新在内，婴稚近封公。"

【封石】　刻石立铭。元稹《宪宗章武孝皇帝挽歌词三首》之三："共蹉封石检，不为报功泥。"

【封田】　封内之田。指京都周围地区。张说《奉和圣制寒食作应制》："改木迎新燧，封田表旧烧。"

【封册】 封检玉册。古代封禅仪式中的一项程序，借指封禅。贾竦《谒华岳庙》："国家崇明祀，五岳尽封册。"

【封丘】 县名。唐属陈留郡。今河南省封丘县。高适有《封丘作》及《初至封丘作》。贾至有《闲居秋怀寄阳翟陆赞府封丘高少府》。

【封印】 封存印信。旧时官署，每日散衙前即将印信封存，意谓停止办公。李商隐《任弘农尉献州刺吏乞假还京》："黄昏封印点刑徒，愧负荆山入座隅。"林宽《寄省中知已》："花开封印早，雪下典衣频。"

【封主簿】 见"封五郎"。

【封行高】 观州蓨（今河北景县）人。伦兄德润之子，以文学知名。贞观中，官至礼部郎中。事迹略见《旧唐书·封伦传》、《新唐书·宰相世系表一下》。《全唐诗》卷三三录其诗一首。

【封名】 封爵赐姓。王建《上崔相公》："开阁覆看祥瑞历，封名直进薜萝人。"

【封州】 古地名。在今广东封开县。见《旧唐书·地理志四》。张祜《奉和池州杜员外南亭惜春》："可知屈转江南郡，还就封州咏白苹。"

【封守】 边防，封疆。语出《书·毕命》。储光羲《朝邑蔡主簿期不会二首》之一："方将固封守，誓欲混畋渔。"

【封圻】 疆土。孙逖《登越州城》："封圻沧海合，廛市碧湖明。"

【封豕】 ❶大猪。卢仝《月蚀诗》："偷牺牲，食封豕。"❷喻指奸恶残暴之人。储光羲《同诸公送李云南伐蛮》："封豕骤跧伏，巨象遥披攘。"杜甫《奉送郭中丞兼太仆卿充陇右节度使三十韵》："燕蓟奔封豕，周秦触骇鲸。"白居易《寄献北都留守裴令公》："荡蔡擒封豕，平齐斩巨鳌。"

【封邑】 赐给领地或食邑。唐之封邑，只有封君之号，而无封土，因用以指受有封典。岑参《韩员外夫人清河县君崔氏挽歌二首》之一："从夫荣已绝，封邑宠难追。"

【封君】 受有封邑的贵族。储光羲《题崔山人别业》："封君渭阳竹，逸士汉阴园。"杜甫《暮春题瀼西新赁草屋五首》之二："此邦千树橘，不见比封君。"刘禹锡《酬元九院长自江陵见寄》："无事寻花至仙境，等闲栽树比封君。"

【封抱】 籍贯未详。曾任盖州九陇尉，移京兆栎阳尉。为人诙谐。《全唐诗》卷八六九录其《歇后》一首。

【封事】 密封的奏章。古时臣子上书奏事，为防泄密，遂用皂囊封缄，故称。李嘉祐《送独孤拾遗先辈先赴上都》："入京当献赋，封事更闻天。"杜甫《赠献纳使起居田舍人》："舍人退食收封事，宫女开函近御筵。"窦群《初入谏司喜家室至》："不知笔砚缘封事，犹问佣书日几行。"白居易《浔阳岁晚寄元八郎中庾三十二员外》："封事频闻奏，除书数见名。"

【封尚書】 指封敖。敖大中三年（849），出为兴元尹、山南西道节度使、检校兵部尚书。六年，以讨平蓬州、果州之乱，加检校吏部尚书。薛逢有《送封尚书节制兴元》。

【封岳】 封禅。司空图《感时上卢相》："万方休望幸，封岳始鸣銮。"

【封岱】 封禅。岱，泰山的别名。古代封禅一般在泰山举行。张九龄《奉和圣制次成皋先圣擒建德之所》："绍成即我后，封岱出天关。"

【封舍人】 指封渭。渭天祐元年（904）以中书舍人充翰林学士。黄滔有《寄同年封舍人渭》。

【封狐】 大狐。借指奸恶之人。辛常伯《军中行路难》："君不见封狐雄虺自成群，凭深负固结妖氛。"耿湋《陇西行》："封狐犹未翦，边将岂无羞。"

【封卷】 封寄书卷。曹松《赠雷乡张明府》："封卷还高客，飞书问野人。"

【封泥】 ❶谓据守雄关如以泥固封。语出《后汉书·隗嚣传》。太宗《入潼关》："弃繻怀远志，封泥负壮情。"❷封埋于泥土。李行言《秋晚度废关》："始闻清夜柝，俄见落封泥。"杜甫《课小竖锄斫舍北果林移床三首》之二："青虫悬就日，朱果落封泥。"❸谓以泥封缄。即在包扎文书简册之绳或交处加压检木，拿粘土封住，盖上印章。严维、陈元初《一字至九字诗联句》："探题只应尽墨，持赠更欲封泥。"

【封泥谷】 指函谷关。因有"以一丸泥东封函谷关"之说故名。骆宾王《北眺春陵》："既出封泥谷，还过避雨陵。"参见"封泥❶"。

【封門壯士泥】 谓壮士守关如以泥固封。语本《后汉书·隗嚣传》。罗隐《早登新安县楼》："塞路真人气，封门壮士泥。"参见"封泥❶"。

【封孟封】 见"封孟紳"。

【封孟紳】 孟绅，一作孟对，一作孟封，均误。贞元十五年（799）状元。官至太常卿。事迹略见《唐诗纪事》卷三九。

【封孟對】 见"封孟紳"。

【封茅】 古代天子分封诸侯时，以白茅包裹社坛方土赐之，后因用以泛指任命地方高级官吏。殷尧藩《李节度平虏诗》："元勋未论封茅异，捷势应知破竹然。"

【封侯】 ❶授官赐爵。杨炯《紫骝马》："匈奴今未灭，画地取封侯。"王维《送陆员外》："行当封侯归，肯访商山翁。"李贺《崇义里滞雨》："忧眠枕剑匣，客帐梦封侯。"曹松《己亥岁二首》之一:"凭君莫话封侯事,一将功成万骨枯。"❷泛指获得官职功名。寒山《诗三首三首》之一二二:"养生仍夭命,诱读讵封侯。"杜甫《锦树行》:"自古圣贤多薄命,奸雄恶少皆封侯。"严维《送薛居士和州读书》:"年少不应辞苦节,诸生若遇亦封侯。"张祜《书愤》:"三十未封侯,颠狂遍九州。"

【封侯相】　封侯之形貌。语出《后汉书·班超传》。张谓《同孙构免官后登蓟楼》:"尝矜有奇骨,必是封侯相。"顾况《从军行二首》之二:"不有封侯相,徒负幽并客。"戴休珽《古意》:"会立万里功,视君封侯相。"

【封侯骨】　封侯的骨相。语出《汉书·翟方进传》。秦韬玉《寄李处士》:"因君指似封侯骨,渐拟回头别醉乡。"

【封亮】　德州蓨(今河北景县)人。累迁司封员外郎。元和中,出为杭州刺史。事迹见《元和姓纂》卷一、《新唐书·宰相世系表一下》。李益有《溪中月下寄杨子尉封亮》。

【封彦卿】　字峙元。德州蓨(今河北景县)人。敖之子。大中元年(847)进士及第。事迹略见《旧唐书·封敖传》《唐诗纪事》卷五九。《全唐诗》卷五六六录其诗一首。

【封恨】　以文章蕴藉怨恨。褚载《送道士》:"除却洛阳才子后,更谁封恨吊怀沙。"

【封建】　封邦建国。古代帝王将爵位、土地分赐亲戚或功臣,使其建立邦国。相传黄帝为封建之始,至周制度始备。秦统一中国,废封建立郡县。汉自景帝平七国之乱后,虽行封王侯建邦国之制,但集权于中央,已非古代分封诸侯国之制。杜甫《有感五首》之四:"终依古封建,岂独听箫韶。"原注:"甫与房琯每建分封讨贼之议。"

【封泰山】　古代帝王于泰山上筑土为坛以祭天,报天之功。谓之"封泰山",为"封禅"大典的一项主要仪式。见《史记·封禅书》张守节正义引《五经通义》。张说有《唐封泰山乐章》。

【封敖】　字硕夫。德州蓨(今河北景县)人。亮之子,彦卿之父。元和十年(815)登进士第。事迹见新旧《唐书》本传。《新唐书·艺文志四》著录其《翰稿》八卷。《全唐诗》卷四七九录其诗二首。

【封員外】　指封敖。敖开成中以祠部员外郎出为池州刺史。李群玉有《池州封员外郡斋双鹤丹顶霜翎仙态浮旷罢政之日因呈此章》,又有《经费拾遗所居呈封员外》。

【封狼】　大狼。借指奸恶之人。李商隐《韩碑》:"淮西有贼五十载,封狼生貙貙生罴。"

【封書】　❶封牍上书。苏颋《奉和圣制登太行山中言志应制》:"愿以封书奏,回銮禅肃然。"皮日休《寄滑州李副使员外》:"军前草奏旄头下,城上封书箭簳中。"❷封置书籍。谓停止读书。张籍《赠贾岛》:"拄杖傍田寻野菜,封书乞米趁时炊。"❸封寄书信。白居易《山中与元九书因题书后》:"忆昔封书与君夜,金銮殿后欲明天。今夜封书在何处,庐山庵里晚灯前。"

【封納】　封还交纳。唐制,尚书左右丞有封还诏书,详定制敕之权。见《唐会要·左右丞》。罗隐《投寄韦右丞》:"举朝明典教,封纳诏书频。"

【封閉】　封包密闭,以便于贮存。皇甫曙《立春日呈宫傅侍郎》:"摩娑酒瓮重封闭,待入新年共赏花。"

【封域】　疆域。李群玉《凉公从叔春祭广利王庙》:"从此华夷封域静,潜熏玉烛奉尧年。"

【封執】　固执,执着。语本《庄子·齐物论》。白居易《禽虫十二章》序:"每章可致一哂,一哂之外,亦有以自警其衰耄封执之惑焉。"

【封匏】　封缄葫芦,用作盛器。方干《袁明府以家酝寄余余以山梅答赠非唯四韵兼亦双关》:"封匏寄酒提携远,织笼盛梅答赠迟。"

【封國】　封土立国。张祜《戊午年感事书怀二百韵谨寄献李尚书》:"昔命公称许,尝封国是燕。"

【封略】　疆界;边境。柳宗元《乐府杂曲·鼓吹铙歌·战武牢》:"惮华戎,廓封略。"

【封崇】　封拜尊崇。张籍《沈千运旧居》:"方将旌旧闾,百世可封崇。"李商隐《送从翁东川弘农尚书幕》:"封崇自何等,流落乃斯民。"罗隐《大梁见乔诩》:"战代安鳌国,封崇孝景朝。"

【封郵】　边境之驿站。邮,驿站。杨发《和李卫公漳浦驿留题》:"南尽封邮见好山,苍苍桂岭类商颜。"

【封章】　用皂囊封缄的章奏,亦称封事。张九龄《故徐州刺史赠吏部侍郎苏公挽歌词三首》之二:"清规留草议,故事在封章。"王维《送李判官赴东江》:"封章通左语,冠冕化文身。"王建《送裴相公上太原》:"再三陈乞垆烟里,前后封章玉案头。"许彬《题故李宾客庐山草堂》:"术业行当代,封章动谏垣。"

【封章綻帷帳】　封章,借指封缄章奏的皂囊;绽帷帐,缝制殿帷。典出《汉书·东方朔传》。用以喻作风简朴。杜牧《感怀诗一首》:"茅茨覆宫殿,封章绽帷帐。"

【封寄】　封缄寄递。刘禹锡《尝茶》:"生拍芳丛鹰觜芽,老郎封寄谪仙家。"牛僧孺《赠白乐天筝》:"但愁封寄去,魔物或惊禅。"陆龟蒙《谢山泉》:"决决春泉出洞霞,石坛封寄野人家。"

【封陲】　边疆。武元衡《秋日对酒》:"春耕事秋战，戎马去封陲。”又《度东径岭》：“更看飞白羽，胡马在封陲。”

【封植】 ❶同“封殖”。骆宾王《浮槎》序：“岂盛衰之理系乎时，封植之道存乎我。”李端《单推官厅前双桐咏》：“封植因高兴，孤贞契素期。”郑审《奉使巡检两京路种果树事毕入秦因咏》：“发生和气动，封植众心归。”白居易《题卢秘书夏日新栽竹二十韵》：“湘竹初封植，卢生此考槃。”❷扶植培养。语本《国语·吴语》。清昼、潘述《讲德联句》：“建立大官，封植有德。”

【封殖】 同封植，培育。封，培土；殖，生长。语出《左传·昭公二年》。杜甫《阻雨不得归瀼西甘林》：“客居暂封殖，日夜偶瑶琴。”皎然《采实心竹杖寄赠李萼侍御》：“初生在榛莽，孤秀岂封殖。”

【封貯】 密封贮存。白居易《咏家酝十韵》：“瓮揭开时香酷烈，瓶封贮后味甘辛。”

【封管】 指封授管辖之地。张籍《送郑尚书赴广州》：“海北蛮夷来舞蹈，岭南封管送图经。”

【封詞】 上陈天神的章表。卢仝《月蚀诗》：“封词付与小心风，飏排阊阖入紫宫。”

【封詔】 ❶封还诏敕。见《新唐书·百官志二》“给事中”条。亦称“封驳”。姚合《省直书事》：“孱懦难封诏，疏愚但掷觥。”❷封检诏敕。见《新唐书·百官志二》“舍人”条。诏书以紫泥封检颁发。杜牧《寄澧州张舍人笛》：“遥想紫泥封诏罢，夜深应隔禁墙闻。”胡宿《淮南发运赵邢州被诏归阙》：“天台封诏紫泥馨，马首前瞻北斗城。”

【封渭】 字希叟，德州蓨（今河北景县）人。敖之从孙。乾宁二年（895）进士及第。黄滔有《二月二日宴中贻同年封先辈渭》。

【封疏】 犹封章。寒山《诗三百三首》之一五九：“封疏请名僧，倸钱两三样。”

【封傳】 （—zhuàn）出境及乘传车过驿站的凭证。柳宗元《弘农公以硕德伟材屈于诬枉左官三岁复为大僚谨献诗五十韵以毕微志》：“关识新安地，封传临晋乡。”

【封隕】 填土。元结《闵荒诗》：“封陨下泽中，作山防逸流。”

【封墓】 为坟墓添土，以表示对死者的尊崇和礼遇。韩愈《元和圣德诗》：“赠官封墓，周匝宏溥。”

【封銀】 犹税银。封地银矿缴纳之实物赋税。见《新唐书·地理志五》。白居易《新乐府·昆明春》：“吴兴山中罢榷茗，鄱阳坑里休封银。”

【封裹】 包扎。孟浩然《闺情》：“半啼封裹了，知欲寄谁将。”卢仝《走笔谢孟谏议寄新茶》：“摘鲜焙芳旋封裹，至精至好且不奢。”李涉《寄荆娘写真》：“画图封裹寄箱箧，洞房艳艳生光辉。”

【封閬州】 封议。议曾官蓬、集、阆、明四州刺史。杜甫有《送大理封主簿赴通州主簿前阆州贤子余与主簿平章郑氏女子垂欲纳采郑氏伯父京书至女子已许他族亲事遂停》。杜甫又有《送高司直寻封阆州》。

【封緘】 包封，指书信。唐彦谦《索虾》：“封缄托双鲤，于焉来远求。”

【封畿】 指帝王都城周围地区。玄宗《春晚宴两相及礼官丽正殿学士探得风字》序：“封畿四塞，从来测景之都；城阙千门，自昔交风之地。”白居易《和刘汝州酬侍中见寄长句因书集贤坊胜事戏而问之》：“洛川汝海封畿接，履道集贤来往频。”郑嵎《津阳门诗》：“明年尚父上捷书，洗清观阙收封畿。”

【封樹】 积土为坟谓之封，植树以标其处谓之树。古代殡葬之制，士以上者，方可“封树”。尊者封高而树多，卑者封低而树少，庶人不封不树。见《周礼·春官·冢人》。韦应物《送终》：“俯仰遽终毕，封树已荒凉。”蒋涣《故太常卿赠礼部尚书李公及夫人挽歌二首》之二：“封树遵同穴，生平此共归。”曹邺《始皇陵下作》：“舜殁虽在前，今犹未封树。”

【封禪】 （—shàn）古代帝王祭天地的大典。于泰山上筑坛祭天之功，称封；于泰山南梁父山上壁场祭地，报地之德，称禅。见汉刘向《五经通义》。亦有在其他山上行封禅礼的。卢照邻《登封大酺歌四首》之一：“明君封禅日重光，天子垂衣历数长。”李峤《山》：“已开封禅所，希谒圣明君。”王昌龄《代扶风主人答》：“天子初封禅，贤良刷羽翰。”刘禹锡《九华山歌》：“轩皇封禅登云亭，大禹会计临东溟。”

【封禪文】 （禪 shàn）指司马相如言封禅事的遗书，后多用作伤悼文士的典故。李白《宣城哭蒋征君华》：“安得相如草，空余封禅文。”亦用以称美文才。参见“封禪書”。

【封禪寺】 （禪 chán）寺名。故址在今西安东郊。罗隐有《封禅寺居》。

【封禪草】 （禪 shàn）同“封禪文”。用以伤悼文士。顾况《伤大理谢少卿》：“空留封禅草，已作岱宗行。”卫象《伤李端》：“唯余封禅草，留在茂陵家。”亦用以称美文才。武元衡《安邑里中秋怀寄高员外》：“雄词封禅草，丽句阳春曲。”殷文圭《览陆龟蒙旧集》：“身后独遗封禅草，何人寻得佐鸿图。”

【封禪書】 （禪 shàn）司马相如言封禅事的遗书。见《史记·司马相如列传》。陆龟蒙《奉和袭美谢友人惠人参》：“殷勤润取相如肺，封禅书成动帝心。”后亦用以喻文才。皎然《答黎士曹黎生前适越后之楚》：“箧中封禅书，欲献无由缘。”

【封檢】 ❶古代于包扎文书、信函之绳端或交叉处加压检木，再以胶泥封住，盖上印章，故称“封检”。亦用以指封缄的文书、信函。陆龟蒙《和袭美江南道中怀茅山广文南阳博士三首次韵》之一：“自拂烟霞安笔格，独开封检试砂床。”❷封口，借指封住关口。李益《再赴渭北使府留别》：“平戎七尺剑，封检一丸泥。”

【封爵】　❶封土授爵。张巡《铁笔歌》：“景佑真君兮阳间封爵，忠烈大夫兮天上官资。”❷封授之爵位。白居易《悲哉行》：“二十袭封爵，门承勋戚资。”

【封還】　（—huán）缄封退还。指封还诏敕重拟。唐制，凡诏敕皆经门下省，事有不便，得以封还。刘得仁《寄姚谏议》：“函疏封还密，炉香侍立亲。”

【封題】　❶将物品包装，并在封口处加题签。杜甫《路逢襄阳杨少府入城戏呈杨员外绾》：“翻动神仙窟，封题鸟兽形。”戎昱《赠韦况征君》：“回看药灶封题密，强入蒲轮引步迟。”白居易《和万州杨使君四绝句·嘉庆李》：“东都绿李万州栽，君手封题我手开。”齐己《咏茶十二韵》：“封题从泽国，贡献入秦京。”❷指书札封口中之题签。元稹《酬乐天书怀见寄》：“封题乐天字，未坼已沾裳。”❸犹封缄寄奉。刘禹锡《奉和郑相公以考功十弟山姜花俯赐篇咏》：“采撷黄姜蕊，封题青琐闱。”曹唐《织女怀牵牛》：“封题锦字凝新恨，抛掷金梭织旧愁。”

【封壘】　修筑堡垒。无名氏《晚次白水古戍见枯骨之作》（外编上）：“汉家封垒徒千所，失守时更历几春？”

【封藥】　封装药灶。指隐者方士煎熬丹药时先将容器密封。司空图《杂题九首》之四：“晒书因阅画，封药偶和丹。”

【封關】　堵塞关口。独孤及《贾员外处见中书贾舍人巴陵诗集览之怀旧代书寄赠》：“系越有长缨，封关只一丸。”参见“封泥❶”。

【封疆】　❶界域之标记，疆界。见《礼记·月令》。元结《补乐歌十首·大夏》：“国有安乂兮，野有封疆。”韩愈、李正封《晚秋郾城夜会联句》：“地理画封疆，天文扫寥廓。”贾岛《送南康姚明府》：“版籍多迁客，封疆接洞田。”罗隐《武牢关》：“楚人曾此限封疆，不见清阴六里长。”亦指修治疆界。骆宾王《夏日游德州赠高四》：“封疆恢霸道，问鼎竞雄图。”❷疆域；领土，辖区。见《周礼·地官·大司徒》。孙逖《奉酬张洪州九龄江上见赠》：“受命廞封疆，逢君牧豫章。”韩翃《陪孟都督祭岳途中有赠》：“封疆七百里，禄秩二千石。”白居易《得湖州崔十八使君书喜与杭越邻郡因成长句代贺兼寄微之》：“越国封疆吞碧海，杭城楼阁入青烟。”薛能《行次灵龛驿寄西蜀尚书》：“从辞府郭常回首，欲别封疆更感恩。”李中《秋日登润州城楼》：“虚楼一望极封疆，积雨晴来野景长。”❸边境。见《左传·哀公十一年》。崔禹锡《奉和圣制送张说巡边》：“非惟按车甲，兼以正封疆。”皎然《因游支硎寺寄邢端公》：“三军成父子，杂虏避封疆。”元稹《和李校书新题乐府十二首·华原磬》：“愿君每听念封疆，不遣豺狼剿人命。”章碣《赠边将》：“行收部落归天阙，旋进封疆入帝聪。”

【封疆臣】　守国境之将帅。语本《礼记·乐记》。白居易《新乐府·华原磬》：“宫悬一听华原石，君心遂忘封疆臣。”

【封壤】　❶疆域。指所管辖之区域。苏源明《小洞庭洄源亭宴四郡太守诗》序：“既尊封壤，乃密惠好。”杜牧《昔事文皇帝三十二韵》：“溪山侵越角，封壤尽吴根。”❷培土。韦应物《西涧种柳》：“封壤自人力，生条在阳春。”

【封灌】　培土浇水。元结《演兴四首·讼木魅》：“将封灌乎善木，令橚橚以梃梃。”

七　画

尅　〔kè《广韵》苦得切，入德，溪。〕同“剋”。❶取胜。张祜《苦旱》：“那知讨邢日，不是克殷年。”❷克制。见“尅己”。❸限定。徐铉《抛球乐辞二首》之二：“借势因期克，巫山暮雨归。”❹砍断。曹唐《和周侍御买剑》：“见说夜深星斗畔，等闲期克月支头。”

【尅己】　克制自己，严格要求自己。韩愈《岳阳楼别窦司直》：“生还真可喜，克己自惩创。”

【尅情】　谓怀有觉悟。克，铭刻。卢仝《寄崔柳州》：“三百六十州，克情惟柳州。”

尃　〔fū《广韵》芳無切，平虞，敷。〕“敷”的古字。见“尃土”。

【尃土】　布治疆土。语本《书·禹贡》。贺知章《奉和圣制送张说巡边》：“诏旂分夏物，专土锡唐弓。”

射[1]　〔shè《广韵》神夜切，去禡，船；又食亦切，入昔，船。〕❶开弓放箭。王昌龄《城傍曲》：“射杀空营两腾虎，回身却月佩弓弰。”韦应物《射雉》：“野田双雉起，翻射斗回鞭。”张祜《从军行》：“黄云断塞寻鹰去，白草连天射雁归。”❷泛指用弹力、推力或压力送出。杜甫《白水县崔少府十九翁高斋三十韵》：“鸟呼藏其身，有似惧弹射。”白居易《读史五首》之四：“含沙射人影，虽病人不知。”贾岛《黄鹄下太液池》：“太液无弹射，灵禽翅不垂。”❸射箭的技能。古代六艺之一。见《礼记·射义》。韩翃《赠别上元主簿张著》：“行人看射领军堂，游女题诗光宅寺。”韦应物《答僩奴重阳二甥》：“西园休习射，南池对芳樽。”温庭筠《病中书怀呈友人》：“角胜非能者，推贤见射乎。”❹习射。见《礼记·射义》。韩愈《县斋有怀》：“初随计吏贡，屡入泽宫射。”❺乡射礼。古代春秋二时聚合其民习射于州序，教以乡饮酒的礼法。张汇《观藏冰》：“同观里射享，王道颂还兴。”❻投合；猜度。杜甫《八哀诗·故秘书少监武功苏公源明》：“射君东堂策，宗匠集精选。”岑参《敦煌太守后庭歌》：“射得半段黄金钱，此中乐事亦已偏。”李端《慈恩寺怀旧》序：“遂赋五物，俾君子射而歌之。”❼谋取。见“射利”。❽照射。王维《送秘书晁监还日本国》：“鳌身映天黑，鱼眼射波红。”韦应物《拟古诗十二首》之四：“四壁含清风，丹霞射其牖。”张籍《寒塘曲》：“舟中少年醉不起，持烛照水射游鱼。”无可《送薛秀才游河中兼投任郎中留后》：“日射云烟散，风吹草木荣。”❾奔射；放射。李白《西岳云台歌送丹丘子》：“巨灵咆哮擘两山，洪波喷箭射东海。”皇甫湜《石佛谷》：“花座五云扶，玉毫六虚射。”韦庄《寄薛先辈》：“瑶树带风侵物冷，玉山和雨射人清。”引申为灌注。李白《答王十二寒夜独酌有怀》：“世人闻此皆掉头，有如东风射马耳。”❿激；激荡。李白《望庐山瀑布水二首》之一：“空中乱潈射，左右洗青壁。”韦应物《往云门郊居途经回流作》：“崩壑方见射，回流忽已舒。”韩愈《贞女峡》：“悬流轰轰射水府，一泻百里翻云涛。”

射[2]〔yè《广韵》羊謝切，去禡，以。〕官名，仆射。见《集韵·禡韵》。秦始置，汉以后因之。唐代仆射曾居宰相正官，开元后空除仆射即不再任相职。韩愈《县斋有怀》：“大梁从相公，彭城赴仆射。”

【射人先射马】　喻做事应先抓住要害。杜甫《前出塞九首》之六：“射人先射马，擒贼先擒王。”

【射工】　传说之毒虫名。见晋张华《博物志》卷三。柳宗元《岭南江行》：“射工巧伺游人影，飓母偏惊旅客船。”

【射天】　借以指暴虐和叛乱犯上之行。见《史记·殷本纪》。杜甫《寄岳州贾司马巴州严使君五十韵》：“浪作禽填海，那将血射天。”李贺《梁台古愁》：“撞钟饮酒行射天，金虎蹙裘喷血斑。”常楚老《祖龙行》：“黑云兵气射天裂，壮士朝眠梦冤结。”

【射日弓】　喻指良弓。见《淮南子·本经训》。李贺《古邺城童子谣效王粲刺曹操》：“切玉剑，射日弓。”

【射斗牛】　亦作“射斗光”。传说埋藏在豫章丰城的“龙泉”“太阿”两支宝剑，光气非常，上彻于斗牛之间，终于被发掘出来。事见《晋书·张华传》。后因以“射斗牛”“射斗光”喻才气不凡。孟郊《百忧》：“壮士心是剑，为君射斗牛。”沈亚之《答殷尧藩赠罢泾源记室》：“孤负平生剑，空怜射斗光。”

【射斗光】　见“射斗牛”。

【射生】　射猎禽兽。见王谠《唐语林》卷五。王建《宫词一百首》之二二：“射生宫女宿红妆，把得新弓各自张。”

【射利】　谋取财利。杜甫《负薪行》：“筋力登危集市门，死生射利兼盐井。”

【射兕雲夢】　指楚王荒游事。见《战国策·楚策一》。陈子昂《感遇诗三十八首》之二八：“霓旌翠羽盖，射兕云梦林。”

【射虎】　形容勇武。见《史记·李将军列传》。卢纶《送彭开府往云中觐使君兄》：“夺旗貂帐侧，射虎雪林前。”刘商《赠头陀师》：“秋山年长头陀处，说我军前射虎归。”

【射虎亭】　在江苏丹阳市东、武进县西。三国吴孙权曾射虎于此，故称“射虎亭”。见《三国志·吴志·吴主传》。徐铉《送冯侍郎》：“斩蛟桥下溪烟碧，射虎亭边草路清。”

【射的】　山名。见北魏郦道元《水经注·浙江水》。李白《送纪秀才游越》：“仙人居射的，道士住山阴。”

【射侯】　箭靶。侯，用兽皮或布做的靶。韦应物有《始建射侯》。

【射洪】　县名，今属四川省。见《元和郡县志·梓州》。杜甫《送梓州李使君之任》：“君行射洪县，为我一潸然。”皮日休《鲁望昨以五百言见贻因成一千言亦迭和之微旨也》：“射洪陈子昂，其声亦喧阗。”

【射宫】　天子行大射礼处，亦为考试贡士之所。见《礼记·射义》。刘禹锡《游桃源一百韵》：“书府蚤怀铅，射宫曾发的。”皮日休《正乐府十篇·贱贡士》：“吾闻古圣人，射宫亲选士。”

【射飛】　放箭射飞鸟。李嶷《少年行三首》之二：“侍猎长杨下，承恩更射飞。”杜甫《壮游》：“射飞曾纵鞚，引臂落鹙鸧。”卢纶《天长久词》：“楼船泛罢归犹早，行道才人斗射飞。”

【射馬臺】　即王城。指周之东都洛邑，故址在今河南洛阳市西。见《括地志·洛州》。因以周之都喻指当时日本国都。皮日休《重送》：“云涛万里最东头，射马台深玉署秋。”原注：“即今王城也。”

【射圃】　习射之场地。戎昱《观卫尚书九日对中使射破的》：“月营开射圃，霜旆拂晴霓。”

【射殺白額虎】　晋人周处为“除三害”，曾入山射杀白额猛虎。事见《晋书·周处传》。后因用以称颂勇士。王维《老将行》：“射杀中山白额虎，肯数邺下黄须儿。”

【射海魚】　秦方士徐市等人用连弩射大鲛鱼。

李白《古风》之三："连弩射海鱼，长鲸正崔嵬。"

【射莎】 出《周书·豆卢宁传》。后因以"射莎"称类武功。李商隐《镜槛》："梯稳从攀桂，弓调任射莎。"

【射堋】 射垛。即挂箭靶的矮墙，亦指靶场。张说《玄武门侍射》序："尔其射堋新成，布侯既设，檠仗林立，帷轩雾布……唐弓在手，夏箭斯发，应弦命中，属羽连飞。"

【射堂】 古时习射之场所。孟浩然《上巳洛中寄王九迥》："斗鸡寒食下，走马射堂前。"薛业《晚秋赠张折冲》："夜霜戎马瘦，秋草射堂闲。"韩翃《寄徐州郑使君》："射堂草遍收残雨，官路人稀对夕天。"

【射魚】 以弓箭取鱼，镞上系有钓丝。李商隐有《射鱼曲》。陆龟蒙有《渔具诗·射鱼》。皮日休有《奉和鲁望渔具十五咏·射鱼》。

【射葉】 百步射柳叶，百发百中。见《史记·周本纪》。后因以"射叶"喻善射。元稹《遣行十首》之二："射叶杨才破，闻弓雁已惊。"

【射蛟】 颂扬帝王之勇武。见《汉书·武帝纪》。李白《永王东巡歌十一首》之九："祖龙浮海不成桥，汉武寻阳空射蛟。"韦应物《汉武帝杂歌三首》之三："何为临深亲射蛟，示威以夺诸侯魄。"杜甫《韦讽录事宅观曹将军画马图》："自从献宝朝河宗，无复射蛟江水中。"

【射策】 汉代考试取士方法之一。见《汉书·萧望之传》。后亦用以泛指应试。皇甫冉《送钱唐路少府赴制举》："共许郤诜工射策，恩荣请向一枝看。"李嘉祐《送李中丞杨判官》："射策名先著，论兵气自雄。"李逢吉《送令狐秀才赴举》："子有雄文藻思繁，龆年射策向金门。"卢肇《射策后作》："射策明时愧不才，敢期青律变寒灰。"

【射祼】 酌酒灌地以祭神。张说《唐享太庙乐章·肃和》："射祼郁鬯，乃焚膋芗。"

【射雉】 ❶射猎野鸡。魏晋以后多以为娱乐之戏，南朝宋齐间最为风行。陈子良《游侠篇》："东郊斗鸡罢，南皮射雉归。"王维《寓言二首》之一："斗鸡平乐馆，射雉上林园。"李商隐《戏题枢言草阁三十二韵》："扫掠走马路，整顿射雉翳。"温庭筠《鸡鸣埭曲》："南朝天子射雉时，银河耿耿星参差。"❷喻指讨妻子欢心。见《左传·昭公二十八年》。段成式《嘲飞卿七首》之六："不烦射雉先张翳，自有琴中威凤声。"又《和周繇见嘲》："缚鸡方角逐，射雉岂开颜。"刘商有《赋得射雉歌送杨协律表弟赴婚期》。

【射鉤】 春秋时齐襄公死，纠与小白争相归国为君。管仲佐纠，将兵阻小白，射中其带钩。小白佯死，得先入为君，即位为桓公。桓公不记旧仇，用管仲为大夫，使执国政，并称为仲父。事见《史记·齐太公世家》。杜牧《杜秋娘诗》："射钩后呼父，钓翁王者师。"

【射漢月】 谓入侵汉地。见《汉书·匈奴传上》。杜甫《留花门》："高秋马肥健，挟矢射汉月。"

【射熊】 ❶春秋时，晋卿赵简子梦之天帝处，见一熊扑来，帝命射之，遂射杀熊。时见一幼儿在天帝身旁，后据此选立毋恤为太子。事见《史记·赵世家》。后因用"射熊"为咏太子之典。王维《恭懿太子挽歌五首》之三："射熊今梦帝，秤象问何人。"❷喻勇武。郑嵎《津阳门诗》："射熊搏虎众莫敌，弯弧出入随佽飞。"

【射熊館】 汉长杨宫内之别馆，为帝王游猎之所。见《汉书·地理志上》。胡曾有《咏史诗·射熊馆》。

【射影】 传说江南山溪中有射工虫，口中有弩形，以气射人影，随所著发疮，不治则杀人。见晋张华《博物志》。白居易《送客南迁》："水虫能射影，山鬼解藏形。"

【射魯縞】 用箭射薄绢，喻事之易举。鲁缟，鲁国制白细绢，极薄。韩愈《荐士》："青冥送吹嘘，强箭射鲁缟。"

【射鴨】 古时的一种游戏。王建《宫中三台词二首》之一："鱼藻池边射鸭，芙蓉园里看花。"又《御猎》："新教内人唯射鸭，长随天子苑东游。"孟郊《送淡公》之五："射鸭复射鸭，鸭惊菰蒲头。"

【射雕】 亦作"射鵰"。❶古代的一种田猎活动。王维《观猎》："回看射雕处，千里暮云平。"司马扎《猎客》："五陵射雕客，走马占春光。"韦庄《过内黄县》："僻县不容投刺客，野陂时遇射雕郎。"❷指边塞武事。杜甫《寄董卿嘉荣十韵》："落日思轻骑，高天忆射雕。"李端《边头作》："射雕过海岸，传箭怯边州。"孟郊《送卢汀侍御归天德幕》："匹马黄河岸，射雕清霜天。"杨巨源《和侯大夫秋原山观征人回》："立马望云秋塞静，射雕临水晚天晴。"❸指善射。高适《睢阳酬别畅大判官》："降胡满蓟门，一一能射雕。"曹唐《奉送严大夫再领容府二首》之一："剑澄黑水曾芟虎，箭劈黄云惯射雕。"❹喻指北方部族的军事活动，以其善射故称。张仲素《塞下曲五首》之一："匈奴似若知名姓，休傍阴山更射雕。"吴融《金桥感事》："饮马早闻临渭北，射雕今欲过山东。"

【射雕者】 亦作"射鵰人""射鵰兒"。指古代匈奴、突厥等部族之射手。见《史记·李将军列传》。李益《城傍少年》："偶与匈奴逢，曾擒射雕者。"孟郊《羽林行》："胡中射雕者，此日犹不能。"张祜《塞上曲》："连收榻索马，引满射雕儿。"杜牧《游边》："日暮拂云堆下过，马前逢著射雕人。"

【射雕兒】　见“射雕者”。

【射聲】　汉代武官，射声校尉的简称。见《汉书·百官公卿表上》。后因以称美射技精良。韩翃《送康洗马归滑州》：“腰佩雕弓汉射声，东归衔命见双旌。”令狐楚《年少行四首》之二：“等闲飞鞚秋原上，独向寒云试射声。”

【射覆】　古代一种猜物游戏。见《汉书·东方朔传》。李商隐《无题二首》之一：“隔座送钩春酒暖，分曹射覆蜡灯红。”

八　画

專〔zhuān《广韵》職缘切，平仙，章。〕❶专一。见《易·系辞上》。杜甫《秋日夔府咏怀奉寄郑监李宾客一百韵》：“行路难何有，招寻兴已专。”耿湋《题李孝廉书房》：“野情专易外，一室向青山。”吴融《离霅溪感事献郑员外》：“一饭意专堪便死，千金诺在转难酬。”❷单纯；纯正。吕岩《七言》之六：“气中生气肌肤换，精里含精性命专。”齐己《喻吟》：“日用是何专，吟疲即坐禅。”徐铉《奉和宫傅相公怀旧见寄四十韵》：“袁安辞气忠仍恳，吴汉精诚直且专。”❸一心一意。王建《留别田尚书》：“朝天路在骊山下，专望红旗拜旧尘。”王贞白《妾薄命》：“妾专修妇德，媒氏却相轻。”窦昉《嘲许子儒》：“不能专习礼，虚心强觅阶。”❹专擅；自行决定。高适《信安王幕府诗》：“北伐声逾迈，东征务以专。”李华《杂诗六首》之四：“臣道不敢专，由此见亏盈。”权德舆《读穀梁传二首》之一：“奈何赵志父，专举晋阳兵。”陆龟蒙《奉酬袭美先辈吴中苦雨一百韵》：“可口是妖讹，恣情专赏罚。”❺主持；掌管；主宰。徐坚《奉和圣制送张说巡边》：“寄崇专斧钺，礼备设坛场。”卢纶《送张郎中还蜀歌》：“秦家御史汉家郎，亲专两印征殊方。”韩愈《谒衡岳庙遂宿岳寺题门楼》：“火维地荒足妖怪，天假神柄专其雄。”引申为从事。姚合《新居秋夕寄李廓》：“罢吏童仆去，洒扫或自专。”❻独占；独享。李颀《郑樱桃歌》：“樱桃美颜香且泽，娥娥侍寝专宫掖。”王翰《飞燕篇》：“紫房彩女不得见，专荣固宠昭阳殿。”李白《平虏将军妻》：“君心自有悦，妾宠岂能专。”刘禹锡《韩十八侍御见示岳阳楼别窦司直诗成六十二韵》：“独专朝宗路，驶悍不可止。”温庭筠《过华清宫二十二韵》：“贵妃专宠幸，天子富春秋。”❼专政；专门。白居易《江楼夜吟元九律诗成三十韵》：“道屈才方振，身闲业始专。”陆龟蒙《奉和袭美二游诗·徐诗》：“日既不暇给，坟索何由专。”李中《赠海上书记张济员外》：“阮瑀不能专笔砚，嵇康唯要乐琴尊。”❽满。见“專車”。❾惟；只是。杜甫《遣闷奉呈严公二十韵》：“平地专欹倒，分曹失异同。”李贺《嘲少年》：“莫道韶华镇长在，发白面皱专相待。”花蕊夫人徐氏《宫词》之九九：“为赌金钱争路数，专忧女伴怪来迟。”❿姓。见“專渚”。

【專心】　一心一意，用心专一。张敬忠《戏咏》：“有意嫌兵部，专心望考功。”韩愈《南山诗》：“专心忆平道，脱险逾避臭。”白居易《同微之赠别郭虚舟炼师五十韵》：“专心在铅汞，余力工琴棋。”拾得《诗》之十四：“专心求出离，辄莫染贪淫。”亦指坚贞不二之心意。慧偘《听独杵捣衣》：“令君闻独杵，知妾有专心。”

【專刑】　专擅刑罚。高适《奉酬北海李太守丈人夏日平阴亭》：“谏官莫敢议，酷吏方专刑。”

【專地】　擅自处置领地。见《公羊传·桓公元年》。后用以指割据。杜牧《东兵长句十韵》：“狂童何者欲专地，圣主无私岂玩兵。”

【專車】　占满一车。见《国语·鲁语下》。李德裕《思平泉树石杂咏一十首·海鱼骨》：“无由见成岳，聊喜识专车。”胡曾《咏史诗·涂山》：“防风谩有专车骨，何事兹辰最后来。”李瀚《蒙求》：“管宁割席，和峤专车。”

【專利】　专谋私利，专享厚利。韦应物《酒肆行》：“主人无厌且专利，百斛须臾一壶费。”苏拯《蜘蛛谕》：“蚕丝何专利，尔丝何专孽。”亦指垄断某种物资以谋取厚利。刘商《金井歌》：“山泽藏金与万人，宣言郡邑无专利。”

【專命】　不待请命而行事。元稹《乐府古题·夫远征》：“括虽专命起尚轻，何况牵肘之人牵不已。”

【專征】　指将帅受命有自主征伐之权。陈子昂《送著作佐郎崔融等从梁王东征》：“金天方肃杀，白露始专征。”李白《中丞宋公脱余之囚参谋幕府因赠之》：“独坐清天下，专征出海隅。”元结《忝官引》：“屡授不次官，曾与专征印。”马戴《赠淮南将》：“自怜心有作，独立望专征。”

【專夜】　专由一人侍寝，指妃妾独占宠爱。白居易《长恨歌》：“承欢侍宴无闲暇，春从春游夜专夜。”又《昭君怨》：“只得当年备宫掖，何曾专夜奉帏屏。”

【專房】　义同“專夜”。皇甫冉《同李苏州伤美人》：“专房犹见宠，倾国众皆闻。”曹邺《四怨三愁五情诗十二首·二情》：“专房莫相妒，各自有颜色。”李建勋《殴妓》：“自为专房甚，匆匆有所伤。”

【專門】　自成一家。张九龄《眉州康司马挽歌词》：“家受专门学，人称入室贤。”

【專城】　指州牧、太守等地方长官。见《文选·潘岳〈马汧督诔〉》序。裴耀卿《敬酬张九龄当涂界留赠之作》：“饰簪陪早岁，接壤厕专城。”刘长卿《送崔使君赴寿州》：“列郡专城分国忧，彤幨皂盖古诸侯。”权德舆《奉和张仆射朝天行》：“专城一鼓妖氛静，拥旃十年天泽深。”李群玉《留别马使君》：“蜀国才微甘放荡，专城年少岂蹉跎。”

【專城伯】 州郡长官的别称。苏颋《饯唐州高使君赴任》：“勿言行路远，所贵专城伯。”

【專城居】 指州郡长官。见古乐府《罗敷行》。王维《送崔五太守》：“使君年纪三十余，少年白皙专城居。”杜甫《草堂》：“布衣数十人，亦拥专城居。”刘禹锡《送湘阳熊判官寄呈裴中丞二十三兄》：“复持州民刺，归谒专城居。”白居易《马上作》：“何言左迁去，尚获专城居。”

【專席】 独坐一席。见《汉官仪》。后多以称御史中丞或侍御史。皇甫曾《送李中丞归本道》：“上将还专席，双旌复出秦。”窦群《贞元末东院尝接事今西川武相公因寄四韵》：“弹冠驾迹近，专席感恩偏。”武元衡《同幕中诸公送李侍御归朝》：“昔年专席奉清朝，今日持书即旧僚。”元稹《贻蜀五首·李中丞表臣》：“倅戎何事劳专席，老掾甘心逐众人。”亦用以指才力超群。窦常《哭张仓曹南史》：“丽藻尝专席，闲情欲烂柯。”

【專殺】 擅自诛杀。见《汉书·刑法志》。元稹《春六十韵》：“专杀擒杨若，殊恩赦邓通。”

【專能】 专门技能。王梵志《诗》之六三：“双陆智人戏，园碁出专能。”

【專專】 专一。见《楚辞·九辩》。后用以形容精神专注。陆龟蒙《村夜二篇》之二：“专专望穜稑，搰搰条桑柘。”

【專國】 把持国政。李德裕《汨罗》：“都缘靳尚图专国，岂是怀王厌直臣。”秦韬玉《读五侯传》：“专国只夸兄弟贵，举家谁念子孙危。”

【專問】 专就某事而问。来鹄《圣政纪颂》：“暨乎后相图身，天子专问。”

【專場】 专擅胜场，谓在竞赛场中无所匹敌。韩愈《赠崔立之评事》：“子时专场夸觜距，余始张军严韅靷。”白居易《代书诗一百韵寄微之》：“中第争无敌，专场战不疲。”李商隐《赋得鸡》：“稻粱犹足活诸雏，妒敌专场好自娱。”陆龟蒙《读襄阳耆旧传因作诗五百言寄皮袭美》：“专场射策时，缚虎当羿彀。”

【專達】 自行上达。见《周礼·天官·小宰》。杜甫《鹿头山》：“仗钺非老臣，宣风岂专达。”

【專愛】 独受宠爱。卢纶《酬李端长安寓居偶咏见寄》：“众欢徒满目，专爱久离心。”

【專經】 专门钻研经学。温庭筠《送洛南李主簿》：“禄优仍侍膳，官散得专经。”

【專幕】 主持幕府。卢纶《送鲍中丞赴太原》：“专幕临都护，分曹制督邮。”

【專諸】 春秋时刺客。吴国堂邑（今江苏南京市六合区）人。伍子胥知公子光欲杀吴王僚以自立，乃荐专诸于光。光具酒请王僚，使专诸置匕首鱼腹中，乘进献时以之刺僚。僚立死，左右亦杀专诸。后因以“专诸”借指豪侠之士。李白《醉后赠从甥高镇》：“且将换酒与君醉，醉归托宿吴专诸。”

【專精】 专心致志。韩愈《学诸进士作精卫衔石填海》：“人皆讥造次，我独赏专精。”姚合《寄陕府内兄郭冏端公》：“相府执文柄，念其心专精。”

【專權】 独揽大权。刘长卿《瓜洲驿奉饯张侍御时侍御先在淮南幕府》：“异议那容直，专权本畏弹。”

尉[1] 〔wèi《广韵》於胃切，去未，影。又紆物切，入物，影。〕❶古官名。秦代曾以国尉为武官之长；郡置尉，辅佐郡守，掌军事。秦以后，朝廷设太尉，主管兵事；设尉，各郡有郡尉，各县有县尉，又有卫尉、校尉，皆简称尉。(1)指郡尉。许浑《登尉佗楼》：“南来作尉任嚣力，北向称臣陆贾功。”(2)军职，仅次于将官。李贺《荣华乐》：“三皇皇后七贵人，五十校尉二将军。”(3)县尉。唐代诸州上县，尉二人，从九品以上；中县、下县，尉一人，从九品下。见《旧唐书·职官志三》。王湾《哭补阙亡友綦毋学士》：“屡迁君擢桂，分尉我从梅。”郎士元《盖少府新除江南尉问风俗》：“闻君作尉向江潭，吴越风烟到自谙。”韩愈《荐士》：“酸寒溧阳尉，五十几何耄。”张祜《赠李修源》：“岳阳新尉晓衙参，却是傍人意未甘。”❷担任尉职。杜甫《过郭代公故宅》：“代公尉通泉，放意何自若。”孟浩然有《送袁太祝尉豫章》。纪唐夫有《送温庭筠尉方城》。

尉[2] 〔yù《广韵》紆物切，入物，影。〕复姓。见“尉$_2$遲”。

【尉氏】 县名，今属河南省。唐武德四年，于县置洧州，贞观元年，废洧州，改属汴州。参阅《旧唐书·地理志一》《元和郡县志·汴州》。钱起有《李四劝为尉氏尉李七勉为开封尉》。

【尉史】 县尉之属官。皮日休《正乐府十篇·贪官怨》：“大者或宰邑，小者皆尉史。”

【尉吏】 县尉。主管一县的军事和治安。皮日休《吴中苦雨因书一百韵寄鲁望》：“皆希尉吏旨，尽怕里胥录。”

【尉佗】 即秦末赵佗。佗（？—前137），真定（今河北正定南）人。秦二世时为南海龙川令。事迹见《史记·南越列传》。《全唐诗》卷八六五录其诗一首。

【尉佗國】 指岭南地区。李頎《龙门送裴侍御监五岭选》：“明珠尉佗国，翠羽夜郎洲。”参见“尉佗”。

【尉班】 班，官位。唐代县尉通常为进士出身初任之官。韦应物《示从子河南尉班》序：“永泰中，余任洛阳丞，以扑抶军骑。时从子河南尉班，亦以刚直为政，俱见讼于居守。”

【尉₂遲】 ❶指尉迟敬德。唐大将。见两《唐书》本传。令狐峤《咏有年官健》：“六十休论少壮时，尉迟功业拟奚为？”❷指北周宣帝皇后尉迟氏，名繁炽。蜀公迥之孙女，有美色。见《北史·后妃下》。周昙《咏史诗·六朝门·宣帝》：“乘危自有妻公在，安许鸾凰是尉迟。”

【尉₂遲少尹】 （少 shào）指尉迟汾。汾大和三年（829）在卫尉少卿迁河南少尹。白居易有《答尉迟少尹问所须》。

【尉₂遲少卿】 （少 shào）指尉迟汾。汾大和二年（828）在卫尉少卿任，三年迁河南少尹。姚合有《寄题尉迟少卿郊居》。

【尉₂遲少監】 （少 shào）指尉迟汾。汾大和二年（828）在卫尉少卿任，三年迁河南少尹，少监与少卿同。白居易有《答尉迟少监水阁重宴》。

【尉₂遲司業】 指尉迟汾。汾宝历元年（825）在国子司业任。白居易有《城东闲行因题尉迟司业水阁》。

【尉₂遲匡】 幽并（今河北、山西一带）人。事迹略见《唐诗纪事》卷二三。《全唐诗》卷七九五录其佚句三联。

【尉₂遲汾】 贞元十八年（802）由韩愈荐，进士及第。《全唐诗》卷八八七录其诗一首。

【尉₂遲郎中】 （中 zhōng）指尉迟汾。汾约在长庆间任郎中。刘禹锡有《尉迟郎中见示自南迁牵复却至洛城东旧居之作因以和之》。

【尉₂遲將軍】 （將 jiāng）❶指北周尉迟迥。迥北魏末累迁尚书左仆射，兼领军将军。高适有《题尉迟将军新庙》。❷指尉迟敬德。敬德贞观元年（627）拜大将军。刘威有《尉迟将军》。

【尉₂遲博士】 指尉迟汾。汾元和七年至十二年（812—817），在太常博士任。杨巨源有《同太常尉迟博士阙下待漏》。

九　画

尊 （zūn《广韵》祖昆切，平魂，精。）❶古盛酒器。用作祭祀或宴享的礼器。常见为圆形及方形，多以青铜浇铸。《郊庙歌辞·祀九宫贵神乐章·雍和》：“俎豆有践，黄流在尊。”❷置酒。用于祭奠。见《仪礼·士冠礼》。李纾《唐德明兴圣庙乐章·德明酌献》：“器尊牺象，礼属宗公。”❸一般盛酒器。李峤《送骆奉礼从军》：“琴尊留别赏，风景惜离晨。”孟浩然《春中喜王九相寻》：“酒伴来相命，开尊共解醒。”耿湋《九日》：“更望尊中菊花酒，殷勤能得几回沽。”李群玉《哭郴州王使君》：“东山妓逐飞花散，北海尊随逝水空。”❹敬重；推崇。孟浩然《韩大使东斋会岳上人诸学士》：“抗礼尊缝掖，临流揖渡杯。”高适《同熊少府题卢主簿茅斋》：“乃继幽人静，能令学者尊。”李商隐《赠送前刘五经映三十四韵》：“燕地尊邹衍，西河重卜商。”❺尊奉；拥戴。韦元旦《早朝》：“震维芳月季，宸极众星尊。”韦应物《送陆侍御还越》：“敬恭尊郡守，笺简具州民。”滕珦《释奠日国学观礼闻雅颂》：“圣上尊儒学，春秋奠茂勋。”温庭筠《病中书怀呈友人》：“威容尊大树，刑法避秋荼。”❻尊重；重视。苏源明《小洞庭洄源亭宴四郡太守诗》序：“既尊封壤，乃密惠好。”刘长卿《送郑说之歙州谒薛侍郎》：“汉家尊太守，鲁国重诸生。”孟郊《立德新居》之九：“德疏未为高，礼至方觉尊。”❼尊贵；高贵。张九龄《奉和圣制赐诸州刺史以题座右》：“每劳苍生念，不以黄屋尊。”王维《送封太守》：“百城多候吏，露冕一何尊。”刘昚虚《赠乔琳》：“如今七贵方自尊，羡君不过七贵门。”贯休《古意九首》之二：“我本是蓑笠，幼知天子尊。”❽高，高出。李华《咏史十一首》之九：“蜀主相诸葛，功高名亦尊。”杜甫《木皮岭》：“始知五岳外，别有他山尊。”刘禹锡《梁国祠》：“梁国三郎威德尊，女巫箫鼓走乡村。”❾高位；地位高。玄宗《春晚宴两相及礼官丽正殿学士探得风字》序：“故得承奉宗庙，垂拱岩廊，居海内之尊，处域中之大。”严维《送薛尚书入蜀》：“列郡诸侯长，登朝八座尊。”许棠《讲德陈情上淮南李仆射八首》之二：“多朝轩冕冠乾坤，四海皆推圣最尊。”罗隐《代文宣王答》：“三教之中儒最尊，止戈为武武尊文。”❿称辈分高或年龄大的人。王梵志《诗》之四一（外编上）：“长幼同欢敬，称尊莫不尊；且能行礼乐，乡里自称人。”⓫对帝王的敬称。王维《同卢拾遗过韦给事东山别业二十韵会无车马不果斯诺》：“侧闻景龙际，亲降南面尊。”⓬称呼父亲。韩愈《送进士刘师服东归》：“携持令名归，自足贻家尊。”⓭量词。称盛酒器。钱起《寇中送张司马归洛》：“今朝一尊酒，莫惜醉离筵。”曲信陵《吴门送客》：“千里会应到，一尊谁共持。”白居易《宿紫阁山北村》：“村老见余喜，为余开一尊。”牛殳《琵琶行》：“若何为我再三弹，送却花前一尊酒。”

【尊人】 ❶尊敬他人。范质《诫儿侄八百字》：“自卑而尊人，先彼而后己。”❷对父兄的敬称。王梵志《诗》之九：“尊人共客语，侧立在傍听。”

【尊天】 尊崇天命。钱镠《西园产芝》：“五纪尊天立霸基，八方邻国尽相知。”

【尊中物】 （中 zhōng）犹杯中物，指酒。韦应物的《郊居言志》：“但要尊中物，余事岂相关。”卢仝《解闷》：“但有尊中物，从他万事休。”张祜《喜王子载话旧》:"且尽尊中物,无烦更后期。"

【尊中弩】 (中 zhōng)酒杯中的弓影。见汉应劭《风俗通·怪神·世间多有见怪》。后以"尊中弩"谓因疑虑引起恐惧或致病。杜甫《风疾舟中伏枕书怀三十六韵》:"疑惑尊中弩,淹留冠上簪。"

【尊年】 高龄。吕岩《忆江南》词:"百岁梦中看即过,劝君修炼保尊年。"

【尊先】 敬奉祖先。杜审言《和李大夫嗣真奉使存抚河东》:"明堂唯御极,清庙乃尊先。"

【尊名】 推崇其名声。刘禹锡《河南观察使故相国袁公挽歌三首》之二:"表墓双碑立,尊名一字褒。"

【尊杓】 酒杯和杓子。泛指饮酒用具。白居易《观稼》:"田翁逢我喜,默起具尊杓。"

【尊卑】 位次之高低;贵贱。杜甫《太子张舍人遗织成褥段》:"服饰定尊卑,大哉万古程。"息夫牧《冬夜宴萧十丈因饯殷郭二子西上》序:"夜处狭室,列座有位,尊卑俨如。"陆龟蒙《江湖散人歌》:"当时只效乌鹊辈,岂是有意陈尊卑。"

【尊官】 高官。张祜《投苏州卢中丞》:"犹将俭德同朝客,不著尊官傲世儒。"

【尊重】 尊贵;显要。杜甫《戏题寄上汉中王三首》之三:"鲁卫弥尊重,徐陈略丧亡。"刘禹锡《和仆射牛相公寓言二首》之一:"具瞻尊重诚无敌,犹忆洛阳千树花。"

【尊信】 尊奉相信。无名氏《又歌》(卷八七四):"天子正尊信,左公能杀之。"

【尊俎】 ❶古代盛酒肉的器具。尊,盛酒器;俎,置肉之几。玄宗《集贤书院成送张说上集贤学士赐宴得珍字》:"献酬尊俎列,宾主位班陈。"常用为宴席的代称。钱起《过沈氏山居》:"泉声冷尊俎,荷气香童仆。"卢纶《奉陪侍中登白楼》:"今日陪尊俎,唯当醉似泥。"马戴《送皇甫协律淮南从事》:"谁与同尊俎,鸡鸾集虎营。"徐铉《寄抚州钟郎中》:"封疆正多事,尊俎若为欢。"❷喻在宴席上谋划计议。见《晏子春秋·杂上十六》。高适《古乐府飞龙曲留上陈左相》:"尊俎资高论,岩廊挹大猷。"刘禹锡《送工部萧郎中刑部李郎中充京西京北覆粮使》:"尊俎成全策,京坻阅见粮。"李商隐《灵仙阁晚眺寄郓州韦评事》:"共誓林泉志,胡为尊俎间。"

【尊前】 ❶在酒杯前。指酒筵。杜甫《春日戏题恼郝使君兄》:"舞处重看花满面,尊前还有锦缠头。"贾至《对酒曲二首》之二:"寄语尊前客,生涯任转蓬。"卢纶《无题》:"耻将名利托交亲,只向尊前乐此身。"赵嘏《山阳韦中丞罢郡因献》:"今日尊前无限思,万重云月隔烟波。"❷敬称。尊长之前。李昇《咏灯》:"主人若也勤挑拨,敢向尊前不尽心。"

【尊客】 尊贵的宾客。见《礼记·曲礼上》。杜甫《同李太守登历下古城员外新亭》:"主称寿尊客,筵秩宴北林。"

【尊祖】 敬重推崇祖先。张九龄《奉和圣制次成皋先圣擒建德之所》:"尊祖颂先烈,赓歌安用攀。"又《奉和圣制谒玄元皇帝庙斋》:"吾君乃尊祖,夙驾此留连。"

【尊師】 道士之敬称。王昌龄《武陵开元观黄炼师院三首》之一:"松间白发黄尊师,童子烧香禹步时。"刘得仁《赠王尊师》:"为道常日损,尊师修此心。"齐己《经吴平观》:"老鹤心何待,尊师鬓已干。"

【尊酒】 犹杯酒。王维《辋川集·临湖亭》:"当轩对尊酒,四面芙蓉开。"张继《春夜皇甫冉宅欢宴》:"兴因尊酒洽,愁为故人轻。"牟融《送范启东还京》:"客里故人尊酒别,天涯游子弊裘寒。"温庭筠《送人东游》:"何当重相见,尊酒慰离颜。"

【尊崇】 尊敬推崇。司空曙《杜鹃行》:"毛衣惨黑自憔悴,众鸟安肯相尊崇。"

【尊宿】 (—sù)指年老有名望的高僧。贾岛《送灵应上人》:"遍参尊宿游方久,名岳奇峰问此公。"

【尊勝陀羅咒】 佛教语。即尊胜陀罗尼。乃尊胜佛顶之陀罗尼。见《大藏经·尊胜陀罗尼经》。徐夤《赠月君》:"神传尊胜陀罗咒,佛授金刚般若经。"

【尊貴】 高贵。孙元晏《咏史诗·齐·明帝裹蒸》:"至尊尊贵异人间,御膳天厨岂等闲。"

【尊號】 (—hào)尊崇帝、后或其先王之称号。薛逢有《宣政殿前陪位观册顺宗宪宗皇帝尊号》。

【尊隗】 喻礼贤荐士。见《战国策·燕策一》。李商隐《今月二日不自量度辄以诗一首四十韵干渎尊严辄复五言四十韵诗献上》:"故事曾尊隗,前修有荐雄。"

【尊經】 对佛经的敬称。宋之问《游云门寺》:"维舟探静域,作礼事尊经。"

【尊榮】 尊贵荣耀。吴筠《高士咏·太伯延陵》:"尊荣比蝉翼,道义侔崇山。"令狐楚《游晋祠上李逢吉相公》:"少壮同游宁有数,尊荣再会便无缘。"白居易《偶吟自慰兼呈梦得》:"尊荣富寿难兼得,闲坐思量最要身。"

【尊賢】 敬重贤者。见《孟子·万章下》。陆坚《奉和圣制送张说上集贤学士赐宴》:"尊贤泽既厚,式宴宠逾深。"

【尊儒】 尊崇儒家。裴漼《奉和圣制送张说上集贤学士赐宴》:"问道图书盛,尊儒礼教兴。"清昼、潘述《讲古文联句》:"汉承秦弊,尊儒尚学。"

【尊親】 ❶尊奉而亲附。杜甫《过郭代公故宅》:"俄顷辨尊亲,指挥存顾托。"❷敬称他人父母。杜甫

《重赠郑炼》："郑子将行罢使臣，囊无一物献尊亲。"

【尊颜】 对长者仪容之敬称。高鹤林有《因使日本愿谒鉴真和尚既灭度不觐尊颜嗟而述怀》。

【尊篝】 犹觥筹，酒筹。霍总《九华楼》："巉然倚圭璧，爽气凌尊篝。"

【尊罍】 盛酒器。白居易《秦中吟十首·轻肥》："尊罍溢九酝，水陆罗八珍。"陆龟蒙《奉和袭美酒中十咏·酒星》："降为嵇阮徒，动与尊罍并。"徐铉《送龚员外赴江州幕》："自有声名驰羽檄，不妨谈笑奉尊罍。"亦用为饮酒的代称。韩溉《判僧云晏五人聚赌喧诤语》："白日既能赌博，通宵必醉尊罍。"

尋 (xún《广韵》徐林切，平侵，邪。)❶古代长度单位，一般为八尺。见《诗·鲁颂·閟宫》。史俊《题巴州光福寺楠木》："结根幽壑不知岁，耸干摩天凡几寻。"李白《题宛溪馆》："何谢新安水，千寻见底清。"柳宗元《行路难三首》之二："万围千寻妨道路，东西蹶倒山火焚。"徐夤《和尚书咏泉山瀑布十二韵》："千寻练写长年在，六出花开夏日消。"❷长。《方言》第一："寻，长也……凡长物谓之寻。"孙棨《题刘泰娘舍》："寻常凡木最轻樗，今日寻樗桂不如。"❸探求，寻找。玄宗《过大哥宅探得歌字韵》："复寻为善乐，方验保山河。"司空曙《送张炼师还峨嵋山》："春山一入寻无路，鸟响烟深水满溪。"顾非熊《经河中》："我来寻古迹，唯见舜祠风。"于武陵《寄友人》："此去红尘路，难寻君马踪。"❹思考；思索。太宗《帝京篇十首》之十："披卷览前踪，抚躬寻既往。"韩愈《归彭城》："一读已自怪，再寻良自疑。"元稹《遣悲怀三首》之三："邓攸无子寻知命，潘岳悼亡犹费词。"白居易《和友人洛中春感》："若学多情寻往事，人间何处不伤神。"❺探究；研究。骆宾王《夏日游目聊作》："暂屏嚣尘累，言寻物外情。"韦应物《答冯鲁秀才》："簿书劳应对，篇翰旷不寻。"罗隐《咏史》："蠹简遗编试一寻，寂寥前事似如今。"冯道之《山中作》："颇寻黄卷理，庶就丹砂益。"❻探访；访问。王绩《策杖寻隐士》："策杖寻隐士，行行路渐赊。"顾况《江村乱后》："江村日暮寻遗老，江水东流横浩浩。"周贺《暮冬长安旅舍》："遍寻新住客，少见故乡人。"孟贯《过王逸人园林》："自言人少到，犹喜我来寻。"❼同"巡"。引申为游历；游赏。孟浩然《自洛之越》："山水寻吴越，风尘厌洛京。"刘长卿《送郭六侍从之武陵郡》："常爱武陵郡，羡君将远寻。"戴叔伦《柳花歌送客往桂阳》："夹岸纷纷送君去，鸣棹孤寻到何处。"杨巨源《春日题龙门香山寺》："欲尽出寻那可得，三千世界本无穷。"白居易《履道春居》："微雨洒园林，新晴好一寻。"❽重申。见"尋盟"。❾连续；接续。孟郊《立德新居》之五："崎岖有悬步，委曲饶荒寻。"刘禹锡《乐天寄洛下新诗兼喜微之欲到因以抒怀也》："宫徵不独运，埙篪自相寻。"❿攀缘；依附。岑参《出关经华岳寺访法华云公》："久愿寻此山，至今嗟未能。"张谓《同诸公游云公禅寺》："共许寻鸡足，谁能惜马蹄。"刘沧《赠天台隐者》："回望一巢悬木末，独寻危石坐岩中。"⓫延伸。黄滔《奉酬翁文尧员外神泉之游见寄嘉什》："松竹迥寻青障寺，姓名题向白云楼。"⓬用。见《左传·文公八年》。王绩《古意六首》之二："刀斧俄见寻，根株坐相失。"⓭副词。(1)常；经常。张籍《怀别》："岂无经过人，寻叹门巷静。"白居易《郡斋暇日忆庐山草堂兼寄二林僧社三十韵》："吾道寻知止，君恩偶未忘。"李商隐《五松驿》："只应既斩斯高后，寻被樵人用斧斤。"张贲《酬袭美先见寄倒来韵》："寻疑天意丧斯文，故选茅峰寄白云。"(2)随即；不久。王昌龄《塞下曲四首》之四："功勋多被黜，兵马亦寻分。"杜甫《大历三年春白帝城放船漂泊有诗凡四十韵》："浮名寻已已，懒计却区区。"章孝标《题杭州樟亭驿》："樟亭驿上题诗客，一半寻为山下尘。"徐铉《依韵和令公大王蔷薇诗》："玉李寻皆谢，金桃亦暗衰。"⓮介词。表示处所或方位。沿着；顺着。祖咏《泗上冯使君南楼作》："望滩沙鹭起，寻岸浴童歌。"李白《东鲁门泛舟二首》之一："轻舟泛月寻溪转，疑是山阴雪后来。"元稹《三月三十日程氏馆饯杜十四归京》："我正南冠絷，君寻北路回。"陆龟蒙《纪梦游甘露寺》："逍遥得真趋，逦迤寻常迹。"⓯同"循"。见"循環"。

【尋人】 探访友人。姚合《亲仁里居》："饮酒自缘防冷病，寻人多是为闲行。"吕岩《题昌元驿》："朝朝暮暮去寻人，及至人寻还不识。"陆龟蒙《新秋杂题六首·行》："寻人直到月坞北，觅鹤便过云峰西。"

【尋大隗】 喻皇帝出巡。见《庄子·徐无鬼》。张说《扈从幸韦嗣立山庄应制》："既得方明相，还寻大隗居。"

【尋丈】 泛指八尺到一丈之间的长度。元稹《思归乐》："浮生居大块，寻丈可寄形。"陆龟蒙《记事》："晴来露青霭，千仞缺寻丈。"

【尋山】 游赏山景。贾岛《寄武功姚主簿》："锄草留丛药，寻山上石梯。"白居易《雨中赴刘十九二林之期因以四韵寄之》："将谓独愁犹对雨，不知多兴已寻山。"姚合《郡中书事寄默然上人》："看月江楼晓，寻山石径秋。"成彦雄《村行》："骑牛不顾人，吹笛寻山去。"

【尋尺】 喻微小或微细之物。韩愈《送张道士》："大匠无弃材，寻尺各有施。"卢肇《汉堤诗》："令以鼛鼓，寻尺既度。"

【尋仙】 访求神仙。张籍《同严给事闻唐昌观玉蕊近有仙过因成绝句二首》之二："九色云中紫凤车，寻仙来到洞仙家。"无名氏《骊山感怀》："武帝寻仙驾海游，禁门高闭水空流。”邻道场人《货丹吟》：“寻仙何必三山上，但使神存九窍清。”

【尋合】　犹立即。白居易《晚岁》：“不缘衣食系，寻合返丘园。”

【尋安道】　同“尋戴”。戴逵，字安道。刘禹锡《奉和中书崔舍人八月十五日夜玩月二十韵》：“兴掩寻安道，词胜命仲宣。”

【尋玩】　探求玩味。卢崇道《新都南亭别郭大元振》：“静深人俗断，寻玩往还迷。”

【尋花】　出游赏花。杜甫《严中丞枉驾见过》：“元戎小队出郊坰，问柳寻花到野亭。”白居易《且游》：“弄水回船尾，寻花信马头。”朱庆余《同友人看花》：“寻花不问春深浅，纵是残红也入诗。”刘兼《春游》：“柳成金穗草如茵，载酒寻花共赏春。”

【尋芳】　❶游赏胜景。韦应物《陪元侍御春游》：“贳酒宣平里，寻芳下苑中。”白居易、刘禹锡《会昌春连宴即事》：“行乐真吾事，寻芳独我先。”李中《和夏侯秀才春日见寄》：“寻芳懒向桃花坞，垂钓空思杜若汀。”❷探寻香花。耿湋《寒蜂采菊蕊》：“游飏下晴空，寻芳到菊丛。”杜牧《叹花》：“自恨寻芳到已迟，往年曾见未开时。”李商隐《花下醉》：“寻芳不觉醉流霞，倚树沉眠日已斜。”

【尋直】　枉尺直寻之省称。见《孟子·滕文公下》。后因以“寻直”谓小有所屈则大有所得。柳宗元《法华寺石门精舍三十韵》：“寸进谅何营，寻直非所枉。”

【尋河】　❶寻黄河之源。崔融《从军行》：“临海旧来闻骠骑，寻河本自有中郎。”岑参《碛西头送李判官入京》：“寻河愁地尽，过碛觉天低。”杜甫《岳麓山道林二寺行》：“方丈涉海费时节，悬圃寻河知有无？”❷寻河源而至天河。沈佺期《奉和春初幸太平公主南庄应制》：“买地铺金曾作埒，寻河取石旧支机。”

【尋春】　探赏春景。陈子昂《晦日宴高氏林亭》：“寻春游上路，追宴入山家。”耿湋《寄钱起》：“草长花落树，羸病强寻春。”白居易《初到洛下闲游》：“趁伴入朝应老丑，寻春放醉尚粗豪。”李群玉《恼从兄》：“武陵洞里寻春客，已被桃花迷不归。”

【尋思】　思索；考虑。骆宾王《代女道士王灵妃赠道士李荣》：“珮中邀勒经时序，箫里寻思复几年。”王昌龄《长信秋词五首》之四：“真成薄命久寻思，梦见君王觉后疑。”张籍《逢王建有赠》：“新作句成相借问，闲求义尽共寻思。”张泌《寄人》之二：“倚柱寻思倍惆怅，一场春梦不分明。”亦用以谐音“寻丝”，语义双关。张祜《读曲歌五首》之一：“愁见蜘蛛织，寻思直到明。”曹邺《风人体》：“夜夜如织妇，寻思待成匹。”

【尋香】　探赏香花。元稹《遣春三首》之三：“柳堤遥认马，梅径误寻香。”郑谷《赵璘郎中席上赋蝴蝶》：“寻艳复寻香，似闲还似忙。”

【尋幽】　探求幽胜。孟浩然《来阇黎新亭作》：“傍险山查立，寻幽石径回。”杜甫《岳麓山道林二寺行》：“久为野客寻幽惯，细学何颙免兴孤。”李商隐《闲游》：“寻幽殊未极，得句总堪夸。”许浑《晚自东郭回留一二游侣》：“乡心迢递宦情微，吏散寻幽竟落晖。”

【尋真】　❶探究佛教之真谛。皇甫冉《同裴少府安居寺对雨》：“共结寻真会，还当退食初。”韩偓《永明禅师房》：“景色方妍媚，寻真出近郊。”❷访求修真得道之人。刘孝孙《游清都观寻沈道士》：“寻真谒紫府，披雾觌青天。”皇甫冉《和郑少尹祭中岳寺北访萧居士越上方》：“肃寺祠灵境，寻真到隐居。”杜荀鹤《访道者不遇》：“寂寂白云门，寻真不遇真。”

【尋索】　追寻思索。温庭筠《西州词》：“他日相寻索，莫作西州客。”

【尋時】　不久，顿时。元稹《答姨兄胡灵之见寄五十韵》：“岐下寻时别，京师触处行。”又《苦乐相倚曲》：“呼天抚地将自明，不悟寻时暗销骨。”

【尋師】　❶指访求神仙。王绩《赠学仙者》：“采药层城远，寻师海路赊。”❷指探访道士或僧侣。师为尊师或禅师之省称。张籍《寻徐道士》：“寻师远到晖天观，竹院森森闭药房。”方干《题龟山穆上人院》：“我爱寻师师访我，只应寻访是因缘。”李中《访澄上人》：“寻师来静境，神骨觉清凉。”

【尋討】　犹寻找。寒山《诗三百三首》之二〇〇：“明月照时常皎洁，不劳寻讨问西东。”许宣平《见李白诗又吟》：“又被人来寻讨著，移庵不免更深居。”

【尋流】　犹循流。韦应物《酬李儋》：“迈世超高躅，寻流得真源。”

【尋逐】　循迹追逐。王涯《游春词二首》之二：“经过柳陌与柳蹊，寻逐春光着处迷。”白居易《前有别杨柳枝绝句又复戏答》：“谁能更学孩童戏，寻逐春风捉柳花。”

【尋常】　❶古代长度单位。八尺为寻；一丈六尺为常。因用以喻短小。白居易《和答诗十首·和松树》：“婆娑低覆地，枝干亦寻常。”又《裴常侍以题蔷薇架十八韵见示因广为三十韵以和之》：“山榴何细碎，石竹苦寻常。”孙棨《题刘泰娘舍》：“寻常凡木最轻樗，今日寻樗桂不如。”亦指尺寸之地。张祜《题王右丞山水障二首》之二：“咫尺江湖尽，寻常鸥鸟飞。”❷普通；平常。李白《梁甫吟》：“大贤虎变愚不测，当年颇似寻常人。”刘禹锡《金陵五题·乌衣巷》：“旧时王谢堂前燕，飞入寻常百姓家。”贾岛《送汲鹏》：“文采非寻常，志愿期卓立。”翁承赞《文明殿受册封闽王》：“吟寄短篇追往事，留文功业不寻常。”❸经常；时常。杜甫《江南逢李龟年》："岐王宅里寻常见，崔九堂前几度闻。"崔峒《送王侍御佐婺州》："客路寻常经竹径，人家大底傍山岚。"姚合《咏盆池》："莫惊池里寻常满，一井清泉是上源。"黄滔《寄题崔校书郊舍》："一片寒塘水，寻常立鹭鸶。"❹通常；平时。李观《试中和节诏赐公卿尺诗》："岂止寻常用，将传度量同。"元稹《哭子十首》之三："钟声欲绝东方动，便是寻常上学时。"李频《题张司马别墅》："门外寻常行乐处，重重履迹在莓苔。"贯休《新猿》："寻常看不见，花落树多苔。"

【尋異】　探寻异样的景色。严维《经兰亭故池联句》："玩奇聊倚策，寻异稍移船。"

【尋覓】　寻找；探求。王建《山中惜花》："寻觅风来处，惊张夜落时。"元稹《遣行十首》之七："寻觅诗章在，思量岁月惊。"欧阳衮《神光寺》："从来乐幽寂，寻觅未能穷。"吕岩《窑头坯歌》："学人学人细寻觅，且须研究古金碧。"

【尋訪】　探寻访问。方干《题龟山穆上人院》："我爱寻师师访我，只应寻访是因缘。"王锴《赠禅月大师》："寻访不闻朝振锡，修行唯说夜安禅。"

【尋章摘句】　搜求、摘取文章的片段词句，指读书或写作时堆砌现成词句。见《三国志·吴志·吴主传》。李贺《南国十三首》之六："寻章摘句老雕虫，晓月当帘挂玉弓。"

【尋勝】　游览胜景。陆龟蒙《忆袭美洞庭观步奉和次韵》："探幽非遁世，寻胜肯迷邦。"韦庄《河传》词之二："玉鞭金勒寻胜，驰骤轻尘，惜良辰。"

【尋嵇】　出《世说新语·简傲》。后因以"寻嵇"喻访友。李白《酬坊州王司马与阎正字对雪见赠》："访戴昔未偶，寻嵇此相得。"

【尋陽】　即浔阳。古县名。今九江市。见《元和郡县志·江州》。李白《下寻阳城泛彭蠡寄黄判官》："浪动灌婴井，寻阳江上风。"李涉《双峰寺得舍弟书》："回头忽向寻阳使，太守如今是惠持。"齐己《将之匡岳过寻阳》："帆过寻阳晚霁开，西风北雁似相催。"

【尋盟】　重申前盟或旧约。见《左传·哀公十二年》。刘禹锡《历阳书事七十韵》："诘朝还选胜，来日又寻盟。"

【尋僧】　探访僧侣。耿沣《荐福寺送元伟》："送客攀花后，寻僧坐竹时。"郑巢《题崔中丞北斋》："放卷听泉坐，寻僧踏雪行。"项斯《题太白山隐者》："写篆扃虚白，寻僧到翠微。"崔道融《访僧不遇》："寻僧已寂寞，林下锁山房。"

【尋逸】　随即散失。丘光庭《补新宫》序："其序不冠诸篇，别为编简；从其辞寻逸，则厥义犹存。"

【尋遊】　探访游赏。王霞卿《题唐安寺阁壁》："春来引步暂寻游，愁见风光倚寺楼。"

【尋源】　❶寻黄河之源。见《史记·大宛列传》。后亦以"寻源"喻开拓边塞。虞世南《结客少年场行》："寻源博望侯，结客远相求。"骆宾王《西行别东台详正学士》："泄井怀边将，寻源重汉臣。"李嘉祐《送崔夷甫员外和蕃》："君过湟中去，寻源未是赊。"❷寻求河源而至天河。见南朝梁宗懔《荆楚岁时记》。后因以"寻源"喻往天河。陈润《赋得秋河曙耿耿》："寻源不可到，耿耿复如何。"朱放《山中谒皇甫曾》："寻源路已尽，笑入白云间。"❸探求水源。杜甫《示獠奴阿段》："郡人入夜争余沥，竖子寻源独不闻。"

【尋源使】　指西汉中郎将张骞。骞出使西域归朝后，向汉武帝禀报曾探知黄河源头所出，故称。杜甫《秦州杂诗二十首》之八："闻道寻源使，从天此路回。"

【尋夢】　在梦中寻觅。李贺《巫山高》："楚魂寻梦风飔然，晓风飞雨生苔钱。"

【尋歌】　经常歌唱。张祜《公子行》："买笑歌桃李，寻歌折柳枝。"

【尋潮】　追逐潮水。李商隐《射鱼曲》："寻潮背日伺泅鳞，贝阙夜移鲸失色。"

【尋磬】　循着磬声。周贺《送表兄东南游》："挂帆春背雁，寻磬夜逢僧。"

【尋橦】　古代杂技名。一人手持或头顶长竿，另有数人缘竿而上，进行表演。参见"董家庄汉一像石"。宋孟元老《东京梦华录》亦有记载。王建《寻橦歌》："人间百戏皆可学，寻橦不比诸余乐。"郑嵎《津阳门诗》："都卢寻橦诚龌龊，公孙剑伎方神奇。"

【尋環】　循环。元稹《梦井》："寻环意无极，坐见天将晒。"李商隐《戏赠张书记》："心知两愁绝，不断若寻环。"

【尋戴】　王子猷访寻戴安道。见《世说新语·任诞》。后因称访友为"寻戴"。杜甫《从驿次草堂复至东屯二首》之一："非寻戴安道，似向习家池。"司空曙《闲园书事招畅当》："羸病懒寻戴，田园方咏陶。"韦庄《新正日商南道中作寄李明府》："踏雪偶因寻戴客，论文还比聚星人。"

【尋聲】　❶探寻声音。顾况《春鸟词送元秀才入京》："寻声知去远，顾影念飞低。"❷循着声音。白居易《夜闻歌者》："寻声见其人，有妇颜如雪。"又《琵琶引》："寻声暗问弹者谁，琵琶声停欲语迟。"

【尋檢】　搜求查验。白居易《病中逢秋招客夜酌》："合和新药草，寻检旧方书。"

【尋醫】　寻访医生治病。白居易《秋霖中奉裴令公见招先寄六韵》："不是寻医药，非干送别离。"周贺《赠神遘上人》："夏满寻医还出寺，晴来晒疏暂开门。"

【尋續】　连续。司空曙《残莺百啭歌游慈恩各赋一物》："残莺一何怨，百啭相寻续。"

十一画

對 〔duì《广韵》都隧切，去隊，端。〕❶回答；应答。见《诗·大雅·桑柔》。戴叔伦《同兖州张秀才过王侍御参谋宅赋十韵》："岂学屈大夫，忧惭对渔叟。"白居易《不能忘情吟》序："予闻素言，亦愍默不能对。"温庭筠《病中书怀呈友人》："对虽希鼓瑟，名亦滥吹竽。"❷奏对，对策。文体之一。耿湋《奉送崔侍御和蕃》："无论善长对，博望自封侯。"韩愈《此日足可惜赠张籍》："驰辞对我策，章句何炜煌。"刘禹锡《浙西李大夫述梦四十韵并浙东元相公酬和斐然继声》："对频声价出，直久梦魂劳。"亦指面君奏事。元稹《酬乐天待漏入阁见赠》："恩垂天语近，对久漏声闲。"白居易《寄隐者》："昨日延英对，今日崖州去。"又《新乐府·蛮子朝》："移时对，不可得，大臣相看有羡色。"段成式《中禅师影堂联句》："坦率对万乘，偈答无所避。"❸答谢。卢纶《代员将军罢战后归旧里赠朔北故人》："独行过邑里，多病对农桑。"戎昱有《观卫尚书九日对中使射破的》。❹朝见帝王。王建《田侍郎归镇》："对时先奏牙间将，次第天恩与节旄。"张籍《赠赵将军》："寻常得对论边事，委曲承恩掌内兵。"翁承赞《御命归乡蒙赐锦衣》："九重宣旨下丹墀，面对天颜赐锦衣。"李绅有《忆春日太液池亭候对》。❺朝向；面向。骆宾王《艳情代郭氏答卢照邻》："此时离别那堪道，此日空床对芳沼。"杜甫《暮登四安寺钟楼寄裴十》："暮倚高楼对雪峰，僧来不语自鸣钟。"白居易《登灵应台北望》："临高始见人寰小，对远方知色界空。"刘沧《宿苍溪馆》："孤馆门开对碧岑，竹窗灯下听猿吟。"❻相对；并立。杜淹《寄赠齐公》："关门共月对，山路与云连。"李峤《刘侍读见和山邸十篇重申此赠》："对岩龙岫出，分壑雁池深。"杜甫《万丈潭》："山色一径尽，崖绝两壁对。"姚合《酬杨汝士尚书喜人移居》："树对枝相接，泉同井不疏。"❼比配。崔国辅《奉和圣制上巳祓禊应制》："逸诗何足对，窅作掩东周。"杜甫《赠特进汝阳王二十韵》："已忝归曹植，何知对李膺。"钱起《片玉篇》："世人所贵惟燕石，美玉对之成瓦砾。"韩愈《朝归》："服章岂不好，不与德相对。"引申为相配成双。李商隐《戏题枢言草阁三十二韵》："逮今两携手，对若床下鞋。"❽逢，遇见。《郊庙歌辞·祀九宫贵神乐章·豫和》："如山之福，惟圣时对。"太宗《帝京篇十首》之九："无劳上悬圃，即此对神仙。"❾对待。杜甫《雨》："针灸阻朋曹，糠粃对童孺。"白居易《初授拾遗》："谏纸忽盈箱，对之终自愧。"皮日休《七爱诗·卢征君》："坦腹对宰相，岸帻揖天子。"❿适和。于结《赋得生刍一束》："蒨练宜春景，芊绵对雨情。"李中《怀庐岳旧游寄刘钧因感鉴上人》："寄宿爱听松叶雨，论诗惟对竹窗灯。"⓫映照。赵嘏《昔昔盐二十首·垂柳覆金堤》："新年垂柳色，袅袅对空闺。"温庭筠《洞户二十二韵》："黼帐回瑶席，华灯对锦衾。"李郢《立秋后自京归家》："松斋一雨宜清簟，佛室孤灯对绛纱。"⓬共；同。杜甫《卜居》："无数蜻蜓齐上下，一双鸂鶒对沉浮。"刘眘虚《寄阎防》："纷纷对寂寞，往往落衣巾。"权德舆《酬九日》："他日头似雪，还对插茱萸。"刘禹锡《赠别约师》："春雨同栽树，秋灯对讲经。"⓭指对偶的词句。李绅《忆被牛相留醉夜出真珠辈数人》："酒征旧对惭衰质，曲换新词感上宫。"⓮如同，好像。高适《送李侍御赴安西》："行子对飞蓬，金鞭指铁骢。"白居易《问秋光》："淡交唯对水，老伴无如鹤。"李郢《张郎中宅戏赠二首》之二："闻道彩鸾三十六，一双双对碧池莲。"⓯义同"当"。(1)犹在，表示处所。太宗《望终南山》："对此恬千虑，无劳访九仙。"李白《赠范金卿二首》之二："范宰不买名，弦歌对前楹。"刘长卿《斑竹》："苍梧千载后，斑竹对湘沅。"吴商浩《长安春赠友人》："花对玉钩帘外发，歌飘尘土路边闻。"(2)犹值，表示时间。董思恭《守岁二首》之二："对此欢终宴，倾壶待曙光。"高适《宋中十首》之五："登高临旧国，怀古对穷秋。"杜甫《陪郑广文游何将军山林十首》之八："坐对秦山晚，江湖兴颇随。"刘沧《秋日山寺怀友人》："萧寺楼台对夕阴，淡烟疏磬散空林。"⓰介词，犹向。王维《杂诗》："对人传玉腕，映烛解罗襦。"孟郊《求友》："下有大波澜，对之无由见。"张籍《少年行》："独对辇前射双虎，君王手赐黄金珰。"杨衡《游陆先生故岩居》："仰窥猿挂树，俯对鹤巢石。"⓱量词。(1)相当于"双"。皮日休《重玄寺双矮桧》："应如天竺难陀寺，一对狻猊相枕眠。"(2)相当于"套"。白居易《醉中得上都亲友书咏而报之》："岁要衣三对，年支谷一囷。"

【對日】 回答日与长安孰远的问题 。见《晋书·明帝纪》。后因以"对日"喻幼年聪慧。王维《恭懿太子挽歌五首》之一："犻天王子去，对日圣君怜。"

【對手】 竞赛的对方。姚合《独居》："翻音免问他人字，覆局何劳对手棋。"张乔《送三传赴长城尉》："暇日琴书畔，何人对手棋。"

【對月】 向月。李白《将进酒》："人生得意须尽欢，莫使金樽空对月。"刘长卿《秋夜北山精舍观体如师梵》："清切兼秋远，威仪对月闲。"李贺《河南府试十二月乐词·十月》："金凤刺衣著体寒，长眉对月斗弯环。"曹邺《故人寄茶》："半夜招僧至，孤吟对月烹。"

【對出】 对立而出。太宗《咏小山》："近谷交萦蕊，遥峰对出莲。"李白《望天门山》："两岸青山相对出，孤帆一片日边来。"

【對坐】 相对而坐。王建《秋夜对雨寄石瓮寺二秀才》:"对坐读书终卷后,自披衣被扫僧房。"贾岛《张郎中过原东居》:"对坐天将暮,同来客亦闲。"

【對君眠】 指东汉严光与光武帝共卧事。见《后汉书·严光传》。后因以"对君眠"称淡薄名利。张谓《读后汉书逸人传二首》之一:"名位苟无心,对君犹可眠。"

【對局】 下棋或博戏。杜审言《守岁侍宴应制》:"弹弦奏节梅风入,对局探钩柏酒传。"权德舆《和王祭酒太社宿斋不得赴李尚书宅会戏书见寄》:"此时对局空相忆,博进何人更乐输。"

【對玩】 谓独自面对景物观赏。张九龄《题画山水障》:"对玩有佳趣,使我心渺绵。"白居易有《和汴州令狐相公新于郡内栽竹百竿拆壁开轩旦夕对玩偶题七言五韵》。

【對牀】 两床相对而卧,喻亲友相聚之欢。韦应物《示全真元常》:"宁知风雪夜,复此对床眠。"白居易《雨中招张司业宿》:"能来同宿否,听雨对床眠。"韦庄《寄江南逐客》:"记得竹斋风雨夜,对床孤枕话江南。"

【對泣類楚囚】 像楚囚一样相对而泣。见《晋书·王导传》。后因以"对泣类楚囚"喻宦游失意。李商隐《与同年李定言曲水闲话戏作》:"相携花下非秦赘,对泣春天类楚囚。"

【對治】 佛教语。谓断烦恼。元稹《寄昙嵩寂三人上》:"长学对治思苦处,偏将死苦教人间。"

【對門】 ❶天门相对。王维《田园乐七首》之五:"一瓢颜回陋巷,五柳先生对门。"罗隐《移住别友》:"常逢对门远,又隔一重城。"亦指朝向大门。杜甫《秦州杂诗二十首》之十三:"对门藤盖瓦,映竹水穿沙。"❷指大门对面的房子。王维《洛阳女儿行》:"洛阳女儿对门居,才可容颜十五余。"

【對持】 共同保持。杨巨源《和杜中丞西禅院看花》:"对持真境应无取,分付空门又未能。"

【對面】 ❶当面,面对面。杜甫《茅屋为秋风所破歌》:"南村群童欺我老无力,忍能对面为盗贼。"王建《宫词一百首》之九七:"缣罗不著索轻容,对面教人染退红。"卢仝《掩关铭》:"人毒毒在心,对面如弟兄。"罗隐《巫山高》:"人生对面犹异同,况在千岩万壑中。"❷迎面;对过。王勃《林塘怀友》:"何如山水路,对面即飞花。"薛能《行路难》:"对面如千里,回肠似七盘。"刘驾《冯叟居》:"往往白云生,对面千里隔。"杜荀鹤《观棋》:"对面不相见,用心同用兵。"

【對峙】 犹对立。刘淑柔《中秋夜泊武昌》:"两城相对峙,一水向东流。"

【對食】 ❶面对食物。杜甫《夏日叹》"对食不能餐,我心殊未谐。"❷共同进餐。韦应物《马明生遇神女歌》:"赐仙复坐对食讫,颔之使去随烟升。"韩愈《此日足可惜赠张籍》:"对食每不饱,共言无倦听。"

【對弈】 下棋。耿湋《仙山行》:"数翁皆藉草,对弈复倾尊。"

【對客】 向客。王维《过沈居士山居哭之》:"野花愁对客,泉水咽迎人。"李白《经乱离后天恩流夜郎忆旧游书怀赠江夏韦太守良宰》:"对客小垂手,罗衣舞春风。"朱庆余《重过惟贞上人院》:"扫床秋叶满,对客远云生。"韦庄《梁氏水斋》:"卷帘山对客,开户犬迎僧。"

【對起】 ❶对立跳起。韩愈《斗鸡联句》:"对起何急惊,随旋诚巧绐。"❷对立耸起。白居易《新乐府·两朱阁》:"两朱阁,南北相对起。"

【對酌】 相对饮酒。李白《山中与幽人对酌》:"两人对酌山花开,一杯一杯复一杯。"杜荀鹤《送姚庭珪》:"脱衣将换酒,对酌话何之。"

【對迴】 犹转对。轮次奏事,言时政阙失。郑谷《谷初忝谏垣今宪长薛公方在西阁知奖隆异以四韵代述荣感》:"道自琐闱言下振,恩从仙殿对回深。"原注:"谷累陪舍人转对,偶免乘仪,舍人深以知奖。"

【對值】 犹配偶。李贺《唐儿歌》:"东家娇娘求对值,浓笑画空作唐字。"

【對席】 相对设座席。张说《奉萧令嵩酒并诗》:"更蒙萧相国,对席饮醇醪。"

【對酒】 面对着酒。王绩《过酒家五首》之四:"对酒但知饮,逢人莫强牵。"李白《对酒行》:"对酒不肯饮,含情欲谁待。"羊士谔《暇日适值澄霁江亭游宴》:"弦歌方对酒,山谷尽无云。"吉皎《七老会诗》:"对酒最宜花藻发,邀欢不厌柳条初。"

【對酒行】 (行 xíng)亦作"對酒吟"。乐府诗题。题意源于曹操之乐府诗:"对酒歌,太平时。"见《乐府诗集·相和歌辞二·对酒》郭茂倩题解引《乐府解题》。崔国辅有《对酒吟》、李白有《对酒行》。

【對酒吟】 见"對酒行"。

【對酒當歌】 谓人生应及时行乐。见曹操《短歌行》。杜牧《湖南正初招李郢秀才》:"行乐及时时已晚,对酒当歌歌不成。"

【對案】 面对食器。案,食器。无足曰盘,有足曰案。陆龟蒙《水国诗》:"我到荒村无食啖,对案又非梁谢览。"

【對陣】 交锋;两军对峙。李山甫《兵后寻边三首》之三:"将军对阵谁教入,战士辞营不道归。"王贞白《拟塞外征行》:"对阵云初上,临城月始悬。"

【對曹】 犹对偶,相匹敌。曹,偶也。韦应物《弹棋歌》:"刘生绝艺难对曹,客为歌其能。"

【對眼】 入眼。杜甫《立春》:"巫峡寒江那对眼,杜陵远客不胜悲。”仇兆鰲注：“那对眼，谓那堪对眼。”

【對唱】 对着景物演唱。白居易《种柳三咏》之二：“仍教小楼上，对唱柳枝歌。”

【對問】 ❶文体名。唐代科举取士，主考官就政事、经义等设问，由应试者对答。贾岛《送雍陶及第归成都宁亲》：“议论于题称，春秋对问精。”❷应诏回答帝王的问难。沈佺期《自考功员外授给事中》：“何幸盐梅处，唯忧对问机。”

【對越】 犹对扬，答谢颂扬。见《诗·周颂·清庙》。苏颋《祭汾阴乐章》：“对越在天，圣明佐神。”

【對棊】 亦作“對棋”，下棋。白居易《池上二绝》之一：“山僧对棋坐，局上竹阴清。”

【對棋陪謝傅】 喻交往之情谊。东晋大臣谢安死后赠太傅。其侄谢玄于淮上破苻坚，有驿书至，安方对客围棋，看信毕，默然无言，仍对弈如故。事见《晋书·谢安传》《世说新语·雅量》。杜甫《别房太尉墓》：“对棋陪谢傅，把剑觅徐君。”

【對揚】 见“對敭”。

【對敧器】 谓以谦虚自戒。见《荀子·宥坐》。权德舆《郊居岁暮因书所怀》：“就学缉韦编，铭心对攲器。”

【對掌】 共同掌管。权德舆《初秋月夜中书宿直因呈杨阁老》：“对掌喜新命，分曹谐旧游。”

【對景】 面对眼前景物。刘禹锡《酬乐天衫酒见寄》：“终朝相忆终年别，对景临风无限情。”韦庄《渔塘十六韵》：“对景思任父，开图想不兴。”李煜《浪淘沙》词：“往事只堪哀，对景难排。”

【對御】 当着御座，即在皇帝面前。王建《宫词一百首》之五：“内人对御叠花笺，绣坐移来玉案边。”又一五：“对御难争第一筹，殿前不打背身球。”

【對飲】 谓两人共同饮酒。杜甫《客至》：“肯与邻翁相对饮，隔篱呼取尽余杯。”钱起《长安落第》：“花繁柳暗九门深，对饮悲歌泪满襟。”白居易《冬夜与钱员外同直禁中》：“欲卧暖残杯，灯前相对饮。”韦应物有《与村老对饮》。

【對策】 古代考试取士的一种形式。始于汉，隋唐因之。以政事、经义等设问。写于简策上，由应试者对答，观其文辞定高下。刘禹锡《送裴处士应制举诗》：“忽然结束如秋蓬，自称对策明光宫。”王贞白《少年行二首》之一：“鲁儒甘被笑，对策鬓皤然。”

【對敭】 亦作“對揚”。对答、称扬。见《书·说命下》。《郊庙歌辞·祀九宫贵神乐章·豫和》：“谁其飨之，时文对扬。”后多用以指面君奏对。杜甫《赠李八秘书别三十韵》：“对扬抚士卒，干没费仓储。”来鹄《圣政纪颂》序：“自永徽之后，宰执不正，窥伺是忌，针棘前后，阻越对扬。”郑谷《入阁》：“对扬称法吏，赞引出宫钿。”黄滔《寄越从事林嵩侍御》：“子虚词赋动君王，谁不期君入对扬。”

【對話】 相互交谈。刘长卿《题冤句宋少府厅留别》：“对话堪息机，披文欲忘味。”

【對鏡】 佛教谓与色、声等尘境相对。严维《同韩员外宿云门寺》：“万缘俱不有，对境自垂萝。”

【對語】 犹交谈。韩愈《赠崔立之》：“入门相对语，天命良不疑。”

【對敵】 ❶对敌人作战。太宗《宴中山》：“对敌六奇举，临戎八阵张。”❷对头，仇敌。元稹《厅前柏》：“我本癫狂耽酒人，何事与君为对敌。”

【對舞】 共同起舞。王维《同崔傅答贤弟》：“周郎陆弟为俦侣，对舞前溪歌白纻。”朱庆余《台州郑员外郡斋双鹤》：“向夜双栖惊玉漏，临轩对舞拂朱袍。”

【對舉】 相对举杯，同饮。薛逢《元日田家》：“相逢但祝新正寿，对举那愁暮景催。”

【對聳】 相对耸立。苏味道《嵩山石淙侍宴应制》：“重崖对耸霞文驳，瀑水交飞雨气寒。”玄宗《为赵法师别造精院过院赋诗》序：“紫房对耸，绿竹罗生。”张祜《题南陵隐静寺》：“合流厨下水，对耸殿前山。”

【對壘】 两军交战，泛指双方竞争。元稹《酬段丞与诸棋流会宿弊居见赠二十四韵》：“斫营看迴点，对垒重相持。”

【對屬】 （—shǔ）犹撰句，指作诗联句。杜甫《寄彭州高使君适虢州岑长史三十韵》：“更得清新否，遥知对属忙。”李商隐《漫成五章》之一：“当时自谓宗师妙，今日惟观对属能。”张蠙《赠丘衡推》：“诗逸不拘凡对属，易穷皆达圣玄微。”

十二画

導 〔dǎo《广韵》徒到切，去号，定。〕❶引导。王维《瓜园诗》：“鸣驺导骢马，常从夹朱轩。”权德舆《书绅诗》：“先师留中庸，可以导此生。”韩愈《南溪始泛三首》之三：“鹭起若导吾，前飞数十尺。”❷开导，教导；启发。孟浩然《还山贻湛法师》：“导以微妙法，结为清净因。”息夫牧《冬夜宴萧十丈因饯殷郭二子西上》序：“半纪间，接武鸣跃，实夫子训之导之斯至也。”白居易《新乐府·采诗官》：“采诗官，采诗听歌导人言。”❸劝导。韩愈《谒衡岳庙遂宿岳寺题门楼》：“手持杯珓导我掷，云此最吉余难同。”柳宗元《茅檐下始栽竹》：“东邻幸导我，树竹邀凉飔。”❹疏导，疏通；疏浚。李峤《熊》：“导洛宜阳右，乘春别馆前。”高适《因房侍御山园新亭与邢判官同游》：“决河导新流，疏径踪旧林。”韦应物《龙门游眺》：“凿山导伊流，中断若天辟。”李渤《南溪诗》序：“岩下有湾壤沮迦，因导为新泉。”❺发源；起源。孟浩然《送王大校书》：“导漾自嶓冢，东流为汉川。”韩愈《荐士》：“东都渐弥漫，派别百川导。”❻摄养。张衮《梁郊祀乐章·庆融》：“道和气兮袭氤氲，宣皇规兮彰圣神。”

【導水】　治水。玄宗《送忠州太守康昭远等》：“暂节期饮冰，调人方导水。”

【導引】　古医家、道家的养生术。以呼吸俯仰，屈伸手足，使血气流通，促进身体健康。见唐慧琳《一切经音义》卷一八。王建《赠太清卢道士》：“修行近日形如鹤，导引多时骨似绵。”白居易《赠杓直》：“体非导引适，意无江湖闲。”许浑《卢山人自巴蜀由湘潭归茅山因赠》：“导引岂如桃叶舞，步虚宁比竹枝歌。”李洞《圭峰溪居寄怀韦曲曹秀才》：“巴猿学导引，陇鸟解吟诗。”

【導吏】　官员出行在前开路之小吏。岑参《送颜平原》：“海风掣金戟，导吏呼鸣驺。”

【導江】　❶县名。在四川灌县东。见《元和郡县志·彭州》。无名氏《蜀选人嘲韩昭》(卷八七二)：“导江青城，侍郎情亲。”❷疏通江水。吴融《戏》：“恨极同填海，情长抵导江。”

【導師】　佛教语。引导众生入佛之人。亦指佛教说法时，担任唱经表白者。王维《谒璿上人》：“夙承大导师，焚香此瞻仰。”柳宗元《巽公院五咏·净土堂》：“稽首愧导师，超遥谢尘昏。”李德裕《赠圆明上人》：“今日导师闻佛慧，始知前路化成空。”

【導從】　(—cóng)古代帝王、贵族及官员出行时，前驱者称导，后随者称从。见《后汉书·舆服志上》。后亦泛指前导与后卫。白居易《新乐府·蛮子朝》：“蛮子导从者谁何，摩挲俗羽双隈伽。”

【導達】　犹疏通。玄宗《首夏花萼楼观群臣宴赏乐赋诗》序：“本将导达阳和，助成长育，亦朝廷多庆，军国余闲者也。”吴筠《游仙二十四首》之十九：“导达三气和，驱除六天静。”

【導騎】　前驱引路的骑士。韦应物《登蒲塘驿追怀昔年》：“青山导骑绕，春风行旆舒。”张籍《沙堤行呈裴相公》：“宫中玉漏下三刻，朱衣导骑丞相来。”白居易《早祭风伯因怀李十一舍人》：“导骑与从吏，引我出东垧。”薛能《送崔学士赴东川》：“导骑已多行剑阁，亲军全到近绵州。”

【導驛】　向导、翻译。见《玉篇·马部》。权德舆《送张曹长工部大夫奉使西番》：“吊祠将渥命，导驿畅皇风。”

小 部

小〔xiǎo《广韵》私兆切，上小，心。《洪武正韵》先了切，上篠。〕❶与“大”相对。在体积、面积、数量、力量、强度等方面不及一般的或不及比较的对象。白居易《偶作二首》之二：“事无小与大，已得多厌贱。”李商隐《即目》：“小鼎煎茶面曲池，白须道士竹间棋。”罗隐《病骢马》：“曾听禁漏惊街鼓，惯踏康庄怕小桥。”韩偓《席上有赠》：“小雁斜侵眉柳去，媚霞横接眼波来。”变指小的事物。白居易《凶宅》：“因小以明大，借家可喻邦。”见“小大”。❷细，形容条状物横剖面小，引申为精细。杜甫《洗兵马》：“成王功大心转小，郭相谋深古来少。”见“小心”。❸以之为小；轻视。王维《和仆射晋公扈从温汤》：“王礼尊儒教，天兵小战功。”李白《送长沙陈太守二首》之二：“莫小二千石，当安远俗人。”杜甫《望岳》：“会当凌绝顶，一览众山小。”窦庠《醉中赠符载》：“时人莫小池中水，浅处无妨有卧龙。”顾云《天威行》：“若论终古济物意，二将之功皆小焉。”❹短暂；暂时。见“小柱”“小泊”。❺稍，略。张说《岳州行郡竹篱》：“苟非小勤瘁，安得期逸宠?”见“小成”“小挫”。❻低微；微贱。见“小人❶、❷”“小吏”。❼特指“阴”和“阳”所象征的事物。见《易·泰》。见“小往大來”。❽年幼；年轻。李峤《早发苦竹馆》：“徒怜野心旷，讵恻浮年小。”董思恭《昭君怨二首》之一：“新年犹尚小，那堪远聘秦。”温庭筠《春日寄岳州从事李员外二首》之二：“从小识宾卿，恩深若弟兄。”❾排行最末的。见“小兒❷”“小婦❷”。❿未盛；将尽；不足。见“小至”“小暑”“小寒”“小寒食”。⓫用于谦称。见“小生”“小臣❶”。

【小人】 ❶与君子相对。受人统治、地位低的平民百姓。储光羲《苏十三瞻登玉泉寺峰入寺中见赠作》：“以兹小人腹，不胜君子馔。”岑参《巩北秋兴寄崔明允》：“君子佐休明，小人事蓬蒿。”白居易《读汉书》：“小人与君子，用置各有宜。”杜牧《赴京初入汴口先寄兵部李郎中》：“小人乏馨香，上下将何祷。”贯休《偶作五首》之四：“小人食不食，纵食如泥沙。”❷谓人格卑鄙或见识浅狭之人。杜甫《三韵三篇》之三：“烈士恶多门，小人自同调。”薛据《初去郡斋书怀》：“志士不伤物，小人皆自妍。”韩愈《永贞行》：“君不见太皇谅阴未出令，小人乘时偷国柄。”孟郊《赠别崔纯亮》：“小人智虑险，平地生太行。”白居易《杂兴三首》之三：“小人知所好，怀宝四方来。”周昙《咏史诗·春秋战国门·隐公》：“今古难堤是小人，苟希荣宠任相亲。”❸旧时男子所用谦词，用以对待尊长或平辈。陈子昂《秋日遇荆州府崔兵曹使宴》序：“长歌何托? 思传稽古之文。爰命小人，率记当时之事。人探一字，六韵成篇。”李益《溪中月下寄杨子尉封亮》：“小人谅处阴，君子树大功。”

【小人儒】 指追求名望的儒者。一说指无远大见识，只追求眼前小功利的儒者。见《论语·雍也》。孟郊《旅次湘沅有怀灵均》：“名参君子场，行为小人儒。”李咸用《和友人喜相遇十首》之六：“已向丘门老此躯，可堪空作小人儒。”

【小人咨怨】 谓普通百姓咨嗟怨叹。语出《书·君牙》。韩愈《重云李观疾赠之》：“小人但咨怨，君子惟忧伤。”

【小才】 才能少。多用作谦词。刘得仁《省试日上崔侍郎四首》之三：“戚里称儒愧小才，礼闱公道此时开。”黄滔《辞相府》：“匹马忍辞藩屏去，小才宁副庙堂求。”

【小大】 小的和大的。白居易《题海图屏风》：“鳞介无小大，遂性各沉浮。”又《题文集柜》：“前后七十卷，小大三千篇。”亦指小事和大事等。白居易《续古诗十首》之七：“勿言小大异，随分有风波。”杜牧《雪中书怀》：“凡称曰治具，小大无不施。”唐彦谦《六月十三日上陈微博士》之二：“小大各有适，自全良独难。”

【小小】 ❶幼小。王维《杂诗》：“小小能织绮，时时出浣纱。”李白《宫中行乐词八首》之一：“小小生金屋，盈盈在紫微。”杜荀鹤《顾云侍御出二子请诗因遗一绝》：“二雏毛骨秀仍奇，小小能吟大大诗。”❷小量；轻微。杜甫《槐叶冷淘》：“献芹则小小，荐藻明区区。”❸细小。张祜《题临平驿亭》：“竹林上拔高高笋，荷叶中藏小小莲。”❹人名。即苏小小。刘禹锡《白舍人自杭州寄新诗有柳色春藏苏小家之句因而戏酬兼寄浙东元相公》：“女妓还闻名小小，使君谁许唤卿卿。”段成式、郑符《游长安诸寺联句·道政坊宝应寺·小小写真联句》：“如生小小真，犹自未栖尘。”

【小小人】 小孩。张祜《赠窦家小儿》：“深绿衣裳小小人，每来听里解相亲。”

【小小細細】 很细小。刘叉《雪车》：“小小细细如尘间,轻轻缓缓成朴簌。"

【小山】 ❶汉淮南王刘安之门客。见汉王逸《楚辞·招隐士》序。张说《修书院学士奉敕宴梁王宅赋得树字》:"既荷大君恩,还蒙小山遇。"韩翃《送王府张参军附学及第东归》:"顾步曾为小山客,成名因事大江公。"顾封人《月中桂树》:"能齐大椿长,不与小山同。"❷借指隐士。骆宾王《久戍边城有怀京邑》:"弱龄小山志,宁期大丈夫。"❸山名。在淮南。张昌宗《太平公主山亭侍宴》:"淮南有小山,嬴女隐其间。"李白《白毫子歌》:"淮南小山白毫子,乃在淮南小山里。"按,前一小山为淮南王门客。❹借指隐居之处。储光羲《安宜园林献高使君》:"小山宜大隐,要自望蓬莱。"韩翃《题张逸人园林》:"更道小山宜助赏,呼儿舒簟醉岩芳。"❺小山丘。杜牧《题池州弄水亭》:"小山浸石棱,撑舟入幽处。"徐铉《又和》:"当户小山如旧识,上墙幽藓最相宜。"❻文体名。见汉王逸《楚辞·招隐士解题》。徐贤妃有《拟小山篇》。❼古代妇女的眉形之一。见明杨慎《丹铅续录·十眉图》。卢绛《梦白衣妇人歌词》:"眉黛小山攒,芭蕉生暮寒。"❽小王之讹。小王,指晋王献之。李颀《咏张諲山水》:"小山破体闲支策,落日梨花照空壁。"按,唐张彦远《历代名画记》卷十载此诗"小山"作"小王",是。

【小山桂】 出《楚辞·招隐士》。《招隐士》为淮南小山所作,后因用为故实。杨炯《游废观》:"独知小山桂,尚识大罗天。"权德舆《送梁道士谒寿州崔大夫》:"遥知小山桂,五马待邀欢。"李商隐《哭遂州萧侍郎二十四韵》:"秋吟小山桂,春醉后堂萱。"

【小山桂樹】 同"小山桂"。乔知之《羸骏篇》:"小山桂树比权奇,上林桃花况颜色。"

【小山樓】 唐诗人张祜寄宿处。在今江苏镇江市。张祜《题金陵渡》:"金陵津渡小山楼,一宿行人自可愁。"

【小山叢桂】 同"小山桂"。吴融《太湖石歌》:"小山丛桂且为伴,钟阜白云长自归。"胡宿《淮南王》:"碧井床空天影在,小山人去桂丛疏。"

【小女】 ❶年幼的女儿。杜甫《北征》:"床前两小女,补绽才过膝。"白居易《酬梦得穷秋夜坐即事见寄》:"老人秋向火,小女夜缝裳。"❷女子自谦。李绅《莺莺歌》之二:"千言万语对生意,小女初笄为姊妹。"

【小子】 ❶称宗亲中男性同辈年轻者及下辈。见《书·康诰》。后用以昵称男年同辈之年轻者或晚辈。韦应物《沣上精舍答赵氏外生伉》:"如何小子伉,亦有超世心。"❷晚辈或学生在长辈或老师面前的谦称。李白《寄上吴王三首》之一:"小子忝枝叶,亦攀丹桂丛。"息夫牧《冬夜宴萧十又因饯殷郭二子西上》序:"小子不敏,忝居门人之末,敢不敬书其事。"李群玉《自澧浦东游江表途出巴丘投员外从公虞》:"小子书代耕,束发颇自强。"丘丹《奉使过石门观瀑》序:"余六代叔祖梁中书侍郎,天监中有《过石门瀑布》,后亦为此郡。小子大历中奉使,窃有继作。虽不足克绍祖德,追踪昔贤,盖造奇怀感之志也。"❸自称谦词。寒山《诗三百三首》之一〇三:"闻兹若念兹,小子当自见。"杜甫《赠蜀僧闾丘师兄》:"小子思疏阔,岂能达词门。"韩愈《芍药歌》:"花前醉倒歌者谁,楚狂小子韩退之。"齐己《赠樊处士》:"小子声名天下知,满簪霜雪白麻衣。"❹男孩子。坎曼尔《教子》:"小子读书不用心,不知书中有黄金。"❺男仆中之年轻者。杜甫《竖子至》:"小子幽园至,轻笼熟柰香。"❻小人,无德之人。见《易·渐》。杜甫《复愁十二首》之六:"闾阎听小子,谈话觅封侯。"

【小天】 道家所称洞天的别称。参见南朝梁陶弘景《许长史旧馆坛碑》。徐彦伯《幸白鹿观应制》:"日月移平地,云霞缀小天。"项斯《小古镜》:"鸾翅巢空月,菱花遍小天。"曹唐《王远宴麻姑蔡经宅》:"大篆龙蛇随笔札,小天星斗满衣裳。"

【小比】 小小吉利。见《易·比》。高适《双六头赋送李参军》:"若行之尤,思之精,虽邂逅而小比,必指掌而大亨。"

【小手】 与"大手"相对,谓非行家高手。杜荀鹤《题汪氏茅亭》:"出尘景物不可状,小手篇章徒尔为。"

【小丹陽】 地名。秦置丹阳县,治所在今安徽当涂县小丹阳镇。因汉以后属丹阳郡,故称小丹阳。唐贞观初并入当涂县。韩翃《赠别崔司直赴江东兼简常州独孤使君》:"亦过小丹阳,应知百城贵。"

【小火】 煴火;无焰的火。元稹《痁卧闻幕中诸公征乐会饮因有戏呈三十韵》:"坏壁虚缸倚,深炉小火埋。"南唐后主李煜《病起题山舍壁》:"炉开小火深回暖,沟引新流几曲声。"

【小心】 ❶说话、做事非常慎重。寒山《诗三百三首》之一七四:"捺头遣小心,鞭背令缄口。"❷恭谨。薛逢《镊白曲》:"丞相知怜为小心,忽然奏佩专城印。"郑谷《早入谏院二首》之一:"孤立小心还自笑,梦魂潜绕御炉烟。"

【小心翼翼】 恭敬谨慎。语出《诗·大雅·大明》。贯休《大蜀皇帝寿春节进尧铭舜颂二首·尧铭》:"吾皇则之,小心翼翼。"

【小户】 指酒量小。白居易《醉后》:"犹嫌小户长先醒,不得多时住醉乡。"亦用以指酒量小之人。杜荀鹤《雪中别诗友》:"酒寒无小户,请满酌行杯。"

【小玉】 ❶春秋吴王夫差之女。白居易《霓裳羽衣歌》:"吴妖小玉飞作烟,越艳西施化为土。"❷传说中仙人侍女之名。白居易《长恨歌》:"金阙西厢叩玉扃，转教小玉报双成。”❸借指侍女。王维《奉和杨驸马六郎秋夜即事》：“少儿多送酒，小玉更焚香。”元稹《暮秋》：“栖乌满树声声绝，小玉上床铺夜衾。”和凝《江城子》词之一：“整顿金钿呼小玉，排红烛，待潘郎。”

【小巧】　小而精巧。元稹《虫豸诗·蜘蛛》之二：“儿童怜小巧，渐欲及车轮。”郑谷《七祖院小山》：“小巧功成雨藓斑，轩车日日扣松关。”

【小平】　即小平津。骆宾王《和李明府》：“驰道临层掖，津门对小平。”

【小平津】　地名。在今河南孟津县东北。见《后汉书·灵帝纪》。李颀《送乔琳》：“草绿小平津，花开伊水滨。”长孙正隐《上元夜郊小庾体同用春字》：“洛城终不闭，更出小平津。”

【小甲】　植物初长成的嫩叶。李贺《南园十三首》之四：“三十未有二十余，白日长饥小甲蔬。”

【小史】　古小官名。《周礼》春官宗伯之属，掌邦国之志、贵族世系及礼仪等事。汉以后为尚书令史或地方官一般属吏之称。王维《同崔傅答贤弟》：“曲几书留小史家，草堂棋赌山阴野。”李颀《送司农崔丞》：“维监太仓粟，常对府小史。”

【小生】　旧时士子对自己的谦称。李端《下第上薛侍郎》：“终惭太丘道，不为小生私。”权德舆《奉酬从兄南仲见示十九韵》：“小生何为者，往岁学雕虫。”陈至《荐冰》：“幸得来观荐，灵台一小生。”郑谷《送吏部曹郎中免官南归》：“小生诚浅拙，早岁便依投。”

【小白】　❶微白。李贺《南园十三首》之一：“花枝草蔓眼中开，小白长红越女腮。”❷春秋齐桓公之名。张九龄《咏史》：“贤哉有小白，仇中有管氏。”权德舆《渭水》：“师臣有家法，小白犹尊周。”胡曾《咏史诗·召陵》：“小白匡周入楚郊，楚王雄霸亦咆哮。”❸五代僧人。曾居南丘、罗浮、嵊县等地。《全唐诗续补遗》卷二十录其诗二首。

【小白長紅】　(長 cháng)大大小小，红红白白。指各种大小不同、颜色不同的花。李贺《南园十三首》之一：“花枝草蔓眼中开，小白长红越女腮。”

【小白鴻翼】　指春秋齐桓公称管仲为仲父以成霸之事。小白，桓公之名。鸿翼，喻辅臣。见《管子·霸形》。李白《君道曲》：“小白鸿翼于夷吾，刘葛鱼水本无二。”

【小令】　❶指晋王珉。见刘义庆《世说新语·政事》刘孝标注引《续晋阳秋》。又见《晋书·王珉传》。后亦用以借誉较年幼之善草书者。皎然《陈氏童子草书歌》：“王家小令草最狂，为予洒出惊腾势。”❷词体名。唐时文人于酒宴上即席填词，当作酒令，后遂称词之短小者为小令。白居易《就花枝》：“醉翻衫袖抛小令，笑掷骰盘呼大采。”

【小市】　❶小市镇；小城市。汉武帝迎异父姊入宫，诗人咏叹其事。见《汉书·孝景王皇后传》。韩翃《汉宫曲二首》之二：“家在长陵小市中，珠帘绣户对春风。”王建《江馆》：“客亭临小市，灯火夜妆明。”杜牧《旧游》：“小市长陵住，非郎谁得知。”❷小集市。元稹《春分投简阳明洞天作》：“亥茶阓小市，渔父隔深芦。”姚合《武功县中作三十首》之五：“小市柴薪贵，贫家砧杵闲。”

【小司空】　周官名。司空的属僚，为司空的副手；五大夫之一。后世用以指工部郎中。权德舆《送张曹长工部大夫奉使西番》：“殊邻覆露同，奉使小司空。”

【小尼】　年幼的尼姑。白居易有《龙花寺主家小尼》。原注：“郭代公爱姬薛氏，幼尝为尼，小名仙人子。”

【小尼師】　即小尼姑。王建有《贻小尼师》。

【小奴】　年幼男仆。白居易《自在》：“小奴捶我足，小婢搔我背。”

【小弁】　小帽。陆龟蒙《奉和袭美夏景无事因怀章来二上人次韵》之一：“高杉自欲生龙脑，小弁谁能寄鹿胎。”

【小臣】　❶臣子在君王前的自称。李峤《皇帝上礼抚事述怀》：“小臣滥簪笔，无以颂唐风。”卢象《驾幸温泉》：“此日小臣徒献赋，汉家谁复重扬雄。”韩愈《征蜀联句》：“小臣昧戎经，维用赞勋劼。”郑谷《入阁》：“小臣叨备位，歌咏泰阶前。”❷微臣，小官。杜甫《石笋行》：“惜哉俗态好蒙蔽，亦如小臣媚至尊。”周昙《咏史诗·春秋战国门·叔向》：“重禄存家不敢言，小臣忧祸亦如然。”孙元宴《咏史诗·齐·潘妃》：“玉儿还有怀恩处，不肯将身嫁小臣。”

【小臣敝】　晋献公夫人骊姬，想让自己的儿子奚齐继承王位，便加害于太子和晋献公。骊姬将毒酒给献公，献公将酒“与犬，犬毙；与小臣，小臣亦毙。”事见《左传·僖公四年》。杜甫《八哀诗·赠秘书监江夏李公邕》：“终悲洛阳狱，事近小臣敝。”敝，一作“斃”。

【小吏】　小官，职位很低的官员。李白有《酬中都小吏携斗酒双鱼于逆旅见赠》。姚合《武功县中作三十首》之十一：“可曾衙小吏，恐谓踏青苔。”李商隐《代应二首》之二：“关西狂小吏，惟喝绕床卢。”又《赠子直花下》：“官书推小吏，侍史从清郎。”

【小有天】　道家所传洞府名，在今河南济源县西王屋山。见《太平御览》卷四十引《太素真人王君内传》。杜甫《秦州杂诗二十首》之十四：“万古仇池穴，潜通小有天。”

【小有洞】　泛称仙境洞府。皇甫冉《祭张公洞二首》之二："云开小有洞，日出大罗天。"参见"小有天"。

【小成】　小有成就。云台峰女仙《会真诗》："几劫澄烦思，今身仅小成。"

【小至】　冬至后一日，一说冬至前一日。杜甫有《小至》。

【小曲新詞】　(曲 qǔ)乐府杂曲歌辞。《乐府诗集》归新乐府辞。《全唐诗》卷二八载白居易《小曲新词二首》，元和中奉敕撰。

【小年】　少年；幼年。寇泚《度涂山》："小年弄文墨，不识戎旅难。"岑参《过梁州奉赠张尚书大夫公》："何幸承嘉惠，小年即相知。"元稹《使东川·汉江上笛》："小年为写游梁赋，最说汉江闻笛愁。"方干《观项信水墨》："小年师祖过今祖，异域应传项信名。"

【小行年】　(行 xíng)星命家谓每一年所行之运。张籍《赠任道人》："欲得定知身上事，凭君为算小行年。"

【小舟】　小船。白居易《咏兴五首·池上有小舟》："池上有小舟，舟中有胡床。"徐铉《题梁王旧园》："梁王旧馆枕潮沟，共引垂藤系小舟。"张观《过衡山赠廖处士》："带雨小舟横别涧，隔花幽犬吠深云。"

【小兆】　小民。顾况《曲龙山歌》之一："下方小兆更拜焉，愿得骑云作车马。"

【小名】　乳名，小时候起的非正式的名字。卢肇《戏宜春李令求厅前杜鹃》："杜家有女小名鹃，生在陶公吏案前。"

【小字】　❶细小的字，多指若蝇头至樱桃大小的楷体字。杜甫《送顾八分文学适洪吉州》："顾于韩蔡内，辨眼工小字。"韩偓《寄恨》："秦钗枉断长条玉，蜀纸虚留小字红。"又《余作探使以缭绫手帛子寄贺因而有诗》："解寄缭绫小字封，探花筵上映春丛。"❷小名，乳名。李商隐《妓席》："劝君书小字，慎莫唤官奴。"

【小劫】　佛教语。佛家以"劫"(劫波)为假设的计时之号，谓人的年命自十岁增至八万，复从八万还至十岁，经二十一返为一小劫。柳宗元《法华寺石门精舍三十韵》："小劫不逾瞬，大千若在掌。"

【小技】　薄技。李百药《安德山池宴集》："上才同振藻，小技谬连章。"

【小巫】　指巫师中法术低下者。见《艺文类聚》卷八二。李峤《茅》："方期大君锡，不惧小巫捐。"

【小杜】　指杜审权。贯休《杜侯行》："我闻大中咸通真令主，相惟大杜兼小杜。"

【小李】　指李昭道。见唐张彦远《历代名画记》卷九。徐光溥《题黄居寀秋山图》："大李小李灭声华，献之恺之无颜色。"

【小車】　❶马拉的轻车，与牛拉的"大车"对言。西汉丞相田千秋年老，昭帝特恩许其乘小车入宫殿，人称"车丞相"。见《汉书·田千秋传》。李瀚《蒙求》："冯异大树，千秋小车。"❷小钓车，钓鱼之具。白居易《和春深二十首》之十二："投饵移轻楫，牵轮转小车。"❸幼儿座车。韦庄《与小女》："见人初解语呕哑，不肯归眠恋小车。"

【小男】　年幼之子。李郢《南池》："小男供饵妇搓丝，溢榼香醪倒接䍦。"参见"小男嗜栗"。

【小男嗜栗】　指子女幼小的，只知吃玩，不知事体。语出陶潜《责子》。李商隐《咏怀寄秘阁旧僚二十六韵》："小男方嗜栗，幼女漫忧葵。"

【小邑】　小的城邑。白居易《题崔常侍济上别墅》："散员疏去未为贵，小邑陶休何足云。"张祜《赠薛鼎臣侍御》："一命前途远，双曹小邑闲。"徐铉《送黄梅江明府》："江上又劳为小邑，箧中徒自有雄文。"

【小邑彈琴】　(弹 tán)小邑，指单父。小邑弹琴，指宓子贱弹琴治单父事。见《吕氏春秋·开春论》。后以"小邑弹琴"作为颂县令之典。张谓《送皇甫龄宰交河》："将军帐下来从客，小邑弹琴不易逢。"

【小邦】　小城邑。柳宗元《答刘连州邦字》："连璧本难双，分符刺小邦。"

【小言】　指精微之言。崔璐《览皮先辈盛制因作十韵以寄用伸款仰》："小言入无间，大言塞空虚。"亦称描绘至微之物的杂言诗赋。颜真卿、清昼《七言小言联句》："长路迢遥吞吐丝，蟭螟蚊睫察难知。"

【小弟】　在平辈面前谦称自己。王季友《观于舍人壁画山水》："于公大笑向予说，小弟丹青能尔为。"

【小沛】　汉代沛县的别称。古为偪阳国，秦置县，汉时为沛郡、沛国。因郡、国的守相都以相城为治所，因称沛县为小沛。李颀《崔五宅送刘跂入京》："昨日辞小沛，何时到长安。"

【小君山】　指洞庭湖中之君山。欧阳炯《渔父歌二首》之二："风浩寒溪照胆明，小君山上玉蟾生。"

【小妓】　年轻的歌伎。李白《出妓金陵子呈卢六四首》之四："小妓金陵歌楚声，家僮丹砂学凤鸣。"白居易《寄明州于驸马使君三绝句》之二："何郎小妓歌喉好，严老呼为一串珠。"又《尝酒听歌招客》："一瓮香醪新插刍，双鬟小妓薄能讴。"

【小阮】　即晋阮咸。咸与其叔父籍齐名，称"大小阮"，后因用以代称侄子。李白《陪侍郎叔游洞庭醉后三首》之一："三杯容小阮，醉后发清狂。"李嘉祐《送王牧往吉州谒王使君叔》："使君怜小阮，应念倚门愁。"张祜《题程氏书斋》："缘君寻小阮，好是更题诗。"

【小長干曲】　(長 cháng，干 gān，曲 qǔ)乐府诗题名。属《杂曲歌辞》。曲名由小长干里而来。乐府中有《长干曲》《长干行》《小长干曲》等。因地接长江，居民多操水上生业，故这些乐府诗歌多写水上妇女的生活。崔国辅有《小长干曲》。

【小青】 微青。白居易《日高卧》："小青衣动桃根起，嫩绿醅浮竹叶新。"

【小花蠻榼】 酒器名。白居易《夜招晦叔》："高调秦筝一两弄，小花蛮榼二三升。"参见"小蠻❷"。

【小枝】 树木细枝。见《庄子·逍遥游》。白居易《东溪种柳》："倚岸埋大干，临流插小枝。"张祜《扬州法云寺双桧》："朱顶鹤知深盖偃，白眉僧见小枝生。"

【小事】 细微之事。修雅《闻诵〈法华经〉歌》："今日亲闻诵此经，始觉聚沙非小事。"

【小來】 从小；年轻时。李颀《缓歌行》："小来托身攀贵游，倾财破产无所忧。"岑参《送人赴安西》："小来思报国，不是爱封侯。"李商隐《鄠杜马上念汉书》："小来惟射猎，兴罢得乾坤。"韦庄《赠峨嵋山弹琴李处士》："晋朝叔夜旧相知，蜀郡文君小来识。"

【小妻】 妾，小老婆。齐桓公使管仲迎宁戚，宁戚称曰："浩浩乎。"管仲不知所谓，其妾婧谓管仲，古有《白水》之诗，宁戚歌此诗有"得仕国家"之意。管仲大悦，以报桓公。桓公见于宁戚，因以为相，齐国以治。事见《列女传·辩通》。李白《鞠歌行》："听曲知宁戚，夷吾因小妻。"

【小忠】 小小的忠心。杜甫《遣闷奉呈严公二十韵》："束缚酬知己，蹉跎效小忠。"

【小垂一手】 即《小垂手》。王建《寻橦歌》："《小垂一手》当舞盘，斜惨双蛾看落日。"

【小垂手】 舞名。又为乐府杂曲名。见《乐府诗集·杂曲歌辞·大垂手》郭茂倩题解。诗文中常以咏舞蹈或舞女。李白《经乱离后书怀赠江夏韦太守良宰》："对客小垂手，罗衣舞春风。"王翰《子夜春歌》："行行小垂手，日暮渭川阳。"李商隐《拟意》："空看小垂手，忍问大刀头。"张瑛《春词二首》之一："日暮登高楼，谁怜小垂手。"

【小季】 最小的弟弟。李贺有《勉爱行二首送小季之庐山》。

【小兒】 ❶小孩子。王建《空城雀》："八月小儿挟弓箭，家家畏向田头飞。"刘禹锡《乐天寄忆旧游因作报白君以答》："丫头小儿荡画桨，长袂女郎簪翠翘。"姚合《原上新居》："秋来梨果熟，行哭小儿饥。"杜荀鹤《赠李镡》："地炉不暖柴枝湿，犹把《蒙求》授小儿。"❷小儿子。皮日休《西塞山泊渔家》："中妇桑村桃叶去，小儿沙市买蓑归。"❸对青年的蔑称。崔颢《结定襄郡狱效陶体》："定襄诸小儿，争讼纷城市。"❹唐代称宫中和官府的杂役。见《资治通鉴·唐永贞元年》。无名氏《神鸡童谣》："贾家小儿年十三，富贵荣华代不如。"

【小兒女】 幼小的儿女。杜甫《月夜》："遥怜小儿女，未解忆长安。"

【小兒郎】 指男青年。元稹《莺莺诗》："频动横波嗔阿母，等闲教见小儿郎。"

【小往大來】 意谓阴暗逐渐消逝，光明逐渐增长。见《易·泰》。苏颋《奉和圣制途次旧居应制》："出潜离隐际，小往大来初。"储光羲《狱中贻姚张薛李郑柳诸公》："大来敢遐望，小往且虚受。"

【小狐】 小狐狸，喻奸诈的小人。李咸用《西门行》："四龙或跃犹依泉，小狐勿恃冲波胆。"

【小妾】 妾，与妻相对为小，故称。据传魏曹彰有爱妾换马事，见《独异志》。李白《襄阳歌》："千金骏马换小妾，笑坐雕鞍歌《落梅》。"

【小泊】 短暂停靠。陆龟蒙《五歌·雨夜》："兼似孤舟小泊时，风吹折苇来相佐。"

【小宗伯】 周官大小宗伯执掌相当于后世礼部的职能。后以大宗伯借称礼部尚书，小宗伯借称礼部侍郎。见《周礼·春官·小宗伯》。孟郊《送黄构擢第后归江南》："至矣小宗伯，确乎心不回。"

【小弦】 指弹拨乐器中最细的弦。刘禹锡《曹刚》："大弦嘈囋小弦清，喷雪含风意思生。"白居易《琵琶行》："大弦嘈嘈如急雨，小弦切切如私语。"刘景复《梦为吴泰伯作胜儿歌》："小弦切切怨飕飕，鬼哭神悲秋窸窣。"

【小妹】 姊妹中最年轻者，亦泛指妹妹。见《魏书·李安世传》。韩偓《后魏时相州人作李波小妹歌疑其未备因补之》："李波小妹字雍容，窄衣短袖蛮锦红。"

【小姑】 ❶丈夫之妹。王建《新嫁娘词三首》之三："未谙姑食性，先遣小姑尝。"白居易《绣妇叹》："连枝花样绣罗襦，本拟新年饷小姑。"陈羽《古意》："姑嫜严肃有规矩，小姑娇憨意难取。"刘驾《桑妇》："归来见小姑，新妆弄百草。"❷少女。皇甫松《采莲子二首》之一："菡萏香连十顷陂，小姑贪戏采莲迟。"李贺《感讽五首》之一："越妇通言语，小姑具黄粱。"温庭筠《兰塘词》："小姑归晚红妆浅，镜里芙蓉照水鲜。"❸山名，即小孤山。在江西彭泽县北，安徽宿松县东。屹立江中，俗名髻山。别于彭蠡湖之大孤，故称小孤。俗讹为小姑。见宋欧阳修《归田录》卷二。徐凝《过马当》："三月尽头云叶秀，小姑新著好衣裳。"

【小姑無郎】 借以咏未婚女子。见《乐府诗集》卷四七引《神弦歌·青溪小姑曲》。李商隐《无题二首》之二："神女生涯原是梦，小姑居处本无郎。"

【小姑洲】 地名。在今湖南湘阴县。李群玉《黄陵庙》："小姑洲北浦云边，二女容华自俨然。"

【小孤山】 山名。在江西彭泽县北长江中，与大孤山相对。俗讹为小姑山。顾况有《小孤山》。参见“小姑❷”。

【小春】　指夏历十月。见宋陈元靓《岁时广记》卷三七引《初学记》。殷尧藩《宫词》：“芙蓉帐冷愁长夜，翡翠帘垂隔小春。”

【小苑】　指唐京城长安芙蓉园。王维《丁寓田家有赠》：“阴昼小苑城，微明渭川树。”张昔《小苑春望宫池柳色》：“小苑春初至，皇衢日更清。”李商隐《垂柳》：“娉婷小苑中，婀娜曲池东。”钱珝《春恨三首》之三：“永巷频闻小苑游，旧恩如泪亦难收。”

【小茅君】　即汉茅衷。大茅君盈之季弟，得道成仙，老君封为保生真君。曹唐《小游仙诗九十八首》之二十：“清思密谈谁第一，不过邀取小茅君。”

【小星】　小而无名的星。见《诗·召南·小星》。柳宗元《感遇二首》之一：“坐使青天暮，小星愁太阴。”

【小品】　佛经名。全名为《小品般若波罗蜜经》。七卷本。与二十四卷本的《摩诃般若波罗蜜经》相对，故称。见《世说新语·文学》刘孝标注。孟郊《读经》：“经黄名小品，一纸千明星。”皮日休、陆龟蒙《寂上人院联句》：“趁幽翻《小品》，逐胜讲《南华》。”

【小秋】　❶初秋。许浑《送郑寂上人南行》：“离怨故园里，小秋梨叶红。”❷谓春季谷物成熟，与秋季谷物成熟称“大秋”相对言。元稹《竞舟》：“年年四五月，茧实麦小秋。”

【小重山】　(重 chóng)词牌名。又名《小重山令》《柳色新》等。双调，五十八字，上小片各四平韵。多写宫怨。《全唐诗》录韦庄和毛熙震各一首、和凝和薛昭蕴各二首。

【小律詩】　指绝句。唐代通行的为律绝，而律绝为四句，比一般律诗要短，故称。见清钱良择《唐音审体·律诗七言绝句论》。白居易《江山吟元八绝句》：“大江深处月明时，一夜吟君小律诗。”

【小前】　当作“小箭”。杜甫《复愁十二首》之七：“花门小前好，此物弃沙场。”前，一作“箭”。

【小洞庭】　指今江苏吴县西南太湖中之洞庭山。白居易有《游小洞庭》。

【小派】　支流。张祜《题重玄寺阁八韵》：“塔耸尖层出，河萦小派长。”

【小胥】　钞胥，即专任抄写的小吏。杜甫《赠李八秘书别三十韵》：“乞米烦佳客，钞诗听小胥。”

【小娃】　少女。刘禹锡《和乐天斋戒月满夜对道场偶怀咏》：“持斋已满招闲客，理曲先闻命小娃。”白居易《池上二绝》之二：“小娃撑小艇，偷采白莲回。”又《春尽劝酒客》：“尝酒留闲客，行茶使小娃。”李沇《方响歌》：“宝瓶下井辘轳急，小娃弄索伤清冰。”

【小侄】　称兄弟之子。杜牧《冬至日寄小侄阿宜》：“小侄名阿宜，未得三尺长。”

【小孩儿】　儿童。陈峤《自赋催妆诗》：“彭祖尚闻年八百，陈郎犹是小孩儿。”

【小紅】　淡红。杜甫《江雨有怀郑典设》：“宠光蕙叶与多碧，点注桃花舒小红。”

【小挫】　小败。韩愈《斗鸡联句》：“中休事未决，小挫势益倍。”

【小桃源】　地名。(1)在今福建崇安县武夷山。源在武夷山六曲北岸苍屏峰与北廓岩之间，以风光近似武陵桃源而得名。无名氏有《小桃源》。(2)在安徽黟县。李白《小桃源》：“黟县小桃源，烟霞百里间。”

【小姬】　年轻的侍妾。白居易有《和杨师皋伤小姬英英》。

【小酌】　指随便的饮宴。白居易《雪夜小饮赠梦得》：“小酌酒巡销永夜，大开口笑送残年。”李群玉《湘阴江亭却寄友人》：“烟波自此扁舟去，小酌文园杳未期。”

【小時】　指小时候。李白《古朗月行》：“小时不识月，呼作白玉盘。”杜甫《壮游》：“脱略小时辈，结交皆老苍。”王建《赠王枢密》：“三朝行坐镇相随，今上春宫见小时。”

【小員】　地位低的人员，与“大员”相对。吕岩《大圆山》：“合向中间著夫子，大员道士小员僧。”

【小乘】　(—chéng)佛教语。梵文的意译。指小乘佛教。早期佛教的主要流派，注重修行，持戒，只要断绝苦因，入涅槃境，即算达到目的，旨在“自我解脱”。皎然《酬崔侍御见赠》：“与君为此说，长破小乘疑。”又《花石长枕歌答章居士赠》：“不学小乘一曲士，唯将此物安座隅。”白居易《赠草堂宗密上人》：“尽离文字非中道，长住虚空是小乘。”裴说《湖外寄处宾上人》：“能搜大雅句，不似小乘人。”

【小乘經】　(乘 chéng)佛教小乘派经典。主要经典是《阿含经》(《长阿含经》《中阿含经》《杂阿含经》与《增一阿含经》)。李绅《题白乐天文集》：“永添鸿宝集，莫杂小乘经。”

【小秩】　微薄的俸禄。韦应物《沣上西斋寄诸友》：“等陶辞小秩，效朱方负樵。”

【小鬼】　指人死入阴间，其位较卑者。见《史记·封禅书》。欧阳炯《题景焕画应天寺壁天王歌》：“斜窥小鬼怒双目，直倚越狼高半胸。”

【小師】　本指受戒未满十夏之僧侣。见《释氏要览·师资小师》。故后亦用以称年轻出家人。孟郊《宿空侄院寄澹公》：“灯窗看律钞，小师别为侣。”姚合有《赠卢沙弥小师》。杜牧《宣州开元寺赠惟真上人》：“曾与径山为小师，千年僧行众人知。”杜牧《送太昱禅师》：“结社多高客，登坛尽小师。”

【小徑】 小路。杜甫《题桃树》:"小径升堂旧不斜,五株桃树亦从遮。"李商隐《河内诗二首》之二:"低楼小径城南道,犹自金鞍对芳草。"成彦雄《柳枝辞九首》之一:"轻笼小径近谁家,玉马追风翠影斜。"

【小舫】 小船。白居易《题龙门堰西涧》:"一条秋水琉璃色,阔狭才容小舫回。"又《白莲池泛舟》:"白藕新花照水开,红窗小舫信风回。"徐铉《自题山亭三首》之二:"小舫行乘月,高斋卧看山。"

【小庾】 即北周庾信。信与其父肩吾俱以文学著称,因称信为"小庾"。韩翃《送故人赴江陵寻庾牧》:"文体此时看又别,吾知小庾甚风流。"按,此借指"故人","庾牧"乃"故人"之父。参见"小庾體"。

【小庭】 小的庭院。白居易《咏兴五首·小庭亦有月》:"小庭亦有月,小院亦有花。"李郢《春日题山家》:"丁香政堪结,留步小庭隈。"南唐后主李煜《捣练子》词之一:"深院静,小庭空,断续寒砧断续风。"

【小疾】 小病。白居易《梦得卧病携酒相寻先以此寄》:"小疾无妨饮,还须挈一壶。"

【小酒】 一种薄酒,暖季快速酿成。见《宋史·食货志下七》。戎昱《骆家亭子纳凉》:"生衣宜水竹,小酒入诗篇。"赵嘏《江边》:"残花春浪阔,小酒故人稀。"

【小宴】 小型而随意的宴会。白居易《江楼偶宴赠同座》:"南浦闲行罢,西楼小宴时。"吴融《浐水席上献座主侍郎》:"暖泉宫里告虔回,略避红尘小宴开。"

【小家女】 小户人家的女儿。封建社会除贵族官僚、大地主等,其余一般人户,均称为"小家"。李嘉祐《古兴》:"十五小家女,双鬟人不如。"白居易《新乐府·盐商妇》:"本是扬州小家女,嫁得西江大商客。"

【小宰】 官名。见《周礼·天官·小宰》。后世称少宰。权德舆《南亭晓坐因以示璩》:"迹似南山隐,官从小宰移。"

【小朗】 即振朗禅师,长沙兴国寺僧。崔涂《东林愿禅师院》:"非因送小朗,不到虎溪边。"参见"大小朗"。

【小冢宰】 周官,宰为六卿之首。一称大宰。后以冢宰称吏部尚书。故小冢宰指吏部侍郎。储光羲《奉和韦判官献侍郎叔除河东采访使》:"天卿小冢宰,道大名亦大。"

【小娥】 指年轻姣美的歌伎。张祜《周员外席上观柘枝》:"画鼓拖环锦臂攘,小娥双换舞衣裳。"司空图《杨柳枝寿杯词十八首》之六:"恰值小娥初学舞,拟偷金缕押春衫。"又《暮春对柳二首》之二:"正是阶前开远信,小娥旋拂碾新茶。"

【小娘】 歌伎或妓女。李贺《洛姝真珠》:"真珠小娘下青廓,洛苑香风飞绰绰。"元稹《筝》:"急挥舞破催飞燕,慢逐歌词弄小娘。"温庭筠《荷叶杯》词之二:"小娘红粉对寒浪,惆怅,正思惟。"又《河传》词之三:"小娘,转令人意伤。"

【小麥】 一年生或二年生草本植物,茎直立,中空,叶子宽条形,籽实椭圆形,腹面有沟。主要粮食作物之一。杜甫《送高三十五书记》:"崆峒小麦熟,且愿休王师。"又《大麦行》:"大麦干枯小麦黄,妇女行泣夫走藏。"白居易《观刈麦》:"夜来南风起,小麦覆陇黄。"

【小雪】 ❶二十四节气之一,相当于阳历十一月二十二日或二十三日,黄河流域至此时可见初雪。见明郎英《七修类稿·天地三·气候集解》。李嘉祐《韦润州后亭海榴》:"江上年年小雪迟,年光独报海榴知。"张登《小雪日戏题绝句》:"甲子徒推小雪天,刺梧犹绿槿花然。"❷薄雪。李昌符《客恨》:"古原南北旧萧疏,高木风多小雪余。"司空图《灯花三首》之三:"闰前小雪过经旬,犹自依依向主人。"

【小處】 (—chù)小地方。白居易《琵琶引》:"浔阳小处无音乐,终岁不闻丝竹声。"

【小眼】 小格子;细孔。白居易《重题小舫》:"细篷青篾织鱼鳞,小眼红窗衬曲尘。"

【小國】 ❶地狭人少之国家。孙郃《古意二首》之二:"小国有其人,大国奈之何。"❷指小的行政区。杜甫《题鄠县郭三十二明府茅屋壁》:"频惊适小国,一拟问高天。"

【小毬場】 小型球场。花蕊夫人徐氏《宫词》之十九:"小球场近曲池头,宣唤勋臣试打球。"

【小鳥傳仙語】 因西王母有青鸟代为取食,又曾派青鸟向汉武帝报信,故以小鸟传仙语表现仙吏传语。见《山海经·西山经》,又见《艺文类聚》卷九一引班固《汉武故事》。韦应物《骊山行》:"三清小鸟传仙语,九华真人奉琼浆。"

【小康】 ❶稍微安康。见《诗·大雅·民劳》。白居易《老病相仍以诗自解》:"昨因风发甘长往,今遇阳和又小康。"原注:"春暖来,风痹稍退也。"❷儒家理想中的所谓政治清明、人民富裕安乐的社会局面,指禹、汤、文、武、成王、周公之治。低于"大同"理想。见《礼记·礼运》。后多指境内安宁、社会经济情况良好。张说《将赴朔方军应制》:"连年大军后,不日小康辰。"皎然《因游支硎寺寄刑端公》:"中扆怀殊政,南州伫小康。"李商隐《赠送前刘五经映三十四韵》:"南渡宜终否,西迁冀小康。"杜荀鹤《献池州牧》:"池阳今日似渔阳,大变凶年作小康。"

【小毫】 小毛笔。郑谷《温处士能画鹭鹚以四韵换之》:"闻说小毫能纵逸,敢凭轻素写幽奇。"

【小婢】 未成年的女奴。王建《闲居即事》:"小婢偷红纸,娇儿弄白髯。"白居易《自在》:"小奴捶我足，小婢搔我背。”郑谷《山鸟》：“小婢不须催柘弹，且从枝上吃樱桃。”

【小婦】 ❶年轻妇女。李颀《古意》：“辽东小妇年十五，惯弹琵琶解歌舞。”杜甫《草阁》：“泛舟惭小妇，飘泊损红颜。”刘长卿《疲兵篇》：“小妇十年啼夜织，行人九月忆寒衣。”李廓《长安少年行》之十：“小妇教鹦鹉，头边唤醉醒。”❷妯娌间行次最幼者，小儿子的妻子。董思恭《三妇艳》：“小妇多姿态，登楼红粉妆。”卢仝《小妇吟》：“小妇欲入门，隈门匀红妆。”李商隐《行次西郊作一百韵》：“大妇抱儿哭，小妇攀车轓。”❸妾，小老婆。王建《三台》词之三：“扬州桥边小妇，长干市里商人。”

【小陸】 即晋陆云。云与兄机齐名，世称“二陆”。见《晋书·陆云传》。云为弟，故又称“小陆”。后因借以称他人之弟。杜甫《答郑十七郎一绝》：“把文惊小陆，好客见当时。”

【小絃】 同“小弦”。顾况《李供奉弹箜篌歌》：“大弦长，小弦短，小弦紧快大弦缓。”

【小巢】 很小的鸟巢。白居易《履道池上作》：“树暗小巢藏巧妇，渠荒新叶长慈姑。”

【小華山】 即黄山，在今安徽黄山市。李敬方有《题小华山》。原注：“曰黄山为小华。”

【小葉】 初生出的细小嫩叶，喻女子之眉。李贺《三月过行宫》：“渠水红繁拥御墙，风娇小叶学娥妆。”

【小彭】 指秦彦。彦与时溥皆为彭城人，故称大彭、小彭。一说泛指小奴。韦庄《秦妇吟》：“大彭小彭相顾忧，二郎四郎抱鞍泣。”

【小壺】 指仙家有道法的葫芦。见《后汉书·费长房传》。李群玉《谪仙吟赠赵道士》：“三元麟凤推高座，六甲风雷闷小壶。”

【小棘】 小的棘刺。见《列子·汤问》。后用以指射术之精。崔融《拟古》：“拔剑斩长榆，弯弓射小棘。”

【小雅】 《诗经》组成部分之一。七十四篇。大抵产生于西周后期和东周初期。《小雅》中部分诗歌，反映了这种社会现实，且从内容到形式都很类似风诗，较有人民性。张说《奉和圣制过宁王宅应制》：“《大风》将《小雅》，一字尽千金。”窦蒙《题弟臮〈述书赋〉后》：“作诗通《小雅》，献赋掩《长杨》。”丘光庭《补新宫》序：“歌讫笙入，立于堂下，奏《南陔》《白华》《华黍》，笙之所奏，例皆《小雅》，皆是文王之诗。”

【小暑】 ❶二十四节气之一。在阳历七月六、七或八日。张说《端午三殿侍宴应制探得鱼字》：“小暑夏弦应，徽音商管初。”❷天气微热。韩翃《赠别王侍御赴上都》：“幸有心期当小暑，葛衣纱帽望回车。”独孤及《答李滁州题庭前石竹花见寄》：“不怕南风热，能迎小暑开。”武元衡《夏日对雨寄朱放拾遗》：“小暑金将伏，微凉麦正秋。”李频《暮秋重过山僧院》：“安禅逢小暑，抱疾入高秋。”

【小單于】 （單 chán）唐大角曲名。名曲《单于》分两种，一称《大单于》，一称《小单于》。见《乐府诗集·横吹典辞·梅花落》郭茂倩题解。李益《听晓角》：“无限塞鸿飞不度，秋风卷入《小单于》。”

【小智】 亦作“小知”。小智慧，小聪明。见《庄子·逍遥游》。储光羲《题辛道士房》：“大年方橐籥，小智即蜉蝣。”

【小喬】 三国吴周瑜之妻。原作小桥，后多作小乔。见《三国志·吴志·周瑜传》。罗虬《比红儿诗》之四八：“周郎若见红儿貌，料得无心念小乔。”唐彦谦《汉代》：“王氏怜诸谢，周郎定小乔。”

【小筆】 小毛笔。胡令能《观郑州崔郎中诸妓绣样》：“日暮堂前花蕊娇，争拈小笔上床描。”齐己《谢徽上人见惠二龙障子以短歌酬之》：“近有五羊徽上人，闲工小笔得意新。”

【小詞】 按谱填写的短篇歌词。牛峤《女冠子》之一：“浅笑含双靥，低声唱小词。”

【小童】 ❶幼小的男仆。杜甫《与李十二白同寻范十隐居》：“入门高兴发，侍立小童清。”❷仙人跟前引路的童子。李郢《读汉武内传》：“青真小童捧诀箓，紫府道士携琼苏。”

【小寒山】 山名。在今浙江长兴县西北。皎然《顾渚行寄裴方舟》：“大寒山下叶未生，小寒山中叶初卷。”原注：“二山名。”

【小寒食】 寒食的第二天。一说为前一天。杜甫有《小寒食舟中作》。

【小富平】 谓轻视富平侯。汉张安世封富平侯，五世袭爵。张祜《投陈许李司空二十韵》：“历战长诸葛，封侯小富平。”

【小閒】 小有空闲。柳宗元《唐饶歌鼓吹曲十二篇》序：“臣幸以罪居永州，受食府廪，窃活性命，得视息，无治事，时恐惧。小闲，又盗取古书文句，聊以自娱。”

【小隊】 人数少的队伍。杜甫《严中丞枉驾见过》：“元戎小队出郊坰，问柳寻花到野亭。”

【小摇落】 草木未尽凋零。杜甫《大历二年九月三十日》：“年年小摇落，不与故园同。”仇兆鳌注：“小摇落，未尽凋也。”又《西阁二首》之一：“巫山小摇落，碧色见松林。”

【小楫】 短桨。杜甫《江涨》：“渔人萦小楫，容易拔船头。”

【小榆春】 古人春天从榆木取火，故以“小榆春”代指春季。见《周礼·夏官·司爟》。李峤《奉和送金城公主适西蕃应制》:"所嗟秾李树,空对小榆春。"

【小碎】 短小零碎。元稹《小碎》:"小碎诗篇取次书,等闲题柱意何如。"

【小歲】 ❶古代于冬至后第三个戌日行腊祭,腊祭次日为小岁。后世分别以元日、冬至夜为小岁。见《太平御览》卷三三引汉崔寔《四民月令》、宋赵彦卫《云麓漫钞》卷八、明谢肇淛《五杂组·天都二》。宋之问《梅花落》:"夕逐新春管,香迎小岁杯。"白居易有《小岁日喜谈氏外孙女孩满月》。

【小歲酒】 椒柏酒,亦作椒酒,用椒实、柏实浸渍的酒。古俗,元旦向尊长敬此酒。卢照邻《元日述怀》:"人歌小岁酒,花舞大唐春。"

【小園】 小的园圃。李吉甫《九日小园独谣赠门下武相公》:"小园休沐暇,暂与故山期。"白居易《新雪二首》之一:"唯忆静恭杨阁老,小园新雪暖炉前。"李商隐《落花》:"高阁客竟去,小园花乱飞。"王周《小园桃李始花偶以成咏》:"桃李栽成艳格新,数枝留得小园春。"

【小幌】 小巧的窗帘。李商隐《寓目》:"小幌风烟入,高窗雾雨通。"

【小會筵】 小型的宴会。杜审言《和李大夫嗣真奉使存抚河东》:"国有大臣器,朝加小会筵。"

【小飲】 少量地饮,略饮。白居易《忆杭州梅花因叙旧游寄萧协律》:"赏自初开直至落,欢因小饮便成狂。"又《东南行一百韵》:"别选闲游伴,潜招小饮徒。"曹唐《紫河张休真》:"东风小饮人皆醉,从听黄龙枕水眠。"

【小艇】 小船。赵嘏《越中寺居》:"迟客疏林下,斜溪小艇通。"孙光宪《竹枝词二首》之一:"门前春水白蘋花,岸上无人小艇斜。"

【小鳳】 小凤凰,亦美称小鸟。曹唐《小游仙诗九十八首》之七一:"红草青林日半斜,闲乘小凤出彤霞。"

【小鳳仙】 女道士名。赵嘏《赠女仙》:"水思云情小凤仙,月涵花态语如弦。"

【小詩】 短小的诗,亦谦称自己所作之诗。杜甫《存殁口号二首》之一:"席谦不见近弹棋,毕曜仍传旧小诗。"白居易《初冬即事呈梦得》:"走笔小诗能和否,泼醅新酒试尝看。"薛能《吴姬十首》之三:"天阴不得君王召,嚬著青蛾作小诗。"韩偓《思录旧诗于卷上凄然有感因成一章》:"缉缀小诗钞卷里,寻思闲事到心头。"徐铉《柳枝词十首》之一:"金马辞臣赋小诗,梨园弟子唱新词。"

【小道】 ❶礼乐政教以外的学说;泛指技艺。见《论语·子张》。张九龄《咏史》:"小道致泥难,巧言因萋毁。"❷邪路。见《穀梁传·隐公元年》。寒山《诗三百三首》之一八七:"若其开小道,缘此生大伪。"

【小蓮】 ❶初出水之莲叶。杜牧《朱坡》:"小莲娃欲语,幽笋稚相携。"❷见"小憐"。

【小榼】 较小的盛酒器。孟郊有《答李员外小榼味》。白居易《自题新昌居止因招杨郎中小饮》:"春风小榼三升酒,寒食深炉一碗茶。"

【小摘】 随意采摘。杜甫《宾至》:"自锄稀菜甲,小摘为情亲。"李商隐《和马郎中移白菊见示》:"浮杯小摘开云母,带露全移缀水精。"

【小釀】 少量的酒。李群玉《旅泊》:"短篇才遣闷,小酿不供愁。"

【小管】 乐器名。长短巨细均无定形,其孔亦有六、八两说。王建《宫词一百首》之二九:"琵琶先抹六么头,小管丁宁侧调愁。"张祜《邠王小管》:"金舆远幸无人见,偷把邠王小管吹。"

【小像】 像当作"象"。小象,指象形的熏炉。李贺《答赠》:"沉香熏小像,杨柳伴啼鸦。"

【小僮】 年轻的男仆。丘为《湖中寄王侍御》:"小僮能脍鲤,少妾事莲舟。"白居易《南塘暝兴》:"小僮频报夜,归步尚踟蹰。"

【小銓】 流外铨选。唐代在九流以外,兵都、礼部举人,郎官得自主铨选,称为"小铨",亦称"小选"。参加流外铨者,一般没有什么身份、资历的限制。见《旧唐书·职官志二》。徐铉《奉和宫傅相公怀旧见寄四十韵》:"师资稷契论中礼,依止山公典小铨。"

【小語】 轻声细语。裴思谦《及第后宿平康里》:"银缸斜背解明珰,小语偷声贺玉郎。"《延和阁诗》:"延和高阁上干云,小语犹疑太乙闻。"

【小説】 偏颇、琐屑的言论。见《庄子·外物》。李贺《仁和里杂叙皇甫湜》:"欲雕小说干天官,宗孙不调为谁怜。"陆龟蒙《奉酬袭美先辈吴中苦雨一百韵》:"歌谣非大雅,捃摭为小说。"

【小閣】 小室。李商隐《韩碑》:"公退斋戒坐小阁,濡染大笔何淋漓。"又《过伊仆射旧宅》:"回廊檐断燕飞去,小阁尘凝人语空。"又《镜槛》:"斜门穿戏蝶,小阁锁飞蛾。"

【小翠】 新生的翠鸟。李端《宴伊东岸》:"空花对酒落,小翠隔林新。"

【小槽】 酿酒器之一种。用小槽榨制的红酒,称小槽红,又名真珠红,酒品名贵。李贺《将进酒》:"琉璃钟,琥珀浓,小槽酒滴真珠红。"

【小樊】 即樊素,白居易侍妾。刘禹锡有《寄赠小樊》。

【小禮】 即《礼记》。汉戴德与其兄子圣同师后仓学《礼》,世称德为大戴,圣为小戴。德删定《礼记》为八十五篇,称《大戴礼记》;圣又删定为四十九篇,称

《小戴礼记》。见《汉书·儒林·孟卿传》。陈羽《送戴端公赴容州》:"还将小戴礼,远出化南方。"

【小檀霞】 小块浅红色的云霞。牛峤《女冠子》词之二:"锦江烟水,卓女烧春浓美,小檀霞。"

【小敷】 ❶指小敷谷。司空图《戊午三月晦二首》之二:"岂似小敷春水涨,年年鸾鹤待仙舟。"参见"小敷谷"。❷指敷山。罗隐《寄三衢孙员外》:"小敷文伯见何时,南望三衢渴复饥。"

【小敷山】 山名。亦称福山,在今浙江湖州乌程县西南二十里。唐诗人沈下贤曾居于此。杜牧《沈下贤》:"一夕小敷山下梦,水如环珮月如襟。"

【小敷谷】 水名。在今陕西华县。王昌龄有《小敷谷龙潭祠作》。

【小敷溪】 即小敷谷。王建《赠华州郑大夫》:"少华山云当驿起,小敷溪水入城流。"参见"小敷谷"。

【小輪】 ❶小船。白居易有《泛小轮》。❷钓具。皮日休《鲁望以轮钩相示缅怀高致因作三篇》:"尽日悠然舴艋轻,小轮声细雨溟溟。"陆龟蒙《钓车》:"小轮轻线妙无双,曾伴幽人酒一缸。"

【小蠊】 细小的蜮虫,蛤类,肉可食。陆龟蒙《和袭美江南书情二十韵次韵》:"度岁赊赢马,先春买小蠊。"

【小儀】 唐代礼部主事的别称。见明王志坚《春异录》卷十二。郑谷《寄同年礼部赵郎中》:"仙步徐徐整羽衣,小仪澄澹转中仪。"司空图有《喜王驾小仪重阳相访》。

【小敵怯】 后汉光武帝刘秀为将军时被认为怯小敌而勇战大敌。见《后汉书·光武帝纪上》。后用作咏武将武功之典。杜甫《八哀诗·故司徒李公光弼》:"异王册崇勋,小敌信所怯。"

【小憐】 北齐后主冯淑妃之名。李商隐《北齐二首》之一:"小怜玉体横陈夜,已报周师入晋阳。"罗虬《比红儿诗》之三:"陷却平阳为小怜,周师百万战长川。"吴融《闻歌》:"落尽梁尘肠不断,九原谁报小怜知。"亦作"小蓮"。李群玉《醉后赠冯姬》:"黄昏歌舞促琼筵,银烛台西见小莲。"

【小樂】 (—yuè)❶小乐曲。白居易有《南园试小乐》。❷小乐队。花蕊夫人徐氏《宫词》之九六:"梨园子弟簇池头,小乐携来候宴游。"

【小绿】 初生的绿叶。李贺《房中思》:"新桂如蛾眉,秋风吹小绿。"

【小頭】 尖头。白居易《新乐府·上阳白发人》:"小头鞋履窄衣裳,青黛点眉眉细长。"

【小頸】 骏马的一种。李贺《马诗二十三首》之十七:"世人怜小颈,金埒畏长牙。"

【小器】 ❶小容器。白居易《寄两银榼与裴侍郎因题两绝句》之二:"小器不知容几许,襄阳米贱酒升宽。"❷喻人器量小,无大胸怀。韩愈、侯喜等《石鼎联句》:"方当洪炉然,益见小器盈。"

【小學】 ❶对儿童、少年实施初等教育的学校。李峤《砚》:"积润循毫里,开池小学前。"❷汉代以文字学为小学。柳宗元《叠前》:"小学新翻墨沼波,羡君琼树散枝柯。"❸犹小道,谓琐屑之学。太宗《咏司马彪续汉志》:"大辨良难仰,小学终先匮。"

【小築】 指小的住宅。杜甫《畏人》:"畏人成小筑,褊性合幽栖。"

【小篆】 大篆的对称。亦称"秦篆"。为秦代通行的文字,在籀文的基础上发展形成,字体较籀文简化。杜甫《李潮八分小篆歌》:"况潮小篆逼秦相,快剑长戟森相向。"鲍溶《赠杨炼师》:"紫烟衣上绣春云,清隐山书小篆文。"姚合《陕下厉去侍御宅五题·吟诗岛》:"竹枝题字处,小篆复谁能。"徐铉《送应之道人归江西》:"名垂小篆矜垂露,诗作吴吟对绮霞。"

【小儒】 ❶浅陋的儒者。见《汉书·夏侯胜传》。孟郊《与王二十一员外涯游枋口柳溪》:"小儒峭章句,大贤嘉提携。"❷旧时文人谦称自己。许浑《赠桐庐房明府先辈》:"自笑小儒非一鹗,亦趋门屏冀相怜。"赵嘏《十无诗寄桂府杨中丞》之四:"日暮江边一小儒,空怜未有白髭须。"章碣《陪浙西王侍郎夜宴》:"小儒末座频倾耳,只怕城头画角催。"蒋吉《次商於感旧寄卢中丞》:"何事商於泪如雨,小儒偏受陆家恩。"

【小錯刀】 一种小型的刀环或刀柄,用黄金镶嵌的佩刀。语出汉张衡《四愁诗》之一。李郢《赠》:"建阳门外柳千条,斜插鸾篦小错刀。"

【小餘】 凡不满一甲(即六十)余下的日数称大余,不满一日(包括夜)余下的日数称小余。元稹《景申秋八首》之五:"无酒销长夜,回灯照小余。"

【小諫】 唐代谏官拾遗的别称。见宋洪迈《容斋四笔·官称别名》。郑谷《寄献狄右丞》:"孤单小谏渔舟在,心恋清潭去未能。"齐己《乱中闻郑谷吴延保下世》:"小谏才埋玉,星郎亦逝川。"

【小瘴】 轻微的瘴气。张祜《钟陵旅泊》:"唯是南风还小瘴,与他归去避衰年。"

【小醜】 微贱之辈。见《国语·周语上》。徐知仁《奉和圣制送张说巡边》:"大明均照物,小丑未宁边。"储光羲《同诸公秋日游昆明池思古》:"恶德忽小丑,器用穷地赀。"陆龟蒙《江湖散人歌》:"唐太宗基业甚牢固,小丑背叛当歼夷。"

【小還丹】 (還 huán)亦省称"小還",即太乙小还丹。道家以为长生药。以水银、石硫黄等炼制百日而成,状如石榴子。李翱《赠毛仙翁》:"韬藏休咎传真箓,变化荣枯试小还。"张籍《赠辟谷者》:"学得餐霞法,逢人与小还。”项斯《题太白山隐者》:“从服小还后,自疑身解飞。”李群玉《将游荆州投魏中丞》:“又恐无人肯青眼,事须凭仗小还丹。”

【小膽】 胆子小。常理《古别离》:“小胆空房怯,长眉满镜愁。”

【小鲜】 小鱼。《老子》:“治大国若烹小鲜。”河上公注:“鲜,鱼也。”陆龟蒙《渔具诗·罾》:“有意烹小鲜,乘流驻孤棹。”

【小謝】 指南朝齐谢朓,世称南朝宋谢灵运为“大谢”,朓为“小谢”。二人皆以诗名。李白《宣州谢朓楼饯别校书叔云》:“蓬莱文章建安骨,中间小谢又清发。”李涉《听邻女吟》:“含情遥夜几人知,闲咏风流小谢诗。”殷文圭《次韵九华杜先辈重阳寄投宛陵丞相》:“强酬小谢重阳句,沙恨无金尽日淘。”

【小謝城】 指宣城(今属安徽)。南朝齐谢朓世称“小谢”,明帝建武二年(495)任宣城太守。杜牧《自宣州赴官入京路逢裴坦判官归宣州因题赠》:“敬亭山下百顷竹,中有诗人小谢城。”

【小謝體】 即永明体。南朝齐永明间,沈约、谢朓、王融、周颙等主诗坛,诗讲声律并创“八病”说,以平上去入四声制韵,时称“永明体”。皎然有《奉和崔中丞使君论李侍御萼登烂柯山宿石桥寺效小谢体》。

【小齋】 小的屋舍。赵嘏《送权先辈归觐信安》:“小斋松岛上,重叶覆书堂。”李朋《奉酬绵州中丞以江山小图远垂赐及兼寄诗》:“移君名郡兴,助我小斋闲。”皮日休《夏初访鲁望偶题小斋》。司空图《王官二首》之二:“荷塘烟罩小斋虚,景物皆宜入画图。”

【小闌】 小栏,小的栅栏。李商隐《戏题友人壁》:“花径逶迤柳巷深,小阑亭午啭春禽。”又《垂柳》:“小阑花尽蝶,静院醉醒蛩。”司空图《光启四年春戊申》:“孤屿池痕春涨满,小阑花韵午晴初。”

【小翼舟】 小船。见《文选·张协〈七命〉》。韩翃《送南少府归寿春》:“孤客小翼舟,诸生高翅帽。”

【小隱】 谓隐居山林。见晋王康琚《反招隐》。储光羲《酬綦毋校书梦耶溪见赠之作》:“小隐何足贵,长年固可寻。”李白《秋夜独坐怀故山》:“小隐慕安石,远游学屈平。”白居易《中隐》:“大隐住朝市,小隐入丘樊。”高骈《寄鄠杜李遂良处士》:“小隐堪忘世上情,可能休梦入重城。”曹唐《三年冬大礼五首》之五:“今日病身惭小隐,欲将泉石勒移文。”

【小纓】 珠玉缀成的带子。张谔《三日岐王宅》:“翡翠雕芳缛,真珠帖小缨。”

【小職】 卑微的官职。顾况《忆山中》:“薄田临谷口,小职向人间。”

【小檻】 小窗。赵嘏《浙东陪元相公游云门寺》:“小槛宴花容客醉,上方看竹与僧同。”又《吕校书雨中见访》:“竹阁斜溪小槛明,唯君来赏见山情。”吴融《凉思》:“松间小槛接波平,月淡烟沉暑气清。”

【小簟】 较小的竹席。白居易《竹窗》:“轻纱一幅巾,小簟六尺床。”

【小簡】 简短的信札。许岷《木兰花》词之二:“书成小简寄情人,临行更把轻轻撚。”

【小懲】 小的惩戒。李商隐《别薛岩宾》:“桂树乖真隐,芸香是小惩。”

【小觴】 小酒杯。李贺《同沈附马赋得御沟水》:“别馆惊残梦,停杯泛小觞。”

【小雛】 禽之幼稚。刘禹锡《酬柳柳州家鸡之赠》:“日日临池弄小雏,还思写论付官奴。”庄南杰《黄雀行》:“小口黄雏未有知,青天不解高高飞。”

【小孽】 小的妖祸。韦庄《和郑拾遗秋日感事一百韵》:“小孽乘躔次,中兴系昊苍。”

【小藩】 小的藩镇。薛能《送福建李大夫》:“行过小藩应大笑,只知夸近不知贫。”

【小襦】 短衣。杜甫《别李义》:“忆昔初见时,小襦绣芳荪。”

【小雞山】 山名。在今江苏苏州市。陆龟蒙《小鸡山樵人歌》序:“小鸡山在胥门外光福之西。”

【小鬟】 小发髻;孩童的发髻。旧时以代称婢。李贺《追赋画江潭苑四首》之一:“小鬟红粉薄,骑马珮珠长。”

【小叠】 稍微折叠。韩偓《偶见》:“小叠红笺书恨字,与奴方便寄卿卿。”

【小靨】 古代妇女颊上的小样装饰,亦借指美女。李贺《许公子郑姬歌》:“自从小靥来东道,曲里长眉少见人。”王琦注:“小靥,颊上之饰作小样者。”

【小鱗】 小鱼。元稹《四皓庙》:“云卷在孤岫,龙潜为小鳞。”

【小鬢】 短小的鬓发。李商隐《河内诗二首》之一:“八桂林边九芝草,短襟小鬓相逢道。”

【小蠻】 ❶白居易的舞伎名。唐孟棨《本事诗·事感》:“白尚书姬人樊素善歌,妓人小蛮善舞。尝为诗曰:‘樱桃樊素口,杨柳小蛮腰。’”❷酒器名。小花蛮榼之略称。白居易《晚春酒醒寻梦得》:“还携小蛮去,试觅老刘看。”自注:“小蛮,酒榼名也。”

【小艷】 初绽的鲜艳花朵。陈陶《泉州刺桐花咏兼呈赵使君》之四:“猗猗小艳夹通衢,晴日熏风笑越姝。”

【小庾體】 北周庾信诗文蕴藻绮丽,在南朝梁时与徐陵风格相类,或称“徐庾体”。见《周书·庾信传》。韩仲宣有《上元夜效小庾体》。清昼等有《渚山春暮会顾丞茗舍联句效小庾体》。

一 画

少¹ 〔shǎo《广韵》書沼切，上小，書，〕❶数量小；少量，不多。岑参《送蒲秀才擢第归蜀》："汉水行人少，巴山客舍稀。"元稹《酬杨司业十二兄早秋述情见寄》："白发故人少，相逢意弥远。"陈去疾《送人谪幽州》："莫言塞北春风少，还胜炎荒入瘴岚。"徐铉《早春左省寓直》："时清政事少，日永直官闲。"❷缺少。王维《九月九日忆山东兄弟》："遥知兄弟登高处，遍插茱萸少一人。"杜甫《丹青引赠曹将军霸》："凌烟功臣少颜色，将军下笔开生面。"白居易《读张籍古乐府》："尤工乐府诗，举代少其伦。"韦庄《虢州涧东村居作》："儿童见少生于客，奴仆骄多倨似兄。"❸稍，略。韦应物《休沐东还胄贵里示端》："欲言少留心，中复畏简书。"韩愈《龊龊》："秋阴欺白日，泥潦不少干。"李商隐《送从翁从东川弘农尚书幕》："少减东城饮，时看北斗杓。"陆龟蒙《村夜二篇》之一："明发成浩歌，谁能少倾听。"❹少顷；短暂。岑参《送李翥游江外》："青门须醉别，少为解征鞍。"韩愈《醉后》："人生如此少，酒贱且勤置。"见"少顷"。

少² 〔shào《广韵》失照切，去笑，書。〕❶年幼。语见《国语·晋语七》。韦元甫《木兰歌》："岂足万里行，有子复尚少。"❷年轻；年轻时。崔融《哭蒋詹事俨》："不轻文举少，深叹子云疲。"杜甫《戏为双松图歌》："天下几人画古松，毕宏已老韦偃少。"陈羽《古意》："繁华全盛两相敌，与郎年少为婚姻。"白居易《初到洛下闲游》："汉庭重少身宜退，洛下闲居迹可逃。"朱庆余《送窦秀才》："通籍名高年又少，回头应笑晚从军。"❸年轻或年幼之人。卢纶《秋夜宴集陈翃郎中圃亭美校书郎张正元归乡》："为谢邑中少，无惊池上鸥。"❹小。见"少₂城""少₂陵"。❺次序、排行在后的。见"少₂女"。❻副职。《书·周官》："立太师、太傅、太保，兹唯三公……少师、少傅、少保，曰三孤。"参见"少₂保""少₂師"。

【少人】 缺少人；人数不多。白居易《画竹歌》："幽姿远思少人别，与君相顾空长叹。"姚合《武功县中作三十首》之二五："新诗久不写，自算少人看。"又《游春十二首》之三："书非名利事，爱此少人同。"杜牧《早雁》："莫厌潇湘少人处，水多菰米岸莓苔。"

【少₂小】 年幼，年幼者。寒山《诗三百三首》之一一一："少小带经锄，本将兄共居。"岑参《行军诗二首》之二："早知逢世乱，少小谩读书。"韩愈《送灵师》："少小涉书史，早能缀文篇。"方干《题桐庐谢逸人江居》："少小高眠无一事，五侯勋盛欲如何。"

【少₂女】 ❶年轻未婚女子。李白《姑孰十咏·丹阳湖》："少女棹归舟，歌声逐流水。"李群玉《赠妓人》："谁家少女字千金，省向人间逐处寻。"周繇《看牡丹赠段成式》："金蕊霞英叠彩香，初疑少女出兰房。"邢凤《梦中美人歌》："长安少女踏春阳，何处春阳不断肠。"❷小女儿。钱起《柏崖老人号无名先生男削发女黄冠自以云泉独乐命予赋诗》："长男栖月宇，少女炫霓裳。"❸指少女风。即西风。张碧《惜花三首》之三："留取秾红伴醉吟，莫教少女来吹扫。"姚鹄《风不鸣条》："大王初溥畅，少女正轻盈。"刘兼《玉烛花》："少女不吹方熠爚，东君偏惜未离披。"

【少₂女風】 指西风。语出《三国志·魏志·管辂传》。李峤《萱》："色湛仙人露，香传少女风。"唐远悊《奉和送金城公主适西蕃应制》："少女风游兑，姮娥月去秦。"薛逢《长安春日》："王孙草上悠扬蝶，少女风前烂熳花。"

【少₂夭】 少年夭折。白居易《夭老》："谁人断得人间事，少夭堪伤老又悲。"又《酬梦得比萱草见赠》："老衰胜少夭，闲乐笑忙愁。"

【少₂尹】 官名。唐初诸郡皆置司马。开元初改为少尹，每郡二员，从四品下，为府州的副职。岑参有《赵少尹南亭送郑侍御归东台》。杜甫《惠义寺送王少府尹赴成都》。白居易《送陕州王司马建赴任》："公事闲忙同少尹，料钱多少敌尚书。"《语·京兆府语》："不立两县令，不坐两少尹。"

【少₂日】 年轻之时。白居易《花前有感兼呈崔相公刘郎中》："少日为名多检束，长年无兴可颠狂。"

【少₂年】 ❶年轻，年轻时。刘长卿《代边将有怀》："少年辞魏阙，白首向沙场。"沈千运《赠史修文》："畴昔皆少年，别来鬓如丝。"李商隐《戏题枢言草阁三十二韵》："少年苦不久，顾慕良难哉。"皮日休《送从弟皮崇归复州》："羡尔优游正少年，竟陵烟月似吴天。"❷古称青年男子。刘长卿《小鸟篇上裴尹》："少年挟弹遥相猜，遂使惊飞往复回。"杜甫《饮中八仙歌》："宗之潇洒美少年，举觞白眼望青天，皎如玉树临风前。"贾岛《送南康姚明府》："铜章美少年，小邑在南天。"陆龟蒙《寄远》："缥梨花谢莺口吃，黄犊少年人未归。"偶尔亦指青年女性。花蕊夫人徐氏《宫词》之二六："少年相逐采莲回，罗帽罗衫巧制裁。"

【少₂年子】 （子 zǐ）❶古称年轻人。陆龟蒙《春思二首》之二："谁家无事少年子，满面落花犹醉眠。"薛蕴《赠郑女郎》："能弹箜篌弄纤指，愁杀门前少年子。"❷乐府杂曲歌辞名。南朝齐王融、梁吴均和唐李百药、李白等均有此作。

【少₂年行】 （行 xíng）乐府杂曲歌辞名。本为《结客少年场行》。南朝宋鲍照、北周庾信皆有作，多咏少年轻生重义、任侠游乐之事。后多作《少年行》，或冠以地名，如《长安少年行》《渭城少年行》《邯郸少年行》等。王维、李白、张籍、杜牧等均有《少年行》之作。

【少₂年場】（场 chǎng）年轻人聚会的场所。杨师道《奉和圣制春日望海》："搴旗羽林客，跋距少年场。"白居易《座中戏呈诸少年》："不为倚官兼挟势，因何入得少年场。"鲍溶《苦哉远征人》："掩抑大风歌，裴回少年场。"陆龟蒙《袭美以公斋小宴见招因代书寄之》："唯待数般幽事了，不妨还入少年场。"

【少₂年郎】年轻男性。白居易《闲出觅春戏赠诸郎官》："除却髭须白一色，其余未伏少年郎。"李廓《长安少年行》之一："金紫少年郎，绕街鞍马光。"

【少₂年樂】（乐 lè）乐府杂曲歌辞名。李贺和张祜有此作。

【少₂色】少年的气色。喻生气或豪情。孟郊《杀气不在边》："万物无少色，兆人皆老忧。"

【少₂牢】旧时祭礼的牺牲，牛、羊、豕俱用称太牢。只用羊、豕二牲称少牢。一说谓羊为少牢，乃举羊以赅豕。见《大戴礼记·曾子天圆》。《语·京师人号牛杨语》："牛僧孺与杨虞卿兄弟驱驾轻薄，有不附己者，潜被疮痏。京师为之语云：'太牢笔，少牢口，东西南北何处走？'太牢，僧孺；少牢，虞卿也。"

【少安】稍稍安静。韩愈《送文畅师北游》："谓僧当少安，草序颇排讦。"李商隐《戏题枢言草阁三十二韵》："君今且少安，听我苦吟诗。"

【少₂君】❶即汉李少君。为武帝时方士。王翰《古娥眉怨》："飞廉观前空怨慕，少君何事须相误。"陈羽《游洞灵观》："初访西城礼少君，独行深入洞天云。"刘禹锡《八月十五日夜桃源玩月》："少君引我升玉坛，礼空遥请真仙官。"参见"少君方"。❷少君为方士，故后世多借称道士。皇甫冉《送张道士归茅山谒李尊师》："师事少君年岁久，欲随旄节住层城。"李益《同萧炼师宿太乙庙》："微月空山曙，春祠谒少君。"贾岛《过杨道士居》："无话瀛洲路，多年别少君。"❸即汉鲍宣妻。桓氏女，少君其字。着短布裳，与宣共乘鹿车归乡里，修行女妇道，乡邦称之。事迹见《后汉书·列女传》。后因用以借称贤妻。皮日休《临顿宅将有归于之日鲁望以诗见贶因抒怀酬之》："几枝竹笥送德曜，一乘柴车迎少君。"

【少₂君方】汉李少君主方药，以祠灶、谷道、却老方等方术事武帝。见《史记·孝武本纪》，又见《史记·封禅书》。卢纶《奉陪侍中游石笋溪十二韵》："欲验少君方，还吟大隐作。"

【少₂君青騾】指汉武帝时方士李少君死后骑青骡仙去之事。见《太平御览》卷九〇一引《鲁女生别传》。李贺《马诗二十三首》之二二："少君骑海上，人见是青骡。"

【少₂君術】指汉方士李少君使武帝复见已故李夫人之术。见晋王嘉《拾遗记》卷五。按，《太平御览》卷八一六、《太平广记》卷七一引《拾遗记》李少君作董仲君。《史记·封禅书》《汉书·外戚·孝武李夫人传》载此事作方士齐人少翁。沈佺期《天官崔侍郎夫人卢氏挽歌》："犹凭少君术，仿佛睹容辉。"参见"少翁"。

【少₂壯】❶年轻力壮。寒山《诗三百三首》之五三："黄泉前后人，少壮须努力。"崔颢《江畔老人愁》："君今少壮我已衰，我昔少年君不睹。"白居易《思旧》："况在少壮时，亦为嗜欲牵。"雍陶《送春》："勿言春尽春还至，少壮看花复几回。"李建勋《惜花寄孙员外》："思量少壮不自乐，他日回头空叹吁。"❷年轻力壮之人。李商隐《行次西郊作一百韵》："少壮尽点行，疲老守空村。"陆龟蒙《奉酬袭美先辈吴中苦雨一百韵》："霜戈驱少壮，败屋弃羸耋。"

【少₂壯不努力，老大徒傷悲】谓年轻力壮时不努力进取，老来后悔莫及。贯休《杂曲歌辞·轻薄篇二首》之二："方吟少壮不努力，老大徒伤悲。"

【少₂壯幾時奈老何】出《文选·汉武帝〈秋风辞〉》。后用此语作伤老之典。杜甫《渼陂行》："少壮几时奈老何，向来哀乐何其多。"

【少₂長】（長 zhǎng）❶年少的和年长的。崔国辅《九日》："江边枫落菊花黄，少长登高一望乡。"颜真卿、皇甫曾《七言重联句》："诗书宛似陪康乐，少长还同宴永和。"严维《奉和皇甫大夫夏日游花严寺》："初第华严会，王家少长行。"白居易《和答诗十首·和阳城驿》："乡人化其风，少长皆孝慈。"❷从年少至长大。徐铉《将过江题白沙馆》："少长在维扬，依然认故乡。"

【少₂林寺】佛教禅宗和少林派拳术发源地，今河南登封县西少室山北麓。始建于北魏太和十九年(495)。孝昌三年(527)印度僧人菩提达摩在此自创禅宗，历称达摩为初祖，少林为祖庭。唐初，少林寺和尚佐唐太宗开国有功，从此僧徒常习拳术，禅宗和少林拳负有盛名，广为流传。宋之问有《幸少林寺应制》。沈佺期和戴叔伦有《游少林寺》。李绅有《灵蛇见少林寺》。

【少₂林精舍】即少林寺。韦应物有《经少林精舍寄都邑亲友》。

【少事】事务很少。姚合《游春十二首》之二："官卑长少事，县僻又无城。"

【少₂昊】同"少皞"。杜甫《同诸公登慈恩寺塔》："羲和鞭白日，少昊行清秋。"陆龟蒙《战秋辞》："少昊负扆，亲朝百灵。"

【少₂昊氏】同"少皞"。元结《补乐歌十首·九渊》序："《九渊》，少昊氏之乐歌也。"

【少₂昊司】　指刑部。少昊主秋，为秋官；秋官主刑杀。韩愈《奉和兵部张侍郎酬郓州马尚书祗召途中见寄开缄之日马帅已再领郓州之作》："再领须句国，仍迁少昊司。"原注："总加检校刑部尚书。"总，马总。

【少₂昊墟】　少昊墟借指山东曲阜。用为歌咏曲阜之典。见晋王皇谧《帝王世纪》。高适《鲁郡途中遇徐十八录事》："前临少昊墟，始觉东蒙长。"又《东平旅游奉赠薛太守二十四韵》："遗墟当少昊，悬象逼奎娄。"

【少别】　暂时分别。丘为《湖中寄王侍御》："少别如昨日，何言经数秋。"钱起《送冷朝阳擢第后归金陵觐省》："佳期少别俄千里，云树愁看过几重。"戴叔伦《送人游岭南》："少别华阳万里游，近南风景不曾秋。"韦庄《叹落花》："飘红堕白堪惆怅，少别秾华又隔年。"

【少₂府】　❶唐代对县尉的称呼，为县令佐吏。王勃有《白下驿赠唐少府》。高适有《钜鹿赠李少府》。白居易《戏题新栽蔷薇》："少府无妻春寂寞，花开将尔当夫人。"施肩吾《寄王少府》："多谢蓝田王少府，人间诗酒最关情。"❷官名，指符宝郎，此官东汉属少府。韩愈《元和圣德诗》："读命于庭，出节少府。"

【少₂府監】　官署名。秦代官制有少府，职掌十分广泛，主要掌山海地泽之税，但为天子服务的各种职官亦属之，其后渐集中于掌工役杂作之任。隋代少府之职总于太府寺，炀帝始于太府析置少府监，唐代因之，历改内府监、尚方监，掌百工技巧之事，相当于国家手工业事务机关。少府所属之署、监的长官分别为令(监)和丞。李颀有《题少府监李丞山池》。

【少₂妾】　年轻的妾室。丘为《湖中寄王侍御》："小僮能脍鲤，少妾事莲舟。"

【少₂孤】　年轻孤苦。丘为《冬至下寄舍弟时应赴人京》："终日读书仍少孤，家贫兄弟未当途。"

【少₂兒】　即汉卫少儿，大将军卫青之姊，与霍仲孺私通，生去病。王维《奉和杨驸马六郎秋夜即事》："少儿多送酒，小玉更焚香。"杜甫《宿昔》："落日留王母，微风倚少儿。"

【少₂城】　城名，在成都城西。苏颋《蜀城哭台州乐安少府》："变衣寝门外，挥涕少城隈。"岑参《东归留题太常徐卿草堂》："复居少城北，遥对岷山阳。"杜甫《江畔独步寻花七绝句》之四："东望少城花满烟，百花高楼更可怜。"又《客堂》："忆昨离少城，而今异楚蜀。"

【少₂保】　❶官名。周置。与少师、少傅合称"三孤"，或称"三少"。见《书·周官》。后一般为大官加衔，以示恩宠而无实职。许浑有《朱坡故少保杜公池亭》。❷指太子少保。辅导太子的官。杜甫《观薛稷少保书画壁》："少保有古风，得之陕郊篇。"原注："稷，汾阳人，工书画，官至太子少保，封晋国公。以太平公主乱，坐知谋赐死。"杜甫又有《通泉县署屋壁后薛少保画鹤》。

【少₂施】　即少施氏。春秋鲁惠公之子施父之后。见《礼记·杂记下》。后因用为受人以礼相待之典。权德舆《惠上人房宴别》："法味已同香积会，礼容疑在少施家。"

【少₂帝】　指新登基的皇帝。李白《上皇西巡南京歌十首》之十："少帝长安开紫极，双悬日月照乾坤。"常楚老《祖龙行》："龙蛇撩乱入咸阳，少帝空随汉家马。"

【少₂室】　山名，在今河南登封县北。东太室、西少室，相距七十里。总名嵩山。因山有石室得名。王维《闻寇校书双溪》："君家少室西，为复少室东。"岑参《自潘陵尖还少室居止秋夕凭眺》："草堂近少室，夜静闻风松。"白居易《留别微之》："少室云边伊水畔，比君校老合先归。"韦庄《颍阳县》："琴堂连少室，故事即仙踪。"

【少₂室山人】　指李渤。渤曾隐居少室山，诏以右拾遗召，不拜。韩愈《寄卢仝》："少室山人索价高，两以谏官征不起。"

【少₂姨】　嵩山少室女神之名，相传为夏启母涂山之妹。白居易《嵩阳观夜奏霓裳》："子晋少姨闻定怪，人间亦便有霓裳。"参见"少姨廟"。

【少₂姨峰】　西岳华山山峰名。钱起《赋得归云送李山人归华山》："欲依毛女岫，初卷少姨峰。"

【少₂姨廟】　在嵩山少室，祠夏启母涂山之妹。韦应物《杂言送黎六郎》："钓台水渌荷已生，少姨庙寒花始遍。"

【少時】　片刻；一会儿。萧祜《奉陪武相公西亭夜宴陆郎中》："交逢贵日重，醉得少时欢。"刘禹锡《竹枝词九首》之六："懊恼人心不如石，少时东去复西来。"姚合《别春》："随风未辨归何处，浇酒唯求住少时。"戴叔伦《湘南即事》："沅湘日夜东流去，不为愁人住少时。"

【少₂師】　官名。❶"三孤"之一。周置。为国君辅弼之官，地位次于太师。战国后废置。北周以后历代多有设置，一般为大官加衔，以示恩宠而无实职。许浑有《贺少师相公致政》和《陪少师李相国崔宾客宴居守狄仆射池亭》。参见"少₂保❶"。❷指太子少师。辅导太子之官。徐夤《寄卢端公同年仁炯时迁都洛阳新立幼主》："须簪白笔匡明主，莫许黄觚博少师。"

【少₂翁】　(？—前119)汉齐(今山东)人。方士。以鬼神方术事武帝，拜文成将军，为帛书喂牛，并谓武帝："此牛腹中有奇。"事败露被诛。见《汉书·外戚·

孝武李夫人传》,又见《郊祀志上》。按,唐人亦多以为李夫人之事。纥干著《古仙词》:"珠幡绛节晓霞中,汉武清斋待少翁。"徐夤《李夫人二首》之二:"招得香魂爵少翁,九华灯烛晓还空。"参见"少君術"。

【少₂卿】 ❶官名,北魏太和时所设官名,北齐时为正卿的副职,隋唐至清亦沿置。唐太常、光禄、卫尉、宗正、太仆、廷尉、鸿胪、司农、少府九寺,长官称卿,次官皆称少卿。白居易有《夜调琴忆崔少卿》。❷汉李陵之字。刘禹锡《咏史二首》之一:"骠骑非无势,少卿终不去。"王涣《惆怅诗十二首》之十一:"少卿降北子卿还,朔野离觞惨别颜。"韦庄《钟陵夜阑作》:"流落天涯谁见问,少卿应识子卿心。"❸即杨少卿。冯少吉《山寺见杨少卿书壁因题其尾》:"少卿真迹满僧居,只恐钟王也不如。"

【少留】 稍事停留;短期逗留。宋之问《使往天平军马约与陈子昂新乡为期及还而不相遇》:"人卫期之子,吁嗟不少留。"杜甫《彭衙行》:"少留周家洼,欲出芦子关。"韩愈《此日足可惜赠张籍》:"主人愿少留,延入陈壶觞。"刘禹锡《酬乐天见寄》:"元君后辈先零落,崔相同年不少留。"

【少₂康】 夏后相之子。浇杀相,羿、寒浞相继篡立。有夏之臣靡灭浞而立少康,在位二十一年。见《左传·襄公四年》。少康中兴有夏,后世因用以称中兴之君。崔居俭《后唐宗庙乐舞辞》:"汉绍世祖,夏资少康。"

【少₂海】 ❶指渤海,也称幼海。见《山海经·东山经》。骆宾王《秋日饯陆道士陈文林》序:"加以山接太行,耸羊肠而飞盖;河通少海,疏马颊以开澜。"刘长卿《瓜洲驿奉饯张侍御公拜膳部郎中却复宪台充贺兰大夫留后使之岭南时侍御在淮南幕府》:"随川归少海,就日背长安。"严维《句》:"波从少海息,云自大风开。"❷比喻太子。卢照邻《中和乐九章·歌储宫第六》:"波澄少海,景丽前星。"杜甫《壮游》:"崆峒杀气黑,少海旌旗黄。"花蕊夫人徐氏《宫词》之六三:"东宫降诞挺佳辰,少海星边拥瑞云。"齐己《送相里秀才赴举》:"曾逢少海尊前客,旧是神仙会里人。"

【少頃】 一会儿。李商隐《七月二十八日夜与王郑二秀才听雨后梦作》:"少顷远闻吹细管,闻声不见隔飞烟。"

【少₂常】 唐太常寺少卿的别称。见《容斋随笔·官称别名》。杜牧有《夏州崔常侍自少常亚列出领麾幢十韵》。黄滔《寄少常卢同年》:"官拜少常休,青緺换鹿裘。"

【少₂健】 少壮健康。李商隐《今月二日不自量度辄以诗一首四十韵干渎尊严辄复五言四十韵诗献上亦诗有咏叹不足之义也》:"容华虽少健,思绪即悲翁。"

【少許】 一点点;小量。王建《看石楠花》:"明朝独上铜台路,容见花开少许时。"白居易《偶吟二首》之一:"犹残少许云泉兴,一岁龙门数度游。"

【少₂商】 七弦古琴的第七弦。见《通典·乐四》引汉桓潭《新论》。皎然《风入松》:"美人夜坐月明里,含少商兮点清徵。"

【少₂清】 即权少清。德舆从弟。权德舆有《送少清赴润州参军因思练旧居》。

【少₂梁】 地名。春秋梁国,灭于秦,后为晋所取。战国时为魏邑。秦与梁惠王战少梁,虏其将公孙痤,旋取少梁。秦惠王更名夏阳。故城在今陕西韩城县南。储光羲《赴冯翊作》:"西出太华阴,北走少梁地。"

【少₂將】 (—jiàng)少年将军。李商隐有《少将》。

【少₂陵】 ❶汉宣帝许后之陵。因规模比宣帝的杜陵小,故名,在今陕西长安县。袁朗《和洗掾登城南坂望京邑》:"南登少陵岸,还望帝城中。"吕温《登少陵原望秦中诸川因用感叹》:"少陵最高处,旷望极秋空。"❷指杜甫。甫自号少陵野老。杜牧《雪晴访赵嘏街西所居三韵》:"少陵鲸海动,翰苑鹤天寒。"

【少₂陵原】 即少陵。皎然《送僧之京师》:"禅子初心易凄断,秋风莫上少陵原。"吕温有《登少陵原望秦中诸川因用感叹》。杨发有《秋晚日少陵原游山泉之什》。

【少₂婦】 ❶年轻的已婚女子。卢象《戏赠邵使君张郎》:"少妇石榴裙,新妆白玉面。"韩翃《送故人归鲁》:"知君拜亲后,少妇下机迎。"元稹《獐塞》:"獐塞巴山哭鸟悲,红妆少妇敛啼眉。"卢汝弼《和李秀才边庭四时怨》之一:"少妇不知归不得,朝朝应上望夫山。"❷谓小儿媳妇。张谓《春园家宴》:"南园春色正相宜,大妇同行少妇随。"

【少₂華】 山名,在今陕西华阴县东南,位于华山之西。岑参《送祁乐归河东》:"少华与首阳,隔河势争雄。"王建《赠华州郑大夫》:"少华山云当驿起,小敷溪水入城流。"欧阳詹《咏德上韦检察》:"少华类太华,太室似少室。"张乔《游华山云际寺》:"少华中峰寺,高秋众景归。"

【少₂傅】 ❶指晋谢安石,安石拜太子太保,赠太子太傅。李商隐《韦蟾》:"谢家离别正凄凉,少傅临岐赌佩囊。"按安石未拜少傅,此诗误。❷指白居易。居易大和九年(835)拜太子少傅。刘禹锡《自左冯归洛下酬乐天兼呈裴令公》:"自有园公紫芝侣,仍追少傅赤松游。"白居易《和东川杨慕巢尚书府中独坐感戚在怀见寄十四韵》:"将军驰铁马,少傅步铜驼。"

【少₂陽】 ❶东方。见《史记·司马相如列传》裴驷集解。崔曙《早发交崖山还太室作》:“萧萧过颍上,昽昽辨少阳。”❷东宫,太子所居。见《文选·颜延之〈三月三日曲水诗序〉》。后以指太子。李元嘉《奉和同太子监守违恋》:“乾象开层构,离明启少阳。”白居易《赠悼怀太子挽歌辞二首》之一:“永言窀穸事,全用少阳仪。”

【少$_2$陽宫】 东宫。马戴《送春坊董正字浙右归觐》:“何当复雠校,春集少阳宫。”参见“少$_2$陽❷”。

【少$_2$清】 权少清,华州司士参军权隼之子,以经明解中,参南徐州军事。见权德舆《叔父故朝散郎华州司士参军(权隼)墓志铭》(《全唐文》卷五〇三)和权德舆《送再从弟少清赴润州参军序》(《全唐文》卷四九二)。权德舆有《送少清赴润州参军因思练旧居》。权德舆曾居润州练湖,诗题夺一“湖”字。

【少$_2$瑜】 即南朝梁纪少瑜。见《南史·文学·纪少瑜传》。罗隐《送陆郎中赴阙》:“少瑜镂管丘迟锦,从此西垣使凤凰。”

【少暇】 少有闲暇时间。韩愈《陪杜侍御游湘西两寺独宿有题一首因献杨常侍》:“经营诚少暇,游宴固已歉。”

【少$_2$雋】 年少英俊。李群玉《劝人庐山读书》:“怜君少隽利如锋,气爽神清刻骨聪。”

【少$_2$微】 ❶星座名。共四星,在太微垣西南。见《史记·天官书》。许敬宗《奉和秋暮言志应制》:“凝宸阅栖亩,观文伫少微。”窦群《草堂夜坐》:“匣中三尺剑,天上少微星。”刘禹锡《洛滨病卧户部李侍郎见惠药物谑以文星之句斐然仰谢》:“周南留滞商山老,星象如今属少微。”杜荀鹤《寄温州崔博士》:“好向贤侯话吟侣,莫教辜负少微星。”❷指处士。见《晋书·谢敷传》。牟融《送沈翔》:“清朝尽道无遗逸,当路谁曾访少微。”方干《赠黄处士》:“到头苦节终何益,空改文星作少微。”张蠙《言怀》:“岂能得路陪先达,却拟还家望少微。”❸同“少微上人”。皎然《酬别襄阳诗僧少微》。

【少$_2$監】 官名。唐秘书省、殿中省及司天台、少府监、将作监等均置少监,为这些部门的次官,官阶一般为从四品上至从四品下。杜甫有《八哀诗·故秘书少监武功苏公源明》。王建有《寄李益少监兼送张实游幽州》。刘禹锡《秘书崔少监见示坠马长句因而和之》:“麟台少监旧仙郎,洛水桥边坠马伤。”张籍有《同将作少监赠水部李郎中》。贯休有《少监三首》。

【少$_2$微上人】 襄阳(今湖北襄樊)鹿门山诗僧。大历、贞元间人。与皇甫曾、钱起、李端、顾况、戴叔伦、皎然、欧阳詹、严维等有交往。皇甫曾、严维均有《送少微上人东南游》。戴叔伦、李端均有《送少微上人入蜀》。

【少$_2$微師】 同“少微上人”。钱起《送少微师西行》。

【少$_2$微隕光】 出《艺文类聚》卷二十六引《续晋阳秋》。此言月犯少微星而处士谢敷死。故后用作喻处士亡故之典。沈佺期《哭道士刘无得》:“少微星夜落,高掌露朝晞。”张祜《酬答柳宗言秀才见赠》:“任子偶垂沧海钓,戴逵虚认少微星。”李群玉《经费拾遗所居呈封员外》:“云卧竟不起,少微空陨光。”韦庄《哭麻处士》:“少微何处堕,留恨白杨风。”

【少$_2$游】 汉马援之字。见《后汉书》本传。李頎《送刘十》:“房中唯有老氏经,枥上空余少游马。”

【少$_2$皞】 传说中古代帝王,名挚,号金天氏。黄帝之子。死后为西方之神,主管秋季。见《左传·昭公十七年》。李咸用《送人》:“少皞开宫行帝业,无刃金风剪红叶。”

【少$_2$皞區】 同“少昊墟”。扈载《芳草》:“省傍灵光看,残阳少皞区。”

【少選】 须臾。见《吕氏春秋·音初》。骆宾王《代女道士王灵妃赠道士李荣》:“寻思许事真情变,二人容华识少选。”

【少$_2$孺】 ❶见“少$_2$孺子”。❷汉枚皋之子。皋,乘之子。寇坦《同张少府和厍狄员外夏晚初霁南省寓直时兼弃带节度判官之作》:“少孺嘉能赋,文强阅赐书。”

【少$_2$孺子】 春秋吴舍人。曾谏吴王伐楚。见汉刘向《说苑·正谏》。李峤《弹》:“谁知少孺子,将此见吴王。”亦作“少孺”。周昙《咏史诗·春秋战国门·少孺》:“宝贵亲仁与善邻,邻兵何要互相臻。螳螂定是遭黄雀,黄雀须防挟弹人。”

【少$_2$颜】 义同“少$_2$色”。贾岛《早起》:“旅途少颜尽,明镜劝仙食。”

三 画

尖 〔jiān《广韵》子廉切,平鹽,精。〕❶细小锐利的末端、顶端。张籍《和李仆射西园》:“石苔生紫点,栏药吐红尖。”唐彦谦《晚秋游中溪》:“淡竹冈前沙雁飞,小花尖下柘丸肥。”❷末端细小、尖锐。杜甫《送张二十参军赴蜀州因呈杨五侍御》:“两行秦树直,万点蜀山尖。”韩愈、侯喜《石鼎联句》:“上比香炉尖,下与镜面平。”温庭筠《罩鱼歌》:“风飕飕,雨离离,菱尖茭刺鸂鶒飞。”卢注《酒胡子》:“鼻何尖,眼何碧,仪形本非天地力。”韦庄《冬日长安感志寄献虢州崔郎中二十韵》:“积冻慢封寒溜细,暮云高拔远峰尖。”❸新颖别致。姚合《和座主相公西亭秋日即事》:“酒浓杯稍重,诗冷语多尖。”见“尖新”。

❹形容声音高而刺耳。贾岛《客思》："促织声尖尖似针，更深刺著旅人心。"见"尖咽"。❺细小，纤细。见"尖髮""尖纖"。❻尖冷。孟郊《寒溪》之七："尖雪入鱼心，鱼心明愀愀。"见"尖風"。

【尖尖】　末端细小尖锐貌。章孝标《僧院小松》："还似天台新雨后，小峰云外碧尖尖。"

【尖咽】　(—yè)声音尖细而呜咽。李商隐《安平公诗》："时禽得伴戏新木，其声尖咽如鸣梭。"

【尖風】　刺骨的寒风。李商隐《蝶三首》："只知防皓露，不觉逆尖风。"

【尖帽】　尖顶之帽。张祜《投魏博田司空二十韵》："小旗鞍马令，尖帽柘枝娘。"

【尖新】　新颖别致。无名氏《射覆巾子》(卷八八〇)："近来好裹束，各自竞尖新。"李德裕《句》："老生夸隐拙，时辈毁尖新。"

【尖髮】　纤细的柔发。李商隐《残花》："残花啼露莫留春，尖发谁非怨别人。"

【尖頭】　顶端尖细。罗隐《白角篦》："莫言此个尖头物，几度撩人恶发来。"

【尖險】　峭削险要。罗隐《竹下残雪》："墙下浓阴对此君，小山尖险玉为群。"

【尖臍】　指雄蟹。雄蟹有腹甲形尖，称"尖脐"；雌蟹的腹甲形团，称"团脐"。唐彦谦《蟹》："漫夸丰味过蝤蛑，尖脐犹胜团脐好。"

【尖纖】　纤细，细小。白居易《裴常侍以题蔷薇架十八韵见示因广为三十韵以和之》："散乱萎红片，尖纤嫩紫芒。"

五　画

尚　〔shàng《广韵》時亮切，去漾，禪。〕❶上。见《易·小畜》。卢鸿《嵩山十志十首·樾馆》序："樾馆者，盖即林取材，基颠柘，架茅茨，居不期逸，为不至劳，清谈娱宾，斯为尚矣。"见"尚公"。❷尊崇；重视。杜审言《送和西蕃使》："圣朝尚边策，诏谕兵戈偃。"杜甫《剑门》："后王尚柔远，职贡道已丧。"李商隐《骄儿诗》："前朝尚器貌，流品方第一。"杜牧《题池洲弄水亭》："风俗知所尚，豪强耻孤侮。"❸爱好；盛行。见《国语·晋语八》。皎然《九日陪颜使君真卿登水楼》："重阳荆楚尚，高会此难陪。"王建《送于丹移家洺州》："四方尚尔文，独我敬尔贤。"袁高《茶山诗》："皇帝尚巡狩，东郊路多堙。"刘禹锡《酬乐天衫酒见寄》："酒法众传吴米好，舞衣偏尚越罗轻。"卢仝《感古四首》之三："恩眷多弃故，物情尚逐新。"❹主，主事。见《书·泰誓》。亦指主管、执掌帝王私人事务。见"尚食""尚書"。❺匹配，事奉。见《史记·司马相如列传》。元稹《去杭州》："昔公令子尚贵主，公执舅礼妇执笄。"见"尚主"。❻久；远。杜甫《发同谷县》："况我饥愚人，焉能尚安宅。"❼志向。张说《夕宴房主簿舍》："薄游羁物役，微尚惬远凭。"李白《登峨眉山》："平生有微尚，欢笑自此毕。"元稹《和乐天赠樊著作》："顾予有微尚，愿以出处论。"吕温《吐蕃别馆和周十一郎中杨七录事望白水山作》："夙闻蕴孤尚，终欲穷幽遐。"❽副词。(1)犹，还。王维《过李楫宅》："散发时未簪，道书行尚把。"韩愈《古风》："无曰既蹙矣，乃尚可以生。"于武陵《过侯王故第》："歌歇云初散，檐空燕尚存。"许棠《忆江南》："眠云机尚在，未忍负初心。"(2)且，尚且。李白《杂诗》："白日与明月，昼夜尚不闲。"李贺《嘲少年》："少年安得长少年，海波尚变为桑田。"王建《寄远曲》："两心相对尚难知，何况万里不相疑。"陆龟蒙《袭美先辈以龟蒙所献五百言既蒙见和再抒鄙怀用伸酬谢》："刻鹄尚未已，雕龙奋而为。"❾姓。周太师尚父之后，唐诗人有尚颜。

【尚子】　同"尚平"。孟浩然《彭蠡湖中望庐山》："久欲追尚子，况兹怀远公。"杜甫《雨》："庞公竟独往，尚子终罕遇。"岑参《自潘陵尖还少室居止秋夕凭眺》："尚子不可见，蒋生难再逢。"

【尚少】　(—shào)喜欢年少。见《文选·张衡〈思玄赋〉》李善注引《汉武故事》。王维《冬夜书怀》："汉家方尚少，顾影惭朝谒。"严维《酬诸公宿镜水宅》："闻道汉家偏尚少，此身那此访芝翁。"白居易《早朝》："汉庭方尚少，惭叹鬓如霜。"

【尚父】　❶周武王称吕尚为尚父。意即可尊尚之父辈。张九龄《饯王尚书出边》："诗人何所咏，尚父欲鹰扬。"苏绾《奉和姚令公驾幸温汤喜雪应制》："汉主新丰邑，周王尚父师。"❷指郭子仪。子仪大历十四年(779)闰五月赐号尚父。郑嵎《津阳门诗》："明年尚父上捷书，洗清观阙收封畿。"

【尚父谿】　指磻溪。姜尚未遇周文王时垂钓之处。王维《和宋中丞夏日游福贤观天长寺寺即陈左相宅所施之作》："已相殷王国，空余尚父溪。"

【尚公】　即上公，泛称太尉、司徒、司空三公。无可《送颢法师往太原讲兼呈李司徒》："近腊辞精舍，并州谒尚公。"

【尚方】　古代制造帝王所用器物的官署。秦置，属少府。汉末分左、中、右三尚方。唐称尚署。见《后汉书·王乔传》。杜甫《七月一日题终明府水楼二首》之一："看君宜著王乔履，真赐还疑出尚方。"又《长沙送李十一》："远愧尚方曾赐履，竟非吾土倦登楼。"

【尚未】　犹未，还没有。韩愈《陪杜侍御游湘西两寺独宿有题一首因献杨常侍》："是时秋之残，暑气尚未敛。"

【尚古】 崇尚古代淳朴之风。李白《酬王补阙惠翼庄庙宋丞泚赠别》："朴散不尚古，时讹皆失真。"

【尚平】 名长，字子平。河内朝歌（今河南淇县）人。隐居不仕，好通《老子》《周易》。子女婚嫁毕，与禽庆同游五岳名山，不知所终。事迹见《艺文类聚》卷三六引三国魏嵇康《高士传》。孙慎行《三月三日宴王明府山亭》序："夫尚平远迹，寻五药于西山；仲连高蹈，让千金于东海。"孟郊《隐士》："陶公自放归，尚平去有依。"王毂《赠苍溪王明府有文在手曰长生》："况无婚嫁累，应拍尚平肩。"参见"尚平婚嫁"。

【尚平婚嫁】 指汉尚长在子女婚嫁完毕后不复再理家事，而游五岳名山之事。见《艺文类聚》卷三六引三国魏嵇康《高士传》。王维《早秋山中作》："岂厌尚平婚嫁早，却嫌陶令去官迟。"白居易《咏怀》："尚平婚嫁了无累，冯翊符章封却还。"温庭筠《春日寄岳州从事李员外二首》之二："尚平婚嫁累，无路逐双旌。"

【尚平畢娶】 同"尚平婚嫁"。李德裕《思山居一十首·忆种苽时》："尚平方毕娶，疏广念归期。"

【尚且】 表示进一层的意思。提出程度更甚的事例作为衬托。陆龟蒙《奉和袭美太湖诗二十首·初入太湖》："至今涵赤霄，尚且浴白日。"

【尚白】 依然白色。喻功名无所成就。赵嘏《降虏》："扬雄尚白相如吃，今日何人从猎归。"参见"尚玄"。

【尚主】 娶公主为妻。因尊帝王之女，不敢言娶，故云。尚，有承奉、奉事或仰攀之意。见《史记·张耳陈余列传》。蔡孚《打球篇》："窦融一家三尚主，梁冀频封万户侯。"崔颢《江畔老人愁》："父兄三叶皆尚主，子女四代为妃嫔。"权德舆《古乐府》："身年二八婿侍中，幼妹承恩兄尚主。"孙元晏《咏史诗·晋·谢混》："尚主当初偶未成，此时谁合更关情。"

【尚自】 犹自；尚且。张说《被使在蜀》："即今三伏尽，尚自在临邛。"李商隐《正月崇让宅》："先知风起月含晕，尚自露寒花未开。"赵嘏《昔昔盐二十首·风月守空闺》："尚自无消息，锦衾那得同。"秦韬玉《豪家》："四邻池馆吞将尽，尚自堆金为买花。"

【尚衣】 唐殿中省六局之一。置奉御二人，直长四人，书令吏三人，书吏四人，主衣十六人，掌固四人。掌供冕服几案。王维《和贾舍人早朝大明宫之作》："绛帻鸡人送晓筹，尚衣方进翠云裘。"

【尚玄】 用"以玄尚白"讥嘲扬雄埋头草《太玄》，终不得禄位。见《汉书·扬雄传下》。后因以比喻胸襟冲淡、不慕荣禄。王勃《赠李十四四首》之三："从来扬子宅，别有尚玄人。"王维《游悟真寺》："薄宦惭尸素，终身拟尚玄。"

【尚志】 诗僧。籍贯事迹无考。《全唐诗》卷八五录其诗一首。按，其诗又见尚颜之下，《唐僧弘秀集》卷十亦作尚颜诗，则当无尚志其人。

【尚壯】 即尚少。李端《赠康洽》："汉家尚壮今则老，发短心长知奈何。"参见"尚少"。

【尚武】 崇尚勇武或武事。张说《奉和圣制过晋阳宫应制》："太原俗尚武，高皇初奋庸。"杜甫《寄张十二山人彪三十韵》："此邦今尚武，何处且依仁。"宋若昭《奉和御制麟德殿宴百僚应制》："修文招隐伏，尚武殄妖凶。"喻凫《晚次临泾》："居人只尚武，过客谩投文。"

【尚味】 爱好美味。晋王济性豪侈，丽服玉食。刘禹锡《崔元受少府自贬所还遗山姜花以诗答之》："王济本尚味，石崇方斗奢。"

【尚食】 官置名。指尚食局。秦始置尚食之官。掌帝王膳食。东汉以后，并其职于太官署。北魏门下省置尚食局，置典御二人。王维《送李睢阳》："天子当殿俨衣裳，大官尚食陈羽觞。"

【尚書】 ❶官名。始置于战国。或称"掌书"，"尚"意即"执掌"。在秦为少府之属官。掌殿内文书，地位很低。隋设置尚书省，分为六部。各部首长均称尚书。尚书省成为中央首要机关三省之一，职权益重。唐确定六部为吏、户、礼、兵、刑、工，以左右仆射分管六部。苏颋《奉和圣制幸礼部尚书窦希玠宅应制》："尚书列侯第，外戚近臣家。"李白《答杜秀才五松见赠》："闻君往年游锦城，章仇尚书倒屣迎。"白居易《微之就拜尚书居易续除刑部因书贺意兼咏离怀》："我为宪部入南宫，君作尚书镇浙东。"薛能《闲题》："旧将已成三仆射，老身犹是六尚书。"❷宫中女官名。赐号"尚书"，用空名示安慰。白居易《新乐府·上阳白发人》："今日宫中年最老，大家遥赐尚书号。"❸指张献诚。献诚三迁检校工部尚书，见《旧唐书》本传。岑参有《过梁州奉赠张尚书大夫公》和《尚书念旧垂赐袍衣率题绝句献上以申感谢》。❹指卫伯玉。伯玉曾官检校工部尚书，见《旧唐书》本传。杜甫《惜别行送向卿进奉端午御衣之上都》："尚书勋业超千古，雄镇荆州继吾祖。"❺指李之芳。杜甫《宴胡侍御书堂》原注："李尚书之芳，郑秘监审同集。"杜甫又有《宇文晁尚书之甥崔彧司业之孙尚书之子重泛郑监前湖》。

【尚書省】 （省 shěng）官署名。秦少府属官有尚书，在内掌文书，汉成帝时设尚书员。东汉设尚书台，亦称中台。群臣章奏，都要经过尚书。魏晋以后，有中书省，尚书之权遂减。南北朝时始称尚书省，下分各曹，后改为部，是中央执行政务的总机构。唐曾改称文昌台、都台、中台，旋复旧称。尚书省与中书省、门下省长官为尚书令，实负宰相职务，其副职为左、右仆射。沈佺期《酬杨给事兼见赠台中》："始自尚书省，旋闻给事中。"储光羲有《尚书省受誓诫贻太庙裴丞》。无名氏《尚书郎上直闻春漏》(卷七八七):"地即尚书省,人惟鸳鸯行。"

【尚書郎】 官名。东汉时,取孝廉中有才能者进入尚书台,在皇帝左右处理政务,初入台称为"守尚书郎中",满一年称"尚书郎",三年称"侍郎"。沈佺期《送韦商州弼》:"闻君监郡史,暂罢尚书郎。"岑参《上嘉州青衣山中峰题惠净上人幽居寄兵部杨郎中》:"吾友不可见,郁为尚书郎。"杜甫《暮春题瀼西新赁草屋五首》之五:"欲陈济世策,已老尚书郎。"卢仝《月蚀诗》:"环天二十八宿,磊磊尚书郎。"

【尚書都堂】 官署名。唐制,尚书令办公的大厅都堂,在尚书省之中。尚书省办公厅居中,东有吏、户、礼三部办公厅,西有兵、刑、工三部办公厅。尚书省的仆射、左右司郎中、员外郎等总辖各部,均称"部省",故总办公处称为"都堂"。李晔有《尚书都堂瓦松》。

【尚書期】 出《汉书·陈遵传》。后因作咏宴饮或有关尚书的典故。李白《扶风豪士歌》:"作人不倚将军势,饮酒岂顾尚书期。"杜甫《多病执热奉怀李尚书》:"不是尚书期不顾,山阴野雪兴难乘。"钱起《山园栖隐》:"且忘尧舜力,宁顾尚书期。"

【尚書舅】 指韦皋。皋曾官检校户部尚书兼成都尹、剑南西川节度观察使。见《旧唐书·德宗纪上》。卢纶有《秋中野望寄舍弟绶兼令呈上西川尚书舅》。按,卢纶母家韦氏,故呼皋为舅。

【尚書履】 汉郑崇为尚书,上朝曳革履。哀帝谓:"我识郑尚书履声。"见《汉书·郑崇传》。后用作咏尚书之典。苏颋《夜发三泉即事》:"忝曳尚书履,叨兼使臣节。"杜甫《八哀诗·赠左仆射郑国公严公武》:"京兆空柳色,尚书无履声。"

【尚書磧】 地名。在唐郑州,具体所在不详。岑参《偃师东与韩樽同诣景云晖上人即事》:"尚书碛上黄昏钟,别驾渡头一归鸟。"罗隐《送郑州严员外》:"尚书碛冷鸿声晚,仆射陂寒树影秋。"

【尚能】 五代宋初时浙西诗僧。据《宋朝事实类苑》卷三七引宋杨亿《谈苑》,杨亿录其四联,其中有《孙大谏知永兴》一联。

【尚複】 还,仍。李贺《安乐宫》:"深井桐乌起,尚复牵情水。"

【尚貧】 崇尚清贫的生活。李渤《喜弟淑再至为长歌》:"自怜兄弟今五人,共萦儒素家尚贫。"

【尚須】 还、仍。韩愈《秋怀诗十一首》之六:"尚须勉其顽,王事有朝请。"

【尚猶】 犹,尚。同义复用。贾岛《送陕府王建司马》:"司马虽然听晓钟,尚犹高枕恣疏慵。"

【尚然】 犹然,尚且。卢仝《感古四首》之二:"天地犹尚然,人情难久全。"

【尚詞】 亦作"尚辭"。崇尚辞藻。见《礼记·表记》。薛能《寓题》:"王泽犹来雅在新,尚词微事可愁人。"

【尚爾】 尚且如此。钱起《夜宿灵台寺寄郎士元》:"万里故人能尚尔,知君视听我心同。"

【尚賢】 尊敬贤人。吴筠《览古十四首》之二:"三皇已散朴,五帝初尚贤。"

【尚齒】 尊崇年长者。见《礼记·祭义》。后因作称美世风的典故。玄宗《送贺知章归四明》序:"岂惟崇德尚齿,抑亦励俗劝人。"李绛《省试恩赐耆老布帛》:"盛明今尚齿,欢奉九衢樽。"刘禹锡《酬郑州权舍人见寄二十韵》:"追游蒙尚齿,惠好结中肠。"元稹《代曲江老人百韵》:"尚齿惇耆艾,搜材拔积薪。"

【尚儉】 崇尚节俭。张籍《和左司元郎中秋居十首》之六:"尚俭经营少,居闲意思长。"

【尚德】 崇尚德义。苏颋《奉和圣制登蒲州逍遥楼应制》:"尚德既无险,观风谅有孚。"杨巨源《和吕舍人喜张员外自北番回至境上先寄二十韵》:"尚德曾辞剑,柔凶本舞干。"

【尚默】 爱好沉默不语。郑愔《百舌》:"借问声何烦,末俗不尚默。"

【尚學】 崇尚儒学。清昼、潘述《讲古文联句》:"汉承秦弊,尊儒尚学。"

【尚顔】 俗姓薛,字茂圣,薛能之宗人。早年居庐山,咸通末乾符初,能镇徐州,往依之,甚得礼遇。能吟其警句,以为"增薛氏之荣"。宋陈振孙《直斋书录解题》卷十九著录其《尚颜供奉集》一卷,《宋史·艺文志七》著录其《荆门集》五卷。《全唐诗》卷八四八录其诗三十四首。

十　画

尠〔xiǎn《广韵》息淺切,上獮,心。又思句切,去遇,心。〕同"鲜"。少。《易·系辞上》:"故君子之道鲜。"韩愈《南内朝贺归呈同官》:"贪食以忘躯,尠不调盐醯。"谢仲宣《送钟员外》:"还似君高节,亭亭尠继踪。"韩偓《幽窗》:"刺绣非无暇,幽窗自尠欢。"

尢 部

一 画

尤 〔yóu《广韵》羽求切，平尤，云。〕❶过失；罪咎。骆宾王《宿山庄》："牵迹犹多蹇，劳生未寡尤。"李白《古风》之一八："功成身不退，自古多愆尤。"韦应物《送杨氏女》："赖兹托令门，仁恤庶无尤。"王建《送人》："丁宁相劝勉，苦口幸无尤。"韩愈《南内朝贺归呈同官》："将举汝愆尤，以为己阶梯。"❷埋怨；责怪。韦应物《答刘西曹》："浅劣见推许，恐为识者尤。"韩愈《孟东野失子》："失子将何尤，吾将上尤天。"皎然《杂寓兴》："至乐享爰居，惭贻达者尤。"刘言史《苦妇词》："有时强为言，只是尤青天。"贾岛《早蝉》："若问此心嗟叹否，天人不可怨而尤。"❸突出；优异。宋璟《奉和圣制同二相已下群官乐游园宴》："戴天惟庆幸，选地即殊尤。"高适《东平旅游奉赠薛太守二十四韵》："青云本自负，赤县独推尤。"韩愈《燕河南府秀才得生字》："自非绝殊尤，难使耳目惊。"亦指突出的坏人或坏事。李颀《龙门送裴侍御监五岭选》："举善必称最，持奸当去尤。"❹特别；尤其。杜甫《戏题画山水图歌》："尤工远势古莫比，咫尺应须论万里。"韩愈《郑群赠簟》："蕲州笛竹天下知，郑君所宝尤瑰奇。"白居易《村居苦寒》："乃知大寒岁，农者尤苦辛。"元稹《乐府杂曲・芳树》："芳树已寥落，孤英尤可嘉。"李商隐《送丰都李尉》："望乡尤忌晚，山晚更参差。"刘得仁《禁署早春晴望》："鸳侣此时皆赋咏，商山雪在思尤清。"❺犹；仍。杜甫《观兵》："北庭送壮士，貔虎数尤多。"又《寄彭州高三十五使君适虢州岑二十七长史参三十韵》："物情尤可见，辞客未能忘。"白居易《寄同病者》："回观亲旧中，举目尤可嗟。"陆希声《阳羡杂咏十九首・讲易台》："年愈知命志尤坚，独向青山更绝编。"黄滔《奉酬翁文尧员外神泉之游见寄嘉什》："争奈爱山尤恋阙，古来能有几人休。"冯延巳《舞春风》："蕙兰有恨枝尤绿，桃李无言花自红。"❻则；却。韩愈《游青龙寺赠崔大补阙》："年少得途未要忙，时清谏疏尤宜罕。"刘禹锡《武昌老人说笛歌》："如今老去语尤迟，音韵高低耳不知。"陆龟蒙《又酬次韵》："从来多远思，尤向静中生。"于濆《述己叹》："履善本求乐，及善尤苦辛。"罗隐《送臧濆下第谒窦鄜州》："也知绛灌轻才子，好谒尤常醉少年。"皮日休《初夏即事寄鲁望》："胡饼蒸甚熟，貊盘举尤轻。"

【尤物】 ❶指绝色美女，佳人。见《左传・昭公二十八年》。刘禹锡《和杨师皋给事伤小姬英英》："但是好花皆易落，从来尤物不长生。"白居易《真娘墓》："脂肤荑手不牢固，世间尤物难留连。"又《新乐府・李夫人》："生亦惑，死亦惑，尤物惑人忘不得。"韩偓《病忆》："信知尤物必牵情，一顾难酬觉命轻。"❷指珍异之物。白居易《新乐府・八骏图》："由来尤物不在大，能荡君心则为害。"刘禹锡《九华山歌》："九华山，九华山，自是造化一尤物，焉能籍甚乎人间。"李咸用《牡丹》："缘何绝尤物，更可比妍明。"亦指景物殊美的处所。刘禹锡《和思黯忆南庄见示》："从来天下推尤物，合属人间第一流。"

【尤悔】 指因过失而生的悔恨。语出《论语・为政》。元稹《苦雨》："官家事不了，尤悔亦可虞。"又《台中鞫狱忆开观旧事呈损之兼赠周史四十韵》："居处虽幽静，尤悔少偷懒。"白居易《晚归香山寺因咏所怀》："尝闻嵇吕辈，尤悔生疏顽。"又《丘中有一士二首》之一："举动无尤悔，物莫与之争。"

【尤異】 ❶优异。杜甫《送李校书二十六韵》："渥洼骐骥儿，尤异是龙脊。"❷特别不同一般。白居易《与诸客空腹饮》："醉后歌尤异，狂来舞不难。"

四 画

尪 〔wāng《广韵》乌光切，平唐，影。〕亦作"尫""尩"。一种胸或背或胫弯曲的病症。见《左传・僖公二十一年》。杜甫《雷》："暴尫或前闻，鞭巫非稽古。"

【尪羸】 也作"尫羸"。病残瘦弱。杜甫《雨》："尪羸愁应接，俄顷恐违迕。"

尨[1] 〔máng《广韵》莫江切，平江，明。〕狗，多毛狗。见《诗・召南・野有死麕》。无名氏《纪游东观山》："赑赑左顾龟，狺狺欲吠尨。"

尨[2] 〔méng《集韵》谟逢切，平東，明。〕杂乱。见《左传・僖公五年》。杜牧《感怀诗一首》："流品极蒙尨，网罗渐离驰。"

九 画

尰 〔zhǒng《广韵》時宂切，上腫，禪。《洪武正韵》知隴切，上董。〕亦作“尰”。足部水肿。元稹《酬翰林白学士代书一百韵》：“坳洼饶尰矮，游惰压庸缩。”

就 〔jiù《广韵》疾僦切，去宥，從。〕❶趋；赴。李白《古风》之一四：“且悲就行役，安得营农圃。”王叡《相和歌辞·公无渡河》：“当时君死妾何适，遂就波澜合魂魄。”李商隐《灵仙阁晚眺寄郓州韦评事》：“想就安车召，宁期负矢还。”张蠙《送友人赴泾州幕》：“杏园沈饮散，荣别就佳招。”白居易《裴侍中晋公以集贤林亭即事诗三十六韵见赠》：“从容就中道，勉黾来保厘。”❷去，往。李白《白鼻騧》：“细雨春风花落时，挥鞭直就胡姬饮。”司空曙《闲园即事寄暕公》：“欲就东林寄一身，尚怜儿女未成人。”许浑《送客归峡中》：“还就西斋宿，烟波劳梦思。”刘皋《长门怨》：“携琴就玉阶，调悲声未谐。”❸向，朝向。骆宾王《畴昔篇》：“谁能跼迹依三辅，会就商山访四翁。”张籍《刘兵曹赠酒》：“饮罢身中更无事，移床独就夕阳眠。”卢纶《裴给事宅白牡丹》：“别有玉盘承露冷，无人起就月中看。”李商隐《谒山》：“欲就麻姑买沧海，一杯春露冷如冰。”❹来，至。杜甫《九日寄岑参》：“寸步曲江头，难为一相就。”又《偪仄行赠毕曜》：“速宜相就饮一斗，恰有三百青铜钱。”杜牧《冬至日寄小侄阿宜诗》：“一似小儿学，日就复月将。”❺留。常与“去”结合，组成“去就”一词，表示去留、进退、取舍等义。李白《金陵江上遇蓬池隐者》：“遇君蓬池隐，就我石上饭。”韦应物《城中卧疾知阎薛二子屡从邑令饮因以赠之》：“人生羁寓时，去就当如此。”耿湋《晚夏即事临南居》：“艰难逢事异，去就与时违。”贾岛《寄刘栖楚》：“趋走与偃卧，去就自殊分。”❻回，返。曹松《哭李频员外》：“定是浮香骨，东归就故乡。”❼成；成功。魏征《述怀》：“纵横计不就，慷慨志犹存。”李白《赠张相镐二首》之一：“其事竟不就，哀哉难重陈。”刘禹锡《送湘阳熊判官孺登府罢归钟陵》：“射策计未就，从事岁云除。”李泌《长歌行》：“请君看取百年事，业就扁舟泛五湖。”❽任；赴任；就职。崔峒《送侯山人赴会稽》：“仙客辞萝月，东来就一官。”韩愈《晋公破贼回重拜台司以诗示幕中宾客愈奉和》：“长惭典午非材职，得就闲官即至公。”白居易《奉酬淮南牛相公思黯见寄二十四韵》：“累就优闲秩，连操造化权。”李颀《答高三十五留别便呈于十一》：“累荐贤良皆不就，家近陈留访耆旧。”❾参加。刘长卿《洛阳主簿叔知和驿承恩赴选伏辞一首》：“天府留香名，铨闱就明试。”韩愈《赠侯喜》：“半世遑遑就举选，一名始得红颜衰。”❿求，求取。王昌龄《留别伊阙张少府郭大都尉》：“迁客就一醉，主人空金罍。”韩愈《符读书城南》：“木之就规矩，在梓匠轮舆。”李建勋《题信果观壁》：“玉洞主人经劫在，携竿步步就长生。”⓫近，就近。孙逖《春日留别》：“春路逶迤花柳前，孤舟晚泊就人烟。”李白《游泰山六首》之二：“扪萝欲就语，却掩青云关。”李端《雨后游辋川》：“自知无路去，回步就人烟。”⓬依恋；亲近。张说《凤楼寻胜地》：“西掖持醇酒，东山就白云。”刘禹锡《巫山神女庙》：“何事神仙九天上，人间来就楚襄王。”皎然《洞庭山维谅上人院阶前孤生橘树歌》：“若言此物无道性，何意孤生来就人。”张蠙《宿山驿》：“月白翻惊鸟，云闲欲就人。”⓭随；跟随。太宗《赋得夏首启节》：“早荷向心卷，长杨就影舒。”武平一《幸梨观打球应制》：“影就红尘没，光随赭汗流。”赵彦昭《奉和圣制立春日侍宴内殿出剪彩花应制》：“花随红意发，叶就绿情新。”刘禹锡《和郴州杨侍郎玩郡斋紫薇花十四韵》：“露溽暗传香，风轻徐就影。”⓮在。李白《寻阳紫极宫感秋作》：“白云南山来，就我檐下宿。”杜甫《送卢十四弟侍御护韦尚书灵榇归上都二十韵》：“清霜洞庭叶，故就别时飞。”元稹《酬别致用》：“君今虎在柙，我亦鹰就羁。”无可《同刘秀才宿见赠》：“忆就西池宿，月圆松竹深。”⓯从；由。卢怀慎《奉和圣制龙池篇》：“楼台影就波中出，日月光疑镜里悬。”孙逖《和登会稽山》：“云从海天去，日就江村陨。”窦庠《金山行》：“不知水上有楼台，却就波中看闭启。”⓰即将；将要。德宗《重阳日中外同欢以诗言志因示群官》：“万实行就稔，百工欣所如。”韩愈《石鼓歌》：“日销月铄就埋没，六年西顾空吟哦。”元稹《田野狐兔行》：“鹰犬就烹，狐兔俱哂。”⓱已；已经。高适《重阳》：“百年将半仕三已，五亩就荒天一涯。”韦应物《观田家》：“丁壮俱在野，场圃亦就理。”于邵《释奠武成王乐章·送神》：“黝纁就瘗，豆笾告撤。”韩愈《寄崔二十六立之》：“别来就十年，君马记騧骊。”⓲便；则。李绅《趋翰苑遭诬构四十六韵》：“谤兴金就铄，毁极玉生瘢。”

【就日】 ❶向着太阳；在阳光中。杜甫《课小竖鉏斫舍北果林枝蔓荒秽净讫移床三首》：“青虫悬就日，朱果落封泥。”元稹《病减逢春期白二十二辛大不至十韵》：“就日临阶坐，扶床履地行。”白居易《虚白堂》：“移床就日檐间卧，卧咏闲诗侧枕琴。”又《何处春先到》：“就日移轻榻，遮风展小屏。”❷喻接近或朝见天子。见《史记·五帝本纪》。骆宾王《夏日游德州赠高四》序：“因仰长安而就日，赴帝乡以望云。”皎然《送乌程李明府得陟状赴京》：“为政移风久，承恩就日行。”元稹《奉和浙西大夫李德裕述梦四十韵》：“九霄难就日，两浙仅容舠。”刘禹锡《武陵书怀五十韵》：“就日秦京远，临风楚奏烦。”李德裕《奉和圣制南郊礼毕诗》：“三臣皆就日，万国望如云。”姚合《文宗皇帝挽词三首》之一：“千官方就日，四海忽无天。”

【就中】　其中。李白《忆旧游寄谯郡元参军》：“海内贤豪青云客，就中与君心莫逆。”杜甫《丽人行》：“就中云幕椒房亲，赐名大国虢与秦。”王建《早秋过龙武李将军书斋》：“就中爱读英雄传，欲立功勋恐不如。”马异《答卢仝结交诗》：“以胶投漆苦不早，就中相去万里道。”朱庆余《商州王中丞留吃枳壳》：“方物就中名最远，只应愈疾味偏佳。”

【就水】　临水，靠近水边。杜审言《晦日宴游》：“解绅宜就水，张幕会连沙。”王维《奉和圣制赐史供奉曲江宴应制》：“侍从有邹枚，琼筵就水开。”元结《系乐府十二首·思太古》：“婴孩寄树颠，就水捕鷊鲈。”

【就刑】　执行死刑。白居易《听歌六绝句·何满子》：“世传满子是人名，临就刑时曲始成。”韩偓《吴郡怀古》：“主暗臣忠枉就刑，遂教强国醉中倾。”周昙《咏史诗·春秋战国门·又吟晏婴》：“马毙厩人欲就刑，百年临尽一言生。”

【就列】　归入官位行列。谓入仕。高适《留上李右相》：“恩荣初就列，含育忝宵形。”杜甫《到村》：“稻粱须就列，榛草即相迷。”戴叔伦《奉天酬别郑谏议云逵卢拾遗景亮见别之作》：“就列继三事，主文当七人。”

【就色養】　同“就養”。权德舆《伏蒙十六叔寄示喜庆感怀三十韵因献之》：“筮仕就色养，宴居忘食贫。”参见“色養”。

【就坐】　同“就座”。白居易《游悟真寺诗》：“首憩宾位亭，就坐未及安。”

【就决】　即决定。张籍《董公诗》：“朝廷有大事，就决其所从。”

【就枕】　即就寝。孟浩然《宿武阳即事》：“就枕灭明烛，扣舷闻夜渔。”韩愈《寄皇甫湜》：“昏昏还就枕，惘惘梦相值。”顾非熊《早秋雨夕》：“就枕终难寐，残灯灭又然。”贾岛《斋中》：“斋中一就枕，不觉白日落。”齐己《永夜感怀寄郑谷郎中》：“夜凉难就枕，月好重开门。”

【就拘】　被捕。李商隐《哭虔州杨侍郎》：“中宪方外易，尹京终就拘。”

【就枷】　戴上刑具。枷，枷锁，古代刑具名。何仲举《李皋试诗》：“似玉来投狱，抛家去就枷。”

【就省試】　（省 shěng）参加科举考试。省，指尚书省。姚合《寄杨茂卿校书》：“到京就省试，落籍先有名。”参见“省試”。

【就食】　就餐，用餐。白居易《偶作二首》之二：“日高始就食，食亦非膏粱。”

【就宦】　入仕；赴任。司空曙《送鄂州张别驾襄阳觐省》：“王祥因就宦，莱子不违亲。”

【就席】　入席。韩翃《题玉山观禅师兰若》：“宫女焚香把经卷，天人就席礼袈裟。”

【就座】　入座，入席。韩愈、刘师服等《石鼎联句》序：“道士寂然，若无闻也，累问不应，二子不自得，即退就座。”

【就第】　大臣致仕后退居私第。见《汉书·张禹传》。王维《故太子太师徐公挽歌四首》之一：“就第优遗老，来朝诏不名。”

【就閒】　闲居在家。孟浩然《送告八从军》：“运筹将入幕，养拙就闲居。”元稹《感梦》：“答云久就闲，不愿见劳使。”

【就業】　谓研习经籍。见《大戴礼记·曾子立事》。方干《送李恬及第后还贝州》：“成名年少日，就业圣人书。”

【就暖】　❶朝向温暖的日光。马怀素《奉和人日宴大明宫恩赐彩缕人胜应制》：“就暖风光偏著柳，辞寒雪影半藏梅。”窦巩《代邻叟》：“年来七十罢耕桑，就暖支羸强下床。”白居易《立春后五日》：“迎芳后园立，就暖前檐坐。”❷往温暖的处所。韩愈《鸣雁》：“去寒就暖识所依，天长地阔栖息稀。”

【就試】　同“就省試”。罗隐《感弄猴人赐朱绂》：“十二三年就试期，五湖烟月奈相违。”刘兼《玉烛花》：“正当晚槛初开处，却似春闱就试时。”

【就禄】　谓入仕。禄，俸禄。卢纶《卧病寓居龙兴观因题十四韵》：“卑栖君就禄，羸惫我逢秋。”

【就寢】　睡眠；上床睡觉。元稹《张旧蚊帱》：“裴回将就寝，徙倚情何极。”姚合《洛下夜会寄贾岛》：“忆君难就寝，烛灭复星沉。”孙光宪《更漏子》词：“慵就寝，独无憀，相思魂欲销。”

【就養】　侍奉父母。语本《礼记·檀弓上》。钱起《送外甥范勉赴任常州长史兼觐省》：“就养仍荣禄，还乡即昼游。”韩翃《送崔琦赴宣州幕》：“怀禄兼就养，更怀趋府心。”卢纶《送营城李少府》：“身闲就养宁辞远，世难移家莫厌贫。”赵嘏《送陈嘏登第作尉归觐》：“就养举朝人共羡，清资让却校书郎。”

【就擒】　被擒，被捉。周昙《咏史诗·春秋战国门·智伯》：“三国连兵敌就擒，晋阳城下碧波深。”

【就學】　❶指学习。权德舆《郊居岁暮因书所怀》：“就学缉韦编，铭心对欹器。”❷指进入国子监或地方各类学馆（县学、州学、府学）学习。许浑《寄殷尧藩》：“就学多新客，登朝尽故人。”

【就糧】　就近粮仓。杜甫《新安吏》：“就粮近故垒，练卒依旧京。”

尸　部

尸〔shī《广韵》式脂切，平脂，書。〕❶神主；神主牌。古代祭祀时受祭之对象。见"尸祝""尸禄"。❷执掌；主持。独孤及《观海》："谁尸造物功，鉴此天地源。"刘禹锡《国学新修五经壁歌》序："时祭酒皞实尸之，博士公肃实佐之。"❸担任。韩愈《郓州溪堂诗》："视邦选侯，以公来尸。"❹居。陆龟蒙《迎潮送潮辞·迎潮》："濡腴泽槁兮潮之恩，不尸其功兮归于混元。"❺尸体。元稹《和李校书新题乐府十二首·缚戎人》："乌鸢满野尸狼藉，楼榭成灰墙突兀。"又《出门行》："仁兄捧尸哭，势友掉头讳。"❻谓杀死后陈尸、暴尸。韩愈《寄卢仝》："立召贼曹呼伍伯，尽取鼠辈尸诸市。"❼谓如尸体般卧床不动。孟郊《吊卢殷》："久病床席尸，护丧童仆孱。"❽舒展，伸展。柳宗元《贞符》序："而人乃克完平舒愉，尸其肌肤。"

【尸安素宴】　犹尸位素餐。谓空居其位而不谋其政。来鹄《圣政纪颂》："无闲殿旷廷，无尸安素宴。"

【尸素】　尸位素餐之略语。谓空居官位食官禄而不尽职守。尸，受祭之神主。因空受奉祀而不主事，故谓。王维《游悟真寺》："薄宦惭尸素，终身拟尚玄。"

【尸鬼】　即三尸。道教所谓人身中之邪魔。罗隐《寄第五尊师》："朱黄拣日囚尸鬼，青白临时注脑神。"吕岩《赠刘方处士》："阴嫋果决用心除，尸鬼因循为汝祸。"

【尸祝】　祭祀。亦指主祭之人。尸，被祭之神主。吴筠《高士咏·洞灵真人》："乡人谋尸祝，不欲闻俎豆。"陆龟蒙《奉和袭美游楞伽精舍》："自取海鸥知，何烦尸祝酢。"

【尸禄】　谓空食官禄而不主其事。韦嗣立《偶游龙门北溪因以言志示弟淑奉呈诸大僚》："短才叨重寄，尸禄愧妨贤。"白居易《与沈杨二舍人同食勅赐樱桃因成十四韵》："已惧长尸禄，仍惊数食珍。"罗隐《茅斋》："职为尸禄本，官是受恩名。"

【尸鄉】　地名。在今河南偃师西之新蔡镇。传有祝鸡翁隐居于此，养鸡千余头。后遂以借指隐居之乡。杜甫《寄从孙崇简》："吾孙骑曹不骑马，业学尸乡多养鸡。"又《奉寄河南韦尹丈人》："尸乡余土室，难说祝鸡翁。"参见"尸郎翁"。

【尸鄉翁】　见汉刘向《列仙传·祝鸡翁》。后遂以"尸乡翁"指祝鸡翁。杜甫《催宗文树鸡栅》："未似尸乡翁，拘留盖阡陌。"

【尸解】　道家语。谓修道成仙徒留尸体而去。张籍《哭山中友人》："长说能尸解，多应别路行。"施肩吾《谢自然升仙》："分明得道谢自然，古来漫说尸解仙。"

【尸寝】　谓如尸体般仰面而卧。杜甫《晦日寻崔戢李封》："朝光入瓮牖，尸寝惊敝裘。"

【尸骸】　尸体。柳宗元《唐铙歌鼓吹曲十二篇·吐谷浑》："一举刈膻腥，尸骸积如麻。"

一　画

尹¹〔yǐn《广韵》余準切，上準，以。〕❶官名。唐代京兆府、河南府之长官称尹，次官称少尹。即原雍州、洛州之长史与司马，开元元年始改称尹。苏颋《饯潞州陆长史再守汾州》："河尹政成期，为汾昔所推。"岑参《故河南尹岐国公赠工部尚书苏公挽歌二首》之一："河尹恩荣旧，尚书宠赠新。"白居易《雪后早过天津桥偶呈诸客》："官桥晴雪晓峨峨，老尹行吟独一过。"以上指河南尹。雍陶《题友人所居》："亚尹故居经几主，只因君住有诗情。"此指少尹。刘禹锡《再伤庞尹》。齐己《叙怀寄高推官》："还胜御沟寒夜水，狂吟冲尹甚伤情。"此指京兆尹。❷县令、州刺史等地方长官之泛称。李颀《送裴腾》："令弟为县尹，高城汾水隅。"李白《忆旧游寄谯郡元参军》："君家严君勇貔虎，作尹并州遏戎虏。"杜甫《赠郑十八贲》："数杯资好事，异味烦县尹。"❸作尹，但任府尹。韩愈《燕河南府秀才得生字》："元和五年冬，房公尹东京。"李瀚《蒙求》："三王尹京，二鲍纠慝。"❹姓。唐诗人有尹元凯等。

尹²〔yún《集韵》於倫切，平諄，云。〕见"尹₂和"。

【尹元凱】　（？—727）字有彧，号裕明子。瀛州乐寿（今河北献县）人。事迹见《旧唐书·文苑传中》《新唐书·文艺传中》。《全唐诗补逸》卷三录其词一首。

【尹公】　指尹思贞。思贞神龙二年三月见任鄜州刺史。吴少微《哭富嘉谟》序:"维三月癸丑,河南富嘉谟卒……太常少卿徐公、鄜州刺史尹公、中书徐元二舍人、兵部张郎中,未尝值我不叹于朝。"

【尹公亮】 字纵之。籍贯未详,隐士。白居易有《见尹公亮新诗偶赠绝句》。

【尹氏】 指尹伯奇。伯奇,周上卿吉甫之子,为后母所谗而自杀。见《太平御览》卷九五〇引汉刘向《列女传》。白居易《思子台有感二首》之一:"曾家机上闻投杼,尹氏园中见掇蜂。"

【尹正】 尹之别称。多以指京兆尹、河南尹等官职。因尹皆为正官,故称。薛能《送福建李大夫》:"红旆已胜前尹正,尺书犹带旧丝纶。"

【尹仙翁】 指周大夫函谷关令尹喜,喜随老子西游而成仙。又指道士尹愔。吴筠《听尹炼师弹琴》:"吾见尹仙翁,伯牙今复存。"

【尹孝逸】 北齐人,官历城参军。《全唐诗续补遗》卷十九录其佚句一联,误。

【尹佛子】 指尹正义。正义为泽州都督,判事公平,故称。《王法曹歌》:"前得尹佛子,后得王癞獭。"

【尹相公】 (相 xiàng)宰相而出尹京兆者,此指刘晏。宴宝应元年至广德元年(762－763)任京兆尹。岑参有《尹相公京兆府中棠树降甘露诗》。

【尹$_2$和】 犹乎尹。玉之晶莹光泽。见《礼·聘义》。白居易《玉水记方流》:"尹和光泛泛,方折浪悠悠。"按,"尹和",一本作"尹孚"。

【尹叟】 指周函谷关令尹喜。唐彦谦《游阳明洞呈王理得诸君》:"堪怜尹叟非关吏,犹向江南逐老聃。"

【尹京】 任京兆尹。白居易《赠友五首》之四:"如何尹京者,迁次不逡巡。"李绅《到宣武三十韵》:"七月趋梁苑,三年谢尹京。"李商隐《哭虔州杨侍郎》:"中宪方外易,尹京终就拘。"亦作"尹京兆"。岑参《尹相公京兆府中棠树降甘露诗》:"相国尹京兆,政成人不欺。"

【尹府】 尹(河南尹、京兆尹之类)之官府。萧颖士《江有枫一篇十章》序:"臣宦于尹府,以直方不偶,见逼谗佞。"

【尹恋】 尹懋之讹。张说有《幽州送尹懋成妇》。

【尹真人】 即周函谷令尹喜。鲍溶有《怀尹真人》。

【尹真人祠】 即周函谷关令尹喜之祠。在句容(今江苏)茅山。郎士元有《题尹真人祠》。

【尹從事】 指尹懋。懋开元四年(716)为岳州刺史张说从事。张说有《和尹从事懋泛洞庭》。

【尹婕妤】 汉武帝婕妤。见《史记·外戚世家》。李白《效古二首》之二:"所以尹婕妤,羞见邢夫人。"

【尹喜】 周大夫函谷关令。相传随老子西游而得成仙。见《史记·老子韩非列传》裴骃集解引汉刘向《列仙传》。韦庄有《尹喜宅》。

【尹植】 字元本,官金部员外郎。《新唐书·艺文志二》著录其《文枢秘要》七卷,乃钞录《文思博要》《艺文类聚》而成。司空曙有《秋思呈尹植裴说》。

【尹补阙】 即尹元凯。元凯约圣历中诏征右补阙。张说有《送尹补阙元凯琴歌》。

【尹臺寺】 寺名,在唐凉州(今甘肃武威)。尹,指西凉君主李玄妻尹氏。岑参有《登凉州尹台寺》。参阅《晋书·列女传·凉武昭王李玄盛后尹氏》。

【尹樞】 (720—?)太原(今属山西)人。贞元七年(791)状元及第,年七十余。卢纶有《送尹枢令狐楚及第后归觐》。

【尹徵】 天宝十三载(754)进士及第。萧颖士弟子,其学为颖士所称。萧颖士《江有归舟三章》序:"吾尝谓门弟子有尹徵之学,刘太真之文,首其选焉。"

【尹璞】 咸通以后人。《全唐诗》卷五一七录其诗一首。按此诗又见《诗话总龟》前集卷二四,题江澄作,诗稍异。

【尹諫議】 指尹愔。开元二十五年(737)正月,愔以道士拜谏议大夫,集贤学士兼知史馆事。王维有《和尹谏议史馆山池》。

【尹懋】 籍贯未详。开元四年(716)张说为岳州刺史,辟为从事。六年,说为幽州都督,又随之幽州。《全唐诗》卷九八录其诗四首。

【尹煉師】 指尹愔。愔曾为道士。吴筠《听尹炼师弹琴》。

【尹縱之】 即尹公亮。公亮字纵之。白居易有《秋霖中过尹纵之仙游山居》。

【尹鶚】 成都(今属四川)人。仕前蜀,累迁翰林校书,官至参卿。事迹见《十国春秋》本传。《全唐诗》卷八九五录其词十二首。《全唐诗续补遗》卷十七录其诗一首。

尺 〔chǐ《广韵》昌石切,入昔,昌。〕❶长度单位名,十寸为一尺。王珪《咏汉高祖》:"手奋三尺剑,西灭无道秦。"杜甫《将赴成都草堂途中有作先寄严郑公五首》之四:"新松恨不高千尺,恶竹应须斩万竿。"张碧《美人梳头》:"金盘解下丛鬟碎,三尺巫云绾朝翠。"李频《春日思归》:"壮志未酬三尺剑,故乡空隔万重山。"❷丈量长度的器具。杜甫《白丝行》:"缫丝须长不须白,越罗蜀锦金粟尺。"陆复礼《试中和节诏赐公卿尺诗》:"皇恩贞百度,宝尺赐群公。"❸喻准则、标准。见"尺度❸"。❹喻小、短。见"尺水""尺土""尺景"。

【尺一詔】 帝王之诏书。古代写诏书之板长一尺一寸，故称诏书为“尺一”或“尺一诏”。顾况《和翰林吴舍人兄弟西斋》：“新裁尺一诏，早入明光宫。”彭蟾《贺邓璠使君正拜袁州》：“尺一诏书天上降，二千石禄世间荣。”

【尺二龜】　长一尺二寸乌龟。古代祭祀占卜用龟甲依地位而异：大夫四寸，诸侯六寸，天子用尺二寸。又传龟生千年始长尺二，故又指千年龟。王绩《古意六首》之三：“宝龟尺二寸，由来宅深水。”

【尺八】　古代乐器名，也称箫管、竖篴，竹制，六孔，前五后一。另一孔蒙竹膜。竖吹。因长一尺八寸，故名。张旌《游仙窟》有《咏尺八》。

【尺刀】　短刀。李贺《猛虎行》：“何用尺刀，壁上雷鸣。”

【尺土】　一尺土地。谓极少的土地或泥土。李白《赠从弟洌》：“顾余乏尺土，东作谁相携。”杜甫《龙门阁》：“清江下龙门，绝壁无尺土。”

【尺寸】　❶尺或寸。喻指微小，些许。窦叔向《过担石湖》：“尺寸分洲岛，纤毫指舳舻。”韩愈《题炭谷湫祠堂》：“寄立尺寸地，敢言来途艰。”陈陶《关山月》：“青冢曾无尺寸归，锦书多寄穷荒骨。”❷犹大小长短。孟郊《乱离》：“泪下无尺寸，纷纷天雨丝。”

【尺丈】　尺与丈。谓按长度丈量。元稹《酬乐天得微之诗知通州事因成四首》之二：“市井无钱论尺丈，田畴付火罢耘锄。”

【尺木】　传说中龙升天时所凭借之短矮树木。一说指龙头上如博山状之物，龙首无此物则不能升天。陆龟蒙《奉和袭美太湖诗二十首·投龙潭》：“熔金象牙角，尺木无不备。”参阅唐段成式《酉阳杂俎·鳞介篇》。

【尺五】　一尺五寸，常用以指极短近之距离。杜甫《赠韦七赞善》：“尔家最近魁三象，时论同归尺五天。”自注：“俚语云：‘城南韦杜，去天尺五。’”

【尺水】　指小水、浅水。李白《赠别舍人弟台卿之江南》：“潜虬隐尺水，著论谈兴亡。”姚鹄《寄赠许璋少府》：“不知尺水内，争滞北溟鱼。”唐彦谦《感物二首》之一：“豪鲸逸其穴，尺水成沧溟。”

【尺布】　❶一尺之布，指极少之布。李白《北上行》：“尺布不掩体，皮肤剧枯桑。”❷指汉代尺布斗粟之民谣。汉文帝之弟淮南王刘长，因谋反事败被徙蜀郡，途中不食而死。民间遂有歌谣曰：“一尺布，尚可缝；一斗粟，尚可舂。兄弟二人，不能相容。”后遂用为讥兄弟不睦之典。李白《上留田》：“尺布之谣，塞耳不能听。”参阅《史记·淮南衡山列传》。

【尺地】　一尺之地。谓很小的土地，地面。韩愈《荐士》：“通波非难图，尺地易可漕。”

【尺宅】　道家语。指人的面部、脸面。令狐楚《句》：“腰间嫌大组，心内保尺宅。”陆龟蒙《奉和袭美游太湖诗二十首·三宿神景宫》：“尺宅按来平，华池漱余净。”

【尺帛】　一尺之帛。喻指小而白之物。元稹《松鹤》：“渐见尺帛光，孤飞唳空鹤。”

【尺波】　小水，小波。钱起《中书遇雨》：“尺波应万假，虞海载沿洄。”皎然《奉应颜尚书真卿观玄真子置酒张乐舞破阵画洞庭三山歌》：“尺波澶漫意无涯，片岭崚嶒势将倒。”

【尺度】　❶尺寸；长度。杜甫《桃竹杖引赠章留后》：“江心蟠石生桃竹，苍波喷浸尺度足。”齐己《谢人惠拄杖》：“造化已能分尺度，保持争合与寻常。”❷尺。裴度《中和节诏赐公卿尺》：“阳和行庆赐，尺度及群公。”❸规定的长度标准。引申指准则、分寸。李涉《题清溪鬼谷先生旧居》：“二子才不同，逞词过尺度。”罗隐《重过三衢哭孙员外》：“不唯济物工夫大，长忆容才尺度宽。”

【尺素】　❶汉乐府《饮马长城窟行》：“呼儿烹鲤鱼，中有尺素书。”后遂以尺素代指书信。素，指绢帛，古人常以作书。张九龄《当涂界寄裴宣州》：“委曲风波事，难为尺素传。”李白《赠汉阳辅录事二首》之二：“汉口双鱼白锦鳞，令传尺素报情人。”戎昱《寄梁淑》：“雁过经秋无尺素，人来终日见新诗。”罗隐《寄乔逸人》：“欲凭尺素边鸿懒，未定雕梁海燕愁。”❷指写信或作书画之绢。李白《酬崔十五见招》：“手迹尺素中，如天落云锦。”窦牟《送东光吕少府之官连帅奏授》：“几时裁尺素，沧海有枯鳞。”沈彬《题画山水图》：“尺素隐清辉，一毫分险阻。”

【尺書】　书信。杜淹《寄赠齐公》：“此时寸心里，难用尺书传。”萧颖士《舟中遇陆棣兄西归晚次沙垫西岸作》：“中路枉尺书，谓余琼树芳。”白居易《早春西湖闲游怅然兴怀偶成十八韵寄微之》：“翻嗟寸步隔，却厌尺书频。”温庭筠《寄湘阴阎少府乞钓轮子》：“终日垂钩还有意，尺书多在锦鳞中。”

【尺雪】　一尺深的雪，指大雪。杜甫《后苦寒行》之一：“南纪巫庐瘴不绝，太古已来无尺雪。”

【尺組】　短组绶。小官系印之丝带。王维《偶然作六首》之五：“读书三十年，腰间无尺组。”钱起《酬考功杨员外见赠佳句》：“上林谏猎知才薄，尺组承恩愧命牵。”柳宗元《唐铙歌鼓吹曲十二篇·兽之穷》：“縻以尺组，啖以秩。”崔涂《读留侯传》：“翻把壮心轻尺组，却烦商皓正皇储。”

【尺景】　谓日影移动才一尺。喻短暂的时间。崔融《则天皇后挽歌二首》之一：“日月昏尺景，天地惨何心。”

【尺牒】　指公文、榜文。白居易《新乐府·杜陵叟》:"昨日里胥方到门,手持尺牒榜乡村。"

【尺錦書】 写于一尺长锦缎上之书信,指短信。陆龟蒙《乐府杂咏六首·东飞凫》:"裁得尺锦书,欲寄东飞凫。"

【尺澤】 小水,浅水。喻指困窘之处境。柳宗元《诏追赴都回寄零陵亲故》:"每忆纤鳞游尺泽,翻愁弱羽上丹霄。"

【尺璧】 直径一尺之大璧玉。代指极贵重之物或人。太宗《帝京篇十首》之八:"得志重寸阴,忘怀轻尺璧。"钱珝《江行无题一百首》之一:"寸心同尺璧,投此报冯夷。"权德舆《星名诗》:"自当轻尺璧,岂复扫一室。"黄滔《喜翁文尧员外病起》:"青桂任霜霰,尺璧无瑕疵。"

【尺題】 指书信。刘禹锡《酬郓州令狐相公官舍言怀见寄兼呈乐天》:"佳句传因多好事,尺题稀为不便书。"

【尺蠖】 昆虫名。尺蠖蛾之幼虫。其行先屈后伸,栖息时伸展如枝状,故常以喻屈而后得伸。宋齐丘《陪游凤凰台献诗》:"吁哉未到此,褊劣同尺蠖。"李中《献中书潘舍人》:"而今谐顾遇,尺蠖愿求伸。"

【尺鐵】 指兵器,武器。刘长卿《从军六首》之一:"手中无尺铁,徒欲突重围。"陆龟蒙《奉酬袭美先辈吴中苦雨一百韵》:"文兮乏寸毫,武也无尺铁。"

【尺牘】 ❶用以书写之一尺长板。后代指书札、信函。李嘉祐《早秋京口旅泊章侍御寄书相问因以赠之》:"只有同时骢马客,偏宜尺牍问穷愁。"杜甫《上韦左相二十韵》:"聪明过管辂,尺牍倒陈遵。"元稹《献荥阳公诗五十韵》:"陈遵修尺牍,阮瑀让飞笺。"❷指文辞。李瀚《蒙求》:"凿齿尺牍,荀勖音律。"

【尺鷃】 鸟名。亦写作"斥晏"。一种小雀。李中《海上和郎戬员外赴倅职》:"一朝凤诏重征人,鹏化那教尺鷃知。"

二　画

尼 〔ní《广韵》女夷切,平脂,娘。〕尼姑。比丘尼之省称。吴融有《还俗尼》。见"尼子""尼院"。

【尼子】 指年轻的尼姑。刘长卿有《戏赠干越尼子歌》。

【尼父】 同"尼甫"。孟浩然《久滞越中贻谢南池会稽贺少府》:"陈平无产业,尼父倦东西。"元稹《楚歌十首》之二:"陶虞事已远,尼父独将明。"李涉《怀古》:"尼父未适鲁,屡屡倦迷津。"

【尼丘】 ❶山名,在山东曲阜东南。传孔子父母祷于此而生孔子。程弥纶《怀鲁》:"曲阜国,尼丘山。周公邈难问,夫子犹启关。"❷指孔子。孔子生于尼丘,名丘,字仲尼,故称。贯休《别卢使君归东阳二首》之二:"终期金鼎调羹日,再近尼丘日月光。"

【尼甫】 即孔子。孔子名丘,字仲尼,甫为男子美称。李咸用《君子行》:"尼甫至圣贤,犹为匡所縻。"

【尼珠】 佛家语。即宝珠。梵语摩尼,故称"尼珠"。夏鸿《和赠和龙妙空禅师》:"身同莹澈尼珠净,语并锋铓慧剑坚。"

【尼師】 对尼姑之敬称。陈裕《咏大丰收寺斋头鲜于周梨》:"面折掇斋穷措大,笑迎搽粉阿尼师。"杨德辉《徵青州长老嘲僧门》:"行者趁教门里卧,尼师留在脚头眠。"

【尼師壇】 梵语之音译。意译随坐衣或坐具。因其衣上所附的布料,可供坐卧,故名。张希复《咏宣律和尚袈裟》:"共覆三衣中夜寒,披时不镇尼师坛。"参阅《翻译名义集·沙门服相》。

【尼院】 尼姑居之寺院。白居易《新乐府·两朱阁》:"寺门敕榜金字书,尼院佛庭宽有余。"

四　画

尿 〔niào《广韵》奴弔切,去啸,泥。〕❶小便。见"尿屎袋"。❷排泄小便。寒山《诗三百三首》之七一:"快哉混沌身,不饭复不尿。"

【尿屎袋】 佛教对人体的俗称。王梵志《五言诗》之六:"本是尿屎袋,强将脂粉搽。"

尾 〔wěi《广韵》無匪切,上尾,微。〕❶尾巴。韦应物《燕衔泥》:"衔泥燕,声喽喽,尾涎涎。"李贺《南园十三首》之八:"春水初生乳燕飞,黄蜂小尾扑花归。"元稹《哀病骢呈致用》:"半夜雄嘶心不死,日高饥卧尾还摇。"温庭筠《罩鱼歌》:"鱼尾迸圆波,千珠落湘藕。"❷物体之末端。韩愈《石鼎联句》:"或讶短尾铫,又似无足铛。"刘禹锡《飞鸢操》:"旗尾飘扬势渐高,箭头砉划声相似。"❸尾随,跟在身后。令狐楚《句》:"何日居三署,终年尾百僚。"❹终结。罗隐《芳树》:"春夏作头,秋冬为尾。"❺星名,二十八宿之一。与箕星之分野同为燕地,即幽州。杜牧《感怀诗一首》:"旄头骑箕尾,风尘蓟门起。"

【尾生】 为钟情守信男子之代表人物。见《庄子·盗跖》。温庭筠《答段柯古见嘲》:"尾生桥下未为痴,暮雨朝云世间少。"

【尾閭】 传说中大海泄出海水之处。闾,聚,谓众水聚汇之处。李德裕《重忆山居六首·漏潭石》:"及此闻溪漏,方欣验尾闾。"皮日休《鲁望昨以五百言见贻因成一千言》:"力掀尾闾立,思轧大块旋。"蜀酒阁道人《歌》:"尾闾不禁沧溟竭,九转神丹都谩说。"

局〔jú《广韵》渠玉切，入燭，羣。〕亦写作局。❶拘束，抑制。萧颖士《江有归舟三章》序："文也者，非云尚形似，牵比类，以局夫俪偶，放于奇靡。"皎然《奉和陆使君长源夏月游太湖》："庾公心旷远，府事局耳目。"亦指被约束、囿限。陆龟蒙《江胡散人歌》序："水之散，为雨，为露，为霜雪；水之局，为潴，为洳，为潢汙。"❷棋盘，博弈之器具。上官昭容《游长宁公主流杯池二十五首》之十五："携琴侍叔夜，负局访安期。"韦应物《逢杨开府》："朝持樗蒲局，暮窃东邻姬。"张籍《美人宫棋》："红烛台前出翠娥，海沙铺局巧相和。"李商隐《无题》："莫近弹棋局，中心最不平。"❸博弈。王建《宫词一百首》之七七："各把沈香双陆子，局中斗累阿谁高。"刘禹锡《观棋歌送儇师西游》："因君临局看斗智，不觉迟景沉西墙。"白居易《放言五首》之一："不信君看奕棋者，输赢须待局终头。"❹衙署；机构。元稹《酬乐天东南行诗一百韵》："科试铨衡局，衙参典校厨。"花蕊夫人徐氏《宫词》之十六："二十四司分六局，御前频见错相呼。"❺权限。皎然《答裴济从事》："三秉纲纪局，累登清白资。"❻量词。一次博弈谓一局。耿湋《仙山行》："看毕初为局，归逢几世孙。"刘禹锡《观棋歌送儇师西游》："有时凝思如入定，暗覆一局谁能知。"郑损《玉声亭》："一方清气群阴伏，半局闲棋万虑空。"

【局束】　拘束。韩愈《山石》："人生如此自可乐，岂必局束为人鞿。"

【局局】　俯身笑貌。苏源明《秋夜小洞庭离宴诗》序："源明局局然笑曰：'狂夫之言，不足罪也！'"

【局促】　❶狭小，受局限。窦冀《怀素上人草书歌》："鱼笺绢素岂不贵，只嫌局促儿童戏。"杜甫《苦雨奉寄陇西公兼呈王征士》："奋飞既胡越，局促伤樊笼。"皮日休《太湖诗·练渎》："一上姑苏台，犹自嫌局促。"❷窘迫，被羁束。杜甫《南池》："平生江海兴，遭乱身局促。"贯休《晉光大师草书歌》："僧家爱诗自拘束，僧家爱画亦局促。"❸仓促；短促。杜甫《梦李白二首》之二："告归常局促，苦道来不易。"元稹《春分投简阳明洞天作》："菌生悲局促，柯烂觉须臾。"韩偓《寄友人》："长拟醺酣遗世事，若为局促问生涯。"

【局棋】　一次对弈。詹敦仁《劝王氏入贡宠予以官作辞命篇》："往来宾主如邮传，胜负干戈似局棋。"

【局勢】　棋局的形势，引申指事物发展之形势。王建《看棋》："彼此抽先局势平，傍人道死的还生。"白居易《代梦得吟》："竿头已到应难久，局势虽迟未必输。"

【局縮】　狭小局促。韩愈《送诸葛觉往随州读书》："我虽官在朝，气势日局缩。"

五　画

屆同"届"。

居[1]〔jū《广韵》九魚切，平魚，見。〕❶踞，坐。高宗《九月九日》："端居临玉扆，初律启金商。"水神《霅溪夜宴诗》(卷八六四)："向使甘言盛行于曩昔，岂今日居君王之座头。"❷住；栖身。李峤《奉和幸韦嗣立山庄侍宴应制》："南洛师臣契，东岩王佐居。"杜甫《客居》："人虎相半居，相伤终两存。"李绅《涉沅潇》："潇湘岛浦无人居，风惊水暗惟鲛鱼。"冯渚《燕衔泥》："豪家大屋尔莫居，骄儿少妇采尔雏。"❸居舍，住所。太宗《帝京篇十首》之一："秦川雄帝宅，函谷壮皇居。"王维《饭覆釜山僧》："果从云峰里，顾我蓬蒿居。"孙元晏《咏史诗·陈·江令宅》："不向南朝立谏名，旧居基在事分明。"❹平居，日常生活。苏晋《奉和圣制送张说巡边》："离声轸去角，居念断归蝉。"岑参《夜过盘石寄闺中效齐梁体》："春物知人意，桃花笑索居。"卢纶《卧病寓居龙兴观枉冯十七著作书因题十四韵》："荦膻居已绝，鸾鹤见无由。"柳宗元《送叔平学士知青州》："物饶三服丽，居乐五民游。"见"居常"。❺处于；处。宋璟《奉和御制璟与张说源乾曜同日上官命宴都堂赐诗应制》："丞相邦之重，非贤谅不居。"杜甫《绝句四首》之四："苗满空山惭取誉，根居隙地怯成形。"刘禹锡《酬乐天见寄》："背时犹自居三品，得老终须卜一丘。"杜荀鹤《恩门致书远及山居因献之》："身居剑戟争雄地，道在乾坤未丧间。"❻相处，交往。韩愈《青青水中蒲三首》之一："君今上陇去，我在与谁居。"❼囤积，积储。见"居貨"。❽安稳平静。见"居居""居然❶"。❾明朗显豁。见"居然❷"。❿守持。丁仙芝《赠朱中书》："会应怜尔居素约，可即长年守贫贱。"见"居敬""居貞"。⓫占；当。段成式《游长安诸寺联句》序："在外六甲子，所留书籍，揃坏居半。"《僧缄示王处厚》(卷八七五)："周士同成，二王殊名。王居一焉，百日为程。"齐己《老将》："破虏与平戎，曾居第一功。"

居[2]〔jī《广韵》居之切，平之，見。〕见"居₂ 諸"。

【居人】　居民；住家之人。王维《桃源行》："樵客初传汉姓名，居人未改秦衣服。"颜真卿《水堂送诸文士戏赠潘丞联句》："居人未可散，上客须留著。"袁皓《重归宜春经过萍川题梵林寺》："村烟不改居人换，官路无穷行客多。"

【居士】 ❶本指受过“三归”“五戒”之在家佛徒，后亦泛指信奉佛教而未出家之人。王维《胡居士卧病遗米因赠》：“居士素通达，随宜善抖擞。”韦应物《题郑弘宪侍御遗爱草堂》：“居士近依僧，青山结茅屋。”刘禹锡《送僧元暠东游》：“从此多逢大居士，何人不愿解珠璎。”韦蟾《岳麓道林寺》：“他方居士来施斋，彼岸上人投结夏。”❷泛指隐逸之高士。见“居士竹”。❸用为自称。白居易《酬皇甫郎中对新菊花见忆》：“居士荤腥今已断，仙郎杯杓为谁排。”又《改业》：“先生老去饮无兴，居士病来闲有余。”

【居士竹】 《南雍州记》载：南朝宋辛居士夷仲，隐于襄阳汉水西，性好酒月初竹，筑室竹林中，截竹为酒器，问其故，云：“吾嗜酒爱竹，欲此二物永不相离，故尔。”后遂以“居士竹”为咏隐居或爱竹之典。孟浩然《晚春题远上人南亭》：“林栖居士竹，池养右军鹅。”

【居止】 ❶住处，居舍。韩翃《送客归江州》：“闻道泉明居止近，篮舆相访为淹留。”权德舆《湖上晚眺呈惠上人》：“幸因居止近，日觉性情闲。”马戴《赠杨先辈》：“居止邻西岳，轩窗度白云。”许彬《酬简寂熊尊师以赵员外庐山草堂见借》：“岂易投居止，庐山得此峰。”❷行止，起居，活动。孟郊《劝善吟》：“顾余昧时调，居止多疏慵。”喻凫《龙翔寺居夏日寄献王尚书》：“泉石容居止，风沙免路岐。”马戴《过野叟居》：“居止白云内，渔樵沧海边。”无可《秋夜寄青龙寺空贞二上人》：“未得同居止，萧然自寂寥。”

【居中】 （—zhōng）谓处于中间、不偏之位置。元稹《香球》：“顺俗唯团转，居中莫动摇。”

【居正】 居于正位。魏征《五郊乐章·肃和》：“金行在节，素灵居正。”

【居台】 指位居宰相。唐初尚书省长官即宰相，而尚书俗称台阁，故谓。薛据《怀哉行》：“一言并拜相，片善咸居台。”

【居守】 ❶谓置官居留守护。储光羲《望幸亭》：“周国易居守，周人多怨思。”杜甫《九成宫》：“虽无新增修，尚置官居守。”又《江陵望幸》：“甲兵分圣旨，居守付宗臣。”❷官名，即留守。韦应物《示从子河南尉班》序：“时从子河南尉班，亦以刚直为政，俱见讼于居守。”独孤及《自东都还濠州奉酬王八谏议见赠》：“洛阳居守寄鄭侯，君著貂冠参运筹。”白居易《和思黯居守独饮偶醉见示六韵》。

【居安】 安居。谓居处安宁，安心。刘禹锡《游桃源一百韵》：“居安白社贫，志傲玄缥辟。”于濆《村居晏起》：“居安即永业，何者为故山。”

【居住】 住居。谓长期在某处居留生活。崔颢《长安道》：“长安甲第高入云，谁家居住霍将军。”姚合《寄李群玉》：“居住应安稳，黄金几灶新。”花蕊夫人徐氏《宫词》之一一五：“傍池居住有渔家，收网摇船到浅沙。”

【居延】 古边塞名，在居延海附近。汉武帝太初三年（前102）于此建城。县属张掖郡，后亦以代指边塞。陈子昂有《题居延古城赠乔十二知之》。王维《出塞》：“居延城外猎天骄，白草连山野火烧。”张仲素《秋思二首》之二：“欲寄征衣问消息，居延城外又移军。”赵嘏《昔昔盐二十首·长垂双玉啼》：“雁出居延北，人犹辽海西。”参见“居延海”。

【居延海】 古地名，亦称居延泽。在今甘肃额济纳旗境内。为张掖河所汇。陈羽《读苏属国传》：“天山西北居延海，沙塞重重不见春。”

【居官】 做官，居于官位。杜甫《奉送二十三舅录事之摄郴州》：“从役何蛮貊，居官志在行。”朱庆余《题王丘长史宅》：“更无人吏在门前，不似居官似学仙。”安锜《题贾岛墓》：“驰誉超先辈，居官下我侬。”

【居居】 安静貌。语本《庄子·盗跖》。马异《答卢仝结交诗》：“卧居居兮起于于，漱潺潺兮聆彗彗。”

【居貞】 守持正道。见《易·颐》。魏征《五郊乐章·黄帝宫音》：“黄中正位，含章居贞。”权德舆《书绅诗》：“败礼因近习，哲人自居贞。”

【居美】 指处于良好有利的形势。玄宗《过王濬墓》：“居美未尽善，矜功徒自伤。”

【居客】 客居外乡之人。颜真卿、杨凝《又溪馆听蝉联句》：“已催居客感，更使别人惊。”

【居高】 处于地势高处。亦喻指居于高位。韦安石《奉和九日幸临渭亭登高应制得枝字》：“临深应在即，居高岂忘危。”

【居家】 谓居留在家中未远行。韦应物《送令狐岫宰恩阳》：“居家犹苦寒，子有千里行。”

【居郡】 指担任刺史治理州郡。刘禹锡《含晖洞述》序：“河东薛公景晦……以讪为道州刺史，居郡大理，至于无事。”

【居奢】 指处于奢华侈靡之环境。太宗《登三台言志》：“在危犹骋丽，居奢遂役人。”

【居處】 ❶（—chù）平居，日常生活。李商隐《无题二首》之二：“神女生涯原是梦，小姑居处本无郎。”丘光庭《补新宫》序：“宫者，居处燕游宗庙之总称也。”齐己《经贾岛旧居》：“先生居处所，野烧几为灰。”❷（—chù）指所处位置。皮日休《怀锡山药名离合二首》之一：“历山居处当天半，夏里松风尽足听。”❸（—chǔ）指住所。白居易《江南喜逢萧九彻因话长安旧游戏赠五十韵》：“经过悉同巷，居处尽连墙。”

【居常】 ❶循常规，守常道。苏颋《蜀城哭台州乐安少府》：“执礼谁为赗，居常不徇财。”吴筠《高士咏·荣启期》：“居常以待终，啸傲夫何忧。”元结《闵荒诗》:"居常耻前王,不思天子游。"❷平时,日常。刘得仁《陈情上李景让大夫》:"遇物唯多感,居常只是吟。"

【居貧】 处于贫困境地,生活穷困。权德舆《暮春闲居示同志》:"好古每开卷,居贫常闭门。"孟郊《怨别》:"在富易为容,居贫难自好。"徐夤《菊花》:"陶公岂是居贫者,剩有东篱万朵金。"齐己《对雪》:"为瑞还难得,居贫莫厌多。"

【居貨】 谓囤积货物以待售。柳宗元《感遇二首》之一:"众情嗜奸利,居货捐千金。"

【居停主人】 寄宿处之主人。卢仝《月蚀诗》:"月蚀乌宫十三度,乌为居停主人不觉察。"

【居庸】 古关塞名,即居庸关,亦称蓟门关。为长城之险要关口,古代"天下九塞"之一。在今北京昌平县。高适有《使青夷军入居庸三首》。

【居然】 ❶安然,安稳平静貌。刘允济《经庐岳回望江州想洛川有作》:"长望限南溟,居然翳东郭。"玄宗《王屋山送道士司马承祯还天台》:"间有幽栖者,居然厌俗尘。"亦指恬然,寂然,澹泊宁静貌。皮日休《临顿宅将有归于之日鲁望以诗见贶因酬之》:"居然自是幽人事,辄莫教他孙寿闻。"❷显然,分明显豁貌。张九龄《咏史》:"居然已不一,况乃务相诡。"李涉《送颜觉赴举》:"居然一片荆山玉,可怕无人是卞和。"吴融《送僧归破山寺》:"居然本相别,不要惨离颜。"❸俨然,相似逼真貌。王维《送陆员外》:"郎署有伊人,居然古人风。"杜甫《寄董卿嘉荣十韵》:"居然双捕虏,自是一嫖姚。"按,"捕虏"指汉捕虏将军马武。独孤及《和李尚书画射虎图歌》:"居然画中见真态,若务除恶不顾私。"白居易《闲坐》:"人物何相称,居然田舍翁。"❹竟然,表出乎意料。杨炯《和刘长史答十九兄》:"居然混玉石,直置保松筠。"颜真卿《题杼山癸亭得暮字》:"不越方丈间,居然云霄遇。"张蠙《云朔逢山友》:"会面却生疑,居然似梦归。"❺果然;终于,表不出所料。王勃《忽梦游仙》:"寤寐宵汉间,居然有灵对。"杜甫《自京赴奉先县咏怀五百字》:"居然成濩落,白首甘契阔。"韩愈《崔十六少府以诗及书见投因酬三十韵》:"前计顿乖张,居然见真赝。"无名氏《子陵山洞》(《外编下》):"居然动天象,下应太史卜。"

【居閑】 ❶闲居,平居。孟浩然《白云先生王迥见访》:"居闲好芝术,采药来城市。"❷免官赋闲家居。韩愈《从仕》:"居闲食不足,从仕力难任。"

【居敬】 ❶居身恭敬。见《论语·雍也》。储光羲《晚次东亭献郑州宋使君文》:"居敬物无扰,履端人自康。"❷元宗简之字。元稹《酬乐天吟张员外诗见寄因思上京每与乐天于居敬兄升平里咏张新诗》:"乐天书内重封到,居敬堂前共读时。"白居易《慈恩寺有感》自注:"时杓直初逝,居敬方病。"

【居剧】 指处于政务繁忙之职位。孟浩然《赠萧少府》:"处腴能不润,居剧体常闲。"

【居$_2$諸】 出《诗·邶风·日月》。后遂以"居诸"借指岁月、光阴。高适《苦雨寄房四昆季》:"君门嗟缅邈,身计念居诸。"杜甫《别张十三建封》:"乃吾故人子,童丱联居诸。"韩愈《符读书城南》:"岂不旦夕念,为尔惜居诸。"亦指岁月流逝。白居易《和微之诗二十三首·和除夜作》:"恩光未报答,日月空居诸。"

【居藩】 指供职于藩镇幕府。韦应物《送陆侍御还越》:"居藩久不乐,遇子聊一欣。"

【居攝】 谓大臣代居君王之位摄政。周昙《咏史诗·前汉门·又吟》:"铜马朱眉满四方,总缘居摄乱天常。"

届 〔jiè《广韵》古拜切,去怪,見〕亦作"屆"。到,至。寒山《诗三百三首》之九:"似我何由届,与君心不同。"李峤《晚秋喜雨》:"积阳躔首夏,隆旱届徂秋。"孟浩然《从张丞相游南纪城猎戏赠裴迪张参军》:"十里届宾馆,征声匝妓筵。"韩愈、孟郊《雨中寄孟刑部几道联句》:"斗场再鸣先,遐路一飞届。"亦指下临。则天皇后《游石淙诗序》:"尔其近接嵩岭,俯届箕峰。"

【届期】 至期,到时候。陈元光《太母魏氏半径题石》:"忧阕情犹结,祥回禫届期。"

屈1 〔qū《广韵》區勿切,入物,溪。又九勿切,入物,見。〕❶弯曲。亦指使弯曲。元结《演兴四首·讼木魅》:"榴梡梡兮未坚,樟根根兮可屈。"张聿《剑化为龙》:"古剑诚难屈,精明有所从。"元稹《寄乐天二首》之二:"剑头已折藏须盖,丁字虽刚屈莫难。"白居易《雨中题衰柳》:"湿屈青条折,寒飘黄叶多。"❷压抑;受束缚。杜甫《别苏徯》:"他日怜才命,居然屈壮图。"韩愈《送文畅师北游》:"挛拘屈吾真,戒辖思远发。"白居易《叹鲁二首》之一:"自古无奈何,命为时所屈。"张俨《贞元八年十二月谒先主庙绝句三首》之一:"天命屈雄图,谁歌大风起。"❸委屈,屈辱。亦指受委屈,受屈辱。王勃《倬彼我系》:"其位虽屈,其言则传。"李白《鲁郡尧祠送张十四游河北》:"岂无横腰剑,屈彼淮阴人。"严维《九日登高》:"四子醉时争讲德,笑论黄霸屈为邦。"齐己《贻王秀才》:"自能探虎子,何虑屈男儿。"❹冤枉,冤屈。孟郊《酒德》:"酒功如此多,酒屈亦以深。"韩愈《南山有高树行赠李宗闵》:"无人语凤凰,汝屈安得知。"白居易《昭君怨》:"见疏从道迷画图,知屈那教配虏庭。"❺屈服,屈从。亦指使屈服。李白《送岑征君归鸣皋山》:"虽登洛阳殿,不屈巢由身。"韦应物《寄黄刘二尊师》:"道尊不可屈,符字岂暇余。"刘湾《李陵别苏武》:"誓欲还国恩,不为匈奴屈。"❻亏弱;困厄。张说《奉和圣制过王濬墓应制》："援孤因势屈，功重为谗偏。"杜甫《寄赠王十将军承俊》："时危未授钺，势屈难为功。"❼指屈原。储光羲《奉酬张五丈垂赠》："贾生方吊屈，岂敢比南昌。"孟浩然《自浔阳泛舟经明海》："观涛壮枚发，吊屈痛沉湘。"刘长卿《送侯中丞流康州》："北阙九重谁许屈，独看湘水泪沾襟。"韩翃《送客游江南》："遥想汨罗上，吊屈秋风初。"❽姓。唐诗人中屈同仙等。

屈²〔jué《集韵》渠勿切，入迄，羣。〕❶竭，穷尽。刘禹锡《调瑟词》序："里有富豪翁，厚自奉养，而严督臧获，力屈形削，犹役之无艺极。"裴潾《前相国赞皇公作镇浙右辄抒怀奉寄》："我力或屈，我躬莫污。"冯待征《虞姬怨》："无时人事有兴灭，智穷计屈心摧折。"❷通"倔"。见"屈₂强""屈₂起"。

【屈人】 受委屈之人。张蠙《投所知》："自闻离乱开公道，渐数孤平少屈人。"

【屈己】 委屈自身。崔元翰《奉和圣制中元日题奉敬寺》："屈己由济物，尧心岂所荣。"

【屈大夫】 即屈原，曾为三闾大夫。李白《悲歌》："汉帝不忆李将军，楚王放却屈大夫。"戴叔伦《同兖州张秀才过王侍御参谋宅赋十韵》："岂学屈大夫，忧惭对渔叟。"杜光庭《怀古今》："君不见屈大夫纫兰而发谏，君不见贾太傅忌鹏而愁吟。"

【屈子】 即屈原。罗隐《轻飙》："楚虽屈子重，汉亦忆廉颇。"孙郃《古意二首》之一："屈子生楚国。七雄知其材。"

【屈厄】 困顿，困窘。李白《君马黄》："猛虎落陷阱，壮夫时屈厄。"

【屈卮】 有柄而弯曲之酒杯。岑参《过梁州奉赠张尚书大夫公》："锦席绣拂庐，玉盘金屈卮。"李贺《浩歌》："筝人劝我金屈卮，神血未凝身问谁。"

【屈平】 即屈原。原名平。李峤《赋》："布义孙卿子，登高楚屈平。"李白《留别曹南群官之江南》："范蠡说句践，屈平去怀王。"裴澈《吊孟昌图》："一章何罪死何名，投水惟君与屈平。"

【屈平祠】 见"屈原祠"。

【屈生】 即屈原。皎然《杂兴六首》之一："高论让邹子，放词征屈生。"

【屈死】 受冤屈而死。胡曾《咏史诗·杀子谷》："举国贤良尽泪垂，扶苏屈死树边时。"

【屈同】 见"屈同仙"。

【屈同仙】 河南洛阳（今属河南）人。调栎阳尉，官至千牛卫兵曹参军。事迹略见《元和姓纂》卷十。《搜玉小集》作"屈同"，夺"仙"字。《全唐诗》卷二〇三录其诗二首。

【屈曲】 ❶弯曲。蜿蜒曲折。武三思《宴龙泓》："岩崿萦纡上，澄潭屈曲流。"孟浩然《登鹿门山》："岩潭多屈曲，舟楫屡回转。"白居易《重题》："最爱一泉新引得，清泠屈曲绕阶流。"薛逢《潼关河亭》："重冈如抱岳如蹲，屈曲秦川势自尊。"❷喻指事物发展过程中的曲折艰难。李白《古风》之二三："人心若波澜，世路有屈曲。"❸犹周到，详尽。王绩《在京思故园见乡人问》："殷勤访朋旧，屈曲问童孩。"

【屈戌】 古代窗户箱柜上起连接作用之铰链。李商隐《魏侯第东北楼堂郢叔言别卿用书所见成篇》："锁香金屈戌，殢酒玉昆仑。"又《骄儿诗》："凝走弄香奁，拔脱金屈戌。"戌，一本作"戍"。

【屈伏】 ❶曲折起伏。李白《宿虾湖》："明晨大楼去，冈陇多屈伏。"❷蜷曲蛰伏。徐夤《魏》："在井蛰龙如屈伏，食槽骄马忽腾骧。"

【屈名】 使名声受屈抑而不显。张祜《投滑州卢尚书》："海内诸侯最屈名，不妨中立自经营。"

【屈色】 谓屈意做出顺从表情。杜甫《雨》："一命须屈色，新知渐成故。"

【屈折】 弯弯曲曲，之字形之波折。白居易《谓村退居寄礼部崔侍郎翰林钱舍人诗一百韵》："屈折孤生竹，销摧百炼钢。"杜牧《黄州竹径斗》："竹浊蟠小径，屈折斗蛇来。"花蕊夫人徐氏《宫词》之五二："重廓屈折连三殿，密上真珠百宝灯。"

【屈身】 自降身份。岑参《郡斋闲坐》："负郭无良田，屈身徇微禄。"刘长卿《洛阳主簿叔知和驿承恩赴选伏辞一首》："仲父王佐材，屈身仇香位。"

【屈伸】 ❶蜷缩与舒展。太宗《咏兴国寺佛殿前幡》："屈伸烟雾里，低举白云中。"亦指身体作弯曲后伸的活动。白居易《新秋喜凉因寄兵部杨侍郎》："睡足一屈伸，搔首摩挲面。"❷喻指穷达、进退、得志与受困。王昌龄《郑县宿陶太公馆中赠冯六元二》："罢酒当凉风，屈伸备冥数。"顾况《酬信州刘侍郎兄》："刘兄本知命，屈伸不介怀。"权德舆《严陵钓台下作》："奈何清风后，扰扰论屈伸。"

【屈宋】 战国楚屈原、宋玉之连称。二人皆为辞赋家。见《史记·屈原贾生列传》。杜甫《醉时歌》："先生有道出羲皇，先生有才过屈宋。"戴叔伦《过三闾庙》："沅湘流不尽，屈宋怨何深。"李商隐《偶成转韵七十二句赠四同舍》："众中赏我赋高唐，回看屈宋由年辈。"

【屈₂奇】 瑰奇，奇异。韩愈《寄崔二十六立之》："西城员外丞，心迹两屈奇。"

【屈彼淮阴人】 指韩信在淮阴受胯下辱事。典出《史记·淮阴侯列传》。李白《鲁郡尧祠送张十四游河北》："岂无横腰剑，屈彼淮阴人。"

【屈受】 委屈蒙受。赵抟《琴歌》："清声不与众乐杂，所以屈受尘埃欺。”

【屈放】　指战国楚屈原遭谗放逐之事。无名氏《楚泊亭》(外编下)：“卷逃屈放两俱空，山上波流万古同。”

【屈法】　放宽刑法。李白《上崔相百忧章》：“屈法申恩，弃瑕取材。”

【屈注】　蜿蜒流注。杜甫《奉同郭给事汤东灵湫作》：“倒悬瑶池影，屈注苍江流。”

【屈$_2$起】　崛起，勃然兴起。屈，通“崛”。李白《早秋赠裴十七仲堪》：“裴生信英迈，屈起多才华。”

【屈指】　❶弯起指头计数。韦安石《侍宴旋师喜捷应制》：“忘躯百战后，屈指一年归。”杜甫《甘林》：“我衰易悲伤，屈指数贼围。”崔峒《江南回逢赵曜因送任十一赴交城主簿》：“屈指同人尽，伤心故里残。”刘兼《送文英大师》：“屈指平阳别社莲，蟾光一百度曾圆。”❷喻指时间短。犹言转眼之间。高适《别韦参军》：“举头望君门，屈指取公卿。”韩翃《送万巨》：“屈指待为青琐客，回头莫羡白亭人。”杜牧《郡斋独酌》：“屈指百万世，过如霹雳忙。”唐彦谦《夏日访友》：“惊迓叙间阔，屈指越寒暑。”❸形容为数不多。韩愈《忆昨行和张十一》：“自期殒命在春序，屈指数日怜婴孩。”亦形容稀有，特出。卢仝《寄赠含曦上人》：“劈破天地来，节义可屈指。”徐夤《东归出城留别知己》：“韦蒙屈指许非才，三载长安共酒杯。”

【屈律】　曲折之笔画。《皮日休造黄巢谶》：“欲知圣人名，果头三屈律。”

【屈祠】　祀奉屈原之祠庙。汪遵人《屈祠》。

【屈突】　复姓。参见“屈突通”。

【屈突司直】　指屈突陕。陕曾官大理司直。刘长卿有《夏口送屈突司直使湖南》，又有《重阳日鄂城楼送屈突司直》。

【屈突明府】　指屈突陕。乾元间任洪州建昌县令。李白有《对酒醉题屈突明府厅》。

【屈突通】　(557—628)昌黎徒河(今辽宁锦州)人，迁长安(今陕西西安)。事迹见《唐书》本传。《时人为屈突语》(卷八七六)：“宁服三斗葱，不逢屈突通。”

【屈突盖】　昌黎徒河(今辽宁锦州)人，迁长安(今陕西西安)。事迹略见《隋书·崔弘度传》，新旧《唐书·屈突通传》。《时人为屈突语》(卷八七六)：“宁食三斗艾，不见屈突盖。”

【屈草】　见“屈轶”。

【屈辱】　受委屈耻辱。郑遨《哭张道古》：“岂使谏臣终屈辱，直疑天道恶忠良。”

【屈原】　(前340？—前278)名平，字原。一名正则，字灵均。战国楚人。怀王时为左徒，三闾大夫。以博闻强志，明于治乱。娴于辞令，甚得信任。事迹见《史记·屈原贾生列传》。《汉书·艺文志》著录其赋二十五篇。李白《单父东楼秋夜送族弟沈之秦》：“屈原憔悴滞江潭，亭伯流离放辽海。”王建《荆门行》：“向前问个长沙路，旧是屈原沈溺处。”

【屈原祠】　祀奉屈原之祠庙。在唐岳州(今湖南岳阳)境汨罗江畔。洪州将军有《题屈原祠》。

【屈原草】　指屈原为怀王草宪令，上官大夫欲夺之之事。见《史记·屈原贾生列传》。李商隐《哭遂州萧侍郎二十四韵》：“朝争屈原草，庙馁莫敖魂。”

【屈原塚】　在岳州湘阴(今属湖南)县北七十一里。见唐李吉甫《元和郡县图志》卷二七。清江《湘川怀古》：“浪势屈原冢，竹声渔父歌。”

【屈原澤畔】　指屈原遭放逐后行吟泽畔之事。见《史记·屈原贾生列传》。李瀚《蒙求》：“屈原泽畔，渔父江滨。”

【屈$_2$猛】　倔强凶猛。杜甫《苦雨奉寄陇西公兼呈王征士》：“鹰隼亦屈猛，乌鸢何所蒙。”

【屈$_2$强】　(—jiàng)倔强。刚硬而不柔顺。杜甫《又观打鱼》：“大鱼伤损皆垂头，屈强泥沙有时立。”又《李潮八分小篆歌》：“八分一字直百金，蛟龙盘拏肉屈强。”

【屈黄綬】　谓受委屈而担任县尉小官。因汉制丞尉，俱黄绶铜印，故云。李白《酬谈少府》：“壮心屈黄绶，浪迹寄沧洲。”

【屈軼】　草名。传尧时有屈轶草生于庭，遇佞人入朝，则屈而指之。白居易《赠樊著作》：“其手如屈轶，举心指佞臣。”李咸用《读修睦上人歌篇》：“才似烟霞生则媚，直如屈轶佞则指。”亦省称“屈草”。苏味道《赠封御史入台》：“夕鸦共鸣舞，屈草接芳菲。”钱起《津梁寺寻李侍御》：“绕阶春色至，屈草待君芳。”

【屈景】　战国楚屈原、景差之连称。二人皆以辞赋著称于世。见《史记·屈原贾生列传》。皮日休《鲁望读襄阳耆旧传见赠五百言过褒庸材靡有称是予次而赞之因而寄答亦诗人无言不酬之义也次韵》：“巴庸乃崄岨，屈景实豪右。”

【屈賈】　战国楚屈原、汉贾谊之连称。二人相类，皆以讽谏被贬，并皆以辞赋称于世。见《史记·太史公自序》。杜甫《壮游》：“气劘屈贾垒，目短曹刘墙。”唐扶《使南海道长沙题道林岳麓寺》：“稍揖皇英颓浓泪，试与屈贾招清魂。”

【屈跡】　犹屈身。谓委曲其身。杜甫《聂耒阳以仆阻水书致酒肉疗饥荒江至县呈聂令》：“前期翰林后，屈迹县邑小。”顾云《苏君厅观韩干马障歌》：“乃孙屈迹宁百里，好奇学古有祖风。”

【屈節】　(—jié)犹屈尊，谓自降身份以待人。李白《博平郑太守自庐山千里见访却之武陵立马赠别》："邯郸能屈节，访博从毛薛。"

【屈腰】 折腰，弯腰。谓卑躬屈膝以示人。韩翃《家兄自山南罢归献诗叙事》："空嗟镊须日，犹是屈腰年。"

【屈槃】 盘曲。槃，同"盤"。弯弯曲曲。姚合《天竺寺殿前立石》："霹雳划深龙旧攫，屈槃痕浅虎新抓。"

【屈氂】 即汉刘屈氂，武帝庶兄中山靖王之子。李商隐《有感二首》之一："如何本初辈，自取屈牦诛。"

【屈盤】 盘曲，曲折回环。李白《登敬亭北二小山逢崔侍御并登此地》："屈盘戏白马，大笑上青山。"张继《城西虎跑寺》："石势虎蹲伏，山形龙屈盘。"李贺《沙路曲》："独垂重印押千官，金窠篆字红屈盘。"秦韬玉《桧树》："深盖屈盘青麈尾，老皮张展黑龙鳞。"

【屈窮】 窘迫，困厄。李贺《野歌》："男儿屈穷心不穷，枯荣不等嗔天公。"

【屈聲】 因受委屈而远播之声名。欧阳詹《送潭州陆户曹之任》："三语又为掾，大家闻屈声。"方干《贻钱塘县路明府》："世路屈声远，寒溪怨气深。"

【屈膝】 ❶屈起膝关节，下跪。张说《舞马词》之三："屈膝衔杯赴节，倾心献寿无疆。"欧阳詹《咏德上韦检察》："英豪愿回席，蛮貊皆屈膝。"李绅《悲善才》："紫髯供奉前屈膝，尽弹妙曲当春日。"孙頠《送薛大夫和蕃》："戎人方屈膝，塞月复婵娟。"❷即屈戌。门窗箱橱上之铰链类物件。李峤《屏》："洞彻琉璃蔽，威纡屈膝回。"李贺《宫娃歌》："啼蛄吊月钩栏下，屈膝铜铺锁阿甄。"段成式《不赴光风亭夜饮赠周繇》："屏开屈膝见吴娃，蛮蜡同心四照花。"

【屈蟠】 盘曲，曲折缠绕。杜甫《西枝村寻置草堂地夜宿赞公土室二首》之一："惆怅老大藤，沉吟屈蟠树。"章孝标《题上皇观》："楼台瑞气晴萧索，杉桧龙身老屈蟠。"翁承赞《松》："倚涧临溪自屈蟠，雪花销尽藓花干。"

【屈蠖】 如尺蠖蜷曲。喻指受压抑不得伸展。孟郊《寄院中诸公》："冠豸犹屈蠖，匣龙期剸犀。"

【屈鐵】 弯曲之铁。多指状曲折而黝黑之物。杜甫《戏为双松图歌》："两株惨裂苔藓皮，屈铁交错回高枝。"苏涣《赠零陵僧》："钩锁相连势不绝，倔强毒蛇争屈铁。"欧阳炯《题景焕画应天寺壁天王歌》："马头壮健多筋节，乌觜弯环如屈铁。"

【屈體】 弯腰，俯身。指屈服于人。李白《赠新平少年》："屈体若无骨，壮心有所凭。"

局 同"局"。

六　画

屍 〔shī《广韵》式脂切，平脂，書。〕尸体。人或动物死后之身躯。杜甫《垂老别》："积尸草木腥，流血川原丹。"岑参《过梁州奉赠张尚书大夫公》："羌虏昔未平，华阳积僵尸。"王睿《公无渡河》："浪摆衣裳兮随步没，沉尸深入兮蛟螭窟。"亦喻指饱食终日、无所事事之人。陈裕《咏大慈寺斋头鲜于阁梨》："酒肉终朝没阙时，高堂大舍养肥尸。"

【屍骸】 尸体。亦喻指如尸体般僵直不动之躯体。皮日休《嘲归仁绍龟诗》："硬骨残形知几秋，尸骸终是不风流。"

屋 〔wū《广韵》烏谷切，入屋，影。〕❶房屋；居室。白居易《春日闲居三首》之一："陶云爱吾庐，吾亦爱吾屋。"卢献卿《梦中诗》："扶疏绕屋树，寂寞独归人。"❷指屋顶。张籍《永嘉行》："紫陌旌幡暗相触，家家鸡犬惊上屋。"韦庄《涂次逢李氏兄弟感旧》："巡街趁蝶衣裳破，上屋探雏手脚轻。"

【屋上烏】 出《韩诗外传》卷三第十三章。后遂以"屋上乌"指推爱所及之物。杜甫《奉赠射洪李四丈》："丈人屋上乌，人好乌亦好。"参阅《说苑·贵德》。

【屋山】 屋脊。亦指屋脊两端之山墙。韩愈《寄卢仝》："每骑屋山下窥阚，浑舍惊怕走折趾。"

【屋子】 房子，房屋。詹时泽《题肪斋》："尖关屋子不嫌低，上有青山下有池。"

【屋曲】 犹屋角。屋内隐曲之处。皮日休《奉和鲁望叠韵双声二首·叠韵山中吟》："荒篁香墙匡，熟鹿伏屋曲。"

【屋宇】 屋子，房舍。杜甫《茅堂检校收稻二首》之一："喜无多屋宇，幸不碍云山。"无名氏《晚秋羁情》（外编下）："屋宇摧残无箇存，犹是唐家旧踪迹。"

【屋宅】 房舍。借指寄寓。元稹《遣病》："况我早师佛，屋宅此身形。"

【屋舍】 （—shè）屋子，房舍。白居易《和刘郎中学士题集贤阁》："傍闻大内笙歌近，下视诸司屋舍低。"陆龟蒙《奉酬袭美先辈吴中苦雨一百韵》："先夸屋舍好，又恃头角凸。"裴说《旅行闻寇》："豪富田园废，疲羸屋舍新。"

【屋脊】 ❶房屋上之栋梁。孟郊《劝善吟》："藏书拄屋脊，不惜与凡聋。"❷房顶之最高部分。温宪《春鸠》："散睡桑条暖，闲鸣屋脊春。"

【屋梁】 房屋上之梁木。杜甫《梦李白二首》之一："落月满屋梁，犹疑照颜色。"白居易《奉和思黯自题南庄见示兼呈梦得》："晓月渐沉桥脚底，晨光初照屋梁时。"李商隐《初起》："三年苦雾巴江水，不为离人照屋梁。”

【屋椽】 架于屋梁上以承瓦之木条。亦借指屋架，屋宇。杜甫《彭衙行》：“野果充糇粮，卑枝成屋椽。”李商隐《行次西郊作一百韵》：“行人摧行资，居者税屋椽。”

【屋頭】 屋上，屋顶之上。曹邺《四愁三怨五情诗十二首·二愁》：“此夜目不掩，屋头乌啼声。”杜荀鹤《怀庐岳书斋》：“煮茶窗底水，采药屋头山。”

【屋壁】 ❶房屋之墙壁。王维有《游李山人所居因题屋壁》。❷夹墙。因汉代在孔子旧宅夹壁中发现大量经书，后亦以指壁藏之经籍。李商隐《赠送前刘五经映三十四韵》：“屋壁余无几，焚坑逮可伤。”

【屋檐】 见“屋簷”。

【屋簷】 亦作“屋檐”，屋顶伸出墙外之边缘部分。韩愈《赴江陵途中寄赠三学士》：“白日屋檐下，双鸣斗鸺鹠。”白居易《晏起》：“鸟鸣庭树上，日照屋檐时。”司空图《听雨》：“半夜思家睡里愁，雨声落落屋檐头。”

屏^1 〔píng《广韵》薄經切，平青，並。〕❶照壁，门外用以遮蔽之短墙。刘长卿《同郭参谋咏崔仆射淮南节度使厅前竹》：“不知轩屏侧，岁晚对袁安。”刘禹锡《马嵬行》：“群吏伏门屏，贵人牵帝衣。”❷屏风。上官昭容《彩书怨》：“露浓香被冷，月落锦屏虚。”杜甫《奉酬薛十二丈判官见赠》：“志在麒麟阁，无心云母屏。”杨汝士《宴杨仆射新昌里第》：“隔坐应须赐御屏，尽将仙翰入高冥。”路德延《小儿诗》：“展画趋三圣，开屏笑七贤。”亦喻指如画般之峰崖。孟郊《游石龙涡》：“水飞林木杪，珠缀莓苔屏。”韩愈《答张彻》：“映波铺远锦，插地列长屏。”许浑《村舍二首》之一：“鱼下碧潭当镜跃，鸟还青嶂拂屏飞。”❸屏障。指赖以掩蔽遮护之重地。白居易《和渭北刘大夫借便秋遮虏寄朝中亲友》：“巨镇为邦屏，全材作国桢。”

屏^2 〔bǐng《广韵》必郢切，上静，幫。〕❶隐藏；隐退。殷寅《铨试后征山别业寄源侍御》：“谀才甘自屏，薄伎忝余眷。”见“屏$_2$居”“屏$_2$身”。❷遮蔽，遮挡。武元衡《德宗皇帝挽歌词三首》之一：“日月光连璧，烟尘屏大风。”❸避开，隔绝。刘孝孙《游灵山寺》：“曳裾欣扈从，方悟屏尘喧。”王昌龄《送欧阳会稽之任》：“缓带屏纷杂，渔舟临讼堂。”韦应物《寄柳州韩司户郎中》：“旧里门空掩，欢游事皆屏。”❹排斥，摈弃。高宗《咸亨殿宴近臣诸亲柏梁体》逸句：“屏欲除奢政返淳。”孙逖《和左卫武仓曹卫中对雨创韵》：“克勤居簿领，多暇屏欢谣。”独孤及《代书寄上裴六冀刘二颖》：“尽屏簿领书，相与议岩穴。”许浑《送从兄别驾归蜀》：“道直奸臣屏，冤深圣主知。”❺消除。杨浚《题武陵草堂》：“适知幽遁趣，已觉烦虑屏。”高适《同吕员外酬田著作幕门军西宿盘山秋夜作》：“能使勋业高，动令氛雾屏。”皎然《答俞校书冬夜》：“一宿觏幽胜，形清烦虑屏。”卢纶《酬苗员外仲夏归郊居遇雨见寄》：“因兹屏埃雾，一咏一开颜。”

屏^3 〔bīng《广韵》府盈切，平清，幫。〕见“屏$_2$宫”。

【屏山】 即屏风。以矗立如山，故称。多指立于床头之小屏风。温庭筠《菩萨蛮》词：“无言匀睡脸，枕上屏山掩。”又《南歌子》词：“呵花满翠鬟，鸳枕映屏山。”

【屏$_2$身】 隐身，退居。李益《和丘员外题湛长史旧居》：“昔降英王顾，屏身幽岩曲。”

【屏$_2$居】 避人独居，隐居。张九龄《初发道中赠王司马兼寄诸公》：“昔岁尝陈力，中年退屏居。”王维《酬诸公见过》：“屏居蓝田，薄地躬耕。”耿沣《春日即事二首》之二：“数亩东皋宅，青春独屏居。”柳宗元《郊居岁暮》：“屏居负山郭，岁暮惊离索。”

【屏星】 古代车前遮蔽灰尘之车挡，亦代指车。钱起《送符别驾还郡》：“骥足骎骎吴越关，屏星复与紫书还。”皎然《因游支硎寺寄邢端公》：“始驭屏星乘，旋阴蔽芾棠。”

【屏風】 室内用以遮蔽挡隔之器具，状如门扇，或单扇，或多扇联接。多以纸帛为画，作字画于其上为饰。李白《清溪行》：“人行明镜中，鸟度屏风里。”张碧《美人梳头》：“鹦鹉偷来话心曲，屏风半倚遥山绿。”薛涛《罚赴边上武相公二首》之二：“但得放儿归舍去，山水屏风永不看。”

【屏風九疊】 即屏风叠。庐山峰名。李白《庐山谣寄卢侍御虚舟》：“庐山秀出南斗傍，屏风九叠云锦张。”

【屏風誤點】 传三国吴孙权使曹不兴画屏风，误落笔点素，因就成蝇状，权疑为真蝇，乃以手挥之。后遂用为咏善画乱真之典。王维《故人张諲工诗见赠聊获酬之》：“屏风误点惑孙郎，团扇草书轻内史。”参阅张远《历代名画记》。

【屏風疊】 庐山峰名，亦称九叠屏风，因山九叠如屏风，故名。在五老峰之东北，李白曾居于此。李白《赠王判官时余归隐居庐山屏风叠》：“吾非济代人，且隐屏风叠。”又《送内寻庐山女道士李腾空二首》之二：“一往屏风叠，乘鸾著玉鞭。”许彬有《经李翰林庐山屏风叠所居》。

【屏$_2$氣】 抑制住自己的呼吸。形容敬畏或紧张而不敢出气。阎朝隐《鹦鹉猫儿篇》：“抟击腾掷也，朝飞暮噪无以拒，逢之兮屏气。”张说《唐享太庙乐章·凯安三首》之一：“室如屏气，门不容躬。”

【屏₂迹】 ❶隐迹，隐居。杜甫《屏迹三首》之三：“衰颜甘屏迹，幽事供高卧。”❷匿迹，遁避。唐中宗、窦从一《景龙四年正月五日移仗蓬莱宫因重为柏梁体联句》：“著作不休出中肠，权豪屏迹肃严霜。”皮日休《正乐府十篇·贱贡士》：“不肖尽屏迹，贤能皆得位。”胡曾《草檄答南蛮有咏》：“为报南蛮须屏迹，不同蜀将武侯功。”

【屏₂除】 指排除。白居易《和微之诗二十三首·和知非》：“屏除默默念，销尽悠悠思。”又《宿灵岩寺上院》：“荤血屏除唯对酒，歌钟放散只留琴。”

【屏₂喧】 避开喧闹。雍陶《和刘补阙秋园寓兴六首》之六：“圣代少封事，闲居方屏喧。”

【屏帏】 室内陈设之帷帐，亦借指内室。白居易《和杨师皋伤小姬英英》：“玳瑁床空收枕席，琵琶弦断倚屏帏。”刘兼《新蝉》：“齐女屏帏失旧容，侍中冠冕有芳踪。”上元夫人《赠封陟》：“为爱君心能洁白，愿操箕帚奉屏帏。”

【屏₂跡】 见“屏迹”。

【屏幛】 ❶屏风。白居易《新秋晓兴》：“展张小屏幛，收拾生衣裳。”❷喻指美如画屏之山水。元稹《以州宅夸于乐天》：“四面常时对屏障，一家终日在楼台。”

【屏障】 ❶屏风；画屏。杜甫《韦讽录事宅观曹军画马图》：“贵戚权门得笔迹，始觉屏障生光辉。”白居易《重题别东楼》：“湖卷衣裳白重叠，山张屏障绿参差。”晁采《子夜歌十八首》之十：“手自施屏障，恐有女伴窥。”❷指遮蔽之物。李山甫《山中依韵答刘书记见赠》：“野寺连屏障，左右相裴回。”此指山。❸遮蔽。陈陶《泉州刺桐花咏兼呈赵使君》：“只是红芳移不得，刺桐屏障满中都。”

【屏墙】 照壁，大门外用以遮蔽之短墙。裴略有《又嘲屏墙》。

【屏₂营】 彷徨，惶恐不安。张九龄《秋晚登楼望南江入始兴郡路》：“岁阴向晼晚，日夕空屏营。”李白《献从叔当涂宰阳冰》：“长叹即归路，临川空屏营。”皎然《兵后与故人别予西上至今在扬楚因有是寄》：“辟士天下尽，君何独屏营。”王甚夷《和主司王起》：“遥仰高峰看白雪，多惭属和意屏营。”

【屏翳】 古代传说中之神名，多指雨师。一说指风师或雷师。储光羲《同诸公秋日游昆明池思古》：“坤纪戮屏翳，元纲扶逶迤。”钱起《秋霖曲》：“焉得太阿决屏翳，还令率土见朝曦。”独孤及《代书寄上裴六冀刘二颖》：“句芒布春令，屏翳收雷霆。”韩愈《远游联句》：“路暗执屏翳，波惊戮阳侯。”

屎 〔shǐ《广韵》式视切，上旨，書。〕粪便。见“屎屎袋”。

七 画

展 〔zhǎn《广韵》知演切，上獮，知。〕❶伸展；舒展。王湾《晚春诣苏州敬赠武员外》：“神驰劳旧国，颜展别殊方。”岑参《虢州酬辛侍御见赠》：“相思难见面，时展尺书看。”李涉《醉中赠崔膺》：“暂到香炉一夕间，能展愁眉百世事。”李群玉《龙安寺佳人阿最歌八首》之二：“拳挛荷味子，未得展莲心。”亦指铺开，张起。白居易《偶眠》：“妻教卸乌帽，婢与展青毡。”韦庄《宿山家》：“背风开药灶，向月展渔罾。”❷放，放开。谓不受束缚、抑制。任华《怀素上人草书歌》：“终恐绊骐骥之足，不得展千里之步。”顾况《梁司马画马歌》：“展处把笔欲描时，司马一弱赛倾倒。”李贺《经沙苑》：“晴嘶卧沙马，老去悲啼展。”❸施展。太宗《伤辽东战亡》：“未展六奇术，先亏一篑功。”杜甫《遣兴三首》之三：“时来展材力，先后无丑好。”张籍《送侯判官赴广州从军》：“年少才高求自展，将身万里赴军门。”杜荀鹤《赠秋浦张明府》：“人事施生当路县，吏才难展用兵时。”❹展现，显现。玄宗《首夏花萼楼观群臣宴宁王山亭赋诗》：“今年通闰月，入夏展春辉。”王良士《奉陪武相公西亭夜宴陆郎中》：“芳气袭猗兰，青云展旧欢。”韦庄《题盘豆驿水馆后轩》：“极目晴川展画屏，地从桃塞接蒲城。”周昙《咏史诗·前汉门·曲逆侯》：“社肉分平未足奇，须观大用展无私。”❺陈设；施放。韩愈《晚秋郾城夜会联句》：“诙谐酒席展，慷慨戎装著。”杨衡《春日偶题》：“就日移轻榻，遮风展小屏。”杜牧《大雨行》：“尽召邑中豪健者，阔展朱盘开酒场。”张乔《题兴善寺僧道深院》：“院栽他国树，堂展祖师真。”❻施行；进行。王维《奉和圣制与太子诸王三月三日龙池春禊应制》：“故事修春禊，新宫展豫游。”韦应物《滁州园池燕元氏亲属》：“一展私姻礼，屡叹芳樽前。”王建《幽州送申稷评事归平卢》：“升堂展客礼，临水濯缨襟。”❼审见，仔细看。张九龄《临泛东湖》：“万族纷可佳，一游岂能展。”亦指与亲友会面畅叙。王昌龄《送韦十二兵曹》：“平明趋郡府，不得展故人。”刘长卿《送姨子弟往南郊》：“一展慰久阔，寸心仍未伸。”韦应物《雨夜宿清都观》：“况自展良友，芳樽遂盈斟。”❽姓。见“展禽”。

【展力】 出力，效劳。张九龄《夏日奉使南海在道中作》：“展力惭浅效，衔恩感深慈。”

【展上人】 即如展上人。刘禹锡有《碧涧寺见元九侍御和展上人诗有三生之句因以和》。

【展公】 即如展上人。元稹有《公安县远安寺水亭见展公题壁漂然泪流因书四韵》。

【展心】 敞开心胸。王昌龄《郑县宿陶太公馆中赠冯六元二》:"清光比故人,豁达展心晤。"

【展引】 犹延伸。白居易《小童薛阳陶吹觱栗歌》:"缓声展引长有条,有条直直如笔描。"

【展見】 (—xiàn)展示,呈现。见,同"现"。牛僧孺《李苏州遗太湖石因题二十韵奉呈梦得乐天》:"池塘初展见,金玉自凡轻。"

【展足】 亦作"展驥"。见《三国志·蜀志·庞统传》。后遂以"展足"喻指用人得宜,能充分施展其才干。骆宾王《初秋登王司马楼宴得同字》序:"司马公千里腾光,翼外台而展足。"

【展事】 犹行事,多指祭祀时省视器具。崔玄童《祭汾阴乐章》:"聿修严配,展事禋宗。"王涯《享惠昭太子庙乐章》:"宫臣展事,肃雍在列。"

【展卷】 ❶(—juàn)犹开卷。指打开书或画卷。陆龟蒙《和袭美新秋即事次韵三首》之二:"闲中展卷兴亡小,醉后题诗点画粗。"❷(—juǎn)谓由卷曲之形状而舒展开来。元稹《遣兴十首》之五:"晚荷犹展卷,早蝉遽萧嘹。"

【展拜】 行拜见之礼。陈元光《晓发佛潭桥》:"农唤耕春早,憎迎展拜钦。"

【展待】 犹款待。杜甫有《范二员外邈吴十侍御郁特枉驾阙展待聊寄此》。

【展席】 开设筵席。杜甫《夏日李公见访》:"墙头过浊醪,展席俯长流。"

【展眉】 犹开颜。将愁蹙的眉心舒展开。元稹《遣悲怀三首》之三:"唯将终夜长开眼,报答平生未展眉。"秦韬玉《题刑部李郎中山亭》:"依家云水本相知,每到高斋强展眉。"孙魴《题梅岭泉》:"展眉惊豁达,徐步喜周旋。"

【展翅】 展开翅膀飞翔。白居易《重赠李大夫》:"凤巢阁上容身稳,鹤锁笼中展翅难。"李敬方《天台晴望》:"阳乌晴展翅,阴魄夜飞轮。"

【展能】 施展才能。周昙《咏史诗·春秋战国门·冯讙》:"冯讙不是无能者,要试君心欲展能。"

【展脚】 伸展双脚,睡眠之姿势。无名氏《五言白话诗》之四(《外编下》):"他家人定卧,日西展脚睡。"

【展張】 ❶施放,铺展。白居易《春末夏初闲游江郭二首》:"展张新小簟,熨帖旧生衣。"又《浔阳春三首·春生》:"展张草色长河畔,点缀花房小树头。"❷张开,舒展。白居易《戊申岁暮咏怀三首》之三:"幸得展张今日翅,不能辜负昔时心。"

【展禽】 字季。春秋鲁大夫。初为士师。三黜而不去,封于柳下,谥惠,故称柳下惠。李华《咏史十一首》之十一:"展禽恒独处,深巷生禾黍。"吴筠《高士咏·柳下惠》:"展禽抱纯粹,灭迹和光尘。"李商隐《自桂林奉使江陵途中感怀寄献尚书》:"社内容周续,乡中保展禽。"

【展禽三黜】 指柳下惠为士师,三黜而不离鲁国之事。柳下惠,姓展名禽。见《论语·微子》。白居易《和答诗十首·和思归乐》:"展禽任三黜,灵均长独醒。"

【展開】 打开,使铺展开。白居易《寄皇甫七》:"花樽飘落洒,风案展开书。"

【展敬】 施礼致敬;拜祭。褚亮《云祀乐章·肃和》:"大帝昭飨,群生展敬。"《唐中宗祀昊天乐章·雍和》:"郊坛展敬,严配因心。"严巨川《仲秋太常寺观公辂车拜陵》:"拜陵将展敬,车辂俨成行。"

【展義】 宣示德义。玄宗《早登太行山中言志》:"不因今展义,何以冒垂堂。"

【展墓】 祭墓,省视坟墓。陈元光《太母魏氏半径题石》:"昭题盟岳渎,展墓庆重熙。"

【展圖】 展开图卷。曹松《观华夷图》:"落笔胜缩地,展图当晏宁。"

【展幣】 以玉帛祭奠。《郊庙歌辞·周郊祀乐章·感顺乐》:"明君陈大礼,展币祀圆丘。"

【展縮】 伸缩。钱起《美杨侍御清文见示》:"则知造化源,方寸能展缩。"

【展禮】 行礼,施行礼仪。崔曙《奉酬中书相公至日圆丘行事叙情见寄之作》:"进经逢乙夜,展礼值明时。"裴逵《南至日太史登台书云物》:"圆丘才展礼,佳气近初分。"权德舆《送韦中丞奉使新罗》:"展礼盛宾徒,交欢觌君长。"

【展轉】 (—zhuǎn)❶周转;循环往复。王梵志《兀然无事》卷诗之七:"将功用功,展转冥蒙。"刘禹锡《月夜忆乐天兼寄微之》:"展转相忆心,月明千万里。"鲍溶《秋怀五首》之二:"心如缫丝纶,展转多头绪。"❷反复,频繁,重复。孟云卿《古别离》:"含酸欲谁诉,展转伤怀抱。"杜甫《秋日荆南述怀三十韵》:"苍茫步兵哭,展转仲宣哀。"元稹《答姨兄胡灵之见寄五十韵》:"铅钝丁宁淬,芜荒展转耕。"江为《岳阳楼》:"倚楼高望极,展转念前途。"❸不断翻身。形容愁不成寐。韦应物《子规啼》:"邻家孀妇抱儿泣,我独展转何时明。"韩愈《此日足可惜赠张籍》:"暮宿偃师西,徒展转在床。"李商隐《无题四首》之四:"归来展转到五更,梁间燕子闻长叹。"喻凫《监试夜雨滴空阶》:"病身唯展转,谁见此时怀?"❹盘桓流转,多处迁移。杜甫《乾元中寓居同谷县作歌七首》之三:"生别展转不相见,胡尘暗天道路长。"戴叔伦《送张评事》:"杨花展转引征骑,莫怪山中多看人。”❺谓以过多道环节、非直接的。元稹《台中鞫狱忆开元观旧事呈损之》：“既回数子顾，展转相连攀。”引申指积累，增加。杜甫《桥陵诗三十韵因呈县内诸官》：“绮绣相展转，琳琅愈青荧。”

【展覆】 铺展、覆盖。白居易《醉后狂言酬赠萧殷二协律》：“若令在郡得五考，与君展覆杭州人。”

【展簟】 铺展簟席。白居易《池上即事》：“绿竹挂衣凉处歇，清风展簟困时眠。”

【展懷】 开怀，放怀。杜甫《寄刘峡州伯华使君四十韵》：“展怀诗诵鲁，割爱酒如渑。”

【展驥】 同“展足”。苏颋《饯荆州崔司马》：“茂礼雕龙昔，香名展骥初。”钱起《送外甥范勉赴任常州长史兼觐省》：“怜君展骥去，能解倚门愁。”翁洮《上子男寿昌宰》：“百里江山聊展骥，九皋云月怪驱鸡。”参阅“庞统展骥。”

屑 〔xiè《广韵》先結切，入屑，心。〕❶碎末。白居易《春雪》：“大似落鹅毛，密如飘玉屑。”又《对火玩雪》：“银盘堆柳絮，罗袖抟琼屑。”❷使成碎末。孟郊《与王二十一员外涯游枋口柳溪》：“灵味荐鲂瓣，金花屑橙齑。”韩愈《咏雪赠张籍》：“定非燖鹄鹭，真是屑琼瑰。”张贲《以青锋迅饭分送袭美鲁望因成一绝》：“谁屑琼瑶事青迅，旧传名品出华阳。”❸琐屑，繁琐。吴筠《览古十四首》之六：“情扰万机屑，位骄四海尊。”见“屑屑❶”。❹介意，在意。王绩《古意六首》之四：“盛衰自有时，圣贤未尝屑。”❺常与否定词“不”“非”等连用，表示不值得。张说《别平一师》：“茅土非屑盼，倾城无乐资。”❻急迫奔走貌。杜甫《咏怀二首》之一：“疲苶苟怀策，栖屑无所施。”见“屑屑❶”。❼用以构成象声词。温庭筠《觱篥歌》：“含商咀徵双幽咽，软縠疏罗共萧屑。”崔涂《金陵晚眺》：“苇声骚屑水天秋，吟对金陵古渡头。”

【屑玉】 指雪或碎冰。刘叉《雪车》：“官家不知民馁寒，尽驱牛车盈道载屑玉。”

【屑珠】 喻流水溅起之水珠。孟郊《石淙》之八：“屑珠泻潺湲，裂玉何威瑰。”

【屑屑】 ❶琐细；猥琐。白居易《登香炉峰顶》：“纷吾何屑屑，未能脱尘鞅。”又《想东游五十韵》：“自嫌犹屑屑，众笑大悠悠。”张祜《送蜀客》：“莫恋卓家垆，相如已屑屑。”曹邺《下第寄知己》：“大贤冠盖高，何事怜屑屑。”❷犹匆匆，匆忙。韩愈《谴疟鬼》：“屑屑水帝魂，谢谢无余辉。”元稹《晓将别》：“屑屑命僮御，晨装俨已齐。”姚合《寄主客张郎中》：“粲粲华省步，屑屑旅客姿。”许棠《遣怀》：“此生何处遂，屑屑复悠悠。”❸象声词。象风声，犹瑟瑟。孟郊《往河阳宿峡陵寄李侍御》：“暮天寒风悲屑屑，啼鸟绕树泉水噎。”

【屑琼】 将琼玉破碎为粉屑，喻费工。陆龟蒙《江南秋怀寄华阳山人》：“惊惧疑凋朽，功勤过屑琼。”

【屑意】 介意。刘禹锡《游桃源一百韵》：“謦然不屑意，元气贮肝膈。”

【屑麴】 捣酒曲为碎屑。晋愍帝时，刘曜逼京师，太仓断粮，曾屑曲为粥以供帝。李商隐《送千牛李将军赴阙五十韵》：“蒸鸡殊减膳，屑曲异和羹。”

屓 〔xì《广韵》虚器切，去至，曉。〕强大、强壮貌。见“屓贔”。

【屓奰】 亦“屓贔”。强壮、强劲。韩愈《月蚀诗效玉川子作》：“森森万木夜僵立，寒气屃赑顽无风。”郑嵎《津阳门诗》：“绣衵衣裸日屃赑，甘言狡计愈娇痴。”

【屓贔】 见“屓奰”。

屐 〔jī《广韵》奇逆切，入陌，羣。〕木底鞋。鞋底安有前后二齿，以行泥地。刘长卿《奉陪萧使君入鲍达洞寻灵山寺》：“遂使康乐侯，披榛著双屐。”张继《寄郑员外》：“何时共登眺，整屐待晴云。”牟融《写意二首》之一：“寂寥荒馆闭闲门，苔径阴阴屐少痕。”陈乘《游九鲤湖》：“洞莓黏屐重，岩雪溅衣轻。”

【屐子】 木屐，木底鞋。韩偓有《屐子》。

【屐齒】 木屐之齿。在木屐底下，有前后二齿，用以防泥泞。独孤及《山中春思》：“花落没屐齿，风动群木香。”孟郊《送李翱习之》：“小时屐齿痕，有处应未销。”姚合《题金州西园九首·石庭》：“幽人常履此，月下屐齿鸣。”马戴《山中作》：“屐齿无泥竹策轻，莓苔梯滑夜难行。”

【屐齒隳】 为咏弈棋之典。见《晋书·谢安传》。李中《石棋局献时宰》：“适情岂待樵柯烂，罢局还应屐齿隳。”

八 画

屠 〔tú《广韵》同都切，平模，定。〕❶宰杀牲畜。卢仝《杂兴》：“等闲对酒呼三达，屠羊杀牛皆自在。”郑嵎《津阳门诗》：“县官无人具军顿，行宫彻屋屠云螭。”❷杀戮，杀死。韩愈《初南食贻元十八协律》：“卖尔非我罪，不屠岂非情？”于濆《马嵬驿》：“一从屠贵妃，生女愁倾国。”❸指攻取城镇。因攻克多有诛杀，故谓。李白《答王十二寒夜独酌有怀》：“君不能学哥舒横行青海夜带刀，西屠石堡取紫袍。”元结《贼退示官吏》：“城小贼不屠，人贫伤可怜。”❹分裂，削割。张九龄《和黄门卢监望秦始皇陵》：“国为项籍屠，君同华元戮。”陆龟蒙《奉和袭美太湖诗二十首·练渎》：“兵利德日削，反为雠国屠。”❺姓。见

"屠瓌智"。

【屠門嚼】　望肉市而咀嚼。形容眼馋而不能得，权作大嚼之状以自慰。韩愈《崔十六少府摄伊阳以诗及书见投因酬三十韵》："肯效屠门嚼，久嫌弋者篡。"

【屠狗】　以宰狗卖狗肉为业者。汉樊哙曾屠狗，故后常以指操贱业之工。李商隐《井泥四十韵》："屠狗与贩缯，突起定倾危。"

【屠沽】　亦作"屠酤"。屠牲与卖酒，亦指以屠牲与售酒为业之人。旧时用以泛指执贱业者。权德舆《醉后戏赠苏九翛》："白首书窗成巨儒，不知簪组遍屠沽。"欧阳詹《读周太公传》："屠沽未遇时，岂异兹川老?"赵嘏《西峰即事献沈大夫》："安知不及屠沽者，曾对青萍泪满巾。"

【屠沽兒】　以屠宰与卖酒为业之人。李白《答王十二寒夜独酌有怀》："韩信羞将绛灌比，祢衡耻逐屠沽儿。"顾况《哭从兄苌》："皇恩溢九垠，不记屠沽儿。"戎昱《苦辛行》："如今刀笔士，不及屠沽儿。"参见"屠沽"。

【屠釣】　屠牲与钓鱼。传周太师吕尚微时曾屠牛于朝歌，钓鱼于渭滨。故后常以指隐逸未显之贤士。杜审言《和李大夫嗣真奉使存抚河东》："茕嫠访疾苦，屠钓采贞坚。"李白《梁甫吟》："风云感会起屠钓，大人岘屼当安之。"高适《自淇涉黄河途中作十三首》之七："屠钓称侯王，龙蛇争霸王。"元稹《和李校书新题乐府十二首・五弦弹》："臣有五贤非此弘，或在拘囚或屠钓。"

【屠博】　屠夫与赌徒。指隐身市井之豪杰。王绩《晚年叙志示翟处士》："风云私所爱，屠博暗为俦。"

【屠酤】　同"屠沽"。李颀《赠别高三十五》："屠酤亦与群，不问君是谁。"

【屠肆】　屠宰场，肉市。王维《夷门歌》："亥为屠肆鼓刀人，嬴乃夷门抱关者。"周昙《咏史诗・春秋战国门・侯嬴朱亥》："屠肆监门一贱微，信陵交结国人非。"

【屠解】　屠裂，屠杀肢解。李商隐《行次西郊作一百韵》："中原困屠解，奴隶厌肥豚。"

【屠龍】　朱泙漫学屠龙，三年技成，而无所用其巧。见《庄子・列御寇》。后因以指高超的技艺。韩愈《岳阳楼别窦司直》："屠龙破千金，为艺亦云亢。"

【屠蘇】　❶平屋。杜甫《槐叶冷淘》："愿随金騕褭，走置锦屠苏。"元结《说洄洞溪招退者》："屠苏宜在水中石，洄溪一曲自当门。"阎德隐《三月歌》："能得来时作眼觅，天津桥侧锦屠苏。"❷酒名，传以屠苏草泡制，正旦饮之，可除瘟气。卢象《赠郑虔》："书名会粹才偏逸，酒号屠苏味更醇。"顾况《岁日作》："还丹寂寞羞明镜，手把屠苏让少年。"裴夷直《戏唐仁烈》："自知年几偏应少，先把屠苏不让春。"薛蕴《赠郑女郎》："堂前锦褥红地炉，绿沈香榼倾屠苏。"

【屠瓌智】　(851—902)字宝光，其先河东(今山西永济)人。事迹见皮光业《海盐屠将军墓志铭》《十国春秋》卷八四本传。《全唐诗》卷七九五录其《咏志》断句一联。《全唐诗外编》下补此诗一联。

十一画

屢　〔lǚ《广韵》良遇切，去遇，來。〕❶多次，经常。刘孝孙《送刘散员同赋陈思王诗游人久不归》："羁旅久淫滞，物色屡芳菲。"崔国辅《对酒吟》："蒙笼荆棘一鸟吟，屡唱提壶沽酒吃。"李益《将赴朔方早发汉武泉》："奉役良有期，回瞻终未屡。"黄文《湘江》："马蹄不为行客留，心挂长林屡回首。"❷通"婁"。收敛。见"屢驕"。

【屢空】　(—kōng)常常空屡贫困。见《论语・先进》。李颀《欲之新乡答崔颢綦毋潜》："数年作吏家屡空，谁道黑头成老翁。"李白《月下独酌四首》之三："辞粟卧首阳，屡空饥颜回。"杜甫《郑典设自施州归》："旅兹殊俗远，竟以屡空迫。"罗隐《投宣武郑尚书二十韵》："人地应无比，簟瓢奈屡空。"

【屢屢】　多次，往往。窦威《出塞曲》："匈奴屡不平，汉将欲纵横。"李涉《怀古》："尼父未适鲁，屡屡倦迷津。"姚合《新居秋夕寄李廓》："羁滞多共趣，屡屡同室眠。"

【屢遷】　多次变迁、迁转。王湾《哭补阙亡友綦毋学士》："屡迁君擢桂，分尉我从梅。"

【屢驕】　收敛骄横之气。李商隐《送从翁从东川弘农尚书幕》："南诏知非敌，西山亦屡骄。"

屣　〔xǐ《广韵》所绮切，上紙，生。又所寄切，去寘，生。〕鞋之一种。两端有鞋帮，中腹空，故可将后帮靸于脚下如空鞋帮。萧颖士《仰答韦司业垂访五首》之五："中郎何为者，倒屣惊座宾。"刘禹锡《和牛相公南溪醉歌见寄》："脱屣将相守冲谦，唯于山水独不廉。"皎然《劳山忆栖霞寺道素上人久期不至》："满地云轻长碍屣，绕松风近每吹襟。"贾岛《酬栖上人》："东林有踯躅，脱屣期共攀。"

【屣步】　犹漫步，谓着屣而行。卢纶《得耿沣司法书余以摇落之时对书增叹因呈郑仓曹畅参军昆季》："幸接野居宜屣步，冀君清夜一申哀。"皮日休有《屣步访鲁望不遇》。李洞《宿长安苏雍主簿厅》："往来多屣步，同舍即诸邻。"

【屣履】　靸着鞋走路。李绅《奉酬乐天立秋夕有怀见寄》："屣履步前楹，剑戟森在行。"

十二画

屧 〔xiè《广韵》蘇協切，入帖，心。〕木屐，木底鞋。杜甫《草堂》："入门四松在，步屧万竹疏。"元稹《春余遣兴》："步屧恣优游，望山多气象。"陆龟蒙《奉和袭美吴中言情见寄次韵》："无因月殿闻移屧，只有风汀去采香。"韩偓《屐子》："方寸肤圆光致致，白罗绣屧红托里。"

【屧廊】 响屧廊之省称。春秋吴国馆娃宫之廊名，地面由碎木板镶成，步屧于上则有声，故名。白居易《题灵岩寺》："娃宫屧廊寻已倾，砚池香径又欲平。"皮日休《馆娃宫怀古》："砚沼只留溪鸟浴，屧廊空信野花埋。"

履 〔lǚ《广韵》力几切，上旨，來。〕❶践，踩踏。韦应物《端居感怀》："夏木遽成阴，绿苔谁复履。"元稹《出门行》："其兄因献璞，再刖不履地。"庚敬休《春雪映早梅》："寒江添粉壁，积润履青苔。"马戴《题青龙寺镜公房》："炉香寒自灭，履雪饭初回。"❷行走。玄宗《过晋阳宫》："长怀经纶日，叹息履庭隅。"陆畅《蜀道易》："蜀道易，易于履平地。"皮日休《吴中苦雨因书一百韵寄鲁望》："不敢履洿处，恐踘烂地轴。"❸单底之鞋。李白《嘲鲁儒》："足著远游履，首戴方山巾。"王季友《酬李十六岐》："炼丹文武火未成，卖药贩履俱逃名。"施肩吾《过桐庐场郑判官》："东郭野人慵栉沐，使将破履升华屋。"詹敦仁《遣子访刘乙》："扫石耕山旧子真，布衣草履自随身。"❹着，穿。李贺《南园十三首》之十一："自履藤鞋收石蜜，手牵苔絮长莼花。"❺到，行至。元稹《感梦》："往往裴相门，终年不曾履。"姚合《题金州西园九首·石庭》："幽人常履此，月下屐齿鸣。"❻履行，实行；奉行。欧阳詹《有所恨二章》之一："本不信巫，谓巫言是履。"刘禹锡《游桃源一百韵》："尝闻履忠信，可以行蛮貊。"李咸用《君子行》："君子慎所履，小人多所疑。"吴融《祝风三十二韵》："穷达虽系命，祸福生所履。"❼犹担任，任职。李绅《渡西陵十六韵》："谬履千夫长，将询百吏情。"❽《周易》卦名。六十四卦之一。卦形为兑下乾上。旧谓守成极盛象。权德舆《与道者同守庚申》："视履苟无咎，天祐期永贞。"韦庄《和郑拾遗秋日感事一百韵》："设危终在德，视履岂无祥。"❾礼。谓祀神致福。王绩《古意六首》之三："余灵寄明卜，复来钦所履。"

【履曳凫】 传后汉叶县令王乔有仙术，每月朔望，则乘双凫自县诣朝。后遂用为咏仙术之典。白居易《和微之春日投简阳明洞天》："刺史旟翻隼，尚书履曳凫。"参阅《后汉书·方术传上·王乔》。

【履行】 （—xíng）德行。践行道德之状况。贯休《行路难》之三："口谭羲轩与周孔，履行不及屠沽人。"

【履危】 践行于高危之处，多喻蹈历险境。高适《李云南征蛮诗》："临事耻苟免，履危能饬躬。"皎然《哭吴县房耸明府》："履危节讵屈，著论识不偏。"

【履冰】 如履薄冰之略语，谓践行于薄冰之上。形容处于险境而极为谨慎。张九龄《始兴南山下有林泉荆州卧病有怀此地》："多惭入火术，常惕履冰心。"白居易《咏兴五首·出府归吾庐》："炙手外炎炎，履冰中栗栗。"王周《自喻》："临渊与履冰，非不知深虑。"

【履孝】 躬行孝道。清昼、汤衡《讲德联句》："资忠履孝，阅礼敦诗。"

【履杖】 鞋与手杖，代指出游之具。杜牧《李侍郎于阳羡里富有泉石叙旧述怀因献长句》："欲与明公操履杖，愿闻休去是何年。"

【履尾】 踩老虎之尾，喻蹈历危险。李绅《忆寿春废虎坑》："匪将履尾求兢惕，那效探雏所患争。"

【履虎】 履虎尾之略语。踩老虎尾巴，喻身历险境。李白《秦女休行》："犯刑若履虎，不畏落爪牙。"

【履信池】 池名，即樱桃池，在唐洛阳履信坊李仍叔宅中。原为韦夏卿、元稹之宅。白居易有《履信池樱桃岛上醉后走笔送别舒员外》。参阅《唐两京城坊考》卷五。

【履信第】 指元稹在洛阳履信坊之宅第。白居易《和梦游春诗一百韵》："新修履信弟，初食尚书禄。"参阅《唐两京城坊考》卷五。

【履迹】 同"履跡"。黄滔《题郑山人居》："履迹扁莓苔，幽枝间药栽。"

【履痕】 足迹，脚印。刘长卿《留题李明府霅溪水堂》："晚竹疏帘影，春苔双履痕。"刘商《代人村中悼亡二首》之二："虚室无人乳燕飞，苍苔满地履痕稀。"路德延《小儿诗》："嫩苔车迹小，深雪履痕全。"

【履组】 鞋带上之彩饰。刘禹锡《马嵬行》："履綦无复有，履组光未灭。"

【履舄】 通指鞋。单底、平底者称履，复底称舄。亦代指人之足。权德舆《旅馆雪晴众兴所感因成杂言》："履舄纷纭桂袖攒，朱颜倚醉尽君欢。"韩愈《岳阳楼别窦司直》："开筵交履舄，烂漫倒家酿。"刘禹锡《历阳书事七十韵》："促筵交履舄，痛饮倒簪缨。"姚合《扬州春词三首》之二："竹风轻履舄，花露腻衣裳。"

【履跡】 一作"履迹"。足迹。裴迪《辋川集二十首·华子冈》："云光侵履迹，山翠拂人衣。"岑参《长门怨》："绿钱侵履迹，红粉湿啼痕。"张籍《和裴仆射看樱桃花》："天明不待人同看，绕树重重履迹多。"王延彬《春日寓感》："雨后绿苔侵履迹，春深红杏锁莺声。"

【履善】 行善，做好事。于濆《述己叹》："履善本求乐，及善尤苦辛。”

【履道】 ❶践行正道。杜淹《寄赠齐公》：“结交澹若水，履道直如弦。”王季友《滑中赠崔高士瑾》：“摄生固如此，履道当不朽。”权德舆《浩歌》：“履道身未泰，主家谋不臧。”❷里坊名。即履道坊。白居易《吾庐》：“新昌小院松当户，履道幽居竹绕池。”又《咏兴五首·解印出公府》：“归来履道宅，下马入柴扉。”

【履道坊】 唐洛阳街坊名，在洛阳外郭城东南角，履信坊之北，集贤坊之东。白居易曾宅于此。白居易《履道新居二十韵》：“履道坊西角，官河曲北头。林园四邻好，风景一家秋。”参阅《唐两京城坊考》卷五。

【履道里】 即履道坊。白居易《池上篇》序：“都城风土水木之胜，在东南偏。东南之胜，在履道里。”

【履運】 履行天运。《郊庙歌辞·享太庙乐章·景云舞》：“文明履运，车书同轨。”

【履綦】 ❶系于脚踵之鞋带。王绍宗《三妇艳》：“小妇独无事，花庭曳履綦。”白居易《感情》：“永愿如履綦，双行复双止。”❷代指履迹，足迹。刘禹锡《马嵬行》：“履綦无复有，履组光未灭。”

【履端】 ❶犹开端，起始。徐铉《和殷舍人萧员外春雪》：“万里春阴乍履端，广庭风起玉尘干。”❷行端，指行为端正。储光羲《晚次东亭献郑州宋使君文》：“居敬物无扰，履端人自康。”

【履機乘便】 犹言抓住战机，乘机而行。韦应物《弹棋歌》：“履机乘变安可当，置之死地翻取强。”

【履歷】 指做官的资格与经历。罗隐《投宣武郑尚书二十韵》：“履历虽吾道，行藏必圣聪。”郑谷有《右省补阙张茂枢同在谏垣忽见贻谓谷将来履历必在文昌实用兢惶因抒酬寄》。

【履險】 蹈历危险。张九龄《酬周判官巡至始兴见贻之作兼呈耿广州》：“履险甘所受，劳贤恧相曳。”

【履薄冰】 行走于薄冰之上，喻身历险境而小心警惕。见《诗·小雅·小旻》。贾岛《让纠曹上乐使君》：“战战复兢兢，犹如履薄冰。”亦省称“履薄”。李峤《晚秋喜雨》：“紫宸兢履薄，丹扆念推沟。”

【履聲】 足音，脚步声。刘禹锡《泰娘歌》：“繁华一旦有消歇，题剑无光履声绝。”张祜《按宛陵裴尚书二十韵》：“民欢车辙至，士畏履声趋。”姚合《过不疑上人院》：“帘冷连松影，苔深减履声。”徐铉《送礼部潘尚书致仕还建安》：“履声初下金华省，帆影看离石首城。”

【履霜】 ❶践行于寒霜之上。韩愈《琴曲歌辞·履霜操》：“儿行于野，履霜以足。”❷“履霜坚冰至”之略语。喻指处事能慎微防渐。高适《单父逢邓司仓覆仓库因而有赠》：“粲粲府中妙，授词如履霜。”参见“履霜成坚冰。”

【履霜成堅冰】 谓踏霜之时已知结冰之寒冬将至。喻指由事件之微小征兆而预知后来之恶果。见《易·坤》。王绩《赠梁公》：“履霜成坚冰，知足胜不祥。”

【履霜操】 古乐府琴曲名。传尹伯奇为后母谗而逐，乃以芰荷为衣，楟花为食，晨朝履霜，自伤见放，援琴而为此操。曲终，遂投河死。韩愈有《琴操十首·履霜操》。

【履謙】 实行谦让。王无竞《君子有所思行》：“物盈道先忌，履谦福允臧。”

【履蹤】 足迹，踪迹。张蠙《遇道者》：“数里白云里，身轻无履踪。”

【履襪】 鞋袜。李白《登梅冈望金陵赠族侄高座寺僧中孚》：“吴风谢安屐，白足傲履袜。”皮日休《太湖诗·桃花坞》：“空羡坞中人，终身无履袜。”

層 〔céng《广韵》昨棱切，平登，從。又作滕切，平登，精。〕❶楼房。见“层屋”。❷重叠，累叠。见“層阜”“層級”“層階”。❸高。见“層巒”“層危”“層城”。❹深，厚；浓重。见“層冰”“層氛”“層階”。❺量词。凡多重叠累事物之一重称一层。杜甫《泊岳阳城下》：“江国逾千里，山城仅百层。”王之涣《登鹳雀楼》：“欲穷千里目，更上一层楼。”姚向《和段相公登武担寺西台》：“九层连昼景，万象写秋空。”李商隐《无题》：“如何雪月交光夜，更在瑶台十二层。”

【層山】 重重叠叠之山峦。朱延龄《秋山极天净》：“葱茏清万象，缭绕出层山。”

【層危】 重叠而高危。张蠙《和友人许裳题宣平里古藤》：“盖密胜丹桂，层危类远峰。”

【層冰】 层积之冰，厚冰。杨巨源《奉酬窦郎中早入省苦寒见寄》：“空山顽石破，幽涧层冰裂。”

【層岑】 重叠之高山。李幼卿《游烂柯山四首》之一：“拂雾理孤策，薄霄眺层岑。”

【層岫】 复叠之山岫。李贺《溪晚凉》：“层岫回岑复叠龙；苦篁对客吟歌筒。”

【層岡】 高山冈。戴叔伦《夏日登鹤岩偶成》：“天风吹我上层冈，露洒长松六月凉。”

【層氛】 指浓重的山冈雾气。苏颋《奉和圣制登骊山高顶寓目应制》：“仙跸御层氛，高高积翠分。”

【層阜】 重叠之山丘。褚遂良《安德山池宴集》：“行云泛层阜，蔽月下清渠。”

【層空】 （—kōng）高空。孟郊《春日同韦郎中使君送邹儒立少府扶侍赴云阳》：“高步讵留足，前程在层空。”王初《自和书秋》：“陇首斜飞避弋鸿，颓云萧索见层空。”李绅《过梅里七首·翡翠坞》：“直上层空翠影高，还向云间双比翼。”

【層穹】 重霄，高空。李白《登广武古战场怀古》："战争有古迹，壁垒颓层穹。"李商隐《今月二日辄复五言四十韵献上》："将星临迥夜，卿月丽层穹。"

【層波】 重叠起伏之波浪。钱珝《江行无题一百首》之九："好日当秋半，层波动旅肠。"张祜《送曾黯游夔州》："不远夔州路，层波滟滪连。"李频《长安即事》："中夜永怀听叠漏，先秋归梦涉层波。"

【層阿】 （—ē）重叠之冈峦。张九龄《贺给事尝诣蔡起居郊馆有诗因命同作》："记言闻直史，筑室面层阿。"韦应物《龙门游眺》："精舍绕层阿，千龛邻峭壁。"

【層城】 ❶传说中昆仑山上之高城。见《淮南子·坠形训》。一说昆仑之最高级。见北魏郦道元《水经注·河水一》。顾况《谢王郎中见赠琴鹤》："子乔翔邓林，王母游层城。"刘禹锡《吐绶鸟词》："不学碧鸡依井络，愿随青鸟向层城。"❷泛指仙乡，仙人所居之处。许敬宗《游清都观寻沈道士得清字》："风衢通阆苑，星使下层城。"皇甫冉《送张道士归茅山谒李尊师》："师事少君年岁久，欲随旄节往层城。"白居易《酬赠李炼师见招》："若许移家相近住，便驱鸡犬上层城。"李群玉《玉真观》："层城烟雾将归远，浮世尘埃久住难。"❸指宫城、皇城。宋之问《麟趾殿侍宴应制》："北阙层城峻，西宫复道悬。"李康成《玉华仙子歌》："上元夫人宾上清，深宫寂历厌层城。"德宗《元日退朝观军仗归营》："历历趋复道，容容映层城。"李绅《悲善才》："翠蛾列坐层城女，笙笛参差齐笑语。"亦指京城。许敬宗《奉和初春登楼即目应诏》："春晖发芳甸，佳气满层城。"❹泛指高城，城市。杜审言《登襄阳城》："旅客三秋至，层城四望开。"孙逖《登越州城》："越嶂绕层城，登临万象清。"杜甫《舟前小鹅儿》："客散层城暮，狐狸奈若何。"韦应物《庄严精舍游集》："绿烟凝层城，丰草满通衢。"❺指城门楼，亦泛指高楼。郎士元《郢城西楼吟》："昔人爱险闭层城，今人复爱闲江清。"卢纶《赋得彭祖楼送杨德宗归徐州幕》："望君兼有月，幢盖俨层城。"羊士谔《春望》："独上层城倚危槛，柳营春尽马嘶闲。"清江《早发陕州途中赠严秘书》："人家依旧垒，关路闭层城。"

【層屋】 高楼。李敬伯《奉陪段相公晚夏登张仪楼》："层屋架城限，宾筵此日开。"

【層級】 多层台阶。韩愈《河南令舍池台》："欲将层级压篱落，未许波澜量斗石。"

【層軒】 指高楼。轩，代指楼。褚亮《奉和望月应魏王教》："层轩登皎月，流照满中天。"张九龄《岁初巡属县登高安南楼言怀》："山城本孤峻，凭高结层轩。"杜甫《怀锦水居止二首》之二："层轩皆面水，老树饱经霜。"

【層峰】 高山峰。玄宗《佛教梵文唵字唐玄宗书并读》："龙盘梵质层峰峭，凤展翔仪乙卷收。"许浑《送黄隐居归南海》："知君爱宿层峰顶，坐到三更见日华。"

【層氣】 浓重之雾气。张蠙《送友人及第归》："远声鱼呷浪，层气蜃迎风。"

【層基】 高的屋基。霍总《九华楼》："层基接重阜，一览山水周。"

【層掖】 指深宫旁的庭舍。骆宾王《和李明府》："驰道临层掖，津门对小平。"

【層崖】 高峻之山崖。皮日休《馆娃宫怀古》："艳骨已成兰麝土，宫墙依旧压层崖。"理莹《送戴三征君还谷口旧居》："层崖悬瀑溜，万壑振清飙。"

【層陰】 重重密布之浓云。高适《同群公出猎海上》："层阴涨溟海，杀气穷幽都。"杜甫《送严侍郎到绵州同登杜使君江楼》："重船依浅濑，轻鸟度层阴。"刘禹锡《学阮公体三首》之二："出门有远道，平野多层阴。"李商隐《写意》："日向花间留返照，云从城上结层阴。"

【層雲】 浓云，厚云。陆龟蒙《奉酬袭美苦雨四声重寄三十二句·平上声》："层云愁天低，久雨倚槛冷。"

【層圍】 重围。指草木密布丛生。李贺《昌谷诗》："层围烂洞曲，芳径老红醉。"

【層階】 多层之台阶。张祜《题灵隐寺师一上人十韵》："樔枸居上院，薜荔俯层阶。"

【層隅】 高楼之檐角。储光羲《同王十三维偶然作十首》之三："落日临层隅，逍遥望晴川。"

【層楹】 层出之楹柱，借指众多密集之建筑。王勃《临高台》："朱轮翠盖不胜春，叠树层楹相对起。"

【層道】 地势高下不平之道路。李贺《河南府试十二月乐词·九月》："露花飞飞风草草，翠锦斓斑满层道。"王琦注："层道，路侧高下不齐，望之如有层级者。"

【層臺】 多重之高台；高土台。权德舆《广陵诗》："层台出重霄，金碧摩颢清。"王初《延平天庆观》："剑化江边绿构新，层台不染玉梯尘。"刘沧《夏日登西林白上人楼》："几到西林清净境，层台高视有无间。"郑赉《春台晴望》："追赏层台迥，登临四望频。"

【層構】 高大之建筑，多重之建筑。李元嘉《奉和同太子监守违恋》："乾象开层构，离明启少阳。"吴筠《緱山庙》："大君弘至道，层构何壮丽。"

【層漢】 霄汉，高空。褚遂良《辽东侍宴山夜临秋同赋临韵应诏》："飞鸿入层泽，落雁警遥岑。"武元衡《送柳郎中裴起居》："长亭春婉娩，层汉路蹉跎。"唐彦谦《中秋夜玩月》："只留皎月当层汉，并送浮云出四维。"陆扆《禁林闻晓莺》:"曙色分层汉,莺声绕上林。"

【層閣】　高耸的楼阁。太宗《帝京篇十首》之七:"斜汉耿层阁,清风摇玉树。"

【層標】　层叠之高山。李白、高霁《改九子山为九华山联句》:"层标遏迟日,半壁明朝霞。"

【層樓】　高楼。杨衡《游峡山寺》:"翔禽拂危刹,落日避层楼。"李德裕《盘陀岭驿楼》:"明朝便是南荒路,更上层楼望故关。"宣宗《百丈山》:"大雄真迹枕危峦,梵宇层楼耸万般。"李士元《登单于台》:"悔上层楼望,翻成极目愁。"

【層潭】　波浪花层叠之潭水。石殷士《日华川上动》:"晃曜层潭上,悠扬极浦前。"

【層層】　重重,一层又一层。寒山《诗三百三首》之一〇五:"层层山水秀,烟霞锁翠微。"张籍《和韦开州盛山十二首·盘石磴》:"垒石盘空远,层层势不危。"周贺《送表兄东南游》:"山水叠层层,吾兄涉又登。"

【層甍】　高层之脊,楼阁之屋脊。韦应物《善福阁对雨寄李儋幼遐》:"惊飙触悬槛,白云冒层甍。"柳宗元《法华寺石门精舍三十韵》:"萝葛绵层甍,莓苔侵标榜。"

【層霄】　重霄,高天。陆坚《奉和圣制送张说上集贤学士赐宴》:"圣主崇文教,层霄降德音。"欧阳詹《送袁秀才下第归毗陵》:"层霄秋可翔,岂不随高鸿。"杜牧《题吴兴消暑楼十二韵》:"一溪通四境,万岫饶层霄。"唐彦谦《咸通中始闻褚河南归葬阳翟因成二十韵》:"流年随水逝,高谊薄层霄。"

【層霞】　层叠之云霞。李德裕《遥伤茅山县孙尊师三首》之三:"空宇留丹灶,层霞被羽衣。"

【層壁】　高大之墙壁。段成式、郑符《崇仁坊资圣寺诸画联句》:"苍苍鬼怪层壁宽,睹之忽忽毛发寒。"

【層嶺】　高山。李德裕《夏晚有怀平泉林居》:"菌桂秀层岭,芳荪媚幽渚。"

【層闕】　高耸之观阙。太宗《帝京篇十首》之一:"云日隐层阙,风烟出绮疏。"

【層瀾】　层叠起伏之波澜,指大水。孟郊《新卜清罗幽居奉献陆大夫》:"笼禽得高巢,辙鲋还层澜。"

【層飆】　犹高风、天风。李白《书情题蔡舍人雄》:"层飙振六翮,不日思腾骞。"

【層巔】　层叠之高山峰。李白《梦游天姥吟留别》:"熊咆龙吟殷岩泉,栗深林兮惊层巔。"杜甫《西枝村寻置草堂地夜宿赞公土室二首》之一:"层巔余落日,早蔓已多露。"

【層巖】　高峻之山岩。宗楚客《奉和幸安乐公主山庄应制》:"日映层岩图画色,风摇杂树管弦声。"

【層巒】　重叠起伏之山峦。太宗《饮马长城窟行》:"迥戍危烽火,层峦引高节。"高宗《七夕宴悬圃二首》之一:"羽盖飞天汉,夙驾越层峦。"李德裕《追和太师颜公同清远道士游虎丘寺》:"层峦未升日,哀狖宁知旦。"汤洙《登云梯》:"谢客常游处,层峦枕碧溪。"

十四画

屨　〔jù《广韵》九遇切,去遇,見。〕❶鞋之一种。单底,多以麻、葛、草等制成。刘长卿《送灵澈上人还越中》:"身随敝屦经残雪,手绽寒衣入旧山。"郎士元《冬夕寄青龙寺源公》:"敛屦入寒竹,安禅过漏声。"周贺《赠胡僧》:"瘦形无血色,草屦著行穿。"伍乔《游西山龙泉禅寺》:"幽径乍寻衣屦润,古堂频宿梦魂安。"❷穿鞋。杜甫《咏怀二首》之二:"南为祝融客,勉强亲杖屦。"又《祠南夕望》:"兴来犹杖屦,目断更云沙。"杨衡《南海苦雨寄赠王四侍御》:"涂泥亲杖屦,苔藓渍衣襟。"姚合《寄主客张郎中》:"以我齐杖屦,昏旭讵相离。"

十五画

屩　〔juē《广韵》居勺切,入藥,見。〕草鞋。元稹《酬乐天东南行诗一百韵》:"芒屩泅牛妇,丫头荡桨夫。"姚合《题金州西园九首·蔓径》:"方当繁暑日,草屩微微冷。"陆龟蒙《奉和袭美初夏游楞伽精舍次韵》:"到回解风襟,临幽濯云屩。"

十八画

屬[1]　〔zhǔ《广韵》之欲切,入燭,章。〕❶连续,连接。李峤《夏晚九成宫呈同僚》:"小轩恒共处,长坂属相从。"储光羲《仲夏入园中东陂》:"上延北原秀,下属幽人居。"韦应物《始至郡》:"旱岁属荒歉,旧逋积如坻。"韩愈《南山诗》:"延延离又属,夬夬叛还遘。"太宗《度秋》:"运流方可叹,含毫属微理。"孟郊《立德新居》之二:"厚韵属疏语,薄名谢嚣闻。"羊士谔《玩槿花》:"何乃诗人兴,妍词属舜华。"❷注入,流注。柳宗元《湘口馆潇湘二水所会》:"会合属空旷,泓澄停风雷。"❸谓心思专注或情意系属于某方面。李峤《奉和幸韦嗣立山庄应制》:"幽情遗绂冕,宸眷属樵渔。"严维《送舍弟》:"只应宵梦里,诗兴属池塘。"韩愈《龊龊》:"天意固有属,谁能诘其端?"刘禹锡《葡萄歌》:"扬翘向庭柯,意思如有属。"❹聚集。韦应物《送洛阳韩丞东游》:"出饯宿东郊,列筵属城阴。"❺跟随,随同。权德舆《奉和圣制重阳日即事六韵》:"恩随千钟洽，庆属五稼丰。”❻以酒劝饮。韦应物《西郊游瞩》：“一与诸君游，华觞忻见属。”韩愈《八月十五夜赠张功曹》：“沙平水息声影绝，一杯相属君当歌。”❼嘱咐。宋之问有《故赵王属赠黄门侍郎上官公挽词》。王涯《宫词三十首》之二五：“御果收时属内官，傍檐低压玉阑干。”陆龟蒙《和过张祜处士丹阳故居》序：“友人颜弘至行江南道中，廓其庐，作诗吊而序之，属余应和。”❽托付；依托；寄托。席豫《奉和圣制送张说巡边》：“圣主重兵权，分符属大贤。”元结《喻旧部曲》：“尚言军中好，犹望有所属。”张继《登丹阳楼》：“暮晴依远水，秋兴属连山。”❾推托，假托。见“屬疾”。❿足，充足。白居易《效陶潜体诗十六首》之九：“衣食幸相属，胡为不自安？”⓫接触。见“屬地”。⓬恰值，逢。杨师道《奉和夏日晚景应诏》：“幸属无为日，欢娱尚未央。”李白《送崔十二游天竺寺》：“送君游此地，已属流芳歇。”皎然《夏日集李司直纵溪斋》：“修景属良会，远飙生烦襟。”韦庄《洛北村居》：“十亩松篁百亩田，归来方属大兵年。”⓭近来，此际。韩愈《秋怀诗十一首》之八：“丈夫属有念，事业无穷年。”又《送张道士》：“答我事不尔，吾亲属吾思。”⓮通“瞩”，望。李义府《在巂州遥叙封禅》：“眺迥分吴乘，凌高属汉祠。”王勃《易阳早发》：“危阁寻丹障，回梁属翠屏。”杜牧《送沈士赴苏州李中丞招以诗赠行》：“举酒属吴门，今朝为君起。”郑生《诗》：“情无垠兮水汤汤，怀佳期兮属三湘。”

屬[2] 〔shǔ《广韵》市玉切，入燭，禪。〕❶亲属。韦应物《答侗奴重阳二甥》：“群属相欢悦，不觉过朝昏。”陆龟蒙《南泾渔父》：“孜孜戒吾属，天物不可暴。”❷侪，辈。李白《古风》之三一：“秦人相谓曰，吾属可去矣。”❸属于，归属。苏味道《单于川对雨二首》之二：“伐邢知有属，已见静边尘。”王维《和使君五郎西楼望远思归》：“能赋属上才，思归同下秩。”张碧《农父》：“到头禾黍属他人，不知何处抛妻子。”章碣《赠边将》：“只有河源与辽海，如今全属指麾中。”亦指隶属，部属。见“屬吏”。❹系，是。杜审言《和李大夫嗣真奉使存抚河东》：“已属群生泰，犹言至道偏。”王建《昭应官舍书事》：“两衙早被官拘束，登阁巡溪亦属忙。”❺由，由于。韦应物《答王郎中》：“赋繁属军兴，政拙愧斯人。”❻指表示生年之属相、生肖。亦喻指与某物特点相类似。孟郊《招文士饮》：“文士莫辞酒，诗人命属花。”

【屬₂人】 隶属于人，归他人所有。韩愈《游太平公主山庄》：“欲知前面花多少，直到南山不属人。”元稹《刘颇诗》：“破瓮嫌妨路，烧庄耻属人。”

【屬文】 写文章。李颀《送刘四》：“九岁能属文，谒帝游明光。”白居易《朱陈村》：“十岁解读书，十五能属文。”李昌符《寄栖白上人》：“剪发兼成隐，将心更属文。”

【屬玉】 水鸟名，即鸀鳿。李宣古《听蜀道士琴歌》：“朝雉飞，双鹤离，属玉夜啼独鹜悲。”

【属目】 注目。太宗《经破薛举战地》：“于兹俯旧原，属目驻华轩。”王维《哭祖六自虚》：“群公咸属目，微物敢齐肩。”玄宗《游兴庆宫作》：“凭轩聊属目，轻辇共追随。”

【屬矢】 犹言搭箭。李贺《日出行》：“羿弯弓属矢那不中，足令久不得奔。”

【屬地】 接触地面。韩愈《月蚀诗效玉川子作》：“天虽高，耳属地。”

【屬₂吏】 下属之官吏。贾岛《观冬设上东川杨尚书》：“逐迁属吏随宾列，拨棹扁舟不忘恩。”

【屬₂車】 跟随在帝王车驾后之侍从车辆。刘宪《奉和幸大荐福寺应制》：“幸承歌颂末，长奉属车尘。”储光羲《祭风伯坛应张太祝作》：“帝心矜动物，非为属车人。”元稹《望云骓马歌》：“地平险尽施黄屋，九九属车十二纛。”李商隐《茂陵》：“内苑只知含凤觜，属车无复插鸡翘。”

【屬₂身】 归属于自身。白居易《春老》：“欲随年少强游春，自觉风光不属身。”姚合《寄旧山隐者》：“奔走衢路间，四枝不属身。”雍陶《劝行乐》：“老去风光不属身，黄金莫惜买青春。”易重《寄宜阳兄弟》：“上国皇风初喜日，御阶恩渥属身时。”

【屬和】 (—hè)本指跟在别人后面唱歌，后多指跟在别人的诗后作和答诗。耿湋《奉和第五相公登鄱阳郡城西楼》：“属和瑶华曲，堪将系组纶。”武元衡《休暇日中书相公致斋禁省因以寄赠》：“月满禁垣斋沐夜，清吟属和更何人？”韩愈《卢郎中云夫寄示送盘谷子诗两章歌以和之》：“旁无壮士遣属和，远忆卢老诗颠狂。”王甚夷《和主司王起》：“遥仰高峰看白雪，多惭属和意屏营。”

【屬₂官】 下属官吏。罗隐《上江州陈员外》：“应恨属官无健令，异时佳节阻闲游。”

【屬₂城】 所辖管之下属城邑。苏颋《题寿安王主簿池馆》：“洛邑通驰道，韩郊在属城。”韦应物《登蒲塘驿忽想京师旧居追怀昔年》：“均徭视属城，问疾躬里闾。”白居易《奉和李大夫题新诗二首各六韵·忘筌亭》：“酒容同座劝，诗借属城传。”皮日休《重送》：“无限属城为裸国，几多分界是亶州。”

【屬思】 犹构思。韩愈《和崔舍人咏月二十韵》：“属思摛霞锦，追欢罄缥瓶。”杨衡《宿陆氏斋赋得残灯诗》：“殷勤照永夜，属思未成眠。”司空图《偶诗五首》之三：“谁似天才李山甫，牡丹属思亦纵横。”吴融《个人三十韵》：“柳絮联章敏，椒花属思清。”

【屬疾】 托病告假。李商隐《属疾》：“兹辰聊属疾，何日免殊方？”

【屬₂郡】　下属之郡县。韩愈《送李尚书赴襄阳八韵得长字》：“赐书宽属郡，战马隔邻疆。”

【屬₂國】　❶下属之国。徐知仁《奉和圣制送张说巡边》：“问罪阴山下，安人属国前。”王维《使至塞上》：“单车欲问边，属国过居延。”❷秦汉官名，典属国之省称。汉苏武曾任此职，故常以代指苏武。袁朗《赋饮马长城窟》：“属国拥节归，单于款关入。”杜甫《秦州杂诗二十首》之七：“属国归何晚，楼兰斩未还。”赵嘏《送从翁中丞奉使黠戛斯六首》之四：“虽言穷北海云中，属国当时事不同。”

【屬望】　注目，引申指期望。刘方平《寄陇右严判官》：“副相西征重，苍生属望晨。”郭受《寄杜员外》：“新诗海内流传久，旧德朝中属望劳。”郑谷《春夕伴同年礼部赵员外省直》：“视草即应归属望，握兰知道暂经过。”

【屬凉】　犹乘凉。孟浩然《西山寻辛谔》：“款言忘景夕，清兴属凉初。”

【屬詞】　连缀词句。指写作。李华《寄赵七侍御》：“属词慕孔门，入仕希上公。”卢纶《纶与吉侍郎中孚等风尘追游向三十载畅博士当感怀前踪有五十韵见寄辄有所酬》：“睹墅鬼神变，属词鸾凤惊。”温庭筠《送崔郎中赴幕》：“发迹岂劳天上桂，属词还得幕中莲。”陆龟蒙《补沈恭子诗》：“携手桂枝下，属词山之幽。”

【屬當】　（—dāng）适逢，正当。刘太真《顾十二况左迁过韦苏州等三使君皆有郡中燕集诗因亦成篇》：“牧此凋弊甿，属当赋敛秋。”

【屬意】　着意。谓心意倾注于某事物。孟浩然《南归阻雪》：“少年弄文墨，属意在章句。”李商隐《木兰》：“桂岭含芳远，莲塘属意疏。”刘沧《下第后怀旧居》：“每见山泉长属意，终期身事在归耕。”孙鲂《柳》之五：“莫是折来偏属意，依稀相似是风流。”

【屬對】　指在诗文创作中作对仗句。元稹《酬窦校书二十韵》：“调笑风流剧，论文属对全。”又《献荥阳公诗五十韵》：“森罗万木合，属对百花全。”

【屬暝】　入暝。没入夜色。严维《秋夜船行》：“扁舟时属暝，月上有余辉。”

【屬₂縣】　辖管之下属县。张九龄有《巡属县道中作》。韩愈《嗟哉董生行》：“寿州属县有安丰，唐贞元时县人董生召南隐居行义于其中。”

【屬聯】　连接。韩愈《谢自然诗》：“檐楹暂明灭，五色光属联。”

【屬興】　（—xìng）犹即兴。郑谷《予尝有雪景一绝段赞善忽为图画以诗谢之》：“属兴同吟咏，成功更琢磨。”

【屬辭】　连缀文字。指诗文创作。刘长卿《瓜洲驿奉饯张侍御使之岭南》：“属辞倾渤澥，称价掩琅玕。”

【屬聽】　犹倾听，专注地听。韩愈《秋雨联句》：“牵怀到空山，属听迩惊濑。”

二十一画

屭　〔xì《广韵》虚器切，去至，曉。〕同“屓”。杜甫《送顾八分文学适洪吉州》：“昔在开元中，韩蔡同赑屭。”见“屓屭”。

屮 部

一 画

屯[1] 〔zhūn《广韵》陟綸切，平諄，知。〕❶艰难，困顿。王勃《倬彼我系》之二："礼丧贤隐，时屯道闭。"杜甫《寄薛三郎中》："余今委修短，岂得恨命屯。"韦应物《伤逝》："提携属时屯，契阔忧患灾。"李益《来从窦车骑行》："束发逢世屯，怀恩抱明义。"❷祸乱。元稹《旱灾自咎贻七县宰》："强豪富酒肉，穷独无刍薪。"李商隐《送从翁东川弘农尚书幕》："宫掖方为蛊，边隅忽遘屯。"❸《易》之卦名。见"屯否""屯剥""屯蒙"。

屯[2] 〔tún《广韵》徒渾切，平魂，定。〕❶集聚。苏味道《单于川对雨二首》之一："崇朝遘行雨，薄晚屯密云。"岑参《安西馆中思长安》："胡尘净古塞，兵气屯边空。"武元衡《河东赠别炼师》："戎马犯边垒，天兵屯塞云。"韩偓《南安寓止》："天近函关屯瑞气，水侵吴甸浸晴霞。"❷闭塞。孟云卿《邺城怀古》："伊昔天地屯，曹公独中据。"樊宗师《蜀绵州越王楼诗》："徂秋试登临，大霭屯乔空。"❸驻守。岑参《轮台歌奉送封大夫出师西征》："戍楼西望烟尘黑，汉兵屯在轮台北。"白居易《新乐府·西凉伎》："缘边空屯十万卒，饱食温衣闲过日。"杜牧《雪中书怀》："北虏坏亭障，闻屯千里师。"戴休珽《古意》："虏骑掠河南，汉兵屯灞上。"❹戍所，军营。李益《汉宫少年行》："君不见上宫警夜营八屯，冬冬街鼓朝朱轩。"

【屯之蹇】 见"屯蹇"。

【屯厄】 困厄。贾竦《谒华岳庙》："髫年业文翰，弱冠荐屯厄。"

【屯₂戊己】 戊己，戊己校尉的省称。西汉元帝时置。见《汉书·百官公卿表上》。后用作咏戍边的典故。温庭筠《山中与诸道友夜坐闻边防不宁因示同志》："风卷蓬根屯戊己，月移松影守庚申。"

【屯₂田】 ❶利用戍卒或农民垦殖荒地。亦指戍卒所垦殖的荒田。卢纶《送饯从叔辞丰州幕归嵩阳旧居》："屯田布锦周千里，牧马攒花溢万群。"❷指驻守边疆从事垦荒的军队。杜牧《感怀诗》："屯田数十万，堤防常慑惴。"❸官名。唐代尚书省工部四司之一。设屯田郎中、屯田员外郎名一人，掌天下屯田及京文武职田等。见《新唐书·百官志一》。徐夤有《辇下赠屯田何员外》。

【屯夷】 艰危与安定。吴筠《览古十四首》之一："乃验经籍道，与世同屯夷。"

【屯否】 (一pǐ)《易》之"屯"卦与"否"卦的合称。屯，艰难；否，隔塞。后以喻时世艰难。徐夤《依御史温飞卿华清宫二十二韵》："圣诰多屯否，生灵少怨尤。"

【屯₂兵】 ❶驻扎军队。杜甫《柳司马至》："函关犹出将，渭水更屯兵。"孟郊《感怀》："孟冬阴气交，两河正屯兵。"韦庄《又闻湖南荆渚相次陷没》："几时闻唱凯旋歌，处处屯兵未倒戈。"卿云《送人游塞》："塞深多伏寇，时静亦屯兵。"❷集结军队。于濆《塞下曲》："紫塞晓屯兵，黄沙披甲卧。"

【屯奇】 (一jī)艰难，困顿。卢携《题司空图壁》："老夫如且在，不用叹屯奇。"

【屯₂軍】 ❶驻兵。韦庄《赠戍兵》："止竟有征须有战，洛阳何用久屯军。"❷集结军队。李频《赠李将军》："走马辞中禁，屯军向渭州。"

【屯₂師】 集结军队。薛逢《送西川梁常侍之新筑龙山城并锡赉两州刺史及部落酋长等》："圣主忧夷貊，屯师剪束钦。"

【屯剥】 《易》之"屯"卦与"剥"卦名的合称。屯，艰难；剥，剥落。以喻时代动乱或遭遇艰难。杨炯《奉和上元酺宴应诏》："一衣扫风雨，再战夷屯剥。"韩愈、孟郊《纳凉联句》："与子昔睽离，嗟余苦屯剥。"

【屯₂雲】 ❶谓云层积聚。杜甫《与李十二白同寻范十隐居》："落景闻寒杵，屯云对古城。"韦镒《经望湖驿》："大漠无屯云，孤峰出乱柳。"❷云集。形容人多。武元衡《幕中诸公有观猎之作因继之》："刀州城北剑山东，甲士屯云骑散风。"

【屯蒙】 《易》之"屯"卦与"蒙"卦的合称。屯，艰难；蒙，蒙昧。喻指前途或处境困顿、晦暗。李白《流夜郎半道承恩放还兼欣克复之美书怀示息秀才》："半道雪屯蒙，旷如鸟出笼。"刘长卿《瓜洲驿奉饯张侍御公拜膳部郎中》："畴昔偏殊眄，屯蒙独永叹。"钱起《同邬戴关中旅寓》："吞悲问唐举，何路出屯蒙。"白居易《忆微之》："与君何日出屯蒙，鱼恋江湖鸟厌笼。"

【屯₂聚】 聚集，集结。白居易《放旅雁》："淮西有贼讨未平，百万甲兵久屯聚。”

【屯$_2$營】 ❶屯垦之军营。杜之松《和卫尉寺柳》：“汉将本屯营，辽河有戍城。”❷扎营。吴融《闲书》：“晋阳起义寻常见，湖口屯营取次闻。”

【屯邅】 出《易·屯》。屯是屯难，邅是邅回。后因以“屯邅”指前途或处境艰难。杜甫《寄岳州贾司马六丈巴州严八使君两阁老五十韵》：“他乡饶梦寐，失侣自屯邅。”李洞《长安县厅》：“主人寂寞客屯邅，愁绝终南满案前。”

【屯蹇】 亦作“屯之蹇”。《易》之“屯”卦与“蹇”卦的并称。意谓艰难困苦，不顺利。元稹《答姨兄胡灵之见寄五十韵》：“分作屯之蹇，那知困亦亨。”刘驾《上马叹》：“君当未贵日，岂不常屯蹇。”

【屯難】 (—nán)艰难。见《易·屯》。屯，刚柔始交而难生。王维《送韦大夫东京留守》：“云雷康屯难，江海遂飞沈。”贾至《自蜀奉册命往朔方途中呈韦左相文部房尚书门下崔侍郎》：“古来有屯难，否泰长相因。”韦应物《登高望洛城作》：“十载构屯难，兵戈若云屯。”柳宗元《游南亭夜还叙志七十韵》：“屯难果见凌，剥丧宜所遭。”

【屯躓】 困顿失意。沈千运《濮中言怀》：“栖栖去人世，屯踬日穷迫。”

山　部

山〔shān《广韵》所閒切，平山，生。〕❶地面上由土石构成的隆起部分。陈元光《太母魏氏半径题石》："鸿濛山暝启，骏彩德昭垂。"张叔卿《空灵岸》："雾积川原暗，山多郡县稀。"刘沧《赠天台隐者》："天开宿雾海生日，水泛落花山有风。"孔德绍《夜宿荒村》："风度谷余响，月斜山半阴。"❷特指某些名山大川。李益《答广宣供奉问兰陵居》："劳师问家第，山色是南邻。"又《奉和武相公郊居寓目》："黄扉晚下禁垣钟，归坐南闱山万重。"此均指终南山。见"山南""山東""山西"。❸形状似山之物。吴融《玉女庙》："愁黛不开山浅浅，离心长在草萋萋。"又《和韩致光侍郎无题三十首十四韵》之一："杏小双圆压，山浓两点嚬。"见"山眉""山字肩""山尊"。❹山中。指隐居之处。刘长卿《栖霞寺东峰寻南齐明征君故居》："山人今不见，山鸟自相从。"刘得仁《题吴先生山居》："山居心已惯，俗事耳憎闻。"见"山人""山居"。❺山野。曹邺《从天平节度使游平流园》："下马如在山，令人忽疏散。"见"山野"。❻粗野；简陋。见"山杯""山妻""山瓢"。❼姓。见"山王""山公"。

【山人】❶隐士。田游岩《弘农清岩曲有磐石可坐宋十一每拂拭待余寄诗赠之》："傥见山人至，簪蒿且杖藜。"高适《送杨山人归嵩阳》："山人好去嵩阳路，惟余眷眷长相忆。"戎昱《听杜山人弹胡笳》："绿琴胡笳谁妙弹，山人杜陵名庭兰。"贾岛《和韩吏部泛南溪》："木兰船共山人上，月映渡头零落云。"❷指仙家、僧人、道士。刘禹锡《观棋歌送儇师西游》："山人无事秋日长，白昼懵懵眠匡床。"贾岛《送张道者》："生来未识山人面，不得一听乌夜啼。"❸山野之人。徐铉《月真歌》："我本山人愚且贞，歌筵歌席常无情。"

【山人勸酒】乐府歌辞。《乐府诗集》归入琴曲歌辞。李白有此作，载《全唐诗》卷一六三。

【山上山】《玉台新咏·古绝句四首》之一有"山上复有山"之语，乃拆字法，言"出"。后用"山上山"表示外出之意。独孤及《与韩侍御同寻李七舍人不遇题壁留赠》："三径何寂寂，主人山上山。"

【山上有山】同"山上山"。孟迟《闺情》："山上有山归不得，湘江暮雨鹧鸪飞。"

【山口】❶山与山交会的隘口。岑参《初过陇山途中呈宇文判官》："山口月欲出，先照关城楼。"❷山中洞口。王维《桃源行》："山口潜行始隈隩，山开旷望旋平陆。"无名氏《桃源行送友人》（卷七八六）："夹岸芳菲至山口，岁岁年年能寂寥。"

【山川】❶山岳、江河。沈佺期《兴庆池侍宴应制》："汉家城阙疑天上，秦地山川似镜中。"牛僧孺《席上赠刘梦得》："珠玉会应成咳唾，山川犹觉露精神。"李频《送台州唐兴陈明府》："见说海西隅，山川与俗殊。"徐铉《以端溪砚酬张员外水精珠兼和来篇》："自得山川秀，能分日月精。"❷谓名山大川之神。见《楚辞·九章·惜诵》。孟浩然《韩大使东斋会岳上人诸学士》："山川祈雨毕，云物喜晴开。"李建勋《和判官喜雨》："去祷山川尚未还，云雷寻作远声寒。"李宏皋《铜柱辞》："誓山川兮告鬼神，保子孙兮千万春。"马令《早春陪敕使麻先生祭岳》："鞭挞走神鬼，玉帛礼山川。"❸借指景色。杜甫《陪郑广文游何将军山林十首》之六："只疑淳朴处，自有一山川。"

【山女】山区的姑娘。王勃《深湾夜宿》："江童暮理楫，山女夜调砧。"

【山王】晋山涛、王戎之连称。二人皆为"竹林七贤"中人。皎然《白云上人精舍寻杼山禅师兼示崔子向何山道上人》："许共林客游，欲从山王请。"李德裕《仆射相公偶话于故集贤张学士厅写得德裕与仆射唱和诗凄然怀旧辄献此诗》："延年如有作，应不用山王。"

【山夫】山民。卢仝《送尉迟羽之归宣州》："谢朓澄江今夜月，也应忆著此山夫。"刘言史《席上赠李尹》："伛偻山夫发似丝，松间石上坐多时。"姚合《从军乐二首》之一："几时得归去，依旧作山夫。"刘威《赠欧阳秀才》："权门要路应行遍，闲伴山夫一夜贫。"

【山木】❶山中树木。李益《入华山访隐者经仙人石坛》："再往不及期，劳歌叩山木。"姚合《送澄江上人赴兴元郑尚书招》："水云晴亦雨，山木夜多风。"李商隐《哭刘司户二首》之一："江风吹雁急，山木带蝉曛。"贾岛《酬姚少府》："梅树与山木，俱应摇落初。"❷见《庄子·山木》。后用以喻指不被世用或不成才之人。陈子昂《感遇诗三十八首》之十一："岂徒山木寿，空与麋鹿群。"严维《书情献相公》："孤根独弃惭山木，弱质无成状水萍。"白居易《感所见》："莫嫌山木无人用，大胜笼禽不自由。"

【山太守】　指晋山简。简永嘉三年(309)为征南将军，镇襄阳。严维《相里使君宅听澄上人吹小管》："今夕襄阳山太守，座中流泪听商声。"

【山友】　山野之友。姚合《从军乐二首》之二："身惭山友弃，胆赖酒杯扶。"

【山中宰相】　(中 zhōng，相 xiàng)南朝齐陶弘景，辞官退隐，寻仙访药，陶与梁武帝素友善，武帝即位后，对陶甚为礼遇，国家每有吉凶征讨大事，无不前往咨询。人称陶为"山中宰相"。见《南史·陶弘景传》。后作处士议政之典。徐夤《岚似屏风》："山中宰相陶弘景，谷口耕夫郑子真。"

【山中寶】　(中 zhōng)山中所产的宝物，指茯苓。李益《罢秩后入华山采茯苓逢道者》："欲传山中宝，回策忽已暝。"

【山水】　❶山与水。寒山《诗三百三首》之一〇六："层层山水秀，烟霞锁翠微。"柳宗元《渔翁》："烟销日出不见人，欸乃一声山水绿。"白居易《早夏游宴》："昨日山水游，今朝花酒宴。"徐铉《又和游光睦院》："寺门山水际，清浅照孱颜。"❷指山水俱佳的风景。李德裕《春暮思平泉杂咏二十首·双碧潭》："适来玩山水，无此秋潭色。"钱珝《江行无题一百首》之八五："不负佳山水，还开酒一樽。"❸表现山水的艺术作品形式。杜甫《存殁口号二首》之二："天下何曾有山水，人间不解重骅骝。"清昼、潘述《讲古文联句》："灵运山水，实多奇趣。"

【山水心】　爱恋山水的情致。贾岛《夜集姚合宅期可公不至》："何事疾病日，重论山水心。"

【山水曲】　(曲 qǔ)见《列子·汤问》。伯牙奏高山流水曲。后用为感叹知音之典。陈子昂《秋日遇荆州府崔兵曹使宴》："瑶琴山水曲，今日为君弹。"

【山水弄】　指高妙的琴曲。徐晶《蔡起居山亭》："莫将山水弄，持与世人听。"参见"山水曲"。

【山水音】　见"山水曲"。释彪《宝琴》："刻作龙凤象，弹为山水音。"

【山水客】　游览山水之人。刘长卿《送顾长》："由来山水客，复道向新安。"白居易《湖亭晚望残水》："久为山水客，见尽幽奇物。"

【山水粉圖】　画于粉壁上的山水画。李白有《观博平王志安少府山水粉图》。

【山水情】　爱恋山水的情意。令狐德棻《冬日宴于庶子宅各赋一字得趣》："放旷山水情，留连文酒趣。"

【山水意】　赏玩山水的情趣。皎然《奉应颜尚书真卿观玄真子置酒张乐舞破阵画洞庭三山歌》："颜公素高山水意，常恨三山不可至。"

【山水障】　画有山水的屏障。张九龄有《题画山水障》。杜甫有《奉先刘少府新画山水障歌》。

【山水癖】　酷爱山水的癖性。李德裕《忆平泉山居赠沈吏部一首》："虽抱山水癖，敢希仁智居。"

【山水調】　(調 diào)见"山水曲"。上官昭容《游长宁公主流杯池二十五首》之二一："豫弹山水调，终拟从钟期。"

【山水操】　指高妙的琴曲。郑澣《和李德裕房公旧竹亭闻琴》："坐来山水操，弦断吊遗埃。"

【山水壁画】　画于粉壁上的山水画。李白有《同族弟金城尉叔卿烛照山水壁画歌》。

【山水韻】　指高妙的琴曲。王绩《山夜调琴》："从来山水韵，不使俗人闻。"吕温《奉和张舍人阁中直夜思闻雅琴因书事通简僚友》："忆尔山水韵，起予仁智心。"参见"山水曲"。

【山公】　❶指晋山涛。刘太真《贡院寄前主司萧尚书厅》："山公昨夜事，应见此时情。"吕温《道州送戴简处士往贺州谒杨侍郎》："山公念旧偏知我，今日因君泪满衣。"参见"山公啓事"。❷指晋山简。李百药《王师渡汉水经襄阳》："山公不可遇，谁与访高阳。"颜真卿、张荐《登岘山观李左相右尊联句》："叔子尚遗德，山公此回轩。"胡曾《咏史诗·高阳池》："何事山公持玉节，等闲深入醉乡来。"

【山公倒載】　见"山簡倒載"。

【山公啓】　见"山公啓事"。

【山公啓事】　指晋山涛向武帝所上荐举、选拔人才之书函。见《晋书·山涛传》。又见《艺文类聚》卷四八引王隐《晋书》。张九龄《奉和吏部崔尚书雨后大明朝堂望南山》："山公启事罢，吉甫颂声传。"李商隐《赠宇文中丞》："人间只有嵇延祖，最望山公启事来。"按嵇延祖即嵇绍，山涛荐绍《启事》见《晋书·嵇绍传》及《世说新语·政事》刘峻注引，亦作"山公啓"。张九龄《故徐州刺史赠吏部侍郎苏公挽歌词三首》之二："本谓山公启，而今殁始扬。"

【山公樓】　在襄阳(今湖北襄樊)。因晋襄阳太守山简得名。今遗址不可考。李白《忆襄阳旧游赠马少府巨》："昔为大堤客，曾上山公楼。"

【山公醉】　同"山簡醉"。孟浩然《高阳池送朱二》："当昔襄阳雄盛时，山公常醉习家池。"令狐楚《三月晦日会李员外座中频以老大不醉见讥因有此赠》："不辞便学山公醉，花下无人作主人。"韦庄《春暮》："不学山公醉，将何自解颐。"

【山月】　笼照山地的月亮。白居易《王子晋庙》："子晋庙前山月明，人闻往往夜吹笙。"李绅《过荆门》："此时山月如衔镜，岩树参差互辉映。"皮日休《闲夜酒醒》："醒来山月高，孤枕群书里。"殷陶《经杜甫旧宅》："山月不知人事变，夜来江上与谁期。"

【山火】 山中草木燃烧而形成的火。李白《观猎》:"江沙横猎骑,山火绕行围。"温庭筠《烧歌》:"起来望南山,山火烧山田。"贯休《夏日晚望》:"汀沙生旱雾,山火照平川。"裴谐《句》:"风回山火断,朝落岸冰高。"

【山火焚身】 相传春秋时晋介子推辅佐重耳有大功,跟随重耳流亡时曾割股以啖重耳。重耳即位为文公,遍赏从亡者及功臣,大者封邑,小者尊爵,子推却逃赏,隐于绵山不出,文公焚山,欲使其见火而出,子推抱木而死。文公为悼念子推,禁止在子推死日生火煮食,只吃冷食,是谓"寒食"。事见《左传·僖公二十四年》和《史记·晋世家》。后用为咏叹寒食之典。卢象《寒食》:"子推言避世,山火遂焚身。"

【山丹】 百合的一种。多年生草本植物,地下鳞茎卵形,白色,叶子披针形,花红色,鳞茎可食。王建《宫词一百首》之四一:"收得山丹红蕊粉,镜前洗却麝香红。"

【山文】 即山纹。山的纹理。张九龄《林亭咏》:"苔益山文古,池添竹气清。"

【山石榴】 杜鹃花的别称。花开红色。亦称映山红、山踯躅。白居易《山石榴寄元九》:"山石榴,一名山踯躅,一名杜鹃花。"

【山北】 古时泛指终南、太华二山以北之地。李频有《送崔侍御书记赴山北座主尚书招辟》。

【山田】 山区田地。刘长卿《早春赠别赵居士还江左时长卿下第归嵩阳旧居》:"予亦返柴荆,山田事耕耒。"刘得仁《赠陶山人》:"药圃妻同耨,山田子共耕。"韩偓《归紫阁下》:"黄昏后见山田火,胧膔时闻县郭钟。"

【山丘】 ❶土山。李白《江上吟》:"屈平词赋悬日月,楚王台榭空山丘。"杨衡《游峡山寺》:"会从香火缘,灭迹此山丘。"聂夷中《古兴》:"片玉一尘轻,粒粟山丘重。"❷指坟墓。寒山《诗三百三首》之四二:"哀伤百年内,不免归山丘。"

【山市】 山区集市。张籍《送海南客归旧岛》:"竹船来桂浦,山市卖鱼须。"许棠《忆宛陵旧居》:"鸟径通山市,汀扉上海潮。"

【山半】 山腰。杜荀鹤《登山寺》:"山半一山寺,野人秋日登。"

【山寺】 山中寺院。孟浩然《夜归鹿门山歌》:"山寺钟鸣昼已昏,渔梁渡头争渡喧。"朱庆余《送窦秀才》:"清话未同山寺宿,离歌已向客亭闻。"萧遘《春诗》:"水堤烟报柳,山寺雪惊梅。"杜荀鹤《登山寺》:"山半一山寺,野人秋日登。"

【山吏部】 指晋山涛。涛咸宁间除尚书仆射,加侍中,领吏部。高适《古乐府飞龙曲留上陈左相》:"公才山吏部,书癖杜荆州。"刘长卿《哭张员外继》:"独闻山吏部,流涕访孤儿。"亦用以指吏部侍郎。李白《送杨少府赴选》:"尔见山吏部,当应无陆沉。"顾况《经徐侍郎墓作》:"不知山吏部,墓作石桥东。"按,徐侍郎即吏部侍郎浩。

【山西】 战国、秦汉称崤山、华山以西地区,亦称关西。《汉书·赵充国传赞》:"秦汉以来,山东出相,山西出将。"谓其地近迫羌胡,民俗尚武习战。虞世南《出塞》:"山西多勇气,塞北有游魂。"卢象《杂诗二首》之一:"独负山西勇,谁当塞下名。"储光羲《哥舒大夫颂德》:"超超谓滨器,落落山西名。"李商隐《戏题枢言草阁三十二韵》:"君家在河北,我家在山西。"

【山戎】 古代北方民族名。匈奴的一支。活动于今河北省北部,后亦借指山中草寇。王纬《喜陆侍御破石埭草寇东峰亭赋诗》:"野静山戎险,江平水面流。"

【山夷】 对山区的少数民族的贬称。元结《贼退示官吏》:"今来典斯郡,山夷又纷然。"

【山光】 山中景色风光。孟浩然《夏日南亭怀辛大》:"山光忽西落,池月渐东上。"岑参《群斋平望江山》:"山光围一郡,江月照千家。"薛据《题丹阳陶司马厅壁》:"门带山光晚,城临江水寒。"李洞《过野叟居》:"野人居止处,竹色与山光。"

【山光水色】 山水的风光景色。李白《鲁郡尧祠送窦明府薄华还西京》:"笑夸故人指绝境,山光水色青于蓝。"皎然《法华寺上方题江上人禅空》:"路入松声远更奇,山光水色共参差。"白居易《菩提寺上方晚眺》:"楼阁高低树浅深,山光水色暝沉沉。"

【山尖】 山顶。罗隐《蜂》:"不论平地与山尖,无限风光尽被占。"

【山曲】 (—qū)山势弯曲处。元结《游潓泉示泉上学者》:"草堂在山曲,澄澜涵阶除。"戎昱《抚州处士湖泛舟送北回两指此南昌县查溪兰若别》:"移樽铺山曲,祖帐查溪阴。"陆龟蒙《自遣诗三十首》之五:"花濑濛濛紫气昏,水边山曲更深村。"

【山行】 (—xíng)在山中行走。见《史记·夏本纪》。李郢有《山行》。

【山行水宿】 (行 xíng,宿 sù)行于山间和宿于水上,谓旅途辛苦。皇甫冉《送陆澧郭郎》:"秋风何处催年急,偏逐山行水宿人。"

【山肋】 山腰。皮日休《太湖诗·上真观》:"径盘在山肋,缭绕穷云端。"

【山朵】 山花。曹松《岳阳晚泊》:"湖影撼山朵,日阳烧野愁。"李中《思九江旧居三首》之三:"槛底江流偏称月,檐前山朵最宜秋。"

【山色】 山之景色。崔曙《山下晚晴》:"云尽山色暝，萧条西北风。”白居易《题崔常侍济上别墅》：“山色好当晴后见，泉声宜向醉中闻。”李拯《退朝望终南山》：“惟有终南山色在，晴明依旧满长安。”李洞《吊曹监》：“满楼山色供邻里，一洞松声付子孙。”

【山衣】　隐者所穿之服。雍陶《和刘补阙秋园寓兴六首》之三：“对僧餐野食，迎客著山衣。”许棠《寄盩厔薛能少府》：“时闻迎隐者，依旧著山衣。”李山甫《迁居清溪和刘书记见示》：“山衣毳烂唯添野，石井源清不贮泥。”黄滔《题宣一僧正院》：“山衣随叠破，莱骨逐年羸。”

【山州】　多山之州郡。刘禹锡《送鸿举游江西》：“山州古寺好闲居，读尽龙王宫里书。”徐铉《和张先辈见寄二首》之二：“清时沦放在山州，邛竹纱巾处处游。”

【山池】　❶犹庄园，庭园。明皇有《同玉真公主过大哥山池》。张说有《奉和圣制同玉真公主游大哥山池题石壁》。❷山中水池。贯休《寄杭州灵隐寺宋震使君》：“月树獼猴睡，山池菡萏疏。”

【山字肩】　指人双肩耸出如“山”字。长孙无忌《与欧阳询互嘲》：“耸膊成山字，埋肩不出头。”

【山形】　山的地形，地势。许浑《行次潼关题驿后轩》：“山形朝阙去，河势抱关来。”张祜《题苏州思益寺》：“四面山形断，楼台此迥临。”杨虞卿《过华作》：“河势昆仑远，山形菡萏秋，”

【山村】　山中村落。刘言史《葛巾歌》：“空留棁杖犊鼻裈，濛濛烟雨归山村。”杜荀鹤《山中对雪有作》：“玉帐英雄携妓赏，山村鸟雀共民愁。”苏广文《夜归华川因寄幕府》：“山村寥落野人稀，竹里衡门掩翠微。”

【山杏】　山中野杏。白居易《西省对花因寄题东楼》：“最忆东坡红烂熳，野桃山杏水林檎。”

【山足】　山脚。徐浩《谒禹庙》：“山足灵庙在，门前清镜流。”丘丹《秋夕宿石门馆》：“潭月漾山足，天河泻涧中。”

【山岑】　山峰。杨衡《夷陵郡内叙别》：“傥甘蓬户贱，愿俟故山岑。”

【山谷】　山中低而狭之处。杜甫《病橘》：“百马死山谷，到今耆旧悲。”白居易《咏所乐》：“兽乐在山谷，鱼乐在陂池。”于濆《季夏逢朝客》：“岂知山谷中，日日吹瑶草。”杜荀鹤《乱后归山》：“乱世归山谷，征鼙喜不闻。”

【山谷寺】　寺名，在今安徽潜山县。传南朝梁时，宝志禅师在此开山建寺，后三祖僧璨承慧可衣钵，云游至此，扩建寺院，取场建坛，声扬大江两岸。寺西有大石如牛眠，石上有蹄迹，传是汉武帝马蹄之迹。独孤及有《登山谷寺上方答皇甫侍御卧疾阙陪车骑之后》。

【山妖】　山中妖怪。罗隐《尚父偶建小楼三首》之三：“风流孔令陶钧外，犹记山妖逼小台。”

【山妖水魅】　山林沼泽的妖怪。陈陶《赠别离》：“山妖水魅骑旋风，魇梦啮魂黄瘴中。”

【山長】　（—zhǎng）唐、五代时对山居讲学者的敬称。贯休有《怀匡山山长二首》。

【山長水遠】　（長 cháng）谓山水阻隔，道路遥远。李涉《六叹》之一：“欲传一札孤飞翼，山长水远无消息。”许浑《寄宋邧》：“山长水远无消息，瑶瑟一弹秋月高。”

【山青水绿】　形容水山秀丽，景色优美。李咸用《水仙操》：“始峨峨兮复洋洋，但见山青兼水绿。”

【山花】　山间野花。李白《寄韦南陵冰余江上乘兴访之遇寻颜尚书笑有此赠》：“月色醉远客，山花开欲然。”白居易《过高将军墓》：“妓堂宾阁无归日，野草山花又欲春。”皮日休《过云居院玄福上人旧居》：“南宗弟子时时到，泣把山花奠几筵。”

【山花子】　原本唐教坊曲名。后用为词牌。词为双调四十八字，上片三平韵，下片两平韵。亦有叶仄韵者。《全唐诗》卷八九三录和凝《山花子》词两首。

【山芥】　芥菜。钱起《蓝上采石芥寄前李明府》：“渊明遗爱处，山芥绿芳初。”

【山坡】　山顶与平地间的倾斜面。王建《同于汝锡游降圣观》：“秦时桃树满山坡，骑鹿先生降大罗。”贾岛《送张校书季霞》：“饯君到野地，秋凉满山坡。”

【山坳】　两山之间的平地。韩偓《登楼有题》：“待潮生浦口，看雨过山坳。”

【山林】　❶山与林。亦指有山有林之地区。杜甫《清明二首》之一：“钟鼎山林各天性，浊醪粗饭任吾年。”姚合《闲居遣兴》：“终年城里住，门户似山林。”刘昭禹《闻蝉》：“一雨一番晴，山林冷落青。”❷山中树林。郑谷《秘阁伴直》：“吏人同野鹿，庭木似山林。”❸指隐居；隐居之地。白居易《读史五首》之二：“山林少羁鞅，世路多艰阻。”牟融《赠殷以道》：“独留乡井诚非隐，老向山林不自愚。”崔道融《元日有题》：“自量麋鹿分，只合在山林。”陆龟蒙《和袭美赠南阳润卿将归雷平》：“朝市山林隐一般，却归那减卧云欢。”❹指山中佛寺。徐凝《独住僧》：“多应独住山林惯，唯照寒泉自剃头。”寇埴《题莹上人院》：“是明捐俗网，何独在山林。”灵一《林公》：“支公信高逸，久向山林住。”

【山林客】　指隐士。柳宗元《溪居》：“闲依农圃邻，偶似山林客。”

【山林嘲】　南朝齐周颙借隐居为做官之捷径。孔稚珪写《北山移文》加以嘲讽。后用为嘲讽贪恋仕禄之典。柳宗元《游朝阳岩遂登西亭二十韵》：“会有圭组恋，遂贻山林嘲。”

【山杯】 亦作“山盃”。以竹节、葫芦等制成的粗陋之饮酒器。杜甫《闻惠二过东溪特一送》：“崖蜜松花熟，山杯竹叶新。”李贺《始为奉礼忆昌谷山居》：“土甑封茶叶，山杯锁竹根。”

【山枇杷】 野枇杷。元稹《山枇杷》：“山枇杷，花似牡丹殷泼血。”白居易《山枇杷》：“深山老去惜年华，况对东溪野枇杷。”

【山枕】 即枕头。古枕多以木、瓷等制作，中间凹陷，两端突起，其形如山，故称。温庭筠《更漏子》词之三：“山枕腻，锦衾寒，觉来更漏残。”牛峤《菩萨蛮》词之七：“玉炉冰簟鸳鸯锦，粉融香汗流山枕。”

【山東】 ❶崤山、函谷关或华山以东之地区。亦指战国时秦以外的六国。王维《送高适弟耽归临淮作》：“山东诸侯国，迎送纷交驰。”杜甫《兵车行》：“君不闻汉家山东二百州，千村万落生荆杞。”岑参《东归发犍为至泥溪舟中作》：“前日解侯印，泛舟归山东。”李商隐《行次西郊作一百韵》：“山东望河北，爨烟犹相联。”章碣《焚书坑》：“坑灰未冷山东乱，刘项元来不读书。”❷称太行山以东地区。刘长卿《送河南元判官赴河南句当苗税交百官俸钱》：“山东征战苦，几处有人烟。”杜甫《洗兵马》：“中兴诸将收山东，捷书日报清昼同。”韩愈《镇州路上谨酬裴司空相公重见寄》：“衔命山东抚乱师，日驰三百自嫌迟。”白居易《河阳石尚书破回鹘迎贵主过上党以诗美之》：“塞北虏郊随手破，山东贼垒掉鞭收。”❸古称齐鲁之地。李白《酬中都小吏携斗酒双鱼于逆旅见赠》：“山东豪吏有俊气，手携此物赠远人。”

【山東野客】 名未详。自称山东野客，大历间人。《全唐诗续补遗》卷八录其诗一首。

【山事】 ❶山中事务。皎然《劳劳山居寄呈吴处士》：“山事由来别，只应中老身。”❷山中景物。刘禹锡《奉送家兄归王屋山隐居二首》之二：“春来山事好，归去亦逍遥。”

【山刺】 生于山中的带刺的草木。耿湋《东郊别业》：“护药栽山刺，浇蔬引竹泉。”

【山妻】 隐士之妻。用作谦称，意为山野之人的妻室。李白《赠范金卿二首》之一：“只应自索漠，留舌示山妻。”杨志坚《送妻》：“渔父尚知溪谷暗，山妻不信出身迟。”薛逢《镊白曲》：“山妻稚女悉迎到，时列绿樽酣酒歌。”郑谷《赠咸阳王主簿》：“自与山妻舂斗粟，只凭邻叟典孤琴。”

【山雨】 山中之雨。许浑《咸阳城东楼》：“溪云初起日沈阁，山雨欲来风满楼。”赵嘏《九日陪越州元相燕龟山寺》：“双影旆摇山雨霁，一声歌动寺云秋。”李频《送刘山人归洞庭》：“秋尽草虫急，夜深山雨重。”杜荀鹤《溪兴》：“山雨溪风卷钓丝，瓦瓯篷底独斟时。”

【山果】 亦作“山菓”，山地所产之果品。寒山《诗三百三首》之一一九：“杂杂排山果，疏疏围酒樽。”王维《秋夜独坐》：“雨中山果落，灯下草虫鸣。”杜甫《北征》：“山果多琐细，罗生杂橡栗。”许浑《朗上人院晨坐》：“山果落秋院，水花开晓庭。”

【山呼】 对皇帝的祝颂仪式。叩头高呼“万岁”三次。常兖《奉和圣制麟德殿燕百僚应制》：“云辟御筵张，山呼圣寿长。”卢纶《皇帝感词》之一：“山呼一万岁，直入九重城。”薛逢《元月楼前观仗》之二：“山呼圣寿烟霞动，风转金章鸟兽回。”贯休《寿春进祝圣七首·山呼万岁》：“声教无为日，山呼万岁声。”

【山岫】 山洞。骆宾王《艳情代郭氏答卢照邻》：“也知京洛多佳丽，也知山岫遥亏蔽。”

【山岡】 矮山，较低的山。张籍《别段生》：“送我登山冈，再拜问还期。”罗邺《夏日题远公北阁》：“危阁压山冈，晴空疑鸟行。”

【山岳】 亦作“山嶽”。高大的山。杜甫《赠卫八处士》：“明日隔山岳，世事两茫茫。”元稹《有鸟二十章》之一四：“大鹏忽起遮白日，余风簸荡山岳移。”韩偓《感事三十四韵》：“山岳还青耸，穹苍旧碧鲜。”贯休《大蜀皇帝潜龙日述圣德诗五首》之一：“玉甃金汤山岳峻，花藏台榭管弦清。”

【山侣】 山中伴侣。白居易《答山侣》：“更惭山侣频传语，五十归来道未迟。”

【山舍】 （—shè）山中的房舍。李商隐《题李上谟壁》：“江庭犹近别，山舍得幽期。”薛能《送同儒大德归柏梯寺》：“京尘濯后三衣洁，山舍禅初万象安。”郑谷《题汝州从事厅》：“诗人公署如山舍，只向阶前便采薇。”法振《程评事西园之作》：“相招能不厌，山舍为君移。”

【山服】 犹言仙服。则天皇后《赠胡天师》：“高人叶高志，山服往山家。”

【山邸】 山中居宅。李峤有《刘侍读见和山邸十篇申此赠》。

【山狖】 山猿，山中猿猴。崔颢《题沈隐侯八咏楼》：“江静闻山狖，川长数塞鸿。”

【山店】 山中客店。岑参《汉川山行呈成少尹》：“山店云迎客，江村犬吠船。”韦庄《鄜州留别张员外》：“惆怅却愁明日别，马嘶山店雨濛濛。”韩昭《从幸秦川过白卫献诗》：“夜照路岐山店火，晓通消息戍瓶烟。”

【山府】 山中住宅。皎然《晚秋宿李军道所居》：“永夜依山府，禅心共寂寥。”

【山怪】 山中怪物。如山魈、山魅等。宋之问《下桂江龙目滩》：“巨石潜山怪，深篁隐洞仙。”

【山河】 ❶大山大河。多指自然形象。杜甫《春望》:"国破山河在,城春草木深。"喻凫《赠李商隐》:"羽翼恣抟扶,山河使笔驱。"温庭筠《过孔北海墓二十韵》:"珪玉埋英气,山河孕炳灵。"王贞白《经故洛城》:"山河徒自壮,周召不长生。"❷江山,国土。王建《寄贺田侍中东平功成》:"开通州县斜连海,交割山河直到燕。"许浑《出永通门经李氏庄》:"力保山河家又庆,只应中令敌汾阳。"汪遵《陈宫》:"椒宫荒宴竟无疑,倏忽山河尽入隋。"周昙《咏史诗·春秋战国门·再吟》:"定获英奇不在多,然须设网遍山河。"

【山河誓】　指共保山河社稷的誓言。杜甫《投赠哥舒开府二十韵》:"茅土加名数,山河誓始终。"温庭筠《题李相公敕赐锦屏风》:"几人同保山河誓,犹自栖栖九陌尘。"

【山祇】　(—qí)山神。皮日休《虎丘寺殿前有古杉一本遂赋三百言以见志》:"势能擒土伯,丑可骇山祇。"

【山房】　指山中寺院、道观等。王昌龄有《题朱炼师山房》。李端《题云际寺准上人房》:"竹巷雨晴春鸟啭,山房日午老人来。"温庭筠《宿白盖峰寺寄僧》:"山房霜气晴,一宿遂平生。"李洞《赠徐山人》:"山房古竹粗于树,海岛灵童寿等龟。"

【山門】　❶墓门。亦借指坟墓。崔湜《秦州薛都督挽词》:"陇树烟含夕,山门月照秋。"元稹《江陵三梦》之二:"崩剥山门坏,烟绵坟草生。"❷山中寺、观、祠等建筑物的大门。王绩《游仙四首》之三:"结衣寻野路,负杖入山门。"李华《云母泉诗》:"山门开古寺,石窦含纯精。"钱起《题延州圣僧穴》:"默默山门宵闭月,荧荧石壁昼然灯。"储嗣宗《圣女祠》:"不复闻双佩,山门空夕阳。"项斯《题赠宣州亢拾遗》:"传骑一何催,山门昼未开。"❸借指寺庙等山中建筑物。孟浩然《云门寺西六七里闻符公兰若最幽与薛八同往》:"依止托山门,谁能效丘也。"李商隐《四皓庙》:"庙前便接山门路,不长青松长紫芝。"杜荀鹤《游茅山》:"步步入山门,仙家鸟径分。"齐己《送林上人归永嘉旧居》:"东越常悬思,山门在永嘉。"❹山名,即土门山。在唐雍州华原县(今陕西耀县境)。杜甫《三川观水涨二十韵》:"乘陵破山门,回斡裂地轴。"

【山居】　❶居住山中。姚崇《故洛阳城侍宴应制》:"野奏风成曲,山居云作缨。"刘得仁《题吴先生山居》:"山居心已惯,俗事耳憎闻。"❷山中住所。刘长卿有《见秦系离婚后出山居作》。姚合《武功县中作三十首》之二六:"青衫迎驿使,白发忆山居。"刘沧有《晚归山居》。齐己《寄王振拾遗》:"近来焚谏草,深去觅山居。"

【山牀】　山野之人所用之床。周贺《寻北冈韩处士》:"相过值早凉,松帚扫山床。"孟贯《酬东溪史处士》:"石径逢僧出,山床见鹤移。"贯休《寄匡山大愿和尚》:"梦历山床闻鹤语,吟思海月上沙汀。"

【山阿】　(—ē)山之曲折处。张九龄《商洛山行怀古》:"园绮值秦末,嘉遁此山阿。"杜甫《寄柏学士林居》:"叹彼幽栖载典籍,萧然暴露依山阿。"姚合《山居寄友人》:"独在山阿里,朝朝遂性情。"吴融《野步》:"携筇深去不知处。几叹山阿隔酒家。"

【山陂】　(—bēi)❶本指山坡。亦泛称山和水。长孙铸《送萧颖士赴东府得离字》:"落日去关外,悠悠隔山陂。"王维《送魏郡李太守赴任》:"君行无几日,当复隔山陂。"徐凝《浙西李尚书奏毁淫昏庙》:"传闻废淫祀,万里静山陂。"许浑《送卢先辈自衡岳赴复州嘉礼二首》之二:"万重岭峤辞衡岳,千里山陂问竟陵。"❷水岸。储光羲《同诸公秋日游昆明池思古》:"凄风披田原,横污益山陂。"

【山珍海錯】　山间出产的珍异食品和各种海味。泛指各种美味。韦应物《长安道》:"山珍海错弃藩篱,烹犊炰羔如折葵。"

【山苗】　山上初生之草木。见左思《咏史》之二。故亦喻指世袭高位的庸才。李白《送杨少府赴选》:"山苗落涧底,幽松出高岑。"白居易《续古诗十首》之四:"雨露长纤草,山苗高入云。"司空图《上陌梯寺怀旧僧二首》之二:"塔影荫泉脉,山苗侵烧痕。"员南溟《禁中春松》:"山苗荫不得,生植荷陶钧。"

【山城】　依山而筑的城镇。刘长卿《题元录事开元所居》:"冒风归野寺,收印出山城。"严维《答刘长卿蛇浦桥月下重送》:"耿耿相看不寐,遥闻晓柝山城。"白居易《郡中》:"乡路音信断,山城日月迟。"喻坦之《题樟亭驿楼》:"危槛倚山城,风帆槛外行。"

【山枿】　山中树木经砍伐后新生的枝条。李建勋《宿友人山居寄司徒相公》之一:"地炉僧坐暖,山枿火声肥。"

【山枯】　指山中草木枯萎。贯休《怀洛下卢缙云》:"木落多诗藁,山枯见墨烟。"

【山查】　(—zhā)果树名。落叶乔木,叶呈卵形,有三至五裂片,花白色,果实球形,红色,有小斑点,味酸,可食,亦可入药。孟浩然《来阇黎新亭作》:"傍险山查立,寻幽石径回。"

【山盃】　见"山杯"。

【山南】　指唐山南道。唐太宗贞观元年(627)分天下为十道,山南道居其一;唐玄宗开元二十一年(733)增为十五道,分山南道为山南东道和山南西道。见《旧唐书·地理志二》。孙逖有《送魏骑曹充宇文侍御判官分按山南》。卢纶有《送畅当赴山南幕》。韩愈有《山南郑相公樊员外酬答为诗依赋十四韵以献》。

【山砌】　山路之石阶。储光羲《山居贻裴十二迪》:"落叶满山砌,苍烟埋竹扉。"

【山面】　山的南面。白居易《春题湖上》:"松排山面千重翠,月点波心一颗珠。"齐己《题鹤鸣泉八韵》:"喷开山面碧,飞落寺门寒。"

【山思】　山居的情思。李频《寄友人》:"客衣寒后薄,山思夜深清。"李山甫《早秋山中作》:"山思更清人影绝,陇云飞入草堂中。"

【山幽】　山之幽深之处。王勃《别人四首》之二:"江上风烟积,山幽云雾多。"

【山香】　山间草木所散发的香气。许浑《贻终南山隐者》:"潭冷薜萝晚,山香松桂秋。"

【山氣】　山中云雾之气。高宗《九月九日》:"野净山气敛,林疏风露长。"皮日休《怀锡山药名离合二首》之二:"晓景半和山气白,薇香清净杂纤云。"

【山泉】　山中泉水。太宗《初夏》:"何必汾阳处,始复有山泉。"贾岛《寓兴》:"山泉入城池,自然生浑波。"刘沧《下第后怀旧居》:"每见山泉长属意,终期身事在归耕。"罗隐《姑苏真娘墓》:"皎镜山泉冷,轻裾海雾秋。"

【山叟】　山中老者。高适《渔父歌》:"曲岸深潭一山叟,驻眼看钩不移手。"李绅《却望无锡芙蓉湖》之四:"喜见云泉还怅望,自惭山叟不归山。"陆龟蒙《奉和袭美添渔具五篇·渔庵》:"闲凭山叟占,晚有溪禽嫪。"

【山風】　山中之风。许浑《卧病寄诸公》:"海月秋偏静,山风夜更凉。"皮日休《奉和鲁望四明山九题·青棂子》:"山风熟异果,应是供真仙。"周繇《甘露寺北轩》:"晓色宜闲望,山风远益清。"王贞白《忆张处士》:"山风入松径,海月上岩扉。"

【山亭】　山中亭阁。徐铉《亚元舍人不替深知猥贻佳作三篇故兼寄陈君庶资一笑耳》:"郡斋胜境有后池,山亭菌阁互参差。"刑象玉《古意》:"何须问寒暑,径共坐山亭。"

【山洞】　山中洞穴。刘得仁《题王处士山居》:"溪云常欲雨,山洞别开春。"

【山宫】　山中陵庙、陵园。刘祎之《九成宫秋初应诏》:"林树千霜积,山宫四序寒。"白居易《新乐府·陵园妾》:"山宫一闭无开日,未死此身不令出。"

【山客】　❶山中隐士。王维《田园乐七首》之六:"花落家童未扫,莺啼山客犹眠。"皮日休《伤史拱山人》:"山客为医翻贳药,野僧因吊却焚香。"陆龟蒙《闲居杂题五首·当轩鹤》:"自笑与人乖好尚,田家山客共柴车。"❷泛称居于山中之人。张谓《郡南亭子宴》:"漉酒迎山客,穿池集水禽。"王建《原上新居十三首》之九:"山客凭栽树,家僮使入城。"

【山郎】　本指汉代宿卫郎。凡能出钱供宫中财用者,则给以文书,允许出宫购物,称为"山郎"。徐铉《游蒋山题辛夷花寄陈奉礼》:"山郎不作同行伴,折得何由寄所思。"原题下自注:"本约陈同游,不至。"

【山神】　主管某山的神灵。皮日休《太湖诗·晓次神景宫》:"欲问包山神,来赊少岩壑。"李琪《题广爱寺楞伽山》:"自有山神护,应无劫火烧。"贯休《闻无相道人顺世五首》之一:"池藕香狸掘,山神白日行。"

【山衲】　僧侣之衣。马戴《霁后寄白阁僧》:"久披山衲坏,孤坐石床寒。"亦用以借指僧侣。齐己《临行题友生壁》:"山衲宜何处,经行避暑深。"

【山祠】　山中祠堂。李益《春日晋祠同声会集得疏字韵》:"风壤瞻唐本,山祠阅晋余。"

【山屋】　隐士所居之屋。皎然《冬日山行过薛征君》:"菜实萦小园,稻花绕山屋。"

【山屏】　形似屏风之山崖。陆龟蒙《奉和袭美太湖诗二十首·石板》:"一片倒山屏,何时褫洞门。"

【山娃】　山村姑娘。陆龟蒙《奉和袭美茶具十咏·茶籝》:"制作自野老,携持伴山娃。"

【山姥】　(—lǎo)山中老妇。章孝标《诸葛武侯庙》:"木牛零落阵图残,山姥烧钱古柏寒。"

【山紅澗碧】　指山花涧水。韩愈《山石》:"山红涧碧纷烂漫,时见松枥皆十围。"

【山茱萸】　落叶小乔木,山茱萸科。叶对生,卵形。花小,呈黄色,早春时先开花后长叶。可供观赏,核果椭圆形,红色,可入医。王维有《山茱萸》。

【山茶】　山中所产之茶叶。周贺《同朱庆余宿翊西上人房》:"屋雪凌高烛,山茶称远泉。"尚颜《与陈陶处士》:"记得曾邀宿,山茶独自携。"

【山茹】　山间野菜。寒山《诗三百三首》之二九三:"携篮采山茹,挈笼摘果归。"

【山桂】　❶即桂树。因多生于山中,故称。花浅黄色。许浑《月夜期友人不至》:"风过渚荷动,露含山桂幽。"❷特指桂树的一种。李德裕《春暮思平泉杂咏二十首》中有《山桂》,原注:"此花紫色,英藻繁缛。"

【山根】　山脚。张谓《登金陵临江驿楼》:"山根盘驿道,河水浸城墙。"姚康《和段相公登武担寺西台》:"疏树山根净,深云鸟迹穷。"张碧《鸿沟》:"四溟波立鲸相吞,荡摇五岳崩山根。"薛能《西县道中二首》之二:"谁能夜向山根宿,凉月初生的有仙。"

【山酌】　山野人家所酿制的酒。王勃《圣泉宴》:"兰气熏山酌,松声韵野弦。"

【山原】　山陵原野。崔翘《奉和圣制答张说南出雀鼠谷》:"顿觉山原尽,平看邑里分。"

【山峰】　高而尖的顶。元稹《开元观闲居酬吴士矩侍御三十韵》:"松笠新偏翠、山峰远更尖。"姚合《题厉玄侍御所居》:"幽栖一亩宫,清峭似山峰。"贺朝清

《南山》："仙穴茅山峰，彩云时一见。"

【山骨】　山中岩石。韩愈、刘师服《石鼎联句》："巧匠斫山骨，刳中事煎烹。"陆龟蒙《奉和袭美太湖诗二十首·以毛公泉献大谏清河公》："四面蹙山骨，中心含月魂。"贯休《秋末入匡山船行八首》之八："雨淙山骨出，棹搦岸形卑。"

【山徑】　山间小路。张祜《和杜牧之齐山登高》："红叶树深山径断，碧云江静浦帆稀。"

【山翁】　❶指晋山简。王维《汉江临泛》："襄阳好风日，留醉与山翁。"李商隐《九日》："曾共山翁把酒时，霜天白菊绕阶墀。"参见"山翁醉"。❷山中老人。皎然《别山诗》："山翁亦好禅，借我风溪树。"姚合《武功县中作三十首》之十八："野客嫌杯小，山翁喜枕低。"曹邺《山中效陶》："常被山翁笑，求名岂如此。"

【山翁醉】　同"山簡醉"。李白《襄阳歌》："傍人借问笑何事，笑杀山翁醉似泥。"张贲《奉和袭美题褚家林亭》："今朝偶得高阳伴，从放山翁醉似泥。"罗邺《凤州北楼》："人人尽道堪图画，枉遣山翁醉习池。"

【山脈】　成行列的群山。其山势起伏，向一定方向延展，如人体之脉络，故称。周繇《题东林寺虎掊泉》："爪抬山脉断，掌托石心拗。"方干《侯郎中新置西湖》："砂泉绕石通山脉，岸木黏萍是浪痕。"无名氏《合水县玉泉石崖刻》："山脉逗飞泉，泓澄傍岩石。"

【山鬼】　❶见《楚辞·九歌》有《山鬼》篇。以自述口吻表现一位女性山神的凄婉情怀。后指山中女神。李颀《登首阳山谒夷齐庙》："落日吊山鬼，回风吹女萝。"杜甫《祠南夕望》："山鬼迷春竹，湘娥倚暮花。"司空图《迎神》："假山鬼兮请东皇，托灵均兮邀帝子。"李商隐《楚宫》："枫树夜猿愁自断，女萝山鬼语相邀。"❷山精。杜甫《有怀台州郑十八司户》："山鬼独一脚，蝮蛇长如树。"❸泛指山中鬼魅。卢照邻《句》："城狐尾独束，山鬼面参覃。"白居易《送客南迁》："水虫能射影，山鬼解藏形。"李绅《趋翰苑遭诬构四十六韵》："火风晴处扇，山鬼雨中呼。"廖融《古桧》："山鬼暗栖托，樵夫难破除。"

【山高海深】　如山之高，如海之深。喻人心难测，交友匪易。贯休《杂曲歌辞·行路难五首》之一："君不见山高海深人不测，古往今来转青碧。"

【山高水闊】　如山之高峻，水之辽阔。喻关山阻隔，前程艰险。韩偓《梦仙》："鹤舞鹿眠春草远，山高水阔夕阳迟。"

【山庭】　山中庭园。杜甫《暝》："日下四山阴，山庭岚气侵。"

【山瓶】　山野人家所用之酒瓶。杜甫《谢严中丞送青城山道士乳酒一瓶》："山瓶乳酒下青云，气味浓香幸见分。"

【山酒】　山村所酿之酒。王绩《尝春酒》："野觞浮郑酌，山酒漉陶巾。"许浑《题四老庙二首》之一："山酒一卮歌一曲，汉家天子忌功臣。"温庭筠《寄山中人》："素琴入爽籁，山酒和春容。"

【山海】　❶山与海。李白《朝下过卢郎中叙旧游》："却话山海事，宛然林壑存。"顾况《上古之什补亡训传十三章·我行自东一章》："我行自东，山海其空。"许棠《讲德陈情上淮南李仆射八首》之四："帝念淮壖疫疹频，牢笼山海委名臣。"许彬《荆山夜泊与亲友遇》："山海两分歧，停舟偶此期。"❷指荒远偏僻处。参见"山海客"。

【山海之經】　即指《山海经》。则天皇后《游石淙诗》序："唯闻山海之经，空览神仙之记。"

【山海客】　指山野海滨之人。元结《系乐府十二首·古遗叹》："嗟嗟山海客，全独竟何辞？"又《漫问相里黄州》："公为二千石，我为山海客。"

【山海經】　书名。我国最早的一部地理著作。作者不详。书约成于战国。秦汉时有所增删。书中记叙传说的山川、道里、部落、物产，保存了很多远古神话传说和人物，对研究古代文化、历史、地理，均有参考价值。李白《赠闾丘处士》："闲读山海经，散帙卧遥帷。"颜真卿《咏陶渊明》："手持山海经，头戴漉酒巾。"

【山海圖】　指根据《山海经》所画的《山海经图》。晋郭璞有《山海经图赞》。孟浩然《与王昌龄宴王道士房》："书幌神仙箓，画屏山海图。"李白有《莹禅师房观山海图》。钱起《山斋读书寄时校书杜叟》："日爱蘅茅下，闲观山海图。"

【山脊】　山之高处如兽脊梁骨似的高起之处。刘禹锡《莫瑶歌》："星居占泉眼，火种开山脊。"裴说《春暖送人下第》："春树添山脊，晴云学晓烟。"贯休《冬末病中作二首》之二："屋老多鼠窠，窗卑露山脊。"

【山容】　山之姿容。元稹《和乐天重题别东楼》："山容水态使君知，楼上从容万状移。"陆畅《游城东王驸马亭》："城外无尘水间松，秋天木落见山容。"皮日休《寄同年韦校书》："二年疏放饱江潭，水物山容尽足耽。"陆龟蒙《和胥口即事》："雨后山容若动，天寒树色如消。"

【山家】　❶山村人家，山野人家。刘长卿《送少微上人游天台》："乞食山家少，寻钟野路遥。"贾岛《暮过山村》："数里闻寒水，山家少四邻。"杜荀鹤《哭贝韬》："交朋来哭我来歌，喜傍山家葬荔萝。"孟贯《送人游南越》："独向山家宿，多应乡思生。"❷隐士之家。亦指隐士。王维《酬虞部苏员外过蓝田别业不见留之作》："石路枉回驾，山家谁候门。"白居易《北亭招客》："疏散郡丞同野客，幽闲官舍抵山家。"陆希声《阳羡杂咏十九首·茗坡》："二月山家谷雨天，半坡芳茗露华鲜。"❸犹仙家。则天皇后《赠胡天师》："高人叶高志，山服往山家。"

【山冢】　山顶。韩愈《会合联名》："张生得渊源，寒色拔山冢。"

【山屐】　登山用的木屐。见《南史·谢灵运传》。刘长卿《送严维赴河南充严中丞幕府》："山屐留何处，江帆去独翻。"刘禹锡《送义舟师却还黔南》："常说摩围似灵鹫，却将山屐上丹梯。"白居易《从龙潭寺至少林寺题赠同游者》："山屐田衣六七贤，搴芳蹋翠弄潺湲。"汤洙《登云梯》："步步劳山屐，行行蹑涧霓。"

【山郡】　山区郡县。韦应物《答杨奉礼》："多病守山郡，自得接嘉宾。"耿湋《和王怀州观西营秋射》："主皮山郡晚，饮算柳营寒。"刘兼《送文英大师》："山郡披风方穆若，花时分袂更凄然。"

【山桑】　桑树之一种，叶可饲蚕，内皮可造纸，木可制弓。李贺《野歌》："鸦翎羽箭山桑弓，仰天射落衔芦鸿。"

【山院】　山间庭院。王勃《仲春郊外》："初晴山院里，何处染嚣尘。"刘长卿有《过包尊师山院》。

【山荚】　山中之皂荚之属。陆龟蒙《奉和袭美题达上人药圃二首》之一："山荚便和幽涧石，水芝须带本池泥。"

【山菜】　山间野菜。贯休《桐江闲居作十二首》之十二："村童顽似铁，山菜硬如莎。"

【山莊】　山中别墅。王维有《奉和圣制幸玉真公主山庄因题石壁十韵之作应制》。刘禹锡《送周使君罢渝州归郢州别墅》："墅戍岸边留画舸，绿萝阴下到山庄。"徐铉有《和陈洗马山庄新泉》。

【山菊】　野菊花。王绩《赠李征君大寿》："涧松寒转直，山菊秋自香。"张籍《重阳日至峡道》："逢高欲饮重阳酒，山菊今朝未有花。"韩偓《寄京城亲友二首》之一："雨墙经月藓，山菊向阳花。"

【山都】　(—dū)兽名。亦称豚尾狒狒，为狒狒类中之最大者。见《尔雅·释兽》。白居易《和微之春日投简阳明洞天五十韵》："山魈啼稚子，林狖挂山都。"皮日休《太湖诗·上真观》："灵飞一以护，山都焉敢干。"又《寄题罗浮轩辕先生所居》："山都遣负沽来酒，樵客容看化后金。"

【山帶】　指环绕峰岩的带状之云。韩翃《送客归江州》："风吹山带遥知雨，露湿荷裳已报秋。"

【山頂】　山之最高处。刘商《金井歌》："瑞雪不散抱层岭，阳谷霞光射山顶。"白居易《九日思杭州旧游寄周判官及诸客》："忽忆郡南山顶上，昔时同醉是今辰。"

【山雪】　降于山地之雪。范禹偁《简州》(句)："绕城山雪自妆点，三县人烟共接连。"

【山堂】　指山中寺院。刘得仁《题山中故静禅师》："溪院秋先雪，山堂古有精。"皮日休《冬晓章上人院》："山堂冬晓寂无闻，一句清言忆领军。"

【山雀】　山间小鸟，如麻雀等。钱起《幽居暮春书怀》："溪云杂雨来茅屋，山雀将雏到药栏。"

【山野】　山间原野。玄宗《平胡》："鼓角雄山野，龙蛇入战场。"李昭象《寄献山中顾公员外》："祥麟避网虽山野，丹凤衔书即薜萝。"

【山野性】　鄙陋粗野之性。武元衡《秋日出游偶作》："闲步欲舒山野性，貔貅不许独行人。"姚合《街西居三首》之一："受得山野性，住城多事违。"

【山眼】　指山间泉眼。李白《雨后望月》："出时山眼白，高后海心明。"孟郊《山中送从叔简赴举》："石根百尺杉，山眼一片泉。"

【山崖】　陡立的崖壁。张祜《赠季峰上人》："时贤近丧若山崖，却赖青云望素乖。"

【山崦】　山曲；山坳。姚合《题山寺》："千重山崦里，楼阁影参差。"许浑《岁暮自广江至新兴往复中题峡山寺四首》："树随山崦合，泉到石棱分。"姚鹄《送李潜归绵州觐省》："雪封山崦白，鸟拂栈梁飞。"

【山郵】　山中驿站。张九龄《奉使自蓝田玉山南行》："海县且悠缅，山邮日骏奔。"王维《送祢郎中》："孤莺吟远墅，野杏发山邮。"白居易《酬和元九东川路诗十二首·亚枝花》："山邮花木似平阳，愁杀多情骢马郎。"薛能《西县途中二十韵》："硖路商逢使，山邮雀啅蛇。"

【山梨】　野生之梨。多生于山中，实大如杏，可食。见《诗·秦风·晨风》。杜甫《雨晴》："塞柳行疏翠，山梨结小红。"

【山第】　山中别墅。上官昭容《游长宁公主流杯池二十五首》之一一："暂尔游山第，淹留惜未归。"李峤《奉和初春幸太平公主南庄应制》："主家山第接云开，天子春游动地来。"沈佺期《奉和春初幸太平公主南庄应制》："主家山第早春归，御辇春游绕翠微。"

【山側】　山之侧面。皮日休《茶中杂咏·茶焙》："九里共杉林，相望在山侧。"

【山脚】　山之近平地处。崔橹《重阳日次荆南路经武宁驿》："茱萸冷吹溪口香，菊花倒绕山脚黄。"杜荀鹤《送僧归国清寺》："路沿山脚潮痕出，睡倚松根日色斜。"李韶《题司空山观》："梁代真人上紫微，水盘山脚五云飞。"

【山鳥】　山中之鸟类。许浑《赠僧》："锡随山鸟动，经附海船回。"刘得仁《昊天观新栽竹》："清风枝叶上，山鸟已栖来。"薛能《投杜舍人》："闲消白日舍人宿，梦觉紫薇山鸟过。"李伉《谪宜阳到荆渚》："为问野人山鸟语，问予归棹是何年。”

【山郭】 山城；山村。杜甫《秋兴八首》之三：“千家山郭静朝晖，一日江楼坐翠微。”权德舆《浩歌》：“通逵抵山郭，里巷连湖光。”温庭筠《雪二首》之一：“鸦声出山郭，人迹过村桥。”

【山情】 为山中景色所引起的情趣。严武《题龙日寺西龛石壁》：“山情慕禽尚，诗格惊曹刘。”

【山梁】 ❶山涧上的桥。见《论语·乡党》。齐己《雉》：“山梁从行者，错解仲尼叹。”❷指雉。见《论语·乡党》“有山梁雌雄”之语，故后借以指雉。白居易《春日闲居三首》之二：“缅思山梁雉，时哉感孔圣。”

【山陰】 ❶山之北面。见《汉书·郊祀志上》引颜师古注：“山南曰阳，山北曰阴。”岑参《偃师东与韩樽同诣景云晖上人即事》：“山阴老僧解楞伽，颍阳归客远相过。”李绅《若耶溪》：“岚光花影绕山阴，山转花稀到碧浔。”姚合《寄杨工部闻毗陵舍弟自罨溪入茶山》：“芳新生石际，幽嫩在山阴。”卢延让《赠僧》：“野色吟余生竹外，山阴坐久入池中。”❷县名。春秋越王勾践之都。秦置县，以邑在山之阴而名，隋废，并入会稽县。唐垂拱二年(686)，分会稽县复置，属越州。今浙江绍兴市。孙逖有《山阴县西楼》。刘长卿《送荀八过山阴旧县兼寄剡中诸官》：“访旧山阴县，扁舟到海涯。”李翱《奉酬刘言史宴光风亭》：“红袖青娥留永夕，汉阴宁肯羡山阴。”薛涛《送扶炼师》：“山阴妙术人传久，也说将鹅与右军。”

【山陰客】 指晋王徽之。徽之爱竹，有“何可一日无此君”之语。事见南朝宋刘义庆《世说新语·任诞》和《世说新语·简傲》。杜牧《题刘秀才新竹》：“不是山阴客，何人爱此君。”

【山陰乘興】 (乘 chéng，興 xìng)王子献乘兴访戴安道。见南朝宋刘义庆《世说新语·任诞》。后用以指访友。武元衡《中春亭雪夜寄西邻韩李二舍人》：“却笑山阴乘兴夜，何如今日戴家邻。”白居易《春夜喜雪有怀王二十二》：“山阴应有兴，不卧待徽之。”罗隐《寄崔庆孙》：“还拟山阴一乘兴，雪寒难得渡江船。”

【山陰雪】 犹言山阴乘兴。李白《东鲁门泛舟二首》之一：“轻舟泛月寻溪转，疑是山阴雪后来。”杜甫《多病执热奉怀李尚方》：“不是尚书期不顾，山阴野雪兴难乘。”皇甫冉《寻戴处士》：“思君一相访，残雪似山阴。”罗隐《送裴饶归会稽》：“笑杀山阴雪中客，等闲乘兴又须回。”

【山陰釣叟】 方干自号。干隐山阴镜湖，以渔钓为事。方干《山中言事》：“山阴钓叟无知己，窥镜挦多鬓欲空。”

【山陰會】 出《晋书·王羲之传》。指兰亭集会。后作为文人宴集式修禊集会之典。皎然《送吴冯游京》：“若忆山阴会，孤琴为我援。”李涉《送王六觐巢县叔父二首》之二：“长忆山阴旧会时，王家兄弟尽相随。”许浑《和人贺杨仆射致政》：“岂同王谢山阴会，空叙流杯醉暮春。”徐铉《和王庶子寄题兄长建州廉使新亭》：“群贤讵减山阴会，远俗初闻正始声。”

【山陰游】 指文人雅游。独孤及《同徐侍郎五云溪新庭重阳宴集作》：“岂令永和人，独擅山阴游。”参见“山陰會”。

【山陰道】 晋王徽之雪夜访戴逵于山阴。后用作访友或思友之典。杜甫《舟中夜雪有怀卢十四侍御弟》：“不识山阴道，听鸡更忆君。”羊士谔《忆江南旧游二首》之一：“山阴道上桂花初，王谢风流满晋书。”参见“山陰會”。

【山陰道士】 名未详。晋会稽山阴(今浙江绍兴)人。王羲之曾写《道德经》换其鹅。见《晋书·王羲之传》。孟浩然《寻梅道士》：“彭泽先生柳，山阴道士鹅。”

【山陰興】 (興 xìng)谓文人雅集。卢纶《上巳日陪齐相公花楼宴》：“徒记山阴兴，祓禊乃为荣。”参见“山陰會”。

【山葉】 山中树叶。刘长卿《龙门八咏·水东渡》：“山叶傍崖赤，千峰秋色多。”

【山菓】 同“山果”。黄损《句》：“傍水野禽通体白，饤盘山菓半边红。”

【山棲】 栖息于山居。刘长卿《秋夜肃公房喜普门上人自阳羡山至》：“山栖久不见，林下偶同游。”陆龟蒙《奉和袭美伤史拱山人》：“曾说山栖欲去寻，岂知霜骨葬寒林。”

【山椒】 山顶。见《文选·谢庄〈月赋〉》。张宣明《山行见孤松成咏》：“孤松郁山椒，肃爽凌清霄。”杜甫《桔柏渡》：“无以洗心胸，前登但山椒。”权德舆《酬冯监拜昭陵回途中遇雨见示》：“望中犹可辨，耘鸟下山椒。”徐夤《和尚书咏泉山瀑布十二韵》：“名齐火浣溢山椒，谁把惊虹挂一条。”

【山楹】 山中房屋。寒山《诗三百三首》之六九：“有人兮山楹，云卷兮霞缀。”许敬宗《侍宴莎册宫应制得情字》：“葆羽翻风队，腾吹掩山楹。”王勃《咏风》：“驱烟寻涧户，卷雾出山楹。”

【山雲】 山间云彩。孟贯《冬日登江楼》：“江水因寒落，山云为雪凝。”

【山嵌】 山中坑谷。韦庄《李氏小池亭十二韵》：“引泉疏地脉，扫絮积山嵌。”

【山嵐】 山中雾气。朗士元《盖少府新除江南尉问风俗》：“客路寻常随竹影，人家大底傍山岚。”徐铉《和江西萧少卿见寄二首》之一：“珍重加餐省思虑，时时斟酒压山岚。”殷琮《登云梯》：“江树遥分蔼，山岚宛若凝。”

【山程】　山间路程。皇甫曾《乌程水楼留别》：“山程随远水，楚思在青枫。”亦指行路于山中。贾岛《赠李金州》：“绮里祠前后，山程践白云。”

【山象】　山中之象。象以齿焚其身，人多焚山逼象出，以取象牙。张蠙《送人归南中》：“烧惊山象出，雷触海鳌沉。”

【山詞】　犹山歌。陆龟蒙《樵人十咏·樵子》：“薪和野花束，步带山词唱。”

【山童】　❶山村儿童。李白《答从弟幼成过西园见赠》：“山童荐珍果，野老开芳樽。”❷僧道或隐士的侍者。孙逖《奉和崔司马游云门寺》：“觉路山童引，经行谷鸟从。”吕岩《七言》之一六：“玉女控拢苍獬豸，山童提挈白虾蟆。”

【山尊】　亦作“山樽”。酒器。上刻山云之形以为饰，亦称山罍。王昌龄《缑氏尉沈兴宗置酒南溪留赠》：“山尊在渔舟，棹月情已醉。”

【山禽】　山中之鸟。杜甫《解闷十二首》之一：“山禽引子哺红果，溪友得钱留白鱼。”白居易《寿安歇马重吟》：“野枣花含新蜜气，山禽语带破匏声。”许棠《送王侍御赴宣城》：“水树连天暗，山禽绕郡啼。”韩偓《朝退书怀》：“山禽养久知人唤，窗竹芰多漏月光。”

【山湫】　山涧龙潭。杜甫《乾元中寓居同谷县作歌七首》之六：“南有龙兮在山湫，古木巃嵸枝相樛。”

【山窗】　山居人家的窗户。王维《寄崇梵僧》：“落花啼鸟纷纷乱，涧户山窗寂寂闲。”戴叔伦《送别钱起》：“后夜同明月，山窗定忆君。”

【山扉】　山野人家的柴门。于季子《奉和圣制夏日游石淙山》：“山扉野径朝花积，帐殿帷宫夏叶连。”杜甫《十二月一日三首》之三：“即看燕子入山扉，岂有黄鹂历翠微。”韦应物《答秦十四校书》：“知掩山扉三十秋，鱼须翠碧弃床头。”

【山階】　山路之石阶。李嘉祐《送王正字山寺读书》：“山阶闲听法，竹径独看书。”

【山陽】　❶县名。战国魏地，汉为县，属河内郡。因在太行山之南，故名，北齐废，并入武修县。故城在今河南武修县境。魏晋之际，嵇康、向秀等尝居此地为竹林之游。后因以代指高雅人士聚会之地。参见“山陽會”。❷秦淮阴县地，汉置射阳县，因在射水之南而得名。晋分广陵置山阳郡及山阳县。隋废郡留县。魏求己有《自御史左授山阳丞》。刘禹锡《罢郡归洛途次山阳留辞郭中丞使君》：“自到山阳不许辞，高斋日夜有佳期。”赵嘏有《忆山阳》。❸借指亡友故居。参见“山陽笛”“山陽宅”。

【山陽宅】　指亡友故居。钱起《经李蒙颍阳旧居》：“独有山阳宅，平生永不谖。”武元衡《经严秘校维故宅》：“掩泪山阳宅，生涯此路穷。”参见“山陽笛”。

【山陽别】　指文士之分别。李白《题瓜州新河饯族叔舍人贲》：“惜此林下兴，怆为山阳别。”

【山陽作】　指追怀亡友之诗。杜甫《过故斛斯校书庄二首》之二：“遂有山阳作，多惭鲍叔知。”

【山陽笛】　晋名士向秀，与好友嵇康、吕安曾共居山阳，友谊浓厚，嵇、吕死后，向秀重经山阳旧居听到邻人有吹笛者，追想曩昔游宴之好，作《思旧赋》。事见《晋书·向秀传》。后用作追悼亡友之典。窦牟《奉诚园闻笛》：“秋风忽洒西园泪，满目山阳笛里人。”原注：“园，马侍中故宅。”李端《慈恩寺怀旧》：“缅怀山阳笛，永恨平原赋。”许浑《同韦少尹伤故卫尉李少卿》：“何须更赋山阳笛，寒月沉西水向东。”罗隐《经故友所居》：“日暮街东策羸马，一声横笛似山阳。”

【山陽會】　竹林七贤雅会。见《三国志·魏志·王粲传》南朝宋裴松之注引《魏氏春秋》。后用为文士宴集之典。李峤《酬杜五弟晴朝独坐见赠》：“未展山阳会，空留池上杯。”卢僎《稍秋晓坐阁遇舟东下扬州即事寄上族父江阳令》：“忆昔山阳会，长怀东上游。”郎士元《送张南史》：“借问山阳会，如今有几人？”崔峒《赠窦十九》：“山阳会里同人少，灞曲农时故老稀。”

【山陽鍛】　嵇康好锻。见《晋书·嵇康传》。后用作为典，表示一种玩世不恭的生活态度。杜甫《赠比部萧郎中十兄》：“中散山阳锻，愚公野谷村。”

【山陽舊侶】　指亡友。刘禹锡《伤愚溪三首》之三：“纵有邻人解吹笛，山阳旧侣更谁过。”参见“山陽賦”。

【山限】　山之弯曲处。李贞《奉和圣制过温汤》：“坎德疏温液，山限派暖流。”

【山隅】　山角。杨衡《病中赴袁州次香馆》：“病舆憩上馆，缭绕向山隅。”

【山鄉】　山区。张籍《送汀州源使君》：“山乡只有输蕉户，水镇应多养鸭栏。”马戴《送吕郎中牧东海郡》：“山乡足遗老，伫听荐贤书。”

【山勢】　山之形势或气势。储光羲《苑外至龙兴院作》：“山势当空出，云阴满地来。”白居易《江楼夕望招客》：“海天东望夕茫茫，山势川形阔复长。”刘沧《秋日过昭陵》：“原分山势入空塞，地匝松阴出晚寒。”韦庄《谒蒋帝庙》：“江声似激秦军破，山势如匡晋祚危。”

【山塢】　山坳，山间平地。羊士谔《山阁闻笛》：“临风玉管参差，山坞春深日又迟。”

【山賊】　原指出没山林的盗贼。亦泛称寇盗。杜甫《塞芦子》：“岐有薛大夫，旁制山贼起。”

【山虜】　指山中盗寇。殷寅《铨试后征山别业寄源侍御》：“幸逢休明代，山虏尚交战。”

【山照】　山间阳光。孟浩然《送张子容进士赴举》："夕曛山照灭，送客出柴门。"

【山路】　山间道路。白居易《冬日平泉路晚归》："山路难行日易斜，烟村霜树欲栖鸦。"贾岛《送朱休归剑南》："山路长江岸，朝阳十月中。"郑谷《柳》："半烟半雨江桥畔，映杏映桃山路中。"杨行敏《失题二首》之二："迟日霁光搜客思，晓来山路恨如迷。"

【山園】　山中园林。高适有《同房侍御山园新亭与邢判官同游》。钱起有《山园栖隐》。

【山雉】　即野鸡。一名鷮，尾长。杜甫《送赵十七明府之县》："山雉迎舟楫，江花报邑人。"

【山腰】　山顶和山脚之间大约一半处。孟浩然《游景空寺兰若》："龙象经行处，山腰度石关。"白居易《残暑招客》："云截山腰断，风驱雨脚回。"

【山腹】　山腰。皇甫曾《遇风雨作》："阴云拥岩端，沾雨当山腹。"权德舆《与沈十九拾遗会宿二首》之一："重楼回树杪，古像凿山腹。"陆龟蒙《纪梦游甘露寺》："山腹贮孤亭，岚根四垂帘。"方干《因话天台胜异仍送罗道士》："积翠千层一径开，遥盘山腹到琼台。"

【山鼠】　山中野鼠。许浑《早发中岩寺别契直上人》："厨开山鼠散，钟尽岭猿吟。"又《与张道士同访李隐君不遇》："霜寒橡栗留山鼠，月冷菰蒲散水禽。"曹邺《下第寄知己》："归来通济里，开户山鼠出。"又《翠孤至渚宫寄座主相公》："开户山鼠惊，虫声乱秋草。"

【山厨】　山野人家的厨房。王维《过崔驸马山池》："脱貂贯桂醑，射雁与山厨。"钱起《山中春仲寄汝上王恒颍川沈冲》："饥狖入山厨，饮虹过药井。"周贺《休粮僧》："旧有山厨在，从僧请作房。"

【山游】　游览山景。李颀《题綦毋校书别业》："岂伊问天命，但欲为山游。"白居易有《山游示小妓》。

【山意】　山的情态。杜甫《小至》："岸容待腊将舒柳，山意冲寒欲放梅。"

【山資】　隐居生活之费用或生活资料。皎然《送王山人游庐山》："千里访灵奇，山资亦相随。"唐彦谦《任潜谋隐之作》："为问山资何次第，只余丹诀转凄凉。"徐铉《送魏舍人仲甫为蕲州判官》："山资足后抛名路，莼菜秋来忆故乡。"贯休《山居诗二十四首》之二四："若买山资言不及，恒河沙劫用无穷。"

【山源】　❶山之深处。贺知章《望人家桃李花》："山源夜雨度仙家，朝发东园桃李花。"❷即桃花源。韦庄《幽居春思》："绿映红藏江上村，一声鸡犬似山源。"

【山溪】　山间溪水。戴叔伦《宿灵岩寺》："雨急山溪涨，云迷岭树低。"郑谷《代秋扇词》："一片山溪从蠹损，数行文字任尘侵。"

【山溜】　(一liù)亦作"山霤"，山间向下倾注的细流。李德裕《晨起见雪忆山居》："山溜随冰落，林麇带霰过。"李频《送厉图南往荆州觐伯》："山溜含清韵，江雷吐夜光。"

【山殿】　寺观庙宇的殿堂。钱起《宴郁林观张道士房》："竹坛秋月冷，山殿夜钟清。"许浑《寄题华严韦秀才院》："山殿日斜喧鸟雀，石潭波动戏鱼龙。"温庭筠《宿一公精舍》："松下石桥路，雨中山殿灯。"李延陵《自紫阳观至华阳洞宿侯尊师草堂简同游》："七曜悬洞宫，五云抱山殿。"

【山經】　原指《山海经》。后用以泛称记录山川的舆地之书。庾光先《奉和刘采访缙云南岭作》："鸟讶山经传不尽，花随月令数仍稀。"韩愈《南山诗》："山经及地志，茫昧非受授。"

【山榴】　即山石榴。杜鹃花的别称。刘禹锡《伤愚溪三首》之一："隔帘唯见中庭草，一树山榴依旧开。"白居易《早夏游宴》："山榴艳似火，玉蕊飘如霰。"杜牧《山石榴》："似火山榴映小山，繁中能薄艳中闲。"唐彦谦《罗江驿》："数枝高柳带鸣鸦，一树山榴自落花。"

【山歌】　民间歌曲之一种。形式短小，曲调爽朗质朴。节奏轻快自由。流行于南方农村或山区。多在田野劳动时歌唱。寒山《诗三百三首》之二五七："时逢林内鸟，相共唱山歌。"李益《送人南归》："无奈孤舟夕，山歌闻竹枝。"白居易《江楼偶宴赠同座》："江果尝卢橘，山歌听竹枝。"陆龟蒙《顷自桐江得一钓车因出以为玩俄辱三篇复抒酬答》之二："相呼野饭依芳草，迭和山歌逗远林。"

【山墅】　山中别墅。韦庄有《山墅闲题》。

【山嶂】　状如屏风之山。王昌龄《从军行七首》之七："玉门山嶂几千重，山北山南总是烽。"

【山圖】　描绘山川形势的舆图。陆龟蒙《奉和袭美吴中言怀寄南海二同年》："城连虎踞山图丽，路入龙编海舶遥。"

【山簡】　(253—312)字季伦。晋河内怀(今河南武陟西南)人。事迹见《晋书》本传。孟浩然《冬至后过吴张二子檀溪别业》："停杯问山简，何似习池边。"罗隐《送沈先辈归送上嘉礼》："好继马卿归故里，况闻山简在襄阳。"参见"山簡醉"。

【山簡倒載】　指晋襄阳太守山简每至习池醉酒，倒载而归之事。李瀚《蒙求》："陈遵投辖，山简倒载。"亦作"山公倒載"。白居易《酬裴相公题兴化小池见招长句》："山公倒载无妨学，范蠡扁舟未要追。"参见"山簡醉"。

【山簡醉】　指晋襄阳太守每至习池醉酒，倒载而归之事。见《晋书·山简传》，又见《艺文类聚》卷九引《襄阳记》、南朝宋刘义庆《世说新语·任诞》。张谓《春园家宴》："山简醉来歌一曲，参差笑杀郢中儿。"张登《上巳泛舟得迟字》："且同山简醉，倒载莫褰帷。"白居易《公垂尚书以白马见寄光洁稳善以诗谢之》："不蹶不惊行步稳，最宜山简醉中骑。"

【山僮】 山居人家的童仆。权德舆《刘绍相访夜话因书即事》："山僮漉野酝，稚子褰书帷。"

【山銘】 指勒石山上的铭文。刘禹锡《闻朝宾擢第归觐以诗美之兼贺韩十五曹长时韩牧永州》："孝若归来成画赞，孟阳别后有山铭。"

【山猨】 山魈类的动物。韩愈《刘生诗》："山猨讙噪猩猩游，毒气烁体黄膏流。"

【山精】 传说中的山间怪兽。王泠然《汴堤柳》："驿骑征帆损更多，山精野魅藏应老。"杜甫《陪郑广文游何将军山林十首》之七："野鹤清晨出，山精白日藏。"林宽《哭造微禅师》："虚堂散钓叟，怪木哭山精。"贯休《山居诗二十四首》之七："山精日作儿童出，仙者时将玉器来。"

【山漏】 山中计时器。王勃《焦岸早行和陆四》："猿吟山漏晓，萤散野风秋。"

【山賓】 即南朝梁明山宾。卢照邻《中和乐九章·歌储宫第六》："山宾皎皎，国胄青青。"

【山實】 山中草木之果实。李贺《昌谷诗》："莕絮萦涧砾，山实垂赪紫。"陆龟蒙《四明山诗·青棂子》："山实号青棂，环冈次第生。"

【山閣】 依山而建的楼阁。杜甫《缚鸡行》："鸡虫得失无了时，注目寒江倚山阁。"白居易、王起《喜晴联句》："山阁蓬莱客，储宫羽翼师。"李频《秋日登山阁》："苍苍山阁晚，杳杳隙尘秋。"张蠙《钱塘夜宴留别郡守》："觱栗调高山阁迥，虾蟆更促海声寒。"

【山隖】 义同"山坞"。顾况《访邱员外丹》："五月五日日亭午，独自骑驴入山隖。"

【山際】 ❶山边。储光羲《临江亭五咏》之四："山际空为险，江流长自深。"❷山间。李白《游泰山六首》之二："山际逢羽人，方瞳好容颜。"

【山熊】 冯昭仪为孝元帝挡熊。见《艺文类聚》卷九五引《汉书》。后用作歌颂后宫女官之典。郑愔《奉和幸上官昭容院献诗四首》之四："河鹊填桥至，山熊避槛来。"

【山障】 ❶屏障。皮日休《奉和鲁望秋日遣怀次韵》："取岭为山障，将泉作水帘。"❷屏风，因画有山形图案，故名。顾敻《临江仙》之一："象床珍簟，山障掩，玉琴横。"

【山翠】 翠绿的山色。裴迪《辋川集二十首·华子冈》："云光侵履迹，山翠拂人衣。"岑参《崔驸马山池重送宇文明府》："池凉醒别酒，山翠拂行镳。"白居易《和微之春日投简阳明洞天五十韵》："江清敌伊洛，山翠胜荆巫。"刘沧《留别复本修古二上人》："台殿虚窗山翠入，梧桐疏叶露光悬。"

【山樓】 ❶山间楼房。张祜《题金陵渡》："金陵津渡小山楼，一宿行人自可愁。"孔德绍《南隐游泉山》："野花开石镜，云叶掩山楼。"❷临时搭建的彩饰楼栅。苏颋《春日芙蓉园侍宴应制》："绕花开水殿，架竹起山楼。"

【山樊】 山旁。亦指山中茂林。见《庄子·则阳》。储光羲《采菱词》："方冬水物穷，又欲休山樊。"钱起《初黄绶赴蓝田县作》："蟠木无匠伯，终年弃山樊。"沈传师《次潭州酬唐侍御姚员外游道林岳麓寺题示》："不令执简候亭馆，直许携手游山樊。"

【山麨】 山里人家用煮熟之米、麦或粟炒成的干粮。王绩《食后》："胡麻山麨样，楚豆野麋方。"

【山影】 山之倒影或影子。岑参《春寻河阳陶处士别业》："药碗摇山影，鱼竿带水痕。"刘沧《经古行宫》："路人不记当年事，台殿寂寥山影侵。"伍彬《分水岭》："寒冲山影岸，清绕荻花洲。"

【山牖】 义同"山窗"。阎防《宿岸道人精舍》："山牖见然灯，竹房闻捣药。"

【山魅】 传说中的山中精怪。钱起《送李大夫赴广州》："龙镜逃山魅，霜风破嶂雪。"李贺《神弦》："呼星召鬼歆杯盘，山魅食时人森寒。"李涉《岳阳别张祜》："鹿鸣猿啸虽寂寞，水蛟山魅多精神。"

【山神請】 见南朝梁释慧皎《高僧传·晋庐山释昙邕》。山神向昙邕求受五戒。后用高僧传法之典。王维《燕子龛禅师》："时许山神请，偶逢洞仙博。"

【山澗】 山间水沟。韦应物《答僩奴重阳二甥》："山涧依硗瘠，竹树荫清源。"

【山陲】 山边，山之边陲。孟浩然《送谢录事之越》："仙书倘相示，予在此山陲。"

【山樂】 (—yuè)山寺之音乐。许浑《题舒女庙》："山乐来迎去不言，庙前高柳水禽喧。"

【山蕨】 山间蕨菜。皮日休《夏景无事因怀章来二上人二首》之一："水花移得和鱼子，山蕨收时带竹胎。"

【山蕉】 山生蕉麻，可为布。刘言史《潇湘游》："夷女采山蕉，缉纱浸江水。"

【山磬】 山寺之磬声。钱起《杪秋南山西峰题准上人兰若》："云里隔窗火，松下闻山磬。"

【山橋】 ❶山间桥梁。张乔《游歙州兴唐寺》："山桥通绝境，到此忆天台。"❷谓鹊桥。杨衡《他乡七夕》："汉渚常多别，山桥忽重游。"

【山樽】 见"山尊"。李白有《咏山樽二首》。李商隐《井泥四十韵》："萝幄既已荐，山樽亦可开。"

【山橘】 山中之橘。孙逖《江行有怀》："霜多山橘熟，寒至浦禽稀。"

【山頭】 山的上部，山顶。白居易《山石榴花十二韵》："本是山头物，今为砌下芳。"李商隐《房中曲》："今日涧底松，明日山头檗。"章碣《长安春日》："输他得路蓬洲客，红绿山头烂醉归。"

【山頭女】 指在山头望夫而成石之妇女。曹邺《思不见》："却笑山头女，无端化为石。"参见"山頭石"。

【山頭石】 指望夫石。见《太平御览》卷四四〇。后用作咏叹思妇之典。彭伉《寄妻》："不须化作山头石，待我堂前折桂枝。"白居易《蜀路石妇》："不比山头石，空有望夫名。"又《续古诗十首》之一："生作闺中妇，死作山头石。"

【山瓢】 山野人家所用之瓢。亦借指粗陋的盛器或饮器。韦应物《寄释子良史酒》："应泻山瓢里。还寄此瓢来。"又《答释子良史送酒瓢》："此瓢今已到，山瓢知已空。"

【山縣】 山区县邑。李颀《送郝判官》："枫林带水驿，夜火明山县。"戎昱《罗江客舍》："山县秋云暗，茅亭暮雨寒。"许浑《南陵留别段氏兄弟》："为酒游山县，留诗遍草堂。"

【山徼】 山地边塞。柳宗元《唐饶歌鼓吹曲十二篇·李靖灭吐谷浑》："束刃逾山徼，张翼纵漠沙。"

【山瘴】 山中瘴气。孟贯《送吴梦誾归闽》："海云添晚景，山瘴灭晴晖。"

【山龍服】 指绣有山、龙图案的衮服。见《书·益稷》。王建《鸡鸣曲》："百官待漏双阙前，圣人亦挂山龙服。"

【山燒】 山火，山中草木焚烧而燃起的火光。贾岛《酬胡遇》："移居见山烧，买树带巢乌。"

【山營】 扎在山中的营房。张说《奉和圣制幸凤汤泉应制》："汤云出水殿，暖气入山营。"马戴《赠淮南将》："风涛辞海郡，雷雨镇山营。"

【山燈】 ❶山中灯火。贾岛《宿悬泉驿》："林月值云遮，山灯照愁寂。"❷元宵节夜赏玩的扎制成山形的彩灯。段成式《观山灯献徐尚书》序："及上元日，百姓请事山灯，以报穰祈祉也。"李郢《上元日寄湖杭二从事》："恋别山灯忆水灯，山光水焰百千层。"

【山澤】 山林与川泽。卢象《竹里馆》："江南冰不闭，山泽气潜通。"元结《喻常吾直》："山泽多饥人，闾里多坏屋。"柳宗元《夏夜苦热登西楼》："山泽凝暑气，星汉湛光辉。"唐彦谦《松》："谁云山泽间，而无梁栋材。"

【山罽】 山民用毛制成的毡毯类的织物。柳宗元《柳州峒氓》："鹅毛御腊缝山罽，鸡骨占年拜水神。"

【山嶽】 见"山岳"。寒山《诗三百三首》之二三〇："心高如山岳，人我不伏人。"王维《杂曲歌辞·苦热行》："赤日满天地，火云成山岳。"孟郊《上河阳李大夫》："试登山岳高，方见草木微。"元稹《和乐天折剑头》："雷震山岳碎，电斩鲸鲵死。"

【山嶷】 魁伟端庄貌。见南朝宋刘义庆《世说新语·言语》。李瀚《蒙求》："周侯山嶷，会稽霞举。"

【山魈】 动物名，猕猴之一种，体长约一米，短尾上翘，头大面长，眼小而凹，鼻深红，两颊蓝紫而有皱纹，唇部有白须，全身毛黑褐色，腹部灰白色，臀部鲜红色，有尖牙长齿，性凶猛，以小鸟、野鼠为食。古代传说以为山怪，又称"山萧""山臊"。王建《送流人》："水国山魈引，蛮乡洞主留。"元稹《酬乐天得微之诗知通州事因成四首》之三："满身沙虱无防处，独脚山魈不奈何。"张祜《题海盐南馆》："黑夜山魈语，黄昏海燕归。"杜荀鹤《题历山舜祠》："时讹竞淫祀，丝竹醉山魈。"

【山館】 ❶山中旅馆。宋之问《自衡阳至韶州谒能禅师》："猿啼山馆晓，虹饮江皋霁。"李嘉祐《送皇甫冉往安宜》："津楼故市无行客，山馆荒城闭落晖。"元稹《酬乐天书怀见寄》："月照山馆花，裁诗寄相忆。"李中《旅馆秋夕》："寥寥山馆里，独坐酒初醒。"❷泛指山中房舍。皇甫冉《山中五咏·山馆》："山馆长寂寂，闲云朝夕来。"元稹《桐花》："胧月上山馆，紫桐垂好阴。"许浑《长庆寺遇常州阮秀才》："山馆日斜喧鸟雀，石潭波动戏鱼龙。"徐铉《和陈洗马山庄新泉》："已开山馆待抽簪，更要岩泉欲洗心。"

【山謡】 山间歌谣。陆龟蒙《奉和袭美茶具十咏·茶焙》："山谣纵高下，火候还文武。"

【山齋】 山中居室。杜审言有《夏日过郑七山斋》。钱起《仲春宴王补阙城东小池》："药院爱随流水入，山斋喜与白云过。"韩愈《酬蓝田崔丞立之咏雪见寄》："朝鼓矜凌起，山斋酩酊眠。"沈颜《书怀寄友人》："却忆山斋后，猿声相伴吟。"

【山濤】 (205—283)字巨源。晋河内怀(今河南武陟西南)人。简之父。事迹见《晋书》本传。杜甫《送魏二十四司直充岭南掌选崔郎中判官兼寄韦韶州》："明白山涛鉴，嫌疑陆贾装。"殷寅《铨试后征山别业寄源侍御》："裴楷能清通，山涛急推荐。"温庭筠《感旧陈情五十韵献淮南李仆射》："嵇绍垂髫日，山涛筮仕年。"参见"山公启事"。

【山濤撫孤】 指晋山涛抚育、荐举嵇康遗孤嵇绍之事。事见《晋书·山涛传》。元稹《与乐天同葬杓直》："元伯来相葬，山涛誓抚孤。"

【山牆】 陡立如墙之山。杜牧《题武关》："山墙谷堑依然在，弱吐强吞尽已空。"

【山隱】 隐居于山。独孤及《送阳翟张主簿之任》："作吏同山隐，知君处剧闲。"

【山檻】（—jiàn）❶山中建筑物之栏杆。张九龄《候使登石头驿楼作》："山槛凭南望，川途眇北流。"❷山中居所。许浑《元处士自洛归宛陵山居因赠》："江城夜别潇潇雨，山槛晴归漠漠烟。"

【山醪】山野人家酿制的浊酒。刘沧《题桃源处士山居留寄》："闲看竹屿吟新月，特酌山醪读古书。"

【山霤】见"山溜"。贯休《湖上作》："山溜穿苔壁，风钟度雪林。"

【山霧】山间雾气。无名氏《望禁苑祥光》（卷七八七）："山雾宁同色，卿云未可彰。"

【山蟲】山中虫类等小动物。卢照邻《宴梓州南亭得池字》："水鸟翻荷叶，山虫咬桂枝。"

【山雞】形似雉。雄者羽毛红黄色，有黑斑，尾长。雌者黑色，微赤，尾短。据传，山鸡爱其羽毛，映水则舞。唐诗中常歌咏其事。武三思《奉和宴小山池赋得溪字应制》："岩泉飞野鹤，石镜舞山鸡。"李白《秋浦歌十七首》之三："山鸡羞渌水，不敢照毛衣。"李商隐《破镜》："秦台一照山鸡后，便是孤鸾罢舞时。"贾岛《莲峰歌》："冉冉山鸡红尾长，一声樵斧惊飞起。"

【山顏】山顶。陆龟蒙《四明山诗·云南》："若得山颜住，芝篁手自携。"

【山瀑】瀑布。李贺《北中寒》："争澴海水飞凌喧，山瀑无声玉虹悬。"

【山額】指额头。温庭筠《菩萨蛮》词之三："蕊黄无限当山额，宿妆隐笑纱窗隔。"

【山竅】山洞。孟郊《杏殇》之六："木心既零落，山窍空呼号。"

【山藪】山林与湖泽。张九龄《巡属县道中作》："再入江村道，永怀山薮情。"罗隐《圣真观刘真师院十韵》："山薮师王烈，簪缨友戴颙。"

【山藥】薯蓣之通称。韦应物《郡斋赠王卿》："秋斋雨成滞，山药寒始华。"韩愈《送文畅师北游》："僧还相访来，山药煮可掘。"温庭筠《赠考功卢郎中》："一笈负山药，两瓶携涧泉。"黄滔《上李补阙》："谏草封山药，朝衣施衲僧。"

【山鵲】鸟名。鸣禽类。似鹊而有文采，色深青，嘴足赤，头有白冠，尾白而长，不能远飞。司空图有《喜山鹊初归三首》。

【山麓】山脚。姚偓《南源山》："白雨鸣山麓，青灯语夜阑。"

【山釁】山缝，山中缝隙。李贺《感讽五首》之五："凄凉桅子落，山衅泣清漏。"

【山鼯】山间鼯鼠。贾岛《送朱兵曹回越》："碛鸟辞沙至，山鼯隔水啼。"

【山鐘】山寺之钟或山寺钟声。王昌龄《潞府客亭寄崔凤童》："秋月对愁客，山钟摇暮天。"孟浩然《疾愈过龙泉寺精舍》："停午闻山钟，起行散愁疾。"马戴《江亭赠别》："独泛扁舟夜，山钟可卧闻。"贾岛《早秋寄题天竺灵隐寺》："山钟夜渡空江水，汀月寒生古石楼。"

【山爐】山野人家取暖的炉子。陆龟蒙《早春雪中作吴体寄袭美》："山炉瘿节万状火，墨突乾衰孤穗烟。"

【山櫻】山中樱桃树。亦指其花果。四、五月开花，花白色或略带红色，果实球形，深红色，有光泽，可食。王维《送钱少府还蓝田》："每候山樱发，时同海燕归。"白居易《移山樱桃》："亦知官舍非吾宅，且劚山樱满院栽。"李商隐《晓起》："隔箔山樱熟，褰帷桂烛残。"

【山鷄】见"山雞"。杜审言《和韦承庆过义阳公主山池五首》之一："海燕巢书阁，山鸡舞画楼。"李德裕《南梁行》："山鸡锦质矜毛羽，透竹穿萝命俦侣。"

【山麝】即麝香。雄麝肚脐和生殖器之间的腺囊之分泌物。王建《宫词》之一〇一："供御香方加减频，水沉山麝每回新。"

【山響】山谷之回声。王维《过感化寺昙兴上人山院》："催客闻山响，归房逐水流。"

【山躑躅】杜鹃花的别称。白居易《山石榴寄元九》："山石榴，一名山踯躅，一名杜鹃花，杜鹃啼时花扑扑。"韩偓《见花》："血染蜀罗山踯躅，肉红宫锦海棠梨。"

【山龕】山上之佛龛。齐己《江寺春残寄幕中知己二首》之一："山龛薜荔应残雪，江寺玫瑰又度春。"

【山鷓鴣】❶栖于山地之鹧鸪鸟。鲍溶《寄福州从事殷尧藩》："几回入市鲛绡女，终岁啼花山鹧鸪。"❷唐教坊曲名，唐开元间人作，相传山鹧鸪鸟为守贞女所化，取为曲名。在唐代，此曲在南方极为流行。曲韵摹似山鹧鸪啼声，哀苦异常，南人歌之，尤动乡情；吹入横笛，益为凄怨。李白《秋浦溪雪夜对酒客有唱山鹧鸪者》："客有桂阳至，能吟山鹧鸪。"李益有《山鹧鸪词》。

【山巒】连绵的山峰。王建《送严大夫赴桂州》："水驿门旗出，山恋洞主参。"

【山驛】山中驿站。韩翃《送高员外赴淄青使幕》："山驿尝官酒，关城度客衣。"姚系《送周愿判官归岭南》："山驿风月榭，海门烟霞城。"李商隐《梦令狐学士》："山驿荒凉白竹扉，残灯向晓梦清晖。"贾岛《寄令狐相公》："策杖驰山驿，逢人问梓州。"

【山鬟】山字形的鬟发。李远《立春日》："娉婷何处戴，山鬟绿成丛。"

【山觀】（—guàn）山中道观。王昌龄《武陵开元观黄炼师院三首》之三："山观空虚清静门，从官役吏扰尘喧。"李商隐《赠郑谠处士》："寒归山观随棋局，暖入汀洲逐钓轮。”

【山靈】　山神。见《文选·班固〈东都赋〉》。梁升卿《奉和圣制答张说扈从南出雀鼠谷》:“日御仙途远,山灵寿域长。”李益《华阴东泉同张处士诣藏律师兼简县内同官因寄齐中书》:“潜鳞孕明晦,山灵閟幽赜。”薛能《赠僧》:“山灵怕惊定,不遣夜猿吟。”陆龟蒙《奉和袭美太湖诗二十首·练渎》:“山灵恐见鞭,水府愁为墟。”

【山靄】　山间云气。岑参《高冠谷口招郑鄠》:“衣裳与枕席,山霭碧氛氲。”

【山鸜鵒】　山间八哥鸟。刘长卿《山鸲鹆歌》:“山鸲鹆,长在此山吟古木。”

二　画

㑣　〔xiān《广韵》許延切,平仙,曉。〕轻举貌。见《说文·人部》。刘禹锡《九华山歌》:“疑是九龙夭矫欲攀天,忽逢霹雳一声化为石,不然何至今,悠悠亿万年,气势不死如腾㑣。”自注:“轻举貌。”又《送僧方及南谒柳员外》序:“由是耳得必目探之,意行必身随之,云游鸟㑣无迹而远。”按:刘禹锡二例,《全唐诗》“㑣”均作“仚”,误。

屴　〔lì《广韵》林直切,入職,來。〕❶见“崱屴”。❷见“屴崱”。

【屴崱】　本形容山峰高耸。引申为态度端正。元稹《寄吴士矩端公五十韵》:“隐笑甚艰难,敛容还屴崱。”

三　画

屼　〔wù《广韵》五忽切,入没,疑。〕亦作“岉”。指秃山。见《文选·左思〈吴都赋〉》。元结《演兴四首·招太灵》:“招太灵兮山之巅,山屹屼兮水沦涟。”

屹　〔yì《广韵》魚迄切,入迄,疑。〕❶山势高耸。亦泛指高耸,耸立。陈元光《落成会咏一首》:“泉潮天万里,一镇屹天中。”杜甫《丹青引赠曹将军霸》:“玉花却在御榻上,榻上庭前屹相向。”韩愈《送惠师》:“回临浙江涛,屹起高峨岷。”白居易《初入峡有感》:“瞿唐呀直泻,滟滪屹中峙。”杜牧《池州送孟迟先辈》:“古训屹如山,古风冷刮骨。”❷坚定不移。白居易《青石》:“义心如石屹不转,死节如石确不移。”❸见“屹屹”。

【屹仡】　(—yì)挺拔雄劲貌。元稹《寺院新竹》:“槎枒矛戟合,屹仡龙蛇动。”

【屹屼】　高峻。元结《演兴四首·招太灵》:“招太灵兮山之巅,山屹屼兮水沦涟。”

【屹屹】　❶高峻耸立貌。无名氏《秋日非所书情》(外编上):“傍对崇山形屹屹,前临巨壑势呀呀。”❷象声词。马云奇《怀素师草书歌》:“壁上飕飕风雨飞,行间屹屹龙蛇动。”

【屹崒】　亦作“屹崪”。高峻貌。见《文选·郭璞〈江赋〉》。卢鸿一《嵩山十志十首·倒景台》:“天门豁兮仙台耸,杰屹崒兮零泖涌。”元稹《代曲江老人百韵》:“总干形屹崒,戛敌背嶙峋。”又《有酒十章》之二:“胡山高屹崒海泓澄,胡不日车杲杲昼夜行。”

【屹然】　❶高耸貌。岑参《上嘉州青衣山中峰题惠净上人幽居寄兵部杨郎中》序:“青衣之山在大江之中,屹然迥绝,崖壁苍峭。”陆龟蒙《奉和袭美太湖诗二十首·石板》:“屹然空阔中,万古波涛痕。”沈颜《题县令范传真化洽亭》:“前有浅山,屹然如屏。”❷稳固挺立貌。杜甫《八哀诗·赠司空王公思礼》:“短小精悍姿,屹然强冠敌。”

岌　〔jí《广韵》魚及切,入緝,疑。〕❶高于,高耸。见《尔雅·释山》。张九龄《巡按自漓水南行》:“奇峰岌前转,茂树限中积。”杜甫《观薛稷少保书画壁》:“郁郁三大字,蛟龙岌相缠。”参见“岌岌”“岌然”“岌嶪”。❷危险。见“岌岌”。

【岌岌】　❶高峻貌。见《楚辞·离骚》。张九龄《奉和圣制途经华山》:“攒峰势岌岌,翊辇气雄雄。”亦用以喻为政清严。《语·时人号王丘崔沔语》:“丘山岌岌连天峻,沔水澄澄彻底清。”❷危险貌。见《孟子·万章上》。元结《演兴四首·闵岭中》:“大渊蕴蕴兮绝巇岌岌,非梯梁以通险,当无路兮可入。”

【岌然】　高耸貌。颜真卿《使过瑶台寺有怀圆寂上人》:“及尔不复见,支提犹岌然。”韩垂《题金山》:“灵山一峰秀,岌然殊众山。”

【岌嶪】　高峻貌。玄宗《观拔河俗戏》:“噪齐山岌嶪,气作水腾波。”杜甫《九成宫》:“曾宫凭风回,岌嶪土囊口。”白居易《奉和思黯相公二十韵见示兼呈梦得》:“岌嶪形将动,巍峨势欲摧。”

屺　〔qǐ《广韵》墟里切,上止,溪。〕不长草木的山。《说文·山部》:“屺,山无草木也。”见《诗·魏风·陟岵》。《诗·序》谓为行役者思念父母之作,故以“屺岵”代称父母。萧颖士《江有归章三章》之二:“兄矣弟矣,考斯践矣,称觞燕喜,于岵于屺。”

四 画

岏 〔wán《广韵》五丸切,平桓,疑。〕见“巑岏”。

岐 〔qí《广韵》巨支切,平支,羣。〕❶山名。在今陕西岐山县境。韦应物《石鼓歌》:“周宣大猎兮岐之阳,刻石表功兮炜煌煌。”李显《登骊山高顶寓目》:“贯渭称天邑,含岐实奥区。”韩愈《琴操十首·岐山操》:“彼岐有岨,我往独处。”柳宗元《乐府杂曲·鼓吹铙歌·泾水黄》:“老雄死,子复良,巢岐饮渭,肆翱翔。”❷同“歧”。(1)道路分岔;岔道。李白《行路难三首》之一:“行路难,行路难,多岐路,今安在。”韩愈《寄崔二十六立之》:“回首卿相位,通途无他岐。”刘禹锡《发华州留别张侍御》:“临岐无限意,相视却忘言。”于邺《书怀》:“长安多路岐,西去欲何依。”(2)分支。特指禾苗一株两穗。李峤《田》:“瑞麦两岐秀,嘉禾同颖新。”白居易《新乐府·牡丹芳》:“今年瑞麦分两歧,君心独喜无人知。”又《和春深二十首》之五:“阴繁棠布叶,岐秀麦分花。”陆龟蒙《风人诗四首》之一:“一心如瑞麦,长作两岐分。”见“岐穗”。(3)离别分手。见“岐分”“岐路”。(4)见“岐路”。(5)不一致,分歧。齐己《寄文秀大师》:“道终归正始,心莫问多岐。”❸险峻。见“岐崄”。❹见“岐嶷”。

【岐下】 岐山一带。下,用在名词后面表示一定的处所、范围、时间等。张继《酬李书记校书越城秋夜见赠》:“凤辇栖岐下,鲸波斗洛川。”元稹《后湖》:“鸡犬丰中市,人民岐下都。”马戴《岐阳逢曲阳故人话旧》:“客泪翻岐下,乡心落海湄。”吴融有《岐下闻杜鹃》。

【岐山】 山名,在今陕西岐山县境。袁朗《和洗掾登城南坂望京邑》:“龙飞灞水上,凤集岐山阳。”耿沣有《宿岐山姜明府厅》。白居易《感旧纱帽》:“岐山今夜月,坟树正秋风。”李频有《岐山逢陕下故人》。

【岐山操】 琴曲名。见汉蔡邕《琴操》。关于《岐山操》作者,说法不一:或说周公为文王作,或说周大臣作。韩愈效蔡邕作《琴操十首》,其中有《岐山操》,借古寄情,断章取义。

【岐王】 即李范。范,睿宗第四子,景龙四年封岐王。张谔有《岐王席上咏美人》。王维有《从岐王夜宴卫家山池应教》。崔颢有《岐王席观妓》。

【岐王宅】 岐王李范所居之宅,有二处:一在西京安兴坊,一在东京尚善坊。杜甫《江南逢李龟年》:“岐王宅里寻常见,崔九堂前几度闻。”唐彦谦有《岐王宅》。

【岐王舊山池】 即岐王李范山亭院。在东京惠训坊。白居易有《题岐王旧山池石壁》。

【岐分】 (—fēn)离别分手。白居易《偶作寄朗之》:“岐分两回首,书到一开眉。”

【岐公】 杜佑。佑封岐国公,以太保致仕。见《旧唐书·宪宗纪下》。窦常有《奉贺太保岐公承恩致政》。

【岐州】 唐州名。北魏太和十一年置,治所在雍县,今陕西凤翔县南。隋大业三年改为扶风郡。唐武德元年,仍改为岐州,天福初又称扶风郡。王维有《送岐州源长史归》。岑参有《宿岐州北郭严给事别业》。张籍《送杨少尹赴凤翔》:“今去岐州生计薄,移居偏近陇头寒。”白居易《送元八归凤翔》:“莫道岐州三日程,其如风雪一身行。”

【岐江】 水名。在今广东中山境。张说《过怀王墓》:“客死峣关路,返葬岐江阳。”

【岐岫】 指岐山。许敬宗《奉和秋日即目应制》:“昆明秋景淡,岐岫落霞然。”参见“岐山”。

【岐陌】 有岔道的田间道路。贺知章《奉和圣制送张说巡边》:“岐陌涵余雨,离川照晚虹。”

【岐國公】 即苏震。震广德元年(763)为泰陵建陵卤簿使,以功封岐国公。岑参有《故河南尹岐国公赠工部尚书苏公挽歌二首》。

【岐梁】 岐山和梁山之并称。杜甫《送樊二十三侍御赴汉中判官》:“顿兵岐梁下,却跨沙漠裔。”

【岐陽】 ❶岐山之南。周族自太王古公亶父自豳迁居岐阳。见《诗·鲁颂·閟宫》。《郊庙歌辞·周宗庙乐舞辞·明德舞》:“惟彼岐阳,德大流光。”卢象《赠程秘书》:“客自岐阳来,吐音若鸣凤。”伊梦昌《凤》:“岐阳今好去,律吕正凄凄。”。❷指唐西京凤翔府。因其在岐山之南,故称。治所在陕西凤翔县。杜甫《喜达行在所三首》之一:“西忆岐阳信,无人遂却回。”又《太子张舍人遗织成褥段》:“李鼎死岐阳,实以骄贵盈。”又《八哀诗·赠左仆射郑国公严公武》:“密论贞观体,挥发岐阳征。”马戴有《岐阳逢曲阳故人话旧》。

【岐陽狩】 亦作“岐陽蒐”。指周成王在岐山南面的一次大规模的狩猎活动。见《左传·昭公四年》。一说周宣王蒐于岐阳。亦用以指帝王的巡狩。贾至《巴陵早秋寄荆州崔司马吏部阎功曹舍人》:“故人西掖寮,同扈岐阳蒐。”韩愈《石鼓歌》:“蒐于岐阳骋雄俊,万里禽兽皆遮罗。”皮日休《鲁望读襄阳耆旧传见赠五百言次韵》:“重闻章陵幸,再见岐阳狩。”徐铉《明道人归西林求题院额作此送之》:“昔从岐阳狩,簪缨满翠微。”

【岐路】 ❶岔路。褚亮《晚别乐记室彦》:“他乡有岐路，游子欲何之。”顾况《寄上兵部韩待郎奉呈李户部卢刑部杜三侍郎》：“出门多岐路，命驾无由缘。”朱庆余《长安春日野中》：“满眼是岐路，何年见弟兄。”许棠《成纪书事二首》之二：“三楚田园未归得，五原岐路去无穷。”❷离别分手之处。高适《送韩九》：“惆怅别离日，裴回岐路前。”元稹《寄吴士矩端公五十韵》：“岐路各营营，别离长恻恻。”黄滔《出京别崔学士》：“欲逐飘蓬向岐路，数宵垂泪恋清芬。”❸喻人生或官场升沉莫测的前途。元稹《酬乐天得微之诗知通州事因成四首》之三：“甘受鬼神侵骨髓，常忧岐路处风波。”李昌符《客恨》：“肥马王孙定相笑，不知岐路厌樵渔。”韦庄《题汧阳县马跑泉李学士别业》：“九霄岐路忙于火，肯恋斜阳守钓矶。”韦干《壁上诗二首》之一：“世途岐路心，众生多烦恼。”

【岐路亡羊】 出《列子·说符》。后用以喻指事物多变，难以把握。徐铉《和江西萧少卿见寄二首》之一：“亡羊岐路愧司南，二纪穷通聚散三。”

【岐路泣楊朱】 战国杨朱临岐路而哭泣。见《淮南子·说林训》。后用以为典，表示仕途坎坷。权德舆《奉和许阁老酬淮南崔十七端公见寄》：“风波疲贾谊，岐路泣杨朱。”

【岐鳳】 岐山之凤。许敬宗《奉和过旧宅应制》：“岐凤鸣层阁，酆雀贺雕梁。”

【岐雍】 指唐凤翔关内地（今属陕西）。杜甫《忆昔二首》之一：“致使岐雍防西羌，犬戎直来坐御林。”仇兆鳌注：“岐雍，唐凤翔关内地。”

【岐嶮】 险峻。孟贯《送人游南越》：“见说路岐崄，不通车马行。”

【岐薛】 岐王李范、薛王李业之连称。二王皆为睿宗之子。王府多乐工歌妓，以宴饮歌吹为乐。顾况《八月五日歌》：“丹青庙里贮姚宋，花萼楼中宴岐薛。”元稹《连昌宫词》：“百官队仗避岐薛，杨氏诸姨车斗风。”薛逢《金城宫》：“云外笙歌岐薛醉，月中台榭后妃眠。”

【岐穗】 一株两穗之谷物。多用以指岐穗之麦。古以麦穗两岐为祥瑞。见《艺文类聚》卷八五引《东观汉记》。汪极《奉试麦垄多秀色》：“南陌生岐穗，农家乐事多。”参见“岐❷”。

【岐嶷】 （—nì）峻茂之状。见《诗·大雅·生民》。后用以称年幼聪慧。李颀《送刘四》：“爱君少岐嶷，高视白云乡。”

岈

〔xiā《广韵》許加切，平麻，曉。〕见“岈豁”。

【岈豁】 深邃开阔貌。吴筠《秋日彭蠡湖中观庐山》：“穹崇石梁引，岈豁天门开。”

岿

〔wéi《字汇》五意切。〕高峻貌。见“岿崒”。

【岿崒】 高峻貌。张祜《又陪楚州韦舍人闾门游谯次韵北闾门》：“岿崒基崇岸，湾环隘近艘。”

岑

〔cén《广韵》鋤針切，平侵，崇。〕❶小而高之山。见《尔雅·释山》。亦泛称山。孙逖《夜宿浙江》：“富春渚上潮未还，天姥岑边月初落。”杜甫《昔游》：“暮升艮岑顶，巾几犹未却。”柳宗元《与崔策登西山》：“西岑极远目，毫末皆可了。”白居易《舟中李山人访宿》：“来客道门子，来自嵩高岑。”❷山峰，山顶。见《文选·谢灵运〈晚出西射堂〉》。李峤《桐》：“孤秀峄阳岑，亭亭出众林。”李白《送杨少府赴选》：“山苗落涧底。幽松出高岑。”韩愈《孟生诗》：“求观众丘小，必上泰山岑。”孟郊《病客吟》：“大海亦有涯，高山亦有岑。”皮日休《太湖诗·初入太湖》：“疏岑七十二，双双露矛戟。”❸姓。唐诗人有岑参等。

【岑二十二】 即岑况。岑参有《送二十二兄北游寻罗中》。

【岑二十七】 即岑参。杜甫有《寄彭州高三十五使君适虢州岑二十七长史参三十韵》。

【岑山】 山名。唐属衢州龙丘县，今浙江龙游县。灵一有《归岑山过惟审上人别业》。贯休《哭灵一上人》：“共说岑山路，今时不可行。”

【岑夫子】 指岑勋。李白《将进酒》：“岑夫子，丹丘生，将进酒，杯莫停。”

【岑元和】 籍贯未详。州从事。曾于皎然处受胎息之诀。皎然有《南湖春泛有客自北至说友人岑元和见怀因叙相思之志以寄焉》。

【岑中允】 指岑参。参宝应元年(762)为太子中允。杜甫有《泛江送魏十八仓曹还京因寄岑中允参范郎中季明》。

【岑公山】 即岑公岩。李群玉有《奉和张舍人送秦炼师归岑公山》和《送秦炼师归岑公山》。参见“岑公巖”。

【岑公巖】 在万州南浦（今四川万县）长江之南。岩广六十余丈，深四十余丈。石岩盘结如华盖。岑公名道愿，荆州江陵（今属湖北）人，隋末避乱，隐此岩下二十年。后尸解去，故名。马冉有《岑公岩》。

【岑文本】 (595—645)字景仁。邓州棘阳（今河南南阳南）人，徙荆州江陵（今属湖北）。事迹见《旧唐书》本传，《旧唐书·经籍志下》著录其集六十卷，今佚。《全唐诗》卷三三录其诗四首。

【岑穴】 山洞。马戴《赠别江客》：“湘中有岑穴，君去挂帆过。”

【岑色】 山色，山的景色。周贺《怀西峰隐者》：

"灌木藏岑色,天寒望即愁。"

【岑牟】 古代鼓角吏所戴的帽子。见南朝宋刘义庆《世说新语·言语》。皮日休《襄州春游》:"岑牟单绞何曾著,莫道猖狂似祢衡。"

【岑岑】 高貌。孟郊《连州吟》之一:"连山何连连,连天碧岑岑。"白居易《池上作》:"华亭双鹤白矫矫,太湖四石青岑岑。"

【岑岫】 山峰。李贺《春归昌谷》:"旱云二三月,岑岫相颠倒。"

【岑长史】 指岑参。参乾元二年(759)为虢州长史。杜甫有《寄鼓州高三十五使君适虢州岑二十七长史参三十韵》。

【岑侍郎】 指岑羲。羲景龙元年(707)迁吏部侍郎。三年(709),迁中书侍郎。崔湜有《襄阳早秋寄岑侍郎》。

【岑况】 排行第二十二。邓州棘阳(今河南南阳南)人,徙居荆州江陵(今属湖北)。事迹略见《新唐书·宰相世系表二中》。刘长卿有《曲阿对月别岑况徐说》。

【岑倫】 籍贯未详。上元元年(760),游岭南罗浮、桂州等地。为李白挚友。李白有《禅房怀友人岑伦》。

【岑郎中】 (中 zhōng)指岑参。参广德二年(764)为虞部郎中。永泰元年(765)春为屯田郎中,同年改库部郎中。独孤及有《同岑郎中屯田韦员外花树歌》。戎昱有《赠岑郎中》。

【岑渚】 水中高地。贾岛《送郑长史之岭南》:"云林颇重叠,岑渚复幽奇。"

【岑寂】 ❶高而静。亦泛指寂静。见《文选·鲍照〈舞鹤赋〉》。张九龄《骊山下逍遥公旧居游集》:"岑寂罕人至,幽深获我思。"杜甫《树间》:"岑寂双甘树,婆娑一院香。"陆龟蒙《奉和袭美太湖诗二十首·毛公坛》:"我访岑寂境,自言斋戒精。"胡宿《冲虚观》:"五粒青松护翠苔,石门岑寂断纤埃。"皎然《奉和崔中丞使君论李侍御萼登烂柯山宿石桥寺效小谢体》:"永夜寄岑寂,清言涤心胸。"亦用以指清净之境。❷寂寞,孤独冷清。唐彦谦《樊登见寄四首》之三:"良夜最岑寂,旅况何萧条。"姚月华《怨诗效徐淑体》:"空闺兮岑寂,妆阁兮生尘。"

【岑参】 (715?—769?)邓州棘阳(今河南南阳南)人。徙荆州江陵(今属湖北)。文本之曾孙。事迹见《唐诗纪事》卷二三、《唐才子传》卷三。《新唐书·艺文志四》著录其集十卷。《全唐诗》卷一九八至卷二〇一录其诗四卷。

【岑單父】 (單 shàn)指岑况。况天宝十二载(753)在宋州单父令任。刘长卿有《旅次丹阳郡遇康侍御宣慰召募兼别岑单父》。

【岑愔】 岑羲、郑愔之连称。二人与崔湜并为吏部。赃污狼藉。《吏部谣》(卷八七八):"岑愔獠子后,崔湜令公孙。"

【岑嘉州】 即岑参。参广德二年(764)为嘉州刺史,以蜀乱,未赴,大历二年(767)赴任。杜甫有《寄岑嘉州》。

【岑廣武】 指岑羲。羲在长安中官兰州广武县令。张说有《同王仆射山亭饯岑广武羲得言字》。

【岑徵君】 指岑勋。勋未仕。李白有《鸣皋歌送岑征君》,又有《送岑征君归鸣皋山》。

【岑静】 籍贯未详。乾元元年(758),与李白、张谓等泛舟于沔州城南湖。李白《泛沔州城南郎官湖》序:"席上文士辅翼岑静,以为知言。"

【岑勳】 邓州棘阳(今河南南阳南)人,徙荆州江陵(今属湖北)。文本之后。未仕,隐河南陆浑鸣皋山。与李白有交往。唱酬往来,称为"岑夫子"。李白有《酬岑勋见寻就元丹丘对酒相待以诗见招》。

【岑羲】 (?—713)字伯华。邓州棘阳(今河南南阳南)人。徙居荆州江陵(今属湖北)。文本之孙,参之从父。事迹见新旧《唐书》本传。《全唐诗》卷九三录其诗六首。

【岑壑】 高峰深谷。宋之问《夜饮东亭》:"岑壑景色佳,慰我远游心。"崔曙《颍阳东溪怀古》:"无以蹑高步,凄凉岑壑间。"高适《宋中遇林虑杨十七山人因而有别》:"因声谢岑壑,岁暮一攀跻。"

【岑霞】 山中云霞。太宗《赋得白日半西山》:"岑霞渐渐落,溪阴寸寸生。"

【岑嶺】 高山。见《文选·木华〈海赋〉》。皎然《答俞校书冬夜》:"遥得四明心,何须蹈岑岭。"

【岑贊】 邓州棘阳(今河南南阳南)人。徙居荆州江陵(今属湖北)。文本之玄孙。终衡州刺史。事迹略见《新唐书·宰相世系表二中》。李益有《自朔方还与郑式瞻崔称郑子周岑赞同会法云寺三门避暑》。

岲

同"崆"。山名用字。见"岲岀"。

【岲岀】 即崆峒。山名,在西羌。韦庄《垣县山中寻李书记山居不遇留题河次店》:"白云红树岲峒东,名鸟群飞古画中。"

岊

〔jié《广韵》咋結切,入屑,從。又子結切,入屑,精。〕山曲折隐秘处。见《文选·左思〈吴都赋〉》。朱华《海上生明月》:"渐出三山岊,将凌一汉横。"

五 画

岵 〔hù《广韵》侯古切，上姥，匣。〕多草木之山。见《诗·魏风·陟岵》。后借指父亲。见“岵屺。”

【岵屺】 出《诗·魏风·陟岵》。后以“岵屺”代指父母。萧颖士《江有归舟三章》之二：“称觞燕喜，于岵于屺。”王周《西塞山二首》之二：“翻思岵屺传诗什，举世曾无化石人。”

岩 同“巖”。

岸 〔àn《广韵》五旰切，去翰，疑。〕❶水边高起之地。陈叔达《后渚置酒》：“岸广凫飞急，云深雁度低。”吕牧《泾渭扬清浊》：“岸虚深草掩，波动晓烟轻。”张籍《酬白二十二舍人早春曲江见招》：“紫蒲生湿岸，青鸭戏新波。”白居易《秋池二首》之一：“岸暗鸟栖后，桥明月出时。”韦庄《渔塘十六韵》：“崄树临溪亚，残莎带岸崩。”❷高傲。见“岸谷”。❸露额，将冠帽上推，露出前额。皮日休《润卿鲁望寒夜见访各惜其志遂成一绝》：“世外为交不是亲，醉吟俱岸白纶巾。”又《鲁望春日多寻野景日休抱疾杜门因有是寄》：“乌纱任岸穿筋竹，白袷从披趁肉芝。”唐彦谦《高平九日》：“乌纱频岸西风里，笑插黄花满鬓秋。”

【岸上人】 即普岸上人。贾岛有《题岸上人郡内闲居》。

【岸口】 近岸的通道。张子容《相和歌辞·春江花月夜二首》之二：“林花发岸口，气色动江新。”

【岸火】 岸边火光。孟浩然《夜渡湘水》：“榜人投岸火，渔子宿潭烟。”

【岸谷】 ❶高深的山谷。罗隐《汉江上作》：“云生岸谷秋阴合，树接帆樯晚思来。”❷高傲。贯休《宝禅师见访》：“山兄心似我，岸谷亦难交。”

【岸畔】 岸边。杨巨源《薛司空自青州归朝》：“黄河岸畔长无事，沧海东边独有功。”

【岸峰】 岸之高处。孟贯《春江送人》：“雨余沙草绿，云散岸峰青。”

【岸烏紗】 谓乌纱帽上推，露出前额。皮日休《临顿为吴中偏胜之地因成五方十首奉题屋壁》之六：“经岁岸乌纱，读书三十车。”又《夏景冲澹偶然作二首》之一：“祇限蒲褥岸乌纱，味道澄怀景便斜。”

【岸莎】 岸边莎草。卢纶《题兴善寺后池》：“岸莎青有路，苔径绿无尘。”

【岸道上人】 僧人。开元、天宝间人。住东京兴善坊天宫寺。王昌龄有《洛阳尉刘晏与府掾诸公茶集天宫寺岸道上人房》。

【岸幘】 谓推起发巾而露出前额，形容态度洒脱或衣着简率不拘。李白《宣州九日醉后寄崔侍御二首》之一：“日暮岸帻归，传呼隘阡陌。”卢纶《冬日登城楼有怀因赠程腾》：“弹琴对酒不知暮，岸帻题诗身自闲。”李贺《潞州张大宅病酒遇江使寄上十四兄》：“岸帻褰沙幌，枯塘卧折莲。”白居易《喜杨六侍御同宿》：“岸帻静言明月夜，匡床闲卧落花朝。”皮日休《七爱诗·卢征君》：“坦腹对宰相，岸帻揖天子。”

【岸頭】 岸边。贾岛《雨后宿刘司马池上》：“岸头秦古道，亭面汉荒陵。”唐彦谦《蟹》：“岸头沽得泥封酒，细嚼频斟弗停手。”刘洞《石城怀古》：“石城古岸头，一望思悠悠。”薛能《蒲中霁后晚望》：“河边霁色无人见。身带春风立岸头。”

岨[1] 〔qū《广韵》七餘切，平魚，清。〕同“砠”，有土的石山。韩愈《琴曲歌辞·岐山操》：“彼岐有岨，我往独处。”

岨[2] 〔zǔ《集韵》壯所切，上語，莊。〕险要。徐彦伯《石淙》：“碧淀红涔崿嶂间，淙嵌洑岨洊成湾。”亦指险峻之山。皇甫冉《题画帐二首·山水》：“犹疑黛色中，复是雒阳岨。”

岫 〔xiù《广韵》似祐切，去宥，邪。〕❶山洞，有洞穴的山。见《尔雅·释山》。陆敬《巫山高》：“巫岫郁岧峣，高高入紫霄。”刘长卿《时平后送范伦归安州》：“吴山楚岫空崔嵬，事往时平还旧丘。”郑巢《送人南游》：“雁行回晓岫，蜃色上湖田。”李群玉《题王侍御宅》：“门向沧江碧岫开，地多鸥鹭少尘埃。”郑谷《寄题方干处士》：“野岫分闲径，渔家并掩扉。”❷峰峦。崔颢《游天竺寺》：“匡泉争喷薄，江岫相萦绕。”李白《送王孝廉觐省》：“窈窕晴江转，参差远岫连。”钱起《酬刘起居卧病见寄》：“缭垣多画戟，远岫入书帷。”陈羽《酬幽居闲上人喜及第见赠》：“风动自然云出岫，高僧不用笑浮生。”司空图《杨柳枝寿杯词十八首》之十四：“隔城远岫招行客，便与朱楼当酒旗。”

【岫外】 洞外，山洞之外。项斯《梦游仙》：“丹霞不是人间晓，碧树仍逢岫外秋。”

【岫幌】 山洞居室的窗户。见《文选·孔稚珪〈北山移文〉》。欧阳玭《幽轩》：“桃花飘岫幌，燕子语松关。”

岡 〔gāng《广韵》古郎切，平唐，見。〕山脊，山岭。杜甫《前出塞九首》之二：“捷下万仞冈，俯身试搴旗。”周贺《寻北冈韩处士》：“几处逢僧说，期来宿北冈。”韦庄《山墅闲题》：“逦迤前冈厌后冈，一川桑柘好残阳。”齐己《勉道林谦光鸿蕴二侄》：“须看南山下，无名冢满冈。”

【岡坂】 山坂。王建《寄崔列中丞》：“如何非冈坂，故使车轮翻。”又《北邙行》：“天涯悠悠葬日促，冈坂崎岖不停毂。”

【岡阜】 山冈。舒元舆《坊州按狱苏氏庄记室二贤自鄜州走马相访留连数日发后独坐寂寞因成诗寄之》：“此地少平川，冈阜相参差。”

【岡原】 山冈，高原。吴商浩《北邙山》：“冈原旋葬松新长，年代无人阙半平。”

【岡頭】 山顶；山冈上面。刘禹锡《插田歌》：“冈头花草齐，燕子东西飞。”李贺《老夫采玉歌》：“夜雨冈头食蓁子，杜鹃口血老夫泪。”白居易《山鹧鸪》：“黄茅冈头秋日晚，苦竹岭下寒月低。”

【岡頭澤底】 崔、卢、李、郑为唐代世族，此四姓最为显赫。其中，卢氏称为冈头卢，李氏称为泽底李。后用以指豪门大姓。元稹《去杭州》：“骏骨凤毛真可贵，冈头泽底促足论。”

【岡嶺】 山岭。张说《游龙山静胜寺》：“郁茀吐冈岭，微蒙在烟雾。”

【岡壟】 山冈，山垅。齐己《题郑郎中谷仰山居》：“檐壁层层映水天，半乘冈垄半民田。”

【岡隴】 山冈，山垅。李白《宿虾湖》：“明晨大楼去，冈陇多屈伏。”齐己《野步》：“傍涧蕨薇老，隔村冈陇横。”

【岡巒】 山峦。张嘉贞《奉和早登太行山中言志应制》：“瞻彼冈峦峻，凭兹士马妍。”杜甫《青阳峡》：“冈峦相经亘，云水气参错。”

岝 〔zuò《广韵》在各切，入鐸，從。又鋤陌切，入陌，崇。〕❶见“岝客”。❷见“岝額”。

【岝客】 亦作“岝額”。山势不齐貌。见《文选·张衡〈南都赋〉》。宋齐丘《陪游凤凰台献诗》：“嵯峨压洪泉，岝客撑碧落。”

【岝額】 高峻貌。见《文选·木华〈海赋〉》。皮日休《太湖诗·以毛公泉一瓶献上谏议因寄》：“因思清泠汲，凿彼岝客巅。”

岳 〔yuè《广韵》五角切，入覺，疑。〕亦作“嶽”。❶古代指名山“四岳”或“五岳”。见《诗·大雅·崧高》，又见《周礼·春官·大宗伯》。王维《华岳》：“遂为西峙岳，雄雄镇秦京。”高适《同李太守北池泛舟宴高平郑太守》：“云从四岳起，水向百城流。”刘禹锡《华山歌》：“高山固无限，如此方为岳。”周贺《送僧还南岳》：“辞僧下水栅，因梦岳钟声。”裴说《春早寄华下同人》：“岳面悬青雨，河心走浊冰。”❷指四岳。上古官名，主四方之祭，为诸侯之长。见《书·尧典》。后泛指一方诸侯、封疆大吏。杜甫《寄裴施州》：“尧有四岳明至理，汉二千石真分忧。”羊士谔《和武相早朝中书侯传点书怀奉呈》：“良哉致君日，维岳有光辉。”见“岳牧”。❸泛称高山。韩愈《喜雪献裴尚书》：“聚庭看岳耸，扫路见云披。”张籍《送稽亭山寺僧》：“名岳寻游今已遍，家城礼谒便应回。”周贺《秋晚归庐山留别道友》：“不嫌旧隐相随去，庐岳临天好息机。”翁洮《赠进士王雄》：“笳吹古堞边声远，岳倚晴空楚色高。”

【岳月】 山月，山中之月。温庭筠《和赵嘏题岳寺》：“越僧寒立孤灯外，岳月秋当万木前。”

【岳石】 山石。韩愈、孟郊《会合联句》：“块然堕岳石，飘尔罥巢毹。”

【岳寺】 亦作“嶽寺”。五岳之山寺。亦泛称山寺。宋之问有《幸岳寺应制》。姚合《庄居即事》：“因寻岳寺荤辛断，自到王城礼数生。”朱庆余《送僧往台岳》：“天寒岳寺出，日晚岛泉清。”成彦雄《煎茶》：“岳寺春深睡起时，虎跑泉畔思迟迟。”

【岳色】 山色。姚合《寄嵩岳程光范》：“岳色鸟啼里，钟声竹影前。”皮日休《奉酬鲁望夏日四声四首·平入声》：“松声将飘堂，岳色欲压席。”韦庄《柳谷道中作却寄》：“心如岳色留秦地，梦逐河声出禹门。”

【岳州】 唐州名。隋巴陵郡。唐武德四年(621)置巴州，六年(623)改为岳州。天宝元年(742)改为巴陵郡。乾元元年(758)复为岳州。治所在巴陵(今湖南岳阳县)。张说有《岳州作》和《岳州行郡竹篱》。卢纶有《送顾秘书献书后归岳州》。张祜有《将离岳州留献徐员外》。吴融有《送荆南从事之岳州》。

【岳守】 岳州行政长官，即岳州刺史。裴说有《上岳守》。

【岳牧】 传说为尧舜时“四岳十二牧”的省称。语本《书·周官》。后用以指州郡长官。杜甫《送陵州路使君赴任》：“幽燕通使者，岳牧用词人。”

【岳叟】 山叟。山中老者。李中《石棋局献时宰》：“得从岳叟诚堪重，却献皋夔事更宜。”

【岳神】 亦作“嶽神”。山神。刘禹锡《平齐行二首》之二：“当今睿孙承圣祖，岳神望幸河宗舞。”曹松《答匡山僧赠榔栗杖》：“虽因野僧得，犹畏岳神知。”齐己《送幽禅师》：“磬和天籁响，禅动岳神威。”

【岳降賢】 (降 jiàng)见《诗·大雅·崧高》。诗为尹吉甫所作。诗称周宣王时四岳降神，生下甫侯和申伯，他们都是周室的中坚。后因用作称颂贤辅重臣的典故。韩偓《感事三十四韵》：“虽遇河清圣，惭非岳降贤。”

【岳雲】 山云。亦借指山岳。周贺《寄韩司兵》：“已知罢秩辞泷水，相劝移家近岳云。”陆龟蒙《归雁》：“似悲边雪音犹苦，初背岳云行未高。”

【岳湛】 晋潘岳、夏侯湛之连称。二人皆为美男子，且相友善，时京都谓之“连璧”。李瀚《蒙求》：“瓘靖二妙，岳湛连璧。”

【岳陽】 唐岳州的别称。张说有《岳阳石门墨山二山相连有禅堂观天下绝境》。李端《杂曲歌辞·古别离二首》之二：“与君桂阳别，令君岳阳待。”温庭筠《咸阳值雨》：“还似洞庭春水色，晓云将入岳阳天。”

【岳陽樓】 今湖南省岳阳市西门古城楼。为江南三大楼阁之一，历有“洞庭天下水，岳阳天下楼”之誉。相传楼始为三国吴将鲁肃训练水师的阅兵台。唐开元四年(716)中书令张说谪守巴陵(即今岳阳市)时在旧阅兵台基础上兴建此楼。主楼三层，巍峨雄壮。登楼远眺，八百里洞庭尽收眼底。杜甫《登岳阳楼》：“昔闻洞庭水，今上岳阳楼。吴楚东南坼，乾坤日夜浮。”韩愈《岳阳楼别窦司直》：“明登岳阳楼，辉焕朝日亮。”李商隐《岳阳楼》：“欲为平生一解愁，洞庭湖上岳阳楼。”曹邺《登岳阳楼有怀寄座主相公》：“南登岳阳楼，北眺长安道。”

【岳碑】 指华山西岳庙之碑石。唐玄宗开元十二年(724)十一月，幸东都，至华阴，制岳庙文，勒之于石，立于祠南。见《旧唐书·玄宗纪上》。徐夤《忆潼关早行》：“关柳不知谁氏种，岳碑犹见圣君题。”

【岳僧】 山僧。林宽《陪郑诚郎中假日省中寓直》：“井寻芸吏汲，茶拆岳僧封。”谭用之《江边秋夕》：“曲内橘香江客笛，字中岚气岳僧书。”

【岳蓮】 指西岳华山莲华峰。杜甫《题郑县亭子》：“云断岳莲临大路，天晴宫柳暗长春。”张蠙《华山孤松》：“石罅引根非土力，冒寒犹助岳莲光。”

【岳樓】 山寺钟楼。贾岛《明月山怀独孤崇鱼琢》：“或云岳楼钟，来绕草堂吟。”

【岳廟】 亦作“嶽廟”。五岳之神的庙宇。司空曙《送太易上人赴东洛》：“云深岳庙火，寺宿洛阳人。”司空图《陈疾》：“残阳暂照乡关近，远鸟因投岳庙过。”贯休《送高九经赴举》：“虎迹商山雪，云痕岳庙碑。”

【岳壁】 陡峭壁立之山崖。周贺《送忍禅师归庐岳》：“浪匝湓城岳壁青，白头僧去扫禅扃。”

【岳鎮】 亦作“嶽鎮”。❶指封疆大吏。韩愈《咏雪赠张籍》：“岂堪裨岳镇，强欲效盐梅。”钱仲联补释：“喻四方诸侯。”❷指四岳等名山。见《新唐书·礼乐志一》。陈元光《落成会咏二首》之二：“云霄开岳镇，日月列衙瞻。”

【岳瀆】 亦作“嶽瀆”。五岳和四渎的并称。见《文选·蔡邕〈陈太丘碑文〉》李善注引《孝经援神契》。陈元光《太母魏氏半径题石》：“昭题盟岳渎，展墓庆重熙。”祝元膺《送高遂赴举》：“既涵岳渎气，安无神仙名。”韦庄《和郑拾遗秋日感事一百韵》：“气激雷霆怒，神驱岳渎忙。”贯休《大蜀皇帝潜龙日述圣德诗五首》之一：“岳渎殊祥日月精，人尧金镜佐休明。”

【岳璧】 山中美玉。喻出人才。元稹《泛江玩月十二韵》：“岳璧闲相对，荀龙自有双。”

【岳麓】 亦作“嶽麓”。山名。亦称麓山。在今湖南长沙市西。因其当衡山之足，故名。韩偓《小隐》：“借得茅斋岳麓西，拟将身世老锄犁。”杜荀鹤《冬末同友人泛潇湘》：“猿到夜深啼岳麓，雁知春近别衡阳。”裴说《湖外寄处宾上人》：“岳麓擎枯桧，潇湘吐白蘋。”齐己《寓居岳麓谢进士沈彬再访》。

【岳鐘】 山寺钟声。张祜《赠僧云栖》：“梵余林雪厚，棋罢岳钟残。”

【岳響】 山岳回声。周贺《出关寄贾岛》：“伊流偕行客，岳响答啼猿。”

【岳靈】 亦作“嶽靈”。山岳的灵气、精气。刘禹锡《寄和东川杨尚书慕巢兼寄西川继之二公近从弟兄情分偏睦早忝游旧因成是诗》：“太华莲峰降岳灵，两川棠树接郊坰。”杜牧《分司东都寓居履道承川尹刘侍郎大夫恩知上四十韵》：“命世须人瑞，匡君在岳灵。”韩偓《漫作二首》之二：“岳灵分正气，仙卫借神兵。”

岱 〔dài《广韵》徒耐切，去代，定。〕❶山名。即泰山。见《太平御览》卷十八引《三礼义宗》。《郊庙歌辞·晋朝飨乐章·四举酒》：“愿修封岱礼，方以称文明。”元稹《竞渡》：“龙蛇相嗔薄，海岱俱崩奔。”贾岛《寄刘侍御》：“积泉留岱鸟，叠岫隔巴猿。”李夏《桓岳晨望有怀》：“恒山北临岱，秀崿东跨幽。”见“岱宗”“岱宗雲”。❷古国名。在今河北蔚县东北。见《文选·枚乘〈七发〉》。见“岱馬”。

【岱山】 泰山之别称。岑文本《奉和正日临朝》：“方陪瘗玉礼，珥笔岱山隅。”刘庭琦《从军》：“阵云出岱山，孤月生海水。”

【岱丘】 即岱宗。亦即泰山。吕温《顺宗至德大圣大安孝皇帝挽歌辞三首》之一：“坐受朝汾水，行看告岱丘。”

【岱谷】 泰山山谷。李峤《琵琶》：“朱丝闻岱谷，铄质本多端。”李华《云母泉诗》：“岱谷谢巧妙，匡山徒有名。”

【岱岳】 亦作“岱嶽”。❶泰山的别称。见《淮南子·地形训》。张说《奉和圣制同刘晃喜雨应制》：“青气含春雨，知从岱岳来。”鲍溶《寄宋申锡评事时从李少师移军回归》：“欲求岱岳燔柴礼，已锡鲁人缝掖衣。”❷指死亡。徐夤《伤进士谢庭皓》：“献书犹未达明君，何事先游岱岳云。”参见“岱宗❷”。

【岱宗】 ❶即泰山。古代以泰山为五岳之首、诸山之宗，故称。贺知章《唐禅社首乐章·福和》：“穆穆天子，告成岱宗。”萧楚材和薛克构均有《奉和展礼岱宗途江瀍济》。杜甫《望岳》：“岱宗夫如何，齐鲁青未了。”❷指死亡。古代传说，谓泰山为天孙，主召人魂魄。见晋张华《博物志》卷一。孟浩然《寻陈逸人故居》:"始闻漳浦卧,奄作岱宗游。"顾况《伤大理谢少卿》:"空留封禅草,已作岱宗行。"

【岱宗雲】 见汉应劭《风俗通·山泽·五岳》。后遂以"岱宗"指喜雨之云。苏味道《咏石》:"声应天池雨,影触岱宗云。"

【岱宗銘】 古代帝王泰山举行封禅大典时所刻纪功之铭石。见《史记·封禅书》。秦始皇既统一中国,封泰山,为歌颂秦的业绩,刻石于此,史称"泰山刻石"。萧楚材《奉和展礼岱宗途经濮济》:"将追会阜迹,更勒岱宗铭。"

【岱馬】 北地所产良马。岱,古代郡地,今河北蔚县东北。古代近胡。后泛指北方边塞地区。刘湾《云南曲》:"岱马卧阳山,燕兵哭泸水。"杜牧《送苏协律从事振武》:"去去从军乐,雕飞岱马豪。"参见"岱岳"。

【岱嶽】 见"岱岳"。

岣 〔gǒu《广韵》古厚切,上厚,見。又舉朱切,平虞,見。〕见"岣嵝"。

【岣嶁】 (—lǒu)山峰名。在今湖南衡阳市北。衡山七十二峰之一,且为主峰,故衡山亦兼岣嵝山之名。柳宗元《零陵春望》:"日晴潇湘渚,云断岣嵝岑。"韩愈《岣嵝山》:"岣嵝山尖神禹碑,字青石赤形模奇。"齐己《送刘秀才南游》:"便应寻瀑布,乘兴上岣嵝。"

岷 〔mín《广韵》武巾切,平真,明。《集韵》眉貧切,平真,明。〕山名,主峰在今四川松潘县西北。王勃《普安建阴题壁》:"江汉深无极,梁岷不可攀。"杜甫《寄张十二山人彪三十韵》:"官场罗镇碛,贼火近洮岷。"欧阳詹《送高士安下第归岷南宁觐》:"偕隐有贤亲,岷南四十春。"周贺《投江州张郎中》:"炼句贻箱箧,悬图见蜀岷。"见"岷山"。

【岷下芋】 亦作岷岭芋。见《史记·货殖列传》。后因以"岷下芋"为芋的美称。杜甫《赠别贺兰铦》:"我恋岷下芋,君思千里莼。"又《秋日夔府咏怀奉寄郑监李宾客一百韵》:"紫收岷岭芋,白种陆池莲。"

【岷山】 山名。在四川省北部,绵延四川、甘肃两省边境。为长江、黄河分水岭。岷江、嘉陵江支流,白龙江发源地。为高原状山地。杜甫《奉观严郑公厅事岷山沱江画图十韵》:"沱水流中座,岷山到此堂。"又《壮游》:"河朔风尘起,岷山行幸长。"李群玉《浔阳观水》"南经梦泽宽浮日,西出岷山劣泛杯。"

【岷水】 即岷江。李义府《招谕有怀赠同行人》:"蜀山自纷纠,岷水恒奔注。"参见"岷江"。

【岷江】 古称汶江。长江上游支流。源出四川松潘县西北岷山。武元衡《古意》:"蜀国春与秋,岷江朝夕流。"贾岛《送友人游蜀》:"唯有岷江水,悠悠带月寒。"齐己《酬西川楚峦上人卷》:"玉垒峨嵋秀,岷江锦水清。"

【岷國】 指四川北部一带地区。齐己《短歌寄鼓山长老》:"我闻岷国民归依,前王后王皆师资。"

【岷蜀】 指四川。李白《读诸葛武侯传书怀赠崔少府》:"武侯立岷蜀,壮志吞咸京。"

【岷漢】 指四川北部和陕西西南一带地区。古为岷山郡和汉中郡所在地,故称。杜甫《狄明府》:"胡为漂泊岷汉间,干谒王侯颇历抵。"

【岷峨】 岷山和峨眉山的并称。岑参《与鲜于庶子自梓州成都少尹自褒城同行至利州道中作》:"剖竹向西蜀,岷峨眇天涯。"杜甫《剑门》:"珠玉走中原,岷峨气悽怆。"卢纶《送张郎中还蜀歌》:"回首岷峨半天黑,传觞接膝何由得。"李群玉《送郑子宽弃官东游便归女几》:"岷峨雪气来,寒涨潇湘碧。"唐求《赠行如上人》:"不知名利苦,念佛老岷峨。"

【岷嶺】 即岷山。张说《再使蜀道》:"青春客岷岭,白露摇江服。"

【岷巔芋】 见"岷下芋"。

岧 〔tiáo《广韵》徒聊切,平蕭,定。〕高峻貌。见"岧峣"。

【岧亭】 高耸。杜甫《桥陵诗三十韵因呈县内诸官》:"居然赤县立,台榭争岧亭。"

【岧嶤】 亦作"岧峣"。❶高耸;高峻。李义府《在巂州遥叙封禅》:"岧峣临渤澥,隐嶙控河沂。"韦应物《广陵行》:"雄藩镇楚郊,地势郁岧峣。"白居易《月夜登阁避暑》:"行行都门外,佛阁正岧峣。"郭夔《九华山》:"岩翠凌云出迥然,岧峣万丈倚秋天。"❷喻人物超群杰出。李白《赠宣城宇文太守兼呈崔侍御》:"岧峣广成子,倜傥鲁仲连。"李群玉《送处士自番禺东游便归苏台别业》:"二陆文苑秀,岧峣怀所钦。"

【岧嶢】 见"岧嶤"。

六　画

峙 〔zhì《广韵》直里切,上止,澄。〕❶耸立。张九龄《出为豫章郡途次庐山东岩下》:"双阙出云峙,三宫人烟沉。"韦应物《汉武帝杂歌三首》之二:"金茎孤峙兮凌紫烟,汉宫美人望杳然。"鲍溶《东高峰》:"东亭最高峙,春树绕山腰。"皮日休《太湖诗·上真观》:"两松峙庭际,怪状吁可叹。"刘斌《咏山》:"灵山峙千仞,蔽日且嵯峨。"❷通"恃"。凭借,依靠。柳宗元《奉平淮夷雅表·方城》:"方城临临,王卒峙之。"

【峙質】　犹言高耸之物。韩愈《南山诗》:"吁嗟信奇怪,峙质能化贸。"

峒1　〔tóng《广韵》徒紅切,去東,定。〕山名用字。见"崆峒"。

峒2　〔dòng《广韵》徒弄切,去送,定。〕❶山洞。朱庆余《题娥皇庙》:"夜深寒峒响,秋近碧萝鲜。"❷旧时对我国西南地区部分少数民族聚居地方的泛称。柳宗元《南省转牒欲具江国图令尽通风俗故事》:"椎髻老人难借问,黄茆深峒敢留连。"

【峒山】　指空峒山。李峤《奉和幸韦嗣立山庄侍宴应制》:"制下峒山跸,恩回灞水舆。"元稹《赠毛仙翁》序:"殊不知峒山高卧,汾水凝神,纵心傲世,邈然外物,王侯不可得师友也。"参见"崆峒"。

【峒₂氓】　旧指西南地区聚居于山区的少数民族人民。柳宗元有《柳州峒氓》。

【峒₂客】　峒人。旧称西南地区聚居于山区的少数民族人民。柳宗元《柳州峒氓》:"青箬裹盐归峒客,绿荷包饭趁虚人。"

峋　〔xún《广韵》相倫切,平諄,心。〕❶高耸突兀。亦指高耸突兀之山。无名氏《掷裴武公诗》:"屡策羸骖历乱峋,丛岚映日昼如曛。"❷见"峋嶙"。

【峋嶙】　形容字体劲瘦而有骨力。陈元光《太母魏氏半径题石》:"许史峋嶙篆,曹侯感旧诗。"

峗　〔wěi《集韵》五委切,上紙,疑。〕亦作"峞"。高险貌。见"崎峞"。

峞　同"峗",高险貌。见"峞然"。

【峞然】　高峻貌。孙魴《题梅岭泉》:"梅岭旧闻传,林亭势峞然。"

七　画

峡　〔xiá《广韵》侯夾切,入洽,匣。〕❶两山夹水处。见《文选·左思〈蜀都赋〉》。杜甫《雨晴》:"雨时山不改,晴罢峡如新。"白居易《府西池北新葺水斋即事招宾偶题十六韵》:"凿开明月峡,决破白蘋洲。"殷尧藩《江行二首》之一:"暝色沧州迥,秋声玉峡长。"亦指两山之间。王维《桃源行》:"峡里谁知有人事,世中遥望空云山。"李洞《题竹溪禅院》:"爽极青崖树,平流绿峡滩。"❷特指长江三峡。李白《永王东巡歌十一首》之八:"君看帝子浮江日,何似龙骧山峡来。"皇甫冉《送夔州班使君》:"晚日照楼边,三军拜峡前。"戴叔伦《和崔法曹建溪闻猿》:"曾向巫山峡里行,羁猿一叫一回惊。"齐己《闻贯休下世》:"欲去焚香礼,啼猿峡阻修。"

【峡口】　❶指西陵峡口,为长江出蜀的险隘。见《水经注·江水二》。杜甫《峡口二首》之一:"峡口大江间,西南控百蛮。"司空曙《峡口送友人》:"峡口花飞欲尽春,天涯去住泪沾巾。"无可《送杜司马再游蜀中》:"日光低峡口,雨势出蛾眉。"❷泛称峡谷之口。谭用之《送僧中孚南归》:"琵琶峡口月溪边,玉乳头佗忆旧川。"❸指峡口山。陈子昂《度峡口山赠乔补阙知之王二无竞》:"峡口大漠南,横绝界中国。"参见"峡口山"。

【峡口山】　在今青海西宁市东。地势阻险,为湟鄯往来咽喉之地。陈子昂有《度峡口山赠乔补阙知之王二无竞》。

【峡山】　三峡两岸之山。王周《志峡船具诗》序:"峡山之船,与下之船,大抵观浮叶而为之。"又《巫庙》:"巴水走若箭,峡山开如屏。"

【峡山寺】　在今广东清远县。张说有《清远江峡山寺》。杨衡有《游峡山寺》。尚颜有《宿清远峡山寺》。

【峡山亭】　在今江苏南京市。李德裕有《峡山亭月夜独宿对樱桃花有怀伊川别墅》,原题下注:"在金陵作。"

【峡中】　(中 zhōng)❶山峡之中。特指长江三峡及其附近地区。李白有《送友生游峡中》。白居易《重寄别微之》:"犹胜往岁峡中别,滟滪堆边招手时。"李商隐《题二首后重有戏赠任秀才》:"峡中寻觅长逢雨,月里依稀更有人。"王周《志峡船具诗·戙》:"箭飞峡中水,锯立峡中石。"❷地名,在今湖北秭归县东。刘禹锡有《松滋渡望峡中》。

【峡州】　亦作硖州。南朝梁宜州。西魏改拓州,北周以其地扼三江之口,更名硖州。隋废州,改曰夷陵郡。唐改峡州,治所即今宜昌县治。吴融有《和峡州冯使君题所居》。

【峡狖】　山峡中之猿猴。无可《过杏溪寺寄姚员外》:"峡狖有时到,秦人今日游。"

【峡氓】　(—méng)居于三峡的百姓。孟郊《峡哀》之九:"峡旅多窜官,峡氓多非良。"

【峡門】　指瞿塘峡西入口处。杜甫《夔州歌十绝句》之十:"借问夔州压何处,峡门江腹拥城隅。"又《柴门》:"峡门自此始,最窄容浮查。"

【峡旅】　旅居三峡之人。孟郊《峡哀》之九:"峡旅多窜客,峡氓多非良。"

【峡雲】　❶指三峡之云。杜甫《送段功曹归广州》："峡云笼树小，湖日落船明。"❷借指传说中的巫山神女。见宋玉《高唐赋》。楚怀王曾于梦中与巫山神女欢会。李商隐《离思》："峡云寻不得，沟水欲如何？"

【峡路】 峡谷中的道路或航道。韦应物《答令狐侍郎》："吴门冒海雾，峡路凌连矶。"戎昱《成都送严十五之江东》："峡路花应发，津亭柳正齐。"刘沧《下第东归途中书事》："峡路谁知倦此情，往来多是半年程。"又《送友人游蜀》："心期万里无劳倦，古石苍苔峡路清。"

【峡猿】 栖于三峡的猿猴。见《水经注·江水二》。张说《江路忆郡》："卧闻峡猿响，起视榜人发。"白居易《和答诗十首·和思归乐》："峡猿亦何意，陇水复何情。"贾岛《送饶州张使君》："借问泊帆干谒者，谁人曾听峡猿愁。"李频《南游过湘汉即事寄友人》："离怀不可说，已迫峡猿声。"

【峡螭】 指三峡中无角之龙。孟郊《峡哀》之五："峡螭老解语，百丈谭底闻。"

峭 〔qiào《广韵》七肖切，去笑，清。〕❶陡直，高峻。见《史记·李斯列传》。白居易《和微之春日投简阳明洞天五十韵》："石凹仙药臼，峰峭佛香炉。"姚合《杏溪十首·莲塘》："晓寻不知休，白石岸亦峭。"许棠《登山》："顶峭松多瘦，崖悬石尽牢。"李洞《毙驴》："通吴白浪宽围国。倚蜀青山峭入天。"❷陡峻之山。李白《寻雍尊师隐居》："群峭碧摩天，逍遥不记年。"柳宗元《法华寺石门精舍三十韵》："绝壁俨双敞，堑峭出蒙笼。"马戴《题石瓮寺》："薜壁松生峭，龛灯月照空。"方干《题长洲陈明府小亭》："坐看孤峭却劳神，还是微吟到日曛。"❸尖利。顾况《从军行二首》之一："远道百草殒，峭觉寒风生。"卢仝《除夜》之一："寒犹近北峭，风渐向东生。"无名氏《鱼游春水》词(卷八九九)："余寒犹峭，红日薄侵罗绮。"❹形容人品格、才气等出众超俗。李涉《岳阳别张祜》："爱君气坚风骨峭，文章真把江淹笑。"姚合《寄贾岛时任普州司仓》："吟寒应齿落，才峭自名垂。"张祜《题画僧二首》之一："骨峭情高彼岸人，一杯长泛海为津。"❺形容诗文立意或遣词造句奇险、挺秀。姚鹄《寄赠许璋少府》："诗句峭无敌，文才清有余。"殷文圭《览陆龟蒙旧集》："峭如谢桧虬蟠活，清似缑山凤路孤。"❻俊俏。韦处厚《盛山十二诗·绣衣石榻》："巉巉雪中峤，磊磊标方峭。"齐己《谢主人石笋》："特减花边峭，来添竹里幽。"

【峭石】 陡峭的山石。胡证《和张相公太原亭怀古诗》："飞泉天台状，峭石蓬莱姿。"马戴《早发故山作》："云门夹峭石，石路荫长松。"

【峭帆】 耸立的船帆。亦借指驾船。李白《横江词六首》之三："白浪如山那可渡，狂风愁杀峭帆人。"

【峭行】 (—xíng)刚正的品行。姚合《寄紫阁无名头陀》："峭行得如如，谁分圣与愚。"

【峭冷】 刚直淡泊。姚合《答韩湘》："诗人多峭冷，如水在胸臆。"

【峭直】 严峻刚直。《汉书·晁错传》称晁错"为人峭直刻深"，在朝敢于直言极谏。李瀚《蒙求》："晁错峭直，赵禹廉倨。"

【峭拔】 ❶高峻陡峭。李中《庐山》："峭拔推双剑，清虚数二林。"❷挺拔。裴说《春日山中行》："数竿苍翠拟龙形，峭拔须教此地生。"❸高超脱俗。欧阳炯《贯休应梦罗汉画歌》："西岳高僧名贯休，孤情峭拔凌清秋。"

【峭岸】 陡峭的堤岸。顾非熊《题平陆县亭》："孤亭临峭岸，别有远泉来。"

【峭風】 尖利的寒风。孟郊《秋怀》之二："冷露滴梦破，峭风梳骨寒。"

【峭峻】 刚直严正。韩愈《感春五首》之四："孔丞别我适临汝，风骨峭峻遗尘埃。"

【峭頂】 陡峭的山顶。白居易《奉和思黯相公以李苏州所寄太湖石奇状绝伦因题二十韵见示兼呈梦得》："峭顶高危矣，盘根下壮哉！"

【峭崿】 高峰。见《文选·孙绰〈游天台山赋〉》。王维《燕子龛禅师》："裂地竞盘屈，插天多峭崿。"亦喻人世坎坷。方干《登龙瑞观北岩》："纵目下看浮世事，方知峭崿与天通。"

【峭然】 严正貌。皮日休《太湖诗·崦里》："峭然八十翁，生计于此永。"

【峭發】 本指山势陡峭突出。喻指心情起伏不平。贾岛《赠智朗禅师》："上人光惨貌，古来恨峭发。"

【峭絕】 形容文笔奇特锋利。马异《答卢仝结交诗》："此诗峭绝天边格，力与文星色相射。"

【峭壁】 陡峭的山壁。贾至《自蜀奉册命往朔方途中呈韦左相文部房尚书门下崔侍郎》："峭壁上嵚岑，大江下沄沄。"刘言史《过春秋峡》："峭壁苍苍苔色新，无风晴景自胜春。"马戴《寄西岳白石僧》："峭壁残霞照，攲松积雪齐。"吴融《谷口寓居偶题》："峭壁削成开画障，急溪飞下咽繁弦。"

【峭巘】 险峻的山峰。杜牧《早春寄岳州李使君李善棋爱酒情地闲雅》："城高倚峭巘，地胜足楼台。"

岘 〔xiàn《广韵》胡典切，上銑，匣。〕❶小而高的山岭。见《文选·谢灵运〈从斤竹涧越岭溪行〉》。李德裕《早秋龙兴寺江亭闲眺忆龙门山居寄崔张旧从事》："遥思伊川水，北渡龙门岘。"❷山名。李百药《王师渡汉水经襄阳》："临溪犹驻马，望岘欲沾裳。"戎昱《收襄阳城二首》之一："悲风惨惨雨修修，岘北山低草木愁。"白居易《奉和汴州令狐令公二十二韵》："羊公长在岘，傅说莫归岩。"贾岛《送崔峤游潇湘》："渡河山凿处，陟岘汉滩喧。"见"岘山"。

【岘山】 山名。(1)在今湖北襄阳市南。亦名岘首山。西晋羊祜任襄阳太守，常登此山，置酒吟咏，终日不倦。徐安贞《题襄阳图》："岘山思驻马，汉水忆回舟。"白居易《送冯舍人阁老往襄阳》："莫恋汉南风景好，岘山花尽早归来。"施肩吾《登岘亭怀孟生》："岘山自高水自绿，后辈词人心眼俗。"钱珝《江行无题一百首》之二："岘山回首望，如别故乡人。"(2)在今浙江湖州市南。本名显山。晋太守殷康于山下起显亭。后避唐中宗李显讳，改名岘山。皎然《感兴赠乌程李明府伯宜兼简诸秀才》："门前岘山近，无路可登陟。"又《岘山送崔子向之宣州谒裴使君》："楚思入诗清，晨登岘山情。"又《九月十日》："悠然南望意，自有岘山情。"

【岘山泪】 百姓至岘山凭吊羊祜时所流的眼泪。后用以指为感念地方官的德政而流出的眼泪。杜甫《随章留后新亭会送诸君》诗："已堕岘山泪，因题零雨诗。"参见"岘山碑"。

【岘山碑】 晋羊祜常游岘山，后人为纪念他而于此山立碑。见《晋书·羊祜传》。元稹《襄阳道》："羊公名渐远，唯有岘山碑。"又《酬翰林白学士代书一百韵》："贪过谷隐寺，留读岘山碑。"李涉《过襄阳上于司空頔》："歇马独来寻故事，逢人唯说岘山碑。"温庭筠《赠袁司录》："记得襄阳耆旧语，不堪风景岘山碑。"

【岘首】 即岘山。孟浩然《送王昌龄之岭南》："岘首羊公爱，长沙贾谊愁。"李益《送襄阳李尚书》："风烟临岘首，云水接昭丘。"马戴《寄襄阳王公子》："白云登岘首，碧树醉铜鞮。"齐己《寄体休》："金陵往岁同窥井，岘首前秋共读碑。"参见"岘山"。

【岘首客】 本指晋羊祜，后用以称颂为官于襄阳的高官。韩愈《送李尚书赴襄阳八韵得长字》："风流岘首客，花艳大堤倡。"参见"岘山""岘山碑"。

【岘首情】 出《晋书·羊祜传》。后用"岘首情"表示登临怀古之感。吴融《登汉州城楼》："从军固有荆州乐，怀古能无岘首情?"

【岘首碑】 即岘山碑。白居易《裴侍中晋公以集贤林亭即事见赠》："羊祜在汉南，空留岘首碑。"李商隐《泪》："湘江竹上痕无限，岘首碑前洒几多。"罗隐《江南寄所知周仆射》"曾陪公子醉西园，岘首碑前事懒言。"齐己《读岘山碑》："三载羊公政，千年岘首碑。"参见"岘山碑"。

【岘岭】 即岘山。张祜《题岳州徐员外云梦新亭十韵》："岘岭功初毕，汀洲咏几裁。"又《题池州杜员外弄水新亭》："何劳思岘岭，虚望汉江滨。"又《戊午年感事书怀二百韵寄献太原裴令公淮南李相公汉南李仆射宣武李尚书》："子夜汾河上，阳春岘岭颠。"参见"岘山"。

岸 〔hàn《广韵》胡笴切，上旱，匣。〕山名用字。参见"岸山"。

【岸山】 山名。在今陕西汉中市西南。岑参《梁州对雨怀曲二秀才便呈曲大判官时疾赠余新诗》："江上云气黑，岸山昨夜雷。"

峨 〔é《集韵》牛诃切，平歌，疑。〕亦作"峩"。❶山势高峻。《说文·山部》："峨，嵯峨也。"贺知章《相和歌辞·采莲曲》："稽山罢雾郁嵯峨，镜水无风也自波。"韦应物《拟古诗十二首》之三："峨峨高山巅，浼浼青川流。"贯休《观地狱图》："峨峨非剑阁，有树不堪攀。"见"峨峨❶"。❷耸立，高耸。白居易《咏兴五首·小庭亦有月》："堂上烛未秉，座中冠已峨。"陆龟蒙《纪梦游甘露寺》："峨天一峰立，栏楯横半壁。"李咸用《富贵曲》："冠峨剑重锵环佩，步入天门相真宰。"❸峨眉山的省称。杜甫《剑门》："珠玉走中原，岷峨气凄怆。"

【峨山】 山名，在今广西柳江县。柳宗元有《登柳州峨山》。

【峨危】 亦作"峩危"，高耸。杜牧《杜秋娘诗》："给丧蹶张辈，廊庙冠峨危。"

【峨豸】 亦作"峩豸"，高耸的獬豸冠。韩愈《答张彻》："峨豸忝备列，伏蒲愧分泾。"

【峨冠】 亦作"峩冠"。❶高冠。刘商《姑苏怀古送秀才下第归江南》："银河倒泻君王醉，滟酒峨冠眄西子。"韩愈《南山诗》："或俨若峨冠，或翻若舞袖。"公乘亿《赋得郎官上应列宿》："委佩摇秋色，峨冠带晚霜。"❷借指高官大臣。韩愈《赴江陵途中寄赠翰林三学士》："复闻颠夭辈，峨冠进鸿畴。"又《示儿》："问客之所为，峨冠讲唐虞。"❸指高耸的鸡冠。徐夤《鸡》："峨冠装瑞璧，利爪削黄金。"

【峨眉】 亦作"峨嵋"，山名，在今四川峨眉县西南。雄踞四川盆地西南缘，与浙江普陀山、安徽九华山、山西五台山并称佛教四大名山。李白《蜀道难》："西当太白有鸟道，可以横绝峨眉巅。"钱起《赋得青城山歌送杨杜二郎中赴蜀军》："青城嵌岑倚空壁，远压峨嵋吞剑壁。"薛涛《乡思》："峨嵋山下水如油，怜我心同不系舟。"谭用之《别雒下一二知己》："接塞峨眉通蜀险，过山仙掌倚秦高。"

【峨眉老】 见刘向《列仙传》。后用以借指隐者。杜甫《漫成二首》之二："近识峨眉老，知予懒是真。"

【峨峨】 亦作"峩峩"。❶高貌。见《文选·〈楚辞·招魂〉》。李颀《夏宴张兵曹东堂》："云峰峨峨自冰雪，坐对芳樽不知热。"韩愈《朝归》："峨峨进贤冠，耿耿水苍佩。”于濆《巫山高》：“峨峨十二峰，永作妖鬼乡。”❷美好，美善。语出《诗·大雅·棫朴》。代宗《梦黄衣童子歌》：“中五之德方峨峨，胡胡呼呼何奈何。”孟郊《同溧阳宰送孙秀才》：“牵苦强为赠，邦邑光峨峨。”白居易《有木诗八首》之一：“峨峨白雪花，袅袅青丝枝。”许浑《春望思旧游》：“花光晴漾漾，山色昼峨峨。”

【峨峨洋洋】　亦作“峩峩洋洋”，形容音乐高亢奔放。见《列子·汤问》。李咸用《水仙操》：“始峨峨兮复洋洋，但见山青兼水绿。”

【峨峨湯湯】　形容乐声高亢奔放。卢鸿一《嵩山十志十首·涤烦矶》：“峨峨汤汤兮弹此曲，寄声知音兮同所欲。”

【峨冕】　高冠。古代大夫以上所服。亦用以指戴高冕，受赏赐。杜甫《往在》：“登阶捧玉册，峨冕耿金钟。”又《秋日荆南送石首薛明府三十韵》：“赏从频峨冕，殊私再直庐。”

【峨髻】　高髻，高高的发髻。李贺《河南府试十二月乐词·二月》：“金翘峨髻愁暮云，沓飒起舞真珠裙。”

【峨嫩】　亦作“峩嫩”。高耸貌。陆龟蒙《江湖散人歌》：“所以头欲散，有散弁峨巍。”

峩　同“峨”。

崡　〔hán《广韵》火含切，平覃，曉。〕见“崡岈”。

【崡岈】　深邃空阔貌。吴筠《游倚帝山二首》之一：“绝地穷崡岈，造天究磐礴。”

島　〔dǎo《广韵》都晧切，上晧，端。〕海洋里或湖泊、江河里被水环绕的陆地。孟浩然《万山潭作》：“鱼行潭树下，猿挂岛藤间。”李白《送客归吴》：“岛花开灼灼，汀柳细依依。”雍陶《题大安池亭》：“幽岛曲池相隐映，小桥虚阁半高低。”许浑《送友人罢举归东海》：“沧波天堑外，何岛是新罗？”许棠《送王侍御赴宣城》：“朝回离九陌，岛外赏残春。”

【島户】　岛上人家。张说《巴丘春作》：“岛户巢为馆，渔人艇作家。”

【島夷】　指我国东部近海一带及海岛上的居民。卢照邻《中和乐章·歌东军第三》：“岛夷复祀，龙伯来宾。”孟浩然《永嘉上浦馆逢张八子容》：“廨宇邻蛟室，人烟接岛夷。”元稹《送岭南崔侍御》：“洞主参承惊豸角，岛夷安集慕霜威。”陈陶《南海送韦七使君赴象州任》：“岛夷通荔浦，龙节过苍梧。”

【島浦】　岛屿和水滨。李绅《涉沅潇》：“潇湘岛浦无人居，风惊水暗惟鲛鱼。”

【島田】　岛中田地，借指岛中立足安身之处。张乔《江行夜雨》：“不及樵渔客，全家住岛田。”

【島雲禪師】　（禪 chán）僧人。与昙域有交往。昙域有《赠岛云禅师》。

【島嶼】　岛的总称。江为《登润州城》：“春潮平岛屿，残雨隔虹霓。”李白《游南阳白水登石激作》：“岛屿佳境色，江天涵清虚。”朱庆余《陪江州李使君重阳宴百花亭》：“醉里求诗境，回看岛屿青。”张蠙《丛苇》：“忽与亭台近，翻嫌岛屿偏。”

峰　〔fēng《广韵》敷容切，平鍾，敷。〕❶山顶。刘长卿《送道标上人归南岳》：“衡岳千峰乱，禅房何处寻。”杨巨源《春日送沈赞府归浔阳觐叔父》：“花屿高如浪，云峰远似天。”李绅《忆万岁楼望金山》：“楼高雉堞千师垒，峰拔惊波万壑攒。”齐己《苦热》：“云势崄于峰，金流断竹风。”❷状如山峰之物。杜甫《丽人行》：“紫驼之峰出翠釜，水晶之盘行素鳞。”

【峰岫】　峰峦。裴迪《青龙寺昙壁上人院集》：“迤逦峰岫列，参差闾井分。”

【峰前回雁】　雁，鸿雁，候鸟。一般九月向南飞，正月向北飞。南岳衡山有回雁峰，相传雁至此不再南去，遇春而回。柳宗元《过衡山见新花开却寄弟》：“晴天归路好相逐，正是峰前回雁时。”

【峰頂】　山峰之顶端。张祜《题杭州天竺寺》：“何处去犹恨，更看峰顶莲。”王季文《九华山谣》：“阳乌不见峰顶树，大火尚结岩中冰。”刘昭禹《怀华山隐者》：“神清峰顶立，衣冷瀑边吟。”

【峰雲】　山云，山顶之云。魏征《五郊乐章·肃和》：“峰云暮起，景风晨扇。”

【峰崿】　山崖。皮日休《鲁望读襄阳耆旧传见赠五百言次韵》：“遗庙屹峰崿，功名纷组绣。”

【峰勢】　山峰的形势。太宗《帝京篇十首》之五：“桥形通汉上，峰势接云危。”

【峰嶂】　耸立如屏障的山峰。李白《望黄鹤楼》：“岩峦行穹跨，峰嶂亦冥密。”卢纶《题天华观》：“峰嶂徘徊霞景新，一潭寒水绝纤鳞。”

【峰嶇】　高山峻岭。元结《闵荒诗》：“河淮可支合，峰嶇生回沟。”

【峰頭】　峰顶。皮日休《伤史拱山人》：“峰头孤冢为云穴，松下灵筵是石床。”刘兼《晚楼寓怀》：“月沈江底珠轮净，云锁峰头玉叶寒。”

【峰霞】　山顶之云霞。李峤《奉和初春幸太平公主南庄应制》：“还将石溜调琴曲，更取峰霞入酒杯。”

【峰嶺】　山岭。陈子昂《与东方左史虬修竹篇》：“峰岭上崇崒，烟雨下微冥。”

【峰巒】　连绵的山峰。储光羲《苏十三瞻登玉泉寺峰入寺中见赠作》："峰峦若登陟，水木以游衍。"李商隐《凤》："万里峰峦归路迷，未判容彩借山鸡。"荆浩《画山水图答大愚》："恣意纵横扫，峰峦次第成。"

【峰巘】 山峰。张说《岳阳石门墨山二山相连有禅堂观天下绝境》："两山势争雄，峰巘相顾眄。"

崀 〔lǎng《广韵》盧當切，上蕩，來。〕山名用字。见"崆崀"。

峻 〔jùn《广韵》私閏切，去稕，心。《集韵》祖峻切，去稕，精。〕❶高；陡峭。崔融《登东阳沈隐侯八咏楼》："旦登西北楼，楼峻石墉厚。"韩愈《和李相公摄事南郊览物兴怀呈一二知旧》："圆丘峻且坦，前对南山标。"白居易《和答诗十首·和分水岭》："高岭峻棱棱，细泉流亹亹。"章孝标《省试骐骥长鸣》："力穷吴坂峻，嘶苦朔风生。"韦庄《渔塘十六韵》："壁峻苔如画，山昏雾似蒸。"❷尖锐。杜甫《房兵曹胡马诗》"竹批双耳峻，风入四蹄轻。"❸高尚；美善。王维《过太乙观贾生房》："迹峻不容俗，才多反累真。"孟郊《游韦七洞庭别业》："业峻谢烦芜，文高追古昔。"陆龟蒙《高道士》："峨眉道士风骨峻，手把玉皇书一通。"又《读襄阳耆旧传因作诗五百言寄皮袭美》："三胡节皆峻，二习名亦茂。"❹大。见"峻命"。❺严酷；严厉。骆宾王《幽縶情通简知己》："骢马刑章峻，苍鹰狱吏猜。"柳宗元《田家三首》之二："各言官长峻，文字多督责。"亦用作使动，使严厉。胡曾《咏史诗·细柳营》："辕门不峻将军令，今日争知细柳营。"❻谓文笔刚劲挺拔。姚合《喜览裴中丞诗卷》："调格江山峻，功夫日月深。"邵谒《送从弟长安下第南归觐亲》："为文清益峻，为心直且安。"❼湍急。见"峻流"。

【峻宇】 高大的屋宇。李虞仲《初日照凤楼》："断霞生峻宇，通阁丽晴虚。"沈亚之《题候仙亭》："新创仙亭覆石坛，雕梁峻宇入云端。"同谷子《五子之歌》之二："酒色声禽号四荒，那堪峻宇又雕墙。"

【峻坂】 陡坂。见《战国策·楚策四》。后用以为典。喻作践人才，或喻人遭坎坷，求人照拂。储光羲《赴冯翊作》："广川俟舟楫，峻坂伤骐骥。"李白《天马歌》："盐车上峻坂，倒行逆施畏日晚。"权德舆《奉使宜春路上遇风雨作》："危梁虑足跌，峻坂忧车覆。"张祜《题善权寺》："峻坂依岩壁，清泉泄洞门。"

【峻秀】 高峻秀丽。沈佺期《辛丑岁十月上幸长安时扈从出西岳作》："诸岭皆峻秀，中峰特美好。"李白《古风》之二十："兹山何峻秀，绿翠如芙蓉。"亦喻人品高洁。贯休《上孙使君》："馨香拥兰雪，峻秀高嵩岱。"

【峻直】 高耸挺直。张祜《平望驿寄吴兴徐使君玄之》："包山方峻直，霅水况澄清。"

【峻拔】 高耸挺拔。刘禹锡《华山歌》："俄然神功就，峻拔在寥廓。"

【峻命】 大命。指天帝或帝王的命令。见《礼记·大学》。宋之问《谒禹庙》："峻命终不易，报功畴敢渝。"

【峻峙】 耸立。元希声《赠皇甫侍御赴都八首》之二："利器长材，温仪峻峙。"

【峻屏】 （—píng）陡峭的山嶂。杜甫《桥陵诗三十韵因呈县内诸官》："坡陀因厚地，却略罗峻屏。"

【峻風】 大风。高适《和窦侍御登凉州七级浮图之作》："清兴揖才彦，峻风和端倪。"

【峻跡】 伟绩。卢象《寒食》："深冤何用道，峻迹古无邻。"

【峻峻】 山高貌。孟郊《至孝义渡寄郑军事唐二十五》："嵩少玉峻峻，伊雒碧华华。"

【峻朗】 高爽明朗。吴筠《游仙二十四首》之十三："峻朗妙门辟，澄微真鉴通。"

【峻堞】 高峻的城堞。韦应物《始至郡》："高树上迢递，峻堞绕欹危。"

【峻極】 ❶高极，极高。见《礼记·中庸》。李白《鸣皋歌送岑征君》："邈仙山之峻极兮，闻天籁之嘈嘈。"王邕《嵩山望幸》："峻极位何崇，方知造化功。"亦指诗文风格刚劲雄健。杜甫《赠蜀僧闾丘师兄》："世传闾丘笔，峻极逾昆仑。"❷指极高之山。权德舆《早夏青龙寺致斋凭眺感物因书十四韵》："中南横峻极，积翠泄云雨。"又《奉和太府韦卿阁老左藏库中假山之作》："忽向庭中摹峻极，如从洞里见昭回。"

【峻掌】 指西岳华山东峰仙掌崖。喻坦之《寄华阴姚少府》："峻掌光浮日，危莲影入池。"

【峻登】 高登。登至高处。张祜《忆江东旧游四十韵寄宣武李尚书》："水室穷深讨，云门极峻登。"

【峻隅】 高山之角落。房琯《题汉州西湖》："高流缠峻隅，城下缅丘墟。"储光羲《巩城东庄道中作》："总辔出丛薄，敛鞍登峻隅。"

【峻塔】 高塔。路德延《小儿诗》："险砌高台石，危跳峻塔砖。"

【峻節】 （—jié）崇高的节操。李白《赠从孙义兴宰铭》："峻节贯云霄，通方堪远大。"刘禹锡《令狐相公见示赠竹二十韵仍命继和》："峻节可临戎，虚心宜待士。"元稹《和东川李相公慈竹十二韵》："峻节高转露，贞筠寒更佳。"罗隐《寄钟常侍》："峻节不由人学得，远途经是自将来。"

【峻雉】 高峻的城墙。上官仪《奉和颍川公秋夜》："峻雉聆金柝，层台切银箭。"

【峻範】 好的榜样。李群玉《饭僧》："峻范照秋霜，高标掩僧史。"

【峻潔】 指品行高洁。韩偓《格卑》："南朝峻洁推弘景，东晋清狂数季鹰。"

【峻嶺】 高山。李频《府试观兰亭图》："向青穿峻岭，当白认回湍。"

【峻牆】 高墙。见《论语·子张》。后以"峻墙"称颂人道德文章之宏富。姚合《和座主相公西亭秋日即事》："夫子墙还峻，鄘侯宅过谦。"薛能《华清宫和杜舍人》："五十年天子，离宫仰峻墙。"

【峻瀨】 急湍。喻人事艰危。韩愈《南溪始泛三首》之三："随波吾未能，峻濑乍可刺。"

八 画

崚 〔líng《广韵》力膺切，平蒸，來。〕❶高耸貌。刘昭禹《晚霁望岳麓》："崖崚危溅瀑，林罅静通仙。"见"崚嶒"。❷连绵不断貌。见"崚嶒"。

【崚嶒】 ❶高耸貌。杜甫《望岳》："西岳崚嶒竦处尊，诸峰罗立如儿孙。"皎然《奉应颜尚书真卿观玄真子置酒张乐舞破画洞庭三山歌》："尺波澶漫意无涯，片岭崚嶒势将倒。"唐彦谦《咏马二首》之二："崚嶒高耸骨如山，远放春郊苜蓿间。"吴融《绵竹山四十韵》："崚嶒压东巴，连延罗古蜀。"❷连绵不断貌。孟郊《雪》："崚嶒堕庭中，严白何皑皑。"

崰 〔zé《集韵》實窄切，入陌，船。〕崰山。在今山东济南市附近。杜甫有《暂如临邑至崰山湖亭奉怀李员外率尔成兴》。

崧 〔sōng《广韵》息弓切，平東，心。〕同"嵩"，即嵩山。韩愈《送惠师》："寻崧方抵洛，历华遂之秦。"又《送侯参谋赴河中幕》："三月崧少步，踯躅红千层。"

崖 〔yá《广韵》五佳切，平佳，疑。又魚羈切，平支，疑。〕❶山或高地陡立的侧面。韦应物《至西峰兰若受田妇馈》："攀崖复缘涧，遂造幽人居。"李绅《逾岭峤止荒陬抵高要》："千崖傍耸猿啸悲，丹蛇玄虺潜蝼蛇。"许棠《登山》："顶峭松多瘦，崖悬石尽牢。"❷谓人性格孤高不群。见"崖然"。❸州名。见《语·四王语》。见"崖州"。

【崖广】 (—yǎn)依傍山崖而构筑的房屋。韩愈《陪杜侍御游湘西两寺独宿有题一首因献杨常侍》："剖竹走泉源，开廊架崖广。"原注："音俨。因岩为屋。"

【崖口】 山崖间的豁口；谷口。岑参《题华严寺瑰公禅房》："朝从老僧饭，昨日崖口宿。"又《终南双峰草堂作》："崖口上新月，石门破苍霭。"杜甫《奉汉中王手札》："淹薄俱崖口，东西异石根。"

【崖州】 旧州名。汉珠崖郡地。唐武德间置崖州。杨炎《流崖州至鬼门关作》："崖州何处在，生度鬼门关。"韩愈《忆昨行和张十一》："伾文未揃崖州炽，虽得赦宥恒愁猜。"白居易《寄隐者》："昨日延英对，今日崖州去。"

【崖谷】 山崖，山谷。杜甫《秦州杂诗二十首》之十六："东柯好崖谷，不与众峰群。"李德裕《南梁行》："斜阳瞥映浅深树，云雨翻迷崖谷间。"李绅《新楼诗二十首·龟山》："旧深崖谷藏仙岛，新结楼台起佛肩。"又《转寿春守》："未登崖谷寻丹灶，且历轩窗看壁题。"

【崖垠】 山崖之边际。韩愈《陆浑山火和皇甫湜用其韵》："天跳地踔颠乾坤，赫赫上照穷崖垠。"

【崖崿】 山崖。萧颖士《蒙山作》："清秋净氛霭，崖崿隐天起。"

【崖然】 傲岸不群。见《庄子·天道》。刘禹锡《送曹璩归越中旧隐诗》序："余为连州，诸生以进士书刺者，浩不可纪；独曹生崖然自称为山夫。"

【崖嶂】 状如屏障之山崖。杜甫《杨监又出画鹰十二扇》："干戈少暇日，真骨老崖嶂。"

【崖蜜】 ❶亦称岩蜜、石蜜。野蜂在山崖和石壁间所酿之蜜。见《本草纲目·虫一·蜂蜜》集解引南朝梁陶弘景言。杜甫《发秦州》："充肠多薯蓣，崖蜜亦易求。"李商隐《蜂》："红壁寂寥崖蜜尽，碧帘迢递雾巢空。"❷指樱桃。韩偓《荔枝三首》之三："巧裁霞片裹神浆，崖蜜天然有异香。"

【崖嶠】 峭壁锐峰。岑参《寄青城龙溪奂道人》："云开露崖峤，百里见石棱。"

【崖壁】 犹言悬崖峭壁。杜甫《郑典设自施州归》："孟冬方首路，强饭取崖壁。"刘言史《潇湘游》："青烟冥冥覆杉桂，崖壁凌天风雨细。"

【崖竅】 山崖中空隙处。韩愈《游青龙寺赠崔大补阙》："南山逼冬转清瘦，刻画圭角出崖窾。"

【崖巔】 崖顶。山崖之顶。钱起《过鸣皋隐者》："飞泉出林下，一径过崖巅。"

【崖巘】 巉崖险峰。见《文选·谢灵运〈西陵遇风献康乐〉诗》。卢鸿一《嵩山十志十首·幂翠亭》："幂翠庭者，盖崖巘积阴，林萝沓翠，其上绵幂，其下深湛。"崔公信《和太原张相公山亭怀古》："叠石状崖巘，翠含城上楼。"

崎[1] 〔qí《广韵》去奇切，平支，溪。〕❶见"崎岖"。❷见"崎嵚"。❸见"崎崟"。

崎[2] 〔qí《广韵》渠希切，平微，羣。〕❶倾斜貌。见"崎₂圃"。❷曲折貌。见"崎₂岸"。

【崎穹】 高峻。尉迟汾《府尹王侍郎准制拜岳因状嵩高灵胜寄呈三十韵》："冥搜必殚竭，跻览忘崎穹。”

【崎嵔】（—wěi）险峻之山。郑嵎《津阳门诗》：“龙宫御榜高可惜，火焚牛挽临崎嵔。”

【崎₂圃】地势倾斜的园圃。孟郊《立德新居》之六：“悬途多仄足，崎圃无修畦。”

【崎嶇】❶形容地势或道路高低不平。李白《送友人入蜀》：“见说蚕丛路，崎岖不易行。”元结《宿无为观》：“九疑山深几千里，峰谷崎岖人不到。”武元衡《秋晚途次坊州界寄崔玉员外》：“崎岖崖谷迷，寒雨暮成泥。”李商隐《商於新开路》：“六百商於路，崎岖古共闻。”徐光溥《题黄居寀秋山图》：“崎岖石磴绝游踪，薄雾冥冥藏半峰。”❷困厄，历经险阻。任华《寄杜拾遗》：“如今看之总无益，又不能崎岖傍朝市。”白居易《赎鸡》：“莫学衔环雀，崎岖谩报恩。”平曾《留别薛仆射》：“梯山航海几崎岖，来谒金陵薛大夫。”❸跋涉，奔波。王维《献始兴公》：“不用坐梁肉，崎岖见王侯。”元结《别何员外》：“黜官二十年，未曾暂崎岖。”萧祜《游石堂观》：“欣然向我话佳境，与我崎岖到山顶。”贾岛《寻石瓮寺上方》：“野寺入时春雪后，崎岖得到此房前。”❹辗转，迁徙。杜甫《大历三年春四十韵》：“山林托疲苶，未必免崎岖。”张籍《句》：“韩入为博士，崎岖送归轮。”沈亚之《送文颖上人游天台》：“莫说人间事，崎岖尘土中。”❺形容情意缠绵或感情委婉曲折。孟郊《旅次湘沅有怀灵均》：“骚文衒贞亮，体物情崎岖。”❻喻人心叵测。杜甫《别张十三建封》：“眼中万少年，用意尽崎岖。”周昙《咏史诗·三代门·夷齐》：“将除暴虐诚能阻，何异崎岖助纣来。”

崦〔yān《广韵》央炎切，平鹽，影。〕❶山，山曲。顾况《山居即事》：“崦合桃花水，窗分柳谷烟。”戴叔伦《北山游亭》：“西崦水泠泠，沿冈有游亭。”元稹《寄乐天》：“灵汜桥前百里镜，石帆山崦五云溪。”顾非熊《寄陆隐君》：“定拟秋凉过南崦，长松石上听泉声。”徐铉《爱敬寺有老僧尝游长安因赠此诗兼示同行客》：“室倚桃花崦，门临杜若洲。”❷量词。片，块。韩偓《睡起》：“终撑舴艋称渔叟，赊买湖心一崦山。”❸指崦嵫山。李峤《奉和天枢成宴夷夏群僚应制》：“辙迹光西崦，勋庸纪北燕。”

【崦花】山花。皮日休《忆洞庭观步十韵》：“崦花时有蔟，溪鸟不成双。”

【崦里】地名，在今江苏太湖中。皮日休《太湖诗·崦里》：“崦里何幽奇，膏腴二十顷。”陆龟蒙有《奉和袭美太湖诗二十首·崦里》。

【崦嵫】❶山名，在今甘肃天水县境。传为日入之山。见《楚辞·离骚》。又传周穆王西游曾登此山。裴迪《辋川集二十首·南垞》：“落日下崦嵫，清波殊淼漫。”李贺《相劝酒》：“弹乌崦嵫竹，抶马蟠桃鞭。”李群玉《穆天子》：“寂漠崦嵫幽，绝迹留空文。”徐夤《西》：“密云郊外已回秋，日下崦嵫景懒收。”❷喻人衰老、死亡。李益《置酒行》：“安得凌风羽，崦嵫驻灵魄。”武元衡《顺宗至德大圣皇帝挽歌词三首》之二：“昆浪黄河注，崦嵫白日颓。”

【崦嵫峰】崦嵫山山峰。陈陶《赠别离》：“蹄轮送客沟水东，月娥挥手崦嵫峰。”参见“崦嵫❶”。

崑〔kūn《广韵》古浑切，平魂，見。〕亦作“昆”。❶“昆仑”的省称。武元衡《顺宗至德大圣皇帝挽歌词三首》之二：“昆浪黄河注，崦嵫白日颓。”见“崑崙”。❷见“崑山”。❸见“崑崑”。

【崑山】❶山名，昆仑山的简称。薛曜《奉和圣制夏日游石淙山》：“此中碧酒恒参圣，浪道昆山别有仙。”李端《送魏广下第归扬州宁亲》：“昆山仍有玉，岁晏莫淹留。”李贺《瑶华乐》：“施红点翠照虞泉，曳云拖玉下昆山。”陈政《赠窦蔡二记室入蜀》：“昆山积良宝，大厦构众材。”❷县名。汉娄县，属会稽郡，梁分娄县置信义县。又分信义置昆山，因境有昆山而得名。钱起有《送昆山孙少府》。孟郊有《苏州昆山惠聚寺僧房》。贯休《题成都玉局观孙位画龙》：“我见苏州昆山佛殿中，金城柱上有二龙。”

【崑山火】昆仑山之火。借指烈火。见《书·胤征》。李咸用《雪》：“云汉风多银浪溅，昆山火后玉灰飞。”

【崑山玉】昆仑山所产的美玉。见《文选·李斯〈上书秦始皇〉》。晋人郤诜对策第一，以昆山玉自比。见《晋书·郤诜传》。故后常用以喻优异的人才。李白《拟古十二首》之七：“人非昆山玉，安得长璀错。”贾至《自蜀奉册命往朔方途中呈韦左相文部房尚书门下崔侍郎》：“亭亭昆山玉，皎皎无缁磷。”刘禹锡《送李中丞赴楚州》：“忆君初得昆山玉，同向扬州携手行。”李贺《李凭箜篌引》：“昆山玉碎凤皇叫，芙蓉泣露香兰笑。”

【崑玉】昆仑山之美玉。王初《雪霁》：“昆玉楼台珠树密，夜来谁向月中归。”喻优秀人才。陈陶《寄兵部任畹郎中》：“昆玉已成廊庙器，涧松犹是薜萝身。”参见“崑山玉”。

【崑丘】即昆仑山。见《山海经·西山经》、《穆天子传》卷二。故后多以指仙境。储光羲《送丘健至州敕放作时任下邽县》：“南必梁孙源，西将围昆丘。”武元衡《甫构西亭偶题因呈监军及幕中诸公》：“瀛海无因泛，昆丘岂易寻。”许浑《学仙二首》之一：“汉武迎仙紫禁秋，玉笙瑶瑟祀昆丘。”吴融《王母庙》：“鸾龙一夜降昆丘，遗庙千年枕碧流。”

【崑丘玉】昆仑山之美玉。王绩《古意六首》之一：“材抽峄山干，徽点昆丘玉。”参见“崑山玉”。

【崑丘璠】 昆仑山之美玉。喻优美诗文。见《文选·陆倕〈新刻漏铭〉》。欧阳詹《李评事公进示文集因赠之》:“泠泠中山醇,片片昆丘璠。”

【崑岫】 即昆仑山。无名氏《人不易知》:“同称昆岫宝,共握桂林枝。”

【崑岡】 即昆仑山。徐锴《送程德琳郎中学士》:“瓜步妖氛灭,昆冈草树青。”

【崑岡火】 昆仑山之火。借指烈火。见《书·胤征》。杜牧《昔事文皇帝三十二韵》:“昆冈怜积火,河汉注清源。”

【崑岳】 即昆仑。徐夤《寄卢端公同年仁炯时迁都洛阳新立幼主》:“昆岳有炎琼玉碎,洛川无竹凤皇饥。”

【崑炎】 昆火,昆仑山之火。借指边境烽火。许敬宗《奉和执契静三边应诏》:“挥袂静昆炎,开关纳流赭。”

【崑河】 昆仑山和黄河发源地。泛指西北地区。张祜《送周尚书赴滑台》:“昆河已在兵钤内,堂柳空留鹤岭前。”

【崑崑】 亦作“崐崐”,象声词。状车马声。韦庄《秦妇吟》:“轰轰昆昆乾坤动,万马雷声从地涌。”

【崑崙】 ❶山名,在今新疆、西藏之间。西接帕米尔高原,东延入青海境内。山势高峻。多雪峰、冰川。古人认为此山为黄河发源地。又对此山加以神化,想象它是神仙聚居之地,传有瑶池、阆苑、增城、悬圃等仙境。薛能《黄河》:“何处发昆仑,连乾复浸坤。”储光羲《杂诗二首》之一:“西游昆仑墟,可与世人违。”孟郊《泛黄河》:“谁开昆仑源,流出混沌河。”鲍溶《怀仙二首》之一:“昆仑九层台,台上宫城峻。”崔仲容《戏赠》:“暂到昆仑未得归,阮郎何事教人非。”❷古代泛指中印半岛及南洋诸岛各国或各国之人。见《旧唐书·南蛮传·林邑》。张籍《昆仑儿》:“昆仑家住海中州,蛮客将来汉地游。”元稹《琵琶歌》:“自后流传指拨衰,昆仑善才徒尔为。”❸“昆仑奴”的省称。泛称奴仆。王昌龄《上马当山神》:“青骢一匹昆仑牵,奏上大王不取钱。”❹酒名。“昆仑觞”的省略。北魏贾锵以河源水酿的酒。见唐段成式《酉阳杂俎·酒食》。陆龟蒙《奉和袭美赠魏处士五贶诗·诃陵尊》:“外堪欺玳瑁,中可酌昆仑。”原注:“酒名。”❺酒器。李商隐《魏侯第东北楼堂郢叔言别聊用书所见成篇》:“锁香金屈戌,殢酒玉昆仑。”

【崑崙子】 乐府杂曲歌辞。五言,四句,二十字,二平韵。传辞如五绝,首句以仄句起,四句分作两对。《全唐诗》卷二七《杂曲歌辞》所录《昆仑子》系王维《从岐王过杨氏别业》五律之前半。

【崑崙月窟】 指昆仑山中月所生处。杜甫《魏将军歌》:“披坚执锐略西极,昆仑月窟东崭岩。”

【崑崙玉】 昆仑山之美玉。喻优美的诗文。钱起《美杨侍御清文见示》:“孤光碧潭月,一片昆仑玉。”参见“崑丘玉”“崑丘璠”。

【崑崙丘】 即昆仑山。高适《同薛司直诸公秋霁曲江俯见南山作》:“若临瑶池前,想望昆仑丘。”杜甫《同诸公登慈恩寺塔》:“惜哉瑶池饮,日晏昆仑丘。”

【崑崙竹】 昆仑山上所产之竹。相传黄帝取以制律管。见《汉书·律历志上》。杜甫《秋日夔府咏怀奉寄郑监李宾客一百韵》:“律比昆仑竹,音知燥湿弦。”

【崑崙使者】 神话传说中的西王母的使者。见《汉武帝内传》。又谓汉武帝使者张骞。李贺《昆仑使者》:“昆仑使者无消息,茂陵烟树生愁色。”

【崑崙兒】 即昆仑奴,古代豪门富家以南海国人为奴。顾况《杜秀才画立走水牛歌》:“昆仑儿,骑白象,时时锁著师子项。”亦用以泛称奴仆。崔涯《嘲妓》:“怀胎十个月,生下昆仑儿。”

【崑崙琪樹】 神话传说中生长于昆仑山上的玉树。琪,即玕琪。见《山海经·海内西经》。后用作咏仙境、仙树之典。陈子昂《彩树歌》:“故吾思昆仑之琪树,厌桃李之缤纷。”李益《秋晚溪中寄怀大理齐司直》:“昆仑进琪树,飞舞下瑶池。”武元衡《早春送欧阳炼师归山》:“昆仑有琪树,相忆寄瑶华。”

【崑崙渠】 古人认为黄河发源于昆仑山,后分流一千七百多条小河。见《尔雅·释水》。故以昆仑渠称黄河源头。韩愈《病中赠张十八》:“君乃昆仑渠,籍乃岭头泷。”

【崑璞】 昆仑山之璞玉。黄滔《寄同年李侍郎龟正》:“昆璞要疑方卓绝,大鹏须息始开张。”

【崑墟】 昆仑墟,昆仑山的基部。见《山海经·海内北经》。亦指昆仑山。李白《赠崔侍郎》:“风涛倘相见,更欲凌昆墟。”

【崑樓】 相传昆仑山顶有金台五所,玉楼十一,皆为神仙居处。亦用以借指楼台。许敬宗《奉和圣制登三台言志应制》:“中天表云榭,载极耸昆楼。”

【崑嶠】 即昆仑山。裴潾《前相国赞皇公作镇浙右辄抒怀赋四言诗十四首奉寄》之二:“珠潜巨海,玉蕴昆峤。”

【崑閬】 指昆仑山上的阆风苑。见《楚辞·离骚》。后用作咏讽仙境的典故。王绩《古意六首》之六:“朝栖昆阆木,夕饮蓬壶涨。”杨於陵《赠毛仙翁》:“昆阆无穷路,何时下故山。”李绅《灵蛇见少林寺》:“知尔全身护昆阆,不矜挥尾在常山。”陆龟蒙《奉和袭美太湖诗二十首·初入太湖》:“又云构浮玉,宛与昆阆匹。”

崐 同“崑”。

崗 〔gāng《广韵》古郎切，平唐，見。〕同“岡”。山脊；山岭。王昌龄《出郴山口至叠石湾野人室中寄张十一》：“叠沙积为岗，崩剥雨露幽。”朱庆余《题青龙寺》：“寺好因岗势，登临值夕阳。”

崔 〔cuī《广韵》倉回切，平灰，清。又昨回切，平灰，從。〕❶高峻。见《汉书·礼乐志》。见“崔崒”“崔嵬”“崔巍”。❷姓，唐诗人有崔国辅、崔颢、崔玄亮等。

【崔二】 ❶即崔日知。张说有《赠崔二安平公乐世词》，又有《送崔二长史日知赴潞州》。❷即崔邠。武元衡有《和杨三舍人晚秋与崔二舍人张秘监苗考功同游昊天观时中书寓直不得陪杨君见征鄙词因以继和》。❸名未详。曾官宋州楚丘县尉。高适有《效古赠崔二》，又有《和崔二少府登楚丘城作》。❹名未详。杜甫之舅。杜甫有《奉送卿二翁统节度镇写还江陵》。

【崔二十】 ❶即崔琯。元稹有《纪怀赠李六户曹崔二十功曹五十韵》。❷崔二十二之夺，即崔韶。白居易《商山路有感》序：“前年夏，予自忠州刺史除书归阙，时刑部李十一侍郎、户部崔二十员外亦自澧、果二郡守征还，相次入关。”

【崔二十一】 即崔国辅。孟浩然有《夏日与崔二十一同集卫明府宅》。

【崔二十二】 ❶即崔韶。白居易有《闻李十一出牧澧州崔二十二出牧果州因寄绝句》。❷崔二十之衍，即崔琯。白居易《送客春游岭南二十韵》自注：“因叙岭南方物以谕之，并拟微之送崔二十二之作。”

【崔十一】 崔子向。排行十一，大历十年左右在湖州与皇甫曾、郑说等联句，有《建元寺西院寄李员外纵联句》，有《上鲍大夫》。李嘉祐有《送崔十一弟归北京》。

【崔二十三】 即崔伟。杜甫有《奉送二十三舅录事之摄郴州》。

【崔二十六】 即崔立之。韩愈有《寄崔二十六立之》，又有《雪后寄崔二十六丞公》。白居易有《自城东至以诗代书戏招李六拾遗崔二十六先辈》。

【崔二十四】 ❶即崔咸。白居易有《惜落花赠崔二十四》，又有《蔷薇正开春酒初熟因招刘十九张大夫崔二十四同饮》。❷名未详。杜甫之舅父。官蜀州青城县令。杜甫有《阆州奉送二十四舅使自京赴任青城》。

【崔十二】 崔十三之讹。名未详，大历初为彭州从事，兼监察御史。岑参有《闻崔十二侍御灌口夜宿报恩寺》。

【崔十七】 ❶名未详。杜甫之舅父。杜甫有《奉送十七舅下邵桂》。❷名未详。曾为义武军节度判官。权德舆有《九华观宴饯崔十七叔判官赴义武幕兼呈书记萧校书》。❸名未详。建中、贞元间，为盐铁转运使包佶从事。权德舆有《奉和许阁老酬淮南崔十七端公见寄》。

【崔十八】 即崔玄亮。白居易有《崔十八新池》，又有《同崔十八寄元浙东王陕州》。

【崔十九】 即崔顼。杜甫有《白水县崔少府十九翁高斋三十韵》。

【崔十三】 ❶即崔公辅。杜甫有《赠崔十三评事公辅》，又有《季秋苏五弟缨江楼夜宴崔十三评事韦少府侄三首》。❷疑为崔侠。顾况有《赠别崔十三长官》。❸名未详。大历初为彭州从事，兼监察御史。岑参有《酬崔十三侍御登玉垒山思故园见寄》。

【崔十六】 ❶名未详。官大理评事，与杜甫有交往。杜甫有《毒热寄简崔评事十六弟》。❷名未详。元和三年(808)以赤县尉摄河南伊阳县令。韩愈有《崔十六少府摄伊阳以诗及书见投因酬三十韵》。

【崔十娘】 张鷟《游仙窟》中女主人公。《全唐诗逸》卷下录其诗六首。按，诗自《游仙窟》辑出，皆为张鷟假托。

【崔七】 名未详。佩之子。朱湾有《逼寒节寄崔七》，自注：“崔七，湖州崔使君之子。”

【崔八】 ❶即崔文。李白有《过崔八丈水亭》，又有《送崔氏昆季之金陵》，一作《秋夜崔八丈水亭送别》。❷即崔峒。参见“崔八叔”。❸疑即崔珏。李商隐有《同崔八诣药山访融禅师》，又有《酬崔八早梅有赠兼示之作》。李频有《汉上逢同年崔八》。❹崔兴之讹。李群玉有《将欲南行陪崔八宴海榴亭》。

【崔八叔】 即崔峒。钱起有《送集贤崔八叔承恩括图书》。按，戴叔伦有《送崔拾遗峒江淮访图书》。

【崔九】 ❶即崔兴宗。王维有《送崔九兴宗游蜀》。裴迪有《崔九欲往南山马上口号与别》。❷即崔涤。杜甫《江南逢李龟年》：“岐王宅里寻常见，崔九堂前几度闻。”原注：“殿中监崔涤，中书令湜之弟。”❸即崔载华。刘长卿有《赠崔九载华》。❹名未详。与张说有交往。张说有《代书答姜七崔九》。

【崔三】 即崔简。吕温有《初发道州答崔三连州题海阳亭见寄绝句》。

【崔大】 即崔群。韩愈有《游青龙寺赠崔大补阙》。刘禹锡有《陪崔大尚书及诸阁老宴杏园》。白居易有《八月十五日夜闻崔大员外翰林独直对酒玩月因怀禁中清景偶题是诗》。

【崔大夫】 ❶指崔光远。光远上元二年(761)为剑南节度使兼御史大夫。杜甫《戏作花卿歌》：“子章髑髅血模糊，手提掷还崔大夫。”❷指崔涣。涣大历初迁御史大夫，坐事贬道州刺史。刘长卿有《送刘萱之道州谒崔大夫》。❸指崔昭。昭曾为御史大夫、寿州刺史。权德舆《送梁道士谒寿州崔大夫》。❹指崔无略。无略长庆二年(822)为鄂岳观察使兼御史大夫。刘得仁有《送鄂州崔大夫赴镇》。❺指崔群。群长庆中为御史大夫、宣歙观察使。刘禹锡有《酬宣州崔大夫见寄》。❻指崔郾。郾大和四年(830)为陕虢观察使兼御史大夫。陆畅有《宿陕府北楼酬崔大夫二首》。❼崔杞。杞大和末为兖海沂密观察使兼御史大夫。白居易有《送兖州崔大夫附马赴镇》。❽指崔郸。郸开成中为御史大夫，宣歙观察使。许浑有《宣城崔大夫召联句偶疾不获赴因献》，又有《闻州中有宴寄崔大夫兼简邢群评事》。李群玉有《九日陪崔大夫宴清河亭》。❾指崔安潜。安潜咸通末为江西观察使兼御史大夫。罗邺有《钟陵崔大夫罢镇攀随再经匡庐寺宿》。

【崔大理】　指崔序。序曾为大理评事。权德舆有《送密秀才吏部驳放后归蜀应崔大理序》。

【崔山人】　崔芊。曾官太子左谕德，累乞还山。见《册府元龟》卷八九九。权德舆有《题崔山人草堂》。

【崔千牛】　指崔懿伯。懿伯曾官千牛备身。权德舆有《酬崔千牛四郎早秋见寄》。刘禹锡有《戏赠崔千牛》。

【崔子玉】　即汉崔瑗。瑗字子玉。陈子昂《秋日遇荆州府崔兵曹使宴》序：“支道林之雅论，妙理沈微；崔子玉之雄才，斯文未丧。”

【崔子向】　排行第十一。越人。大历中，游湖州，与皎然、皇甫曾、李纵、李萼、陆士修等联句唱酬。贞元中为南海节度从事。事迹略见《唐诗纪事》卷四七。《全唐诗》卷三一四录其诗三首。

【崔元受】　博陵安平(今属河北)人，徙居博州(今山东聊城)。事迹附见新旧《唐书·崔元略传》。刘禹锡有《崔元受少府自贬所还遗山姜花以诗答之》。

【崔元略】　(?—830)博陵安平(今属河北)，徙居博州(今山东聊城)。事迹见新旧《唐书》本传。《全唐诗》卷五四二录其诗一首。

【崔元範】　籍贯未详。大中中，以监察御史为浙东观察使李讷幕僚。终于御史台。事迹见《唐诗纪事》卷五九。《全唐诗》卷五六三录其诗一首。

【崔元翰】　(729—795)名鹏，字元翰，以字行，排行第四。博陵安平(今属河北)人。事迹见《旧唐书》本传、《新唐书·文艺传下》。《新唐书·艺文志四》著录其集三十卷，已佚。《全唐诗》卷三一三录其诗七首。

【崔元儒】　博陵安平(今属河北)人，徙居博州(今山东聊城)。元略之弟。元和五年(810)进士及第。大和四年(830)，元稹辟为武昌节度从事。元稹有《赠崔元儒》。

【崔太守】　❶指崔玄亮。玄亮长庆三年(823)为湖州刺史。白居易《早饮湖州酒寄崔使君》：“不知崔太守，更有寄来无。”又《夜泛阳坞入明月湾即事寄崔湖州》：“为报茶山崔太守，与君各是一家游。”❷名未详。杜牧内兄。会昌元年(841)春为和州刺史。杜牧《寄内见和州崔员外十二韵》：“历阳崔太守，何日不含情。”

【崔太博】　名未详。唐京以太博士为温州刺史朱褒别驾。杜荀鹤有《寄温州朱尚书并呈军倅崔太博》。

【崔五】　❶即崔宗之。李白有《酬崔五郎中》。李颀有《崔五宅送刘跂入京》，又有《崔五六图屏风各赋一物得乌孙佩刀》。❷名未详。约上元间，官邛州刺史。王维有《送崔五太守》。杜甫有《因崔五侍御寄高彭州》。❸见“崔玉”。

【崔五嫂】　张鷟《游仙窟》中人物。《全唐诗逸》卷下录其诗二首。按，诗自《游仙窟》辑出，皆为张鷟假托。

【崔日用】　(673—722)博陵安平(今属河北)人。徙居滑州灵昌(今河南滑县西南)。事迹见新旧《唐书》本传。有诗近三百首，已佚。《全唐诗》卷四六录其诗九首。

【崔日知】　字子骏，排行第二。博陵安平(今属河北)人。徙居滑州灵昌(河南滑县西南)。事迹见新旧《唐书》本传。《全唐诗》卷九一录其诗二首。

【崔少玄】　(少 shào)博陵安平(今属河北)人。汾州刺史恭之幼女。相传其梦神人而孕，生而异香袭人，端丽殊绝。事见《太平广记》卷六七引《少玄本传》。《全唐诗》卷八六三录其所留之诗一首。

【崔少府】　(少 shào)❶指崔国辅。国辅开元十四年(726)后任越州山阴县尉。孟浩然有《宿永嘉江寄山阴崔少府国辅》。王昌龄有《同从弟销南斋玩月忆山阴崔少府》。❷指崔叔封。叔封天宝初曾任长安尉。李白有《读诸葛武侯传书怀赠长安崔少府叔封昆季》，又有《答长安崔少府叔封游终南翠微寺太宗皇帝金沙泉见寄》。❸指崔二，名未详。天宝初曾任宗州楚丘县尉、郓州须昌县尉。高适有《和崔二少府登楚丘城作》，又有《别崔少府》。❹指崔顼。顼开元中任同州白水县尉。杜甫有《白水县崔少府十九翁高斋三十韵》。❺指崔元方。元方建中间为京兆渭南县尉。卢纶有《送渭南崔少府归徐郎中幕》。

【崔少卿】　(少 shào)❶指崔玄亮。玄亮大和三年(829)为太常少卿。白居易有《夜调琴忆崔少卿》。❷指崔杞。杞长庆间为大理少卿。姚合有《题大理崔少卿驸马林亭》。

【崔少監】 (少 shào)指崔玄亮。玄亮大和元年(827)为秘书少监。刘禹锡有《秘书崔少监见示坠马长句因而和之》。姚合有《和秘书崔少监春日游青龙寺僧院》。白居易有《寄崔少监》。

【崔中】 (—zhōng)籍贯未详。进士及第。吕岩有《崔中举进士游岳阳遇真人录沁园春词诘其姓名荐之李守排户而入惟见留诗于壁》。

【崔中丞】 (中 zhōng)❶指崔宁。宁大历二年(767)为剑南西川节度使兼御史中丞。岑参有《早春陪崔中丞同泛浣花溪宴》。❷指崔瓘。大历四年(769)为湖南都团练观察使兼御史中丞。戎昱有《上湖南崔中丞》。❸指崔论。论建中、贞元间为衢州刺史兼御史中丞。皎然有《奉和崔中丞使君论李侍御萼登烂柯山宿石桥寺效小谢体》。❹指崔衍。衍贞元十二年(796)为宣歙观察使兼御史中丞。白居易有《叙德书情四十韵上宣歙翟中丞》,翟一作崔。按,作崔是。❺指崔能。能元和九年(814)为永州刺史兼御史中丞。柳宗元有《从崔中丞过卢少尹郊居》。❻指崔弘礼。弘礼元和十五年(820)为郑州刺史兼御史中丞。姚合有《送崔中丞赴郑州》。❼指崔戎。戎大和七年(833)为华州刺史兼御史中丞。姚合有《寄华州崔中丞》。

【崔仁亮】 崔玄亮从祖弟,窜谪巴南,殁而无后,见《全唐文》卷六七九。吕温《上官昭容书楼歌》题注:“贞元十四年,友人崔仁亮于东都买得《研神记》一卷。”

【崔公】 ❶指崔宗之。李白《酬崔五郎中》:“崔公生民秀,缅邈青云姿。”❷指崔昭。刘长卿有《秦系顷以家事获谤因出旧山每荷观察崔公见知欲归未遂感其流寓诗以赠之》。按,昭大历十一年(776)为浙东观察使。❸指崔玄亮。白居易《赠晦叔忆梦得》:“自别崔公四五秋,因何临老转风流。”❹指崔郸。许浑有《陪宣城大夫崔公泛后池兼北楼宴二首》。按,郸开成二年(837)为宣歙观察使。❺指崔郾。许浑有《将为南行陪尚书崔公宴海榴堂》。按,郾大和九年(835)为检校礼部尚书、浙西观察使。此诗一作李群玉《将欲南行陪崔八宴海榴亭》,误。❻指崔珙。杜牧有《中秋日拜起居表晨渡天津桥即事十六韵献居守相国崔公兼呈工部刘公》。按,珙曾为相,大中五年(851)为东都留守。此诗实为许浑所作。❼指崔玄亮。吕岩《七言》之一八:“因看崔公入药镜,令人心地转分明。”❽名未详。开元二十年(732),以监察御史为信王袆幕僚。高适《信安王幕府诗》序:“时考功郎中王公、司勋郎中刘公、主客郎中魏公、侍御史李公、监察御史崔公咸在幕府。”

【崔公佐客】 名未详。崔公佐宴幕僚。客巾履不完,衣破肘见,突筵而入。客献诗一首。见《诗话总龟》前集卷二二引宋潘若同《郡阁雅言》。《全唐诗》卷七八四录诗一首。

【崔公信】 籍贯未详。元和元年(806)进士及第。事迹见《唐诗纪事》卷五九。《全唐诗》卷四八四录其诗一首。

【崔公達】 一作“崔公遠”。女诗人。《唐诗纪事》卷七九仅录其《独夜词》。《唐才子传》卷二仅载其名,均作崔公达。《全唐诗》卷八〇一作崔公远录其诗一首。

【崔公遠】 见“崔公達”。

【崔公輔】 排行第十三,清河东武城(今河北清河东北)人。为杜甫舅氏。事迹略见《新唐书·宰相世系二下》,所列时代误。杜甫有《赠崔十三评事公辅》。

【崔氏】 ❶校书郎卢某之妻。卢某娶崔氏时,已届暮年。卢某请以诗述怀。崔氏工词翰,遂立成一绝。事见钱易《南部新书》。《全唐诗》卷七九九即录其一绝。❷李凝之妻。滁州(今属安徽)人。李白有《送族弟凝之滁求婚崔氏》。❸指崔文。李白有《送崔氏昆季之金陵》。❹指崔兴宗。杜甫有《九日蓝田崔氏庄》,又有《崔氏东山草堂》。❺张祜之爱姬。颜萱《过张祜处士丹阳故居》序:“但有霜鬟而黄冠者,杖策迎门,乃昔时爱姬崔氏也。”

【崔文】 排行第八。籍贯未详。官州司户参军事,与李白有交往。李白有《赠崔司户文昆季》。

【崔文邕】 博陵安平(今属河北)人。开元十九年(731)在梓州铜山县尉任。《全唐诗补逸》卷五录其诗一首。

【崔六】 即崔琪华。储光羲有《山中贻崔六琪华》。

【崔之仁】 卫州共城(今河南辉县)人。与姚合有交往。姚合有《送崔之仁》,又有《寄崔之仁山人》。

【崔尹】 ❶指崔昭。昭大历三年(768)为京兆尹。皎然有《送吉判官还京赴崔尹幕》。❷名未详。权德舆妻崔氏之从兄。元和中为河南尹。权德舆有《河南崔尹即安喜从兄宜于室家四十余岁一昨寓书病传永写告身既枉善祝因成绝句》。

【崔玉】 崔五之讹。指崔禹。武元衡有《秋晚途次坊州界寄崔玉员外》,崔玉,一作崔五,是。

【崔正字】 指崔殷梦。殷梦开成、会昌间官秘书省正字。杜牧有《贺崔大夫崔正字》。

【崔正曹】 ❶指崔峒。峒建中末,贞元初为潞州功曹参军。卢纶有《得耿沣司法书因叙长安故友零落因呈河中郑仓曹畅参军昆季》。❷指崔琯。元和五年

(810)在江陵府功曹参军任。元稹有《纪怀赠李六户曹崔二十功曹五十韵》。❸名未详。崔氏天宝十一载(752)自京兆府功曹参军赴越。高适有《送崔功曹赴越》。

【崔左丞】 指崔善为。善为武德元年(618)为尚书左丞。省吏有《嘲崔左丞》。

【崔石】 籍贯未详。贞元初官湖州刺史。皎然有《饮茶歌诮崔石使君》。

【崔冉鄭】 崔日用、冉祖雍、郑愔之连称。三人同附武三思。《神龙中语》:"崔冉郑,乱时政。"

【崔四】 ❶即崔成甫。李白有《宣州九日闻崔四侍御与宇文太守游敬亭余时登响山不同此赏酬后寄崔侍御二首》,又有《玩月金陵城西孙楚酒楼达曙歌吹日晚乘醉著紫绮裘乌纱巾与酒客数人棹歌秦淮往石头访崔四侍御》。❷见"崔四郎"。

【崔四十】 即崔胤。无名氏《嘲崔垂休》(卷八七二):"何事博陵崔四十,金陵腿上逞欧书。"

【崔四郎】 即崔懿伯。权德舆有《酬崔千牛四郎早秋见寄》,又有《崔四郎协律以诗见寄兼惠蜀琴因以酬赠》。

【崔白二學士】 崔学士,崔群。群于元和二年(807)十一月入翰林院,见《重游承旨学士壁记》。白学士,白居易。居易亦于元和二年入翰林院,见《重修承旨学士壁记》。元稹有《东台去》诗题下注:"仆每为崔白二学士话陶先生喜不遇之事,且曰,仆得分司东台,即足以买山家。"

【崔令公】 指崔圆。圆至德二载(757)为中书令。刘长卿有《同郭参谋咏崔仆射淮南节度使厅前竹》,一作《和郭参谋咏崔令公庭前竹》。

【崔主簿】 指崔倬。倬曾任河南渑池县主簿。韦应物有《寺居独夜寄崔主簿》,又有《答崔主簿问兼简温上人》。

【崔立之】 字斯立,一说名斯立,字立之,排行第二十六。博陵安平(今属河北)人。事迹略见《唐诗纪事》卷四三。《全唐诗》卷三四七录其诗三首。

【崔立言】 籍贯未详。晚唐人,退隐茅山。善戏谑。《全唐诗》卷八七〇录其诗一首。

【崔玄同】 见"崔玄童"。

【崔玄亮】 (768—833)字晦叔,排行第十八。博陵安平(今属河北)人。事迹见新旧《唐书》本传。《全唐诗》卷四六六录其诗三首。

【崔玄童】 即崔玄同。博陵安平(今属河北)人。事迹略见《新唐书·宰相世系表二下》。《全唐诗》卷六七录其诗一首。

【崔司户】 ❶指崔文。文官州司户参军事。李白有《赠崔司户文昆季》。❷名未详。天宝九载(750)官陈郡司户参军事。高适有《同陈留崔司户早春宴蓬池》。

【崔司空】 指崔知温。知温开耀、永淳间拜司空。杨炯有《和崔司空伤姬人》。

【崔司直】 名未详。大历间,以大理司直为杭州临安县令。韩翃有《赠别崔司直赴江东兼简常州独孤使君》。

【崔司業】 ❶指崔融。融神龙元年(705)为国子司业。沈佺期有《哭苏眉州崔司业二公》。张说有《崔司业挽歌二首》。❷名未详。开成五年(840),以国子司业出为唐州刺史。刘禹锡有《洛中送崔司业使君扶侍赴唐州》。

【崔司録】 名未详。天宝十一载(752)官河南府录事参军。高适有《崔司录宅燕大理李卿》。

【崔司議】 指崔秦之。秦之圣历中官太子司议郎。陈子昂有《赠别冀侍御崔司议》。

【崔弘】 籍贯未详。大历七年(772),颜真卿为湖州刺史,次年,集合众人撰《韵海镜源》,预其事。并与颜真卿、张荐、吴筠、皎然等近三十人联句唱酬。《全唐诗》卷七八八录其联句一联。

【崔刑部】 指崔从质。从质贞元十年(794)在刑部员外郎任。权德舆有《户部王曹长杨考功崔刑部因以寄赠又陪郎署喜甚常僚因书所怀且叙所知》。

【崔亘】 籍贯未详。开元二十四年(736)登进士第。事迹略见《唐诗纪事》卷二十。《全唐诗》卷一四五录其诗一首。

【崔列】 籍贯未详。贞元、元和间官御史中丞,为人构陷,受冤下狱。王建有《寄崔列中丞》。

【崔夷甫】 籍贯未详。广德二年(764)前后由驾部员外郎迁金部员外郎。擢金部郎中。李嘉祐有《送崔夷甫员外和蕃》。

【崔吏部】 崔漪。漪曾官吏部郎中,见《旧唐书·肃宗纪》。贾至有《巴陵早秋寄荆州崔司马吏部阎功曹舍人》,其贬荆州司马事不详。

【崔求】 清河东武城(今河北清河东北)人。生平未详。与白居易有交往。白居易有《予以长庆二年冬十月到杭州明年秋九月始与清河崔求东莱刘方舆同游恩德寺之泉洞竹石遂留绝句》。

【崔光禄】 指崔日知。日知景云元年(710)加银青光禄大夫。韦嗣立有《自汤还都经龙门北溪赠张左丞崔礼部崔光禄》。张说有《酬崔光禄冬日述怀赠答》。

【崔先輩】 指崔寿。许浑有《晓发鄞江北渡寄崔韩二先辈》,一作《晓发鄞江寄崔寿韩》,又有《送同年崔先辈》。

【崔仲容】 籍贯生平均未详。女诗人。《全唐诗》卷八〇一录其诗三首。

【崔行先】 清河东武城(今河北清河东北)人。郑巢有《题崔行先石室别墅》。

【崔行檢】 字圣用,博陵安平(今属河北)人。永泰、大历间为池州刺史。事迹略见《新唐书·宰相世系表二下》。《全唐诗逸》卷中录其逸句二联。

【崔全】 洛阳(今属河南)人。开元末赴吏部铨选,被放。岑参有《送崔全被放归都觐省》。

【崔州平】 汉博陵安平(今属河北)人。事迹略见《三国志·蜀志·诸葛亮传》裴松之注引《崔氏谱》。李白《读诸葛武侯传书怀赠长安崔少府叔封昆季》:"何人先见许,但有崔州平。"

【崔江】 袁州(今江西宜春)人。处士,善《易》卜,天祐二年(905)韩偓在袁州,有《赠易卜崔江处士》。《全唐诗》卷七七五录其诗一首。

【崔安潛】 字进之。清河东武城(今河北清河东北)人。事迹见新旧《唐书》本传。《全唐诗》卷五九七录其诗一首。

【崔丞】 指崔颢。颢开元末、天福初为司农寺丞。李颀有《送司农崔丞》。

【崔志廉】 玄宗时以鸿胪少卿为襄州刺史。见《册府元龟》卷六七一。玄宗《赐诸州刺史以题座右》注:"开元十六年,帝自择廷臣为诸州刺史,许景先虢州,源光裕郑州……崔志廉襄州。"

【崔杜】 崔韶、杜元颖之连称。白居易《东南行一百韵寄通州元九侍御员外窦七校书》:"崔杜鞭齐下,元韦辔并驱。"

【崔成甫】 (713—758)排行第四,博陵安平(今属河北)人,徙居京兆长安(今陕西西安)。事迹见《唐诗纪事》卷十七。《全唐诗》卷二六一录其诗一首。

【崔兵曹】 疑为崔璩。见《旧唐书·崔玄暐传》。陈子昂《喜马参军相逢醉歌》序:"毕大拾遗、陆六侍御、崔议司、崔兵曹……当知吾此评是实录也。"

【崔何】 郑州新郑(今属河南)人。事迹略见《新唐书·宰相世系表二下》。《全唐诗》卷二五二录其诗二首。

【崔邠】 (754—815)字处仁。清河东武城(今河北清河东北)人。事迹见新旧《唐书》本传。《全唐诗》卷三三〇录其诗二首。

【崔判官】 指崔备。备元和二年(807)西川度支判官,与武元衡有交往。武元衡有《送崔判官使太原》。使,一作还,误。

【崔沔】 (673—739)学岩冲,一作善冲,误。博陵安平(今属河北)人,徙居京兆长安(今陕西)。事迹见新旧《唐书》本传。有文集二十九卷,李华为作序,已佚。《全唐书》卷一〇八录其诗一首。

【崔汶】 清河东武城(今河北清河东北)人。敷之弟,行先之从父。见《新唐书·宰相世系表二下》。卢纶有《江北忆崔汶》。

【崔君】 ❶指崔玄亮。白居易《寄崔少监》:"惜哉意未已,不使崔君听。"又《思旧》:"崔君夸药力,经冬不衣绵。"❷指崔咸。白居易《哭崔二十四常侍》:"莫道高风无继者,一千年内有崔君。"❸指崔韶。元稹《送崔侍御之岭南二十韵》自注:"崔君前任,已为御史。"

【崔秀才】 指崔子向。皇甫曾有《建元寺昼公与崔秀才见过联句与郑奉礼说同作》。

【崔長史】 (長 zhǎng)指崔日知。日知开元十六年(728)出为潞州大都督府长史。张说有《崖二长史日知赴潞州》。

【崔芸】 籍贯未详。台州刺史、赠刑部尚书昭之子。杜牧《冬至日寄小侄阿宜诗》:"崔昭生崔芸,李兼生窟郎。"

【崔協律】 崔懿伯,排行四。权德舆有《崔四郎协律以诗见寄兼惠蜀琴因以酬赠》。

【崔叔封】 清河东武城(今河北清河东北)人,天宝二年(743)在长安县尉任。李白有《读诸葛武侯传书怦赠长安崔少府叔封昆季》,又有《答长安崔少府叔封游终南翠微寺太宗皇帝金沙泉见寄》。

【崔叔清】 即崔翰。翰字叔清。韦应物有《送崔叔清游越》。

【崔尚】 齐州全节(今山东章丘西)人。融之从子。久视元年(700),进士及第。事迹略见《新唐书·宰相世系表二下》《唐诗纪事》卷十四。《全唐诗》卷一〇八录其诗一首。

【崔尚書】 ❶指崔日用。日用先天二年(713)拜吏部尚书。张九龄有《奉和吏部崔尚书雨后大明朝堂望南山》。张说有《崔尚书挽词》。❷指崔群。群大和五年(831)为吏部尚书。刘禹锡有《陪崔大尚书及诸阁老宴杏园》。白居易《闻乐感邻》诗自注:"东邻王大理去冬云亡,南邻崔尚书今秋薨逝。"❸名未详。官尚书,出为华州刺史。贯休有《送崔尚书朝觐》。

【崔果州】 指崔韶。韶元和十一年(816)为果州刺史。元稹《酬乐天东南行诗一百韵》序:"吟叹方极,适崔果州使至。"

【崔昇】 博陵安平(今属河北)人,徙居定州安喜(今河北定县),肃代间人。官至监察御史。事迹略见《新唐书·宰相世系表二下》。刘长卿有《送崔升归上都》。

【崔明】 一名朗,字内明,博陵安平(今属河北)人。事迹略见《新唐书·宰世系表二下》。李商隐有《过故崔兖海宅与崔明秀才话旧因寄旧僚杜赵李三掾》。

【崔明允】　博陵安平（今属河北）人。事迹略见《新唐书·宰相世系表二下》。岑参有《巩北秋兴寄崔明允》。

【崔明甫】　指崔逵。逵曾任湖州安吉县令。清昼有《安吉崔明甫山院联句一首》。

【崔明府】　指崔顼。顼曾官同州白水县令。杜甫有《九日杨奉先会白水崔明府》。

【崔固】　河南登封（今属河南）人。生平未详，与无可有交往。无可有《京口别崔固》。

【崔垂休】　即崔胤。胤字垂休。无名氏有《嘲崔垂休》。

【崔知賢】　籍贯未详。高宗时人。与陈子昂、高正臣、长孙正隐、王勔、席元明等二十余人游宴唱酬。见《唐诗纪事》卷七。《全唐诗》卷七二录其诗三首。

【崔季文】　博陵安平（今属河北）人。未仕而早亡。权德舆有《哭李晦群崔季文二处士》。

【崔季重】　清河东武城（今河北清河东北）人，徙居博州（今山东聊城）。事迹略见《新唐书·宰相世系表二下》，李重作孝童。王维有《崔濮阳兄李重前山兴》。苏源明《小洞庭洄源亭䜩四郡太守诗》序："天宝十二载七月辛丑，东平太守扶风苏源明，觞濮阳太守清河崔公李重、鲁郡太守陇西李公兰、济南太守太原田公琦、洛阳太守陇西李公俊于洄源亭。既尊封壤，乃密惠好。"按，其诸弟名皆有"童"字，李重当为季童之讹。

【崔季卿】　博陵安平（今属河北）人。峒之从孙。事迹略见《唐诗纪事》卷四八。《全唐诗》卷二九五录其诗一首。

【崔使君】　❶指崔善为。善为贞观中为浦州刺史。王绩有《九月九日赠崔使君善为》。❷指崔日用。日用开元五年（717）为常州刺史。孙逖有《和常州崔使君寒食夜》，又有《和常州崔使君咏后庭梅二首》。❸指崔操。操开元中为润州刺史。张子容有《云阳驿陪崔使君邵道士夜宴》。❹指崔昭。昭乾元中为寿州刺史。刘长卿有《送崔使君赴寿州》。❺指崔令钦。令钦肃宗时为万州刺史。刘长卿有《寄万州崔使君》。❻指崔论。论上元元年（760）为湖州刺史。皎然有《夏日同崔使君论登城楼赋得远山》，又有《夏日登观农楼和崔使君》。❼指崔石。石贞元、元和初为湖州刺史。皎然有《饮茶歌诮崔石使君》。❽指崔禹。贞元初为坊州刺史。武元衡有《酬崔使君寄麈尾》。❾指崔侃。侃贞元中为湖州刺史。朱湾有《逼寒节寄崔七》诗自注："崔七，湖州崔使君之子。"❿指崔韶。韶元和十一年（816）为果州刺史。白居易有《东南行一百韵寄崔二十二使君开州韦大员外庾三十二补阙杜十四拾遗李二十助教员外窦七校书》。⓫指崔能。能元和十三年（818）为江州刺史。白居易有《山中酬江州崔使君见寄》，又有《题崔使君新楼》。⓬指崔玄亮。玄亮长庆三年（823）为湖州刺史。白居易有《得湖州崔十八使君书喜与杭越邻郡因成长句代贺兼寄微之》。⓭指崔昙。昙太和四年（830）前后为澧州刺史。李群玉有《送崔使君萧山祷雨甘泽遽降》。⓮指崔珙。珙大和初为泗州刺史。陆畅有《夜到泗州酬崔使君》。⓯名未详。元和二年（807）为峡州刺史。白居易有《送刘五司马赴任硖州兼寄崔使君》。⓰名未详。开成初为杭州刺史。裴夷直有《寄杭州崔使君》。⓱名未详。开成五年（840）为唐州刺史。刘禹锡有《送唐州崔使君侍亲赴任》。⓲名未详。咸通末为蔚州刺史。马戴有《赠前蔚州崔使君》。⓳名未详。乾符中为归州刺史。周朴有《春中途中寄南巴崔使君》。⓴名未详。昭宗时为漳州刺史。张蠙有《逢漳州崔使君北归》。

【崔侍郎】　❶指崔玄暐。玄暐长安元年（701）为天官侍郎。李峤有《天官崔侍郎夫人吴氏挽歌》。吴氏为卢氏之讹。沈佺期有《天官崔侍郎夫人卢氏挽歌》。❷崔侍御之讹。崔侍御指崔成甫。成甫天宝为监察御史。李白有《赠崔侍郎》，又有《赠崔侍郎》题下注："一作御。"按，一作是。❸指崔涣。涣至德元载（756）为门下侍郎、同中书门下平章事。贾至有《自蜀奉册命往朔方途中呈韦左相文部房尚书门下崔侍郎》。李冶有《道意寄崔侍郎》。❹指崔群。群元和九年（814）为礼部侍郎。白居易有《答崔侍郎钱舍人书问因继以诗》，又有《渭村退居寄礼部崔侍郎翰林钱舍人诗一百韵》。❺崔常侍之讹。崔常侍为崔玄亮。玄亮大和四年（830）为右散骑常侍，七年，授检校左散骑常侍、虢州刺史。白居易《感旧》序："崔侍郎晦叔，太和七年夏薨；刘尚书梦得，会昌二年秋薨。"❻指崔侑。侑大和九年（835）为工部侍郎。刘禹锡有《和令狐相公晚泛汉江书怀寄洋州崔侍郎阆州高舍人二曹长》，又有《令狐相公见示题洋州崔侍郎宅双木瓜花顷接侍郎同舍陪宴树下吟玩来什辄成和章》。❼指崔玙。玙大中五年（851）为礼部侍郎。刘得仁有《省试日上崔侍郎四首》。❽崔侍御之讹。崔侍御名未详。卢纶有《和崔侍郎游万固寺》，又有《酬崔侍御早秋卧病书情见寄时君亦抱疾在假中》。二诗均为唱酬之作，崔侍郎、崔侍御应为同一人。

【崔侍御】　❶指崔日用。日用长安初为监察御史。吴少微有《和崔侍御日用游开化寺阁》。❷指崔成甫。成甫天宝中为监察御史。李白有《游敬亭寄崔侍御》，又有《登敬亭北二小山余时送客逢崔侍御并登此地》。❸指崔溟。大历五年（770）以监察御史为湖南观察使幕僚。杜甫有《江阁卧病走笔寄呈崔卢两侍御》，又《聂耒阳以仆阻水书致酒肉疗饥时属江涨泊于方田》："崔师乞已至。"自注："闻崔侍御潩乞师于洪府，师已屋子袁州北。"❹指崔子向。子向建中间为监察御史。皎然有《酬崔侍御见赠》。❺指崔韶。韶元和中为监察御史。元稹有《送崔侍御之岭南二十韵》，又有《送岭南崔侍御》。❻指崔元范。元范大中中以监察御史为浙东观察使幕僚。李讷有《命妓盛小丛歌饯崔侍御还阙》。杨知至有《和李尚书命妓歌饯崔侍御》。卢溵有《和李尚书命妓饯崔侍御》。❼指崔櫓。櫓咸通间以监察御史为掌书记。李频有《送崔侍御书记赴山北座主尚书招辟》。

【崔兒】　即阿崔，白居易之子。三岁夭折。白居易有《哭崔儿》，又有《初丧崔儿报微之晦叔》。刘禹锡有《吟白乐天哭崔儿二篇怆然寄赠》。

【崔舍人】　❶指崔邠。邠贞元十八年(802)为中书舍人。武元衡有《和杨三舍人晚秋与崔二舍人张秘监苗考功同游昊天观时中书寓直不得陪杨君见征鄙词因以继和》。刘禹锡有《奉和中书崔舍人八月十五日夜玩月二十韵》。❷指崔群。群元和七年(812)为中书舍人。韩愈《和崔舍人咏月二十韵》。❸指崔备。备元和四年(809)官起居舍人。武元衡有《送崔舍人起居》。

【崔法曹】　指崔载华。载华贞元四年(788)任抚州司功参军。戴叔伦有《临川从事还别崔法曹》，又有《赴抚州对酬崔法曹夜雨滴空阶五首》。

【崔宗】　籍贯生平未详。贞元间人。《全唐诗》卷七八一录其诗一首，为省试诗，一作李绛诗。

【崔宗之】　排行第五。博陵安平(今属河北)人，徙居滑州灵昌(河北滑县西南)。与杜甫以文相知。甫《饮中八仙歌》称之为"潇洒美少年"。又与孟浩然有交往。事迹见《新唐书》本传。《唐诗纪事》卷十九。《全唐诗》卷二六一录其诗一首。

【崔放】　清河东武城(今河北清河东北)人。事迹略见《新唐书·宰相世系表二下》。孟郊有《同李益崔放送王炼师还楼观兼为群公先营山居》。

【崔居俭】　(870—939)清河东武城(今河北清河东北)人。徙居卫州(今河南汲县)。事迹见《新五代史》本传，又见《旧唐书·崔荛传》。《全唐诗》卷七三七录其诗一首。

【崔珏】　字梦之，排行第八。清河东武城(今河北清河东北)人。寄家荆州(今湖北江陵)。与李商隐多有交往。事迹略见《唐诗纪事》卷五八。《新唐书·艺文志四》著录其诗集一卷，已佚。《全唐诗》卷五九一录其诗一卷。

【崔拾遣】　指崔峒。峒大历初为左拾遗。戴叔伦有《送崔拾遗峒江淮访图书》。按，方干有《送崔拾遗出使江东》，即戴叔伦诗之重出。

【崔相】　(—xiàng)❶指崔涣。涣至德元载(756)拜相。李白有《系寻阳上崔相涣三首》，又有《上崔相百忧章》。❷指崔群。群元和十二年(817)拜相。刘禹锡《酬乐天见寄》："元君后辈先零落，崔相同年不少留。"白居易《花前有感兼呈崔相公刘郎中》："何事同生壬子岁，老于崔相及刘郎。"

【崔相公】　(—xiàng)❶指崔圆。圆至德元载(756)拜相。岑参有《送史司马赴崔相公幕》。❷指崔群。群元和十二年(817)拜相。刘禹锡有《谢宣州崔相公赐马》。白居易有《除忠州寄谢崔相公》，又有《华城西北雉堞最高崔相公首创楼台钱左丞继种花果合为胜境题在雅篇岁暮独游怅然成咏》。❸指崔植。植长庆元年(821)拜相。王建有《上崔相公》。❹指崔铉。铉大中三年(849)拜相。罗隐有《献淮南崔相公》。❺指崔沆。沆乾符六年(879)拜相。薛逢有《上吏部崔相公》。

【崔柳州】　名未详。约元和中为柳州刺史。卢仝有《寄崔柳州》。

【崔昭】　籍贯未详。大历初，为河南尹。卒，谥曰肃。杜牧《冬至日寄小侄阿宜诗》："崔昭生崔芸，李兼生窟郎。"

【崔昭緯】　(？—896)字蕴曜。齐州全节(今山东章丘西)人。事迹见新旧《唐书》本传。张曙有《下第戏状元崔昭纬》。

【崔思】　崔惠童之讹。《全唐诗》卷二五八崔惠童《宴城东庄》下注："一作崔思诗。"误。

【崔峒】　排行第八。博陵安平(今属河北)人。事迹略见《新唐书·宰相世系表二下》《唐诗纪事》卷三〇。"大历十才子"之一。《新唐书·艺文志四》著录其诗一卷，已佚。《全唐诗》二九四录其诗一卷。

【崔秋浦】　名未详。天宝十四载(755)在宣城郡秋浦县令任。李白有《崔秋浦柳少府》，又有《赠崔秋浦三首》。

【崔信明】　青州益都(今属山东)人。事迹见《旧唐书·文苑传上》《新唐书·文艺传上》。《全唐诗》卷三八录其诗一首。

【崔禹锡】　字洪范。齐州全节(今山东章丘西)人。事迹略见新旧《唐书·崔融传》《新唐书·宰相世系表二下》。《全唐诗》卷一一一录其诗一首。

【崔侯】　❶指崔石。石为湖州刺史，刺史于古为诸侯，故称。皎然《饮茶歌诮崔石使君》："崔侯啜之意不已，狂歌一曲惊人耳。"❷名未详，开成五年(840)为唐州刺史。白居易《送唐州崔使君侍亲赴任》："连持使节历专城，独贺崔侯最庆荣。"

【崔亭伯】　即汉崔骃。骃字亭伯。陈子昂《秋日遇荆州府崔兵曹使宴》:"兴尽崔亭伯,言忘释道安。"卢僎《稍秋晓坐阁遇舟东下扬州即事寄上族父江阳令》:"文掩崔伯亭,德齐陈太丘。"李白《宣州九日闻崔四侍御与宇文太守游敬亭余时登响山不同此赏醉后寄崔侍御二首》之一:"故交竟谁在,独有崔亭伯。"

【崔度】　青州益都(今属山东)人。徙居吴(今江苏苏州一带)。李白的《送崔度还吴》。

【崔兖】　指崔戎。戎大和八年(834)为兖海观察使。李商隐有《过故崔兖海宅与崔明秀才话旧因寄旧僚杜赵李三掾》。

【崔郊】　襄阳(今湖北襄樊)人。其姑有婢,甚端丽。贞元末、元和初,于頔镇襄阳,买婢。郊思慕不已,因婢寒食偶出之际,赠诗一绝,其中有"侯门一入深如海,从此萧郎是路人"之句。后頔见诗。召郊,命与婢同归。事见《云溪友议》卷上。《全唐诗》卷五〇五录其赠婢诗一首。

【崔恂】　郑州(今属河南)人。开元初为赵州长史。迁杭州刺史。封清河男。事迹略见《新唐书·宰相世系表二下》。《全唐诗补逸》卷五录其诗一首。

【崔洪】　晋博陵安平(今属河北)人。事迹见《晋书》本传。贯休《东阳罹乱后怀王慥使君五首》之三:"货财不入崔洪口,俎豆尝闻夫子言。"

【崔洛陽】　名未详。贞元间官洛阳县令。卢纶有《和徐法曹赠崔洛阳斑竹杖以诗见答》。

【崔宣城】　❶指崔钦。钦天宝十五载(756)为宣城县令。李白有《经乱后将避地剡中留赠崔宣城》,又有《江上答崔宣城》。❷指崔龟从。龟从开成四年(839)为宣州刺史、宣歙观察使。白居易有《病中辱崔宣城长句见寄兼有觥绮之赠因以四韵总而酬之》。

【崔建】　籍贯生平均未详。《全唐诗逸》卷中录其诗一联。

【崔約】　齐州全节(今山东章丘西)人。徙居于扬州(今属江苏)。贾岛有《送崔约秀才》。姚合有《送崔约下第归扬州》。朱庆余有《送崔约下第归淮南觐省》。

【崔泰之】　(667—723)字泰之。清河东武城(今河北清河东北)人。徙居许州鄢陵(今属河南)。事迹见新旧《唐书·崔知温传》《新唐书·宰相世系表二下》。《全唐诗》卷九一录其诗三首。

【崔珪】　贝州武城(今属山东)人。事迹略见《新唐书·宰相世系表二下》。《全唐诗》卷一二〇录其诗一首。

【崔珣】　博陵安平(今属河北)人,琯之兄。许浑有《送崔珣入朝》。

【崔素娥】　汴州开封(今属河南)人,善谐谑、笔札。韦洵美之妾。事见宋佚名《灯下闲谈》卷下。《全唐诗》卷八〇〇录其《别韦洵美诗》一首。

【崔荆】　籍贯未详。元和间寓居扬州。约大和中累迁刑部员外郎。张祜有《途次杨州赠荆二十韵》,又有《庚子岁寓游杨州赠崔荆四十韵》。

【崔起居】　指崔备。备约元和四年(809)入朝为起居舍人。武元衡有《赠别崔起居》。

【崔耿】　清河东武城(今河北清河东北)人。徙居洛阳(今属河南)。《全唐诗》卷八八七录其诗一首。

【崔恭】　博陵安平(今属河北)人。事迹略见《新唐书·宰相世系表二下》《唐诗纪事》卷五九。《全唐诗》卷三六六录其诗一首。

【崔華州】　(華 huà)崔植。曾官华州刺史、镇国军潼关防御史。事迹见《旧唐书·文宗纪上》。白居易《和微之诗二十三首·和自劝二首》之二:"请看韦孔与钱崔,半月之间四人死。"自注:"韦中书、孔京兆、钱尚书、崔华州,十五日间,相次而逝。"

【崔軒】　字鸣冈,一作鸣岗,又作鸣山,均误,籍贯未详。会昌三年(843)吏部尚书王起下进士及第。事迹略见《唐诗纪事》卷五五。《全唐诗》卷五五二录其诗一首。

【崔彧】　齐州全节(今山东章丘西)人。融之孙,累迁司勋郎中。官至太子少詹事。事迹略见《新唐书·宰相世系表二下》《唐诗纪事》卷二三。与杜甫有交往,联句。杜甫有《宇文晁尚书之甥崔彧司业之孙尚书之子重泛郑监前湖》。《全唐诗》七八八录其与杜甫、李之芳联句二联。

【崔真父】　见"崔真甫"。

【崔真甫】　湖州长城(今浙江长兴)人。娶刘长卿小女。刘长卿有《送子婿崔真甫李穆往扬州四首》。亦作"崔真父"。刘长卿有《送子婿崔真父归长城》。

【崔烈】　(?—192)汉涿郡安平(今属河北)人。事迹附见《后汉书·崔寔传》。邵谒《送徐群宰望江》:"陶潜虽理邑,崔烈徒台衡。"李瀚《蒙求》:"鲁褒钱神,崔烈铜臭。"

【崔致遠】　(857—928?)字海夫,号孤云。新罗人。事迹见《三国史记》卷四六。《全唐诗逸》卷中录其诗一首。《全唐诗补逸》卷二〇录其诗六十首。

【崔晉】　崔瑨之讹。瑨,博陵安平(今属河北)人。事迹见《旧唐书》本传和《新唐书·宰相世系表二下》。白居易《三月三日祓禊洛滨》序:"令公明日召太子少傅白居易、太子宾客萧籍、李仍叔、刘禹锡、前中书舍人郑居中、国子司业裴恽、河南少尹李道枢、仓部郎中崔晋……四门博士谈弘谟等一十五人,合宴于舟中。"

【崔員外】　❶指崔宗之。宗之开元二十七年

(739)在礼部员外郎任。孟浩然有《卢明府九日岘山宴袁使君张郎中崔员外》。李白有《月夜江行寄崔员外宗之》。❷指崔颢。颢天宝十一载(752)在司勋员外郎任。綦毋潜有《送崔员外黔中监选》。高适有《同崔员外綦毋拾遗九日宴京兆府李士曹》。❸指崔圆。圆天宝十一载(752)在司勋员外郎任,十一月,为剑南留后。王维有《同崔员外秋宵寓直》。❹指崔禹。禹贞元初为尚书员外郎。武元衡有《寓兴呈崔员外诸公》。参见"崔玉"。❺指崔从质。从质贞元十年(794)在刑部员外郎任。权德舆有《奉和张监阁老过八陵院题赠杜卿崔员外》。❻指崔群。群元和四年(809)在库部员外郎任。白居易有《八月十五日夜闻崔大员外翰林独直对酒玩月因怀禁中清景偶题是诗》。❼指崔备。备元和六年(811)在礼部员外郎任。羊士谔有《酬礼部崔员外备独永宁里弊居见寄来诗云图书锁尘阁符节守山城》。❽指崔廷。廷元和七年(812)为职方员外郎。窦常有《奉送职方崔员外摄中丞新罗册使》。❾指崔韶。韶长庆初为户部员外郎。白居易有《宿西林寺早赴东林满上人之会因寄崔二十二员外》。❿指崔寿。寿大中六年(851)以尚书员外郎为衢州刺史。薛逢有《送衢州崔员外》。⓫名未详。天宝末为尚书员外郎。岑参有《送李别将摄伊吾令充使赴武威便寄崔员外》。⓬名未详。大历二年(767)为尚书员外郎。岑参有《送崔员外入秦因访故园》。⓭名未详。长庆间为尚书员外郎。白居易有《代谢好妓答崔员外》。⓮名未详。大和四年(830)以尚书员外郎为朗州刺史。刘禹锡有《酬朗州崔员外与任十四兄侍御同过鄙人旧居见怀之什时守吴郡》。⓯名未详。开成初以尚书员外郎为杭州刺史。姚合有《舟行书事寄杭州崔员外》。⓰名未详。会昌末以尚书员外郎为和州刺史。杜牧有《寄内兄和州崔员外十二韵》。⓱名未详。官尚书员外郎。李郢有《郢自街西醉归马鞭坠失崔员外起秘书知其阙用皆许见贻俄顷之间二信俱至短长坚重价不相饶辄抒短章仰酬珍锡》。

【崔倬】　郑州新郑(今属河南)人。元综之曾孙。韦应物妹婿。曾任渑池县主簿。韦应物有《九日沣上作寄崔主簿倬二李端系》,又有《答崔主簿倬》。

【崔徐】　汉末崔州平、徐庶之连称。二人皆与诸葛亮友善,见《三国志·蜀志·诸葛亮传》。二人宅在襄阳檀溪之阳,见北魏郦道元《水经注·沔水中》。孟浩然《寻梅道士》:"崔徐迹未朽,千载揖清波。"又《和张判官登万山亭因赠洪府都督韩公》:"耆旧眇不接,崔徐无处寻。"

【崔衮】　字炳章,博陵安平(今属河北)人。戎之子,雍之弟。咸通四年(863)为漳州刺史。李商隐有《宿骆氏亭寄怀崔雍崔衮》。

【崔郎中】　❶指崔宗之。宗之天宝初为礼部郎中。李白有《赠崔郎中宗之》,又有《忆崔郎中宗之游南阳遗吾孔子琴抚之潸然感旧》。❷指崔倰。倰元和七年(812)为检校膳部郎中、襄州湖鄂两税使。元稹有《奉和严司空重阳日同崔常侍崔郎中及诸公登龙山落帽台佳宴》。❸指崔玄亮。玄亮长庆三年(823)以刑部郎中为湖州刺史。刘禹锡有《湖州崔郎中曹长寄三癖诗自言癖在诗与琴酒故为四韵以谢之》。白居易有《自到郡斋仅经旬日方专公务未及宴游偷闲走笔题二十四韵兼寄常州贾舍人湖州崔郎中仍呈吴中诸客》。❹指崔龟从。龟从大和七年(833)在考功郎中任。白居易有《履信池樱桃岛上醉后走笔送别舒员外兼寄考功崔郎中》,又有《池上送考功崔郎中兼别窦二妓》。❺指崔瑨。瑨会昌中以尚书郎中为常州刺史。姚合有《送崔郎中赴常州》。❻名未详。以尚书郎中为黔南观察使判官,与温庭筠有交往。温庭筠有《送崔郎中赴幕》,郎中一作判官。❼名未详。广明元年(880)以尚书郎中为虢州刺史。韦庄有《冬日长安感志寄献虢州崔郎中二十韵》,又有《送崔郎中往使西川行在》。❽名未详。五代时以尚书郎中为郑州刺史。胡令能有《观郑州崔郎中诸妓绣样》。

【崔娘】　指崔莺莺。杨巨源有《崔娘诗》。

【崔院长】　指崔韶。韶曾为户部员外郎,唐人员外郎相呼为院长。元稹有《元和五年予官不了罚俸西归三月六日至陕府与吴十一兄端公崔二十二院长思怆曩游因投五十韵》。

【崔純亮】　博陵安平(今属河北)人,徙居相州益阳(今河北磁县)。事迹附见《旧唐书·崔玄亮传》。孟郊有《赠别崔纯亮》,又有《寄崔纯亮》。

【崔棁】　字子文。博陵安平(今属河北)人,徙居博州(今山东聊城)。事迹见新旧《五代史》本传。《全唐诗》卷十六录其所作《晋朝飨乐章》七首。

【崔連州】　指崔简。简元和三年(808)为连州刺史。吕温有《初发道州答崔三连州题海阳亭见寄绝句》。

【崔曹長】　(長 zhǎng)指崔邠。贞元十八年(802)为司封郎中,故称。权德舆有《奉和李给事省中书情寄刘苗崔三曹长因呈许陈二阁老》。

【崔爽】　籍贯未详。与孟郊有交往。卒于湖南。孟郊有《送崔爽之湖南》,又有《览崔爽遗文因纾幽怀》,自注:"崔君没于南方。"

【崔處士】　(處 chǔ)❶指崔兴宗。卢象有《同王维过崔处士林亭》。按,王维、王缙、裴迪均有《与卢员外象过崔处士兴宗林亭》。❷指崔先。刘长卿有《送崔处士先适越》。

【崔常侍】　❶指崔希逸。希逸曾官左散骑常侍。

见《旧唐书·玄宗纪下》。王维《送岐州源长史归》题下注:"同在崔常侍幕中,时常侍已殁。"❷指崔潭峻。潭峻元和中为常侍、荆南监军。元稹有《奉和严司空重阳日同崔常侍崔郎中及诸公登龙山落帽台侍宴》。❸指崔玄亮。玄亮大和四年(830)为右散骑常侍。白居易有《题崔常侍济源庄》,又《七年元日对酒五首》之三:"除却崔常侍,无人共我争。"❹名未详。小说虚构之鬼。见《太平广记》卷三三引《灵怪集》。《全唐诗》卷八六六录其诗一首。❺名未详。大中三年(849)左右为检校散骑常侍、夏州刺史。杜牧有《夏州崔常侍自少常亚列出领麾幢十韵》。

【崔晦叔】　即崔玄亮。玄亮字晦叔。白居易《池上篇》序:"博陵崔晦叔与琴,韵甚清。"又有《哭崔常侍晦叔》。

【崔國輔】　青州益都(今属山东)人。徙居吴(今江苏苏州一带)。与诗人孟浩然、李白、杜甫、王昌龄及陆羽等均有交往。事迹略见《新唐书·宰相世系表二下》《唐诗纪事》卷十五、《唐才子传》卷二。《全唐诗》卷一一九录其诗一卷。

【崔崒】　(—zú)高峻貌。陈子昂《度峡口山赠乔补阙知之王二无竞》:"崔崒乍孤断,逶迤屡回直。"徐凝《观钓台画图》:"一水寂寥青霭合,两崖崔崒白云残。"

【崔敏童】　清河东武城(今河北清河东北)人。徙居博州(今山东聊城)。见《唐诗纪事》卷二五。《全唐诗》卷二五八录其诗一首。

【崔從事】　见"崔鄯"。

【崔庸】　苏州(今属江苏)人。乾宁初乡贡进士。天祐二年(905)进士及第。事迹略见《唐诗纪事》卷七一。《全唐诗》卷七一九录其诗一首。

【崔涯】　排行第六。博陵安平(今属河北)人,徙居吴、楚间。事迹略见《唐诗纪事》卷五二、《唐才子传》卷六。《全唐诗》卷五〇五录其诗七首,又卷八七〇录其诗二首。

【崔液】　(?—713)字润甫,小名海子。博陵安平(今属河北)人,徙居定州安喜(今河北定县)。事迹见新旧《唐书》本传。尤工五言诗,裴耀卿辑其集十卷。见《新唐书·艺文志四》,已佚。《全唐诗》卷五四录其诗十二首。

【崔寅亮】　博陵安平(今属河北)人,徙居相州滏阳(今河北磁县)。事迹附见《旧唐书·崔玄亮传》。孟郊有《送别崔寅亮下第》。

【崔參軍】　名未详。天宝初,贬为龙溪郡参军。王昌龄有《送崔参军往龙溪》。

【崔琦】　籍贯未详。肃、代间为宣歙观察使幕僚。卢纶有《送崔琦赴宣幕》。

【崔琰】　(159—216)字季珪。汉清河东武城(今河北清河东北)人。事迹见《三国志·魏志》本传。张九龄《和姚令公哭李尚书乂》:"人思崔琰议,朝掩祭遵公。"

【崔琮】　籍贯未详,大历二年(767)进士及第。事迹略见《唐诗纪事》卷三二。《全唐诗》卷二八一录其诗一首。

【崔華州】　指崔植。植大和二年(828)为华州刺史。白居易《和微之诗二十三首·和自劝二首》之二:"请看韦孔与钱崔,半月之间四人死。"自注:"韦中书、孔京兆、钱尚书、崔华州,十五日间,相次而逝。"

【崔博士】　指崔立之。立之元和十一年(816)前后为国子博士。杨巨源有《酬崔博士》。刘禹锡有《酬国子崔博士立之见寄》。

【崔逵】　籍贯未详。大历中任湖州安吉令。皎然有《赋得石梁泉送崔逵》。《全唐诗》卷七九四录其与清昼联句五首。

【崔都督】　名未详。广德元年(763)为嘉州都督。杜甫有《陪章留后惠义寺饯嘉州崔都督赴州》。

【崔黄門】　指崔日用。日用景云元年(710)七月拜黄门侍郎,参知机务。张九龄有《和崔黄门寓直夜听蝉之作》。

【崔惠】　见"崔惠童"。

【崔惠童】　一作崔思,一作崔惠,均误。清河东武城(今河北清河东北)人,徙居博州(今山东聊城)。与当时诗人王维、杜甫、岑参、梁锽、钱起等均有交往。事迹略见《新唐书·宰相世系表二下》《唐诗纪事》卷二五。《全唐诗》卷二五八录其诗一首。

【崔郾】　(768—836)字广略。清河东武城(今河北清河东北)人。事迹见新旧《唐书》本传。《全唐诗》卷五〇七录其诗一首。

【崔紫雲】　兵部李尚书之乐妓。眉目端丽,词华清峭,为杜牧所知。见《侍儿小名录》。《全唐诗》卷八〇〇录其诗一首。

【崔戢】　籍贯未详。杜甫晚年与之定交。杜甫有《晦日寻崔戢李封》。

【崔策】　字子符,排行第九。博陵安平(今属河北)人,徙居定州安喜(今河北定县)。事迹略见《新唐书·宰相世系表二下》。柳宗元有《与崔策登西山》。

【崔備】　清河东武城(今河北清河东北人),徙居许州鄢陵(今属河南)。事迹略见《新唐书·宰相世系表二下》《唐诗纪事》卷四五。《全唐诗》卷三一八录其诗五首。

【崔鈞】　字秉一。博陵安平(今属河北)人。徙居博州(今山东聊城)。事迹略见《旧唐书·崔元受传》。杜牧有《寄崔钧》。

【崔卿】 ❶指崔光绪。杜甫有《上卿翁请修武侯庙遗像缺落时崔卿权夔州》。❷指崔杞。杞,长庆中为大理少卿。顾非熊有《崔卿双白鹭》。贾岛有《崔卿池上双白鹭》,又有《崔卿池上鹤》。❸指崔群。白居易《四年春》:“分司吉傅频过舍,致仕崔卿拟卜邻。”

【崔評事】 ❶指崔公辅。公辅曾为大理评事。杜甫有《赠崔十三评事公辅》。❷指崔立之。立之贞元末为大理评事。韩愈有《赠崔立之评事》。❸名未详。杜甫外家表弟,官大理评事。杜甫《毒热寄简崔评事十六弟》,又有《崔评事弟许相迎不到应虑老夫见泥雨怯出必愆佳期走笔戏简》。❹名未详。杜甫外家表侄,官大理评事。杜甫有《戏寄崔评事表侄苏五表弟韦大少府诸侄》。❺名未详。贞元十六年(800)官大理评事。权德舆有《奉和崔评事寄外甥刘同州并呈杜宾客许给事王侍郎昆弟杨少尹李侍御并见寄之作》。

【崔敦詩】 即崔群。群字敦诗。刘禹锡《历阳书事七十韵》引:“友人崔敦诗罢丞相,镇宛陵。”

【崔善爲】 (537?—?)贝州武城(今河北清河东北)人,好学,善天文历算。事迹见《旧唐书·方伎传》,《新唐书》本传。《全唐诗》卷三八录其诗二首。

【崔湖州】 指崔玄亮。玄亮长庆三年(823)为湖州刺史。白居易有《夜泛阳坞入明月湾即事寄崔湖州》,又有《夜闻贾常州崔湖州茶山境会想羡欢宴因寄此诗》。

【崔湜】 (671—713)字澄澜。博陵安平(今属河北)人,徙居定州安喜(今河北定县)。事迹见新旧《唐书》本传。《全唐诗》卷五四录其诗三十二首。

【崔温】 籍贯未详。乡贡进士,不第。周朴有《秋夜不寐寄崔温进士》。

【崔嫂】 指杨汝士之妻崔氏。白居易《杨六尚书新授东川节度使代妻戏贺兄嫂二绝》之一:“何似沙哥领崔嫂,碧油幢引向东川。”

【崔給諫】 指崔郾。郾长庆初为给谏。窦庠有《奉和王侍郎春日喜李侍郎崔给谏张舍人韦谏议见访因命觞观乐之什》。

【崔瑗】 (77—142)汉涿郡安平(今属河北)人。事迹见《后汉书》本传。杜甫《桥陵诗三十韵因呈县内诸官》:“侧闻鲁恭化,秉德崔瑗铭。”

【崔著作】 指崔融。融圣历二年(699)为著作郎。陈子昂有《咏主人壁上画鹤寄乔主簿崔著作》,又有《登蓟城西北楼崔著作融入都》。

【崔楨】 当作崔植。元和十五年(820)八月,御史中丞崔植守中书侍郎、中书门下平章事。李绅《趋翰院遭诬构四十六韵》:“辨疑分黑白,举直抵朋徒。”注:“思政面论逢吉、崔桢奸邪。”

【崔萱】 字伯容。籍贯生平均未详。女诗人。《全唐诗》卷八〇一录其诗四首。

【崔萬】 籍贯未详。大历八年(773)前后在湖州,与刺史颜真卿及清昼(皎然)、陆士修、张荐、李崿、潘述等联句唱酬。《全唐诗》卷七八八、卷七九四录其与诸人联句一首。

【崔載華】 字茂实,排行第九,初官州录事。刘长卿有《送张起崔载华之闽中》,又有《同崔载华赠日本聘使》。戴叔伦有《答崔载华》。

【崔遇】 见“崔過”。

【崔鄖】 籍贯未详。官使府从事。以直言被贬,遂隐居不仕。孟郊有《大隐坊·崔从事郧以直隳职》。

【崔過】 籍贯未详。肃、代间为淄青节度使从事。韩翃有《送崔过归淄青幕府》。

【崔嵬】 (—wéi)本指有石之土山。后泛指高山,亦引申为高峻貌。见《诗·周南·卷耳》。张说《过蜀山道》:“披林入峭蒨,攀登陟崔嵬。”卢仝《忆金鹅山沈山人二首》之二:“天门九重高崔嵬,清空凿出黄金堆。”徐凝《题缙云山眉鼎池二首》之一:“黄帝旌旗去不回,空余片石碧崔嵬。”孙鲂《湖上望庐山》:“辍棹南湖首重回,笑青吟翠向崔嵬。”

【崔鉉】 (?—869)字台硕,博陵安平(今属河北)人,徙居博州(今山东聊城)。事迹见新旧《唐书》本传。《全唐诗》卷五四七录其诗二首。

【崔會稽】 (會 kuài)似指崔寓。寓至德二载(757)为会稽太守。包融有《和崔会稽咏王兵曹厅前涌泉势城中字》。

【崔頌】 博陵安平(今属河北)人。事迹略见《唐诗纪事》卷二二。《全唐诗》卷一一三录其诗一首。

【崔詹事】 指崔论。论宝应、广德间征为太子詹事。皎然有《送崔詹事论之上都》。

【崔雍】 (?—869)字顺中,博陵安平(今属河北)人。事迹见《新唐书》本传。李商隐有《宿骆氏亭寄怀崔雍崔衮》。

【崔道融】 (?—907)博陵安平(今属河北)人,徙居荆州(今湖北江陵)。事迹见《唐才子传》卷九、《十国春秋》本传。《新唐书·宰相世系表二下》,以为液之从子,误,当为从玄孙。《新唐书·艺文志四》著录其《东浮集》十卷,其中卷一缺。今均佚。《全唐诗》卷七一四录其诗一卷。

【崔滌】 (?—726)博陵安平(今属河北)人,徙居定州安喜(今河北定县)。事迹见新旧《唐书》本传。《全唐诗》卷五四录其诗一首。

【崔塗】 字礼山。睦州桐庐(今属浙江)人。光启四年(888)进士及第。唐末乱离,羁旅巴蜀、秦陇、吴楚等地。事迹略见《唐诗纪事》卷六一、《唐才子传》

卷九。工诗,《新唐书·艺文志四》著录其诗一卷,已佚。《全唐诗》卷六七九录其诗一卷。

【崔誠】 玄宗时人。见《册府元龟》卷六七一。玄宗《赐诸州刺史以题座右》注:"开元十六年,帝自择廷臣为诸州刺史,许景先虢州,源光裕郑州……崔诚遂州。"

【崔補闕】 ❶指崔峒。峒大历末为右补阙。包何有《长安晓望寄崔补阙》。卢纶有《客舍喜崔补阙司空拾遗访宿》。❷指崔群。群贞元末为右补阙。韩愈有《游青龙寺赠崔大补阙》。❸指崔道融。道融天祐三年(906)征为补阙,未赴。黄滔有《和王舍人崔补阙题天王寺》。徐夤有《吊崔补阙》。

【崔群】 (772—832)字敦诗。清河东武城(今河北清河东北)人。事迹见新旧《唐书》本传。《全唐诗》卷七九〇录其与裴度、刘禹锡、张籍、白居易等联句二首。

【崔嘏】 字乾锡。籍贯未详。一目失明。事迹附见《新唐书·李德裕传》,又见《新唐书·艺文志四》《唐诗纪事》卷五十。施肩吾有《嘲崔嘏》。

【崔碣】 字东标。博陵安平(今属河北)人。事迹见《新唐书》本传。杜牧有《江上雨寄崔碣》。

【崔署】 见"崔曙"。

【崔稱】 清河东武城(今河北清河东北)人。事迹略见《新唐书·宰相世系表二下》。李益有《自朔方还与郑式瞻崔称郑子周岑赞同会法云寺三门避暑》。

【崔僕射】 (射 yè)指崔圆。圆上元二年(761)为淮南节度使,永泰二年(766)加检校尚书右仆射。刘长卿有《同郭参谋咏崔仆射淮南节度使厅前竹》。

【崔端公】 ❶名未详,约大历中官侍御史。耿湋有《华州客舍奉和崔端公春城晓望》。❷名未详。约大历中官侍御史。李端有《题崔端公园林》。❸名未详,排行第十七。贞元初官侍御史。权德舆有《送崔端公郎君入京觐省》,又有《送崔端公赴度支江陵院三韵》。

【崔漠】 籍贯未详。杜甫之妻弟,大历五年(770),以监察御史为湖南观察使幕僚。杜甫有《别崔漠因寄薛据孟云卿》。

【崔賓客】 ❶指崔玄亮。玄亮大和六年(832)为太子宾客,分司东都。刘禹锡有《河南白尹有喜崔宾客归洛兼见怀长句因而继和》,又有《郡斋书怀寄江南白尹兼简分司崔宾客》。白居易有《答崔客宾晦叔十二月四日见寄》。❷指崔珙。珙会昌六年(846)为太子宾客。许浑有《陪少师李相国崔宾客宴居守狄仆射池亭》。

【崔閣老】 ❶指崔邠。邠贞元十八年(802)为中书舍人,故称。权德舆有《奉和崔阁老清明日候许阁老交直之际辱裴阁老书招云与考功苗曹长先城南游览独行口号因以简赠》,又有《贡院对雪以绝句代八行奉寄崔阁老》。❷指崔龟从。龟从大和九年(835)为中书舍人,开成四年(839)为宣歙观察使。白居易有《宣州崔大夫阁老忽以近诗数十首见示吟讽之下窃有所喜因成长句寄题郡斋》。

【崔駙馬】 ❶指崔惠童。惠童尚唐玄宗之女晋国公主,为驸马都尉。王维有《过崔驸马山池》。杜甫有《崔驸马山亭宴集》。岑参有《崔驸马山池重送宇文明府》。梁锽有《崔驸马宅咏画山水扇》。❷指崔杞。杞尚顺宗之女东阳公主,为驸马都尉。杨巨源有《酬崔驸马惠笺百张兼贻四韵》。张籍有《晚春过崔驸马东园》。姚合有《题崔附马宅》。朱庆余、无可均有《题崔驸马林亭》。

【崔瑾】 籍贯未详。肃、代时人。方士,隐居于滑州。王季友有《滑中赠崔高士瑾》。

【崔蔡】 汉崔瑗、蔡邕之连称。二人均为书法家,瑗擅草书,邕擅篆书。朱逵《怀素上人草书歌》:"妙绝当动鬼神泣,崔蔡幽魂更心死。"

【崔樞】 清河东武城(今河北清河东北)人。事迹见《唐诗纪事》卷五〇,又略见《新唐书·宰相世系表二下》。《全唐诗》卷三一九录其诗二首。

【崔敷】 清河东武城(今河北清河东北)人。见《新唐书·宰相世系表二下》。武元衡有《崔敷叹春物将谢恨不同览时余方为事牵束及往寻不遇题之留赠》。

【崔監】 ❶指崔杞。杞大和八年(834)在将作监任,八月,出为兖海观察使。姚合有《会将作崔监东园》。❷指崔咸。咸大和八年(834)终于秘书监。温庭筠有《经故秘书崔监扬州南塘旧居》。

【崔嶠】 字岩士。清河东武城(今河北清河东北)人。见《新唐书·宰相世系表二下》。贾岛有《送崔峤游潇湘》。

【崔橦】 籍贯生平均未详。《全唐诗逸》卷中录其逸句一联。

【崔魯】 见"崔橹"。

【崔魯範】 洛阳(今属河南)人。唐末乡贡进士。郑准有《寄进士崔鲁范》。

【崔論】 博陵安平(今属河北)人,徙居定州安喜(今河北定县)。事迹见《旧唐书》本传、《新唐书·崔液传》。皎然有《夏日同崔使君论登城楼赋得远山》,又有《送崔詹事论之上都》。

【崔駰】 (?—92)字亭伯。汉涿郡安平(今属河北)人。事迹见《后汉书》本传。骆宾王《边夜有怀》:"苏武封犹薄,崔驷宦不工。"张说《酬崔光禄冬日述怀赠答》:"忽枉崔驷什,兼流韦孟词。"

【崔璞】　清河东武城(今河北清河东北)人。事迹略见《唐诗纪事》卷六四。《全唐诗》卷六三一录其诗二首。

【崔融】　❶(653—706)字安成，一作文成，误。齐州全节(今山东章丘西)人。事迹见新旧《唐书》本传。为文典丽。与李峤、苏味道、杜审言为“文章四友”，世称“崔李苏杜”。《新唐书·艺文志四》著录其文集六十卷，已佚。《全唐诗》卷六八录其诗一卷。❷见“崔庸”。

【崔盧】　自六朝至唐两个著姓。六朝时，山东为“郡姓”，王、卢、李、郑为大；至唐，则以崔、卢、李、郑为四姓，加太原王氏为五姓。卢发《酒令》之二：“十姓胡中第六胡，文章官职胜崔卢。”

【崔興宗】　(興 xīng)排行第九。籍贯未详，居京兆蓝田(今属陕西)。王维之内弟。天宝十一载(752)在右补阙任。事迹略见《唐诗纪事》卷十六。《全唐诗》卷一三九录其诗五首。

【崔學士】　❶指崔国辅。国辅天宝十载(751)，为集贤直学士。杜甫有《奉留赠集贤院崔于二学士》。❷指崔充。充咸通十三年(872)，六月充翰林学士承旨，九月加检校工部尚书，充东川节度使。薛能有《送崔学士赴东川》。❸指崔仁宝。仁宝曾任翰林学士。黄滔有《寄同年崔学士》。

【崔積】　字实方。清河东武城(今河北清河东北)人。事迹略见《新唐书·宰相世系表二下》。武元衡有《秋灯对雨寄史近崔积》。

【崔穉璋】　籍贯未详。排行第二十一。权德舆有《寄临海郡崔稚璋》。

【崔錡】　程锜之讹，蜀州唐安人。会昌中，以大理评事为普州从事。《全唐诗续补遗》卷十三录其诗一首。

【崔錢】　崔群、钱徽之连称。二人皆为白居易挚友。白居易《效陶潜体诗十六首》之七：“我有同心人，邈邈崔与钱。”

【崔錄事】　❶指崔载华。刘长卿有《酬李员外从崔录事载华宿三河戍先见寄》。❷指崔稚璋。稚璋贞元间为台州录事。权德舆有《送台州崔录事》。

【崔諫議】　❶指崔郾。郾元和十五年(820)为谏议大夫。陆畅有《崔谏议林亭》逸句。❷指崔璞。咸通十年(869)以谏议大夫为苏州刺史。陆龟蒙有《奉和袭美病中书情寄上崔谏议次韵》。皮日休有《春日陪崔谏议樱桃园宴》。❸名未详。乾符中以谏议大夫为池州刺史。李昭象有《山中寄崔谏议》。

【崔諭德】　指崔公颖。公颖为方士，征为太子右谕德。贞元十八年(802)在任，不久致仕。权德舆有《送崔谕德致政东归》。

【崔諮議】　名未详。天宝六载(747)官王府咨议参军事。李白有《赠崔咨议》。

【崔慶孫】　籍贯未详，曾居会稽(今浙江绍兴)。唐末进士。罗隐有《寄崔庆孙》。

【崔潞】　崔璐之讹。陆龟蒙有《奉和袭美酬前进士崔潞盛制见寄因赠至一百四十言》。

【崔澹】　字知止，澹一作瞻，误。博陵安平(今属河北)人。事迹略见新旧《唐书》本传。《全唐诗》卷五六六录其诗一首。

【崔璐】　字大圭。清河东武城(今河北清河东北)人，居苏州(今属江苏)。咸通七年(866)，进士及第。与皮日休有唱酬。事迹略见《唐诗纪事》卷六四。《全唐诗》卷六三一录其诗一首。

【崔嬰】　博陵安平(今属河北)人。事迹略见《旧唐书·崔戎传》《新唐书·宰相世系表二下》。李颀有《送崔婴赴汉阳》。

【崔徽】　浦州(今山西永济西)人。妓女。貌美。裴敬中以兴元幕使浦州，徽一见动情，相从累月，敬中使还，怨抑不能自支。见《绿窗新语》卷上引《丽情集》。元稹有《崔徽歌》。罗虬《比红儿诗》之五六：“崔徽有底多头面，费得微之尔许才。”

【崔瞻】　见“崔澹”。

【崔膺】　一作崔應，误。博陵安平(今属河北)人。事迹见《唐诗纪事》卷四三。《全唐诗》卷二七五录其诗二首。

【崔應】　见“崔膺”。

【崔澣】　博陵安平(今属河北)人。徙居博州(今山东聊城)。见《新唐书·宰相世系表二下》。刘沧有《留别崔澣秀才昆仲》。

【崔濮陽】　指崔季重。季重天宝十二载(753)为濮阳太守。王维有《崔濮阳兄季重前山兴》。

【崔績】　籍贯未详，大历间乡贡进士。《全唐诗》卷二八八录其诗一首。

【崔翹】　齐州全节(今山东章丘西)人。事迹附见《旧唐书·崔融传》《崔慎由传》《新唐书·崔融传》。《全唐诗》卷一二四录其诗三首。

【崔曙】　(？—739)一作崔署，误。籍贯未详，曾居宋州(今河南商丘)。事迹见《唐诗纪事》卷二〇、《唐才子传》卷二。《全唐诗》卷一五五录其诗一卷。

【崔魏】　崔尚、魏启心之连称。杜甫《壮游》：“斯文崔魏徒，以我似班扬。”原注：“崔郑州尚，魏豫州启心。”

【崔禮】　崔杞之讹。杞，博陵安平(今属河北)人。事迹略见《新唐书·宰相世系表二下》。王建有《赠崔礼驸马》。

【崔禮部】　指崔泰之。泰之先天二年(713)为礼部侍郎。韦嗣立有《自汤还都经龙门北溪赠张左丞崔礼部崔光禄》。张说有《崔礼部园亭得深字》。

【崔櫓】　一作崔鲁。荆南(今湖北江陵)人。大中间进士,一说广明间进士。官棣州司马。事迹略见《唐诗纪事》卷五八、《唐才子传》卷九。《新唐书·艺文志四》著录其《无讥集》四卷,已佚。《全唐诗》卷五六七录其诗十四首。

【崔羅什】　(541—569)北齐清河东武城(今河北清河东北)人。事见段成式《酉阳杂俎·冥迹》。李商隐《圣女祠》:"人间定有崔罗什,天上应无刘武威。"

【崔懷寶】　籍贯未详。人称狂生。为河南司隶。《全唐诗》卷八九一录其《忆江南》词一首。

【崔藩】　籍贯未详。贞元间乡贡进士。《全唐诗》卷七八〇录其诗一首。

【崔議司】　崔司议之倒。崔司议指崔泰之。泰之圣历中为司议郎。陈子昂《喜马参军相遇醉歌》序:"毕大拾遗、陆六侍御、崔议司、崔兵曹、鲜于晋、崔酒子、怀一道人当知吾比评是实录也。"

【崔護】　(?—831?)字殷功。清河东武城(今河北清河东北)人。事迹略见《新唐书·宰相世系表二下》《唐诗纪事》卷四〇。《全唐诗》卷三六八录其诗六首。

【崔顥】　(?—754)汴州(今河南开封)人。为人好蒱博,嗜酒,娶妻唯择貌美者,稍不惬意,即弃之,凡四五娶。有才名,闻于开元、天宝间,曾赋诗黄鹤楼,李白见之,曰:"眼前有景道不得,崔颢题诗在上头。"为之敛手。事迹见《旧唐书·艺文志四》著录其诗一卷,已佚。《全唐诗》卷一三〇录其诗一卷。

【崔巍】　高俊貌。见《楚辞·东方朔〈七谏·初发〉》。玄宗《过大哥山池题石壁》:"澄潭皎镜石崔巍,万壑千岩暗绿苔。"孟郊《陪侍御叔游城南山墅》:"夜坐拥肿亭,昼登崔巍岑。"

【崔鶯鶯】　(784—?)名未详,小名莺莺,字双文。博陵安平(今属河北)人。事见元稹《莺莺传》。《全唐诗》卷八〇〇录其诗三首。

【崔澧州】　指崔瓘。瓘永泰元年(765)为澧州刺史。张谓有《寄崔澧州》。

【崔瓘】　(?—770)博陵安平(今属河北)人。事迹见新旧《唐书》本传。《全唐诗》卷三一一录其诗一首。

峴

〔niè《集韵》倪結切,入屑,疑。〕见"峴屼"。

【峴屼】　不安貌。亦指危难之境。李白《梁甫吟》:"风云感会起屠钓,大人峴屼当安之。"又《献从叔当涂宰阳冰》:"萧曹安峴屼,耿贾摧欃枪。"

崟

〔yín《广韵》魚金切,平侵,疑。〕高耸。"崟岌""崟岑"。

【崟岌】　高险的山。李白《鸣皋歌送岑征君》:"玄猿绿罴,舔舕崟岌。"

【崟岑】　高耸。亦指高耸的山峰。李德裕《追和太师颜公同清远道士游虎丘寺》:"潭黛入海底,崟岑耸霄半。"

崢

〔zhēng《广韵》士耕切,平耕,崇。又助庚切,平庚,崇。〕❶高峻。见《战国策·楚策一》。亦指高峻的山峰。韩愈、孟郊《城南联句》:"大句斡玄造,高言轧霄峥。"❷见"峥嵘"。❸象声词。状丝竹、泉水等声音。刘禹锡《令狐相公见示赠竹二十韵仍命继和》:"一听清瑶音,峥然长在耳。"见"峥摐""峥潺"。

【崢摐】　象声词。状丝竹之声。元稹《泛江玩月十二韵》:"饮荒情烂熳,风棹乐峥枞。"

【崢潺】　象声词。状泉水之声。陆龟蒙《引泉诗》:"泉分数十汊,落处皆峥潺。"

【崢嶸】　❶高峻。见《文选·班固〈西都赋〉》。储光羲《哥舒大夫颂德》:"大非四决轧,石堡高峥嵘。"李白《赠从弟南平太守之遥二首》之一:"翰林秉笔回英眄,麟阁峥嵘谁可见。"顾况《范山人画山水歌》:"山峥嵘,水泓澄,漫漫汗汗一笔耕。"贯休《梦游仙四首》之四:"宫殿峥嵘笼紫气,金渠玉砂五色水。"❷谓高峻的山峰。韩愈《奉和裴相公东征途经女几山下作》:"敢请相公平贼后,暂携诸吏上峥嵘。"杜牧《奉和门下相公送西川相公兼领相印出镇全蜀诗十八韵》:"回首峥嵘尽,连天草树芳。"李群玉《湘西寺霁夜》:"皓夜千树寒,峥嵘万岩雪。"罗隐《龙泉东下却寄孙员外》:"百尺风帆两行泪,不堪回首望峥嵘。"❸喻人才突出,不凡。杜荀鹤《送李镡游新安》:"邯郸李镡才峥嵘,酒狂诗逸难干名。"李商隐《五言述德抒情诗献上杜七兄仆射相公》:"九河分合沓,一柱忽峥嵘。"❹高旷。杜甫《画鹘行》:"乾坤空峥嵘,粉墨且萧瑟。"❺形容岁月逝去。见《文选·鲍照〈舞鹤赋〉》。李白《荆州贼平临洞庭言怀作》:"岁晏天峥嵘,时危人枯槁。"杜甫《敬赠郑谏议十韵》:"筑居仙缥缈,旅食岁峥嵘。"权德舆《酬别蔡十二见赠》:"峥嵘岁阴晚,愀怆斋念繁。"陆龟蒙《江南秋怀寄华阳山人》:"相欢时帖泰,独坐岁峥嵘。"钱珝《江行无题一百首》之七五:"放歌虽自遣,一岁又峥嵘。"❻深远,深邃。见《楚辞·远游》。岑参《送史司马赴崔相公幕》:"峥嵘丞相府,清切凤皇池。"高适《同薛司直诸公秋霁曲江俯见南山作》:"深沉俯峥嵘,清浅延阻修。"卢仝《月下寄徐希仁》:"上天何寥廓,下地何峥嵘。"元稹《望云骓马歌》:"峥嵘白草眇难期,谽洞黄泉安可人。”❼幽暗，阴沉。见《文选・鲍照〈芜城赋〉》。杜甫《喜雨》：“峥嵘群山云，交会未断绝。”孟郊《感怀》：“登高望寒原，黄云郁峥嵘。”贯休《经古战场》：“秋空峥嵘，黄日将没。”❽凛冽。李白《答王十二寒夜独酌有怀》：“怀余对酒夜霜白，玉床金井水峥嵘。”杜甫《自京赴奉先县咏怀五百字》：“天衢阴峥嵘，客子中夜发。”罗隐《雪霁》：“南山雪乍晴，寒气转峥嵘。”❾枯槁。杜甫《枯楠》：“楩楠枯峥嵘，乡党皆莫记。”孟郊《秋怀》之二：“梧桐枯峥嵘，声响如哀弹。”❿形容波涛汹涌。王昌龄《小敷谷龙潭祠作》：“跳波沸峥嵘，深处不可挹。”李德裕《东郡怀古二首・王京兆》：“峥嵘金堤下，喷薄风雷音。”李群玉《寄短书歌》：“翔雁横秋过洞庭，西风落日浪峥嵘。”

【崢嶸洲】　地名。在今湖北鄂城县东。一名得胜洲。东晋将军刘毅曾破桓玄于此。张谓《别韦郎中》：“峥嵘洲上飞黄蝶，滟滪堆边起白波。”

【崢嶸嶺】　即峥嵘山。在今浙江衢州。三国吴遣将军郑平以千人守峥嵘镇，即此。孟郊有《峥嵘岭》。

崤　〔xiáo《广韵》胡茅切，平肴，匣。又胡刀切，平豪，匣。〕亦作“殽”。山名。在今河南洛宁县西北。西接陕县界，东接渑池县界。见《左传・僖公三十二年》。元稹《江边四十韵》：“辱泥疑在绛，避雨想经崤。”见“崤陵”。

【崤函】　崤山和函谷。自古为险要关隘。函谷东起崤山，故以并称。太宗《入潼关》：“崤函称地险，襟带壮两京。”杜甫《塞芦子》：“回略大荒来，崤函盖虚尔。”白居易《和梦游春诗一百韵》：“怀策入崤函，驱车辞郏鄏。”谭用之《途次宿友人别墅》：“千里崤函一梦劳，岂知云馆共萧骚。”

【崤函谷】　指函谷关。崤山西起函谷，故称。骆宾王《帝京篇》：“皇居帝里崤函谷，鹑野龙山侯甸服。”

【崤陵】　山崤。骆宾王《秋日饯陆道士陈文林》：“日霁崤陵雨，尘起洛阳风。”韩愈《送侯参谋赴河中幕》：“别袖拂洛水，征车转崤陵。”刘禹锡《同乐天送河南冯尹学士》：“崤陵路静寒无雨，洛水桥长昼起雷。”

崩　〔bēng《广韵》北滕切，平登，幫。〕❶倒塌。李白《远别离》：“苍梧山崩湘水绝，竹上之泪乃可灭。”韩愈《游城南十六首・题韦氏庄》：“架倒藤全落，篱崩竹半空。”陈羽《姑苏台怀古》：“三千宫女看花处，人尽台崩花自开。”周朴《秋深》：“长城哭崩后，寂绝至如今。”❷败坏；沦丧。皮日休《奉和鲁望读阴符经见寄》：“时代更复改，刑政崩且陊。”见“崩淪”。❸崩裂。韩愈《永贞行》：“雄虺毒螫堕股肱，食中置药肝心崩。”孟郊《秋怀》之十三：“瘦坐形欲折，腹饥心将崩。”❹分解；分裂。常楚老《祖龙行》：“陈胜城中鼓三下，秦家天地如崩瓦。”见“崩查”“崩豁”。❺崩殂。指帝王之死。杜甫《咏怀古迹五首》之四：“蜀主窥吴幸三峡，崩年亦在永安宫。”❻奔，奔腾。见“崩怒”“崩濤”。❼纷乱。见“崩亂”。

【崩山】　崩塌的山。韩愈《落齿》：“终焉舍我落，意与崩山比。”

【崩亡】　(—wáng)崩溃灭亡。元结《二风诗・乱风诗五篇・至惑》序：“古有惑王，用奸臣以虐外，宠妖女以乱内，内外用乱，至于崩亡。”

【崩天】　谓天空塌陷。喻朝廷倾覆。张祜《读西汉书十四韵》：“元成真渐地，哀少卒崩天。”

【崩石】　崩塌下来的山石。杜甫《重题郑氏东亭》：“崩石欹山树，清涟曳水衣。”韦应物《自蒲塘驿回驾经历山水》：“高树夹潺湲，崩石横阴巘。”

【崩危】　分崩重危。陈子昂《感遇诗三十八首》之二九：“拳跼竞万仞，崩危走九冥。”

【崩城】　崩塌的城墙。岑参《函谷关歌送刘评事使关西》：“君不见函谷关，崩城毁壁至今在。”

【崩坼】　山崩地坼。喻社会大变动。王勃《倬彼我系》之二：“晋历崩坼，衣冠扰弊。”

【崩奔】　(—bēn)❶奔波；奔驰。王昌龄《咏史》：“明夷方遘患，顾我徒崩奔。”李白《书情题蔡舍人雄》：“我纵五湖棹，烟涛恣崩奔。”杜甫《阆州东楼筵奉送十一舅往青城县得昏字》：“高贤意不暇，王命久崩奔。”又《追酬故高蜀州人日见寄》：“边塞西蕃最充斥，衣冠南渡多崩奔。”元稹《竞渡》：“龙蛇相嗔薄，海岱俱崩奔。”❷奔腾；飞舞。储光羲《舟中别武金坛》：“偶坐灿明星，归志潜崩奔。”韩愈《酬蓝田崔丞立之咏雪见寄》：“崩奔惊乱射，挥霍讶相缠。”❸为名利奔走。贯休《古意九首》之二：“不慕需臑类，附势同崩奔。”

【崩岸】　崩裂的山岸。钱起《登玉山诸峰偶至悟真寺》：“蟠木盖石梁，崩岩露云穴。”

【崩湍】　急流。徐彦伯《淮亭吟》：“崩湍委咽日夜流，孤客危坐心自愁。”皎然《妙喜寺高房期灵澈上人不至重招之一首》：“岂虑咆虎逢，乍疑崩湍隔。”亦用喻难以猜测的祸心。齐己《行路难》：“惊波不在黤黮间，小人心里藏崩湍。”

【崩波】　奔腾的波浪。见《文选・鲍照〈还都道中作〉》。杜甫《别唐十五诫因寄礼部贾侍郎》：“飘摇适东周，来往若崩波。”

【崩迫】　❶奔忙。杜甫《催宗文树鸡栅》：“吾衰怯行迈，旅次展崩迫。”❷迫切。杜甫《早行》：“干戈未揖让，崩迫开其情。”

【崩怒】　奔腾怒吼。沈亚之《湘中怨》解：“须臾，风涛崩怒，遂迷所往。”

【崩涷】　使冰冻之地崩裂。杜甫《火》：“爆嵌魑魅泣，崩冻岚阴眇。”

【崩冢】　崩塌的坟墓。崔国辅《漂母岸》：“几年崩冢色，每日落潮痕。”

【崩崖】　谓山崖崩落。权德舆《马秀才草书歌》：“乍疑崩崖瀑水落，又见古木饥鼯愁。”亦用以借指山石崩落之声。高宗《从萧叔子听弹琴赋得三峡流泉歌》：“巨石崩崖指下生，飞泉走浪弦中起。”

【崩剥】　(—bō)倒塌剥落。王昌龄《出郴山口至叠石湾野人室中寄张十一》：“叠沙积为岗，崩剥雨露幽。”韦应物《答河南李士巽题香山寺》：“墙宇或崩剥，不见旧题名。”元稹《江陵三梦》之二：“崩剥山门坏，烟绵坟草生。”白居易《游石门涧》：“萧疏野生竹，崩剥多年石。”

【崩沦】　衰落，沦丧。李白《古风》之三五：“大雅思文王，颂声久崩沦。”

【崩雲】　❶行云，奔腾的云彩。岑文本《奉述飞白书势》：“风举崩云绝，鸾惊游雾疏。”王勃《春日宴乐游园赋韵得接字》：“流水抽奇弄，崩云洒芳牒。”柳宗元《答刘连州邦字》：“崩云下漓水，劈箭上浔江。”吴融《赠广利大师歌》：“崩云落日千万状，随手变化生空虚。”❷使云彩碎裂。李峤《书》：“垂露春光满，崩云骨气余。”李白《献从叔当涂宰阳冰》：“落笔洒篆文，崩云使人惊。”

【崩槎】　朽散的木筏。窦冀《怀素上人草书歌》：“边风杀气同惨烈，崩槎卧木争摧折。”

【崩摧】　崩陷；倒塌。李白《梦游天姥吟留别》：“列缺霹雳，丘峦崩摧。”高适《酬裴员外以诗代书》：“城池何萧条，邑屋更崩摧。”

【崩頹】　崩裂塌陷。齐己《静坐》：“绳床欹坐任崩颓，双眼醒醒闭复开。”

【崩壁】　崩裂的石壁。黄滔《题友人山居》：“新泉浮石藓，崩壁露松根。”

【崩壑】　指船。见《庄子·大宗师》。韦应物《往云门郊居途经回流作》：“崩壑方见射，回流忽已舒。”

【崩濤】　奔腾的波涛。严武《题龙日寺西龛石壁》：“远江崩涛喧，复涧微雨休。”

【崩亂】　动乱。孟郊《献汉南樊尚书》：“天下昔崩乱，大君识贤臣。”

【崩盪】　崩溃动荡。元结《二风诗·乱风诗五篇·至伤》序：“古有伤王，以崩荡之余，无恶不为也。”

【崩豁】　崩裂。韩愈《调张籍》：“垠崖划崩豁，乾坤摆雷硠。”

【崩壘】　崩塌的营垒。王贞白《经故洛城》：“但余崩垒在，今古共伤情。”

【崩隳】　倒塌毁坏。贯休《读〈玄宗幸蜀记〉》：“百官皆剽劫，九庙尽崩隳。”

【崩騰】　❶奔腾。宋务光《海上作》：“崩腾翕众流，泱漭环中国。”李华《仙游寺》：“开拆秋天光，崩腾夏雷吼。”朱逵《怀素上人草书歌》：“怪状崩腾若转蓬，飞丝历乱如回风。”许棠《过分水岭》：“云势崩腾时向背，水声呜咽若东西。”❷奔走；奔波。高适《送蔡山人》：“我今蹭蹬无所似，看尔崩腾何若为。”贯休《题兰江言上人院二首》之二：“只是危吟坐翠层，门前岐路自崩腾。”❸动乱；纷乱。杜甫《送顾八分文学适洪吉州》：“崩腾戎马际，往往杀长吏。”岑参《送许子擢第归江宁拜亲因寄王大昌龄》：“奔走朝万国，崩腾集百灵。”刘禹锡《和董庶中古散调词赠尹果毅》：“崩腾天宝末，尘暗燕南垂。”❹杂乱无序。王维《老将行》：“汉兵奋迅如霹雳，虏骑崩腾畏蒺藜。”❺飞扬，飘扬。韩愈《辛卯年雪》：“崩腾相排拶，龙凤交横飞。”

崒　〔zú《广韵》慈卹切，入術，從。〕亦作“崪”。❶高；险峻。杜甫《乐游园歌》：“乐游古园崒森爽，烟绵碧草萋萋长。”户肇《汉堤诗》：“捍此巨灾，崒若京阜。”❷见“崒崒”。

【崒兀】　亦作“崪兀”“崒屼”。高险；高耸。李白《游溧阳北湖亭望瓦屋山怀古赠同旅》：“高坟五六墩，崒兀栖猛虎。”杜甫《自京赴奉先县咏怀五百字》：“群冰从西下，极目高崒兀。”张祜《题苏州思益寺》：“两峰高崒屼，一水下淫渗。”

【崒崒】　象声词。物体轻微的摩擦声。孟郊《弦歌行》：“暗中崒崒拽茅鞭，倮足朱裈行戚戚。”

【崒然】　高耸貌。杜甫《久雨期王将军不至》：“安得突骑只五千，崒然眉骨皆尔曹。”

崇　〔chóng《广韵》鋤弓切，平東，崇。〕❶高大。萧颖士《菊荣一篇五章》之二：“宜尔栋崇，必复其庆。”韦应物《同德寺阁集眺》：“嵩少多秀色，群山莫与崇。”王建《上武元衡相公》：“旌旗坐镇蜀江雄，帝命重开旧阁崇。”刘禹锡《白太守行》：“朱户非不崇，我心如重狴。”元稹《春六十韵》：“地甲门阑大，天开禁掖崇。”❷大，长。陈元光《落成会咏一首》：“凌烟乔木茂，献宝介圭崇。”韦纾《赋得风动万年枝》：“天年方未极，圣寿比应崇。”李群玉《哭郴州王使君》：“银章朱绂照云骢，六换鱼书惠化崇。”❸崇高；高贵。杜甫《后出塞五首》之四：“主将位益崇，气骄陵上都。”韦应物《郡斋雨中与诸文士燕集》：“自惭居处崇，未睹斯民康。”陈璠《临刑诗》：“积玉堆金官又崇，祸来倏忽变成空。”❹尊崇，推崇。陆坚《奉和圣制送张说上集贤学士赐宴》：“圣主崇文教，层霄降德音。”蒋涣《故太常卿礼部尚书李公及夫人挽歌二首》之一：“典秩崇三礼，临戎振五兵。”皎然《奉和袁使君高郡中新亭会张炼师昼会二上人》：“公性崇俭素，雅才非广求。”章孝标《送无相禅师入关》：“圣主方崇教，深宜谒紫宸。”李沛《海水不扬波》："明朝崇大道，寰海免波扬。"❺使高；使大。张南史《独孤常州北亭》："始能崇结构，独有谢宣城。"陆龟蒙《读襄阳耆旧传因作诗五百言寄皮袭美》："先崇丘旦室，大惧隳结构。"❻重大；隆重。徐坚《奉和圣制送张说巡边》："寄崇专斧钺，礼备设坛场。"褚琇《奉和圣制送张说上集贤学士赐宴》："宣室恩尝异，金华礼更崇。"耿沣《奉送蒋尚书兼御史大夫东都留守》："副相威名重，春卿礼乐崇。"于邵《释奠武成王乐章·迎神》："盛烈载垂，命祀惟崇。"亦用以称威严。叶季良《省试吴宫美人战》："鼓停行未正，刑举令才崇。"❼丰厚。李观《试中和节诏赐公卿尺诗》："淑节韶光媚，皇明宠锡崇。"无名氏《云母屏风隔坐》："意惬恩偏厚，名新宠更崇。"亦指周到，详备。刘禹锡《白舍人见酬拙诗因以寄谢》："甘陵旧党凋零尽，魏阙新知礼数崇。"❽高耸。徐浩《宝林寺作》："塔庙崇其巅，规模称壮哉。"❾积聚；丛生。见"崇蘭"。❿兴盛。见"崇替"。⓫装饰。见"崇飾"。⓬见"崇期"。⓭山名。见"崇山"。⓮通"终"。终尽。见"崇朝"。

【崇大】　尊崇光大。杜甫《送高司直寻封阆州》："拔为天军佐，崇大王法度。"

【崇山】　❶高山。贾至《燕歌行》："前临滹沱后易水，崇山沃野亘千里。"孟迟《新安故关》："汉帝英雄重武材，崇山险处凿门开。"吴筠《高士咏·太伯延陵》："尊荣比蝉翼，道义侔崇山。"❷山名。相传舜放驩兜之处。见《书·舜典》。沈佺期《从崇山向越常》："朝发崇山下，暮坐越常阴。"杜甫《九日寄岑参》："维南有崇山，恐与川浸溜。"杜牧《见宋拾遗题名处感而成诗》："怜君更抱重泉恨，不见崇山谪去时。"又《闻开江相国宋下世二首》之一："贞魂误向崇山没，冤气疑从湘水回。"

【崇山郡】　指今广西凌云县和西林县一带。裴夷直有《崇山郡》："地尽炎荒瘴海头，圣朝今又放驩兜。"参见"崇山"。

【崇元觀】　（觀 guàn）道观名。故址在今江西吉水县境。吕岩有《题崇元观》，原题下注："在吉水县。"

【崇牙】　❶悬挂编钟、磬之类乐器的木架上端所刻的锯齿。亦代指磬架。见《诗·周颂·有瞽》。《郊庙歌辞·朝日乐章·舒和》："崇牙树羽延调露，旋宫扣律掩承云。"元稹《代曲江老人百韵》："建簴崇牙盛，衔钟兽目嗔。"❷旗边的齿状边饰。见《礼记·明堂位》。柳宗元《同刘二十八院长五十二韵之作因其韵增至八十通赠二君子》："鸾凤标魏阙，熊武负崇牙。"

【崇文】　❶指弘文馆。太宗《帝京篇十首》之二："岩廓罢机务，崇文聊驻辇。"又《赋尚书》："崇文时驻步，东观还停辇。"❷人名，即高崇文。韩愈《元和圣德诗》："爰命崇文，分卒禁御。有安其驱，无暴我野。"

【崇文館】　指弘文馆。李商隐《代秘书赠弘文馆诸校书》："崇文馆里丹霜后，无限红梨忆校书。"

【崇丘】　高丘，高山。韩愈《南山诗》："尝升崇丘望，戢戢见相凑。"权德兴《周平西墓》："英威今寂寞，陈迹对崇丘。"

【崇虎】　同"崇侯"。周昙《咏史诗·三代门·太公》："昌猎关西纣猎东，纣怜崇虎弃非熊。"

【崇典】　尊崇先王之遗制。顾况《乐府》："亲祀先崇典，躬推示劝耕。"

【崇岸】　高岸。张祜《又陪楚州韦舍人阊门游燕次韵北阊门》："岷峷基崇岸，湾环隘近艘。"

【崇岡】　高冈，高峻的山冈。杜甫《桥陵诗三十韵因呈县内诸官》："崇冈拥象设，沃野开天庭。"又《病柏》："有柏生崇冈，童童状车盖。"

【崇垣】　高墙。段成式、张希复《游长安诸寺联句·大同坊云华寺·偶联句》："坏幡标古刹，圣画焕崇垣。"

【崇重】　（—zhòng）尊重，敬重。杜甫《赠特进汝阳王二十韵》："招要恩屡至，崇重力难胜。"

【崇侯】　殷纣王时卿士，为崇国之侯。事见《史记·周本纪》。后亦用以指佞臣。徐夤《西寨寓居》之二："崇侯入辅严陵退，堪忆啼猿万仞峰。"

【崇班】　高位。杜审言《和李大夫嗣真奉使存抚河东》："莫以崇班阕，而云胜托捐。"卢怀慎《奉和九日幸临渭亭登高应制得还字》："无因酬大德，空此愧崇班。"宋璟《奉和御制璟与张说源乾曜同日上官命宴都堂赐诗应制》："厚秩先为忝，崇班复此除。"杜甫《承闻故房相公灵榇自阆州启殡归葬东都有作二首》之一："孔明多故事，安石竟崇班。"

【崇真觀】　（觀 guàn）道观名。在唐京城长安（今陕西西安）东南曲江北。鱼玄机有《游崇真观南楼睹新及第题名处》。

【崇恩】　巨大的恩宠。李峤《奉和幸望春宫送朔方总管张仁亶》："猛气凌玄朔，崇恩降紫宸。"

【崇峻】　高大险峻。谭铢《题九华山》："巍峨本无动，崇峻性岂偏。"

【崇高】　❶高，高大。赵彦昭《奉和幸长安故城未央宫应制》："崇高惟在德，壮丽岂为谟。"❷地位特殊；优越。张九龄《荆州作二首》之二："崇高自有配，孤陋何足干。"王维《留别山中温古上人兄并示舍弟缙》："舍弟官崇高，宗兄此削发。"

【崇推】　尊崇，推重。吴筠《览古十四首》之一："大汉历五叶，斯文复崇推。"

【崇梵】　寺名，在今山东东阿县境。王维《寄崇梵僧》："崇梵僧，崇梵僧，秋归覆釜春不还。"

【崇晨】　犹崇朝。极言时间之短。李白《颍阳别元丹丘之淮阳》："万事难并立，百年犹崇晨。"参见"崇朝"。

【崇崇】 ❶尊敬貌。孟郊《劝善吟》："我愿拜少年，师之学崇崇。"❷象声词。元结《补乐歌十首·六英》："我有金石兮，击考崇崇。"❸形容词后缀。孟郊《蓝溪元居士草堂》："蓝岸青漠漠，蓝峰碧崇崇。"白居易《旅次华州赠袁右丞》："渭水绿溶溶，华山青崇崇。"

【崇祭】 崇敬地祭祀。元结《演兴四首·招太灵》："嗟魑魅兮淫厉，自古昔兮崇祭。"

【崇望】 殷切地盼望。皎然《哭吴县房耸明府》："幡然远行时，崇望归朝旋。"

【崇崒】 (—zú)高耸貌。陈子昂《与东方左史虬修竹篇》："峰岭上崇崒，烟雨下微冥。"

【崇陵】 高峻的土山。王建《早登西禅寺阁》："烟雾开时分远寺，山川晴处见崇陵。"

【崇替】 兴废，盛衰。见《国语·楚语下》。皎然《早春书怀寄李少府仲宣》："崇替惊人事，凋残感物华。"

【崇華】 华丽。沈千运《山中作》："咳唾矜崇华，迂俯相屈伸。"

【崇期】 四通八达的道路。见《尔雅·释宫》。李义府《在嶲州遥叙封禅》："天齐标巨镇，日观启崇期。"

【崇朝】 (—zhāo)终朝，从天亮到早饭时。见《诗·鄘风·蝃蝀》。唐诗中多指整天。许敬宗《奉和咏雨应诏》："崇朝方浃宇，宸盼俯凝旒。"李义府《招谕有怀赠同行人》："永夕飞淫雨，崇朝蒸毒雾。"张九龄《奉和圣制瑞雪篇》："天意岂云遥，雪下不崇朝。"苏味道《单于川对雨二首》之一："崇朝遘行雨，薄晚屯密云。"

【崇凱】 即范崇凯。范元凯有《赠兄崇凯》。

【崇階】 很高的台阶。顾况《上古之什补亡训传十三章·十月之郊一章》："缭以周墉，墄以崇阶。"

【崇隆】 高峻。张祜《处士隐居》："绝岸派沿洑，修廓趾崇隆。"

【崇聖寺】 在唐都城长安，今陕西西安市。许浑有《崇圣寺别杨至之》和《寓崇圣寺怀李校书》。贾岛有《崇圣寺斌公房》。

【崇義里】 坊名。在唐都长安，今陕西西安市。李贺居此。李贺有《崇义里滞雨》。

【崇詩】 崇尚诗教。皇甫冉《冬夜宴萧十丈因饯殷郭二子西上》序："始崇诗以阅礼，终讲信而修睦。"

【崇道寺】 寺名。故址在今陕西西安市临潼区境内。武元衡有《至栎阳崇道寺闻严十少府趋侍》。

【崇資】 崇高的声望。李潜《和主司王起》："兰署崇资金色重，莲峰高唱玉音清。"

【崇福寺】 寺名。故址在今山西太原市。卢纶有《河中府崇福寺看花》。薛能有《北都题崇福寺》，原注："寺即高祖旧宅。"

【崇臺】 高台。张祜《丹阳新居四十韵》："峻面嶙峋甃，崇台碨磊填。"

【崇墉】 高墙，高城。见《文选·王延寿〈鲁灵光殿赋〉》。杜甫《剑门》："两崖崇墉倚，刻画城郭状。"韦应物《送李儋》："日昃不留宴，严车出崇墉。"胡曾《咏史诗·叶县》："叶公丘墓已尘埃，云矗崇墉亦半摧。"朱延《再登河阳城怀古》："客游倦旅思，憩驾陟崇墉。"

【崇簡】 即杜崇简。杜甫有《寄从孙崇简》。

【崇飾】 装饰。颜真卿《刻清远道士诗因而继作》："窥临江海接，崇饰四时新。"

【崇賢】 坊里名，延康坊之南，延福坊之北。在今陕西西安市。罗邺有《春日宿崇贤里》。

【崇儀】 尊崇礼仪。王湾《哭补阙亡友綦毋学士》："崇仪希上德，近侍接元台。"

【崇德】 ❶尊崇德化。储光义《奉别长史庾公太守徐公应召》："宇宙既焜燿，崇德济巨川。"《郊庙歌辞·享太庙乐章·升和》："乐用崇德，礼以陈词。"❷谓超凡的佛性。李群玉《湘中别成威阇黎》："解空与密行，名腊信崇德。"

【崇德里】 坊里名。在唐京城长安(今陕西西安市)。东与安业里相邻，西与崇贤里相邻。刘禹锡有《秋日题窦员外崇德里新居》。马戴有《寄崇德里居作》。

【崇德舞】 舞乐名。唐太宗祭祀时用的酌献仪式。《郊庙歌辞·享太庙乐章》有《崇德舞》。张说有《享太庙乐章·长发舞》。

【崇慶寺】 在唐都长安，今陕西西安。温宪有《题崇庆寺壁》。

【崇樹】 隆重地封立。颜胄《适思》："当其崇树日，岂意侵夺并。"

【崇儒】 尊崇儒家学说。玄宗《集贤书院成送张说上集贤学士赐宴得珍字》："广学开书院，崇儒引席珍。"广宣《皇太子频赐存问并索唱和新诗因有陈谢》"重道逢轩后，崇儒过魏储。"

【崇薦】 指丰盛的祭品。魏征《五郊乐章·雍和》："崇荐斯在，惟皇是宾。"

【崇徽公主】 (755—?)仆固怀恩第十女。大历四年(769)五月。册为崇徽公主，嫁回纥可汗，册为可敦。李山甫有《阴地关崇徽公主手迹》，又有《代崇徽公主意》。

【崇濟寺】 寺名。故址在今陕西西安市。岑参有《携琴酒寻阎防崇济寺所居僧院》。

【崇禮】 尊崇礼义。见《礼记·中庸》。范传质

《荐冰》："肃肃将崇礼，兢兢示捧盈。"

【崇麗】 高大华丽。宋之问《谒禹庙》："运遥日崇丽，业盛答昭苏。"

【崇曠】 高大宽旷。韦应物《庄严精舍游集》："精舍何崇旷，烦跼一弘舒。"

【崇嚴】 庄重严肃的气氛。郑颢《续梦中十韵》："境象非曾到，崇严昔未经。"

【崇蘭】 丛兰，丛生的兰草。见《楚辞·招魂》。王勃《秋夜长》："北风受节雁南翔，崇兰委质时菊芳。"杨巨源《秋夜闲居即事寄庐山郑员外蜀郡符处士》："仿佛蒙颜色，崇兰隐芳洲。"刘禹锡《和牛相公南溪醉歌见寄》："崇兰迎风绿泛艳，坼莲含露红兼襜。"裴杞《风光草际浮》："白芷生还暮，崇兰泛更香。"

【崇懿】 大德，美德。元稹《献荥阳公诗五十韵》启："其于勋位崇懿在国籍，族地清甲编世家，政事德美播讴谣，俭仁慈爱被亲戚，非小儒造次之所尽。"

【崇讓】 崇敬谦让。苏颋《奉和圣制途次旧居应制》："示威宁校猎，崇让不陈鱼。"裴光庭《奉和御制左丞相璟太子少傅乾曜同日上官命宴都堂赐诗》："紫庭崇让毕，粉署礼容陈。"吴筠《高士咏·伯夷叔齐》："夷齐互崇让，弃国从所钦。"

【崇讓宅】 李商隐岳父河阳节度使王茂元的住宅。在唐东都洛阳崇让坊，今河南洛阳市。李商隐有《临发崇让宅紫薇》，又有《正月崇让宅》等诗。

崆 〔kōng《广韵》苦紅切，平東，溪。又苦江切，平江，溪。〕❶见"崆嶺"。❷山名。见"崆峒""崆峣"。

【崆峒】 (—tóng)❶山名。在今甘肃平凉市西。相传是黄帝问道于广成子之所。见《庄子·在宥》。储光羲《题崔山人别业》："何必崆峒上，独为尧所尊。"李白《赠张相镐二首》之二："世传崆峒勇，气激金风壮。"杜甫《自京赴奉先县咏怀五百字》："疑是崆峒来，恐触天柱折。"又《洗兵马》："已喜皇威清海岱，常思仙仗过崆峒。"一说黄帝问道于广成子之山在今河南临汝县西南。崔国辅《奉和华清宫观行香应制》："豫游皆汗漫，斋处即崆峒。"舒元舆《桥山怀古》："崆峒求道失遗迹，荆山铸鼎余荒丘。"❷泛指仙山，仙境。李栖筠《张公洞》："稽首谢真侣，辞满归崆峒。"陆龟蒙《奉和袭美寄题罗浮轩辕先生所居》："鼎成仙驭入崆峒，百世犹传至道风。"曹唐《仙都即景》："旌节暗迎归碧落，笙歌遥听隔崆峒。"❸古人认为北极星居天之中，斗极之下是空桐(崆峒)；洛阳居地之中，故以崆峒代称洛阳。李贺《仁和里杂叙皇甫湜》："明朝下元复西道，崆峒叙别长如天。"又《出城别张又新酬李汉》："李子别上国，南山崆峒春。"

【崆峒子】 (峒 tóng)指广成子。据《庄子·在宥》载，广成子居崆峒山，能达至道，黄帝曾多次向他问道。皎然《苕溪草堂四十三韵》："先民崆峒子，沧景事金液。"

【崆峒老】 (峒 tóng)即崆峒子。鲍溶《忆旧游》："云昔崆峒老，何词受轩辕。"贯休《道情偈三首》之一："崆峒老人专一一，黄梅真叟却无无。"

【崆峒求道】 指黄帝向崆峒山广成子求至道之事。见《庄子·在宥》。舒元舆《桥山怀古》："崆峒求道失遗迹，荆山铸鼎余荒丘。"崔元翰《奉和圣制中元日题奉敬寺》："缅怀崆峒事，须继箫管声。"

【崆峒侣】 即道侣。孟郊《同李益崔放送王炼师还楼观兼为群公先营山居》："来结崆峒侣，还期缥缈居。"

【崆峣】 山石高峻貌。见《文选·张衡〈南都赋〉》。亦指高峻之山。韩愈《病中赠张十八》："譬如蚁蛭微，讵可陵崆峣。"贯休《送庐山衲僧》："飞锡下崆峣，清高世少双。"

【崆嶺】 即广成子所居之崆峒山。太宗《执契静三边》："羽贤崆岭四，翼圣襄城七。"参见"崆峒子"。

崛 〔jué《广韵》衢物切，入物，羣。又魚勿切，入物，疑。〕❶峭拔。见"崛崎"。❷特出，特异。见"崛奇"。❸奋起。见"崛起"。❹见"崛强"。

【崛奇】 特出，特异。顾况《李供奉弹箜篌歌》："弄调人间不识名，弹尽天下崛奇曲。"黄滔《和王舍人崔补阙题天王寺》："郭内青山寺，难论此崛奇。"

【崛起】 奋起。张九龄《骊山下逍遥公旧居游集》："岂与磻溪老，崛起周太师。"皮日休《七爱诗·李太尉》："吾爱李太尉，崛起定中原。"又《太湖诗·太湖石》："苟有王佐士，崛起于太湖。"

【崛崎】 本指山势陡峭。亦用以指书法峭拔道劲。朱逵《怀素上人草书歌》："转腕摧锋增崛崎，秋毫茧纸常相随。"

【崛强】 (—jiàng)❶桀骜不驯。陆龟蒙《袭美先辈以龟蒙所献五百言既蒙见和再抒鄙怀用伸酬谢》："诸侯恣崛强，王室方陵迟。"❷刚强。孟郊《寄义兴小女子》："渔妾性崛强，耕童手皴厘。"

九　画

嶅 〔áo《广韵》五勞切，平豪，疑。〕山多小石。李白《鸣皋歌送岑征君》："峰峥嵘以路绝，挂晨辰于岩嶅。"柳宗元《游南亭夜还叙志七十韵》："重叠间浦溆，逦迤驱岩嶅。"

嵌 〔qiàn《广韵》口銜切，平銜，溪。又才敢切，上敢，從。〕❶险峻。杜甫《火》："爆嵌魑魅泣，崩冻岚阴昈。"韦应物《游西山》："挥翰题苍峭，下马历嵌丘。”见“嵌巇”。❷下陷，凹陷。姚合《恶神行雨》：“风击水凹波扑凸，雨潨山口地嵌坑。”见“嵌空”“嵌壑”。❸山深貌。见“嵌谷”。❹孔洞，洞穴。韦庄《李氏小池亭》：“引泉疏地脉，扫絮积山嵌。”见“嵌孔”。❺山石，山崖。韩愈、孟郊《城南联句》：“潇碧远输委，湖嵌费携擎。”见“嵌根”“嵌巖”。

【嵌孔】 洞孔，洞穴。元稹《有鸟二十章》之十一：“春风吹送廊庑间，秋社驱将嵌孔里。”

【嵌穴】 石罅，石洞。刘禹锡《和牛相公题姑苏所寄太湖石兼寄李苏州》：“嵌穴胡雏貌，纤铓虫篆铭。”

【嵌谷】 深谷。武元衡《兵行褒斜谷作》：“集旅布嵌谷，驱马历层涧。”

【嵌空】 （—kōng）❶亦作“嵌崆”。空阔。沈佺期《过蜀龙门》：“长窦亘五里，宛转复嵌空。”无可《宿西岳白石院》：“白石上嵌空，寒云西复东。”❷凹陷。李白《咏山樽二首》之二：“拥肿寒山木，嵌空成酒樽。”顾况《苔藓山歌》：“崄峭嵌空潭洞寒，小儿两手扶栏干。”元稹《酬郑从事四年九月宴望海亭次用旧韵》：“嵌空古墓失文种，空兀怪石疑防风。”张蠙《过黄牛峡》：“盘涡逆入嵌空地，断壁高分缭绕天。”❸玲珑。杜甫《铁堂峡》：“修纤无垠竹，嵌空太始雪。”白居易《微之重夸州居其落句有西州罗刹之谑因嘲兹石聊以寄怀》：“嵌空石面标罗刹，压捺潮头敌子胥。”姚合《买太湖石》：“或云此天生，嵌空亦非他。”

【嵌枯】 瘦弱干枯。谓貌陋。见《史记·范睢列传》。李白《鞠歌行》：“君不见蔡泽嵌枯诡怪之形状，大言直取秦丞相。”

【嵌根】 崖岸底部。杜甫《柴门》：“大江蟠嵌根，归海成一家。”

【嵌崆】 见“嵌空”。

【嵌窟】 山洞，洞穴。孟浩然《游明禅师西山兰若》：“结庐就嵌窟，剪苕通往行。”岑参《江山阻风雨》：“积浪成高丘，盘涡为嵌窟。”

【嵌隙】 山洞。刘禹锡《海阳十咏·棼丝瀑》：“飞流透嵌隙，喷洒如丝棼。”

【嵌壑】 深陷的山谷。郑庆余《和黄门相公诏还题石门洞》：“嵌壑惊山势，周滩恋水声。”

【嵌巉】 山势险峻貌。白居易《亭西墙下伊渠水中置石激流潺湲成韵颇有幽趣以诗记之》：“嵌巉嵩石峭，皎洁伊流清。”

【嵌窦】 山洞。杜甫《园人送瓜》：“竹竿接嵌窦，引注来鸟道。”又《万丈潭》：“远川曲通流，嵌窦潜泄濑。”

【嵌巖】 ❶山势险峻。贾岛《寄华山僧》：“苔藓嵌岩所，依稀有经通。”❷指险峻的山岩。孟郊《吊卢殷》之四：“磨一片嵌岩，书千古光辉。”

崴 〔wēi《广韵》乙乖切，平皆，影。《集韵》烏回切，平灰，影。〕见“崴巍”。

【崴巍】 山石不平貌。见《文选·左思〈吴都赋〉》。引申为意绪不平。元稹《痁卧闻幕中诸公征乐会饮因有戏呈三十韵》：“枪旗如在手，那复敢崴巍。”

崱 〔zè《广韵》士力切，入職，祟。〕见“崱屴”。

【崱屴】 ❶高峻貌。见《文选·王延寿〈鲁灵光殿赋〉》。储光羲《贻王侍御出台掾丹阳》：“赤墀高崱屴，一见如三顾。”又《同诸公登慈恩寺塔》：“崱屴非大厦，久居亦以危。”❷高耸貌。李商隐《骄儿诗》：“豪鹰毛崱屴，猛马气佶傈。”

崣 〔wēi《广韵》於非切，平微影。〕见“崣㠑”。

【崣㠑】 联绵词，不平貌。《庄子》借为山名。见《庄子·庚桑楚》。苏颋《蜀城哭台州乐安少府》：“北登崣㠑坂，东望姑苏台。”

嵎 〔yú《广韵》遇俱切，平虞，疑。〕人名。郑嵎，唐诗人，大中五年进士。有《津阳门诗》。

崿 〔è《广韵》五各切，入鐸，疑。〕山崖。见《文选·张衡〈西京赋〉》。李白《至陵阳山登天柱石酬韩侍御见招隐黄山》：“黄山过石柱，巘崿上攒丛。”玄宗《途经华岳》：“翠崿留斜影，悬岩冒夕烟。”柳宗元《行难三首》之三：“攒峦丛崿射朱光，丹霞翠雾飘奇香。”卢仝《与马异结交诗》：“刀剑为峰崿，平地放著高如昆仑山。”许鼎有《崿岭四望》。

【崿嶂】 峰峦。李适《答宋十一崖口五渡见赠》：“崿嶂传彩翠，崖磴互欹缺。”徐彦伯《石淙》：“碧淀红涔崿嶂间，淙嵌洑岨洊成湾。”李白《游泰山六首》之一：“北眺崿嶂奇，倾崖向东摧。”

嵓 同“巖”。

嵬[1] 〔wéi《广韵》五灰切，平灰，疑。〕❶高耸貌。见“嵬嵬”“嵬岌”。❷见“嵬峨”。

嵬[2] 〔wěi《广韵》五罪切，上賄，疑。〕见“嵬磊”。

【嵬岌】 高耸。亦指高耸的山。王湾《奉使登终南山》：“数朝至林岭，百仞登嵬岌。”

【嵬峨】 ❶高大壮伟。柳泌《玉清行》："嵬峨丹凤冠，摇曳紫霞裾。"❷摇摆貌。形容醉态。白居易《戏赠萧处士清禅师》："三杯嵬峨忘机客，百衲头陀任运僧。"又《胡吉郑刘卢张等六贤皆多年寿因成七言六韵以纪之传好事者》："嵬峨狂歌教婢拍，婆娑醉舞遣孙扶。"又《春尽日天津桥醉吟偶呈李尹侍郎》："水边行嵬峨，桥上立逡巡。"皮日休《樱桃花》："晚来嵬峨浑如醉，惟有春风独自扶。"

【嵬嵬】 （—wéi）高耸貌。韩愈《雪后寄崔二十六丞公》："攒天嵬嵬冻相映，君乃寄命于其间。"

【嵬₂磊】 不平貌。见《文选·左思〈魏都赋〉》。韩愈《嘲鼾睡》："顽飙吹肥脂，坑谷相嵬磊。"

嵂　〔lǜ《集韵》劣戌切，入術，來。〕见"嵂崒"。

【嵂崒】 （—zú）耸峙貌。杜甫《桥陵诗三十韵因呈县内诸官》："高岳前嵂崒，洪河左滢潆。"韩愈《南山诗》："岩峦虽嵂崒，软弱类含酎。"

嵕　〔zōng《广韵》子紅切，平東，精。〕山名。见"嵕山"。

【嵕山】 山名。在陕西醴泉县东北。因为九峰高耸，故亦名九嵕山。罗隐《中元甲子辛丑驾幸蜀四首》之二："跪望嵕山重启告，可能余烈不胜妖。"

嵐　〔lán《广韵》盧含切，平覃，來。〕❶山林中的雾气。孟浩然《行出东山望汉川》："雪余春未暖，岚解昼初阳。"牟融《题寺壁》："僧家胜景瞰平川，雾重岚深马不前。"权德舆《奉和许阁老酬淮南崔十七端公见寄》："春山岚漠漠，秋渚露涂涂。"贯休《马上作》："行人莫讶频回首，家在凝岚一点中。"❷地名用字。见"嵐州"。

【嵐光】 山间雾气经日光照射而发出的光彩。李白《题舒州司空山瀑布》："断崖如削瓜，岚光破崖绿。"朱庆余《送邵州林使君》："水边花气熏章服，岭上岚光照画旗。"郑谷《叙事感恩上狄右丞》："岚光莲岳逼，酒味菊花浓。"孟贯《山中夏日》："深山宜避暑，门户映岚光。"

【嵐色】 岚气，山中雾气。白居易《奉酬侍中夏中雨后游城南庄见示八韵》："四山岚色重，五月水声寒。"李商隐《登霍山驿楼》："岭縣岚色外，陂雁夕阳中。"

【嵐州】 州名。北魏置岚州，因州西有岢岚山而得名。隋末置岚城县。唐武德六年（623）改置岚州。故治在今山西岚县北。杜审言有《经行岚州》。

【嵐岫】 峰峦。李中《思溢渚旧居》："寒翠入檐岚岫晓，冷声萦枕野泉秋。"

【嵐風】 山中烟岚。权德舆《送张周二秀才谒宣州薛侍郎》："湖月供诗兴，岚风费酒钱。"

【嵐根】 指山中雾的下层部分。陆龟蒙《纪梦游甘露寺》："山腹贮孤亭，岚根四垂帘。"

【嵐氣】 山中雾气。张九龄《耒阳溪夜行》："岚气船间入，霜华衣上浮。"李白《同族弟金城尉叔卿烛照山水壁画歌》："光中乍喜岚气灭，谓逢山阴晴后雪。"王初《延平天庆观》："岚气湿衣云叶晚，天香飘户月枝春。"王祝《和三乡诗》："女几山前岚气低，佳人留恨此中题。"

【嵐彩】 犹岚光。杜牧《商山麻涧》："云光岚彩四面合，柔柔垂柳十余家。"

【嵐陰】 指笼罩着山气的山之背面。杜甫《火》："爆嵌魑魅泣，崩冻岚阴昈。"羊士谔《郡楼晴望二首》："云景嘶宾雁，岚阴露彩虹。"裴夷直《送王缋》："翩翩一路岚阴晚，却入青葱宿旧枝。"

【嵐煙】 岚气，山中雾气。李嘉祐《题裴十六少卿东亭》："卷箔岚烟润，遮窗竹影闲。"戎昱《题严氏竹亭》："溪水浸山影，岚烟向竹阴。"李德裕《题剑门》："奇峰百仞悬，清眺出岚烟。"齐己《再游匡山》："目断岚烟际，神仙有石坛。"

【嵐漪】 山中雾气所形成，有微波。孟郊《尧歌》之二："翠韵仙窈窕，岚漪出无端。"

【嵐際】 山中云雾之间。赵居贞《云门山投龙诗》："霞间未绂萦，岚际黄裳襞。"

【嵐翠】 苍翠色的山雾。杜甫《大历二年九月三十日》："草敌虚岚翠，花禁冷叶红。"杜牧《除官归京睦州雨霁》："水声侵笑语，岚翠扑衣裳。"温庭筠《和赵嘏题岳寺》："岚翠暗来空觉润，涧茶余爽不成眠。"韦庄《天井关》："劚开岚翠为高垒，截断云霞作巨防。"

【嵐影】 山中云气在水中的倒影。钱珝《江行无题一百首》之七八："千顷水纹细，一拳岚影孤。"

【嵐樹】 山岚缭绕之树。贾岛《行次汉上》："习家池沼草萋萋，岚树光中信马蹄。"

【嵐瘴】 山中瘴气。韩偓《十月七日早起作时气疾初愈》："疾愈身轻觉数通，山无岚瘴海无风。"

【嵐壁】 云雾缭绕的峭壁。杜甫《天池》："天池马不到，岚壁鸟才通。"

【嵐霧】 山中雾气。白居易《阴雨》："岚雾今朝重，江山此地深。"

【嵐嶺】 岚气缭绕的山岭。韦应物《慈恩伽蓝清会》："岚岭晓城分，清阴夏条长。"又《晦日处士叔园林燕集》："岚岭对高斋，春流灌蔬壤。"

【嵐靄】 山林中的云雾之气。喻凫《一公房》："岚霭燃香夕，容听半偈还。"和凝《醴泉院》："万山岚霭簇洋城，数处禅斋尽有名。"刘廓《杨岐山》："松杉寒更茂，岚霭昼还开。”齐己《题南岳般若寺》：“石路险盘岚霭滑，僧窗高倚泬寥明。”

崦〔yǎn《广韵》魚蹇切，上獮，疑。〕险峻貌。见《文选·潘岳〈西征赋〉》。见“㠔崦”。

嵯〔cuó《集韵》才何切，平戈，從。〕见“嵯峨”。

【嵯峨】 ❶高峻；高。见《楚辞·淮南小山〈招隐士〉》。李白《古风》之十四：“白骨横千霜，嵯峨蔽榛莽。”杜甫《寄从孙崇简》：“嵯峨白帝城东西，南有龙湫北虎溪。”李贺《昌谷诗》：“霞巘殷嵯峨，危溜听争次。”陈陶《钱塘对酒曲》：“嵯峨吴山莫夸碧，河阳经年一宵白。”❷耸立。屹立。王邕《嵩山望幸》：“隐映连青壁，嵯峨向碧空。”李白《上元夫人》：“嵯峨三角髻，余发散垂腰。”姚合《送潘传秀才归宣州》：“李白坟三尺，嵯峨万古名。”❸云盛貌。见《文选·陆机〈前缓声歌〉》。韦应物《送苏评事》：“嵯峨夏云起，迢递山川永。”独孤及《夏中酬于逖毕燿问病见寄》：“火云赫嵯峨，日暮千万峰。”白居易《青龙寺早夏》：“春去来几日，夏云忽嵯峨。”许浑《将度故城湖阻风夜泊永阳戍》：“行尽清溪日已蹉，云容山影水嵯峨。”❹谓高山。寒山《诗三百三首》之二五七：“瑞草联溪谷，老松枕嵯峨。”韩愈《石鼓歌》：“镌功勒成告万世，凿石作鼓隳嵯峨。”贯休《游金华山禅院》：“多惭不及当时海，又下嵯峨一万层。”❺锐利。曹汾《早发灵芝望九华寄杜员外使君》：“嵯嵯玉剑寒铓利，袅袅青莲翠叶重。”❻险恶。贾岛《寓兴》：“一生足感激，世言忽嵯峨。”

【嵯峨山】 山名。传说黄帝曾于此铸鼎，在今陕西泾阳、三原、淳化三县交界处。张籍《三原李氏园宴集》：“开户西北望，远见嵯峨山。”

【嵯瀺】 山中水声。丘丹《奉使过石门瀑布》：“嵯瀺满山响，坐觉炎氛变。”

嵫〔qiú《广韵》自秋切，平尤，從。〕见“嵫崒”。

【嵫崒】 （—zú）亦作“嵫崪”。❶高峻貌。见《文选·班固〈西都赋〉》。杜甫《渼陂西南台》：“嵫崪增光辉，乘陵惜俄顷。”又《上水遣怀》：“嵫崪清湘石，逆行杂林薮。”岑参《郊行寄杜位》：“嵫崪空城烟，凄清寒山景。”齐己《行路难》：“七盘九折寒嵫崪，翻车倒盖犹堪出。”❷耸然出群。杜甫《骢马行》：“雄姿逸态何嵫崪，顾影骄嘶自矜宠。”

十　画

嵊〔shèng《广韵》實證切，去證，船。〕❶地名。见“嵊州”。❷山名，嵊山，在今浙江嵊州市东。见《文选·江淹〈杂体诗·效谢惠连赠别〉》。颜真卿《赠僧皎然》：“徒想嵊顶期，于今没遗记。”

【嵊州】 唐州名。汉剡县地，属会稽郡。唐武德四年(621)置嵊州及剡城县。八年(625)废嵊州及剡城，以剡县来属。今浙江嵊州市西南。赵嘏《发剡中》：“正怀何谢俯长流，更览余封识嵊州。”

嵲〔niè《广韵》五結切，入屑，疑。〕山势特出。韩愈《南山诗》：“或乱若抽笋，或嵲若注灸。”

嵡〔wěng《集韵》鄔孔切，上董，影。〕见“嵡嵸”。

【嵡嵸】 山峰众多貌。李颀《望鸣皋山白云寄洛阳卢主簿》：“嵡嵸殊未已，崚嶒忽相向。”

嵥〔jié《广韵》渠列切，入薛，羣。〕高耸。宋之问《早发大庾岭》：“嵥起华夷界，信为造化力。”

嵩〔sōng《广韵》息弓切，平東，心。〕嵩山的简称。王昌龄《赵十四兄见访》：“晚来常读易，顷者欲还嵩。”崔宗之《赠李十二白》：“我家有别业，寄在嵩之阳。”韩愈《谒衡岳庙遂宿岳寺题门楼》：“五岳祭秩皆三公，四方环镇嵩当中。”王贞白《庐山》：“唯应嵩与华，清峻得为群。”

【嵩山】 山名。在今河南登封北。古称外方、太室，又名嵩高。刘希夷《嵩岳闻笙》：“月出嵩山东，月明山益空。”韩愈《过襄城》：“郾城辞罢过襄城，颍水嵩山刮眼明。”白居易《送李滁州》：“白衣卧病嵩山下，皂盖行春楚水东。”和凝《宫词百首》之二：“北阙晴分五凤楼，嵩山秀色护神州。”

【嵩山老】 ❶指嵩山神。据《晋书·苻坚载记》，王猛于洛阳卖畚箕，有一人高价买其畚箕，却说没有带钱，令王猛随其取钱。猛随其至深山，见一父老，须发皓然，十倍给具畚箕之价。猛出，顾视，乃知其为嵩山之神。王昌龄《咏史》：“叹息嵩山老，而后知其尊。”❷柳喜自号。皎然《赠柳喜得嵩山法门自号嵩山老》：“一见嵩山老，吾生恨太迟。”

【嵩山萬歲】 出《汉书·武帝纪》。荀悦注：“万岁，山神称之也。”后用以作为祝颂皇帝之典。李咸用《煌煌京洛行》：“但听嵩山万岁声，将军旗鼓何时偃。”

【嵩公】 人名，即汉宫崇，嵩、崇音近。见《后汉书·襄楷传》。又见《太平御览》卷六六二。陈子昂《感遇诗三十八首》之九:"如何嵩公辈,诙谲误时人。"

【嵩少】(—shào)嵩山和少室山的并称。亦用为嵩山的别称。李白《鸣皋歌奉饯从翁清归五崖山居》:"去时应过嵩少间,相思为折三花树。"武元衡《送韦侍御司议赴东都》:"河关连巩树,嵩少接秦云。"孟郊《戏赠无本》之二:"再期嵩少游,一访蓬萝村。"贾岛《永福湖和杨郑州》:"嵩少分明对,潇湘阔狭齐。"

【嵩石】嵩山之石。苏颋《奉和圣制幸礼部尚书窦希玠宅应制》:"圆顶图嵩石,方流拥魏沙。"白居易《亭西墙下伊渠水中置石激流潺湲成韵颇有幽趣以诗记之》:"嵌巉嵩石硝,皎浩伊流清。"

【嵩术】嵩山所生之山蓟。李洞《送卢少府之任巩洛》:"带土移嵩术,和泉送尹鱼。"

【嵩丘】嵩山。宋之问《春日郑协律山亭陪宴饯郑卿同用楼字》:"池平分洛水,林缺见嵩丘。"岑参《送韩巽入都觐省便赴举》:"青门百壶送韩侯,白云千里连嵩丘。"贾岛《寄无可上人》:"名山思遍往,早晚到嵩丘。"陈陶《洛城见贺自真飞升》:"三清乐奏嵩丘下,五色云屯御苑前。"

【嵩汝】嵩山和汝水的并称。孟浩然《送辛大之鄂渚不及》:"郡邑经樊邓,山河入嵩汝。"又《家园卧疾毕太祝曜见寻》:"夫子自南楚,缅怀嵩汝期。"

【嵩岑】即嵩山。刘希夷《嵩岳闻笙》:"今来卧嵩岑,何幸承幽音。"李白《留别王司马嵩》:"呼鹰过上蔡,卖畚向嵩岑。"又《送裴十八图南归嵩山二首》之二:"君思颍水绿,忽复归嵩岑。"参见"嵩山老"。

【嵩角】(—jiǎo)嵩山的尖峰。岑参《自潘陵尖还少室居止秋夕凭眺》:"火点伊阳村,烟深嵩角钟。"

【嵩宋】指河南登封和商丘一带。李白《送王屋山人魏万还王屋》序:"王屋山人魏万,云自嵩宋沿吴相访,数千里不遇,乘兴游台越,经永嘉,观谢公石门。后于广陵相见。"

【嵩岱】嵩山和岱山(即泰山)的并称。贯休《上孙使君》:"馨香拥兰雪,峻秀高嵩岱。"

【嵩南】嵩山之南。岑参《初至西虢官舍南池呈左右省及南宫诸故人》:"他日能相访,嵩南旧草堂。"司空曙《酬崔峒见寄》:"嵩南春遍愁魂梦,壶口云深隔路歧。"

【嵩洛】嵩山和洛水的并称。李颀《双笋歌送李回兼呈刘四》:"再三抱此怅为别,嵩洛故人与之说。"白居易《戊申岁暮咏怀三首》之二:"更拟踟蹰觅何事,不归嵩洛作闲人。"许浑《献白尹》:"高吟应更逸,嵩洛旧烟霞。"周繇《送洛阳崔员外》:"塞诏除嵩洛,观图见废兴。"

【嵩室】即嵩山。于季子《奉和圣制夏日游石淙山》:"九旗云布临嵩室,万骑星陈集颍川。"郑谷《读故许昌薛尚书诗集》:"难忘嵩室下,不负蜀江滨。"参见"嵩高"。

【嵩根】嵩山山脚。贾岛《投张太祝》:"水天朔方色,暖日嵩根花。"

【嵩峰】❶嵩山山峰;嵩山。权德舆《奉送韦起居归嵩阳旧居》:"齐竽终自退,心寄嵩峰巅。"白居易《题崔少尹上林坊新居》:"宅东篱缺嵩峰出,堂后池开洛水流。"又《以诗代书寄户部杨侍郎劝买东邻王家宅》:"云映嵩峰当户牖,月和伊水入池台。"薛能《塞上蒙汝州任中丞寄书》:"舟浮汝水通淮去,雨出嵩峰到郡来。"❷高峰。刘商《姑苏怀古送秀才下第归江南》:"大鹏矫翼翻云衢,嵩峰霁后凌天孤。"

【嵩峰三十六】指嵩山三十六个山峰。李白《元丹丘歌》:"暮还嵩岑之紫烟,三十六峰常周旋。"白居易《和裴令公南庄绝句》:"何似嵩峰三十六,长随申甫作家山。"又《与诸道者同游二室至九龙潭作》:"若言尹是嵩山主,三十六峰应笑人。"徐夤《依韵赠南安方处士五首》之二:"嵩山好与浮丘约,三十六峰云外乡。"

【嵩高】❶即嵩山。此山为中岳,居四方之中,因高,故称。见晋戴祚《西征记》。孟郊《献汉南樊尚书》:"如何嵩高气,作镇楚水滨。"鲍溶《悼豆卢策先辈》"何处入黄泉,嵩高山西北。"❷《汉书·武帝纪》载,汉武帝登嵩山,所见山中有连呼万岁之声。后以"嵩高"称美皇帝。卢肇《和主司王起》:"嵩高降德为时生,洪笔三题造化名。"

【嵩海】嵩山和东海的并称。贾岛《投孟郊》:"嵩海每可诣,长途追再穷。"

【嵩顶】嵩山之顶峰,即峻极峰。姚合《过天津桥晴望》:"皇宫对嵩顶,清洛贯城心。"参见"嵩山"。

【嵩陰】嵩山之北。李频有《过嵩阴隐者》。

【嵩華】(—huà)嵩山和华山的并称。李频《送刘十》:"往来嵩华与函秦,放歌一曲前山春。"杜甫《阆山歌》:"那知根无鬼神会,已觉气与嵩华敌。"陆龟蒙《村夜二篇》之二:"才能诮箕斗,辩可移嵩华。"殷文圭《览陆龟蒙旧集》:"吟去星辰笔下动,醉来嵩华眼中无。"

【嵩華衡恒泰】(華 huà)中岳嵩山、西岳华山、南岳衡山、北岳恒山、东岳泰山等五岳的并称。贾岛《送集文上人游方》:"此游诣几岳,嵩华衡恒泰。"

【嵩雲】嵩山之云。亦借指嵩山。李商隐《独居有怀》:"觅使嵩云暮,回头灞岸阴。"又《寄令狐郎中》:"嵩云秦树久离居,双鲤迢迢一纸书。"赵嘏《赠李从贵》:"知君旧隐嵩云下,岩桂从今几更攀。"张乔《送郑谷先辈赴汝州辟命》:"嵩云将雨去,汝水背城流。"

【嵩陽】 ❶嵩山之南。李白《送杨山人归嵩山》："我有万古宅，嵩阳玉女峰。"白居易《刘十九同宿》："唯共嵩阳刘处士，围棋赌酒到天明。"徐凝《见少室》："青云无忘白云在，便可嵩阳老此生。"李商隐《七月二十九日崇让宅宴作》："岂到白头长只尔，嵩阳松雪有心期。"❷县名，汉阳城县地，属颍川郡。隋大业初置嵩阳县。武后万岁登封之年封中岳，改为登封县。今属河南。岑参有《浐水东店送唐子归嵩阳》。❸寺观名。李颀《送王道士还山》："嵩阳道士餐柏实，居处三花对石室。"曹邺《寄嵩阳道人》："见说嵩阳有仙客，欲持金简问长生。"

【嵩陽寺】 寺名。在嵩山。王昌龄《缑氏尉沈兴宗置酒南溪留赠》："仲月期角巾，饭僧嵩阳寺。"司空曙《寄胡居士》："为言惆怅嵩阳寺，明月高松应独游。"张籍《寄李渤》："五度溪头踯躅红，嵩阳寺里讲时钟。"参见"嵩陽觀"。

【嵩陽笙】 仙人王子乔会吹笙作凤凰鸣。见刘向《列仙传》卷上。后用指仙境音乐。刘禹锡《酬乐天七月一日夜即事见寄》："秋来念归去，同听嵩阳笙。"

【嵩陽道人】 名未详。居登封太室山为道士。与曹邺有交往。曹邺有《寄嵩阳道人》。

【嵩陽蘭若】 即嵩阳寺。刘长卿有《送灵澈上人归嵩阳兰若》。

【嵩陽觀】 (觀 guàn)寺观名，原址在今河南登封市太室山下。北魏太和年间建，初名嵩阳寺。唐改名嵩阳观。天宝年间《嵩阳观纪圣德感应颂》石刻，撰文者李林甫，书写者徐浩。隶书端正工整，笔法俊逸遒劲，为唐隶中之佳品。储光羲有《至嵩阳观观即天皇故宅》。

【嵩嶂】 嵩山山嶂。孟浩然《行至汝坟寄卢征君》："洛川方罢雪，嵩嶂有残云。"

【嵩衡】 嵩山和衡山的并称。唐彦谦《登庐山》："泰华根同峙，嵩衡脉共联。"

【嵩潁】 嵩山和颍水的并称。李华《咏史十一首》之三："巢许在嵩颍，陶唐不得臣。"高适《鲁郡途中遇徐十八录事》："谁谓嵩颍客，遂经邹鲁乡。"李益《送同落第者东归》："余亦依嵩颍，松花深闭关。"武元衡《秋日对酒》："客有自嵩颍，重征栖隐期。"

【嵩嶽】 亦作"嵩岳"。嵩山。李白《山人劝酒》："浩歌望嵩岳，意气还相倾。"李端《送友人还洛》："何当嵩岳下，相见在烟萝。"贾岛《再投李益常侍》："人家嵩岳色，公府洛河声。"齐己《夏日荆渚书怀》："嵩岳去值乱，匡庐回阻兵。"

【嵩嶺】 嵩山。白居易《奉酬淮南牛相公思黯见寄二十四韵》："篮舆游嵩岭，油幢镇海壖。"许浑《酬邢杜二员外》："未归嵩岭暮云碧，久别杜陵春草青。"郑畋《题缑山王子晋庙》："嵩岭连天汉，伊澜入海潮。"

【嵩鎮】 指嵩阳县城。李旦《石淙》："奇峰嶾嶙箕山北，秀崿岧峣嵩镇南。"

【嵩巖】 嵩山。贾曾《和宋之问下山歌》："王孙不留兮岁将晏，嵩岩仙草兮为谁芳。"马令《早春陪敕使麻先生祭岳》："伊水来何日，嵩岩去几千。"

嵰 〔qiǎn《广韵》丘檢切，上琰，溪。〕地名用字。见"嵰州"。

【嵰州】 神话传说中的地名。见晋王嘉《拾遗记·周穆王》。后用作咏雪之典。许敬宗《奉和喜雪应制》："嵰州表奇贶，阆竹应遐巡。"

十一画

嶃[1] 〔zhǎn《广韵》士减切，上豏，崇。〕见"嶃嶃"。

嶃[2] 〔chán《广韵》鋤銜切，平銜，崇。〕见"嶃₂巖"。

【嶃岩】 高峻貌。赵冬曦《灉湖作》："水还波卷溪潭涸，绿草芊芊岸嶃岩。"

【嶃嶃】 (—zhǎn)❶高峻。孟郊《喷玉布》："赠君喷玉布，一濯高嶃嶃。"元稹《送崔侍御之岭南二十韵》："飓风狂浩浩，韶石峻嶃嶃。"❷突出。储光羲《述韦昭应画犀牛》："双角前嶃嶃，三蹄下骎骎。"❸整齐貌。杜牧《杜秋娘诗》："嶃嶃整冠珮，侍宴坐瑶池。"

【嶃巖】 山尖锐貌。宋之问《龙门应制》："山壁嶃岩断复连，清流澄澈俯伊川。"储光羲《同诸公送李云南伐蛮》："群山高嶃岩，凌越如鸟翔。"王昌龄《奉赠张荆州》："祝融之峰紫云衔，翠如何其雪嶃岩。"杜甫《魏将军歌》："披坚执锐略西极，昆仑月窟东嶃岩。"

嵽 〔diē《广韵》徒結切，入屑，定。〕见"嵽嵲"。

【嵽嵲】 ❶高峻。韩愈《丰陵行》："逾梁下坂笳鼓咽，嵽嵲遂走玄宫间。"❷指高峻的山。寒山《诗三百三首》之一五〇："装车竞嵽嵲，翻载各泷涑。"杜甫《自京赴奉先县咏怀五百字》："凌晨过骊山，御榻在嵽嵲。"孟郊《靖安寄居》："寄静不寄华，爱兹嵽嵲居。"

嶇 〔qū《广韵》豈俱切，平虞，溪。〕见"嶇嶔"。

【嶇嶔】 ❶山势险峻貌。见《文选·王褒〈洞箫赋〉》。顾况《游子吟》："楚水殊演漾，名山杳岖嵚。"武元衡《甫构西亭偶题因呈监军及幕中诸公》:“百城烦鞅掌,九仞喜岖嵚。”孟郊《连州吟》之二:“方寻魂飘飘,南梦山岖嵚。”颜真卿、范缙《登岘山观李左相石尊联句》:“岖嵚横道周,迢递连山根。”亦用以指道路险阻不平。孟郊《赠竟陵卢使君虔别》:“归人忆平坦,别路多岖嵚。”❷谓险峻之山。高适《同群公题中山寺》:“超遥尽巘崿,逼侧仍岖嵚。”杜甫《阻雨不得归瀼西甘林》:“焉得辍两足,杖藜出岖嵚。”❸喻世道险恶。张九龄《始兴南山下有林泉卧病有怀此地》:“世路少夷坦,孟门未岖嵚。”韩愈《孟生诗》:“奈何从进士,此路转岖嵚。”皎然《晚冬废溪东寺怀李司直纵》:“道流安寂寞,世路倦岖嵚。”韩愈、孟郊《城南联句》:“掘云破嵂嵲,采月漉坳泓。”

嵝 〔léi《集韵》力軌切,上旨,來。〕见“崽嵝”。

嵸 〔zōng《广韵》子紅切,平東,精。又作孔切,上董,精。〕见“巃嵸”。

嶂 〔zhàng《广韵》之亮切,去漾,章。〕高耸如屏障之山峰。亦泛称山。见《文选·沈约〈钟山诗应西阳王教〉》。李峤《军师凯旋自邕州顺流舟中》:“鸣鞞入嶂口,泛舸历川湄。”孟浩然《行至汝坟寄卢征君》:“洛川方罢雪,嵩嶂有残云。”白居易《山枇杷花二首》之二:“万重青嶂亦蜀门口,一树红花山顶头。”韦庄《题颍源庙》:“微波乍向云根吐,去浪遥冲雪嶂横。”

嶇 〔hù《广韵》侯古切,上姥,匣。〕广阔高大的山。元结《闵荒诗一首》:“河淮可支合,嶇峰生回沟。”

嵺 〔liáo《集韵》憐蕭切,平蕭,來。〕见“嵺嵺”。

【嵺嵺】 山峰耸立貌。元结《登白云亭》:“九疑千万峰,嵺嵺天外青。”

十二画

嶢 〔yáo《广韵》五聊切,平蕭,疑。〕❶高貌。贺知章《奉和御制春台望》:“缭绕八川浮,苕峣双阙映。”见“嶢巖”。❷关名。见“嶢關”。

【嶢兀】 形容高峻险要。见《文选·左思〈吴都赋〉》。李白《送王屋山人魏万还王屋》:“赤城渐微没,孤屿前峣兀。”

【嶢武】 峣关和武关的合称。武关在今陕西商县东。张九龄《奉使自蓝田玉山南行》:“峣武经陈迹,衡湘指故园。”参见“嶢關”。

【嶢關】 关名,在今陕西蓝田县东南。因关临峣山而得名。武帝建德二年改为蓝田关,因蓝田县而得名。隋大业元年迁回旧址。张说《过怀王墓》:“客死峣关路,返葬岐江阳。”杜甫《舍弟观赴蓝田取妻子到江陵喜寄三首》之一:“峣关险路今虚远,禹凿寒江正稳流。”皇甫冉《送唐别驾赴郢州》:“雪向峣关下,人从郢路迎。”

【嶢巖】 高险。李白《早过漆林渡寄万巨》:“峣岩注公栅,突兀陈焦墓。”

嶤 同“嶢”。

嶱 〔kě《集韵》丘葛切,入曷,溪。〕见“嶱嵑”。

【嶱嵑】 高峻貌。皮日休《虎丘寺殿前有古杉一本遂赋三百言以见志》:“抢烟寒嶱嵑,披茑静褵褷。”

嶘 〔zhàn《广韵》士限切,上產,崇。〕亦作“棧”。亦指极高之山。元结《演兴四首·闵岭中》:“大渊蕴蕴兮绝嶘岌岌,非梯梁以通险,当无路兮可入。”

【嶘嵃】 亦作“栈嵃”。险峻貌。陆龟蒙《奉和袭美初夏游楞伽精舍次韵》:“激滟岂尧遭,嶘嵃非禹凿。”

嶚 〔liáo《广韵》落蕭切,平蕭,來。〕❶高。见《文选·左思〈魏都赋〉》。见“嶚嶢”。❷见“嶚峭”。

【嶚峭】 瑟缩,局促。姚合《题鹤雏》:“羽毛生未齐,嶚峭丑于鸡。”

【嶚嶢】 形容山势高峻。借指高峰。沈佺期《神龙初废逐南荒途出郴口北望苏耽山》:“重崖下萦映,嶚峣上纠纷。”

嶠[1] 〔qiáo《广韵》渠嬌切,去笑,羣。《集韵》渠嬌切,平宵,羣。〕高而锐之山。亦泛指高山或山岭。王昌龄《留别岑参兄弟》:“日西石门峤,月吐金陵洲。”杜甫《自瀼西荆扉且移居东屯茅居四首》之一:“白盐危峤北,赤甲古城东。”韦处厚《盛山十二诗·绣衣石榻》:“巉巉雪中峤,磊磊标方峭。”姚合《寄贾岛浪仙》:“海峤誓同归,橡栗充朝给。”齐己《登金山寺》:“四面白波声,中流翠峤横。”

嶠[2] 〔jiào《集韵》渠廟切,去笑,羣。〕特指五岭。详“嶺嶠”。

【嶠寺】 山寺。朱庆余《送僧游温州》:“卷经离峤寺,隔苇上秋船。”

【嶠角】 (—jiǎo)山角。李洞《赠三惠大师》:“枫猿峤角别多时,二教兼修内学师。”

【嶠城】 山城。许棠《送徐侍御充南诏判官》:“瘴路穷巴徼,蛮川过峤城。”

嶲[1] 同“巂”。古地名用字。唐嶲州,天宝元年(742)曾改称越嶲郡,乾元元年(758)称嶲州。杜甫《野望》:“山连越嶲蟠三蜀,水散巴渝下五溪。”又《远游》:“尘沙连越嶲,风雨暗荆蛮。”见“嶲州”。

嶲[2] 同“峻”。见“嶲颜”。

【嶲州】 即巂州。陈子昂有《送魏兵曹使巂州得登字》。

【嶲₂颜】 特出之士。张祜《投宛陵裴尚书二十韵》:“新知多嶲颜,旧态只狂奴。”

嶕 〔jiāo《广韵》昨焦切,平宵,從。《集韵》兹消切,平宵,精。〕见“嶕嶢”。

【嶕嶢】 峻峭貌。见《汉书·扬雄传下》。宋之问《题雷琴》之一:“古无人踪,唯石嶕峣。”

嶔 〔qīn《广韵》去金切,平侵,溪。〕高而险峻。见《文选·木华〈海赋〉》。杜甫《阻雨不得归瀼西甘林》:“焉得辍两足,杖藜出岖嵚。”韦应物《同元锡题琅琊寺》:“嵚骇风雨区,寒知龙蛇穴。”顾况《游子吟》:“楚水殊演漾,名山窅岖嵚。”见“嶔岑”“嶔崎”“嶔崟”“嶔巇”。

【嶔岑】 (—yín)高峻。见《楚辞·淮南小山〈招隐士〉》。杜甫《述怀一首》:“嵚岑猛虎场,郁结回我首。”贾至《自蜀奉册命往朔方途中呈韦左相文部房尚书门下崔侍郎》:“峭壁上嵚岑,大江下沄沄。”元结《引极三首·望仙府》:“山嶲落兮眇嵚岑,云溶溶兮木棽棽。”元稹《桐花》:“徒烦鸟噪集,不语山嵚岑。”

【嶔崎】 高大险峻。韦应物《春月观省属城始憩东西林精舍》:“嵚崎石门状,杳霭香炉烟。”

【嶔崟】 险峻。见《文选·张衡〈思玄赋〉》。宋之问《初至崖口》:“崖口众山断,嵚崟耸天壁。”杜甫《白沙渡》:“高壁抵嵚崟,洪涛越凌乱。”白居易《太湖石》:“远望老嵯峨,近观怪嵚崟,”

【嶔巇】 险峻貌。见《文选·张衡〈南都赋〉》。徐凝《九锁山》:“人行之字路嵚巇,九锁青山胜九疑。”

嶓 〔bō《广韵》博禾切,平戈,幫。〕冢山的省称。山在今甘肃天水与礼县之间。古以为是汉水上游。岑参《梁州对雨怀麹二秀才便呈麹大判官时疾赠余新诗》:“水恶平明飞,雨从嶓冢来。”元稹《渡汉江》:“嶓冢去年寻漾水,襄阳今日渡江濆。”王贞白《晓泊汉阳渡》:“云自苍梧去,水从嶓冢来。”

嶙 〔lín《广韵》力珍切,平真,來。〕❶见“嶙峋”。❷见“嶙嶙”。

【嶙峋】 ❶形容沟壑、山崖、建筑物等重叠幽深。见《文选·扬雄〈甘泉赋〉》。高适《自淇涉黄河中途中作十三首》之十:“宣房今安在,高岸空嶙峋。”韩愈《送惠师》:“遂登天台望,众壑皆嶙峋。”杜牧《梁秀才见赠凡二十韵走笔依韵》:“藤龛红婀娜,苔磴绿嶙峋。”❷形容山峰、岩石、建筑物等突兀、高耸。司空图《诗品二十四则·形容》:“海之波澜,山之嶙峋。”亦用以指物体表面高低不平。元稹《代曲江老人百韵》:“总干形屹崒,戛敌背嶙峋。”亦用以指高耸之山。王仁裕《遇放猿再作》:“嶓冢祠前汉水滨,饮猿连臂下嶙峋。”

【嶙嶙】 突兀高耸貌。张九龄《奉和圣制潼关口号》:“嶙嶙故城垒,荒凉空戍楼。”

【嶙隐】 突起貌。李叔卿《江南曲》:“歌舞未终涕双陨,旧宫坡阤才嶙隐。”

嶒 〔céng《广韵》疾陵切,平蒸,從。〕骨节显露貌。见“崚嶒”。

十三画

嶪 〔yè《广韵》魚怯切,入業,疑。〕亦作“嶫”。高耸貌。杜审言《南海乱石山作》:“涨海积稽天,群山高嶪地。”杜甫《九成宫》:“曾宫凭风回,岌嶪土囊口。”又《望岳》:“紫盖独不朝,争长嶪相望。”

【嶪峩】 高大巍峨。韩愈《元和圣德诗》:“渎鬼濛鸿,岳祇嶪峨。”

【嶪嶪】 高貌。见《文选·何晏〈景福殿赋〉》。户肇《汉堤诗》:“日月可数,登登嶪嶪。”

嶫 同“嶪”。

嶧 〔yì《广韵》羊益切,入昔,以。〕山名。见“嶧山”。

【嶧山】 山名。在今山东省邹县东南。秦始皇曾登此山并刻石纪功。见“嶧山碑”。

【嶧山碑】 秦碑名。见《史记·秦始皇本纪》。据传至二世时丞相李斯始刻石。其碑为野火所焚,后人惜其文,以枣木传刻之。杜甫《李潮八分小篆歌》:“峄山之碑野火焚,枣木传刻肥失真。”张继有《读峄山碑》。

【嶧山幹】 指生长在峄山的梧桐树。王绩《古意六首》之一："材抽峄山干，徽点昆丘玉。"

【嶧陽】 ❶山名。即今江苏邳县西南之峄山。所产梧桐树，制琴最良。李峤《桐》："孤秀峄阳岑，亭亭出众林。"参见"嶧陽桐""嶧陽孫枝""嶧陽樹"。❷一名葛峄山。在今山东邹县东南。高适《送郭处士往莱芜兼寄苟山人》："云卧临峄阳，山行穷日观。"❸借指琴。杨师道《咏琴》："久擅龙门质，孤竦峄阳名。"

【嶧陽桐】 峄山南坡所生的特异梧桐，古以为是制琴的上好材料。见《书·禹贡》。后作为咏琴之典。刘禹锡《平齐行二首》之一："貂裘代马绕东岳，峄阳孤桐削为角。"李商隐《今月二日复五言四十韵诗献上亦诗人咏叹不足之义也》："含霜太山竹，拂雾峄阳桐。"唐暄《赠亡妻张氏》："峄阳桐半死，延津剑一沈。"张为《秋醉歌》："携酒天姥岑，自弹峄阳桐。"

【嶧陽孫枝】 指生于峄山东南的梧桐树的旁枝。用以为琴，声音最雅。无名氏《钱氏雷威琴》（外编下）："峄阳孙枝，匠成雅器。"参见"嶧陽樹"。

【嶧陽琴】 峄山梧桐所制的琴。借指精美的琴。许浑《赠李伊阙》："桐履如飞不可寻，一壶双笈峄阳琴。"参见"嶧陽桐"。

【嶧陽散木】 指峄山所生的梧桐树。李咸用《水仙操》："峄阳散木虚且轻，重华斧下知其声。"参见"嶧陽桐"。

【嶧陽樹】 峄山所生之梧桐。司马逸客《雅琴篇》："亭亭峄阳树，落落千万寻。"李贺《听颖师琴歌》："古琴大轸长八尺，峄阳老树非桐孙。"

嶼 〔yǔ《广韵》徐吕切，上語，邪。〕小岛。太宗《帝京篇十首》之六："桂楫满中川，弦歌振长屿。"孟浩然《登江中孤屿赠白云先生王迥》："悠悠清江水，水落沙屿出。"严维《入唐溪》："环屿或明昧，远峰尚氛氲。"曹松《岳阳晚泊》："白波争起倒，青屿或沈浮。"

嶮 〔xiǎn《广韵》虚檢切，上琰，曉。又魚檢切，上琰，疑。〕同"险"。险要，险阻。岑参《送郭仆射节制剑南》："剑门乘崄过，阁道踏空行。"张祜《禅智寺》："宝殿依山崄，临虚势若吞。"陆龟蒙《奉和袭美太湖诗二十首·初入太湖》："崄异拔龙湫，喧如破蛟室。"孙鲂《甘露寺》："地拱千寻崄，天垂四面青。"亦用以指险要之地。解彦融《雁塔》："勇进攀有缘，即崄恐迷坠。"

【嶮技】 险艺。有生命危险的技艺。柳曾《险竿行》："始以险技悦君目，终以贪心媚君禄。"

【嶮岨】 险阻。道路艰险而有阻碍。亦借指崄阻之地。皮日休《鲁望读襄阳耆旧传见赠五百言次韵》："巴庸乃崄岨，屈景实豪右。"

【嶮竿】 古代杂技之一种。演员缘高竿而上。冯涓《崄竿歌》："崄竿儿，听我语，更有崄竿崄于汝。"

【嶮竿兒】 表演险竿杂技的艺人。柳曾《险竿行》："险竿儿，尔须知，险途欲往尔可思，上得不下下不得，我谓此辈险于险竿儿。"

【嶮津】 危险的渡口。喻指危险之处。袁皓《及第后作》："升平时节逢公道，不觉龙门是崄津。"

【嶮峭】 险峭。山崖险峻。顾况《苔藓山歌》："崄峭嵌空潭洞寒，小儿两手扶栏干。"亦用以指陡峭的崖壁。方干《题悬溜岩隐者居》："惯缘崄峭收松粉，常趁芳鲜掇茗芽。"

【嶮棧】 险要的栈道。贾岛《喜李余自蜀至》："几程寻崄栈，独宿听寒涛。"

【嶮路】 即险路。险要的道路。戴叔伦《南宾送蔡侍御游蜀》："积云藏崄路，流水促行年。"

【嶮巇】 ❶险峻崎岖。郑嵎《津阳门诗》："奇松怪柏为樵苏，童山智谷亡崄巇。"李群玉《浔阳观水》："莫见九江平稳去，还从三峡崄巇来。"高骈《过天威径》："归路崄巇今坦荡，一条千里直如弦。"文丙《新栽松》："尽道生云洞，谁知路崄巇。"❷喻世事艰险或人心险恶。李白《古风》之五九："世途多翻覆，交道方崄巇。"李商隐《荆门西下》："人生岂得轻离别，天意何曾忌崄巇。"秦韬玉《钓翁》："世上无穷崄巇事，算应难入钓船来。"亦用以指险恶之处。章孝标《和滕迈先辈伤马》："曾同客舍吞饥渴，久共名场踏崄巇。"

嶰 〔xiè《广韵》胡買切，上蟹，匣。〕古地名用字。见"嶰竹""嶰谷"。

【嶰竹】 嶰谷所生之竹。传说黄帝使伶伦取此种竹以制乐器，故因以借指箫笛之类管弦乐器。孟郊《投所知》："一说清嶰竹，二说变嶰谷。"参见"嶰谷"。

【嶰谷】 昆仑山北谷名。见汉应劭《风俗通·声音序》。虞世南《赋得临池竹应制》："龙鳞漾嶰谷，凤翅拂涟漪。"孟郊《投所知》："一说清嶰竹，二说变嶰谷。"贾岛《题郑常侍厅前竹》："嶰谷蛮湖北，湘川灞水东。"鱼玄机《和友人次韵》："蓬山雨洒千峰小，嶰谷风吹万叶秋。"

嶭 〔bài《广韵》方賣切，去卦，幫。《集韵》卜卦切，去卦，幫。〕见"嶭嶭"。

【嶭嶭】 犹言高高。贯休《上冯使君五首》之四："嶭嶭数片帆，去去殊未已。"

十四画

巀〔jié〕"截"的后起字。见"巀嶭"。

【巀嶭】　山名，一名嵯峨山，又名慈峨山。在今陕西泾阳、三原、淳化三县交界处。传说黄帝曾铸鼎于此。见《汉书·地理志上》。陆龟蒙《奉和袭美古杉三十韵》："恐是夸娥怒，教临巀嶭衰。"

嶺〔lǐng《广韵》良郢切，上静，來。〕❶顶上有路可通行之山，亦泛指山峰。太宗《冬狩》："骑敛原尘静，戈回岭日收。"李白《酬殷明佐见赠五云裘歌》："群仙长叹惊此物，千崖万岭相萦郁。"裴澄《春云》："空余负樵者，岭上自相逢。"路德延《小儿诗》："樵唱回深岭，牛歌下远川。"❷高大的山脉。白居易《和答诗十首·和分水岭》："高岭峻棱棱，细泉流亹亹。"孟贯《过秦岭》："古今传此岭，高下势峥嵘。"❸特指五岭。王昌龄《送高三之桂林》："岭上梅花侵雪暗，归时还拂桂花香。"刘禹锡《初至长安》："老大归朝客，平安出岭人。"张籍《送南客》："天涯人去远，岭北水空流。"又《岭表逢故人》："过岭万余里，旅游经此稀。"

【嶺北】　❶山之北面。杜牧《秋晚怀茅山石涵村舍》："云暖采茶来岭北，月明沽酒过溪南。"❷特指五岭以北。孟浩然《南还舟中寄袁太祝》："岭北回征帆，巴东问故人。"韩愈《次同冠峡》："无心思岭北，猿鸟莫相撩。"张籍《送南客》："天涯人去远，岭北水空流。"

【嶺外】　指五岭以南地区。孙逖《送杜侍御赴上都》："避马台中贵，登车岭外遥。"高适《送柴司户充刘卿判官之岭外》："岭外资雄镇，朝端宠节旄。"李商隐《九月于东逢雪》："岭外他年忆，于东此日逢。"李明远《送韦觐谪潘州》："天涯浮瘴水，岭外向潘州。"

【嶺表】　指五岭以外之地，即岭南。唐贞观时，置岭南道。以在五岭之南而得名，治所在广州（今广东广州市），范围有今广东、广西大部和越南北部地区。李峤有《安辑岭表事平罢归》。张籍有《岭表逢故人》。

【嶺東】　五岭以东之地。许天正《和陈元光平潮寇诗》："抱磴从天上，驱车返岭东。"

【嶺南】　指五岭以南的地区。韩愈《晚次宣溪辱韶州张端公使君惠书叙别酬以绝句二章》之二："俱是岭南巡管内，莫欺荒僻断知闻。"白居易《宝历二年八月三十日夜梦后作》："莫忘全吴馆中梦，岭南泥雨步行时。"马戴《送从叔重赴海南从事》："又从连帅请，还作岭南行。"方干《与乡人鉴休上人别》："一枝竹叶如溪北，半树梅花似岭南。"

【嶺海】　指两广地。其地北倚五岭，南临南海，故称。陈元光《太母魏氏半径题石》："乌号非岭海，鹤仰向京师。"刘长卿《送独孤判官赴岭》："岭海看飞鸟，天涯问远人。"

【嶺梅】　指大庾岭上的梅花。此中梅花素有名。因岭南北气候差异，花南枝已落，北枝始开。樊晃《南中感怀》："四时不变江头草，十月先开岭上梅。"杜甫《秋日荆南述怀三十韵》："秋雨漫湘水，阴风过岭梅。"亦泛指山中之梅花。韦庄《铜仪》："铜仪一夜变葭灰，暖律还吹岭上梅。"

【嶺陰】　山之北面。戴叔伦《桂阳北岭偶过野人所居聊书即事呈王永州邕李道州圻》："岭阴无瘴疠，地隙有兰荪。"

【嶺堠】　山上的土堡。许棠《寄建州姚员外》："岭堠蛮云积，闽空瘴雨垂。"

【嶺雁】　五岭南来的雁。借喻书信。韩琮《春愁》："吴鱼岭雁无消息，水誓兰情别来久。"

【嶺隅】　山的角落。韩愈《游青龙寺赠崔大补阙》："前年岭隅乡思发，踯躅成山开不算。"

【嶺猿】　山中猿猴。刘长卿《新年作》："岭猿同旦暮，江柳共风烟。"

【嶺腹】　山腰。太宗《咏雨》："低飞昏岭腹，斜足洒岩阿。"

【嶺嶂】　高险的山岭。宋之问《自衡阳至韶州谒能禅师》："岭嶂穷攀越，风涛极沿济。"

【嶺嶠】　泛称五岭地区。高适《饯宋八充彭中丞判官之岭南》："举鞭趋岭峤，屈指冒炎蒸。"贾至《送陆协律赴端州》："岭峤同仙客，京华即旧游。"许浑《送卢先辈自衡岳赴复州嘉礼二首》之二："万重岭峤辞衡岳，千里山陂问竟陵。"张乔《听琴》："几时归岭峤，更过洞庭弹。"

【嶺壁】　陡峭壁立的山峰。韩愈《送侯参谋赴河中幕》："洲沙厌晚坐，岭壁穷晨升。"

【嶺頭】　❶山顶。杜甫《南楚》："无名江上草，随意岭头云。"李益《扬州送客》："闻道望乡闻不得，梅花暗落岭头云。"林藻《梨岭》："曾向岭头题姓字，不穿杨叶不言归。"韦庄《谒蒋帝庙》："残雪岭头明组练，晚霞檐外簇旌旗。"❷特指五岭之山头。沈佺期《遥同杜员外审言过岭》："天长地阔岭头分，去国离家见白云。"王建《送严大夫赴桂州》："岭头分界候，一半属湘潭。"李绅《逾岭峤止荒陬抵高要》："岭头刺竹蒙笼密，火拆红蕉焰烧日。"王周《和杜运使巴峡地暖节物与中土异黯然有感诗三首》之二："始看菊蕊开篱下，又见梅花寄岭头。"

【嶺黛】　指山峰青黑的颜色。丁儒《冬日到泉郡次九龙江与诸公唱和》:“池澌含晚照,岭黛彻寒空。”

巉〔yǐn《广韵》於謹切,上隱,影。〕见“巉嶙”。

【巉嶙】　高耸突兀貌。李旦《石淙》:“奇峰巉嶙箕山北,秀崿岧峣嵩镇南。”

嶸〔róng《广韵》永兵切,平庚,云。又户萌切,平耕,匣。〕见“峥嶸”。

嶷〔nì《广韵》魚力切,入職,疑。〕❶幼小聪慧。见“嶷嶷❶”。❷高,高峻。李群玉《始忝四座言怀纪事呈同馆诸公二十四韵》:“承天四柱石,嶷若窥衡嵩。”见“嶷然❶”。❸卓越。见“嶷然❷”。❹雄健;威武雄壮。见“嶷嶷❷”。❺品德高尚。见“嶷嶷❹”。❻繁盛貌。见“嶷嶷❸”。

【嶷然】　❶高峻貌。屹立貌。岑参《优钵罗花歌》序:“交河小吏有献此花者,云得之于天山之南。其状异于众草,势巃嵸如冠并,嶷然上耸。”李华《仙游寺》:“嶷然龙潭上,石势若奔走。”❷卓越;优异。杜甫《八哀诗·赠左仆射郑国公严公武》:“嶷然大贤后,复见秀骨清。”

【嶷嶷】　❶幼小聪慧貌。见《诗·大雅·生民》。韩愈、孟郊《城南联句》:“乳下秀嶷嶷,椒蕃泣喤喤。”❷矫健;威武雄壮。韩愈《赠别元十八协律六首》之四:“嶷嶷桂林伯,矫矫义勇身。”柳宗元《奉平淮夷雅表·方城》:“王师嶷嶷,熊罴是式。”❸形容品德高尚。见《史记·五帝本纪》。杜甫《水宿遣兴奉呈群公》:“嶷嶷瑚琏器,阴阴桃李蹊。”

嶽〔yuè《广韵》五角切,入覺,疑。〕同“岳”。

【嶽立】　屹立;耸立。沈佺期《初冬从幸汉故青门应制》:“故基仍岳立,遗堞尚云屯。”李白《叙旧赠江阳宰陆调》:“多君秉古节,岳立冠人曹。”

【嶽色】　山色。杜荀鹤《献长沙王侍郎》:“云妆岳色供吟景,月浩湘流递政声。”

【嶽秀】　山岳秀丽。喻人禀受山岳灵秀气,杰出超群。王湾《秋夜寓直即事怀赠萧令公裴侍郎兼通简南省诸友人》:“古灵传岳秀,宏量禀川澄。”李白《与诸公送陈郎将归衡阳》:“气清岳秀有如此,郎将一家拖金紫。”

【嶽雨】　山雨。殷遥《送友人下第归觐省》:“岳雨连河细,田禽出麦飞。”喻坦之《灞上逢故人》:“岳雨狂雷送,溪槎涨水吹。”

【嶽客】　山中隐士。周繇《送江州薛尚书》:“郡斋多岳客,乡户半渔翁。”黄滔《经安州感故郑郎中二首》之一:“岳客出来寻古剑,野猿相聚叫孤茔。”

【嶽祇】　(—qí)山神。韩愈《元和圣德诗》:“渎鬼濛鸿,岳祇巃峨。”

【嶽茶】　亦作“岳茶”。山中所产之茶。贯休《题弘顗三藏院》:“岳茶如乳庭花开,信心弟子时时来。”齐己《题真州精舍》:“石鼎秋涛静,禅回有岳茶。”

【嶽氣】　山色。朱庆余《湖中闲夜遣兴》:“浦迥湘烟卷,林香岳气春。”

【嶽影】　山影。周贺《逢播公》:“坐久钟声尽,谈余岳影回。”刘沧《洛阳月夜书怀》:“独榻闲眠移岳影,寒窗幽思度烟空。”又《下第东归途中书事》:“高柳断烟侵岳影,古堤斜日背滩声。”

【嶽嶠】　(—jiào)指南岳衡山的五岭。狄焕《咏南岳径松》:“一阵雨声归岳峤,两条寒色下潇湘。”

【嶽廟】　见“岳廟”。

【嶽嶽】　❶《汉书·朱云传》载,汉元帝令五鹿充宗与《易》诸家辩论,五鹿倚仗尊贵和口才,没有人能辩过他,诸家都推托有病,不敢参加辩论会。有人推荐朱云,朱云连胜五鹿,故诸儒为之语曰:“五鹿岳岳,朱云折其角。”按:“岳岳,长角之状。”后用以喻人位尊气盛,锋芒毕露。陆希声《山居即事二首》之二:“五鹿归来惊岳岳,孤鸿飞去入冥冥。”李瀚《蒙求》:“晏御扬扬,五鹿岳岳。”❷形容人刚直不阿。孟郊《上包祭酒》:“岳岳冠盖彦,英英文字雄。”

【嶽麓】　见“岳麓”。

【嶽麓寺】　在今湖南长沙市岳麓山东面山下。晋时建。即古麓苑。一名慧光寺。寺有唐李邕所书碑。山下有岳麓书院。刘禹锡有《唐侍御寄游道林岳麓二寺诗见征继作》。杜荀鹤有《题岳麓寺》。

【嶽鎮】　见“岳鎮”。

【嶽瀆】　见“岳瀆”。

【嶽靈】　见“岳靈”。

十五画

巗〔lěi《广韵》落猥切,上賄,來。〕❶见“巗嵬”。❷见“巗嵬”。

【巗嵬】　(—wěi)高貌。杜甫《冬狩行》:“幕前生致九青兕,骆驼巗嵬垂玄熊。”

【巗嵬】　(—wěi)重叠不齐貌。白居易《游悟真寺诗》:“危石叠四五,巗嵬欹且刓。”林滋《望九华山》:“大者嶙峋若奔兕,小者巗嵬如婴儿。”

巂〔xī《广韵》息委切,上紙,心。〕亦作“嶲”。古地名用字。见“嶲州”。

【嶲州】　州名，汉越嶲郡，隋置嶲州，寻又改为越嶲郡。唐武德元年，仍改嶲州。后属吐蕃。故址在四川西昌地区。白居易《新乐府·蛮子朝》："泛皮船兮渡绳桥，来自嶲州道路遥。"姚合《送李廓侍御赴西川行营》："从今嶲州路，无复有烽烟。"雍陶有《哀蜀人为南蛮俘虏五章·别嶲州一时恸哭云日为之变色》。贾岛《送雍陶入蜀》："日斜褒谷鸟，夏浅嶲州蚕。"

十六画

巃　〔lóng《广韵》盧紅切，平東，來。又力董切，上董，來。〕亦作"巄"。高峻貌。裴潾《前相国赞皇公早葺平泉山居抒怀赋四言诗十四首奉寄》之七："水远如空，山微似巃。"见"巃嵸"。

【巃嵸】　❶高峻貌。岑参《优钵罗花歌》序："交河小吏有献此花者，云得之于天山之南。其状异于众草，势巃嵸如冠弁，嶷然上耸。"杜甫《王兵马使二角鹰》："悲台萧飒石巃嵸，哀壑杈桠浩呼汹。"徐敞《赋得金茎露》："岧峣捧瑞气，巃嵸出宫城。"❷楂枒貌。杜甫《乾元中寓居同谷县作歌七首》之六："南有龙兮在山湫，古木巃嵸枝相樛。"

十七画

巇　〔xī《广韵》許羈切，平支，曉。〕❶险峻，险恶。张九龄《南还以诗代书赠京师旧僚》："去国诚寥落，经途弊险巇。"戎昱《苦辛行》："险巇唯有世间路，一晌令人堪白头。"李商隐《荆门西下》："人生岂得轻离别，天意何曾忌崄巇。"❷罅隙。喻可乘之机。韩愈《归彭城》："到口不敢吐，徐徐俟其巇。"

【巇崄】　艰险，险要。李征古《登祝融峰》："凿开巇崄处，取路到丹霄。"

巍　〔wēi《广韵》語韋切，平微，疑。〕❶高峻。鲍溶《倚瑟行》："金舆传惊灞浐水，龙旗参天行殿巍。"史凤《锁莲灯》："灯锁莲花花照罍，翠钿同醉楚台巍。"见"巍峨❶""巍昂""巍巍❶"。❷崇高伟大。见"巍巍❷"。

【巍昂】　高，高深。张籍《祭退之》："呜呼吏部公，其道诚巍昂。"

【巍峨】　亦作"巍峩"。❶高，高峻。韩愈《岳阳楼别窦司直》："巍峨拔嵩华，腾踔较健壮。"孟郊《自叹》："太行耸巍峨，是天产不平。"鲍溶《经旧游》："故山系归念，行坐青巍峨。"李咸用《览友生古风》："高山闲巍峨，流水声呜咽。"刘辟《登楼望月二首》之二："皎洁三秋月，巍峨百丈楼。"❷谓人才卓著，名声显赫。李昭象《寄献山中顾公员外》："抽却朝簪著钓蓑，近来声迹转巍峨。"

【巍臺】　高台，高峻的楼台。岑羲《黄金台》："巍台悲惨朔风号，不知骑劫何时招。"

【巍嶽】　高山。陈元光《落成会咏一首》："环堂巍岳秀，带砺大江雄。"

【巍蟠】　（—pán）高大而盘曲。岑参《入剑门作寄杜杨二郎中时二公并为杜元帅判官》："磅礴跨岷峨，巍蟠限蛮貊。"

【巍巍】　❶高峻。王昌龄《万岁楼》："江上巍巍万岁楼，不知经历几千秋。"岑参《张仪楼》："传是秦时楼，巍巍至今在。"韩愈《送区弘南归》："子虽勤苦终何希，王都观阙双巍巍。"吴融《远山》："隐隐隔千里，巍巍知几重。"❷崇高伟大。见《论语·泰伯》。白居易《贺雨》："顾惟眇眇德，遽有巍巍功。"项斯《舜城怀古》："禅禹逊尧聪，巍巍盛此中。"金真德《太平诗》："大唐开鸿业，巍巍皇猷昌。"贯休《大蜀皇帝寿春节进尧铭舜颂二首·尧铭》："仲尼有言，巍巍帝尧。"❸肃穆庄严。寒山《诗三百三首》之一九二："逞画图真意气异，龙行鬼走神巍巍。"沈亚之《西蕃请谒庙》："肃肃层城里，巍巍祖庙清。"❹形容词后缀。皇甫松《登郭隗台》："燕相谋在兹，积金黄巍巍。"

【巍巍赫赫】　崇高显赫。见《论语·泰伯》。又见《诗·大雅·常武》。则天皇后《唐享昊天乐·第四》："巍巍睿业广，赫赫圣基隆。"《郊庙歌辞·享太庙东章·景云舞》："巍巍赫赫，尽善尽美。"

巉　〔chán《广韵》鋤銜切，平銜，崇，又仕檻切，上檻，崇。〕❶险峻陡峭。见"巉然""巉崒""巉絕❶"。❷喻诗文、书法风格雄健奇崛。陆龟蒙《和袭美江南书情二十韵次韵》："雨余幽沼净，霞散远峰巉。"见"巉巖❷"。❸犀利，锐利。陆龟蒙《战秋辞》："杉巉攒矛，蕉标建常。"

【巉崒】　（—zú）险峻。罗隐《忆九华》："九华巉崒荫柴扉，长忆前时此息机。"贯休《送杨秀才》："北山峨峨香拂拂，翠涨青奔势巉崒。"亦用以指险峻之山。贯休《大蜀高祖潜龙日献陈情偈颂》："忽振金汤，下彼巉崒。"

【巉崱】　高峻。亦形容风骨特出不凡。贯休《寄韩团练》："君子天庙器，头骨何巉崱。"

【巉然】　高峻陡峭貌。陆龟蒙《引泉诗》："新定山角角，乌龙独巉然。"

【巉絕】　❶险峻陡峭。李白《江上望皖公山》："清宴皖公山，巉绝称人意。"杜甫《白水县崔少府十九翁高斋三十韵》："前轩颓反照，巉绝华岳赤。"亦用以指险峻陡峭之山。韩愈《南山诗》："孤撑有巉绝，海浴褰鹏噣。"❷形容声音高亢。见汉应劭《风俗通义·声音·徵》王利器注。元稹《和李校书新题乐府十二首·五弦弹》："赵璧五弦弹徵调，徵声巉绝何清峭。"

【巉巉】 ❶山势峭拔险峻。王颤《怀素上人草书歌》："衡阳双峡插天峻，青壁巉巉万余仞。"张祜《游天台山》："巉巉割秋碧，娲女徒巧补。"温庭筠《老君庙》："紫气氤氲捧半岩，莲峰仙掌共巉巉。"罗隐《秦望山僧院》："巉巉危岫倚沧洲，闻说秦皇亦此游。"❷山石突兀重叠。元结《窊尊诗》："巉巉小山石，数峰对窊亭。"韦庄《李氏小池亭十二韵》："积石乱巉巉，庭莎绿不芟。"

【巉巖】 ❶险峻貌。李白《金陵歌送别范宣》："石头巉岩如虎踞，凌波欲过沧江去。"贾岛《易州登龙兴寺楼望郡北高峰》："郡北最高峰，巉岩绝云路。"王仁裕《和韩昭从驾过白卫岭》："登高晓蹋巉岩石，冒冷朝冲断续烟。"贯休《经费隐君旧宅》："巉岩玉九株，秀湿掩苍梧。"❷险峻的山岩。李白《北上行》："磴道盘且峻，巉岩凌穹苍。"徐九皋《战城南》："巉岩一鼓气，拔利五兵威。"刘禹锡《和汴州令狐相公到镇改月偶书所怀》："衣风飘叆叇，烛泪滴巉岩。"❸形容诗文、书法风格雄健奇崛。吴融《赠䛒光上人草书歌》："有时瘦巉岩，百尺枯松露槎枿。"

巏 〔quán《集韵》逵員切，平僊，羣。〕地名用字。见"巏嵍"。

【巏嵍】 即尧山。见北齐颜之推《颜氏家训·书证》。马彧《赠韩定辞》："别后巏务山上望，羡君时复见王乔。"

十八画

嵸 〔sǒng《字彙》息勇切。〕见"嵸嵸"。

【嵸嵸】 高耸貌。白居易《游悟真寺诗》："嵸嵸三面峰，峰尖刀剑攒。"皮日休《太湖诗·初入太湖》："疏岑七十二，嵸嵸露矛戟。"又《闻开元寺开笋园寄章上人》："森森竞泫林梢雨，嵸嵸争穿石上云。"亦用以指高耸之处。皮日休《太湖诗·包山祠》："嵸嵸雨点少，渐收羽林枪。"

巋 〔kuī《广韵》丘追切，平脂，溪。又丘軌切，上旨，溪。〕❶高峻。见"巋巍"。❷高大独立貌。见"巋然"。

【巋巍】 (—wèi)高峻。刘禹锡《韩十八侍御见示岳阳楼诗因令属和故足成六十二韵》："怒激鼓铿訇，蹙成山岿硊。"

【巋然】 高大独立貌。见《庄子·天下》。骆宾王《四月八日题七级》："霸略今何在，王宫尚岿然。"张说《登九里台是樊姬墓》："万化茫无在，孤坟独岿然。"白居易《会昌二年春题池西小楼》："自笑灵光岿然在，春来游得且须游。"

十九画

巔 〔diān《广韵》都年切，平先，端。〕❶山顶。张九龄《奉和圣制谒玄元皇帝庙斋》："兴运昔有感，建祠北山巅。"孟郊《送萧炼师入四明山》："迥出万物表，高栖四明巅。"喻凫《题翠微寺》："沿溪又涉巅，始喜入前轩。"黄滔《送李山人往湘中》："岳峰千万仞，知上啸猿巅。"❷人的头顶。见"巔毛"。❸泛称物体的顶头。孟郊《送卢汀侍御归天德幕》："旌旗防日北，道路上云巅。"王仁裕《从蜀后主幸秦川上梓潼山》："黄云生马足，白日下松巅。"

【巔毛】 头发。高适《自武威赴临洮谒大夫不及因书即事寄河西陇右幕下诸公》："俘囚驱面缚，长幼随巅毛。"

【巔崖】 高崖。杜甫《奉先刘少府新画山水障歌》："大儿聪明到，能添老树巅崖里。"

巖 〔yán《广韵》五銜切，平銜，疑。〕亦作"岩""嵒""嵓"。❶崖岸，山或高地的边。见《文选·扬雄〈羽猎赋〉》。萧祐《游石堂观》："半岩有洞顶有池，出入灵怪潜蛟螭。"杜甫《西枝村寻置草堂地夜宿赞公土室二首》之一："昨枉霞上作，盛论岩中趣。"齐己《赠岩居僧》："石如骐骥岩作室，秋苔漫坛净于漆。"❷险要。见"巖邑"。❸高耸。见"巖巖"。❹瘦削。见"巖巖"。❺古地名傅岩的省称。太宗《春日登陕州城楼聊以命篇》："迹岩劳傅想，窥野访莘情。"见"巖野"。白居易《题喷玉泉》："何时此岩下，来作濯缨翁。"刘沧《赠天台隐者》："回望一巢悬木末，独寻危石坐岩中。"滕白《题文川村居》："种茶岩接红霞坞，灌稻泉生白石根。"❻山峰，峰峦。李白《梦游天姥吟留别》："千岩万转路不定，迷花倚石忽已暝。"杜甫《木皮岭》："远岫争辅佐，千岩自崩奔。"白居易《山中问月》："千岩将万壑，无处不相随。"刘沧《宿题金山寺》："一点青山翠色危，云岩不掩与星期。"❼石窟；洞穴。见《庄子·在宥》。见"巖穴"。

【巖木】 山木，山中树木。魏元忠《银潢宫侍宴应制》："堑花仍吐叶，岩木尚抽枝。"

【巖水】 山水。杜荀鹤《春日山中对雪有作》："岭梅谢后重妆蕊，岩水铺来却结冰。"

【巖户】 山户，山村人家。特指隐居之处。李白《送韩准裴政孔巢父还山》："所以青云人，高歌在岩户。"

【巖石】 亦作"嵓石"。❶高大的石块；大石块。

赵居贞《云门山投龙诗》:“香气入岫门,瑞云出岩石。”❷喻指重臣。用作称颂语。语出《诗·小雅·节南山》。赵嘏《寄淮南幕中刘员外》:“桂生岩石本萧洒,鹤到烟空更自由。”

【巖仞】 即墙仞。山崖如墙。故亦谓之岩仞。见《论语·子张》。后用“墙仞”或“岩仞”称颂他人道德学问深厚。刘允济《经庐岳回望江州想洛川有作》:“岩仞包武侯,波澜控文若。”“岩”,亦作“墙”。

【巖穴】 山洞。隐士所居。独孤及《代书寄上裴六翼刘二颖》:“尽屏簿领书,相与议岩穴。”皎然《兵后余不亭重送卢孟明游江西》:“岁晏期尔来,销声坐岩穴。”白居易《太湖石》:“风气通岩穴,苔文护洞门。”韦庄《虎迹》:“我今避世栖岩穴,岩穴如何又见君。”

【巖光】 山岩中的亮光。韦应物《晓坐西斋》:“柳意不胜春,岩光已知曙。”李绅《过梅里七首·上家山》:“岩光翻落日,僧火开经室。”李商隐《奉寄安国大师兼简子蒙》:“岩光分蜡屐,涧响入铜瓶。”

【巖曲】 (—qū)山之曲折处。刘禹锡《海阳十咏·月窟》:“岩曲月斜照,林寒春晚煦。”

【巖足】 山脚。陈子昂《同宋参军之问梦赵六赠卢陈二子之作》:“晓霁望嵩丘,白云半岩足。”

【巖邑】 险要的城邑。见《左传·隐公元年》。刘孝孙《早发成皋望河》:“清晨发岩邑,车马走轘辕。”陆龟蒙《庆封宅古井行》:“吴分岩邑号朱方,子家负固心强梁。”

【巖谷】 山谷。杜牧《华清宫三十韵》:“平居厌未央,钩陈裹岩谷。”汪遵《招隐》:“早携书剑离岩谷,莫待蒲轮辗白云。”皮日休《太湖诗·练渎》:“流苏惹烟浪,羽葆飘岩谷。”杜荀鹤《雪》:“江湖不见飞禽影,岩谷时闻折竹声。”

【巖谷人】 指隐士。鲍溶《长安言怀》:“高谢岩谷人,鹿衣带女萝。”

【巖甸】 指山边。魏朋妻《赠朋诗》:“松影摇长风,蟾光落岩甸。”

【巖花】 亦作“岩花”。山花。李义府《在嶲州遥叙封禅》:“岩花飘曙辇,峰叶荡春旗。”严维《晦日宴游》:“溪柳薰晴浅,岩花待闰迟。”李商隐《同崔八诣药山访融禅师》:“岩花涧草西林路,未见高僧只见猿。”

【巖芳】 山花。韩翃《题张逸人园林》:“更道小山宜助赏,呼儿舒簟醉岩芳。”

【巖坰】 山野。白居易《和答诗十首·答桐花》:“如何有此用,幽滞在岩坰。”

【巖雨】 山雨。陈子昂《万州晓发放舟乘涨还寄蜀中亲朋》:“空濛岩雨霁,烂熳晓云归。”李益《华山南庙》:“岩雨神降时,回飙入松柏。”

【巖岫】 峰峦。苏颋《侍宴安乐公主山庄应制》:“雾洒旌旗云外出,风回岩岫雨中移。”寒山《诗三百三首》之十八:“山花笑渌水,岩岫舞青烟。”李绅《过梅里七首·忆题惠山寺书堂》:“白云生灭依岩岫,青桂荣枯托薜萝。”张丛《游东观山》:“岩岫碧孱颜,灵踪若可攀。”

【巖泥】 山崖中泥土。杜荀鹤《山居寄同志》:“垂钓石台依竹垒,待宾茶灶就岩泥。”

【巖房】 石室。王翰《古蛾眉怨》:“琳琅禁闼遥相忆,紫翠岩房昼不开。”皮日休《奉和鲁望寄南阳广文次韵》:“春彩融融释冻塘,日精闲咽坐岩房。”刘昭禹《忆天台山》:“岩房容偃息,天路许相携。”

【巖居】 山居。多指隐士隐居山中。皇甫曾《送商州杜中丞赴任》:“绮皓清风千古在,因君一为谢岩居。”杜甫《柏学士茅屋》:“碧山学士焚银鱼,白马却走身岩居。”亦用以指山中居所。杜牧《赠朱道灵》:“牛渚矶南谢山北,白云深处有岩居。”于濆《山村叟》:“古凿岩居人,一廛称有产。”陆龟蒙《奉和袭美太湖诗二十首·三宿神景宫》:“岩居更幽绝,涧户相隐映。”

【巖阿】 (—ē)山之曲折处。寒山《诗三百三首》之二五七:“可观无事客,憩歇在岩阿。”李颀《登首阳山谒夷齐庙》:“驱车层城路,惆怅此岩阿。”欧阳衮《田家》:“岩阿青气发,篱落杏花开。”韬光《谢白乐天招》:“山僧野性好林泉,每向岩阿倚石眠。”

【巖城】 山城。罗隐《定远楼》:“前年上将定妖氛,曾筑岩城驻大军。”

【巖幽】 山岩幽深处。韩愈《双鸟诗》:“一鸟落城市,一鸟集岩幽。”

【巖泉】 ❶峰峦与山泉。宗楚客《奉和幸上阳宫侍宴应制》:“向夕回雕辇,佳气满岩泉。”白居易《送毛仙翁》:“仙翁已得道,混迹寻岩泉。”❷山泉。杜牧《秋晚与沈十七舍人期游樊川不至》:“野竹疏还密,岩泉咽复流。”杜荀鹤《和舍弟题书堂》:“岩泉遇雨多还闹,溪竹唯风少即凉。”徐铉《和陈洗马山庄新泉》:“已开山馆待抽簪,更要岩泉欲洗心。”

【巖前叟】 《史记·殷本纪》载,殷高宗武丁,由于梦兆,在傅岩之野得贤相傅说。后用作启用贤才之典。王越宾《使至灊山》:“凭谁借问岩前叟,曾托吾皇一梦来。”

【巖風】 山风。虞世南《奉和幽山雨后应令》:“山泉鸣石涧,地籁响岩风。”李频《夏日过友人檀溪别业》:“沙月邀开户,岩风助扫庭。”

【巖洞】 亦作“岩洞”。山洞。王维《过太乙观贾生房》:“攀林遍岩洞,采药无冬春。”杨衡《游峡山寺》:“烟霞无隐态,岩洞讵遗幽。”方干《送何道者》:“遍寻岩洞求仙者,即恐无人似尔曹。”

【巖室】 即岩屋。戴叔伦《游清溪兰若》:“灵仙已去空岩室，到客唯闻古寺钟。”

【巖扃】 山洞之门。借指隐居之处。杜甫《桥陵诗三十韵因呈县内诸官》：“瑞芝产庙柱，好鸟鸣岩扃。”严维《书情献相公》：“今日更须询哲匠，不应休去老岩扃。”白居易《梦仙》：“秘之不敢泄，誓志居岩扃。”李群玉《广州重别方处士之封川》之一：“白衣谢簪绂，云卧重岩扃。”

【巖屋】 指利用天然洞穴或石壁建成的石屋。杨衡《游陆先生故岩居》：“上有一岩屋，相传灵人宅。”

【巖屏】 （—píng）山嶂。李白《登梅冈望金陵赠族侄高座寺僧中孚》：“赋诗留岩屏，千载庶不灭。”

【巖桂】 深山幽崖中生长的桂树。淮南小山《招隐士》：“桂树丛生兮山之幽。”亦泛称桂树。高宗《九月九日》：“砌兰亏半影，岩桂发全香。”权德舆《卧病喜惠上人李炼师茅处士见访因以赠》：“终当逐师辈，岩桂香氲芬。”赵嘏《赠李从贵》：“知君旧隐嵩云下，岩桂从今几更攀。”

【巖根】 山麓。皮日休《忆洞庭观步十韵》：“岩根瘦似壳，杉破腹如腔。”又《江南道中怀茅山广文南阳博士三首》之二：“堂扃洞里千秋燕，厨盖岩根数斗泉。”

【巖軒】 指山寺栏杆。齐己《夏日梅雨中寄睦公》：“何时见清霁，招我凭岩轩。”

【巖峿】 （—wú）亦作“巖梧”。山高不平貌。韦庄《渔塘十六韵》：“莹澈通三岛，岩梧积万层。”梧，一作“峿”。亦用以指高而不平之山。赵冬曦《和燕公别灉湖》：“湾澳陪临泛，岩峿共践窥。”

【巖峯】 山峰。贾岛《延寿里精舍寓居》：“耳目乃鄘井，肺肝即岩峰。”

【巖耕】 在山中耕种。借指隐居。见扬雄《法言·问神》。宋之问《陆浑山庄》：“归来物外情，负杖阅岩耕。”李德裕《忆平泉杂咏·忆春耕》：“无因共沮溺，相与事岩耕。”

【巖徑】 山路。张九龄《与生公寻幽居处》：“及此云山去，窅然岩径好。”

【巖窈】 山之深处。卢照邻《七日登乐游故墓》：“兰游澹未归，倾光下岩窈。”

【巖梧】 见“巖峿”。

【巖雪】 山雪，山中之雪。灵澈《宿东林寺》：“天寒猛虎叫岩雪，林下无人空有月。”

【巖堂】 指石穴。皮日休《太湖诗·包山祠》：“白云最深处，像设盈岩堂。”

【巖野】 傅岩之野。见《书·说命上》。后用以指隐士所居之处或山野。林宽《送惠补阙》：“诏下搜岩野，高人入竹林。”善生《赠卢逸人》：“高眠岩野间，至艺敌应难。”

【巖嶅】 高峻的山。李白《鸣皋歌送岑征君》：“峰峥嵘以路绝，挂星辰于岩嶅。”

【巖棲】 本指巢居穴处。借指隐居。刘长卿《罢摄官后还旧居留辞李侍御》：“旅食伤飘梗，岩栖忆采薇。”林宽《和周繇校书先辈省中寓直》：“此中真吏隐，何必更岩栖。”韦庄《对酒》：“何用岩栖隐姓名，一壶春酎可忘形。”

【巖梯】 山梯，拾级而上的山路。储光羲《至岳寺即大通大照禅塔上温上人》：“凤铎天中鸣，岩梯松下长。”

【巖雲】 山云，山中之云。张说《送敬丞》：“落花已覆水，岩云欲起山。”

【巖景】 （—yǐng）山影。项斯《送顾非熊及第归茅山》：“湖光愁里碧，岩景梦中寒。”

【巖崿】 起伏的山峦。章八元《天台道中示同行》：“八重岩崿叠晴空，九色烟霞绕洞宫。”韩愈、李正封《晚秋郾城夜会联句》：“魏阙横云汉，秦关束岩崿。”皮日休《初夏游楞伽精舍》：“俄然棹深处，虚无倚岩崿。”又《太湖诗·晓次神景宫》：“静径侵泬寥，仙扉傍岩崿。”

【巖筍】 生于山崖中的竹笋。司空曙《过终南柳处士》：“洞泉分溜浅，岩笋出丛长。”

【巖廊】 亦作“岩郎”。高峻的廊庑。见《汉书·董仲舒传》。后用以比喻庙堂和朝廷。太宗《帝京篇十首》之二：“岩廊罢机务，崇文聊驻辇。”杜甫《入衡州》：“中有古刺史，盛才冠岩廊。”杜牧《送牛相出镇襄州》：“紫殿辞明主，岩廊别旧交。”徐铉《奉和宫傅相公怀旧见寄四十韵》：“岩廊礼绝威容肃，布素情深友好偏。”

【巖限】 深山曲折处。刘沧《题敬亭山庙》：“森森古木列岩限，迥压寒原霁色开。”杜荀鹤《赠祖肩和尚》：“若比吾师居世上，何如野客卧岩限。”徐夤《题名琉璃院》：“一条溪绕翠岩限，行脚僧言胜五台。”孟翔《奉和郎中游仙山四瀑布兼寄李吏部包秘监判官》：“萝茑罥紫绶，岩限驻朱轓。”

【巖隅】 山角，山曲。牟融《赠殷以道》：“世路红尘懒步趋，长年结屋傍岩隅。”

【巖蜂】 栖息在山崖中的野蜂。李群玉《叹灵鹫寺山榴》：“水蝶岩蜂俱不知，露红凝艳数千枝。”

【巖稜】 （—léng）高而有棱角之山。齐己《寄双泉大师师兄》：“清泉流眼底，白道倚岩棱。”

【巖腹】 山腰。沈传师《次潭州酬唐侍御姚员外游道林岳麓寺题示》：“相重古殿倚岩腹，别引新径萦云根。”

【巖煙】 山中烟雾。李正封《夏游招隐寺暴雨晚晴》：“鹤飞岩烟碧，鹿鸣涧草香。”

【巖溜】（—liù）山间小股水流，如从穴中流出之水、山涧瀑布等。刘禹锡《送僧方及南谒柳员外》："幽响滴岩溜，晴芳飘野丛。"许棠《冬杪归陵阳别业五首》之二："冰封岩溜断，雪压砌松欹。"方干《题报恩寺上方》："岩溜喷空晴似雨，林萝碍日夏多寒。"翁承赞《题壶山》："秋高岩溜白，日上海波红。"

【巖扉】岩洞之门。储光羲《同武平一员外游湖五首时武贬金坛令》之四："朦胧竹影蔽岩扉，淡荡荷风飘舞衣。"李白《赠别王山人归布山》："傲然遂独往，长啸开岩扉。"戴叔伦《赠鹤林上人》："日日涧边寻茯苓，岩扉常掩凤山青。"李商隐《重过圣女祠》："白石岩扉碧藓滋，上清沦谪得归迟。"王贞白《忆张处士》："山风入松径，海月上岩扉。"

【巖電】喻人目光炯炯有神。见《世说新语·容止》。刘允济《经庐岳回望江州想洛川有作》："清辉靖岩电，利器腾霜锷。"

【巖窟】山洞。薛据《山青门往南山下别业》："弱年好栖隐，炼药在岩窟。"白居易《岁暮言怀》："只合居岩窟，何因入府门。"

【巖殿】山中殿宇。韦应物《秋景诣琅琊精舍》："上陟岩殿憩，暮看云壑平。"

【巖夢】出《史记·殷本纪》。后以"岩梦"喻指君主求贤的欲望。孟郊《题韦少保静恭宅藏书洞》："洞隐谅非久，岩梦诚必通。"

【巖嶂】亦作"岩障"，直如屏障的高山。李群玉《长沙陪裴大夫登北楼》："岩嶂随高步，琴尊奉胜游。"

【巖嶠】险峻的山峰。阎防《晚秋石门礼拜》："舟车无由径，岩峤乃属天。"戴叔伦《听霜钟》："仿佛烟岚隔，依稀岩峤重。"

【巖牖】石窗。太宗《山阁晚秋》："山亭秋色满，岩牖凉风度。"

【巖樹】山树，山中树木。白居易《早冬游王屋偶吟成章寄温谷周尊师中书李相公》："石泉碧漾漾，岩树红离离。"李绅《过荆门》："此时山月如衔镜，岩树参差互辉映。"章孝标《瀑布》："深雷隐云壑，孤电挂岩树。"

【巖壁】陡峭如墙的山崖。白居易《游石门涧》："常闻慧远辈，题诗此岩壁。"

【巖翠】青翠的山崖。钱起《送杨錥归隐》："溪花藏石径，岩翠带茅茨。"解彦融《雁塔》："南山缭上苑，祇树连岩翠。"

【巖磴】险峻的山路。孙逖《奉和登会昌山应制》："岩磴列云旗，吾君访道时。"陆龟蒙《纪梦游甘露寺》："岩磴云族栖，柖柯露华适。"

【巖壑】❶山峦，溪谷。阎朝隐《奉和圣制夏日游石淙山》："千种冈峦千种树，一重岩壑一重云。"卢纶《太白西峰偶宿书怀即事寄呈凤翔齐员外张侍御》："山明鸟声乐，日气生岩壑。"吕温《道州途中即事》："岩壑千家接，松萝一径通。"皮日休《太湖诗·雨中游包山精舍》："笑次度岩壑，困中遇台殿。"❷指隐者的住所。岑参《下外江舟怀终南旧居》："岩壑归去来，公卿是何物。"杜牧《秋晚早发新定》："岩壑会归去，尘埃终不降。"温庭筠《山中与诸道友夜坐闻边防不宁因示同志》："韬钤岂足为经济，岩壑何尝是隐沦。"林琨《晚望》："方予事岩壑，及此欲抽簪。"

【巖罅】山岩间的缝隙。皮日休《追和虎丘寺清远道士诗》："岩罅地中心，海光天一半。"

【巖館】山中住所。武元衡《韦常侍以宾客致仕同诸公题壁》："孤云永日自徘徊，岩馆苍苍遍绿苔。"

【巖谿】山林溪水。借指隐居之地。岑参《虢州郡斋南池幽兴因与阎二侍御道别》："性本爱鱼鸟，未能返岩溪。"

【巖齋】山斋。许浑《朗上人院晨坐》："正忆江南寺，岩斋闻诵经。"

【巖隱】隐居山中。韦应物《和吴舍人早春归沐西亭言志》："即事同岩隐，圣渥良难违。"薛能《春早选寓长安二首》之二："岩隐悬溪瀑，城居入榻尘。"

【巖縫】山岩间的缝隙。欧阳炯《贯休应梦罗汉画歌》："倚松根，傍岩缝，曲录腰身长欲动。"

【巖藪】山泽。王湾《晚夏马嵬卿叔池亭即事寄京都一二知己》："牵役劳风尘，秉心在岩薮。"

【巖麓】山脚。谭用之《别何处士陵俊老》："计拙耻居岩麓老，气狂惭与斗牛平。"

【巖櫳】岩室之窗。王勃《秋日仙游观赠道士》："回丹萦岫室，复翠上岩栊。"

【巖霰】山中雪珠。孟郊《奉报翰林张舍人见遗之诗》："岩霰不知午，涧澌镇含曛。"

【巖竇】岩穴。李颀《答高三十五留别便呈于十一》："韩康虽复在人间，王霸终思隐岩窦。"郑巢《送魏校书赴夏口从事》："郡邑多岩窦，何方便学仙。"崔涂《泉》："远辞岩窦泻潺潺，静拂云根别故山。"徐铉《晚憩白鹤庙寄句容张少府》："泉鸣细岩窦，鹤唳眇云端。"

【巖響】山崖之回声。刘长卿《秋夜北山精舍观体如师梵》："静分岩响答，散逐海潮还。"

【巖巖】❶高峻，高耸。见《诗·鲁颂·閟宫》。贺朝《南山》："岩岩石帆影，如得海风便。"王建《行宫词》："上阳宫到蓬莱殿，行宫岩岩遥相见。"权德舆《安语》："岩岩五岳镇方舆，八极廓清氛祲除。"白居易《游襄阳怀孟浩然》："楚山碧岩岩，汉水碧汤汤。"❷谓身材瘦削。薛能《吴姬十首》之一："夜锁重门昼亦监，眼波娇利瘦岩岩。"

【巖巒】 高峻的山峦。寒山《诗三百三首》之二〇五:"千仞岩峦深可遁,万重溪涧石楼台。"李白《蜀道难》:"青泥何盘盘,百步九折萦岩峦。"韩愈《南山诗》:"岩峦虽嵂崒,软弱类含酎。"贾岛《北岳庙》:"岩峦叠万重,诡怪浩难测。"

【巖巘】 峰峦。权德舆《和兵部李尚书东亭诗》:"云卷岩巘叠,雨余松桂鲜。"高铢《和太原张相公山亭怀古》:"斗石类岩巘,飞流泻潺湲。"

【巖靄】 山中云气。张祜《华清宫和杜舍人》:"暮草深岩霭,幽花坠径香。"

巑 〔cuán《广韵》在丸切,平桓,從。〕❶高耸。尹懋《秋夜陪张丞相赵侍御游滍湖二首》之二:"江上饶奇山,巑罗云水间。"❷见"巑岏"。

【巑岏】 ❶高耸貌。皮日休《太湖诗·上真观》:"两廊洁寂历,中殿高巑岏。"❷萧瑟;瑟缩。李颀《题卢五旧居》:"怅望秋天鸣坠叶,巑岏枯柳宿寒鸱。"李远《过旧游见双鹤怆然有怀》:"朱顶巑岏荒草上,雪毛零落小池头。"❸丑;丑陋。卢仝《杂兴》:"飞鹰跃马实快性,唇腐齿烂空巑岏。"李群玉《将游荆州投魏中丞》:"贫埋病压老巑岏,拂拭菱花不喜看。"❹失意惆怅。卢仝《常州孟谏议座上闻韩员外职方贬国子博士有感五首》之一:"山夫与刺史,相对两巑岏。"

巒 〔luán《广韵》落官切,平桓,來。〕❶小而尖锐的山。见《楚辞·九章·悲回风》。李忱《百丈山》:"大雄真迹枕危峦,梵宇层楼耸万般。"韩愈《南山诗》:"岩峦虽嵂崒,软弱类含酎。"❷山峰,峰峦。太宗《饮马长城窟行》:"迥戍危烽火,层峦引高节。"李贺《南园十三首》之十一:"长峦谷口倚稽家,白昼千峰老翠华。"元稹《玉泉道中作》:"遐想云外寺,峰峦渺相望。"王仁裕《和蜀后主题剑门》:"暗指长天路,浓峦蔽几层。"❸泛称山。高铢《和太原张相公山亭怀古》:"远壑檐宇际,孤峦雉堞间。"欧阳衮《秦原道中》:"分险架长澜,斜梁控夕峦。"刘沧《龙门留别道友》:"一顾恩深荷道安,独垂双泪下层峦。"

【巒洞】 山穴,山洞。沈彬《送人游南海》:"白烟和月藏峦洞,明月随潮入瘴村。"

【巒峰】 陡峭的山峰。殷文圭《楼上看九华》之三:"四顾峦峰峭莫群,翠峰长与晓光分。"

【巒限】 山峦之弯曲处。吕从庆《春日往栅山吟诗为丛莽所缚卒成之》:"风生原野翠痕充,涧曲峦限小径通。"

二十画

巘 〔yǎn《广韵》魚蹇切,上獮,疑。又語偃切,上阮,疑。〕❶山,山顶。见《诗·大雅·公刘》。田游岩《弘农清岩曲有磐石可坐宋十一每拂拭待余寄诗赠之》:"裴回承翠巘,斌驳带深溪。"杜甫《八哀诗·故秘书少监武功苏公源明》:"时下莱芜郭,忍饥浮云巘。"李德裕《早秋龙兴寺江亭闲眺忆龙门山居寄崔张旧从事》:"粳稻秀晚川,杉松郁晴巘。"许浑《秋霁潼关驿亭》:"霁色明高巘,关河独望遥。"齐己《戊辰岁湘中寄郑谷郎中》:"不堪思翠巘,西望独沾襟。"❷山崖。赵居贞《云门山投龙诗》:"阳巘灵芝秀,阴崖半天赤。"李渤《南溪诗》序:"桂水漓山,右汇阳江。数里余得南溪口,溪左屏外崖巘,斗丽争高。"高铢《和太原张相公山亭怀古》:"斗石类岩巘,飞流泻潺湲。"李敬方《题黄山汤院》:"崖巘差行灶,蓬茅过小轩。"

【巘崿】 山崖;峰峦。见《文选·谢灵运〈晚出西射堂〉》。李白《鸣皋歌送岑征君》:"巾征轩兮历阻折,寻幽居兮越巘崿。"又《至陵阳山登天柱石酬韩侍御见招隐黄山》:"黄山过石柱,巘崿上攒丛。"高适《同群公题中山寺》:"超遥尽巘崿,逼侧仍岖嵚。"陆龟蒙《奉和袭美初夏游楞伽精舍次韵》:"吟谭乱篙橹,梦寐杂巘崿。"

【巘路】 山顶上的道路。王贞白《云居长老》:"巘路蹑云上,来参出世僧。"

【巘巘】 高峻貌。韩愈《南山诗》:"闾阎树墙垣,巘巘驾库厩。"

巛 部

川 〔chuān《广韵》昌缘切，平仙，昌。〕❶河流。杜甫《又上后园山脚》："登高欲有往，荡析川无梁。"王建《将归故山留别杜侍御》："有川不得涉，有路不得行。"王播《淮南游故居感旧酬西川李尚书德裕》："壁间潜认偷光处，川上宁忘结网时。"刘沧《经炀帝行宫》："残柳宫前空露叶，夕阳川上浩烟波。"❷原野，田野。李白《古风》之一九："俯视洛阳川，茫茫走胡兵。"岑参《走马川行奉送出师西征》："一川碎石大如斗，随风满地石乱走。"耿沣《旅次汉故畤》："广川桑遍绿，丛薄雉连鸣。"路德延《小儿诗》："樵唱回深岭，牛歌下远川。"

【川口】 河口。王建《野池》："川口雨晴风复止，蜻蜓上下鱼东西。"杜牧《昔事文皇帝三十二韵》："川口堤防决，阴车鬼怪掀。"

【川光】 波光，水面的光色。李白《北山独酌寄韦六》："川光昼昏凝，林气夕凄紧。"元稹《元和五年予官不了罚俸西归三月六日至陕府与吴十一兄端公崔二十二院长思怆曩游因投五十韵》："渐到柳枝头，川光始明媚。"杜牧《秋晚与沈十七舍人期游樊川不至》："川光初媚日，山色正矜秋。"李群玉《江楼独酌怀从叔》："水国发爽气，川光静高秋。"

【川后】 水神名。即河伯。见《文选·曹植〈洛神赋〉》。苏源明《秋夜小洞庭离宴诗》："浮涨湖兮莽迢遥，川后礼兮扈予桡。"李商隐《拟意》："去梦随川后，来风贮石邮。"李群玉《中秋维舟君山看月二首》之一："雨师清滓秽，川后扫波澜。"

【川色】 波光水色。刘禹锡《三月三日与乐天及河南李尹奉陪裴令公泛洛禊饮各赋十二韵》："川色晴犹远，乌声暮欲栖。"刘沧《望未央宫》："西上秦原见未央，山岚川色晚苍苍。"

【川汜】 指大小河流。李白《江上寄元六林宗》："沧波眇川汜，白日隐天末。"

【川守】 官名。三川守的省称。即河南尹。白居易《题新居呈王尹兼简府中三掾》："桥凭川守造，树倩府僚栽。"又《会昌元年春五绝句·卢尹贺梦得会中作》："病闻川守贺筵开，起伴尚书饮一杯。"

【川守侍郎】 指白居易。川守，三川守，即河南尹。白居易曾官刑部侍郎和河南尹。徐凝有《和川守侍郎缑山题仙庙》。

【川谷】 河谷。储光羲《过新丰道中》："雷雨杳冥冥，川谷漫浩浩。"刘兼《送从弟舍人入蜀》："风光川谷梅将发，音信云天雁未疏。"杨彝《过睦州有青溪渡》："川谷留云气，鹈鹕傍钓矶。"

【川坻】 (—dǐ)河岸。刘禹锡《和河南裴尹侍郎宿斋天平寺诣九龙祠祈雨二十韵》："浮光动宫观，远思盈川坻。"

【川波】 水流；流水。韩愈《感春五首》之二："洛阳东风几时来，川波岸柳春全回。"于武陵《感情》："西沉浮世日，东注逝川波。"

【川原】 ❶河流与原野。陈子昂《晚次乐乡县》："川原迷旧国，道路入边城。"王维《临高台送黎拾遗》："相送临高台，川原杳何极。"谢勮《游烂柯山》之一："云日遥相对，川原无不通。"元晦《越亭二十韵》："临高神虑寂，远眺川原布。"❷泛指山川。张九龄《奉和圣制途次陕州作》："川原三晋别，襟带两京同。"卢纶《长安春望》："川原缭绕浮云外，宫阙参差落照间。"姚合《敬宗皇帝挽词三首》之三："紫陌起仙飙，川原共寂寥。"李商隐《撰彭阳公志文毕有感》："待得生金后，川原亦几移。"于武陵《早春日山居寄城郭知己》："阳和潜发荡寒阴，便使川原景象新。"❸原野，平野。吴筠《过天门山怀友》："缥缈凌烟波，崩腾走川原。"王维《同卢拾遗过韦给事东山别业二十韵》："采地包山河，树井竟川原。"蔡希寂《陕中作》："川原余让畔，歌吹忆遗棠。"方干《登新城县楼赠蔡明府》："不知县籍添新户，但见川原桑柘稠。"❹指江河。高适《东平路中遇大水》："霖霪溢川原，澒洞涵田畴。"皇甫冉《福先寺寻湛然寺主不见》："川原通霁色，田野变春容。"

【川流】 ❶河流。周昙《咏史诗·三代门·平王》："宜臼东来年更远，川流难绝信源长。"❷河水流动。喻络绎不绝，或喻变化不止。沈亚之《春色满皇州》："回看日欲暮，还骑似川流。"张公乂《金谷园花发怀古》："川流人事共，千载竟谁论。"

【川径】 小路。孙逖《送越州裴参军充使入京》："日落川径寒，离心苦未安。"

【川逝】 出《论语·子罕》。后以"川逝"喻时光流逝，事过境迁。皎然《同李洗马入余不溪经辛将军故城》："苍然古溪上，川逝共凄其。"

【川途】 水路途程。储光羲《河中望鸟滩作贻吕四郎中》:“去去川途尽,悠悠亲友离。”刘长卿《赴江西湖上赠皇甫曾之宣州》:“莫恨扁舟去,川途我更遥。”

【川梁】 桥梁。杜甫《三川观水涨二十韵》:“普天无川梁,欲济愿水缩。”又《成都府》:“信美无与适,侧身望川梁。”

【川陸】 ❶河流与平野。高适《酬鸿胪裴主簿雨后睢阳北楼见赠之作》:“裴回顾霄汉,豁达俯川陆。”韦应物《登蒲塘驿沿路见泉谷村野墅忽想京师旧居追怀昔年》:“烟水依泉谷,川陆散樵渔。”李德裕《忆平泉山居赠沈吏部一首》:“少室映川陆,鸣皋对蓬庐。”❷水陆交通。武元衡《送邓州潘使君赴任》:“川陆一都会,旌旗千里舒。”

【川程】 路途,途程。刘长卿《送裴二十一》:“客思闲偏极,川程远更分。”权德舆《夜泊有怀》:“川程方浩淼,离思方郁纡。”

【川湄】 河边。亦指河流。李峤《军师凯旋自邕州顺流舟中》:“鸣鞞入嶂口,泛舸历川湄。”许敬宗《奉和入潼关》:“仙露含灵掌,瑞鼎照川湄。”

【川路】 水路途程。李峤《和杜学士旅次淮口阻风》:“客行殊未已,川路几迢迢。”孙逖《江行有怀》:“秋水明川路,轻舟转石圻。”张籍《舟行寄李湖州》:“客愁无次第,川路重辛勤。”李群玉《望月怀友》:“川路正长难可越,美人千里思何穷。”

【川源】 江湖;河流。韩愈《北极赠李观》:“川源浩浩隔,影响两无因。”喻凫《送越州高录事》:“浦溆潮来广,川源鸟去长。”

【川潯】 河岸。李德裕《东郡怀古二首·王京兆》:“河水昔将决,冲波溢川浔。”

【川澗】 溪流。韦应物《还阙首途寄精舍亲友》:“山泽含余雨,川涧注惊湍。”

【川澤】 泛指江河湖泊。李颀《别梁锽》:“洛阳城头晓霜白,层冰峨峨满川泽。”王维《苦热》:“草木尽焦卷,川泽皆竭涸。”陆龟蒙《南泾渔父》:“今年川泽旱,前岁山源潦。”

【川嶽】 山川。李白《九日登巴陵置酒望洞庭水军》:“造化辟川岳,了然楚汉分。”

【川瀆】 ❶河流;水流。杜甫《南池》:“淫祀自古昔,非唯一川渎。”吴融《绵竹山四十韵》:“又如水晶宫,蛟螭结川渎。”❷谓川流不止。齐己《煌煌京洛行》:“双阙耸双鳌,九门如川渎。”

【川瀆王】 传说中的江河之神。水神《霅溪夜宴诗》:“贤臻江湖叟,贵列川渎王。”

【川鱗】 河鱼。刘长卿《送独孤判官赴岭》:“伏波初树羽,待尔静川鳞。”

三 画

州 〔zhōu《广韵》職流切,平尤,章。〕❶古代行政区域。唐代的州为县以上一级行政单位。崔国辅《石头滩作》:“因高见远境,尽此数州内。”白居易《题新馆》:“十万户州尤觉贵,二千石禄敢言贫。”严维《荆溪馆呈丘义兴》:“长桥今夜月,阳羡古时州。”❷州城;州府。韦应物《游西山》:“弄泉朝涉涧,采石夜归州。”皎然《奉酬颜使君真卿见过郭中寺寺无山水之赏故予述其意以答焉》:“州西柳家寺,禅舍隐人间。”韩愈《八月十五夜赠张功曹》:“昨者州前捶大鼓,嗣皇继圣登夔皋。”

【州人】 州民。陈羽《观朱舍人归葬吴中》:“几处州人临水哭,共看遗草有王言。”姚合《寒食二首》之二:“伎乐州人戏,使君心寂寥。”徐铉《又绝句寄题毗陵驿》:“曾持使节驻毗陵,长与州人有旧情。”

【州考】 指州府考课。每年进行一次者,称小考;三至四年举行一次者,称大考。参见《唐会要》卷八一、八二。韩愈《示爽》:“名科掩众俊,州考居吏前。”

【州宅】 指州刺史官府。白居易《答微之夸越州州宅》:“贺上人回得报书,大夸州宅似仙居。”

【州里】 古代行政建制。以二千五百家为州,二十五家为里。后以“州里”泛指乡里。元结《二风诗》序:“著皇谟三篇,二风诗十篇,将欲求干司陋氏以裨天监,会有司奏侍制者悉去之,于是归于州里。”皇甫冉《赠郑山人》:“乍见还州里,全非隐姓名。”

【州伯】 一州之长。指州刺史。见《礼记·内则》。韦应物《送冯著受李广州署为录事》:“州伯荷天宠,还当翊丹墀。”

【州牧】 官名,古代指一州之长。见《书·周官》。汉成帝改刺史为州牧。后代则借为对州最高长官的尊称。杜甫《因崔五侍御寄高彭州》:“为问彭州牧,何时救急难。”韩愈《送灵师》:“开忠二州牧,诗赋时多传。”

【州府】 州的官府。官署。杜甫《越王楼歌》:“绵州州府何磊落,显庆年中越王作。”又《遣兴五首》之二:“昔者庞德公,未曾入州府。”又《暇日小园散病将种秋菜督勒耕牛兼书触目》:“不爱入州府,畏人嫌我真。”

【州官】 州署中的属官。权龙褒有《初到沧州呈州官》。

【州城】 州署所在城邑。王昌龄《山行入泾州》:“泾水横白烟,州城隐寒树。”

【州家】 指刺史。韩愈《八月十五夜赠张功曹》:

"州家申名使家抑，坎轲只得移荆蛮。"又《此日足可惜赠张籍》："州家举进士，选试缪所当。"

【州從事】　州府属官。在汉代州刺史之佐吏如别驾、治中、主簿、功曹等，均称为从事史。唐代则指别驾、司马及诸曹参军等州府属官。王维《送方城韦明府》"若见州从事，无嫌手板迎。"韩翃《送江陵元司录》："新领州从事，曾为朝大夫。"皮日休《苦雨杂言寄鲁望》："鹿门人作州从事，周章似鼠唯知醉。"

【州符】　州府公文。亦指州府差吏。李涉《岳阳别张祜》："半夜州符唤牧童，虚教衰病生惊怕。"

【州圖】　州府地域；州府地图。杜甫《秦州杂诗二十首》之三："州图领同谷，驿道出流沙。"羊士谔《郡斋读经》："华夷参吏事，巴汉混州图。"

【州間】　古代基层行政单位州和闾的合称。见《礼记·曲礼上》。后以"州闾"泛指乡里。权德舆《送李处士归弋阳山居》："不惮薄田输井税，自将嘉句著州闾。"

【州縣】　❶州与县的合称。王建《南中》："天南多鸟声，州县半无城。"陈羽《春日南山行》："长嫌为客过州县，渐被时人识姓名。"亦指州县之人。张籍《送朱庆余及第归越》："州县知名久，争邀与客同。"❷指州县官府。王建《行宫词》："当时州县每年修，皆留内人看玉案。"司马扎《锄草怨》："独有辛苦者，屡为州县徭。"杜荀鹤《题田翁家》："州县供输罢，追随鼓笛喧。"❸指州县之官。孟浩然《送卢少府使入秦》："州县勤王事，山河转使车。"高适《同卫八题陆少府书斋》："知君薄州县，好静无冬春。"杜荀鹤《乱后逢村叟》："还似平宁征赋税，未尝州县略安存。"

【州廨】　州郡的官署。沈佺期《赦到不得归题江上石》："配宅邻州廨，斑苗接野畦。"

巡　〔xún《广韵》詳遵切，平諄，邪。〕❶周行视察，观赏。韩愈《酬裴十六功曹巡府西驿途中见寄》："相公谓御史，劳子去自巡。"元稹《捉捕歌》："然后巡野田，偏张畋猎具。"刘禹锡《城东闲游》："竹径萦纡入，花林委曲巡。"刘言史《赠成炼师四首》之二："黄昏骑得下天龙，巡遍茅山数十峰。"朱庆余《和处州韦使君新开南溪》："携榼巡花遍，移舟惜景沈。"❷特指天子到各地视察。杨师道《奉和圣制春日望海》："北巡非汉后，东幸异秦皇。"杜甫《忆昔二首》之一："忆昔先皇巡朔方，千乘万骑入咸阳。"白居易《送东都留守令狐尚书赴任》："翠华黄屋未东巡，碧落青嵩付大臣。"陈陶《续古二十九首》之二："钓鳌年三十，未见天子巡。"❸遍；普遍。韦庄《和郑拾遗秋日感事一百韵》："遍命登坛将，巡封异姓王。"金真德《太平诗》："四时调玉烛，七曜巡万方。"❹宴席上斟酒一周为一巡。丁仙芝《京中守岁》："玉斗巡初匝，银河落渐微。"王建《送李评事使蜀》："劝酒不依巡，明朝万里人。"元稹《和乐天初授户曹喜而言志》："各称千万寿，共饮三四巡。"张蠙《送薛郎中赴江州》："听事棋忘着，探题酒乱巡。"斟酒一次亦曰一巡。杜甫《拨闷》："乘舟取醉非难事，下峡消愁定几巡。"❺通"沿"。沿着；绕。韩愈《和席八十二韵》："傍砌看红药，巡池咏白蘋。"沈彬《句》之五："地限一水巡城转，天约群山附郭来。"

【巡方】　❶皇帝巡行境内各地。苏颋《奉和圣制答张说出雀鼠谷》："雨施巡方罢，云从训俗回。"玄宗《轩游宫十五夜》："行迈离秦国，巡方赴洛师。"梁升卿《奉和圣制答张说扈从南出雀鼠谷》："从来汉家盛，未若此巡方。"❷特指僧人云游各地。杜荀鹤《赠老僧》："自得巡方道，栖禅老未能。"曹松《送乞雨禅师临遇南游》："活得枯樵耕者知，巡方又欲向天涯。"

【巡次】　依次。施肩吾《云州饮席》："巡次合当谁改令，先须为我打还京。"

【巡守】　同"巡狩"。杜甫《城上》："遥闻出巡守，早晚遍遐荒。"

【巡更】　每夜分五更，每至一更，守夜人敲击器具巡行报时，谓之巡更。王建《赠郭将军》："承恩新拜上将军，当直巡更近五云。"又《赠田将军》："自执金吾长上直，蓬莱宫里夜巡更。"

【巡幸】　❶皇帝到外地巡视。张说《奉和圣制初入秦川路寒食应制》："总为朝廷巡幸去，顿教京洛少光辉。"韦庄《闻回戈军》："上将麾兵又欲旋，翠华巡幸已三年。"❷皇帝出行，中途驾幸某处。张九龄《奉和圣制初出洛城》："洛阳无怨思，巡幸更非赊。"杜甫《韦讽录事宅观曹将军画马图》："忆昔巡幸新丰宫，翠华拂天来向东。"杜牧《长安晴望》："回识六龙巡幸处，飞烟闲绕望春台。"许浑《十二月拜起居表回》："空锁烟霞绝巡幸，周人谁识郁金袍。"

【巡狩】　古代天子五年一巡行。视察诸侯所守之地。后泛指皇帝巡视境内各地。见《书·舜典》。苏颋《奉和圣制登蒲州逍遥楼应制》："圣皇东巡狩，况乃经此都。"储光羲《望幸亭》："五年一巡狩，西幸过东畿。"卢纶《雪谤后书事上皇甫大夫》："独安巡狩日，曾掩赵张名。"段成式《折杨柳七首》之二："而今万乘多巡狩，辇路无阴绿草长。"

【巡官】　官名，唐置。为节度、观察、团练、防御诸使的属官。位居判官、推官之次。杨巨源有《题贾巡官林亭》。徐夤有《司直巡官无诸移到玫瑰花》。

【巡省】　（—xǐng）皇帝巡行各地，视察民情风俗。玄宗《巡省途次上党旧宫赋》序："爰因巡省，途次旧居。"张说有《奉和圣制爰因巡省途次旧居应制》。

【巡迴】　徘徊。元结《系乐府十二首·农臣怨》：

“巡回宫阙傍，其意无由吐。”又《系乐府十二首·陇上叹》：“延望戎狄乡，巡回复悲咤。”

【巡郡】　州郡官到州郡内各地视察。韦应物《赠李判官》：“佐幕方巡郡，奏命布恩威。”

【巡管】　犹管辖。韩愈《晚次宣溪辱韶州张端公使君惠书叙别酬以绝句二章》之二：“倶是岭南巡管内，莫欺荒僻断知闻。”

【巡游】　皇帝出游各地。苏颋《龙池乐章》：“愿侍巡游同旧里，更闻箫鼓济楼船。”张说《奉和圣制登骊山瞩眺应制》：“是日巡游处，晴光远近同。”许浑《骊山》：“贵妃没后巡游少，瓦落宫墙见野蒿。”罗邺《上阳宫》：“春半上阳花满楼，太平天子昔巡游。”

【巡撫】　巡察安抚。虞世南《奉和至寿春应令》：“如何事巡抚，民瘼谅斯求。”

【巡檢】　巡行检查。郑审有《奉使巡检两京路种果树事毕入秦因咏》。

【巡營】　巡察营房。朱庆余《上汴州令狐相公》：“公事巡营外，戎装拜敕时。”

【巡禮】　佛教词。指僧徒到各地朝拜、礼拜庙宇或圣地。王建《题诜法师院》：“三年说戒龙宫里，巡礼还来向水行。”张籍《送僧游五台兼谒李司空》：“定知巡礼后，解夏始应回。”周贺《送灵应禅师》：“巡礼何时住，相逢的是稀。”司空图《赠信美寺岑上人》：“巡礼诸方遍，湘南频有缘。”

【巡邊】　皇帝亲自或派大臣至边地视察。徐安贞《奉和圣制答二相出雀鼠谷》：“两臣初入梦，二月扈巡边。”席豫《奉和圣制送张说巡边》：“中军仍执政，丞相复巡边。”张籍《凉州词三首》之二：“巡边使客行应早，欲问平安无使来。”杜荀鹤《塞上》：“旌旗鬣鬣汉将军，闲出巡边帝命新。”

【巡警】　巡视警戒。元稹《茅舍》：“防虞集邻里，巡警劳昼夜。”

八　画

巢〔cháo《广韵》鉏交切，平肴，崇。〕❶鸟类、虫类等动物的窝。太宗《仪鸾殿早秋》：“欲知凉气早，巢空燕不窥。”牟融《题赵支》：“一枕秋声鸾舞月，半窗云影鹤归巢。”李建勋《归燕词》：“旧地人潜换，新巢雀谩窥。”亦指人的住所。李白《忆旧游寄谯郡元参军》：“余既还山寻故巢，君亦归家渡渭桥。”❷敌人或盗贼盘踞之地的贬称。见“巢穴”。❸筑巢。薛业《洪州客舍寄柳博士芳》：“去年燕巢主人屋，今年花发路傍枝。”韦应物《闲斋对雨》：“巢燕翻泥湿，蕙花依砌消。”朱庆余《过旧宅》：“更无新燕来巢屋，唯有闲人去看花。”韦庄《和郑拾遗秋日感事一百韵》：“鸟怪巢宫树，狐骄上苑墙。”❹居住；栖息。韩愈《记梦》：“我能屈曲自世间，安能从汝巢神山。”沈亚之《村居》：“有树巢宿鸟，无酒共客醉。”于渍《旅馆秋思》：“更见庭前树，南枝巢宿禽。”徐夤《塔院小屋四壁皆是卿相题名因成四韵》：“鸾凤岂巢荆棘树，虬龙多蛰帝王都。”❺归巢。李端《早春同庾侍郎题青龙上方院》：“车马莫前归，留看巢鹤至。”白居易《仲夏斋居偶题八韵寄微之及崔湖州》：“褰帘放巢燕，投食施池鱼。”❻县名。见“巢縣”。❼湖名。见“巢湖”。

【巢父】　❶唐尧时隐士，相传巢居树上，故称。见《艺文类聚》卷三六引三国魏嵇康《高士传》。李白《北山独酌寄韦六》：“巢父将许由，未闻买山隐。”吴筠《高士咏·樊光生》：“巢父志何远，潜精人莫知。”薛据《初去郡斋书怀》：“尚想文王化，犹思巢父贤。”亦借以指隐士。卢象《家叔征君东溪草堂二首》之二：“水深严子钓，松桂巢父衣。”方干《哭江西处士陈陶》：“巢父精灵归大夜，客儿才调振遗风。”徐夤《钓台》：“便可招巢父，长川好饮牛。”❷指辛巢父。大历中为兖州刺史，见《唐刺史考》卷六九。戴叔伦有《同兖州巢父卢副端岳相思献酬之作因抒归怀兼呈辛魏二院长杨长宁》和《暮春游长沙东湖赠辛兖州巢父二首》。

【巢由】　唐尧时隐士巢父、许由之连称。卢照邻《行路难》：“但愿尧年一百万，长作巢由也不辞。”元稹《四皓庙》：“巢由昔避世，尧舜不得臣。”唐彦谦《六月十三日上陈微博士》之二：“巢由薄天下，俗士荣一官。”亦借指隐士。韦承庆《直中书省》：“寄谢巢由客，尧年正在斯。”钱起《送崔山人归山》：“东山残雨挂斜晖，野客巢由指翠微。”方干《献王大夫》：“荀宋五言行世早，巢由三诏出溪迟。”参见“巢父”“許由”。

【巢由洗耳】　相传尧时隐士许由不愿接受尧所让之天下而洗耳，巢父闻之，亦以为污耳，临池洗耳。见《艺文类聚》卷三六引三国魏嵇康《高士传》。李白《笑歌行》：“巢由洗耳有何益，夷齐饿死终无成。”

【巢兄】　即杨汝士。汝士字慕巢。白居易《谢杨东川寄衣服》：“唯有巢兄不相忘，春茶未断寄秋衣。”

【巢穴】　❶虫鸟兽类的栖身之处。戎昱《入剑门》：“鸟鼠无巢穴，儿童话别离。”元稹《虫豸诗·蛒蜂》之三：“雷蛰吞噬止，枯焚巢穴除。”白居易《有木诗八首》之四：“凭此为巢穴，往来互栖托。”❷上古之时，人民构木为巢而居，称巢穴或巢居。吴筠《览古十四首》之三：“栋宇代巢穴，其来自三皇。”❸贬称盗贼、敌人的盘踞之地。牟融《谢惠剑》：“大戎从此灭，巢穴不时平。”杜牧《皇风》：“远蹊巢穴尽窒塞，礼乐刑政皆弛张。”❹见《后汉书·逸民传·庞公》。后喻指人的居住之处。韩愈《赠河阳李大夫》：“四海失巢穴，两都困尘埃。”

【巢夷】 尧时隐士巢父与商末高士伯夷之连称。陈子昂《同宋参军之问梦赵六赠卢陈二子之作》:“诸君推管乐,之子慕巢夷。”独孤及《答李滁州忆玉潭新居见寄》:“山水能成癖,巢夷拟独亲。”亦借以指隐士。李白《江西送友人之罗浮》:“君王纵疏散,云壑借巢夷。”参见“巢父”“伯夷”。

【巢危幕】 同“巢幕”。李咸用《空城雀》:“宁寻覆辙余,岂比巢危幕。”

【巢門】 即谯门。建有谯楼(望楼)的城门。郭仁表《梦中辞》:“飘风暴雨可思惟,鹤望巢门敛翅飞。”

【巢居】 ❶指传说中上古人民在树上构巢而居。吴筠《览古十四首》之二:“永怀巢居时,感涕徒泫然。”❷指边远地区人民在山坡上架木为居。杜甫《五盘》:“好鸟不妄飞,野人半巢居。”又《雨二首》之一:“殊俗状巢居,曾台俯风渚。”元稹《酬乐天得微之诗知通州事因成四首》之二:“平地才应一顷余,阁栏都大似巢居。”自注:“巴人多在山坡架木为居,自号阁栏头也。”❸犹隐居。罗隐《雪》:“巢居只恐高柯折,旅客愁闻去路遥。”

【巢居子】 指尧时隐士巢父。见《文选·王康琚〈反招隐〉》。亦借以指隐士。孟浩然《白云先生王迥见访》:“有客款柴扉,自云巢居子。”

【巢阿】 (—ē)见“巢閣”。

【巢阿閣】 (阿 ē)喻贤臣在朝。古代传说,天下太平,则凤凰巢于阿阁。阿阁,四面有檐霤的楼阁。李商隐《随师东》:“但须鸑鷟巢阿阁,岂假鸱鸮在泮林。”

【巢許】 尧时隐士巢父、许由之连称。寒山《诗三百三首》之二七九:“道有巢许操,耻为尧舜臣。”白居易《读史五首》之二:“商山有黄绮,颍川有巢许。”王贞白《钓台》:“异代有巢许,方知严子情。”参见“巢由”。

【巢葉龜】 出《史记·龟策列传》。后用作咏龟的典实。郑嵎《津阳门诗》:“竹花唯养栖梧凤,水藻周游巢叶龟。”

【巢湖】 湖名。即今安徽巢湖。杜荀鹤《送人归淝上》:“巢湖春涨喻溪深,才过东关见故林。”谭用之有《春日期巢湖旧事》。

【巢賊】 黄巢之诬称。吴融《赠李长史歌》序:“座中有李长史,袖出芦管,自清声以送客,且言:‘我业此二十年……洎巢贼腥秽宫阙,逃难于东。’”

【巢窠】 同“巢穴❶”。孟浩然《夏日辨玉法师茅斋》:“燕觅巢窠处,蜂来造蜜房。”李白《野田黄雀行》:“吴宫火起焚巢窠,炎洲逐翠遭网罗。”鲍溶《冬夜答客》:“岂唯亲宾散,鸟鼠移巢窠。”

【巢窟】 同“巢穴❶”。白居易《和答诗十首·和大觜乌》:“日日营巢窟,稍稍近房栊。”

【巢幕】 公子札以燕之巢于幕上喻处境危险。见《左传·襄公二十九年》。后以“巢幕”喻处境危险。元稹《遣春十首》之六:“巢栋与巢幕,秋风俱奈何。”刘禹锡《武陵书怀五十韵》:“巢幕方犹燕,抢榆尚笑鲲。”李商隐《咏怀寄秘阁旧僚二十六韵》:“乘轩宁见宠,巢幕更逢危。”韩偓《感事三十四韵》:“畏闻巢幕险,宁寤积薪然。”

【巢閣】 亦作“巢阿”。古代传说,天下太平,则凤凰巢于阿阁。《郊庙歌辞·享太庙乐章·崇德舞》:“祥禽巢阁,仁兽游梁。”张昭《郊庙歌辞·汉宗庙乐舞辞·观德舞》:“巢阿丹凤衔书命,人昴飞星献宝符。”参见“巢阿閣”。

【巢縣】 县名。唐武德七年(624)改襄安县置,治所在今安徽巢湖市。李涉有《送王六觐巢县叔父二首》。

【巢燧】 上古帝王有巢氏、燧人氏之连称。见《韩非子·五蠹》。后因用以代称圣主。苏颋《敬和崔尚书大明朝堂雨后望终南山见示之作》:“在德期巢燧,居安法禹汤。”《唐中宗祀昊天乐章·太和》:“德渐巢燧,化劣唐虞。”

工 部

工〔gōng《广韵》古紅切，平東，見。〕❶工人，手工业劳动者。杜甫《秋行官张望督促东渚耗稻向毕清晨遣女奴阿稽竖子阿段往问》："荏苒百工休，郁纡迟暮伤。"白居易《新乐府·涧底松》："涧深山险人路绝，老死不逢工度之。"杜牧《送沈士赴苏州李中丞招以诗赠行》："念君苞材能，百工在城垒。"郑嵎《津阳门诗》："万金酬工不肯去，矜能恃巧犹嗟咨。"❷特指乐师。见"工歌""工席"。❸官吏。见"工视"。❹精于；善于。长孙无忌《新曲二首》之二："婉约聘婷工语笑，侍兰房。"岑参《送郭乂杂言》："早年已工诗，近日兼注易。"白居易《读张籍古乐府》："尤工乐府诗，举代少其伦。"吕温《上官昭容书楼歌》："汉家婕妤唐昭容，工诗能赋千载同。"❺精美，精巧。孟浩然《书怀贻京邑同好》："昼夜常自强，词翰颇亦工。"韦应物《答韩库部》："良玉表贞度，丽藻颇为工。"韩愈《桃源图》："文工画妙各臻极，异境恍惚移于斯。"刘禹锡《古词二首》之二："吾观苏令绰，朱墨一何工。"❻通"攻"，学习。元稹《哭女樊四十韵》："忆昨工言语，怜初妙长成。"又《开元观闲居酬吴士矩侍御三十韵》："工琴闲度昼，耽酒醉销炎。"刘禹锡《观棋歌送儇师西游》："长沙男子东林师，闲读艺经工弈棋。"张南客《静女歌》："妙年工诗书，弱岁勤组织。"

【工人】 指手工业劳动者。高适《咏马鞭》："龙竹养根凡几年，工人截之为长鞭。"张籍《答白杭州郡楼登望画图见寄》："乍惊物色从诗出，更想工人下手难。"白居易《新乐府·青石》："工人磨琢欲何用，石不能言我代言。"李商隐《井泥四十韵》："工人三五辈，辇出土与泥。"

【工力】 工作所花费的精力或时间。储光羲《同王十三维偶然作十首》之一："田家惜工力，把锄来东皋。"

【工女】 多指纺织女工。元稹《酬乐天东南行诗一百韵》："缣缃工女竭，青紫使臣纡。"

【工夫】 ❶劳动中花费的时间与精力。白居易《江楼夜吟元九律诗成三十韵》："工夫虽共到，巧拙尚相悬。"杜荀鹤《秋日闲居寄先达》："到头身事欲何为，窗下工夫鬓上知。"罗隐《蝉》："天地工夫一不遗，与君声调借君緌。"贯休《览李秀才卷》："经济几人到，工夫两鬓知。"❷本领，造诣，素养水平。张籍《寄元员外》："门巷不教当要闹，诗篇转觉足工夫。"张碧《庐山瀑布》："造化工夫不等闲，剪破澄江凝一片。"韩偓《商山道中》："却忆往年看粉本，始知名画有工夫。"裴谐《观修处士画桃花图歌》："工夫妙丽实奇绝，似对韶光好时节。"❸时间。元稹《琵琶》："使郡自恨常多事，不得工夫夜夜听。"罗隐《寄酬邺王罗令公五首》之五："戴湾老圃根基薄，虚费工夫八十年。"和凝《宫词百首》之七三："才经冬至阳生后，今日工夫一线多。"

【工文】 善作诗文。李白《答杜秀才五松见赠》："夫子工文绝世奇，五松新作天下推。"贾至《赠陕掾梁宏》："梁子工文四十年，诗颠名过草书颠。"徐凝《送马向入蜀》："工文人共许，应纪蜀中行。"

【工文客】 善作诗文之人。钱起《送安都秀才北还》："年少工文客，言离却解颜。"

【工巧】 ❶精美；精巧。元稹《代曲江老人百韵》："曲艺争工巧，彫机变组紃。"❷善于取巧。陈子昂《感遇诗三十八首》之一六："骄荣贵工巧，势利迭相干。"李绅《闻里谣效古歌》："我无工巧唯无私，举手一挥临路岐。"

【工用】 指工程花费的力量和时间。白居易《晚燕》："不悟时节晚，徒施工用多。"

【工匠】 从事某种工艺的人。佚名《五言白话诗》之一四："工匠莫学巧，巧即他人使。"佚名《谒法门寺真身》："工匠劳心力，宸聪亦手胝。"

【工名】 指铭刻在制作器物上的该工匠的姓名。白居易《新乐府·紫毫笔》："毫虽轻，功甚重，管勒工名充岁贡。"

【工命】 犹官命。柳宗元《行路难三首》之二："虞衡斤斧罗千山，工命采斫杙与椽。"

【工祝】 古代专管卜筮与祝告的人。《郊庙歌辞·昭德皇后庙乐章·寿和》："工祝致告，微音不遐。"《郊庙歌辞·周宗庙乐舞辞·明德舞》："工祝致告，受福无疆。"张说《唐享太庙乐章·永和三首》之三："信工祝，永颂声。"

【工部】 ❶工部尚书或工部侍郎的省称。白居易有《晚春闲居杨工部寄诗杨常州寄茶同到因以长句答之》："闲吟工部新来句，渴饮毗陵远到茶。""工部"，指工部侍郎杨汝士。❷特指杜甫。因杜甫曾官检校工部员外郎。窦牟《奉酬杨侍郎十兄见赠之作》："翠羽雕虫日日新，翰林工部欲何神。”吴融《送于员外归隐蓝田》：“曾吟工部两峰寒，今日星郎得挂冠。”杜荀鹤《哭陈陶》：“耒阳山下伤工部，采石江边吊翰林。”韦庄《漳亭驿小樱桃》：“李白已亡工部死，何人堪伴玉山颓。”

【工部尚書】 官名。工部最高长官。尚书省六部尚书之一。正三品。与副长官工部侍郎，共掌百工、屯田、水利、山泽之政。见《唐六典》卷六、《新唐书·百官志一》。张说有《赠工部尚书冯公挽歌三首》。岑参有《故河南尹岐国公赠工部尚书苏公挽歌二首》。

【工部侍郎】 官名。工部副长官。正四品下。职掌同工部尚书。刘禹锡有《送工部张侍郎入蕃吊祭》。参见“工部尚書”。

【工部郎中】 （中 zhōng）官名。工部四司（工部、屯田、虞部、水部）之一，工部司的长官。与副长官工部员外郎，掌经管兴造之众务，凡城池之修浚，土木之缮葺，工匠之程式，咸经度之。见《唐六典》卷七。欧阳詹《益昌行》序：“贞元年中，天子以工部郎中兴元少尹吴兴陆公长源牧利州。”

【工部員外郎】 官名。工部四司之一，工部司副长官，职掌同工部郎中。李嘉祐有《奉酬路五郎中院长新除工部员外见简》。

【工師】 乐师。元稹《和李校书新题乐府十二首·立部伎》：“工师尽取聋昧人，岂是先王作之过。”又《和李校书新题乐府十二首·华原磬》：“工师小贱牙旷稀，不辨邪声嫌雅正。”汤悦《奉和圣制送邓王牧宣城》：“天心待报期年政，留与工师播管弦。”

【工徒】 工匠，工人。元稹《茅舍》：“台观亦已多，工徒稍冤咤。”

【工席】 乐工的席位。亦指乐工。韩愈《此日足可惜赠张籍》：“相公朝服立，工席歌鹿鸣。”

【工商】 工人和商人。白居易《大水》：“工商彻屋去，牛马登山避。”

【工歌】 乐工奏歌；乐工所奏之歌。《郊庙歌辞·太清宫乐章·登歌》：“盛荐既撤，工歌载扬。”张说《唐享太庙乐章·肃和》：“天子享孝，工歌溥将。”储光羲《献高使君大酺作》：“肃穆郊禋毕，工歌赏事并。”包佶《祀风师乐章·迎俎酌献》：“酌醴具举，工歌再扬。”

【工傭】 谓受雇于人做工。邵谒《岁丰》：“工佣输富家，日落长叹息。”

【工藝】 手工技艺。许孟容《答权载之离合诗》：“圣贤三代意，工艺千金字。”

二　画

左 〔zuǒ《广韵》臧可切，上哿，精。又则箇切，去箇，精。〕❶方位名，左边，与“右”相对。面向南时东边为左，面向北时西边为左。颜真卿《赠僧皎然》：“秋意西山多，别岑萦左次。”元结《引东泉作》：“东泉人未知，在我左山东。”姚合《和裴结端公早朝》：“列位同居左，分行忝在前。”欧阳炯《题景焕画应天寺壁天王歌》：“寺门左壁图天王，威仪部从来何方。”❷在左右对称的事物中，凡左边的事物通称左。白居易《叹鹤病》：“右翅低垂左胫伤，可怜风貌甚昂藏。”李商隐《宫中曲》：“蚕缕茜香浓，正朝缠左臂。”皮日休《病中有人惠海蟹转寄鲁望》：“病中无用霜螯处，寄与夫君左手持。”陆龟蒙《古别离》：“仙人左手把长箭，欲射日乌乌不栖。”❸向左。刘商《胡笳十八拍·第五拍》：“羊脂沐发长不梳，羔子皮裘领仍左。”见“左衽”。❹贬谪。见“左宦”“左轉”。❺姓。见“左思”。

【左川】 即东川。唐镇名，全称为剑南东川，简称东川。李商隐《留赠畏之》之一：“中禁词臣寻引领，左川归客自回肠。”

【左太冲】 即晋左思，思字太冲。皮日休《伤卢献秀才》：“愍征新价欲凌空，一首堪欺左太冲。”

【左公】 指左振。振乾元二年（759）以赞善大夫出为黄州刺史。《黄州左公歌》：“左公今既来，谁忍充之去。”《又歌》：“天子正尊信，左公能杀之。”

【左氏】 ❶指晋左思。李颀《送康洽入京进乐府歌》：“朝吟左氏娇女篇，夜诵相如美人赋。”❷指《春秋左氏传》。陆龟蒙《奉和袭美吴中言情见寄次韵》：“徒爱右军遗点画，闲披左氏得膏肓。”

【左右】 ❶左边与右边，两旁。孟浩然《归至郢中》：“左右看桑土，依然即匪他。”白居易《游坊口悬泉偶题石上》：“锦坐缨高低，翠屏张左右。”李商隐《奉同诸公题河中任中丞新创河亭四韵之作》：“左右名山穷远目，东西大道锁轻舟。”❷身边。戎昱《塞下曲》：“试问左右人，无言泪如雨。”韩愈《元和圣德诗》：“博问遐观，以置左右。”梁德裕《感遇二首》之二：“左右美人弄，朝夕春风吹。”皮日休《太湖诗·投龙潭》：“左右列介臣，纵横守鳞卒。”❸身边之人。杜甫《骢马行》：“夙昔传闻思一见，牵来左右神皆竦。”韩愈《落齿》：“人言齿之豁，左右惊谛视。”或指侍从婢仆。储光羲《舟中别武金坛》：“落日下西山，左右惨无言。”王维《羽林骑闺人》：“左右寂无言，相看共垂泪。”白居易《能无愧》：“回看左右能无愧，养活枯残废退身。”或指身边友好。高适《鲁郡途中遇徐十八录事》：“裴回野泽间，左右多悲伤。”或指左右大臣或近臣。曹唐《三年冬大礼五首》之四："侧闻左右皆周吕，看取从容致太平。"韩愈《永贞行》："食中置药肝心崩，左右使令诈难凭。"白居易《新乐府·骠国乐》："左右欢呼何翕习，至尊德广之所及。"❹掌握处理。皮日休《七爱诗·房杜二相国》："纵横握中算，左右天下务。"❺上下，比肩。陆龟蒙《和过张祜处士丹阳故居》序："短章大篇，往往间出。谏讽怨谲，时与六义相左右。"

【左史】　官名。门下省起居郎之别名。周代史官有左史、右史之分。左史记行动，右史记言语。见《礼记·王藻》。一说左史记言，右史记事。见《汉书·艺文志》。唐宋以门下省之起居郎，中书省之起居舍人分别主记事与记言。权德舆《奉送韦起居老舅百日假满归嵩阳旧居》："大君遂群方，左史蹈前贤。"

【左丘】　即春秋鲁左丘明。相传为《左传》的作者。刘禹锡《韩十八侍御见示岳阳楼别窦司直诗因令属和重以自述故足成六十二韵》："蘧瑗亦屡化，左丘犹有耻。"参见"左氏傳"。

【左司】　❶官名。左司郎中与左司员外郎的省称。孙逖有《和左司张员外自洛使入京中路先赴长安逢立春日》。张籍有《和左司元郎中秋居十首》。❷指韦应物。应物贞元三年(787)召为左司郎中，次年出为苏州刺史。刘禹锡《白舍人曹长寄新诗有游宴之盛因以戏酬》："苏州刺史例能诗，西掖今来替左司。"白居易《重答刘和州》："分无佳丽敌西施，敢有文章替左司。"

【左司郎中】　(中 zhōng)官名。从五品上，属尚书省。掌会吏、户、礼三部诸司之务。见《新唐书·百官志一》。韦庄有《奉和左司郎中春物暗度感而成章》。

【左氏】　即《左传》。刘太真《送萧颖士赴东府》序："昔左氏失於烦，穀梁失於短，公羊失于俗，而夫子为其折衷。"参见"左氏傳"。

【左氏傳】　书名。编年体春秋史书，相传为春秋时鲁国史官左丘明所撰。为我国第一部完整的编年史书。王维《故西河郡杜太守挽歌三首》之一："空留左氏传，谁继卜商名。"

【左氏癖】　爱读《左传》的癖好。典出《晋书·杜预传》。崔日用《赋武平一》："彼名流兮左氏癖，意玄远兮冠今夕。"

【左匡政】　原名难知。宣州泾县(今属安徽)人。事迹略见《元和姓纂》卷七。《全唐诗续补遗》卷一录其诗一首。

【左丞】　官名。正四品上，与右丞同为尚书省处理具体事务的实际长官。左丞掌管吏、户、礼三部十二司；右丞掌管兵、刑、工三部十二司。若右丞缺，左丞兼知其事；若左丞缺，右丞兼知其事。见《旧唐书·职官志二》。杜甫有《奉赠韦左丞丈二十二韵》。

【左丞相】　(相 xiàng)官名。又称"左相"，其职佐天子，总百官，治万事。唐代丞相所指不一。如高宗龙朔二年(662)，称门下侍中为左相，称中书令为右相。开元元年(713)，称左右仆射为左右丞相。天宝元年(742)，又复称门下侍中为左相，中书令为右相。见《旧唐书·职官志一》。明皇有《左丞相说右丞相璟太子少傅乾曜同日上官命宴东堂赐诗》。

【左車】　即汉文成君李左车。韩信曾用其计策，而使燕服。事见《史记·淮阴侯列传》。李白《闻李太尉大举秦兵百万出征东南懦夫请缨冀申一割之用半道病还留别金陵崔侍御十九韵》："恨无左车略，多愧鲁连生。"李端《送王副使还并州》："想到清油幕，长谋出左车。"

【左伯】　字子邑，汉东莱(治所在今山东龙口市东)人，以工八分，能造纸闻名。见汉赵岐《三辅决录》卷二。李峤《纸》："妙迹蔡侯施，芳名左伯驰。"段成武《寄温飞卿笺纸》注："予在九江造云蓝纸，既乏左伯之法，全无张永之功，辄送五十板。"

【左延年】　三国魏人。黄初中，官协律都尉。妙于音律，善郑声。事迹略见《三国志·魏志·杜夔传》《晋书·律历志上》。李白《秦女休行》自注："魏协律都尉左延年所作，今拟之。"

【左言】　指异族语言。刘禹锡《武陵书怀五十韵》："邻里皆迁客，儿童习左言。"

【左契】　❶符契的左半。在汉代太守出任执左契，至州郡，合右契为验。唐代亦然。因以执左契指出任郡守。陆龟蒙《谨和谏议罢郡叙怀六韵》："已报东吴政，初捐左契归。"参见"左魚"。❷见《老子》。后以"执左契""把左契"借指即帝位。李商隐《井泥四十韵》："汉祖把左契，自言一布衣。"赵光逢《梁郊祀乐章·庆和》："膺宝图，执左契。"

【左拾遺】　官名。从八品上，掌供奉讽谏。见《新唐书·百官志二》。白居易《香山居士写真诗》序："元和五年，予为左拾遗，翰林学士，奉诏与真于集贤殿御书院。"

【左相】　(—xiàng)左丞相的简称。《高宗时语》："左相宣威沙漠，右相驰誉丹青。"杜甫《饮中八仙歌》："左相日兴费万钱，饮如长鲸吸百川，衔杯乐圣称世贤。"

【左省】　(—shěng)唐中央官署名。门下省的别称。又称左曹、东省。唐大明宫宣政殿东廊名日华门，门外东上阁为门下省所在地。因地处殿东，故名。杜甫有《春宿左省》。罗隐《酬寄右司李员外》："左省望高推健笔，右曹官重得名人。"

【左思】　(250? —305?)字太冲。齐国临淄(山东淄博东北）人。事迹见《晋书·文苑传》。李峤《砚》："左思裁赋日，王充作论年。"黄滔《喜侯舍人蜀中新命三首》之三："贾谊才承宣室召，左思唯预秘书流。"

【左思十稔】 指晋朝左思用十年时间写作《三都赋》之事。见《文选·左思〈三都赋〉》李善注引臧荣绪《晋书》。李瀚《蒙求》："淮南食时，左思十稔。"

【左宦】 贬职。多指由京官出任州郡。包佶《奉和常阁老晚秋集贤院即事寄赠徐薛二侍郎》："左宦登吴岫，分家渡越溪。"钱起《江行无题一百首》之六二："左宦终何路，摅怀亦自宽。"戴叔伦《京口送皇甫司马副端曾舒州辞满归去东都》："故园双阙下，左宦十年归。"白居易《赠江州李十使君员外十二韵》："中年俱白发，左宦各朱轮。"自注："元和末，余与李员外同日黜官。今又相次出为刺史。"参见"左遷"。

【左衽】 亦作"左袵"。衣襟向左。指我国古代某些少数民族的服装。见《书·毕命》、《论语·宪问》。后因以"左衽"指少数民族。耿湋《奉送崔侍御和蕃》："俗殊人左衽，地远水西流。"窦牟《送刘公达判官赴天德军幕》："文武轻车少，腥膻左衽衰。"白居易《新乐府·城盐州》："自筑盐州十余载，左衽毡裘不犯塞。"魏扶《和白敏中圣德和平致兹休运岁终功就合咏盛明呈上》："左衽尽知歌帝泽，从兹不更备三边。"

【左室】 指晋左思。永宁元年（301），齐王冏征思为记室督，不就。见《晋书·文苑·左思传》。按南朝宋刘义庆《世说新语·文学》刘峻注引《左思别传》作记室参军。曹邺《送进士李殷殿下第游汾河》："中有左记室，逢人眼光明。"

【左家嬌女】 指晋左思写诗咏娇女之事。见左思《娇女诗》。后因为他人爱女之故实。李商隐《王十二兄与畏之员外相访见招小饮时予以悼亡日近不去因寄》："嵇氏幼男犹可悯，左家娇女岂能忘。"

【左袒】 汉高祖刘邦死后，吕后擅权，大封吕姓以培植势力。吕后八年（前180），吕后死，太尉周勃与右相陈平谋诛诸吕，勃因入北军军门，行令军中曰："为吕氏右袒，为刘氏左袒。"勃遂将北军，因诛诸吕。事见《史记·吕太后本纪》《孝文本纪》。后因用作维护王室、清除后党的典故。皇甫澈《赋四相诗·中书令汉阳王张柬之》："烈烈张汉阳，左袒清诸武。"杜牧《题商山四皓庙一绝》："南军不袒左边袖，四老安刘是灭刘。"司空图《杂题二首》之一："先知左袒始同行，须待龙楼羽翼成。"

【左降】 （—jiàng）贬官。多指京官降到州郡任职。元稹《山枇杷》："左降通州十日迟，又与幽花一年别。"白居易《舟中雨夜》："船中有病客，左降向江州。"又《自题》："一旦失恩先左降，三年随例未量移。"

【左掖】 即门下省。因在宣政殿廊出日华门的东边，故名。包佶《酬于侍郎湖南见寄十四韵》："主恩留左掖，人望积南宫。"权德舆《奉和韦谏议奉送水部家兄上后书情寄诸兄弟》："护衣直夜南宫静，焚草清时左掖深。"白居易《初授拾遗》："奉诏登左掖，束带参朝议。"赵嘏《和令狐补阙春日独游西街》："左掖初辞近侍班，马嘶寻得过街闲。"

【左授】 降官，贬官。魏求已有《自御史左授山阳丞》。

【左偃】 南唐人。不仕，居陵，褐衣韦带，赋诗自释。《宋史·艺文志七》著录其《钟山集》一卷。《全唐诗》卷七四〇录其诗十首。

【左魚】 符契的左半。因唐宋时符契作鱼形，故名。见王楙《野客丛书·郡守左符》。刘禹锡《寄毗陵杨给事三首》之二："曾主鱼书轻刺史，今朝自请左鱼来。"杜牧《新转南曹未叙朝散初秋暑退出守吴兴书此篇以自见志》："平生江海志，佩得左鱼归。"

【左張】 晋左思、张华之连称。皎然、汤衡《讲古文联句》："左张精奥，嵇阮高寡。"

【左馮】 地名。左冯翊的省称。苏颋《奉和圣制至长春宫登楼稼穑之作》："赫赫惟元后，经营自左冯。"白居易《寄杨六侍郎》："西户最荣君好去，左冯虽稳我慵来。"郑谷《叙事感恩上狄右丞》："昔岁曾投贽，关河在左冯。"顾云《池阳醉歌赠匡庐处士姚岩杰》："銮驾何当猎左冯，神鹰一掷望千里。"

【左馮翊】 区划名。西汉太初元年（前104）改左内史置，治所在长安县。唐代以"左冯翊"称京都长安以东的京畿地区。杜甫《送重表侄王砅评事使南海》："吾客左冯翊，尔家同遁逃。"权德舆《奉和崔评事寄外甥刘同州并呈杜宾客等并见寄之作》："清时左冯翊，贵士二千石。"刘禹锡《送湘阳熊判官孺登府罢归钟陵因寄江西裴中丞二十三兄》："是时左冯翊，天下第一理。"

【左揆】 左丞相。古称宰相职位曰揆。见《书·舜典》。李德裕《重过列子庙追感顷年自淮服与居守王仆射同题名于庙壁因书四韵奉寄》："已惭联左揆，犹喜抗前旌。"

【左補闕】 官名。属门下省。职掌同左拾遗。从七品上。官品较左拾遗为高。见《新唐书·百官志二》。陈子昂《观荆玉篇》序："丙戌岁，余从左补阙乔公北征。夏四月，军幕次于张掖河。"

【左慈】 字元放。汉庐江（今安徽庐江南）人。事迹见《后汉书·方术传》本传、《太平广记》卷十一引晋葛洪《神仙传》。卢纶《寻贾尊师》："新传左慈诀，曾与右军鹅。"徐夤《郡侯坐上观琉璃瓶中游鱼》："文翁未得沈香饵，拟置金盘召左慈。"

【左慈擲杯】 汉庐江人左慈有神道，曹操闻而召之，使断谷期年，而颜色如故，操以为左道，欲杀之，慈知之，求分杯饮酒，拔道簪画杯中酒，酒中断，其间相去数寸。慈饮其半，另半与操。操不善饮。慈乞尽饮之。饮毕，以杯掷屋栋，杯悬摇动，似飞鸟俯仰之状，若欲落而不落。举坐莫不视杯，良久乃坠。既而失慈所在，寻问之。已还其所居。见《太平广记》卷十一引晋葛洪《神仙传》。李瀚《蒙求》："初平起石，左慈掷杯。"

【左臺】 即左御史台。刘怀一有《赠右台监察邓茂迁左台殿中》。

【左輔】 汉三辅之一，左冯翊的别称。因在京兆尹之左(东)而得名。唐代以左辅称京城长安以东之京畿地区。杜甫《沙苑行》："君不见左辅白沙如白水，缭以周墙百余里。"刘禹锡《述旧贺迁寄陕虢孙常侍》："南宫幸袭芝兰后，左辅曾交印绶来。"白居易《喜梦得自冯翊归洛兼呈令公》："上客新从左辅回，高阳兴助洛阳才。"

【左輔元】 抚州(今江西临川)人。大历二年(767)，颜真卿刺抚州，邀其增广《韵海镜源》，成五百卷。七年，颜真卿刺湖州，于次年至湖州，继续参预《韵海镜源》刊削。预修文士达三十人，其间联句唱酬，真卿联句有其诗二联。

【左僕射】 (射 yè)官名，与右仆射同为尚书省副长官。后因唐太宗为尚书令，臣下避而不敢居其职，由是仆射遂为尚书省长官，与侍中、中书令同为宰相。后来任仆射者必加"同中书门下平章事"始能行宰相之职，开元以后，仆射多不加此号，实际已非宰相。见《新唐书·百官志一》。任希古有《和左仆射燕公春日端居述怀》。岑参有《左仆射相国冀公东斋幽居》。

【左語】 异族语言。王维《送李判官赴东江》："封章通左语，冠冕化文身。"

【左賢】 即左贤王。钱起《奉送户部李郎中充晋国副节度出塞》："受命荣中禁，分麾镇左贤。"马戴《关山曲二首》之二："火发龙山北，中宵易左贤。"参见"左賢王"。

【左賢王】 匈奴贵族的高级封号。见《史记·匈奴列传》。唐代多以"左贤王"指边塞战争中的敌人首领。刘湾《出塞曲》："仍闻左贤王，更将围云中。"王季友《古塞曲》："射杀左贤王，归奏未央殿。"

【左綿】 地名。即绵州，治所在巴西县(今四川绵阳县东)。因在洛水之左，故称。杜甫《海棕行》："左绵公馆清江渍，海棕一株高入云。"薛逢《醉中闻甘州》："左绵刺史心先死，泪满朱弦催白头。"

【左擔】 古山道名。在今四川剑阁附近。因山路险窄，自北而南，担在左肩不易移于右肩，故名。三国魏将邓艾攻蜀，曾取此道。杜甫《愁坐》："葭萌氏种迥，左担犬戎存。"

【左遷】 ❶贬职，降官。羊士谔《客有自渠州来说常谏议使君故事怅然成咏》："才子长沙暂左迁，能将意气慰当年。"刘禹锡《初至长安》："左迁凡二纪，重见帝城春。"白居易《和答诗·和阳城驿》："终言阳公命，左迁天一涯。"皮日休《七爱诗·白太傅》："何期遇訾毁，中道多左迁。"❷指流放。李白《自汉阳病酒归寄王明府》："去岁左迁夜郎道，琉璃砚水长枯槁。"

【左轄】 左丞的别称。因尚书省具体事务多由左右丞管辖，故称左丞为左辖，右丞为右辖。卢照邻《赠许左丞从驾万年宫》："中枢移北斗，左辖去南台。"杜甫《赠韦左丞丈》："左辖频虚位，今年得旧儒。"白居易《喜钱左丞再除华州以诗伸贺》："左辖辍中台，门东委上才。"许棠《送李左丞巡边》："狂戎侵内地，左辖去萧关。"

【左藏庫】 (藏 zàng)唐代国库之一，掌钱帛、杂彩、天下赋调。属太府寺。见《新唐书·百官志三》。权德舆有《奉和太府韦卿阁老左藏库中假山之作》。

【左轉】 (—zhuǎn)降官，贬职。白居易《和答诗十首》序："五年春，微之从东台来，不数日，又左转为江陵士曹掾。"

【左顧右盼】 左看看，右看看。形容得意的神态。李白《走笔赠独孤驸马》："银鞍紫鞚照云日，左顾右盼生光辉。"

【左顧龜】 孔愉买龟放生，龟左顾者数四。及是，铸侯印，而印龟左顾。见《晋书·孔愉传》。后以指官印。刘禹锡《酬窦员外使君寒食日途次松滋渡先寄示四韵》："朱轮尚忆群飞雉，青绶初县左顾龟。"

巧

〔qiǎo《广韵》苦绞切，上巧，溪。又苦教切，去效，溪。〕❶技巧；技艺。杜甫《见王监兵马使说近山有白黑二鹰罗者久取竟未能得王请余赋诗》："虞罗自各虚施巧，春雁同归必见猜。"白居易《丘中有一士二首》之一："勿矜罗弋巧，鸾鹤在冥冥。"姚合《题凤翔西郭新亭》："良工惭巧尽，上客恨逢迟。"❷巧妙，灵巧。李白《宫中行乐词八首》之六："艳舞全知巧，娇歌半欲羞。"李绅《姑苏台杂句》："越王巧破夫差国，来献黄金重雕刻。"温庭筠《锦城曲》："江风吹巧剪霞绡，花上千枝杜鹃血。"秦韬玉《贫女》："敢将十指夸偏巧，不把双眉斗画长。"❸奸巧。韩愈《纳凉联句》："直道败邪径，拙谋伤巧诼。"孟郊《湘弦怨》："嘉木忌深蠹，哲人悲巧诬。"白居易《有木诗八首》之四："狐媚言语巧，鸟妖声音恶。"裴夷直《鹦鹉》："如今漫学人言巧，解语终须累尔身。"❹精妙，美好。贾航《赋虞书歌》："众书之中虞书巧，体法自然归大道。"张碧《游春引三首》之一："句芒小女精神巧，机罗杼绮满平川。”杜荀鹤《闽中别所知》：“郡邑溪山巧，寒暄日月偏。”

【巧人】 技艺灵巧的人。殷文圭《楼上看九华》之二：“疑是巧人新画出，与他天柱作屏风。”

【巧匠】 技艺精妙的工匠。韩愈、刘师服《石鼎联句》：“巧匠斫山骨，刳中事煎烹。”詹敦仁《余迁泉山城留修招游郡圃作此》：“当年巧匠制茅亭，台馆翚飞匝郡城。”

【巧舌】 多谓奸巧之言。韩愈、孟郊《同宿联句》：“直辞一以荐，巧舌千皆矜。”卢仝《感古四首》之二：“苍蝇点垂棘，巧舌成锦绮。”

【巧佞】 巧诈。阿谀奉承。骆宾王《畴昔篇》：“舜泽尧曦方有极，谗言巧佞傥无穷。”李咸用《巫山高》：“忍听凭虚巧佞言，不求万寿翻求死。”周昙《咏史诗·春秋战国门·乐羊》：“杯羹忍啜得非忠，巧佞胡为惑主聪。”王周《自喻》：“城狐与社鼠，巧佞谁从庇。”

【巧言】 花言巧语。张九龄《咏史》：“小道致泥难，巧言因萋毁。”李白《惧谗》：“一惑巧言子，朱颜成死伤。”白居易《读史五首》之四：“巧言构人罪，至死人不疑。”

【巧妙】 指灵巧高妙的技艺。李颀《弹棋歌》：“崔侯善弹棋，巧妙尽于此。”李白《酬宇文少府见赠桃竹书筒》：“桃竹书筒绮绣文，良工巧妙称绝群。”寒山《诗三百三首》之一九二：“余见僧繇性希奇，巧妙间生梁朝时。”孟郊《赠韩郎中愈》：“岂是无巧妙，丝断将何施。”

【巧拙】 ❶聪慧与笨拙。包佶《酬于诗郎湖南见寄十四韵》：“巧拙循名异，浮沉顾位同。”白居易《对酒五首》之一：“巧拙贤愚相是非，何如一醉尽忘机。”杜牧《题桐叶》：“休指宦游论巧拙，只将愚直祷神祇。”❷犹优劣。皎然《妙喜寺达公禅斋寄李司直公孙房都曹德裕从事方舟颜武康士聘四十二韵》：“立俗忘毁誉，遇物遗巧拙。”罗隐《寄酬邺王罗令公五首》之一：“书札二王争巧拙，篇章七子避风流。”

【巧思】 灵巧的构思。杨巨源《见薛侍御戴不损裹帽子因赠》：“何人呈巧思，好手自西来。”白居易《偶于维扬牛相公处觅得筝筝未到先寄诗来走笔戏答》：“楚匠饶巧思，秦筝多好音。”李商隐《奉同诸公题河中任中丞新创河亭四韵之作》：“独留巧思传千古，长与蒲津作胜游。”唐彦谦《牡丹》：“真宰多情巧思新，固将能事送残春。”

【巧姦】 机巧奸诈。吕岩《赐齐州李希遇诗》：“福因慈善得，祸向巧奸来。”

【巧笑】 美好的笑。见《诗·卫风·硕人》。许敬宗《七夕赋咏成篇》：“情催巧笑开星靥，不惜呈露解云衣。”戎昱《古意》：“不知将巧笑，更遣向谁怜。”李商隐《北齐二首》之二：“巧笑知堪敌万几，倾城最在著戎衣。”李山甫《公子家二首》之一：“锦袖妒姬争巧笑，玉衔骄马索闲游。”

【巧宦】 善于钻营的官吏。陈子昂《题祀山烽树赠乔十二侍御》：“汉庭荣巧宦，云阁薄边功。”李商隐《五言述德抒情诗一首四十韵献上杜七兄仆谢相公》：“乘时乖巧宦，占象合艰贞。”

【巧婦】 ❶灵巧能干的妇女。裴度、白居易《蔷薇花联句》：“似著胭脂染，如经巧妇裁。”白居易《见小侄龟儿咏灯诗并腊娘制衣因寄行简》：“巧妇才人常薄命，莫教男女苦多能。”❷鷦鷯的俗名。见《尔雅·释鸟》。白居易《履道池上作》：“树暗小巢藏巧妇，渠荒新叶长慈姑。”

【巧智】 谓机智能干。陈子昂《感遇诗三十八首》之五：“市人矜巧智，于道若童蒙。”张彪《杂诗》：“商者多巧智，农者争膏腴。”

【巧筆】 灵巧的笔墨。崔橹《惜莲花》：“留样最嗟无巧笔，护香谁为惜熏笼。”

【巧詐】 奸诈。元稹《思归乐》：“倾心岂不易，巧诈神之刑。”皮日休《正乐府·诮虚器》：“未闻作巧诈，用欺禽兽君。”

【巧飾】 巧妙地粉饰。舒元舆《坊州按狱》：“真非既巧饰，伪意乃深韬。”

【巧僞】 奸巧虚伪。杜甫《敬寄族弟唐十八使君》：“在今气磊落，巧伪莫敢亲。”

【巧語】 ❶灵巧的言语。白居易《鹦鹉》：“人怜巧语情虽重，鸟忆高飞意不同。”❷花言巧语。温庭筠《碌碌古词》：“忠言未见信，巧语翻咨嗟。”

【巧諂】 善于阿谀奉承。孟郊《择友》：“恶人巧谄多，非义苟且得。”

【巧曆】 精于历算的人。见《庄子·齐物论》。钱起《秋夜作》：“浮生竟何穷，巧历不能算。”白居易《读邓鲂诗》：“此理勿复道，巧历不能推。”

【巧譖】 巧妙的谗戏。韩愈《同宿联句》：“自从别君来，远出遭巧谮。”

【巧辯】 巧妙的辩解。崔枢《齐优开笼飞去所献楚王鹄》：“惠心先巧辩，戢羽见回翔。”

巨〔jù《广韵》其吕切，上語，羣。〕❶大。李白《赠升州王使君忠臣》：“巨海一边静，长江万里清。”王贞白《洗竹》：“不图结实来双凤，且要长竿钓巨鱼。”幸夤逊《云》：“因登巨石知来处，勃勃元生绿藓痕。”❷伟大。见“巨人❶”。❸极。见“巨萬”。

【巨人】 ❶伟人。刘希夷《谒汉世祖庙》：“犷兽血涂地，巨人声沸天。”❷神话传说中身躯庞大的神人。见《史记·周本纪》。皮日休《太湖诗·太湖石》：“或若巨人骼，或如太帝符。”

【巨川】 ❶大江。李赤《姑苏杂咏·牛渚矶》："绝壁临巨川，连峰势相向。"❷《书·说命上》："若济巨川，用汝作舟楫。"后以喻指辅助君主治理天下。太宗《春日登陕州城楼俯眺原野回丹碧缀烟霞密翠斑红芳菲花柳即目岫聊以命篇》："巨川何以济，舟楫伫时英。"又《元日》："巨川思欲济，终以寄舟航。"沈佺期《哭苏眉州崔司业二公》："崔昔挥宸翰，苏尝济巨川。"王维《哭祖六自虚》："不恨依穷辙，终期济巨川。"❸人名。即朱巨川(725—783)，字德源。苏州嘉兴(今属浙江)人。事迹略见《元和姓纂》卷二。《全唐诗》卷七九四清昼联句中有巨川诗三联，失其姓。

【巨川舟】 喻指宰辅。李乂《哭仆射鄂公杨再思》："方崇大厦栋，忽逝巨川舟。"参见"巨川❷"。

【巨川材】 指济世大材。李峤《舟》："何当同傅说，特展巨川材。"参见"巨川❷"。

【巨防】 大堤。亦指防卫。郑世翼《登北邙还望京洛》："三河分设险，两崤资巨防。"韦庄《天井关》："劚开岚翠为高垒，截断云霞作巨防。"

【巨卿】 汉范式之字。杜牧《池州李使君没后十一日处州新命始到后见归妓感而成诗》："巨卿哭处云空断，阿鹜归来月正明。"

【巨唐】 大唐，唐代的美称。杜甫《九成宫》："向使国不亡，焉为巨唐有。"《时人为李义甫语》："今日巨唐年，还诛四凶族。"

【巨浸】 (—jìn)❶大海。刘得仁《送新罗人归本国》："鸡林隔巨浸，一往一年行。"许彬《府试莱城晴日望三山》："盘根出巨浸，远色到孤城。"李中《送王道士游东海》："巨浸常牵梦，云游岂觉劳。"贯休《秋过钱塘江》："巨浸东隅极，山吞大野平。"亦指云海。皮日休《太湖诗·缥缈峰》："众岫点巨浸，四方接圆穹。"❷大湖泊。窦庠《酬韩愈侍郎登岳阳楼见赠》："巨浸连空阔，危楼在杳冥。"许棠《送杜仓曹往沧州觐叔常侍》："浮阳横巨浸，南巷拥旌旃。"❸大河。骆宾王《夏日游德州赠高四》："鬲津开巨浸，稽阜镇名都。"

【巨細】 大小事物。岑参《送狄员外巡按西山军》："胸中悬明镜，照耀无巨细。"韩愈《南山诗》："东西两际海，巨细难悉究。"韩愈《城南联句》："巨细各乘运，湍涸亦腾声。"

【巨掌】 指神话传说中劈开华山的巨灵之掌。沈佺期《辛丑岁十月上幸长安时扈从出西岳作》："傍见巨掌存，势如石东倒。"参见"巨靈"。

【巨黍】 古代良弓名。见《文选·潘岳〈闲居赋〉》。陆龟蒙《江南秋怀寄华阳山人》："吾当营巨黍，东去射长鲸。"

【巨勝】 黑胡麻的别名。见《神农本草经》卷一。相传食之可以延年益寿。曹唐《皇初平将入金华山》："白羊成队难收拾，吃尽溪边巨胜花。"

【巨萬】 极言数目之多。李华《咏史十一首》之六："糜费巨万计，宫车终不还。"

【巨猾】 大奸，大恶人。王绩《过汉故城》："冰坚成巨猾，火德遂颓纲。"杜甫《五盘》："东郊尚格斗，巨猾何时除。"

【巨源】 ❶巨源为山涛之字。山涛，晋"竹林七贤"之一。李夔《使至汴州喜逢宋之问》："巨源从吏道，正拥使车来。"按：此借指宋之问。苏颋《奉和崔尚书赠大理陆卿鸿胪刘卿见示之作》："巨源林下契，不速自同归。"按：此借指崔尚书。李白《送赵判官赴黔府中丞叔幕》："巨源咄石生，何事马蹄间。"参见"山濤"。❷巨大的泉水源头。郭周藩《谭子池》："巨源出岭顶，喷涌世间稀。"

【巨塹】 巨大的溪壑。李阳冰《恶溪铭》："天作巨堑，险于东南。"

【巨緡東鈞】 出《庄子·外物》。后常用作咏雄心壮志的典故。韩愈《赠刘师服》："巨缗东钧倘可期，与子共饱鲸鱼脍。"

【巨橐】 古代冶炼用的大型鼓风吹火装置。白行简《金在熔》："巨橐方熔物，洪炉欲范金。"

【巨爵】 大酒杯。钱弘俶《陈国》："巨爵妖姬醉，新诗狎客吟。"

【巨壑】 ❶指大海。李邕《登历下古城员外孙新亭》："太山雄地理，巨壑眇云庄。"岑参《精卫》："西山木石尽，巨壑何时平。"❷深沟大谷。王勃《深湾夜宿》："津涂临巨壑，村宇架危岑。"唐尧臣《金陵怀古》："巨壑隍北壖，长江堑西隩。"

【巨鎮】 一方的主山。李义府《在嶲州遥叙封禅》："天齐标巨镇，日观启崇期。"

【巨闕】 古代名剑。见《荀子·性恶》。后泛指利剑或形容文笔犀利。僧鸾《赠李粲秀才》："笔下铦磨巨阙锋，胸中静滟西江水。"

【巨孽】 首恶，元凶。戴叔伦《奉天酬别郑谏议云逵卢拾遗景亮见别之作》："巨孽盗都城，传闻天下惊。"

【巨鼇】 一作"巨鳌"。❶神话传说中渤海之东，海中的大龟。见《楚辞·天问》、《列子·汤问》。李白《怀仙歌》："巨鳌莫戴三山去，我欲蓬莱顶上行。"任华《寄李白》："登天台，望渤海，云垂大鹏飞，山压巨鳌背。"姚鹄《送僧归新罗》："惊天巨鳌斗，蔽日大鹏飞。"❷喻指元凶、首恶。李白《猛虎行》："巨鳌未斩海水动，鱼龙奔走安得宁。"白居易《寄献北都留守裴令公》："汤蔡擒封豕，平齐斩巨鳌。"

【巨靈】 神话传说中劈开华山的河神。见北魏郦道元《水经注·河水四》，又见《文选·张衡〈西京赋〉》。赵彦昭《奉和圣制登骊山高顶寓目应制》："河看大禹凿，山见巨灵开。"王维《华岳》："昔闻乾坤闭，造化生巨灵。"李白《西岳云台歌送丹丘子》："巨灵咆哮擘两山，洪波喷箭射东海。"齐己《假山》："巨灵何忍擘，秦政肯轻移。"

【巨鳞】 大鱼。多喻指雄才大略之人。独孤及《酬梁二十宋中所赠兼留别梁少府》："巨鳞有纵时，今日不足议。"

四　画

巫〔wū《广韵》武夫切，平虞，微。〕❶从事占卜、祈祷事神鬼的人。女曰巫，男曰觋。耿湋《岳祠送薛近贬官》："迁客无辜祝史告，神明有喜女巫知。"欧阳詹《有所恨二章》之一："本不信巫，谓巫言是履。"白居易《东南行一百韵寄通州九侍御等》："成人男作丱，事鬼女为巫。"沈亚之《文祝延二阕》之二："巫裾旋兮觋袖翔，瞪虚凝兮览回杨。"❷指巫山。巫山地区。张子容《巫山》："巫岭岧峣天际重。佳期宿昔愿相从。"杜甫《后苦寒行二首》之一："南纪巫庐瘴不绝，太古以来无尺雪。"温庭筠《送崔郎中赴幕》："一别黔巫似断弦，故交东去更凄然。"

【巫山】 ❶山名。在今四川巫山县东，绵延于四川与湖北两省边境，北与大巴山相连，旧传因山形如巫字，故名。长江穿流其中，遂成三峡。郑世翼《巫山高》："巫山凌太清，岧峣类削成。"杜甫《秋兴八首》之一："玉露凋伤枫树林，巫山巫峡气萧森。"刘方平《巫山高》："楚国巫山秀，清猿日夜啼。"曹邺《古相送》："巫山千丈高，亦恐梦相失。"❷传说中神女所居之处。见《文选·宋玉〈高唐赋〉》。后遂用作歌咏巫山的典实。宋之问《内题赋得巫山雨》："神女向高唐，巫山下夕阳。"祖咏《古意二首》之二："楚王竟何去，独自留巫山。"薛蕴《古意》："昨夜巫山中，失却阳台女。"罗虬《比红儿诗》之六八："巫山洛浦本无情，总为佳人便得名。"❸借指被爱恋女子的栖居之所。李端《春游乐》："明朝若相忆，云雨出巫山。"参见"巫山夢"。❹借指神女，比喻所咏美女或妓女。崔珏《和人听歌》之一："巫山唱罢行云过，犹自微尘舞画梁。"参见"巫山夢❶"。

【巫山一片雲】 借喻美女。薛昚《敕赠康尚书美人》："欲令从此行霖雨，先赐巫山一片云。"参见"巫山夢❶"。

【巫山一段雲】 ❶形容女子的鬓发之美。李群玉《同郑相并歌姬小饮戏赠》："裙拖六幅湘江水，鬓耸巫山一段云。"❷唐教坊曲名。后用为词牌，双调四十六字，上阕平韵，下阕换两仄韵两平韵。别一体双阕调四十四字，平韵。昭宗有《巫山一段云》词二首。

【巫山十二】 见"巫山十二峰"。

【巫山十二重】 见"巫山十二峰"。

【巫山十二峰】 亦作"巫山十二""巫山十二重"。其十二峰名，说法不一，宋祝穆《方舆胜览》载，十二峰为望霞、翠屏、朝云、松峦、集仙、聚鹤、净坛、上升、起云等等。北岸六峰，沿江屹立，舟行江中，一一在目，南岸六峰，则仅飞凤、翠屏、聚鹤三峰。十二峰以北岸望霞峰(即神女峰)最为奇俏俊丽。乔知之《巫山高》："巫山十二峰，参差互隐见。"李端《巫山高》："巫山十二峰，皆在碧虚中。"刘禹锡《巫山神女庙》："巫山十二郁苍苍，片石亭亭号女郎。"姚合《咏云》："来依银汉一千里，归傍巫山十二峰。"陆龟蒙《巫峡》："巫峡七百里，巫山十二重。"

【巫山女】 亦作"巫峡女"。❶即巫山神女。无可《经贞女祠》："不同巫峡女，来往楚王祠。"苏拯《巫山》："自是荒淫多，梦得巫山女。"亦借喻美女。白居易《夜闻筝中弹潇湘送神曲感旧》："缥缈巫山女，归来七八年。"❷喻指云彩。丘为《幽渚云》："来为巫峡女，去逐葛川龙。"

【巫山神女】 古代传说中的神女名。孟浩然《送王七尉松滋得阳台云》："君不见巫山神女作行云，霏红沓翠晓氛氲。"参见"巫山夢❶。"

【巫山神女祠】 见"巫山神女廟"。

【巫山神女廟】 亦作"巫山神女祠"。庙名，在四川巫山县城西的高都山上。见《太平寰宇记·夔州》卷一四八、《方舆胜览·夔州》卷五七。刘禹锡与温庭筠《巫山神女庙》。繁知一有《书巫山神女祠》。

【巫山高】 汉乐府铙歌名。见吴兢《乐府古题要解》卷上。唐代多用来咏巫山及神女故事。乔知之、陆敬、李贺、孟郊等均有《巫山高》辞。见《全唐诗》卷十。

【巫山雲】 ❶借指巫山神女。戴叔伦《相思曲》："妾身愿作巫山云，飞入仙郎梦魂里。"❷指巫山。李冶《从萧叔子听弹琴赋得三峡流泉歌》："妾家本住巫山云，巫山流泉常自闻。"按：此以女主人公比巫山神女。参见"巫山夢❶"。

【巫山雲雨】 即巫山神女。借喻所咏美女。权德舆《杂兴五首》之五："巫山云雨洛川神，珠襻香腰稳称身。"参见"巫山夢❶"。

【巫山陽】 ❶亦作"巫峡陽"。借指巫山神女。语出《文选·宋玉〈高唐赋〉》。泛称美女。乔知之《定情篇》："家本巫山阳，归去路何长。"李白《寄远十一首》之五："远忆巫山阳，花明绿江暖。"杨巨源《美人春怨》："妾家巫峡阳，罗幌寝兰堂。"参见"巫山夢❶"。❷巫山的南面。指巫峡。李白《自汉阳病酒归寄王明府》:"今年敕放巫山阳,蛟龙笔翰生辉光。"

【巫山廟】 即巫山神女庙。刘沧有《题巫山庙》。韦庄有《谒巫山庙》。崔涂有《巫山庙》。

【巫山夢】 亦作"巫峡夢"。❶见《文选·宋玉〈高唐赋〉》。后遂成为咏梦会情侣的典故。羊士谔《资中早春》:"淹留巫峡梦,惆怅洛阳人。"王涯《思君恩》:"谁入巫山梦,唯应洛水神。"李群玉《赠人》:"曾留宋玉旧衣裳,惹得巫山梦里香。"莲花妓《献陈陶处士》:"处士不生巫峡梦,虚劳神女下阳台。"❷亦借以咏花。韩琮《牡丹》:"云凝巫峡梦,帘闭景阳妆。"❸亦借咏梦境。唐彦谦《无题十首》之七:"多情惊起双蝴蝶,飞入巫山梦里来。"

【巫女】 ❶女巫。张籍《华山庙》:"金天庙下西京道,巫女纷纷走似烟。"刘蜕《悯祷祠》:"役巫女兮鼍鼓坎坎,风笛摇空兮舞袂衫。"❷巫山地区的女人。韦应物《鼋头山神女歌》:"舟客经过奠椒醑,巫女南音歌激楚。"齐己《自湘中将入蜀留别诸友》:"巫女暮归林淅沥,巴猿吟断月婵娟。"❸巫山神女。参见"巫女廟"。

【巫女廟】 即巫山神女庙。白居易《题峡中石上》:"巫女庙花红似粉,昭君村柳翠于眉。"

【巫咸】 ❶上古神巫之名。或谓黄帝时人,或谓唐尧时人。或谓殷中宗时人。见《太平御览》卷七九引《归藏》、《艺文类聚》卷七引晋郭璞《巫咸山赋》、《书·君奭》、《楚辞·离骚》。杜甫《上韦左相二十韵》:"巫咸不可问,邹鲁莫容身。"韩愈《琴操十首·残形操》:"巫咸上天兮,识者其谁。"李商隐《哭刘蕡》:"上帝深宫闭九阍,巫咸不下问衔冤。"❷巫阳之误。韩愈《嘲鼾睡》之一:"虽令巫咸招,魂爽难复在。"参见"巫陽"。❸山名。参见"巫咸山"。

【巫咸山】 山名。在绛州夏县(今属山西)东。见《汉书·地理志上》。李頎《送刘四赴夏县》:"端坐讼庭更无事,开门咫尺巫咸山。"

【巫祝】 巫,事鬼神者;祝,祭祀时主赞词者。后以"巫祝"指掌管占卜祭祀之人。杜甫《南池》:"南有汉王祠,终朝走巫祝。"李端《题觉公新兰若》:"鬼因巫祝传移社,神见天人请施山。"《陕州语》:"不须赛神明,不必求巫祝。"

【巫馬】 即巫马期。期姓巫马。孔子弟子。春秋鲁单父宰。见《太平御览》卷二六七引《韩诗外传》、《吕氏春秋·察贤》、汉刘向《说苑·政理》。李瀚《蒙求》:"巫马戴星,宓贱弹琴。"

【巫峽】 ❶长江三峡之一。因巫山而得名。又称大峡。西起四川省巫山县大溪,东至湖北省巴东县官渡口,绵延约四十公里,居三峡之首。山高谷深,水流湍急,两岸常有高猿长啸,凄哀婉转,故渔民者歌曰:"巴东三峡巫峡长,猿鸣三声泪沾裳。"(《水经注·江水二》)。杨炯《巫峡》:"三峡七百里,唯言巫峡长。"薛能《符亭二首》之二:"山如巫峡烟云好,路似嘉祥水木清。"储嗣宗《宿甘棠馆》:"水声巫峡远,山色洞庭深。"❷相传楚王曾在巫山梦中与神女欢会,神女称自己"在巫山之阳,高丘之阴,旦为朝云,暮为行雨。"事见《文选·宋玉〈高唐赋〉》。后代诗文遂以"巫峡"用作歌咏美女、情侣或妻子的典故。许敬宗《安德山池宴集》:"台榭疑巫峡,荷蕖似洛滨。"章孝标《贻美人》:"何事不归巫峡去,故来人世断人肠。"崔涯《别妻》:"嫦娥一入月中去,巫峡千秋空白云。"李郢《中元夜》:"湘水夜空巫峡远,不知归路欲如何。"刘损《愤惋诗三首》之三:"云归巫峡音容断,路隔星河去住难。"亦用作咏巫峡的典故。皇甫冉《巫山峡》:"巫峡见巴东,迢迢出半空。"刘禹锡《杨枝词二首》之二:"巫峡巫山杨柳多,朝云暮雨远相和。"李商隐《过楚宫》:"巫峡迢迢旧楚宫,至今云雨暗丹枫。"陆龟蒙《巫峡》:"巫峡七百里,巫山十二重。"

【巫峽女】 见"巫山女"。

【巫峽雨】 ❶以巫峡行雨之神女比喻所咏妓女。刘长卿《扬州雨中张十宅观妓》:"不知巫峡雨,何事海西边。"❷以巫山神女行雨事,借以咏雨。吴融《赴阙次留献荆南成相公三十韵》:"席飞巫峡雨,袖拂宋亭风。"

【巫峽陽】 见"巫山陽❶"。

【巫峽夢】 见"巫山夢"。

【巫峽暮雲】 咏宫女。上官仪《八咏应制二首》之一:"洛滨春雪回,巫峡暮云来。"

【巫娥】 借指巫山神女。崔橹《和友人题僧院蔷薇花三首》之二:"风惊少女偷香去,雨认巫娥觅伴来。"崔素娥《别韦洵美诗》:"神魂倘遇巫娥伴,犹逐朝云暮雨归。"

【巫娥廟】 即巫山神女庙。在夔州巫山县(今属四川)东。杜牧《柳长句》:"巫娥庙里低含雨,宋玉宅前斜带风。"

【巫陽】 ❶巫山的南面。指巫峡。白居易《发白狗峡次黄牛峡登高寺却望忠州》:"巴曲春全尽,巫阳雨半收。"又《送萧处士游黔南》:"江从巴峡初成字,猿过巫阳始断肠。"高蟾《楚思》:"风流化为雨,日暮下巫阳。"按:此用巫山神女行云雨事。参见"巫山夢❶"。❷上古神巫名。能招魂。见《楚辞·招魂》。韩愈《陆浑山火和皇甫湜用其韵》:"帝赐九河湔涕痕,又诏巫阳反其魂。"

【巫陽雲雨夢】 同"巫山夢❶"。吕岩《遇仙桥》:"不作巫阳云雨梦,却寻仙侣到蓝桥。"

【巫覡】 男女巫的合称。女巫曰巫,男巫曰觋。

皆通指以占卜、祈祷为职业的巫师。杜甫《诸葛庙》："虫蛇穿画壁，巫觋醉蛛丝。"元稹《赛神》："事来三十载，巫觋传子孙。"陆龟蒙《奉酬袭美先辈吴中苦雨一百韵》："江南多事鬼，巫觋连瓯粤。"

【巫蠱】　巫师以邪术加害于人。蛊，毒虫。见《汉书·江充传》《汉书·戾太子刘据传》。后遂成为咏叹武帝及戾太子的典实。许浑《读戾太子传》："佞臣巫蛊已相疑，身没湖边筑望思。"汪遵《望思台》："巫蛊事行冤莫雪，九层徒筑见无因。"豆卢回《登乐游原怀古》："虽在襁褓中，亦遭巫蛊冤。"

六　画

差[1]　〔chā《广韵》初牙切，平麻，初。〕❶差错；不当。顾况《上古之什补亡训传十三章·燕于巢一章》："彼日之差，亦孔斯丑。"刘禹锡《泽宫诗》："千里之差，起于毫芒。"贾岛《送张校书季霞》："城市七月初，热与夏未差。"李频《书怀》："宦途从不问，身事觉无差。"❷邪，斜。张祜《和杜使君九华楼见寄》："出岸远晖帆欲落，入溪寒影雁差斜。"❸颇，很；可。陆龟蒙《奉和袭美公斋四咏次韵·小松》："枝形短未怪，鬣数差难定。"张籍《祭退之》："中秋十六夜，魄圆天差晴。"陆龟蒙《奉和袭美二游诗·任诗》："说史足为师，谭禅差作伯。"❹略微。李贺《昌谷诗》："石钱差复藉，厚叶皆蟠腻。"又《出城别张又新酬李汉》："不闻今夕鼓，差慰煎情人。"❺仿佛，如同。吴融《绵竹山四十韵》："晚照忽斜笼，赤城差断续。"

差[2]　〔chà《集韵》楚嫁切，去禡，初。〕❶差别，不同。见"差别"。❷异；奇异。见"差₂人""差₂事"。❸欠。钱起《山斋读书寄时校书杜叟》："忆戴差过剡，游仙惯入壶。"❹低，次。杜甫《赴青城县出成都寄陶王二少尹》："文章差底病，回首兴滔滔。"

差[3]　〔chāi《广韵》楚皆切，平皆，初。〕❶派遣。元稹《和李校书新题乐府十二首·缚戎人》："边头大将差健卒，入抄禽生快于鹘。"白居易《山石榴花十二韵》："好差青鸟使，封作百花王。"皮日休《醉中偶作呈鲁望》："十里寻山为思役，五更看月是情差。"吕岩《七言》之一〇七："先差玉子开南殿，后遣青龙入紫微。"❷出。陆龟蒙《奉和袭美初夏游楞伽精舍次韵》："苔蔽石髓根，蒲差水心锷。"❸徭役。见"差₃科"。

差[4]　〔chài《广韵》楚懈切，去卦，初。〕病除。《方言》第三："差，愈也，南楚病愈者谓之差。"白居易《酬梦得见喜疾瘳》："须知差与否，相去校无多。"

差[5]　〔cī《广韵》楚宜切，平支，初。〕❶次第；等级。杜甫《柴门》："足了垂白年，敢居高士差。"白居易《想东游五十韵》："鳞差渔户舍，绮错稻田沟。"杜牧《题池州弄水亭》："滕泉落环珮，畦苗差纂组。"李群玉《龙山人惠石廪方及团茶》："顾渚与方山，谁人留品差。"❷参差不齐。陆龟蒙《奉和袭美古杉三十韵》："斗死龙骸杂，争奔鹿角差。"

【差₂人】　奇异的人。韩偓《两贤》："而今若有逃名者，应被品流呼差人。"

【差互】　❶差错，错过机会。吕岩《七言》之二九："水火均平方是药，阴阳差互不成丹。"❷交错。薛能《送马戴书记之太原》："从容长约夜，差互忽离城。"

【差₂夫】　官府的隶役。《神鸡童谣》："父死长安千里外，差夫治道挽丧车。"

【差₅池】　❶飞翔；飞往。见《诗·邶风·燕燕》。李百药《和许侍郎游昆明池》："差池下凫雁，掩映生云烟。"韦应物《送洛阳韩丞东游》："顾我差池羽，咬咬怀好音。"刘禹锡《酬窦员外使君寒食日途次松滋渡先寄示四韵》："草色连云人去住，水纹如縠燕差池。"滕倪《留别吉州太守宗人迈》："羽翼凋零飞不得，丹霄无路接差池。"李商隐《杜司勋》："高楼风雨感斯文，短翼差池不及群。"郑衮《好鸟鸣高枝》："上林如可托，弱羽愿差池。"❷参差不齐貌。沈佺期《从崇山向越常》："差池将不合，缭绕复相寻。"綦毋潜《茅山洞口》："窈窕穿苔壁，差池对石坛。"王建《酬于汝锡晓雪见寄》："薄落阶前人踏尽，差池树里鸟衔残。"吴筠《登庐山东峰观九江合彭蠡湖》："宛转众浦分，差池群山绕。"❸相继；陆续。李白《赠宣城赵太守悦》："差池宰两邑，鹗立重飞翻。"杜甫《白沙渡》："差池上舟楫，杳窕入云汉。"贾至《巴陵早秋寄荆州崔司马吏部阎功曹舍人》："差池尽三黜，蹭蹬各南州。"刘禹锡《送工部张侍郎入蕃吊祭》："毳帐差池见，乌旗摇曳前。"李绅《江南暮春寄家》："江鸿断续翻云去，海燕差池拂水回。"❹远离；阻隔。赵冬曦《和燕公别灉湖》："枉帆怀胜赏，留景惜差池。"李益《赋得早燕送别》："一别与秋鸿，差池讵相见。"白居易《酬张太祝晚秋卧病见寄》："差池终日别，寥落经年心。"李商隐《及第东归次灞上却寄同年》："下苑经过劳想像，东门送饯又差池。"❺错失；差错。韩愈《寄崔二十六立之》："每旬遗我书，竟岁无差池。"元稹《酬乐天雨后见忆》："雨滑危梁性命愁，差池一步一生休。"白居易《戊申岁暮咏怀三首》之三："万一差池似前事，又应追悔不抽簪。"❻意外，出乎意料。丘为《寻西山隐者不遇》："差池不相见，黾勉空仰止。"李端《古别离二首》之二："后事忽差池，前期日空在。"贾岛《寄乔侍郎》："差池不相见，怅望至今朝。"又《投孟郊》："前岁曾入洛，差池阻从龙。"❼迟疑；犹豫。王建

《朝天词十首寄上魏博田侍中》之六："老作三公经献寿，临时犹自语差池。"李咸用《赠任肃》："圣朝公道在，中鹄勿差池。"

【差忒】 差错。白居易《伤唐衢二首》之一："遗文仅千首，六义无差忒。"又《偶然二首》之一："人事多端何足怪，天文至信犹差忒。"

【差$_2$别】 区别，不同。白居易《题道宗上人十韵》："一音无差别，四句有诠次。"

【差$_2$事】 奇事，怪事。韩愈《泷吏》："飓风有时作，掀簸真差事。"

【差$_5$肩】 ❶比肩，肩挨着肩。杜甫《赠李八秘书别三十韵》："通籍蟠螭印，差肩列凤舆。"卢纶《纶与吉侍郎中孚风尘追游向三十载有五十韵见寄辄有所酬以申悲旧》："差肩曳长裾，总辔奉和铃。"元稹《献荥阳公诗五十韵》："趋风皆蹀足，侍坐各差肩。"蒋贻恭《咏伛背子》："出得门来背拄天，同行难可与差肩。"❷并列。谓地位相等。沈佺期《哭苏眉州崔司业二公》："绛衣陪下列，黄阁谬差肩。"权德舆《酬冯绛州早秋绛台感怀见寄》："斋祠常并冕，官品每差肩。"白居易《喜与韦左丞同入南省因叙旧以赠之》："差肩北省惭非据，接武南宫幸再容。"温庭筠《感旧陈情五十韵献淮南李仆射》："傥能容委质，非敢望差肩。"

【差$_3$科】 指徭役和赋税。杜甫《遭田父泥饮美严中丞》："差科死则已，誓不举家走。"韩愈《游城南十六首·赛神》："白布长衫紫领巾，差科未动是闲人。"

【差$_3$科頭】 官府中征调赋役的头目。亦指郡首。白居易《自咏五首》之二："出为差科头，入为衣食主。"

【差$_5$差】 ❶不齐貌。薛能《使院栽苇》："戛戛复差差，一丛千万枝。"温庭筠《东郊行》："绿渚幽香生白蘋，差差小浪吹鱼鳞。"罗隐《题袁溪张逸人所居》："蒲梢猎猎燕差差，数里溪光日落时。"❷光芒闪烁貌。韩愈《送张道士》："开口论利害，剑锋白差差。"温庭筠《烧歌》："差差向岩石，冉冉凌青壁。"曹唐《望九华寄池阳杜员外》："差差玉剑寒铓利，袅袅青莲翠叶重。"

【差訛】 差错。韩愈《石鼓歌》："公从何处得纸本，毫发尽备无差讹。"

【差$_5$参】 （—cēn）❶长短不齐貌。同"参差"。白居易《仙娥峰下作》："参差树若插，匼匝云如抱。"❷不一致，不合。韩愈《孟生诗》："谅非轩冕族，应对多差参。"

【差$_3$遣】 派遣。翁承赞《擢探花使三首》之一："洪崖差遣探花来，检点芳丛饮数杯。"

【差$_5$齒】 参差不齐貌。温庭筠《莲峰歌》："松刺梳空石差齿，烟香风软人参蕊。"

【差$_2$攝】 派人代理。被派代理。刘长卿有《至德三年春正月时谬蒙差摄海盐令闻王师收二京因书事五十韵》。

己 部

己 〔jǐ《广韵》居理切,上止,見。〕❶天干的第六位,用以纪年、月、日。白居易《病中诗十五首》序:"开成己未岁,余蒲柳之年六十有八。"孟简《咏欧阳行周事》序:"我唐贞元年己卯岁,曾献书相府。"王周《齿落词》:"己卯至庚辰,仲夏晦之暮。"❷自身,自己。太宗《执契静三边》:"循躬思盛己,抚俗愧时康。"李峤《皇帝上礼抚事述怀》:"恭己忘自逸,因人体至公。"李贺《感讽五首》之四:"己生须己养,荷担出门去。"杜牧《杜秋娘诗》:"己身不自晓,此外何思惟。"

已 〔yǐ《广韵》羊已切,上止,以。又羊吏切,去志,以。〕❶止,停止。杜甫《兵车行》:"边庭流血成海水,武皇开边意未已。"戴叔伦《听霜钟》:"悠扬来不已,杳霭去何从。"孙郃《哭方玄英先生》:"我心痛其语,泪落不能已。"卢钰《勖曹生》:"游蜂采掇何时已,只恐多言议短长。"❷完成;完毕。王绩《古意六首》之六。"罗张大泽已,凤入重云飏。"玄宗《送胡真师还西山》:"话离情未已,烟水万重山。"王昌龄《赠宇文中丞》:"量力颇及早,谢归今即已。"李频《送刘山人归洞庭》:"平生心未已,岂得更相从。"❸罢了,算了。海顺《三不为篇》:"不为则已,为则不然。"❹罢免;黜退。包佶《酬于侍郎湖南见寄十四韵》:"九迁归上略,三已契愚衷。"皇甫澈《赋四相诗·礼部尚书门下侍郎平章事李岘》:"载践每若惊,三已无愠色。"❺已经。太宗《饮马长城窟行》:"塞外悲风切,交河冰已结。"李白《古风》之二:"萧萧长门宫,昔是今已非。"于武陵《送客东归》:"共惊年已暮,俱向客中多。"韦庄《寓言》:"学剑已应晚,归山今又迟。"❻又。杜甫《阆州东楼筵奉送十一舅往青城县得昏字》:"临风欲恸哭,声出已复吞。"又《春日梓州登楼二首》之一:"双双新燕子,依旧已衔泥。"韦应物《独游西斋寄崔主簿》:"同心忽已别,昨事方成昔。"❼语气词。用于句中,同"矣"。杜甫《历历》:"无端盗贼起,忽已岁时迁。"韦应物《郡中西斋》:"岂将符守恋,幸已栖心幽。"张良璞《览史》:"享年八十已,历数穷苍生。"虚中《送迁客》:"此心终合雪,去已莫思量。"❽表示感叹,用于句首。韩愈《马厌谷》:"已焉哉,嗟嗟乎鄙夫。"元稹《古决绝词》:"已焉哉,织女别黄姑。"白居易《无可奈何歌》:"无可奈何兮,已焉哉。"❾同"以"。刘沧《经古行宫》:"玉辇西归已至今,古原风景自沈沈。"明皇有《同二相已下群官乐游园宴》。

【已已】 已,休止。迭用以加重语气。杜甫《大历三年春白帝城放船出瞿塘峡久居夔府将适江陵漂泊有诗凡四十韵》:"浮名寻已已,懒计却区区。"

【已太】 太甚。韩愈、孟郊《秋雨联句》:"庶几谐我愿,遂止无已太。"

【已而】 ❶罢了;算了。李翱《拜禹歌》:"往者吾弗及兮,来者吾弗闻,已而,已而。"❷完了,结束了。郑谷《蜀江有吊》:"孟子有良策,惜哉今已而。"❸不久。苏颋《蜀城哭台州乐安少府》:"向悟海盐客,已而梁木摧。"

【已矣】 ❶逝去;结束,停止。乔知之《苦寒行》:"亡者诚已矣,徒令存者伤。"杜甫《丹青引,赠曹将军霸》:"英雄割据虽已矣,文彩风流犹尚存。"窦牟《杏园渡》:"君子素风悲已矣,杏园无复一枝花。"白居易《和答诗十首·和阳城驿》:"道州既已矣,往者不可追。"❷叹词。罢了,算了。权德舆《寓兴》:"已矣勿复言,吾将问秋旻。"白居易《寓意诗五首》之一:"已矣勿重陈,重陈令人悲。"❸语气词。用在句末,与"矣"同义。储光羲《游茅山五首》之五:"此行良已矣,不乐复何如。"王维《青溪》:"请留盘石上,垂钓将已矣。"又《宋进马哀词》:"将清白兮遗谁,问诗礼兮已矣。"李群玉《饭僧》:"纶巾与藜杖,此意真已矣。"❹语气词。用在句首,表示感叹。徐彦伯《比干墓》:"已矣竟剖心,哲妇亦同殉。"吴筠《览古十四首》之一四:"已矣勿用言,忘怀庶自悦。"韩愈《感春四首》之三:"孤负平生心,已矣知何奈。"

【已來】 犹以后。杜甫《韦讽录事宅观曹将军画马图》:"国初已来画鞍马,神妙独数江都。"

【已後】 以后。杜甫《三绝句》之二:"自今已后知人意,一日须来一百回。"任华《怀素上人草书歌》:"十杯五杯不解意,百杯已后始颠狂。"卢仝《寄男抱孙》:"小时无大伤,习性防已后。"李绅《入扬州郭》序:"大历已后,潮信不通。"韩琮《二月二日游洛源》:"今朝此地成惆怅,已后逢春更莫来。"

【已經】 ❶时间副词。表示动作或事情的完成。刘沧《深愁喜友人至》:"落叶已经寒烧尽,衡门犹对古城荒。"❷业已经达。黄滔《寄同年卢员外》:"休恋一台惟妙绝，已经三字人精求。”

巳〔sì《广韵》詳里切，上止，邪。〕❶地支的第六位，与天干相配，用以纪年、月、日。《咸通十四年成都谣》：“咸通癸巳，出无所之。”司空图有《丁巳元日》。亦用以计时，即上午九时至十一时。皮日休《太湖诗·游毛公坛》：“欻坐侵桂阴，不知巳与午。”❷上巳节的省称。高球《三月三日宴王明府山亭》：“洛城春禊，元巳芳年。”沈佺期《三日梨园怀宴》：“九重驰道出，三巳禊堂开。”李适《三日书怀因示百僚》：“佳节上元巳。芳时属暮春。”

【巳日】　即三月三日上巳节。崔颢《上巳》：“巳日帝城春，倾都袚禊晨。”参见“上巳”。

【巳年】　出《后汉书·郑玄传》。后因用作哀挽学人逝世的典故。郑愔《哭郎著作》：“巳年人得梦，庚日鸟为灾。”

一　画

巴〔bā《广韵》伯加切，平麻，幫。〕❶古代传说中的一种大蛇。见“巴蛇”。❷古族名；古国名。其族主要分布在川东、川南、鄂西一带。周初封为子国，称巴子国。后泛指蜀地。卢僎《十月梅花书赠》：“自从迁播落黔巴，三见江上开新花。”岑参《郡斋平望江山》：“水路东连楚，人烟北接巴。”柳宗元《唐饶歌鼓吹曲十二篇》之六：“弥巴蔽荆，负南极以安。”杜牧《怀钟陵旧游四首》之二：“连巴控越知何事，珠翠沉檀处处堆。”❸巴水的简称。唐求《题友人寓居》：“缭绕城边山是蜀，弯环门外水名巴。”❹巴州人的省称。李商隐《喜雪》：“联辞虽许谢，和曲本惭巴。”又《病中闻河东公乐营置酒口占寄上》：“舞妙从兼楚，歌能莫杂巴。”见“巴人❷”。❺水流曲折。张祜《题击瓯楼》：“水转巴文清溜急，山连蒙岫翠光涵。”见“巴字水❶”。❻同“笆”。见“巴篱”。❼同“芭”。见“巴蕉”。

【巴人】　❶古巴州人。王维《送梓州李使君》：“汉女输橦布，巴人讼芋田。”顾况《竹枝曲》：“巴人夜唱竹枝后，肠断晓猿声渐稀。”李山甫《春日商山道中作》：“谷鸟衔枝去，巴人负笈归。”参见“巴州”。❷古代楚国流行的民间歌曲。见《文选·宋玉〈对楚王〉》。后因用以谦称自己的诗作。骆宾王《和王记室从赵王春日游陀山寺》：“雅曲终难和，徒自奏巴人。”李白《古风》之二一：“试为巴人唱，和者乃数千。”权德舆《奉和于司空二十五丈新卜城南郊居接司徒公别墅即事书情》：“巴人宁敢和，空此愧游藩。”

【巴山】　❶指大巴山脉。又名巴岭山脉。绵亘于陕西与四川两省的边境，为由陕入蜀的必经之地。岑参《青山峡口泊舟怀狄侍御》：“往来巴山道，三见秋草凋。”令狐楚《宫中乐五首》之一：“楚塞金陵靖，巴山玉垒空。”徐凝《送马向入蜀》：“游子出咸京，巴山万里程。”❷泛指巴蜀境内之山。严武《巴岭答杜二见忆》：“卧向巴山落月时，两乡千里梦相思。”韩翃《赠别成明府赴剑南》：“遥知下车日，正及巴山春。”白居易《洛下闲居寄山南令狐相公》：“唯是相君忘未得，时思汉水梦巴山。”

【巴山縣】　县名。唐开元时置，治所在今重庆铜梁区东南。齐己《寄当阳张明府》：“闻说巴山县，今来尚忆张。”

【巴川】　❶犹巴地。指巴岭山脉附近地区。岑参《赴嘉州过城固县寻永安超禅师房》：“岂料巴川多胜事，为君书此报京华。”❷巴蜀境内的河流。张蠙《过黄牛峡》：“黄牛来势泻巴川，叠日孤舟逐峡前。”

【巴子城】　亦作“巴城”。泛称巴蜀境内的州治、县城。韦应物《送令狐岫宰恩阳》：“逶迟岁已穷，当造巴子城。”当指恩阳县。权德舆《春送十四叔赴任渝州录事绝句》：“巴城锁印六联静，尽日闲谣廨署中。”此指渝州。白居易《南宾郡斋即事寄杨万州》：“山上巴子城，山下巴江水。”此指忠州。

【巴子國】　古代国名。都城在今重庆市北。商至战国时期，领有四川东南一带。见《左传·桓公九年》、《华阳国志·巴志》。后因用作川东地区的代称。陈子昂《白帝城怀古》：“城临巴子国，台没汉王宫。”杜甫《诸葛庙》：“久游巴子国，屡入武侯祠。”元稹《酬乐天见忆兼伤仲远》：“庾公楼怅望，巴子国生涯。”刘禹锡《始至云安寄兵部韩侍郎中书白舍人二公近曾远守故有属焉》：“天外巴子国，山头白帝城。”

【巴子臺】　台名，在今四川忠县东。见《方舆胜览》卷六一。白居易《九日登巴台》：“今岁重阳山，萧条巴子台。”又《代州民问》：“龙昌寺底开山路，巴子台前种柳林。”

【巴水】　❶水名。源出陕西镇巴县西北大巴山，西南流，入四川渠县境。会渠河，至重庆合川区入嘉陵江。岑参《送蜀郡李掾》：“夜宿剑门月，朝行巴水云。”❷泛指巴蜀地区的水流。温庭筠《锦城曲》：“巴水漾情情不尽，文君织得春机红。”喻坦之《送友人游蜀》：“雪消巴水涨，日上剑关明。”❸特指三峡之间的长江江水。李白《观元丹丘坐巫山屏风》：“历历行舟泛巴水，水石潺湲万壑分。”罗邺《巴南旅泊》：“巴山惨别魂，巴水御荆门。”王周《巫庙》：“巴水走若箭，峡山开如屏。”❹即今湖北东部长江支流巴河。崔颢《赠卢八象》：“客从巴水渡，传尔溯行舟。”

【巴丘】　❶县城名。即巴陵县（今湖南岳阳市）。见《元和郡县志》卷二七。赵冬曦《陪张燕公行郡竹篱》：“小人投天涯，流落巴丘城。”吕温《岳阳怀古》：

"晨飙发荆州，落日到巴丘。"李群玉《南庄春晚二首》之二："草暖沙长望去舟，微茫烟浪向巴丘。"❷山名。又名巴陵、天岳。在湖南岳阳县湘水右岸。三国吴曾使鲁肃于此置大屯戍，屯万兵守之。元结《石鱼湖上醉歌》："我持长瓢坐巴丘，酌饮四坐以散愁。"李华《云母泉诗》："猿啼巴丘戍，月上武陵城。"

【巴西】❶郡名。天宝元年(742)以绵州置。治所在巴西县(今四川绵阳县东)。乾元元年(758)复改为绵州。李商隐《梓潼望长卿山至巴西复怀谯秀》："行到巴西觅谯秀，巴西惟是有寒芜。"许浑《酬绵州于中丞使君见寄》："荆巫夜隔巴西月，鄢郢春连汉上花。"于兴宗《夏杪登越王楼临涪江望雪山寄朝中知友》："巴西西北楼，堪望亦堪愁。"王周《和杜运使巴峡地暖节物与中土异黯然有感诗三首》之二："揽辔巴西官局冷，几凭春酒沃乡愁。"❷谓川西地区。杜甫《王命》："汉北豺狼满，巴西道路难。"韦庄《闻再幸梁洋》："才喜中原息战鼙，又闻天子幸巴西。"

【巴邛】巴州与邛州的合称。借指巴蜀地区。白居易《贺雨》："元年诛刘辟，一举靖巴邛。"周昙《咏史诗·三国门·蜀先主》："不是卑词三访谒，谁令玄德主巴邛。"

【巴曲】(一qū)❶同"巴人"。❷巴地民歌。杜甫《社日两篇》之一："南翁巴曲醉，北雁塞声微。"刘长卿《至德三年春正月时谬蒙差摄海盐令闻王师收二京因书事寄上浙西节度李侍郎中丞行营五十韵》："巴曲谁堪听，秦台自有情。"杨巨源《早朝》："圣道逍遥更何事，愿将巴曲赞康哉。"

【巴州】地名。北魏延昌三年(514)置。治所在太谷郡(今四川巴中县)。隋大业三年(607)改为清化郡。唐武德元年(618)复为巴州，天宝初复为清化郡，乾元初复改为巴州。杜甫有《奉寄别马巴州》。严武有《题巴州光福寺楠木》。

【巴江】❶水名。源出四川南江县大巴山，亦称南江，东南会巴水，称巴江。一说，即嘉陵江。见《太平御览》卷六五引《三巴记》。亦泛指巴蜀境内的江水。孙逖《送靳十五侍御使蜀》："驿绕巴江转，关迎剑道开。"岑参《奉和相公发益昌》："朝登剑阁云随马，夜渡巴江雨洗兵。"李朋《奉酬绵州中丞以江山小图远垂赐及兼寄诗》："巴江与雪山，井邑共回环。"王周《巴江》："巴江江水色，一带浓蓝碧。"❷指三峡之间的长江水流。戴叔伦《南宾送蔡侍御游蜀》："巴江秋欲尽，远别更凄然。"李频《南游湘汉寄友人》："巴江雪水下，楚泽火云生。"吴商浩《巫峡听猿》："巴江猿啸苦，响入客舟中。"

【巴字】❶指巴蜀境内的阆水和白水。见《太平御览》卷六五引《三巴记》，又见《元和郡县志》卷三三。后因泛指蜀地江水。戴叔伦《渐至涪州先寄王员外使君纵》："江分巴字水，树入夜郎烟。"❷指曲折的流水。白居易《郡斋暇日忆庐山草堂》："香炉峰隐隐，巴字水茫茫。"

【巴里】古代楚国流行的民间歌曲《下里》《巴人》的合称。借以谦指自己的诗作。孟浩然《和张明府登鹿门作》："谬承巴里和，非敢应同声。"参见"巴人❷"。

【巴東】❶郡名。东汉建安六年(201)置，治所在今重庆奉节县白帝城。唐武德二年(619)改为夔州。天宝元年(742)改为安郡。乾元元年复改为夔州。徐安贞《送王判官》："巴东下归棹，莫待夜猿啼。"杜甫《巫山县汾州唐使君十八弟宴别率题小诗留于屋壁》："卧病巴东久，今年强作归。"羊士谔《登郡前山》："洛阳归客滞巴东，处处山樱雪满丛。"白居易《入峡次巴东》："两片红旌数声鼓，使君艛艓上巴东。"❷县名，本汉巫县地，隋开皇十八年(598)改为巴东县，唐时归州，治所在今湖北巴东县西北。因在水之东而得名。王周《泊巴东》："偶泊巴东古县前，宦情乡思两绵绵。"❸指今重庆东部一带。胡皓《出峡》："巴东三峡尽。旷望九江开。"孟浩然《岘山送张去非游巴东》："去矣勿淹滞，巴东猿夜吟。"李白《峨眉山月歌送蜀僧晏入中京》："我在巴东三峡时，西看明月忆峨眉。"韩翃《家兄自山南罢归献诗叙事》："云木巴东峡，林泉岘北川。"

【巴東山】即巫山。杜甫《夔州歌十绝句》之一："中巴之东巴东山，江水开辟流其间。"

【巴兒】❶巴蜀年轻人。方干《蜀中》："闲来却伴巴儿醉，豆蔻花边唱竹枝。"郑谷《通川客舍》："渐解巴儿语，谁怜越客吟。"又《将之泸郡旅次遂州遇裴晤员外谪居于此话旧凄凉因寄二首》之一："不知几首南行曲，留与巴儿万古传。"❷猿的别称。元稹《通州丁溪馆夜别李景信三首》之二："山深虎横馆无门，夜集巴儿扣空木。"

【巴城】见"巴子城"。

【巴音】同"巴人❷"。韦庄《三用韵》："铮鏦闻郢唱，次第发巴音。"

【巴峡】❶自巴县(今重庆)以东至桐驿一段长江江面上自西而东的三个小峡：石洞峡、铜锣峡、明月峡。水程九十里，合称"巴郡三峡"。见《华阳国志·巴志》。王维《晓行巴峡》："际晓投巴峡，余春忆帝京。"杜甫《闻官军收河南河北》："即从巴峡穿巫峡，便下襄阳向洛阳。"戎昱《云安阻雨》："日长巴峡雨濛濛，又说归舟路未通。"❷巴东三峡的简称。即长江三峡。熊孺登《蜀江水》："若论巴峡愁人处，猿比滩声是好音。"李绅《闻猿》："见说三声巴峡深，此时行者尽沾襟。”

【巴郡】 即巴州。羊士谔有《乾元初严黄门自京兆少尹贬牧巴郡》。

【巴蛇】 古代传说中的大蛇。见《山海经·海内经》。白居易《送客南迁》:“穴掉巴蛇尾,林飘鸩鸟翎。”亦形容蜿蜒的山脉。张说《巴丘春作》:“湖阴窥魍魉,丘势辨巴蛇。”

【巴國】 即巴子国。陈子昂《度荆门望楚》:“巴国山川尽,荆门烟雾开。”李白《自巴东舟行经瞿塘峡登巫山最高峰晚还题壁》:“巫山高不穷,巴国尽所历。”李远《及第后送家兄游蜀》:“玉京烟雨断,巴国梦魂归。”参见“巴子國”。

【巴庸】 指今四川东部与湖北西北部一带地区。古代为巴国与庸国。司空曙《送崔校书赴梓幕》:“想出褒中望,巴庸方路分。”元稹《酬乐天得稹所寄纻丝布白轻庸制成衣服以诗报之》:“湓城万里隔巴庸,纻薄绨轻共一封。”皮日休《鲁望读〈襄阳耆旧传〉见赠五百言次韵》:“巴庸乃崄岨,屈景实豪右。”

【巴陵】 郡名。即岳州。天宝元年(742)改为巴陵郡。乾元元年(758)又复为岳州。为巴陵郡治所,即今湖南岳阳市。见《元和郡县志》卷二七。卢照邻《西使兼送孟学士南游》:“地道巴陵北,天山弱水东。”李白《长干行二首》之二:“五月南风兴,思君下巴陵。”雍陶《送徐使君赴岳州》:“巴陵山水郡,应称谢公游。”王周《岳州众湖阻风二首》之二:“晓来闲共渔人话,此去巴陵路几多。”

【巴栈】 巴蜀的栈道。于险绝的地方傍山架木而成。在四川广元市北的明月峡和清风峡之中。濒嘉陵江东岸峭壁之上,开凿于先秦,是古代川陕之间著名的天栈通道,有时亦借指赴蜀之路。薛能《相国陇西公南征能以留务独宿府城作》:“高墉撼铎思巴栈,老木嗥风念野营。”李淇《奉试诏用拓拔思恭为京北收复都统》:“飞骑经巴栈,鸿恩及夏台。”

【巴童】 巴渝地区的青少年。多善于歌舞。见《文选·鲍溶〈舞鹤赋〉》。岑参《赴犍为经龙阁道》:“屡闻羌儿笛,厌听巴童歌。”韩翃《送巴州杨使君》:“万里歌钟相庆时,巴童声节渝儿舞。”刘禹锡《洞庭秋月行》:“荡桨巴童歌竹枝,连樯估客吹羌笛。”许浑《伤虞将军》:“巴童戍久能番语,胡马调多解汉行。”

【巴渝】 ❶地名。指渝州。唐代州名。治所在巴县(今重庆市区)。渝州南江及其下游渠江水滨,为古代少数民族人民聚居地。人善歌舞,汉“巴渝舞”即出于此。杜甫《野望》:“山连越嶲蟠三蜀,水散巴渝下五溪。”皇甫冉《杂言迎神词二首》序:“吴楚之俗,与巴渝同风。”❷泛指巴蜀地区。元稹《望云骓马歌》:“尔身今日逢圣人,从幸巴渝归入秦。”王周《自喻》:“瞿唐抵巴渝,往来名揽辔。”❸古曲调曲名。即巴渝歌。虞世南《门有车马客》:“危弦促柱奏巴渝,遗簪堕珥解罗襦。”❹即巴渝舞。《郊庙歌辞·汉宗庙乐舞辞·观德舞》:“星俎云罍兼鲁礼,朱干象箾杂巴渝。”

【巴渝】 (—yú)流传巴渝地区的民间歌曲。杜甫《暮春题瀼西新赁草屋五首》之二:“万里巴渝曲,三年实饱闻。”

【巴渝舞】 (渝 yú)古代巴渝地区的民间武舞。汉高祖刘邦为汉王时,为统一中国曾征发巴渝地区的土人为前锋,攻打关中,关中既定,乃遣还巴中。人喜好歌舞,刘邦乃命乐工习之,因名《巴渝舞》(见《后汉书·南蛮传》),其舞以鼓伴奏,自汉至唐为庙堂舞中武舞之一。张祜《送杨秀才游蜀》:“旧俗巴渝舞,新声蜀国弦。”

【巴鄉】 巴州的别称。史俊《题巴州光福寺楠木》:“此木尝闻生豫章,今朝独秀在巴乡。”朱庆余《送璧州刘使君》:“王府登朝后,巴乡典郡新。”

【巴牋】 亦作“巴笺”。蜀地出产的一种优质纸。杜甫《寄彭州高三十五使君适虢州岑二十七长史参三十韵》:“荆玉簪头冷,巴笺染翰光。”张祜《送杨秀才往夔州》:“新诗逢北使,为草几巴笺。”李商隐《宫中曲》:“巴笺两三幅,满写承恩字。”皮日休、陆龟蒙《寒夜文宴联句》:“酃酒分中绿,巴笺擘处殷。”

【巴歌】 ❶流行四川一带的民间歌曲。刘希夷《巫山怀古》:“巴歌不可听,听此益潺湲。”薛逢《越王楼送高梓州入朝》:“容听巴歌消子夜,许陪仙躅上危楼。”崔涂《夷陵夜泊》:“一曲巴歌半江月,便应消得二毛生。”❷同“巴人❷”。钱起《奉和中书常舍人晚秋集贤院即事寄徐薛二侍御》:“定笑巴歌拙,还参丽曲余。”卢纶《奉和太常王卿酬中书李舍人中书寓直春夜对月见寄》:“是夜巴歌应金石,岂殊萤影对清光。”温会《奉陪段相公晚夏登张仪楼》:“欲和关山意,巴歌调更哀。”

【巴蜀】 巴郡和蜀郡的合称。今指四川和重庆一带。杜甫《天边行》:“陇右河源不种田,胡骑羌兵入巴蜀。”李绅《过荆门》:“肠断思归不可闻,人言恨魄来巴蜀。”许彬《黔中书事》:“巴蜀水南偏,山穷塞垒宽。”

【巴歈】 ❶指巴渝舞或巴渝歌。刘禹锡《竹枝词九首》序:“后之聆巴歈,知变风之自焉。”❷谦称自己的诗作。卢纶《酬包佶郎中览拙卷后见寄》:“沉忧敢望金门召,空愧巴歈并子虚。”喻凫《和段学士对雪》:“惭于郢客坐,一此调巴歈。”贯休《陈情献蜀皇帝》:“奈菀幽栖多胜景,巴歈陈贡愧非才。”

【巴猿】 巴东地区的猿猴。见郦道元《水经注·江水》。后以“巴猿”为咏蜀地的典故。张九龄《巫山高》:“唯有巴猿啸,哀音不可听。”白居易《寄微之》:

"秦女笑歌春不见，巴猿啼哭夜常闻。"贾岛《寄刘侍御》："积泉留岱鸟，叠岫隔巴猿。"姚鹄《送程秀才下第归蜀》："蜀道重来老，巴猿此去闻。"

【巴箋】 见"巴牋"。

【巴漢】 古巴郡、汉中地区的合称。在今川东、陕南、鄂西北一带。岑参《过梁州奉赠张尚书大夫公》："巴汉空水流，褒斜惟鸟飞。"羊士谔《书楼怀古》："远目穷巴汉，闲情阅古今。"杜牧《西江怀古》："上吞巴汉控潇湘，怒似连山净镜光。"

【巴賨】 ❶地名。巴中地区。郑谷有《巴赍旅寓寄朝中从叔》。❷巴中一带的人。李贺《恼公》："数钱教姹女，买药问巴赍。"❸古代巴中人民的贡赋。李商隐《碧瓦》："吴市蠙蛦甲，巴赍翡翠翘。"陆龟蒙《袭美先辈以龟蒙所献五百言用伸酬谢》："谁比蜀严静，谁方巴赍货。"

【巴蕉】 即芭蕉。欧阳詹《答韩十八驽骥吟》："巴蕉一叶妖，茂葵一花妍。"

【巴興】 县名。东晋始置。治所在今四川蓬溪县附近。唐上元二年(675)将治所迁至今蓬溪县西。许棠《送友人游蜀》："巴兴千万寻，此去若为心。"贾岛有《巴兴作》。

【巴錦】 即蜀锦。四川成都生产的彩锦。见《水经注·江水》。唐代曾在成都置主治锦之官。杜牧《中丞业深韬略志在功名再奉长句一篇兼有谘劝》："樯似邓林江拍天，越香巴锦万千千。"张泌《浣溪沙》词之六："令才抛后爱微嚬，越罗巴锦不胜春。"

【巴徼】 指巴蜀，因在边徼，故称。杜甫《奉待严大夫》："欲辞巴徼啼莺合，远下荆门去鹢催。"元稹《酬乐天江楼夜吟稹诗因成三十韵》："见当巴徼外，吟在楚江前。"许棠《送徐侍御充南诏判官》："瘴路穷巴徼，蛮川过峤城。"郑谷《荔枝树》："孤棹今来巴徼外，一枝烟雨思无穷。"

【巴籬】 篱笆。王建《长安县后亭看画》："水冻横桥雪满池，新排石笋绕巴篱。"羊士谔《斋中咏怀》："不觉东风过寒食，雨来萱草出巴篱。"白居易《秦中吟十首·买花》："上张幄幕庇，旁织巴篱护。"王贞白《芦苇》："未织巴篱护，几抬邛竹扶。"

【巴蠻】 ❶指巴蜀境内的异族人民。即古代巴族人民。南北朝以后，有的逐渐与汉族同化。见晋常璩《华阳国志·巴志》。白居易《征秋税毕题郡南亭》："高城直下视，蠢蠢见巴蛮。"❷借指蜀地。韩愈《寄崔二十六立之》："逼迫走巴蛮，恩爱座上离。"元稹《台中鞫狱忆开元观旧事呈损之兼赠周兄四十韵》："二月除御史，三月使巴蛮。"

六 画

巷 〔xiàng《广韵》胡絳切，去絳，匣。〕街里中的道路；胡同，大者为街，小者为巷。杜甫《逼仄行赠毕曜》："逼仄何逼仄，我居巷南子巷北。"白居易《自题新昌居止因招杨郎中小饮》："地偏坊远巷仍斜，最近东头是白家。"张蠙《经荒驿》："废巷荆丛合，荒庭虎迹新。"齐己《酬元员外见寄》："僻巷谁相访，风篱翠蔓牵。"

【巷市】 ❶古代天子、诸侯去世停丧期间，街市停业，以示忧戚。买卖物品，改在里巷进行，称"巷市"。见《礼记·檀弓下》。元稹《哭吕衡州六首》之四："儿童喧巷市，羸老哭碑堂。"❷街巷。欧阳詹《陪太原郑行军中丞登汾上阁》："城槐临枉渚，巷市接飞梁。"

【巷伯】 ❶宦官、太监。因居宫巷，掌宫内之事，故称。见《左传·襄公九年》。释元康《与讲师互谑》："轮王千个子，巷伯勿孙儿。"❷《诗·小雅》篇名。寺人孟子，因遭谗毁作《巷伯》诗以抒幽愤，见《诗·小雅·巷伯》序。后因用作咏嫉恶刺邪的典故。白居易《和答诗十首·和阳城驿》："疾恶若巷伯，好贤如缁衣。"

【巷陌】 街巷。杜牧《分司东都寓居履道叨承川尹刘侍郎大夫恩知上四十韵》："松筠侵巷陌，禾黍接郊垌。"韦庄《贵公子》："流水带花穿巷陌，夕阳和树人帘栊。"

九 画

巽 〔xùn《广韵》蘇困切，去慁，心。〕❶卦名。八卦之一，卦形为☴，又六十四卦之一，卦形为䷸，巽上巽下。见"八卦"。❷东南方。《易·说卦》："巽，东南也。"见"巽方"，"巽維"。❸长女。见《易·说卦》。见"巽宫"。

【巽上人】 亦作"巽公"，即重巽上人。永州龙兴寺僧。柳宗元有《巽上人以竹闲自采新茶见赠酬之以诗》，又有《巽公院五咏》。

【巽公】 见"巽上人"。

【巽方】 东南方。包佶《祀风师乐章·迎俎酌献》："德盛昭临，迎拜巽方。"

【巽宫】 君主长女的宫室。韩愈《梁国惠康公主挽歌二首》之一："巽宫尊长女，台室属良人。"

【巽維】 东南方。李渤《南溪诗》序："山有二洞九室，西南曰白龙洞，横透巽维，蜕骨如玉，西北曰玄岩洞，曲通坎隅。"

巾　部

巾〔jīn《广韵》居銀切，平真，見。〕❶供擦拭、包裹等用的方形布帛。太宗《饯中书侍郎来济》"聊将分袂沾巾泪，还用持添离席觞。"李白《酬裴侍御留岫师弹琴见寄》："相思两不见，流泪空盈巾。"李观《御沟新柳》："莫入胡儿笛，还令泪湿巾。"殷尧藩《赠歌人郭婉二首》之一："石家金谷旧歌人，起唱花筵泪满巾。"❷头巾。刘长卿《游四窗》："我来游其间，寄傲巾半幅。"戎昱《闰春宴花溪严侍御庄》："瓶开巾漉酒，地坼笋抽芽。"牟融《春日山亭》："醉来重整华阳巾，搔首惊看白发新。"也指戴头巾。岑参《南池夜宿思王屋青萝旧斋》："池上卧烦暑，不栉复不巾。"杜甫《狂歌行赠四兄》："吾兄睡稳方舒膝，不袜不巾蹋晓日。"❸覆盖。苏源明《小洞庭洄源亭宴四郡太守诗》序："李下彫笼，冰之以寒水；爪割铦刃，巾之以疏紘。"❹装上车帷。丘为《寻西山隐者不遇》："若非巾柴车，应是钓秋水。"李白《鸣皋歌送岑征君》："巾征轩兮历阻折，寻幽居兮越巘崿。"权德舆《戏和三韵》："前诏许真秩，何如巾软轮。"柳宗元《同刘二十八院长述旧言怀赠二君子》："谁采中原菽，徒巾下泽车。"

【巾几】（—jī）拭巾和案几。泛指日常起居用品。杜甫《昔游》："暮升艮岑顶，巾几犹未却。"又《寄李十四员外布十二韵》："直作移巾几，秋帆发弊庐。"

【巾子】头巾。寒山《诗三百三首》之一八四："巾子未曾高，腰带长时急。"包贺《谐诗逸句》之一："雾是山巾子，船为水靸鞋。"无名氏《五言诗》之五（外编下）：" 头巾子路，衫破皮开。"

【巾子山】山名，在今浙江临海市城南。濒临灵江，与小固山相叠，传说皇华山人飞升时遗巾所化，故名。任翻有《宿巾子山禅寺》《再游巾子山寺》《三游巾子山寺感述》。

【巾車】❶在车上安装帷幕，以备出行。寒山《诗三百三首》之五："投辇从贤妇，巾车有孝儿。"储光羲《游茅山五首》之二："巾车云路入，理棹瑶溪行。"权德舆《送许著作分司东都》："宾朋争漉酒，徒御侍巾车。"陆龟蒙《奉酬袭美秋晚见题二首》之二："何事乐渔樵，巾车或倚桡。"❷指有帷幕的车子。李峤《锦》："汉使巾车远，河阳步障陈。"权德舆《离合诗赠张监阁老》："帐殿汉官仪，巾车塞垣草。"皮日休《奉和鲁望春雨即事次韵》："何年细湿华阳道，两乘巾车相并归。"

【巾拂】汗巾和拂尘。夏天用具。杜甫《回棹》："巾拂那关眼，瓶罍易满船。"用巾角拂弹棋，借指弹棋。见《世说新语·巧艺》。卢纶《纶与吉侍郎中孚司空郎中曙兼寄夏侯侍御审侯仓曹钊》："补阙思冲融，巾拂艺亦精。"李频《送僧入天台》："他时授巾拂，莫为老无能。"

【巾帓】（—mò）巾帕，皆用以裹头。韩愈、孟郊《征蜀联句》："杯盂酬酒醪，箱箧馈巾帓。"

【巾冠】头巾。刘禹锡《乐天寄忆旧游因作报白君以答》："吴娃足情言语黠，越客有酒巾冠斜。"白居易《和微之诗二十三首·和祝苍华》："匹如剃头僧，岂要巾冠主。"陆龟蒙《孤雁》："世所重巾冠，何妨野夫丱。"

【巾笥】谓以巾包裹，藏入箱内。柳宗元《龟背戏》："庙堂巾笥非余慕，钱刀儿女徒纷纷。"

【巾舄】❶拭巾和鞋子。无可《奉和段著作山居呈诸同志三首次本韵》："香花怀道侣，巾舄立双童。"齐己《别东林后回寄修睦》："晚来巾舄上，已觉俗尘多。"又《自湘中将入蜀留别诸友》："巾舄初随入蜀船，风帆吼过洞庭烟。"❷借指整装远游之人。周贺《赠厉玄侍御》："山松径与瀑泉通，巾舄行吟想越中。"刘沧《与重幽上人话旧》："自喜他年接巾舄，沧浪地近虎溪头。"

【巾裳】指服装。白居易《新秋喜凉因寄兵部杨侍郎》："枕簟忽凄清，巾裳亦轻健。"

【巾帻】❶头巾。刘禹锡《游桃源一百韵》："芝术资糇粮，烟霞拂巾帻。"白居易《嗟发落》："脱置垢巾帻，解去尘缨络。"❷戴帽。贾岛《寄董武》："门掩园林僻，日高巾帻慵。"

【巾帼】女子头巾和覆发之饰。李贺《感讽六首》之三："妇人携汉卒，箭箙囊巾帼。"元稹《酬乐天东南行诗一百韵》："椎髻抛巾帼，镩刀代辘轳。"皮日休《鲁望昨以五百言见贻亦迭和之微旨也》："始来遗巾帼，乃敢排戈铤。"李瀚《蒙求》："亮遗巾帼，备失匕箸。"

【巾褐】头巾和布衣。古代平民服装。顾况《归阳萧寺有丁行者稽首作诗》："露足沙石裂，外形巾褐穿。"权德舆《送别同用阔字》："想得读书窗，岩花对巾褐。"南唐后主李煜《病起题山舍壁》："山舍初成病乍轻，杖藜巾褐称闲情。”

【巾箱】 放置头巾的箱子，后亦用来存放文房杂物。元稹《表夏十首》之二：“僮儿拂巾箱，鸦轧深林井。”皮日休《新秋即事三首》之三：“青桂巾箱时寄药，白纶卧具半抛书。”徐铉《以端溪砚酬张员外水精珠兼和来篇》：“巾箱各珍重，所贵在交情。”

【巾履】 头巾和鞋子。元结《宿丹崖翁宅》：“往往随风作雾雨，湿人巾履满庭前。”曹邺《山中效陶》：“西山忽然暮，往往遗巾履。”

【巾櫛】 ❶面巾和梳子。魏氏《赠外》：“朝夕倦床枕，形体耻巾栉。”徐彦伯《婕妤》：“巾栉不可见，枕席空余香。”刘商《胡笳十八拍·第十八拍》：“载持巾栉礼仪好，一弄丝桐生死足。”赵嘏《书斋雪后》：“频时苦风雪，就景理巾栉。”❷谓梳洗。白居易《秋游原上》：“清晨起巾栉，徐步出柴荆。”又《不能忘情吟》：“巾栉之间，无违无失。”姚合《假日书事呈院中司徒》：“十日公府静，巾栉起清晨。”

【巾屨】 犹巾履。杜甫《题李尊师松树障子歌》：“松下丈人巾屦同，偶坐似是商山翁。”柳宗元《赠江华长老》：“室空无侍者，巾屦唯挂壁。”章孝标《赠匡山道者》：“争得携巾屦，同归鸟外峰。”伍乔《林居喜崔三博远至》：“姿容虽有尘中色，巾屦犹多岳上清。”

【巾簪】 头巾和发簪。白居易《偶作二首》之二：“日午脱巾簪，燕息窗下床。”又《早夏晓兴赠梦得》：“窗明帘薄透朝光，卧整巾簪起下床。”

【巾襪】 头巾和袜子。韩愈《送文畅师北游》：“征租聚异物，诡制怛巾袜。”陆龟蒙《奉酬袭美先辈吴中苦雨一百韵》：“沮洳渍琴书，莓苔染巾袜。”

二 画

匝 〔zā《字彙》子答切。〕❶旋转一周。皎然《奉陪陆使君长源裴端公枢春游东西武丘寺》：“一览匝天界，中峰步未移。”❷围绕。褚遂良《辽东侍宴山夜临秋同赋临韵应诏》：“雾匝长城险，云归渤海深。”❸遍布，遍及。王昌龄《变行路难》：“前驱引旗节，千里阵云匝。”韩愈《元和圣德诗》：“赠官封墓，周匝宏溥。”

布 〔bù《广韵》博故切，去暮，幫。〕❶质地为丝、棉、麻、葛等的织物总称。韩愈《游城南十六首·赛神》：“白布长衫紫领巾，差科未动是闲人。”元稹《酬刘猛见送》：“神剑土不蚀，异布火不燋。”王贞白《寄郑谷》：“火鼠重收布，冰蚕乍吐丝。”李洞《送曹郎中南归时南中用军》：“系绦轻象笏，买布接蛮船。”❷公布，宣示。贺知章《奉和御制春台望》：“青阳布王道，玄览陶真性。”孙逖《送魏骑曹充宇文侍御判官分按山南》：“观风布明诏，更是汉南春。”李绅《过吴门二十四韵》：“还持沧海诏，从此布皇猷。”詹敦仁《复留侯从效问南汉刘岩改名龑字音义》：“因诵鄙所闻，敢布诸下吏。”❸施行，施予。储光羲《献高使君大酺作》：“布德言皆应，无为物自成。”岑参《过梁州奉赠张尚书大夫公》：“自公布德政，此地生光辉。”孟郊《南阳公请东樱桃亭子春宴》：“此地独何力，我公布深仁。”卢仝《蜻蜓歌》：“为圣君请贤臣，布惠化于人间。”❹流传，传布。皎然《奉同颜使君真卿开元寺经藏院会观树文殊碑》：“万国布殊私，千年降祖师。”许棠《赠栖白上人》：“诗传华夏外，偈布市朝间。”韦庄《乞彩笺歌》：“班班布在时人口，满袖松花都未有。”苏拯《颂鲁》：“天推鲁仲尼，周游布典坟。”❺铺陈，陈列。李端《山中寄苗员外》：“既近浅流安笔砚，还因平石布蓍龟。”元稹《痁卧闻幕中诸公征乐会饮因有戏呈三十韵》：“布卦求无妄，祈天愿孔皆。”李洞《锦江陪兵部郑侍郎话诗著棋》：“月上分题遍，钟残布子匀。”❻布置，设置。李白《送族弟凝至晏堌》：“挥鞭布猎骑，四顾登高丘。”元稹《捉捕歌》：“网罗布参差，鹰犬走回互。”鲍溶《鸣雁行》：“楚童夜宿烟波侧，沙上布罗连草色。”朱冲和《遗临平监吏》：“三千里外布干戈，果得鲸鲵入网罗。”❼铺展，散布。王绩《阶前石竹》：“上天布甘雨，万物咸均平。”林藻《青云干吕》：“缀空初布影，捧日已成文。”姚合《郡中对雪》：“霏微著草树，渐布与阶平。”齐己《春雨》：“欲布如膏势，先闻动地雷。”❽瀑布。孟郊《喷玉布》：“赠君喷玉布，一濯高崭崭。”修睦《题僧院泉》：“何处云根新布得，归仍半日在烟萝。”

【布水】 瀑布。孟郊《怀南岳隐士》：“藏千寻布水，出十八高僧。”贯休《送僧入马头山》：“金钟撼壑，布水喷瓦。”

【布化】 传布德化。王维《送秘书晁监还日本国》序：“大道之行，先天布化，乾元广运，涵育无垠。”

【布甲】 犹陈兵。部署军队。李绅《到宣武三十韵》：“宿云看布甲，疏柳见分营。”

【布令】 发布命令。许浑《江西郑常侍赴镇之日有寄因酬和》：“布令滕王阁，裁诗郢客楼。”

【布地】 铺地。杜甫《望牛头寺》：“传灯无白日，布地有黄金。”刘禹锡《唐侍御寄游道林岳麓二寺诗见征继作》：“恨无黄金千万饼，布地买取为丘园。”

【布帆】 布制的帆。顾况《别江南》：“布帆轻白浪，锦带入红尘。”

【布帆無恙】 指旅途平安。见《晋书·顾恺之传》。李白《秋下荆门》：“霜落荆门江树空，布帆无恙挂秋风。”

【布衣】 ❶布制的衣服。綦毋潜《早发上东门》：“时命不将明主合，布衣空染洛阳尘。”郎士元《赠万生下第还吴》："为客成白首，入门嗟布衣。"雍陶《苦寒》："应是渐为贫客久。锦衣著尽布衣单。"许棠《讲德陈情上淮南李仆射八首》之八："丹霄空把桂枝归，白首依前着布衣。"❷指平民。陈子昂《感遇诗三十八首》之二一："布衣取丞相，千载为辛酸。"杨贲《时兴》："及自登枢要，何曾问布衣。"刘禹锡《题欹器图》："无因上蔡牵黄犬，愿作丹徒一布衣。"罗隐《韩信庙》："剪项移秦势自雄，布衣还是负深功。"

【布兵】　部署军队。萧遘《和王侍中谒张恶子庙》："鄚侯为国亲箫鼓，堂上神筹更布兵。"

【布局】　在棋盘上布子。王建《夜看美人宫棋》："宫棋布局不依经，黑白分明子数停。"

【布武】　原指不沿前面人行路的脚印直走。亦泛指行走。刘禹锡《赠别君素上诗》引："然而斯言也，犹示行者以室庐之奥耳，求其径术而布武，未易得也。"

【布帛】　麻、葛织品为布，蚕丝为帛，故以为纺织品之总称。李白《赠宣城宇文太守兼呈崔侍御》："鱼盐满市井，布帛如云烟。"崔枢《赐耆老布帛》："布帛忻天赐，生涯作主恩。"白居易《秦中吟十首·重赋》："生民理布帛，所求活一身。"

【布金】　铺满金子。见《佛国记》。常用为佛寺典故。杜甫《谒文公上方》："长者自布金，禅龛只晏如。"

【布金田】　黄金铺地之处，借指佛寺。宋之问《奉和九月九日登慈恩寺浮屠应制》："散花多宝塔，张乐布金田。"灵澈《奉和郎中题仙岩瀑布十四韵》："永愿酬国恩，自将布金田。"

【布衫】　布制的单衣。元稹《和李校书新题乐府十二首·阴山道》："从骑爱奴丝布衫，臂鹰小儿云锦韬。"白居易《王夫子》："紫绶朱绂青布衫，颜色不同而已矣。"

【布政】　施政。褚亮《明堂乐章·肃和》："象天御宇，乘时布政。"刘禹锡《送赵中丞自司金郎转官参山南令狐仆射幕府》："行看布政后，还从入京华。"李绅《宿越州天王寺》："海隅布政惭期月，江上沾巾愧万人。"宋齐丘《陪游凤凰台献诗》："上有布政台，八顾背城郭。"

【布侯】　布制的箭靶。《仪礼·多射礼》定为大夫所用。张说《玄武门侍射》序："尔其射堋新成，布侯既设，槊杖林立。"

【布施】　❶施舍。谓送钱物助人。《悼妓诗》："不教布施刚留得，浑似初逢李少君。"无名氏《五言诗》之一："贱者由悭贪，吝财不布施。"❷梵文意译词，特指向佛寺或僧侣施舍钱财或斋食。王梵志《诗》之九："师僧来乞食，必莫惜家尝。布施无边福，来生不少粮。"又《五言》之七："照面不用镜，布施不用财。"

【布素】　❶未染之布。郑谷《锦二首》之一："布素豪家定不看，若无文彩入时难。"❷指卑微的地位和身份。王仁裕《题孤云绝顶淮阴祠》："不是冕旒轻布素，岂劳丞相远追寻。"也指平民。徐铉《奉和宫傅相公怀旧见寄四十韵》："岩廊礼绝威容肃，布素情深友好偏。"

【布衾】　布被。杜甫《茅屋为秋风所破歌》："布衾多年冷似铁，骄儿恶卧踏里裂。"钱起《题陈季壁》："郢人何苦调，饮水仍布衾。"白居易《短歌行》："布衾不周体，藜茹才充腹。"

【布被】　布制的被子，多状穷况。韩愈《咏雪赠张籍》："威贪陵布被，光肯离金罍。"

【布袍】　布制的袍子。唐彦谦《早行遇雪》："荒村绝烟火，髯冻布袍湿。"

【布羣】　同"布裙"。

【布陳】　（—zhèn）布列阵势。"陈"后来写作"阵"。刘禹锡《观棋歌送儇师西游》："雁行布陈众未晓，虎穴得子人皆惊。"

【布棋】　喻如棋子之分布，各有职司。元稹《寄隐客》："况逢多士朝，贤俊若布棋。"

【布惠】　布施恩泽。韦应物《春月观省属城始憩东西林精舍》："因时省风俗，布惠迨高年。"刘复《送黄晔明府岳州湘阴赴任》："遥知布惠苏民后，应向祠堂吊汨罗。"杨巨源《重送胡大夫赴振武》："布惠宣威大夫事，不妨诗思许琴尊。"

【布遍】　遍布。元稹《酬郑从事四年九月宴望海亭次用旧韵》："雪花布遍稻陇白，日脚插入秋波红。"

【布象】　排列万象。韦渠牟《步虚词十九首》之三："三才闲布象，二景郁生光。"

【布裙】　亦作"布羣"。布制的裙。白居易《赠内》："梁鸿不肯仕，孟光甘布裙。"《代妻答诗》(卷七八四)："蓬鬓荆钗世所稀，布裙犹是嫁时衣。"

【布絮】　指棉衣。白居易《村居苦寒》："北风利如剑，布絮不蔽身。"

【布葉】　舒展枝叶。王绩《古意六首》之四："布叶捎云烟，插根拥岩穴。"于季子《咏云》："布叶疑临夏，开花讵待春。"皇甫冉《送陆鸿渐栖霞寺采茶》："布叶春风暖，盈筐白日斜。"吕温《白云起封中诗》："攒柯初缭绕，布叶渐蒙笼。"

【布鼓】　出《汉书·王尊传》。后以为自谦浅陋的典故。刘禹锡《和汴州令狐相公到镇改月偶书所怀》："词人羞布鼓，远客献貂襜。"元稹《酬乐天江楼夜吟稹诗因成三十韵》："布鼓随椎响，坯泥仰匠圆。"

【布裘】　布制的棉衣。寒山《诗三百三首》之二五："桦巾木屐沿流步，布裘藜杖绕山回。"白居易《姚侍御见过戏赠》："东台御史多提举，莫按金章系布裘。"又《洗竹》："布裘寒拥颈，毡履温承足。"韦庄《宜君县比卜居不遂留题王秀才别墅二首》之一："本期同此卧林丘，榾柮炉前拥布裘。"

【布義】 铺陈义理。李峤《赋》："布义孙卿子，登高楚屈平。"

【布幣】 陈列玉帛。赵光逢《郊庙歌辞·梁郊祀乐章·庆平》："奠璧布币，荐神献精。"

【布褐】 粗布短衣。王维《献始兴公》："鄙哉匹夫节，布褐将白头。"白居易《丘中有一士二首》之一："藜藿不充肠，布褐不蔽形。"周贺《赠神遘上人》："行斋罢讲仍香气，布褐离床带雨痕。"尚颜《怀陆龟蒙处士》："布褐东南隐，相传继谢敷。"

【布穀】 鸟名。以鸣声似"布谷"得名。鸣于春耕时，故相传为劝耕之鸟。李白《赠从弟冽》："日出布谷鸣，田家拥锄犁。"杜甫《洗兵马》："田家望望惜雨干，布谷处处催春种。"李德裕《忆平泉杂咏·忆春耕》："郊外杏花坼，林间布谷鸣。"温庭筠《晚归曲》："莲塘艇子归不归，柳暗桑秾闻布谷。"

【布澤】 谓普降雨雪。钱起《奉和圣制登会昌山应制》："泉壑凝神处，阳和布泽时。"潘孟阳《元日和布泽》："流辉沾万物，布泽在三元。"韩愈《喜雪献裴尚书》："为祥矜大熟，布泽荷平施。"侯冽《花发上林》："鲜芳盈禁籞，布泽荷天心。"

【布燮】 南诏国官名。见《新唐书·南蛮传上·南诏》。谓之清平官，所以决国事轻重，犹唐宰相也。《全唐诗》卷七三二收布燮诗二首。

【布濩】 遍布，布散。韩愈、李正封《晚秋郾城夜会联句》："恩泽诚布濩，嚚顽已萧勺。"刘禹锡《葡萄歌》："为之立长檠，布濩当轩绿。"沈亚之《西蕃请谒庙》："圣恩覃布濩，异域献精诚。"

【布露】 公布。韩愈《读东方朔杂事》："欲不布露言，外口实喧哗。"

【布囊】 布袋。卢纶《赠别李纷》："头白乘驴悬布囊，一回言别泪千行。"杜荀鹤《送项山人归天台》："因话天台归思生，布囊藤杖笑离城。"潘佑《送许处士坚往茅山》："君携布囊去，路长风满林。"

市 〔shì《广韵》時止切，上止，禪。〕❶商品交易之处，市场。冯著《行路难》："男儿轗轲徒搔首，人市脱衣且沽酒。"韩翃《送冷朝阳还上元》："桥通小市家林近，山带平湖野寺连。"李廓《长安少年行》之三："还携新市酒，远醉曲江花。"李郢《送李判官》："津市停桡送别难，荧荧蜡炬照更阑。"❷比喻热闹拥挤的场面。李德裕《尊师是桃源黄先生传法弟子题黄先生旧馆》："后学方成市，吾师又上宾。"❸购买。乔知之《羸骏篇》："君王倘若不见遗，白骨黄金犹可市。"李白《宣城送刘副使入秦》："千金市骏马，万里逐王师。"岑参《虢州送天平何丞入京市马》："知君市骏马，不是学燕王。"王建《荆南赠别李肇著作转韵诗》："卖马市耕牛，却归湘浦山。"

【市井】 ❶市场。王维《早入荥阳界》："秋野田畴盛，朝光市井喧。"皇甫冉《卖药人处得南阳朱山人书》："卖药何为者，逃名市井居。"白居易《和微之春日投简阳明洞天五十韵》："瑰奇填市井，佳丽溢阛阓。"❷犹市井徒。李白《行路难三首》之二："淮阴市井笑韩信，汉朝公卿忌贾生。"

【市井味】 市侩气息。贾岛《寓兴》："不得市井味，思响吾岩阿。"

【市徒】 指城市平民。李密《淮阳感怀》："樊哙市井徒，萧何刀笔吏。"

【市利】 牟取利益。元稹《乐府古题·估客乐》："一身偃市利，突若截海鲸。"

【市易】 贸易。刘禹锡《莫瑶歌》："市易杂鲛人，婚姻通木客。"

【市兒】 市井少年。白居易《新乐府·华原磬》："磬襄入海去不归，长安市儿为乐师。"李绅《拜三川守》："风变市儿惊偃草，雨晴郊薮谬随车。"

【市舍】 （—shè）指市场人家。韩愈、孟郊《秋雨联句》："儒宫烟火湿，市舍煎熬忲。"

【市卒】 看守市门的小吏。元稹《乐府古题·估客乐》："市卒酒肉臭，县胥家舍成。"

【市門】 市场之门。古代市多有门。杜甫《负薪行》："筋力登危集市门，死生射利兼盐井。"李益《轻薄篇》："淮阴少年不相下，酒酣半笑倚市门。"韩愈《驽骥》："牵驱入市门，行者不为留。"曹邺《东武吟》："惆怅倚市门，无人与之语。"

【市朝】 （—cháo）❶市场与宫廷。崔颢《江畔老人愁》："山川改易失市朝，衢路纵横填白骨。"钱起《过故洛城》："市朝欲认不知处，漠漠野田空草花。"❷朝野。沈千运《古歌》："松柏未生处，留待市朝客。"李德裕《春暮思平泉杂咏二十首·书楼晴望》："幽居人世处，久厌市朝喧。"❸偏指"市"。李绅《宿扬州》："今日市朝风俗变，不须开口问迷楼。"尚颜《寄刘逸士》："无愁无累者，偶向市朝游。"❹偏指"朝"。崔颢《邯郸宫人怨》："谁言一朝复一日，君王弃世市朝变。"李华《咏史十一首》之五："宁知市朝变，但觉林泉好。"白居易《七月一日作》："此处更何思，市朝心已矣。"

【市童】 犹市儿。范质《诫儿侄八百字》："虽得市童怜，还为识者鄙。"

【市肆】 市场。李峤《旌》："告善康庄侧，求贤市肆中。"

【市路】 市场通道。白居易《和微之诗二十三首·和望晓》："沙堤亘蟆池，市路绕龙断。"

【市義】　比喻邀买人心博取正义的名声。见《战国策·齐策四》载冯谖为孟尝君收债于薛事。张昌宗《少年行》："依倚孟尝君，自知能市义。"皎然《咏史》："一朝市义还，百代名独擅。"刘禹锡《许给事见示哭工部刘尚书诗因命同作》："总戎宽得众，市义贵能贫。"温庭筠《病中书怀呈友人》："市义虚焚券，关讥谩弃繻。"

【市道】　市侩的交往方式。权德舆《严陵钓台下作》："交情同市道，利欲相纷纶。"

【市道兒】　犹市侩。韩偓《余卧疾深村闻一二郎官今称继使闽越笑余迂古潜于异乡闻之因成此篇》："枕流方采北山薇，驿骑交迎市道儿。"

【市廛】　市中店铺。李伦《顾城》："市廛新草绿，里社故烟轻。"赵抟《琴歌》："不辞重拂弦上尘，市廛不买多谗人。"

【市頭】　市场。顾况《露青竹杖歌》："市头格是无人别，江海贱臣不拘绁。"元稹《估客乐》："亦解市头语，便无邻里情。"施肩吾《途中逢少女》："市头日卖千般镜，知落谁家新匣中。"

【市暨】　犹市井。杜甫《秋日夔府咏怀奉寄郑监李宾客一百韵》："阵图沙北岸，市暨瀼西巅。"原注：峡人目市井曰市暨。"

【市駿】　即市骏骨。高适《同鲜于洛阳于毕员外宅观画马歌》："始知物妙皆可怜，燕昭市骏岂徒然。"白居易《羸骏》："岂无市骏者，尽是凡人目。"李商隐《过故崔兖海宅寄旧僚杜赵李三掾》："共入留宾驿，俱分市骏金。"

【市駿骨】　指郭隗为燕昭王用千金买千里马骨以招贤的故事。杜甫《昔游》："有能市骏骨，莫恨少龙媒。"

【市隱】　隐居于市。皎然《酬崔侍御见赠》："市隐何妨道，禅栖不废诗。"

【市鄽】　市廛。姚合《扬州春词三首》之三："市鄽持烛入，邻里漾船过。"罗隐《题润州妙善前石羊》："还有市鄽沽酒客，雀喧鸠聚话蹄涔。"

三　画

帆1　〔fān《广韵》符芝切，平凡，奉。〕挂在船桅上的篷布，可借风力行船。李白《行路难三首》之一："长风破浪会有时，直挂云帆济沧海。"皇甫松《江上送别》："祖席驻征棹，开帆候信潮。"朱庆余《与庞复言携酒望洞庭》："帆自巴陵山下过，雨从神女峡边来。"刘沧《经麻姑山》："帆飞震泽秋江远，雨过陵阳晚树寒。"

帆2　〔fàn《广韵》扶泛切，去梵，奉。〕扬帆行船。韩愈《除官赴阙至江州寄鄂岳李大夫》："不枉故人书，无因帆江水。"

【帆竿】　犹帆樯。陆龟蒙《润州江口送人谒池阳卫郎中》："月在石头摇戍角，风生江口亚帆竿。"

【帆翅】　指帆篷。钱起《江行无题一百首》之二三："帆翅初张处，云鹏怒翼同。"

【帆席】　船帆。古时帆或用竹或芦苇编成席子作帆，故名。李白《夜泊牛渚怀古》："明朝挂帆席，枫叶落纷纷。"权德舆《奉和许阁老酬淮南崔十七端公见寄》："帆席来应驶，郊园半已芜。"李商隐《访秋》："江皋当落日，帆席见归风。"张蠙《龟山寺晚望》："渔舟不用悬帆席，归去乘风插柳枝。"

【帆葉】　用树叶做的帆。皎然《送简栖上人之建州觐使君舅》："氍花新雨净，帆叶好风轻。"自注："海人以木叶为帆。"陆龟蒙《送羊振文先辈往桂阳归觐》："让王门外开帆叶，义帝城中望戟支。"

【帆勢】　❶风帆前进之力。李端《古别离二首》之二："下江帆势速，五两遥相逐。"❷船帆受风的态势。李绅《过荆门》："帆势侵云灭又明，山程背日昏还见。"方干《题松江驿》："帆势落斜依浦溆，钟声断续在沧茫。"

【帆影】　❶风帆的投影。李峤《军师凯旋自邕州顺流舟中》："岸回帆影疾，风逆鼓声迟。"白居易《渡淮》："春浪棹声急，夕阳帆影残。"❷帆的形象。徐铉《送礼部潘尚书致仕还建安》："履声初下金华省，帆影看离石首城。"杨夔《题甘露寺》："风匀帆影众，烟乱鸟行迷。"

【帆幢】　（—chuáng）犹帆樯。鲍溶《隋帝陵下》："盘龙楼舰浮冤水，雕锦帆幢使乱风。"

【帆檝】　帆和桨。泛指船只。陆龟蒙《和袭美新秋即事次韵三首》之二："帆檝衣裳尽钓徒，往来踪迹遍三吴。"

【帆檣】　船帆和桅杆。白居易《夜闻歌者》："独倚帆樯立，娉婷十七八。"杜牧《汴人舟行答张祜》："春风野岸名花发，一道帆樯画柳烟。"贯休《嘲商客》："斜倚帆樯不唤人，五湖浪向心中白。"亦借指帆船。姚合《春日江次》："鸥鹭皆飞去，帆樯何处来。"许棠《言怀》："日月销天外，帆樯弃海阴。"陆龟蒙《寄淮南郑宝书记》："炀帝帆樯留泽国，淮王笺奏入班书。"

四　画

希　〔xī《广韵》香衣切，平微，曉。〕❶稀疏。许敬宗《侍宴莎册宫应制得情字》："三星希曙景，万骑翊天行。"温庭筠《病中书怀呈友人》：

“对虽希鼓瑟，名亦滥吹竽。”李贞白《咏罂粟子》：“倒排双陆子，希插碧牙筹。”❷稀少，罕有。韩愈《知音者诚希》：“知音者诚希，念子不能别。”周贺《逢播公》：“带病希相见，西城早晚来。”雍陶《离家后作》：“世上无媒似我希，一身惟有影相随。”高骈《塞上寄家兄》：“棣萼分张信使希，几多乡泪湿征衣。”❸望，看。王湾《哭补阙亡友綦毋学士》：“崇仪希上德，近侍接元台。”韦应物《答令狐侍郎》：“但以亲交恋，音容邈难希。”张祜《送韦正字析贯赴制举》：“大战希游刃，长途在著鞭。”❹希望。张九龄《登南岳事毕谒司马道士》：“入室希把袖，登床愿启齿。”刘太真《顾十二况左迁过韦苏州因亦成篇以继三君子之风焉》：“飞札谢三守，斯篇希见酬。”刘禹锡《裴祭酒尚书见示春归城南命同作》：“白云难持寄，清韵投所希。”马戴《摅情留别并州从事》：“才希汉主召，玉任楚人疑。”❺谋求。王维《田家》：“旧谷行将尽，良苗未可希。”杜甫《遣闷奉呈严公二十韵》：“会希全物色，时放倚梧桐。”柳宗元《冉溪》：“少时陈力希公侯，许国不复为身谋。”于濆《烧金曲》：“天寿畏不永，烧金希长年。”❻迎合。皮日休《吴中苦雨因书一百韵寄鲁望》：“皆希尉吏旨，尽怕里胥录。”❼仰慕，效法。王维《西施咏》：“持谢邻家子，效颦安可希。”元稹《酬独孤二十六送归通州》：“尝希苏门啸，讵厌巴树猿。”李德裕《怀山居邀松阳子同作》：“从兹返樵径，庶可希前哲。”陆龟蒙《村夜二篇》之一：“守道希昔贤，为文通古圣。”❽通“欷”。哀叹。吕岩《赠刘方处士》：“尘世相逢开口希，共论太古同流志。”

【希仁】　李汤之字。韦蟾《长乐驿谑李汤给事题名》：“渭水秦川拂眼明，希仁何事寡诗情。”

【希古】　仰慕古人。刘禹锡《游桃源一百韵》：“自述希古心，忘恃干时画。”

【希世】　❶迎合世俗。王维《座上走笔赠薛璩慕容损》：“希世无高节，绝迹有卑栖。”❷举世无匹。白居易《和答诗十首·答四皓庙》：“矫矫四先生，同禀希世资。”

【希代】　犹希世、举世罕匹。李白《自溧水道哭王炎三首》之二：“王公希代宝，弃世一何早。”耿湋《省试骊珠诗》：“傥怜希代价，敢对此冰壶。”冯伉《和权载之离合诗》：“覃思各纵横，早擅希代名。”白居易《过昭君村》：“唯此希代色，岂无一顾恩。”

【希夷】　❶指虚寂玄妙。《老子》：“视之不见名曰夷，听之不闻名曰希。”李颀《谒张果先生》：“寓游城郭里，浪迹希夷际。”吕温《同舍弟恭岁暮寄晋州李六协律三十韵》：“劝君休感叹，与予陶希夷。”皮日休《酒中十咏·酒乡》：“如寻罔象归，似与希夷会。”李中《魏夫人坛》：“欲问希夷事，音尘隔上清。”❷谓清静无为。张贾《和太原山亭怀古诗》：“岂不贵钟鼎，至怀在希夷。”李商隐《题郑大有隐居》：“偃卧蛟螭室，希夷鸟兽群。”贯休《陪冯使君游六首·游灵泉院》：“对花语合希夷境，坐石苔粘黼黻衣。”也指消虚之境。钱起《奉和圣制登会昌山应制》：“睿想入希夷，真游到具茨。”白居易《和答诗十首·答四皓庙》：“泽则在天下，云复归希夷。”崔涂《夏日书怀寄道友》：“终期道向希夷得，未省心因宠辱惊。”❸指道家。元稹《周先生》：“希夷周先生，烧香调琴心。”蜀太后徐氏《题金华宫》：“好把身收清净处，角冠霞帔事希夷。”

【希旨】　迎合皇帝的意旨。白居易《长恨歌》引陈鸿《长恨歌传》：“盖才智明慧，善巧便佞，先意希旨，有不可形容者。”

【希見】　罕见。元稹《春晚寄杨十二兼呈赵八》：“寄之二君子，希见双南金。”

【希奇】　稀奇。寒山《诗三百三首》之一九二：“余见僧繇性希奇，巧妙间生梁朝时。”

【希音】　奇妙的声音。司空图《诗品二十四则·实境》：“遇之自天，泠然希音。”也指高妙的诗作。齐己《寄谢高先辈见寄二首》之一：“永言无绝唱，忽此惠希音。”

【希怨】　很少招惹怨恨。见《论语·公冶长》。柳宗元《弘农公以硕德材屈于诬枉献诗五十韵以毕微志》：“希怨犹逢怒，多容竟忤强。”

【希真】　指向慕修道。元稹《和乐天赠吴丹》：“伊予固童昧，希真亦云早。”

【希烈】　即李希烈。白居易《新乐府·青石》：“如观奋击朱泚日，似见叱诃希烈时。”

【希偶】　犹言无双。王湾《晚夏马嵬卿叔池亭即事寄京都一二知己》：“宗贤开别业，形胜代希偶。”

【希逸】　南朝宋谢庄之字。温庭筠《夜看牡丹》：“希逸近来成懒病，不能容易向春风。”又《晚坐寄友人》：“九枝灯在琐窗空，希逸无聊恨不同。”

【希聖】　仰慕圣人，效法圣人。萧颖士《过河滨和文学张志尹》：“顾我谫劣质，希圣杳无因。”李白《古风》之一：“希圣如有立，绝笔于获麟。”

【希微】　❶指虚无微茫。《老子》：“听之不闻名曰希，搏之不得名曰微。”吴筠《游仙二十四首》之一六：“体混希微广，神凝空洞深。”元稹《赠毛仙翁》：“一言亲授希微诀，三夕同倾沆瀣杯。”❷玄妙。欧阳詹《李评事公进示文集因赠之》：“希微嘉会章，杳冥河梁篇。”❸依稀，依约。陆龟蒙《奉和袭美太湖诗二十首·三宿神景宫》：“希微辨真语，若授虚皇命。”

【希運】　闽（今福建）人。投洪州高安黄蘖山寺出家。为曹溪六祖之嫡孙。事迹见《宋高僧传》卷二十。见《新唐书·艺文志三》。裴休有《赠黄蘖山僧希运》。

【希冀】 希望，指望。元稹《酬乐天余思不尽加为六韵之作》："商瞿未老犹希冀，莫把籯金便付人。"鲍溶《酬王侍御》："希冀留书阁，提携在笔床。"

【希聲】 ❶无声。《老子》："大音希声。"王弼注："听之不闻名曰希，不可得闻之音也。"柳宗元《初秋夜坐赠吴武陵》："希声闷大朴，聋俗何由聪。"❷指虚幻无当的言论。储光羲《贻袁三拾遗谪作》："希声尽众人，深识唯知己。"

【希覬】 希望。韩偓《息兵》："渐觉人心望息兵，老儒希觊见澄清。"

【希顏】 仰慕颜渊。颜渊，孔子弟子。储光羲《游茅山五首》之四："垂纶非钓国，好学异希颜。"

五　画

帖[1] 〔tiè《广韵》他协切，入帖，透。〕书法术语。指可供人欣赏或学习的墨迹。杜甫《观公孙大娘弟子舞剑器行》序："往者吴人张旭善草书帖，数常于邺县见公孙大娘舞西河剑器，自此草书长进，豪荡感激。"张籍《和左司元郎中秋居十首》之五："书客多呈帖，琴僧与合弦。"温庭筠《洞户二十二韵》："画图惊走兽，书帖得来禽。"

帖[2] 〔tiě〕❶官府文书，公文。杜甫《新安吏》："府帖昨夜下，次选中男行。"顾况《田家》："县帖取社长，嗔怪见官迟。"白居易《渭村退居寄礼部崔侍郎翰林钱舍人诗一百韵》："纳租看县帖，输粟问军仓。"❷科举中明经科的考试名目。《杂帖语》："常杂鲍帖。"❸箭靶。贾岛《上邠宁刑司徒》："箭头破帖浑无敌，杖底敲球远有声。"❹药袋。白居易《闻微之江陵卧病以大通中散碧腴垂云膏寄之因题四韵》："已题一帖红消散，又封一合碧云英。"侯道华《题院诗》："帖里大还丹，多年色不移。"《蜀童谣》："我有一帖药，其名曰阿魏。"

帖[3] 〔tiē〕❶粘贴。李适《人日宴大明宫恩赐彩缕人胜应制》："宝帐金屏人已贴，图花学鸟胜初裁。"顾况《苔藓山歌》："野人觉后长叹息，帖藓粘苔作山色。"刘禹锡《三阁辞四首》之三："沉香帖阁柱，金缕画门楣。"李咸用《雪十二韵》："樵径花黏屦，渔舟玉帖舷。"❷镶嵌。杜甫《陪柏中丞观宴将士二首》之二："绣段装檐额，金花帖鼓腰。"李贺《神弦曲》："古壁彩虬金帖尾，雨工骑入秋潭水。"白居易《新乐府·西凉伎》："刻木为头丝作尾，金镀眼睛银帖齿。"温庭筠《菩萨蛮》词之一："新帖绣罗襦，双双金鹧鸪。"❸堆垒。杜甫《早起》："帖石防隤岸，开林出远山。"李贺《江南弄》："吴歈越吟未终曲，江上团团帖寒玉。"❹帖伏，靠近。韦应物《始夏南园思旧里》："池荷初帖水，林花已扫园。"李贺《昌谷诗》："碧锦帖花柽，香衾事残贵。"李绅《过梅里七首·上家山》："噪鸦啼树远，行雁帖云齐。"杜荀鹤《隽阳道中》："四五朵山妆雨色，两三行雁帖云秋。"❺安定，平静。贾岛《寄沧州李尚书》："沉谋藏未露，邻境帖无喧。"高蟾《偶作二首》之一："丁当玉佩三更雨，平帖金闺一觉云。"也指使平服。王建《捣衣曲》："重烧熨斗帖两头，与郎裁作迎寒袠。"❻兼领。见"帖職"。

【帖$_3$妥】 ❶安稳貌。韩愈《元和圣德诗》："兽盾腾拏，圆坛帖妥。"❷平静貌。李贺《贝宫夫人》："秋肌稍觉玉衣寒，空光帖妥水如天。"

【帖$_3$帖】 （tiē）❶安稳貌。杜牧《洛中送冀处士东游》："坛宇宽帖帖，符彩高酋酋。"李商隐《海上谣》："云孙帖帖卧秋烟，上元细字如蚕眠。"❷粘贴貌。韩偓《雨中》："独自上西楼，风襟寒帖帖。"

【帖馬】 平稳地骑马。李廓《长安少年行》之三："日高春睡足，帖马赏年华。"

【帖$_3$泰】 安定，太平。杜牧《华清宫三十韵》："帖泰生灵寿，欢娱岁序长。"陆龟蒙《江南秋怀寄华阳山人》："相欢时帖泰，独坐岁峥嵘。"

【帖$_3$然】 驯服貌。唐彦谦《感物二首》之一："俯仰岁时久，帖然困蛟蝇。"

【帖$_3$職】 兼职。皇甫曾《国子柳博士兼领太常博士辄申贺赠》："博士本秦官，求才帖职难。"

帙 〔zhì《广韵》直一切，入質，澄。〕❶书籍的函套。王维《丁寓田家有赠》："开轩御衣服，散帙理章句。"秦系《题章野人山居》："闲花散落填书帙，戏鸟低飞碍柳条。"白居易《闭关》："著书已盈帙，生子欲能言。"皮日休《吴中苦雨因书一百韵寄鲁望》："解帙展断书，拂床安坏椟。"❷书册。王绩《采药》："坐检神农帙，龟蛇采二苓。"❸整理。杜甫《晚晴》："书乱谁能帙，杯干可自添。"❹量词。用于函装书籍。白居易《初丧崔儿报微之晦叔》："文章十帙官三品，身后传谁庇荫谁。"无可《和宾客相国咏雪诗》："卷幌书千帙，援琴酒百杯。"李洞《赋得送轩辕先生归罗浮山》："旧山归隐浪摇青，绿鬓山童一帙经。"张九龄《宿张正字别业》："此时谁念孤吟客，唯有黄公一帙书。"

帕[1] 〔pà《集韵》普駕切，去禡，滂。〕❶巾。杜甫《骢马行》："赤汗微生白雪毛，银鞍却覆香罗帕。"又《赠李八秘书别三十韵》："拜舞银钩落，恩波锦帕舒。"❷帐子。王建《宫词一百首》之一："闲著五门遥北望，柘黄新帕御床高。"

帕[2] 〔mò《广韵》莫鎋切，入鎋，明。〕裹扎。韩愈《元和圣德诗》："以锦缠股，以红帕首。"

【帕₂额】 裹额之巾，又称抹额。张说《苏摩遮五首》之二："绣装帕额宝花冠，夷歌骑舞借人看。"

帛 〔bó《广韵》傍陌切，入陌，並。〕❶丝织品之总称。杜甫《别蔡十四著作》："穷谷无粟帛，使者来相因。"戴叔伦《感怀二首》之一："尺帛无长裁，浅水无长流。"白居易《咏兴五首·解印出公府》："有帛御冬寒，有谷防岁饥。"周贺《逢播公》："衲衣风坏帛，香印雨沾灰。"❷以帛五匹为一束，用作馈赠、赏赐。寇坦《同张少府和库狄员外之作》："为奉灵台帛，恭先待漏车。"李绛《省试恩赐耆老布帛》："惜时悲落景，赐帛慰余魂。"元稹《和李校书新题乐府十二首·阴山道》："年年买马阴山道，马死阴山帛空耗。"❸指帛书。章碣《焚书坑》："竹帛烟销帝业虚，关河空锁祖龙居。"吴融《送僧归日本国》："系帛何须雁，金乌日日飞。"

【帛書】 用帛写的信。郑锡《千里思》："帛书秋海断，锦字夜机闲。"李绅《忆过润州》："帛书投笔封鱼腹，玄发冲冠捋虎须。"也指书信。韦应物《寄诸弟》："岁暮兵戈乱京国，帛书间道访存亡。"

帘 〔lián《广韵》力鹽切，平鹽，來。〕幌子。刘禹锡《鱼复江中》："风樯好住贪程去，斜日青帘背酒家。"

帔 〔pèi《广韵》披義切，去寘，滂。又敷羈切，平支，滂。〕❶女子披肩。李贺《昌谷诗》："莺唱闵女歌，瀑悬楚练帔。"白居易《霓裳羽衣歌》："虹裳霞帔步摇冠，钿璎累累佩珊珊。"韦庄《信州西过其下聊赋是诗》："常娥曳霞帔，引我同攀跻。"❷道袍。王建《宫词一百首》之五四："私缝黄帔舍钗梳，欲得金仙观里居。"白居易《同微之赠别郭炼师五十韵》："帔裾曳黄绢，须发垂青丝。"刘言史《赠成炼师四首》之一："花冠蕊帔色婵娟，一曲清箫凌紫烟。"刘威《送元秀才入道》："明月满时开道帔，欲尘飘处脱儒衣。"

【帔子】 女子披肩。张鷟《游仙窟诗·又赠十娘》："迎风帔子郁金香，照日裙裾石榴色。"

帚 〔zhǒu《广韵》之九切，上有，章。〕扫帚。杜甫《大云寺赞公房四首》之四："洁洒不濡地，扫除似无帚。"元稹《说剑》："为欲扫群胡，散作弥天帚。"周贺《寻北冈韩处士》："相过值早凉，松帚扫山床。"唐彦谦《舟中望紫岩》："近山如画墙，远山如帚长。"

帑[1] 〔tǎng《广韵》他朗切，上蕩，透。〕装金帛的仓库。见"帑屋"。

帑[2] 〔nú《广韵》乃都切，平模，泥。〕破旧的抹巾。元稹《冬夜怀李侍御王太祝段丞》："今闻馨香道，一以悟臭帑。"

【帑屋】 贮藏金银的库房。寒山《诗三百三首》之二四一："奴马满宅舍，金银盈帑屋。"

【帑藏】 （—zàng）国库。高适《单父逢邓司仓覆仓库因而有赠》："校缗阅帑藏，发廪欣斯箱。"皮日休《七爱诗·李太尉》："丹券入帑藏，青史传子孙。"

六　画

帥 〔shuài《广韵》所類切，去至，生。又所律切，入質，生。〕❶率领，统率。韩愈《元和圣德诗》："汝为表书，求我帅汝。"元稹《阳城驿》："公乃帅其属，决谏同报仇。"杜牧《少年行》："官为骏马监，职帅羽林儿。"薛能《送福建李大夫》："洛州良牧帅瓯闽，曾是西垣作谏臣。"❷统帅，主将。李颀《别梁锽》："抗辞请刃诛部曲，作色论兵犯二帅。"韩愈《送侯参谋赴河中幕》："河北兵未进，蔡州帅新薨。"白居易《和微之诗二十三首·和知非》："逐臣去室妇，降虏败军帅。"李商隐《送从翁从东川弘农尚书幕》："大镇初更帅，嘉宾素见邀。"

【帥臣】 统帅，主将。徐铉《赋得霍将军辞第》："悠悠千载下，长作帅臣师。"

帢 〔qià《广韵》苦洽切，入洽，溪。〕一种便帽。状如弁而缺四角，用缣帛缝制。皮日休《奉和鲁望秋日遣怀次韵》："向阳裁白帢，终岁忆貂襜。"

帟 〔yì《广韵》羊益切，入昔，以。〕❶帐幕。崔知贤《三月三日宴王明府山亭》："云开翠帟，水鹜鲜居。"❷通"奕"。见"帟帟"。

【帟帟】 犹奕奕。光明貌。魏征《五郊乐章·雍和》："昭昭丹陆，帟帟炎方。"

【帟幕】 帐幕。储光羲《祭风伯坛应张太祝作》："帟幕宵联事，坛场晓降神。"杜甫《哭韦大夫之晋》："帟幕疑风燕，笳箫急暮蝉。"李益《春日晋祠同声会集得疏字韵》："水亭开帟幕，岩榭引簪裾。"贯休《闻知闻赴成都辟请》："文翁还化蜀，帟幕列鹓鸾。"

帝 〔dì《广韵》都計切，去霽，端。〕❶天帝。李贺《浩歌》："南风吹山作平地，帝遣天吴移海水。"韩愈《调张籍》："帝欲长吟哦，故遣起且僵。"❷主宰一方的天神。魏征《五郊乐章·肃和》："瑶席降神，朱弦飨帝。"杜甫《寄韩谏议》："玉京群帝集北斗，或骑骐驎翳凤凰。"黄巢《题菊花》："他年我若为青帝，报与桃花一处开。"❸部族领袖。见"帝羲"。❹代称已死的君王。白居易《寄献北都留守裴令公》：

"公虽慕张范，帝未舍伊皋。"❺皇帝，君主。宋之问《奉和圣制闰九月九日登庄严总持二寺阁》："帝歌云稍白，御酒菊犹黄。"岑参《陕州月城楼送辛判官入奏》："谒帝向金殿，随身唯宝刀。"窦常《奉送职方崔员外摄中丞新罗册使》："帝命海东使，人行天一涯。"李商隐《韩碑》："帝得圣相相曰度，贼斫不死神扶持。"❻称帝。孟郊《吊比干墓》："殷辛帝天下，厌为天下尊。"

【帝力】 ❶天帝的神力。苏味道《咏井》："帝力终何有，机心庶此忘。"权德舆《郊居岁暮因书所怀》："返耕忘帝力，乐道疏代累。"李商隐《四年冬游旧·残雪》："莫能知帝力，空此荷平均。"徐铉《北苑侍宴杂咏诗·风》："帝力无人识，谁知玩物华。"❷皇帝的恩泽。徐安贞《奉和喜雪应制》："自有三农歌帝力，还将万庾答尧心。"杜甫《秦州见敕目薛三璩授司议郎凡三十韵》："帝力收三统，天威总四溟。"白居易《与诸公同出城观稼》："何人知帝力，尧舜正为君。"方干《嘉兴许明府》："勤苦字人酬帝力，从容对客问家山。"

【帝女】 ❶指娥皇和女英。赵彦昭《奉和幸安乐公主山庄应制》："灵泉巧凿天孙渚，孝笋能抽帝女枝。"许浑《送友人归荆楚》："竹斑悲帝女，草绿怨王孙。"❷指炎帝之女精卫。岑参《精卫》："一鸟海上飞，云是帝女灵。"顾况《送从兄使新罗》："帝女飞衔石，鲛人卖泪绡。"❸指吴王夫差之女。皎然《赋得吴王送女潮歌送李判官之河中府》："溪草何草号帝女，溪竹何竹号湘妃。"陆龟蒙《奉和袭美馆娃宫怀古次韵》："草碧未能忘帝女，燕轻犹自识宫钗。"❹泛指公主。苏颋《奉和送金城公主适西蕃应制》："帝女出天津，和戎转罽轮。"袁不约《长安夜游》："凤城连夜九门通，帝女皇妃出汉宫。"

【帝女桑】 赤帝之女学道得仙，居桑树上。见《太平御览》卷九二一引《广异记》。上官仪《春日》："花轻蝶乱仙人杏，叶密莺啼帝女桑。"

【帝子】 ❶指舜妃娥皇和女英。相传为尧的女儿。刘长卿《送马秀才落第归江南》："湘竹旧斑思帝子，江篱初绿怨骚人。"钱起《省试湘灵鼓瑟》："善鼓云和瑟，常闻帝子灵。"李贺《帝子歌》："九节菖蒲石上死，湘神弹琴迎帝子。"吴融《春晚书怀》："嫦娥断影霜轮冷，帝子无踪泪竹繁。"❷帝王的女儿。元万顷《奉和太子纳妃太平公主出降》："离元应春夕，帝子降秋期。"岑参《感遇》："五花骢马七香车，云是平阳帝子家。"白居易《春题华阳观》："帝子吹箫逐凤凰，空留仙洞号华阳。"题注："观即华阳公主故宅。"陈陶《哭宝月三藏大禅师》："帝子传真印，门人哭宝衣。"

【帝子阁】 指滕王阁。滕王为高祖之子李元婴。戴叔伦《寄万德躬故居》："吕仙祠下寒砧急，帝子阁前秋水多。"曹松《滕王阁春日晚眺》："凌春帝子阁，偶眺日移西。"

【帝王】 君主。白居易《开成大行皇帝挽歌四首奉敕撰进》之二："三朝联棣萼，从古帝王无。"杜牧《题横江馆》："孙家兄弟晋龙骧，驰骋功名业帝王。"唐彦谦《严子陵》："严陵情性是真狂，抵触三公傲帝王。"周昙《咏史诗·前汉门·王莽又吟》："因君多少布衣士，不是公卿即帝王。"

【帝王州】 指皇都，京都。王维《瓜园诗》："蔼蔼帝王州，宫观一何繁。"李白《永王东巡歌十一首》之四："龙蟠虎踞帝王州，帝子金陵访古丘。"白居易《酬令狐相公春日寻花见寄六韵》："病卧帝王州，花时不得游。"裴夷直《春色满皇州》："寒销山水地，春遍帝王州。"

【帝王宅】 京城。李白《金陵三首》之一："地即帝王宅，山为龙虎盘。"又《对酒》："自古帝王宅，城阙闭黄埃。"

【帝王居】 京城。李白《登梅冈望金陵赠族侄高座寺僧中孚》："天开帝王居，海色照宫阙。"

【帝王師】 帝王的老师。李白《赠钱征君少阳》："如逢渭川猎，犹可帝王师。"李商隐《骄儿诗》："便为帝王师，不假更纤悉。"

【帝王都】 京城。李显《登骊山高顶寓目》："四郊秦汉国，八水帝王都。"魏万《金陵酬李翰林谪仙子》："金陵百万户，六代帝王都。"

【帝王略】 可成帝王之业的谋略。李白《门有车马客行》："空谈帝王略，紫绶不挂身。"

【帝文】 ❶上天降赐的文字，指图纬。张说《唐享太庙乐章·大政舞》："于赫元命，权舆帝文。"❷即晋文帝。协韵而倒。魏征《享太庙乐章·大舞》："周穆王季，晋美帝文。"按，此指晋文帝司马昭。

【帝主】 指娥皇和女英。翁承赞《文明殿受册封闽王》："鸣佩洞庭辞帝主，登车故里册闽王。"

【帝先】 皇帝的先祖。魏征《享太庙乐章·大基舞》："猗与祖业，皇矣帝先。"

【帝州】 犹帝王州。牟融《送沈侯之京》："悠悠旌旆出东楼，特出仙郎上帝州。"方干《送姚合员外赴金州》："受诏从华省，开旗发帝州。"韦庄《绥州作》："雕阴无树水难流，雉堞连云古帝州。"

【帝宇】 帝王的宫殿。王勃《秋日仙游观赠道士》："石图分帝宇，银牒洞灵宫。"

【帝宅】 ❶京城。太宗《帝京篇十首》之一："秦川雄帝宅，函谷壮皇居。"薛逢《潼关河亭》："天地并功开帝宅，山河相凑束龙门。"❷皇宫。骆宾王《艳情代郭氏答卢照邻》："洛水傍连帝城侧，帝宅层甍垂凤翼。"郑愔《奉和幸上官昭容院献诗四首》之一："何如游帝宅，即此对仙家。"孟浩然《登总持寺浮图》："四门开帝宅，阡陌俯人家。”韦应物《登高望洛城作》：“帝宅夹清洛，丹霞捧朝暾。”

【帝妃】 指娥皇和女英。张祜《和岳州徐员外云梦新亭二十韵》：“雨行神女过，云降帝妃游。”

【帝車】 ❶北斗星的别名。李白《闻李太尉大举秦兵百万出征十九韵》：“帝车信回转，河汉复纵横。”刘禹锡《元日乐天见过因举酒为贺》：“震方天籁动，寅位帝车回。”❷皇帝的乘舆。苏颋《奉和圣制途次旧居应制》：“府吏趋宸扆，乡耆捧帝车。”杜甫《赠李八秘书别三十韵》：“玄朔回天步，神都忆帝车。”

【帝里】 京城。贺知章《奉和御制春台望》：“神皋类观赏，帝里如悬镜。”杜甫《寄彭州高三十五使君适三十韵》：“无钱居帝里，尽室在边疆。”畅当《春日过奉诚园》：“帝里阳和日，游人到御园。”段成式《桃源僧舍看花》：“前年帝里探春时，寺寺名花我尽知。”

【帝位】 皇位。白居易《新乐府·七德舞》：“二十有九即帝位，三十有五致太平。”

【帝皁】 指皇家的马厩。张说《舞马词六首》之四：“帝皂龙驹沛艾，星兰骥子权奇。”

【帝坐】 指京城。王绩《过汉故城》：“经始谋帝坐，兹焉壮未央。”

【帝系】 帝家的族系。高适《留上李右相》：“本枝连帝系，长策冠生灵。”李纾《唐德明兴圣庙乐章·登歌奠币》：“于万斯年，熙成帝系。”李岑《玄皇帝应见贺圣祚无疆》：“皇纲归有道，帝系祖玄元。”

【帝青】 佛家所称的一种青色。皮日休《开元寺佛钵诗》：“帝青石作绿冰姿，曾得金人手自持。”句注：“《佛律》云：此钵，帝青玉石也，四天王所献也。”

【帝枝】 皇帝的旁族。无可《送李少府之任临邛》：“发论唯公干，承家乃帝枝。”

【帝典】 指皇帝的实录。王维《上张令公》：“致君光帝典，荐士满公车。”

【帝制】 皇帝的仪制。王勃《倬彼我系》之五：“爰述帝制，大蒐王道。”

【帝命】 ❶天命。魏征《享太庙乐章·长发舞》：“帝命斯祜，王业克昌。”陆龟蒙《奉和袭美公斋四咏次韵·小松》：“会拂阳乌胸，抡才膺帝命。”《郊庙歌辞·梁太庙乐舞辞·来仪舞》：“于赫帝命，应天顺人。”❷天子的号令。温庭筠《病中书怀吴友人》：“莲府侯门贵，霜台帝命俞。”杜荀鹤《塞上》：“旌旗鬣鬣汉将军，闲出巡边帝命新。”

【帝京】 京城。寒山《诗三百三首》之一三七：“董郎年少时，出入帝京里。”崔绩《小苑春望宫池柳色》：“帝京春气早，御柳已先荣。”张俨《贞元八年十二月谒先主庙绝句三首》之二：“何事伤客情，何人归帝京。”皮日休《古函关》：“破落古关城，犹能扼帝京。”

【帝門】 朝廷。王棨《省题诗二十一首·上巳日曲江锡宴群臣》：“禊事辉朝曲，欢声彻帝门。”

【帝居】 京都。皇宫。李白《经乱离后天恩流夜郎忆旧游书怀赠江夏韦太守良宰》：“函关壮帝居，国命悬哥舒。”李虞仲《初日照凤楼》：“旭日烟云殿，朝阳烛帝居。”郑畋《金銮坡上南望》：“玉晨钟韵上清虚，画戟祥烟拱帝居。”皮日休《南阳》：“昆阳王气已萧疏，依旧山河捧帝居。”

【帝苑】 皇家园林。王维《奉和圣制幸玉真公主庄因题十韵之作应制》：“如何连帝苑，别自有仙家。”

【帝城】 京城。袁朗《和洗掾登城南坂望京邑》：“南登少陵岸，还望帝城中。”韦应物《送渑池崔主簿》：“暮雨投关郡，春风别帝城。”姚合《成名后留别从兄》：“一辞山舍废躬耕，无事悠悠住帝城。”贾岛《酬厉玄》：“邻居帝城雨，会宿御沟冰。”

【帝则】 帝王所定的准则，诸琇《奉和圣制送张说上集贤学士赐宴》：“惟师恢帝则，敷教叶天工。”

【帝星】 七星名。又名天帝。紫微星，即小熊座星。无名氏《帝星井》：“帝星胡为落此间？岂非此有子陵山。”

【帝俞】 （—yū）皇帝的赞同或赞美。高适《真定即事奉赠韦使君二十八韵》：“隐轸推公望，逶迤协帝俞。”苏源明《小洞庭洄源亭宴四郡太守诗》序：“陈留太守王公，盛德帝俞，才美人与，自总连率，实惟澄清。”武元衡《奉酬淮南中书相公见寄》：“金玉裁王度，丹书奉帝俞。”

【帝皇州】 犹帝王州。张说《喜度岭》：“宁知瘴疠地，生入帝皇州。”

【帝室】 皇室。罗隐《建康》：“庾舅已能窥帝室，王都还是预人家。”

【帝缺】 皇帝的过失。孙樵《文贞公笏铭》：“上磨帝缺，不逆不怫。”

【帝師】 犹帝王师。温庭筠《简同志》：“留侯功业何容易，一卷兵书作帝师。”李昌符《赠供奉僧玄观》：“已降禅侣久，兼作帝师难。”

【帝庭】 ❶宫廷，朝廷。董思恭《咏露》：“夜色凝仙掌，晨甘下帝庭。”吴筠《高士咏·严子陵》：“三聘迫深泽，一来遇帝庭。”古之奇《秦人谣》：“何人仕帝庭，拔杀指佞草。”❷天庭。赵蕃《老人星》：“灼烁依狼地，昭彰近帝庭。”

【帝座】 ❶古星名。即武仙座星。古人以为象征帝王，故名。刘长卿《至德三年春正月五十韵》：“王师陷魑魅，帝座逼欃枪。”羊士谔《和武相早朝中书候传点书怀奉呈》：“星辰拱帝座，剑履翊天机。”皮日休《酒中十咏·酒星》：“唯忧犯帝座，只恐骑天驷。”❷京城。独孤及《奉和中书常舍人晚秋集贤院即事寄赠徐薛二侍御》："汉家金马署，帝座紫微郎。"

【帝宸】 天宫。李商隐《赠华阳宋真人兼寄清都刘先生》："沦谪千年别帝宸，至今犹谢蕊珠人。"又《戊辰会静中出贻同志二十韵》："相期保妙命，腾景侍帝宸。"

【帝家】 ❶京城。李商隐《隋宫》："紫泉宫殿锁烟霞，欲取芜城作帝家。"❷皇室。徐夤《明妃》："不用牵心恨画工，帝家无策及边戎。"

【帝宫】 ❶皇宫。沈佺期《同李舍人冬日集安乐公主山池》："尝闻天女贵，家即帝宫连。"❷天宫。罗隐《寄酬邺罗令公五首》之五："绡从海室夺烟雾，乐奏帝宫胜管弦。"

【帝扆】 代指天庭。陆龟蒙《奉和袭美太湖诗二十首·缥缈峰》："吾将自峰顶，便可朝帝扆。"

【帝書】 圣旨。曹唐《送刘尊师祗诏阙庭三首》之三："仙老闲眠碧草堂，帝书征入白云乡。"

【帝桑】 即帝女桑。卢照邻《山林休日田家》："径草疏王彗，岩枝落帝桑。"

【帝孫】 皇室后裔。白居易《元相公挽歌词三首》之一："后魏帝孙唐宰相，六年七月葬咸阳。"

【帝都】 京城。李泌《长歌行》："不然绝粒升天衢，不然鸣珂游帝都。"韦应物《广陵遇孟九云卿》："雄藩本帝都，游士多俊贤。"王贞白《金陵》："六代江山在，繁华古帝都。"黄滔《逢友人》："帝都秋未入，江馆夜相逢。"

【帝梧】 指宫廷。见《韩诗外传》卷八。岑文本《奉和正日临朝》："佳气浮仙掌，熏风绕帝梧。"贺知章《奉和圣制送张说上集贤学士赐宴赋得谟字》："枯朽沾皇泽，翾飞舞帝梧。"储光羲《晚次东亭献郑州宋使君文》："愔愔宿帝梧，侃侃居文府。"刘禹锡《奉和吏部杨尚书十韵》："步武离台席，徊翔集帝梧。"

【帝戚】 皇亲国戚。李商隐《行次西郊作一百韵》："或出幸臣辈，或由帝戚恩。"

【帝符】 犹帝文。张说《唐享太庙乐章·景云舞》："景云霏烂，告我帝符。"

【帝堯】 即唐尧。尧为五帝之一。李群玉《龟》："他时清洛汭，会荐帝尧书。"徐夤《和尚书咏泉山瀑布十二韵》："濯缨便可讥渔父，洗耳还宜傲帝尧。"亦借以指圣君。李益《兰陵僻居联句》："生幸逢唐运，昌时奉帝尧。"罗邺《曲江春望》："虽然未得陪鸳鸯，亦酹金觞祝帝尧。"

【帝舜】 即虞舜。舜为五帝之一。高骈《湘妃庙》："帝舜南巡去不还，二妃幽怨水云间。"

【帝鄉】 ❶京城。太宗《执契静三边》："孔海池京邑，双河沼帝乡。"贾至《长沙别李六侍御》："云归帝乡远，雁报朔方寒。"白居易《留北客》："笙歌随分有，莫作帝乡看。"李商隐《商于》："今日看云意，依依入帝乡。"❷天庭。赵中虚《游清都观寻沈道士得芳字》："寓目虽灵宇，游神乃帝乡。"舒元舆《桥山怀古》："襄城迷路问童子，帝乡归去无人留。"李群玉《池州封员外郡斋双鹤丹顶霜翎因呈此章》："应携帝乡去，仙阙看飞鸣。"❸皇帝的发祥地。张九龄《奉和圣制幸晋阳宫》："彼汾惟帝乡，雄都信郁盘。"李涉《邠州词献高尚书三首》之一："单于都护再分疆，西引双旌出帝乡。"

【帝業】 帝王的基业。则天皇后《唐大飨拜洛乐章·昭和》："永昌帝业，式播淳风。"刘长卿《至德三年春正月五十韵》："区宇神功立，讴歌帝业成。"周贺《送康绍归建业》："帝业空城在，民田坏冢多。"项斯《舜城怀古》："停车一再拜，帝业即今同。"

【帝猷】 帝王治国的谋略。李义符《在巂州遥叙封禅》："帝猷符广运，玄范畅文思。"陈元裕《送德林郎中学士赴东府》："上善湛然秋，恩波洽帝猷。"

【帝道】 帝王的治国之道。宋璟《奉和圣制送张说巡边》："帝道薄存兵，王师尚有征。"李贺《出城别张又新酬李汉》："欲使十千岁，帝道如飞神。"

【帝臺】 ❶天宫。徐彦伯《奉和幸新丰温泉宫应制》："涌疑神瀵溢，澄若帝台浆。"李元操《和从叔禄愔元日早朝》："众灵凑仙府，百神朝帝台。"❷宫阙。骆宾王《和孙长史秋日卧病》："霍第疏天府，潘园近帝台。"钱起《观法驾自凤翔回》："晓漏移仙仗，朝阳出帝台。"郑严《送韦员外赴朔方》："出饯倾朝列，深功伫帝台。"也指京都。韩偓《余作探使以缭绫手帛子寄贺因而有诗》："帝台春尽还东去，却系裙腰伴雪胸。"❸泛指帝王曾住之处。吴筠《秋日彭蠡湖中观庐山》："凉烟发炉峤，秋日明帝台。"薛能《北都题崇福寺》："此地潜龙寺，何基即帝台。"题注："寺即高祖旧宅。"

【帝圖】 ❶帝王治国之道。虞世南《赋得慎罚》："帝图光往册，上德表鸿名。"许浑《维舟秦淮过温州李给事宅》："帝图忧一失，臣节耻三缄。"❷犹帝文。姜晞《龙池篇》："欲化帝图从此受，正同河变一千年。"李白《大庭库》："帝图终冥没，叹息满山川。"

【帝籙】 天帝的符命。李百药《谒汉高庙》："飞名膺帝箓，沈迹韫神功。"李益《大礼毕皇帝御丹凤门改元建中大赦》："凤凰飞来衔帝箓，言我万代金皇孙。"

【帝輦】 皇帝的乘舆。苏瑰《兴庆池侍宴应制》："瑞凤飞来随帝辇，祥鱼出戏跃王舟。"韦元旦《奉和幸安乐公主山庄应制》："银河南渚帝城隅，帝辇平明出九衢。"岑羲《奉和春日幸望春宫应制》："花笑莺歌迎帝辇，云披日霁俯皇川。"

【帝樞】 指天枢星。即北斗七星之第一星。元稹《春分投简阳明洞天作》："冈蹋翻星纪，章飞动帝枢。”

【帝德】 帝王的恩德。令狐楚《将赴洛下旅次汉南献上相公二十兄言怀八韵》:“帝德千年日,君恩万里波。”薛存诚《膏泽多丰年》:“帝德方多泽,莓莓井径同。”杜牧《奉和仆射相公春泽稍成四韵》:“上相抽毫歌帝德,一篇风雅美丰年。”

【帝履】 帝王的治迹。《郊庙歌辞·周朝飨乐章·康顺》:“礼容既备,帝履长春。”

【帝樂】 (—yuè)天宫的音乐。张说《舞马词六首》之六:“足踏天庭鼓舞,心将帝乐踌踌。”司马逸客《雅琴篇》:“传闻帝乐奏钧天,傥冀微躬备五弦。”

【帝畿】 犹京畿。指京城及其周围近郊。杨炯《骢马》:“帝畿平若水,官路直如弦。”皇甫冉《太常魏博士远出贼庭江外相逢因叙其事》:“烽火惊戎塞,豺狼犯帝畿。”刘禹锡《河南观察使故相国袁公挽歌三首》之三:“返葬三千里,荆衡达帝畿。”薛逢《题上皇观》:“狂寇穷兵犯帝畿,上皇曾此振戎衣。”

【帝摯】 帝喾长子,尧之兄。帝喾崩,代立,在位九年,政微弱,遂致禅于唐尧。事迹见《史记·五帝本纪》及张守节正义引晋皇甫谧《帝王世纪》。皮日休《奉和鲁望读阴符经见寄》:“尧乃一庶人,得之贼帝挚。”

【帝機】 指天帝推动宇宙运行的力量。刘乙《山中早起》:“若厥开天道,同初发帝机。”

【帝羲】 指伏羲。郑愔《奉和幸三会寺应制》:“造书臣颉往,观迹帝羲来。”

【帝澤】 犹帝恩。李峤《奉和天枢成宴夷夏群僚应制》:“帝泽倾尧酒,宸歌掩舜弦。”杨嗣复《仪凤》:“八方该帝泽,威凤忽来宾。”公乘亿《赋得郎官上应列宿》:“紫泥乘帝泽,银印佩天光。”王贞白《御沟水》:“此中涵帝泽,无处濯尘缨。”

【帝閽】 ❶天门,天宫之门。陆龟蒙《离骚》:“天问复招魂,无因彻帝阍。”❷皇宫之门。杜甫《塞芦子》:“谁能叫帝阍,胡行速如鬼。”刘禹锡《武陵书怀五十韵》:“晓烛罗驰道,朝阳辟帝阍。”杜牧《昔事文皇帝三十二韵》:“窜逐诸丞相,苍茫远帝阍。”黄滔《鄜畤李相公》:“生兼文武为人杰,出应乾坤静帝阍。”

【帝嬀】 即虞舜。舜为五帝之一,曾居妫,后因以为氏。陈子昂《庆云章》:“昔在帝妫,南风既薰。”

【帝聰】 帝王的所闻。章碣《赠边将》:“行收部落归天阙,旋进封疆入帝聪。”又《浙西送杜晦侍御入关》:“紫诏征贤发帝聪,绣衣行处扑香风。”

【帝謨】 犹帝猷。薛能《升平词十首》之七:“品物尽昭苏,神功复帝谟。”

【帝闕】 宫阙。骆宾王《宿温城望军营》:“兵符关帝阙,天策动将军。”

【帝嚳】 黄帝之曾孙,颛顼之族子,尧之父,号高辛氏。事迹见《史记·五帝本纪》及张守节正义引晋皇甫谧《帝王世纪》。元结《补乐歌十首·六英》序:“《六英》,高辛氏之乐歌也。其义盖称帝喾能总六合之英华。”

【帝關】 ❶京城。林宽《献同年孔郎中》:“炊琼爇桂帝关居,卖尽寒衣典尽书。”❷天门。张乔《哭陈陶》:“神理今难问,予将叫帝关。”

【帝壤】 帝王统治的疆土。韩愈、孟郊《城南联句》:“皋区扶帝壤,瑰蕴郁天京。”

【帝籍】 (—jí)❶皇帝的籍田,初春时象征性地耕种,以为劝农。褚亮《享先农乐章·诚和》:“耕斯帝籍,播厥公田。”❷皇帝的藏书。白居易《病中辱张常侍题集贤院诗因以继和》:“图书皆帝籍,寮友尽仙才。”

【帝闥】 宫门。储光羲《敬酬陈掾亲家翁秋夜有赠》:“沉吟白华颂,帝闼降丝纶。”

七 画

師 〔shī《广韵》疏夷切,平脂,生。〕❶老师。苏绾《奉和姚令公驾幸温汤喜雪应制》:“汉主新丰邑,周王尚父师。”杜甫《醉时歌》:“忘形到尔汝,痛饮真吾师。”韩愈《寄崔二十六立之》:“且吾闻之师,不以物自隳。”李商隐《井泥四十韵》:“磻溪老钓叟,坐为周之师。”特指孔子,殷文圭《贺同年第三人刘先辈咸辟命》:“多愧受恩同阙里,不嫌师僻与颜贫。”❷谓以师礼相待。杜甫《入衡州》:“我师嵇叔夜,世贤张子房。”元稹《遣病》:“况我早师佛,屋宅此身形。”李商隐《寄太原卢司空三十韵》:“从来师俊杰,可以焕丹青。”李咸用《送赵舒处士归庐山》:“诸侯师不得,樵客偶相随。”❸效法,学习。李邕《铜雀妓》:“扰扰多俗情,投迹互相师。”杜甫《送重表侄王砅评事使南海》:“六宫师柔顺,法则化妃后。”姚合《送澄江上人赴兴元郑尚书招》:“师经非纸上,师佛在心中。”陆龟蒙《杂讽九首》之八:“北面师其谋,几能止征伐。”❹军队。李峤《军师凯旋自邕州顺流舟中》:“尚想江陵阵,犹疑下濑师。”郎士元《送郑正则徐州行营》:“从军非陇头,师在古徐州。”李绅《姑苏台杂句》:“越师戈甲浮江来,伍胥抉目看吴灭。”李商隐《送千牛李将军赴阙五十韵》:“官非督护贵,师以丈人贞。”❺兵众。王维《老将行》“一身转战三千里,一剑曾当百万师。”杜甫《北征》:“潼关百万师,往者散何卒。”严维《送房元直赴北京》:“犹道楼兰十万师,书生匹马去何之。”❻官名,太师的简称。见“師保”。❼乐官;乐师。白居易《哭崔常侍晦叔》:“惠死庄杜口,钟殁师废琴。”见“師襄”“師曠”。

❽指擅长某种技能的人。杜甫《奉先刘少府新画山水障歌》:“画师亦无数,好手不可遇。”又《姜楚公画角鹰歌》:“观者贪愁掣臂飞,画师不是无心学。”严维《酬刘员外见寄》:“欲识怀君意,明朝访楫师。”周昙《咏史诗·春秋战国门·景公》:“觉病当宜早问师,病深难疗恨难追。”❾对僧尼和道师的尊称。李颀《觉公院施鸟石台》:“锡杖或围绕,吾师一念深。”钱起《送原公南游》:“自言难解缚,何日伴师行。”白居易《和微之诗二十三首·和朝回与王炼师游南山下》:“以此送日月,问师为何如。”皮日休《顾道士亡弟子以束帛乞铭奉和》:“师去东华却炼形,门人求我志金庭。”

【師一上人】　杭州灵隐寺僧。年在八十以上。张祜有《题灵隐寺师一上人十韵》。

【師上人】　即师一上人。张祜有《秋夜宿灵隐寺师上人》。

【師干】　(—gān)指战争。刘叉《冰柱》:“师干久不息,农为兵兮民重嗟。”

【師子】　❶狮子。寒山《诗三百三首》之一一八:“狐假师子势,诈妄却称珍。”李白《上云乐》:“五色师子,九苞凤凰。”顾况《露青竹杖歌》:“红尘扑辔汗湿鞯,师子麒麟聊比肩。”❷佛家喻佛祖。贯休《送颢雅禅师》:“天花娉婷下如雨,狻猊座上师子语。”又《寄大愿和尚》:“自怜亦是师子子,未逾三载能嚬呻。”齐己《送彬座主赴龙安请讲》:“白发老僧听,金毛师子声。”

【師子花】　马名。又称“师子骢”。杜甫《韦讽录事宅观曹将军画马图》:“昔日太宗拳毛䯄,近时郭家师子花。”

【師子座】　释迦牟尼的座席。施肩吾《听南僧说偈词》:“师子座中香已发,西方佛偈南僧说。”

【師子國】　今斯里兰卡的古称。韩愈《送郑尚书赴南海》:“货通师子国,乐奏武王台。”

【師友】　❶老师和朋友。亦泛称可以请教的人。皎然《送柳淡扶侍赴洪州》:“中林许师友,忽阻夙心期。”李商隐《哭刘蕡》:“平生风义兼师友,不敢同君哭寝门。”徐夤《温陵即事》:“早年师友教为文,卖却鱼舟网典坟。”❷可为师友。杜牧《长安杂题长句六首》之四:“九原可作吾谁与,师友琅琊邴曼容。”

【師心】　❶以心为师,自以为是。刘禹锡《国学新修五经壁歌》记:“由来诸生之师心曲学,偏听臆说。”❷禅师的志向或意愿。薛能《赠僧》:“客归惟鹤伴,人少似师心。”李山甫《赋得寒月寄齐己》:“高谢万缘消祖意,朗吟千首亦师心。”

【師古】　效法古代。李白《草书歌行》:“张颠老死不足数,我师此义不师古。”杜甫《行次昭陵》:“文物多师古,朝廷半老儒。”李商隐《赠送前刘王经映三十四韵》:“建国宜师古,兴邦属上庠。”李中《海上太守新创东亭》:“静披典籍堪师古,酬拥笙歌不碍公。”

【師兄】　僧人间对年老者的尊称。齐己有《寄双泉大师师兄》。

【師生】　见“師金”。

【師老】　谓军队久出而无功,士气低落。高适《酬裴员外以诗代书》:“背河列长围,师老将亦乖。”杜甫《秦州见敕目薛三璩授司议郎三十韵》:“师老资残寇,戎生及近坰。”李端《塞上》:“塞闲思远猎,师老厌分营。”

【師臣】　对位列三公的大臣的尊称。李峤《奉和幸韦嗣立山庄侍宴应制》:“南洛师臣契,东岩王佐居。”权德舆《渭水》:“师臣有家法,小白犹尊周。”

【師安上人】　长安青龙寺僧。司空图有《青龙师安上人》。

【師伯】　雨师风伯的并称。杜甫《种莴苣》:“云雷欻奔命,师伯集所使。”

【師弟】　僧人间对年少者的称呼。齐己《寄怀西蟾师弟》。

【師長】　(—zhǎng)❶效法。张祜《江南杂题三十首》之二十:“余生唯爱酒,师长是山翁。”❷统帅。杜牧《中丞业深韬略志在功名再奉长句一篇兼有谘劝》:“八部元侯非不贵,万人师长岂无权。”

【師表】　表率,榜样。张说《酬崔光禄冬日述怀赠答》序:“至于精言探道,妙识发义,戏谑而逢规戒,指讽而见师表,益过三友,岂易得乎。”

【師事】　谓以师礼相待。刘长卿《观校猎上淮西相公》:“师事黄公千战后,身骑白马万人中。”秦系《山中赠张正则评事》:“终年常避喧,师事五千言。”白居易《酬梦得以予五月长斋延僧徒绝宾友见戏十韵》:“交游诸长老,师事古先生。”

【師金】　春秋鲁太师,名金。见《庄子·天运》。吴筠《高士咏·师金》:“师金告颜生,可谓达化宗。”

【師法】　老师传授的法度。张祜《投宛陵裴尚书二十韵》:“简翰垂师法,文章述学谟。”

【師門】　老师的门下。郑谷《将之泸郡旅次遂州遇裴晤员外谪居于此话旧凄凉因寄二首》之二:“我拜师门更南去,荔枝春熟向渝泸。”杜荀鹤《送韦书记归京》:“闻归帝里愁攀送,知到师门话姓名。”又《恩门致书远及山居因献之》:“时难转觉保身难,难向师门欲继颜。”

【師貞】　出师吉利。见《易·师》。储光羲《哥舒大夫颂德》:“嘉谋即天意,骤胜由师贞。”高适《信安王幕府诗》:“圣祚雄图广,师贞武德虔。”也指正义之师。李适《元日退朝观军仗归营》:“端旒揖群后,回辇阅师贞。”李绅《到宣武三十韵》:“旧风除物蠹,新律奉师贞。”

【師昭】　三国魏司马师、司马昭兄弟之连称。韩偓《感事三十四韵》："袁董非徒尔，师昭岂偶然。"

【師保】　太师和太保的并称。周昙《咏史诗·三代门·太康》："师保何人为琢磨，安知父祖苦辛多。"

【師律】　军令。见《易·师》。苏颋《奉和圣制幸望春宫送朔方大总管张仁亶》："军装乘晓发，师律候春归。"钱起《送崔校书从军》："宁唯玉剑报知己，更有龙韬佐师律。"杨巨源《上刘侍中》："庙谟膺间气，师律动清霜。"王周《志峡船具诗·梢》："有如秉师律，有如宣命令。"

【師皋】　杨虞卿之字。白居易有《哭师皋》。

【師師】　肃然有序貌。卢照邻《中和乐九章·歌公卿第八》："蹇蹇三事，师师百僚。"《郊庙歌辞·享章怀太子庙乐章·迎神》："仙气霭霭，灵从师师。"

【師徒】　士卒。白居易《送陈许高仆射赴镇》："常与师徒同苦乐，不教亲故隔荣枯。"李绅《到宣武三十韵》："乐与师徒共，欢从井邑盈。"

【師訓】　老师的教导。苏颋《故高安大长公主挽词》："彤管承师训，青圭备礼容。"

【師旅】　❶军队。韦庄《秦妇吟》："自从洛下屯师旅，日夜巡兵入村坞。"❷属吏。钱起《送王使君移镇淮南》："吏事嘉师旅，鸳行惜搢绅。"

【師教】　(—jiào)犹师训。张祜《惠尼童子》："低回去婉态传师教，更学吴间诵梵经。"

【師祭】　出师前的祭祀祈祷仪式。杨巨源《赠邻家老将》："拂雪陈师祭，冲风立教场。"

【師婚】　因出兵助人而求得婚姻。见《魏书·世祖太武帝纪》。柳宗元《韦道安》："师婚古所病，合姓非用兵。"

【師資】　❶老师。杜甫《寄岳州贾司马六丈巴州严八使君两阁老五十韵》："师资谦未达，乡党敬何先。"❷犹师事。齐己《短歌寄鼓山长老》："我闻岷国民归依，前王后王皆师资。"徐铉《奉和宫傅相公怀旧见寄四十韵》："师资稷契论中礼，依止山公典小铨。"

【師範】　犹师表。杜光庭《怀古今》："吾所以思抗迹忘机用虚无为师范，吾所以思去奢灭欲保道德为规箴。"

【師儒】　❶指学官。苏颋《蜀城哭台州乐安少府》："师儒昔训奖，仲季时童孩。"❷指儒家。玄宗《春晚宴两相及礼官丽正殿学士探得风字》："犹恐烝黎未乂，徭戍未安，礼乐之政亏，师儒之道丧。"

【師謀】　指太子之师。裴光庭《奉和御制左丞相说右丞相璟太子少傅乾曜同日上官命宴都堂赐诗》："端揆升元老，师谋择累仁。"

【師襄】　字子亭。春秋卫乐师。曾教孔子弹琴。见《韩诗外传》卷五，又见《史记·孔子世家》《淮南子·主术训》。李白《金陵听韩侍御吹笛》："王子停凤管，师襄掩瑶琴。"白行简《夫子鼓琴得其人》："宣父穷玄奥，师襄授素琴。"

【師曠】　字子野。春秋晋任(今河北南和)人。生而无目，为乐太师。善多种乐器，尤善琴，能辨音。《汉书·艺文志》著录《师旷》六篇，已佚。见《太平御览》卷五七九引《琴书》。鲍防《元日早朝行》："师旷应律调黄钟，王良运策调时龙。"孟郊《送卢虔端公守复州》："师旷听群木，自然识孤桐。"陈陶《闲居杂兴五首》之一："闲卧清秋忆师旷，好风摇动古松枝。"

【師曠清耳】　指春秋晋师旷之耳善辨音律之事。见《孟子·离娄上》、《淮南子·泰族训》、《汉书·叙传上》。李瀚《蒙求》："师旷清耳，离娄明目。"

峭

〔qiào《广韵》七肖切，去笑，清。〕见"峭头"。

【峭头】　犹帕头。段成式《嘲飞卿七首》之四："见说自能裁袙腹，不知谁更著峭头。"皮日休《胥口即事六言二首》之二："换酒峭头把看，载莲艇子撑归。"

席

〔xí《广韵》祥易切，入昔，邪。〕❶"蓆"的古字。用草、芦和竹等编成的坐卧用具。太宗《帝京篇十首》之八："玉酒泛云罍，兰殽陈绮席。"包佶《酬兵部李侍郎晚过东厅之作》："圣位登堂静，生徒跪席寒。"白居易《和春深二十首》之一九："宾拜登华席，亲迎障幰车。"唐求《题友人寓居》："黄头卷席宾初散，白鼻嘶风日欲斜。"❷铺垫，铺席。王维《酬诸公见过》："愧无莞簟，班荆席藁。"李白《与周刚清溪玉镜潭宴别》："扫崖去落叶，席月开清樽。"陆龟蒙《彼农二章》之一："藁焉而席，茨焉而居。"❸座位，席位。王维《晦日游大理韦卿城南别业四声依次用各六韵》："上卿始登席，故老前为寿。"李白《宫中行乐词八首》之七："迟日明歌席，新花艳舞衣。"韩翃《题玉山观禅师兰若》："宫女焚香把经卷，天人就席礼袈裟。"❹职位。刘禹锡《奉和吏部杨尚书十韵》："步武离台席，徊翔集帝梧。"李逢吉《再赴襄阳辱宣武相公贻诗今用奉酬》："又据三公席，多惭四老祠。"❺筵席。李白《寻鲁城北居士摘苍耳作》："他筵不下箸，此席忘朝饥。"杜甫《春夜峡州田侍御长史津亭留宴》："北斗三更席，西江万里船。"❻船帆。丘为《渡汉江》："漾舟汉江上，挂席候风生。"李白《永王东巡歌十一首》之八："长风挂席势难回，海动山倾古月摧。"又《与从侄杭州刺史良游天竺寺》："挂席凌蓬丘，观涛憩樟楼。"杜甫《早发》："早行篙师怠，席挂风不正。"❼凭借。见"席寵"。❽谓布席而坐卧。见《左传·宣公十二年》。沈佺期《夜泊越州逢北使》："饥共噬齐枣，眠共席秦蒲。"孟郊《与二十一员外涯游枋口柳溪》："宴位席兰草，滥觞惊凫鷖。"韩愈《游青龙寺赠崔大补阙》:"二三道士席其间,灵液屡进玻黎碗。"❾量词。杜甫《种莴苣》:"破块数席间,荷锄功易止。"❿姓。唐诗人有席豫。

【席八】　即席夔。韩愈有《和席八十二韵》。白居易《东南行一百韵寄通州元九侍御澧州李十一舍人果州崔二十二使君开州韦大员外庚三十二补阙杜十四拾遗李二十助教员外窦七校书》:"去夏微之疟,今春席八殂。"

【席上】　❶座席之上。权德舆《奉和许阁老酬淮南崔十七端公见寄》:"自得环中辨,偏推席上儒。"羊士谔《腊夜对酒》:"琥珀杯中物,琼枝席上人。"徐夤《依韵赠南安方处士五首》之五:"一畦云薤三株竹,席上先生未是贫。"参见"席上珍"。❷筵席之上。白居易《宿紫阁山北村》:"夺我席上酒,掣我盘中飧。"孟简《咏欧阳行周事》序:"初抵太原,居大将军宴,席上有妓,北方之尤者。屡月于生。"李商隐《席上作》。贯休《贺郑使君》:"笙歌席上偏怜客,刀剑林中亦念诗。"

【席上珍】　❶《礼记·儒行》:"儒有席上之珍以待聘。"后以为儒者德行的典故。王维《同崔傅答贤弟》:"衣冠若话外台臣,先数夫君席上珍。"杜甫《上韦左相二十韵》:"岂是池中物,由来席上珍。"独孤及《三月三日自京到华阴于水亭独酌寄裴六薛八》:"裴子尘表物,薛侯席上珍。"权德舆《哭刘四尚书》:"理析寰中妙,儒为席上珍。"❷筵席的珍馐。太宗《赋得樱桃》:"昔作园中实,今来席上珍。"❸指床簟。谓为席簟之精品。白居易《寄蕲州簟与元九因题六韵》:"卷作筒中信,舒为席上珍。"

【席上儒】　犹席上珍。谓才德美善。权德舆《奉和许阁老酬淮南崔十七端公见寄》:"自得环中辨,偏推席上儒。"参见"席上珍❶"。

【席元明】　高宗时人。调露二年(680)上巳,与崔知贤、孙慎行、韩仲宣、高球、高瑾等集于洛阳王令之林亭,开曲水之宴。《全唐诗》卷七二录其诗一首。

【席不暖】　犹席不暇暖。谓席子未及坐暖即离去。形容无时间久留。见《淮南子·修务训》。杜甫《新婚别》:"结发为妻子,席不暖君床。"

【席卉】　以薪草为席。卉,草木泛称。旧时居丧者用以表示哀苦。孔绍安《伤顾学士》:"陈根非席卉,穗帐异书帷。"

【席地】　以地为席。潘佑《感怀》:"席地一樽酒,思与元化浮。"

【席地幕天】　以地为席,把天当幕。白居易《自咏》:"昔有醉先生,席地而幕天。"韩偓《惆怅》:"何如饮酒连千醉,席地幕天无所知?"

【席帆】　❶指船帆。厉玄《送黄晔明府岳州湘阴赴任》:"商岭马嘶残暑雨,席帆高挂早秋风。"刘威《宿渔家》:"月明何处去?片片席帆斜。"❷代指水军。王维《送从弟蕃游淮南》:"席帆聊问罪,卉服尽成擒。"

【席侍郎】　指席豫。豫约于开元十九年(731)任户部侍郎。李林甫有《秋夜望月忆韩席等诸侍郎因以投赠》。

【席舍人】　席夔。唐林宝《元和姓纂》卷一〇安定席氏:"夔,中书舍人。"元稹《酬乐天南行诗一百韵》注:"本题云《寄澧州李十一舍人兼投吊席八舍人》。"

【席卷】　(—juǎn)如卷席子一般。形容全部占有。李白《金陵歌送别范宣》:"金陵昔时何壮哉,席卷英豪天下来。"又《流夜郎半道承恩放还示息秀才》:"回舆入咸京,席卷六合通。"

【席門】　以席蔽门,形容贫极。高适《行路难二首》之二:"东邻少年安所如,席门穷巷出无车。"罗邺《自遣》:"焚鱼酌醴醉尧代,吟向席门聊自娱。"

【席門窮巷】　形容所居之处僻陋。高适《行路难二首》之二:"东邻少年安所如,席门穷巷出无车。"

【席珍】　❶见"席上珍❶"。玄宗《集贤书院成送张说上集贤学士赐宴得珍字》:"广学开书院,崇儒引席珍。"杜甫《寄薛三郎中》:"闻子心甚壮,所过信席珍。"❷见"席上珍❷"。杜甫《赠王二十四侍御契四十韵》:"出入并鞍马,光辉参席珍。"

【席挂】　即挂席,挂上席帆。杜甫《早发》:"早行篙师怠,席挂风不正。"

【席草】　用以编织席垫之草。李咸用《和吴处士题村叟壁》:"衣蓑留冷阁,席草种闲田。"

【席豫】　(680—748)字建侯。襄州襄阳(今湖北襄樊)人,徙家河南(今河南洛阳)。事迹略见新旧《唐书》本传。《全唐诗》卷一一一录其诗四首。

【席萁】　见"席箕"。

【席帽】　以藤席为骨架编成的帽,四缘垂下,形如毡笠。见晋崔豹《古今注·席帽》。薛能《嘲赵璘》:"不知原在鞍轿里,将谓空驮席帽归。"

【席箕】　亦作"席萁"。草名,又名塞芦。生西北,可饲马。顾非熊《出塞即事二首》之一:"席箕草断城池外,护柳花开帐幕前。"高骈《边城听角》:"席箕风起雁声秋,陇水边沙满目愁。"

【席謙】　吴人。开元天宝间道士,善弹、棋。杜甫《存殁口号二首》之一:"席谦不见近弹棋,毕曜仍传旧小诗。"

【席藁】　用禾秆编成的席,为贫家坐卧之具。王维《酬诸公见过》:"愧无莞簟,班荆席藁。"

【席簾】　以席为帘。喻指隐者之居。处默《山中作》:"席帘高卷枕高欹,门掩垂萝蘸碧溪。"

【席寵】　凭借宠幸。钱起《和范郎中宿直中书晓玩清池赠南省同僚两垣遗补》:"席宠虽高位,流谦乃素襟。"

【席夔】 (? —817)即席八。贞元十年(794)登进士第。与刘禹锡、元稹、白居易等有交往,与韩愈有唱酬。《全唐诗》卷三六八录其诗二首。

【席羃】 即"席箕"。李贺《塞下曲》:"秋静见旄头,沙远席羃愁。"

帨 〔shuì《广韵》舒芮切,去祭,書。又此芮切,去祭,清。〕佩巾。见"帨縭"。

【帨縭】 佩巾。代指嫁妆。韩愈《寄崔二十六立之》:"长女当及事,谁助出帨缡。"

帬 〔qún《广韵》渠云切,平文,羣。〕"裙"的古字。刘禹锡《乐天寄忆旧游因作报白君以答》:"其奈钱塘苏小小,忆君泪点石榴裙。"元稹《紫踯躅》:"紫踯躅,灭紫拢裙倚山腹。"白居易《赠内》:"梁鸿不肯仕,孟光甘布裙。"

八 画

帳 〔zhàng《广韵》知亮切,去漾,知。〕❶一种有支撑的遮蔽器物。材料通常用布帛毡革。用途不同,大小形状有异。(1)帷幕,篷帐。上官昭容《驾幸新丰温泉宫献诗三首》之二:"隐隐骊山云外耸,迢迢御帐日边开。"孟彦深《元次山居武昌之樊山新春大雪以诗问之》:"皓气凝书帐,清著钓鱼竿。"张籍《祭退之》:"衣器陈下帐,醪饵奠堂皇。"胡宿《古别》:"九帐青油徒自负,百壶芳醑岂消忧。"(2)床帐。李康成《玉华仙子歌》:"夕宿紫府云母帐,朝餐玄圃昆仑芝。"蒋冽《古意》:"冉冉红罗帐,开君玉楼上。"刘禹锡《秋萤引》:"铜雀人归自入帘,长门帐开来照泪。"白居易《新乐府·李夫人》:"背灯隔帐不得语,安用暂来还见违。"(3)营帐。卢纶《送鲍中丞赴太原》:"白草连胡帐,黄云拥戍楼。"张籍《塞下曲》:"白日不销帐上雪,乌孙国乱多降胡。"许棠《边城晚望》:"逼晓人移帐,当川树列风。"❷古代游牧民族计算户数的单位。杜甫《秦州杂诗二十首》之三:"降虏兼千帐,居人有万家。"❸会计账目。见"帐生"。

【帳下】 ❶营帐之中。张谓《送皇甫龄宰交河》:"将军帐下来从客,小邑弹琴不易逢。"窦常《项亭怀古》:"有心裁帐下,无面到江东。"元稹《宪宗章武孝皇帝挽歌词三首》之二:"二凶枭帐下,三叛斩都中。"❷指将帅的部下。王维《献始兴公》:"贱子跪自陈,可为帐下不。"徐铉《从兄龙武将军没于边戍过旧营宅作》:"前年都尉没边城,帐下何人领旧兵。"

【帳下士】 部下。张籍《董公诗》:"为我帐下士,出入卫我躬。"

【帳生】 管理户籍财务的小吏。蒋贻恭《咏安仁宰捣蒜》:"帐生岁取餐三顿,乡老盘庚犯五瓯。"

【帳門】 帐帷的入口。刘皂《长门怨三首》之三:"蝉鬓慵梳倚帐门,蛾眉不扫惯承恩。"曹唐《小游仙诗九十八首》之二一:"嫔妃久立帐门外,暗笑夫人推酒声。"

【帳幄】 篷帐。贯休《胡无人》:"肉胡之肉,烬胡帐幄。"

【帳飲】 古人送别。在分别前设帐饮酒,以为饯行,称为帐饮。徐坚《奉和圣制送张说巡边》:"出郊开帐饮,寅饯盛离章。"王维《观别者》:"都门帐饮毕,从此谢亲宾。"李白《送韩准裴政孔巢父还山》:"今晨鲁东门,帐饮与君别。"

【帳殿】 帝王出行,设帐幕以休息,称为帐殿。刘宪《兴庆池侍宴应制》:"帐殿疑从画里出,楼船直在镜中移。"杜甫《八哀诗·赠司空王公思礼》:"屯兵凤凰山,帐殿泾渭辟。"权德舆《离合诗赠张监阁老》:"帐殿汉官仪,巾车塞垣草。"温庭筠《雍台歌》:"盘纡阑楯临高台,帐殿临流鸾扇开。"

【帳幕】 帐篷,营帐。卢纶《送史兵曹判官赴楼烦》:"山川自与郊埛合,帐幕时因水草移。"姚合《送狄尚书镇太原》:"远戎移帐幕,高鸟避旌旃。"许棠《失题》:"月黯氛埃积,风膻帐幕邻。"杜荀鹤《塞上》:"沙塞旋收饶帐幕,犬戎时杀少烟尘。"

【帳餞】 犹帐饮。沈佺期《送友人任括州》:"纷吾结远佩,帐饯出河湄。"

【帳額】 即帐檐。帐子前幅上端的横形装饰品。卢照邻《长安古意》:"生憎帐额绣孤鸾,好取门帘帖双燕。"和凝《薄命女》词:"冷露寒侵帐额,残月光沈树杪。"

【帳廬】 犹帐殿。韩愈、孟郊《城南联句》:"旗旆流日月,帐庐扶栋甍。"

帶 〔dài《广韵》當蓋切,去泰,端。〕❶衣带,腰带。张说《送郭大夫元振再使吐蕃》:"脱刀赠分手,书带加餐食。"羊士谔《和武相早朝中书候传点书怀奉呈》:"殊勋如带远,佳气似烟非。"白居易《赠元稹》:"衡门相逢迎,不具带与冠。"郑嵎《津阳门诗》:"异谋潜炽促归去,临轩赐带盈十围。"❷带子,带状之物。刘长卿《早春赠别赵居士还江左时长卿下第归嵩阳旧居》:"沧波极天末,万里明如带。"张籍《山禽》:"山禽毛如白练带,栖我庭前栗树枝。"白居易《和微之春日投简阳明洞天五十韵》:"带襻长枝蕙,钱穿短贯榆。"李商隐《柳》:"絮飞藏皓蝶,带弱露黄鹂。"❸束带。王维《偶然作六首》之一:"散发不冠带,行歌南陌上。"❹佩挂。岑参《送人赴安西》:"上马带胡钩,翩翩度陇头。"韦应物《送汾城王主簿》:"少年初带印,汾上又经过。”❺戴。上官昭容《游长宁公主流杯池二十五首》之二二：“横铺豹皮褥，侧带鹿胎巾。”❻携带，伴带。张谓《早春陪崔中丞浣花溪宴得暄字》：“云带歌声飏，风飘舞袖翻。”元稹《献荥阳公诗五十韵》：“沙须披见宝，经拟带耕田。”赵嘏《洛中逢卢郢石归觐》：“春山和雪静，寒水带冰流。”黄滔《襄州试白云归帝乡》：“高岳和霜过，遥关带月飞。”❼带着，含有。李峤《砚》：“光随锦文发，形带石岩圆。”玄宗《首夏花萼楼观群臣宴宁王山亭赋诗》序：“今年带闰，节候全晚，暑气犹清，芳草未歇。”卢纶《伦开府席上赋得咏美人名解愁》：“舞态兼些醉，歌声似带羞。”姚合《闲居》：“带病吟虽苦，休官梦已清。”❽环绕。杨师道《陇头水》：“陇头秋月明，陇水带关城。”钱起《春夜过长孙绎别业》：“带竹新泉冷，穿花片月深。”刘禹锡《到郡未浃日登西楼见乐天题诗因即事从寄》：“楼依新柳贵，池带乱苔青。”徐铉《春日紫岩山期客不至》：“郊外春华好，人家带碧溪。”❾毗连，映带。梁锽《崔驸马宅咏画山水扇》：“小含吴剡县，轻带楚扬州。”杜甫《野望》：“云山兼五岭，风壤带三苗。”殷尧藩《金陵怀古》：“江吞彭蠡来三蜀，地接昆仑带九河。”许棠《宿同州厉评事旧业寄华下》：“阻河通渭水，曲苑带秦关。”❿映照。太宗《咏雪》：“洁野凝晨曜，装墀带夕晖。”杜甫《听杨氏歌》：“江城带素月，况乃清夜起。”周贺《送分定归灵夏》：“带河衰草断，映日旱沙飞。”徐夤《和仆射二十四丈牡丹八韵》：“素练笼霞晓，红妆带脸春。”⓫笼罩，覆盖。岑参《陪狄员外早秋登府西楼因呈院中诸公》：“千峰带积雪，百里临城墙。”皇甫冉《和樊润州秋日登城楼》：“露冕临平楚，寒城带早霜。”令狐楚《郡斋左偏栽竹百余竿炎凉已周青翠不改而为墙垣之趣》：“风惊晓叶如闻雨，月过春枝似带烟。”许棠《过分水岭》：“风兼雨气吹人面，石带冰棱碍马蹄。”⓬量词。(1)片。岑参《邯郸客舍歌》：“伤心丛台下，一带生蔓草。”于鹄《泛舟入后溪》：“雨余芳草净沙尘，水绿沙平一带春。”韦庄《早春》：“一带窗间月，斜穿枕上生。”(2)条。刘禹锡《馆娃宫在旧郡西南砚石山前信为绝境因赋二章》之二：“唯余采香径，一带绕山斜。”姚合《夏日登楼晚望》：“数带长河水，千条弱柳风。”吴融《和睦州卢中丞题茅堂十韵》：“石累千层险，泉分一带微。”齐己《杨花》：“万带都门外，千株渭水头。”

【帶月】　谓披着月色。皇甫曾《寻刘处士》：“隔城寒杵急，带月早鸿还。”秦系《山中崔大夫有书相问》：“带月乘渔艇，迎寒绽鹿裘。”杨巨源《卢郎中拜陵遇雪蒙见召因寄》：“应同谷口寻春去，定似山阴带月归，”李绅《新楼诗二十首·北楼樱桃花》：“舞空柔弱看无力，带月葱茏似有墙。”

【帶方】　古郡名。本汉乐浪郡南部地区。东汉末公孙康割乐浪郡南置带方郡。晋因之。杨师道《奉和圣制春日望海》：“龙击驱辽水，鹏飞出带方。”

【帶甲】　❶披甲的士兵。高适《古大梁行》：“军容带甲三十万，国步连营一千里。”杜甫《送远》：“带甲满天地，胡为君远行。”❷身披铠甲，指从军。杜甫《喜晴》：“丈夫则带甲，妇女终在家。”❸指战争。杜甫《白水县崔少府十九翁高斋三十韵》：“东郊何时开，带甲且来释。”

【帶柳】　指柳的垂枝。太宗《首春》：“初风飘带柳，晚雪间花梅。”

【帶軍】　谓驻扎军队。杨巨源《送杜郎中使君赴虔州》：“地远仍连戍，城严本带军。”

【帶索】　结绳索为衣带，形容生活清贫。见《列子·天瑞》。王维《燕子龛禅师》：“六时自搥磬，一饮常带索。”吴筠《高士咏·荣启期》：“荣期信知止，带索无所求。”白居易《北窗三友》：“或乏儋石储，或穿带索衣。”

【帶胯】　佩带上衔蹀躞之环，用以挂刀剑弓矢。白居易《和春深二十首》之四：“通犀排带胯，瑞鹘勘袍花。”

【帶酒】　带着醉意。李嘉祐《送冷朝阳及第东归江宁》：“长安带酒别，建业候潮归。”白居易《江上对酒二首》之二：“昏昏常带酒，默默不应人。”

【帶累】　(—lèi)连累，拖累。姚合《寄王玄伯》：“夜归晓出满衣尘，转觉才名带累身。”薛能《赠解诗歌人》：“朝天御史非韩寿，莫窃香来带累人。”

【帶郭】　靠近水郭。秦系《题章野人山居》：“带郭茅亭诗兴饶，回春一曲倚危桥。”韦庄《齐安郡》：“傍村林有虎，带郭县无官。”

【帶減】　用作劳累、消瘦的典故。见《梁书·昭明太子传》。杜甫《伤秋》：“懒慢头时栉，艰难带减围。”刘禹锡《酬乐天咏老见示》：“身瘦带频减，发稀冠自偏。”

【帶絲禽】　指白鹭。因此鸟头部后有长毛垂颈，带名。张乔《鹭鸶障子》：“剪得机中如雪素，画为江上带丝禽。”

【帶飾】　指束带妆饰。李贺《汉唐姬饮酒歌》：“金隐秋尘姿，无人为带饰。”

【帶經】　为苦学的典故。见《汉书·倪宽传》。李颀《同张员外諲酬答之作》：“洛中高士日沉冥，手自灌园方带经。”李嘉祐《送王正字山寺读书》：“风流有佳句，不似带经锄。”钱起《送丁著作佐台郡》：“带经临府吏，鲶鲤待乡人。”李瀚《蒙求》：“常林带经，高凤漂麦。”

【帶礪】　衣带和磨刀石。见《汉书·高惠高后文功臣表》。后以为国祚绵长，惠及功臣后裔的典故。

卢照邻《中和乐九章·歌诸王第七》:“义光带砺,象著乾坤。”陈元光《落成会咏一首》:“环堂巍岳秀,带砺大江雄。”薛逢《君不见》:“当时带砺在何处,今日子孙无地耕。”吴融《闲书》:“回看带砺山河者,济得危时没旧勋。”

【帶纕】 佩带。张说《行从方秀川与刘评事文同宿》:“愿君乐盛时,无嗟带纕缓。”

常 〔cháng《广韵》市羊切,平陽,禪。〕❶古代九旗之一,上画日期。王丘《奉和圣制答张说扈南出雀谷之作》:“襟带三秦接,旂常万乘过。”吕温《奉和李相公早朝呈门下武相公中书郑相公》:“稍辨旂常色,尚闻钟漏残。”李商隐《五言述德抒情诗一首四十韵献上杜七兄仆射相公》:“旂常悬祖德,甲令著嘉声。”陆龟蒙《战秋辞》:“如矛者折,如常者拆。”❷固定不变。陈子昂《同宋参军之问梦赵六赠卢陈二子之作》:“变化竟无常,人琴遂两亡。”麴信陵《酬谈上人咏海石榴》:“真僧相劝外浮华,万法无常可叹嗟。”张籍《南归》:“达人有常志,愚夫劳所营。”白居易《秦中吟十首·买花》:“贵贱无常价,酬直看花数。”❸永久,永远。卢鸿一《嵩山十志十首·草堂》:“阴阴邃兮馥馥香,中有人兮信宜常。”杜甫《湖城东遇孟云卿因为醉歌》:“人生会合不可常,庭树鸡鸣泪如线。”韦庄《和人岁宴旅舍见寄》:“莫言常郁郁,天道有盈虚。”吴叔达《言行相顾》:“圣人垂政教,万古请常传。”❹往常。王泠然《寒食篇》:“今年寒食胜常春,总缘天子在东巡。”❺经常,常常。上官昭容《驾幸新丰温宫献诗三首》之三:“岁岁年年常扈跸,长长久久乐升平。”秦系《晚秋拾遗朱放访山居》:“家中贫自乐,石上卧常闲。”孟郊《独愁》:“常恐百虫鸣,使我芳草歇。”陈琡《别僧》:“行若独轮车,常畏大道覆。”❻日常。见“常参”。❼平常,普通。张九龄《荆州作二首》之一:“顾念凡近姿,焉欲殊常勋。”白居易《伤唐衢二首》之二:“致吾陈杜间,赏爱非常意。”刘沧《秋日夜怀》:“如何节候变容发,明镜一看愁异常。”韦庄《和郑拾遗秋日感事一百韵》:“去国时虽久,安邦志不常。”❽规律,通例。张说《岳阳早霁南楼》:“白发悲上春,知常谢先欲。”杜甫《柴门》:“贫病固其常,富贵任生涯。”孟郊《伤时》:“常闻贫贱士之常,嗟尔富者莫相笑。”白居易《遣怀》:“荣销枯去无非命,壮尽衰来亦是常。”❾正常状态或秩序。孟云卿《伤情》:“四时与日月,万物各有常。”杜甫《秋行官张望督促东渚耗稻往问》:“青春具所务,勤垦免乱常。”韩愈《重云李观疾赠之》:“且况天地间,大运自有常。”❿木名,即常棣。见“常棣”。⓫姓。唐诗人有“常建”“常兖”等。

【常一上人】 五台山僧。后往嘉祥寺。皎然有《寄常一上人》。

【常十九】 疑即常建。刘长卿有《送常十九归嵩少故林》。

【常人】 平常的人。白居易《烹葵》:“勿学常人意,其间分是非。”贾岛《上谷旅夜》:“此心不向常人说,倚识平津万户侯。”罗虬《比红儿诗》之一五:“芳姿不合并常人,云在遥天玉在尘。”

【常才】 平庸的人。周昙《咏史诗·春秋战国门·田文》:“下客常才不足珍,谁为狗盗脱强秦。”

【常大夫】 指常谦光。大历初,谦光以御史大夫加散骑常侍为朔方留后。三年(768),加检校工部尚书。见《旧唐书·代宗纪》。皇甫冉有《送常大夫加散骑常侍赴朔方》。法振有《送常大夫赴朔方》。

【常山】 ❶山名。即北岳恒山。汉避文帝刘恒讳改。主峰在今山西浑源。贺朝《从军行》:“常山启霸图,汜水先天策。”刘长卿《奉和李大夫同吕评事太行苦热行呈王员外》:“漳水斜绕营,常山遥入幕。”韩愈《送石洪处士赴河阳幕得起字》:“钜鹿师欲老,常山险犹恃。”❷郡名。汉高帝三年(前 204)置郡。东汉初改为国。三国魏复为郡,西晋移治所真定(今正定南,唐初移治今正定)。其后辖境缩小,隋初废。唐天宝、至德时又改恒州为常山郡。李颀《弹棋歌》:“一别常山道路遥,为余更作三五势。”元稹《元和五年予官不了罚俸西归五十韵》:“常山攻小寇,淮右择良帅。”李商隐《寿安公主出降》:“沩水闻贞媛,常山索锐师。”❸蛇的典故。参见“常山蛇陣”。李绅《灵蛇见少林寺》:“知尔全身护昆阆,不矜挥尾在常山。”

【常山蛇陣】 指善用兵者。见《孙子·九地》。后以为兵阵典故。杜牧《东兵长句十韵》:“即墨龙文光照耀,常山蛇阵势纵横。”

【常日】 平日,往日。姚系《送陆浑主簿赵宗儒之任》:“常日望鸣皋,遥对洛阳城。”权德舆《中书送敕赐斋馔戏酬》:“常日每齐眉,今朝共解颐。”白居易《游坊口悬泉偶题石上》:“常日听人言,今秋入吾手。”李商隐《漫成五章》之四:“不妨常日饶轻薄,且喜临戎用草莱。”

【常分】 (—fèn)定分。骆宾王《伤祝阿王明府》序:“然而始终者万物之大归,生死者百年之常分。”

【常正字】 名未详。大历初为秘书省正字。杜甫有《夏日杨长宁宅送崔侍御常正字入京》。

【常平倉】 官方为平抑米价而设置的粮仓。谷贱时增价购进,谷贵时减价卖给百姓,此法为西汉宣帝时耿寿昌首创。岑参有《送许员外江外置常平仓》。

【常令】 固定的节气。白居易《赠友五首》之一:“一年十二月,每月有常令。”

【常主】 ❶正常的心志。孟郊《鸦路溪行呈陆中》:“视听易常主,心魂互相迷。”❷固定的主人。白居易《失婢》:“笼鸟无常主,风花不恋枝。”

【常奴】 平庸的奴仆。见《晋书·刘毅传》。刘禹锡《裴令公见示诮乐天寄奴买马绝句斐言仰和且戏乐天》:“常奴安得似方回,争望追风绝足来。”

【常年】 往年。杜甫《腊日》:“腊日常年暖尚遥,今年腊日冻全消。”韩愈《酬蓝田崔丞立之咏雪见寄》:“京城数尺雪,寒气倍常年。”元稹《使东川·清明日》:“常年寒食好风轻,触处相随取次行。”徐铉《寒食成判官垂访因赠》:“常年寒食在京华,今岁清明在海涯。”

【常先】 黄帝之臣。见《史记·五帝本纪》。李白《相和歌辞·君道曲》:“轩后爪牙常先太山稽,如心之使臂。”

【常州】 州名。隋开皇九年(589)改晋陵郡置。治所在晋陵(今常州)。孙逖有《和常州崔使君寒食夜》。贾至有《送李侍郎赴常州》。元稹《赠刘采春》:“新妆巧样画双蛾,谩里常州透额罗。”姚合有《送董正字武归常州觐亲》。

【常吾直】 元结友人,时为摄官。元结有《喻常吾直》,题下注:“时为摄官。”

【常伯能】 即常伯熊。能熊字通,临淮(今江苏盱眙)人。善煮茶。见《新唐书·隐逸·陆羽传》。皇甫冉有《宿淮阴南楼酬常伯能》。

【常言】 经常挂在口头的话。杜牧《送沈处士赴苏州李中丞招以诗赠行》:“处士有常言,残虏为犬豕。”

【常沂】 籍贯未详,大历八年(773)进士及第。《全唐诗》卷二八八录其诗一首。

【常究子】 王屋山道士。李益有《长社窦明府宅夜送王屋道士常究子》。

【常武】 《诗·大雅》篇名。咏周宣王率师伐徐(淮北之夷)事,柳宗元《奉平淮夷雅表》:“平淮夷,则《江汉》《常武》。”

【常林歡】 乐府《清商曲辞》名,南朝宋、梁间曲。荆州有长林县,“长”讹为“常”。又南朝人谓情人为“欢”。温庭筠有《常林欢》。

【常事】 平常的事情。元结《丹崖翁宅铭》:“世俗常事,阻人心情。”

【常制】 固定的制度。元稹《和李校书新题乐府十二首·阴山道》:“豪家富贾逾常制,令族清班无雅操。”

【常侍】 官名,皇帝的侍从近臣,秦始置,称中常侍散骑。汉沿置,东汉改用宦官,掌管文书、诏令。魏称散骑常侍,始用文人任职,隋、唐内侍省有内常侍,又有散骑常侍。苏颋有《送常侍舒公归觐》。司空曙《晦日益州北池陪宴》:“常侍传花诏,偏裨问羽觞。”刘禹锡《平蔡州三首》之一:“相公从容来镇抚,常侍郊迎负文弩。”元稹《酬乐天登游园见忆》:“夸游丞相第,偷入常侍门。”

【常侍御】 指常曾。李白有《赠常侍御》。韦应物有《送常侍御却使西蕃》。

【常舍人】 指常兖。兖永泰元年(765)任中书舍人。钱起有《奉和中书常舍人晚秋集贤院即事寄徐薛二侍御》。卢纶有《和常舍人晚秋集贤院即事十二韵寄赠江南徐薛二侍郎》。司空曙有《奉和常舍人晚秋集贤院即事寄徐薛二侍郎》。

【常非月】 籍贯未详。进士及第。天宝初调西河尉。事迹略见《国秀集》目录,《全唐诗》卷二〇三录其诗一首。

【常性】 不变的性情。郑谷《峡中寓止二首》之二:“俗易无常性,江清见老颜。”

【常軌】 通常的法则。皮日休《伤进士严子重诗》序:“其所为工于七字,往往有清便柔媚,时可轶骇于常轨。”

【常修】 江陵(今属湖北)人。咸通六年(865)进士及第。罗隐有《东归别常修》,又有《广陵秋夜读进士常修三篇因题》。

【常律】 通常的法则。任华《寄李白》:“至于他作多不拘常律,振摆超腾。”

【常客】 常来之客。孙魴《题梅岭泉》:“侍从非常客,俳谐像列仙。”

【常建】 籍贯未详。事迹见《河岳英灵集》卷上,《唐诗纪事》卷三一、《唐才子传》卷二。《新唐书·艺文志四》著录其诗一卷。《全唐诗》卷一四四录其诗一卷。

【常班】 通常上朝的班列。元稹《酬乐天待漏入阁见赠》:“沃心因特召,承旨绝常班。”

【常時】 ❶平时。张说《李工部挽歌三首》之三:“常时好宾客,永日对弦歌。”杜甫《天河》:“常时任显晦,秋至辄分明。”雍陶《和刘补阙秋园寓兴六首》之三:“自得家林趣,常时在外稀。”秦韬玉《八月十五日夜同卫谏议看月》:“常时月好赖新晴,不似年年此夜生。”❷往日。刘禹锡《谢柳子厚寄叠石砚》:“常时同砚席,寄砚感离群。”罗隐《题玄同先生草堂三首》之三:“常时忆讨论,历历事犹存。”❸时常。刘长卿《客舍赠别韦九建赴任就便觐省》:“与子颇畴昔,常时仰英髦。”方干《赠天台叶尊师》:“常时爱缩山川去,有夜自携星月来。”又《与长洲陈子美长官》:“枕上愁多百绪牵,常时睡觉在溪前。”

【常骨】 (—gǔ)谓凡人。姚合《武功县中作三十首》之二五:“闲人得事晚,常骨觅仙难。”

【常倫】 ❶平庸之辈。李白《赠张相镐二首》之一:“风云激壮志,枯槁惊常伦。”高适《答侯少府》:“性灵出万象，风骨超常伦。”皎然、潘述《讲古文联句》：“江总征正，未越常伦。”李群玉《送萧绾之桂林》：“尔为兰林秀，芳藻惊常伦。”❷犹定数。孟云卿《伤时二首》之一：“大方载群物，先死有常伦。”

【常徒】　犹常人。齐己《送吴先辈赴京》：“千篇未听常徒口，一字须防作者心。”

【常羞】　日常菜肴。杜甫《郑典设自施州归》：“敕厨倍常羞，杯盘颇狼藉。”

【常浩】　妓女。事迹略见《又玄集》卷下。《全唐诗》卷八〇二录其诗二首。

【常流】　❶平凡无奇的水流。杜元颖《赋得玉水记方流》：“重泉生美玉，积水异常流。”卢肇《江陵府初试澄心如水》：“若灌情田里，常流尽不如。”❷平庸之辈。孙元晏《咏史诗·齐·王僧虔》：“不学常流争进取，却忧门有二台司。”修睦《寄贯休上人》：“常语亦关诗，常流安得知。”吕岩《又记》：“未省此中玄，常流容易测。”

【常娥】　同“嫦娥”。白居易《醉后听唱桂华曲》：“桂华词意苦丁宁，唱到常娥醉便醒。”徐凝《八月九日望夕雨》：“一年怅望秋将尽，不得常娥正面看。”李商隐《常娥》：“常娥应悔偷灵药，碧海青天夜夜心。”亦作“常娥氏”。卢仝《月蚀诗》：“安得常娥氏，来习扁鹊术。”

【常娥氏】　见“常娥”。

【常理】　❶通常的道理。司空图《效陈拾遗子昂感遇二首》之二：“豪夺乃常理，笑君徒咄嗟。”罗隐《中元甲子以辛丑驾幸蜀四首》之三：“纵饶犬彘迷常理，不柰豺狼幸此时。”苏拯《经马嵬坡》：“宠既出常理，辱岂同常死。”❷人名。籍贯生平不详。其诗曾收入李康成《玉台后集》，知为天宝以前之人。《全唐诗》卷七七三录其诗二首。

【常规】　通常的规则或形制。元结《系乐府十二首·谢大龟》：“顺和固鄙分，全守真常规。”白居易《新乐府·百炼镜》：“百炼镜，镕范非常规。”

【常兖】　（729—783）京兆（今陕西西安）人。天宝十四载(755)登进士第。《新唐书·艺文志四》著录其集十卷。事迹见新旧《唐书》本传。《全唐诗》卷二五四录其诗十首。

【常情】　一般的情理。司空图《杨柳枝寿杯词十八首》之二：“春风还有常情处，系得人心免别离。”方干《哭王大夫》：“俗人皆嫉谢临川，果中常情□□□。”

【常清上人】　舒州（今安徽潜山）人。与皎然有交往。皎然有《送常清上人还舒州》。

【常寂上人】　昭州（今广西平乐西北）僧。与曹松有交往。曹松有《题昭州山寺常寂上人水阁》。

【常参】　（—cān）谓群臣每日上朝参见皇帝。张籍《早朝寄白舍人严郎中》：“常参班里人犹少，待漏房前月欲西。”

【常参官】　（—cān）每日上朝的官。张籍《酬秘书王丞见寄》：“今体诗中偏出格，常参官里每同班。”

【常著】　京兆（陕西西安）人。事迹略见《新唐书·宰相世系表五下》。郎士元有《留别常著》。

【常期】　固定的期限。聂夷中《短歌》：“生死与荣辱，四者乃常期。”

【常棣】　《诗·小雅》篇名。指兄弟和好。陈元光《落成会咏一首》：“昆俊歌常棣，民和教即戎。”

【常雲峰】　山峰名。又名观音峰，顶尖峭。在雁荡山灵岩寺南四里。张又新有《题常云峰》。

【常雅】　事迹未详。《全唐诗》卷八五〇录其诗一首。

【常程】　❶一定的路程。杜甫《水会渡》：“山行有常程，中夜尚未安。”❷一定的章程。范传质《荐冰》：“乘春方启闭，羞献有常程。”

【常順】　指自然之性。贺知章《唐禅社首乐章·顺和》：“常顺称厚载，流谦通变盈。”

【常循州】　名未详。唐末为循州刺史。徐夤有《依韵酬常循州》。

【常曾】　京兆（今陕西西安）人。事迹略见《新唐书·宰相世系表五下》。韦应物有《信州录事参军常曾古鼎歌》。李益有《送常曾侍御使西蕃寄题西川》。

【常達】　（801—874）俗姓顾，字文举，东南沿海人。二十三岁出家，游学于江淮诸名寺。事迹见《宋高僧传》卷十六。《全唐诗》卷八二三录其诗八首。

【常楚老】　见“章楚老”。

【常閣老】　常衮。中书舍人年深长久谓之阁老，后用以敬称中书、门下二省之属官。常衮曾官礼部侍郎中书舍人，见《旧唐书》本传。包佶有《奉和常阁老晚秋集贤院即事寄赠徐薛二侍郎》。

【常僚】　亦作“常寮”。谓常参官中的同僚。权德舆《奉和李给事省中书情寄刘苗崔三曹长因呈许陈二阁老》：“常寮几处伏明光，新诏联翩夕拜郎。”柳宗元《弘农公以硕德伟材屈于诬枉献诗五十韵以毕微志》：“故友仍同里，常僚每合堂。”温庭筠《寄河南杜少尹》：“十载归来鬓未凋，玳簪珠履见常僚。”罗隐《送支使萧中丞赴阙》：“从此常僚如有问，海边麋鹿斗边槎。”

【常語】　平常词语。韩愈《记梦》：“壮非少者哦七言，六字常语一字难。”修睦《寄贯休上人》：“常语亦关诗，常流安得知。”

【常儀】　通常的仪式。拾得《诗》之一二：“男女为婚嫁，俗务是常仪。”

【常徵君】　指常广心。杜甫有《别常征君》。钱起有《哭常征君》。

【常調】（—diào）❶谓按常规升迁官吏。岑参《冀州客舍酒酣贻王绮寄题南楼》："夫子傲常调，诏书下征求。"高适《留别郑三韦九兼洛下诸公》："忆昨相逢论久要，顾君哂我轻常调。"又《宋中遇刘书记有别》："几载困常调，一朝时运催。"❷陈词滥调。元稹《酬翰林白学士代书一百韵》："脱俗殊常调，潜工大有为。"孙鲂《主人司空见和未开牡丹辄却奉和》："已惊常调言多鄙，遽捧高吟愧可知。"

【常談】平常的言论。刘禹锡《寓兴二首》之一："常谈即至理，安事非常情。"

【常寮】见"常僚"。

【常諫議】疑指常仲孺。仲孺约元和初为渠州刺史兼谏议大夫。羊士谔有《客有自渠州来说常谏议使君故事怅然成咏》。

【常贊府】名未详。天宝十三载(754)在宣州南陵县丞任。与李白多有交往。李白有《书怀赠南陵常赞府》，又有《于五松山赠南陵常赞府》。

帷〔wéi《广韵》洧悲切，平脂，云。〕以布帛制成的遮蔽四周的物体，亦指起屏蔽作用的布帛制品。孟浩然《题长安主人壁》："枕籍琴书满，褰帷远岫连。"王建《荆门行》："生纱帷疏薄如雾，隔衣噆肤耳边鸣。"沈亚之《文祝延二阕》之二："樟之盖兮麓下，云垂幄兮为帷。"李商隐《代董秀才却扇》："莫将画扇出帷来，遮掩春山滞上才。"

【帷帟】犹帷幄，指幕府。贺朝《从军行》："闻有河湟客，愔愔理帷帟。"李益《从军有苦乐行》："秉笔参帷帟，从军至朔方。"

【帷屏】帷帐。杜审言《代张侍御伤美人》："二八泉扉掩，帷屏宠爱空。"崔融《嵩山石淙侍宴应制》："树作帷屏阳景翳，芝如宫阙夏凉生。"元稹《旅眠》："内外都无隔，帷屏不复张。"

【帷座】帷帐内的座位。张鼎《邺城引》："文章犹入管弦新，帷座空销狐兔尘。"

【帷宫】帝王出行时用帷幕张成的行宫。狄仁杰《奉和圣制夏日游石淙山》："羽仗遥临鸾鹤驾，帷宫直坐凤麟洲。"邵升《奉和初春幸太平公主南庄应制》："花含步辇空间出，树杂帷宫画里行。"于季子《奉和圣制夏日游石淙山》："山扉野径朝花积，帐殿帷宫夏叶连。"沈佺期《仙萼亭初成侍宴应制》："辇路披仙掌，帷宫拂帝萝。"

【帷扆】帷幔与屏风。指皇帝朝会群臣之所。崔融《哭蒋詹事俨》："钩陈侍帷扆，环卫奉旌麾。"

【帷幄】❶篷帐。杜甫《万丈潭》："高萝成帷幄，寒木累旌旆。"❷指帝王。帝王居处必设帐帷，故称。韩愈、孟郊《纳凉联句》："惟忧弃菅蒯，敢望侍帷幄。"皮日休、陆龟蒙《北禅院避暑联句》："封章帷幄遍，梦寐江湖白。"❸指君王决策之处，也指将帅的军帐，幕府。苏颋《奉和圣制幸望春宫送朔方大总管张仁亶》："老臣帷幄算，元宰庙堂机。"杜甫《寄韩谏议》："昔随刘氏定长安，帷幄未改神惨伤。"韩翃《奉送王相公缙赴幽州巡边》："黄阁开帷幄，丹墀侍冕旒。"徐夤《依御史温飞卿华清宫二十二韵》："穹旻当有辅，帷幄岂无筹。"

【帷幕】❶帐帷。白居易《新乐府·牡丹芳》："共愁日照芳难驻，仍张帷幕垂阴凉。"许浑《闻州中有宴寄崔大夫兼简邢群评事》："池边雨过飘帷幕，海上风来动绮罗。"❷军帐。长孙佐辅《关山月》："借问映旌旗，何如鉴帷幕。"❸指君王居处。冯待征《虞姬怨》："岁岁年年事征战，侍君帷幕损红颜。"

【帷箔】帷幕和帘子。杨巨源《秋夜闲居即事寄庐山郑员外蜀郡符处士》："冉冉鸿雁度，萧萧帷箔秋。"李商隐《利州江潭作》："河伯轩窗通贝阙，水宫帷箔卷冰绡。"

九　画

幅[1]〔fú《广韵》方六切，入屋，非。〕❶布帛的宽度，古一幅合二尺二寸。刘长卿《游四窗》："我来游其间，寄傲巾半幅。"❷指布帛。白居易《和微之诗二十三首·和酬郑侍御东阳春闷放怀追越游见寄》："余霞断时绮幅裂，斜云展处罗文纰。"又《庾顺之以紫霞绮远赠以诗答之》："开缄日映晚霞色，满幅风生秋水纹。"❸篇幅。韩愈《赠别元十八协律六首》之四："遗我数幅书，继以药物珍。"又《送诸葛觉往随州读书》："勉为新诗章，月寄三四幅。"❹量词。用于布帛，纸绢等。李贺《江南弄》："水风浦云生老竹，渚暝蒲帆如一幅。"施肩吾《定情乐》："感郎双条脱，新破八幅绡。"李群玉《同郑相并歌姬小饮戏赠》："裙拖六幅湘江水，鬓耸巫山一段云。"杜荀鹤《赠友人罢举赴辟命》："连天一水浸吴东，十幅帆飞二月风。"

幅[2]〔bī《广韵》彼侧切，入職，幫。〕斜缠于腿的布条，似今绑腿布。李贺《黄家洞》："彩巾缠踍幅半斜，溪头簇队映葛花。"

【幅巾】一种头巾。以一幅布裹头，故名。王绩《赠李征君大寿》："幅巾朝帝罢，杖策去官忙。"李贺《咏怀二首》之二："头上无幅巾，苦檗已染衣。"皮日休《新秋即事二首》之二："堪笑高阳病酒徒，幅巾潇洒在东吴。"

幀〔zhèng《集韵》豬孟切，去映，知。〕❶画幅。见"幀讚"。❷打开画卷。陆龟蒙《江南秋怀寄华阳山人》："谱为听琴阅，图缘看海帧。"

【幘讚】 画像上的题赞。段成式、张希复、郑符有《游长安诸寺联句·翊善坊保寿寺·光天帻赞联句》。

帽 〔mào《广韵》莫報切，去号，明。〕❶帽子。特指以布帛缝制的圆形软帽。杜甫《饮中八仙歌》："张旭三杯草圣传，脱帽露顶王公前。"元稹《酬乐天初冬早寒见寄》："乍起衣犹冷，微吟帽半欹。"白居易《柘枝妓》："带垂钿胯花腰重，帽轻金铃雪面回。"杜荀鹤《行次荥阳却寄诸弟》："枕上算程关月落，帽前搜景岳云生。"❷戴帽。陆龟蒙《南泾渔父》："出户手先筇，见人头未帽。"谭用之《贻费道人》："谁如南浦傲烟霞，白葛衣轻称帽纱。"

【帽子】 戴在头上的保暖、遮阳或装饰的用品。寒山《诗三百三首》之二七九："猕猴罩帽子，学人避风尘。"祖咏《尚书省门吟》："落去他，两两三三戴帽子。"王建《宫词一百首》之八六："未戴柘枝花帽子，两行宫监在帘前。"

【帽檐】 帽子前的突出部分。李商隐《饮席代官妓赠两从事》："新人桥上著春衫，旧主江边侧帽檐。"杜荀鹤《长安道中有作》："帽檐晓滴淋蝉露，衫袖时飘卷雁风。"

幄 〔wò《广韵》於角切，入覺，影。〕❶篷帐。张九龄《始兴南山下有林泉有怀此地》："萝茑自为幄，风泉何必琴。"钱起《过孙员外蓝田山居》："去幄兰将老，辞车雉亦闲。"吕温《刘郎浦口号》："吴蜀成婚此水浔，明珠步障幄黄金。"温庭筠《题翠微寺二十二韵》："岚湿金铺外，溪鸣锦幄傍。"❷指幕府。杜甫《冬晚送长孙渐舍人归州》："参卿休坐幄，荡子不还乡。"徐夤《开元即事》："堂上有兵天不用，幄中无策印空多。"❸床帐。李白《捣衣篇》："横垂宝幄同心结，半拂琼筵苏合香。"刘禹锡《聚蚊谣》："天生有时不可遏，为尔设幄潜匡床。"

【幄幕】 帐幕。白居易《秦中吟十首·买花》："上张幄幕庇，旁织巴篱护。"又《代书诗一百韵寄微之》："幄幕侵堤布，盘筵占地施。"皮日休《追和虎丘寺清远道士诗》："诸萝幄幕暗，众鸟陶匏乱。"

幈 同"屏"。白居易《裴常侍以题蔷薇架十八韵见示因广为三十韵以和之》："画屏风自展，绣伞盖谁张。"李中《献张拾遗》："金殿日开亲凤扆，古屏时展看渔矶。"

【幈幃】 帷帐。元稹《江陵三梦》之一："分张碎针线，襵叠故屏帏。"又《月三十韵》："玲珑穿竹树，岑寂思屏帏。"

幃 〔wéi《广韵》雨非切，平微，云。〕❶佩囊。皎然《酬秦山人出山见呈》："手携酒榼共书帏，回语长松我即归。"❷帷帐。孟浩然《寒夜》："理琴开宝匣，就枕卧重帏。"权德舆《薄命篇》："秋月空悬翡翠帘，春帏懒卧鸳鸯被。"殷尧藩《闻筝歌》："花影深沈遮不住，度帏穿幕又残更。"沈祖仙《秋闺》："愁多不可曙，流涕坐空帏。"

【幃室】 张挂帏幕的内室。韦应物《端居感怀》："方如在帏室，复悟永终已。"

【幃屏】 （—píng）床帐和屏风。借指寝居之处。白居易《昭君怨》："只得当年备宫掖，何曾专夜奉帏屏。"

【幃帽】 又称帷帽。形似斗笠，四周垂网，女子所戴。张元一《咏静乐县主》："定知帏帽底，仪容似大哥。"

【幃幌】 帷幕。许浑《晨起二首》之一："檐楹衔落月，帏幌映残灯。"李中《春晓》："残烛犹存月尚明，几家帏幌梦魂惊。"刘兼《访饮妓不遇招酒徒不至》："琴樽冷落春将尽，帏幌萧条日又斜。"

【幃幕】 帷幕。王揆《长沙六快诗》："帏幕皆绮纨，器皿尽金玉。"

【帏幔】 帷帐。白居易《和微之诗二十三首·和望晓》："草铺地茵褥，云卷天帏幔。"

十 画

幕 〔mù《广韵》慕各切，入鐸，明。〕亦作"幙"。❶悬空平遮在上面的帷幔。太宗《喜雪》："光楼皎若粉，映幕集疑沙。"李端《杂歌》："兰生当门燕巢幕，兰芽未吐燕泥落。"杨巨源《和刘员外陪韩仆射野亭公宴》："好客风流玳瑁簪，重檐高幕晓沈沈。"李绅《到宣武三十韵》："驾肩傍隘道，张幕内连楹。"❷笼罩。刘希夷《晚春》："庭阴幕青霭，帘影散红芳。"❸帷幕。顾况《悲歌四》："何处春风吹晓幕，江南渌水通朱阁。"韩愈《短灯檠歌》："黄帘绿幕朱户闭，风露气入秋堂凉。"白居易《日高卧》："夹幕绕房深似洞，重裀衬枕暖于春。"鲍溶《宿水亭》："雕楹彩槛压通波，鱼鳞碧幕衔曲玉。"❹幕府的简称。孙逖《送李补阙摄御史充河西节度判官》："早赴前军幕，长清外域尘。"岑参《凉州馆中与诸判官夜集》："河西幕中多故人，故人别来三五春。"刘禹锡《送李庚先辈赴选》："曾脱素衣参幕客，却为精舍读书人。"无可《送韩校书赴江西》："花繁期到幕，雪在已离秦。"❺军帐。杜甫《后出塞五首》之二："平沙列万幕，部伍各见招。"李端《关山月》："水冻频移幕，兵疲数望乡。"齐己《寄答武陵幕中何支使二首》之一："十万雄军幕，三千上客才。"❻通"漠"，沙漠。陈子昂《感遇诗三十八首》之三："黄沙幕南起，白日隐西隅。"

【幕下】 ❶帐帷中。杜荀鹤《贺顾云侍御府主与子弟奏官》："孝经始向堂前彻，官诰当从幕下迎。"❷幕府中。岑参《送张郎中赴陇右觐省卿公》："幕下多相识，边书醉懒操。"杜甫《投简梓州幕府兼简韦十郎官》："幕下郎官安稳无，从来不奉一行书。"韩愈《寄卢仝》："水北山人得名声，去年去作幕下士。"李商隐《江上忆严五广休》："征南幕下带长刀，梦笔深藏五色毫。"

【幕上禽】 筑巢于幕上的鸟。参见"幕燕"。韦庄《同旧韵》："安羡仓中鼠，危同幕上禽。"

【幕井】 军营的水井。杜甫《秦州杂诗二十首》之一九："候火云烽峻，悬军幕井干。"

【幕天席地】 以天为幕，以地为席。参见"席地幕天"。白居易《咏兴五首·小庭亦有月》："幕天而席地，谁奈刘伶何。"

【幕臣】 幕府之士。丁儒《归闲诗二十韵》："好鸟鸣檐竹，村爰爰幕臣。"

【幕府】 ❶本指将帅出征的营帐。后亦泛指军政大臣的府署。刘长卿《送崔载华张起之闽中》："西征开幕府，早晚用陈琳。"李端《都亭驿送郭判官之幽州幕府》："幕府参戎事，承明伏奏归。"张籍《将军行》："碛西行见万里空，幕府独奏将军功。"熊曜《送杨谏议赴河西节度判官兼呈韩王二侍御》："贤哉征西将，幕府多俊人。"❷借指将帅。高适《睢阳酬别畅大判官》："君还谢幕府，慎勿轻刍荛。"薛能《冬日写怀》："幕府尽平蛮，客留戎阃间。"黄崇嘏《辞蜀相妻女诗》："幕府若容为坦腹，愿天速变作男儿。"❸指幕僚。孟浩然《从张丞相游南纪城猎戏赠裴迪张参军》："世禄金张贵，官曹幕府贤。"刘言史《苦妇词》："校尉勋望重，幕府才且贤。"周贺《送石协律归吴》："幕府罢来无药价，纱巾带去有山倩。"❹山名，在今南京市。东晋初晋室南渡，王导建幕府于此山，故名。张九龄《经江宁览旧迹至玄武湖》："山虽幕府在，馆岂豫章留。"刘禹锡《金陵怀古》："蔡洲新草绿，幕府旧烟青。"

【幕庭】 ❶军帐前空地。储光羲《哥舒大夫颂德》："韩魏多锐士，蹶张在幕庭。"❷指官署。权德舆《奉和许阁老酬淮南崔十七端公见寄》："幕庭依古刹，缗税给中都。"

【幕客】 幕僚。将帅幕府中的僚属。刘禹锡《和仆射牛相公并示集贤中书二相公所知》："交朋接武居仙院，幕客追风入凤池。"罗隐《送刘校书之新安寄吴常侍》："才子省衔非幕客，楚君科第是同人。"黄滔《陈侍御新居》："幕客开新第，词人遍有诗。"

【幕席】 帐幕和坐席。白居易《和微之诗二十三首·和新楼北园偶集周刘二从事皆先归》："天地为幕席，富贵如泥沙。"杜牧《新转南曹未叙朝散以自见志》："一杯宽幕席，五字弄珠玑。"

【幕幕】 ❶覆布周密貌。萧颖士《江有枫一篇十章》之八："我思震泽，菱芡幕幕。"无名氏《盘石·同前》(《全唐诗逸》卷下)："幕幕生青苔，亭亭对远峰。"❷浓郁貌。白居易《题卢秘书夏日新栽竹二十韵》："碧笼烟幕幕，珠洒雨珊珊。"杨衡《征人》："繁烟幕幕昏，暗骑萧萧出。"刘损《愤惋诗三首》之二："红粉尚存香幕幕，白云将散信沈沈。"

【幕宾】 犹幕客。卢纶《送崔琦赴宣州幕》："五马临流待幕宾，羡君谈笑出风尘。"高骈有《广陵宴次戏简幕宾》。黄滔《喜侯舍人蜀中新命三首》之二："锦里幸为丹凤阙，幕宾征出紫微郎。"

【幕燕】 筑巢于幕上的燕子。见《左传·襄公二十九年》。后以"幕燕"喻处境危急。杜甫《对雨书怀走邀许十一簿公》："震雷翻幕燕，骤雨落河鱼。"钱起《巨鱼纵大壑》："倾危嗟幕燕，隐晦诮泥龟。"

幪 同"幕"。

幌 〔huǎng《广韵》胡廣切，上蕩，匣。〕❶布帛做的帘幔。太宗《帝京篇十首》之七："搴幌玩琴书，开轩引云雾。"司空曙《送张炼师还峨嵋山》："太一天坛天柱西，垂萝为幌石为梯。"李远《赠殷山人》："曲罢月移幌，韵清风满斋。"李建勋《归燕词》："待侣临书幌，寻泥傍藻池。"❷酒旗。陆龟蒙《和袭美初冬偶作》："小炉低幌还遮掩，酒滴灰香似去年。"❸摇晃。郑损《泛香亭》："声交鸣玉歌沈板，色幌寒金酒满船。"

十一画

帻 〔zé《广韵》侧革切，入麦，莊。〕❶包扎发髻的头巾，为男子所戴。韦应物《月下会徐十一草堂》："空斋无一事，岸帻故人期。"白居易《草词毕遇芍药初开十六韵》："彤云剩根蒂，绛帻欠缨绥。"贾岛《寄董武》："门掩园林僻，日高巾帻慵。"徐铉《中书相公溪亭闲宴依韵》："客傲风欹帻，筵香菊在杯。"❷指冠。韦庄《鸡公帻》："石状虽如帻，山形可类鸡。"

【帻帛】 以帛制的帻。寒山《诗三百三首》之二七九："仕鲁蒙帻帛，且爰裹疏巾。"

【帻峰寺】 寺名，遗址在今浙江临海市巾子山上。任翻《再游巾子山寺》："灵江江上帻峰寺，三十年来两度登。"

幖 〔biāo《广韵》甫遥切，平宵，幫。〕见"幖幖"。

【幖幖】 高耸貌。杜牧《郡斋独酌》："旌竿幖幖旗㸌㸌，意气横鞭归故乡。"

幔 〔màn《广韵》莫半切，去换，明。〕❶覆盖有布帛。王建《代故人新姬侍疾》："新施箱中幔，未洗来时妆。"❷帷幕。王泠然《汴堤柳》："青叶交垂连幔色，白花飞度染衣香。"韦应物《出还》："凄凄动幽幔，寂寂惊寒吹。"❸窗帷。徐延寿《南州行》："织缣春卷幔，采蕨暝提筐。"杜甫《小寒食舟中作》："娟娟戏蝶过闲幔，片片轻鸥下急湍。"杨巨源《大堤曲》："待客登楼向水看，邀郎卷幔临花语。"元稹《景申秋八首》之三："枕倾筒簟滑，幔飐案灯翻。"❹篷帐。见"幔城"。❺酒店的幌子。窦叔向《夏夜宿表兄话旧》："明朝又是孤舟别，愁见河桥酒幔青。"王建《宫前早春》："酒幔高楼一百家，宫前杨柳寺前花。"许浑《送人归吴兴》："春桥悬酒幔，夜栅集茶樯。"薛能《和杨中丞早春即事》："戍客烽楼迥，文君酒幔斜。"

【幔軍】 营帐。皎然《陇头水二首》之一："碎影摇枪垒，寒声咽幔军。"

幗 〔guó《广韵》古獲切，入麦，見。又古對切，去隊，見。〕妇女覆于发上的饰物。李白《赠张相镐二首》之一："丑虏安足纪，可贻帼与巾。"李贺《感讽六首》之三："妇人携汉卒，箭箙囊巾帼。"

幛 〔zhàng〕帷幕。刘禹锡《七夕二首》之二："余霞张锦幛，轻电闪红绡。"

幣 〔bì《广韵》毗祭切，去祭，並。〕❶缯帛。常用于祭祀。魏征《五郊乐章·肃和》："诚备祝嘏，礼殚珪币。"《郊庙歌辞·祭神州乐章·送神》："礼修鼎俎，奠歆瑶币。"李纾有《唐德明兴圣庙乐章·登歌奠币》。李昂《暮春喜雨诗》："荐币虚陈礼，动天实精思。"❷泛指征聘的礼物。姚合《赠张籍太祝》："甘贫辞聘币，依选受官资。"郑薰《赠巩畴》序："余在句溪时，重其能，车币而致之。"

【幣聘】 征聘的礼物。元稹《送崔侍御之岭南二十韵》："币聘虽盈箧，泥章未破缄。"

十二画

幞 〔fú《广韵》房玉切，入燭，奉。〕❶巾帕，布袱。见"幞被"。❷头巾。见"幞頭"。

【幞被】 用包袱裹扎衣被。意为整理行装。罗隐《投寄韦右丞》："幞被从谁起，持纲自此新。"

【幞頭】 男子头巾的一种。古人以三尺皂绢向后裹发，二带系脑后垂下，另二带反系头上。北周武帝时裁出四脚，始称"幞头"。刘行敏《嘲崔生》："幞头拳下落，高髻掌中擎。"《本草采萍时日歌》："豆淋酒内下三丸，铁幞头上也出汗。"崔公佐客《献公佐诗》："破额幞头衫也穿，使君犹许对华筵。"

幡 〔fān《广韵》孚袁切，平元，敷。〕❶旗帜。则天皇后《从驾幸少林寺》："铎吟轻吹发，幡摇薄雾霏。"卢纶《宿澄上人院》："香覆经年火，幡飘后夜风。"李贺《黄家洞》："黑幡三点铜鼓鸣，高作猿啼摇箭箙。"皮日休《太湖诗·上真观》："静架九色节，闲悬十绝幡。"❷冠上的巾饰。白居易《游悟真寺诗》："众宝互低昂，碧珮珊瑚幡。"许浑《题舒女庙》："绮罗无色雨侵帐，珠翠有声风绕幡。"韦庄《立春》："雪圃乍开红菜甲，彩幡新翦绿杨丝。"❸通"翻"。见"幡幡"。

【幡花】 指礼佛的幡幢和彩花。张说《奉和同皇太子过慈恩寺应制二首》之一："上界幡花合，中天伎乐来。"卢纶《宿定陵寺》："云生紫殿幡花湿，月照青山松柏香。"

【幡虹】 指佛寺中的长幢，垂彩如虹，故云。高宗《谒慈恩寺题奘法师房》："幡虹遥合彩，定水迥分晖。"又《谒大慈恩寺》："花盖飞团影，幡虹曳曲阴。"赵彦昭《奉和幸大荐福寺》："刹凤迎雕辇，幡虹驻彩旗。"

【幡竿】 旗杆。刘宪《奉和幸三会寺应制》："网户飞花缀，幡竿度鸟回。"

【幡條】 寺中长幡。陆龟蒙《奉和袭美太湖诗二十首·孤园寺》："幡条玉龙扣，殿角金虬舞。"

【幡蓋】 幡幢与华盖。岑参《登千福寺楚金禅师法华院多宝塔》："焚香如云屯，幡盖珊珊垂。"李正封《夏游招隐寺暴雨晚晴》："山僧引清梵，幡盖绕回廊。"刘禹锡《和乐天题真娘墓》："幡盖向风疑舞袖，镜灯临晓似妆台。"温庭筠《题萧山庙》："杉松一庭雨，幡盖满堂风。"

【幡旗】 旗帜。岑参《送郭仆射节制剑南》："铁马擐红缨，幡旗出禁城。"金真德《太平诗》："幡旗既赫赫，钲鼓何锽锽。"

【幡幡】 拨弄反覆貌。刘禹锡《和汴州令狐相公到镇改月偶书所怀》："赳赳容皆饰，幡幡口尽钳。"

【幡幢】 （—chuáng）旌旗，仪仗或军事指挥所用。黄滔《辞相府》："今朝拜别幡幢下，双泪如珠滴不休。"也特指佛、道教所用的旌旗。曹唐《送刘尊师祗诏阙庭三首》之一："五湖夜月幡幢湿，双阙清风剑珮轻。"贯休《送颢雅禅师》："芬陀利香释驺虎，幡幢冒雪争迎取。"

【幡幟】 旗帜，幌子。寒山《诗三百三首》之一一七："可怜高幡帜，极目平升斗。"

幢〔chuáng《广韵》宅江切，平江，澄。〕❶一种垂筒形的旌旗，刺绣并有羽饰，多用于仪仗。耿沣《送叶尊师归处州》："群袄离分野，五岳拜旌幢。"韩愈《陆浑山火和皇甫湜用其韵》："攒杂啾嚄沸篪埙，彤幢绛旃紫纛幡。"白居易《奉和汴州令狐令公二十二韵》："碧幢油叶叶，红旆火襜襜。"杜牧《送牛相出镇襄州》："危幢侵碧雾，寒旆猎红旓。"❷车帷。常衮《题金吾郭将军石洑茅堂》："玉佩多依石，油幢亦在林。"❸佛教用物。在佛堂前立竿为柱，项上安玉珠，饰以丝帛，表示佛统率众生制伏魔众之意。也指经幢。也指石幢。岑参《酬畅当嵩山寻麻道士见寄》："阴洞石幢微有字，古坛松树半无枝。"顾况《宿湖边山寺》："香透经窗笼桧柏，云生梵宇湿幡幢。"李绅《题法华寺五言二十韵》："坐严狮子迅，幢饰网珠悬。"李山甫《题慈云寺僧院》："烟霞生净土，苔藓上高幢。"

【幢主】　官名。负责宿卫或统兵，南朝宋始置，至唐废，官品代有不同，北周为七品，北齐及隋为从九品。张说《唐享太庙乐章·长发舞》："魏推幢主，周赠司空。"

【幢竿】　挂幢的杆。张祜《热戏乐》："上皇失喜宁王笑，百尺幢竿果动摇。"

【幢旌】　一种仪仗用的旌旗。白居易《送徐州高仆射赴镇》："大红旆引碧幢旌，新拜将军指点行。"

【幢戟】　旌旗和戈戟，泛指仪卫。司空曙《和耿拾遗元日观早朝》："冕旒当翠殿，幢戟满彤庭。"

【幢旒】　带有垂饰的幢。卢仝《月蚀诗》："此时九御导九日，争持节幡麾幢旒。"

【幢節】　(—jié)指仪仗。司空曙《送王尊师归湖州》："烟芜满洞青山绕，幢节飘空紫凤飞。"鲍溶《和淮南李相公夷简喜平淄青回军之作》："横笛临吹发晓军，元戎幢节拂寒云。"方干《贼退后赠刘将军》："功业更多身转贵，伫看幢节引戎车。"张蠙《赠水军都将》："直待门前见幢节，始应高惬圣君怀。"

【幢蓋】　❶赤色旌旗和曲柄华盖。将军或刺史的仪仗。卢纶《赋得彭祖楼送杨德宗归徐州幕》："望君兼有月，幢盖俨层城。"杨巨源《怀德抒情寄上信州座主》："幢盖全家去，琴书首路随。"鲍溶《羽林行》："箫笳整部由，幢盖动郊次。"后以为刺史将军代称。刘长卿《酬滁州李十六使君见赠》："幢盖方临郡，紫荆忝作邻。"刘禹锡《酬杨八庶子喜韩吴兴与余同迁见赠》："幢盖今虽贵，弓旌会见招。"罗隐《尚父偶建小楼特摛丽藻绝句不敢称扬三首》之一："结构叨冯柱石才，敢期幢盖此裴回。"❷供神佛的幢幡伞盖。元稹《春分投简阳明洞天作》："幢盖迎三洞，烟霞贮一壶。"齐己《升天行》："幢盖飘摇入冷空，天风瑟瑟星河动。"

【幢幡】　犹幡幢。李咸用《升天行》："玉皇据案方凝然，仙官立仗森幢幡。"

【幢幢】　❶羽毛丰茸下垂貌。《郊庙歌辞·祀九宫贵神乐章·豫和》之四："树羽幢幢，佩玉锵锵。"❷高耸貌。元稹《松树》："华山高幢幢，上有高高松。"杨衡《山斋独宿赠晏上人》："幢幢云树秋，黄叶下山头。"❸摇晃貌。元稹《闻乐天授江州司马》："残灯无焰影幢幢，此夕闻君谪九江。"鲍溶《途中旅思二首》之二："天光见地色，上路车幢幢。"

幟〔zhì《广韵》昌志切，去志，昌。又式吏切，去志，書。《集韵》職吏切，去志，章〕旗帜。韦应物《酒肆行》："碧疏玲珑含春风，银题彩帜邀上客。"杨巨源《赠张将军》："天晴红帜当山满，日暮清笳入塞长。"王建《水运行》："西江运船立红帜，万棹千帆绕江水。"

十三画

幪〔méng《广韵》莫紅切，平東，明。〕❶巾。杜甫《遣闷奉呈严公二十韵》："乌鹊愁银汉，驽骀怕锦幪。"❷遮盖。见"幪巾"。

【幪巾】　传说舜时以巾蒙罪人头代替墨刑。表示仁厚。虞世南《赋得慎罚》："幪巾示廉耻，嘉石务详平。"

幨〔chān《广韵》處占切，平鹽，昌。〕车帷。沈佺期《李舍人山园送庞邵》："高幨去匆缓，人吏待霜威。"又《夏日梁王席送张岐州》："翠帟当郊敞，彤幨向野披。"施肩吾《金吾词》："行拥朱轮锦幨儿，望仙门外叱金羁。"

十四画

幬〔chóu《广韵》直由切，平尤，澄。〕帐子。元稹《张旧蚊帱》："独有缬纱帱，凭人远携得。"常理《古别离》："君御狐白裘，妾居缃绮帱。"李暇《拟古东飞伯劳歌》："琼窗半上金缕帱，轻罗掩面不遮羞。"

十五画

㡡〔chú《广韵》直誅切，平虞，澄。〕床帐。孟郊《蚊》："愿为天下㡡，一使夜景清。"

十六画

幰 〔xiǎn《广韵》虚偃切，上阮，曉。〕❶车帷。卢照邻《长安古意》："隐隐朱城临玉道，遥遥翠幰没金堤。"张籍《闲居》："东城南陌尘，紫幰与朱轮。"元稹《春分投简阳明洞天作》："骑吏裙皆紫，科车幰尽朱。"韩偓《无题》："绣屏金作屋，丝幰玉为轮。"❷指幰车。陈子良《七夕看新妇隔巷停车》："隔巷遥停幰，非复为来迟。"王维《送崔五太守》："褒斜谷中不容幰，唯有白云当露冕。"元稹《酬杨司业十二兄早秋述情见寄》："壮志日萧条，那能竞朝幰。"皮日休《偶成小酌招鲁望不至以诗为解因次韵酬之》："冲深柳驻吴娃幰，倚短花排羯鼓床。"

【幰車】 施有帷幔的车子。白居易《和春深二十首》之一九："宾拜登华席，亲迎障幰车。"

【幰網】 防蚊的帐子。李商隐《拟意》："象床穿幰网，犀帖钉窗油。"

【幰幰】 高昂貌。刘禹锡《淮阴行五首》之五："隔浦望行船，头昂尾幰幰。"

干 部

干[1] 〔gān《广韵》古寒切，平寒，見。〕❶盾牌。魏征《五郊乐章·肃和》："执籥持羽初终曲，朱干玉戚始分行。"张昭《郊庙歌辞·汉宗庙乐舞辞·观德舞》："星俎云罍兼鲁礼，朱干象箾杂巴渝。"❷求，请求。骆宾王《畴昔篇》："只为须求负郭田，使我再干州县禄。"白居易《书绅》："岁计莫如谷，饱则不干人。"司空图《寄怀元秀上人》："悠悠干禄利，草草废渔樵。"杜荀鹤《与友人话别》："客路行多少，干人无易颜。"❸干谒。寒山《诗三百三首》之一〇八："施家有两儿，以艺干齐楚。"高适《别韦参军》："白璧皆言赐近臣，布衣不得干明主。"李贺《仁和里杂叙皇甫湜》："欲雕小说干天官，宗孙不调为谁怜。"贾岛《送卢秀才游潞府》："过山干相府，临水宿僧家。"❹干犯，冲犯。李白《幽州胡马客歌》："笑拂两只箭，万人不可干。"韩愈《剥啄行》："彼宁可隳，此不可干。"白居易《秦中吟十首·伤宅》："洞房温且清，寒暑不能干。"贯休《苦热》："毒气仍干扇，高枝不立蝉。"❺干扰。岑参《送王著作赴淮西幕府》："不知有机巧，无事干心胸。"韦应物《洛都游寓》："穷通非所干，跼促当何为。"❻关涉。拾得《诗》之四三："寻常只是闲，言不干名利。"杜牧《齐安郡中偶题二首》之二："自滴阶前大梧叶，干君何事动哀吟。"牛希济《奉诏赋蜀主降唐》："非干将相扶持拙，自是君臣数尽年。"卢延让《哭亡将诗》："自是硇砂发，非干骇石伤。"❼岸边。蔡希寂《登福先寺上方然公禅室》："名都标佛刹，梵构临河干。"杜甫《归来》："凭谁给曲蘖，细酌老江干。"刘禹锡《和浙西李大夫伊川卜居》："洛下思招隐，江干厌作藩。"李商隐《大卤平后移家到永县居二公尝于此县寄居》："驱马绕河干，家山照露寒。"❽空，徒然。见"干忙"。❾通"竿"。陆龟蒙《战秋辞》："斧抵耋老，干穿乳儿。"

干[2] 〔gàn《集韵》居案切，去翰，見。〕捍卫。见"干城"。

【干天】 ❶干犯上帝。卢仝《月蚀诗》："敢死横干天，代天谋其长。"❷参天。刘得仁《题新栽小松》："未知何日干天及，恐到秋来被鹤栖。"

【干上】 谓向皇帝献策而猎取荣名。朱庆余《酬李处士见赠》："干上非无援，才多却累身。"

【干木】 即战国段干木。段干木学于子夏，而魏文侯师之，以为其"富于义"。见《淮南子·修务训》。费冠卿《酬范中丞见》："战国方须礼干木，康时何必重侯嬴。"李瀚《蒙求》："干木富义，于陵辞聘。"

【干戈】 ❶泛指兵器。刘长卿《至德三年春寄上浙西节度李侍郎中丞行营五十韵》："朝市成芜没，干戈起战争。"刘商《胡笳十八拍·第一拍》："汉室将衰兮四夷不宾，动干戈兮征战频。"孟郊《感怀》："擅摇干戈柄，呼叫豺狼声。"韦庄《秦妇吟》："陕州主帅忠且贞，不动干戈惟守城。"❷战争。则天皇后《唐明堂乐章·皇帝行》："方兴典礼，永戢干戈。"严维《留别邹绍刘长卿》："待见干戈毕，何妨更采薇。"张祜《入潼关》："何处枭凶辈，干戈自不闲。"项斯《送友人游何东》："路去干戈日，乡遥饥馑年。"❸兵力，军队。朱冲和《遣临平监吏》："三千里外布干戈，果得鲸鲵入网罗。"李频《送边将》："若纵干戈更深入，应闻收得到昆仑。"于濆《南越谣》："雄风卷昏雾，干戈满楼船。"

【干世】 求为世用。钱起《送郎四补阙东归》："无事共干世，多时废隐沦。"温庭筠《过孔北海墓二十韵》："蕴策期干世，持权欲反经。"

【干戎】 犹兵戎。指战争。周朴《边思》："年高来远戍，白首罢干戎。"

【干名】 求得荣名。孟郊《上张徐州》："顾已诚拙讷，干名已蹉跎。"白居易《渭村退居寄礼部崔侍郎翰林钱舍人诗一百韵》："习隐将时背，干名与道妨。"许浑《山居冬夜喜魏扶见访因赠》："何事清平世，干名待有媒。"杜荀鹤《送李镡游新安》："邯郸李镡才峥嵘，酒狂诗逸难干名。"

【干忙】 徒然忙碌。吕岩《沁园春》词之二："限到头来，不论贫富，著甚干忙日夜忧。"

【干羽】 古代两种舞蹈的道具。武舞执干，文舞执羽。张说《唐封泰山乐章·凯和》："大哉干羽意，常见风云在。"独孤及《季冬自嵩山赴洛道中作》："宝鼎歊景云，明堂舞干羽。"贯休《大蜀皇帝寿春节进尧铭舜颂二首·尧铭》："舞擎干羽，囿入刍荛。"后亦指文德教化。石倚《舞干羽两阶》："干羽能柔远，前阶舞正陈。"

【干求】 谓以诗文谒见权贵而求得声誉。皇甫冉《落第后东游留别》："功成方自得，何事学干求。"

【干吕】 犹入吕。古以律为阳，吕为阴，故以"干吕”谓阴气调和。卢照邻《中和乐九章·歌登封第一》：“东云干吕，南风入弦。”彭伉《青云干吕》之一：“祥辉上干吕，郁郁又纷纷。”令狐楚《青云干吕》：“郁郁复纷纷，青霄干吕云。”焦郁《春雪》：“干吕知时泰，如膏候岁成。”

【干$_2$城】 比喻捍卫。见《诗·周南·兔罝》。皮日休《初夏即事寄鲁望》：“土室作深谷，藓垣为干城。”

【干紀】 违犯纲纪。杜甫《荆南兵马使太常卿赵公大食刀歌》：“魑魅魍魉徒为耳，妖腰乱领敢欣喜。”

【干時】 求功名于世。刘长卿《南湖送徐二十七西上》：“傲俗宜纱帽，干时倚布衣。”李渤《喜弟淑再至为长歌》：“却愁清逸不干时，高踪大器无人知。”许浑《赠高处士》：“未作干时计，何人问姓名。”张乔《城东寓居寄知己》：“干时退出长如此，频愧相忧道姓名。”

【干旄】 ❶杆饰牦尾的旌旗，用于仪仗。权德舆《赠文敬太子庙时享退文舞迎武舞乐章》：“干旄羽籥相亏蔽，一进一退殊行缀。”❷《诗·鄘风》篇名。柳宗元《游南亭夜还叙志七十韵》：“观象嘉素履，陈诗谢干旄。”

【干戚】 ❶亦作“干鏚”。盾与斧。泛指兵器，又为武舞的道具。褚亮《祭方丘乐章·舒和》：“玉帀牲牷分荐享，羽旄干戚递成容。”李白《古风》之三五：“如何舞干戚，一使有苗平。”崔郾《享文恭太子庙乐章》：“醴齐泛尊彝，轩县动干戚。”杜牧《分司东都四十韵》：“戈铤回紫塞，干戚散彤庭。”❷战争。李昂《从军行》：“欲令塞上无干戚，会待单于系颈时。”

【干將】 (—jiāng)春秋吴人。善铸剑，所铸之剑名龙渊、泰阿、工布、干将、莫邪。其妻名莫邪，后二剑即以其夫妻二人之名名之。见汉袁康《越绝书》。亦以指宝剑。李颀《送刘四》：“听讼破秋毫，应物利干将。”李白《赠潘侍御论钱少阳》：“三军论事多引纳，阶前虎士罗干将。”张祜《题弋阳馆》：“吴溪漫淬干将剑，却是猿声断客肠。”

【干將里】 (將 jiāng)里坊名，故址在今河南许昌。李适《饯许州宋司马赴任》：“傥到平舆泉，寄谢干将里。”

【干將墓】 (將 jiāng)有两处，一在江苏苏州，一在安徽芜湖。见宋黄裳《新定九域志》卷五。汪遵有《干将墓》。

【干進】 谋求仕进。元结《忝官引》：“而可爱轩裳，其心又干进。”又《与党侍御》：“诮吾须让者，乃是干进资。”薛能《北部题崇福寺》：“空空亦拟解，干进幸无媒。”

【干越】 地名。春秋越西界，汉置余汗县，故城在今江西余干县东北。刘长卿《送李侍御贬鄱阳》：“干越知何处，云山只向东。”又有《戏题干越尼子歌》又有《晚次苦竹馆却忆干越旧游》。

【干越亭】 亭名。参见“干越”。刘长卿有《初闻贬谪续喜量移登干越亭赠郑校书》。权德舆《余干赠别张二十二侍御》：“芜城陌上春风别，干越亭边岁暮逢。”施肩吾《宿干越亭》：“琵琶洲上人行绝，干越亭中客思多。”罗隐有《干越亭》。

【干雲】 上薄云天。武元衡《秋日台中寄怀简诸僚》：“干云岩翠合，布石地苔深。”元稹《郎竹》：“亭亭乍干云，袅袅亦垂地。”曹邺《送厉图南下第归澧州》：“君看山上草，尽有干云势。”

【干禄】 谋取官职。高适《真定即事奉赠韦使君二十八韵》：“不才羞拥肿，干禄谢侏儒。”白居易《短歌曲》：“问君少年日，苦学将干禄。”马戴《摅情留别并州从事》：“雕虫羞朗鉴，干禄贵明时。”李中《宿临江驿》：“干禄已悲凋发鬓，结茅终愧负烟萝。”

【干霄】 犹参天。皇甫冉《台头寺愿上人院古松下有小松裁毫末赋之》：“及至干霄日，何人复居此。”刘禹锡《和兵部郑侍郎省中四松诗十韵》：“便有干霄势，看成构厦材。”喻凫《广德官舍二松》：“谁见干霄后，枝飘白鹤毛。”崔涂《涧松》：“寸寸凌霜长劲条，路人犹笑未干霄。”

【干請】 犹干谒。杜甫《早发》：“艰危作远客，干请伤直性。”

【干謁】 求人荐举而谒见权贵。李白《登梅冈望金陵赠族侄高座寺僧中孚》：“几宿一下山，萧然忘干谒。”韩愈《送灵师》：“维舟事干谒，披读头风痊。”白居易《咏兴五首·出府归吾庐》：“更无客干谒，时有僧问疾。”贾岛《送饶州张使君》：“借问泊帆干谒者，谁人曾听峡猿愁。”

【干澤】 犹干禄。吴融《祝风三十二韵》：“干泽尚多难，学稼兹复尔。”

【干鏌】 干将、莫邪之连称。莫、鏌通。元稹《三叹》：“淬砺当阳铁，刻为干镆名。”参见“干將”。

【干鋋】 同“干鏚”。

【干鏚】 同“干戚”。

二　画

平[1] 〔píng《广韵》符兵切，平庚，並。《集韵》蒲兵切，平庚，並。〕❶平坦。杜甫《乐游园歌》：“公子华筵势最高，秦川对酒平如掌。”白居易《初入太行路》：“若比世路难，犹自平于掌。”韦庄《寓言》：“兔走乌飞如未息，路尘终见泰山平。”贯休《偶作二首》之二：“只见青山高，岂见青山平。”亦谓使之平。权德舆《奉和韦曲庄言怀贻东曲外族诸弟》：“燕居平外土，野服参华虫。”白居易《香山寺石楼潭夜浴》："平石为浴床，洼石为浴斛。"崔涂《晚次修路僧》："平尽不平处，尚嫌功未深。"❷填平，靡平。岑参《精卫》："西山木石尽，巨壑何时平。"李贺《王濬墓下作》："古书平黑石，袖剑断青铜。"吴商浩《北邙山》："冈原旋葬松新长，年代无人阙半平。"❸均平。元稹《思归乐》："命者道之本，死者天之平。"又《乐府古题·估客乐》："尔又生两子，钱刀何岁平。"❹平允，公正。寒山《诗三百三首》之一一七："可怜高幡帜，极目平升斗。"萧颖士《菊荣一篇五章》之二："有弦既鸣，我政则平。"岑参《饯王岑判官赴襄阳道》："害群应自慑，持法固须平。"元稹《哭女樊四十韵》："愠怒偏憎数，分张雅爱平。"❺齐平。颜真卿《登平望桥下作》："登桥试长望，望极与天平。"皇甫冉《东郊迎春》："彩云天仗合，玄象太阶平。"周贺《寄金陵僧》："水石致身闲自得，平云竹阁少炎蒸。"熊皎《湘江晓望》："微云过岛侵微月，古岸平江浸远天。"❻平稳。韦承庆《凌朝浮江旅思》："山远疑无树，潮平似不流。"元结《欸乃曲五首》之二："湘江二月春水平，满月和风宜夜行。"裴夷直《江上见月怀古》："月上江平夜不风，伏波遗迹半成空。"王贞白《御沟水》："鸟道来虽险，龙池到自平。"❼平定，平息。窦威《出塞曲》："匈奴屡不平，汉将欲纵横。"李端《送古之奇赴安西幕》："殷勤送书记，强虏几时平。"李涉《奉使京西》："卢龙已复两河平，烽火楼边处处耕。"韦庄《题淮阴侯庙》："如何不借平齐策，空看长星落贼围。"❽平和，宁静。李白《前有一樽酒行二首》之一："当年意气不肯平，白发如丝叹何益。"息夫牧《冬夜宴萧十丈因饯殷郭二子西上》："君子莅止，其心孔平。"白居易《和答诗十首·和思归乐》："问君何以然，道胜心自平。"齐己《登金山寺》："望来堪目断，上彻始心平。"❾太平。太宗《咏司马彪续汉志》："政宣竹律和，时平玉条备。"刘长卿《时平后送范伦归安州》："事往时平还旧丘，青青春草近家愁。"张籍《西州》："所愿除国难，再逢天下平。"张蠙《蓟北书事》："暑过燕僧出，时平虏客通。"❿平复。姚合《寄陕府内兄郭冏端公》："久客贵优饶，一醉旧疾平。"又《和前吏部韩侍郎夜泛南溪》："辞得官来疾渐平，世间难有此高情。"⓫平反。权德舆《湖南观察使袁公挽歌二首》之二："常闻平楚狱，为报里门高。"⓬平白无故。王建《赠崔礼驸马》："金埒减添栽药地，玉鞭平与卖书人。"李山甫《风》："能将尘土平欺客，爱把波澜枉陷人。"⓭经常的，普通的。见"平时❶""平常❶"。⓮汉语声调之一。见"平聲"。⓯姓。唐有"平澹然"。

平[2]　〔pián《广韵》房連切，平仙，並。〕辨治。李白《北上行》："何日王道平，开颜睹天光。"

【平一】　❶同一。孟郊《吊元鲁山》之一："天璞本平一，人巧生异同。"❷人名，即武平一。见《新唐书》本传。张说有《别平一师》。祖咏有《渡淮河寄平一》。

【平人】　犹平民。冯著《行路难》："行路难，权门慎勿干，平人争路相摧残。"刘叉《烈士咏》："胡为轻薄儿，使酒杀平人。"薛能《夏日蒲津寺居二首》之一："空余气长在，天子用平人。"张蠙《言怀》："唐祖本来成大业，岂非姚宋是平人。"

【平土】　犹平地。崔融《从军行》："坐看战壁为平土，近待军营作破羌。"

【平山】　较少峰峦的山脉。温庭筠《烧歌》："风驱槲叶烟，槲树连平山。"

【平川】　❶广阔平坦之地。杜甫《秋日夔府咏怀奉寄郑监李宾客一百韵》："有时惊叠嶂，何处觅平川。"张碧《游春引三首》之一："句芒小女精神巧，机罗杼绮满平川。"舒元舆《坊州按狱因成诗寄之》："此地少平川，冈阜相参差。"韦应物《题化城寺》："平川不见龙行雨，幽谷遥闻虎啸风。"❷平稳的河流。高适《自淇涉黄河途中作十三首》："朝景入平川，川长复垂柳。"陆龟蒙《奉和袭美太湖诗二十首·练渎》："平川盛丁宁，绝岛分储胥。"贯休《夏日晚望》："汀沙生旱雾，山火照平川。"齐己《夏日原西避暑寄吟友》："蝉依独树干吟苦，鸟忆平川渴过齐。"

【平子】　❶汉张衡之字。玄宗《送张说巡边》："茂先惭博物，平子谢文章。"皎然《送李季良北归》："北望雁门雪，空吟平子诗。"郑谷《题张衡庙》："远俗只凭淫祀切，多年平子固悠悠。"❷晋王澄之字。参见"平子絕倒"。

【平子四愁】　指汉张衡赋《四愁》诗之事。衡字平子。见张衡《四愁诗四首》序。崔峒《虔州见郑表新诗因以寄赠》："平子四愁今莫比，休文八咏自同时。"

【平子絕倒】　指晋王澄闻卫玠之言叹息绝倒之事。澄字平子。见《晋书·卫玠传》。李瀚《蒙求》："逸少倾写，平子绝倒。"

【平王】　❶即周平王。周昙《咏史诗·三代门·平王》："犬戎西集杀幽王，邦土何由不便亡。宜臼东来年更远，川流难绝信源长。"❷即春秋楚平王。元稹《楚歌十首》之三："平王渐昏惑，无极转承恩。"胡曾《咏史诗·柏举》："谁料伍员入郢后，大开陵寝挞平王。"

【平日】　平时。令狐楚《立秋日》："平日本多恨，新秋偏易悲。"罗衮《赠罗隐》："平日时风好涕流，谗书虽盛一名休。"子兰《登楼》："边邑鸿声一例秋，大波平日绕山流。"

【平水土】　称颂大禹治水之功。见《尚书·虞书·舜典》。杜甫《可叹》："用为羲和天为成，用平水土地为厚。”又《石犀行》：“安得壮士提天纲，再平水土犀奔茫。”吕温《登少陵原望秦中诸川太原王至德妙用有水术因用感叹》：“大禹平水土，吾人得其宗。”

【平反】 纠正错案。权德舆《送张詹事致政归嵩山旧隐》：“直指常持宪，平反更恤刑。”

【平分】 (—fēn)对等切分。韩愈《合江亭》：“穷秋感平分，新月怜半破。”雍陶《题等界寺二首》之二：“两国道涂都万里，来从此地等平分。”皮日休《奉和鲁望谢惠巨鱼之半》：“冷鳞中断榆钱破，寒骨平分玉箸光。”曹松《除夜》：“一宵犹几许，两岁欲平分。”

【平公】 ❶即晋平公。见《韩诗外传》卷六。周昙《咏史诗·春秋战国门·平公》：“鸿鹄轻腾万里高，何殊朝野得贤豪。能知翼戴穹苍力，不是蒙茸腹背毛。”❷人名。疑为平冽。杜甫《石研诗》：“平公今诗伯，秀发吾所羡。”

【平斗】 昔日以斗量米，齐口刮平，即为一斗，“平斗”犹谓满斗。《武后长寿元年民间谣》：“补阙连车载，拾遗平斗量。”

【平平】 ❶普通，平常。骆宾王《艳情代郭氏答卢照邻》：“倒提新缣成慊慊，翻将故剑作平平。”❷谓不峻刻。杜荀鹤《田翁》：“官苗若不平平纳，任是丰年也受饥。”

【平$_2$平】 (—pián)谓治理有序。陆龟蒙《奉和袭美二游诗·徐诗》：“伟矣开元中，王道真平平。”

【平旦】 清晨。骆宾王《帝京篇》：“三条九陌丽城隈，万户千门平旦开。”韩愈《李花二首》之一：“平旦入西园，梨花数株若矜夸。”白居易《题浔阳楼》：“深夜湓浦月，平旦炉峰烟。”汪遵《战城南》：“风沙刮地塞云愁，平旦交锋晚未休。”

【平目】 犹平视。姚合《春晚雨中》：“临轩平目望，情思若为宽。”

【平田】 犹平畴。韦应物《汉武帝杂歌三首》之三：“平田校猎书犹陈，此日从臣何不言。”王建《水夫谣》：“我愿此水作平田，长使水夫不怨天。”郭良骥《自苏州至望亭驿有作》：“远岫依依如送客，平田渺渺独伤春。”苏拯《狡兔行》：“草中三穴无处藏，何况平田无穴者。”

【平生】 ❶以前，往常。王勃《铜雀妓二首》之一：“君王无处所，台榭若平生。”岑参《送费子归武昌》：“平生有钱将与人，江上故园空四壁。”白居易《酬郑二司录与李六郎中寒食日相过同宴见赠》：“偶因冷节会嘉宾，况是平生心所亲。”李商隐《秋日晚思》：“平生有游旧，一一在烟霄。”❷一生，此生。孟浩然《除夜乐城逢张少府》：“平生复能几，一别十余春。”韩愈《调张籍》：“平生千万篇，金薤垂琳琅。”陆龟蒙《和过张祜处士丹阳故居》：“闻道平生多爱石，至今犹泣洞庭人。”卢注《酒胡子》：“长安斗酒十千酤，刘伶平生为酒徒。”❸旧交，交情。韦应物《寄职方刘郎中》：“相闻二十载，不得展平生。”白居易《赠别崔五》：“何如愁独日，忽见平生人。”又《劝酒十四首·何处难忘酒七首》之二：“此时无一醆，何以叙平生。”杨衡《送郑丞之罗浮中习业》：“何当真府内，重得款平生。”❹指一生的志业。卢象《杂诗二首》之一：“家居五原上，征战是平生。”姚系《送陆浑主簿赵宗儒之任》：“山中眇然意，此意乃平生。”柳宗元《首春逢耕者》：“农事诚素务，羁囚阻平生。”皮日休《奉和鲁望渔具十五咏·舴艋》：“若遣遂平生，艅艎不如是。”

【平仲】 春秋齐晏婴之字。温庭筠《题韦筹博士草堂》：“元卿谢免开三径，平仲朝归卧一裘。”

【平民】 普通百姓。徐铉《避难东归依韵和黄秀才见寄》：“自甘逐客纫兰佩，不料平民著战衣。”

【平地】 ❶平坦的陆地或地面。刘宪《奉和幸安乐公主山庄应制》：“沓石悬流平地起，危楼曲阁半天开。”王建《江陵道中》：“江村水落平地出，溪畔渔船青草中。”李商隐《韩碑》：“不据山河据平地，长戈利矛日可麾。”于邺《过百牢关贻舟中者》：“蜀国少平地，方思京洛间。”❷犹言下界凡世。韩琮《题商山店》：“碧涧门前一条水，岂知平地有天河。”方干《赠李支使》：“药成平地是寥天，三十人中最少年。”罗邺《落第书怀寄友人》：“若教仙桂在平地，更有何人肯苦心。”黄损《公子行》：“田翁与蚕妇，平地看神仙。”❸比喻突然。《张界引谚》：“娶妇得公主，平地生公府。”周贺《宿隐青寺上人》：“疏林末落上方月，深涧忽生平地云。”

【平地一聲雷】 比喻惊人之举。韦庄《喜迁莺》词之二：“凤衔金榜出云来，平地一声雷。”

【平地風波】 比喻世途的险恶无常。语本刘禹锡《竹枝词九首》之七：“长恨人心如水，等闲平地起波澜。”杜荀鹤《将过湖南经马当山庙因书三绝》之二：“只怕马当山下水，不知平地有风波。”

【平昔】 往日，以前。杜甫《柴门》：“书此豁平昔，回首犹暮霞。”刘禹锡《游桃源一百韵》：“居人互将迎，笑语如平昔。”李商隐《戏题枢言草阁三十二韵》：“平昔苦南北，动成云雨乖。”郑谷《寄司勋张员外学士》：“平昔偏知我，司勋张外郎。”

【平戎】 平定外族。高适《送浑将军出塞》：“远别无轻绕朝策，平戎早寄仲宣诗。”王建《送唐大夫罢节归山》：“年少平戎老学仙，表求骸骨乞天全。”高骈《言怀》：“恨乏平戎微，惭登拜将坛。”

【平夷】 夷为平地。郭周藩《潭子池》：“恐为妖魅假，不如早平夷。”

【平曲】 (—qū)谓不依法而予以宽大。见《后汉书·梁节王畅传》。骆宾王《畴昔篇》：“炎威资夏景，平曲况秋翰。”

【平行】　(—xíng)犹平步。方干《旅次洋州寓居郝氏林亭》:“青云未得平行去,梦到江南身旅羁。”

【平仲】　银杏的别名。沈佺期《夜宿七盘岭》:“芳春平仲绿,清夜子规啼。”

【平交】　❶平等之交。李白《少年行》:“府县尽为门下客,王侯皆是平交人。”杜荀鹤《访蔡融因题》:“每见苦心修好事,未尝开口怨平交。”❷平等交往。刘禹锡《同白二十二赠王山人》:“飞章上达三清路,受箓平交五岳神。”

【平安】　安稳如常。独孤及《癸卯岁赴南丰道中闻京师失守寄权士繇韩幼深》:“别来平安否,何阶一申眉。”刘禹锡《令狐相公自太原累示新诗因以酬寄》:“万里胡天无警急,一笼烽火报平安。”李商隐《送郑大台文南觐》:“黎辟滩声五月寒,南风无处附平安。”齐己《寄王振拾遗》:“折槛意何如? 平安信不虚。”

【平安火】　唐代每三十里置堠,每日初夜举烽火报平安,称“平安火”。元稹《遣行十首》之九:“迎候人应少,平安火莫惊。”姚合《穷边词二首》之二:“沿边千里浑无事,唯见平安火入城。”韩琮《京西即事》:“昭阳亦待平安火,谁握旌旗不见勋。”高骈《塞上曲二首》之二:“不知万里沙场苦,空举平安火入云。”

【平阡】　犹平田。钱起《蓝田溪杂咏二十二首·登台》:“晚景下平阡,花际霞峰色。”权德舆《和李大夫西山祈雨因感张曲江故事十韵》:“雷音生绝巘,雨足晦平阡。”欧阳詹《九日广陵登高怀邵二先辈》:“簪萸泛菊俯平阡,饮过三杯却惘然。”

【平弄】　指歌词押平声的缓调。李贺《申胡子觱篥歌》序:“吾问所宜,称善平弄。”

【平均】　均匀,均衡。李白《白鸠辞》:“含哺七子能平均,食不噎,性安驯。”白居易《自咏》:“唯是无儿头早白,被天磨折恰平均。”李商隐《四年冬以退居蒲之永乐寄情于游旧·残雪》:“莫能知帝力,空此荷平均。”姚鹄《及第后上主司王起》:“盛选栋梁非昔日,平均雨露及明时。”

【平志】　使心境平和。贺知章《唐禅社首乐章·福和》:“乐以平志,礼以和容。”

【平步】　平地行走,比喻轻易。白居易《浔阳岁晚寄元八郎中庾三十二员外》:“虚怀事僚友,平步取公卿。”

【平吞】　一口吞没。章碣《赠边将》:“千千铁骑拥尘红,去去平吞万里空。”熊皦《祖龙词》:“平吞六国更何求,童女童男问十洲。”

【平身】　谓行跪拜礼后起立站正。薛能《圣冈》:“古迹是何王,平身入石房。”又《嘲赵璘》之三:“火炉床上平身立,便与夫人作镜台。”

【平甸】　广平的郊野。徐铉《文献太子挽歌词五首》之五:“愁烟锁平甸,朔吹绕寒枝。”

【平判官】　指平澹然。澹然曾任节度判官。綦毋潜有《送平判官入秦》。

【平沙】　❶平坦的沙滩。李白《送祝八之江东赋得浣纱石》:“桃李新开映古查,菖蒲犹短出平沙。”潘咸《舟行》:“平沙极浦无人度,犹系孤舟寒草西。”杜荀鹤《秋日卧病》:“山顶老猿啼古木,渡头新雁下平沙。”❷指沙漠。岑参《碛中作》:“今夜不知何处宿,平沙万里绝人烟。”刘商《胡笳十八拍·第十六拍》:“平沙四顾自迷惑,远近悠悠随雁行。”白行简《李都尉重阳日得苏属国书》:“雁尽平沙迥,烟销大漠虚。”储嗣宗《随边使过五原》:“五原西去阳关废,日漫平沙不见人。”

【平沈】　(—chén)沦没。李山甫《读汉史》:“王莽弄来曾半破,曹公将去便平沉。”

【平坦】　平直坦荡。孟郊《赠竟陵卢使君虔别》:“归人忆平坦,别路多岖嵚。”韩愈《游青龙寺赠崔大补阙》:“惟君与我同怀抱,锄去陵谷置平坦。”

【平坡】　斜度不大的坡地。王季友《代贺若令誉赠沈千运》:“平坡冢墓皆我亲,满田主人是旧客。”

【平林】　远看树梢上齐的树林。李白《菩萨蛮》词:“平林漠漠烟如织,寒山一带伤心碧。”唐彦谦《原上》:“危桥横古渡,村野带平林。”

【平直】　❶平与直。施肩吾《金尺石》:“人世较短长,仙家爱平直。”❷平易质直。指文辞。王梵志《诗》之八二:“经记须平直,心中莫侧斜。”

【平叔】　三国魏何晏之字。方干《赠山阴崔明府》:“平叔正堪汤饼试,风流不合问年颜。”

【平叔傅粉】　指三国魏何晏喜以粉傅面之事。宴字平叔。见南朝宋刘义庆《世说新语·容止》,又见《三国志·魏志·何晏传》裴松之注引《魏略》。李瀚《蒙求》:“平叔傅粉,弘治凝脂。”

【平明】　黎明,天刚亮。苏瑰《兴庆池侍宴应制》:“金阙平明宿雾收,瑶池式宴俯清流。”岑参《至大梁却寄匡城主人》:“平明辞铁丘,薄暮游大梁。”张籍《少年行》:“百里报仇夜出城,平明还在娼楼醉。”李商隐《偶成转韵七十二句赠四同舍》:“平明赤贴使修表,上贺嫖姚收贼州。”

【平易】　平和宁静。李咸用《吴处士寄香兼劝入道》:“但居平易俟天命,便是长生不死乡。”

【平典】　公平的法令。高适《和贺兰判官望北海作》:“圣代务平典,辅轩推上才。”

【平帖】　平稳妥贴。高蟾《偶作二首》之一:“丁当玉佩三更雨,平帖金闺一觉云。”

【平冈】　平坦的山脊。李峤《兔》:“上蔡应初击,平冈远不稀。”

【平和】　❶调和。吴筠《步虚词十首》之一:“余庆逮天壤,平和王道融。”❷不激不厉。白居易《新乐府·五弦弹》:“融融曳曳召元气,听之不觉心平和。”又《寄同病者》:“以此反自尉,常得心平和。”

【平侍御】　疑为平洌,天宝十三载(754)官殿中侍御史,为安禄山判官。见颜真卿《东方先生画赞碑阴记》。杜甫《石研诗》题下原注:“平侍御者。”

【平羌】　县名。即今四川乐山市。北周置平羌郡。隋废,改峨眉县。薛能有《舟行至平羌》。

【平羌江】　即青衣江。因于平羌(今四川乐山市)流入岷江而得名。李白《峨眉山月歌》:“峨眉山月半轮秋,影入平羌江水流。”

【平法】　❶指执法公允。李益《秋晚溪中寄怀大理齐司直》:“国典唯平法,伊人方在斯。”❷公平之法。高适《饯宋八充彭中丞判官之岭南》:“翠羽干平法,黄金挠直绳。”

【平波】　平静的水面。李商隐《病中早访招国李十将军遇挈家游曲江》:“十顷平波溢岸清,病来惟梦此中行。”陆龟蒙《晓起即事因成回文寄袭美》:“平波落月吟闲景,暗幌浮烟思起人。”皮日休《奉和鲁望渔具十五咏·钓车》:“何处觅奔车,平波今渺渺。”

【平治】　平整,修治。白居易《新昌新居书事四十韵因寄元郎中张博士》:“平治绕台路,整顿近阶砖。”又《令狐尚书许过弊居先赠长句》:“已遣平治行药径,兼教扫拂钓鱼船。”

【平肩】　轿子名。参见“平肩舆”。权德舆《贞元七年蒙恩除太常博士代书却寄》:“开缄讽色丝,撰日驰平肩。”

【平肩舆】　一种简易的轿子。前后二人将轿杆置于肩,故名。李白《感时留别从兄徐王延年从弟延陵》:“时乘平肩舆,出入畏人知。”杜甫《郑典设自施州归》:“我有平肩舆,前途犹准的。”又《雨》:“岂无平肩舆,莫辨望乡路。”

【平定】　克复安定。韦应物《三台二首》之一:“未报长安平定,万国岂得衔杯。”

【平居】　❶平日,往常。杜甫《赠特进汝阳王二十韵》:“晚节嬉游简,平居孝义称。”朱湾《寒城晚角》:“角声朝朝兼暮暮,平居闻之尚难度。”韩愈《丰陵行》:“设官置卫锁嫔妓,供养朝夕象平居。”鲍溶《秋怀五首》之四:“平居乏愉悦,况复身险艰。”❷安居。杜甫《秋兴八首》之四:“鱼龙寂寞秋江冷,故国平居有所思。”白居易《和答诗十首·和思归乐》:“孟尝平居时,娱耳琴泠泠。”杜牧《华清宫三十韵》:“至道思玄圃,平居厌未央。”李群玉《将之京国赠薛员外》:“平居岁华晏,络纬啼林幽。”

【平門】　汉长安南门之一。又名“便门”。韦应物《秋集罢还途中作谨献寿春公黎公》:“将从平门道,憩车沣水湄。”又《答库部韩郎中》:“而我岂高致,偃息平门西。”又《晚归沣川》:“已想平门路,晨骑复言旋。”吴融《赴职西川过便桥书怀寄同年》:“平门桥下水东驰,万里从军一望时。”

【平陂】　稍平的岸边。郑畋《麦穗两岐》:“讴歌连上苑,化日遍平陂。”

【平春】　指仲春二月。此月为平月,故名。温庭筠《吴苑行》:“锦雉双飞梅结子,平春远绿窗中起。”

【平封】　指抵出祖上封赐的田地。白居易《悲哉行》:“平封还酒债,堆金选蛾眉。”

【平城】　古县名。秦置。治所在今山西大同市东北。汉高帝七年(前 200)亲征,被匈奴围困于此。李峤《雾》:“曹公迷楚泽,汉帝出平城。”李贺《平城下》:“饥寒平城下,夜夜守明日。”元稹《乐府古题·古筑城曲五解》之三:“平城被虏围,汉劇城墙走。”胡曾有《咏史诗·平城》。

【平看】　平视。宋之问《巫山高》:“俯听琵琶峡,平看云雨台。”崔翘《奉和圣制答张说南出雀鼠谷》:“顿觉山原尽,平看邑里分。”白居易《登天宫阁》:“高上烟中阁,平看雪后山。”

【平泉】　李德裕的别墅山庄,在洛阳郊外。裴潾有《前相国赞皇公早葺平泉山居赋四言诗十四首奉寄》。罗邺有《叹平泉》。郑谷《驾部郑郎中三十八丈因贺送》:“今日龙门看松雪,探春明日向平泉。”

【平泉上相】　(—xiàng)指李德裕。德裕有平泉山居,在东都,又曾为宰相。罗隐《薛阳陶觱篥歌》:“平泉上相东征日,曾为阳陶歌觱篥。”

【平衍】　平而低。元稹《史豸诗》序:“风雨而寒暑,山川正面原野平衍。”

【平施】　均匀施与。韩愈《喜雪献裴尚书》:“为祥矜大熟,希泽荷平施。”元稹《芳树》:“雨露贵平施,吾其春草芽。”

【平津】　❶地名。在今河北盐山县境。汉武帝以平津乡六百五十户封丞相公孙弘为平津侯。后以“平津”为丞相代称。任希古《和长孙秘监七夕》:“影照河阳妓,色丽平津闱。”杜甫《奉赠鲜于京兆二十韵》:“有儒愁饿死,早晚报平津。”白居易《宿裴相公兴化池亭》:“林亭一出宿风尘,忘却平津是要津。”贾岛《上谷旅夜》:“此心不向常人说,倚识平津万户侯。”❷坦途,大道。昙翼《招隐》:“连峰数千里,修林带平津。”❸同“平津侯”。岑参《刘相公中书江山画障》:“如何平津意,尚想尘外踪。”耿湋《过三郊驿却寄杨评事时此子郭令公欲有表荐》:“更思君去就,早晚问平津。”贯休《蜀王登福感寺塔三首》之一:“释子沾恩无以报,只擎章句贡平津。”

【平津邸】　犹平津阁。卢象《赠张均员外》："出自平津邸，还为吏部郎。"王维《别綦毋潜》："诏刊延阁书，高议平津邸。"储光羲《洛阳道五首献吕四郎中》之二："出入平津邸，自言娇且艳。"章八元《寄都官刘员外》："旧宅平津邸，槐阴接汉宫。"

【平津侯】　即汉公孙弘，弘元朔五年（前124）十一月为丞相，封平津侯。周昙《咏史诗·前汉门·平津侯》："儒素逢时得自媒，忽从徒步列公台。北辰如不延吾辈，东阁何由逐汝开。"亦用以指宰相。韩翃《赠别上元主簿张著》："上书一见平津侯，剑笏斜齐秣陵尉。"

【平津閣】　平津侯公孙弘曾起客馆、开东阁，广招士人。后以为招贤的典故。崔峒《客舍有怀因呈诸在事》："延首平津阁，家山日已春。"刘禹锡《奉送浙西李仆射相公赴镇》："自怜不识平津阁，遥望旌旗汝水头。"孙叔向《将赴东都上李相国》："四海兵初偃，平津阁正开。"吴融《岐阳蒙相国对宅因抒怀投献》："风有危亭月有台，平津阁畔好裴回。"

【平津東閣】　指汉丞相、平津侯公孙弘开东阁以延贤之事。见《汉书·公孙弘传》。后因用宰相之故实。钱起《题苏公林亭》："平津东阁在，别是竹林期。"亦作"平津阁"。韩翃《送李侍御赴徐州行营》："远属平津阁，前驱博望侯。"

【平素】　平时，往常。杜甫《咏怀二首》之二："皦皦幽旷心，拳拳异平素。"

【平砥】　平如砥石，喻无险阻。王周《志峡船具诗·百丈》："百丈为前牵，万险即平砥。"

【平原】　❶广阔的原野。虞世南《出塞》："扬桴上陇坂，勒骑下平原。"戎昱《塞下曲》："高蹄战马三千匹，落日平原秋草中。"朱庆余《自萧关望临洮》："日暮独吟秋色里，平原一望戍楼高。"曹邺《洛原西望》："秦树满平原，秦人不居此。"❷郡国名。汉高帝六年（前201）置郡，治所在平原（今县西南）。东汉、魏、晋或为国，或为郡，南朝宋后为郡。北魏废。隋大业及唐天宝、至德时又曾改德州为平原郡。岑参有《送颜平原》。白居易有《游平原赠晦叔》。皮日休《鲁望昨以五百言见贻亦迭和之微旨也》："平原陆夫子，投刺来翩跹。"❸即战国赵平原君。崔颢《孟门行》："金罍美酒满座春，平原爱才多众宾。"鲍溶《送薛补阙入朝》："平原门下十余人，独受恩多未杀身。"卢仝《走笔追王内丘》："平原孟尝骨已土，始有夫子堪知音。"❹指晋陆机。机曾任平原内史。王维《和陈监四郎秋雨中思从弟据》："平原思令弟，康乐谢贤昆。"韩翃《送李湜下第归卫州便游河北》："高谭魏国访先生，修刺平原过内史。"

【平原十日飲】　以为友朋痛饮欢聚的典故。见《史记·范雎蔡泽列传》载秦昭王与平原君书。陈子昂《赠别冀侍御崔司议》序："不尽平原十日之饮，又谢叔度累日之欢。"

【平原三千客】　战国赵平原君有敢死之士三千人。见《史记·平原君虞卿列传》。李白《自广平乘醉走马六十里至邯郸登城楼览古书怀》："平原三千客，谈笑尽豪英。"周昙《咏史诗·春秋战国门·毛遂》："平原门下三千客，得力何曾是素知。"

【平原君】　（？—前251）名赵胜，战国赵人。武灵王之子，惠文王之弟。相惠文王及孝成王。三免相，三复位，封于东武城，号平原君。与齐孟尝君田文、魏信陵君魏无忌、楚春申君黄歇称为"战国四公子"，各有门客三千人。事迹见《史记·平原君虞卿列传》。高适《邯郸少年行》："未知肝胆向谁是，令人却忆平原君。"李贺《浩歌》："买丝绣作平原君，有酒惟浇赵州土。"

【平原侯】　同"平原君"。韩翃《送蓨县刘主簿楚》："起家得事平原侯，晚出都门辞旧游。"

【平原客】　平原君喜宾客，门客常数千人，后以指依附权贵的士人。王维《济上四贤咏·成文学》："身为平原客，家有邯郸娼。"李贺《客游》："不谒承明庐，老作平原客。"

【平原賦】　指陆机的《叹逝赋》。此赋抒写对亲友凋零的哀思。后以为悼念至友的典故。卢藏用《宋主簿鸣皋梦赵六予未及报而陈子云亡今追为此诗答宋兼贻平昔游旧》："无复平原赋，空余邻笛声。"李端《慈恩寺怀旧》："缅怀山阳笛，永恨平原赋。"

【平時】　❶往时，平日。白居易《新乐府·西凉伎》："平时安西万里疆，今日边防在凤翔。"李商隐《九成宫》："十二层城阆苑西，平时避暑拂虹霓。"又《灞岸》："灞水桥边倚华表，平时二月有东巡。"❷太平时日。罗隐《轻飙》："战垒平时少，斋坛上处多。"徐夤《长安即事三首》之二："身登霄汉平时第，家得干戈定后书。"胡宿《次韵徐爽见寄》："五两青丝帝渥深，平时可敢叹英沈。"

【平₂秩】　❶分别秩序。陆龟蒙《奉和袭美太湖诗二十首·初入太湖》："斯须风妥贴，若受命平秩。"❷代指耕作。见《书·尧典》。则天皇后《唐明堂乐章·角音》："山震位，开平秩。"

【平皋】　水边高平之地。孟浩然《南归阻雪》："积雪覆平皋，饥鹰捉寒兔。"崔元翰《奉和圣制重阳旦日百寮曲江宴示怀》："平皋行雁下，曲渚双凫出。"温庭筠《寒食节日寄楚望二首》之一："愁碧竟平皋，韶红换幽圃。"

【平流】　平静的流水。白居易《池上赠韦山人》："新竹夹平流，新荷拂小舟。"李涉《题水月台》："平流白日无人爱,桥上闲行若个知。"杜荀鹤《泾溪》:"却是平流无石处,时时闻说有沉沦。"徐铉《赋得秋江晚照》:"落日照平流,晴空万里秋。"

【平流園】　园林名,故址在今山东汶上。曹邺有《从天平节度使游平流园》。高骈有《平流园席上》。

【平展】　平平地展开。白居易《奉和汴州令狐令公二十二韵》:"平展丝头毯,高褰锦额帘。"

【平除】　指拜官。窦常《酬舍弟牟秋日洛阳官舍寄怀十韵》:"正郎曾首拜,亚尹未平除。"

【平都】　山名。在四川丰都县东北。道家七十二福地之一。吕岩《登平都访仙》之一:"孟兰清晓过平都,天下名山总不如。"

【平野】　平坦广阔的原野。褚亮《临高台》:"迥瞰周平野,开怀畅远襟。"杜甫《旅夜书怀》:"星垂平野阔,月涌大江流。"李德裕《忆平泉杂咏·忆晚眺》:"牛羊平野外,桑柘夕烟间。"温庭筠《懊恼曲》:"悠悠楚水流如马,恨紫愁红满平野。"

【平康】　❶平安。詹琲《诏福建置惠民仓呈陈守御史》:"我愿相君谨刑政,雨旸时若自平康。"❷里巷名。唐长安丹凤街有平康里,为妓女聚居之处。白居易《江南喜逢萧九彻因话长安旧游戏赠五十韵》:"寓居同永乐,幽会共平康。"施肩吾《金吾词》:"染须偷嫩无人觉,唯有平康小妇知。"

【平康妓】　姓名未详。长安平康里妓女。开成三年(838),曾作诗赠裴思谦,见《北里志》。《全唐诗》卷八〇二录其诗一首。

【平康里】　里巷名。参见"平康❷"。裴思谦有《及第后宿平康里》。

【平涼】　郡名。十六国前秦置,治所在平凉。辖境相当于今甘肃平凉西北一带。隋大业及唐天宝、至德时又曾改原州为平凉郡。吕温《临洮送袁七书记归朝》:"忆年十五在江湄,闻说平凉且半疑。"

【平涼公】　指权文诞。曾为涪、常二州刺史,平凉公。见《新唐书·宰相世系表五下》天水权氏。权德舆《伏蒙十六叔寄示喜庆感三十韵因献之》注:"八代祖周宜昌公,七代祖隋鄜城公,六代祖,皇朝封平凉公,皆经勋庸而受爵士也。"

【平望】　镇名,在今江苏吴江县西南。唐时于此置驿。颜真卿有《登平望桥下作》。张祜有《题平望驿》。罗隐有《秋日泊平望驿寄太常裴郎中》。钱信《平望赠蚊》:"使此平望村,如吾江子汇。"

【平章】　❶商量,酌定。王梵志《诗》之一四:"有事须相问,平章莫自专。"张鷟《游仙窟诗·答文成》:"即今输口子,余事可平章。"❷品评。刘禹锡《同乐天和微之深春二十首》之一五:"追逐同游伴,平章贵价车。"❸官名。"平章事"的简称。参见"平欄花"。刘禹锡《和令狐相公别牡丹亭》:"平章宅里一栏花,临到开时不在家。"

【平章事】　官名。唐以尚书、中书、门下三省长官为宰相,因权重不常设置,选任其他官员加"同中书门下平章事"之名,同参国事。简称"平章事"或"平章"。皇甫澈有《赋四相诗·礼部尚书门下侍郎平章事李岘》及《门下侍郎平章事王缙》。

【平淥】　同"平绿❷"。

【平視】　目光平着前视。宋昱《樟亭观涛》:"委质任平视,谁能涯始终。"权德舆《酬南园新亭宴会璩新第慰庆之作时任宾客》:"南宫烟景浓,平视中南峰。"李瀚《蒙求》:"甄后出拜,刘桢平视。"

【平陸】　❶平原。李义府《在巂州遥叙封禅》:"沸鼓喧平陆,凝跸静通逵。"杜甫《三川观水涨二十韵》:"我经华原来,不复见平陆。"李德裕《追和太师颜公同清远道士游虎丘寺》:"藏山半平陆,坏谷为高岸。"皮日休《吴中苦雨因书一百韵寄鲁望》:"化之为暴雨,潀潀射平陆。"❷县名。故城在今山西平陆东北。顾非熊有《题平陆县亭》。

【平陵】　西汉五陵之一。汉昭帝之陵,在长安西北,渭河北岸咸阳原上。昭帝筑陵时置县。寒山《诗三百三首》之一〇一:"寻思少年日,游猎向平陵。"王维《奉寄韦太守陟》:"故人不可见,寂寞平陵东。"郎士元《赠韦司直》:"客来吴地星霜久,家在平陵音信疏。"韦庄《平陵老将》:"归来辞第宅,却占平陵居。"也泛指京城。李嘉祐《送王端赴朝》:"独遣吴州客,平陵结梦思。"皇甫冉《题高云客舍》:"吴国滞风烟,平陵延梦想。"

【平陰】　古邑名。春秋齐地。在今山东平阴县东北。唐时为县,属东平郡。高适有《奉酬北海李太守丈人夏日平阴亭》。

【平楚】　❶犹平林。吴筠《游仙二十四首》之二:"鸾凤栖瑶林,雕鹗集平楚。"皇甫冉《和樊润州秋日登城楼》:"露冕临平楚,寒城带早霜。"李商隐《访隐》:"月从平楚转,泉自上方来。"❷犹平野。孟浩然《从张丞相游南纪城猎戏赠裴迪张参军》:"高标回落日,平楚散芳烟。"阎防《晚秋石门礼拜》:"阳雁叫平楚,秋风急寒川。"刘得仁《送顾非熊作尉盱眙》:"路翻平楚阔,草带古淮新。"司马扎《美刘太保》:"万里天地空,清飙在平楚。"

【平揖】　双方地位相等,相见拱手而不拜。吕岩《七言》之一三:"无语下窥黄谷子,破颜平揖紫霞君。"

【平復】　痊愈。康复。杜甫《病后遇王倚饮赠歌》:"惟生哀我未平复,为我力致美肴膳。"齐己《荆州秋病起杂题一十五首·病见庭竹》:"秋来渐平复,吟绕骨毛轻。"

【平等】 ❶梵语意译。简称"等"。佛教名词。意为无差别或等同。指一切现象在共性或空性等上没有差别。寒山《诗三百三首》之九七："佛说元平等，总有真如性。"顾况《归阳萧寺有丁行者能修无生首作诗》："佛法付国王，平等无颇偏。"元稹《大云寺二十韵》："且将平等义，还奉圣明君。"白居易《岁暮道情二首》之一："为学空门平等法，先齐老少死生心。"❷隋僧昙延(515—588)的别名。桑泉(今山西临猗)人，俗姓王。开皇六年(586)敕为"平等沙门"。王昌龄《香积寺礼拜万回平等二圣僧塔》："万回主此方，平等性无违。"

【平曾】 籍贯未详。为人恃才傲物，多犯讳忌。事迹略见《唐诗纪事》卷六五。《全唐诗》卷五〇八录其诗三首。

【平虜將軍妻】 (將 jiāng)指三国魏平虏将军刘勋之妻王宋。见《玉台新咏》卷二刘勋妻王宋《杂诗二首》序。李白有《平虏将军妻》。

【平陽】 ❶郡名。三国魏正始八年(247)分河东郡置。治所在平阳(今山西临汾西南)。唐天宝、至德间又曾改晋州为平阳郡。杜审言《和李大夫嗣真奉使存抚河东》："姑射聊长望，平阳遂宛然。"李德裕《北固怀古》："丞相量纳川，平阳气冲斗。"马戴《送僧二首》之一："亲在平阳忆久归，洪河雨涨出关迟。"罗虬《比红儿诗》之三："陷却平阳为小怜，周师百万战长川。"❷古水名。在今湖南。元结《欸乃曲五首》之二："唱桡欲过平阳戍，守吏相呼问姓名。"❸指西汉平阳侯曹参。相传曹参好饮酒，闻邻近吏舍饮酒喧闹，不仅不予制止，反而与共酣醉。刘禹锡《和令狐相公以司空裴相见招南亭看雪四韵》："知是平阳会，人人带酒还。"又《酬乐天斋满日裴令公置宴席上戏赠》："平阳不独容宾醉，听取喧呼吏舍声。"❹指西汉大将军卫青。卫原为平阳侯骑从，后适平阳公主。后以借指驸马。周思钧《晦日宴高氏林亭》："骑出平阳里，筵开卫尉家。"王维《奉和杨驸马六郎秋夜即事》："结束平阳骑，明朝入建章。"杨巨源《赠崔驸马》："平阳不惜黄金埒，细雨花骢踏作泥。"❺同"平陽公主"。李适《侍宴安乐公主庄应制》："平阳金榜凤凰楼，沁水银河鹦鹉洲。"张谔《岐王席上咏美人》："平阳莫相妒，唤出不如他。"权德舆《赠郑国庄穆公主挽歌二首》之二："旧馆闭平阳，容车启寿堂。"❻李白之女。出嫁不久即卒。李白《寄东鲁二稚子》："娇女字平阳，折花倚桃边。"

【平陽公主】 汉景帝之女，武帝之姊。降平阳侯曹寿，故称平阳公主。事迹略见《史记·外戚世家》《卫将军骠骑列传》。王翰《飞燕篇》："孝成皇帝本娇奢，行幸平阳公主家。"刘禹锡《阿娇怨》："须臾宫女传来信，云幸平阳公主家。"杜牧《书情》："飞鹊徒来往，平阳公主亲。"

【平陽拊背】 指汉平阳公主拊卫子夫之背后，嘱贵幸后无相忘之事。见《史记·外戚世家》。杜牧《出宫人二首》之二："平阳拊背穿驰道，铜雀分香下璧门。"

【平陽歌舞】 汉武帝卫皇后(名子夫)，原为平阳公主歌女，武帝饮平阳家，悦子夫，因而得宠。后以为公主贵戚家歌舞的典故。刘洎《安德山池宴集》："平阳擅歌舞，金谷盛招携。"王昌龄《春宫曲》："平阳歌舞新承宠，帘外春寒赐锦袍。"孟浩然《崔明府宅夜观妓》："长袖平阳曲，新声子夜歌。"钱起《奉陪郭常侍宴浐川山池》："歌声掩金谷，舞态出平阳。"

【平陽舞】 同"平陽歌舞"。赵彦昭《奉和初春幸太平公主南庄应制》："林间花杂平阳舞，谷里莺和弄玉箫。"孟浩然《美人分香》："舞学平阳态，歌翻子夜声。"

【平道】 平坦的路。储光羲《巩城东庄道中作》："未获遵平道，徒言信薄夫。"韩愈《南山诗》："专心忆平道，脱险逾避臭。"王建《赠王侍御》："愚者昧邪正，贵将平道行。"贯休《上顾大夫》："谁云青云险，门前是平道。"

【平滑】 平而光滑。白居易《池上篇》序："弘农杨贞一与青石三，方长平滑可以坐卧。"

【平階】 ❶指台阶之平。杨炯《奉和上元酺宴应制》："下武发祯祥，平阶属会昌。"❷与台阶相平。李商隐《七月二十八日夜与王郑二秀才听雨后梦作》："觉来正是平阶雨，独背寒灯枕手眠。"

【平碧】 犹平绿。李贺《艾如张》："齐人织网如素空，张在野春平碧中。"温庭筠《太液池歌》："平碧浅春生绿塘，云容雨态连青苔。"

【平蓋山】 山名。在今四川彭山县北一里，下临系龙洞。无名氏有《平盖山》诗。

【平蓋沼】 湖名，在平盖山下。杜光庭《题平盖沼》。

【平蓋觀】 (—guàn)道观名。在平盖山，建于唐开元中。薛能有《平盖观》。

【平遠】 平坦远阔。朱庆余《与庞复言携酒望洞庭》："南湖春色通平远，贪记诗情忘酒杯。"

【平臺】 ❶古台名。故址在今河南商丘市东北。西汉梁孝王筑。孝王常与文士宴集于此。李峤《夏晚九成宫呈同僚》："碣馆分襄野，平台架射峰。"独孤及《酬梁二十宋中所赠兼留别梁少府》："担簦平台下，是日饮羁思。"杜牧《汴河怀古》："绵缆龙舟隋炀帝，平台复道汉梁王。"徐铉《使浙西先寄献燕王侍中》："欲问平台门下吏，相君还许吐茵不。"❷露天台榭。杜甫《重过何氏五首》之三："落日平台上，春风啜茗时。"

【平寧】 太平时日。杜荀鹤《乱世后逢村叟》："还似平宁征赋税，未尝州县略安存。"

【平實】 平稳踏实。王梵志《五言》之二："粗行出家儿，心中未平实。"

【平緑】 ❶指平坦的草地或田畴。温庭筠《鄠郊别墅寄所知》："持颐望平绿，万景集所思。"又《故城曲》："游丝荡平绿，明灭时相续。"温宪《春鸠》："村南微雨新，平绿净无尘。"❷亦作"平渌"。指无风的碧波。温庭筠《春愁曲》："觉后梨花委平绿，春风和雨吹池塘。"皮日休《太湖诗·练渎》："一阵水麝风，空中荡平渌。"又《奉和鲁望渔具十五咏·网》："闲来发其机，旋旋沈平绿。"

【平鋪】 平整地展开。白居易《柘枝妓》："平铺一合锦筵开，连击三声画鼓催。"吴融《赴阙次留献荆南成相公三十韵》："似平铺掌上，疑涌出壶中。"无名氏《碧玉潭》(外编下)："水面平铺映碧空，夜深明月照龙宫。"

【平樂】 (一lè)宫观名。汉高祖建，武帝时增修。在长安上林苑。皇帝常于此赐宴群臣。东汉明帝迁建于洛阳。后多以指宫苑宴饮之所。张九龄《奉和圣制南郊礼毕酺宴》："妙舞来平乐，新声出建章。"皇甫冉《长安路》："结束趋平乐，联翩抵狭斜。"胡宿《津亭》："平乐旧欢收不得，更凭飞梦到瀛洲。"

【平樂館】 (樂 lè)即平乐观。王维《寓言二首》之一："斗鸡平乐馆，射雉上林园。"杜牧《故洛阳城有感》："筚圭苑里秋风后，平乐馆前斜日时。"

【平蕩】 亦作"平盪"。扫荡平定。李白《北自蓟北门行》："单于一平荡，种落自奔亡。"杜牧《感怀诗一首》："勃云走轰霆，河南一平荡。"

【平蕪】 平坦的荒原。王维《送友人归山歌二首》之二："平芜绿兮千里，眇惆怅兮思君。"司空曙《送李嘉祐正字括图书兼往扬州觐省》："晚烧平芜外，朝阳叠浪东。"元稹《春分投简阳明洞天作》："驯鸥眠浅濑，惊雉迸平芜。"许棠《汴河十二韵》："直断平芜色，横分积石流。"

【平蕃曲】 (一qǔ)唐教坊曲名。刘长卿有《平蕃曲三首》。

【平橋】 ❶桥名。即咸阳桥，亦称西渭桥。白居易《宴散》："小宴追凉散，平桥步月回。"❷不拱的桥。许浑《陪郑史君泛舟晚归》："平桥低皂盖，曲岸转彤襜。"温庭筠《寄渚宫遗民弘里生》："荷叠平桥暗，萍稀败舫沉。"又《杨柳八首》之三："苏小门前柳万条，毵毵金线拂平桥。"

【平頭】 ❶齐头，谓整数无零头。白居易《登龙尾道南望忆庐山旧隐》："青山举眼三千里，白发平头五十人。"又《除夜》："火销灯尽天明后，便是平头六十人。"❷谓不戴冠巾。丘为《冬至下寄舍弟时应赴入京》："适远才过宿舂料，相随惟一平头奴。"李白《梁园吟》："平头奴子摇大扇，五月不热疑清秋。"韩翃《别汜水县尉》："奴子平头骏马肥，少年白皙登王畿。"李咸用《远公亭牡丹》："平头奴子啾银笙，红葩艳艳交童星。"

【平盧】 唐方镇名。开元七年(719)升平卢军使。治所在营州(今辽宁朝阳)。安史之乱后，移治青州(今山东淄博临淄北)。独孤及有《东平蓬莱驿夜宴平卢杨判官醉后赠别姚太守置酒留宴》。刘禹锡《平齐行二首》之一："胡尘昔起蓟北门，河南地属平卢军。"王建有《幽州送申稷评事归平卢》。

【平衡】 ❶指衡器称量平均。韩偓《漫作二首》之二："千钧将一羽，轻重在平衡。"❷持衡。指权衡优劣的工作。薛昭纬《华州榜诸门生》："时君过听委平衡，粉署华灯到晓明。"

【平澤】 平湖。周贺《与崔珏话别》："归思缘平泽，幽斋夜话迟。"

【平澹】 ❶平易恬淡。韩愈《送无本师归范阳》："奸穷怪变得，往往造平澹。"❷平夷无险。皮日休《太湖诗·入林屋洞》："俄尔造平淡，豁然逢光晶。"

【平澹然】 籍贯未详。曾任节度判官。与王维、綦毋潜有交往。王维有《送平澹然判官》。

【平輿】 为兄弟俱贤的典故。见《后汉书·许劭传》。骆宾王《伤祝阿王明府》序："既而鸿飞渐陆，将骋平舆之龙。"权德舆《奉和史馆张阁老以许二阁长爱弟俱为尚书伯仲同时列在南北省会于左掖因而有咏》："伯仲尽时贤，平舆与颍川。"又《送许著作分司东都》："月旦继平舆，风流仕石渠。"

【平輿泉】 即平舆渊，因避高祖李渊讳改。在今河南汝南县东南六十里。李适《饯许州宋司马赴任》："傥到平舆泉，寄谢干将里。"

【平盪】 同"平蕩"。

【平聲】 四声之一，声调平而长。皮日休有《奉酬鲁望夏日四声四首·平声》，又有《苦雨中又作四声诗寄鲁望·平声》。

【平疇】 犹平野。太宗《冬狩》："金鞍移上苑，玉勒骋平畴。"李白《送族弟凝至晏堌》："兔起马足间，苍鹰下平畴。"殷文圭《寄贺杜荀鹤及第》："一战平畴五字劳，昼归乡去锦为袍。"

【平穩】 ❶平静无波浪。杜甫《秋清》："十月江平稳，轻舟进所如。"宋齐丘《陪华林园试小妓羯鼓》："切断牙床镂紫金，最宜平稳玉槽深。"齐己《盆池》："平稳承天泽，依微泛曙烟。"又《答无愿上人书》："必有南游山水兴，汉江平稳好浮杯。"❷平安稳当。白居易《早夏游平原回》："肩舆颇平稳，涧路甚清凉。"李群玉《浔阳观水》:“莫见九江平稳去,还从三峡崄巇来。”曹松《江外除夜》:“不是多岐渐平稳,谁能呼酒祝昭回。”齐己《送周秀游峡》:“明年期此约,平稳到荆门。”

【平雠】　复仇。高辇《棋》:“不言如守默,设直似平雠。”

【平衢】　平坦的通途。李白《鲁中送二从弟赴举之西京》:“平衢骋高足,逸翰凌长风。”

三　画

年〔nián《广韵》奴颜切,平先,泥。〕❶谷熟。皇甫冉《杂言迎神词二首》序:“及夏不雨,虑将无年。”白居易《太和戊申岁大有年诏赐百寮出城观稼谨书盛事以俟采诗者》。徐铉《进雪诗》:“欲使新正识有年,故飘轻絮伴春还。”❷年成。李绅《闻里谣效古歌》:“鸣鸠拂羽知年好,齐和杨花踏春草。”陆龟蒙《奉和袭美太湖诗二十首·包山祠》:“将命礼且洁,所祈年不凶。”❸时间单位,一般为三百六十五天。白居易《八月十五日夜同诸客玩月》:“诚知亦有来年会,保得晴明强健无。”赵嘏《寒食离白沙》:“莫惊客路已经年,尚有青春一半妍。”刘沧《匡城寻薛闵秀才不遇》:“音容一别近三年,往事空思意浩然。”❹年节。李峤《立春日侍宴内殿出剪彩花应制》:“早闻年欲至,剪彩学芳辰。”❺每年。见“年例”。❻年代。王勃《三月曲水宴得烟字》:“松石偏宜古,藤萝不记年。”宇文融《奉和圣制宴都堂赐诗》:“申甫生周日,宣慈举舜年。”李群玉《登蒲涧寺后二岩三首》之一:“涧有尧年韭,山余禹日粮。”熊皎《游嵩山》:“翠木入云空自老,古碑横水莫知年。”❼岁月,泛指时间。崔融《哭蒋詹事俨》:“功成喜身退,时往惜年驰。”刘希夷《死马赋》:“盐车垂耳不知年,妆楼画眉宁记日?”徐铉《九日落星山登高》:“风烟不改年长度,终待林泉老此身。”❽年纪,岁数。李颀《送崔婴赴汉阳》:“才年三十佩铜印,知尔弦歌汉水清。”沈千运《感怀弟妹》:“骨肉能几人,年大自疏隔。”刘禹锡《酬滑州李尚书秋日见寄》:“丹霄未得路,白发又添年。”李频《及第后归》:“况此年犹少,酬知足自强。”❾年寿。孙逖《故右丞相赠太师燕文贞公挽词二首》之一:“命与才相偶,年将位不并。”白居易《哭孔戡》:“谓天果爱民,胡为夺其年。”又《池上即事》:“林下水边无厌日,便堪终老岂论年。”国邵南《梦崔暇妻诗》:“容华难久驻,知得几多年。”❿一生中按年龄划分的阶段。钱起《送傅管记赴罗军》:“赐璧腰金应可料,才略纵横年且妙。”又《送鲍中丞赴太原军营》:“年壮才仍美,时来道易行。”

【年支】　全年支出。徐夤《北园》:“生事罢求名与利,一窗书策是年支。”

【年少】　(—shào)❶年轻。寒山《诗三百三首》之一三七:“董郎年少时,出入帝京里。”王维《崔兴宗写真咏》:“画君年少时,如今君已老。”刘言史《放萤怨》:“放萤去,不须留,聚时年少今白头。”张蠙《赠闻一上人》:“见面虽年少,闻名似白头。”❷年轻人,少年。崔国辅《襄阳曲二首》之一:“城中美年少,相见白铜鞮。”顾况《赠僧二首》之二:“出头皆是新年少,何处能容老病翁。”白居易《与诸公同出城观稼》:“老尹醉醺醺,来随年少群。”曹邺《捕渔谣》:“天子好年少,无人荐冯唐。”

【年日】　泛指光阴。李商隐《摇落》:“摇落伤年日,羁留念远心。”

【年月】　岁月。李冶《寄朱放》:“相思无晓夕,相望经年月。”

【年功】　一年的劳绩。白居易《花前叹》:“岁课年功头发知,从霜成雪君看取。”

【年代】　❶时代。张说《赠崔公》:“事随年代远,名与图籍留。”李华《仙游寺》:“昔时秦王女,羽化年代久。”高适《古大梁行》:“年代凄凉不可问,往来唯有水东流。”吴商浩《北邙山》:“冈原旋葬松新长,年代无人阙半平。”❷年数。刘希夷《蜀城怀古》:“旧国有年代,青楼思艳妆。”

【年幼】　年纪幼小。韦庄《秦妇吟》:“妆成只对镜中看,年幼不知门外事。”

【年灰】　指葭灰。参见“律管”。苏颋《人日兼立春小园宴》:“年灰律象动,阳气开迎入。”李元操《和从叔禄愔元日早朝》:“铜浑变秋节,玉律动年灰。”

【年光】　❶年华,光阴。刘长卿《廨中见桃花南枝已开北枝未发因寄杜副端》:“年光不可待,空羡向南枝。”卢纶《卧病寓居龙兴观题十四韵寄冯生并赠乔尊师》:“世累如尘积,年光剧水流。”白居易《早秋曲江感怀》:“人寿不如山,年光忽于水。”李群玉《自澧浦东游江表途出巴丘投员外从公虞》:“百志不成一,东波掷年光。”❷春光。王勃《对酒春园作》:“自然催一醉,非但阅年光。”李嘉祐《韦润州后亭海榴》:“江上年年小雪迟,年光独报海榴知。”张仲素《汉苑行二首》之一:“年光到处皆堪赏,春色人间总不知。”谭用之《感怀呈所知》:“千年别恨调琴懒,一片年光览镜慵。”

【年年】　每年。王昌龄《万岁楼》:“年年喜见山长在,日日悲看水独流。”柳公绰《和武相锦楼玩月得浓字》:“此夜年年月,偏宜此地逢。”元稹《春游》:“酒户年年减,山行渐渐难。”陆龟蒙《新沙》:“蓬莱有路教人到,应亦年年税紫芝。”

【年祀】　年岁。骆宾王《同辛簿简仰酬思玄上人林泉四首》之一:“崩查年祀积,幽草岁时新。”

【年長】　(—zhǎng)❶年龄大。贾岛《净业寺与前鄠县李廓少府同宿》："家贫初罢吏，年长畏闻蛩。"韦庄《岁晏同左生作》："不须临皎镜，年长易凄凄。"❷年龄增大。刘猛《苦雨》："夜梦戈甲鸣，苦不愿年长。"

【年芳】　指美好的春光。乔知之《倡女行》："愿君驻金鞍，暂此共年芳。"刘长卿《送韦赞善使岭南》："岁贡随重译，年芳遍四时。"鲍溶《暮春戏赠樊宗宪》："羌笛胡琴春调长，美人何处乐年芳。"温庭筠《寒食节日寄楚望二首》之二："年芳苦沉潦，心事如摧橹。"

【年事】　年纪，年岁。张说《相州山池作》："及此年事衰，徒看众花发。"杜甫《重送刘十弟判官》："年事推兄忝，人才觉弟优。"白居易《四年春》："时辈推迁年事到，往还多是白头人。"卢殷《长安亲故》："年事已多筋力在，试将弓箭到并州。"

【年來】　❶近年以来。元载《别妻王韫秀》："年来谁不厌龙钟，虽在侯门似不容。"刘商《寄李俌》："年来渐觉髭须黑，欲寄松花君用无。"陆龟蒙《杂讽九首》之二："年来横干戈，未见拔城邑。"❷犹春来。陈润《赋得池塘生春草》："古往人何在，年来草自春。"王建《簇蚕辞》："神蚕急作莫悠扬，年来为尔祭神桑。"白居易《自问》："年来私自问，何故不归京?"赵嘏《汾上宴别》："年来未归客，马上春色暮。"

【年來歲去】　谓岁月匆匆。骆宾王《畴昔篇》："年来岁去成销铄，怀抱心期渐寥落。"

【年狀】　年龄和形貌。张籍《逢王建有赠》："年状皆齐初有髭，鹊山漳水每追随。"

【年和】　谓风调雨顺。员南溟《玉烛》："年和知岁稔，道泰喜秋成。"

【年例】　每年的常规。孟浩然《早梅》："园中有早梅，年例犯寒开。"

【年命】　年寿命运。李贺《恼公》："跳脱看年命，琵琶道吉凶。"

【年春】　新春。曹松《客中立春》："土牛呈岁稔，彩燕表年春。"

【年侵】　❶年纪渐老。杜甫《寄赞上人》："年侵腰脚衰，未便阴崖秋。"白居易《吾庐》："吾庐不独贮妻儿，自觉年侵身力衰。"❷年底将至。杜甫《瀼西寒望》："年侵频怅望，兴远一萧疏。"白居易《和东川杨慕巢尚书十四韵》："行断风惊雁，年侵日下坡。"

【年紀】　年龄。岑参《秋夕读书幽兴献兵部李侍郎》："年纪蹉跎四十强，自怜头白始为郎。"王建《原上新居十三首》之十一："近来年纪到，世事总无心。"雍陶《赠玉芝观王尊师》："时流见说无人在，年纪唯应有鹤知。"徐夤《义通里寓居即事》："愁鬓已还年纪白，衰容宁藉酒杯红。"

【年荒】　指年成不佳，粮食歉收。戎昱《诗》："郡从兵乱年荒后，人似开元天宝时。"

【年柳】　春柳。太宗《春池柳》："年柳变池台，隋堤曲直回。"

【年高】　年老。刘禹锡《秋日书怀寄白宾客》："州远雄无益，年高健亦衰。"

【年衰】　年老。杜甫《夔府书怀四十韵》："扬镳惊主辱，拔剑拨年衰。"刘长卿《酬皇甫侍御见寄时前相国姑臧公初临郡》："岁俭依仁政，年衰忆故乡。"白居易《夏夜宿直》："年衰自无趣，不是厌承明。"

【年病】　因衰老而病痛。张九龄《始兴南山下有林泉尝卜居焉荆州卧病有怀此地》："敢忘丘山施，亦云年病侵。"

【年酒】　指过年宴庆之酒。赵防《秋日寄弟》："鹡鸰今在远，年酒共谁斟。"

【年流】　岁月流逝。戎昱《宿桂州江亭呈康端公》："露滴千家静，年流一叶催。"杜牧《南楼夜》："玉管金樽夜不休，如悲昼短惜年流。"

【年華】　❶年岁。一年的光阴。李端《野亭三韵送钱员外》："幽人步林后，叹此年华晚。"韩愈《喜雪献裴尚书》："已分年华晚，犹怜曙色随。"曹邺《夜坐有怀》："年华且有限，厥体难久康。"徐夤《春末送陈先辈之清源》："贫中惟是长年华，每羡君行自叹嗟。"❷时光。王维《晚春严少君与诸公见过》："自怜黄发暮，一倍惜年华。"孟郊《招文士饮》："曹刘不免死，谁敢负年华。"白居易《和刘郎中曲江春望见示》："羡君犹壮健，不枉度年华。"皮日休《奉和鲁望樵人十咏·樵家》："居兹老复老，不解叹年华。"❸指人的青春期。李嘉祐《送王牧往吉州谒王使君叔》："年华初冠带，文体旧弓裘。"冯待征《虞姬怨》："逢君游侠英雄日，值妾年华桃李春。"❹谓春光。陈叔达《早春桂林殿应诏》："金铺照春色，玉律动年华。"杨凌《阁前双槿》："非关后桃李，为欲继年华。"元稹《定僧》："落魄闲行不著家，遍寻春寺赏年华。"李商隐《赠句芒神》："原得句芒索青女，不教容易损年华。"

【年涯】　年龄。褚载《句》："净名方丈虽然病，曼倩年涯未有多。"

【年深】　时间久远。李商隐《肠》："拟问阳台事，年深楚语讹。"吕岩《西江月》词之一："著意黄庭岁久，留心金碧年深。"

【年禄】　每年的官俸。白居易《凶宅》："凡为大官人，年禄多高崇。"

【年幾】　（一jǐ）犹年纪。岑参《太白胡僧歌》："此僧年几那得知，手种青松今十围。"杜甫《王竟携酒高亦同过共用寒字》诗末原注："高每云：'汝年几且不必小于我，故此句戏之。"司空曙《拟百劳歌》："玉颜年几新上头，回身敛笑多自羞。"和凝《何满子》词之一："正是破瓜年几，含情惯得人饶。"

【年歲】 ❶岁月。光阴。白居易《暮春寄元九》："但觉日月促，不嗟年岁徂。"蔡瑰《夏日闺怨》："君恋京师久留滞，妾怨高楼积年岁。"❷年纪。马令《早春陪敕使麻先生祭岳》："麻姑几年岁，三见海成田。"❸年年。郑愔《塞外三首》之三："汉家征戍客，年岁在楼兰。"

【年運】 年光的流逝。赵氏《古兴》之三："不惮行险道，空悲年运促。"韦应物《送宣州周录事》："但睹年运驶，安知后会因。"元稹《长庆历》："历日何足悲，但悲年运易。"

【年壽】 寿命。骆宾王《浮槎》序："固可垂荫万亩，悬映九霄，与建木较其短长，将大椿齐其年寿者。"古之奇《秦人谣》："人生贵年寿，吾恨死不早。"白居易《赠杓直》："人情爱年寿，夭死者颜渊。"方干《送何道者》："真经与术添年寿，灵药分功入鬓毛。"

【年貌】 年龄容貌。张说《江路忆郡》："年貌不暂留，欢愉及玄发。"王涯《闺人赠运五首》之二："远戍功名薄，幽闺年貌伤。"白居易《寄元九》："非徒改年貌，渐觉无心力。"李群玉《江楼闲望怀关中亲故》："年貌暗随黄叶去，时情深付碧波流。"

【年韶】 年景美好。魏征《五郊乐章·舒和》："笙歌籥舞属年韶，鹭鼓凫钟展时豫。"

【年髮】 年老则鬓发斑白。指衰老。骆宾王《秋日送别》："共此伤年发，相看惜去留。"李益《上黄堆烽》："年发已从书剑老，戎衣更逐霍将军。"

【年穀】 一年所获的粮食。钱起《送襄阳卢判官奏开河事》："飞棹转年谷，利人胜岁丰。"

【年齒】 年龄。耿沣《华州客舍奉和崔端公春城晓望》："贫病催年齿，风尘掩姓名。"白居易《答刘和州禹锡》："好相收拾为闲伴，年齿官班约略同。"方干《元日》："才酌屠苏定年齿，坐中惟笑鬓毛斑。"杜荀鹤《赠宣城麋明府》："年齿吟将老，生涯说可悲。"

【年輩】 年龄和辈份。李商隐《偶成转韵七十二句赠四同舍》："众中赏我赋高唐，回看屈宋由年辈。"

【年課】 指一年的诗作。黄滔《长安书事》："一年年课数千言，口祝心祠挈出门。"

【年邁】 年老。王梵志《诗》之一六："耶娘绝年迈，不得离旁边。"

【年曆】 记载年月日的簿书。元稹《长庆历》："年历复年历，卷尽悲且惜。"

【年豐】 谓当年粮食丰收。李适《丰年多庆九日示怀》："重阳有佳节，具物欣年丰。"白居易《洛阳春赠刘李二宾客》："年丰酒浆贱，日晏歌吹繁。"薛存诚《膏泽多丰年》："八方甘雨布，四远报年丰。"

【年顏】 ❶犹年貌。白居易《赠梦得》："年颜老少与君同，眼未全昏耳未聋。"李商隐《戏题枢言草阁三十二韵》："年颜各少壮，发绿齿尚齐。"方干《赠山阴崔明府》："平叔正堪汤饼试，风流不合问年颜。"韩偓《赠吴颠尊师》："议论通三教，年颜称五更。"❷指衰容。齐己《寄何崇丘员外》："寻思章岸见，全未有年颜。"

【年臘】 佛教语。泛指僧龄。腊，指僧人受戒后计算的年岁。白居易《送文畅上人东游》："貌依年腊老，心到夜禅空。"于頔《郡斋卧疾赠昼上人》："逢师年腊长，值我病容羸。"李山甫《迁居清溪和刘书记见示》："祖意岂从年腊得，松枝肯为雪霜低。"

【年齡】 人或事已经存在的年数。刘禹锡《和牛相公题姑苏所寄太湖石兼寄李苏州》："徒然想融结，安可测年龄。"皮日休《虎丘寺殿前有古杉一本形状丑怪图之不尽遂赋三百言以见志》："品格齐辽鹤，年龄等宝龟。"徐夤《病中春日即事寄主人尚书二首》之二："玄穹若假年龄在，愿捧铜盘为国贤。"

【年籥】 古代记时的竹牌。孟浩然《荆门上张丞相》："四时年籥尽，千里客程催。"

【年鬢】 指衰老。王维《初出济州别城中故人》："纵有归来日，各愁年鬓侵。"窦巩《老将行》："烽烟犹未尽，年鬓暗相催。"白居易《青龙寺早夏》："朝朝感时节，年鬓暗蹉跎。"李商隐《咏怀寄秘阁旧僚二十六韵》："年鬓日堪悲，衡茅益自嗤。"

并¹

〔bīng《广韵》府盈切，平清，幫。《集韵》卑盈切，平清，幫。〕❶聚合，相兼。陈子昂《感遇诗三十八首》之六："古之得仙道，信与元化并。"令狐峘《硖州旅舍奉怀苏州韦郎中》："羡彼农亩人，白首亲友并。"白居易《首夏》："有一即为乐，况吾四者并。"吴融《个人三十韵》："翼只思鹣比，根长羡藕并。"❷兼并；并吞。李商隐《井泥四十韵》："嬴氏并六合，所来因不韦。"陆龟蒙《奉酬袭美先辈初夏见寄次韵》："秦皇苦不达，天下何足并。"❸和，与。李涉《题温泉》："当时姚宋并燕许，尽是骊山从驾人。"贾岛《送南卓归京》："长策并忠告，从容写玉墀。"李贞白《咏罂粟子》："鼓捶并瀑箭，直是有来由。"❹州名。见"并州"。杜甫《送高三十五书记》："高生跨鞍马，有似幽并儿。"耿沣《送河中张胄曹往太原计会回》："北风长至远，四牡向幽并。"

并²

〔bìng《广韵》畀政切，去劲，幫。〕共，皆。欧阳询《嘲萧瑀射》："十回俱著地，两手并擎空。"杜甫《秦州见敕目薛三璩授司议郎三十韵》："别来头并白，相见眼终青。"白居易《秋霖中过尹纵之仙游山居》："岁晚千万虑，并入方寸心。"

【并力】 合力。元稹《度门寺》："宿荫高声忏，斋粮并力舂。"

【并包】 一切皆包括在内。韩愈《元和圣德诗》：

“并包畜养，无异细钜。”

【并州】　州名。汉武帝所置十三刺史部之一。辖境相当于今山西大部及河北、内蒙古一部分。东汉治所在晋阳(今山西太原市西南)，辖境扩大至今陕西北部与河套地区。开元中改为太原府。李白《忆旧游寄谯郡元参军》：“君家严君勇貔虎，作尹并州遏戎虏。”任华《怀素上人草书歌》：“锋芒利如欧冶剑，劲直浑是并州铁。”白居易《出使在途所骑马死改乘肩舆寄太原李相公》：“并州好马应无数，不怕旌旄试觅看。”李频《送友人往太原》：“汾河流晋地，塞雪满并州。”

【并州兒】　并州古出游侠。后以“并州儿”泛称北方边地的豪侠青年。李颀《塞下曲》：“少年学骑射，勇冠并州儿。”李白《少年行三首》之一：“经过燕太子，结托并州儿。”刘济《出塞曲》：“倚是并州儿，少年心胆雄。”岑参《北庭西郊候封大夫受降回军献上》：“近来能走马，不弱并州儿。”

【并州剪】　并州产剪刀，以锋利著称。杜甫《戏题画山水图歌》：“焉得并州快剪刀，翦取吴松半江水。”

【并吞】　❶统一。杜甫《剑门》：“并吞与割据，极力不相让。”又《诸葛庙》：“翊戴归先主，并吞更出师。”又《夔州歌十绝句》之二：“英雄割据非天意，霸主并吞在物情。”张俨《贞元八年十二月谒先主庙绝句三首》之二：“仗顺继皇业，并吞势由已。”❷侵吞，兼并。李山甫《乱后途中》：“诸侯贪割据，群盗恣并吞。”

【并汾】　并州与汾州。泛指今山西一带。卢纶《送尹枢令狐楚及第后归觐》：“鞍马并汾地，争迎陆与潘。”令狐楚《游晋祠上李逢吉相公》：“相思临水下双泪，寄入并汾向洛川。”韦庄有《送人游并汾》。

【并部】　犹并州。韩偓《北齐二首》之二：“并部义旗遮日暗，邺城飞焰照天红。”

十　画

幹[1]　〔gàn《广韵》古案切，去翰，見。〕❶树干。王绩《古意六首》之一：“材抽峄山干，徽点昆丘玉。”杜甫《有感五首》之四：“由来强干地，未有不臣期。”沈传师《次潭州酬唐侍御姚员外游道林岳麓寺题示》：“樛枝竞骛龙蛇势，折干不灭风霆痕。”韦庄《题颍源庙》：“万木倚檐疏干直，群峰当户晓岚晴。”❷柱，主干。太宗《初春登楼即目观作述怀》：“连甍岂一拱，众干如千寻。”皇甫冉《上礼部杨侍郎》：“敢言当一干，徒欲隶诸生。”❸杆子。李贺《贵主征行乐》：“奚骑黄铜连锁甲，罗旗香干金画叶。”又《画角东城》之四：“戟干横龙簴，刀环倚桂窗。”❹躯干。庄南杰《寄郑嵎叠石砚歌》：“孤峰削叠一尺云，虎干熊跪势皆遍。”❺做，办理。见“幹蠱”。❻通“榦”。版筑时竖立在两旁的木桩。高适《送张瑶贬五溪尉》：“他日维桢干，明时悬镆铘。”

幹[2]　〔hán《集韵》河干切，平寒，匣。〕通“韓”。井上木栏。李峤《楼》：“汉宫井干起，吴国落星开。”刘方平《铜雀妓》：“泪痕沾井幹，舞袖为谁长？”

【幹蠱】　称美子传父业。见《易·蛊》。包何《相里使君第七男生日》：“他时干蛊声名著，今日悬弧宴乐酣。”

幺　部

一　画

幻〔huàn《广韵》胡辨切，去裥，匣。〕❶假象，虚无，梦幻。苑咸《酬王维》："三点成伊犹有想，一观如幻自忘筌。"白居易《放言五首》之五："生去死来都是幻，幻人哀乐系何情。"杜荀鹤《题著禅师》："大道本无幻，常情自有魔。"❷变化，变幻。柳宗元《同刘二十八院长述旧言怀感时书事奉寄澧州赠二君子》："善幻迷冰火，齐谐笑柏涂。"见"幻出"。❸戏谑。韩愈《崔十六少府摄伊阳以诗及书见投因酬三十韵》："又言致猪鹿，此语乃善幻。"

【幻人】　古代对魔术艺人的称呼。白居易《放言五首》之五："生去死来都是幻，幻人哀乐系何情。"

【幻世】　虚幻的尘世。欧阳詹《送少微上人归德峰》："幻世方同悟，深居愿继踪。"白居易《对酒》："幻世如泡影，浮生抵眼花。"又《想东游五十韵》："幻世春来梦，浮生水上沤。"

【幻化】　（—huà）❶变幻，变化。白居易《新磨镜》："鬓毛从幻化，心地付头陀。"郑嵎《津阳门诗》："禁庭术士多幻化，上前较胜纷相持。"张直《宿顾城二首》之二："神夺悔悟魄，幻化为石鸡。"❷佛教语。谓万物了无实性。寒山《诗三百三首》之一九六："浮生幻化如灯烬，冢内埋身是有无。"又《诗三百三首》之二〇五："自觉浮生幻化事，逍遥快乐实善哉。"

【幻出】　幻化而出。薛涛《江月楼》："阳安小儿拍手笑，使君幻出江南景。"元稹《寄赠薛涛》："锦江滑腻蛾眉秀，幻出文君与薛涛。"

【幻生】　佛教语。谓生本无生。郑颋《临刑诗》："幻生还幻灭，大幻莫过身。"参见"幻滅"。

【幻身】　佛教语。肉身，形骸。意谓身躯由地、水、火、风假合而成，无实如幻，故曰幻身。常衮《登栖霞寺》："回首空门外，皤然一幻身。"清江《早春书情寄河南崔少府》："宇宙成遗物，光阴促幻身。"欧阳詹《永安寺照上人房》："群阴欲午钟声动，自煮溪蔬养幻身。"白居易《感芍药花寄正一上人》："开时不解比色相，落后始知如幻身。"

【幻泡】　佛教语。喻事物虚幻无常，如同泡影。白居易《春忆二林寺旧游因寄朗满晦三上人》："清净久辞香火伴，尘劳难索幻泡身。"刘兼《偶有下殇因而自遣》："彭寿殇龄共两空，幻泡缘影梦魂中。"

【幻迹】　幻化出来的行迹。司空曙《寄天台秀师》："幻迹示羸病，空门无住持。"

【幻情】　虚幻之情。皎然《答道素上人别》："幻情有去住，真性无离别。"

【幻滅】　佛教语。谓生本无生，灭亦无灭，事物的消亡并非实有其事。郑颋《临刑诗》："幻生还幻灭，大幻莫过身。"

【幻夢】　虚幻的梦境。王维《胡居士卧病遗米因赠》："有无断常见，生灭幻梦受。"

【幻境】　虚幻的境界。清江《送韦参军江陵》："身随幻境劳多事，迹学禅心厌有名。"

【幻質】　佛教语。犹幻身。寒山《诗三百三首》之一六一："蔬食养微躯，布裘遮幻质。"澹交《写真》："水花凝幻质，墨彩染空尘。"

二　画

幼〔yòu《广韵》伊謬切，去幼，影。〕❶年岁小；孩提时。见《礼记·曲礼上》。韦应物《送杨氏女》："幼为长所育，两别泣不休。"白居易《题文集柜》："我生业文字，自幼及老年。"见"幼子""幼龄"。❷年轻。见"幼女""幼客""幼婦❶"。

【幼女】　年幼的女子。白居易《浔阳岁晚寄元八郎中庾三十二员外》："漏尽鸡人报，朝回幼女迎。"刘长卿《送子婿崔真父归长城》："送君卮酒不成欢，幼女辞家事伯鸾。"刘禹锡《同乐天和微之深春二十首》之十六："何处深春好，春深幼女家。"

【幼女憂葵】　用以为担忧国事之典。事见刘向《列女传·鲁漆室女》。李商隐《咏怀寄秘阁旧僚二十六韵》："小男方嗜栗，幼女漫忧葵。"

【幼子】　年幼之子。杜甫《自京赴奉先县咏怀五百字》："入门闻号咷，幼子饥已卒。"张籍《哭胡十八遇》："幼子见生才满月，选书知写未呈人。"

【幼年】　年纪幼小。张籍《别段生》："幼年独为客，举动难得宜。"

【幼成】　即李幼成。李白有《秋夜宿龙门香山寺奉寄王方城十七丈奉国莹上人从弟幼成令问》，又有

《答从弟幼成过西园见赠》。

【幼冲】 年龄幼小。亦谓小孩。元稹《春六十韵》:“药溉分窠数,篱栽备幼冲。”

【幼男】 幼子,年幼之子。李商隐《王十二兄与畏之员外相访见招小饮时予以悼亡日近不去因寄》:“嵇氏幼男犹可悯,左家娇女岂能忘。”

【幼客】 少年游子。李贺《勉爱行二首送小季之庐山》之二:“江干幼客真可念,郊原晚吹悲号号。”

【幼累】 (—lěi)指年幼的儿女。薛逢《老去也》:“回看幼累与老妻,俱是途中远行客。”

【幼妇】 ❶少妇。许浑《春日题韦曲野老村舍二首》之二:“莺啼幼妇懒,蚕出小姑忙。”❷指《幼妇辞》。见南朝宋刘义庆《世说新语·捷悟》。寒山《诗三百三首》之一四一:“杨修见幼妇,一览便知妙。”

【幼妇碑】 即曹娥碑。因碑背上题材有“黄绢幼妇外孙齑臼”八字,故名。杜甫《偶题》:“漫作《潜夫论》,虚传幼妇碑。”钱起《江行无题一百首》之五四:“不见头陀寺,空怀幼妇碑。”参见“幼妇❷”。

【幼稚】 幼孩。宋之问《放白鹇篇》:“著书晚下麒麟阁,幼稚骄痴候门乐。”韩翃《又题张逸人园林》:“时携幼稚诸峰上,闲濯眉须一水滨。”

【幼遐】 李儋之字。韦应物有《宴别幼遐与君贶兄弟》,又有《与幼遐君贶兄弟同游白家竹潭》。

【幼贱】 自幼贫贱。张籍《献从兄》:“名高满朝野,幼贱谁不闻。”

【幼龄】 少年。孟郊《送黄构擢第后归江南》:“幼龄思奋飞,弱冠游灵台。”

六 画

幽 〔yōu《广韵》於虯切,平幽,景。〕❶潜隐。见“幽人”“幽妖”。❷深。钱起《闲居寄包何》:“种药幽不浅,杜门喧自忘。”见“幽埋”。❸幽深、深邃。王勃《怀仙》序:“客有自幽山来者,起予以林壑之事。”李群玉《中秋夜南楼寄友人》:“气冷鱼龙寂,轮高星汉幽。”钱珝《江行无题一百首》之三八:“映竹疑村好,穿芦觉渚幽。”❹隐秘,暗中进行。见“幽遁”“幽會”“幽適”。❺深切。见“幽念”“幽眷”。❻僻静;幽雅。狄仁杰《奉和圣制夏日游石淙山》:“宸晖降望金舆转,仙路峥嵘碧涧幽。”杜甫《江村》:“清江一曲抱村流,长夏江村事事幽。”白居易《秋池二首》之二:“闲中得诗境,此境幽难说。”姚合《酬任畴协律夏中苦雨见寄》:“琴书凉簟净,灯烛夜窗幽。”刘沧《过沧浪峡》:“山叠云重一径幽,苍苔古石濑清流。”❼幽深僻静之处,幽雅的胜境。杨续《安德山池宴集》:“酒阑高宴毕,自反山之幽。”陈昌言《赋得玉水记方流》:“明媚如怀玉,奇姿自托幽。”施肩吾《同诸隐者夜登四明山》:“半夜寻幽上四明,手攀松桂触云行。”皮日休《初夏游楞伽精舍》:“遇胜即夷犹,逢幽且淹泊。”苏广文《自商山宿隐居》:“闻道桃源堪避秦,寻幽数日不逢人。”❽孤独;孤寂。见“幽單”“幽獨”。❾卑陋;昏庸。见“幽劣”“幽孱”“幽賤”。❿忧郁。韦应物《五弦行》:“末曲感我情,解幽释结和乐生。”见“幽柳”“幽苦”。⓫心里郁结不解。见“幽哀”“幽恨”“幽情”“幽憤”。⓬幽长,深长。元季川《登云中》:“穷览颇有适,不极趣无幽。”颜真卿、左辅元《与耿沣水亭咏风联句》:“经竹吹弥切,过松韵更幽。”见“幽長”。⓭深奥。李中《赠蒯亮处士》:“著得新书义更幽,负琴何处不遨游。”⓮幽闲。萧颖士《蒙山作》:“岁暮期再寻,幽哉羡门子。”高适《陪窦侍御灵云南亭宴诗得雷字》:“人幽宜眺听,目极喜亭台。”见“幽吟”。⓯清幽;茂盛。杜甫《除草》:“自兹藩篱旷,更觉松竹幽。”姚合《陕下厉玄侍御宅五题·竹里径》:“高是连幽树,穷应到曲池。”皮日休《奉和鲁望樵人十咏·樵溪》:“何时有此溪,应便生幽木。”见“幽茂”。⓰谓幽趣,幽雅的趣味。钱起《游襄阳泉石晚归》:“往来幽不浅,昏旦兴难忘。”⓱幽美;美好。岑参《冬夜宿仙游寺南凉堂呈谦道人》:“物幽兴易惬,事胜趣弥浓。”高适《奉酬睢阳李太守》:“礼乐光辉盛,山河气象幽。”敬括《省试七月流火》:“礼标时令爽,诗兴国风幽。”贾至《别裴九弟》:“月色更添春色好,芦风似胜竹风幽。”⓲奇妙。白居易《想东游五十韵》:“静阅天工妙,闲窥物状幽。”皮日休《五贶诗·乌龙养和》:“寿木拳数尺,天生形状幽。”见“幽奇”。⓳暗淡;昏暗。刘长卿《登思禅寺上方题修竹茂松》:“上方幽且暮,台殿隐蒙笼。”杜甫《同诸公登慈恩寺塔》:“仰穿龙蛇窟,始出枝撑幽。”王纬《东峰亭各赋一物得幽径石》:“雨余青石霭,岁晚绿苔幽。”⓴凉爽,寒冷。见“幽風”“幽簟”。㉑微弱。戴叔伦《送人游岭南》:“红芳绿笋是行路,纵有啼猿听却幽。”李贺《河南府试十二月乐词·正月》:“薄薄淡霭弄野姿,寒绿幽风生短丝。”皮日休《追和幽独君诗次韵》:“恨剧但埋土,声幽难放哀。”孙頠《宿烟含白露》:“析析有新意,微微曙色幽。”见“幽光”“幽火”。㉒微小柔嫩。见“幽枝”“幽筝”“幽嫩”。㉓指迷信者所说的阴间。白居易《读史五首》之四:“明则有刑辟,幽则有神祇。”亦指鬼神。李商隐《重有感》:“昼号夜哭兼幽显,早晚星关雪涕收。”见“幽明❸”“幽泉❷”。㉔坟墓。李群玉《石门戍》:“到此空思吴隐之,潮痕草蔓上幽碑。”见“幽坎”“幽宫”“幽延”。㉕囚禁。韩愈《忆昨行和张十一》:“近者三奸悉破碎,羽窟无底幽黄能。”见“幽囚”“幽閉”。㉖指幽州。韩愈《元和圣德诗》:“幽恒青魏,东尽海浦。”马戴有《幽上留别令狐侍郎》。李夐《恒岳晨望有怀》:"恒山北临岱,秀崿东跨幽。"见"幽州"。

【幽人】　幽隐之人;隐士。见《易·履》。李白《宴陶家亭子》:"曲巷幽人宅,高门大士家。"韦应物《寺居独夜寄崔主簿》:"幽人寂不寐,木叶纷纷落。"卢纶《春日题杜叟山下别业》:"今朝醉舞同君乐,始信幽人不爱荣。"李德裕《春暮思平泉杂咏二十首·芳荪》:"离居若有赠,暂与幽人折。"徐铉《春夜月》:"幽人春望本多情,况是花繁月正明。"

【幽几】　幽静的几案。窦常《和裴端公枢芜城秋夕简远近亲知》:"尽日凭幽几,何时上软轮。"

【幽子】　隐士。韩愈《别赵子》:"海中诸山中,幽子颇不无。"

【幽王】　即周幽王。杜甫《冬狩行》:"朝廷虽无幽王祸,得不哀痛尘再蒙!"鲍溶《辞辇行》:"周末幽王不可宗,妾闻上圣遗休风。"周昙《咏史诗·三代门·幽王》:"狼烟篝火为边尘,烽候那宜悦妇人!厚德未闻闻厚色,不亡家国幸亡身。"

【幽仄】　❶指简陋之处。崔湜《杂诗》:"上林岂不成,胡为恋幽仄?"❷指隐居之士。杜甫《奉寄章十侍御》:"朝觐从容问幽仄,勿云江汉有垂纶。"

【幽什】　幽美的诗篇。皮日休《追和虎丘寺清远道士诗》:"风日采幽什,墨客学灵翰。"

【幽火】　幽微的火光。李群玉《仙明洲口号》:"半浦夜歌闻荡桨,一星幽火照叉鱼。"

【幽心】　幽栖之心。杜甫《凭何十一少府邕觅桤木栽》:"草堂堑西无树林,非子谁复见幽心。"钱起《春夜过长孙绎别业》:"含毫凝逸思,酌水话幽心。"又《过山人所居因寄诸遗补》:"所思青琐客,瑶草寄幽心。"欧阳玭《清晓卷帘》:"石泉惊已跃,会可洗幽心。"

【幽户】　幽窗,幽静的窗户。赵抟《琴歌》:"何殊此琴哀怨苦,寂寞沈埋在幽户。"

【幽冗】　昏暗庸劣。元稹《和李校书新题乐府十二首·蛮子朝》:"部落支离君长贱,比诸夷狄为幽冗。"

【幽玉】　碧玉。杜牧《题刘秀才新竹》:"数茎幽玉色,晓夕翠烟分。"

【幽石】　幽静的山石。刘长卿《奉陪萧使君入鲍达洞寻灵山寺》:"树杪下归人,水声过幽石。"温庭筠《题翠微寺二十二韵》:"幽石归阶陛,乔柯入栋梁。"吴融《太湖石歌》:"洞庭山下湖波碧,波中万古生幽石。"

【幽囚】　囚禁。李白《杂曲歌辞·远别离》:"或云尧幽囚,舜野死,九疑联绵皆相似,重瞳孤坟竟何是。"李商隐《送千牛李将军赴阙五十韵》:"幽囚苏武节,弃市仲由缨。"杜光庭《怀古今》:"朔漠幽囚兮天长地久,潇湘隔别兮水阔烟深。"

【幽玄】　❶幽深玄妙。韩愈《雨中寄孟刑部几道联句》:"研文较幽玄,呼博骋雄快。"吕岩《忆江南》词之八:"还丹诀,九九最幽玄。"❷幽深僻静。韦应物《春月观省属城始憩东西林精舍》:"昙远昔经始,于兹闷幽玄。"谭铢《题九华山》:"外景自隐隐,潜虚固幽玄。"❸指玄虚的释道哲理。骆宾王《代女道士王灵妃赠道士李荣》:"自言少小慕幽玄,只言容易得神仙。"

【幽劣】　低劣;微贱。亦指低劣微贱之人。卢纶《敬酬大府二十四舅览诗卷因以见示》:"顾己文章非酷似,敢将幽劣俟洪炉。"

【幽光】　微弱的光。李商隐《燕台四首·春》:"今日东风自不胜,化作幽光入西海。"

【幽行】　(—xíng)徐步缓行。司空图《诗品二十四则·缜密》:"要路愈远,幽行为迟。"

【幽色】　深绿色。韦应物《与幼遐君贶兄弟同游白家竹潭》:"春鸟依谷暄,紫兰含幽色。"李渤《南溪诗》:"玄岩丽南溪,新泉发幽色。"

【幽并】　(—bīng)幽州和并州的并称。亦泛称古代燕赵之地。其俗尚义任侠,自古言勇者,皆推幽并。陈子良《赞德上越国公杨素》:"匈奴轶燕蓟,烽火照幽并。"耿湋《送河中张胄曹往太原计会回》:"北风长至远,四牡向幽并。"李廓《猛士行》:"幽并少年不敢轻,虎狼窟里空手行。"李涉《六叹》之二:"去年八月幽并道,昭王陵边哭秋草。"

【幽并兒】　(并 bīng)古代幽并二州多豪侠之士,故用以喻侠客。语出三国魏曹植《白马篇》。杜甫《送高三十五书记》:"高生跨鞍马,有似幽并儿。"刘禹锡《和董庶中古散调词赠尹果毅》:"借名游侠窟,结客幽并儿。"贯休《古塞上曲七首》之一:"幽并儿百万,百战未曾输。"

【幽并客】　(并 bīng)义同"幽并兒"。王昌龄《塞下曲四首》之一:"从来幽并客,皆共尘沙老。"薛奇童《塞下曲》:"自是幽并客,非论爱立功。"顾况《从军行二首》之二:"不有封侯相,徒负幽并客。"

【幽州】　州名。周汉皆置幽州。周幽州兼有山东部分地区。唐幽州领郡时有变迁,天宝中为范阳郡。乾元后又复为幽州。孟云卿《行行且游猎篇》:"少年多武力,勇气冠幽州。"窦巩《奉使蓟门》:"今日一茎新白发,懒骑官马到幽州。"杨巨源《赠从弟茂卿》:"流水东西岐路分,幽州迢递旧来闻。"郑嵎《津阳门诗》:"幽州晓进供奉马,玉珂宝勒黄金羁。"

【幽州胡馬客歌】　乐府旧题。《乐府诗集》归入横吹曲辞。李白依题立义,叙边塞逐虏之事。诗见《全唐诗》卷一六三。

【幽州臺】　即蓟北楼。在今北京市大兴区。陈子昂有《登幽州台歌》。

【幽好】　(—hǎo)谓美妙之物。韩愈《荐士》:"冥观洞古今，象外逐幽好。”

【幽坎】　墓穴。韩愈《丰陵行》：“哭声訇天百鸟噪，幽坎昼闭空灵舆。”杜牧《伤猿》：“独折南园一朵梅，重寻幽坎已生苔。”

【幽迂】　迂远而不切实情。张祜《庚子岁寓游扬州赠崔荆四十韵》：“委顺容如妾，幽迂论若僧。”

【幽抑】　忧伤抑郁。戴叔伦《赴抚州对酬崔法曹夜雨滴空阶五首》之五：“离群怨雨声，幽抑方成疾。”

【幽求】　冥索。陈子昂《山水粉图》：“信夫人之好道，爱云山以幽求。”

【幽匣】　小盒子。无名氏《姜宣弹小胡笳引歌》：“三峡流中将得来，明窗拂席幽匣开。”

【幽步】　闲步。钱起《奉使采箭簳竹谷中晨兴赴岭》：“重峰转森爽，幽步更超越。”

【幽吟】　幽闲地吟咏。赵嘏《山中寄卢简求》：“竹西池上有花开，日日幽吟看又回。”

【幽岑】　幽静的小而高的山。杜甫《望牛头寺》：“牛头见鹤林，梯迳绕幽深。”

【幽谷】　幽深的山谷。语出《诗·小雅·伐木》。孔绍安《赠蔡君》：“畴昔同幽谷，伊尔迁乔木。”韦应物《始除尚书郎别善福精舍》：“明晨下烟阁，白云在幽谷。”李德裕《南梁行》：“乔木幽谷上下同，雄雌不异飞栖处。”李绅《却望无锡芙蓉湖》：“翠崖幽谷分明处，倦鸟归云在眼前。”杜周士《闰月定四时》：“更怜幽谷羽，鸣跃尚须期。”

【幽沚】　幽僻的水中小洲。司马扎《上巳日曲江有感》：“晴沙下鸥鹭，幽沚生兰荃。”

【幽沈】　（—chén）❶深藏；埋没。裴夷直《省中题新植双松》：“端坐高宫起远心，云高水阔共幽沉。”纥干讽《新阳改故阴》：“韶光如可及，莺谷免幽沉。”❷谓被埋没的人才。姚鹄《将归蜀留献恩地仆射二首》之一：“自持衡镜采幽沉，此事常闻旷古今。”❸谓物受埋没。李勋《泗滨得石磬》：“何为值明鉴，适得离幽沉。”

【幽玩】　赏玩。卢鸿一《嵩山十志十首·云锦淙》序：“可以莹发灵瞩，幽玩忘归。”白居易《题小桥前新竹招客》：“闲吟声未已，幽玩心难足。”

【幽花】　香花。刘言史《寻花》：“借问流莺与飞蝶，更知何处有幽花。”薛能《华清宫和杜舍人》：“暮草深岩翠，幽花坠径香。”李群玉《湖阁晓晴寄呈从翁二首》之一：“风乌摇径柳，水蝶恋幽花。”皮日休《重玄寺二章》之二：“藜杖移时挑细药，铜瓶尽日灌幽花。”

【幽芳】　幽香。亦指香花。韦应物《拟古诗十二首》之五：“嘉树蔼初绿，靡芜吐幽芳。”皇甫冉《杂言湖山歌送许鸣谦》：“幽芳媚景兮当嘉月，践石扪萝兮恣超忽。”白居易《山中五绝句·石上苔》：“漠漠斑斑石上苔，幽芳静绿绝纤埃。”亦喻人的高洁品行。李商隐《赠从兄阆之》：“城中猘犬憎兰佩，莫损幽芳久不归。”又《赋得桃李无言》：“赤白徒自许，幽芳谁与论。”

【幽枝】　嫩枝。翁承赞《松》：“幽枝好折为谈柄，入手方知有岁寒。”

【幽林】　幽深的树林。张九龄《感遇十二首》之二：“幽林归独卧，滞虑洗孤清。”刘长卿《杂咏八首上礼部李侍郎·晚桃》：“过时君未赏，空媚幽林前。”韦应物《南园》：“幽林讵知暑，环舟似不穷。”无名氏《失题》：“尔不鸣幽林，来此将何欲。”

【幽拙】　愚拙。亦指愚拙之人。刘得仁《山中舒怀寄上丁学士》：“幽拙欣殊幸，提携更不疑。”薛能《春日寓怀》：“幽拙未谋身，无端患不均。”方干《赠会稽杨长官》：“若向湖边访幽拙，萧条四壁是闲居。”

【幽抱】　幽独的情怀。张九龄《洪州西山祈雨是日辄应因赋诗言事》：“我来不外适，幽抱自中微。”韦应物《答长安丞裴说》：“久雨积幽抱，清樽宴良知。”窦群《同王晦伯朱遐景宿慧山寺》：“皓彩入幽抱，清气逼苍旻。”杜牧《赴京初入汴口晓景即事先寄兵部李郎中》：“唯有君子心，显豁知幽抱。”

【幽卧】　静卧，清净地休息。刘长卿《集梁耿开元寺所居院》：“到君幽卧处，为我扫莓苔。”

【幽轧】　（—yà）象声词。刘禹锡《堤上行三首》之一：“日暮行人争渡急，桨声幽轧满中流。”温庭筠《常林欢歌》：“秾桑绕舍麦如尾，幽轧鸣机双燕巢。”罗隐《抚州别阮兵曹》：“雪晴天外见诸峰，幽轧行轮有去踪。”

【幽事】　❶幽景，胜景。杜甫《北征》：“青云动高兴，幽事亦可悦。”又《秦州杂诗二十首》之九：“稠叠多幽事，喧呼阅使星。”皮日休《怀鹿门县名离合二首》之二：“十里松萝阴乱石，门前幽事雨来新。”又《鲁望春日多寻野景日休抱疾杜门因有是寄》：“野侣相逢不待期，半缘幽事半缘诗。”❷幽雅之事。皮日休《鲁望以花翁之什见招因次韵酬之》：“九十携锄伛偻翁，小园幽事尽能通。”又陆龟蒙《袭美以公斋小宴见招因代书寄之》：“唯待数般幽事了，不妨还入少年场。”

【幽奇】　❶幽雅奇妙。寒山《诗三百三首》之一五四：“寒山多幽奇，登者皆恒慑。”元结《朝阳岩下歌》：“零陵城郭夹湘岸，岩洞幽奇带郡城。”白居易《湖亭晚望残水》：“久为山水客，见尽幽奇物。”皮日休《太湖诗·崦里》：“崦里何幽奇，膏腴二十顷。”❷谓幽雅奇妙的景致。皎然《奉陪陆使君长源裴端公枢春游东西武丘寺》：“曳组探诡怪，停骢访幽奇。”张籍《送严大夫之桂州》：“旌旆过湘潭，幽奇得遍探。”皮日休《陈先辈故居》：“襄阳无限烟霞地，难觅幽奇似此殊。”李邺《和绵州于中丞登越王楼作》：“景象诗情在，幽奇笔迹分。”

【幽尚】　指隐逸之志。张九龄《九月九日登龙山》：“自为本疏散，未始忘幽尚。”

【幽明】　❶指有形和无形的事物。见《易·系辞上》。韩愈《谢自然诗》：“幽明纷杂乱，人鬼更相残。”❷昼夜。借以指光阴。见《礼记·祭义》。杜甫《白水县崔少府十九翁高斋三十韵》：“欲告清宴罢，难拒幽明迫。”吴筠《经羊角哀墓作》：“幽明信难知，胜负理莫分。”❸指生与死。阴间与人间。刘禹锡《令狐仆射与余投分素深纵山川阻修附于旧编之末》：“忽叹幽明异，俄惊岁月除。”元稹《江陵三梦》：“况乃幽明隔，梦魂徒尔为。”❹半明半灭。李贺《河南府试十二月乐词·十月》：“玉壶银箭稍难倾，缸花夜笑凝幽明。”

【幽佩】　亦作“幽珮”。用幽兰连缀的佩饰。语本《楚辞·离骚》。杜甫《雨》：“楚宫久已灭，幽佩为谁哀?”白居易《和春深二十首》之十一：“兰索纫幽珮，蒲轮驻软车。”李群玉《宿巫山庙二首》之一：“停舟十二峰峦下，幽佩仙香半夜闻。”

【幽命】　微弱的生命。鲍溶《子规》：“胡为托幽命，庇质无完毳?”

【幽念】　深切的思念。韩愈《孟生诗》：“采兰起幽念，眇然望东南。”

【幽性】　宁静的心性。钱起《紫参歌》：“蓬山才子怜幽性，白云阳春动新咏。”又《杪秋南山西峰题准上人兰若》：“向山看霁色，步步豁幽性。”又《蓝上茅茨期王维补阙》：“老年疏世事，幽性乐天和。”

【幽怪】　幽灵怪物。韩愈《岳阳楼别窦司直》：“炎风日搜搅，幽怪多冗长。”孟郊《赠剑客李园联句》：“照海铄幽怪，满空歊异氛。”又《峡哀》之二：“幽怪窟穴语，飞闻肸蚃流。”

【幽渚】　幽静的水边。魏征《暮秋言怀》：“霜剪凉阶蕙，风捎幽渚荷。”顾况《初秋莲塘归》：“如何白蘋花，幽渚笑凉风。”梁德裕《感寓二首》之二：“幽涧生蕙若，幽渚老江蓠。”杜牧《题池州弄水亭》：“停樽迟晚月，咽咽上幽渚。”

【幽泌】　平静的流水。韩愈、张籍《会合联句》：“徒言濯幽泌，谁与薙荒茸。”

【幽沼】　幽静的水池。陆龟蒙《和袭美江南书情二十韵寄秘阁韦校书贻之商洛次韵》：“雨余幽沼净，霞散远峰巉。”

【幽門】　玄妙之门。指精神寄托之所。语本东方朔《七谏·哀命》。卢鸿一《嵩山十志十首·洞元室》：“泽妙思兮草玄经，结幽门兮在黄庭。”

【幽居】　❶隐居不仕。见《礼记·儒行》。寒山《诗三百三首》之二〇九：“自羡幽居乐，长为象外人。”顾况《拟古三首》之二：“幽居盼天造，胡息运行机。”杨衡《送彻公》：“白首年空度，幽居俗岂知。”施肩吾《秋夜山居二首》之一：“幽居正想餐霞客，夜久月寒珠露滴。”❷深居或居于僻静之处。杜甫《佳人》：“绝代有佳人，幽居在空谷。”韩愈《八月十五夜赠张功曹》：“十生九死到官所，幽居默默如藏逃。”李德裕《春暮思平泉杂咏二十首·书楼晴望》：“幽居人世外，久厌市朝喧。”姚合《寄孙路秀才》：“幽居邻里少，江际复山阿。”❸僻静的居处。刘允济《经庐岳回望江州想洛川有作》：“仙才惊羽翰，幽居静龙蠖。”李白《鸣皋歌送岑征君》：“巾征轩兮历阻折，寻幽居兮越巇崿。”牟融《登环翠楼》：“山中地僻好藏修，寂寂幽居架小楼。”李德裕《山居遇雪喜道者相访》：“幽居近谷西，乔木与山齐。”

【幽阻】　指幽深险阻之地。韦庄《南阳小将张彦硖口镇税人场射虎歌》：“鸣弦霹雳越幽阻，往往依林犹抵拒。”

【幽契】　隐微的心情或契机。陈季《湘灵鼓瑟》：“妙指微幽契，繁声入杳冥。”卢纶《奉陪侍中春日过武安君庙》：“元臣达幽契，祝史告明征。”

【幽苦】　愁苦。孟郊《秋怀》之十一：“幽苦日日甚，老力步步微。”

【幽茂】　繁茂。李德裕《春暮思平泉杂咏二十首·海石楠》：“今看海峤树。翠盖何幽茂。”

【幽巷】　幽静的里巷。韦应物《神静师院》：“青苔幽巷遍，新林露气微。”

【幽砌】　幽静的台阶。萧颖士《有竹一篇七章》之三：“回檐幽砌，如翼如齿。”储嗣宗《题云阳高少府衙斋》：“更怜幽砌色，秋雨长莓苔。”

【幽貞】　指隐士或幽静贞吉之道。语本《易·履》。萧颖士《游马耳山》：“还丹昧远术，养素惭幽贞。”玄宗《过大哥山池题石壁》：“林亭自有幽贞趣，况复秋深爽气来。”杜甫《寄题江外草堂》：“事迹无固必，幽贞愧双全。”

【幽昧】　昏暗不明。见《楚辞·离骚》。柳宗元《游朝阳岩遂登西亭二十韵》：“逍遥屏幽昧，淡薄辞喧呶。”

【幽映】　❶幽深隐蔽之处。张九龄《祠紫盖山经玉泉山寺》：“观奇逐幽映，历险忘岖嵚。”钱起《同李五夕次香山精舍访宪上人》：“松门入幽映，石径趋迤逦。”❷微照。刘昚虚《阙题》：“幽映每白日，清辉照衣裳。”

【幽思】　郁结的情思。徐彦伯《春闺》：“戍客戍清波，幽闺幽思多。”钱起《送弹琴李长史往洪州》：“佳期来客梦，幽思缓王程。”马戴《山行偶作》：“寂寞生幽思，心疑旧隐同。”秦韬玉《采茶歌》：“洗我胸中幽思清，鬼神应愁歌欲成。”

【幽咽】　（一yè）形容水声、哭声等低沉、轻微。

孔绍安《别徐永元秀才》:"远离弦易转,幽咽水难闻。"皎然《陇头水二首》之二:"如何幽咽水,并欲断君肠。"杜甫《石壕吏》:"夜久语声绝,如闻泣幽咽。"温庭筠《觱篥歌》:"含商咀徵双幽咽,软縠疏罗共萧屑。"罗隐《夜泊毗陵无锡县有寄》:"草虫幽咽树初团,独系孤舟夜已阑。"

【幽幽】 ❶深远貌。见《诗·小雅·斯干》。岑参《上嘉州青衣山中峰题惠净上人幽居寄兵部杨郎中》:"渺渺云智远,幽幽海怀长。"元结《补乐歌十首·网罟》:"吾人苦兮,山幽幽。网罟设兮,山不幽。"❷寂静貌。窦参《登潜山观》:"幽幽古殿门,下压浮云端。"❸阴暗;深暗。韩愈《秋怀诗十一首》之六:"虫鸣室幽幽,月吐窗冏冏。"又《剥啄行》:"空堂幽幽,有秸有莞。"又《琴操十首·将归操》:"秋之水兮,其色幽幽。"❹形容声音、光线等轻微、微弱。皎然《冬日天井西峰张炼师所居》:"坎坎山上声,幽幽林中语。"戴叔伦《泊雁》:"漠漠汀帆转,幽幽岸火然。"温庭筠《罩鱼歌》:"两浆鸣幽幽,莲子相高低。"韦庄《赠峨嵋山弹琴李处士》:"凄凄清清松上风,咽咽幽幽陇头水。"❺悠闲貌。吕岩《又记》:"数载乐幽幽,欲逃寒暑逼。"

【幽香】 淡雅的香气。温庭筠《东郊行》:"绿渚幽香生白蘋,差差小浪吹鱼鳞。"孟迟《怀郑泊》:"风兰舞幽香,雨叶堕寒滴。"曹邺《成名后献恩门》:"幽兰生虽晚,幽香亦难歇。"孟贯《怀果上人》:"好月曾同步,幽香省共闻。"

【幽修】 形容声音低微悠长。温庭筠《郭处士击瓯歌》:"佶栗金虬石潭古,勺陂潋滟幽修语。"

【幽信】 告知噩耗的信函。皮日休《伤史拱山人》:"一缄幽信自襄阳,上报先生去岁亡。"

【幽泉】 ❶幽深隐僻的泉水。白居易《裴侍中晋公以集贤林亭即事诗三十六韵见赠以伸酬献》:"幽泉镜泓澄,怪石山欹危。"薛莹《宿东岩寺晓起》:"宿鸟惊初见,幽泉落不闻。"刘得仁《晓别吕山人》:"羡人秋风洞,幽泉仔细闻。"刘兼《春夕寓兴》:"闲泥金徽度芳夕,幽泉石上自潺湲。"❷指阴间地府。孙逖《故程将军妻南阳郡夫人樊氏挽歌》:"白日期偕老,幽泉忽悼亡。"

【幽叟】 隐居的老人。王湾《晚夏马嵬卿叔池亭即事寄京都一二知己》:"逮此乘务闲,因而访幽叟。"

【幽律】 清越的音律。张仲素《夜闻洛滨吹笙》:"松风助幽律,波月动轻文。"

【幽風】 寒风。李贺《河南府试十二月乐词·正月》:"薄薄淡霭弄野姿,寒绿幽风生短丝。"

【幽哀】 郁结在心头的哀愁。李白《学古思边》:"流水若有情,幽哀从此分。"

【幽亭】 幽静的亭台。张浑《七老会诗》:"幽亭春尽共为欢,印绶居身是大官。"牟融《题陈侯竹亭》:"曾向幽亭一榻分,清风满座绝尘氛。"

【幽音】 低微悠长的声音。李颀《听董大弹胡笳声兼寄语弄房给事》:"幽音变调忽飘洒,长风吹林雨堕瓦。"权德舆《奉和张舍人阁老阁中直夜思闻雅琴因以书事通简僚友》:"轩窗韵虚籁,兰雪怀幽音。"白居易《对琴待月》:"幽音待清景,唯是我心知。"贾岛《黄鹄下太液池》:"幽音清露滴,野性白云随。"李咸用《览友生古风》:"伯牙鸣玉琴,幽音随指发。"亦指幽微的心声。韦应物《拟古诗十二首》之十一:"迢迢万里隔,托此传幽音。"

【幽恨】 郁结在心头的怨恨。元稹《楚歌十首》之十:"各自埋幽恨,江流终宛然。"刘言史《潇湘游》:"昔人幽恨此地遗,绿芳红艳含怨姿。"

【幽姿】 幽雅的姿态。刘长卿《杂咏八首上礼部李侍郎·白鹭》:"幽姿闲自媚,逸翮思一骋。"杜甫《太平寺泉眼》:"青白二小蛇,幽姿可时睹。"李商隐《高松》:"有风传雅韵,无雪试幽姿。"宋迪《龙池春草》:"幽姿偏占暮,芳意欲留春。"

【幽洞】 幽深的洞穴。李赤《姑熟杂咏·灵墟山》:"松萝蔽幽洞,桃杏深隐处。"许棠《题郑侍郎岩隐十韵》:"树藏幽洞黑,花照远村明。"

【幽室】 幽暗的屋子。语出《礼记·仲尼燕居》。李商隐《赠送前刘五经映三十四韵》:"多岐空扰扰,幽室竟伥伥。"罗泰《暗投明珠》:"月临幽室朗,星没晓河倾。"

【幽宫】 指坟墓。王维《过始皇墓》:"古墓成苍岭,幽宫象紫台。"

【幽客】 指隐士。李白《游水西简郑明府》:"凉风日潇洒,幽客时憩泊。"皎然《苕溪草堂四十三韵》:"道心制野猿,法语授幽客。"李德裕《思平泉树石杂咏一十首·钓台》:"飞泉信可挹,幽客未归来。"皮日休《酒中十咏·酒樽》:"牺樽一何古,我抱期幽客。"

【幽衿】 (一jīn)幽深的襟怀。陈存《寓居武丁馆》:"暑雨飘已过,凉飙触幽衿。"

【幽屏】 (一píng)亦作"幽迸"。隐僻之处。见《文选·左思〈吴都赋〉》。韩愈《秋怀诗十一首》之五:"庶几遗悔尤,即此是幽屏。"又《东都遇春》:"怀归苦不果,即事取幽迸。"

【幽柔】 微弱。孟郊《卧病》:"倦寝意蒙昧,强言声幽柔。"

【幽紅】 指幽艳的红花。李贺《感讽六首》之一:"飞光染幽红,夸娇来洞房。"

【幽素】 ❶幽静,寂静。李贺《伤心行》:"咽咽学楚吟,病骨伤幽素。"李商隐《房中曲》:"蔷薇泣幽素,翠带花钱小。"❷恬淡质朴。张九龄《答陈拾遗赠竹簪》："幽素宜相重，雕华岂所任。"❸幽情素心。韦应物《休暇东斋》："怀仙阅真诰，贻友题幽素。"又《司空主簿琴席》："掩抑虽已终，忡忡在幽素。"又《乘月过西郊渡》："还当守故扃，怅恨秉幽素。"

【幽草】 生长在幽暗处的小草。语出《诗·小雅·何草不黄》。韦应物《过昭国里故第》："池荒野筠合，庭绿幽草积。"又《滁州西涧》："独怜幽草涧边生，上有黄鹂深树鸣。"李商隐《晚晴》："天意怜幽草，人间重晚晴。"

【幽荒】 指荒远之地。见《文选·张衡〈东京赋〉》。杜牧《郡斋独酌》："东南我所见，北可计幽荒。"

【幽埋】 深埋。陆龟蒙《读襄阳耆旧传因作诗五百言寄皮袭美》："幽埋力须掘，遗落赀必购。"

【幽埏】 坟墓。宋之问《使至嵩山寻杜四不遇慨然复伤田洗马韩观主赠杜侯杜四》："田公谢昭世，韩子秘幽埏。"

【幽根】 深根。翁洮《苇丛》："倒影翘沙鸟，幽根立水虫。"

【幽桂】 生于山之幽深处的桂树。李白《同王昌龄送族弟襄归桂阳二首》之一："相期乃不浅，幽桂有芳根。"韩愈《重云李观疾赠之》："穷冬百草死，幽桂乃芬芳。"

【幽軒】 幽静的小室。欧阳玭《幽轩》："幽轩斜映山，空洞复潺潺。"

【幽真】 幽静纯真的情趣。王昌龄《琴》："孤桐秘虚鸣，朴素传幽真。"

【幽致】 ❶幽美的景致。卢鸿一《嵩山十志十首·涤烦矶》序："澡性涤烦，迥有幽致。"李建勋《赋得冬日青溪草堂四十字》："莫道无幽致，常来到日西。"伍乔《题西林寺水阁》："竹翠苔花绕槛浓，此亭幽致讵曾逢？"李中《题柴司徒亭假山》："知君创得兹幽致，公退吟看到落晖。"❷幽雅别致。白居易《寄庾侍郎》："幽致竟谁别，闲静聊自适。"❸幽趣；幽雅的兴致。韦应物《因省风俗与从侄成绪游山水中道先归寄示》："独往倦危途，怀冲寡幽致。"权德舆《郊居岁暮因书所怀》："烟霜当暮节，水石多幽致。"白居易《日长》："林塘得芳景，园曲生幽致。"温庭筠《鸿胪寺偶成四十韵》："锡宴得幽致，车从真炜煌。"

【幽圃】 幽静的园圃。温庭筠《寒食节日寄楚望二首》之一："愁碧竟平皋，韶红换幽圃。"

【幽氣】 清幽之气。武元衡《旬假南亭寄熊郎中》："草木散幽气，池塘鸣早蝉。"无名氏《霜菊》(卷七八七)："华滋尚照灼，幽气含纷郁。"

【幽徑】 亦作"幽逕"。僻静的小路。李白《下终南山过斛斯山人宿置酒》："绿竹入幽径，青萝拂行衣。"元结《游潓泉示泉上学者》："松竹阴幽径，清源涌坐隅。"许棠《题张乔升平里居》："乱水藏幽径，高原隔远津。"

【幽怨】 郁结于心的愁恨。李颀《古从军行》："行人刁斗风沙暗，公主琵琶幽怨多。"李白《万愤词投魏郎中》："狱户春而不草，独幽怨而沉迷。"刘禹锡《金陵怀古》："后庭花一曲，幽怨不堪听。"王涣《惆怅诗十二首》之八："持谢君王寄幽怨，可能从此住人间。"

【幽討】 指寻讨幽隐之地。杜甫《赠李白》："李侯金闺彦，脱身事幽讨。"

【幽迸】 见"幽屏"。

【幽迹】 隐微的心迹。鲍溶《秋怀五首》之五："往叹在空中，存事委幽迹。"

【幽庭】 幽静的庭院。裴虔余《早春残雪》："霁日雕琼彩，幽庭减夜寒。"刘兼《对雨》："幽庭凝碧亦涟漪，檐霤声繁聒梦归。"

【幽朔】 泛称朔方等北方地区。胡皓《大漠行》："汉将纷纭攻战盈，胡寇萧条幽朔清。"杜甫《姜楚公画角鹰歌》："楚公画鹰鹰戴角，杀气森森到幽朔。"李益《将赴朔方早发汉武泉》："岂惟幽朔寒，念我机中素。"

【幽流】 暗流。见《文选·张衡〈东京赋〉》。薛存诚《膏泽多丰年》："廒庾千厢在，幽流万壑通。"

【幽窅】 幽深玄妙。郑薰《赠巩畴》："洪远包乾坤，幽窅潜沈冥。"

【幽冥】 指地府；阴间。见《文选·曹植〈王仲宣诔〉》。高适《题尉迟将军新庙》："明明幽冥理，至诚信莫欺。"顾况《经徐侍郎墓作》："更想幽冥事，唯应有梦同。"

【幽冤】 深冤。崔湜《景龙二年余自门下平章事削阶授江州员外司马途中言志》："天道何期平，幽冤终见明。"杜牧《李甘诗》："常欲雪幽冤，于时一裨补。"又《昔事文皇帝三十二韵》："重云开朗照，九地雪幽冤。"

【幽娟】 清幽秀美。王昌龄《山中别庞十》："幽娟松筱径，月出寒蝉鸣。"

【幽院】 幽静的庭院。南唐后主李煜《病中书事》："月照静居唯捣药，门扃幽院只来禽。"

【幽莊】 幽静的村庄。卢照邻《初夏日幽庄》："闻有高踪客，耿介坐幽庄。"

【幽都】 (一dū)❶北方之地。见《尚书·尧典》。李峤《龙》："衔烛耀幽都，含章拟凤雏。"李白《赠宣城赵太守悦》："伊昔簪白笔，幽都逐游魂。"高适《同群公出猎海上》："层阴涨溟海，杀气穷幽都。"薛能《送福建李大夫》："秋来海有幽都雁，船到城添外国人。"❷唐幽州范阳郡治幽都。今河北宛平县西南，借以泛称范阳郡所辖之境。高适《真定即事奉赠韦使君二十八韵》："轩车辞魏阙，旌节副幽都。"贾至《燕歌行》："国之重镇惟幽都，东威九夷北制胡。"韩愈《送文畅师北游》："相公镇幽都，竹帛烂勋伐。"又《送无本师归范阳》："家住幽都远，未识气先感。"

【幽探】　探求幽胜之境。宋之问《自洪府舟行直书其事》："异国多灵仙，幽探忘年纪。"张籍《和李仆射西园》："虚坐诗情远，幽探道侣兼。"

【幽戚】　忧愁。姚合《秋中寄崔道士》："我今暂得安，自谓脱幽戚。"

【幽逕】　同"幽徑"。黄滔《客舍秋晚夜怀故山》："经年荒草侵幽迳，几树西风锁弊庐。"又《游山》："异花寻复失，幽迳蹑还穷。"杨夔《题宣州延庆寺益公院》："幽迳北连千嶂碧，虚窗东望一川平。"

【幽晦】　昏暗。韩愈《谢自然诗》："白日变幽晦，萧萧风景寒。"

【幽異】　幽深奇异。翁承赞《题莒潭安闽院》："祧宗营祀舍，幽异胜珠林。"亦用以指幽深奇异之景致。陆龟蒙《奉和袭美太湖诗二十首·投龙潭》："吾皇病秦汉，岂独探幽异。"

【幽崖】　幽深的崖岸。见《文选·江淹〈杂休诗·效魏文帝游宴〉》。刘言史《过春秋峡》："不知何树幽崖里，腊月开花似北人。"李德裕《春暮思平泉杂咏二十首·月桂》："幽崖空自老，清汉未知还。"王元《登祝融峰》："云湿幽崖滑，风梳古木香。"

【幽偏】　僻静。亦指僻静之处。宋之问《蓝田山庄》："宦游非吏隐，心事好幽偏。"杜甫《独酌》："薄劣惭真隐，幽偏得自怡。"

【幽禽】　鸣声幽雅的禽鸟。杨衡《病中赴袁州次香馆》："荒葛漫欹壁，幽禽啄朽株。"姚合《题宣义池亭》："细草乱如发，幽禽鸣似弦。"贾岛《光州王建使君水亭作》："极浦清相似，幽禽到不虚。"皮日休《太湖诗·雨中游包山精舍》："异蝶时似锦，幽禽或如钿。"

【幽鳥】　鸣声幽雅的禽鸟。李绅《新楼诗二十首·灵汜桥》："岸花前后闻幽鸟，湖月高低怨绿杨。"杜牧《睦州四韵》："好树鸣幽鸟，晴楼入野烟。"皮日休《夏景无事因怀章来二上人二首》之二："幽鸟见贫留好语，白莲知卧送清香。"齐己《赠卢明府闲居》："闲居当野水，幽鸟宿渔竿。"

【幽情】　❶深远或高雅的情思。皎然《妙喜寺高房期灵澈上人不至重招之一首》："松声畅幽情，山意导遐迹。"白居易《立秋夕有怀梦得》："是夕凉飚起，闲境入幽情。"石殷士《日华川上动》："孰假咸池望，幽情得古篇。"李咸用《游寺》："幽情怜水石，野性任萍蓬。"❷郁结、隐秘的感情。白居易《感旧石上字》："闲拨船行寻旧池，幽情往事复谁知？"薛逢《贫女吟》："残妆满面泪阑干，几许幽情欲话难。"

【幽眷】　深切眷念。张说《岳阳石门墨山二山相连有禅堂观天下绝境》："佳游屡前诺，芳月愆幽眷。"

【幽烽】　微弱的烽烟。韩休《奉和御制平胡》："始见幽烽警，俄看烈火焚。"

【幽清】　幽雅清静。元结《登白云亭》："俯视松竹间，石水何幽清。"

【幽淪】　❶沉沦；陷没。引申指死亡。柳宗元《哭连州凌员外司马》："仲叔继幽沦，狂叫唯童儿。"白居易《哭诸故人因寄元八》："伟卿既长往，质夫亦幽沦。"❷隐蔽、幽暗之处。刘禹锡《送华阴尉张苕赴邕府使幕》："一旦逢良时，天光烛幽沦。"

【幽淚】　忧伤之泪。李商隐《过伊仆射旧宅》："幽泪欲干残菊露，余香犹入败荷风。"

【幽深】　❶深而幽静。语出《易·系辞上》。张九龄《赴使泷峡》："溪路日幽深，寒空入两嵚。"裴迪《辋川集二十首·竹里馆》："出入唯出鸟，幽深无世人。"雍裕之《赠苦行僧》："幽深红叶寺，清净白毫僧。"韩偓《秋村》："柴门狼藉牛羊气，竹坞幽深鸡犬声。"❷幽僻之处。于鹄《过凌霄洞天谒张先生祠》："志人爱幽深，一住五十年。"孟简《拟古》："平生贵酬德，刃敌无幽深。"李德裕《春暮思平泉杂咏二十首·红桂树》："妍姿无点辱，芳意托幽深。"❸深奥。张祜《投魏博李相国三十二韵》："曲直须绳准，幽深藉镜明。"

【幽寂】　幽静，清静。寒山《诗三百三首》之一九三："蓬扉不掩常幽寂，泉涌甘浆长自流。"韦应物《游南斋》："池上鸣佳禽，僧斋日幽寂。"白居易《新秋喜凉因寄兵部杨侍郎》："褰帘对池竹，幽寂如僧院。"翁承赞《华下雾后晓眺》："结茅幽寂近禅林，霁景烟光著柳阴。"

【幽窗】　幽静的窗户。李频《留题姚氏山斋》："异果因僧摘，幽窗为燕开。"皮日休《奉和鲁望渔具十五咏·笭箵》："归来倒却鱼，挂在幽窗扉。"王周《和程刑部三首·碧鲜亭》："迥砌滋苍藓，幽窗伴素琴。"

【幽閉】　幽禁；关闭。卢纶《罪所送苗员外上都》："寂寥惊远语，幽闭望归云。"白居易《新乐府·陵园妾》："松门柏城幽闭深，闻蝉听燕感光阴。"

【幽婚】　指人与鬼婚配。见晋干宝《搜神记》卷十六。李瀚《蒙求》："苏韶鬼灵，卢充幽婚。"

【幽通】　指与神灵相遇。见《文选·班固〈幽通赋〉》。杨衡《登紫霄峰赠黄仙师》："兹焉悟佳旨，尘境亦幽通。"

【幽陵】　即幽州。见《楚辞·大招》。李昂《从军行》："幽陵异域风烟改，亭障连连古今在。"

【幽陰】　❶幽深；阴静。见《礼记·郊特牲》。刘希夷《巫山怀古》："巫山幽阴地，神女艳阳年。"❷阴暗之处。王维《辋川集·宫槐陌》："仄径荫宫槐，幽阴多绿苔。"

【幽琴】 指幽雅的琴声。刘长卿有《杂咏八首上礼部李侍郎·幽琴》。

【幽蛩】 昏暗处的蟋蟀。李群玉《秋怨》:"虚窗度流萤,斜月啼幽蛩。"

【幽報】 冥报,死后相报。陈子昂《同宋参军之问梦赵六赠卢陈二子之作》:"前期许幽报,追此尚茫茫。"窦群《奉酬西川武相公晨兴赠友见示之作》:"孤老空许国,幽报期苍苍。"

【幽期】 ❶隐逸之期约。见《文选·谢灵运〈富春渚〉》。皎然《奉和崔中丞使君论李侍御萼登烂柯山宿石桥寺效小谢体》:"常爱谢公郡,幽期愿相从。"白居易《新昌新居书事四十韵因寄元郎中张博士》:"逸致因心得,幽期遇境牵。"陆龟蒙《寄怀华阳道士》:"频抛俗物心还爽,远忆幽期目剩瞑。"❷隐秘或幽雅的约会。李白《泾川送族弟錞》:"问我何事来,卢敖结幽期。"皎然《渚山春暮会顾丞茗舍联句效小庾体》:"应待御荈青,幽期踏芳出。"杜甫《大云寺赞公房四首》之一:"洞门尽徐步,深院果幽期。"戴叔伦《寄孟郊》:"石上幽期春又暮,何时载酒听高歌。"

【幽黄能】 用以指奸人被处死或遭斥逐。事见《左传·昭公七年》。韩愈《忆昨行和张十一》:"近者三奸悉破碎,羽窟无底幽黄能。"

【幽棲】 ❶幽静的栖止之处。刘洎《安德山池宴集》:"何如兼往烈,会赏叶幽栖。"王昌龄《过华阴》:"羁人感幽栖,窅映转奇绝。"则天皇后《游石淙诗》序:"庶无滞于幽栖,冀不孤于泉石。"鱼玄机《冬夜寄温飞卿》:"幽栖莫定梧桐处,暮雀啾啾空绕林。"❷隐居。张九龄《骊山下逍遥公旧居游集》:"虽然经济日,无忘幽栖时。"杜甫《寄柏学士林居》:"叹彼幽栖载典籍,萧然暴露依山阿。"白居易《题遗爱寺前溪松》:"栋梁君莫采,留著伴幽栖。"陆龟蒙《奉酬袭美苦雨四声重寄三十二句·平声》:"幽栖眠疏窗,豪居凭高楼。"

【幽雲】 犹言闲云。赵嘏《宛陵寓居上沈大夫二首》之一:"幽云高鸟俱无事,晚伴西风醉客还。"贾岛《寄贺兰朋吉》:"泛舟同远客,寻寺入幽云。"

【幽虚】 幽静。胡传美《武康碧落观》:"幢节不归天杳邈,烟霞空锁日幽虚。"

【幽景】 幽静的景色。项斯《送顾少府》:"幽景临溪寺,秋蝉织杼家。"皮日休《太湖诗·崦里》:"洞庭取异事,包山极幽景。"李山甫《山中览刘书记新诗》:"静酬嘉唱对幽景,苍鹤羸栖古木柯。"徐光溥《同刘侍郎咏笋》:"迸出班犀数十株,更添幽景向蓬壶。"

【幽單】 孤单,孤独。李贺《仁和里杂叙皇甫湜》:"那知坚都相草草,客枕幽单看春老。"

【幽點】 小雨。喻凫《春雨如膏》:"细光添柳重,幽点溅花匀。"

【幽筍】 嫩笋。杜牧《朱坡》:"小莲娃欲语,幽笋稚相携。"

【幽勝】 ❶幽静而优美。孙鲂《题梅岭泉》:"登临真不易,幽胜恐无先。"❷幽静而优美的景致。李商隐《崇让宅东亭醉后沔然有作》:"如何此幽胜,淹卧剧清漳。"齐己《酬王秀才》:"何处多幽胜,期君作近邻。"又《送人游武陵湘中》:"遍寻幽胜了,湘水泛清澄。"

【幽象】 指清幽之气。李商隐《过故府中武威公交城旧庄感事》:"信陵亭馆接郊畿,幽象遥通晋水祠。"

【幽然】 幽静貌。陈子昂有《南山家园林木交映盛夏五月幽然清凉独坐思远率成十韵》。

【幽詠】 幽远而低沉的吟咏声。韩愈《闲游二首》之一:"持竿至日暮,幽咏欲谁听?"

【幽痗】 悲痛。陈子昂《赠别冀侍御崔司议》序:"朝廷欢娱,山林幽痗。"

【幽尋】 ❶寻幽探胜。骆宾王《春晚从李长史游开道林故山》:"幽寻极幽壑,春望陟春台。"王昌龄《风凉原上作》:"予忝兰台人,幽寻免贻责。"韩愈《县斋读书》:"青竹时默钓,白云日幽寻。"郑损《钓阁》:"小阁惬幽寻,周遭万竹森。"❷幽美之景或幽美之地。韦应物《南园陪王卿游瞩》:"君子有高躅,相携在幽寻。"钱起《仲春宴王补阙城东小池》:"王孙兴至幽寻好,芳草春深景气和。"韩翃《赠别王侍御赴上都》:"远过三峰临八水,幽寻佳赏偏如此。"刘禹锡《游桃源一百韵》:"幽寻如梦想,绵思属空阒。"

【幽閑】 (—xián)❶柔顺闲静。多形容女子。语本《诗·周南·关雎》。白居易《续古诗十首》之七:"我本幽闲女,结发事豪家。"❷清静闲适。张九龄《与生公寻幽居处》:"清谐欣有得,幽闲欻盈抱。"白居易《老来生计》:"人间荣耀因缘浅,林下幽闲气味深。"李商隐《和刘评事永乐闲居见寄》:"白社幽闲君暂居,青云器业我全疏。"吴融《荆州寓居书怀》:"幽闲消俗态,摇落露家贫。"❸僻静处。白居易《别元九后咏所怀》:"悠悠早秋意,生此幽闲中。"

【幽孱】 卑贱孱弱。柳宗元《构法华寺西亭》:"神舒屏羁锁,志适忘幽孱。"

【幽陽】 指初升之日。因其光微弱,故名。陈子昂《感遇诗三十八首》之一:"微月生西海,幽阳始代升。"

【幽絕】 清幽殊绝。张九龄《冬中至玉泉山寺属穷阴冰闭崖谷无色有此作》:"灵境信幽绝,芳时重暄妍。"韦应物《游龙门香山泉》:"碧泉更幽绝,赏爱未能去。"朱庆余《泛溪》:"前湾更幽绝,虽浅去犹通。"张乔《终南山》:"白云幽绝处,自古属樵人。"

【幽構】 幽静的屋宇。郑损《星精石》:"孤岩恰恰容幽构，可爱江南释子园。”

【幽感】　微妙的感应。张九龄《同綦毋学士月夜闻雁》：“空声两相应，幽感一何深。”叶元良《御制段太尉碑》：“睿情幽感处，应使九泉闻。”

【幽遐】　僻远。亦指僻远之处。包融《武陵桃源送人》：“武陵川径入幽遐，中有鸡犬秦人家。”高适《途中酬李少府赠别之作》：“皇明烛幽遐，德泽普照宣。”元稹《乐府古题·捉捕歌》：“在海尚幽遐，在怀交秽污。”

【幽暢】　幽雅和乐。宋华《蝉鸣一篇五章》之三：“蝉鸣蝉鸣，幽畅乎而。”

【幽暗】　阴暗。白居易《山中五绝句·洞中蝙蝠》：“远害全身诚得计，一生幽暗又如何？”

【幽路】　幽静的道路。鲍溶《秋晚铜山道中宿隐者》：“迟迟清夜昼，幽路出深竹。”陆龟蒙《奉和袭美茶具十咏·茶人》：“雨后探芳去，云间幽路危。”

【幽圓】　指天地四方。包佶《郊庙歌辞·祀雨师乐章·迎神》：“陟降左右，诚达幽圆。”

【幽愁】　忧愁。李贺《琴曲歌辞·湘妃》：“幽愁秋气上青枫，凉夜波间吟古龙。”白居易《琵琶引》：“别有幽愁暗恨生，此时无声胜有声。”王巨仁《愤怨诗》：“今我幽愁还似古，皇天无语但苍苍。”

【幽遁】　隐逸。杨浚《题武陵草堂》：“适知幽遁趣，已觉烦虑屏。”

【幽會】　❶于幽胜处聚会。白居易《酬王十八李大见招游山》：“自怜幽会心期阻，复愧嘉招书信频。”❷指相爱男女的私会。白居易《江南喜逢萧九彻因话长安旧游戏赠五十韵》：“寓居同永乐，幽会共平康。”又《如梦令》词之三：“频日雅欢幽会，打得来来越瞧。”

【幽鳳】　指奁镜周围的凤形花纹。李贺《兰香神女庙》：“深帏金鸭冷，奁镜幽凤尘。”

【幽裔】　偏僻遥远之地。李义府《在巂州遥叙封禅》：“触网沦幽裔，乘徽限明时。”

【幽意】　❶幽深的思绪。綦毋潜《春泛若耶溪》：“幽意无断绝，此去随所偶。”孟郊《擢第后东归书怀献座主吕侍御》：“幽意独沉时，震雷忽相及。”和凝《宫词百首》之八二：“要对君王说幽意，低头佯念婕妤诗。”❷幽闲的意趣。张九龄《酬王履震游园林见贻》：“幽意加投漆，新诗重赠轩。”杜甫《石柜阁》：“羁栖负幽意，感叹向绝迹。”白居易《友人夜访》：“幽意正如此，况乃故人来。”方干《詹碏山居》：“无人会幽意，来往在烟霞。”

【幽源】　指幽静的桃花源。孟浩然《武陵泛舟》：“莫测幽源里，仙家信几深。”

【幽溪】　亦作“幽谿”。幽深的溪涧。李德裕《春暮思平泉杂咏二十首·潭上紫藤》：“幽溪人未去，芳草行应碍。”李绅《南梁行》：“乔木幽溪上下同，雄雌不惑飞栖处。”

【幽閟】　幽深。元稹《元和五年予官不了罚俸西归三月六日怆曩游因投五十韵》：“古观闭闲门，依然复幽闷。”

【幽經】　指《相鹤经》。传为神仙之经书。见《文选·鲍照〈舞鹤赋〉》。刘禹锡《韩十八侍御见示岳阳楼别窦司直诗自述故足成六十二韵》：“郭璞验幽经，罗含著前纪。”

【幽瑣】　幽小琐碎之事。元稹《卢头陀诗》序：“道泉头陀字源一，姓卢氏……性强迈，不录幽琐，为吏所构，谪官建州。”

【幽静】　幽雅寂静。李嘉祐《送弘志上人归湖州》：“山林唯幽静，行住不妨禅。”

【幽碧】　深绿色。齐己《寄酬高辇推官》：“竹腻题幽碧，蕉干裂脆声。”

【幽夢】　❶忧愁之梦。李群玉《送郑京昭之云安》：“莫令巫山下，幽梦惹云雨。”徐铉《表弟包颖见寄》：“十程山水劳幽梦，满院烟花醉别人。”❷隐约的梦境。李商隐《赠从兄阆之》：“怅望人间万事违，私书幽梦约忘机。”皮日休《太湖诗·晓次神景宫》：“夜半幽梦中，扁舟似凫跃。”又《茶中杂咏·茶笋》：“每为遇之疏，南山挂幽梦。”

【幽蒙】　幽暗。元稹《酬乐天春寄微之》：“鹦心明黠雀幽蒙，何事相将尽入笼。”

【幽遠】　❶遥远。张九龄《晨坐斋中偶而成咏》：“结念凭幽远，抚躬曷羁束。”皎然《郭北寻徐主簿别业》：“近依城北住，幽远少人知。”张嗣初《春色满皇州》：“不知幽远地，今日几枝新。”韩熙载《溧水无相寺赠僧》：“无相景幽远，山屏四面开。”❷悠扬。李群玉《竞渡时在湖外偶为成章》：“绿草斜烟日暮时，笛声幽远愁江鬼。”

【幽境】　幽雅的胜境。皎然《白云上人精舍寻杼山禅师兼示崔子向何山道上人》：“望远涉寒水，怀人在幽境。”白居易《冬日早起闲咏》：“幽境虽目前，不因闲不见。”张蠙《经荒驿》：“古驿成幽境，云萝隔四邻。”

【幽墀】　幽静的台阶。柳宗元《茅檐下始栽竹》：“萧瑟过极浦，旖旎附幽墀。”

【幽墅】　幽静的农村房舍。李瀚《南溪诗》序：“左连幽墅，园田鸡犬，疑非人间。”

【幽仙】　指仙人。宋之问《扈从登封告成颂应制》：“文卫严清跸，幽仙读宝符。”

【幽微】　❶隐微；精微。李群玉《感兴四首》之一：“幽微十万字，枝叶何扶疏。”郑谷《寄题方干处士》：“暮年诗力在，新句更幽微。”❷轻微，微不足道。白居易《和裴令公南庄绝句》：“陶庐僻陋那堪比，谢墅幽微不足攀。”

【幽塵】 指阴间。刘言史《北原情三首》之一：“谁家白网车，送客入幽尘。”

【幽慵】 幽闲懒散。杜牧《雨中作》：“贱子本幽慵，多为隽贤侮。”皮日休《暇日独处寄鲁望》：“幽慵不觉耗年光，犀柄金徽乱一床。”

【幽滯】 隐沦而不用于世。白居易《和答诗十首·答桐花》：“如何有此用，幽滞在岩垧。”亦指隐沦而不用于世之人。黄滔《投翰长赵侍郎》：“愿向明朝荐幽滞，免教号泣触登庸。”

【幽褐】 指幽居贫困之士。陈子昂《感遇诗三十八首》之三三：“眷然顾幽褐，白云空涕洟。”

【幽閨】 深闺，多指女子卧室。宋之问《有所思》：“幽闺女儿惜颜色，坐见落花长叹息。”崔曙《古意》：“能当此时好，独自幽闺里。”戎昱《苦哉行五首》之四：“亲戚不相识，幽闺十五年。”张南容《静女歌》：“十五坐幽闺，四邻不相识。”

【幽閣】 亦作“幽閤”。多指女子卧房。武平一《杂曲歌辞·妾薄命》：“幽阁禽雀噪，闲阶草露滋。”郑畋《初秋寓直三首》之三：“幽阁焚香万虑凝，下帘胎息过禅僧。”

【幽閤】 见“幽閣”。

【幽嫩】 微小柔嫩。亦指微小柔嫩之物。姚合《寄杨工部闻毗陵舍弟自罨溪入茶山》：“芳新生石际，幽嫩在山阴。”

【幽態】 幽雅的姿态。温庭筠《题磁岭海棠花》：“幽态竟谁赏，岁华空与期。”

【幽翠】 ❶深绿。指葱茏的草木。王昌龄《缑氏尉沈兴宗置酒南溪留赠》：“林色与溪古，深篁引幽翠。”庄南杰《阳春曲》：“芳草绵延锁平地，垄蝶双双舞幽翠。”❷指绿叶。李贺《洛姝真珠》：“兰风桂露洒幽翠，红弦袅云咽深思。”李德裕《忆平泉杂咏·忆初暖》：“幽翠生松栝，轻烟起薜萝。”

【幽墳】 幽寂的坟墓。赵嘏《哭李进士》：“唯有山僧与樵客，共舁孤榇入幽坟。”

【幽趣】 (—qù)佳趣，幽雅的趣味。岑参《太一石鳖崖口潭旧庐招王学士》：“幽趣倏万变，奇观非一端。”白居易《秋日怀杓直》：“常云遇清景，必约同幽趣。”薛能《蔡州蒋亭》：“静泛穷幽趣，惊飞湿醉颜。”贾岛《易州登龙兴寺楼望郡北高峰》：“朝来上楼望，稍觉得幽趣。”

【幽蔓】 细长的藤蔓。李益《莲塘驿》：“女萝蒙幽蔓，拟上青桐枝。”

【幽魂】 阴魂。白居易《答山驿梦》：“入君旅梦来千里，闭我幽魂欲二年。”鲍溶《悲哉行》：“朗朗哭前歌，绛旌引幽魂。”李玖《喷玉泉冥会诗八首·四丈夫同赋》之四：“珍重昔年金谷友，共来泉际话幽魂。”周昙《咏史诗·唐虞门·再吟舜妃》：“潇湘何代泣幽魂，骨化重泉志尚存。”

【幽厲】 周幽王与周厉王之连称。二人均为末世之君，以昏庸暴戾著名。皮日休《奉和鲁望读阴符经见寄》：“爰从幽厉余，宸极若孩稚。”

【幽憂】 过度忧劳。见《庄子·让王》。骆宾王《在狱咏蝉》序：“非谓文墨，取代幽忧云尔。”钱起《卧病李员外题扉而去》：“谁知簪绂贵，能问幽忧疾。”皮日休《太湖诗·入林屋洞》：“遂招放旷侣，同作幽忧行。”陆龟蒙《奉酬袭美先辈吴中苦雨一百韵》：“幽忧和愤懑，忽愁自惊蹶。”

【幽賞】 ❶幽美的景色。王维《丁寓田家有赠》：“揆予宅闾井，幽赏何由屡。”❷幽雅地欣赏。孟云卿《新安江上寄处士》：“即事遂幽赏，何必挂儒冠。”韦应物《秋景诣琅琊精舍》：“屡访尘外迹，未穷幽赏情。”郑巢《陈氏园林》：“多喜陪幽赏，清吟绕石丛。”李德裕《春暮思平泉杂咏二十首·花药栏》：“王孙未知返，幽赏竟谁同。”

【幽噎】 义同“幽咽”。元稹《江陵三梦》：“言罢泣幽噎，我亦涕淋漓。”

【幽賤】 微贱。于季子《咏萤》：“卉草诚幽贱，枯朽绝因依。”方干《别胡中丞》：“幽贱粗能分菽麦，从容岂合遇公卿。”

【幽嘿】 幽默，沉寂无声。张九龄《感遇十二首》之十二：“天壤一何异，幽嘿卧帘帷。”

【幽墨】 幽默，寂寞无声。韩愈《南山诗》：“冬行虽幽墨，冰雪工琢镂。”

【幽篁】 幽深的竹林。见《楚辞·九歌·山鬼》。王维《辋川集·竹里馆》：“独坐幽篁里，弹琴复长啸。”韦应物《对新篁》：“清晨止亭下，独爱此幽篁。”李彦玮《相和歌辞·采桑》：“何以变真性，幽篁雪中绿。”陆龟蒙《奉酬袭美先辈初夏见寄次韵》：“幽篁倚微照，碧粉含疏茎。”

【幽僻】 幽静而僻远。张籍《酬韩庶子》：“西街幽僻处，正与懒相宜。”白居易《游蓝田山卜居》：“拟求幽僻地，安置疏慵身。”又《幽居早秋闲咏》：“幽僻嚣尘外，清凉水木间。”皮日休《二游诗·徐诗》：“翦除幽僻薮，涤荡玄微窟。”

【幽適】 指归隐。权澈《琵琶泓石壁诗刻》：“一符君德应明时，一契吾真誓幽适。”

【幽憤】 ❶郁结的怨愤。李华《咏史十一首》之一：“精灵如有在，幽愤满松烟。”刘商《合肥至日愁中寄郑明府》：“岁时人共换，幽愤日先长。”皮日休《女坟湖》：“万贵千奢已寂寥，可怜幽愤为谁娇。”陆龟蒙《江南秋怀寄华阳山人》：“远怀魂易黯，幽愤骨堪惊。”❷

指晋嵇康所作《幽愤诗》。见《晋书·嵇康传》。诗中表现其耿直刚强、不改初志的性格，抒发其愤慨的心情。曹邺有《续幽愤》。

【幽潛】 ❶深远。贾岛《玩月》："却坐竹丛外，清思刮幽潜。"❷谓深藏之处。指深水。韩愈《苦寒》："虎豹僵穴中，蛟螭死幽潜。"

【幽澈】 指幽静的溪水。李益《竹溪》："清光溢空曲，茂色临幽澈。"

【幽澗】 亦作"幽磵"。幽静的山涧。宋鼎《酬故人还山》："幽涧落云霞，思鸟吟高树。"李绅《山出云》："回崖时掩鹤，幽涧或随人。"赵嘏《宛陵寓居上沈大夫二首》之二："醉叩玉盘歌袅袅，暖鸣幽涧鸟关关。"廖匡图《九日陪董内召登高》："烟里共寻幽涧菊，樽前俱是异乡人。"

【幽窮】 指幽僻之至。韩愈《送文畅师北游》："幽穷谁共语，思想甚含哕。"

【幽緘】 密封。见《文选·谢惠连〈捣衣〉》。李白《求崔山人百丈崖瀑布图》："幽缄倘相传，何必向天台。"元稹《鱼中素》："重叠鱼中素，幽缄手自开。"亦指密封珍藏的诗文。权德舆《酬陆四十楚源春夜宿虎丘山对月寄梁四敬之兼见贻之作》："芳讯发幽缄，新诗比良觌。"又《和九华观见怀贡院八韵》："丽曲涤烦虚，幽缄发清机。"

【幽磬】 悠扬的磬声。独孤申叔《终南精舍月中闻磬》："幽磬此时击，余音几处闻。"赵嘏《僧舍二首》之二："春风尽日无来客，幽磬一声高鸟还。"

【幽燕】 (—yān)唐幽州，辖境约相当于战国时燕国之地，故称。在今之河北省北部及辽宁西部一带。崔颢《赠王威古》："相看未及饮，杂虏寇幽燕。"杜甫《恨别》："闻道河阳近乘胜，司徒急为破幽燕。"郑锡《出塞》："辽海云沙暮，幽燕旌旆愁。"顾况《弃妇词》："及与同结发，值君适幽燕。"

【幽操】 隐逸不仕的操守。卢鸿一《嵩山十志十首·草堂》："读金书兮饮玉浆，童颜幽操兮不易长。"

【幽機】 玄机。苏味道《和武三思于天中寺寻复礼上人之作》："五行幽机畅，三蕃妙键开。"

【幽冀】 幽州和冀州的合称。崔颢《赠轻车》："幽冀桑始青，洛阳蚕欲老。"

【幽噫】 深叹声。孟郊《吊卢殷》之四："幽噫虎豹闻，此外相访稀。"

【幽默】 沉寂无声。陈子昂《喜马参军相遇醉歌》："独幽默以三月兮，深林潜居。"黄滔《秋晚山居》："此时尘外事，幽默几人同。"

【幽興】 (—xìng)幽雅的兴致。裴迪《辋川集二十首·木兰柴》："缘溪路转深，幽兴何时已。"钱起《春谷幽居》："春来此幽兴，宛是谢公心。"权德舆《暮春闲居示同志》："避喧非傲世，幽兴乐郊园。"郑谷《送吏部曹郎中免官南归》："触目成幽兴，全家是胜游。"

【幽獨】 ❶幽寂而孤独。宋之问《温泉庄卧病寄杨七炯》："移疾卧兹岭，寥寥倦幽独。"李嘉祐《赠王八衢》："别君远山去，幽独更应悲。"李德裕《春暮思平泉杂咏二十首·山桂》："岂知幽独客，赖此当朱弦。"李建勋《白雁》："差池失群久，幽独依人切。"❷幽寂孤独之人。岑参《郡斋闲坐》："故人尽荣宠，谁念此幽独？"司空图《秋思》："势利长草草，何人访幽独？"

【幽獨君】 传说中的鬼名。曾于大历中在虎丘石壁上题诗。陆龟蒙《次幽独君韵》。皮日休有《追和幽独君诗次韵》，又《追和虎丘寺清远道士诗》序："幽独君一篇，不知孰氏之作，其词古而悲，亦存于篇末。"

【幽憶】 深藏于心中的思想情感。李商隐《柳枝五首》序："柳枝，洛中里娘也……作天海风涛之曲，幽忆怨断之音。"

【幽凝】 幽静稳固。沈亚之《文祝延二阕》之一："腾气清浑兮朝昏，神生其中兮宅幽凝。"

【幽澹】 素净淡雅。温庭筠《感旧陈情五十韵献淮南李仆射》："蕙径邻幽澹，荆扉兴静便。"

【幽禪】 (—chán)指禅定。方干《重寄金山寺僧》："月华妨静烛，鸟语答幽禅。"黄滔《题道成上人院》："何必天台寺，幽禅瀑布房。"

【幽禪師】 (—chán)即慕幽。齐己《送幽禅师》。

【幽薊】 幽州和蓟州的并称。李白《相和歌辞·猛虎行》："一输一失关下兵，朝降夕叛幽蓟城。"杜甫《有感五首》之二："幽蓟余蛇豕，乾坤尚虎狼。"李涉《寄河阳从事杨潜》："一从戎马来幽蓟，山谷虎狼无捍制。"嵩岳诸仙《嫁女诗》之八："幽蓟烟尘别九重，贵妃汤殿罢歌钟。"

【幽薦】 祭奠死者。孟郊《吊卢殷》之二："幽荐一杯泣，泻之清洛滨。"

【幽蟄】 冬眠之虫，喻隐退之士。陆龟蒙《杂讽九首》之二："吾欲斧其吭，无雷动幽蛰。"

【幽縶】 囚禁。骆宾王有《幽絷书情通简知己》。

【幽聲】 指泉水流淌之声。姚合《题家园新池》："幽声听难尽，入夜睡常迟。"

【幽賾】 ❶深隐之处。李益《华阴东泉同张处士诣藏律师兼简县内同官因寄齐中书》："潜鳞孕明晦，山灵閟幽赜。"❷精微的道理或学问。吴筠《览古十四首》之十三："茂先洽闻者，幽赜咸该通。"

【幽磵】 见"幽澗"。

【幽谿】 见"幽溪"。

【幽齋】 幽静的屋舍。姚合《寄李余卧疾》："幽斋外浮事，梦寐亦简略。"又《酬田卿书斋即事见寄》："幽斋琴思静，晚下紫宸朝。"李群玉《经费拾遗所居呈封员外》:"旧馆苔藓合,幽斋松菊荒。"

【幽澀】 幽寂,幽冷。李贺《房中思》:"月轩下风露,晓庭自幽涩。"

【幽隱】 ❶隐蔽,幽静。亦指隐逸之处。寒山《诗三百三首》之四〇:"惯居幽隐处,乍向国清中。"杜审言《南海乱石山作》:"穹崇雾雨蓄,幽隐灵仙闷。"周贺《重阳》:"霜报征衣冷针指,雁惊幽隐泣云泉。"于武陵《山上树》:"忽逢幽隐处,如见独醒人。"❷隐居。见《礼记·表记》。陆龟蒙《读襄阳耆旧传因作诗五百言寄皮袭美》:"庞公乐幽隐,辟聘无所就。"李咸用《题王处士山居》:"云木沈沈夏亦寒,此中幽隐几经年。"亦指隐居之处。戴叔伦《游清溪兰若》:"远对白云幽隐在,年年不离旧杉松。"

【幽縲】 幽禁。无名氏《除夜》:"亲故暌携长已矣,幽缧寂寞镇愁煎。"

【幽壙】 墓穴。李贺《感讽五首》之三:"漆炬迎新人,幽圹萤扰扰。"

【幽簟】 指竹席。李中《秋雨》:"爽欲除幽簟,凉须换熟衣。"

【幽竄】 犹寻幽探胜。清远道士《同沈恭子游虎丘寺有作》:"四渎与五岳,名山尽幽窜。"

【幽邃】 幽深;深邃。刘孝孙《游灵山寺》:"信美谐心赏,幽邃且攀援。"韦丹《思归寄东林澈上人》序:"夫二林翼翼,松径幽邃,则何必措足于丹霄,驰心于太古矣。"曹松《罗浮山下书逸人壁》:"海上亭台山下烟,买时幽邃不争钱。"王周《巫庙》:"神仙宅幽邃,庙貌横杳冥。"亦指幽深之地。唐彦谦《夏日访友》:"孤舟唤野渡,村疃入幽邃。"

【幽襟】 幽怀,隐藏在内心的情感。包融《酬忠公林亭》:"一谈入理窟,再索破幽襟。"杜甫《奉观严郑公厅事岷山沱江画图十韵》:"绘事功殊绝,幽襟兴激昂。"杨衡《九日陪樊尚书龙山宴集》:"缘危陟高步,凭旷写幽襟。"郑畋《中秋月直禁苑》:"幽襟聊自适,闲弄紫薇花。"

【幽繫】 囚禁。刘长卿《罪所上御史惟则》:"误因微禄滞南昌,幽系圜扉昼夜长。"

【幽麗】 幽静美丽。李华《寄赵七侍御》序:"自余干溪行,经弋阳至上饶,山川幽丽,思与云卿同游,邈不可得。"

【幽叢】 幽深的丛林。韦应物《夜偶诗客操公作》:"惊禽翻暗叶,流水注幽丛。"张聿《景风扇物》:"寥天鸣万籁,兰径长幽丛。"

【幽曠】 幽深旷远。杜甫《咏怀二首》之二:"嗷嗷幽旷心,拳拳异平素。"任华《寄杜拾遗》:"此时幽旷无人知,火急将书凭驿使。"严维《僧房避暑》:"幽旷无烦暑,恬和不可量。"

【幽獸】 栖于僻地之兽。韩愈《喜侯喜至赠张籍张彻》:"荒花穷漫乱,幽兽工腾闪。"

【幽飀】 微风。皎然《观裴秀才松石障歌》:"高柯细叶动飒飒,乍听幽飕如有声。"

【幽韻】 幽深的韵味。孟郊《静女吟》:"此志谁与谅,琴弦幽韵重。"陶雍《和兵部郑侍郎省中四松诗》:"幽韵和宫漏,余香度酒杯。"

【幽懶】 幽闲懒散。畅当《天柱隐所重答江州应物》:"烦君琼玖赠,幽懒百无成。"

【幽關】 深邃的关隘。韩琮《颍亭》:"颍上新亭瞰一川,几重旧址敞幽关。"

【幽藹】 同"幽靄"。李德裕《寄茅山孙炼师》之二:"石上溪荪发紫茸,碧山幽蔼水溶溶。"

【幽壤】 地下,九泉之下。元稹《谕宝二首》之二:"镆铘无人淬,两刃幽壤铁。"杜牧《忍死留别献盐铁裴相公二十叔》:"青春辞白日,幽壤作黄埃。"李玖《喷玉泉冥会诗八首·四丈夫同赋》之四:"丹诚岂分埋幽壤,白日终希照覆盆。"

【幽蘭】 ❶兰花。语本《楚辞·离骚》。杜审言《赠崔融二十韵》:"太息幽兰紫,劳歌奇树黄。"李德裕《春暮思平泉杂咏二十首·双碧潭》:"莫辨幽兰丛,难分翠禽翼。"李商隐《河阳诗》:"幽兰泣露新香死,画图浅缥松溪水。"周朴《吊李群玉》:"吟魂醉魄知何处,空有幽兰隔岸香。"❷古琴曲名。见战国楚宋玉《讽赋》。太宗《喜雪》:"傥咏幽兰曲,同欢黄竹篇。"白居易《听幽兰》:"琴中古曲是幽兰,为我殷勤更弄看。"韦庄《听赵秀才弹琴》:"不须更奏幽兰曲,卓氏门前月正明。"

【幽靄】 幽邃貌。见《文选·王延寿〈鲁灵光殿赋〉》。卢鸿一《嵩山十志十首·枕烟庭》:"恍歘翕兮杳幽霭,意缥缈兮群仙会。"严武《题巴州光福寺楠木》:"看君幽霭几千丈,寂寞穷山今遇赏。"

【幽響】 轻微的响声。韦应物《晦日处士叔园林燕集》:"始萌动新煦,佳禽发幽响。"韩愈《会合联句》:"驰辉烛浮萤,幽响泄潜蛩。"

【幽歡】 幽会的欢悦。韩偓《六言三首》之一:"幽欢不尽告别,秋河怅望平明。"

【幽覿】 闲静地欣赏。颜真卿《谢陆处士杼山折青桂花见寄之什》:"会惬名山期,从君恣幽觌。"

【幽霾】 阴暗。孟郊《石淙》之八:"乘时幸勤鉴,前恨多幽霾。"

【幽巖】 寂静的山崖。太宗《度秋》:"桂白发幽岩,菊黄开灞涘。"赵嘏《浙东陪元相公游云门寺》:"溪云乍敛幽岩雨,晓气初高大旆风。"徐铉《题碧岩亭赠孙尊师》:"幽岩君独爱,玄味我曾耽。"

【幽籟】 微弱的声音。权德舆《酬穆七侍郎早登使院西楼感怀》:"杉梧韵幽籁,河汉明秋天。"刘禹锡

《游桃源一百韵》:“明灯坐遥夜,幽籁听淅沥。”

【幽顯】 ❶明暗。李峤《纸》:“舒卷随幽显,廉方合轨仪。”亦用以指明处和暗处、仕宦和隐居。韦应物《同元锡题琅琊寺》:“昏旭穷陟降,幽显尽披阅。”卢纶《同柳侍郎题侯钊侍郎新昌里》:“幽显岂殊迹,昔贤徒病诸。”❷谓阴阳,指阴间与阳间。白居易《和梦游春诗一百韵》:“凄凄隔幽显,冉冉移寒燠。”亦指鬼神和人。李商隐《重有感》:“昼号夜哭兼幽显,早晚星关雪涕收。”

【幽巘】 幽静的山崖。李端《归山招王逵》:“日长原野静,杖策步幽巘。”

【幽觀】 (—guān)静静地观看。汪万於《晚眺》:“静对豺狼窟,幽观鹿豕群。”

【幽豔】 ❶幽美艳丽。刘言史《买花谣》:“幽艳凝华春景曙,林夫移得将何处?”❷美丽的光彩。卢溵《金灯》:“疏茎秋拥翠,幽艳夕添红。”

【幽鬱】 ❶犹忧郁。陈子昂《与东方左史虬修竹篇》序:“骨气端翔,音情顿挫,光英朗练,有金石声,遂用洗心饰视,发挥幽郁,不图正始之音,复睹于兹。”柳宗元《法华寺石门精舍三十韵》:“拘情病幽郁,旷志寄高爽。”❷茂盛貌。储光羲《舟中别武金坛》:“秋荷尚幽郁,暮鸟复翩翻。”

九 画

幾[1] 〔jī《广韵》居依切,平微,見。又渠希切,平微,羣。又其既切,去未,羣。〕❶细微。多指事物的迹象、先兆。见《易·系辞下》。权德舆《几铭》:“旁魄变化,皆生乎几。”见“幾兆”。❷机会,时机。苏涣《变律》之二:“徒有疾恶心,奈何不知几?”❸或者,也许。杜甫《送大理封主簿五郎》:“风波空远涉,琴瑟几虚张。”又杜甫、李之芳《夏夜李尚书筵送宇文石首赴县联句》:“客居逢自出,为别几凄然。”❹将近,几乎。见《国语·晋语四》。郭震《十月乐游诗》:“愁仍夜未几,已使炭成灰。”李栖筠《张公洞》:“我本道门子,愿言出尘笼。扫除方寸间,几与神灵通。”汪遵《吴坂》:“不缘伯乐称奇骨,几与驽骀价一齐。”齐己《谢重缘旧山水障子》:“不因公子鉴,零落几成尘。”

幾[2] 〔jǐ《广韵》居狶切,上尾,見。〕❶若干,多少。苏味道《九江口南济北接蕲春南与浔阳岸》:“鳞介多潜育,渔商几溯洄。”窦常《北固晚眺》:“年年此登眺,人事几销亡。”许康佐《日暮碧云合》:“时景讵能留,几思轻尺璧。”刘沧《与僧话旧》:“南朝古寺几僧在,西岭空林唯鸟归。”❷何,什么。刘长卿《上巳日越中与鲍侍郎泛舟耶溪》:“君见渔船时借问,前洲几路入烟花?”顾况《送从兄使新罗》:“几路通员峤,何山是沃焦?”柳宗元《柳州城西北隅种柑树》:“几岁开花闻喷雪,何人摘实见垂珠?”薛逢《汉武宫辞》:“绛节几时还入梦,碧桃何处更骖鸾?”❸多么;怎样。李峤《和杜学士旅次淮口阻风》:“客行殊未已,川路几迢迢。”杜甫《遣兴五首》之五:“每望东南云,令人几悲吒。”赵嘏《昔昔盐二十首·今岁往辽西》:“胡沙兼汉苑,相望几迢迢。”❹屡次。齐己《采莲曲》:“时逢岛屿泊,几共鸳鸯眠。”见“幾$_2$看”。

幾[3] 〔jì《集韵》几利切,去至,見。〕通“纪”。年岁。岑参《太白胡僧歌》:“此僧年几那得知,手种青松今十围。”裴夷直《戏唐仁烈》:“自知年几偏应少,先把屠苏不让春。”

【幾$_2$人】 ❶多少人。杜甫《征夫》:“十室几人在,千山空自多。”朱庆余《登望云亭招友》:“共知亭下眠云远,解到上头能几人?”❷谁人。崔玄亮《和白乐天》:“几人樽下同歌咏?数盏灯前共献酬。”温庭筠《送人东游》:“江上几人在?天涯孤棹还。”黄滔《秋晚山居》:“此时尘外事,幽默几人同?”

【幾$_2$日】 ❶多少时日。戴叔伦《叹葵花》:“自不同凡卉,看时几日回。”朱庆余《途中感怀》:“到家能几日,为客便经年。”❷何时。韦应物《早春对雪寄前殿中元侍御》:“几日东城陌,何时曲水滨?”柳宗元《零陵早春》:“问春从此去,几日到秦原?”朱子真《对赵颖歌》:“人间几日变桑田,谁识神仙洞里天?”

【幾$_2$地】 佛教语。谓修行过程中何种阶位。杜甫《秋日夔府咏怀奉寄郑监李宾客一百韵》:“众香深黯黯,几地肃芊芊。”原注:“佛家有十地。”杨巨源《和权相公南园闲涉寄广宣上人》:“问师登几地,空性奈诗何?”

【幾$_2$回】 同“幾$_2$迴”。多次,多少次。杜甫《秋兴八首》之五:“一卧沧江惊岁晚,几回青琐照朝班?”窦庠《冬夜寓怀寄王翰林》:“满地霜芜叶下枝,几回吟断四愁诗。”陈羽《古意》:“知郎本来无岁寒,几回掩泪看花落。”

【幾$_2$年】 ❶多少年。刘长卿《新年作》:“已似长沙傅,从今又几年?”朱庆余《送虚上人游天台》:“好是修行处,师当住几年?”刘沧《经麻姑山》:“一自仙娥归碧落,几年春雨洗红兰?”❷何年,何时。崔国辅《漂母岸》:“几年崩冢色,每日落潮痕。”杜甫《归雁》:“东来万里客,乱定几年归?”

【幾$_2$兆】 预兆。刘禹锡《游桃源一百韵》:“祸来昧几兆,事去空叹息。”

【幾$_2$多】 几许,多少。白居易《疑梦二首》之二:“假使如今不是梦,能长于梦几多时。”李频《太和公主还宫》:“重上凤楼追故事,几多愁思向青春。”孙元晏

《咏史诗·梁·蔡撙》:“不饮吴兴郡中水,古今能有几多人。”

【幾₂見】 屡次看到。李益《登天坛夜见海》:“群仙指此为我说,几见尘飞沧海竭。”白居易《东南行一百韵》:“几见林抽笋,频惊燕引雏。”徐夤《东京次新安道中》:“旋从古辙成深谷,几见金舆过上阳。”

【幾₂何】 ❶多少。语出《诗·小雅·巧言》。严维《答刘长卿七里濑重送》:“新安非欲枉帆过,海内如君有几何?”韩愈《除官赴阙至江州寄鄂岳李大夫》:“我齿落且尽,君鬓白几何?”白居易《宿清源寺》:“尔来几何岁,溪草二八绿。”杜荀鹤《送友人游南海》:“山川多少地,郡邑几何人?”❷多久。王维《哭殷遥》:“人生能几何,毕竟归无形。”王建《行见月》:“百年欢乐能几何? 在家见少行见多。”杜荀鹤《秋日卧病》:“浮世浮名能几何? 致身流落向天涯。”

【幾₂看】 屡次看到。王绩《黄颊山》:“几看松叶秀,频值菊花开。”姚合《山中寄友人》:“几看春草绿,又见塞鸿过。”

【幾₂度】 屡次,几回,几次。韦应物《寇季膺古刀歌》:“吴钩断马不知处,几度烟尘今独全。”姚伦《感秋》:“霜风与春日,几度遣荣枯。”李商隐《木兰花》:“几度木兰舟上望,不知元是此花身。”曹松《上广州支使王拾遗》:“几度陪旌节,营巡海色回。”

【幾₂祕】 秘密。杜牧《赴京初入汴口晓景即事先寄兵部李郎中》:“翾便讵可寻,几秘安能考。”

【幾₂時】 ❶多长时间。李白《杂曲歌辞·妾薄命》:“以色事他人,能得几时好?”戴叔伦《感怀二首》之二:“人生百年中,会合能几时?”于邺《客中览镜》:“白日急于水,少年能几时?”❷何时。杜甫《横吹曲辞·前出塞九首》之五:“我始为奴仆,几时树功勋?”张籍《岭表逢故人》:“相逢去家远,共说几时归?”姚合《送贾谟赴共城营田》:“几时无事扰,相见得从容。”张蠙《乱中寄友人》:“鬓黑无多日,尘清是几时。”

【幾₂迴】 见“幾₂回”。

【幾₂般】 ❶多少;多么。白居易《玩迎春花赠杨郎中》:“金英翠萼带春寒,黄色花中有几般。”裴夷直《八月十五日夜》:“宛是依依旧颜色,自怜人换几般愁。”翁承赞《对雨述怀示弟承检》:“不有惠连同此景,江南归思几般深。”❷几回。韩偓《懒起》:“百舌唤朝眠,春心动几般。”

【幾₂處】 (—chù)❶多处。武元衡《送崔判官使太原》:“笙歌几处胡天月,罗绮长留蜀国春。”刘沧《洛阳月夜书怀》:“一声边雁塞门雪,几处远砧河汉风。”欧阳炯《渔父歌二首》之二:“荷露坠,翠烟轻,拨剌游鱼几处惊。”❷何处。李益《盐州过胡儿饮马泉》:“几处吹笳明月夜,何人倚剑白云天。”钱起《九日闲居寄登高数子》:“今朝落帽客,几处管弦留。”

【幾₂許】 ❶多少。刘长卿《戏题赠二小男》:“异乡流落频生子,几许悲欢并在身。”窦牟《晚过敷水驿却寄华州使院张郑二侍御》:“几许岁华销道路,无穷王事系戎师。”白居易《寄两银榼与裴侍郎因题两绝句》:“小器不知容几许,襄阳米贱酒升宽。”吴融《宋玉宅》:“今朝送别还经此,吟断当年几许悲。”❷多久,多大。元结《说泂溪招退者》:“溪边老翁年几许,长男头白孙嫁女。”独孤及《送相里郎中赴江西》:“欢娱讵几许,复向天一方。”薛能《舞者》:“为问倾城年几许,更胜琼树是琼枝。”许棠《新年呈友》:“浮生能几许,莫惜醉春风。”李建勋《晚春送牡丹》:“借问少年能几许,不许推酒厌杯盘。”❸多么,何等。刘长川《宝剑篇》:“宝剑不可得,相逢几许难。”

【幾₂葉】 几代,几世。韩愈《和李司勋过连昌宫》:“宫前遗老来相问,今是开元几叶孙。”

【幾₂番】 屡次,几度,几次。李端《听夜雨寄卢纶》:“闻君此夜东林宿,听得荷池几番声。”孟贯《宿故人江居》:“相思频到此,几番醉还醒。”

【幾₂曾】 ❶曾经,每每。赵嘏《山阳即席献裴中丞》:“暂肯剖符临水石,几曾焚笔动星辰。”刘沧《赠颙顼山人》:“洛阳紫陌几曾醉,少室白云时一归。”罗隐《扇上画牡丹》:“闲挂几曾停蛱蝶,频摇不怕落莓苔。”❷何曾,哪曾。赵嘏《赠陈正字》:“野艇几曾寻水去,故山从此与云疏。”南唐后主李煜《破阵子》词:“凤阙龙楼连宵汉,玉树琼枝作烟萝,几曾识干戈?”

【幾₂幾】 多久,多少。拾得《诗》之五一:“浮沤梦幻身,百年能几几?”孟浩然《从张丞相游南纪城猎戏赠裴迪张参军》:“公卿有几几,车骑何翩翩。”贯休《续姚梁公坐右铭》:“世乎草草,能生几几。”又《山居诗二十四首》之二二:“自古浮华能几几,逝波终日去滔滔。”

【幾₂歲】 ❶几年。刘长卿《酬张夏》:“几岁依穷海,颓年惜故阴。”❷何年。杜甫《送孔巢父谢病归游江东兼呈李白》:“罢琴惆怅月照席,几岁寄我空中书?”

【幾₂箇】 多少个;哪个。李适之《罢相作》:“为问门前客,今朝几个来?”秦系《山中奉寄钱起员外兼简苗发员外》:“借问省中何水部,今人几个属诗家。”吕岩《绝句》:“茫茫宇宙人无数,几个男儿是丈夫?”

【幾₂蹴】 几度蹴踏。杜甫《高都护骢马行》:“腕促蹄高如踣铁,交河几蹴曾冰裂。”

广　部

广 〔yǎn《广韵》魚檢切，上琰，疑。又魚埯切，上儼，疑。〕依山崖建造的房屋。见《说文·广部》。韩愈《陪杜侍御游湘西两寺独宿有题一首因献杨常侍》："剖竹走泉源，开廊架崖广。"

二　画

庀 〔pǐ《广韵》匹婢切，上紙，滂。〕❶具备，准备。苏源明《小洞庭洄源亭宴四郡太守诗》序："司土庀舟以待，司功设袯以告。"见"庀具"。❷聚集，召集。见"庀徒""庀役"。

【庀徒】 召集工匠、役夫。元稹《后湖》："人人傥自为，我亦不庀徒。"

【庀具】 备办棺木。见《礼记·檀弓上》。权德舆《哭刘四尚书》："撤弦惊物故，庀具见家贫。"

【庀具見貧】 收集死者遗留的器物，由此可见其居官清廉。典出《左传·襄公五年》。后因以"庀具见贫"称美死者清廉自守。权德舆《哭刘四尚书》："撤弦惊物故，庀具见家贫。"

四　画

床 同"牀"。孟郊《西斋养病夜怀多感因呈上从叔子云》："一床空月色，四壁秋蛩声。"又《秋怀》之四："一片月落床，四壁风入衣。"

庇 〔bì《广韵》必至切，去至，幫。〕❶遮蔽；遮护；覆盖。李华《杂诗六首》之四："风霜摧技干，不复庇本根。"郎士元《和王相公题中书丛竹寄上元相公》："幽意含烟月，清阴庇蕙兰。"白居易《秦中吟十首·买花》："上张幄幕庇，旁织巴篱护。"章碣《夏日湖上即事寄晋陵萧明府》："亭午羲和驻火轮，开门嘉树庇湖濆。"❷隐蔽。宋华《蝉鸣一篇五章》之一："庇影容迹，何所不容。"❸凭依；寄托。太宗《咏司马彪续汉志》："五胜竟无违，百司诚有庇。"韦应物《冬夜宿司空曙野居因寄酬赠》："南北与山邻，蓬庵庇一身。"徐夤《燕》："雕鹗不容应不怪，栋梁相庇愿相依。"引申为依托。卢仝《萧宅二三子赠答诗二十首·客谢竹》："太山道不远，相庇实无力。"❹保佑；保护。《郊庙歌辞·太清宫乐章·紫极舞》："长垂一德庆，永庇万方宁。"元结《题孟中丞茅阁》："公方庇苍生，又如斯阁乎。"欧阳詹《答韩十八驽骥吟》："宝将庇群甿，庶此规崇轩。"李宏皋《铜柱辞》："诞今铸柱庇黔黎，指画风雷开五溪。"❺袒护；包庇。姚合《暮春书事》："未因丞相庇，难得脱朝衣。"王周《自喻》："城狐与社鼠，巧佞谁从庇。"❻供养。姚合《酬光禄田卿末伏见寄》："朝朝廊下食，相庇在肴菹。"李商隐《行次西郊作一百韵》："健儿庇旁妇，衰翁舐童孙。"

【庇身】 ❶遮护身体。钱起《咏白油帽送客》："薄质惭加首，愁阴幸庇身。"权德舆《寄李衡州》："片石丛花画不如，庇身三径岂吾庐。"白居易《禽虫十二章》之四："蚕老茧成不庇身，蜂饥蜜熟属他人。"❷寄托自身。顾况《在滁苦雨归桃花崦伤友略尽》："庇身绝中授，甘静忘外扰。"韩愈《送文畅师北游》："庇身指蓬茅，逞志纵猃猲。"陈彦博《恩赐魏文贞公诸孙旧第以导直臣》："天意能酬德，云孙喜庇身。"❸养活自身。白居易《答故人》："散员足庇身，薄俸可资家。"郑谷《偶书》："承时偷喜负明神，务实那能得庇身。"贯休《对月作》："今人求禄唯庇身，庇身如之何？恶木多斜文。"❹隐藏身体。周昙《咏史诗·春秋战国门·再吟》："社鼠穿墙巧庇身，何由攻灌若为熏。"

【庇庥】 遮蔽，保护。皮日休《奉和鲁望渔具十五咏·篸》："徒为栖托心，不问庇庥主。"

【庇陰】 ❶遮蔽阳光。吴融《三峰府内矮柏十韵》："远砌行窥顶，当庭坐庇阴。"❷犹庇护。"陰"，同"蔭"。白居易《初丧崔儿报微之晦叔》："文章十帙官三品。身后传谁庇荫谁。"

【庇蔭】 遮蔽，覆盖。元稹《松树》："屈为大厦栋，庇荫侯与公。"

【庇質】 遮蔽本体。鲍溶《子规》："胡为托幽命，庇质无完毳。"

序 〔xù《广韵》徐吕切，上語，邪。〕❶堂屋的东西墙。见《尔雅·释宫》。元稹《酬乐天江楼夜吟稹诗因成三十韵》："夜置堂东序，朝铺座右边。"❷正屋两侧东西厢房，廊庑。见《书·顾命》。杜甫《寄裴施州》："金钟大镛在东序，冰壶玉衡悬清秋。"❸古代学校的名称。见《周礼·地官·州长》。王勔《晦日宴高氏林亭同用华字》："上序披林馆，中京视物华。"弓嗣初《晦日宴高氏林亭》："上序春晖丽，中园物候华。"韦庄《和郑拾遗秋日感事一百韵》:"紫闼重开序,青衿再设庠。"亦用以泛指施教之处。张籍《赠殷山人》:"讲序居重席,群儒愿执鞭。"❹次序;顺序。杜甫《归燕》:"四时无失序,八月自知归。"白居易《渭村退居一百韵》:"朝野分伦序,贤愚定否臧。"❺位次;序列。见《左传·昭公二十九年》。太宗《咏司马彪续汉志》:"观仪不失序,遵礼方由事。"杜甫《奉赠太常张卿二十韵》:"弼谐方一展,斑序更何跻。"韩愈《永贞行》:"夜作诏书朝拜官,超资越序曾无难。"薛能《寄唐州杨郎中》:"贫得俸钱还乍喜,晚登朝序却无荣。"❻按等级或特定次序排列。张九龄《恩赐乐游宴应制》:"宝筵延厚命,供帐序群公。"玄宗《春晚宴两相及礼官丽正殿学士》序:"乃命礼官,考制度,稽典则,序文昭武穆。"权德舆《奉和圣制中春麟德殿会百寮观新乐》:"大乐本天地,中和序人伦。"郑谷《回銮》:"顺风调雅乐,夹道序群班。"❼顺序更替。玄宗《春中兴庆宫酺宴》序:"况乎天地交而万物通,阴阳和而四时序。"杜牧《郡斋独酌》:"时节序鳞次,古今同雁行。"❽时节;季节。宋之问《早入清远峡》:"秋菊迎霜序,春藤碍日辉。"杜甫《宿花石戍》:"四序本平分,气候何回互。"韩愈《忆昨行和张十一》:"自期殒命在春序,屈指数日怜婴孩。"❾介绍、评述作品内容的一种文体。孟浩然《上巳日涧南园期王山人陈七诸公不至》:"石壁堪题序,沙场好解绅。"苏源明《秋夜小洞庭离谯诗》序:"源明局局然笑曰:'狂夫之言,不足罪也。'乃志为序。"韩愈《送文畅师北游》:"谓僧当少安。草序颇排讦。"亦指作序文。丘光庭《补新宫》序:"三百之篇,孔子既已删定,子夏从而序之。"❿古乐曲的一种体裁。白居易《霓裳羽衣歌》:"中序擘騞初入拍,秋竹竿裂春冰拆。"原注:"散序六遍无拍,故不舞也。中序始有拍,亦名拍序。"《郊庙歌辞·太湖宫乐章》有《序入破第一奏》。⓫通"绪"。功业,事业。见《诗·周颂·闵予小子》。苏颋《夜闻故梓州韦使君明当引绋感而成章》:"序发扶阳赠,文因司寇酬。"

【序列】 按一定顺序排列。李郃《贺州思九疑作》:"卓植斗杓南,序列俨成行。"

【序述】 叙述。王武陵《宿慧山寺》序:"夫良辰嘉会,古人所惜,序述不作,是阙文也。"罗隐《酬丘光庭》:"故人情意未疏索,次第序述眉眼开。"

【序拜】 按品级次第授官。苏颋《奉和圣制送张说上集贤学士赐宴》:"锵锵石渠内,序拜亦同时。"

【序節】 犹季节。杜甫《客堂》:"客堂序节改,具物对羁束。"

【序變】 时序变更。上官仪《奉和颍川公秋夜》:"泬寥空色远,芸黄凄序变。"

五 画

店 〔diàn《广韵》都念切,去㮇,端。〕❶商店。李白《金陵酒肆留别》:"风吹柳花满店香,吴姬压酒唤客尝。"李商隐《垂柳》:"旧作琴台凤,今为药店龙。"❷旅舍,客栈。杜甫《秋日夔府咏怀奉寄郑监李宾客一百韵》:"猎人吹戍火,野店引山泉。"陈羽《送友人及第归江东》:"都门雨歇愁分处,山店灯残梦到时。"白居易《华州西》:"上得篮舆未能去,春风敷水店门前。"韦庄《东阳酒家赠别二绝句》之二:"明日五更孤店月,醉醒何处泪沾巾。"

【店戍】 守望及住宿的堡垒。贯休《避寇入银山》:"傍山为店戍,永日绕溪潭。"

【店舍】 (—shè)旅店。元稹《连昌宫词》:"初过寒食一百六,店舍无烟宫树绿。"姚合《客游旅怀》:"诗书愁触雨,店舍喜逢山。"

【店家】 旅舍。无名氏《五言白话诗》之十七(外编下):"身如大店家,命如一宿客。"

府 〔fǔ《广韵》方矩切,上麌,非。〕❶古代国家储藏财物或文书之处。见《礼记·曲礼下》。杜甫《韦讽录事宅观曹将军画马图》:"内府殷红马脑碗,婕妤传诏才人索。"卢肇《汉堤诗》:"帝廪有粟,帝府有缗。"蒋贻恭《住名山日陈情上府主高太保》:"米纳功南钱纳府,只看江面水东流。"❷聚集之处。见《周礼·春官·序官》。杜甫《太平寺泉眼》:"石间见海眼,天畔萦水府。"韩愈《贞女峡》:"悬流轰轰射水府,一泻百里翻云涛。"孟简《酬施先辈》:"乐府正声三百首,梨园新入教青娥。"吴融《御沟十六韵》:"旁沾画眉府,斜入教箫楼。"❸官署。见《周礼·天官·大宰》。郭震《寄刘校书》:"回首汉家丞相府,昨来谁得扫重门。"耿湋《酬张少尹秋日凤翔西郊见寄》:"官佐征西府,名齐将上军。"白居易《舒员外游香山寺数日不归题长句以赠之》:"白头老尹府中坐,早衙才退暮衙催。"李商隐《安平公诗》:"府中从事杜与李,麟角虎翅相过摩。"❹达官贵人的住宅。杜甫《敝庐遣兴奉寄严公》:"府中瞻暇日,江上忆词源。"杨巨源《送人过卫州》:"忆昔征南府内游,君家东阁最淹留。"韩愈《郑群赠簟》:"携来当昼不得卧,一府传看黄琉璃。"亦用以指仙人所居。高适《玉真公主歌》:"仙宫仙府有真仙,天宝天仙秘莫传。"❺旧时行政区划名称。一般在县以上。唐代于都城所在地及皇帝驻过的州设府。杜甫《峡隘》:"闻说江陵府,云沙净眇然。"白居易《府酒五绝·变法》:"自惭到府来周岁,惠爱威棱一事无。"李频《黔中酬同院韦判官》:"江流来绝域,府地管诸夷。"❻指州、府治所。杜甫《越王楼歌》:"绵州州府何磊落，显庆年中越王作。”仇兆鳌注：“州府，府之州治也。”钱起《送田仓曹归觐》：“青丝络骢马，去府望梁城。”

【府中趨】（中 zhōng）亦省作“府趨”。谓在官署中趋走。语出《陌上桑》。丁仙芝《余杭醉歌赠吴山人》：“只来梁上语，不向府中趋。”后因用以指州郡府署之属吏。李颀《送卢少府赴延陵》：“问君从宦所，何日府中趋。”杜甫《别苏徯》：“数论封内事，挥发府中趋。”独孤及《自东都还濠州奉酬王八谏议见赠》：“青袍白面昔携手，冉冉府趋君记否。”卢纶《送绛州郭参军》：“府趋随宓贱，野宴接王祥。”权德舆《璩授京兆府参军戏书以示》：“见尔府中趋，初官足慰吾。”

【府公】 唐五代时，官府幕僚称节度使、观察使为府公。韩翃《送秘书谢监赴江西使幕》：“府公相待日，引旆出江城。”徐铉《回至瓜州献侍中》：“紫微垣里旧宾从，来向吴门谒府公。”亦用以泛称府、州级长官。李嘉祐《广陵送林宰》：“明通汉家籍，重识府公恩。”耿湋《送绛州郭参军》：“人传府公政，记室有参卿。”李商隐《细雨成咏献尚书河东公》：“府公能八咏，聊且续新题。”

【府尹】 官名。唐代东都、西都及州郡之升府者，皆置府尹，从三品，掌宣德化，岁巡属县，观风俗、恤鳏寡。参见《新唐书・百官志四》。白居易《醉吟》：“应被众疑公事慢，承前府尹不吟诗。”按：作者时为河南尹。

【府主】 ❶佐吏、幕僚对其长官之尊称。元结《喻常吾直》：“劝为辞府主，从我游退谷。”窦巩有《忝职武昌初至夏口书事献府主相公》。元稹有《过襄阳楼呈上府主严司空》。❷指州郡长官。杜甫《短歌行送祁录事归合州因寄苏使君》：“幸为达书贤府主，江花未尽会江楼。”又《望岳》：“三叹问府主，曷以赞我皇。”贯休有《上荆南府主三让德政碑》。

【府寺】 古代公卿的官舍。自汉以来，三公所居谓之府，九卿所居谓之寺。亦用以泛指高级官员的府邸或官署。温庭筠《鸿胪寺有开元中锡宴堂偶成四十韵》：“殽函与府寺，从此俱荒凉。”

【府地】 指州府之辖区。李频《黔中酬同院韦判官》：“江流来绝域，府地管诸夷。”

【府吏】 ❶指州府之辖区。苏颋《奉和圣制途次旧居应制》：“府吏趋宸扆，乡耆捧帝车。”姚合《过城南僧院》：“朝朝趋府吏，来此是相宜。”❷指州郡长官之属吏。皇甫冉《送荣别驾赴华州》：“草色田家迥，槐荫府吏迎。”钱起《送丁著作佐台郡》：“带经临府吏，鲙鲤待乡人。”白居易《司马厅独宿》：“府吏下厅帘，家僮开被襆。”

【府印】 府尹之官印。借指府尹的官职。白居易《晚归早出》：“几时辞府印，却作自由身。”

【府兵】 军府所属之兵。府兵之制。起自西魏，行于北周及隋。唐因隋制，武德初始置军府，以骠骑、车骑两将军府领十二军。参阅《新唐书・兵志》。无名氏《五言白话诗》之九：“天下恶官职，不过是府兵。”

【府廷】 见“府庭”。

【府君】 汉代对太守的尊称，后仍沿用。独孤及《代书寄上李广州》：“皆称府君仁，百越赖全活。”韦应物《杂言送黎六郎》：“河南庭下拜府君，阳城归路山氛氲。”顾况《酬本部韦左司》：“府君未归朝，游子不待晴。”

【府命】 公府辟命。韦应物《使云阳寄府曹》：“夙驾祗府命，冒炎不遑息。”

【府服】 公府的职务。服，事，职务。严维《经兰亭故池联句》：“事感人寰变，归渐府服牵。”

【府帖】 （—tiě）军府颁发的征兵文书。唐初行府兵制，故有此称。杜甫《新安吏》：“府帖昨夜下，次选中男行。”

【府金】 府军之钱财。皮日休《苦雨杂言寄鲁望》：“府金廪粟虚请来，忆著先生便知愧。”

【府城】 府级行政机构所在地。岑参《范公丛竹歌》：“世人见竹不解爱，知君种竹府城内。”

【府帥】 唐代对都督府都督、节度使及经略使等统称府帅。薛能有《和府帅相公》。

【府亭】 府舍之亭园。李颀《题少府监李丞山池》：“能向府亭内，置兹山与林。”

【府庭】 亦作“府廷”。指州府衙门。岑参《优钵罗花歌》序：“自公多暇，乃于府庭内，栽树种药。”韦应物《示从子河南尉班》：“不能林下去，祗恋府廷恩。”韩愈《岳阳楼别窦司直》：“新恩移府庭，逼侧厕诸将。”白居易《早春雪后赠李长官长水郑明府二同年》：“府庭共贺三川雪，县道分行百里春。”

【府庫】 指国家贮藏财物、兵甲之处所。见《礼记・曲礼下》。杜甫《入衡州》：“旌麾非其任，府库实过防。”又《送陵州路使君赴任》：“战伐乾坤破，疮痍府库贫。”

【府曹】 府署的僚属。韦应物有《使云阳寄府曹》。

【府掾】 府署辟置的僚属。孟浩然《与崔二十一游镜湖寄包贺二公》：“府掾有包子，文章推贺生。”

【府署】 官署。刘禹锡《和令狐相公春早朝回盐铁使院中作》：“莺避传呼起，花临府署明。”姚合《杭州官舍即事》：“临江府署清，闲卧复闲行。”

【府試】 唐代科举府一级的选拔考试。见清徐松《登科记考・凡例》。李益有《府试古镜》。刘得仁有《京兆府试目极千里》。李频有《府试观兰亭图》。

许彬有《府试莱城晴日望三山》。

【府幕】 ❶犹幕府。元结《寄源休》序："辛丑中，元结与族弟源休皆为尚书郎，在荆南府幕。"❷府署之幕僚。罗隐《送光禄崔卿赴阙》："官从府幕归卿寺，路向干戈见禁门。"

【府僚】 亦作"府寮"。府署置的僚佐。孟浩然《裴司士员司户见寻》："府僚能枉驾，家酝复新开。"包何《和孟虔州闲斋即事》："府僚闲不入，山鸟静偏过。"白居易《送河南尹冯学士赴任》："何似府寮京令外，别教三十六峰迎。"

【府寮】 见"府僚"。

【府縣】 府与县。王昌龄有《东京府县诸公相送至白马寺宿》。张籍《赠王侍御》："府县同趋昨日事，升沉不改故人情。"

【府廩】 官府之仓廪。柳宗元《唐饶歌鼓吹曲十二篇》序："臣幸以罪居永州，受食府廪，窃活性命。"

【府選】 犹府试。武元衡《送魏正则擢第归江陵》："叨同会府选，分手倍依然。"参见"府試"。

【府趨】 见"府中趨"。

底[1] 〔dǐ《广韵》都禮切，上薺，端。〕❶物体的下层或下面。见《说文·广部》。杜易简《湘川新曲二首》之一："昭潭深无底，橘洲浅而浮。"李白《送杨少府赴选》："山苗落涧底，幽松出高岑。"刘长卿《寻龙井杨老》："泉咽恐劳经陇底，山深不觉有秦人。"杜荀鹤《溪兴》："山雨溪风卷钓丝，瓦瓯篷底独斟时。"齐己《寄洛下王彝训先辈二首》之二："洛水秋空底，嵩峰晓翠巅。"❷内蕴。齐己《酬岳阳李主簿卷》："倚槛应穷底，凝情合到源。"❸里面；中间。李白《对酒》："玳瑁筵中怀里醉，芙蓉帐底奈君何。"李贺《送沈亚之歌》："雄光宝矿献春卿，烟底蓦波乘一叶。"白居易《和答诗十首·和分水岭》："悠悠草蔓底，溅溅石罅里。"方干《漳州于使君罢郡如之任二十四州使君无非亲故》："月中倚棹吟渔浦，花底垂鞭醉凤城。"❹边；旁边。杜甫《昼梦》："故乡门巷荆棘底，中原君臣豺虎边。"王建《宫词》之八七："院院烧灯如白日，沈香火底坐吹笙。"贾岛《送无可上人》："独行潭底影，数息树边身。"周贺《寄新头陀》："远洞省穿湖底过，断崖曾向壁中禅。"❺前；前面。白居易《代州民问》："龙昌寺底开山路，巴子台前种柳林。"牟融《有感二首》之一："眼底故人惊岁别，尊前华发逐时新。"❻尽，穷尽。王鲁复《诣李侍郎》："文字元无底，功夫转到难。"❼定。见《字汇·广部》。见"底平""底綏"。❽引致，达到。见《左传·昭公二年》。宋务光《海上作》："马韩底厥贡，龙伯修其职。"柳宗元《贞符》序："小属而支，人生而孥，恺悌祇敬，用底于理。"❾疑问代词。何，什么。王维《慕容承携素馔见过》："空劳酒食馔，持底解人颐。"刘长卿《岁日见新历因寄都官裴郎中》："若道平分四时气，南枝为底发春偏。"韩愈《同水部张员外籍曲江春游寄白二十二舍人》："曲江水满花千树，有底忙时不肯来。"李商隐《漫成三首》之二："清新俱有得，名誉底相伤。"❿指示代词。此；其。寒山《诗三百三首》之二〇六："怜底众生病，餐尝略不厌。"元稹《病醉》："那知下药还沾底，人去人来剩一卮。"皮日休《奉和鲁望看压新醅》："五湖烟水郎山月，合向樽前问底名。"⓫程度副词。多么；何其。李商隐《柳》："柳映江潭底有情，望中频遣客心惊。"又《五言述德抒情诗四十韵》："雅宴初无倦，长歌底有情。"⓬通"抵"。罗隐《听琵琶》："大底曲中皆有恨，满楼人自不知君。"⓭通"低(dī)"。见"底下"。

底[2] 〔dē〕助词。犹"得"。杜甫《赴青城县出成都寄陶王二少尹》："文章差底病，回首兴滔滔。"又《奉先刘少府新画山水障歌》："堂上不合生枫树，怪底江山起烟雾。"元稹《和乐天赠杨秘书》："因君投赠还相和，老去那能竞底名。"

【底力】 致力；尽力。见《文选·陆机〈演连珠〉》之二。皮日休《新秋言怀寄鲁望三十韵》："底力将排难，何颜用解嘲。"

【底下】 犹低下，下面。底，通"低"。刘长卿《送杜越江佐觐省往新安江》："清流数千丈，底下看白石。"

【底平】 安定；平定。见《书·禹贡》。《郊庙歌辞·祭太社乐章·肃和》："九域底平，两仪交际。"刘得仁《马上别单于刘评事》："天下底平须共喜，一时闲事莫惊心。"

【底用】 何用；什么用。白居易《初著刺史绯答友人见赠》："银印可怜将底用，只堪归舍吓妻儿。"

【底事】 ❶为何；何故。王维《哭祖六自虚》："何辜铩鸾翮，底事碎龙泉。"皇甫冉《洪泽馆壁见故礼部尚书题诗》："底事洪泽壁，空留黄绢词。"周匡物《应举题钱塘公馆》："万里茫茫天堑遥，秦皇底事不安桥。"杜荀鹤《蚕妇》："年年道我蚕辛苦，底事浑身着苎麻。"❷何事；什么事。薛涛《酬杜舍人》："双鱼底事到侬家，扑手新诗片片霞。"白居易《放言五首》之一："朝真暮伪何人辨，古往今来底事无。"李昌符《旅游伤春》："十年成底事，羸马倦西东。"蒋吉《次青云驿》："行人几在青云路，底事风尘犹满衣。"❸此事；这事。李商隐《赠宗鲁筇竹杖》："风流真底事，常欲傍清羸。"晁采《子夜歌十八首》之九："一年一日雨，底事太多晴。"

【底物】 ❶何物。杜甫《解闷十二首》之七："陶冶性灵在底物，新诗改罢自长吟。"鱼玄机《寄飞卿》："嵇君懒书札，底物慰秋情。"杜荀鹤《钓叟》："渠将底物为香饵，一度抬竿一个鱼。"❷此物。元稹《饮致用曲酒三十韵》:“眼前须底物,座右任他铭。”

【底定】 安定;平定。见《书·禹贡》。《郊庙歌辞·享太庙乐章·宁和》:“七德已绥边,九夷咸底定。”《明皇祀圜丘乐章·寿和》:“底定万国,奄有四方。”

【底是】 犹底事,为何。韦庄《秦妇吟》:“问翁本是何乡曲,底事寒天霜露宿?”

【底處】 (—chù)何处。杜甫《舟泛洞庭》:“云山千万叠,底处上仙槎。”

【底策】 何种计策。皮日休《忆洞庭观步十韵》:“何文堪纬地,底策可经邦。”

【底寧】 安宁,安定。独孤及《代书寄上裴六冀刘二颍》:“大盗近削平,三川今底宁。”白居易《题裴晋公女几山刻石诗后》序:“果如所言,克期平贼,由是淮蔡迄今底宁,殆二十年,人安生业。”温庭筠《过孔北海墓二十韵》:“木秀当忧悴,弦伤不底宁。”

【底綏】 安定;平定。见《书·盘庚上》。独孤及《和李尚书画射虎歌》:“方叔秉钺受命新,丹青起予气益振,底绥静难巧可拟,嗟叹不足声成文。”

【底憑】 什么依据。李绅《忆汉月》:“花开花落无时节,春去春来有底凭。”

庖 〔páo《广韵》薄交切,平肴,並。〕❶厨房。见《说文·广部》。《郊庙歌辞·祀九宫贵神乐章·寿和》:“大庖载盈,旨酒斯醇。”杜甫《题新津北桥楼》:“池水观为政,厨烟觉远庖。”权德舆《寓兴》:“敢求庖有鱼,但虑甑生尘。”皮日休《三羞诗三首》之三:“岁虽有札瘥,庖不废晨炊。”❷厨师。见“庖丁”。❸肴馔。李商隐《自喜》:“虎过遥知阱,鱼来且佐庖。”见“庖膳”。❹烹调。韦应物《西郊燕集》:“野庖荐嘉鱼,激涧泛羽觞。”

【庖丁】 厨师。见《庄子·养生主》。温庭筠《过孔北海墓二十韵》:“轮辕无匠石,刀几有庖丁。”《二斑与宁茵赋诗》:“无非悲甯戚,终是怯庖丁。”

【庖人】 掌膳食之官。见《周礼·天官·庖人》。耿沣《得替后书怀上第五相公》:“庖人宁自代,食檗谬相推。”

【庖宰】 厨中受宰割。韩愈、孟郊《斗鸡联句》:“英心甘斗死,义肉耻庖宰。”

【庖童】 供膳之童仆。白居易《饱食闲坐》:“庖童呼我食,饭热鱼鲜香。”又《达哉乐天行》:“庖童朝告盐米尽,侍婢暮诉衣裳穿。”

【庖厨】 ❶厨房。王维《韦给事山居》:“庖厨出深竹,印绶隔垂藤。”耿沣《春日即事》:“庖厨非旧火,林木发新青。”白居易《归来二周岁》:“时丰实仓廪,春暖葺庖厨。”吴融《山居即事四首》之二:“庖厨却得长兼味,三秀芝根五术苗。”❷指厨工。杜甫《麂》:“无才逐仙隐,不敢恨庖厨。”柳宗元《放鹧鸪词》:“羽毛摧折触笼籞,烟火煽赫惊庖厨。”

【庖膳】 膳食。见《晋书·石崇传》。卢纶《奉和圣制麟德殿宴百僚》:“台鼎资庖膳,天星奉酒浆。”

【庖羲】 即伏羲。古代传说中的部落酋长。相传他始画八卦,教民捕鱼畜牧,养牺牲以充庖厨,故称“庖牺”,或作“庖羲”。“庖”,古读若“伏”。见汉马融《长笛赋》。卢仝《风中琴》:“五音六律十三徽,龙吟鹤响思庖羲。”

【庖薪】 厨房之柴火。白居易《秋霖即事联句三十韵》:“廪米陈生醭,庖薪湿起烟。”

【庖膾】 指鱼肉佳肴。王维《晦日游大理韦卿城南别业》之三:“雕胡先晨炊,庖脍亦云至。”

庚 〔gēng《广韵》古行切,平庚。見。〕❶天干的第七位,与地支配,用以纪年、纪日。见“庚子”“庚午”。❷五行属金。于位为西。见《左传·昭公三十年》。吕岩《七言》之二五:“虎到甲边风浩浩,龙居庚内水温温。”❸伏天的代称。旧历以夏至后第三庚日为初伏;第四庚日为中伏;第五庚日为末伏,统称庚伏。简称为“庚”。包佶《同李吏部伏日口号呈元庶子路中丞》:“火炎逢六月,金伏过三庚。”皎然《酬薛员外谊苦热行见寄》:“六月金数伏,兹辰日在庚。”❹申述。见《易·巽》。刘禹锡《历阳书事七十韵》:“遐思常后已,下令必先庚。”❺横貌。见《史记·孝文本纪》。李商隐《送千牛李将军赴阙五十韵》:“如无一战霸,安有大横庚。”

【庚子】 ❶纪年。谓逢庚子年。颜真卿《咏陶渊明》:“题诗庚子岁,自谓羲皇人。”韦庄《秦妇吟》:“前年庚子腊月五,正闭金笼教鹦鹉。”徐夤有《闻长安庚子岁事》。❷纪日。谓逢庚子日。典出《汉书·贾谊传》。后因以庚子日隐喻不祥之时。顾况《酬唐起居前后见寄二首》之二:“自伤庚子日,鹏鸟上承尘。”杜牧《李和鼎》:“鹏鸟飞来庚子直,谪去日蚀辛卯年。”曹松《浙右赠陆处士》:“长当庚子日,独拜五经书。”

【庚日】 以甲子纪日,谓逢庚之日。郑愔《哭郎著作》:“巳年人得梦,庚日鸟为灾。”

【庚午】 ❶指庚午日。顾况《燕于巢一章》:“曷日于雨,乃曰庚午。”❷纪年。齐己有《庚午岁九日作》。

【庚申】 ❶指庚申日。道家认为人身中有“三尸”,记人过失,庚申日,乘人睡,告之上帝。学道者是日不睡,谓守庚申。参阅南朝梁陶弘景《真诰》卷十《云笈七签·庚申部》。张籍《闲居》:“唯教推甲子,不信守庚申。”温庭筠《山中与诸道友夜坐闻边防不宁因示同志》:“风卷蓬根屯戊己,月移松影守庚申。”罗隐《京口见李侍郎》:“屈指不堪言甲子,披风常记是庚申。”❷纪年。《宋善威诗》(卷八七五)：“良夜欢宴罢，暂别庚申年。”

【庚辰】 ❶传说协助夏禹治水神。夏禹命庚辰制服淮祸水神无支祁，将其镇在淮阴之龟山下，使淮水安然流注于海。参见唐李公佐《古岳渎经》。陆龟蒙《奉和袭美太湖诗二十首·石板》：“恐为庚辰官，囚怪力所掀。”❷纪日。谓庚辰之日。王周《齿落词》：“己卯至庚辰，仲夏晦之暮。”

【庚辛】 ❶指收成之日。见《礼记·月令》。王绩《采药》：“腰镰戊己月，负锸庚辛日。”❷谓西方。见《史记·天官书》。薛能《牡丹四首》之二：“白向庚辛受，朱从造化研。”吕岩《七言》之二八：“神龟出入庚辛位，丹凤翱翔甲乙方。”

【庚虎】 即白虎。二十八宿中位于西方的七宿之合称。因庚在五方中属西方，故白虎又称“庚虎”。吕岩《七言》之三十：“庚虎循环餐绛雪，甲龙夭乔进灵泉。”

六　画

度[1] 〔dù《广韵》徒故切，去暮，定。〕❶计量长短的标准。见《书·舜典》。杜甫《桃竹杖引赠章留后》：“江心蟠石生桃竹，苍波喷浸尺度足。”张元一《嘲武懿宗》：“长弓短度箭，蜀马临阶骗。”❷法制；制度。见《说文·又部》。杜甫《送高司直寻封阆州》：“拔为天军佐，崇大王法度。”《郊庙歌辞·后唐宗庙乐舞辞·应天舞》：“黼黻帝道，金玉王度。”❸常规。韩愈《重云李观疾赠之》：“夭行失其度，阴气来干阳。”❹师法，效法。见《左传·襄公三十一年》。陆龟蒙《奉和袭美初夏游楞枷精舍次韵》：“近得风雅情，聊将圣贤度。”❺限度；程度。储光羲《贻鼓吹李丞李公王之所器者也》：“惟贤美无度，海内依扬声。”韦应物《悲故交》：“积愤方盈抱，缠哀忽逾度。”卢仝《哭玉碑子》：“矧曰人间人，安能保常度。”引申为节制。岑参《送王著作赴淮西幕府》：“言笔日无度，书札凡几封。”❻器量，胸襟。高适《酬秘书弟兼寄幕下诸公》：“司业志应徐，雅度思冲融。”韦应物《休暇东斋》：“荣达颇知疏，恬然自成度。”陆龟蒙《奉和袭美初夏游楞伽山精舍次韵》：“多君富遒采，识度两清恪。”❼谱写(乐曲)。见“度曲❶”。❽弹奏；演奏。李白《代别情人》：“风吹绿琴去，曲度紫鸳鸯。”戎昱《开元观陪杜大夫中元日观乐》：“盘空双鹤惊几剑，洒砌三花度管弦。”武元衡《秋日台中寄怀简诸僚》：“涤烦滞幽赏，永度瑶华音。”无名氏《郊坛听雅乐》：“韵长飘更远，曲度静宜听。”❾去；过去。见《楚辞·刘向〈九歌·惜贤〉》。贺知章《采莲曲》：“莫言春度芳菲尽，别有中流采芰荷。”李白《同友人舟行游台越作》：“不知青春度，但怪绿芳歇。”刘禹锡《和令狐仆射相公题龙回寺》：“天子旌旗度，法王龙象随。”顾敻《酒泉子》词之七：“芳菲时节看将度，寂寞无人还独语。”❿犹过；度过。用于时间。寒山《诗三百三首》之七八：“已甘休万事，采蕨度残年。”杜甫《有怀台州郑十八司户》：“呼号傍孤城，岁月谁与度。”钱起《离居夜雨奉寄李京兆》：“永夜不可度，蛩吟秋雨滴。”杜牧《题桃花夫人庙》：“细腰宫里露桃新，脉脉无言度几春。”⓫经过；跨过；越过。用于空间。杨师道《咏马》：“鸣珂屡度章台侧，细蹀经向濯龙傍。”李白《忆旧游寄谯郡元参军》：“五月相呼度太行，摧轮不道羊肠苦。”皇甫冉《招隐寺送阎判官还江州》：“长江九派人归少，寒岭千重雁度迟。”刘沧《夏日登慈恩寺》：“晚景风蝉催节候，高空云鸟度轩层。”⓬传送。王勃《圣泉宴》：“影飘垂叶外，香度落花前。”孟浩然《渡扬子江》：“更闻枫叶下，淅沥度秋声。”李贺《南园十三首》之十三：“古刹疏钟度，遥岚破月悬。”⓭佛教语。超度。即引人出家使之离俗超生死。寒山《诗三百三首》之二四五：“应病则说药，方便度众生。”张籍《学仙》：“百年度一人，妄泄有灾殃。”卢仝《送好约法师归江南》：“杯度度一身，法度度万民。”⓮量词。次；回。杜审言《赠苏味道》：“雁塞何时入，龙城几度围。”岑参《客舍悲秋有怀两省旧游呈幕中诸公》：“三度为郎便白头，一从出守五经秋。”王建《昭应官舍书事》：“庆云出处依时报。御果呈来每度尝。”李洞《客亭对月》：“一年十二度圆月，十一回圆不在家。”⓯通“渡”。孙逖《送新罗法师还国》：“海阔杯还度，云遥锡更飞。”李白《送王屋山人魏万还王屋》：“遥闻会稽美，且度耶溪水。”韩愈《赠译经僧》：“万里休言道路赊，有谁教汝度流沙。”杜荀鹤《赠老僧》：“度水手中杖，行山溪畔藤。”⓰即裴度。李商隐《韩碑》：“帝曰汝度功第一，汝从事愈宜为辞。”

度[2] 〔duó《广韵》徒落切，入铎，定。〕❶计算；测量。杜甫《营屋》：“度堂匪华丽，养拙异考槃。”陆复礼《试中和节诏赐公卿尺诗》：“从兹度天地，与国庆无穷。”刘禹锡《有僧言罗浮事因为诗以写之》：“世人信耳目，方寸度大钧。”白居易《新乐府·天可度》：“天可度，地可量，唯有人心不可防。”❷揣测。杜甫《过郭代公故宅》：“磊落见异人，岂伊常情度。”❸谋划；图谋。杜甫《奉寄李十五秘书二首》之二：“飞腾知有策，意度不无神。”权德舆《祗役江西路上以诗代书寄内》：“笑言思暇日，规劝多远度。”❹通“剫”。砍木，治木。见《左传·隐公十一年》。白居易《新乐府·涧底松》：“涧深山险人路绝，老死不逢工度之。”

【度人】 引人离俗出家。叶法善《留诗》之二：

“度人初行满，辅国亦功成。”綦毋潜《题招隐寺绚公房》：“开士度人久，空岩花雾深。”齐己《送潭三藏入京》：“持咒力须资运祚，度人心要似虚空。”

【度人經】　道家经书名。《灵宝无量度人经》之简称。内容为斋法、教戒、缘起等。吴仁璧有《读度人经寄郑仁表》。鱼又玄有《题柳公权书度人经后》。

【度支】　官署名。魏晋始置，掌管全国财政收支。长官为度支尚书。唐初称民部，后避唐太宗讳改为户部，显庆元年改称度支。度支司有郎中、员外郎各一人。分掌财政的收入和支出。参阅《通典·职官五》《唐会要·尚书省诸司下》。刘长卿有《送度支留后若侍御之歙州便赴信州省觐》。权德舆有《奉和度支李侍郎早朝》。徐铉有《奉酬度支陈员外》。

【度支尚書】　即户部尚书。《旧唐书·职官志一》：“显庆元年，改户部尚书为度支尚书。”李绅《塑鹤林寺》序：“元和初，在故度支尚书兄宾府，多因闲暇，经游此寺。”参见“度支”。

【度支副使】　应为支度副使。节度使属僚。参见《新唐书·百官志下》。岑参《优钵罗花歌》序：“领伊西北庭度支副使。”

【度日】　过日子。杜甫《寄岳州贾司马六丈巴州严使君两阁老五十韵》：“且将棋度日，应用酒为年。”戴叔伦《对酒示申屠学士》：“三重江水万重山，山里春风度日闲。”陈羽《南山别僧》：“无家度日多为客，欲共山僧何处期。”翁洮《和方干题李频庄》：“高情度日非无事，自是高情不觉喧。”

【度世】　❶犹出世，脱离尘俗。章孝标《道者与金丹开合已失因为二首》之一：“凡材难度世，神物自归空。”崔元略《赠毛仙翁》：“度世无劳大稻米，升天只用半刀圭。”陆龟蒙《送董少卿游茅山》：“威辇高悬度世名，至今仙裔作公卿。”❷超度世人。李颀《送暨道士还玉清观》：“仙宫有名籍，度世吴江渍。”姚合《赠张质山人》：“烧成度世药，踏尽上山梯。”❸活在世上。独孤及《酬皇甫侍御望天灊山见示之作》：“度世若一瞬，昨朝已千载。”

【度$_2$地】　测量土地。杜甫《秋日夔府咏怀奉寄郑监李宾客一百韵》：“煮井为盐速，烧畬度地偏。”

【度曲】　(一qǔ)❶作曲。元稹《和李校书新题乐府十二首·法曲》：“明皇度曲多新态，宛转侵淫易沉著。”李绅《悲善才》：“抽弦度曲新声发，金铃玉珮相瑳切。”郑嵎《津阳门诗》：“移文泣祭昔臣墓，度曲悲歌秋雁辞。”❷和着乐曲或者按曲谱歌唱。李适《奉和春日幸望春宫应制》：“舞蝶飞行飘御席，歌莺度曲绕仙杯。”李白《邯郸南亭观妓》：“清筝何缭绕，度曲绿云垂。”欧阳衮《听郢客歌阳春白雪》：“度曲知难和，凝情想任真。”❸奏乐。刘宪《夜宴安乐公主新宅》：“层轩洞户旦新披，度曲飞觞夜不疲。”元稹《恭王故太妃挽歌词二首》之一：“曙月残光敛，寒萧度曲迟。”❹谓歌乐之声。杜甫《数陪李梓州泛江戏为艳曲二首》之二：“翠眉萦度曲，云鬓俨分行。”王起《贡举人谒先师闻雅乐》：“度曲飘清汉，余音遏晓云。”杜牧《后池泛舟送王十秀才》：“夕风飘度曲，烟屿隐行舟。”

【度竹】　穿越竹林。李嘉祐《远寺钟》：“疏钟何处来，度竹兼拂水。”韩翃《奉和元相公家园即事寄王相公》：“寒水分畦入，晴花度竹寻。”韩愈《闲游二首》之一：“柳花闲度竹，菱叶故穿萍。”

【度$_2$材】　测量用材。窦庠《东都嘉量亭献留守韩仆射》：“度材垂后俭，选胜掩前功。”

【度江】　渡越长江。江，指长江。王昌龄《客广陵》：“夜帆归楚客，昨日度江书。”王建《荆门行》：“巴云欲雨薰石热，麋鹿度江虫出穴。”刘沧《题巫山庙》：“触石晴云凝翠鬓，度江寒雨湿罗衣。”

【度杯】　渡水之杯。见《法苑珠林》。参阅南朝梁慧皎《高僧传·神异·杯度》。后因以“度杯”喻高僧行踪。徐浩《宝林寺作》：“永愿依胜侣，清江乘度杯。”卢肇《题甘露寺》：“林暗疑降虎，江空想度杯。”

【度枕】　传来枕边。钱起《县中池竹言怀》：“荷香度高枕，山色满南邻。”戴叔伦《听霜钟》：“度枕频惊梦，随风几韵松。”

【度雨】　犹作雨。岑参《首春渭西郊行呈蓝田张二主簿》：“回风度雨渭城西，细草新花踏作泥。”

【度物】　佛教语。谓普度万物众生出于尘世。法进《七言伤大和上》：“度物草筹盈石空，散流佛戒绍遗踪。”

【度門】　❶犹过门。李华《寄赵七侍御》：“吾师度门教，投弁蹑遐踪。”韦应物《雪中闻李儋过门不访聊以寄赠》：“度门能不访，冒雪屡西东。”❷普度众生之门。顾况《从江西至彭蠡道中寄齐相公》：“本师留度门，平等冤亲同。”❸指度门寺。孟浩然《陪张丞相祠紫盖山途经玉泉寺》：“闻钟度门近，照胆玉泉清。”参见“度門寺”。

【度門寺】　寺名。在湖北当阳市玉泉山东。唐释神秀曾住江陵当阳山，则天皇后召赴都，肩舆上殿，亲加跪礼，时时问道。特于所住当阳山建度门寺。参阅《宋高僧传·唐荆州当阳山度门寺神秀传》。元稹有《度门寺》。

【度$_2$思】　计算，构思。顾况《上古之什补亡训传十三章·十月之郊一章》：“匠氏度思，登斧以时。”

【度香】　传送香气。李绅《新楼诗二十首·城上蔷薇》：“新蕊度香翻宿蝶，密房飘影戏晨禽。”

【度卻】　犹去掉。元稹《宿醉》：“朝来始向花前觉，度却醒时一夜愁。”

【度荒】　度过荒年。杜荀鹤《入关因别舍弟》：“百口度荒均食易，数年经乱保家难。”

【度梅】　度过梅雨季节。元稹《酬翰林白学士代书一百韵》：“度梅衣色渍，食稗马蹄羸。”

【度鳥】　犹飞鸟。谢偃《踏歌词三首》之一：“花影飞莺去，歌声度鸟来。”张九龄《登郡城南楼》：“澹澹澄江漫，飞飞度鸟疾。”李白《代别情人》：“天涯有度鸟，莫绝瑶华音。”

【度脱】　佛、道教语。谓超度解脱人世的生死苦难，到达仙佛境界。白居易《自觉二首》之二：“斗擞垢秽衣，度脱生死轮。”

【度雲】　❶穿越云层。钱起《南溪春耕》：“沟塍落花尽，耒耜度云回。”崔枢《齐优开笼飞去所献楚王鹄》：“度云摇旧影，过树阅新芳。”❷飞过的云。赵嘏《宿僧院》：“月满长空树满霜，度云低拂近檐床。”

【度量】　（—liàng）❶用以计量长短的标准。李观《试中和节诏赐公卿尺诗》：“岂止寻常用，将传度量同。”❷指事物的形制大小。韩愈、轩辕弥明《石鼎联句》：“形模妇女笑，度量儿童轻。”❸谓器量、涵养。韩愈《寄卢仝》：“先生固是余所畏，度量不敢窥涯涘。”

【度歲】　度过岁月、时光。李绛《和裴相国答张秘书赠马诗》：“伏枥莫令空度岁，黄金结束取功勋。”

【度$_2$意】　揣测意向。元稹《何满子歌》：“犯羽含商移调态，留情度意抛弦管。”

【度數】　（—shù）计算而得的数次。刘禹锡《插田歌》：“省门高轲峨，侬入无度数。”

【度舞】　和着乐曲起舞。沈佺期《李员外秦援宅观妓》：“啭歌遥合态，度舞暗成行。”

【度嶺】　越过五岭。岭，指五岭。司空曙《送翰林张学士岭南勒圣碑》：“出关逢北雁，度岭逐南鹏。”白行简《春从何处来》：“入门潜报柳，度岭暗惊梅。”李绅《趋翰苑遭诬构四十六韵》：“度岭瞻牛斗，浮江淬镰铲。”

【度關】　越过边关；经过关隘。徐知仁《奉和圣制送张说巡边》：“度关行照月，乘障坐消烟。”元稹《华岳寺》：“暝驱羸马频看堠，晓听鸣鸡欲度关。”邓倚《春云》：“度关随去马，出塞引归鸿。”陈季卿《题潼关普通院门》：“度关悲失志，万绪乱心机。”

【度關山】　❶越过关隘、山岭。言行程之艰苦。元稹《有鸟二十章》之二十：“尧年值雪度关山，晋室闻琴下寥廓。”❷乐府相和曲名。魏武帝曹操始赋此曲，言人君当勤劳、省刑薄赋。参见唐吴兢《乐府古题要解》卷上。李端有《相和歌辞·度关山》，但体式不同。

【度關繻】　古时出入关卡之凭证，裂帛为之，合以为符信。见《汉书·终军传》。白居易《东南行一百韵》：“蕴藏经国术，轻弃度关繻。”

庥　〔xiū《广韵》許尤切，平尤，曉。〕树阴。见《尔雅·释言》。韩愈《郓州溪堂诗》：“无我斁遗，此邦是庥。”

庠　〔xiáng《广韵》似羊切，平陽，邪。〕古代的乡学。见《礼记·学记》。后亦泛指学校。韦庄《和郑拾遗秋日感事一百韵》：“紫闼重开序，青衿再设庠。”见“庠序”。

【庠序】　古代的地方学校。后亦泛称学校。见《孟子·梁惠王上》。苏颋《送常侍舒公归觐》：“训胄尊庠序，荣亲耀里闾。”玄宗《春晚宴两相及礼官丽正殿学士》序：“神祇歆其祭祀，庠序阐其经术。”裴铏《题文翁石室》：“文翁石室有仪形，庠序千秋播德馨。”

【庠黌】　古代地方所设学校。韩愈、孟郊《城南联句》：“归私暂休暇，驱明出庠黉。”

七　画

庩　〔tú《广韵》他胡切，平模，透。《集韵》同都切，平模，定。〕低下。《集韵·入洽》：“凹，低下也，或作庩。”见“庩庩”。

【庩庩】　低下貌。元稹《春六十韵》：“瑞云低庩庩，香雨润濛濛。”

庨　〔xiāo《广韵》許交切，平肴，曉。〕宫室高貌。柳宗元《游朝阳岩遂登西亭二十韵》：“西亭构其巅，反宇临呀庨。”

庪　〔guǐ《广韵》過委切，上紙，見。〕埋藏。见《尔雅·释天》。马令《早春陪敕使麻先生祭岳》：“缇幕灰初庪，焚林火欲然。”

庫　〔kù《广韵》苦故切，去暮，溪。〕❶储藏战车兵甲之处。见《礼记·曲礼下》。见“庫厩”。❷泛指收藏钱粮物品的房屋。见《释名·释宫室》。杜甫《送陵州路使君赴任》：“战伐乾坤破，疮痍府库贫。”白居易《秦中吟十首·重赋》：“昨日输残税，因窥官库门。”李昌符《婢仆诗》：“无事莫教频入库，一名闲物要些些。”❸指酒肆。白居易《池上早夏》：“静拂琴床席，香开酒库门。”

【庫部】　官署名。唐代尚书省二十四司之一，属兵部，有郎中一人，员外郎一人，掌邦国军州之戎器仪仗。参见《唐六典》卷五。宋之问有《和库部李员外秋夜寓直之作》。韦应物有《答韩库部》。韩愈有《奉和库部卢四兄曹长元日朝回》。

【庫厩】　存放车马之处。见《左传·襄公三十一年》。韩愈《南山诗》：“闾阎树墙垣，巘巘驾库厩。”

【庫露真】　即库路真。漆器名。唐襄州襄阳郡进贡之物。见《新唐书·地理志四》。皮日休《正乐府十篇·诮虚器》：“襄阳作髹器，中有库露真。”

庭〔tíng《广韵》特丁切，平青，定。〕❶正室外；厅堂。韦嗣立《酬崔光禄冬日述怀赠答》："庭聚歌钟丽，门罗棨戟荣。"杜甫《登兖州城楼》："东郡趋庭日，南楼纵目初。"刘商《代人村中悼亡二首》之二："庭前唯有蔷薇在，花似残妆叶似衣。"郑絪《奉和武相公省中宿斋酬李相公见寄》："禁静疏钟彻，庭开爽韵虚。"❷堂前地，院子。卢照邻《宿玄武二首》之二："庭摇北风柳，院绕南溟禽。"李白《古风》之十八："七十紫鸳鸯，双双戏庭幽。"阎防《百丈溪新理茅茨读书》："荒庭何所有，老树半空腹。"韦庄《颍阳县》："雪多庭有鹿，县僻寺无钟。"❸宫廷。《郊庙歌辞·太清宫乐章·煌煌》："礼光尊祖，乐备充庭。"太宗《元日》："彤庭飞彩旆，翠幌曜明珰。"刘宪《奉和七夕宴两仪殿应制》："天文兹夜里，光映紫微庭。"❹朝廷。沈佺期《奉和洛阳玩雪应制》："洒瑞天庭里，惊春御苑中。"杜甫《陪王汉州留杜绵州泛房公西湖》："阙庭分未到，舟楫有光辉。"刘长卿《送建州陆使君》："汉庭初拜建安侯，天子临轩寄所忧。"韩愈《元和圣德诗》："读命于庭，出节少府。"❺官署。宋之问《和库部李员外秋夜寓直之作》："相庭贻庆远，才子拜郎初。"杜甫《岳麓出道林二寺行》："潭府邑中甚淳古，太守庭内不喧呼。"韦应物《杂言送黎六郎》："河南庭下拜府君，阳城归路山氛氲。"息夫牧《冬夜宴萧十丈因饯殷郭二子西上》："有琴斯鸣，于宰之庭。"❻古指北方部族所辖区域所都之处。见《史记·匈奴列传》。卢照邻《昭君怨》："汉地草应绿，胡庭沙正飞。"杜审言《赠苏味道》："北地寒应苦，南庭戍未归。"杜甫《近闻》："崆峒五原亦无事，北庭数有关中使。"亦泛指边疆地区。骆宾王《在军中赠先还知己》："别后边庭树，相思几度攀。"戎昱《逢陇西故人忆关中舍弟》："莫话边庭事，心摧不欲闻。"❼通"亭"。见"庭午"。

【庭木】 庭院中之树木。李益《奉酬崔员外副使携琴宿使院见示》："庭木已衰空月亮，城砧自急对霜繁。"

【庭午】 亭午。指日、月正当天空中央之时。庭，通"亭"。项斯《忆朝阳峰前居》："雪残猿到阁，庭午鹤离松。"

【庭心】 庭院之中心。储光羲《蔷薇》："一茎独秀当庭心，数枝分作满庭阴。"

【庭户】 ❶指庭院。张说《岳州守岁二首》之一："夜风吹醉舞，庭户对酣歌。"储光羲《同房宪部应旋》："橘柚故园枝，随人植庭户。"白居易《夜凉》："露白风清庭户凉，老人先著夹衣裳。"方干《新秋独夜寄戴叔伦》："遥夜独不卧，寂寥庭户中。"❷犹门户。高适《送萧十八与房侍御回还》："故交在梁宋，游方出庭户。"伍乔《庐山书堂送祝秀才还乡》："园林到日酒初熟，庭户开时月正圆。"

【庭玉】 庭院中之玉树。见南朝宋刘义庆《世说新语·言语》。后因以"庭玉"喻优秀子弟。张谔《满月》："社金流茂祉，庭玉表奇才。"

【庭竹】 庭院中的竹子。李颀《裴尹东溪别业》："庭竹垂卧内，村烟隔南皋。"元稹《会真诗三十韵》："龙吹过庭竹，鸾歌拂井铜。"李绅《州中小饮便别牛相》："笙歌罢曲辞宾侣，庭竹移阴就小斋。"

【庭宇】 ❶房舍。孟云卿《古挽歌》："房帷即灵帐，庭宇为哀次。"❷庭院。韦应物《新理西斋》："始见庭宇旷，顿令烦抱舒。"严维《僧房避暑》："支公好闲寂，庭宇爱林篁。"柳宗元《晨诣超师院读禅经》："道人庭宇静，苔色连深竹。"姚合《和东都令狐留守相公》："旌旗严重临关外，庭宇清深接禁中。"

【庭色】 庭院之景色。郑谷《题庄严寺休公院》："秋深庭色好，红叶间青松。"

【庭花】 庭院中花木。郑惟忠《送苏尚书赴益州》："庭花如有意，留艳待人开。"岑参《虢中酬陕西甄判官见赠》："昼吟庭花落，夜讽山月移。"张浑《七老会诗》："风吹野柳垂罗带，日照庭花落绮纨。"方干《经旷禅师旧院》："谷鸟散啼如有恨，庭花含笑似无情。"

【庭芳】 犹庭花。刘言史《香山木瓜花二首》之二："柔枝湿艳亚朱栏，暂作庭芳便欲残。"方干《牡丹》："借问庭芳早晚栽，庭中疑展画屏开。"

【庭枝】 庭树之枝条。张乔《赠初上人》："井气春来歇，庭枝雪后低。"

【庭炬】 庭中照明之火炬。韩愈《奉和杜相公太清宫纪事十六韵》："殿阶铺水碧，庭炬坼金葩。"

【庭果】 庭树之果实。白居易《渭村退居一百韵》："砌筠涂绿粉，庭果滴红浆。"

【庭争】 廷争。在朝廷上向皇帝谏争。庭，通"廷"。刘禹锡《寄杨八拾遗》："闻君前日独庭争，汉帝偏知白马生。"

【庭柯】 庭院中之树木。孟浩然《初年乐城馆中卧疾怀归作》："蛰虫惊户穴，巢鹊眄庭柯。"李白《豳歌行上新平长史兄粲》："豳谷稍稍振庭柯，泾水浩浩扬湍波。"窦巩《永宁小园寄接近校书》："故里心期奈别何，手栽芳树忆庭柯。"周贺《春日重到王依村居》："夜虫鸣井浪，春鸟宿庭柯。"

【庭美】 郑处诲之字。杜牧有《道一大尹存之庭美二学士简于圣明自致霄汉皆与舍弟昔年还往牧支离穷悴窃于一麾书美歌诗兼自言志因成长句四韵呈上三君子》。

【庭前】 正房之前，泛指院子。李白《对雪献从兄虞城宰》："庭前看玉树，肠断忆连枝。"刘方平《代春怨》："庭前时有东风入，杨柳千条尽向西。"刘禹锡《赏牡丹》："庭前芍药妖无格，池上芙蕖净少情。"韦庄《语松竹》："庭前芳草绿于袍，堂上诗人欲二毛。"

【庭前猛虎卧】 称美僧人之法力神通。见南朝梁慧皎《高僧传·义解·惠永》。杜甫《谒文公上方》："庭前猛虎卧，遂得文公庐。"

【庭除】 ❶庭院，庭前阶下。韦承庆《直中书省》："禁宇庭除阔，闲宵钟箭移。"岑参《观楚国寺璋上人写一切经院》："雨气润衣钵，香烟泛庭除"。皎然《兵马曹季良宅夜集》："露彩生笔砚，风音入庭除。"李中《书郭判官幽斋壁》："要引好风清户牖，旋栽新竹满庭除。"❷庭阶，庭前台阶。李咸用《分题雪霁望炉峰》："雪霁上庭除，炉峰势转孤。"刘兼《对镜》："风送竹声侵枕簟，月移花影过庭除。"

【庭院】 正房前的院子，泛指院子。元稹《春六十韵》："洞房闲窈窕，庭院独葱茏。"白居易《玩新庭树因咏所怀》："动摇风景丽，盖覆庭院深。"

【庭荆】 庭院中之紫荆树。见南朝梁吴均《续齐谐记·紫荆树》。意为兄弟团结。王梵志《诗》之五："昔日田真分，庭荆当即衰。平章却不异，其树复还滋。"

【庭草】 庭中小草。白居易《夜招晦叔》："庭草留霜池结冰，黄昏钟绝冻云凝。"曹邺《庭草》："庭草根自浅，造化无遗功。"常理《古别离》："离别生庭草，征衣断戍楼。"

【庭軒】 堂前之长廊。郭澹《东峰亭各赋一物得临轩桂》："青青芳桂树，幽阴在庭轩。"

【庭砌】 庭院。孟郊《喜与长文上人宿李秀才小山池亭》："灯尽语不尽，主人庭砌幽。"常达《山居八咏》之五："日明庭砌暖，霜苦药苗衰。"李咸用《庭竹》："嫩绿与老碧，森然庭砌中。"

【庭徑】 庭园中之小路。白居易《郡中西园》："院门闭松竹，庭径穿兰芷。"

【庭訓】 《论语·季氏》记孔子站在庭中，其子伯鱼(孔鲤)趋而过之，孔子教以学《诗》、学《礼》。后因称父教为庭训。王维《同卢拾遗过韦给事东山别业二十韵》："闺风首邦族，庭训延乡村。"高适《宴郭校书因之有别》："彩服趋庭训，分交载酒过。"

【庭陰】 指庭院中日光所不及处。源乾曜《奉和圣制送张说上集贤学士赐宴》："日霁庭阴出，池曛水气生。"孟浩然《题大禹寺义公禅房》："夕阳连雨足，空翠落庭阴。"

【庭莎】 庭院中之莎草。唐代士大夫多在庭中植莎。见《太平广记》卷一八七引五代于逖《闻奇录》。刘宪《奉和幸安公主山庄应制》："庭莎作荐舞行出，浦树相将歌棹回。"卢纶《同柳侍郎题侯钊侍郎新昌里》："庭莎成野席，阑药是家蔬。"元稹《遣病十首》之九："庭莎病看长，林果闲知数。"

【庭梧】 庭院中之梧桐。贺敳《奉和九月九日应制》："寒花低岸菊，凉叶下庭梧。"刘氏妇《明月堂》之二："明月堂前人不到，庭梧一夜老秋风。"

【庭虛】 庭院空旷。戴叔伦《过友人隐居》："地静留眠鹿，庭虚下饮猿。"朱宿《宿慧山寺》："庭虚露华缀，池净荷香发。"李商隐《微雨》："窗迥侵灯冷，庭虚近水闻。"

【庭堂】 房舍。元结《招陶别驾家阳华作》："清渠匝庭堂，出门仍灌田。"

【庭訟】 公庭诉讼事务。韦应物《夏景端居即事》："遇此庭讼简，始闻蝉初鸣。"

【庭商驚舞】 指商羊惊舞于庭。商，指商羊。见《文选·张协〈杂诗十首〉之十》。后因以"庭商惊舞"喻天将大雨。韩愈、孟郊《秋雨联句》："庭商忽惊舞，墉禜亦亲酹。"

【庭隈】 犹庭隅。李郢《春日题山家》："丁香政堪结，留步小庭隈。"参见"庭隅"。

【庭隅】 庭院边角。玄宗《过晋阳宫》："长怀经纶日，叹息履庭隅。"杜甫《倦夜》："竹凉侵卧内，野月满庭隅。"欧阳詹《晚泊漳州营头亭》："回峰叠嶂绕庭隅，散点烟霞胜画图。"

【庭幃】 妇女居住的内室。寒山《诗三百三首》之十二："美人朝夕弄，出入在庭帏。"李峤《四月奉教作》："叶暗庭帏满，花残院锦疏。"

【庭閑】 庭中闲静。张籍《经王处士原居》："庭闲云满井，窗晓雪通山。"皮日休《奉酬鲁望夏日四声四首·平声》："塘平芙蓉低，庭闲梧桐高。"李咸用《小松歌》："庭闲土瘦根脚犷，风摇雨拂精神醒。"

【庭落】 厅堂。元稹《后湖》："朝餐布庭落，夜宿完户枢。"

【庭實】 南唐僧人。《全唐诗》卷八五一录其逸句一联。

【庭論】 朝廷上的评议。庭，通"廷"。熊曜《送杨谏议赴河西节度判官兼呈韩王二侍御》："庭论许名实，数公当即真。"

【庭際】 庭间；庭边。苏颋《奉和崔尚书赠大理陆卿鸿胪刘卿见示之作》："省中何赫奕，庭际满芳菲。"柳宗元《田家三首》之二："庭际秋虫鸣，疏麻方寂历。"姚合《题李频新居》："庭际山宜小，休令著石添。"皮日休《太湖诗·上真观》："两松峙庭际，怪状吁可叹。"

【庭廡】 堂前周围的廊庑。刘禹锡《游桃源一百韵》："如何庭庑际，白日振飞翮。"李德裕《夏晚有怀平泉林居》："凄凄视环玦，恻恻步庭庑。"

【庭緑】 指庭中草木。李白《古风》之二三："秋露白如玉，团团下庭绿。”温庭筠《懊恼曲》：“三秋庭绿尽迎霜，惟有荷花守红死。”

【庭蕪】 庭院丛生之草。张九龄《郡内闲斋》：“郡阁昼常掩，庭芜日复滋。”郎士元《送张光归吴》：“看取庭芜白露新，劝君不用久风尘。”白居易《春日闲居三首》之一：“是时三月半，花落庭芜绿。”张蠙《宴驸马宅》：“别向庭芜寘吟石，不教宫妓踏成蹊。”

【庭樹】 庭院中树木。杜甫《秋风二首》之二：“会将白发倚庭树，故园池台今是非。”刘长卿《谪官后却归故村将过虎丘怅然有作》：“邑人怜白发，庭树长新柯。”武元衡《与崔十五同访裴校书不遇》：“梨花落尽柳花时，庭树流莺日过迟。”韩偓《夏日》：“庭树新阴叶未成，玉阶人静一蝉声。”

【庭燎】 庭中照明之火炬。见《周礼·秋官·司烜氏》。孟郊《弦歌行》：“相顾笑声冲庭燎，桃弧射矢时独叫。”窦牟《元日喜闻大礼二十韵》：“国香煴翠幄，庭燎艳红衾。”薛涛《上川主武元衡相国二首》之一：“因令朗月当庭燎，不使珠帘下玉钩。”李商隐《隋宫守岁》：“沉香甲煎为庭燎，玉液琼苏作寿杯。”

【庭闈】 ❶父母居住处。见《文选·晋束皙〈补亡诗·南陔〉》。高适《秋胡行》：“日暮蚕饥相命归，携笼端饰来庭闱。”杜甫《送韩十四江东觐省》：“我已无家寻弟妹，君今何处访庭闱。”钱起《送韦信爱子归觐》：“借问还珠盈合浦，何如鲤也入庭闱。”❷借指父母。孟浩然《送王五昆季省觐》：“公子恋庭闱，劳歌涉海涯。”韩愈《送区弘南归》：“朝暮盘羞恻庭闱，幽房无人感伊威。”姚鹄《和工部杨尚书重送绝句》：“桂枝攀得献庭闱，何似空怀楚橘归。”曹邺《送曾德迈归宁宜春》：“想到宜阳更无事，并将欢庆奉庭闱。”❸指宫廷。闱，宫门。张九龄《酬宋使君见诒》：“庭闱际海曲，韶传荷天慈。”董思恭《咏风》：“萧萧度阊阖，习习下庭闱。”❹指内室。陆龟蒙《闻袭美有亲迎之期因以寄贺》：“见说春风偏有贺，露花千朵照庭闱。”

【庭闕】 犹朝廷。庭，通“廷”。阙，宫阙。李峤《龙》：“希逢圣人步，庭阙正晨趋。”李白《答高山人兼呈权顾二侯》：“彷徨庭阙下，叹息光阴逝。”

【庭獸】 指解豸，或作獬豸。见《说文解字》。古者决讼，令触不直者。李绅《趋翰苑遭诬构四十六韵》：“庭兽方呈角，阶蓂始效莩。”

【庭蘭】 董庭兰。戎昱《听杜山人弹胡笳》：“绿琴胡笳谁妙弹，山人杜陵名庭兰。”

【庭欄】 庭前栏杆。王周《金盘草诗》：“勤渠护根本，栽植当庭栏。”

【庭鶴】 庭中之鹤。魏晋人士多养鹤。唐代犹有此习。见《诗·小雅·鹤鸣》。杜甫《秋日荆南述怀三十韵》：“琴乌曲怨愤，庭鹤舞摧颓。”皎然《夏日奉陪陆使君长源公堂集》：“岭云与人静，庭鹤随公闲。”刘戬《夏弹琴》：“庭鹤舞白雪，泉鱼跃洪流。”

座 〔zuò《广韵》徂卧切，去過，從。〕❶坐具。见《集韵·过韵》。沈佺期《三日梨园侍宴》：“野花飘御座，河柳拂天杯。”卢僎《上幸皇太子新院应制》：“视膳铜楼下，吹笙玉座中。”白居易《九日登西原宴望》：“移座就菊丛，糕酒前罗列。”❷座位；座席。见《字汇·广部》。胡皓《奉和圣制同二相以下群官乐游园宴》：“广座鹓鸿满，昌庭驷马趋。”杜甫《奉观严郑公厅事岷山沱江画图十韵》：“沱水流中座，岷山到此堂。”李贺《夜饮朝眠曲》：“觞酣出座东方高，腰横半解星劳劳。”段成式《小小写真联句》：“褕袂将离座，斜柯欲近人。”亦特指神座。李从远《奉和九月九日登慈恩寺浮图应制》：“中霄日天子，半座宝如来。”卢纶《题伯夷庙》：“落叶满阶尘满座，不知浇酒为何人。”❸指在座的人。孟浩然《襄阳公宅饮》：“座非陈子惊，门还魏公扫。”岑参《奉陪封大夫宴得征字》：“座参殊俗语，乐杂异方声。”韩愈《忆昨行和张十一》：“张君名声座所属，起舞先醉长松摧。”白居易《琵琶行》：“凄凄不似向前声，满座重闻皆掩泣。”❹地位；职位。吴少微《过汉故城》：“经始谋帝座，兹焉壮未央。”王维《故太子太师徐公挽歌四首》之四：“久践中台座，终登上将坛。”杜甫《送田四弟将军将夔州卫公幕》：“回首中丞座，驰笺异姓王。”权德舆《酬赵尚书杏园花下醉后见寄》：“春光深处曲江西，八座风流信马蹄。”李商隐《谢往桂林至彤庭窃咏》：“造化中台座，威风上将坛。”❺同“坐”。见《正字通·广部》。杜甫《对雨书怀走邀许十一簿公》：“座对贤人酒，门听长者车。”无名僧《禅诗》之一（外编下）：“座禅不乱意，观色更无缘。”

【座下】 讲座下的听众。韩愈《华山女》：“黄衣道士亦讲说，座下寥落如明星。”张籍《逢王建有赠》：“使君座下朝听易，处士庭中夜会诗。”

【座上】 ❶筵席上。李贺《公莫舞歌》：“材官小臣公莫舞，座上真人赤龙子。”崔珏《和人听歌》：“座上美人心尽死，尊前旅客泪难收。”❷指筵席上空。曹邺《四望楼》：“座上日已出，城中未鸣鸡。”❸指席上之坐客。岑参《酒泉太守席上醉后作》：“胡笳一曲断人肠，座上相看泪如雨。”

【座上客】 指受到礼遇的客人。韩愈《醉赠张秘书》：“为此座上客，及余各能文。”

【座中】 （—zhōng）❶座席间。戎昱《听杜山人弹胡笳》：“座中为我奏此曲，满堂萧瑟如穷边。”李贺《神弦》：“海神山鬼来座中，纸钱窸窣鸣旋风。”徐铉《和集贤钟郎中》：“腰下别悬新印绶，座中皆是故交亲。”❷指筵席上。李商隐《杜工部蜀中离席》：“座中醉客延醒客，江上晴云杂雨云。”陆龟蒙《和袭美馆娃宫怀古五绝》之二:“可料座中歌舞袖,便将残节拂降旗。”

【座内】　指座席间。李商隐《李肱所遗画松诗书两纸得四十韵》:“是时方暑夏,座内若严冬。”

【座末】　座次排列居末。郑谷《贺左省新除韦拾遗》:“垂白郎官居座末,著绯人吏立阶前。”

【座右】　座位右边,古人常将自己所珍视之文字、书、画等置放于此。杜甫《天育骠骑歌》:“故独写真传世人,见之座右久更新。”严维《题茅山李尊师所居》:“篱根五月留残雪,座右千年荫古松。”权德舆《奉酬从兄南仲见示十九韵》:“琴书满座右,艺术生墙东。”司空图《自诫》:“我祖铭座右,嘉谋贻厥孙。”

【座右銘】　亦作“座右題銘”,置于座右用以警戒的铭文。见《文选·崔瑗〈座右铭〉》。杜甫《戏题寄上汉中王三首》之一:“忍断杯中物,祗看座右铭。”高骈《寄鄠杜李遂良处士》:“池边写字师前辈,座右题铭律后生。”

【座右題銘】　见“座右銘”。

【座主】　❶唐代进士称主考官为座主。张籍《寄苏州白二十二使君》:“登第早年同座主,题诗今日是州人。”刘禹锡《酬太原狄尚书见寄》:“身上官衔如座主,幕中谭笑取同年。”李瀚《留题座主和凝旧阁》:“座主登庸归凤阙,门生批诏立鳌头。”❷佛教语。谓大众一座之主。犹言上座,首座。多用以称讲说佛法之高僧。见《释氏要览》上。白居易《答次休上人》:“姓白使君无丽句,名休座主有新文。”齐己有《送彬座主赴龙安请讲》。

【座佛】　神座上的佛像。吕从庆《游多宝寺》:“老衲烹茶出,先供座佛歆。”

【座客】　在座的客人。李白《邯郸南亭观妓》:“座客三千人,于今知有谁?”白居易《饮后戏示弟子》:“忧在半酣时,尊空座客起。”李远《赠筝妓伍卿》:“座客满筵都不语,一行哀雁十三声。”徐铉《奉和右省仆射西亭高卧作》:“赋诗贻座客,秋事尔何悲。”

【座隅】　座席边侧;座位旁边。孟浩然《云门寺西六七里与薛八同往》:“云簇兴座隅,天空落阶下。”韦应物《寄杨协律》:“远念长江别,俯觉座隅空。”白居易《紫藤》:“愿以藤为戒,铭之于座隅。”秦韬玉《燕子》:“不知大厦许栖无,频已衔泥到座隅。”引申指末席。李商隐《任弘农尉献州刺史乞假还京》:“黄昏封印点刑徒,愧负荆山入座隅。”

【座賓】　犹座客。萧颖士《仰答韦司业垂访五首》之五:“中郎何为者,倒屣惊座宾。”

【座禪】　(—chán)同“坐禪”。无名僧《禅诗》(外编上):“座禅不乱意,观色更无缘。”

【座頭】　首席;首位。水神《霅溪夜宴诗》:“向使甘言盛行于曩昔,岂今日居君王之座头。”

八　画

庱　〔chēng《广韵》丑升切,平蒸,徹。又丑拯切,上拯,徹。〕同“淩”。超越。苏源明《小洞庭洄源亭宴四郡太守诗》序:“若夫阶抱孤峤,轩飞庱潭,阻残暑于重林,递高秋于绝壑。”

庶　〔shù《广韵》商署切,去御,書。〕❶众多。见《诗·小雅·小明》。陈叔达《州城西园入斋祠社》:“瘗地尊余奠,人天庶有资。”苏味道《咏霜》:“自有贞筠质,宁将庶草腓。”陆龟蒙《记事》:“圣道庶经营,世途多踉跄。”❷百姓;平民。见《左传·昭公三十二年》。李白《赠张公洲革处士》:“列子居郑圃,不将众庶分。”杜甫《丹青引赠曹将军霸》:“将军魏武之子孙,于今为庶为清门。”又《同元使君舂陵行》:“道州忧黎庶,词气浩纵横。”❸非正妻所生之子,与“嫡”相对。元结《二风诗·乱风诗五篇·至惑》:“废嫡立庶,忍为祸谟。”❹将近,差不多。《正字通·广部》:“庶,近也。”太宗《执契静三边》:“浇俗庶反淳,替文聊就质。”储光羲《述韦昭应画犀牛》:“眈眈若有神,庶比来仪禽。”❺幸得;幸而。见《诗·大雅·江汉》。陈元光《落成会咏一首》:“无孤南国仰,庶补圣皇功。”王昌龄《观江淮名胜图》:“投迹庶可齐,沧浪有孤棹。”韩愈《岳阳楼别窦司直》:“庶从今日后,粗识得与丧。”白居易《赠内》:“庶保贫与素,偕老同欣欣。”❻希望;但愿。《玉篇·广部》:“庶,冀也。”张九龄《奉和圣制送十道采访使及朝集使》:“行矣当自强,春耕庶秋获。”李白《自金陵泝流达天门寄句容王主簿》:“寄君青兰花,惠好庶不绝。”元稹《酬刘猛见送》:“虽无二物姿,庶欲效一毫。”李群玉《始忝四座奏状闻荐蒙恩授官旋进歌诗二十四韵》:“庶期白雪调,一奏惊凡聋。”❼或许;也许。杜甫《郑典设自施州归》:“翩翩入鸟道,庶脱蹉跌厄。”孟郊《邀人赏蔷薇》:“蜀色庶可比,楚丛亦应无。”陆龟蒙《奉和袭美太湖诗二十首·桃花坞》:“桃源不我弃,庶可全天真。”

【庶人】　平民;百姓。见《书·洪范》。韩愈《元和圣德诗》:“卿士庶人,黄童白叟。”皮日休《奉和鲁望读阴符经见寄》:“尧乃一庶人,得之贼帝挚。”孙鲂《主人司空后亭牡丹》:“体物真英气,余花似庶人。”

【庶士】　众士。见《书·毕命》。刘禹锡《泽宫诗》:“祁祁庶士,于以干禄。”

【庶女振風】　见“庶女號天”。

【庶女號天】　亦作“庶女振風”。春秋时齐国一民女含冤莫伸,仰天呼号。后用以为典。见《淮南子·览冥训》。李白《古风》之三七:“庶女号苍天,震风击齐堂。”李瀚《蒙求》：“庶女振风，邹衍降霜。”

【庶子】 官名。《周礼·夏官》称“诸子”。掌理诸侯、卿大夫之庶子的教养、训诫等事。汉以后为太子属官。唐代称左右庶子，分掌左右春坊事。令狐德棻有《冬日宴于庶子宅各赋一字得趣》。岑参有《与鲜于庶子泛汉江》。贾岛《永福湖和杨郑州》：“客游随庶子，孤屿草萋萋。”白居易《霓裳羽衣歌》：“便除庶子抛却来，闻道如今各星散。”

【庶尹】 百官之长。见《书·益稷》。崔沔《奉和圣制同二相已下群官乐游园宴》：“庶尹陪三史，诸侯具万方。”玄宗《送贺知章归四明》序：“乃命六卿庶尹大夫，供帐青门，宠行迈也。”

【庶或】 或许，也许。杜甫《八哀诗·赠左仆射郑国公严公武》：“以兹报主愿，庶或裨世程。”陆龟蒙《次追和清远道士诗韵》：“庶或有神交，相从重兴赞。”

【庶事】 诸事。见《书·益稷》。杜甫《承闻河北诸道节度入朝欢喜口号绝句十二首》之四：“不道诸公无表来，茫然庶事遣人猜。”沈千运《山中作》：“迩来归山林，庶事皆吾身。”贯休《寿春进祝圣七首·千载降祥》：“承乾当否极，庶事尽康哉。”

【庶甿】 古指农村中百姓，后泛指平民。甿，同“氓”。韦应物《自尚书郎出为滁州刺史》：“一朝从此去，服膺理庶甿。”韦应物《县斋》：“闲斋始延瞩，东作兴庶氓。”

【庶物】 众物，万物。见《易·乾》。高适《信安王幕府诗》：“庶物随交泰，苍生解倒悬。”吴筠《览古十四首》之一：“庶物坠涂炭，区中若棼丝。”

【庶氓】 众民，百姓。玄宗《赐崔日知往潞州》：“妙旌循吏德，持悦庶氓心。”

【庶官】 众官，百官。见《书·周官》。崔尚《奉和圣制同二相已下群臣乐游园宴》：“春日照长安，皇恩宠庶官。”杜甫《送韦讽上阆州录事参军》：“庶官务割剥，不暇忧反侧。”

【庶政】 各种政务。见《易·贲》。白居易《贺雨》：“庶政靡不举，皆出自宸衷。”

【庶品】 ❶众物，万物。见《孔子家语·五仪解》。褚亮《祭神州乐章·舒和》：“坤道降祥和庶品，灵心载德厚群生。”则天皇后《唐明堂乐章·宫音》：“万方资广运，庶品荷财成。”郑谷《送吏部曹郎中免官南归》：“终须康庶品，未爽漱寒流。”❷众官，百官。张九龄《奉和圣制南郊礼毕酺宴》：“流恩均庶品，纵观聚康庄。”

【庶神】 众神。王坚《句》：“良宰多忧悯，虔诚谒庶神。”

【庶羞】 多种佳肴。见《仪礼·公食大夫礼》。杜甫《后出塞五首》之一：“斑白居上列，酒酣进庶羞。”又《送宰府程录事还乡》：“内愧突不黔，庶羞以赒给。”

【庶務】 各种政务。韦应物《酬刘侍郎使君》：“高闲庶务理，游眺景物新。”

【庶幾】 （一jī）❶相似，差不多。韦应物《答令狐侍郎》：“三黜故无愠，高贤当庶几。”韩愈《送区弘南归》：“开书拆衣泪痕晞，虽不敕还情庶几。”白居易《效陶潜体诗十六首》之九：“即此自可乐，庶几颜与原。”杜牧《题桐叶》：“钱神任尔知无敌，酒圣于吾亦庶几。”❷希望，但愿。太宗《春日玄武门宴群臣》：“庶几保贞固，虚己厉求贤。”李白《送鲁郡刘长史迁弘农长史》：“及此留惠爱，庶几风化淳。”白居易《夏日作》：“庶几无夭阏，得以终天年。”❸或许，也许。宋之问《游法华寺》：“观念幸相续，庶几最后明。”杜甫《同元使君春陵行》：“感彼危苦词，庶几知者听。”韩愈《秋怀诗十一首》之五：“庶几遗悔尤，即此是幽屏。”唐颜谦《和陶渊明贫士诗七首》之七：“今年渐向熟，庶几民不流。”❹有幸；幸而。玄宗《温汤对雪》：“表瑞良在兹，庶几可怡悦。”吴筠《元日言怀因以自励诒诸同志》：“经世匪吾事，庶几唯道全。”韩愈《秋雨联句》：“庶几谐我愿，遂止无已太。”❺见《易·系辞下》。后因以“庶几”指贤才。孟郊《读经》：“将如庶几者，声尽形元冥。”

【庶績】 各种事务。见《书·尧典》。许敬宗《奉和行经破薛举战地应制》：“垂衣凝庶绩，端拱铸群生。”刘晏《享太庙乐章》：“三光再朗，庶绩其凝。”权德舆《德宗神武孝文皇帝挽歌词三首》之一：“赓歌凝庶绩，羽舞被深恩。”柳宗元《唐铙歌鼓吹曲十二篇·靖本邦第九》：“群顽既夷，庶绩咸正。”

【庶類】 万物，万类。见《国语·郑语》。魏征《五郊乐章·白帝商音》：“岁功既阜，庶类收成。”元稹《竞渡》：“庶类咸在下，九霄行易扪。”

庵 〔ān《广韵》烏含切，平覃，影。〕❶小草舍。见《释名·释宫室》。白居易《宿溪翁》：“溪畔偶相逢，庵中遂同宿。”皮日休《添鱼具诗·鱼庵》：“庵中只方丈，恰称幽人住。”韦庄《西塞山下作》：“他年却棹扁舟去，终傍芦花结一庵。”❷僧尼奉佛的小寺庙。顾况《薜荔庵》：“薜荔作禅庵，重叠庵边树。”顾非熊《送僧归洞庭》：“岛香回栈柏，秋荫出庵松。”赵嘏《寻僧二首》之一：“台殿参差日堕尘，坞西归去一庵云。”陆希声《阳羡杂咏十九首·观妙庵》：“茅庵不异人间世，河上真人自可寻。”

庳 〔bì《广韵》便俾切，上紙，並。又必移切，平支，幫。〕❶房屋矮小。见《说文·广部》。引申泛指矮小。元稹《生春二十首》之十五：“却成双翅蝶，还绕庳花丛。”白居易《池上逐凉二首》之一：“轻屐单衫薄纱帽，浅池平岸庳藤床。”卢溵《金灯》：“香浓初受露，势庳不知风。”❷低，低下。见《广韵·纸韵》。独孤及《登山谷寺上方答皇甫侍御卧疾阙陪车骑之后》："云扶踊塔青霄庳，松荫禅庭白日寒。"刘禹锡《韩十八侍御见示岳阳楼别窦司直诗足成六十二韵》："水乡吴蜀限，地势东南庳。"白居易《小舫》："小舫一艘新造了，轻装梁柱庳安篷。"❸短。见《周礼·地官·大司徒》。杜甫《荆南兵马使太常卿赵公大食刀歌》："用之不高亦不庳，不似长剑须天倚。"

【庳下】　低下。皮日休《苦雨杂言寄鲁望》："吴中十日涔涔雨，歊蒸庳下豪家苦。"

【庳車】　低矮的车。见《史记·循吏列传》。白居易《新乐府·牡丹芳》："庳车软舆贵公主，香衫细马豪家郎。"

庾〔yǔ《广韵》以主切，上麌，以。〕❶露天的谷堆。见《诗·小雅·楚茨》。杜甫《暂往白帝复还东屯》："加餐可扶老，仓庾慰飘蓬。"❷泛指粮库。韩愈《元和圣德诗》："帛堆其家，粟塞其庾。"李绅《渡西陵十六韵》："爱景三辰朗，祥农万庾盈。"齐己《荆渚病中因思匡庐遂成三百字寄梁先辈》："敢谓囊盈物，那言庾满储。"❸储积，囤积。见《汉书·食货志下》。陆龟蒙《小鸡山樵人歌》："田予登兮穀予庾，突晨烟兮蓬缕缕。"❹古容量单位。二斗四升为一庾。见《周礼·考工记·陶人》。一说为十六斗。见《左传·昭公二十六年》。李峤《春日游苑喜雨应诏》："膏泽登千庾，欢情遍九围。"徐安贞《奉和喜雪应制》："自有三农歌帝力，还将万庾答尧心。"❺姓。晋有庾亮；北周有庾信。见"庾公""庾信"。

【庾十二】　即庾道蔚。李商隐有《赠庾十二朱版》。

【庾七】　即庾玄师。白居易有《闻庾七左降因咏所怀》。

【庾三十二】　即庾敬休。白居易有《三月三日登庾楼寄庾三十二》。

【庾三十三】　庾三十二之讹，即庾敬休。白居易有《梦与李七庾三十三同访元九》。

【庾中庶】　指南朝梁庾肩吾。肩吾曾任太子中庶子。耿湋《春日游慈恩寺寄畅当》："当从庾中庶，诗客更何人。"

【庾公】　❶指晋庾亮。戴叔伦《送万户曹之任扬州便归旧隐》："傥有登楼望，还应伴庾公。"司空曙《龙池寺望月寄韦使君阎别驾》："遥想高楼上，唯君对庾公。"亮曾任都督江、荆、豫三州刺史，镇武昌，后因用为郡守之典。武元衡《送田三端公还鄂州》："君去庾公应借问，驰心千里大江流。"皎然《奉和陆中丞使君长源寒食日作》："寒食江天气最清，庾公晨望动高情。"许浑《献白尹》："庾公先在郡，疏傅早还家。"❷指北周庾信。岑参《故河南尹岐国公赠工部尚书苏公挽歌二首》之二："三川难可见，应惜庾公才。"杜牧《江南怀古》："戊辰年向金陵过，惆怅闲吟忆庾公。"❸指庾崇。参见"庾崇"。❹指庾光先。见《元和姓纂》卷六"新野庾氏"。储光羲有《奉别长史庾公太守徐公应召》。

【庾公月】　指晋庾亮镇武昌时秋夜登南楼与佐吏赏月之事。见南朝宋刘义庆《世说新语·容止》。又略见《晋书·庾亮传》。李白《陪宋中丞武昌夜饮怀古》："庾公爱秋月，乘兴坐胡床。"温庭筠《中书令裴公挽歌词二首》之二："国香荀令去，楼月庾公来。"亦用为郡守故实。杨巨源《送绛州卢使君》："绛老问年须算字，庾公逢月要题诗。"章孝标《钱塘赠武翊黄》："时伴庾公看海月，好吟诗断望潮楼。"

【庾公病】　指晋庾亮因邾城陷没而自贬、发病之事。见《晋书·庾亮传》。何元上《所居寺院凉夜书情呈上吕和叔温郎中》："庾公念病宜清暑，遣向僧家占上方。"

【庾公樓】　即晋时武昌之南楼。刺史庾亮曾于秋夜登楼赏月，与诸佐吏咏谑，故称。唐人误以为在江州治所浔阳，故唐江州亦附会伪托有此楼。见宋陆游《入蜀记》卷四。权德舆《初秋月夜中书宿直因呈杨阁老》："相思玩华彩，因感庾公楼。"李中《庐山》："靖节门遥对，庾公楼俯临。"亦用为郡守之典。郑谷《送人之九江谒郡侯苗员外绅》："双旌相望处，月白庾公楼。"按李中、郑谷诗中之庾公楼，皆在江州。参见"庾公月"。

【庾氏】　刘辟之嫂。辟作乱，庾氏与之绝。白居易《赠樊著作》："其嫂曰庾氏，弃绝不为亲。"

【庾及之】　籍贯未详，善弹琴。元和五年(810)，元稹以监察御史分务东都。二人有交往。元稹有《听庾及之弹乌夜啼引》。

【庾令】　指晋庾亮。亮太宁三年(325)拜中书令。刘禹锡《武昌老人说笛歌》："武昌老人七十余，手把庾令相问书。"

【庾令樓】　同"庾公樓"。刘禹锡《有所嗟二首》之一："庾令楼中初见时，武昌春柳似腰枝。"参见"庾令"。

【庾玄師】　籍贯未详。排列第七。贞元间，与元稹、白居易有交往。善谈佛理。曾谪官巴东。白居易《代书诗一百韵寄微之》："儒风爱敦质，佛理赏玄师。"自注："庾七玄师谈佛理有可赏者。"

【庾光先】　(？—766)邓州新野(今属河南)人。事迹略见《元和姓纂》卷六。《全唐诗》卷一五八录其诗一首。

【庾安西】　指晋庾翼。翼咸康六年(340)授都督江、荆等六州诸军事、安西将军、荆州刺史、假节，代兄亮镇武昌。柳宗元《殷贤戏批书后寄刘连州并示孟仑二童》:“书成欲寄庾安西,纸背应劳手自题。”

【庾村】 同“庾樓”。李商隐《彭城公薨后赠杜二十七胜李十七潘二君并与愚同出故尚书安平公门下》:“谢墅庾村相吊后,自今岐路各西东。”

【庾君】 指晋庾亮。参见“庾君樓”。

【庾君樓】 同“庾公樓”。许浑《闻州中有宴寄崔大夫兼简邢群评事》:“颜子巷深青草遍,庾君楼迥碧山多。”

【庾抱】 祖籍颍川(今河南许昌),迁江宁(今江苏南京)。事迹见《旧唐书·文苑传上》《新唐书·文艺传上》本传和《唐诗纪事》卷三,《旧唐书·经籍志下》著录其集六卷。《新唐书·艺文志四》作十卷。《全唐诗》卷三九录其诗五首。

【庾尚書】 指南朝梁庾肩吾。肩吾大宝元年(550)为度支尚书。杨巨源《郊居秋日酬奚赞府见寄》:“闻寻周处士,知伴庾尚书。”

【庾杲】 即庾景之(441—491),字景行。南阳新野(今属河南)人。事迹见《南史》本传。李商隐《行至金牛驿寄兴元渤海尚书》:“诸生个个王恭柳,从事人人庾杲莲。”

【庾牧】 指庾光先。光先天宝末任荆州长史、采访使。韩翃有《送故人赴江陵寻庾牧》。

【庾侍郎】 ❶指庾光先。光先至德中任吏部侍郎。李端有《早春同庾侍郎题青龙上方院》。❷指庾敬休。敬休大和初任工部侍郎。白居易有《寄庾侍郎》。

【庾侍御】 名未详,约大历间官监察御史、华州从事。张继有《华州夜宴庾侍御宅》。

【庾使君】 指晋庾亮。亮咸和九年(334)为都督江、荆等六州诸军事,领江、荆、豫三州刺史。赵嘏《发新安后途中寄卢中丞二首》之一:“楼上风流庾使君,笙歌曾醉此中闻。”

【庾征西】 指晋庾亮。亮咸和九年(334)六月为征西将军。萧颖士《仰答韦司业垂访五首》之三:“不遇庾征西,云谁展怀抱。”

【庾肩吾】 (487—553?)字子慎。南朝梁南阳新野(今属河南)人。信之父。事迹见《梁书·文学传上》《南史》本传。李贺《还自会稽歌》序:“庾肩吾于梁时,尝作宫体谣引,以应和皇子,及国世沦败,肩吾先潜难会稽,后始还家。仆意其必有遗文,今无得焉。故作《还自会稽歌》,以补其悲。”

【庾承宣】 (?—835)籍贯未详。贞元八年(792),与韩愈、欧阳詹、李绛等进士联第,时称“龙虎榜”。事迹略见《元和姓纂》卷六、《旧唐书·文宗纪》。《全唐诗》卷三六八录其诗一首。

【庾信】 (513—581)字子山。南朝梁南阳新野(今属河南)人。事迹见《周书》本传、《北史·文苑传》。杜甫《咏怀古迹五首》之一:“庾信平生最萧瑟,暮年诗赋动江关。”吕温《题梁宣帝陵二首》之二:“凄凉庾信赋,千载共伤情。”李商隐《闻著明凶问哭寄飞卿》:“何因携庾信,同去哭徐陵。”

【庾信小園】 同“庾信園”。张南史《竹》:“却寻庾信小园中,闲对数竿心自足。”

【庾信宅】 即宋玉宅。在荆州江陵(今湖北江陵西北)城北三里。庾信因侯景之乱,自建康归江陵,居宋玉故宅。见唐余知古《渚宫故事》。张说有《过庾信宅》。杜甫《舍弟观赴蓝田取妻子到江陵喜寄三首》之三:“庾信罗含俱有宅,春来秋去作谁家。”李商隐《过郑广文旧居》:“可怜留著临江宅,异代应教庾信居。”

【庾信集】 北周庾信撰。二十卷,一本作二十一卷。无名氏有《读庾信集》。

【庾信園】 北周庾信所营之小园。在长安附近。见庾信《小园赋》。白居易《小宅》:“庾信园殊小,陶潜屋不丰。”杜牧《许七侍御弃官东归潇洒江南颇闻自适高秋企望题诗寄赠十韵》:“有园同庾信,避事学相如。”

【庾信體】 文体名。即徐庾体。指南朝梁时徐摛、徐陵及庾信等形成的文风。崇尚绮艳,缺少真实感情。但庾信晚年诗风格转为沉郁苍劲。太宗有《秋日敩庾信体》。

【庾亮】 (289—340)字元规。晋颍川鄢陵(今属河南)人。事迹见《晋书》本传。刘辟《登楼望月二首》之一:“啸逸刘琨兴,吟资庾亮情。”杜牧《奉使中丞姊夫俦自大理卿出镇江西叙事书怀因成十二韵》:“梅仙调步骤,庾亮拂櫜鞬。”虚中《庾楼》:“庾亮魂应在,清风到白蘋。”

【庾亮月】 同“庾公月”。李郢《上裴晋公》:“曾经庾亮三秋月,下尽羊昙两路棋。”

【庾亮樓】 同“庾公樓”。窦庠《东都嘉量亭献留守韩仆射》:“庾亮楼何厄,陈蕃榻更崇。”白居易《初到江州》:“浔阳欲到思无穷,庾亮楼南湓口东。”鱼玄机《遣怀》:“琴弄萧梁寺,诗吟庾亮楼。”郑谷《荆渚八月十五夜值雨寄同年李屿》:“棹倚袁宏渚,帘垂庾亮楼。”

【庾亮塵】 亦作“庾亮塵埃”。指晋王导不满于庾亮权势,每以西风起尘比作庾亮尘埃。见南朝宋刘义庆《世说新语·轻诋》。殷尧藩《襄口阻风》:“曹瞒曾堕周郎计,王导难遮庾亮尘。”韩偓《驿步》:“物近刘舆招垢腻,风经庾亮污尘埃。”

【庾員外】 ❶指庾敬休。敬休元和十三年(818)由右补阙迁礼部员外郎。白居易有《浔阳岁晚寄元八郎中庾三十二员外》，又有《庐山草堂夜雨独宿寄牛二李七庾三十二员外》。❷疑指庾崇。《全唐文》卷八五一有顾云《上池州庾员外启》，《郎官石柱题名新著录》主客员外第十一行有庾崇，知庾自员外郎出守池州。罗邺有《献池州庾员外》和《冬日寄献庾员外》。❸名未详。咸通末，以尚书员外郎任池州刺史。罗邺有《献池州庾员外》，又有《冬日寄献庾员外》。

【庾悦】（374—411）字仲豫。晋颍川鄢陵（今属河南）人。亮之曾孙。事迹见《宋书》《南史》本传。陆龟蒙《蔬食》："孔融不要留残脍，庾悦无端吝子鹅。"参见"庾悦鹅炙"。

【庾悦鹅炙】指晋刘毅求庾悦所食子鹅炙之余，悦不答应之事。见《宋书·庾悦传》，又见《南史·庾悦传》《晋书·刘毅传》。孙元晏有《咏史诗·晋·庾悦鹅炙》。

【庾郎】指晋庾翼。李商隐《春游》："庾郎年最少，青草妒春袍。"翼曾为陶侃从事，后因用以称从事。吴融《送荆南从事之岳州》："秋拂湖光一镜开，庾郎兰棹好徘徊。"

【庾郎盤馬】指晋庾翼在岳母前骑马回旋而堕地之事。见南朝宋刘义庆《世说新语·雅量》。唐彦谦《春雨》："庾郎盘马地，却怕有春泥。"

【庾崇】籍贯未详。乾符中，以给事中出为同州刺史。郑谷《叙事感恩上狄右丞》："庾公垂顾遇，王粲许从容。"

【庾順之】即庾敬休。敬休字顺之。元稹有《永贞二年正月二日上御丹楼赦天子予与李公垂庾顺之闲行曲江不及盛观》。白居易《寄庾侍郎》："怀哉庾顺之，好是今宵客。"

【庾將軍】（將 jiāng）当作瘦将军。指晋冠军将军邓遐。见《太平御览》卷三七八引南朝宋刘义庆《世说新语》。钱起《江行无题一百首》之六五："客船虽狭小，容得庾将军。"注："一作瘦"。

【庾凱】庾敳之讹，（262－311），字子嵩。颍川鄢陵（今属河南）人。峻之子。事迹见《晋书》本传，又见南朝宋刘义庆《世说新语·雅量》。李瀚《蒙求》："孟嘉落帽，庾凯堕帻。"

【庾舅】指晋庾亮。亮为明帝明穆皇后之兄，成帝之舅。明帝遗诏使辅成帝，成帝年幼，政事依托于亮。罗隐《建康》："庾舅已能窥帝室，王都还是预人家。"

【庾詞】指庾信词赋。陆龟蒙《奉和袭美古杉三十韵》："拥肿烦庄辩，槎牙费庾词。"

【庾開府】即北周庾信。信曾任骠骑大将军，开府仪同三司。杜甫《春日忆李白》："清新庾开府，俊逸鲍参军。"司空曙《金陵怀古》："伤心庾开府，老作北朝臣。"李商隐《有怀在蒙飞卿》："哀同庾开府，瘦极沈尚书。"

【庾給事】指庾崇。参见"庾崇"。

【庾敬休】（？—835）字顺之，排行第三十二。邓州新野（今属河南）人。事迹见新旧《唐书》本传。《全唐诗》卷五一六录其诗一首。

【庾園】同"庾信園"。武元衡《闻相公三兄小园置宴以元衡寓直因寄上兼呈中书三兄》："露寒潘省夜，木落庾园秋。"许浑《下第有怀亲友》："花盛庾园携酒客，草深颜巷读书人。"

【庾傳素】籍贯未详。仕前蜀王建。事迹见《十国春秋》本传。《全唐诗》卷八九九录其词一首。

【庾補闕】指庾敬休。敬休元和十二年（817）在右补阙任。白居易《东南行一百韵寄通州元九侍御澧州李十一舍人果州崔二十二使君开州韦大员外庾三十二补阙杜十四拾遗李二十助教员窦七校书》。

【庾樓】同"庾公樓"。窦巩《登玉钩亭奉献淮南李相公》："定知有客嫌陈榻，从此无人上庾楼。"权德舆《酬裴端公八月十五日夜对月见怀》："偏怀赏心处，同望庾楼前。"卢郕《和李尚书命妓饯崔侍御》："何郎载酒别贤侯，更吐歌珠宴庾楼。"杜荀鹤《送友人牧江州》："江山胜他郡，闲赋庾楼诗。"按，杜荀鹤诗中之庾楼在江州。

【庾監】指晋庾亮。亮太宁元年（323）任中书监。咸和九年（334），都督江、荆、豫、益、梁、雍六州诸军事，镇武昌。后因用为郡守之典。罗隐《投宣武郑尚书二十韵》："庾监高楼月，袁郎满扇风。"

【庾薤】指晋陶侃因庾亮食薤留白，而赏其有治理才能之事。见南朝宋刘义庆《世说新语·俭啬》。唐彦谦《移莎》："试才卑庾薤，求味笑周菘。"

【庾薛】北周庾信、北齐薛道衡之连称。常衮《晚秋集贤院即事寄徐薛二侍郎》："北朝荣庾薛，西汉盛严徐。"

【庾嶺】山名。即大庾岭。五岭之一。在江西省大庾县南。岭上广植梅树，故又称梅岭。郑谷《咸通十四年府试木向荣》："庾岭梅先觉，隋堤柳暗惊。"徐铉《朱处士相与有山水之愿见送至南康作此以别之》："怜君送我至南康，更忆梅花庾岭芳。"

【庾翼】（305—345）字稚恭。晋颍川鄢陵（今属河南）人。亮之弟。有不世之才，世称"荒年谷"。事迹见《晋书》本传。刘禹锡《和汴州令狐相公到镇改月偶书所怀》："为兄怜庾翼，选婿得萧咸。"李商隐《自桂林奉使江陵途中感怀寄献尚书》："数须传庾翼，莫独与卢谌。"贯休《读顾况歌行》："庾翼未伏王右军，李白不知谁拟杀。"

【庾鬢】指北周庾信因哀愁而鬓毛变白。见庾信《哀江南赋序》。杜牧《中秋日拜起居表晨渡天津桥即事十六韵献居守相国崔公兼呈工部刘公》："分薄嵇心懒，哀多庾鬓班。"

廊 〔láng《广韵》鲁当切，平唐，來。〕❶堂下四周的屋。见《汉书·司马相如传上》。韦应物《寄璨师》："林院生夜色，西廊上纱灯。"白居易《新乐府·牡丹芳》："卫公宅静闭东院，西明寺深开北廊。"周贺《宿开元寺楼》："孤枕客眠久，两廊僧话深。"皮日休《奉和鲁望叠韵吴宫词二首》之二："主房部伍苦，嫱亡房廊香。"❷正屋两旁屋檐下面的过道，或有顶的独立通道，如走廊、游廊。太宗《元日》："霜戟列丹陛，丝竹韵长廊。"杜甫《涪城县香积寺官阁》："小院回廊春寂寂，浴凫飞鹭晚悠悠。"羊士谔《山寺题壁》："物外真何事，幽廊步不穷。"李商隐《正月崇让宅》："密锁重关掩绿苔，廊深阁迥此徘徊。"

【廊宇】 带走廊的房屋。白居易《旅次景空寺宿幽上人院》："月隐云树外，萤飞廊宇间。"唐颜谦《游南明山》："金银拱梵刹，丹青照廊宇。"

【廊房】 殿堂周围的房屋。张说《清远江峡山寺》："檐牖飞花入，廊房激水通。"

【廊廟】 廊，殿堂四周的屋；庙，太庙。均为帝王与大臣议政之处，后因用以指朝廷。苏味道《使岭南闻崔马二御史并拜台郎》："喜得廊庙举，嗟为台阁分。"张说《五君咏五首·魏齐公元忠》："入相廊庙静，出军沙漠霁。"杜甫《奉赠萧二十使君》："巢许山林志，夔龙廊庙珍。"唐颜谦《过清凉寺王导墓下》："江左风流廊庙人，荒坟抛与梵宫邻。"

【廊廟材】 喻指能辅佐朝廷、担负治国重任之人。白居易《雪中晏起偶咏所怀兼呈张常侍韦庶子皇甫郎中》："上无皋陶伯益廊庙材，的不能匡君辅国活生民。"

【廊廟具】 指能为朝廷担负重任的栋梁之材。杜甫《自京赴奉先县咏怀五百字》："当今廊庙具，构厦岂云缺。"又《寄裴施州》："廊庙之具裴施州，宿昔一逢无此流。"

【廊廟器】 称其才器能担负朝廷重任者。李颀《裴尹东溪别业》："公才廊庙器，官亚河南守。"岑参《虢中酬陕西甄判官见赠》："夫子廊庙器，迥然青冥姿。"陈陶《寄兵部任畹郎中》："昆玉已成廊庙器，涧松犹是薜萝身。"

【廊廡】 堂前廊屋。储光羲《石瓮寺》："下见宫殿小，上看廊庑深。"元稹《有鸟二十章》之十一："春风吹送廊庑间，秋杜驱将嵌孔里。"徐夤《新葺茆堂》："树影便为廊庑屋，草香权当绮罗茵。"吴越王钱俶《宫中作》："廊庑周遭翠幕遮，禁林深处绝喧哗。"

康 〔kāng《广韵》苦岡切，平唐，溪。〕❶安乐；安宁。见《尔雅·释诂上》。李百药《登叶县故城谒沈诸梁庙》："馆宇肃而静，神心康且逸。"李白《狱中上崔相涣》："贤相燮元气，再欣海县康。"柳宗元《贞符》："贻我子孙，百代是康。"李渤《喜弟淑再至为长歌》："嗟余流浪心最狂，十年学剑逢时康。"❷丰足；富裕。见《淮南子·天文训》。韦应物《登重玄寺阁》："俗繁节又暄，雨顺物亦康。"杨巨源《上刘侍中》："政洽军逾肃，仁敷物已康。"白居易《和三月三十日四十韵》："杭土丽且康，苏民富而庶。"齐己《寄归州马判官》："郡带女媭名，民康境亦宁。"❸褒扬；光大。见《礼记·祭统》。吴筠《览古十四首》之八："运筹康汉业，凭轼下齐城。"❹和悦。郑谷《送祠部曹郎中郱出守洋州》："旧制诗多讽，分忧俗必康。"❺安抚；安定。见《逸周书·谥法》。张说《五君咏五首·郭代公元振》："志康天地屯，适与云雷遇。"王维《送韦大夫东京留守》："云雷康屯难，江海遂飞沉。"独孤及《癸卯岁赴南丰道中闻京师失守寄权士繇韩幼深》："但令迍难康，不负沧洲期。"❻四通八达的道路。见"康衢"。❼健康。储光羲《晚次东亭献郑州宋使君文》："居敬物无扰，履端人自康。"元稹《有酒十章》之十："欲天泰而地宁，欲人康而岁熟。"❽治理。见汉蔡邕《独断》。引申指审理。贾岛《上乐使君救康成公》："曾梦诸侯笑，康囚议脱枷。"❾古地名。见"康州"。❿姓。唐代有康庭芝。《全唐诗》卷一一三录其诗一首。

【康士曹】 指康庭芝。庭芝曾任洛州士曹参军。沈佺期有《和洛州康士曹庭芝望月有怀》。按，此诗实为康庭芝作，见《国秀集》卷中，杜审言有和诗。参见"康五"。

【康士遐】 即康道。道字士遐。皎然《桃花石枕歌送安吉康丞》序："安吉，古桃池也，今为吴兴右邑。士遐副焉。"

【康王】 指周康王。参见"康王谷"。

【康王谷】 山谷名，在庐山西南，与谷帘泉相邻。相传周成王之子康王钊曾巡历至此，故名。张又新《谢庐山僧寄谷帘水》："迢递康王谷，尘埃陆羽篇。"

【康五】 即康庭芝。杜审言有《和康五庭芝望月有怀》。

【康太守】 名未详。天宝中任江夏郡太守。王维有《送康太守》。

【康日】 指太平之时。李频《府试老人星见》："海内逢康日，天边见寿星。"

【康氏】 女子。名未详。《全唐诗》卷八〇一录其诗一首。

【康囚】 指汉郑玄因党锢事被禁囚之事。见《后汉书·郑玄传》。贾岛《上乐使君救康成公》："曾梦诸侯笑，康囚议脱枷。"

【康成】 汉郑玄之字。郑愔《哭郎著作》："诗礼康成学，文章贾谊才。"刘长卿《送郑说之歙州谒薛侍郎》："尝闻马南郡，门下有康成。"又尊称为"康成公"。贾岛有《上乐使君救康成公》。

【康成公】 见"康成"。

【康州】 地名。治所在今广东德庆县。唐武德四年置。贞观元年改为南康州。寻废。乾元元年，复为康州。参见《旧唐书·地理志四》。刘长卿有《送侯中丞流康州》。李涉有《谴谪康州先寄弟渤》。许浑《酬康州韦侍御同年》。

【康丞】 指汉韩康。康字伯休。李贺《感讽五首》之四："君平久不反，康伯循国路。"按，桓帝以安车征康，康中道逃遁。事见《后汉书·逸民传》。

【康判官】 名未详。约大历间官宣歙观察判官。刘长卿有《送康判官往新安》。

【康侍御】 名未详。天宝十二载(753)以监察御史充宣慰使。刘长卿有《旅次丹阳郡遇康侍御宣慰召募兼别岑单父》。

【康居】 古西域国名。汉成帝时，其王遣子侍汉。唐时称康国，武德十年遣使献名马；贞观九年，又遣使贡狮子。自此朝贡岁至，子孙累世册封为王。参阅《汉书·西域传·康居》《旧唐书·西戎传·康国》。白居易《新乐府·胡旋女》："胡旋女，出康居。徒劳东来万里余。"

【康哉】 为歌颂时世太平之词。见《书·益稷》。李峤《雨》："十旬无破块，九土信康哉。"袁晖《奉和圣制答张说扈从南出雀鼠谷之作》："小臣瞻日月，延首咏康哉。"韩愈《感春五首》之一："如今到死得闲处，还有诗赋歌康哉。"李绅《登禹庙回降雪五言二十韵》："劳歌会稽守，遥祝永康哉。"

【康昭】 周康王、周昭王之连称。李绅《赠毛仙翁》："周之天子无仙气，成武康昭都瞥尔。"

【康昭遠】 籍贯未详，天宝十三载(754)出为忠州太守。明皇有《送忠州太守康昭远等》。参见"康叟"。

【康叟】 指康昭远。昭远为天宝遗民，故称。白居易有《赠康叟》。

【康侯馬】 称美良马之典。见《易·晋》。韩翃《送康洗马归滑州》："青丝玉勒康侯马，孟水金堤滑伯城。"

【康洽】 肃州酒泉(今甘肃)人。为人黄须，气度豪爽，其先当为康居国人。与李颀、戴叔伦、李端等皆有交往。李颀有《送康洽入京进乐府歌》。戴叔伦有《赠康老人洽》。李端有《赠康洽》。

【康泰】 安宁太平。齐己《丙寅岁寄潘归仁》："康泰终来在，编联莫破除。"

【康時】 ❶太平时世。李元纮《奉和圣制送张说上集贤学士赐宴》："衔恩倾旨酒，鼓舞咏康时。"费冠卿《酬范中丞见》："战国方须礼干木，康时何必重侯嬴。"❷匡时，使时世安定。司空图《喜王驾小仪重阳相访》："拟将寂寞同留住，且劝康时立大名。"

【康庭芝】 籍贯未详。排行第五。曾为洛州士曹参军。迁河阴令。擢祠部员外郎。与杜审言有唱酬。《全唐诗》卷一一三录其诗一首。

【康莊】 ❶四通八达的大路。见《尔雅·释宫》。李峤《旌》："告善康庄侧，求贤市肆中。"杜甫《入衡州》："元恶迷是似，聚谋汇康庄。"韦应物《登乐游庙作》："歌吹喧万井，车马塞康庄。"吴融《阌乡寓居十首·小径》："若教须作康庄好，更有高车驷马忧。"❷喻指胸怀宽广。权德舆《送别沅泛》："徇吾刺促心，婉尔康庄姿。"❸喻指仕途。见《史记·孟子荀卿列传》。皎然《因游支硎寺寄邢端公》："清门推问望，早岁骋康庄。"卢仝《常州孟谏议座上有感五首》之四："禄位埋坑阱，康庄垒剑棱。"许浑《献韶阳相国崔公》："一匮为功极九层，康庄犹自剑棱棱。"

【康道】 字士遐，越州会稽(今浙江绍兴)人。官湖州安吉县丞。大历中，颜真卿刺湖州，辟为录事。与皎然亦有交往。《全唐诗补逸》卷十七录其与颜真卿等联句一联。

【康從事】 指康道。道曾为湖州录事。皎然有《桃花石枕歌赠康从事》。

【康翊仁】 籍贯世次皆未详。《全唐诗》卷七八〇录其诗一首。

【康强】 安乐强健；康健。韩愈《寒食日出游》："自然忧气损天和，安得康强保天性。"杜牧《春日言怀寄虢州李常侍十韵》："愿公如卫武，百岁尚康强。"徐铉《朱处士相与有山水之愿见送至南康作此以别之》："多少仙山共游在，愿君百岁尚康强。"

【康將軍】 (將 jiāng)名未详。官诸卫将军，元和中谪于朗州。刘禹锡有《喜康将军见访》。

【康紹】 绍一作沼。润州江宁(今江苏南京)人。事迹未详。与周贺有交往。周贺有《送康绍归建业》。

【康順】 五代周乐曲名。见《旧五代史·乐志下》。《郊庙歌辞·周朝飨乐章》有《康顺》之乐。

【康駢】 字驾言。池州人。事迹略见《新唐书·艺文志三》，宋晁公武《郡斋读书志》卷十三。二书并著录其《剧谈录》三卷。《宋史·艺文志七》著录其《九笔杂编》。《全唐诗》卷八九〇录其词一首。

【康端公】 名未详，大历末，以监察御史为桂州从事。戎昱有《宿桂州江亭呈康端公》。

【康樂】（一lè）❶安乐。李昂《暮春喜雨诗》："百辟同康乐，万方伫雍熙。"❷人名。即南朝宋谢灵运。王维《和陈监四郎秋雨中思从弟据》："平原思令弟，康乐谢贤昆。"王邁《冬日建安寺西院喜昼公自吴兴至联句一首》："宗系传康乐，精修学远公。"黄滔《游东林寺》："碑折谁忘康乐制，山灵表得远公名。"灵运曾任永嘉太守、临川内史，后因用以指郡守。刘长卿《送齐郎中典括州》："石门康乐住，几里杠帆通。"颜真卿、皇甫曾《七言重联句》："诗书宛似陪康乐，少长还同宴永和。"朱景玄《题吕食新小阁兼寄南商州郎中》："青春去如水，康乐归何年？"

【康樂公】（樂 lè）即南朝谢灵运。灵运袭封康乐县公。见《宋书·谢灵运传》。李山甫《山中寄梁判官》："康乐公应频结社，寒山子亦患多才。"

【康樂侯】（樂 lè）即南朝宋谢灵运。灵运曾任永嘉太守、临川内史，后因用以指郡守。王维《送康太守》："何异临川郡，还劳康乐侯。"刘长卿《奉陪萧使君入鲍达洞寻灵山寺》："遂使康乐侯，披榛著双屐。"皇甫冉《送李使君赴抚州》："远送临川守，还同康乐侯。"参见"康乐公"。

【康樂屐】（樂 lè）即谢公屐。南朝宋康乐公谢灵运登山所穿之木屐。皮日休、陆龟蒙《北禅院避暑联句》："不见步兵诗，空怀康乐屐。"参见"谢公屐"。

【康錄事】　指康造。造曾作湖州录事。皎然有《遥和康录事李侍御萼小寒食夜重集康氏园林》。清昼、崔子向有《康录事宅送僧联句》。

【康濟】　❶安民济众。见《书·蔡仲之命》。李白《答高山人兼呈权顾二侯》："虹霓掩天光，哲后起康济。"岑参《送狄员外巡按西山军》："狄子幕府郎，有谋必康济。"李中《送张惟贞少府之江阴》："俗必期康济，诗谁互唱酬。"❷保养。钱信《平望赠蚊》："安得神仙术，试为施康济。"

【康寶月】　康居国人。南朝齐武帝时僧。善解音律。事迹略见南朝梁钟嵘《诗品》卷下，《乐府诗集》卷四八引南朝陈释智匠《古今乐录》。权德舆《送清洨上人谒信州陆员外》："佳句已齐康宝月，清淡远指谢临川。"又《与沈十九拾遗同游栖霞寺上方于亮上人院会宿二首》之二："名僧康宝月，上客沈休文。"

【康衢】　西通八达的大路。太宗《咏司马彪续汉志》："凤戟翼康衢，銮舆总柔辔。"权德舆《奉和许阁老酬淮南崔十七端公见寄》："八音谐雅乐，六辔骋康衢。"元稹《哀病骢呈致用》："曾听禁漏惊衙鼓，惯蹋康衢怕小桥。"许浑《洛中游眺贻同志》："康衢一望通，河洛正天中。"

【康衢歌】　亦作"康衢咏"。即康衢谣。见《列子·仲尼》。后因用以指颂扬帝德，赞美治世之声。李适《重阳日即事》："未知康衢咏，所仰惟年丰。"元稹《和李校书新题乐府十二首·骠国乐》："古时陶尧作天子，逊遁亲听康衢歌。"

【康衢咏】　见"康衢歌"。

庸〔yōng《广韵》餘封切，平鍾，以。〕❶采用；需要。常与否定副词"无""弗"连用。见《说文·用部》。骆宾王《浮槎》："摧残空有恨，拥肿遂无庸。"柳宗元《游朝阳岩遂登西亭二十韵》："薄躯信无庸，琐屑剧斗筲。"《雪溪夜宴诗》："既瑞器而无庸兮，宜昏暗之相微。"❷任用。见《书·尧典》。柳宗元《贞符》序："登贤庸能，濯痍煦寒。"姚合《和门下李相饯西蜀相公》："燮和皆达识，出入并登庸。"杜牧《感怀诗一首》："伍旅拔雄儿，梦卜庸真相。"❸功劳；功勋。见《尔雅·释诂下》。陈元光《落成会咏一首》："盘庚迁美土，陶侃效兼庸。"李峤《夏晚九成宫呈同僚》："结欢良有裕，联寀愧无庸。"张籍《送李司空赴镇襄阳》："再调公鼎勋庸盛，三受兵符宠命新。"李商隐《行次昭应县道上送户部李郎中充昭义攻讨》："早勒勋庸燕石上，伫光纶綍汉廷中。"❹平常。见《易·乾》。白居易《长庆二年七月自中书舍人出守杭州路次蓝溪作》："太原一男子，自顾庸且鄙。"见"庸人""庸才"。❺隋、唐时的赋役法规定，成丁每年服役二十日，闰加二日，若不服役须每日纳绢三尺，谓之"庸"。参见《新唐书·食货志一》。杜甫《岁晏行》："况闻处处鬻男女，割慈忍爱还租庸。"白居易《赠友五首》之三："庸必算丁口，租必计桑田。"❻受雇佣。后多作"傭"。见"庸書"。❼副词。(1)岂；难道。刘禹锡《武陵观火诗》："火德资生人，庸可一日无。"温庭筠《病中书怀呈友人》："宁复机难料，庸非信未孚。"(2)或许。李贺《赠陈商》："天眼何时开，古剑庸一吼。"❽介词。由，经由。李商隐《送从翁东川弘农尚书幕》："建议庸何所，通班昔滥臻。"❾代词。何，何以。柳宗元《贞符》序："帝庸威粟，惟人之为。"韩愈《读东方朔杂事》："群仙急乃言，百犯庸不科。"❿古国名，故地在今湖北省竹山县东南。见《左传·文公十六年》。后用以泛指蜀地或川东地区。元稹《酬乐天得稹所寄纻丝布白轻庸制成衣服以诗报之》："湓城万里隔巴庸，纻薄绨轻共一封。"⓫通"容"。见《庄子·胠箧》。《六韬·大明》作"庸成氏"。元稹《酬乐天得稹所寄绿丝布白轻庸制成衣服以诗报之》，题中之"庸"通"容"。"轻容"乃无花薄纱。王建《宫词一百首》之九七："缣罗不著索轻容，对面教人染退红。"白居易《元九以绿丝布白轻褣见寄制成衣服以诗报知》："绿丝文布素轻褣，珍重京华手自封。"诗题及诗中"褣"字均注云："一作容"。⓬姓。唐诗人有庸仁杰等。《全唐诗》卷七九五录其诗一首。

【庸人】 平庸、见识浅陋、没有作为的人。韩愈《示儿》:"嗟我不修饰,事与庸人俱。"陆龟蒙《奉酬袭美苦雨见寄》:"唯君浩叹非庸人,分衣辍饮来相亲。"

【庸工】 才能平庸、低下的乐师、乐人。元稹《春六十韵》:"盘筵饶异味,音乐斥庸工。"

【庸才】 才能平庸、低下的人。杨炯《广溪峡》:"庸才若刘禅,忠佐为心腹。"刘得仁《寄友人》:"风飒沉思眼忽开,尘埃污得是庸才。"王仁裕《和蜀后主题剑门》:"庸才安可守,上德始堪矜。"

【庸夫】 平庸之人。韩愈《永贞行》:"国家功高德且厚,天位未许庸夫干。"

【庸中佼佼】 (中 zhōng)指一般人中比较突出的。见《后汉书·刘盆子传》。"佣"通"庸"。后多作"庸中佼佼"。周昙《咏史诗·前汉门·樊崇徐宣》:"庸中佼佼铁铮铮,百万长驱入帝京。"

【庸仁杰】 唐诗人。《全唐诗》卷七九五录其诗一首。

【庸功】 功绩。元稹《春六十韵》:"歌钟齐锡宴,车服奖庸功。"

【庸主】 昏庸的君主。与"明主"相对。杜甫《行次昭陵》:"旧俗疲庸主,群雄问独夫。"

【庸奴】 庸俗鄙陋之人。皮日休《吴中苦雨因书一百韵寄鲁望》:"低眉事庸奴,开颜纳金玉。"

【庸材】 同"庸才"。皮日休有《鲁望读襄阳耆旧传见赠五百言过褒庸材靡有称是次韵》。

【庸昏】 犹昏庸。糊涂而愚蠢。武少仪《诸葛丞相庙》:"欲尽智能倾僭盗,善持忠节转庸昏。"

【庸音】 常音。喻指平庸的文辞和言论。骆宾王《伤祝阿王明府》序:"庶兰室流薰,袭遗芳而化德;故蓬心申拙,效庸音于起予。"

【庸怠】 指才智平庸且性情怠惰。常用作自谦之词。刘允济《经庐岳回望江州想洛川有作》:"窃价惭庸怠,叨声逾寂寞。"

【庸陋】 平庸浅陋,多用作自谦之词。皮日休有《鲁望昨以五百言见贻过有褒美内揣庸陋弥增愧悚因成一千言》。

【庸書】 受雇为人抄书。见《后汉书·班超传》。"傭"通"庸",因亦作"庸书"。杜牧《奉送中丞姊夫俦出镇江西十二韵》:"庸书酬万债,竹坞问樊村。"

【庸菲】 犹庸薄。平庸浅薄,自谦之词。徐坚《奉和圣制送张说赴集贤院学士赐宴赋得虚字》:"庸菲参高选,首滥承明庐。"

【庸虛】 犹言才能低下,学识浅薄。庸,言身无所能;虚,言胸无所有。自谦之词。广宣《皇太子频赐存问并索唱和新诗因有陈谢》:"只言侯文雅,何意及庸虚。"

【庸愚】 指庸下愚昧之人。吕岩《七言》之三三:"此是吾家真一子,庸愚谁敢等闲猜。"

【庸蜀】 庸、蜀皆古国名。见《书·牧誓》、《汉书·西南夷传》。后因以庸蜀泛指蜀地。杜甫《杨旗》:"此堂不易升,庸蜀日已宁。"李商隐《赴职梓潼留别畏之员外同年》:"京华庸蜀三千里,送到咸阳见夕阳。"

【庸調】 指唐代赋役制度中力役和户税。见《新唐书·食货志一》。无名氏《五言诗》之五(外编下):"里政追庸调,村头共相催。"

【庸懦】 平庸怯懦。韩愈《合江亭》:"萧条绵岁时,契阔继庸懦。"

【庸績】 功绩。孟简《咏欧阳行周事》序:"食太学之禄,助成均之教,有庸绩矣。"

【庸醫】 医术不高明的医生。南唐后主李煜《病中书事》:"庸医懒听词何取,小婢将行力未禁。"

九　画

廂 〔xiāng《广韵》息良切,平陽,心。〕❶廊。《说文·广部》:"厢,廊也。"韦应物《拟古诗十二首》之十二:"徘徊东西厢,孤妾谁与俦。"白居易《渭村退居寄礼部崔侍郎翰林钱舍人诗一百韵》:"仙仗环双阙,神兵避两厢。"❷正房两边的房屋。见《尔雅·释宫》。韦应物《过昭国里故第》:"缄室在东厢,遗器不忍觌。"韩愈《晚秋郾城夜会联句》:"两厢铺氍毹,五鼎调勺药。"吴融《便殿候对》:"待得华胥春梦觉,半竿斜日下厢风。"❸边,角。张籍《学仙》:"先生坐中堂,弟子跪四厢。"又《祭退之》:"新亭成未登,闭在庄西厢。"元稹《清都夜境》:"南厢俨容卫,音响如可聆。"❹靠近城的地区。在城曰坊,近城曰厢。王建《送张籍归江东》:"回车远归省,旧宅江南厢。"杨巨源《上刘侍中》:"分野邻孤岛,京坻溢万厢。"❺用同"箱"。李白《草书歌行》:"笺麻素绢排数厢,宣州石砚墨色光。"

【廂廡】 指殿堂两边的房屋。刘禹锡《吏隐亭述》:"势拱台殿,光含厢庑。"

廁 〔cè《广韵》初吏切,去志,初。《集韵》察色切,入職,初。〕❶忝列其中;置身。见《广雅·释言》。宋之问《和库部李员外秋夜寓直之作》:"叨荣厕俦侣,省已愳空虚。"岑参《登北庭北楼呈幕中诸公》:"幸得趋幕中,托身厕群才。"崔元翰《奉和圣制重阳旦日百寮曲江宴示怀》:"薄劣厕英豪,欢娱忘衰疾。"陈政《赠窦蔡二记室入蜀》:"沈郁林难厕,青山翻易阻。"❷参与;参加。杜正伦《玄武门侍宴》:"谬陪瑶水宴,仍厕柏梁篇。"孟郊《春集越州皇甫秀才山亭》:"顾余寂寞者,谬厕芳菲筵。"薛涛《宣上人见示与诸公唱和》:“许厕高斋唱,涓泉定不如。”❸间杂;错杂。见《玉篇·广部》。虞世南《奉和至寿春应令》:“天文徒可仰,何以厕琳球。”白居易《渭村退居一百韵》:“齐竽混韶夏,燕石厕琳琅。”❹通“侧”。见《说文·广部》。侧边,旁边。韦应物《答令狐侍郎》:“朝宴方陪厕,山川又乖违。”引申指临近。裴耀卿《敬酬张九龄当涂界留赠之作》:“饰簪陪早岁,接壤厕专城。”❺隐伏。见《淮南子·原道训》。唐颜谦《留别四首》之三:“登庸趋俊乂,厕用野无遗。”

【廁迹】 置身。韦应物《滁城对雪》:“厕迹鸳鹭末,蹈舞丰年期。”

廋 〔sōu《广韵》所鸠切,平尤,生。〕隐匿,隐藏。《方言》卷三:“廋,隐也。”来鹄《圣政纪颂》:“垣私藩已,远史廋唐。”

廐 〔jiù《广韵》居祐切,去宥,見。〕亦作“厩”。❶马舍。见《诗·小雅·鸳鸯》。杜甫《瘦马行》:“士卒多骑内厩马,惆怅恐是病乘黄。”朱庆余《过旧宅》:“空厩欲摧尘满枥,小池初涸草侵沙。”李商隐《过华清内厩门》:“华清别馆闭黄错,碧草悠悠内厩门。”陆龟蒙《读襄阳耆旧传因作诗五百言寄皮袭美》:“驱为文翰侣,驽皂参骥厩。”❷泛指牲口棚。寒山《诗三百三首》之五七:“田舍多桑园,牛犊满厩辙。”

【廐人】 养马的人。周昙《咏史诗·春秋战国门·又吟》:“马毙厩人欲就刑,百年临尽一言生。”

【廐吏】 亦作“厩吏”。饲养马匹之小吏。王维《送崔五太守》:“长安厩吏来到门,朱文露网动行轩。”刘禹锡《赴苏州酬别乐天》:“吴郡鱼书下紫宸,长安厩吏送朱轮。”

【廐馬】 厩养之马。唐代行监牧之制。设内外闲厩以蕃马。见《新唐书·兵志》。李白《君子有所思行》:“厩马散连山,军容威绝域。”韦应物《温泉行》:“身骑厩马引天仗,直入华清列御前。”姚合《寄题尉迟少卿郊居》:“朝衣挂壁上,厩马放田中。”李玖《噴玉泉冥会诗八首·白衣叟述甘棠馆西楹诗》:“佳人暗泣填宫泪,厩马连嘶换主声。”

【廐庫】 马舍和库房。见《礼记·曲礼下》。白居易《竹窗》:“未暇作厩库,且先营一堂。”

廏 同“廐”。

十 画

廈 〔shà《广韵》胡雅切,上馬,匣。《集韵》所嫁切,去禡,生。〕屋,大屋。见《说文·广部》。赵彦昭《奉和元日赐群臣柏叶应制》:“器乏雕梁器,材非构厦材。”岑参《河西太守杜公挽歌四首》之四:“漫漫澄波阔,沉沉大厦深。”刘禹锡《和兵部郑侍郎省中四松诗十韵》:“便有干霄势,看成构厦材。”陈政《赠窦蔡二记室入蜀》:“昆山积良宝,大厦构众材。”

廓 〔kuò《广韵》苦郭切,入鐸,溪。〕❶广大;空阔。见《诗·大雅·皇矣》。李白《秋浦感主人归燕寄内》:“寥寥金天廓,婉婉绿红潜。”杜甫《雨二首》之二:“水深云光廓,鸣橹各有适。”吴筠《游倚帝山二首》之一:“迩临烟霞积,遐睇宇宙廓。”❷开拓;扩大。见《方言》卷一。李贺《昌谷诗》:“凉光人涧岸,廓尽山中意。”柳宗元《唐饶歌鼓吹十二篇·战武牢第三》:“惮华戎,廓封略。”温庭筠《鸿胪寺有开元中锡宴堂偶成四十韵》:“昭融廓日月,妥贴安纪纲。”司马扎《古边卒思归》:“汉武在深殿,唯思廓寰瀛。”❸空寂;孤独。见《文选·宋玉〈九辩〉》。张说《唐享太庙乐章·登歌》:“廓无响,窅入玄。”元稹《有酒十章》之九:“我可奈何兮时既昏,一杯又进兮聊处廓。”❹消除。许敬宗《奉和执契静三边应诏》:“日羽廓游气,天阵清华野。”骆宾王《畴昔篇》:“莫教憔悴损容仪,会得高秋云雾廓。”韦应物《同德寺阁集眺》:“寂寥氛氲廓,超忽神虑空。”引申指清净。李白《答高山人兼呈权顾二侯》:“太微廓金镜,端拱清遐裔。”

【廓如】 澄清貌。陆龟蒙《奉和袭美酬前进士崔潞因赠至一百四十言》:“夫子又继起,阴霾终廓如。”

【廓周】 谓范围广阔。庞蕴《杂诗》:“神识苟能无挂碍,廓周法界等虚空。”

【廓清】 犹澄清。权德舆《安语》:“岩岩五岳镇方舆,八极廓清氛祲除。”

【廓然】 ❶空旷貌。寒山《诗三百三首》之二七七:“廓然神自清,含虚洞玄妙。”独孤及《观海》:“廓然混茫际,望见天地根。”皮日休《鲁望读襄阳耆旧传见赠五百言次韵》:“汉水碧于天,南荆廓然秀。”❷清除净尽貌。见《文选·扬雄〈长杨赋〉》。韩愈《秋雨联句》:“安得发商飙,廓然吹宿霭。”

【廓落】 ❶空旷貌。王昌龄《赠史昭》:“东林月未升,廓落星与汉。”陈陶《浦门戍观海作》:“廓落溟涨晓,蒲门郁苍苍。”谢仲宣《送钟员外》:“森梢逢静境,廓落见孤峰。”❷空寂;孤寂。见《文选·宋玉〈九辩〉》。王昌龄《灞上闲居》:“廓落时得意,怀哉莫与言。”李白《门有车马客行》:“廓落无所合,流离湘水滨。”❸旷达;宽宏。李白《送赵判官赴黔府中丞叔幕》:“廓落青云心,交结黄金尽。”白居易《读谢灵运诗》:“谢公才廓落,与世不相遇。”

【廓爾】 空阔貌。寒山《诗三百三首》之二二七:“性月澄澄朗,廓尔照无边。”

【廓廟器】 指能担负治国重任之才器。柳宗元《游南亭夜还叙志七十韵》:"进乏廓庙器,退非乡曲豪。""廓",一作"廊"。据《柳宗元集》当作"廊"。参见"廊廟器"。

廉 〔lián《广韵》力鹽切,平鹽,來。〕❶边,侧边。见《仪礼·乡饮酒礼》。见"廉方"。❷棱角。见《广雅·释言》。白居易《答友问》:"大圭廉不割,利剑用不缺。"见"廉棱"。❸不苟取,不贪。寒山《诗三百三首》之八:"饿著首阳山,生廉死亦乐。"韩愈《送郑尚书赴南海》:"风静鶢鶋去,官廉蚌蛤回。"姚合《新昌里》:"近贫日益廉,近富日益贪。"陈翥《金钱花》:"闲门永巷新秋里,幸不伤廉莫怕多。"❹高洁正直。李白《题东溪公幽居》:"杜陵贤人清且廉,东溪卜筑岁将淹。"皮日休《吴中苦雨因书一百韵寄鲁望》:"廉不受一芥,其余安可黩。"韦庄《冬日长安感志寄献虢州崔郎中二十韵》:"观星始觉中郎贵,问俗方知太守廉。"❺收敛。见《释名·释言》。寒山《诗三百三首》之一:"悭贪继日廉,谄曲登时正。"旨申为拘束,逊让。刘禹锡《和牛相公南溪醉歌见寄》:"脱屣将相守冲谦,唯于山水独不廉。"贾岛《玩月》:"无异市井人,见金不知廉。"❻节俭。见《广韵·盐韵》。元稹《奉和浙西大夫李德裕述梦四十韵次本韵》:"独辞珠有戒,廉取玉非叨。"皮日休《奉和鲁望秋日遣怀次韵》:"与物深无竞,于生亦太廉。"❼清,清亮。见《玉篇·广部》。元稹《桐花》:"商弦廉以臣,臣作旱天霖。"❽考察;调查。见《管子·正世》。见"廉問"。❾姓。见"廉叔度"。

【廉方】 侧边方正。见晋傅咸《纸赋》。李峤《纸》:"舒卷随幽显,廉方合轨仪。"

【廉吏】 清廉守正的官吏。严维《送崔峒使往睦州兼寄薛司户》:"使者应须访廉吏,府中惟有范功曹。"

【廉守】 廉正的太守。对州郡长官之敬称。皎然《冬日遥和卢使君幼平綦毋居士游法华寺高顶临湖亭》:"仁坊标绝境,廉守蹑高踪。"

【廉叔度】 即汉廉范。范字叔度。后因用以指有政绩之郡守。高适《真定即事奉赠韦使君二十八韵》:"郡称廉叔度,朝议管夷吾。"亦有称"廉度"。于鹄《醉后寄山中友人》:"都忘醉后逢廉度,不省归时见鲁恭。"

【廉明】 清廉明察。陈子昂《座右铭》:"从官重公慎,立身贵廉明。"

【廉使】 官名。唐初设十道按察使,考核吏治,后改称观察处置使,省称"廉使"。刘长卿《送李挚赴延陵令》:"明君加印绶,廉使托茕嫠。"李嘉祐《元日无衣冠入朝寄皇甫拾遗冉从弟补阙纾》:"伏奏随廉使,周行外冗员。"贾岛《送刘侍御重使江西》:"前者已闻廉使荐,兼言有画静边尘。"白居易《重题小舫赠从周事兼戏微之》:"不似镜湖廉使出,高檣大艑闹惊春。"

【廉帥】 唐代对观察使之敬称。司空图《月下留丹灶》序:"某年中,廉帅上闻,且命镵其逸迹,藏于郡廨。"

【廉度】 见"廉叔度"。

【廉范】 字叔度。京兆杜陵(今陕西西安东南)人。事迹见《后汉书》本传。李瀚《蒙求》:"刘宠一钱,廉范五袴。"

【廉恥】 清廉知耻。虞世南《赋得慎罚》:"幪巾示廉耻,嘉石务详平。"杜甫《遣兴三首》之一:"安得廉耻将,三军同晏眠。"按,耻,一作"颇"。谓廉颇安边而不生事。

【廉退】 犹谦让。韦应物《晚归沣川》:"名秩斯逾分,廉退愧不全。"

【廉訪】 察访。唐代以来多用以称观察使或职权与之相当的官员。徐灵府有《言志献浙东廉访辞召》。

【廉問】 调查,询问。见《史记·秦始皇本纪》。廉,察也。唐代常用以称出任"廉使"之职。刘禹锡有《重送浙西李相公顷廉问江南已经七载今复领归地新加旌旄》。朱庆余《送罗先辈书记归后却还闽中留别》:"况当季父承恩日,廉问南州政已成。"刘得仁《送鄂州崔大夫赴镇》:"廉问帝难人,朝廷辍重臣。"

【廉棱】 棱角。见《礼记·聘义》。白居易《奉和思黯相公兼呈梦得》:"廉棱露锋刃,清越扣琼瑰。"

【廉節】 清廉有节操。丁居晦《琢玉》:"珮为廉节德,杯作侈奢名。"

【廉廉】 细小柔弱貌。陆龟蒙《五歌·刈获》:"自春徂秋天弗雨,廉廉早稻才遮亩。"

【廉慎】 清廉谨慎。崔颢《澄水如鉴》:"廉慎传家政,流芳合古今。"

【廉頗】 战国赵人。赵惠文王十六年(前283)为赵将,以伐齐功,拜为上卿。以勇气闻名于诸侯。事迹见《史记·廉颇蔺相如列传》。杜甫《奉和严中丞西城晚眺十韵》:"汲黯匡君切,廉颇出将频。"罗隐《遁迹》:"因思汉明帝,中夜忆廉颇。"

【廉頗上馬】 指廉颇在赵国使者前被甲上马以示尚可用之事。刘长卿《奉寄婺州李使君舍人》:"似鹗占贾谊,上马试廉颇。"

【廉頗老】 指赵悼襄王以为廉颇衰老而不召回重用之事。李端《赠故将军》:"谁道廉颇老,犹能报远雠。"参见"廉頗尚能飯"。

【廉頗尚能飯】 指廉颇在赵国使者前一饭斗米、肉十斤,以示尚可用之事。见《史记·廉颇蔺相如列传》。韩愈《秋怀诗十一首》之三："犀首空好饮，廉颇尚能饭。"

【廉頗思趙】 指廉颇奔魏国后，仍思复为赵国所用之事。见《史记·廉颇蔺相如列传》。骆宾王《夏日游德州赠高四》："泣魏伤吴起，思赵切廉颇。"

【廉頗負荆】 战国赵廉颇为上卿，蔺相如因秦、赵渑池会之功，亦拜上卿，位在颇之右。颇有攻城野战之大功，相如素贱人，羞为之下。相如常称病相避，不欲与之争列。廉颇悔悟，肉袒负荆，至相如门谢罪。卒相与欢，为刎颈之交。见《史记·廉颇蔺相如列传》。李瀚《蒙求》："廉颇负荆，须贾擢发。"

【廉儉】 节省。孟云卿《田园观雨兼晴后作》："秋成不廉俭，岁余多馁饥。"元稹《大觜乌》："饮啄颇廉俭，音响亦柔雌。"

【廉潔】 清白正直，不贪财货。陈元光《漳州新城秋宴》："婵娟争泼眼，廉洁正成邻。"

【廉藺】 战国赵廉颇、蔺相如之连称。李白《醉后赠从甥高镇》："时清不及英豪人，三尺童儿重廉蔺。"杜甫《八哀诗·赠司空王公思礼》："昔观文苑传，岂述廉蔺绩。"元稹《酬乐天东南行诗一百韵》："廉蔺声相让，燕秦势岂俱。"

【廉纖】 细小，细微。见《尔雅·释天》。多用以形容微雨。韩愈《晚雨》："廉纤晚雨不能晴，池岸草间蚯蚓鸣。"

【廉讓】 清廉谦让。孟郊《吊元鲁山》之八："唯余鲁山名，未获旌廉让。"

廕 〔yìn《广韵》於禁切，去沁，影。〕覆盖；遮蔽。独孤及《登山谷寺上方答皇甫侍御卧疾阙陪车骑之后》："云扶踊塔青霄庳，松荫禅庭白日寒。"秦系《题茅山李尊师山居》："篱间五月留残雪，座右千年荫老松。"刘禹锡《令狐相公见示赠竹二十韵仍命继和》："妓席拂云鬓，宾阶荫珠履。"罗隐《忆九华》："九华巉崒荫柴扉，长忆前时此息机。"

廌 〔zhì《广韵》池爾切，上紙，澄。又宅買切，上蟹，澄。〕兽名，"解廌"的省称。传说中一种能判断疑难案件的神兽。亦作"狮廌"。《说文》作"廌"。李商隐《寄太原卢司空三十韵》："邪同獬廌触，乐伴凤凰听。"

十一画

廣[1] 〔guǎng《广韵》古晃切，上蕩，見。〕❶大。《广雅·释诂一》："广，大也。"徐仁友《古意赠孙翃》："云日落广厦，莺花对孤琴。"常建《湖中晚霁》："湖广舟自轻。江天欲澄霁。"王毂《春草碧色》："造化功何广，阳和力自均。"❷盛大。薛据《西陵口观海》："长江漫汤汤，近海势弥广。"韦表微《池州夫子庙麟台》："楚国浸广，秦封益侈。"❸长远；遥远。《方言》第六："广，远也。"李颀《谒张果先生》："祈年宝祚广，致福苍生惠。"孟郊《偶作》："道险不在广，十步能摧轮。"❹扩大；开拓。白居易《秋居书怀》："何须广居处，不用多积蓄。"见"廣地"。❺传播；推广。《字汇·广部》："广，播也。"玄宗《集贤书院成送张说上集贤学士赐宴》："广学开书院，崇儒引席珍。"杜甫《解忧》："兹理庶可广，拳拳期勿替。"白居易《赠友五首》序："因赠是诗，以广其志云。"❻多；众多。戴叔伦《梧桐》："广叶结青阴，繁花连素色。"许棠《送裴拾遗宰下邽》："地古桑麻广，城偏仆御闲。"于濆《田翁叹》："富家田业广，用此买金章。"❼增多；增强。李憕《同望幸新亭赐钱公宴》："行看广云雨，二月次东巡。"王维《送宇文太守赴宣城》："地迥古城芜，月明寒潮广。"❽普遍；广泛。《广雅·释诂四》："广，博也。"太宗《帝京篇十首》之十："广待淳化敷，方嗣云亭响。"贺知章《奉和御制春台望》："广画嵯峨夸窈窕，罗生玳瑁象昆仑。"❾指宽度。杜甫《太平寺泉眼》："广深丈尺间，宴息敢轻侮。"皇甫湜《石佛谷》："平腹有壑谷，深广数百尺。"❿宽广；辽阔。《字汇·广部》："广，阔也。"太宗《帝京篇十首》之十："望古茅茨约，瞻今兰殿广。"李白《江夏寄汉阳辅录事》："谁道此水广，狭如一匹练。"韩愈《江汉答孟郊》："江汉虽云广，乘舟渡无艰。"孔德绍《赋得涉江采芙蓉》："有雾疑川广，无风见水宽。"⓫宽宏；宏大。见《诗·鲁颂·泮水》。杜甫《西枝村寻置草堂地夜宿赞公土室二首》之二："数奇谪关塞，道广存箕颍。"孟郊《上河阳李大夫》："山岳恩既广，草木心皆归。"薛存诚《太学创置石经》："儒林道益广，学者心弥锐。"⓬宽缓。钱起《送郭秀才制举下第南游》："山尽溪初广，人闲舟自行。"⓭古广州的省称。元稹《思归乐》："交州又累岁，移镇广与荆。"李商隐《故番禺侯以赃罪致不辜事觉母者他日过其门》："江陵从种橘，交广合投香。"

廣[2] 〔guàng《集韵》古曠切，去宕，見。〕❶横。见"廣₂運""廣₂輪"。❷指兵车。《集韵·宕韵》："广，兵车名"。见"廣₂車"。

廣[3] 〔kuàng《字汇》苦謗切。《正字通》音曠。〕❶通"旷"。(1)空，空闲。曹邺《下第寄知己》："中庭广寂寥，但见薇与蕨。"(2)荒废。司空图《浙上》："山田渐广猿时到，村舍新添燕亦多。"❷通"圹"。郊野。李贺《春归昌谷》："香风下高广，鞍马正华耀。"

【廣大】 宽广博大。则天皇后《唐大飨拜洛乐章·齐和》："沉潜演贶分三极，广大凝祯总万方。"杜甫《重经昭陵》："圣图天广大，宗祀日光辉。"方干《候郎中新置西湖》:“菰蒲纵感生成惠,鳣鲔那知广大恩。”

【廣上人】 广宣。俗姓廖。蜀中(今四川)人。宪宗时入长安,元和、长庆两朝,以诗为内供奉,赐居安国寺红楼院。白居易有《广宣上人以应制诗见示因以赠之诏许上人居安国寺红楼院以诗供奉》。章孝标有《蜀中赠广上人》。

【廣川】 ❶宽阔的河流。王维《登河北城楼作》:“寂寥天地暮,心与广川闲。”杜甫《湘江宴饯裴二端公赴道州》:“白日照舟师,朱旗散广川。”张正元《临川羡鱼》:“广川何渺漫,高岸几登临。”❷辽阔的平野。无可《送人罢举东游》:“鸿嘶荒垒闭,兵烧广川寒。”❸县名。汉置。城中有长河,故名。后汉置广川王国。后燕慕容垂于此置广川郡,至北齐废。故城在河北枣强县东北。参阅《通典·州郡八》。卢象《赠广川马先生》:“经书满腹中,吾识广川翁。”

【廣化寺】 寺名,在浙江莆田凤凰山下。唐景龙初赐额“灵台”,柳公权书。周朴有《灵岩广化寺》。

【廣文】 ❶同“廣文先生❶”。杜牧《郑瓘协律》:“广文遗韵留樗散,鸡犬图书共一船。”❷同“廣文先生❷”。张贲《旅泊吴门》:“一舸吴江晚,堪忧病广文。”皮日休《南阳广文欲于荆襄卜居因而有赠》:“地脉从来是福乡,广文高致更无双。”

【廣文先生】 ❶指郑虔。虔天宝九载(750)授广文馆博士,人称“郑广文”。杜甫《醉时歌》:“诸公衮衮登台省,广文先生官独冷。”白居易《春寒》:“君不闻靖节先生尊长空,广文先生饭不足。”❷指张贲。贲大中、咸通间曾官广文馆博士。皮日休有《鲁望示广文先生吴门二章情格高散可醒俗态因追想山中风度次韵属和存于诗编鲁望之命也》。

【廣文南陽先生】 指张贲。贲南阳人,大中、咸通间曾为广文馆博士。皮日休有《江南道中怀茅山广文南阳博士三首》。亦作“廣文南陽博士”。陆龟蒙有《和袭美江南道中怀茅山广文南阳博士三首次韵》。

【廣文南陽博士】 见“廣文南陽先生”。

【廣文博士】 唐代官名,天宝九载于国子监别置广文馆,设博士、助教等职,掌领国子学生修进士业者。参阅《新唐书·百官志三》、五代王定保《唐摭言》。陆龟蒙有《南阳广文博士还雷平后寄》。

【廣石】 巨石。卢纶《奉陪侍中游石笋溪十二韵》:“欹松倚朱槛,广石屯油幕。”

【廣平】 郡名。汉置。北周于郡置洺州。隋废郡存州,又改州为武安郡。唐复置洺州,天宝元年改称广平郡。治所在今河北省永年县。参见《新唐书·地理志三》。李白有《自广平乘醉走马六十里至邯郸登城楼览古书怀》。徐夤有《经故广平员外旧宅》。

【廣平公】 指宋璟。璟为广平人。曾为相,故称。张说有《岳州赠广平公宋大夫》。

【廣平守】 亦作“廣平籍”。见《文选·谢朓〈新亭渚别范零陵〉》。后因以称美善理政事之州郡长官。李白《寄上吴王三首》之三:“英明庐江守,声誉广平籍。”刘禹锡《酬令狐相公季冬南郊宿斋见寄》:“犹怜广平守,寂寞竟何成。”

【廣平員外】 指宋希邈。希邈为广平人,官检校主客员外郎,故称。徐夤有《经故广平员外旧宅》。

【廣平籍】 见“廣平守”。

【廣地】 开拓土地。杜甫《寄题江外草堂》:“诛茅初一亩,广地方连延。”

【廣成】 同“廣成子”。李白《来日大难》:“道重天地,轩师广成。”又《送岑征君归鸣皋山》:“登高览万古,思与广成邻。”

【廣成子】 相传为上古隐士,为黄帝之师。参见《艺文类聚》卷三六引三国魏嵇康《高士传》。陈子昂《蓟丘览古赠卢居士藏用七首·轩辕台》:“尚想广成子,遗迹白云限。”吴筠《高士咏·广成子》:“广成卧云岫,缅邈逾千龄。”卢仝《自咏三首》:“翻悲广成子,闲气说长生。”

【廣州】 州名。秦南海郡地。汉置交州。三国吴分置广州。隋改为番州,寻复为南海郡,唐武德四年复为广州。属岭南道,为岭南节度使治所。参阅《元和郡县志·广州》。杜甫《归雁》:“闻道今春雁,南归自广州。”刘言史《越井台望》:“独立阳台望广州,更添羁客异乡愁。”韩愈《送李翱》:“广州万里途,山重江逶迤。”刘采春《啰唝曲六首》之四:“桐庐人不见,今得广州书。”

【廣池】 犹大池。白居易《春日闲居三首》之二:“广池春水平,群鱼恣游泳。”

【廣$_2$車】 纵横陈列的兵车。见《周礼·春官·车仆》。储光羲《同诸公送李云南伐蛮》:“广车设置梁,太白收光芒。”

【廣利】 ❶宽宏。白居易《德宗皇帝挽歌词四首》之三:“节表中和德,方垂广利恩。”❷指西汉名将李广利。传说其曾以佩刀刺山得泉水。参阅《后汉书·耿恭传》。顾云《天威行》:“耿恭拜出井底水,广利刺开山上泉。”

【廣利大師】 字登封,俗姓吴氏。温州永嘉(今属浙江)人。事迹见《宋高僧传》卷三十。吴融有《送广利大师东归》。崔道融有《山居卧疾广利大师见访》。

【廣利王】 南海海神祝融的封号。唐天宝时,四海并封王,南海神由广州刺史每年立夏日致祀。李群玉有《凉公从叔春祭广利王庙》。

【廣利泉涌】 指汉贰师将军李广利拔佩刀刺山而飞泉涌出之事。见《后汉书·耿恭传》。李瀚《蒙求》:"广利泉涌,王霸冰合。"

【廣庇】 广泛养育。皎然《杂兴六首》之一:"万物资广庇,此中何有情。"

【廣沙】 辽阔的沙漠。许崇《送李左丞巡边》:"风收枯草定,月满广沙闲。"

【廣泛】 犹远航。韩愈《远游联句》:"广泛信缥缈,高行恣浮游。"

【廣長】 (—cháng)犹广大。李涉《春山三朅来》:"都市广长开大铺,疾来求者多相误。"

【廣武】 古城名,故址在今河南荥阳东北广武山上。参阅清顾祖禹《读史方舆纪要·河南二·河阴县》。储光羲《晚次东亭献郑州宋使君文》:"成皋天地险,广武征战场。"李白《登广武古战场怀古》:"伊昔临广武,连兵决雌雄。"岑参《巩北秋兴寄崔明允》:"孤舟向广武,一鸟归成皋。"杨浚有《广武怀古》。

【廣武山】 山名。亦名三皇山。在河南河阴县北(今属荥阳县)。东连荥泽,西接汜水。山上曾筑有东西广武二城,故称广武山。楚汉相争,曾对峙于此。胡曾《咏史诗·广武山》:"仓皇斗智成何语,遗笑当时广武山。"参见"廣武"。

【廣武前語】 指三国魏时,阮籍登广武山,缅怀楚汉之战的往事而发出的感叹。见《三国志·魏志·阮籍传》裴松之注引晋孙盛《魏氏春秋》。韩偓《秋郊闲望有感》:"可怜广武山前语,楚汉宁教作战场。"

【廣武溪】 地名。在东西二广武城之间。亦称广武涧。汴水曾经此东南流,寻即改道,干涸无水。据传刘邦与项羽曾于此隔涧对话。赵嘏《降虏》:"广武溪头降虏稀,一声寒角怨金微。"参见"廣武"。

【廣武廬】 出《文选·何劭〈赠张华〉》。后因以"广武庐"称美名公巨卿的庭园。郑絪《奉和武相公省中宿斋酬李相公见寄》:"高阁安仁省,名园广武庐。"

【廣昌館】 古驿馆名。故址在湖北枣阳县北。见《元和郡县志·随州》。韩愈有《题广昌馆》。

【廣固】 城名。故址在今山东益都西北。见《晋书·地理志下》。城有大涧甚广固,易守御,故名。南燕慕容德曾建都于此。刘裕克广固,灭南燕,毁而改筑东阳城。高适《奉酬睢阳李太守》:"广固才登陟,毗陵忽阻修。"

【廣岸】 犹远岸。杜甫《暮寒》:"雾隐平郊树,风含广岸波。"许棠《日暮江上》:"孤帆收广岸,落照在遥峰。"韦庄《冬日长安感志寄献虢州崔郎中二十韵》:"百口似萍依广岸,一身如燕恋高檐。"

【廣府】 指广州。唐武德四年置广州总管府,七年改总管为大都督。贞观改中都督府。辖广、韶、端等十四州,通称广府。参见《旧唐书·地理志四》。义净有《玄逵律师言离广府还望桂林去留怆然自述赠怀》。

【廣城】 古关名。汉末为镇压黄巾起义军设置的八关之一。故址在今河南汝州。见《后汉书·灵帝纪》。苏味道《始背洛城秋郊瞩目奉怀台中诸侍御》:"山晴关塞断,川暮广城阴。"郑愔《贬降至汝州广城驿》:"曙宫平乐远,秋泽广城寒。"

【廣南】 广州南海郡之省称。唐武德四年置广州总管府。天宝元年,改为南海郡。乾元元年复为广州。参阅《旧唐书·地理志四》。周繇有《送杨环校书归广南》。殷文圭有《寄广南刘仆射》。

【廣柳】 即广柳车。古代载运棺柩的大车。见《史记·季布栾布列传》。温庭筠《病中书怀呈友人》:"顽童逃广柳,羸马卧平芜。"

【廣津】 宽阔的渡口。杨衡《登紫霄峰赠黄仙师》:"浩渺临广津,永用挹无穷。"贾岛《送韩湘》:"挂席从古路,长风起广津。"马戴《送韩校书江西从事》:"夕照临孤馆,朝霞发广津。"

【廣宣】 俗姓廖。交州(今越南河内)人。事迹见《唐诗纪事》卷七二、《唐才子传》卷三。《新唐书·艺文志四》著录《僧广宣与令狐楚唱和》一卷。所作之诗有《红楼集》,皆应制之作。《全唐诗》卷八二二录其诗一卷。

【廣宣上人】 同"廣宣"。段文昌有《还别业寻龙华山寺广宣上人》。

【廣宣供奉】 同"廣宣"。李益有《答广宣问兰陵居》。

【廣眉】 宽阔的眉。岑参《送费子归武昌》:"吾观费子毛骨奇,广眉大口仍赤髭。"

【廣陌】 大路。沈佺期《临高台》:"高台临广陌,车马纷相续。"李观《御沟新柳》:"御沟回广陌,芳柳对行人。"刘禹锡《采菱行》:"家家竹楼临广陌,下有连樯多估客。"许浑《别刘秀才》:"孤帆夜别萧湘雨,广陌春期鄠杜花。"

【廣除】 宽阔的台阶。见《文选·谢惠连〈七月七日夜咏牛女〉》。韦应物《寄冯著》:"思君在何夕,明月照广除。"

【廣狹】 指面积大小。白居易《玩止水》:"广狭八九丈,湾环有涯涘。"方干《路支使小池》:"广狭偶然非制定,犹将方寸像沧溟。"

【廣庭】 广阔的庭院。杜甫《扬旗》:"初筵阅军装,罗列照广庭。"戴叔伦《同兖州张秀才过王侍御参谋宅赋十韵》:"翦竹开广庭,瞻山敞虚牖。"武元衡《中春亭雪夜寄西邻韩李二舍人》:"广庭飞雪对愁人,寒谷由来不悟春。"王邵《冬晚对雪忆胡处士》:"酒空深巷静，积素广庭闲。”

【廣座】 众人聚会的座席。崔沔《奉和圣制同二相已下群官乐游园宴》：“落花飞广座，垂柳拂行觞。”萧颖士《仰答韦司业垂访五首》之一：“高堂列众宾，广庭鸣清弦。”

【廣海】 犹大海。李渤《喜弟淑再至为长歌》：“广海青山殊未足，逢著高楼还醉宿。”殷尧藩《送刘禹锡侍御出刺连州》：“梅花清入罗浮梦，荔子红分广海程。”

【廣宵】 喻指坟墓。见《文选·陆机〈挽歌诗三首〉之三》。孟郊《送陆畅归湖州因凭题故人皎然塔陆羽坟》：“杼山砖塔禅，竟陵广宵翁。”

【廣通上人】 杭州僧。与皎然、权德舆有交往。皎然有《送珍上人还天竺兼寄广通上人秦山人》。权德舆有《赠广通上人》。

【廣陵】 ❶郡名。汉为广陵国，东汉改郡，均治广陵。隋改称扬州，后因避炀帝讳改江都郡。唐天宝元年复名广陵郡。乾元元年复为扬州。属淮南道，置淮南节度使，治所在江都（今江苏扬州市）。参阅《旧唐书·地理志三》。王昌龄《客广陵》：“楼头广陵近，九月在南徐。”韦应物《初发扬子寄元大校书》：“归棹洛阳人，残钟广陵树。”刘商《送薛六暂游扬州》：“广陵行路风尘合，城郭新秋砧杵多。”许浑《汴河亭》：“广陵花盛帝东游，先劈昆仑一派流。”❷琴曲名。《广陵散》之省称。王绩《古意六首》之一：“前弹广陵罢，后以明光续。”沈佺期《霹雳引》：“孰与广陵比，意别鹤俦精而已。”韦庄《赠峨嵋山弹琴李处士》：“广陵故事无人知，古人不说今人疑。”

【廣陵江】 即广陵之曲江，江苏扬州南长江的一段。见《初学记》卷六。万齐融《送陈七还广陵》：“海潮与春梦，朝夕广陵江。”

【廣陵春】 扬州之春景。许棠《讲德陈情上淮南李仆射八首》之四：“夜宴独吟梁苑月，朝游重见广陵春。”方干《送江阴霍明府之任》：“虹分阳羡雨，浪隔广陵春。”亦借指美好的春光。李商隐《定子》：“檀槽一抹广陵春，定子初开睡脸新。”赵嘏《陪崔璞侍御和崔玭春日有怀》：“诗家本多感，况值广陵春。”

【廣陵城】 即扬州城。白居易《洛下送牛相公出镇淮南》：“坐移丞相阁，春入广陵城。”陆畅《赠贺若少府》：“十日广陵城里住，听君花下抚金徽。”徐铉《登甘露寺北望》：“芳草远迷扬子渡，宿烟深映广陵城。”

【廣陵客】 代指琴师。李颀《琴歌》：“主人有酒欢今夕，请奏鸣琴广陵客。”

【廣陵郡】 即扬州。刘禹锡《晚步扬子游南塘望沙尾》：“客游广陵郡，晚出临江城。”参见“廣陵❶”。

【廣陵散】 （散 sǎn）古琴曲名。见《世说新语·雅量》。后因以“广陵散”指曲中绝唱。李白《忆崔郎唐中宗之游南阳遗吾孔子琴抚之潸然感旧》：“谁传广陵散，但哭邙山骨。”陈存《楚州赠别周愿侍御》：“淮南木叶飞，夜闻广陵散。”陆龟蒙《添酒中六咏·酒杯》：“一弄广陵散，又裁绝交书。”

【廣陵潮】 见“廣陵濤”。

【廣陵濤】 亦作“廣陵潮”。见汉枚乘《七发》。后遂以“广陵涛”“广陵潮”称广陵（今扬州）曲江潮。汉时其势浩大，甚为壮观。尔后势渐消，唐大历后即不复见。李白《送当涂赵少府赴长芦》：“因夸楚太子，便睹广陵涛。”贾岛《送路》：“从军当此去，风起广陵涛。”孔德绍《送蔡君知入蜀二首》之二：“乘槎若有便，希泛广陵潮。”

【廣都】 县名。汉置，属蜀郡。三国时与新都、成都并称三都。隋避杨广（炀帝）讳，改为双流。唐分双流县部分地区复置广都县，属成都府。参阅《元和郡县志·广都县》。罗隐《送姚安之赴任秋浦》：“江夏黄童徒逞辩，广都庞令恐非才。”又《湖上岁暮感怀有寄友人》：“唯有广都庞令在，白头樽酒忆交亲。”

【廣席】 众多的座席。韦嗣立《酬崔光禄冬日述怀赠答》：“鹦杯飞广席，兽火列前楹。”

【廣宴】 盛大的宴会。元稹《何满子歌》：“广宴江亭为我开，红妆逼坐花枝暖。”吴融《和集贤相公西溪侍宴观竞渡》：“昼花铺广宴，晴电闪飞桡。”

【廣莫】 ❶即广莫风。八风之一，即北风。见《文选·木华〈海赋〉》。孟郊《北郭贫居》：“进乏广莫力，退为蒙笼居。”❷指广莫之野。见《庄子·逍遥游》。陆龟蒙《奉和袭美酒中十咏·酒乡》：“广莫是邻封，华胥为附丽。”

【廣陽公】 徐商。段成式《和周繇见嘲》，一作《和周为宪广阳公宴见嘲诗》。“周繇”当作“元繇”。“周为宪”当作“元为宪”。“广阳公”当作“襄阳公”。襄阳公，指徐商。徐商大中十年（856）至咸通元年（860）为襄州刺史，见《唐刺史考全编》。

【廣陽城】 地名。故址在今陕西西安市临潼区北。北魏景明元年置。隋改称万年。唐初更名栎阳，属雍州。参见《嘉庆重修一统志》。陈子昂《落第西还别刘祭酒高明府》：“地连函谷塞，川接广阳城。”

【廣崇】 大加推崇。钱镠《造寺保民》：“广崇至道尊三教，盖为生灵奉圣容。”

【廣貪】 犹多贪。无名氏《五言白话诗》之三（外编下）：“广贪长命财，缠绳短命鬼。”无名氏《五言诗》之四（外编下）：“广贪长命财，身当短命死。”

【廣$_2$袤】 ❶宽广，指面积。见《资治通鉴·周赧王二年》。白居易《盘石铭》：“客从山来，遗我盘石，圆平滑腻，广袤六尺。”❷开阔。陆龟蒙《奉和袭美太湖诗二十首·石板》:"又疑广袤次,零落潜惊奔。"

【廣張】 ❶广泛张设;广泛张挂。李白《梁甫吟》:"广张三千六百钓,风期暗与文王亲。"高骈《叹征人》:"力尽路傍行不得,广张红旆是何人?"❷大肆宣扬。韩愈《华山女》:"广张罪福资诱胁,听众狎恰排浮萍。"

【廣場】 (—chǎng)广阔的场地。王建《田侍郎归镇》:"广场破阵乐初休,彩纛高于百尺楼。"刘言史《观绳伎》:"广场寒食风日好,百夫伐鼓锦臂新。"徐夤《笋鞭》:"须向广场驱驵骏,莫从闲处挞驽骀。"亦指人多的场合。李山甫《寒食二首》之二:"绣袍驰马拾遗翠,锦袖斗鸡喧广场。"

【廣裁】 谓以宽幅裁剪,无须拼接。白居易《新乐府·缭绫》:"广裁衫袖长制裙,金斗熨波刀剪纹。"

【廣達樓】 楼名。故址在唐东都(今河南洛阳)宫城内。开元二十四年,唐玄宗在东都,千秋节于广达楼宴群臣。见《河南志》注。苏颋有《广达楼下夜侍酺宴应制》。

【廣敞】 犹宽敞。杜牧《雪中书怀》:"明庭开广敞,才隽受羁维。"

【廣雲披日】 谓推开云雾露出天日,以重见光明。陆龟蒙《中元夜寄道侣二首》之二:"广云披日君应近,倒影裁花我尚疏。"

【廣智】 广博的知识。杜光庭《纪道德》:"有皓齿青娥者为伐命之斧,蕴奇谋广智者为盗国之贼。"

【廣渡】 佛教语。谓广泛渡人于彼岸。李德裕《赠奉律上人》:"知君学地厌多闻,广渡群生出世氛。"

【廣寒】 ❶即广寒宫。李中《春日招宋维先辈》:"为报广寒攀桂客,莫辞相访共衔杯。"❷道家谓北方仙宫。见《黄庭内景经·口为》。陆龟蒙《上元日道室焚修寄袭美》:"三清今日聚灵官,玉刺齐抽谒广寒。"吕岩《渔父词一十八首·初九》:"三田宝,镇长存,赤帝分明坐广寒。"

【廣寒宮】 月中仙宫名。传说唐玄宗曾于八月望日游月中,见一大宫府,榜曰:"广寒清虚之府。"见柳宗元《龙城录》。后因以"广寒宫"为月中仙宫。鲍溶《宿水亭》:"夜深星月伴芙蓉,如在广寒宫里宿。"陆龟蒙《秋赋有期因寄袭美》:"广寒宫树枝多少,风送高低便可攀。"

【廣费】 犹言所费甚多。李白《赠友人三首》之三:"立产如广费,匡君怀长策。"

【廣路】 宽阔的道路。柳宗元《商山临路有孤松感而赋诗》:"孤松停翠盖,托根临广路。"

【廣筵】 盛大筵席。韦应物《滁州园池燕元氏亲属》:"水门架危阁,竹亭列广筵。"又《送雷监赴阙庭》:"广筵列众宾,送爵无停迁。"薛据《古兴》:"归来宴高堂,广筵罗八珍。"参见"廣宴"。

【廣愛寺】 在唐东都洛阳,释从谏持锡于此。参见宋赞宁《宋高僧传·从谏传》。净显有《题广爱寺楞伽山》。

【廣厦】 高大的房屋。杜甫《茅屋为秋风所破歌》:"安得广厦千万间,大庇天下寒士俱欢颜。"薛据《怀哉行》:"明时无废人,广厦无弃材。"李建勋《归燕词》:"广厦来应遍,深宫去不疑。"

【廣溪峡】 即瞿塘峡。见北魏郦道元《水经注·江水一》。杨炯《广溪峡》:"广溪三峡首,旷望兼川陆。"

【廣福巖】 广西阳朔著名岩洞。见嘉庆《广西通志》。曹邺有《题广福岩》。

【廣福院】 寺院名,在福建闽侯之雪峰,咸通十一年义存创建,后赐名应天雪峰禅院。参见宋赞宁《宋高僧传·义存传》。今名"雪峰崇圣禅寺"。现存庙宇多为清光绪间重建。为福州五大禅寺之一。章孝标有《西山广福院》。

【廣運】 广大深远。见《书·大禹谟》。李义府《在嶲州遥叙封禅》:"帝猷符广运,玄范畅文思。"王维《送秘书晁监还日本国》序:"乾元广运,涵育无垠。"

【廣運門】 唐京都宫城之门。西京广运门在承天门西、永安门东。参阅清徐松《唐两京城坊考》。令狐楚《皇城中花园讥刘白赏春不及》:"洛阳才子何曾爱,下马贪趋广运门。"

【廣運舞】 唐宗庙曲名。见《旧唐书·音乐志一》。郭子仪有《郊庙歌辞·享太庙乐章·广运舞》。

【廣殿】 高大的殿堂。陆龟蒙《奉和袭美太湖诗二十首·太湖石》:"或裁基栋宇,礧砢成广殿。"花蕊夫人《宫词》之二:"会真广殿约宫墙,楼阁相扶倚太阳。"

【廣幕】 宽大的帷幕。无名氏《奉和咏雪应制》(外编下):"寒云垂广幕,飘霰下天津。"

【廣漠】 ❶大漠;辽阔的沙漠。李端《度关山》:"危楼缘广漠,古窦傍长城。"马戴《塞下曲二首》之二:"广漠云凝惨,日斜飞霰生。"❷辽阔空旷。许棠《边城晚望》:"广漠杳无穷,孤城四面空。"

【廣漢】 ❶指汉水。见《诗·周南·汉广》。李白《献从叔当涂宰阳冰》:"广汉水万里,长流玉琴声。"耿湋《送郭正字归郢上》:"大堤逢落日,广汉望通津。"李咸用《和人湘中作》:"不及东流趋广汉,臣心日夜与天长。"❷郡名。汉置,隋废。唐垂拱二年改置汉州。故城在今四川广汉市北。参阅《元和郡县志·汉州》。薛能有《自广汉游三学山》。❸人名。即汉赵广汉。李瀚《蒙求》:"广汉钩距,弘羊心计。"见《汉书·赵广汉传》。

【廣漢鉤距】 指汉宣帝朝，郡守赵广汉，精于吏治，善钩距事。见《汉书·赵广汉传》。李瀚《蒙求》："广汉钩距，弘羊心计。"

【廣墠】 开阔的平地。埤，平地。陆龟蒙《奉和袭美太湖诗二十首·缥缈峰》："高帆大于鸟，广埤才类蚁。"

【廣₂輪】 犹广袤。指土地面积。见《周礼·地官·大司徒》。李华《云母泉诗》序："自墨山西北至石门，东南至东陵，广轮二十里，尽生云母。"柳宗元《唐铙歌鼓吹曲十二篇·东蛮第十二》："广轮抚四海，浩浩知皇风。"

【廣德】 ❶盛大之德。见《老子》。杜牧《咏歌圣德远怀天宝因题关亭长句四韵》："广德者强朝万国，用贤无敌是长城。"❷县名。属安徽省。东晋末属丹阳郡。参见《旧唐书·地理志三》。李白《送韩侍御之广德尉》。韦应物有《送五经赵随登科授广德尉》。喻凫有《广德官舍二松》。❸年号。唐代宗李豫。公元763—764年。韦应物有《广德中洛阳作》。❹人名。即汉薛广德。李瀚《蒙求》："广德从桥，君章拒猎。"见《汉书·薛广德传》。

【廣德寺】 在襄阳城西隆中书院旁。今寺系明景泰年间重建。张籍有《宿广德寺寄从舅》。

【廣德從橋】 指汉御史大夫薛广德为了安全，强谏皇帝不要乘船而走桥之事。见《汉书·薛广德传》。李瀚《蒙求》："广德从桥，君章拒猎。"

【廣慶寺】 亦称峡山古寺。在广东清运市清远峡(即飞来峡)后。初名正德寺。唐称禅居寺、广陵寺、广庆寺。传说该寺于风雨之夜飞来此处，故亦称飞来寺。李翱有《广庆寺》。

【廣練被】 加宽的绢被。见《白氏六帖事类集》卷四。后因以"广练被"喻广交贤才。卢纶《宴赵氏昆季书院因与会文并率尔投赠》："仍闻广练被，更有远儒过。"

【廣樂】 (—yuè)盛大之乐。多指仙乐。见《史记》。太宗《春日玄武门宴群臣》："娱宾歌湛露，广乐奏钧天。"张说《三月三日定昆池奉和萧令得潭字韵》："广乐逶迤天上下，仙舟摇衍镜中酣。"王维《奉和圣制十五夜然灯继以酺宴应制》："九衢陈广乐，百福透名香。"刘禹锡《有僧言罗浮事因为诗以写之》："又如广乐奏，金石含悲辛。"

【廣澤】 大泽。谓广大之湖泊。许彬《归山夜发湖中》："广泽去无边，夜程风信偏。"

【廣黛】 犹广眉。宽阔的画眉。黛，古代女子用以画眉的颜料。见《后汉书·马廖传》。后因以"广黛"指化妆。法宣《和赵王观妓》："城中画广黛，宫里束纤腰。"

【廣濟大師】 僧人。为西川坛长。齐己有《寄哭西川坛长广济大师》。

【廣闊】 广大辽阔。吕岩《鄂渚悟道歌》："一翥上朝归碧落，碧落广阔无东西。"

【廣₂隰】 空旷低湿之地。太宗《冬狩》："霜浓凝广隰，冰厚结清流。"

【廣謫仙怨】 词牌名。安史乱中，唐玄宗入蜀，因伤马嵬之事，吹笛成曲，名为《谪仙怨》。后刘长卿依韵作词，六言律体八句，四十八字，平韵。窦弘余以刘长卿之辞，未知本事。乃按其律作《广谪仙怨》，咏贵妃事，以详其意。康骈继而再作《广谪仙怨》，更广其辞，述唐玄宗思贤之意。句律均同。

【廣額】 宽阔的额头。王翰《观蛮童为伎之作》："长裙锦带还留客，广额青娥亦效颦。"

【廣騷】 篇名。汉扬雄为悼念屈原，依《离骚》原意而作。现已亡佚。张祜《陪楚州韦舍人北间门游宴》："北阙承优话，南方续广骚。"

廙 〔yì《广韵》羊吏切，去志，以。又與職切，入職，以。〕人名用字。见《说文·广部》。温庭筠《寄分司元庶子兼呈元处士》："刘公春尽芜菁色，华廙愁深苜蓿花。"华廙，晋惠帝时尚书令，《晋书》有传。

廖¹ 〔liào《广韵》力救切，去宥，來。《集韵》力弔切，去嘯，來。〕姓。唐代有廖有方。《全唐诗》卷四九〇录其诗一首。

廖² 〔liáo《广韵》落蕭切，平蕭，來。〕人名用字。李贺《自昌谷到洛后门》："东家名廖者，乡曲传姓辛。"

【廖王墓】 廖立墓之讹。廖立，字公渊。武陵临沅(今湖南常德)人。年未三十，擢为长沙太守。事迹见《三国志·蜀志》本传。刘禹锡《晚岁登武陵城顾望水陆怅然有作》："华表廖王墓，菜地黄琼家。"

【廖有方】 及第后改名游卿。交州(今越南河内)人。李逢吉知举，方及第。授秘书省校书郎。柳宗元谪永州，致书请宗元为序，宗元以序送之，称其"为唐诗有大雅之道。"《全唐诗》卷四九〇录其诗一首。

【廖匡圖】 名或作光图、正图、图，皆宋人避讳而改。字赞禹。虔州赣(今江西赣州)人，事迹见《五代史补》卷四。陆游《南唐书·艺文志四》总集类著录其《廖氏家集》一卷。《崇文总目》卷五著录其别集二卷，《宋史·艺文志七》同。《直斋书录解题》卷十九著录为一卷。《全唐诗》卷七四〇录其诗四首。

【廖處士】 (處 chǔ)指廖融。张观有《过衡山曾廖处士》。

【廖參謀】 名未详。曾为僧，后还俗。大和九年

(835),在淮南节度使参谋任。刘禹锡有《酬淮南廖参谋秋夕见过之作》,又有《送廖参谋东游二首》。

【廖凝】 字熙绩。虔州赣(今江西赣州)人。匡图之弟。事迹见《五代史补》卷四、《十国春秋》本传。《崇文总目》卷五、《宋史·艺文志七》并著录其诗集七卷。《全唐诗》卷七四〇录其诗三首。

【廖融】 字元素。当为匡图家族成员,同入湖南投楚王马殷。事迹见《十国春秋》本传。《崇文总目》卷五、《宋史·艺文志七》并著录其诗集二卷。《全唐诗》卷七六二录其诗七首。

十二画

廚 〔chú《广韵》直誅切,平虞,澄。〕❶厨房。《说文·广部》:"厨,庖屋也。"王维《郑果州相过》:"中厨办粗饭,当恕阮家贫。"韩愈《嗟哉董生行》:"入厨具甘旨,上堂问起居。"白居易《答谢家最小偏怜女》:"雨荒春圃唯生草,雪压朝厨未有烟。"李郢《浙河馆》:"雨湿菰蒲斜日明,茅厨煮茧掉车声。"❷烹饪;烹调。杜甫《严公仲夏枉驾草堂兼携酒馔》:"竹里行厨洗玉盘,花边立马簇金鞍。"刘禹锡《历阳书事七十韵》:"出祖千夫拥,行厨五熟烹。"亦指办伙食的官。元稹《酬乐天东南行诗一百韵》:"科试铨衡局,衙参典校厨。"❸肴馔。王湾《丽正殿赐宴同勒天前烟年四韵应制》:"院逼青霄路,厨和紫禁烟。"杜甫《郑典设自施州归》:"敕厨倍常羞,杯盘颇狼藉。"孙元晏《咏史诗·晋·庾悦鹅炙》:"庾家厨盛刘公困,浑弗相贻也恼人。"❹同"橱"。箱柜。王维《春过贺遂员外药园》:"画畏开厨走,来蒙倒屣迎。"温庭筠《病中书怀呈友人》:"内史书千卷,将军画一厨。"

【廚人】 厨师。孟浩然《裴司士员司户见寻》:"厨人具鸡黍,稚子摘杨梅。"玄宗《端午三殿宴群臣探得神字》序:"厨人尝散热之馔,酒正行逃暑之饮。"杜甫《山馆》:"山鬼吹灯灭,厨人语夜阑。"

【廚下】 厨房。王建《新嫁娘词三首》之三:"三日入厨下,洗手作羹汤。"

【廚冷】 谓厨中断炊。白居易《酬梦得贫居咏怀见赠》:"厨冷难留乌止屋,门闲可与雀张罗。"

【廚庖】 指肴馔。长孙佐辅《山行书事》:"翁喜客来至,客业羞厨庖。"

【廚烟】 厨房之炊烟。岑参《汉上题韦氏庄》:"水痕侵岸柳,山翠借厨烟。"钱起《过山人所居因寄诸补遗》:"厨烟住峭壁,酒气出重林。"贾岛《清明日园林寄友人》:"晴风吹柳絮,新火起厨烟。"庄南杰《晓歌》:"九土厨烟满城邑,商洛陇头车马急。"

【廚頭】 主管厨师之谑称。语本《晋书·阮籍传》。李商隐《乱石》:"不须并碍东西路,哭杀厨头阮步兵。"

【廚船】 即炊事船。专供膳食。花蕊夫人《宫词》:"厨船进食簇时新,侍宴无非列近臣。"

【廚膳】 饭菜。岑参《和刑部成员外秋夜寓直寄台省知己》:"时衣天子赐,厨膳大官调。"

【廚廩】 厨房与仓廪。王季友《寄韦子春》:"雀鼠昼夜无,知我厨廪贫。"

【廚簏】 书柜和书簏。簏,竹箱。皮日休《吴中苦雨因书一百韵寄鲁望》:"注欲透承尘,湿难庇厨簏。"又《秋晚访李处士所居》:"书阁鼠穿厨簏破,竹园霜后桔槔闲。"

【廚竈】 厨中炉灶。李白《玉真公主别馆苦雨赠卫尉张卿二首》之二:"厨灶无青烟,刀机生绿藓。"

【廚爨】 厨房烧火做饭。张乔《隐岩陪郑少师夜坐》:"砚磨清涧石,厨爨白云樵。"

廝 〔sī《广韵》息移切,平支,心。〕古代对服杂役者的蔑称。《玉篇·广部》:"厮,贱也。"郑嵎《津阳门诗》:"马知舞彻下床榻,人惜曲终更羽衣。"自注:"其马尚为怒未妍妙,因更奋击宛转,曲尽其态,厮恐,以告。承嗣以为妖,遂戮之,而舞马自此绝矣。"见"廝養"。

【廝養】 犹仆役。杜甫《韦讽录事宅观曹将军画马图》:"霜蹄蹴踏长楸间,马官厮养森成列。"又《过南岳入洞庭湖》:"才淑随厮养,名贤隐锻炉。"李商隐《行次西郊作一百韵》:"使典作尚书,厮养为将军。"

【廝養卒】 干杂务劳役的士兵。见《史记·张耳陈余列传》。李白有《邯郸才人嫁为厮养卒妇》。

廟 〔miào《广韵》眉召切,去笑,明。〕❶宗庙,供奉先祖牌位以祭祀的建筑。见《说文·广部》。杜甫《奉送郭中丞兼太仆卿充陇右节度使三十韵》:"毁庙天飞雨,焚宫火彻明。"李贺《客游》:"四时别家庙,三年去乡国。"郭良骥《邺中行》:"年去年来秋更春,魏家园庙已成尘。"潘滔《文斤山》:"邑人祈祷清庙中,神工应化无不通。"❷供奉历史传说人物的建筑。杜甫《禹庙》:"禹庙空山里,秋风落日斜。"卢纶《题伯夷庙》:"中条山下黄礓石,垒作夷齐庙里神。"白居易《杭州春望》:"涛声夜入伍员庙,柳色春藏苏小家。"皮日休《泰伯庙》:"一庙争祠两让君,几千年后转清芬。"❸供奉神佛的寺院。杜甫《八哀诗·赠秘书监江夏李公邕》:"龙宫塔庙涌,浩劫浮云卫。"张祜《题招隐寺》:"千年戴颙宅,佛庙此崇修。"刘沧《题敬亭山庙》:"云雨只从山上起,风雷多向庙中来。"❹祭祖。见《吕氏春秋·季春纪》。杜甫《往在》:"前春礼郊庙,祀事亲圣躬。"柳宗元《奉平淮夷雅表·皇武》:"宜庙宜郊,以告德音。"❺朝廷之代称。见"廟略”“廟算”。

【廟令】　主管神庙的小官。见《旧唐书·职官志三》。韩愈《谒衡岳庙遂宿岳寺题门楼》：“庙令老人识神意，睢盱侦伺能鞠躬。”

【廟社】　宗庙和社稷。亦用以指朝廷。韩愈《元和圣德诗》：“来献阙下，以告庙社。”

【廟食】　谓死后配享于庙，接受祭飨。杜甫《别张十三封建》：“宗臣则庙食，后祀何疏芜。”李瀚《蒙求》：“梁竦庙食，赵温雄飞。”

【廟庭】　宗庙；神庙。孟简《享惠昭太子庙乐章》：“缑山遗响昔所闻，庙庭进旅今攸设。”王周《巫庙》：“鸦鸦尔何物，飞飞来庙庭。”

【廟院】　寺院。郑谷《同志顾云下第出京偶有寄勉》：“吟聒暮莺归庙院，睡消迟日寄僧家。”

【廟基】　庙庭之基址。郭周藩《谭子池》：“此有黄金藏，镇在兹庙基。”

【廟堂】　❶太庙明堂。古代帝王明政教、朝诸侯、祀神灵之处。见《楚辞·刘向〈九叹·逢纷〉》。王绩《古意六首》之二：“丰骨输庙堂，鲜腴藉笾簋。”柳宗元《龟背戏》：“庙堂巾笥非余慕，钱刀儿女徒纷纷。”❷朝堂。指人君接受朝见，议论政事之殿堂。宋璟《奉和圣制送张说巡边》：“迟还庙堂坐，赠别故人情。”储光羲《同诸公送李云南伐蛮》：“囊括千万里，矢谟在庙堂。”元稹《酬翰林白学士代书一百韵》：“庙堂虽稷契，城社有狐狸。”贯休《上卢使君》：“夔龙在庙堂，虽然有佥议。”❸朝廷。指帝王领导的中央政府。苏颋《奉和圣制幸望春宫送朔方大总管张仁亶》：“老臣帷幄算，元宰庙堂中。”岑参《苗侍中挽歌二首》之二：“平生门下客，继美庙堂中。”刘叉《雪车》：“庙堂食禄不自惭，我为斯民叹息还叹息。”杜牧《东兵长句十韵》：“屈指庙堂无失策，垂衣尧舜待升平。”❹帝王之代称。王昌龄《宿灞上寄侍御玙弟》：“诸将多失律，庙堂始追悔。”杜甫《上韦左相二十韵》：“庙堂知至理，风俗尽还淳。”韩愈《荐士》：“庙堂有贤相，爱遇均覆焘。”徐夤《献内翰杨侍郎》：“莫拟吟云避荣贵，庙堂玉铉待盐梅。”❺庙宇。薛能《送崔学士赴东川》：“唯有夜樽欢莫厌，庙堂他日少闲游。”

【廟堂略】　同“廟略”。陈陶《赠江西周大夫》：“恭闻庙堂略，欲断匈奴臂。”

【廟堂策】　亦省作“廟策”。朝廷的谋略。李峤《奉使筑朔方六州城率尔而作》：“顾无庙堂策，贻此中夏殃。”徐彦伯《奉和送金城公主适西蕃应制》：“羌庭遥筑馆，庙策重和亲。”

【廟堂碑】　即《孔子庙堂碑》。唐代碑刻。武德九年虞世南撰文并书，记述孔子后裔孔德伦重修孔庙事。参阅《金石粹编》卷四一。贾耽《赋虞书歌》：“须知孔子庙堂碑，便是青箱中至宝。”

【廟堂器】　亦省作“廟器”。陈列于庙堂中的礼器。借喻有治国之才。李白《赠华州王司士》：“知君先负庙堂器，今日还须赠宝刀。”李贺《唐儿歌》：“骨重神寒天庙器，一双瞳人剪秋水。”

【廟略】　朝廷对国家大事的谋略。杨炯《送刘校书从军》：“坐谋资庙略，飞檄伫文雄。”李白《在水军宴赠幕府诸侍御》：“英王受庙略，秉钺清南边。”柳宗元《寄韦珩》：“神兵庙略频破虏，四溟不日清风涛。”赵嘏《献淮南李相公》：“傅岩高静见台星，庙略当时讨不庭。”

【廟祭】　立庙祭祀。韩愈《丰陵行》：“墓藏庙祭不可乱，欲言非职知何如。”

【廟策】　见“廟堂策”。

【廟鼓】　寺庙之鼓声。张蠙《送友人归武陵》：“戍旗招海客，庙鼓集江鸦。”

【廟鼎】　太庙之鼎。鼎，传国之重器。韩愈《荐士》：“鲁侯国至小，庙鼎犹纳郜。”

【廟賢】　朝廷之贤臣。李忱《重阳镇锡宴群臣》：“款塞旋征骑，和戎委庙贤。”

【廟算】　朝廷对军事的谋划。见《孙子·计》。张九龄《奉和圣制送尚书燕国公赴朔方》：“宗臣事有征，庙算在休兵。”高适《同李员外贺哥舒大夫破九曲之作》：“解围凭庙算，止杀报君恩。”韩愈、李正封《晚秋郾城夜会联句》：“军门宣一令，庙算建三略。”胡曾《咏史诗·圯桥》：“庙算张良独有余，少年逃难下邳初。”

【廟貌】　出《诗·周颂·清庙序》。后因称庙宇及神像为庙貌。《郊庙歌辞·周宗庙乐舞辞·肃顺》：“仰瞻庙貌，夙设宫悬。”崔邠《享文敬太子庙乐章》：“方崇庙貌礼，永被君恩锡。”王周《巫庙》：“神仙宅幽邃，庙貌横杳冥。”

【廟樂】　(—yuè)宗庙音乐，多用于祭祀或颂德。元稹《和李校书新题乐府十二首·立部伎》：“太宗庙乐传子孙，取类群凶阵初破。”

【廟壇】　庙，诸神庙；坛，土筑高台以为祭天地之所。杜仁杰《至真观》：“神有岳，山有峤，粤庙坛，稽道妙。”

【廟器】　见“廟堂器”。

【廟謀】　朝廷对国事的计谋、策划。崔日用《奉和圣制送张说巡边》：“庙谋能允迪，韬略又纵横。”杜甫《白水县崔少府十九翁高斋三十韵》：“猛将纷填委，庙谋蓄长策。”权德舆《奉和刘侍郎司徒奉诏伐叛书情呈宰相》：“缘情词律外，宣力庙谋中。”刘得仁《马上别单于刘评事》：“庙谋宏远人难测，公主生还帝感深。”

【廟齋】　朝堂旁的房舍。李吉甫《癸巳岁中书后阁宿营庙叙怀奉寄相公兼呈集贤院诸学士》:“庙斋兢永夕,书府会群仙。”

【廟謨】 犹庙谋。郎士元《奉和杜相公益昌路作》:“已见庙谟能喻蜀,新文更喜报金华。”元稹《连昌宫词》:“庙谟颠倒四海摇,五十年来作疮痍。”白居易《和微之春日投简阳明洞天五十韵》:“庙谟藏稷契,兵略贮孙吴。”姚鹄《襄州献卢尚书》:“藩臣皆竞师兵略,相国今多揖庙谟。”

【廟靈】 宗庙之威灵。郑谷《回銮》:“庙灵安国步,日角动天颜。”

廠 〔chǎng《广韵》昌兩切,上養,昌。又尺亮切,去漾,昌。〕犹棚舍。《广韵》:“厂,露舍。”《集韵》:“厂,屋无壁也。”韩偓《南安寓止》:“此地三年偶寄家,枳篱茅厂共桑麻。”

廛 〔chán《广韵》直連切,平仙,澄。〕❶古代城市平民一家所居之地。《说文·广部》:“廛,一亩半,一家之居。”储光羲《荥阳马氏二子》:“待至金园侧,相将居一廛”。于濆《山村叟》:“古凿岩居人,一廛称有产。”❷泛指一块土地。于濆《拟古讽》:“南亩无一廛,东园有余地。”❸指城邑中的房屋。见《周礼·地官·载师》。王勃《寻道观》:“芝廛光分野,蓬阙盛规模。”❹市中储藏、堆积和出售货物的地方。见《礼记·王制》。元稹《后湖》:“岁稔民四至,隘廛亦隘衢。”❺古代一夫所耕,即百亩。见《周礼·地官·遂人》。顾况《上古之什补亡训传·上古一章》:“一廛亦官,百廛亦官,啬夫孔艰。”

【廛市】 市廛。商店集中的处所。孙逖《登越州城》:“封圻沧海合,廛市碧湖明。”吕岩《七言》之六一:“每于廛市无人识,长到山中有鹤行。”

【廛陌】 市肆街道。王无竞《驾幸长安奉使先往检察》:“轮袂交隐隐,廛陌满熙熙。”

【廛閈】 犹廛里,城镇居民住宅区。见《文选·鲍照〈芜城赋〉》。窦庠《东都嘉量亭献留守韩仆射》:“廛闬高低尽,山河表里穷。”

廡 〔wǔ《广韵》文甫切,上麌,微。〕❶堂下周围的屋子。刘禹锡《国学新修五经壁歌》:“堂皇靓深,两庑相照。”❷泛指房屋。《广雅·释宫》:“庑,舍也。”李吉甫《夏夜北园即事寄门下武相公》:“避暑依南庑,追凉在北轩。”元稹《苦雨》:“凌晨坐堂庑,努力泥中趋。”齐己《荆州新秋病起杂题一十五首·病起见苔色》:“浅深围柱础,诘曲绕廊庑。”❸廊,走廊。李颀《光上座廊下众山五韵》:“名岳在庑下,吾师居一床。”刘禹锡《百花行》:“满庭荡魂魄,照庑成丹渥。”皮日休《太湖诗·游毛公坛》:“却上南山路,松行俨如庑。”

廞 〔xīn《广韵》許金切,平侵,曉。又許錦切,上寢,曉。〕陈设。见《说文·广部》。见“廞衣”。

【廞衣】 指葬前一日及葬日陈于祖庙及墓道而藏于椁中之衣服。见《周礼·春官·司服》。权德舆《大行皇太后挽歌词三首》之一:“殿帐金根出,廞衣玉座空。”

廢 〔fèi《广韵》方肺切,去廢,非。〕❶倾圮;坍塌。见《说文·广部》。杜甫《木皮岭》:“高有废阁道,摧折如短辕。”耿湋《登乐游原》:“园庙何年废,登临有故丘。”林宽《寄省中知己》:“怪木风吹阁,废巢时落新。”钱珝《江行无题一百首》之四:“只今谁善舞,莫恨废章台。”❷荒废。荒芜。孟浩然《题长安主人壁》:“久废南山田,叨陪东阁贤。”白居易《东南行一百韵》:“渭北田园废,江西岁月徂。”司马扎《锄草怨》:“罢锄田又废,恋乡不忍逃。”杜荀鹤《山中寡妇》:“桑柘废来犹纳税,田园荒后尚征苗。”❸败坏,衰落。见《吕氏春秋·壹行》。元结《游石溪示学者》:“今谁不务武,儒雅道将废。”韩愈《落齿》:“语讹默固好,嚼废软还美。”孙郃《古意二首》之一:“道废固命也,瓢饮亦贤哉!”黄滔《延福里居和林宽何绍余酬寄》:“高情未以干时废,属和因知兴不穷。”❹旷废;解怠。岑参《郡斋闲坐》:“顷来废章句,终日披案牍。”刘长卿《偶然作》:“书剑身同废,烟霞吏共闲。”吕温《衡州送李十一兵曹赴浙东》:“文学已久废,循良非所任。”白居易《赠樊著作》:“君为著作郎,职废志空存。虽有良史才,直笔无所申。”❺破灭;覆灭。《玉篇·广部》:“废,灭也。”太宗《执契静三边》:“翦暴兴先废,除凶存昔亡。”李岑《玄元皇帝应见贺圣祚无疆》:“大同齐日月,兴废应乾坤。”❻废弃;废除。孟浩然《仲夏归汉南园寄京邑耆旧》:“中年废丘壑,上国旅风尘。”孟云卿《田园观雨兼晴后作》:“五行孰堪废,万物当及时。”窦常《项亭怀古》:“汉家神器在,须废拔山功。”姚合《成名留别从兄》:“一辞山舍废躬耕,无事悠悠在帝城。”❼放置,搁置。《尔雅·释诂下》:“废,舍也。”郭璞注:“舍,放置。”杜甫《晚晴吴郎见过北舍》:“圃畦新雨润,愧子废锄来。”孟郊《赠姚怤别》:“美人废琴瑟,不是无巧弹。”张籍《哭于鹄》:“耕者废其耜,爨者绝其薪。”❽停止;中止。《尔雅·释诂下》:“废,止也。”杜甫《戏为六绝句》之二:“尔曹身与名俱灭,不废江河万古流。”张继《送邹判官往陈留》:“女停襄邑杼,农废汶阳耕。”白居易《宿湖中》:“幸无案牍何妨醉,纵有笙歌不废吟。”陆龟蒙《奉和袭美添具五篇·蓑衣》:“山前度微雨,不废小涧渔。”❾失去作用;无用。杜甫《客居》:“卧愁病脚废,徐步视小园。”贾岛《送令狐绹相公》:“罢耕田料废,省钓岸应榛。”白居易《新乐府·新丰折臂翁》："此臂折来六十年，一肢虽废一身全。"❿放逐。见"廢逐"。⓫废黜；黜免。元结《乱风诗五篇·至惑》："废嫡立庶，忍为祸谟。"卢纶《冬日登城楼有怀因赠程腾》："穷达皆为身外名，公侯可废刀头取。"⓬贻误；浪费。顾况《燕于巢一章》："惠此蒸人，毋废尔事。"齐己《和郑谷郎中看棋》："樵夫可能解，也此废光阴。"⓭犹"退"。《玉篇·广部》："废，退也。"韩愈《人日城南登高》："圣朝身不废，佳节古所用。"

【廢人】　无用之人。薛据《怀哉行》："明时无废人，广厦无弃材。"

【廢土】　抛荒之土地。熊皎《句》："废土有人耕不畏，古厅无讼醉何妨。"

【廢王】　(—wàng)盛衰。王，通"旺"。元稹《景申秋八首》之五："三元推废王，九曜入乘除。"

【廢井】　弃置不用之井。李白《姑孰十咏·谢公宅》："荒庭衰草遍，废井苍苔积。"贾岛《戏赠友人》："一日不作诗，心源如废井。"

【廢月池】　即偃月池。原系九华山化城寺前之放生池，形似半月，故称。唐末武宗废佛，月池沦为废圹，因称废月池。薛逢有《九华观废月池》。

【廢功】　旷废事功。郑谷《送许棠先辈之官泾县》："佐理人安后，篇章莫废功。"亦指旷废时间。刘昭禹《伤雨后牡丹》："废功看不已，酬起又持杯。"

【廢丘】　地名。即犬丘。周懿王都城。秦欲废之。故称废丘。参阅《史记·项羽本纪》《汉书·地理志上》。胡曾《咏史诗·废丘山》："此水虽非禹凿开，废丘山下重萦回。"

【廢主】　废黜之君主。远公《伤悼前蜀废国》："牵羊废主寻倾国，指鹿奸臣尽丧家。"

【廢市荒街】　街道因停止做生意而变得荒凉。韦庄《秦妇吟》："长安寂寂今何有？废市荒街麦苗秀。"

【廢寺】　荒废的寺庙。王建《废寺》："废寺乱来为县驿，荒松老柏不生烟。"顾况有《经废寺》。

【廢地】　犹荒地。张祜《题海陵监李端公后亭十韵》："古城连废地，规画自初心。"

【廢戍】　弃置的营垒。刘长卿《奉使至申州伤经陷没》："废戍山烟出，荒田野火行。"

【廢宅】　倾圮的房舍。储嗣宗《经故人旧居》："古书无主散，废宅与山邻。"杨徽之《句》："废宅寒塘水，荒坟宿草烟。"吴融有《废宅》。

【廢材】　废弃无用之材。吕温《道州夏日郡内北桥新亭书怀赠何元二处士》："僻远宜孱性，优游赖废材。"

【廢村】　犹荒村。白居易《和答诗十首·和古社》："废村多年树，生在古社隈。"

【廢邑】　指失守沦陷的城邑。杜甫《奉送郭中丞兼太仆卿充陇右节度使三十韵》："废邑狐狸语，空村虎豹争。"

【廢忘】　废弃忘却。白居易《渭村退居一百韵》："旧游多废忘，往事偶思量。"李商隐《五言述德抒情诗四十韵》："废忘淹中学，迟回谷口耕。"

【廢弛】　旷废，懈怠。谓应施行而未施行。吴融《祝风三十二韵》："田畯不胜荒，农功皆废弛。"

【廢物】　无用之物。罗隐《薛阳陶觱篥歌》："龙楼冷落夏口寒，从此风流为废物。"

【廢使】　当作"廉使"。皎然《送薛逢之宣州谒废使》。

【廢卷】　(—juàn)中止阅读。祖咏《汝坟别业》："独愁常废卷，多病久离群。"钱起《锄药咏》："对之不觉忘疏懒，废卷荷锄嫌日短。"于良史《闲居寄薛华》："晚来因废卷，行药至西城。"

【廢官】　谓有职而无其官。卢纶《虢州逢侯钊同寻南观因赠别》："相见翻惆怅，应怜责废官。"

【廢苑】　荒废的园林。张籍《古苑杏花》："废苑杏花在，行人愁到时。"唐彦谦《菊》："寒村宿雾临幽径，废苑斜晖傍短墙。"李士元《登阁》："长堤过雨人行少，废苑经秋草自深。"

【廢砌】　荒废的台阶。温庭筠《题贺知章故居叠韵作》："废砌翳薜荔，枯湖无菰蒲。"

【廢食】　中止进餐。杜甫《壮游》："天子废食召，群公会轩裳。"

【廢郤】　废掉了。徐夤《吊崔补阙》："废却中兴策，何由免用军。"

【廢帝】　被废黜的皇帝，有在位时被废的，有死后被追废的。周昙有《咏史诗·后汉门·废帝》及《咏史诗·六朝门·二废帝》："肆意荒狂杀不辜，方嗟废帝又苍梧。"

【廢屋】　倾圮之屋，破屋。唐彦谦《过清凉寺王导墓下》："永思陵下犹凄切，废屋寒风吹野薪。"

【廢荒】　犹荒废。元友让《复游浯溪》："田地潜更主，林园尽废荒。"

【廢耕】　中止耕作；停止耕作。卢纶《冬夜赠别友人》："连年客舍唯多病，数亩田园又废耕。"孟郊《秋夕贫居述怀》："浅井不供饮，瘦田长废耕。"曹邺《偶怀》："一年秋不熟，安得便废耕。"崔涂《己亥岁感事》："瓜沙旧戍犹传檄，吴楚新春已废耕。"

【廢宮】　荒废的宫殿。白居易《新丰路逢故人》："尘土长路晚，风烟废宫秋。"张祜《隋宫怀古》："废宫深苑路，炀帝此东行。"

【廢時】　浪费光阴。元稹《酬段丞与诸棋流会宿弊居见赠二十四韵》："鸣局宁虚日，闲窗任废时。"

【廢書】 放下书。谓中止阅读。刘禹锡《酬乐天咏老见示》:"废书缘惜眼,多炙为随年。"

【廢曹】 退曹,即公休之吏。高适《同崔员外綦毋拾遗九日宴京兆府李士曹》:"今日好相见,群贤仍废曹。"

【廢國】 犹亡国。远公有《伤悼前蜀废国》。

【廢逐】 贬黜放逐。柳宗元《哭连州凌员外司马》:"废逐人所弃,遂为鬼神欺。"

【廢替】 衰落,衰败。陆龟蒙《战秋辞》:"不过约弱敧垂,戕残废替。"

【廢棧】 破木棚。温庭筠《烧歌》:"废栈豕归栏,广场鸡啄粟。"

【廢備】 废弃戒备。柳宗元《敌戒》:"废备自盈,祗益为愈。"

【廢渠】 弃置不用的水渠。姚合《书县丞旧厅》:"雨水浇荒竹,溪沙拥废渠。"

【廢業】 弃置本业。见《礼记·檀弓上》。杜荀鹤《赠崔道士》:"四海兵戈无静处,人家废业望烽烟。"

【廢棄】 弃置不用。杜甫《君不见简苏徯》:"君不见道边废弃池,君不见前者摧折桐。"白居易《废琴》:"废弃来已久,遗音尚泠泠。"

【廢墟】 城镇、村落遭受破坏残留之遗址。韦应物《登西南冈卜居遇雨云物可赏》:"寒花明废墟,樵牧笑榛丘。"

【廢奪】 废黜,剥夺。见《周礼·天官·大宰》。白居易《答四皓庙》:"冢嫡欲废夺,骨肉相忧疑。"

【廢滯】 犹废弃。元稹《后湖》:"百年废滞所,一旦奥浩区。"

【廢寢】 未能安睡。贾岛《怀紫阁隐者》:"废寝方终夕,迢迢紫阁心。"

【廢寢食】 犹言废寝忘食。形容专心致志。杜甫《遣遇》:"舟子废寝食,飘风争所操。"

【廢綠】 荒废的园林。绿,指代树木。温庭筠《莲浦谣》:"鸣桡轧轧溪溶溶,废绿平烟吴苑东。"

【廢撤】 犹废除。张说《岳州作》:"冠剑日苔藓,琴书坐废撤。"

【廢賞】 停止游赏。储光羲《仲夏入园中东陂》:"废赏亦何贵,为欢良易摅。"

【廢圖】 弃置版图。张祜《吴中怀古十六韵》:"群邑空遗迹,山川是废图。"

【廢興】 (—xīng)盛衰,兴亡。李白《古风》之一:"废兴虽万变,宪章亦已沦。"卢纶《奉陪侍中春日过武安君庙》:"抚坐悲今古,瞻容感废兴。"白居易《冀城北原作》:"废兴相催迫,日月互居诸。"徐夤《偶题》:"闲补亡书见废兴,偶然前古也填膺。"

【廢禪】 (—chán)中止坐禅。刘禹锡《海门潮别浩初师》:"方便无非教,经行不废禅。"皮日休《访寂上人不遇》:"何处寻云暂废禅,客来还寄草堂眠。"又《腊后送内大德从勖游天台》:"霜中一钵无辞乞,湖上孤舟不废禅。"

【廢簇】 顾不上制作蚕簇。簇,承蚕作茧的工具。王建《去妇》:"新妇去年胼手足,衣不暇缝蚕废簇。"

【廢壘】 废弃的营垒。李绅《转寿春守亦粗继诗人之末云》:"旧坛无复翔云鹤,废垒曾经振鼓鼙。"

【廢曠】 荒废,不利用。白居易《题西亭》:"荒淫即不可,废旷将何如。"

【廢營】 废弃的营垒。李商隐《淮阳路》:"荒村倚废营,投宿旅魂惊。"

【廢關】 ❶荒废的关口。李行言有《秋晚度废关》。耿湋《酬张少尹秋日凤翔西郊见寄》:"废关人不到,荒戍日空曛。"❷废除关卡。王维《送秘书晁监还日本国》序:"彼以好来,废关驰禁。"

十三画

廥 〔kuài《广韵》古外切,去泰,見。〕仓,多指粮仓。见《广雅·释宫》。韩愈《秋雨联句》:"贫薪不烛灶,富粟空填廥。"

廨 〔xiè《广韵》古隘切,去卦,見。〕官署,官舍。司空图《月下留丹灶》序:"且命镵其逸迹,藏于郡廨。"

【廨宇】 官舍。孟浩然《同独孤使君东斋作》:"廨宇宜新霁,田家贺有秋。"戴叔伦《送谢夷甫宰余姚县》:"廨宇经兵火,公田没海潮。"无可《书事寄万年厉员外》:"廨宇松连翠,朝街日散红。"皮日休《初夏即事寄鲁望》:"廨宇有幽处,私游无定程。"

【廨宅】 官署中的住所。沈佺期《从驩州廨宅移住山间水亭赠苏使君》。

【廨邑】 城中官舍。宋之问《郡宅中斋》:"渔商汗成雨,廨邑明若练。"

【廨舍】 (—shè)官署。刘长卿《鄂渚送池州程使君》:"江湖通廨舍,楚老拜戈船。"

【廨署】 官舍。徐彦伯《拟古三首》之二:"廨署相填噎,僚吏纷纵横。"杜甫《桥陵诗三十韵因呈县内诸官》:"主人念老马,廨署容秋萤。"贾岛《题长江》:"言心俱好静,廨署落晖空。"

廩 〔lǐn《广韵》力稔切,上寑,來。〕同"廪"。❶粮仓。《广雅·释宫》:"廩,仓也。"《广韵·寑韵》:"仓有屋曰廩。"宋之问《郡宅中斋》:"淮廩伫滋实,沂歌非所羡。"耿湋《喜侯十七校书见访》:"发廩因春黍,开畦复翦蔬。"长孙佐辅《闻韦驸马使君迁拜台州》:“蚕殷桑柘空,廪实雀鼠稠。”❷粮食。见“廪餼”。❸见“廪禄”。

【廪丘】 古地名,春秋时齐邑,汉置廪丘县。故城在今河南范县东南。隋属郓州,大业初入郓城县。唐武德四年,分置廪城县。商则《嘲廪丘令丞》。

【廪米】 公家发给的粮食。白居易《秋霖即事联句三十韵》:“廪米陈生醭,庖薪湿起烟。”

【廪庾】 粮仓。邑仓曰廪,野仓曰庾。刘禹锡《武陵观火诗》:“灾罣云日晚,心惊视听殊。高灰辨廪庾,黑土连阛阓。”

【廪粟】 公家存储之粮食。皮日休《苦雨杂言寄鲁望》:“府金廪粟虚请来,忆著先生便知愧。”又《暇日独处寄鲁望》:“园蔬预遣分僧料,廪粟先教算鹤粮。”

【廪給】 (—jǐ)俸禄。权德舆《拜昭陵过咸阳墅》:“自惭廪给厚,谅使井税先。”亦指官府发给粮食等生活资料。韩愈《元和圣德诗》:“哀怜陈没,廪给孤寡。”

【廪禄】 俸禄;禄米。储光羲《贻崔太祝》:“惟贤尚廪禄,弟去兄来居。”白居易《初除户曹喜而言志》:“廪禄二百石,岁可盈仓囷。”

【廪厨】 粮仓与厨房。张籍《野居》:“我无耒与网,安得充廪厨。”

【廪餼】 官府供给粮食等生活物资。李渤《喜弟淑再至为长歌》:“虽然廪饩各不一,就中总免拘常伦。”

十六画

廬 〔lú《广韵》力居切,平魚,來。〕❶农时寄居田野的房舍。见《诗·小雅·信南山》。后泛指简陋的居室。丘为《泛若耶溪》:“结庐若耶里,左右若耶水。”耿沣《喜侯十七校书见访》:“东城独屏居,有客到吾庐。”徐夤《茆亭》:“剪平恰似山僧笠,扫静真同道者庐。”❷守墓的小屋。耿沣《题孝子陵》:“松柏自成拱,苫庐长不归。”❸古代官员值所住的房舍。杜甫《赠李八秘书别三十韵》:“反气凌行在,妖星下直庐。”章八元《寄都官刘员外》:“鸣驺驰道上,寒日直庐中。”李贺《夜来乐》:“漏长送珮承明庐,倡楼嵯峨明月孤。”许棠《送裴拾遗宰下邽》:“直庐辞玉陛,上马向仙山。”❹山名。庐山。杜甫《后苦寒行二首》之一:“南纪巫庐瘴不绝,太古已来无尺雪。”见“廬霍”“廬峰”。❺古邑名。在今湖北襄阳西南。本春秋庐戎国,被楚灭后为楚邑。见《国语·楚语上》。皮日休《鲁望读襄阳耆旧传见赠五百言次韵》:“庐罗遵古俗,鄢郢迷昔圃。”

【廬山】 山名。在江西九江市南,耸立于长江之滨、鄱阳湖畔。又名匡山、匡庐。见《元和郡县志·江州》。李白《庐山谣寄卢侍御虚舟》:“庐山秀出南斗傍,屏风九叠云锦张。”刘禹锡《送鸿举游江西》:“庐山雾开见瀑布,江西月净闻渔歌。”李渤《喜弟淑再至为长歌》:“庐山峨峨倚天碧,捧排空崖千万尺。”曹松《送僧入庐山》:“庐山瀑布三千仞,画破青霄始落斜。”

【廬山寺】 指庐山东林寺。郑常有《送头陀上人赴庐山寺》。亦指庐山之无名小寺。马戴有《题庐山寺》。

【廬山社】 指庐山东林寺之白莲社。东晋高僧慧远与慧永、刘遗民、雷次宗等十八人共结此社,同修净土之业。赵嘏《寄浔阳赵校书》:“那应更结庐山社,见说心闲胜远公。”

【廬山遠】 指庐山东林寺之晋高僧惠远。李白《别东林寺僧》:“笑别庐山远,何烦过虎溪。”后多以“庐山远”借指高僧。李颀《送刘四赴夏县》:“高人往来庐山远,隐士往来张长公。”杜甫《大觉高僧兰若》:“巫山不见庐山远,松林兰若秋风晚。”李嘉祐《同皇甫冉赴官留别录灵一上人》:“法许庐山远,诗传休上人。”

【廬山緇】 庐山旧时为佛教圣地,有东林、西林、大林三大名寺。缁,指缁衣。僧服缁衣,故为僧的代称。韦应物《郡内闲居》:“腰悬竹使符,心与庐山缁。”

【廬州】 府名,现安徽合肥地区。见《旧唐书·地理志三》。李白有《杭州送裴大泽赴庐州长史》。刘商有《送庐州贾使君拜命》。

【廬江】 ❶郡名。楚汉之际分秦九江郡置。治所在舒(今安徽庐江西南),其后一再迁改。隋开皇初废郡,改置庐州。大业及唐天宝、至德时又复称郡。参见“廬州”。乔知之《定情篇》:“庐江小吏妇,非关织作迟。”李白《寄上吴王三首》之三:“英明庐江守,声誉广平籍。”温庭筠《懊恼曲》:“庐江小吏朱斑轮,柳缕吐芽香玉春。”❷县名。属安徽省,春秋时舒国。汉置舒县,为庐江郡治,隋改称庐江县。朱庆余有《早发庐江涂中遇雪寄李侍御》。储嗣宗《春怀寄秣陵知友》:“庐江城外柳堪攀,万里行人尚未还。”❸水名。源出江西庐山。经彭泽县西,北流入长江。见《山海经·海内东经》。孟浩然有《夜泊庐江闻故人在东寺以诗寄之》。

【廬岳】 庐山。刘允济有《经庐岳回望江州想洛川有作》。李端《长安书事寄卢纶》:“弱冠家庐岳,从师岁月深。”贾岛《题童真上人》:“月峡青城那有滞,天台庐岳岂无缘。”郑谷《送人之九江谒郡侯苗员外绅》:“湓城分楚塞,庐岳对江州。”

【廬兒】 仆从。见《汉书·鲍宣传》。韦应物《长安道》:“既请列侯封部曲,还将金印授庐儿。”

【廬阜】　即庐山。孟浩然《夜泊庐江闻故人在东寺以诗寄之》:“江路经庐阜,松门入虎溪。”刘禹锡《历阳书事七十韵》:“庐阜香炉出,湓城粉堞明。”徐夤《和尚书咏泉山瀑布十二韵》:“赤城未到诗先寄,庐阜曾游梦已遥。”

【廬舍】　(—shè)房屋,住宅。王湾《奉使登终南山》:“倚岩见庐舍,入户欣拜揖。”丘为有《题农父庐舍》。

【廬峰】　庐山。杜牧《大梦上人自庐峰回》:“开门满院空秋色,新向庐峰过夏归。”李群玉《劝人庐山读书》:“片玉若磨唯转莹,莫辞云水入庐峰。”唐求《送友人江行之庐山肄业》:“蜀国初开棹,庐峰拟拾萤。”亦指庐山之主峰。五老峰。杨巨源《寄江州白司马》:“湓浦曾闻似衣带,庐峰见说胜香炉。”

【廬陵】　❶郡名。戎昱《送吉州阎使君入道二首》之二:“庐陵太守近隳官,霞帔初朝五帝坛。”❷县名。汉置,属豫章郡。三国改置高昌县,为庐陵郡治。唐移迁庐陵县为吉州治所。参阅《读史方舆纪要·江西·吉安府》。郑巢《送琇上人》:“白云归意远,旧寺在庐陵。”

【廬陵郡】　东汉兴平二年分豫章郡置。三国时治所在高昌。唐天宝、至德时又曾复为庐陵郡。参见《旧唐书·地理志三》。刘长卿《送梁郎中赴吉州》:“遥想庐陵郡,还听叔度歌。”许浑有《舟行早发庐陵郡郭寄滕郎中》。李建勋《送王郎中之官吉水》:“南望庐陵郡,山连五岭长。”

【廬塋】　在墓地临时搭盖的草棚。古人于父母师长死后,服丧期间守护坟墓所居。方干《哭胡珪》:“才高登上第,孝极殁庐茔。”

【廬幕】　犹庐帐。用帷幕搭盖之庐舍。韩愈《元和圣德诗》:“庐幕周施,开揭磊砢。”

【廬霍】　庐山与霍山的并称。包融《酬忠公林亭》:“为道岂庐霍,会静由吾心。”李白《题嵩山逸人元丹丘山居》:“飡缘泛潮海,偃蹇陟庐霍。”崔公信《和太原张相公山亭怀古》:“前移庐霍峰,远带沅湘流。”王季文《九华山谣》:“丹崖压下庐霍势,白日隐出牛斗星。”

【廬壑】　庐舍与沟壑。岑参《刘相公中书江山画障》:“萧湘在帘间,庐壑横座中。”

【廬嶽】　同“廬岳”。李白《流夜郎永华寺寄寻阳群官》:“写意寄庐岳,何当来此地。”贾岛《送厉宗上人》:“曾吟庐岳上,月动九江波。”李山甫《赋得寒月寄齐己》:“已知庐岳尘埃绝,更忆寒山雪月深。”杜荀鹤《哭山友》:“十载同栖庐岳云,寒烧枯叶夜论文。”

二十二画

廳〔tīng《广韵》他丁切,平青,透。〕❶官府办公的地方。见《集韵·青韵》。岑参有《题永乐韦少府厅壁》。白居易《司马厅独宿》:“府吏下厅帘,家僮开被襆。”姚合《寄绛州李使君》:“花多匀地落,山近满厅云。”无名氏《右威卫嘲语》:“门缘御史塞,厅被校书侵。”❷堂屋。会客、宴会,或从事其他活动等用的房间。见《广韵·青韵》。元稹《种竹》:“秋来苦相忆,种竹厅前看。”薛能《折杨柳十首》之九:“陶家旧日应如此,一院春条绿绕厅。”章碣《雨》:“乱沾细网垂穷巷,斜送阴云入古厅。”

【廳事】　官府办公的地方。古作“聽事”。见《资治通鉴·齐东昏侯永元元年》。骆宾王《在狱咏蝉》序:“余禁所禁垣西,是法(曹)厅事也。”张说《相州冬日早衙》:“正色临厅事,疑词定笔端。”李白《赠崔秋浦三首》之一:“山鸟下厅事,檐花落酒中。”

廴　部

四　画

廷 〔tíng《广韵》特丁切，平青，定。又徒徑切，去徑，定。〕❶朝廷。君主视朝施政的地方。杜甫《登楼》："北极朝廷终不改，西山寇盗莫相侵。"张祜《从军行》："白首汉廷刀笔吏，丈夫功业本相依。"来鹄《圣政纪颂》："廷日发论，殿日发谟。"❷州县官吏理事的公堂。见"廷吏"。

【廷臣】 朝廷大臣。李商隐《行次西郊作一百韵》："廷臣例獐怯，诸将如羸奔。"孙元晏《咏史诗·宋·放宫人》："纳谏廷臣免犯颜，自然恩可霸江山。"

【廷吏】 州郡属吏。韦应物《答杨奉礼》："白事廷吏简，闲居文墨亲。"

【廷列】 指朝廷大臣。来鹄《圣政纪颂》序："因窥穆宗实录，得解愤释嫉于立史官为圣政纪者，追而颂出其事，以鉴今之廷列。"

【廷争】 在朝廷向皇帝极力谏诤。杜甫《壮游》："斯时伏青蒲，廷争守御床。"刘禹锡《读张曲江集作》序："议者以曲江为良臣，识胡雏有反相，羞凡器与同列，密启廷争，虽古哲人不及。"

【廷尉】 官名，秦始置。九卿之一，掌刑狱。唐代称大理寺卿，从三品。少卿，从五品。负责中央百官犯罪及京师徒刑以上案件的审理与重审刑部转来的地方死刑案件。参阅《唐会要》卷六六"大理寺"、《新唐书·百官志三》。卢仝《月蚀诗》："辰星任廷尉，天律自主持。"刘禹锡《百舌吟》："廷尉张罗自不关，潘郎挟弹无情损。"白居易《秦中吟十首·歌舞》："秋官为主人，廷尉居上头。"

【廷評】 官名。始置于汉，称廷尉平，为廷尉属官，掌平决诏狱事。魏晋以后，称廷尉评。隋开皇三年(583)罢。唐贞观初复置，称大理评事，属大理寺，从八品下，掌出使推按等。参阅《新唐书·百官志三》《通典·大理卿》卷二五。杜甫《送重表侄王砅评事使南海》："廷评近要津，节制收英髦。"姚合《送独孤焕评事赴丰州》："东门携酒送廷评，结束从军塞上行。"李商隐《偶成转韵七十二句赠四同舍》："廷评日下握灵蛇，书记眠时吞彩凤。"

【廷諍】 义同"廷争"。杜甫《狄明府》："国嗣初将付诸武，公独廷诤守丹陛。"

【廷謇】 在朝廷上秉公谏诤。来鹄《圣政纪颂》："故得粲粲朝典，落落廷謇。"

【廷議】 朝廷的议论，在朝廷发表议论。卢照邻《咏史四首》之一："廷议斩樊哙，群公寂无声。"宋之问《早发大庾岭》："皇明颇照洗，廷议日纷惑。"高适《东平旅游奉赠薛太守二十四韵》："军书陈上策，廷议借前筹。"羊士谔《送张郎中副使自南省赴凤翔府幕》："仙郎佐氏谋，廷议宠元侯。"

延 〔yán《广韵》以然切，平仙，以。又予線切，去線，以。〕❶长，久。魏征《享太庙乐章·大基舞》："翦商德厚，封唐庆延。"殷寅《玄元皇帝应见贺圣祚无疆》："昔赞神功启，今符圣祚延。"孟郊《送淡公》之九："离肠绕师足，旧忆随路延。"韩愈《送灵师》："灵师不挂怀，冒涉道转延。"❷延长，延续。武少仪《诸葛丞相庙》："因机定蜀延衰汉，以计连吴振弱孙。"赵牧《对酒》："菖蒲花开鱼尾定，金丹始可延君命。"杜荀鹤《经废宅》："人生当贵盛，修德可延之。"徐夤《忆潼关》："须知皇汉能扃鐍，延得年过四百余。"亦指伸展。窦牟《奉使至邢州赠李八使君》："茂阴延驿路，温液逗官渠。"❸引进，引入。王昌龄《赵十四兄见访》："客来舒长簟，开阁延清风。"元稹《春月》："为我披衣裳，延我入深竹。"顾云《苏君厅观韩干马障歌》："竹厅斜日弈棋散，延我直入书斋中。"又指牵引。李白《将游衡岳过汉阳双松亭留别族弟浮屠谈皓》："延萝结幽居，剪竹绕芳丛。"又指引见。颜师古《奉和正日临朝》："负扆延百辟，垂旒御九宾。"❹接待，招待。李白《留别贾舍人至二首》之二："谬攀青琐贤，延我于北堂。"元稹《青云驿》："忽遇蓬蒿妻，延我开荜户。"白居易《舟中李山人访宿》："何以延宿客，夜酒与秋琴。"又《初除户曹喜而言志》："置酒延贺客，客容亦欢欣。"❺迎候。钱起《登复州南楼》："孤树延春日，他山卷曙霞。"柳宗元《酬贾鹏山人郡内新栽松寓兴见赠二首》之一："贞幽夙有慕，持以延清风。"❻请，邀请。玄宗《鹡鸰颂》序："每听政之后，延入宫掖，申友于之志，咏棠棣之诗。"储光羲《同张侍御宴北楼》："朝览干戈时听讼，暮延宾客复登楼。"韦应物《酬刘侍郎使君》："重门深夏昼，赋诗延众宾。"李商隐《杜工部蜀中离席》："座中醉客延醒客，江上晴云杂雨云。"❼连绵，蔓延。

刘允济《经庐岳回望江州想洛川有作》："未若兹山功，连延并巫霍。"杜甫《宿江边阁》："暝色延山径，高斋次水门。"❽遍及，播及。张说《别灉湖》："南郡延恩渥，东山恋宿心。"韦应物《西郊燕集》："众鸟鸣茂林，绿草延高冈。"孟郊《旅次湘沅有怀灵均》："相传历千祀，哀悼延八区。"❾拖延，延及。韦应物《西郊养疾闻畅校书有新什见赠久伫不至先寄此诗》："还闻枉嘉藻，伫望延昏旭。"❿厚，多。张九龄《奉和圣制送十道采访使及朝集使》："课最力已陈，赏延恩复博。"李适《奉和幸望春宫送朔方军大总管张仁亶》："解衣延宠命，横剑总威名。"韦应物《晚出沣上赠崔都水》："临流一舒啸，望山意转延。"王建《送于丹移家洺州》："送人莫长歌，长歌离恨延。"

【延之】 当作"延清"，宋之问之字。元稹《见人咏韩舍人新律诗因有戏赠》："延之苦拘检，摩诘好因缘。""之"下注："一作清。"按，作清是。

【延引】 邀请。李白《答高山人兼呈权顾二侯》："延引故乡人，风义未沦替。"

【延平】 见"延平津"。

【延平津】 亦省作"延平"。古代津渡名。晋时属延平县(今福建南平市东南)。事见《晋书·张华传》，又见《艺文类聚》卷六十引雷次宗《豫章记》。用作咏剑的典故，或以剑称誉人。骆宾王《伤祝阿王明府》序："轮销桂魄，骊珠毁贝阙之前；斗散紫氛，龙剑没延平之水。"李白《洞庭醉后送绛州吕使君果流澧州》："赠剑刻玉字，延平两蛟龙。"刘禹锡《洛中酬福建陈判官见赠》："怪君近日文锋利，新向延平看剑来。"黄滔《浙幕李端公泛建溪》："更爱延平津上过，一双神剑是龙鳞。"

【延年】 ❶延长寿命。李白《嵩山采菖蒲者》："我来采菖蒲，服食可延年。"李端《杂歌呈郑锡司空文明》："啖我还丹拍我背，令我延年在人代。"白居易《对酒》："复闻药误者，为爱延年术"。徐夤《溪隐》："绝却腥膻胜服药，断除杯酒合延年。"❷即汉李延年。参见"延年女弟"。❸南朝宋颜延之之字。李白《春日陪杨江宁及诸官宴北湖感古作》："延年献佳作，邈与诗人俱。"李德裕《仆射相公偶话于故集贤张学士厅写得德裕献此诗》："延年如有作，应不用山王。"

【延年女弟】 即汉武帝李夫人。李夫人为李延年之妹。骆宾王《帝京篇》："延年女弟双凤入，罗敷使君千骑归。"亦作"延年妹"。李白《中山孺子妾歌》："虽然不如延年妹，亦是当时绝世人。"

【延年妹】 见"延年女弟"。

【延年毁谢庄】 指南朝宋颜延之在武帝前诋毁谢庄《月赋》之事，延之字延年。见《南史·谢庄传》。李商隐《漫成三首》之二："沈约怜何逊，延年毁谢庄。"

【延企】 谓引领企踵远望。形容仰慕或思念之切。权德舆《贞元七年蒙恩除太常博士自江东来朝时与郡君同行西岳庙停车祝谒却寄》："延企劳梦寐，涕洟暗潺湲。"

【延州】 地名。西魏废帝三年(554)以东夏州改名。治所在今陕西延安市东延河东岸。唐武德元年(618)改为延州总管府。天宝元年(742)改为延安郡。乾元元年(758)复改为延州。杜甫《塞芦子》："延州秦北户，关防犹可倚。"李益《赋得路傍一枝柳送邢校书赴延州使府》："延州在何处，此路起悠悠。"

【延步】 散步。皎然《同袁高使君送李判官使回》："延步下前渚，溯觞流浅沙。"卢纶《春日山中忆崔峒吉中孚》："延步爱清晨，空山日照春。"

【延延】 绵延貌。韩愈《南山诗》："延延离又属，夬夬叛还遘。"

【延伫】 ❶久立，久留。刘孝孙《早发成皋望河》："怀古空延伫，叹逝将何言。"张九龄《杂诗五首》之四："同心不可见，异路空延伫。"钱起《游辋川至南山寄谷口王十六》："折麻定延伫，乘月期招寻。"李德裕《夏晚有怀平泉林居》："稚子候我归，衡门独延伫。"❷引领企立。形容盼望之切。孟浩然《送辛大之鄂渚不及》："蒲轮去渐遥，石径徒延伫。"李白《书情寄从弟邠州长史昭》："翩翩弄春色，延伫寄相思。"皎然《贻李汤》："愿随黄鹤一轻举，仰望青霄独延伫。"宋华《蝉鸣一篇五章》之四："君子至止，慰我延伫。"❸停留，逗留。李白《送王屋山人魏万还王屋》："此中久延伫，入剡寻王许。"白居易《期不至》："红烛清樽久延伫，出门入门天欲曙。"❹徘徊，犹豫不决。孟郊《宿空侄院寄澹公》："明日策杖归，去住两延伫。"

【延長】 (—cháng)❶绵延长久。萧仿《享太庙乐章》："金枝繁茂，玉叶延长。"❷增长，加多。罗隐《钱尚父生日》："贵盛上持龙节钺，延长应续鹤春秋。"

【延和阁】 楼阁名。故址在今江苏扬州市。唐末扬州大都督府长史高骈建，骈晚年属意神仙，信用方士，于府第别建道院，院有延和阁、迎仙楼。参阅《旧唐书·高骈传》。高骈《春日招宾》："对酒看花何处好，延和阁下碧筠亭。"罗隐《延和阁诗》："延和高阁上干云，小语犹疑太乙闻。"

【延岳】 崔雍之字。李商隐《安平公诗》："仲子延岳年十六，面如白玉欹乌纱。"

【延命酒】 延年益寿之酒。曹唐《送刘尊师祗诏阙庭三首》之三："红露想倾延命酒，素烟思爇降真香。"

【延英】 见"延英殿"。

【延英殿】 亦省称"延英"。唐代宫殿名，在长安大明宫紫宸殿之西。见《唐六典·尚书·工部》。唐代宗时，宰相苗晋卿年老，行动不便，代宗特地在延英殿召对，以示优礼，后沿为故事。见《新唐书·苗晋卿传》、宋程大昌《雍录》卷四。王涯《广宣上人以诗贺放榜和谢》："延英面奉入春闱，亦选功夫亦选奇。"元稹《自述》："延英引对碧衣郎，江砚宣毫各别床。"白居易《新乐府·蛮子朝》："异牟寻男寻阁劝，特敕召对延英殿。"薛涛《酬文使君》："延英晓拜汉恩新，五马腾骧九陌尘。"

【延秋門】 唐代长安禁苑西门。见宋程大昌《雍录》卷五。杜甫《哀王孙》："长安城头头白乌，夜飞延秋门上呼。"薛昭蕴《浣溪沙》词之三："记得去年寒食日，延秋门外卓金轮，日斜人散暗销魂。"

【延促】 长短。宋之问《入泷州江》："只应保忠信，延促付神明。"

【延首】 ❶举首，抬头。袁晖《奉和圣制答张说扈从南出雀鼠谷之作》："小臣瞻日月，延首咏康哉。"武元衡《长安叙怀寄崔十五》："延首直城西，花飞绿草齐。"朱延龄《秋山极天净》："欲寻霄汉路，延首愿登攀。"❷引颈眺望。刘长卿《归沛县道中晚泊留侯城》："扣舷从此去，延首仍裴回。"沈颂《送人还吴》："征帆暮风急，望望空延首。"沈回《小苑春望宫池柳色》："伫立徒延首，裴回欲寄诚。"汪遵《斑竹祠》："九处烟霞九处昏，一回延首一销魂。"❸引颈遥望，形容盼望或相思之切。王绩《游仙四首》之二："谁知北岩下，延首咏霓裳。"祖咏《归汝坟山庄留别卢象》："非君一延首，谁慰遥相思。"萧颖士《越江秋曙》："延首剡溪近，咏言怀数君。"钱起《苦雨忆皇甫冉》："延首长相思，忧襟孰能整。"

【延洪】 绵延昌盛。元稹《顺宗至德大圣大安孝皇帝挽歌词三首》之一："不改延洪祚，因成揖让朝。"蜀太后徐氏《三学山夜看圣灯》："愿成修偃化，社稷保延洪。"

【延客】 延请客人。李白《送裴十八图南归嵩山二首》之一："胡姬招素手，延客醉金樽。"杜甫《彭衙行》："延客已曛黑，张灯启重门。"

【延津】 同"延平津"。权德舆《大行皇太后挽歌词三首》之三："哀笳出长信，宝剑入延津。"元稹《和乐天折剑头》："讵意铁蛟龙，潜在延津水。"唐暄《赠亡妻张氏》："峄阳桐半死，延津剑一沉。"

【延栖上人】 荆州僧。工诗。风格兼贾孟而有之。齐己有《览延栖上人卷》。

【延候】 迎接。韦庄有《婺州屏居蒙右省王拾遗车枉降访病中延候不得因成寄谢》。

【延竚】 同"延伫"。皮日休《奉和鲁望渔具十五咏·罶》："浦口更有人，停桡一延伫。"唐彦谦《游南明山》："屈曲到禅房，上人喜延伫。"

【延接】 接待。贾岛《寄李辀侍郎》："语嘿曾延接，心源离滓淤。"

【延眺】 引颈眺望。张九龄《高斋闲望言怀》："高斋复晴景，延眺属清秋。"慧净《杂言》："劳歌勿复陈，延眺且周巡。"

【延曼】 即曼延。古代百戏名。赵冬曦《奉和圣制同二相已下群官乐游园宴》："从容会鹓鹭，延曼戏龙鱼。"

【延康】 见"延康里"。

【延康里】 即延康坊，又省作"延康"。唐代长安里坊名，在朱雀门街西第三街。白居易《酬张十八访宿见赠》："远从延康里，来访曲江滨。"又《寄张十八》："同病者张生，贫僻住延康。"贾岛《延康吟》："不爱延康里，爱此里中人。"

【延望】 引颈远望。形容眺望或盼望。吴筠《翰林院望终南山》之二："悠然相探讨，延望空踌躇。"刘商《泛舒城南溪赋得沙张侍御赴河南元博士赴扬州拜觐仆射》："延望乘虚入紫霞，陌头回首空烟树。"蒋防《秋月悬清辉》："此时千里道，延望独依依。"马戴《晚眺有怀》："高台试延望，落照在寒波。"

【延眷】 依恋不舍。丘丹《奉使过石门观瀑》："王程惧淹泊，下磴空延眷。"

【延陵】 ❶古邑名。春秋吴邑，故址在今江苏常州市南淹城遗址。吴国公子季札因让国避居(一说受封)于此。事见《史记·吴太伯世家》。后以"延陵"代称公子季札。李白《上留田行》："孤竹延陵，让国扬名。"❷县名。西晋太康二年(281)置。治所即今江苏丹阳西南延陵镇。隋时废。唐武德三年(620)复置。刘长卿《送陆羽之茅山寄李延陵》："延陵衰草遍，有路问茅山。"李颀有《送卢少府赴延陵》。❸人名。即李延陵。李白有《感时留别从兄徐王延年从弟延陵》。❹见"延陵劍"。

【延陵劍】 亦作"延陵"。见《史记·吴太伯世家》，又见刘向《新序·节士》。后因用作咏剑的典故，或以表示悼念亡友。李白《宣城哭蒋征君华》："独挂延陵剑，千秋在古坟。"又《叙旧赠江阳宰陆调》："腰间延陵剑，玉带明珠袍。"李商隐《撰彭阳公志文毕有感》："延陵留表墓，岘首送沈碑。"参见"延陵"。

【延款】 犹款待。唐彦谦《宿田家》："小心事延款，□余粮复匮。"又《夏日访友》："殷勤为延款，偶尔得良会。"

【延期】 谓寿限很长。吴筠《览古十四首》之一四："盗跖何延期，颜生乃短折。"

【延想】 长久地想象或思念。王勃《饯韦兵曹》："亭皋分远望，延想间云涯。"李峤《田假限疾不获还庄载想田园兼思亲友率成短韵赠杜幽素》："疲痾旅城寺，延想属郊畿。”卢仝《自君之出矣》：“玉簟寒凄凄，延想心恻恻。”

【延福里】 即延福坊。唐代长安里坊名。在朱雀门街西第五街。张乔有《延福里秋怀》。郑谷有《访题进士孙秦延福南街居》。黄滔有《延福里居和林宽何绍余酬寄》。

【延禍】 蔓延灾祸。白居易《杂感》：“老龟烹不烂，延祸及枯桑。”

【延壽】 ❶溪名。在今福建莆田县境。五代徐夤曾归隐于此。见陶岳《五代史补》卷二。欧阳詹《蜀门与林蕴分路后屡有山川似闽中因寄林蕴》：“村步如延寿，川原似福平。”自注：“延寿，蕴之别墅。福平，余之别墅。”徐夤《偶题二首》之二：“归来延寿溪头坐，终日无人问一声。”❷人名。(1)即汉毛延寿。元帝时画工。以画王昭君像失真被诛。杜牧《奉陵宫人》：“相如死后无词客，延寿亡来绝画工。”(2)即汉王延寿。逸之子。《鲁灵光殿赋》作者。皎然《答裴集阳伯明二贤各垂赠二十韵今以一章用酬两作》：“诗名比元长，赋体凌延寿。”(3)(904—976)俗姓王。字冲玄。杭州余杭(今属浙江)人。事迹见《宋高僧诗》卷二八、《景德传灯录》卷二六、《十国春秋》本传。《全唐诗补逸》卷十八录其诗一首。

【延壽里】 即延寿坊。唐代长安里坊名。在朱雀门街西第一街。贾岛《延康吟》：“寄居延寿里，为与延康邻。”另有《延寿里精舍寓居》。吴融有《题延寿坊东南角古池》。

【延閣】 ❶汉代国家藏书之所。见《汉书·艺文志》。唐代则借以指国家图书机关秘书省。骆宾王《早秋出塞寄东台详正学士》：“兰渚浮延阁，蓬山款禁园。”王维《别綦毋潜》：“诏刊延阁书，高议平津邸。”裴度《奉酬中书相公至日圆丘摄事合于中书后阁宿斋之作》：“皓月当延阁，祥风自禁林。”刘禹锡《发华州留别张侍御》：“束简下延阁，买符驱短辕。”❷借指家庭藏书楼。李益、杜羔《兰陵僻居联句》：“蠹简封延阁，雕阑闷上霄。”

【延綿】 延绵不断。元稹《竞渡》：“延绵复几岁，逮及羲与轩。”唐彦谦《春草》：“天北天南绕路边，托根无处不延绵。”郑露《彻云涧》：“延绵不可穷，寒光彻云际。”

【延賞】 流连玩赏。王勃《游梵宇三觉寺》：“遽忻陪妙躅，延赏涤烦襟。”

【延請】 邀请。李群玉《饭僧》：“清晨洁蔬茗，延请良有以。”

【延滯】 淹留耽搁。姚合《题贞女祠》：“我来方谢雨，延滞失归期。”

【延緣】 缓慢移行。元稹《捉捕歌》：“延缘蚀栌□，渐入栋梁柱。”

【延遷】 迁延，拖延。韩愈《送灵师》：“中间不得意，失迹成延迁。”

【延頸】 ❶伸长头颈。阎朝隐《鹦鹉猫儿篇》：“鹓雏延颈，鹍鸡弄色。”刘长卿《杂咏八首上礼部李侍郎·白鹭》：“亭亭常独立，川上时延颈。”李商隐《哀筝》：“延颈全同鹤，柔肠素怯猿。”❷引颈眺望。王维《同卢拾遗过韦给事东山别业二十韵》：“顾己负宿诺，延颈惭芳荪。”钱起《晚次宿预馆》：“延颈遥天末，如闻故国钟。”权德舆《送韦中丞奉使新罗》：“延颈旬岁期，新恩在归鞅。”

【延矙】 远望。卢照邻《至陈仓晓晴望京邑》：“今朝好风色，延瞰极天庄。”

【延興門】 (興 xīng)唐长安城东门之一。东面三门：北，通化门；中，春明门；南，延兴门。见清徐松《唐两京城坊考》卷二。郑准《江南清明》：“延兴门外攀花别，采石江头带雨逢。”韦庄有《延兴门外作》。郑谷有《访题进士张乔延兴门外所居》。

【延薦】 引荐。元稹《奉和浙西大夫李德裕述梦四十韵》：“宾亲多谢绝，延荐必英豪。”李频《长安书怀投知己》：“因依非不忝，延荐况曾蒙。”方干《镜湖西岛言事寄陶校书》：“知音不延荐，何路出泥尘。”

【延瞻】 远眺。张籍《雨中寄元宗简》：“延瞻游步阻，独坐闲思饶。”

【延齡】 延年益寿。刘禹锡《楚州开元寺北院枸杞临井繁茂可观群贤赋诗因以继和》：“上品功能甘露味，还知一勺可延龄。”皮日休《太湖诗·入林屋洞》：“漱之恐减算，酌之必延龄。”

【延齡酒】 即菊花酒。相传重阳节饮菊花酒可以消灾去祸，延年益寿，故称。见梁宗懔《荆楚岁时记》。崔日用《奉和九月九日登慈恩寺浮图应制》：“菊泛延龄酒，兰吹解愠风。”

【延矚】 眺望。韦应物《县斋》：“闲斋始延瞩，东作兴庶氓。”

六　画

建 〔jiàn《广韵》居万切，去願，見。又《集韵》紀偃切，上阮，見。〕❶建立，创立。许敬宗《奉和行经破薛举战地应制》：“于斯建宸极，由此创鸿名。”李适《汾阴后土祠作》：“武皇实稽古，建兹百代勋。”张宣明《使至三姓咽面》：“卒使功名建，长封万里侯。”韦应物《送冯著受李广州署为录事》：“建邦临日域，温燠御四时。”❷树立。高适《送浑将军出塞》：“黄云白草无前后，朝建旌旄夕刁斗。”韩愈《奉和库部卢四兄曹长元日朝回》：“天仗宵严建羽旄，春云送色晓鸡号。"白居易《同微之赠别郭虚舟炼师五十韵》:"一提支郡印,一建连帅旗。"赵光逢《梁郊祀乐章·庆和》:"秉黄钺,建朱旗。"❸建筑,建造。《郊庙歌辞·仪坤庙乐章·坤贞》:"建兹清宫,于彼上京。"白居易《寓意诗五首》之一:"天子建明堂,此材独中规。"❹提出。见"建言""建議"。❺北斗星斗柄所指叫建。夏历(农历)的月份即由此而定,如十一月称建子,十二月称建丑,正月称建寅。刘驾《塞下曲》:"下营看斗建,传号信狼烟。"见"建子""建寅""建午月"。

【建巳月】 夏历四月。杜甫《戏赠友二首》之一:"元年建巳月,郎有焦校书。"参见"建❸"。

【建子】 夏历十一月。玄宗《春中兴庆宫酺宴》序:"往以仲冬建子,南至初阳,爰诏司存,式陈郊祀。"杜甫《草堂即事》:"荒村建子月,独树老夫家。"参见"建❸"。

【建木】 神话传说中的仙木名。见《山海经·海内经》。骆宾王《浮槎》序:"与建木较其短长,将大椿齐其年寿者。"

【建牙】 ❶出师前树立军旗。见唐封演《封氏闻见记·公牙》。刘长卿《献淮宁军节度使李相公》:"建牙吹角不闻喧,三十登坛众所尊。"❷引申指武臣出师或出镇。王丘《奉和圣制送张尚书巡边》:"建牙之塞表,鸣鼓接云中。"鲍溶《读淮南李相行营至楚州诗》:"阃外建牙威不宾,古来戡难忆忠臣。"罗邺《趁职单于留别阙下知己》:"职忝翩翩逐建牙,笈随征骑入胡沙。"❸借指武臣。韦庄《和郑拾遗秋日感事一百韵》:"建牙虽可恃,摩垒讵能防。"❹指异族首领所建置的王庭。白居易《新乐府·城盐州》:"金鸟飞传赞普闻,建牙传箭集群臣。"

【建中】 (—zhōng)德宗(李适)年号(780—783)。韦应物《送云阳邹儒立少府侍奉还京师》:"建中即藩守,天宝为侍臣。"元稹《和李校书新题乐府十二首·驯犀》:"建中之初放驯象,远归林邑近交广。"白居易《新乐府·驯犀》:"君不见建中初,驯象生还放林邑。"

【建水】 水名。即建阳溪,又名建安水。在建州治所建安县西四百步,南流入福州界。参阅《元和郡县志》卷二九。张乔《吊建州李员外》:"已葬桐江月,空回建水船。"曹松《哭李频员外》:"出麾临建水,下世在公堂。"黄滔《奉和翁文尧员外文秀光贤昼锦之什》:"建水闽山无故事,长卿严助是前身。"

【建午月】 夏历五月。李商隐《行次西郊作一百韵》:"蛇年建午月,我自梁还秦。"参见"建❸"。

【建公】 卫台寺僧知建上人。王謇《奉和元孚大德》:"当时惟有建公在,老宿如今一半无。"

【建立】 设置,设立。清昼《讲德联句》:"建立大官,封植有德。"

【建州】 州郡名。本为汉会稽郡治县地。建安初分置建安县。三国吴永安三年(260)置建安郡。参见《旧唐书·地理志五》《元和郡县志》卷二九。刘长卿有《送建州陆使君》。林宽有《送李员外频之建州》。张乔有《吊建州李员外》。

【建安】 ❶汉献帝年号(196—220)。文学上的建安时期,作家和作品大量涌现,诗歌呈现出"五言腾涌"的局面,辞赋、散文、小说亦有较大的发展。见南朝梁刘勰《文心雕龙·明诗》。陈子昂《与东方左史虬修竹篇》序:"可使建安作者,相视而笑。"韩愈《荐士》:"建安能者七,卓荦变风操。"皮日休《鲁望昨以五百言见贻过有褒美内揣庸陋弥增愧悚微旨也》:"元狩富材术,建安俨英贤。"❷指建安时期的优秀诗歌。借以称誉别人的诗作。高适《宋中别周梁李三子》:"周旋梁宋间,感激建安时。"严维《赠万经》:"纵酒真彭泽,论诗得建安。"湛贲《伏览吕侍郎丘员外旧题十三代祖历山草堂诗因书记事》:"调逸南平兆,风清建安迹。"李缜《奉和郎中游仙岩四瀑布寄包秘监李吏部赵婺州中十四韵》:"携赏喜康乐,示文惊建安。"

【建安吟】 同"建安作"。孟郊《赠竟陵卢使君虔别》:"赖得竟陵守,时闻建安吟。"

【建安作】 指建安时期,风格悲凉慷慨刚健骏爽、反映社会现实的优秀诗歌。后借以称誉别人的诗作。高适《淇上酬薛三据兼寄郭少府微》:"隐轸经济具,纵横建安作。"颜真卿、陆羽《水堂送诸文士戏赠潘丞联句》:"会异永和年,才同建安作。"刘长卿《奉和李大夫同吕评事太行苦热行兼寄院中诸公仍呈王员外》:"永怀姑苏下,遥寄建安作。"权德舆《奉和李大夫题郑评事江楼》:"何时金马诏,早岁建安作。"参见"建安❶"。

【建安風格】 亦作"建安骨"。指建安时期悲凉、慷慨、刚健的诗歌风格。李白《宣州谢朓楼饯别校书叔云》:"蓬莱文章建安骨,中间小谢又清发。"陆龟蒙《和过张祜处士丹阳故君》序:"及老大,稍窥建安风格,诵乐府录,知作者本意,短章大篇,往往间出,谏讽怨谲,时与六义相左右。"参见"建安❶"。

【建安骨】 见"建安風格"。

【建安體】 指建安时期悲凉慷慨、刚健骏爽的诗歌风格与体式。王维《别綦毋潜》:"盛得江左风,弥工建安体。"参见"建安❶"。

【建言】 向上提出意见。刘禹锡《读张曲江集作》序:"世称张曲江为相,建言放臣不宜与善地,多徙五溪不毛之乡。"

【建昌】 ❶县名。东汉永元十六年(104)分海昏县置。治所在今江西奉新县西。唐属洪州。参阅《旧唐书·地理志三》《元和郡县志》卷二八。王贞白有《送建昌冯明府》。❷即建昌江。参见“建昌江”。

【建昌江】　又作“建昌”。水名。即修水。源出江西修水县西幕阜山，东流经修水、武宁、永修诸县，汇入赣江和鄱阳湖。参阅《读史方舆纪要·江西》。白居易《建昌江》：“建昌江水县门前，立马教人唤渡船。”韦庄《建昌渡暝吟》：“鸟栖彭蠡树，月上建昌船。”吴筠有《同刘主簿承介建昌江泛舟作》。

【建始】　即建始殿。洛阳宫殿名，汉末曹操建。见《三国志·魏志·武帝纪》裴松之注引《世说》。中宗《立春日游苑迎春》：“寒光犹恋甘泉树，淑景偏临建始花。”

【建春門】　唐代东都洛阳城门名。见徐松《唐两京城坊考》卷五。白居易《与皇甫庶子同游城东》：“博望苑中无职役，建春门外足池台。”

【建瓴】　高屋建瓴的略语。语本《史记·高祖本纪》。瓴，盛水瓶；建瓴，谓倾瓶倒水。形容居高临下，势不可挡。杜甫《秦州见敕目薛三璩授司议郎毕四曜除监察凡三十韵》：“杂种虽高垒，长驱甚建瓴。”戴叔伦《下鼻亭泷行八十里聊状艰险寄青苗郑副端朔阳》：“既下同建瓴，半空方避石。”杜牧《分司东都寓居履道叨承川尹刘侍郎大夫恩知上四十韵》：“寒暑逾流电，光阴甚建瓴。”李商隐《商于》：“建瓴真得势，横戟岂能当。”

【建隼】　同“建旟”。隼，指旃旗，上面画有鸟隼的旗。韦应物《春月观省属城始憩东西林精舍》：“建隼出浔阳，整驾游山川。”刘长卿《题独孤使君湖上林亭》：“水对登龙净，山当建隼寒。”皇甫冉《送崔使君赴寿州》：“草色青青宜建隼，蝉声处处杂鸣驺。”李绅《寿阳罢郡日瑞物·发寿阳分司敕到又遇新正感怀书事》：“休为建隼临淝守，转作垂丝入洛人。”

【建隼旟】　同“建旟”。韦应物《自尚书郎出为滁州刺史》：“登途建隼旃，勒驾望承明。”

【建除體】　古诗体名。南朝宋鲍照所创。其体二十四句，从第一句起，单句首字即冠以建、除、满、平、定、执、破、危、成、收、开、闭十二字，即自寅（夏历正月为建寅）、卯以至子、丑等十二辰的代号，故称“建除体”诗。权德舆有《建除诗》一首。见《全唐诗》卷三二七。

【建都】　定都，建立国都。吴筠《建业怀古》：“吴王霸荆越，建都长江滨。”张良璞《览史》：“建都用鹑宿，设险因金城。”杜甫《建都十二韵》：“建都分魏阙，下韶辟荆门。”

【建國】　建立国家。玄宗《过晋阳宫》：“缅想封唐处，实惟建国初。”李商隐《赠送前刘五经映三十四韵》：“建国宜师古，兴邦属上庠。”王贞白《钓台》：“旧交虽建国，高卧不求荣。”徐夤《蜀》：“君王幸是中山后，建国如何号蜀都。”

【建康】　六朝都城。即今江苏南京市。汉置秣陵县，三国吴改为建业。愍帝（司马邺）即位，以避讳改为建康。参见《晋书·地理志下》、《元和郡县志》卷二五。郎士元《送王司马赴润州》：“离心逐春草，直到建康城。”周贺《与崔弇话别》：“人寻冯翊去，草向建康衰。”齐己《送人润州寻兄弟》：“君话南徐去，迢迢过建康。”

【建章】　❶汉代宫殿。建于汉武帝太初元年（前104）。宫在长安城西，由二十六殿组成，周二十余里。参阅《汉书·郊祀志》《三辅黄图》卷三、《长安志图》。王绩《过汉故城》：“群后崇长乐，中朝增建章。”吴筠《览古十四首》之三：“继踵迷反正，汉家崇建章。”许景先《折柳篇》：“长杨西连建章路，汉家林苑纷无数。”韦济《奉和圣制次琼岳应制》：“行漏通鳷鹊，离宫接建章。”❷唐诗中多借以指举行早朝听政的大明宫前殿含元殿。储光羲《同诸公送李云南伐蛮》：“剑关掉鞅归，武弁朝建章。”李林甫《秋夜望月忆韩席等诸侍郎因以投赠》：“愿欲接高论，清晨朝建章。”王维《奉和杨驸马六郎秋夜即事》：“结束平阳骑，明朝入建章。”李端《送王羽林往秦州》：“直扫三边靖，承恩向建章。”白居易《早朝》：“鼓动出新昌，鸡鸣赴建章。”❸指南朝宋时京城建康（今江苏南京市）之北邸。见《宋书·前废帝纪》。李白《秋夜板桥浦泛月独酌怀谢朓》：“斜低建章阙，耿耿对金陵。”❹泛指京城宫阙。太宗《采芙蓉》：“栖乌还密树，泛流归建章。”钱起《新昌里言怀》：“如何建章漏，催着早朝衣。”陆贽《赋得御园芳草》：“拥仗缘驰道，乘舆入建章。”许鼎《崿岭四望》：“汉家仙仗在咸阳，洛水东流出建章。”

【建章宫】　借指朝廷。韩翃《送王光辅归青州兼寄储侍郎》：“几回奏事建章宫，圣主偏知汉将功。”参见“建章❶”。

【建章臺】　即汉代建章神明台。见《三辅黄图》卷三引《庙记》。唐诗中多借以指京城宫阙。李白《上皇西巡南京歌十首》之一：“胡尘轻拂建章台，圣主西巡蜀道来。”皇甫冉《秋夜寄所思》：“寂寞坐遥夜，清风何处来。天高散骑省，月冷建章台。”又《冬夜集赋得寒漏》：“清冬洛阳客，寒漏建章台。”

【建寅】　夏历十二月。孟浩然《长安早春》：“咸歌太平日，共乐建寅春。”张子容《乐城岁日赠孟浩然》：“土地穷瓯越，风光肇建寅。”刘长卿《岁日作》：“建寅回北斗，看历占春风。”曹松《客中立春》：“腊尽星回次，寒余月建寅。”参见“建❶”。

【建陽】　县名。本汉上饶县地。吴分置建平县，晋太康四年（283）改为建阳县，治所在今福建建阳市东北。参见《旧唐书·地理志三》《元和郡县志》卷二九。翁承赞有《访建阳马驿僧亚齐》。

【建極】 建立中正之道。语本《书·洪范》。一说谓建立法度、准则。羊士谔《和武相早朝中书候传点书怀奉呈》:“三台昭建极,一德庆垂衣。”

【建鼓】 亦称“植鼓”。古代打击乐器。见《庄子·天运》。后用作发号施令。见《汉书·何并传》。陆龟蒙《袭美先辈以龟蒙所献五百言既蒙见和复示荣唱用伸酬谢》:“不敢负建鼓,唯忧掉降旗。”

【建業】 地名。即今江苏南京市。汉时为秣陵县。三国吴改为建业,并定都于此。孟浩然《宿扬子津寄润州长山刘隐士》:“所思在建业,欲往大江深。”魏万《金陵酬李翰林谪仙子》:“同舟入秦淮,建业龙盘处。”卢纶《送从叔士准赴任润州司士》:“风吹建业雨,浪入广陵船。”韦庄《谒蒋帝庙》:“建业城边蒋帝祠,素髯清骨旧风姿。”参见“建康”。

【建業歌】 三国吴孙皓迁都武昌,建业地区百姓溯流供给,深为患苦。又政事多乖,人民穷匮,故作歌曰:“宁饮建业水,不食武昌鱼。宁还建业死,不止武昌居。”见《三国志·吴志·陆凯传》。后用作咏武昌的典故。罗隐《游江夏口》:“鱼听建业歌声过,水看瞿塘雪影来。”

【建號】 指帝王即位建立年号。李节《赠释疏言还道林寺诗》序:“天子建号之初,雪释氏之不可废也,诏徐复之。”

【建節】 古代使臣奉命出使或外任时,须执持符节,以为凭信,谓之建节。高适《奉酬睢阳李太守》:“海门当建节,江路引鸣驺。”权德舆《建除诗》:“建节出王都,雄雄大丈夫。”刘禹锡《奉送浙西李仆射相公赴镇》:“建节东行是旧游,欢声喜气满吴州。”

【建溪】 水名。在今福建南平市东南,为闽江上游。刘长卿《新安奉送穆谕德归朝赋得行字》:“九重宣室召,万里建溪行。”刘禹锡《送唐舍人出镇闽中》:“闽岭夏云迎皂盖,建溪秋树映红旌。”许浑《放猿》:“山浅忆巫峡,水寒思建溪。”韦庄《洪州送僧游福建》:“殷勤早作归来计,莫恋猿声住建溪。”

【建旗】 建,树立。古代建大旗以封蕃国侯王。见《周礼·春官·巾车》。王珪《咏淮阴侯》:“功成享天禄,建旗还南昌。”

【建標】 树立标识。见《文选·孙绰〈游天台山赋〉》。杜甫《奉赠太常张卿二十韵》:“建标天地阔,诣绝古今迷。”元稹《竞舟》:“建标明取舍,胜负死生求。”唐彦谦《汉代》:“水净疑澄练,霞孤欲建标。”

【建德】 ❶县名。本汉富春县地。三国吴黄武四年(225)改置,治所即今浙江建德市东北梅城镇。参阅《旧唐书·地理志三》《元和郡县志》卷二五。崔颢《发锦沙村》:“孤舟下建德,江水入新安。”孟浩然《宿桐庐江寄广陵旧游》:“建德非吾土,维扬忆旧游。”耿湋《赠别刘员外长卿》:“建德津亭人别夜,新安江水月明时。”❷人名。即隋窦建德。明皇有《行次成皋途经先圣擒建德之所缅思功业感而赋诗》。张九龄有《奉和圣制次成皋先圣擒建德之所》。

【建德江】 即今浙江钱塘江上游新安江,流经建德市河段。孟浩然有《宿建德江》。

【建鄴】 地名。即建业。顾非熊《送造微上人归淮南觐兄》:“雨断芜城路,虹分建邺天。”曹松《望九华寄池阳太守》:“盘蹙陵阳壮,孤标建邺瞻。”参见“建康”。

【建勳】 建立功勋。张蠙《边将》:“上马乘秋欲建勋,飞弧夜阙出师频。”

【建禮】 ❶汉代尚书郎寓直之地。见汉应劭《汉官仪》卷上。后以“建礼”指朝廷官员的寓直之处。张谔《赠吏部孙员外济》:“明光朝半下,建礼直初回。”周彻《尚书郎上直闻春漏》:“建礼通华省,含香直紫宸。”权德舆《送薛温州》:“方期建礼直,忽访永嘉程。”❷借指尚书省。乔知之《和苏员外寓直》:“三旬登建礼,五夜直明光。”徐彦伯《拟古三首》之二:“束身趋建礼,秉笔坐承明。”❸汉代宫殿门。建礼门内为未央正宫,殿内有明光殿,为尚书郎奏事之地。见宋程大昌《雍录》卷二。唐代丹凤门内为大明宫的正门,大明宫前殿为含元殿,系皇帝举行早朝听政的地方。因以“建礼门”借指丹凤门。岑参《送崔员外入秦因访故园》:“欲谒明光殿,先趋建礼门。”白居易《东南行一百韵寄通州元九侍御澧州李十一舍人窦七校书》:“承明连夜直,建礼拂晨趋。”皮日休《七爱诗·卢征君》:“建礼门前吟,金銮殿里醉。”韦庄《和郑拾遗秋日感事一百韵》:“晓风趋建礼,夜月直文昌。”王维《同崔员外秋宵寓直》:“建礼高秋夜,承明候晓过。”又《同比部杨员外十五夜游有怀静者季》:“承明少休沐,建礼省文书。”赵殿成注:“《宋书》:汉尚书寺居建礼门内。”❹借指尚书郎。沈佺期《和崔正谏登秋日早朝》:“独负池阳议,言从建礼游。”

【建禮門】 见“建禮❸”。

【建禮署】 借指尚书省。独孤及《暮春于山谷寺上方遇恩命加官赐服酬皇甫侍御见贺之作》:“还登建礼署,犹忝会稽章。”

【建旟】 建,树立;旟,画有鸟隼的旗。古代冬季大阅,州里之长须建立旟旗以为标志,象征勇猛、敏捷。见《周礼·春官·司常》。后以“建旟”指出守州郡。张九龄《故徐州刺史赠吏部侍郎苏公挽歌词三首》之三:“宁知建旟罢,丹旐向京师。”储光羲《奉和韦判官献侍郎叔除河东采访使》:“丑正在权臣,建旟千里外。"柳宗元《同刘二十八院长述旧言怀感时书事奉寄澧州赠二君子》:"建旐翻鸷鸟,负弩绕文蛇。"

【建籌】　提出意见,帮助筹划。杜牧《洛中送冀处士东游》:"刘济愿跪履,田兴请建筹。"

【建議】　对事情或问题的处理提出意见。李商隐《送从翁东川弘农尚书幕》:"建议庸何所,通班昔滥臻。"

廾 部

二 画

弁 〔biàn《广韵》皮變切，去線，並。〕❶古代贵族的一种帽子。吉礼用冕，常礼用弁。后泛指帽子。岑参《优钵罗花歌》序：“其状异于众草，势巃嵸如冠弁。”耿沣《题清萝翁双泉》：“侧弁向清漪，门中夕照移。”羊士谔《乾元初严黄门自京兆少尹贬牧巴郡十四韵刻于石壁》：“初筵方侧弁，故老忽沾襟。”陆龟蒙《江墅言怀》：“野弁欹还整，家书拆又封。”❷借指官职。徐浩《宝林寺作》：“揆余久缨弁，末路遭邅回。”

【弁珥】 冠上的垂珠。韩愈、孟郊《城南联句》：“酣欢杂弁珥，繁价流金琼。”

【弁冕】 古代男子冠名。吉礼之服用冕，通常礼服用弁。后泛指官服。元稹《和乐天赠吴丹》：“弁冕徒挂身，身外非所宝。”

四 画

弄 〔nòng《广韵》盧貢切，去送，來。〕❶多指手的动作，常因文而异。杜审言《奉和七夕侍宴两仪殿应制》：“那堪尽此夜，复往弄残机。”此指纺织。李白《白马篇》：“酒后竞风采，三杯弄宝刀。”此指抚弄。王昌龄《采莲曲二首》之一：“吴姬越艳楚王妃，争弄莲舟水湿衣。”此指荡舟。白居易《感悟妄缘题如上人壁》：“弄沙成佛塔，锵玉谒王宫。”此指堆沙。❷玩耍，游戏。李白《杂曲歌辞·长干行二首》之一：“郎骑竹马来，绕床弄青梅。”白居易《新乐府·井底引银瓶》：“妾弄青梅凭短墙，君骑白马傍垂杨。”陆龟蒙《袭美先辈以龟蒙所献五百言既蒙见和复示荣唱用伸酬谢》：“少小不好弄，逡巡奉弓箕。”❸欺骗，作弄。李山甫《自叹拙》：“世乱僮欺主，年衰鬼弄人。”陆龟蒙《庆封宅古井行》：“虽过鲁国羞鲁儒，欲弄吴民窃吴柄。”李浩弼《从幸秦川赋鸷兽诗》：“天子纪纲犹被弄，客人穷独固难过。”❹显现，卖弄。张旭《山行留客》：“山光物态弄春辉，莫为轻阴便拟归。”王翰《古蛾眉怨》：“宫中彩女夜无事，学凤吹箫弄清越。”卢仝《寄赠含曦上人》：“雪晴天气和，日光弄梅李。”韩愈《人日城南登高》：“初正候才兆，涉七气已弄。”❺戏弄，玩弄。郭向《途中口号》：“年年洛阳陌，花鸟弄归人。”薛涛《十离诗·鱼离池》：“跳跃深池四五秋，常摇朱尾弄纶钩。”杜荀鹤《乱后逢李昭象叙别》：“兵戈到处弄性命，礼乐向人生是非。”❻逗玩。韩愈《县斋有怀》：“闲爱老农愚，归弄小女姹。”白居易《新秋》：“唯弄扶床女，时时强展眉。”皮日休《太湖诗·销夏湾》：“敛袖弄轻浪，解巾敌凉飔。”陆龟蒙《读襄阳耆旧传因作诗五百言寄皮袭美》：“却视五霸图，股掌弄孩幼。”❼玩赏。李白《赠宣城宇文太守兼呈崔侍御》：“或弄宛溪月，虚舟信洄沿。”于良史《春山夜月》：“掬水月在手，弄花香满衣。”❽弹奏，吹奏。孟浩然《赠道士参寥》：“蜀琴久不弄，玉匣细尘生。”岑参《裴将军宅芦管歌》：“弄调啾飕胜洞箫，发声窈窕欺横笛。”张祜《穆护砂》：“玉管朝朝弄，清歌日日新。”韦庄《悼亡姬》：“湘江水阔苍梧远，何处相思弄舜琴。”❾乐曲。王勃《相和歌辞·江南弄》：“江南弄，巫山连楚梦。”又《春日宴乐游园赋韵得接字》：“流水抽奇弄，崩云洒芳牒。”白居易《新乐府·西凉伎》：“纵无智力未能收，忍取西凉弄为戏。”陆龟蒙《乐府杂咏六首·双吹管》：“高楼微月夜，吹出江南弄。”❿乐曲单位。指乐曲一阕或演奏一遍。顾况《李供奉弹箜篌歌》：“巧声一日一回变，实可重，不惜千金买一弄。”卢纶《河口逢江州朱道士因听琴》：“引坐霜中弹一弄，满船商客有归心。”白居易《夜招晦叔》：“高调秦筝一两弄，小花蛮榼二三升。”黄滔《赠郑明府》：“垂柳五株春姬姹，鸣琴一弄水潺湲。”⓫指禽鸟鸣叫。太宗《春池柳》：“疏黄一鸟弄，半翠几眉开。”王维《听宫莺》：“忽惊啼暂断，移处弄还长。”刘长卿《过李将军南郑林园观妓》：“郊原风日好，百舌弄何频。”温庭筠《晓仙谣》：“秦王女骑红尾凤，半空回首晨鸡弄。”亦指歌女歌唱。杨希道《咏琴》：“齐娥初发弄，赵女正调声。”⓬修饰。见“弄妝”。⓭扮演，表演。见“弄参軍”。

【弄水】 玩水。白居易《春葺新居》：“寻芳弄水坐，尽日心熙熙。”又《忆晦叔》：“游山弄水携诗卷，看月寻花把酒杯。”

【弄日】 ❶赏玩春日景色。白居易《遗爱寺》：“弄日临溪坐，寻花绕寺行。”❷谓在春日弄姿。姚合《游春十二首》之一：“弄日莺狂语，迎风蝶倒飞。”黄文《湘江》:"潇湘江头三月春,柳条弄日摇黄金。"

【弄月】　赏月。李白《赠崔秋浦三首》之二:"抱琴时弄月,取意任无弦。"又《别山僧》:"何处名僧到水西,乘舟弄月宿泾溪。"刘长卿《自鄱阳还道中寄褚征君》:"爱君清川口,弄月时棹唱。"

【弄文墨】　义同"弄詞翰"。孟浩然《南归阻雪》:"少年弄文墨,属意在章句。"

【弄火】　玩火。鲍溶《倚瑟行》:"泉宫一闭秦国丧,牧童弄火骊山上。"

【弄玉】　春秋穆公之女。相传时有萧史善吹箫,穆公以女妻之,后二人皆成仙升天。李峤《楼》:"笛怨绿珠去,箫随弄玉来。"李白《凤台曲》:"曲在身不返,空余弄玉名。"鲍溶《弄玉词二首》之二:"三清弄玉秦公女,嫁得天上人。"参见"弄玉吹簫"。

【弄玉吹簫】　指春秋秦萧史教穆公之女弄玉吹箫而共成仙升天之事。见《艺文类聚》卷七八引汉刘向《列女传》。李百药《少年行》:"始酌文君酒,新吹弄玉箫。"顾况《义川公主挽词》:"弄玉吹箫后,湘灵鼓瑟时。"

【弄玉臺】　即凤凰台。宗楚客《安乐公主移入新宅侍宴应制》:"马向铺钱埒,箫闻弄玉台。"

【弄田】　供天子宴游之田。见《汉书·昭帝纪》。温庭筠《奉天西佛寺》:"至今南顿诸耆旧,犹指榛芜作弄田。"

【弄印】　谓任命御史大夫。见《史记·张丞相列传》。高适《酬河南节度使贺兰大夫见赠之作》:"隐隐摧锋势,光光弄印荣。"皇甫曾《送徐大夫赴南海》:"位重登坛后,恩深弄印时。"

【弄民柄】　义同"弄權"。古之奇《秦人谣》:"奸臣弄民柄,天子恣衷抱。"

【弄色】　显现美色。高适《人日寄杜二拾遗》:"柳条弄色不忍见,梅花满枝空断肠。"姚合《迎春》:"今日柳条全弄色,游人相伴看春来。"曹邺《四怨三愁五情诗十二首·二怨》:"庭花已结子,岩花犹弄色。"司空图《柳二首》之二:"似拟凌寒妒早梅,无端弄色傍高台。"

【弄帆】　谓扬帆。崔涯《咏春风》:"绕桂月明过万户,弄帆晴晚渡三湘。"

【弄兵】　谓轻率动兵。多指叛乱者。《郊庙歌辞·享隐太子庙乐章·凯安》:"弄兵隳震业,启圣隆嗣典。"李白《相和歌辞·梁甫吟》:"吴楚弄兵无剧孟,亚夫咍尔为徒劳。"杜牧《咏歌圣德远怀天宝因题关亭长句四韵》:"君王若悟治安论,安史何人敢弄兵。"

【弄妝】　妆饰,打扮。施肩吾《夜宴曲》:"碧窗弄娇梳洗晚,户外不知银汉转。"温庭筠《菩萨蛮》词:"懒起画蛾眉,弄妆梳洗迟。"

【弄杼】　见"弄梭"。

【弄春】　游赏春景。王维《早春行》:"谁家折杨女,弄春如不及。"皮日休《洛中寒食二首》之二:"弄春公子正回首,趁节行人不到家。"李山甫《下第卧疾卢员外召游曲江》:"眼前何事不伤神,忍向江头更弄春。"

【弄珠】　❶玩珠。指汉皋二女事。见《文选·张衡〈南都赋〉》。孟浩然《登安阳城楼》:"向夕波摇明月动,更疑神女弄珠游。"李白《岘山怀古》:"弄珠见游女,醉酒怀山公。"罗虬《比红儿诗》之八六:"便教汉曲争明媚,应没心情更弄珠。"❷指鲛人泣珠事。见晋张华《博物志·异人》,又见梁任昉《述异记》。邵谒《放歌行》:"龟为秉灵亡,鱼为弄珠死。"❸古代杂戏的一种。两手上下抛接几个珠丸,不使落地。白居易《重到渭上旧居》:"白日如弄珠,出没光不住。"赵牧《对酒》:"手挼六十花甲子,循环落落如弄珠。"

【弄珠江】　即汉水。韦庄《浣溪沙》词:"绿树藏莺莺正啼,柳丝斜拂白铜鞮,弄珠江上草萋萋。"参见"弄珠"。

【弄粉】　谓以脂粉饰容。李商隐《木兰》:"弄粉知伤重,调红或有余。"

【弄孫】　逗玩孙儿。贯休《上冯使君五首》之三:"茆屋岸花中,弄孙头似雪。"

【弄風】　指挟妓宴饮。李贺《贾公闾贵婿曲》:"且要弄风人,暖蒲沙上饮。"

【弄梭】　亦作"弄杼"。指纺织。刘长卿《对酒寄严维》:"郡简容垂钓,家贫学弄梭。"

【弄笛】　吹奏笛子。韦应物《听莺曲》:"羌儿弄笛曲未调,前声后声不相及。"赵嘏《忆山阳》:"芰荷香绕垂鞭袖,杨柳风横弄笛船。"

【弄參軍】　即参军戏,又称"参军"。唐代流行的一种表演形式,渊源于秦汉的俳优。参见唐段安节《乐府杂录·俳优》、唐范摅《云溪友议》。薛能《吴姬十首》之八:"此日杨花初似雪,女儿弦管弄参军。"

【弄琴】　弹琴。宋之问《送永昌萧赞府》:"弄琴宽别意,酌醴醉春愁。"姚合《闲居遣怀十首》之八:"独行看影笑,闲坐弄琴声。"雍陶《访友人幽居二首》之二:"尽日弄琴谁共听,与君兼鹤是三人。"崔涂《过陶征君隐居》:"陶令昔居此,弄琴遗世荣。"

【弄筆】　谓执笔作文或绘画。韩愈《寄卢仝》:"往年弄笔嘲同异,怪辞惊众谤不已。"韩偓《信笔》:"有时闲弄笔,亦画两鸳鸯。"

【弄詞翰】　亦作"弄儒翰"。谓读书作文,以儒为业。高适《东平留赠狄司马》:"森然瞻武库,则是弄儒翰。"李德裕《近于伊川卜山居将命者画图而至欣然有感青田胎化鹤》:"弱岁弄词翰,遂叨明主恩。"

【弄璋】 语本《诗·小雅·斯干》。诗意谓祝所生男子成长后执圭璧为王侯。后因称生男为“弄璋”。寒山《诗三百三首》之一一五：“弄璋字乌觎，掷瓦名婠妠。”白居易《崔侍御以孩子三日示其所生诗见示因以二绝句和之》之二：“弄璋诗句多才思，愁杀无儿老邓攸。”又《和微之道保生三日》：“相看鬓似丝，始作弄璋诗。”

【弄影】 指人影或物影的移动或晃动。李白《题嵩山逸人元丹丘山居》：“凭雷蹑天窗，弄影憩霞阁。”岑参《卫节度赤骠马歌》：“扬鞭骤急白汗流，弄影行骄碧蹄碎。”章孝标《省试骐骥长鸣》：“瑶池期弄影，天路拟飞声。”韩溉《柳》：“雪尽青门弄影微，暖风迟日早莺归。”

【弄潮】 在潮水里划船竞渡或游水作戏。白居易《池边即事》：“毡帐胡琴出塞曲，兰塘越棹弄潮声。”

【弄潮兒】 于潮涨时在潮头表演泅水技艺的青年。李益《相和歌辞·江南曲》：“早知潮有信，嫁与弄潮儿。”

【弄嬌】 故作娇态。方干《赠美人四首》之二：“坐上弄娇声不转，尊前掩笑意难知。”

【弄儒翰】 见“弄詞翰”。

【弄濤】 犹弄潮。元稹《戏赠乐天复言》：“弄涛船更曾观否，望市楼还有会无。”

【弄濤旗】 弄涛儿弄潮时手执的旗帜。白居易《重题别东楼》：“春雨星攒寻蟹火，秋风霞飐弄涛旗。”自注：“余杭风俗，每寒食雨后夜凉，家家持烛寻蟹，动盈万人。每岁八月，迎涛弄水者，悉举旗帜焉。”

【弄權】 凭借职位，滥用权力。元稹《连昌宫词》：“弄权宰相不记名，依稀忆得杨与李。”罗隐《北邙山》：“何必更寻无主骨，也知曾有弄权人。”

六　画

弈 〔yì《广韵》羊益切，入昔，以。〕❶围棋。顾况《题卢道士房》：“上章尘世隔，看弈桐阴斜。”耿湋《仙山行》：“数翁皆藉草，对弈复倾尊。”皮日休《二游诗·任诗》：“闲斟不置罚，闲弈无争劫。”❷通“奕”。大也。见“弈弈”。

【弈思】 指下棋时的思路。见《文选·沈约〈齐故安陆昭王碑文〉》。徐铉《又赋早春书事》：“弓声达春气，弈思养天和。”

【弈弈】 高大貌。《郊庙歌辞·周宗庙乐舞辞·明德舞》：“新庙奕奕，丰年穰穰。”

【弈棋】 下棋。杜甫《七月一日题终明府水楼二首》之二：“楚江巫峡半云雨，清簟疏帘看弈棋。”李端《送潘述宏词下第归江外》：“弈棋知胜偶，射策请焚舟。”刘禹锡《观棋歌送儇师西游》：“长沙男子东林师，闲读艺经工弈棋。”白居易《放言五首》之二：“不信君看弈棋者，输赢须待局终头。”

【弈楸】 棋盘。段成式《观棋》：“闲对弈楸倾一壶，黄羊枰上几成都。”

十一画

弊 〔bì《集韵》毗祭切，去祭，並。〕❶破损，破旧。王维《春园即事》：“宿雨乘轻屐，春寒着弊袍。”刘长卿《送秦侍御外甥张篆之福州谒鲍大夫秦侍御与大夫有旧》：“辕门拜首儒衣弊，貌似牢之岂不怜。”李贺《勉爱行二首送小季之庐山》：“洛郊无俎豆，弊厩惭老马。”孙郃《哭方玄英先生》：“死着弊衣裳，生谁顾朱紫。”❷衰落，衰败。陈子昂《与东方左史虬修竹篇》序：“文章道弊，五百年矣。”柳宗元《咏三良》：“霸基弊不振，晋楚更张皇。”皎然、潘述《讲古文联句》：“汉承秦弊，尊儒尚学。”❸弊病。李頎《龙门送裴侍御监五岭选》：“心清物不杂，弊革事无留。”白居易《赠友五首》之三：“谁能革此弊，待君秉利权。”皮日休《鲁望昨以五百言见贻过有褒美内揣庸陋弥增愧悚微旨也》：“吾唐革其弊，取士将科县。”引申为遭遇。白居易《雪中晏起偶咏所怀兼呈张常侍韦庶子皇甫郎中》：“我独何者无此弊，复帐重衾暖若春。”❹劳弊；疲困。王勃《倬彼我系》之二：“晋历崩圻，衣冠扰弊。”孟浩然《入峡寄弟》：“往来行旅弊，开凿禹功存。”吴筠《览古十四首》之三：“力役弊万人，瑰奇殚八方。”岑参《送狄员外巡按西山军》：“不知何代策，空使蜀人弊。”❺竭尽。顾况《上古之什补亡训传十三章·十月之郊一章》：“百力殚弊，审方面势，姑博其制，作为公室。”唐彦谦《宿田家》：“民膏日已瘠，民力日愈弊。”❻恶劣，坏。韩愈《东都遇春》：“乖慵遭傲僻，渐染生弊性。”❼谦词。见“弊宅❷”“弊居❷”“弊廬❷”。

【弊宅】 ❶破旧的居所。白居易《题新居呈王尹兼简府中三掾》：“弊宅须重葺，贫家乏羡财。”❷谦称己居。白居易有《闻崔十宿予新昌弊宅》。

【弊事】 有害的事。韩愈《左迁至蓝关示侄孙湘》：“欲为圣朝除弊事，肯将衰朽惜残年。”

【弊居】 ❶简陋的居所。白居易《履道西门二首》之一：“履道西门有弊居，池塘竹树绕吾庐。”❷谦称己居。白居易有《酬思黯相公见过弊居戏赠》。

【弊俗】 鄙陋、恶劣的风俗。姚鹄《襄州献贞尚书》：“礼乐政行凋弊俗，歌谣声彻帝王都。”

【弊帷】 ❶破弊的车帷。王建《喻时》：“去者如弊帷，来者如新衣。”❷见《礼记·檀弓下》。后因以“弊帷”，为喻马死的典故。白居易《有小白马乘驭多时奉使东行至稠桑驿溘然而毙题二十韵》："何处埋奇骨，谁家觅弊帷。"

【弊恶】　指恶劣的行为。寒山《诗三百三首》之二七五："朝朝行弊恶，往往痛臀脊。"

【弊貂】　见"弊貂裘"。

【弊貂裘】　亦作"弊貂"。同"弊裘"。戴叔伦《从军行》："酬恩仗孤剑，十年弊貂裘。"吴仁璧《投谢钱武肃》："弊貂不称芙蓉幕，衰朽仍惭玳瑁簪。"

【弊裘】　谓苏秦貂裘破弊。见《战国策·秦策一》。后以"弊裘"用作怀才不遇、困顿失意的典故。杜甫《远游》："弊裘苏季子，历国未知还。"韦应物《温泉行》："弊裘羸马冻欲死，赖遇主人杯酒多。"张籍《行路难》："弊裘羸马苦难行，僮仆饥寒少筋力。"牟融《送范启东还京》："客里故人尊酒别，天涯游子弊裘寒。"

【弊屣】　破旧的鞋子。见《太平御览》卷六九八引《孟子》。后以喻无用之物。无名氏《子陵山洞》："翩翩钓台翁，弊屣弃利禄。"

【弊廬】　❶简陋的居所。孟浩然《田园作》："弊庐隔尘喧，惟先养恬素。"刘商《送别》："灞岸青门有弊庐，昨来闻道半丘墟。"姚合《赠任士曹》："何计同归去，沧江有弊庐。"黄滔《客舍秋晚夜怀故山》："经年荒草侵幽径，几树西风锁弊庐。"❷对自己居所的谦称。孟浩然《涧南即事贻皎上人》："弊庐在郭外，素产惟田园。"严维《酬王侍御西陵渡见寄》："若不嫌鸡黍，先令扫弊庐。"贾岛《赠温观主》："弊庐道室虽邻近，自乐冬阳炙背闲。"贯休《桐江闲居作十二首》之十："唯有西溪叟，时时到弊庐。"

弋　部

弋〔yì《广韵》與職切，入職，以。〕❶带丝绳的箭。李义府《咏鹦鹉》："牵弋辞重海，触网去层峦。"杜甫《泛溪》："童戏左右岸，罟弋毕提携。"齐己《闻雁》："丹心劳避弋，万里念随阳。"❷用带绳的箭射鸟。王昌龄《郑县宿陶太公馆中赠冯六元二》："本家蓝田下，非为渔弋故。"钱起《东溪杜野人致酒》："早冬耕凿暇，弋雁复烹鱼。"柳宗元《同刘二十八院长述旧言怀感时书事奉寄澧州赠二君子》："野鹜行看弋，江鱼或共叉。"李绅《翡翠坞》："弹射莫及弋不得，日暮虞人空叹息。"❸禽鸟。陆龟蒙《江墅言怀》："汀洲藏晚弋，篱落露寒舂。"

【弋林】　在林中射鸟。畅当《南充谢郡客游澧州留赠宇文中丞》："为语弋林者，冥冥鸿远矣。"柳宗元《游南亭夜还叙志七十韵》："弋林驱雀鷃，渔泽从鳅䱤。"

【弋者篡】　见汉扬雄《法言·问明》。后以"弋者篡"喻设陷阱害人。韩愈《崔十六少府摄伊阳以诗及书见投因酬三十韵》："肯效屠门嚼，久嫌弋者篡。"

【弋叟】　老猎人。张说《同赵侍御乾湖作》："鳞宗壳族嬉为府，弋叟罛师利焉聚。"

【弋陽】　❶县名。隋开皇十二年(592)以葛阳县改名。治所即今江西弋阳县。唐初属饶州，乾元元年(758)改属信州。张祜《题弋阳馆》："一叶飘然下弋阳，残霞昏日树苍苍。"顾非熊《送信州卢员外兼寄薛员外》："五马弋阳行，分忧出禁城。"❷指弋阳江。即信江在弋阳县境内一段。李端《送乐平苗明府得家字》："山从石壁断，江向弋阳斜。"许浑《春泊弋阳》："江行春欲半，孤枕弋阳堤。"

【弋罗】　箭和罗网，泛指射猎的工具。白居易《赠诸少年》："老惭退马沾刍秣，高喜归鸿脱弋罗。"

三　画

式〔shì《广韵》賞職切，入職，書。〕❶楷模，榜样。苏晋《奉和圣制送张说巡边》："祈父万邦式，英猷三略传。"❷似，如。柳宗元《奉平淮夷雅表·方城》："王师嶷嶷，熊罴是式。"❸副词。表示尊敬。则天皇后《唐享昊天乐·第五》："爰设筐币，式表诚心。"玄宗《春中兴庆宫酺宴》序："往以仲冬建子，南至初阳，爰诏司存，式陈郊祀。"包佶《郊庙歌辞·祀风师乐章·迎俎酌献》："爰候发生，式荐馨香。"❹语首助词。魏征《五郊乐章·雍和》："式资宴贶，用调霜序。"张说《东都酺宴四首》序："锵锵济济，侃侃訚訚供张于兴教之门，式酺宴也。"萧颖士《凉雨一章》："式歌且谣，欲言终宥。"❺通"轼"。见"式閭"。

【式宴】　同"式燕"。苏瑰《兴庆池侍宴应制》："金阙平明宿雾收，瑶池式宴俯清流。"陆坚《奉和圣制送张说上集贤学士赐宴》："尊贤泽既厚，式宴宠逾深。"崔知贤《三月三日宴王明府山亭》："沿波式宴，其乐只且。"李绅《到宣武三十韵》："式宴歌钟合，陈筵绮绣并。"

【式遏】　出《诗·大雅·民劳》。后以"式遏"为阻拦、防御。杜甫《课伐木》序："夔人屋壁，列树白桃，镘焉墙，实以竹，示式遏。"

【式微】　❶亦作"式微歌"。《诗·邶风》篇名。后以"式微"表示思归田园之意。孟浩然《都下送辛大之鄂》："因君故乡去，遥寄式微吟。"王维《渭川田家》："即此羡闲逸，怅然吟式微。"钱起《送王使君赴太原行营》："须传出师颂，莫奏式微歌。"白居易《留别微之》："五千言里教知足，三百篇中劝式微。"崔璞《蒙恩除替将还京洛偶叙所怀因成六韵呈军事院诸公秀才》："作牧惭为政，思乡念式微。"❷指事物由盛而衰。魏征《暮秋言怀》："岁芳坐沦歇，感此式微歌。"

【式微歌】　见"式微"。

【式微篇】　同"式微❶"。贾岛《答王参》："每把式微篇，临风一长咏。"

【式閭】　车过贤者里门，人立车中，俯凭车轼，表示敬意。式，通"轼"。见《书·武成》。后以"式间"为礼贤之词。崔湜《奉和幸韦嗣立山庄侍宴应制》："式间明主睿，荣族圣嫔心。"李商隐《赠送前刘五经映三十四韵》："式间真道在，拥彗信谦光。"

【式燕】　宴饮。语出《诗·小雅·鹿鸣》。韦应物《军中冬燕》："式燕遍恒秩，柔远及斯人。"

【式瞻】　瞻视。杜甫《苦雨奉寄陇西公兼呈王征士》："式瞻北邻居，取适南巷翁。"

【式顔】　即高式颜。式颜，适之族侄。开元二十七年(739)，张守珪为括州刺史，召为幕僚，与杜甫有交往，甫赠之诗。高适有《宋中送族侄式颜》，又有《又送族侄式颜》。

九　画

弑 〔shì《广韵》式吏切，去志，書。〕古代臣子杀死君主或子女杀死父母称弑。吴筠《览古十四首》之十四："田常弑其主，祚国久罔缺。"

弓　部

弓〔gōng《广韵》居戎切，平東，見。〕❶射箭或弹射的器械。多以坚韧而有弹性的木条弯成弧形，两端系弦，张弦发射。杜甫《横吹曲辞·前出塞九首》之六："挽弓当挽强，用箭当用长。"韩愈《元和圣德诗》："汝张汝弓，汝鼓汝鼓。"孟郊《寒溪》之五："猛弓一折弦，余喘争来宾。"薛能《送李倍秀才》："家园枣熟归圭窦，会府槐疏试射弓。"❷形状如弓之物。太宗《秋日即目》："落野飞星箭，弦虚半月弓。"白居易《秋寄微之十二韵》："余霞数片绮，新月一张弓。"吴融《赴阙次留献荆南成相公三十韵》："云生五色笔，月吐六钧弓。"❸弯曲。见"弓身"。

【弓刀】❶弓箭与刀剑。窦巩《从军别家》："自笑儒生着战袍，书斋壁上挂弓刀。"❷泛指武事。吕从庆《行次歙州寓之》："君听涂上客，多半说弓刀。"

【弓力】挽弓的力量。杨巨源《和大夫边春呈长安亲故》："紫陌诗情依旧在，黑山弓力畏春来。"王贞白《度关山》："石响铃声远，天寒弓力悭。"

【弓日】习射弓箭的日子。李绅《渡西陵十六韵》："弓日鞬櫜动，旗风虎豹争。"

【弓甲】弓箭与甲衣。李益《五城道中》："寝兴倦弓甲，勤役伤风露。"许浑《题卫将军庙》序："及卒，邑人怀其贤，庙于荆溪之湄，以平生弓甲，悬东西庑下，岁时祠祭。"

【弓矢】❶弓箭。杜甫《喜闻官军已临贼境二十韵》："戈铤开雪色，弓矢尚秋毫。"贯休《村行遇猎》："猎师纷纷走榛莽，女亦相随把弓矢。"❷借指射艺。邵谒《少年行》："何必走马夸弓矢，然后致得人心争。"

【弓車】天子征聘贤士之车。理莹《送戴三征君还谷口旧居》："岩穴多遗秀，弓车屡远招。"参见"弓旌"。

【弓身】弯身如弓。形容恭敬之状。王梵志《诗》之二三："使唤须依命，弓身莫不齐。"

【弓冶】良弓与良冶。见《礼记·学记》。后以"弓冶"谓父子世代相传的事业。白居易《阿崔》："弓冶将传汝，琴书勿坠吾。"

【弓底】形容妇女的鞋履弯曲如弓。毛熙震《浣溪沙》之六："捧心无语步香阶，缓移弓底绣罗鞋。"

【弓弦】❶弓上的弦。孟郊《寒溪》之七："剑刃冻不割，弓弦强难弹。"❷指弓。岑参《送张都尉东归》："白羽绿弓弦，年年只在边。"

【弓弩手】掌射箭的士兵。杜甫《遭田父泥饮美严中丞》："回头指大男，渠是弓弩手。"

【弓面】指弓与弓弦之间的面积。元稹《遣兴十首》之八："燿燿刀刃光，弯弯弓面张。"

【弓卷】弓弩。陆龟蒙《战秋辞》："弓卷不刓，甲缀不离。"

【弓馬】指骑射。李益《城傍少年》："生长边城傍，出身事弓马。"薛逢《猎骑》："陌上管弦清似语，草头弓马疾如飞。"

【弓弰】弓的两端末梢。❶借指弓。王昌龄《城傍曲》："射杀空营两腾虎，回身却月佩弓弰。"❷借指射技。元稹《江边四十韵》："罗灰修药灶，筑垛阅弓弰。"

【弓旌】古代征聘之礼。以弓招士，用旌招大夫。见《左传·昭公二十年》。后以"弓旌"泛指招聘贤者的信物。窦常《早发金钩店寄奚十唐大二茂才》："寄谢金门侣，弓旌误见招。"窦群《经潼关赠宇文十》："古有弓旌礼，今征草泽臣。"韩愈《城南联句》："食家行鼎鼐，宠族饫弓旌。"刘禹锡《酬杨八庶子喜韩吴兴与余同迁见赠》："幢盖今虽贵，弓旌会见招。"

【弓裘】指世代相传之事业。参见"弓冶"。高适《古乐府飞龙曲留上陈左相》："相门连户牖，卿族嗣弓裘。"

【弓嗣初】太原（今属山西）人。咸亨中进士及第，为状元。累迁雍州司功。事迹略见《元和姓纂》卷二、《唐诗纪事》卷七。《全唐诗》卷七二录其诗二首。

【弓箕】指世代相传的事业。参见"弓冶"。陆龟蒙《袭美先辈以龟蒙所献五百言既蒙见和复示荣唱用伸酬谢》："少小不好弄，逡巡奉弓箕。"

【弓箭】❶弓与箭。杜甫《兵车行》："车辚辚，马萧萧，行人弓箭各在腰。"王建《空城雀》："八月小儿挟弓箭，家家畏向田头飞。"张籍《寄宋景》："诏发官兵取乱臣，将军弓箭不离身。"卢殷《长安亲故》："年事已多筋力在，试将弓箭到并州。"❷弓箭手。韩愈《县斋有怀》："弓箭围狐兔，丝竹罗酒炙。"

【弓劍】❶弓与剑。亦借指武艺。许浑《题卫将军庙》序："少习诗书，学弓剑，有武略。"许棠《五原书事》："如何非战卒，弓剑不离腰。"曹邺《怨歌行》："丈夫好弓剑，行坐说金吾。”张蠙《赠李司徒》：“长怪鲁儒头枉白，不亲弓剑觅丹梯。”❷追悼黄帝或帝王去世。见刘向《列仙传》。杜牧《河湟》：“旋见衣冠就东市，忽遗弓剑不西巡。”李群玉《穆天子》：“桥山葬弓剑，暖昧竟难分。”陈陶《西川座上听金五云唱歌》：“茂陵弓剑不得亲，嫁与卑官到西蜀。”

【弓藏】（—cáng）鸟尽弓藏。见《史记·淮阴侯列传》。后遂以之为咏韩信功成被弃之典。鲍溶《相和歌辞·苦哉远征人》：“诚哉古人言，鸟尽良弓藏。”谭用之《寄王侍御》：“鸟尽弓藏良可哀，谁知归钓子陵台。”

一　画

引〔yǐn《广韵》餘忍切，上軫，以。又羊晉切，去震，以。〕❶拉弓。见“引满❶”。❷拉，牵引。辛常伯《军中行路难》：“漂梗飞蓬不暂安，扪萝引葛陟危峦。”王昌龄《送魏二》：“醉别江楼橘柚香，江风引雨入舟凉。”李端《旅次岐山得山友书却寄凤翔张尹》：“偶为名利引，久废论真果。”许棠《题郑侍郎岩隐十韵》：“架引藤重长，阶延笋迸生。”❸伸展，伸长。岑参《优钵罗花歌》序：“其状异于众草，势巃嵸如冠弁，巍然上耸，生不傍引。”王建《照镜》：“暖手揉双目，看图引四肢。”白居易《醉中戏赠郑使君》：“醉耳歌催醒，愁眉笑引开。”杜牧《题吴兴消暑楼十二韵》：“蟾蜍来作鉴，蝃蝀引成桥。”❹升，上升。太宗《三层阁上置音声》：“绮筵移暮景，紫阁引宵烟。”王良士《南至日隔霜仗望含元殿炉烟》：“宝戟罗仙仗，金炉引御烟。”❺引导。元结《引东泉作》：“东泉人未知，在我左山东。引之傍山来，垂流落庭中。”王建《荆南赠别李肇著作转韵诗》：“临甃理芳鲜，升堂引宾客。”寒山《诗三百三首》之七八：“折叶覆松室，开池引涧泉。”刘禹锡《秋词二首》之一：“晴空一鹤排云上，便引诗情到碧霄。”特指驺从。薛逢《观竞渡》：“使君出时皆有引，马前已被红旗阵。”见“引鳴騶”。❻特指百官早朝时由宫人引导坐朝。见《历代诗话》卷三六。杜甫《巴西闻收宫阙送班司马入京》：“倾都看黄屋，正殿引朱衣。”又《忆昔二首》之一：“我昔近侍叨奉引，出兵整肃不可当。”张籍《寒食内宴二首》之二：“瑞烟深处开三殿，春雨微时引百官。”❼带领。王维《桃源行》：“惊闻俗客争来集，竞引还家问都邑。”杜甫《进艇》：“昼引老妻乘小艇，晴看稚子浴清江。”卢纶《秋中过独孤郊居》：“开园过水到郊居，共引家童拾野蔬。”于濆《寒食》：“田父引黄犬，寻狐上高冈。”❽引起，引动。岑参《郊行寄杜位》：“秋风引归梦，昨夜到汝颍。”雍陶《闻杜鹃二首》之二：“蜀客春城闻蜀鸟，思归声引未归心。”韦庄《和薛先辈见寄初秋寓怀即事之作二十韵》：“引愁憎暮角，惊梦怯残砧。”李煜《悼诗》：“雨深秋寂莫，愁引病增加。”❾持，取。元结《演兴四首·讼木魅》：“敢引佩以指水，誓吾心兮自明。”刘方平《代宛转歌二首》之二：“九华锦衾无复情，千金宝镜谁能引。”白居易《问秋光》：“不引窗下琴，即举池上酌。”谭用之《寄友人》：“病多慵引架书看，官职无才思已阑。”❿举起。王勃《赠李十四四首》之四：“风筵调桂轸，月径引藤杯。”李白《游泰山六首》之一：“含笑引素手，遗我流霞杯。”韩愈《寒食日出游》：“引袖拭泪悲且庆，各言生死两追随。”孟郊《抒情因上郎中二十二叔监察十五叔兼呈李益端公柳缜评事》：“一日引别袂，九回沾泪痕。”⓫荐举，援引。杜甫《暮秋枉裴道州手札率尔遣兴寄近呈苏涣侍御》：“圣朝尚飞战斗尘，济世宜引英俊人。”刘长卿《谪官后卧病官舍简贺兰侍郎》：“生还北阙谁相引，老向南邦众所悲。”钱起《乐游原晴望上中书李侍郎》：“遥想青云丞相府，何时开阁引书生。”⓬引来；召引。太宗《帝京篇十首》之七：“搴幌玩琴书，开轩引云雾。”杜甫《送从弟亚赴安西判官》：“诏书引上殿，奋舌动天意。”韩翃《别汜水县尉》：“未央宫殿金开钥，诏引贤良卷珠箔。”⓭退，退避。韩愈《剥啄行》：“凡今之人，急名与官。子不引去，与为波澜。”⓮文体名。唐以后始有此体，列于诗前，作用大略如序。如刘禹锡有《再游玄都观并引》。⓯乐府诗体之一。沈佺期有《霹雳引》。李白有《飞龙引》。张籍有《乌夜啼引》。张祜有《思归引》等。见《全唐诗》卷二三。⓰乐曲名。杨希道《侍宴赋得起坐弹鸣琴二首》之一：“变作离鸿声，还入思归引。”张说《送赵二尚书彦昭北伐》：“梅花吹别引，杨柳赋归诗。”元稹《听庾及之弹乌夜啼引》：“乌作哀声妻暗语，后人写出乌啼引。”刘禹锡《闻道士弹思归引》：“仙公一奏思归引，逐客初闻自泫然。”张祜《箜篌》：“不堪闻别引，沧海恨波涛。”⓱歌曲名。如白居易有《琵琶引》。刘禹锡有《秋萤引》《秋风引》。李贺有《李凭箜篌引》。⓲词曲体裁之一。李梦符有《渔父引二首》。⓳指蝉鸟等的鸣叫。骆宾王《在狱中咏蝉》序：“每至夕照低阴，秋蝉疏引，发声幽息。”元希声《赠皇甫侍御赴都八首》之七：“离鸿晓引，别叶秋飞。”

【引弓】　拉弓。卢纶《和张仆射塞下曲》之二：“林暗草惊风，将军夜引弓。”刘威《塞上作》：“数夜城头月，弯弯如引弓。”

【引手】　举手，伸手。白居易《和杨同州寒食乾坑会后闻杨工部欲到知予与工部有宿酲》：“举头中酒后，引手索茶时。”张祜《乐静》：“引手强篸巾，徐徐起病身。”

【引分】　犹引咎。韩愈《泷吏》：“官不自谨慎，宜即引分往。”

【引水】　引导水流。卢纶《早春归盩厔旧居却寄耿拾遗沣李校书端》："引水忽惊冰满涧，向田空见石和云。"韩察《和张相公太原山亭怀古诗》："为山想岩穴，引水听潺湲。"姚合《过杨处士幽居》："引水穿风竹，幽声胜远溪。"赵嘏《汉阴庭树》："掘沟引水浇蔬圃，插竹为篱护药苗。"

【引步】　举步，谓散步。戎昱《赠韦况征君》："回看药灶封题密，强入蒲轮引步迟。"刘禹锡《唐侍御寄游道林岳麓二寺诗并沈中丞姚员外所和见征继作》："语余百响入天籁，众奇引步轻翩翻。"王霞卿《题唐安寺阁壁》："春来引步暂寻游，愁见风光倚寺楼。"王周《和程刑部三首・碧鲜亭》："公余时引步，一径静中深。"

【引見】　犹召见。杜甫《丹青引赠曹将军霸》："开元之中常引见，承恩数上南熏殿。"

【引吭】　（—háng）❶谓放声歌唱或高声吟唱。韩愈《燕河南府秀才得生字》："怒起簸羽翮，引吭吐铿轰。"❷伸长颈项。皮日休《公斋四咏・鹤屏》："引吭看云势，翘足临池样。"

【引釣】　犹垂钓。元结《系乐府十二首・欸乃曲》："昔闻扣断舟，引钓歌此声。"方干《山中言事》："山鸟踏枝红果落，家童引钓白鱼惊。"

【引袂】　谓伸手。李群玉《宿鸟远峡化台遇风雨》："龙湫在石脚，引袂时一取。"

【引退】　辞官回乡。钱起《晚归蓝田旧居》："才微甘引退，应得遂霞栖。"郑谷《舟行》："季鹰可是思鲈鲙，引退知时自古难。"

【引筆】　运笔，挥笔。王周《齿落词》："开尊复开怀，引笔作长句。"

【引留】　挽留。李贺有《谢秀才有妾缟练改从于人秀才引留之不得嘲谢复继四首》。

【引託】　犹寄托。刘长卿《对雨赠济阴马少府考城蒋少府兼献成武五兄南华二兄》："此心欲引托，谁为生羽翼。"

【引納】　延见接纳。李白《赠潘侍御论钱少阳》："三军论事多引纳，阶前虎士罗干将。"

【引動】　牵动，触动。李中《落花》："残红引动诗魔，怀古牵情奈何。"

【引望】　引颈而望，眺望。元结《招陶别驾家阳华作》："引望见何处，迤逶陇北川。"韩翃《送郭赞府归淮南》："骏马淮南客，归时引望新。"权德舆《和王祭酒太社宿斋不得赴李尚书宅会戏书见寄》："元礼门前劳引望，句龙坛下阻欢娱。"

【引牽】　扶持牵引。韩愈《示爽》："日昏不能散，起坐相引牵。"

【引証】　引用前人的言行来做证据。王周《志峡船具诗・梢》："古人存丰规，猗欤聊引证。"

【引路】　带路。刘禹锡《答张侍御贾喜再登科后自洛赴上都赠别》："又被时人写姓名，春风引路入京城。"

【引經】　援引经文、经义。杜甫《同元使君春陵行》："贾谊昔流恸，匡衡常引经。"又《可叹》："丈夫正色动引经，酆城客子王季友。"

【引鳴騶】　古代达官贵人出行时在前面传呼喝道的骑从。高适《奉酬睢阳李太守》："海门当建节，江路引鸣驺。"卢纶《送鲍中丞赴太原》："分路引鸣驺，喧喧似陇头。"李绅《过吴门二十四韵》："水风摇彩旆，堤柳引鸣驺。"

【引領】　引颈远眺。多以形容期望殷切。刘孝孙《送刘散员同赋陈思王诗游人久不归》："乡关渺天末，引领怅怀归。"李白《望终南山寄紫阁隐者》："出门见南山，引领意无限。"刘禹锡《送蕲州李郎中赴任》："北地交亲长引领，早将玄鬓到京华。"王睿《祠神歌・迎神》："引领望江遥滴酒，白蘋风起水生文。"

【引滿】　❶拉弓至满。苏涣《变律》之二："右手持金丸，引满无所疑。"❷谓斟酒满杯。封行高《冬日宴于庶子宅各赋一字得色》："引满既杯倾，终之以弁侧。"贾至《送李侍御》："羁离洞庭上，安得不引满。"白居易《和东川杨慕巢尚书府中独坐感戚在怀见寄十四韵》："应须引满饮，何不放狂歌。"郑嵎《津阳门诗》："开垆引满相献酬，枯肠渴肺忘朝饥。"

【引頸】　❶伸长颈项。杜甫《舟前小鹅儿》："引颈嗔船逼，无行乱眼多。"李廓《鸡鸣曲》："再鸣引颈檐头下，楼中角声催上马。"贯休《寄韩团练》："江上春又至，引颈山空积。"徐铉《亚元舍人不替深知猥贻佳作三篇清绝不敢轻庶资一笑耳》："仰头忽见南来翼，足系红笺堕我前，引颈长鸣如有言。"❷思慕貌。杜牧《过骊山作》："始皇东游出周鼎，刘项纵观皆引颈。"

【引颺】　犹飞扬。宋之问《龙门应制》："嚣声引飏闻黄道，佳气周回入紫宸。"

【引雛】　带领幼雏。韦应物《乌引雏》："引雏乌，尔心急急将何如。"王建《雉将雏》："时时土中鼓两翅，引雏拾虫不相离。"窦参《湖上闲居》："飞鸟口衔食，引雏上高枝。"元稹《送友封二首》之一："桃叶成阴燕引雏，南风吹浪飐樯乌。"

【引雛詩】　生女之后预祝即将生男的诗。白居易《谈氏外孙生三日喜是男偶吟成篇兼戏呈梦得》："明日贫翁具鸡黍，应须酬赛引雏诗。"自注："前年谈氏外孙女初生，梦得有贺诗云：'从此引鸳雏。'今幸是男，前言似有证，故云。"

【引贊】　引导。杜牧《张好好诗》："吴娃起引赞，低徊映长裾。"

弔〔diào《广韵》多嘯切，去嘯，端。〕❶祭奠死者。王维《宋进马哀词》："客有吊之者曰：观未始兮有物，同委蜕兮胡悲。"周贺《哭闲霄上人》："吊来频落泪，曾忆到吾庐。"张祜《哭京兆庞尹》："故人昨日同时吊，旧马今朝别处嘶。"贾岛《哭胡遇》："祭回收朔雪，吊后折寒花。"❷慰问。刘长卿《杂咏八首上礼部李侍郎・白鹭》："秋水寒白毛，夕阳吊孤影。"白居易《晚归有感》："朝吊李家孤，暮问崔家疾。"张祜《硫黄》："时人尽说韦山甫，昨日余干吊子孙。"徐铉《文彧少卿文山郎中交好深至二纪已余暌别留题此诗》："孙家虚座吊诸孤，张叟僧房见手书。"❸伤痛，怜悯。李白《经乱后将避地剡中留赠崔宣城》："苍生疑落叶，白骨空相吊。"❹善。白居易《哭刘敦质》："如何天不吊，穷悴至终身。"❺凭吊。王昌龄《塞下曲四首》之四："部曲皆相吊，燕南代北闻。"刘长卿《长沙过贾谊宅》："汉文有道恩犹薄，湘水无情吊岂知。"孟郊《吊比干墓》："今来过此乡，下马吊此坟。"杜荀鹤《经九华费征君墓》："凡吊先生者，多伤荆棘间。"❻落。钱起《效古秋夜长》："檐前碧云静如水，月吊栖乌啼鸟起。"白居易《十年三月三十日别微之于沣上》："风凄暝色愁杨柳，月吊宵声哭杜鹃。"

【弔人】 吊丧者。岑参《故仆射裴公挽歌三首》之三："遥知九原上，渐觉吊人稀。"耿沣《哭张融》："有家孀妇少，无子吊人稀。"

【弔長沙】 （長 cháng）凭吊贾谊。贾谊，西汉洛阳人，文帝时为太中大夫，后遭谗被谪为长沙王太傅。事见《史记・贾生列传》。高适《送张瑶贬五溪尉》："南登有词赋，知尔吊长沙。"参见"吊屈平"。

【弔古】 凭吊古人或往古之事。牟融《处厚游杭作诗寄之》："浙水风烟思吊古，楚乡人物赋登楼。"贾岛《寄孟协律》："我有吊古泣，不泣向路岐。"

【弔死】 吊祭死者。李白《自溧水道哭王炎三首》之二："吊死不及哀，殡宫已秋草。"

【弔伐】 "弔民伐罪"的缩语。慰问百姓。讨伐罪人。周昙《咏史诗・六朝门・后魏武帝》："从来吊伐宁如此？千里无烟血草红。"

【弔汨羅】 亦作"弔汨"。凭吊屈原。汨罗，屈原投身殉国之江名。在今湖南省境内。刘三复《送黄明府晔赴岳州湘阴任》："遥知布惠苏民后，应向祠堂吊汨罗。"参见"弔屈平"。

【弔屈】 见"弔屈平"。

【弔屈平】 亦作"弔屈"。❶屈平被谗长期流放在沅湘一带。楚国国都郢被秦将白起攻破，乃作《怀沙》赋，于农历五月五日自投汨罗江以身殉国。事见《史记・屈原列传》。后代诗人常以凭吊屈原以寄托其失意不平之感。宋之问《送杜审言》："别路追孙楚，维舟吊屈平。"孟浩然《自浔阳泛舟经明海》："观涛壮枚发，吊屈痛沉湘。"又《经七里滩》："五岳追向子，三湘吊屈平。"韩翃《送客游江南》："遥想汨罗上，吊屈秋风初。"❷贾谊被谪为长沙王太傅。又闻长沙卑湿，自以寿不得长，及渡湘水，为赋以吊屈原。事见《史记・贾生列传》。后因用为感叹或自伤贬谪的典故。王维《送杨少府贬郴州》："长沙不久留才子，贾谊何须吊屈平。"刘禹锡《和杨侍郎初至郴州纪事书情题郡斋八韵》："人讶征黄晚，文非吊屈哀。"雍裕之《听弹沉湘》："贾谊投文吊屈平，瑶琴能写此时情。"杜牧《早春寄岳州李使君李善棋爱酒情地闲雅》："分符颍川政，吊屈洛阳才。"

【弔屈江】 吊屈原。屈江即湘水。在湖南省境内。见《史记・贾生列传》。吴融《荆南席上闻歌》："迎愁敛黛一声分，吊屈江边日暮闻。"

【弔客】 吊丧的客人。皇甫曾《哭陆处士》："返照空堂夕，孤城吊客回。"耿沣《澬公院怀旧》："吊客来何见，门人闭影堂。"刘禹锡《伤丘中丞》："何人为吊客，唯是有青蝇。"张乔《哭陈陶》："夕临诸孤少，荒居吊客还。"

【弔祠】 吊祭。权德舆《送张曹长工部大夫奉使西番》："吊祠将渥命，导驿畅皇风。"

【弔問】 吊祭死者，慰问死者家属。李洞《题咸阳楼》："吊问难知主，登攀强滴樽。"

【弔賓】 吊丧的宾客。褚亮《伤始平李少府正己》："禅草回中使，生刍引吊宾。"孟郊《伤哉行》："馆月改旧照，吊宾写余情。"

【弔影】 对影自怜。谓处境孤独。语本《文选・李密〈陈情表〉》。卢僎《十月梅花书赠》："空心吊影向谁陈，云台仙阁旧游人。"杜甫《秋日夔府咏怀奉寄郑监李宾客一百韵》："吊影夔州僻，回肠杜曲煎。"柳宗元《酬娄秀才将之淮南见赠之什》："海上销魂别，天边吊影身。"杜牧《鹤》："终日无群伴，溪边吊影孤。"

【弔慶】 吊唁或庆贺。韩愈《送文畅师北游》："长安多门户，吊庆少休歇。"

【弔懷沙】 即凭吊屈原。《怀沙》，屈原于投江前所赋名。褚载《句》："除却洛阳才子后，更谁封恨吊《怀沙》。"参见"弔屈平"。

【弔鶴】 吊客化鹤冲天而去。见《世说新语・贤媛》，刘孝标注引《陶侃别传》。后或以"吊鹤"借称吊客，或用为颂扬死者之典。骆宾王《乐大夫挽词五首》之四："宁知荒垄外，吊鹤自裴徊。"张九龄《和姚令公哭李尚书乂》："忽叹登龙者，翻将吊鹤同。"李白《自溧水道哭王炎三首》之三："海内故人泣，天涯吊鹤来。"钱起《哭曹钧》："忽见江南吊鹤来，始知天上文星失。"牟融《翁母些》："停车遥望孤云影，翘首惊看吊鹤悲。"

【弔靈均】　同“弔屈平❶”。刘长卿《送李侍御贬郴州》：“洞庭波渺渺，君去吊灵均。”顾况《酬唐起居前后见寄二首》之二：“何处吊灵均，江边一老人。”刘禹锡《游桃源一百韵》：“北渚吊灵均，长岑思亭伯。”

二　画

弗　〔fú《广韵》分勿切，入物，非。〕否定副词。不。戴叔伦《感怀二首》之二：“主人饮君酒，劝君弗相违。”李翱《拜禹歌》：“往者吾弗及兮，来者吾弗闻。”郑嵎《津阳门诗》：“忠臣张公识逆状，日日切谏上弗疑。”唐彦谦《蟹》：“岸头沽得泥封酒，细嚼频斟弗停手。”

【弗敏】　不才。自谦之词。萧颖士《江有归舟三章》序：“其他自京畿太学，逾于淮泗，行束修以上而未及门者，亦云倍之，余弗敏，曷云当乎！”

弘　〔hóng《广韵》胡肱切，平登，匣。〕❶大，广。萧嵩《奉和圣制送张说上集贤学士赐宴》：“文章礼一变，礼乐道逾弘。”刘长卿《冬夜宿扬州开元寺烈公房送李侍御之江东》：“寂寂连宇下，爱君心自弘。”皎然《同李侍御萼李判官集陆处士羽新宅》：“借宅心常远，移篱力更弘。”韩愈《送侯参谋赴河中幕》：“鄙夫诚怯弱，受恩愧徒弘。”❷弘扬，光大。魏征《享太庙乐章·永和》：“于穆烈祖，弘此丕基。”则天皇后《唐大飨拜洛乐章·拜洛》：“未能弘至道，何以契明祇。”权德舆《仲秋朝拜昭陵》：“吾皇弘孝理，率土蒙景福。”成崿《登圣善寺阁望龙门》：“报慈弘孝理，行道得真源。”❸宽宏。见“弘和”“弘量”“弘濟”。

【弘文】　即弘文馆。原名修文馆，唐武德四年(621)置。九年，太宗即位，改名弘文馆。掌古今图书。见《新唐书·百官志二》。李群玉《酬魏三十七》：“一吟丽可风流极，没得弘文李校书。”齐己《送司空学士赴京》：“弘文初命下江边，难恋沙鸥与钓船。”岑参有《送弘文李校书往汉南拜亲》。

【弘式和尚】　天台僧。僖、昭间人。贯休有《题弘式和尚院兼呈杜使君》。

【弘多】　很多。皮日休《吴中苦雨因书一百韵寄鲁望》：“所益谅弘多，厥交过亲族。”

【弘羊心計】　指汉桑弘羊善于心算之事。见《史记·平准书》。李瀚《蒙求》：“广汉钩距，弘羊心计。”亦作“弘羊善計”。储光羲《晚次东亭献郑州宋使君文》：“善计在弘羊，清严归仲举。”

【弘羊善計】　见“弘羊心計”。

【弘忍】　俗姓周，蕲州黄梅(今属湖北)人，一说江州浔阳(今江西九江)人，非。隋大业四年(608)，随道信禅师受戒。贞观八年(634)，受道信法衣，为禅师五祖。事迹见《旧唐书·方伎传》《宋高僧传》卷八。《全唐诗续补遗》卷二录其诗一首。

【弘明】　宽宏明朗。朱昼《喜陈懿老示新制》：“玉色复何异，弘明含群德。”

【弘和】　宽宏和善。杜牧《长安送友人游湖南》：“子性剧弘和，愚衷深褊狷。”

【弘治】　晋杜乂之字。乂面白如凝脂。见南朝宋刘义庆《世说新语·容止》。李瀚《蒙求》：“平叔傅粉，弘治凝脂。”

【弘貞】　即杨弘贞。白居易《见杨弘贞诗赋因题绝句以自谕》：“常嗟薄命形憔悴，若比弘贞是幸人。”

【弘泉上人】　蓝田山寺僧。元和、长庆间人。贾岛有《赠弘泉上人》。

【弘恭】　汉沛(今江苏沛县)人。少坐法受腐刑，为中黄门，以选为中尚书。宣帝时任中书令，以明习法令，善为请奏，能称其职，进中书令。事迹略见《汉书·佞幸传》。谮萧望之事又见《元帝纪》及《萧望之传》。白居易《读史五首》之四：“弘恭陷萧望，赵高谋李斯。”

【弘基】　弘大的基业。指帝王之业。《郊庙歌辞·享太庙乐章·升和》：“夕惕若厉，钦奉弘基。”

【弘深】　宏大深邃。陆龟蒙《江南秋怀寄华阳山人》：“弘深司马法，雄杰贰师兵。”

【弘惠上人】　新罗(今朝鲜)僧。咸通十一年(870)归国。皮日休有《庚寅岁十一月新罗弘惠上人与本国同书请日休以诗送之》。陆龟蒙有《和袭美为新罗弘惠上人撰灵鹫山周禅师碑送归诗》。

【弘敞】　高大宽敞。韦应物《蓝岭精舍》：“绿林含萧条，飞阁起弘敞。”

【弘量】　指大酒量。韦应物《扈亭西陂燕赏》：“有酒今满盈，愿君尽弘量。”戴叔伦《感怀二首》之二：“但当尽弘量，觞至无复辞。”

【弘景】　❶指南朝梁陶弘景。韩偓《格卑》：“南朝峻洁推弘景，东晋清狂数季鹰。”❷(634—712)僧人。俗姓文氏。荆州当阳(今属湖北)人。事迹见《华严悬谈会玄记》卷三八和《宋高僧传》卷五。作恒景，乃宋人避讳改。李峤、李乂均有《送沙门弘景道俊玄奘还荆州应制》。

【弘道】　弘扬正道。玄宗《首夏花萼楼观群臣宴宁王山亭回楼下又申之以赏乐赋诗》序：“故圣人弘道，先王法天。”灵一《安公》：“弘道识行藏，匡时知进退。”聂夷中《客有追叹后时者作诗勉之》：“君子贵弘道，道弘无不亨。”

【弘農公】　指杨凭。弘农人。柳宗元有《弘农公以硕德伟材屈于诬枉左官由谨献诗五十韵以毕微志》。

【弘農尚書】 指杨嗣复。嗣复弘农人，为检校礼部尚书、剑南东川节度使。李商隐有《送从翁从东川弘农尚书幕》。

【弘農】 ❶唐代县名。始置于西汉元鼎三年（前114）。治所在今河南灵宝县东北，故函谷关城。东汉灵帝时改名恒农县。西晋复名弘农县。隋大业二年（606）移治于今灵宝县。唐贞观八年（634）为虢州治所。张九龄《奉和圣制过王濬墓》："汉王思钜鹿，晋将在弘农。"岑参《送王七录事赴虢州》："弘农人吏待，莫使马行迟。"白居易《妻初授邑号告身》："弘农旧县授新封，钿轴金泥诰一通。"李商隐《奉和太原公送前杨秀才戴兼招杨正字戎》："潼关地接古弘农，万里高飞雁与鸿。"❷郡名。西汉元鼎四年（前113）置。治所在弘农县（今河南灵宝县东北故函谷关城）。隋义宁元年（617）改名凤林郡。唐武德元年（618）改为鼎州，贞观八年（634）废。白居易《池上篇》序："弘农杨贞一与青石三，方长平滑，可以坐卧。"

【弘禕論師】 莱州（今山东掖县）僧。咸亨元年（670）在长安，拟与义净、处一等同往印度求法。后遇玄瞻，遂住江宁寺。次年，义净与无行等往印度，弘祎与处一未果此行。见义净《求法高僧传》。义净有《余以咸亨元年在西京寻听于时与并部处一法师莱州弘祎论师更有三二诸德同契鹫岭标心觉树然而一公属母亲之年老遂怀恋于并州祎师遇玄瞻于江宁乃叙情于安养戏拟四愁聊题两绝》。

【弘閣】 即平津阁。弘，公孙弘。西汉公孙弘为丞相，封平津侯，于是起客馆，开东阁，以招天下之士。见《汉书・公孙弘传》。后遂用为招揽贤才的典故。白居易《岁夜咏怀兼寄思黯》："陶窗与弘阁，风景一时新。"李商隐《咏怀寄秘阁旧僚二十六韵》："奋迹登弘阁，摧心对董帷。"

【弘濟】 宽宏大度。武元衡《德宗皇帝挽歌词三首》之二："上升知不恨，弘济任城王。"羊士谔《乾元初严黄门自京兆少尹贬牧巴郡十四韵刻于石壁》："盛世当弘济，平生谅所钦。"

【弘願】 佛教词。谓拯救众生的大愿。亦谓宏大的志愿。白居易《和微之诗二十三首・和晨霞》："弘愿在救拔，大悲忘辛勤。"又《自觉二首》之二："回念发弘愿，愿此见在身。"

三　画

弛 〔chí，旧读 shǐ《广韵》施是切，上紙，書。〕❶放松弓弦。韩愈《南山诗》："或斜而不倚，或弛而不彀。"❷脱；解；解除。元结《漫酬贾沔州》："未曾弛戈甲，终日领簿案。"韦应物《射雉》："羽分绣臆碎，头弛锦鞘悬。"柳宗元《奉平淮夷雅表・皇武命丞相度董师集大功也》："弛其武刑，谕我德心。"韩愈《苦寒》："太昊弛维纲，畏避但守谦。"❸松弛；松懈。贺敳《奉和九月九日应制》："承欢徒抃舞，负弛窃忘躯。"张籍《董公诗》："轻刑宽其政，薄赋弛租庸。"皮日休《奉和鲁望读阴符经见寄》："自禹及文武，天机嗒然弛。"

【弛刑徒】 未戴枷锁的刑徒。李商隐《哭虔州杨侍郎》："如何大丞相，翻作弛刑徒。"

【弛柝】 停止巡更。语见《后汉书・张衡传》。罗隐《定远楼》："近日关防虽弛柝，旧时栏槛尚侵云。"

【弛張】 ❶一松一紧。喻治国之大理。语出《礼记・杂记下》。杜牧《皇风》："远蹊巢穴尽窒塞，礼乐刑政皆弛张。"❷喻事物之盛衰。吴筠《览古十四首》之一："弛张固天意，设教安能持。"❸喻处事之进退。李白《在水军宴赠幕府诸侍御》："聚散百万人，弛张在一贤。"权德舆《严陵钓台下作》："弛张有深致，耕钓陶天真。"

【弛禁】 解除禁令。王维《送秘书晁监还日本国》序："我无尔诈，尔无我虞。彼以好来，废关弛禁，上敷文教，虚至实归。"

【弛隳】 犹毁坏。韩愈《陆浑山火和皇甫湜用其韵》："三光弛隳不复暾，虎熊麋猪逮猴猿。"

【弛慢】 懈怠，轻忽。吴融《风雨吟》："又岂复忧朝廷苦弛慢，中官转纵横。"

四　画

弟 〔dì《广韵》特計切，去霽，定。又徒禮切，上薺，定。〕❶称同父母或同父或同母而后生的男子。王维《过乘如禅师萧居士嵩丘兰若》："无著天亲弟与兄，嵩丘兰若一峰晴。"杜甫《乾元中寓居同谷县作歌七首》之三："有弟有弟在远方，三人各瘦何人强。"姚合《得舍弟书》："小弟有书至，异乡无地行。"易思《山中送弟方质》："山中殷勤弟别兄，兄还送弟下山行。"❷泛指亲戚中比自己年幼的同辈。李益有《喜见外弟又言别》。卢纶有《送姨弟裴均尉诸暨》。❸指门生、学生。见"弟子❷"。

【弟子】 ❶子弟。指晚辈或年轻人。王维《慕容承携素馔见过》："灵寿君王赐，雕胡弟子炊。"韦应物《答僩奴重阳二甥》："复与诸弟子，篇翰每相敦。"❷学生。杜甫《丹青引赠曹将军霸》："弟子韩幹早入室，亦能画马穷殊相。"白居易《饮后戏示弟子》："吾为尔先生，尔为吾弟子。"刘沧《经曲阜城》："三千弟子标青史，万代先生号素王。"方干《哭秘书姚少监》："入室几人成弟子，为儒是处哭先生。"❸道教或佛教徒众。张谓《哭护国上人》："舍利众生得，袈裟弟子将。"皇甫冉《送张道士归茅山谒李尊师》："尝以素书传弟子，还因白石号先生。"周贺《送蜀僧》："万里独行无弟子，惟赍筇竹与檀龛。"皮日休《过云居院玄福上人旧居》："南宗弟子时时到，泣把山花奠几筵。"亦为信徒自称。❹见《新唐书·礼乐志十二》。后称梨园乐工或歌舞艺人为"弟子"或"梨园弟子"。顾况《八月五日歌》："梨园弟子传法曲，张果先生进仙药。"刘禹锡《伤秦姝行》："蜀弦铮摐指如玉，皇帝弟子韦家曲。"白居易《长恨歌》："梨园弟子白发新，椒房阿监青娥老。"李绅《悲善才》："东头弟子曹善才，琵琶请进新翻曲。"

【弟兄】 ❶弟弟与哥哥。刘长卿《客舍赠别韦九建赴任河南韦十七造赴任郑县就便觐省》："弟兄尽公器，诗赋凌风骚。"白居易《送敏中归豳宁幕》："弟兄垂老相逢日，杯酒临欢欲散时。"韩偓《秋霖夜忆家》："垂老何时见弟兄，背灯愁泣到天明。"江为《旅怀》："半夜闻鸿雁，多年别弟兄。"❷喻关系亲密。顾况《题明霞台》："莫嫌憔悴无知己，别有烟霞似弟兄。"白居易《寓意诗五首》之三："与君定交日，久要如弟兄。"杜牧《寄内兄和州崔员外十二韵》："恩义同钟李，埙篪实弟兄。"曹邺《寄监察从兄》："怜其羽翼单，抚若亲弟兄。"

【弟昆】 弟兄。杜甫《彭衙行》："誓将与夫子，永结为弟昆。"姚合《答窦知言》："所趋事一心，相见如弟昆。"

【弟侄】 弟之子，侄儿。亦泛指晚辈男子。杜甫《曲江三章章五句》之二："吾人甘作心似灰，弟侄何伤泪如雨。"罗隐《即事中元甲子》："田园已没红尘内，弟侄相逢白刃间。"杜荀鹤《贺顾云侍御府主与子弟奏官》："自惭乱世无知己，弟侄鞭牛傍陇耕。"又《题弟侄书堂》："家山虽在干戈地，弟侄常修礼乐风。"

【弟妹】 弟弟与妹妹。白居易《岁日家宴戏示弟侄等兼呈张侍御二十八丈殷判官二十三兄》："弟妹妻孥小侄甥，娇痴弄我助欢情。"姚合《成名后留别从兄》："却出关东悲复喜，归寻弟妹别仁兄。"李群玉《湖寺清明夜遣怀》："久向饥寒抛弟妹，每因时节忆团圆。"韦庄《贼中与萧韦二秀才同卧重疾二君寻愈因有题》："弟妹不知处，兵戈殊未休。"

【弟妇】 弟弟的妻子。李涛有《答弟妇歇后语》。见《全唐诗》卷八七一。

五　画

弢〔tāo《广韵》土刀切，平豪，透。〕❶弓袋。李益《相和歌辞·从军有苦乐行》："一矢弢夏服，我弓不再张。"元稹《奉和浙西大夫李德裕述梦四十韵》："朽刃休冲斗，良弓枉在弢。"刘禹锡《浙西李大夫述梦四十韵并浙东元相公酬和斐然继声》："剑用雄开匣，弓闲蛰受弢。"❷囊，套子。李德裕《述梦诗四十韵》："宛马嘶寒枥，吴钩在锦弢。"❸束缚，禁锢。柳宗元《游南亭夜还叙志七十韵》："安得奉皇灵，在宥解天弢。"

【弢弓】 ❶藏弓入袋。韦应物《射雉》："弢弓一长啸，忆在灞城阡。"❷袋中之弓。元稹《纪怀赠李六户曹崔二十功曹五十韵》："弢弓思彻札，绊骥闷牵缰。"韦庄《和郑拾遗秋日感事一百韵》："弢弓挥劲镞，匣剑淬神铓。"❸谓战争平息。马植《奉和白敏中圣道和平致兹休运岁终功就合咏盛明呈上》："四帅有征无汗马，七关虽戍已弢弓。"

弧〔hú《广韵》户吴切，平模，匣。〕❶弓的通称。张说《巡边在河北作》："抚剑空余勇，弯弧遂无力。"李白《送外甥郑灌从军三首》之二："丈八蛇矛出陇西，弯弧拂箭白猿啼。"元结《演兴四首·闵岭中》："则必蒙皮簟以为矢，弦毋筱以为弧。"杜牧《史将军二首》之二："弯弧五百步，长戟八十斤。"❷古星名。杜牧《奉和白相公圣德和平致兹休运岁终功就合咏盛长句四韵》："应须日驭西巡狩，不假星弧北射狼。"

【弧矢】 ❶弓箭。亦借指武功。玄宗《校猎义成喜逢大雪率题九韵以示群官》："弧矢威天下，旌旗游近县。"❷指兵事，战乱。杜甫《铁堂峡》："生涯抵弧矢，盗贼殊未灭。"又《草堂》："弧矢暗江海，难为游五湖。"❸古代星名。又名天弓，或简称弧。卢仝《月蚀诗》："弧矢引满反射人，天狼呀啄明煌煌。"

【弧室】 弓袋。武元衡《兵行褒斜谷作》："矢橐弧室岂领军，儋爵食禄由从宦。"

弦〔xián《广韵》胡田切，平先，匣。〕❶弓弦。杜甫《七月三日亭午已后较热退晚加小凉稳睡呈元二十一曹长》："胡马挟雕弓，鸣弦不虚发。"孟郊《寿安西渡奉别郑相公》："岁去弦吐箭，忧来蚕抽纶。"又《寒溪》之七："剑刃冻不割，弓弦强难弹。"❷安上弓弦。元结《演兴四首·闵岭中》："则必蒙皮簟以为矢，弦毋筱以为弧。"❸指弓弩。杜甫《寄岳州贾司马六丈巴州严八使君两阁老五十韵》："陇外翻投迹，渔阳复控弦。"李绅《忆过润州》："弓犯控弦招武旅，剑当抽匣问狂夫。"❹弓弦声。太宗《句》之三："近日毛虽暖，闻弦心已惊。"陈子昂《落第西还别魏四懔》："转蓬方不定，落羽自惊弦。"钱起《寇中送张司马归洛》："旅思蓬飘陌，惊魂雁怯弦。"耿湋《赋得沙上雁》："还塞知何日，惊弦乱此心。"❺乐器上用以发声的丝或金属线。刘长卿《扬州雨中张十宅观妓》："掩笑频欹扇，迎歌乍动弦。"王建《秋夜曲二首》之一："高楼云鬟弄婵娟，古瑟暗断秋风弦。"白居易《听歌六绝句·乐世》："管急弦繁拍渐稠，绿腰宛转曲终头。"张祜《王家五弦》："五条弦出万端情，撚拨间关漫态生。"❻指弦乐曲。刘禹锡《历阳书事七十韵》："管清疑警鹤，弦巧似娇莺。"白居易《新乐府·胡旋女》："胡旋女，心应弦，手应鼓，弦鼓一声双袖举。"❼弹奏弦乐器。李白《效古二首》之一："清歌弦古曲，美酒沽新丰。"崔宗之《赠李十二白》："酌酒弦素琴，霜气正凝洁。"权德舆《新月与儿女夜坐听琴举酒》："列坐屏轻箑，放怀弦素琴。"鲍溶《古意》："新人易如玉，废瑟难为弦。"❽丝弦声。弦乐器奏出的声音。苏味道《初春行宫侍宴应制》："温液吐涓涓，跳波急应弦。"姚合《题宣义池亭》："细草乱如发，幽禽鸣似弦。"王初《自和书秋》："湘女怨弦愁不禁，鄂君香被梦难穷。"韦庄《听赵秀才弹琴》："巫山夜雨弦中起，湘水清波指下生。"❾半圆形的月亮。农历初七、初八为"上弦"；二十二、二十三为"下弦"。李白《古风》之三二："蓐收肃金气，西陆弦海月。"杜甫《初月》："光细弦岂上，影斜轮未安。"吕岩《窑头坯歌》："弦而望，明而晦，消长盈虚相匹配。"

【弦上箭】 ❶喻迅疾。李益《杂曲歌辞·游子吟》："君看白日驰，何异弦上箭。"❷谓一去不回。李贺《休洗红》："封侯早归来，莫作弦上箭。"

【弦矢】 离弦之箭。刘禹锡《韩十八侍御见示岳阳楼别窦司直诗自述故足成六十二韵》："故人南台旧，一别如弦矢。"

【弦竹】 指弦乐器与管乐器。李绅《过梅里七首·上家山》："笑歌怜稚孺，弦竹纵吹弹。"

【弦吹】 指弦乐器与管乐器。李康成《杂曲歌辞·自君之出矣》："自君之出矣，弦吹绝无声。"

【弦直】 出《后汉书·五行志一》。后以"弦直"喻正直。杜甫《写怀二首》之一："达士如弦直，小人似钩曲。"李绅《初出淝口入淮》："人心莫厌如弦直，淮水长怜似镜清。"

【弦柱】 乐器丝弦之柱。顾况《上古之什补亡训传十三章·采蜡一章》："新歌善舞，弦柱促兮。"

【弦索】 弦乐器上的弦。亦指弦乐器。颜真卿权器《水堂送诸文士戏赠潘丞联句》："何烦问更漏，但遣催弦索。"王建《舞曲歌辞·霓裳辞十首》之六："弦索摐摐隔彩云，五更初发一山闻。"张籍《宫词》之二："黄金捍拨紫檀槽，弦索初张调更高。"顾云《池阳醉歌赠匡庐处士姚岩杰》："弦索紧快管声脆，急曲碎拍声相连。"

【弦高】 春秋郑商人。鲁僖公三十三年（前627），遇袭晋之秦师于滑，遂假托使者身份犒劳秦师，且使人告郑，秦知郑有备，灭滑而还。见《左传·僖公三十三年》。吴筠《高士咏·郑商人弦高》："卓哉弦高子，商隐独摽奇。"

【弦高子】 即弦高，子为尊称。参见"弦高"。

【弦匏】 借指弦歌之声。匏，笙竽一类乐器。陆龟蒙《奉和袭美新秋言怀三十韵次韵》："山衣轻斧藻，天籁逸弦匏。"

【弦望】 ❶指农历每月初七、八，廿二、廿三和十五、十六日。见《释名·释天》。陈子昂《夏日晖上人房别李参军崇嗣》："弦望如朝夕，宁嗟蜀道行。"王维《晦日游大理韦卿城南别业四声依次用各六韵》之四："弦望忽已晦，后期洲应绿。"❷借指时日、岁月。庾抱《卧病喜霁开扉望月简宫内知友》："秋雨移弦望，疲病倦苦辛。"

【弦絶】 见"弦斷"。

【弦歌】 ❶以琴瑟伴奏而歌。见《礼记·乐记》。玄宗《游兴庆宫作》："鼓吹迎飞盖，弦歌送羽卮。"白居易《北窗三友》："弦歌复觞咏，乐道知所归。"清江《赠淮西贾兵马使》："映门旌旆春风起，对客弦歌白日长。"❷为称颂县令能行礼乐教化之典。见《论语·阳货》。孟浩然《与白明府游江》："沿洄洲渚趣，演漾弦歌音。"李颀《送崔婴赴汉阳》："才年三十佩铜印，知尔弦歌汉水清。"李白《赠清漳明府侄聿》："弦歌咏唐尧，脱落隐簪组。"李涉《送王六觐巢县叔父二首》之一："弦歌自是君家事，莫怪今来一邑闲。"又为出任县令之典。宋之问《送武进郑明府》："弦歌试宰日，城阙赏心违。"秦韬玉《送友人罢举授南陵令》："共言愁是酌离杯，况值弦歌枉大才。"徐铉《送薛少卿赴青阳》："我爱陶靖节，吏隐从弦歌。"❸指礼乐教化。刘禹锡《国学新修五经壁记》："俾我学徒，弦歌以时。"

【弦歌宰】 称能行礼乐教化的县令。张说《送王晙自羽林赴永昌令》："多谢弦歌宰，稀闻桴鼓声。"卢象《早秋宴张郎中海亭即事》："邑有弦歌宰，翔鸾狎野鸥。"孟浩然《同卢明府早秋宴张郎中海亭》："侧听弦歌宰，文书游夏徒。"李白《望汉阳柳色寄王宰》："寄谢弦歌宰，西来定未迟。"参见"弦歌"。

【弦管】 泛指乐器。弦，指琴瑟等弦乐器；管，指箫笛等管乐器。郭震《米囊花》："却笑野田禾与黍，不闻弦管过青春。"高适《行路难二首》之一："五侯相逢大道边，美人弦管争留连。"白居易《清明夜》："独绕回廊行复歇，遥听弦管暗看花。"韦庄《咸通》："人意似知今日事，急催弦管送年华。"

【弦影】 弦月之影。李峤《雁》："望月惊弦影，排云结阵行。"

【弦斷】 亦作"弦絶"。咏叹知音谢世或感叹孤寂与知音难觅。见《吕氏春秋·孝行览·本味》。贾至《长门怨》："深情托瑶瑟，弦断不成章。"钱起《美杨侍御清文见示》："伯牙道丧来，弦绝无人续。"郑澣《和李德裕房公旧竹亭闻琴》："坐来山水操，弦断吊遗埃。"崔涯《杂嘲二首》之一:"含泪向人羞不语,琵琶弦断倚屏风。"

【弦驚】 形容遭贬受挫或惊恐不安的心情。见《战国策·楚策四》。钱起《送李九贬南阳》:"霜降幽林沾蕙若,弦惊翰苑失鸳鸾。"卢纶《酬李叔度秋夜喜相遇因伤关东僚友丧逝见赠》:"羁飞本难定,非是恶弦惊。"白居易《得微之到官后书备知通州之事怅然有感因成四章》之四:"伤鸟有弦惊不定,卧龙无水动应难。"

弨 〔chāo《广韵》尺招切,平宵,昌。又尺沼切,上小,昌。〕弓。韩愈《雪后寄崔二十六丞公斯立》:"脑脂遮眼卧壮士,大弨挂壁无由弯。"

弩 〔nǔ《广韵》奴古切,上姥,泥。〕❶用机械发箭的弓。杜甫《复愁十二首》之七:"贞观铜牙弩,开元锦兽张。"白居易《送人贬信州判官》:"溪畔毒沙藏水弩,城头枯树下山魈。"杜牧《题池州弄水亭》:"乡校富华礼,征行产强弩。"亦指弓弩手。许棠《塞下二首》之一:"防秋朝伏弩,纵火夜搜山。"❷弓弩发射之声。杜甫《雷》:"昨宵殷其雷,风过齐万弩。"❸指弩箭。元稹《纪怀赠李六户曹崔二十功曹五十韵》:"语到磨圭角,疑消破弩症。"

【弩父】 秦汉制,地方十里一亭,设亭长一人,求盗一人,求盗又名弩父,掌捕捉盗贼。见汉扬雄《方言》。皮日休《江南书情二十韵寄秘阁韦校书贻之商洛宋先辈垂文二同年》:"茶教弩父摘,酒遣僰童监。"

【弩兒】 青年弓弩手。陆龟蒙《鹤媒歌》:"媒欢舞跃势离披,似谄功能邀弩儿。"

【弩臺】 弩箭发射台。皮日休《馆娃宫怀古》:"弩台雨坏逢金镞,香径泥销露玉钗。"吴资《教弩台》:"曹公教弩台,今为比丘寺。"

【弩箭】 用弩发射的箭。李商隐《射鱼曲》:"思牢弩箭磨青石,绣额蛮渠三虎力。"

【弩機】 以青铜制成的装置在弩后的机械,用以控制发射。亦指弩弓。元稹《酬友封话旧叙怀十二韵》:"但拟驯鸥鸟,无因用弩机。"

六　画

弭 〔mǐ《广韵》绵婢切,上紙,明。〕❶末端饰有角、骨的弓。沈亚之《文祝延二阕》之二:"朝马驾兮搦宝辔,千弭函弦兮森道骑。"❷止息。韦应物《宴别幼遐与君贶兄弟》:"乖阙意方弭,安知忽来翔。"刘禹锡《韩十八侍御见示岳阳楼别窦司直诗自述故足成六十二韵》:"景移群动息,波静繁音弭。"亦谓未被任用。杜甫《荆南兵马使太常卿赵公大食刀歌》:"吁嗟光禄英雄弭,大食宝刀聊可比。"❸消除。杜甫《赠李八秘书别三十韵》:"西蜀灾长弭,南翁愤始摅。"柳宗元《咏荆轲》:"始期忧患弭,卒动灾祸枢。"白居易《酬郑侍御多雨春空过诗三十韵》:"德胜令灾弭,人安在吏良。"李德裕《东郡怀古二首·王京兆》:"投马灾未弭,为鱼叹方深。"

【弭伏】 驯伏,顺伏。韩愈《南山诗》:"或妥若弭伏,或竦若惊雊。"元稹《和李校书新题乐府十二首·法曲》:"吾闻黄帝鼓清角,弭伏熊罴舞玄鹤。"

【弭患】 消除祸患。刘禹锡《武陵观火诗》:"无苛自可乐,弭患非所图。"

【弭棹】 指停船。棹,船桨。储光羲《河中望鸟滩作贻吕四郎中》:"弭棹临沙屿,微吟西日驰。"李白《自梁园至敬亭山见会公谈陵阳山水兼期同游因有此赠》:"敬亭惬素尚,弭棹流清辉。"萧颖士《舟中遇陆棣兄西归数日得广陵二三子书知迟晚垫西岸作》:"前程入楚乡,弭棹问维扬。"欧阳詹《江夏留别华二》:"弭棹已伤别,不堪离绪催。"

【弭蓋】 控车徐行。盖,车盖,借指车。李益《将赴朔方早发汉武泉》:"弭盖出故关,穷秋首边路。"

【弭節】 ❶停车。方干《过黄州作》:"弭节齐安郡,孤城百战残。"❷驾车。虞世南《从军行二首》之一:"涂山烽候惊,弭节度龙城。"韦应物《寄大梁诸友》:"分竹守南谯,弭节过梁池。"顾况《从军行二首》之一:"弭节结徒侣,速征赴龙城。"

【弭檝】 义同"弭櫂"。

【弭謗】 禁止非议。语本《国语·周语上》。李商隐《哭虔州杨侍郎虞卿》:"本矜能弭谤,先议取非辜。"

【弭櫂】 亦作"弭檝"。谓停船。陈子良《入蜀秋夜宿江渚》:"我行逢日暮,弭櫂独维舟。"王勃《泥溪》:"弭櫂凌奔壑,低鞭蹑峻岐。"杜易简《湘川新曲二首》之一:"愿君稍弭檝,无令贱妾羞。"薛据《登秦望山》:"振缗迎早潮,弭櫂候长风。"

弮 〔quān《广韵》丘圆切,平仙,溪。〕弩弓。白居易《青毡帐二十韵》:"合聚千羊毳,施张百子弮。"李商隐《送千牛李将军赴阙五十韵》:"空拳转斗地,数板不沉城。"陆龟蒙《战秋辞》:"弓弮不刓,甲缀不离。"

七　画

弰 〔shāo《广韵》所交切,平肴,生。〕❶弓的末梢。亦借指弓。王昌龄《城傍曲》:"射杀空营两腾虎,回身却月佩弓弰。"元稹《江边四十韵》:"罗灰修药灶,筑垛阅弓弰。"❷通"稍"。刘禹锡《故相国燕国公于司空挽歌二首》之一:"雕弓封旧国,黑弰继前功。"

弱〔ruò《广韵》而灼切，入藥，日。〕❶柔软，柔弱。李峤《李》："蝶游芳径馥，莺啭弱枝新。"邢巨《游春》："弱蔓环沙屿，飞花点石关。"白居易《有木诗八首》之六："枝弱不胜雪，势高常惧风。"吴融《途中》："柳弱风长在，云轻雨易休。"❷软烂。见"弱泥"。❸软弱，懦弱。岑参《江上春叹》："从人觅颜色，自笑弱男儿。"❹衰弱。杜甫《蒹葭》："体弱春风早，丛长夜露多。"又《昔游》："虽悲鬒发变，未忧筋力弱。"武少仪《诸葛丞相庙》："因机定蜀延衰汉，以计连吴振弱孙。"❺弱小。李华《咏史十一首》之十："六国韩最弱，末年尤畏秦。"张籍《赠辟谷者》："身轻曾试鹤，力弱未离山。"白居易《遇物感兴因示子弟》："于何保终吉，强弱刚柔间。"❻纤细，细弱。杜甫《小至》："刺绣五纹添弱线，吹葭六琯动浮灰。"于结《赋得生刍一束》："向风倾弱叶，裛露示纤茎。"刘得仁《山中舒怀寄上丁学士》："弱苗须雨长，懒翼在风吹。"❼细薄，薄。杜甫《青阳峡》："仰看日车侧，俯恐坤轴弱。"元稹《离思五首》之三："第一莫嫌材地弱，些些纰缦最宜人。"❽逊于，次于。岑参《梁州对雨怀曲二秀才便呈曲大判官时疾赠余新诗》："二人事慈母，不弱古老莱。"又《北庭西郊候封大夫受降回军献上》："近来能走马，不弱并州儿。"❾年幼。见"弱子"。❿特指二十岁。见"弱冠"。⓫谦词。用以自称。见"弱志""弱操"。

【弱子】　小孩。韩愈《元和圣德诗》："婉婉弱子，赤立伛偻。"

【弱水】　古代神话传说中的西方河流名。见《山海经·大荒西经》、《海内七洲记·凤麟洲》和《史记·大宛列传》。吴筠《游仙二十四首》之一九："朝逾弱水北，夕憩钟山顶。"杜甫《白帝城最高楼》："扶桑西枝对断石，弱水东影随长流。"张祜《司马相如琴歌》："梧桐结阴在朝阳，濯羽弱水鸣高翔。"

【弱年】　弱冠之年。徐彦伯《拟古三首》之三："弱年仕关辅，簉门豁御沟。"吴筠《览古十四首》之一三："弱年赋鵩鹏，可谓达养蒙。"薛据《出青门往南山下别业》："弱年好栖隐，炼药在岩窟。"李端《将之泽潞留别王郎中》："弱年知己少，前路主人稀。"

【弱羽】　❶短翮。指鸟飞行力小。元稹《有鸟二十章》之二："弱羽长忧俊鹘拳，疽肠暗著鸮雏啄。"杨发《檐雀》："弱羽怯孤飞，投檐幸所依。"李体仁《飞鸿响远音》："弱羽虽能振，丹霄竟未通。"郑衮《好鸟鸣高枝》："上林如可托，弱羽愿差池。"❷谦词。谓自己才浅力薄。沈佺期《移禁司刑》："散材仍葺厦，弱羽遽抟扶。"高适《陪窦侍御泛灵云池》："谁怜持弱羽，犹欲伴鹓鸿。"钱起《闲居酬张起居见赠》："弱羽谢风水，穷愁依典坟。"司空图《与都统参谋书有感》："惊鸾迸鹭尽归林，弱羽低垂分独沉。"

【弱志】　谦词。称自己的志向。韦应物《善福精舍答韩司录清都观会宴见忆》："弱志厌众纷，抱素寄精庐。"

【弱泥】　烂泥，泥泞。元稹《谕宝二首》之一："沉玉在弱泥，泥弱玉易沉。"

【弱柳】　❶柳树。因枝条柔弱，故称。白居易《喜小楼西新柳抽条》："一行弱柳前年种，数尺柔条今日新。"姚合《夏日登楼晚望》："数带长河水，千条弱柳风。"李商隐《登霍山驿楼》："弱柳千条露，衰荷一面风。"温庭筠《晚归曲》："弯堤弱柳遥相瞩，雀扇团圆掩香玉。"❷喻指腰肢袅娜的少女。贾至《春思二首》之二："红粉当垆弱柳垂，金花腊酒解酴醾。"徐铉《月真歌》："风前弱柳一枝春，花里娇莺百般语。"

【弱思】　对琐碎细事的考虑。见《文选·江淹〈杂体诗·谢光禄郊游〉》。吕温《送段九秀才归沣州》："方期践冰雪，无使弱思侵。"

【弱冠】　（—guān）男子二十或二十几岁的年龄为弱冠。见《礼记·曲礼上》。沈佺期《饯高唐州询》："弱冠相知早，中年不见多。"岑参《送张郎中赴陇右觐省卿公》："弱冠已银印，出身唯宝刀。"权德舆《寓兴》："弱冠无所就，百忧钟一身。"王贞白《少年行二首》之二："弱冠投边急，驱兵夜渡河。"

【弱袂】　轻罗衫袖。刘禹锡《相和歌辞·采菱行》："长鬟弱袂动参差，钗影钏文浮荡漾。"

【弱途】　泥泞之路。韩愈、孟郊《秋雨联句》："深路倒羸骖，弱途拥行轪。"

【弱弱】　柔弱。孟郊《摇柳》："弱弱本易惊，看看势难定。"

【弱植】　❶谦词，谓自己柔弱无能。见《左传·襄公三十年》。张九龄《初发道中赠王司马兼寄诸公》："湛恩均大造，弱植愧空虚。"皇甫冉《上礼部杨侍郎》："余波知可挹，弱植更求荣。"刘禹锡《游桃源一百韵》："层波一震荡，弱植忽沦溺。"李商隐《五言述德抒情诗一首四十韵献上杜七兄仆射相公》："弱植叨华族，衰门倚外兄。"❷指枝干柔弱的树木，或指柔弱的枝干。张九龄《杂诗五首》之一："高冈地复迥，弱植风屡吹。"皇甫冉《谢韦大夫柳栽》："浓阴方待庇，弱植岂无情。"

【弱雲】　薄云。杜甫《江雨有怀郑典设》："乱波分披已打岸，弱云狼籍不禁风。"

【弱腕】　指女子柔弱的手腕。杜易简《湘川新曲二首》之二："弱腕随桡起，纤腰向舸低。"

【弱楊】　即垂柳。李贺《难忘曲》："夹道开洞门，弱杨低画戟。"

【弱歲】　弱冠之年。泛指青少年时期。沈佺期《哭苏眉州崔司业二公》："大名齐弱岁，高德并中年。"

张九龄《叙怀二首》之一："弱岁读群史，抗迹追古人。"李德裕《近于伊川卜山居将命者画图而至欣然有感青田胎化鹤》："弱岁弄词翰，遂叨明主恩。"皮日休《奉酬崔璐进士见寄次韵》："弱岁谬知道，有心匡皇符。"

【弱質】 ❶柔弱的体质。刘商《琴曲歌辞·胡笳十八拍》："早被蛾眉累此身，空悲弱质柔如水。"《击盘歌送欧阳训酒》(卷八六七)："飞燕身轻未是轻，枉将弱质在岩扃。"亦指藤蔓类植物。戎昱《和李尹种葛》："弱质人皆弃，唯君手自栽。"❷谓才能薄弱。颜真卿潘述《水堂送诸文士戏赠潘丞联句》："弱质幸见容，菲才诚重诺。"严维《书情献相公》："孤根独弃惭山木，弱质无成状水萍。"

【弱操】 谦词。谓自己柔弱的操守志向。张九龄《使还都湘东作》："盛明非不遇，弱操自云私。"又《洪州西山祈雨是日辄应因赋诗言事》："诡随嫌弱操，羁束谢贞肥。"韩愈、孟郊《雨中寄孟刑部几道联句》："弱操愧筠杉，微芳比萧蕺。"

【弱齡】 弱冠之年。泛指青少年时期。王绩《晚年叙志示翟处士》："弱龄慕奇调，无事不兼修。"宋之问《景龙四年春祠海》："抚中良自慨，弱龄忝恩遇。"刘禹锡《和董庶中古散调词赠尹果毅》："言有穷巷士，弱龄颇尚奇。"薛逢《邻相反行》："西家有儿才弱龄，仪容清峭云鹤形。"

【弱體】 柔弱的身体。多指女子。李廓《镜听词》："更深弱体冷如铁，绣带菱花怀里热。"

八 画

張[1] 〔zhánɡ《广韵》陟良切，平陽，知。〕❶安上或绷紧弓弦，安上或绷紧乐器上的弦。高宗《九月九日》："柳空穿石碎，弦虚侧月张。"权德舆《建除诗》："满月张繁弱，含霜耀鹿卢。"孟郊《哭李观》："继弦难再张，偏毂不可转。"李绅《拜三川守》："改张琴瑟移胶柱，止息笙簧辨鲁鱼。"❷开弓，拉弓弦。李白《经乱离后天恩流夜郎忆旧游书怀赠江夏韦太守良宰》："弯弧惧天狼，挟矢不敢张。"李益《从军有苦乐行》："一矢弢夏服，我弓不再张。"刘禹锡《泽宫》序："余为赋泽宫一章，庶见子之弓弗再张也已。"❸犹紧张。与"弛"相对。韩愈《送李翱》："人生一世间，不自张与弛。"❹奏，弹奏。吴筠《游仙二十四首》之一二："鸿炉发灵香，广庑张钧天。"杜甫《夜宴左氏庄》："风林纤月落，衣露净琴张。"韦应物《乐燕行》："赵瑟正高张，音响清尘埃。"李贺《李凭箜篌引》："吴丝蜀桐张高秋，空白凝云颓不流。"李商隐《思贤顿》："内殿张弦管，中原绝鼓鼙。"❺施设罗网或机关，以捕捉鸟兽。李峤《弩》："机张惊雉雊，玉彩耀星芒。"李白《秋浦歌十七首》之一六："妻子张白鹇，结罝映深竹。"孟郊《空城雀》："鱼网不在天，鸟罗不张水。"❻布置，陈设。岑参《敦煌太守后庭歌》："曲房置酒张锦筵，美人红妆色正鲜。"卢纶《奉和圣制麟德殿宴百僚》："云辟御筵张，山呼圣寿长。"张南史《早春书事奉寄中书李舍人》："帝庭张礼乐，天阁绣簪裾。"❼布满，充满。李白《赤壁歌送别》："烈火张天照云海，周瑜于此破曹公。"又《留别于十一兄逖裴十三游塞垣》："天张云卷有时节，吾徒莫叹羝触藩。"元稹《生春二十首》之一七："玉栊穿细日，罗幔张轻风。"❽显扬，使光大。储光羲《同诸公秋日游昆明池思古》："皇灵恻群甿，神政张天维。"杜甫《奉送严公入朝十韵》："感激张天步，从容静塞尘。"白居易《赠友五首》之五："谁能正婚礼，待君张国维。"又《和答诗十首》序："意者欲足下在途讽读，且以遣日时，消忧懑，又有以张直气而扶壮心也。"来鹄《圣政纪颂》："咽典噤法，盖圣笼昌。曷以致此，史文不张。"❾强大，强狠。韩愈《醉赠张秘书》："诗成使之写，亦足张吾军。"元稹《有鸟二十章》之一："有鸟有鸟名老鸱，鸱张贪很老不衰。"❿张开，展开。钱起《江行无题一百首》之二三："帆翅初张处，云鹏怒翼同。"韩愈《三星行》："牛奋其角，箕张其口。"白居易《和答诗十首·和大觜乌》："乌喜张大觜，飞接在虚空。"贾岛《望山》："长安百万家，家家张屏新。"⓫离开，分开。杜甫《佐还山后寄三首》之二："白露黄粱熟，分张素有期。"元稹《江陵三梦》："分张碎针线，襵叠故屏帏。"⓬布置，布列。太宗《宴中山》："对敌六奇举，临戎八阵张。"崔湜《塞垣行》："蔽山张旗鼓，间道潜锋镝。"武元衡《幕中诸公有观猎之作因继之》："旌旆遍张林岭动，豺狼驱尽塞垣空。"⓭张设，张挂。司空曙《晦日益州北池陪宴》："临泛从公日，仙舟翠幕张。"白居易《秦中吟十首·买花》："上张幄幕庇，旁织巴篱护。"姚合《酬任畴协律夏中苦雨见寄》："丝网张空际，蛛绳续瓦沟。"⓮量词。李白《下泾县陵阳溪至涩滩》："渔子与舟人，撑折万张篙。"元稹《使东川·嘉陵驿二首》之二："墙外花枝压短墙，月明还照半张床。"韩偓《厌花落》："红纸千张言不尽，至诚无语传心印。"吕岩《七言》之二四："除此更无余个事，一壶村酒一张琴。"⓯姓。白居易《读张籍古乐府》："张君何为者，业文三十春。"朱庆余《贺张水部员外拜命》："前代佳名逊，当时重姓张。"

張[2] 〔zhànɡ《广韵》知亮切，去漾，知。〕见"张₂王"。

【張二】 ❶见"张仲彝"。❷张南史。《新唐书·艺文志四》："《张南史诗》一卷。字季直，幽州人，以试参军避乱居扬州扬子。"皇甫冉有《酬张二仓曹扬子所居见寄兼呈韩郎中》。张南史有《江北春望赠皇甫补阙》。皇甫补阙，即皇甫冉，南史居长江北岸之扬子，皇甫居长江南岸之润州（今江苏镇江），隔江相对。耿沣有《宣城逢张二南史》。❸名未详。骆宾王有《夏日夜忆张二》，又有《同张二咏雁》。❹名未详。孟浩然有《和张二自穰县还途中遇雪》。❺名未详。天宝十二载（753）在蓝田主簿任。岑参有《首春渭西郊行呈蓝田张二主簿》。

【張二十八】　即张彤。白居易有《岁日家宴戏示弟侄等兼呈张侍御二十八丈殷判官二十三兄》。

【張二十】　即张继。张继有《酬张二十员外前国子博士窦叔向》。按，此为窦叔向诗，继前有《江上送客游庐山》，此诗即叔向唱酬之作，故附于继诗之下，下标"前国子博士窦叔向"。《全唐诗》误收。

【張十一】　即张署。韩愈有《忆昨行和张十一》，又有《题张十一旅舍三咏》。刘禹锡有《酬窦员外郡斋宴客偶命柘枝兼呈张十一院长元九侍御》。

【張十二】　❶即张彪。杜甫有《寄张十二山人彪三十韵》。❷即张贾。韩愈有《次潼关先寄张十二阁老使君》。

【張十八】　❶即张籍。韩愈有《病中赠张十八》。王建有《酬张十八病中寄诗》。白居易有《酬张十八访宿见赠》，又有《重到城七绝句·张十八》。❷名未详。睦州桐庐（今属浙江）人。刘长卿有《送张十八归桐庐》。

【張十三】　即张建封。杜甫有《别张十三建封》。

【張十五】　❶即张之绪。杜甫有《宿青溪驿奉怀张员外十五兄之绪》。❷即张仲方。白居易有《赠皇甫六张十五李二十三宾客》。

【張十四】　即张谓。李白有《鲁郡尧祠送张十四游河北》。贾至有《巴陵寄李二户部张十四礼部》。

【張七】　❶即张琚。储光羲有《饯张七琚任宗城即环之季也同产八人俱以才名知》。❷即张时初。刘长卿有《送张七判官还京觐省》，自注："大夫之子时初。"

【張八】　❶即张子容。孟浩然有《晚春卧病寄张八》，又有《永嘉上浦馆逢张八子容》。❷张谂。李约《赠韦况》："秋夜洛阳城，明月照张八。"

【張九】　❶即张旭。高适有《醉后赠张九旭》。❷即张登。顾况有《酬漳州张九使君》。

【張九宗】　遂州方义（今四川遂宁）人，德宗时登科。元和十二年（817），在遂州刺史任。《全唐诗续补遗》卷六录其诗一联。

【張九皋】　（690—755）韶州曲江（今属广东）人，九龄之弟，仲方之祖。开元七年（719），明经及第。事迹见新旧《唐书》本传。祖咏有《扈从御宿池》。一作《兰峰题张丞九皋》。

【張九齡】　（678—740）字子寿，一名博物，韶州曲江（今属广东）人，进士及第，迁左拾遗。玄宗即位，封章直言，特拜左补阙。历礼部员外郎。事迹见新旧《唐书》本传。《新唐书·艺文志四》著录其集二十卷。《全唐诗》卷四七至卷四九录其诗三卷。

【張又新】　字孔昭。深州陆泽（今河北深县西南）人。元和中为京兆解头，九年（814），进士及第。事迹见新旧《唐书》本传。《新唐书·艺文志三》著录其《煎茶水记》一卷，今存。《全唐诗》卷四七九录其诗十七首。

【張三十四】　见"張弘"。

【張工部】　指张荐。荐贞元二十年（804）迁工部侍郎，充吐蕃吊祭使，卒于道。权德舆有《张工部至薄寒山下有书无由驰报輤车之至倍切悲怀》。

【張大】　即张彻。李贺有《潞州张大宅病酒遇江使寄上十四兄》。白居易有《醉后走笔酬刘五主簿长句之赠兼简张大贾二十四先辈昆季》。参见"张徹"。

【張大夫】　❶指张守珪。守珪开元二十七年（739）以幽州节度使兼御史大夫贬为括州刺史。高适《宋中送族侄式颜》诗自注："时张大夫贬括州，使人召式颜，遂有此作。"❷见"張尚書"。❸指张伯仪。伯仪建中三年（782）三月为荆南节度使兼御史大夫。司空曙有《奉和张大夫酬高山人》，又有《秋日趋府上张大夫》。

【張大安】　（？—684）魏州繁水（今河南南乐西北）人，上元二年（675）六月，雍王李贤册为皇太子，迁太子左庶子。事迹见新旧《唐书》本传。《全唐诗》卷四四录其诗一首。

【張大監】　指张荐。荐贞元中为秘书监。潘孟阳有《春日雪以回文绝句呈张荐权德舆》，一作《春日雪寄上张二十九丈大监请招礼部曹长回文绝句时为户部侍郎》。

【張口】　张开嘴巴。白居易《题海图屏风》："鲸鲵得其便，张口欲吞舟。"

【張凡】　籍贯生平未详。《全唐诗续补遗》卷一九录其诗一联。

【張之緒】　魏州繁水（今河北繁县面）人。天宝十一载（752），在左补阙任。迁金部员外郎。事迹略见《新唐书·宰相世系表二下》。杜甫有《宿青溪驿奉怀张员外十五兄之绪》。

【張弓】　拉弓。杜甫《八月十五夜月二首》之二："张弓倚残魄，不独汉家营。"李贺《恼公》："肠攒非束竹，胘急是张弓。"白居易《新乐府·新丰折臂翁》："偷将大石捶折臂，张弓簸旗俱不堪。"

【張女】　张姓女子。善弹哀曲，因名其曲为《张女弹》。见《文选·潘岳〈笙赋〉》李善注引三国吴闵鸿《琴赋》。李商隐《拟意》："怅望逢张女，迟回送阿侯。"按，据江总诗，南朝时其人事迹已不传。

【張子】　指张谓。李白有《鲁城北郭曲腰桑下送张子还嵩阳》。

【張子明】　五代攸县（今属湖南）人，居凤巢山。有诗名。其《孤雁》诗颇为世人所赏。见《诗话总龟》前集卷十一引宋王举《雅言系述》。《全唐诗》卷七七〇录其诗一首。

【張子房】　即汉张良，良字子房。崔泰之《同光禄弟冬日述怀》："积德韦丞相，通神张子房。"杜甫《洗兵马》："关中既留萧丞相，幕下复用张子房。"

【張子容】　排行第八。襄阳（今湖北襄樊）人。早年与孟浩然同隐鹿门山。先天元年（712），进士及第。事迹见《唐诗纪事》卷二三、《唐才子传》卷一。《全唐诗》卷一一六录其诗一卷。

【張子僑】　或作张子乔。汉代人。宣帝时，为太中大夫，迁光禄大夫。宣帝循武帝故事，招选名儒俊材置左右，与王褒、刘向、华龙等待诏金马门，竟献赋颂。《汉书·艺文志》著录其赋三篇。李德裕《雨中自秘书省访王三侍御知早入朝便入集贤诗赠之》："金门待诏何逍遥，名儒早问张子侨。"

【張王】　汉张芝、晋王羲之连称。二人皆善书法。杜甫《殿中杨监见示张旭草书图》："未知张王后，谁并百代则？"

【張₂王】　（—wàng）兴盛貌，旺盛貌。韩愈《和侯协律咏笋》："得时方张王，挟势欲腾骞。"刘禹锡《葡萄歌》："移来碧墀下，张王日日高。"元稹《酬翰林白学士代书一百韵》："连阴蛙张王，瘴疟雪治医。"

【張夫人】　❶杜希望之妻。卒于天宝中。岑参有《西河郡太原守张夫人挽歌》。按，诗题"原"字衍。❷楚州山阳（今江苏淮安）人。大历间人，为吉中孚之妻。事迹略见《又玄集》卷下、《唐诗纪事》卷七九。《全唐诗》卷七九九录其诗五首。

【張天師】　汉张道陵后裔之封号。常建有《张天师草堂》。

【張天覺】　即张商英。商英字天觉。吕岩《宋朝张天觉为相之日有褴褛道人及门求施留诗于案上云》："皇朝宰相张天觉，天下云游吕洞宾。"按，张商英为宰相在宋徽宗大观四年（1110），此诗当删。

【張元一】　籍贯未详。武后时累迁司封员外郎，历司封、司勋、左司三司郎中。圣历中，为凤阁舍人。性滑稽，善谐谑之诗。事迹略见《唐诗纪事》卷十三。《全唐诗》卷八六九录其诗四首。

【張元夫】　邓州南阳（今属河南）人。正甫之从子。进士及第。元和末累适殿中侍御长。长庆元年（821），迁礼部员外郎。除兵部郎中、知制诰。事迹见《旧唐书》本传。薛涛有《寄张元夫》。

【張元正】　张正元之倒。《全唐诗》卷七八二录其省试诗《临川羡鱼》一首。按，诗又见卷三一九张正元下，出《文苑英华》卷一八五。正元贞元中进士及第。《全唐诗》卷四六六徐牧亦有《省试临渊羡鱼》，牧为放之讹，放亦为贞元进士，与正元所处时代相同。参见"张正元"。

【張元宗】　一作"张亢宗"，误。籍贯未详。其诗有"胡马饮河洛，我家从此迁"之句，当为肃、代间人。《全唐诗》卷五四二录其诗二首。

【張元寶】　张仁宝之讹。《全唐诗续补遗》卷十九录其《阆中山》一首。按，诗已见《全唐诗》卷八六六张仁宝下，题作《题芭蕉叶上》。此处可删。

【張五】　❶即张易之。崔日用《乞金鱼词》："倚翻灯脂污张五，还来啮带报韩三。"❷即张谭。孟浩然有《寻张五回夜园作》。钱起有《送张五员外东归楚州》。❸即张埱。李白有《夜别张五》。❹张八之讹，即张子容。孟浩然有《秋登兰山寄张五》，一作《九月九日岘山寄张子容》，一作《秋登万山寄张文儃》。

【張太守】　❶指张建封。建封曾任岳州、寿州刺史、徐泗濠节度使。杜荀鹤《读张仆射诗》："双美总输张太守，《二南》章句六钧弓。"❷名未详。天宝、至德间官宣城太守。钱起有《奉和宣城张太守南亭秋夕怀友》。❸名未详。昭宗时任池州刺史。殷文圭有《赠池州张太守》。

【張太和】　濠州（今安徽凤阳）人。大历间人，道士。独孤及《垂花坞醉后戏题》序："庄周台南十许步，有丘一成，上有樛藤垂花，而蔓草荒之，且隔大沟，路不可陟。道士张太和伐薪为堰，封土以壅浍，余亦命雉氏治芜秽而划宿莽，遂辟为登赋之位。"

【張太祝】　指张籍。籍元和元年（806）为太常寺太祝。孟郊《寄张籍》："西明寺后穷瞎张太祝，纵尔有眼谁尔珍！"贾岛有《投张太祝》。白居易《酬张太祝晚秋卧病见寄》，又《重到城七绝句·张十八》："独有咏诗张太祝，十年不改旧官衔。"

【張友正】　籍贯未详。僖、昭时人。《新唐书·艺文志四》著录其文集《杂编》一卷，已佚。《全唐诗》卷七二七录其诗二首。

【張牙】　籍贯生平均未详。《全唐诗逸》卷中录其诗一联。

【張少尹】　（少 shào）❶名未详。官凤翔少尹。耿湋有《会凤翔张少尹南亭》，又有《酬张少尹秋日凤翔西郊见寄》。❷名未详。官江陵府少尹。武元衡有《玉泉寺与润上人望秋山怀张少尹》。

【張少府】　（少 shào）❶指张柬之。柬之永昌元年(689)为王屋县尉。卢照邻有《酬张少府柬之》。❷指张子容。子容为开元中为晋陵、丹杨县尉，十五年(727)前后为乐城县尉。孟浩然有《登岘山亭寄晋陵张少府》，又有《除夜乐城逢张少府》《岁除夜会乐城张少府宅》。❸指张洎。洎南唐时释褐为句容县尉。徐铉有《晚憩白鹤庙寄句容张少府》。❹名未详。上元元年(760)官楚城县尉，与李白有交往。李白有《秋日与张少府楚城韦公藏书高斋作》。

【張少傅】（少 shào）籍贯未详。大历中进士。《全唐诗》卷二八一录其诗二首。

【張中丞】（中 zhōng）❶指张九皋。九皋天宝十载(751)为南海太守兼岭南五府节度经略采访处置等使，摄御史中丞。祖咏有《扈从御宿池》，一本题作《兰峰题张中丞九皋》。❷指张光奇。光奇天宝十四载(755)为始安太守兼御史中丞。钱起有《送张中丞赴桂州》。❸指张正甫。正甫元和八年(813)为湖南观察使兼御史中丞。元稹《卢头陀诗》序："予拜张公于潭，适上人在焉。"又有《陪张湖南宴望岳楼稹为监察御史张中丞知杂事》。❹名未详。宝历、大和间由浙西观察使从事入台为御史中丞。李德裕有《送张中丞入台从事》。

【張内史】 指南朝宋张邵。邵曾为湘州刺史，后为抚军长史。刘禹锡有《韩十八侍御见示岳阳楼别窦司直诗自述故足成六十二韵》："湘洲路四达，巴陵城百雉。何必颜光禄，留诗张内史。"按，颜光禄为颜延之。

【張仁寶】 阆州阆中(今属四川)人。素有才学，为秘书省校书郎。年少而逝。见《太平广记》卷三五四引《录异记》。《全唐诗》卷八六六录其诗一首。

【張公】 ❶洛阳(今属河南)人。时代未详。居大谷中，种有一株夏梨，甘甜无比。后因用为梨之典实。见《文选·潘岳〈闲居赋〉》引刘良注："洛阳有张公，居大谷，有夏梨，海内唯此一树。"李峤《梨》："若令逢汉主，还冀识张公。"徐铉《赠陶使君求梨》："昨宵宴罢醉如泥，惟忆张公大谷梨。"❷指汉张禹。寒山《诗三百三首》之一二七："张公富奢华，孟子贫轗轲。"❸指汉张昭。见《三国志·吴志·张纮传》裴松之注引《江表传》。孙元晏《咏史诗·吴·张纮》："东部张公与众殊，共施经略赞全吴。"❹指晋张华。李白《相和歌辞·梁甫吟》："张公两龙剑，神物合有时。"❺指南朝宋张永。孙元晏《咏史诗·宋·借南苑》："不知南苑今何在？借与张公三百年。"按，借南苑事见《宋书·明帝纪》。❻指张易之、昌宗兄弟。见《武后时谣》"张公吃酒李公醉"。❼指张九龄。郑嵎《津阳门诗》："忠臣张公识逆状，日日切谏上弗疑。"❽指张景顺。杜甫《天育骠骑歌》："当时四十万匹马，张公叹其材尽下。"❾指张九皋。高适《奉寄平原颜太守》序："今南海太守张公之牧梁也。"❿指张谓。李白《泛沔州城南郎官湖》："张公多逸兴，共泛沔城隅。"任华《怀素上人草书歌》："不因礼部张公将尔来，如何得声名一旦喧九垓？"⓫指张弘靖。裴度有《厅事之西因依墉甃为数仞有悬水焉予理戎之暇聊以息此相国张公之所作也缅怀高致时濯尘缨即事寄言而赋斯什》。⓬名未详。大中六年(852)官吏部。许浑有《蒙河南刘大夫见示与吏部张公喜雪酬唱辄敢攀和》。

【張公子】 ❶指汉张放。见《汉书·外戚下·孝成赵皇后传》。后多用以指贵族子弟。骆宾王《帝京篇》："朱门无复张公子，灞亭谁畏李将军。"钱起《秋霖曲》："貂裘玉食张公子，炰炙熏天戟门里。"刘禹锡《和乐天诮失婢榜者》："不逐张公子，即随刘武威。"温庭筠《太子西池二首》之一："莫信张公子，窗间继暗期。"❷张五，名未详。李白《夜别张五》："吾多张公子，别酌酣高堂。"❸指张四，名未详。杜甫《赠翰林张四学士》："天上张公子，宫中汉客星。"❹指张祜。杜牧《登池州九峰楼寄张祜》："谁人得似张公子，千首诗轻万户侯。"❺指张坤。罗隐《下第寄张坤》："思量不及张公子，经岁池江倚酒楼。"❻指张二十，名未详。杜甫《送张二十参军赴蜀州因呈杨五侍御》："好去张公子，通家别恨添。"

【張公吃酒李公醉】 《武后时谣》(卷八七八)："张公吃酒李公醉。"张公，张易之兄弟；李公，指李唐王朝。按，此见张鷟《朝野佥载》卷一。无名氏《曲中唱语》："张公吃酒李公颠，盛六生儿郑九怜。"后以此为移花接木或顶缸之义。

【張公洞】 在今江苏宜兴东南张公山中。张公指汉张道陵。道陵曾在此洞修道，故道家尊为第五十八福地。见《太平广记》卷四二四引《逸史》。李嘉祐有《题张公洞》。皇甫冉有《祭张公洞二首》。方干有《游张公洞寄陶校书》。

【張公洲】 在今湖北武昌南。张公为晋隐士，曾游此灌园，故名。李白有《赠张公洲革处士》。

【張公義】 籍贯未详。元和间乡贡进士。《全唐诗》卷七八二录其诗一首。

【張公謹】 (584—632)字弘慎。魏州繁水(今河南南采西北)人。大安之父。隋末为王世充洧州长史。武德元年(618)，以州城归唐，授邹州别驾。事迹略见新旧《唐书》本传。白居易《新乐府·七德舞》："魏征梦见子夜泣，张谨哀闻辰日哭。"自注："张公谨卒，太宗为之举哀，有恒奏：'日在辰，阴阳所忌，不可哭。'上曰：'君臣义重，你子之情也。情发于中，安知辰日！'遂哭之恸。"

【張氏】 ❶见"张氏鉤"。❷袁州(今江西宜春)

人。大理评事彭伉之妻。初，贞元七年(791)，伉进士及第。辟为幕府从事，久不归，遂寄诗二绝。见《唐诗纪事》卷七九。《全唐诗》卷七九九录其诗二首。

【張氏女】　安西人。有国色。大和九年(835)，户部尚书王璠为河东节度使，进乐侍酒，卧病而卒。《全唐诗》卷八六八录其诗一首。

【張氏鉤】　指汉京兆长安人张氏一鸠所化金钩而子孙渐富之事。见晋干宝《搜神记》卷九。元稹《有鸟二十章》之四："佳人许伴鹓雏食，望尔化为张氏钩。"亦作"張氏銅鉤"。李瀚《蒙求》："王忳绣被，张氏铜钩。"

【張氏銅鉤】　见"張氏鉤"。

【張六】　即张正一。武元衡有《送张六谏议归朝》。

【張文成】　即张鷟。字文成。《全唐诗逸》卷下录其《游仙窟》等诗九首。

【張文伏】　字德昭。仙居(今属浙江)人。后唐天成元年(926)进士及第。后归隐。至宋初年八十余卒。《全唐诗续补遗》卷十九录其诗一首。

【張文收】　清河东武城(今河北清河东北)人，徙魏州昌乐(今河南南乐)。文琮之从弟。尤善音律。事迹见新旧《唐书》本传。《全唐诗》卷三八录其诗一首。

【張文紀】　即汉张纲。纲字文纪。杜牧《新定途中》："无端偶效张文纪，下杜乡园别五秋。"

【張文恭】　籍贯未详。贞观二十年(646)闰三月，以秘书省校书郎与房玄龄、褚遂良、许敬宗等分功撰录《晋书》。显庆元年(656)七月，又与长孙无忌、于志宁、令狐德棻等同撰《国史》。见《唐会要》卷六三。《全唐诗》卷三九录其诗二首。

【張文姬】　籍贯未详。鲍参军之妻。《全唐诗》卷七九九录其诗四首。

【張文規】　(？—854)范阳(今北京)人，徙蒲州猗氏(今山西临猗)，弘靖之子。累迁拾遗。事迹见新旧《唐书》本传。《新唐书·艺文志二》著录其《吴兴杂录》七卷，当为任湖州时所作，书佚。《全唐诗》卷三六六录其诗二首。

【張文琮】　贝州东武城(今河北清河东北)人，徙魏州昌采(今河南南乐)。文收之兄，锡之父，李峤之外祖父，好自写书，手不释笔。永徽初，迁户部侍郎。事迹见新旧《唐书》本传。《新唐书·艺文志四》著录其集二十卷，已佚。《全唐诗》卷三九录其诗六首。

【張文儃】　疑即张子容。子容字文儃。孟浩然《秋登兰山寄张五》，题一作《秋登万山寄张文儃》。

【張亢宗】　见"張元宗"。

【張尹】　❶指汉张敞。敞曾为京兆尹。沈佺期《和洛州康士曹庭芝望月有怀》："张尹将眉学，班姬取扇俦。"参见"張敞"。❷指张镒。镒建中三年(782)以中书侍郎、平章事兼凤翔尹。李端有《旅次岐山得山友书却寄凤翔张尹》，又有《冬夜集张尹后阁》《和张尹忆东篱菊》。

【張水部】　指张籍。籍长庆二年(822)为水部员外郎。朱庆余有《上张水部》，又有《近试上张籍水部》，题一作《闺意献张水部》。韩偓《山驿》："叠石小松张水部，暗山寒雨李将军。"

【張正一】　排行第六。籍贯未详。贞元十九年(803)在左补阙任。与王仲舒、韦成季、刘伯刍、常仲孺等相善。元和元年(806)，召户部员外郎。二年，武元衡为剑南西川节度使，辟为观察判官。检校户部郎中兼侍御史。迁谏议大夫。五年，以国子司业致仕。事迹见《唐诗纪事》卷四五。《全唐诗》卷三一八录其诗一首。

【張正元】　蒲州(今山西永济西)人。贞元五年(789)进士及第。授秘书省校书郎。十八年在岭南节度使掌书记、试大理评事任。八月，为邕管经略使兼御史中丞。事迹略见《唐诗纪事》卷五十。《全唐诗》卷三一九录其诗二首。

【張正字】　❶指张复元。复元贞元十七年(801)为秘书省正字。刘禹锡有《扬州春夜李端公益张侍御登段侍御平路因题诗于段君枕上以志其事》。❷指张舒。舒曾任秘书省正字。张九龄有《宿张正字别业》。

【張正見】　(528？—576？)字见颐。南朝陈清河东武城(今河北清河)人。事迹见《陈书·文学传》《南史·文学传》。耿沣《会凤翔张少尹南亭》："远过张正见，诗兴自依依。"

【張正則】　清河(今河北清河)人，徙居魏州昌乐(今河南南乐)，后居上元(今江苏南京)。大历中，为大理评事。秦系有《山中赠张正则评事》。

【張功曹】　指张署。署贞元二十一年(805)为江陵府司功参军。韩愈有《八月十五夜赠张功曹》，又有《叉鱼招张功曹》。

【張去非】　朱去非之讹。孟浩然有《岘山送张去非游巴东》，题一作《岘山亭送朱大》，朱大即朱去非。

【張可續】　籍贯未详。开成二年(837)在司封员外郎任。白居易《三月三日祓禊洛滨》序："令公明日召太子傅白居易、太子宾客萧籍、李仍叔、刘禹锡……司封员外郎张可续……四门博士谈弘谟等一十五人，合宴于舟中。"

【張左丞】　❶指张说。说景云二年(711)由中书侍郎、同中书门下平章事罢为左丞。韦嗣立有《自汤还都经龙门北溪赠张左丞崔礼部崔光禄》。❷指张重光。重光大历三年(768)迁左丞。李端有《张左丞挽歌二首》。

【張平子】 即汉张衡。衡字平子。王湾《哭补阙亡友綦毋学士》："词学张平子，风仪褚彦回。"

【張平子墓】 在邓州南阳（今属河南），见宋黄裳《新定九域志》卷一。骆宾王有《过张平子墓》。按张平子即汉张衡，衡字平子。

【張四】 即张垍。杜甫有《赠翰林张四学士》。

【張生妻】 汴州中牟（今属河南）人。《全唐诗》卷八六八录其诗六首。

【張生】 ❶指战国秦张仪。杜光庭《怀古今》："不能劳神效苏子张生兮于时而纵辩，不能劳神郊杨朱墨翟兮挥涕以沾襟。"❷名未详。汉济南（今山东历城东北）人。曾从伏胜受《尚书》，后为博士。夏侯胜即出其门下。事迹略见《史记·儒林列传》《汉书·儒林传》。韩翃《送夏侯校书归上都》："青春事贺监，黄卷问张生。"❸名未详。乡贡进士，不第。《全唐诗》卷八六八录其诗一首。

【張白】 字虚白。清河东武城（今河北清河）人，徙居邢州（今河北邢台）。早年应举不第，为道士，自号白云子。常挑一铁葫芦，得钱便饮酒。有《武陵春色》诗三百首，已佚。《全唐诗》卷八六一录其诗三首。

【張令公】 指张九龄。九龄开元二十二年（734）为中书令。王维有《上张令公》。

【張令閣】 字博夫。唐兴（今四川蓬溪）人。唐末道士。隐居于永康天国山，自号天国山人，与杜光庭有交往。《全唐诗》卷七六〇录其诗一首，卷八六一重出。

【張外郎】 指张文蔚。文蔚唐末曾为司勋员外郎。郑谷《寄司勋张员外学士》："平昔偏知我，司勋张外郎。"

【張主簿】 ❶指张齐物。齐物曾为内乡县主簿。顾非熊有《送内乡张主簿赴任》。❷名未详。开元十四年（726）在谯县主簿任。孟浩然有《适越留别谯县张主簿申屠少府》。❸名未详。天宝十二载（753）在蓝田主簿任。岑参有《首春渭西郊行呈蓝田张二主簿》。

【張立】 一作"张玄"，误。自号皂江渔翁。后蜀新津（今属四川）人。事迹见《十国春秋》本传。《全唐诗》卷七六一录其诗二首。

【張立本女】 会昌时人。其父张立本为草场官。女为妖物所魅，妖来时，女即浓妆盛服于闺中，如与人语笑。妖去，即狂呼号泣不已，每自称高侍郎。少时不曾读书，而能吟诗一首。事见《太平广记》卷四五四引《会昌解颐录》。《全唐诗》卷七九九录其诗一首。

【張玄】 见"张立"。

【張永】 （410—475）字景云。南朝宋吴郡吴县（今属江苏）人。裕之子。初为郡主簿，州从事。转司徒士曹参军。事迹见《宋书》《南史》本传。段成式《寄温飞卿笺纸》自注："予在九江造云蓝纸，既乏左伯之法，全无张永之功，辄送五十板。"

【張司户】 ❶见"張燧"。❷名未详。官明州司户参军事。綦毋潜有《送贾恒明府兼寄温张二司户》。

【張司直】 指张扈。扈曾官大理司直。刘长卿有《送张司直赴岭南谒张尚书》。

【張司馬】 ❶指春秋晋张老。张老晋悼公时为中军司马。见《国语·晋语七》。武元衡《送崔舍人起居》："惟有白须张司马，不言名利尚相从。"参见"張老"。❷指张垍。垍开元末为翰林学士，天宝十三载（754）为卢溪郡司马。杜甫有《送翰林张司马南海勒碑》。❸指张扈。扈曾为行军司马。刘长卿有《送行军张司马罢使回》。❹名未详。天宝元年（742）为吴郡司马。李白有《酬张司马赠墨》。

【張司業】 指张籍。籍大和二年（828）为国子司业。贾岛有《宿姚合宅寄张司业籍》。白居易有《雨中招张司业宿》。

【張弘】 籍贯生平均未详。排行第三十四。元稹《病醉》诗自注："戏作吴吟，赠卢十九经济、张三十四弘、辛丈丘度。"

【張弘靖】 （700—824）原名调，字元理。范阳（今北京）人，徙居蒲州猗氏（今山西临猗）。事迹见新旧《唐书》本传。《全唐诗》卷三六六录其诗一首。

【張弘靜】 即张弘靖。参见"張舍人"。

【張老】 ❶字孟。春秋晋大夫。曾事赵武。事迹略见《左传·成公十八年》《国语·晋语七》。陈元光《落成会咏一首》："设醴延张老，开轩礼吕蒙。"杜甫《奉赠萧二十使君》："张老存家事，嵇康有故人。"徐铉《赋得霍将军辞第》："宁烦张老颂，无待晏婴辞。"❷指张旭。窦冀《怀素上人草书歌》："吴兴张老尔莫颠，叶县公孙我何谓？"任华《怀素上人草书歌》："张老颠，殊不颠于怀素。"

【張耳】 （？—前202）秦汉间大梁（今河南开封）人。少时为信陵君魏公子无忌门客，娶外黄富人之女，后官魏外黄县令。事迹见《史记·张耳陈余列传》《汉书》本传。贯休《行路难》之一："谁道黄金如粪土，张耳陈余断消息。"

【張芝】 （？—192）字伯英。敦煌酒泉（今属甘肃）人，父奂为太常卿，徙弘农华阴（今属陕西）。少有高操，勤学。事迹见《汉书·张奂传》。李峤《墨》："别有张芝学，书池幸见临。"王邕《怀素上人草书歌》："君不见张芝昔日称独贤，君不见近日张旭为老颠。"贾耽《赋虞书歌》："不同怀素只攻颠，岂类张芝惟创草。"

【張吏部】 指张均。均开元十三年（725）为吏部员外郎。孟浩然有《上张吏部》。按此诗又见卢象诗，题作《赠张均员外》。

【張成】　籍贯未详。以监察御史为节度使幕僚。钱起有《过张成侍御宅》。

【張光】　(？—782?)苏州吴县(今属江苏)人，为盐州偏将，挟私杀妻，前后不能断，建中间，李景略为朔方节度使李怀光幕僚，讯其实，伏法。见新旧《唐书·李景略传》。郎士元有《送张光归吴》。

【張光朝】　籍贯生平均未详。咸通时人。《全唐诗》卷五〇五录其诗二首。

【張光禄】　指张昌宗。昌宗久视元年(700)为银青光禄大夫。崔融有《和梁王众传张光禄是王子晋后身》。

【張曲江集】　即《张九龄集》。《新唐书·艺文志四》著录为二〇卷。皎然有《读张曲江集》。刘禹锡有《读张曲江集作》。参见"張曲江"。

【張先生】　指张旭。鲁收《怀素上人草书歌》："观尔向来三五字，颠奇何谢张先生。"

【張先輩】　张佖。南唐进士。徐铉有《和张先辈见寄二首》。

【張廷尉】　指汉张汤。汤曾为廷尉。韩翃《送赵评事赴洪州使幕》："官属张廷尉，身随杜幼公。"鲍溶《倚瑟行》："灞陵一代无发毁，俭风本是张廷尉。"

【張延賞】　(727—787)原名宝符，开元末，玄宗赐名延赏，取"赏延于世"之意，范阳(今北京)人，徙居莆州猗氏(今山西临猗)。事迹见新旧《唐书》本传。郭圆《咏韦皋》："当时甚讶张延赏，不识韦皋是贵人。"

【張仲】　周宣王时卿士。以孝友著称。张老为其十七代孙。见《诗·小雅·六月》郑玄笺。汉蔡邕《为陈留太守奏上孝子程未事青》："张仲孝友，侯在左右。"柳宗元《弘农公以硕德伟材屈于诬枉左官谨献诗五十韵以毕微志》："《雅》歌张仲德，《颂》祝鲁侯昌。"

【張仲元】　张仲方之讹。白居易有《常乐里闲居偶题十六韵兼寄刘十五公舆张十五仲元时为校书郎》。

【張仲方】　(766—837)字靖之，排行第十五。韶州曲江(今属广东)人。事迹见《旧唐书》卷九九。卷一七一及《新唐书》本传。《新唐书·艺文志四》著录其集三十卷，已佚。《全唐诗》卷四六六录其诗二首。

【張仲甫】　张众甫之讹。皇甫曾有《寄张仲甫》，"仲"下注："一作众"。是。

【張仲素】　(769—819)字绘之，河间县(今属河北任丘州镇)人，徙宿州符离(今安徽宿州市北)。事迹略见《唐诗纪事》卷四二、《唐才子传》卷五。《新唐书·艺文志三》著录其佚。与王涯、令狐楚三人皆为元和间中书舍人，有人将三人之诗合编为《元和三舍人集》，有钞本传世。《全唐诗》卷三六七录其诗一卷。

【張仲蔚】　汉扶风平陵(今陕西咸阳西)人。光武时，与同郡魏景卿俱修道德，隐居不仕，闭门养性，不治荣名。明天文，博物，善属文，好诗赋。事迹见《太平御览》卷五〇八引晋皇甫谧《高士传》。李元操《和从叔禄愔元日早朝》："谁怜张仲蔚，日暮反蒿莱。"吴筠《高士咏·郑子真张仲蔚》："子真岩石下，仲蔚蓬蒿居。"许浑《与张道士同访李隐君不遇》："唯有西邻张仲蔚，坐来同怆别离心。"

【張仲謀】　籍贯生平均未详。工草书，得晋王羲之之笔法。见《宣和书谱》卷一。《全唐诗》卷七七〇录其诗一首。

【張仲彝】　排行第二，潭州(今湖南长沙)人，生平未详。皇甫冉有《酬张二仲彝》。

【張全義】　(852—926)字国维，初名居言，一作言，赐名全义，后唐庄宗复名全称，排行第十八。濮州临濮(今山东鄄城西南)人。事迹见新旧《五代史》本传。杨凝式有《赠张全义》。

【張旭】　(675?—750?)字伯高，排行第九。吴郡(今江苏苏州)人，与贺知章、包融、张若虚齐名，时号"吴中四士"。初仕为常熟尉。开元末、天宝初累迁左率府长史，世称"张长史"，善草书。杜甫作《饮中八仙歌》，称："张旭三杯草圣传，脱帽露顶王公前，挥毫落纸如云烟。"高适《醉后赠张九旭》亦称："兴来书自圣，醉后语尤颠。"事迹见《新唐书·文艺传中》。《全唐诗》卷一一七录其诗六首。

【張江】　即张九龄。九龄为韶州曲江人。权德舆有《和李大夫西山祈雨因感张曲江故事十韵》。郑嵎《津阳门诗》："忠臣张公识逆状，日日切谏上弗疑。"自注："张曲江先识其必反逆状，数数言于上，上曰：卿勿以王夷甫识石勒而误疑禄山耳。"齐己《题玉泉寺》："高韵双悬张曲江，联题兼是孟襄阳。"

【張安石】　籍贯生平均未详。晚唐人。《新唐书·艺文志四》著录其《涪江集》一卷，已佚。《全唐诗》卷七七一录其诗二首。

【張聿】　(？—826)吴郡(今江苏常州)人，徙沂州(今山东临沂)。《全唐诗》卷三一九录其诗五首。

【張妃】　指南朝陈后主贵妃张丽华。秦韬玉《陈宫》："临春高阁拟瀛洲，贪宠张妃作胜游。"

【張好好】　(817—?)洪州豫章(今江西南昌)人，善歌，大和三年(829)，入江西观察使沈传师乐籍，为歌妓。杜牧有《张好好诗》。

【張丞】　❶指张祖。祖开元二十二年(734)为监丞。李白有《江夏送张丞》。❷张中丞之脱。韩翃有《送张丞归使幕》，一作张继诗，题作《送张中丞归使幕》，按此题中"使幕"字及"满台簪白笔"句，作张中丞是。此诗当为张继所作。

【張丞相】 (相 xiàng)❶张说。说曾为尚书左丞相。尹懋有《秋夜陪张丞相赵侍御游滍湖二首》。张说有《和尹懋秋夜游滍湖》。宋鼎有《赠张丞相》。❷张九龄。九龄曾官尚书右丞相、荆州大都督府长史。见《旧唐书》本传。王维有《寄荆州张丞相》。孟浩然有《从张丞相游南纪城猎戏赠裴迪张参军》,又有《和张丞相春朝对雪》和《望洞庭湖赠张丞相》。

【張巡】 (709—757)浦州河东(今山西永济西)人,徙邓州南阳(今属河南)。开元二十四年(736)进士及第。天宝中,累迁太子通事舍人。出为清河县令,最有治绩。事迹见《旧唐书·忠义传下》《新唐书·忠义传中》。《全唐诗》卷一五八录其诗二首。

【張玖】 籍贯未详。唐末屡赴举,不第。客死异乡。唐求有《伤张玖秀才》。

【張均】 范阳方城(今河北固安)人,世居河东(今山西永济西),徙居河南洛阳(今属河南)。说之子。事迹见新旧《唐书》本传。《新唐书·艺文志四》著录其集二十卷、已佚。《全唐诗》卷九〇录其诗七首。

【張志尹】 籍贯未详。天宝间官太子文学。与萧颖士有唱和。萧颖士有《过河滨和文学张志尹》。

【張志和】 (744—773)原名龟龄。肃宗赐名志和,字子同,婺州金华(今属浙江)人。松龄之弟。乾元二年(759),年十六举明经,以策干肃宗,特见赏重,命待诏翰林。事迹见《新唐书·隐逸传》。《全唐诗》卷三〇八录其诗五首;又卷八九〇录其词一首,重出。

【張芬】 字茂宗。江南人。武艺过人,能力举七尺碑,累迁大理评事。以事下狱,遇赦免。贞元四年(788),以兵部郎中为剑南西川节度使韦皋从事。皇甫曾有《张芬见访郊居作》。李端有《酬前大理寺评事张芬》。司空曙有《酬张芬有赦后见赠》。

【張李杜三学士】 三学士,指张仲素、李肇、杜元颖。张仲素元和十一年(816)八月自礼部郎中充,李肇元和十三年(818)七月自监察御史充,杜元颖元和十二年(817)自太常博士充。见《重修承旨学士壁记》。白居易有《初到江州寄翰林张李杜三学士》。

【張邴】 汉张良、邴曼容之连称。见《文选·谢灵运〈还旧园作见颜范二中书〉》。杜甫《渼陂西南台》:"劳生愧严郑,外物慕张邴。"司空曙《过阎采病居》:"张邴卧来休送客,菊花枫叶向谁秋。"温庭筠《和赵嘏题岳寺》:"张邴宦情何太薄,远公窗外有池莲。"

【張折衝】 名未详。开元间官折冲都尉。孟浩然有《与张折冲游耆阇寺》。薛业有《晚秋赠张折冲此公事制举》。

【張助教】 指张籍。籍元和十一年(816)为国子助教。韩愈有《奉酬卢给事云夫四兄曲江荷花行见寄阁老张十八助教》,又有《游城南十六首·赠张十八助教》。

【張时初】 排行第七。籍贯未详。官陕虢观察使判官。刘长卿有《送张七判官还京觐省》,自注:"大夫之子时初。"

【張别駕】 名未详。开元二十六年(738)前后为荆州别驾。孟浩然有《宴张别驾新斋》。

【張岐州】 指张昌期。昌期长安三年(703)在岐州刺史任。沈佺期有《夏日梁王席送张岐州》。

【張秀才】 指张孟熊。李白有《送张秀才从军》,又有《送张秀才谒高中丞》。

【張兵】 布置军队。出兵。李白《书怀赠南陵常赞府》:"毒草杀汉马,张兵夺云旗。"杜甫《寄刘峡州伯华使君四十韵》:"炼骨调情性,张兵挠棘矜。"钱起《卢龙塞行送韦掌记》:"陈琳书记本翩翩,料敌张兵夺酒泉。"

【張兵曹】 张垍。张说次子。尚亲宁公主,拜驸马都尉。见《旧唐书·张说传》。李颀有《赠别张兵曹》,诗云:"汉家萧相国,功盖五诸侯……君为禁脔婿,争看玉人游。"诗言张说为"萧相国",张垍为"禁脔婿"。李颀又有《夏宴张兵曹东堂》。

【張何】 籍贯未详。大历间进士。《全唐诗》卷七八二录其诗一首。

【張佐】 籍贯生平均未详。大历间进士。《全唐诗》卷二八一录其诗二首。

【張伯英】 即汉张芝。芝字伯英。王维《登楼歌》:"亦幸有张伯英草圣兮龙腾虬跃,摆长云兮捩回风。"李白《草书歌行》:"王逸少,张伯英,古来几许浪得名。"亦省作"张英"。薛存诚《御题国子监门》:"张英圣莫拟,索靖妙难言。"

【張伯高】 即张旭。旭字伯高。皎然有《张伯英草书歌》,"英"下注:"一作高"。按,作"高"是。

【張佖】 见"張泌"。

【張希複】 字善纪。深州陆泽(今河北深县西南)人。事迹略见《旧唐书·张荐传》。《全唐诗》卷五四六录其诗一首,卷七九二录其与段成式、郑符等联句十八首,卷八九一录其词一首。

【張谷】 即张公大谷。许浑《怀旧居》:"藤蔓覆梨张谷暗,草花侵菊庾园空。"郑谷有《张谷田舍》。参见"張公❶"。

【張角】 (? —184)汉巨鹿(今属山东)人。自称"大贤良师"。中平元年(184)二月,率众起义,言"苍天已死,黄天当立。岁在甲子,天下大吉"。皆为黄巾军。见《后汉书·灵帝纪》。罗隐《中元甲子以辛丑驾幸蜀四首》之二:"几时睿算歼张角,何处愚人戴隗器。"

【張刪】 张彤之讹。张籍有《送从弟删东归》，"删"下注："一作彤"。作彤是。

【張彤】 排行第二十八。苏州（今属江苏）人。籍之从弟。宝历二年（826），在监察御史任。与白居易有唱酬。《全唐诗》卷四六三录其诗一首。

【張判官】 ❶名未详。长安三年（703）官节度判官。张说有《卢巴驿闻张御史张判官欲到不得待留赠之》。❷名未详。开元二十五年（737）前后为山南东道节度判官。孟浩然有《和张判官登万山亭因赠洪府都督韩公》。❸名未详。天宝中为河西节度判官。王维有《送张判官赴河西》。❹名未详。约天宝十二载（753）为采访处置使判官。岑参有《青门歌送东台张判官》。❺名未详。鄂州（今湖北武汉）人。开成间为观察判官。杜牧有《送张判官归兼谒鄂州大夫》。

【張泫】 见"張紘"。

【張良】 （？—前189）字子房。其先战国韩（今河南北部一带）人。其祖、父相韩五世。秦王政十七年（前230）韩灭，悉以家财求客刺秦王，为韩报仇。事迹见《史记·留侯世家》及《汉书》本传。李白《猛虎行》："张良未遇韩信贫，刘项存亡在两臣。"李商隐《骄儿诗》："穰苴司马法，张良黄石术。"

【張良報韓】 见"張良報讎"。

【張良報讎】 指汉张良为其故国韩国报仇而狙击秦始皇之事。见《史记·留侯世家》。胡曾《咏史诗·博浪沙》："山东不是无公子，何事张良独报仇。"亦作"張良報韓"。颜真卿《咏陶渊明》："张良思报韩，龚胜耻事新。"

【張良箸】 指汉张良借汉王刘邦之箸为之筹划之事。见《史记·留侯世家》。贯休《绣州张相公见访》："出师暂放张良箸，得罪惟撑范蠡船。"

【張良璞】 籍贯未详。开元时人，官长安县尉。享年八十以上。事迹略见《国秀集》目录。《全唐诗》卷二〇三录其诗一首。

【張良器】 籍贯未详。会昌中进士及第。《全唐诗》卷五五七录其诗一首。

【張良燒棧】 指汉张良劝汉王刘邦烧断汉中栈道以麻痹项羽之事。见《史记·留侯世家》。李瀚《蒙求》："黥布开关，张良烧栈。"

【張附學】 河南洛阳（今属河南）人。进士及第。官王府参军事。韩翃有《送王府张参军附学及第东归》。

【張邵】 字茂宗。南朝宋吴郡吴县（今属江苏）人。事迹见《宋书》《南史》本传。刘长卿《哭张员外继》："自此辞张邵，何由见戴逵。"

【張孜】 京兆（今陕西西安）人。懿、僖间处士，嗜酒如狂，与李山甫友善。僖宗幸蜀，作伤时之诗，有云："着牙卖朱紫，断钱赊举选。"谓卖官爵，行贿赂。宰相遣人捕之，易姓，越淮而遁。事迹见《唐诗纪事》卷六七。《全唐诗》卷六〇七录其诗二首。

【張奉】 字公先。汉河内（今河南武陟西南）人。少有高节，立精舍教授，恶衣粗食。见《太平御览》卷五〇二。王绩《山中叙志》："张奉娉贤妻，老莱藉嘉偶。"

【張長公】 即汉张挚。挚字长公。陈子昂《感遇诗三十八首》之十八："世道不相容，嗟嗟张长公。"李颀《送刘四赴夏县》："高人往来庐山远，隐士往来张长公。"李益《九月十日雨中过张伯佳期柳镇未至以诗招之》："柳吴兴近无消息，张长公贫苦寂寥。"

【張長史】 （長 zhǎng）指张旭。旭天宝初为左率府长史，世称张长史。任华《怀素上人草书歌》："中间张长史，独放荡而不羁。"

【張坤】 汴州（今河南开封）人，咸通时人，处士。罗隐有《秋寄张坤》，又有《下第寄张坤》《早春送张坤归大梁》。

【張昔】 河间（今属河北任丘东北）人。署之兄。大历间进士。元和十年（815），累迁著作郎。《全唐诗》卷二八八录其诗一首。

【張若虛】 扬州（今属江苏）人。神龙中，与贺知章、贺明、万齐融、邢巨、包融等吴越之士，俱以文词俊秀，名扬京师。又与贺知章、张旭、包融齐名，号"吴中四士"。官至兖州兵曹。事迹略见《旧唐书·贺知章传》。《全唐诗》卷一一七录其诗二首。

【張茂先】 即晋张华。华字茂先。权德舆《丰城剑池驿感题》："向非张茂先，孰辨斗牛光。"

【張茂卿】 籍贯未详。道士。光业《征李怀杲嘲道门》："强思齐见应摧胆，张茂卿闻必耸肩。"

【張茂樞】 字休符，范阳（今北京）人，徙居蒲州猗氏（今山西临猗）。事迹略见《新唐书》本传。《新唐书·艺文志二》著录其《河东张氏家传》三卷。郑谷有《右省补阙张茂枢同在谏垣邻居光德迭和篇什虽赋于风雅实用兢惶因抒酬寄》。

【張英】 ❶见"張伯英"。❷见"張瑛"。

【張范】 ❶汉张良与春秋越范蠡之连称，二人以谋略著称。白居易《寄献北都留守裴令公》："公虽慕张范，帝未舍伊皋。"❷汉张劭与范式之连称，二人为死友。王昌龄《郑县宿陶太公馆中赠冯六元二》："张范善终始，吾等岂不慕。"参见"張范通夢"。

【張范通夢】 指汉张劭与范式为生死之交。劭病终，而托梦与式，请往奔丧送葬之事。见《后汉书·范式传》。后用作朋友奔丧送葬之典。皇甫冉《送魏六侍御葬》："张范唯通梦，求羊永绝踪。"

【張直公】　梁州南郑(今陕西汉中)人,生平未详。岑参有《送张直公归南郑拜省》。

【張直】　自号逍遥先生。濮州(今山东鄄城)人。昭宗时,严卢军节度使王师范辟为幕僚。《全唐诗》卷七二七录其诗二首。

【張苕】　范阳方城(今河北固安)人,世居河东(今山西永济西),徙居河南洛阳(今属河南)。均之子。贞元末,为华阴尉。永贞元年(805)坐事为邕州从事。刘禹锡有《送华阴尉张苕赴邕府使幕》。

【張林】　籍贯未详。唐末人,受知于宰相崔昭纬。进士及第。累迁监察御史。事迹略见《唐诗纪事》卷六一。《全唐诗》卷八八四录其佚句一联。

【張松齡】　婺州金华(今属浙江)人。志和之兄。《全唐诗》卷三〇八录其诗一首;又卷八九〇录其词一首,重出。

【張協律】　名未详。江州(今江西九江)人。曾为协律郎,贞元初以病还乡。韦应物有《酬张协律》。

【張叔良】　籍贯未详。广德二年(764)进士及第,大历四年(769)登博学宏词科。事迹略见《唐诗纪事》卷三一。《全唐诗》卷二七二录其诗一首。

【張叔政】　籍贯未详。大历初,在浙东观察使薛兼训幕,与严维、鲍防等联句唱和。《全唐诗》卷七八九录其联句一联。

【張叔卿】　籍贯未详。大历间人。官监察御史。曾以事流配桂州。《全唐诗》卷二七二录其诗二首。

【張尚書】　❶指张说。说开元九年(721)为兵部尚书。许景先、王丘、王翰均有《奉和圣制送张尚书巡边》。按,巡边事在开元十年。❷指张献诚。献诚永泰元年(765)为检校工部尚书兼梁州刺史,充山南西道节度使。岑参有《过梁州奉赠张尚书大夫公》。❸指张奉国。奉国元和三年(808)为检校刑部尚书,充振武、麟、胜等州节度、营田、观察、处置等使。王建有《送振武张尚书》。❹指张弘靖。弘靖元和十一年(816)为检校吏部尚书、河东节度使。李德裕有《奉和太原张尚书山亭书怀》。❺指张义府。义府检校尚书,中和、光启间为楚州刺史。崔致远有《楚州张尚书水郭相迎因以诗谢》。

【張果】　凤州两当(今甘肃两当东北)人。武后时,隐居中条山,往来于汾、晋之间。时人称为张果先生,传其有长寿秘术,自云年数百岁。事迹见新旧《唐书·方伎传》。《全唐诗》卷八六〇录其诗一首。

【張果先生】　即张果。果隐中条山为道士,人称张果先生。李颀有《谒张果先生》。顾况《八月五日歌》:"梨园弟子传法曲,张果先生进仙药。"

【張昌宗】　(?—705)排行第六。定州义丰(今河北安国)人,易之之弟。事迹见新旧《唐书》本传。《全唐诗》卷八〇录其诗三首。

【張昌齡】　(?—666)冀州南宫(今属河北)人,早年以文词知名。贞观十九年(645),赴武士试,与王公治二人文词俊雅,声振京邑。《新唐书·艺文志四》著录其集二十卷,已佚。《全唐诗续补遗》卷一录其佚句一联,出《本事诗·嘲戏》:"开元中,宰相苏味道与张昌龄俱有名、暇日相遇,互相夸诮……昌龄《赠张昌宗》诗曰:昔日浮丘伯,会同丁令威。"按苏、张二人时不相及,均非开元中人。二句诗见崔融《和梁王众传张光禄是王子晋后身》,作昌龄诗,误。

【張昇卿】　江州浔阳(今江西九江)人。天宝中为新淦县令。岑参有《送张升卿宰新淦》,新滏当作新淦。

【張明府】　❶指张子容。子容开元十八年(730)为奉先县令。孟浩然有《奉先张明府休沐还乡海亭宴集》,又有《同张明府清镜叹》。❷名未详。大历中曾官乌程县令,与皎然有唱酬。皎然有《酬张明府》。❸名未详。曾官慈利县令。李群玉有《同张明府游溇水亭》。

【張易之】　(?—705)定州义丰(今河北安国)人。昌宗之兄,以门荫仕。美姿容,善音律。事迹见新旧《唐书》本传。《全唐诗》卷八十录其诗四首。

【張固】　籍贯未详。大和间。累迁金部郎中。大中九年(855),以侍郎为桂管观察使。《新唐书·艺文志三》著录其《幽闲鼓吹》一卷。《全唐诗》卷五六三录其诗二首。

【張迥】　籍贯未详。唐末人。曾携所作《寄远》诗谒齐己,齐己点头吟讽,改原诗"虬髯白也无"为"虬髯黑在无",遂拜齐己为"一字师"。见《诗话总龟》前集卷六引《郡阁雅谈》。《全唐诗》卷七二七录其诗一首。

【張垂】　籍贯未详。举秀才下第,客于蜀。张省躬曾梦见之,赠以诗。见段成式《酉阳杂俎续集·支诺皋中》。张省躬有《梦张垂赠诗》。

【張乖】　乖张,怪僻。庞蕴《杂诗》之五:"头头非取舍,处处勿张乖。"

【張季略】　籍贯未详。大历中进士。累官度支员外郎。《全唐诗》卷二八八录其诗一首。

【張季霞】　疑张季遐。河间(今河北任丘北)人。元和间为秘书省校书郎,出为容管经略使掌书记。贾岛有《送张校书季霞》。

【張侍郎】　❶指张贾。贾长庆元年(821)在兵部侍郎任。韩愈有《奉和兵部张侍郎酬郓州马尚书已再领郓州之作》。❷指张祎。为工部侍郎,充翰林学士。昭宗时为吏部侍郎。杜荀鹤有《投宣谕张侍郎乱后遇毗陵》。张蠙有《投翰林张侍郎》。李洞有《投献吏部張侍郎十韵》。❸指张文蔚。文蔚天复中为户部侍郎,迁兵部。贯休有《秋末寄张侍郎》,又有《晚春寄张侍郎》。❹张郎中之讹。韩愈有《送张侍郎》。❺张侍御之讹。张侍御名未详。以监察御史为江南从事。陈陶有《赠江南从事张侍郎》,郎下注:"一作御。"是。❻名未详。以侍郎为荆南节度使。罗隐有《寄张侍郎》。

【張侍御】 ❶指张鼎。鼎开元中为监察御史。储光羲有《同张侍御鼎和京兆萧兵曹华岁晚南园》。❷指张愿。愿天宝中以监察御史为襄阳太守。储光羲有《同张侍御宴北楼》。❸指张成。成曾为监察御史。钱起有《开元观遇张侍御》。❹指张登。登贞元初以监察御史为河南府士曹参军,迁殿中侍御史。刘商有《泛舒城南溪赋得沙鹤歌奉饯张侍御赴河南元博士赴扬州拜觐仆射》。刘禹锡有《扬州春夜李端公益张侍御登段侍御平路以志其事》。❺指张贾。贾贞元十年(794)在华州从事兼侍御史任。刘禹锡有《发华州留别张侍御》,又有《答张侍御贾喜再登科后自洛赴上都赠别》。❻指张植。植元和四年(809)在知度支西川院兼殿中侍御史任。武元衡有《送张侍御赴京》。❼指张季友。季友元和五年(810)在监察御史任。元稹有《独夜伤怀赠呈张侍御》。❽指张彤。彤宝历二年(826)在监察御史任。白居易有《岁日家宴戏示弟侄等兼呈张侍御二十八丈殷判官二十三兄》。❾名未详。至德元载(756)以淮南节度使从事兼监察御史迁膳部郎中。刘长卿有《瓜洲驿奉饯张侍御公拜膳部郎中淮南幕府》。❿名未详。建中三年(782)为凤翔府从事兼监察御史。卢纶有《太白西峰偶宿车祝二尊师石室晨寄呈凤翔齐员外张侍御》。

【張岳州】 指张说。说开元四年(716)为岳州刺史。王熊有《奉别张岳州说二首》。韦嗣立有《奉和张岳州王潭州别诗二首》。

【張使君】 ❶指张延赏。延赏大历二年(767)为检校河南尹。戎昱有《戏赠张使君》,又有《赠宜阳张使君》。❷指张登。登贞元十年(794)为漳州刺史。顾况有《酬漳州张九使君》。❸指张蒙。蒙元和十四年(819)为韶州刺史。宝历、大和间自滁州刺史转饶州刺史。韩愈有《韶州留别张端公使君》。贾岛、姚合、朱庆余均有《送饶州张使君》。章孝标有《送张使君赴饶州》。❹指张聿。聿长庆元年(821)为衢州刺史。白居易有《岁暮枉衢州张使君书并诗因以长句报之》。❺名未详。约开元二十七年(739)为蓟州刺史。孟浩然有《陪张丞相登荆城楼因寄蓟州张使君及浪泊戍主刘家》。❻疑指张钧。钧中和二年(882)为泾原节度使。韦庄有《题安定张使君》。

【張侶】 籍贯生平均未详。大历三年(768),王缙为幽州节度使,与皇甫曾、皇甫冉、韩翃、钱起等赋诗送行。《全唐诗续补遗》卷十九录其佚句一联。

【張侹】 张泌之讹。《全唐诗》卷七七四录其诗《寄人》诗一首,诗又见卷七四二张泌下。

【張征虜】 指三国蜀张飞。飞曾官征虏将军。王维《送张判官赴河西》:"见逐张征虏,今思霍冠军。"皎然《送罗判官还寿州幕》:"定颂张征虏,桓桓戡难功。"

【張舍人】 ❶指张涉。涉大历中为翰林学士,累迁左散骑常侍。李嘉祐有《和张舍人中书宿直》。韦应物有《寓居沣上精舍寄于张二舍人》。❷指张弘靖。弘靖贞元末为兵部郎中、知制诰。永贞元年(805),在中书舍人任。权德舆有《奉和张舍人阁老阁中直夜思闻雅琴因以书事通简僚友》。吕温有《奉和张舍人阁中直夜思闻雅琴因书事通简僚友》。鲍溶有《窃览都官李郎中和李舍人益酬张舍人弘静闻雅琴见寄》。❸指张元夫。元夫除兵部郎中、知制诰,大和初,迁中书舍人。窦庠有《奉和王侍郎春日喜李侍郎崔给谏张舍人因命觞观乐之什》。❹指张次宗。次宗开成五年(840)为考功员外郎、知制诰,会昌中,为澧州刺史,转明州刺史。杜牧有《寄澧州张舍人笛》。李群玉有《奉和张舍人送秦炼师归岑公山》。按,李群玉为澧州人。方干有《上张舍人》。❺指张洎。洎南唐后主时官中书舍人。李中有《献中书张舍人》。❻名未详。开元二十二年(734)为中书舍人。李白有《送张舍人之江东》。❼名未详。开元中官通事舍人,复为江州从事。王维有《送张舍人佐江州同薛璩十韵》。❽名未详。广德二年(764)为太子舍人。杜甫有《太子张舍人遗织成褥段》。❾名未详。贞元二年(786)前后在中书舍人任。耿湋有《许下书情寄张韩二舍人》。❿名未详。建中初为中书舍人。武元衡有《山中月夜寄朱张二舍人》。

【張周】 张为、周朴之连称。贯休《怀张为周朴》:"张周二夫子,诗好人太癖。"

【張京兆】 指汉张敞。敞宣帝时曾为京兆尹。韩翃《送深州吴司马归使幕》:"旧识张京兆,新随刘领军。"李商隐《今月二日不自量度辄以诗一首四十韵咏叹不足之义也》:"处剧张京兆,通经戴侍中。"陈陶《闲居杂兴五首》之四:"无人说向张京兆,一曲江南十斛珠。"

【張放】 (? —5)汉杜陵(今陕西西安东南)人。事迹见《汉书·张放传》。王茂时《晦日宴高氏林亭》:"还随张放友,来向石崇家。"芮挺章《少年行》:"任气称张放,衔恩在少年。"

【張怡】 韶州曲江(今属广东)人。九龄之九世孙。大和间,为漳州刺史。开成二年(837),在坊州刺史任。陈陶有《赠漳州张怡使君》。怡下注:"一作贻。"误。

【張泌】 一作张佖,误,字子澄。淮南(今江苏扬州)人。南唐元宗时进士及第,释褐句容县尉。后主即位,上书言十事凡数千言。后主嘉之,召为监察御史。官至内史舍人。事迹见《十国春秋》本传。《全唐诗》卷七四二录其诗一卷,又卷八九八录其词十三首。

【張宙】 籍贯未详。肃代间官尚书员外郎。秦系有《山中枉张宙员外书期访衡门》。

【張郎中】 (中 zhōng)❶指张说。说神龙二年(706)在兵部郎中任。吴少微《哭富嘉谟》序:"维三月癸丑,河南富嘉谟卒……中书徐元二舍人、兵部张郎中,未尝值我不叹于朝。"❷指张子容。子容开元十九年(731)为郎中。二十三年除义王府司马。孟浩然有《卢明府九日岘山宴袁使君张郎中崔员外》,又有《同卢明府饯张郎中除义王府司马海园作》。卢象有《早秋宴张郎中海亭即事》。❸指张谓。谓永泰元年(765)以郎中出为潭州刺史。戎昱有《旅次寄湖南张郎中》。戴叔伦亦有《旅次寄湖南张郎中》。❹指张芬。芬贞元四年(788)以兵部郎中为剑南西川节度使韦皋从事。卢纶有《送张郎中还蜀歌》。❺指张正一。正一元和二年(807)检校户部郎中兼侍御史,充剑南西川节度使观察判官。武元衡有《代佳人赠张郎中》。❻指张仲素。仲素元和十一年(816)自礼部郎中充翰林学士。杨巨源有《张郎中段员外初直翰林报寄长句》。❼指张籍。籍宝历元年(825)为主客郎中。刘禹锡有《张郎中籍远寄长句开缄之日已及新秋因举目前仰酬高韵》。姚合有《寄主客张郎中》。贾岛有《张郎中过原东居》。❽指张又新。又新大和中除主客郎中。会昌二年(842)在江州刺史任。周贺有《投江州张郎中》。❾指张文规。文规曾为郎中,会昌元年(841)为湖州刺史。杜牧有《题安州浮云寺楼寄湖州张郎中》。❿指张极。极咸通中为户部郎中,十四年(873)为睦州刺史。李频有《送张郎中赴睦州》。⓫指张彦回。彦回昭宗时为水部郎中,出为洛阳县令。郑谷有《送水部张郎中彦回宰洛阳》。⓬名未详。天宝十一载(752)在郎中任。岑参有《送张郎中赴陇右觐省卿公》。⓭名未详。光化、天复间以郎中为苏州从事。罗隐有《暇日有寄姑苏曹使君兼呈张郎中郡中宾僚》。

【張郎】 指南朝齐绪。崔橹《柳》:"骨软张郎瘦,腰轻楚女饥。"参见"張緒"。

【張建封】 (735—800)字本立,排行第十三。邓州南阳(今属河南)人,客隐兖州(今属山东)。事迹见新旧《唐书》本传。《全唐诗·艺文志四》著录其集二百三十篇,已佚。《全唐诗》卷二七五录其诗二首。

【張弦】 绷紧琴弦。刘禹锡《调瑟词》:"调瑟在张弦,弦平音自足。"

【張孟熊】 籍贯未详。不仕。至德二载(757),投淮南节度使兼御史中丞高适从军。李白《送张秀才谒高中丞》序:"秀才张孟熊蕴灭胡之策,将之广陵谒高中丞。"

【張孟譚】 战国赵人。赵襄子之谋臣。事迹见《战国策·赵策一》,又略见《史记·赵世家》,司马迁避其父谈之讳,作张孟同。周昙《咏史诗·春秋战国门·张孟谭》:"强兵四合国将危,赖有谋臣为发挥。城内蒿铜诚自有,无谋谁解见玄机?"

【張垍】 排行第四,范阳方城(今河北固安)人,世居河东(今山西永济西),徙居河南洛阳(今属河南)。说之子。《全唐诗》卷九〇录其诗一首。

【張荆州】 指张九龄。九龄开元二十五年(737)贬荆州长史。崔颂有《和张荆州九龄晨出郡舍林下》。王昌龄有《奉赠张荆州》。钱起有《奉和张荆州巡农晚望》。

【張南史】 字季直,排行第二。幽州(今北京)人。天宝中为左卫仓曹参军。事迹见《唐诗纪事》卷四一、《唐才子传》卷三。《全唐诗》卷二九六录其诗一卷。

【張南容】 幽州(今北京)人。开元二十三年(735)进士及第。天宝十四载(755),为陈留郡太守李庭望从事。建中初,为定州刺史。为成德军节度使李宝臣猜忌,遇害。《全唐诗》卷七七七录其诗一首。

【張相】 (—xiàng)❶指张镐。镐至德二载(757)为中书侍郎、同中书门下平章事。李白有《赠张相镐二首》。❷指张从善。从善后晋天福四年(939)为枢密副使,改宣徽使。杨凝式有《上张相》。

【張相公】 (相 xiàng)❶指张镐。镐至德二载(757)拜中书侍郎、同中书门下平章事。李白有《张相公出镇荆州寻除太子詹事余时流夜郎诗余答以此诗》。❷指张延赏。延赏贞元元年(785)六月拜中书侍郎、同中书门下平章事,八月,改授左仆射。刘长卿有《送李七之笮水谒张相公》。❸指张弘靖。弘靖元和九年(814)拜刑部尚书,同中书门下平章事。王建有《和裴相公道中赠别张相公》。韩察、崔恭等均有《和张相公太原山亭怀古诗》。❹指张格。格前蜀武成元年(908)拜中书侍郎、同平章事。贯休有《酬张相公见寄》。

【張軌】 (255—314)字士彦。晋安定乌氏(今宁夏固原南)人。事迹见《晋书》本传。周昙《咏史诗·六朝门·前凉张轨》:"官从主簿至专征,谁遣凉王破赵名。益信用贤由拔擢,穰苴不是将家生。"

【張彧】 清河东武城(今河北清河东北)人。李晟之婿。《全唐诗续补遗》卷六录其铭一首。

【張柬之】 (625—706),字孟将。襄州襄阳(今湖北襄樊)人。事迹见新旧《唐书》本传。《旧唐书·经籍志下》《新唐书·艺文志四》均著录其集十卷,已佚。《全唐诗》卷九九录其诗四首。

【張厚】 籍贯未详。客居苏州(今属江苏)。长庆中,投谒浙东观察使西公著。许浑有《送张厚浙东谒丁常侍》,又有《送元昼上人归苏州兼寄张厚二首》。

【張拾遺】 指张道古。道古昭宗时为右拾遗。贯休有《送张拾遗赴施州司户》。

【張貞征】 见"張彙"。

【張省躬】 (省 xǐng)(? —834)籍贯未详。后居荆州枝江(今湖北枝江西南)。汀之子。大和四年(830),昼寝,忽梦一人,自言姓张名垂,因与欢狎弥日。将去,留赠诗一首。惊觉,录其诗。数日卒。见段成式《酉阳杂俎续集·支诺皋中》。《全唐诗》卷八六五录其诗一首。

【張昭】 ❶(156—236)字子布。三国吴彭城(今江苏徐州)人。弱冠举孝廉,不就。事迹见《三国志·吴志》本传。徐夤《吴》:"不迎曹操真长策,终谢张昭见硕贤。"❷(894? —972)字潜夫,原名昭远,五代后汉时避刘知远之讳省,濮州范县(今属河南)人。事迹见《宋史》本传。历修唐五代史书,实录,今所传《旧唐书》即其所预修。《全唐诗》卷七六三录其诗一首。

【張昭塞門】 指三国吴张昭忿孙权不用其言称病不朝,孙权以土塞其门,昭亦在内以土封门之事。见《三国志·吴志·张昭传》。李瀚《蒙求》:"冯衍归里,张昭塞门。"

【張韋】 张仲方、韦缜之连称。白居易《雪中晏起偶咏所怀兼呈张常侍韦庶子皇甫郎中》:"不知张韦与皇甫,私唤我作何如人。"

【張矩】 江州(今江西九江)人。生平未详。李中有《维舟秋浦逢故人张矩同泊》。

【張保胤】 籍贯未详。大中、咸通间人。为岭南节度使掌书记。罢府后北归,性善谐谑。《全唐诗》卷八七〇录其诗二首。

【張保嗣】 即张保胤。宋人避太宗赵匡胤讳改。《全唐诗》卷七七〇录其诗一首,已见卷八七〇张保胤下,此处可删。

【張皇】 ❶壮大,气盛。柳宗元《咏三良》:"霸基弊不振,晋楚更张皇。"❷显扬,使光大。席豫《奉和圣制送张说巡边》:"翕习戎装动,张皇庙略宣。"❸夸张,渲染。刘禹锡《送义舟师却还黔南》序:"黔之乡,在秦楚为争地,近世人多过言其幽荒以谈笑,闻者又从而张皇之,犹夫束蕴逐原燎,或近乎语妖。"❹张设。韦应物《始建射侯》:"虎竹忝明命,熊侯始张皇。"

【張禹】 (? —113)字伯达。汉赵国襄国(今河北邢台)人。事迹见《后汉书》本传。韩翃《送万巨》:"汉相见王陵,扬州事张禹。"许浑《经李给事旧居》:"汉庭使气摧张禹,楚国怀忧送范云。"

【張侯】 ❶指张元瓒。侯为尊称。高适《酬秘书弟兼寄幕下诸公》序:"司业张侯,周旋迨兹仅三十载,将畴昔是好,匪穷达之异乎?"❷指张道士。侯为尊称。韩愈《送张道士》:"张侯嵩高来,面有熊豹姿。"❸指张学士。侯为尊称。王起《和李校书雨中自秘省见访知早入朝便入集贤不遇诗》:"校文复忝丞相属,博物更与张侯居。"

【張彦】 籍贯未详。唐末为南阳将。曾在陕州硖口镇射杀虎。韦庄《南阳小将张彦硖口镇税人场射虎歌》:"张彦雄特制残暴,见之叱起如叱羊。"一作白居易诗,注谓见《文苑英华》,按《文苑英华》卷三四四诗下无署名。据诗"海内昔年狎太平"句,当为韦庄作。

【張彦回】 字几之。范阳(今北京)人,徙居蒲州猗氏(今山西临猗),弘靖之孙,茂枢之兄。郑谷有《送水部张郎中彦回宰洛阳》。

【張彦修】 范阳(北京)人,徙居蒲州猗氏(今山西临猗)。弘靖之孙,文规从子。见《新唐书·宰相世系表二下》。《全唐诗续补遗》卷十九录其诗一首。

【張洪州】 指张九龄。九龄开元十五年(727)为洪州都督。孙翃有《奉酬张洪州九龄江上见赠》。

【張洎】 (934—997)字偕仁。南唐滁州全椒(今属安徽)人。事迹见马令《南唐书》卷二三、《十国春秋》卷三〇,又《宋史》本传。伍乔有《寄张学士洎》。

【張宣明】 籍贯未详。神龙中,为安西大都护郭元振判官。先天初,迁左拾遗。开元二年(714),入为殿中侍御史内供奉。《全唐诗》卷一一三录其诗二首。

【張軍】 陈兵。韩愈《赠崔立之评事》:"子时专场夸觜距,余始张军严韅靮。"

【張祜】 (792? —854?)一作张祐,误。字承吉,排行第三,清河东武城(今河北清河东北)人,徙南阳(今属河南),生于苏州(今属江苏)。事迹见《唐诗纪事》卷五二、《唐才子传》卷六。《新唐诗·艺文志四》著录其诗集一卷,《直斋书录解题》卷十九著录其集十卷,今存南京蜀刻本《张承吉文集》十卷。《全唐诗》卷五一〇、卷五一一录其诗二卷。《全唐诗补逸》卷八至卷十一录其诗四卷。

【張眉】 扬眉。形容人神情兴奋。韩愈《石鼎联句》序:"喜视之,若无人,弥明忽轩衣张眉,指炉中石鼎谓喜曰:'子云能诗,能与我赋此乎?'"

【張飛】 (? —221)字益德,一作翼德。汉涿郡(今河北涿县)人。建安三年(198),随刘备从曹操破吕布，操拜为中郎将。事迹见《三国志·蜀志》本传。李商隐《骄儿诗》："或谑张飞胡，或笑邓艾吃。"贯休《贺郑使君》："龚遂刘宽同煦妪，张飞关羽太驱驰。"

【張起】 籍贯未详。大历十三年(778)前后自睦州赴福建。刘长卿有《送张起崔载华之闽中》，又有《送崔载华张起之闽中》。按《新唐书·宰相世系表二下》有张起，为九龄之六代孙，唐末时官端州司户参军。《全唐诗》卷七七〇录其诗二首。

【張起居】 ❶指张茂枢。茂枢光化中为起居郎。郑谷有《九日偶怀寄左省张起居》，又有《前寄左省张起居一百言寻蒙唱酬见誉过实却用旧韵重答》。❷名未详。天宝末官起居舍人。钱起有《别张起居》，又有《闲居酬张起居见赠》。

【張都尉】 名未详。天宝十五载(756)为北庭都护府都尉。岑参有《送张都尉东归》。

【張都督】 名未详。开元中官梁州都督、山南道抚察使。崔颢有《赠梁州张都督》。

【張華】 (232—300)字茂先。晋范阳方城(今河北固安西南)人，少孤贫，自牧羊。初为县吏，乡人骠骑将军刘放奇其才，以女妻之，时年十八。三国魏正元二年(255)，为太常博士。事迹见《晋书》本传。杨炯《送丰城王少府》："行看转牛斗，持此报张华。"钱起《长安落第作》："不遇张华识，空悲宁戚歌。"马异《答卢仝结交诗》："不知何处清风夕，拟使张华见陆云。"温庭筠《题西明寺僧院》："自知终有张华识，不向沧州理钓丝。"

【張華臺坼】 指晋张华为司空时，中台星分裂，其子韪以为不详，劝华逊位，华不从，后卷入八王之乱被杀之事。见《晋书·张华传》。李瀚《蒙求》："龙逢板出，张华台坼。"

【張栖貞】 武后时累迁户部员外郎，迁礼部员外郎。长寿间，以事被讼，诈称遭母忧，不肯起对，为人嘲笑。见张鷟《朝野佥载》卷四〇。开元初，为汝州刺史。事迹略见《新唐书·宰相世系表二下》。《台中语》(卷八七六)："高筠不肯作孝，张栖贞情愿遭忧。"

【張格】 (？—927)字承之，小字义师。河间(今河北任丘)人，栖贞之六代孙，昭宗时为太学博士。事迹见《旧五代史》《十国春秋》本传。《全唐诗》卷七六〇录其诗一首

【張校書】 (校 jiào)❶指张元夫。元夫元和九年(814)以秘书省校书郎为西川从事。元稹《贻蜀五首·张校书元夫》："未面西川张校书，书来稠叠颇相于。"❷指张季遐。季遐元和中为秘书省校书郎。贾岛有《送张校书季霞》。按，张季霞疑为张季遐。❸名未详。排行第十八。官秘书省校书郎。权德舆有《哭张十八校书》。

【張校尉】 (校 xiào)指汉张骞。骞以将军出使西域，还，为校尉。耿湋《赠张将军》："谁云张校尉，万里凿空还。"

【張栩】 睦州(今浙江建德东)人。曾任建德县令。刘长卿《送张栩扶侍之睦州》，自注："此公旧任建德令。"

【張夏】 籍贯未详。肃、代间人。不仕。大历初在扬州。刘长卿有《酬张夏》，又有《酬张夏别后道中见寄》。顾况有《五两歌送张夏》。

【張振祖】 籍贯未详。五代进士。《全唐诗续补遗》卷十四录其诗一联。

【張時遇】 籍贯未详。肃、代间人。进士及第。曾官大理评事。卢纶有《和李使君三郎早秋城北亭楼宴崔司士关中弟张评事时遇》。

【張員外】 ❶指张均。均开元十三年(725)在吏部员外郎任，转左司员外郎。卢象有《赠张均员外》。孙逖有《和左司张员外自洛使入京中路先赴长安逢立春日诸公》。❷指张谔。天宝中为刑部员外郎。李颀有《同张员外谔酬答之作》。钱起有《送张五员外东归楚州》。❸指张之绪。之绪天宝末为金部员外郎。杜甫有《宿青溪驿奉怀张员外十五兄之绪》。❹指张继。继大历末为检校祠部员外郎。刘长卿有《哭张员外继》。张继有《酬张二十员外前国子博士窦叔向》。❺指张建封。建封建中二年(781)为检校尚书员外郎、岳州刺史。钱起有《送张员外出牧岳州》。❻指张荐。荐贞元四年(788)十月以检校工部员外郎充送咸安公主及册可汗使判官，年底回，正拜工部员外郎。杨巨源有《和吕舍人喜张员外自北番回至境上先寄二十韵》。窦常有《晚次方山精舍却寄张荐员外》。❼指张贾。贾永贞元年(805)为礼部员外郎。刘禹锡有《赴连州途经洛阳诸公置酒相送张员外贾率尔酬之》，又有《赴连山途次德宗山陵寄张员外》。❽指张署。署元和五年(810)为刑部员外郎。柳宗元有《同刘二十八院长述旧言怀感时书事奉寄澧州张员外使君五十二韵之作因其韵增至八十通赠二君子》。❾指张籍。籍长庆二年(822)为水部员外郎。韩愈有《同水部张员外籍曲江春游寄白二十二舍人》。元稹有《酬乐天吟张员外诗见寄因思上京每与乐天咏张新诗》。白居易有《江楼晚眺景物鲜奇吟玩成篇寄水部张员外》。❿指张可续。可续开成二年(837)为司封员外郎。姚合有《送洛阳张员外》。⓫指张茂枢。茂枢天复中为司勋员外郎。郑谷有《寄司勋张员外学士》。⓬指张次宗。次宗会昌中以考功员外郎、知制诰出为沣州刺史。李群玉有《洞庭驿楼雪夜宴集奉赠前湘州张员外》。按，唐无湘州，当为沣州之误。⓭指张易。易南唐元宗时以水部员外郎通判歙州。徐铉有《附池州薛

郎中书因寄歙州张员外》，又有《张员外好茅山风景求为句容令作此送》。⓮名未详。宝历间以尚书员外郎为宣武军节度使令狐楚从事。裴夷直有《奉和大梁相公同张员外重九日宴集》。⓯名未详。咸通、乾符间为郎州刺史。罗隐有《送朗州张员外》，又有《重送朗州张员外》。⓰名未详。僖、昭间为郢州刺史。许棠有《陪郢州张员外宴白雪楼》。⓱名未详。僖、昭间自监察御史迁尚书员外郎，为四川节度使从事。许棠有《送张员外西川从事》。⓲名未详。僖、昭间以尚书员外郎为池州刺史。杜荀鹤有《赠张员外儿》，又有《酬张员外见寄》。⓳名未详。乾宁三年(896)以尚书员外郎为鄜坊节度使从事。韦庄有《鄜州留别张员外》。

【張徐州】 指张建封。建封贞元四年(788)为徐泗濠节度使。韩愈有《赠张徐州莫辞酒》。柳宗元《韦道安》："慷慨张徐州，朱邸扬前旌。"孟郊有《答韩愈李观别因献张徐州》。

【張殷衡】 籍贯未详。元和七年(812)春，游江东。八月，入长安，长庆初，为泾源节度使判官。白居易有《游悟贞寺回山下别张殷衡》，又有《村居寄张殷衡》。《全唐诗逸》卷中录其诗一联。

【張倉曹】 指张南史。南史天宝中为左卫仓曹参军。皇甫冉《酬张二仓曹扬子所居见寄兼呈韩郎中》。窦常有《哭张仓曹南史》。

【張烏程】 名未详。大历中为乌程县令。皎然有《答张乌程》。

【張卿】 ❶指张垍。开元十八年(730)为卫尉卿。天宝十二载(753)在太常卿任。李白有《秋山寄卫尉张卿及王征君》。杜甫有《奉赠太常张卿二十韵》。❷指张均。均天宝十三载(754)贬为建安太守，同年召为大理卿。顾况有《送大理张卿》。

【張卿公】 名未详。曾为卿。天宝十一载(752)知陇右节度留后。岑参有《送张郎中赴陇右觐省卿公》诗自注："时张卿公亦充节度留后。"

【張記室】 指张諰。諰曾为王府记室参军事，后为荆府仓曹参军。孟浩然有《宴张记室宅》。

【張衮】 籍贯未详。后梁开平元年(907)为中书舍人。贞明三年(917)，为御史司宪。诏与李琪、郗殷象、冯锡嘉修撰《太祖实录》三十卷。《全唐诗》卷七三四录其诗六首。

【張涉】 蒲州(今山西永济西)人。代宗时，充翰林学士，迁国子博士。建中元年(780)三月，敕放归田里。事迹见《旧唐书》本传。同时又有一张涉，扬州海陵(今江苏泰州)人。以文学登制策科。官终池州长史。卒，赠金州刺史。善画，尤善仕女。戴叔伦有《张评事涉秦居士系见访郡斋即同赋中字》。按，肃、代间二张涉有关史料均未载其官大理评事，究为何人，疑不能定。

【張涣】 范阳方城(今河北固安西南)人，世居河东(今山西永济西)，徙居河南洛阳(今属河南)。见《新唐书・宰相世系表二下》。刘长卿有《九日岳阳待黄遂张涣》。

【張家公子】 同"張公子❶"。温庭筠《舞衣曲》："张家公子夜闻雨，夜向兰堂思楚舞。"

【張宴】 ❶亦作"張筵"。设宴。包何《阙下芙蓉》："更对乐悬张宴处，歌工欲奏采莲声。"李端《送魏广下第归扬州宁亲》："调膳过花下，张筵到水头。"齐己《乞樱桃》："闻说张筵就珠树，任从攀折半离披。"❷县名。唐时为甘州治所。即今甘肃省张掖县。岑参《送张献心充副使归河西杂句》："张掖城头云正黑，送君一去天外忆。"

【張窈窕】 籍贯未详。女诗人。寓居成都，当时诗人，甚相推崇。事迹略见《唐诗纪事》卷七九。《全唐诗》卷八〇二录其诗六首。

【張祕監】 指张荐。荐贞元中为秘书监，二十年(804)，迁工部侍郎。武元衡有《和杨三舍人晚秋与崔二舍人张秘监苗考功因以继和》。权德舆有《晚秋陪崔阁老张秘监阁老苗考功同游昊天观时杨阁老新直未满以诗见寄斐然酬和有愧芜音》。

【張祕書】 ❶指张署。署贞元十四年(798)授秘书省校书郎。韩愈有《醉赠张秘书》。❷指张籍。籍约元和十五年(820)为秘书省校书郎。裴度有《酬张秘书因寄马赠诗》。李绛有《和裴相国答张秘书赠马诗》。刘禹锡有《裴相公大学士见示答张秘书谢马诗并群公属和因命追作》。❸名未详。广德二年(764)以秘书省秘书郎充转运使刘宴判官。岑参有《送张秘书充刘相公通汴河判官便赴江外觐省》。

【張書記】 ❶指张审礼。审礼开成中为朔方节度使掌书记。李商隐有《戏赠张书记》。❷名未详。太和四年(830)，在荆州节度使掌书记任。李德裕有《秋日美晴郡楼闲眺寄荆南张书记》。

【張陵】 籍贯未详。天宝间诗人。见《唐诗纪事》卷二六。《全唐诗》卷七七三录其诗一首。

【張陳】 汉张耳与陈余之连称。二人初为刎颈交，后又为仇敌，余为耳所杀。司马迁《史记》为作合传。王珪《咏汉高祖》："爪牙驱信越，腹心谋张陈。"李白《古风》之五九："张陈竟火灭，萧朱亦星离。"元稹《感事三首》之一："此心长自保，终不学张陈。"李咸用《论交》："松篁贞管鲍，桃李艳张陈。"

【張陳刎頸交】 指汉张耳与陈余为刎颈交，后又为仇敌，相互残杀之事。见《史记・张耳陈余列传》。白易居《和答诗十首・和雉媒》："张陈刎颈交，竟以势不完。"

【張通】　张文通之略。刘商《怀张璪》："世间唯有张通会，流向衡阳那得知。"

【張紘】　❶(151—210)字子纲。汉广陵(今江苏扬州)人，初入太学，事博士韩宗，治《易》《尚书》。又受《韩诗》《礼记》及《左氏春秋》，还本郡，举茂才，公府辟，皆不就。事迹见《三国志·吴志》本传。孙元晏《咏史诗·吴·张纮》："东部张公与众殊，共施经略赞全吴。陈琳漫自称雄伯，神气应须怯大巫。"❷一作张法，一作张汯，一作张炫，均误。苏州(今属江苏)人。事迹略见《唐诗纪事》卷十三。《全唐诗》卷一〇〇录其诗三首。

【張著】　字处晦。深州陆泽(今河北深县西)人。荐之兄弟，大历中为剡县尉。迁上元县主簿，建中元年(780)为监察御史，三月，弹劾御史中丞严郢，赐绯鱼。二年四月，持诏往襄阳征梁崇义。《直斋书录解题》卷五著录其《翰林盛事》一卷，已佚。韩翃有《赠别上元主簿张著》。

【張曹】　汉张衡、三国魏曹植之连称。二人皆以词翰著称。骆宾王《畴昔篇》："潘陆词锋骆驿飞，张曹翰苑纵横起。"

【張曹長】　(長 zhǎng)指张荐。荐贞元二十年(804)以工部侍郎兼御史大夫出使吐蕃吊祭。侍郎称曹长。权德舆有《送张曹长工部大夫奉使西番》。

【張頂】　原姓王，字不惑。抚州(今江西临川)人。以渔钓为生。大中末，蔡京为抚州刺史，州有汝水，为放生池，禁止渔罟。乃乘小舟钓于池，京遣吏捕之，献京诗一首。见《唐诗纪事》卷四九。《全唐诗》卷四七二录其诗一首。

【張掖】　郡名。郡置于西汉元鼎六年(前 111)。隋大业三年(607)移治张掖县(今甘肃张掖县)。唐初改为甘州，天宝元年(742)复为张掖郡。乾元元年(758)又改为甘州。李白《江夏赠韦南陵冰》："君为张掖近酒泉，我窜三色九千里。"

【張彪】　排行第十二，颍、洛间隐士。曾赴举，不第。天宝末，避安史之乱，奉老母避地隐居嵩阳，供养至谨。性高洁，好道术。又善草书，杜甫称为"张芝后身"。与杜甫交往契密，又与孟云卿为中表姻亲。事迹见《唐诗纪事》卷二三、《唐才子传》卷三。《全唐诗》卷二五九录其诗四首。

【張處士】　(處 chǔ)❶指张众甫。戴叔伦《酬赠张众甫》："更惭张处士，相与别蒿莱。"❷指张祜。白居易有《赠张处士山人》。杜牧有《题张处士山庄一绝》。孙鲂《题金山寺》："谁言张处士，题后更无人。"

【張雀羅】　同"张羅"。方干《偶作》："未妨溪上泛渔艇，又为门前张雀罗。"

【張常侍】　❶指张正甫。正甫长庆初拜左散骑常侍、集贤殿学士判院事。刘禹锡有《河南王少尹宅燕张常侍白舍人兼呈卢郎中李员外二副使》。白居易有《病中辱张常侍题集贤院诗因以继和》，又有《奉使途中戏赠张常侍》。❷指张仲方。仲方大和五年(831)拜右散骑常侍。七年，出为太子宾客分司。八年，复召为右散骑常侍。白居易有《张常侍相访》，又有《雪中晏起偶咏所怀兼呈张常侍韦庶子皇甫郎中》。

【張野】　字莱民。晋柴桑(今江西九江)人。举秀才，征辟不就，入庐山依惠远。义熙中，与家人别，入室端坐而卒。善属文，性孝友，第宅悉推与弟。事迹见《莲社高贤传》，又略见《晋书·隐逸·陶潜传》。李咸用《送赵舒处士归庐山》："只应张野辈，异代作心知。"又《和人游东林》："一从张野卧云林，胜概谁人更解寻。"齐己《荆渚病中因思匡庐遂成三百字寄梁先辈》："张野久绝迹，乐天曾卜居。"

【張野人】　名未详。曾寓居洛阳。《全唐诗逸》卷中录其诗一联。

【張曼容】　范阳(今北京)人。徙居蒲州猗氏(今山西临猗)。弘靖之孙，茂枢之兄。进士及第。会昌中赴昭义军。杜牧有《洛下送张曼容赴上党召》。

【張眾甫】　(715—782)字子初。清河东武城(今河北清河东北)人。早年为诸生，受转运使之辟，为从事。解褐为太常寺太祝。大历中，转河南府寿安县尉。罢任历年，侨居润州丹孙。十四年(779)拜监察御史，为淮宁军节度从事。与皇甫曾、戴叔伦等有交往。事迹见《唐诗纪事》卷二九、《唐才子传》卷三。《全唐诗》卷二七五录其诗三首。

【張梨】　张公之梨。杜甫《题张氏隐居二首》之二："杜酒偏劳劝，张梨不外求。"参见"張公❶"。

【張符】　自号烟波子。籍贯未详。大中时为补阙。善画，尤善画牛。所作《放牛图》，于儿童横吹藉草之状，皆妙造入神。见《宣和画谱》卷十三、《图绘宝鉴》卷二。周朴有《寄塞北张符》。

【張偁】　韶州曲江(今属广东)人。九龄之族曾孙。见《新唐书·宰相世系表二下》。天宝至德间人。见《唐诗纪事》卷二四。《全唐诗》卷二五八录其诗一首。

【張從事】　❶名未详。贞元中为汝州刺史陆长源从事。孟郊有《汝州陆中丞席喜张从事至同赋十韵》。❷指张周封。大和五年(831)前后为剑南以西节度使李德裕从事。李德裕有《早秋龙兴寺江亭闲眺忆龙门山居寄崔张旧从事》。

【張設】　犹张桂。白居易《别毡帐火炉》："风前自张设，复此红火炉。"

【張望】　籍贯未详。望大历二年(767)为秋行官。杜甫有《行官张望补稻畦水归》，又有《秋行官张望督促东渚耗稻向毕清晨遣女奴阿稽竖子往问》。

【張率】（475—527）字士简。南朝梁吴郡吴县（今属江苏）人。年十二，能属文，沈约称为“南金”。事迹见《梁书》《南史》本传。耿沣《酬张少尹秋日凤翔西郊见寄》：“刘生曾任侠，张率自能文。”

【張惟儉】吴郡（今江苏苏州）人，徙宣州当涂（今属安徽）。大历六年（771）进士及第。贞元十三年（797）吕渭为湖南观察使，表为都团练副使。贞元末，迁和州刺史。与李嘉祐为世旧。李嘉祐有《送张惟俭秀才入举》。后与柳宗元之父察躬为友。《全唐诗》卷二八一录其诗一首。

【張惟】籍贯未详。贞元时霍总为池州刺史，与武元衡同送行。武元衡有《同张惟送霍总》。

【張悰】籍贯未详。长寿中丁忧，服未除，自请起复，为人所嘲笑。见张鷟《朝野佥载》卷四。《台中语》（卷八七六）：“侯知一不伏致仕，张悰自请起复。”

【張深】韶州曲江（今属广东）人。九龄之从孙。见《新唐书·宰相世系表二下》。冷朝阳有《同张深秀才游华严寺》。

【張扆】越州（今浙江绍兴）人。肃代间官大理司直。刘长卿有《送行军张司马罢使回》，题一作《送张扆司直归越中》。

【張將】（—jiāng）指张说。说开元中为蓟州刺史。孟浩然有《同张将蓟门观灯》。

【張將軍】（將 jiāng）指张献心。献心曾为将军。钱起有《送张将军征西》。

【張參】（—cēn）祖居河间（今属河北）。迁居泾州（今甘肃泾川）。早年入国子监为太学生。迁户部郎中。孟浩然有《送张参明经举兼向泾州覲省》。钱起有《送张参及第还家》。按，时有名士张参，为李勉判官，约大历中卒于幕，见新旧《唐书·李逸传》，与此非一人。

【張參軍】（参 cān）❶指张附学。官王府参军事。韩翃有《送王府张参军附学及第东归》。❷指张调，亦即张弘靖。弘靖大历中以门荫授河南府参军。司空曙有《酬郑十四望驿不得同宿见赠因寄张参军》，又有《哭苗员外呈张参军》。按，卢纶有《送张调参军侍从归覲荆南因寄长林司空十四曙》，大历十一年（776）调父延赏为荆南节度使。❸名未详。开元二十五年（737）张九龄为荆州长史，辟为参军事。孟浩然有《从张丞相游南纪城猎戏赠裴迪张参军》。❹名未详。排行第二十，天宝间为蜀州参军事。杜甫有《送张二十参军赴蜀州因呈杨五侍御》。

【張組】即张幕。组，帷幕。徐彦伯《侍宴韦嗣立山庄应制》：“移銮明月沼，张组白云岑。”王维《晦日游大理韦卿城南别业四声依次用各六韵》之一：“张组竟北皐，泛舟过东邻。”

【張紹】籍贯生平均未详。南唐时人。《全唐诗》卷八八七录其诗一首。

【張琴】❶调紧琴弦。谓弹琴。李商隐《裴明府居止》：“试墨书新竹，张琴和古松。”❷指礼乐教化。玄宗《赐崔日知往潞州》：“扬风非赠扇，易俗是张琴。”参见“弦歌”。

【張瑛】一作张英。《全唐诗》卷八〇一录其诗二首，其中《铜雀台》，一作张琰诗，出《文苑英华》卷二〇四，署为女郎张琰。“琰”下注：“一作瑛。”又见《乐府诗集》卷三一，署为“张氏琰”。《望月》一作刘云诗，故此处张瑛可删。

【張琰】籍贯生平均未详。女郎。见《唐诗纪事》卷七九。《全唐诗》卷八〇一录其诗四首。

【張琚】排行第七。魏川（今河北大名东北）人。环之弟。玄宗时进士及第，官贝州宗城县令。储光羲有《饯张七琚任宗城即环之季也同产八人俱以才名知》。

【張堪】（？—47）字君游。汉南阳宛县（今河南南阳）人。早孤。年十六，受业长安，志美行厉，诸儒号曰“圣童”。事迹见《后汉书》本传、《后汉纪·光武帝纪六》。李瀚《蒙求》：“张堪折辕，周镇漏船。”

【張超谷】张超即汉张公超之略，即张楷。楷居华山毛女峰东北山谷，故后世称张超谷。鲁三江有《张超谷》。

【張賁】字润卿。邓州南阳（今属河南）人。大中进士及第。曾为广文博士。后弃官隐于茅山学道，称华阴山人、华阳道士。咸通十一年（870）寓居吴中，与皮日休、陆龟蒙等唱酬联句，其诗皮日休编入《松陵集》中。事迹见《唐诗纪事》卷六四。《全唐诗》卷六三一录其诗十六首。

【張博士】指张籍。籍元和十三年（818）为广文博士，长庆元年（821）为国子博士。王建有《寄广文张博士》。韩愈有《早春与张十八博士籍游杨尚书林亭兼呈白冯二阁老》。贾岛有《题张博士新居》。白居易有《新昌新居书事四十韵因寄元郎中张博士》。

【張博望】指汉张骞。骞元朔元年（前128）以校尉从大将军卫青击匈奴，以功封博望侯。韩翃《送监军李判官》：“旧从张博望，新事郑长秋。”杨凝《从军行》：“还将张博望，直救范祁连。”韦庄《夏口行寄婺州诸弟》：“谁道我随张博望，悠悠空外泛仙槎。”

【張彭州】指张蒧。兴元元年（784）为彭州刺史。贞元二年（786）卒。韦应物有《张彭州前与缑氏冯少府各惠寄一篇多故未答兼远简冯生》。

【張逵】德州平原（今属山东）人。可复之父。生平未详。累赠户部侍郎。见《旧五代史·周书·张可复传》。罗隐有《除夜寄张达》。

【張惡子廟】　张恶子，神名。或谓巂州张生所养之蛇精。其庙在樟潼县(今属四川)。见《太平广记》卷四五八引孙光宪《北梦琐言》。李商隐有《张恶子庙》。王铎有《谒梓潼张恶子庙》。萧遘有《和王侍中谒张恶子庙》。

【張萬頃】　籍贯未详。天宝初，为乡贡进士。六载(747)，在河南府法曹参军事任。《全唐诗》卷二〇二录其诗三首。

【張敬忠】　京兆(今陕西西安)人。事迹见《新唐书》本传。《全唐诗》卷七五录其诗二首。

【張敬微】　张镜微之讹。镜微籍贯未详。开元八年(720)在陕州桃林县尉任。蔡希寂有《赠张敬微》，“敬”下注：“一作镜。”

【張朝】　号朝阳山人。润州曲阿(今江苏丹阳)人。处士。大历中，在湖州，与皎然等集会赋诗，皎然有《与朝阳山人张朝夜集湖亭赋得各言其志》。事迹及诗见《唐诗纪事》卷二七。《全唐诗》卷一一四以其诗归入张潮下，注：潮，“一作朝。”按，《文苑英华》卷二〇一、卷二〇八均作张朝，《新唐书・艺文志四》作张潮，误。

【張軫】　(697—732)字季心。襄州襄阳(今湖北襄樊)人。柬之孙。年九岁，以其母宿愿，自削发为僧，居龙兴精舍。后还俗，游太学。开元中进士及第。调河南府参军事，以疾卒。事迹略见《新唐书・宰相世系表二下》。有集三卷，已佚。《全唐诗》卷七七七录其诗一首。

【張雲容】　籍贯未详。开元中，为杨贵妃侍儿，善为《霓裳羽衣舞》。杨贵妃有《赠张云容舞》，玄宗和之。《太平广记》卷六九引《传记》，谓申天师曾与绛雪丹一粒，服之，虽死不坏，后百年，得遇生人交精之气，或再生，便为地仙。后复活，归金陵幽栖。其事荒诞不稽。《全唐诗》卷八六三录其诗一首。

【張掾】　指南朝齐张融。融曾为太傅掾。卢纶《过司空曙村居》：“何言张掾傲，每重德璋亲。”

【張敞】　(？—前48)字子高。汉河东平阳(今山西临汾西南)人。事迹见《汉书》本传。元稹《代曲江老人百韵》：“内史称张敞，苍生借寇恂。”李商隐《垂柳》：“梳洗凭张敞，乘骑笑稚恭。”

【張敞畫眉】　指汉京兆尹张敞为妻子画眉之事。见《汉书・张敞传》。李瀚《蒙求》：“张敞画眉，谢鲲折齿。”

【張眙】　见“張怡”。

【張鼎】　籍贯未详。开元间为监察御史。天宝初，为司勋员外郎，与储光羲有交往。储光羲有《同张侍御鼎和京兆萧兵曹华岁晚南园》。《全唐诗》卷二〇二录其诗三首。

【張景宣】　韶州曲江(今属广东)人。仲方之子，后改名孟常。朱庆余有《送张景宣下第东归》。

【張景順】　籍贯未详。开元初，以朝议郎、殿中尚书乘奉御兼陇右南牧使，为原州都督府别驾，仍兼陇右南牧使。杜甫《天育骠骑歌》：“伊昔太仆张景顺，监牧攻驹阅清峻。”

【張景源】　籍贯未详。神龙三年(707)，在右补阙任，时武三思用事，希旨上疏，建言：“所置大唐中兴寺观及图史，并出制诰，咸请除‘中兴’之字，直以唐龙兴为名。”以示承武后之制。中宗纳其言，授朝散大夫。未几，擢起居舍人。《全唐诗》卷一〇五录其诗一首。

【張貴嬪】　(？—589)名丽华。南朝陈兵家女。家贫。陈叔宝为太子时，选入宫，为龚贵嫔侍儿。叔宝见而悦之，因得幸。叔宝即位，是为后主，拜为贵妃。事迹见《陈书》本传、《南史・后妃传下》。徐夤《陈》：“书中不礼隋文帝，井底常携张贵嫔。”

【張喬】　字伯迁。池州九华山(今安徽青阳)人。与李洞、杜荀鹤、杨夔等友善。事迹见《唐诗纪事》卷七〇、《唐才子传》卷十。《新唐书・艺文志四》著录其诗一卷。《全唐诗》卷六三八。卷六三九录其诗二卷。

【張筵】　见“張宴”。

【張御史】　名未详。长安三年(703)官节度判官。张说有《卢巴驿闻张御史张判官欲到不得待留赠之》。

【張循之】　河南洛阳(今属河南)人。弟仲之，二人以学业著名。武后时上书忤旨，被杀。见新旧《唐书・苏晋传》。《全唐诗》卷九九录其诗六首，又卷七六九重收其诗一首，而讹作张修之。

【張舒】　籍贯未详。曾官秘书省正字。李九龄有《夜与张舒话别》。

【張欽敬】　籍贯未详。乡贡进士。曾应开元十九年(731)博学宏词科。《全唐诗》卷七八〇录其诗一首。

【張爲】　袁州宜春(今属江西)人，一说闽人，误。大中进士。事迹见《唐诗纪事》卷六五、《唐才子传》卷十。《新唐书・艺文志四》著录其诗一卷，已佚。《全唐诗》卷七二七录其诗四首。

【張勝之】　籍贯未详。元和元年(806)进士及第，历宣武军节度判官、检校户部郎中兼侍御史。《全唐诗》卷四九五录其诗一首。

【張評事】　❶指张正则。正则大历中为大理评事。秦系有《山中赠张正则评事》。❷指张涉。涉曾为大理评理。戴叔伦有《送张评事》，又有《张评事涉秦居士系见访郡斋即同赋中字》。❸指张时遇。时遇曾为大理评事。卢纶有《和李使君三郎早秋城北亭楼宴崔司士关中弟张评事时遇》。❹指张正元。正元贞元十八年(802)在岭南节度使掌书记,试大理评事。杨巨源有《乌啼曲赠张评事》。

【張道士】 ❶名未详。嵩山郁林观道士,与钱起有交往。钱起有《东陵药堂寄张道士》,又有《宴郁林观张道士房》。❷名未详。嵩山道士,与韩愈有交往。韩愈有《送张道士》,又有《饮城南道边古墓上逢中丞过赠礼部卫员外少室张道士》。❸指张抱元。王屋山道士。白居易有《对镜偶吟赠张道士抱元》,又有《闲题家池寄王屋张道士》,又《病中数会张道士见讥以此答之》:"张道士输白道士,一杯沆瀣便逍遥。"❹名未详。直州陵阳山道士,与许浑有交往。许浑有《与张道士同访李隐君不遇》。

【張道古】 (?—908)字子美。沧州蒲台(今山东博兴北)人,一说青州临淄(今山东桓台东南)人。景福二年(893)进士及第。郑遨有《哭张道古》。贯休有《悼张道古》。事迹见《唐诗纪事》卷七一、《十国春秋》卷四二。《新唐书·艺文志三》著录其《兵论》一卷,已佚。《全唐诗》卷六九四录其诗二首。

【張道者】 高僧。俗姓张,法名行勤。五代时住成都大东门妙圆塔院,人以其精于修行,因称张道者。慈觉《书妙圆塔院张道者屋壁》:"成都有一张道者,五十年来住村野。"

【張道陵】 初名陵;字辅汉。汉沛国(今安徽淮北西北)人。良之八世孙,鲁之祖。本太学书生,博通五经。世称为第一代天师。后世所称张天师,即其后裔。事迹见《后汉书·刘焉传》、晋葛洪《神仙传》卷四。卢纶《送道士郄彝素归内道场》:"病老正相仍,忽逢张道陵。"

【張道符】 (?—861)字梦锡,籍贯未详。会昌三年(843)进士及第。《全唐诗》卷五五二录其诗一首。

【張道隱】 籍贯未详。唐末五代画家。蒋贻恭有《题张道隐太山祠画龙》。

【張馮】 即晋张凭。司空曙《送王使君小子孝廉登科归省》:"张冯本名士,蔡廓是佳儿。"

【張湛】 ❶字子孝。汉右扶风平陵(今陕西咸阳西)人。成哀间,为二千石。事迹见《后汉书》本传、《后汉纪·光武帝纪七》。李瀚《蒙求》:"史丹青蒲,张湛白马。"❷字处度。晋高平(今山东济宁东南)人。孝武帝时为中书侍郎,官至光禄勋。好于斋前种松、养鸲鹆。事迹见南朝宋刘义庆《世说新语·任诞》。温庭筠《访知玄上人遇暴经因有赠》:"惠能未肯传心法,张湛徒劳与眼方。"按,张湛与眼方之事,见《晋书·范宁传》。

【張湖南】 指张正甫。正甫元和八年(813)为湖南观察使。元稹有《陪张湖南宴望岳楼稹为监察御史张中丞知杂事》。

【張湘州】 张澧州之讹。指张次宗。次宗会昌中以考功员外郎、知制诰出为沣州刺史。李群玉《洞庭驿楼雪夜宴集奉赠前湘州张员外》:"昔与张湘州,闲登岳阳楼。"按,唐无湘州,当为沣州之讹,李群玉为沣州人。

【張湮】 ❶排行第五。温州永嘉(今浙江温州)人。开元间,隐居少室山十余年。事迹见张彦远《历代名画记》卷十、《唐诗纪事》卷二十、《唐才子传》卷二。王维有《戏赠张五弟湮三首》。李颀有《咏张湮山水》。韩翃有《赠张五湮归濠州别业》。皇甫冉有《答张湮刘方平兼呈贺兰广》。❷韶州曲江(今属广东)人。九龄之从曾孙。见《新唐书·宰相世系表二下》、周贺有《送张湮之睦州》。

【張湯】 (?—前115)汉京兆杜县(今陕西西安东南)人。初为长安吏、给事内史、宁成掾。调茂陵尉。事迹见《史记·酷吏列传》《汉书》本传。白居易《渭村退居寄礼部崔侍郎翰林钱舍人诗一百韵》:"慎微参石奋,决密与张汤。"

【張湯巧詆】 指汉张汤治豪富之狱,必巧妙诬陷,以致其罪之事。见《史记·酷吏列传》。又见《汉书》本传。李瀚《蒙求》:"张汤巧诋,杜周深刻。"

【張渭】 张谓之讹。贯休《观怀素草书歌》:"伊昔张渭任华叶季良,数子赠歌岂虚饰。"渭下注:"一作谓。"是。

【張渾】 (772—?)清河东武城(今河北清河东北)人。会昌中为永州刺史。事迹略见《唐诗纪事》卷四九。《全唐诗》卷四六三录其诗一首。

【張補闕】 ❶指张茂枢。茂枢乾宁二年(895)迁右补阙。郑谷有《次韵酬张补阙因寒食见寄之什》,又有《右省张补阙茂枢同在谏垣连居光德新春赋咏聊以寄怀》。❷名未详。大历官补阙。皇甫冉有《与张补阙王炼师自留别赵员外裴补阙同赋杂题一首》。

【張禄】 即战国魏范睢。睢被诬受笞,亡匿,更名姓曰张禄。时秦昭王使谒者王稽于魏,郑安平荐张禄于王稽,遂俱入秦。后秦王拜为相,封应侯。见《史记·范睢蔡泽列传》。李白《送鲁郡刘长史迁弘农长史》:"他日见张禄,绨袍怀旧恩。"卢仝《感古四首》之三:"苏秦北游赵,张禄西入秦。"徐夤《偶题》:"秦宫犹自拜张禄,楚幕不知留范增。"亦作"張禄先生"。徐夤《龙蛰二首》之一:"穰侯休忌关东客,张禄先生竟相秦。"

【張禄先生】 见"張禄"。

【張登】 排行第九。清河东武城(今河北清河东北)人。初隐居,后就辟。事迹见《唐诗纪事》卷四〇。长于小赋,气宏而密。《新唐书·艺文志四》著录其集六卷,已佚。《全唐诗》卷三一三录其诗九首。

【張載】　(?—310?)字孟阳,晋安平武邑(今属河北)人。性闲雅,博学有文章。与弟协、元皆有名,时称“三张”。事迹见《晋书》本传。唐彦谦《兴元沈氏庄》:“江绕武侯筹笔地,雨昏张载勒铭山。”

【張幕】　张设帷幕。杜审言《晦日宴游》:“解绅宜就水,张幕会连沙。”李端《晚春过夏侯校书值其沉醉戏赠》:“曝裈还当屋,张幕便成天。”元稹《夜池》:“满池明月思啼蛩,高屋无人风张幕。”

【張蒼】　(?—前152)河南阳武(今河南原阳东南)人,秦时为御史,主持下四方文书,有罪,亡归。刘邦起事,略地过阳武,从之。事迹见《史记·张丞相列传》《汉书》本传。白居易《寄卢少尹》:“张苍何为者,染爱浩无际。”

【張蒼肥似瓠】　指汉张苍身高大,体肥白如瓠子。见《史记·张丞相列传》。王棨《省题诗二十一首·咏白》:“张苍肥似瓠,潘岳鬓如霜。”

【張蒙】　籍贯未详。元和十四年(819)为韶州刺史,在州四年,移滁州刺史。宝历、大和间,为饶州刺史。章孝标有《送张使君赴饶州》,一作《送饶州张蒙使君赴任》。

【張幹】　籍贯未详。住长安(今陕西西安)大宁坊。文宗时力士,左臂刺“生不怕京兆尹”,右臂刺“死不畏阎罗王”。《全唐诗》卷八七三录其所刺之句。

【張楚金】　(611—690)并州祁县(今属山西)人。贞观元年(627)与兄越石皆举进士,州欲罢越石而进楚金,固请俱罢。事迹见新旧《唐书·忠义传上》。《全唐诗》卷一〇〇录其诗一首。

【張賈】　(?—830)排行第十二。清河东武城(今河北清河东北)人。事迹略见《唐诗纪事》卷五九。《全唐诗》卷三六六录其诗三首。

【張雷】　晋张华、雷焕之连称。雷焕见斗、牛有异气,谓豫章丰城有宝剑之精,上彻于天,张华补焕为丰城令,嘱密寻之,得双剑,一曰龙泉,一曰太阿。焕遂遣使送一剑于华,一剑自佩。见《晋书·张华传》。贾岛《寄令狐绹相公》:“良乐知骐骥,张雷验镆铘。”白居易《闻李尚书拜相因以长句贺微之》:“夔契定求才济世,张雷应辨气冲天。”

【張業】　籍贯未详。咸通中为桂管观察使。《全唐诗》卷五九七录其诗一首。

【張嗣初】　籍贯未详。贞元十年(794)进士及第。《全唐诗》卷三一九录其诗二首。

【張署】　(758—817)排行第十一。河间(今属河北)人,徙居洛阳(今属河南)。贞元二年(786)进士及第。复登博学宏词科。《全唐诗》卷三一四录其诗一首。

【張氳】　(653—745)一名蕴,字藏真,曾栖息洪崖古坛,自号洪崖子。晋州神山(今山西浮山)人。学道不娶,通仙书秘典、群经诸子,善金丹。撰有《高士传》十卷、《神仙记》二十卷、《阿东记》三十卷,均佚。《全唐诗》卷八五二录其诗三首。

【張筠】　张均之讹。储光羲有《太学贻张筠》。按,张均常讹为张筠,《旧唐书·玄宗纪下》开元十二载九月有“宪部尚书张筠”,十三载三月有“宪部尚书均”,是其例。

【張遥】　籍贯未详。天宝三载(744)为寿州刺史幕僚。李白有《送张遥之寿阳幕府》。

【張義方】　原名远达。籍贯未详。南唐升元元年(937),李昪用为侍御史,并为易名。累迁散骑常侍。以服丹病哑而卒。事迹见陆游《南唐书》卷七,《十国春秋》卷二五。与李中有交往。李中有《献张义方常侍》。《全唐诗》卷七三八录诗一首。

【張煉師】　❶名未详。大历间峨眉女道士。司空曙有《送张炼师还峨嵋山》。❷名未详。大历、贞元间天目山女道士。皎然有《奉和袁使君高郡中新亭会张炼师昼会二上人》,又有《冬日天井西峰张炼师所居》。

【張塋】　张莹之讹,莹字昭文。福州连江(今属福建)人。大顺元年(890)进士及第,五代时知延州。官礼部尚书。事迹见《淳熙三山志》卷二六。《全唐诗》卷七九五录其佚句一联。

【張煊】　籍贯未详。开元中为集贤院直学士,预修《初学记》《开元礼》。十六年(728)五月在左拾遗任。迁监察御史。天宝元年(742)冬,以起居舍人为考官,以选人不当,二载正月,贬官岭外。《全唐诗》卷七六九录其诗一首。

【張溢】　籍贯生平均未详。《全唐诗续补遗》卷六录其佚句一联。

【張禕】　字冠章。邓州南阳(今河南邓县)人。事迹见《旧唐书》本传。《全唐诗》卷六六七录其诗二首。

【張彙】　籍贯未详。贞元十年(794)进士。《全唐诗》卷三六八录其诗三首,张彙下注:“一作彙征。”彙征,籍贯未详。贞元七年(791)二月自刑部郎中出为睦州刺史。按,《全唐诗》所收三诗,其中《春风扇微和》出《文苑英华》卷一八三,作张彙;《观藏冰》出《文苑英华》卷一八二,张彙征,故应分为二人。

【張静婉】　即张净琬。南朝梁羊侃舞蹈妓。见《梁书·羊侃传》。又见《南史·羊侃传》。温庭筠《张静婉采莲歌》序:“静琬,羊侃妓也,其容绝世,侃自为

《采莲》二曲，今乐府所存，失其故意，因歌以俟采诗者，事具载《梁史》。”

【張碧】 字太碧。籍贯未详。贞元举进士，累不第。事迹见《唐诗纪事》卷四五、《唐才子传》卷五。其诗学李白。孟郊《读张碧集》云：“天宝太白殁，六义已消歇。大哉国风本，丧而王泽竭。先生今复生，斯文信难缺。下笔证兴亡，陈词备风骨。”《新唐诗》卷四六九录其诗十六首。

【張瑶】 籍贯未详。天宝十一载(752)贬为五溪尉。高适有《送张瑶贬五溪尉》。

【張嘉貞】 (666—729)字嘉贞。范阳(今北京)人，徙河东猗氏(今山西临猗)。延赏之父。事迹见新旧《唐书》本传。《全唐诗》卷一一一录其诗四首。

【張蔚】 即汉张仲蔚之省称。骆宾王《夏日游德州赠高四》：“聊安张蔚庐，讵扫陈蕃室。”

【張歌人】 指张好好。好好为歌妓。杜牧有《赠沈学士张歌人》。

【張監】 ❶指张易之。易之长安元年(701)十一月迁麟台监。张说有《和张监游终南》，又有《和张监观赦》。❷指张荐。荐贞元十八年(802)为秘书监。权德舆有《奉酬张监阁老雪后过中书见赠加两韵简南省僚旧》，又有《离合诗赠张监阁老》。

【張碩】 晋桂阳(今湖南郴州)人，孝武帝时人。相传神女杜兰香降于其家，为其生数子。《艺文类聚》卷八一引晋曹毗《杜兰香传》：“神女兰香降张硕。”见《太平广记》卷二七二引《杜兰香别传》。李群玉《送郑子宽弃官东游便归女几》：“寄谢杜兰香，何年别张硕。”曹唐有《张硕重寄杜兰香》，又有《玉女杜兰香下嫁于张硕》。韩偓《春闷偶成十二韵》：“谢鲲吟未废，张硕梦堪思。”

【張閣老】 ❶指张荐。荐贞元中为谏议大夫，属门下省，唐朝中书。门下二省属官互称阁老。权德舆有《送张阁老中丞持节册吊回鹘》，又有《奉酬张监阁老雪后过中书见赠加两韵简南省僚旧》。❷指张弘靖。弘靖永贞元年(805)在中书舍人任。唐以中书舍人年久者为阁老。权德舆有《奉和张舍人阁老阁中直夜思闻雅琴因以书事通简僚友》。

【張僨】 籍贯未详。曾为官，天宝初以谗贬谪，时王昌龄亦贬龙标尉。常建有《鄂渚招王昌龄张偾》。

【張僕射】 (射 yè)❶指张延赏。延赏贞元元年(785)六月自剑南西川节度使诏征拜中书侍郎、同中书门下平章事，八月，改授尚书左仆射。卢纶有《和张仆射塞下曲》。❷指张建封。建封贞元四年(788)拜御史大夫、徐泗濠节度使。七年，加检校礼部尚书。十二年，加检校尚书右仆射。权德舆有《送张仆射朝见毕归镇》，又有《奉和张仆射朝天行》。韩愈有《汴泗交流赠张仆射》。杜荀鹤有《读张仆射诗》。❸指张偾。元和元年(806)为工部尚书，同年卒，赠尚书右仆射。白居易有《感故张仆射诸妓》。

【張債】 张偾之讹。王昌龄有《为张债赠阎使臣》。

【張僧繇】 南朝梁吴(今江苏苏州)人，一说吴兴(今浙江湖州)人。画家。天监中，为武陵王侍郎，直秘书阁，知画事，历右军将军、吴兴太守。事迹见张彦远《历代名画记》卷七。怀素有《题张僧繇醉僧图》。欧阳炯《题景焕画应天寺壁天王歌》：“张僧繇是有神人，吴道子称无敌者。”

【張說】 (667—730)字道济，一字说之，范阳方城(今河北固安)人，世居河东(今山西永济西)，徙居河南洛阳(今属河南)。为尚书左丞相、集贤院学士、开府仪同三司。卒，赠太师，谥曰文贞。长于文词，朝廷大述作，多出其手，与许国公苏颋号“燕许大手笔”。事迹见新旧《唐书》本传。《新唐书·艺文志四》著录其集二十卷，《郡斋读书记》卷十七、《直斋书录解题》卷十六均作三十卷。《全唐诗》卷八五至卷八九录其诗五卷。

【張廣文】 ❶指张籍。籍元和十三年(818)为广文馆博士。王建有《留别张广文》。❷指张贲。贲曾为广文博士。陆龟蒙有《和张广文贲旅泊吴门次韵》。李縠有《浙东罢府西归酬别张广文皮先辈陆秀才》。

【張韶州】 指张蒙。蒙元和十四年(819)为韶州刺史。韩愈有《从潮州量移袁州张韶州端公以诗相贺因酬之》。

【張端公】 ❶指张蒙。蒙元和十四年(819)以侍御史为韶州刺史。韩愈有《晚次宣溪辱韶州张端公使君惠书叙别酬以绝句二章》，又有《将至韶州先寄张端公使君借图经》，又有《韶州留别张端公使君》。❷名未详。大历时任侍御史。卢纶有《途中遇雨马上口号留别张刘二端公》。❸名未详。贞元时任侍御史。孟郊有《投赠张端公》。❹名未详。大中、咸通间以侍御史为眉州刺史。李频有《眉州别李使君》，题一作《眉山留献张端公》。

【張齊物】 籍贯未详。曾为道士。后官内乡县主簿。姚合有《送张齐物主簿赴内乡》。

【張齊賢】 邓州南阳(今属河南)人，徙陕州陕县(今属河南)。事迹见《新唐书》本传。《新唐书·艺文志二》著录其《孝和中兴故事》三卷，孝和即中宗，已佚。《全唐诗》卷九四录其诗一首。

【張漢陽】 即张柬之。柬之神龙元年(705)拜夏官尚书。凤阁鸾台三品，封汉阳郡公。五月，加封汉阳王。皇甫澈《赋四相诗·中书令汉阳王张柬之》：“烈烈张汉阳，左袒清诸武。”

【張漸】　(？—756)河南洛阳(今属河南)人，仲之之子，仲之神龙谋诛武三思，下狱死，仲之友苏晋扶养如己子，教之书记，为之经营婚宦。累迁金部员外郎。《全唐诗》卷一二一录其诗一首。

【張演】　初名球，韶州曲江(今属广东)人。九皋之玄孙，咸通十三年(872)进士及第。见《唐才子传》卷八。《全唐诗》卷六〇〇录其诗一首，一作王驾诗。《全唐诗续拾遗》卷十一录其诗一首。

【張賓客】　指张仲方。仲方大和七年(833)为太子宾客，分司东部。白居易有《秋日与张宾客舒著作同游龙门醉中狂歌凡二百三十八字》，又有《赠皇甫六张十五李二十三宾客》。

【張實】　清河东武城(今河北清河东北)人。元和七年(812)曾游幽州。王建有《寄李益少监兼送张实游幽州》。

【張複元】　籍贯未详。盥之父。贞元九年(793)进士及第，同年又登博学宏词科。十七年，以秘书省正字在淮南节度使幕。《全唐诗》卷七七九录其诗一首。

【張複】　清河东武城(今河北清河东北)人，徙魏州昌乐(今河南南乐)。彻之弟。元和元年(806)进士及第。白居易诗"二张得隽名居甲"即指其兄弟二人进士及第。为宣武军节度从事时得心疾，惊惑不常，归家调养。《全唐诗》卷四九五录其诗一首。

【張隨】　韶州曲江(今属广东)人，其高祖即为九龄曾祖。见《新唐书·宰相世系表二下》。贞元初起，屡赴举，不第。《全唐诗》卷七八二录其诗二首。又《文苑英华》卷一八九载其《早春送郎官出宰》，《全唐诗》卷七八一作袁求贤诗，按唐无袁求贤其人，应删，归入张随诗下。

【張愻】　籍贯未详。建中三年(782)为中书侍郎、同中书门下平章事。刘禹锡《泰娘歌》引："元和初，尚书薨于东京，泰娘出居民间。久之，为蕲州张愻所得。其后愻坐事，谪居武陵郡。愻卒，泰娘无所归，地荒且远，无有能知其容与艺者，故日抱乐器而哭。"

【張緒】　字思曼。南朝齐吴郡县(今属江苏)人。事迹见《南齐书》《南史》本传。唐彦谦《贺李昌时禁苑新命》："不知新到灵和殿，张绪何如柳一枝。"郑谷《寄左省韦起居序》："风神何蕴藉，张绪正当年。"牛峤《杨柳枝五首》之三："桥北桥南千万条，恨伊张绪不相饶。"参见"張緒風流"。

【張緒風流】　指南朝齐武帝见杨柳风流可爱而忆及张绪吐纳风流之事。见《南史·张绪传》。后多用为杨柳之典实。韩翃《送张渚赴越州》："风流似张绪，别后见垂杨。"李山甫《柳十首》之四："假饶张绪如今在，须把风流暗里销。"徐仲雅《耕夫谣》："张绪逞风流，王衍事轻薄。"亦作"張緒風情"。贯休《上卢使君二首》之一："马卿山岳金相似，张绪风情柳不如。"

【張緒風情】　见"張緒風流"。

【張綺】　籍贯未详。唐末人。会昌二年(842)，若耶溪女子题诗三乡驿，与王祝、刘谷等十人和之。见《云溪友议》卷中、《唐诗纪事》卷六七。《全唐诗》卷七二六录其《和三乡诗》一首。

【張綱】　(99—144)字文纪。武阳(今四川彭山东)人。少明经学。举孝廉，不就。事迹见《后汉书》本传。孙逖《送张环摄御史监南选》："汉使得张纲，威名摄远方。"刘长卿《酬皇甫侍御见寄时前相国姑臧公初临郡》："伫看宣室召，汉法倚张纲。"权德舆《同陆太祝鸿渐崔法曹载华见萧侍御留后喜而有作三首》："专城书素至留台，忽报张纲揽辔回。"杜牧《除官归京睦州雨霁》："浅深须揭厉，休更学张纲。"

【張綱埋輪】　汉顺帝遣张纲等八使巡行风俗，案行贪廉，纲以为朝廷豺狼当道，不宜复问天下狐狸。遂驻车轮于洛阳都亭，不往。见《三国志·蜀志·张冀传》裴松之注引司马彪《续汉书》。罗隐《淮南送卢端公归台》："应笑张纲谩生事，埋轮不得在长安。"李瀚《蒙求》："暴胜持斧，张纲埋轮。"

【張綰】　韶州曲江(今属广东)人。九龄之八代孙。见《新唐书·宰相世系表二下》。唐末乱离，至洪州学道。罗隐有《送张绾游钟陵》。

【張駙馬】　指张清。清尚肃宗女大宁郡主。戎昱有《赠别张驸马》。护国有《赠张驸马斑竹柱杖》。

【張賣】　张挂出卖。杜甫《夔州歌十绝句》之八："忆昔咸阳都市合，山水之图张卖时。"

【張摯】　字长公，汉南阳(今河南方城东)人。释之之子。官至大夫。免。以不能取容当世，故终身不仕。事迹见《史记·张释之冯唐列传》《汉书·张释之传》。柳宗元《弘农公以硕德伟材屈于诬枉左官谨献诗五十韵以毕微志》："世议排张挚，时情弃仲翔。"

【張遼】　(169—222)字文远。汉雁门马邑(今山西朔县)人。少为郡吏，汉灵帝中平间，并州刺史丁原以其武功，召为从事。献帝初平三年(192)，为吕布骑都尉。事迹见《三国志·魏志》本传。李瀚《蒙求》："蔡裔殒盗，张辽止啼。"按，张辽止啼事见《太平御览》卷四八八引三国魏鱼豢《魏略》。

【張震】　河间(今属河北)人。事迹见《新唐书·宰相世系表二下》。《全唐诗》卷七六八录其诗一首。

【張鴉九】　籍贯未详。善于铸宝剑。曾铸剑于吴山中。元稹《说剑》："既非古风胡，无乃近鸦九。"白居易《新乐府·鸦九剑》："欧冶子死千年后，精灵阁授张鸦九。鸦九铸剑吴山中，天与日时神借功。"

【張賦】　指汉张衡之赋。许浑《南海府罢归京口经大庾岭赠张明府》："陶诗尽写行过县，张赋初成卧到家。"按，此赋指《归田赋》。

【張嶠】 字平云。五代时蜀（今四川）人。学释氏法，人谓之张居士。撰有《参玄录》《玄珠集》，歌行诗偈百余篇。见《茅亭客话》卷三。《全唐诗续补遗》卷十七录其诗一首。

【張篆】 籍贯未详。秦系之甥，大历末、建中初游福州。刘长卿有《送秦侍御外甥张篆之福州谒鲍大夫秦侍御与大夫有旧》。

【張儋】 青州（今山东益都）人。生平未详。韩翃有《送张儋水路归北海》。

【張儀】 （？—前309）战国魏人。初与苏秦俱事鬼谷先生，学纵横之术，秦自以为不及。秦惠文王五年（前333），入秦，惠文王悦之，以为客卿。事迹见《史记·张仪列传》。杜牧《题青云馆》："四皓有芝轻汉祖，张仪无地与怀王。"李商隐《商于》："割地张仪诈，谋身绮季长。"唐彦谦《楚世家》："张仪重入怀王手，驷马安车却放归。"

【張儀舌】 指战国魏人张仪能说善辩。仪曾从鬼谷先生学纵横之术。见《史记·张仪列传》。李白《赠崔侍郎》："笑吐张仪舌，愁为庄舄吟。"元稹《酬乐天东南行诗一百韵》："点检张仪舌，提携傅说图。"李群玉《献王中丞时有除拜》："张仪会展平生舌，韩信那惭胯下羞。"刘兼《自遣》："家人莫问张仪舌，国士须知豫让心。"

【張儀樓】 战国时张仪所筑之楼。在蜀成都西南。见《文选·左思〈蜀都赋〉》，又见北魏郦道元《水经注·江水一》、李吉甫《元和郡县图志》卷三一。杜甫《石犀行》："蜀人矜夸一千载，泛溢不近张仪楼。"岑参《张仪楼》："传是秦时楼，巍巍至今在。楼南两江水，千古长不改。曾闻昔时人，岁月不相待。"段文昌有《晚夏登张仪楼呈院中诸公》。

【張儀韞璧】 指战国魏人张仪被楚相诬陷偷璧之事。见《史记·张仪列传》。李峤《檄》："毛义持书去，张仪韫璧行。"韫，藏。

【張徵君】 即张炼师。大历、贞元间湖州女道士。皎然有《与王录事会张征君姊妹炼师院玩雪兼怀清会上人》。

【張徹】 （777—821）排行老大。清河东武城（今河北清河东北）人。徙魏州昌乐（今河南南乐）。复之兄。见新旧《唐书·张弘靖传》。赠给事中。《全唐诗》卷七九一录其与韩愈、张籍、孟郊《会合联句》二联。

【張魯封】 亳州（今属安徽）人。举子。大和中，亳州刺史韦仕符年长而好释道，乐营女子厚给衣粮，遣往外住，任其娱乐，遂作诗戏谑其宾佐。见范摅《云溪友议》卷下。《全唐诗》卷八七一录其诗谑诗一首。

【張調】 即张弘靖。弘靖初名调。卢纶有《送张调参军侍从归觐荆南因寄长林司空十四曙》。参见"張參軍❷"。

【張毅夫】 邓州南阳（今属河南）人。事迹见《旧唐书》本传。《全唐诗续补遗》卷十九录其诗一首。

【張毅】 战国鲁（今山东）人。好礼而喜追逐世利，奔走于富贵之家，以内热病死。见《庄子·达生》，又见《淮南子·人间训》。张巡《铁笔歌》："亦莫指我为张毅，亦莫指我为张飞，我乃唐之张巡，与许远兮同时。"

【張濆】 籍贯未详。会昌五年（845）状元及第。见《旧唐书·武宗纪》，张濆讹作张渎。《唐摭言》卷十一、《诗话总龟》前卷二七引李颀《古今诗话》均作张濆。喻凫有《赠张濆处士》。赵嘏有《喜张濆及第》，又有《赠张濆榜头被驳落》。

【張潮】 见"張朝"。

【張翬】 张晕之讹。晕，润州曲阿（今江苏丹阳）人。开元二十三年（735）进士及第。授秘书省校书郎。事迹见《新唐书·艺文志》《唐诗纪事》卷十五。萧颖士有《送张翬下第归江东》，注："一作晕。"按，一作是。

【張樂】 （—yuè）❶奏乐。岑文本《奉和正日临朝》："清跸喧辇道，张乐骇天衢。"宋之问《奉和九月九日登慈恩寺浮屠应制》："散花多宝塔，张乐布金田。"卢仝《叹昨日三首》之二："薄夫有钱恣张乐，先生无钱养恬漠。"方干《送钱特卿赴职天台》："山下县寮张乐送，海边津吏棹舟迎。"❷为咏黄帝、君主或洞庭之野的典故。见《庄子·天运》。许敬宗《奉和宴中山应制》："张乐临尧野，扬麾历舜州。"宋之问《洞庭湖》："张乐轩皇至，征苗夏禹徂。"舒元舆《桥山怀古》："洞庭张乐降玄鹤，涿鹿大战摧蚩尤。"

【張樂地】 （樂 yuè）指洞庭湖之野。语本《庄子·天运》。李白《送储邕之武昌》："湖连张乐地，山逐泛舟行。"刘禹锡《赴连山途次德宗山陵寄张员外》："今日独来张乐地，万重云水望桥山。"参见"張樂"。

【張燕公】 即张说。说开元元年（713）拜中书令。封燕国公。赵冬曦有《答张燕公翻着葛巾见呈之作》。王琚有《自荆湖入朝至岳阳奉别张燕公》。杨重玄有《正朝上左相张燕公》。

【張薦】 （744—804）字孝举，排行第二十九。深州陆泽（今河北深县西）人，寓居邗沟。事迹见新旧《唐书》本传。《新唐书·艺文志四》著录其集三十卷，已佚。《全唐诗》卷三三〇录其诗三首。

【張蕭遠】 苏州（今江苏）人。籍之弟。元和八年（813）进士及第。后游蜀州青城。事迹略见《唐诗纪事》卷四一。《全唐诗》卷四九一录其诗四首。

【張翰一杯酒】　指晋张翰不求身后名但求即时一杯酒之事。见南朝宋刘义庆《世说新语·任诞》。白居易《和皇甫郎中秋晓同登天宫阁言怀六韵》:“张翰一杯酣,嵇康终日懒。”

【張翰】　(263? —319?)字季鹰。晋吴郡吴县(今属江苏)人,有清才,善属文,放任不拘类阮籍,时人号为“江东步兵”。事迹见《晋书》本传、《世说新语·识鉴》刘孝标注引《文士传》。孟浩然《登岘山亭寄晋陵张少府》:“凭轩试一问,张翰欲来归。”杜甫《过南岳入洞庭湖》:“邵平元入汉,张翰后归吴。”王初《书秋》:“往来未若奇张翰,欲鲙霜鲸碧海东。”郑谷《漂泊》:“鲈鱼斫鲙输张翰,橘树呼奴羡李衡。”

【張翰一杯酣】　见“張翰一杯酒”。

【張翰杯】　同“張翰一杯酒”。李白《送友人寻越中山水》:“八月枚乘笔,三吴张翰杯。”

【張翰思歸】　指晋张翰见秋风起,思念家乡菰菜、莼羹、鲈鱼脍而归之事。见南朝宋刘义庆《世说新语·识鉴》。张祜《汴上送客》:“张翰思归何太切,扁舟不住又东归。”白居易《端居咏怀》:“贾生俟罪心相似,张翰思归事不如。”

【張翰思鱸】　指晋张翰见秋风起,思念家乡菰菜、莼羹。鲈鱼脍而归之事。唐彦谦《蟹》:“西风张翰苦思鲈,如斯丰味能知否?”李中《新秋有感》:“张翰思鲈兴,班姬咏扇情。”参见“張翰思歸”。

【張翰酒】　同“張翰一杯酒”。白居易《问皇甫十》:“坐倾张翰酒,行唱接舆歌。”

【張翰適意】　指晋张翰以为人生贵得适意之事。见南朝宋刘义庆《世说新语·识鉴》。《晋书》本传作“人生贵得适志”。李瀚《蒙求》:“张翰适意,陶潜归去。”

【張翰鱠】　指晋张翰见秋风起,思念家乡菰菜、莼羹、鲈鱼脍而归之事。李商隐《赠郑谠处士》:“越桂留烹张翰鲙,蜀姜供煮陆机莼。”按,此指鲈鱼。参见“張翰思歸”。

【張融】　籍贯生平均未详。早年卒。耿沣有《哭张融》。

【張學士】　❶指张垍。开元二十六年(738)自太常少卿充翰林学士。司空曙有《送翰林张学士岭南勒圣碑》。按,垍往岭南勒碑在天宝十三载(754),时为卢溪郡司马。❷指张仲素。仲素元和十五年(820)以礼部郎中充翰林学士。白居易有《初到江州寄翰林张李杜三学士》。❸指张洎。洎南唐后主时为礼部员外郎、知制诰,迁中书舍人,充清辉殿学士。伍乔有《寄张学士洎》。❹名未详。乾元间为史馆学士。韦应物有《答史馆张学士段柳庶子学士集贤院看花见寄兼呈柳学士》。段,一作同,是。❺名未详。元和元年(806)在集贤院学士任,卒于官。李德裕有《雨中自秘书省访王三侍御知早入朝便入集贤侍御任集贤校书及升柏台又与秘阁相对同院张学士亦余特厚故以诗赠之》,又有《仆射相公偶话于故集贤张学士厅写得德裕献此诗》。

【張盥】　自号庐山人,籍贯未详。复元之子。长庆三年(823)赴举。刘禹锡与其父为同年友,故为作诗荐于同年尚书右丞卫中行、兵部侍郎武儒衡。刘禹锡《送张盥赴举》序:“余与张盥为丈人,由是道也,曩吾见尔之始生,以老成为祝,今吾见尔之成人,以未立为忧。”

【張翺】　籍贯未详。进士。中和间,游徐、宿。时宿州刺史陈璠,以军旅出身,贪虐威断,翱恃才傲物。见孙光宪《北梦琐言》卷十。《全唐诗》卷八七三录其《自状》一首。

【張衡】　(78—139)字平子,汉南阳西鄂(今河南南阳)人。事迹见《后汉书》本传。齐己《春晴感兴》:“桑柘依依禾黍绿,可怜归去是张衡。”

【張衡四愁】　指汉张衡永和元年(136)出为河间相,忧国伤时,而作《四愁诗》。见张衡《四愁诗》序。李白《张相公出镇荆州寻除太子詹事余时流夜郎诗余答以此诗》:“张衡殊不乐,应有四愁诗。”李嘉祐《暮秋迁客增思寄京华》:“宋玉怨三秋,张衡复四愁。”高骈《途次内黄马病寄僧舍呈诸友人》:“官闲马病客深秋,肯学张衡咏四愁。”

【張衡作賦】　指汉张衡官不得志。永和二年(137)乞归,作《归田赋》之事。见《文选·张衡〈归田赋〉》李善注。李峤《田》:“贡禹怀书日,张衡作赋辰。”

【張衡愁】　同“張衡四愁”。王维《赋得秋日悬清光》:“宋玉登高怨,张衡望远愁。”李商隐《自桂林奉使江陵途中感怀寄献尚书》:“张衡愁浩浩,沈约瘦愔愔。”

【張衡廟】　在邓州向城(今河南南阳北)。其地有张衡墓。见《后汉书·张衡传》李贤注、《通典》卷七七。其庙亦当在此地。郑谷有《题张衡庙》。

【張錫】　排行第五。清河东武城(今河北清河东北)人,徙魏州昌乐(今河南南乐)。事迹见《旧唐书·张文琮传》《新唐书》本传。《全唐诗》卷一〇五录其诗二首。

【張諤】　籍贯未详。景龙二年(708)进士及第。开元初,为太常寺大祝。岐王范爱文章之士,坐与范饮酒赋诗。见新旧《唐书·惠文太子范传》。事迹见《唐诗纪事》卷十五。《全唐诗》卷一一〇录其诗十二首。

【張諫議】　指张正一。正一元和五年(810)为谏议大夫。同年以国子司业致仕。武元衡有《送张谏议》，又有《送张六谏议归朝》。

【張謂】 字正言，排行第十四。怀州河内（今河南沁阳）人。乾元元年（758），以礼部员外郎奉使夏口，与故人李白相遇，同泛舟沔州城南湖，李白以谓为郎官。命名为郎官湖，并作《泛沔州城南郎官湖》诗以纪其事。事迹见《唐诗纪事》卷二五、《唐才子传》卷四。《全唐诗》卷一九七录其诗一卷。

【張憑】 字长宗。晋吴郡（今江苏苏州）人。有志气，为乡闾所称。举孝廉，试策高第，授太常博士。累迁吏部郎，官至御史中丞。事迹见《晋书》本传、南朝宋刘义庆《世说新语・文学》及刘孝标注引宋明帝《文章志》。张祜《酬张权宣州新桥秋夜对月见寄》："张凭逆旅逢新唱，王粲从军植胜游。"

【張憑理窟】 指晋张凭善于清言，富有哲理，其身如同哲理之窟。见南朝宋刘义庆《世说新语・文学》。见《晋书》本传。又见《太平御览》卷二二九引晋郭澄之《郭子》。李瀚《蒙求》："张凭理窟，裴頠谈薮。"

【張熾】 籍贯生平未详。《全唐诗》卷七七四录其诗一首。

【張燧】 籍贯未详。天宝十一载（752）为饶阳郡司户参军。李白有《赠饶阳张司户燧》。

【張營】 恒州（今河北正定）人。大历九年（774）进士及第。历吏部员外郎。贞元中终邓州刺史。事迹见《唐诗纪事》卷三一。《全唐诗》卷二八一录其诗一首。

【張燈】 挂灯。形容宴会或节日的喜庆气氛。李颀《龙门送裴侍御监五岭选》："歇马傍川路，张灯临石楼。"李白《秋夜与刘砀山泛宴喜亭池》："明宰试舟楫，张灯宴华池。"高适《夜别韦司士得城字》："高馆张灯酒复清，夜钟残月雁归声。"杜甫《彭衙行》："延客已曛黑，张灯启重门。"

【張濛】 （？—791？）❶范阳方城（今河北固安）人，世居河东（今山西永济西），徙居河南洛阳（今属河南）。均之子。事迹见《新唐书・张均传》《宰相世系表二下》。《全唐诗》卷二八八录其诗一首。❷同"张蒙"。张籍有《送从弟濛赴饶州》。

【張隱】 籍贯未详。伶人，有宠。见《太平广记》卷二五七引《南楚新闻》。《全唐诗》卷七三二录其诗一首。

【張璪】 字文通，一作藻，误。吴郡（今江苏苏州）人，盐铁使刘晏甚重之。擅画，松石山水，尤以松石擅名，作画时双管齐下，毕宏见其所作，为搁笔。事迹见张彦远《历代名画记》卷十。元稹《画松》："张璪画古松，往往得神骨。"白居易《三谣・素屏谣》："当世岂无李阳冰之篆字，张旭之笔迹，边鸾之花鸟，张璪之松石？吾不令加一点一画于其上。"李群玉有《长沙元门寺张璪员外壁画》。徐光溥《题黄居宷秋山图》："张璪松石徒称奇，边鸾花鸟何足窥。"

【張環】 魏州（今河北大名东北）人。琚之兄，进士及第。开元间以监察御史监南选。孙逖有《送张环摄御史监南选》。

【張戴玄】 苏州（今属江苏）人。籍之从弟。张籍有《送从弟戴玄往苏州》。

【張藍田】 名未详。肃代间为京兆蓝田县令。钱起有《题张蓝田讼堂》，又有《晚过横灞寄张蓝田》。

【張韓】 张籍、韩愈之连称。贾岛《携新文诣张籍韩愈途中成》："袖有新成诗，欲见张韩老。"

【張霞】 池州九华山（今安徽青阳）人。乔之弟，曾赴举，不第。李洞有《下第送张霞归觐江南》，又有《怀张乔张霞》。

【張擢】 籍贯未详。宝应间曾为洪州兵曹参军。卢纶有《与张擢对酌》。

【張嬰】 籍贯未详。贞元初为滑州将，嗜酒，妻美，时有豪侠冯燕与奸通，后又杀之。妻党以为婴所杀。将弃市，燕呼曰："且无令不辜者死，吾窃其妻而又杀之，当系我。"德宗义之，皆免死。见沈亚之《冯燕传》。司空图《冯燕歌》："传道张婴偏嗜酒，从此香闺为我有。"

【張曙】 小字阿灰，排行第五十，邓州南阳（今属河南）人。事迹见《唐诗纪事》卷六六。《全唐诗》卷六九〇录其诗一首，又卷八九一录其词一首，而一作"吏部侍郎聚（当作褧）之子"，一作"侍郎祎子"误。

【張徽】 即张野狐。籍贯未详。开元、天宝间伶人，善弄参军戏。张祜《雨霖铃》："雨霖铃夜却归秦，犹见张徽一曲新。"

【張燦】 籍贯未详。贞元、元和间进士。见《唐诗纪事》卷四六。《全唐诗》卷四六六录其诗一首。

【張鴻】 连州桂阳（今广东连县）人。天祐二年（905）进士及第。时唐将亡，入乡隐居。《全唐诗》卷七七四录其诗一首。

【張濬】 （？—903）字禹川，河间县（今河北）人。徙居河南长水（今河南洛宁西南）。事迹见新旧《唐书》本传。《全唐诗补逸》卷十二录其诗一首。

【張濟】 籍贯未详。五代时以尚书员外郎为海州掌书记。李中有《赠海上书记张济员外》。

【張濯】 籍贯未详。上元二年（761）进士及第。见《唐诗纪事》卷二八，《全唐诗》卷二六二录其诗二首。

【張禮部】 指张谓。谓乾元元年（758）在礼部员外郎任。贾至有《巴陵寄李二户部张十四礼部》。

【張翼】 清河东武城（今河北清河东北）人。五代进士，入京。善为诗。见《宋史・马应传》。王溥有《谢进士张翼投诗两轴》。

【張蕴】 见“張氲”。

【張鵠】 吴县(今属苏州)人，有文而贫，时人嘲之。见阮阅《诗话总龟》前集卷三七引《古今诗话》。无名氏《嘲蒋蟠金丹》(卷八七二)：“张鹄只消千驮绢，蒋蟠惟用一丸丹。”

【張鎬】 (704—764)字从周，博州(今山东聊城东北)人。事迹见新旧《唐书》本传。李白有《赠张相镐二首》。

【張謹】 见“張公謹”。

【張彝】 即张仲彝。皎然有《送张彝归长沙》。诗下注：“一本有仲字。”按，有“仲”字是。

【張勸】 (？—785)袁州(今江西宜春)人。大历五年(770)，为郴州刺史崔伟从事。杜甫《入衡州》：“我师嵇叔夜，世贤张子房。”自注：“彼掾张劝。”按，“彼”指杜甫舅氏郴州刺史崔伟。李嘉祐有《送张观归袁州》。注：“一作劝”。戴叔伦有《江上别张欢》，注：“一作劝。”按，张欢为开元时人，二诗所注一作是。

【張藻】 张璪之讹。齐己《寄顾处士》：“项容藏古翠，张藻卷寒烟。”

【張顛】 即张旭。旭好酒，善草书，每醉后号呼颠狂，索笔挥洒，或以头濡墨而书，时人号为“张颠”。见《旧唐书・文苑传中》《新唐书・文艺传中》。李白《草书歌行》：“张颠老死不足数，我师此义不师古。”杜甫《李潮八分小篆歌》：“吴郡张颠夸草书，草书非古空雄壮。”吴融《赠䛒光上人草书歌》：“稽山贺老昔所传，又闻能者惟张颠。”贯休《观怀素草书歌》：“张颠颠后颠非颠，直至怀素之颠始是颠。”

【張麗華】 南朝陈后主张贵嫔。张祜《玉树后庭花》：“玉座谁为主，徒悲张丽华。”杜牧《台城曲二首》之一：“门外韩擒虎，楼头张丽华。”罗虬《比红儿诗》之四：“一曲都缘张丽华，六宫齐唱《后庭花》。”

【張嚴】 籍贯未详。大历中以监察御史为湖州从事。后入御史台。皎然有《奉陪颜使君真卿登岘山送张侍御严归台》。

【張羅】 ❶张设罗网。刘禹锡《连州腊日观莫徭猎西山》：“张罗依道口，嗾犬上山腰。”翁洮《渔者》：“只贪浊水张罗众，却笑清流把钓稀。”❷喻设置圈套，陷人于罪。李绅《趋翰苑遭诬构四十六韵》：“砺吻矜先搏，张罗骋疾驱。”❸作处境孤寂、门庭冷落的典故。见《史记・汲郑列传论》。刘禹锡《百舌吟》：“廷尉张罗自不关，潘郎挟弹无情损。”又《吴方之见示独酌小醉首篇乐天续有酬答皆含戏谑来章》：“闲门共寂任张罗，静室同虚养太和。”白居易《放言五首》之四：“昨日屋头堪炙手，今朝门外好张罗。”又《偶作》：“近来门更静，无雀可张罗。”

【張顗】 永州(今湖南零陵)人，昭宗时累迁左司郎中。天复二年(902)正月，在谏议大夫任。善作正书，字体谨严，仿柳公权而自成一家。事迹见《旧五代史・张文宝传》《宣和书谱》卷四。《全唐诗》卷七九五录其佚句一联。

【張辭】 籍贯未详。咸通初进士，不第。游淮海之间，有道术，常养气绝粒。见《太平广记》卷七五引《桂苑丛谈》。《全唐诗》卷八六一录其诗四首。

【張懷慶】 籍贯未详。高宗时为枣强县尉。好剽窃名人文章，李义府尝赋五言一绝，遂于句首加二字成七绝一首，时人讥之，有“活剥王昌龄，生吞郭正一”之语。见刘肃《大唐新语》卷十三。《全唐诗》卷八六九录其诗一首。

【張懷】 籍贯生平均未详。《全唐诗》卷七七五录其诗一首。

【張瀛】 籍贯未详。碧之子。官至尚书郎。阮阅《诗话总龟》前集卷十一引《雅言系述》谓“事广南刘氏”，是为南汉时人。《唐才子传》卷十、《十国春秋》卷六三承其说，均误。按，碧为贞元时人，见《新唐书・艺文志四》，则其子当为元和、长庆间人。《全唐诗》卷四六九录其诗一首。

【張獻心】 陕州河北(今河南三门峡西北)人。肃代间为河西节度副使、将军。岑参有《送张献心充副使归河西杂句》。

【張蠙】 字象文。清河东武城(今河北清河东北)人。徙居池州九华山(今安徽青阳)。事迹见《唐诗纪事》卷七〇、《唐才子传》卷十、《十国春秋》本传。《新唐书・艺文志四》著录其诗集二卷，《宋史・艺文志四》著录其诗集二卷，《宋史・艺文志七》著录为一卷。《全唐诗》卷七〇二录其诗一卷。

【張籍】 (766—830，一说767—829，一说772—830)字文昌。吴郡(今江苏苏州)人，徙和州历阳(今安徽和县)。事迹见新旧《唐书》本传。尤工古乐府，《新唐书・艺文志四》著录其诗集七卷。《全唐诗》卷三八二至卷三八六录其诗五卷。

【張騫】 (？—前114)汉汉中成固(今陕西城固)人，武帝建元中为郎，以郎应募使月支，经匈奴，被扣留十余载。匈奴予妻，有子，然持汉节不失。事迹见《汉书》本传，又略见《史记・卫将军骠骑列传》。上官昭容《游长宁公主流杯池二十五首》之二三：“倩语张骞莫辛苦，人今从此识天河。”武元衡《酬太常从兄留别》：“张骞随汉节，王濬守刀州。”韩偓《梦仙》：“每嗟阮肇归何速，深羡张骞去不疑。”参见“張騫乘槎”。

【張騫乘槎】 相传汉张骞曾自海渚乘槎至天河。见晋张华《博物志》卷十。杜甫《有感五首》之一：“乘槎断消息，无处觅张骞。”亦作“張騫漢槎”。廖融《梦仙谣》：“星稀犹倚虹桥立，拟就张骞搭汉槎。”

【張騫漢槎】　见“張騫乘槎”。

【張繼】　字懿孙，排行二十，南阳（今属河南）人，徙襄州（今湖北襄樊）。天宝十二载（753）进士及第。事迹见《唐才子传》卷三。《全唐诗》卷二四二录其诗一卷。

【張驃騎】　名未详。建中、贞元之间以骠骑将军为邠宁行营。欧阳詹有《送张骠骑邠宁行营》。

【張驂鸞】　籍贯未详。鄂州江夏女道士，为观主。孟浩然有《送元公之鄂渚寻观主张骖鸾》。

【張權】　籍贯未详。贞元、元和间在义武军节度使张茂昭幕。宝历元年（825）十一月，在谏官任。大和中，在宣州。张祜有《酬张权宣州新桥秋夜对月见寄》。

【張顥】　汉常山（今河北元氏西北）人。曾为梁相。灵帝时傍门卖官，入钱买官，为太常司空。光和元年（178）三月，拜太尉。九月罢。李瀚《蒙求》：“孔愉放龟，张颢堕鹊。”按，堕鹊事见晋干宝《搜神记》卷九。

【張儼】　籍贯未详。贞元八年（792）在夔州。《全唐诗》卷四七二录其诗三首。

【張鷟】　（658—730）字文成。为儿童时，梦紫色大鸟，五彩成文，降于家庭，其祖谓之曰：“五色赤文，凤也；紫文，鸑鷟也，为凤之佑。吾儿当以文章瑞于明廷。”因以为名、字，自号浮休子。深州陆泽（今河北深县北）人。孝之祖，上元二年（675）进士及第，授岐王府参军，仪凤二年（677）登下笔成章科。事迹见新旧《唐书·张荐传》，下笔神速，著述尤多，天下知名。有《朝野佥载》《游仙窟》《龙筋凤髓判》传世。《全唐诗》卷四五录其诗一首，《全唐诗补逸》卷四录其诗一卷。参见“張文成”。

【張巔】　张颠之误，即张旭。马云奇《怀素师草书歌》：“贺老遥闻怯后生，张巅不敢称先辈。”按，颠狂之颠不能写作巅。

【張觀】　❶见“張功”。❷籍贯未详。唐末五代人。楚王马殷时，处士廖融隐衡山，曾相过从。《全唐诗》卷七六二录其诗一首。

【張觀主】　（觀 guàn）名未详。女道士，长安辅兴坊玉真女冠观观主。白居易有《玉真张观主下小女冠阿容》。

【張觀察】　（觀 guān）指张镐。镐宝应元年（762）为洪州刺史、江南西道都团练观察使。刘长卿有《送宇文迁明府赴洪州张观察追摄丰城令》。

【張鷺】　籍贯未详。累迁司封、户部二郎中，开成二年（837）五月，在淮南节度副使任。大中元年（847）二月，在左谏议大夫任。同年，以检校吏部侍郎为桂管都防御观察使。《全唐诗》卷五四六录其诗一首。

弸　〔péng《广韵》薄萌切，平耕，並。又普耕切，平耕，滂。〕弓弦。元稹《纪怀赠李六户曹崔二十功曹五十韵》：“铩翮鸾栖棘，藏锋箭在弸。”

九　画

强[1]　〔qiáng《广韵》巨良切，平陽。羣。〕❶硬弓。杜甫《前出塞九首》之六：“挽弓当挽强，用箭当用长。”❷健壮。杜甫《乾元中寓居同谷县作歌七首》之三：“有弟有弟在远方，三人各瘦何人强。”于逖《野外行》：“小弟发亦白，两男俱不强。”贾岛《卧疾走笔酬韩愈书问》：“欲知强健否，病鹤未离群。”❸强大，强盛。李嘉祐《送韦侍御湖南幕府》：“地远从军乐，兵强分野闲。”白居易《和微之春日投简阳明洞天五十韵》：“越国强仍大，稽城高且孤。”叶季良《省试吴宫教美人战》：“强吴矜霸略，讲武在深宫。”李家明《题纸鸢止宋齐丘哭子》：“安排唐祚革强吴，尽是先生作计谟。”❹坚定有力，坚强。玄宗《平胡》：“将出凶门勇，兵因死地强。”陆龟蒙《奉酬袭美苦雨见寄》：“有头强方心强直，撑拄颓风不量力。”❺能干。杜甫《洗兵马》：“汝等岂知蒙帝力，时来不得夸身强。”又《遣兴五首》之一：“性命苟不存，英雄徒自强。”李从谦《观棋》：“恃强斯有失，守分固无侵。”❻坚固。见“强車”。❼特指四十岁。见《礼记·曲礼上》。王勃《倬彼我系》序：“不得如古之君子四十强而仕也。”岑参《秋夕读书幽兴献兵部李侍郎》：“年纪蹉跎四十强，自怜头白始为郎。”钱起《送裴頔侍御使蜀》：“柱史才年四十强，须髯玄发美清扬。”❽有余，略多。杜甫《春水生二绝》之二：“一夜水高二尺强，数日不可更禁当。”白居易《早春同刘郎中寄宣武令狐相公》：“梁园不到一年强，遥想清吟对绿觞。”杜牧《途中逢故人话西山读书早曾游览》：“西岩曾到读书堂，穿竹行莎十里强。”罗隐《送陆郎中赴阙》：“幕下留连两月强，炉边侍史旧焚香。”❾超过，胜过。李白《古风》之五九：“斗酒强然诺，寸心终自疑。”周昙《咏史诗·三代门·管蔡》：“不念祖宗危社稷，强于仁圣遣行诛。”❿过分。高适《宋中遇刘书记有别》：“末路终离别，不能强悲哀。”孙元晏《咏史诗·齐·郁林王》：“强哀强惨亦从伊，归到私庭喜可知。”⓫犹，尚。王绩《建德破后入长安咏秋蓬示辛学士》：“孤根何处断，轻叶强能飞。”王勃《采莲曲》：“叶翠本羞眉，花红强如颊。”白居易《绝句代书赠钱员外》：“可惜今朝山最好，强能骑马出来无。”⓬特意，故意。卢肇《戏题》：“知道相公怜玉腕，强将纤手整金钗。”赵嘏《访沈舍人不遇》：“溪翁强访紫微郎，晓鼓声中满鬓霜。”吕岩《七言》之二四：“强居此境绝知音，野景虽多不合吟。”南唐后主李煜《赐宫人庆奴》：“多谢长条似相识，强垂烟态拂人头。”⓭甚，很。王维《和陈监四郎秋雨中思从弟据》：“逸兴方三接，衰颜强七奔。”又《酬郭给事》：“强欲从君无那老，将因卧病解朝衣。”独孤及《得李滁州书以玉潭庄见托因书春思以诗代答》：“朱颜因酒强，白发对花惭。”

强2 〔qiǎng《集韵》巨兩切，上養。羣。〕❶劝勉，勉力。权德舆《古意》：“家人强进酒，酒后能忘情。”白居易《酬李少府曹长官舍见赠》：“往往簿书暇，相劝强为欢。”姚合《早春闲居》：“强饮樽中酒，嘲山世外诗。”薛能《送李殷游京西》：“埋没餐须强，炎蒸醉莫频。”❷勉强，强迫。李白《送梁四归东平》：“玉壶挈美酒，送别强为欢。”杜甫《百忧集行》：“强将笑语供主人，悲见生涯百忧集。”秦系《山中赠张正则评事》：“莫强教余起，微官不足论。”白居易《赠友五首》之三：“不求土所无，不强人所难。”

强3 〔jiàng《集韵》巨兩切，上養。羣。〕倔强，固执。杜甫《又观打鱼》：“大鱼伤损皆垂头，屈强泥沙有时立。”白居易《新乐府·蛮子朝》：“开元皇帝虽圣神，唯蛮倔强不来宾。”

【强大】 谓力量雄大。白居易《新乐府·蛮子朝》：“六诏星居初琐碎，合为一诏渐强大。”

【强弓】 强劲之弓，硬弓。欧阳询《嘲萧瑀射》：“急风吹缓箭，弱手驭强弓。”

【强中】 地名。即强口，在今浙江嵊州市境内。见《同治嵊县志》卷一。李白《送二季之江东》：“初发强中作，题诗与惠连。”

【强仕】 四十岁的代称。语本《礼记·曲礼上》。孟浩然《田家元日》：“我年已强仕，无禄尚忧农。”

【强半】 大半。王建《行见月》：“行行一年十二月，强半马上看盈缺。”白居易《埇桥旧业》：“田园何用问，强半属他人。”杜牧《题池州贵池亭》：“蜀江雪浪西江满，强半春寒去却来。”杜荀鹤《入关寄九华友人》：“无多志气禁离别，强半年光属苦辛。”

【强年】 指四十岁。白居易《因沐感发寄朗上人二首》之一：“强年过犹近，衰相来何速。”参见“强仕”。

【强$_2$行】 即强步。卢仝《示添丁》：“数日不食强强行，何忍索我抱看满树花。”

【强$_2$名】 ❶勉强称作。语出《老子》。白居易《南宾郡斋即事寄杨万州》：“中有穷独人，强名为刺史。”❷犹虚名。杜牧《湖南正初招李郢秀才》：“高人以饮为忙事，浮世除诗尽强名。”陆龟蒙《看压新醅寄怀袭美》：“尊中若使常能渌，两绶通侯总强名。”

【强如】 胜过。沈亚之《题海榴树呈八叔大人》：“应笑强如河畔柳，逢波逐浪送张骞。”

【强車】 坚固之车。李贺《北中寒》：“三尺木皮断文理，百石强车上河水。”

【强$_2$步】 勉力步行。见《战国策·赵策四》。李端《卧病寄阎案》：“病中贪好景，强步出幽居。”贾岛《玩月》：“强步望寝斋，步步情不堪。”

【强兵】 ❶强健勇武之兵。杜甫《奉寄章十侍御》：“指麾能事回天地，训练强兵动鬼神。”❷强大的军队。李商隐《行次西郊作一百韵》：“重赐竭中国，强兵临北边。”许棠《讲德陈情上淮南李仆射八首》之三：“未领春闱望早清，况联戎阃控强兵。”

【强弩】 ❶强劲的弓。孟迟《寄浙右旧幕僚》：“巨拳岂为鸡挥肋，强弩那因鼠发机。”❷指强弩手。能开强弩的勇武之士。杜牧《题池州弄水亭》：“乡校富华礼，征行产强弩。”又《润州二首》之二：“城高铁瓮横强弩，柳暗朱楼多梦云。”

【强$_2$起】 勉强起床。王维《酬慕容十一》：“老年如塞北，强起离墙东。”韩愈《寒食日出游》：“桐华最晚今已繁，君不强起时难更。”李群玉《北风》：“病发千垂枕，临风强起梳。”

【强$_2$笑】 ❶强颜欢笑。李白《金陵江上遇蓬池隐者》：“空言不成欢，强笑惜日晚。”陈羽《古意》：“妾貌渐衰郎渐薄，时时强笑意索寞。”项斯《落第后归觐喜逢僧再阳》：“相逢须强笑，人世别离频。”❷勉力开放。指将谢之时的花朵。刘禹锡《酬乐天感秋凉见寄》：“槿衰犹强笑，莲迥却多情。”李商隐《李花》：“自明无月夜，强笑欲风天。”

【强健】 强壮健康。朱仲晦《答王无功问故园》：“朋游总强健，童稚各长成。”元稹《西归绝句十二首》之十：“一夜思量十年事，几人强健几人无。”白居易《偶吟》：“老自退闲非世弃，贫蒙强健是天怜。”包颖《和徐鼎臣见寄》：“且喜新吟报强健，明年相望杏园春。”

【强弱】 强大与弱小。吕温《蕃中答退浑词二首》之一：“万群铁马从奴虏，强弱由人莫叹时。”白居易《丘中有一士二首》之二：“智愚与强弱，不忍相欺侵。”又《遇物感兴因示子弟》：“于何保终吉，强弱刚柔间。”

【强盛】 强大兴盛。白居易《赠友五首》之一：“又从斩晁错，诸侯益强盛。”司马扎《筑台》：“魏国昔强盛，宫中金玉多。”

【强國】 强大的国家。韩偓《吴郡怀古》：“主暗臣忠枉就刑，遂教强国醉中倾。”

【强猛】 强劲勇猛。罗隐《芳树》：“伊人强猛犹如此，顾我劳生何足恃。”

【强梁】 ❶强干果决，强悍。元稹《答子蒙》："强梁御史人觑步，安得夜开沽酒户。"杜牧《题商山四皓庙一绝》："吕氏强梁嗣子柔，我于天性岂恩仇。"❷强横凶暴。阎朝隐《鹦鹉猫儿篇》序："圣上方以礼乐文章为功业，朝野欢娱。强梁充斥之辈，愿为臣妾。"杜甫《又上后园山脚》："蓐收困用事，玄冥蔚强梁。"

【强項】 东汉光武帝时，董宣为洛阳令。时湖阳公主家奴白日杀人，匿于公主家，吏不能得。董宣格杀之。帝免其死罪令其叩头。董宣终不肯俯，因敕强项令出。事见《后汉书·董宣传》。后因用作称美县令刚直不屈的典故。张说《送王晙自羽林赴永昌令》："为负刚肠誉，还追强项名。"李乂《饯唐永昌》："愿以深心留善政，当令强项谢高名。"李白《赠宣城赵太守悦》："赤县扬雷声，强项闻至尊。"

【强$_2$飯】 谓努力加餐。语本《史记·外戚世家》。高适《自淇涉黄河途中作十三首》之一三："所思强饭食，永愿在乡里。"杜甫《回棹》："强饭莼添滑，端居茗续煎。"又《郑典设自施州归》："孟冬方首路，强饭取崖壁。"

【强$_2$魂】 倔强的魂魄。韩偓《故都》："天涯烈士空垂涕，地下强魂心噬脐。"

【强幹】 加强本干。喻加强中央统治力量。语本《史记·汉兴以来诸侯王年表序》。杜甫《有感五首》之四："由来强干地，未有不臣朝。"又《舟中苦热遣怀奉呈阳中丞通简台省诸公》："王室不肯微，凶徒略无惮。此流须卒斩，神器资强干。"

【强虜】 强暴敌寇。李端《送古之奇赴安西幕》："殷勤送书记，强虏几时平。"薛能《献仆射相公》："强虏外闻应丧胆，平人相见尽开颜。"

【强$_2$歌】 勉强唱歌。李白《携妓登梁王栖霞山孟氏桃园中》："白发对绿酒，强歌心已摧。"孟郊《赠别崔纯亮》："食荠肠亦苦，强歌声无欢。"罗隐《铜雀台》："强歌强舞竟难胜，花落花开泪满膺。"张蠙《边游别友人》："欲别不止泪，当杯难强歌。"

【强$_2$說】 强为解说，硬说。窦叔向《酬李袁州嘉祐》："强说前程聊自慰，未知携手定何时。"韩滉《判僧云晏五人聚赌喧诤语》："强说天堂难到，又言地狱长开。"

【强暴】 强横凶暴。韩偓《梅花》："风虽强暴翻添思，雪欲侵凌更助香。"程长文《狱中书情上使君》："强暴之男何所为，手持白刃向帘帏。"

【强敵】 强大的敌人。杜甫《雨二首》之二："群盗下辟山，总戎备强敌。"霍总《雉朝飞》："绿毛春斗尽，强敌愿君知。"

【强$_2$學】 勤勉学习。王维《赠从弟司库员外绿》："少年识事浅，强学干名利。"卢纶《送卫司法河中觐省》："出身因强学，不以外家荣。"杜荀鹤《喜从弟雪中远至有作》："昼短夜长须强学，学成贫亦胜他贫。"

【强$_2$諫】 极力诤谏。见《左传·僖公二年》。周昙《咏史诗·春秋战国门·鬻拳》："鬻拳强谏惧威刑，退省怀惭不顾生。"

【强親】 比较亲近的亲戚。鲍溶《春日言怀》："岁寒虚尽力，家外无强亲。"

【强顔】 厚颜。韩愈《示爽》："强颜班行内，何实非罪愆。"司空图《偶书五首》之五："掩谤知迎吠，欺心见强颜。"

【强韻】 险韵，生僻少用的韵。皮日休《寒夜文宴联句》："清言闻后醒，强韵压来艰。"

【强羸】 指身体的强健与瘦弱。白居易《桐花》："强羸寿夭间，安得依时节。"

【强懷】 犹壮怀。韩愈《秋怀诗十一首》之十："强怀张不满，弱念缺已盈。"

【强讜】 坚定正直。来鹄《圣政纪颂》序："闲殿旷达，无君臣咨谋洋溢之言，乏社稷安危强谠之说。"

十二画

彈[1] 〔dàn《广韵》徒案切，去翰，定。〕❶弹弓。刘长卿《小鸟篇上裴尹》："少年挟弹遥相猜，遂使惊飞往复回。"苏涣《变律》之二："长安大道边，挟弹谁家儿。"蒋冽《山行见鹊巢》："岂忧五陵子，挟弹来相逐。"李益《轻薄篇》："忽闻燕雁一声去，回鞍挟弹平陵园。"❷弹丸。顾况《送从兄使新罗》："临川思结网，见弹欲求鸮。"柳中庸《春思赠人》："落雁惊金弹，抛杯泻玉缸。"孟郊《黄雀吟》："主人忽不仁，买弹弹尔身。"李商隐《富平少侯》："不收金弹抛林外，却惜银床在井头。"❸小而圆形的果实。徐夤《荔枝二首》之一："朱弹星丸粲日光，绿琼枝散小香囊。"

彈[2] 〔tán《广韵》徒干切，平寒，定。〕❶用弹丸射击。袁朗《秋夜独坐》："危弦断客心，虚弹落惊禽。"耿沣《晚登虔州即事寄李侍御》："楚剑期终割，隋珠惜未弹。"李贺《出城》："雪下桂花稀，啼乌被弹归。"韩愈《南山有高树行赠李宗闵》："弹汝枝叶间，汝翅不觉摧。"❷弹琴。李白《古风》之五五："齐瑟弹东吟，秦弦弄西音。"韦应物《五弦行》："美人为我弹五弦，尘埃忽静心悄然。"刘禹锡《伤秦姝行》："长安二月花满城，插花女儿弹银筝。"刘沧《秋日山寺怀友人》："相思不见又经岁，坐向松窗弹玉琴。"❸叩，敲。卢照邻《早度分水岭》："徒费周王粟，空弹汉吏冠。"骆宾王《寒夜独坐游子多怀简知己》："富钩徒有想，贫铗为谁弹。"刘长川《宝剑篇》："自然神鬼伏，无事莫空弹。"刘禹锡《送韦秀才道冲赴制举》："因居暇时游，长铗不复弹。”❹拭，挥。钟辐《卜算子慢》词：“独倚危阑久，把玉笋偷弹，黛蛾轻斗。”欧阳炯《菩萨蛮》词之四：“特地气长吁，倚屏弹泪珠。”冯延巳《南乡子》词之二：“帘卷曲房谁共醉，憔悴。惆怅秦楼弹粉泪。”京兆女子《题兴元明珠亭》：“回首池塘更无语，手弹珠泪与春风。”❺摇，鼓动。见“彈₂舌”。❻弹劾，揭发过失或罪行。骆宾王《畴昔篇》：“适离京兆谤，还从御史弹。”丁仙芝《戏赠姚侍御》：“明光殿前见天子，今日应弹佞幸夫。”白居易《哭孔戡》：“或望居宪府，有邪戡必弹。”张道古《上蜀王》：“二乱岂由明主用，五危终被佞臣弹。”

【彈丸】　❶供弹弓发射用的泥丸、石丸及铁丸等。寒山《诗三百三首》之八五：“水浸泥弹丸，方知无意智。”❷比喻地方狭小。杜甫《荆南兵马使太常卿赵公大食刀歌》：“蜀江如线如针水，荆岑弹丸心未已。”寒山《诗三百三首》之一一九：“醉后支颐坐，须弥小弹丸。”

【彈弓】　发射弹丸的弓。王建《宫词一百首》之七八：“裹头宫监堂前立，手把牙鞘竹弹弓。”白居易《和答诗十首·和大觜乌》：“主人憎慈乌，命子削弹弓。”庄南杰《黄雀行》：“林间公子挟弹弓，一丸致毙花丛里。”

【彈子】　弹丸。王建《宫词一百首》之九二：“元是我王金弹子，海棠花下打流莺。”

【彈₂舌】　❶犹摇舌。形容语言爽利。白居易《听李士良琵琶》：“声似胡儿弹舌语，愁如塞月恨边云。”❷谓念白，唱诵。李洞《送三藏归西天国》：“十万里程多少碛，沙中弹舌授降龙。”自注：“奘公弹舌念梵语心经，以授流沙之龙。”

【彈₂劾】　检举揭发官吏的过失、罪状。韩愈《卢郎中云夫寄示送盘谷子诗两章歌以和之》：“行抽手版付丞相，不等弹劾还耕桑。”元稹《酬乐天闻李尚书拜相以诗见贺》：“初因弹劾死东川，又为亲情弄化权。”

【彈₂弦】　弹奏弦乐器。杜审言《守岁侍宴应制》：“弹弦奏节梅风入，对局探钩柏酒传。”李白《金陵凤凰台置酒》：“豪士无所用，弹弦醉金罍。”王建《斜路行》：“南楼弹弦北户舞，行人到此多回徨。”李绅《悲善才》：“南谯寂寞三春晚，有客弹弦独凄怨。”

【彈₂糾】　揭发过失。卢仝《寄男抱孙》：“他日吾归来，家人若弹纠。”

【彈₂指】　❶原为印度风俗。捻弹手指作声。用以表示感叹、赞许、欢喜、愤怒及警戒等义。寒山《诗三百三首》之三四：“弹指不可论，行恩却遭刺。”孟郊《借车》：“借车载家具，家具少于车。借者莫弹指，贫穷何足嗟。”刘禹锡《代靖安佳人怨二首》之二：“秉烛朝天遂不回，路人弹指望高台。”白居易《同微之赠别郭虚舟炼师五十韵》：“先生弹指起，姹女随烟飞。”贯休《观地狱图》：“尽日空弹指，茫茫尘世间。”❷一弹指的略语。极言时间之短暂。司空图《偶书五首》之四：“平生多少事，弹指一时休。”

【彈₂冠】　（—guān）❶比喻希望友善者援引而出仕。见《汉书·王吉传》。赵冬曦《酬燕公出湖见寄》：“永怀宛洛游，曾是弹冠望。”王维《酌酒与裴迪》：“白首相知犹按剑，朱门先达笑弹冠。”韦应物《路逢崔元二侍御避马见招以诗见赠》：“日日吟趋府，弹冠岂有因。”邢群《郡中有怀寄上睦州员外杜十三兄》：“如今岁晏从羁滞，心喜弹冠事不赊。”❷比喻出仕。骆宾王《秋日山行简梁大官》：“弹冠劳巧拙，结绶倦牵缠。”沈东美《奉和苑舍人宿直晓玩新池寄南省友》：“弹冠声实贵，覆被渥恩偏。”❸弹去冠上的灰尘，表示洁身自好。语本《楚辞·渔父》。李白《沐浴子》：“沐芳莫弹冠，浴兰莫振衣。”

【彈₂珠】　同“彈₂隨”。骆宾王《久戍边城有怀京邑》：“九微光贲玉，千仞忽弹珠。”元稹《酬东川李相公十六韵》：“弹珠古所讶，此用何太敦。”又《答姨兄胡灵之见寄五十韵》：“抵璧惭虚弃，弹珠觉用轻。”

【彈₂射】　犹弹劾。韩愈《岳阳楼别窦司直》：“奸猜畏弹射，斥逐恣欺诳。”

【彈射】　❶弹丸射击。杜甫《白水县崔少府十九翁高斋三十韵》：“鸟呼藏其身，有似惧弹射。”刘禹锡《有獭吟》：“长居青云路，弹射无由缘。”贾岛《黄鹄下太液池》：“太液无弹射，灵禽翅不垂。”陆龟蒙《奉和袭美太湖诗二十首·练渎》：“弹射尽高鸟，杯觥醉潜鱼。”❷指射箭等武艺。高适《酬秘书弟兼寄幕下诸公》：“孰云三军壮，惧我弹射雄。”

【彈₂淚】　挥泪，洒泪。冯延巳《忆江南》之二：“别离若向百花时，东风弹泪有谁知？”

【彈₂棋】　古代博戏之一。见《后汉书·梁冀传》。王维《故人张諲工诗善易卜兼能丹青草隶顷以诗见赠聊获酬之》：“不逐城东游侠儿，隐囊纱帽坐弹棋。”李颀《弹棋歌》：“崔侯善弹棋，巧妙尽于此。”岑参《冬宵家会饯李郎司兵赴同州》：“多暇或自公，读书复弹棋。”王涯《宫词三十首》之一九：“向晚移镫上银簟，丛丛绿鬓坐弹棋。”

【彈₂棋局】　以石制成的弹棋棋盘。白居易《和春深二十首》之一七：“弹棋局上事，最妙是长斜。”李商隐《无题》：“莫近弹棋局，中心最不平。”冯延巳《更漏子》之二：“红蜡烛，弹棋局，床上画屏山绿，褰绣幌。”

【彈₂絲】　弹奏弦乐器。李白《鸣皋歌送岑征君》：“交鼓吹兮弹丝，觞清泠之池阁。”元稹《春六十韵》：“启齿呈编贝，弹丝动削葱。”贾岛《送沈秀才下第东归》：“曲言恶者谁，悦耳如弹丝。”

【彈₂箏峽】 峡名，在今甘肃省平凉县西北。见《元和郡县图志》卷三。储光羲《使过弹筝峡作》："晨过弹筝峡，马足凌兢行。"张籍《将军行》："弹筝峡东有胡尘，天子择日拜将军。"

【彈₂隨】 以随侯之珠弹雀。谓得不偿失。语出《庄子·让王》。骆宾王《在江南赠宋五之问》："弹随空被笑，献楚自多伤。"

【彈₂鋏】 指自伤处境困窘与期望有人援引。见《战国策·齐策四》。骆宾王《咏怀古意上裴侍郎》："穷经不沾用，弹铗欲谁申。"朱湾《逼寒节寄崔七》："门前下客虽弹铗，溪畔穷鱼且曝腮。"于武陵《过侯王故第》："不知弹铗客，何处感新恩。"姚岩杰《报颜标》："田子莫嫌弹铗恨，宁生休唱饭牛歌。"

【彈₂劍】 同"彈₂鋏"。李白《行路难三首》之二："弹剑作歌奏苦声，曳裾王门不称情。"又《玉真公主别馆苦雨赠卫尉张卿二首》之一："弹剑谢公子，无鱼良可哀。"李商隐《咏怀寄秘阁旧僚二十六韵》："粝食空弹剑，亭衢讵置锥。"唐彦谦《叙别》："酒中弹剑发清歌，白发年来为愁变。"

十三画

彊[1] 同"强₁"。

彊[2] 〔jiāng《广韵》居良切，平陽，見。〕见"强₂"。

【彊彊】 相随貌。见《诗·鄘风·鹑之奔奔》。李白《雪谗诗赠友人》："彼妇人之猖狂，不如鹊之彊彊。"

十四画

彌[1] 〔mí《广韵》武移切，平支，明。〕❶遍，满。杜审言《和李大夫嗣真奉使存抚河东》："拜迎弥道路，舞咏溢郊鄽。"杜甫《除草》："其毒甚蜂虿，其多弥道周。"张祜《忧旱吟》："卓午火云炽，虐焰弥穹苍。"张绍《冲佑观》："跨谷弥冈，张霄架极。"❷极，终极。王勃《临高台》："东弥长乐观，西指未央宫。"张九龄《九月九日登龙山》："东弥夏首阔，西拒荆门壮。"高适《淇上酬薛三据兼寄郭少府微》："东驰眇贝丘，西顾弥虢略。"❸久，久远。高适《蓟门不遇王之焕郭密之因以留赠》："逢时事多谬，失路心弥折。"杜甫《客堂》："主忧岂济时，身远弥旷职。"梁锽《省试方士进恒春草》："北阙颜弥驻，南山寿更长。"❹弥补。见"彌縫"。❺愈，更加。杜审言《赠崔融二十韵》："雅节君弥固，衰颜余自伤。"王昌龄《代扶风主人答》："浮埃起四远，游子弥不欢。"袁高《茶山诗》："众工何枯栌，俯视弥伤神。"贾岛《谢令狐绹相公赐衣九事》："雪来松更绿，霜降月弥辉。"❻无。见"彌疆"。❼光泽。见"彌彌"。

彌[2] 〔mǐ《集韵》毋婢切，上紙，明。〕❶"弭"的古体字。❷止息，停止。见《周礼·春官·小祝》。柳宗元《贞符》序："于是大圣乃起，丕降霖雨，浚涤荡沃，蒸为清氛，疏为泠风，人皆漻然休然，相睎以生，相持以成，相弥以宁。"韦庄《齐安郡》："弥棹齐安郡，孤城百战残。"❸忘却。见"彌忘"。

【彌久】 长久，永久。陆肱《松》："郁郁心弥久，烟高万井生。"柴宿《瑜不掩瑕》："待价知弥久，称忠定不诬。"

【彌天】 ❶满天，言其大。广宣《早秋降诞日献寿二首应制》之二："磐地山河壮，弥天福寿长。"刘禹锡《望衡山》："还闻肤寸阴，能致弥天泽。"❷代称高僧。萧翼《答辨才探得招字》："弥天俄若旧，初地岂成遥。"孟浩然《与张折冲游耆阇寺》："释子弥天秀，将军武库才。"顾况《寻僧二首》之二："弥天释子本高情，往往山中独自行。"刘禹锡《海门潮别浩初师》："还知习居士，发论侍弥天。"❸代称释道安。刘禹锡《送僧仲剬东游兼寄呈灵澈上人》："荆州本自重弥天，南朝塔庙犹依然。"

【彌天對】 凿齿曰："四海习凿齿。"道安曰："弥天释道安。"时人以为佳对。见释慧皎《高僧传·晋释道安传》。又见《晋书·习凿齿传》。后以"彌天對"借指佛理。高适《同马太守听九思法师讲金刚经》："愿开初地因，永奉弥天对。"

【彌月】 整月。韦应物《答贡士黎逢》："弥月旷不接，公门但驱驰。"

【彌年】 终年，经年。岑参《安西馆中思长安》："弥年但走马，终日随飘蓬。"韦应物《七夕》："岂意灵仙偶，相望亦弥年。"刘禹锡《岁夜咏怀》："弥年不得意，新岁又如何。"吴融《败帘六韵》："有客编来久，弥年断不收。"

【彌旬】 满十天，经旬。杜甫《赠王二十四侍御契四十韵》："追随不觉晚，款曲动弥旬。"

【彌₂忘】 忘记，忘却。任华《怀素上人草书歌》："粉壁摇晴光，素屏凝晓霜，待君挥洒兮不可弥忘。"

【彌陀】 阿弥陀佛的省称。意译为无量寿佛。佛教净土宗的主要信仰对象，被称为"西方极乐世界"的教主，与释迦、药师并称三尊。吕岩《七言》之七三："半醉好吞龙凤髓，劝君休更认弥陀。"

【彌留】 久病不愈。韦庄《贼中与萧韦二秀才同卧重疾二君寻愈因有题》:"与君同卧疾,独我渐弥留。"

【彌勒】 佛名。梵语 Maitreya 音译,意译慈氏,字阿逸多。为著名未来佛。寒山《诗三百三首》之二七五:"南无佛陀耶,远远求弥勒。"僧凤《书遗文后》:"我奉能仁教,归依弥勒前。"顾况《归阳萧寺有丁行者能修无生忍担水施僧况归命稽首作诗》:"永愿遗世知,现身弥勒前。"修雅《闻诵〈法华经〉歌》:"四生六道一光中,狂夫犹自问弥勒。"

【彌勒下生】 指弥勒佛降世。《弥勒下生经》:"将来久远,弥勒出现,至真等正觉。"孟浩然《腊月八日于剡县石城寺礼拜》:"下生弥勒见,回向一心归。"

【彌望】 远望,充满视野。孟浩然《陪张丞相登嵩阳楼》:"林莽北弥望,沮漳东会流。"高适《苦雨寄房四昆季》:"弥望无端倪,北风击林箊。"刘长卿《对雨赠济阴马少府考城蒋少府兼献成武五兄南华二兄》:"繁云兼家思,弥望连济北。"

【彌綸】 ❶经纬,治理。亦指治国之才。白居易《赠友五首》之四:"谁能变此法,待君赞弥纶。"王维《故太子太师徐公挽歌四首》之一:"功德冠群英,弥纶有大名。"❷弥补缝合。杜甫《暮秋枉裴道州手札率尔遣兴寄近呈苏涣侍御》:"授钺筑坛闻意旨,颓纲漏网期弥纶。"

【彌衡】 祢衡之讹。张祜《投韩员外六韵》:"还闻孔融表,曾荐弥衡才。"

【彌縫】 弥补,补救。白居易《北窗三友》:"犹恐中有间,以酒弥缝之。"

【彌彌】 光泽貌。杨嗣复《赠毛仙翁》:"童姿玉貌谁方比,玄发绿髯光弥弥。"

【彌曠】 犹言久别。语本《文选·刘桢〈赠五官中郎将〉》。宋之问《入崖口五渡寄李适》:"弥旷十余载,今来宛仍前。"卢纶《新移北厅因贻同院诸公兼呈畅博士》:"弱质偃弥旷,清风来亦频。"

【彌疆】 无疆,无止境。吕岩《敲爻歌》:"坚志苦心三二载,百千万劫寿弥疆。"

彉 〔guō《广韵》古博切,入鐸,見,又虚廓切,入鐸,曉。〕张满弩弓。韩愈、李正封《晚秋郾城夜会联句》:"作乐鼓还槌,从禽弓始彉。"

十九画

彎 〔wān《广韵》烏關切,平删,影。〕❶拉弓。骆宾王《途中有怀》:"涸鳞惊照辙,坠羽怯虚弯。"李白《幽州胡马客歌》:"弯弓若转月,白雁落云端。"元稹《台中鞫狱忆开元观旧事呈损之兼赠周兄四十韵》:"穿杨二三子,弓矢次第弯。"❷弯曲。赵冬曦《滺湖作》:"三湖返入两山间,畜作滺湖弯复弯。"唐求《题友人寓居》:"缭绕城边山是蜀,弯环门外水名巴。"徐夤《新刺袜》:"素手春溪罢浣纱,巧裁明月半弯斜。"和凝《春光好》词:"窥宋深心无限事,小眉弯。"

【彎弓】 ❶挽弓,拉弓。李白《独漉篇》:"我欲弯弓向天射,惜其中道失归路。"窦巩《老将行》:"轻敌心空在,弯弓手不开。"韩愈《雉带箭》:"将军欲以巧伏人,盘马弯弓惜不发。"陆龟蒙《早秋吴体寄袭美》:"安得弯弓似明月,快箭拂下西飞鹏。"❷指射箭等武艺。岑参《行军诗二首》之二:"悔不学弯弓,向东射狂胡。"

【彎弧】 ❶拉弓。李白《经乱离后天恩流夜郎忆旧游书怀赠江夏韦太守良宰》:"弯弧惧天狼,挟矢不敢张。"韦应物《汉武帝杂歌三首》之三:"春秋方壮雄武才,弯弧叱浪连山开。"李端《度关山》:"拂剑金星出,弯弧玉羽鸣。"❷指拉弓射箭。刘禹锡《送裴处士应制举诗》:"古称射策如弯弧,一发偶中何时无。"杜牧《史将军二首》之二:"弯弧五百步,长戟八十斤。"

【彎蛾】 指女子弯曲的眉毛。温庭筠《江南曲》:"横波巧能笑,弯蛾不识愁。"

【彎環】 ❶指弯曲如环。李益《过马嵬二首》之二:"唯留坡畔弯环月,时送残辉入夜台。"韩愈《南山诗》:"争衔弯环飞,投弃急哺鷇。"方世举注:"弯环,盖状鸟之回翔。"李贺《河南府试十二月乐词·十月》:"金凤刺衣着体寒,长眉对月斗弯环。"欧阳炯《题景焕画应天寺壁天王歌》:"马头壮健多筋节,乌觜弯环如屈铁。"❷指弯曲如环的月牙儿。陈陶《海昌望月》:"始见弯环春,又逢团圆秋。"

【彎彎】 弯曲貌。岑参《凉州馆中与诸判官夜集》:"弯弯月出挂城头,城头月出照梁州。"刘威《塞上作》:"数夜城头月,弯弯如引弓。"皮日休《奉和鲁望樵人十咏·樵担》:"轧轧下山时,弯弯向身曲。"王周《西山晚景》:"半引弯弯月,微生飕飕风。"

彐 部

六 画

彖 〔tuàn《广韵》通贯切,去换,透。〕《周易》中断卦之辞。义为断。见"彖繫"。

【彖繫】《周易》中《彖传》与《系辞》之合称。杜甫《宿凿石浦》:"斯文忧患余,圣哲垂彖系。"韩愈《送灵师》:"古气参彖系,高标摧太玄。"

八 画

彗 〔huì《广韵》徐醉切,去至,邪。又于歲切,去祭,云。又祥歲切,去祭,邪。〕❶本指扫帚。亦指以帚扫、拂。杜甫《题衡山县文宣王庙新学堂呈陆宰》:"旄头彗紫微,无复俎豆事。"❷星名,指扫帚星,即彗星。见"彗星""彗孛"。

【彗孛】彗星与孛星。孛,彗星之一种。旧以彗孛出现为灾难将至之征兆。杜甫《秋日夔府咏怀奉寄郑监李宾客一百韵》:"胡星一彗孛,黔首遂拘挛。"白居易《寄献北都留守裴令公》:"德星销彗孛,霖雨灭腥臊。"皮日休《奉和鲁望樵人十咏・樵火》:"响误击刺闹,焰疑彗孛飞。"刘景复《梦为吴泰伯作胜儿歌》:"时看汉月望汉天,怨气冲星成彗孛。"

【彗星】天体之一种。俗称扫帚星。绕太阳运行。后曳长尾若帚。旧以为其出现为灾难之预兆。李白《拟古十二首》之六:"太白出东方,彗星扬精光。"亦喻指灾难。温庭筠《鸡鸣埭曲》:"彗星拂地浪连海,战鼓渡江尘涨天。"吴融《经苻坚墓》:"八公山石君知否,休更中原作彗星。"

【彗掃】谓如彗星之帚尾扫过。喻来势迅猛。吕温《道州观野火》:"过处若彗扫,来时如电激。"

【彗雲】犹言接天,摩天。权德舆《书绅诗》:"千里起步武,彗云自纤茎。"

九 画

彘 〔zhì《广韵》直例切,去祭,澄。〕猪。张说《端午三殿侍宴应制探得鱼字》:"助阳尝麦彘,顺节进龟鱼。"白居易《叹鲁二首》之一:"彘肥因粪壤,鼠稳依社坛。"

十 画

彙 〔huì《广韵》于貴切,去未,云。〕类,种类。张碧《游春引三首》之三:"万汇俱含造化恩,见我春工无私理。"李商隐《送从翁东川弘农尚书幕》:"三灵迷赤气,万汇叫苍旻。"

十五画

彝 〔yí《广韵》以脂切,平脂,以。〕❶古代宗庙祭器之统名。《郊庙歌辞・五郊乐章・黑郊迎神》:"掌礼陈彝,司筵执豆。"亦为盛酒樽之总名。崔邠《享文恭太子庙乐章》:"醴齐泛樽彝,轩县动干戚。"❷典常,常规。见"彝倫""彝訓"。❸我国少数民族名,分布于西南一带。杜甫《西山三首》之一:"彝界荒山顶,蕃州积雪边。"❹"夷"之避讳字。见"彝陵"。

【彝倫】常理,常道。任希古《和左仆射燕公春日端居述怀》:"调风振薄俗,清教叙彝伦。"李白《陈情赠友人》:"舒文振颓波,秉德冠彝伦。"权德舆《伏蒙十六叔寄示喜庆感怀三十韵因献之》:"岂足议大政,所忧玷彝伦。"李中《献乔侍郎》:"惟期康庶事,永要叙彝伦。"

【彝訓】常训。长辈对子弟之训诲。韩愈《送区弘南归》:"爰有区子荧荧晖,观以彝训或从违。"

【彝陵】地名。即夷陵。隋郡名。唐改为硖州,属山南东道。州治设夷陵县,即今湖北宜昌。杜甫《白帝城楼》:"彝陵春色起,渐拟放扁舟。"又《寄刘峡州伯华使君四十韵》:"远山朝白帝,深水谒彝陵。"

【彝鼎】古代祭祀用鼎、尊等礼器之合称。徐铉《文献太子挽歌词五首》之四:"盛烈传彝鼎,遗文被乐章。"

【彝尊】　古代祭宗庙之酒器。盛酒者为尊，盛鬯者为彝。王维《送秘书晁监还日本国》序："金简玉字，传道经于绝域之人，方鼎彝尊，致分器于异姓之国。"

【彝器】　古代宗庙祭器钟、鼎、尊、俎等统称。张衮《梁郊祀乐章·庆肃》："懿兹彝器，厥德惟明。"

彡　部

四　画

形〔xíng《广韵》户經切，平青，匣。〕❶形象，面貌。王季友《别李季友》："昔时霜台镜，丑妇羞尔形。"白居易《和答诗十首·答桐花》："截为天子琴，刻作古人形。"吕岩《绝句》之二三："养得儿形似我形，我身枯悴子光精。"赵铎《玄元皇帝应见贺圣祚无疆》："觞从百寮献，形为万方传。"❷形体，身体。张潮《襄阳行》："尚如匣中剑，分形会同处。"杜甫《寄司马山人十二韵》："丧乱形仍役，凄凉信不通。"元稹《遣病》："况我早师佛，屋宅此身形。"杜荀鹤《闲居即事》："形觉清羸道觉肥，竹门前径静相宜。"❸形状。王维《春日上方即事》："鸠形将刻仗，龟壳用支床。"刘禹锡《同乐天和微之深春二十首》之一："池色连天汉，城形象帝车。"赵鸿《泥功山》："立石泥功状，天然诡怪形。"❹体势。太宗《帝京篇十首》之五："桥形通汉上，峰势接云危。"耿湋《春日即事》："接果移天性，疏泉逐地形。"刘禹锡《题招隐寺》："地形临渚断，江势触山回。"韦庄《鸡公帻》："石状虽如帻，山形可类鸡。"❺形成。张绍《冲佑观》："大始未形，混沌无际。"❻形容，描述。顾况《拟古三首》之三："空负漉酒巾，乞食形诸诗。"韩愈《赠刘师服》："虞翻十三比岂少，遂自惋恨形于书。"刘禹锡《赠别君素上人诗》引："犹嗜人之享太牢，信知其味，而不能形于言以闻于耳也。"马异《答卢仝结交诗》："因君今日形章句，羡猕猴兮着衣裳，悲蚯蚓兮安翅羽。"❼显示，流露。张说《奉和圣制暇日与兄弟同游兴庆宫作应制》："永言形友爱，万国共周旋。"令狐楚《南宫夜直宿见李给事因以诗寄》："定应形梦寐，暂似接音容。"

【形化】　道家谓人死。虎丘石壁鬼《诗二首》之二（卷八六五）："神仙不可学，形化空游魂。"

【形似】　表象相似。司空图《诗品二十四则·冲淡》："脱有形似，握手已违。"

【形役】　为形骸所役使，犹谓为功名利禄而奔忙。储光羲《渔父词》："非为徇形役，所乐在行休。"杜甫《立秋后题》："罢官亦由人，何事拘形役。"白居易《想东游五十韵》："物表疏形役，人寰足悔尤。"司马扎《晓过伊水寄龙门僧》："山下禅庵老师在，愿将形役问空王。"

【形言】　形于言。表现在言辞上。许敬宗《奉和圣制登三台言志应制》："形言防处逸，粹藻发嘉猷。"李峤《晚秋喜雨》序："年和俗阜，于焉可致。抚事形言，孰云能已。"

【形状】　❶外貌。李白《鞠歌行》："君不见蔡泽嵌枯诡怪之形状，大言直取秦丞相。"刘禹锡《怀妓》之二："从此山头似人石，丈夫形状泪痕深。"孙元晏《咏史诗·陈·望仙阁》："不知孔氏何形状，醉得君王不解醒。"❷形态状貌。章孝标《咏弓》："得病自从杯里后，至今形状怕相逢。"陆龟蒙《奉和袭美茶具十咏·茶鼎》："新泉气味良，古铁形状丑。"皮日休《五贶诗·乌龙养和》："寿木拳数尺，天生形状幽。"李山甫《风》："喜怒寒暄直不匀，终无形状始无因。"

【形制】　据地势而构筑。李邕《登历下古城员外孙新亭》："形制开古迹，曾冰延乐方。"

【形性】　指物体性情。王昌龄《缑氏尉沈兴宗置酒南溪留赠》："卷舒形性表，脱略贤哲议。"

【形相】　（—xiàng）❶形状。顾况《露青竹杖歌》："亭亭笔直无皴节，磨捋形相一条铁。"❷端详，细看。寒山《诗三百三首》之二二二："昨日到城下，却被狗形相。"温庭筠《南歌子》词之一："偷眼暗形相，不如从嫁与，作鸳鸯。"曹唐《小游仙诗九十八首》之二："万树琪花千圃药，心知不敢辄形相。"罗隐《堠子》："君知不识字，第一莫形相。"

【形迹】　亦作"形跡"。❶踪迹。韦应物《秋郊作》："一望秋山净，萧条形迹疏。"李幼卿《游烂柯山四首》之四："作礼未及终，忘循旧形迹。"❷礼法，规矩。韦应物《晦日处士叔园林燕集》："樽酒遗形迹，道言屡开奖。"又《南园陪王卿游瞩》："形迹虽拘检，世事澹无心。"又《七夕》："人世拘形迹，别去间山川。"周昙《咏史诗·春秋战国门·颜回》："宣尼行教何形迹，不肯分甘救子渊。"❸客套。王建《荆南赠别李肇著作转韵诗》："主人开宴席，礼数无形迹。"白居易《寄杨六》："亦有新往还，相见多形迹。"

【形音】　指身影和声音。储光羲《贻余处士》："莫言异舒卷，形音在心耳。"

【形神】　形骸与精神。高适《同群公秋登琴台》："德与形神高，孰知天地遥。"鲍溶《庐山石镜》："形神乍相逢，竟夕难取别。”段成式《送僧二首》之一：“形神不灭论初成，爱马乘闲入帝京。”

【形氣】 犹形神。张说《河上公》：“形气不复生，弟子空伤情。”

【形候】 情形，情况。韩偓《又一绝请为申达京洛亲交知余病废》：“交亲若要知形候，岚嶂烟中折臂翁。”

【形容】 ❶外貌，容貌。拾得《诗》之三：“名利得到身，形容已憔悴。”元季川《古远行》：“何况异形容，安须与尔悲。”元稹《和乐天寻郭道士不遇》：“欲请僧繇远相画，苦愁频变本形容。”李洞《上灵州令狐相公》：“笑倚凌烟金柱看，形容憔悴老于真。”❷体现。白居易《寄献北都留守裴令公》序：“一心勤王，三月成政，形容盛德，实在歌诗。”❸描写。白居易《长恨歌》附陈鸿《长恨歌传》：“盖才智明慧，善巧便佞，先意希旨，有不可形容者。”司空图有《诗品二十四则·形容》。

【形勝】 ❶指地势险要。孙逖《和左司张员外赠韦侍御等诸公》：“二陕听风谣，三秦望形胜。”杜甫《上白帝城二首》之一：“不是烦形胜，深惭畏损神。”司空图《秦关》：“形胜今虽在，荒凉恨不穷。”唐尧臣《金陵怀古》：“金陵实形胜，关山固重复。”❷谓山川壮丽。杜审言《和韦承庆过义阳公主山池五首》之三：“宴游成野客，形胜得仙家。”孟浩然《登望楚山最高顶》：“山水观形胜，襄阳美会稽。”薛据《题鹤林寺》：“道门隐形胜，向背临法桥。”孔德绍《登白马山护明寺》：“名岳标形胜，危峰远郁纡。”

【形勢】 ❶形态，形体。贾骕《赋虞书歌》：“形势素，筋骨老，父子君臣相揖抱。”❷情势。杜甫《新婚别》：“誓欲随君去，形势反苍黄。”❸势力，力量。张鷟《咏破铜熨斗》：“即今形势冷，谁肯重相磨？”❹声势，气势。元稹《泛江玩月十二韵》：“楚塞分形势，羊公压大邦。”杜牧《题池州弄水亭》：“螭蟠得形势，翚飞如轩户。”❺地势。周昙《咏史诗·春秋战国门·再吟》：“能知窟穴依形势，不听谗邪是圣君。”

【形跡】 见“形迹”。

【形像】 容貌。杜甫《赠虞十五司马》：“形像丹青逼，家声器宇存。”

【形解】 犹形化。李德裕《房公旧竹亭闻琴缅慕风流神期如在因重题此作》：“独悲形解后，谁听广陵弦。”

【形模】 (—mú)模样。韩愈、轩辕弥明《石鼎联句》：“形模妇女笑，度量儿童轻。”

【形魄】 形体精神。李商隐《李肱所遗画松诗书两纸得四十韵》：“形魄天坛上，海日高曈曈。”

【形貌】 外形，容貌。寒山《诗三百三首》之一八三：“精神殊爽爽，形貌极堂堂。”张说《时乐鸟篇》：“形貌乍同鹦鹉类，精神别禀凤凰心。”白居易《白发》：“况我今四十，本来形貌羸。”皮日休《太湖诗·晓次神景宫》：“伊余乏此相，天与形貌恶。”

【形影】 ❶人的身体和影子。卢纶《春日卧病示赵季黄》：“今日支离顾形影，向君凡在几重恩。”孟郊《赠李观》：“谁言形影亲，灯灭影去身。”元稹《和乐天别弟后月夜作》：“况我兄弟远，一身形影单。”童翰卿《昆明池织女石》：“还如朝镜里，形影两分明。”❷形体，形象。杜甫《枯棕》：“念尔形影干，摧残没藜莠。”李涉《寄荆娘写真》：“开箧取画图，寄我形影与客将。”朱庆余《题开元寺》：“长廊画剥僧形影，石壁尘昏客姓名。”郎大家宋氏《长相思》：“不见君形影，何曾有欢悦？”❸踪影，痕迹。皎然《南湖春泛有客自北至说友人岑元叙相思之志以寄焉》：“心期无形影，迹旷成阻修。”李贺《艾如张》：“网丝漠漠无形影，误尔触之伤首红。”许浑《送处士武君归章洪山居》：“形影无群消息沉，登闻三击血沾襟。”

【形骸】 躯体，躯壳。杜甫《长吟》：“已拨形骸累，真为烂漫深。”白居易《对镜吟》：“谁论情性乖时事，自想形骸非贵人。”李群玉《始忝四座奏状闻荐蒙恩授官二十四韵》：“形骸日土木，志气随云风。”张直《宿顾城二首》之二：“形骸仅盈寸，咿喔若啁蚖。”

【形儀】 仪容，相貌。白居易《奉和汴州令狐令公二十二韵》：“福履千夫祝，形仪四座瞻。”张蠙《投翰林萧侍郎》：“纤草不销春气力，微尘还助岳形仪。”

【形質】 ❶外表、外形。拾得《诗》之五：“得此分段身，可笑好形质。”白居易《太湖石》：“形质冠今古，气色通晴阴。”❷躯壳，身体。白居易《寓意诗五首》之五：“蠢尔树间虫，形质一何微。”又《效陶潜体诗十六首》之一：“形质及寿命，危脆若浮烟。”又《渐老》：“形质属天地，推迁从不住。”❸才具。陆龟蒙《杂讽九首》之七：“魁其垆冶姿，形质惟所召。”❹形式。白居易《霓裳羽衣歌》：“眼前仿佛睹形质，昔日今朝想如一。”

【形穢】 外表丑陋。白居易《虾蟆》：“形秽肌肉腥，出没于泥沙。”

【形軀】 躯体，躯壳。王梵志《五言》之一：“元同一性命，只是别形躯。”

【形體】 ❶身体。张籍《三原李氏园宴集》：“疏拙不偶俗，常喜形体闲。”白居易《寄皇甫宾客》：“名利既两忘，形体方自遂。”❷形状，字形。詹敦仁《夏留侯从效问南汉刘岩改名龑字音义》：“龑岩虽同音，形体殊乖致。”

彤 〔tóng《广韵》徒冬切，平冬，定。〕赤色。曹唐《小游仙诗九十八首》之五一：“碧瓦彤轩月殿开，九天花落瑞风来。”又之七六：“彤阁钟鸣碧鹭飞，皇君催熨紫霞衣。”

【彤弓】　朱漆弓。皇帝用以赐大臣使专征伐。贾至《燕歌行》：“彤弓黄钺授元帅，垦耕大漠为内地。”李德裕《述梦诗四十韵》：“赤豹欣来献，彤弓喜暂櫜。”杜牧《奉和门下相公送西川相公十八韵》：“彤弓随武库，金印逐文房。”贯休《上孙使君》：“亲手赐彤弓，苍生是繄赖。”

【彤史】　宫中女官名。专司记录宫阙起居之事。沈佺期《章怀太子靖妃挽词》：“彤史佳声载，青宫懿范留。”徐铉《光穆皇后挽歌三首》之一：“唯应彤史在，不与露花晞。”

【彤矢】　朱漆箭。皇帝用以赐大臣使专征伐。张祜《投魏博李相国三十二韵》：“紫微才近侍，彤矢又专征。”

【彤彤】　通红貌。戎昱《下第留辞顾侍郎》：“绮陌彤彤花照尘，王门侯邸尽朱轮。”无名氏《夏》(卷七八五)：“彤彤日脚烧冰井，古陌尘飞野烟静。”

【彤庭】　泛指朝廷。汉代宫殿漆红色，故名。太宗《元日》：“彤庭飞彩斾，翠幌曜明珰。”李白《赠从弟南平太守之遥二首》之一：“彤庭左右呼万岁，拜贺明主收沉沦。”杨巨源《春日奉献圣寿无疆词十首》之二：“鸳鹭彤庭际，轩车绮陌前。”罗隐《送支使萧中丞赴阙》：“彤庭彩凤虽添瑞，望府红莲已减花。”

【彤階】　犹彤墀。泛指皇宫。徐彦伯《游禁苑幸临渭亭遇雪应制》：“玉律藏冰候，彤阶飞雪时。”

【彤雲】　❶红霞。李益《登天坛夜见海》：“霞梯赤城遥可分，霓旌绛节倚彤云。”元稹《红芍药》：“翦刻彤云片，开张赤霞裹。”卢肇《戏题》：“神女初离碧玉阶，彤云犹拥牡丹鞋。”《郊庙歌辞·汉宗庙乐舞辞·武德舞》：“神母夜哭，彤云昼兴。”❷火云，指盛夏的云。白居易《旱热二首》之一：“彤云散不雨，赫日吁可畏。”僧鸾《苦热行》：“彤云叠叠耸奇峰，焰焰流光热凝翠。”唐求《酬友生早秋》：“彤云将欲罢，蝉柳响如秋。”❸乌云。宋之问《奉和春日玩雪应制》：“北阙彤云掩曙霞，东风吹雪舞山家。”

【彤管】　❶杆身漆朱的笔。宫闱女史记事所用。王维《达奚侍郎夫人寇氏挽词二首》之二：“女史悲彤管，夫人罢锦轩。”赵良器《郑国夫人挽歌词》：“万年今已矣，彤管列何人。”元稹《内状诗寄杨白二员外》：“彤管内人书细腻，金奁御印篆分明。”薛能《恭禧皇太后挽歌词三首》之三：“道著标彤管，宫闲闭绿苔。”亦指女子文墨之事。苏颋《故高安大长公主挽词》：“彤管承师训，青圭备礼容。”❷汉代尚书丞，尚书郎每月给赤管大笔一双。后作为内廷掌文字官的典故。杜甫《奉送王信州崟北归》：“尘生彤管笔，寒腻黑貂裘。”❸朱漆竹筒。韩翃《赠别华阴道士》：“紫府先生旧同学，腰垂彤管贮灵药。”

【彤墀】　皇宫中漆朱的台阶。亦借指朝廷。韩愈《归彭城》：“我欲进短策，无由至彤墀。”皮日休《送羊振文先辈往桂阳归觐》：“桂阳新命下彤墀，彩服行当欲雪时。”和凝《宫词百首》之六一：“晓日曈昽瞻玉案，丁冬环珮满彤墀。”

【彤幢】　用于仪仗的朱色筒状旗帜。韩愈《陆浑山火和皇甫湜用其韵》：“彤幢绛旃紫纛幡，炎官热属朱冠裈。”

【彤幨】　亦作“彤襜”。赤色车帷。太守车乘所用。李颀《送东阳王太守》：“彤襜问风俗，明主寄惸嫠。”钱起《送张员外出牧岳州》：“自怜黄阁知音在，不厌彤幨出守频。”白居易《和杨六尚书喜两弟汉公转吴兴鲁士赐章服长句见示》：“朱绂宠光新照地，彤襜喜气远凌云。”李商隐《异俗二首》之一：“鸟言成谍诉，多是恨彤幨。”

【彤霞】　红霞。张碧《惜花三首》之一：“千枝万枝占春开，彤霞著地红成堆。”李九龄《上清辞五首》之二：“楼锁彤霞地绝尘，碧桃花发九天春。”

【彤闈】　朱漆宫门。亦指朝廷。李峤《门》：“奕奕彤闱下，煌煌紫禁隈。”李嘉祐《和张舍人中书宿直》：“玉堂宜岁久，且莫厌彤闱。”窦巩《江陵遇元九李六二侍御纪事书情呈十二韵》：“伫看霄汉上，连步侍彤闱。”姚合《寄鄠县尉李廓少府》：“此君才不及，谬得侍彤闱。”

【彤襜】　见“彤幨”。

【彤騶】　开道引路的骑士。红衣红帽，故称。褚亮《和御史韦大夫喜霁之作》：“白简光朝幰，彤驺出禁中。”

彣　〔wén《广韵》无分切，平文，微。〕文彩。寒山《诗三百三首》之二六：“有鸟五色彣，栖桐食竹实。”

六　画

彦　〔yàn《广韵》魚變切，去線，疑。〕贤士；俊才。高适《酬岑二十主簿秋夜见赠之作》：“如何异乡县，复得交才彦。”杨巨源《奉酬窦郎中早入省苦寒见寄》：“题诗金华彦，接武丹霄烈。”李贺《送秦光禄北征》：“将军驰白马，豪彦骋雄材。”许棠《陈情献江西李常侍五首》之一：“徒陪群彦后，自苦此生前。”

【彦回】　南朝齐褚渊之字。李德裕《追和太师颜公同清远道士游虎丘寺》：“难追彦回赏，徒起兴公叹。”孙元晏《咏史诗·宋·黄罗襦》：“到头委付何曾是，虚把罗襦与彦回。”

【彦伯】 袁宏之字。李白《答杜秀才五松见赠》:“吾非谢尚邀彦伯,异代风流各一时。”参见“彦伯船”。

【彦伯舟】 见“彦伯船”。

【彦伯船】 指晋袁宏在运租船中诵己《咏史诗》之事。宏字彦伯。见南朝宋刘义庆《世说新语·文学》。元稹《酬乐天江楼夜吟稹诗因成三十韵》:“休文徒倚槛,彦伯浪回船。”亦作“彦伯舟”。岑参《送襄州任别驾》:“莫羡黄公盖,须乘彦伯舟。”

【彦和】 南朝梁朱异之字。参见“彦和不廉”。

【彦和不廉】 谓南朝梁朱异明经史,兼通杂艺、博弈、书算。一人占多能,故戏称其“不廉”。见《梁书·朱异传》。周昙《咏史诗·六朝门·朱异》:“徒览儒书不学兵,彦和虚得不廉名。”

【彦昭】 即赵彦昭。杜甫《陈拾遗故宅》:“彦昭超玉价,郭振起通泉。”

【彦倫】 南朝齐周颙之字。参见“彦倫鶴怨”。

【彦倫鶴怨】 指南朝齐钟山隐士周颙应诏为县令,孔稚珪作《北山移文》以诮之事,颙之彦伦。李瀚《蒙求》:“稚珪蛙鸣,彦伦鹤怨。”

【彦國】 晋胡毋辅之之字。参见“彦國吐屑”。

【彦國吐屑】 晋王澄谓胡毋辅之吐佳言如木屑,辅之字彦国。见南朝宋刘义庆《世说新语·赏誉》。李瀚《蒙求》:“淳于炙輠,彦国吐屑。”

【彦輔】 晋乐广之字。苏味道《咏雾》:“方谢公超步,终从彦辅游。”白居易《和梦游春诗一百韵》:“秦家重萧史,彦辅怜卫叔。”

【彦輔冰清】 谓晋乐广德行高洁。见南朝宋刘义庆《世说新语·言语》刘峻注引《卫瓘别传》。又见《晋书·卫瓘传》。李瀚《蒙求》:“叔宝玉润,彦辅冰清。”

八 画

彬1 〔bīn《广韵》卜巾切,平真,幫。〕见“彬彬”。

彬2 〔bān《集韵》逋远切,平删,幫。〕文彩鲜明。见“彬₂斑”。

【彬彬】 文质兼备貌。李峤《史》:“善谈方亹亹,青简见彬彬。”

【彬₂斑】 交相辉映貌。刘禹锡《国学新修五经壁》记:“白黑彬斑,了然飞动。”

彩 〔cǎi《广韵》倉宰切,上海,清。〕❶光彩。骆宾王《寓居洛滨对雪忆谢二》:“积彩明书幌,流韵绕琴台。”徐敞《圆灵水镜》:“浮光上东洛,扬彩满圆灵。”李德裕《惠泉》:“明玑难秘彩,美玉讵潜珍。”齐己《荆门病中寄怀贯微上人》:“梅寒争雪彩,日冷让冰痕。”❷色彩。太宗《咏风》:“拂林花乱彩,响谷鸟分声。”卢纶《奉陪侍中游石笋溪十二韵》:“彩蛤攒锦囊,芳萝袅花索。”张籍《送郑秀才归宁》:“桂楫彩为衣,行当令节归。”白居易《新乐府·牡丹芳》:“秾姿贵彩信奇绝,杂卉乱花无比方。”❸文采。孟郊《同昼上人送郭秀才江南寻兄弟》:“地上春色生,眼前诗彩明。”❹古时骰子无点有色,红色为上。故胜色称彩。李白《送外甥郑灌从军三首》之一:“六博争雄好彩来,金盘一掷万人开。”❺奖品。元稹《春六十韵》:“偏沾打球彩,频得铸钱铜。”

【彩仗】 指皇帝的仪仗。刘禹锡《赴连山途次德宗山陵寄张员外》:“常时并冕奉天颜,委佩低簪彩仗间。”沈亚之《劝政楼下观百官献寿》:“早阳生彩仗,霁色入仙楼。”温庭筠《雉场歌》:“彩仗锵锵已合围,绣翎白颈遥相妒。”司马扎《观郊礼》:“泰坛烟尽星河晓,万国心随彩仗归。”

【彩色】 ❶五彩之色。陈子昂《咏主人壁上画鹤寄乔主簿崔著作》:“自矜彩色重,宁忆故池群。”孟郊《济源春》:“新画彩色湿,上界光影来。”王建《上崔相公》:“施行圣泽山川润,图画天文彩色新。”❷指丰采。李白《感兴六首》之五:“常恐彩色晚,不为人所观。”元稹《望云骓马歌》:“圉人初进望云骓,彩色憔悴众马欺。”

【彩衣】 五彩的衣服。刘禹锡《元日感怀》:“燎火委虚烬,儿童衒彩衣。”

【彩服】 出《艺文类聚》卷二引《列女传》。后以为孝子娱亲典故。钱起《酬刘起居卧病见寄》:“承颜看彩服,不觉别丹墀。”皮日休《送羊振文先辈往桂阳归觐》:“桂阳新命下彤墀,彩服行当欲雪时。”

【彩虹】 即虹,虹呈七彩,故称。沈佺期《过蜀龙门》:“潭河势不测,藻葩垂彩虹。”李绅《忆春日太液池亭候对》:“桥转彩虹当绮殿,舰浮花鹢近蓬莱。”贯休《续姚梁公坐右铭》:“身危彩虹,景速奔马。”

【彩鸳】 即鸳鸯。温庭筠《博山》:“粉蝶团飞花转影,彩鸳双泳水生纹。”

【彩畫】 彩色描画。孙逖《进船泛洛水应制》:“洛北风花树,江南彩画舟。”

【彩球】 用彩绸锦缎制成的球。杜牧《后池泛舟送王十秀才》:“问拍拟新令,怜香占彩球。”徐铉《抛球乐辞二首》之二:“不知红烛下,照见彩球飞。”

【彩彩】 明亮貌。储光羲《秋庭贻马九》:“稍稍寒木直,彩彩阳华新。”

【彩毫】 指词藻富丽的文笔。见《南史·江淹传》。后以为大手笔典故。钱起《春夜宴任六昆季宅》："彩毫挥露色，银烛动花阴。"王建《上裴度舍人》："天意皆从彩毫出，宸心尽向紫烟来。"李群玉《寄长沙许侍御》："未把彩毫还郭璞，乞留残锦与丘迟。"方干《叙雪献员外》："谢守来吟才更逸，郢词先至彩毫端。"

【彩章】　彩色涂饰。储光羲《猛虎词》："彩章耀朝日，爪牙雄武臣。"

【彩雲】　绚丽的云霞。李白《秋日与张少府楚城韦公藏书高斋作》："彩云思作赋，丹壁间藏书。"陆畅《扇》："姮娥须逐彩云降，不可通宵在月中。"温庭筠《照影曲》："桥上衣多抱彩云，金鳞不动春塘满。"郑启《邓表山》："白日三清此上时，观开山下彩云飞。"

【彩筆】　犹彩毫。李峤《刀》："人梦华梁上，含锋彩笔前。"严维《送房元直赴北京》："遥知到日逢寒食，彩笔长裾会晋祠。"姚合《寄裴起居》："彩笔专书皇帝语，书成几卷太平书。"褚载《贺赵观文重试及第》："已把色丝要上第，又将彩笔冠群伦。"

【彩牋】　同"彩箋"。

【彩勝】　即幡胜。张继《人日代客子是日立春》："遥知双彩胜，并在一金钗。"

【彩蒨】　鲜明貌。沈如筠《寄天台司马道士》："河洲花艳爚，庭树光彩蒨。"皎然《秋日毗陵南寺送潘述之扬州》："萧条月中道，彩蒨原上绿。"

【彩雉】　即野鸡。李峤《旌》："拥麾分彩雉，持节曳丹虹。"

【彩飾】　用色彩装饰。孟郊《赠韩郎中愈》之一："贫居过此外，无可相彩饰。"崔珏《和友人鸳鸯之什》之二："翡翠莫夸饶彩饰，鸊鹈须羡好毛衣。"

【彩箋】　亦作"彩牋"，彩色的小幅纸。亦泛指彩纸。杜甫、李之芳《夏夜李尚书筵送宇文石首赴县联句》："数语欹纱帽，高文掷彩笺。"刘禹锡《奉和中书崔舍人八月十五日夜玩月二十韵》："静对挥宸翰，闲临襞彩笺。"花蕊夫人《宫词》之一五："能向彩笺书大字，忽防御制写新诗。"

【彩鳳】　即凤凰。太宗《帝京篇十首》之四："彩凤肃来仪，玄鹤纷成列。"李白《凤吹笙曲》："仙人十五爱吹笙，学得昆丘彩凤鸣。"窦常《求自试》："仙禁祥云合，高梧彩凤游。"罗隐《送支使萧中丞赴阙》："彤庭彩凤虽添瑞，望府红莲已减花。"

【彩鳳書】　书体名，又称"鸾凤书""凤书"。吴融《禁直偶书》："敢期林上灵乌语，贪草云间彩凤书。"

【彩翠】　❶指色彩斑斓的山岚。王维《辋川集·木兰柴》："彩翠时分明，夕岚无处所。"孟浩然《游明禅师西山兰若》："停午收彩翠，夕阳照分明。"孟郊《同李益崔放送王炼师还楼观兼为群公先营山居》："霞冠遗彩翠，月帔上空虚。"皮日休《鲁望以竹夹膝见寄因次韵酬谢》："圆于玉柱滑于龙，来自衡阳彩翠中。"❷鲜艳的绿色。白居易《有木诗八首》之六："彩翠色如柏，鳞皴皮似松。"❸泛指色彩。郑畋《题缑山王子晋庙》："石帐龙蛇拱，云栊彩翠销。"

【彩盤】　❶即春盘。司空曙《酬卫长林岁日见呈》："今朝彩盘上，神燕不须雷。"❷指乞巧陈瓜果的盘子。刘言史《七夕歌》："碧空露重彩盘湿，花上乞得蜘蛛丝。"

【彩鷁】　鷁，水鸟，古代常在船头画鷁。称为"鷁首"。后借以指船。李白《泾川送族弟錞》："中流漾彩鷁，列岸丛金羁。"杜甫《奉送蜀州柏二别驾将中丞命赴江陵起居行军司马佐》："中丞问俗画熊频，爱弟传书彩鷁新。"

【彩翰】　犹彩毫。李峤《人日侍宴大明宫恩赐彩缕人胜应制》："愧奉登高摇彩翰，欣逢御气上丹霄。"姚合《和裴令公游南庄忆白二十韦七二宾客》："半醉思韦白，题诗染彩翰。"温庭筠《答段柯古见嘲》："彩翰殊翁金缭绕，一千二百逃飞鸟。"

【彩霓】　犹彩虹。李商隐《寄令狐学士》："秘殿崔嵬拂彩霓，曹司今在殿东西。"

【彩錯】　谓色彩斑驳。沈佺期《自昌乐郡溯流至白石岭下行入郴州》："乳窦何淋漓，苔藓更彩错。"李白《登峨眉山》："青冥倚天开，彩错疑画出。"

【彩霞】　色彩绚丽的云霞。刘真《七老会诗》："山茗煮时秋雾碧，玉杯斟处彩霞鲜。"温庭筠《晓仙谣》："碧箫曲尽彩霞动，下视九州皆悄然。"孟宾于《公子行》："锦衣红夺彩霞明，侵晓春游向野庭。"刘兼《再看光福寺牡丹》："去年曾看牡丹花，蛱蝶迎人傍彩霞。"

【彩繢】　同彩绘。喻指饰。杜牧《自贻》："饰心无彩缋，到骨是风尘。"

【彩麗】　色彩华丽。陈子昂《与东方左史虬修竹篇》书："仆尝暇时观齐梁间诗，彩丽竞繁而兴寄都绝，每以永叹。"

【彩蟾】　传说月中有蟾，因借指明月。李商隐《楚宫二首》之二："月姊曾逢下彩蟾，倾城消息隔重帘。"又《月夜重寄宋华阳姊妹》："偷桃窃药事难兼，十二城中锁彩蟾。"

【彩豔】　绚烂。韩愈《春雪间早梅》："梅将雪共春，彩艳不相因。"

【彩鸞】　即鸾凤。崔涂《读侯道华真人传》："何似先生去，翩翩逐彩鸾。"刘元叔《妾薄命》："彩鸾琴里怨声多，飞鹊镜前妆梳断。"

彫　〔diāo《广韵》郡聊切，平萧，端。〕❶雕镂。苏源明《小洞庭洄源亭宴四郡太守诗》序："李下彫笼，冰之以寒水，爪割铦刃，巾之以疏纮。"刘禹锡《吐绶鸟词》："赤玉彫成彪炳毛，红绡翦出玲珑翅。”皮日休《奉和鲁望玩金鸂鶒戏赠》：“镂羽彫毛迥出群，温馨飘出麝脐熏。”杜光庭《怀古今》：“胡为乎冒进贪名践危途与倾辙，胡为乎怙权恃宠顾华饰与彫簪。”❷绘饰。同谷子《五子之歌》之二：“酒色声禽号四荒，那堪峻宇又彫墙。”❸通“凋”。(1)衰谢。李白《飞龙引二首》之二：“紫皇乃赐白兔所捣之药，后天而老凋三光。”许棠《讲德陈情上淮南李仆射八首》之七：“平生南北逐蓬飘，待得名成鬓已凋。”(2)憔悴。张继《登丹阳楼》：“浮客时相见，霜凋朱翠颜。”赵嘏《昔昔盐二十首·今岁往辽西》：“烽戍年将老，红颜日向凋。”贯休《避地毗陵上王慥使君》：“视事私终杀，忧民态亦凋。”(3)枯萎，零落。孟浩然《重酬李少府见赠》：“回看后凋色，青翠有松筠。”令狐峘《硖州旅舍奉怀苏州韦郎中》：“江山入秋气，草木凋晚荣。”白居易《秋池二首》之一：“本不种松筠，早凋何足怪。”

【彫弓】 雕画的弓。王勃《陇西行》：“彫弓侍羽林，宝剑照期门。”王季友《古塞曲》：“騂马黄金勒，彫弓白羽箭。”刘禹锡《故相国燕国公于司空挽歌二首》之一：“彫弓封旧国，黑矟继前功。”

【彫戈】 镂有花纹的戈。李白《闻李太尉大举秦兵百万出征十九韵》：“拂剑照严霜，彫戈鬘胡缨。”杜甫《观兵》：“妖氛拥白马，元帅待彫戈。”又《日暮》：“将军别换马，夜出拥彫戈。”

【彫文】 雕琢文采。李鹏《五言同韦子旂神泉诗》：“灵潜敝政余，润发雕文始。”

【彫年】 谓年岁将尽。白居易《秋霖即事联句三十韵》：“鸣鸡潜报晓，急景暗凋年。”

【彫虎】 即老虎。虎皮花纹分明，有如雕刻，故称。李白《梁甫吟》：“手接飞猱搏彫虎，侧足焦原未言苦。”

【彫弧】 犹彫弓。骆宾王《久戍边城有怀京邑》：“连星入宝剑，半月上彫弧。”

【彫胡】 菰米的别名。王维《登楼歌》：“琥珀酒兮彫胡饭，君不御兮日将晚。”杜甫《热三首》之三：“朱李沈不冷，彫胡炊屡新。”皮日休《鲁望以躬掇野蔬兼示雅什用以酬谢》：“彫胡饭熟餲餬软，不是高人不合尝。”又揸菰。皮日休《重玄寺元达年逾八十好种名药余奇而访之因题二章》之一：“怪来昨日休持钵，一尺彫胡似掌齐。”

【彫枯】 凋零枯萎。李白《赠张相镐二首》之二：“六合洒霖雨，万物无凋枯。”孟郊《旅次湘沅有怀灵均》：“胸襟积忧愁，容鬓复凋枯。”

【彫章】 雕琢华丽的词章。杜甫《寄刘峡州伯华使君四十韵》：“彫章五色笔，紫殿九华灯。”

【彫梁】 雕刻绘饰的房梁。杨巨源《上刘侍中》：“舞腰凝绮榭，歌响拂彫梁。”

【彫落】 零落。刘商《山中寄元二侍御二首》之一：“桃李向秋凋落尽，一枝松色独青青。”

【彫喪】 (—sàng)漏敝颓丧。杜甫《寄刘峡州伯华使君四十韵》：“筋力交凋丧，飘零免战兢。”

【彫殘】 凋敝，飘零。耿沣《送大谷高少府》：“彫残贵有亲仁术，梅福何须去隐吴。”崔橹《村路菊花》：“神仙谁采掇，烟雨惜凋残。”

【彫疏】 凋零，零落。韦应物《张彭州前与缑氏冯少府各惠寄一篇多故未答兼远简冯生》：“发鬓已云白，交友日凋疏。”耿沣《送姚校书因归河中》：“委弃秋来稻，彫疏采后桑。”杜牧《秋岸》：“河岸微退落，柳影微凋疏。”

【彫飾】 雕镂绘饰。李白《咏山樽二首》之一：“蟠木不彫饰，且将斤斧疏。”

【彫弊】 困苦。刘太真《顾十二况左迁过韦苏州房杭州韦睦州以继三君子之风焉》：“牧此凋弊甿，属当赋敛秋。”

【彫斲】 雕琢。吕温《咏蜀客石琴枕》：“推迁强为用，彫斫伤自然。”

【彫瘵】 凋弊病困。皎然《赠乌程李明府伯宜沈兵曹仲昌》：“水国苦凋瘵，东皋岂遗黍。”

【彫闌】 雕栏。李益、杜羔《兰陵僻居联句》：“蠹简封延阁，彫阑闷上霄。”

【彫蟲】 见杨雄《法言·吾子》：“童子雕虫篆刻。”后以为雕琢词章的典故。马戴《摅情留别并州从事》：“彫虫羞朗鉴，干禄贵明时。”

九 画

彭[1] 〔péng《广韵》薄庚切，平庚，並。〕❶鼓声。见“彭觥”。❷人名。指彭祖。相传彭祖寿至八百岁。储光羲《献八舅东归》：“帝鸿思道宗，臣彭亦长年。”元稹《思归乐》：“安问远与近，何言殇与彭?”❸人名。指汉彭越。韩愈《嘲鼾睡》：“乍如彭与黥，呼冤受菹醢。”❹姓氏。五代蜀诗人有彭晓。

彭[2] 〔bāng《集韵》逋旁切，平唐，幫。〕多貌。见“彭$_2$彭”。

彭[3] 〔páng《集韵》蒲光切，平唐，並。〕大貌。见“彭$_3$亨”。

【彭山】 山名。又名彭门山。在今四川彭县西北。骆宾王《饯郑安阳入蜀》：“彭山折坂外，井络少城隈。”

【彭王】 指汉彭越。越曾封梁王。孙处玄《失题》:"汉家轻壮士,无状杀彭王。"

【彭中丞】（中 zhōng)指彭果。天宝四载(745)为岭南王府经略使,兼御史中丞。高适有《饯宋八充彭中丞判官之岭南》。

【彭仁】籍贯未详。官秘书省正字。与李中有唱酬。李中有《新喻县偶寄彭仁正字》。

【彭氏】指汉彭宠。周昙《咏史诗·后汉门·子密》:"当时若缚还彭氏,率土何忧不自归。"

【彭正字】指彭仁。仁曾官秘书省正字。李中有《和彭正字喜雪见寄》。

【彭先生】名未详。为储嗣宗之师。储嗣宗有《哭彭先生》。

【彭伉】袁州宜春(今属江西)人。贞元七年(791)进士及第,时年二十余。曾任县令,官至大理评事。与李涉有唱酬。事迹见《唐诗纪事》卷三五、卷七九。《全唐诗》卷三一九录其诗三首。

【彭州】州名。汉晋繁县地。南朝宋置晋寿县。南朝梁置东益州。北周废。唐垂拱三年(687)置彭州。故治在今四川彭县。苏颋有《赠彭州权别驾》。高适有《赴彭州山行之作》。杜甫有《寄彭州高三十五使君适虢州岑二十七长史参三十韵》。羊士谔有《酬彭州萧使君秋中言怀》。

【彭秀才】彭芮。徐铉谪居舒州,有赠彭芮诗,见《诗话总龟》前集二六。徐铉有《送彭秀才》和《送彭秀才南游》。

【彭$_2$亨】胀大貌。韩愈、孟郊《城南联句》:"涩旋皮卷脔,苦开腹彭亨。"韩愈、轩辕弥明《石鼎联句》:"龙头缩菌蠢,豕腹涨彭亨。"元稹《有酒十章》之一:"悄然危坐心不平,浩思一气初彭亨。"

【彭門】❶山名。参见"彭山"。高适《同河南李少尹毕员外宅夜饮时洛阳告捷遂作春酒歌》:"盛夏五月西南行,彭门剑门蜀山里。"❷徐州的别名。李商隐《偶成转韵七十二句赠四同舍》:"彭门十万皆雄勇,首戴公恩若山重。"薛能有《彭门解嘲二首》。胡曾《咏史诗·鸿沟》:"项王不觉英雄挫,欲向彭门醉玉楼。"罗邺《留献彭门郭常侍》:"受得彭门拥信旗,一家将谓免羁离。"

【彭城】徐州的古称。相传尧封彭祖于此,即今江苏徐州市。储光羲《登戏马台作》:"沧海沉沉晨雾开,彭城烈烈秋风来。"韩愈《县斋有怀》:"大梁从相公,彭城赴仆射。"薛能《彭门解嘲二首》之二:"秦客莫嘲瓜戍远,水风潇洒是彭城。"

【彭城公】❶即韦见素。见素开元中袭爵彭城郡公。李华有《奉寄彭城公》。❷当作彭阳公,即令狐楚。大和九年(835)封为彭阳郡公。李商隐有《彭城公薨后赠杜二十七胜李十七潘二君安平公门下》。冯浩注:"以其先世封彭城男,称彭城公亦可。"然大和九年楚已封彭阳郡公,故当作"阳"。

【彭城閤】同"彭城閣"。

【彭城閣】亦作"彭城閤",阁名,隋炀帝所建。因其地旧名彭城村得名。故址在今江苏扬州。李益《扬州怀古》:"彭城阁边柳,偏似不胜春。"白居易有《新乐府·隋堤柳》:"龙舟未过彭城阁,义旗已入长安宫。"

【彭城龔】指西汉龚胜(前68—前11)。胜,字君宾,彭城人。哀帝时为谏议大夫,出为渤海太守。王莽秉政,辞官归里,莽欲征为上卿,胜誓不事二姓,绝食而死。唐彦谦《和陶渊明贫士诗七首》之六:"古来名节士,敢望彭城龚。"

【彭咸】殷贤大夫,谏君不听,投水而死。见《楚辞·离骚》。李古《古风》之五一:"彭咸久沦没,此意谁与论。"

【彭宣】(? —4)字子佩。汉淮阳阳夏(今河南太康)人。治《易》。事迹见《汉书》本传。李商隐《华州周大夫宴席》:"若共门人推礼分,戴崇争得及彭宣?"

【彭祖】相传为颛顼帝之玄孙陆终之第三子。寿八百岁,尧封之于袁城,为始祖,故称。见《庄子·逍遥游》。李贺《浩歌》:"王母桃花千遍红,彭祖巫咸几回死。"贾岛《送玄岩上人归西蜀》:"药成彭祖捣,顶受七轮摩。"陈峤《自赋催妆诗》:"彭祖尚闻年八百,陈郎犹是小孩儿。"

【彭祖井】在徐州彭祖宅旁。皇甫冉有《彭祖井》。

【彭祖宅】同"彭祖樓"。皇甫冉《彭祖井》:"访古因知彭祖宅,得仙何必葛洪乡。"

【彭祖樓】在徐州,相传因彭祖而得名。见北魏郦道元《水经注·获水》。卢纶有《赋得彭祖楼送杨德宗归徐州幕》。薛能有《题彭祖楼》。

【彭涓】彭祖、涓子之连称。相传二人皆为仙人,长生不老。见《晋书·郭璞传》载《客傲》。南唐后主李煜《病起题山舍壁》:"暂约彭涓安朽质,终期宗远问无生。"

【彭聃】彭祖、老聃之连称。相传二人皆为长寿者。见《艺文类聚》卷二三引晋稽绍《赠石季伦》。李颀《谒张果先生》:"彭聃犹婴孩,松期且微细。"柳宗元《觉衰》:"彭聃安在哉,周孔亦已沉。"

【彭偃】(? —784)籍贯未详。少负俊才,以文学为当时所重,而为当途者所抑。谪为沣州司马。大历末赴朝,为都官员外郎。事迹见《旧唐书》本传。郎士元有《送彭偃房由赴朝因寄钱大郎中李十七舍人》。

【彭婆館】驿馆名。在彭婆镇。故址在今河南洛阳南。戴叔伦有《彭婆馆逢韦判官使还》。

【彭陽公】 即令狐楚。大和九年(835)封为彭阳郡公。李商隐有《撰彭阳公志文毕有感》。

【彭参寥】 道士。曾与李商隐同学道于玉阳山道观。李商隐有《同学彭道士参寥》。

【彭越】 (?一前196)字仲,山阳昌邑(今山东巨野南)人。事迹见《史记·魏豹彭越列传》《汉书》本传。胡曾《咏史诗·长安》:"从此汉家无敌国,争教彭越受诛夷。"

【彭越醢醯】 指刘邦杀彭越,以肉作酱遍赐诸侯示警之事。见《史记·黥布列传》。李白《万愤词投魏郎中》:"子胥鸱夷,彭越醢醯。"

【彭$_2$彭】 (一bāng)盛多貌。张籍《将军行》:"战车彭彭旌旗动,三十六军齐上陇。"

【彭道士】 见"彭参寥"。

【彭湖】 即鄱阳湖。李白《下寻阳城泛彭蠡寄黄判官》:"开帆入天镜,直向彭湖东。"

【彭衙】 古邑名。春秋秦地,在今陕西澄城县西北彭衙堡。汉曾置衙县,晋废。杜甫《彭衙行》:"夜深彭衙道,月照白水山。"

【彭觥】 当作"彭航",象声词。韩愈《记梦》:"侧身上视溪谷盲,杖撞玉版声彭觥。"

【彭壽】 彭祖的高寿。罗邺《献池州庾员外》:"须存彭寿千年在,终见茅公九转成。"刘兼《偶有下殇因而自遣》:"彭寿殇龄共两空,幻泡缘影梦魂中。"

【彭殤】 彭,彭祖,高寿者;殇,未成年而夭折。后以彭殇喻寿夭。见《庄子·齐物论》。白居易《赠王山人》:"彭殇徒自异,生死终无别。"又《老病相仍以诗自解》:"荣枯忧喜与彭殇,都是人间戏一场。"杜牧《题桐叶》:"庄叟彭殇同在梦,陶潜身世两相遗。"吴融《过邓城县作》:"未知尧桀谁臧否,可便彭殇有短长。"

【彭曉】 字秀川,自号真一子,婺州永康(今属浙江)人。事迹见《十国春秋》本传。《全唐诗》卷八五五录其诗二首。

【彭澤】 ❶湖名。即鄱阳湖。李频《下第后屏居书怀寄张侍御》:"故山彭泽上,归梦向汾水。"顾在镕《题光福上方塔》:"汀沼或栖彭泽雁,楼台深贮洞庭风。"黄损《句》:"水谙彭泽阔,山忆武陵深。"❷县名,今属江西。李白《寄韦南陵冰余江上乘兴访之遇寻颜尚书笑有此赠》:"何日到彭泽,长歌陶令前。"欧阳詹《题华十二判官汝州宅内亭》:"步兵阮籍空除屏,彭泽陶潜谩挂冠。"孟郊《过彭泽》:"扬帆过彭泽,舟人讶叹息。"赵嘏《题昭应王明府溪亭》:"靖节何须彭泽逢,菊洲松岛水悠溶。"❸晋陶渊明曾为彭泽令,后以为渊明典故。卢照邻《三月曲水宴得尊字》:"风烟彭泽里,山水仲长园。"严维《赠万经》:"纵酒真彭泽,论诗得建安。"白居易《春眠》:"全胜彭泽醉,欲敌曹溪禅。"李商隐《永乐县所居一草一木无非自栽今春悉已芳茂因书即事一章》:"柳飞彭泽雪,桃散武陵霞。"

【彭澤令】 指晋陶潜。潜曾为彭泽令。孟浩然《秋登张明府海亭》:"歌逢鼓泽令,归赏故园间。"许浑《移摄太平寄前李明府》:"溪柳绕门彭泽令,野花连洞武陵人。"亦作"彭澤宰"。卢照邻《于时春也慨然有江湖之思寄赠柳九陇》:"遥闻彭泽宰,高弄武城弦。"崔曙《九日登望仙台呈刘明府容》:"且欲近寻彭泽宰,陶然共醉菊花杯。"

【彭澤先生】 指晋陶潜,潜曾为彭泽令,宅旁种五株柳,自称五柳先生。翁承赞《柳》之三:"彭泽先生酒满船,五株栽向九江边。"

【彭澤翁】 指晋陶潜。潜曾为彭泽令。张祜《叙诗》:"飘飘彭泽翁,于在务脱遗。"

【彭澤宰】 见"彭澤令"。

【彭蟾】 字东蟾。袁州宜春(今属江西)人。好学,不仕。《全唐诗》卷五四六录其诗一首。

【彭鏗】 即彭祖。彭祖姓钱,名铿。柳宗元《与崔策登西山》:"生同胥靡遗,寿比彭铿夭。"刘禹锡《历阳书事七十韵》:"土台游柱史,石室隐彭铿。"

【彭黥】 汉彭越、黥布之连称。二人皆以谋反之名为刘邦所诛。韩愈《嘲鼾睡》之一:"乍如彭与黥,呼冤受葅醢。"

【彭蠡】 鄱阳湖的古称。刘允济《经庐岳回望江州想洛川有作》:"势入柴桑渚,阴开彭蠡壑。"刘长卿《北归次秋浦界清溪馆》:"雁过彭蠡暮,人向宛陵稀。"周贺《湘汉旅怀翁杰》:"远书来隔巴陵雨,衰鬓去经彭蠡秋。"袁皓《重归宜春经过萍川题梵林寺》:"泸水东奔彭蠡浪,萍川西注洞庭波。"

十一画

影 〔piāo《广韵》撫招切,平宵,滂。〕飞翻,飘动。权德舆《奉和圣制九月十八日赐百寮追赏因书所怀》:"小臣谅何以,亦此影华缨。"皮日休《苦雨中又作四声诗寄鲁望·平去声》:"檐虚能影斜,舍蠹易漏破。"

【影纓】 系冠之带在风中飘动,指为官于朝廷。骆宾王《早秋出塞寄东台详正学士》:"影缨陪绂冕,载笔偶玙璠。"储光羲《秦中初霁献给事二首》之一:"锵佩出中台,影缨入仙掖。"刘禹锡《和令狐相公初归京国赋诗言怀》:"殿庭捧日影缨入,阁道看山曳履回。"

彰 〔zhāng《广韵》諸良切,平陽,章。〕❶显盛。王珪《咏淮阴侯》:"道契君臣合,时来名位彰。"萧颖士《江有归舟三章》之三:"有彬伊父，匪学不彰。”白居易《赠樊著作》：“贤者不为名，名彰教乃敦。”秦韬玉《寄李处士》：“吕望甘罗道已彰，只凭时数为门张。”❷显扬，表彰。戴叔伦《赋得古井送王明府》：“欲彰贞白操，酌献使君行。”令狐楚《青云干吕》：“远覆无人境，遥彰有德君。”孟郊《哭李观》：“知音既已矣，微言谁能彰。”❸显示，昭示。张说《唐封泰山乐章·太和》：“孝敬中发，和容外彰。”王迥《同孟浩然宴赋》：“共赋新诗发宫徵，书于屋壁彰厥美。”苏拯《药草》：“生草不生药，无以彰士德。”

【彰宣】　昭示，显扬。萧颖士《江有归舟三章》序：“文也者，非云尚形似，牵比类，以局夫俪偶。放于奇靡，其于言也，必浅而乖矣。所务乎激扬雅训，彰宣事实而已。”

【彰敬寺】　亦作“章敬寺”。佛寺名，故址在长安（今陕西西安）。大历二年（767），鱼朝恩舍宅建。白居易《梦亡友刘太白同游彰敬寺》：“昨夜梦中彰敬寺，死生魂魄暂同游。”

【彰善】　显扬美善。高适《同观陈十六史兴碑》：“作歌乃彰善，比物仍恶讦。”

十二画

影〔yǐng《广韵》於丙切，上梗，影。〕❶人或物遮住光线而投下的阴影。李如璧《明月》：“可怜明月方照灼，向影倾身比葵藿。”戴叔伦《孤鸿篇》：“顾影明月下，哀鸣声正悲。”裴夷直《夜意》：“萧疏尽地林无影，浩荡连天月有波。”徐铉《春夜月》：“竟夕无言亦无寐，绕阶芳草影随行。”❷人或物在水中的倒影。灵一《送别》：“翠云南涧影，丹桂晚山阴。”孟郊《献汉南樊尚书》：“乃知寻常鉴，照影不照神。”张祜《中秋夜杭州玩月》：“影流江不尽，轮曳谷无声。”贾岛《送无可上人》：“独行潭底影，数息树边身。”❸身形，形象。李白《黄鹤楼送孟浩然之广陵》：“孤帆远影碧空尽，唯见长江天际流。”白居易《和微之四月一日作》：“泥新燕影忙，蜜熟蜂声乐。”刘沧《题敬亭山庙》：“三江入海声长在，双鹤啼天影未回。”翁承赞《题莒潭安闽院》：“窗含孤岫影，牧卧断霞阴。”❹光。李华《咏史十一首》之一一：“电影开莲脸，雷声飞蕙心。”顾非熊《夏夜汉渚归舟即事》：“雨遥明电影，蜃晓识楼形。”❺指图绘佛像或人物肖像。见“影堂”。❻映照。太宗《赋得樱桃》：“朱颜含远日，翠色影长津。”王维《扶南曲歌词五首》之三：“香气传空满，妆华影箔通。”杜甫《秋日夔府咏怀奉寄郑监李宾客一百韵》：“露菊班丰镐，秋蔬影涧瀍。”❼遮掩。元稹《早归》：“远山笼宿雾，高树影朝晖。”❽隐约。见“影刹”。

【影附】　谓如影附身，比喻依附。杜牧《昔事文皇帝三十二韵》：“光尘皆影附，车马定西奔。”

【影林泉】　泉名，在今陕西户县东南圭峰下。李洞有《怀圭峰影林泉》。

【影刹】　（一chà）隐约的刹宇。皎然《奉同卢使君幼平游精舍寺》：“影刹西方在，虚空翠色分。”

【影迹】　踪迹。齐己《赠孙生》：“寂寥中影迹，霜雪里精神。”

【影娥池】　池名。在汉长安未央宫中，汉武帝所凿。池边有俯月台，帝登台眺月，影入池中，因命宫人乘舟弄月影为戏，故名影娥池，后以称皇宫中的池塘。上官仪《咏雪应诏》：“花明栖凤阁，珠散影娥池。”

【影堂】　寺观供奉佛祖、尊师或逝去住持、观主画像的堂屋。刘长卿有《齐一和尚影堂》。李益《哭柏岩禅师》：“影堂谁为扫，坐塔自看修。”白居易《春题华阳观》：“落花何处堪惆怅，头白宫人扫影堂。”项斯《题永忻寺影堂》：“不遇修寺日，无钱入影堂。”

【影帐】　指设置帐帷的影堂。郑嵎《津阳门诗》：“真人影帐偏生草，果老药堂空掩扉。”

【影塔】　供有高僧画像的塔。王昌龄有《素上人影塔》。崔曙《宿大通和尚塔敬赠如上人兼呈常孙二山人》：“支公已寂灭，影塔山上古。”

【影殿】　犹影堂。宋之问《游韶州广界寺》：“影殿临丹壑，香台隐翠霞。”皎然《宿道士观》：“影殿山寂寂，寥天月昭昭。”温庭筠《开圣寺》：“竹间泉落山厨静，塔下僧归影殿空。”

【影響】　❶影子和回声。吴筠《览古十四首》之一四：“斯言犹影响，安得复回穴。”❷踪迹声息。白居易《夜哭李夷道》：“逝者绝影响，空庭朝复昏。”陆龟蒙《袭美先辈以龟蒙所献五百言既蒙见和复示荣唱用伸酬谢》：“嘿坐无影响，唯君款茅茨。”郑谷《故少师从翁隐岩别墅乱后榛芜感旧怆怀遂有追纪》：“七松无影响，双泪益悲辛。”❸犹言音容。张说《石门别杨六钦望》：“影响无期会，江山此地来。”韩愈《谢自然诗》：“茫茫八纮大，影响无由缘。”又《北极赠李观》：“川源浩浩隔，影响两无因。”李商隐《晓起》：“影响输双蝶，偏过旧畹兰。”❹恍惚，迷离。元稹《梦游春七十韵》：“逡巡日渐高，影响人将寤。”韦庄《虚席》：“有时还影响，花叶曳香缯。”李九龄《上清辞五首》之三：“上清仙路有丹梯，影响行人到即迷。”❺喻空泛肤浅。齐己《谢王秀才见示诗卷》：“后须离影响，得必洞精深。”

彳 部

三 画

彴 〔zhuó《广韵》之若切，入藥，章。〕独木桥。李商隐《和郑愚赠汝阳王孙家筝妓二十韵》："长彴压河心，白道连地尾。"吴融《个人三十韵》："袂柳阑干小，侵波略彴横。"韦庄《三用韵》："涧柳横孤彴，岩藤架密阴。"

四 画

役 〔yì《广韵》營隻切，入昔，以。〕❶服兵役或服劳役。王昌龄《代扶风主人答》："十五役边地，三回讨楼兰。"储光羲《效古二首》之一："妇人役州县，丁男事征讨。"亦指兵役或劳役。杜甫《石壕吏》："急应河阳役，犹得备晨炊。"李商隐《行次西郊作一百韵》："国蹙赋更重，人稀役弥繁。"❷劳碌的官务，亦泛指劳作之事。杜审言《经行岚州》："自惊牵远役，艰险促征鞍。"萧颖士《蒙山作》："于役劳往还，息徒暂攀跻。"姚合《秋中寄崔道士》："四肢得自便，虽劳不为役。"王贞白《仙岩二首》之二："风呼山鬼服役，月照衡薇结花。"❸役使。太宗《登三台言志》："在危犹骋丽，居奢遂役人。"李岘《剑池》："阖闾葬日劳人力，嬴政穿来役鬼功。"刘禹锡《江陵严司空见示与成都武相公唱和因命同作》："名重三司平水土，威雄八阵役风雷。"罗邺《长城》："谩役生民防极塞，不知血刃起中原。"亦指被役使。拾得《诗》之四："一向迷本心，终朝役名利。"杜甫《寄司马山人十二韵》："丧乱形仍役，凄凉信不通。"❹仆役，奴仆。柳宗元《掩役夫张进骸》："为役孰贱辱，为贵非神奇。"❺劳，费。白居易《和答诗十首·答四皓庙》："八难掉舌枢，三略役心机。"又《闲吟》："贫穷汲汲求衣食，富贵营营役心力。"方干《哭喻凫先辈》："日夜役神多损寿，先生下世未中年。"❻牵动，引动。亦指牵制、羁束。孟郊《古离别》："春芳役双眼，春色柔四支。"陆龟蒙《奉和袭美二游诗·任诗》："朅来任公子，摆落名利役。"顾敻《浣溪沙》词："露白蟾明又到秋，佳期幽会两悠悠，梦牵情役几时休。"

【役夫】 ❶服兵役之人。杜甫《兵车行》："长者虽有问，役夫敢申恨。"❷服劳役之人。顾云《筑城篇》："役夫登登无倦色，馔饱觞酣方暂息。"❸仆役。柳宗元有《掩役夫张进骸》。

【役生】 犹劳生，谓被生活所役而终日劳碌。孟郊《靖安寄居》："役生皆促促，心竟谁舒舒。"

【役吏】 供使役之官吏，从属官吏。王昌龄《武陵开元观黄炼师院三首》之三："山观空虚清静门，从官役吏扰尘喧。"

【役役】 ❶劳碌辛苦貌。张九龄《秋晚登楼望南江入始兴郡路》："滔滔不自辨，役役且何成。"韦应物《龙门游眺》："日落望都城，人间何役役。"张籍《使回留别襄阳李司空》："迟迟恋恩德，役役限公程。"❷心神不安宁、不安闲貌。齐己《山中春怀》："心魂役役不曾归，万象相牵向极微。"

【役思】 犹若思，劳思。朱庆余《与贾岛顾非熊无可上人宿万年姚少府宅》："役思因生病，当禅岂觉寒?"李洞《送醉画王处士》："关下相逢怪予老，篇章役思绕寰区。"贯休《读刘得仁贾岛集二首》之二："役思曾冲尹，多言阻国亲。"此指传说贾岛因推敲诗句不觉冲撞京兆尹韩愈事。

【役殺】 犹忙煞、累坏。水神《霅溪夜宴诗》："四时尽入诗人咏，役杀吴兴柳使君。"

【役象】 役使大象。王建《海人谣》："海人无家海里住，采珠役象为岁赋。"

彷[1] 〔páng《广韵》步光切，平唐，並。〕见"彷徉""彷徨"。

彷[2] 〔fǎng《广韵》妃兩切，上養，敷。〕见"彷₂佛""彷₂像"。

【彷彷徉徉】 踱步慢行貌。阎朝隐《鹦鹉猫儿篇》："彷彷兮徉徉，似妖姬躧步兮动罗裳。"

【彷₂佛】 ❶依稀，似乎。不分明貌。玄宗《同玉真公主过大哥山池》："凤楼遥可见，仿佛玉箫声。"李白《九日登山》："灵仙如仿佛，奠酹遥相知。"丁泽《上元日梦王母献白玉环》："仿佛瞻王母，分明献玉环。"何敬《题吉州龙溪》："四时佳境不可穷，仿佛直与桃源通。"❷相似，有如。温庭筠《病中书怀呈友人》："百神歆仿佛，孤竹韵含胡。"薛涛《江月楼》："秋风仿佛吴江冷，鸥鹭参差夕阳影。”

【彷徉】　徘徊，彷徨。顾非熊《陈情上郑主司》：“愿察为裘意，彷徉和角篇。”

【彷徨】　❶因不安而徘徊。李白《答高山人兼呈权顾二侯》：“彷徨庭阙下，叹息光阴逝。”于邵《野外行》：“水清鱼不来，岁暮空彷徨。”白居易《山鹧鸪》：“梦乡迁客展转卧，抱儿寡妇彷徨立。”鲍溶《沛中怀古》：“抚事复怀昔，临风独彷徨。”❷踌躇，犹豫不决。孟云卿《伤情》：“出门先踌躇，入户亦彷徨。”权德舆《丰城剑池驿感题》：“神物不自达，圣贤亦彷徨。”白居易《读史五首》之一：“彷徨未忍决，绕泽行悲吟。”

【彷₂像】　依稀、隐约貌。卢鸿一《嵩山十志十首·枕烟庭》：“契颢气，养丹田，终彷像兮觏灵仙。”

五　画

征　〔zhēng《广韵》諸盈切，平清，章。〕❶远行。王勃《长柳》：“晨征犯烟磴，夕憩在云关。”杜甫《桃竹杖引赠章留后》：“老夫复欲东南征，乘涛鼓枻白帝城。”白居易《和答诗十首·和思归乐》：“皆疑此山路，迁客多南征。”刘禹锡《吐绶鸟词》：“三山仙路寄遥情，刷羽扬翘欲上征。”❷征伐，征讨。储光羲《同诸公秋日游昆明池思古》：“骤闻汉天子，征彼西南夷。”卢纶《送张郎中还蜀歌》：“秦家御史汉家郎，亲专两印征殊方。”韦庄《赠戍兵》：“止竟有征须有战，洛阳何用久屯军。”李宏皋《铜柱辞》：“招灵铸柱垂英烈，手执干戈征百越。”❸征收之赋税。元稹《估客乐》：“小儿贩盐卤，不入州县征。”白居易《新乐府·昆明春》：“诏以昆明近帝城，官家不得收其征。”皮日休《正乐府十篇·农父谣》：“难将一人农，可备十人征。”

【征人】　❶离家远行之人。卢纶《冬日登城楼有怀因赠程腾》：“遥思海客天外归，坐想征人两头别。”王表《成德乐》：“无端更唱关山曲，不是征人亦泪流。”❷征戍之人。韦承庆《折杨柳》：“征人远乡思，倡妇高楼别。”刘长卿《代边将有怀》：“瘦马恋秋草，征人思故乡。”李廓《鸡鸣曲》：“征人牵马出门立，辞妾欲向安西行。”王贞白《折杨柳三首》之三：“征人去日曾攀折，泣雨伤春翠黛残。”

【征夫】　❶离家远行之人。窦叔向《秋砧送邑大夫》：“征夫应待信，寒女不胜愁。”许浑《送李文明下第鄜州觐兄》：“征夫天一涯，醉赠别吾诗。”❷出征、戍边之人。玄宗《旋师喜捷》：“诈虏脑涂地，征夫血染衣。”白居易《新乐府·西凉伎》：“有一征夫年七十，见弄凉州低面泣。”高骈《塞上曲二首》之二：“陇上征夫陇下魂，死生同恨汉将军。”

【征戍】　出征戍守边疆。李峤《倡妇行》：“夜夜风霜苦，年年征戍频。”李昂《从军行》：“汉家未得燕支山，征戍年年沙朔间。”徐凝《和白使君木兰花》：“见说木兰征戍女，不知那作酒边花。”李频《春闺怨》：“自怨愁容长照镜，悔教征戍觅封侯。”

【征帆】　借指远行之船。王泠然《汴堤柳》：“驿骑征帆损更多，山精野魅藏应老。”李白《哭晁卿衡》：“日本晁卿辞帝都，征帆一片绕蓬壶。”熊孺登《董监庙》：“神乌惯得商人食，飞趁征帆过蠡湖。”韦庄《解维》：“又解征帆落照中，暮程还过秣陵东。”

【征伐】　兴兵征讨，讨伐。储光羲《同诸公秋日游昆明池思古》：“吁哉蒸人苦，始曰征伐非。”李嘉祐《自常州还江阴途中作》：“乘春务征伐，谁肯问凋残。”曹邺《文宗陵》：“留此奉天下，所以无征伐。”亦指出征部队之名籍。杜甫《自京赴奉先县咏怀五百字》：“生常免租税，名不隶征伐。”

【征行】　(—xíng)从军出征。骆宾王《从军中行路难二首》之一：“弃置勿重陈，征行多苦辛。”张籍《西州》：“郡县发丁役，丈夫各征行。”白居易《蜀路石妇》：“十五嫁邑人，十六夫征行。”杜牧《题池州弄水亭》：“乡校富华礼，征行产强弩。”

【征衣】　❶远行人之衣。张九龄《使还都湘东作》：“孤楫清川泊，征衣寒露滋。”岑参《青门歌送东台张判官》：“花扑征衣看似绣，云随去马色疑骢。”权德舆《富阳陆路》：“烟萝迷客路，山果落征衣。”李逸《洛阳河亭奉酬留守郡公追送》：“离亭饯落晖，腊酒减征衣。”❷出征、远戍人之衣。杜牧《秋梦》：“又寄征衣去，迢迢天外心。”赵嘏《送李裴评事》：“入夜笳声含白发，报秋榆叶落征衣。”高骈《南征叙怀》：“回期直待烽烟静，不遣征衣有泪痕。”韦庄《睹军回戈》：“御苑绿莎嘶战马，禁城寒月捣征衣。”

【征車】　旅人所乘之车。太宗《赐房玄龄》：“未晓征车度，鸡鸣关早开。”戎昱《送严十五郎之长安》：“路远征车迥，山回剑阁斜。”武元衡《使次盘豆驿望永乐县》：“欲驻征车终日望，天河云雨晦冥冥。”谭用之《寄许下前管记王侍御》：“花怜游骑红随辔，草恋征车碧绕轮。”

【征役】　征行，远行。骆宾王《从军中行路难二首》之一：“征役无期返，他乡岁华晚。”孟郊《奉同朝贤送新罗使》：“安危所系重，征役谁能穷。”徐铉《玉笥山留题》：“游子归去来，胡为但征役。”

【征兩】　(—liàng)即征车。远行人之车。两，“辆”之古字。郑愕《送萧颖士赴东府得往字》：“春郊桃李月，忍此戒征两。”

【征陌】　犹征途，远行之路。张谓《送李著作倅杭州》：“祖筵开霁景，征陌直朝光。”钱起《送严维尉河南》：“征陌独愁飞盖远，离筵只惜暝钟催。”

【征南】 ❶征南大将军之省称。东汉岑彭、晋羊祜、杜预等均封此号。故常以指岑或羊、杜。(1)指晋杜预。预卒赠征南大将军,人称杜征南。杜甫《奉和严中丞西城晚眺十韵》:“征南多兴绪,事业闇相亲。”仇兆鳌注:“杜征南系公始祖,故及以赠严。”(2)以岑、羊、杜等喻指大将、节度使。戎昱《闻颜尚书陷贼中》:“闻说征南没,那堪故吏闻。”此喻指颜真卿,颜曾任荆南节度使。杜牧《怀钟陵旧游四首》之一:“一谒征南最少年,虞卿双璧截肪鲜。”此喻指沈传之,沈曾任江西观察使,牧在其幕中。李商隐《故驿迎吊故桂府常侍有感》:“二纪征南恩与旧,此时丹旐玉山西。”此喻指郑亚。郑曾任桂管防御观察使,李在其幕。❷向南方远行。李商隐《晋昌晚归马上赠》:“征南予更远,吟断望乡台。”❸征讨南方。高骈《闺怨》:“如今又献征南策,早晚催缝带号衣。”

【征思】 犹客愁,谓旅人之思乡愁绪。王勃《寒夜思友三首》之二:“云间征思断,月下归愁切。”刘禹锡《秋萤引》:“行子东山起征思,中郎骑省悲秋气。”

【征客】 离家远行之人,客游之人。杨炯《巫峡》:“山空夜猿啸,征客泪沾裳。”席豫《江行纪事二首》之二:“津途赏无限,征客暂忘归。”李益《杂曲》:“征客欲临路,居人还出门。”泛指戍边人。侯氏《绣龟形诗》:“绣作龟形献天子,愿教征客早还乡。”

【征袂】 旅人之衣袖。权德舆《送句容王少府簿领赴上都》:“江露湿征袂,山莺宜泊船。”

【征馬】 ❶远行之马,旅人之马。岑参《浐水东店送唐子归嵩阳》:“桥回忽不见,征马尚闻嘶。”李商隐《东下三旬苦于风土马上戏作》:“路绕函关东复东,身骑征马逐惊蓬。”❷战马。许浑《赠河东虞押衙二首》之一:“万里往来征马瘦,十年离别故人稀。”

【征軒】 征车。远行旅人之车。孟浩然《送贾升主簿之荆府》:“征轩明日远,空望郢门间。”李白《鸣皋歌送岑征君》:“巾征轩兮历阻折,寻幽居兮越巘崿。”武元衡《酬太常从兄留别》:“乡路日兹始,征轩行复留。”韦庄《江上逢史馆李学士》:“前年分袂陕城西,醉凭征轩日欲低。”

【征徒】 旅伴。戴叔伦《海上别薛舟》:“暮鸟翻江岸,征徒起路岐。”温庭皓《梅》:“羌吹应愁起,征徒异渴来。”

【征途】 旅途,远行之途程。王维《哭祖六自虚》:“送客哀难进,征途泥复前。”刘长卿《安州道中经浐水有怀》:“征途逢浐水,忽似到秦川。”权德舆《次滕老庄》:“征途无旅馆,当昼喜逢君。”杜荀鹤《早发》:“东窗未明尘梦苏,呼童结束登征途。”

【征討】 征伐,讨伐。储光羲《效古二首》之一:“妇人役州县,丁男事征讨。”杜甫《园人送瓜》:“东陵迹芜绝,楚汉休征讨。”岑参《行军诗二首》之一:“胡雏尚未灭,诸将恳征讨。”刘叉《雪车》:“士夫困征讨,买花载酒谁为适。”

【征旆】 ❶官员远出随行之旗。张九龄《酬赵二侍御使西军赠两省旧僚之作》:“使车经陇月,征旆绕河风。”韦应物《送开封卢少府》:“关河征旆远,烟树夕阳微。”钱起《送傅管记赴蜀军》:“巴山雨色藏征旆,汉水猿声咽短箫。”刘驾《送卢使君赴夔州》:“铙管随征旆,高秋上远巴。”❷出征军队之旗。太宗《于北平作》:“翠野驻戎轩,卢龙转征旆。”令狐楚《从军词五首》之一:“终日随征旆,何时罢鼓鼙。”

【征旅】 旅人,远行之人。杨师道《奉和圣制春日望海》:“春山临渤海,征旅辍晨装。”储光羲《登商丘》:“鸣鸿念极浦,征旅慕前俦。”

【征旂】 征战之旌旗。虞羽客《结客少年场行》:“陆离横宝剑,出没骛征旂。”

【征袖】 旅人之衣袖。郑谷《鹧鸪》:“游子乍闻征袖湿,佳人才唱翠眉低。”

【征袍】 战袍。李白《子夜吴歌·冬歌》:“明朝驿使发,一夜絮征袍。”武元衡《塞上春怀》:“东风河外五城喧,南客征袍满泪痕。”崔道融《春闺二首》之二:“辽阳在何处,莫望寄征袍。”

【征船】 行旅之船。岑参《阻戎泸间群盗》:“三江行人绝,万里无征船。”

【征鳥】 远飞之鸟。薛据《初去郡斋书怀》:“征鸟无返翼,归流不停川。”

【征婦】 出征将士之妻。元稹《生春二十首》之七:“病翁闲向日,征妇懒成风。”贯休《夜夜曲》:“孤灯耿耿征妇劳,更深扑落金错刀。”

【征期】 行期。启程之日期。岑参《送张直公归南郑拜省》:“北堂应久待,乡梦促征期。”

【征棹】 行船之桨。多借指行船。张旭《清溪泛舟》:“旅人倚征棹,薄暮起劳歌。”权德舆《送崔端公赴度支江陵院三韵》:“津亭风雪霁,斗酒留征棹。”李绅《趋翰苑遭诬构四十六韵》:“满帆摧骇浪,征棹折危途。”许浑《送张厚浙东谒丁常侍》:“齐唱离歌愁晚月,独看征棹怨秋风。”

【征軺】 远行之车。权德舆《送人使之江陵》:“征轺星乍动,江信潮应上。”

【征雁】 远飞之大雁。以其逢秋即远飞南方,故称。褚亮《晚别乐记室彦》:“风严征雁远,雪暗去篷迟。”李涉《送魏简能东游二首》之二:“燕市悲歌又送君,目随征雁过寒云。”李商隐《霜月》:“初闻征雁已无蝉,百尺楼高水接天。”李中《新秋有感》:“未逢征雁下,渐听夜砧鸣。”

【征雲】 犹战云。喻指战争气氛。李商隐《清夜怨》:“曙月当窗满,征云出塞遥。”

【征税】 征收赋税。刘长卿《送州人孙沅自本州却归句章新营所居》:“诗书满蜗舍,征税及渔竿。”皇甫冉《送邹判官赴河南》:“征税人全少,榛芜虏近亡。”

【征策】 征鞭,借指征马,远行之马。权德舆《渭水》:“日暮驻征策,爱兹清渭流。”

【征禽】 远飞之候鸟。陈子良《送别》:“落叶聚还散,征禽去不归。”

【征魂】 旅人之魂魄,心神。孟郊《戏赠无本》之二:“朔雪凝别句,朔风飘征魂。”

【征遠】 远征,征讨远方。韦庄《赠边将》:“昔因征远向金微,马出榆关一鸟飞。”

【征蓋】 借指远行之车。盖,车盖。杨炯《送临津房少府》:“烟霞驻征盖,弦奏促飞觞。”岑参《奉和相公发益昌》:“山花万朵迎征盖,川柳千条拂去旌。”杜甫《送卢十四弟侍御护韦尚书灵榇归上都》:“眼冷看征盖,儿扶立钓矶。”杨汝士《和宗人尚书嗣复祠祭武侯毕题临淮公旧碑》:“昔谒从征盖,今闻拥信旗。”

【征蓬】 犹转蓬,飘蓬。常喻指远游人,以其行踪如风中蓬草,漂泊不定,故谓。虞世南《从军行二首》之一:“蔽日卷征蓬,浮天散飞雪。”王勃《冬郊行望》:“江皋寒望尽,归念断征蓬。”王维《使至塞上》:“征蓬出汉塞,归雁入胡天。”

【征虜亭】 在今江苏江宁县东,为晋征虏将军谢安所建,故名。李白有《夜下征虏亭》。刘禹锡《金陵怀古》:“潮满冶城渚,日斜征虏亭。”徐铉《送吴郎中为宣州推官知泾县》:“征虏亭边月,鸡鸣伴客行。”

【征路】 旅途;客游之路。武元衡《秋晚途次坊州界寄崔玉员外》:“征路出山顶,乱云生马蹄。”权德舆《岭上逢久别者又别》:“十年曾一别,征路此相逢。”白居易《长乐坡送人赋得愁字》:“行人南北分征路,流水东西接御沟。”许棠《塞外书事》:“征路出穷边,孤吟傍戍烟。”

【征傳】 (一zhuàn)远行人所乘之驿车。苏味道《始背洛城秋郊瞩目奉怀台中诸侍御》:“帝城犹郁郁,征传几骎骎。”徐坚《饯唐永昌》:“郎官出宰赴伊瀍,征传骎骎灞水前。”权德舆《宿严陵》:“身羁从事驱征传,江入新安泛暮涛。”

【征徭】 租赋与徭役。李嘉祐《早秋京口旅泊章侍御寄书相问因以赠之》:“吴越征徭非旧日,秣陵凋弊不宜秋。”高适《睢阳酬别畅大判官》:“酋豪尽俘馘,子弟输征徭。”杜荀鹤《山中寡妇》:“任是深山更深处,也应无计避征徭。”陈陶《圣帝击壤歌四十声》:“岛屿征徭薄,漪澜泛稻凉。”

【征閨】 远游人妻子之闺室。刘兼《秋夕书事》:“征闺捣月离愁远,旧馆眠云旅梦通。”

【征塵】 远行之车马所扬起之路尘。王勃《别人四首》之一:“自然堪下泪,谁忍望征尘。”

【征旗】 出门远行人之旌旗。高骈《写怀二首》之二:“如今暗与心相约,不动征旗动酒旗。”

【征鞍】 旅人之马鞍,借指旅人之马。岑参《送李翥游江外》:“青门须醉别,少为解征鞍。”牟融《送范启东还京》:“萧萧行李上征鞍,满目离情欲去难。”熊孺登《奉和兴元郑相公早春送杨侍郎》:“征鞍欲上醉还留,南浦春生百草头。”李商隐《偶成转韵七十二句赠四同舍》:“征东同舍鸳与鸾,酒酣劝我悬征鞍。”

【征輪】 远行之车轮,借指远行之车。王维《观别者》:“挥涕逐前侣,含凄动征轮。”岑参《送严诜擢第归蜀》:“巴江秋月新,阁道发征轮。”周彻《尚书郎上直闻春漏》:“高台闲自听,非是驻征轮。”罗隐《送卢端公归台卢校书之夏县》:“绵绵堤草拂征轮,龙虎俱辞楚水滨。”

【征赋】 赋税。杜甫《宿花石戍》:“谁能扣君门,下令减征赋。”韩愈《赴江陵途中寄赠翰林三学士》:“上怜民无食,征赋半已休。”王贞白《田舍曲》:“征赋岂辞苦,但愿时官贤。”徐夤《东归题屋壁》:“旧业旋从征赋失,故人多逐乱离空。”

【征艘】 远征之船。罗邺《秋日怀江上友人》:“行子岂知烟水劳,西风独自泛征艘。”

【征駕】 旅人之车驾。祖咏《送丘为下第》:“国门税征驾,旅食谋归旋。”刘长卿《灞东晚晴简同行薛弃朱训》:“二贤诚逸足,千里陪征驾。”刘驾《送李殷游边》:“征驾在我傍,草草意难说。”

【征橈】 行船之桨。汪遵《细腰宫》:“争奈君王正沉醉,秦兵江上促征桡。”

【征輸】 谓征收赋税输送官府。杜牧《郡斋独酌》:“征输一云毕,任尔自存亡。”

【征橐】 行囊。沈佺期《夏日都门送司马员外逸客孙员外佺北征》:“画省连征橐,横门共别词。”

【征戰】 出征作战。辛常伯《军中行路难》:“但令一被君王知,谁惮三边征战苦。”王翰《凉州词二首》之一:“醉卧沙场君莫笑,古来征战几人回。”白居易《新乐府·新丰折臂翁》:“翁云贯属新丰县,生逢圣代无征战。”冯待征《虞姬怨》:“岁岁年年事征战,侍君帷幕损红颜。”

【征儔】 旅伴。王勃《焦岸早行和陆四》:“侵星违旅馆,乘月戒征俦。”

【征鞞】 见“征鼙”。

【征轅】 借指旅人之车。武元衡《出塞作》:“边风引去骑,胡沙拂征辕。”黄滔《鄜畤李相公》:“秦城择日发征辕,斋戒来投节制尊。”

【征鴻】 征雁,远飞之雁,南归之雁。李义府《和边城秋气早》:"边马秋声急,征鸿晓阵斜。"李白《感兴六首》之三:"征鸿务随阳,又不为我栖。"李贺《溪晚凉》:"溪汀眠鹭梦征鸿,轻涟不语细游溶。"张泌《边上》:"戍楼吹角起征鸿,猎猎寒旌背晚风。"

【征騎】 ❶出征将士之战马。亦借指出征之骑兵,兵马。刘长卿《送王端公入奏上都》:"秋草通征骑,寒城背落晖。"李忱《重阳锡宴群臣》:"款塞旋征骑,和戎委庙贤。"❷远游人之坐骑,旅人之马。高适《使青夷军入居庸三首》之三:"登顿驱征骑,栖迟愧宝刀。"戴叔伦《送张评事》:"杨花展转引征骑,莫怪山中多看人。"刘禹锡《发华州留别张侍御》:"切切别弦急,萧萧征骑烦。"崔涂《灞上》:"征骑少闲日,绿杨无旧阴。"

【征騑】 远行之车马。辕马外之马,借指驾车之马。柳宗元《郎州窦常员外寄刘二十八诗见促行骑走笔酬赠》:"赐环留逸响,五马助征騑骈。"又《奉和周二十二丈酬郴州侍郎衡江夜泊得韶州书》:"丘山仰德耀,天路下征骈。"

【征鞭】 旅人之马鞭。高蟾《道中有感》:"年华经几日,日日掉征鞭。"

【征櫂】 同"征棹"。櫂,同"棹"。

【征壘】 壁垒,作战工事。韦庄《江上逢史馆李学士》:"关河自此为征垒,城阙于今陷战鼙。"

【征鐃】 大驾出行时之铙吹。铙,军乐之一种,状如铃而无舌。陆龟蒙《奉和袭美新秋言怀三十韵次韵》:"目曾窥绝洞,耳不犯征铙。"韩偓《辛酉岁冬十一月随驾幸岐下作》:"曳裾谈笑殿西头,忽听征铙从冕旒。"

【征驂】 旅人之马。亦指旅人之车马。王勃《饯韦兵曹》:"征骖临野次,别袂惨江垂。"刘长卿《颍川留别司仓李万》:"颍水东流是别心,落日征骖随去尘。"

【征鼙】 亦作"征鞞"。战鼓声。鼙,一种军用小鼓。郑启《严塘经乱书事》之一:"未见山前归牧马,犹闻江上带征鞞。"杜荀鹤《乱后归山》:"乱世归山谷,征鼙喜不闻。"毛文锡《甘州遍》词:"萧萧飒飒,边声四起,愁闻戍角与征鼙。"

【征鐸】 骑乘或驾车之马身上所悬铃铛。温庭筠《商山早行》:"晨起动征铎,客行悲故乡。"

【征艫】 行船之橹。借指远行之船。皎然《陪颜使君饯宣谕萧常侍》:"恤民驱急传,访旧枉征舻。"

【征鑣】 征马。镳,借指马。钱起《送孙十尉温县》:"急管繁弦催一醉,颓阳不驻引征镳。"

徂 〔cú《广韵》昨胡切,平模,從。〕❶往。韩愈《河之水二首寄子侄老成》之二:"我徂京师,不远其还。"白居易《朱藤谣》:"或水或陆,自北徂南。"❷至,及。韦应物《答畅校书当》:"日月欲为报,方春已徂冬。"陆龟蒙《刈获》:"自春徂秋天弗雨,廉廉早稻才遮亩。"❸流逝;过去。杜甫《倦夜》:"万事干戈里,空悲清夜徂。"白居易《东南行一百韵寄通州元九侍御窦七校书》:"渭北田园废,江西岁月徂。"元稹《春分投简阳明洞天作》:"中分春一半,今日半春徂。"❹衰落,消减。张说《送郭大夫元振再使吐蕃》:"容发徂边岁,旌裘敝海色。"房琯《题汉州西湖》:"三伏气不蒸,四达暑自徂。"元稹《酬乐天东南行诗一百韵》:"瘴窟蛇休蛰,炎溪暑不徂。"贯休《夜对雪寄杜使君》:"冷牵人梦转,清逼瘴根徂。"❺死亡,亡故。宋之问《洞庭湖》:"张乐轩皇至,征苗夏禹徂。"薛逢《题筹笔驿》:"赤伏运衰功莫就,皇纲力振命先徂。"❻暮,晚,末。杜甫《今夕行》:"今夕何夕岁云徂,更长烛明不可孤。"宋华《蝉鸣五章》之四:"匪叹秋徂,怨斯路阻。"元稹《酬乐天早夏见怀》:"君诗夏方早,我叹秋已徂。"李绅《趋翰苑遭诬构四十六韵》:"到接三冬暮,来经六月徂。"❼始。张籍《夏日可畏》:"赫赫温风扇,炎炎夏日徂。"见"徂暑"。

【徂川】 逝川,流水。喻指流逝之岁月。李白《赠饶阳张司户燧》:"功业嗟落日,容华弃徂川。"又《月夜江行寄崔员外宗之》:"归路方浩浩,徂川去悠悠。"

【徂年】 流年,余年。李白《秋登巴陵望洞庭》:"瞻光惜颓发,阅水悲徂年。"

【徂征】 ❶远行。裴耀卿《敬酬张九龄当涂界留赠之作》:"珪符肃有命,江国远徂征。"李白《淮阴书怀寄王宗成》:"沿洄且不定,飘忽怅徂征。"窦庠《太原送穆质南游》:"那言苦行役,值此远徂征。"❷征伐。吴融《和严谏议萧山庙十韵》:"近兼闻顺动,敢复怨徂征。"

【徂春】 暮春。韦应物《与友生野饮效陶体》:"始自玩芳物,行当念徂春。"

【徂秋】 暮秋。李峤《晚秋喜雨》:"积阳躔首夏,隆旱届徂秋。"樊宗师《蜀绵州越王楼诗》:"徂秋试登临,大霭屯乔空。"

【徂夏】 晚夏。韦应物《始闻夏蝉》:"徂夏暑未晏,蝉鸣景已曛。"《郊庙歌辞·五郊乐章·送神》:"春末冬暮,徂夏杪秋。"

【徂徠】 山名。在今山东泰安东南。李白《鲁郡东石门送杜二甫》:"秋波落泗水,海色明徂徕。"

【徂落】 衰落。陈子昂《感遇诗三十八首》之十三:"徂落方自此,感叹何时平。"

【徂暑】 指农历六月夏末之暑热,亦指晚夏。语本《诗·小雅·四月》。卢照邻《七夕泛舟二首》之一:"汀葭肃徂暑,江树起初凉。"孙逖《立秋日题安昌寺北山亭》:"徂暑迎秋薄,凉风是日飘。"高适《秋胡行》:

“蕙楼独卧频度春，彩阁辞君几徂暑。”李德裕《夏晚有怀平泉林居》：“孟夏守畏途，舍舟在徂暑。”

【徂景】 逝去的景物。韦应物《立夏日忆京师诸弟》：“坐想离居人，还当惜徂景。”

【徂歲】 ❶岁月，光阴。韦应物《四禅精舍登览悲旧寄朝宗巨川兄弟》：“徂岁方缅邈，陈事尚纵横。”韩愈《陪杜侍御游湘西两寺独宿有题因献杨常侍》：“旅程愧淹留，徂岁嗟荏苒。”❷岁晚。张九龄《晨坐斋中偶而成咏》：“徂岁方暌携，归心亟踯躅。”韦应物《郡斋感秋》：“方如昨日别，忽觉徂岁惊。”柳宗元《新植海石榴》：“芳根阏颜色，徂岁为谁荣。”

【徂暉】 见“徂輝”。

【徂遷】 ❶流逝。刘希夷《巫山怀古》：“摇落殊未已，荣华倏徂迁。”韦应物《晚出沣上赠崔都水》：“一从民里居，岁月再徂迁。”亦指迁沿。韦应物《善福精舍秋夜迟诸君》：“相去隔城阙，佳期屡徂迁。”❷迁徙，迁居。王建《送于丹移家洺州》：“彼邦君子居，一日可徂迁。”

【徂輝】 亦作“徂暉”。❶落日之光。李白《古风》之三九：“白日掩徂辉，浮云无定端。”❷流逝之岁月，时光。骆宾王《畴昔篇》：“别情伤去盖，离念惜徂辉。”苏颋《故右散骑常侍舒国公诸公挽词》：“徂晖一不借，空有赐东园。”

【徂謝】 ❶消逝，流逝。韦应物《西郊燕集》：“盛时易徂谢，浩思坐飘飖。”颜萱《过张祜处士丹阳故居》序：“光阴徂谢，二纪于兹。”❷亡逝，死去。颜真卿、崔弘《登岘山观李左相石尊联句》：“怀贤久徂谢，赠远空攀援。”皇甫冉《赠恭顺皇后挽歌》：“徂谢年方久，哀荣事独稀。”

【徂顏】 衰退了的容颜。昔日之青春容颜。张说《寄许八》：“万类春皆乐，徂颜独不怡。”又《岳州看黄叶》：“白首看黄叶，徂颜复几何？”苏颋《闲园即事寄韦侍郎》：“宪臣饶美度，联事惜徂颜。”

彼 〔bǐ《广韵》甫委切，上紙，幫。〕❶指示代词。(1)那，那个。武三思《凝碧池侍宴应制得出水楼》：“彼木生何代，为楼复几年？”张嘉贞《奉和早登太行山中言志应制》：“瞻彼冈峦峻，凭兹士马妍。”韦应物《答贡士黎逢》：“如彼昆山玉，本自有光辉。”皮日休《补周礼九夏系文·九夏歌》：“繄彼臣庶，钦王之式。”(2)那里，那儿。杜牧《雪中书怀》：“臣实有长策，彼可徐鞭笞。”❷人称代词。他，他们。玄宗《平胡》序：“命偏师之俘翦，彼应期而咸殄。”李商隐《韩碑》：“元和天子神武姿，彼何人哉轩与羲。”司马扎《卖花者》：“少壮彼何人？种花荒苑外。”

【彼此】 对方和此方，双方。寒山《诗三百三首》之七〇：“彼此莫相啖，莲花生沸汤。”李涉《寄河阳从事杨潜》：“鱼游鸟逝两虽异，彼此各有遂生心。”薛能《牡丹》：“传情每向馨香得，不语还应彼此知。”

【彼亦一時，此亦一時】 指彼此时间不同，情况也当不同。李白《东山吟》：“彼亦一时，此亦一时，浩浩洪流之咏何必奇！”

【彼我】 他与我；彼此。李白《与元丹丘方城寺谈玄作》：“彼我俱若丧，云山岂殊调？”

【彼岸】 佛教语。指通过修行所到达之脱离生死之涅槃境界。皎然《早春书怀寄李少府仲宣》：“脱身投彼岸，吊影念生涯。”白居易《和李澧州题韦开州经藏诗》：“闻君登彼岸，舍筏复何如？”张祜《题画僧二首》之一：“骨峭情高彼岸人，一杯长泛海为津。”韦蟾《岳麓道林寺》：“他方居士来施斋，彼岸上人投结夏。”

【彼美】 犹言那位美人。喻指有才德之君子。源乾曜《奉和圣制送张尚书巡边》：“彼美何壮哉，桓桓擅斯举。”窦群《东山月下怀友人》：“彼美金石分，眷言兰桂芳。”李商隐《自桂林奉使江陵途中感怀寄献尚书》：“彼美回清镜，其谁受曲针？”

【彼時】 那光阴，那时光。韩愈《秋怀诗十一首》之三：“彼时何卒卒，我志何曼曼！”

【彼蒼】 指苍天，上天。语本《诗·秦风·黄鸟》。李端《慈恩寺怀旧》：“彼苍何暧昧，薄劣翻居后。”

往 〔wǎng《广韵》于兩切，上養，云。〕❶去。由此处到彼处。杜审言《奉和七夕侍宴两仪殿应制》：“那堪尽此夜，复往弄残机。”李白《泾溪东亭寄郑少府谔》：“欲往泾溪不辞远，龙门蹙波虎眼转。”卢仝《与马异结交诗》：“今日仝自仝，异不异，是谓仝不往兮异不至。”黄滔《别友人》：“鸟带夕阳投远树，人冲腊雪往边沙。”❷从前，昔时。杜甫《往在》：“往在西京日，胡来满彤宫。”韦应物《赠冯著》：“方来属追往，十载事不同。”刘眘虚《寻东溪还湖中作》：“幽兴方在往，归怀复为今。”白居易《游悟真寺诗》：“往有写经僧，身静心精专。”❸已经过去。刘长卿《送行军张司马罢使回》：“时危身赴敌，事往任浮沉。”耿湋《宋中》：“空思前事往，向晓泪沾巾。”刘沧《长洲怀古》：“千年事往人何在？半夜月明潮自来。”❹指人已作古，死亡。王湾《哭补阙亡友綦毋学士》：“遽泄悲成往，俄传宠令回。”

【往夕】 往日，过去的时光。刘言史《七夕歌》：“寂寞低容入旧机，歇著金梭思往夕。”

【往日】 昔日，从前。韩翃《章台柳》词：“章台柳，章台柳，往日依依今在否？”白居易《答尉迟少监水阁重宴》：“人情依旧岁华新，今日重招往日宾。”翁承赞《题景祥院》：“松多往日门人种，路是前朝释子开。”黄滔《乌石村》：“往日江村今物华，一回登览一悲嗟。”

【往世】 前生，前世。白居易《自解》："房传往世为禅客，王道前生应画师。"

【往古】 前古，古代。李回《享太庙乐章》："氛消夷夏，俗臻往古。"

【往册】 往昔之史册。虞世南《赋得慎罚》："帝图光往册，上德表鸿名。"

【往年】 昔年；往昔。杜审言《春日怀归》："心是伤归望，春归异往年。"孟浩然《临涣裴明府席遇张十一房六》："笑语同今夕，轻肥异往年。"刘言史《伤清江上人》："往年偏共仰师游，闻过流沙泪不休。"唐彦谦《寄友三首》之一："别来客邸空翘首，细雨春风忆往年。"

【往返】 来回。秦系《题镜湖野老所居》："湖里寻君去，樵风往返吹。"方干《感时三首》之二："日乌往返无休息，朝出扶桑暮却回。"罗隐《陕西晚思》："树色荣衰里，人心往返中。"

【往者】 往日；往事。杜甫《送重表侄王砅评事使南海》："往者胡作逆，乾坤沸嗷嗷。"又《喜晴》："千载商山芝，往者东门瓜。"白居易《和答诗十首·和阳城驿》："道州既已矣，往者不可追。"

【往昔】 从前，昔日。贾至《自蜀奉册命往朔方途中呈韦左相文部房尚书门下崔侍郎》："岂惟太公望，往昔逢周文。"元稹《含风夕》："循环切中肠，感念追往昔。"

【往來】 ❶往返。郭震《野井》："凿处若教当要路，为君常济往来人。"刘禹锡《燕尔馆破屏风所画至精人多叹赏题之》："唯有多情往来客，强将衫袖拂埃尘。"司空图《自河西归山二首》之一："一水悠悠一叶危，往来长恨阻归期。"❷犹反复，来回。崔颂《和张荆州九龄晨出郡舍林下》："江上悬晓月，往来亏复盈。"❸交往，往还。寒山《诗三百三首》之一八七："从生不往来，至死无仁义。"李颀《送刘四赴夏县》："高人往来庐山远，隐士往来张长公。"韩愈《崔十六少府摄伊阳以诗及书见投》："赁屋得连墙，往来忻莫间。"许棠《旅次滑台投献陆侍御》："霜台欹冠豸，赖许往来频。"❹犹新陈。谓已往者与新来者。孟浩然《与诸子登岘山》："人事有代谢，往来成古今。"

【往事】 往昔之事。皎然《杂寓兴》："燕昭昧往事，嬴政亡前筹。"张继《重经巴丘》："浮生聚散云相似，往事冥微梦一般。"刘禹锡《西塞山怀古》："人世几回伤往事，山形依旧枕江流。"韩溉《松》："倚空高槛冷无尘，往事闲徵梦欲分。"

【往往】 ❶常常，时常。寒山《诗三百三首》之二六〇："时披古佛书，往往登石阁。"杜甫《饮中八仙歌》："苏晋长斋绣佛前，醉中往往爱逃禅。"王铤《登越王楼见乔公诗偶题》："过鸟时时冲客会，闲风往往弄江声。"吴融《海上秋怀》："碛连荒戍频频火，天绝纤云往往雷。"❷处处。朱存《金陵览古·乌衣巷》："人物风流往往非，空余陋巷作乌衣。"

【往迹】 从前的事迹；前人的事迹。孟郊《自商行谒复州卢使君虔》："往迹虽不同，托意皆有因。"

【往素】 往昔，平素。王昌龄《郑县宿陶太公馆中赠冯六元二》："驱车郑城宿，秉烛论往素。"

【往烈】 往昔之功绩、盛业。刘洎《安德山池宴集》："何如兼往烈，会赏叶幽栖。"

【往時】 往昔，从前。杜甫《莫相疑行》："往时文彩动人主，此日饥寒趋路旁。"白居易《归履道宅》："往时多暂住，今日是长归。"贯休《思匡山贾匡》："近见禅僧说，生涯胜往时。"

【往途】 前去之路途。无名氏《送薛大夫和蕃》(卷七八七)："往途遵塞道，出祖耀都门。"

【往復】 ❶往返，来去。储光羲《秋庭贻马九》："往复万余里，相逢皆众人。"李白《送王屋山人魏万还王屋》序："因下江东，寻诸名山，往复百越。"白居易《初到忠州登东楼寄万州杨八使君》："书信虽往复，封疆徒接连。"李商隐《寄和水部马郎中题兴德驿》："鹢舟时往复，鸥鸟恣浮沉。"❷多次重复；反复回环。孟浩然《除夜有怀》："五更钟漏欲相催，四气推迁往复回。"孟郊《空城雀》："所虑往复频，官仓乃害尔。"杜牧《寄杜子二首》之一："武牢关吏应相笑，个里年年往复来。"

【往歲】 往年，昔时。白居易《南秦雪》："往岁曾为西邑吏，惯从骆口到南秦。"黄滔《寄林宽》："俱喜今辰在，休论往岁难。"

【往誥】 从前的帝王诏书。裴光庭《奉和御制左丞相说右丞相璟太子少傅乾曜同日上官》："乐贤闻往诰，褒德偶兹辰。"

【往還】 (—huán)❶往返，来去。李峤《雁》："往还倦南北，朝夕苦风霜。"钱起《自终南山晚归》："采苓日往还，得性非樵隐。"韩愈《江汉答孟郊》："流沙信难行，马足常往还。"李频《鄂渚湖上即事》："独有东山月，依依自往还。"❷交往，交游。杜甫《送率府程录事还乡》："常时往还人，记一不识十。"韦应物《答李浣三首》之三："楚俗饶辞客，何人最往还。"马异《答卢仝结交诗》："莫嗟独笑无往还，月中芳桂难追攀。"伍唐珪《山中卧病寄卢郎中》："十年耕钓水云间，住僻家贫少往还。"

六 画

待 〔dài《广韵》徒亥切，上海，定。〕❶等待，等候。郑惟忠《送苏尚书赴益州》："庭花如有意，留艳待人开。"张谓《辰阳即事》："青枫落叶正堪悲，黄菊残花欲待谁。”姚合《夜期友生不至》：“忍寒停酒待君来，酒作凌澌火作灰。”齐己《新栽松》：“百岁催人老，千年待尔高。”❷接待，招待。韦应物《将发楚州经宝应县访李二忽于州馆相遇月夜书事因简李宝应》：“一问临邛令，如何待上宾。”孟郊《大梁送柳淳先入关》：“王门与侯门，待富不待贫。”许棠《讲德陈情上淮南李仆射八首》之八：“当路公卿谁见待，故乡亲爱自疑非。”韦庄《柳谷道中作却寄》：“莫怪苦吟鞭拂地，有谁倾盖待王孙。”❸对待。韩愈《贺张十八秘书得裴司空马》：“长令奴仆知饥渴，须着贤良待性情。”裴略《为温仆射嘲竹》：“虚心未得待国士，皮上何须生节目。”❹须，需要。张说《送郑大夫元振再使吐蕃》：“远图待才智，苦节输筋力。”韩愈《孟东野失子》：“上圣不待教，贤闻语而迁。”❺欲，想要。徐夤《逐臭苍蝇》：“穷寂不妨延寿考，贪狂总待算毫厘。”

【待月】 等待月亮出来。卢纶《奉和李益游栖岩寺》：“待月水流急，惜花风起频。”权德舆《与沈十九拾遗同游栖霞寺上方于亮上人院会宿二首》：“焚香入古殿，待月出深竹。”唐彦谦《秋霁夜吟寄友人》：“惟思待月高梧下，更就东床访惠休。”

【待旦】 等待天明。许敬宗《奉和元日应制》：“待旦敷玄造，韬旒御紫宸。”李贺《送沈亚之歌》：“请君待旦事长鞭，他日还辕及秋律。”

【待年】 等待一定的年龄；等待规定的年限。元稹《解秋十首》之十：“况我头上发，衰白不待年。”此谓等到应当发白的老年。白居易《忆洛中所居》：“岂合姑苏守，归休更待年？”此谓等待规定退休、致仕的年龄。

【待取】 等到。李白《醉后答丁十八以诗讥余捶碎黄鹤楼》：“待取明朝酒醒罢，与君烂漫寻春晖。”按杨慎云此系伪诗。顾况《谅公洞庭孤橘歌》：“待取天公放恩赦，侬家定作湖中客。”

【待明】 待旦，等待天明。白居易《和答诗十首·答箭镞》：“摩弓拭箭镞，夜射不待明。”

【待制】 有一定品位朝官轮流值日于朝中以备承问称为“待制”。意谓等待皇帝诏命。太宗时诏京官五品以上，轮流宿于中书、门下两省。张九龄《酬赵二侍御使西军赠两省旧僚之作》：“石室先鸣者，金门待制同。”元结《二风诗》序：“天宝丁亥中，元子以文辞待制阙下。”元稹《句》：“松门待制应全远，药树监搜可得知。”

【待物】 指待人接物。席夔《赋得竹箭有筠》：“虚心如待物，劲节自留春。”

【待命】 等待命运的安排。白居易《浩歌行》：“功名富贵须待命，命若不来知奈何。”

【待泮】 (—pàn)谓冰雪待化，未融化。韦应物《酬韩质舟行阻冻》：“寒苦弥时节，待泮岂所能。”

【待客】 接待、招待客人。刘昚虚《赠乔琳》：“如今五侯不待客，羡君不问五侯宅。”白居易《咏怀寄皇甫朗之》：“老大多情足往还，招僧待客夜开关。”伍唐珪《上苏使君》：“纵使文翁能待客，终栽桃李不成行。”

【待烏】 燕太子丹在秦国做人质，要求回国。秦王曰：“令乌鸦头白，马生角，乃可耳!”语本《史记·刺客列传》司马贞引《燕丹子》。后因以之为咏思归之典。元稹《送致用》：“望鹤眼穿期海外，待乌头白老江渍。”李商隐《镜槛》：“待乌燕太子，驻马魏东阿。”

【待問】 谓苦学以备回答他人询问。语本《礼记·儒行》。马戴《下第寄友人》：“金门君待问，石室我思归。”

【待得】 等到。许棠《讲德陈情上淮南李仆射八首》之七：“平生南北逐蓬飘，待得名成鬓已凋。”孙光宪《生查子》词：“待得没人时，偎倚论私语。”

【待詔】 ❶等待皇帝之诏命。王绩《晚年叙志示翟处士》：“明经思待诏，学剑觅封侯。”武元衡《送冯谏议赴河北宣慰》：“待诏孤城启，宣风万岁和。”❷官名，指翰林待诏。唐玄宗始置。职在草拟奏疏批答，并备顾问。王维《苑舍人能书梵字兼达梵音戏为之赠》：“名儒待诏满公车，才子为郎典石渠。”高适《宋中遇刘书记有别》：“白身谒明主，待诏登云台。”李德裕《雨中自秘书省访王三侍御知早入朝便入集贤诗赠之》：“金门待诏何逍遥，名儒早问张子乔。”赵嘏《宛陵望月寄沈学士》：“一川如画敬亭东，待诏闲游处处同。”亦指翰林待诏入值。任华《寄李白》：“承恩召入凡几回，待诏归来仍半醉。”罗隐《寄制诰李舍人》：“门闲知待诏，星动想濡毫。”❸指待命供内廷召唤之医师、僧道等人。见《旧唐书·职官志二》。张祜《病宫人》：“花颜有幸君王问，药饵无征待诏愁。”罗隐《送詧光大师》：“宁亲久别街西寺，待诏初离海上峰。”

【待賈】 亦作“待價”。待价而沽之略语。谓等待好价钱出售。喻指怀才待用。语本《论语·子罕》。贾，“價”(价)之古字。杨衡《寄赠田仓曹湾》：“眄云高羽翼，待贾蕴璠玙。”柴宿《瑜不掩瑕》：“待价知弥久，称忠定不诬。”

【待罪】 等待治罪、处分。古代官吏任职的谦辞，意谓才不称职而将获罪。后多用指贬谪后之任职。张九龄《酬宋使君见赠之作》：“罢归犹右职，待罪尚南荆。”张说《南中送北使二首》之二：“待罪居重译，穷愁暮雨秋。”王昌龄《留别武陵袁丞》：“皇恩暂迁谪，待罪逢知己。”戎昱《赠别张驸马》：“一朝负谴辞丹阙，五年待罪湘江源。”

【待試】 等待科举考试。欧阳詹《有所恨二章》序：“予待试京师六年，与马生相知者四秋。”

【待漏院】 百官清晨等待入朝皇帝之处，元和初始置。刘邺有《待漏院吟》，参阅李肇《国史补》卷中。

【待漏】 谓百官上早朝前于宫门外等待皇帝出朝。漏，计时之刻漏。苏味道《使岭南闻崔马二御史并拜台郎》："明光共待漏，清鉴各披云。"厍狄履温《夏晚初霁南省寓直用余字》："待漏残灯照，含芳袭气余。"王建《鸡鸣曲》："百官待漏双阙前，圣人亦挂山龙服。"徐铉《贺殷游二舍人入翰林江给事拜中丞》："清晨待漏独徘徊，霄汉悬心不易裁。"

【待價】 见"待賈"。

【待潮】 等待潮涨。李珣《南乡子》："行客待潮天欲暮，送春浦，愁听猩猩啼瘴雨。"

【待曉】 等到拂晓。白居易《纳粟》："家人不待晓，场上张灯烛。"

【待臘】 等待腊月（旧历十二月）。杜甫《小至》："岸容待腊将舒柳，山意冲寒欲放梅。"

徊1 〔huí《广韵》户恢切，平灰，匣。〕回环。见"徊翔"。

徊2 〔huǎi《广韵》户恢切，平灰，匣。〕韦应物《伤逝》："梦想忽如睹，惊起复徘徊。"

【徊翔】 ❶盘旋翱翔。韦应物《汉武帝杂歌》之一："欲来不来夜未央，殿前青鸟先徊翔。"罗隐《投浙东王大夫二十韵》："地清无等级，天阔任徊翔。"亦指回环飘舞貌。李贺《河南府试十二月乐辞 · 五月》："罗袖从徊翔，香汗沾宝粟。"❷盘桓。沈佺期《红楼院应制》："谁谓此中难可到，自怜深院得徊翔。"❸喻指仕途之升沉进退。杜牧《寄内兄和州崔员外十二韵》："进退无非道，徊翔必有名。"

徇1 〔xùn《广韵》辭閏切，去稕，邪。〕❶宣令。韩愈《郓州溪堂诗》："公不饮食，以训以徇。"❷追求。元结《忝官引》："兵家未曾学，荣利非所徇。"何儒亮《亚父碎玉斗》："匪徇切泥功，将明怀璧辱。"慧净《杂言》："不徇今身乐，无祈后代荣。"❸通"殉"。为某种目的而牺牲。徐彦伯《比干墓》："伟哉烈士图，奇英千古徇。"皎然《武源行赠丘卿岑》："昨日将军殉死节，悉向生民陷成血。"亦指为某种目的的不惜牺牲，或尽力从事于某事业。张九龄《南阳道中作》："顾忆徇书剑，未尝安枕席。"李希仲《蓟门行二首》之二："当须徇忠义，身死报国恩。"柳宗元《田家三首》之一："蓐食徇所务，驱牛向东阡。"陆龟蒙《奉和袭美太湖诗 · 投龙潭》："亦既奉真官，因之徇前志。"

徇2 〔xùn《集韵》松倫切，平諄，邪。〕依从；顺从。拾得《诗》之十六："两人心相似，谁能徇俗情。"岑参《因假归白阁西草堂》："误徇一微官，还山愧尘容。"杜牧《感怀诗一首》："高文会隋季，提剑徇天意。"

【徇夫】 殉夫。丈夫死，妻亦为之死称"殉夫"。孟郊《列女操》："贞女贵徇夫，舍生亦如此。"

【徇主】 为主献身。骆宾王《畴昔篇》："荣亲未尽礼，徇主欲申功。"

【徇名】 为求声名而不惜舍身。骆宾王《远使海曲春夜多怀》："怀禄宁期达，牵时匪徇名。"元稹《表夏十首》之十："哀哉徇名士，没命求所难。"白居易《偶作二首》之一："何独徇名人，终身役心力。"孟简《咏欧阳行周事》序："生于单贫，以徇名故，心专勤俭，不识声色。"

【徇志】 谓尽力满足自己意志。吴筠《览古十四首》之三："徇志仍未极，促龄已云亡。"

【徇$_2$物】 顺从物欲。谓追求身外之物。张说《闻雨》："误将心徇物，近得还自然。"李益《自朔方还与郑式瞻崔称郑子周岑赞同会法云寺三门避暑》："徇物不可穷，唯于此心了。"

【徇$_2$俗】 顺从时俗。元稹《酬乐天东南行诗一百韵》："物情良徇俗，时论太诬吾。"白居易《重咏》："徇俗心情少，休官道理长。"杜牧《逢故人》："投人销壮志，徇俗变真机。"

【徇時】 谓植物因时令变冷而凋枯。武元衡《晨兴寄赠窦使君》："徇时真气索，念远怀忧多。"

【徇財】 追求财物。苏颋《蜀城哭台州乐安少府》："执礼谁为赗，居常不徇财。"

【徇書】 舍命读书。李白《少年行》："男儿百年且乐命，何须徇书受贫病。"

【徇禄】 追求官禄。借指做官。崔湜《景龙二年余自门下平章事削阶授江州员外司马途中言志》："徇禄期代耕，受任亦量力。"王维《留别钱起》："徇禄仍怀橘，看山免采薇。"钱起《送昆山孙少府》："徇禄近沧海，乘流看碧宵。"白居易《王夫子》："近将徇禄给一家，远则行道佐时理。"

【徇媒】 犹求偶而舍命。媒，鸟媒。猎人所饲用以诱捕同类之鸟。柳宗元《放鹧鸪词》："徇媒得食不复虑，机械潜发罹罝罦。"

【徇$_2$勢】 屈从时势、世俗。陆龟蒙《村夜二篇》之一："浮虚多徇势，老懒图历聘。"

【徇節】 为名节而不惜舍身。张九龄《奉和圣制送李尚书入蜀》："徇节今如此，离情空复然。"李白《少年行》："男儿百年且荣身，何须徇节甘风尘。"钱起《送毕侍御谪居》："崇兰香死玉簪折，志士吞声甘徇节。"

【徇義】 舍生以求义。张九龄《荆州作二首》之二："徇义在匹夫，报恩犹一餐。"钱起《送李大夫赴广州》："忠臣感圣君，徇义不邀勋。"

【徜樂】 (—lè)追求逸乐。刘禹锡《乐天是月长斋鄙夫此时愁卧遂为联句》:“徜乐非时选,忘机似陆沈。”

【徜權】 追求权势。柳宗元《韦道安》:“咄嗟徜权子,翕习犹趋荣。”

徉 〔yáng《广韵》與章切,平陽,以。〕❶见“徜徉”。❷见“徉徉”。❸通“佯”。见“徉狂”。

【徉狂】 假装疯狂。杜荀鹤《将归山逢友人》:“徉狂宁是事,巧达又非夫。”

【徉徉】 慢行貌。阎朝隐《鹦鹉猫儿篇》:“彷彷兮徉徉,似妖姬躧步兮动罗裳。”参见“彷彷徉徉”。

律 〔lǜ《广韵》吕卹切,入術,來。〕❶律管。古代以竹或铜管制成之定音器。共十根,长短不同,音高各异,所发之十二音称十二律。亦用为候气之管。太宗《度秋》:“夏律昨留灰,秋箭今移晷。”陈子昂《晦日宴高氏林亭》序:“于时律穷太簇,气淑中京。”裴次元《律中应钟》:“律穷方数寸,室暗在三重。”见“律吕”“候氣”。❷乐律,声律。耿沣《春日书情寄元校书伯和相国元子》:“律合声虽应,劳歌调自悲。”崔元翰《奉和圣制重阳旦日百寮曲江宴示怀》:“炮羔备丰膳,集凤调鸣律。”孟郊《晓鹤》:“应吹天上律,不使尘中寻。”张仲素《夜闻洛滨吹笙》:“松风助幽律,波月动轻文。”❸节令,物候。古人以律管候气,又以十二律与十二月相配,故谓。杜甫《暮春江陵送马大卿公恩命追赴阙下》:“熏风行应律,湛露即歌诗。”刘商《合肥至日愁中寄郑明府》:“灰管移新律,穷阴变一阳。”韦庄《和郑拾遗秋日感事一百韵》:“北望心如旆,西归律变商。”❹法令,法规。虞世南《饮马长城窟行》:“拓地勋未赏,亡城律讵宽。”杜甫《忆昔二首》之二:“百余年间未灾变,叔孙礼乐萧何律。”权德舆《送灵武范司空》:“伐谋师以律,贾勇士争先。”《续谣》(卷八七八):“评事不读律,博士不寻章。”❺遵循。刘禹锡《和李六侍御文宣王庙释奠作》:“有心律天道,无位救陵夷。”❻治理,整理。高适《留上李右相》:“傅说明殷道,萧何律汉刑。”❼约束,检束。白居易《玩止水》:“清能律贪夫,淡可交君子。”李商隐《骄儿诗》:“抱持多反侧,威怒不可律。”高骈《寄鄠杜李遂良处士》:“池边写字师前辈,座右题铭律后生。”❽诗律。谓古、近体诗之格律。杜甫《又示宗武》:“觅句新知律,摊书解满床。”任华《寄李白》:“至于他作多不拘常律,振摆超腾,既俊且逸。”牟融《有感二首》之一:“诗因韵险难成律,酒为愁多不顾身。”亦指格律诗。齐己《酬微上人》:“古律皆深妙,新吟复造微。”❾佛教之戒律。严维《赠别至弘上人》:“年老从僧律,生知解佛书。”姚合《送无可上人游边》:“出家还养母,持律复能诗。”许浑《题冲沼上人院》:“天寒犹讲律,雨暗尚寻经。”亦指佛教戒律之书。姚合《寄灵一律师》:“梵书钞律千余纸,净院焚香独受持。”指中国佛教宗派中之律宗。杜荀鹤《赠临上人》:“不计禅兼律,终须入悟门。”

【律手】 运用诗律之高手。白居易《昨以拙诗十首寄西川杜相公用伸答谢》:“诗家律手在成都,权与寻常将相殊。”

【律令】 ❶法令。殷尧藩《早朝》:“衣冠一变无夷俗,律令重颁有正条。”❷犹佛旨。寒山《诗三百三首》之一:“今日得佛身,急急如律令。”

【律吕】 ❶古代定乐律音准之器,以竹或金属管制成,共十二管。管径相同,先定黄钟音之管长,然后依三分损益法递减管长,得十二律管,偶数之六管称六律,或六阳;奇数之六管称六吕,或六阴,合称“律吕”。后多以泛指乐律或音乐。李华《杂诗六首》之一:“黄钟叩元音,律吕更循环。”杜甫《吹笛》:“风飘律吕相和切,月傍关山几处明。”卢纶《秋幕中夜独坐呈同院诸公》:“琳琅多谋蕴,律吕更相宜。”白居易《新乐府·华原磬》:“梨园弟子调律吕,知有新声不如古。”翁洮《和方干题李频庄》:“犹凭律吕传心曲,岂虑星霜到鬓根?”❷指候气。古代以十二律管置密室中,每管内置苇膜灰,谓每一节候至,则其相应律管之灰必动,称为“候气”。武元衡《奉和圣制重阳日即事》:“律吕阴阳畅,景光天地通。”员南溟《玉烛》:“律吕风光至,烟云瑞色呈。”

【律行】 (—xíng)指僧人奉行戒律之状况。张祜《题道光上人山院》:“尽日唯山水,当知律行严。”法照《送清江上人》:“一国诗名远,多生律行高。”

【律服】 守小乘戒律僧人之衣。齐己《荆州新秋病起杂题一十五首·病起见生涯》:“方袍嫌垢弊,律服变光华。”

【律院】 僧人讲解、守持戒律之寺院。亦泛指佛寺。包何有《同李郎中净律院梡子树》。欧阳詹有《同诸公过福先寺律院宣上人房》。

【律乘】 (—chéng)佛教戒律之教义。善生《送玉禅师》:“飘然无定迹,迥与律乘违。”

【律候】 候气,因候气之法用律管,故称。罗让《闰月定四时》:“律候行宜表,阴阳运不欺。”《郊庙歌辞·祀九宫贵神乐章·凯安》:“风云交律候,日月丽昭回。”参见“律吕”。

【律師】 ❶对深知佛法、善解戒律之僧人的尊称。崔子向有《送惟详律师自越之义兴》。无可有《寄兴善寺崔律师》。齐己《寄怀江西徽岷二律师》:“乱后江边寺,堪怀二律师。”❷道士尊号之一种。李益有《华阴东泉同张处士诣藏律师因寄刘中书》。

【律座】 僧人讲解佛教戒律之座位。欧阳詹《同诸公过福先寺律院宣上人房》诗："律座下朝讲，昼门犹掩关。"

【律堂】　僧人修持戒律之佛堂。项斯《寄坐夏僧》："坐夏日偏长，知师在律堂。"

【律象】　候气律管所显示节候之象。苏颋《人日兼立春小园宴》："年灰律象动，阳气开迎人。"参见"候氣"。

【律鈔】　佛教戒律抄本。孟郊《宿空侄院寄澹公》："灯窗看律钞，小师别为侣。"

【律業】　指僧人守持、讲解戒律之事业。张籍《送闲师归江南》："多生修律业，外学得诗名。"周贺《赠僧》："藩府十年为律业，南朝本寺往来新。"

【律詩】　近体诗的格律声韵。亦借指格律。孟郊《送淡公》之八："开元吴语僧，律韵高且闲。"林宽《送许棠先辈归宣州》："发枯穷律韵，字字合埙篪。"司空图《力疾山下吴村看杏花十九首》之十五："亦知王大是昌龄，杜二其如律韵清。"齐己《览延栖上人卷》："何人忘律韵，为子辨诗声。"

【律管】　古代确定律吕音准之器，共十二根，以竹或铜管为之。亦以测节令变化。裴度、刘禹锡《度自到洛中与乐天为文酒之会时时构咏乐不可因为联句》："春榆初改火，律管又飞灰。"纥干讽《新阳改故阴》："律管才推候，寒郊忽变阴。"李璟《保大五年元日大雪登楼赋》："春气昨宵飘律管，东风今日放梅花。"参见"律吕""候氣"。

【律僧】　传授、讲解佛教戒律之僧人。张籍有《律僧》。白居易《醉后戏题》："自知清冷似冬凌，每被人呼作律僧。"贾岛《赠友人》："不同狂客醉，自伴律僧斋。"

【律儀】　❶佛教戒律之仪规。皇甫曾《赠鉴上人》："律仪传教诱，僧腊老烟霄。"张祜《赠贞固上人》："律仪精毡布，真行正吞针。"灵澈《送道虔上人游方》："律仪通外学，诗思入玄关。"❷道教之斋仪。于鹄《宿西山修下元斋咏》："启奏修律仪，天曙山鸟鸣。"

【律曆】　本指乐律与历法。因古代定乐章与候气俱以律管，故常称以偏指节候。李白《草创大还赠柳官迪》："捣冶入赤色，十二周律历。"

【律禪】　(—chán)指中国佛教宗派中之律宗与禅宗。杜荀鹤《空闲二公递以禅律相鄙因而解之》："一教谁云辟二途，律禅禅律智归愚。"

【律藏】　(—zàng)佛教经典分经、律、论三部分，合称三藏。其中关于佛教戒律之著作称"律藏"。皇甫冉《送志弥师往淮南》："已能持律藏，复去礼禅亭。"贯休《题淮南惠照寺律师院》："学徒梧有凤，律藏目无牛。"

很

〔hěn《广韵》胡墾切，上很，匣。〕❶凶狠残忍。元稹《有鸟二十章》之一："有鸟有鸟名老鸱，鸱张贪很老不衰。"❷狂暴。韩愈《陆浑山火和皇甫湜用其韵》："山狂谷很相吐吞，风怒不休何轩轩！"

【很石】　石名，在润州(今江苏镇江)北固山甘露寺前，其状如伏踞之羊。罗隐《题润州妙善前石羊》："紫髯桑盖此沉吟，很石犹存事可寻。"题注："传云吴主孙权与蜀主刘备尝此置会云。"

【很戾】　凶狠乖戾。孟郊《尧歌》："往还迹徒新，很戾竟独迷。"

後

〔hòu《广韵》胡口切，匣。又胡遘切，去候，匣。〕❶时间晚、迟。与"先"相对。杜甫《遣兴三首》之三："时来展材力，先后无丑好。"白居易《寄情》："岂无后开花？念此先开好。"李商隐《五言述德抒情诗献上杜七兄仆射相公》："后饮曹参酒，先和傅说羹。"许棠《送杜仓曹往沧洲觐叔常侍》："碛鸿来每后，朝日见常先。"❷后来，以后。指某一时刻之后的时间。崔国辅《杂诗》："后余在关内，作事多迍邅。"王维《送熊九赴任安阳》："魏国应刘后，寂寥文雅空。"杨郇伯《送妓人出家》："从今艳色归空后，湘浦应无解珮人。"韦庄《和人岁宴旅舍见寄》："意合论文后，心降得句初。"❸晚于，迟于。杨凌《阁前双槿》："非关后桃李，为欲继年华。"❹延误，拖迟。柳宗元《田家三首》之二："东乡后租期，车毂陷泥泽。"❺后裔，后代。颜真卿《咏陶渊明》："自以公相后，每怀宗国屯。"刘长卿《戏题赠二小男》："何幸暮年方有后，举家相对却沾巾。"白居易《予与微之老而无子发于言叹著在诗篇今年冬各有一子嘲》之二："五十八翁方有后，静思堪喜亦堪嗟。"皮日休《奉和鲁望读阴符经见寄》："禹本刑人后，以功继其嗣。"❻后世。李商隐《韩碑》："公之斯文不示后，曷与三五相攀追。"❼位置在后面。与"前"相对。李白《月夜江行寄崔员外宗之》："岸曲迷后浦，沙明瞰前洲。"温宪《郊居》："村前村后树，寓赏有余情。"❽落后，落在他人之后。李颀《行路难》："世人逐势争奔走，沥胆堕肝惟恐后。"储光羲《终南幽居献苏侍郎三首》之二："寄言搴芳者，无乃后时人。"顾况《送从兄使新罗》："封侯万里外，未肯后班超。"❾语气词。犹呵，啊。王周《问春》："把酒问春因底意，为谁来后为谁归。"

【後人】　❶后来之人；后世之人。孙逖《送李补阙摄御史充河西节度判官》："官序惭先达，才名畏后人。"白居易《蜀路石妇》："后人高其节，刻石像妇形。"李咸用《水仙操》："后人好事传其曲，有时声足意不足。"欧阳炯《题景焕画应天寺壁天王歌》："东边画了空西边，留与后人教敌手。"❷后代，后裔。韩愈《琴操十首·越裳操》:“以有疆宇,私我后人。”

【後王】 后来之帝王。杜甫《剑门》:“后王尚柔远,职贡道已丧。”窦常《商山祠堂即事》:“后王不敢论珪组,土偶人前枳树秋。”白居易《新乐府·隋堤柳》:“后王何以鉴前王,请看隋堤亡国树。”

【後夫】 后嫁之丈夫。无名氏《五言诗》之一(外编下):“妻嫁亲后夫,子心随母意。”

【後天】 ❶指衰老在天之后,形容寿比天长。李白《飞龙引二首》之二:“紫皇乃赐白兔所捣之药,后天而老凋三光。”王毂《梦仙谣三首》之一:“有人遗我五色丹,一粒吞之后天老。”亦作“後天地”。谓寿比天地还长。李峤《宝剑篇》:“除灾避患宜君王,益寿延龄后天地。”❷犹言天之上。形容山峰高耸入云。齐己《浣口泊舟晓望天柱峰》:“谁见扶持力,峨峨出后天。”

【後天地】 见“後天❶”。

【後日】 ❶明日之明日。韦应物《三台》词:“一年一年老去,明日后日花开。”白居易《长句呈谢》:“散斋香火今朝散,开素盘筵后日开。”❷日后,今后。韩愈《李花赠张十一署》:“只今四十已如此,后日更老谁论哉。”

【後月】 下月,次月。丘为《湖中寄王侍御》:“每有南浦信,仍期后月游。”

【後世】 某时代后之时代;未来之时代。白居易《和答诗十首·和阳城驿》:“若作阳公传,欲令后世知。”符载《题李八百洞》:“后世何人来飞升,紫阳真人李八百。”陆龟蒙《又酬次韵》:“积此风流事,争无后世名。”唐彦谦《和陶渊明贫士诗七首》之五:“后世耻躬耕,号呼脱饥寒。”

【後生】 ❶晚辈,亲属中之辈分小者。韦应物《简陟巡建二甥》:“忽羡后生连榻话,独依寒烛一斋空。”高骈《寄鄠杜李遂良处士》:“池边写字师前辈,座右题铭律后生。”❷后辈,年轻人。张彪《神仙》:“长老思养寿,后生笑寂寞。”崔峒《喜逢妻弟郑损因送入京》:“对酒悲前事,论文畏后生。”刘禹锡《与歌者米嘉荣》:“近来时世轻先辈,好染髭须事后生。”孟球《和主司王起》:“当年门下化龙成,今日余波进后生。”亦指年轻。齐己《送孙凤秀才赴举》:“此日登仙众,君应最后生。”❸后人,后世之人。杜甫《戏为六绝句》之一:“今人嗤点流传赋,不觉前贤畏后生。”元结《刘侍御月夜宴会》序:“诸公尝欲变时俗之淫靡,为后生之规范。”❹来生,来世。开元宫人《袍中诗》:“今生已过也,结取后生缘。”方干《赠乾素上人》:“料师多劫长如此,岂算前生与后生。”齐己《爱吟》:“皎然未必迷前习,支遁宁非悟后生。”

【後代】 后世。往后之时代。李邕《铜雀妓》:“君举良未易,永为后代嗤。”白居易《秦中吟十首·立碑》:“岂独贤者嗤,仍传后代疑。”杜牧《商山富水驿》:“当时物议朱云小,后代声华白日悬。”许棠《哭宣城元征君》:“后代传青史,方钦道德垂。”

【後主】 ❶后来的主人。白居易《凶宅》:“后主为公卿,寝疾殁其中。”❷称末代君主。杜甫《武侯庙》:“犹闻辞后主,不复卧南阳。”此指三国蜀后主刘禅。❸(1)指三国蜀后主刘禅。周昙《咏史诗·三国门·后主》:“万峰如剑载前来,危阁横空信险哉。对此玄休长叹息,方知刘禅是庸才。”(2)指南朝陈后主陈叔宝。陈宫妃嫔《与颜濬冥会诗》:“惭非后主题笺客,得见临春阁上花。”按,此为颜睿诗。徐铉《景阳台怀古》:“后主忘家不悔,江南异代长春。”(3)指隋炀帝杨广。炀帝为亡国之君,故称。陆龟蒙《袭美先辈以龟蒙所献五百言既蒙见和复示荣唱用伸酬谢》:“梁元尽索虏,后主终亡隋。”吴融《隋堤》:“曾笑陈家歌《玉树》,却随后主看琼花。”

【後因】 佛教语。来世之因缘,因果。崔颢《赠怀一上人》:“作礼忏前恶,洁诚期后因。”

【後先】 时间的先后。亦指次序、位置的前后高下。唐思言《和主司王起》:“虚散谬当陪杞梓,后先宁异感生成。”皮日休《鲁望昨以五百言见贻微旨也》:“唯思逢阵敌,与彼争后先。”孙偓《答门生王涣李德邻赵光胤王拯长句》:“各怀器业宁推让,俱上青霄肯后先。”徐铉《奉和宫傅相公怀旧见寄四十韵》:“文辞职业分工拙,流辈班资让后先。”

【後伏】 即末伏。立秋后第一个庚日。元稹《解秋十首》之四:“后伏火犹在,先秋蝉已多。”许棠《陪友人夏夜对月》:“后伏中宵月,高秋满魄齐。”

【後行】 (—háng)排在后面的行列。岑参《秋夕读书幽兴献兵部李侍郎》:“惊蝉也解求高树,旅雁还应厌后行。”钱起《喜李侍御拜郎官入省》:“应怜后行雁,空羡上林枝。”

【後名】 身后之名,死后之好名声。杜荀鹤《寄李溥》:“共莫更初志,俱期立后名。”

【後車】 ❶附随于皇帝车驾后面之车。多为帝王近信之臣如侍中或文字之臣乘坐。王维《故太子太师徐公挽歌四首》之二:“剑履升前殿,貂蝉托后车。”李商隐《宋玉》:“可怜庾信寻荒径,犹得三朝托后车。”❷指重蹈覆辙之车。喻指未吸取历史教训而重遭挫折之作为。郑谷《渭阳楼闲望》:“后车宁见前车覆,今日难忘昨日忧。”参见“前車覆”。

【後秀】 后开之花。元稹《村花晚》:“非无后秀与孤芳,奈尔千株万顷之茫茫。”

【後身】 佛教谓人有生死轮回,死后转世之身称“后身”。李颀《送王道士还山》:“吾闻仙地多后身,安知不是具茨人。”李白《答湖州迦叶司马问白是何人》:

"湖州司马何须问。金粟如来是后身。"刘禹锡《观棋歌送儇师西游》:"前身后身付余习,百变千化无穷已。"温庭筠《蔡中郎坟》:"古坟零落野花春,闻说中郎有后身。"

【後來秀】 犹后起之秀。喻指后出之人才。岑参《送祁乐归河东》:"祁乐后来秀,挺身出河东。"

【後來】 ❶晚至,后到。刘长卿《瓜洲驿奉饯张侍御淮南幕府》:"后来惭辙迹,先达仰门阑。"俞简《行不由径》:"后来无枉路,先达擅前名。"亦指年龄较轻、辈分较晚的人。刘禹锡《将赴汝州途出浚下留辞李相公》:"后来富贵已零落,岁寒松柏犹依然。"白居易《代梦得吟》:"后来变化三分贵,同辈凋零太半无。"❷以后。李白《酬殷明佐见赠五云裘歌》:"谢朓已没青山空,后来继之有殷公。"元稹《箭镞》:"仍令后来箭,尽可头团团。"罗虬《比红儿诗》之六八:"今日雕阴有神艳,后来公子莫相轻。"周朴《望中怀古》:"从此安然寰海内,后来无复谩相倾。"

【後事】 ❶以后之事。白居易《自江陵之徐州路上寄兄弟》:"家贫忧后事,日短念前程。"薛能《褒城驿有故元相公旧题诗因仰叹而作》:"敢叹临行殊旧境,惟愁后事劣今时。"❷身后之事。张籍《祭退之》:"令我署其末,以为后事程。"

【後果】 佛教语。指因果报应中由先前之因缘所成之后来的果报。宋之问《游法华寺》:"后果缠三足,前因感六牙。"

【後昆】 后裔,子孙。王维《同卢拾遗过韦给事东山别业二十韵》:"盛德启前烈,大贤钟后昆。"吴筠《览古十四首》之十:"霍孟翼三后,伊戚及后昆。"徐夤《上卢三拾遗以言见黜》:"因思周庙当时诫,金口三缄示后昆。"

【後門】 开于房舍或院落后部之便门。李商隐《少年》:"别馆觉来云雨梦,后门归去蕙兰丛。"又《蜂》:"小苑华池烂熳通,后门前槛思无穷。"

【後夜】 后半夜。刘长卿《秋夜肃公房喜普门上人自阳羡山至》:"寒禽惊后夜,古木带高秋。"严维《奉和独孤中丞游云门寺》:"上方看度鸟,后夜听吟猿。"杨巨源《供奉定法师归安南》:"心到长安陌,交州后夜钟。"

【後底】 犹后头,后面。庞蕴《杂诗》之三:"回头看后底,影亦不随身。"

【後房】 正室后面之房屋。多指姬妾居住之房。白居易《鹦鹉》:"应似朱门歌舞妓,深藏牢闭后房中。"又《寄卢少尹》:"妾媵填后房,竟寿百余岁。"李商隐《河阳诗》:"巴西夜市红守宫,后房点臂斑斑红。"

【後庭】 ❶指后宫。杨师道《阙题》:"羊车讵畏青门闭,兔月今宵照后庭。"李商隐《柳》:"后庭玉树承恩泽,不信年华有断肠。"❷借指宫女、嫔妃。贺知章《奉和御制春台望》:"自昔秦奢汉穷武,后庭万余宫百数。"亦指王或公侯之姬妾。杜牧《杜秋娘诗》:"老濞即山铸,后庭千双眉。"❸宫廷之后园。李舜弦《蜀宫应制》:"浓树禁花开后庭,饮筵中散酒微醒。"亦泛指一般府第宅舍之后院。岑参有《敦煌太守后庭歌》。薛能《柳枝词五首》之四:"西园高树后庭根,处处寻芳有折痕。"韦庄《春愁》:"后庭人不到,斜月上松篁。"❹指南朝陈后主所作《玉树后庭花》歌。汪遵《陈宫》:"留得《后庭》亡国曲,至今犹与酒家吹。"孙元晏《咏史诗·陈·后庭舞》:"《后庭》一曲从教舞,舞破江山君未知。"

【後庭花】 《玉树后庭花》之省称。本乐府清商曲吴声歌曲名,唐为教坊曲名。南朝陈后主作词。后多用指亡国之音。刘禹锡《金陵五题·台城》:"万户千门成野草,只缘一曲后庭花。"张祜《玉树后庭花》:"轻车何草草,独唱后庭》。"杜牧《泊秦淮》:"商女不知亡国恨,隔江犹唱后庭花。"吴融《水调》:"可道新声是亡国,且贪惆怅后庭花。"

【後施鞭】 晋刘琨枕戈待旦,"常恐祖生先吾着鞭"。见《晋书》卷六十二《刘琨传》。后遂以喻落后于人。王维《哭祖六自虚》:"不期先挂剑,长恐后施鞭。"参见"先鞭"。

【後前】 前后,谓前面与后面。韩愈《杂诗》:"古史散左右,诗书置后前。"

【後宫】 ❶皇宫中嫔妃所居之处。崔国辅《白纻辞二首》之二:"董贤女弟在椒风,窈窕繁华贵后宫。"李白《飞龙引二首》之二:"后宫婵娟多花颜,乘鸾飞烟亦不还,骑龙攀天造天关。"顾非熊《天津桥晚望》:"云收中岳近,钟出后宫微。"刘驾《皎皎词》:"班姬入后宫,飞燕舞东风。"❷借指嫔妃。罗隐《送顾云下第》:"汉帝后宫犹识字,楚王前殿更无人。"

【後時】 犹失时。未赶上时令、时风。卢象《赠张均员外》:"承欢畴日顾,未纪后时伤。"岑参《西蜀旅舍春叹寄朝中故人呈狄评事》:"功业悲后时,光阴叹虚掷。"钱起《江行无题一百首》之五九:"丛菊生堤上,此花长后时。"林璠《季夏入北山》:"谁怜后时者,六月未南图。"

【後乘】 (—shèng)随从在后之车马。亦指从臣之车马。储光羲《巩城东庄道中作》:"南轩草间去,后乘林中出。"长孙佐辅《闻韦附马使君迁拜台州》:"曾陪后乘光,共逐平津游。"雍陶《蜀路倦行因有所感》:"白日欲斜催后乘,青云何处问前程。"皮日休《陪江西裴公游襄州延庆寺》:"不署前驱惊野鸟,唯将后乘载诗人。"

【後唐莊宗】 (885—926)名存勖,小字亚子。事迹见新旧《五代史》本纪。《全唐诗》卷八八九录其词四首。

【後悔】　事后懊悔，悔恨。李咸用《富贵曲》："我闻周公贵为天子弟，富有半四海，蔑有骄奢贻后悔。"韩偓《妒媒》："多为过防成后悔，偶因翻语得深猜。"

【後凋】　指松柏经岁寒而不凋谢。常喻指人能守持节操而不变。语本《论语·子罕》："岁寒然后知松柏之后凋也。"宋之问《郡宅中斋》："唯余后凋色，窃比东南箭。"郑澣《中书相公任兵部侍郎日后阁植四松逾数年此官因献拙什》："后凋应共操，无复问良媒。"李程《赋得竹箭有筠》："能将先进礼，义与后凋邻。"唐彦谦《木兰》："众花摇落正无憀，脉脉芳丛契后凋。"

【後堂】　❶后面之堂屋；内室。杜审言《赠崔融二十韵》："复此开悬榻，宁唯入后堂。"柳中庸《丁评事宅秋夜宴集》："翠幕卷回廊，银灯开后堂。"元稹《感梦》："今夜商山馆中梦，分明同在后堂前。"韩偓《厌花落》："后堂夹帘愁不卷，低头闷把衣襟捻。"❷后院。李商隐《燕台四首·夏》："前阁雨帘愁不卷，后堂芳树阴阴见。"

【後進】　❶后来者而获仕进。亦指仕进晚。骆宾王《久戍边城有怀京邑》："怀铅惭后进，投笔愿前驱。"李端《赠赵神童》："每见先鸣早，常惊后进多。"包颖《和徐鼎臣见寄》："旧游半似前生事，要路多逢后进人。"❷犹后辈，晚辈。张说《巡边在河北作》："故交索将尽，后进稀相识。"张继《送顾况泗上觐叔父》："吴乡岁贡足嘉宾，后进之中见此人。"陈陶《哭王赞府》："龙头孤后进，鹏翅失前程。"

【後彫】　同"後凋"。钱起《蓝田溪杂咏二十二首·松下雪》："唯助苦寒松，偏明后凋色。"

【後騎】　（—jì）随从在后之骑马侍从或骑兵。李适《奉和圣制九日侍宴应制得高字》："后骑萦堤柳，前旌拂御桃。"李绅《忆至巩县河宿待家累追怀》："弓开后骑低初月，鹗驻前旌拂暮鸦。"

【後期】　❶后会；再见之期。李端《古别离二首》之一："后期知几日，前路转多山。"元稹《古决绝词》："握手苦相问，竟不言后期。"陆龟蒙《新秋月夕客有自远相寻者作吴体二首以赠》之二："林端片月落未落，强慰别情言后期。"徐铉《送王四十五归东都》："想忆看来信，相宽指后期。"❷犹来日，以后之时日。薛能《晚春》："无限后期知有在，只愁烦作总戎身。"❸延误时日，错失时期。李商隐《一片》："人间桑海朝朝变，莫遣佳期更后期。"

【後援】　援军。王无竞《灭胡》："伏波塞后援，都尉失前途。"

【後集】　继已编定之文集后续编之同名文集。白居易《送后集往庐山东林寺兼寄云皋上人》："《后集》寄将何处去，故山迢递在匡庐。"此指白居易自编之《长庆集》后集二十卷。

【後湖】　❶玄武湖之别名。亦名练湖。在今江苏南京。李白《金陵三首》之二："空余后湖月，波上对江州。"岑参《送许子擢第归江宁拜亲因寄王大昌龄》："孤城带后湖，心与湖水清。"❷湖名，在唐山南道江陵府（今湖北江陵）。元稹《后湖》："郢前水在后，谓之为后湖。"

【後聖】　后出之圣人。陆龟蒙《江湖散人歌》："无端后圣穿凿破，一派前导千流随。"聂夷中《古兴》："前圣后圣同，今人古人共。"

【後嗣】　家族之继承人；子孙；后代。拾得《诗》之五一："吞并田地宅，准拟承后嗣。"韦应物《汉武帝杂歌三首》之三："独有威声振千古，君不见后嗣尊为武。"杜荀鹤《哭友人》："无儿承后嗣，有女托何人。"张蠙《哭建州李员外》："素风无后嗣，遗迹有生祠。"

【後嗣主孟昶】　（919—965）初名仁赞，字保元。高祖孟知祥第三子，邢州龙冈（今河北邢台）人。事迹见《新五代史·后蜀世家》《十国春秋·后蜀记》。全唐诗卷八录其诗一首，又八八九词重出。

【後會】　日后之相会，再次见面。戴叔伦《送柳道时余北还》："何处成后会，今朝分旧游。"元稹《八月六日与僧如展前松滋主簿韦戴同游碧涧寺平声韵》："他生莫忘灵山别，满壁人名后会稀。"司空图《旅中重阳》："当歌共惜初筵乐，且健无辞后会频。"薛逢《芙蓉溪送前资州裴使君归京宁拜户部裴侍郎》："临溪莫话前途远，举酒须歌后会难。"

【後裔】　子孙后代。张九龄《酬周判官巡至始兴会改秘书少监见贻之作兼呈耿广州》："阴庆荷先德，素风惭后裔。"

【後殿】　殿后之军队。张九龄《奉和圣制途次陕州作》："后殿函关尽，前旌阙塞通。"王丘《奉和圣制答张说扈从南山鼠雀谷之作》："花缛前茅仗，霜严后殿戈。"

【後閤】　亦作"後閣"。后楼。李商隐《晓坐》："后阁罢朝眠，前墀思黯然。"罗虬《比红儿诗》之七九："都缘没个红儿貌，致使轻教后阁开。"

【後閣】　见"後閤"。

【後塵】　指前面行人扬起之尘土。喻指跟在别人后面。寒山《诗三百三首》之三八："为官治化超先辈，直为无能继后尘。"杜甫《戏为六绝句》之五："窃攀屈宋宜方驾，恐与齐梁作后尘。"崔郊《赠去婢》："公子王孙逐后尘，绿珠垂泪滴罗巾。"陈陶《题赠高闲上人》："内殿初招隐，曹溪得后尘。"

【後漢】　朝代名。即东汉（25—220）。为区别于前汉，故称。汉光武帝刘秀所建。都洛阳。张谓有

《读后汉逸人传》。杜甫《送樊二十三侍御赴汉中判官》："陶唐歌遗民，后汉更列帝。"胡曾《咏史诗·滹沱河》："须知后汉功臣力，不及滹沱一片冰。"

【後賢】 后来之贤人。胡曾《咏史诗·东门》："岂是不荣天子禄，后贤那使久闲居。"

【後輩】 同道中年轻而资历较浅之人。孟浩然《陪卢明府泛舟回作》："文章推后辈，风雅激颓波。"韩翃《送夏侯校书归上都》："后辈传佳句，高流爱美名。"柳棠《席上戏东川杨尚书》："前辈不须轻后辈，靖安今日在衡州。"曹松《赠镜湖处士方干二首》之一："后辈难为措机杼，先生织字得龙梭。"

【後薪】 出《汉书·汲黯传》。后遂以喻指仕途中后来者居上。骆宾王《春日离长安客中言怀》："谈器非先木，图荣异后薪。"

【後頭】 后面，后部。寒山《诗三百三首》之二三一："前头失却桅，后头又无柁。"

【後學】 后来之学生，后辈之从学者。权德舆《送濬上人归扬州禅智寺》："扬州后学应相待，遥想幡花古寺前。"李德裕《尊师是桃源黄先生传法弟子常见尊师称先师灵迹旧馆》："后学方成市，吾师又上宾。"储嗣宗《过王右丞书堂二首》之一："后学攀遗址，秋山闻草虫。"方干《寄于少监》："蹑履三千皆后学，抟风九万即前程。"

【後儒】 后来之儒者。张祜《献太原裴相公三十韵》："举论当前古，推心及后儒。"

【後艱】 犹后患。韩愈《剥啄行》："今去不勇，其如后艰。"

【後魏】 朝代名，北朝之一。也称北魏，拓跋魏。鲜卑族拓跋所建。国号魏，史家为区别于三国魏，故称后魏(386—557)。白居易《元相公挽歌词三首》之一："后魏帝孙唐宰相，六年七月葬咸阳。"王毂有《后魏行》。

【後魏武帝】 (408—452)姓拓跋，名焘。鲜卑人。明元帝之长子，泰常七年(422)四月，封泰平王，五月，为监国，八年十一月，即帝位。事迹见《魏书》本纪。周昙《咏史诗·六朝门·后魏武帝》："太武南征似卷蓬，徐阳兖蔡杀皆空。"按：蔡州即豫州。

【後顧】 回头看。元稹《有鸟二十章》之一："朝偷暮窃恣昏饱，后顾前瞻高树枝。"

七　画

徒 〔tú《广韵》同都切，平模，定。〕❶步行。储光羲《秋次霸亭寄申大》："况我行且徒，而君往犹蹇。"见"徒涉"。❷士卒；步兵。玄宗《观拔河俗戏》："壮徒恒贾勇，拔拒抵长河。"❸服徭役之人。李峤《奉使筑朔方六州城率尔而作》："奉诏受边服，总徒筑朔方。"杜甫《前出塞九首》之三："送徒既有长，远戍亦有身。"韦应物《西郊游宴寄赠邑僚李巽》："羁旅念越疆，领徒方祗役。"亦指服劳役之犯人。李商隐《哭虔州杨侍郎》："如何大丞相，翻作弛刑徒。"❹贷役使之人，仆役。柳宗元《种术》："戒徒劚灵根，封植閟天和。"❺门生，弟子。李端《问张山人疾》："不见领徒过绛帐，唯闻与婢削丹书。"刘禹锡《和李六侍御文宣王庙释奠作》："历聘不能用，领徒空尔为。"齐己《独院偶作》："身非王者役，门是祖师徒。"亦指随从，部属。韩愈《元和圣德诗》："次及其徒，体骸撑拄。"❻同类；同伍。张说《唐享太庙乐章·景云舞》："噫帝冲德，与天为徒。"韩愈《长安交游者赠孟郊》："长安交游者，贫富各有徒。"白居易《常乐里闲居偶题十六韵兼寄刘十五公舆王十时为校书郎》："勿言无知己，躁静各有徒。"吴融《平望蚊子二十六韵》："阳者阳为伍，阴者阴为徒。"❼犹言某辈，某等人。杜甫《遣遇》："奈何黠吏徒，渔夺成逋逃。"岑参《敬酬杜华淇上见赠兼呈熊曜》："吾徒在舟中，纵酒兼弹棋。"薛据《怀哉行》："何意斯人徒，弃之如死灰。"元稹《送复梦赴韦令幕》："世上于今重检身，吾徒耽酒作狂人。"❽指某种人。李密《淮阳感怀》："樊哙市井徒，萧何刀笔吏。"陈子昂《感遇诗三十八首》之十五："昔称夭桃子，今为春市徒。"岑参《玉门关盖将军歌》："醉争酒盏相喧呼，忽忆咸阳旧酒徒。"元稹《赠崔元儒》："殷勤夏口阮元瑜，二十年前旧饮徒。"❾副词。(1)白白地，空。骆宾王《艳情代郭氏答卢照邻》："芳沼徒游比目鱼，幽径还生拔心草。"李益《汉宫少年行》："徒用黄金将买赋，宁知白玉暗成痕?"刘景复《梦为吴泰伯作胜儿歌》："汉妃徒得端正名，秦女虚夸有仙骨。"(2)仅，但。玄宗《过晋阳宫》："岂徒劳辙迹，所期训戎车。"张莒《元日望含元殿御扇开合》："蒲葵那可比，徒用隔炎氛。"苏拯《西施》："岂徒伐一人，所希救群物。"

【徒云】 徒言，空说。皇甫冉《送窦十九叔向赴京》："徒云还上国，谁为作中人。"邵谒《瞽者叹》："徒云备双足，天下何由行。"曹松《长安春日》："徒云多失意，犹自惜离秦。"

【徒自】 空自，徒然。王勃《秋夜长》："君在天一方，寒衣徒自香。"储光羲《酬李处士山中见赠》："成颂非其德，高文徒自妍。"韩愈《赠侯喜》："人间事势岂不见，徒自辛苦终何为。"

【徒行】 (—xíng)步行。李端《赠道士》："终朝卖卜无人识，敝服徒行入市中。"白居易《新乐府·缚戎人》："身被金创面多瘠，扶病徒行日一驿。"徐夤《自咏十韵》："寒益轻裯饶美寝，出乘车马免徒行。"《沧州百姓歌》："昔日徒行今骋驷，美哉薛公德滂被。"

【徒步】　❶步行。杜甫《徒步归行》："青袍朝士最困者，白头拾遗徒步归。"白居易《续古诗十首》之六："业成无知己，徒步来入关。"王贞白《随计》："徒步随计吏，辛勤鬓易凋。"❷犹白衣，平民。周昙《咏史诗·前汉门·平津侯》："儒素逢时得自媒，忽从徒步列公台。"

【徒役】　服劳役之人。张九龄《和黄门卢监望秦始皇陵》："徒役如雷奔，珍怪亦云蓄。"姚合《送王求》："求食道路间，劳困甚徒役。"

【徒言】　空说。岑参《故仆射裴公挽歌三首》之三："富贵徒言久，乡闾殁后归。"钱起《送郎四补阙东归》："徒言树萱草，何处慰离人。"

【徒弟】　门徒，弟子。齐己《留题仰山大师塔院》："曾约诸徒弟，香灯尽此生。"

【徒者】　徒役，服劳役之人。朱庆余《长城》："至今徒者骨，犹自哭风沙。"

【徒侣】　友朋，伙伴。王维《自大散以往深林密竹磴道盘曲四五十里至黄牛岭见黄花川》："回环见徒侣，隐映隔林丘。"韩愈《利剑》："故人念我寡徒侣，持用赠我比知音。"李商隐《寄罗劭兴》："高阳旧徒侣，时复一相携。"郑德玄《晚至乡亭》："山川杳不极，徒侣默相看。"

【徒相逢】　乐府题名。属和歌辞清调曲。曹邺有《徒相逢》。

【徒费】　白白耗费。朱庆余《酬萧员外见寄》："道薄谬应宗伯选，诗成徒费谢公才。"

【徒胥】　徒卒吏胥。指侍从小吏。司空曙《送刘侍御》："早朝新羽卫，晚下步徒胥。"

【徒旅】　旅人；旅伴。宋之问《早发大庾岭》："歇鞍问徒旅，乡关在西北。"杜甫《早发射洪县南途中作》："俶装逐徒旅，达曙凌险涩。"又《铁堂峡》："威迟哀壑底，徒旅惨不悦。"

【徒涉】　徒步涉水。白居易《新乐府·新丰折臂翁》："大军徒涉水如汤，未过十人二三死。"

【徒馭】　同"徒御"。皇甫曾《遇风雨作》："传呼戒徒驭，振辔转林麓。"戴叔伦《经巴东岭》："巴山不可上，徒驭亦裴回。"韩愈《燕河南府秀才得生字》："勉哉戒徒驭，家国迟子荣。"权德舆《早发杭州泛富春江寄陆三十一公佐》："候晓起徒驭，春江多好风。"

【徒御】　驾驭车马之仆人。李颀《临别送张諲入蜀》："出门便为客，惘然悲徒御。"皇甫曾《奉陪韦中丞使君游鹤林寺》："谢公忆高卧，徒御欲东还。"李端《晓发瓜州》："谁知避徒御，对酒一潸然。"权德舆《送许著作分司东都》："宾朋争漉酒，徒御侍巾车。"

【徒然】　❶枉然，白白地。张九龄《候使登石头驿楼作》："徒然骋目处，岂是获心游。"李白《夕霁杜陵登楼寄韦繇》："徒然迫晚暮，未果谐心胸。"元结《系乐府十二首·农臣怨》："不识天地心，徒然怨风雨。"杜荀鹤《乱后宿南陵废寺寄沈明府》："男儿仗剑酬恩在，未肯徒然过一生。"❷无谓；平白无故。李白《赠韦秘书子春二首》之一："谢公不徒然，起来为苍生。"刘禹锡《刑部白侍郎谢病长告改宾客分司以诗赠别》："鼎食华轩到眼前，拂衣高谢岂徒然。"白居易《喜刘苏州恩赐金紫遥想贺宴以诗庆之》："海内姑苏太守贤，恩加章绶岂徒然。"

【徒勞】　白费劳苦，枉费心力。宋之问《洞庭湖》："要使功成退，徒劳越大夫。"李白《梁甫吟》："吴楚弄兵无剧孟，亚夫咍尔为徒劳。"施肩吾《昭君怨》："马上徒劳别恨深，总缘如玉不输金。"温庭筠《访知玄上人遇暴经因有赠》："惠能未肯传心法，张湛徒劳与眼方。"

【徒爾】　徒然，枉然。李颀《放歌行答从弟墨卿》："徒尔当年声籍籍，滥作词林两京客。"刘眘虚《九日送人》："流水意何极，满尊徒尔为。"孟郊《和薛先辈送独狐秀才上都赴嘉会得青字》："五色岂徒尔，万枝皆有灵。"罗隐《广陵秋日酬进士臧渍见寄》："已知世事真徒尔，纵有心期亦偶然。"

【徒謠】　徒歌，无伴奏之歌。虞世南《和銮舆顿戏下》："瑶山盛风乐，抽简荐徒谣。"

徑[1]　〔jìng《广韵》古定切，去徑，見。〕❶小路。太宗《咏小山》："径细无全磴，松小未含烟。"李白《下终南山过斛斯山人宿置酒》："却顾所来径，苍苍横翠微。"姚伦《过章秀才洛阳客舍》："不出来时径，重看读了书。"许棠《题慈恩寺元遂上人院》："径接河源润，庭容塔影凉。"❷喻指办事之方法门径。杜牧《遣兴》："治平心径熟，不遣有穷途。"❸径直，一直。高适《陪窦侍御灵云南亭宴诗得雷字》序："幕府董帅雄勇，径践戎庭。"杜甫《将赴成都草堂途中有作先寄严郑公五首》之三："过客径须愁出入，居人不自解东西。"韩愈《病鸱》："今晨忽径去，曾不报我知。"❹直露，谓文辞显豁解。白居易《新乐府序》："其辞质而径，欲见之者易喻也。"❺直径。见"徑寸""徑圓"。

徑[2]　〔jīng《集韵》坚靈切，平青。見。〕经过。韩愈《南山诗》："前寻径杜墅，岔蔽毕原陋。"

【徑寸】　指直径一寸，常形容物之细心。白居易《赠元稹》："岂无山上苗，径寸无岁寒。"

【徑寸心】　即心，旧谓人心径长一寸，故谓。常以借指微小的心意。司空图《杂题二首》之二："若教激劝由真宰，亦奖青松径寸心。"

【徑寸珠】　直径一寸之珍珠。常代指集市难得之宝物。耿沣《省试骊珠诗》:“是日重泉下,言探径寸珠。”

【徑行】(—xíng)随意而行。张继《秋日道中》:“径行俯仰成今古,却忆当年赋远游。”

【徑苔】小路上之青苔。牟融《游报本寺》之一:“茶烟袅袅笼禅榻,竹影萧萧扫径苔。”

【徑松】小路边之松树。狄焕有《咏南岳径松》。

【徑往】径直前往。元结《演兴四首·闵岭中》:“欲仗仁兮托信,将径往兮不难。”

【徑陌】小路,田埂。薛光谦《任阆中下乡检田登艾萧山北望》:“荒村无径陌,古戍有风烟。”

【徑度】直接渡过,径直度过。李白《鸣皋歌送岑征君》:“洪河凌竞不可以径度,冰龙鳞兮难容舠。”

【徑庭】小路与庭院。权德舆《酬冯绛州早秋绛台感怀见寄》:“叶落径庭树,人归曲沃烟。”

【徑術】方法途径。刘禹锡《赠别君素上人诗》序:“然而斯言也,犹示行者以室庐之奥耳,求其径术而布武,未易得也。”

【徑欲】直欲。谓径直去做某事。李商隐《玄微先生》:“径欲随关令,龙沙万里强。”

【徑須】直须;只要。李白《将进酒》:“主人何为言少钱,径须沽取对君酌。”又《月下独酌四首》之三:“谁能春独愁,对此径须饮。”韩愈《感春四首》之二:“为此径须沽酒饮,自外天地弃不疑。”

【徑路】小路,道路。刘幽求《书怀》:“田园迷径路,归去欲何从。”杜牧《送隐者一绝》:“无媒径路草萧萧,自古云林远市朝。”齐己《湖西逸人》:“橘柚园林熟,蒹葭径路迷。”

【徑圓】直径与周长。亦泛指圆物之大小。卢仝《月蚀诗》:“径圆千里入汝腹,汝此痴骸阿谁生。”韩愈《月蚀诗效玉川子作》:“径圆千里纳女腹,何处养女百丑形。”

【徑塗】路途;小路。韦应物《往云门郊居途经回流作》:“原谷径途涩,春阳草木敷。”

徐 〔xú《广韵》似魚切,平魚,邪。〕❶缓慢,迟缓。阎朝隐《夜宴安乐公主新宅》:“半醉徐击珊瑚树,已闻钟漏晓声传。”厍狄履温《夏晚初霁南省寓直用余字》:“沉沉仙阁闭,的的暗更徐。”杨巨源《和卢谏议朝回书情即事寄两省阁老》:“全仁气逾劲,大辨言甚徐。”刘禹锡《和思黯忆南庄见示》:“台上看山徐举酒,潭中见月慢回舟。”引申指渐,渐渐地。韩愈《元和圣德诗》:“日行三十,徐壁其右。”皮日休《鲁望以躬掇野蔬兼示雅什用以酬谢》:“深挑乍见牛唇液,细掐徐闻鼠耳香。”❷安舒,从容貌。宋璟《奉和圣制送张说巡边》:“以智泉宁竭,其徐海自清。”柳泌《玉清行》:“照彻圣姿严,飘飖神步徐。”❸姓。唐诗人有徐仲雅等。

【徐二】即徐俊。柳宗元有《酬徐二中丞普宁郡内池馆即事见寄》。

【徐十八】❶即徐晶。高适有《鲁郡途中遇徐十八录事》。❷即徐晦。欧阳詹有《徐十八晦落第》。

【徐九】即徐知道。杜甫有《徐九少尹见过》。

【徐九皋】籍贯未详。天宝初官河阴尉。事迹略见《国秀集》目录。《全唐诗》卷二〇三录其诗五首。

【徐三】见“徐景暉”。

【徐土】古徐国之国土,徐国故城在今安徽泗县西北,属淮夷中之大国。韩愈《奉酬天平马十二仆射暇日言怀见寄之作》:“威令加徐土,儒风被鲁邦。”

【徐大夫】指徐浩。浩大历二年(767)以工部侍郎出为广州判史、岭南节度观察使兼御史大夫。刘长卿有《送徐大夫赴广州》。皇甫曾有《送徐大夫赴海》。

【徐山人】徐凝。长庆二年(822)至四年间白居易为杭州刺史,凝参加杭州府试,得解元,后绝意仕进,竟不成名。白居易有《凭李睦州访徐凝山人》。雍陶有《送徐山人归睦州旧隐》。

【徐之才】(505—572)北朝东莞姑幕(今山东诸城西北)人,徙居丹阳(今属江苏)。事迹见《魏书》《北齐书》本传、《北史·艺术传下》。《全唐诗》卷七七三误以为唐人,录其诗一首。

【徐子】指汉徐稺。张继《送窦十九判官使江南》:“南郡迎徐子,临川谒谢公。”“子”注:“一作稺”。

【徐王延年】即李延年。延年为嗣答王璀之子,开元二十六年(738),封嗣徐王。李白有《感时留别从兄徐王延年从弟延陵》。

【徐王應劉】汉末建安七子徐幹、王粲、应玚、刘桢之连称。陆龟蒙《袭美先辈以龟蒙所献五百言既蒙见和复示荣唱用伸酬谢》:“徐王应刘辈,头角咸相衰。”

【徐夫人】战国赵人,荆轲曾用其匕首为燕太子丹入秦刺秦王。见《史记·刺客列传》。李白《赠友人三首》之二:“袖中赵匕首,买自徐夫人。”

【徐元直】即三国魏徐庶,庶字元直。唐彦谦《宿赵嵲别业》:“今代徐元直,高风自可亲。”

【徐元鼎】徐元弼之讹。元弼,东海郯(今山东郯城北)人。曾祖玄之居南昌(今属江西),父申寄籍京兆万年(今陕西西安)。卢元、永贞同渐官右卫仓曹参军。后以读书属文为业。事迹略见《元和姓纂》卷二。《全唐诗》卷七八一录其诗一首。按此诗出《文苑英华》卷一八四,作者为徐元弼。

【徐五】见“徐綸”。

【徐五教】指徐玠。仕南唐,升元中拜司徒、右丞相。五教为司徒之异称。李中有《题徐五教池亭》。

【徐市】　秦时齐人。方士，始皇二十八年(前219)请往海中三神山求仙人、神药，数年未得，见《史记·秦始皇本纪》。李白《古风》之三："徐市载秦女，楼船几时回。"元稹《和乐天送客游岭南二十韵》："岛夷徐市种，庙覡赵佗神。"陈陶《蒲门戍观海作》："徐市惑秦朝，何人在岩廊。"

【徐太守】　指徐希仁。希仁大和初任岳州刺史。张祜《旅次岳州呈徐员外》："寄言徐太守，人在无金液。"

【徐少尹】　(少 shào)徐知道。见《全唐文》卷三五七高适《贺斩逆贼徐知道表》："逆贼前成都少尹，兼侍御史中丞、剑南节度使徐知道……"杜甫有《徐九少尹见过》。

【徐中丞】　(中 zhōng)指徐俊。俊元和九年(814)任容州判史，容管经略观察使兼御史中丞。柳宗元有《酬徐二中丞普宁郡内池馆即事见寄》。

【徐中書】　(中 zhōng)指徐浩。浩至德初拜中书舍人。王维有《赠徐中书望终南山歌》。褚朝阳有《奉上徐中书》。

【徐仁友】　籍贯未详。开元时人。与孙翌有交往。《全唐诗》卷一一三录其《古意赠孙翃》一首。孙翃即孙翌之讹。

【徐仁嗣】　郑州新郑(今属河南)人，宰相商之子。咸通三年(862)进士及第。《全唐诗》卷七八二录其诗一首。

【徐介】　字之休。宋阳翟(今湖南禹县)人。仁宗时历乾德令、同监西溪盐仓，迁著作佐郎。官至屯田员外郎。其《耒阳杜工部祠堂》一诗，尤为欧阳修所称赏。《全唐诗》卷七七五误以为唐人，录其诗一首。

【徐公】　❶指徐彦伯。吴少微《哭富嘉谟》序："维三月癸丑，河南富嘉谟卒……太常少卿徐公、州刺史尹公、中分徐、元二舍人、兵部张郎中，未尝值我不叹于朝。"❷指徐浩。储光羲有《奉别长史庾公太守徐公应召》。❸指徐希仁。卢仝有《酬徐公以新文见招》。❹指徐彦若。吴融《海棠二首》之一："太尉园林两树春，年年奔走探花人。"自注："今番禺太尉徐公兴化亭子有海棠二株。"❺指萧嵩。嵩开元中封徐国公。王维有《故太子太师徐公挽歌四首》。

【徐公主】　指南朝陈乐昌公主。公主降太子舍人徐德言，故称。李商隐有《代越公房妓嘲徐公主》。

【徐月英】　晚唐江淮间名妓，有诗集，已佚。事迹略见《唐诗纪事》卷七九。《全唐诗》卷八〇二录其诗二首。

【徐氏】　指秦徐市。元稹《赠毛仙翁》序："若然，则徐氏之莠，不足以害嘉谷；文成之诞，不足以伤大教。"

【徐方】　指古徐国之地。约周初建国，地当今淮河中下游苏北、皖东北一带。因徐州在其域内，故亦以指徐州(今江苏徐州)。李白《感时留别从兄徐王延年从弟延陵》："九卿领徐方，七步继陈思。"皇甫冉《彭祖井》："上公旌节在徐方，旧井莓苔近寝堂。"孟郊《答韩愈李观别因献张徐州》："徐方国东枢，元戎天下杰。"章碣《送韦岫郎中典泗州》："玉皇恩诏别星班，去压徐方分野间。"

【徐正字】　指徐宣。宣乾宁元年(894)进士及第，释褐秘书省正字。黄滔有《寄徐正字夤》，又有《酬徐正字宣夤》。

【徐甲】　相传甲为老子门客，作雇工，约定日百钱，二百余年，计欠款七百二十万钱。老子出关西游。甲索钱不得，请人作讼辞，诣关令尹喜。事见晋葛洪《神仙传》卷一。李德裕《遥伤茅山县孙尊师三首》之二："弟子悲徐甲，门人泣蔡经。"李商隐《赠华阳宋真人兼寄清都刘先生》："不因杖屦逢周史，徐甲何曾有此身。"胡曾《咏史诗·流沙》："老氏却思天竺住，便将徐甲去流沙。"

【徐四】　即徐彦伯。杨齐悊有《秋夜燕徐四山亭》。胡皓有《答徐四萧关别酬后见投》。

【徐玄之】　东海郯(今山东郯城北)人，迁居南昌(今属江西)，申之祖，元弼之曾祖。事迹略见《元和姓纂》卷二。《全唐诗》卷七七七录其诗一首。

【徐永元】　籍贯未详。隋末唐初人。未仕。孔绍安有《别徐永元秀才》。

【徐至】　籍贯未详。贞元十七年(801)进士及第。《全唐诗》卷七八〇录其诗一首。

【徐光溥】　光溥，一作光浦，误。蜀(今四川)人。事迹见《十国春秋》本传。《全唐诗》卷七六一录其诗二首。

【徐先輩】　徐薰。姚鹄有《和徐先辈秋日游泾州南亭呈三二同年》。《文苑英华》卷三一六作"徐先辈薰"。

【徐延壽】　润州江宁(今江苏南京)人。开元间处士，与包融、储光羲、丁仙芝、殷遥、孙处玄等十八人皆为润州人，并有诗名。事迹略见《唐诗纪事》卷十七、《嘉定镇江志》卷十八、《至顺镇江志》卷十九。《全唐诗》卷一一四录其诗三首。

【徐仲雅】　(922—?)字东野。其先秦(今陕西)人。徙居长沙(今属湖南)。事迹见《十国春秋》本传。有《徐仲雅集》百余卷，今佚。《全唐诗》卷七六二录其诗六首。

【徐行】　(—xíng)慢步行。陆龟蒙《袭美见题郊居十首因次韵酬之以伸荣谢》之八："强起披衣坐，徐行处暑天。"

【徐州】 ❶州名。本古九州之一。地域包括今苏北、皖北、鲁南一带。张子容《九日陪润州邵使君登北固山》:"徐州带绿水,楚国在青霄。"刘长卿《泛曲阿后湖简同游诸公》:"春风万顷绿,映带至徐州。"韩翃《送客之江宁》:"春流送客不应赊,南入徐州见柳花。"❷指唐河南道徐州,治彭城(今江苏徐州)。本隋之彭城郡,唐武德四年改置徐州。孙逖有《送李给事归徐州觐省》。杜甫《观打鱼歌》:"徐州秃尾不足忆,汉阴槎头远遁逃。"白居易有《送徐州高仆射赴镇》。

【徐安貞】 原名楚璧。信安龙丘(今浙江龙游)人。工诗文,尤善五言诗。事迹见《旧唐书·文苑传中》、《唐诗纪事》卷二五。《全唐诗》卷一二四录其诗十一首。

【徐安期】 徐安贞之讹。《全唐诗》卷七六九录其《催妆》诗一首,当据《唐诗记事》卷十三收录。《搜玉小集》载此诗,作者为徐璧。徐璧当为徐楚璧之夺。《搜玉小集》所收下限为开元前期,时代相合,安贞原名楚璧,二名皆可用,故同一诗而二书署名不同。又一讹一夺,遂误一人为三人。参见"徐璧"。

【徐妃】 名昭佩。南朝梁东海郯(今山东郯城北)人。事迹见《梁书》本传、《南史·后妃传下》。李商隐《李花》:"徐妃久已嫁,犹自玉为钿。"司马都《和陆鲁望白菊》:"夫君每尚风流事,应为徐妃致此栽。"

【徐妃半面妝】 指南朝梁徐妃以半边脸梳妆,另一半不梳妆以侍湘东王(即元帝)之事。见《南史·元帝徐妃传》。李商隐《南朝》:"休夸此地分天下,只得徐妃半面妆。"

【徐孝克】 (527—599)南朝陈东海郯(今山东郯城北)人。事迹见《陈书》《南史》本传。吴融《还俗尼》:"寄语江南徐孝克,一生长短托清尘。"

【徐步】 慢步缓行。陆敬《游清都观寻沈道士得都字》:"聊排灵琐闼,徐步入清都。"杜甫《客居》:"卧愁病脚废,徐步视小园。"权德舆《过张监阁老宅对酒奉酬见赠》:"里仁无外事,徐步一开颜。"广宣《驾幸圣容院应制》:"深殿虔心随宝辇,广庭徐步引金轮。"

【徐希仁】 东海郯(今山东郯城北)人。大和三年(829),在岳州刺史任,与卢仝有唱酬。《全唐诗》卷四七〇录其诗一首。

【徐君】 ❶(? —前544)春秋吴徐(今江苏泗洪南)人。见《史记·吴太伯世家》。杜甫《别房太尉墓》:"对棋陪谢傅,把剑觅徐君。"刘长卿《哭魏兼遂》:"泛舟悲向子,留剑赠徐君。"周昙《咏史诗·春秋战国门·季札》:"吹毛霜刃过千金,生许徐君死挂林。"❷指汉徐稚。陈陶《题徐稚湖亭》:"洪崖成道二千年,唯有徐君播青史。"

【徐東野】 见"徐仲雅"。

【徐尚書】 指徐商。段成式有《观山灯献徐尚书》。

【徐昌圖】 莆田(今属福建)人。昌嗣之弟。初仕闽。事迹略见《十国春秋·徐昌嗣传》。《全唐诗》卷八九八录其词三首。

【徐知仁】 柳城(今辽宁朝阳)人。累迁监察御史,擢侍御史、内供奉。事迹略见《元和姓纂》卷二。《全唐诗》卷一一一录其诗一首。

【徐知證】 (906—947,又作905—947)海州朐山(今江苏连云港)人。事迹见马令《南唐书》,陆游《南唐书》《十国春秋》本传。《全唐诗》卷十五录其联句一首。

【徐牧】 徐放之讹。《全唐诗》卷四六六录其《省试临渊羡鱼》诗一首,诗出《唐诗纪事》卷四十。

【徐侍郎】 ❶指徐安贞。安贞开元二十四年(736)授中书侍郎,至天宝二年(743)在位。储光羲有《奉和中书徐侍郎中书省玩白云寄颍阳赵大》。蒋涣有《和徐侍郎书丛筱韵》,"郎"下注:"一有中字",是。《唐诗纪事》卷三二载此诗脱"中"字。此诗一作卢象诗,出《文苑英华》卷二四二,题作《奉和徐侍中书丛筱咏》,夺"郎"字。❷指徐浩。包佶有《奉和常阁老晚秋集贤院即事寄赠徐薛二侍郎》。独孤及有《同徐侍郎五云溪新庭重阳宴集作》。秦系有《徐侍郎素未相识时携酒命馔兼命诸诗客同访会稽山居》。

【徐侍郎墓】 即徐浩墓。浩大历三年(768)授吏部侍郎。见张式《大唐故银青光禄大夫彭王傅上柱国会稽郡开国公赠太子太师东海徐公神道碑铭》。顾况有《经徐侍郎墓作》。

【徐侍御】 ❶指徐商。商开成五年(840)冬在殿中侍御史任。温庭筠《病中书怀呈友人》序:"开成五年秋,以抱疾郊野,不得与乡计偕至王府,将议遐适,隆冬自伤,因书怀奉寄殿院徐侍御,察院陈、李二侍御,回中苏端公、鄠县韦少府,兼呈袁郊、苗绅、李逸三友人一百韵。"❷徐侍郎之讹。指徐浩,浩大历三年(768)授吏部侍郎。钱起有《奉和中书常舍人晚秋集贤院即事寄徐薛二侍御》。独孤及有《奉和中书常舍人晚秋集贤院即事寄赠徐薛二侍御》。按,二者皆和常衮《晚秋集贤院即事寄徐薛二侍郎》。

【徐使君】 ❶指徐玄之。玄之开元十五年(727)为湖州刺史。张祜有《平望驿寄吴兴徐使君玄之》。按张祜卒于大中中,时代邈不相及。此诗出《百城烟水》卷四,作者有误。❷指徐放。放元和九年(814)为衢州刺史,刘禹锡有《衢州徐员外使君遗以缟纻兼竹书箱因成一篇用答佳贶》。❸指徐希仁。希仁大和初为岳州刺史。雍陶有《送徐使君赴岳州》。

【徐侃】 寿州寿春(今安徽寿县)人。《全唐诗》

卷八六六录其诗一首，为鬼诗，出《太平广记》卷三四四引《潇湘录》。

【徐舍人】 ❶指徐坚。坚神龙元年(705)除中书舍人。吴少微《哭富嘉谟》序："维三月祭丑，河南富嘉谟卒……中书徐、元二舍人、兵部张郎中，未尝值我不叹于朝。"❷指徐浩。乾元二年(759)召拜中书舍人。王维有《酬严少尹徐舍人见过不遇》。❸指徐铉。铉南唐嗣主时任中书舍人。李中有《献徐舍人》。许坚有《上徐舍人铉》。

【徐放】 柳城(今辽宁朝阳)人。知仁之孙。事迹略见《元和姓纂》卷二、《唐诗纪事》卷四五。《全唐诗》卷三一八录其诗一首。

【徐泗】 唐徐州与泗州之并称。属河南道。即今江苏徐州与邳县一带。李白《经下邳圯桥怀张子房》："叹息此人去，萧条徐泗空。"

【徐泳】 字太和。高平(今属山西)人。《全唐诗补逸》卷六录其诗一首。

【徐宗偃】 籍贯未详。画家。张祜有《招徐宗偃画松石》。

【徐宜】 汉东海临沂(今属山东)人。通《周易》，为县狱吏。事迹见《后汉书·刘盆子传》。周昙《咏史诗·前汉门·樊崇徐宜》："庸中佼佼铁铮铮，百万长驱入帝京。首事纵凛三善在，归仁何虑不全生。"

【徐郎中】 (中 zhōng)指徐晦，晦元和十年(815)为司封郎中。白居易《吟四虽》："眼虽病，犹明于徐郎中。"自注："徐郎中晦因疾丧明。"

【徐郎】 指徐德言，德言为南朝陈太子舍人。见孟棨《本事诗·情感》。又见李冗《独异志》卷下、《诗话总龟》前集卷二三引《古今诗话》。王涣《惆怅诗十二首》之四："诀别徐郎泪如雨，镜鸾分后属何人。"

【徐城】 唐代县名，属河南道泗州。故城在今江苏盱眙县西。李嘉祐有《游徐城河忽见清淮因寄赵八》。钱起有《适楚次徐城》。

【徐相公】 (相 xiàng)指徐商。商咸通六年(865)拜兵部侍郎、同中书门下平章事。王传有《和襄阳徐相公商贺徐副使加章绶》。段成式有《和徐商贺卢员外赐绯》，一作《和徐相公贺襄阳徐副使加章服》。

【徐修矩】 东莞(今山东沂水)人，徙居苏州(今属江苏)，好学，有书万卷。皮日休《二游诗》序："吴之士有恩王府参军徐修矩者，守世书万卷，优游自适，余假其书数千卷，未一年，悉偿夙志，酣饫经史，或日晏忘饮食。"

【徐衍】 周末之人。以不容于世，负石自沉于海。见《文选·邹阳〈狱中上书自明〉》。李贺《箜篌引》："屈平沉湘不足慕，徐衍入海诚为愚。"

【徐俞】 籍贯未详。处士。与牟融有交往。牟融有《题徐俞山居》。

【徐胤】 籍贯未详。见《晋书·羊祜传》。卢纶《送史寀滑州谒贾仆射》："君向东州问徐胤，羊公何事灭吹鱼。"

【徐彦夫】 籍贯未详。以故贬官广州南海，与张祜有交往。张祜有《送徐彦夫南迁》。

【徐彦伯】 (？—714)字光，号明台子；一说名洪，以字行，排行第四，兖州瑕丘(今属山东)人。文辞雅美，时司户韦高善于判事，司士李亘工于翰札，故世称"河东三绝"。事迹见新旧《唐书》本传。《旧唐书·经籍志下》《新唐书·艺文志四》均著录《徐彦伯前集》十卷，《后集》十卷，今佚。《全唐诗》卷七六录其诗一卷。

【徐彦若】 (？—901)洛州偃师(今属河南)人，徙居郑州新郑(今属河南)。商之子。大中十二年(858)登进士第。事迹见新旧《唐书》本传。《全唐诗》卷八七〇录其诗一联。

【徐珩】 籍贯生平均未详。高宗时人。见《唐诗纪事》卷五。《全唐诗》卷四四录其诗一首。

【徐振】 籍贯生平均未详。韦应物《又玄集》卷下录其诗二首，此卷诗人多为晚唐人，知振亦为晚唐人。《全唐诗》卷七七四录其诗二首。

【徐員外】 ❶指徐放。放元和元年(806)为祠部员外郎。武元衡有《西亭早秋送徐员外》，又有《送徐员外还京》。刘禹锡有《衢州徐员外使君遗以缟纻兼竹书箱因成一篇用答佳贶》。❷指徐缜，缜为尚书员外郎。元和七年(812)，在郎州刺史任。张祜有《寄朗州徐员外》。❸指徐希仁。希仁为尚书员外郎，大和二年(828)，在岳州刺史任。张祜有《将离岳州留献徐员外》。

【徐徐】 ❶慢慢；迟缓。储光羲《吃茗粥作》："敝庐既不远，日暮徐徐归。"韩愈《归彭城》："到口不敢吐，徐徐俟其巇。"刘羲叟《同徐学士咏笋》："徐徐出土非人种，枝叶难投日月壶。"❷安舒、平和貌。萧颖士《江有枫一篇十章》之五："惟以宴醑，其乐徐徐。"孟郊《忽不贫喜卢仝书船归洛》："江潮清翻翻，淮潮碧徐徐。"白居易《题西亭》："修竹夹左右，清风来徐徐。"郑谷《寄同年礼部赵郎中》："仙步徐徐整羽衣，小仪澄澹转中仪。"

【徐翁】 指城北徐公。战国齐美男子。见《战国策·齐策一》。施肩吾《西山即事奉寄故园徐处士》："仆作江西少施氏，君为城北老徐翁。"

【徐卿】 名未详。成都(今属四川)人，与杜甫有交往。杜甫《徐卿二子歌》："君不见徐卿二子生绝奇，感应吉梦相追随。"又有《诣徐卿觅果栽》。

【徐浩】 ❶(703—782)字季海，自号四明山人。

东海郯(今山东郯城北)人,徙居越州剡县(今浙江嵊州市)。事迹见新旧《唐书》本传。《全唐诗》卷二一五录其诗二首。❷籍贯未详。贞元、元和间人,与牟融有交往。牟融有《送徐浩》。

【徐涣】 袁州(治所在今江西宜春县)人,大中十年(856)进士,曾官侍御史,乾符五年(878)迁大理少卿、光州刺史。见《同治宜春县志》。郑谷有《送徐涣端公南归》。

【徐涣】 袁州宜春(今属江西)人。大中十年(856)登进士第。曾官侍御史。郑谷有《送徐涣端公南归》。

【徐容州】 指徐俊。俊元和九年(814)在容州刺史,容管纪略观察使任。柳宗元有《桂州北望秦驿手开竹径至钓矶留待徐容州》。

【徐陵】 (507—583)字孝穆。南朝陈东海郯(今山东郯城北)人。事迹见《陈书》《南史》本传。有文集三十卷,编有《玉台新咏》。杜牧《赠李秀才》:"天上麒麟时一下,人间不独有徐陵。"李商隐《闻著明凶问哭寄飞卿》:"何因携庾信,同去哭徐陵。"罗隐《咏史》:"徐陵笔砚珊瑚架,赵胜宾朋玳瑁簪。"

【徐陵體】 南朝陈徐陵诗流丽绮艳,世称"徐陵体"。李商隐有《效徐陵体赠更衣》。

【徐陳】 汉"建安七子"中徐幹、陈琳之连称。虞世南《奉和月夜观星应令》:"缘情摛圣藻,并作命徐陈。"张说《酬崔光禄冬日述怀赠答》:"徐陈尝并作,枚马亦同时。"杜甫《戏题寄上汉中王三首》之三:"鲁卫弥尊重,徐陈略丧亡。"

【徐娘】 即南朝梁湘东王妃除昭佩。见《南史·后妃下·元帝徐妃传》。刘禹锡《梦扬州乐妓和诗》:"花作婵娟玉作妆,风流争似旧徐娘。"

【徐堅】 (?—729)字元固。湖州(今浙江长兴)人,徙居同州冯翊(今陕西大荔)。事迹见《旧唐书》本传。著述甚多。《新唐书·艺文志四》著录其集三十卷,已佚。《全唐诗》卷一〇七录其诗八首。

【徐爽】 籍贯未详。宋真宗、仁宗时人,与胡宿有唱酬。胡宿有《次韵徐爽见寄》。按,胡宿为宋人。《宋史》有传,《唐诗鼓吹》误以为唐人。《全唐诗》因之。

【徐盛】 字文乡,汉琅邪莒(今山东莒县)人。遭乱,客居吴。以勇气闻。事迹见《三国志·吴志》本传。孙元晏《咏史诗·吴·徐盛》:"当时将相谁堪重,徐盛将军最不甘。"

【徐處士】 (處 chǔ)❶指汉徐稚。徐铉《寄萧给事》:"买宅尚寻徐处士,餐霞终访许真君。"❷指徐凝。白居易《凭李睦州访徐凝山人》:"解怜徐处士,唯有李郎中。"

【徐常侍】 名未详。大和间,以散骑常侍为陇州刺史。无可有《中秋夜陇州徐常侍座中咏月》。

【徐晦】 (?—838)字大章。排行第十八。泉州莆田(今属福建)人。事迹见《旧唐书》本传。欧阳詹有《徐十八晦落第》。张籍有《寄徐晦》。白居易《吟四虽》诗自注:"郭庶子求贫苦最甚,徐郎中晦因疾丧明。"

【徐國】 春秋时古国名,嬴姓。其族称徐戎,为东夷之一。亦以指徐州。薛能《题彭祖楼》:"新晴天状湿融融,徐国滩声上下洪。"

【徐釣】 见"徐釣者"。

【徐釣者】 一作"徐釣"。名未详。自言东海蓬莱人,常棹舟泛于鄂渚,上及三湘,下经五湖。每以鱼市酒,人逐之,不可近,当是水仙。事迹见《续仙传》卷中。《全唐诗》卷八六一录其诗一首。

【徐庶】 字元真,原名福,三国魏颍川(今河南许昌东)人。事迹见《三国志·蜀志·诸葛亮传》及裴松之注引鱼豢《魏略》。杜甫《奉送二十三舅录事之摄郴州》:"徐庶高交友,刘牢出外甥。"崔道融《过隆中》:"可怜蜀国关张后,不见商量徐庶功。"周昙《咏史诗·三国门·蜀先主》:"豫州军败信途穷,徐庶推能荐卧龙。"

【徐庾】 南朝陈徐陵、北周庾信之连称。二人文词绮艳,世号"徐庾休"。见《周书·庾信传》《北史·文苑·庾信传》。孟郊《赠苏州韦郎中使君》:"尘埃徐庾词,金玉曹刘名。"罗隐《商于驿与于蕴玉话别》:"南朝徐庾流,洛下忆同游。"

【徐商】 字义声,一字秋卿。洛州偃师(今属河南)人,徙居中郑州新郑(今属河南)。彦若之父。大和五年(831)进士及第。事迹见《旧唐书·徐彦若传》《新唐书》本传。《全唐诗》卷五九七录其诗一首。

【徐淑體】 淑,汉陇西(今甘肃临洮)人,黄门郎秦嘉之妻,客死津乡亭,淑兄逼更嫁,毁形不嫁。淑答嘉一首,诗见《玉台新咏》卷一。诗为五言,每句第三字为"兮",称"徐淑体"。姚月华有《怨诗效徐淑体》。

【徐涵】 涵,据安阳灵泉寺石刻拓本。当作淮。淮,字黄河。东海郯(今山东郯城北)人。《全唐诗补逸》卷六录其诗一首。

【徐寅】 见"徐夤"。

【徐敞】 籍贯未详。建中进士。《全唐诗》卷三一九录其诗五首。

【徐鼎臣】 即徐铉。铉字鼎臣。包颖有《和徐鼎臣见寄》。

【徐晶】 籍贯未详。排行第十八。天宝四载(745),在鲁郡录事参军任。与胡皓、蔡孚、高适等有交往。善书法。事迹略见《国秀集》目录。《全唐诗》

卷七五录其诗五首。

【徐景暉】 籍贯生平均未详。排行第三。开元、天宝间人。储光羲有《巩城南河作寄徐三景晖》。

【徐皓】 籍贯生平均未详。高宗时人。《全唐诗》卷七二录其诗一首。

【徐道暉】 即宋徐照。照字道晖。《全唐诗续补遗》卷十五录其诗一首,误。

【徐湛真】 原名未详。幽州(今北京)人。相传元和十二年(817)五月成仙,定名为湛真。见李复言《续玄怪录》卷一。《全唐诗》卷八六三录其诗一首。

【徐稚榻】 见"徐穉榻"。

【徐鉉】 (916—991)字鼎臣。越州会稽(今浙江绍兴)人,徙居扬州江都(今属江苏),锴之兄。善小篆,工隶书。精于小学。事迹见马令《南唐书》《宋史》《十国春秋》本传。其婿吴淑为编《骑省集》三十卷,今存。《全唐诗》卷七五一至卷七五六录其诗六卷。

【徐資用】 籍贯生平均未详。《全唐诗续补遗》卷十九录其诗一首。

【徐源】 字太初。高平(今属山西)人。《全唐诗补逸》卷六录其诗一首。

【徐福】 同"徐市"。独孤及《观海》:"徐福竟何成,羡门徒空言。"李商隐《海上》:"石桥东望海连天,徐福空来不得仙。"熊皦《祖龙词》:"沧海不回应怅望,始知徐福解风流。"

【徐羣】 籍贯未详。官舒州望江令。邵谒有《送徐群宰望江》。

【徐蔡】 唐河南道徐州(今江苏徐州)与蔡州(今属河南)之并称。徐州为唐武守军节使管州,蔡州为彰义军节使管州。韩愈《元和圣德诗》:"南至徐蔡,区外杂虏。"

【徐榻】 同"徐穉榻"。杜正伦《冬日宴于庶子宅各赋一字得节》:"李门余妄进,徐榻君恒设。"赵冬曦《答张燕公翻着葛巾见呈之作》:"徐榻思方建,左车理自均。"杜甫《奉送王信州崟北归》:"徐榻不知倦,颍川何以酬。"

【徐聞】 唐代县名。隶属岭南道雷州。本汉旧县。汉曾置左右侯官,于县南积货物以利贸易。即今广东徐闻。《徐闻谚》(卷八七七):"欲拔贫,诣徐闻。"

【徐夤】 夤,一作寅。字昭梦,泉州莆田(今属福建)人。乾宁元年(984)进士及第。释褐秘书省正字。事迹见《五代史补》卷十一、《唐才子传》卷十、《十国春秋》本传。有《钓矶文集》十卷,今存。《全唐诗》卷七〇八至七一一录其诗四卷。

【徐説】 籍贯生平均未详。开元、天宝时人。与刘长卿、岑况有交往。刘长卿有《曲阿对月别岑况徐说》。

【徐廣州】 指徐浩。浩大历二年(767)以工部侍郎出为广州刺史、岭南节度观察使。苏涣有《赠零陵僧》,注:"一本下有'兼送谒徐广州'六字,一作《怀素上人草书歌》。"按《文苑英华》卷三三八题作《怀素上人草书歌兼送徐广州》。

【徐綸】 籍贯生平均未详。排行第五。顾非熊有《送徐五纶南行过吴》。

【徐邁】 当作"徐遇",遇,天宝末人,隐范阳西北之西山。卢纶有《关山逢徐迈》,按,《文苑英华》卷二一八载此诗作"徐遇"。

【徐賢妃】 (627—650)名惠。湖州长城(今浙江吴兴)人,徙居同州冯翊(今陕西大荔)。事迹见新旧《唐书·后妃传上》。《全唐诗》卷五录其诗五首。

【徐劉】 晋徐邈、刘伶之连称。二人皆以喜饮著称于世。陆龟蒙《自遣诗三十首》之八:"思量北海徐刘辈,枉向人间号酒龙。"

【徐薛二侍郎】 徐侍郎,徐浩。浩曾官吏部侍郎,见《旧唐书》本传。薛侍郎,薛邕。邕曾官吏部侍郎和礼部侍郎。常衮有《晚秋集贤院即事寄徐薛二侍郎》。包佶有《奉和常阁老晚秋集贤院即事寄赠徐薛二侍郎》。独孤及有《奉和中书常舍人晚秋集贤院即事寄赠徐薛二侍郎》。司空曙有《奉和常舍人晚秋集贤院即事寄徐薛二侍郎》。

【徐融】 籍贯未详。天祐六年(909),徐知诰(即李昪)为升州刺史,与宋齐丘、王合谋、王翃、曾禹、张洽等皆为宾客,身在徐幕,而忠心杨氏。事迹见《嘉定镇江志》卷十八、《十国春秋》本传。《宋史·艺文志七》著录《徐融集》一卷,今佚。《全唐诗》卷八七九录其佚句一联。

【徐學士】 指徐光溥。光溥后蜀明德元年(934)为翰林学士。刘羲叟有《同徐学士咏笋》。

【徐録事】 指徐晶。晶天宝四载(745)在鲁郡灵事参军任。高适有《途中寄徐录事》。参见"徐十八❶"。

【徐凝】 睦州(今浙江建德)人。元和间有诗名,声名在张祜之上,白居易尝称之。方干师事之。与施肩吾友善,唱酬往来。《全唐诗》卷四七四录其诗一卷。

【徐璧】 徐璧之讹。徐璧又为徐楚璧之夺,即徐安贞,安贞原名楚璧。《全唐诗补逸》卷十七录其诗一首。参见"徐安貞"。

【徐穉】 (97—168)字孺子。汉豫章南昌(今属江西)人。事迹见《后汉书》本传。李端《送路司谏侍从叔赴洪州》:"楼见远公庐,船经徐稚业。"

【徐穉致芻】 指汉徐稚吊唁郭林宗之母,而置生刍一束之事。见《后汉书·徐稚传》。李瀚《蒙求》:

“季札挂剑，徐稚致刍。”

【徐穉湖亭】 见“徐孺亭”。

【徐穉墓】 在江西南昌城西。见宋曾巩《徐孺子祠堂记》。又见宋黄裳《新定九域志》卷六。宋祝穆《方舆胜览》卷十九。陈陶有《经徐稚墓》。

【徐穉榻】 指汉豫章太守陈蕃特为徐稚所设之榻。见《后汉书·徐稚传》。又见《太平御览》卷四七四引谢承《后汉书》。元稹《献荥阳公诗五十韵》：“解榻招徐稚，登楼引仲宣。”许浑《将为南行陪尚书崔公宴海榴堂》：“宾馆尽开徐稚榻，客帆空恋李膺舟。”蒋肱《永州陪郑太守登舟夜宴席上各赋诗》：“谁敢强登徐稚榻，自怜还学谢安吟。”

【徐鍇】 (920—974)字楚金。越州会稽(今浙江绍兴)人，徙居扬州江都(今属江苏)。铉之弟。事迹见马令《南唐书》，陆游《南唐书》《宋史》《十国春秋》本传。著述甚多，有《徐锴集》十五卷，今佚。《全唐诗》卷七五七录其诗五首。

【徐邈】 (344—397)字仙民。东莞姑幕(今山东诸城西北)人。徙居京口(今江苏镇江)。事迹见《晋书·儒林传》。皮日休《送令狐补阙归朝》：“且愿仲山居左掖，只忧徐邈入南宫。”

【徐孺】 同“徐孺子”。顾况《从江西至彭蠡入浙西淮南界道中寄齐相公》：“处士待徐孺，仙人期葛洪。”孟郊《寄陕府邓给事》：“见知嘱徐孺，赏句类陶渊。”杜荀鹤《和友人见题山居水阁八韵》：“南昌一榻延徐孺，楚国千钟逼老莱。”

【徐孺子】 即汉徐穉，穉字孺子。杜甫《陪裴使君登岳阳楼》：“礼加徐孺子，诗接谢宣城。”杨巨源《送章孝标校书归杭州因寄白舍人》：“若访郡人徐孺子，应须骑马到沙村。”吕温《道州夏日郡内北桥新亭书怀赠何元二处士》：“寄言徐孺子，宾榻且徘徊。”

【徐孺宅】 在江西南昌城西。顾况《同裴观察东湖望山歌》：“水淹徐孺宅恒乾，绳坠洪崖井无底。”来鹄《寒食山馆书情》：“分明记得还家梦，徐孺宅前湖水东。”

【徐孺亭】 即思贤亭，在江西南昌城西。见宋曾巩《徐孺子祠堂记》。又见宋祝穆《方舆胜览》卷十九。权德舆有《徐孺亭马上口号》杜牧《中丞业深韬略志在功名再奉长句一篇兼有谘劝》：“滕王阁上柘枝鼓，徐孺亭西铁轴船。”亦作“徐穉湖亭”。陈陶有《题徐稚湖亭》。

【徐孺碑】 指张九龄所撰《后汉征君徐君稚碣铭》。杜甫《八哀诗·故右仆射相国张公九龄》：“再读徐孺碑，犹思理烟艇。”

【徐孺榻】 同“徐穉榻”。孟浩然《荆门上张丞相》：“坐登徐孺榻，频接李膺杯。”窦庠《酬韩愈侍郎登岳阳楼见赠》：“自当徐孺榻，不是谢公亭。”

【徐轉】 (—zhuǎn)缓慢转动；转移。卢纶《送信州姚使君》：“朱幡徐转候群官，猿鸟无声郡宇宽。”刘禹锡《洞庭秋月行》：“孤轮徐转光不定，游气濛濛隔寒镜。”又《七夕二首》之二：“满空天是幕，徐转斗为车。”

【徐璧】 徐楚璧之夺。即徐安贞。安贞原名楚璧。《全唐诗》卷七六九录其《失题》诗一首，诗出《文苑英华》卷三二九，题作《春燕》，是，而署名已夺为徐璧。

【徐礪】 籍贯未详。曾为安州幕僚。罗隐有《安陆赠徐砺》。

【徐關】 地名。故地在今山东淄川西。杜甫《送舍弟频赴齐州三首》之一：“岷岭南蛮北，徐关东海西。”

【徐疆】 籍贯生平未详。五代十国南汉时人。《全唐诗续补遗》卷十八录其诗一首。

【徐驅】 缓缓驱马。白居易《送考功崔郎中赴阙》：“青云上了无多路，却要徐驱稳着鞭。”

【徐靈府】 号默希子。杭州钱塘(今浙江杭州)人。住天目山。为道士，居天台山云盖峰虎头岩。事迹见《嘉定赤城志》卷三五、《咸淳临安志》卷六九。《全唐诗》卷八五二录其诗三首。

八画

徘 〔pái《广韵》薄回切，平灰，並。〕见“徘徊”。

【徘回】 同“徘徊”。往返走动。孟云卿《伤时二首》之一：“徘回宋郊上，不睹平生亲。”

【徘徊】 (—huái)❶来回地走动；回旋盘桓。张九龄《和崔尚书喜雨》：“听中声滴沥，望处影徘徊。”顾况《黄鹄楼歌送独孤助》：“黄鹄徘徊故人别，离壶酒尽清丝绝。”令狐楚《省中直夜对雪寄李师素侍郎》：“杂花飞烂漫，连蝶舞徘徊。”徐铉《阁皂山》：“殿影高低云掩映，松阴缭绕步徘徊。”❷彷徨，心神不定貌。岑参《登北庭北楼呈幕中诸公》：“边城寂无事，抚剑空徘徊。”韦应物《拟古诗十二首》之四：“徘徊帷中意，独夜不堪守。”孟郊《感怀》之三：“徘徊不能寐，耿耿含酸辛。”❸流连。崔湜《奉和登骊山高顶寓目应制》：“名山何壮哉！玄览一徘徊。”刘长卿《关门望华山》：“徘徊忘暝色，泱漭成阴烟。”刘禹锡《观棋歌送儇师西游》：“商山夏木阴寂寂，好处徘徊驻飞锡。”

徙 〔xǐ《广韵》斯氏切，上紙，心。〕❶迁移。移居；移置。韩愈《奉和钱七兄曹长盆池所植》：“擢擢菰叶长，芳根复谁徙。”白居易《新乐府·缚戎人》:“天子矜怜不忍杀,诏徙东南呈与越。”温庭筠《感旧陈情五十韵献淮南李仆射》:“邻里才三徙,云霄已九迁。”❷谪适,贬谪。张九龄《咏史》:“轻既长沙傅,重亦边郡徙。”柳宗元《弘农公以硕德伟材屈于诬枉左官谨献诗五十韵以毕微志》:“远迁逾桂岭,中徙滞余杭。”

【徙市】 古代诸侯丧,移集市于里巷以供其急需谓之“徙市”。亦喻指蚁群等频繁积聚。元稹《虫豸诗·蚁子》之三:“徙市竟何意,生涯都几时。”

【徙倚】 犹徘徊,彷徨。杨师道《还山宅》:“暮春还旧岭,徙倚玩年华。”杜甫《奉送王信州崟北归》:“徙倚瞻王室,从容仰庙谋。”皎然《春夜赋得漉水囊歌送郑明府》:“徙倚花前漏初断,白猿争啸惊禅伴。”李商隐《春游》:“徙倚三层阁,摩挲七宝刀。”

【徙植】 移植。王绩《古意六首》之五:“幽人重其德,徙植临前堂。”

【徙歲】 放逐谪居之岁月。刘禹锡《哭吕衡州时予方谪居》:“朔方徙岁行当满,欲为君刊第二碑。”

【徙薪】 “曲突徙薪”之略语,典出《汉书》卷六八《霍光传》。后多用为咏有先见之明、能防患于未然之典。李益《汉宫少年行》:“持杯收水水已覆,徙薪避火火更燔。”权德舆《读谷梁传二首》之一:“吾嘉徙薪智,祸乱何由生。”李商隐《送从翁东川弘农尚书幕》:“拯溺休规步,防虞要徙薪。”徐铉《送萧尚书致仕归庐陵》:“主忧臣辱谁非我,曲突徙薪唯有君。”

徜

〔cháng《广韵》市羊切,平陽,禪。〕见“徜徉”。

【徜徉】 往返回旋,行步自如貌。张说《唐封泰山乐章·舒和》:“六钟翕协六变成,八佾徜徉八风生。”亦指船自如划动貌。陆龟蒙《奉和袭美太湖诗二十首·三宿神景宫》:“举首谢灵峰,徜徉事归榜。”

得1

〔dé《广韵》多則切,入德,端。〕❶得到,获得。苏味道《使岭南闻崔马二御史并拜台郎》:“喜得廊庙举,嗟为台阁分。”岑参《送韩巽入都觐省便赴举》:“洛阳才子能几人,明年桂枝是君得。”司空曙《御制雨后出城观览敕朝臣已下属和》:“陇麦垂秋合,郊尘得雨清。”刘景复《梦为吴泰伯作胜儿歌》:“汉妃徒得端正名,秦女虚夸有仙骨。”亦指得益,收获。孟浩然《来阇黎新亭作》:“静中何所得,吟咏也徒哉。”白居易《履道新居二十韵》:“琴书中有得,衣食外何求?”❷犹成。杜甫《寄薛三郎中》:“自非得神仙,谁免危其身?”朱庆余《上翰林蒋防舍人》:“马自赐来骑觉稳,诗缘得后意长新。”贾岛《题诗后》:“二句三年得,一吟双泪流。”❸知晓;领悟。刘长卿《早春赠别赵居士还江左》:“君行意可得,全与时人背。”皮日休《夜会问答十》之四:“不知含泪怨何人,欲问无由得心曲。”❹逢,遇,值。韦应物《夜偶诗客操公作》:“尘襟一潇洒,清夜得禅公。”张继《华州夜宴庾侍御宅》:“酒客逢山简,诗人得谢公。”❺适意;满足。李白《日夕山中忽然有怀》:“素心自此得,真趣非外惜。”白居易《虾蟆》:“虾蟆得其志,快乐无以加。”亦指适宜。韦应物《谢栎阳令归西郊赠别诸友生》:“伫君列丹陛,出处两为得。”❻犹到达。杜甫《宿花石戍》:“午辞空灵岑,夕得花石戍。”❼用于动词前,表能够、可以。刘希夷《故园置酒》:“愿逢千日醉,得缓百年忧。”岑参《白雪歌送武判官归京》:“将军角弓不得控,都护铁衣冷难着。”韩愈《县斋有怀》:“儿童稍长成,雀鼠得驱吓。”晁采《子夜歌十八首》之三:“金针刺菡萏,夜夜得见莲。”❽犹须,须要。岑参《与独孤渐道别长句兼呈严八侍御》:“借问君来得几日?到家不觉换春衣。”晁采《子夜歌十八首》之七:“良会终有时,劝郎莫得怒。”

得2

〔de〕助词。(1)用在动词后,表示可能。杜甫《杜鹃行》:“苍天变化谁料得,万事反覆何所无?”李忱《瀑布联句》:“溪涧岂能留得住,终归大海作波涛。”方干《叙雪献员外》:“风柳细条黏不得,春溪绿色蔽应难。”高蟾《秋日北固晚望二首》之二:“不知白发谁医得,为问无情岁月看。”(2)用在动词或形容词后,连结补语。章碣《曲江》:“只缘频燕蓬洲客,引得游人去似迷。”孙元晏《望仙阁》:“不知孔氏何形状,醉得君王不解醒。”(3)犹了。表示动作完成。岑参《临洮龙兴寺玄上人院同咏青木香丛》:“移根自远方,种得在僧房。”高骈《句》:“何人种得西施花,千古春风开不尽。”张蠙《过萧关》:“出得萧关北,儒衣不称身。”(4)用于动词后,表动作持续。戎昱《送郑炼师贬辰州》:“辰州万里外,想得逐臣心。”戴叔伦《塞上曲二首》之二:“愿得此身长报国,何须生入玉门关。”崔澹《赠王福娘》:“怪得清风送异看,娉婷仙子曳霓裳。”

【得一】 ❶指天地清宁,天下太平。语本《老子》。贯休《古镜词上刘侍郎》:“此镜今又出,天地还得一。”❷代指天子。韦安石《奉和九日幸临渭亭登高应制得枝字》:“重九开秋节,得一动宸仪。”

【得人】 得到人才。张九龄《奉和圣制赐诸州刺史以题座右》:“得人此为盛,咨岳今复存。”陆坚《奉和圣制送张说上集贤学士赐宴》:“得人惟迈昔,多士谅推今。”

【得力】 ❶得其助力。受其功益。王建《当窗织》:“贫家女为富家织,翁母隔墙不得力。”白居易《镜换杯》:“茶能散闷为功浅,萱纵忘忧得力迟。”薛逢《邻相反行》:“家藏一卷古孝经,世世相传皆得力。”廖融

《谢翁宏以诗百篇见示》:“休叹不得力,离骚千古传。”❷效力;得以发挥能力。杨巨源《方城驿逢孟侍御》:“军中得力儿男事,入驿从容见落晖。”

【得了】 犹成了。作成。白居易《问少年》:“回头却问诸年少,作个狂夫得了无?”

【得之】 ❶犹言说得对。司空图《诗品二十四则·疏野》:“若其天放,如是得之。”❷得到他。顾况《囝一章》:“囝生闽方,闽吏得之。”

【得已】 指能够自主,能出于自己心愿。王昌龄《箜篌引》:“何用班超定远侯,史臣书之得已不?”刘长卿《送州人孙沅自本州却归句章新营所居》:“怜君不得已,步步别离难。”

【得不】 能不。表示反诘语气。元稹《去杭州》:“君今取友由取士,得不别白清与浑?”

【得中】 (—zhōng)得其正中,谓持守得宜。储光羲《同房宪部应旋》:“养正不因晦,得中宁患旅?”

【得以】 赖以,可以。韩愈《答张彻》:“赖其饱山水,得以娱瞻听。”白居易《虾蟆》:“天又与其声,得以相喧哗。”司空图《诗品二十四则·豪放》:“由道返气,处得以狂。”丘光庭《补新宫》序:“纵其辞寻逸,则厥义犹存。若《南陔》《白华》之类,故束皙得以补之。”

【得巧】 ❶旧俗七夕妇女于月下用彩丝穿针,先穿成者谓之巧。祖咏《七夕》:“不知谁得巧,明旦试相看。”参阅宋孟元老《东京梦华录·七夕》。❷得其巧妙。韩愈《汴泗交流赠张仆射》:“发难得巧意气粗,欢声四合壮士呼。”

【得失】 ❶得到与失去,获得与损失。亦借指成败、利弊、是非、好坏等。杜甫《偶题》:“文章千古事,得失寸心知。”白居易《短歌曲》:“盛衰不自由,得失常相逐。”韩偓《赠孙仁本尊师》:“不共世人争得失,卧床前有上天梯。”齐己《荆门勉怀寄道林寺诸友》:“荣枯得失理昭然,谁敩离骚更问天?”❷偏义词。偏指失。元稹《估客乐》:“交关但交假,本生得失轻。”薛莹《十日菊》:“得失片时痛,荣枯一岁伤。”

【得仙】 成仙。皇甫冉《彭祖井》:“访古因知彭祖宅,得仙何必葛洪乡。”于鹄《秦越人洞中咏》:“扁鹊得仙处,传是西南峰。”高骈《闻河中王铎加都统》:“不知子晋缘何事,只学吹箫便得仙?”齐己《寄郑谷郎中》:“觅句如探虎,逢知似得仙。”

【得句】 谓诗人觅得佳句。周贺《上陕府姚中丞》:“成家尽是经纶后,得句应多谏诤余。”李商隐《药转》:“忆事怀人兼得句,翠衾归卧绣帘中。”司空图《华下送文浦》:“渐与论诗久,皆知得句新。”郑谷《静吟》:“相门相客应相笑,得句胜于得好官。”

【得地】 ❶得到适宜的土地。谓植物生长之地良好。王绩《古意六首》之四:“自言生得地,独负凌云洁。”李颀《照公院双橙》:“种橙夹阶生得地,细叶隔帘见双翠。”刘长卿《同郭参谋咏崔仆射淮南节度使厅前竹》:“得地移根远,经霜抱节难。”毛文锡《柳含烟》词:“栽培得地近皇宫,瑞烟浓。”❷选到了好地方。包佶《奉和柳相公中书言怀》:“凤巢方得地,牛喘最关心。”严维《题鲍行军小阁》:“文房已得地,相阁是推轮。”

【得名】 获得名声、美名;出名。杜甫《韦讽录事宅观曹将军画马图》:“将军得名三十载,人间又见真乘黄。”罗虬《比红儿诗》之六八:“巫山洛浦本无情,总为佳人便得名。”熊皎《九华望庐山》:“九江山势尽峥嵘,惟有匡庐最得名。”

【得色】 得意之神色。刘禹锡《和董庶中古散调词赠尹果毅》:“迟回顾徒御,得色悬双眉。”卢仝《听萧君姬人弹琴》:“主人醉盈有得色,座客向隅增内然。”

【得志】 谓愿望得到满足;得意。王昌龄《失题》:“奸雄乃得志,遂使群心摇。”李白《答王十二寒夜独酌有怀》:“骅骝拳跼不能食,蹇驴得志鸣春风。”薛据《怀哉行》:“俗流实骄矜,得志轻草莱。”韩偓《伤春》:“穷途得志反惆怅,饮席话旧多阑珊。”

【得言】 获得进言、谏诤的机会。韩愈《赴江陵途中寄赠王二十补阙李十一拾遗翰林三学士》:“适会除御史,诚当得言秋。”

【得枝】 觅得栖息之树枝。蒋冽《夜飞鹊》:“何啻飞三匝,犹言未得枝。”

【得非】 莫非,莫不是,表揣度语气。杜甫《奉先刘少府新画山水障歌》:“得非悬圃裂,无乃潇湘翻。”韩愈《寄崔二十六立之》:“又作朝士贬,得非命所施。”贾岛《早蝉》:“得非下第无高韵,须是青山隐白头。”项斯《送华阴隐者》:“往往到城市,得非征药钱?”

【得知】 获知;能够知晓。杜甫《后苦寒行二首》之二:“巴东之峡生凌澌,彼苍回轩人得知?”戴叔伦《屯田词》:“艰辛历尽谁得知?望断天南泪如雨。”

【得所】 得到适宜的场所、位置。杜甫《敬赠郑谏议十韵》:“野人宁得所,天意薄浮生。”薛逢《观竞渡》:“不思得所各休去,会到摧舟折楫时。”

【得朋】 获得同道、朋友。语本《易·坤》。杜甫《寄刘峡州伯华使君四十韵》:“迟暮嗟为客,西南喜得朋。”

【得兔】 亦作“得兔魚”。犹言得鱼忘筌。见《庄子·外物》。后遂以“得兔鱼”喻指已悟人生真谛。王绩《薛记室收过庄见寻率题古意以赠》:“何事须筌蹄,今已得兔鱼。”骆宾王《夏日游德州赠高四》序:“既而交非得兔,路是亡羊。”

【得性】 宜于性情;适合其天性。语本《诗·小雅·鱼藻》。张九龄《秋晚登楼望南江入始兴郡路》:“物生贵得性,身累由近名。”王维《留别钱起》:“卑栖却得性，每与白云归。”钱起《自终南山晚归》：“采苓日往还，得性非樵隐。”刘禹锡《踏潮歌》：“介鲸得性方逍遥，仰鼻嘘吸扬朱翘。”

【得宜】 得当；适宜。李山甫《酬刘书记一二知己见寄》：“晦迹全无累，安贫自得宜。”

【得按】 唐代称鹰得到初步训练为“得按”。韩偓《苑中》：“外使调鹰初得按，中官过马不教嘶。”原注：“五方外按使，以鹰隼初调习，始能擒获，谓之得按。”

【得便】 得空，得到方便之时机。韩愈《酬司门卢四兄云夫院长望秋作》：“归来得便即游览，暂似壮马脱重衔。”

【得信】 得知音讯，得到信息。徐铉《赠浙西顾推官》：“梁王苑里相逢早，润浦城中得信疏。”

【得計】 ❶遂计；实现愿望。李白《赠段七娘》：“罗袜凌波生网尘，那能得计访情亲。”权德舆《盘豆驿》：“江充得计太子死，日暮戾园风雨秋。”❷计得，计虑得当。岑参《送狄员外巡按西山军》：“兵马守西山，中国非得计。”卢纶《送饯从叔辞丰州幕归嵩阳旧居》：“吾翁致身殊得计，地仙亦是三千岁。”韩愈《送灵师》：“投身岂得计，性命甘徒捐。”

【得度】 佛教语。得到超度。谓经过修行得以脱离苦海到达涅槃彼岸。亦借指剃度为僧。刘长卿《送方外上人之常州依萧使君》：“宰臣思得度，鸥鸟恋为群。”张谓《送僧》：“得度北州近，随缘东路赊。”

【得馬生災】 谓塞翁得马而致祸。喻指因福致祸。见《淮南子·人间训》。元稹《哭子十首》之一：“维鹈受刺因吾过，得马生灾念尔冤。”

【得匪】 得非。莫非，岂非。匪，通“非”。杜甫《写怀二首》之二：“终契如往还，得匪合仙术。”

【得桂】 犹折桂。喻科举中第。典出《晋书·郤诜传》。李端《送杨皋擢第归江东》：“试才初得桂，泊渚肯伤蘋？”贯休《赠方干》：“弟子已得桂，先生犹灌园。”

【得時】 ❶适应节令。韩愈《杂诗四首》之一：“得时能几时，与汝恣啖咋。”刘禹锡《乐天寄重和晚达冬青一篇因成再答》：“秋隼得时凌汗漫，寒龟饮气受泥涂。”❷犹言走时运，行时。李涉《六叹》序：“清江白云，孤山远屿，皆得时之人吟咏性情耳。”

【得氣】 得物候之滋润，谓适合时令、节气。李贺《赠陈商》：“逢霜作朴樕，得气为春柳。”

【得途】 得路，仕途得志。陆长源《答东野夷门雪》：“好丹与素道不同，失意得途事皆别。”韩愈《游青龙寺赠崔大补阙》：“年少得途未要忙，时清谏疏尤宜罕。”

【得能】 犹如此、这样。皮日休《新秋言怀寄鲁望三十韵》：“桧身浑个矮，石面得能皴。”

【得售】 得以售出。喻指达到目的，实现计划。亦特指考试得中。翁承赞《喜弟承检登科》：“荆璞献多还得售，桂堂恩在敢轻回？”

【得得】 ❶犹特地，专门。韩愈《南溪始泛三首》之二：“上去无得得，下来亦悠悠。”元稹《去杭州》：“得得为题罗刹石，古来非独伍员冤。”王建《洛中张籍新居》：“云山且喜重重见，亲故应须得得来。”❷犹频频，不断。贯休《经孟浩然鹿门旧居二首》之一：“孟子终焉处，游人得得过。”贯休《陈情献蜀皇帝》：“一瓶一钵垂垂老，千水千山得得来。”

【得喪】 （—sàng）获得与丧失。卢象《追凉历下古城西北隅》：“未能齐得丧，时复诵《离骚》。”杜甫《秋日荆南述怀三十韵》：“得丧初难识，荣枯划易该。”权德舆《浩歌》：“得丧同一域，是非亦何常？”刘兼《蜀都道中》：“剑关云栈乱峥嵘，得丧何由险与平？”

【得閑】 有空；闲暇之时。韩愈《东都遇春》：“得闲无所作，贵欲辞视听。”

【得無】 能不，岂无，莫非。表反诘语气。杜甫《奉送魏六丈佑少府之交广》：“季子黑貂敝，得无妻嫂欺？”元结《无为洞口作》：“欲问其心不能问，我到山中得无闷。”韩愈《泷吏》：“得无虱其间，不武亦不文。”王周《齿落词》：“唇亡得无寒，舌在从何诉。”

【得雋】 获得肥美之肉。韩愈《叉鱼招张功曹》：“竞多心转细，得隽语时嚣。”此反映叉得肥鱼。

【得勝】 获得胜利，战胜对手。韦元甫《木兰歌》：“将军得胜归，士卒还故乡。”霍总《塞下曲》：“但见争锋处，长须得胜归。”

【得道】 ❶佛教称通过修行获得佛性、具备成佛条件为“得道”。綦毋潜《过方尊师院》：“养神宗示法，得道不知心。”崔峒《送真上人还兰若》：“得道云林久，年深暂一归。”郑常《送头陀上人赴庐山寺》：“得道非真相，头陀是苦心。”张蠙《再游西山赠许尊师》：“别后已闻师得道，不期犹在此山头。”❷道教称修炼已达内患不生、外患不入，六情成寂，可以长生成仙境地为“得道”。李白《感遇四首》之一：“吾爱王子晋，得道伊洛滨。”张籍《隐者》：“先生已得道，市井亦容身。”项斯《华顶道者》：“得道复无事，相逢尽日棋。”吕岩《七言》之四五：“一阳生是兴功日，九转周为得道年。”

【得勢】 谓地势有利，得地势之利。李商隐《商于》：“建瓴真得势，横戟岂能当！”亦指占有好的形势。杜荀鹤《观棋》：“得势侵吞远，乘危打劫赢。”

【得楚弓】 指捡到丢失之物。语出《孔子家语·好生》。刘长卿《避地江东留别淮南使院诸公》：“何辞向物开秦镜，却使他人得楚弓。”

【得路】 指官场得意。谓仕途顺畅或占据高位要职。卢象《追凉历下古城西北隅》："故人皆得路，谁肯念同袍？"杨巨源《题赵孟庄》："升堂俱自媚，得路难相见。"孟郊《伤时》："男儿得路即荣名，邂逅失途成不调。"李商隐《赠田叟》："鸥鸟忘机翻浃洽，交亲得路昧平生。"张蠙《言怀》："岂能得路陪先达？却拟还家望少微。"

【得罪】 获罪。王维《初出济州别城中故人》："微官易得罪，谪去济川阴。"岑参《送四镇薛侍御东归》："将军初得罪，门客复何依？"刘言史《偶题二首》之二："得罪除名谪海头，惊心无暇与身愁。"许浑《赠迁客》："无机还得罪，直道不伤情。"

【得意】 ❶得其真意，悟真旨趣。参见"得意筌"。❷犹得志。谓称心如意。李颀《送刘十一》："前年上书不得意，归卧东窗兀然醉。"高适《效古赠崔二》："金炉陈兽炭，谈笑正得意。"孟郊《登科后》："春风得意马蹄疾，一日看尽长安花。"李中《思九江旧居三首》之三："无机终日狎沙鸥，得意高吟景且幽。"亦指新科及第之人。周匡物《及第谣》："遥望龙墀新得意，九天敕下多狂醉。"❸人名。即杨得意。汉武帝时拘监，因荐同乡司马相如而著名。张籍《赠任懒》："汉庭无得意，谁拟荐相如？"参阅《史记·司马相如列传》。

【得意筌】 指达到目的之工具、手段。见《庄子·外物》。王棨《省题诗二十一首·上德不德》："欲述犹龙旨，应忘得意筌。"参见"得兔"。

【得蔡邕書】 喻指得文士之存书或遗文。见晋张华《博物志》卷六。耿沣《题清源寺》："不知登座客，谁得蔡邕书。"此以王维比蔡邕。因清源寺系王维之故宅，藏有其遗文。

【得趣】 获得趣味，得到乐趣。孟贯《夏日寄史处士》："寂寥知得趣，疏懒似无能。"

【得標】 竞赛中夺得锦标。张建封《竞渡歌》："前船抢水已得标，后船失势空挥桡。"

【得隴望蜀】 即得陇（今甘肃一带）地，又进一步想得到蜀（今四川一带）地。喻指贪心不知足。语出《东观汉记·隗嚣传》。李白《古风》之二三："物苦不知足，得陇又望蜀。"

【得寵】 受到宠爱、宠信。王建《宫词一百首》之二八："一时起立吹箫管，得宠人来满殿迎。"李商隐《宫辞》："君恩如水向东流，得宠忧移失宠愁。"秦韬玉《读五侯传》："后宫得宠人争附，前殿陈诚帝不疑。"

【得儁】 谓科举考试得中。元稹《和王侍郎酬广宣上人观放榜后相贺》："竞走墙前希得俊，高悬日下表无私。"

【得寶歌】 唐开元末民歌名。《得宝歌》："得宝耶，弘农耶。弘农耶，得宝耶。"歌词亦作："得宝弘农野，弘农得宝耶，潭里船车闹，扬州铜器多。三郎当殿坐，听唱《得宝歌》。"

【得體】 本谓仪容举止符合礼仪，与身体相称。后泛指言行或措施适中得当。宋璟《奉和圣制送张说巡边》："至和常得体，不战即亡精。"

【得體歌】 杂歌谣词之一，传天宝初陕郡太守韦坚为水陆转运使，于长安城东凿广运潭以通吴会数十郡舟楫，陕县尉崔成甫乃据民谣《得宝歌》翻制为此歌。《得体歌》："得体纥那也，纥囊得体耶。潭里船车闹，扬州铜器多。三郎当殿坐，听唱《得体歌》。"参阅《旧唐书·韦坚传》。

從[1] 〔cóng《广韵》疾容切，平鍾，從。〕❶跟随，随从。王珪《咏淮阴侯》："信亦胡为者，剑歌从项梁。"杜甫《石壕吏》："老妪力虽衰，请从吏夜归。"张籍《别段生》："况离父母傍，从我学书诗。"李商隐《自桂林奉使江陵途中感怀寄献尚书》："迎来新琐闼，从到碧瑶岑。"❷从夫；出嫁。张潮《江风行》："念君贫且贱，易此从远方。"高适《秋胡行》："一朝结发从君子，将妾迢迢东鲁陲。"❸随从之人；仆从。李端《送铜泽王归城》："昔闻公族出，其从亦高车。"白居易《夜归》："宾寮多谢客，骑从半吴娃。"❹往就，蹈赴。颜真卿《刻清远道士诗因而继作》："竭来从旧赏，林壑宛相亲。"杜甫《无家别》："虽从本州役，内顾无所携。"耿沣《送友贬岭南》："暮年从远谪，落日别交亲。"戴叔伦《湘中怀古》："昔人从逝水，有客吊秋风。"❺从事，参与。张九龄《登郡城南楼》："陈力倘无效，谢病从芝术。"包何《送韦侍御奉使江岭诸道催青苗钱》："近远从王事，南行处处经。"李益《重赠邢校书》："俱从四方事，共会九秋中。"白居易《赠元稹》："自我从宦游，七年在长安。"❻担任；任职。崔融《西征军行遇风》："及兹戎旅地，忝从书记职。"高适《东平留赠狄司马》："耿介挹三事，羁离从一官。"岑参《送王大昌龄赴江宁》："泽国从一官，沧波几千里。"严维《留别邹绍刘长卿》："中年从一尉，自笑此身非。"❼追逐，追求。李颀《赠别高三十五》："黾勉从寸禄，旧游梁宋时。"❽经由；经行。李白《嘲鲁儒》："缓步从直道，未行先起尘。"皇甫冉《河南郑少尹城南亭送郑判官还河东》："客是仙舟里，途从御苑西。"俞简《行不由径》："为计安贫乐，当从大道行。"杨洵美《答李昌期》："云衣剪不得，此路安可从？"❾遵行；奉守。贺朝《从军行》："直为甘心从苦节，陇头流水呜呜咽。"严维《赠别至弘上人》："年老从僧律，生知解佛书。"❿依傍，依托。杜甫《桃竹杖引赠章留后》："风尘澒洞兮豺虎咬人，忽失双杖兮吾将曷从？"李华《尚书都堂瓦松》："天然斯所寄，地势太无从。"刘长卿《双峰下哭故人李宥》："图书经乱知何在？妻子因贫失所从。"子兰《华严寺望樊川》："旧山归未得，生计欲何从？"⓫顺从，依从。张谓《读后汉逸人传二首》之二："万物从所欲，吾心亦如此。"顾况《囝一章》："不从人言，果获是苦。"皮日休《吴中苦雨因书一百韵寄鲁望》："我公大司谏，一切从民欲。"⓬遂原，如意。宋之问《送赵六贞固》："始愿今不从，春风恋携手。"独孤及《夏中酬于逖毕耀问病见赠》："救物智所昧，学仙愿未从。"耿湋《宣城逢张二南史》："寄食年将老，干时计未从。"⓭择取某种标准。薛存诚《御制段太尉碑》："葬仪从俭礼，刊石荷尧君。"⓮任随，听从。寒山《诗三百三首》之一九七："秋到任他林落叶，春来从你树开花。"杜甫《秋野五首》之一："枣熟从人打，葵荒欲自锄。"王建《寄杜侍御》："买宅但幽从索价，栽松取活不争钱。"姚鹄《和陕州参军李通微首夏书怀呈同寮张裳段群二先辈》："满院落花从覆地，半檐初日未开关。"⓯称堂房亲戚。李嘉祐《与从弟正字从兄兵曹宴集林园》："辅嗣外生还解《易》，惠连群从总能诗。"杨巨源《赠从弟茂卿》："吾从骥足杨茂卿，性灵且奇才甚清。"李商隐《送千牛李将军赴阙五十韵》："顾我由群从，逢君叹老成。"⓰介词。(1)向，对，青动作行为之对象。高适《题李别驾壁》："一生称意能几人，今日从君问终始。"韩愈《送文畅师北游》："从求送行诗，屡造忍颠蹶。"(2)在；由；朝。表示行为动作发生处或来源。李峤《奉教追赴九成宫途中口号》："事偶从梁游，人非背淮客。"岑参《渔父》："朝从滩上饭，暮向芦中宿。"卢纶《山中一绝》："饥食松花渴饮泉，偶从山后到山前。"《郊庙歌辞·梁太庙乐舞辞·送神》："其降无从，其往无踪。"(3)自从。表示时间之起点。张谔《九日》："绛叶从朝飞著夜，黄花开日未成旬。"杜甫《月夜忆舍弟》："露从今夜白，月是故乡明。"李频《避暑》："蝉从初伏噪，客向晚凉吟。"或表示发展变化之起点。刘禹锡《叹水别白二十二》："从一勺，至千里。"(4)由于；由。表原因或方式途径。张谓《寄李侍御》："价以吹嘘长，恩从顾盼深。"赵嘏《关山别荡子》："肠为马嘶断，衣从泪滴斑。"⓱连词，从而，因而。刘言史《病僧二首》之二："空林衰病卧多时，白发从成数寸丝。"

從[2]　〔zòng《广韵》疾用切，去用，從。〕"纵"的古字。❶南北曰从，东西曰横。见"從横"。❷放纵。见"從₂放"。❸纵然。见"從₂道"。

從[3]　〔cōng，或读 cóng《广韵》七恭切，平鐘，清。〕见"從₃容"。

【從人】　❶跟随他人之后，依附于人。岑参《江上春叹》："从人觅颜色，自笑弱男儿。"❷向人，对人。窦巩《赠萧都官》："好是关身事，从人道性偏。"

【從上人】　法名全称未详。湖州长城县报德寺僧。皎然有《寄报德寺从上人》。

【從小】　自从年龄少小之时。贾岛《寄贺兰朋吉》："故园从小别，夜雨近秋闻。"项斯《送僧归南岳》："有家从小别，是寺即言归。"

【從子】　侄儿。韦应物有《示从子河南尉班》。李端《送别驾赴晋陵即舍人叔之兄》："诸宗称叔父，从子亦光辉。"

【從化】　归化，归顺王化。孟郊《献汉南樊尚书》："异俗既从化，浇风亦归淳。"

【從今】　从此，从现在起。刘长卿《新年作》："已似长沙傅，从今又几年。"戴叔伦《再巡道永留别》："从今不学四方事，已共家人海上期。"赵嘏《赠李从贵》："知君旧隐嵩云下，岩桂从今几更攀。"皮日休《咏白莲》之二："细嗅深看暗断肠，从今无意爱红芳。"

【從公】　从事公务；从政。马戴《冬日寄洛中杨少尹》："年长从公懒，天寒入府迟。"皮日休《寄滑州李副使员外》："兵绕临淮数十重，铁衣才子正从公。"李频《黔中酬同院韦判官》："圣代都无事，从公且赋诗。"

【從公歌】　指《诗·鲁颂·泮水》。因诗中有"无小无大，从公于迈"句，故称。诗之内容颂鲁僖公战胜淮夷祝捷庆功，故后常用以歌颂王师。杜甫《八哀诗·赠司空王公思礼》："巷有从公歌，野多青青麦。"

【從心】　即房从心。贝州清河（今属河北）人。肃宗时，灵一住余杭宜丰寺，与李华、李纾、皇甫冉、张南史等俱为其尘外之友。见独孤及《唐故扬州庆云寺律师一公塔铭序》。广德二年（764）前后在湖州，与清昼（即皎然）等联句唱酬。《全唐诗》卷七九四清昼《暗思联名》《恨意联句》录其诗二句，失其姓。

【從兄】　即堂兄。叔伯之子而长于己者。刘长卿有《送李员外使还苏州兼呈前袁州李使君袁州即员外之从兄》。武元衡有《酬太常从兄留别》。李频有《江上送从兄群玉校书东游》。

【從仕】　入仕途，做官。韩愈《从仕》："居闲食不足，从仕力难任。"

【從奴】　仆从，随从之仆役。戎昱《赠别张附马》："从奴斜抱敕赐锦，双双蹙出金麒麟。"

【從戎筆】　咏从军。见《后汉书》卷四七《班超传》。李商隐《自桂林奉使江陵途中感怀寄献尚书》："既载从戎笔，仍披选胜襟。"

【從臣】　侍从之臣，随从之臣。刘宪《奉和圣制登骊山高顶寓目应制》："从臣词赋末，滥得上天衢。"贾至《自蜀奉册命往朔方途中呈韦左相文部房尚书门下崔侍郎》："顾惟乏经济，扞牧陪从臣。"韦应物《汉武帝杂歌三首》之三："平田校猎书犹陈，此日从臣何不言？"唐彦谦《望岳时贼据华夏》："祝史秘辞今莫睹，从臣嘉颂久无闻。”

【從吏】 从属之官吏。白居易《早祭风伯因怀李十一舍人》：“导骑与从吏，引我出东垌。”

【從此】 ❶自此时起，自此以后。张谔《赠吏部孙员外济》：“披云自有镜，从此照仙台。”李白《翰林读书言怀呈集贤诸学士》：“功成谢人间，从此一投钓。”窦巩《登玉钩亭奉献淮南李相公》：“定知有客嫌陈榻，从此无人上庾楼。”赵嘏《别麻氏》：“分离况值花时节，从此东风不似春。”❷从这一点，从这方面。王炎《赋得行不由径》：“始知夫子道，从此得坚诚。”

【從行】 (—xíng)随行。随从而行。王贞白《送芮尊师》：“他年控鲤升天去，庐岳逋民愿从行。”褚载《赠道士》：“闻说葛陂风浪恶，许骑青鹿从行无。”齐己《雉》：“山梁从行者，错解仲尼叹。”

【從伯】 父亲之堂兄。无名氏有《哭从伯祭酒》诗(外编下)

【從坐】 谓各依其位次相随而坐。韩愈《元和圣德诗》：“群星从坐，错落侈哆。”

【從弟】 即堂弟。称叔伯之子而年幼于己者。孟浩然有《早春润州送从弟还乡》。杜甫《不归》：“从弟人皆有，终身恨不平。”刘禹锡《送从弟郎中赴浙西》序：“从弟三复，十余年间凡三为浙右从事。”马戴有《夕发邠宁寄从弟》。

【從初】 起初，当初。王建《宫词一百首》之八一：“楼中日日歌声好，不问从初学阿谁。”

【從幸】 随从皇帝外出巡行。元稹《望云骓马歌》：“尔身今日逢圣人，从幸巴渝归入秦。”韩昭有《从幸秦川过白卫献诗》。

【從來】 ❶所从来，来自。钱起《裴侍郎湘川回以青竹筒相遗因而赠之》：“楚竹青玉润，从来湘水阴。”❷向来，一向。裴迪《与卢员外象过崔处士兴宗林亭》：“逍遥且喜从吾事，荣宠从来非我心。”高适《送浑将军出塞》：“李广从来先将士，卫青未肯学孙吴。”杨巨源《寄申州卢拱使君》：“从来乐事憎诗苦，莫放窗中远岫知。”姚鹄《送黄颇归袁》：“文章声价从来重，霄汉途程此去长。”亦指至今。张说《闻雨》：“念我劳造化，从来五十年。”❸犹平素，素常。杜甫《奉赠萧二十使君》：“不达长卿病，从来原宪贫。”卢纶《送颜推官游银夏谒韩大夫》：“苦乐从来事，因君一涕零。”❹从前，昔日。杜审言《旅寓安南》：“故乡逾万里，客思倍从来。”杜甫《奉观严郑公厅事岷山沱江画图十韵》：“从来谢太傅，丘壑道难忘。”郎士元《送粲上人兼寄梁镇员外》：“借问从来香积寺，何时携手更同登？”薛能《和友人寄怀》：“从来行乐近来希，蘧瑗知言与我违。”

【從事】 ❶做事，行事。赵抟《琴歌》：“一生从事不因人，健步窣云皆自致。”❷从王事，办理公事，借指做官。杜甫《奉送苏州李二十五长史丈之任》：“食德见从事，克家何妙年。”又《览镜呈柏中丞》：“起晚堪从事，行迟更学仙。”白居易《纳粟》：“昔余谬从事，内愧才不足。”无可《送沅江宋明府即开府璟之孙》：“初闻从事日，鄂渚动芳菲。”❸官名。汉代州郡长官之僚佐多称从事史。唐州府之上佐别驾、长史、司马及节度使府之司马、判官、掌书记等亦习称从事。钱起《送符别驾还郡》：“已知从事元无事，城上愁看海上山。”刘禹锡《酬淮南廖参谋秋夕见过之作》：“扬州从事夜相寻，无限新诗月下吟。”李商隐《行至金牛驿寄兴元渤海尚书》：“诸生个个王恭柳，从事人人庾杲莲。”❹担任从事僚职。权德舆有《从事淮南府过亡友杨校书旧厅感念愀然》。鲍溶《蔡平喜遇河阳马判官宽话别》：“从事东军正四年，相逢且喜偃兵前。”李商隐《二月二日》：“万里忆归元亮井，三年从事亚夫营。”徐铉《送魏舍人仲甫为蕲州判官》：“从事蕲春兴自长，蕲人应识紫薇郎。”❺奉事。孟浩然《陪张丞相祠紫盖山途经玉泉寺》：“青衿列胄子，从事有参卿。”❻犹展转、周旋。白居易《咏怀》：“昔有荣先生，从事于其间。”

【從事衫】 戎衣，军人之服。杜甫《魏将军歌》：“将军昔着从事衫，铁马驰突重两衔。”

【從叔】 堂房叔父。李频有《宣州献从叔大夫》与《贺同年翰林从叔舍人知制诰》。

【從易】 选取方便容易的途径；随顺避难求易之心理。张籍《省试行不由径》：“从易众所欲，安邪患亦生。”

【從征】 从军出征。杜审言《送崔融》：“君王行出将，书记远从征。”杜牧《闺情代作》：“佳人刀杵秋风外，荡子从征梦寐希。”

【從₂放】 放纵；放掉。白居易《鹦鹉》：“谁能拆笼破，从放快飞鸣？”张赍《奉和袭美题褚家林亭》：“今朝偶得高阳伴，从放山翁醉似泥。”

【從官】 ❶从属之官；侍从之官。王昌龄《武陵开元观黄炼师院三首》之三：“山观空虚清静门，从官役吏扰尘喧。”高适《自淇涉黄河途中作十三首》之十：“天子忽惊悼，从官皆负薪。”耿湋《和王怀州观西营秋射》：“落叶停高驾，空林满从官。”张蠙《钱塘夜宴留别郡守》：“屏间佩响藏歌妓，幕外刀光立从官。”❷从仕，做官。卢纶《将赴阌乡灞上留别钱起员外》：“从官竟何事，忧患已相催。”白居易《咏怀》：“从官三十年，无如今气味。”许浑《重伤杨攀处士二首》之二：“从官任直道，几处脱长裾。”

【從政】 从事政务；处理政务。孟浩然《晚春卧病寄张八》：“念我平生好，江乡远从政。”萧颖士《重阳日陪元鲁山德秀登北城瞩对新霁因以赠别》：“人和岁已登，从政复何有？”令狐峘《硖州旅舍奉怀苏州韦郎中》："儒服学从政，遂为尘事婴。"崔峒《书怀寄杨郭李王判官》："吏欺从政拙，妻笑理家贫。"

【從星】　出《书·洪范》："月之从星，则以风雨。"周秉钧《尚书易解》卷三引郭嵩焘《史记札记》。后遂以"从星"喻为政顺从民愿以润泽万民。刘禹锡《奉和中书崔舍人八月十五日夜玩月二十韵》："从星变风雨，顺日助陶甄。"

【從俗】　随俗。依从习俗。项斯《落第后归觐喜逢僧再阳》："见僧心暂静，从俗事多屯。"

【從風】　❶顺风，随风。包佶《祀雨师乐章·亚献终献》："乘烟燎，俨从风。"孙鲂《柳》之九："暖催春促吐芳芽，伴雨从风处处斜。"❷喻迅速顺应、响应。王光庭《奉和圣制送张说巡边》："海波先若镜，关草豫从风。"

【從前】　以前，先前。李颀《缓歌行》："早知今日读书是，悔作从前任侠非。"李白《戏赠杜甫》："借问别来太瘦生，总为从前作诗苦。"朱庆余《上翰林蒋防舍人》："清重可过知内制，从前礼绝外庭人。"杜牧《将赴京留赠僧院》："谢却从前受恩地，归来依止叩禅关。"

【從兹】　自此，从此。玄宗《答司马承祯上剑镜》："从兹一赏玩，永德保龄长。"贾岛《哭卢仝》："从兹加敬重，深藏恐失遗。"顾云《筑城篇》："西川父老贺子孙，从兹始是中华人。"

【從宦】　从仕，做官。陈子昂《答洛阳主人》："事亲恨未立，从宦此中州。"刘长卿《题冤句宋少府厅留别》："从宦闻苦节，应物推高谊。"李绅《忆过润州》："昔年从宦干戈地，黄绶青春一鲁儒。"王贞白《远闻本郡行春到旧山二首》之一："一身从宦留京邑，五马遥闻到旧山。"

【從軍】　参军，投身军戎。贺兰进明《行路难五首》之三："荡子从军事征战，蛾眉婵娟空守闺。"熊孺登《送马判官赴安南》："故人交趾去从军，应笑狂生挥阵云。"唐彦谦《南梁戏题汉高庙》："数载从军似武夫，今随戎捷气偏粗。"

【從軍行】　（行 xíng）乐府题名，属相和歌辞平调曲。内容多写军旅辛苦。唐虞世南、骆宾王、乔知之、李颀、王维、李白、王昌龄、卢纶等均有《从军行》。

【從祖】　祖父之堂兄弟。李白有《陪从祖济南太守泛鹊山湖三首》。

【從姪】　堂侄。李白有《与从侄杭州刺史良游天竺寺》。

【從師】　跟随老师、师傅学习。萧颖士《蒙山作》："少学务从师，壮年贵趋仕。"李端《长安书事寄卢纶》："弱冠家庐岳，从师岁月深。"李绅《忆东郭居》："昔余过稚齿，从师昧知奥。"黄滔《送僧》："才年七岁便从师，犹说辞家学佛迟。"

【從翁】　叔父。李白有《鸣皋歌奉饯从翁清归五崖山居》。权德舆有《送从翁赴任长子县令》。姚鹄有《奉和秘监从翁夏日陕州河亭晚望》。

【從宴】　相随宴集。杨衡《九日陪樊尚书龙山宴集》："孟嘉从宴地，千乘复登临。"

【從容】　❶悠闲宽舒；镇定，不迫促。李颀《送山阴姚丞携妓之任兼寄苏少府》："山阴政简甚从容，到罢惟求物外踪。"杨巨源《寄中书同年舍人》："五色天书词焕烂，九华春殿语从容。"曹唐《三年冬大礼五首》之四："侧闻左右皆周吕，看取从容致太平。"❷宽裕有余；多，厚。白居易《元十八从事南海欲出庐山临别旧居有恋泉声之什伸别情》："贤侯辟士礼从容，莫恋泉声问所从。"张蠙《赠别山友》："从容无限意，不独为离群。"❸盘桓，逗留。皎然《冬日遥和卢使君幼平綦毋居士游法华寺高顶临湖亭》："仍闻抚禅石，为我久从容。"王涯《宫词三十首》之十一："曾经玉辇从容处，不敢临风折一枝。"黄滔《酬徐正字夤》："莫言蓬阁从容久，披处终知金在砂。"路德延《句》："不是上台知姓字，五花宾馆敢从容？"❹周旋；相与游处。白居易《寻郭道士不遇》："欲问《参同契》中事，更期何日得从容？"姚合《送贾谟赴共城营田》："几时无事扰，相见得从容？"贾岛《寄董武》："虽同一城里，少省得从容。"郑谷《叙事感恩上狄右丞》："庾公垂顾遇，王粲许从容。"❺中药名。即肉苁蓉。王绩《采药》："从容肉作名，薯蓣膏成质。"皮日休《药名联句》："从容犀局静，断续玉琴哀。"

【從孫濟】　从孙即兄弟或堂兄弟之孙。特指杜甫从孙杜济。杜甫有《示从孙济》，注云："济字应物，官给事中、京兆尹。"

【從教】　❶任使，任随。施肩吾《春日宴徐君池亭》："池上有门君莫掩，从教野客见青山。"李商隐《杏花》："莫学啼成血，从教梦寄魂。"孙元晏《咏史诗·陈·后庭舞》："后庭一曲从教舞，舞破江山君未知。"齐己《幽庭》："不放生纤草，从教遍绿苔。"❷遂使，从而使得。韩偓《偶见》："千金莫惜旱莲生，一笑从教下蔡倾。"

【從梅】　指做县尉。梅，汉人梅福，曾为南昌尉，传王莽时弃家仙去，后常以借指县尉。参阅《汉书》卷六七《梅福传》。王湾《哭补阙亡友綦毋学士》："屡迁君擢桂，分尉我从梅。"

【從勖】　僧人，为内供奉大德。皮日休有《腊后送内大德从勖游天台》。陆龟蒙有《和袭美腊后送内大德从勖游天台》。

【從衆】　随顺多数人的意愿或风习。杜甫《秋日夔府咏怀奉寄郑监李宾客一百韵》："困学违从众，明公各勉旃。"

【從從容容】（從 cōng）安详舒缓、不慌不忙貌。阎朝隐《鹦鹉猫儿篇》："与之放旷浪浪兮，从从容容。"

【從喪】（—sāng）护送灵柩归葬。韩愈《此日足可惜赠张籍》："从丧朝至洛，还走不及停。"

【從違】依从或违背。韩愈《送区弘南归》："爰有区子荧荧晖，观以彝训或从违。"

【從順】顺从，顺服。韩愈《元和圣德诗》序："海内怖骇，不敢违越……风雨晦明，无不从顺。"

【從禽】追捕禽兽，指田猎。张九龄《郢城西北有大古冢数十观其封域多是楚时诸王尽知之》："能令更择士，非直罢从禽。"孟浩然《从张丞相游南纪城猎戏赠裴迪张参军》："从禽非吾乐，不好云梦田。"张正元《临川羡鱼》："不应同逐鹿，讵肯比从禽？"

【從遊】亦作"從游"。随从出游；与之游处。李嘉祐《送从叔阳冰祗召赴都》："自小从游惯，多由戏笑偏。"崔备《和武相公中秋锦楼玩月》之二："愿以清光末，年年许从游。"陈昌言《赋得玉水记方流》："滔滔在何许，揭厉愿从游。"

【從善】即吕从善。吕从庆有《忆弟从善》。

【從善坊】里坊名，在唐东都洛阳外郭城之东南部，与绥福、睦仁坊相邻，唐刘知几、刘太白曾宅于此坊。元稹《送刘太白》："洛阳大底居人少，从善坊西最寂寥。"参阅徐松《唐两京城坊考》卷五。

【從₂道】犹言虽然说，从，通"纵"，纵然。白居易《答春》："草烟低重水花明，从道风光似帝京。"又《城上夜宴》："从道人生都是梦，梦中欢笑亦胜愁。"李咸用《寄所知》："从道趣时身计拙，如非所好肯开襟？"罗虬《比红儿诗》之七六："从道长陵小市东，巧将花貌占春风。"

【從嗔】任其嗔怪。杜甫《三绝句》之三："会须上番看成竹，客至从嗔不出迎。"

【從遣】任凭，听从。李益《罢镜》："欲令孤月掩，从遣半心疑。"

【從舅】母亲之堂兄弟。李昌符有《感怀题从舅宅》。

【從輕】指量刑依从较宽的标准。虞世南《赋得慎罚》："政宽思济猛，疑罪必从轻。"

【從鞍】随从之马。韩愈《独钓四首》之一："聊取夸儿女，榆条系从鞍。"

【從₂横】纵横交错。从，同"纵"。灵一《溪行即事》："不知伏牛事，潭洞何从横！"

【從醉】任醉，听任醉酒。李商隐《和郑愚赠汝阳王孙家筝妓二十韵》："羌管促蛮柱，从醉吴宫耳。"

【從賦】赴科举考试。韩愈《答张彻》："从赋始分手，朝京忽同舲。"

【從儉】采取俭省节约的做法。李适《三日书怀因示百僚》："恭己每从俭，清心常保真。"周昙《咏史诗·后汉门·鲍宣妻》："君恶奢华意不欢，一言从俭亦何难。"

【從駕】随从皇帝出行。李峤有《和周记室从驾晓发合璧宫》。则天皇后有《从驾幸少林寺》。徐铉有《从驾东幸呈诸公》。亦指陪侍皇帝。李涉《题温泉》："当时姚宋并燕许，尽是骊山从驾人。"

【從頭】❶从开头之处。多用为"从头至尾"的略语，犹言原原本本，完整无遗地。白居易《杂曲歌辞·何满子》："一曲四词歌八叠，从头便是断肠声。"谭用之《贻净居寺新及第》："此境空门不曾有，从头好语与医王。"❷犹当头，劈头盖脸。《王法曹歌》（卷八七四）："见钱满面喜，无镪从头喝。"

【從諫】听从谏诤；听取谏言。张籍《庄陵挽歌词三首》之一："迎师亲出道，从谏早临朝。"

【從騎】❶随从之骑兵，所率之骑兵。韩翃《祭岳回重赠孟都督》："从骑尽幽并，同人皆沈谢。"❷随从之骑马仆役。元稹《和李校书新题乐府十二首·阴山道》："从骑爱奴丝布衫，臂鹰小儿云锦韬。"

【從簡】元稹侄，曾官曲沃尉，见《全唐文》卷六五五。元稹《唐故朝议郎侍御史内供奉盐铁转运河阴留后河南元君墓志铭》。元稹有《寒食日毛空路示侄晦及从简》。

【從獵】随从帝王田猎。李商隐《寄令狐学士》："赓歌太液翻黄鹄，从猎陈仓获碧鸡。"赵嘏《降虏》："扬雄尚白相如吃，今日何人从猎归？"吴融《岐下寓居见槐花落因寄从事》："蜀国马卿看从猎，肯将闲事入凄凉？"

【從龍】云从龙，风从虎。为咏云之典，谓云随龙生。见《易·乾》。李峤《云》："碧落从龙起，青山触石来。"陈希烈《省试白云起封中》："素光非曳练，灵贶是从龙。"彭伉《青云干吕》："已见从龙意，宁知触石文。"韩琮《云》："山头触石应常在，天际从龙自不归。"又因旧以龙为帝王象征，故亦以指随从帝王立业建勋。李峤《云》："会入大风歌，从龙赴圆阙。"杜甫《伤春五首》之一："蓬莱足云气，应合总从龙。"李程《观庆云图》："欲识从龙处，今逢圣合符。"徐夤《马嵬》："二百年来事远闻，从龙谁解尽如云？"

【從繩】谓木材依绳墨取直。朱湾《咏柏板》："赴节心长在，从绳道可观。"

九 画

御¹ 〔yù《广韵》牛倨切，去御，疑。〕❶驾驭车马。皮日休《正乐府十篇·路臣恨》："十夫掣鞭策，御之如惊鸿。"亦泛指乘坐，乘驾。陆敬

《游清都观寻沈道士得都字》:"凌风自可御,安事迫中区。"董思恭《咏风》:"方从列子御,更逐浮云归。"贾岛《哭张籍》:"本欲蓬瀛去,餐芝御白云。"❷被乘驾。李益《登天坛夜见海》:"八鸾五凤纷在御,王母欲上朝元君。"❸驾驭车马之人,驭手。耿湋《送太仆寺李丞赴都到桃林塞》:"造父为周御,詹嘉守晋军。"韩愈《驽骥》:"问谁能为御? 旷世不可求。"又《刘生诗》:"车轻御良马力优,咄哉识路行勿休。"章孝标《省试骐骥长鸣》:"逐逐怀良御,萧萧顾乐鸣。"❹统驭、统治。张说《将赴朔方军应制》:"恭凭神武策,远御鬼方人。"玄宗《送张说巡边》:"端拱复垂裳,长怀御远方。"杜甫《赠蜀僧闾丘师兄》:"惟昔武皇后,临轩御乾坤。"和凝《宫词百首》之六二:"正旦垂旒御八方,蛮夷无不奉梯航。"❺控驭;控制。钱起《送李大夫赴广州》:"图南不可御,惆怅守薄暮。"刘禹锡《武陵观火诗》:"御之失其道,敲石弥天隅。"❻使用。玄宗《题梅妃画真》:"忆昔娇妃在紫宸,铅华不御得天真。"元稹《和李校书新题乐府十二首·骠国乐》:"德宗深意在柔远,笙镛不御停娇娥。"李商隐《汉南书事》:"陛下好生千万寿,玉楼长御白云杯。"❼食用。王维《登楼歌》:"琥珀酒兮雕胡饭,君不御兮日将晚。"韩愈《李花二首》之一:"冰盘夏荐碧实脆,斥去不御惭其花。"❽穿着。王维《丁宇田家有赠》:"开轩御衣服,散帙理章句。"杜甫《茅堂检校收稻二首》之一:"御夹侵寒气,尝新破旅颜。"元稹《赋得九月尽》:"半夜灰移琯,明朝帝御裘!"❾弹奏。韩愈《郓州溪堂诗》:"公在溪堂,公御琴瑟。"❿指帝王驾临,临幸。王维有《奉和圣制御春明楼临右相园亭赋乐贤诗应制》。白居易《新乐府·骠国乐》:"德宗立仗御紫庭,黈纩不塞为尔听。"⓫指帝王。李白《清平乐》词:"日晚却理残妆,御前闲舞霓裳。"亦用为帝王之用物事项作为的敬称。见"御牀""御题"。⓬谓上奏帝王亲览。无名氏《明月湖醉后蔷薇花歌》(卷七八五):"谁知奏御数万言,翻割龟符四千里。"⓭指女子侍寝。皇甫湜《出世篇》:"旦旦狎玉皇,夜夜御天姝。"⓮侍妾,侍女。白居易《续古诗十首》之五:"宜当备嫔御,胡为守幽独?"沈亚之《湘中怨》自撰解:"生曰'能逐我归乎?'应曰:'婢御无悔。'遂载归与居。"⓯通"禦"。抵御。王维《赠吴官》:"长安客舍热如煮,无个茗糜难御暑。"

御[2]　〔yà《集韵》魚駕切,去禡,疑。〕迎迓,迎接。李商隐《送千牛李将军赴阙五十韵》:"曾无力牧御,宁待雨师迎?"一说指奉御。参阅清冯浩《玉溪生诗集笺注》。

【御井】　宫禁中之水井。苏晋《奉和圣制送张说巡边》:"路接禁园草,池分御井莲。"

【御化】　乘化。谓指借造化之力。王昌龄《香积寺礼拜万回平等二圣僧塔》:"真无御化来,借有乘化归。"

【御文】　替皇帝起草之诏书文字。元稹《使东川·骆口驿二首》之二:"二星徼外通蛮服,五夜灯前草御文。"

【御火】　清明断火后宫中传出之新火种。王濯《清明日赐百僚新火》:"御火传香殿,华光及侍臣。"

【御水】　御沟之水;宫苑中之流水。杜牧《早春阁下寓直萧九舍人亦直内署因寄书怀四韵》:"御水初销冻,宫花尚怯寒。"赵嘏《宿何书记先辈延福新居》:"诗情似到山家夜,树色轻含御水秋。"项斯《旧宫人》:"如今还向城边住,御水东流意不通。"郑谷《访题进士孙秦延福南街居》:"短墙通御水,疏树出南山。"

【御札】　皇帝之亲笔书札。杜甫《送顾八分文学适洪吉州》:"御札早流传,揄扬非造次。"李洞《送龙州田使君旧诗家》:"御札轸西陲,龙州出牧时。"贯休《绣州张相公见访》:"千袭彩衣宫锦薄,数床御札主恩偏。"虚中《寄华山司空图二首》之一:"有时开御札,特地挂朝衣。"

【御史】　❶官名。秦以前为史官,汉以后专司纠察奏弹。唐御史台所隶之台、殿、察三院,分别由会御史、典中侍御史与监察御史掌管,统称御史。官品依次为从六品、从七品、正八品。杜审言《和李大夫嗣真奉使存抚河东》:"秩比司空位,官临御史员。"岑参《送魏升卿擢第归东都因怀魏校书陆浑乔潭》:"将军金印亸紫绶,御史铁冠重绣衣。"卢纶《送张郎中还蜀歌》:"秦家御史汉家郎,亲专两印征殊方。"赵嘏《代人赠杜牧侍御》:"郎作东台御史时,妾长西望敛双眉。"❷即"御史娘"。唐代著名之宫廷歌女。陈陶《西川座上听金五云唱歌》:"中丞御史不足比,水殿一声愁杀人。"自注:"中丞、御史,皆当时宫中歌者。"

【御史牀】　东汉末孙策自领会稽太守时,重视虞翻,专为设床以待之,因虞翻曾仕汉为御史,后遂称此床为"御史床",并用为礼贤之典。韩翃《送刘侍御赴陕州》:"明日怀贤处,依依御史床。"陆畅《陕州逢窦巩同宿寄江陵韦协律》:"荆南为报韦从事,一宿同眠御史床。"参阅宋乐史《太平寰宇记·江南东道八·越州》。

【御史府】　即御史台。因西汉以前御史台称御史府,故唐代常袭用旧称。韩翃《送夏侯侍郎》:"元戎车右早飞声,御史府中新正名。"张籍《伤歌行》:"黄门诏下促收捕,京兆君系御史府。"白居易《赠吴丹》:"尝登御史府,亦佐东诸侯。"

【御史馬】　见"御史骢"。

【御史烏】　为咏御史府之典。见《汉书·朱博传》。李峤《城》:"独下仙人凤,群惊御史乌。"罗隐《倚棹》:“树解将军梦,城遗御史乌。”

【御史娘】 人名。唐宫廷中著名之善歌女子,曾传艺于弟子田顺郎。刘禹锡《与歌童田顺郎》:“天下能歌御史娘,花前叶底奉君王。”

【御史臺】 官府名。秦汉时为御史府,兼管秘书图籍与监察工作。南北朝后期改置御史台,始为独立的中央监察机构。唐御史台以御史大夫与御史中丞为长贰官。高宗时一度收御史台为宪法台,武后时又曾改为左肃政台。旋复旧。高适《九曲词三首》之一:“将军天上封侯印,御史台上异姓王。”

【御史驄】 后汉桓典拜侍御史,执政无所回避,常乘骢马。京师畏惮。见《后汉书·桓荣传》附《桓典传》。后因以为称美御史或咏马之典。李峤《马》:“天马本来东,嘶惊御史骢。”钱起《宿毕侍御宅》:“明发南昌去,回看御史骢。”纪唐夫《骢马曲》:“连钱出塞蹋沙蓬,岂比当时御史骢。”胡宿《天街晓望》:“嗟余索米无人问,行避霜台御史骢。”亦作“御史馬”。韩翃《送卢大理赵侍御祭东岳兼寄孟兖州》:“仍随御史马,山路满光辉。”

【御仗】 帝王之仪。李商隐《有感二首》之二:“御仗收前殿,兵徒剧背城。”

【御印】 皇帝之印玺。元稹《内状诗寄杨白二员外》:“彤管内人书细腻,金奁御印篆分明。”白居易《和春深二十首》之七:“御印提随仗,香笺把下车。”

【御司】 指光禄寺。亦称司膳寺,掌朝廷祭祀、朝会时之肴菜、果品、酒醴等之供设。胡皓《奉和圣制送张尚书巡边》:“宠饯纷郊道,充厨竭御司。”

【御光】 帝王之光辉,借帝王。李贺《堂堂》:“蕙花已老桃叶长,禁院悬帘隔御光。”

【御衣】 帝王之衣。李峤《春日游苑喜雨应诏》:“密雨迎仙步,低云拂御衣。”李白《温泉侍从归逢故人》:“激赏摇天笔,承恩赐御衣。”王建《赠王枢密》:“脱下御衣先赐着,进来龙马每教骑。”崔道融《銮驾东回》:“两川花捧御衣香,万岁山呼辇路长。”

【御宇】 统治国家;君临天下。中宗《景龙四年正月五日移仗蓬莱宫御大明殿柏梁体联句》:“大明御宇临万方,顾惭内政翊陶唐。”刘禹锡《文宗元圣昭献孝皇帝挽歌三首》之二:“御宇方无事,乘云遂不还。”郑嵎《津阳门诗》:“会昌御宇斥内典,去留二教分黄缁。”王毂《玉树曲》:“圣唐御宇三百祀,濮上桑间宜禁止。”

【御花】 宫苑之花。李贺《过华清宫》:“春月夜啼鸦,宫帘隔御花。”

【御妓】 皇宫内之歌妓、乐妓。李颀《送康洽入京进乐府歌》:“新诗乐府唱堪愁,御妓应传鳷鹊楼。”

【御苑】 皇家之苑囿。郭震《寄刘校书》:“御苑残莺啼落日,黄山细雨湿归轩。”贾至《咏冯昭仪当熊》:“逐兽长廊静,呼鹰御苑空。”贾棱《御沟新柳》:“御苑阳和早,章沟柳色新。”潘唐《下第归宜春酬黄颇饯别》:“御苑钟声临远水,都门树色背行尘。”

【御林】 宫苑之树林。刘得仁《禁署早春晴望》:“御林闻有早莺声,玉槛春香九陌晴。”

【御果】 宫苑中之果子或皇宫颁赐之果品。王建《昭应官舍书事》:“庆云出处依时报,御果呈来每度尝。”刘禹锡《题于家公主旧宅》:“邻家犹学宫人髻,园客争偷御果枝。”

【御門】 宫禁之门。张籍《洛阳行》:“御门空锁五十年,税彼农夫修玉殿。”

【御牀】 皇帝坐卧之床。严维《送皇甫拾遗归朝》:“名通内籍贵,立近御床寒。”牟融《闽中回》:“千山积雪凝寒碧,梦入枫宸绕御床。”薛逢《宫词》:“遥窥正殿帘开处,袍袴宫人扫御床。”

【御物】 控驭诸物,待物。周昙《咏史诗·三代门·再吟》:“东邻不事事西邻,御物卑和物自亲。”

【御命】 指皇帝谕令。翁承赞有《御命归乡蒙赐锦衣》。

【御服】 皇帝所穿之衣服。李贺《汉唐姬饮酒歌》:“御服沾霜露,天衢长蓁棘。”韩偓《辛酉岁冬十一月随驾幸岐下作》:“晓题御服颁群吏,夜发宫嫔诏列侯。”

【御府】 ❶皇帝之府库。李颀《送李回》:“岁发金钱供御府,昼看仙液注离宫。”❷御史之官署。即御史台。王翰《奉和圣制送张说上集贤学士赐宴得筵字》:“首命台阶老,将崇御府员。”杜甫《奉酬寇十侍御锡见寄四韵复寄寇》:“来簪御府笔,故泊洞庭船。”❸主管藏宫中图书秘书记之官署。汉末为秘书监。唐称秘书省。陆龟蒙《奉和袭美二游诗·徐诗》:“御府有不足,仍令就之传。”

【御河】 宫苑中之沟河。王之涣《送别》:“杨柳东风树,青青夹御河。”李频《黄雀行》:“欲窃高仓集御河,翩翩疑渡畏秋波。”

【御沼】 宫苑中之池沼。武元衡《途次》:“御沼澄泉碧,宫梨拂露丹。”

【御陌】 宫禁中之道路。杨巨源《同太常尉迟博士阙下待漏》:“方瞻御陌三条广,犹觉仙门一刻迟。”

【御荈】 贡茶。荈,茶的老叶。皎然《送顾处士歌》:“禅子有情非世情,御荈贡余聊赠行。”皎然《渚山春暮会顾丞茗舍联句效小庾体》:“应待御荈青,幽期踏芳出。”

【御柳】 宫苑之柳。周彦昭《晦日宴高氏林亭》:“御柳惊春色,仙筇掩月华。”孙逖《和上巳连寒食有怀京洛》:“天津御柳碧遥遥,轩骑相从半下朝。”韩翃《寒食》："春城无处不飞花，寒食东风御柳斜。"韦庄《立春日作》："九重天子去蒙尘，御柳无情依旧春。"

【御香】　皇宫中所用珍贵的香料。亦指宫内炉香之香气。岑参《寄左省杜拾遗》："晓随天仗入，暮惹御香归。"张籍《旧宫人》："宫锦不传样，御香空记名。"许浑《李定言自殿院衔命归阙拜员外郎迁右史因寄》："阊阖欲开宫漏尽，冕旒初坐御香高。"韩偓《偶见》："仙树有花难问种，御香闻气不知名。"

【御泉】　宫苑中之水泉。刘驾《长门怨》："御泉长绕凤凰楼，只是恩波别处流。"

【御食】　皇帝之膳食。张祜《戊午年感事书怀二百韵谨寄献太原裴令公宣武李尚书》："始贺官衣段，寻闻御食齺。"

【御風】　列子御风而行。见《庄子·逍遥游》。后遂以为咏仙道所乘风飞行之典。顾况《归阳萧寺有丁行者能修无生忍担水施僧况归命稽首作诗》："列生御风归，饲豕如人焉。"李商隐《送从翁从东川弘农尚书幕》："御风知有在，去国肯无聊？"储嗣宗《送道士》："泠然御风客，与道自浮沉。"

【御亭】　亭名。在常州东南。三国吴大帝孙权所立。开皇间置驿，李砻誉改为望亭驿。王维《送元中丞转运江淮》："东南御亭上，莫使有风尘。"

【御前】　皇帝面前。花蕊夫人《宫词》之十六："二十四司分六局，御前频见错相呼。"

【御客】　以食待客，供客人食用。刘禹锡《采菱行》序："薄言采之，归以御客。"

【御馬】　皇帝之马；皇家所养之马。王储《赋得花发上林》："桃间留御马，梅处入胡笳。"王建《朝天词十首寄上魏博田侍中》之五："御马牵来亲自试，珠球到处玉蹄知。"韦庄《和郑拾遗秋日感事一百韵》："御马迷新栈，宫娥改旧妆。"

【御桃】　宫苑之桃树。李适《奉和圣制九日侍宴应制得高字》："后骑萦堤柳，前旌拂御桃。"

【御氣】　❶犹驭风，乘风。李峤《奉和九月九日登兹恩寺浮图应制》："御气鹏霄近，升高凤野开。"包佶《祀风师乐章·迎神》："太皞御气，句芒肇功。"钱起《奉和圣制登朝元阁》："御气升银汉，垂衣俯锦城。"❷帝王之气象。杜甫《秋兴八首》之六："花萼夹城通御气，芙蓉小苑入边愁。"殷尧藩《帝京二首》之二："龙虎山河御气通，遥瞻帝阙五云红。"❸宫廷御用香料之气味。陈标《秦王卷衣》："御气馨香苏合启，帘光浮动水精悬。"

❷御笔亲题之门头匾额。郑嵎《津阳门诗》："龙宫御榜高可惜，火焚牛挽临崎岖。"

【御席】　皇帝命设之筵席。李适《奉和春日幸望春宫应制》："舞蝶飞行飘御席，歌莺度曲绕仙杯。"杜甫《投赠哥舒开府二十韵》："受命边沙远，归来御席同。"子兰《夜直》："宴荣陪御席，话密近龙章。"

【御酒】　御用之酒。帝王赏饮之酒。萧嵩《奉和御制左丞相说右丞相璟太子少傅乾曜同日上官赐诗》："御酒飞觞洽，仙闻雅乐张。"

【御書】　帝王所写之书札。李建勋《离阙下日感恩》："即路敢期皇子送，出关犹有御书来。"

【御帳】　帝王所用之帷帐。上官昭容《驾幸新丰温泉宫献诗三首》之二："隐隐骊山云外耸，迢迢御帐日边开。"

【御梨】　代帝王食用之梨。亦指宫苑中之梨树。王昌龄《九日登高》："雨歇亭皋仙菊润，霜飞天苑御梨秋。"钱起《送河南陆少府》："东城社日催巢燕，上苑秋声散御梨。"

【御渠】　御沟。宫苑之水渠。杜牧《朱坡绝句三首》之一："故国池塘倚御渠，江城三诏换鱼书。"

【御宿】　（一sù）❶汉苑名。亦川名，即樊川。在长安城南。汉武帝于此建御宿苑，往来游观止宿其中，故称御宿。孙逖《和韦兄春日南亭宴兄弟》："门向宜春近，郊连御宿长。"杜甫《秋兴八首》之八："昆吾御宿自逶迤，紫阁峰阴入渼陂。"❷皇帝出行止宿之处。杜甫《伤春五首》之一："蒙尘清路急，御宿且谁供？"

【御階】　皇宫中之殿前台阶。李郢《骊山怀古五首》之三："雪翻晓艳御阶秀，风送夜香宫树春。"

【御堤】　宫苑内之堤岸。岑参《浐水东店送唐子归嵩阳》："野店临官路，重城压御堤。"顾况《洛阳陌二首》之一："莺声满御堤，堤柳拂丝齐。"郑渥《洛阳道》："通宵尘土飞山月，是处经营夹御堤。"

【御葉】　喻指皇帝宗族之分支。贾岛《寄沧州李尚书》："枝条分御叶，家世食唐恩。"

【御極】　指帝王登基、即位。杜审言《和李大夫嗣真奉使存抚河东》："明堂唯御极，清庙乃尊先。"杜甫《过南岳入洞庭湖》："圣朝光御极，残孽驻艰虞。"温庭筠《鸿胪寺有开元中锡宴堂楼台池沼雅为胜绝荒凉四十韵》："明皇昔御极，神圣垂耿光。"

【御厨】　宫廷之厨房。杜甫《丽人行》："黄门飞鞚不动尘，御厨络绎送八珍。"张籍《寒食内宴二首》之一："廊下御厨分冷食，殿前香骑逐飞球。"陶穀《题南唐官舍壁》："马包儿，御厨饭。"按：四句为字谜，御厨饭，谓官食，合为"馆"字。

【御幄】　御帐。皇帝御用之帷帐。杜牧《分司东都寓居履道叨承川尹刘侍郎大夫恩知上四十韵》："水精悬御幄，云母展宫屏。"花蕊夫人《宫词》之十九："先向画楼排御幄，管弦声动立浮油。"

【御筵】　❶皇帝命设之宴席。岑参《青龙招提归一上人远游吴楚别诗》："宫女擎锡杖，御筵出香炉。"

常衮《奉和圣制麟德殿燕百僚应制》:"云辟御筵张,山呼圣寿长。"❷喻指帝王之位。杜甫《秋日夔府咏怀奉寄郑监李宾客一百韵》:"耿贾扶王室,萧曹拱御筵。"

【御筆】 指皇帝亲笔所作。钱起《和韦侍御寓直对雨》:"伫见田郎字,亲劳御笔题。"王涯《宫词三十首》之八:"传索金笺题宠号,镫前御笔与亲书。"卢肇《喜杨舍人入翰林》:"御笔亲批翰长衔,夜开金殿送瑶缄。"

【御街】 皇城之街道。亦指京师中帝王车驾出行之街道。鲍溶《隋宫》:"御街多行客,行客悲春风。"郑嵎《津阳门诗》:"御街一夕无禁鼓,玉辂顺动西南驰。"李洞《赠入内供奉僧》:"数条雀尾来南海,一道蝉声噪御街。"

【御道】 专为皇帝车驾通行而修建之道路。李白《游泰山六首》之一:"四月上泰山,石屏御道开。"皇甫冉《东郊迎春》:"句陈霜骑肃,御道雨师清。"林宽《少年行》:"柳烟侵御道,门映夹城开。"

【御湯】 帝王与后妃御用之温泉。司空图《剑器》:"潼关一败吴儿喜,簇马骊山看御汤。"此指骊山之华清池。

【御粥】 供皇帝所食之粥。周昙《咏史诗·晋门·愍帝》:"御粥又闻无曲屑,不降胡虏奈饥肠。"参阅《晋书》卷五《孝愍帝纪》。

【御頓】 帝王外出止宿所须之食宿供应。郑嵎《津阳门诗》:"县官无人具军顿,行宫彻屋屠云螭。"自注:"时郊畿草扰,无御顿之备。"

【御路】 ❶供帝王车驾通行之路。李嶷《读前汉外戚传》:"人录尚书事,家临御路傍。"王泠然《汴堤柳》:"穿地凿山开御路,鸣笳叠鼓泛清流。"熊孺登《寒食》:"走马犊车当御路,汉阳宫主谢鸡球。"温庭筠《杨柳八首》之二:"南内墙东御路旁,预知春色柳丝黄。"❷天子之车。路,通"辂"。宋之问《扈从登封告成颂应制》:"御路回中岳,天营接下都。"

【御圜】 皇家之苑囿。畅当《春日过奉诚园》:"帝里阳和日,游人到御园。"李绅《忆春日典江宴后许至芙蓉园》:"春风上苑开桃李,诏许看花入御园。"徐夤《宫莺》:"闲栖仙禁日边柳,饥啄御园天上花。"

【御節】 ❶控驭节令;调换季节。黎逢《夏首犹清和》:"祝融将御节,炎帝启朱明。"❷指皇帝诞辰日,开元十七年(729)以玄宗诞日农历八月初五为千秋节。郑嵎《津阳门诗》:"千秋御节在八月,会同万国朝华夷。"

【御煙】 宫中御炉燃香之烟。王良士《南至日隔霜仗望含元殿炉烟》:"宝戟罗仙仗,金炉引御烟。"郭遵《南至日隔仗望含元殿香炉》:"旸谷移初日,金炉出御烟。"

【御溝】 宫苑之沟渠。袁朗《和洗掾登城南坂望京邑》:"飞甍夹御沟,曲台临上路。"刘长卿《李侍御河北使回至东京相访》:"草色官道边,桃花御沟里。"陈羽《古意》:"郎家居近御沟水,豪门客尽蹑珠履。"高骈《渭川秋望寄右军王特进》:"凭寄两行朝阙泪,愿随流入御沟泉。"

【御粱】 皇帝御用之粱米。借指御膳。韦庄《和郑拾遗秋日感事一百韵》:"定难输宸算,胜灾减御粱。"

【御榻】 皇帝之卧榻。杜甫《自京赴奉先县咏怀五百字》:"凌晨过骊山,御榻在嵽嵲。"戎昱《秋望兴庆宫》:"幽咽龙池水,凄凉御榻尘。"

【御榜】 公布科举考试及第名单之榜文。褚载《贺赵观文重试及第》:"今日街头看御榜,大能荣耀苦心人。"

【御製】 帝王所创作。宋璟有《奉和御制璟与张说源乾曜同日上官命宴都堂赐诗应制》。花蕊夫人《宫词》之十一:"御制新翻曲子成,六宫才唱未知名。"

【御箋】 皇帝所用之笺纸。李贺《梁公子》:"御笺银沫冷,长簟凤窠斜。"

【御輦】 帝王所乘之车。宗楚客《正月晦日侍宴浐水应制赋得长字》:"御辇出明光,乘流泛羽觞。"沈佺期《奉和春初幸太平公主南庄应制》:"主家山第早春归,御辇春游绕翠微。"花蕊夫人《宫词》之五十:"楼船百戏催宣赐,御辇今年不上池。"

【御徵乘宫】 指伴随着音乐。宫、徵,五音之一,借指音乐。魏征《五郊乐章·舒和》:"御徵乘宫出郊甸,安歌率舞递将迎。"

【御橋】 宫苑内之桥。徐铉《柳枝词十首》之四:"龙舟欲过偏留恋,万缕轻丝拂御桥。"

【御曆】 指皇帝登极,即位。杜审言《大酺》:"圣后乘乾日,皇明御历辰。"刘禹锡《武陵书怀五十韵》:"御历昌期远,传家宝祚蕃。"

【御膳】 帝王之膳食。孙元晏《咏史诗·齐·明帝裹蒸》:"至尊尊贵异人间,御膳天厨岂等闲?"

【御廩】 本指储藏帝王亲自耕获用以飨祀之粮食的仓库。亦泛指国家之粮仓。蒋防《题杜宾客新丰里幽居》:"已去龙楼籍,犹分御廪储。"

【御龍】 复姓,指夏代刘累。传刘学训龙以事孔甲,夏后嘉之,赐姓御龙氏,后常用为咏佐臣之典。陆龟蒙《京口与友生话别》:"御龙虽世禄,下马亦清谭。"参阅《左传·昭公二九年》《左传·襄公二十四年》。

【御營】 帝王出行时驻跸之营帐。宋之问《扈从登封告成颂》:"后骑回天苑,前出入御营。"

【御蹕】 皇帝之车驾。崔湜《奉和幸韦嗣立山庄应制》:"御跸何须林下驻?山公不是俗中人。"刘宪

《上巳日祓禊渭滨应制》："此时御跸来游处，愿奉年年祓禊觞。"

【御醪】 宫廷御用之美酒。元稹《奉和浙西大夫李德裕述梦四十韵次本韵》："冰井分珍果，金瓶贮御醪。"

【御题】 ❶皇帝亲笔题写。杜甫《八哀诗·故著作郎贬台州司户荥阳郑公虔》："三绝自御题，四方尤所仰。"皎然《劳山居寄呈吴处士》："贤阁御题龙墨灿，诏归补衮在须臾。"亦指皇帝亲写之诗文字迹。张蠙《宴驸马宅》："座中古物多仙意，壁上新诗有御题。"李建勋《和元宗元日大雪登楼》："宁意传来中使出，御题先赐老僧家。"❷皇帝为诗文所命之题目。李洞《龙州送人赴举》："踏月趋金阙，拂云看御题。"

【御簾】 皇宫中所用之帘子。顾况《乐府》："云随天仗转，风入御帘轻。"赵嘏《长信宫》："自恨身轻不如燕，春来长绕御帘飞。"

【御魅】 见"御魑魅"。

【御魑魅】 投诸四裔，以御魑魅。为咏贬谪流放之典。见《左传·文公十八年》。杜甫《有怀台州郑十八司户》："从来御魑魅，多为才名误。"亦省作"御魅"。柳宗元《酬韶州裴曹长使君寄道州吕八大使因以见示二十韵一首》："御魅恩犹贷，思贤泪自潸。"

【御譜】 皇宫中之乐谱。元稹《何满子歌》："便将何满为曲名，御谱亲题乐府纂。"

【御羹】 御膳之羹汁。王维《奉和圣制幸玉真公主山庄因题石壁十韵之作应制》："御羹和石髓，香饭进胡麻。"

【御爐】 皇宫御用之香炉。贾至《早朝大明宫呈两省僚友》："剑佩声随玉墀步，衣冠身惹御炉香。"杨巨源《宫燕词》："几处野花留不得，双双飞向御炉前。"司空图《力疾山下吴村看杏花十九首》之二："阊阖曾排捧御炉，犹看晓月认金铺。"

【御覽】 谓皇帝亲自观览。李兼《题洛阳县壁》："好录政声，闻于御览。"

復 〔fù《广韵》房六切，入屋，奉。又扶富切，去宥，奉。〕❶返回，回归。张说《唐享太庙乐章·景云舞》："春秋孝献，回复此都。"李白《寻阳紫极宫感秋作》："四十九年非，一往不可复。"韩愈《秋怀诗十一首》之九："迷复不计远，为君驻尘鞍。"王仁裕《放猿》："放尔丁宁复故林，旧来行处好追寻。"❷恢复；复原。白居易《赠友五首》之三："复彼租庸法，令如贞观年。"杨衡《白纻歌二首》之一："令君安坐听终曲，坠叶飘花难再复。"黄滔《喜陈先辈及第》："甲乙中时公道复，朝廷看处主司夸。"亦指康复，复苏。杜甫《病后遇王倚饮赠歌》："惟生哀我未平复，为我力致美肴膳。"殷尧藩《冬至酬刘使君》："渐喜一阳从地复，却怜群沴逐冰消。"❸收复某地。李商隐有《复京》。❹重复，反复。白居易《纳粟》："常闻古人语，损益周必复。"独孤及《寒夜溪行舟中作》："沉吟登楼赋，中夜起三复。"施肩吾《寒夜》："三复招隐吟，不知寒夜深。"❺报复，报仇。周昙《咏史诗·后汉门·吕母》："吕母衔冤穷老妇，亦能为帅复私仇。"❻免除租赋徭役。耿湋《奉和第五相公登鄱阳郡城西楼》："封内群甿复，兵间百赋存。"见"復除"。❼回复。见"復命"。❽复土。谓掘穴下棺，覆土于棺上为坟。借指修建陵墓。张九龄《和黄门卢监望秦始皇陵》："中年既无效，兹地所宜复。"❾指古代葬仪为新死者招魂。李商隐《楚宫》："空归腐败犹难复，更困腥臊岂易招。"见"復魄"。❿卦名。卦形为，坤上震下，卦辞云："复，亨……反复其道，七日来复。"意云：阳气剥尽后七日归复。李商隐《人日即事》："文王喻复今朝是，子晋吹笙此日同。"此指七日，即人日之数。吕岩《窑头坯歌》："剥而复，否而泰，进退往来定交会。"此谓阳气剥尽后又归复。⓫副词。(1)又。魏征《奉和正日临朝应诏》："既欣东日户，复咏南风篇。"王维《鱼山神女祠歌·迎神》："不知神之来兮不来，使我心兮苦复苦。"李赤《姑孰杂咏·望夫山》："春去秋复来，相思几时歇？"刘沧《题天宫寺阁》："丹阙侵霄壮复危，排空霞影动檐扉。"(2)再；更。郭震《子夜四时歌六首·秋歌》："何时复采菱？江中密相遇。"李华《杂诗六首》之四："风霜摧枝干，不复庇本根。"杜甫《洗兵马》："东走无复忆鲈鱼，南飞觉有安巢鸟。"(3)还，犹。韦应物《喜于广陵拜觐家兄奉送发还池州》："夙驾多所迫，复当还归池。"皇甫冉《题画帐二首·山水》："犹疑黛色中，复是雒阳岨。"韦元甫《木兰歌》："岂足万里行？有子复尚少。"(4)抑，还是。柳曾《险竿行》："我不知尔是人耶复猱耶？使我为尔长叹嗟。"

【復土】 指修建陵墓。因用挖穴之土覆盖于所下棺木上以成坟，故称。刘禹锡《武陵书怀五十韵》："校缗资筦榷，复土奉山园。"

【復分錢】 唐代妓院新客须加倍付钱，称复分钱。卢嗣业《致孙状元诉醵罚钱》："未识都知面，频输复分钱。"参阅唐孙棨《北里志·郑举举》。

【復州】 唐代州名，原隋之沔阳郡。唐武德五年改为复州，移治竟陵，领竟陵、沔阳、监利三县。州治在今湖北天门县西。孟郊有《自商行谒复州卢使君虔》。许浑有《送卢先辈自衡岳赴复州嘉礼二首》。皮日休有《送从弟皮崇归复州》。

【復却】 再度，又。杜甫《羌村》之二："娇儿不离膝，畏我复却去。"

【復位】 恢复原位。张祜《投魏博田司空二十韵》："中台初复位，太白定扬光。"

【復命】 回复完成使命之情况。杜甫《寄裴施州》:“紫衣使者辞复命,再拜故人谢佳政。”孟简《咏欧阳行周事》:“使者回复命,迟迟蓄悲酸。”

【復除】 免除赋税徭役。李峤《汾阴行》:“欢娱宴洽赐群后,家家复除户牛酒。”苏颋《奉和圣制过晋阳宫应制》:“里颁慈惠赏,家受复除恩。”

【復復】 犹复国,恢复已失之政权。元结《二风诗·乱风诗五篇·至乱》:“复复之难,令则可忘。”

【復然】 亦然。谓同样如此。白居易《和答诗十首·和雉媒》:“岂唯鸟有之,抑亦人复然。”又《逸老》:“生死尚复然,其余安足道。”

【復道】 指水、陆双重道路。复,通“複”。皇甫冉《送顾苌往新安》:“由来山水客,复道向新安。”

【復夢】 指林蕴。蕴字复梦。元稹有《送林复梦赴韦令辟》。

【復會】 再度会面。张鷟《游仙窟诗·报文成金钗》:“儿今赠君别,情知复会难。”

【復爾】 犹亦然。谓也如此,又如此。孙翃《奉酬张洪州九龄江上见赠》:“于焉审虞芮,复尔共舟航。”高适《宴韦司户山亭院》:“习静务为适,所居还复尔。”白居易《续古诗十首》之七:“闺房犹复尔,邦国当如何。”

【復魄】 古代于人死后招魂之仪。意有招其魂使归于魄。杜甫《哭李尚书》:“复魄昭丘远,归魂素浐偏。”

【復禮上人】 僧人。俗姓皇甫氏,京兆(今陕西西安)人,少出家,在京兆兴善寺。事迹见《宋高僧传》卷十七。武三思有《秋日于天中寺寻复礼上人》。苏味道有《和武三思于天中寺寻复礼上人之作》。

循 〔xún《广韵》詳遵切,平諄,邪。〕❶沿;顺。见“循性”。亦指沿路而行。权德舆《祗役江西路上以诗代书寄内》:“愧非超旷姿,循此跼促步。”韩愈《送惠师》:“衡山与洞庭,此固道所循。”❷遵从,奉守;依随。则天皇后《唐大飨拜洛乐章·德和》:“崇儒习旧规,偃伯循先旨。”韩愈《县斋有怀》:“夷言听未惯,越俗循犹乍。”《郊庙歌辞·周宗庙乐舞辞·福顺》:“享于祖考,循彼典章。”见“循涯”“循默”。❸察看,省察。上官昭容《游长宁公主流杯池二十五首》之四:“仰循茅宇,俯眄乔枝。”见“循躬”。❹抚摩。见“循玩”。❺循环。罗维《水精环》:“任圆循不极,见素质仍贞。”❻州名。即循州。白居易《六年立春日人日作》:“试作循潮封眼想,何由得见洛阳春。”❼通“荐”,进献祭品。于邵《释奠武成王乐章·迎俎酌献》:“椀橛循,罍斝涤。”

【循古】 遵循古制。太宗《元日》:“继文遵后轨,循古鉴前王。”

【循吏】 奉法循理的官吏。后亦指良吏。玄宗《赐崔日知往潞州》:“妙旌循吏德,持悦庶氓心。”耿沣《送大谷高少府》:“应知史笔思循吏,莫料辕门笑鲁儒。”卢纶《清如玉壶冰》:“玉壶冰始结,循吏政初成。”杜牧《春末题池州弄水亭》:“为吏非循吏,论书读底书。”

【循吏傳】 纪传体史书中之类传名。司马迁《史记》首创其体。《太史公自序》云:“奉法循理之吏,不伐功矜能。百姓无称,亦无过行。作《循吏列传》第五十九。”《汉书》亦有之。《晋书》《唐书》改称《良吏传》。羊士谔《守郡累年俄及知命聊以言志》:“聊持循吏传,早晚□为徒。”贯休《闻王慥常侍卒三首》之三:“谁修循吏传,对此莫匆匆。”

【循名】 按其名称,依照名义。包佶《酬于侍郎湖南见寄十四韵》:“巧拙循名异,浮沉顾位同。”

【循州】 唐代州名。本隋之龙川郡。唐武德五年为循州。属岭南道,领归善、博罗、河源、海丰、兴宁、雷乡五县。州治在今广东惠阳东北。卢纶有《夜中得循州赵司马侍郎书因寄回使》。裴夷直有《将发循州社日于所居馆宴送》。

【循州刺史】 借指失势被贬官员。见《资治通鉴·武宗会昌四年》。“刺史”或为“长史”之讹。李建勋《批周宗书后》:“凭君为报群胥道,莫作循州刺史看。”原注:“牛僧孺谪循州刺史。”

【循良】 指官吏奉法遵制。亦指循吏。储光羲《晚次东亭献郑州宋使君文》:“天眷择循良,惟贤降宠章。”玄宗《送忠州太守康昭远等》:“不有台阁英,孰振循良美?”吕温《衡州送李十一兵曹赴浙东》:“文字已久废,循良非所任。”杜牧《华清宫三十韵》:“北扉闲木索,南面富循良。”

【循玩】 把玩。抚摩赏玩。柳宗元《植灵寿木》:“循玩足忘疲,稍觉步武轻。”

【循枉】 屈从邪曲不正之事。柳宗元《同刘二十八院长述旧言怀感时书事奉寄赠二君子》:“执简宁循枉,持书每去邪。”

【循性】 顺其本性。权德舆《寄侍御从舅》:“感恩从慰荐,循性难絷维。”

【循陔】 奉养父母。见《文选·束皙〈补亡诗·南陔〉》。按《南陔》系《诗·小雅》亡佚诗之篇名。毛传谓诗旨系“孝子相戒以养也”。张九龄《酬周判官巡至始兴会改秘书少监见贻之作兼呈耿广州》:“揽辔但荒服,循陔便私第。”刘禹锡《送太常萧博士弃官归养赴东都》:“侍膳曾调鼎,循陔更握兰。”

【循迹】 依随前人之足迹,谓追随前人。骆宾王《咏怀》:“虚心徒有托,循迹谅无端。”蒋冽《台中书怀》:“披书唯骨鲠,循迹少闲和。”

【循躬】　犹循怀。谓省察自身。太宗《执契静三边》："循躬思励己，抚俗愧时康。"

【循途】　犹行途。玄宗《途经华岳》："循途经太华，回跸暂周旋。"

【循毫】　犹掭笔，即毛笔在砚台中均匀掭墨。李峤《砚》："积润循毫里，开池小学前。"

【循涯】　守本分。崔颢《奉和许给事夜直简诸公》："顾己无官次，循涯但自怜。"

【循循】　循规蹈矩。亦指墨守成规。杜牧《梁秀才以早春旅次大梁将归郊扉言怀兼别示走笔依韵》："世途皆扰扰，乡党尽循循。"

【循路】　沿路而行。白居易《江州赴忠州至江陵已来舟中示舍弟五十韵》："溯流从汉浦，循路转荆衡。"

【循資格】　唐开元间吏部制定之升官制度。规定官员之晋升以年资为主要条件。姚合《武功县中作三十首》之二十五："戚戚常无思，循资格上官。"参见《新唐书·选举志》下。

【循默】　守默，缄默不言。骆宾王《艳情代郭氏答卢照邻》："良人何处醉纵横，直如循默守空名。"

【循環】　反复回环，周而复始。张九龄《感遇十二首》之七："运命唯所遇，循环不可寻。"李华《杂诗六首》之一："黄钟叩元音，律吕更循环。"张祜《中秋夜杭州玩月》："小槛循环看，长堤蹋阵行。"李九龄《读三国志》："有国由来在得贤，莫言兴废是循环。"亦指交替、轮流。王梵志《诗》之一〇五："吃他他吃汝，循环作主人。"按佛家认为众生皆轮回转生，故云。

【循牆】　❶沿墙。顺着墙根。刘禹锡《武陵观火诗》："操绠不暇汲，循墙还避逾。"杜牧《李甘诗》："森森明庭士，缩缩循墙鼠。"韦庄《纪村事》："绿蔓映双扉，循墙一径微。"❷形容畏敬卑退之状。见《庄子·列御寇》。杨巨源《上刘侍中》："敢衔由之瑟，甘循赐也墙。"杜牧《除官归京睦州雨霁》："误曾公触尾，不敢夜循墙。"

徧　〔biàn《广韵》方見切，去線，幫。〕同"遍"。❶全，满；遍及。苏颋《奉和春日幸望春宫应制》："细草遍承回辇处，轻花微落奉觞前。"孟浩然《夏日浮舟过陈大水亭》："幽赏未云遍，烟光奈夕何？"李绅《姑苏台杂句》："灵岩香径掩禅扉，秋草荒凉遍落晖。"王贞白《宿新安村步》："淅淅寒流涨浅沙，月明空渚遍芦花。"❷犹终、竟。孟郊《烂柯石》："双棋未遍局，万物皆为空。"❸量词。(1)次、回。表完成一个过程的次数。李白《僧伽歌》："问言诵咒几千遍，口道恒河沙复沙。"白居易《初与元九别后忽梦见之及寤而书适至兼寄桐花诗此寄》："一章三遍读，一句十回吟。"(2)唐代乐曲结构单位名，犹段。白居易《霓裳羽衣歌》："繁音急节十二遍，跳珠撼玉何铿铮！"自注："霓裳破凡十二遍而终。"

【徧布】　布满，普遍布施。白居易《后宫词》："雨露由来一点恩，争能遍布及千门？"

【徧出】　全部拿出。耿湋《喜侯十七校书见访》："遍出新成句，更通未悟书。"

【徧沐】　普遍沐浴到，普遍受到。刘长卿《送严维赴河南充严中丞幕府》："何当举严助，遍沐汉朝恩。"

【徧看】　普遍看到。翁承赞《奉使封王次宜春驿》："夜来梦到南台上，遍看江山胜往年。"

【徧問】　周遍询问。白居易《池上逐凉二首》之一："遍问交亲为老计，多言宜静不宜忙。"

【徧搜】　到处搜寻。李绅《过吴门二十四韵》："故馆曾闲访，遗基亦遍搜。"李洞《送东宫贾正字之蜀》："若次江边邑，宗诗为遍搜。"

【徧尋】　寻遍。全部搜寻到。陆龟蒙《奉和袭美太湖诗二十首·三宿神景宫》："灵踪未遍寻，不觉溪色暝。"

【徧嘗】　尝遍。品尝尽。白居易、刘禹锡《会昌春连宴即事》："遍尝珍馔后，许入画堂前。"

【徧頭】　亦作"遍頭"。唐代乐曲术语。一部乐曲由多章组成者，其每一章称"遍"，每章开头之乐句称"遍头"。凡联章乐曲之各遍头，声均有别。白居易《杨柳枝二十韵》："重重遍头别，一一拍心知。"刘言史《王中丞宅夜观舞胡腾》："四座无言皆瞪目，横笛琵琶遍头促。"

【徧識】　尽识。宋之问《奉和幸大荐福寺》："稍迷新草木，遍识旧庭闱。"

十　画

微　〔wēi《广韵》無非切，平微，微。〕❶小。张鷟《咏燕》："变石身犹重，衔泥力尚微。"钱起《晚归蓝田旧居》："才微甘引退，应得遂霞栖。"卢纶《驿中望山戏赠渭南陆贽主簿》："官微多惧事多同，拙性偏无主驿功。"陆龟蒙《奉酬袭美先辈吴中苦雨一百韵》："何大不包罗，何微不挑刮？"❷细窄。耿湋《宋中》："废井莓苔厚，荒田路径微。"韩愈《山石》："山石荦确行径微，黄昏到寺蝙蝠飞。"姚合《暮春书事》："穷巷少芳菲，苍苔一径微。"韦庄《纪村事》："绿蔓映双扉，循墙一径微。"❸微弱。多指声音或光低微暗弱。司空曙《送王尊师归湖州》："金阙乍看迎日丽，玉箫遥听隔花微。"姚合《寄友人》："漏声林下静，萤色月中微。"赵嘏《晓发》："月影缘山尽，钟声隔浦微。"❹微茫。隐约不分明。贾至《送夏侯参军赴广州》："云海南溟远，烟波北渚微。"无可《寄题庐山二林寺》："江微匡俗路，日杲晋朝松。"刘沧《题天宫寺阁》："城连伊水禹门近，烟隔上阳宫树微。"徐铉《侍宴赋得归雁》："清音天际远，寒影月中微。"❺深奥；精妙。李颀《弹棋歌》："联翩百中皆造微，魏文手巾不足比。"韦应物《答令狐侍郎》："孰能逃斯理，亮在识其微。"皎然《奉和裴使君清春夜南堂听陈山人弹白雪》："方知阮太守，一听识其微。"项斯《送苏处士归西山》："早晚重相见，论诗更及微。"❻指地位低贱、卑下。王维《西施咏》："艳色天下重，西施宁久微。"刘长卿《至德三年春正月时谬蒙差摄海盐令闻王师收二京五十韵》："地僻方言异，身微俗虑并。"孟郊《寒溪》之五："尧圣不听汝，孔微亦有臣。"亦指寒苦、低微。杜甫《奉送魏六丈佑少府之交广》："家声盖六合，行色何其微。"韩愈《宿曾江口示侄孙湘二首》之一："问知岁常然，哀此为生微。"白居易《履道居三首》之一："莫嫌地窄林亭小，莫厌贫家活计微。"❼指价格低廉。韩愈《驽骥》："力小若易制，价微良易酬。"❽衰减；残尽。杨巨源《赠从弟茂卿》："海内方微风雅道，邺中更有文章盟。"孟郊《与韩愈李翱张籍话别》："客程殊未已，岁华忽然微。"褚载《晓感》："晓鼓冬冬星汉微，佩金鸣玉斗光辉。"❾稍为，略许。李颀《登首阳山谒夷齐庙》："我来入遗庙，时候微清和。"岑参《酬畅当嵩山寻麻道士见寄》："阴洞石幢微有字，古坛松树半无枝。"白居易《新乐府·胡旋女》："曲终再拜谢天子，天子为之微启齿。"李商隐《细雨》："稍促高高燕，微疏的的萤。"❿无；如果没有。萧颖士《江有归舟三章》序："盖有来学，微往教，蒙匪余求，若之何其拒哉？"白居易《郡斋旬假始命宴呈座客示郡寮》："微彼九日勤，何以治吾民。微此一日醉，何以乐吾身。"周昙《咏史诗·三代门·夏禹》："海内生灵微伯禹，尽应随浪化为鱼。"⓫非，若非。柳宗元《自衡阳移桂十余本植零陵所住精舍》："南人始珍重，微我谁先觉。"

【微人】 微贱之人。谦称自身。贯休《寄大愿和尚》："微人昔为门下人，扣玄佩惠无边垠。"

【微力】 微薄之力。崔融《西征军行遇风》："愚臣何以报，倚马申微力。"

【微才】 微薄之才能。常用以谦称自身。高适《信安王幕府诗》："直道常兼济，微才独弃捐。"岑参《和刑部成员外秋夜寓直寄台省知己》："微才喜同舍，何幸忽闻韶。"司空图《少仪》："昨日登班缀柏台，更惭起草属微才。"杜荀鹤《和友人见题山居水阁八韵》："池阁初成眼豁开，眼前霁景属微才。"

【微上人】 ❶少微上人。刘长卿有《赠微上人》。❷造微上人。李群玉有《法华微上人盛话金山境胜旧游在目吟成此篇》。❸贯微上人。齐己有《酬微上人》，又有《寄武陵微上人》。

【微之】 即元稹。稹字微之。刘禹锡《乐天寄洛下新诗兼喜微之欲到因以抒怀也》："微之从东来，威凤鸣归林。"白居易《感旧》："微之捐馆将一纪，杓直归丘二十春。"罗虬《比红儿诗》之五六："崔徽有底多头面，费得微之尔许才。"

【微小】 细小。储光羲《群鸦咏》："兹禽亦翱翔，不以微小故。"

【微子】 名启，又称微子启，殷帝乙之长子，帝纣之庶兄，以母贱，不得嗣。事迹见《史记·宋微子世家》。李白《悲歌行》："凤皇不至河无图，微子去之箕子奴。"高适《酬鸿胪裴主簿雨后睢阳北楼见赠之作》："地久微子封，台余孝王筑。"

【微子城】 殷微子君所封之地宋，唐称宋州，在今河南商丘南。岑参《送楚丘曲少府赴官》："微子城东面，梁王苑北边。"

【微日】 残阳，落日。黄滔《冬暮山舍喜标上人见访》："共谈慵僻意，微日下林梢。"

【微公】 ❶造微上人。刘得仁《和范校书赠造微上人》："得性见微公，何曾执著空。"❷贯微上人。齐己有《韶阳微公》。

【微月】 缺月，半月。杜甫《水会渡》："微月没已久，崖倾路何难。"钱起《静夜酬通上人问疾》："惊蝉出暗柳，微月隐回廊。"孟郊《往河阳宿峡陵寄李侍御》："行路解鞍投古陵，苍苍隔山见微月。"邵士彦《秋闺》："细风吹帐冷，微月度窗明。"

【微功】 微小的劳绩。崔涂《秋夕与友人同会》："章句积微功，星霜二十空。"

【微生】 卑微的人生或生命。多用为谦词。张九龄《南还以诗代书赠京师旧僚》："微生尚何有，远迹固其宜。"李白《秋猎孟诸夜归置酒单父东楼观妓》："此事不可得，微生若浮烟。"刘言史《初下东周赠孟郊》："寄食若蠹虫，侵损利微生。"李商隐《过楚宫》："微生尽恋人间乐，只有襄王忆梦中。"

【微臣】 小臣，卑下之臣。臣子之谦称。崔日用《奉和人日重宴大明宫恩赐彩缕人胜应制》："宸极此时飞圣藻，微臣窃抃预闻韶。"苏味道《初春行宫侍宴应制》："微臣从此醉，还似梦钧天。"费冠卿《蒙召拜拾遗书情二首》之二："三千里外一微臣，二十年来任运身。"徐光溥《题黄居寀秋山图》："微臣稽首贡长歌，丹青景化同天和。"

【微行】 （—xíng）指皇帝微服出行。鲍溶《辞辇行》："汉家代久淳风薄，帝重微行极荒乐。"

【微旨】 ❶精妙深微之意旨。欧阳詹《李评事公进示文集因赠之》："大教护微旨，哲人生令孙。"亦指隐含不显之意旨。刘威《三闾大夫》："再引《离骚》见微旨，肯教渔父会升沉？”❷微小之意旨，用为谦词。皮日休有《鲁望昨以五百言见贻过有褒美内揣庸陋弥增愧悚微旨也》。

【微名】　微小的名声。无名氏《秋中霖雨》(外编上)：“才薄孰知无所用，独嗟戎俗滞微名。”

【微收】　微薄的收成。杜甫《发秦州》：“溪谷无异石，塞田始微收。”

【微志】　微小的志愿、志向。常用为谦词。张祜《旅次岳州呈徐员外》：“平生负微志，不独诗酒溺。”

【微芳】　细微之芳香。常以喻才德甚微，或谦喻自身。杜甫《壮游》：“秋风动哀壑，碧蕙捐微芳。”

【微步】　犹微行。谓隐瞒高贵身份微服出行。罗虬《比红儿诗》之八五：“疑是麻姑恼尘世，暂教微步下层城。”

【微吟】　轻咏，小声吟诵。刘禹锡《酬乐天初冬早寒见寄》：“乍起衣犹冷，微吟帽半欹。”徐铉《送宣州丘判官》：“缓酌迟飞盖，微吟望绮霞。”

【微妆】　犹淡妆。武元衡《赠道者》：“麻衣如雪一枝梅，笑掩微妆入梦来。”

【微身】　微贱之躯。常用为谦词。刘得仁《赠敬晊助教二首》之二：“自顾无成年渐长，报恩惟愿杀微身。”李咸用《春宫词》：“敢放天宠私微身，六宫万国教谁宾？”

【微言】　精微要妙之言。储光羲《同王十三维偶然作十首》之十：“此道犹不知，微言安可述。”刘长卿《齐一和尚影堂》：“昔余精念访禅扉，常接微言清道机。”柳宗元《咏荆轲》：“微言激幽愤，怒目辞燕都。”温庭筠《重游圭峰宗密禅师精庐》：“百尺青崖三尺坟，微言已绝杳难闻。”

【微没】　消失，隐没。宋之问《明河篇》：“雁飞萤度愁难歇，坐见明河渐微没。”李白《送王屋山人魏万还王屋》：“赤城渐微没，孤屿前峣兀。”

【微妙】　精微奥妙。崔颢《赠怀一上人》：“故我一来事，永承微妙音。”孟浩然《还山贻湛法师》：“导以微妙法，结为清净因。”柳宗元《巽公院五咏·净土堂》：“清泠焚众香，微妙歌法言。”贯休《古意九首》之九：“授我微妙诀，恬澹无所为。”

【微雨】　细雨，小雨。钱起《早下江宁》：“暮天微雨散，凉吹片帆轻。”白居易《题天竺南院赠闲元旻清四上人》：“竹寺过微雨，石径无纤尘。”裴廷裕《偶题》：“微雨微风寒食节，半开半合木兰花。”

【微尚】　微小之志向、志趣。宋之问《寄天台司马道士》：“旧游惜疏旷，微尚日磷缁。”李白《登峨眉山》：“平生有微尚，欢笑自此毕。”刘禹锡《韩十八侍御见示岳阳楼别窦司直诗自述故足成六十二韵》：“伊余负微尚，夙昔惭知己。”温庭筠《病中书怀呈友人》：“至言今信矣，微尚亦悲夫。”

【微明】　微弱之光亮；稍许明亮。颜真卿《登平望桥下作》：“近山犹仿佛，远水忽微明。”杨凌《小苑春望宫池柳色》：“储胥遥掩映，池水隔微明。”张公乂《金谷园花发怀古》：“点缀疏林遍，微明古径繁。”

【微物】　微小之物。多指物件或其他生物。亦指人，常用为谦词。杜正伦《玄武门侍宴》：“大德侔玄造，微物荷陶甄。”王维《哭祖六自虚》：“群公咸属目，微物敢齐肩。”许棠《闻蝉十二韵》：“造化生微物，常能应候鸣。”聂夷中《客有追叹后时者作诗勉之》：“精卫一微物，犹恐填海平。”

【微和】　初春之暖气。亦指稍许的温暖。元稹《和乐天早春见寄》：“雨香云澹觉微和，谁送春声入棹歌。”白居易《和微之诗二十三首·和除夜作》：“我和此诗日，微和春之初。”纥干讽《新阳改故阴》：“微和方应节，积惨已辞林。”

【微命】　微小之生命；微贱之生命。李白《赋得鹤送史司马赴崔相公幕》：“珍禽在罗网，微命若游丝。”杜甫《凤凰台》：“所贵王者瑞，敢辞微命休。”

【微服】　有身份者出行为不暴露身份而换穿常人之服称微服。李白《鲁郡尧祠送窦明府薄华还西京》：“强扶愁疾向何处，角巾微服尧祠南。”

【微波】　细小的水波。张九龄《杂诗五首》之三：“庭前揽芳蕙，江上托微波。”李商隐《板桥晓别》：“回望高城落晓河，长亭窗户压微波。”司马扎《送孔恂入洛》：“行人正苦奈分手，日落远水生微波。”

【微官】　小官。王维《晦日游大理韦卿城南别业四声依次用各六韵》之二：“归欤绌微官，惆怅心自咎。”秦系《山中赠张正则评事》：“莫强教余起，微官不足论。”姚合《武功县中作三十首》之三：“微官如马足，只是在泥尘。”薛能《送同儒大德归柏梯寺》：“柏梯还拟谢微官，遥拟千峰送法兰。”

【微玷】　犹微瑕。喻小疵，小缺点。玷，玉上斑点。武翊黄《瑕瑜不相掩》：“贞姿偏特达，微玷遇磨砻。”

【微茫】　迷蒙；漂渺。隐约不分明貌。张九龄《故刑部李尚书挽词三首》之三：“渺漫野中草，微茫空里烟。”李白《梦游天姥吟留别》：“海客谈瀛洲，烟涛微茫信难求。”令狐楚《省中直夜对雪寄李师素侍郎》：“暗魄微茫照，严飙次第催。”李群玉《重经巴丘追感》：“浮生聚散云相似，往事微茫梦一般。”

【微眇】　❶微小。张九龄《咏燕》：“海燕何微眇，乘春亦暂来。”❷低下。杜甫《寄岳州贾司马六丈巴州严八使君两阁老五十韵》：“典郡终微眇，治中实弃捐。”此指官职低下。❸微贱，卑微。常用为谦词。贾岛《欲游嵩岳留别李少尹益》：“微眇此来将敢问，凤凰何日定归池。”

【微香】 淡香，轻微的香气。王毂《春草碧色》：“嫩叶舒烟际，微香动水滨。”

【微禹】 为颂扬功德、咏治水灾之典。见《左传·昭公元年》。张九龄《奉和圣制幸晋阳宫》：“缅惟翦商后，岂独微禹叹。”李咸用《和殷衙推春霖即事》：“岂直望尧喜？却怀微禹忧。”

【微風】 小风，和风。寒山《诗三百三首》之二十：“微风吹幽松，近听声逾好。”朱庆余《南湖》：“湖上微风小槛凉，翻翻菱荇满回塘。”高骈《山亭夏日》：“水精帘动微风起，满架蔷薇一院香。”

【微音】 轻音。庄若讷《湘灵鼓瑟》：“微音时扣征，雅韵乍含商。”

【微班】 卑下低微的官位、官职。杜甫《奉送郭中丞兼太仆卿充陇右节度使三十韵》：“通籍微班忝，周行独坐荣。”王建《初授太府丞言怀》：“除书亦下属微班，唤作官曹便不闲。”刘禹锡《武陵书怀五十韵》：“何幸逢休运，微班识至尊。”薛能《送浙东王大夫》：“旧业怀昏作，微班负旦评。”

【微埃】 尘埃；细微之尘土。刘得仁《中秋》：“露洗微埃尽，光濡是物清。”

【微笑】 轻微的笑；轻轻地笑。白居易《览镜喜老》：“而我独微笑，此意何人知？”张祜《觱篥》：“坐中知密顾，微笑是周郎。”杜牧《送刘三复郎中赴阙》：“微笑知今是，因风谢钓舟。”

【微俸】 微薄的俸禄。姚合《寄陆浑县尉李景先》：“微俸还同请，唯君独自闲。”

【微躬】 卑微之身子。多用为谦词。孟浩然《彭蠡湖中望庐山》：“我来限于役，未暇息微躬。”包佶《酬于侍郎湖南见寄十四韵》：“避贤方有日，非敢爱微躬。”武元衡《长安秋夜怀陈京昆季》：“羁愁难会面，懒慢责微躬。”方干《谢王大夫奏表》：“便杀微躬复何益？生成恩重报无期。”

【微徑】 小路，窄径。杜甫《飞仙阁》：“土门山行窄，微径缘秋毫。”刘沧《题郑中丞东溪》：“一境新开雉堞西，绿苔微径露凄凄。”

【微衰】 衰微，衰退。贯休《闻王慥常侍卒三首》之二：“宗社运微衰，山摧甘井枯。”

【微衷】 微小的诚意。俞简《行不由径》：“一示遵途意，微衷益自精。”

【微疾】 小病。杜牧《许秀才至辱李蕲州绝句问断酒之情因寄》：“暂因微疾须防酒，不是欢情减旧时。”

【微恙】 小病。陆龟蒙《记事》：“春归追秋末，固自婴微恙。”

【微凉】 轻微的寒凉；稍许的凉意。刘言史《林中独醒》：“微凉生乱筱，轻馥起孤萱。”李昌符《晚夏逢友人》：“微凉堪话旧，移榻晚风前。”

【微涓】 细小之水流。喻指微小的力量、劳绩。王湾《秋夜寓直即事怀赠萧令公裴侍郎兼通简南省诸友人》：“卑吏夙驱策，微涓效斗升。”郑缙《咏浮沤为辛明府作》：“欲作微涓效，先从淡水游。”

【微浪】 微小的波浪。李咸用《别所知》：“帆冒新秋雨，鼓传微浪风。”

【微冥】 幽暗，暗淡。陈子昂《与东方左史虬修竹篇》：“峰岭上崇崒，烟雨下微冥。”沈如筠《寄张征古》：“寂历远山意，微冥半空碧。”杜甫《过南岳入洞庭湖》：“欹侧风帆满，微冥水驿孤。”

【微陰】 指天阴而云不浓。皮日休《夏景无事因怀章来二上人二首》之一：“澹景微阴正送梅，幽人逃暑瘿楠杯。”

【微理】 精微的道理。太宗《度秋》：“运流方可叹，含毫属微理。”钱起《同李五夕次香山精舍访宪上人》：“忘言在闲夜，凝念得微理。”

【微略】 微策。精微的谋略。张蠙《塞下曲》：“无门展微略，空上望西楼。”

【微密】 精深细密。陈子昂《赠赵六贞固二首》之二：“道心固微密，神用无留连。”潘述《还丹可成诗联句》：“挥妙在微密，全功知感诚。”曹松《广州贻匡绪法师》：“口宣微密不思议，不是除贪即诫痴。”

【微陽】 暗淡的太阳或阳光。多指夕阳或秋冬之日光。元稹《酬白太傅》：“太空秋色凉，独鸟下微阳。”马戴《落日怅望》：“微阳下乔木，远色隐秋山。”杜牧《题齐安城楼》：“呜咽江楼角一声，微阳潋潋落寒汀。”吴融《湖州晚望》：“鼓角迎秋晚韵长，断虹疏雨间微阳。”

【微婉】 深婉。精微婉曲。杜甫《同元使君春陵行》序：“不意复见比兴体制，微婉顿挫之词，感而有诗，增诸卷轴。”白居易《哭刘尚书梦得二首》之一：“杯酒英雄君与操，文章微婉我知丘。”

【微細】 微小；渺小。李颀《谒张果先生》：“彭聃犹婴孩，松期且微细。”杜甫《促织》：“促织甚微细，哀音何动人。”

【微雲】 淡云，少量的云。张九龄《晨坐斋中偶而成咏》：“孤顶乍修耸，微云复相续。”李商隐《辛未七夕》：“清漏渐移相望久，微云未接过来迟。”徐铉《又和八日》：“微云疏雨淡新秋，晓梦依稀十二楼。”

【微禽】 微小的禽鸟；卑微之飞禽。王绩《古意六首》之六：“凤言荷深德，微禽安足尚？”崔兴宗《青雀歌》：“青扈绕青林，翩翾陋体一微禽。”皮日休《喜鹊》：“何况佞幸人，微禽解如此。”

【微詠】 赋名。战国楚宋玉有《微咏赋》。陆龟蒙《自遣诗三十首》之十九："月淡花闲夜已深，宋家《微咏》若遗音。"

【微詞】 ❶精微要妙之言词。杜牧《川守大夫刘公早岁寓居敦行里肆有题壁十韵辄献此诗》："积学萤尝聚，微词凤早吞。"徐铉《回至南康题紫极宫里道士房》："何以宽吾怀，老庄有微词。"❷委婉而不明言之言词。亦指含而不露的怨诽之词。唐彦谦《绯桃》："敢同俗态期青眼，似有微词动绛唇。"

【微寒】 少许的寒凉。牛僧孺《李苏州遗太湖石因题二十韵奉呈梦得乐天》："噤痒微寒早，轮囷数片横。"

【微禄】 微薄的俸禄。高适《平台夜遇李景参有别》："家贫羡尔有微禄，欲往从之何所之？"严维《留别邹绍刘长卿》："道在甘微禄，时难耻息机。"

【微瑕】 小瑕疵。亦喻指微小的缺点。温庭筠《病中书怀呈友人》："积毁方销骨，微瑕惧掩瑜。"柴宿《瑜不掩瑕》："朗玉微瑕在，分明异璞瑜。"

【微蒙】 见"微濛"。

【微照】 微弱的光照。颜真卿、袁高《五言夜宴咏灯联句》："顾己惭微照，开帘识近汀。"刘畋《晚泊汉江渡》："叠帆依岸尽，微照夹堤明。"

【微路】 窄路，小路。李延陵《自紫阳观至华阳洞宿侯尊师草堂简同游》："渐临华阳口，微路入葱蒨。"

【微微】 ❶细小；少许。杜甫《晚晴》："秋分客尚在，竹露夕微微。"卢纶《割飞二刀子歌》："神惊魄悸却收得，刃头已吐微微烟。"贾岛《荒斋》："草合径微微，终南对掩扉。"卢肇《竞渡诗》："鼙鼓动时雷隐隐，兽头凌处雪微微。"❷轻轻，轻微。萧祜《游石堂观》："天风微微夕露委，松梢飕飕晓声起。"穆寂《冬至日祥风应候》："微微万井遍，习习九门通。"吕岩《七言》之三三："微微笑处机关转，拂拂行时户牖开。"❸微弱，暗淡。徐彦伯《孤烛叹》："切切夜闺冷，微微孤烛然。"王昌龄《途中作》："坠叶吹未晓，疏林月微微。"刘沧《晚春宿僧院》："微微一点寒灯在，乡梦不成闻曙鸦。"❹稍稍，略微。苏颋《兴州出行》："滴滴泣花露，微微出岫云。"戴叔伦《精舍对雨》："空门寂寂澹吾身，溪雨微微洗客尘。"白居易《登观音台望城》："遥认微微入朝火，一条星宿五门西。"裴说《闻砧》："深闺乍冷鉴开箧，玉箸微微湿红颊。"❺隐约，隐隐。祖咏《渡淮河寄平一》："微微汉祖庙，隐隐江陵渚。"权德舆《酬裴杰秀才新樱桃》："远火微微辨，残星隐隐看。"司空图《送道者二首》之二："雪里千山访君易，微微鹿迹入深林。"亦指声音渺远，听不分明。李颀《宿莹公禅房闻梵》："花宫仙梵远微微，月隐高城钟漏稀。"❻迷茫，蒙蒙。皎然《浮云三章》之二："咸池微微，日昃之时。"陆龟蒙《丹阳道中寄友生》："烟树绿微微，春流浸竹扉。"章碣《长安春日》："春日皇家瑞景迟，东风无力雨微微。"韩偓《江楼二首》之一："梦啼呜咽觉无语，杳杳微微望烟浦。"❼静静，静穆。张说《道家四首奉敕撰》之一："金坛启曙闱，真气肃微微。"白居易《池上幽境》："袅袅过水桥，微微入林路。"

【微解】 稍微了解。贯休《山居诗二十四首》之十四："举世只知嗟逝水，无人微解悟空花。"

【微誠】 谦词。微小的诚意。则天皇后《唐享昊天乐·第三》："丹襟式敷衷恳，玄鉴庶察微诚。"张九龄《荆州作二首》之一："微诚夙所尚，细故不足云。"李端《下第上薛侍郎》："明镜方重照，微诚寄一辞。"姚合《寄华州李中丞》："偶题无六义，聊以达微诚。"

【微意】 精微要妙之意。李商隐《谢书》："微意何曾有一毫，空携笔砚奉龙韬。"

【微綃】 轻而薄的绢，可用以作书画。杜甫《殿中杨监见示张旭草书图》："悲风生微绡，万里起古色。"

【微塵】 ❶佛教语。"色"（佛教指眼取之外界物质）之单位名。相当于七"极微"（色之最小单位）。亦以喻指微小、极小。王维《与胡居士皆病寄此诗兼示学人二首》之一："一兴微尘念，横有朝露身。"白居易《闲园独赏》："不知鹏与鷃，相去几微尘。"李商隐《送臻师二首》之二："苦海迷途去未因，东方过此几微尘。"张乔《雨中宿僧院》："劳生无了日，妄念起微尘。"❷尘埃，尘土。薛能《赠禅师》："鸣磬微尘落，移瓶湿地圆。"❸喻指微小之事物或微小之人。常用为谦词。赵嘏《回于道中寄舒州李珏相公》："从此微尘知感恋，七真台上望三台。"

【微褐】 低贱之粗布衣。韦应物《赠冯著》："岁晏乃云至，微褐还未充。"

【微賤】 低微卑贱。李白《赠从弟南平太守之遥二首》之一："当时笑我微贱者，却来请谒为交欢。"韦应物《高陵书情寄三原卢少府》："直方难为进，守此微贱班。"卢仝《观放鱼歌》："重伤刺史心，丧尔微贱躯。"刘云《婕妤怨》："秋扇尚有时，妾身永微贱。"

【微澌】 细小的水流。澌，解冻时夹有碎冰之水。曹松《信州闻通寺题僧砌下泉》："耗痕延黑藓，净罅吐微澌。"

【微險】 幽深险危。王昌龄《小敷谷龙潭祠作》："岂伊骇微险，将以循甿揖。"

【微薄】 单薄；微少非薄。张九龄《奉和圣制谒玄元皇帝庙斋》："赓歌徒有作，微薄谢昭宣。"姚合《酬光禄田卿六韵见寄》："莅职才微薄，归山路未通。"沈鹏《寒蝉树》："不知微薄影，早晚挂绥缨。"

【微穆】 犹和畅、和煦。包佶《祀风师乐章·送神》："微穆敷华能应节，飘扬发彩宜行庆。"

【微燈】 暗弱之灯。韩愈《秋怀诗十一首》之一："微灯照空床，夜半偏入耳。"

【微濛】 亦作"迷蒙"。迷茫朦胧，隐约不分明貌。赵冬曦《和尹懋秋夜游㴩湖二首》之二："烟霭夕微蒙，幽湾赏未穷。"李颀《与诸公游济渎泛舟》："淹留怅言别，烟屿夕微濛。"

【微聲】 微小的名声。常用为谦词。李白《送族弟凝至晏堌》："舍此戒禽荒，微声列齐讴。"张籍《祭退之》："公文为时师，我亦有微声。"

【微霜】 轻霜，薄霜。曹邺《夜坐有怀》："悄悄月出树，东南若微霜。"

【微鍠】 幽远微弱的钟声，孙光宪《浣溪沙》词："风撼芳菲满院香，四帘慵卷日初长，鬓云垂枕响微鍠。"

【微蟲】 小昆虫。刘言史《放萤怨》："那将寂寞老病身，更就微虫借光影。"

【微軀】 微贱之身躯。常用以谦称自身。贺知章《奉和圣制送张说上集贤学士赐宴赋得谟字》："微躯不可答，空欲咏依蒲。"杜甫《江村》："多病所须唯药物，微躯此外更何求。"牟融《游报本寺》之二："自笑微躯长碌碌，几时来此学无还。"方干《赠信州高员外》："膺门若感深恩去，终杀微躯未足酬。"

【微辭】 含意深曲之文辞；委婉的讽谕之辞。柳宗元《杨尚书寄郴笔知是小生本样令更商榷使尽其功辄献长句》："曲艺岂能裨损益，微辞只欲播芳馨。"

【微類】 微小的东西。贾岛《义雀行和朱评事》："燕雀虽微类，感愧诚不殊。"

【微瀾】 细微的波澜。韩愈《南山诗》："微澜动水面，踊跃躁猱狖。"

【微飆】 小的风暴。刘言史《广州王园寺伏日即事寄北中亲友》："曲池煎畏景，高阁绝微飙。"

【微露】 ❶稍稍露出，略微显露。李商隐《代越公房妓嘲徐公主》："应防啼与笑，微露浅深情。"李煜《一斛珠》词："晚妆初过，沉檀轻注些儿个，向人微露丁香颗。"❷很少的露水。皮日休《太湖诗·三宿神景宫》："素鹤警微露，白莲明暗池。"

【微纖】 微小纤弱。韩愈《苦寒》："啾啾窗间雀，不知已微纤。"

徯 〔xī《广韵》胡雞切，平齊，匣。又胡禮切，上薺，匣。〕等待。苏颋《奉和圣制途次旧居应制》："昔试邦兴后，今过俗徯予。"元结《演兴四首·讼木魅》："割大木使飞焰，徯枯腐之烧焚。"欧阳詹《东风二章》之二："以饱以回，晨不徯宵。"柳宗元《奉平淮夷雅表·皇武命丞相度董师集大功也》："旷诛四纪，其徯汝克。"

【徯后】 表示盼望贤明君主解民之困。见《书·仲虺之诰》。张嘉贞《奉和早登太行山中言志应制》："徯后逢今圣，登台谢曩贤。"亦作"徯帝"。钱起《送蒋尚书居守东都》："凤辇幸秦久，周人徯帝情。"

【徯俟】 等待。丘丹《经湛长史草堂》序："嗟乎湛君，用刊岩石，徯俟后世之知我者，得不继之乎？"

【徯帝】 见"徯后"。

徭 〔yáo《玉篇》餘招切。〕徭役。百姓为官家承担的劳役。刘长卿《毗陵送邹结先赴河南充判官》："罢战逢时泰，轻徭伫俗和。"韦应物《登蒲塘驿沿路见泉谷村墅忽想京师旧居追怀昔年》："均徭视属城，问疾躬里闾。"钱起《送元中丞江淮转运》："薄税归天府，轻徭赖使臣。"杜荀鹤《山中寡妇》："任是深山更深处，也应无计避征徭。"

【徭戍】 指百姓服劳役与戍边。玄宗《春晚宴两相及礼官丽正殿学士探得风字》序："犹恐烝黎未乂，徭戍未安，礼乐之政亏，师儒之道丧。"

【徭役】 政府规定百姓必须承担的无偿劳役、力役。袁朗《赋饮马长城窟》："四时徭役尽，千载干戈戢。"高适《过卢明府有赠》："皆贺蚕农至，而无徭役牵。"姚合《闲居遣怀十首》之一："身外无徭役，开门百事闲。"于溃《田翁叹》："频年徭役重，尽属富家郎。"

【徭賦】 劳役与赋税。韦应物《高陵书情寄三原卢少府》："兵凶久相践，徭赋岂得闲。"

徬 〔páng《集韵》蒲光切，平唐，並。〕见"徬徨"。

【徬徨】 犹徘徊。往返走动貌。亦指心神不安貌。寒山《诗三百三首》之五九："鸱鸦饱腲脮，鸾凤饥彷徨。"韦应物《宴别幼遐与君贶兄弟》："况自守空宇，日夕但彷徨。"韩愈《嗟哉董生行》："彷徨踯躅久不去，以翼来覆待狗归。"于溃《陇头水》："行人何彷徨，陇头水呜咽。"

十二画

德 〔dé《广韵》多則切，入德，端。〕❶道德，品德，宋璟《奉和御制璟与张说源乾曜同日上官命宴都堂赐诗应制》："老臣慵且惫，何德以当诸。"张濯《题舜庙》："寥寥象设魂应在，寂寂虞篇德已闻。"白居易《答友问》："君疑才与德，咏此知优劣。"严巨川《仲秋太常寺观公卿辂车拜陵》："圣心何所寄，惟德在无忘。"亦指有德之人。杜牧《梁秀才以早春旅次大梁将归郊扉言怀兼别示亦蒙见赠凡二十韵走笔依韵》："面邀文作友，心许德为邻。"❷恩德，恩惠。杜甫《阌乡姜七少府设脍戏赠长歌》："新欢便饱姜侯德，清觞异味情屡极。"刘长卿《送李将军》:"征西诸将一如君,报德谁能不顾勋。"韩愈《次石头驿寄江西王十中丞阁老》:"人由恋德泣,马亦别群鸣。"❸德运,国祚。魏征《五郊乐章·肃和》:"祚我明德,时雍道泰。"张说《唐享太庙乐章·大明舞》:"赤精乱德,四海困穷。"白居易《赠友五首》之一:"周汉德下衰,王风始不竞。"❹通"得"。见"德全如醉"。

【德化】 仁德教化。许敬宗《奉和宴中山应制》:"一举氛霓静,千龄德化流。"徐坚《奉和圣制送张说赴集贤院学士赐宴赋得虚字》:"崇文德化洽,新殿集贤初。"欧阳詹《益昌行》:"问业一何修,太守德化加。"孟郊《旅次湘沅有怀灵均》:"君臣逸雍熙,德化盈纷敷。"

【德水】 黄河之别名。始于秦。见《史记·封禅书》。李峤《河》:"德水千年变,荣光五色通。"骆宾王《送郭少府探得忧字》:"开筵枕德水,辍棹舣仙舟。"李商隐《寄太原卢司空三十韵》:"德水萦长带,阴山绕画屏。"段成式《河出荣光》:"千年清德水,九折满荣光。"

【德光上人】 僧人。所住之寺未详。曹松有《送德光禅师》。光,一作辉。

【德光禪師】 (禪 chán)僧人。所住之寺未详。曹松有《送德光禅师》。光,一作辉。

【德行】 (—xíng)道德品行。萧颖士《江有归舟三章》序:"然夫德行政事,非学不言。言而无文,行之不远。岂相异哉?"齐己《送欧阳秀才赴举》:"直是文章好,争如德行多。"

【德全如醉】 谓醉酒而坠马者因惊惧不入于胸故得以保全。语出《庄子·达生》。刘禹锡《秘书崔少监见示坠马长句因而和之》:"犹赖德全如醉者,不妨吟咏入篇章。"

【德州】 地名。本汉平原郡,隋改置德州。唐因之,属河北道。领安德、玉原、长河、将陵、平昌五县。州治在今山东德州。骆宾王有《夏日游德州赠高四》。刘长卿有《北归入至德州界偶逢洛阳邻家李光宰》。

【德宇】 指恩德之所庇覆。宇,覆盖。李潜《和主司王起》:"恩波旧是仙舟客,德宇新添月桂名。"

【德林郎中】 (—zhōng)南唐钟德林。仕南唐为员外郎、集贤殿学士、检校屯田郎中等。见陆游《南唐书》卷三、《十国春秋》卷二七本传。萧彧、乔匡舜、陈元裕等均有《送德林郎中学士赴东府》。

【德門】 有德之家。亦指有厚德之人。郑谷《转正郎后寄献集贤相公》:"予名初在德门前,屈指年来三十年。"

【德宗】 同"德宗皇帝"。元稹《和李校书新题乐府十二首·骠国乐》:"德宗深意在柔远,笙镛不御停娇娥。"白居易《新乐府·城盐州》:"德宗按图自定计,非关将略与庙谋。"雍陶《题宝应县》:"闻说德宗曾到此,吟诗不敢倚阑干。"

【德宗皇帝】 即唐德宗李适。大历十四年(779)五月即位,贞元二十一年(805)正月崩。武元衡有《德宗皇帝挽歌词三首》。元稹《和李校书新题乐府十二首·五弦弹》:"众乐虽同第一部,德宗黄帝常偏召。"

【德宗宫人】 名凤儿,姓及籍贯均未详。奉恩院王才人养女,曾于花叶上题诗,放入御沟。进士贾全虚得之,悲想其人,徘徊沟上。为御史所获,德宗询之,授金吾卫兵曹,遂以妻之。事见宋王铚《补侍儿小名录》。《全唐诗》卷七九七录其诗一首。

【德政】 施行仁德所取得之政绩。岑参《过梁州奉赠张尚书大夫公》:"自公布德政,此地生光辉。"

【德政碑】 地方为颂扬官员政绩所立之石碑。白居易《新乐府·青石》:"不愿作官家道旁德政碑,不镌实录镌虚词。"贯休有《上荆南府主三让德政碑》。

【德威】 以德行其威罚。韩愈《送区弘南归》:"况今天子铺德威,蔽能者诛荐受禨。"李逢吉《望京楼上寄令狐华州》:"中叶成文教,德威清远边。"

【德星】 指岁星、景星等兆示福祉之星。旧谓该星现,则示国有道或有贤才出,故亦喻指贤德之人。白居易《旅次华州赠袁右丞》:"德星降人福,时雨助岁功。"刘禹锡《送太常萧博士弃官归养赴东都》:"从今别君后,长忆德星看。"王良会《和武相公中秋夜西蜀锦楼望月得清字》:"德星摇此夜,珥月满重城。"徐铉《寿和宫傅相公怀旧见寄四十韵》:"玉烛调时钧轴正,台阶平处德星悬。"

【德星亭】 亭名,在唐河南道许州(今河南许昌)境颍水边。薛能有《重游德星亭感事》,又有《许州题德星亭》。胡曾《咏史诗·颍川》:"今日浪为千里客,看花惭上德星亭。"

【德星會】 见"德星聚"。

【德星聚】 亦作"德星會"。为咏贤士相会之典。见南朝宋刘敬叔《异苑》卷四。孙逖《和韦兄春日南亭宴兄弟》:"德星常有会,相望在文昌。"杜甫《行次盐亭县聊题四韵奉简严遂州蓬州两使君咨议诸昆季》:"全蜀多名士,严家聚德星。"薛能《戏舸》:"游人莫觅杯盘分,此地才应聚德星。"参见"德星""荀陳德星"。参阅《世说新语·德行》。

【德風】 指君子为政之德。语本《论语·颜渊》。意谓君子为政以德,百姓必从风响应。宋璟《奉和圣制送张说巡边》:"德风边草偃,胜气朔云平。"韩愈《远游联句》:"德风变谗巧,仁气销戈矛。"

【德音】 ❶佳善之音。骆宾王《过张平子墓》:"西鄂该通理,南阳擅德音。"萧颖士《江有枫一篇十章》之七:"如琇如英,德音孔明。"❷恩诏。指帝王降恩之诏书,或施行仁政之谕令。陆坚《奉和圣制送张说上集贤学士赐宴》："圣主崇文教，层霄降德音。"刘禹锡《送源中丞充新罗册立使》："相门才子称华簪，持节东行捧德音。"白居易《新乐府·杜陵叟》："白麻纸上书德音，京畿尽放今年税。"翁承赞《御命归乡蒙赐锦衣》："德音耳聆君恩重，金印腰悬己力微。"❸仁德之言。多借指官员所行之仁政、善政。高适《同房侍御山园新亭与邢判官同游》："谁为久州县，苍生怀德音。"窦牟《故秘监丹阳郡公延陵包公挽歌》："德音冥秘府，风韵散清朝。"喻坦之《寄华阴姚少府》："料于三考内，应惜德音移。"❹嘉音、喜讯。指吉祥之事。白居易《新乐府·采诗官》："夕郎所贺皆德音，春官每奏唯祥瑞。"

【德師】 即李縠。縠字德师。陆龟蒙、张贲均有《送浙东德师侍御罢府西归》。皮日休有《奉送浙东德师侍御罢府西归》。

【德海】 佛教语。"功德海"之略称。谓修功绩善则福报大如海，故称。王维《谒璿上人》序："玄关大启，德海群泳。"

【德流】 犹德化。德教之流化。许敬宗《奉和行经破薛举战地应制》："一戎乾宇泰，千祀德流清。"

【德容】 有德者之仪容。称人容颜之敬辞。武元衡《奉酬中书李相公早朝于中书候传点偶书所怀》："德容温比玉，王度式如金。"

【德教】 (一jiào)道德教化。杜甫《赠王二十四侍御契四十韵》："列国兵戈暗，今王德教淳。"孟郊《读经》："听之何有言，德教贵有形。"唐思言《和主司王起》："儒雅皆传德教行，几崇浮俗赞文明。"

【德基】 道德、德行之根基。刘禹锡《口兵诫》："辩为诈媒，默为德基。"

【德望】 道德声望。姚鹄《随州献李侍御二首》之一："德望旧悬霄汉外，政声新溢路岐间。"徐铉《奉和宫傅相公怀旧见寄四十韵》："谢傅功成德望全，鸾台初下正萧然。"

【德清】 县名。唐属江南道湖州。皎然有《送德清卫明府赴选》。杜荀鹤《送人宰德清》："能依四十字，可立德清碑。"

【德陽宫】 ❶汉宫名。即汉景帝庙。在长安(今陕西西安)。见《史记·孝景本纪》。蔡孚《打球篇》："德阳宫北苑东头，云作高台月作楼。"❷唐宫名。在东都洛阳。耿湋《奉送蒋尚书兼御史大夫东都留守》："蝉稀金谷树，草遍德阳宫。"

【德温】 黄璞字。见《三山志》卷二。黄蟾《和从兄御史延福里居》："回头文馆长安上"原注："谓德温兄。"

【德運】 犹国运。王朝之运数。韩愈《南山诗》："藩都配德运，分宅占丁戊。"

【德業】 道德与功业。王丘《奉和圣制送张尚书巡边》："德业蕴时宗，幽符梦象通。"高适《酬别薛三蔡大留简韩十四主簿》："薛侯怀直道，德业应时选。"杜甫《毒热寄简崔评事十六弟》："皇皇使臣体，信是德业优。"杜牧《送牛相出镇襄州》："德业悬秦镜，威声隐楚郊。"

【德暉】 同"德輝"。颜真卿《登岘山观李左相石尊联句》："德晖映岩足，胜赏延高原。"

【德圓】 僧人。所住之寺未详。《全唐续补遗》卷二十录其诗一首。

【德義】 道德仁义。萧颖士《江有归舟三章》序："所务乎宪章典法，膏腴德义而已。"周昙《咏史诗·后汉门·子密》："子密封侯岂所宜，能高德义必无为。"徐夤《经故翰林杨左丞池亭》："平生德义人间诵，身后何劳更立碑。"

【德鄰】 与有德之人为邻；结伴。语本《论语·里仁》："德不孤，必有邻。"独孤及《答李滁州忆玉潭新居见寄》："扫洒潭中月，他时望德邻。"

【德璋】 即南朝齐孔稚珪。稚珪字德璋。卢纶《过司空曙村居》："何言张掾傲，每重德璋亲。"

【德輝】 道德之光辉；仁德之光辉。储光羲《哥舒大夫颂德》："嘉命列上第，德辉照天京。"又《上长史王公责躬》："灵鸟酬德辉，黄雀报仁慈。"牛僧孺《享太庙乐章》："湜湜颀颀，融昭德辉。"

【德輝禪師】 (禪 chán)见"德光禪師"。

【德潤】 即三国吴阚泽。泽字德润。见《三国志·吴志》本传。李瀚《蒙求》："德润佣书，君平卖卜。"

【德澤】 恩惠，恩德。袁朗《和洗掾登城南坂望京邑》："玄风叶黎庶，德泽浸区宇。"李白《放后遇恩不沾》："天作云与雷，霈然德泽开。"薛存诚《观南郊回仗》："德泽施云雨，恩光变烬灰。"杜牧《感怀诗一首》："德泽酌生灵，沉酣薰骨髓。"

【德聲】 美好之名声。李白《赠清漳明府侄聿》："过客览行谣，因之诵德声。"又《陪族叔当涂宰游化城寺升公清风亭》："季父拥鸣琴，德声布云雷。"

【德薰】 犹德声。杜羔《享惠昭太子庙乐章登歌》："二歌斯升，以咏德薰。"

【德曜】 即汉孟光。光字德曜，梁鸿之妻。皮日休《临顿宅将有归于之日鲁望以诗见贶因抒怀酬之》："几枚竹笥送德曜，一乘柴车迎少君。"亦作"德耀"。李白《和卢侍御通塘曲》："梁鸿德耀会稽日，宁知此中乐事多。"

【德馨】 道行馨香。语出《书·君陈》。韩愈《孟生诗》："竹实凤所食，德馨神所歆。"温庭筠《过孔北海墓二十韵》："白羽留谈柄，清风袭德馨。"裴翎《题文翁石室》："文翁石室有仪形，庠序千秋播德馨。"

【德耀】　见"德曜"。

徵[1]　〔zhēng《广韵》陟陵切，平蒸，知。〕❶兆候，迹象。魏征《享太庙乐章·大明舞》："望云彰德，察纬告征。"则天皇后《唐大飨拜洛乐章·归和》："腾绛霄兮垂景祐，翘丹恳兮荷休征。"元稹《遣风二十韵》："那知否极休征至，渐觉宵分曙令催。"❷证验；应验。陈子昂《与东方左史虬修竹篇》序："汉魏风骨，晋宋莫传，然而文献有可征者。"杜甫《最能行》："朝发白帝暮江陵，顷来目击信有征。"卢纶《早春游樊川野居却寄李端校书兼呈崔峒补阙司空曙主簿耿沣拾遗》："卜邻空遂约，问卦独无征。"袁不约《病宫人》："花颜有幸君王问，药饵无征待诏愁。"❸索求，觅取。李白《西施》："勾践征绝艳，扬蛾入吴关。"项斯《送华阴隐者》："往往到城市，得非征药钱。"司空图《即事二首》之二："御札征奇策，人心注盛时。"亦指召唤，传呼。卢纶《雪谤后书事上皇甫大夫》："赐欢征妓乐，陪醉问公卿。"❹征召，谓诏书召入朝廷任用。贾曾《奉和春日出苑瞩目应令》："招贤已得商山老，托乘还征邺下才。"李白《别内赴征三首》之一："王命三征去未还，明朝离别出吴关。"王建《寄韦谏议》："独有龙门韦谏议，三征不起恋青山。"韦庄《南阳小将张彦硖口镇税人场射虎歌》："试征张彦作将军，几个将军愿策勋。"❺征集；征调。储光羲《送丘健至州敕放作时下任邽县》："河陇征击卒，虎符到我州。"刘禹锡《和董庶中古散调词赠尹果毅》："爟火入咸阳，诏征神武师。"《嵩岳童谣》："三度征兵马，傍道打腾腾。"❻征收。钱起《奉送刘相公江淮催转运》："将征任土贡，更发济川舟。"王建《水运行》："远征海稻供边食，岂如多种边头地。"白居易《新乐府·杜陵叟》："长吏明知不申破，急敛暴征求考课。"李洞《贺昭国从叔员外转本曹郎中》："粟征山县欠，官转水曹重。"亦指收留、收存。杜甫《棕拂子》："物征世竞弃，义在谁肯征。"❼质问，责问。见"徵包茅"。

徵[2]　〔zhǐ《广韵》陟里切，上止，知。〕古代五音之一，即宫商角徵羽五音级中之徵音级。亦借指音乐。魏征《五郊乐章·舒和》："御徵乘宫出郊甸，安歌率舞递将迎。"王迥《同孟浩然宴赋》："共赋新诗发宫徵，书于屋壁彰厥美。"鲍溶《霓裳羽衣歌》："鸾凤有声不见身，出宫入徵随伶人。"李商隐《和郑愚》："因令五十丝，中道分宫徵。"

徵[3]　〔chéng《广韵》持陵切，平蒸，澄。〕通"惩"，惩罚。骆宾王《从军中行路难二首》之一："玉玺分兵征恶少，金坛授律动将军。"韩愈《人日城南登高》："令征前事为，觞咏新诗送。"钱仲联集释引刘攽云："唐人饮酒，以令为罚。"

【徵丁】　征集服役之丁夫。司马扎《筑台》："征丁筑层台，唯恐不巍峨。"

【徵人】　征召任用之人。源乾曜《奉和圣制送张说上集贤学士赐宴》："盛业光书府，征人尽国英。"

【徵士】　❶征求贤士。李颀《赠别穆元林》："明主日征士，吏曹何忽贤。"❷被朝廷征召而不就之贤士。李端有《送戴征士还山》。皮日休《奉献致政裴秘监》："何胤本征士，高情动天地。"

【徵才】　征求人才。殷尧藩《帝京二首》之一："列郡征才起俊髦，万机独使圣躬劳。"

【徵文】　征求诗文。孟郊《夜集汝州郡斋听陆僧辩弹琴》："征文北山外，借月南楼中。"白居易《与诸同年贺座主侍郎新拜太常同宴萧尚书亭子》："宠新卿典礼，会盛客征文。"

【徵句】　觅求诗句。谓作诗。皮日休、陆龟蒙《寒夜文宴联句》："送觞繁露曲，征句白云颜。"

【徵召】　指朝廷招聘任用。韩愈《赠崔立之评事》："劝君韬养待征招，不用雕琢愁肝肾。"

【徵兆】　征候，兆头。光业《征李怀杲嘲道门》："妄占气色为征兆，更引文章说御楼。"

【徵₂羽】　五音中之徵音与羽音。代指五音或音乐。罗隐《薛阳陶觱篥歌》："左篁揭指徵羽吼，炀帝起坐淮王愁。"

【徵求】　❶谓官府征收、敛求。杜甫《又呈吴郎》："已诉征求贫到骨，正思戎马泪盈巾。"元结《春陵行》序："到官未五十日，承诸使征求符牒二百余封，皆曰：'失其限者罪至贬削。'"韩愈《赴江陵途中寄赠王二十补阙李十一拾遗李二十六员外翰林三学士》："有司恤经费，未免烦征求。"李商隐《行次西郊作一百韵》："因失生惠养，渐见征求频。"❷征召，觅寻。高适《留别郑三韦九兼洛下诸公》："幸逢明盛多招隐，高山大泽征求尽。"

【徵兵】　召募士兵。亦指征调军队。杨师道《陇头水》："天山传羽檄，汉地急征兵。"张谓《代北州老翁答》："如今小儿新长成，明年闻道又征兵。"郑锡《出塞曲》："校尉征兵出塞西，别营分骑过龙溪。"韦庄《家叔南游却归因献贺》："长闻凤诏征兵急，何事龙韬献捷稀。"

【徵君】　对征士之敬称。被朝廷征召而拒不受聘之人。许景先《征君宅》："征君昔嘉遁，抗迹遗俗尘。"杜甫《寄常征君》："白水青山空复春，征君晚节傍风尘。"李端《旅次岐山得山友书却寄凤翔张尹》："本与戴征君，同师竹上坐。"张观《过衡山赠廖处士》："未向漆园为傲吏，定应明代作征君。"

【徵君鸿】　即卢鸿。李白有《口号赠征君鸿》。

【徵苗】　指官府征收田租。杜荀鹤《山中寡妇》：

“桑柘废来犹纳税，田园荒后尚征苗。”

【徵枚叟】 征觅枚乘。指征觅擅长辞赋之文才。见《汉书·枚乘传》。卢纶《九日奉陪侍中宴后亭》：“彩笔征枚叟，花筵舞莫愁。”

【徵枚乘】 同“徵枚叟”。徐夤《龙蛰二首》之二：“时通有诏征枚乘，世乱无人荐祢衡。”

【徵卒】 征集士兵。李白《古风》之四八：“征卒空九宇，作桥伤万人。”

【徵拜】 征召拜官。苏颋《饯荆州崔司马》：“明年征拜入，荆玉不藏诸。”刘长卿《喜朱拾遗承恩拜命赴任上都》：“诏书征拜脱荷裳，身去东山闭草堂。”韩愈《韶州留别张端公使君》：“已知奏课当征拜，那复淹留咏白蘋。”罗隐《淮南送节度卢端公将命之汴州相公从事》：“到彼的知宣室语，几时征拜黑头公。”白居易《寓意诗五首》之二：“昨传征拜日，恩赐颇殊常。”

【徵₂音】 古代乐律五音之一。相当于现代音阶名称中so。则天皇后有《唐明堂乐章·徵音》。

【徵起】 征召起用。杜甫《洗兵马》：“征起适遇风云会，扶颠始知筹策良。”

【徵貢包茅】 指天子向诸侯征索贡品。见《左传·僖公四年》。王维《送秘书晁监还日本国》序：“岂甘心于筇杖，非征贡于包茅。”

【徵索】 征敛索求。陆龟蒙《五歌·刈获》：“今之为政异当时，一任流离恣征索。”

【徵租】 征收租税。韩愈《送文畅师北游》：“征租聚异物，诡制怛巾袜。”又《嗟哉董生行》：“爵禄不及门，门外惟有吏，日来征租更索钱。”

【徵師】 征集；征调。魏征《享太庙乐章·大明舞》：“征师涿野，万国咸服。”戎昱《寄梁淑》：“悔学秦人南避地，武陵原上又征师。”

【徵書】 朝廷征召之文书。卢象《送綦毋潜》：“会有征书到，荷衣且漫裁。”许浑《送处士武君归章洪山居》：“他时纵有征书至，雪满空山不可寻。”韦庄《寄右省李起居》：“才闻阙下征书急，已觉回朝草诏忙。”贯休《赠钟陵陈处士》：“吾皇仄席求贤久，莫待征书两度来。”

【徵黄】 同“徵黄霸”。杜甫《奉送韦中丞之晋赴湖南》：“宠渥征黄渐，权宜借寇频。”刘禹锡《酬滑州李尚书秋日见寄》：“征黄在旦夕，早晚发南燕。”王起《和周侍郎见寄》：“莫道相知不相见，莲峰之下欲征黄。”贯休《送崔尚书朝觐》：“征黄还有自，挽邓住无因。”

【徵黄霸】 亦省作“徵黄”。黄霸字次公，历任扬州刺史、颍川太守，在任时劝民“务耕桑，节用殖财，种树畜养”，“力行教化而后诛罚”，“以外宽内明得吏民心，户口岁增，治为天下第一，征守京兆尹”。后遂以“征黄霸”“征黄”为咏地方治绩显著而被内召擢用之典。钱起《寄袁州李嘉祐员外》：“愿征黄霸入，相见玉阶前。”白居易《自到郡斋仅经旬日方专公务未及宴游偷闲走笔题二十四韵兼寄常州贾舍人湖州崔郎中仍呈吴中诸客》：“常未征黄霸，湖犹借寇恂。”

【徵搜】 征召觅求。齐己《怀武陵因寄幕中韩先辈何从事》：“凿井耕田人在否，如今天子正征搜。”

【徵舒】 即夏征舒。战国陈大夫，夏姬之子。周昙《咏史诗·春秋战国门·陈灵公》：“灵公徒认征舒面，至死何曾识祸胎。”参阅《左传·宣公十年》。

【徵詔】 征召贤才之诏书。王建《宋氏五女》：“行成闻四方，征诏环珮随。”刘禹锡《寄朗州温右史曹长》：“云台公业家声在，征诏何时出建章。”刘得仁《送姚处士归亳州》：“明王下征诏，应就碧峰开。”薛涛《赠苏十三中丞》：“今日芝泥检征诏，别须台外振霜威。”

【徵聘】 征召聘用。吴筠《高士咏·楚狂接舆夫妻》：“傲然辞征聘，耕绩代禄秩。”

【徵楚材】 指征召贤才。见《左传·襄公二十六年》。高适《酬裴员外以诗代书》：“拥旄出淮甸，入幕征楚材。”

【徵辟】 朝廷征召与幕府或地方政府聘任。齐己《闻沈彬赴吴都请辟》：“长讶高眠得稳无，果随征辟起江湖。”

【徵歌】 召唤歌妓。李白《宫中行乐词八首》之二：“选妓随雕辇，征歌出洞房。”杨巨源《春日奉献圣寿无疆词十首》之二：“赐晏文逾盛，征歌物更妍。”

【徵賢】 指皇帝下诏征召贤才。卢僎《季冬送户部郎中使黔府选补》：“征贤一台上，补吏五溪中。”钱起《题陈季壁》：“虽有征贤诏，终伤不遇心。”殷尧藩《寄许浑秀才》：“汉廷累下征贤诏，未许严陵老钓矶。”皮日休《怀华阳润卿博士三首》之一：“闻道征贤须有诏，不知何日到良常。”

【徵賦】 征收赋税。潘述《讲德联句》：“征赋以节，计功以时。”李中《贻青阳宰》：“征赋常登限，名山管最多。”

【徵₂調】 （—diào）乐调之一种。以五音中之徵音为主的调式。元稹《和李校书新题乐府十二首·五弦弹》：“赵璧五弦弹徵调，征声巉绝何清峭。”白居易《听弹湘妃怨》：“玉轸朱弦瑟瑟徽，吴娃徵调奏湘妃。”张祜《五弦》：“徵调侵弦乙，商声过指拢。”

【徵選】 征召选拔。沈佺期《送卢管记仙客北伐》：“庙堂盛征选，戎幕生光辉。”

【徵還】 下诏书召回朝廷供职。李益《赠宣大师》：“先皇诏下征还日，今上龙飞入内时。”元稹《酬乐天东南行诗一百韵》：“征还何郑重，斥去亦须臾。”杨巨源《送绛州卢使君》：“他日征还作霖雨，不须求赛敬亭祠。”徐铉《奉使九华山中途遇青阳薛郎中》：“甘泉从幸余知忝，宣室征还子未迟。”

【徵隱詔】 皇帝征召隐士之诏书，陆龟蒙《寄茅山何道士》：“箧藏征隐诏，囊佩摄生篇。”

【徵₂聲】 即徵音。五音之一。杨巨源《和吕舍人喜张员外自北番回至境上先寄二十韵》：“欢味膻腥列，徵声侏㒧攒。”元稹《和李校书新题乐府十二首·五弦弹》：“赵璧五弦弹徵调，徵声巉绝何清峭。”

【徵聲】 谓招求歌乐伎演唱。沈佺期《李员外秦援宅观妓》：“选客虚前馆，征声遍后堂。”孟浩然《从张丞相游南纪城猎戏赠裴迪张参军》：“十里届宾馆，征声匝妓筵。”

【徵斂】 指官府征收敛集赋税。杜甫《客从》：“开视化为血，哀今征敛无。”元结《喻常吾直》：“战争且未息，征敛何时足。”

【徵應】 （—yìng）应验，验证。包融《和崔会稽咏王兵曹厅前涌泉势成中字》：“茂德来征应，流泉入咏歌。”

【徵縮酒茅】 同“徵包茅”。胡曾《咏史诗·召陵》：“不思管仲为谋主，争取言征缩酒茅。”

【徵蟲】 微小之昆虫，徵，“微”字之讹。张祜《江南杂题三十首》之十一：“小鸟闻批颊，征虫弄印头。”

【徵寵】 征召宠任。杜牧《牧陪昭应卢郎中在江西宣州佐今吏部沈公幕叙旧成二十二韵》：“重德俄征宠，诸生苦宦游。”

徹 〔chè《广韵》丑列切，入薛，徹，又直列切，入薛，澄。〕❶通，贯，透。杜审言《秋夜宴临津郑明府宅》：“露白宵钟彻，风清晓漏闻。”王维《同崔员外秋宵寓直》：“九门寒漏彻，万井曙钟多。”刘禹锡《客有话汴州新政书事寄令狐相公》：“天下咽喉今大宁，军城喜气彻青冥。”薛涛《罚赴边上武相公二首》之二：“按辔岭头寒复寒，微风细雨彻心肝。”亦指浸润渗透。王建《宫词一百首》之八十：“舞来汗湿罗衣彻，楼上人扶下玉梯。”❷深入；透彻。钱起《片玉篇》：“美人之鉴明且彻，玉指提携叹奇绝。”❸遍，满。戴叔伦《晓闻长乐钟声》：“霜凌万户彻，风散一城闻。”朱庆余《上翰林李舍人》：“免令汩没惭时辈，与作声名彻举场。”秦韬玉《豪家》：“按彻清歌天未晓，饮回深院漏犹赊。”李洞《送舍弟之山南》：“南山入谷游，去彻山南州。”亦指完全、周备。张说《唐享太庙乐章·福和》：“诚通慈降，敬彻爱存。”张衮《梁郊祀乐章·庆和》：“烟燎升，礼容彻。”❹尽，了。杜甫《江畔独步寻花七绝句》：“江上被花恼不彻，无处告诉只颠狂。”元稹《古决绝词》：“一去又一年，一年何可彻。”崔涂《送僧归江东》：“坐彻秦城夏，行登越客船。”亦指到尽头，到，到顶。孟浩然《西山寻辛谔》：“石潭窥洞彻，沙岸历纡徐。”齐己《登金山寺》：“望来堪目断，上彻始心平。”❺毕，完成。林宽《和友人贼后》：“书从战后得，读彻血盈衣。”陆龟蒙《奉和袭美太湖诗二十首·明月湾》：“或彻三弄笛，或成数联诗。”曹松《慈恩寺贻楚霄上人》：“入内谈经彻，空携讲疏还。”李中《赠念法华经绶上人》：“念彻莲经谁得见，千峰岩外晓苍苍。”❻撤掉；除去。杜甫《遣闷》：“萤鉴缘帷彻，蛛丝罥鬓长。”柳宗元《种术》：“违尔涧底石，彻我庭中莎。”杜荀鹤《贺顾云侍御府主与子弟奏官》：“孝经始向堂前彻，官诰当从幕下迎。”尹鹗《拨棹子》词：“羞睹见，绣被堆红闲不彻。”❼拆毁，拆除。白居易《大水》：“工商彻屋去，牛马登山避。”郭周藩《谭子池》：“寻禀神仙诫，彻庙劚开窥。”郑嵎《津阳门诗》：“县官无人具军顿，行宫彻屋屠云螭。”❽至，到，达。高适《九曲词三首》之一：“许国从来彻庙堂，连年不为在疆场。”刘言史《代胡僧留别》：“定知不彻南天竺，死在条支阴碛中。”文宗《上元日二首》之一：“丹诚傥彻玉帝座，且共吾人庆大田。”黄滔《壶公山》：“山寒彻三伏，松偃出千年。”❾唐乐舞曲中泛指曲终。王建《霓裳词十首》之三：“一时跪拜霓裳彻，立地阶前赐紫衣。”元稹《华原磬》：“霓裳才彻胡骑来，云门未得蒙亲定。”秦韬玉《织锦妇》：“豪贵大堆酬曲彻，可怜辛苦一丝丝。”李煜《木兰花》词：“风箫声断水云闲，重按霓裳歌遍彻。”❿通“澈”。清澄。卢纶《敬酬大府二十四舅览诗卷因以见示》：“彻底碧潭滋涸溜，压枝红艳照枯株。”张汇《观藏冰》：“凿来壶色彻，纳处镜光澄。”

【徹上人】 ❶即灵澈。陈羽有《洛下赠彻公》。杨衡有《寄彻公》。❷即清澈。贾岛有《寄毗陵彻公》。❸法名全称未详。兴善寺僧。李洞有《赠兴善彻公上人》。

【徹旦】 从夜晚直至天明。吕从庆《贼警》：“城阙兼旬闭，邮书彻旦通。”

【徹明】 达旦，直到天亮。崔湜《同李员外春闺》：“落日啼连夜，孤灯坐彻明。”白居易《夜坐》：“庭前尽日立到夜，灯下有时坐彻明。”张祜《李謩笛》：“平时东幸洛阳城，天乐宫中夜彻明。”薛逢《长安夜雨》：“滞雨通宵又彻明，百忧如草雨中生。”

【徹夜】 整夜，通宵。元稹《黄草峡听柔之琴二首》之二：“怜君伴我涪州宿，犹有心情彻夜弹。”杨衡《夷陵郡内叙别》：“候更促徒侣，先晓彻夜禽。”羊昭业《皮袭美见留小宴次韵》：“知君不肯然官烛，争得华筵彻夜明。”李建勋《殴妓》：“当时心已悔，彻夜手犹香。”

【徹底】 ❶直到底部。谓全部而无保留。孟郊《寒溪》之四：“朔冻哀彻底，獠馋咏潜鯹。”李绅《却到金陵登北固亭》：“众峰作限横空碧，一柱中维彻底金。”马戴《边将》：“塞迥连天雪，河深彻底冰。”❷形容水清澈底。张九龄《登临沮楼》：“潭清能彻底，鱼乐好跳波。”李白《秋登巴陵望洞庭》：“明湖映天光，彻底见秋色。”卢仝《秋梦行》：“湘水泠泠彻底清，二妃怨处无限情。”方干《陪胡中丞泛湖》：“澄潭彻底齐心镜，杂树含芳让锦茵。”

【徹卷】　通卷。谓从卷头到卷尾。柳宗元《读书》：“临文乍了了，彻卷兀若无。”

【徹骨】　透骨。多形容深切、彻底。刘禹锡《西山兰若试茶歌》：“悠扬喷鼻宿酲散，清峭彻骨烦襟开。”吕岩《绝句》之十一：“学道须教彻骨贫，囊中只有五三文。”

【徹師】　即僧彻。李商隐在《五月六日夜忆往岁秋与彻师同宿》。

【徹宵】　通宵，整夜。花蕊夫人《宫词》之一〇二：“总是一人行幸处，彻宵闻奏管弦声。”徐铉《和殷舍人萧员外春雪》：“晴去便为经岁别，兴来何惜彻宵看。”

【徹宴】　撤销、取消宴会。王建《赠王侍御》“彻晏听苦辛，坐卧身不宁。”

【徹章】　乐曲中之末章。王建《宫词一百首》之五二：“再三博士留残拍，索向宣徽作彻章。”

【徹雲】　谓声达云霄。杜荀鹤《馆舍秋夕》：“冷极睡无离枕梦，苦多吟有彻云声。”

【徹奠】　撤去祭奠之物。姚合《文宗皇帝挽词三首》之三：“彻奠新阡起，登山吉从全。”

【徹頭】　到头，到尽头。罗隐《江北》：“废宫荒苑莫闲愁，成败终须要彻头。”

【徹曉】　直到天明。王建《夜看杨州市》：“如今不似时平日，犹自笙歌彻晓闻。”王仁裕《放猿》：“三秋果熟松梢健，任抱高枝彻晓吟。”

【徹曙】　达旦，到天明。权德舆《与沈十九拾遗同游栖霞寺上方于亮上人院会宿二首》之二：“共宿东林夜，清猿彻曙闻。”又《七夕见与诸孙题乞巧文》：“羡此婴儿辈，欢呼彻曙闻。”齐己《夜坐》：“彻曙都忘寝，虚窗日照经。”

【徹饌】　谓饮宴结束撤去食物。苏源明《小洞庭洄源亭宴四郡太守诗》序：“彻馔更服，陈羞洁尊。”

十三画

徼[1]　〔jiào《广韵》古弔切，去嘯，見。〕❶巡视，巡逻。见“徼巡”。❷边境，边陲。王昌龄《观江淮名胜图》：“青葱林间岭，隐见淮海徼。”杜甫《赠苏四徯》：“幽蓟已削平，荒徼尚弯弓。”白居易《蚊蟆》：“巴徼炎毒早，二月蚊蟆生。”李商隐《荆门西下》：“骨肉书题安绝徼，蕙兰蹊径失佳期。”❸边，涯。张说《五君咏五首·赵耿公彦昭》：“何意瑶台云，风吹落江徼？”柳宗元《唐铙歌鼓吹曲十二篇·吐谷浑》：“束刃逾山徼，张翼纵漠沙。”罗隐《寄许融》：“帝乡年共老，江徼业俱空。”❹小道；道路。李义府《在嶲州遥叙封禅》：“触网沦幽裔，乘徼限明时。”韦应物《送别覃孝廉》：“秭归通远徼，巫峡注惊波。”

徼[2]　〔jiǎo《集韵》吉了切，上筱，見。〕通“儌”。见“徼₂幸”。

徼[3]　〔yāo《集韵》伊消切，平宵，影。〕通“邀”。谋求，求取。张九龄《酬王履震游园林见贻》：“中览霸王说，上徼明主恩。”柳宗元《奉平淮夷雅表·方城命愬守以平淮右》：“匪徼匪竞，皇有正命。”亦特指追求宠荣声誉。吴筠《高士咏·颜阖》：“世情矜宠誉，效节徼当时。”

【徼₃功】　追求立功，求取功劳。白居易《新乐府·新丰折臂翁》：“君不闻开元宰相宋开府，不赏边功防黩武。”注：“时宋璟为相，以天子年少好武，恐徼功者生心，痛抑其赏。”

【徼巡】　巡检稽查。柳宗元《古东门行》：“赤丸夜语飞电光，徼巡司隶眠如羊。”

【徼₂幸】　由意外的偶然的幸运而获成功。徼，通“侥”。白居易《雪中晏起偶咏怀所怀兼呈张常侍韦庶子皇甫郎中》：“三年侥幸忝洛尹，两任优稳为商宾。”又《狂吟七言十四韵》：“点检一生徼幸事，东都除我更无人。”

【徼麥】　边境、边界之麦。杜甫《客堂》：“巴莺纷未稀，徼麦早向熟。”

【徼道】　巡逻警戒之道路。玄宗《春台望》：“周庐徼道纵横转，飞阁回轩左右长。”杜甫《秋日荆南送石首薛明府辞满告别奉寄薛尚书颂德叙怀斐然之作三十韵》：“钩陈摧徼道，枪櫐失储胥。”

【徼₂福】　求福。白居易《戒药》：“徼福反成灾，药误者多矣。”李绅《却过淮阴吊韩信庙》：“英主任贤增虎翼，假王徼福犯龙鳞。”李商隐《哭遂州萧侍郎二十四韵》：“始知同泰讲，徼福是虚言。”

十四画

徽　〔huī《广韵》許歸切，平微，曉。〕❶绳索。见“徽纆”。❷拘束，羁束。见“徽束”。❸琴徽。(1)指琴上系弦之绳子，一端固定于琴轸之上，以调节弦之松紧。见“徽軫”。(2)指琴节，即琴面弦下标示接抚音节之处。共十三节。多以螺蚌或金玉为之。王绩《古意六首》之一：“材抽峄山干，徽点昆丘玉。”韦应物《昭国里第听元老师弹琴》：“竹林高宇霜露清，朱丝玉徽多故情。”王建《送于丹移家洺州》:"素琴苦无徽,安得宫商全。"亦指作琴徽。卢鸿一《嵩山十志十首·涤烦矶》:"中有琴兮徽以玉,峨峨汤汤兮弹此曲,寄声知音兮同所欲。"亦代指琴或琴音。李白《幽涧泉》:"幽涧愀兮流泉声,善手明徽高张清。"白居易《松下琴赠客》:"寡鹤当徽怨,秋泉应指寒。"唐彦谦《紫薇花》词:"绮笔题难尽,烦君白玉徽。"❹标志,徽号。蜀太后徐氏《游丈人观谒先帝御容》:"笙歌喧宝殿,彩仗耀金徽。"参见"徽章""徽號"。❺美,善。韩愈《谴疟鬼》:"祖轩而父顼,未沫于前徽。"见"徽猷""徽聲"。❻通"挥"。见"徽弦"。

【徽之】 即晋王徽之。李端《旅舍对雪赠考功王员外》:"独望徽之棹,青山在雪中。"白居易《春夜喜雪有怀王二十二》:"山阴应有兴,不卧待徽之。"方干《叙雪寄喻凫》:"此时明径无行迹,唯望徽之问寂寥。"

【徽束】 束缚,羁束。皇甫曾《遇风雨作》:"转知人代事,缨组乃徽束。"权德舆《数名诗》:"三端固为累,事物反徽束。"

【徽金】 饰金或以金作成之琴徽。李咸用《水仙操》:"琴兮琴兮在自然,不在徽金将轸玉。"

【徽弦】 见"徽弦"。

【徽音】 ❶美妙的琴音。亦泛指美好的乐音。张说《端午三殿侍宴应制探得鱼字》:"小暑夏弦应,徽音商管初。"武元衡《秋日对酒》:"宝瑟拂尘匣,徽音凝朱丝。"柳宗元《李西川荐琴石》:"从此他山千古重,殷勤曾是奉徽音。"徐夤《回文诗二首》之一:"归日几人行问卜,徽音想望倚高台。"❷犹令闻。德行善美之声誉。源乾曜《奉和御制与乾曜张说宋璟同日上官命宴都堂赐诗》:"道合徽音畅,芳辰景命新。"权德舆《赠魏国宪穆公主挽歌词二首》之二:"愍册徽音在,都人雪涕看。"慧宣《奉和窦使君同恭法师咏高僧二首·释僧肇》:"徽音闻庐岳,精难动中京。"❸佳音。亦常用为音讯、音问之美称。韦应物《夏夜忆卢嵩》:"故人南北居,累月间徽音。"李商隐《自桂林奉使江陵途中感怀寄献尚书》:"纵然膺使命,何以奉徽音。"陆龟蒙《奉酬袭美先辈吴中苦雨一百韵》:"不足谢徽音,只令凋鬓发。"

【徽烈】 宏业;伟业。崔涂《读段太尉碑》:"国已酬徽烈,家犹耸声义。"《郊庙歌辞·褒德庙乐章·昭德》:"爰赐徽烈,载敷嘉祀。"

【徽章】 旗帜之一种,上有旒,用为礼饰。或悬于衙署以为标志,或用于葬仪章洽,求书秘草成。宋之问《范阳王挽词二首》之二:"赠秩徽章洽,求书秘草成。"钱起《贞懿皇后挽词》:"淑丽诗传美,徽章礼饰哀。"元稹《代曲江老人百韵》:"徽章悬象魏,貔虎画骐骥。"

【徽絃】 亦作"徽弦"。❶琴上之徽与弦。韩愈《秋怀诗十一首》之七:"有琴具徽弦,再鼓听愈淡。"亦代指琴或琴音。郑澣《和李德裕游汉州房公湖二首》之一:"徽弦一掩抑,风月助登临。"❷指弹琴。徽,通"挥"。欧阳询《题雷威琴》:"徽絃一泛,山水俱深。"

【徽軫】 琴徽与琴轸。借指琴或琴音。徽,琴上系弦之绳子;轸,琴上可转动以调整琴弦之轴。卢纶《重同畅当奘公院闻琴》:"误以音声祈远公,请将徽轸付秋风。"

【徽號】 ❶用为新朝代、新政权标志之徽帜旗号。张祜《大唐圣功诗》:"殊功苛未已,徽号为重旌。"❷指为帝王所上之尊号。薛逢《宣政殿前陪位观册顺宗宪宗皇帝尊号》:"盛礼永尊徽号毕,圣慈南面不胜哀。"

【徽猷】 善美之道。猷,谋略,修养。玄宗《早登太行山中言志》:"凉德惭先哲,徽猷慕昔皇。"徐浩《谒禹庙》:"为鱼知造化,叹凤仰徽猷。"李夷简《西亭暇日书怀十二韵献上相公》:"宪省忝陪属,岷峨嗣徽猷。"清江《上都酬章十八兄》:"徽猷不及此,空愧白华篇。"

【徽墨】 见"徽纆"。

【徽廟】 指当朝帝王之宗庙。杜仁杰《至真观》:"始轩辕,末徽庙。"

【徽聲】 指声誉美好。皎然《晚冬废溪东寺怀李司直纵》:"徽声反冥默,夕籁何哀吟。"

【徽纆】 亦作"徽墨"。绳索。引申指囚系、羁束。骆宾王《在狱咏蝉》序:"仆失路艰虞,遭时徽纆。"张说《游洞庭湖湘》:"城池自萦笼,缨绶为徽纆。"元稹《寄吴士矩端公五十韵》:"事业若杯盘,诗书甚徽纆。"

心 部

心〔xīn《广韵》息林切,平侵,心。〕❶心脏。戎昱《苦哉行五首》之一:“登楼非骋望,目笑是心哭。”戴叔伦《怀素上人草书歌》:“心手相师势转奇,诡形怪状翻合宜。”白居易《风雪中作》:“心为身君父,身为心臣子。”❷心脏所在之部位,胸部。白居易《和梦游春诗一百韵》:“扪心无愧畏,腾口有谤讟。”❸指心思,心意,心情等。李颀《觉公院施鸟石台》:“童子亦知善,众生无惧心。”杜甫《江汉》:“落日心犹壮,秋风病欲疏。”李端《题从叔沆林园》:“自嫌身未老,已有住山心。”翁承赞《蒙闽王改赐乡里》:“归阙路遥心更切,不嫌扶病倚旌旃。”❹中央部位,中心。太宗《赋得夏首启节》:“早荷向心卷,长杨就影舒。”钱起《玛瑙杯歌》:“瑶溪碧岸生奇宝,剖质披心出文藻。”薛据《西陵口观海》:“浦口霞未收,潭心月初上。”王贞白《太湖石》:“谁怜孤峭质,移在太湖心。”❺花草中心位置之茎、芽或苔。郑愔《奉和春日幸望春宫》:“百草香心初罥蝶,千林嫩叶始藏莺。”孟郊《感兴》:“拔心草不死,去根柳亦荣。”张籍《春日行》:“春日融融池上暖,竹牙出土兰心短。”亦指烛芯。陈叔达《自君之出矣》:“思君如明烛,煎心且衔泪。”

【心力】 ❶犹精力。精神与体力。杜甫《苦雨奉寄陇西公兼呈王征士》:“一饭四五起,凭轩心力穷。”王建《原上新居十三首》之六:“近来心力少,休读养生方。”白居易《燕诗示刘叟》:“觜爪虽欲敝,心力不知疲。”司空图《力疾山下吴村看杏花十九首》之十二:“不如分减闲心力,更助英豪济活人。”❷心智,精神。寒山《诗三百三首》之九九:“闲居好作诗,札札用心力。”元稹《筝》:“死恨相如新索妇,枉将心力为他狂。”陆龟蒙《奉酬袭美先辈吴中苦雨一百韵》:“其时心力愦,益使气息輟。”杜荀鹤《山中寄诗友》:“仙桂算攀攀合得,平生心力尽于文。”

【心了】 佛教语。谓心大彻大悟。李益《自朔方还与郑式瞻同会法云寺三门避暑》:“徇物不可穷,唯于此心了。”

【心下】 心里。指内在的思想感受。李咸用《谢所知》:“狂歌狂舞慰风尘,心下多端亦懒言。”

【心上】 心中,心里。牟融《寄范使君》:“心上惟君知委曲,眼前独我逐漂流。”

【心口】 ❶心头,心中。白居易《欢喜二偈》之二:“眼暗头旋耳重听,唯余心口尚醒醒。”❷心与口。借指所想与所言。参见“心口相副”“心口相違”。

【心口相副】 内心所想与口头所说一致。李咸用《和友人喜相遇十首》之三:“人生心口宜相副,莫使尧阶草势斜。”

【心口相違】 指心所想与口所言不一致。陈季卿《题潼关普通院门》:“计谋多不就,心口自相违。”

【心刃】 喻犀利的文词、思想。顾云《池阳醉歌赠匡庐处士姚岩杰》:“文锋斡破造化窟,心刃掘出兴亡根。”

【心王】 ❶佛教语。指法相宗所立“五位法”中之“心法”。具体指认识世俗世界与彼岸世界之眼、耳、鼻、舌、身、意及末那识、阿赖耶识等“六识”或“八识”之识体。因八识为精神作用之主体,“心起则起,心无则无,如王左右,不离于王”,故名“心王”。元稹《春月》:“南有居士俨,默坐调心王。”又《悟禅三首寄胡果》之一:“近闻胡隐士,潜认得心王。”亦泛指心,精神。刘禹锡《闲坐忆乐天以诗问酒熟未》:“减书存眼力,省事养心王。”❷佛经名。即《佛为心王菩萨说头陀经》。白居易《和梦游春诗一百韵》:“法句与心王,期君日三复。”自注:“微之常以《法句》及《心王头陀经》相示。”参阅陈寅恪《元白诗笺证稿》第四章。

【心切】 ❶心情迫切。王贞白《御沟水》:“朝宗本心切,愿向急流倾。”刘象《春夜二首》之一:“几处兵戈阴路岐,忆山心切与山违。”❷心意恳切。李白《雪谗诗赠友人》:“辞殚意穷,心切理直。”

【心火】 ❶指心中激烈的情绪。韩偓《偶见背面是夕兼梦》:“眼波向我无端艳,心火因君特地燃。”杜荀鹤《下第东归道中作》:“心火不销双鬓雪,眼泉难濯满衣尘。”谭用之《贻净居寺新及第》:“闲颂国风文字古,静消心火梦魂凉。”❷佛徒指心中由尘俗欲念引起之不平衡情绪。孟郊《读经》:“安排未定时,心火竞荧荧。”元稹《和乐天赠云寂憎》:“心火自生还自灭,云师无路与君销。”贯休《山居诗二十四首》之十八:“业薪心火日烧煎,浪死虚生自古然。”

【心心】 ❶犹言一心一意、心心念念。王维《杂诗三首》之三:“心心视春草,畏向阶前生。”孟郊《结爱》:“心心复心心,结爱务在深。”李商隐《壬申七夕》:“已驾七香车,心心待晓霞。”❷心之所念,心愿。贯休

《桐江闲居作十二首》之九："孰知吾所适，终不是心心。"❸佛教语。指连续之心念。常达《山居八咏》之二："晚望虚庭物，心心见祖情。"贯休《山居诗二十四首》之八："心心心不住希夷，石屋巉岩鬓发垂。"齐己《残秋感怆》："日日加衰病，心心趣寂寥。"

【心孔】 心窍。杜甫《奉先刘少府新画山水障歌》："小儿心孔开，貌得山僧及童子。"杜荀鹤《赠张员外儿》："唤物舌头犹未稳，诵诗心孔迥然开。"

【心目】 ❶心与眼。借指视觉与感觉。王维《晦日游大理韦卿城南别业》之四："高馆临澄陂，旷然荡心目。"元稹《酬郑从事四年九月宴望海亭次用旧韵》："虽无趣尚慕贤圣，幸有心目知西东。"周朴《桐柏观》："东南一境清心目，有此千峰插翠微。"王瓒《冬日与群公泛舟焦山》："沧溟壮观多，心目豁暂时。"❷指心中之记忆或想象。刘长卿《九日岳阳待黄遂张涣》："心目徒自亲，风波尚相隔。"元结《登殊亭作》："时复一回望，心目出四溟。"孟郊《感怀》之七："未为生死诀，长在心目间。"

【心田】 佛教语。指心。佛教谓人心可滋长喜恶种子，如田之长育禾稗，故称。寒山《诗三百三首》之二五八："大海一滴水，吸入在心田。"刘叉《修养》："此法那能坚此身，心田自有灵地珍。"白居易《狂吟七言十四韵》："性海澄渟平少浪，心田洒扫净无尘。"亦泛指心。谭铢《题九华山》："浮华与朱紫，安可迷心田。"

【心印】 ❶佛教语。中国佛教禅宗自称"传佛心印"，谓不借言语文字而直接以心印证佛理，达于顿悟。顾况《寻僧二首》之一："方丈玲珑花竹闲，已将心印出人间。"羊士谔《西郊兰若》："寂寞传心印，玄言亦已忘。"李群玉《龙安寺佳人阿最歌八首》之五："不是求心印，都缘爱绿珠。"韦庄《赠礼佛名者》："寻思六祖传心印，可是从来读藏经。"王镕《哭赵州和尚二首》之一："师离滹水动王侯，心印光潜麈尾收。"❷心心相印。韩偓《厌花落》："红纸千张言不尽，至诚无语传心印。"

【心奴】 唐代苏州之名歌妓。约卒于文宗开成四年(839)前。白居易《寄李苏州兼示杨琼》："真娘墓头春草碧，心奴鬓上秋霜白。"又《长洲曲新词》："心奴已死胡容老，后辈风流是阿谁。"

【心地】 ❶佛教语。指心。《心地观经》卷八谓"众生之心，犹如大地，五谷五果从大地生"。又《大日经疏》谓"入世举趾动足皆依于地，菩萨亦如是依心进行，故名此心为地"。故称"心地"。李颀《宿莹公禅房闻梵》："始觉浮生无住著，顿令心地欲皈依。"杜甫《谒文公上方》："愿闻第一义，回向心地初。"广宣《禁中法会应制》："道场三教会，心地百王期。"杜荀鹤《赠老僧》："童子为僧今白首，暗锄心地种闲情。"❷犹心中，心怀。薛能《赠韦氏歌人二首》之一："弦管声凝发唱高，几人心地暗伤刀。"罗隐《丁亥岁作》："病想医门渴望梅，十年心地仅成灰。"唐彦谦《野行》："野人心地都无著，伴蝶随鸥亦不归。"徐夤《贺清源太保王延彬》："心地阔于云梦泽，官资高却太行山。"亦指心境，心情。司空图《偶诗五首》之五："甘得寂寥能到老，一生心地亦应平。"

【心耳】 心与耳；感觉与听觉。亦泛指身心之感受。丘为《寻西山隐者不遇》："及兹契幽绝，自足荡心耳。"李白《题元丹丘山居》："松风清襟袖，石潭洗心耳。"皎然、崔子向《与崔子向泛舟忆李侍御粤联一十六韵以寄之》："宁妨花木乱，转学心耳寂。"

【心有靈犀一點通】谓彼此心意暗相连通。灵犀，此处指犀牛角。传犀角中心有白纹如线，通贯首尾，故谓。后常用为彼此会心意之代用语。李商隐《无题二首》之一："身无彩凤双飞翼，心有灵犀一点通。"

【心匠】 精心构思、设计。严公弼《题汉州西湖》："西湖创置自房公，心匠纵横造化同。"顾非熊《题永福寺临淮亭》："创置嗟心匠，幽栖得地形。"顾云《筑城篇》："不假神龟出指踪，尽凭心匠为筹画。"

【心灰】 ❶佛教语。心上之灰尘，喻尘俗欲念。郑良士《寄富洋院禅者》："谁能学得空门士，冷却心灰守寂寥。"❷谓心冷寂，如燃烧后之死灰。元稹《生春二十首》之十九："纵有心灰动，无由鬓雪融。"白居易《冬至夜》："心灰不及炉中火，鬓雪多于砌下霜。"❸心静。谓抛开一切尘俗杂虑。赵中虚《游清都观寻沈道士得芳字》："道存真理得，心灰俗累忘。"

【心死】 ❶形容消沉绝望。杜甫《喜达行在所三首》之一："眼穿当落日，心死著寒灰。"钱起《归故山路逢邻居隐者》："心死池塘草，声悲石径松。"❷心折，心服。朱逵《怀素上人草书歌》："妙绝当动鬼神泣，崔蔡幽魂更心死。"温庭筠《病中书怀呈友人》："眼明惊气象，心死伏规模。"

【心曲】 (一qū)❶心之深曲处。亦泛指心、心中。李白《以诗代书答元丹丘》："故人深相勖，忆我劳心曲。"韦应物《寄子西》："伤离枉芳札，忻遂见心曲。"李贺《春归昌谷》："心曲语形影，只身焉足乐。"白居易《朱陈村》："悲火烧心曲，愁霜侵鬓根。"❷心事。李白《酬岑勋见寻就元丹丘对酒相待以诗见招》："黄鹤东南来，寄书写心曲。"孟郊《古怨别》："心曲千万端，悲来却难说。"张碧《美人梳头》："鹦鹉偷来话心曲，屏风半倚遥山绿。"翁洮《和方干题李频庄》："犹凭律吕传心曲，岂虑星霜到鬓根。"

【心行】 (一xíng)佛教语。谓心不居守而流行于事相。白居易《爱咏诗》："辞章讽咏成千首，心行归依向一乘。”

【心交】 知心之交，好友。鲍溶《送萧世秀才》：“心交别我西京去，愁满春魂不易醒。”

【心次】 犹心中。贾岛《寄华山僧》：“月落看心次，云生闭目中。”

【心形】 身心，精神与身体。孟郊《立德新居》之八：“锄治苟惬适，心形俱逍遥。”白居易《足疾》：“应须学取陶彭泽，但委心形任去留。”

【心花】 ❶佛教语。喻心。谓心如花木，经修成正果即可发花。李宾《登巴陵开元寺西阁赠衡岳僧方外》：“登眺餐惠风，心花期启发。”❷指心中尘俗杂虑。元稹《卢头陀诗》：“卢师深话出家由，剃尽心花始剃头。”方干《贻亮上人》：“人间学佛知多少，净尽心花只有师。”

【心折】 犹心碎。极言忧伤悲痛。杜甫《秦州杂诗二十首》之一：“西征问烽火，心折此淹留。”又《冬至》：“心折此时无一寸，路迷何处见三秦。”皎然《古别离》：“身去兮天畔，心折兮湖岸。”

【心兵】 喻心事。藏于心中之思虑。语本《吕氏春秋·荡兵》。韩愈《秋怀诗十一首》之十：“诘屈避语阱，冥茫触心兵。”

【心身】 心与身。亦泛指自身。方干《送叶秀才赴举兼呈吕少监》：“君辞旧里一年期，艺至心身亦自知。”

【心肝】 ❶心与肝。代指身体之内部深处，薛涛《罚赴边上武相公二首》之二：“按辔岭头寒复寒，微风细雨彻心肝。”❷喻真诚的心意。杜甫《彭衙行》：“谁肯艰难际，豁达露心肝。”李商隐《行次西郊作一百韵》：“我愿为此事，君前剖心肝。”❸指心情，情感。李白《古朗月行》：“忧来其如何，恻怆摧心肝。”陈陶《游子吟》：“富贵苦不早，令人摧心肝。”❹指秉性、性格。卢仝《常州孟谏议座上闻韩员外职方贬国子博士有感五首》之二：“孤宦心肝直，天王苦死嗔。”

【心忪】 心慌，心怯。韦庄《浣溪沙》词之二：“欲上秋千四体慵，拟交人送又心忪，画堂帘幕月明风。”

【心事】 ❶心中思虑之事。张继《归山》：“心事数茎白发，生涯一片青山。”刘皂《长门怨三首》之三：“旁人未必知心事，一面残妆空泪痕。”薛能《赠韦氏歌人二首》之二：“一曲新声惨画堂，可能心事忆周郎。”❷志向；志趣。宋之问《蓝田山庄》：“宦游非吏隐，心事好幽偏。”严武《酬别杜二》：“但令心事在，未肯鬓毛衰。”姚合《裴大夫见过》：“湖南谯国尽英髦，心事相期节义高。”马戴《送杜秀才东游》：“心事何人识，斗牛应数看。”❸心情；思绪。钱起《长安旅宿》：“蕙花渐寒暮，心事犹楚越。”李贺《申胡子觱篥歌》：“心事如波涛，中坐时时惊。”姚合《送杜观罢举东游》：“秋风离九陌，心事岂云安。”贾岛《原上秋居》：“关西又落木，心事复如何。”❹心肠，心地。杜甫《阌乡姜七少府设脍戏赠长歌》：“可邻为人好心事，于我见子真颜色。”

【心非】 心中不满。太宗《冬狩》：“心非洛汭逸，意在渭滨游。”

【心尚】 志尚，心志。王维《戏赠张五弟諲三首》之一：“吾弟东山时，心尚一何远。”

【心知】 知心，指好友。严维《丹阳送韦参军》：“丹阳郭里送行舟，一别心知两地秋。”李商隐《戏赠张书记》：“心知两愁绝，不断若寻环。”李咸用《送进士刘松》：“滔滔皆鲁客，难得是心知。”

【心兒】 心之爱称。多称相爱之人。白居易《如梦令》词：“无奈，无奈，两个心儿总待。”

【心肺】 心胸；胸怀。郑据《七老会诗》：“更无外事来心肺，空有清虚人思神。”齐己《寄友生》：“凉夜欹眠应得梦，平生心肺似君多。”

【心性】 ❶性情。杜甫《愁》：“盘涡鹭浴底心性，独树花发自分明。”❷佛教语。又称真如法性。指先天具足之本质。寒山《诗三百三首》之二一三：“速了黑暗狱，无令心性昏。”

【心法】 佛教语。中国禅宗传法，主张不借经籍而直接以心印证，故称“心法”。王维《同崔兴宗送衡岳瑗公南归》：“一施传心法，唯将戒定还。”羊士谔《山寺题壁》：“一灯心法在，三世影堂空。”温庭筠《访知玄上人遇暴经因有赠》：“惠能未肯传心法，张湛徒劳与眼方。”韩偓《游江南水陆院》：“除却祖师心法外，浮生何处不堪愁。”

【心宗】 佛教语。指禅宗之修行方法，即不借言语文字，而直接以心印证，以悟佛理。李洞《赠兴善彻公上人》：“心宗本无碍，同学岂难同。”

【心空】 （—kōng）佛教语。谓了悟诸法皆空之佛理，使心达于虚空而不执着外物之境。王维《青龙寺昙壁上人兄院集》：“眼界今无染，心空安可迷。”庞蕴《杂诗》之六：“此是选佛场，心空及第归。”

【心降】 （—xiáng）心服。韦庄《和人岁宴旅舍见寄》：“意合论文后，心降得句初。”

【心契】 佛教语。犹心法。谓由心直接印证、领悟佛理。元稹《卢头陀诗》序：“无何，有异人密授心契，冥失所在。”

【心垢】 佛教语。心上之尘垢。喻指心头烦恼。李白《安州般若寺水阁纳凉喜遇薛员外乂》：“心垢都已灭，永言题禅房。”白居易《秋池》：“眼尘心垢见皆尽，不是秋池是道场。”

【心枯】 指心中尘念俱消。贯休《送僧归华山》：“心枯衲亦枯，归岳揭空盂。”

【心思】 ❶犹心情，心绪。韦应物《赠别河南李功曹》："忽复不相见，心思乱霏霏。"又《送郑端公弟移院常州》："岂徒咫尺地，使我心思绵。"戎昱《寄梁淑》："心思食檗何由展，家似流萍任所之。"❷心中思念。贾岛《黎阳寄姚合》："惆怅心思滑台北，满杯浓酒与愁和。"无名氏《杂诗》之五："眼想心思梦里惊，无人知我此时情。"

【心骨】 ❶犹心内。谓心之深处。元稹《连昌宫词》："我闻此语心骨悲，太平谁致乱者谁。"郑损《泛香亭》："莫怪坐中难得醉，醒人心骨有潺湲。"于敖《闻莺》："能将百啭清心骨，宁止闲窗梦不成。"❷指精神与骨气。李贺《送沈亚之歌》："吾闻壮夫重心骨，古人三走无摧捽。"

【心香】 佛教语。以心礼佛，如焚香供佛，故称。韩偓《仙山》："一炷心香洞府开，偃松皱涩半莓苔。"

【心胆】 同"心膽"。韦庄《秦妇吟》："一从陷贼经三载，终日惊忧心胆碎。"

【心計】 ❶心算。亦指计算。刘禹锡《贾客词》："心计析秋毫，摇钩侔悬衡。"李瀚《蒙求》："广汉钩距，弘羊心计。"❷计虑。对事情的考虑、打算。钱起《送张将军征西》："始笑子卿心计失，徒看海上节旄稀。"李山甫《自叹拙》："自怜心计拙，欲语更悲辛。"又《下第献所知三首》之二："自怜心计今如此，凭仗春醪为解颐。"❸计谋，谋略。张巡《守睢阳作》："无人报天子，心计欲何施。"白居易《和答诗十首·答四皓庙》："亦有陈平心，心计将何为。"孙元晏《咏史诗·吴·太史慈》："圣德招贤远近知，曹公心计却成欺。"

【心迹】 ❶内在之思想志尚与外在之行动作为。骆宾王《久戍边城有怀京邑》："盈虚一易舛，心迹两难俱。"孟浩然《还山贻湛法师》："心迹罕兼遂，崎岖多在尘。"白居易《欲与元八卜邻先有是赠》："平生心迹最相亲，欲隐墙东不为身。"陆龟蒙《闲居杂题五首·野态真》："心迹所便唯是直，人间闻道最先憎。"❷身心。精神与身体。韦应物《沣上西斋寄诸友》："闲游忽无累，心迹随景超。"喻凫《赠张濆处士》："虽然在京国，心迹自逍遥。"❸心思；心情。罗隐《春日湘中题岳麓寺僧舍》："欲共高僧话心迹，野花芳草奈相尤。"

【心神】 犹精神。谓心思与精力。寒山《诗三百三首》之一九六："心神用尽为名利，百种贪婪进己躯。"高适《别韦参军》："欢娱未尽分散去，使我惆怅惊心神。"白居易《读道德经》："只有一身宜爱护，少教冰炭逼心神。"

【心陣】 指对弈布局。温庭筠《谢公墅歌》："文楸方罫花参差，心阵未成星满池。"

【心耕】 喻劳费精神于仕途。杜荀鹤《出关投孙侍御》："青云寸禄心耕早，明月仙枝分种迟。"

【心珠】 佛教语。喻指彻悟之心。谓心悟佛理，则莹洁朗照，有如明珠。寒山《诗三百三首》之二七六："形容寒暑迁，心珠甚可保。"

【心素】 心愫。心意；心怀。李白《寄远十一首》之八："空留锦字表心素，至今缄愁不忍窥。"李益《杂曲》："殷勤展心素，见新莫忘故。"白居易《村中留李三固言宿》："勿嫌村酒薄，聊酌论心素。"又《读谢灵运诗》："岂惟玩景物，亦欲摅心素。"

【心氣】 ❶心志；志气。韩愈《送侯参谋赴河中幕》："尔时心气壮，百事谓己能。"徐铉《送朱先辈尉庐陵》："平生心气在，终任静边尘。"❷犹心情，情绪。孟郊《送韩愈从军》："一章喻檄明，百万心气定。"❸犹性情。白居易《夜雨有念》："以道治心气，终岁得晏然。"

【心秤】 喻心公正如秤。李潜《和主司王起》："文学宗师心秤平，无私三用佐贞明。"

【心息】 犹心死、心灰。张九龄《酬周判官巡至始兴会改秘书少监见贻之作兼呈耿广州》："心息已如灰，迹牵且为赘。"张说《赦归在道中作》："陈焦心息尽，死意不期生。"杜甫《哭台州郑司户苏少监》："道消诗兴废，心息酒为徒。"

【心師】 佛教语。以心为师。皎然《酬李侍御萼题看心道场》："我法从谁悟？心师是贯花。"贯休《了仙谣》："若师方术弃心师，浪似雪山何处讨。"

【心胸】 ❶心，内心。白居易《无可奈何歌》："倔强其骨髓，龃龉其心胸。"杨牢《奉酬于中丞登越王楼见寄之什》："丹青得山水，强健慰心胸。"❷胸怀；胸中。包融《登翅头山题俨公石壁》："坐令开心胸，渐觉落尘滓。"皎然《奉酬于中丞使君郡斋卧病见示一首》："论入空王室，明月开心胸。"皮日休《太湖诗·缥缈峰》："烟波濆肌骨，云壑阒心胸。"李涉《却归巴陵途中走笔寄唐知言》："就中十一最年少，别有俊气横心胸。"❸抱负；志向。崔兴宗《同王右丞送瑗公南归》："南归见长老，且为说心胸。"李白《魏郡别苏明府因北游》："何时更杯酒，再得论心胸。"白居易《与微之唱和来去常以竹筒贮诗陈协律美而成篇因以此答》："拣得琅玕截作筒，缄题章句写心胸。"杜荀鹤《读张仆射诗》："秋吟一轴见心胸，万象搜罗咏欲空。"

【心病】 指心中所生的一切妄想烦恼。修雅《闻诵法华经歌》："师名医王行佛令，来与众生治心病。"

【心虚】 ❶心怯。张鷟《游仙窟·咏筝》："莫怪向者频声战，良由得伴乍心虚。"❷空邃。张鷟《游仙窟·诗又一首》："心虚不可测，眼细强关情。"❸虚心，谦逊。白居易《池上竹下作》："水能性淡为吾友，竹解心虚即我师。"

【心眼】 ❶心与眼。元稹《有酒十章》之七："有酒有酒方烂漫，饮酣拔剑心眼乱。"李商隐《偶成转韵七十二句赠四同舍》："此时闻有燕昭台，挺身东望心眼开。”❷喻指胸襟怀抱与眼光、眼界。施肩吾《登岘亭怀孟生》：“岘山自高水自绿，后辈词人心眼俗。”李群玉《赠方处士兼以写别》：“所知心眼大，别自开户牖。”

【心累】（—lèi）❶谓心受杂虑所牵累。张九龄《题画山水障》：“心累犹不尽，果为物外牵。”❷心之患。王维《哭褚司马》：“妄识皆心累，浮生定死媒。”

【心偈】指僧人阐述佛理之唱词。皎然《劳山忆栖霞寺道素上人久期不至》：“贪闲不记前心偈，念别聊为出世吟。”

【心術】❶犹心性。思想品德。刘禹锡《奉和裴令公新成绿野堂即书》：“官名司管籥，心术去机关。”白居易《叙德书情四十韵上宣歙翟中丞》：“射策端心术，迁乔整羽仪。”❷犹心计、计谋。薛逢《题筹笔驿》：“身依豪杰倾心术，目对云山演阵图。”

【心象】犹心思。谓心中之烦虑。温庭筠《李先生别墅望僧舍宝刹因作双韵声》：“栖息消心象，檐楹溢艳阳。”

【心許】❶心中相许，默许。张柬之《大堤曲》：“魂处自目成，色授开心许。”皇甫冉《见诸姬学玉台体》：“传杯见目成，结带明心许。”❷赞许；倾心。丘为《湖中寄王侍御》：“晨趋玉阶下，心许沧江流。”皎然《同明府章送沈秀才还石门山读书》：“身为郢令客，心许楚山云。”

【心情】❶感情状态，情绪。元稹《独夜伤怀赠呈张侍御》：“只应张侍御，潜会我心情。”白居易《南园试小乐》：“不饮一杯听一曲，将何安慰老心情。”李中《暮春怀故人》：“惜春眷恋不忍扫，感物心情无计开。”徐铉《得浙西郝判官书未及报闻燕王移镇京口因寄此诗问方判官田书记消息》：“淡水心情长若此，银钩踪迹更无知。”❷兴致，兴趣。王建《眼病寄同官》：“天寒眼痛少心情，隔雾看人夜里行。”白居易《不准拟二首》之二：“不准拟身年六十，游春犹自有心情。”罗隐《七夕》：“时人不用穿针待，没得心情送巧来。”韩偓《喜凉》：“炉炭烧人百疾生，凤狂龙躁减心情。”❸犹心力。吴筠《高士咏·郑子真张仲蔚》：“心情在耕艺，养寿资玄虚。”

【心期】❶谓心相许，相契。羊士谔《小园春至偶呈吏部窦郎中》：“心期自有约，去扫苍苔斑。”吴士矩《饮后献时相》：“一夕心期一种欢，那知疏散负杯盘。”引申指相念相思之情。刘长卿《送陶十赴杭州摄掾》：“莫叹江城一掾卑，沧洲未是阻心期。”钱起《送费秀才归衡州》：“不畏心期阻，惟愁面会赊。”皇甫冉《杂言月洲歌送赵冽还襄阳》：“无限风烟皆自悲，莫辞贫贱阻心期。”白居易《酬王十八李大见招游山》：“自怜幽会心期阻，复愧嘉招书信频。”❷心许之交。深交。王湾《哭补阙亡友綦毋学士》：“曩契心期早，今游宴赏陪。”张继《华州夜宴庾侍御宅》：“世故他年别，心期此夜同。”韩翃《送齐明府赴东阳》：“别后心期如在眼，猿声烟色树苍苍。”于頔《郡斋卧疾赠昼上人》：“共话无生理，聊用契心期。”❸心望，期望。鲍溶《旧镜》：“心期不可见，不保长如此。”李商隐《永乐县所居一草一木无非自栽今春悉已芳茂因书即事一章》：“手种悲陈事，心期玩物华。”韩偓《青春》：“眼意心期卒未休，暗中终拟约秦楼。”齐己《寄岘山愿公三首》之一：“心期重西去，一共吊遗尘。”亦指向往之处。马戴《鹳雀楼晴望》：“行云如可驭，万里赴心期。”❹愿望，心愿。皎然《送契上人游扬州》：“宿昔心期在，人寰非久留。”林宽《穷冬太学》：“匡庐瀑布畔，何日副心期。”陆希声《阳羡杂咏十九首·伏龟堂》：“不独卷怀经世志，白云流水是心期。”孙元晏《咏史诗·宋·大岘》：“大岘才过喜可知，指空言已副心期。”❺心胸，襟怀。钱起《送沈仲》：“心期邈霄汉，词律响琼琚。”

【心喪】（—sàng）谓无服而心怀悼念，有如服丧。方干《哭王大夫》：“从此心丧应毕世，忍看坟草读残篇。”

【心閒】心情闲适。灵澈《东林寺酬韦丹刺史》：“年老心闲无外事，麻衣草座亦容身。”

【心違】谓心愿未偿。杜甫《忆昔行》：“秋山眼冷魂未归，仙赏心违泪交堕。”

【心智】才智，智慧。李中《海上太守新创东亭》：“使君心智杳难同，选胜开亭景莫穷。”

【心焦】心中焦虑，着急。尚颜《送刘必先》：“力进凭诗业，心焦阙问安。”

【心脾】心与脾。借指内在精神世界。齐己《忆在匡庐日》：“何当旧泉石，归去洗心脾。”

【心游】犹神游。韩偓《六言三首》之三：“忆泪因成恨泪，梦游常续心游。”

【心游目送】指目光与思绪均追随离别之人远去。形容离别之情深。温庭筠《送崔郎中赴幕》：“心游目送三千里，雨散云飞二十年。”

【心寒】谓心中感到寒冷。皮日休《又寄次前韵》：“眼暗怜晨惨，心寒怯夜清。”

【心魂】心与魂。(1)心神。指精神感受。李白《同族弟金城尉叔卿烛照山水壁画歌》：“了然不觉清心魂，只将叠嶂鸣秋猿。”孟郊《鸦路溪行呈陆中丞》：“视听易常主，心魂互相迷。”殷尧藩《席上听琴》：“一听清心魂，飞絮春纷起。”亦指心境。齐己《月下作》：“世界归谁是，心魂向自宁。”(2)心情。李白《登黄山凌歊台送族弟溧阳尉济充泛舟赴华阴》：“尔从泛舟役，使我心魂凄。”韦应物《观沣水涨》：“云岭同昏黑，观望悸心魂。”(3)心念，思绪。李白《古风》之六：“虮虱生虎鹞，心魂逐旌旃。”

【心想】 犹心思。沈佺期《夜泊越州逢北使》：“容颜荒外老，心想域中愚。”王维《偶然作六首》之一：“楚国有狂夫，茫然无心想。”

【心路】 心；心思。方干《赠美人四首》之一：“直缘多艺用心劳，心路玲珑格调高。”郑谷《咏怀》：“迂疏虽可欺，心路甚男儿。”

【心傳】 （—chuán）佛家语。中国禅宗指不借经籍文字或语言，直接以心印证，领悟佛理，递相传授。司空图《寄赠诗僧秀公》：“灵一心传清塞心，可公吟后础公吟。”

【心腸】 ❶心与肠。代指心中、体内深处。张祜《太真香囊子》：“谁为君王重解得，一生遗恨系心肠。”刘得仁《哭鲍溶有感》：“无因展交道，日暮剖心肠。”陈陶《种兰》：“三月薰肌骨，四月薰心肠。”杜牧《冬至日寄小侄阿宜诗》：“愿尔闻我语，欢喜入心肠。”❷思想感情。孟郊《结爱》：“始知结衣裳，不如结心肠。”韩愈《东都遇春》：“心肠一变化，羞见时节盛。”白居易《郡斋暇日忆庐山草堂兼寄二林僧舍三十韵》：“灭除残梦想，换尽旧心肠。”❸犹心情。宝月《行路难》：“空城客子心肠断，幽闺思妇气欲绝。”王建《当窗织》：“水寒手涩丝脆断，续来续去心肠烂。”白居易《古意》：“心肠不自宽，衣带何由窄。”❹心地。指性情为人。贾岛《送沈秀才下第东归》：“沈生才俊秀，心肠无邪欺。”

【心腹】 ❶心与腹。代指要害部位。苏拯《水旱祷》：“病生心腹不自医，古屋澄潭何神祟。”周昙《咏史诗・春秋战国门・楚惠王》：“何事免成心腹疾，皇天惟德是相亲。”❷心中；身内。元稹《辨媒》：“都无旧性灵，返与他心腹。”❸心肠。指对人的感情、态度。寒山《诗三百三首》之一四〇：“吃他杯脔者，何太冷心腹。”❹心意。张籍《怀友》：“我思携手人，逍遥任心腹。”

【心猿】 指如猿猴般牵想外境、躁动而难以静守之心。语本《维摩经・香积佛品》。萧翼《答辨才探得招字》：“酒蚁倾还泛，心猿躁似调。”包佶《近获风痹之疾题寄所怀》：“寓形齐指马，观境制心猿。”许浑《题杜居士》：“机尽心猿伏，神闲意马行。”修雅《闻诵法华经歌》：“我昔心猿未调伏，常将金锁虚拘束。”

【心誠】 指忠诚、虔诚。孙元晏《咏史诗・齐・小儿执烛》：“谢公情量已难量，忠宋心诚岂暂忘。”

【心裏】 ❶心中；自身内。白居易《题牛相公归仁里宅新成小滩》：“巴峡声心里，松江色眼前。”❷思想中。罗隐《赠无相禅师》：“人人尽道事空王，心里忙于市井忙。”

【心意】 ❶心情；思绪。李白《闻丹丘子于城北营石门幽居中有高凤遗迹仆离群远怀亦有栖遁之志因叙旧以寄之》：“陌上何喧喧，都令心意烦。”孟郊《观种树》：“心意已零落，种之仍未休。”❷情意；感情。寒山《诗三百三首》之一六九：“时人皆顾盼，痴爱染心意。”

【心義】 心地与义气。周昙《咏史诗・前汉门・周苛纪信》：“后来邦国论心义，谁是君王出热人。”

【心源】 佛教语。心，心性。佛家谓心为万法之本源，故称。戎昱《秋夜梁十三厅事》：“得见梁夫子，心源有所依。”权德舆《奉送孔十兄宾客承恩致政归东都旧居》：“家法遥传阙里训，心源早逐嵩丘侣。”韦蟾《送卢潘尚书之灵武》：“心源落落堪为将，胆气堂堂合用兵。”

【心經】 指东晋高僧释道安主持翻译之佛经《阿毗昙心论》。灵一《安公》：“学文古篆中，义显心经内。”

【心境】 佛教语。内心与外境；意识与外物。佛家心法谓修息须达心境两忘，方是真法。张说《清远江峡山寺》：“静默将何贵，惟应心境同。”戴叔伦《晖上人独坐亭》：“萧条心境外，兀坐独参禅。”李山甫《迁居清溪和刘书记见示》：“端居味道尘劳息，扣寂眠云心境齐。”皎然《闻钟》：“永夜一禅子，泠然心境中。”

【心臺】 佛教语。见《坛经・行由品》。后遂以“心台”指净如明镜之心。白居易《赠草堂宗密上人》：“口藏宣传十二部，心台照耀百千灯。”

【心酸】 悲痛辛酸。李商隐《离思》：“气尽前溪舞，心酸子夜歌。”

【心摧】 心伤，心毁。形容极度忧愁悲痛。李白《古风》之三四：“泣尽继以血，心摧两无声。”周昙《咏史诗・后汉门・曹娥》：“心摧目断哭江渍，窥浪无踪日又昏。”

【心魄】 心胸，心怀。李白《赤壁歌送别》：“一一书来报故人，我欲因之壮心魄。”方干《别胡中丞》：“二年朝夜见双旌，心魄知恩梦亦惊。”

【心語】 内心之语，无声之语。指不借语言而传达之心意、意思。杨巨源《奉寄通州元九侍御》：“须听瑞雪传心语，莫被啼猿续泪行。”

【心塵】 佛教语。心上之灰尘。皎然《听素法师讲法华经》：“应机如一雨，谁不涤心尘。”

【心膂】 心与脊梁骨。喻重要的臣僚佐员。崔元翰《奉和登玄武楼观射即事书怀赐孟涉应制》：“光赏文藻丽，便繁心膂亲。”

【心醉】 谓心如饮酒沉醉。(1)喻指对人倾倒，叹服。李瀚《素求》：“何晏神伏，郭奕心醉。”(2)喻指被景色、景象陶醉。宋之问《送赵六贞固》：“目断南浦云，心醉东郊柳。”皎然、李恂《秋日卢郎中使君幼平泛舟联句一首》：“空怀鄠杜心醉，永望门栏脰捐。”

【心慮】 思虑。钱起《海上卧病寄王临》："百年去心虑，孤影守薄劣。"

【心賞】 ❶心所赏悦；心情欢乐。刘孝孙《游灵山寺》："信美谐心赏，幽邃且攀援。"高适《同群公出猎海上》："畋猎自古昔，况伊心赏俱。"郑愕《送萧颖士赴东府得往字》："风尘岂不劳，道义成心赏。"张继《褚主簿宅会毕庶子钱员外郎使君》："开瓮腊酒熟，主人心赏同。"❷指赏景游乐。张九龄《杂诗五首》之三："良辰不可遇，心赏更蹉跎。"钱起《送李评事赴潭州使幕》："谩说简书催物役，遥知心赏缓王程。"戴叔伦《暮春游长沙东湖赠辛兖州巢父二首》之一："人生无事少，心赏几回同。"白居易《秋山》："久病旷心赏，今朝一登山。"

【心數】 (—shù)心机。神颖《和王季文题九华山》："造化心数奇，性状精气饶。"

【心劍】 如剑般锋利之心。(1)喻坚定、坚强之意志。韦庄《冬夜》："无人为我磨心剑，割断愁肠一寸苗。"(2)喻欲建武功之意愿。秦韬玉《寄怀》："总藏心剑事儒风，大道如今已浑同。"

【心緒】 心情；思绪。孙逖《淮阴夜宿二首》之一："客行心绪乱，不及洛阳时。"杜甫《寄杜位》："玉垒题书心绪乱，何时更得曲江游。"白居易《百花亭晚望夜归》："鬓毛遇病双如雪，心绪逢秋一似灰。"高蟾《相和歌辞·长门怨二首》之二："平生心绪无人识，一只金梭万丈丝。"

【心機】 ❶心思，心神。张藉《寄梅处士》："扰扰人间是与非，官闲自觉省心机。"白居易《和答诗十首·答四皓庙》："八难掉舌枢，三略役心机。"张碧《庐山瀑布》："五月六月暑云飞，阁门远看澄心机。"陈季卿《题潼关普通院门》："度关悲失志，万绪乱心机。"❷谋略；心计。李渤《喜弟淑再至为长歌》："自负心机四十年，羞闻社客山中篇。"韩偓《隰州新驿赠刺史》："贤侯新换古长亭，先定心机指顾成。"吕岩《七言》之四："纵横北斗心机大，颠倒南辰胆气雄。"❸佛教语。机缘，机悟。齐己《静坐》："日日只腾腾，心机何以兴。"

【心頭】 心中，心间。寒山《诗三百三首》之一八一："一住寒山万事休，更无杂念挂心头。"白居易《晚从省归》："终是不如山下去，心头眼底两无尘。"杜荀鹤《题开元寺门阁》："唯有禅居离尘俗，了无荣辱挂心头。"崔道融《秋夕》："一夜雨声多少事，不思量尽到心头。"

【心頭肉】 心上之肉。喻指至为重要宝贵之物。聂夷中《咏田家》："医得眼前疮，剜却心头肉。"

【心興】 (—xìng)兴味，兴致。韩翃《送张儋水路归北海》："知君心兴远，每上海边楼。"

【心親】 谓心相亲近。与"貌亲"相对。钱起《寄袁州李嘉祐员外》："谁谓江山阻，心亲梦想偏。"韩愈《寒食日出游》："各言生死两追随，直置心亲无貌敬。"

【心燈】 佛教语。指心。谓心语则可如明灯烛照，故喻称。鲍溶《寄天台准公》："闲蹋莓苔绕琪树，海光清净对心灯。"

【心膽】 心与胆。多借指胆量与志气。储光羲《陇头水送别》："从来心胆盛，今日为君愁。"杜牧《池州送孟迟先辈》："秦台破心胆，黥阵惊毛发。"崔铉《咏架上鹰》："天边心胆架头身，欲拟飞腾未有因。"李山甫《山中依韵答刘书记见赠》："吟哦山岳动，令人心胆摧。"

【心繭】 指心头之思绪。因其纷繁如茧丝，故以喻指。温庭筠《病中书怀呈友人》："梦梭抛促织，心茧学蜘蛛。"

【心闕】 犹心房。指心。张说《相州山池作》："日见尘物空，如何静心阙。"

【心顔】 心情与面颜。崔曙《颍阳东溪怀古》："灵溪氛雾歇，皎镜清心颜。"李白《梦游天姥吟留别》："安能摧眉折腰事权贵，使我不得开心颜。"又《送王屋山人魏万还王屋》："白马走素车，雷奔骇心颜。"白居易《旅次景空寺宿幽上人院》："幸投花界宿，暂得静心颜。"

【心襟】 胸襟，抱负。徐谦《短歌二首》之二："不羡一囊钱，唯重心襟会。"

【心斷】 犹心碎、心伤。李商隐《风雨》："心断新丰酒，销愁斗几千。"又《圣女祠》："肠回楚国梦，心断汉宫巫。"

【心願】 心中之愿望。沈彬《麻姑山》："我来游礼酬心愿，欲共怡神契自然。"南唐后主李煜《浣溪沙》词："转烛飘蓬一梦归，欲寻陈迹怅人非，天教心愿与身违。"

【心鏡】 佛教语。指澄净无杂念之心，以其明净如镜，故喻称。刘长卿《送薛据宰涉县》："心镜常虚明，时人自沦翳。"卢纶《送契玄法师赴内道场》："嫔御呈心镜，君王赐髻珠。"欧阳衮《神光寺》："有法将心镜，无名属性通。"方干《陪胡中丞泛湖》："澄潭彻底齐心镜，杂树含芳让锦茵。"

【心懷】 ❶心之所怀；心所存想。寒山《诗三百三首》之一八七："言既有枝叶，心怀便险诐。"❷心与怀，指心神，内中之思想感情。黄滔《赠友人》："听此莺飞谷，心怀迷远川。"白居易《自诲》："万感递至，火汝心怀。"❸心胸，胸怀。指志尚、抱负。护国《归山作》："何处论心怀，世上空漫漫。"徐夤《赠严司直》："雨雪还相访，心怀与我同。"

【心鐵】 如铁之心。李商隐《赠司勋杜十三员外》："心铁已从干镆利，鬓丝休叹雪霜垂。"

【心體】 身心，心神与身体。白居易《松声》："竟夕遂不寐，心体俱翛然。"又《新秋喜凉因寄兵部杨侍郎》："老夫纳秋候，心体殊安便。"

【心靈】 心神，指精神、思想感情。李华《云母泉诗》："琼浆驻容发，甘露莹心灵。"李宣古《听蜀道士琴歌》："吹我神飞碧霄里，牵我心灵入秋水。"陆龟蒙《奉和袭美太湖诗二十首·上真观》："今来上真观，恍若心灵讶。"伍乔《观华夷图》："别手应难及此精，须知攒簇自心灵。"

一　画

必 〔bì《广韵》卑吉切，入質，幫。〕❶固执；拘泥。杜甫《寄题江外草堂》："事迹无固必，幽贞愧双全。"白居易《闻庾七左降因咏所怀》："外物不可必，中怀须自空。"❷副词。(1)必须；定要。太宗《帝京篇十首》之六："岂必汾河曲，方为欢宴所。"权德舆《奉和李大夫题郑评事江楼》："何必栖冥冥，然为避矰缴。"白居易《令狐相公拜尚书后有喜从镇归朝之作刘朗中先和因以继之》："金勒最宜乘雪出，玉觞何必待花开。"吴融《红白牡丹》："不必繁弦不必歌，静中相对更情多。"(2)一定；必然。李颀《送五叔入京兼寄綦毋三》："吏部明年拜官后，西城必与故人期。"杜甫《新婚别》："仰视百鸟飞，大小必双翔。"白居易《哭孔戡》："或望居谏司，有事戡必言。"李商隐《病中闻河东公乐营置酒口占寄上》："必投潘岳果，谁掺祢衡挝。"❸唯，只。齐己《谢炭》："必恐吞难尽，唯愁拨易消。"❹连词。或许；假若。杜甫《桃竹杖引赠章留后》："路幽必为鬼神夺，拔剑或与蛟龙争。"元稹《当来日大难行》："行必不得，不如不行。"杜荀鹤《题会上人院》："必能行大道，何用在深山。"

【必大】 谓后来必定兴旺发达。语本《左传·僖公十五年》。严维《送李秘书往儋州》："玄成知必大，宁是泛沧浪。"

【必先】 同科应试举子相互间之称谓。意云必先登第。亦指同科应试之举子。韩仪《记知闻近过关试》："短行轴了付三铨，休把新衔恼必先。"

【必若】 倘若，假如。崔日用《乞金鱼词》："大家必若赐金龟，卖却猫儿相报赏。"白居易《病眼花》："必若不能分黑白，却应无悔复无尤。"韩偓《雷公》："必若有苏天下意，何如惊起武侯龙。"贯休《送僧归天台寺》："必若云中老，他时得有邻。"

【必定】 必然，一定。拾得《诗》之三三："生生勤苦学，必定睹天师。"周昙《咏史诗·春秋战国门·子贡》："吴亡必定由端木，鲁亦宜其运不长。"

【必竟】 毕竟，终究。贾岛《投孟郊》："必竟获所实，尔焉遂深衷。"罗隐《野花》："结根必竟输桃李，长向春城紫陌间。"秦韬玉《寄李处士》："世途必竟皆应定，人事都来不在忙。"曹松《广州贻匡绪法师》："必竟懒过高坐寺，未能全让法云师。"

【必須】 ❶一定要。杜甫《覃山人隐居》："予见乱离不得已，子知出处必须经。"❷必然，必定。《南唐烈祖酒令》(卷八七九)："着履过街，必须雍齿。"

【必然】 必定；一定。陆龟蒙《江湖散人歌》："必然大段剪凶逆，须召劲勇持军麾。"

二　画

忉 〔dāo《广韵》都牢切，平豪，端。〕忧伤。见"忉忉"。

【忉忉】 忧虑貌。王勃《倬彼我系》："言念旧德，忧心忉忉。"柳宗元《游南亭夜还叙志七十韵》："伊人不可期，慷慨徒忉忉。"韩偓《夏课成感怀》："别离终日心忉忉，五湖烟波归梦劳。"

【忉利】 佛教语。忉利天之省称。意译为三十三天。佛教谓须弥山四方各有八天，合中央天城计有三十三天，为帝释及诸佛所居之处。白居易《夜从法王寺下归岳寺》："似从忉利下，如过剑门中。"

三　画

志 〔zhì《广韵》職吏切，去志，章。〕❶心意；意志；感情。太宗《经破薛举战地》："心随朗日高，志与秋霜洁。"李颀《王母歌》："惜哉志骄神不悦，叹息马蹄与车辙。"白居易《读张籍古乐府》："言者志之苗，行者文之根。"常达《山居八咏》之一："身闲依祖寺，志僻性多慵。"❷志向；愿望。张九龄《叙怀二首》之一："志合岂兄弟，道行无贱贫。"李白《南奔书怀》："过江誓流水，志在清中原。"白居易《虾蟆》："虾蟆得其志，快乐无以加。"李宏皋《题桃源》："他年倘遂平生志，来着霞衣侍玉皇。"❸有志于。钱起《送李兵曹赴河中》："昔志学文史，立身为士英。"❹通"識"。(1)记住。萧颖士《江有归舟三章》序："先师孝弟谨信，泛爱亲仁、余力学文之训，尔其志之。"(2)记载，记述。苏源明《秋夜小洞庭离宴诗》序："狂夫之言，不足罪也。乃志为序。"刘禹锡《送惟良上人》序："语至夜艾，遂为诗以志焉。"亦指题写以标明。郑余庆《和黄门相公诏还题石门洞》："地分三蜀限，关志百牢名。"

【志人】 一心隐居之人。于鹄《过凌霄洞天谒张先生祠》："志人爱幽深，一住五十年。"《东阳夜怪诗》

(卷八六七)："且学志人知白黑，那将好爵动吾心。"

【志士】 ❶有远大志向之人。储光羲《采菱词》："义不游浊水，志士多苦言。"韦应物《饯雍聿之潞州谒李中丞》："前登太行路，志士亦未平。"羊士谔《州民有献杏者瑰丽溢目因感花未几聊以成咏》："志士古来悲节换，美人啼鸟亦长叹。"罗隐《钱》："志士不敢道贮之成祸胎。"❷指遁世隐逸之人。杜甫《严氏溪放歌行》："呜呼古人已粪土，独觉志士甘渔樵。"吕岩《七言》之四："已逢志士传神药，又喜同流动笑颜。"

【志公】 即南朝齐、梁僧宝志，亦用以泛指僧人。沈亚之《送文颖上人游天台》："此际断客梦，况复别志公。"

【志者】 有大志之人。皮日休《三羞诗三首》之一："志者若不退，佞者何由达。"

【志抱】 志向抱负。杨衡《桂州与陈羽念别》："惨戚损志抱，因君时解颜。"

【志怪】 记载怪异之事。为古代笔记小说之一类。白居易《禽虫十二章》序："予闲居，乘兴偶作一二十章，颇类志怪放言。"

【志定】 高僧。所住之寺未详。《全唐诗》卷八五一录其佚句二联。

【志氣】 ❶犹意气。意志与精神。寒山《诗三百三首》之八四："丈夫志气直如铁，无曲心中道自真。"韩愈《夜歌》："念身幸无恨，志气方自得。"张籍《赠姚忞》："君今职下位，志气安得扬。"杜荀鹤《入关寄九华友人》："无多志气禁离别，强半年光属苦辛。"❷志向与气概。韦应物《答刘西曹》："长啸举清觞，志气谁与俦。"吕温《偶然作二首》之二："丈夫志气事，儿女安得知。"温庭筠《赠蜀府将》："志气已曾明汉节，功名犹自滞吴钩。"

【志業】 志向与事业；志趣与抱负。杨志坚《送妻》："平生志业在琴诗，头上如今有二丝。"李端《山中期吉中孚》："年华惊已掷，志业飒然空。"张籍《送枝江刘明府》："老着青衫为楚宰，平生志业有谁知。"韦庄《关河道中》："平生志业匡尧舜，又拟沧浪学钓翁。"

【志誠】 指心意诚挚。李节度姬《书红绡帕》之二："偶用志诚求雅合，良媒未必胜红绡。"

【志意】 志尚，意愿。李咸用《冬日喜逢吴价》："志意不因多事改，鬓毛难与别时同。"

【志圖】 宏图大志；抱负。刘长卿《夜宴洛阳程九主簿宅送杨三山人往天台寻智者禅师隐居》："志图良已久，鬓发空苍然。"

【志學】 立志学习。语本《论语·为政》："吾十有五而志于学。"吴筠《高士咏·玄晏先生》："一朝因感激，志学忘寝食。"

【志願】 志向和意愿。李白《古风》之四："尚恐丹液迟，志愿不及申。"张彪《北游还酬孟云卿》："忽忽忘前事，志愿能相乖。"贾岛《送汲鹏》："文采非寻常，志愿朝卓立。"郑损《艺堂》："莫怪尊前频浩叹，男儿志愿与时违。"

忖 〔cǔn《广韵》倉本切，上混，清。〕❶思量；揣想。元稹《旱灾自咎贻七县宰同州时》："归来重思忖，愿告诸邑君。"见"忖度""忖情"。❷测度，衡量。韩愈《嘲鼾睡》："迥然忽长引，万丈不可忖。"

【忖度】 思量。陆龟蒙《记事》："忖度大为防，涵容宽作量。"

【忖情】 度情。揣想其情状。孟浩然《闺情》："裁缝无处等，以意忖情量。"

忒 〔tè《广韵》他德切，入德，透。〕❶变易。柳宗元《视民诗》："四夷是则，永怀不忒。"杜光庭《纪道德》："三皇高拱兮任以自然，五帝垂衣兮修之不忒。"❷讹误，差错。李舒《让皇帝庙乐章·亚献终献》："九仪不忒，三揖将终。"白居易《偶然二首》之一："人事多端何足怪，天文至信犹差忒。"❸凶恶。宋务光《海上作》："敢输鹰隼执，以间豺狼忒。"

忘 〔wàng《广韵》巫放切，去漾，微。〕❶遗忘，忘记。苏味道《咏井》："帝力终何有，机心庶此忘。"韦述《春日山庄》："自然成野趣，都使俗情忘。"李虞《题李宾客旧居》："逢时不得致升平，岂是明君忘姓名。"许棠《题汧湖二首》之一："偶得湖中趣，都忘陇坻愁。"❷忽怠。苗仲方《仲秋太常寺观公辂车拜陵》："圣心何所寄，惟德在无忘。"❸弃舍；不顾。高祖《嘲苏世长》："弃忠贞于郑国，忘信义于吾家。"见"忘身""忘食""忘家"。

【忘己】 忘却自身之存在。指不执滞于自身而顺应自然。语出《庄子·天地》。王维《赠房卢氏琯》："达人无不可，忘己爱苍生。"

【忘心】 忘记心机智虑。语出《庄子·让王》。吴筠《步虚词十首》之四："忘心符元宗，返本协自然。"白居易《冬夜》："不学坐忘心，寂莫安可过。"

【忘世】 犹遁世。谓避开尘世而隐居。白居易《诏下》："更倾一尊歌一曲，不独忘世兼忘身。"

【忘年】 ❶不记年月。表示不拘执于外物的超脱态度。语本《庄子·齐物论》。元结《无为洞口作》："洞傍山僧皆学禅，无求无欲亦忘年。"❷谓情意契合而忘却年龄之差别。张九龄《与袁补阙寻蔡拾遗会此公出行后蔡有五韵诗见赠以此篇答焉》："契是忘年合，情非累日申。"王熊《奉别张岳州说二首》之二："不期交淡水，暂得款忘年。"权德舆《奉和崔评事寄外甥刘同州并见寄之作》："往岁疲草玄，忘年齐举白。"

【忘年友】 因志同道合而不计年龄差别之朋友。

温庭筠《题李处士幽居》："南山自是忘年友，谷口徒称郑子真。"

【忘年契】　犹忘年交。谓情志投合而忘却年龄之差距。李商隐《哭遂州萧侍郎二十四韵》："分以忘年契，情犹锡类敦。"徐铉《哭刑部侍郎乔公诗》："静想忘年契，冥思接武晨。"

【忘名】　不追求名声。白居易《咏怀寄皇甫朗之》："养病未能辞薄俸，忘名何必入深山。"李商隐《秋日晚思》："取适琴将酒，忘名牧与樵。"

【忘形】　❶指集中注意于心神之陶冶，而忘却自身之形骸。语本《庄子·让王》。周瑀《送潘三入京》："离歌未尽曲，酌酒共忘形。"皮日休《七爱诗·白太傅》："忘形任诗酒，寄傲遍林泉。"韦庄《对酒》："何用岩栖隐姓名，一壶春酎可忘形。"❷形容专心钻研而忘却自身。李中《宿临江驿》："篇章早晚逢知己，苦志忘形自有魔。"❸形容沉浸于伤感愁思之中而忘却自身。薛能《秋日将离滑台酬所知二首》之二："明朝欲别忘形处，愁把离杯听管弦。"李中《寄左偃》："舍寐缘孤月，忘形为九秋。"齐己《蟋蟀》："谁人向秋夕，为尔欲忘形。"❹指好友亲密无间而不拘形迹。杜甫《醉时歌》："忘形到尔汝，痛饮真吾师。"又《追酬故高蜀州人日见寄》序："今海内忘形故人，独汉中王瑀与昭州敬使君超先在。"陆龟蒙《寄怀华阳道士》："遥夜独栖还有梦，昔年相见便忘形。"

【忘形友】　相处亲密无间可以不拘形迹之好友。钱起《同邬戴关中旅寓》："更惜忘形友，频年失志同。"

【忘却】　忘掉，忘记。贾至《君山》："春至不知湖水深，日暮忘却巴陵道。"皎然《送许丞还洛阳》："悲风不动罢瑶轸，忘却洛阳归客心。"王涯《宫词三十首》之一："新睡起来思旧梦，见人忘却道胜常。"方泽《武昌阻风》："与君尽日闲临水，贪看飞花忘却愁。"

【忘身】　❶犹言奋不顾身、舍生忘死。李峤《奉和幸望春宫送朔方总管张仁亶》："投醪还结士，辞第本忘身。"王维《送赵郡督赴代州得青字》："忘身辞凤阙，报国取龙庭。"❷犹忘形。超然物外而忘却自身之存在。白居易《书绅》："日计莫如醉，醉则兼忘身。"又《诏下》："更倾一尊歌一曲，不独忘世兼忘身。"

【忘返】　忘记返回。形容景色迷人使人流连忘归。吕从庆《登纠峰顶》："爱兹竟忘返，非关足力穷。"

【忘言】　❶谓以心领会其意，不必再借言语来表达。语出《庄子·外物》。刘长卿《送台州李使君兼寄题国清寺》："知到应真飞锡处，因君一想已忘言。"高适《真定即事奉赠韦使君二十八韵》："解榻情何限，忘言道未殊。"白居易《犬鸢》："此仍著于适，尚未能忘言。"韩偓《寄禅师》："他心明与此心同，妙用忘言理暗通。"❷指不借言语而心相契合之友情。李峤《兰》："虚室重招寻，忘言契断金。"

【忘味】　谓食肉而不觉其味美。多形容为音乐所陶醉而忘形。语本《论语·述而》。无名氏《钱氏雷威琴》(外编下)："一听秋堂，三月忘味。"

【忘食】　忘记吃饭。形容精力专注于某事。薛能《自讽》："千题万咏过三旬，忘食贪魔作瘦人。"

【忘帝力】　见古诗《击壤歌》。后遂以"忘帝力"为咏遁世归田之典。高适《酬庞十兵曹》："雨泽感天时，耕耘忘帝力。"参阅皇甫谧《帝王世纪》。

【忘恩】　忘记别人对自己的恩情。亦指忘记朝廷之恩德而背叛。张随《河中献捷》："叛将忘恩久，王师不战通。"

【忘倦】　忘却疲倦；消除疲劳。太宗《帝京篇十首》之三："阅赏诚多美，于兹乃忘倦。"则天皇后《唐大飨拜洛乐章·敬和》："敢用敷诚，实惟忘倦。"

【忘家】　谓以身报国而顾不上家庭。源乾曜《奉和圣制送张尚书巡边》："奉国知命轻，忘家以身许。"

【忘情】　❶忘却得失、忧乐等纷扰之情。骆宾王《久戍边城有怀京邑》："忘情同塞马，比德类宛驹。"杜甫《写怀二首》之一："全命甘留滞，忘情任荣辱。"姚合《杨给事师皋哭亡爱姬英英窃闻诗人多赋因而继和》："见说忘情唯有酒，夕阳对酒更伤神。"温庭筠《题裴晋公林亭》："悠然到此忘情处，一日何妨有万几。"亦指忘忧。❷犹任情。翁承赞《寄舍弟承裕员外》："无主园林饶采伐，忘情鸥鸟恣高低。"

【忘筌】　得鱼忘筌。语本《庄子·外物》。筌，捕鱼之具。后遂以"忘筌"指达到目的后即忘掉借以达到目的之凭借。苑咸《酬王维》："三点成伊犹有想，一观如幻自忘筌。"张谓《读后汉逸人传二首》之一："钓时如有待，钓罢应忘筌。"刘禹锡《春日书怀寄东洛白二十二杨八二庶子》："曾向空门学坐禅，如今万事尽忘筌。"郑谷《卷末偶题三首》之一："一卷疏芜一百篇，名成未敢暂忘筌。"亦指忘言知心之交。骆宾王《夏日游德州赠高四》："缔交君赠缟，投分我忘筌。"

【忘筌友】　不假言词而相知于心之好友。周彦晖《晦日宴高氏林亭》："既狎忘筌友，方淹投辖车。"参见"忘筌"。

【忘筌亭】　亭名。在唐江南道杭州(今浙江杭州)。白居易有《奉和李大夫题新诗二首各六韵·忘筌亭》。

【忘缘】　犹忘机。王梵志《兀然无事》之八："吾有一言，绝虑忘缘。"

【忘勢】　忘掉自己之权势。形容声价高使权门亦敛气礼遇之。牟融《送报本寺分韵得通字》："贵侯知重曾忘势，闲客频来也悟空。"

【忘寝】　忘记睡眠。谓致力于某事时勤奋专注而不顾休息。齐己《夜坐》:“彻曙都忘寝,虚窗日照经。”

【忘憂】 ❶忘却忧愁。张说《喜度岭》:“见花便独笑,看草即忘忧。”沈颂《卫中作》:“总使榴花能一醉,终须萱草暂忘忧。”白居易《对酒劝令公开春游宴》:“前头更有忘忧日,向上应无快活人。”陆龟蒙《读襄阳耆旧传因作诗五百言寄皮袭美》:“执热濯清风,忘忧饮醇酎。”❷萱草之别名。传说见之即可忘忧,故名。李峤《萱》:“屣步寻芳草,忘忧自结丛。”李商隐《寄罗劭兴》:“棠棣黄花发,忘忧碧叶齐。”黄滔《出关言怀》:“却怜庭际草,中有号忘忧。”徐铉《送荻栽与秀才朱观》:“赠君须种取,不必树忘忧。”

【忘憂物】 指酒。因饮酒可消愁,故称。白居易《钱湖州以箬下酒李苏州以五酘酒相次寄到聊咏所怀》:“劳将箬下忘忧物,寄与江城爱酒翁。”

【忘機】 忘却心机。谓淡泊平静,不为争名夺利而费心机。李白《下终南山过斛斯山人宿置酒》:“我醉君复乐,陶然共忘机。”岑参《青龙招提归一上人远游吴楚别诗》:“忘机厌尘喧,浪迹向江海。”牟融《送沈翔》:“谩有才华嗟未达,闲寻鸥鸟暂忘机。”翁洮《渔者》:“一叶飘然任浪吹,雨蓑烟笠肯忘机。”

【忘餐】 忘记吃饭。形容被某事物所吸引而沉溺其中。李华《咏史十一首》之八:“文侯耽郑卫,一听一忘餐。”

【忘戰】 谓久处和平环境而忘却战争为何事。李商隐《行次西郊作一百韵》:“是时正忘战,重兵多在边。”

【忘鮑】 春秋齐管仲与鲍叔牙为莫逆之交。管曾云:“生我者父母,知我者鲍子也。”事见《史记·管晏列传》,后因以“忘鲍”指忘却知心朋友。元稹《酬杨司业十二兄早秋述情见寄》:“知心岂忘鲍,咏怀难和阮。”

【忘軀】 忘却自身之安危。犹言奋不顾身。韦安石《侍宴旋师喜捷应制》:“忘躯百战后,屈指一年归。”莫宣卿《赋得水怀珠》:“江妃思在掌,海客亦忘躯。”

【忘歸】 忘记返回。形容极吸引人,使人沉迷忘返。卢鸿一《嵩山十志十首·云锦淙》:“可以莹发灵瞩,幽玩忘归。”白居易《琵琶行》:“忽闻水上琵琶声,主人忘归客不发。”温庭皓《观山灯献徐尚书》:“唯有偷光客,追游欲忘归。”

【忘懷】 ❶犹忘情。谓摆脱心忧思愁之羁束。高正臣《晦日置酒林亭》:“忘怀寄尊酒,陶性狎山家。”吴筠《览古十四首》之十四:“己矣勿用言,忘怀庶自悦。”杨衡《送公孙器自桂林归蜀》:“挥手共忘怀,日堕千山夕。”雍陶《卢岳闲居十韵》:“养拙甘沉默,忘怀绝险艰。”❷忘却;不介怀。权德舆《祗役江西路上以诗代书寄内》:“未能即忘怀,恨恨以此故。”白居易《咏怀》:“唯此未忘怀,有时犹内愧。”

忙 〔máng《广韵》莫郎切,平唐,明。〕❶惊慌;慌忙。太宗《冬狩》:“兽忙投密树,鸿惊起砾洲。”杜甫《忆昔二首》之一:“关中小儿坏纪纲,张后不乐上为忙。”韩偓《雪中过重湖信笔偶题》:“处困不忙仍不怨,醉来唯是欲傞傞。”❷急迫;匆促。雍陶《安国寺赠广宣上人》:“马急人忙尘路喧,几从朝出到黄昏。”李咸用《题陈正字山居》:“几日凭栏望,归心自不忙。”郑损《艺堂》:“风波险似金机骇,日月忙如雪羽飞。”❸忙碌,不得空闲。韩愈《游青龙寺赠崔大补阙》:“年少得途未要忙,时清谏疏尤宜罕。”元稹《谕子蒙》:“片云离岫远,双燕念巢忙。”李涉《题白鹿兰若》:“满城车马皆知有,每唤同游尽道忙。”罗隐《赠无相禅师》:“人人尽道事空王,心里忙于市井忙。”

【忙人】 忙碌之人。白居易《早春晚归》:“草色连延多隙地,鼓声闲缓少忙人。”又《题岐王旧山池石壁》:“俗客看来犹解爱,忙人到此亦须闲。”韩偓《闲兴》:“忙人常扰扰,安得心和平。”

【忙心】 为尘虑所扰不得安宁之心。崔橹《过南城县麻姑山》:“尘愁世界忙心在,霞伴神仙稳梦酣。”

【忙忙】 ❶忙碌,不得安闲。高骈《遣兴》:“浮世忙忙蚁子群,莫嗔头上雪纷纷。”徐夤《依韵赠南安方处士五首》之五:“晋楚忙忙起战尘,龚黄门外有高人。”❷匆匆、匆遽貌。子兰《短歌行》:“日月何忙忙,出没住不得。”

【忙事】 繁忙之事。张籍《和左司元郎中秋居十首》之五:“终日无忙事,还应似得仙。”白居易《咏家酝十韵》:“能销忙事成闲事,转得忧人作乐人。”杜牧《湖南正初招李郢秀才》:“高人以饮为忙事,浮世除诗尽强名。”

【忙迫】 匆忙急迫。徐钓者《自吟》:“曾见秦皇架石桥,海神忙迫涨惊潮。”萧结《批州符》:“人皆忙迫,划甚闲船。”

【忙官】 事务繁忙之官。白居易《对镜》:“去作忙官应太老,退为闲叟未全迟。”

【忙愁】 由繁忙而发愁。白居易《酬梦得比萱草见赠》:“老衰胜少夭,闲乐笑忙愁。”

忌 〔jì《广韵》渠記切,去志,羣。〕❶憎恶。蒋冽《经埋轮地》:“正直死犹忌,况乃未死前。”元稹《送林复梦赴韦令辟》:“野性便荒饮,时风忌酒徒。”李绅《逾岭峤止荒陬抵高要》:“物忌忠良表是非,朝驱绛灌为雠敌。”❷忌妒。李白《行路难三首》之二:“淮阴市井笑韩信,汉朝公卿忌贾生。”韩愈《石鼎联句》序:“其不用意而功益奇,不可附说。语皆侵刘侯。喜益忌之。”见“忌前”“忌刻”。❸忌惮;顾忌。骆宾王《玩初月》:“忌满光先缺,乘昏影暂流。”李白《古风》之三六:“直木忌先伐,芳兰哀自焚。”白居易《和刘郎中曲江春望见示》:“肺伤妨饮酒,眼痛忌看花。”张鸿《赠乔尊师》:“长忌时人识,有家云涧深。”❹忌讳;禁忌。周昙《咏史诗·春秋战国门·华元》:“未知军法忌偏颇,徒解于思腹漫皤。”詹敦仁《复留侯从效问南汉刘岩改名龑字音义》:“始讳犹未酷,后习转多忌。”孙鲂《主人司空后亭牡丹》:“忌秽栽时土,尝甜折处津。”

【忌心】 猜忌之心。储嗣宗《送道士》:“黄鹤有归语,白云无忌心。”

【忌刻】 嫉妒而欲克制之。杜甫《奉赠鲜于京兆二十韵》:“微生沾忌刻,万事益酸辛。”

【忌前】 忌恨才能声名超过自己的人。李商隐《怀求古翁》:“谢朓真堪忆,多才不忌前。”

【忌途】 犹畏途。易生险情而可畏之路途。骆宾王《夏日游德州赠高四》:“骄饵去易论,忌途良可畏。”

【忌諱】 避讳;顾忌。杜甫《秋日荆南述怀三十韵》:“霸业寻常体,忠臣忌讳灾。”元结《别何员外》:“但恐抵忌讳,未知肯听无。”刘禹锡《送裴处士应制举诗》:“由来草泽无忌讳,努力满挽当亨衢。”李咸用《临川逢陈百年》:“教我无为礼乐拘,利路名场多忌讳。”

忍 〔rěn《广韵》而轸切,上轸,日。〕❶忍受;忍耐。杜甫《病后遇王倚饮赠歌》:“疟疠三秋孰可忍,寒热百日相交战。”元稹《旱灾自咎贻七县宰》:“一旱犹可忍,其旱亦已频。”雍陶《苦寒》:“今年无异去年寒,何事朝来独忍难。”❷忍心。孟浩然《他乡七夕》:“谁忍窥河汉,迢迢问斗牛。”长孙佐辅《南中客舍对雨送故人归北》:“家书作得不忍封,北风吹断阶前雨。”赵嘏《代人听琴二首》之二:“惟有啼乌旧名在,忍教呜咽夜长闻。”徐月英《送人》:“生憎平望亭前水,忍照鸳鸯相背飞。”❸愿,肯。杜甫《赠郑十八贲》:“卑飞欲何待,捷径应未忍。”❹残忍,不慈。元结《二风诗·乱风诗五篇·至虐》:“忍行昏恣,独乐其身。”

【忍公】 成都净众寺僧。法名全称未详。昭宗时在世。郑谷有《忍公小轩二首》。

【忍心】 犹忍耐。白居易《酬皇甫十早春对雪见赠》:“忍心三两日,莫作破斋人。”

【忍古】 守持古道。孟郊《秋怀》之十四:“忍古不失古,失古志易摧。”

【忍死】 谓忍受死亡逼近的痛苦以坚持等待。卢纶《栖岩寺隋文帝马脑盏歌》:“山中老僧眉似雪,忍死相传保扃镉。”杨巨源《圣恩洗雪镇州寄献裴相公》:“好生本是君王德,忍死何妨壮士心。”

【忍衣】 佛教语。袈裟之别名。全称忍辱铠。谓着之可忍辱防患,故称。语本《法华经·持品》。慧净《杂言》:“持囊毕契戒珠净,被甲要心忍衣固。”

【忍事】 谓处事能容忍、忍耐。裴度《中书即事》:“灰心缘忍事,霜鬓为论兵。”司空图《句》:“忍事敌灾星。”

【忍草】 忍辱草之别名。宋之问《游法华寺》:“晨行踏忍草,夜诵得灵花。”刘长卿《戏赠干越尼子歌》:“亭亭独立青莲下,忍草禅枝绕精舍。”李绅《真娘墓》:“一株繁艳春城尽,双树慈门忍草生。”解彦融《雁塔》:“驯禽演法要,忍草藉经行。”

【忍耐】 谓按捺住不快的心情,忍受不使暴发。元稹《忆远曲》:“妾不忍见姑郎忍见,为郎忍耐看姑面。”

【忍耻】 忍受耻辱。杜牧《题乌江亭》:“胜败兵家事不期,包羞忍耻是男儿。”罗邺《留献彭门郭常侍》:“到头忍耻求名是,须向青云觅路岐。”

【忍辱】 忍受耻辱、羞辱。佛教指容忍耻辱而不怒、不怨、不报复。见《瑜伽师地论》卷五七。寒山《诗三百三首》之八八:“欲行菩萨道,忍辱护真心。”

【忍辱草】 草名。见《涅槃经》卷二七引《师子吼菩萨》。贯休《遇五天僧入五台五首》之二:“空余忍辱草,相对色萋萋。”

【忍笑】 忍住不笑。韩偓《忍笑》:“水精鹦鹉钗头颤,举袂佯羞忍笑时。”唐彦谦《北齐》:“背城肯战知虚实,争奈人前忍笑难。”徐铉《梦游三首》之二:“蘸甲递觞纤似玉,含词忍笑腻于檀。”

【忍飢】 忍受饥饿。白居易《劝酒》:“邻家儒者方下帷,夜诵古书朝忍饥。”姚合《新昌里》:“朝朝忍饥行,戚戚如难堪。”李群玉《别狄佩》:“翠竹不着花,凤雏长忍饥。”秦韬玉《贵公子行》:“却笑儒生把书卷,学得颜回忍饥面。”

【忍病】 忍受病痛。姚合《游春十二首》之二:“未晓冲寒起,迎春忍病行。”

【忍淚】 忍住眼泪,使不流出。杜甫《奉送郭中丞兼太仆卿充陇右节度使三十韵》:“渐衰那此别,忍泪独含情。”赵抟《琴歌》:“前回忍泪却收来,泣向秋风两条血。”

【忍寒】 忍受寒冷。姚合《夜期友生不至》:“忍寒停酒待君来,酒作凌澌火作灰。”李商隐《对雪二首》之二:“侵夜可能争桂魄,忍寒应欲试梅妆。”

【忍憤】 忍住悲愤。张祜《读西汉书十四韵》:“忍愤中郎节,残形太史编。”

四　画

忮　〔zhì《广韵》支義切，去寘，章。〕嫉恨。见"忮心"。

【忮心】　嫉恨之心。刘禹锡《读张曲江集作》序："议者以曲江为良臣……而燕翼无似，终为馁魂，岂忮心失恕，阴谪最大，虽二美莫赎耶?"

忲　〔tài《集韵》他蓋切，去夳，透。〕奢侈；骄奢。韩愈、孟郊《秋雨联句》："儒宫烟火湿，市舍煎熬忲。"

忴　"悋"之俗体。同"吝"。吝惜。王无竞《君子有所思行》："自矜青春日，王颜吝容光。"无名氏《五言白话诗》之二(外编上)："临死命欲终，吝财不忏悔。"

忠　〔zhōng《广韵》陟弓切，平東，知。〕❶无私而诚心助人。丘光庭《补新宫》："为忠以公，斯筵是同。"见"忠恕"。❷特指对君主、国家或主人忠诚。太宗《伤辽东战亡》："防身岂乏智，殉命有余忠。"李峤《熊》："昭仪忠汉日，太傅翊周年。"孟郊《吊比干墓》："佞是福身本，忠是丧己源。"白居易《寄唐生》："所悲忠与义，悲甚则哭之。"❸指忠臣，忠诚之人。白居易《读汉书》："不然尽信忠，早绝邪臣窥。不然尽信邪，早使忠臣知。"

【忠介】　忠诚耿介。陈元光《太母魏氏半径题石》："竹符忠介凛，桐杖孝思凄。"

【忠朴】　忠诚厚朴。李华《杂诗六首》之五："绛侯与博陆，忠朴受遗顾。"

【忠臣】　忠于君王之臣子。杜甫《秦州见敕目薛三璩授司议郎兼述索居凡三十韵》："忠臣辞愤激，烈士涕飘零。"戴叔伦《湘川野望》："怀王独与佞人谋，闻道忠臣入乱流。"鲍溶《读淮南李相行营至楚州诗》："阃外建牙威不宾，古来戡难忆忠臣。"柳曾《险竿行》："我闻孝子不许国，忠臣不爱家。"

【忠邪】　忠贞与奸邪；忠臣与奸人。白居易《读汉书》："奈何西汉末，忠邪并信之。"

【忠州】　唐代州名。属山南东道。汉置临江县，隋置临州。唐贞观八年(634)，改名忠州。杜甫有《宴忠州使君侄宅》。李端有《送濮阳录事赴忠州》。白居易《钟陵饯送》："路人指点滕王阁，看送忠州白使君。"繁如一《书巫山神女祠》："忠州刺史今才子，行到巫山必有诗。"

【忠赤】　犹忠诚。谓赤胆忠心。吴融《敷水有丐者云是马侍中诸孙悯而有赠》："一心忠赤山河见，百战功名日月知。"

【忠孝】　对君主忠诚，对父母孝顺。萧颖士《游马耳山》："太息宦名路，迟回忠孝情。"吴筠《览古十四首》之五："谗佞乱忠孝，古今同所悲。"韦元甫《木兰歌》："忠孝两不渝，千古之名焉可灭。"方愚《读孝经》："为臣为子不忠孝，辜负宣尼一卷经。"

【忠告】　真诚劝告。贾岛《送南卓归京》："长策并忠告，从容写玉墀。"

【忠言】　❶忠诚正直之言。温庭筠《碌碌古词》："忠言未见信，巧语翻咨嗟。"贯休《闻友人驾前及第》："必贡安时策，忠言奈尔何。"❷人名。事迹不详。贯休《送高九经赴举》："志列秋霜好，忠言剧谏奇。"自注："志列、忠言，皆旧人也。"

【忠良】　❶忠诚良善。韦应物《送郗詹事》："忠良信旧德，文学播英声。"孙元晏《咏史诗·晋·陆玩》："天下忠良人欲尽，始应交我作三公。"❷忠诚良善之人。吴筠《览古十四首》之四："所残必忠良，所宝皆凶嚚。"德宗《麟德殿宴百僚》："成功归辅弼，致理赖忠良。"张籍《庄陵挽歌词三首》之一："佞幸威权薄，忠良宠锡饶。"韦庄《南阳小将张彦硖口镇税人场射虎歌》："忠良效顺势亦然，一剑猜狂敢轻动。"

【忠武】　❶唐藩镇名。乾元元年(758)置，称郑陈节度使。贞元三年(787)改陈许节度使。领陈、许、蔡三州。治许州(今河南许昌)。十年，赐号忠武军。令狐楚有《奉和仆射相公酬忠武李相公见寄之作》。李逢吉有《奉酬忠武李相公见寄》。❷忠诚勇武。皮日休《三羞诗三首》之二："雄健许昌师，忠武冠其族。"

【忠直】　❶忠诚正直。寒山《诗三百三首》之二七五："作债税牛犁，为事不忠直。"❷忠诚正直之人。孟郊《汴州离乱后忆韩愈李翱》："忠直血白刃，道路声苍黄。"又《江邑春霖奉赠陈侍御》："应由放忠直，在此成漂沦。"

【忠抱】　忠诚之心胸。曹邺《送进士李殷下第游汾河》："殷勤说忠抱，壮志勿自轻。"

【忠贞】　忠诚坚贞。储光羲《同张侍御鼎和京兆萧兵曹华岁晚南园》："阙下忠贞志，人间孝友心。"李逢吉《奉酬忠武李相公见寄》："直继先朝卫与英，能移孝友作忠贞。"司空图《寓居有感三首》之一："亦知世路薄忠贞，不忍残年负圣明。"

【忠信】　忠贞诚信。徐彦伯《比干墓》："贞观戒北征，维皇念忠信。"张巡《守睢阳作》："忠信应难敌，坚贞谅不移。"韩愈《江汉答孟郊》："苟能行忠信，可以居蛮夷。"徐夤《西寨寓居》："功智争驰淡薄空，犹怀忠信拟何从。"

【忠烈】　❶忠贞刚烈。杜甫《北征》："桓桓陈将军，仗钺奋忠烈。"韦应物《睢阳感怀》："张侯本忠烈，济世有深智。"白居易《新乐府·青石》："刻此两片坚贞质，状彼二人忠烈姿。"吴融《过渑池书事》："相如忠烈千秋断，二主英雄一梦归。"亦指忠贞刚烈之志。李德裕《东郡怀古二首·阳给事》："嗟尔抱忠烈，古来谁与俦。"❷忠贞刚烈之人。皮日休《三羞诗三首》之一："未为冠冕人，死不惭忠烈。"南诏骠信《星回节游避风台与清平官赋》："伊昔颈皇运，艰难仰忠烈。"

【忠恕】 儒家道德规范之一种。忠谓尽心助人；恕谓推己及人。刘禹锡《读张曲江集作》："圣言贵忠恕，至道重观身。"

【忠规】 尽忠之道。崔融《哭蒋詹事俨》："养亲光孝道，事主竭忠规。"

【忠梗】 忠诚耿直。王湾《秋夜寓直即事怀赠萧令公裴侍郎兼通简南省诸友人》："忠梗大勋立，寰瀛堕业惩。"亦指忠诚耿直之品德。汪遵《屈祠》："不肯迂回入醉乡，乍吞忠梗没沧浪。"

【忠魂】 忠烈之士的英魂。刘禹锡《武陵书怀五十韵》："桃花迷隐迹，楝叶慰忠魂。"许浑《题卫将军庙》："欲奠忠魂何处问，苇花枫叶雨霏霏。"

【忠勤】 忠诚勤恳。陈元光《落成会咏二首》之二："忠勤非一日，箴训要三拈。"

【忠節】 忠贞之节操。吴筠《览古十四首》之十四："謇謇陈蕃徒，孜孜抗忠节。"武少仪《诸葛丞相庙》："欲尽智能倾僭盗，善持忠节转庸昏。"孟郊《旅次湘沅有怀灵均》："吟泽洁其身，忠节宁见输。"孙元晏《咏史诗·梁·马仙琕》："齐朝太守不甘降，忠节当时动四方。"

【忠誠】 忠实而诚信。李白《远别离》："我纵言之将何补，皇穹窃恐不照余之忠诚。"王纬《喜陆侍御破石埭草寇东峰亭赋诗》："忠诚资上策，仁勇佐前筹。"李绅《过梅里七首·忆东郭居》："忠诚贯白日，直已凭苍昊。"周昙《咏史诗·春秋战国门·鬻拳》："双刖忍行留痛恨，惟君适足见忠诚。"

【忠義】 忠诚而守信义、有义气。崔融《西征军行遇风》："夙龄慕忠义，雅尚存孤直。"张谓《饯田尚书还兖州》："忠义三朝许，威名四海闻。"杜甫《入奏行赠西山检察使窦侍卿》："年未三十忠义俱，骨鲠绝代无。"李涉《邠州词献高尚书三首》之三："朔方忠义旧来闻，尽是邠城父子军。"

【忠愨】 忠诚朴实。吴筠《高士咏·周丰》："莅人在忠悫，疑叛由会盟。"

【忠賢】 忠贞贤德。亦指忠贞贤德之人。李峤《武三思挽歌》："忠贤良可惜，图画入丹青。"德宗《重阳日赐宴曲江亭赋六韵诗用清字》序："朕在位仅将十载，实赖忠贤左右，克致小康。"汪遵《比干墓》："国乱时危道不行，忠贤谏死胜谋生。"

【忠勳】 尽忠之功勋。郑谷《回銮》："上将忠勋立，明君法驾还。"

【忠謀】 忠诚的谋划、计谋。吴融《风雨吟》："李膺勾党即罹患，窦武忠谋又未行。"

【忠諫】 ❶忠诚之规劝。太宗《帝京篇十首》之十："纳善察忠谏，明科慎刑赏。"储嗣宗《吴宫》："荒台荆棘多，忠谏竟如何。"❷忠心上谏规劝。周昙《咏史诗·晋门·郭钦》："谁疑忠谏郭钦言，不逐戎夷出塞垣。"又《六朝门·李集》："忠谏能坚信正臣，三沈三屈竟何云。"贯休《陈宫词》："大臣来朝酒未醒，酒醒忠谏多不听。"

【忠藎】 本指忠臣。荩，通"进"，指荩臣。语本《诗·大雅·文王》。后亦借指忠诚、忠贞。钱起《送毕侍御谪居》："忠荩不为明主知，悲来莫向时人说。"又《哭曹钧》："忠荩名空在，家贫道不行。"

【忠鯁】 同"忠梗"。忠贞耿直。张说《赠工部尚书冯公挽歌三首》之一："忠鲠难为事，平生尽畏途。"韩愈《岳阳楼别窦司直》："颠沉在须臾，忠鲠谁复谅。"

【忠讜】 ❶忠诚耿直。徐彦伯《比干墓》："之子弥忠谠，愤然更勇进。"元稹《去杭州》："昔公事主尽忠谠，虽及死谏誓不谖。"方干《寄灵武胡常侍》："自从忠谠承天眷，更用文篇续国风。"李洞《述怀二十韵献覃怀相公》："忠谠期登用，回邪自震惊。"❷忠诚耿直之人。李白《酬裴侍御对雨感时见赠》："颇似今之人，蟊贼陷忠谠。"

忡 〔chōng《广韵》敕中切，平東，徹。〕忧伤、忧愁貌。安锜《题贾岛墓》："司仓旧曹署，一见一心忡。"

【忡忡】 忧伤、忧虑貌。李白《怨歌行》："肠断弦亦绝，悲心夜忡忡。"宋华《蝉鸣一篇五章》之一："未见君子，我心忡忡。"权德舆《祗命赴京途次淮口因书所怀》："靡靡遵远道，忡忡劳寸心。"皮日休《吴中苦雨因书一百韵寄鲁望》："相违始两日，忡忡想华缛。"

忤 〔wǔ《广韵》五故切，去暮，疑。〕违背；触犯。张九龄《南还以诗代书赠京师旧僚》："不谄词多忤，无容礼益卑。"杜甫《观薛稷少保书画壁》："惜哉功名忤，但见书画传。"柳公权《应制为宫嫔咏》："不分前时忤主恩，已甘寂寞守长门。"郑遨《哭张道古》："曾陈章疏忤昭皇，扑落西南事可伤。"

【忤物】 触犯；违逆人意。崔湜《至桃林塞作》："抱冤非忤物，罹谤岂由人。"贯休《怀武昌栖一二首》之一："无端多忤物，唯我独知渠。"

【忤累】 （—lěi）因正直不趋附世俗而受牵累。白居易《适意二首》之二："况余方且介，举动多忤累。"

【忤意】 违逆意志。贺兰进明《古意二首》之一："忤意皆诛死，所言谁肯忠。"

忝 〔tiǎn《广韵》他玷切，上忝，透。又他念切，去㮇，透。〕愧于。多用为谦词。宋之问《景龙四年春祠海》："抚中良自慨，弱龄忝恩遇。"高适《人日寄杜二拾遗》："龙钟还忝二千石，愧尔东西南北人。"陈羽《梓州与温商夜别》："客舍莫辞先买酒，相门曾忝共登龙。"马戴《酬李景章先辈》："平生诗句忝多同，不得陪君奉至公。"

【忝列】 谦词。谓自身才德不足而愧列其位。李白《赠崔司户文昆季》："攀龙九天上，忝列岁星臣。"

【忝位】 愧居其位。《郊庙歌辞·享太庙乐章·诚敬》："顾惟菲质，忝位椒宫。"

【忝官】 愧居官位。元结《寄源休》："功劳安可问，且有忝官累。"薛存诚《暮春自南台丞再除给事中》："再入青锁闱，忝官诚自非。"

【忝居】 愧居其列。息夫牧《冬夜宴萧十丈因饯殷郭二子西上》序："小子不敏，忝居门人之末，敢不敬书其事。"

【忝座】 深愧列位于座席之间。张祜《奉和湖州苏员外题游杯池》："忝座非珍席，穷源喜滥觞。"

【忝貴】 惭愧地跻身显贵之列。李绅《过梅里七首家于无锡四十载今列题于后·忆东郭居》："冠緌身忝贵，斋沐心常祷。"

【忝備】 犹忝列。谓愧居其位。白居易《伤唐衢二首》之二："忆昨元和初，忝备谏官位。"

【忝擢】 愧被擢用。白居易《六年春赠分司东都诸公》："忝擢恩已多，遭逢幸非一。"

【忝濫】 谦词。谓才德不足而愧居其位滥享其利。白居易《早饮醉中除河南尹敕到》："厚俸自来诚忝滥，老身欲起尚迟疑。"

【忝職】 愧居其职位。王湾《晚夏马嵬卿叔池亭即事寄京都一二知己》："忝职畿甸淹，滥陪时俊后。"

【忝竊】 谦词。表示对所获之职位或名利荣誉等愧不敢当。杜甫《长沙送李十一》："李杜齐名真忝窃，朔云寒菊倍离忧。"刘兼《宣赐锦袍设上赠诸郡客》："夜卧始知多忝窃，昼行方觉转光辉。"

忻 〔xīn《广韵》許斤切，平欣，曉。〕欣悦，喜悦。贾曾《奉和春日出苑瞩目应令》："臣在东周独留滞，忻逢睿藻日边来。"王昌龄《山行入泾州》："岂伊怀土多，触且忻所遇。"陈去疾《赋得骐骥长鸣》："骐骥忻知己，嘶鸣忽异常。"叶法善《留诗》之二："但念清微乐，谁忻下界荣。"

【忻忻】 ❶欣悦、欢喜貌。韦应物《县斋》："决决水泉动，忻忻众鸟鸣。"孟郊《游枋口》之二："鸟声尽依依，兽心亦忻忻。"白居易《咏兴五首·解印出公府》："鸡犬何忻忻，邻里亦依依。"❷茂盛、繁荣貌。李程《春台晴望》："霭霭烟收翠，忻忻木向荣。"李洞《述怀二十韵献覃怀相公》："霭霭随春动，忻忻共物荣。"

【忻悵】 欣喜而又惆怅。韩愈《岳阳楼别窦司直》："主人孩童旧，握手乍忻怅。"

【忻然】 欢欣、喜悦貌。韦应物《园林晏起寄昭应韩明府卢主簿》："四体一舒散，情性亦忻然。"又《清明日忆诸弟》："冷食方多病，开襟一忻然。"

【忻愉】 欣喜愉悦。权德舆《侍从游后湖宴坐》："家人亦恬旷，稚齿皆忻愉。"

念 〔niàn《广韵》奴店切，去㮇，泥。〕❶怀念，思念。刘元济《怨情》："愁来好自抑，念切已含嚬。"孙逖《奉和御制登鸳鸯楼即目应制》："井邑观秦野，山河念禹功。"白居易《想东游五十韵》："珠玉传新什，鹓鸾念故俦。"王贞白《胡笳曲》："争教班定远，不念玉关中。"❷顾念。储光羲《使过弹筝峡作》："达士忧世务，鄙夫念王程。"刘长卿《疲兵篇》："元戎日夕且歌舞，不念关山久辛苦。"白居易《初授秘监拜赐金紫闲吟小酌偶写所怀》："子孙无可念，产业不能营。"周昙《咏史诗·三代门·管蔡》："不念祖宗危社稷，强于仁圣遣行诛。"❸思索，考虑。韩愈《烽火》："愿君熟念此，秉烛夜中归。"白居易《爱咏诗》："坐倚绳床闲自念，前生应是一诗僧。"邵谒《自叹》："每念古人言，有得则有失。"亦指想到。钱起《送褚大落第东归》："念此那能不羡归，长杨谏猎事皆违。"崔峒《书情寄上苏州韦使君兼呈吴县李明府》："谁念献书来万里，君王深在九重城。"刘禹锡《秋扇词》："当时初入君怀袖，岂念寒炉有死灰。"或指回想。韩愈《送侯参谋赴河中幕》："默坐念语笑，痴如遇寒蝇。"❹思盼，盼想。严维《送舍弟》："时暑嗟于迈，家贫念聚粮。"羊士谔《郡楼暗望二首》之一："无功惭岁晚，唯念故山归。"韩愈《此日足可惜赠张籍》："日念子来游，子岂知我情。"张籍《南归》："人言苦夜长，穷者不念明。"❺念头；思绪。王维《与胡居士皆病寄此诗兼示学人二首》之一："一兴微尘念，横有朝露身。"岑参《暮秋山行》："千念集暮节，万籁悲萧晨。"钱起《秋夜寄袁中丞王员外》："一夕盈千念，方知别者劳。"杜牧《汴河怀古》："游人闲起前朝念，折柳孤吟断杀肠。"❻犹纪念。王翰《赋得明星玉女坛送廉察尉华阴》："江妃玉佩留为念，嬴女银箫空自怜。"杨衡《夷陵郡内叙别》："留念同心带，赠远芙蓉簪。"❼哀怜。储光羲《同王十三维哭殷遥》："生理无不尽，念君在中年。"颜粲《白露为霜》："独念蓬门下，穷年在一方。"韩愈《利剑》："故人念我寡徒侣，持用赠我比知音。"姚合《寄陕府内兄郭冏端公》："相府执文柄，念其心专精。"❽怜爱。罗虬《比红儿诗》之四八："周郎若见红儿貌，料得无心念小乔。"田娥《携手曲》："行乐逶迤念容色，色衰只恐君恩歇。"❾读，念诵。寒山《诗三百三首》之七四："背后噇鱼肉，人前念佛陀。”又《诗三百三首》之一三九：“不念金刚经，却令菩萨病。”李商隐有《鄠杜马上念汉书》。

【念奴】　天宝间名妓，善歌。元稹《连昌宫词》：“力士传呼觅念奴，念奴潜伴诸郎宿。”自注：“念奴，天宝中名倡，善歌。每岁楼下酺宴，累日之后，万众喧隘。严安之、韦黄裳辈辟易不能禁，众乐为之罢奏。”明皇遣高力士大呼于楼上曰：“欲遣念奴唱歌，邠二十五郎吹小管篴，看人能听否，未尝不悄然奉诏。其为当时所重也如比。然而明皇不欲夺侠游之盛，未尝置在宫禁。或岁幸汤泉，时巡东洛，有司潜遣从行而已。”

【念佛】　佛教修习方法之一种，或念想佛之形象与功德，或口诵佛之名号，借以达到静心澄虑、往生净土之目的。中国寺僧常念“阿弥陀佛”或“南无阿弥陀佛”即属后一类。唐求《赠行如上人》：“不知名利苦，念佛老岷峨。”齐己《赠念法华经僧》：“念经念佛能一般，爱河竭处生波澜。”

【念念】　❶谓经常挂念。齐己《送玉泉道者回山寺》：“别来心念念，归去雪层层。”❷每一意念。白居易《赠草堂宗密上人》：“吾师道与佛相应，念念无为法法能。”❸佛教语。犹言刹那、片刻。寒山《诗三百三首》之二一四：“可畏三界轮，念念未曾息。”

【念室】　监狱之别称。夏代称监牢为“念室”。沈佺期《被弹》：“幼子双囹圄，老夫一念室。”

【念珠】　即佛珠。佛徒念佛时用以计数之珠串。多以木珠串成。张籍《赠箕山僧》：“时闻衣袖里，暗掐念珠声。”杜荀鹤《空闲二公递以禅律相鄙因而解之》：“念珠在手隳禅衲，禅衲披肩坏念珠。”

【念冤】　省察冤情。戴叔伦《抚州被推昭雪答陆太祝三首》之三：“已对铁冠穷事本，不知廷尉念冤无。”

【念嗟】　犹念虑、忧叹。卢肇《汉堤诗》：“帝曰念嗟，朕日南顾。”

【念結】　谓心念郁结。韦应物《留别洛京亲友》：“念结路方永，岁阴野无晖。”

【念經】　诵读佛经。为佛徒修习功课之一种。皎然《怀旧山》：“空怀旧山月，童子念经闲。”司空图《忆中条》：“堪恨昔年联句地，念经僧扫过重阳。”周朴《赠念经僧》：“庵前古折碑，夜静念经时。”齐己《和郑谷郎中幽栖之什》：“相对唯溪寺，初宵闻念经。”

【念誦】　佛教语。佛徒修习方法之一种，谓心念与口诵佛名或经咒。李白《白胡桃》：“疑是老僧休念诵，腕前推下水晶珠。”

【念舊】　眷念、思念旧友、旧情。李逢吉《和严揆省中宿斋遇令狐员外当直之作》：“位极班行犹念旧，名题章奏亦从公。”

【念驥心】　怜惜、爱惜良马之心。喻指怜才、爱才之心。语本《战国策·燕策二》。李群玉《辱绵州于中丞书信》：“一缄垂露到云林，中有孙阳念骥心。”

忿　〔fèn《广韵》匹問切，去問，敷。又敷粉切，上吻，敷。《集韵》芳問切，去問，敷。〕愤怒，恼怒；怨恨。储光羲《狱中贻姚张薛李郑柳诸公》：“负户愁读书，剑光忿冲斗。”李端《闺情》：“披衣更向门前望，不忿朝来鹊喜声。”韩愈《月蚀诗效玉川子作》：“虽忿大伤，忍杀孩稚。”慕幽《剑客》：“戟立嗔髭鬓，星流忿眼睛。”

【忿争】　争执、争斗。韩愈《醉后》：“初喧或忿争，中静杂嘲戏。”柳宗元《韦道安》：“见盗寒涧阴，罗列方忿争。”

【忿很】　忿狠乖戾。韩愈《赴江陵途中寄赠王二十李十一李二十六三学士》：“生狞多忿很，辞舌纷嘲啁。”

【忿怨】　愤怒怨恨。范质《诫儿侄八百字》：“忿怨容易生，风波当时起。”

【忿狷】　怨忿，恼怒。李瀚《蒙求》：“王述忿狷，荀粲惑溺。”

忪　〔zhōng《广韵》職容切，平鍾，章。〕心惊；惊怕。李贺《恼公》：“犀株防胆怯，银液镇心忪。”韦庄《浣溪沙》词之二：“欲上秋千四体慵，拟交人送又心忪。”

忽　〔hū《广韵》呼骨切，入没，曉。〕❶忽视，轻忽。李白《陈情赠友人》：“薄德中见捐，忽之如遗尘。”李商隐《览古》：“莫恃金汤忽太平，草间霜露古今情。”陆龟蒙《杂讽九首》之八：“尧舜尚询刍，公平听无忽。”❷轻慢；轻视。李颀《赠别穆元林》：“明主日征士，吏曹何忽贤。”李华《云母泉诗》序：“公性与道合，忽于权利。”韩愈《赠别元十八协律六首》之六：“余罪不足惜，子生未宜忽。”❸匆遽；迅疾。陈子昂《喜马参军相遇醉歌》：“时岁忽兮，孤愤遐吟。”孟浩然《送陈七赴西军》：“一闻边烽动，万里忽争先。”白居易《早秋曲江感怀》：“人寿不如山，年光忽于水。”杜牧《送陆洿郎中弃官东归》：“倏去忽来应有意，世间尘土谩疑君。”❹恍忽。韩愈《此日足可惜赠张籍》：“忽如在我所，耳若闻啼声。”曹邺《浐川寄进士刘驾》：“自是相忆苦，忽如经年别。”❺古代度量单位名。见“忽微”。❻副词。(1)忽然，突然。李峤《侍宴桃花园咏桃花应制》：“岁去无言忽憔悴，时来含笑吐氛氲。”颜真卿《谢陆处士杼山折青桂花见寄之什》：“忽枉岩中诗，芳香润金石。”朱长文《句》：“夜静忽疑身是梦，更闻寒雨滴芭蕉。”刘沧《春日旅游》：“花开忽忆故山树，月上自登临水楼。”(2)倘或，假如。元结《春陵行》：“州县忽乱亡，得罪复是谁。”

【忽乃】 忽然，忽而。卢纶《和李中丞酬万年房署少府过汾州景云观因以寄上》："如何警孤鹤，忽乃传双鱼。"

【忽乎】 ❶迅疾貌。王维《偶然作六首》之三："忽乎吾将行，宁俟岁云暮。"❷沉迷貌。白居易《香炉峰下新置草堂即事咏怀题于石上》："如获终老地，忽乎不知还。"

【忽地】 忽然。王建《华清宫前柳》："杨柳宫前忽地春，在先惊动探春人。"又《宫词一百首》之五一："忽地下阶裙带解，非时应得见君王。"杜荀鹤《春日登楼遇雨》："忽地晴天作雨天，全无暑气似秋间。"

【忽其】 ❶忽然。玄宗《巡省途次上党旧宫赋》序："爰因巡省，余次旧居，山川宛然，人事无间，忽其鼎革，周游馆宇，触目依然。"❷倘或，假如。白居易《题西亭》："忽其解郡印，他人来此居。"

【忽忽】 ❶倏忽。匆遽貌。韦应物《答崔都水》："忽忽已终日，将酬不能宣。"李益《华阴东泉同张处士诣藏律师因寄齐中书》："忽忽百龄内，殷殷千虑迫。"杜牧《逢故人》："莫惜今宵醉，人间忽忽期。"❷恍忽；迷迷糊糊。崔国辅《宿法华寺》："独游寄象外，忽忽归南昌。"杜甫《奉酬薛十二丈判官见赠》："忽忽峡中睡，悲风方一醒。"白居易《冬初酒熟二首》之二："忽忽醒还醉，悠悠暮复朝。"齐己《感时》："忽忽枕前蝴蝶梦，悠悠觉后利名尘。"❸怅然，心不定貌；失意貌。陈子昂《秋园卧病呈晖上人》："绵绵多滞念，忽忽每如失。"杜甫《冬至》："年年至日长为客，忽忽穷愁泥杀人。"韩愈《忽忽》："忽忽乎余未知生之为乐也，愿脱去而无因。"杜牧《醉后题僧院》："离心忽忽复凄凄，雨晦倾瓶取醉泥。"❹朦胧不明貌。白居易《斋月静居》："忽忽眼尘犹爱睡，些些口业尚夸诗。"皮日休《太湖诗·游毛公坛》："时时仙禽来，忽忽祥烟聚。"❺犹茫茫。司空图《诗品二十四则·含蓄》："悠悠空尘，忽忽海沤。"

【忽然】 ❶不经意；不知不觉地。毕耀《赠独狐常州》："忽然冲人身，饮酒不须疑。"❷俄顷，刹那。孟郊《送远吟》："一笑忽然敛，万愁俄已新。"杜牧《送沈士赴苏州李中丞招以诗赠行》："忽然竖明堂，一挥立能致。"❸偶然。陆海《句》："忽然一曲称君心，破却中人百家产。"❹突然。张宜明《使至三姓咽面》："昔闻班家子，笔砚忽然投。"卢纶《宴席赋得姚美人拍筝歌》："忽然高张应繁节，玉指回旋若飞雪。"贾岛《酬慈恩寺文郁上人》："闻说又寻南岳去，无端诗思忽然生。"曹邺《送友人入塞》："惊风忽然起，白日黯已晦。"❺恍然。恍惚、不分明貌。元稹《感梦》："忽然寝成梦，宛见颜如珪。"李涉《寄荆娘写真》："忽然相对两不语，疑是妆成来镜中。"❻杳然，渺然。孟郊《过分水岭》："白日舍我没，征途忽然穷。"韩愈、孟郊《远游联句》："良知忽然远，壮志郁无抽。"

【忽雷】 惊雷，响雷。卢仝《与马异结交诗》："忽雷霹雳卒风暴雨撼不动，欲动不动千变万化总是鳞皴皮。"姚合《恶神行雨》："哮吼忽雷声揭石，满天啾唧闹轰轰。"

【忽微】 本为极小之度量单位，后亦代指极微小之事物。元稹《解秋十首》之四："壤隙漏江海，忽微成网罗。"

【忽爾】 ❶忽然，突然。韩愈、孟郊《斗鸡联句》："俄膺忽尔低，植立瞥而改。"刘禹锡《酬令狐相公新蝉见寄》："忽尔弦断绝，俄闻管参差。"吕岩《窑头坯歌》："留形住世不知春，忽尔天门顶中破。"❷倘若。邵谒《送徐群辛望江》："忽尔秋不熟，储廪焉得盈。"

忺

〔xiān《洪武正韵》虚嚴切，平鹽〕欢愉，欣悦。韦应物《寄二严》："丝竹久已懒，今日遇君忺。"

忭

〔biàn《广韵》皮變切，去線，並〕欢欣，高兴。柳宗元《神仙灵毗》："笑忭前即吏，为我擢其根。"

【忭舞】 欣跃。因高兴而手舞足蹈。王湾《丽正殿赐宴同勒天前烟年四韵应制》："酒酣空忭舞，何以答昌年。"

忱

〔chén《广韵》氏任切，平侵，禪。〕诚信。引申指相信。元稹《桐花》："五者苟不乱，天命乃可忱。"

忸

〔niǔ《广韵》女六切，入屋，娘。《集韵》女九切，上有，娘。〕❶羞愧。见"忸怩❶""忸恨"。❷犹豫踟蹰。见"忸怩❷"。

【忸怩】 ❶羞愧。韩愈、李正封《晚秋郾城夜会联句》："喜颜非忸怩，达志无陨获。"同谷子《五子之歌》："仇雠万姓遂无依，颜厚何曾解忸怩。"❷犹豫不定。韩偓《送人弃官入道》："忸怩非壮志，摆脱是良图。"

【忸恨】 愧憾。韦庄《和郑拾遗秋日感事一百韵》："忸恨山思板，怀归海欲航。"

快

〔kuài《广韵》苦夬切，去夬，溪。〕❶心情愉悦，高兴。刘商《送薛六暂游扬州》："志在乘轩鸣玉珂，心期未快隐青萝。"陆龟蒙《袭美先辈以龟蒙所献五百言见和再抒鄙怀用伸酬谢》："用此常不快，无人动交鈹。"❷舒适；痛快。亦指使称心。李白《猛虎行》："有时六博快壮心，绕床三匝呼一掷。"杜甫《阻雨不得归瀼西甘林》："令儿快搔背，脱我头上簪。"钱起《巨鱼纵大壑》："方快吞舟意，尤殊在藻嬉。"韩愈《送无本师归范阳》："鲸鹏相摩窣，两举快一啖。"元稹《梦游春七十韵》："不言意不快，快意言多忤。"亦指慰抚。杜牧《春申君》："烈士思酬国士恩，春申谁与快寃魂。”❸纵逸，任情。白居易《琵琶引》序：“遂命酒，使快弹数曲。”见“快心❷”。❹快捷，疾速。陆龟蒙《早秋吴体寄袭美》：“安得弯弓似明月，快箭拂下西飞鹏。”见“快馬”。❺赶快。毛文锡《赞成功》：“快教折取，戴玉珑璁。”❻锋利。杜甫《戏题画山水图歌》：“焉得并州快剪刀，剪取吴松半江水。”陆龟蒙《杂讽九首》之九：“古铁久不快，倚天无处磨。”❼能，善于。白居易《有感三首》之二：“马肥快行走，妓长能歌舞。”

【快刀】 锋利之刃。李商隐《行次西效作一百韵》：“快刀断其头，列若猎牛悬。”

【快心】 ❶使心意满足、心情畅快。白居易《开龙门八节石滩诗二首》序：“兹吾所用适愿快心，拔苦施乐者耳，岂独以功德福报为意哉?”归仁《悼罗隐》：“一著谗书未快心，几抽胸臆纵狂吟。”❷谓恣情任性，不加节制，只图痛快。司空图《漫书五首》之四：“世路快心无好事，恩门嘉话合书绅。”

【快吟】 畅吟。畅快地吟咏。白居易《不能忘情吟》序：“自饮一杯，快吟数十声。声成文，文无定句，句随吟之短长也。”

【快性】 犹快意。使心情畅快。卢仝《扬子津》：“鹏腾鳌倒且快性，地拆天开总是闲。”又《杂兴》：“飞鹰跃马实快性，唇腐齿烂空巑岏。”

【快風】 使人感到畅快之风。语本战国楚宋玉《风赋》。岑参《虢州郡斋南池幽兴因与阎二侍御道别》：“快风从东南，荷叶翻向西。”

【快活】 快乐；舒心。寒山《诗三百三首》之八四：“贪爱有人求快活，不知祸在百年身。”元稹《阳城驿》：“奸心不快活，击刺砺戈予。”司空图《题休休亭》：“白日偏催快活人，黄金难买堪骑鹤。”杜荀鹤《早发》：“青云快活一未见，争得安闲钓五湖。”

【快馬】 奔走迅捷之马。郭周藩《谭子池》：“十五锐行走，快马不能追。”李商隐《送千牛李将军赴阙五十韵》：“长刀悬月魄，快马骇星精。”

【快意】 ❶谓恣意所欲。李白《效古二首》之一：“快意且为乐，列筵坐群公。”❷犹惬意。谓心情畅快或使心情畅快。杜甫《苏端薛复筵简薛华醉歌》：“如渑之酒常快意，亦知穷愁安在哉。”元稹《酬乐天登乐游园见忆》：“今我大江上，快意波翻云。”皮日休《奉酬鲁望夏日四声四首·平去声》：“怡神时高吟，快意乍四顾。”

【快樂】 (—lè)心情舒畅、欢愉。寒山《诗三百三首》之二〇五：“自觉浮生幻化事，逍遥快乐实善哉!”白居易《虾蟆》：“虾蟆得其志，快乐无以加。”吕岩《敲爻歌》：“似此逍遥多快乐，遨游三界最清奇。”

五　画

怔 〔zhēng《广韵》諸盈切，平清，章。〕惊恐、惶恐貌。见“怔营”。

【怔營】 惶恐不安貌。崔轩《和主司王起》：“共仰莲峰听雪唱，欲赓仙曲意怔营。”

怯 〔qiè《广韵》去劫切，入業，溪。〕❶怯懦，胆小。宋之问《渡汉江》：“近乡情更怯，不敢问来人。”可止《雪十二韵》：“出谷樵童怯，归林野鸟迷。”❷畏惧，惧怕。玄宗《春日出苑游瞩》：“鸟飞直为惊风叶，鱼没都由怯岸人。”皇甫冉《送李万州赴饶州觐省》：“举目亲鱼鸟，惊心怯鼓鼙。”王涯《秋夜曲》：“银筝夜久殷勤弄，心怯空房不忍归。”徐夤《退居》：“鹤性松心合在山，五侯门馆怯趋攀。”

【怯弦】 畏惧弓弦之声。事见《战国策·楚策四》。后因以“怯弦”指心怯如惊弓之鸟。钱起《寇中送张司马归洛》：“旅思蓬飘陌，惊魂雁怯弦。”

【怯酒】 不能喝酒，怕饮酒。段成式有《怯酒赠周繇》。

【怯弱】 懦弱，缺乏勇气。韩愈《送侯参谋赴河中幕》：“鄙夫诚怯弱，受恩愧徒弘。”

【怯寒】 畏寒，怕冷。杜牧《早春阁下寓直萧九舍人亦直内署因寄书怀四韵》：“御水初销冻，宫花尚怯寒。”

【怯猿】 胆怯之猿。高宗《九月九日》：“怯猿啼落岫，惊雁断分行。”

【怯懾】 胆怯，害怕。陆龟蒙《纪梦游甘露寺》：“怯慑不敢前，荷襟汗沾霡。”

【怯敵】 畏惧敌人，害怕临敌。李咸用《猛虎行》：“猛虎不怯敌，烈士无虚言。”

怙 〔hù《广韵》侯古切，上姥，匣。〕❶依靠；凭恃。柳宗元《奉平淮夷雅表·皇武命丞相度董师集大功也》：“王旅浑浑，是佚是怙。”见“怙權恃寵”。❷指父亲。见“怙恃”。

【怙恃】 依傍。借指双亲。早年丧父称“失怙”，丧母称“失恃”。刘禹锡《送僧元暠东游》序：“对曰：‘小失怙恃，推棘心以求上乘，积四十年，有羸老将至而不懈。’”

【怙亂】 谓恃乱，乘乱以逞己欲。孟郊《感怀》：“犹闻汉北儿，怙乱谋纵横。”

【怙權恃寵】 依仗权势与恩宠。杜光庭《怀古今》：“胡为乎冒进贪名践危途与倾辙，胡为乎怙权恃宠顾华饰与雕簪。”

怵[1]　〔chù《广韵》丑律切，入術，徹。〕惊恐。见“怵惕”。

怵[2]　〔xù《集韵》雪律切，入術，心。〕诱惑。见“怵₂迫”。

【怵₂迫】　被诱惑、逼迫。多指为利所引诱而心不得安宁。语出《管子·心术上》。唐彦谦《感物二首》之一：“幸无怵迫忧，聊复曲吾肱。”

【怵惕】　恐惧；竦惕。玄宗《过晋阳宫》：“顾循承丕构，怵惕多忧虞。”李白《古风》之二四：“鼻息干虹蜺，行人皆怵惕。”韩愈《陪杜侍御游湘西两寺独宿有题一首因献杨常侍》：“犹疑在波涛，怵惕梦成魇。”徐夤《露》：“怵惕与霜同降日，蘋蘩思荐独凄然。”

怖　〔bù《广韵》普故切，去暮，滂。〕❶惊恐，害怕。陆龟蒙《奉和袭美太湖诗二十首·入林屋洞》：“初为大幽怖，渐见微明诱。”又《吴俞儿舞歌·剑俞》：“狄胡有胆大如山，怖亦死。”齐己《读李白集》：“冥心入海海神怖，骊龙不敢为珠主。”❷吓；恐吓。储光羲《观竞渡》：“下怖鱼龙起，上惊凫雁回。”韩愈《泷吏》：“鳄鱼大于船，牙眼怖杀侬。”

【怖鸽】　指禅寺之鸽，或喻指受因厄而于佛门得到庇护解脱。见《涅槃经》卷二八。孟浩然《夜泊庐江闻故人在东寺以诗寄之》：“石镜山精怯，禅枝怖鸽栖。”欧阳衮《神光寺》：“石门栖怖鸽，慈塔绕归鸿。”

【怖獸】　受惊而恐惧之兽。太宗《出猎》：“怖兽潜幽壑，惊禽散翠空。”

怦　〔pēng《广韵》普耕切，平耕，滂。〕心跳貌。见“怦怦”。

【怦怦】　心跳貌。刘禹锡《送李策秀才还湖南因寄幕中亲故兼简衡州吕八郎中》：“弱羽果摧颓，壮心郁怦怦。”

怗　〔tiē《广韵》他协切，入帖，透。〕安静。见“怗怗”。

【怗怗】　安静貌。元稹《高荷》：“不学著水荃，一生长怗怗。”

【怗怗竦竦】　恭敬肃静貌。元稹《献荥阳公诗五十韵》序：“诸生怗怗竦竦，各尽词以献公。”

怛　〔dá《广韵》當割切，入曷，端。〕❶忧伤貌。见“怛怛”。❷畏惧。独孤及《代书寄上李广州》：“推诚鱼鳖信，持正魑魅怛。”韩愈《元和圣德诗》：“怛威赧德，踧踖蹈舞。”❸惊异，骇怪。韩愈《送文畅师北游》：“征租聚异物，诡制怛巾袜。”

【怛化】　指惊扰人之自然死亡。语出《庄子·大宗师》。卢仝《寄赠含曦上人》：“泥丸佛□教，怛化庄亦耻。”

【怛怛】　忧愁貌。杜甫《秋日夔府咏怀奉寄郑监李宾客一百韵》：“别离忧怛怛，伏腊涕涟涟。”

【怛然】　惊恐貌。韩愈《石鼎联句》序：“二子怛然失色，不敢喘。”

思　〔sī《广韵》息兹切，平之，心。又相吏切，去志，心。〕❶思想；意念。贺敳《奉和九月九日应制》：“天文发丹篆，宝思掩玄珠。”韦应物《烟际钟》：“苍茫随思远，萧散逐烟微。”白居易《斋月静居》：“病来心静一无思，老去身闲百不为。”刘沧《江行夜泊》：“乡遥楚国生归思，欲曙山光上木兰。”亦指文思、构思。李嘉祐《题道虔上人竹房》：“诗思禅心共竹闲，任他流水向人间。”罗虬《比红儿诗》之十六：“笔底如风思涌泉，赋中休谩说婵娟。”❷心情、情绪；思绪。乔备《秋夜巫山》：“谁怜梦魂远，肠断思纷纷。”戴叔伦《冬日有怀李贺长吉》：“岁晚斋居寂，情人动我思。”韦庄《途中望雨怀归》：“对此不堪乡外思，荷蓑遥羡钓人归。”李九龄《夜与张舒话别》：“如何销得凄凉思，更劝灯前酒一卮。”❸思索，考虑。太宗《帝京篇十首》之十：“奉天竭诚敬，临民思惠养。”陈元光《示珦》：“勤劳思命重，戏谑逐时空。”韩愈《琴操十首·残形操》：“吉凶何为兮，觉坐而思。”刘沧《经龙门废寺》：“因思人事事无穷，几度经过感此中。”❹想要；意欲。张九龄《忝官二十年尽在内职及为郡尝积恋因赋诗焉》：“感初时不载，思奋翼无假。”颜真卿《咏陶渊明》：“张良思报韩，龚胜耻事新。”李端《重送郑宥归蜀因寄何兆》：“为报长卿休涤器，汉家思见茂陵书。”司马扎《古边卒思归》：“汉武在深殿，唯思廓寰瀛。”❺思念，怀念。李白《静夜思》：“举头望山月，低头思故乡。”刘长卿《别陈留诸官》：“音尘倘未接，梦寐徒相思。”牟融《写意二首》之二：“闲情欲赋思陶令，卧病何人问马卿。”刘沧《春日游嘉陵江》：“今来谁识东归意，把酒闲吟思洛阳。”❻回忆，追想。卢纶《雪谤后逢李叔度》：“相逢空握手，往事不堪思。”白居易有《思往喜今》。李商隐《锦瑟》：“锦瑟无端五十弦，一弦一柱思华年。”刘沧《匡城寻薛闵秀才不遇》：“音容一别近三年，往事空思意浩然。”❼忧思，悲愁。王建《归昭应留别城中》：“并床欢未定，离室思还生。”杨巨源《登宁州城楼》：“晚菊临杯思，寒山满郡愁。”白居易《雨后秋凉》：“更添砧引思，难与簟相亲。”杨衡《经赵处士居》：“废梁悲逝水，卧木思荒庭。”❽指虫鸟鸣声凄切。羊士谔《玩槿花》：“蝉鸣复虫思，惆怅竹阴斜。”刘禹锡《秋晚新晴夜月如练有怀乐天》：“露草百虫思，秋林千叶声。”李频《寄辛明府》：“不任啼鸟思，乡社欲桑蚕。”❾句尾语气词。犹啊。《郊庙歌辞·昭德皇后庙乐章·肃和》：“后来思，福如云。”

【思人樹】 出《史记·燕召公世家》。后因以“思人树”为怀念有惠政者之典。柳宗元《种柳戏题》:“好作思人树,惭无惠化传。”

【思女】 思念情人之女子。李绅《到宣武三十韵》:“望宋怜思女,游梁念客卿。”

【思子臺】 汉武帝太子刘据为江充等陷以巫蛊之事而自杀。后武帝知其冤。“乃作思子宫,并建为归来望思之台于湖。”事详《汉书·戾太子刘据传》。台之故址在今陕西阌乡东。白居易有《思子台有感二首》。李商隐《出关宿盘豆馆对丛芦有感》:“思子台边风自急,玉娘湖上月应沉。”

【思王】 即三国魏曹植,植封陈王,谥曰思,后世称陈思王。其《洛神赋》传系为甄后所作。元稹《代曲江老人百韵》:“班女恩移赵,思王赋《感甄》。”

【思化】 思求德教风化。林宽《送李员外频之建州》:“远人思化切,休上武夷峰。”

【思玄】 ❶思求玄妙之理。多指思求道家之玄理。陆敬《游清都观寻沈道士得都字》:“青溪冥寂士,思玄徇道枢。”钱起《送宋征君让官还山》:“至人无滞迹,谒帝复思玄。”❷赋名。汉张衡作。张继《酬李书记校书越城秋夜见赠》:“苍苍不可问,余亦赋思玄。”参见“思玄赋”。

【思玄上人】 高僧。所住之寺未详。垂拱末,武后敕与西京广福寺僧日照等译《大乘显识经》《大乘五蕴论》等佛经,参与缀文笔受。骆宾王有《同辛簿简仰酬思玄上人林泉四首》。

【思玄賦】 汉赋名。汉张衡作。见《文选》卷十五。李商隐《题李上谟壁》:“旧著思玄赋,新编杂拟诗。”

【思存】 想到仍然生存下来的。卢象《八月十五日象自江东止田园移庄庆会赋是诗三首》之一:“论旧或余悲,思存且相喜。”

【思光】 南朝齐张融之字。陆龟蒙《同袭美游北禅院》:“今日有情消未得,欲将名理问思光。”

【思忖】 思索,思量。元稹《旱灾自咎贻七县宰司州时》:“归来重思忖,愿告诸邑君。”又《小胡笳引》:“哀笳慢指董家本,姜生得之妙思忖。”

【思牢】 竹名。质坚牢,可为铠甲,或制箭。产于岭南。李商隐《射鱼曲》:“思牢弩箭磨青石,绣额蛮渠三虎力。”

【思明】 即史思明。杜甫《塞芦子》:“思明割怀卫,秀岩西未已。”元稹《智度师二首》之二:“三陷思明三突围,铁衣抛尽衲禅衣。”

【思退】 想弃官退隐。白居易《赠梦得》:“头垂白发我思退,脚蹋青云君欲忙。”

【思師】 即南朝陈衡山僧慧思。岑参《青龙招提归一上人远游吴楚别诗》:“思师石可访,惠远峰犹在。”

【思師石】 石名。在衡山。思师,即慧思,南朝齐陈间高僧。传慧思携诸弟子至南岳,曰:“吾前生曾居此处领徒。”又指两石下得遗骸,乃建三生塔。思师石,即建塔处之石。岑参《青龙招提归一上人远游吴楚别诗》:“思师石可访,惠远峰犹在。”参阅《神僧传》卷五。

【思託】 日本高僧。宝应二年(763)鉴真圆寂,作诗悼之。《全唐诗补逸》卷十八录其诗一首。

【思益寺】 寺名。在苏州吴县狮山。传吴王僚葬于此。寺于南朝梁天监二年(503)置。白居易有《自思益寺次楞伽寺作》。张祜有《题苏州思益寺》。

【思菰朱】 见“思鱸”。

【思鳥】 思念故土之鸟。宋鼎《酬故人还山》:“思鸟吟高树,游鱼戏浅沙。”

【思惟】 ❶思量,思索。拾得《诗》之五二:“不解细思惟,将言长不死。”柳宗元《巽公院五咏·曲讲堂》:“愿言绝闻得,忘意聊思惟。”杜牧《杜秋娘诗》:“已身不自晓,此外何思惟。”吕岩《七言》之五:“劝君门外修身者,端念思惟此道心。”❷思想,思绪。文丙《新栽松》:“阶除添冷淡,毫末入思惟。”

【思婦】 独居而怀远思夫之女子。董思恭《咏月》:“别客长安道,思妇高楼上。”杜甫《洗兵马》:“淇上健儿归莫懒,城南思妇愁多梦。”刘商《夜闻邻管》:“邻家思妇更长短,杨柳如丝在管中。”温庭筠《遐水谣》:“麟阁无名期未归,楼中思妇徒相望。”

【思鄉】 怀念故乡。李商隐《写意》:“三年已制思乡泪,更入新年恐不禁。”李群玉《春晚》:“思乡之客空凝嚬,天边欲尽未尽春。”翁绶《陇头吟》:“阮水潺湲陇树黄,征人陇上尽思乡。”

【思越】 思念越土。喻指思念故乡。语本《古诗十九首》之二:“胡马依北风,越鸟巢南枝。”韦庄《和郑拾遗秋日感事一百韵》:“巢树禽思越,嘶风马恋羌。”

【思悲翁】 乐曲名。汉鼓吹铙歌十八曲之一。王维《送李睢阳》:“将置酒,思悲翁。”

【思量】 (—liàng)❶思考,细想;忖度。寒山《诗三百三首》之一一四:“为汝熟思量,令我也愁闷。”孟云卿《伤情》:“行行当自勉,不忍再思量。”白居易《得湖州崔十八使君书因成长句代贺兼寄微之》:“故情欢喜开书后,旧事思量在眼前。”杜牧《南楼夜》:“思量今日英雄事,身到簪裾已白头。”❷想往;欲图。顾况《剡纸歌》:“手把山中紫罗笔,思量点画龙蛇出。”罗隐《西京崇德里居》:“抛掷红尘应有恨,思量仙桂也无端。”刘坦《书从事厅屏上》:“思量一醉犹难得,辜负扬州管记名。”❸想念,思念。白居易《代谢好妓答崔员外》:

"别后曹家碑背上，思量好字断君肠。"❹揣想。顾云《苏君厅观韩干马障歌》："思量动步应千里，谁见初离渥洼水。"齐己《和县域上人寄赠之什》："思量青壁寺，行坐赤松风。"

【思無邪】 心地纯正而无邪念。语本《诗·鲁颂·駉》。又《论语·为政》。吴筠《步虚词十首》之五："真气溢绛府，自然思无邪。"柳宗元《唐铙歌鼓吹曲十二篇·吐谷浑》："凯旋献清庙，万国思无邪。"

【思鉅鹿】 为咏怀念良将之典。见《史记·冯唐列传》。张九龄《奉和圣制过王濬墓》："汉王思钜鹿，晋将在弘农。"

【思想】 ❶内心的思维活动。韩愈《送文畅师北游》："幽穷谁共语，思想甚含哕。"白居易《早兴》："睡觉心空思想尽，近来乡梦不多成。"❷思念，想念。魏承班《诉衷情》词："烟露冷，水流轻，思想梦难成。"

【思齊】 ❶思与贤人相齐。谓希望能赶上贤人。语本《论语·里仁》："见贤思齐。"田游岩《弘农清岩曲有磐石可坐宋十一每拂拭待余寄诗赠之》："仆也颍阳客，望彼空思齐。"吴筠《酬叶县刘明府避地庐山言怀兼见赠之》："明哲良罕遇，遇君辄思齐。"钱起《送张管书记》："班超封定远，之子去思齐。"汤洙《登云梯》："前修如可慕，投足固思齐。"❷人名，即勤思齐，历阳（今安徽和县）人，武则天曾召见，授游击将军，后拜横南将军。李白有《历阳壮士勤将军名思齐歌》。许浑《题勤尊师历阳山居》序："师即思齐之孙。"

【思緒】 ❶思想之头绪。刘允济《经庐岳回望江州想洛川有作》："言泉激为浪，思绪飞成缴。"陆龟蒙、皮日休《寒夜联句》："清知思绪断，爽觉心源彻。"❷情绪，心绪。指思想感情。白居易《初与元九别后忽梦见之因以此寄》："《桐花诗》八韵，思绪一何深。"李商隐《今月二日以诗一首干渎尊严伏蒙披览辄复五言四十韵诗献上》："容华虽少健，思绪即悲翁。"陆龟蒙《江南秋怀寄华阳山人》："贤彦风流远，江湖思绪萦。"

【思賢頓】 即望贤宫。在咸阳东数里。皇帝出行食宿之所称顿。李商隐有《思贤顿》。

【思慮】 ❶心神、智虑。韦应物《郊居言志》："日夕临清涧，逍遥思虑闲。"戴叔伦《奉天酬别郑谏议云逵卢拾遗景亮见别之作》："世故山川险，忧多思虑昏。"白居易《闲行》："五十年来思虑熟，忙人应未胜闲人。"徐铉《和江西萧少卿见寄二首》之一："珍重加餐省思虑，时时斟酒压山岚。"❷纷繁之思绪。皎然《登开元寺楼送崔少府还平望驿》："登望思虑积，长亭树连连。"张籍《卧疾》："身病多思虑，亦读神农经。"

【思德】 思慕其品德。戎昱《送苏参军》："客来有恨空思德，别后谁人更议文。"

【思摩】 即李思摩。白居易《新乐府·七德舞》："含血吮创抚战士，思摩奋呼乞效死。"自注："李思摩尝中矢，太宗亲为吮血。"

【思養】 思欲奉养、孝敬双亲。牟融《赠欧阳詹》："服勤因念劬劳重，思养徒怀感慨深。"又《邵公母》："劬劳常想三春恨，思养其如寸草何。"

【思謀】 思虑谋划。白居易《春游二林寺》："智士劳思谋，戎臣苦征役。"

【思親】 思念亲人。王维《九月九日忆山东兄弟》："独在异乡为异客，每逢佳节倍思亲。"

【思隱】 思欲退隐。黄滔《旅怀》："东越云山却思隐，西秦霜霰苦频留。"

【思舊】 怀念往事或旧友。白居易《思旧》："闲日一思旧，旧游如目前。"李咸用《送赵舒处士归庐山》："思旧江云断，谈玄岳月移。"

【思歸】 ❶盼望还乡。于武陵《早春山行》："异乡那久客，野鸟尚思归。"❷曲名，即《思归引》。李德裕《峡山亭月夜独宿对樱桃花有怀伊川别墅》："恨无金谷妓，为我奏思归。"

【思歸引】 琴曲名。亦名《离拘操》。传为春秋时卫侯女作。卫女受聘于邵王，未至而邵王卒。太子欲留之，女不听，被拘深宫，思归不得，遂援琴歌思归引。歌竟自缢。杨师道《侍宴赋得起坐弹鸣琴二首》之一："变作离鸿声，还入思归引。"张祜、于濆有《思归引》之作。

【思歸曲】 （曲 qǔ）琴曲名，即"思歸引"。牛殳《琵琶行》："金谷园中草初绿，石崇一弄思归曲。"

【思歸樂】 （樂 yuè）❶鸟名。即杜鹃。以其鸣声似云"不如归去"，故称。元稹《思归乐》："山中思归乐，尽作思归鸣。"白居易《和答诗十首·和思归乐》："因听思归鸟，神气独安宁。"❷唐曲调名。

【思議】 心思口议。指理解与言传。佛教常以"不思议"指玄奥深妙，不可理解与言传。曹松《广州贻匡绪法师》："口宣微密不思议，不是除贪即诫痴。"

【思黯】 牛僧孺之字。刘禹锡有《酬思黯见示小饮四韵》。白居易有《分司洛中多暇数与诸客宴游醉后狂吟偶成十韵因招梦得宾客兼呈思黯奇章公》，又有《奉和思黯自题南庄见示兼呈梦得》。

【思鱸】 为咏思乡之典。见南朝宋刘义庆《世说新语·识鉴》。唐彦谦《蟹》："西风张翰苦思鲈，如斯丰味能知否。"吴融《南迁途中作七首·渡汉江初尝鳊鱼有作》："啸父知机先忆鱼，季鹰无事已思鲈。"亦作"思菰米"。郑谷《同志顾云下第出京偶有寄勉》："乡连南渡思菰米，泪滴东风避杏花。"

怏 〔yàng《广韵》於亮切，去漾，影。又於兩切，上養，影。〕郁闷不乐貌。牟融《有感》："盛世嗟沉伏，中情怏未舒。"又《寄周韶州》："寄语故人休怅怏，古来贤达事多殊。”

【怏怏】 抑郁不乐貌。王昌龄《大梁途中作》：“怏怏步长道，客行渺无端。”杜甫《奉赠韦左丞丈二十二韵》：“焉能心怏怏，只是走踆踆。”白居易《送春归》：“帝城送春犹怏怏，天涯送春能不加惆怅。”

【怏悒】 犹郁闷，抑郁。杜甫《早发射洪县南途中作》：“汀洲稍疏散，风景开怏悒。”

恍 〔huǎng《广韵》許昉切，上養，曉。〕❶心神不定，无所适从貌。王维《宋进马哀词》：“低光垂彩兮，恍不知其所之。”殷尧藩《暮春述怀》：“为客山南二十年，愁来恍近落花天。”❷迷离；朦胧；不分明貌。窦群《雪中遇直》：“恍疑白云上，乍觉金印非。”孟郊《送李翱习之》：“旧忆如雾星，恍见于梦消。”❸仿佛。见“恍如”“恍若”。❹惆怅失意貌。见“恍❸”“恍惘”。❺忽然。李白《梦游天姥吟留别》：“忽魂悸以魄动，恍惊起而长嗟。”❻变化迅疾貌。见“恍忽”“恍恍”。

【恍如】 仿佛。韩愈《越江陵途中寄赠翰林三学士》：“汗漫不省识，恍如乘桴浮。”皎然《兵后余不亭重送卢孟明游江西》：“携手曾此分，恍如隔胡越。”孟郊《寒溪》之六：“恍如罔两说，似诉割切由。”

【恍若】 犹仿佛。钱起《卧疾答刘道士》：“长吟想风驭，恍若升蓬瀛。”韩愈《赠张籍》：“感荷君子德，恍若乘朽栈。”白居易《和梦游春诗一百韵》：“恍若有所遇，似惬平生欲。”皮日休《奉和鲁望渔具十五咏·射鱼》：“下窥见鱼乐，恍若翔在空。”

【恍忽】 犹倏忽。变化疾速貌。曲信陵《出自贼中谒恒上人》：“浮生恍忽若真梦，何事于中有是非。”

【恍恍】 ❶恍惚。心神不定貌。权德舆《古离别》：“入门复上堂，恍恍生惊疑。”白居易《登香炉峰顶》：“上到峰之顶，目眩神恍恍。”❷朦胧；不分明貌。李白《草书歌行》：“恍恍如闻鬼神惊，时时只见龙蛇走。”杜牧《雨中作》：“酣酣天地宽，恍恍嵇刘伍。”❸惆怅失意貌。权德舆《杂诗五首》之三：“徒然路傍子，恍恍复凄凄。”吕温《同舍弟恭岁暮寄晋州李六协律三十韵》：“恍恍若有失，悄悄良不怡。”杜牧《李甘诗》：“恍恍三闾魂，悠悠一千古。”

【恍惘】 犹怅惘，心无依傍貌。吴筠《高士咏·汉阴丈人》：“已为风波人，恍惘失所依。”

【恍欻】 同“恍忽”。变化迅疾貌。韩愈《山南郑相公樊员外酬答为诗其末咸有见及语樊封以示愈依赋十四韵以献》：“茫漫华黑间，指画变恍欻。”

性 〔xìng《广韵》息正切，去勁心。〕❶人之天性、本性。殷寅《铨试后征山别业寄源侍御》：“圣君性则哲，济济多英彦。”韩愈《从仕》：“两事皆害性，一生恒苦心。”白居易《咏拙》：“所禀有巧拙，不可改者性。”❷资质；天赋。卢纶《宿澄上人院》：“性昏知道晚，学浅喜言同。”姚合《寄陕府内兄郭冏端公》：“为文性不高，三年住西京。”❸性情。指性格、脾气与志趣等。孟浩然《冬至后过吴张二子檀溪别业》：“外事情都远，中流性所便。”岑参《虢州郡斋南池幽兴因与阎二侍御道别》：“性本爱鱼鸟，未能返岩溪。”顾非熊《送从叔尉渑池》：“甘贫只为心知道，晚达多缘性好山。”陆龟蒙《奉和袭美二游诗·徐诗》：“开怀展橱麓，唯在性所便。”亦指动物之秉性、性情。刘禹锡《踏潮歌》：“介鲸得性方逍遥，仰鼻嘘吸扬朱翘。”白居易《题海图屏风》：“鳞介无小大，遂性各沉浮。”又《放鹰》：“取其向背性，制在饥饱时。”❹习性，习惯。李颀《赠张旭》：“张公性嗜酒，豁达无所营。”姚合《游春十二首》之七：“疏懒今成性，谁人肯更怜。”❺万物之秉性、性质。骆宾王《早发诸暨》：“橘性行应化，蓬心去不安。”潘炎《清如玉壶冰》：“琰玉性惟坚，成壶体更圆。”孟郊《赠苏州韦郎中使君》：“嘉木依性植，曲枝亦不生。”白行简《金在熔》：“坚刚由我性，鼓铸任君心。”❻性命，生命。孟郊《旅次湘沅有怀灵均》：“怀沙灭其性，孝行焉能俱。”❼佛教语。指先天之真如法性。寇坦《同皇甫兵曹天官寺浴室新成招友人赏会》：“水洁三空性，香沾四大身。”皎然《和杨明府早秋游法华寺》：“诵空性不昧，助道迹又经。”姚合《寄不疑上人》：“随缘嫌寺著，见性觉经繁。”许棠《赠志空上人》：“常修不住性，必拟老何峰。”

【性分】 (—fèn)人之天性与命分。严武《题龙日寺西龛石壁》：“性分固有适，蓍龟何足求。”

【性行】 (—xíng)生性与行为。无名氏《廉州人歌》：“廉州颜有道，性行同庄老。”

【性命】 ❶生命。李颀《古从军行》：“闻道玉门犹被遮，应将性命逐轻车。”杜甫《述怀一首》：“几人全性命，尽室岂相偶。”王建《寄李益少监兼送张实游幽州》：“谅无金石坚，性命岂能长。”周昙《咏史诗·秦门·项籍》：“壮士诚知轻性命，不思辜负八千人。”❷中国古代哲学范畴，物所受为性，天所赋为命。指所禀受之性质、属性。齐己《酬元员外见寄》：“易中通性命，贫里过流年。”

【性空】 (—kōng)佛教语。谓一切现象皆虚而不实，没有固定性质与独立实体。见《大智度论》卷三一。王维《山中示第》：“缘合妄相有，性空无所亲。”戴叔伦《晖上人独坐亭》：“性空长入定，心悟自通玄。”

【性空禪師】 (空 kōng，禪 chán)潭州石霜山寺僧。洪州百丈怀海禅师之法嗣。见《景德传灯录》卷九。贯休有《别性空禅师》。

【性真】 性情真率。陆龟蒙《添酒中六咏》序：“鹿门子示予《酒中十咏》，物古而词丽，旨高而性真。”

【性格】 性情、个性。指人在待人处世等方面所表现出之心理特征。李中《献张拾遗》:“官资清贵近丹墀,性格孤高世所稀。”

【性海】 佛教语。喻指广如大海之真如法性。白居易《狂吟七言十四韵》:“性海澄渟平少浪,心田洒扫净无尘。”

【性術】 犹性情。权德舆《书绅诗》:“和理通性术,悠久方昭明。”

【性情】 ❶禀性;天性。储光羲《田家杂兴八首》之三:“楚国有夫人,性情本贞直。”沈千运《感怀弟妹》:“性情谁免此,与我不相易。”元稹《遣行十首》之九:“见说巴风俗,都无汉性情。”温庭筠《经故秘书崔监扬州南塘旧居》:“昔年曾识范安成,松竹风姿鹤性情。”❷性格,脾气。元结《漫酬贾沔州》:“自家樊水上,性情尤荒慢。”皎然《潘丞孩子》:“爱子性情奇,初生玉树枝。”韩愈《贺张十八秘书得裴司空马》:“长令奴仆知饥渴,须着贤良待性情。”❸指反映人之精神面貌的心理、气质、情操等。储光羲《同诸公秋霁曲江俯见南山》:“吾党二三子,萧辰怡性情。”皎然《酬薛员外谊苦热行见寄》:“炎曦烁肌肤,毒雾昏性情。”和凝《醴泉院》:“暂游颇爱闲滋味,久住翻嫌俗性情。”亦指思想感情或志趣习尚。温翁念《五言同韦子游神泉诗》:“及我性情狎,遥轻武陵涘。”韩愈《醉赠张秘书》:“性情渐浩浩,谐笑方云云。”李涉《六叹》序:“清江、白云、孤山、远屿,皆得时之人吟咏性情耳。”❹犹心情。钱起《岁初归旧山》:“石田耕种少,野客性情闲。”李端《与萧远上人游少华山寄皇甫侍御》:“渐看闾里远,自觉性情闲。”白居易《诗解》:“旧句时时改,无妨悦性情。”

【性場】 心理、性情之场境。指精神活动领域。白居易《养拙》:“无忧乐性场,寡欲清心源。”又《渭村退居寄礼部崔侍郎翰林钱舍人诗一百韵》:“由是推天运,从兹乐性场。”

【性源】 佛教语。指真如法性。《大乘起信论》谓法性为诸法产生之本源,故称。方干《僧院小泉井》:“欲知到底无尘染,堪与吾师比性源。”

【性僻】 性情与癖好。杜甫《江上值水如海势聊短述》:“为人性僻耽佳句,语不惊人死不休。”

【性識】 天资,禀赋;悟性。白居易《新乐府·立部伎》题注:“太常选坐部伎,无性识者退入立部伎;又选立部伎,绝无性识者退入雅乐部。”又《吾雏》:“抚养虽骄騃,性识颇聪明。”

【性靈】 ❶心灵与内在的精神、情操气质等。王绩《过酒家五首》之二:“此日长昏饮,非关养性灵。”杜甫《解闷十二首》之七:“陶冶性灵在底物,新诗改罢自长吟。”张籍《南归》:“惧离其寝寐,百忧伤性灵。”方干《赠美人四首》之三:“酒蕴天然自性灵,人间有艺总关情。”亦指思想感情。张籍《和左司元郎中秋居十首》之九:“林下无拘束,闲行放性灵。”❷秉性;习性。白居易《寄白头陀》:“性灵闲似鹤,颜状古于松。”张祜《酬答柳宗言秀才见赠》:“江鸥自戏为踪迹,野鹿闲惊是性灵。”司空图《题休休亭》:“伎两虽多性灵恶,赖是长教闲处著。”杜牧《鹤》:“碧云行止躁,白鹭性灵粗。”❸性格;脾气。刘禹锡《和仆射牛相公见示长句》:“静得天和兴自浓,不缘宦达性灵慵。”白居易《公垂尚书以白马见寄光洁稳善以诗谢之》:“毛色鲜明人尽爱,性灵驯善主偏知。”姚合《寄崔之仁山人》:“官职卑微从客笑,性灵闲野向钱疏。”徐铉《病题二首》之一:“性灵慵懒百无能,唯被朝参遣夙兴。”❹才情;灵气。白居易《听歌六绝句·听都子歌》:“都子新歌有性灵,一声格转已堪听。”曹邺《寄监察从兄》:“因为二雅诗,出语有性灵。”贯休《寄匡山大愿和尚》:“只将清净酬恩德,敢信文章有性灵。”❺风骨;风姿。卢士衡《松》:“云外千寻好性灵,伴杉陪柏事孤贞。”

怤

〔fū《广韵》芳无切,平虞,敷。〕唐诗中用为人名。张籍有《赠姚怤》。孟郊有《赠姚怤别》。

【怤師】 即僧道付。王周有《赠怤师》。

怎

〔zěn《字彙》子沈切。〕疑问代词。见“怎生”。

【怎生】 如何,怎样。吕岩《真人行巴陵市留诗》:“道我醉来真个醉,不知愁是怎生愁。”又《绝句》之十二:“不问黄芽肘后方,妙道通微怎生说。”

怍

〔zuò《广韵》在各切,入鐸,從。〕羞惭,惭愧。张说《奉和圣制送宇文融安辑户口应制》:“怍非夔龙佐,徒歌鸿雁飞。”韩愈、李正封《晚秋郾城夜会联句》:“铭山子所工,插羽余何怍。”

怕

〔pà《广韵》普駕切,去禡,滂。〕害怕,畏惧。寒山《诗三百三首》之六一:“看花愁日晚,隐树怕风吹。”杜甫《光禄坂行》:“马惊不忧深谷坠,草动只怕长弓射。”戴叔伦《送裴判官回湖南》:“莫怕南风且尽欢,湘山多雨夏中寒。”杜荀鹤《自叙》:“宁为宇宙闲吟客,怕作乾坤窃禄人。”

【怕婦】 惧内,怕老婆。中宗朝优人《回波词》:“回波尔时栲栳,怕妇也是大好。”

【怕懼】 畏惧;忌禅。薛能《野园》:“娇养翠娥无怕惧,插人头上任风吹。”

忽

〔cōng《广韵》倉紅切,平東,清。〕匆促,急遽。见“忽忙”。

【忽忽】 匆忙,急遽貌。骆宾王《代女道士王灵妃赠道士李荣》："乍可匆匆共百年，谁使遥遥期七夕。"杜甫《泥功山》："寄语北来人，后来莫匆匆。"杨凝《行思》："此时皆在梦，行色独匆匆。"韩偓《北齐二首》之二："神器传时异至公，败亡安可怨匆匆。"

【怱忙】 匆遽，急遽。杜甫《新婚别》："暮婚晨告别，无乃太匆忙。"

怨 〔yuàn《广韵》於願切，去願，影。又於袁切，平元，影。〕❶怨恨。张九龄《和黄门卢监望秦始皇陵》："人怨神亦怒，身死宗遂覆。"韦应物《野次听元昌奏横吹》："北人听罢泪将落，南朝曲中怨更多。"羊士谔《夜听琵琶三首》之一："当时谁佩将军印，长使蛾眉怨不穷。"刘沧《边思》："蛾眉一没空留怨，青冢月明啼夜乌。"❷埋怨；责怪。孟郊《折杨柳》："但恐人别促，不怨来迟迟。"张籍《别段生》："还期在新年，勿怨欢会迟。"贾岛《早蝉》："若问此心嗟叹否，天人不可怨而尤。"周昙《咏史诗·后汉门·再吟献帝》："咸怨刑科有党偏，耕夫无不事戎旃。"❸哀伤；忧愁。雍裕之《秋蛩》："蛩鸣谁不怨，况是正离怀。"殷尧藩《送沈亚之尉南康》："行迈南康路，客心离怨多。"赵抟《琴歌》："何殊此琴哀怨苦，寂寞沉埋在幽户。"❹怨仇。白居易《李都尉古剑》："不愿报小怨，夜半刺私仇。"见"怨敵"。❺分离；远离。见"怨婦"。❻讽刺。见"怨句""怨諷"。❼通"冤"。见"怨魂"。

【怨女】 已到婚龄而未婚配之女子。多指宫女。白居易《新乐府·七德舞》："怨女三千放出宫，死囚四百来归狱。"

【怨王孫】 词牌名。亦名"忆王孙"。双调，十三句，五十三字，平韵，与《河传》《月照梨花》同调。韦庄有《怨王孙》词一首。

【怨天】 埋怨上天。亦指怨恨自己命运不好。王建《水夫谣》："我愿此水作平田，长使水夫不怨天。"白居易《送刘五司马赴任硖州兼寄崔使君》："位下才高多怨天，刘兄道胜独恬然。"牟融《重赠张籍》："凡缘未了嗟无子，薄命能孤不怨天。"

【怨尤】 埋怨，责怪。王绩《古意六首》之三："弃置谁怨尤，自我招此否。"元结《闵荒诗》："奈何昏王心，不觉此怨尤。"薛能《下第后春日长安寓居三首》之一："自无功说分，敢抱怨尤心。"徐夤《依御史温飞卿华清宫二十二韵》："圣诰多屯否，生灵少怨尤。"

【怨切】 哀怨悲切。窦弘余《广谪仙怨》序："其音怨切，诸曲莫比。"

【怨目】 含有怨色之眼睛。李商隐《垂柳》："怨目明秋水，愁眉淡远峰。"

【怨句】 婉言讽喻之诗句。韩愈《赠崔立之评事》："频蒙怨句刺弃遗，岂有闲官敢推引。"

【怨回紇】 唐乐曲名。亦称《怨回鹘》，始名《大郎悲》，又改名《悲切子》，终称《怨回鹘》。见唐段安节《乐府杂录·离别难》。皇甫松有《怨回纥》二首。

【怨色】 怨恨之神色。李颀《登首阳山谒夷齐庙》："毕命无怨色，成仁其若何。"

【怨抑】 哀怒抑郁。白居易《和微之听妻弹别鹤操因为解释其义依韵加四句》："怨抑掩朱弦，沉吟停玉指。"

【怨別】 怨恨离别。崔日用《饯唐永昌》："冬至冰霜俱怨别，春来花鸟若为情。"戴叔伦《送李长史纵之任常州》："思归复怨别，寥落讵关秋。"李商隐《残花》："残花啼露莫留春，尖发谁非怨别人。"刘沧《春日旅游》："秦川楚塞烟波隔，怨别路岐何日休。"

【怨刺】 怨诽讽刺。陆龟蒙《和过张祜处士丹阳故居》序："噫，人假之为玩好，不根于道义耶？惧其怨刺于神明耶?"钱起《江行无题一百首》之八七："缘情无怨刺，却似反离骚。"

【怨咎】 埋怨，怪罪。戴叔伦《同兖州张秀才过王侍御参谋宅赋十韵》："十年官不进，敛迹无怨咎。"

【怨思】 ❶怨恨忧伤。杜甫《夔府书怀四十韵》："万里烦供给，孤城最怨思。"权德舆《数名诗》："九歌伤泽畔，怨思徒刺促。"徐凝《汴河览古》："渡河不似如今唱，为是杨家怨思声。"温庭筠《醉歌》："临邛美人连山眉，低抱琵琶含怨思。"❷谓离乡之人怨别思乡。语出《诗·王风·扬之水》序。储光羲《望幸亭》："周国易居守，周人多怨思。"又《同诸公秋日游昆明池思古》："君臣日安闲，远近无怨思。"

【怨咽】 哀怨呜咽。乔知之《定情篇》："怨咽前致辞，愿得申所悲。"白居易《听竹枝赠李侍御》："巴童巫女竹枝歌，懊恼何人怨咽多。"庄南杰《湘弦曲》："满堂怨咽悲相续，苦调中含古离曲。"方干《送杭州李员外》："笙歌怨咽当离席，更漏丁东在画船。"

【怨秋】 悲秋，伤秋。李端《送客赴江陵寄郢州郎士元》："露下晚蝉愁，诗人旧怨秋。"司空图《秋景》："景物皆难驻，伤春复怨秋。"

【怨恨】 ❶怀怨抱憾，憾恨不平。杜甫《咏怀古迹五首》之三："千载琵琶作胡语，分明怨恨曲中论。"白居易《反鲍明远白头吟》："古称怨恨死，则人有所惩。"程洛宾《归李江州后寄别王氏》："虽然情断沙吒后，争奈平生怨恨深。"灵澈《听莺歌》："口边血出语未尽，岂是怨恨人不知。"❷仇恨。杜甫《夔州歌十绝句》之三："比讶渔阳结怨恨，元听舜日旧箫韶。"

【怨咨】 怨叹。埋怨嗟叹。独孤及《登后湖伤春怀京师故旧》："昨日看摇落，惊秋方怨咨。"白居易《效陶潜体诗十六首》之四："西家荷锄叟，雨来亦怨咨。"皮日休《三羞诗三首》之三："一身既饱暖，一家无怨咨。"

【怨怒】 怨恨愤怒。李白《古风》之二九:“王风何怨怒,世道终纷拏。”

【怨氣】 指强烈的怨恨之情。孟郊《赠别崔纯亮》:“况是儿女怨,怨气凌彼苍。”李群玉《湖中古愁三首》之二:“灵均竟不返,怨气成微波。”于濆《陇头水》:“薄日朦胧秋,怨气阴云结。”方干《贻钱唐县路明府》:“世路屈声远,寒溪怨气深。”

【怨氣衡星】 犹怨气冲天,形容怨愤极大。刘景复《梦为吴泰伯作胜儿歌》:“时看汉月望汉天,怨气冲星成慧孛。”

【怨悔】 怨憾,悔恨。白居易《新乐府·太行路》:“古称色衰相背弃,当时美人犹怨悔。”

【怨情】 哀怨、怨恨之情。张九龄《听筝》:“纤指传新意,繁弦起怨情。”李白有《怨情》。李赤《姑熟杂咏·望夫山》:“颙望临碧空,怨情感离别。”

【怨惜】 悲怨惋惜。杜甫《大历三年春白帝城放船出瞿塘峡漂泊有诗凡四十韵》:“曲留明怨惜,梦尽失欢娱。”

【怨婦】 丧夫或远离丈夫之女子。吴少微《相和歌辞·怨歌行》:“城南有怨妇,含怨倚兰丛。”

【怨嗟】 怨恨嗟叹。李白《巴陵赠贾舍人》:“贾生西望忆京华,湘浦南迁莫怨嗟。”杜甫《古柏行》:“志士幽人莫怨嗟,古来材大难为用。”李商隐《昨日》:“未容言语还分散,少得团圆足怨嗟。”黄滔《别友人》:“已喜相逢又怨嗟,十年飘泊在京华。”

【怨魂】 受冤屈之魂。李商隐《独居有怀》:“怨魂迷恐断,娇喘细疑沉。”

【怨傷】 哀怨忧伤。吴融《风雨吟》:“只有闲横膝上琴,怨伤怨恨聊相寄。”

【怨慕】 指不得相见而思慕。语本《孟子·万章上》。刘长卿《奉饯郑中丞罢浙西节度还京》:“三军含怨慕,横吹声断绝。”钱起《省试湘灵鼓瑟》:“苍梧来怨慕,白芷动芳馨。”

【怨歌】 ❶哀怨之歌。马戴《晚眺有怀》:“点点抱离念,旷怀成怨歌。”❷哀怨地歌唱。刘希夷《春女行》:“春女颜如玉,怨歌阳春曲。

【怨歌行】 (—xíng)乐府相和歌调曲名。亦称“怨诗行”。传春秋楚卞和献璞遭刖刑,怨愤而作此曲。虞世南、李白、吴少微、曹邺均有《怨歌行》,内容多反映女子失宠之哀怨。

【怨嘆】 怨恨嗟叹。唐彦谦《和陶渊明贫士诗七首》之三:“听之不能寐,中有怨叹音。”

【怨魄】 ❶冤魂。司空图《冯燕歌》:“凤凰钗碎各分飞,怨魄娇魂何处追。”❷指子规鸟。亦称杜鹃。因传为古蜀帝杜宇之怨魂所化,故称。温庭筠《锦城曲》:“怨魄未归芳草死,江头学种相思子。”

【怨調】 (—diào)哀怨之曲调。白居易《杨柳枝二十韵》:“乐童翻怨调,才子与妍词。”

【怨敵】 仇敌。李商隐《行次西郊作一百韵》:“乐祸忘怨敌,树党多狂狷。”颜萱《过张祜处士丹阳故居》:“岂是争权留怨敌,可怜当路尽公卿。”

【怨憤】 怨恨悲愤。杜甫《秋日荆南述怀三十韵》:“琴乌曲怨愤,庭鹤舞摧颓。”

【怨憎】 怨恨,埋怨憎恨。陈子昂《感遇诗三十八首》之十二:“怨憎未相复,亲爱生祸罗。”白居易《相和歌辞·反白头吟》:“岂能泥尘下,区区酬怨憎。”

【怨諷】 悲诽讽刺。郑仆射有《湘中怨讽》诗(卷七八三)。

【怨聲】 怨恨之声;哀怨之声。孟郊《连州吟》:“怨声能翦弦,坐抚零落琴。”常建《吴故宫》:“岂知一日终非主,犹自如今有怨声。”曹邺《送进士下第归南海》:“雪过蓝关寒气薄,雁回湘浦怨声长。”

【怨懟】 怨望,不满。柳宗元《唐铙歌鼓吹曲》序:“臣沦弃即死,言与不言,其罪等耳。犹冀能言,有益国事,不敢效怨怼默已。”

【怨曠】 女无夫曰怨,男无妻曰旷。亦专指女子未及时婚嫁而独居,多用指宫女。陈子昂《感遇诗三十八首》之二六:“宫女多怨旷,层城闭蛾眉。”白居铁《新乐府·上阳白发人》题注:“愍怨旷也。”

【怨㬋】 怨愤。元结《二风诗·乱风诗五篇·至惑》:“上下隔塞,人神怨㬋。”

【怨離】 因离别而忧伤。唐彦谦《寄怀》:“有客伤春复怨离,夕阳亭畔草青时。”

【怨譎】 含蓄委婉地谏讽。陆龟蒙《和过张祜处士丹阳故居》序:“短章大篇,往往间出。谏讽怨谲,时与六义相左右。”

急 〔jí《广韵》居立切,入缉,見。〕❶心急,着急。崔融《西征军行遇风》:“马烦莫敢进,人急未遑食。”孟郊《擢第后东归书怀献座主吕侍御》:“慈亲诫志就,贱子归情急。”韩愈《赴江陵途中寄赠翰林三学士》:“富者既云急,贫者固已流。”亦指使心急。李正封《咏露》:“沾树急玄蝉,洒池栖皓鹤。”❷紧急;危急。韩愈《送石洪处士赴河阳幕得起字》:“去去事方急,酒行可以起。”子兰《长安早秋》:“门门走马征兵急,公子笙歌醉玉楼。”亦指危难。李白《古风》之三四:“喧呼救边急,群鸟皆夜鸣。”❸紧要。谓急需优先处理之事。苗晋卿《奉和圣制早登太行山中言志》:“月令农先急,春搜礼复行。”❹迫切;急需。杜甫《送韦十六评事充同谷郡防御判官》:“逼侧兵马间,主忧急良筹。”严维《题鲍行军小阁》:“席上招贤急,山阴对雪频。”韩愈《赠唐衢》:“当今天子急贤良,匭函朝山开明光。”陆龟蒙《奉酬袭美先辈吴中苦雨一百韵》:“诸侯急兵食，冗剩方剪截。”❺赶忙；加紧。丁仙芝《戏赠姚侍御》：“新披骢马陇西驹，头戴獬豸急晨趋。”岑参《忆长安曲二章寄庞傕》之二：“明日归长安，为君急走马。”张震《宿金河戍》：“奔波急王程，一日千里路。”❻迅疾，快速。李白《巴女词》：“巴水急如箭，巴船去若飞。”韦应物《滁州西涧》：“春潮带雨晚来急，野渡无人舟自横。”张籍《老将》：“鬓衰头似雪，行步急如风。”姚合《酬令狐郎中见寄》：“昨是儿童今是翁，人间日月急如风。”❼劲疾；猛烈。李峤《鹊》：“危巢畏风急，绕树觉星稀。”杜甫《奉先刘少府新画山水障歌》：“反思前夜风雨急，乃是蒲城鬼神入。”刘沧《边思》：“黄河晚冻雪风急，野火远烧山木枯。”吴黔《失题》：“烧急平芜广，风悲古木寒。”❽指声音、节奏急促，频密。皇甫曾《寻刘处士》：“隔城寒杵急，带月早鸿还。”元稹《琵琶歌》：“性灵甚好功犹浅，急处未得臻幽闲。”朱庆余《啄木儿》：“丁丁向晚急还稀，啄遍庭槐未肯归。”牛殳《方响歌》：“缓击急击曲未终，暴雨飘飘生坐上。”❾紧；束紧。姚崇《夜渡江》：“舟轻不觉动，缆急始知牵。”李商隐《独居有怀》：“数急芙蓉带，频抽翡翠簪。”无名氏《嘲伛偻人》(卷八七二)：“着衣床上坐，肚缓脊皮急。”❿严格。苏颋《奉和圣制漕桥东送新除岳牧》：“有令田知急，无分狱在宽。”

【急三臺】 唐乐曲名。因其节奏较羽调曲《三台》急促，故名。韦应物《三台二首》题注：“按《乐苑》：唐天宝中，羽调曲有《三台》，又有《急三台》。”

【急拍】 音乐中之急促节拍。张祜《寿州裴中丞出柘枝》：“深情记处常低眼，急拍来时旋折身。”

【急拍繁弦】 同“急管繁弦”。节奏急促、演奏热烈的音乐。李郢《醉送》：“江梅冷艳酒清光，急拍繁弦醉画堂。”

【急弦】 指节拍急促之弦乐弹奏。李商隐《拟意》：“急弦肠对断，剪蜡泪争流。”

【急奏】 急促的弹奏。白居易《筝》：“慢弹回断雁，急奏转飞蓬。”

【急風】 劲疾之风。欧阳询《嘲萧瑀射》：“急风吹缓箭，弱手驭强弓。”

【急急如律令】 急速按法律命令办事。本为汉代公文结尾用语。后道家承用于符咒之中，谓勒令鬼神等速按符令办理。寒山《诗三百三首》之一：“今日得佛身，急急如律令。”

【急急】 ❶急切、着急貌。韦应物《乌引雏》：“引雏乌，尔心急急将何如，何得比日搜索雀卵啖尔雏。”❷迅疾貌。李中《宿庐山白云峰重道者院》：“尘里年光何急急，梦中强弱自悠悠。”吕岩《绝句》之二八：“连喝三回急急去，欻然空里人头落。”❸紧迫、迫促貌。曹松《江外除夜》：“千门庭燎照楼台，总为年光急急催。”

【急速】 匆促，迅怱。无名氏《五言白话诗》之一六：“年是无限年，你身甚急速。”

【急疾】 迅速；急切。韩愈《元和圣德诗》：“施令酬功，急疾如火。”

【急流】 湍急之水流。辛常伯《军中行路难》：“邛关九折无平路，江水双源有急流。”丁仙芝《江南曲五首》之二：“发向横塘口，船开值急流。”朱庆余《采莲》：“正是停桡相遇处，鸳鸯飞去急流中。”薛能《冬日写怀》：“急流霜夹水，轻霭日连山。”

【急浪】 迅猛之水浪。刘言史《送人随姊夫任云安令》：“孤帆瞥过荆州岸，认得瞿塘急浪声。”

【急符】 指催缴租税之紧急文书。元结《春陵行》：“郭亭传急符，来往迹相追。”

【急脚】 急行以传送书信之人。韩偓有《己巳年正月十二日自沙县抵邵武军将谋抚信之行到才一夕为闽相急脚相召却请赴沙县郊外泊船偶成一篇》。

【急棹】 急速划船。张说《岳州观竞渡》：“低装山色变，急棹水华浮。”

【急景】 急速移动之日光。亦借指急驰之光阴。羊士谔《题枇杷树》：“急景自余妍，春禽幸流悦。”吕温《同舍弟恭岁暮寄晋州李六协律三十韵》：“急景迫流念，穷阴结长悲。”曹邺《金井怨》：“西风吹急景，美人照金井。”吴仁璧《客路》：“人寰急景如波委，客路浮云似盖轻。”

【急景凋年】 指急逝之光阴使年岁将尽，多用指岁暮。白居易《和微之诗二十三首·和自劝二首》之二：“急景凋年急于水，念此揽衣中夜起。”

【急遍】 乐曲中节奏快速之乐段。张祜《悖拏儿舞》：“春风南内百花时，道唱梁州急遍吹。”

【急電】 迅疾之闪电。韩偓《妒媒》：“难留旋逐惊飙去，暂见如随急电来。”齐己《夏雨》：“乍红萦急电，微白露残阳。”

【急節】 ❶疾速流逝之时节。李白《古风》之二二：“急节谢流水，羁心摇悬旌。”❷急促之音乐节奏。顾况《王郎中妓席五咏·舞》：“汗浥新装画不成，丝催急节舞衣轻。”白居易《霓裳羽衣歌》：“繁音急节十二遍，跳珠撼玉何铿铮。”刘禹锡《历阳书事七十韵》：“回裾飘雾雨，急节堕琼英。”李沇《方响歌》：“急节写商商恨促，秦愁越调逡巡足。”

【急溜】 急骤下注之屋檐水。元稹《书异》：“瘴云愁拂地，急溜疑注瓶。”

【急管】 节奏急促之管乐吹奏。太宗《帝京篇十首》之四：“急管韵朱弦，清歌凝白雪。”王维《鱼山神女祠歌·送神》：“悲急管兮思繁弦，神之驾兮俨欲旋。”韩翃《赠张千牛》：“急管昼催平乐酒，春衣夜宿杜陵花。”李商隐《无题四首》之四：“何处哀筝随急管，樱花永巷垂杨岸。”

【急管煩弦】　见“急管繁弦”。

【急管繁弦】　节奏急促、气氛热烈之管弦乐演奏。钱起《送孙十尉温县》：“急管繁弦催一醉，颓阳不驻引征镳。”白居易《忆旧游》：“修蛾慢脸灯下醉，急管繁弦头上催。”胡曾《咏史诗·朝歌》：“长嗟墨翟少风流，急管繁弦似寇仇。”亦作“急管煩弦”。张祜《和杜牧之齐山登高》：“秋溪南岸菊霏霏，急管烦弦对落晖。”

【急熱】　犹亲热。杜牧《感怀诗一首》：“急热同手足，唱和如宫徵。”

【急槳】　急速划桨行船。李适《帝幸兴庆池戏竞渡应制》：“急桨争标排荇度，轻帆截浦触荷来。”

【急徵】　紧急征召。方干《献王大夫二首》之一：“早副急征来凤沼，常陪内宴醉龙楼。”

【急澗】　湍急之溪涧。韦应物《寻简寂观瀑布》：“躡石欹危过急涧，攀崖迢递弄悬泉。”

【急緩】　偏义复词。指紧急。王梵志《诗》之四十：“急缓相凭仗，人生莫不从。”

【急燒】　急燃之火；烈火。李商隐《肠》：“热应翻急烧，冷欲彻微波。”

【急縛】　紧紧捆绑。杜甫《遣兴五首》之四：“猛虎凭其威，往往遭急缚。”

【急斂暴徵】　急迫而严酷地征敛租税。白居易《新乐府·杜陵叟》：“长吏明知不申破，急敛暴征求考课。”

【急觴】　谓连连快速饮酒。杜甫《苏端薛复筵简薛华醉歌》：“垂老恶闻战鼓悲，急觞为缓忧心捣。”

【急瀑】　飞流急下之瀑布。鲁三江《游华山张超谷》：“急瀑和烟泻，清猿带雨闻。”

【急難】　（—nàn）❶急人之难；解救危难。见《诗·小雅·常棣》。谓兄弟相助，后因以指兄弟患难与共之情谊。李峤《原》：“方知急难响，长在脊令篇。”孟浩然《送王五昆季省觐》：“平生急难意，遥仰鹡鸰飞。”玄宗《鹡鸰颂》：“行摇飞鸣，急难有情，情有余兮。”戎昱《逢陇西故人忆关中舍弟》：“急难何日见，遥哭陇西云。”亦泛指救人之急。李白《君马黄》：“相知在急难，独好亦何益。”杜甫《义鹘》：“兹实鸷鸟最，急难心炯然。”❷危急；危难。高适《送蔡十二之海上》：“季弟念离别，贤兄救急难。”杜甫《因崔五侍御寄高彭州》：“为问彭州牧，何时救急难。”

【急蹴】　快速地踏脚。指一种舞步。李端《胡腾儿》：“环行急蹴皆应节，反手叉腰如却月。”

【急響】　湍急的水流声。亦泛指水流。卢照邻《七夕泛舟二首》之一：“连桡渡急响，鸣棹下浮光。”

【急驚】　急速而惊骇。韩愈《斗鸡联句》：“对起何急惊，随旋诚巧绐。”

【急灘】　激流中之水滩。崔道融《溪夜》：“渔人抛得钓筒尽，却放轻舟下急滩。”

佛　〔fú《广韵》符弗切，入物，奉。〕心情悒郁不舒貌。见“佛鬱”。

【佛鬱】　悒郁，忧郁。寒山《诗三百三首》之一五七：“数年无效验，痴意瞋佛郁。”

怪　〔guài《广韵》古壞切，去怪，見。〕❶奇异，古怪。严维、李清《中元日鲍端公宅遇吴天师联句》：“怪龙随羽翼，青节降云烟。”韩愈《陆浑山火和皇甫湜用其韵》：“要余和增怪又烦，虽欲悔舌不可扪。”白居易《太湖石》：“远望老嵯峨，近观怪嵚崟。”皮日休《二游诗·任诗》：“广槛小山欹，斜廊怪石夹。”❷精怪；怪异之物。孟郊《寄义兴小女子》：“山怪夜动门，水妖时弄池。”元稹《古社》：“主人议芟斫，怪见不敢前。”李频《中秋对月》：“层空疑洗色，万怪想潜形。”齐己《题玉泉寺大师影堂》：“洞壑藏诸怪，杉松列瘦烟。”❸惊异，惊诧。王维《夏日过青龙寺谒操禅师》：“莫怪销炎热，能生大地风。”杜甫《忆昔二首》之一：“邺城反覆不足怪，关中小儿坏纪纲，张后不乐上为忙。”李益《从军夜次六胡北饮马磨剑石为祝殇辞》：“水流呜咽幽草根，君宁独不怪阴磷。”韦庄《柳谷道中作却寄》：“莫怪苦吟鞭拂地，有谁倾盖待王孙。”❹责怪；埋怨。上官昭容《游长宁公主流杯池二十五首》之六：“莫怪留步，因攀桂丛。”杜甫《别李义》：“莫怪执杯迟，我衰涕唾烦。”顾况《田家》：“县帖取社长，嗔怪见官迟。”王涯《宫词三十首》之二三：“共怪满衣珠翠冷，黄花瓦上有新霜。”❺难怪；怪不得。刘禹锡《洛中酬福建陈判官见赠》：“怪君近日文锋利，新向延平看剑来。”

【怪人】　责怪人。埋怨人。高骈《残春遣兴》：“不辞不为青春醉，为恐莺花也怪人。”

【怪力】　指怪异之事。语本《论语·述而》。段成式、升上人《游长安诸寺联句·光宅坊光宅寺·中禅师影堂联句》：“但以理为量，不语怪力事。”

【怪木】　异树，不常见之树。林宽《寄省中知己》：“怪木风吹阁，废巢时落薪。”又《哭造微禅师》：“虚堂散钓叟，怪木哭山精。”徐光溥《题黄居寀秋山图》：“珍禽异兽皆自驯，奇花怪木非因植。”

【怪石】　❶洁白如玉之石。见《山海经·中山经》。白居易、王起《会昌春连宴即事》：“怪石云疑触，夭桃火欲然。”❷形状怪异之石。王维《燕子龛禅师》：“瀑泉吼而喷，怪石看欲落。”陆希声《山居即事二首》之一：“涌泉回泬鱼龙气，怪石惊腾鸟兽形。”❸峥嵘之石崖、石峰。李涉《春山三朅来》："瘦壁横空怪石危，山花斗日禽争水。"

【怪民】　行为反常之人。陆龟蒙《江湖散人歌》序："心散，意散，形散，神散。既无羁限，为时之怪民。"

【怪花】　奇花，异花。韩愈《答张彻》："愁狖酸骨死，怪花醉魂馨。"

【怪言】　犹责怪。周昙《咏史诗·秦门·再吟》："怪言何不早言者，若使早言还不存。"

【怪來】　犹言不怪、难怪。王维《班婕妤三首》之三："怪来妆阁闭，朝下不相迎。"韦应物《休暇日访王侍御不遇》："怪来诗思清人骨，门对寒流雪满山。"白居易《读僧灵彻诗》："言句怪来还校别，看名知是老汤师。"皮日休《寄题天台国清寺齐梁体》："怪来烟雨落晴天，元是海风吹瀑布。"

【怪事】　奇怪之事。张祜《题陆敦礼山居伏牛潭》："伏牛真怪事，余胜几人谙。"

【怪狀】　奇特之形状。戴叔伦《怀素上人草书歌》："心手相师势转奇，诡形怪状翻合宜。"皮日休《太湖诗·上真观》："两松峙庭际，怪状吁可叹。"又《五贶诗·太湖砚》："求于花石间，怪状乃天然。"

【怪物】　怪异之物。皮日休《太湖诗·入林屋洞》："薜缝才半尺，中有怪物腥。"

【怪底】　惊怪何以如此。底，何。杜甫《奉先刘少府新画山水障歌》："堂上不合生枫树，怪底江山起烟雾。"

【怪怒】　责怪，恼怒。白居易《伤唐衢二首》之二："贵人皆怪怒，闲人亦非訾。"

【怪特】　怪异奇特。卢仝《观放鱼歌》："此中怪特不可会，但慕刺史仁有余。"

【怪笑】　惊怪并嘲笑。袁不约《离家》："野人应怪笑，不解爱田园。"

【怪祟】　怪异鬼祟之事。陆龟蒙《孤雁》："或闻通鬼魅，怪祟立可辩。"

【怪責】　责怪，责备。卢仝《听萧君姬人弹琴》："孔子怪责颜回瑟，野夫何事萧君筵。"

【怪異】　❶指形状、景象古怪奇异。元结《宴湖上亭作》："轩窗幽水石，怪异尤难状。"欧阳炯《题景焕画应天寺壁天王歌》："眉粗眼竖发如锥，怪异令人不可知。"无名氏《海阳湖》：(《全唐诗选》卷下)"吾恐天地间，怪异如此无。"❷奇怪少见之现象。周昙《咏史诗·六朝门·又吟》："水影星光怪异多，不思修德事干戈。"❸诧异。皮日休《太湖诗·入林屋洞》："攀缘不知倦，怪异焉敢惊。"

【怪得】　难怪；不怪。刘商《胡笳十八拍·第六拍》："怪得春光不来久，胡中风土无花柳。"白居易《和郭使君题枸杞》："不知灵药根成狗，怪得时闻吠夜声。"崔澹《赠王福娘》："怪得清风送夜香，娉婷仙子曳霓裳。"徐铉《和太常萧少卿近郊马上偶吟》："怪得仙郎诗句好，断霞残照远山西。"

【怪愕】　惊愕，诧异。亦指可惊诧之事物。刘禹锡《有僧言罗浮事因为诗以写之》："安知视听外，怪愕不可陈。"

【怪媚】　怪异而艳丽。沈亚之《湘中怨》序："《湘中怨》者，事本怪媚，为学者未尝有述。"

【怪誕】　怪异荒诞。韩愈《游青龙寺赠崔大补阙》："忽惊颜色变韶稚，却信灵仙非怪诞。"

【怪魅】　鬼怪魑魅。韩愈《刘生诗》："青鲸高磨波山浮，怪魅炫曜堆蛟虬。"

【怪變】　怪异之变化。指传说之物变成精怪。韩愈《谢自然诗》："木石生怪变，狐狸骋妖患。"

怊　〔chāo《广韵》敕宵切，平宵，徹。又尺招切，平宵，昌。〕怅惘，失意。见"怊怅"。

【怊悵】　惆怅。张九龄《骊山下逍遥公旧居游集》："怊怅既怀远，沉吟亦省私。"苏颋《饯郢州李使君》："伤心聊把袂，怊怅麒麟客。"皎然《奉送陆中丞长源诏征入朝》："归心复何奈，怊怅在江渍。"权德舆《酬陆三十二参浙东见寄》："殷勤故人意，怊怅中林情。"

怒　〔nù《广韵》乃故切，去暮，泥。又奴古切，上姥，泥。〕❶愤怒。杜甫《石壕吏》："吏呼一何怒，妇啼一何苦。"孟郊《猛将吟》："拟脍楼兰肉，蓄怒时未扬。"韩愈《元和圣德诗》："事始上闻，在列咸怒。"白居易《寄唐生》："不惧权豪怒，亦任亲朋讥。"❷恼怒；谴责。张九龄《和黄门卢监望秦始皇陵》："人怨神亦怒，身死宗遂覆。"❸盛猛貌。韩愈《岳阳楼别窦司直》："余澜怒不已，喧聒鸣瓮盎。"见"怒湍""怒濤"。❹奋起；振起。韩愈《洞庭湖阻风赠张十一署》："雾雨晦争泄，波涛怒相投。"又《燕河南府秀才得生字》："怒起簸羽翮，引吭吐铿轰。"见"怒鬐""怒翼"。

【怒水】　汹涌奔腾之水流。韩愈《送灵师》："怒水忽中裂，千寻堕幽泉。"

【怒目】　愤怒而睁圆眼睛。顾况《从军行二首》之二："怒目时一呼，万骑皆辟易。"柳宗元《咏荆轲》："微言激幽愤，怒目辞燕都。"杜牧《郡斋独酌》："淮西万虎士，怒目不敢当。"吕岩《七言》之四九："何事行杯当午夜，忽然怒目便腾空。"

【怒色】　怒容。愤怒的表情。欧阳炯《题景焕画应天寺壁天王歌》："圣王怒色览东西，剑刃一挥皆整齐。"

【怒吼】　愤怒地吼叫。白居易《禽虫十二章》之六："兽中刀枪多怒吼，鸟遭罗弋尽哀鸣。"

【怒蛙】　出《韩非子·内储说上》。谓蛙愤怒则有气，可敬。后亦泛指青蛙。柳宗元《同刘二十八院长述旧言怀感时书事赠二君子》："耳静烦喧蚁，魂惊怯怒蛙。"张祜《江南杂题》："怒蛙横饱腹，斗雀堕轻毛。"

【怒湍】　汹涌翻腾之激流、浪涛。宋昱《樟亭观涛》："怒湍初抵北，却浪复归东。"

【怒嗔】　怒恼。杜甫《前出塞九首》之四："生死向前去，不劳吏怒嗔。"

【怒號】　（—hào）怒吼。多指大风或水浪发出大声如愤怒呼号。杜甫《茅屋为秋风所破歌》："八月秋高风怒号，卷我屋上三重茅。"又《大雨》："三日无行人，二江声怒号。"韦应物《赠卢嵩》："怒号在倏忽，谁识变化情。"白居易《夜送孟司功》："且莫开征棹，阴风正怒号。"

【怒髮衝冠】　（冠 guān）因盛怒使头发竖起，冲顶帽子。戴休珽《古意》："拔剑照霜白，怒发冲冠壮。"

【怒濤】　惊涛。指大浪。韦庄《和薛先辈见寄初秋寓怀即事之作二十韵》："义心孤剑直，学海怒涛深。"徐光溥《题黄居寀秋山图》："孙位画水多汹涌，惊湍怒涛人见恐。"

【怒翼】　鼓翼，振翅。钱起《江行无题一百首》之二三："帆翅初张处，云鹏怒翼同。"

【怒蠅】　王思执笔为文，蝇集于笔端。王思掷笔于地，踏踩之。见《三国志·魏志·梁习传》。后遂以为咏性情急躁之典。李瀚《蒙求》："郗子投火，王思怒蝇。"

怠　〔dài《广韵》徒亥切，上海，定。〕懈怠；怠惰。崔湜《塞垣行》："昔我事讨论，未尝怠经籍。"杜甫《早发》："早行篙师怠，席挂风不正。"《郊庙歌辞·梁太庙乐舞辞·撤豆》："克勤克俭，无怠无荒。"

【怠惰】　松弛；懒惰。孟郊《石淙》之十："怠惰成远游，顽疏恣灵观。"

怡　〔yí《广韵》與之切，平之，以。〕❶和悦；喜悦。张九龄《奉和圣制喜雨》："人和年丰，皇心则怡。"元结《演兴四首·讼木魅》："不如瘱吾心以冥想，终念此兮不怡。"周昙《咏史诗·三代门·武王》："文王寝膳武王随，内竖言安色始怡。"❷安适；和顺。柳宗元《茅檐下始栽竹》："岂伊纷嚣间，重以心虑怡？"陆瀍《和张相公太原山亭怀古诗》："于焉悟幽道，境寂心自怡。"❸使愉悦，使安适和顺。储光羲《同诸公秋霁曲江俯见南山》："吾党二三子，萧辰怡性情。"韦应物《雨夜宿清都观》："适悟委前妄，清言怡道心。"柳宗元《种术》："离忧苟可怡，孰能知其他。"元稹《有鸟二十章》之十三："贵人妾妇爱光彩，行提坐臂怡朱颜。"

【怡心】　使心情和悦，欣悦。上官昭容《游长宁公主流杯池二十五首》之一七："岩壑恣登临，莹目复怡心。"景龙文馆士《长宁公主宅流杯》："凭高瞰迥足怡心，菌阁桃源不暇寻。"

【怡和】　和顺；安适。王甚夷《风不鸣条》："荏弱看渐动，怡和吹不鸣。"

【怡性】　怡悦性情。使性情安适。吴筠《高士咏·原宪》："原生何淡漠，观妙自怡性。"

【怡怡】　❶安适、和顺貌。孟郊《感别送从叔校书简再登科东归》："怡怡静退姿，泠泠思归吟。"白居易《三适赠道友》："三适今为一，怡怡复熙熙。"❷愉悦、欣喜貌。胡皓《奉和圣制送张尚书巡边》："棱威方逐逐，谈笑坐怡怡。"权德舆《送别沅泛》："计偕来上国，宴喜方怡怡。"白居易《因梦有悟》："中遇李侍郎，笑言甚怡怡。"卢肇《汉堤诗》："必锡尔勤，襄人怡怡。"❸和睦融洽貌。皇甫冉《杂言湖山歌送许鸣谦》序："伯仲偕友，家人怡怡。"李贺《题归梦》："怡怡中堂笑，小弟栽涧菉。"

【怡怡愉愉】　和顺愉悦貌。韩愈《元和圣德诗》："怡怡愉愉，奉太皇后。"

【怡眄】　欣悦地观瞻。孟郊《列仙文·清虚真人》："怡眄无极已，终夜复待旦。"

【怡神】　❶怡悦心神。许敬宗《游清都观寻沈道士得清字》："纵心驰贝阙，怡神想玉京。"皮日休《奉酬鲁望夏日四声四首·平去声》："怡神时高吟，快意乍四顾。"陆龟蒙《奉和袭美二游诗·任诗》："即此自怡神，何劳谢公屐。"孙鲂《主人司空后亭牡丹》："酷怜应丧德，多赏奈怡神。"❷怡养心神。玄宗《为赵法师别造精院过院赋诗》序："既亲重其人，每经过其地，以怡神洗雪。"沈彬《麻姑山》："我来游礼酬心愿，欲共怡神契自然。"

【怡悦】　欣悦，愉悦。孟浩然《秋登兰山寄张五》："北山白云里，隐者自怡悦。"皎然《白云歌寄陆中丞使君长源》："贞白先生那得知，只向空山自怡悦。"

【怡容】　犹开颜。谓使面有欣悦之容。南唐后主李煜《临江仙》词逸句："一声羌笛，惊起醉怡容。"

【怡情】　怡悦性情。白居易《春池闲泛》："飞沉皆适性，酣咏自怡情。"陆龟蒙《夏日闲居作四声诗寄袭美·平声》："求欢虽殊途，探幽聊怡情。"顾在镕《宿麻平驿》："及到怡情处，暂忘登陟劳。"

【怡然】　❶安适自如貌。寒山《诗三百三首》之二六六："怡然憩歇处，日斜树影低。"李白《与元丹丘方城寺谈玄作》："怡然青莲宫，永愿恣游眺。"严维《僧房避暑》："明月谈空坐，怡然道术忘。"韩偓《访明公大德》:"寸发如霜袒右肩,倚肩筇竹貌怡然。"❷犹欣然。愉快喜悦貌。张九龄《巡按自漓水南行》:"况乃佳山川,怡然傲潭石。"杜甫《西枝村寻置草堂地夜宿赞公土室二首》之一:"怡然共携手,恣意同远步。"权德舆《暮春闲居示同志》:"此外知何有,怡然向一樽。"皮日休《七爱诗·白太傅》:"天下皆汲汲,乐天独怡然。"

【怡養】 犹涵育、陶冶。元稹《春余遣兴》:"置酒奉亲宾,树萱自怡养。"

【怡融】 犹融合、融和。杜牧《偶游石盎僧舍》:"益郁乍怡融,凝严忽颓坼。"张为《秋醉歌》:"动叶如笙篁,音律相怡融。"

【怡顔】 犹笑颜。皮日休《太湖诗·崦里》:"苦力供征赋,怡颜过朝暝。"

六　画

恇〔kuāng《广韵》去王切,平陽,溪。〕胆怯;畏惧。韩愈《元和圣德诗》:"有恇其凶,有饵其诱。"见"恇怯"。

【恇怯】 畏怯恐惧貌。韩愈《苦寒》:"羲和送日出,恇怯频窥觇。"

恚〔huì《广韵》於避切,去寘,影。〕愤恨;愤怒。陆龟蒙《庭前》:"合欢能解恚,萱草信忘忧。"

恃〔shì《广韵》時止切,上止,禪。〕❶依赖;凭借。吴筠《览古十四首》之六:"金膏恃延期,玉色复动魂。"孟郊《送淡公》之三:"笑伊渔阳操,空恃文章多。"卢群玉《投卢尚书》:"从来若把耕桑定,免恃雕虫误此生。"❷矜持;自负。杜荀鹤《送李先辈从知塞上》:"此行也是男儿事,莫向征人恃桂香。"又《八骏图》:"只今恃骏凭毛色,绿耳骅骝赚杀人。"❸借指母亲。多用于"失""无"等字后表示丧母。语本《诗·小雅·蓼莪》。韦应物《送杨氏女》:"尔辈况无恃,抚念益慈柔。"

【恃才】 自负才华。于濆《巫山高》:"宋玉恃才者,凭虚构《高唐》。"吴仁璧《贾谊》:"谁道恃才轻绛灌,却将惆怅吊湘川。"

【恃己】 犹自负。卢仝《门箴》:"背惠,恃己,狎不肖,妒贤能,命之四孽。"

【恃功】 自负有功劳。李端《赠故将军》:"恃功凌主将,作气见王侯。"

【恃武】 倚仗武力。李山甫《送刘将军入关讨贼》:"世人多恃武,何者是真雄。"

【恃富】 自负有钱;仗恃富有。徐夤《骄侈》:"石家恃富身还灭,颜子非贫道不遭。"

【恃强】 倚仗强固。李从谦《观棋》:"恃强斯有失,守分固无侵。"

【恃德】 凭借仁德。玄宗《潼关口号》:"所嗟非恃德,设险到天平。"

【恃險】 ❶负险。倚仗险要。韦应物《经函谷关》:"秦皇既恃险,海内被吞食。"杨乘《甲子岁书事》:"违命固天亡,恃险乖长策。"王贞白《金陵怀古》:"恃险不种德,兴亡叹数穷。"❷犹履险、历险。顾况《行路难三首》之二:"少年恃险若平地,独倚长剑凌清秋。"

【恃賴】 依赖,凭借。元稹《春六十韵》:"贵主骄矜盛,豪家恃赖雄。"徐凝《宫中曲二首》之一:"恃赖倾城人不及,檀妆唯约数条霞。"孙鲂《柳》:"摇荡和风恃赖春,蘸流遮路逐年新。"

【恃憑】 倚赖;凭仗。王仁裕《和蜀后主题剑门》:"李杜常挨托,孙刘亦恃凭。"

【恃寵】 倚仗宠爱。曹邺有《恃宠》。李建勋《蔷薇二首》之二:"忘归醉客临高架,恃宠佳人索好枝。"

怙〔xì《广韵》許吉切,入質,曉。〕惊怖。见"怙慄"。

【怙慄】 寒慄。恐怖战慄。卢纶《割飞二刀子歌》:"日试曾磨汉水边,掌中怙栗声冷然。"

恐〔kǒng《广韵》丘隴切,上腫,溪,又區用切;去用,溪。〕❶恐惧,害怕。张说《岳州行郡竹篱》:"预绝豺狼忧,知免牛羊恐。"卢纶《酬李叔度秋夜喜相遇因伤关东僚友丧逝见赠》:"恐看新鬓色,怯问故人名。"崔护《五月水边柳》:"丝长鱼误恐,枝弱禽惊践。"❷使惊惧、害怕。刘禹锡《别夔州官吏》:"巫山暮色常含雨,峡水秋来不恐人。"贾岛《暮过山村》:"怪禽啼旷野,落日恐行人。"❸担心,恐怕。张九龄《临泛东湖》:"岁徂风露严,日恐兰苕剪。"樊晃《句》:"巧裁蝉鬓畏风吹,尽作蛾眉恐人妒。"孟郊《游子吟》:"临行密密缝,意恐迟迟归。"李商隐《写意》:"三年已制思乡泪,更入新年恐不禁。"❹或许,可能。表揣度、推测。杜甫《石笋行》:"恐是昔时卿相墓,立石为表今仍存。"蒋冽《经埋轮地》:"汨罗有翻浪,恐是嫌屈原。"皮日休《江南道中怀茅山广文南阳博士三首》之二:"坛上古松疑度世,观中幽鸟恐成仙。"

【恐防】 唯恐;防备。王建《宫词一百首》之二一:"骑马行人长远过,恐防天子在楼头。"

【恐泥】 (一nì)害怕被泥水所陷滞。语本《论语·子张》。杜甫《三川观水涨二十韵》:"恐泥窜蛟龙,登危聚麋鹿。"又《槐叶冷淘》:"路远思恐泥,兴深终不渝。"又《阻雨不得归瀼西甘林》:"篱工初一弃,恐泥劳寸心。"

【恐畏】 ❶恐惧,害怕。王梵志《诗》之九五:"不是惜那汉,恐畏还到我。"❷恐怕,唯恐。虞世南《咏萤》："恐畏无人识，独自暗中明。"王建《射虎行》："惜留猛虎著深山，射杀恐畏终身闲。"又《寻橦歌》："回头但觉人眼见，矜难恐畏天无风。"

【恐竦】　惶惧。温庭筠《病中书怀呈友人》："兕觥增恐竦，杯水失锱铢。"

【恐惶】　惶恐不安。韦应物《发广陵留上家兄兼寄上长沙》："执板身有属，淹时心恐惶。"

【恐惧】　畏惧，害怕。杜甫《白丝行》："君不见才士汲引难，恐惧弃捐忍羁旅。"孟郊《出东门》："眇默荒草行，恐惧夜魄翻。"白居易《闲卧有所思二首》之一："何处投荒初恐惧，谁人绕泽正悲吟。"亦指惶恐竦惕。白居易《放言五首》之三："周公恐惧流言后，王莽谦恭未篡时。"

耻　〔chǐ《广韵》敕里切，上止，徹。〕❶羞耻，耻辱。李颀《答高三十五留别便呈于十一》："藜羹被褐环堵中，岁晚将贻故人耻。"韩愈《落齿》："忆初落一时，但念豁可耻。"陆龟蒙《奉酬袭美先辈吴中苦雨一百韵》："伊余将贡技，未有耻可刷。"❷羞于；以之为羞耻。张九龄《酬周判官巡至始兴会改秘书少监见贻之作兼呈耿广州》："义疾耻无勇，盗憎攻亦锐。"孟浩然《南归阻雪》："十上耻还家，裴回守归路。"陈羽《送友人及第归江东》："落羽耻为关右客，成名空羡里中儿。"许棠《过穆陵关》："荒关无守吏，亦耻白衣过。"❸惭愧；愧于。戎昱《赠宜阳张使君》："倘令黄霸在，今日耻同年。"孟郊《赠万年陆郎中》："江鸿耻承眷，云津未能翔。"

【耻汙】　指羞耻脏汙之人或事物。柳宗元《同刘二十八院长述旧言怀感时书事奉寄赠二君子》："敢辞亲耻汙，唯恐长疵瘕。"

【耻辱】　可羞可耻之事物。范质《诫儿侄八百字》："戒尔远耻辱，恭则近乎礼。"

恭　〔gōng《广韵》九容切，平鍾，見。〕❶恭敬，有礼。寇坦《同张少府和厍狄员外夏晚初霁南省寓直时兼充节度判官之作》："为奉灵台帛，恭先待漏车。"杜甫《牵牛织女》："义无弃礼法，恩始夫妇恭。"张籍《董公诗》："众皆相顾泣，无不和且恭。"安锜《题贾岛墓》："倚恃才难继，昂藏貌不恭。"亦常用为敬词。王丘《奉和圣制答张说扈从南出鼠雀谷之作》："一闻天乐唱，恭逐万人和。"贾岛《颂德上贾常侍》："自顾此身无所立，恭谈祖德朵颐开。"❷敬慎不懈。见"恭己"。亦指谨慎小心。元稹《春余遣兴》："笑倚连枝花，恭扶瑞藤杖。"❸奉行。李适《奉和幸望春宫送朔方军大总管张仁亶》："豹略恭宸旨，雄文动睿情。"窦叔向《贞懿皇后挽歌三首》之一："二陵恭妇道，六寝盛皇情。"权德舆《奉和刘侍郎司徒奉诏伐叛书情呈宰相》："震耀恭天讨，严凝助岁功。"丘丹《奉使过石门瀑布》："奔波恭贱役，探讨愧前彦。"

【恭上人】　长安慈恩寺僧。法名全称未详。刘得仁《晚步曲江因谒慈恩寺恭上人》："南宗犹有碍，西寺问恭公。"

【恭己】　指帝王敬慎不懈以临政。语本《论语·卫灵公》。太宗《元日》："恭己临四极，垂衣驭八荒。"德宗《麟德殿宴百僚》："恭己临群后，垂衣御八荒。"崔元翰《奉和圣制三日书怀因以示百寮》："恭己每从俭，清心常保真。"

【恭子】　即沈恭子。陆龟蒙《补沈恭子诗》序："案清远道士诗题中，有沈恭子同游。既为神怪之俦，得非姓氏谥为恭子乎，赵宜子、韩献子之类耶？恭子，美谥也。而诗中有风流词翰之称，岂独唱而不和者欤？"

【恭王】　即李通。通大历十年（775）二月封恭王。元稹有《恭王故太妃挽歌词二首》。

【恭公】　见"恭上人"。

【恭州】　唐代州名。属剑南道。开元二十四年（736），分静州之广平县置。领和集、博恭、烈山三县。旧址在今四川理县西北。司空图有《恭州界》。

【恭祀】　恭敬地祭祀。张衮《梁郊祀乐章·庆隆》："恭祀上帝，于国之阳。"无名氏《郊坛听雅乐》（卷七八七）："泰坛恭祀事，彩仗下寒垌。"

【恭和】　恭谨谦和。元结《治风诗五篇·至正》序："古有正王，能正慎恭和以安上下。"

【恭法师】　即道恭。慧宣有《奉和窦使君同恭法师咏高僧二首》。

【恭承】　敬词。恭受，敬奉。玄宗《行次成皋途经先圣擒建德之所缅思功业感而赋诗》："顾惭嗣宝历，恭承天下平。"李白《东武吟》："恭承凤凰诏，欻起云萝中。"李端《送杨皋擢第归江东》："拜手终凄怆，恭承中外亲。"李绅《拜三川守》："恭承宠诏临伊洛，静守朝章化比闾。"

【恭陪】　敬词。恭敬地陪同。李白《流夜郎至江夏陪长史叔及薛明府宴兴德寺南阁》："恭陪竹林宴，留醉与陶公。"

【恭惟】　敬词。置于所敬者之前，表示敬重。魏征《五郊乐章·雍和》："恭惟正直，歆此馨香。"杜甫《秋日荆南送石首薛明府辞满告别奉寄薛尚书颂德叙怀斐然之作三十韵》："往者胡星孛，恭惟汉网疏。"裴逵《南至日太史登台书云物》："恭惟司国瑞，兼用察人文。"

【恭敬】　❶对人恭谨谦敬。储光羲《同王十三维偶然作十首》之四："见人乃恭敬，曾不问贤愚。"姚合《赠王山人》："教演归恭敬，名标中外钦。"❷敬重，尊敬。修雅《闻诵法华经歌》："如是则非但天恭敬，人恭敬，亦合龙赞咏，鬼赞咏，佛赞咏。”

【恭順】　恭敬温顺。白居易《蜀路石妇》：“晨昏问起居，恭顺发心诚。”

【恭順皇后】　即兴信公主之女张氏。张氏大历三年(768)五月追谥恭顺皇后，祔葬承天皇帝。皇甫冉有《赠恭顺皇后挽歌》。

【恭肅】　恭敬肃穆。赵光逢《梁郊祀乐章·庆和》：“钦奠宝命，恭肃礼容。”

【恭聞】　敬词。恭敬地听到。姚崇《奉和圣制龙池篇》：“恭闻帝里生灵沼，应报明君鼎业新。”李白《杂言用投丹阳知己兼奉宣慰判官》：“恭闻士有调相如，始从镐京还，复欲镐京去。”武元衡《顺宗至德大圣皇帝挽歌词三首》之二：“恭闻天子孝，不忍望铜台。”吴秘《风光草际浮》：“恭闻掇芳客，为此尚淹留。”

【恭儉】　❶谦恭而能有约束。玄宗《端午三殿宴群臣探得神字》序：“恭俭之仪有序，慈惠之意溥洽。”皎然、汤衡《讲德联句》：“克己恭俭，疲人休息。”徐夤《宋二首》之一：“天爵休将儋石论，一身恭俭万邦尊。”❷恭谨节俭。陆龟蒙《杂讽九首》之三：“如闻恭俭语，謇謇事夕惕。”无名氏《焚裘》(卷七八七)：“永垂恭俭德，千古揖皇猷。”

【恭膺】　恭奉，敬承。张说《唐享太庙乐章·大和舞》：“龙图友及，骏命恭膺。”

【恭謹】　谦恭谨慎。杜甫《信行远修水筒》：“于斯答恭谨，足以殊殿最。”

【恭懿太子】　即兴王李佋。佋上元元年(760)九月赠恭懿太子。王维有《恭懿太子挽歌五首》。

【恭顯】　汉宦官弘恭、石显之连称。二人元帝时为中书令、仆射，结党专权，陷害诛杀大臣。元稹《乐府古题·人道短》：“莽卓恭显，皆数十年富贵。”韩偓《感事三十四韵》：“恭显诚甘罪，韦平亦恃权。”

恓

同“凄”悲伤，凄凉。见“恓恓”“恓惶”。

【恓恓】　凄凉悲伤。白居易《秦中吟十首·伤友》：“陋巷孤寒士，出门苦恓恓。”杨乘《甲子岁书事》：“帝阍不敢干，恓恓坐长画。”

【恓屑】　凄凉悲伤。白居易《送人贬信州判官》：“不唯迁客须恓屑，见说居人也寂寥。”

【恓惶】　悲痛忧伤貌。宋之问《晚泊湘江》：“五岭恓惶客，三湘憔悴颜。”韦应物《简卢陟》：“恓惶戎旅下，蹉跎淮海滨。”刘禹锡《赠同年陈长史员外》：“所叹谬游东阁下，看君无计出恓惶。”亦作“恓遑”。张偁《辞房相公》：“秋风飒飒雨霏霏，愁杀恓遑一布衣。”

【恓遑】　见“恓惶”。

恠

同“怪”。❶怪异；神怪。张祜《观潮十韵》：“不止灵威怒，当凭恠力推。”❷责怪。无名氏《五言诗》之十：“活时恠不用，塞墓慎何益?”

恢

〔huī《广韵》苦回切，平灰，溪。〕❶宏大，宽广。袁晖《奉和圣制送张尚书巡边》：“坐见威棱洽，弥彰事业恢。”韩愈《咏雪赠张籍》：“雕刻文刀利，搜求智网恢。”❷弘扬，扩大。骆宾王《夏日游德州赠高四》：“封疆恢霸道，问鼎竞雄图。”李暠《奉和圣制送张说上集贤学士赐宴》：“偃武尧风接，崇文汉道恢。”韦应物《经函谷关》：“徒欲扼诸侯，不知恢至德。”于邵《释奠武成王乐章·奠币登歌》：“恢帝功，锡后邑。”❸张开；广布。苏颋《奉和圣制登骊山高顶寓目应制》：“圣图恢宇县，歌赋小横汾。”李白《上崔相百忧章》：“台星再朗，天网重恢。”刘驾《郊陶》：“大恢生死网，飞走无逃处。”❹恢复，收复。柳宗元《唐铙歌鼓吹曲十二篇·泾水黄》：“星辰复，恢一方。”

【恢弘】　博大。白居易《有木诗八首》序：“又见外状恢弘，中无实用者。又见附离权势，随之覆亡者。”

【恢台】　广大盛烈貌。见《楚辞·九辩》。后常以“恢台”形容夏气之盛烈。独孤及《奉和李大夫同吕评事太行苦热行兼寄院中诸公》：“请问此何时，恢台朱明月。”亦作“恢臬”。徐浩《宝林寺作》：“禅堂清溽润，高阁无恢臬。”

【恢材】　大木材。张祜《题池州杜员外弄水新亭》：“广厦光奇辈，恢材卓不群。”

【恢奇】　恢宏奇伟。韩愈《送僧澄观》：“僧伽后出淮泗上，势到众佛尤恢奇。”

【恢拓】　开拓；拓宽。马植《奉和白敏中圣道和平致兹休运岁终功就合咏盛明呈上》：“指挥貔武皆神算，恢拓乾坤是圣功。”

【恢囿】　面积广大之苑囿。温庭筠《洞户二十二韵》：“清跸传恢囿，黄旗幸上林。”

【恢恢】　❶阔大貌。骆宾王《幽縶书情通简知己》：“圆扉长寂寂，疏网尚恢恢。”杜甫《梦李白二首》之二：“孰云网恢恢，将老身反累。”白居易《和答诗十首·和古社》：“勿谓神默默，勿谓天恢恢。”舒元舆《坊州按狱》：“恢恢布疏网，罪者何由逃。”❷见《庄子·养生主》。后因以“恢恢”形容从容而有余裕。裴度、刘禹锡《度自到洛中与乐天为文酒之会而梦得亦分司至因为联句》：“涸流寻轧轧，余刃转恢恢。”

【恢臬】　见“恢台”。

【恢詭】　荒诞诡异。刘禹锡《韩十八侍御见示岳阳楼别窦司直诗》：“鹍鹏疑变化，罔象何恢诡。”

【恢邊】　开拓边疆。贺知章《奉和圣制送张说巡边》："遣戍征周牒，恢边重汉功。"

恧　〔nǜ《广韵》女六切，入職，娘，又女力切，入職，娘〕惭愧。任希古《和长孙秘监七夕》："空接灵台下，方恧辨支机。"杜甫《往在》："侍祠恧先露，掖垣迩濯龙。"贾岛《送令狐绹相公》："下第能无恧，高科恐有神。"

怏　〔yí《广韵》以脂切，平脂，以。〕怡悦。见"怏然"。

【怏然】　怡悦貌。贯休《夏日晚望》："登临聊一望，不觉意怏然。"

恒　〔héng《广韵》胡登切，平登，匣。〕❶长久；永恒。则天皇后《唐大飨拜洛乐章·昭和》："德以恒固，功由永贞。"裴漼《奉和圣制龙池篇》："休气荣光恒不散，悬知此地是神仙。"韩愈《此日足可惜赠张籍》："人事安可恒，奄忽令我伤。"蔡瑰《夏日闺怨》："但恐愁容不相识，为教恒著别时衣。"❷寻常，平常。萧嵩《奉和圣制送张说上集贤学士赐宴》："恩筵过所望，圣泽实超恒。"见"恒時""恒情"。❸常规。杜甫《陪章留后惠义寺饯嘉州崔都督赴州》："中军待上客，令肃事有恒。"亦指规定的，固定的。见"恒數""恒地"。❹副词。往往，经常。狄仁杰《奉和圣制夏日游石淙山》："飞泉洒液恒疑雨，密树含凉镇似秋。"包融《和崔会稽咏王兵曹厅前涌泉势城中字》："有草恒垂露，无风欲偃波。"李端《赠康洽》："声名恒压鲍参军，班位不过扬执戟。"李暇《怨诗三首》之一："月落始归船，春眠恒著晓。"❺山名。贾岛《送集文上人游方》："此游诣几岳，嵩华衡恒泰。"见"恒山❶""恒岱""恒碣"。❻州名。韩愈《元和圣德诗》："幽恒青魏，东尽海浦。"见"恒州"。

【恒人】　常人，普通人。韩愈《赠崔立之评事》："窃料二途必处一，岂比恒人长蠢蠢。"

【恒山】　❶山名，在今河北曲阳县西北。为五岳中之北岳。李復《恒岳晨望有怀》："恒山北临岱，秀崿东跨幽。"❷指汉之恒山郡。即唐之恒州，元和间改名镇州。治所在今河北正定。李贺《吕将军歌》："恒山铁骑请金枪，遥闻箙中花箭香。"刘禹锡《平蔡州三首》之三："策勋礼毕天下泰，猛士按剑看恒山。"

【恒山羽】　见"恒山鳥"。

【恒山鳥】　亦作"恒山羽"。为咏生离死别之典。见《孔子家语·颜回》。骆宾王《丹阳刺史挽词三首》之二："恻怆恒山羽，留连棣萼篇。"

【恒地】　固定之处。吕温《送文畅上人东游》："水止无恒地，云行不计程。"

【恒州】　唐州名，属河东道，战国时属赵。汉置恒山郡。后避文帝讳，改曰常山，北周置桓州，隋废，唐武德初重置。天宝元年(742)，改为常山郡。乾元元年(758)复为恒州。元和十五年(820)改为镇州。领真定、录寺、井陉、平山等九县。治真定。即今河北正定县。卢仝《月蚀诗》："恒州阵斩郦定进，项骨脆甚春蔓菁。"

【恒沙劫】　佛教语。指劫数之长如恒河之沙不可数。张乔《咏棋子赠弈僧》："空门说得恒沙劫，应笑终年为一先。"

【恒沙】　佛教语。恒河沙之略语。喻数极多，如恒河之沙。高适《同马太守听九思法师讲金刚经》："深知亿劫苦，善喻恒沙大。"王锴《赠禅月大师》："神通力遍恒沙外，诗句名高八米前。"亦借指佛国，因恒河系佛生处，故称。戎昱《送僧法和》："不知飞锡后，何外是恒沙。"

【恒岳】　亦作"恒嶽"。岑参《送郭乂杂言》："曾上君家县北楼，楼上分明见恒岳。"贾岛《北岳庙》："天地有五岳，恒岳居其北。"李復有《恒岳晨望有怀》。参见"恒山❶"。

【恒岱】　北岳恒山与东岳泰山之并称。岱，岱宗，指泰山。韩愈《晚秋郾城夜会联句》："五狩朝恒岱，三畋宿杨柞。"

【恒性】　因有之本性；常性。《劝进疏引谶》(卷八七五)："人言有恒性，也复道非常。"

【恒河沙】　佛教语。佛经谓恒河系香山无热恼池流出之水，其沙微细若面，又佛说法处与此河近，故常以"恒河沙"喻多不胜数之数。李白《僧伽歌》："问言诵咒几千遍，口道恒河沙复沙。"张谓《送僧》："深心大海水，广愿恒河沙。"贯休《山居诗二十四首》之二四："若买山资言不及，恒河沙劫用无穷。"亦指广大深邃之佛法。刘长卿《齐一和尚影堂》："一灯长照恒河沙，双树犹落诸天花。"

【恒星】　指八十八宿，以其为天之常宿，故称。亦泛指星宿。独孤及《寒夜溪行舟中作》："云归恒星白，霜下天地肃。"欧阳詹《元日陪早朝》："江皋腐草今何幸，亦与恒星拱北辰。"

【恒思】　常想。高适《酬鸿胪裴主簿雨后睢阳北楼见赠之作》："不叹携手稀，恒思著鞭速。"《中宗祀昊天乐章·太和》："恒思解网，每轸泣辜。"

【恒度】　犹常规。任华《怀素上人草书歌》："或逢花笺与绢素，凝神执笔守恒度。"

【恒時】　平时。韩愈《送李翱》："揖我出门去，颜色异恒时。"

【恒峯】　恒山之峰。李颀《送裴腾》："相将簿领闲，倚望恒峰孤。"参见"恒岳"。

【恒師】　长安僧。元和间人。白居易有《重到城七绝句·恒寂师》。

【恒娥】　姮娥之讹。王泠然《寒食篇》："来疑神女从云下，去似恒娥到月边。"

【恒常】　寻常，平常。韩偓《大庆堂赐宴元珰而有诗呈吴越王》："非为亲贤展绮筵，恒常宁敢恣游盘。"

【恒情】　人之常情。苏颋《晓发兴州入陈平路》："旧史饶迁谪，恒情厌苦辛。"

【恒超】　(877—949)俗姓冯。范阳(今北京)人。年十五，早通六籍，尤善《风》《骚》。所作之诗辞调新奇，流播人口。乾化三年(913)，至五台山受戒出家。龙德二年(922)，住棣州开元寺。置院讲诸经论，二十余年。事迹见《宋高僧传》卷七。《全唐诗》卷八二五录其诗一首。

【恒碣】　恒山与碣石。杜甫《北征》："此举开青徐，旋瞻略恒碣。"

【恒數】　❶常规之数。徐坚《奉和圣制送张说巡边》："圣锡加恒数，天文耀宠光。"❷一定之规律。杜甫《宿花石戍》："茫茫天造间，理乱岂恒数。"

【恒憲】　固定之法规。储光羲《尚书省受誓诫贻太庙裴丞》："皇家有恒宪，斋祭崇明祀。"

【恒璨】　滁州僧。大历、贞元间人。韦应物有《简恒璨》，又有《寄恒璨》《偶入西斋院示释子恒璨》。

【恒嶽】　见"恒岳"。

恍　〔huǎng《集韵》虎晃切，上荡，晓。〕❶恍忽。心神不定貌。李益《溪中月下寄杨子尉封亮》："蘅若夺幽色，衔思恍无悰。"❷朦胧迷离。看不分明貌。元稹《有酒十章》之三："恍耶，忽耶，有耶，传而信耻，久而谬耶。"韦应物《冬至夜寄京师诸弟兼怀崔都水》："川途恍悠邈，涕下一阑干。"❸仿佛。陆龟蒙《战秋辞》："天随子爽駷恂栗，恍军庸之我当。"❹倏忽。谓时间疾速。陈子昂《夏日晖上人房别李参军崇嗣》序："欢娱恍晚，离别行催。"

【恍若】　仿佛。白居易《山中独吟》："高声咏一篇，恍若与神遇。"陆龟蒙《奉和袭美二游诗·任诗》："斜来岛屿隐，恍若潇湘隔。"

【恍恍】　迷离忽貌。李白《古风》之一九："恍恍与之去，驾鸿凌紫冥。"

【恍惚】　❶迷离朦胧，模糊不清貌。吴筠《游仙二十四首》之三："栖神合虚无，洞览周恍惚。"杜甫《石笋行》："雨多往往得瑟瑟，此事恍惚难明论。"韩愈《华山女》："云窗雾阁事恍惚，重重翠幕深金屏。"李商隐《七月二十八日夜与王郑二秀才听雨后梦作》："恍惚无倪明又暗，低迷不已断还连。"亦指迷离缥缈之境。谓人死魂归之处。贾岛《哭张籍》："精灵归恍惚，石磬韵曾闻。"❷迷糊。神思不清貌。寒山《诗三百三首》之八九："再三劝你早修行，是你顽痴心恍惚。"李白《游泰山六首》之六："扪天摘匏瓜，恍惚不忆归。"孟郊《秋怀》之五："鬼神满衰听，恍惚难自分。"晁采《秋日再寄》："珍簟生凉夜漏余，梦中恍惚觉来初。"亦指心神不定。杜甫《北征》："挥涕恋行在，道途犹恍惚。"❸仿佛。李白《赠僧崖公》："凌兢石桥去，恍惚入青冥。"李端《游终南山因寄苏奉礼士尊师苗员外》："依稀醉后拜，恍惚梦中辞。"韩愈《桃源图》："文工画妙各臻极，异境恍惚移于斯。"❹倏忽。指时间迅疾。皎然《晚冬废溪东寺怀李司直纵》："归来始昨日，恍惚惊岁阴。"李端《赠康洽》："流年恍惚瞻而日，陈事苍茫指南陌。"唐暄《还渭南感旧二首》之二："恍惚人事改，冥漠委荒丘。"

【恍然】　❶犹茫然。心神恍忽貌。孟郊《感兴》："独有失意人，恍然无力行。"韩偓《残春旅舍》："旅舍残春宿雨晴，恍然心地忆咸京。"❷仿佛。程太虚《醮坛峰》："独步苍苔寻故址，恍然咫尺观天颜。"

恩　〔ēn《广韵》烏痕切，平痕，影。〕❶恩泽，恩惠。郭震《寄刘校书》："才微易向风尘老，身贱难酬知己恩。"孟浩然《奉先张明府休沐还乡海亭宴集》："朱绂恩虽重，沧洲趣每怀。"孙叔向《送咸安公主》："玉颜便向穹庐去，卫霍空承明主恩。"王贞白《折杨柳三首》之："枝枝交影锁长门，嫩色曾沾雨露恩。"❷宠爱；情爱。徐贤妃《长门怨》："颓恩诚已矣，覆水难重荐。"杜甫《牵牛织女》："义无弃礼法，恩始夫妇恭。"白居易《寄隐者》："禄厚食万钱，恩深日三顾。"刘云《婕妤怨》："君恩不可见，妾岂如秋扇。"❸称皇帝之所作为、颁赐。见"恩幸""恩命""恩赐"。

【恩仁】　恩德仁慈。袁皓《重归宜春偶成十六韵寄朝中知己》："恩仁沾品物，教化及雕题。"

【恩仇】　同"恩讎"。周昙《咏史诗·春秋战国门·再吟》："几尺如霜利不群，恩仇未报反亡身。"

【恩化】　恩德教化。李涉《寄河阳从事杨潜》："自言生长开元中，武皇恩化亲沾及。"

【恩分】　(—fèn)犹恩义情分。李白《行路难三首》之二："剧辛乐毅感恩分，输肝剖胆效英才。"白居易《寓意诗五首》之三："音信日已疏，恩分日已轻。"

【恩召】　谓皇帝降恩召见。张说有《羽林恩召观御书王太尉碑》。

【恩地】　及第进士对主考官之尊称。姚鹄有《将归蜀留献恩地仆射》。曹邺《翠孤至渚宫寄座主相公》："奉答恩地恩，何惭以诚告。"郑谷《试笔偶书》："乖慵恩地恕，冷淡好僧知。"杜荀鹤《晚春寄同年张曙先辈》："恩地未酬闲未得，一回醒话一沾巾。"

【恩光】　❶恩泽之誉称。谓帝王恩泽之光。刘宪《奉和幸礼部尚书窦希玠宅应制》："恩光山水被，圣作管弦新。"陈希烈《奉和圣制三月三日》："皇情被群物，中外洽恩光。”窦叔向《寒食日恩赐火》：“恩光及小臣，华烛忽惊春。”高蟾《长门怨》：“可怜明镜来相向，何似恩光朝夕新。”亦泛指尊者之恩宠。骆宾王《伤祝阿王明府》序：“某昔承嘉惠，曲荷恩光，留连啸歌，从容风月。”樊骧《和主司王起》：“忝受恩光同上客，惟将报德是经营。”❷指日光。韩愈《苦寒》：“而我当此时，恩光何由沾。”蒋防《日暖万年枝》：“自与恩光近，那关煦妪偏。”

【恩私】　犹恩宠；恩情。杜甫《对雨》：“西戎甥舅礼，未敢背恩私。”韦应物《逢杨开府》：“少事武皇帝，无赖恃恩私。”皇甫曾《送汤中丞和蕃》：“莫嗟行远地，此去答恩私。”郑嵎《津阳门诗》：“四方节制倾附媚，穷奢极侈沽恩私。”

【恩幸】　宠幸。王维《班婕妤三首》之二：“宫殿生秋草，君王恩幸疏。”刘长卿《长门怨》：“芳菲自恩幸，看著被风吹。”白居易《新乐府·新丰折臂翁》：“又不闻天宝宰相杨国忠，欲求恩幸立边功。”李商隐《华清宫》：“华清恩幸古无伦，犹恐蛾眉不胜人。”

【恩門】　❶师门、座主。及第进士对主试官之尊称。赵嘏《送同年郑祥先辈归汉南》题注：“时恩门相公镇山南。”曹邺《翠孤至渚宫寄座主相公》：“恩门为宰相，出入用天道。”郑谷有《恩门小谏雨中乞菊栽》。❷指科举考试。裴翻《和主司王起》：“文柄久持殊岁纪，恩门三启动寰瀛。”项斯《送顾非熊及第归茅山》：“自有恩门入，全无帝里欢。”

【恩知】　犹恩遇，知交。李商隐《哭虔州杨侍郎》：“在昔恩知忝，诸生礼秩殊。”赵嘏《抒怀上歙州卢中丞宣州杜侍郎》：“独有贱夫怀感激，十年两地负恩知。”

【恩命】　诏命。多指有关升迁或赦免之诏命。张说《奉和圣制赐崔日知往潞州应制》：“连帅初恩命，天人旧纪纲。”刘长卿有《淮上送梁二恩命追赴上都》。独孤及有《暮春于山谷寺上方遇恩命加官赐服酬皇甫侍御见贺之作》。

【恩波】　指帝王的恩泽、恩情。刘长卿《狱中闻收东京有赦》：“持法不须张密网，恩波自解惜枯鳞。”姚合《闻魏州破贼》：“从此四方无一事，朝朝雨露是恩波。”张乔《长门怨》：“御泉长绕凤凰楼，自是恩波别处流。”

【恩威】　恩惠与威力；恩慈与威严。薛存诚《闻击壤》：“耕凿方随日，恩威比望云。”莫宣卿《赋得水怀珠》：“合浦当还日，恩威信已敷。”崔璞《蒙恩除替将还京洛偶叙所怀因成六韵呈军事院诸公郡中一二秀才》：“务繁多簿籍，才短乏恩威。”

【恩信】　恩德诚信。刘商《胡笳十八拍·第十五拍》：“不缘生得天属亲，岂向仇雠结恩信。”白居易《和微之诗二十三首·和李势女》：“竟以恩信待，岂止猜妒忘。”王贞白《从军行》：“只以恩信及，自然戎虏和。”周昙《咏史诗·春秋战国门·田饶》：“临难欲行求死士，将何恩信致扶危。”

【恩追】　指皇帝追诏封官。杜甫《陪王汉州留杜绵州泛房公西湖》：“旧相恩追后，春池赏不稀。”

【恩怨】　恩德与怨仇。亦指恩爱与怨尤。韩愈《听颖师弹琴》：“昵昵儿女语，恩怨相尔汝。”

【恩除】　指皇帝任命官员。李洞《送卢少府之任巩洛》：“从知东甸尉，铨注似恩除。”无可《送姚中丞赴陕州》：“二陕周分地，恩除左掖臣。”

【恩紀】　犹恩情、恩德。杜牧《送沈处士赴苏州李中丞招以诗赠行》：“予亦何为者，亦受公恩纪。”

【恩華】　犹恩宠，恩荣。张九龄《酬周判官巡至始兴会改秘书少监见贻之作兼呈耿广州》：“嘉庆始获申，恩华复相继。”袁晖《奉和圣制送张尚书巡边》：“欲识恩华盛，平生文武材。”羊士谔《和武相早朝中书候传点书怀奉呈》：“志业丹青重，恩华雨露霏。”刘禹锡《送浑大夫赴丰州》：“风衔新诏降恩华，又见旌旗出浑家。”

【恩書】　指亲人之书信。杜甫《得舍弟消息》：“骨肉恩书重，漂泊难相遇。”

【恩赦】　指皇帝颁布赦免诏令。多用于皇帝登基或册皇后等大庆时颁布。韩愈《赴江陵途中寄赠翰林三学士》：“前日遇恩赦，私心喜还忧。”

【恩敕】　指皇帝之敕命。刘长卿《恩敕重推使牒追赴苏州次前溪馆作》。

【恩魚】　报恩之鱼。见《太平广记》卷一一八引辛氏《三秦记·汉武帝》。为歌颂帝王恩德之典。沈佺期《奉和晦日驾幸昆明池应制诗》：“战鹢逢时去，恩鱼望幸来。”苏颋《龙池乐章》：“恩鱼不入昆明钓，瑞鹤长如太液仙。”

【恩情】　❶情义；情谊。白居易《斋戒》：“六贼定知无气色，三尸应恨少恩情。”广宣《九月十五日夜宿郑尚书细东亭望月寄杜给事》：“清光满院恩情见，寒色临门笑语谐。”温庭筠《夜宴谣》：“清夜恩情四座同，莫令沟水东西别。”❷男女恩爱之情。崔颢《邯郸宫人怨》：“恩情莫比陈皇后，宠爱全胜赵飞燕。”崔涯《杂嘲二首》之二：“寒鸡鼓翼纱窗外，已觉恩情逐晓风。”顾甄远《惆怅诗九首》之六：“役尽心神销尽骨，恩情未断忽分离。”罗隐《闲居早秋》：“六宫谁买相如赋，团扇恩情日日疏。”❸指骨肉亲情。白居易《思子台有感二首》之一：“但以恩情生隙罅，何人不解作江充。”

【恩陽】　唐代县名，属山南西道巴州。本汉阆中县地。南朝梁改置义阳县。隋改名恩阳。唐贞观十七年(643)废，万岁通天元年(696)复置。故址在今四川巴中市西北。韦应物有《送令狐岫宰恩阳》。

【恩勞】 恩情与效劳。张祜《爱妾换马》:"恩劳未尽情先尽,暗泣嘶风两意同。"按此处"恩""劳",系分别就妾与马而言。

【恩渥】 犹恩泽,厚恩。张说《别溫湖》:"南郡延恩渥,东山恋宿心。"独孤及《送李宾客荆南迎亲》:"恩渥沾行李,晨昏在路岐。"郭求《日暖万年枝》:"若承恩渥厚,常属栋梁贤。"

【恩勢】 恩宠与权势。白居易《秋池二首》之二:"一旦恩势移,相随共憔悴。"

【恩煦】 恩光,恩泽。薛曜《舞马篇》:"阊阖间,玉台侧,承恩煦兮生光色。"郑南金《奉和九日幸临渭亭登高制得日字》:"欲知恩煦多,顺动观秋实。"欧阳詹《太原旅怀呈薛十八侍御齐十二奉礼》:"伊予亦投刺,恩煦胡凋疏。"

【恩暉】 见"恩輝"。

【恩愛】 ❶指夫妻、情人相亲相爱之情。储光羲《同王十三维偶然作十首》之六:"日月方向除,恩爱忽焉暌。"李涉《寄荆娘写真》"百年恩爱两相许,一夕不见生愁肠。"❷指骨肉亲情。韩愈《寄崔二十六立之》:"逼迫走巴蛮,恩爱座上离。"白居易《梦仙》:"恩爱舍骨肉,饮食断膻腥。"李群玉《哭小女痴儿》:"负尔五年恩爱泪,眼中惟有涸泉知。"贯休《经弟妹坟》:"恩爱苦情抛未得,不堪回首步迟迟。"

【恩詡】 指皇帝之夸誉。源乾曜《奉和圣制送张尚书巡边》:"礼物生光辉,宸章备恩诩。"

【恩意】 恩情。恩泽情意。赵嘏《送韦中丞》:"二年恩意是春辉,清净胸襟似者希。"

【恩義】 情义;恩情。刘长卿《送元八游汝南》:"世情薄恩义,俗态轻穷厄。"戴叔伦《去妇怨》:"心知恩义绝,谁忍分明别。"韩愈《晚秋郾城夜会联句》:"徒然感恩义,谁复论勋爵。"杜牧《寄内兄和州崔员外十二韵》:"恩义同钟李,埙篪实弟兄。"

【恩慈】 慈爱。李白《感时留别从兄徐王延年从弟延陵》:"谁道溟渤深,犹言浅恩慈。"杜甫《夔府书怀四十韵》:"萍流仍汲引,樗散尚恩兹。"

【恩福】 恩惠福佑。张籍《华山庙》:"手把纸钱迎过客,遣求恩福到神前。"

【恩嫌】 爱怜与嫌弃。偏指怜。韩愈《苦寒》:"其余蠢动俦,俱死谁恩嫌。"

【恩榮】 指皇帝赐予之荣耀。刘宪《奉和圣制立春日侍宴内殿出剪彩花应制》:"此日叨陪侍,恩荣得数枝。"李白《答杜秀才五松见赠》:"飞笺络绎奏明主,天书降问回恩荣。"皇甫冉《送钱唐路少府赴制举》:"共许郤诜工射策,恩荣请向一枝看。"王传《和襄阳徐相公商贺徐副使加章绶》:"自怜亦是膺门客,吟想恩荣气益振。"

【恩賚】 恩赏。指帝王之赏赐。林滋《人日》:"闻道宸游方命赏,应随恩赉喜昭回。"

【恩輝】 恩光。指帝王的恩泽。王昌龄《送郑判官》:"东楚吴山驿树微,轺车衔命奉恩辉。"薛存诚《暮春自南台丞再除给事中》:"禁垣偏日近,行坐是恩辉。"卢纶《新移北厅因贻同院诸公兼呈畅博士》:"恩辉坐凌迈,景物恣芳新。"亦作"恩晖"。沈佺期《奉和春初幸太平公主南庄应制》:"自有神仙鸣凤曲,并将歌舞报恩晖。"苏颋《扈从温泉奉和姚令公喜雪》:"恩晖随霰下,庆泽与云浮。"

【恩賞】 指帝王之赏赐。张说《奉和圣制过晋阳宫应制》:"枌榆恩赏洽,桑梓旧情恭。"

【恩賜】 称皇帝所赏赐。李峤有《人日侍宴大明宫恩赐彩缕人胜应制》。张籍《送郑尚书出镇南海》:"班行争路送,恩赐并时来。"白居易《寓意诗五首》之二:"昨传征拜日,恩赐颇殊常。"许坚《游溧阳霞泉寺限白字》:"近枕吴溪与越峰,前朝恩赐云泉额。"

【恩獎】 指帝王或尊者之夸奖、奖励。李义府《在嶲州遥叙封禅》:"菲质陶恩奖,趋迹奉轩墀。"伍唐珪《山中卧病寄卢郎中》:"空恋旧时恩奖地,无因匍匐出柴关。"蔡文恭《奉和夏日游山应制》:"窃吹等齐竽,何用承恩奖。"

【恩德】 犹恩泽、恩惠。景审《题所书黄庭经后》:"请看今日酬恩德,何似当年为爱鹅。"方干《送睦州侯郎中赴阙》:"郡人难议酬恩德,遍在三年礼遇中。"

【恩德寺】 寺名,在唐杭州杨村。旧名慈严院。院有风水洞,亦名恩德洞。白居易有《予以长庆二年冬十月到杭州明年秋九月始与范阳卢贾汝南周元范同游恩德寺遂留绝句》。许浑有《恩德寺》。

【恩憐】 犹怜爱,喜爱。许浑《酬钱汝州》序:"汝州钱中丞以浑赴郢城,见寄佳什,恩怜过等,宠饰逾深,虽吟咏忘疲,实楷模不及。"

【恩澤】 ❶帝王之恩德、恩惠。杜甫《中夜》:"胡雏负恩泽,嗟尔太平人。"韦应物《贵游行》:"汉帝外家子,恩泽少封侯。"殷尧藩《汉宫词三首》之二:"枉杀宫中许皇后,椒房恩泽是浮云。"周朴《喜贺拔先辈衡阳除正字》:"黄纸晴空坠一缄,圣朝恩泽洗冤谗。"❷恩宠,恩惠。白居易《新乐府·城盐州》:"相看养寇为身谋,各握强兵固恩泽。"亦指受恩宠之权贵。刘禹锡《同乐天和微之深春二十首》之六:"何处深春好,春深恩泽家。"

【恩舊】 知交旧友。祖咏《酬汴州李别驾赠》:"情因恩旧好,契托死生亲。"薛逢《席上酬东川严中丞叙旧见赠》:"声名俱是梦,恩旧半归泉。"

【恩燾】 犹恩渥。指大恩。元稹《和李校书新题乐府十二首·阴山道》:"臣有一言昧死进,死生甘分答恩焘。"

【恩歸】 谓蒙皇恩准假归觐。岑参有《送许拾遗恩归江宁拜亲》。

【恩懷】 犹恩顾。爱护关怀。欧阳詹《益昌行》:"问身一何安,太守恩怀多。"

【恩寵】 宠爱,宠遇。多指皇帝或尊者对属下或妻妾之宠遇。李峤《倡妇行》:"团扇辞恩宠,回文赠苦辛。"段成式《汉宫词二首》之一:"歌舞初承恩宠时,六宫学妾画蛾眉。"翁绶《婕妤怨》:"谗谤潜来起百忧,朝承恩宠暮仇雠。"柯崇《宫怨二首》之一:"笙歌何处承恩宠,一一随风入上阳。"

【恩譴】 指被朝廷贬谪。王昌龄《寄穆侍御出幽州》:"一从恩谴度潇湘,塞北江南万里长。"

【恩顧】 皇帝或尊者之关怀垂顾。蔡孚《打球篇》:"容色由来荷恩顾,意气平生事侠游。"韦应物《送崔押衙相州》:"嫖姚恩顾下,诸将指挥中。"韩愈《奉和武相公镇蜀时咏使宅韦太尉所养孔雀》:"坐蒙恩顾重,毕命守阶墀。"李绅《过钟陵》:"惆怅旧游同草露,却思恩顾一沾膺。"

【恩讎】 亦作"恩仇"。雠,同"仇"。❶恩情与仇怨。韩愈《刘生诗》:"咄哉识路行勿休,往取将相酬恩雠。"张祜《送魏尚书赴镇州行营》:"河塞日骎骎,恩仇报尽深。"白居易《疑梦二首》之一:"莫惊宠辱虚忧喜,莫计恩雠浪苦辛。"杜牧《题商山四皓庙一绝》:"吕氏强梁嗣子柔,我于天性岂恩雠。"❷偏义复词。偏指仇。白居易《禽虫十二章》之八:"何异浮生临老日,一弹指顷报恩雠。"

恬

〔tián《广韵》徒兼切,平添,定。〕❶平静,安静。孟郊《喷玉布》:"古今相共失,语默两难恬。"元稹《韦氏馆与周隐客杜归和泛舟》:"神恬津藏满,气委支节柔。"贾岛《玩月》:"他人应已睡,转喜此景恬。"皮日休《初夏即事寄鲁望》:"夏景恬且旷,远人疾初平。"亦指使平静,消除。太宗《望终南山》:"对此恬千虑,无劳访九仙。"❷安适;安然。柳宗元《哭连州凌员外司马》:"恬死百忧尽,苟生万虑滋。"白居易《新沐浴》:"形适外无恙,心恬内无忧。"❸平和,舒缓。程行谌《奉和圣制送张说上集贤学士赐宴》:"礼洽欢逾长,风恬暑更回。"岑参《山房春事二首》之一:"风恬日暖荡春光,戏蝶游蜂乱入房。"❹淡泊。见"恬泊""恬漠""恬澹""恬曠"。

【恬夷】 恬和。恬静平和。吴筠《游仙二十四首》之十八:"恬夷宇宙泰,焕朗天光彻。"

【恬和】 安静平和;安适和畅。严维《僧房避暑》:"幽旷无烦暑,恬和不可量。"张籍《酬白二十二舍人早春曲江见招》:"曲江冰欲尽,风日已恬和。"刘禹锡《历阳书事七十韵》:"平野分风使,恬和趁夜程。"

【恬泊】 清静淡泊。指不尚名利。钱起《山中春仲寄汝上王恒颖川沈冲》:"隐者守恬泊,春山日深静。"又《田园雨后赠邻人》:"尧年尚恬泊,邻里成太古。"

【恬恬】 安静貌。寒山《诗三百三首》之二四三:"至今静恬恬,众人皆替说。"

【恬泰】 安逸舒泰。白居易《问秋光》:"身心转恬泰,烟景弥淡泊。"

【恬素】 恬淡、淡泊。孟浩然《田园作》:"弊庐隔尘喧,惟先养恬素。"

【恬爽】 恬逸清爽。贾岛《早起》:"耽玩余恬爽,顾盼轻痾力。"

【恬淡】 ❶恬静淡泊。储光羲《奉和韦判官献侍郎叔除河东采访使》:"恬淡轻黜陟,优游邈千载。"权德舆《酬陆四十楚见贻之作》:"声荣徒外奖,恬淡方自适。"李昭象《题顾正字溪居》:"莫夸恬淡胜荣禄,雁引行高未许闲。"❷犹平和。翁承赞《擢探花使三首》之三:"探花时节日偏长,恬淡春风称意忙。"

【恬寂】 静寂;寂寞。贯休《寄韩团练》:"留我遇残冬,身心苦恬寂。"

【恬然】 ❶安然,平静、安静貌。储光羲《酬李处士山中见赠》:"想象南山下,恬然谢朝列。"白居易《病中诗十五首·初病风》:"恬然不动处,虚白在胸中。"罗隐《薛阳陶觱篥歌》:"武宗皇帝御宇时,四海恬然知所自。"❷淡泊,不慕名利。韦应物《休暇东斋》:"荣达颇知疏,恬然自成度。"白居易《送刘五司马赴任硖州兼寄崔使君》:"位下才高多怨天,刘兄道胜独恬然。"

【恬愉】 宁静愉快。权德舆《与道者同守庚申》:"斋心已恬愉,澡身自澄明。"

【恬漠】 淡泊宁静。刘允济《经庐岳回望江州想洛川有作》:"咫尺穷杳冥,跬步皆恬漠。"卢仝《叹昨日三首》之二:"薄夫有钱恣张乐,先生无钱养恬漠。"

【恬養】 颐养。静养。郑薰《赠巩畴》序:"闻公恬养澹逸,不屑于荣悴。"

【恬諫】 唐处士。隐居吴兴(今浙江长兴县)苕溪。与皎然为邻。皎然有《题周谏别业》。

【恬澹】 同"恬淡"。淡泊清静。储光羲《咏山泉》:"恬澹无人见,年年长自清。"白居易《酬杨九弘贞长安病中见寄》:"隐几自恬澹,闭门无送迎。"皮日休《送润卿博士还华阳》:"逍遥只恐逢雪将,恬淡真应降月妃。"贯休《古意九首》之九:"授我微妙诀,恬澹无所为。"

【恬翼】 温驯之禽鸟。孟郊《长安羁旅行》:"直木有恬翼,静流无躁鳞。"

【恬曠】 淡泊宁静而旷达。阎防《百丈溪新理茅茨读书》:"栖迟乐遵渚,恬旷寡所欲。"权德舆《侍从游后湖宴坐》:"家人亦恬旷,稚齿皆忻愉。"白居易《昭国闲居》:"平生尚恬旷,老大宜安适。"

【恬鱗】 安逸自在之鱼。独孤及《庚子岁避地至玉山酬韩司马所赠》:"沧海疾风起,洪波骇恬鳞。"

恁 〔rèn《广韵》如甚切,上寑,日。又如林切,平侵,日。〕指示代词。这,这样。见"恁麽"。

【恁麽】 如此,这样。吕岩《窑头坯歌》:"圣贤三教不异门,昧者劳心休恁么。"

息 〔xī《广韵》相即切,入職,心。〕❶一呼一吸谓一息。钱起《哭辛霁》:"旦暮余生几息在,不应存没未尝悲。"❷瞬息。形容时间短暂。张彪《古别离》:"纵知明当返,一息千万思。"刘禹锡《桃源行》:"翻然恐失乡县处,一息不肯桃源住。"马湘《又诗二首》之一:"省悟前非一息间,更抛闲事弃尘寰。"❸子息,儿子。孟云卿《古挽歌》:"尔形未衰老,尔息才童稚。"张籍《董公诗》:"汝息为我子,汝亲我为翁。"贾岛《哭孟郊》:"寡妻无子息,破宅带林泉。"❹停息,止息。袁瓘《鸿门行》:"白刃纵横逼,黄尘飞不息。"杜甫《羌村》之三:"兵革既未息,儿童尽东征。"孟郊《织妇辞》:"筋力日已疲,不息窗下机。"韦庄《闻再幸梁洋》:"才喜中原息战鼙,又闻天子幸巴西。"亦指阻止、制止。苏拯《邹律》:"边苦有长征,尔律莫能息。"❺静止;安静。王勃《咏风》:"去来固无迹,动息如有情。"司空曙《同苗员外宿荐福常师房》:"人息时闻磬,灯摇乍有风。"刘禹锡《和浙西李大夫霜夜对月听小童吹觱篥歌依本韵》:"才惊指下繁韵息,已见树杪明星光。"韦庄《夏夜》:"蛙吹鸣还息,蛛罗灭又光。"❻休息,歇息。王勃《始平晚息》。元结《登殊亭作》:"凭轩未及息,忽若秋气生。"姚合《题金州西园九首·草阁》:"有时公府劳,还复来此息。"❼栖息。杨衡《登紫霄峰赠黄仙师》:"云飞琼瑶圃,龟息芝兰丛。"李群玉《登宜春醉宿景星寺寄郑判官兼简空上人》:"耻息恶木阴,难书剑歌意。"徐夤《新葺茆堂》之二:"耨水耕山息故林,壮图嘉话负前心。"❽熄灭。太宗《执契静三边》:"烟波澄旧碧,尘火息前红。"李绅《忆登栖霞寺峰》:"香印烟火息,法堂钟磬余。"张充《梁郊祀乐章·庆融》:"服遐裔兮敷质文,格苗扈兮息烟尘。"虞羽客《结客少年场行》:"烽火今已息,非复照甘泉。"亦指除灭、消亡。韦应物《拟古诗十二首》之七:"兰蕙虽可怀,芳香与时息。"柳宗元《贞符》序:"凡其所欲,不谒而获;凡其所恶,不祈而息。"陆龟蒙《和袭美江南道中怀茅山广文南阳博士三首次韵》之二:"壶中行坐可携天,何况林间息万缘。"

【息亡】 消亡,死亡。杜牧《题桃花夫人庙》:"至竟息亡缘底事,可怜金谷坠楼人。"

【息夫】 复姓。参见"息夫牧"。

【息夫人】 即息妫。宋之问《息夫人》:"可怜楚破息,肠断息夫人。"王维《息夫人》:"莫以今时宠,难忘旧日恩。看花满眼泪,不共楚王言。"

【息夫人廟】 春秋息妫之庙,又称桃花夫人庙,在黄州黄陂东三十里。罗隐有《息夫人庙》。

【息夫牧】 籍贯未详。萧颖士之门人。见《唐诗纪事》卷二十。《全唐诗》卷二五七录其诗一首。

【息心侶】 指佛徒、僧侣。钱起《过长孙宅与朗上人茶会》:"偶与息心侣,忘归才子家。"阎防《宿岸道人精舍》:"重因息心侣,遂果岩下诺。"马戴《题石瓮寺》:"稀逢息心侣,独礼竺乾公。"

【息心】 ❶谓澄心静虑,涤除烦想尘念。玄宗《端午三殿宴群臣探得神字》序:"讽味黄老,致息心于真妙;抑扬游夏,涤烦想于诗书。"岑参《终南山双峰草堂作》:"敛迹归山田,息心谢时辈。"白居易《香山下卜居》:"山下初投足,人间久息心。"❷梵语"沙门"之意译。谓修行以消灭欲念杂想。皇甫曾《赠鉴上人》:"息心归静理,爱道坐中宵。"钱起《送少微师西行》:"世路宁嗟别,空门久息心。"阎防《晚秋石门礼拜》:"永欲卧丘壑,息心依梵筵。"

【息老】 告老归休。白居易《逸老》:"我初五十八,息老虽非早。"

【息男】 儿子。权德舆《伏蒙十六叔寄示喜庆感怀三十韵因献之》:"经术弘义训,息男茂嘉闻。"

【息兵】 停止战争。杜甫《奉送卿二翁统节度镇军还江陵》:"留滞嗟衰疾,何时见息兵。"郑准《代寄边人》:"圣泽如垂饵,沙场会息兵。"周昙《咏史诗·春秋战国门·文公》:"灭虢吞虞未息兵,柔秦败楚霸威成。"

【息枝】 谓果树逢小年结实稀少。顾况《上古之什补亡训传十三章·十月之郊一章》:"木实之繁兮,明年息枝。"

【息肩】 歇肩。放下肩上之担子休息。储光羲《同王十三维偶然作十首》之三:"荷蓧者谁子,皤皤来息肩。"白居易《赠别崔五》:"劳者念息肩,热者思濯身。"亦泛指休息。王昌龄《缑氏尉沈兴宗置酒南溪留赠》:"齐物意已会,息肩理犹未。"陆龟蒙《奉和袭美二游诗·徐诗》:"逮晋武革命,生民才息肩。"

【息城】 地名。本春秋息国之地。汉置新息县,北周置息州,隋废,唐复置,寻废。故地在今河南息县北。胡曾有"息城"诗。参见"息國"。

【息疫】 消灭疫病。李损之《都堂试贡士日庆春雪》:"息疫方殊庆,丰年已报祥。"

【息躬】（？—前1）息夫躬之略。息夫，姓。躬，字子微。汉河内河阳（今河南孟州市西）人。少为博士弟子，受《春秋》。事迹见《汉书》本传。李瀚《蒙求》："葛丰刺举，息躬历诋。"

【息徒】让徒众休息。萧颖士《蒙山作》："于役劳往还，息徒暂攀跻。"

【息陰】❶憩息于树阴之中。王维《济上四贤咏·郑霍二山人》："息阴无恶木，饮水必清源。"孟浩然《宿天台桐柏观》："息阴憩桐柏，采秀弄芝草。"元稹《春余遣兴》："好鸟多息阴，新篁已成响。"❷同息影。指退隐、隐居。张九龄《奉使自蓝田玉山南行》："徒如恶嚣事，未暇息阴论。"孟浩然《题李十四庄兼赠綦毋校书》："闻君息阴地，东郭柳林间。"元稹《东西道》："顾我倦行者，息阴何不早。"

【息務】停止劳务。魏征《五郊乐章·肃和》："八蜡已登，三农息务。"

【息國】春秋诸侯国名。姬姓。鲁庄公十四年（前680），为楚所灭。故址在今河南息县北。见《左传·庄公十四年》。汪遵有《息国》诗云："家国兴亡身独存，玉容还受楚王恩。衔冤只合甘先死，何待花间不肯言。"

【息偃】休息，憩息。韩愈《送湖南李正字归》："亲交俱在此，谁与同息偃。"又《赠别元十八协律六首》之一："惜乎吾无居，不得留息偃。"

【息意】绝意，打消念头。陈子昂《观荆玉篇》序："予家世好服食，昔常饵之，乃此役也，而息意兹味。"

【息慮忘機】息灭杂虑，忘却心机。吕岩《沁园春》词之三："不在劳神，不须苦行，息虑忘机合自然。"

【息影】指遁世隐居。语本《庄子·渔父》。白居易《重题》："喜入山林初息影，厌趋朝市久劳生。"殷尧藩《赠惟俨师》："云锁木龛聊息影，雪香纸袄不生尘。"

【息嬀】姓息。春秋时息侯夫人。鲁庄公十年（前684）嫁息侯。十四年，楚文王灭息，以息妫归，是为文夫人，生堵敖及成王。数年不言，楚文王问之，对曰："吾一妇人，而事二夫，纵弗能死，其又奚言？"见《左传·庄公十四年》。一说，楚文王灭息，息侯与息妫同日自杀，见汉刘向《列女传》。后世又称之为桃花夫人。韦庄《庭前桃》："带露似垂湘女泪，无言如伴息妫愁。"

【息駕】停歇车马。韦应物《经少林精舍寄都邑亲友》："息驾依松岭，高阁一攀缘。"杨於陵《郡斋有紫薇双本迥无其伦予嘉其美而能久因诗记述》："逮兹三伏候，息驾万里途。"吕温《孟冬蒲津关河亭作》："息驾非穷途，未济岂迷津。"蔡文恭《奉和夏日游山应制》："悠然动睿思，息驾寻真赏。"

【息機】息灭机巧之心；不用心机。谓涤除俗念尘虑，遁世归隐。李白《送贺监归四明应制》："久辞荣禄遂初衣，曾向长生说息机。"刘长卿《登松江驿楼北望故园》："白鸥渔父徒相待，未扫欃枪懒息机。"周贺《秋晚归庐山留别道友》："不嫌旧隐相随去，庐岳临天好息机。"张蠙《长安寓怀》："九衢秋雨掩闲扉，不似干名似息机。"

【息壤】传说中能自长不息、取用不尽之土，传鲧曾以之堙洪水。后亦泛指泥土。刘禹锡《答东阳于令寒碧图诗》引："斧凡材，畚息壤，而清溪翠岩，森立坌来。"

恤 〔xù《广韵》辛聿切，入術，心。〕❶忧虑，担忧。张九龄《彭蠡湖上》："且知皆自然，高下无相恤。"韩愈《赴江陵途中寄赠翰林三学士》："有司恤经费，未免烦征求。"吕温《道州南楼换柱》："蚁人不足恤，柱倾何可追。"白居易《夜雨有念》："既非慕荣显，又不恤饥寒。"❷体恤，抚恤。岑参《过梁州奉赠张尚书大夫公》："百堵创里闾，千家恤茕嫠。"韦应物《游琅琊山寺》："受命恤人隐，兹游久未遑。"刘禹锡《武陵观火诗》："贤守恤人瘼，临烟驻骊驹。"赵抟《废长行》："不算劳神运枯木，且废为官恤惸独。"❸顾念；顾惜。韩愈《桃源图》："嬴颠刘蹶了不闻，地坼天分非所恤。"李德裕《怀山居邀松阳子同作》："惟应讵身恤，岂敢忘臣节。"❹慎。见"恤刑"。

【恤人】忧民之疾苦。德宗《送徐州张建封还镇》："报国尔所向，恤人予是资。"

【恤民】体恤百姓之疾苦。皎然《陪颜使君饯宣谕萧常侍》："恤民驱急传，访旧枉征舻。"赵抟《废长行》题注："辨其惑于无益之戏而不务恤民也。"

【恤刑】慎用刑法；不轻易用刑。权德舆《送张詹事致政归嵩山旧隐》："直指常持宪，平反更恤刑。"

【恤辜】怜恤冤囚。沈佺期《移禁司刑》："司寇宜哀狱，台庭幸恤辜。"

【恤惸存老】忧念孤寡之人与老人。惸无兄弟之人，借指孤寡之人。玄宗《赐诸州刺史以题座右》："恤惸且存老，抚弱复绥强。"

【恤隱】忧念百姓之疾苦。孙逖《送魏骑曹充宇文侍御判官分按山南》："劝农开梦土，恤隐惠荆人。"白居易《初下汉江舟中作寄两省给舍》："犹须副忧寄，恤隐安疲民。"

恰 〔qià《广韵》苦洽切，入洽，溪。〕❶正好。崔国辅《杂诗》："与酤一斗酒，恰用十千钱。"杜甫《逼仄行赠毕曜》："速宜相就饮一斗，恰有三百青铜钱。"元稹《春分投简阳明洞天作》："禹庙才离郭，陈庄恰半途。"方干《袁明府以家酝寄余余以山梅答赠非唯四韵兼亦双关》:"毕卓醉狂潘氏少,倾来掷去恰相宜。"❷密;频。贯休《渔家》:"赤芦盖屋低压恰,沙涨柴门水痕叠。"见"恰恰"。❸才,刚刚。见"恰受"。❹象声词/。见"恰恰❸"。

【恰平】 均等,正好对等。徐夤《尚书会仙亭咏蔷薇夤坐中联四韵晚归补缉所联因成一篇》:"海棠若要分流品,秋菊春兰两恰平。"

【恰似】 正像,恰如。李白《襄阳歌》:"遥看汉水鸭头绿,恰似葡萄初酦醅。"顾况《酬柳相公》:"个身恰似笼中鹤,东望沧溟叫数声。"卢仝《月蚀诗》:"长嗟白兔捣灵药,恰似有意防奸非。"蒋贻恭《咏金刚》:"扬眉斗目恶精神,捏合将来恰似真。"

【恰如】 正如同,正好像。韩愈《盆池五首》之一:"一夜青蛙鸣到晓,恰如方口钓鱼时。"程长文《狱中书情上使君》:"当年二八盛容仪,红笺草隶恰如飞。"

【恰受】 刚能容受下。杜甫《南邻》:"秋水才深四五尺,野航恰受两三人。"

【恰是】 正是。朱庆余《过耶溪》:"恰是扁舟堪入处,鸳鸯飞起碧流中。"

【恰恰】 ❶密密。白居易《游悟真寺诗》:"栾栌与户牖,恰恰金碧繁。"郑损《星精石》:"孤岩恰恰容幽构,可爱江南释子园。"❷频频不断。王绩《春日》:"年光恰恰来,满瓮营春酒。"❸象声词。象莺啼之声。杜甫《江畔独步寻花七绝句》之六:"留连戏蝶时时舞,自在娇莺恰恰啼。"

【恰當】 正当,恰逢。张义方《奉和圣制元日大雪登楼》:"恰当岁日纷纷落,天宝瑶花助物华。"

【恰稱】 (—chèng)正适合;正好与之相称。白居易《重题小舫赠周从事兼戏微之》:"阔狭才容从事坐,高低恰称使君身。"吴仁璧《秋日听僧弹琴》:"恰称秋风西北起,一时吹入碧湘烟。"褚载《移石》:"嶙峋一片溪中石,恰称幽人弹素琴。"

恌 〔tiāo《广韵》吐彫切,平蕭,透。〕轻佻。李商隐《送从翁从东川弘农尚书幕》:"薄俗谁其激,斯民已甚恌。"

恂 〔xún《广韵》相倫切,平諄,心。〕❶温和恭谨貌。见"恂恂"。❷恐惧貌。见"恂慄"。

【恂上人】 即明恂。储光羲有《送恂上人还吴》。

【恂恂】 温和恭谨貌。李贺《感讽六首》之三:"恂恂乡门老,昨夜试锋镝。"杜牧《题永崇西平王宅太尉愬院六韵》:"矫矫云长勇,恂恂郄縠风。"

【恂慄】 恐惧战慄。陆龟蒙《战秋辞》:"天随子爽駴恂栗,恍军庸之我当。"

恪 〔kè《广韵》苦各切,入鐸,溪。〕恭谨;恭敬。李如璧《明月》:"逐臣恋主心愈恪,弃妻思君情不薄。"韩愈、李正封《晚秋郾城夜会联句》:"侯社退无功,鬼薪惩不恪。"

【恪思】 犹慎思。来鹄《圣政纪颂》序:"朕缵承圣绪,恭惟恪思,将念厥政,未尝不离安废酣,驰荒骛远。"

恟 〔xiōng《广韵》許容切,平鍾,曉。〕惊恐,恐惧貌。韩愈、张籍《会合联句》:"京游步方振,谪梦意犹恟。"

忡 〔chōng《广韵》昌終切,平東,昌。〕心动貌。见"忡忡"。

【忡忡】 心动貌。元结《演兴四首·招太灵》:"久懰兮忡忡,招捃擩兮呼风。"

恙 〔yàng《广韵》餘亮切,去漾,以。〕❶病患。白居易《新沐浴》:"形适外无恙,心恬内无忧。"沈亚之《文祝延二阕》之一:"神有泽兮宜荫沃,脱侯之恙兮归侯之多福。"姚合《寄主客刘员外》:"同归方欲就,微恙几时瘳。"亦喻指毛病、缺点。顾云《池阳醉歌赠匡庐处士姚岩杰》:"经疾史恙万片恨,墨炙笔针如有神。"❷祸患。韩愈《岳阳楼别窦司直》:"怜我窜逐归,相见得无恙。"

恣 〔zì《广韵》資四切,去至,精。〕❶恣肆;放纵。姚系《荆山独往》:"恣此平生怀,独游还自足。"元稹《元和五年予官不了罚俸西归三月六日至陕思怆曩游因投五十韵》:"投此挂冠词,一生还自恣。"皮日休《吴中苦雨因书一百韵寄鲁望》:"雷公恣其志,礮礰裂电目。"周昙《咏史诗·三国门·吴后主》:"吴宫季主恣骄奢,移尽江南百媚花。"❷听任,听凭。清昼《与崔子向泛舟忆李侍御崿联一十六韵以寄之》:"晴日春态深,寄游恣所适。"郑嵎《津阳门诗》:"大开内府恣供给,玉缶金筐银簸箕。"崔橹《山路见花》"春意自知无主惜,恣风吹逐马蹄尘。"黄滔《省试奉诏涨曲江池》:"沙没迷行径,洲宽恣跃鳞。"❸随意,任情。李白《将进酒》:"陈王昔时宴平乐,斗酒十千恣欢谑。"杨发《秋晚日少陵原游山泉之什》:"喧浊侵肌性未沈,每来云外恣幽寻。"翁承赞《寄舍弟承裕员外》:"无主园林饶采伐,忘情鸥鸟恣高低。"

【恣心】 随心,任情。柳宗元《法华寺石门精舍三十韵》:"道同有爱弟,披拂恣心赏。"刘禹锡《萋兮吟》:"万货列旗亭,恣心注明珰。"

【恣把】 谓随心自如地挥写。元稹《崔徽歌》:"有客有客名丘夏,善写仪容得恣把。"

【恣吟】 纵情吟咏。蒋吉《石城》:"系缆石城下,恣吟怀暂开。"

【恣欲】 放纵欲望，不加克制。苏拯《明禁忌》："恣欲创楼台，率情染朱翠。"

【恣情】 任情；纵情。白居易《喜山石榴花开》："但知烂熳恣情开，莫怕南宾桃李妒。"姚合《闲居遣怀十首》之五："闲时随思缉，小酒恣情斟。"周繇《嘲段成式》："恣情窥窈窕，曾恃好风姿。"刘兼《昼寝》："恣情枕上飞庄蝶，任尔云间骋陆龙。"

【恣游】 恣情游赏。曹松《春日自吴门之阳羡道中书事》："胜异恣游应未遍，路岐犹去几时还。"

【恣意】 任意，随意。拾得《诗》之三五："何曾解救苦，恣意乱纵横。"高适《赋得还山吟送沈四山人》："人生老大须恣意，看君解作一生事。"李嘉祐《送苏修往上饶》："爱尔无羁束，云山恣意过。"司空图《移桃栽》："独临官路易伤摧，从遣春风恣意开。"

【恣貌】 姿貌。恣，"姿"之讹字。卢茂钦《无题》："若表恳诚心所志，愿将恣貌梦中来。"

【恣適】 任情适意。李绅《忆登栖霞寺峰》："顾眺匪恣适，旷襟怀卷舒。"

【恣横】 恣纵，任情不羁。韩愈《卢郎中云夫寄示送盘谷子诗两章歌以和之》："穷探极览颇恣横，物外日月本不忙。"

【恣縱】 任情，放纵不羁。元稹《游三寺回呈上府主严司空以诗自诮尔》："谢公恣纵颠狂掾，触处闲行许自由。"

【恣韻】 谓纵情吟咏。韩愈、孟郊《城南联句》："窥奇摘海异，恣韵激天鲸。"

侘 〔duó《广韵》徒落切，入鐸，定。〕思，想。陆龟蒙《奉酬袭美苦雨见寄》："哀弦怨柱合为吟，侘我穷栖蓬藋里。"

恨 〔hèn《广韵》胡艮切，去恨，匣。〕❶遗憾；悔恨。储光羲《苏十三瞻登玉泉寺峰入寺中见赠作》："恨无荆文璧，以答丹青绚。"杜甫《丹青引赠曹将军霸》："学书初学卫夫人，但恨无过王右军。"欧阳詹《有所恨二章》序："今人既往，所赠又造次而亡之，二恨也。申二恨为《有所恨二章》云。"高骈《言怀》："恨乏平戎策，惭登拜将坛。"❷怨恨；仇恨。虞世南《怨歌行》："宠移恩稍薄，情疏恨转深。"李白《怨情》："但见泪痕湿，不知心恨谁。"刘禹锡《冬日晨兴寄乐天》："发少嫌梳利，颜衰恨镜明。"杜牧《泊秦淮》："商女不知亡国恨，隔江犹唱《后庭花》。"

【恨火】 犹怒火。李群玉《自澧浦东游江表途出巴丘投员外从公虞》："中夜恨火来，焚烧九回肠。"

【恨水】 喻指冤屈怨恨之情深广不绝如水流。杜甫《题郑十八著作虔》："第五桥东流恨水，皇陂岸北结愁亭。"杜牧《李甘诗》："幽兰思楚泽，恨水啼湘渚。"

【恨血】 冤血。含恨而死者之血。语本《庄子·外物》。李贺《秋来》："秋坟鬼唱鲍家诗，恨血千年土中碧。"陆龟蒙《和袭美馆娃宫怀古五绝》之三："此地最应沾恨血，至今春草不匀生。"水神《霅溪夜宴诗》(卷八六四)："所覆不全兮身宁全，溢眸恨血兮徒涟涟。"

【恨事】 憾事。使人感到遗憾或悔恨之事。刘禹锡《三阁辞四首》之一："不应有恨事，娇甚却成愁。"

【恨思】 憾恨失意之心情、思绪。刘沧《洛神怨》："子建东归恨思长，飘飖神女步池塘。"

【恨恨】 怨恨或抱憾不已。权德舆《祗役江西路上以诗代书寄内》："未能即忘怀，恨恨以此故。"

【恨淚】 因怨恨而伤心之泪。韩偓《六言三首》之三："忆泪因成恨泪，梦游常续心游。"

【恨魄】 抱恨屈死者之魂魄。李益《过马嵬二首》之二："浓香犹自随鸾辂，恨魄无由离马嵬。"亦特指古蜀国君主望帝之魂魄。传其死后魂化杜鹃鸟，昼夜悲啼。事见《禽经》引李膺《蜀志》。李绅《过荆门》："肠断思归不可闻，人言恨魄来巴蜀。"

恕 〔shù《广韵》商署切，去御，書。〕宽恕，原谅。王维《郑果州相过》："中厨办粗饭，当恕阮家贫。"白居易《初冬即事呈梦得》："临老交亲零落尽，希君恕我取人宽。"张蠙《赠李司徒》："欢筵每恕娇娥醉，闲枥犹惊战马嘶。"

【恕己】 原谅自己。张九龄《感遇十二首》之六："众情累外物，恕己忘内修。"

【恕宥】 宽恕，原谅。韩愈《南山诗》："勃然思拆裂，拥掩难恕宥。"

七 画

悟 〔wù《广韵》五故切，去暮，疑。〕❶觉悟，觉醒。王无竞《北使长城》："殚弊未云悟，穷毒岂知止。"李白《嵩山采菖蒲者》："喻帝竟莫悟，终归茂陵田。"姚合《送元绪上人游商山》："过来心已悟，未到行弥精。"戴衢《下第夜吟》："扰扰东南西北情，何人于此悟浮生。"❷使觉悟。白居易《新乐府·胡旋女》："胡旋女，莫空舞，数唱此歌悟明主。"❸领会；理解。韦应物《乘月过西郊渡》："赏逐乱流翻，心将清景悟。"殷尧藩《寄许浑秀才》："眼前谁悟先天理，去后还知今日非。"杜牧《咏歌圣德远怀天宝因题关亭长句四韵》："君王若悟治安论，安史何人敢弄兵。"徐铉《送蒯司录归京》："抵掌曾论天下事，折腰犹悟俗人情。"❹知道，感到。玄宗《端午三殿宴群臣探得神字》序："勤贪日给，忧忘心劳。闻蝉声而悟物变，见槿花而惊候改。"张潮《襄阳行》："只言一世长娇宠，那悟今朝见别离。"元稹《乐府古题·苦乐相倚曲》："呼天抚地将自明，不悟寻时暗销骨。”周昙《咏史诗·春秋战国门·卫灵公》：“伯玉既亲知德润，残桃休吃悟兰馨。”

【悟主】 谓使君主觉悟。窦牟《秋夕闲居对雨赠别卢七侍御坦》：“悟主一言那可学，《从军》五首竟徒为。”窦群《晚自台中归永宁里南望山色怅然有怀呈上右司十一兄》：“自怜悟主难归去，马上看山恐到家。”

【悟色】 佛教语。谓悟知色空之理。张祜《题赠志凝上人》：“悟色身无染，观空事不生。”

【悟佛】 晓悟佛理。刘禹锡《偶作二首》之二：“养生非但药，悟佛不因人。”

【悟言】 晤谈。悟，同“晤”。韦应物《秋景诣琅精舍》：“悟言缁衣子，萧洒中林行。”

【悟門】 佛教语。谓彻悟佛理之门。杜荀鹤《赠临上人》：“不计禅兼律，终须入悟门。”

【悟空】 （—kōng）佛教语。谓晓悟佛门所说“万法皆空”（一切现象皆因缘所生、虚幻不实）之理。沈佺期《驩州南亭夜望》：“忽觉犹言是，沉思始悟空。”钱起《归义寺题震上人壁》：“身世已悟空，归途复何去。”牟融《送报本寺分韵得通字》：“贵侯知重曾忘势，闲客频来也悟空。”罗邺《钟陵崔大夫罢镇攀随再经匡庐寺宿》：“侯门聚散真如梦，花界登临转悟空。”

【悟貞寺】 即悟真寺。贞，真字之讹。白居易有《游悟贞寺回山下别张殷衡》。

【悟真】 晓悟真言。白居易《游蓝田山卜居》：“本性便山寺，应须旁悟真。”

【悟真寺】 寺名。即崇法寺，在唐关内道京兆府蓝田县（今陕西蓝田县）东南王顺山。王维有《游悟真寺》。钱起有《登玉山诸峰偶至悟真寺》。卢纶有《题悟真寺》。白居易《游悟真寺诗》：“我游悟真寺，寺在王顺山。”

【悟悦】 因悟佛理而欣悦。柳宗元《晨诣超师院读禅经》：“澹然离言说，悟悦心自足。”

【悟理】 了悟佛理。刘禹锡《谒柱山会禅师》：“悟理言自忘，处屯道犹泰。”

【悟虚】 了悟知其为虚幻。王建《原上新居十三首》之十二：“苦相常多泪，劳生自悟虚。”

【悟清】 河北僧。宋仁宗时人。见宋刘斧《青琐高议》前集卷九。清厉鹗《宋诗纪事》卷一据以收入，宋魏庆之《诗人玉屑》卷三以为唐人。《全唐诗》卷八五一录其诗一联。

【悟道】 ❶了悟佛理。王维《与胡居士皆病寄此诗兼示学人二首》之一：“洗心讵悬解，悟道正迷津。”孟浩然《夜泊庐江闻故人在东寺以诗寄之》：“一灯如悟道，为照客心迷。”❷了悟道教之玄理。丁泽《上元日梦王母献白玉环》：“灵姿趋甲帐，悟道契玄关。”吕岩有《鄂渚悟道歌》。❸明白某种道理。白居易《留别微之》：“干时久与本心违，悟道深知前事非。”牟融《题朱庆余闲居四首》之二：“客心非厌静，悟道不忧贫。”

【悟寤】 寤寐。悟通“寤”。马吉甫《秋夜怀友》：“白云劳悟寤，芳树歇华滋。”

【悟禪】 （—chán）晓悟佛门禅理。苑咸《酬王维》：“莲花梵字本从天，华省仙郎早悟禅。”

【悟覺】 犹觉悟。元稹《冬夜怀李侍御王太祝段丞》：“悟觉暂不惑，永抱胎仙居。”

悚 〔sǒng《广韵》息拱切，上腫，心。〕❶惊惧；惶恐。牛僧孺《李苏州遗太湖石奇状绝伦因题二十韵奉呈梦得乐天》：“侧眩魂犹悚，周观意渐平。”见“悚息”。❷恭敬。见“悚惕❷”。❸耸起。引申指振作。权德舆《细柳驿》：“息驾幸兹地，怀哉悚精神。”

【悚息】 因惶惧而屏息。韩愈《喜侯喜至赠张籍张彻》：“比疏语徒妍，悚息不敢占。”

【悚惕】 ❶惶惧。韩愈《题炭谷湫祠堂》：“我来日正中，悚惕思先还。”❷敬畏，恭肃。贾竦《谒华岳庙》：“天命儿微茫，神逵徒悚惕。”《郊庙歌辞·享太庙乐章·恭和》：“肃承灵福，悚惕兼盈。”

【悚踴】 欢欣跳跃。常用于向敬重者表示欣悦之情。皎然《遥酬袁使君》：“盛游限羸疾，悚踊瞻旌旗。”

【悚戀】 尊敬与眷恋之情。则天皇后《唐享昊天乐·第十一》：“瞻荷灵泽，悚恋兼盈。”

悖 〔bèi《广韵》蒲昧切，去隊，並。又蒲没切，入没，並。〕❶乱；昏惑。李华《杂诗六首》之一：“邪气悖正声，郑卫生其间。”元稹《和李校书新题乐府十二首·缚戎人》：“老者傥尽少者壮，生长蕃中似蕃悖。”❷背逆；违抗。欧阳詹《东风二章》序：“浚军自巢淮夷二孽，矜功多悖。”李商隐《骄儿诗》：“况今西与北，羌戎正狂悖。”❸谬误，荒谬。见“悖謬”。

【悖王】 背逆之王。周昙《咏史诗·六朝门·三废帝》：“明庄节闵并罹殃，命在朱高二悖王。”

【悖謬】 违逆而谬误。韩愈《南山诗》：“虽亲不亵狎，虽远不悖谬。”

悄 〔qiāo《广韵》親小切，上小，清。〕❶心忧貌。杜甫《哭韦大夫之晋》：“南过骇仓卒，北思悄联绵。”柳宗元《与崔策登西山》：“非令亲爱疏，谁使心神悄。”元稹《箭镞》：“带箭君前诉，君王悄不欢。”白居易《夜雨有念》：“胡为悄不乐，抱膝残灯前。”❷寂静无声。杜甫《乾元中寓居同谷县作歌七首》之七：“呜呼七歌兮悄终曲，仰视皇天白日速。”白居易《早春》：“官舍悄无事，日西斜掩门。”王毂《吹笙引》：“曲终满席悄无语，巫山冷碧愁云雨。”张蠙《宿山驿》："古坟时见火，荒壁悄无邻。"亦指静止，凝聚不动。元稹《清都夜境》："纤埃悄不起，玉砌寒光清。"陆龟蒙《奉和袭美太湖诗二十首·明月湾》："清光悄不动，万象寒咿咿。"又《开元杂题七首·玉龙子》："烟乾雾悄君心苦，风雨长随一掷声。"❸轻声，小声。见"悄悄❸"。❹副词。浑，直。刘禹锡《送李策秀才还湖南因寄幕中亲故兼简衡州吕八郎中》："悄如促柱弦，掩抑多不平。"

【悄眇】 形容雾霭等杳渺。陆龟蒙《问吴宫辞》："霜氛重兮孤榜晓，远树扶苏兮愁烟悄眇。"

【悄悄】 ❶忧心貌。乔知之《拟古赠陈子昂》："惸惸孤形影，悄悄独游心。"杜甫《临邑舍弟书至苦雨黄河泛溢堤防之患簿领所忧因寄此诗用宽其意》："职思忧悄悄，郡国诉嗷嗷。"戴叔伦《二灵寺守岁》："忧心悄悄浑忘寐，坐待扶桑日丽天。"韦庄《和郑拾遗秋日感事一百韵》："角吹魂悄悄，笛引泪浪浪。"❷寂静无声貌。元结《橘井》："风冷露坛人悄悄，地闲荒径草绵绵。"白居易《新乐府·两朱阁》："花落黄昏悄悄时，不闻歌吹闻钟磬。"张泌《所思》："江头日暮多芳草，极目伤心烟悄悄。"齐己《寄南岳白莲道士能于长啸》："猿猱休啼月皎皎，蟋蟀不吟山悄悄。"❸谓声音轻、低。韩愈《落叶送陈羽》："悄悄深夜语，悠悠寒月辉。"白居易《古意》："玉琴声悄悄，鸾镜尘幂幂。"

【悄寂】 静寂。白居易《过紫霞兰若》："朝市日喧隘，云林长悄寂。"

【悄然】 ❶寂静貌。杜甫《赤谷》："悄然村墟迥，烟火何由追。"韦应物《善福精舍示诸生》："悄然群物寂，高阁似阴岑。"窦庠《于阗钟歌送灵彻上人归越》："一声洞彻八音尽，万籁悄然星汉空。"温庭筠《晓仙谣》："碧箫曲尽彩霞动，下视九州皆悄然。"❷忧心，忧思貌。吴筠《苦春霖作寄友》："数君旷不接，悄然无与欢。"白居易《长恨歌》："夕殿萤飞思悄然，孤灯挑尽未成眠。"司空图《杂题》："孤枕闻莺起，幽怀独悄然。"❸犹依然。谓静止不变。皮日休《鲁望读襄阳耆旧传见赠五百言因而寄答次韵》："兴替忽矣新，山川悄然旧。"

【悄絕】 静寂无声。刘禹锡《伤秦姝行》："曲终韵尽意不足，余思悄绝愁空堂。"

悍 〔hàn《广韵》侯旰切，去翰，匣。〕❶凶悍，横暴。见"悍吏""悍妇"。亦指水势凶猛、汹涌。刘禹锡《韩十八侍御见示岳阳楼别窦司直诗因令属和故足成六十二韵》："独专朝宗路，驶悍不可止。"又《踏潮歌》："惊湍蹙缩悍而骄，大陵高岸失岧峣。"❷通"旰"。努目貌。见"悍睛"。

【悍臣】 凶悍之臣。柳宗元《古东门行》："凶徒侧耳潜惬心，悍臣破胆皆杜口。"

【悍吏】 凶悍残暴之官吏。陆龟蒙《彼农二章》之二："诗之穷辞，以嫉悍吏。"

【悍婦】 泼辣凶悍之妇人。元稹《有鸟二十章》之十八："一鹦曾说妇无仪，悍妇杀鹦欺主母。"白居易《读张籍古乐府》："读君商女诗，可感悍妇仁。"

【悍睛】 睁大眼睛，鼓出眼球。刘禹锡《壮士行》："悍睛忽星堕，飞血溅林梢。"

悁 〔yuān《广韵》於缘切，平仙，影。〕❶忧愁。韩愈《送灵师》："还如旧相识，倾壶畅幽悁。"见"悁悁❶"。❷诚恳，恳切。见"悁悁❷"。

【悁悁】 ❶忧愁貌。韩愈《赠别元十八协律六首》之三："如何又须别，使我抱悁悁。"❷虔诚恳切貌。刘禹锡《有獭吟》："人立寒沙上，心专眼悁悁。"

【悁勞】 忧愁劳心。钱起《奉使采箭簳竹谷中晨兴赴岭》："谁见子牟意，悁劳书魏阙。"柳宗元《游南亭夜还叙志七十韵》："中为吏役牵，十祀空悁劳。"

【悁勤】 ❶忧劳，忧思。韦应物《送宣州周录事》："唯当存令德，可以解悁勤。"❷款诚，诚恳之心意。韦应物《酬刘侍郎使君》："濡毫意黾勉，一用写悁勤。"

患 〔huàn《广韵》胡惯切，去諫，匣。〕❶忧虑，担忧。储光羲《同房宪部应旋》："养正不因晦，得中宁患旅。"顾况《上古之什补亡训传十三章·上古一章》："惟馨祀是患，岂止馁与寒。"韩愈《崔十六少府摄伊阳以诗及书见投因酬三十韵》："谓言安堵后，贷借更何患。"许棠《经八合坂》："天然无此道，应免患穷通。"❷祸患；灾难。李峤《宝剑篇》："险灾避患宜君王，益寿延龄后天地。"吴筠《高士咏·庞德公》："保兹永无患，轩冕何足纪。"张籍《省试行不由径》："从易众所欲，安邪患亦生。"李绅《寿阳罢郡日有诗十首·别连理树》："芟夷不及知无患，雨露曾沾自不枯。"❸患苦。以之为患。皎然《灵澈上人何山寺七贤石诗》："集质患追琢，表顽用磷缁。"齐己《咏影》："万物患有象，不能逃大明。"❹疾病。苏拯《药草》："国忠在臣贤，民患凭药力。"亦指心病。白居易《自到浔阳生三女子因诠真理用遣妄怀》："预愁嫁娶真成患，细念因缘尽是魔。"❺指生病。《李后主童谣》（卷八七八）："猪儿狗儿都死尽，养得猫儿患赤瘕。"见"患眼"。

【患名】 忧虑功名不立。卢纶《酬孙侍御春日见寄》："始悟达人志，患名非患贫。"

【患氣】 患气闷之类肺疾。杜甫《宾至》："患气经时久，临江卜宅新。"

【患眼】 生眼疾。张籍《患眼》："三年患眼今年校，免与风光便隔生。"

【患貧】 忧虑贫穷。卢纶《酬孙侍御春日见寄》：

"始悟达人志，患名非患贫。"《郢州人歌》(卷八七四)："田中致雨山出云，但愿常在不患贫。"

【患亂】 灾患祸乱。李咸用《鸡鸣曲》："漏残雨急风萧萧，患乱忠臣欺宝刀。"

【患寡】 忧虑财富之数量少。卢仝《感古四首》之三："古来不患寡，所患患不均。"

【患難】 (—nàn)祸患，灾难。亦泛指艰难困苦之处境。元稹《纪怀赠李六户曹崔二十功曹五十韵》："吹嘘期指掌，患难许檐篓。"王仁裕《奉诏赋剑州途中鸷兽》："不与大朝除患难，惟余当路食生灵。"临淄县主《与独孤穆冥会诗》(卷八六六)："患难在双阙，干戈连九州。"

悮 〔wù《广韵》五故切，去暮，疑。〕同"誤"。王梵志《诗》之八七："莫随风火性，参差悮煞人。"翁宏《南越行》："因寻买珠客，悮入射猿家。"杜牧《除官归京睦州雨霁》："误曾公触尾，不敢夜循墙。"

悒 〔yì《广韵》於汲切，入缉，影。〕忧郁；忧愁。韩愈《远游联句》："外患萧萧去，中悒稍稍瘳。"见"悒怏""悒悒"。

【悒怏】 郁闷不乐。李商隐《井泥四十韵》："悒怏夜将半，但歌井中泥。"裴说《经杜工部坟》："悒怏寒江上，谁人知此情。"

【悒悒】 忧郁不乐。白居易《谕友》："其言虽甚鄙，可破悒悒怀。"张祜《捉搦歌》："不知女子长日泣，从他嫁去无悒悒。"李建勋《感故府二首》之二："悒悒复悒悒，思君安可及。"

【悒然】 忧郁貌。陈去疾《忆山中》："长吟重悒然，为忆山中年。"邢象玉《古意》："伫杯欲取醉，悒然思友生。"

悔 〔huǐ《广韵》呼罪切，上贿，曉。又荒内切，去隊，曉。〕❶后悔；悔恨。李颀《不调归东川别业》："惭无匹夫志，悔与名山辞。"岑参《送江陵黎少府》："悔系腰间绶，翻为膝下愁。"王建《公无渡河》："妇人无力挽断衣，舟沉身死悔难追。"李商隐《常娥》："常娥应悔偷灵药，碧海青天夜夜心。"❷悔改；翻悔。韩愈《陆浑山火和皇甫湜用其韵》："要余和增怪又烦，虽欲悔舌不可扪。"

【悔不當初】 (當 dāng)后悔当初未那样做。薛昭纬《谢银工》："早知文字多辛苦，悔不当初学冶银。"

【悔尤】 憾悔怨艾；怨恨。语本《论语·为政》。韩愈《秋怀诗十一首》之五："庶几遗悔尤，即此是幽屏。"白居易《续古诗十首》之六："贫贱多悔尤，客子中夜叹。"李绅《姑苏台杂句》："野寺经过惧悔尤，公程迫蹙悲秋馆。"

【悔吝】 ❶悔恨，悔尤。王昌龄《小敷谷龙潭祠作》："波流浸已广，悔吝在所汲。"杜甫《寄题江外草堂》："顾惟鲁钝姿，岂识悔吝先。"李咸用《猛虎行》："须知易水歌，至死无悔吝。"❷指灾祸。崔湜《景龙二年余自门下平章事削阶赴襄阳途中言志》："常恐婴悔吝，不得少酬私。"杜甫《送李校书二十六韵》："每愁悔吝作，如觉天地窄。"又《太子张舍人遗织成褥段》："皆闻黄金多，坐见悔吝生。"

【悔恨】 懊悔；感到遗憾。贾岛《明月山怀独孤崇鱼琢》："乡本北岳外，悔恨东夷深。"韦庄《悔恨》："如今悔恨将何益，肠断千体与万休。"

【悔悟】 悔过醒悟。白居易《叹老三首》之三："壮岁不欢娱，长年当悔悟。"张直《宿顾城二首》之二："神夺悔悟魄，幻化为石鸡。"

【悔懊】 懊悔，后悔。韩愈《荐士》："善善不汲汲，后时徒悔懊。"

悠 〔yōu《广韵》以周切，平尤，以。〕❶忧思貌。见"悠哉❶"。❷悠久。邈远。见"悠扬❶""悠邈"。❸长，绵绵不尽。见"悠悠❹"。❹旷阔。见"悠然❷"。❺飘动，荡漾。见"悠漾""悠悠⓬"。❻飘忽。见"悠飏"。❼悠闲，闲适。见"悠悠⓱"。❽暗弱。见"悠扬❼"。

【悠久】 久远，长远。权德舆《书绅诗》："和理通性术，悠久方昭明。"

【悠哉】 ❶忧思，思念貌。语出《诗·周南·关雎》。岑参《登北庭北楼呈幕中诸公》："旧国眇天末，归心日悠哉。"李益《竹窗闻风寄苗发司空曙》："微风惊暮坐，临牖思悠哉。"白居易《喜友至留宿》："况值风雨夕，愁心正悠哉。"赵嘏《重游楚国寺》："庄叟著书真达者，贾生挥涕信悠哉。"亦指哀伤。白居易《送客》："病上篮舆相送来，衰容秋思两悠哉。"陆龟蒙《次幽独君韵》："圣贤亦如此，恸绝真悠哉。"❷遥远；久远。贾至《寓言二首》之一："悠哉千里心，欲采商山芝。"卢仝《思君吟寄□□生》："此风此云兮何悠哉，与我身心双裴回。"亦指深远。白居易《薛中丞》："悠哉上天意，报施纷回互。"❸疏远，淡漠。徐铉《十日和张少监》："且喜清时屡行乐，是非名利尽悠哉。"❹闲适，自在。王绩《北山》："旧知山里绝氛埃，登高日暮心悠哉。"王维《奉送六舅归陆浑》："悠哉自不竞，退耕东皋田。"裴度、张籍《宴兴化池亭送白二十二东归联句》："会当重入用，此去肯悠哉。"罗隐《曲江春感》："江头日暖花又开，江东行客心悠哉。"

【悠悠】 ❶忧思。忧愁深长貌。王绩《古意六首》之四："寄言悠悠者，无为嗟大耋。"邹绍先《湘夫人》："日落水云里，悠悠心自伤。"徐铉《谪居舒州累得韩高二舍人书作此寄之》："丹心历历吾终信，俗虑悠悠尔不知。"❷久远，悠久。高适《宋中十首》之一："悠悠一千年，陈迹唯高台。”司空曙《南原望汉宫》：“故事悠悠不可问，寒禽野水自纵横。”黄滔《马嵬二首》之二：“龙脑移香凤辇留，可能千古永悠悠。”❸遥远；渺远。杜淹《寄赠齐公》：“去去逾千里，悠悠隔九天。”孟云卿《杂曲歌辞·生别离》：“眇眇天海途，悠悠吴江岛。”白居易《过颜处士墓》：“未会悠悠上天意，惜将富寿与何人。”张震《宿金河戍》：“悠悠沙漠行，王事弥多故。”❹长；绵绵不尽。杜甫《发秦州》：“大哉乾坤内，吾道长悠悠。”韦应物《拟古诗十二首》之十二：“寸心不可限，淇水长悠悠。”牟融《客中作》：“千里云山恋旧游，寒窗凉雨夜悠悠。”刘沧《寄远》：“锦字织成添别恨，关河万里路悠悠。”❺指情意深长、深厚。韦承庆《南行别弟》：“澹澹长江水，悠悠远客情。”杜甫《与李十二白同寻范十隐居》：“不愿论簪笏，悠悠沧海情。”鲍溶《将归旧山留别孟郊》：“悠悠慈母心，惟愿才如人。”无名氏《霜隼下晴皋》：“薄暮寒邻外，悠悠万里情。”❻辽阔；空旷。张九龄《杂诗五首》之二：“悠悠天地间，委顺无不乐。”杜甫《送韦十六评事充同谷郡防御判官》：“况乃胡未灭，控带莽悠悠。”郎士元《题刘相公三湘图》：“涔阳指天末，北渚空悠悠。”❼空虚，不实在。温庭筠《醉歌》：“辛勤到老慕箪瓢，于我悠悠竟何有。”❽疏远，淡漠；轻忽。李白《独酌》：“过此一壶外，悠悠非我心。”张谓《题长安壁主人》：“纵令然诺终暂相许，终是悠悠行路心。”白居易《狐泉店前作》：“花水悠悠两无意，因风吹落偶相依。”❾繁多；纷扰。张九龄《咏史》：“若人不世生，悠悠多如彼。”李白《古风》之九：“一体更变易，万事良悠悠。”毕耀《情人玉清歌》：“悠悠满天星，黄金阁上晚妆成，云和曲中为曼声。”许浑《寻周炼师不遇留赠》：“长啸倚西阁，悠悠名利中。”亦指尘俗、世俗。李白《杂诗》：“况尔悠悠人，安得久世间。”杜甫《莫相疑行》：“寄谢悠悠世上儿，不争好恶莫相疑。”或指大，高。徐铉《送薛少卿赴青阳》：“功名与权位，悠悠何用夸。”❿水浩淼淡荡貌。刘长卿《送建州陆使君》：“从此向南无限路，双旌已去水悠悠。”严维《丹阳送韦参军》：“日晚江南望江北，寒鸦飞尽水悠悠。”司空曙《秋夜忆兴善院寄苗发》：“卷帘霜霭霭，满目水悠悠。”姚氏月华《相和歌辞·怨诗二首》：“春水悠悠春草绿，对此思君泪相续。”⓫杳渺，渺茫。皎然《杂寓兴》：“三山果不见，九仙忽悠悠。”陈季卿《江亭晚望题书斋》：“立向江亭满目愁，十年前事信悠悠。”⓬飘动；飘荡。太宗《饮马长城窟行》：“悠悠卷旆旌，饮马出长城。”皎然《访陆处士羽》：“莫是沧浪子，悠悠一钓船。”牟融《送沈侯之京》：“悠悠旌旆出东楼，特出仙郎上帝州。”无名氏《青海卧疾之作》(外编上)：“惊魂漫漫迷山际，怯魄悠悠傍海涯。”⓭飘舞不定；飘忽。温庭筠《初秋寄友人》：“闲梦正悠悠，凉风生竹楼。”齐己《杨花》：“暖景照悠悠，遮空势渐稠。”冯延巳《蝶恋花》词之四：“撩乱春愁如柳絮，悠悠梦里无寻处。”⓮声细长远播貌。刘禹锡《三阁辞四首》之二：“北兵那得度，浪话判悠悠。”⓯气味逸散貌。司空图《诗品二十四则·委曲》：“杳霭流玉，悠悠花香。”⓰舒徐、迟缓貌。刘遵古《御沟新柳》：“悠悠迟日晚，袅袅好风频。”刘言史《送婆罗门归本国》：“行多耳断金环落，冉冉悠悠不停脚。”⓱闲适自如、悠闲自在貌。丰干《壁上诗二首》之一：“一身如云水，悠悠任去来。”杜甫《涪城县香积寺官阁》：“小院回廊春寂寂，浴凫飞鹭晚悠悠。”戴叔伦《湘川野望》：“今日登高望不见，楚云湘水各悠悠。”李九龄《过相思谷》：“悠悠信马春山曲，芳草和烟铺嫩绿。”⓲疏慵，慵懒。高适《封丘作》：“我本渔樵孟诸野，一生自是悠悠者。”白居易《想东游五十韵》：“自嫌犹屑屑，众笑大悠悠。”姚合《武功县中作三十首》之六：“性疏常爱卧，亲故笑悠悠。”⓳光幽弱映射貌。李白《自巴东舟行经瞿唐峡登巫山最高峰晚还题壁》：“月色何悠悠，清猿响啾啾。”李益《观回军三韵》：“行行上陇头，陇月暗悠悠。”王建《关山月》：“冻轮当碛光悠悠，照见三堆两堆骨。”⓴《晋书·赵至传》：“悠悠三千路难涉矣。”后因以“悠悠”喻艰难跋涉，亦泛指从事艰苦之事业。杜牧《忆齐安郡》：“格卑常汩汩，力学强悠悠。”

【悠悠漫漫】 水流悠长而舒缓貌。元稹《使东川·江上行》：“闷见汉江流不息，悠悠漫漫竟何成。”

【悠扬】 ❶悠长；悠远。顾况《欹松漪》：“悠扬绿萝影，下拂波纹破。”李商隐《七月二十九日崇让宅宴作》：“悠扬归梦惟灯见，濩落生涯独酒知。”徐铉《梦游三首》之一：“魂梦悠扬不奈何，夜来还在故人家。”顾敻《虞美人》词之二：“绿荷相倚满池塘，露清枕簟藕花香，恨悠扬。”❷飘忽不定。钱起《送钟评事应宏词下第东归》：“世事悠扬春梦里，年光寂寞旅愁中。”刘禹锡《秋萤引》：“夜空寥寂金气净，千门九陌飞悠扬。”马云奇《白云歌》：“望白云，白云天外何悠扬。”罗隐《投浙东王大夫二十韵》：“夜歌珠断续，晴舞雪悠扬。”亦指飘摆、飘扬。萧昕《临风舒锦》：“缕散悠扬里，文回照灼中。”崔绩《小苑春望宫池柳色》：“悠扬生别意，断续引芳声。”韦庄《思归》：“暖丝无力自悠扬，牵引东风断客肠。”❸荡漾，飘荡，指水波或舟船等起伏波动。皎然《送皇甫侍御曾还丹阳别业》：“积水悠扬何处梦，乱山稠叠此时情。”皇甫冉《齐郎中筵赋得的的帆向浦留别》：“偏似南浮客，悠扬无所依。”白居易《游坊口悬泉偶题石上》：“仙棹浪悠扬，尘缨风斗薮。”罗隐《赠渔翁》：“叶艇悠扬鹤发垂，生涯空托一纶丝。”亦指光影等荡漾、浮动。韦应物《酒肆行》：“晴景悠扬三月天，桃花飘俎柳垂筵。”金厚载《风不鸣条》：“悠扬韶景静，澹荡霁烟横。”❹深远，深长。陆龟蒙《奉和袭美酬前进士崔潞盛制见寄》：“偶此真籍客，悠扬两情摅。”黄滔《旅怀寄友人》：“鸣蝉似会悠扬意，陌上声声怨柳衰。”❺指声音悠长抑扬。张九龄《听筝》：“悠扬思欲绝，掩抑态还生。”戴叔伦《听霜钟》：“悠扬来不已，杳霭去何从。”白居易《池上篇》序：“声随风飘，或凝或散，悠扬于竹烟波月之间者久之。”陈陶《夜别温商梓州》：“迎风骚屑千家竹，隔水悠扬午夜钟。”❻指气味逸散，飘逸。刘禹锡《西山兰若试茶歌》：“悠扬喷鼻宿酲散，清峭彻骨烦襟开。”❼指日色昏暗惨淡。多用指落日。杜甫《陈拾遗故宅》：“悠扬荒山日，惨澹故园烟。”皎然《登开元寺楼送崔少府还平望驿》：“悠扬下楼日，杳映傍帆烟。”白居易《百花亭晚望夜归》：“日色悠扬映山尽，雨声萧飒渡江来。”李频《送边将》：“悠扬落日黄云动，苍莽阴风白草翻。”亦指月色淡微。白居易《渭村退居寄礼部崔侍郎翰林钱舍人诗一百韵》：“云容阴惨澹，月色冷悠扬。”李群玉《将离澧浦奉怀沈正字昆弟三人联登高第》：“明月洞庭上，悠扬挂离襟。”❽缓慢。王建《簇蚕辞》：“神蚕急作莫悠扬，年来为尔祭神桑。”

【悠閒】 闲逸自在。白居易《斋居偶作》：“止足安生理，悠闲乐性场。”

【悠然】 ❶邈远；遥远。张九龄《奉和圣制谒玄元皇帝庙斋》：“云雷初缔构，日月今悠然。”王维《至滑州隔河望黎阳忆丁三》：“故人不可见，河水复悠然。”朱庆余《和处州韦使君新开南溪》：“悠然想高躅，坐使变荒岑。”无名氏《空水共澄鲜》：“悠然四望通，渺渺水无穷。”亦指差别大，犹悬殊。温庭筠《寓怀》：“语斯谅未尽，隐显何悠然。”❷空旷；开阔。高适《途中酬李少府赠别之作》：“驱马出大梁，原野一悠然。”马戴《中秋月》：“悠然天地内，皎洁一般心。”❸闲适自如貌。刘长卿《送道标上人归南岳》：“悠然倚孤棹，却忆卧中林。”韦建《河中晚霁》：“微兴从此惬，悠然不知岁。”白居易《秋池独泛》：“悠然意自得，意外何人知。”罗隐《送宣武徐巡官》：“傲睨公卿二十年，东来西去只悠然。”亦指放纵貌。皮日休《初夏游楞伽精舍》：“悠然放吾兴，欲把青天摸。”❹从容舒缓貌。刘禹锡《游桃源一百韵》：“悠然谢主人，后岁当来觌。”❺忧伤貌。卢纶《虢州逢侯钊同寻南观因赠别》：“悠然此中别，宾仆亦阑干。”顾非熊《赋得江边柳送陈许郭员外》：“春风正摇落，客思共悠然。”❻犹油然。意念或感情自然产生貌。司空曙《残莺百啭歌同王员外耿拾遗吉中孚李端游慈恩各赋一物》：“歌残莺，歌残莺，悠然万感生。”刘禹锡《观棋歌送儇师西游》：“自言台阁有知音，悠然远起西游心。”温庭筠《寒食前有怀》：“悠然更起严滩恨，一宿东风蕙草生。”

【悠遠】 长远，久远。徐元鼎《太常寺观舞圣寿乐》：“冲融和气洽，悠远圣功长。”

【悠溶】 ❶平静貌。赵嘏《题昭应王明府溪亭》：“靖节何须彭泽逢，菊洲松岛水悠溶。”温庭筠《罩鱼歌》：“悠溶杳若去无穷，五色澄潭鸭头绿。”❷悠闲、娴静貌。皮日休《太湖诗·崦里》：“青苗细腻卧，白羽悠溶静。”

【悠爾】 悠然。闲适舒缓貌。赵冬曦《和燕公岳州山城》：“江边悠尔处，泗上宛然同。”李群玉《春寒》：“处世心悠尔，干时思索然。”

【悠漫】 ❶悠长漫远。宋之问《温泉庄卧病寄杨七炯》：“伊洛河悠漫，川原信重复。”又《称心寺》：“千岩递萦绕，万壑殊悠漫。”❷茫然。钱起《秋夜作》：“万计各无成，寸心日悠漫。”

【悠漾】 荡漾。皮日休《重题后池》：“细雨阑珊眠鹭觉，钿波悠漾并鸳娇。”吴融《池上双凫二首》之一：“碧池悠漾小凫雏，两两依依只自娱。”

【悠緬】 悠远；遥远。张九龄《临泛东湖》：“乘流坐清旷，举目眺悠缅。”又《奉使自蓝田玉山南行》：“海县且悠缅，山邮日骏奔。”李德裕《早秋龙兴寺江亭闲眺忆龙门山居寄崔张旧从事》：“故人在乡国，岁晏路悠缅。”高适《赠别王十七管记》：“我行将悠缅，及此还羁滞。”

【悠邈】 遥远。高适《自淇涉黄河途中作十三首》之八：“兹川方悠邈，云沙无前后。”韦应物《冬至夜寄京师诸弟兼怀崔都水》：“川途恍悠邈，涕下一阑干。”柳宗元《自衡阳移桂十余本植零陵所住精舍》：“道旁且不愿，岑岭况悠邈。”

【悠颺】 ❶上下翻飞，飘忽不定貌。李嘉祐《与郑锡游春》：“映花莺上下，过水蝶悠飏。”亦指浮动、飘浮。罗邺《云》：“莫使悠飏只如此，帝乡还更暖苍梧。”❷思绪联翩浮动貌。李珣《浣溪沙》词之一：“相见无言还有恨，几回判却又思量，月窗香径梦悠飏。”尹鹗《临江仙》词：“时逞笑容无限态，还如菡萏争芳，别来虚遣思悠飏。”

悉 〔xī《广韵》息七切，入質，心。〕❶尽；皆；全都。杜审言《南海乱石山作》：“悬危悉可惊，大小都不类。”王维《燕子龛禅师》：“鸟道悉已平，龙宫为之涸。”李德裕《述梦诗四十韵》序：“初觉尚忆其半，经时悉已遗忘。”方干《题松江驿》：“古今悉不知天意，偏把云霞媚一方。”❷知道，了解。杜甫《客夜》：“老妻书数纸，应悉未归情。”元结《别何员外》：“人皆悉苍生，随意极所须。”陆龟蒙《奉和袭美太湖诗二十首·初入太湖》：“一一问朝宗，方应可谭悉。”❸详尽，详细。韩愈《南山诗》：“东西两际海，巨细难悉究。”刘禹锡《赠别约师》序：“南抵六祖初生之墟，得遗教，甚悉。”白居易《湖亭晚望残水》:“及来湖亭望,此状难谈悉。”❹申述;舒展。张九龄《登郡城南楼》:“远怀不我同,孤兴与谁悉。”沈佺期《被弹》:“怀痛不见伸,抱冤竟难悉。”

【悉力】 尽全力。陆龟蒙《和过张祜处士丹阳旧居》序:“性嗜水石,常悉力致之。”

【悉窣】 象声词。状细碎之声。岑参《登千福寺楚金禅师法华院多宝塔》:“悉窣神绕护,众魔不敢窥。”孟郊《连州吟》之二:“仿佛惊魍魉,悉窣闻枫林。”王周《巫庙》:“悉窣垂肸蚃,祠祷希安宁。”

悦 〔yuè《广韵》弋雪切,入薛,以。〕❶愉悦,欣喜。太宗、淮安王《两仪殿赋柏梁体》:“绝域降附天下平,八表无事悦圣情。”李白《永王东巡歌十一首》之三:“秋毫不犯三吴悦,春日遥看五色光。”白居易《贺雨》:“顺人人心悦,先天天意从。”皮日休《补周礼九夏系文·九夏歌九篇》:“礼酒既竭,嘉宾既悦,应为之节。”亦指取悦。柳曾《险竿行》:“始以险技悦君目,终以贪心媚君禄。”❷喜爱;爱慕。太宗《出猎》:“所为除民瘼,非是悦林丛。”柳宗元《法华寺石门精舍三十韵》:“始欣云雨霁,尤悦草木长。”白居易《邓鲂张彻落第》:“众目悦芳艳,松独守其贞。”亦指悦赏。骆宾王《军中行路难》:“且悦清笳杨柳曲,讵忆芳园桃李人。”

【悦口】 犹可口。语本《孟子·告子上》:“理义之悦我心,犹刍豢之悦我口。”詹琲《追和秦隐君辞荐之韵上陈侯乞归凤山》:“谁言悦口是甘肥,独酌鹅儿唊翠微。”

【悦目】 犹言好看。白居易《杏园中枣树》:“君求悦目艳,不敢争桃李。”又《三谣·素屏谣》:“贵豪待此方悦目,晏然寝卧乎其中。”

【悦耳】 好听。上官昭容《游长宁公主流杯池二十五首》之十六:“欲知堪悦耳,唯听水泠泠。”白居易《秦中吟十首·议婚》:“天下无正声,悦耳即为娱。”贾岛《送沈秀才下第东归》:“曲言恶者谁,悦耳如弹丝。”李山甫《赠弹琴李处士》:“致身不似笙竽巧,悦耳宁知郑卫淫。”

【悦玩】 愉悦地赏玩。韦应物《种药》:“悦玩从兹始,日夕绕庭行。”

【悦聞】 喜闻,乐听。孟郊《啖玉布》:“悦闻若有待,瞥见终无厌。”

【悦随】 欣然追随。白居易《和答诗十首·答四皓庙》:“刘项争天下,谋臣竞悦随。”

【悦豫】 愉悦,喜悦。李峤《奉使筑朔方六州城率尔而作》:“子来多悦豫,王事宁怠遑。”

【悦樂】 (一lè)欢悦快乐。刘允济《经庐岳四望江州想洛川有作》:“旧游劳梦寐,新知无悦乐。”

【悦怿】 愉悦,快乐。杜甫《郑典设自施州归》:“听子话此邦,令我心悦怿。”柳宗元《游南亭还叙志七十韵》:“踉跄辞束缚,悦怿换煎熬。”

悌 〔tì《广韵》徒禮切,上薺,定。又特計切,去霽,定。〕敬重兄长。见“悌友”。

【悌友】 对兄、姊敬重。对弟、妹友爱。韩愈《元和圣德诗》:“皇帝大孝,慈祥悌友。”

悢 〔liàng《广韵》力讓切,去漾,來。〕❶惆怅忧伤。见“悢悢❶”。❷眷念。见“悢悢❷”。

【悢悢】 ❶惆怅,悲怆。杨巨源《辞魏博田尚书出境后感恩恋德因登丛台》:“亲知殊悢悢,徒御方咄咄。”白居易《洛中偶作》:“独无洛中作,能不心悢悢。”❷眷念。韦应物《移疾会诗客元生与释子法朗因贻诸祠曹》:“英曹幸休暇,悢悢心所攀。”

悛 〔quān《广韵》此缘切,平仙,清。〕悔改;改正。杜甫《秋日夔府咏怀奉寄郑监李宾客一百韵》:“旧物森犹在,凶徒恶未悛。”岑参《阻戎泸间群盗》:“兵革方御寇,尔恶胡不悛。”韩愈《孟东野失子》:“下愚闻语惑,虽教无由悛。”皮日休《鲁望昨以五百言见贻亦选和之微旨也》:“于焉周道反,由是秦法悛。”

八 画

悵 〔chàng《广韵》丑亮切,去漾,徹。〕惆怅,失意不乐。崔湜《责躬诗》:“助思纷何在,清神怅不怡。”李颀《双笋歌送李回兼呈刘四》:“再三抱此怅为别,嵩洛故人与之说。”羊士谔《登乐游原寄司封孟郎中卢补阙》:“爽节时清眺,秋怀怅独过。”陈陶《泉州刺桐花咏兼呈赵使君》之五:“不胜攀折怅年华,红树南看见海涯。”

【怅吟】 惆怅地吟咏。牟融《赠欧阳詹》:“家林千里遥相忆,几度停车一怅吟。”

【怅别】 因离别而惆怅。王维《送权二》“怅别千余里,临堂鸣素琴。”刘长卿《送马秀才落第归江南》:“南客怀归乡梦频,东门怅别柳条新。”卢纶《落第后归山下旧居留别刘起居昆弟》:“怅别临晴野,悲春上古原。”张又新《五月水边柳》:“怅别几多情,含春任攀搴。”

【怅抱】 怅惘之胸怀。李骘《慧山寺肄业送怀坦上人》:“离襟一成解,怅抱将何谕。”

【怅快】 失意不乐。寒山《诗三百三首》之一五九:“兄弟似冤家,心中长怅快。”牟融《寄周韶州》:“寄语故人休怅快,古来贤达事多殊。”

【悵恨】 惆怅憾恨。韦应物《乘月过西郊渡》："还当守故扃，怅恨秉幽素。"

【悵望】 ❶怅然而望。元稹《含风夕》："怅望牵牛星，复为经年隔。"牟融《各中作》："怅望频回首，西风忆故丘。"白居易《和微之诗二十三首·和酬郑侍御东阳春闷放怀追越游见寄》："东南门馆别经岁，春眼怅望秋心悲。"卢士衡《寄天台道友》："相思遥指玉霄峰，怅望江山阻万重。"❷怅然想望、怀想。王勃《采莲曲》："佳人不在兹，怅望别离时。"李端《酬前大理寺评事张芬》："怅望成幽梦，依依识故蹊。"白居易《往年稠桑曾丧白马题诗厅壁今来尚存又复感怀更题绝句》："马死七年犹怅望，自知无乃太多情。"鱼玄机《光威裒姊妹三人少孤而始妍乃有是作精粹难俦因次其韵》："怅望佳人何处在，行云归北又归南。"❸惆怅怨望。李白《留别于十一兄逖裴十三游塞垣》："于公白首大梁野，使人怅望何可论。"孟郊《教坊歌儿》："能诗不如歌，怅望《三百篇》。"韩愈《赠刘师服》："妻儿恐我生怅望，盘中不饤栗与梨。"陈陶《冬日暮旅泊庐陵》："楚国蕙兰增怅望，番禺筐篚旅虚空。"

【悵然】 惆怅不乐貌。李密《淮阳感怀》："沾襟何所为，怅然怀古意。"王维《渭川田家》："即此羡闲逸，怅然吟式微。"李白《闻丹丘子于城北营石门幽居中有高凤遗迹仆离群远怀亦有栖遁之志因叙旧以寄之》："念此忧如焚，怅然若有失。"白居易《和微之诗二十三首·和酬郑侍御东阳春闷放怀追越游见寄》："酒酣将归未能去，怅然回望天四垂。"

【悵懷】 怅然怀念。杨巨源《秋夜闲居即事寄庐山郑员外蜀郡符处士》："怅怀石门咏，缅慕碧鸡游。"

【悵戀】 惆怅眷恋。房千里《寄妾赵氏》序："余乃与赵别，约中秋为会期。赵极怅恋，余乃抒诗寄情。"

情 〔qíng《广韵》疾盈切，平清，從。〕❶感情。陈子昂《秋园卧病呈晖上人》："怀挟万古情，忧虞百年疾。"皎然《苕溪草堂自大历三年夏新营泊秋及春弥觉境胜因纪其事简潘丞述汤评事衡四十三韵》："万虑皆可遗，爱山情不易。"戴叔伦《相思曲》："将刀斫水水复连，挥刃割情情不断。"徐铉《登甘露寺北望》："游人乡思应如橘，相望须含两地情。"❷性情。韩愈、李正封《晚秋郾城夜会联句》："余虽司斧锧，情本尚丘壑。"白居易《小岁日喜谈氏外孙女孩满月》："物以稀为贵，情因老更慈。"❸情意；情谊。储光羲《苏十三瞻登玉泉寺峰入寺中见赠作》："为情贵深远，作德齐隐见。"牟融《送范启东》："行囊归客兴，尊酒故人情。"韦庄《离筵诉酒》："感君情重惜分离，送我殷勤酒满卮。"❹心思；兴致。袁晖《三月闺情》："蛾眉愁自结，鬓发没情梳。"元稹《任醉》："本怕酒醒浑不饮，因君相劝觉情来。"❺恋情。情爱。权德舆《杂兴五首》之五："惆怅妆成君不见，含情起立问傍人。"韦庄《闺月》："美人情易伤，暗上红楼立。"❻志尚；心愿。崔颂《和张荆州九龄晨出郡舍林下》："坐啸应无欲，宁辜济物情。"李白《纪南陵题五松山》："当时版筑辈，岂知傅说情。"见"情抱"。❼实情。崔颢《结定襄郡狱效陶体》："小大必以情，未尝施鞭箠。"玄宗《赐诸州刺史以题座右》："讼狱必以情，教民贵有常。"白居易《和答诗十首·答箭镞》："盗心憎主人，主人不知情。"❽形态；情态。卢照邻《长安古意》："鸦黄粉白车中出，含娇含态情非一。"

【情人】 ❶情挚之友人。许景先《征君宅》："探炼备海峤，赏心寓情人。"李白《寄韦南陵冰余江上乘兴访之遇寻颜尚书笑有此赠》："闻君携伎访情人，应为尚书不顾身。"陆畅《成都赠别席夔》："三千里外情人别，更被子规啼数声。"徐铉《送陈先生之洪井寄萧少卿》："闻君仙袂指洪厓，我忆情人别路赊。"❷情侣，恋人。温庭筠《杨柳八首》之二："杏花未肯无情思，何是情人最断肠。"宝月《行路难》："取我匣中青铜镜，情人为我除白发。"《赠郭翰二首》之一："情人终已矣，良会更何时。"

【情分】 （—fèn）相处之感情、情谊。汤悦《再次前韵代梅答》："枝条虽已故，情分不曾移。"徐铉《和张先辈见寄二首》之二："两首新诗千里道，感君情分独知丘。"孙光宪《浣溪沙》词之一二："何事相逢不展眉，苦将情分恶猜疑，眼前行止想应知。"

【情田】 犹心地。喻指人之心性、感情。语本《礼记·礼运》："故人情者圣王之田也，修礼以耕之，陈义以种之，讲学以耨之，本仁以聚之，播乐以安之。"薛逢《伏闻令公疾愈对见延英因有贺诗远封投献》："光启四门通寿域，深疏万顷溉情田。"卢肇《江陵府初试澄心如水》："若灌情田里，常流尽不如。"秦韬玉《独坐吟》："又觉春愁似草生，何人种在情田里。"齐己《喻吟》："江花与芳草，莫染我情田。"

【情地】 情怀；情致。杜牧有《早春寄岳州李使君李善棋爱酒情地闲雅》。

【情事】 恋情；相爱之情意。牛峤《更漏子》词："挑锦字，记情事，惟愿两心相似。"孙光宪《浣溪沙》词之一五："醉后爱称娇姐姐，夜来留得好哥哥，不知情事久长么。"

【情抱】 情怀。吴筠《又酬刘侍御过草堂》："策羸返岩壑，情抱豁已伸。"

【情味】 ❶指处于某一情境所体验之滋味。唐彦谦《寄蒋二十四》："鸟啭蜂飞日渐长，旅人情味悔思量。"❷犹情趣。韦庄《三堂早春》："主人年少多情味，笑换金龟解珥貂。"

【情狀】　情形状况。白居易《东亭闲望》："笑言虽不接，情状似相亲。"又《奉和思黯自题南庄见示兼呈梦得》："除却吟诗两闲客，此中情状更谁知。"

【情知】　深知，明知。王梵志《诗》之五五："情知苏蜜味，何用更添高。"张旭《春草》："情知海上三年别，不寄云间一纸书。"元稹《江陵三梦》："情知梦无益，非梦见何期。"杜荀鹤《献钱塘县罗著作判官》："还乡夫子遇贤侯，抚字情知不自由。"

【情性】　❶自然天性，习性。綦毋潜《题沈东美员外山池》："鱼乐随情性，船行任去留。"❷心性。指思想感情精神世界。王勃《倬彼我系》序："故本其情性，原其事业，因陈先人之迹。"杜甫《寄刘峡州伯华使君四十韵》："炼骨调情性，张兵挠棘矜。"元结《游潓泉示泉上学者》："每到潓泉上，情性可安舒。"陆龟蒙《自遣诗三十首》序："且诗者，持也。谓持其情性，使不暴去。"❸性格，脾气。姚合《闲居遣怀十首》之二："情性僻难改，愁怀酒未除。"唐彦谦《严子陵》："严陵情性是真狂，抵触三公傲帝王。"❹情意。杜甫《风雨看舟前落花戏为新句》："蜜蜂蝴蝶生情性，偷眼蜻蜓避百劳。"

【情郎】　称青年恋人中之男子。韩偓《厌花落》："书中说却平生事，犹疑未满情郎意。"

【情故】　故旧之情。刘禹锡《岁夜咏怀》："春色无情故，幽居亦见过。"

【情面】　含情之脸面。马湘《又诗二首》之一："含笑谩教情面厚，多愁还使鬓毛斑。"

【情思】　❶感情、思绪。韦应物《酬张协律》："空宇风霜交，幽居情思绵。"段弘古《奉陪吕使君楼上夜看花》："为报林中高举烛，感人情思欲题诗。"薛涛《秋泉》："长来枕上牵情思，不使愁人半夜眠。"❷情怀；心情。张说《行从方秀川与刘评事文同宿》："寓言情思惬，适兴真意坦。"姚合《春晚雨中》："临轩平目望，情思若为宽。"欧阳炯《赤枣子》词："每一见时明月夜，损人情思断人肠。"❸情意。韩愈《游城南十六首・风折花枝》："春风也是多情思，故拣繁枝折赠君。"李群玉《戏赠魏十四》："兰浦秋来烟雨深，几多情思在琴心。"❹才思，才情。翁承赞《柳》："洛阳才子多情思，横把金鞭约马头。"

【情素】　真挚之情感，情怀。李白《酬中都小吏携斗酒双鱼于逆旅见赠》："意气相倾两相顾，斗酒双鱼表情素。"杜甫《送高司直寻封阆州》："时见文章士，欣然澹情素。"嵩山女《临去书赠》："君子既执迷，无由达情素。"

【情格】　情致格调。皮日休有《鲁望示广文先生吴门二章情格高散可醒俗态次韵属和存于诗编鲁望之命也》。

【情理】　人情道理。储光羲《秋庭贻马九》："群芳趋泛爱，万物通情理。"

【情累】　（—lěi）谓感情被牵累。卢鸿一《嵩山十志十首・枕烟庭》序："及机士登焉，则寥阒傥恍，愁怀情累矣。"

【情欲】　❶欲望。孟云卿《田园观雨兼晴后作》："贫贱少情欲，借荒种南陂。"❷有心；故意为之。马云奇《白云歌》："望白云，白云辽乱满空山，高低赋象非情欲，余遂感之心自闲。"

【情悰】　心情；情绪。李珣《临江仙》词："起来闺思尚疏慵，别愁春梦，谁解此情悰。"

【情感】　❶谓心情所感应。储光羲《献八舅东归》："寝疾乃就枕，情感唯灵仙。"❷指人之喜怒哀乐等感情活动。白居易《庭槐》："人生有情感，遇物牵所思。"

【情愛】　❶亲人之爱。权德舆《晓发武阳馆即事书情》："行将骑吏亲，日与情爱睽。"杜荀鹤《喜从弟雪中远至有作》："便均情爱同诸弟，莫更生疏似外人。"❷朋友之爱。吴筠《经羊角哀墓作》："两贤结情爱，骨肉何足云。"❸犹尘缘。指世俗亲情、友情与爱情等人世之爱。李群玉《饭僧》："向为情爱缚，未尽金仙旨。"❹对器物之惜爱。孟简《赋得亚父碎玉斗》："宝位方苦竞，玉斗何情爱。"

【情意】　❶感情，心意。多指男女之情，亦指友人间之情谊。罗隐《酬丘光庭》："故人情意未疏索，次第序述眉眼开。"李暇《碧玉歌》："珠被玳瑁床，感郎情意深。"❷情怀；意绪。皎然《白云歌寄陆中丞使君长源》："一见西山云，使人情意远。"亦指情兴。情绪。于濆《古别离》："入室少情意，出门多路岐。"❸心思；心情。李群玉《请告出春明门》："本不将心挂名利，亦无情意在樊笼。"

【情義】　情谊。杜甫《病后遇王倚饮赠歌》："故人情义晚谁似，令我手脚轻欲漩。"

【情語】　充满情意之语言。丁儒《归闲诗二十韵》："追随情语好，问馈几时频。"

【情塵】　佛教语。指世俗之情感、欲念。谓其如心上之尘垢，故称。王维《戏赠张五弟諲三首》之三："吾生好清净，蔬食去情尘。"权德舆《古离别》："是非千万境，杳霭情尘滋。"

【情憀】　忧思之情。陆龟蒙《自遣诗三十首》之十四："谁使寒鸦意绪娇，云情山晚动情憀。"

【情盡橋】　桥名。在唐剑南道简州阳安县（今四川简阳市）。因送客至此而止，故名，雍陶判简州时改名折柳桥。雍陶《题情尽桥》："从来只有情难尽，何事名为情尽桥。"

【情態】　❶情致与形态。杜牧《柳绝句》："数树新开翠影齐，倚风情态被春迷。”薛能《柳枝四首》之四：“狂似纤腰嫩胜绵，自多情态竟谁怜。”李山甫《牡丹》：“晓露精神妖欲动，暮烟情态恨成堆。”❷神情与举止态度。赵嘏《代人赠杜牧侍御》：“坐来情态犹无限，更向楼前舞柘枝。”路德延《小儿诗》：“情态任天然，桃红两颊鲜。”❸有情之态。徐铉《题殷舍人宅木芙蓉》：“似含情态愁秋雨，暗减馨香借菊丛。”

【情緒】 ❶心情；心思。白居易《南院》：“林院无情绪，经春不一开。”刘兼《秋夕书怀呈戎州郎中》：“归去水云多阻隔，别来情绪足悲伤。”李节度姬《会张生述怀》：“最是恼人情绪处，凤凰楼上月华寒。”❷情丝。喻指缠绵之情意。韩偓《青春》：“光阴负我难相遇，情绪牵人不自由。”又《复偶见三绝》之三：“此意别人应未觉，不胜情绪两风流。”❸犹情况。程长文《狱中书情上使君》：“县僚曾未知情绪，即便教人絷囹圄。”

【情趣】 情致兴味。王昌龄《山行入泾川》：“所嗟异风俗，已自少情趣。”白居易《酬梦得早秋夜对月见寄》：“吾衰寡情趣，君病懒经过。”

【情慮】 思想感情。孟郊《蓝溪元居士草堂》：“人朴情虑肃，境闲视听空。”

【情調】 （—diào）情味。杜牧《初春雨中舟次和州横江因书四韵兼寄江南许浑先辈》：“江南仲蔚多情调，怅望春阴几首诗。”张贲《和袭美醉中先起次韵》：“仙郎共许多情调，莫遣重歌浊水泥。”吴融《和僧咏牡丹》：“都是支郎足情调，坠香残蕊亦成吟。”韦庄《宿蓬船》：“却忆紫微情调逸，阻风中酒过年年。”

【情賴】 谓依恋于感情，不能摆脱感情羁绊。马湘《又诗一首》：“东君谓我多情赖，罚向人间作酒狂。”

【情興】 （—xìng）情味，兴致。苏寓《东峰亭各赋一物得寒溪草》：“幸得陪情兴，青青赏未阑。”刘禹锡《和令狐相公寻白阁老见留小饮因赠》：“文章管星历，情兴占年华。”

【情親】 ❶亲人。孟浩然《九日得新字》：“茱萸正可佩，折取寄情亲。”无名氏《蜀选人嘲韩昭》：“导江青城，侍郎情亲。”❷情投意合之人；亲密之挚友。李白《赠段七娘》：“罗袜凌波生网尘，那能得计访情亲。”元稹《酬孝甫见赠十首》之二：“杜甫天材颇绝伦，每寻书卷似情亲。”白居易《郡中闲独寄微之及崔湖州》：“两处也应相忆在，官高年长少情亲。”❸情感亲近。李白《至鸭栏驿上白马矶赠裴侍御》：“情亲不避马，为我解霜威。”杜甫《送路六侍御入朝》：“童稚情亲四十年，中间消息两茫然。”包颖《和徐鼎臣见寄》：“平生中表最情亲，浮世那堪聚散频。”

【情舊】 故旧，知交。刘长卿《送郑司直归上都》：“因君报情旧，闲慢欲垂纶。”

【情願】 甘心愿意。李群玉《龙安寺佳人阿最歌八首》之三：“若教亲玉树，情愿作蒹葭。”唐彦谦《离鸾》：“闻道离鸾思故乡，也知情愿嫁王昌。”《台中语》（卷八七六）：“高筠不肯作孝，张栖贞情愿遭忧。”

【情懷】 心情，情绪。寒山《诗三百三首》之一四七：“独坐常忽忽，情怀何悠悠。”杜甫《北征》：“老夫情怀恶，呕泄卧数日。”亦指胸怀，感情。李廓《落第》：“气味如中酒，情怀似别人。”刘兼《郡斋寓兴》：“情怀放荡无羁束，地角天涯亦信缘。”

【情寵】 情爱；宠爱。毛熙震《酒泉子》词：“闲卧绣帏，慵想万般情宠。”

惜

〔xī《广韵》思積切，入昔。心。〕❶可惜；哀惋。孟浩然《送席大》：“惜尔怀其宝，迷邦倦客游。”杜甫《石笋行》：“惜哉俗态好蒙蔽，亦如小臣媚至尊。”羊士谔《九月十日郡楼独酌》：“嘉辰怅已失，残菊谁为惜。”齐己《对雪》：“听怜终夜落，吟惜一年过。”❷珍惜，爱惜。杜甫《遭田父泥饮美严中丞》：“久客惜人情，如何拒邻叟。”刘禹锡《酬乐天咏老见示》：“废书缘惜眼，多炙为随年。”许棠《长安书情》：“近来惊白发，方解惜青春。”❸吝惜，舍不得。岑参《玉关寄长安李主簿》：“东去长安万里余，故人何惜一行书。”刘昚虚《茂葵花歌》：“人生不得长少年，莫惜床头酤酒钱。”韩愈《左迁至蓝关示侄孙湘》：“欲为圣朝除弊事，肯将衰朽惜残年。”韦庄《离筵诉酒》：“感君情重惜分离，送我殷勤酒满卮。”❹畏，怕。李白《感兴六首》之三：“不惜他人开，但恐生是非。”崔国辅《白纻辞二首》之一：“坐惜玉楼春欲尽，红绵粉絮裛妆啼。”戴察《月夜梧桐叶上见寒露》：“风摇愁玉坠，枝动惜珠干。”

【惜寸陰】 每一寸光阴都十分珍惜。形容极其珍惜时间。语本《淮南子·原道训》。綦毋潜《送章彝下第》：“三十名未立，君还惜寸阴。”

【惜别】 留恋而不忍分别。李白《单父东楼秋夜送族弟沈之秦》：“丝桐感人弦亦绝，满堂送君皆惜别。”韩愈《杏园送张彻侍御归使》：“久抱伤春意，新添惜别情。”姚合《送无可上人游越》：“今日送行偏惜别，共师文字有因缘。”杜牧《赠别二首》之二：“蜡烛有心还惜别，替人垂泪到天明。”亦指依依不舍地告别。白居易《洛阳春》：“洛阳陌上春长在，惜别今来二十年。”善生《送智光之南值雨》：“草堂方惜别，山雨为相留。”

【惜春】 珍惜春光。亦指可珍惜之春光。李商隐《四年冬以退居蒲之永乐渴然有农夫望岁之志遂作忆雪又作残雪诗各一百言以寄情于游旧·残雪》：“落日惊侵昼，余光误惜春。”

【惜恨】 悲伤怨恨。李商隐《肠》：“有怀非惜恨，不奈寸肠何。”

【惜時】 惋惜时光。借指哀悯迟暮之人。李绛

《省试恩赐耆老布帛》:“惜时悲落景,赐帛慰余魂。”

【惜惜】 惋惜。后唐庄宗《歌头》词:“惜惜此光阴,如流水。”

【惜醉】 怕醉;舍不得饮醉。王勃《郊兴》:“山人不惜醉,唯畏绿尊虚。”岑参《水亭送刘颙使还归节度》:“红亭莫惜醉,白日眼看低。”

惹[1] 〔rě《广韵》人者切,上馬,日。〕❶沾;染。贾至《早朝大明宫呈两省僚友》:“剑佩声随玉墀步,衣冠身惹御炉香。”李绅《新楼诗二十首·南庭竹》:“烟惹翠梢含玉露,粉开春箨耸琅玕。”顾非熊《题马儒乂石门山居》:“云低收药径,苔惹取泉瓶。”杜光庭《思山咏》:“因卖丹砂下白云,鹿裘惟惹九衢尘。”❷牵挂。顾况《郑女弹筝歌》:“郑女出参丈人时,落花惹断游空丝。”温庭筠《晚归曲》:“湖西出浅似相笑,菱刺惹衣攒黛蛾。”郑遨《洛阳道》:“杨柳惹鞭公子醉,苎麻掩泪鲁人迷。”❸引起,招引。何希尧《柳枝词》:“大堤杨柳雨沈沈,万缕千条惹恨深。”韩琮《云》:“深惹离情霭落晖,如车如盖早依依。”吴融《途中》:“不劳芳草色,更惹夕阳愁。”韩溉《柳》:“世间惹恨偏饶此,可是行人折赠稀。”

惹[2] 〔ruò《广韵》而灼切,入藥,日。〕见“惹₂惹”。

【惹衣】 沾衣,浸衣。李建勋《蔷薇二首》之二:“将并舞腰谁得及,惹衣伤手尽从伊。”

【惹步】 谓随着人的脚步浮动。罗邺《题沧浪峡》:“暗香惹步涧花发,晚景逼檐溪鸟回。”

【惹情】 牵动情思。罗隐《春思》:“荡漾春风渌似波,惹情摇恨去傞傞。”

【惹₂惹】 (—ruò)轻盈貌。韩偓《闲步》:“庄南纵步游荒野,独鸟寒烟轻惹惹。”

【惹踢招拳】 招来拳打脚踢。归氏子《答日休皮字诗》:“一包闲气如长在,惹踢招拳卒未休。”

【惹襟】 沾染衣襟,浸袭衣襟。韦庄《同旧韵》:“大火收残暑,清光渐惹襟。”

惠 〔huì《广韵》胡桂切,去霽,匣。〕❶仁爱;仁厚。元结《二风诗·治风诗五篇·至仁》:“猗皇至圣兮,至惠至仁。”又《与党评事》:“岂忘惠君子,恕之识见偏。”白居易《和微之诗二十三首·和除夜作》:“君为父母君,大惠在资储。”❷宠爱;友爱。张九龄《酬周判官巡至始兴会改秘书少监见贻之作兼呈耿广州》:“所仗有神道,况承明主惠。”姚崇《奉和圣制龙池篇》:“独有前池一小雁,叨承旧惠入天津。”窦群《奉酬西川武相公晨兴赠友见示之作》:“情同如兰臭,惠比返魂香。”陈陶《怀仙吟二首》之二:“空怀别时惠,长读消魔经。”❸恩惠。恩泽。李颀《谒张果先生》:“祈年宝祚文,致福苍生惠。”李嘉祐《伤歙州陈二使君》:“江村故老长怀惠,山路孤猿亦共愁。”韩愈《鸣雁》:“违忧怀惠性匪他,凌风一举君谓何。”沈亚之《文祝延二阕》之一:“惠流吾兮乐且康,恭闻侯兮饮食失常。”亦指施恩,加恩泽于。刘禹锡《送李策秀才还湖南因寄幕中亲故兼简衡州吕八郎中》:“一挥出荥阳,惠彼嗤嗤氓。”❹善。《郊庙歌辞·周宗庙乐舞辞·观成舞》:“孔惠之礼,必肃之容。”❺馈赠;赐予。李白《西岳云台歌送丹丘子》:“玉浆倘惠故人饮,骑二茅龙上天飞。”孙昌胤《遇旅鹤》:“希君惠稻粱,欲并离丹丘。”张祜《酬凌秀才惠枕》:“八寸黄杨惠不轻,虎头光照簟文清。”❻敬词。吴融《题画柏》:“回首寄团枝,无劳惠消息。”见“惠然”“惠來”。❼指南朝齐诗僧汤惠休。章碣《上元夜建元寺观灯呈智通上人》:“临风走笔思呈惠,到晓行禅合伴能。”❽通“慧”。卢纶《敩颜鲁公送挺赟归翠微寺》:“挺赟惠学该儒释,袖有颜徐真草迹。”❾姓。见“惠二”。

【惠二】 即惠询。杜甫有《闻惠二过东溪特一送》。

【惠人】 施恩惠于人。李频《送寿昌曹明府》:“惠人须宰邑,为政贵通经。”

【惠力】 佛教语。指通晓佛理,可决断疑念之智慧之力。惠,通“慧”。刘长卿《赠普门上人》:“惠力堪传教,禅心久伏魔。”

【惠上人】 ❶襄阳僧。法名全称未详。孟浩然有《陪姚使君题惠上人房》。❷丹阳僧。法名全称未详。与权德舆为故交。权德舆有《卧病喜惠上人李炼师茅处士见访因以赠》,又有《湖上晚眺呈惠上人》《惠上人房宴别》。

【惠山】 山名,在唐江南道常州无锡县(今江苏无锡市)西。亦名慧山、历山。李绅《过梅里七首·上家山》序:“余顷居梅里,常于惠山肄业。”李骘有《自惠山至吴下寄酬南徐从事》。罗隐《夜泊毗陵无锡县有寄》:“浊浪势奔吴苑急,疏钟声彻惠山寒。”李郢有《题惠山》。

【惠山寺】 寺名,在唐江南道常州无锡县(今江苏无锡市)西之惠山第一峰。本南朝宋湛茂之历山草堂,后改华山精舍。南朝梁改建法云禅院。寺有书堂,李绅少时曾就读于此。皇甫冉有《杂言无锡题惠山寺流泉歌》。李绅有《过梅里七首·忆题惠山寺书堂》。张祜有《题惠山寺》。

【惠之】 即杨惠之。《时人为杨惠之语》(卷八七六):“道子画,惠之塑,夺得僧繇神笔路。”

【惠子】 ❶即战国惠施。参见“惠子五車”“惠子魚”。❷即惠询。杜甫《闻惠二过东溪特一送》:“惠子白驹瘦,归溪唯病身。”

【惠子五車】 指战国惠施多方术而有五车书。见《庄子·天下》。范尧佐《一字至七字诗·书》:"葛洪一万卷,惠子五车余。"李咸用《和友人喜相遇十首》之三:"惠子休惊学五车,沛公方起斩长蛇。"

【惠子魚】 指战国时惠子与庄子在濠梁之上论知鱼之乐。见《庄子·秋水》。李群玉《昼寐》:"正作庄生蝶,谁知惠子鱼。"

【惠太子】 即汉惠帝。高帝二年(前205)立为太子。白居易《和答诗十首·答四皓庙》:"前瞻惠太子,左右生羽仪。"

【惠化】 仁政教化。多用指地方官之政绩。褚亮《奉和禁苑饯别应令》:"惠化宣千里,威风动百城。"李颀《送刘四赴夏县》:"男耕女织蒙惠化,麦熟雉鸣长秋稼。"柳宗元《种柳戏题》:"好作思人树,惭无惠化传。"刘睽《题越王楼寄献中丞使君》:"今日登临无限意,同沾惠化自销愁。"

【惠公】 丹阳僧。法名全称未详。与权德舆为故交。权德舆有《自杨子归丹阳初遂闲居聊呈惠公》。参见"惠上人❷"。

【惠文】 即惠文冠。韩翃《赠别太常李博士兼寄两省旧游》:"一朝簪惠文,客事信陵君。"韩愈《初南食贻元十八协律》:"鲎实如惠文,骨眼相负行。"

【惠文太子】 即李范。范开元十四年(726)四月卒,册赠惠文太子。张说有《惠文太子挽歌二首》。袁瓘有《惠文太子挽歌》。

【惠文冠】 (冠 guān)冠名。亦称武弁大冠,诸武官戴,侍中、常侍所冠,则附加蝉文、貂尾等为饰,故亦称"貂蝉"。传为赵惠文王所创制,故名。韦应物《寄别李儋》:"首戴惠文冠,心有决胜筹。"权德舆《献岁送李十兄赴黔中酒后绝句》:"志士感恩无远近,异时应戴惠文冠。"

【惠心】 聪慧、明慧之心。惠,通"慧"。刘长卿《西陵寄一上人》:"了义惠心能善诱,吴风越俗罢淫祠。"皎然《白云上人精舍寻杼山禅师》:"世事花上尘,惠心空中境。"崔枢《齐优开笼飞去所献楚王鹄》:"惠心先巧辩,戢羽见回翔。"

【惠用】 指运用佛教智慧。惠,通"慧"。梵文之意译。王维《青龙寺昙壁上人兄院集》序:"吾兄大开荫中,明彻物外,以定力胜敌,以惠用解严。"

【惠民倉】 贮粮以备救济灾民之仓。詹琲《诏福建置惠民仓呈陈守御史》:"酌取古人救荒政,颁为今日惠民仓。"

【惠死莊杜口】 战国惠子死,庄子以为失去辩论对手,无人可与辩论而杜口。见《庄子·徐无鬼》。白居易《哭崔常侍晦叔》:"惠死庄杜口,钟殁师废琴。"

【惠光】 ❶即慧光,俗姓杨。北魏定州长卢(今河北沧州)人。事迹见《续高僧传》卷二一。储光羲《同房宪部应旋》:"直心视惠光,在此大法鼓。"❷见"惠光大師"。

【惠光大師】 即昙域。昙域入蜀后赐号惠光大师。齐己有《寄西川惠光大师昙域》。

【惠休】 南朝宋僧,俗姓汤,字茂远,孝武帝命使还俗。官至扬州从事,善属诗文,辞采绮艳,与鲍照齐名。事迹见《宋书》《南史·徐湛之传》。后亦用以指诗僧。李益《送贾校书东归寄振上人》:"为向东州故人道,江淹已拟惠休诗。"白居易《广宣上人以应制诗见示因以赠之诏许上人居安国寺红楼院以诗供奉》:"道林谈论惠休诗,一到人天便作师。"李远《闻明上人逝寄友人》:"别后旋成庄叟梦,书来忽报惠休亡。"齐己《寻阳道中作》:"欲向南朝去,诗僧有惠休。"

【惠江】 后唐时僧,为左街僧录。程紫霄有《与释惠江互谑》。其中有惠江诗一句。

【惠好】 (—hǎo)惠爱友好。岑文本《冬日宴于庶子宅各赋一字得平》:"金兰笃惠好,尊酒畅生平。"颜真卿《七言重联句》:"不是中情深惠好,谁能千里远经过。"白居易《继之尚书自余病来寄遗非一今以篇用伸酬谢》:"衰残与世日相疏,惠好唯君分有余。"濮阳瓘《出笼鹘》:"以君能惠好,不敢没遥空。"

【惠車】 指战国时惠施有书五车之事。陆龟蒙《江南秋怀寄华阳山人》:"才当曹斗怯,书比惠车盈。"

【惠言】 惠赠之言。储光羲《酬綦毋校书梦耶溪见赠之作》:"还车首东道,惠言若黄金。"

【惠忍】 (? —494),即慧忍,俗姓黄。南朝宋建康(今江苏南京)人。少年出家,住北多宝寺。事迹见《高僧传》卷十三。皎然《题湖上兰若示清会上人》:"峰心惠忍寺,嵊顶谢公山。"

【惠來】 "惠然肯来"之省称。语本《诗·邶风·终风》。后用以敬称朋友之来访。张说《夕宴房主簿舍》:"伊人美修夜,朋酒惠来称。"

【惠明禪師】 (禪 chán)西川僧,与西川节度判官郑愚等论佛,成《栖贤法隽》一卷。见《新唐书·艺文志三》。鲍溶有《怀惠明禅师诗》。

【惠和坊】 里坊名。在唐东都洛阳降夏门东第一街,福善坊之北。元稹《送友封二首》之二:"惠和坊里当时别,岂料江陵送上船。"

【惠净上人】 嘉州青衣山寺僧。肃代间人。岑参《上嘉州青衣山中峰题惠净上人幽居寄兵部杨郎中》序:"青衣之山,在大江之中。屹然迥绝,崖壁苍峭,周广七里,长波四匝。有惠净上人,庐于其颠,唯绳床竹杖而已,恒持《莲花经》,十年不下山。"

【惠法師】 庐山东林寺僧。后住天台寺。法名全称未详。刘长卿有《送惠法师游天台因怀智大师故居》。

【惠宗】（？—775）即慧宗。俗姓冉氏。越州诸暨（今属浙江）人，早年受戒，历游名山，慧能住韶州宝林寺，闻其名，往谒之，后止于南阳白崖山党子谷，四十余年不出山。事迹见《宋高僧传》卷九、《景德传灯录》卷五。皎然《送演上人之抚州觐使君叔》："临川内史怜诸谢，尔在生缘比惠宗。"段成式《送僧二首》之二："想到头陀最上方，挂阴犹认惠宗房。"

【惠空】（—kōng）见"惠空上人"。

【惠空上人】（空 kōng）亦作"惠空"，衡岳僧，曾游襄阳。齐己有《送惠空北游》，又有《送惠空上人归》。

【惠政】仁德之政。骆宾王《伤祝阿王明府》："洛川真气上，重泉惠政融。"储光羲《望幸亭》："君王敷惠政，程作贵从时。"杨巨源《送杜郎中使君赴虔州》："和诗将惠政，颂述九衢闻。"

【惠荀】见"惠詢"。

【惠持】（337—412）即慧持。俗姓贾。晋雁门楼烦（今山西宁武）人。慧远之弟，少通经史。年十八与兄同出家，师事道安，学通三藏，并及外典。事迹见《高僧传》卷六。司空曙《送况上人还荆州因寄卫侍御象》："惠持游蜀久，策杖欲西还。"李涉《双峰寺得舍弟书》："回头忽向寻阳使，太守如今是惠持。"李咸用《寄修睦上人》："应为山中胜概偏，惠持惠远多踪迹。"修睦《简寂观》："莫道此间无我分，遗民长在惠持家。"

【惠昭太子】即李宁。宁元和四年（809）十月册为皇太子，六年闰十二月卒，谥曰惠昭。归登有《享惠昭太子庙乐章》。杜羔有《享惠昭太子庙乐章·登歌》。孟简有《享惠昭太子庙乐章》。亦作"惠昭皇太子。"权德舆有《惠昭皇太子挽歌词二首》。

【惠昭皇太子】见"惠昭太子"。

【惠皇】指晋惠帝。高适《登百丈峰二首》之二："晋武轻后事，惠皇终已昏。"

【惠泉】泉名，在唐山南道荆州荆门县（今湖北荆门）荆门山。李德裕有《惠泉》。

【惠風】和风。张九龄《和崔黄门寓直夜听蝉之作》："蝉嘶玉树枝，向夕惠风吹。"孟浩然《云门寺西六七里闻符公兰若最幽与薛八同往》："愿承甘露润，喜得惠风洒。"施肩吾《听南僧说偈词》："惠风吹尽六条尘，清净水中初见月。"毛文锡《酒泉子》词："惠风飘荡入芳丛，惹残红。"

【惠施】❶犹施恩，布施恩泽。韩愈《雪后寄崔二十六丞公》："乾坤惠施万物遂，独于数子怀偏悭。"❷又称惠子、惠公。战国宋人，事魏惠王，为相。为名家代表人物，主张"合同异"。《汉书·艺文志》著录《惠子》一篇，已佚。李白《悲歌行》："惠施不肯千万乘，卜式未必穷一经。"陆希声《阳羡杂咏十九首·观鱼亭》："惠施徒自学多方，谩说观鱼理未长。"

【惠音】美好之乐音。权德舆《古意》："睆睇呈巧笑，惠音激凄清。"

【惠帝】❶指汉惠帝。张说《赠崔公》："卒能匡惠帝，岂不赖留侯。"李昂《赋戚夫人楚舞歌》："已见储君归惠帝，徒留爱子付周昌。"❷指晋惠帝。周昙《咏史诗·晋门·惠帝》："蛙鸣堪笑问官私，更劝饥人食肉糜。蒙昧万机犹妇女，寇戎安得不纷披。"

【惠連】即南朝宋谢惠连。惠连为灵运从弟，后世多用以指代从弟。王维《赠从弟司库员外绿》："惠连素清赏，夙语尘外事。"李端《送义兴元少府》："逢君惠连第，初命便光辉。"欧阳詹《太原和严长官八月十五日夜西山童子上方玩月寄中丞少尹》："宜裁济江什，有阻惠连欢。"李群玉《送唐侍御福建省兄》："到日池塘春草绿，谢公应梦惠连来。"

【惠恩】犹惠爱。元结《系乐府十二首·谢大龟》："惠恩如可谢，占问敢终辞。"

【惠氣】和顺之气。韩愈《山南郑相公樊员外酬答为诗封以示愈依赋十四韵以献》："威风挟惠气，盖壤两劘拂。"

【惠師】即元惠。韩愈《送惠师》："惠师浮屠者，乃是不羁人。"

【惠酒】赠酒。皮日休有《友人许惠酒以诗征之》。

【惠祥上人】梓州僧。所住之寺未详。李商隐《酬崔八早梅有赠兼示之作》自注："时余在惠祥上人讲下。"

【惠陵】三国蜀刘备之陵墓。在今四川成都。李商隐《武侯庙古柏》："阴成外江畔，老向惠陵东。"

【惠能】同"慧能"。贾岛《送空公往金州》："惠能同俗姓，不是岭南卢。"温庭筠《访知玄上人遇暴经因有赠》："惠能未肯传心法，张湛徒劳与眼方。"

【惠問】美誉，称誉。张九龄《郢城西北有大古冢数十行路尽知之》："惠问终不绝，风流独至今。"韩翃《寄赠虢州张参军》："佳期虽雾散，惠问亦川流。"

【惠康公主】即宪宗女普宁公主。元和中徒封永昌公主。七年（812）卒，诏追封梁国公主，谥惠康。窦常有《凉国惠康公主挽歌》。权德舆有《赠梁国惠康公主挽歌词二首》。羊士谔有《梁国惠康公主挽歌词二首》。韩愈有《梁国惠康公主挽歌二首》。

【惠琮律師】高僧。所住之寺未详。贯休有《题惠琮律师院》。

【惠雅上人】荆州玉泉寺僧。朱庆余有《送惠雅上人西游》。亦称"惠雅法師"。贾岛有《送惠雅法师归玉泉》。

【惠然】 本指顺心貌，后多用为称客人来访之敬词。语本《诗·邶风·终风》。皎然《寒栖子歌》："今日惠然来访我，酒榼书囊肩背荷。"耿湋《酬李文》："多惭惠然意，今日肯相亲。"卢纶《喜从弟激初至》："儒服策羸车，惠然过我庐。"吴融《赠方干处士歌》："霜落风高忽相忆，惠然见过留一夕。"

【惠渥】 犹恩宠。李白《赠崔司户文昆季》："才微惠渥重，谗巧生缁磷。"

【惠補闕】 惠实，自处士拜官，乾符六年官比部郎中，亦曾官补阙。见《全唐文》八一六惠实小传和《因话录》卷五。林宽有《送惠补阙》。

【惠遠】 同"慧遠"。杜甫《大云寺赞公房四首》之二："道林才不世，惠远德过人。"杨巨源《寄江州白司马》："江州司马平安否，惠远东林住得无。"姚鹄《送黄颇归袁》："炉峰若上应相忆，不得同过惠远房。"

【惠遠峰】 晋惠远所住之山，指庐山。岑参《青龙招提归一上人远游吴楚别诗》："思师石可访，惠远峰犹在。"参见"慧遠"。

【惠愛】 ❶指地方官对百姓之仁爱。李白《赠从孙义兴宰铭》："欢笑相拜贺，则知惠爱深。"白居易《府酒五绝·变法》："自惭到府来周岁，惠爱威棱一事无。"彭蟾《贺邓璠使君正拜袁州》："六年惠爱及黎甿，大府论功俟陟明。"韦庄《秦妇吟》："诛锄窃盗若神功，惠爱生灵如赤子。"❷犹友爱。储光羲《狱中贻姚张薛李郑柳诸公》："诸公深惠爱，朝夕相左右。"皎然《自苏州访医回酬卢士关判官见赠》："周旋承惠爱，佩服比兰薰。"独孤及《水西馆泛舟送王员外》："剧谈增惠爱，美景借清和。"

【惠荀】 排行第二。籍贯未详。隐士。杜甫《幽人》："往与惠荀辈，中年沧洲期。"荀一作询，郭知达集注引杜田注："惠远、许询也。"

【惠義寺】 寺名。在唐剑南东道梓州(今四川三台)北山。杜甫有《陪章留后惠义寺饯嘉州崔都督赴州》，又有《陪李梓州王阆州苏遂州李果州四使君登惠义寺》。

【惠慈】 慈爱、仁慈。元结《舂陵行》："所愿见王官，抚养以惠慈。"周昙《咏史诗·后汉门·马后》："再实伤根嫌贵宠，惠慈劳悴育皇储。"

【惠聚寺】 寺名。在唐江南道苏州昆山(今江苏昆山)县，崔融有《题惠聚寺》。

【惠養】 ❶恩养。谓施恩泽抚育。太宗《帝京篇十首》之十："奉天竭诚敬，临民思惠养。"权德舆《送韦中丞奉使新罗》："淳化洽声明，殊方均惠养。"❷豢养。杜甫《高都护骢马行》："功成惠养随所致，飘飘远自流沙至。"

【惠澤】 恩泽；恩惠。张九龄《和崔尚书喜雨》："惠泽成丰岁，昌言发上才。"李白《献从叔当涂宰阳冰》："惠泽及飞走，农夫尽归耕。"裴谞《储潭庙》："不知兮千万里，惠泽愿兮与之同。"

【惠禪師】 (禪 chán)法名全称未详。与李商隐有交往。李商隐《归来》："难寻白道士，不见惠禅师。"

【惠聰】 即慧陪。俗姓王。蜀人，住益州福化寺别院。好学苦节，手不释卷，以礼佛为务。常闭关反锁，不涉世事。事迹见《续高僧传》卷二七。武元衡《慈恩寺起上人院》："他日焚香待，还来礼惠聪。"

【惠翼莊】 "翼惠庄"之倒舛。惠庄即申王李撝，开元十二年(724)十一月卒，谥惠庄太子。翼为王补阙之名。李白有《酬王补阙惠翼庄庙宋丞泚赠别》。

【惠藥】 犹良药。项斯《赠道者》："病乡多惠药，鬼俗有符威。"

【惠韻】 称他人赠诗之敬词。吴越之敬词。吴越王钱珝有《和高僧惠韵》。

【惠懷】 晋惠帝、晋怀帝之连称。二人以昏昧著称。陆龟蒙《奉和袭美二游诗·徐诗》："惠怀亟寡昧，戎羯俄腥膻。"

【惠顧】 对他人相访或眷顾之敬称。王维《同卢拾遗过韦给事东山别业二十韵》："君子垂惠顾，期我于田园。"

惑 〔huò《广韵》胡國切，入德，匣。〕❶疑惑；疑虑。陈子昂《观荆玉篇》序："夫目照五色，口分五味，玄黄甘苦，亦可断而不惑矣，而路傍一议，二子增疑，况君臣之际，朋友之间乎？"杜牧《宫祠二首》之一："深宫锁闭犹疑惑，更取丹沙试辟宫。"❷迷惑，迷乱。岑参《送崔全被放归都觐省》："楚王犹自惑，宋玉且将归。"朱昼《赠友人古镜》："赠君将照色，无使心受惑。"罗虬《比红儿诗》之三九："一笑阳城人便惑，何堪教见杜红儿。"亦指被迷惑。李华《咏史十一首》之一一："周王惑褒姒，城阙成陂陀。"李白《惧谗》："一惑巧言子，朱颜成死伤。"❸佛教语。指烦恼。武三思《秋日于天中寺寻复礼上人》："有无双惑遣，真俗两缘同。"

【惑王】 糊涂昏乱之帝王。元结《二风诗·乱风诗五篇·至惑》序："古有惑王，用奸臣以虐外，宠妖女以乱内。"

【惑亂】 迷惑昏乱。亦指使迷惑昏乱。袁郊《云》："荒淫却入阳台梦，惑乱怀襄父子心。"

恶[1] 〔è《广韵》烏各切，入鐸，影。〕❶罪恶；罪过。太宗《赋尚书》："灭身资累恶，成名由积善。"李白《雪谗诗赠友人》："倾海流恶，恶无以过。"韩愈《三星行》："无善名已闻，无恶声已讙。"贯休《续姚梁公坐右铭》："嫉人之恶，酬恩报义。"亦指有罪恶之人。昭宗《句》："只解劈牛兼劈树，不能诛恶与诛凶。”❷坏，不好，不善。杜甫《兵车行》：“信知生男恶，反是生女好。”高适《淇上酬薛三据兼寄郭少府微》：“独行备艰险，所见穷善恶。”白居易《早春忆微之》：“可道眼前光景恶，其如难见故人何。”韩偓《春闺二首》之一：“醒来情绪恶，帘外正黄昏。”亦指恶劣、不好的事物或人。舒元舆《坊州按狱》：“去恶犹农夫，稂莠须耘耨。”此指恶草。喻指恶人或恶事物。❸凶猛；险恶。孟云卿《汴河阻风》：“出浦风渐恶，傍滩舟欲横。”岑参《梁州对雨怀曲二秀才便呈曲大判官时疾赠余新诗》：“水恶平明飞，雨从嶓冢来。”元稹《酬独孤二十六送归通州》：“憎兔跳跃跃，恶鹏黑翻翻。”褚载《赠道士》：“闻说葛陂风浪恶，许骑青鹿从行无。”亦指威猛。杜甫《魏将军歌》：“君门羽林万猛士，恶若哮虎子所监。”❹丑陋；丑恶。杜甫《病后遇王倚饮赠歌》：“王生怪我颜色恶，答云伏枕艰难遍。”白居易《有木诗八首》之四：“狐媚言语巧，鸟妖声音恶。”皮日休《太湖诗·晓次神景宫》：“伊余乏此相，天与形貌恶。”亦指污浊，污秽。苏颋《奉和圣制至长春宫登楼望稼穑之作》：“变芜粳稻实，流恶水泉通。”杜甫《大雨》：“流恶邑里清，矧兹远江皋。”❺粗劣；质差。杜甫《岁晏行》：“刻泥为之最易得，好恶不合长相蒙。”章孝标《织绫词》：“去年蚕恶绫帛贵，官急无丝织红泪。”皮日休《苦雨中又作四声诗寄鲁望·平入声》：“羁栖愁霖中，缺宅屋木恶。”窦昉《嘲许子儒》：“瓦恶频蒙攋，墙虚屡被叉。”❻副词。犹甚，很。南唐后主李煜《浣溪沙》词：“佳人舞点金钗溜，酒恶时拈花蕊嗅，别殿遥闻箫鼓奏。”孙光宪《浣溪沙》词之十二：“何事相逢不展眉，苦将情分恶猜疑，眼前行止想应知。”

恶[2]　〔wù《广韵》乌路切，去暮，影。〕❶憎恶，厌恶。张九龄《感遇十二首》之四：“美服患人指，高明逼神恶。”李颀《杂兴》：“水滨丈人曾有语，物或恶之当害汝。”白居易《闲居》：“是非爱恶销停尽，唯寄空身在世间。”周昙《咏史诗·后汉门·鲍宣妻》：“君恶奢华意不欢，一言从俭亦何难。”❷怕，畏惧。太宗《帝京篇十首》之十：“人道恶高危，虚心戒盈荡。”杜甫《苏端薛复筵简薛华醉歌》：“垂老恶闻战鼓悲，急觞为缓忧心捣。”李绅《龟山寺鱼池》：“剃发多缘是代耕，好闻人死恶人生。”

恶[3]　〔wū《广韵》哀都切，平模，影。〕疑问代词。安，岂，怎么。元结《春陵行》：“前贤重守分，恶以祸福移。”

【恶人】　坏人；凶恶之人。孟郊《择友》：“恶人巧谄多，非义苟且得。”

【恶口】　好出恶言之口，佛教以恶口为十恶行之一。王梵志《诗》之四六：“恶口深乖礼，条中却没文。”

【恶木】　形状或气味不好的树。常喻指污浊之环境。王维《济上四贤咏·郑霍二山人》：“息阴无恶木，饮水必清源。”李群玉《登宜春醉宿景星寺寄郑判官兼简空上人》：“耻息恶木阴，难书剑歌意。”贯休《续姚梁公坐右铭》：“恶木之阴匪阴，盗泉之水匪水。”

【恶少】　（—shào）无赖少年。虞世南《从军行二首》之二：“侠客吸龙剑，恶少缦胡衣。”韩愈《寄卢仝》：“昨晚长须来下状，隔墙恶少恶难似。”施肩吾《少年行》：“醉骑白马走空衢，恶少皆称电不如。”薛能《题后集》：“难甘恶少欺韩信，枉被诸侯杀祢衡。”

【恶$_2$心】　犹厌恶。谓使心中感到厌恶。王建《长安别》：“恶心床上铜片明，照见离人白头发。”

【恶水】　污水。韩愈《病鸱》：“屋东恶水沟，有鸱堕悲鸣。”

【恶因】　佛教语。指会造成恶报的因缘。佛教因果报应说谓凡恶因必有来世之恶报。寒山《诗三百三首》之九一：“不求当来善，唯知造恶因。”

【恶舌】　指攻击或中伤他人之言语。孟迟《寄浙右旧幕僚》：“由来恶舌驷难追，自古无媒谤所归。”

【恶名】　不好的名声。李白《望鹦鹉洲怀祢衡》：“黄祖斗筲人，杀之受恶名。”杜甫《后出塞五首》之五：“恶名幸脱免，穷老无儿孙。”崔道融《西施滩》：“宰嚭亡吴国，西施陷恶名。”

【恶伴】　品行不端之坏伙伴。无名氏《五言诗》之七（《外编下》）：“无心念二亲，有意随恶伴。”

【恶苗】　稗莠等恶草之苗。白居易《夏旱》：“恶苗承沴气，欣然得其所。”

【恶$_2$直】　厌恶、嫉恨正直之言。李商隐《送千牛李将军赴阙五十韵》：“中台终恶直，上将更要盟。”

【恶來】　嬴姓，名革，又称来革。蜚廉之长子，殷纣之谀臣，善谗，有力，周武王伐纣，杀之于牧野。见《墨子·明鬼》、《晏子春秋·谏上》和《史记·秦本纪》。李瀚《蒙求》：“恶来多力，飞廉善走。”

【恶卧】　指睡眠时常伸脚蹬腿，睡相不好。杜甫《茅屋为秋风所破歌》：“布衾多年冷似铁，骄儿恶卧踏里裂。”

【恶事】　坏事，对人不利之事。王梵志《诗》之四：“好事须相让，恶事莫相推。”

【恶兒】　不孝之子；品行不端之子。元稹《表夏十首》之八：“养子将备老，恶儿那胜无。”

【恶命】　坏命运。邵谒《秋夕》：“恶命如漏卮，滴滴添不满。”

【恶毒】　邪恶有毒之怪物。元结《演兴四首·闵岭中》：“且舂刺乎恶毒，又引射夫妖怪。”

【恶草】　有害之杂草。常喻指恶人、恶势力。李商隐《五言述德抒情诗一首四十韵献上杜七兄仆射相公》：“恶草虽当路，寒松实挺生。”薛能《牡丹四首》之二:“影接雕盘动,丛遭恶草偏。”聂夷中《公子家》:“花下一禾生,去之为恶草。”

【惡風】 狂风。杜甫《渼陂行》:“鼍作鲸吞不复知,恶风白浪何嗟及。”白居易《九江北岸遇风雨》:“九江阔处不见岸,五月尽时多恶风。”薛能《海棠》:“晨前清露湿,晏后恶风吹。”

【惡客】 指酗酒之人。元结《漫歌八曲·将船何处去二首》之二:“有时逢恶客,还家亦少酣。”

【惡馬】 劣马,驽马。张籍《杂曲歌辞·伤歌行》:“身着青衫骑恶马,东门之东无送者。”

【惡氣】 邪恶之气。皮日休《太湖诗·投龙潭》:“龟山下最深,恶气何洋溢。”

【惡₂訐】 厌恶借揭发他人之过错以表示自己正直。语本《论语·阳货》。高适《同观陈十六史兴碑》:“作歌乃彰善,比物仍恶讦。”

【惡夢】 使人忧伤或恐怖、担心之梦。齐己《荆门寄怀章供兼呈幕中知己》:“神凝无恶梦,诗澹老真风。”

【惡業】 佛教语。指将引起恶报之坏意识与言行等业。寒山《诗三百三首》之一:“驱遣除恶业,归依受真性。”

【惡詩】 拙劣之诗。孟郊《懊恼》:“恶诗皆得官,好诗空抱山。”亦用以谦称自己之诗作。白居易《想归田园》:“千首恶诗吟过日,一壶好酒醉销春。”徐夤《自咏十韵》:“拙赋偏闻镌印卖,恶诗亲见画图呈。”

【惡₂聞】 厌闻,怕听。王贞白《泛镜湖》:“恶闻亡越事,洗耳大江滨。”

【惡塵】 遮蔽视线之尘雾。喻指混淆视听之言词。一钵和尚《一钵歌》:“真中假,假中真,自是凡夫起恶尘。”

【惡髮】 蓬乱之头发。罗隐《白角篦》:“莫言此个尖头物,几度撩人恶发来。”

【惡罵】 凶狠恶毒之咒骂。无名氏《五言诗》之五(外编下):“丑妇来恶骂,啾唧搦头灰。”

【惡聲】 ❶凶横叱喝之声。李绅《闻里谣效古歌》:“恶声主吏噪尔门,唧唧力力烹鸡豚。”❷坏名声。周昙《咏史诗·春秋战国门·又吟》:“赖逢贤相能匡救,仍免吾君播恶声。”

【惡谿】 溪名。在唐江南道处州丽水县(今浙江丽水市)。源出大盆山,以其湍流险恶,九十里而有五十六濑,且有水怪,故名。传唐宣宗时刺史段成式有善政,水怪潜去,改名好溪。孟浩然《寻天台山》:“欲寻华顶去,不惮恶溪名。”张子容《永嘉作》:“山将孤屿近,水共恶溪连。”李白《送王屋山人魏万还王屋》:“却思恶溪去,宁惧恶溪恶。”殷尧藩《醉赠刘十二》:“春草正凄凄,知君过恶溪。”

悽 〔qī《广韵》七稽切,平齊,清。〕悲伤;凄凉。李嘉祐《宋州东登望题武陵驿》:“梁宋人稀鸟自啼,登舻一望倍寒凄。”杜甫《汉州王大录事宅作》:“忆尔才名叔,含凄意有余。”皇甫冉《之京留别刘方平》:“客子慕俦侣,含凄整晨装。”陈季卿《别妻》:“离歌凄凤管,别鹤怨瑶琴。”

【悽切】 忧伤悲切。徐仁友《古意赠孙翃》:“琴中多苦调,凄切谁复寻。”

【悽心】 谓心悲伤。袁不约《离家》:“步步远晨昏,凄心出里门。”

【悽妍】 凄清妍丽。韦应物《答崔都水》:“览君陈迹游,词意俱凄妍。”

【悽其】 犹悽然。李颀《望秦川》:“客有归欤叹,凄其霜露浓。”吴筠《别章叟》:“今日成远别,相对心凄其。”皎然《同李洗马入余不溪经辛将军故城》:“苍然古溪上,川逝共凄其。”李端《慈恩寺怀旧》:“凄其履还路,莽苍云林暮。”

【悽恨】 哀伤憾恨。王炎《葬西施挽歌》:“春风无处所,凄恨不胜怀。”

【悽凉】 凄伤悲凉。乔知之《哭故人》:“生死久离居,凄凉历旧庐。”皎然《赋得啼猿送客》:“凄凉离别后,闻此更伤心。”元稹《酬乐天书怀见寄》:“仍云得诗夜,梦我魂凄凉。”

【悽屑】 烦忧不安。李中《海上和柴将军使清明书事》:“却是旅人凄屑甚,夜来魂梦到家乡。”

【悽戚】 亦作“悽慼”“悽慼”。哀伤忧戚。刘长卿《送元八游汝南》:“勿复尊前酒,离居剩凄戚。”韦应物《东林精舍寄呈阎澧州冯少府》:“唯当同时友,缄寄空凄戚。”鲍溶《代楚老酬主人》:“烦君问岐路,为我生凄戚。”

【悽悽】 凄凉悲伤貌。寒山《诗三百三首》之二四一:“冻饿苦凄凄,良由不觉触”。耿湋《塞上曲》:“塞鸿过尽残阳里,楼上凄凄暮角声。”柳宗元《柳州二月榕叶落尽偶题》:“宦情羁思共凄凄,春半如秋意转迷。”杜荀鹤《旅寓书事》:“日日惊身事,凄凄欲断魂。”

【悽然】 凄凉悲伤貌。祖咏《送刘高邮棁使入都》:“渐觉潮初上,凄然多暮愁。”岑参《送胡象落第归王屋别业》:“看君尚少年,不第莫凄然。”韩愈《桃源图》:“听终辞绝共凄然,自说经今六百年。”于邺《客中月》:“更有乘舟客,凄然亦驻桡。”

【悽惻】 凄凉哀伤。宋之问《题张老松树》:“岁晚东岩下,周顾何凄恻。”高适《酬庞十兵曹》:“梁城多古意,携手共凄恻。”杜甫《别唐十五诫因寄礼部贾侍郎》:“歌罢两凄恻,六龙忽蹉跎。”唐彦谦《早行遇雪》:“王事不可缓,行行动凄恻。”

【悽惶】 ❶忧伤不安。王昌龄《大梁途中作》:

"今日无酒钱，凄惶向谁叹。"高适《同群公题郑少府田家》："郑侯应凄惶，五十头尽白。"张祜《过阴陵》："壮士凄惶到山下，行人惆怅上山头。"又《赠契衡上人》："一恨凄惶久，怜师记姓名。"罗隐《投所思》："浮生七十今三十，从此凄惶未可知。"❷奔波不宁貌。骆宾王《在江南赠宋五之问》："谋己谬观光，牵迹强凄惶。"孟浩然《途次望乡》："可叹凄惶子，高歌谁为媒。"

【悽傷】 凄凉悲伤。元结《系乐府十二首·去乡悲》："念之何可说，独立为凄伤。"耿沣《巴陵逢洛阳邻舍》："又说家林尽，凄伤泪满衣。"许浑《寄小弟》："江城红叶尽，旅思复凄伤。"

【悽愴】 悲痛。寒山《诗三百三首》之一四五："终日不得闲，为此心凄怆。"岑参《西河郡太原守张夫人挽歌》："哀容今共尽，凄怆杜陵田。"陆畅《陕州逢窦巩同宿寄江陵韦协律》："共出丘门岁九霜，相逢凄怆对离觞。"

【悽酸】 悲伤心酸。韩愈《秋怀诗十一首》之八："其言有感触，使人复凄酸。"

【悽嘆】 悲叹。李绅《宿扬州水馆》："却思海峤还凄叹，近涉江涛更凛然。"

【悽慽】 见"悽戚"。

【悽慘】 凄切悲惨。亦指凄凉阴惨。杜牧《大雨行》："三吴六月忽凄惨，晚后点滴来苍茫。"

【悽慼】 见"悽戚"。

【悽斷】 谓忧肠寸断。形容极其悲痛。王勃《别薛华》："悲凉千里道，凄断百年身。"骆宾王《久客临海有怀》："欲知凄断意，江上涉安流。"

悲 〔bēi《广韵》府眉切，平脂，幫。《集韵》逋眉切，平脂，幫。〕❶悲哀；悲痛。岑参《秦筝歌送外甥萧正归京》："汝归秦兮弹琴声，秦声悲兮聊送汝。"沈千运《赠史修文》："握手于此地，当欢反成悲。"张碧《野田行》："八纮牢落人物悲，是个田园荒废主。"韦庄《题李斯传》："蜀魄湘魂万古愁，未悲秦相死秦时。"亦指使生悲。刘沧《晚秋洛阳客舍》："庭叶霜浓悲远客，宫城日晚度寒鸦。"❷为之悲，哀怜。杜审言《渡湘江》："迟日园林悲昔游，今春花鸟作边愁。"元稹《遣悲怀三首》之三："闲坐悲君亦自悲，百年都是几多时。"刘沧《秋日过昭陵》："寝庙徒悲剑与冠，翠华龙驭杳漫漫。"❸悲凉；悲壮。王维《从军行》："笳悲马嘶乱，争渡金河水。"杜甫《将晓二首》之一："鼓角悲荒塞，星河落曙山。"岑参《题三会寺苍颉造字台》："野寺荒台晚，寒天古木悲。"❹思念。杜甫《送李功曹之荆州充郑侍御判官重赠》："此地生涯晚，遥悲水国秋。"毛熙震《菩萨蛮》词之二："无憀悲往事，争那牵情思。"

【悲夫】 (一fū)表示悲叹之词。夫，语气助词。温庭筠《病中书怀呈友人》："至言今信矣，微尚亦悲夫。"

【悲切】 悲哀凄切。王昌龄《岳阳别李十七越宾》："杉上秋雨声，悲切蒹葭夕。"吕岩《题桐柏山黄先生庵门》："我今劝子心悲切，君自思兮生猛烈。"

【悲心】 忧心。赵嘏《长洲》："悲心人望月，独夜雁离群。"

【悲吒】 同"悲咤"，悲痛，悲愤。杜甫《遣兴五首》之五："每望东南云，令人几悲吒。"韩愈《县斋有怀》："少小尚奇伟，平生足悲吒。"白居易《种桃歌》："因桃忽自感，悲吒成狂歌。"

【悲色】 哀愁之容色。李廷壁《愁诗》："潘岳愁丝生鬓里，婕妤悲色上眉头。"

【悲吞】 吞悲。吞下满腹悲痛。形容悲多。马戴《经咸阳北原》："夜入咸阳中，悲吞不能饭。"

【悲吟】 ❶悲伤地吟哦。白居易《闲卧有所思二首》之一："何处投荒初恐惧，谁人绕泽正悲吟。"❷哀叹。李德裕《东郡怀古二首·王京兆》："登城见遗庙，日夕空悲吟。"❸悲鸣。李白《赠薛校书》："姑苏成蔓草，麋鹿空悲吟。"陆龟蒙《奉和袭美伤史拱山人》："逋客预斋还梵唱，老猿窥祭亦悲吟。"

【悲吹】 悲切地吹奏。袁晖《铜雀妓》："况临松日暮，悲吹坐萧萧。"

【悲辛】 悲哀辛酸。杜甫《奉赠韦左丞丈二十二韵》："残杯与冷炙，到处潜悲辛。"孟郊《寄张籍》："贾生对文帝，终日犹悲辛。"陆龟蒙《和过张祜处士丹阳故居》："胜华通子共悲辛，荒径今为旧宅邻。"

【悲壯】 悲凉雄壮。杜甫《阁夜》："五更鼓角声悲壮，三峡星河影动摇。"

【悲苦】 悲伤愁苦。许棠《雕阴道中作》："往来经此地，悲苦有谁能。"

【悲泣】 悲伤哭泣。陈陶《洛城见贺自真飞升》："谁能白昼相悲泣，太极光阴亿万年。"

【悲弦】 哀伤之琴音。王维《哭祖六自虚》："琴声纵不没，终亦继悲弦。"

【悲哉行】 (行 xíng)乐府旧题。传为魏明帝所造。内容多为客游感物忧思之作。王昌龄、孟云卿、李咸用均用《悲哉行》。

【悲思】 哀愁之情绪。钱起《宿新里馆》："无以逃悲思，寒螿处处鸣。"

【悲咤】 悲痛；悲愤。元结《系乐府十二首·陇上叹》："延望戎狄乡，巡回复悲咤。"韩愈《杂诗》："慷慨为悲咤，泪如九河翻。"元稹《酬乐天东南行诗一百韵》序："连床递饮之间，悲咤使酒。"李绅《闻里谣效古歌》："乡里儿，莫悲咤。"

【悲秋】 见战国楚宋玉《九辩》。后因以"悲秋"

指因秋天之萧瑟而伤感。羊士谔《暇日适值澄霁江亭游宴》："振卧淮阳病，悲秋宋玉文。"白居易《酬皇甫郎中对新菊花见忆》："爱菊高人吟逸韵，悲秋病客感衰怀。"李群玉《重阳日上渚宫杨尚书》："荆州一见桓宣武，为趁悲秋入帝乡。"唐彦谦《秋日感怀》："溪上芙蓉映醉颜，悲秋宋玉鬓毛斑。"

【悲秋扇】 汉班婕妤失宠于汉成帝，作《怨歌行》，以扇自喻。后因以"悲秋扇"为咏失宠之典。天宝宫人《题洛苑梧叶上》："旧宠悲秋扇，新恩寄早春。"

【悲泉】 水声幽咽似泣之泉。杜甫《北征》："恸哭松声回，悲泉共幽咽。"

【悲風】 ❶使人感到凄凉之寒风。崔融《韦长史挽词》："冥冥多苦雾，切切有悲风。"钱起《省试湘灵鼓瑟》："流水传潇浦，悲风过洞庭。"蔡京《咏子规》："千年冤魄化为禽，永逐悲风叫远林。"刘沧《过北邙山》："白杨落日悲风起，萧索寒巢鸟独奔。"❷琴曲名。即《悲风操》。李白《月夜听卢子顺弹琴》："忽闻悲风调，宛若寒松吟。"

【悲哀】 悲痛哀伤。韩愈《苦寒》："悲哀激愤叹，五藏难安恬。"贯休《闻前王使君在泽潞居》："婺人空悲哀，对生祠泣沾莓苔。"齐己《吟兴自述》："一千首出悲哀外，五十年销雪月中。"

【悲恨】 悲伤感恨。李德裕《春暮思平泉杂咏二十首·瀑泉亭》："向老多悲恨，凄然念一丘。"

【悲素絲】 为咏易染或多变之典。见《墨子·所染》。李白《古风》之五九："恻恻泣路岐，哀哀悲素丝。"

【悲翁】 ❶乐曲名。"思悲翁"之省称。王维《奉寄韦太守陟》："临此岁方晏，顾景咏悲翁。"❷忧伤之老人。顾况《八月五日歌》："玉座凄凉游帝京，悲翁回首望承明。"李商隐《今月二日不自量度辄以诗一首四十韵干渎尊严伏蒙披览辄复五言四十韵献上》："容华虽少健，思绪即悲翁。"

【悲悄】 悲伤。陈陶《钱塘对酒曲》："鸱夷公子休悲悄，六鳌如镜天始老。"

【悲悔】 悲伤后悔。白居易《遣怀》："操之多惴栗，失之又悲悔。"

【悲羞】 悲伤而羞愧。白居易《新乐府·井底引银瓶》："潜来更不通消息，今日悲羞归不得。"

【悲凄】 悲伤凄恻。张直《宿顾城二首》之二："武汤东伐韦，固君含悲凄。"

【悲凉】 悲伤凄凉。刘希夷《春女行》："娇爱犹未终，悲凉从此始。"崔曙《登水门楼见亡友张贞期题望黄河诗因以感兴》："流落年将晚，悲凉物已秋。"王建《武陵春日》："寻春何事却悲凉，春到他乡忆故乡。"徐振《雷塘》："九重城阙悲凉尽，一聚园林怨恨长。"

【悲梗】 悲哽，悲伤哽咽。崔橹《过蛮溪渡》："身随远道徒悲梗，诗卖明时不直钱。"

【悲笳】 悲凉之号角声。笳，军中之号角，状似觱篥而无孔。又胡人卷芦叶吹之亦称笳。崔融《关山月》："夜夜闻悲笳，征人起南望。"王维《双黄鹄歌送别》："悲笳嘹唳垂舞衣，宾欲散兮复相依。"郎士元《闻吹杨叶者二首》之一："妙吹杨叶动悲笳，胡马迎风起恨赊。"王贞白《胡笳曲》："陇底悲笳引，陇头鸣北风。"

【悲惋】 悲伤悒郁。张九龄《感遇十二首》之十一："至精无感遇，悲惋填心胸。"储光羲《贻刘高士别》："耳目旷暄凉，怀抱盈悲惋。"

【悲喜】 悲哀与喜悦。王镕《哭赵州和尚二首》之二："解空弟子绝悲喜，犹自潸然对雪帏。"

【悲雁】 出《庄子·山木》。后因以"悲雁"为咏不材见弃之典。李商隐《寄太原卢司空三十韵》："庄叟虚悲雁，终童漫识鼮。"

【悲喘】 悲伤痛苦地喘息。白居易《秦中吟十首·重赋》："悲喘与寒气，并入鼻中辛。"

【悲啼】 悲伤啼哭。李白《夜坐吟》："冰合井泉月入闺，金缸凝明照悲啼。"白居易《雨中听琴者弹别鹤操》："莫教迁客孀妻听，嗟叹悲啼泥杀君。"

【悲嗟】 忧伤嗟叹。令狐楚《宫人斜》："唯应四仲祭，使者暂悲嗟。"张碧《野田行》："悲嗟自古争天下，几度乾坤复如此。"白居易《续古诗十首》之七："下有感秋妇，攀条苦悲嗟。"黄滔《乌石村》："往日江村今物华，一回登览一悲嗟 。"

【悲慨】 悲怆感慨。司空图有《诗品二十四则·悲慨》。

【悲絲】 ❶同"悲素絲"。李峤《墨》："悲丝光易染，叠素彩还沉。"李瀚《蒙求》："墨子悲丝，杨朱泣岐。"汤悦《鼎臣学士侍郎以向时同僚零落都尽发于吟咏惠然好我辄次来韵攀和》："树将人共老，何暇更悲丝。"❷哀伤的弦乐声。丝，指弦乐器。温庭筠《蒋侯神歌》："巫娥传意托悲丝，铎语琅琅理双鬟。"

【悲感】 犹伤感。王昌龄《箜篌引》："草木悲感声飕飗，仆本东山为国忧，明光殿前论九畴。"

【悲號】 (—háo)悲痛号哭。李白《北上行》："惨戚冰雪里，悲号绝中肠。"曹邺《蓟北门行》："亲戚牵衣泣，悲号自相顾。"

【悲路窮】 出《世说新语·栖逸》。后因以"悲路穷"为感叹困厄无出路之典。李白《赠从兄襄阳少府皓》诗："弹剑徒激昂，出门悲路穷。"

【悲愁】 悲伤忧愁。白居易《早入皇城赠王留守仆射》："城柳宫槐谩摇落，悲愁不到贵人心。"李德裕《述梦诗四十韵》："聚散俄成昔，悲愁益自熬。"杜牧《洛中送冀处士东游》："人生一世内，何必多悲愁。"罗郸《春望梁石头城》："六朝无限悲愁事，欲下荒城回首频。"

【悲傷】 悲痛忧伤。高宗《七夕宴悬圃二首》之二："轻梭聊驻织，掩泪独悲伤。"李白《古风》之三七："精诚有所感，造化为悲伤。"李涉《寄荆娘写真》："如今憔悴不相似，恐君重见生悲伤。"刘兼《秋夕书怀呈戎州郎中》之一："归去水云多阻隔，别来情绪足悲伤。"

【悲腸】 忧伤之心肠。喻悲伤之情绪。白居易《哭崔儿》："悲肠自断非因剑，啼眼加昏不是尘。"

【悲愴】 悲痛。白居易《有感三首》之三："往事勿追思，追思多悲怆。"

【悲臺】 使人感到悲凉之台。杜甫《五兵马使二角鹰》："悲台萧飒石巃嵸，哀壑杈枒浩呼汹。"

【悲歌】 ❶悲壮或悲伤地歌唱。李白《南奔书怀》："拔剑击前柱，悲歌难重论。"周贺《送郭秀才归金陵》："夏后客堂黄叶多，又怀家国起悲歌。"许浑《姑苏怀古》："宫馆余基辍棹过，黍苗无限独悲歌。"❷悲壮或哀伤的歌曲。白居易《同王十七庶子李六员外郑二侍御同年四人游龙门有感而作》："一曲悲歌酒一尊，同年零落几人存。"翁绶《婕妤怨》："繁华事逐东流水，团扇悲歌万古愁。"

【悲酸】 悲哀辛酸。欧阳詹《观送葬》："何事悲酸泪满巾，浮生共是北邙尘。"卢殷《仲夏寄江南》："晚暮时看槿，悲酸不食梅。"孟简《咏欧阳行周事》："使者回复命，迟迟蓄悲酸。"韩偓《寄远》："空房展转怀悲酸，铜壶漏尽闻金鸾。"

【悲鳴】 哀鸣悲哀的叫声。白居易《初丧崔儿报微之晦叔》："蝉老悲鸣抛蜕后，龙眠惊觉失珠时。"

【悲管】 悲凉哀伤之管乐声。杜甫《自京赴奉先县咏怀五百字》："暖客貂鼠裘，悲管逐清瑟。"

【悲端】 ❶忧伤之情绪。王昌龄《代扶风主人答》："少年与运会，何事发悲端。"❷引发忧愁之事物。钱起《郭司徒厅夜宴》："秋堂复夜阑，举目尽悲端。"

【悲慘】 凄惨；悲凉。岑羲《黄金台》："巍台悲惨朔风号，不知骑劫何时招。"

【悲鄰笛】 晋向秀与嵇康、吕安友善。后嵇、吕被杀，向悲愤而作《思旧赋》。其序云："经其旧庐……邻人有吹笛者，发声寥亮。追想曩昔游宴之好，感音而叹，故作赋云。"事见《晋书·向秀传》。后因以"悲邻笛"为哀悼亡友之典。白居易《闻乐感邻》："尚书宅畔悲邻笛，廷尉门前叹雀罗。"

【悲緒】 悲哀之情绪。刘言史《题王况故居》："入巷萧条起悲绪，儿女犹居旧贫处。"

【悲歎】 悲伤叹息。白居易《初见刘二十八郎中有感》："谁知临老相逢日，悲叹声多语笑稀。"温庭筠《病中书怀呈友人》："爱憎防杜挚，悲叹似杨朱。"贯休《行路难》之四："行路难，行路难，日暮途远空悲叹。"

【悲憂】 悲哀忧愁。白居易《勉闲游》："不是尘埃便风雨，若非疾病即悲忧。"李绅《过吴门二十四韵》："顾瞻殊宿昔，语默过悲忧。"

【悲調】 (—diào)哀伤之曲调。骆宾王《畴昔篇》："昨夜琴声奏悲调，旭旦含颦不成笑。"

【悲謝傅】 晋太傅谢安去世，他的外甥诵诗恸哭。见《晋书·谢安传》。后因以为伤悼已故长者之典。罗隐《所思》："只觉惘然悲谢傅，未知何以报文翁。"

【悲謳】 悲歌。李群玉《将之京国赠薛员外》："南冠束秀发，白石劳悲讴。"

【悲願】 佛教语。慈悲之誓愿。无名僧《禅诗》之四(《外编下》)："降摩处上夜放光，菩萨悲愿遍什芳。"

【悲懷】 悲伤之情怀。则天皇后《从驾幸少林寺》序："倍切茕衿，逾凄远慕，聊题即事，用述悲怀。"

【悲懽】 同"悲歡"。懽，"欢"之异体字。刘长卿《初贬南巴至鄱阳题李嘉祐江亭》："流落还相见，悲欢话所思。"司空图《洛中三首》之二："不用频嗟世路难，浮生各自系悲欢"。

【悲歡】 悲伤与欢乐。刘长卿《戏题赠二小男》："异乡流落频生子，几许悲欢并在身。"孟郊《夷门雪赠主人》："悲欢不同归去来，万里春风动江柳。"李涉《题武关》："来往悲欢万里心，多从此路计浮沉。"亦指悲喜交集之心情，窦群《初入谏司喜家室至》："一旦悲欢见孟光，十年辛苦伴沧浪。"李绅《逾岭峤止荒陬抵高要》："幸逢雷雨荡妖昏，提挈悲欢出海门。"

【悲麟】 指为不遇明时而伤感。见《孔子家语·辩物》。李商隐《送从翁东川弘农尚书幕》："斯文虚梦鸟，吾道欲悲麟。"亦作"悲麟泣"。罗隐《谒文宣王庙》："雨淋状似悲麟泣，露滴还同叹凤悲。"

【悲麟泣】 见"悲麟"。

悱 〔fěi《广韵》敷尾切，上尾。敷。〕欲说不能貌。一说怨艾貌。见清朱骏声《说文通训定声·履部》。杜牧《牧陪昭应卢郎中在江西宣州佐今吏部沈公幕罢府周岁叙旧成二十二韵用以投寄》："卷怀能愤悱，卒岁且优游。"

【悱然】 怨恨貌。陈子昂《感遇诗三十八首》之十："深居观元化，悱然争朵颐。"

惄 〔nì《广韵》奴历切，入锡，泥。〕忧思。欧阳詹《太原旅怀呈薛十八侍御齐十二奉礼》："西日惄饥肠，北风疾絺裾。"皎然《浮云三章》之三："嗟我怀人，忧心如惄。"

【惄如】 忧思貌。语本《诗·周南·汝坟》。欧阳詹《有所恨二章》序："自别来，无忆不至于襟怀，无想不至于恣容。愿一促膝，憖如也。"

【憖然】 忧思貌。陈子昂《赠别冀侍御崔司议》序："暌阙良会，我心憖然。"

悼 〔dào《广韵》徒到切，去号，定。〕❶哀伤；感伤。韩愈《秋怀诗十一首》之五："敛退就新懦，趋营悼前猛。"柳宗元《游南亭夜还叙志七十韵》："孤赏诚所悼，暂欣良所褒。"唐晅《还渭南感旧二首》之二："阳原叹薤露，阴壑悼藏舟。"❷对死者之哀痛、怀念。刘禹锡《夔州窦员外使君见示悼妓诗顾余尝识之因命同作》："前年曾见两鬟时，今日惊吟悼妓诗。"见"悼亡""悼傷"。❸追悔。刘禹锡《九华山歌》引："及今年见九华，始悼前言之容易也。"

【悼亡】 悼念亡故之人。晋潘岳因丧妻作《悼亡诗》三首，故后多以指悼念亡妻。孙逖《故程将军妻南阳郡夫人樊氏挽歌》："白日期偕老，幽泉忽悼亡。"元稹《遣悲怀三首》之三："邓攸无子寻知命，潘岳悼亡犹费词。"薛涛《别李郎中》："安仁纵有诗将赋，一半音词杂悼亡。"韦庄《独吟》："开箧每寻遗念物，倚楼空缀悼亡诗。"

【悼悵】 哀伤惆怅。沈亚之《梦挽秦弄玉》序："亚之送葬咸阳还，以悼怅过戚被病。"

【悼傷】 悼亡。伤悼亡妻。李商隐有《悼伤后赴东蜀辟至散关遇雪》。又《五言述德抒情诗一首四十韵献上杜七兄仆射相公》："悼伤潘岳重，树方马迁轻。"

【悼詩】 哀悼亡故者之诗。南唐后主李煜有《悼诗》，系悼念其亡子之作。

【悼懷太子】 李普，敬宗长子。大和二年(828)五岁而夭，册赠悼怀太子，见《旧唐书·敬宗诸子传》。白居易有《赠悼怀太子挽歌辞二首》。

惝 〔chǎng，又读 tǎng《集韵》齒兩切，上養，昌。又坦朗切，上蕩，透。〕见"惝怳"。

【惝怳】 ❶心神恍惚不安貌，刘孝孙《早发成皋望河》："回瞰黄河上，惝怳屡飞魂。"卢纶《纶与吉侍郎中孚风尘追游向三十载》："夜行登灞陵，惝怳靡所征。"韩愈《此日足可惜赠张籍》："哀情逢吉语，惝怳难为双。"❷惆怅忧伤貌。吕温《喜俭北至送宗礼南行》："惝怳看残景，殷勤祝此杯。"

惕 〔tì《广韵》他歷切，入錫，透。〕❶畏惧；戒慎。张九龄《出为豫章郡途次庐山东岩下》："岂匪鹓鸿列，惕如泉壑临。"杜甫《北征》："拜辞诣阙下，怵惕久未出。"孟郊《溧阳秋霁》："饱泉亦恐醉，惕宦肃如斋。"韩愈《山南郑相公樊员外酬答为诗依赋十四韵以献》："遗我一言重，跽受惕斋栗。"❷忧愁；忧思。韦应物《过昭国里故第》："收此还我家，将还复愁惕。"白居易《咏兴五首·出府归吾庐》："朝饥口忘味，夕惕心忧失。"李德裕《早入中书行公主册礼事毕登集贤阁成咏》："晨兴念始辱，夕惕思致寇。"

【惕息】 惊惧喘息。极其畏惧貌。李绅《却到浙西》："苛政尚存犹惕息，老人偷拜拥前舟。"

【惕惕】 ❶忧心，忧虑。乔知之《定情篇》："以兹常惕惕，百虑恒盈积。"❷惶恐，储光羲《上长史王公责躬》："惕惕愧不已，岂敢论其私。"

【惕然】 ❶惶恐貌。刘禹锡《武夫词》引："质于通武之善经者，则曰：果有乐也，夫威恣而赏劳，则乐用，威雄而赏虠，则乐横。顾其乐安出耳，余惕然作是词。"❷悚惕，警觉貌。元稹《和乐天感鹤》："吟君感鹤操，不觉心惕然。"杜牧《商山富水驿》："驿名不合轻移改，留警朝天者惕然。"

【惕想】 忧思，忧虑。李白《献从叔当涂宰阳冰》："惕想结宵梦，素心久已冥。"

【惕慮】 ❶肃慎谋虑。孟郊《石淙》之九："惬怀虽已多，惕虑未能整。"❷戒慎虔敬。李商隐《咏怀寄秘阁旧僚二十六韵》："事神徒惕虑，佞佛愧虚辞。"

惘 〔wǎng《广韵》文兩切，上養，微。〕❶怅惘失意貌。见"惘然❶"。❷恍惚，模糊貌。李咸用《览友生古风》："蝶迷桃李香，鲋惘江湖阔。"见"惘惘"。

【惘惘】 恍惚，模糊貌。韩愈《寄皇甫湜》："昏昏还就枕，惘惘梦相值。"

【惘然】 ❶怅然忧思貌。李颀《临川送张諲入蜀》："出门便为客，惘然悲徒御。"杜甫《陪李梓州王阆州苏遂州李果州四使君登惠义寺》："迟暮身何得，登临意惘然。"郑絪《九日登高怀邵二》："簪茱泛菊俯平阡。饮过三杯却惘然。"唐彦谦《寄友三首》之三："客里逢春一惘然，梅花落尽柳如烟。"❷恍惚，模糊不分明貌。李商隐《锦瑟》："此情可待成追忆，只是当时已惘然。"

惣 同"總"。"揔"之俗字。《长须国驸马咏妻》："丈人试遣惣无，未必不如惣有。"

悸 〔jì《广韵》其季切，去至。羣。〕❶心惊；惊惧。李白《梦游天姥吟留别》："忽魂悸以魄动，恍惊起而长嗟。"韦应物《观澧水涨》："云岭同昏墨，观望悸心魂。"卢纶《割飞二刀子歌》："神惊魄悸却收得，刃头已吐微微烟。"吕温《奉敕祭南岳十四韵》："忽觉心魂悸，如有精灵逼。"❷心脏跳动。见"悸乏"。

【悸乏】 心跳动而倦乏。权德舆《病中苦热》："悸乏心难定，沉烦气欲无。"

惟 〔wéi《广韵》以追切,平脂,以。〕❶思,思考。卢象《家叔征君东溪草堂二首》之二:“自惟负贞意,何岁当食薇。”元结《演兴四首·闵岭中》:“惧大灵兮不知,以予心为永惟。”孟郊《石淙》之三:“顾惟非时用,静言还自咍。”白居易《访陶公旧宅》:“永惟孤竹子,拂衣首阳山。”❷有。贾曾《祭汾阴乐章》:“至诚无昧,精意惟芳。”李纾《唐德明兴圣庙乐章·亚献终献》:“惟清惟肃,靡闻靡见。”韩愈《南山诗》:“吾闻京城南,兹惟群山囿。”❸愿,希望。萧颖士《有竹一篇七章》之一:“君子秉心,惟其贞坚兮。”皮日休《补周礼九夏系文·九夏歌九篇》:“勿驱勿驰,惟慎惟戒。”❹为;是。席元明《三月三日宴王明府山亭》:“日惟上巳,时亨有巢。”杜甫《赠特进汝阳王二十韵》:“瓢饮唯三径,岩栖在百层。”❺副词。只,只有。蔡希寂《同家兄题渭南王公别业》:“曾为诗书癖,宁惟耕稼任。”高适《送杨山人归嵩阳》:“山人好去嵩阳路,惟余眷眷长相忆。”牟融《寄范使君》:“心上惟君知委曲,眼前独我逐漂流。”❻助词。用于句首或句中以凑音节,无义。张九龄《奉和圣制次成皋先圣擒建德之所》:“天命诚有集,王业初惟艰。”郭子仪《享太庙乐章·广运舞》:“惟文之德,惟武之功。”刘晏《享太庙乐章》:“汉祚惟永,神功中兴。”顾况《上古之什补亡训传十三章·上古一章》:“惟彼甫田,有万斯年。”

【惟一】 ❶高僧,原住之寺未详。后住五台山清凉寺。贾岛有《送惟一游清凉寺》。按,长安荐福寺有惟一上人,与此非一人。❷专一,统一。许景先《奉和御制春台望》:“明主卑宫诫前失,辅德钦贤政惟一。”

【惟一上人】 长安荐福寺僧。与李端、皇甫曾、李嘉祐等友善。李端有《同皇甫侍御题惟一上人房》。

【惟有】 只有。孟浩然《夜归鹿门山歌》:“岩扉松径长寂寥,惟有幽人夜来去。”杜甫《石壕吏》:“室中更无人,惟有乳下孙。”郭良骥《邺中行》:“只今惟有西陵在,无复当时歌舞人。”翁承赞《书斋谩兴二首》之一:“人家不必论贫富,惟有读书声最佳。”

【惟肖】 相似,相像。王维《宋进马哀词》序:“公无弟兄,子一而已。文则有种,德亦惟肖。”

【惟良】 指贤良官吏。李峤《刀》:“列辟鸣鸾至,惟良佩犊旋。”王湾《晚春诣苏州敬赠武员外》:“回迁翊元圣,入拜伫惟良。”高适《同郭十题杨主簿新厅》:“华馆曙沈沈,惟良正在今。”

【惟良上人】 润州丹徒(今江苏)人。出家为僧。后一度回润州,长庆四年(824)十一月,刘禹锡为和州刺史,特造访之。卢纶有《送惟良上人归江南》。李端有《送惟良上人归润州》。刘禹锡《送惟良上人》引:“惟良得一行之道,故亦慕其为外臣。”

【惟直上人】 宣州开元寺僧,大和间人。参见“惟真上人”。许浑有《宣州开元寺赠惟真上人》。

【惟貞上人】 洪州僧。与朱庆余、韩湘等友善,朱庆余有《重过惟贞上人院》。

【惟則】 ❶史浩,浩字惟则。刘长卿有《罪所上御史惟则》。按,此夺其姓。❷高僧。所住之寺未详。工书翰。尤善科斗书。秦系有《秋日过僧惟则故院》。

【惟素上人】 歙州(今安徽歙县)人,宣州僧。许浑有《送惟素上人归新安》。

【惟恐】 只怕。李颀《行路难》:“世人逐势争奔走,沥胆堕肝惟恐后。”韩愈《晚秋郾城夜会联句》:“安存惟恐晚,洗雪不论昨。”李德裕《思归赤松村呈松阳子》:“昔人思避世,惟恐不深幽。”罗隐《七夕》:“月帐星房次第开,两情惟恐曙光催。”

【惟真上人】 惟直上人之讹。杜牧有《宣州开元寺赠惟真上人》,按,此为许浑诗,见浑乌丝栏真迹。

【惟康】 康宁;康泰。张谓《送李著作倅杭州》:“伫闻敷善政,帮国咏惟康。”

【惟幹上人】 长安青龙寺僧。大历十三年(778),诏至安国寺佥定律疏院,与大德如净等定校诸经新旧两疏是非。耿湋有《题惟干上人房》。

【惟詳律師】 越州剡山僧。大历时人。崔子向有《送惟详律师自越之义兴》。

【惟新】 更新。语出《诗·大雅·文王》。刘希夷《谒汉世祖庙》:“怀古江山在,惟新历数迁。”杜甫《别蔡十四著作》:“异才复间出,周道日惟新。”罗邺《帝里》:“只合咏歌来大国,况逢文景化惟新。”

【惟審】 诗僧。肃、代间人。与灵一有交往。灵一有《归岑山过惟审上人别业》。《全唐诗》卷八五〇录其诗三首。

【惟審上人】 见“惟審”。

【惟馨】 芳香。亦借指美好。李商隐《寄太原卢司空三十韵》:“将军功不伐,叔舅德惟馨。”罗隐《衡阳泊木居士庙下作》:“八月风波飘不去,四时黍稷荐惟馨。”又《送汝州李中丞十二韵》:“鲁山行县后,聊为奠惟馨。”

【惟儼】 (745—823,一作759—828,一作751—834)俗姓韩,一说俗姓寒,绛州绛县(今属山西)人,生于南康信丰(今属江西)。事迹见《宋高僧传》卷十七、《景德传灯录》卷十四。李翱有《赠药山高僧惟俨二首》。殷尧藩有《赠惟俨师》。

【惟鑒法師】 交州(今越南河内)人。长安僧。晚年归乡。贾岛有《送安南惟鉴法师》。

惆 〔chóu《广韵》丑鸠切,平尤,彻。〕见“惆怅”“惆惆”。

【惆悵】 怅惘;失意忧伤。郑世翼《登北邙还望京洛》:"山幽有桂丛,何为坐惆怅。"颜真卿、皎然《五言送李侍御联句》:"东西出饯路,惆怅独归人。"王表《清明日登城春望寄大夫使君》:"闻说莺啼却惆怅,诗成不见谢临川。"徐月英《送人》:"惆怅人间万事违,两人同去一人归。"亦指惊讶。杜甫《丹青引赠曹将军霸》:"至尊含笑催赐金,圉人太仆皆惆怅。"

【惆惆】 惆怅,忧伤。寒山《诗三百三首》之一四七:"时催鬓飒飒,岁尽老惆惆。"

惛 〔hūn《广韵》呼昆切,平魂,曉。又呼悶切,去慁,曉。〕❶神志迷糊不清。元结《登白云亭》:"何人病惛浓,积醉且未醒。"刘禹锡《武陵书怀五十韵》:"旅望花无色,愁心醉不惛。"❷惑乱、迷惑。元稹《赛神》:"主人恶淫祀,先去邪与惛。"

【惛荒】 糊涂荒唐。元稹《二风诗·乱风诗五篇·至荒》:"王实惛荒,终亡此乎。"

【惛惛】 糊涂愚昧。元结《闵荒诗》:"嗟嗟有隋氏,惛惛谁与俦。"

【惛愚】 糊涂愚昧。元结《与党评事》:"加以久荒浪,惛愚性颇全。"

惚 〔hū《广韵》呼骨切,入没,曉。〕迷离朦胧,不分明貌。见"惚恍"。

【惚恍】 恍惚。迷离混沌。张说《唐享太庙乐章·永和》:"返寂寞,还惚恍。"

惇 〔dūn《广韵》都昆切,平魂,端。又章倫切,平諄,章。〕❶厚重,敦实。刘禹锡《武陵书怀五十韵》:"大孝三朝备,洪恩九族惇。"❷注重,重视。元稹《代曲江老人百韵》:"尚齿惇耆艾,搜材拔积薪。"

【惇儒】 敦厚儒士。张祜《游天台山》:"身乐道家流,惇儒若一矩。"

悴 〔cuì《广韵》秦醉切,去至,從。〕❶忧愁。皮日休《鲁望昨以五百言见贻因成一千言》:"避兵入句吴,穷悴只自跧。"❷憔悴。孟郊《寒溪》:"幸临虚空镜,照此残悴身。"张灿《寒食遣怀》:"憔悴此时久,青山归四邻。"❸枯萎。李峤《晚秋喜雨》:"草木委林甸,禾黍悴原畴。"韦应物《效陶彭泽》:"霜露悴百草,时菊独妍华。"陈九流《赋得春风扇微和》:"由来荣与悴,今日发应同。"李绅《到宣武三十韵》序:"是月,郑汴间不雨已余月,秋苗已悴。"

【悴容】 憔悴之面容。卢仝《自君之出矣》:"驰情增悴容,蓄思损精力。"

【悴悴】 忧伤貌。元结《演兴四首·讼木魅》:"登高峰兮俯幽谷,心悴悴兮念群木。"

惔 〔tán《广韵》徒甘切,平談,定。〕焚,火烧。权德舆《卢元七年蒙恩除太常博士自江东来朝时与郡君同行西岳庙因代书却寄》:"永怀心如惔,引望脰已咱。"

惉 〔zhān《集韵》處占切,平鹽,昌。〕声音不和谐。见"惉滞"。

【惉滞】 声音杂乱不和谐。元稹《和李校书新题乐府十二首·立部伎》:"惉滞难令季札辨,迟回但恐文侯卧。"

悰 〔cóng《广韵》藏宗切,平冬,從。〕❶欢快。李益《溪中月下寄杨子尉封亮》:"蘅若夺幽色,衔思恍无悰。"孟郊《汝州陆中丞席喜张从事至同赋十韵》:"贵贱一相接,忧悰忽转易。"白居易《别元九后咏所怀》:"况与故人别,中怀正无悰。"李商隐《乐游原》:"无悰托诗遣,吟罢更无悰。"❷心情,情绪。见"悰緒"。

【悰緒】 心情,情绪。元稹《梦游春七十韵》:"悰绪竟何如,棼丝不成绚。"

悺 〔guàn《广韵》古玩切,去换,見。又古滿切,上緩,見。又古丸切,平桓,見。〕亦作"悹"。人名用悺,汉有左悺。李贺《相和歌辞·安乐宫》:"歌回蜡版鸣,左悺提壶使。"

惋 〔wǎn《广韵》烏貫切,去換,影。〕❶怨恨。杜甫《前出塞九首》之三:"丈夫誓许国,愤惋复何有。"又《舟中苦热遣怀奉呈阳中丞通简台省诸公》:"始谋谁其间,回首增愤惋。"❷嗟叹;惋惜。玄宗《首夏花萼楼观群臣宴宁王山亭赋诗》序:"佳辰易失,绝兴难追,良可惋也。"元结《演兴四首·讼木魅》:"重嗟惋兮何补,每齐心以精意。"皇甫湜《题浯溪石》:"次山有文章,可惋只在碎。"

【惋咽】 (—yè)呜咽叹惜。方干《哭王大夫》:"岘亭惋咽知无极,渭曲馨香莫计年。"

【惋恨】 怨恨。韩愈《赠刘师服》:"虞翻十三比岂少,遂自惋恨形于书。"

【惋傷】 感伤,哀怨。杜甫《观公孙大娘弟子舞剑器行》:"与余问答既有以,感时抚事增惋伤。"

悶[1] 〔mèn《广韵》莫困切,去慁,明。〕❶烦闷郁结,忧郁。孟浩然《早发渔浦潭》:"舟行自无闷,况值晴景豁。"李白《经乱后将避地剡中赠崔宣城》:"闷为洛生咏,醉发吴越调。"施肩吾《夏日题方师院》:"火天无处买清风,闷发时来入梵宫。"曹唐《小游仙诗九十八首》之十九:"饥即餐霞闷即行,一声长啸万山青。"亦指厌烦。白居易《赠王山人》:"贵重荣华轻寿命,知君闷见世间人。"❷昏昧,愚昧。见"悶悶"。

悶[2] 〔mēn《集韵》謨弄切，平魂，明。〕❶沉默貌。见“悶₂口”。❷气郁结不畅。无名氏《战城南》(外编下)：“乌乌衔人肉，食闷飞不起。”

【悶₂口】 沉默之口。张祜《途次扬州赠崔荆二十韵》：“闷口无端语，穷头尽兴搔。”

【悶寂】 沉闷寂寞。薛能《酬曹侍御见寄》：“清和挑菜食，闷寂闭花眠。”

【悶悶】 昏昧、浑噩貌。韦应物《善福精舍答韩司录清都观会宴见忆》：“曒曒仰时彦，闷闷独为愚。”

【悶騰騰】 烦闷，忧郁。王建《谢田赞善见寄》：“年少力生犹不敌，况加憔悴闷腾腾。”

【悶懷】 抑郁之心怀。张继《赠章八元》：“衰年逢二妙，亦得闷怀宽。”韩愈、孟郊《雨中寄孟刑部几道联句》：“商听饶清耸，闷怀空抑噫。”

惙 〔chuì《集韵》苦協切，去祭，徹。〕呼吸急促。陆龟蒙《奉酬袭美先辈吴中苦雨一百韵》：“其时心力愤，益使气息惙。”

九 画

愜 〔qiè《广韵》苦協切，入帖，溪。〕❶快心畅意；满足。宋之问《游陆浑南山以诗代书答李舍人适》：“徒寻灵异迹，周顾愜心目。”李颀《赠别高三十五》：“小县情未愜，折腰君莫辞。”张籍《赠太常王建藤杖笋鞋》：“以此持相赠，君应愜素怀。”张蠙《送成州牧》：“素望知难愜，新恩且用酬。”❷符合；相称。李白《赠王汉阳》：“果愜麻姑言，时光速流电。”熊孺登《赠侯山人》：“一见清容愜素愿，有人传是紫阳君。”❸恰当；合适。见“愜當”。

【愜心】 称心；快意。张继《江上送客游庐山》：“愜心应在此，佳句向谁传。”元结《游潓泉示泉上学者》：“愜心则自适，喜尚人或殊。”柳宗元《古东门行》：“凶徒侧耳潜愜心，悍臣破胆皆杜口。”唐彦谦《送樊琯司业归朝》：“愜心频拾芥，应手屡穿杨。”

【愜素】 称心。韦应物《晚出府舍与独孤兵曹令狐士曹南寻朱雀街归里第》：“分曹幸同简，联骑方愜素。”

【愜衷】 犹愜怀，快意。张九龄《与生公游石窟山》：“造物良有寄，嬉游乃愜衷。”

【愜情】 畅怀，满足心意。张九龄《使还湘水》：“于役已弥岁，言旋今愜情。”

【愜順】 顺心如意。杜甫《故武卫将军挽歌三首》之二：“铦锋行愜顺，猛噬失蹻腾。”

【愜當】 (—dàng)犹恰当，恰如其分。杜甫《秋日夔府咏怀奉寄郑监李宾客一百韵》：“风流俱善价，愜当久忘筌。”

【愜意】 称心满意。祖咏《田家即事》：“欢娱始披拂，愜意在郊原。”韩偓《寒食日沙县雨中看蔷薇》：“愜意凭阑久，贪吟放盏迟。”又《惆怅》：“朗月清风难愜意，词人绝色多伤离。”

【愜興】 (—xìng)舒心。韩愈、孟郊《雨中寄孟刑部几道联句》：“祛烦类决痈，愜兴剧爬疥。”

【愜懷】 称心。孟郊《石淙》之九：“愜怀虽已多，惕虑未能整。”

慌 〔huǎng《广韵》呼晃切，上蕩，曉。〕模糊，不分明貌。见“慌惚”。

【慌忽】 见“慌惚”。

【慌惚】 ❶亦作“慌忽”，恍惚模糊，不分明貌。李白《天马歌》：“鸡鸣刷燕晡秣越，神行电迈蹑慌惚。”《郊庙歌辞·梁太庙乐舞辞·送神》：“再拜慌忽，遐想昊穹。”❷迷惘；迷茫。韩愈《谢自然诗》：“凝心感魑魅，慌惚难具言。”

想 〔xiǎng《广韵》息兩切，上養，心。〕❶思忖。太宗《帝京篇十首》之十：“以兹游观极，悠然独长想。”白居易《得行简书闻欲下峡先以诗寄》：“书报九江闻暂喜，路经三峡想还愁。”❷想望；想要。李峤《刘侍读见和山邸十篇重申此赠》：“英藩盛宾侣，胜景想招寻。”❸怀想；思念。太宗《春日望海》：“之罘思汉帝，碣石想秦皇。”李白《秋夕旅怀》：“含悲想旧国，泣下谁能挥。”韦应物《答李浣三首》之二：“想子今何处，扁舟隐荻花。”赵嘏《曲江春望怀江南故人》：“杜若洲边人未归，水寒烟暖想柴扉。”❹愿望；念头。徐彦伯《和李适答宋十一入崖口五渡见赠》：“我怀沧洲想，懿尔白云吟。”李白《春日独酌二首》之二：“我有紫霞想，缅怀沧洲间。”权德舆《酬李二十二兄主簿马迹山见寄》：“杳杳尘外想，悠悠区中缘。”❺推想，料想。李商隐《灵仙阁晚眺寄郓州韦评事》：“想就安车召，宁期负矢还。”罗隐《寄制诰李舍人》：“门闲知待诏，星动想濡毫。”韦庄《渔塘十六韵》：“巢由应共到，刘阮想同登。”❻想像。张嘉贞《奉和圣制送张说巡边》：“山川看是阵，草木想为兵。”元稹《空屋题》：“更想咸阳道，魂车昨夜回。”❼疑是，疑似。李白《清平调》之一：“云想衣裳花想容，春风拂槛露华浓。”韦庄《与东吴生相遇》：“贫疑陋巷春偏少，贵想豪家月最明。”徐铉《奉和七夕应令》：“静闻天籁疑鸣佩，醉折荷花想艳妆。”《郊庙歌辞·享隐太子庙乐章·舒和》：“尚想燕飞来蔽日，终疑鹤影降凌云。”

【想夫】 见“想夫憐”。

【想夫憐】 羽调曲名。“相府莲”之音讹。见《乐府诗集·近代曲辞二·相府莲》题解。白居易有《听歌六绝句·想夫怜》。李涉《听多美唱歌》:"一曲《梁州》听初了,为君别唱《想夫怜》。"亦省作"想夫"。李商隐《送千牛李将军赴阙五十韵》:"弦危中妇瑟,甲冷想夫筝。"

【想見】 犹言想象到。储光羲《同王十三维偶然作十首》之九:"想见明膏煎,中夜起唧唧。"刘长卿《奉送裴员外赴上都》:"想见秦城路,人看五马来。"武元衡《春日酬熊执易南亭花发见赠》:"千株桃杏参差发,想见花时人却愁。"刘禹锡《送源中丞充新罗册立使》:"想见扶桑受恩处,一时西拜尽倾心。"

【想念】 犹思忖。白居易《即事寄微之》:"想念士风今若比,料看生计合何如。"

【想思】 思念。李山甫《寄太常王少卿》:"想思重回首,梧叶下纷纷。"

【想料】 思索、盘算。蒋贻恭《谢郎中惠茶》:"想料肠怀无答处,披毛戴角谢郎中。"

【想得】 料想。戎昱《送郑炼师贬辰州》:"辰州万里外,想得逐臣心。"李绅《江南暮春寄家》:"想得心知近寒食,潜听喜鹊望归来。"杜荀鹤《哭山友》:"把君诗句高声读,想得天高也合闻。"

【想望】 想慕,渴望。刘长卿《晚次湖口有怀》:"帝乡劳想望,万里心来去。"韦应物《答冯鲁秀才》:"徒令惭所问,想望东山岑。"罗隐《送梅处士归宁国》:"殷勤为谢逃名客,想望千秋岭上云。"徐铉《月真歌》:"人间想望不可见,唯向月真存旧心。"

【想象】 见"想像"。

【想像】 亦作"想象"。❶设想不在眼前之事物情景。乔知之《巫山高》:"想像神女姿,摘芳共珍荐。"孟浩然《陪张丞相祠紫盖山途经玉泉寺》:"想像若在眼,周流空复情。"欧阳詹《题延平剑潭》:"想象精灵欲见难,通津一去水漫漫。"李商隐《镜槛》:"想像铺芳褥,依稀解醉罗。"❷缅怀,忆念。李白《登金陵冶城西北谢安墩》:"想像东山姿,缅怀右军言。"王建《李处士故居》:"芳筵想像情难尽,故榭荒凉路欲迷。"李商隐《及第东归次灞上却寄同年》:"下苑经过劳想像,东门送饯又差池。"❸仿佛。储光羲《苏十三瞻登玉泉寺峰入寺中见赠作》:"想像玉泉宫,依稀明月殿。"李白《游泰山六首》之六:"想像鸾凤舞,飘飖龙虎衣。"杜甫《咏怀古迹五首》之四:"翠华想像空山里,玉殿虚无野寺中。"柳宗元《界围岩水帘》:"丹霞冠其巅,想像凌虚游。"亦指声音隐约,似有若无。薛据《西陵口观海》:"孤帆或不见,棹歌犹想像。"

【想憶】 想念,怀想。章碣《送韦岫郎中典泗州》:"想忆朝天独吟坐,旋飞新作过秦关。"

惰 〔duò《广韵》徒卧切,去過,定。又徒果切,上果,定〕懈怠;懒惰。杜荀鹤《题弟侄书堂》:"少年辛苦终身事,莫向光阴惰寸功。"薛存诚《膏泽多丰年》:"畎亩人无惰,田庐岁不空。"见"懒惰"。

【惰夫】 懒汉。孟郊《济源春》:"治生鲜惰夫,积学多深材。"

【惰心】 怠懒之心。韦应物《学仙二首》之二:"石上凿井欲到水,惰心一起中路止。"

【惰息】 游手好闲。韩愈《嘲鼾睡》:"太阳不忍明,飞御皆惰息。"

感 〔gǎn《广韵》古禫切,上感,見。〕❶感应。则天皇后《唐明堂乐章·配飨》:"孝思期有感,明絜庶无违。"赵居贞《云门山投龙诗》:"至诚必招感,大福旋来格。"欧阳衮《田家》:"岩阿青气发,篱落杏花开。草木应初感,鸧鹒亦已催。"吴融《和皮博士赴上京观中修灵斋赠威仪尊师兼见寄》:"精诚有为天应感,章奏无私鬼怕闻。"❷感动;感化。许敬宗《奉和过旧宅应制》:"情深感代国,乐甚宴谯方。"白居易《读张籍古乐府》:"读君商女,可感悍妇仁。"韦庄《宫怨》:"展转令人思蜀赋,解将惆怅感君王。"亦指被感动。张籍《节妇吟寄东平李司空师道》:"感君缠绵意,系在红罗襦。"❸感谢,感激。白居易《送友人上峡赴东川辟命》:"怜君经此去,为感主人恩。"杜牧《除官行至昭应闻友人出官因寄》:"可能休涕泪,岂独感恩知。"谢邈《谢僧寄拄杖》:"感师千里寄来意,发我片云归去心。"《大慈寺芍药》:"此花不与众花同,为感高僧护法功。"❹感慨;感伤。崔峒《赠元秘书》:"旧书稍稍出风尘,孤客逢秋感此身。"顾非熊《落第后赠同居友人》:"有情天地内,多感是诗人。"刘沧《长安逢友人》:"终期白日青云路,休感鬓毛霜雪侵。"❺感觉,感到。李正封《咏露》:"佳人比珠泪,坐感红绡薄。"

【感人】 感动人;感化人。白居易《新乐府·七德舞》:"则知不独善战善乘时,以心感人人心归。"又《华原磬》:"古称浮磬出泗滨,立辨致死声感人。"段弘古《奉陪吕使君楼上夜看花》:"为报林中高举烛,感人情思欲题诗。"

【感化】 受感动而转化。郑洪业《诏放云南子弟还国》:"万方同感化,岂独自南蕃。"

【感古】 感慨古事。李白有《春日陪杨江宁及诸官宴北湖感古作》。司马札有《感古》。

【感召】 犹感应。杜仁杰《至真观》:"大龙烛,细萤爝,不恒出,赴感召。"

【感吁】 感叹,叹息。薛能《申湖》:"上马终回首,傍人怪感吁。"

【感别】 伤别。离别而忧伤。张九龄《登郡城南楼》:“感别时已屡,凭眺情非一。”

【感事】 因事而生感触。王镣有《感事》诗云:“击石易得火,扣人难动心。今日朱门者,曾恨朱门深。”韦庄《和郑拾遗秋日感事一百韵》:“避时难驻足,感事易回肠。”

【感知】 感激知遇。刘耕《和主司王起》:“惭和周郎应见顾,感知大造竟无穷。”郑谷《右省补阙张茂枢谓谷将来履历心在文昌实用兢惶因抒酬寄》:“紫垣名士推扬切,为话心孤倍感知。”

【感物】 因物而生感伤或感触。张九龄《骊山下逍遥公旧居游集》:“感物重所怀,何但止足斯。”韩愈《荐士》:“念将决焉去,感物增恋嫪。”白居易《早春忆微之》:“昏昏老与病相和,感物思君叹复歌。”徐铉《赋得风光草际浮》:“诗人多感物,凝思绕池塘。”

【感念】 感伤忧念。孟浩然《闲园怀苏子》:“感念同怀子,京华去不归。”于逖《忆舍弟》:“饥寒各流浪,感念伤我神。”李商隐《五言述德抒情诗一首四十韵献上杜七兄仆射相公》:“感念殽尸露,咨嗟赵卒坑。”

【感思】 谓感触思绪。孟宾于《耒阳杜工部坟》:“南游何感思,更甚叶缤纷。”

【感咽】 感伤呜咽。姚合《敬宗皇帝挽词三首》之三:“微臣空感咽,踊绝觉天遥。”

【感秋】 伤秋。因秋之凋零而生感伤。白居易《续古诗十首》之七:“下有感秋妇,攀条苦悲嗟。”又《和微之诗二十三首·和知非》:“春无伤春心,秋无感秋泪。”

【感荷】 (—hè)犹感谢。卢仝《月蚀诗》:“再得见天眼,感荷天地力。”

【感真】 感应佛理真谛。宋之问《游法华寺》:“感真六象见,垂兆二鸟鸣。”

【感時】 感慨节令之推移。卢纶《秋夜宴集陈翃郎中圃亭美校书郎张正元归乡》:“保庆台榭古,感时琴瑟秋。”杨衡《送春》:“感时良未已,独倚池南树。”白行简《李都尉重阳日得苏属国书》:“感时空寂寞,怀旧几踌躇。”

【感恩】 感怀恩德。李益《杂曲》:“岂不恋我家,夫婿多感恩。”权德舆《献岁送李十兄赴黔中酒后绝句》:“志士感恩无远近,异时应戴惠文冠。”卢延让《逢友人赴阙》:“却笑郡人留不得,感恩唯拟立生祠。”

【感恩多】 唐教坊曲名。后亦为词牌。双调,平韵。九句。三九字。李群玉《留别马使君》:“唯有管弦知客意,分明吹出感恩多。”牛峤有《感恩多》词二首。

【感恩珠】 传说鲛人流泪所成之珠。常用以指受恩施报。李群玉《病起别主人》:“恨无泉客泪,尽泣感恩珠。”

【感悟】 感动而醒悟。陈子昂《感遇诗三十八首》之三六:“婉娈时永矣,感悟不见之。”李白《雪谗诗赠友人》:“感悟遂晚,事往日迁。”白居易《新乐府·道州民》:“吾君感悟玺书下,岁贡矮奴宜悉罢。”

【感悦】 感动而喜爱。孟简《咏欧阳行周事》序:“居大将军宴。席上有妓,北方之尤者,屡目于生。生感悦之。”

【感涕】 感伤流泪。陈子昂《登蓟丘楼送贾兵曹入都》:“孤负平生愿,感涕下沾襟。”

【感通】 感应相通。谓使受感动而有所反应。岑参《尹相公京兆府中棠树降甘露诗》:“何术令大臣,感通能及兹。”元结《演兴四首·讼木魅》:“切援祝于神明,冀感通于天地。”韩愈《谒衡岳庙遂宿岳寺题门楼》:“潜心默祷若有应,岂非正直能感通。”白居易《旅次华州赠袁右丞》:“才与世会合,物随诚感通。”

【感動】 谓感情被触动。杜甫《园官送菜》:“畦丁负笼至,感动百虑端。”

【感情】 谓心情有所感触。于武陵有《感情》。

【感惕】 感激悚惕。孟郊《吊元鲁山》之八:“小生奏狂狷,感惕增万状。”

【感遇】 ❶感激知遇。李白《南奔书怀》:“感遇明主恩,颇高祖逖言。”元稹《感梦》:“唯我与白生,感遇同所以。”❷就所遇之事抒发感慨。常用为诗题。陈子昂有《感遇诗三十八首》。李白有《感遇四首》。❸指以“感遇”为题之诗作。杜甫《陈拾遗故宅》:“终古立忠义,感遇有遗编。”

【感喟】 感叹。皇甫冉《金山》:“六代风流衰歇尽,凭栏感喟意难胜。”

【感愧】 感激与惭愧之情。贾岛《义雀行和朱评事》:“燕雀虽微类,感愧诚不殊。”

【感慨】 有所感触而慨叹。李白《赠从弟宣州长史昭》:“知音不易得,抚剑增感慨。”张继《华清宫》:“只今惟有温泉水,呜咽声中感慨多。”殷尧藩《端午日》:“少年佳节倍多情,老去谁知感慨生。”慕容韦《度揭鸿岭》:“我歌空感慨,西北望神京。”

【感賀】 感荷。感恩酬谢。王梵志《诗》之七十:“一餐何所值,感贺百千倾。”参阅张锡厚《王梵志诗校缉》卷四。

【感夢】 指于梦中有所感应。李憕《同望幸新亭赐钱公宴》:“感梦通玄化,覃恩降紫宸。”

【感甄】 赋名。三国魏曹植作。后曹丕改名为《洛神赋》。甄,甄后。元稹《代曲江老人百韵》:“班女恩移赵,思王赋感甄。”参阅《文选·洛神赋》李善注。

【感感】 感怀不已貌。孟郊《寄陕府邓给事》:“感感无绪荡,愁愁作□边。”

【感傷】　感慨悲伤。杜甫《奉赠射洪李四丈》："志士怀感伤，心胸已倾倒。"韩愈《谢自然诗》："感伤遂成诗，昧者宜书绅。"白居易《闻乐感邻》："老去亲朋零落尽，秋来弦管感伤多。"吴融《过邓城县作》："不用登临足感伤，古来今往尽茫茫。"

【感會】　感应会通。曹唐《奉送严大夫再领容府二首》之二："风云暗发谈谐外，感会潜生气慨间。"

【感愴】　感慨悲怆。齐己有《感怆》和《残秋感怆》。

【感慕】　感动仰慕。玄宗《行次成皋途经选先圣擒建德之所缅思功业感而赋诗》："幸过翦鲸地，感慕神且英。"

【感歎】　感慨嗟叹。刘希夷《洛川怀古》："感叹前问之，赠予辛苦词。"李白《岘山怀古》："感叹发秋兴，长松鸣夜风。"郎士元《赠韦司直》："闻君感叹二毛初，旧友相依万里余。"刘戬《夏弹琴》："感叹未终曲，泪下不可收。"

【感諷】　有所感触而讽谕之。李贺有《感讽五首》。

【感激】　❶奋发激励；感奋激发。陈子昂《感遇诗三十八首》之十六："伊人信往矣，感激为谁叹。"王昌龄《秋山寄陈谠言》："感激未能寐，中宵时慨慷。"李渤《喜弟淑再至为长歌》："倘逢感激许然诺，必能万古留清规。"徐铉《题梁王旧园》："节士逢秋多感激，不须频向此中游。"❷犹感谢。指被人关心帮助所感动而生感恩思报之情。武元衡《途次近蜀驿蒙恩赐宝刀及飞龙厩马使还奉寄中书李郑二公》："感激酬恩泪，星霜去国颜。"刘耕《和主司王起》："孔门频建铸颜功，紫绶青衿感激同。"徐夤《龟》："钻骨神明应，酬恩感激重。"周匡物《及第后谢座主》："悲欢暗负风云力，感激潜生草木身。"

【感激人】　见"感激士"。

【感激士】　感奋激昂之人。高适《李云南征蛮诗》："遂令感激士，得建非常功。"亦作"感激人"。杜甫《重赠郑炼》："江山路远羁离日，裘马谁为感激人。"

【感舊】　感伤往事。陈元光《太母魏氏半径题石》："许史峋嶙篆，曹侯感旧诗。"韩翃《赠别太常李博士兼寄两省旧游》："感旧抚心多寂寂，与君相遇头初白。"胡曾《咏史诗·息城》："感旧不言长掩泪，只应翻恨有容华。"韦庄《三用韵》："固穷怜瓮牖，感旧惜蒿簪。"

【感謝】　对人之善意关怀表示感激。宋之问《早发大庾岭》："感谢鹓鹭朝，勤修魑魅职。"杨凝有《下第后蒙侍郎示意指于新先辈宜恩感谢》。

【感應】　感通反应。多指神明示吉凶征兆以表示对人事善恶之反应。张籍《董公诗》："感应我淳化，生瑞我地中。"刘山甫《题青草湖神祠》："自是神明无感应，盛衰何得却由人。"

【感懷】　指心有所感。亦指感伤于怀。董思恭有《感怀》。刘长卿有《酬郭夏人日长沙感怀见赠》。吴筠《览古十四首》之十一："留滞焉足愤，感怀殄生涯。"杜牧《感怀诗一首》："聊书感怀韵，焚之遗贾生。"

【感覺】　觉得。李贺《酒罢张大彻索赠诗》："陇西长吉摧颓客，酒阑感觉中区窄。"

【感觸】　就所遇之事物而触发感想。韩愈《秋怀诗十一首》之八："其言有感触，使我复凄酸。"

【感戀】　感激眷恋。姚鹄《将归蜀留献恩地仆射二首》之一："蒿莱讵报生成德，犬马空怀感恋心。"赵嘏《回于道中寄舒州李珏相公》："从此微尘知感恋，七真台上望三台。"

【感靈】　感应通灵。宋之问《游云门寺》："理胜常虚寂，缘空自感灵。"

愐

〔miǎn《广韵》彌兖切，上獮，明。〕想，思。见"愐想"。

【愐想】　思量。皎然《同薛员外谊久旱感怀寄兼呈上杨使君》："皇天鉴不昧，愐想何亢极。"

慄

同"懦"。元结《漫酬贾沔州》："无谋静凶丑，自觉愚且懦。"孟郊《石淙》之十："劲飙刷幽视，怒水慑余懦。"

惻

〔cè《广韵》初力切，入職，切。〕❶忧伤。张九龄《岁初巡属县登高安南楼言怀》："目尽有余意，心恻不可谖。"韦应物《休沐东还胄贵里示端》："存没恻私怀，迁变伤里闾。"卢仝《感古四首》之一："苟图容一身，万事良可恻。"❷同情；哀矜。储光羲《同诸公秋日游昆明池思古》："皇灵恻群甿，神政张天维。"

【惻心】　同情，怜悯之心。韩愈、孟郊《斗鸡联句》："恻心我以仁，碎首尔何罪。"

【惻耳酸腸】　谓听起来忧伤辛酸。韩愈《游青龙寺赠崔大补阙》："猿呼鼯啸鹧鸪啼，恻耳酸肠难濯浣。"

【惻然】　❶忧伤悲哀貌。韩愈《题杜工部坟》："升堂再拜心恻然，心欲虔启不成语。"❷悲悯哀怜貌。李白《天马歌》："愿逢田子方，恻然为我悲。"白居易《和答诗十首·和阳城驿》："凡是为善者，闻之恻然悲。"

【惻惻】　❶哀伤。储光羲《狱中贻姚张薛李郑柳诸公》："哀哀害神理，恻恻伤慈母。"李白《古风》之五九："恻恻泣路岐，哀哀悲素丝。"李德裕《夏晚有怀平泉林居》："凄凄视环玦，恻恻步庭庑。"顾甄远《惆怅诗九首》之三："别恨离肠空恻恻，风动虚轩池水白。"❷

寒凉凄清。韩愈《秋怀诗十一首》之四："秋气日恻恻，秋空日凌凌。"韩偓《夜深》："恻恻轻寒剪剪风，小梅飘雪杏花红。"❸哀怜矜悯。元稹《旱灾自咎贻七县宰同州时》："恻恻诏书下，半减麦与缗。"

【恻楚】 悲伤痛楚。韩愈《元和圣德诗》："侍祠之臣，助我恻楚。"

【恻怆】 凄恻哀伤。骆宾王《丹阳刺史挽词三首》之二："恻怆恒山羽，留连棣萼篇。"李白《君子有所思行》："无作牛山悲，恻怆泪沾臆。"韦应物《重九登滁城楼忆前岁诸弟宴集凄然怀旧》："楼中一长啸，恻怆起凉飔。"李商隐《井泥四十韵》："因兹感物理，恻怆平生怀。"

【恻隱】 ❶同情；哀悯。虞世南《赋得慎罚》："每削繁苛性，常深恻隐诚。"杜甫《送顾八分文学适洪吉州》："恻隐诛求情，固应贤愚异。"白居易《新乐府·杜陵叟》："不知何人奏皇帝，帝心恻隐知人弊。"❷悲怆，哀伤。孟郊《和丁助教塞上吟》："无令恻隐者，哀哀不能已。"

惽 〔qì《集韵》七入切，入缉，清。〕忧思。元结《引极三首·思元极》："思不从兮空自伤，心慅惽兮意惶懹。"

愠 〔yùn《广韵》於問切，去問，影。〕恼怒；怨恨。高适《酬别薛三蔡大留简韩十四主簿》："伊余寡栖托，感激多愠见。"韦应物《答令狐侍郎》："三黜故无愠，高贤当庶几。"皎然《观李中丞洪二美人唱歌轧筝歌》："谪官无愠如古人，交道忘言比前躅。"

【愠色】 恼怒怨恨之神色。吴筠《高士咏·孙公和》："终日无愠色，恬然在玄虚。"权德舆《送密秀才吏部驳放后归蜀应崔大理序》："此行无愠色，知尔恋林庐。"孟郊《旅次湘沅有怀灵均》："三黜有愠色，即非贤哲模。"

【愠怒】 恼怒。元稹《哭女樊四十韵》："愠怒偏憎数，分张雅爱平。"

【愠瘀】 恼怒郁结。元结《演兴四首·闵岭中》："独翳蔽于山颠，久低回而愠瘀。"

惺 〔xīng《广韵》桑經切，平青，心，又息井切，上静，心。〕❶清醒。见"惺惺❶""惺憁❸"。❷轻快；爽快。见"惺惺❷"。

【惺惺】 ❶清醒。司马扎《沧浪峡》："我殊惺惺者，犹得沧浪趣。"贯休《经吴宫》："此得前车况非远，六朝何更不惺惺。"❷轻松；爽快。寒山《诗三百三首》之二四五："但自心无事，何处不惺惺。"孟郊《嵩少》："闲步亦惺惺，芳援相依依。"❸形容声音轻快悦耳。张祜《惠尼童子》："慢眉童子语惺惺，实为天主自有灵。"

【惺憁】 ❶形容声音轻快、清脆。元稹《春六十韵》："燕巢才点缀，莺舌最惺憁。"❷形容色彩鲜明。元稹《送孙胜》："桐花暗澹柳惺憁，池带轻波柳带风。"❸清醒。亦指病愈而感觉清爽。贯休《施万病丸》："葫芦盛药行如风，病者与药皆惺憁。"

愕 〔è《广韵》五各切，入鐸，疑。〕惊讶，惊疑。高适《同鲜于洛阳于毕员外宅观画马歌》："家僮愕视欲先鞭，枥马惊嘶还屡顾。"皮日休《初夏游楞伽精舍》："欲照六藏惊，将窥百骸愕。"陆龟蒙《奉和袭美初夏游楞伽精舍次韵》："清晨欲登造，安得无自愕。"

【愕然】 惊讶貌。陈子昂《观荆玉篇》序："仲烈愕然而疑。"韦应物《汉武帝杂歌三首》之三："愕然观者千万众，举麾齐呼一矢中。"吕岩《七言》之五二："箕星昴宿下长天，凡景宁教不愕然。"

惴 〔zhuì《广韵》之睡切，去寘，章。〕恐惧。见"惴惴""惴慄"。

【惴人】 惊恐之人。苏颋《夜发三泉即事》："搏颊羸马顿，回眸惴人跌。"

【惴惴】 惶惧不安貌。元稹《乐府古题·冬白纻》："共笑越王穷惴惴，夜夜抱冰寒不睡。"

【惴慄】 惶恐战栗。贾至《自蜀奉册命往朔方途中呈韦左相文部房尚书门下崔侍郎》："崎岖凌危栈，惴栗惊心神。"白居易《遣怀》："操之多惴栗，失之又悲悔。"

愁 〔chóu《广韵》士尤切，平尤，崇。〕❶忧愁；忧虑。孟浩然《秋登兰山寄张五》："愁因薄暮起，兴是清秋发。"杨衡《秋夜桂州宴送郑十九侍御》："秋至触物愁，况当离别筵。"韦庄《遣兴》："如幻如泡世，多愁多病身。"亦指使生愁。李德裕《南梁行》："涧底红光夺目燃，摇风有毒愁行客。"❷愁畏。为之发愁。玄宗《春日出苑游瞩》："惟愿圣主南山寿，何愁不赏万年春。"白居易《酬寄牛相公同宿话旧劝酒见赠》："日暮独归愁米尽，泥深同出借驴骑。"姚合《武功县中作三十首》之二一："唯愁明早出，端坐吏人旁。"皮日休《石榴歌》："蝉噪秋枝槐叶黄，石榴香老愁寒霜。"❸哀伤，凄凉，惨淡。太宗《秋日二首》之一："云凝愁半岭，霞碎缬高天。"杜甫《送韦十六评事充同谷郡防御判官》："吹角向月窟，苍山旌旆愁。"刘沧《春日旅游》："玄发辞家事远游，春风归雁一声愁。"刘斌《和许给事伤牛尚书》："林薄长风惨，江上寒云愁。"❹怨恨。白居易《琵琶引》："别有幽愁暗恨生，此时无声胜有声。"

【愁人】 ❶忧愁之人。杜审言《和康五庭芝望月有怀》："明月高秋迥，愁人独夜看。"徐安贞《闻邻家理箏》:"北斗横天夜欲阑,愁人倚月思无端。"张又新《中界山》:"愁人到此劳长望,何处烟波是祖州。"李频《长安即事》:"愁人白发自生早,我独少年能几何。"❷使人发愁。许棠《雁门关野望》:"高关闲独望,望久转愁人。"陆龟蒙《早行》:"纵使碧虚无限好,客星名字也愁人。"

【愁心】 忧愁之心。牟融《赠欧阳詹》:"岛外断云凝远日,天涯芳草动愁心。"刘得仁《寄雍陶先辈》:"愁心不易去,蹇步卒难前。"李涉《潍阳行》:"愁心翻覆梦难成,病仆呻吟呼不起。"杜荀鹤《辞杨侍郎》:"西风万里东归去,更把愁心说向谁。"

【愁予】 使我忧愁。高适《同韩四薛三东亭玩月》:"对此更愁予,悠哉怀故园。"刘长卿《湘中忆归》:"湘流澹澹空愁予,猿啼啾啾满南楚。"皮日休《贫居秋日》:"亭午头未冠,端坐独愁予。"

【愁血】 犹泣血。蔡京《咏子规》:"愁血滴花春艳死,月明飘浪冷光沉。"李山甫《谒翰林刘学士不遇》:"六尺羁魂迷定止,两行愁血谢知音。"

【愁色】 ❶忧愁之面容。刘言史《偶题二首》之一:"春娥慢笑无愁色,别向人家舞柘枝。"杜牧《洛中二首》之二:"多把芳菲泛春酒,直教愁色对愁肠。"李暇《拟古东飞伯劳歌》:"青绮帏中坐相忆,红鸾镜里见愁色。"❷阴暗惨澹之景色。陈标《秦王卷衣》:"从此咸阳一回首,暮云愁色已千年。"曹松《荆南道中》:"十月荒郊雪气催,依稀愁色认阳台。"

【愁坐】 忧愁闲坐。李白《酬崔五郎中》:"奈何怀良图,郁悒独愁坐。"

【愁辛】 忧愁辛酸。高适《秋日作》:"端居值秋节,此日更愁辛。"杜甫《白沙渡》:"迥然洗愁辛,多病一疏散。"

【愁苦】 忧愁痛苦。李颀《临别送张谭入蜀》:"木有相思处,猿多愁苦音。"杜甫《发阆中》:"别家三月一得书,避地何时免愁苦。"

【愁苗】 喻指白发。韦庄《宿泊孟津寄三堂友人》:"只恐愁苗生两鬓,不堪离恨入双眉。"

【愁卧】 含愁而眠。无名氏《冬夜非所》:"愁卧眠虽着,时时梦里惊。"

【愁事】 使人发愁之事。刘兼《新蝉》:"只知送恨添愁事,谁见凌霄羽蜕功。"

【愁狖】 哀猿。韩愈《答张彻》:"愁狖酸骨死,怪花醉魂馨。"元结《演兴四首·讼木魅》:"且忧颙之翩翩,又愁狖之奔驰。"

【愁胡】 指胡人。因其凹目若愁,故称。语本汉王延寿《鲁灵光殿赋》。后亦用以形容目深凹之动物,如鹰、猿等。杜甫《王兵马使二角鹰》:"二鹰猛脑徐侯穟,目如愁胡视天地。"又《从人觅小胡孙许寄》:"预哂愁胡面,初调见马鞭。"

【愁畏】 忧虑担心。杜甫《瞿塘两崖》:"羲和冬驭近,愁畏日车翻。"

【愁思】 忧虑;忧愁之思绪。贾至《闲居秋怀寄阳翟陆赞府封丘高少府》:"舣舟临清川,迢递愁思长。"柳宗元《登柳州城楼寄漳汀封连四州》:"城上高楼接大荒,海天愁思正茫茫。"杜牧《鹤》:"清音迎晓月,愁思立寒蒲。"司空图《杨柳枝寿杯词十八首》之十六:"莫言万绪牵愁思,缉取长绳系落晖。"

【愁怨】 哀愁怨恨。孙氏《闻琴》:"玉指朱弦轧复清,湘妃愁怨最难听。"

【愁恨】 忧愁怨恨。杜甫《得舍弟消息》:"旧犬知愁恨,垂头傍我床。"薛能《偶题》:"到处吟兼上马吟,总无愁恨自伤心。"南唐后主李煜《菩萨蛮》词:"人生愁恨何能免,消魂独我情何限。"

【愁客】 思乡而忧愁之客子。王昌龄《潞府客亭寄崔凤童》:"秋月对愁客,山钟摇暮天。"孟郊《春愁》:"春物与愁客,遇时各有违。"

【愁阵】 喻指忧愁多而深。韩偓《残春旅舍》:"禅伏诗魔归净域,酒冲愁阵出奇兵。"

【愁眉】 ❶忧愁而蹙起之眉。李涉《醉中赠崔膺》:"暂到香炉一夕间,能展愁眉百世事。"张祜《哭京兆庞尹》:"向壁愁眉无复画,扶床稚齿已能啼。"高骈《赠歌者二首》之一:"酒满金船花满枝,佳人立唱惨愁眉。"罗邺《冬夕江上言事五首》之四:"赖有陶情一尊酒,愁中相向展愁眉。"❷眉妆之一种。其状细有曲折。白居易《代书诗一百韵寄微之》:"风流夸堕髻,时世斗愁眉。"按"愁"字一作"啼",注云:"贞元末,城中复为堕马髻、啼眉妆也。"顾云《咏柳二首》之一:"斜傍画筵偷舞态,低临妆阁学愁眉。"

【愁眉不展】 双眉紧蹙而不舒展,愁苦之状。姚鹄《随州献李侍御二首》之二:"旧隐每怀空竟夕,愁眉不展几经春。"

【愁紅】 指经风雨摧残而显得凄凉之花。亦比喻女子之愁容。李贺《黄头郎》:"南浦芙蓉影,愁红独自垂。"温庭筠《惜春词》:"秦女含嚬向烟月,愁红带露空迢迢。"又《元处士池上》:"愁红一片风前落,池上秋波似五湖。"

【愁根】 喻指深固积久之愁。杜荀鹤《途中春》:"酒力不能久,愁根无可医。"

【愁殺】 指使人极为忧愁。极言忧愁深重。贾至《巴陵寄李二户部张十四礼部》:"江南春草初幂幂,愁杀江南独愁客。"白居易《新乐府·李夫人》:"丹青画出竟何益,不言不笑愁杀人。"李郢《燕蓊花》:"黄花扑地无穷极,愁杀江南去住人。"杜荀鹤《离家》:"槐柳路长愁杀我,一枝蝉到一枝蝉。"

【愁病】 指极深的愁苦。陆龟蒙《偶作》："也知愁病堪回避，争奈流莺唤起来。"

【愁疾】 ❶因愁闷而生之疾病。孟浩然《疾愈过龙泉寺精舍呈易业二公》："停午闻山钟，起行散愁疾。"李白《鲁郡尧祠送窦明府薄华还西京》："强扶愁疾向何处，角巾微服尧祠南。"❷指极深之愁苦。骆宾王《畴昔篇》："丈夫坎壈多愁疾，契阔迍邅尽今日。"徐铉《酬郭先辈》："夫子无自轻，苍生正愁疾。"

【愁海】 喻似海无边之愁苦。孟郊《招文士饮》："醒时不可过，愁海浩无涯。"

【愁容】 忧愁之面容、神色。李绅《新楼诗二十首·重台莲》："游女汉皋争笑脸，二妃湘浦并愁容。"李群玉《秋怨》："瑟瑟凉海气，西来送愁容。"李频《春闺怨》："自怨愁容长照镜，悔教征戍觅封侯。"蔡瑰《夏日闺怨》："但恐愁容不相识，为教恒著别时衣。"

【愁陰】 阴云惨淡。钱起《秋霖曲》："愁阴惨淡时殷雷，生灵垫溺若寒灰。"任华《怀素上人草书歌》："又如翰海日暮愁阴浓，忽然跃出千黑龙。"戴休珽《古意》："穷秋朔风起，沧海愁阴涨。"

【愁眼】 含愁之眼。罗邺《春夕寄友人时有与歌者南北》："愁眼向谁零玉箸，征蹄何处驻红埃。"

【愁貧】 忧贫。为受穷而愁。许棠《陈情献江西李常侍五首》之三："乡程长恨远，旅梦亦愁贫。"

【愁猜】 忧愁惊疑。韩愈《忆昨行和张十一》："伾文未揃崖州炽，虽得赦宥恒愁猜。"

【愁望】 忧伤地远望。张窈窕《寄故人》："淡淡春风花落时，不堪愁望更相思。"

【愁情】 愁苦之情思。李商隐《李花》："李径独来数，愁情相与悬。"

【愁悴】 忧伤憔悴。白居易《同微之赠别郭虚舟炼师五十韵》："俱当愁悴日，始识虚舟师。"李咸用《谢所知》："早是乱离经岁月，谁能愁悴过朝昏。"罗隐《寄郑补阙》："别来愁悴知多少，两度槐花马上黄。"子兰《悲长安》："何事天时祸未回，生灵愁悴苦寒灰。"

【愁寂】 愁苦寂寞。杜甫《白水县崔少府十九翁高斋三十韵》："始知贤主人，赠此遣愁寂。"白居易《渐老》："当春颇愁寂，对酒寡欢趣。"张乔《赠进士顾云》："与君愁寂无消处，赊酒青门送楚人。"张烜《婕妤怨》："昭阳无分理，愁寂任前期。"

【愁雲】 使人心情忧郁之阴云。董思恭《感怀》："惨日映峰沉，愁云随盖转。"窦庠《陪留守韩仆射巡内至上阳宫感兴二首》之二："愁云漠漠草离离，太乙句陈处处疑。"张碧《鸿沟》："毒龙衔日天地昏，八纮叆叇生愁云。"李涉《六叹》之三："城里愁云不开城，城头野草春还绿。"

【愁悲】 忧愁悲伤。白居易《郡西亭偶咏》："过潘二十岁，何必更愁悲。"

【愁悶】 忧愁郁闷。寒山《诗三百三首》之一一四："为汝熟思量，令我也愁闷。"姚合《武功县中作三十首》之六："一官无限日，愁闷欲何如。"

【愁媒】 使人生愁之物。李白《上崔相百忧章》："金瑟玉壶，尽为愁媒。"

【愁結】 忧愁郁结。谓愁深固如绳结，难以解除。杨炯《送丰城王少府》："愁结乱如麻，长天照落霞。"皮日休《三羞诗三首》之一："而于方寸内，未有是愁结。"

【愁絕】 愁极，极愁。李白《灞陵行送别》："正当今夕断肠处，黄鹂愁绝不忍听。"戴叔伦《转应词》："明月，明月，胡笳一声愁绝。"吴融《彭门用兵经汴路三首》之二："独上寒城正愁绝，戍鼙惊起雁行行。"张泌《秋晚过洞庭》："莫把羁魂吊湘魄，九疑愁绝锁烟岚。"

【愁絲】 指白发。因忧愁而生，故称。李廷璧《愁诗》："潘岳愁丝生鬓里，婕妤悲色上眉头。"

【愁蛾】 愁眉。温庭筠《清平乐》词："上阳春晚，宫女愁蛾浅。"

【愁腸】 愁思郁结之心肠。白居易《杨柳枝词八首》之八："人言柳叶似愁眉，更有愁肠似柳丝。"崔橹《春日即事》："画桥春暖清歌夜，肯信愁肠日九回。"罗隐《钱》："解释愁肠结，能分睡眼开。"刘兼《秋夕书怀》之一："宦情总逐愁肠断，一箸鲈鱼直万金。"

【愁煎】 忧愁之煎熬。欧阳炯《渔父》词："无系绊，没愁煎，须信船中有散仙。"

【愁煙】 使人生愁之烟霭。郑愔《铜雀妓》："萧索松风暮，愁烟入井阑。"陆龟蒙《问吴宫辞》："霜氛重兮孤榜晓，远树扶苏兮愁烟悄眇。"徐铉《文献太子挽歌词五首》之五："愁烟锁平甸，朔吹绕寒枝。"刘瑶《阖闾城怀古》："唯有妖娥曾舞处，古台寂寞起愁烟。"

【愁碧】 引发愁思的青草。温庭筠《湖阴词》："五陵愁碧春萋萋，霸川玉马空中嘶。"又《寒食节日寄楚望二首》之一："愁碧竟平皋，韶红换幽圃。"

【愁慕】 忧虑思慕。宋之问《放白鹇篇》："乃言物性不可违，白鹇愁慕刷毛衣。"杜甫《咏怀二首》之二："邦危坏法则，圣远益愁慕。"

【愁端】 犹愁绪。李昌符《与友人会》："蝉吟槐蕊落，的的是愁端。"

【愁態】 忧愁之状貌。李绅《真娘墓》："愁态自随风烛灭，爱心难逐雨花轻。"侯冽《金谷园花发怀古》："愁态莺吟涩，啼容露缀繁。"

【愁翠】 愁眉。战国楚宋玉《登徒子好色赋》有："眉如翠羽"句，故称。温庭筠《咏嚬》："毛羽敛愁翠，黛娇攒艳春。"

【愁緒】 忧愁之思绪、情绪。杜审言《代张侍御伤美人》:“泪痕消夜烛,愁绪乱春风。”义净《余以咸亨元年在西京戏拟四愁聊题两绝》:“我行之数万,愁绪百重思。”李频《长安寓居寄柏侍郎》:“霜轻两鬓欲相侵,愁绪无端不可寻。”张乔《荆楚道中》:“处处牵愁绪,无穷是柳丝。”

【愁網】 使人生愁之网。秦韬玉《寄怀》:“会致名津搜俊彦,是张愁网绊英雄。”

【愁髮】 指白发。因系忧愁致白,故称。李白《捣衣篇》:“楼上春风日将歇,谁能揽镜看愁发。”赵嘏《昔昔盐二十首·蟠龙随镜隐》:“不知愁发换,空见隐龙蟠。”

【愁憂】 忧愁。李涉《却归巴陵途中走笔寄唐知言》:“逡巡未得见官长,梦寝但觉生愁忧。”

【愁盤】 喻回环无止之愁思。孟郊《秋怀》之二:“席上印病文,肠中转愁盘。”

【愁霖】 使人感到愁苦之久雨。王维《和陈监四郎秋雨中思从弟据》:“忽有愁霖唱,更陈多露言。”陆龟蒙《奉酬袭美苦雨见寄》:“萤飞渐多屋渐薄,一注愁霖当面落。”

【愁環】 喻指回环无尽之忧愁。孟郊《路病》:“愁环在我肠,宛转终无端。”

【愁霜】 喻指白发。栖蟾《短歌行》:“千门无寿药,一镜有愁霜。”白居易《朱陈村》:“悲火烧心曲,愁霜侵鬓根。”

【愁黛】 愁眉。吴融《玉女庙》:“愁黛不开山浅浅,离心长在草萋萋。”韦庄《荷叶杯》词之一:“一双愁黛远山眉,不忍更思惟。”

【愁臉】 愁容。长孙佐辅《伤故人歌妓》:“愁脸无红衣满尘,万家门户不容身。”

【愁顏】 愁苦之容颜。李白《登邯郸洪波台置酒观发兵》:“击筑落高月,投壶破愁颜。”

【愁襟】 愁怀。李嘉祐《春日忆家》:“空余庭草色,日日伴愁襟。”罗邺《下第》:“谩把青春酒一杯,愁襟未信酒能开。”崔涂《春日登吴门》:“战国望不见,愁襟难暂开。”徐铉《和明上人除夜见寄》:“酌酒围炉久,愁襟默自增。”

【愁懷】 忧愁之心怀。卢鸿一《嵩山十志十首·枕烟庭》:“及机士登焉,则寥阒愰恍,愁怀情累矣。”姚合《闲居遣怀十首》之二:“情性僻难改,愁怀酒为除。”杜荀鹤《秋日旅舍卧病呈所知》:“秋色上庭枝,愁怀切向谁。”

【愁髓】 愁骨。喻指深彻骨髓之愁。李商隐《和郑愚赠汝阳王孙家筝妓二十韵》:“初花惨朝露,冷臂凄愁髓。”

【愁聽】 怕听。王昌龄《送魏二》:“忆君遥在潇湘月,愁听清猿梦里长。”

【愁鬢】 白色之鬓发。清江《早春书情寄河南崔少府》:“病身空益老,愁鬓不知春。”

【愁豔】 指略显凋谢的花朵。韦庄《上春词》:“幽兰报暖紫芽折,夭花愁艳蝶飞回。”

愀 〔qiǎo《广韵》親小切,上小親,又在久切,上有,從。〕忧伤。李白《鸣皋歌送岑征君》:“魂独处此幽默兮,愀空山而愁人。”又《幽涧泉》:“幽涧愀兮流泉深,善手明徽高张清。”见“愀怆”。

【愀然】 忧愁貌。白居易《效陶潜体诗十六首》之十二:“愀然忽不乐,挂印著公门。”李德裕《夏晚有怀平泉林居》:“愀然何所念,念我龙门坞。”李群玉《始忝四座奏状闻荐蒙恩授官呈同馆诸公二十四韵》:“一饭五放箸,愀然念途穷。”

【愀愀】 悲伤貌。孟郊《寒溪》之六:“尖雪入鱼心,鱼心明愀愀。”

【愀愴】 忧伤悲怆貌。权德舆《徐孺亭马上口号》序:“因于马上口号绝句诗一首,以寄愀怆。”又《酬别蔡十二见赠》:“峥嵘岁阴晚,愀怆离念繁。”

愎 〔bì《广韵》符逼切,入職,並。《集韵》弼力切,入職,並。〕任性。执拗。卢仝《门箴》:“贪残奸醜,狡佞讦愎,身之八杀。”

【愎戇】 执拗不明事理。元稹《酬刘猛见送》:“任气有愎戆,容身寡朋曹。”

惶 〔huáng《广韵》胡光切,平唐,匣。〕❶恐惧,惊慌。见“惶惶❶”。❷急速。见“惶惶❷”。

【惶惶】 ❶恐惧不安貌。李峤《晚秋喜雨》序:“咸亨元年,自四月不雨至于九月,王畿之内。嘉谷不滋。君子小人,惶惶如也。”孟郊《谢李辀再到》:“血字耿不灭,我心惧惶惶。”齐己《苦热行》:“下土熬熬若煎煮,苍生惶惶无处处。”❷急遽貌。寒山《诗三百三首》之一三三:“之子何惶惶,卜居须自审。”白居易《卯时酒》:“宠辱忧喜间,惶惶二十载。”

【惶懹】 恐惧。元结《引极三首·思元极》:“思不从兮空自伤,心慅悁兮意惶懹。”

愧 〔kuì《广韵》俱位切,去至,見。〕羞愧,惭愧。太宗《正日临朝》:“晨宵怀至理,终愧抚遐荒。”韦应物《酬秦征君徐少府春日见寄》:“终日愧无政,与君聊散襟。”白居易《观刈麦》:“念此私自愧,尽日不能忘。”齐己《酬元员外见寄八韵》:“众人忘苦苦,独自愧兢兢。”

【愧色】 羞愧之色。李白《纪南陵题五松山》:“桐宫放太甲,摄政无愧色。”陆龟蒙《奉和袭美馆娃宫怀古次韵》:“江山只有愁容在,剑珮应和愧色埋。”徐铉《送朱先辈尉庐陵》:“成名无愧色,得禄及慈亲。”

【愧汗】 因羞愧而出的汗。李商隐《送千牛李将军赴阙五十韵》:“灵衣沾愧汗,仪马困阴兵。”

【愧負】 羞惭负疚。李商隐《任弘农尉献州刺史乞假还京》:“黄昏封印点刑徒,愧负荆山入座隅。”

【愧恥】 羞耻。元结《与党评事》:“跼身班次中,常窃愧耻焉。”陆龟蒙《战秋辞》:“辞犹未已,色若愧耻。”

【愧恧】 惭愧。骆宾王《夏日游德州赠高四》序:“是以轻投木李,以代疏麻,章句繁芜,心神愧恧,庶瞻雅韵,伫辱报章。”韦庄《秦妇吟》:“我今愧恧拙为神,且向山中深避匿。”

【愧悚】 惭愧惶恐。皮日休有《鲁望昨以五百言见贻过有褒美内揣庸陋弥增愧悚因成一千言》。徐光溥《题黄居寀秋山图》:“若教对此定妍媸,必定伏膺怀愧悚。”

【愧赧】 因羞愧而面红耳赤。韩愈《赠张籍》:“惧其无所知,见则先愧赧。”

【愧貧】 羞惭于贫困。刘长卿《见秦系离婚后出山居作》:“郗氏诚难负,朱家自愧贫。”

【愧詞】 与行实不符的言词。白居易《秦中吟十首·立碑》:“古石苍苔字,安知是愧词。”

【愧慄】 惭愧惶恐。韩愈《燕河南府秀才得生字》:“鄙夫忝县尹,愧栗难为情。”

【愧懷】 羞愧。白居易《庭松》:“未称为松主,时时一愧怀。”白居易又有《诗酒琴人例多薄命偶成狂咏聊写愧怀》。

【愧鶺鴒】 鹡鸰,鸟名,大如雀。见《诗·小雅·常棣》。故以鹡鸰指兄弟。“愧鹡鸰”谓对兄弟有愧。戴叔伦《舟中见雨》:“梦远愁蝴蝶,情深愧鹡鸰。”

愈 〔yù《广韵》以主切,上麌,以。〕❶胜过。杜甫《喜晴》:“甘泽不犹愈,且耕今未赊。”又《雷》:“二者存一端,愆阳不犹愈。”❷疾病痊愈;治愈。李峤《檄》:“曹风虽觉愈,陈草始知名。”包佶《立春后休沐》:“积病攻难愈,衔恩报转微。”贯休《怀武昌栖一二首》之一:“病愈囊空后,神清木落初。”❸副词。愈益,更加。韦应物《三月三日寄诸弟兼怀崔都水》:“暮节看已谢,兹晨愈可惜。”韩愈《秋怀诗十一首》之七:“有琴具徽弦,再鼓听愈淡。”司空图《诗品二十四则·超诣》:“诵之思之,其声愈稀。”❹指韩愈。李商隐《韩碑》:“愈拜稽首蹈且舞,金石刻画臣能为。”

【愈風】 ❶治愈头风。杜甫《催宗文树鸡栅》:“愈风传乌鸡,秋卵方漫吃。”❷见《三国志·魏志·王粲传》。后因以“愈风”指文笔杰出,可以愈疾。吴融《病中宜茯苓寄李谏议》:“飞檄愈风知妙手,也须分药救漳滨。”

【愈疾】 治愈疾病。李颀《圣善阁送裴迪入京》:“清吟可愈疾,携手暂同欢。”玄宗《幸凤泉汤》:“益龄仙井合,愈疾醴源通。”杜甫《相逢歌赠严二别驾》:“神倾意豁真佳士,久客多忧今愈疾。”姚合《题宣义池亭》:“暂来还愈疾,久住合成仙。”

【愈頭風】 ❶治愈头风。刘禹锡《赠元九侍御文石枕以诗奖之》:“纵使凉飙生旦夕,犹堪拂试愈头风。”❷同“愈風❷”。元稹《酬李六醉后见寄口号》:“顿愈关风疾,因吟口号诗。”

愉[1] 〔yú《广韵》羊朱切,平虞,以。〕❶喜悦,快乐。则天皇后《唐大飨拜洛乐章·显和》:“玄泽流恩载洽,丹襟荷渥增愉。”元稹《有酒十章》之三:“有酒有酒兮湛渌波,饮将愉兮气弥和。”亦指让别人喜悦。陆龟蒙《叠韵吴宫词二首》之一:“肤愉吴都姝,眷恋便殿宴。”❷和悦、和顺。见“愉愉”。

愉[2] 〔tōu《集韵》他侯切,平矦,透。〕通“偷”。苟且,懈怠。

【愉目】 悦目。宋之问《早春泛镜湖》:“愉目野载芜,清心山更出。”

【愉悦】 欣喜,快乐。储光羲《同房宪部应旋》:“宪卿文昌归,愉悦来晤语。”杜甫《次晚洲》:“羁离暂愉悦,羸老反惆怅。”顾况《上古之什补亡训传十三章·上古一章》:“河水活活,万人逐末,俾尔之愉悦兮。”鲍溶《秋怀五首》之四:“平居乏愉悦,况复身险艰。”

【愉愉】 ❶和悦貌。皮日休《补周礼九夏系文·九夏歌九篇》:“凤之愉愉,不篝不篌。”❷欣悦貌。卢仝《观放鱼歌》:“或掉尾孑孑,或奋鬣愉愉。”

【愉樂】 (—lè)欢乐。蔡孚《打球篇》:“薄暮汉宫愉乐罢,还归尧室晓垂旒。”储光羲《苏十三瞻登玉泉寺峰入寺中见赠作》:“淹留火禁辰,愉乐弦歌宴。”柳宗元《饮酒》:“今夕少愉乐,起坐开清尊。”

【愉₂嬾】 苟且,懈怠。愉,通“偷”。元稹《台中鞫狱忆开元观旧事呈损之兼赠周兄四十韵》:“居处虽幽静,尤悔少愉嬾。”

【愉艷】 美艳悦人。沈颂《卫中作》:“卫风愉艳宜春色,淇水清泠增暮愁。”

愆 〔qiān《广韵》去乾切,平仙,溪。〕❶过失;罪过。杜甫《秋日夔府咏怀奉寄郑监李宾客一百韵》:“晚闻多妙教,卒践塞前愆。”韩愈《石鼎联句》:“以兹翻溢衍,实负任使诚。”韩偓《感事三十四韵》:“上相思惩恶,中人讵省愆。”❷违反;违误。皎然《答苏州韦应物郎中》:“安可诱我性,始愿愆素诚。”柳宗元《韦使君黄溪祈雨见召从行至祠下口号》:“骄阳愆岁事,良牧念菑畬。”❸丰盈。皮日休《补周礼九夏系文·九夏歌九篇·纳夏之歌》:“我牢不愆,我货不匱。”

【愆尤】　过失；罪过。李白《古风》之十八：“功成身不退，自古多愆尤。”韩愈《赴江陵途中寄赠翰林三学士》：“孤臣昔放逐，血泣追愆尤。”又《南内朝贺归呈同官》：“将举汝愆尤，以为己阶梯。”

【愆素】　违背原有之安排，打算。刘长卿《瓜洲驿奉饯张侍御使之岭南时侍御先在淮南幕府》：“知己伤愆素，他人自好丹。”乐伸《闰月定四时》：“分至宁衍素，盈虚信不欺。”

【愆氣】　指气候失常，雨旱不均。韦应物《使云阳寄府曹》：“上天屡愆气，胡不均寸泽。”

【愆陽】　指冬天阳光过盛，当冷反过暖。语本《左传·昭公四年》。张九龄《奉和圣制烛龙斋祭》：“六月徂暑，四郊愆阳。”杜甫《雷》：“二者存一端，愆阳不犹愈。”

【愆期】　失期，误了预定日期。张九龄《在洪州答綦毋学士》：“旬雨不愆期，由来自若时。”韦应物《同德阁期元侍御李博士不至各投赠二首》之二：“官荣多所系，闲居亦愆期。”刘禹锡《和河南裴尹侍郎诣九龙祠祈雨二十韵》：“朱明盛农节，膏泽方愆期。”苏拯《水旱祷》：“阴阳和也无妖气，阴阳愆期乃人致。”

【愆義】　违背道义。王勃《倬彼我系》：“名存实爽，负信愆义。”

愛〔ài《广韵》烏代切，去代，影。〕❶对人或物亲近、友善的深厚感情。玄宗《鹡鸰颂》序：“邕邕如，怡怡如，展天伦之爱也。”元稹《遣病》：“其家哭泣爱，一一无异情。”皮日休《三羞诗三首》之三：“厉能去人爱，荒能夺人慈。”亦指慈爱、友爱、亲爱。陈子昂《宿空舲峡青树村浦》：“委别高堂爱，窥覦明主恩。”权德舆《酬崔千牛四郎早秋见寄》：“相爱每不足，因兹寓深衷。”元稹《和乐天别弟后月夜作》：“闻君别爱弟，明天照夜寒。”❷喜爱；爱好。崔融《和梁王众传张光禄是王子晋后身》：“汉主存仙要，淮南爱道机。”李颀《送刘四赴夏县》：“举世皆亲丞相阁，我心独爱伊川水。”张籍《成都曲》：“万里桥边多酒家，游人爱向谁家宿。”杜牧《山行》：“停车坐爱枫林晚，霜叶红于二月花。”❸关情，爱护。姚合《武功县中作三十首》之九：“邻里皆相爱，门开数见过。”❹情爱；恋爱。袁晖《长门怨》：“早知君爱歇，本自无萦妒。”❺佛教指情欲，欲望。王维《与胡居士皆病寄此诗兼示学人二首》之一：“因爱果生病，从贪始觉贫。”柳宗元《戏题石门长老东轩》：“如今七十自忘机，贪爱都忘筋力微。”❻爱慕，仰慕。顾况《拟古三首》之一：“爱而伤不见，星汉徒参差。”白居易《李都尉古剑》：“有客借一观，爱之不敢求。”❼指亲爱之人。韦应物《送元锡杨凌》：“端居意自违，况别亲与爱。”❽爱惜，珍视。见“愛力”“愛才”。❾吝惜，舍不得。见“愛死”“愛禮”。❿谓易于发生。崔橹《春晚泊船江村》：“自怜爱失心期约，看取花时更远游。”

【愛人】　爱护百姓。白居易《秦中吟十首·重赋》：“国家定两税，本意在爱人。”朱庆余《送淮阴丁明府》：“之官未入境，已有爱人心。”

【愛力】　爱惜人力。苏颋《奉和圣制春台望应制》：“戎观爱力深惟省，越厌陈方何足务。”

【愛才】　爱惜，爱护人才。韩愈《岳阳楼别窦司直》：“爱才不择行，触事得谗谤。”温庭筠《蔡中郎坟》：“今日爱才非昔日，莫抛心力作词人。”

【愛子】　宠爱之儿子。李昂《赋戚夫人楚舞歌》：“已见储君归惠帝，徒留爱子付周昌。”王维《观别者》：“爱子游燕赵，高堂有老亲。”白居易《读史五首》之四：“掇蜂杀爱子，掩鼻戮宠姬。”周昙《咏史诗·前汉门·高祖》：“爱子从烹报主时，安知强啜不含悲。”

【愛日】　冬日。语本《左传·文公七年》。骆宾王《在江南赠宋五之问》：“温辉凌爱日，壮气惊寒水。”

【愛心】　喜爱、爱慕之情。李绅《真娘墓》：“愁态自随风烛灭，爱心难逐雨花轻。”

【愛仙】　喜好学道求仙。李白《安陆白兆山桃花岩寄刘侍御绾》：“云卧三十年，好闲复爱仙。”

【愛民】　爱护百姓。徐铉《咏梅子真送郭先辈》：“忠臣本爱君，仁人本爱民。”

【愛死】　惜死。吝惜生命。杜甫《岁暮》：“济时敢爱死，寂寞壮心惊。”

【愛竹】　指晋王徽之爱竹成癖事。见《世说新语·任诞》。后因以之为咏竹或咏名士雅兴之典。李白《题金陵王处士水亭》：“好鹅寻道士，爱竹啸名园。”徐夤《山阴故事》：“爱竹只应怜直节，书裙多是为奇童。”

【愛名】　爱慕出名。白居易《重修香山寺毕题二十二韵以纪之》：“须除爱名障，莫作恋家囚。”

【愛州】　唐代州名，在唐岭南道安南都督府。领九真、安顺、日南等六县。天宝元年(742)曾改九真郡。乾元元年(758)复为爱州。治所在今越南清化。齐己《送迁客》：“天涯即爱州，谪去莫多愁。”

【愛玩】　犹赏玩。白居易《府西池北新葺水斋即事招宾偶题十六韵》：“少逢人爱玩，多是我淹留。”

【愛物】　❶喜爱之物。张祜《将之衡阳道中作》：“长年无爱物，深话少情人。”❷爱护、爱惜众物。赵嘏《十无诗寄桂府杨中丞》：“孔融襟抱称名儒，爱物怜才与世殊。”

【愛妾換馬】　古乐府诗题名。属杂曲歌辞。旧说淮南王刘安作。一说为三国魏任城王彰作。因彰有以美妾换白鹘马事。张祜有《爱妾换马》诗二首。

【愛河】 喻指情欲。吕岩《水龙吟》词："爱河浪阔，洪波风紧，舟船难渡。"齐己《赠念法华经僧》："念经念佛能一般，爱河竭处生波澜。"

【愛重】 (—zhòng)爱慕敬重；喜爱看重。张籍《送浙西周判官》："吴越主人偏爱重，多应不肯放君闲。"孙魴《又题牡丹上主人司空》："一年芳胜一年芳，爱重贤侯意异常。"

【愛染】 佛教语。谓明净之心为情爱、欲望所染污。王维《偶然作六首》之三："爱染日已薄，禅寂日已固。"

【愛客】 ❶好友；嘉宾。乔知之《哭故人》："古木巢禽合，荒庭爱客疏。"岑参《早秋与诸子登虢州西亭观眺》："微官何足道，爱客且相携。"❷好客。喜爱待客。李郢《茶山贡焙歌》："使君爱客情无已，客在金台价无比。"

【愛殺】 爱极，极爱。皎然《九月十日》："爱杀柴桑隐，名溪近讼庭。"白居易《裴常侍以题蔷薇架十八韵见示因广为三十韵以和之》："假如君爱杀，留著莫移将。"

【愛酒耽棋】 喜爱饮酒下棋。李洞《有寄》："爱酒耽棋田处士，弹琴咏史贾先生。"

【愛姬】 宠爱之姬妾。罗虬《比红儿诗》之六三："若教粗及红儿貌，争取楼前斩爱姬。"

【愛惜】 ❶珍爱，珍惜。杜甫《古柏行》："君臣已与时际会，树木犹为人爱惜。"皇甫湜《石佛谷》："精艺贯古今，穷岩谁爱惜。"白居易、王起《仆射来示有三春向晚四者难并之说重为联句》："分阴当爱惜，迟景好逢迎。"李都《戏答朝士》："惟堪爱惜为珍宝，不敢传留误子孙。"❷吝惜。郑谷《牡丹》："春风爱惜未放开，拓枝鼓振红英绽。"

【愛惡】 (—wù)喜爱与憎恶。白居易《白牡丹》："始知无正色，爱恶随人情。"

【愛敬寺】 寺名。在唐江南道润州上元县(今江苏南京)钟山，原名大爱敬寺，系梁武帝为其父萧顺之造。李颀有《爱敬寺古藤歌》。

【愛惠】 犹恩爱。乔知之《定情篇》："赠君比芳菲，爱惠常不歇。"

【愛棠】 传西周召公奭曾于甘棠树下听讼，清廉公正，人民感怀其德，作《甘棠》。后因以之为颂官员清廉之典。刘禹锡《奉送裴司徒令公自东都留守再命太原》："爱棠余故吏，骑竹见新童。"参阅《诗·国风·甘棠》。

【愛遇】 爱护与礼遇。韩愈《荐士》："庙堂有贤相，爱遇均覆焘。"

【愛毁】 犹毁誉。谓喜爱颂扬与憎恶毁谤。司空图《感时》："爱毁亦自遭，掩谤终失计。"

【愛慕】 喜爱倾慕。韩愈《题杜工部坟》："我常爱慕如饥渴，不见其面生闲愁。"

【愛網】 佛教称情爱、情欲为爱网。谓其如网，人堕入则不能脱身。刘昚虚《登庐山峰顶寺》："虽知真机静，尚与爱网并。"皎然《哭吴县房耸明府》："安知忘情子，爱网素已褰。"

【愛憐】 怜爱，喜爱。李咸用《和吴处士题村叟壁》："每忆关魂梦，长夸表爱怜。"

【愛憎】 喜爱与憎恶。孟郊《寒江吟》："结交非贤良，谁免生爱憎。"白居易《劝酒十四首·不如来饮酒七首》之六："莫上青云去，青云足爱憎。"章孝标《山中送进士刘蟾赴举》："去住迹虽异，爱憎情不同。"李群玉《宵民》："大雅无忧怨，宵民有爱憎。"

【愛禮】 意谓为保存祭祖之大礼，不可吝惜祭祖之羊。见《论语·八佾》。后因以之指为顾大体不得不有小牺牲。张九龄《忝官二十年尽在内职及为郡尝积恋因赋诗焉》："爱礼谁为羊，恋主吾犹马。"

【愛戀】 喜爱眷恋。白居易《戒药》："生涯有分限，爱恋无终已。"

惸 〔qióng《广韵》渠營切，平清，羣〕❶无兄弟之子。亦指孤独无依之人。玄宗《赐诸州刺史以题座右》："恤茕且存老，抚弱复绥强。"张蠙《赠南昌宰》："每锄奸弊同荆棘，唯抚孤茕似子孙。"❷忧愁。韩愈、孟郊《城南联句》："猛毙牛马乐，妖残枭鸧茕。"

【惸孤】 孤独之人。李频《送台州唐兴陈明府》："遥知为吏去，有术字茕孤。"

【惸惸】 孤独貌。乔知之《拟古赠陈子昂》："茕茕孤形影，悄悄独游心。"

【惸嫠】 无兄弟与无夫之人。亦泛指孤寡无依之人。李颀《送东阳王太守》："彤襜问风俗，明主寄茕嫠。"李白《感时留别从兄徐王延年从弟延陵》："北宅聊偃憩，欢愉恤茕嫠。"萧祜《游石堂观》："沈生为政哀茕嫠，又能索隐探灵奇。"陆龟蒙《江湖散人歌》："只今利口且箕敛，何暇俯首哀茕嫠。"

【惸寡】 孤寡无依之人。《雒县舆人诵》(卷八七四)："我有圣帝抚令君，遭暴昏椽茕寡纷。"

【惸獨】 孤苦无依之人。刘商《吊从甥》："日晚河边访茕独，衰柳寒芜绕茅屋。"赵抟《废长行》："不算劳神运枯木，且废为官恤茕独。"

【惸鰥】 无兄弟无妻之人。亦泛指孤苦无依之人。柳宗元《酬韶州裴曹长使君寄道州吕八大使》："在亡均寂寞，零落间茕鳏。"

意 〔yì《广韵》於記切，去志，影。〕❶意愿；意志。太宗《冬狩》："心非洛汭逸，意在渭滨游。"李白《山中与幽人对酌》："我醉欲眠卿且去，明朝有意抱琴来。”王季友《宿东溪李十五山亭》：“本意由来是山水，何用相逢语旧怀。”杨衡《题花树》：“都无看花意，偶到树边来。”❷意思；意义。严维《题鲍行军小阁》：“宇下无留事，经营意独新。”白居易《读张籍古乐府》：“为诗意如何，六义互铺陈。”顾非熊《陈情上郑主司》：“愿察为裘意，彷徉和角篇。”皮日休《重题后池》：“适来会得荆王意，只为莲茎重细腰。”❸思虑；智虑。高祖《嘲苏世长》：“名长意短，口正心邪。”❹心怀。指思想感情。房琯《题汉州西湖》：“遭乱意不开，即理还暂祛。”戴叔伦《怀素上人草书歌》：“神清骨竦意真率，醉来为我挥健笔。”白居易《月夜登阁避暑》：“开襟当轩坐，意泰神飘飘。”刘沧《匡城寻薛闵秀才不遇》：“音容一别近三年，往事空思意浩然。”亦指精神。韦庄《和郑拾遗秋日感事一百韵》：“纡金光照耀，执玉意藏昂。”❺心里感觉，想法。权德舆《薄命篇》：“沙塞经时不寄书，深闺愁独意何如。”周贺《送康绍归建业》：“南朝秋色满，君去意如何。”曹邺《怨歌行》：“贫贱又相负，封侯意何如。”❻情，情意。郭震《二月乐游诗》：“阳春遽多意，唯愿两人知。”戴叔伦《感怀二首》之一：“新交意虽密，中道生怨尤。”李绅《寿阳罢郡日有诗十首·初出淝口入淮》：“野老拥途知意重，病夫抛郡喜身轻。”温庭筠《山中与诸道友夜坐闻边防不宁因示同志》：“龙砂铁马犯烟尘，迹近群鸥意倍亲。”❼意味；情味。皎然《咏敭上人座右画松》：“写得长松意，千寻数尺中。”钱起《题郎士元半日吴村别业兼呈李长官》：“愁人昨夜相思苦，闰月今年春意赊。”羊士谔《资中早春》：“柳意笼丹槛，梅香覆锦茵。”❽揣测；意料。王翰《古蛾眉怨》：“不意君心半路回，求仙别作望仙台。”李端《瘦马行》：“岂意今朝驱不前，蚊蚋满身泥上腹。”姚合《寄陕府内兄郭冏端公》：“事出自非意，喜常少于惊。”颜胄《适思》：“当其崇树日，岂意侵夺并。”

【意中】（—zhōng）意念之中，心中。皎然《答孟秀才》：“物外好风至，意中佳客寻。”白居易《寄题盩厔厅前双松》：“尽日不寂寞，意中如三人。”

【意中人】（中 zhōng）心中属意之人。韦应物《赠李儋侍御》：“残花犹待客，莫问意中人。”

【意内】 心中。杜甫《端午日赐衣》：“意内称长短，终身荷圣情。”

【意外】 ❶意料之外。朱庆余《将之上京留别淮南书记李侍御》：“酒兴春边过，军谋意外来。”❷某种意愿、心思之外。白居易《秋池独泛》：“悠然意自得，意外何人知。”贯休《和杨使君游赤松山》：“为郡三星无一事，龚黄意外扳乔松。”

【意匠】 指在创作中精心构思策划。杜甫《丹青引赠曹将军霸》：“诏谓将军拂绢素，意匠惨澹经营中。”

【意行】（—xíng）随意而行。刘禹锡《蛮子歌》：“腰斧上高山，意行无旧路。”

【意色】 犹神色。张籍《祭退之》：“及当临终晨，意色亦不荒。”

【意者】 犹言意在。谓其意旨在于。白居易《和答诗十首》序：“且奉新诗一轴，致于执事，凡二十章……意者，欲足不在途讽读，且以遣时日，消忧懑。”又《和答诗十首·和阳城驿》：“沉吟不能去，意者欲改为。”

【意府】 犹心境，心胸。上官昭容《游长宁公主流杯池二十五首》之十二：“漱流清意府，隐几避嚣氛。”

【意思】 ❶心思；心神。刘禹锡《三月三日与乐天及河南李尹奉陪裴令公泛洛禊饮》：“历览风光好，沿洄意思迷。”❷意志；意愿。陆龟蒙《五歌·水鸟》：“鸥闲鹤散两自遂，意思不受人丁宁。”❸意图，用意。刘禹锡《葡萄歌》：“扬翘向庭柯，意思如有属。”❹情趣，意味。韩愈《杏花》：“山榴踯躅少意思，照耀黄紫徒为丛。”张籍《和左司元郎中秋居十首》之六：“尚俭经营少，居闲意思长。”白居易《送王卿使君赴任苏州因思花迎新使感旧游寄题郡中栏西院一别》：“莺入故宫含意思，花迎新使生光彩。”薛涛《斛石山书事》：“王家山水画图中，意思都卢粉墨容。”

【意度】 ❶（—dù）意志气度。寒山《诗三百三首》之一八〇：“莫知真意度，唤作闲言语。”❷（—duó）揣度，料事。杜甫《奉寄李十五秘书二首》之二：“飞腾知有策，意度不无神。”一说指意思度量。见仇兆鳌《杜诗详注》卷十五。

【意馬】 喻指心意、心神。因心神能以控驭如马，故称。许浑《题杜居士》：“机尽心猿伏，神闲意马行。”

【意珠】 梵语之意译，或译作如意珠、清净珠。喻指佛性、智慧。刘禹锡《送义舟师却还黔南》序：“今乞词以扬之，如捧意珠，行住坐卧，知相好耳。”无名氏《天竺国胡僧水晶念珠》（卷七八五）：“凄清妙丽应难并，眼界真如意珠静。”

【意氣】 ❶志气；气概。卢照邻《羁卧山中》：“红颜意气尽，白璧故交轻。”李白《忆旧游寄谯郡元参军》：“当筵意气凌九霄，星离雨散不终朝。”白居易《晏坐闲吟》：“意气销磨群动里，形骸变化百年中。”冯待征《虞姬怨》：“拔山意气都已无，渡江面目今何在。”❷骄横凌人之盛气。王维《洛阳女儿行》：“狂夫富贵在青春，意气骄奢剧季伦。”薛据《古兴》：“光华满道路，意气安可亲。”白居易《秦中吟十首·轻肥》：“意气骄满路，鞍马光照尘。”亦指骄气凌人，志得意满貌。李廓《长安少年行》之八："朝下人争看，香街意气归。"姚合《送任畹及第归蜀中觐亲》："阙下声名出，乡中意气游。"杜牧《郡斋独酌》："旌竿幖幖旗㸌㸌，意气横鞭归故乡。"司空图《有感二首》之一："留侯却粒商翁去，甲第何人意气归。"❸雄豪，豪强。寒山《拾遗二首新添》之一："我见世间人，个个争意气。"杜甫《承闻河北诸道节度入朝欢喜口号绝句十二首》之十："意气即归双阙舞，雄豪复遣五陵知。"岑参《卫节度赤骠马歌》："枥上看时独意气，众中牵出偏雄豪。"❹纵情适意。张纮《行路难》："人生意气须及早，莫负当年行乐心。"❺犹义气、情谊。魏征《述怀》："人生感意气，功名谁复论。"骆宾王《帝京篇》："故人有湮沦，新知无意气。"❻志趣；心意。李白《别韦少府》："交乃意气合，道因风雅存。"杜甫《赠王二十四侍御契四十韵》："由来意气合，直取性情真。"李德裕《东郡怀古二首·王京兆》："意气苟相合，神明无古今。"

【意象】　指艺术创作中意境、形象。司空图《诗品二十四则·缜密》："意象欲生，造化已奇。"

【意智】　❶智虑；心计。寒山《诗三百三首》之八五："水浸泥弹丸，方知无意智。"卢仝《忆金鹅山沈山人二首》之一："不须服药求神仙，神仙意智或偶然。"❷犹智慧。韦渠牟《步虚词十九首》之六："静发降灵香，思神意智长。"卢仝《冬行三首》之三："船人虽奴兵，亦有意智长。"

【意遠】　意趣高远。意态超逸。王昌龄《送姚司法归吴》："但令意远扁舟近，不道沧江百丈深。"杜甫《丽人行》："态浓意远淑且真，肌理细腻骨肉匀。"

【意義】　❶含义。内在的思想内容。陆龟蒙《读阴符经寄鹿门子》："未能穷意义，岂敢求瑕痕。"❷意味。陆龟蒙《丁隐君歌》序："时时书细字，作文纪事，皆有楷法意义。"

【意態】　意味神态。张说《羽林恩召观御书王太尉碑》："鱼龙生意态，钩剑动铓辉。"杜甫《天育骠骑歌》："是何意态雄且杰，骏尾萧梢朔风起。"白居易《山石榴花十二韵》："风来添意态，日出助晶光。"韩偓《意绪》："娇饶意态不胜羞，愿倚郎肩永相著。"亦指作出各种姿态。刘禹锡《观云篇》："晴来意态行，有若功成归。"

【意緒】　❶心意，心绪；情兴。张九龄《通化门外送别》："屡别容华改，长愁意绪微。"杜甫《暮春陪李尚书李中丞过郑监湖亭泛舟》："海内文章伯，湖边意绪多。"张仲素《燕子楼诗三首》之三："瑶瑟玉箫无意绪，任从蛛网任从灰。"陆龟蒙《小雪后书事》："邻翁意绪相安慰，多说明年是稔年。"❷情味；情致。杜甫《孤雁》："野鸦无意绪，鸣噪自纷纷。"陆龟蒙《和袭美重题后池》："晓烟清露暗相和，浴雁浮鸥意绪多。"郑谷《竹》："无赖杏花多意绪，数枝穿翠好相容。"

【意願】　心愿；愿望。李白《书情寄从弟邠州长史昭》："谁言贵此物，意愿重琼蕤。"刘长卿《睢阳赠李司仓》："非君深意愿，谁复能相忧。"

愔　〔yīn《广韵》挹淫切，平侵，影。〕❶安和貌。卢鸿一《嵩山十志十首·幂翠庭》："皇徽兮绿水阴，德之愔兮澹多心。"见"愔愔❶"。❷安静貌。见"愔愔❷"。❸柔弱貌。见"愔愔❸"。❹人名，指唐郑愔。《吏部谣》："岑愔獠子后，崔湜令公孙。"李愔，李元操之从叔。曾官光禄卿。李元操有《和从叔禄愔元日早朝》。《文苑英华》卷一九〇收此诗，"禄"上有光字是，按，李元操为隋季李孝贞字。李愔亦为隋人。

【愔愔】　❶安舒貌，和悦貌。储光羲《晚次东亭献郑州宋使君文》："愔愔宿帝梧，侃侃居文府。"贯休《题弘式和尚院兼呈杜使君》："二雅兼二密，愔愔只自怡。"《郊庙歌辞·太清宫乐章·冲和》："灵车至止，庆垂愔愔。"亦指声音安和。郭子仪《享太庙乐章·保大舞》："愔愔云韶，德音不忘。"张祜《箫》："清籁远愔愔，秦楼夜思深。"李商隐《燕台四首·秋》："瑶琴愔愔藏楚弄，越罗冷薄金泥重。"❷安静貌。孟郊《雨中寄孟刑部几道联句》："愔愔抱所诺，翼翼自申戒。"温庭筠《洞户二十二韵》："醉乡高窈窈，棋阵静愔愔。"韩偓《别绪》："别绪静愔愔，牵愁暗入心。"❸柔弱貌。李商隐《自桂林奉使江陵途中感怀寄献尚书》："张衡愁浩浩，沈约瘦愔愔。"

慈　〔cí《广韵》疾之切，平之，從。〕❶上爱下，父母爱子女。白居易《慈乌夜啼》："应是母慈重，使尔悲不任。"又《弄龟罗》："物情小可念，人意老多慈。"❷仁爱。张说《唐享太庙乐章·福和》："诚通慈降，敬彻爱存。"郑繇《经慈涧题》："岸与恩同广，波将慈共深。"元结《二风诗·治风诗五篇·至慈》："如煦如吹，如负如持，而不知其慈。"❸指父母。皮日休《三羞诗三首》之三："厉能去人爱，荒能夺人慈。"见"慈訓""慈親"。❹指子女事亲孝敬。韩愈《嗟哉董生行》："嗟哉董生孝且慈，人不识，惟有天翁知。"❺指佛门。因佛门以慈悲为怀，又弥勒佛称慈氏，故云。见"慈悲""慈航""慈宫"。

【慈父】　慈祥的父亲。柳宗元《咏荆轲》："慈父断子首，狂走无容躯。"

【慈氏】　即弥菩萨。弥勒，梵语意译为慈氏。白居易《和微之诗二十三首·和晨霞》："君歌仙氏真，我歌慈氏真。慈氏发真念，念此阎浮人。"

【慈母】　慈爱的母亲。王维《哭殷遥》："慈母未及葬，一女才十龄。"李白《答王十二寒夜独酌有怀》："曾参岂是杀人者，谗言三及慈母惊。"孟郊《游子吟》：

“慈母手中线,游子身上衣。”黄滔《伤翁外甥》:“独在异乡殁,若为慈母闻。”

【慈光】 佛教指菩萨慈悲之光。白居易《和微之诗二十三首·和送刘道士游天台》:“慈光一照烛,奥法相絪缊。”

【慈竹】 竹名。一名慈孝竹、子母竹。丛生。一丛数十竿,若母子相簇,故名。杜甫《天宝初南曹小司寇舅于我太夫人堂下累土为山一匮盈尺以代彼朽木承诸焚香瓷瓯瓯甚安矣旁植慈竹盖兹数峰嵚岑婵娟而作是诗》:“慈竹春阴覆,香炉晓势分。”

【慈州】 地名。隋之耿州。唐武德元年,改为汾州。八年,改名慈州。以郡近慈乌戎,故名。属河东道,领吉昌、文城等五县。治所在今山西吉县。唐彦谦有《初秋到慈州冬首换绛牧》。

【慈孝】 慈爱孝顺。白居易《和答诗十首·和大觜乌》:“觜小者慈孝,觜大者贪庸。”

【慈門】 佛门。亦指佛寺之门。卢纶《宝泉寺送李益端公归邠宁幕》:“早晚登麟阁,慈门欲付公。”李绅《真娘墓》:“一株繁艳春城尽,双树慈门忍草生。”

【慈明】 汉荀爽之字,以通经书闻名,时颍川有“荀氏八龙,慈明无双”之语。见《后汉书》本传。李瀚《蒙求》:“慈明八龙,祢衡一鹗。”

【慈和】 慈爱和睦。白居易《贺雨》:“莫如率其身,慈和与俭恭。”

【慈和寺】 寺名。在唐江南道润州(治今江苏镇江)。张祜有《秋夜登润州慈和寺上方》。许浑有《趋慈和寺移宴》。

【慈育】 慈悲化育。法进《七言伤大和上》:“大师慈育契圆空,远迈传灯照海东。”

【慈姑】 见“慈菇”。

【慈烏】 见“慈鸦”。

【慈風】 慈悲之风。因佛教弥勒菩萨意译为慈氏,故称。段义宗《题三学院经楼二首》之二:“佛日明时齐舜日,皇风清处接慈风。”

【慈宫】 即佛寺。因佛亦称慈氏,故称。李绅《题法华寺五言二十韵》:“花界无生地,慈宫有相天。”

【慈姥竹】 竹名。因产于慈姥山,故名。见《文选·王褒〈洞箫赋〉》。李赤有《姑熟十咏·慈姥竹》。

【慈柔】 慈爱温和。韦应物《送杨氏女》:“尔辈况无恃,抚念益慈柔。”

【慈根】 佛教指能增生慈悲心之根基。根,义为“能生”。崔颢《赠怀一上人》:“轩风洒甘露,佛雨生慈根。”

【慈恩】 ❶仁慈恩惠。亦特指皇帝之恩惠。宋之问《上阳宫侍宴应制得林字》:“旧渥骖宸御,慈恩忝翰林。”李泌《奉和圣制中和节曲江宴百僚》:“慈恩匝寰瀛,歌咏同君臣。”❷指唐长安之慈恩寺。元稹《琵琶歌》:“游想慈恩杏园里,梦寐仁风花树前。”郑谷《题水部李羽员外招国里居》:“不辞朝谒远,唯要近慈恩。”徐夤《依韵答黄校书》:“慈恩雁塔参差榜,杏苑莺花次第游。”李洞《送包处士》:“秋思枕月卧潇湘,寄宿慈恩竹里房。”❸指慈恩寺之大雁塔。徐夤《寄两浙罗书记》:“怜君道在名长在,不到慈恩最上层。”杨玢《登慈恩寺塔》:“莫上慈恩最高处,不堪看又不堪听。”

【慈恩寺】 寺名。唐高宗作太子时,为其母追福所建,故名。本为隋无漏寺旧址。在唐长安东南曲江池杏园(今陕西西安南郊)。许敬宗有《奉和过慈恩寺应制》。元稹《元和五年予官不了罚俸西归因投五十韵》:“闲行曲江岸,便宿慈恩寺。”刘得仁有《晚游慈恩寺》。

【慈恩寺浮圖】 即慈恩寺塔。李峤有《奉和九月九日登慈恩寺浮图应制》。高适有《同诸公登慈恩寺浮图》。岑参有《与高适薛据登慈恩寺浮图》。

【慈恩寺塔】 即大雁塔。在唐长安(今陕西西安)东南郊之慈恩寺内。玄奘在慈恩寺译经时造,用以收藏自印度带回之佛经。后唐人进士及第,多于此塔题名。储光羲、杜甫有《同诸公登慈恩塔》。欧阳詹有《早秋登慈恩寺塔》。杨玢有《登慈恩寺塔》。亦省作“慈恩塔”。无名氏《嘲崔垂休》(卷八七二):“慈恩塔下亲泥壁,滑腻光华玉不如。”

【慈恩塔】 见“慈恩寺塔”。

【慈恩精舍】 即慈恩寺。韦应物有《慈恩精舍南池作》。参见“慈恩寺”。

【慈航】 佛教语。慈悲之航船,谓佛经慈悲之心救人,如以航船渡人出苦海而达涅槃之彼岸。史俊《题巴州光福寺楠木》:“会待良工时一眄,应归法水作慈航。”杜甫《上兜率寺》:“白牛车远近,且欲上慈航。”刘禹锡《送义舟师却还黔南》:“黔江秋水浸云霓,独泛慈航路不迷。”白居易《渭村退居寄礼部崔侍郎翰林钱舍人诗一百韵》:“断痴求慧剑,济苦得慈航。”

【慈訓】 指母亲或父亲之训诲。王周《自喻》:“五岁禀慈训,愤悱读书志。”

【慈容】 佛容。慈,指慈氏。即弥勒佛。太宗《题龟峰山》:“舍利塔中遗释子,观音崖上礼慈容。”

【慈祥】 慈爱和善。韩愈《元和圣德诗》:“皇帝大孝,兹祥悌友。”

【慈菇】 亦作“慈姑”。水生植物,叶如箭镞,有块状茎,可入药或食用,因一根岁生十二子,如慈姑之乳诸子,故名。元稹《景申秋八首》之六:“小片慈菇白,低丛柚子黄。”白居易《履道池上作》:“树暗小巢藏巧妇,渠荒新叶长慈姑。”

【慈淚】 父母之泪。白居易《病中哭金銮子》:

“慈泪随声迸，悲肠遇物牵。”

【慈塔】　即慈恩寺塔。欧阳衮《神光寺》：“石门栖怖鸽，慈塔绕归鸿。”参见“慈恩寺塔”。

【慈惠】　仁慈惠爱。张说《至尉氏》：“慈惠留千室，友于存四海。”张籍《董公诗》：“单车入危城，慈惠安群凶。”元稹《旱灾自咎贻七县宰同州时》：“共布慈惠语，慰此衢客尘。”

【慈雲寺】　寺名。在唐河东道晋州（今山西临汾）。李山甫有《题慈云寺僧院》。

【慈雲】　佛教语。喻指如云之广被众生的慈悲之心。李峤《奉和幸大荐福寺应制》：“甘雨苏燋泽，慈云动沛篇。”亦指佛寺上空之云。杨廉《奉和九月九日登慈恩寺浮图应制》：“慈云浮雁塔，定水映龙宫。”

【慈悲】　佛教语。指佛施慈爱悲悯之心救人出苦难。亦泛指慈爱悲悯。寒山《诗三百三首》之一五九：“慈悲大喜舍，名称满十方。”王维《燕子龛禅师》：“救世多慈悲，即心无行作。”李绅《龟山寺鱼池》：“凡庸不识慈悲意，自葬江鱼入九泉。”

【慈善】　仁慈善良；慈爱而常作济人之善事。吕岩《赐齐州李希遇诗》：“福因慈善得，祸向巧奸来。”

【慈遐】　“慈愍”之讹。慈爱怜悯。王梵志《诗》之八一：“见病须慈遐，诸方速疗医。”

【慈愛】　指父母等长辈对子女等晚辈之爱。韩愈《谢自然诗》：“繁华荣慕绝，父母慈爱捐。”

【慈溪】　县名。属唐江南道明州。即今浙江慈溪，以县境有慈溪水得名。方干有《题慈溪张丞壁》。

【慈誨】　称长辈之教诲。胡元范《奉和太子纳妃太平公主出降三首》之二：“紫极流宸渥，清规伫慈诲。”权德舆《伏蒙十六叔寄示喜庆感怀三十韵因献之》：“发函捧新诗，慈诲情殷勤。”

【慈鴉】　亦作“慈烏”。乌鸦之一种，胸白，传其能反哺其母，故称。杜甫《题桃树》：“帘户每宜通乳燕，儿童莫信打慈鸦。”白居易《和答诗十首·和大觜乌》：“慈乌求母食，飞下尔庭中。”

【慈儉】　仁慈俭约。司空图《自诫》：“媒衒士所耻，慈俭道所尊。”

【慈澗】　水名。在唐河南道河南府新安县（今河南新安）东。水边有慈涧镇。郑繇有《经慈涧题》。

【慈親】　父母。崔湜《景龙二年余自门下平章事削阶赴襄阳途中言志》：“慈亲不忍诀，昆弟默相顾。”李嘉祐《送从弟永任饶州录事参军》：“闻道慈亲倚门待，到时兰叶正萋萋。”韩愈《寄卢仝》：“辛勤奉养十余人，上有慈亲下妻子。”李中《途中作》：“得信慈亲痾瘵减，当时宽勉采兰心。”

惲　〔yùn《广韵》於粉切，上吻，影。〕姓。白居易有《看恽家牡丹花戏赠李二十》。

慨　〔kǎi《广韵》苦蓋切，去代，溪。〕❶感慨，慨叹。萧颖士《菊荣一篇五章》之三：“慨其莫知，蕴结谁语。”杜甫《白水县崔少府十九翁高斋三十韵》：“慨彼万国夫，休明备征狄。”戴叔伦《从军行》：“弹铗动深慨，浩歌气横秋。”唐彦谦《金陵怀古》：“登高有酒浑忘醉，慨古无言独倚楼。”❷情感激昂貌。见“慨然❷”。❸无所吝惜。见“慨然❸”。

【慨息】　感慨叹息。权德舆《奉和韦曲庄言怀贻东曲外族诸弟》：“慨息多永叹，歌诗厚时风。”

【慨然】　❶感慨貌。陈子昂《蓟丘览古赠卢居士藏用七首》序：“丁酉岁，吾北征。出自蓟门，历观燕之旧都，其城池霸业，迹已芜没矣，乃慨然仰叹。”元季川《山中晓兴》：“灵鸟望不见，慨然悲高梧。”白居易《春日闲居三首》之二：“圣人不得所，慨然叹时命。”李中《赠史虚白》：“致主嘉谋尚未伸，慨然深志与谁论。”❷感情激昂貌。太宗《还陕述怀》：“慨然抚长剑，济世岂邀名。”王昌龄《淇上酬薛据兼寄郭微》：“倚剑对风尘，慨然思卫霍。”元稹《有酒十章》之三：“念万古之纷罗，我独慨然而浩歌。”❸无所顾惜。高适《睢阳酬别畅大判官》：“承诏选嘉宾，慨然即驰轺。”吕温《题石勒城二首》之一：“建业乌栖何足问，慨然归去王中州。”

【慨傷】　感慨悲伤。韦应物《再游龙门怀旧侣》：“遇物岂殊昔，慨伤自有端。”

【慨慷】　❶感叹；悲叹。岑参《武威送刘单判官赴安西行营便呈高开府》：“苍然西郊道，握手何慨慷。”贾至《闲居秋怀寄阳翟陆赞府封丘高少府》：“秋风吹二毛，烈士加慨慷。”孟郊、韩愈《遣兴联句》：“独居久寂默，相顾聊慨慷。”❷情绪激昂。王昌龄《秋山寄陈说言》：“感激未能寐，中宵时慨慷。”韩愈《卢郎中云夫寄示送盘谷子诗两章歌以和之》：“闭门长安三日雪，推书扑笔歌慨慷。”

【慨歎】　见“慨歡”。

【慨歡】　亦作“慨歎”。感慨叹息。王昌龄《代扶风主人答》：“主人就我饮，对我还慨叹。”韦应物《送阎寀赴东川辟》：“当念反穷巷，登朝成慨叹。”陆龟蒙《次追和清远清士诗韵》：“斯人久冥漠，得不垂慨叹。”

愍　〔mǐn《广韵》眉殞切，上軫，明。〕怜悯，哀怜。拾得《诗》之七：“佛舍尊荣乐，为愍诸痴子。”杜甫《朱凤行》：“下愍百鸟在罗网，黄雀最小犹难逃。”

【愍册】　怜恤抚慰的诏书。权德舆《赠魏国宪穆公主挽歌词二首》之二：“愍册徽音在，都人雪涕看。”

【愍征】　赋名。唐范阳人卢献卿所作。时人以为庾信《哀江南赋》之亚。皮日休《伤卢献秀才》:"愍征新价欲凌空,一首堪欺左太冲。"原注:"献有《愍征赋》一卷,人为作注。"司空图《杂题九首》之一:"今日甘为客,归时注愍征。"

【愍帝】 即晋愍帝。周昙有《咏史诗·晋门·愍帝》。

【愍悼】 哀怜。陆龟蒙《南泾渔父》:"民皆死搜求,莫肯兴愍悼。"

【愍默】 哀怜而无语。白居易《不能忘情吟》序:"予闻素言,亦愍默不能对。"

慅1 〔sāo《广韵》蘇遭切,平豪,心。〕骚动不安。《说文·心部》:"慅,动也。"见"慅慅"。

慅2 〔cǎo《广韵》采老切,上晧,清。〕忧愁,心神不安。见《诗·陈风·月出》。见"慅惕"。

【慅₂惕】 忧思貌。元结《引极三首·思元极》:"思不从兮空自伤,心慅惕兮意惶懹。"

【慅慅】 骚动不安貌。李贺《春归昌谷》:"天网信崇大,矫士常慅慅。"

惱 〔nǎo《广韵》奴皓切,上晧,泥。〕❶恼怒;怨恨。杜甫《台上》:"何须把官烛,似恼鬓毛苍。"唐彦谦《洛神》:"惊鸿瞥过游龙去,漫恼陈王一事无。"蜀宫群仙《弄玉》(卷八六三):"如今记得秦楼上,偷见萧郎恼妾时。"❷烦恼,苦恼。姚合《赠僧绍明》:"今生多病恼,自晓至黄昏。"齐己《示诸侄》:"死也何忧恼,生而有咏歌。"亦指惹生烦恼。贺朝《赋得春莺送友人二首》之一:"翅掩飞莺舞,啼恼婕好悲。"❸撩逗,撩拨。杜甫《江畔独步寻花七绝句》之一:"江上被花恼不彻,无处告诉只颠狂。"白居易《题灵隐寺红辛夷花戏酬光上人》:"芳情乡思知多少,恼得山僧悔出家。"雍陶《春咏》:"风恼花枝不耐频,等闲飞落易愁人。"韩偓《褭娜》:"春恼情怀身觉瘦,酒添颜色粉生光。"亦指戏谑。李商隐有《寄恼韩同年二首》。❹搅扰,烦扰。姚合《游春十二首》之七:"远思遭诗恼,闲情被酒牵。"

【惱人】 ❶使人烦恼、恼恨。元稹《赠刘采春》:"更有恼人肠断处,选词能唱望夫歌。"张安石《玉女词》:"不须更学阳台女,为雨为云趁恼人。"孙元晏《咏史诗·晋·庾悦鹅炙》:"庾家厨盛刘公困,浑弗相贻也恼人。"❷撩逗人。唐彦谦《黄子陂荷花》:"世间花气皆愁绝,恰是莲香更恼人。"欧阳炯《菩萨蛮》词之一:"斜卧脸波春,玉郎休恼人。"

【惱公】 犹言惹我烦恼。公,自称。李贺有《恼公》。

【惱破】 犹言烦透。杜牧《题于公花园》:"若使明年花可待,应须恼破事花心。"

【惱殺】 犹言恼死、恨死。极言恼甚。李白《赠段七娘》:"千杯绿酒何辞醉,一面红妆恼杀人。"白居易《江岸梨花》:"梨花有思缘和叶,一树江头恼杀君。"徐铉《赠浙西妓亚仙》:"占将南国貌,恼杀别家人。"冯延巳《金错刀》词:"春光堪赏还堪玩,恼杀东风误少年。"

【惱亂】 烦扰搅乱。白居易《和微之十七与君别及陇月花枝之咏》:"别时十七今头白,恼乱君心三十年。"陆龟蒙《江湖散人歌》:"多方恼乱元气死,日使文字生奸欺。"曹唐《勖剑》:"垂情不用将闲气,恼乱司空犯斗牛。"李涛《春社从李昉乞酒》:"恼乱玉堂将欲遍,依稀巡到第三厅。"

十　画

慠 〔ào《集韵》魚到切,去号,疑。〕同"傲"。骄傲;轻视。韩愈《荐士》:"俗流知者谁,指注竞嘲慠。"见"慠慢"。

【慠慢】 傲慢。寒山《诗三百三首》之七六:"有汉姓慠慢,名贪字不廉。"

慤 〔què《广韵》苦角切,入覺,溪。〕亦作"愨"。诚实,恭谨。见《淮南子·主术训》。引申为迂拙、拘谨等义。韩愈、孟郊《纳凉联句》:"化邓渴且多,奔河诚已慤。"贯休《续姚梁公坐右铭》:"祸福必可转,莫慤言前定。"

慕 〔mù《广韵》莫故切,去暮,明。〕❶思慕;向往。见《孟子·万章上》。许敬宗《冬日宴于庶子宅各赋一字得归》:"倦游嗟落拓,短翮慕追飞。"戴叔伦《孤鸿篇》:"嗈嗈慕俦匹,远集清江湄。"李商隐《四皓庙》:"本为留侯慕赤松,汉庭方识紫芝翁。"贯休《寄杜使君》:"清高慕玄度,宴默攀道一。"❷羡慕;贪慕。韦应物《洛都游寓》:"轩冕诚可慕,所忧在絷维。"王建《荆南赠别李肇著作转韵诗》:"早岁慕嘉名,远思今始平。"元稹《有鸟二十章》之十二:"可怜鸦鹊慕腥膻,犹向巢边竞纷泊。"白居易《咏怀》:"高人乐丘园,中人慕官职。"❸仿效。柳宗元《酬韶州裴曹长使君寄道州吕八大使因以见示二十韵一首》序:"韶州幸以诗见及,往复奇丽,邈不可慕。"李绅《州中小饮便别牛相》:"耻矜学步贻身患,岂慕醒狂蹑祸阶。"

【慕化】 向慕归化。元稹《和李校书新题乐府十二首·蛮子朝》:"鸟道绳桥来款附,非因慕化因危悚。"

【慕車】 倾慕车胤。见《艺文类聚》卷九七引《续晋阳秋》。白居易《和春深二十首》之十:"折桂名惭郄,收萤志慕车。"

【慕東鄰】 倾慕美女。见战国宋玉《登徒子好色赋》。汉司马相如《美人赋》称其东邻女子“玄发丰艳，蛾眉皓齿。”故后以“东邻”代称美女。无名氏《怀木兰将军》(外编下)：“尚能降北虏，断不慕东邻。”

【慕侣】 思慕伴侣。李义府《咏鹦鹉》：“慕侣朝声切，离群夜影寒。”刘象《鹭鸶》：“窥鱼翘立荷香里，慕侣低翻柳影中。”

【慕幽】 南唐时僧。所住之寺未详。与齐己有交往。《唐诗纪事》卷七七载其诗。《全唐诗》卷八五〇录其诗六首。

【慕容】 复姓。见“慕容损”。

【慕容十一】 慕容承。王维有《酬慕容十一》，又有《慕容承携素馔见过》。

【慕容承】 排行第十一。籍贯生平均未详。与王维有唱酬。王维有《慕容承携素馔见过》。

【慕容章】 籍贯生平均未详。《全唐诗》卷七七二录其诗一首。

【慕容损】 昌黎(今辽宁朝阳)人。曾官渝州刺史。见《元和姓纂》卷八昌黎慕容氏。开元九年(721)自华州灵事参军为劝农使判官。见《唐会要》卷八五。王维有《座上走笔赠薛璩慕容损》。

【慕陶】 倾慕陶渊明。谓向往隐逸生活。韦应物《东郊》：“终罢斯结庐，慕陶真可庶。”

【慕巢】 ❶杨汝士之字。白居易有《慕巢尚书书云室人欲为置一歌者非所安也以诗相报因而和之》。❷倾慕巢父。谓向往隐逸生活。巢父，传说为唐尧时代的隐士。白居易《新秋喜凉因寄兵部杨侍郎》：“昨日闻慕巢，召对延英殿。”

【慕道】 仰慕仙道。皮日休《太湖诗·投龙潭》：“时有慕道者，作彼投龙术。”

【慕愛】 爱慕。柴宿《瑜不掩瑕》：“他山傥磨琢，慕爱是洪炉。”

【慕義】 倾慕仁义。虞世南《奉和幸江都应诏》：“沐道咸知让，慕义久成都。”

【慕賢】 思慕贤人。白居易《皇甫郎中亲家翁赴任绛州宴送出城赠别》：“慕贤入室交先定，结援通家好复成。”

【慕德】 向慕德化。白行简《夫子鼓琴得其人》：“慕德声逾感，怀人意自深。”

【慕禪】 (—chán)向往佛禅。温庭筠《题僧泰恭院二首》之一：“忧患慕禅味，寂寥遗世情。”薛能《酬曹侍御见寄》：“儒道苦不胜，迩来惟慕禅。”

【慕謝】 倾慕谢灵运。韦应物《题从侄成绪西林精舍书斋》：“慕谢始精文，依僧欲观妙。”

【慕藺】 倾慕蔺相如。为倾慕名贤之典。见《史记·司马相如列传》。李白《赠饶阳张司户燧》：“慕蔺岂曩古，攀嵇是当年。”魏万《金陵酬李翰林谪仙子》：“长卿慕蔺久，子猷意已深。”

【慕羶】 出《庄子·徐无鬼》。后用“慕羶”喻敬慕，归向贤者。韩偓《感事三十四韵》：“鸳鹭皆回席，皋夔亦慕膻。”

【慕顧】 仰慕。吕岩《敲爻歌》：“报贤良，休慕顾，性命机关须守护。”

慄 〔lì《广韵》力質切，入質，來。〕❶恐惧。见《诗·秦风·黄鸟》。韩愈《燕河南府秀才得生字》：“鄙夫忝县尹，愧栗难为情。”❷谨敬。见《书·大禹谟》。韩愈《山南郑相公十四韵以献》：“遗我一言重，跽受惕斋栗。”

慎 〔shèn《广韵》時刃切，去震，禪。〕❶谨慎；慎重。见《周易·颐卦》。太宗《帝京篇十首》之十：“纳善察忠谏，明科慎刑赏。”高适《送郑侍御谪闽中》：“自当逢雨露，行矣慎风波。”白居易《李都尉古剑》：“劝君慎所用，无作神兵羞。”杜荀鹤《江上送韦彖先辈》：“时难慎行止，吾道利于穷。”❷千万，无论如何。与“勿”“莫”等连用。表示警戒。王建《送张籍归江东》：“慎勿多饮酒，药膳愿自强。”见“慎勿”“慎莫”。

【慎氏】 唐末常州(今属江苏)人，儒家之女。见范摅《云溪友议》卷上、《诗话总龟》前集卷四三引《唐宋遗史》。《全唐诗》卷七九九录其诗一首。

【慎勿】 千万不要。杜甫《潼关吏》：“请嘱防关将，慎勿学哥舒。”韩愈《永贞行》：“左右使令诈难凭，慎勿浪信常兢兢。”白居易《宿紫阁山北村》：“主人慎勿语，中尉正承恩。”李商隐《行次西郊作一百韵》：“慎勿道此言，此言未忍闻。”

【慎行】 (—xíng)慎于行。谓行为谨慎检点。孟郊《送郑仆射出节山南》：“惜命非所报，慎行诚独艰。”

【慎言法師】 长安招福寺高僧，长安青龙寺高僧道氤礼为师。见《宋高僧传》卷五《唐长安青龙寺道氤传》。储光羲有《题慎言法师故房》。

【慎莫】 千万不要。杜甫《丽人行》：“炙手可热势绝伦，慎莫近前丞相嗔。”王建《留别舍弟》：“岁暮当归来，慎莫怀远游。”元稹《酬白太傅》：“官冷且无事，追陪慎莫忘。”李商隐《妓席》：“劝君书小字，慎莫唤官奴。”

【慎姬】 汉文帝姬，即慎夫人。甚得文帝宠信。文帝幸上林，与皇后俱从。其在禁中，常与同席坐。见《史记·张释之冯唐列传》。又见《汉书·张释之传》。鲍溶《倚瑟行》：“左文皇帝右慎姬，北面侍臣张释之。”

【慎罰】 对刑罚持谨慎态度。骆宾王《畴昔篇》：“慎罚宁凭两造辞，严科直挂三章律。”

【慎選】 慎重选举。罗隐《送汝州李中丞十二韵》:"与能才物论,慎选忽天庭。"

【慎擇】 慎重选择。白居易《赠友五首》之四:"慎择循良吏,令其长子孙。"

慝 〔tè《广韵》他德切,入德,透。〕❶邪恶。见《书·大禹谟》。亦指邪恶人。徐浩《谒禹庙》:"灾淫破凶慝,祚圣拥神休。"欧阳詹《东风二章》之一:"上德临慝,匪戮匪枭。"❷灾害。见《国语·晋语八》。卢肇《汉堤诗》:"流灾降慝,天曷台怒。"

愷 〔kǎi《广韵》苦亥切,上海,溪。〕安乐;和乐。见《庄子·天道》。张说《东都酺宴四首》之四:"恺宴惟今席,余欢殊未穷。"见"愷悌""愷樂"。

【愷之】 即晋顾恺之。徐光溥《题黄居寀秋山图》:"大李小李灭声华,献之恺之无颜色。"

【愷悌】 和乐平易。见《左传·僖公十二年》。魏征《五郊乐章·雍和》:"乃眷丰絜,恩覃恺悌。"萧颖士《菊荣一篇五章》之一:"恺悌君子,佩服攸宜。"白居易《新乐府·骠国乐》:"体生疾苦心憯凄,民得和平君恺悌。"李绅《渡西陵十六韵》:"恺悌思陈力,端庄冀表诚。"

【愷樂】 (—lè)安乐。杨炯《奉和上元酺宴应诏》:"深仁洽蛮徼,恺乐周寰县。"

愾 〔xì《广韵》許既切,去未,曉,又苦愛切,去代,溪。〕叹息。见《诗·曹风·下泉》。见"愾息"。

【愾息】 叹息。张说《唐享太庙乐章·永和三首》之二:"聆忾息,僾周旋。"

慥[1] 〔zào《广韵》七到切,去号,清。〕笃实貌。见"慥慥"。

慥[2] 同"憩"。

【慥慥】 笃实貌。见《礼记·中庸》。权德舆《送别沅泛》:"温温禀义方,慥慥习书诗。"

愴 〔chuàng《广韵》初亮切,去漾,初。〕悲伤。太宗《望送魏征葬》:"野郊怆新别,河桥非旧饯。"高适《逢谢偃》:"红颜怆为别,白发始相逢。"白居易《韦七自太子宾客再除秘书监以长句贺而饯之》:"离筵莫怆且同欢,共贺新恩拜旧官。"韦庄《寄湖州舍弟》:"半年江上怆离襟,把得新诗喜又吟。"

【愴别】 怆然离别。权德舆《送韦中丞奉使新罗》:"经途劳视听,怆别萦梦想。"元稹《忆杨十二》:"只为情深偏怆别,等闲相见莫相亲。"司空图《村西杏花二首》之一:"薄腻力偏羸,看看怆别时。"李中《送孙霁书记赴寿阳辟命》:"辟命羡君赴,其如怆别情。"

【愴辛】 悲伤。白居易《渐老》:"遇境多怆辛,逢人益敦故。"

【愴恨】 悲痛。韦应物《送雷监赴阙庭》:"攀饯诚怆恨,贺荣且欢娱。"又《授衣还田里》:"晨起怀怆恨,野田寒露时。"独孤及《下弋阳江舟中代书寄裴侍御》:"怆恨极浦外,隐映青山连。"

【愴神】 伤心。冯道《偶作》:"莫为危时便怆神,前程往往有期因。"廖匡图《九日陪董内召登高》:"祝融峰下逢嘉节,相对那能不怆神。"

【愴悢】 悲伤。韦应物《自尚书郎出为滁州刺史》:"徘徊亲交恋,怆悢昆友情。"

【愴然】 悲伤貌。陈子昂《登幽州台歌》:"念天地之悠悠,独怆然而涕下。"岑参《虢州送郑兴宗弟归扶风别庐》:"今旦忽言别,怆然俱泪垂。"刘禹锡《张郎中籍远寄长句开缄之日已及新秋因举目前仰酬高韵》:"对此独吟还独酌,知音不见思怆然。"温庭筠《和友人伤歌姬》:"月缺花残莫怆然,花须终发月终圆。"

【愴惻】 伤心悲痛。戴叔伦《崇德道中》:"关山明月到,怆恻十年游。"白居易《秋霁》:"沉吟卷长簟,怆恻收团扇。"

【愴愴】 忧伤悲痛貌。韦应物《寄中书刘舍人》:"晨露方怆怆,离抱更忡忡。"王建《荆南赠别李肇著作转韵诗》:"迟迟就公食,怆怆别野裘。"

【愴離】 悲伤离别。李白《秋浦寄内》:"虽不同辛苦,怆离各自居。"钱起《送兴平王少府游梁》:"旧识相逢情更亲,攀欢甚少怆离频。"

【愴懷】 悲伤。李益《城西竹园送裴佶王达》:"怆怀非外至,沉郁自中肠。"皮日休《馆娃宫怀古》:"姑苏麋鹿真闲事,须为当时一怆怀。"杜荀鹤《题宗上人旧院》:"分明记得谈空日,不向秋风更怆怀。"齐己有《中春怆怀寄二三知己》。

慇 〔yīn《广韵》於斤切,平欣,影。〕情意恳切。见"慇勤"。

【慇勤】 见"慇懃"。

【慇懃】 亦作"殷勤"。情意恳切。王维《伊州歌》:"征人去日殷勤嘱,归雁来时数附书。"严维《答刘长卿蛇浦桥月下重送》:"寂寞多年老宦,殷勤远别深情。"杨凝《初渡淮北岸》:"殷勤淮北岸,乡近去家遥。"温庭筠《经旧游》:"香灯怅望飞琼鬓,凉月殷勤碧玉箫。"亦指殷切的情思。裴说《闻砧》:"书中不尽心中事,一片殷勤寄边使。"

慆 〔tāo《广韵》土刀切，平豪，透。〕怠慢。柳宗元《游南亭夜还叙志七十韵》："处贱无溷浊，固穷匪淫慆。"

【慆蕩】 怠慢放荡。李华《咏史十一首》之八："淫声流不返，慆荡日无端。"

慊 〔qiān《广韵》苦簟切，上忝，溪。〕不满足；遗憾。见《礼记·坊记》。韦应物《送元锡杨凌》："欢筵慊未足，离灯悄已对。"刘沧《夏日登西林白上人楼》："旷然多慊登楼意，永日重门深掩关。"

【慊慊】 心不满足貌。见《文选·曹丕〈燕歌行〉》。骆宾王《艳情代郭氏答卢照邻》："倒提新缣成慊慊，翻将故剑作平平。"韦应物《拟古诗十二首》之八："慊慊情有待，赠芳为我容。"

愬[1] 〔sù《广韵》桑故切，去暮，心。〕❶诉说，告发。见《诗·邶风·柏舟》。卢仝《月蚀诗》："心祷再拜额榻砂土中，地上虮虱臣仝告愬帝天皇。"皮日休《正乐府十篇·路臣恨》："路臣慎勿愬，愬则刑尔躬。"陆龟蒙《奉酬袭美苦雨四声重寄三十二句·平去声》"何当乘云螭，面见上帝诉。"❷诽谤。见《论语·宪问》。萧颖士《江有枫一篇十章》之十："公伯之诉，则如予何。"皮日休《追和虎丘寺清远道士诗》序："圣贤有不得其志者，则必垂之于言也，大则为经诰，小则为歌咏。盖不信于当时，则取愬于后世。"❸指李愬。李商隐《韩碑》："愬武古通作牙爪，仪曹外郎载笔随。"原注："李愬、韩弘、李道古、李文通。"

愬[2] 〔sè《广韵》山責切，入麥，生。〕恐惧；害怕。见《公羊传·宣公六年》。李德裕《春暮思平泉杂咏二十首·流杯亭》："宁愬羽觞迟，惟欢亲友会。"徐夤《劝酒》："休向尊前愬羽觥，百壶清酌与君倾。"

【愬武古通】 李愬、韩公武、李道古、李文通四人名之连称。四人皆佐裴度平淮西。李商隐《韩碑》："愬武古通作牙爪，仪曹外郎载笔随。"

愵 〔nì《广韵》奴歷切，入錫，泥。〕忧愁。见《诗·周南·汝坟》。元结《演兴四首·招太灵》："久愵兮忧忧，招捃擩兮呼风。"皮日休《三羞诗三首》序："皮子窥之，愵然泣，衄然羞。"

態 〔tài《广韵》他代切，去代。透。〕状态；情状；形貌。孟浩然《和张二自穰县还途中遇雪》："歌疑郢中客，态比洛川神。"戎昱《开元观陪杜大夫中元日观乐》："舞态疑回紫阳女，歌声似遏彩云仙。"刘禹锡《和乐天柘枝》："柘枝本出楚王家，玉面添娇舞态奢。"白居易《新乐府·古冢狐》："忽然一笑千万态，见者十人八九迷。"鲍溶《秋暮山中怀李端公益》："眠云有余态，人鸟不乱行。"

【態度】 气势。韩愈《醉赠张秘书》："君诗多态度，蔼蔼春空云。"

【態濃】 妆扮浓艳。杜甫《丽人行》："态浓意远淑且真，肌理细腻骨肉匀。"

十一画

慧 〔huì《广韵》胡桂切，去霽，匣。〕❶聪明，有才智。阎朝隐《鹦鹉猫儿篇》序："鹦鹉，慧鸟也。"杜甫《忆幼子》："别离惊节换，聪慧与谁论。"钱起《送外甥怀素上人归乡侍奉》："释子吾家宝，神清慧有余。"刘禹锡《和乐天鹦鹉》："频学唤人缘性慧，偏能识主为情通。"❷梵语意译为慧，智慧。指破惑证真的无分别智慧。见"慧日""慧根"。

【慧刀】 佛教语。喻能斩断一切烦恼的智慧。白居易《和梦游春诗一百韵》："障要智灯烧，魔须慧刀戮。"慧宣《秋日游东山寺寻殊昙二法师》："慧刀幸已逢，疑网于焉析。"

【慧力】 佛教语。与信力、精进力、念力、定力并为五力。指观悟四谛、成就智慧、可达解脱的能力。见《杂阿含经》卷二六。皇甫冉《赠普门上人》："慧力堪传教，禅功久伏魔。"顾况《宿湖边山寺》："谁悟此生同寂灭，老禅慧力得心降。"

【慧山寺】 在今江苏无锡西郊慧山。窦群有《同王晦伯朱遐景宿慧山寺》。王武陵有《宿慧山寺》。李鹭有《慧山寺肄业送怀坦上人》。

【慧山泉】 通作"惠山泉"。在今江苏无锡市惠山山麓。亦称陆子泉。相传经唐代陆羽品题而得名。开凿于唐大历元年至十二年(766—777)，水质甘香重滑，唐人以其宜茶，品为天下第二。若水有《题慧山泉》。

【慧山書堂】 在今江苏无锡市西慧山上。湛贲有《别慧山书堂》。参见"慧山寺"。

【慧日】 佛教语。喻指普照一切的法慧、佛慧。骆宾王《和王记室从赵王春日游陀山寺》："祥河疏叠涧，慧日皎重轮。"

【慧見】 佛教语。谓通达事理、决断疑念之见识。储光羲《同房宪部应旋》："衡山法王子，慧见息诸苦。"

【慧炬】 佛教语。谓无幽不照的智慧。思托《五言伤大和上传灯逝日本》："戒香余散馥，慧炬复流风。"

【慧净】 俗姓房。常山真定(今河北正定)人。十四岁落发为僧。曾辑录自南朝梁至唐初之诗为《续古今诗苑英华集》二十卷，已佚。事迹见《续高僧传》

卷三。《全唐诗》卷八〇八录其诗五首。

【慧則上人】 长安僧。元和中，自京师至郎州；后复还京师。刘禹锡《送慧则法师归上都因呈广宣上人》引："释子慧则，生于像季，思济劫溺，乃学于一支。开彼群迷，以为尽妙理者莫如法门，变凡夫者莫如佛土，悟无染者莫如散花，故业于净名。深达实相，自京师涉汉、沔、历鄢、郢、登衡、湘，听徒百千，耳感心化，法无住道，行而归顾。"

【慧度禪師】 （禪 chán）袁州仰山寺僧。南唐时人。宋齐丘有《赠仰山慧度禅师》。

【慧宣】 一作法宣，隋末住常州弘业寺。贞观十一年(637)，与苏州僧道恭同奉敕至东都。事迹略见《续高僧传》卷十四、卷十六。《全唐诗》卷八〇八录其诗三首，同卷又录法宣诗二首，分为二人，误。

【慧根】 佛教语。五根之一。破惑证真为慧；慧能生道，故曰慧根。刘禹锡《送宗密上人归南山草堂寺因谒河南尹白侍郎》："宿习修来得慧根，多闻第一却忘言。"

【慧悟】 聪明颖悟。罗虬《比红儿诗》序："比红者，为雕阴官妓杜红儿作也。美貌年少，机智慧悟，不与群辈妓女等。"

【慧能】 (638—713)一作惠能。俗姓卢。范阳(今北京)人，生于岭南。禅宗尊为第六祖，其弟子辑有《六祖法宝坛经》。事迹见《旧唐书·方伎·神秀传》《宋高僧传》卷五。《全唐诗补遗》卷二录其偈一首。

【慧眼】 佛教语。五眼之一。指二乘的智慧之目。亦泛指能照见实相的智慧。见《维摩经·入不二法门》。皎然《苕溪草堂四十三韵》："试以慧眼观，斯言谅可觌。"钱起《同王锜起居程浩郎中韩翃舍人题安国寺用上人院》："慧眼沙门真远公，经行宴坐有儒风。"马戴《题静住寺钦用上人房》："鉴人开慧眼，归鸟息禅心。"齐己《病中勉送小师往清凉山礼大圣》："忽遇文殊开慧眼，他年应记老师心。"

【慧偘】 (524—605)俗姓汤，南朝梁晋陵曲阿(今江苏丹阳)人，住蒋州大归善寺，大业元年(605)圆寂。事迹见《续高僧传》卷三四。《全唐诗》卷八〇八录其诗二首，误以为唐人。按，诗有《闻侯方儿来寇》，侯方儿来寇系南朝梁绍泰二年(556)之事。

【慧遠】 (334—416)俗姓贾。晋雁门楼烦(今山西宁武)人。慧持之兄。初学儒，博综六经，尤善《老》《庄》。年二十一，与其弟同出家，师事恒山道安。事迹见《高僧传》卷六、《出三门藏记集》卷十五。白居易《游石门涧》："常闻慧远辈，题诗此岩壁。"

【慧遠寺】 指庐山东林寺。白居易《咏意》："春游慧远寺，秋上庾公楼。"参见"慧遠"。

【慧稜】 (854—932)俗姓孙。杭州盐官(今浙江海宁市西南)人。年十三，祝发于苏州通玄寺。事迹见《宋高僧传》卷十三、《景德传灯录》卷十八、《十国春秋》卷九九。《全唐诗续拾遗》卷十八录其诗三首。

【慧劍】 佛教语。喻指能斩断一切烦恼。见《维摩诘经·菩萨行品》。拾得《诗》之四四："左手握骊珠，右手执慧剑。"白居易《渭村退居寄礼部崔侍郎翰林钱舍人诗一百韵》："断痴求慧剑，济苦得慈航。"夏鸿《和赠和龙妙空禅师》："身同莹澈尼珠净，语并锋铓慧剑坚。"

【慧燈】 犹慧炬。佛家谓无幽不照的智慧。钱起《归义寺题震上人壁》："溪鸟投慧灯，山蝉饱甘露。"

【慧覺】 唐末五代潭州智度寺僧。吕岩有《与潭州智度寺慧觉诗》。

惷 〔chōng《广韵》書容切，平鍾，書。又丑江切，平江，徹。又丑用切，去用，徹。〕愚笨。《说文·心部》："惷，愚也。"白居易《咏拙》："我性愚且惷，我命薄且屯。"

慚 〔cán《广韵》昨甘切，平談，從。〕亦作"慙"。羞愧。李白《宿五松山下荀媪家》："令人慚漂母，三谢不能餐。"耿沣《盩厔客舍》："门见苔生满，心慚吏到稀。"李绅《重入洛阳东门》："每慚清秩容衰齿，犹有华簪寄病身。"李群玉《献王中丞时有除拜》："张仪会展平生舌，韩信那慚跨下羞。"

【慚丁】 愧不如公孙丁，意为愧为人师。见《左传·襄公十四年》。韩愈《答张彻》："结友子让抗，请师我慚丁。"

【慚色】 羞愧的脸色。章孝标《初及第归酬孟元翊见赠》："未有片言惊后辈，不无慚色见同人。"杜荀鹤《送青阳李明府》："善政无慚色，吟归似等闲。"

【慚汗】 谓羞愧而出汗。极言羞愧之甚。韩愈《和水部张员外宣政衙赐百官樱桃诗》："食罢自知无所报，空然慚汗仰皇扃。"

【慚忸】 慚愧。不好意思。白居易《春寒》："省躬念前哲，醉饱多慚忸。"

【慚沮】 慚愧沮丧。张九龄《荆州作二首》之二："内讼已慚沮，积毁今摧残。"

【慚郤】 慚愧于郤诜。晋郤诜以贤良对策中上第，自喻为"桂林之一枝"。见《晋书·郤诜传》。后以"慚郤"作为科举中第之称。白居易《和春深二十首》之十："折桂名慚郤，收萤志慕车。"

【慚恥】 羞耻。元结《忝官引》："尔来将四岁，慚耻言可尽。"吴融《祝风三十二韵》："所期免假匄，假匄多慚耻。"

【慚羞】 羞愧。韩愈《赴江陵途中寄赠翰林三学士》："弱妻抱稚子，出拜忘慚羞。"白居易《新乐府·西凉伎》:"天子每思长痛惜,将军欲说合惭羞。"

【慚惕】 羞愧惶恐。白居易《游悟真寺诗》:"以此自惭惕,戚戚常寡欢。"

【慚然】 惭愧貌。陆龟蒙《杂讽九首》之七:"志士以神窥,惭然真可吊。"

【慚愧】 ❶因有缺点、错误或未能尽责等而感到不安或羞耻。寒山《诗三百三首》之二三〇:"心中无惭愧,破戒违律文。"独孤及《早发若岘驿望庐山》:"心往迹未并,惭愧山上草。"白居易《岁暮》:"安得不惭愧,放歌聊自陈。"李商隐《李夫人三首》之一:"惭愧白茅人,月没教星替。"❷感幸之辞,有多谢、侥幸、难得之意。王绩《过酒家五首》之五:"来时长道贳,惭愧酒家胡。"张籍《答开州韦使君寄车前子》:"惭愧使君怜病眼,三千余里寄闲人。"王播《题木兰院二首》之二:"上堂已了各西东,惭愧阇黎饭后钟。"韩偓《春尽》:"惭愧流莺相厚意,清晨犹为到西园。"

【慚歎】 见"慚歎"。

【慚駭】 羞惭骇异。韩愈《石鼎联句》序:"二子相顾惭骇,欲以多穷之。"

【慚顏】 羞愧的脸色。卢纶《赠韩山人》:"见君何事不惭颜,白发生来未到山。"刘禹锡《题集贤阁》:"曾是先贤翔集地,每看壁记一惭颜。"

【慚歎】 亦作"慚歎"。惭愧感叹。张九龄《登南岳事毕谒司马道士》:"相去九牛毛,惭叹知何已。"李益《置酒行》:"无然坐衰老,惭叹东陵柏。"白居易《早朝》:"汉庭方尚少,惭叹鬓如霜。"

慙 同"慚"。

【慙魂】 谓有愧于心魂。见《晏子春秋·外篇下四》。无名氏《晚秋羁情》(外编上):"吊影惭魂嗟一身,夕往朝朝绝三益。"

慳 〔qiān《广韵》苦闲切,平山,溪。〕❶节约;吝啬。杜甫《茅堂检校收稻二首》之一:"红鲜终日有,玉粒未吾悭。"元稹《台中鞫狱忆开元观旧事呈损之兼赠周兄四十韵》:"渐大官渐贵,渐富心渐悭。"韦庄《江上题所居》:"青州从事来偏熟,泉布先生老渐悭。"❷不多,稀少。韩愈《山南郑相公樊员外赋十四韵以献》:"辞悭义卓阔,呀豁疚掊掘。"❸阻碍。杜甫《铜官渚守风》:"早泊云物晦,逆行波浪悭。"

【慳心】 悭吝之性。无名氏《五言白话诗》之二(外编下):"病困卧着床,悭心由不改。"

【慳吝】 吝啬。韩愈《辞唱歌》:"复遣悭吝者,赠金不皱眉。"

【慳財】 吝惜金钱。吕岩《敲爻歌》:"若是悭财并惜宝,千万神仙不肯来。"

【慳貪】 吝啬而贪得。寒山《诗三百三首》之一:"悭贪继日廉,谄曲登时正。"无名氏《五言诗》(外编下):"贱者由悭贪,吝财不布施。"

【慳惜】 悭吝,吝惜。寒山《诗三百三首》之一二一:"为人常吃用,爱意须悭惜。"唐彦谦《见炀帝宝帐》:"汉文穷相作前王,悭惜明珠不斗量。"

慼 〔qī《广韵》倉曆切,入錫,清。〕忧伤,忧愁。见《左传·僖公二十四年》。韦应物《送李侍御益赴幽州幕》:"契阔晚相遇,草戚遽离群。"戴叔伦《奉天酬别郑谏议云逵卢拾遗景亮见别之作》:"前悲涕未干,后喜心已戚。"韩愈《元和圣德诗》:"戚见容色,泪落入俎。"白居易《观幻》:"从欢终作戚,转苦又成空。"

【慼促】 急促。舒元舆《桥山怀古》:"神仙天下亦如此,况我戚促同蜉游。"

【慼容】 忧伤的面色。韩愈《寄崔二十六立之》:"摧肠与戚容,能复持酒卮。"

【慼慼】 忧伤、忧愁。韦应物《送杨氏女》:"永日方戚戚,出门复悠悠。"韩愈《秋怀诗十一首》之五:"离离挂空悲,戚戚抱虚警。"元稹《酬翰林白学士代书一百韵》:"劳神甘戚戚,攻短过孜孜。"徐铉《避难东归依韵和黄秀才见寄》:"戚戚逢人问所之,东流相送向京畿。"

憂 〔yōu《广韵》於求切,平尤,影。〕❶忧愁,忧虑。杜甫《宿江边阁》:"不眠忧战伐,无力正乾坤。"刘长卿《送元八游汝南》:"生事诚可忧,严装远何适。"白居易《和杨尚书罢相后夏日游永安水亭兼招本曹杨侍郎同行》:"道行无喜退无忧,舒卷如云得自由。"韦庄《和人岁宴旅舍见寄》:"老忧新岁近,贫觉故交疏。"引申为关心。见"憂民""憂民憂國""憂家"。❷忧患;祸害。寒山《诗三百三首》之一〇三:"禄厚忧积大,言深虑交浅。"李商隐《富平少侯》:"七国三边未到忧,十三身袭富平侯。"马戴《句》:"申胥任向秦庭哭,靳尚终贻楚国忧。"

【憂人】 忧愁之人。白居易《咏家酝十韵》:"能销忙事成闲事,转得忧人作乐人。"

【憂心】 ❶忧愁之心。杜甫《苏端薛复筵简薛华醉歌》:"垂老恶闻战鼓悲,急觞为缓忧心捣。"皎然《浮云三章》之二:"嗟我怀人,忧心如织。"❷担忧。李赤《牛渚矶》:"更听猿夜啼,忧心醉江上。"

【憂世】 为时世担忧。杜甫《西阁曝日》:"胡为将暮年,忧世心力弱。"

【憂囚】 忧伤的囚徒。周昙《咏史诗·六朝门·梁武帝》:"不求贤德追尧舜,翻作忧囚一病翁。"

【憂民】 关心百姓疾苦。许彬《题故李宾客庐山草堂》:“报主深知此,忧民讵可论。”袁求贤《早春送郎官出宰》:“仙郎今出宰,圣主下忧民。”贯休《对雪寄新定冯使君二首》之一:“因思太守忧民切,吟对琼枝喜不胜。”

【憂民憂國】 关心百姓疾苦和国家安危。贯休《蜀王登福感寺塔三首》之二:“似圣悲增道不穷,忧民忧国契尧聪。”

【憂危】 忧患危难。周昙《咏史诗·春秋战国门·哀公》:“贤为邻用国忧危,庙算无非委艳奇。”

【憂色】 忧愁的容色。白居易《新乐府·城盐州》:“君臣赪面有忧色,皆言勿谓唐无人。”

【憂花惜月】 为花、月忧虑哀伤。言忧伤过甚。胡宿《次韵和朱况雨中之什》:“忧花惜月长如此,争得东阳病骨肥。”

【憂身】 ❶考虑自己的利益。徐铉《寄江州萧给事》:“夕郎忧国不忧身,今向天涯作逐臣。”❷谓关心自己的健康。皮日休《又寄次前韵》:“应被高人笑,忧身不似名。”

【憂苦】 忧愁痛苦。窦参《迁谪江表久未归》:“人生年几齐,忧苦即先老。”白居易《丘中有一士二首》之一:“面色不忧苦,血气常和平。”贯休《上冯使君五首》之二:“渔父无忧苦,水仙亦何别。”

【憂畏】 忧虑畏惧。白居易《闲居》:“乃知高盖车,乘者多忧畏。”又《咏怀》:“形安不劳苦,神泰无忧畏。”

【憂思】 忧愁的思绪。杜甫《渼陂行》:“琉璃汗漫泛舟入,事殊兴极忧思集。”杨衡《秋夜闲居即事寄庐山郑员外蜀郡符处士》:“忧思繁未整,良辰会无由。”李郢《茶山贡焙歌》:“金丝宴馔随经过,使君是日忧思多。”颜胄《适思》:“感物增忧思,奋衣出游行。”

【憂怨】 忧愁怨恨。王昌龄《悲哉行》:“勿听白头吟,人间易忧怨。”李群玉《宵民》:“大雅无忧怨,宵民有爱憎。”

【憂恚】 忧愁愤恨。白居易《病中诗十五首》序:“外形骸而内忘忧恚,先禅观而后顺医治。”

【憂家】 关心自己的家庭。耿湋《屏居盩厔》:“乘兴偏难改,忧家是强为。”白居易《禽虫十二章》之四:“须知年老忧家者,恐是二虫虚苦辛。”

【憂戚】 见“憂慼”。

【憂累】 (—lèi)忧愁劳累。白居易《狂言示诸侄》:“人老多忧累,我今婚嫁毕。”又《和皇甫郎中秋晓同登天阁言怀六韵》:“尘中足忧累,云外多疏散。”又《春日闲居三首》之三:“问我乐如何,闲官少忧累。”又《病中诗十五首·病中五绝句》之二:“家无忧累身无事,正是安闲好病时。”

【憂國】 为国事忧虑、忧劳。白居易《舟中晚起》:“退身江海应无用,忧国朝廷自有贤。”李商隐《偶成转韵七十二句赠四同舍》:“爱君忧国去未能,白道青松了然在。”周昙《咏史诗·前汉门·夏贺良》:“汉代中微亦再昌,忠臣忧国冀修禳。”

【憂患】 困苦患难。储光羲《采菱词》:“尽室相随从,所贵无忧患。”元结《漫酬贾沔州》:“去年辞职事,所惧贻忧患。”白居易《首夏病间》:“内无忧患迫,外无职役羁。”温庭筠《题僧泰恭院二首》之一:“忧患慕禅味,寂寥遗世情。”

【憂貧】 为家庭贫穷而担忧。白居易《戊申岁暮咏怀三首》之二:“婚嫁累轻何怕老,饥寒心惯不忧贫。”牟融《题朱庆余闲居四首》之二:“客心非厌静,悟道不忧贫。”参见“憂道”。

【憂魚】 谓担心水患。见《左传·昭公元年》。韩愈、孟郊《秋雨联句》:“忧鱼思舟楫,感禹勤畎浍。”

【憂惕】 忧虑戒惕。白居易《咏怀》:“昔虽居近密,终日多忧惕。”

【憂悴】 指枯萎。温庭筠《过孔北海墓二十韵》:“木秀当忧悴,弦伤不底宁。”清曾益等笺注引李康《运命论》:“木秀于林,风必摧之。”

【憂喜】 忧愁与欢乐。亦偏指忧愁。戴叔伦《赠韦评事儹》:“是非园吏梦,忧喜塞翁心。”刘禹锡《秋斋独坐寄乐天兼呈吴方之大夫》:“世间忧喜虽无定,释氏销磨尽有因。”白居易《咏怀》:“所以吾一家,面无忧喜色。”又《老病相仍以诗自解》:“荣枯忧喜与彭殇,都是人间戏一场。”

【憂葵】 喻指担忧国事。见汉刘向《烈女传·鲁漆室女》。李商隐《咏怀寄秘阁旧僚二十六韵》:“小男方嗜栗,幼女漫忧葵。”

【憂悲】 忧愁悲痛。张祜《叙诗》:“后时班婕妤,团扇托忧悲。”

【憂嗟】 忧愁叹息。顾况《陵霜之华一章》:“陵霜之华,我心忧嗟。”

【憂焦】 忧愁焦急。孟郊《晚雪吟》:“忧焦致太平,以兹时比尧。”

【憂痗】 忧愁悲伤。陈子昂《感遇诗三十八首》之三三:“疲痼苦沦世,忧痗日侵淄。”

【憂慍】 忧郁恼怒。杜牧《雪中书怀》:“愤悱欲谁语,忧慍不能持。”

【憂愧】 忧伤羞愧。白居易《适意二首》之二:“自从返田亩,顿觉无忧愧。”

【憂惱】 忧愁烦恼。寒山《诗三百三首》之二三〇:“不如百不解,静坐绝忧恼。”白居易《逸老》:“去何有顾恋,住亦无忧恼。”方干《书法华寺上方禅壁》:“是非生死多忧恼,此日蒙师为破迷。”

【憂道】 担忧道德修养不高。见《论语·卫灵公》。许浑《哭杨攀处士》:"先生忧道乐清贫,白发终为不仕身。"

【憂勞】 忧患劳苦。白居易《与僧智如夜话》:"忧劳缘智巧,自喜百无能。"

【憂窘】 忧愁困顿。杜牧《自遣》:"四十已云老,况逢忧窘余。"

【憂勤】 亦作"憂懃"。多指帝王或朝廷为国事忧虑勤劳。德宗《麟德殿宴百僚》:"忧勤承圣绪,开泰喜时康。"韦应物《西郊游宴寄赠邑僚李巽》:"如何嘉会日,当子忧勤夕。"白居易《贺雨》:"忧勤不遑宁,夙夜心忡忡。"贯休《冬末病中作二首》之一:"顾惟年少时,未合多忧懃。"

【憂虞】 忧虑。陈子昂《秋园卧病呈晖上人》:"怀挟万古情,忧虞百年疾。"杜甫《北征》:"乾坤含疮痍,忧虞何时毕。"元稹《赛神》:"忧虞神愤恨,玉帛意弥敦。"姚合《送任畹评事赴沂海》:"洛东无忧虞,半夜开虎牢。"

【憂農】 为农事忧心。白居易《新乐府·捕蝗》:"河南长吏言忧农,课人昼夜捕蝗虫。"

【憂愁】 忧虑愁苦。韩愈《秋怀诗十一首》之九:"忧愁费晷景,日月如跳丸。"白居易《少年问》:"号作乐天应不错,忧愁时少乐时多。"朱昼《喜陈懿老示新制》:"忧愁方破坏,欢喜重补塞。"司空图《诗品二十四则·旷达》:"欢乐苦短,忧愁实多。"

【憂傷】 忧愁悲伤。韩愈《重云李观疾赠之》:"小人但咨怨,君子惟忧伤。"

【憂愛】 忧愁和喜爱。白居易《遣怀》:"此身是外物,何足苦忧爱。"

【憂慄】 忧愁恐惧。刘长卿《吴中闻潼关失守因奉寄淮南萧判官》:"关中因窃据,天下共忧栗。"皎然《饮茶歌送郑容》:"赏君此茶祛我疾,使人胸中荡忧栗。"柳宗元《游石角过小岭至长乌村》:"岁月杀忧栗,慵疏寡将迎。"

【憂煎】 忧愁煎迫。李白《寄东鲁二稚子》:"念此失次第,肝肠日忧煎。"贺兰进明《行路难五首》之一:"人生赋命亦如此,何苦太息自忧煎。"鲍溶《首夏》:"虽留有余态,脉脉防忧煎。"王贞白《田舍曲》:"时官苟贪浊,田舍生忧煎。"

【憂煩】 忧愁烦闷。韦应物《送豆卢策秀才》:"诗人感时节,行道当忧烦。"又《登高望洛城作》:"裴回讫旦夕,聊用写忧烦。"

【憂疑】 忧虑疑惧。韩愈《君子法天运》:"焉能使我心,皎皎远忧疑。"白居易《和答诗十首·答四皓庙》:"冢嫡欲废夺,骨肉相忧疑。"

【憂端】 愁绪。杜甫《自京赴奉先县咏怀五百字》:"忧端齐终南,澒洞不可掇。"又《得舍弟消息二首》之二:"生理何颜面,忧端且岁时。"

【憂慚】 忧虑惭愧。戴叔伦《同兖州张秀才过王侍御参谋宅赋十韵》:"岂学屈大夫,忧惭对渔叟。"

【憂慽】 亦作"憂戚"。忧愁担心;忧愁思虑。杜甫《醉为马坠诸公携酒相看》:"职当忧戚伏衾枕,况乃迟暮加烦促。"又《催宗文树鸡栅》:"不昧风雨晨,乱离减忧慽。"又《郑典设自施州归》:"青山自一川,城郭洗忧戚。"姚合《送王求》:"愿君似醉肠,莫谩生忧戚。"

【憂慮】 忧愁担心。王武陵《宿慧山寺》:"旷然出尘境,忧虑澹已忘。"

【憂憤】 忧郁愤恨。刘长卿《旅次丹阳郡遇康侍御宣慰召募兼别岑单父》:"忧愤激忠勇,悲欢动黎元。"杜甫《八哀诗·故秘书少监武功苏公源明》:"忧愤病二秋,有恨石可转。"又《壮游》:"备员窃补衮,忧愤心飞扬。"白居易《和答诗十首·和思归乐》:"忧愤气不散,结化为精灵。"

【憂憫】 忧虑哀怜。王坚《句》:"良宰多忧悯,虔诚谒庶神。"

【憂懃】 见"憂勤"。

【憂闕】 (—què)旧时官吏丁忧回家所留的空缺。陈元光《太母魏氏半径题石》:"忧阕情犹结,祥回禫届期。"

【憂濟】 关心;救助。陈子昂《感遇诗三十八首》之十九:"圣人不利己,忧济在元元。"

【憂邊】 担忧边界发生战事。卢纶《送王录事赴任苏州》:"吏闲唯重法,俗富不忧边。"

【憂懣】 愁闷。白居易《和答诗十首》序:"意者,欲足下在途讽读,且以遣日时,消忧懑。"

【憂襟】 犹愁怀。钱起《苦雨忆皇甫冉》:"延首长相思,忧襟孰能整。"

【憂懷】 忧思。李绅《州中小饮便别牛相》:"愁不解颜徒满酌,病非伤肺为忧怀。"

【憂歡】 忧愁和欢乐。白居易《江南喜逢萧九彻因话长安旧游戏赠五十韵》:"聚散知无定,忧欢事不常。"长孙佐辅《山行书事》:"忧欢世上并,岁月途中抛。"

【憂懼】 忧愁恐惧。杜牧《李甘诗》:"拜章岂艰难,胆薄多忧惧。"周昙《咏史诗·春秋战国门·隐公》:"陈谋不信怀忧惧,反间须防却害身。"

【憂驚】 忧愁惊恐。孙元晏《咏史诗·晋·王坦之》:"晋祚安危只此行,坦之何必苦忧惊。"

慮 〔lǜ《广韵》良倨切,去御,來。〕❶思考;考虑。张说《苏摩遮五首》之二:"自能激水成阴气,不虑今年寒不寒。"白居易《阿崔》:"未能知寿夭,何暇虑贤愚。"杜荀鹤《经废宅》:"不虑有今日,争教无破时。"❷思虑;意念。杜甫《秋日夔府咏怀奉寄郑监李宾客一百韵》:"每欲孤飞去,徒为百虑牵。"权德舆《晚渡扬子江却寄江南亲故》:"胸中千万虑,对此一清旷。"白居易《首夏病间》:"老去虑渐息,年来病初愈。"陆龟蒙《江南秋怀寄华阳山人》:"幽栖胶竹坞,仙虑驿蓬瀛。"❸忧虑,担心。孙逖《晦日湖塘》:"夜还何虑暗,秉烛向城闉。"权德舆《寓兴》:"敢求庖有鱼,但虑甑生尘。"朱庆余《台州郑员外郡斋双鹤》:"仙郎为尔开笼早,莫虑回翔损羽毛。"周昙《咏史诗·前汉门·樊崇徐宣》:"首事纵隳三善在,归仁何虑不全生。"❹通"録"。讯察记录。见"虑囚"。

【慮囚】 讯察记录囚犯的罪行。虑,通"録"。见《汉书·隽不疑传》。白居易《李十一舍人松园即事书怀因酬四韵》:"早夏我当逃暑日,晚衙君是虑囚时。"

【慮危】 忧愁危难。张九龄《酬周判官巡至始兴会改秘书少监见贻之作兼呈耿广州》:"更延怀安旨,曾是虑危际。"

【慮戒】 担心,警戒。司空图《丁巳元日》:"虑戒防微浅,□知近利轻。"

慢 〔màn《广韵》謨晏切,去諫,明。〕❶轻忽;不经意。王建《贻小尼师》:"身轻礼拜稳,心慢记经迟。"清江《春游司直城西鸬鹚溪别业》:"久慢持生术,多亲种药畦。"李九龄《望思台》:"汉武年高慢帝图,任人曾不问贤愚。"周渍《逢邻女》:"日高邻女笑相逢,慢束罗裙半露胸。"❷骄傲;怠慢。见《易·系辞上》。杜甫《东津送韦讽摄阆州录事》"他时如按县,不得慢陶潜。"耿沣《春日即事二首》之二:"家贫僮仆慢,官罢友朋疏。"贯休《续姚梁公坐右铭》:"忽己之慢,成人之美。"❸缓行;缓慢,舒缓。见《诗·郑风·大叔于田》。刘禹锡《和思黯忆南庄见示》:"台上看山徐举酒,潭中见月慢回舟。"白居易《早发赴洞庭舟中作》:"出郭已行十五里,唯消一曲慢《霓裳》。"李郢《酬刘谷立春日吏隐亭见寄》:"楚霁江流慢,春归泽气阴。"吴融《寓言》:"非明非暗朦朦月,不暖不寒慢慢风。"李洞《送包处士》:"性急却于棋上慢,身闲未免药中忙。"❹不坚实,松驰。见《淮南子·时则训》。法振《别卢使君归故栅村》:"塞口竹缘空成没,潮头沙拥慢冈成。"毛熙震《南歌子》词之二:"晚来轻步出闺房,髻慢钗横无力,纵猖狂。"❺简略;闲散。见《孔子家语·儒行》。韩愈《崔十六少府摄伊阳以诗及书见投因酬三十韵》:"但闻赤县尉,不比博士慢。"元稹《有鸟二十章》之二:"主人但见闲慢容,行占蓬莱最高阁。"❻同"曼"。娇媚;美好。见"慢態""慢臉"。亦引申为肥泽。韩愈《郑群赠簟》:"手磨袖拂心语口,慢肤多汗真相宜。"

【慢火】 文火,微火。王建《隐者居》:"何物中长食,胡麻慢火熬。"元稹《白衣裳二首》之二:"藕丝衫子柳花裙,空著沉香慢火熏。"

【慢世】 傲世,玩世不恭。李白《赠友人三首》之三:"慢世薄功业,非无胸中画。"皇甫冉《送薛秀才》:"虽是寻山客,还同慢世人。"严维《赠万经》:"万公长慢世,昨日又隳官。"

【慢行】 (—xíng)慢步行走。姚合《迎春》:"风暖慢行寻曲水,天晴远望立高台。"李商隐《自喜》:"慢行成酩酊,邻壁有松醪。"

【慢妝】 薄妆。李商隐《天平公座中呈令狐令公时蔡京在坐京曾为僧徒故有第五句》:"罢执霓旌上醮坛,慢妆娇树水晶盘。"

【慢笑】 轻蔑地笑。温庭筠《龙尾驿妇人图》:"慢笑开元有幸臣,直教天子到蒙尘。"

【慢然】 缓慢燃烧。然,"燃"本字。和凝《宫词百首》之八:"红兽慢然天色暖,凤炉时复爇沉香。"

【慢遍】 舒缓的曲调。遍,曲调。王建《宫词一百首》之六六:"巡吹慢遍不相和,暗数看谁曲校多。"

【慢舞】 节奏舒缓、轻盈的舞蹈。白居易《长恨歌》:"缓歌慢舞凝丝竹,尽日君王看不足。"

【慢說】 无根据地说。雍陶《非酒》:"人人慢说酒消忧,我道翻为引恨由。"

【慢慢】 舒缓,悠长。王建《江馆》:"水面细风生,菱歌慢慢声。"吴融《寓言》:"非明非暗朦朦月,不暖不寒慢慢风。"

【慢態】 优美的姿态。李群玉《长沙九日登东楼观舞》:"慢态不能穷,繁姿曲向终。"

【慢調】 (—diào)缓慢的曲调。徐铉《梦游三首》之一:"檀的慢调银字管,云鬟低缀折枝花。"

【慢臉】 指娇美细嫩之脸。元稹《会真诗三十韵》:"慢脸含愁态,芳词誓素衷。"白居易《忆旧游》:"修蛾慢脸灯下醉,急管繁弦头上催。"南唐后主李煜《菩萨蛮》词之二:"慢脸笑盈盈,相看无限情。"孙光宪《后庭花》词之一:"修蛾慢脸陪雕辇,后庭新宴。"

慟 〔tòng《广韵》徒弄切,去送,定。〕❶极其悲痛。孟郊《乱离》:"为君每一恸,如剑在四肢。"柳宗元《哭连州凌员外司马》:"我歌诚自恸,非独为君悲。"❷痛哭。褚亮《在陇头哭潘学士》:"陇底嗟长别,流襟一恸君。"韦应物《四禅精舍登览悲旧寄朝宗巨川兄弟》:"临风一长恸,谁畏行路惊。"廖有方《题旅榇》:"半面为君申一恸,不知何处是家乡。"李群玉《哭郴州王使君》:"曾是绮罗筵上客,一来长恸向春风。"

【慟怨】 极其悲痛怨恨。孟简《咏欧阳行周事》序:"甲至,得之。以乘空归,授髻于生,生为之恸怨。"

【慟哭】 痛苦。王维《哭殷遥》:"负尔非一途,恸哭返柴荆。"顾况《弃妇词》:"本家零落尽,恸哭来时路。”白居易《挽歌词》：“含酸一恸哭，异口同哀声。”韩偓《出官经硖石县》：“故里欲清明，临风堪恸哭。”

【慟絕】 悲痛到极点。王昌龄《代扶风主人答》：“仰攀青松枝，恸绝伤心肝。”

慜 〔mín《广韵》眉殞切，上軫，明。〕同“愍”。怜悯；哀怜。拾得《诗》之二八：“何哉愍此流，念彼尘中苦。”杜甫《述怀一首》：“朝廷愍生还，亲故伤老丑。”见“慜顧”。

【慜顧】 怜悯顾惜。拾得《诗》之二八：“我见尘中人，心生多愍顾。”

慾 〔yù《广韵》餘蜀切，入燭，以。〕欲望，嗜欲。见《论语·公冶长》。见“慾火”。

【慾火】 情欲之火。形容情欲炽烈。贯休《偶作五首》之五：“茫茫欲火欲烧人，惆怅无因为君说。”

慵 〔yōng《广韵》蜀庸切，平鍾，禪。〕懒惰；懒散。寒山《诗三百三首》之七三：“妇女慵经织，男夫懒耨田。”杜甫《送李校书二十六韵》：“小来习性懒，晚节慵转剧。”白居易《晚起》：“放慵长饱睡，闻健且闲行。”皮日休《新秋言怀寄鲁望三十韵》：“合药还慵服，为文亦懒抄。”孙棨《赠妓人王福娘》：“霞杯醉劝刘郎赌，云髻慵邀阿母梳。”

【慵困】 懒散困倦。冯延巳《阮郎归》词之一：“秋千慵困解罗衣，画梁双燕栖。”

【慵來】 古时女子一种娇媚的梳妆。见《赵飞燕外传》。罗虬《比红儿诗》之四七：“轻梳小髻号慵来，巧中君心不用媒。”

【慵拙】 慵懒而愚拙。朱庆余《镜湖西岛言事》：“慵拙幸便荒僻地，纵闻猿鸟亦何愁。”

【慵起】 懒于起床。白居易《天寒晚起引酌咏怀寄许州王尚书汝州李常侍》：“叶覆冰池雪满山，日高慵起未开关。”皮日休《所居首夏水木尤清适然有作》：“尽日枕书慵起得，被君犹自笑从公。”

【慵倦】 懒散困倦。白居易《九日寄微之》：“闲游日久心慵倦，痛饮年深肺损伤。”

【慵病】 懒病，懒惰的病。李山甫《下第卧疾卢员外召游曲江》：“珍重列星相借问，嵇康慵病也天真。”

【慵閒】 慵散闲散。白居易《池上早夏》：“慵闲无一事，时弄小娇孙。”

【慵惰】 亦作“慵堕”。懒惰。韩愈《合江亭》：“淹滞乐闲旷，勤苦劝慵惰。”白居易《归田三首》之二：“安得放慵惰，拱手而曳裾。”曹唐《小游仙诗九十八首》之四六：“辽东老鹤应慵惰，教探桑田便不回。”罗隐《寄渭北徐从事》：“暖云慵堕柳垂条，骢马徐郎过渭桥。”

【慵疏】 懒散。韦应物《答故人见谕》：“机杼十缣单，慵疏百函愧。”柳宗元《游石角过小岭至长乌村》：“岁月杀忧栗，慵疏寡将迎。”高骈《遣兴》：“唯应嵇叔夜，似我性慵疏。”齐己《送卢说乱后投知己》：“舟中有新作，回寄示慵疏。”

【慵頑】 慵懒顽劣。韦应物《答崔都水》：“终年不事业，寝食长慵顽。”

【慵慢】 懒散而又傲慢。白居易《早春独游曲江》：“慵慢疏人事，幽栖逐野情。”

【慵墮】 见“慵惰”。

【慵僻】 疏懒而孤僻。黄滔《冬暮山舍喜标上人见访》：“共谈慵僻意，微日下林梢。”

【慵懶】 懒惰；懒散。寒山《诗三百三首》之二四五：“一生慵懒作，憎重只便轻。”白居易《晚春酒醒寻梦得》：“独出虽慵懒，相逢定喜欢。”章孝标《织绫词》：“不学邻家妇慵懒，蜡揩粉拭谩官眼。”唐彦谦《秋霁夜吟寄友人》：“前事悲凉何足道，远书慵懒未能修。”

【慵饞】 懒而且馋。白居易《晚起》：“慵馋还自哂，快活亦谁知。”又《残酌晚餐》：“除却慵馋外，其余尽不知。”

慷 〔kāng《广韵》苦朗切，上蕩，溪。《集韵》丘岡切，平唐，溪。〕❶情绪激昂。见“慷慨❶”。❷感叹。见“慷慨❷”。❸性格豪爽，豪迈。见“慷慨❸”。❹大方，不吝啬。见“慷慨❹”。

【慷慨】 ❶情绪激昂。魏征《述怀》：“纵横计不就，慷慨志犹存。”独孤及《客舍月下对酒醉后寄毕四耀》：“慷慨葛天歌，愔愔广陵陌。”韩愈《杂诗》：“慷慨为悲咤，泪如九河翻。”陆龟蒙《大子夜歌二首》之一：“慷慨吐清音，明转出天然。”❷感叹。王维《送韦大夫东京留守》：“慷慨念王室，从容献官箴。”权德舆《丰城剑池驿感题》：“我行丰城野，慷慨心内伤。”来鹄《古剑池》：“秋水莲花三四枝，我来慷慨步迟迟。”李中《献乔侍郎》：“慷慨辞朝阙，迢遥涉路尘。”❸豪迈。李白《金陵新亭》：“王公何慷慨，千载仰雄名。”《玉真公主别馆苦雨赠卫尉张卿二首》之二：“丹徒布衣者，慷慨未可量。”贯休《阳春曲》：“男儿结发事君亲，须敩前贤多慷慨。”❹大方，不吝啬。唐彦谦《索虾》：“慷慨胡隐君，果肯分惠否。”

慶 〔qìng《广韵》丘敬切，去映，溪。〕❶祝贺；庆祝。见《公羊传·昭公二十五年》。王维《奉和圣制登降圣观与宰臣等同望应制》：“比屋皆可封，谁家不相庆。”韩愈《东都遇春》：“我独胡为哉，坐与亿兆庆。”沈亚之《劝政楼下观百官献寿》：“年年歌舞夕，此地庆皇休。”杜牧《留诲曹师等诗》：“念尔无忽此，期以庆吾门。”❷善，善事。引申为喜庆或喜事等。见《书·吕刑》。玄宗《首夏花萼楼观群臣宴宁王山亭回楼下又申之以赏乐赋诗》序："本将导达阳和，助成长育，亦朝廷多庆，军国余闲者也。"韦应物《永定寺喜辟强夜至》："子有新岁庆，独此苦寒归。"白居易《新乐府·捕蝗》："一人有庆兆民赖，是岁虽蝗不为害。"裴次元《南至日隔仗望含元殿炉香》："为沐皇家庆，来瞻羽卫前。"李群玉《哭小女痴儿》："方同王衍钟情切，犹念商瞿有庆迟。"❸赏赐，褒美。见《诗·小雅·楚茨》。贺敳《奉和九月九日应制》："庆展簪裾洽，恩融雨露濡。"史延《清明日赐百僚新火》："颁赐恩逾洽，承时庆自均。"❹福泽。见《易·坤》。魏征《享太庙乐章·大基舞》："剪商德厚，封唐庆延。"殷寅《玄元皇帝应见贺圣祚无疆》："言因六梦接，庆叶九龄传。"郑絪《享太庙乐章》："猗欤缉熙，千亿流庆。"孟郊《和钱侍郎甘露》："从公乐万寿，余庆及儿孙。"白居易《新乐府·法曲》："法曲法曲歌大定，积德重熙有余庆。"❺祥瑞。《西京杂记》卷五："云则五色而为庆，三色而成矞。"太宗《执契静三边》："皎佩星连景，飘衣云结庆。"孟郊《舟中喜遇从叔简别后寄上时从叔初擢第归江南郊不从行》："南云乘庆归，北云与谁群。"见"慶雲"。

【慶上人】　江宁栖霞寺僧。法名全称未详。李频有《题栖霞寺庆上人院》。

【慶山】　寺名。在今陕西西安市临潼区。郑嵎《津阳门诗》："庆山污潴石瓮毁，红楼绿阁皆支离。"原注："持国寺，本名庆山寺。德宗始改其额，寺有绿额，复道而上，天后朝，以禁臣取宫中制度结构之。"

【慶平】　五代梁郊祀乐舞辞。用于登歌。诗见《全唐诗》卷十六《郊庙歌辞·梁郊祀乐章·庆平》。

【慶奴】　南唐宫人。南唐后主李煜有《赐宫人庆奴》。

【慶吊】　庆祝与吊慰。指喜事与丧事。白居易《七年元日对酒五首》之一："庆吊经过懒，逢迎跪拜迟。"

【慶州】　州名。隋开皇十六年(596)置。大业初改为弘化郡。唐武德元年(618)改为庆州，今甘肃庆城县。杜牧有《闻庆州赵纵使君与党项战中箭身死辄书长句》。

【慶忌】　春秋吴王僚之子。事迹见《吴越春秋·阖闾内传》。李白《东海有勇妇》："要离杀庆忌，壮夫所素轻。"温庭筠《病中书怀呈友人》："蹑尘追庆忌，操剑学班输。"

【慶幸】　因可庆之事而欣幸。宋璟《奉和圣制二相已下群官乐游园宴》："戴天惟庆幸，选地即殊尤。"

【慶門】　指福庆之家。储光羲《苏十三瞻登玉泉寺峰入寺中见赠作》："庆门叠华组，盛列钟英彦。"

【慶和】　五代梁郊祀舞辞。共两首，一为赵光逢所撰词，用于南郊降神；另一首作者不详，用于送神。诗均见《全唐诗》卷十八《郊庙歌辞·梁郊祀乐章·庆和》。

【慶封】　(？—前538)字子家，又字季。春秋齐人。庆克之子。事迹见《左传·襄公二十八年》《左传·昭公四年》。陆龟蒙《庆封宅古井行》："庆封嗜酒荒齐政，齐人剪族封奔进。"

【慶封宅】　在唐润州丹徒县，见《元和郡县图志》卷二五。陆龟蒙《庆封宅古井行》："江南戴白尽能言，此地曾为庆封宅。"

【慶洽】　喜庆和谐。玄宗《春中兴庆宫酺宴》序："然心融万类，归雷雨之先春；庆洽百僚，象云天而高宴。"崔枢《赐耆老布帛》："庆洽时方泰，仁沾月告存。"

【慶祚】　幸福；福祚。权德舆《仲秋朝拜昭陵》："无疆传庆祚，有截荷亭育。"

【慶隆】　五代梁郊祀乐舞辞，用于饮福酒。诗见《全唐诗》卷十六《郊庙歌辞·梁郊祀乐章·庆隆》。

【慶雲】　五色云。古人以为吉庆、吉祥之气。陈子昂《庆云章》："昆仑元气，实生庆云。"贾至《闲居秋怀寄阳翟陆赞府封丘高少府》："郁郁被庆云，昭昭翼太阳。"王建《昭应官舍书事》："庆云出处依时报，御果呈来每度尝。"柳泌《玉清行》："王母来瑶池，庆云拥琼舆。"

【慶順】　五代梁祀乐舞辞。用于皇帝行。诗见《全唐诗》卷十六《郊庙歌辞·梁郊祀乐章·庆顺》。

【慶善宫】　宫殿名。在唐雍州武功县(今属陕西)。高祖武德元年(618)以旧第置宫，后废为慈德寺。太宗有《幸武功庆善宫》。

【慶賀】　庆祝，祝贺。白居易《阿崔》："里闾多庆贺，亲戚共欢娱。"顾非熊《送喻凫春归江南》："里闾争庆贺，亲戚共光辉。"刘兼《春燕》："大厦已成须庆贺，高门频入莫憎嫌。"

【慶誕】　庆祝诞辰。玄宗《句》："今逢庆诞日，犹谓学仙归。"

【慶壽】　庆祝寿辰。李适《奉和立春游苑迎春》："天杯庆寿齐南岳，圣藻光辉动北辰。"广宣《降诞日内庭献寿应制》："庆寿千龄远，敷仁万国通。"

【慶熙】　五代梁郊礼乐舞辞。用于酌献。诗见《全唐诗》卷十六《郊庙歌辞·梁郊礼乐章·庆熙》。

【慶霄】　❶庆云。权德舆《唐开州文编远寄新赋聊书还答》："三清飞庆霄，百汰成雄铓。"温庭筠《寄河南杜少尹》："岂关名利分荣路，自有才华作庆霄。"吴筠《游仙二十四首》之一："翔风吹羽盖，庆霄拂霓旌。"❷谓庆云焕彩的天宇。权德舆《感事三十四韵》："庆霄舒羽翼，尘世有神仙。"吴融《和集贤相公西溪侍宴观竞渡》："片水耸层桥，祥烟霭庆霄。"

【慶賞】 赏赐。张濯《迎春东郊》："圣朝多庆赏，希为荐沉沦。"

【慶賜】 赏赐。窦牟《元日喜闻大礼寄上翰林四学士中书六舍人二十韵》："庆赐迎新服，斋庄弃旧簪。"裴度《中和节诏赐公卿尺》："阳和行庆赐，尺度及群公。"司空图《寓居有感三首》之一："只待东封沾庆赐，碑阴别刻老臣名。"

【慶融】 五代梁郊礼乐舞辞。用于酌献。诗见《全唐诗》卷十六《郊庙歌辞·梁郊祀乐章·庆融》。

【慶澤】 指皇帝的恩泽。苏颋《扈从温泉奉和姚令公喜雪》："恩晖随霰下，庆泽与云浮。"

憨 〔hán《广韵》呼談切，平談，曉。又下瞰切，去闞，匣。〕❶傻气。痴呆。李郢《即目》："自笑腾腾者，非憨又不狂。"吕岩《七言》之五五："因思往事却成憨，曾读仙经第十三。"❷执拗，固执。吕岩《敲爻歌》："嗔不除，憨不改，堕入轮回生死海。"❸娇痴。虞世南《应诏嘲司花女》："缘憨却得君王惜，长把花枝傍辇行。"薛能《暇日寓怀寄朝中亲友》："过客闷嫌疏妓乐，小儿憨爱□貔貅。"

【憨生】 娇痴。生，语助词。虞世南《应诏嘲司花女》："学画鸦黄半未成，垂肩亸袖太憨生。"

【憨痴】 傻痴。韩愈《辞唱歌》："但令送君酒，如醉如憨痴。"卢仝《萧宅二三子赠答诗二十首·客谢井》："井公莫怪惊，说我成憨痴。"

慰 〔wèi《广韵》於胃切，去未，影。〕❶安慰；慰抚。见《诗·邶风·凯风》。孙逖《送新罗法师还国》："此行迷处所，何以慰虔祈。"杜甫《送高三十五书记》："此行既特达，足以慰所思。"张籍《舟行寄李湖州》："赖有汀洲句，时时慰远人。"杜荀鹤《塞上》："封侯不由此，何以慰征人。"❷问。李白《赠宣城宇文太守兼呈崔侍御》："时时慰风俗，往往出东田。"

【尉安】 安抚。窦常《奉送职方崔员外摄中丞新罗册使》："慰安皆喻旨，忠信自无瑕。"

【慰老】 安慰衰老。白居易《酬思黯戏赠同用狂字》："慰老资歌笑，销愁仰酒浆。"

【慰問】 安慰问候。白居易《梦得卧病携酒相寻先以此寄》："自宜相慰问，何必待招呼。"又《偶题邓公》："且值雪寒相慰问，不妨春暖更经过。"

【慰情】 宽慰自己的情怀。语出晋陶潜《和刘柴桑》诗："弱女虽非男，慰情良胜无。"白居易《念金銮子二首》之一："非男犹胜无，慰情时一抚。"

【慰賀】 慰问庆贺。章孝标《初及第归酬孟元翊见赠》："何幸致诗相慰贺，东归花发杏桃春。"

【慰意】 宽慰自己的情意。杜甫《北征》："新归且慰意，生理焉能说。"

【慰薦】 ❶慰藉；安慰。李商隐《戊辰会静中出贻同志二十韵》："龟山有慰荐，南真为弥纶。"叶葱奇注："'慰荐'，犹慰藉。"赵嘏《十无诗寄桂府杨中丞》："尊前为问神仙伴，肯向三清慰荐无。"❷推荐。权德舆《寄侍御从舅》："感恩从慰荐，循性难絷维。"

【慰懷】 慰问怀念。杜甫《赠李十五丈别》："绝域谁慰怀，开颜喜名贤。"

慴 〔shè《广韵》之涉切，入葉，章。又徒協切，入貼，定。《集韵》實攝切，入葉，船。〕恐惧；使恐惧。孙纬《中秋夜思郑延美有作》："中秋中夜月，世说慑妖精。"见"慴惴"。

【慴惴】 恐惧不安。杜牧《感怀诗一首》："屯田数十万，堤防常慑惴。"

憀 〔liáo《广韵》落蕭切，平蕭，來。又力求切，平尤，來。〕聊赖；凭依。郎士元《朱方南郭留别皇甫冉》："故人劳见爱，行客自无憀。"孟郊《古意》："捐气入空房，无憀乍从容。"白居易《代书诗一百韵寄微之》："无憀当岁杪，有梦到天涯。"皮日休《秋晚留题鲁望郊居二首》之二："秋花如有恨，寒蝶似无憀。"卢钰《勖曹生》："尊前有恨惭卑宦，席上无憀爱艳妆。"

【憀然】 姑且，聊以。元季川《登云中》："憀然歌采薇，曲尽心悠悠。"

慘 〔cǎn《广韵》七感切，上感，清。〕❶狠毒；厉害。羊士谔《小园春至偶呈吏部窦郎中》："松筱虽苦节，冰霜惨其间。"刘斌《和许给事伤牛尚书》："林薄长风惨，江上寒云愁。"❷忧愁；悲惨。见《诗·陈风·月出》。储光羲《舟中别武金坛》："落日下西山，左右惨无言。"顾况《湖南客中春望》："风尘海内怜双鬓，涕泪天涯惨一身。"白居易《琵琶引》："醉不成欢惨将别，别时茫茫江浸月。"高骈《赠歌者二首》之一："酒满金船花满枝，佳人立唱惨愁眉。"贯休《送梦上人归京》："梦公别我还上国，江边惨执行迟迟。"❸皱眉头。王建《寻橦歌》："小垂一手当舞盘，斜惨双蛾看落日。"徐夤《愁》："夜长偏觉漏声迟，往往随歌惨翠眉。"❹肃杀；凄凉。王维《故太子太师徐公挽歌四首》之四："风日咸阳惨，笳箫渭水寒。"白居易《自江陵之徐州路上寄兄弟》："夕宿劳乡梦，晨装惨旅情。"罗隐《轻飙》："轻飙掠晚莎，秋物惨关河。"李洞《吊郑宾客》："朝行丧名节，岳色惨天风。"❺羞惭。李愿《观翟玉妓》："艳粉宜斜烛，羞蛾惨向人。"白居易《裴常侍以题蔷薇架十八韵见示因广为三十韵以和之》："蕙惨偎栏避，莲羞映浦藏。"❻指浅色。见"惨黑"。❼通"黲"。昏暗。苏颋《边秋薄暮》："边风思鞞鼓，落日惨旌麾。"李白《古风》之三四："长号别严亲，日月惨光晶。"武元衡《顺宗至德大圣皇帝挽歌词三首》之三："夜泉愁更咽，秋日惨无光。"鲍溶《塞下》："寒日惨大野，虏云若飞鹏。"

【惨么麽】（么 yāo）谓山色天光。杜甫《忆昔行》："辛勤不见华盖君，艮岑青辉惨么麽。"

【惨切】（—qiě）悲惨凄切。杜牧《朱坡》："静思长惨切，薄宦与乖暌。"

【惨日】 暗淡的日光。董思恭《感怀》："惨日映峰沉，愁云随盖转。"

【惨忸】 凄惨羞愧。刘禹锡《武陵观火诗》："吊场色惨忸，颜失词劬愉。"

【惨冽】 寒冷，凛冽。韩愈《感春四首》之二："岂如秋霜虽惨冽，摧落老物谁惜之。"白居易《新沐浴》："是月岁阴暮，惨冽天地愁。"

【惨毒】 残忍恨毒。皇甫冉《太常魏博士远出贼庭江外相逢因叙其事》："群生被惨毒，杂虏耀轻肥。"

【惨恨】 凄惨怨恨。张祜《送杨秀才游蜀》："不堪挥惨恨，一涕自潸然。"

【惨烈】 指寒冷。玄宗《温汤对雪》："白雪乍回散，同云何惨烈。"高适《酬李少府》："一登蓟丘上，四顾何惨烈。"又《效古赠崔二》："风飙生惨烈，雨雪暗天地。"

【惨凄】 悲惨凄凉。杜甫《无家别》："人行见空巷，日瘦气惨凄。"白居易《秦中吟十首·伤友》："近日多如此，非君独惨凄。"司空图《歌者十二首》之二："清回烦暑成潇洒，艳逐寒云变惨凄。"张泌《晚次湘源县》："湘南自古多离怨，莫动哀吟易惨凄。"

【惨戚】 亦作"惨慼"。悲惨戚切。李白《北上行》："惨戚冰雪里，悲号绝中肠。"杜甫《遣兴五首》之五："丈夫贵壮健，惨戚非朱颜。"舒元舆《八月五日中部官舍读唐历天宝已来追怆故事》："昔闻欢娱事，今日成惨戚。"陈陶《游子吟》："惨戚别妻子，迟回出门难。"

【惨恶】（—è）残忍凶恶。姚合《答窦知言》："冬日易惨恶，暴风拔山根。"

【惨黑】 浅黑色。杜甫《杜鹃行》："毛衣惨黑貌憔悴，众鸟安肯相尊崇。"

【惨舒】 见汉张衡《西京赋》。后以"惨舒"表示寒暑、阴晴、荣枯等。陆长源《酬孟十二新居见寄》："青萝纷蒙密，四序无惨舒。"杨巨源《奉酬窦郎中早入省苦寒见寄》："惨舒能一改，恭听远者说。"刘禹锡《酬皇甫十少尹暮秋久雨喜晴有怀示》："摇落从来长年感，惨舒偏是病身知。"韩偓《冬至夜作》："不道惨舒无定分，却忧蚊响又成雷。"

【惨然】 形容心里悲伤。韩愈《武关西逢配流吐番》："嗟尔戎人莫惨然，湖南地近保生全。"舒元舆《坊州按狱因成诗寄之》："明朝告行去，惨然还别离。"徐铉《邵伯埭下寄高邮陈郎中》："故人相别动经年，候馆逢倍惨然。"

【惨恻】 悲痛哀伤。寒山《诗三百三首》之三九："未达毛摧落，离群心惨恻。"马异《答卢仝结交诗》："俯首辞山心惨侧，白云虽好恋不得。"

【惨淡】 见"惨澹"。

【惨愁】 悲伤愁苦。杜牧《经阖闾城》："吟罢独归去，烟云尽惨愁。"

【惨傷】 悲惨伤心。杜甫《寄韩谏议》："昔随刘氏定长安，帷幄未改神惨伤。"李敬方《题黄山汤院》："惨伤因有暇，徒御诫无喧。"喻凫《西山寒日逢韦侍御》："惨伤此身事，风雪动江山。"李群玉《长沙开元寺昔与故长林许侍御题松竹联句》："墙阴数行字，怀旧惨伤情。"

【惨慄】 极寒冷貌。见《素问·至真要大论》。姚合《寄李余卧疾》："穷节弥惨栗，我讵自云乐。"

【惨愴】 悲痛。高适《自淇涉黄河途中作十三首》之七："缅怀多杀戮，顾此生惨怆。"杜甫《醉时歌》："不须闻此意惨怆，生前相遇且衔杯。"又《寄岳州贾司马六丈巴州严八使君两阁老五十韵》："衣冠心惨怆，故老泪潺湲。"

【惨惨】 ❶忧闷，愁闷。见《诗·小雅·正月》。杜甫《送高三十五书记》："又如参与商，惨惨中肠悲。"戴叔伦《边城曲》："胡笳听彻双泪流，羁魂惨惨生边愁。"杜牧《故洛阳城有感》："千烧万战坤灵死，惨惨终年鸟雀悲。"李群玉《宵民》："惨惨心如虺，营营舌似蝇。"❷昏暗貌。惨，通"黪"。见《文选·王粲〈登楼赋〉》。杜甫《积草岭》："飕飕林响交，惨惨石状变。"张籍《庄陵挽歌词三首》之三："惨惨郊原暮，迟迟挽唱哀。"白居易《雪暮偶与梦得同致仕裴宾客王尚书饮》："黄昏惨惨雪霏霏，白首相欢醉不归。"司空图《河上二首》之一："惨惨日将暮，驱羸独到庄。"❸萧瑟凄凉。刘长卿《过裴舍人故居》："惨惨天寒独掩扃，纷纷黄叶满空庭。"皎然《翔隼歌送王端公》："离亭惨惨客散时，歌尽路长意不足。"戎昱《收襄阳城二首》之一："悲风惨惨雨修修，岘北山低草木愁。"无名氏《唐衢墓》(卷七八六)："京洛先生三尺坟，阴风惨惨土和云。"

【惨慼】 见"惨戚"。

【惨澹】 亦作"惨淡"。❶阴暗；暗淡。杜甫《陈拾遗故宅》："悠扬荒山日，惨澹故园烟。"白居易《渭村退居寄礼部崔侍郎翰林钱舍人诗一百韵》："云容阴惨澹，月色冷悠扬。"韩琮《霞》："天际欲销重惨淡，镜中闲照正依稀。"张泌《惆怅吟》："秋风丹叶动荒城，惨澹云遮日半明。"❷悲惨凄凉。杜甫《送李校书二十六韵》："回身视绿野，惨澹如荒泽。"白居易《元相公挽歌词三首》之三："送葬万人皆惨澹，反虞驷马亦悲鸣。"

李商隐《韩碑》:"腰悬相印作都统,阴风惨澹天王旗。"张泌《边上》:"山河惨澹关城闭,人物萧条市井空。"无名氏《晚秋登城之作》(外编上):"乡国云山遮不见,风光惨澹益愁深。"❸尽心思虑;辛苦。杜甫《送从弟亚赴安西判官》:"踊跃常人情,惨澹苦士志。"又《寄张十二山人彪三十韵》:"艰难随老母,惨澹向时人。"又《奉酬薛十二丈判官见赠》:"羽毛净白雪,惨澹飞云汀。"

【惨澹經營】 原指作画前先用浅淡颜色勾勒轮廓,苦心构思。杜甫《丹青引赠曹将军霸》:"诏谓将军拂绢素,意匠惨澹经营中。"后引申为苦心谋划。

【惨黛】 指愁眉。黛,青墨色颜料,可供画眉,故借指眉。刘言史《七夕歌》:"玉幌相逢夜将极,妖红惨黛生愁色。"

【惨顔】 凄惨的神色。李商隐《行次西郊作一百韵》:"儿孙生未孩,弃之无惨颜。"罗邺《登凌歊台》:"高台今日竟长闲,因想兴亡自惨颜。"《夭桃诗》(卷八六七):"铅华久御向人间,欲舍铅华更惨颜。"

【惨黷】 昏暗貌。李百药《郢城怀古》:"鄢郢遂丘墟,风尘俄惨黩。"杜甫《奉送郭中丞兼太仆卿充陇右节度使三十韵》:"中原何惨黩,余孽尚纵横。"

慣 〔guàn《广韵》古患切,去諫,見。〕习惯;经常。刘方平《采莲曲》:"采莲从小惯,十五即乘潮。"韩愈《县斋有怀》:"夷言听未惯,越俗循犹乍。"姚合《从军行》:"常恐虚受恩,不惯把刀枪。"罗隐《病骢马》:"曾听禁漏惊街鼓,惯踏康庄怕小桥。"

【慣捷】 熟练敏捷。杜甫《大云寺赞公房四首》之四:"童儿汲井华,惯捷瓶上手。"

【慣貧】 习惯于贫困。许浑《酬殷尧藩》:"竹马儿犹小,荆钗妇惯贫。"

【慣習】 习惯;习惯于。孟浩然《送张祥之房陵》:"我家南渡头,惯习野人舟。"杜甫《猿》:"惯习元从众,全生或用奇。"又《前苦寒行二首》之一:"秦城老翁荆扬客,惯习炎蒸岁絺绤。"耿湋《塞上曲》:"惯习干戈事鞍马,初从少小在边城。"

十二画

憤 〔fèn《广韵》房吻切,上吻,奉。〕❶郁结于心,憋闷。见《论语・述而》。见"憤悱❶"。❷愤怒;怨恨。李白《上崔相百忧章》:"万愤结习,忧从中催。"韦应物《悲故交》:"积愤方盈抱,缠哀忽逾度。"孟简《赋得亚父碎玉斗》:"献谋既我违,积愤从心痗。"赵嘏《倦寝听晨鸡》:"不愤连年别,那看长夜啼。"❸发,奋。见《淮南子・修务训》。刘孝孙《游灵山寺》:"临风画角愤,耀日采旗翻。"韩愈《石鼓歌》:"周纲陵迟四海沸,宣王愤起挥天戈。"白居易《郊陶潜体诗十六首》之十:"壮士磨匕首,勇愤气蓬勃。"贾岛《代边将》:"报国不拘贵,愤将平虏雠。"

【憤心】 愤怒之心。元稹《和李校书新题乐府十二首・蛮子朝》:"犬戎强盛频侵削,降有愤心战无勇。"

【憤怨】 愤怒怨恨。杜甫《陪王侍御同登东山最高顶宴姚通泉晚携酒泛江》:"笛声愤怨哀中流,妙舞逶迤夜未休。"

【憤怒】 因极度不满而情绪激动。李冶《从萧叔子听弹琴赋得三峡流泉歌》:"初疑愤怒含雷风,又似呜咽流不通。"无名氏《晚秋羁情》(外编上):"羁绁时深情愤怒,漂泊乡遥心感激。"

【憤烈】 愤勇壮烈。贯休《赠抱麻刘舍人》:"愤烈身先死,敷扬气益贞。"

【憤氣】 怒气,不平之气。张碧《鸿沟》:"项庄愤气吐不得,亚父斗声天上闻。"薛逢《题白马驿》:"胸中愤气文难遣,强指丰碑哭武侯。"韦庄《题安定张使君》:"愤气不销头上雪,政声空布海边春。"

【憤容】 愤怒的容颜。温庭筠《过孔北海墓二十韵》:"愤容凌鼎镬,公议动朝廷。"

【憤悱】 ❶谓积思求解。见《论语・述而》。杜牧《牧陪昭应卢郎中在江西宣州佐今吏部沈公幕叙旧成二十二韵用以投寄》:"卷怀能愤悱,卒岁且优游。"王周《自喻》:"五岁禀慈训,愤悱读书志。"❷愤恨。杜牧《雪中书怀》:"愤悱欲谁语,忧愠不能持。"

【憤惋】 愤恨。杜甫《前出塞九首》之三:"丈夫誓许国,愤惋复何有。"

【憤然】 无所畏惧貌。徐彦伯《比干墓》:"之子弥忠谠,愤然更通进。"

【憤發】 奋发。拾得《诗》之十八:"猕猴尚教得,人何不愤发。"

【憤憤】 气愤不平。元稹《楚歌十首》之十:"栖栖王粲赋,愤愤屈平篇。"白居易《新乐府・缚戎人》:"同伴行人因借问,欲说喉中气愤愤。"又《读汉书》:"每读元成纪,愤愤令人悲。"齐己《寄钱塘罗给事》:"愤愤呕谗书,无人诵子虚。"

【憤薄】 充溢,奔涌。高适《李云南征蛮诗》:"精诚动白日,愤薄连苍穹。"

【憤激】 ❶愤怒激动。杜甫《送韦十六评事充同谷郡防御判官》:"伤哉文儒士,愤激驰林丘。"❷激奋,激昂。崔涂《读段太尉碑》:"愤激计潜成,临危岂顾生。"亦指偏激。吴融《题画柏》:"不在是非间,与人为愤激。"

【憤聲】 愤怒之声。李宣古《听蜀道士琴歌》:"愤声高,怨声咽,屈原叫天两妃绝。"

【憤濤】 怒涛。韩愈《远游联句》:"愤涛气尚盛,恨竹泪空幽。”

【憒憹】 ❶抑郁烦闷。于逖《忆舍弟》：“何时对形影，憒憹当共陈。”元稹《何满子歌》：“婴刑系在图圄间，水调哀音歌憒憹。”白居易《渭村退居寄礼部崔侍郎翰林钱舍人一百韵》：“憒憹胸须豁，交加臂莫攘。”陆龟蒙《奉酬袭美先辈吴中苦雨一百韵》：“幽忧和憒憹，忽愁自惊蹶。”❷犹冤屈。李白《窜夜郎于乌江留别宗十六璟》：“皇恩雪憒憹，松柏含荣滋。”

憙　〔xǐ《广韵》虚里切，上止，曉。又許記切，去志，曉。〕同“喜”“憘”。喜欢，喜悦。颜真卿、颜须《竹山连句题潘氏画堂》：“鱼乐怜清浅，禽闲憙颉颃。”

【憙事】 喜欢多事，好事。元稹《江陵三梦》：“君复不憘事，奉身犹脱遗。”

僃　〔bèi《广韵》蒲拜切，去怪，並。〕❶疲乏。见《汉书·樊哙传》。阎宽《松滋江北阻风》：“忧人劳夕惕，乡事惫晨兴。”韩愈、孟郊《雨中寄孟刑部几道联句》：“欲知相益多，神药销宿惫。”曹唐《病马五首呈郑校书章三吴十五先辈》之二：“力惫未思金络脑，影寒空望锦障泥。”❷衰弱；衰竭。宋璟《奉和御制璟与张说源乾曜同日上官命宴都堂赐诗应制》：“老臣慵且惫，何德以当诸。”白居易《别行简》：“筋骸已衰惫，形影仍分诀。”❸朽坏。鲍君徽《关山月》：“霜凝匣中剑，风惫原上旌。”

【僃色】 憔悴的颜色。元稹《献荥阳公诗五十韵》：“惫色秋来草，哀吟雨后蝉。”

憓　〔huì《广韵》胡桂切，去霽，匣。〕同“惠”。顺服。见《史记·司马相如列传》。皮日休《补周礼九夏系文·九夏歌九篇》：“征彼不憓，一扑而灭。”

憯　〔cǎn《广韵》七感切，上感，清。又青忝切，上忝，清。〕❶痛，疼痛。韩愈《送无本师归范阳》：“念当委我去，雪霜刻以憯。”元稹《虫豸诗·浮尘子》之三：“但觉皮肤憯，安知琐细来。”又《酬乐天东南行诗一百韵》：“坐痛筋骸憯，旁嗟物候殊”。❷伤惨。白居易《新乐府·五弦弹》：“杀声入耳肤血憯，寒气中人肌骨酸。”

【憯凄】 悲痛；感伤。见《文选·宋玉〈九辩〉》。白居易《新乐府·骠国乐》：“体生疾苦心憯凄，民得和平君恺悌。”又《客路感秋寄明准上人》：“孰能不憯凄，天时牵人情。”

憿　〔chǎng《广韵》昌雨切，上养，昌。〕迷惘恍惚。见“憿怳”。

【憿怳】 迷惘；恍惚。白居易《和微之诗二十三首·和酬郑侍御东阳春闷放怀追越游见寄》：“流年惝悦不饶我，美景鲜妍来为谁。”

憬　〔jǐng《广韵》俱永切，上梗，見。〕远行貌。亦指边远之地。见“憬俗”。

【憬俗】 指边远地区的百姓。李峤《安辑岭表事平罢归》：“皇恩溢外区，憬俗咏来苏。”

憚　〔dàn《广韵》徒案切，去翰，定。〕畏惧；畏难。见《诗·小雅·绵蛮》。魏征《出关》：“岂不惮艰险，深怀国士恩。”戎昱《送王明府入道》：“为耽泉石趣，不惮薜萝寒。”权德舆《送陆太祝赴湖南幕同用送字》：“不惮征路遥，定缘宾礼重。”陆龟蒙《奉和袭美茶具十咏·茶舍》：“不惮采掇劳，只忧官未足。”

【憚行】 （—xíng）畏惧行走。徐仁嗣《天骥呈材》：“歧路宁辞远，关山岂惮行。”

【憚勞】 害怕劳累。周颛《和座客》：“十载文场敢惮劳，宋都回鹢为风高。”

【憚遠】 畏惧路远。韩愈《古意》：“我欲求之不惮远，青壁无路难夤缘。”

【憚險】 害怕艰险。韩愈《送灵师》：“寻胜不惮险，黔江屡洄沿。”

憮　〔wǔ《广韵》文甫切，上麌，微。〕见“憮然”。

【憮然】 怅然失意貌。见《论语·微子》。张九龄《在郡秋怀二首》之二：“怃然忧成老，空尔《白头吟》。”卢纶《送宁国夏侯丞》：“怃然饯离阻，年鬓两蹉跎。”来鹄《圣政纪颂》：“穆宗怃然，若疚若瘖。”

憩　〔qì《广韵》去例切，去祭，溪。〕亦作“憇”。❶休息；歇息。见《诗·召南·甘棠》。卢鸿一《嵩山十志十首·倒景台》：“登路有三处可憩，或曰三休台。”孟浩然《疾愈过龙泉寺精舍呈易业二公》：“竹房思旧游，过憩终永日。”白居易《宿清源寺》：“往谪浔阳去，夜憩辋溪曲。”罗隐《答宗人衮》：“昆仑水色九般流，饮即神仙憩即休。”❷停止；停放。孟浩然《行至汝坟寄卢征君》：“行乏憩予驾，依然见汝坟。”吴筠《元日言怀因以自励诒诸同志》：“驰光无时憩，加我五十年。”

【憩泊】 栖息。沈佺期《夜泊越州逢北使》：“憩泊在兹夜，炎云逐斗枢。”李白《游水西简郑明府》：“凉风日潇洒，幽客时憩泊。”

【憩息】 休息。杜甫《营屋》：“寂无斤斧响，庶遂憩息欢。”又《客堂》：“平生憩息地，必种数竿竹。”又《大历三年春白帝城放船出瞿塘峡久居夔府凡四十韵》：“劳心依憩息，朗咏划昭苏。”

【憩歇】 亦作“憇歇”。休息；歇息。寒山《诗三百三首》之二五七:"可观无事客,憩歇在岩阿。"又《诗三百三首》之二六六:"怡然憩歇处,日斜树影低。"

【憩駕】 停下车驾。朱延《再登河阳城怀古》:"客游倦旅思,憩驾陟崇墉。"

【憩館】 别墅。陆龟蒙《丁隐君歌》序:"隐君,姓丁氏……居钱塘龙泓洞之左右,或曰憩馆耳。"

憍 〔jiāo《广韵》舉喬切,平宵,見。〕同"驕"。骄傲。见《楚辞·九章·抽思》。顾况《归阳萧寺有丁行者能修无生忍担水施僧况归命稽首作诗》:"阿若侨陈如,迦叶迦旃延。"

憔 〔qiáo《广韵》昨焦切,平宵,從。〕❶黄瘦;病瘦。见"憔悴❶"。❷凋零;枯萎。见"憔悴❷"。❸朽老;朽旧。见"憔悴❸"。❹困顿失意。见"憔悴❹"。❺忧戚;烦恼。见"憔悴❺"。

【憔悴】 ❶黄瘦;病瘦。见《国语·吴语》。寒山《诗三百三首》之二六四:"如今七十过,力困形憔悴。"李白《单父东楼秋夜送族弟沈之秦》:"屈原憔悴滞江潭,亭伯流离放辽海。"顾况《弃妇词》:"妾以憔悴捐,羞将旧物还。"李涉《寄荆娘写真》:"如今憔悴不相似,恐君重见生悲伤。"周渍《重门曲》:"憔悴容华怯对春,寂寥宫殿锁闲门。"❷凋零;枯萎。寒山《诗三百三首》之二二四:"地厚树扶疏,地薄树憔悴。"李泌《句》:"青青东门柳,岁晏复憔悴。"李白《双燕离》:"憔悴一身在,孀雌忆故雄。"李中《送朐山孙明府赴寿阳幕府辟命》:"菊丛憔悴陶潜去,莲幕光辉阮瑀来。"❸衰老,朽旧。李端《早春夜集耿拾遗宅》:"年齿俱憔悴,谁堪故国赊。"薛逢《君不见》:"一朝冥漠归下泉,功业声名两憔悴。"赵嘏《寒食新丰别友人》:"东风吹泪对花落,憔悴故交相见稀。"赵抟《琴歌》:"莫辞憔悴与买取,为君一曲号青春。"❹困顿失意。韦应物《逢杨开府》:"武皇升仙去,憔悴被人欺。"严维《送房元直赴北京》:"常欲激昂论上策,不应憔悴老明时。"沈亚之《村居》:"应缘我憔悴,为我哭秋思。"顾非熊《长安清明言怀》:"春色来年谁是主,不堪憔悴更无成。"❺忧戚、烦恼。见《楚辞·刘向〈九叹〉》。李郢《茶山贡焙歌》:"吴民吴民莫憔悴,使君作相期苏尔。"齐己《寄监利司空学士》:"宽容民赋税,憔悴吏精神。"

憧 〔chōng《广韵》尺容切,平鍾,昌。〕见"憧憧"。

【憧憧】 ❶往来不绝貌。见《易·咸》。刘希夷《洛中晴月送殷四入关》:"微云一点曙烟起,南陌憧憧遍行子。"王季友《酬李十六岐》:"于何车马日憧憧,李膺门馆争登龙。"元稹《题漫天岭智藏师兰若僧云住此二十八年》:"僧临大道阅浮生,来往憧憧利与名。"任翻《洛阳道》:"憧憧洛阳道,尘下生春草。"❷纷扰貌。元稹《度门寺》:"心源虽了了,尘世苦憧憧。"

憝 〔duì《广韵》徒對切,去隊,定。〕奸恶。亦指恶人。吴融《风雨吟》"岂忧天下有大憝,四郊刁斗常铮铮。"

憐 〔lián《广韵》落賢切,平先,來。〕❶哀怜;怜悯。王维《送丘为落第归江东》:"怜君不得意,况复柳条春。"李白《寄崔侍御》:"独怜一雁飞南海,却羡双溪解北流。"罗立言《赋得沽美玉》:"谁怜被褐士,怀玉正求沽。"李商隐《行次西郊作一百韵》:"生为人所惮,死非人所怜。"万俟造《龙池春草》:"那怜献赋者,惆怅惜兹辰。"❷疼爱;喜爱。见《庄子·秋水》。李白《题宛溪馆》:"吾怜宛溪好,百尺照心明。"戎昱《苦哉行五首》之四:"身为最小女,偏得浑家怜。"元稹《遣悲怀三首》之一:"谢公最小偏怜女,嫁与黔娄百事乖。"白居易《玩半开花赠皇甫郎中》:"人怜全盛日,我爱半开时。"张泌《寄人》:"酷怜风月为多情,还到春时别恨生。"亦表示令人喜爱或令人疼近。韩愈《赠张籍》:"有儿虽甚怜,教示不免简。"孟郊《婵娟篇》:"月婵娟,真可怜。"❸爱惜;珍惜。张子容《春江花月夜二首》之二:"交甫怜瑶佩,仙妃难重期。"刘商《行营病中》:"迟迟不见怜弓箭,惆怅秋鸿敢近飞。"白居易《白牡丹》:"怜此皓然质,无人自芳馨。"李绅《滁阳春日怀果园闲宴》:"劝人莫折怜芳早,把烛频看畏晓催。"

【憐才】 爱惜人才。杜甫《不见》:"世人皆欲杀,吾意独怜才。"赵嘏《十无诗寄桂府杨中丞》之八:"孔融襟抱称名儒,爱物怜才与世殊。"温庭筠《秘书省有贺监知章草题诗笔力遒健风尚高远因有此作》:"越溪渔客贺知章,任达怜才爱酒狂。"

【憐香】 喜爱花香。亦以喻男子对女子的温存爱怜。杜牧《后池泛舟送王十秀才》:"问拍拟新令,怜香占彩球。"罗邺《槐花》:"层楼寄恨飘珠箔,骏马怜香撼玉珂。"徐夤《蝴蝶二首》之一:"防患每忧鸡雀口,怜香偏绕绮罗衣。"

【憐紅】 谓爱花。杨衡《槿》:"怜红未许家人见,胡蝶争知早到来。"

【憐貢】 同情而加以举荐。喻坦之《陈情献中丞》:"奖善犹怜贡,垂恩必不轻。"

【憐酒】 爱酒。高骈《遣兴》:"把盏非怜酒,持竿不为鱼。"

【憐惜】 爱惜。白居易《晚桃花》:"春深欲落谁怜惜,白侍郎来折一枝。"

【憐愛】 疼爱;怜惜。王梵志《诗》之三:"兄弟相怜爱,同生莫异居。"崔颢《邯郸宫人怨》:"母兄怜爱无俦侣,五岁名为阿娇女。"王昌龄《箜篌引》:"怜爱苍生比蚍蜉,朔河屯兵须渐抽。"

【憐錢】　爱钱。张潮《襄阳行》："大堤诸女儿，怜钱不怜德。"

憎　〔zēng《广韵》作滕切，平登，精。〕厌恶；憎恨。张九龄《酬周判官巡至始兴会改秘书少监见贻之作兼呈耿广州》："义疾耻无勇，盗憎攻亦锐。"韦应物《假中枉卢二十二书亦称卧疾戏李二》："花里棋盘憎鸟污，枕边书卷讶风开。"吕温《和舍弟让笼中鹰》："主人憎恶鸟，试待一呼看。"陆龟蒙《袭美见题郊居十首因次韵酬之以伸荣谢》之十："风月虽为敌，林泉幸未憎。"殷文圭《鹦鹉》："金笼夜黯山西梦，玉枕晓憎帘外声。"

【憎命】　憎恶命运。杜甫《天末怀李白》："文章憎命达，魑魅喜人过。"杨伦笺注："文人多杂困踬，反似憎命之达者，即诗能穷人意。"

【憎故憐新】　犹喜新厌旧。白居易《重戏答》："林园莫妒裴家好，憎故怜新岂是人。"

【憎嫌】　厌恶，埋怨。韩愈《县斋有怀》："指摘两憎嫌，睢盱互猜讶。"姚合《新昌里》："僮仆惯苦饮，食美翻憎嫌。"刘兼《春燕》："大厦已成须庆贺，高门频入莫憎嫌。"

憑　〔píng《广韵》扶冰切，冰切，平蒸，並。《集韵》皮冰切，平蒸，並。〕❶靠着。身体依持他物。杜甫《寄刘峡州伯华使君四十韵》："凭久乌皮折，簪稀白帽棱。"皇甫冉《奉和王相公早春登徐州城》："落日凭危堞，春风似故乡。"韩愈、孟郊《纳凉联句》："危檐不敢凭，朽机惧倾扑。"李商隐《清河》："舟小回仍数，楼危凭亦频。"徐铉《重游木兰亭》："那知年长多情后，重凭栏干一独吟。"亦用以指以手扶持。王维《河南严尹弟见宿弊庐访别人赋十韵》："拂衣迎五马，垂手凭双童。"❷靠近；接近；紧挨着。孟浩然《寻天台山》："歇马凭云宿，扬帆截海行。"李白《赠张相镐二首》之二："龙颜惠殊宠，麟阁凭天居。"白居易《新乐府·新丰折臂翁》："玄孙扶向店前行，左臂凭肩右臂折。"亦引申为萦绕。韦应物《楼中阅清管》："响迥凭高阁，曲怨绕秋城。"❸座落，在。杜甫《太平寺泉眼》："招提凭高冈，疏散连草莽。"韦应物《襄武馆游眺》："高亭凭古地，山川当暮秋。"❹凭借；依仗；依靠。见《文选·陆机〈苦寒行〉》。李嘉祐《送窦拾遗赴朝因寄中书十七弟》："凭尔将书通令弟，唯论华发愧头巾。"孟郊《连州吟》之二："唯凭方寸灵，独夜万里寻。"李绅《过梅里七首·忆东郭居》："忠诚贯白日，直已凭苍昊。"徐夤《草木》："天命岂凭医药石，世途还要辟虫沙。"亦指依附，附着。杜甫《营屋》："甚疑鬼物凭，不顾剪伐残。"徐夤《依御史温飞卿华清宫二十二韵》："五十年鸿业，东凭渭水流。"❺烦劳；请求。杜甫《公安送李二十九弟晋肃入蜀余下沔鄂》："凭将百钱卜，飘泊问君平。"李商隐《韩冬郎即席为诗相送兼呈畏之员外》之二："为凭何逊休联句，瘦尽东阳姓沈人。"贾岛《访鉴玄师侄》："我有军持凭弟子，岳阳溪里汲寒流。"曹松《己亥岁二首》之一："凭君莫话封侯事，一将功成万骨枯。"❻根据。杜荀鹤《八骏图》："只今恃骏凭毛色，绿耳骅骝赚杀人。"韦庄《又闻湖南荆渚相次陷没》："天子只凭红旆壮，将军空恃紫髯多。"黄滔《省试一一吹竽》："以此论文学，终凭一一窥。"❼凭信。杨莱儿《答小子弟诗》："黄口小儿口莫凭，逡巡看取第三名。"《南唐升元殿基下石记》："莫问江南事，江南事可凭。"❽任凭。王建《原上新居十三首》之十一："古碣凭人拓，闲诗任客吟。"元稹《开元观闲居酬吴士矩侍御三十韵》："仙籍聊凭检，浮名复为占。"方干《镜中别业二首》之二："落叶凭风扫，香粳倩水舂。"❾道使。王建《赠王屋道士赴诏》："鹤遣院中童子养，鹿凭山下老人看。"又《原上新居十三首》之九："山客凭栽树，家僮使入城。"❿大；盛。见《列子·汤问》、《后汉书·班固传下》。李白《题嵩山逸人元丹丘山居》："凭雷蹑天窗，弄影憩霞阁。"杜甫《江阁对雨有怀行营裴二端公》："层阁凭雷殷，长空水面文。"⓫徒涉，无舟过河。李白《公无渡河》："虎可搏，河难凭。"谢陶《杂言》："蹈之焚斯须，凭之溺容易。"亦引申为向上攀登。殷琮《登云梯》："身轻疑易蹑，步独觉难凭。"

【憑几】　凭靠几案。杜甫《白露》："凭几看鱼乐，回鞭急鸟栖。"元结《漶阳亭作》："前轩临漶泉，凭几漱清流。"李端《鲜于少府宅看花》："上客屡移床，幽僧劳凭几。"刘言史《江陵客舍留别樊尚书》："委栏芳蕙晚，凭几雪髯垂。"

【憑仗】　依赖；依靠。李贺《春怀引》："阿侯系锦觅周郎，凭仗东风好相送。"李群玉《将游荆州投魏中丞》："又恐无人肯青眼，事须凭仗小还丹。"李山甫《下第献所知三首》之二："自怜心计今如此，凭仗春醪为解颐。"

【憑因】　凭依，依赖。李白《颍阳别元丹丘之淮阳》："精魄渐芜秽，衰老相凭因。"

【憑依】　依仗；依靠。韩愈《寄卢仝》："凭依婚媾欺官吏，不信令行能禁止。"亦表示倚持。吴融《太湖石歌》："噫嘻尔石好凭依，幸有方池并钓矶。"

【憑狐】　凭城之狐。喻依仗他人权势之人。李绅《趋翰苑遭诬构四十六韵》："诳天犹指鹿，依社尚凭狐。"

【憑怒】　大怒。李商隐《送从翁东川弘农尚书幕》："雏虎如凭怒，漦龙性漫驯。"

【憑軒】　❶倚伏栏杆。孟浩然《登岘山亭寄晋陵张少府》："凭轩试一问，张翰欲来归。"杜甫《登岳阳楼》："戎马关山北，凭轩涕泗流。"元结《登殊亭作》：

"凭轩未及息，忽若秋气生。"白居易《重修府西水亭院》："绕岸行初匝，凭轩立未回。"❷乘着轩车。韩休《奉和圣制送张说巡边》："受钺辞金殿，凭轩去鼎城。"

【憑倚】 倚靠。将身体靠于他物之上。唐彦谦《游南明山》："脱冠挂长松，白石藉凭倚。"

【憑託】 凭借。元结《演兴四首·闵岭中》："彼猛毒兮曹聚，必凭托乎阻修。"

【憑高】 登临高处。刘宪《奉和幸长安故城未央宫应制》："凭高睿赏发，怀古圣情周。"李白《天台晓望》："凭高登远览，直下见溟渤。"钱起《乐游原晴望上中书李侍郎》："爽气朝来万里清，凭高一望九秋轻。"司空图《即事九首》之一："宿雨川原霁，凭高景物新。"

【憑淩】 见"憑陵"。

【憑陵】 亦作"憑淩"。❶侵犯；侵扰。高适《燕歌行》："山川萧条极边土，胡骑凭陵杂风雨。"刘复《长歌行》："龙蛇出没经两朝，胡虏凭陵大道销。"贯休《古塞下曲四首》之一："铸金祷秋穹，还拟相凭陵。"齐己《答友生山居寄示》："兵寇凭凌甚，溪山几许深。"❷横行，猖獗。胡曾《滹沱河》："光武经营业未兴，王郎兵革正凭陵。"亦指强武有力。李白《古风》之三三："凭陵随海运，燀赫因风起。"❸登高。唐彦谦《高平九日》："云净南山紫翠浮，凭陵绝顶望悠悠。"

【憑虛】 ❶凌空。高适《登广陵栖灵寺塔》："直上造云族，凭虚纳天籁。"唐彦谦《登庐山》："凭虚有仙骨，日月看推迁。"❷虚构。李咸用《巫山高》："忍听凭虚巧佞言，不求万寿翻求死。"❸无所依凭。窦牟《缑氏拜陵回道中呈李舍人少尹》："礼容皆若旧，名籍自凭虚。"

【憑眺】 登高远望。张九龄《登郡城南楼》："感别时已屡，凭眺情非一。"又《登乐游原春望书怀》："凭眺兹为美，离居方独愁。"权德舆有《早夏青龙寺致斋凭眺感物因书十四韵》。

【憑深負固】 依恃高墙深池。辛常伯《军中行路难》："君不见封狐雄虺自成群，凭深负固结妖氛。"

【憑軾】 倚在车前横木上。亦谓驾车；出征。见《汉书·郦食其传》。太宗《春日望海》："披襟眺沧海，凭轼玩春芳。"李峤《奉使筑朔方六州城率尔而作》："凭轼讯古今，慨焉感兴亡。"吴筠《览古十四首》之八："运筹康汉业，凭轼下齐城。"韩愈、李正封《晚秋郾城夜会联句》："凭轼谕昏迷，执殳征暴虐。"

【憑憑】 象声词。状风雷声。李白《远别离》："云凭凭兮欲吼怒，尧舜当之亦禅禹。"

【憑闌】 见"憑欄"。

【憑龜】 以龟卜为据。李珣《定风波》词之三："听鹊凭龟无定处，不知，泪痕流在画罗衣。"

【憑檻】 倚伏栏杆。权德舆《奉和李大夫题郑评事江楼》："凭槛出烟埃，振衣向寥廓。"又《和王侍郎病中领度支烦迫之余过西园书堂闲望》："凭槛辍繁务，晴光烟树分。"刘辟《登楼望月二首》："倚窗情渺渺，凭槛思悠悠。"徐铉《亚元舍人不替深知猥贻佳作三篇清绝不敢轻庶资一笑耳》："春来凭槛方叹息，仰头忽见南来翼。"

【憑欄】 亦作"憑闌"。身倚栏杆站着。卢纶《送从侄滁州觐省》："拥棹逢鸥舞，凭阑见雨来。"杜牧《题齐安城楼》："不用凭阑苦回首，故乡七十五长亭。"许棠《登渭南县楼》："闲来时甚少，欲下重凭栏。"刘兼《晚楼寓怀》："薄暮疏林宿鸟还，倚楼垂袂复凭栏。"徐铉《严相公宅牡丹》："不知更许凭栏否，烂熳春光未肯残。"

【憑覽】 登高远望。崔湜《登总持寺阁》："升攀重阁迥，凭览四郊明。"沈佺期《登瀛州南城楼寄远》："层城起丽谯，凭览出重霄。"李白《登金陵冶城西北谢安墩》："凭览周地险，高标绝人喧。"权德舆《早夏青龙寺致斋凭眺感物因书十四韵》："洁斋奉明祀，凭览伤复古。"

憲[1] 〔xiàn《广韵》許建切，去願，曉。〕❶法令；法度。李峤《安辑岭表事平罢归》："白简承朝宪，朱方抚夷落。"殷寅《铨试后征山别业寄源侍御》："畴昔相知者，今兹秉天宪。"白居易《和答诗十首·和思归乐》："所以事君日，持宪立大庭。"李中《献中书张舍人》："持宪威声振，司言品秩清。"亦用以指执法。虞世南《赋得慎罚》："于张惩不滥，陈郭宪无倾。"❷效法。见"憲章❸"。❸指司刑狱的中央、地方机构或官员。张谓《送韦侍御赴上都》："天朝辟书下，风宪取才难。"见"憲司""憲部"。

憲[2] 〔xiǎn《集韵》呼典切，上銑，曉。〕通"顯"。❶明显。见"憲₂憲"。❷犹皇。对先人的美称。见"憲₂考"。

【憲司】 称御史台及其所属。李颀《送崔侍御赴京》："一从登甲科，三拜皆宪司。"元结《与党侍御》："高人党茂宗，复来官宪司。"皮日休《三羞诗三首》之一："宪司遵故典，分道播南越。"

【憲₂考】 即显考。谓亡父。韩愈《郓州溪堂》："及我宪考，一收正之。"

【憲臣】 指御史。苏颋《闲园即事寄韦侍郎》："宪臣饶美度，联事惜徂颜。"韦应物《送郑端公弟移院常州》："时瞻宪臣重，礼为内兄全。"白居易《和答诗十首·和阳城驿》："宪臣闻此章，不敢怀依违。"

【憲丞】 指御史中丞或司宪大夫。吴融有《宪丞裴公上洛退居有寄二首》。参见"憲長"。

【憲長】 （—zhǎng）古代中央监察机关的首长。唐曾改御史台为宪台，御史大夫为大司宪，御史中丞为司宪大夫。宪长指御史大夫(或大司宪)和御史中丞(或司宪大夫)。郑谷有《谷初忝谏垣今宪长薛公方在西阁知奖隆异以四韵代述荣感》。

【憲府】 御史台。杜甫《哭长孙侍御》:“礼闱曾擢桂,宪府旧乘骢。”皎然《奉同颜使君真卿袁侍御骆驼桥玩月》:“乌惊宪府客,人咏鲍家诗。”武元衡《秋日台中寄怀简诸僚》:“宪府日多事,秋光照碧林。”白居易《送严大夫赴桂州》:“地压坤方重,官兼宪府雄。”

【憲宗皇帝】 即唐宪宗李纯,宪宗为庙号。杜牧《河湟》:“元载相公曾借箸,宪宗皇帝亦留神。”薛逢有《宣政殿前陪位观册顺宗宪宗皇帝尊号》。

【憲宗章武孝皇帝】 即唐宪宗李纯。宪宗为庙号,谥曰圣神章武孝皇帝。元稹有《宪宗章武孝皇帝挽歌词三首》。

【憲威】 法令的权威。孙逖《送赵评事摄御史监军岭南》:“议狱持邦典,临戎假宪威。”

【憲省】 (—shěng)谓御史台。李夷简《西亭暇日书怀十二韵献上相公》:“宪省忝陪属,岷峨嗣徽猷。”

【憲皇】 即唐宪宗。白居易《霓裳羽衣歌》:“我昔元和侍宪皇,曾陪内宴宴昭阳。”姚合《赠任士曹》:“宪皇十一祀,共得春闱书。”

【憲烏】 喻指御史。见《汉书·朱博传》。故后以乌台称御史台即宪台。钱起《清泥驿迎献王侍御》:“鶺鴒无羽翼,愿假宪乌翔。”

【憲卿】 指御史大夫。此官为正卿,故称。储光羲《同房宪部应旋》:“宪卿文昌归,愉悦来晤语。”

【憲部】 即刑部。尚书省六部之一。唐刑部在龙朔、咸亨间改称司刑,光宅、神龙时又称秋官,天宝、至德间改称宪部,有尚书一人,正三品;侍郎一人,正四品下。尚书、侍郎之职,掌天下刑法及徒隶、勾覆,关禁之政令。储光羲有《同房宪部应旋》。白居易《微之就拜尚书居易续除刑部因书贺意兼咏离怀》:“我为宪部入南宫,君作尚书镇浙东。”

【憲章】 ❶典章制度。萧颖士《江有归舟三章》序:“学也者……所务乎宪章典法,膏腴德义而已。”杜甫《奉送严公入朝十韵》:“鼎湖瞻望远,象阙宪章新。”武元衡《台中题壁》:“无事裨明主,何心弄宪章。”赵嘏《华清宫和杜舍人》:“上位先名实,中兴事宪章。”❷法度。李白《古风》之一:“废兴虽万变,宪章亦已沦。”钱起《津梁寺寻李侍御》:“霄汉期鸳鹭,狐狸避宪章。”李涉《谴谪康州先寄弟渤》:“唯将直道信苍苍,可料无名抵宪章。”❸效法。玄宗《春晚宴两相及礼官丽正殿学士探得风字》序:“然后祖述尧典,宪章禹绩,敦睦九族,会同四海。”

【憲署】 犹宪台。指御史之类衙门。罗隐《投宣武郑尚书二十韵》:“避权辞宪暑,仗节出南宫。”徐铉《送宣州丘判官》:“宪署游从阻,平台道路赊。”

【憲臺】 御史台。指御史之类的衙门。见汉应劭《汉官仪·宪台》。后为同类机构的通称。亦以称御史等官职,又唐龙朔二年(662)改御史台为宪台,御史大夫为大司宪,御史中丞为司宪大夫。骆宾王有《宪台出絷寒夜有怀》。李白《叙旧赠江阳宰陆调》:“告急清宪台,脱余北门厄。”刘长卿《送裴四判官赴河西军试》:“宪台贵公举,幕府资良筹。”白居易《夏日独直寄萧侍御》:“宪台文法地,翰林清切司。”

【憲僚】 指州郡法曹之官,即司法参军事。王揆《长沙六快诗》:“漕与二宪僚,守连两通属。”

【憲穆公主】 即唐德宗女义阳公主。公主元和七年(812)卒,谥宪穆。权德舆有《赠魏国宪穆公主挽歌词二首》。

【憲$_2$憲】 (—xiǎn)盛明貌。见《礼记·中庸》。韩愈《赠别元十八协律六首》之一:“子兮何为者,冠珮立宪宪。”

【憲簡】 指御史弹奏所用的白简。晋傅玄为御史中丞,每有弹奏,或值日暮,捧白简,整簪带,坐而待旦。钱起《裴待郎湘川回以青竹简相遗因而赠之》:“入用随宪简,积文不受金。”颜真卿《三言喜皇甫曾侍御见过南楼台玩月七言重联句》:“顷持宪简推高步,独占诗流横素波。”元稹《送崔侍御之岭南二十韵》:“再砺神羊角,重开宪简函。”

【憲牘】 御史弹劾所用的简牍。白居易《和梦游春诗一百韵》:“密勿奏封章,清明操宪牍。”

【憲廳】 指刑部公署。林宽《陪郑诚郎中假日省中寓直》:“宪厅名最重,假日许从容。”

憪 〔xián《广韵》户閒切,平山,匣。〕闲适。柳宗元《酬韶州裴曹长使君寄道州吕八大使因以见示二十韵一首》:“循省诚知惧,安排只自憪。”

憫 〔mǐn《广韵》眉殞切,上軫,明。〕❶忧愁;忧伤。见《孟子·公孙丑上》。见“憫然”“憫憫”。❷哀怜;同情。陈子昂《遂州南江别乡曲故人》:“故人悯追送,置酒此南洲。”杜甫《壮游》:“上感九庙焚,下悯万民疮。”李商隐《王十二兄与畏之员外相访见招小饮时予以悼亡日近不去因寄》:“嵇氏幼男犹可悯,左家娇女岂能忘。”陆龟蒙《奉酬袭美先辈吴中苦雨一百韵》:“宵旰悯烝黎,谟明问征伐。”

【憫凶】 指父母之丧。见《左传·宣公十二年》。王维《哭祖六自虚》:“悯凶才稚齿,羸疾主中年。”

【憫弱摧强】 犹扶弱抑强。周昙《咏史诗·春秋战国门·公子无忌》:“能怜钝拙诛豪俊,悯弱摧强真丈夫。”

【惆悼】 哀伤悲悼。元稹《和李校书新题乐府十二首·阴山道》:"群臣利己要差僭,天子深衷空惆悼。"

【惆然】 忧伤愁苦貌。白居易《夏旱》:"惆然望岁者,出门何所睹。"又《梦裴相公》"既寤知是梦,惆然情未终。"

【惆撫】 哀怜存抚。孟郊《严河南》:"洛民萧条久,威恩惆抚难。"

【惆惆】 忧伤貌。韩愈《与张十八同效阮步兵一日复一夕》:"不知久不死,惆惆尚谁要。"杨衡《夷陵郡内叙别》:"惆惆百虑起,回回万恨深。"

【惆默】 忧伤无语。张说《寄许八》:"西风欲谁语,惆默遂无词。"沈佺期《送卢管记仙客北伐》:"饯途予惆默,赴敌子英威。"耿沣《雨中留别》:"惆默此中别,飘零何处期。"白居易《早秋晚望兼呈韦侍郎》:"惆默向隅心,摧颓触笼翅。"

懊 〔ào《广韵》烏到切,去号,影。又烏晧切,上晧,影。〕悔恨,恼恨。刘禹锡《遥贺白宾客分司初到洛中戏呈冯尹》:"度岭无愁思,看山不懊来。"郑还古《吉州道中》:"若有前生债,今朝不懊还。"

【懊惱】 烦恼。刘禹锡《竹枝词九首》之六:"懊恼人心不如石,少时东去复西来。"白居易《听竹枝赠李侍御》:"巴童巫妇竹枝歌,懊恼何人怨咽多。"徐凝《和嘲春风》:"可怜半死龙门树,懊恼春风作底来。"李山甫《秋》:"能被绿杨深懊恼,谩偎黄菊送殷勤。"

【懊惱曲】 (曲 qǔ)也称"懊恼歌""懊侬曲"。乐府吴声歌曲名,产生于东晋和南朝吴地民间,内容皆为抒写男女爱情受到挫折的苦恼。现存歌词十四首。见《南齐书·王敬则传》。温庭筠有《懊恼曲》一首。

【懊惱澤家】 鹧鸪啼叫声。韦庄《鹧鸪诗》:"懊恼泽家非有恨,年年长忆凤城归。"自注:"懊恼泽家,鹧鸪之音也。"

十三画

懃 〔qín《广韵》巨斤切,平欣,羣。〕同"勤"。❶尽心竭力。见《逸周书·芮良夫》。无名氏《五言白话诗》之五(外编下):"频年勤生儿,不肯收家具。"❷勤劳。见"懃作"。❸殷勤,情意恳切。陆翱《赵氏北楼》:"殷勤赵公子,良夜竟相留。"

【懃作】 勤劳。王梵志《诗》之九一:"但知懃作福,衣食自然丰。"

懋 〔mào《广韵》莫候切,去候,明。〕❶勤勉。努力。见《文选·张衡〈东京赋〉》。韩愈《南山诗》:"超超出犹奔,蠢蠢骇不懋。"赵惠宗《遣简诗》之二:"懋哉懋哉,余无所陈。"❷盛大。见"懋典"。

【懋典】 盛典。李适《汾阴后土祠作》:"号令垂懋典,旧经备阙文。"

懌 〔yì《广韵》羊益切,入昔,以。〕喜悦;快乐。张九龄《南阳道中作》:"事去物无象,感来心不怿。"韦应物《西郊游宴寄赠邑僚李巽》:"高宴阙英僚,众宾寡欢怿。"舒元舆《八月五日中部官舍读唐历天宝已来追怆故事》:"抚几观陈文,使我心不怿。"

憸 〔xiān《广韵》息廉切,平鹽,心。又七廉切,平鹽,清。虚檢切,上琰,曉。七漸切,上琰,清。〕奸佞,邪僻。亦指奸佞邪僻之人。韩愈《苦寒》:"贤能日登御,黜彼傲与憸。"

【憸庸】 指奸佞和平庸之人。元稹《元和五年囊游因投五十韵》:"召见不须臾,憸庸已猜忌。"

懇 〔kěn《广韵》康很切,上很,溪。〕❶真挚,诚挚。杜甫《秋日夔府咏怀奉寄郑监李宾客一百韵》:"恳谏留匡鼎,诸儒引服虔。"韩愈《送诸葛觉往随州读书》:"屡为丞相言,虽恳不见录。"白居易《喜钱左丞再除华州以诗伸贺》:"民望恳难夺,天心慈易回。"徐铉《奉和宫傅相公怀旧见寄四十韵》:"袁安辞气忠仍恳,吴汉精诚直且专。"❷勤恳。岑参《行军诗二首》之一:"胡雏尚未灭,诸将恳征讨。"

【懇力】 犹全力。伏牛上人《三伤颂》之一:"世有少智人,恳力忧家眷。"

【懇志】 真诚的心意。《郊庙歌辞·武后享清庙乐章十首·第二》:"肃容如在,恳志方申。"

【懇求】 祈求,诚恳请求。寒山《诗三百三首》之一九八:"昔年曾到大海游,为采摩尼誓恳求。"

【懇苦】 ❶勤恳辛劳。李商隐《骄儿诗》:"爷昔好读书,恳苦自著述。"❷诚恳劳苦。白居易《酬郑侍御多雨春空过诗三十韵》:"丹诚期恳苦,白日会昭彰。"

【懇款】 恳切忠诚。元稹《月三十韵》:"殷勤入怀什,恳款堕云圻。"

【懇請】 诚挚请求。无名氏《春日羁情》(外编上):"须缘随恳请,今乃恨睽携。"

【懇懇】 诚恳;真挚。寒山《诗三百三首》之二六九:"今日恳恳修,愿与佛相遇。"韩愈《嘲鼾睡》之二:"乍如斗呶呶,忽若怨恳恳。"元稹《献荥阳公诗五十韵》:"漫劳成恳恳,那得美娟娟。"又《奉和浙西大夫李德裕述梦四十韵次本韵》:"犯颜诚恳恳,腾口惧忉忉。"

【懇讓】 恳切辞让。孙元晏《咏史诗·宋·王僧虔》:"位高名重不堪疑,恳让仪同帝亦知。"

懈　〔xiè《广韵》古隘切，去卦，見。〕懈怠，怠慢。见“懈怠”。

【懈怠】　松懈怠慢。皮日休《吴中苦雨因书一百韵寄鲁望》：“狂发铿訇音，不得懈怠傻。”

懔[1]　〔lǐn《广韵》力稔切。上寝，來。〕❶恐惧。见《书·五子之歌》。韩愈《南溪始泛三首》之一：“余年懔无几，休日怆已晚。”见“懔懔❶”。❷严正貌。见“懔懔❷”。

懔[2]　〔lǎn《集韵》盧感切，上感，來。〕见“懔₂坎”。

【懔₂坎】　困不得志。刘长卿《北游酬孟云卿见寄》：“行行无定止，懔坎难归来。”

【懔懔】　❶恐惧貌。见《书·泰誓》。韩愈《永贞行》：“一朝夺印付私党，懔懔朝士何能为。”又《落齿》：“每一将落时，懔懔恒在已。”❷严正貌。杜牧《李给事中敏二首》之一：“一章缄拜皂囊中，懔懔朝廷有古风。”

憶　〔yì《广韵》於力切，入職，影。〕❶思念；想念。韦应物《任洛阳丞答前长安田少府问》：“日日生春草，空令忆旧居。”戴叔伦《送别钱起》：“后夜同明月，山窗定忆君。”李回《天长路别朱大山路却寄》：“驿骑难随伴，寻山半忆君。”翁承赞《辞闽王归朝寄倪先辈》：“驷马高车太常乐，登庸门下忆贤良。”李暇《怨诗三首》之二：“相忆不可见，且复乘月还。”❷回忆。刘禹锡《平蔡州三首》之三：“路傍老人忆旧事，相与感激皆涕零。”张籍《哭丘长史》：“每到子城东路上，忆君相逐入朝时。”元稹《遣病十首》之三：“忆作孩稚初，健羡成人列。”李郢《浙河馆》：“何处樵渔将远饷，故园田土忆春耕。”齐己《夜坐》：“远忆诸峰顶，曾栖此性灵。”❸记得。戴叔伦《柳花歌送客往桂阳》：“定知别后消散尽，却忆今朝伤旅魂。”李商隐《房中曲》：“忆得前年春，未语含悲辛。”

【憶江南】　本唐教坊曲名，最初见于《教坊记》，后用为词牌。《乐府杂录》称此调本名《谢秋娘》，系唐李德裕之亡姬谢秋娘所撰，进入教坊后改为此名。白居易依其调作词，有“江南好”，“能不忆江南”之句，因又名《江南好》《忆江南》。晚唐以后又名《梦江南》《望江南》等，唐五代词多为单调，二十七字，三平韵；入宋后多为双调，五十四字，六平韵。白居易、刘禹锡、李煜等均有此作。

【憶昔】　回忆以往。王珪《咏汉高祖》：“忆昔与项王，契阔时未伸。”杜甫《忆昔二首》之二：“忆昔开元全盛日，小邑犹藏万家室。”长孙佐辅《对镜吟》：“忆昔逢君新纳娉，青铜铸出千年镜。”李绅《悲善才》：“静听深奏楚月光，忆昔初闻曲江宴。”

【憶事】　追忆往事。李绅《忆至巩县河宿侍家累追怀》：“今来忆事凉风晚，烟浦空悲黄菊花。”李商隐《药转》：“忆事怀人兼得句，翠衾归卧绣帘中。”

【憶念】　❶回忆。杜甫《别蔡十四著作》：“忆念凤翔都，聚散俄十春。”❷思念。郭周藩《谭子池》：“父母忆念深，乡闾为立祠。”

【憶秦娥】　词牌名。始见于黄升《唐宋诸贤绝妙词选》，题李白作。因词有“秦娥梦断秦楼月”之语，故名《忆秦娥》。又名《秦楼月》《双荷叶》《蓬莱阁》《碧云深》《花深深》等。双调，有三十七字、三十八字、四十字、四十一字、四十六字，分平韵、仄韵两体。《全唐诗》卷八九〇载李白《忆秦娥》词一首，为四十六字，上下各三仄韵。

【憶酒壚】　晋王戎经黄公酒炉下过，思念亡友嵇康、阮籍。见《世说新语·伤逝》。后用为悼念亡友之典。李商隐《白云夫旧居》：“平生误识白云夫，再到仙檐忆酒垆。”

【憶孫賓】　孙宾，即孙宾石，后汉人。见《后汉书·赵岐传》。后以之作为感恩图报之典。陈子昂《酬李参军崇嗣旅馆见赠》：“青云傥可致，北海忆孙宾。”

【憶黄犬】　为大臣受害被处死的典故。见《史记·李斯列传》。杜甫《八哀诗·故秘书少监武功苏公源明》：“范晔顾其儿，李斯忆黄犬。”白居易《九年十一月二十一日感事而作》：“顾索素琴应不暇，忆牵黄犬定难追。”

【憶魚】　出《晋书·虞啸父传》。后作为咏鱼之典。吴融《渡汉江初尝鳊鱼有作》：“啸父知机先忆鱼，季鹰无事已思鲈。”

【憶夢】　互相思念的梦幻。钱起《七盘岭阻寇闻李端公先到南楚》：“明月既能通忆梦，青山何用隔同心。”

【憶蔡邕】　《后汉书·边让传》载，边让少辨博，能属文，议郎蔡邕深敬之，以为边让应处高任，乃荐于何进。后以“忆蔡邕”作为谢人举荐之典。李贺《南园十三首》之十：“边让今朝忆蔡邕，无心裁曲卧春风。”

【憶漢月】　唐教坊曲名。为天宝间人始创。始为表达戍卒之思，后渐脱离调名本意，七言，四句；二十八字，二平韵。李绅有《忆汉月》。

【憶憶】　指深切的思念。孟郊《忆江南弟》：“孑然忆忆言，落地何由通。”

【憶戴】　为思友或访友之典。见南朝宋刘义庆《世说新语·任诞》。杜甫《哭李尚书》：“欲挂留徐剑，犹回忆戴船。”钱起《罢官后酬元校书见赠》：“忘机贫负米，忆戴出无车。”又《寄永嘉王十二》：“梦里还乡不相见，天涯忆戴复谁传。”李端《宿荐福寺东池有怀故园寄元校书》：“系舟偏忆戴，炊黍愿期张。”

【憶歸】 思归，想回家乡。白居易《东南行一百韵》：“忆归恒惨淡，怀旧忽踟蹰。”李商隐《无题》：“万里风波一叶舟，忆归初罢更夷犹。”曹松《南海旅次》：“忆归休上越王台，归思临高不易裁。”

【憶鱠】 义同“憶鱸魚”。张南史《陆胜宅秋暮雨中探韵同作》：“已被秋风教忆鲙，更闻寒雨劝飞觞。”李咸用《和友人喜相遇十首》之五：“和羹使用非胥靡，忆鲙言词小季鹰。”

【憶鱸魚】 喻思乡或归隐。见南朝宋刘义庆《世说语语·识鉴》。杜甫《洗兵马》：“东走无复忆鲈鱼，南飞觉有安巢鸟。”羊士谔《忆江南旧游二首》之一：“曾作江南步从事，秋来还复忆鲈鱼。”白居易《端居咏怀》：“斜日早知惊鹏鸟，秋风悔不忆鲈鱼。”

應1 〔yīng《广韵》於陵切，平蒸，影。〕❶应当，应该。见《诗·周颂·赉》。韦应物《游南斋》：“不应朝夕游，良为蹉跎客。”李绅《水寺》：“闻道化城方便喻，只应从此到龙宫。”皮日休《寒夜文宴联句》：“文星今夜聚，应在斗牛间。”❷认为是；是。见《庄子·寓言》。王维《偶然作六首》之六：“宿世谬词客，前身应画师。”刘禹锡《送慧则法师归上都因呈广宣上人》：“雪山童子应前世，金粟如来是本师。”李商隐《韩翃舍人即事》：“鸟应悲蜀帝，蝉是怨齐王。”韩偓《无题》之二：“明言终未实，暗祝始应真。”❸将；将要。李白《寄远十一首》之三：“自知未应还，离居经三春。”又《永王东巡歌十一首》之十：“帝宠贤王入楚关，扫清江汉始应还。”杜甫《柳边》：“汉南应老尽，霸上远愁人。”又《送郑十八虔贬台州司户伤其临老陷贼之故阙为面别情见于诗》：“便与先生应永诀，九重泉路尽交期。”❹副词。(1)表示料想之词。犹恐怕，大概。顾况《王郎中妓席五咏·歌》：“柳拂青楼花满衣，能歌宛转世应稀。”武元衡《使次盘豆驿望永乐县》：“山川不记何年别，城郭应非昔所经。”白居易《新乐府·上阳白发人》：“外人不见见应笑，天宝末年时世妆。”韦庄《晚春》：“风月应相笑，年年醉病身。”(2)曾，曾经。表示从前有过某种行为或情况。白居易《重答刘和州》：“可惜当时好风景，吴王应不解吟诗。”李商隐《柳》：“解有相思否，应无不舞时。”吴融《风雨吟》：“应不知天地造化是何物，亦不知荣辱是何主。”❺介词。由于；因为。杜甫《重过何氏五首》之四：“颇怪朝参懒，应耽野趣长。”又《与鄠县源大少府宴渼陂》：“应为西陂好，金钱罄一餐。”陈羽《春日晴原野望》：“乡思应愁望，江湖春水连。”❻姓。见“應夫子”。

應2 〔yìng《广韵》於證切，去證，影。〕❶受；接受。见《书·康诰》。李益《赴邠宁留别》：“幸应边书募，横戈会取名。”❷应声，回答。韩愈《秋怀诗十一首》之八：“童子自外至，吹灯当我前。”又《剥啄行》：“我不出应，客去而嗔。”❸应和；唱和。苏味道《咏石》：“声应天池雨，影触岱宗云。”卢纶《同薛存诚登栖岩寺》：“万壑应孤磬，百花通一泉。”李端《江上赛神》：“疏鼓应繁丝，送神归九疑。”刘禹锡《堤上行三首》之二：“江南江北望烟波，入夜行人相应歌。”姚合《哭费拾遗征君》：“日夕谁来哭，唯应猿鸟吟。”陆龟蒙《樵人十咏·樵歌》：“出林方自转，隔水犹相应。”❹符合；适应，顺应。李峤《人日侍宴大明宫恩赐彩缕人胜应制》：“桂吐半轮迎此夜，蓂开七叶应今朝。”陈季《鹤警露》：“吾君开太液，愿得应皇明。”白居易《赠僧五首·神照上人》：“心如定水随形应，口似悬河逐病治。”李绅《趋翰苑遭诬构四十六韵》：“九五当乾德，三千应瑞符。”许棠《闻蝉十二韵》：“造化生微物，常能应候鸣。”亦用以指辉映。李绅《寿阳罢郡日有诗十首·肥河维舟阻冻祇待敕命》：“夜灯空应渔家火，朝食还依雁宿滩。”❺支付；供给。杜甫《石壕吏》：“急应河阳役，犹得备晨炊。”韩愈《和裴仆射相公假山十一韵》：“有来应公须，归必载金帛。”❻感应；应验。李峤《晚秋喜雨》：“穴蚁祯符应，山蛇毒影收。”萧颖士《菊荣一篇五章》之二：“彼美淑人，应家之祯。”韩愈《谒衡岳庙遂宿岳寺题门楼》：“潜心默祷若有应，岂非正直能感通。”又《归彭城》：“上天不虚应，祸福各有随。”徐夤《梦断》：“玄燕有情穿绣户，灵龟无应祝金杯。”

【應2人】 对人应酬。白居易《江上对酒二首》之二：“昏昏常带酒，默默不应人。”

【應之道人】 俗姓王，初试进士，落第，遂削发为僧。见《十国春秋》本传。徐铉有《送应之道人归江西》。

【應夫子】 指应德茂。唐彦谦《赠孟德茂》：“平生万卷应夫子，两世功名穷布衣。”按孟德茂为应德茂之讹。

【應2天】 应顺天命。赵光逢《梁郊祀乐章·〈庆和〉之四》：“德应天，圣飨帝。”

【應2天長】 （長 cháng）词牌名。有小令和慢两类。令体始于韦庄。双调，五十字，八仄韵。亦有减损一字者。《全唐诗》卷八八九载李煜《应天长》词一首。卷八九二载毛文锡《应天长》词一首。

【應2天順人】 出《易·革》。后封建王朝或帝王之更替皆称自顺应天命人心，常用此语。《郊庙歌辞·梁太庙乐舞辞·来仪舞》：“於赫帝命，应天顺人。”

【應$_2$天舞】　后唐宗庙乐舞辞，用于太祖室。诗见《全唐诗》卷十六《郊庙歌辞·后唐宗庙乐舞辞》。

【應$_2$手】　随手；顺手。多谓技艺高超或做事得法顺当。李颀《听董大弹胡笳声兼寄语弄房给事》："言迟更速皆应手，将往复旋如有情。"杜甫《夜听许十损诵诗爱而有作》："应手看捶钩，清心听鸣镝。"韩愈《汴泗交流赠张仆射》："侧身转臂著马腹，霹雳应手神珠驰。"唐彦谦《送樊琯司业归朝》："惬心频拾芥，应手屡穿杨。"

【應$_2$心】　随心所欲。见《庄子·天道》。方干《嘉兴县内池阁》："指画应心成，周回气象清。"

【應未】　犹未；尚未，表示某种情况未曾发生。孟浩然《除夜有怀》："守岁家家应未卧，相思那得梦魂来。"高适《入昌松东界山行》："王程应未尽，且莫顾刀环。"岑参《田使君美人舞如莲花北铤歌》："美人舞如莲花旋，世人有眼应未见。"又《观楚国寺璋上人写一切经院南有曲池深竹》："此地日清静，诸天应未如。"杜甫《奉酬李都督表丈早春作》："望乡应未已，四海尚风尘。"

【應$_2$令】　魏晋以来应皇太子之命而作的诗文。褚亮有《奉和禁苑饯别应令》。贾曾有《奉和春日出苑瞩目应令》。徐铉有《奉和七夕应令》。

【應$_2$召】　接受召见。储光羲有《奉别长史庾公太守徐公应召》。元稹《酬乐天东南行诗一百韵》："应召逢鸿泽，陪游值赐酺。"李商隐《南潭上亭宴集以疾后至因而抒情》："马卿聊应诏，谢傅已登山。"

【應有】　全有，都有。刘眘虚《送韩平兼寄郭微》："到时春未暮，风景自应有。"

【應$_2$吕】　顺应律吕。吕，十二律中的阴律。彭伉《青云干吕》："含春初应吕，晕碧已成文。"

【應合】　应当，应该。杜甫《伤春五首》之一："蓬莱足云气，应合总从龙。"窦叔向《春日早朝应制》："紫殿俯千官，春松应合欢。"罗隐《罗敷水》："数树枯桑虽不语，思量应合识秦人。"

【應奉】　字世叔。汉汝南南顿（今河南项城西）人。少聪明，自为童儿及长。凡所经履，莫不暗记。善讽诵，世称"应世叔读书，五行俱下。"事迹见《后汉书》本传。李瀚《蒙求》："应奉五行，安世三箧。"

【應門】　王宫之正门。见《诗·大雅·绵》。姚系《野居池上看月》："应门当未曙，歌吹满昭阳。"李益、法振《赋应门照绿苔联句》："宫阙何年月，应门何岁苔。"

【應$_2$門】　看守门户。见晋李密《陈情表》。王维《登裴秀才迪小台》："好客多乘月，应门莫上关。"又《酬慕容十一》："挟毂双官骑，应门五尺僮。"杜甫《独坐二首》之二："晒药安垂老，应门试小童。"又《秦州杂诗二十首》之二十："晒药能无妇，应门幸有儿。"王建《送韦处士老舅》："照水学梳头，应门未穿帻。"

【應$_2$制】　应诏，应皇帝之命。特指应皇帝诏命而作诗文。李峤有《幸白鹿观应制》。李白有《送贺监归四明应制》。韦应物有《送章八元秀才擢第往上都应制》。齐己《寄吴国西供奉》："承恩位与千官别，应制才将十子齐。"

【應$_2$物】　❶顺应事物。见《庄子·知北游》。卢象《和徐侍郎丛筱咏》："为重凌霜节，能虚应物心。"戴叔伦《晓闻长乐钟声》："虚心方应物，大扣欲干云。"徐灵府《自咏二首》之一："寂寂凝神太极初，无心应物等空虚。"❷犹言待人接物。刘长卿《题冤句宋少府厅留别》："从宦闻苦节，应物推高谊。"权德舆《自杨子归丹阳初遂闲居聊呈惠公》："蹇浅逢机少，迂疏应物难。"❸大中时江南诗人。与罗邺有唱酬。事迹见《唐诗纪事》卷七四。《宋史·艺文志三》著录其《九华山记》二卷，《九华山旧录》一卷，均已佚。《全唐诗》卷八二三录诗二首。

【應$_2$和】　（—hè）答和；应和唱和。刘禹锡《冬日晨兴寄乐天》："独吟谁应和，须寄洛阳城。"卢士衡《松》："招呼暑气终无分，应和凉风别有声。"

【應命】　从命，遵命。孟郊《送韩愈从军》："王粲有所依，元瑜初应命。"特指应从天命，贺知章《唐禅社首乐章·太和》："列祖应命，四宗顺则。"

【應$_2$官】　❶当官。李商隐《韩翃舍人即事》："通内藏珠府，应官解玉坊。"又《无题二首》之一："嗟余听鼓应官去，走马兰台类断蓬。"❷承应官府的赋税、徭役等事宜。李商隐《江村题壁》："喜客尝留橘，应官说采金。"杜荀鹤《题田翁家》："自说身无事，应官有子孙。"

【應$_2$弦】　❶配合琴声。白居易《新乐府·胡旋女》："心应弦，手应鼓。"❷谓随着弓弦的声音而倒下，形容射术高超或事情发展的快速。苏味道《初春行宫侍宴应制》："温液吐涓涓，跳波急应弦。"张说《玄武门侍射》序："皇情载悦，卷珠箔，临玉除，唐弓在手，夏箭斯发，应弦命中，属羽连飞。"杜甫《久雨期王将军不至》："异兽如飞星宿落，应弦不碍苍山高。"

【應$_2$城】　县名。汉高陆县地。南朝宋置应城县，隋改应阳县。唐复名应城，属安州。五代梁复名应阳，明复名应城，今属湖北。李白有《安州应城玉女汤作》。

【應$_2$赴】　应邀前往。丘为有《冬至下寄舍弟时应赴入京》。

【應是】　料是；当是。杜甫《可惜》："宽心应是酒，遣兴莫过诗。"又《陪诸贵公子丈八沟携妓纳凉晚际遇雨二首》之一："片云头上黑，应是雨催诗。"白居易《慈乌夜啼》:"应是母慈重,使尔悲不任。"曹邺《早秋宿田舍》:"南村犊子夜声急,应是栏边新有霜。"

【應₂星】 应验星象。旧时谓星象与人的生死祸福有关。据《晋书·谢敷传》载,月犯少微星,而少微星亦名处士星,占者以不主处士死,而处士谢敷果卒。张蠙《赠栖白大师》:"剃发得时名,僧应别应星。"李瀚《蒙求》:"戴逵破琴,谢敷应星。"

【應₂星辰】 出《后汉书·明帝纪》。后用以指位居郎官。郑谷《转正郎后寄献集贤相公》:"止陪鸳鹭居清秩,滥应星辰浼上玄。"

【應便】 应该就是。皮日休《奉和鲁望樵人十咏·樵溪》:"何时有此溪,应便生幽木。"

【應₂便】 应验而方便。司空曙《卫明府寄枇杷叶以诗答》:"仙方当见重,清疾本应便。"

【應₂待】 应接;接待。刘长卿《送度支留后若侍御之歙州便赴信州省觐》:"遥知骢马色,应待倚门看。"又《送齐郎中赴海州》:"闾阎几家散,应待下车招。"

【應₂律】 ❶应合乐律。宋之问《咏钟》:"秋至含霜动,春归应律鸣。"骆宾王《尘灰》:"听歌梁上动,应律管中飞。"郑絪《寒夜闻霜钟》:"霜钟初应律,寂寂出重林。"吕岩《忆江南》词之二:"万蕊初生将此类,黄钟应律始归家。"❷应合历象。王光庭《奉和圣制答张说扈从南出雀鼠谷》:"惠风初应律,和气正调梅。"崔琮《长至日上公献寿》:"应律三阳首,朝天万国同。"张嗣初《春色满皇州》:"韶阳潜应律,草木暗迎春。"潘孟阳《元日和布泽》:"青阳初应律,苍玉正临轩。"

【應₂真】 佛教语。阿罗汉之旧译。意谓受人供养之真人,佛家所谓彻悟之圣者。亦用以指寺中之住持僧。见《文选·孙绰〈游天台山赋〉》。王昌龄《诸官游招隐寺》:"应真坐松柏,锡杖挂窗户。"刘长卿《送台州李使君兼寄题国清寺》:"知到应真飞锡处,因君一想已忘言。"

【應真侣】 指和尚。岑参《青龙招提归一上人远游吴楚别诗》:"久交应真侣,最叹青龙僧。"陈铁民等注:"应真侣,指和尚。"参见"應₂真"。

【應₂時】 应顺时令。鲍溶《塞上行》:"西风应时筋角坚,承露牧马水草冷。"

【應₂候】 顺应节令气候。许棠《闻蝉十二韵》:"造化生微物,常能应候鸣。"齐已《新燕》:"燕燕知何事,年年应候来。"

【應徐】 汉应玚、徐幹之连称。二人皆为"建安七子"中人。张说《扈从幸韦嗣立山庄应制》:"非才叨侍从,连藻愧应徐。"高适《酬秘书弟兼寄幕下诸公》:"司业志应徐,雅度思冲融。"岑参《酬成少尹骆谷行见呈》:"高价振台阁,清词出应徐。"陆长源《酬孟十二新居见寄》:"将必继管萧,岂惟蹑应徐。"

【應浩然】 籍贯未详。德茂之父。唐彦谦有《赠孟德茂》,自注"浩然子。"按,孟德茂为应德项之讹。

【應₂祥】 顺应吉祥。李益《府试古镜》:"应祥知道泰,鉴物觉神通。"

【應陳】 汉应玚、陈琳之连称。二人皆为"建安七子"中人。郑愔《夜游曲》:"许史多暮宿,应陈从夜游。"

【應₂桑林】 指技术娴熟,办事干练。见《庄子·养生主》成玄英疏:"《桑林》,殷汤乐名也。《经首》,《咸池》乐章名也,则尧乐也。"李白《赠从孙义兴宰铭》:"亚相素所重,投刃应桑林。"

【應₂教】 (—jiào)魏晋以来称应诸王之命而作的诗文。谢偃有《乐府新歌应教》。王维有《敕借岐山九成宫避暑应教》。

【應₂乾】 (—qián)应顺天意。郑絪《享太庙乐章》:"出震嗣德,应乾传圣。"

【應₂乾象】 (乾 qián)顺应天象。玄宗《南出雀鼠谷答张说》:"雷出应乾象,风行顺国人。"

【應₂接】 ❶应酬接待。杜甫《暇日小园散病将种秋菜督耕勒牛兼书触目》:"老病忌拘束,应接丧精神。"❷应付,接受。萧颖士《□□□赵载同游焦湖夜归作》:"遥岫逢应接,连塘乍回转。"杜甫《发秦州》:"应接非本性,登临未销忧。"

【應₂接無閒暇】 谓美景甚多,来不及欣赏。语本《世说新语·言语》。王维《晦日游大理韦卿城南别业四声依次用各六韵》之六:"应接无闲暇,徘徊以踯躅。"

【應₂期】 ❶顺应期运。姚合《和厉玄侍御题户部李相公庐山西林草堂》:"茅屋临江起,登庸复应期。"❷如期。玄宗《平胡》序:"戎羯不虔,窃我荒服。命偏师之俘翦,彼应期而咸殄。"

【應₂募】 响应招募。张祜《大唐圣功诗》:"太宗初应募,杖剑起边征。"

【應須】 应当;应该。骆宾王《艳情代郭氏答卢照邻》:"莫言贫贱无人重,莫言宝贵应须种。"杨巨源《送章孝标校书归杭州因寄白舍人》:"若访郡人徐孺子,应须骑马到沙村。"施肩吾《春日宴徐君池亭》:"暂凭春酒换愁颜,今日应须醉始还。"薛能《送李倍秀才》:"南朝才子尚途穷,毕竟应须问叶公。"

【應₂詔】 ❶接受诏命。卢照邻《赠李荣道士》:"敷诚归上帝,应诏在明君。"姚合《过稠上人院》:"应诏常翻译,修心出是非。"❷魏晋以来称应帝王之命而作的诗文。杨师道有《初秋夜坐应诏》《赋终南山用风字韵应诏》和《咏饮马应诏》。杜审言有《望春亭侍游应诏》。花蕊夫人《宫词》之六十:"宜徽旋进新裁曲,学士争吟应诏诗。”参见“應₂教”。

【應₂運】 顺应期运；顺应时势。李白《上云乐》：“陛下应运起，龙飞入咸阳。”又《答高山人兼呈权顾二候》：“应运生夔龙，开元扫氛翳。”

【應₂聖觀】 （觀 guàn）道观名，在唐京城长安。原为李林甫旧宅。储光羲有《题应圣观》。王建有《题应圣观》，原注：“观即李林甫旧宅。”

【應₂感】 相互感应。骆宾王《浮槎》序：“然知万物之相应感者，亦奚必同声同气而已哉。”

【應當】 （—dāng）❶应该。韦应物《答杨奉礼》：“应当整孤棹，归来展殷勤。”皇甫冉《屏风上各赋一物得携琴客》：“不是向空林，应当就磐石。”李频《投京兆府试官任文学先辈》：“应当明试日，不比暗投时。”❷犹言命应如此。寒山《诗三百三首》之七二：“应当有别离，复是遭丧祸。”❸犹言只有。齐己《荆渚病中因思匡庐遂成三百字寄梁先辈》：“应当入寂灭，乃得长销除。”

【應₂節】 ❶应合节拍。张说《舞马词六首》之四：“腾倚骧洋应节，繁骄接迹不移。”《郊庙歌辞·周宗庙乐舞词·忠顺》：“缀兆疾舒皆应节，明明我祖乐无穷。”李端《胡腾儿》：“环行急蹴皆应节，反手叉腰如却月。”刘言史《观绳伎》：“重肩接立三四层，著屐背行仍应节。”❷适应节令。包佶《祀雨师乐章·送神》：“跪拜临坛结空想，年年应节候油云。”张濯《迎春东郊》：“飞灰将应节，宾日已知春。”裴度《至日登乐游园》：“阴律随寒改，阳和应节生。”纥干讽《新阳改故阴》：“微和方应节，积惨已辞林。”

【應₂對】 酬对；对答。见《论语·子张》。杜甫《送从弟亚赴安西判官》：“应对如转丸，疏通略文字。”韦应物《答冯鲁秀才》：“簿书劳应对，篇翰旷不寻。”韩愈《孟生诗》：“谅非轩冕族，应对多差参。”孟郊《尧歌》：“一言应对姑，一度为出妻。”

【應₂圖求駿馬】 出《艺文类聚》卷九三引三国魏曹植《献文帝马表》。后作咏马之典，借以喻得贤才。杜甫《上韦左相二十韵》：“应图求骏马，惊代得麒麟。”

【應₂數】 （—shù）应顺天数。方干《寄杭州于郎中》：“虽云圣代识贤明，自是山河应数生。”

【應德茂】 籍贯未详。浩然之子。唐彦谦有《闻应德茂先离棠溪》。

【應劉】 汉应玚、刘桢之连称。二人均为“建安七子”中人。王维《送熊九赴任安阳》：“魏国应刘后，寂寥文雅空。”杜甫《重题》：“还瞻魏太子，宾客减应刘。”许浑《哭杨攀处士》：“嵇阮没来无酒客，应刘亡后少诗人。”韦庄《过樊川旧居》：“应刘去后苔生阁，稽（嵇）阮归来雪满头。”

【應₂敵】 迎击来敌。张九龄《酬赵二侍御使西军赠两省旧僚之作》：“应敌兵初起，缘边虏欲空。”

【應憐】 ❶应该同情。刘长卿《送舍弟之鄱阳居》：“南去逢回雁，应怜相背飞。”又《送裴郎中贬吉州》：“知己鄭侯在，应怜脱粟人。”司空曙《逢江客问南中故人因以诗寄》：“应怜折腰吏，冉冉在风尘。”❷值得同情和珍惜。孟郊《鸦路溪行呈陆中丞》：“应怜泣楚玉，弃置如尘泥。”李商隐《牡丹》：“应怜萱草淡，却得号忘忧。”

【應緣】 当因，应是因为。戎昱《题宋玉亭》：“应缘此处人多别，松竹萧萧也带愁。”刘长卿《廨中见桃花南枝已开北枝未发因寄杜副端》：“应缘去日远，独自发春迟。”又《入百丈涧见桃花晚开》：“应缘地势下，遂使春风偏。”

【應₂機】 ❶顺应时机。皎然《听素法师讲法华经》：“应机如一雨，谁不涤心尘。”吕岩《忆江南》词之五：“阴丹诀，三五合玄图，二八应机堪采运。”❷随机应变。元稹《悟禅三首寄胡果》：“慎莫通方便，应机不顿忘。”

【應₂舉】 谓参加科举考试。白居易《自劝》：“忆昔羁贫应举年，脱衣典酒曲江边。”

【應₂龍】 ❶古代传说中的一种翼龙。见《文选·班固〈答宾戏〉》。陈子昂《蓟丘览古赠卢居士藏用七首·轩辕台》：“应龙已不见，牧马空黄埃。”元稹《兔丝》：“俊鹘度海食，应龙升天行。”❷神话传说中能兴云作雨的神。见《后汉书·张衡传》。吴筠《苦春霖作寄友》：“应龙迁南方，霪雨备江干。”元稹《书异》：“应龙非时出，无乃岁不宁。”白居易《虾蟆》：“应龙能致雨，润我百谷芽。”薛逢《贺杨收作相》：“威凤偶时因瑞圣，应龙无水谩通神。”

【應璩】 （190—252）字休琏。三国魏汝南南顿（今河南项城西）人，奉之孙，应玚之弟，博学好属文，善为书记。事迹见《三国志·魏志》本传及裴松之注引荀勖《文章叙录》。张南史《早春书事奉寄中书李舍人》：“诵诗陪贾谊，酌酒伴应璩。”

【應璩三入】 指三国魏应璩三次入朝为侍郎、散骑常侍、侍中之事。见《文选·应璩〈百一诗〉》。李瀚《蒙求》：“马安四至，应璩三入。”

【應₂聲】 回声；应答之声。王维《愚公谷三首》之二：“虽则行无迹，还能响应声。”武元衡《冬日汉江南行将赴夏口途次江陵界寄裴尚书》：“兰渚歇芳意，菱歌非应声。”张籍《樵客吟》：“村西地暗狐兔行，稚子叫时相应声。”

【應₂難】 （—nàn）回答质难。高适《赠杜二拾遗》：“听法还应难，寻经剩欲翻。”

【應₂鐘】 古乐律名。十二律之一。古人以十二律与十二月相配，每月与一律相对应，应钟与十月相应。魏征《五郊乐章·雍和》："阳月斯纪，应钟在候。"颜粲《白露为霜》："应钟鸣远寺，拥雁度三湘。"

【應₂籙】 顺应符命。箓，帝王所谓的天赐符命之书。张说《舞马词》之六："圣君出震应箓，神马浮河献图。"

【應₂變】 应付事变。吕温《题石勒城二首》之二："天生杰异固难驯，应变摧枯若有神。"

懜 〔méng，又读 mēng《广韵》莫紅切，平東，明。《集韵》母揔切，上董，明。〕昏昧。元稹《春六十韵》："虚逢好阳艳，其那苦昏懜。"

憾 〔hàn《广韵》胡紺切，去勘，匣。〕恨，怨恨。见《国语·齐语》。孟郊《吊元鲁山》之四："一声苟失所，众憾来相排。"

十四画

懱 〔miè《广韵》莫結切，入屑，明。〕欺侮；蔑视。《说文·心部》："懱，轻易也。"贯休《陈宫词》："缅想当时宫阙盛，荒宴椒房懱尧圣。"

懨 同"厭(yān)"。

【懨懨】 精神委靡貌。多形容病态。刘兼《春昼醉眠》："处处落花春寂寂，时时中酒病恹恹。"韦庄《冬日长安感志寄献虢州崔郎中二十韵》："客舍正甘愁寂寂，郡楼遥想醉恹恹。"

懦 〔nuò《广韵》人朱切，平虞，日。《集韵》奴卧切，去過，泥。〕❶畏怯软弱。见《左传·僖公二年》。杜甫《石柜阁》："信甘孱懦婴，不独冻馁迫。"姚合《杭州官舍偶书》："钱塘刺史谩题诗，贫褊无恩懦少威。"李商隐《咏怀寄秘阁旧僚二十六韵》："仆御嫌夫懦，孩童笑叔痴。"皮日休《三羞诗三首》之二："懦者斗即退，武者兵则黩。"❷指懦夫。杜甫《舟中苦热遣怀》："声节哀有余，夫何激衰懦。"❸柔软。见"懦弦"。

【懦夫】 软弱无能之人。杨炯《和刘长史答十九兄》："懦夫仰高节，《下里》继《阳春》。"李白《陈情赠友人》："懦夫感达节，壮士激青衿。"权德舆《奉和张仆射朝天行》："自古全才贵文武，懦夫只解冠章甫。"李咸用《短歌行》："少年欢乐须及时，莫学懦夫长泣岐。"

【懦劣】 懦弱。刘言史《初下东周赠孟郊》："固非拙为强，懦劣外疗并。"

【懦兵】 软弱无能之兵卒。刘兼《蜀都道中》："季年必不延昏主，薄赏那堪激懦兵。"

【懦弦】 弱弦。李贺《潞州张大宅病酒遇江使寄上十四兄》："旅酒侵愁肺，离歌绕懦弦。"

懡 〔mǒ《广韵》亡果切，上果，明。〕见"懡㦟"。

【懡㦟】 羞惭貌。王毂《红蔷薇歌》："公子亭台香触人，百花懡㦟无精神。"

懑 〔mèn《广韵》莫困切，去慁明。又模本切，上混，明。又莫旱切，上緩，明。〕烦闷。元稹《何满子歌》："婴刑系在图圄间，水调哀音歌愤懑。"

十五画

懵¹ 〔měng《广韵》莫孔切，上董，明。〕神志模糊。张说《岳州作》："重郗视欲醉，懵满气如噎。"郭密之《永嘉经谢公石门山作》："一窥石门险，再涤心神懵。"见"懵懵"。

懵² 〔mèng《集韵》母亘切，去隥，明。〕不明。张九龄《南阳道中作》："登郢属岁阴，及宛懵所适。"李白《鲁城北郭曲腰桑下送张子还嵩阳》："我行懵道远，尔独知天风。"来鹄《圣政纪颂》："谓乎殿空扆逸，朝懵廷荒。"

【懵懵】 犹言迷迷糊糊。刘禹锡《观棋歌送儇师西游》："山人无事秋日长，白昼懵懵眠匡床。"孟郊《寄张籍》："倾败生所竞，保全归懵懵。"

【懵腾】 朦胧，迷糊。韩偓《格卑》："惆怅后尘流落尽，自抛怀抱醉懵腾。"又《马上见》："去带懵腾醉，归成困顿眠。"冯延巳《金错刀》词之一："只销几觉懵腾睡，身外功名任有无。"

懲 〔chéng《广韵》直陵切，平蒸，澄。〕❶惩罚。卢纶《寄赠库部王郎中》："威惩治粟尉，恩洽让田人。"元稹《解秋十首》之二："无乃天地意，使之行小惩。"李绅《宿越州天王寺》："休按簿书惩黠吏，未齐风俗昧良臣。"皮日休《追和虎丘寺清远道士诗》序："圣人为《春秋》，凡诸侯有告则书，无告则不书，盖所以惩其伪而敦其实也。"❷克制，制止。见《诗·小雅·沔水》。李峤《羊》："绝饮惩浇俗，行驱梦逸材。"元稹《竞舟》："吾闻管仲教，沐树惩堕游。"❸鉴戒。见《诗·周颂·小毖》。韩愈《永贞行》："具书目见非妄征，嗟尔既往宜为惩。"无名氏《国学新修五经壁歌》记："惩前土涂不克以寿，乃折坚木负墉而庇之。"白居易《反白头吟》："古称怨恨死，则人有所惩。"又《自诲》："乐天乐天，可不大哀，汝胡不惩往而念来。"

【懲奢】 警戒奢侈。无名氏《焚裘》(卷七八七)："今主临前殿，惩奢爇异裘。"

【懲惡】 (—è)惩治恶人。韩偓《感事三十四韵》："上相思懲恶，中人讵省您。"

【懲創】（—chuàng）惩戒；警戒。韩愈《读东方朔杂事》："方朔不惩创，挟恩更矜夸。"又《岳阳楼别窦司直》："生还真可喜，克己自惩创。"

【懲勸】惩罚和劝勉。白居易《和微之诗二十三首·和三月三十日四十韵》："善恶有惩劝，刚柔无吐茹。"

十六画

懶〔lǎn《广韵》落旱切，上旱，來。〕❶怠惰，不勤快。寒山《诗三百三首》之七三："妇女慵经织，男夫懒耨田。"刘长卿《奉寄婺州李使君舍人》："眼暗经难受，身闲剑懒磨。"孟郊《立德新居》之六："品子懒读书，辕驹难服犁。"殷尧藩《潭州独步》："鹤发垂肩懒著巾，晚凉独步楚江滨。"李中《春闺辞二首》之一："尘昏菱鉴懒修容，双脸桃花落尽红。"❷疲惫。白居易《池上早秋》："露饱蝉声懒，风干柳意衰。"见"懶困"。❸没兴趣，不愿意。刘长卿《自紫阳观至华阳洞宿侯尊师草堂简同游李延年》："明发归琴堂，知君懒为县。"耿湋《塞上曲》："懒说疆场曾大获，且悲年鬓老长征。"姚合《答友人招游》："不来知尽怪，失意懒春游。"唐彦谦《吊方干处士二首》之二："渊明元懒仕，东野别攻文。"

【懶心】疏懒之心。谓无心于世事。杜甫《西阁二首》之二："懒心似江水，日夜向沧洲。"

【懶困】疲倦困怠。杜甫《江畔独步寻花七绝句》之五："黄师塔前江水东，春光懒困倚微风。"

【懶拙】怠惰愚拙。杜甫《发秦州》："我衰更懒拙，生事不自谋。"又《发同谷县》："平生懒拙意，偶值栖遁迹。"

【懶放】懒散放浪。白居易《适意二首》之一："寒来弥懒放，数日一梳头。"又《自问行何迟》："想到京国日，懒放亦如斯。"白居易又有《懒放二首呈刘梦得吴方之》。

【懶性】疏懒之性。谓无意于世事。杜甫《奉酬严公寄题野亭之作》："拾遗曾奏数行书，懒性从来水竹居。"窦巩《新营别墅寄家兄》："懒性如今成野人，行藏由兴不由身。"

【懶病】慵懒之病。见《南史·谢庄传》。温庭筠《夜看牡丹》："希逸近来成懒病，不能容易向春风。"

【懶逸】懒惰散漫。权德舆《星名诗》："虚怀何所欲，岁晏聊懒逸。"

【懶惰】贪懒，不勤快。杜甫《示从孙济》："阿翁懒惰久，觉儿行步奔。"

【懶惰齊中散】（中 zhōng，散 sǎn）中散，即三国魏嵇康。康曾任中散大夫，世称嵇中散。见《与山巨源绝交书》。后用以作咏作风懒散的典故。陆龟蒙《正月十五惜春寄袭美》："无穷懒惰齐中散，有底机谋敌右侯。"

【懶腰】懒散的腰肢。崔护《五月水边柳》："睡脸寒未开，懒腰晴更软。"

【懶慢】懒惰怠慢；懒惰散漫。刘长卿《至德三年春正月五十韵》："懒慢羞趋府，驱驰忆退耕。"耿湋《春日即事二首》之一："诗书成志业，懒慢致蹉跎。"刘兼《春霁》："猖狂乱打貔貅鼓，懒慢迟修鸳鹭书。"

【懶態】慵懒的姿态。李贺《染丝上春机》："美人懒态燕脂愁，春梭抛掷鸣高楼。"

【懶癖】懒惰的癖性。李咸用《谢友生遗端溪砚瓦》："草颠终近旭，懒癖必无嵇。"

懸〔xuán《广韵》胡涓切，平先，匣。〕❶吊挂；系持。杜甫《遣兴五首》之二："归来悬两狼，门户有旌节。"钱起《九日宴浙江西亭》："木奴向熟悬金实，桑落新开泻玉缸。"白居易《观刘麦》："右手秉遗穗，左臂悬敝筐。"李德裕《奉送相公十八丈镇扬州》："共悬龟印衔新绶，同忆鳣庭访旧居。"徐夤《钓丝竹》："野虫悬作饵，溪月曲为钩。"引申为操纵，掌握。白居易《青冢》："何乃明妃命，独悬画工手。"又《哭孔戡》："贤者为生民，生死悬在天。"❷谓高挂在空中。苏味道《初春行宫侍宴应制》："圣酒千钟洽，宸章七曜悬。"李白《江上吟》："屈平词赋悬日月，楚王台榭空山丘。"卢仝《叹昨日三首》之二："平生心事消散尽，天上白日悠悠悬。"李群玉《别尹炼师》："吾家五千言，至道悬日月。"黄滔《寄同年崔学士》："虽知珠树悬天上，终赖银河接世间。"引申表示悬知、显示、预示。裴光庭《奉和御制左丞相说右丞相璟太子少傅乾曜同日上官命宴东堂赐诗》："天文悬瑞色，圣酒泛华茵。"刘眘虚《登庐山峰顶寺》："心照有无界，业悬前后生。"❸飘浮；飘荡。薛据《初去郡斋书怀》："况是疾风起，悠悠旌旆悬。"陈去疾《忆山中》："蕙磴飞英绕，萍潭片影悬。"沈亚之《宿白马津寄寇立》："剑头悬日影，蝇鼻落灯花。"陈标《秦王卷衣》："御气馨香苏合启，帘光浮动水精悬。"亦引申为扩散。李贺《金铜仙人辞汉歌》："画栏桂树悬秋香，三十六宫土花碧。"❹孤立，无所依傍。见"懸軍"。❺形容高耸、陡峭。许棠《登山》："顶峭松多瘦，崖悬石尽牢。"❻牵念；挂念。姚崇《夜渡江》："唯看孤帆影，常似客心悬。"刘禹锡《思归寄山中友人》："木落病身死，潮平归思悬。"贾岛《寄武功姚主簿》："居枕江沱北，情悬渭曲西。"许棠《下第东归留别郑侍郎》："别心悬阙下，归念极吴东。"❼悬殊；差别大。张说《至尉氏》："始知鲁卫间，优劣相悬倍。"刘禹锡《送鸿举游江西》序："然而视予之文，昔与今有莛楹之别；视予之书，昔与今有钧石之悬；视予之任，昔与今乃唯阿之差耳。”白居易《江楼夜吟元九律诗成三十韵》：“工夫虽共到，巧拙尚相悬。”又《诏授同州刺史病不赴任因咏所怀》：“劳逸悬相远，行藏决不疑。”❽悬赏。陈子昂《观荆玉篇》：“悬之千金价，举世莫知真。”玄宗《春中兴庆宫酺宴》序：“作扞四方，折冲万里，可运筹帷幄者，我于是乎悬重禄以待之。”杨乘《甲子岁书事》：“犒功椎万牛，募勇悬千帛。”❾颁布。韦庄《冬日长安感志寄献虢州崔郎中二十韵》：“已闻铃阁悬新诏，即向纶闱副具瞻。”见“懸法”。❿凭空设想；揣测。王维《送友人南归》：“悬知倚门望，遥识老莱衣。”⓫悬挂钟磬等乐器的架子。亦借指律吕、音乐。李勋《泗滨得石磬》：“出水见贞质，在悬含玉音。”

【懸刀】　指升州官。见《晋书·王濬传》。李瀚《蒙求》：“王濬悬刀，丁固生松。”

【懸尸】　悬挂着的尸体。韦庄《秦妇吟》：“烟中大叫犹求救，梁上悬尸已作灰。”

【懸心】　❶挂念；担心。羊士谔《郡中言怀寄西川萧员外》：“岁晚我知仙客意，悬心应在白云乡。”张蠙《送薛郎中赴江州》：“正面传天旨，悬心祷岳神。”布燮《思乡作》：“悬心秋夜月，万里照关山。”❷犹言心中想象。李商隐《寓目》：“园桂悬心碧，池莲饫眼红。”

【懸水】　由高处下注的水流。孟郊《擢第后东归书怀献座主吕侍御》：“旧游期再践，悬水得重挹。”

【懸布】　春秋时，晋军攻打偪阳城。孟献子家臣秦堇父拉着城上挂下的布登城，连上三次，跌落三次，表现出异常的英勇。见《左传·襄公十年》。韩愈《春雪》：“城险疑悬布，砧寒未捣绡。”

【懸光】　❶指月光。许浑《病中和大夫玩江月》：“江上悬光海上生，仙舟迢递绕军营。”❷现出光彩。罗立言《赋得沽美玉》：“浮彩朝虹满，悬光夜月孤。”

【懸帆】　高挂船帆。谓天船。李频《送裴御史赴湖南》：“使府悬帆去，能消几日风？”许棠《送从弟归泉州》：“问省归南服，悬帆任北风。”齐己《送中观进公归巴陵》：“昼雨悬帆黑，残阳泊岛红。”

【懸危】　高峻貌。杜审言《南海乱石山作》：“悬危悉可惊，大小都不类。”

【懸名】　为致身通显之典。见《太平御览》卷三九八引《会稽先贤传》。骆宾王《在江南赠宋五之问》：“占星非聚德，梦月讵悬名。”

【懸車】　❶形容险阻。见《国语·齐语》。杜甫《提封》：“借问悬车守，何如俭德临。”❷致仕。古人一般七十岁辞官家居，废车不用，故称。韦应物《送郗詹事》：“君子独知止，悬车守国程。”权德舆《元和元年蒙恩封成纪县伯时室中封安喜县君感庆兼怀聊申贺赠》：“更待悬车时，与君欢暮齿。”刘禹锡《乐天示过敦诗旧宅有感一篇因成继和以寄苦怀》：“忽忆前言更惆怅，丁宁相约速悬车。”白居易《秦中吟十首·不致仕》：“挂冠顾翠绥，悬车惜朱轮。”蒋防《题杜宾客新丰里幽居》：“圣情容解印，帝里许悬车。”❸借指七十岁。白居易《自思益寺次楞伽寺作》：“犹去悬车十五载，休官非早亦非迟。”又《宿香山寺酬广陵牛相公见寄》：“应须且为苍生住，犹去悬车十四年。”又《杨六尚书频寄新诗诗中多有思闲相就之志因书鄙意报而谕之》：“君年殊未及悬车，未合将闲逐老夫。”

【懸車歲】　指七十岁。权德舆《酬南园新亭宴会璩新第慰庆之作时任宾客》：“相期悬车岁，此地即中林。”白居易《近见慕巢尚书诗因以长句戏而谕之》：“应须待到悬车岁，然后东归伴老夫。”又《官俸初罢亲故见忧以诗谕之》：“又及悬车岁，筋力转衰弱。”

【懸步】　陡峻的埠头。孟郊《寒溪》之九：“悬步下清曲，消期濯芳津。”又《立德新居》之五：“崎岖有悬步，委曲饶荒寻。”

【懸知】　料想；预知。王维《和太常韦主簿五郎温汤寓目之作》：“闻道甘泉能献赋，悬知独有子云才。”钱起《送昆山孙少府》：“悬知讼庭静，窗竹日萧萧。”白居易《德宗皇帝挽歌词四首》之三：“悬知千载后，理代数贞元。”李商隐《无题二首》之一：“十四藏六亲，悬知犹未嫁。”黄滔《敷水卢校书》：“莫问烟霞句，悬知见岳神。”

【懸物象】　日月星辰垂象于天，以喻明著。高适《酬庞十兵曹》：“高谈悬物象，逸韵投翰墨。”

【懸金】　重金悬赏。元稹《代曲江老人百韵》：“悬金收逸骥，鼓瑟荐嘉宾。”

【懸命】　危殆之命。韦应物《睢阳感怀》：“饥喉待危巢，悬命中路坠。”周昙《咏史诗·前汉门·高祖》：“太公悬命临刀几，忍取杯羹欲为谁。”

【懸乳】　指檐下垂着的冰条。韩愈《苦寒》：“悬乳零落堕，晨光入前檐。”

【懸法】　公布法令。古时公布法令，都悬挂于宫阙，故称。白居易《赠友五首》之一：“峨峨象魏门，悬法彝伦正。”

【懸河】　❶谓如高悬空中的河流倾泻不止。牟融《邵公母》：“搔首惊闻楚些歌，拂衣归去泪悬河。”❷喻说话滔滔不绝或文辞流畅奔放。见《晋书·郭象传》。李白《访道安陵遇盖还为余造真箓临别留赠》：“悬河与微言，谈论安可穷。”刘长卿《西陵寄一上人》：“多谢清言异玄度，悬河高论有谁持。”韩愈《石鼓歌》：“安能以此上论列，愿借辨口如悬河。”罗隐《言》：“须信祸胎生利口，莫将讥思逞悬河。”

【懸空】　（—kōng）悬于空中。薛曜《舞马篇》：“婉转盘跚殊未已，悬空步骤红尘起。”贾岛《寄华山僧》："五更钟隔岳，万尺水悬空。"王仁裕《题麦积山天堂》："蹑尽悬空万仞梯，等闲身共白云齐。"陶拱《秋日悬清光》："悬空寒色净，委照曙光盈。"

【懸弧】 ❶古代尚武，生男则于门左挂弓，后因称生男为悬弧。见《礼记·内则》。太宗《幸武功庆善宫》："粤予承累圣，悬弧亦在兹。"陈元光《太母魏氏半径题石》："系牒公侯裔，悬弧将相儿。"包何《相里使君第七男生日》："他时干蛊声名著，今日悬弧宴乐酣。"刘禹锡《送张盥赴举诗》："尔生始悬弧，我作座上宾。"❷谓尚武，习武。见《孔子家语·观乡射》。储光羲《贻从军行》："男儿悬弧非一日，君去成高节。"韦应物《始建射侯》："男子本悬弧，有志在四方。"刘驾《送友人擢第东归》："古来悬弧义，岂顾子与妻。"李咸用《自愧》："多负悬弧礼，危时隐薜萝。"

【懸思】 挂念，想念。齐己《送林上人归永嘉旧居》："东越常悬思，山门在永嘉。"

【懸泉】 瀑布。李峤《奉和幸韦嗣立山庄侍宴应制》："乔木千龄外，悬泉百丈余。"刘商《题水洞二首》之二："长看岩穴泉流出，忽听悬泉入洞声。"张弘靖《山亭怀古》："丛石依古城，悬泉洒清池。"无名氏《石上阁》(《诗逸》卷下)："下视竹木杪，仰见悬泉落。"

【懸度】 (—dù)悬空而过。皮日休《正乐府十篇·哀陇民》："蚩蚩陇之民，悬度如登天。"

【懸首】 杀人后挂头示众。李子昂《西戎即叙》："悬首藁街中，天兵破犬戎。"

【懸冠】 (—guān)犹挂冠。谓辞官归隐。元晦《越亭二十韵》："悬冠谢陶令，褫珮怀疏傅。"林嵩《赠天台王处士》："赤城不掩高宗梦，宁久悬冠枕瀑流。"

【懸軍】 深入敌方的孤军。张说《送赵顺直郎中赴安西副大都督》："绝镇功难立，悬军命匪轻。"杜甫《秦州杂诗二十首》之十九："候火云烽峻，悬军幕井干。"高适《李云南征蛮诗》："饷道忽已远，悬军垂欲穷。"薛能《柘枝词三首》之二："悬军征拓羯，内地隔萧关。"

【懸殊】 差别很大。白居易《禽虫十二章》之二："阿阁鹓鸾田舍乌，妍蚩贵贱两悬殊。"

【懸圃】 ❶神话传说中的地名。传说在昆仑山顶有金台、玉楼，为神仙所居之地。后泛指仙境。见《楚辞·天问》。太宗《帝京篇十首》之九："无劳上悬圃，即此对神仙。"杜甫《木皮岭》："忆观昆仑图，目击悬圃存。"权德舆《酬陆四十楚源春夜宿虎丘山对月寄梁四敬之兼见贻之作》："悬圃尽琼树，家林轻桂枝。"白居易《效陶潜体诗十六首》之十一："烟霞隔悬圃，风波限瀛洲。"❷地名。在当今河南登封市东南石淙山。唐武则天与群臣会饮于此。高宗有《七夕宴悬圃二首》。狄仁杰《奉和圣制夏日游石淙山》："老臣预陪悬圃宴，余年方共赤松游。"

【懸峰】 陡峭的山峰。宋之问《高山引》："攀云窈窕兮上跻悬峰，长路浩浩兮此去何从。"

【懸旆】 义同"懸旌"。悬挂旌旗，喻心神不安。杜牧《宣州送裴坦判官往舒州时牧欲赴官归京》："君意如鸿高的的，我心悬旆正摇摇。"

【懸悟】 犹独悟。王维《苑舍人能书梵字兼达梵音皆曲尽其妙戏为之赠》："莲花法藏心悬悟，贝叶经文手自书。"

【懸流】 从高处下注的水流。刘宪《奉和幸安乐公主山庄应制》："沓石悬流平地起，危楼曲阁半天开。"韩愈《贞女峡》："悬流轰轰射水府，一泻百里翻云涛。"韦庄《龙潭》："激石悬流雪满湾，九龙潜处野云闲。"

【懸瓠】 古城名，以城北汝水屈曲如垂瓠，故名。今河南汝南县治。隋唐为蔡州治所。唐宪宗元和十二年，李愬雪夜进军，擒吴元济于此。柳宗元《奉平淮夷雅表·方城命愬守也卒入蔡得其大丑以平淮右》："汝阴之茫，悬瓠之峨。"原注："悬瓠，蔡州城。"

【懸匏】 有柄的匏瓜。见《文选·潘岳〈笙赋〉》。李峤《笙》："悬匏曲沃上，孤筱汶阳隈。"章孝标《题朱秀城南亭子》："朱家亭子象悬匏，阶莹青莎栋剪茆。"

【懸蛇疾】 为疑虑成疾之典。见汉应劭《风俗通义·怪神》。苏颋《蜀城哭台州乐安少府》："可叹悬蛇疾，先贻问鹏灾。"

【懸崖】 高峻陡峭的山崖。杜审言《度石门山》："道束悬崖半，桥欹绝涧中。"皎然《赋得石梁泉送崔逵》："架石通霞壁，悬崖散碧沙。"费冠卿《答萧建》："自地上青峰，悬崖一万重。"刘得仁《和段校书冬夕寄题庐山》："几处悬崖上，千寻瀑布垂。"

【懸崖絕壁】 陡峭的山崖。刘长卿《望龙山怀道士许法棱》："悬崖绝壁几千丈，绿萝袅袅不可攀。"

【懸釣】 悬竿钓鱼。白居易《渭上偶钓》："偶持一竿竹，悬钓在其傍。"

【懸魚】 ❶指为官清廉。见《后汉书·羊续传》。颜萱《送羊振文归觐桂阳》："悬鱼庭内芝兰秀，驭鹤门前薜荔封。"❷指金鱼袋。白居易《题洛中第宅》："悬鱼挂青甃，行马护朱栏。"

【懸象】 即天象。悬，亦作"县"。见《易·系辞上》。高适《东平旅游奉赠薛太守二十四韵》："遗墟当少昊，悬象逼奎娄。"柳宗元《酬韶州裴曹长使君寄道州吕八大使因以见示二十韵》："圣理高悬象，爰书降罚锾。"

【懸旌】 ❶悬旗于空中，亦指悬于空中的旗帜。苏颋《夜发三泉即事》："重纩濡莫解，悬旌冻犹揭。"王维《故南阳夫人樊氏挽歌》："叠鼓秋城动，悬旌寒日映。”杜甫《寄司马山人十二韵》：“悬旌要路口，倚剑短亭中。”❷见《战国策·楚策一》。故后以“悬旌”喻心神不定。崔日用《奉和圣制送张说巡边》：“壮心看舞剑，别绪应悬旌。”权德舆《奉酬张监阁老雪后过中书见赠加两韵简南省旧僚》：“常时望连茹，今日剧悬旌。”柳宗元《游石角过小岭至长乌村》：“窜逐宦湘浦，摇心剧悬旌。”

【懸望】　盼望。张鷟《游仙窟·诗又一首》：“积愁肠已断，悬望眼应穿。”

【懸梁】　高悬的桥梁。骆宾王《晚憩田家》：“悬梁接断岸，涩路拥崩查。”

【懸壶子】　一种野果，青苞朱实。欧阳詹有《与洪孺卿自梁州回途中经骆谷见野果有闽中壶子既同采摘因呈之洪亦闽人》。

【懸棒】　指执法严正。见《三国志·魏志·武帝纪》。韦应物《示从子河南尉班》：“立政思悬棒，谋身类触藩。”

【懸隔】　相差很大。韦应物《石鼓歌》：“世人好古犹共传，持来比此殊悬隔。”

【懸絕】　险峻峭绝。苏颋《蜀城哭台州乐安少府》：“天路本悬绝，江波复溯洄。”

【懸遠】　遥远。寒山《诗三百三首》之一六四：“不识本真性，与道转悬远。”

【懸鼓】　古时官府所悬之鼓。供击鼓求见之用。李绅《闻里谣效古歌》：“莫令太守驰朱轓，悬鼓一鸣卢鹊喧。”

【懸想】　挂念；想念。陈师穆《立春日晓望三素云》：“人归悬想处，霞色自氛氲。”

【懸愁】　带着愁绪。许棠《送张员外西川从事》：“迎驿应相续，悬愁去路遥。”

【懸鉤】　喻缺月。康庭芝《咏月》：“台前疑挂镜，帘外似悬钩。”

【懸腸草】　草名。见南朝梁任昉《述异记》卷下。多用心喻思念儿女。李贺《老夫采玉歌》：“村寒白屋念娇婴，古台石磴悬肠草。”

【懸解】　解脱束缚。见《庄子·大宗师》。陈深《庄子品节》：“悬，如倒悬之悬，困缚之义。”宣颖《南华经解》：“人为生死所苦，犹如倒悬，忘生死则悬解矣。”引申为了悟。盖悟出真谛，疑滞顿释，亦如倒悬之解脱。张说《江中诵经》：“实相归悬解，虚心暗在通。”王维《与胡居士皆病寄此诗兼示学人二首》之一：“洗心讵悬解，悟道正迷津。”刘禹锡《游桃源一百韵》：“禀生非悬解，对镜方感激。”

【懸溜】　倾泻的小股流水。卢纶《郊居对雨寄赵涓给事包佶郎中》：“乱沤浮曲砌，悬溜响前除。”《南山诗》：“峻涂拖长冰，直上若悬溜。”

【懸榻】　表示礼贤下士。见《后汉书·徐稚传》。崔善为《答王无功冬夜载酒乡馆》：“颁条忝贵郡，悬榻久相望。”张垍《奉和岳州山城》：“悬榻迎宾下，趋庭学礼闻。”刘长卿《送宇文迁明府赴洪州张观察追摄丰城令》：“陈蕃待客应悬榻，宓贱之官独抱琴。”杜甫《舟出江陵南浦奉寄郑少尹》：“南征问悬榻，东逝想乘桴。”羊士谔《早春对雨》：“含情非迟客，悬榻但生尘。”

【懸聞】　遥闻。卢纶《送永阳崔明府》：“悬闻正讹俗，郈曼更知名。”

【懸滴】　悬垂的水滴。薛能《秋雨》：“簇声诸树密，悬滴四檐疏。”

【懸賞】　以出钱等奖赏的办法公开征求别人做某事。张祜《射虎词》：“更使山头白额来，万金悬赏如泥土。”

【懸幡】　悬挂佛幡。王建《七泉寺上方》：“扫石礼新经，悬幡上高峰。”

【懸黎】　亦作“懸璨”。美玉名。见《战国策·秦策三》。亦泛称美玉。钱起《送李四擢第归觐省》：“悬黎宝中出，高价世难掩。”李商隐《和孙朴韦蟾孔雀咏》：“轻于赵皇后，贵极楚悬黎。”李咸用《谢友生遗端溪砚瓦》：“玩余轻照乘，谢欲等悬黎。”贯休《读离骚经》：“贡上国，即全胜和璞悬璨，垂棘结绿。”

【懸劍】　春秋时，季札出使过徐君，徐君喜爱季札所佩之宝剑，季札心许返回时相赠。至季札返回而徐君已死，于是季札解其宝剑，系之徐君冢树而去。见《史记·吴太伯世家》。后以之作为伤悼亡友的典故。骆宾王《夕次旧吴》：“悬剑空留信，亡珠尚识机。”苏颋《奉和魏仆射秋日还乡有怀之作》：“树悲悬剑所，溪想钓璜余。”崔融《哭蒋詹事俨》：“芜漫藏书壁，荒凉悬剑枝。”玄宗《过王濬墓》：“叹嗟悬剑陇，谁识梦刀祥。”

【懸磬】　为叹贫穷的典故。见《国语·鲁语上》。李峤《扈从还洛呈侍从群官》：“邑罕悬磬贫，山无挂瓢逸。”柳宗元《同刘二十八哭吕衡州兼寄江陵李元二侍御》：“三亩空留悬磬室，九原犹寄若堂封。”李绅《移九江》：“隙光非白驹，悬磬我无虞。”

【懸橋】　高悬的桥梁。李端《赠道者》：“花开深洞仙门小，路过悬桥羽节轻。”

【懸頭】　悬头于屋梁，以防瞌睡。形容苦学。语出《太平御览》卷六一一引晋张方《楚国先贤传》。李商隐《咏怀寄秘阁旧僚二十六韵》：“悬头曾苦学，折臂反成医。”海顺《三不为篇》之二：“我欲刺股锥刃，悬头屋梁。”

【懸瓢】　❶葫芦瓢，古为盛酒器。张说《咏瓢》：“美酒酌悬瓢，真淳好相映。”❷为隐居之典。见《太平御览》卷七二六引汉蔡邕《琴操》。李中《赠蒯亮处士》:"吾君侧席求贤切,未可悬瓢枕碧流。"

【懸衡】 ❶即天平。刘禹锡《贾客词》:"心计析秋毫,摇钩侔悬衡。"引申为公正客观地评论是非优劣。齐己《谢武陵徐巡官远寄五七字诗集》:"五字才将七字争,为君聊敢试悬衡。"❷相对而立。储光羲《终南幽居献苏侍郎三首时拜太祝未上》:"圣君常临朝,达士复悬衡。"引申为势均力敌、轻重相等。齐己《酬西蜀广济大师见寄》:"楚外已甘推绝唱,蜀中谁敢共悬衡。"❸比喻一统。刘长卿《至德三年春正月五十韵》:"艰难悲伏剑,提握喜悬衡。"

【懸璫】 玉佩。李贺《洛姝真珠》:"寒鬓斜钗玉燕光,高楼唱月敲悬珰。"

【懸闊】 相隔很远。方干《献浙东王大夫二首》之二:"泥滓云霄至悬阔,渔翁不合见公卿。"又《寄于少监》:"从此云泥更悬阔,渔翁不合见公卿。"

【懸輿】 义同"懸車"。❶致仕。见王充《论衡·自纪》。李德裕《忆平泉山居赠沈吏部一首》:"张何旧寮寀,相勉在悬舆。"❷指七十岁。李德裕《怀山居邀松阳子同作》:"我未及悬舆,今犹佩朝绂。"

【懸應】 (—yìng)遥应。则天皇后《唐大飨拜洛乐章·咸和》:"方期交际悬应(下一句逸)。"

【懸檻】 (—jiàn)高悬的栏杆。韦应物《楼台月夜》:"端令倚悬槛,长望抱沉忧。"又《登郡寄京师诸季淮南子弟》:"悬槛飘寒雨,危堞侵江流。"

【懸瀑】 悬挂着的瀑布。韩愈《送惠师》:"是时雨初霁,悬瀑垂天绅。"

【懸璧】 用悬黎制成的璧。李德裕《述梦诗四十韵》:"重价连悬璧,英词淬宝刀。"参见"懸黎"。

【懸璨】 见"懸黎"。

【懸鏡】 ❶明净;明察。贺知章《奉和御制春台望》:"神皋类观赏,帝里如悬镜。"杜甫《秋日荆南送石首薛明府辞满告别奉寄薛尚书颂德叙怀斐然之作三十韵》:"鉴澈劳悬镜,荒芜已荷锄。"❷喻披露肝胆,坦诚相见。杜牧《昔事文皇帝三十二韵》:"照胆常悬镜,窥天自戴盆。"

【懸鶉】 鹌鹑毛斑尾秃,似披破衣。喻衣衫破烂。骆宾王《初秋于窦六郎宅宴得同字》序:"六郎道合采葵,啸悬鹑而契赏。"杜甫《赠王二十四侍御契四十韵》:"书成无过雁,衣故有悬鹑。"

【懸懸】 ❶遥远貌。李白《清平乐》词之三:"惟有碧天云外月,偏照悬悬离别。"戎昱《送王明府入道》:"悬悬老松下,金灶夜烧丹。"❷长久貌。白居易《卧疾来早晚》:"卧疾来早晚,悬悬将十旬。"❸心情不安貌。贾岛《寄丘儒》:"此心镇悬悬,天象固回转。"❹垂泪貌。鱼玄机《折杨柳》:"愿得西山无树木,免教人作泪悬悬。"

【懸纓】 义同"懸冠"。辞官。缨,系于脖子上的冠带。吕岩《呈钟离云房》:"生在儒家遇太平,悬缨垂带布衣轻。"

懷〔huái《广韵》户乖切,平皆,匣。〕❶怀念;思念。见《诗·周南·卷耳》。孙逖《和左卫武仓曹卫中对雨创韵赠右卫李骑曹》:"美酒怀公宴,玄谈俟客嘲。"严维《送薛尚书入蜀》:"几许遗黎泣,同怀父母恩。"韩愈《喜侯喜至赠张籍张彻》:"今者诚自幸,所怀无一欠。"白居易《初到忠州登东楼寄万州杨八使君》:"我怀巴东守,本是关西贤。"王揆《长沙六快诗》:"怀昔甘棠花,伤今猛虎毒。"引申为留恋,爱惜。骆宾王《从军中行路难》:"重义轻生怀一顾,东伐西征凡几度。"白居易《感鹤》:"不惟怀稻粱,兼亦竞腥膻。"❷胸部;胸前。岑参《送裴校书从大夫淄川觐省》:"怀中江橘熟,倚处戟门秋。"杜甫《彭衙行》:"怀中掩其口,反侧声愈嗔。"元稹《捉捕歌》:"在海尚幽遐,在怀交秽污。"李郢《张郎中宅戏赠二首》之一:"薄雪燕蓊紫燕钗,钗垂簏簌抱香怀。"❸胸怀;怀抱;情怀。岑参《梁州对雨怀曲二秀才便呈曲大判官时疾赠余新诗》:"昨叹携手迟,未尽平生怀。"权德舆《寓兴》:"世德既颠坠,素怀亦堙沦。"孟郊《与二三友秋宵会话清上人院》之二:"一为鹍鸡弹,再鼓壮士怀。"李群玉《九日》:"行云永绝襄王梦,野水偏伤宋玉怀。"张蠙《赠水军都将》:"直待门前见幢节,始应高惬圣君怀。"❹怀藏。岑参《送许员外江置常平仓》:"仍怀陆氏橘,归献老亲尝。"晁采《子夜歌十八首》之十七:"先怀侬袖里,然后约郎腰。"亦指携带。王贞白《拟塞外征行》:"青泥方绝漠,怀剑始辞燕。"亦引申为心里存有。顾非熊《题王使君片石》:"主人莫怪殷勤看,远客长怀旧隐情。"罗虬《比红儿诗》之九八:"旧恨长怀不语中,几回偷泣向春风。"孟宾于《蟠溪怀古》:"谁更怀韬术,追思古渡头。"❺隐藏;隐忍。见《论语·卫灵公》。白居易《和答诗十首·答四皓庙》:"天下有道见,无道卷怀之。"❻到。卢照邻《怀仙引》:"怀飞阁,度飞梁。"张九龄《东湖临泛饯王司马》:"忽怀京洛去,难与共清光。"❼招致;招来。见《易·师》。白居易《新乐府·蛮子朝》:"上心贵在怀远蛮,引临玉坐近天颜。"❽安,安抚。见"懷柔❷"。❾赠;送。见《诗·桧风·匪风》。韦应物《送洛阳韩丞东游》:"顾我差池羽,咬咬怀好音。"❿地名。见"懷州"。

【懷一上人】 (?—766)福州楞伽寺僧。景龙中于爱同寺东造精舍,又挖一泉,甘泉沸涌,当地禀报之灵泉。与会稽昙一、庆云灵一同出扬州龙兴寺法慎之门,时称慎门"三一"。事迹见《宋高僧传》卷十九。崔颢有《赠怀一上人》。

【懷人】 怀念两地相隔的亲人、朋友、乡人和贤德之人等。李端《宿瓜洲寄柳中庸》:“怀人同不寐,清夜起论文。”李德裕《思平泉树石杂咏十一首·钓台》:“我有严湍思,怀人访故台。”白行简《夫子鼓琴得其人》:“慕德声逾感,怀人意自深。”李商隐《药转》:“忆事怀人兼得句,翠衾归卧绣帘中。”杜荀鹤《维扬冬末寄幕中二从事》:“为旅春风外,怀人夜雨间。”

【懷三益】　谓怀念良友。三益谓直、谅、多闻。见《论语·季氏》。陆龟蒙《奉和袭美新秋言怀三十韵次韵》:“旧友怀三益,关山阻二崤。”

【懷土】　❶安于所处之地。见《论语·里仁》。王勃《麻平晚行》:“百年怀土望,千里倦游情。”卢仝《萧宅二三子赠答诗二十首·石请客》:“知君家近父母家,小人安得不怀土。”❷怀念故乡或祖国。高适《自淇涉黄河途中作十三首》之六:“独行既未惬,怀土怅无趣。”刘禹锡《赠日本僧智藏》:“身无彼我那怀土,心会真如不读经。”李德裕《夏晚有怀平泉林居》:“谁言圣与哲,曾是不怀土。”许浑《下第寓居崇圣寺感事》:“怀土泣京华,旧山归路赊。”韦庄《江上逢故人》:“江畔玉楼多美酒,仲宣怀土莫凄凄。”

【懷才】　怀抱才华,具有才能。李频《送友人入蜀》:“何人不异礼,上客自怀才。”杜荀鹤《江南逢李先辈》:“怀才不得志,只恐满头丝。”罗邺《赠东川梓桐县韦德孙长官》:“前代高门今宰邑,怀才重义古来无。”崔涂《蜀城春》:“怀才皆得路,失计自伤春。”

【懷才抱智】　怀抱才智。白居易《饱食闲坐》:“怀才抱智者,无不走遑遑。”

【懷才抱器】　犹言德才兼备。才,才能;器,器度。唐彦谦《楼上偶题》:“可能前岭空乔木,应有怀才抱器人。”

【懷王】　即战国楚怀王。李白《留别曹南群官之江南》:“范蠡说勾践,屈平去怀王。”戴叔伦《湘川野望》:“怀王独与佞人谋,闻道忠臣入乱流。”杜牧《题青云馆》:“四皓有芝轻汉祖,张仪无地与怀王。”汪遵《招屈亭》:“三闾溺处杀怀王,感得荆人尽缟裳。”

【懷友】　怀念友人。唐求《伤张玖秀才》:“入关词客秋怀友,出户孀妻晓望夫。”

【懷仁】　❶心怀仁德。李峤《雉》:“童子怀仁至,中郎作赋成。”舒元舆《坊州按狱》:“牧守苟怀仁,痒之时为搔。”李频《府试丹浦非乐战》:“怀仁须去杀,用武即胜残。”李洞《述怀二十韵献覃怀相公》:“折树恩难报,怀仁命甚轻。”❷古县名。北朝东魏置,以县有怀仁山得名,故城在今江苏连云港市赣榆区西。刘长卿有《宿怀仁县南湖寄东海荀处士》。

【懷什】　(—shí)犹怀抱。什,什袭。元稹《月三十韵》:“殷勤入怀什,恳款堕云圻。”

【懷玉】　(?—742)❶俗姓高。台州宁海(今属浙江)丹丘人,住台州涌泉寺。执持律法,名节峭然。一日念弥陀佛五万,通诵《弥陀经》三十万卷,天宝元年(742)六月九日,见西方圣像数若恒沙,数日后念笑而终。事迹见《宋高僧传》卷二四。段怀然有《挽涌泉寺僧怀玉》。❷谓怀抱仁德。见《老子》。骆宾王《镂鸡子》:“谁知怀玉者,含响未吟晨。”张九龄《叙怀二首》之一:“被褐有怀玉,俩印从负薪。”罗立言《赋得沽美玉》:“谁怜被褐士,怀玉正求沽。”许浑《春日思旧游寄南徐从事刘三复》:“怀玉尚悲迷楚塞,捧金犹羡乐燕台。”

【懷古】　怀念古人古事。陈子昂《岘山怀古》:“谁知万里客,怀古正踌躕。”杨乘《吴中书事》:“尊前多暇但怀古,尽日愁吟谁与同。”司空图《南北史感遇十首》之五:“奸佞岂能惭误国,空令怀古更徘徊。”徐铉《天阙山绝句》:“散诞爱山客,凄凉怀古心。”

【懷生】　指有生命之物。魏征《享太庙乐章·大明舞》:“殊域委赆,怀生介福。”

【懷仙】　向往仙人。卢照邻有《怀仙引》。王勃有《观内怀仙》。李白有《怀仙歌》。

【懷印】　身揣官印,借指当官。苏颋《咏礼部尚书厅后鹊》:“怀印喜将归,窥巢恋且依。”

【懷戎】　怀柔西戎。崔湜《奉和送金城公主适西蕃应制》:“怀戎前策备,降女旧因修。”

【懷光】　即李怀光。元稹《望云骓马歌》:“朱泚围兵抽未尽,怀光寇骑追行及。”

【懷州】　州名,北魏天安二年置,治所在野王,即今河南沁阳县。隋改河内郡。唐于济源西南柏崖城置怀州,寻移治野王城。耿湋有《和王怀州观西营秋射》。朱湾有《同清江师月夜听坚正二上人为怀州转〈法华经〉歌》。方干有《怀州客舍》。

【懷冲】　襟怀冲淡。韦应物《因省风俗与从侄成绪游山水中道先归寄示》:“独往倦危途,怀冲寡幽致。”

【懷安】　❶谓留恋安逸。见《左传·襄公十八年》。贯休《寄乌龙山贾泰处士》:“吾君方侧席,未可便怀安。”❷谓归向德政而安居乐业。张九龄《酬周判官巡至始兴会改秘书少监见贻之作兼呈耿广州》:“更延怀安旨,曾是虑危际。”

【懷芳】　怀藏香气。李绅《新楼诗二十首·海榴亭》:“怀芳不作翻风艳,别萼犹含泣露妍。”

【懷怍】　心存羞惭。卢纶《割飞二刀子歌》:“越戟吴钩不足夸,斩犀切玉应怀怍。”

【懷沙】　《楚辞·九章》之篇名。《史记·屈原贾生列传》谓此篇乃屈原投汨罗江前的绝笔,述其怀沙砾以自沉的原因。后以之为因忠愤而投水死义之典。张说《过怀王墓》:“一闻怀沙事,千载尽悲凉。”李白

《春滞沅湘有怀山中》："予非怀沙客，但美采菱曲。"孟郊《旅次湘沅有怀灵均》："怀沙灭其性，孝行焉能俱。"崔珏《岳阳楼晚望》："怀沙有恨骚人往，鼓瑟无声帝子闲。"亦借指屈原，褚载《句》："除却洛阳才子后，更谁封恨吊怀沙。"

【懷沙賦】《楚辞·九章》之篇名。顾况《酬唐起居前后见寄二首》之一："欲作《怀沙》赋，明时耻自沉。"参见"懷沙"。

【懷坦上人】无锡惠山寺僧。大和时人，李骘有《慧山寺肄业送怀坦人上》。

【懷來】招来。权德舆《送安南裴都护》："怀来通北户，长养治南薰。"薛存诚《东都父母望幸》："望幸诚逾邈，怀来意不穷。"

【懷刺】怀藏名帖，准备有所谒见。见《后汉书·祢衡传》。后作投谒名流谋求功名之典。王绩《晚年叙志示翟处士》："弃繻频北上，怀刺几西游。"温庭筠《病中书怀呈友人》："怀刺名先远，干时道自孤。"又《和段少常柯古》："称觞惭座客，怀刺即门人。"

【懷抱】❶胸前。亦指胸部和手臂向前环抱的空间。白居易《哭崔儿》："怀抱又空天默默，依前重作邓攸身。"苏拯《思妇吟》："一从秉箕帚，十载孤怀抱。"❷心怀；心意；志向。贺遂亮《赠韩思彦》："风云行可托，怀抱自然深。"李华《咏史十一首》之五："东宫成羽翼，楚舞伤怀抱。"马异《答卢仝结交诗》："河水悠悠山之间，无由把袂摅怀抱。"刘得仁《上张水部》："恩深转无语，怀抱自分明。"刘象《春夜二首》之一："时难何处披怀抱，日日日斜空醉归。"

【懷杲】即李怀杲。光业《征李怀杲嘲道门》："云锁涪江水似天，又闻怀杲已升仙。"

【懷忠】怀抱忠心。李峤《槐》："烈士怀忠触，鸿儒访业来。"李绅《却过淮阴吊韩信庙》："贱能忍耻卑狂少，贵乏怀忠近佞人。"

【懷念】关心。韦应物《答长安丞裴说》："髦士佐京邑，怀念枉贞词。"

【懷契上人】怀素上人之讹。皇甫曾有《秋夕寄怀契上人》。

【懷春】谓少女爱慕异性。见《诗·召南·野有死麕》。权德舆《杂诗五首》之四："寂寞远怀春，何时来比目。"卢仝《卓女怨》："妾本怀春女，春愁不自任。"亦指鸟类追求异性。无名氏《失题》(卷七八六)："上有怀春鸟，间关断复续。"

【懷珍】喻思念人才。太宗《喜雪》："怀珍愧隐德，表瑞伫丰年。"

【懷毒】含有毒汁。喻心计歹毒。见《左传·僖公二十二年》。杜甫《遣愤》："蜂虿终怀毒，雷霆可震威。"

【懷律】依据刑律。刘禹锡《早夏郡中书事》："虚怀询病苦，怀律操剽轻。"

【懷胎】怀孕。崔涯《嘲妓》："怀胎十个月，生下昆仑儿。"吕岩《敲爻歌》："养胎十月神丹结，男子怀胎岂等闲。"

【懷帝】即晋怀帝。周昙有《咏史诗·晋门·怀帝》。

【懷怒】心存怨怒。见《左传·宣公十二年》。杜甫《送杨六判官使西蕃》："绝域遥怀怒，和亲愿结欢。"

【懷柔】❶指帝王祭祀山川，招来百神，使各安其位。见《诗·周颂·时迈》。褚亮《雩祀乐章·肃和》："礼备怀柔，功宣舞咏。"苏味道《奉和受图温洛应制》："陟配光三祖，怀柔洎百神。"《郊庙歌辞·享太庙乐章·严和》："祗奉先构，礼备怀柔。"❷安抚外国或国内少数民族。见《礼记·中庸》。太宗《幸武庆善宫》："指麾八荒定，怀柔万国夷。"储光羲《送人随大夫和藩》："圣主今无外，怀柔遣使臣。"王昌龄《箜篌引》："紫宸诏发远怀柔，摇笔飞霜如夺钩。"杜甫《奉送王信州崟北归》："九重思谏诤，八极念怀柔。"亦指归附之人。郑愔《送金城公主适西蕃应制》："皇情眷亿兆，割念俯怀柔。"

【懷珠】喻怀藏才艺。樊铸《□□》："铸剑本来杀仇人，怀珠本来报国士。"

【懷素】俗姓钱，字藏真，潭州长沙(今属湖南)人，幼年出家，好草书，家贫，种芭蕉万余株，以蕉叶代纸，因名所居为绿天庵。自信得草圣三昧，弃笔堆积，埋于山下，号曰笔冢。事迹见《宣和书谱》卷十九。《全唐诗》卷八〇八录其诗二首，小传谓"京兆人，俗姓范，从玄奘法师出家，上元三年，诏往西太原寺，寻归西京"，乃初唐之怀素；小传又云："以草书名。"乃误合二怀素为一人。

【懷挾】包藏。陈子昂《秋园卧病呈晖上人》："怀挟万古情，忧虞百年疾。"

【懷恩】感念恩慈。令狐峘《硖州旅舍奉怀苏州韦郎中》："怀禄且怀恩，策名敢逃名。"孙元晏《咏史诗·齐·潘妃》："玉儿还有怀恩处，不肯将身嫁小臣。"

【懷剛】含有刚强的气质。戎昱《赋得铁马鞭》："成器虽因匠，怀刚本自天。"

【懷羞】心怀耻辱。赵嘏《下第》："南溪抱瓮客，失意自怀羞。"

【懷浦】唐僧人，所住之寺未详。《宋史·艺文志七》著录其诗一卷，已佚。诗见《唐诗纪事》卷七七。《全唐诗》卷八五〇录其诗二首。

【懷袖】❶怀抱。戴叔伦《古意寄呈王侍郎》：

“夜光贮怀袖，待报一顾恩。”司空曙《送卢堪》：“莫使祢生刺，空留怀袖中。”崔藩《暗投明珠》：“至宝看怀袖，明珠出后收。”李节度姬《书红绡帕》之二：“殷勤遗下轻绡意，好与情郎怀袖中。”❷见《古诗十九首》之十七。诗叙思妇珍藏夫君来信，表现她对远人的忠爱。后以之作为珍视友人或情人书札诗文的典故。刘方平《寄严八判官》：“怀袖未传三岁字，相思空作《陇头吟》。”刘禹锡《将赴苏州途出洛阳留守李相公累申宴饯宠行话旧形于篇章谨抒下情以申仰谢》：“越郎忧不浅，怀袖有琼英。”长孙佐辅《答边信》：“结成一夜和泪封，贮书只在怀袖中。”陆龟蒙《读襄阳耆旧传因作诗五百言寄皮袭美》：“藻匠如见酬，终身致怀袖。”

【懷書】　指游说之士怀带书策以干谒。《战国策·秦策一》载，苏秦说秦惠王，书十上而说不行，资用乏绝，去秦而归。高适《酬庞十兵曹》：“怀书访知己，末路空相识。”卢僎《途中口号》：“抱玉三朝楚，怀书十上秦。”

【懷黄】　怀里揣金印。指居高官。黄，指黄金官印。见《史记·范雎蔡泽列传》。权德舆《送黔中裴中丞阁老赴任》：“怀黄宜命服，举白叹离杯。”羊士谔《酬吏部窦郎中直夜见寄》：“玉书期养素，金印已怀黄。”

【懷許】　怀州和许州的并称。许棠《汴河十二韵》：“奔逾怀许竭，澄彻泗滨休。”

【懷鄉】　怀念故乡。鲍溶《送僧南游》：“师有怀乡志，未为无事人。”许浑《和崔大夫新广北楼登眺》：“庾公恋阙怀乡处，目送归帆下远滩。”郑谷《寄南浦谪官》：“望阙怀乡泪，荆江水共流。”韦庄《贼中与萧韦二秀才同卧重疾二君寻愈因有题》：“纵有秦医在，怀乡亦泪流。”

【懷報】　报答。马戴《答太原从军杨员外送别》：“见知言不浅，怀报意非轻。”

【懷惠】　感念长上的恩惠。见《论语·里仁》。李嘉祐《伤歙州陈二使君》：“江村故老长怀惠，山路孤猿亦共愁。”高适《同朱五题卢使君义井》：“济时应未竭，怀惠复何如。”皎然、潘述《讲德联句》：“人胥怀惠，吏不能欺。”刘商《送元使君自楚移越》：“露冕行春向若耶，野人怀惠欲移家。”

【懷策】　怀抱策略。杜甫《咏怀二首》之一：“疲苶苟怀策，栖屑无所施。”薛据《怀哉行》：“怀策望君门，岁晏空迟回。”

【懷勝】　探胜。马戴《寄广州杨参军》：“采奇搜石穴，怀胜即枫林。”

【懷禄】　留念爵禄。张九龄《湘中作》：“怀禄未能已，瞻途屡所经。”王昌龄《送欧阳会稽之任》：“怀禄贵心赏，东流山水长。”韩翃《送营城李少府》：“怀禄兼就养，更怀趋府心。”令狐峘《硖州旅舍奉怀苏州韦郎中》：“怀禄且怀恩，策名敢逃名。”

【懷遠】　怀念远方的友人或亲人。张九龄《骊山下逍遥公旧居游集》：“怊怅既怀远，沉吟亦省私。”武元衡《秋晚途次坊州界寄崔玉员外》：“望乡程杳杳，怀远思凄凄。”杨衡《南海苦雨寄赠王四侍御》：“念近剧怀远，涉浅定知深。”

【懷楚】　安州白兆山竺乾院僧。唐末五代时人。与齐己有交往。齐己有《寄怀楚和尚二首》。《全唐诗》卷八二二录其诗二首。

【懷想】　怀念。李绅《别双温树》：“故山手种空怀想，温室心知不敢言。”裴航《赠樊夫人诗》：“向为胡越犹怀想，况遇天仙隔锦屏。”

【懷感】　感激。杜荀鹤《辞座主侍郎》：“一饭尚怀感，况攀高桂枝。”

【懷愁】　心怀忧愁。韩愈《赴江陵途中寄赠翰林三学士》：“猜嫌动置毒，对案辄怀愁。”

【懷鉛】　谓从事著述。见晋葛洪《西京杂记》卷三。骆宾王《送刘少府游越州》：“一丘余枕石，三越尔怀铅。”裴逵《南至日太史登台书云物》：“应念怀铅客，终朝望碧雰。”刘禹锡《浙西李大夫述梦四十韵并浙东元相公酬和斐然继声》：“怀铅辨虫蠹，染素学鹅毛。”李群玉《始忝四座奏状闻荐蒙恩授官纪事呈同馆诸公二十四韵》：“解薜龙凤署，怀铅兰桂丛。”

【懷新】　探求新异。杜甫《渼陂西南台》：“怀新目似击，接要心已领。”

【懷義】　心存仁义。玄宗《送日本使》：“念余怀义远，矜尔畏途遥。”

【懷褚中】　（中 zhōng）藏在口袋里。见《左传·成公三年》。后以“怀褚中”作为报恩之典。柳宗元《游南亭夜还叙志七十韵》：“知罃怀褚中，范叔恋绨袍。”

【懷趙】　战国时，赵将廉颇被解职，奔魏，又赴楚。为楚将，无功，曰：“我思用赵人。”见《史记·廉颇蔺相如列传》。后以之作为思念故国的典故。柳宗元《弘农公以硕德伟材屈于诬枉左官三岁复为大僚天监昭明人心感悦宗元窜伏湘浊拜贺末由谨献诗五十韵以毕微志》：“顾土虽怀赵，知天讵畏匡。”

【懷疑】　心有所疑，疑惑。张籍《罔象得玄珠》：“无胫真难掬，怀疑实易迁。”

【懷慚】　心怀惭愧。张继《春申君祠》：“当时珠履三千客，赵使怀惭不敢言。”

【懷賢】　思念贤者。储光羲《酬李处士山中见赠》：“同声既求友，不肖亦怀贤。”李德裕《思平泉树石杂咏一十首·叠石》：“岁晚苔藓滋，怀贤益惆怅。”崔珏《道林寺》：“今我题诗亦无味，怀贤览古成长吁。”

【懷憂】　忧思郁结。许浑《经李给事旧居》：“汉庭使气摧张禹，楚国怀忧送范云。”

【懷慮】　心存忧虑。王梵志《五言》之九：“我身虽孤独，未死先怀虑。”

【懷德】　怀念恩德。骆宾王《在江南赠宋五之问》：“怀德践遗芳，端操惭谋己。”陈陶《涂山怀古》：“劳歌下山去，怀德心无穷。”仇兆鳌注引朱鹤龄曰：“怀州河内郡，卫州汲郡，俱属河北道。”

【懷糈】　怀揣精米以享神。见《楚辞·离骚》。韩愈《远游联句》：“怀糈馈贤屈，乘桴追圣丘。”

【懷緬】　怀思。杜甫《八哀诗·故秘书少监武功苏公源明》：“反为后辈亵，予实苦怀缅。”

【懷燕】　(—yān)怀念燕国。战国时，燕太子丹谋刺秦王，刺客高渐离以铅置筑中以击秦王，未中。见《史记·刺客列传》。又传燕太子丹为质于秦，求归，秦王曰：“乌头白，马生角，乃许耳。”丹乃仰天叹，乌头即白，马亦生角。见《燕丹子》。魏求己《自御史左授山阳丞》：“怀燕首自白，非是为年催。”虞羽客《结客少年场行》：“窃符方救赵，击筑正怀燕。”

【懷橘】　为思亲、孝亲、省亲之典。见《三国志·吴志·陆绩传》。孟浩然《送张参明经举兼向泾州觐省》：“孝廉因岁贡，怀橘向秦川。”钱起《送褚十一澡擢第归吴觐省》：“向家流水便，怀橘彩衣香。”温庭筠《病中书怀呈友人》：“笑语空怀橘，穷愁亦据梧。”李瀚《蒙求》：“胡威推缣，陆绩怀橘。”

【懷縣作】　晋潘岳任怀县令时有《在怀县作二首》。见《文选》卷二六。后以借指县令的诗文。独孤及《酬常郿县见赠》：“辞后读君怀县作，定知三岁字犹新。”

【懷親】　思念父母。杜荀鹤《下第东归别友人》：“怀亲暂归去，非是钓沧浪。”

【懷藏】　(—zàng)怀带佛学经典。高鹤林《因使日本愿谒鉴真和尚既灭度不觐尊颜嗟而述怀》：“怀藏通邻国，真如转付民。”

【懷舊】　怀念往事或故人。太宗《重幸武功》：“况兹承眷德，怀旧感深衷。”郑愔《哭郎著作》：“空怜门下客，怀旧几迟回。”白行简《李都尉重阳日得苏属国书》：“感时空寂寞，怀旧几踌躇。”许棠《成纪书事二首》之一：“东吴远别客西秦，怀旧伤时暗洒巾。”

【懷舊賦】　篇名。晋潘岳为怀故人杨暨、杨潭而作。杜甫《奉汉中王手札报韦侍御萧尊师亡》：“强吟怀旧赋，已作白头翁。”

【懷霜】　喻高结。见《后汉书·祢衡传》。李白《游溧阳北湖亭望瓦屋山怀古赠同旅》：“凛冽天地间，闻名若怀霜。”姚和《和李舍人秋日卧疾言怀》：“诗成谁敢和，清思若怀霜。”

【懷襄】　战国楚怀王、楚顷襄王之连称。袁郊《云》：“荒淫却入阳台梦，惑乱怀襄父子心。”

【懷濬】　福建人，乾宁初至归州，能草书，笔法独特，料事如神。里人以神圣待之。刺史公以其惑众，系而诘之，乃以诗代通状。南平高从诲时为人所杀。事迹见《宋高僧传》卷二二。《全唐诗》卷八二五录其诗二首。

【懷繃】　指年龄幼小。怀，怀抱；绷，束儿衣。韩愈、孟郊《城南联句》：“爵勋逮僮隶，簪笏自怀绷。”

【懷闕】　思念京城。卢纶《送潘述应宏词下第归江南》：“感年怀阙久，失意梦乡多。”

【懷歸】　思归故里。杜甫《寄杜位》：“近闻宽法离新州，想见怀归尚百忧。”韩愈《东都遇春》：“怀归苦不果，即事取幽迸。”韦庄《和郑拾遗秋日感事一百韵》：“忸恨山思板，怀归海欲航。”

【懷璧】　为怀才遭忌之典。见《左传·桓公十年》。崔湜《至桃林塞作》：“怀璧常贻训，捐金讵得邻。”李华《咏史十一首》之四：“得罪因怀璧，防身辄控弦。”

【懷寶】　怀带珍宝。白居易《杂兴三首》之三：“小人知所好，怀宝四方来。”

【懷囊】　追怀往事。杜甫《八哀诗·故著作郎贬台州司户荥阳郑公虔》：“别离惨至今，斑白徒怀曩。”

【懷懼】　心存恐惧。司空图《冯燕歌》：“婴归醉卧非仇汝，岂知负过人怀惧。”

【懷戀】　怀念依恋。韦应物《秋集罢还途中作谨献寿春公黎公》：“孰云还本邑，怀恋独迟迟。”又《再游西郊渡》：“水曲一追游，游人重怀恋。”刘禹锡《谢宣州崔相公赐马》：“衔草如怀恋，嘶风尚意频。”

十七画

懽　〔huān《广韵》呼官切，平桓，晓。〕同“歡”。欢喜；欢乐。韦应物《送阎寀赴东川辟》：“何如结发友，不得携手欢。”卢纶《春思贻李方陵》：“渐知欢澹薄，转觉老殷勤。”李贺《屏风曲》：“沉香火暖茱萸烟，酒觥绾带新承欢。”罗隐《早秋宿叶隍所居》：“浮世知谁是，劳歌共一欢。”

【懽忻】　喜悦；欢乐。孟郊《南阳公请东樱桃亭子春宴》：“赏异出嚣杂，折芳积欢忻。”

【懽洽】　欢悦和睦。张籍《赋花》：“且愿相留欢洽，惟愁虚弃光华。”

【懽笑】　欢快地笑。罗隐《七夕》：“络角星河菡萏天，一家欢笑设红筵。”

【懽宴】　欢快的饮宴。皎然《奉陪颜使君修韵海毕东溪泛舟饯诸文士》：“研精业已就，欢宴惜应分。”薛逢《凉州词》之三：“更游欢宴地，愁见别离时。”

【懽娱】 欢乐。戎昱《八月十五日》："忆昔千秋节，欢娱万国同。"杜牧《华清宫三十韵》："帖泰生灵寿，欢娱岁序长。"

【懽游】 欢快地游集。姚系《秋夕会友》："倦客易相失，欢游无良辰。"

【懽樂】 (—lè)欢快，快乐。李白《江夏行》："如今正好同欢乐，君去容华谁得知。"钱起《陪郭常侍令公东亭宴集》："不愁欢乐尽，积庆在和羹。"

【懽懌】 喜悦。韦应物《西郊游宴寄赠邑僚李巽》："高宴阙英僚，众宾寡欢怿。"

【懽聲】 欢乐之声。杨乘《甲子岁书事》："喜气迎捷书，欢声送羽檄。"

懺 〔chàn《广韵》楚鑒切，去鑑，初。〕忏悔。张九龄《祠紫盖山经玉泉山寺》："焚香忏在昔，礼足誓来今。"崔融《赠怀一上人》："作礼忏前恶，洁诚期后因。"元稹《度门寺》："宿荫高声忏，斋粮并力舂。"

【懺悔】 佛教语。梵文音译为"忏摩"，省略为忏，意译为悔，合称忏悔。佛教规定，出家人每半月集合举行诵戒，给犯戒者以说过悔改的机会。后遂成为专以脱罪祈福为目的的一种宗教仪式。引申为认识了错误或罪过而感到痛心。拾得《诗》之四一："火急求忏悔，从今辄莫迷。"刘禹锡《谒柱山会禅师》："觉路明证入，便门通忏悔。"无名氏《七言白话诗》之二(外编下)："临死命欲终，吝财不忏悔。"

懹 〔ràng《广韵》人樣切，去漾，日。〕畏惧。元结《引极三首·思元极》："思不从兮空自伤，慅悁兮意惶懹。"见"懹懹"。

【懹懹】 恐惧貌。元结《演兴四首·闵岭中》："久懹懹以悽惋，却迟回而永叹。"

十八画

懿[1] 〔yì《广韵》乙冀切，去至，影。〕❶美；美德。见《易·小畜》。吴筠《高士咏·老莱夫妻》："莱氏道已远，懿妻德弥清。"见"懿哲""懿範""懿德""懿躅"。❷称美；称颂；爱慕。张九龄《奉使自蓝田玉山南行》："懿此高深极，徒令梦想存。"钱起《夕发箭场岩下作》："懿尔青云士，垂缨朝凤阙。"柳宗元《贞符》："懿其休风，是煦是吹。"胡证《和张相公太原怀古》："岂无他山胜，懿此清轩墀。"

懿[2] 〔yī《集韵》於其切，平之，影。〕同"噫"。叹词。表示感叹、惊异等。欧阳詹《徐十八晦落第》："懿哉苍梧风，终见排云征。"孟郊《和宣州钱判官使院厅前石楠树》："懿兹南海华，来与北壤俱。"李沇《闲宵望月》："懿哉深夜中，静听歌初发。"

【懿公】 即春秋卫懿公。李白《赠宣城赵太守悦》："迁人同卫鹤，谬上懿公轩。"按，卫懿公好鹤，鹤有乘轩者，见《左传·闵公二年》。

【懿安皇后】 即唐宪宗皇后郭氏。郭于元和十五年(820)正月册为皇太后，大中二年(848)元月卒，谥曰懿安。许浑有《懿安皇太后挽歌词》。

【懿宗】 即唐懿宗李漼。萧仿有《享太庙乐章·懿宗室舞》。贯休《杜侯行》："宣宗懿宗调舜琴，大杜小杜为股霖。"

【懿皇】 即唐懿宗。韦庄《东林寺再遇僧益大德》："见师初事懿皇朝，三殿归来白马骄。"

【懿哲】 贤明之人。吴筠《览古十四首》之十四："天道殃顽凶，神明祐懿哲。"

【懿戚】 至亲。特指皇室宗亲、外戚。高宗《太子纳妃太平公主出降》："欢凝欢懿戚，庆叶庆初姻。"

【懿範】 美好的道德风范。沈佺期《章怀太子靖妃挽词》："彤史佳声载，青宫懿范留。"《郊庙歌辞·后唐宗庙乐舞辞·文明舞》："懿范鸿名，传之万亿。"

【懿德】 美德。见《诗·大雅·烝民》。褚亮《享先农乐章·雍和》："歆我懿德，非馨稷黍。"张说《唐封泰山乐章·〈豫和六首〉之六》："缉熙懿德，敷扬成命。"徐夤《赠月君》："懿德好书添女诫，素容堪画上银屏。"

【懿親】 至亲。无名氏《非所寄王都护姨夫(外编上)》："敦煌数度访来人，握手千回问懿亲。"

【懿躅】 美好的业绩。颜真卿、史仲宣《登岘山观李左相石尊联句》："八座钦懿躅，高名播乾坤。"《郊庙歌辞·享太庙乐章·宁和》："英猷被寰宇，懿躅隆邦政。"

慴 〔shè《广韵》之涉切，入葉，章。《集韵》失涉切，入葉，书。〕❶恐惧。寒山《诗三百三首》之一五四："寒山多幽奇，登者皆恒慑。"岑参《走马川行奉送出师西征》："五花连钱旋作冰，幕中草檄砚水凝，虏骑闻之应胆慑。"卢纶《割飞二刀子歌》："刀乎刀乎何烨烨，魑魅须藏怪须慑。"张籍《学仙》："身殁惧人见，夜埋山谷傍。"齐己《谢高辇先辈寄新唱和集》："洛浦精灵慑，邙山鬼魅愁。"❷威慑，使屈服。高适《同李员外贺哥舒大夫破九曲之作》："威棱慑沙漠，忠义感乾坤。"卢纶《和金吾裴将军使往河北宣慰因访张氏昆季旧居兼寄赵侍郎赵卿拜陵未回》："气慑千夫勇，恩传万里春。"魏扶《和白敏中圣德和平致兹休运岁终功就合咏盛明呈上》："戎虏乞降归惠化，皇威渐被慑腥膻。"孟郊、韩愈《赠剑客李园联句》："可用慑百神，岂惟壮三军。"

【懾竄】 因畏惧而逃窜。贾至《燕歌行》："匈奴慑窜穷发北，大荒万里无尘飞。”

【慑慑】 恐惧貌。寒山《诗三百三首》之一四四：“手中无寸刃，争不惧慑慑。”

懼 〔jù《广韵》其遇切，去遇，羣。〕❶恐惧，害怕。储光羲《群鸦咏》：“高举摩太清，永绝矰缴惧。”皎然《送陈秀才赴举》：“诸侯惧削地，选士皆不羁。”白居易《有木诗八首》之六：“枝弱不胜雪，势高常惧风。”张蠙《边将二首》之一：“闻名外国惧，轻命故人稀。”❷担心；戒惧；忧虑。太宗《初春登楼即目观作述怀》：“弥怀矜乐志，更惧戒盈心。”刘长卿《小鸟篇上裴尹》：“独立虽轻燕雀群，孤飞还惧鹰鹯搏。”李涉《六叹》序：“因追感闻见，成文六篇，目曰《六叹》。惧质文之不备，复何全于比兴乎？录之私斋，以示同道。”裴潾《前相国赞皇公早葺平泉山居十四首奉寄》之四：“三黜如饴，三起惟惧。”亦指应该戒惧的事情。太宗《执契静三边》：“衣宵寝二难，食旰餐三惧。”❸恐吓，使之害怕。耿沣《送友人游江南》：“潮声偏惧初来客，海味唯甘久住人。”

【懼心】 惧怕之心。滕倪《句》：“映水有深意，见人无惧心。”

【懼老】 惧怕年老。鲍溶《悲哉行》：“贵年不惧老，贱老伤久存。”

【懼盈因鄧曼】 出《左传·庄公四年》。楚武王将伐随，心荡。告诉其夫人邓曼。邓曼以为王将不终。后果然如此。后用以为典。元稹《楚歌十首》之四：“惧盈因邓曼，罢猎为樊姬。”

㩳 〔sǒng《广韵》所江切，平江，生。《集韵》笋勇切，上腫，心。〕❶恐惧；惊恐。见“㩳然”。❷高耸貌。见“㩳㩳”。

【㩳然】 惊觉貌。刘禹锡《赠别君素上人》引：“曩予习《礼》之《中庸》，至‘不勉而中，不思而得’，㩳然知圣人之德，学以至于无学。”

【㩳㩳】 高耸貌。吴融《雪后过昭应》：“烟含上苑沉沉紫，雪露南山㩳㩳寒。”

十九画

戀 〔liàn《广韵》力捲切，去線，來。〕❶留念，依依不舍。李颀《听董大弹胡笳声兼寄语弄房给事》：“嘶酸雏雁失群夜，继绝胡儿恋母声。”韦应物《途中书情寄沣上两弟因送二甥却还》：“华簪岂足恋，幽林徒自违。”白居易《西湖留别》：“处处回头尽堪恋，就中难别是湖边。”许棠《江上遇友人》：“鲈鱼非不恋，共有客程催。”曹松《罗浮山下书逸人壁》：“渔钓未归深竹里，琴壶犹恋落花边。”❷思念。李白《别韦少府》：“欲寻商山皓，犹恋汉皇恩。”灵澈《送鉴供奉归蜀宁亲》：“林间出定恋庭闱，圣主恩深暂许归。”牟融《客中作》：“千里云山恋旧游，寒窗凉雨夜悠悠。”姚合《从军行》：“谁不恋其家，其家无风霜。”❸思念的情意。亦指思念的人和物。王维《送崔三往密州觐省》：“同怀扇枕恋，独念倚门愁。”李白《杭州送裴大泽赴庐州长史》：“去割慈亲恋，行忧报国心。”韩愈《会合联句》：“病添儿女恋，老丧丈夫勇。”赵嘏《送友人郑州归觐》：“为有趋庭恋，应忘道路赊。”曹松《送胡中丞使日本》：“犹有中华恋，方同积浪深。”❹男女有情意。见“戀情”。

【戀人】 令人依恋。武后宫人《离别难》：“此别难重陈，花飞复恋人。”

【戀土】 留恋本土。刘长卿《落第赠杨侍御兼拜员外仍充安大夫判官赴范阳》：“恋土函关外，瞻尘灞水东。”

【戀月】 留恋月色。白居易《香山寺二首》之二：“爱风岩上攀松盖，恋月潭边坐石棱。”又《酬李少府曹长官舍见寄》：“恋月夜同宿，爱山晴共看。”

【戀世】 留恋人世。白居易《放言五首》之五：“何须恋世常忧死，亦莫嫌身漫厌生。”

【戀主】 依恋君主。杜甫《送司马入京》：“叹君能恋主，久客羡归秦。”又《柳司马至》：“霜天到宫阙，恋主寸心明。”钱起《送陆郎中》：“事边仍恋主，举酒复悲歌。”

【戀別】 恋恋不舍地告别。白居易《初除官蒙裴常侍赠鹘衔瑞草绯袍鱼袋因谢惠贶兼抒离情》：“明朝恋别朱门泪，不敢多垂恐污衣。”李郢《上元日寄湖杭二从事》：“恋别山灯忆水灯，山光水焰百千层。”

【戀枝】 语出《文选·〈古诗十九首〉之一》。后用以喻指不忘故土、故人。王季友《别李季友》：“栖鸟不恋枝，喈喈在同声。”戎昱《桂州岁暮》：“重谊人愁别，惊栖鹊恋枝。”白居易《失婢》：“笼鸟无常主，风花不恋枝。”

【戀班】 留恋官位。班，指朝班。李绅《寿阳罢郡日有诗十首与追怀不殊今编于后兼妃瑞物〈肥河维舟阻冻祗待敕命〉二首》之二：“淮阳效理空多病，疏受辞荣岂恋班。”

【戀恩】 怀念恩泽。罗隐《淮南送司勋李郎中赴阙》：“不必恋恩多感激，过淮应合见征黄。”崔紫云《临行献李尚书》：“忽见便教随命去，恋恩肠断出门时。”

【戀酒】 爱酒贪杯。赵嘏《赠王明府》：“五柳逢秋影渐微，陶潜恋酒不知归。”

【戀家】 留恋家庭。白居易《重修香山寺毕题二十二韵以纪之》：“须除爱名障，莫作恋家囚。”

【戀著】 指依恋之情。白居易《游仙游山》：“自嫌恋著未全尽，犹爱云泉多在山。”

【戀情】 男女相爱之情。毛文锡《恋情深》词："宝帐欲开慵起，恋情深。"

【戀情深】 词牌名。前段四句。后段四句，共四十二字，二仄韵五平韵。《全唐诗》卷八九三载毛文锡《恋情深》词一首。

【戀鄉】 留恋家乡。司马扎《锄草怨》："罢锄田又废，恋乡不忍逃。"

【戀楚】 用作不忘故国、怀念故土的典故。见《左传·成公九年》。白居易《东南行一百韵寄窦七校书》："钟仪徒恋楚，张翰浪思吴。"

【戀寢】 贪睡。李建勋《中酒寄刘行军》："恋寝嫌明室，修生愧道书。"

【戀羣】 依恋群体。李绅《忆放鹤》："好风顺举应摩日，逸翮将成莫恋群。"

【戀嫪】 指留恋不舍之情。韩愈《荐士》："念将决焉去，感物增恋嫪。"

【戀賞】 留恋玩赏。卢纶《同赵进马元阳春日登长春宫古城望河中因寄郑损仓曹》："迹忝已成方恋赏，此时离恨与君同。"

【戀德】 指依恋有德之人。韩愈《次石头驿寄江西王十中丞阁老》："人由恋德泣，马亦别群鸣。"

【戀親】 思念父母。皇甫冉《寄振上人无碍寺所居》："恋亲时见在人群，多在东山就白云。"李频《送友人下第归宛陵》："天涯长恋亲，阙下独伤春。"

【戀禪】 (—chán)对禅依恋。李郢《清明日题一公禅室》："此日何穷礼禅客，归心谁是恋禅人。"

【戀舊】 怀念故旧。刘长卿《赴宣州使院夜宴寂上人房留辞前苏州韦使君》："恋旧争趋府，临危欲负戈。"

【戀闕】 (—què)留恋宫阙。喻心不忘君。孟郊《送魏端公入朝》："岂惟空恋阙，亦以将朝天。"刘禹锡《和令狐相公闻思帝乡有感》："当造曲者为谁，说得思乡恋阙时。"许浑《和崔大夫新广北楼登眺》："庾公恋阙怀乡处，目送归帆下远滩。"黄滔《奉酬翁文尧员外神泉之游见寄嘉什》："争奈爱山尤恋阙，古来能有几人休。"

【戀戀】 依依不舍貌。张说《东都酺宴四首》之一："自怜疲马意，恋恋主恩余。"王建《淮南使回留别窦侍御》："恋恋春恨结，绵绵淮草绿。"

【戀鱸魚】 《晋书·张翰传》载，张翰在洛阳做官，见秋风起，思家乡吴中菰菜、莼羹、鲈鱼脍，曰："人生贵得适志，何能羁宦数千里以要名爵乎?"遂命驾而归。后以之作为思乡辞官之典。刘长卿《送许拾遗还京》："暂容乘驷马，谁许恋鲈鱼。"

二十画

戃〔tàng《广韵》他朗切，上蕩，透。〕见"戃慌"。

【戃怳】 见"戃慌"。

【戃慌】 亦作"戃怳"。失意貌。见《楚辞·九叹·逢纷》。卢鸿一《嵩山十志十首·枕烟庭》序："及机士登焉，则寥阒戃怳，愁怀情累矣。"韩愈《泷吏》："胡为此水边，神色久戃慌。"

二十四画

戇〔zhuàng，又读 gàng《广韵》陟降切，去绛，知，又呼貢切，去送，曉。〕耿直，迂腐而刚直。见《史记·高祖本纪》。张九龄《登荆州城楼》："直似王陵戆，非如宁武愚。"李端《长安感事呈卢纶》："王陵固似戆，郭最遂非雄。"刘禹锡《寄唐州杨八归厚》："谪仙年月今应满，戆谏声名众所知。"许浑《维舟秦淮过温州李给事宅》："代有王陵戆，时无靳尚谗。"

【戇人】 迂腐而刚直之人。孟郊《寄陕府邓给事》："戆人年六十，每月请三千。"

【戇直】 迂愚刚直。权德舆《省中春晚忽忆江南旧居戏书所怀因寄两浙亲故杂言》："疲羸只欲思三径，戆直那堪备七人。"元稹《酬东川李相公十六韵》："戆直撩忌讳，科仪惩傲顽。"

【戇叟】 愚直的老者。孟郊《靖安寄居》："戆叟戆不足，贤人贤有余。"又《吊卢殷》之六："戆叟老壮气，感之为忧云。"

【戇愚】 迂拙愚昧。白居易《长庆二年七月自中书舍人出守杭州路次蓝溪作》："伏阁三上章，戆愚不称旨。"贾岛《让纠曹上乐使君》："戆愚兼抱疾，权纪不相应。"

【戇樸】 愚直诚实。卢仝《孟夫子生生亭赋》："予小子戆朴，必不能济夫子欲。"

戈 部

戈 〔gē《广韵》古禾切，平戈，見。〕❶古代重要兵器。青铜制，盛行于商至战国时期，秦以后逐渐消失。亦泛称兵器。太宗《经破薛举战地》："昔年怀壮气，提戈初仗节。"岑参《走马川行奉送出师西征》："将军金甲夜不脱，半夜军行戈相拨。"李商隐《韩碑》："不据山河据平地，长戈利矛日可麾。"❷借指战争。杜甫《秦州杂诗二十首》之一九："凤林戈未息，鱼海路常难。"杨巨源《春日奉献圣寿无疆词十首》之三："戈偃征苗后，诗传宴镐初。"罗隐《寄杨秘书》："锦衣公子怜君在，十载兵戈从板舆。"❸姓。唐诗人有戈牢。

【戈甲】 ❶戈和铠甲。亦泛称武器装备。李白《登金陵冶城西北谢安墩》："西秦百万众，戈甲如云屯。"元结《漫酬贾沔州》："未曾弛戈甲，终日领簿案。"刘猛《苦雨》："夜梦戈甲鸣，苦不愿年长。"薛能《升平词十首》之一〇："文章惟返朴，戈甲尽生尘。"❷借指军队或战争。王铎《罢都统守镇滑州作》："正会星辰扶北极，却驱戈甲镇南燕。"詹敦仁《余迁泉山城留侯招游郡圃作此》："万灶貔貅戈甲散，千家罗绮管弦鸣。"贯休《湖头别墅三首》之一："不知江海上，戈甲几时休。"

【戈矛】 ❶戈与矛。亦泛称兵器。杜甫《送韦十六评事充同谷郡防御判官》："古来无人境，今代横戈矛。"韩愈《和侯协律咏笋》："戈矛头戢戢，蛇虺首掀掀。"张祜《悲纳铁》："谁谓今来正耕垦，却销农器作戈矛。"杜牧《夏州崔常侍自少常亚列出领麾幢十韵》："戈矛虓虎士，弓箭落雕兵。"❷武将。韩愈《赴江陵途中寄赠翰林三学士》："此府雄且大，腾凌尽戈矛。"❸战争。王昌龄《箜篌引》："尽遣降来拜御沟，便令海内休戈矛。"韩愈、孟郊《远游联句》："德风变谗巧，仁气销戈矛。"周昙《咏史诗·晋门·怀帝》："蕃汉戈矛遍九垓，两京簪绂走黄埃。"❹锋芒。喻显露出来的才干。陆龟蒙《读襄阳耆旧传因作诗五百言寄皮袭美》："未足逞戈矛，谁云被文绣。"

【戈收甲束】 将武器收藏起来。谓战争结束。贯休《贺郑使君》："戈收甲束投仁境，汗浃魂飘拜虎旗。"

【戈兵】 兵器。借指战争。殷尧藩《署中答武功姚合》："全家笑无辱，曾不见戈兵。"

【戈城】 指兵器排列如城。形容防卫森严。皎然《从军行五首》之一："万里戈城合，三边羽檄分。"

【戈船】 古代战船的一种。见《汉书·武帝纪》。王昌龄《别陶副使归南海》："宝刀留赠长相忆，当取戈船万户侯。"权德舆《送安南裴都护》："戈船航涨海，旌旆卷炎云。"李洞《金陵怀古》："古来无此战争功，日日戈船卷海风。"

【戈戟】 戈和戟。亦泛称兵器。王周《志峡船具诗·戙》："有如用武人，森森矗戈戟。"郭汭《同崔员外温泉宫即事》："雷气寒戈戟，军容壮武貔。"贯休《经古战场》："昔人昔人既能忠尽于力，身糜戈戟，脂其风，膏其域。"胡曾《咏史诗·流沙》："七雄戈戟乱如麻，四海无人得坐家。"

【戈鋋】 ❶戈与铤。亦泛称兵器。见《文选·班固〈东都赋〉》。卢纶《送李校书赴东川幕》："编简尘封阁，戈铤雪照营。"陆龟蒙《奉和袭美二游诗·徐诗》："插架几万轴，森森若戈铤。"❷借指战争。杜甫《秋日夔府咏怀奉寄郑监李宾客一百韵》："国须行战伐，人忆止戈铤。"戎昱《苦哉行五首》之四："今秋官军至，岂意遭戈铤。"汪遵《聊城》："刃血攻聊已越年，竟凭儒术罢戈铤。"杜光庭《景福中作》："闷见戈铤匝四溟，恨无奇策救生灵。"

【戈霜】 指戈刃锋利而光白。虞世南《结客少年场行》："焰焰戈霜动，耿耿剑虹浮。"

【戈槛】 指兵器排列如槛。形容军营戒备森严。杜牧《羊栏浦夜陪宴会》："戈槛营中夜未央，雨沾云惹侍襄王。"

一 画

戊 〔wù《广韵》莫候切，去候，明。〕❶天干的第五位。见《尔雅·释天》。与地支相配，用以纪年或纪日。于邵《释奠武成王乐章·迎神》："日练上戊，宿严闷宫。"顾况《上古之什补亡训传十三章·燕于巢一章》："燕燕于巢，缀葺维戊。"杜牧《江南怀古》："戊辰年向金陵过，惆怅闲吟忆庾公。"李商隐有《戊辰会静中出贻同志二十韵》。❷古以十干配五方，戊居十干之中，因以指中央。《说文·戊部》："戊，中宫也。"韩愈《南山诗》："藩都配德运，分宅占丁戊。"

❸指代土。见“戊日”“戊期”。

【戊己月】　泛称时月。王绩《采药》：“腰镰戊己月，负锸庚辛日。”

【戊己尉】　《汉书·百官公卿表上》有戊校尉，有己校尉。按汉于西域置戊己校尉，掌屯田。后用作咏戍边之典。刘禹锡《武陵书怀五十韵》：“草檄嫖姚幕，巡兵戊己屯。”温庭筠《山中与诸道友夜坐闻边防不宁因示同志》：“风卷蓬根屯戊己，月移松影守庚申。”

【戊日】　一旬中的第五日。见《吕氏春秋·季夏》。薛能《早春归山中旧居》：“新年人未去，戊日燕还来。”

【戊期】　指土日，古以十干配五方，戊己属中央，于五行属土，故称。《郊庙歌辞·祭太社乐章·肃和》：“戊期应序，阴墉展币。”

二　画

戌　〔xū《广韵》辛聿切，入術，心。〕❶地支的第十一位。古用作表示次序的符号。《劝进疏引谶》：“戌亥君臣乱，子丑破城隍。”❷见“戌削”。

【戌削】　清瘦貌。李白《上云乐》：“巉岩仪容，戌削风骨。”

戎　〔róng《广韵》如融切，平東，日。〕❶古代兵器的总称。见《礼记·月令》。张祜《华清宫和杜舍人》：“举戎轻甲胄，余地取河湟。”吴融《绵竹山四十韵》：“戎提虎仆毛，专奉狼头纛。”❷军队，士兵。张祜《吴宫曲》：“可怜倾国艳，谁信女为戎。”吴融《赴阙次留献荆南成相公三十韵》：“往昔逢多难，来兹故统戎。”❸征伐。许敬宗《奉和行经破薛举战地应制》：“一戎乾宇泰，千祀德流清。”于邵《释奠武成王乐章·亚献终献》：“时维降祐，永绝兴戎。”蒋涣《故太常卿赠礼部尚书李公及夫人挽歌二首》之一：“典秩崇三礼，临戎振五兵。”韩愈《送汴州监军俱文珍》：“奉使羌池静，临戎汴水安。”❹寇敌。王纬《喜陆侍御破石埭草寇东峰亭赋诗》：“野静山戎险，江平水面流。”❺我国古代称西方少数民族。见《礼记·王制》。亦泛称西方和北方少数民族。袁朗《饮马长城窟行》：“长城连不穷，所以隔华戎。”岑参《献封大夫破播仙凯歌六首》之一：“汉将承恩西破戎，捷书先奏未央宫。”张祜《咏史二首》之一：“汉代非良计，西戎世世尘。”李商隐《漫成五章》之五：“郭令素心非黩武，韩公本意在和戎。”❻指戎州。岑参有《阻戎泸间群盗》。见“戎州”。

【戎人】　指西北少数民族之人。韩愈《武关西逢配流吐蕃》：“嗟尔戎人莫惨然，湖南地近保生全。”白居易《新乐府·缚戎人》：“缚戎人，缚戎人，耳穿面破驱入秦。”

【戎士】　兵士；将士。韦应物《军中冬燕》：“是时冬服成，戎士气益振。”顾况《上古之什补亡训传十三章·持斧一章》序：“持斧，启戎士也，戎士伐松柏为蒸薪，孝子徘徊而作是诗。”

【戎王】　泛称少数民族之首领。元稹《和李校书新题乐府十二首·蛮子朝》：“戎王养马渐多年，南人耗悴西人恐。”又《和李校书新题乐府十二首·缚戎人》：“戎王遣将来安慰，口不敢言心咄咄。”郑嵎《津阳门诗》：“戎王北走弃青冢，虏马西奔空月支。”无名氏《送薛大夫和蕃》：“戎王归汉命，魏绛谕皇恩。”

【戎王子】　花草名。杜甫《陪郑广文游何将军山林十首》之三：“万里戎王子，何年别月支。”

【戎夫】　士卒。刘叉《雪车》：“戎夫尚逆命，扁箱鹿角谁为敌。”

【戎戈】　借指战争。太宗《还陕述怀》：“在昔戎戈动，今来宇宙平。”

【戎心】　戎人之心。皮日休《正乐府十篇·诮虚器》：“吾道尚如此，戎心安足云。”

【戎氏】　借称五胡。李商隐《井泥四十韵》：“长戟乱中原，何妨起戎氏。”

【戎地】　西北少数民族地区。王建《幽州送申稷评事归平卢》：“驱驰戎地马，聚散林间禽。”

【戎臣】　武臣。李峤《奉和送金城公主适西蕃应制》：“汉帝抚戎臣，丝言命锦轮。”白居易《春游二林寺》：“智士劳思谋，戎臣苦征役。”

【戎戎】　浓密貌。见《古文苑·张衡〈冢赋〉》。杜甫《放船》：“江市戎戎暗，山云滃滃寒。”

【戎夷】　戎和夷。古民族名。亦泛指少数民族。岑参《武威送刘单判官赴安西行营便呈高开府》：“西望云似蛇，戎夷知丧亡。”沈亚之《西蕃请谒庙》：“冠盖分行列，戎夷辨姓名。”李频《朔中即事》：“关门南北杂戎夷，草木秋来即出师。”周昙《咏史诗·晋门·郭钦》：“谁疑忠谏郭钦言，不逐戎夷出塞垣。”

【戎行】　（—háng）❶行伍；军队。语出《左传·成公二年》。皎然《因游支硎寺寄邢端公》：“丹延分塞郡，宿昔领戎行。”姚合《从军行》：“顾我同老弱，不得随戎行。”❷战争；军旅之事。玄宗《送张说巡边》：“三军临朔野，驷马即戎行。”杜甫《新婚别》：“勿为新婚念，努力事戎行。”又《壮游》：“禹功亦命子，涿鹿亲戎行。”

【戎衣】　军服。见《书·武成》。杜审言《赠苏味道》：“边声乱羌笛，朔气卷戎衣。”刘长卿《至德三年春正月时谬蒙差摄海盐令闻王师收二京五十韵》：“海内戎衣卷，关中贼垒平。”白居易《悲哉行》：“手不把书卷，身不擐戎衣。”郑损《艺堂》：“揖让未能忘典礼，英雄孰不惯戎衣。”

【戎州】　州名，汉犍为郡。南朝梁大同十年(544)改为戎州。隋复名犍为郡。唐武德元年(618)，复改为戎州。治所在今四川宜宾市。岑参《阻戎泸间群盗》原序：“戊申岁，余罢官东归，属断江路时淹泊戎州作。”杜甫有《宴戎州杨使君东楼》。姚合《九日寄钱可复》：“上国名方振，戎州病未痊。”亦借指兵事。李涉《送孙尧夫赴举》：“自说轩皇息战威，万方无复事戎衣。”

【戎車】　兵车。见《书·牧誓》。李白《出自蓟北门行》：“虎竹救边急，戎车森已行。”白居易《送客春游岭南二十韵》：“战舰犹惊浪，戎车未息尘。”鲍溶《读李相心中乐》：“谁将侯玉乖南面，几使戎车殷左轮。”

【戎車殷左輪】　(殷 yān)《左传·成公二年》：“郤克伤于矢，流血及履，未绝鼓音。曰：‘余病矣！’张侯曰：‘自始合，而矢贯余手及肘，余折以御，左轮朱殷，岂敢言病！吾子忍之。’”后作为称颂英勇善战之典。鲍溶《读李相心中乐》：“谁将侯玉乖南面，几使戎车殷左轮。”

【戎狄】　泛称西北少数民族。玄宗《春晚宴两相及礼官丽正殿学士探得风字》序：“故能使流寓返枌榆之业，戎狄称藩屏之臣，神祇歆其禋祀，庠序阐其经术。”钱起《寇中送张司马归洛》：“戎狄寇周日，衣冠适洛年。”元结《系乐府十二首·陇上叹》：“延望戎狄乡，巡回复悲咤。”

【戎事】　军事；战事。元结《寄源休》：“天下未偃兵，儒生预戎事。”李端《都亭驿送郭判官之幽州幕府》：“幕府参戎事，承明伏奏归。”许棠《成纪书事二首》之一：“闲与将军议戎事，伊兰犹未绝胡尘。”郑严《送韦员外赴朔方》：“白露边秋早，皇华戎事催。”

【戎服】　❶军装。亦指着军装。见《左传·襄公二十五年》。杜甫《寄董卿嘉荣十韵》：“海内久戎服，京师今晏朝。”元结《喻旧部曲》：“与之一杯酒，喻使烧戎服。”韩愈《奉和库部卢四兄曹长元日朝回》：“戎服上趋承北极，儒冠列侍映东曹。”韩偓《边上看猎赠元戎》：“燕卒铁衣围汉相，鲁儒戎服从梁王。”❷谓西北少数民族的服装。杜牧《河湟》：“牧羊驱马虽戎服，白发丹心尽汉臣。”

【戎府】　指唐州、府所属管理军事的机关。唐府州设六曹，兵曹为其一。其属员，在州称司兵参军，在府称兵曹参军。亦泛称军事机构。王昌龄《送韦十二兵曹》：“迹在戎府掾，心游天台春。”孟郊《寄院中诸公》：“戎府多秀异，谢公期相携。”张籍《寄韩愈》：“戎府草章记，阻我此游盘。”

【戎政】　军政。罗隐《薛阳陶觱篥歌》：“邗沟仆射戎政闲，试渡瓜洲吐伊郁。”

【戎城】　西北少数民族之城邑。钱起《送张将军征西》：“计日霜戈尽敌归，回首戎城空落晖。”又《送萧常侍北使》：“戎城去日远，汉使隔年多。”

【戎威】　军威。骆宾王《夕次旧吴》：“黄池通霸迹，赤壁畅戎威。”

【戎昱】　岐州(今陕西凤翔)人，迁荆州荆门(今属湖北)。进士及第。事迹见《唐诗纪事》卷二八、《唐才子传》卷三。《新唐书·艺文志四》著录其集五卷，已佚。《全唐诗》卷二七〇录其诗一卷。

【戎昭】　兵戎之事。语出《左传·宣公二年》。褚遂良《奉和行经破薛举战地应诏》：“王功先美化，帝略蕴戎昭。”

【戎俗】　戎地风俗。亦借指戎地。无名氏《冬日书情》：“万里山河非旧国，一川戎俗是新知。”又《秋日霖雨》：“才薄孰知无所用，独嗟戎俗滞微名。”又《秋日非所书情》：“山河远近多穹帐，戎俗迢观少物华。”又《至墨离海奉怀敦煌知己》：“戎俗途将近，知音道已赊。”

【戎律】　❶军机；军务。皇甫曾《送王相公赴幽州》：“台衮兼戎律，勤忧秉化元。”卢纶《送畅当赴山南幕》：“去矣奉戎律，悲君为我曹。”❷军律；军法。岑参《虢中酬陕西甄判官见赠》：“阃外佐戎律，幕中吐兵奇。”又《入剑门作寄杜杨二郎中时二公并为杜元帅判官》：“良筹佐戎律，精理皆硕画。”

【戎首】　发动战争的主谋、祸首。见《礼记·檀弓下》。亦指敌军主帅。许天正《和陈元光平潮寇诗》：“落剑惟戎首，游绳系胁从。”刘禹锡《赠澧州高大夫司马霞寓》：“千里追戎首，三军许勇名。”

【戎馬】　❶战马；军马。薛业《晚秋赠张折冲此公事制举》：“夜霜戎马瘦，秋草射堂闲。”韩愈《县斋有怀》：“军书既频召，戎马乃连跨。”白居易《想东游五十韵》：“郊静销戎马，城高逼斗牛。”马戴《别灵武令狐校书》：“雁池戎马饮，雕帐戍人过。”❷犹胡马。借指北方少数民族入侵的军队。武元衡《河东赠别炼师》：“戎马犯边垒，天兵屯塞云。”李涉《寄河阳从事杨潜》：“一从戎马来幽蓟，山谷虎狼无捍制。”李频《送边将》：“防秋戎马恐来奔，诏发将军出雁门。”❸借指战争。杜甫《云安九日郑十八携酒陪诸公宴》：“万国皆戎马，酣歌泪欲垂。”刘禹锡《奉和司空裴相公中书即事通简旧僚之作》：“伫闻戎马息，入贺领鸳行。”杜牧《早春题真上人院》：“寰海自成戎马地，唯师曾是太平人。”徐夤《北山秋晚》：“燕秦正戎马，林下好婆娑。”

【戎馬生郊】　意谓国家政治不上轨道，连怀胎的母马也用来作战。见《老子》。后用以指战争频繁。张南史《早春书事奉寄中书李舍人》：“戎马生郊日，贤人避地初。”

【戎軒】 兵车。亦借指军队、军事。见《后汉书·朱祐景丹等传赞》。魏征《述怀》:"中原初逐鹿,投笔事戎轩。"岑参《虢州郡斋南池幽兴因与阎二侍御道别》:"故人佐戎轩,逸翮凌云霓。"卢纶《东潭宴饯河南赵少府》:"十载奉戎轩,日闻君子言。"李德裕《雨后净望河西连山怆然成咏》:"只恨无功书史籍,岂悲临老事戎轩。"

【戎索】 犹言军事、战争。元稹《织妇词》:"早征非是官人恶,去岁官家事戎索。"

【戎師】 军队。窦牟《晚过敷水驿却寄华州使院张郑二侍御》:"几许岁华销道路,无穷王事系戎师。"刘禹锡《马大夫见示浙西王侍御赠答诗因命同作》:"忆逐羊车凡几时,今来旧府统戎师。"

【戎庭】 西北少数民族首府。亦指西北少数民族地区。无名氏《首秋闻雁并怀敦煌知己》:"戎庭节物由来早,倏忽霜秋被寒草。"又《困中登山》:"戎庭闷且闲,谁复解愁颜!"又《晚秋》:"戎庭缧绁向穷秋,寒暑更迁岁欲周。"

【戎旆】 军旗,亦借指战争。韩愈、孟郊《秋雨联句》:"因思征蜀士,未免湿戎旆。"又《奉酬振武胡十二丈大夫》:"戎旆暂停辞社树,里门先下敬乡人。"

【戎旃】 军旗。借指军事和战争。见《文选·谢朓〈拜中军记室辞隋王笺〉》。陈子昂《西还至散关答乔补阙知之》:"昔君事胡马,余得奉戎旃。"元结《贼退示官吏》:"忽然遭世变,数岁亲戎旃。"李绅《奉酬乐天立秋夕有怀见寄》:"裴回顾戎旃,颢气生东方。"赵嘏《寄淮南幕中刘员外》:"三佐戎旃换朱绂,一辞兰省见清秋。"

【戎旅】 军旅;兵事。崔融《西征军行遇风》:"及兹戎旅地,忝从书记职。"高适《同吕员外酬田著作幕门军西宿盘山秋夜作》:"遥传戎旅作,已报关山冷。"皇甫冉《送魏中丞还河北》:"辛勤戎旅事,雪下护羌营。"吴融《和寄座主尚书》:"偶逢戎旅战争日,岂是明时放逐臣。"

【戎容】 指行军仪仗。李绅《新楼诗二十首·新楼》:"戎容罢引旌旗卷,朱户褰开雉堞高。"

【戎務】 军务。李逢吉《奉送李相公重镇襄阳》:"终期谢戎务,同隐凿龙山。"

【戎帳】 军营。翁绶《雨雪曲》:"斜飘旌旆过戎帐,半杂风沙入戍楼。"

【戎捷】 谓战争胜利。唐彦谦《南梁戏题汉高庙》:"数载从军似武夫,今随戎捷气偏粗。"

【戎畧】 兵略,军事谋略。刘禹锡《酬郓州令狐相公官舍言怀见寄兼呈乐天》:"已通戎略逢黄石,仍占星文耀碧虚。"

【戎旌】 军旗。亦借指兵事。武元衡《岁暮送舍人》:"边城岁暮望乡关,身逐戎旌未得还。"许浑《寓崇圣寺怀李校书》:"前年共游客,刀笔事戎旌。"张乔《送郑侍御赴汴州辟命》:"官从谏署清,暂去佐戎旌。"

【戎情】 泛称少数民族地区的人情风俗。许棠《送徐侍御充南诏判官》:"彤庭传圣旨,异域化戎情。"

【戎寄】 所委托的军务。李益《送韩将军还边》:"圣心戎寄重,未许让恩私。"又《送襄阳李尚书》:"汉沔分戎寄,黎元减圣忧。"

【戎越】 戎和越,古二民族名。泛称少数民族。崔何《喜陆侍御破石埭草寇东峰亭赋诗》:"一战清戎越,三吴变险艰。"

【戎渾】 乐府《近代曲辞》名。无作者名。调始见于穆宗长庆间,借用王维五律《观猎》。五言,四句,二十字,三平韵。《全唐诗》卷五一一载张祜《戎浑》,为王维《观猎》前四句。

【戎寇】 指北方少数民族入侵之敌。贾至《自蜀奉册命往朔方途中呈韦左相文部房尚书门下崔侍郎》:"衣冠陷戎寇,狼狈随风尘。"

【戎葵】 即蜀葵。两年生草本植物。花瓣五枚,有红、紫、黄、白等颜色。可供观赏。见《尔雅·释草》。卢照邻《山林休日田家》:"戎葵朝委露,齐枣夜含霜。"柳浑《牡丹》:"今朝始得分明见,也共戎葵不校多。"

【戎虜】 古代对西方或北方少数民族的蔑称。李白《古风》之十四:"木落秋草黄,登高望戎虏。"李益《从军夜次六胡北饮马磨剑石为祝殇辞》:"秦坑赵卒四十万,未若格斗伤戎虏。"杜牧《杜秋娘诗》:"珥貂七叶贵,何妨戎虏支。"王贞白《从军行》:"只以恩信及,自然戎虏和。"

【戎路】 古代帝王所乘之军车。见《周礼·春官·车仆》。许敬宗《奉和春日望海》:"俄且旋戎路,饮至肃岩廊。"

【戎鉞】 泛称兵器。钺,古兵器名。张祜《又陪楚州韦舍人阊门游燕次韵北阊门》:"拟义临戎钺,从容宰社刀。"

【戎塞】 指西北部之边塞。皇甫冉《太常魏博士远出贼庭江外相逢因叙其事》:"烽火惊戎塞,豺狼犯帝畿。"舒元舆《坊州按狱》:"中部接戎塞,顽山四周遭。"

【戎裝】 军装。亦指着军装。孙逖《送赵大夫护边》:"百壶开祖饯,驷牡戒戎装。"刘禹锡《送令狐相公自仆射出镇南梁》:"夏木正阴成,戎装出帝京。"朱庆余《送李侍御入蕃》:"戎装非好武,书记本多才。"黄滔《退居》:"惆怅西川举,戎装度剑门。"

【戎經】 兵书。韩愈、孟郊《征蜀联句》:"小臣昧戎经,维用赞勋劼。"

【戎幕】 军府；幕府。李峤《送骆奉礼从军》："羽书资锐笔，戎幕引英宾。"韩翃《东城水亭宴李侍御副使》："去日随戎幕，东风见伯劳。"羊士谔《寄黔府窦中丞》："朝衣蟠艾绶，戎幕偃雕戈。"李频《自黔中归新安》："朝过春关辞北阙，暮参戎幕向南巴。"

【戎歌】 指西北少数民族的歌曲。无名氏《忆故人》之二："左右不闻君语笑，纵横只见唱戎歌。"

【戎鞍】 胡马，戎马。薛逢《送灵州田尚书》："九姓羌浑随汉节，六州蕃落从戎鞍。"

【戎器】 兵器。窦牟《元日喜闻大礼寄上翰林四学士中书六舍人二十韵》："礼成戎器下，恩彻鬼方沈。"

【戎鋒】 兵刃。喻强敌。孙逖《丹阳行》："石头横帝里，京口拒戎锋。"

【戎麾】 军旗。亦借指军队。骆宾王《晚度天山有怀京邑》："行叹戎麾远，坐怜衣带赊。"杜甫《哭王彭州抡》："顷壮戎麾出，叨陪幕府要。"

【戎敵】 指西北少数民族。无名氏《晚秋羁情》："常时游涉事文华，今日羁缧困戎敌。"

【戎羯】 戎和羯。古代西北地区二族名。亦泛称西北少数民族。玄宗《平胡》序："戎羯不虔，窃我荒服，命偏师之俘馘，彼应期而咸殄。"刘商《胡笳十八拍·第二拍》："戎羯腥膻岂是人，豺狼喜怒难姑息。"元稹《和李校书新题乐府十二首·缚戎人》："但逢赪面即捉来，半是边人半戎羯。"周昙《咏史诗·六朝门·前赵刘聪》："戎羯谁令识善言，刑将不舍遽能原。"

【戎闈】 犹帅府。亦指军门。薛能《冬日写怀》："幕府尽平蛮，客留戎阃间。"许棠《讲德陈情上淮南李仆射八首》之三："未领春闱望早清，况联戎阃控强兵。"

【戎樂】 （一yuè）西北少数民族之音乐。柳宗元《唐饶歌鼓吹曲十二篇》序："尝闻鼓吹署有戎乐，词独不列。"

【戎機】 战争；军务。苏颋《边秋薄暮》："客悲逢薄暮，况乃事戎机。"杜甫《遣愤》："自从收帝里，谁复总戎机。"李德裕《长安秋夜》："内宫传诏问戎机，载笔金銮夜始归。"唐彦谦《奏捷西蜀题沱江驿》："野客乘轺非所宜，况将儒懦报戎机。"

【戎翰】 指兵书。独孤及《送陈兼应辟兼寄高适贾至》："高侯秉戎翰，策马观西夷。"

【戎馘】 指被俘的西北少数民族的士卒。馘，割下敌人的左耳以计功。无名氏《观剑南献捷》："戎馘西南至，毡裘长幼观。"

【戎職】 军职。姚合《寄狄拾遗时为魏州从事》："少在兵马间，长还系戎职。"

【戎鞭】 马鞭。李颀《塞下曲》："戎鞭腰下插，羌笛雪中吹。"

【戎壘】 营垒；军营。杨巨源《和吕舍人喜张员外自北番回至境上先寄二十韵》："百两开戎垒，千蹄入御栏。"崔铉《进宣宗收复河湟诗》："右地名王争解辫，远方戎垒尽投戈。"马戴《边城独望》："河滩胡雁下，戎垒汉鼙惊。"曹松《送进士喻坦之游太原》："并州戎垒地，角动引风生。"

【戎藩】 军府；幕府。李搏《贺裴廷裕蜀中登第诗》："应笑戎藩刀笔吏，至今泥滓曝鱼鳃。"

【戎韜】 即《六韬》。李贺《南园十三首》之四："桥头长老相哀念，因遗戎韬一卷书。"

【戎籌】 军事谋略。王建《荆南赠别李肇著作转韵诗》："欢逢通世友，简授画戎筹。"

【戎轡】 戎马的缰绳。引申指军务。韩愈《答张彻》："及去事戎辔，相逢宴军伶。"

戍 〔shù《广韵》傷遇切，去遇，書。〕❶守边；防守。见《诗·王风·扬之水》。杜审言《赠苏味道》："北地寒应苦，南庭戍未归。"杜甫《石壕吏》："听妇前致词，三男邺城戍。"赵嘏《昔昔盐二十首·风月守空闺》："良人犹远戍，耿耿夜闺空。"陈玉兰《寄夫》："夫戍边关妾在吴，西风吹妾妾忧夫。"❷戍守的士卒。张籍《别离曲》："忆昔君初纳采时，不言身属辽阳戍。"❸边防驻军的城堡、营垒。太宗《饮马长城窟行》："迥戍危烽火，层峦引高节。"岑参《火山云歌送别》："缭绕斜吞铁关树，氛氲半掩交河戍。"朱庆余《送韦校书佐灵州幕》："寒城初落叶，高戍远生云。"薛光谦《任阆中下乡检田登艾萧山北望》："荒村无径陌，古戍有风烟。"

【戍人】 古代守边官兵的通称。陈子昂《观荆玉篇》序："戍人有荐嘉蔬者，此物存焉。"羊士谔《贺州宴行营回将》："九剑盈庭酒满卮，戍人归日及瓜时。"白居易《新乐府·城盐州》："诸边急警劳戍人，唯此一道无烟尘。"薛能《新雪八韵》："茶兴留诗客，瓜情想戍人。"

【戍口】 犹关口。李涉《竹枝》之二："不牢戍口初相问，无义滩头剩别离。"

【戍天】 边防戍地之天空。章孝标《闻角》："余韵袅空何处尽，戍天寥落晓星稀。"

【戍月】 边防戍地的月光。贯休《送僧归南康》："帆入汀烟健，经吟戍月清。"

【戍火】 戍卒在驻地所燃之火。杜甫《秋日夔府咏怀奉寄郑监李宾客一百韵》："猎人吹戍火，野店引山泉。"刘郇伯《早行》："一星深戍火，残月半桥霜。"吴融《萧县道中》："戍火三笼滞晚程，枯桑系马上寒城。"

【戍守】 驻扎，守卫。吕温《奉送范司空赴朔方》："戍守如无事，惟应猎骑游。"

【戍兵】 戍守边疆之士兵。韦庄《悯耕者》："如今暴骨多于土，犹点乡兵作戍兵。"又有《赠戍兵》。

【戍役】 ❶戍边的军士。语出《诗·小雅·采薇序》。李端《奉送宋中丞使河源》："东周遣戍役，才子欲离群。"❷戍守边疆。杜甫《又上后园山脚》："非关风露凋，曾是戍役伤。"

【戍角】 （—jiǎo）边防驻军的号角声。温庭筠《回中作》："苍莽寒空远色愁，呜呜戍角上高楼。"陆龟蒙《润州江口送人谒池阳卫郎中》："月在石头摇戍角，风生江口亚帆竿。"崔涂《陇上逢江南故人》："三声戍角边城暮，万里乡心塞草春。"喻坦之《代北言怀》："行人莫远入，戍角有余哀。"

【戍卒】 戍守边疆的士卒。皮日休《正乐府十篇·卒妻怨》："河湟戍卒去，一半多不回。"又《正乐府十篇·哀陇民》："陇川有戍卒，戍卒亦不闲。"苏拯《古塞下》："早得用蛾眉，免陷边戍卒。"

【戍城】 边城。见《逸周书·大匡》。骆宾王《远使海曲春夜多怀》："别岛连寰海，离魂断戍城。"张籍《送远使》："塞路依山远，戍城逢笛秋。"

【戍客】 戍人，离乡守边之人。徐彦伯《春闺》："戍客戍清波，幽闺幽思多。"耿湋《关山月》："月明边徼静，戍客望乡时。"长孙佐辅《关山月》："凄凄还切切，戍客多离别。"李昌符《秋中夜坐》："瘴云晴未散，戍客老将依。"

【戍師】 戍卒，戍守边疆的士兵。张祜《塞上曲》："莫道功勋细，将军昔戍师。"

【戍船】 战舰；战船。李绅《早渡扬子江》："焚却戍船无战伐，使知风教被乌蛮。"

【戍旌】 戍旗，边防军的旗帜。司空曙《送乔广下第归淮南》："戍旌标白浪，罟网入青葭。"

【戍備】 警备；戒备。柳宗元《同刘二十八院长之作因其韵增至八十通赠二君子》："礼容垂埋琫，戍备响铚锻。"

【戍鼓】 戍楼上的更鼓。亦用以指戍鼓之声。杜甫《月夜忆舍弟》："戍鼓断人行，秋边一雁声。"卢纶《送杨皞东归》："日里扬帆闻戍鼓，舟中酹酒见山祠。"李绅《涉沅潇》："风帆候晓看五两，戍鼓咚咚远山响。"赵嘏《江边》："戍鼓客帆远，津云夕照微。"

【戍道】 边防要道。王勃《麻平晚行》："高低寻戍道，远近听泉声。"李廓《送振武将军》："黄河古戍道，秋雪白漫漫。"

【戍煙】 边塞守军的炊烟。刘长卿《平蕃曲三首》之二："渺渺戍烟孤，茫茫塞草枯。"元稹《代曲江老人百韵》："戍烟生不见，村竖老犹纯。"许棠《塞外书事》："征路出穷边，孤吟傍戍烟。"吴融《金桥感事》："日暮长亭正愁绝，哀笳一曲戍烟中。"

【戍歌】 戍卒所唱之歌。张说《幽州新岁作》："边镇戍歌连夜动，京城燎火彻明开。"

【戍旗】 边防军的旗帜。杜牧《题武关》："今日圣神家四海，戍旗长卷夕阳中。"赵嘏《昔昔盐二十首·一去无还意》："萧萧边马思，猎猎戍旗闲。"司空图《江行二首》之二："戍旗当远客，岛树转惊鸥。"张蠙《送友人归武陵》："戍旗招海客，庙鼓集江鸦。"

【戍樓】 边防驻军的瞭望楼。辛常伯《军中行路难》："阁道岩峣起戍楼，剑门遥裔俯灵丘。"钱起《送张中丞赴桂州》："戍楼云外静，讼阁竹间清。"朱庆余《自萧关望临洮》："日暮独吟秋色里，平原一望戍楼高。"刘兼《春怨》："独倚画屏人不会，梦魂才别戍楼边。"

【戍麾】 戍旗。李郃《过九疑山有怀》："行叹戍麾远，坐令衣带赊。"

【戍嶺】 设有边防营垒的山岭。姚鹄《和徐先辈秋日游泾州南亭呈三二同年》："送日暮钟交戍岭，叫云寒角动城楼。"

【戍邊】 驻守边疆。杜甫《兵车行》："去时里正与裹头，归来头白还戍边。"

【戍鼙】 犹戍鼓。马戴《留别定襄卢军事》："秋色见边草，军声闻戍鼙。"吴融《彭门用兵后经汴路三首》之二："独上寒城正愁绝，戍鼙惊起雁行行。"

成 〔chéng《广韵》是征切，平清，禪。〕❶完成；实现，成功。杨师道《咏琴》："嘉客勿遽反，繁弦曲未成。"萧颖士《仰答韦司业垂访五首》之三："士贫乏知己，安得成所好。"李商隐《韩碑》："文成破体书在纸，清晨再拜铺丹墀。"杜荀鹤《再经胡城县》："今来县宰加朱绂，便是生灵血染成。"黄滔《送人往苏州觐其兄》："迎欢酒醒山当枕，咏古诗成月在楼。"❷成就；成绩；成果。高适《别从甥万盈》："美才应自料，苦节岂无成。"严维《书情献相公》："孤根独弃惭山木，弱质无成状水萍。"张籍《南归》："岂知东与西，憔悴竟无成。"顾非熊《下第后寄高山人》："多愧邻高隐，无成又一年。"韦庄《冬日长安感志寄献虢州崔郎中二十韵》："帝里无成久滞淹，别家三度见新蟾。"❸变成；成为；形成。太宗《帝京篇十首》之四："彩凤肃来仪，玄鹤纷成列。"卢纶《冬日登城楼有怀因赠程腾》："风声肃肃雁飞绝，云色茫茫欲成雪。"刘禹锡《览董评事思归之什因以诗赠》："欹枕醉眠成戏蝶，抱琴闲望送归鸿。"白居易《读史五首》之三："深谷变为岸，桑田成海水。"翁承赞《题景祥院》："三卷贝多金粟语，可能心炼得成灰。"❹成熟；收获。见《国语·晋语七》。韦应物《答畅校书当》："且忻百谷成，仰叹造化功。"白居易《有木诗八首》之二："鸟啄子难成，风来枝莫住。"又《有木诗八首》之三："实成乃是枳，臭苦不堪食。”《郊庙歌辞·周宗庙乐舞辞·肃雍舞》:“万邦咸庆,百谷用成。”❺大。见《左传·昭公五年》。宋务光《海上作》:“搜奇大壑东,竦望成山北。”❻成年。见“成人”。❼成全。见“成人之美”。❽表示数量达一个完整的单位。无名氏《题取经诗》:“去人成百归无十,后者安知前者难。”羊士谔《州民自言巴士冬湿且多阴晦因示寮吏》:“雨霜以成岁,看旧感前闻。”❾原有的或旧有的。刘长卿《送州人孙沅自本州却归句章新营所居》:“故里归成客,新家去未安。”卢纶《题金吾郭将军石伏茅堂》:“家传成栋美,尧宠结茅心。”柳宗元《闻籍田有感》:“宣室无由问釐事,周南何处托成书。”❿乐曲终止。见《尚书·益稷》。魏征《五郊乐章·雍和》:“六变有成,三登无体。”张祜《箫》:“还将九成意,高阁伫芳音。”⓫如,像。王珪《咏淮阴侯》:“吉凶成纠缠,倚伏难预详。”杜甫《奉赠李八丈判官》:“真成穷辙鲋,或似丧家狗。”韩愈《过鸿沟》:“谁劝君王回马首,真成一掷赌乾坤。”聂夷中《闻人说海北事有感》:“海隅久已无春色,地底真成有劫灰。”⓬及,赶上。崔国辅《王孙游》:“应由春草误,著处不成归。”杜甫《卜居》:“未成游碧海,著处觅丹梯。”韩愈《秋怀诗十一首》之六:“今晨不成起,端坐尽日景。”刘禹锡《鹤叹二首》之二:“爱池能久立,看月未成栖。”⓭指周成王诵。见“成剑”。⓮州名。见“成州”。⓯姓。唐诗人有成辅端。

【成人】 人发育成熟;成年。见《仪礼·丧服》。刘长卿《送姨子弟往南郊》:“别时两童稚,及此俱成人。”白居易《罗子》:“直应头似雪,始得见成人。”又《赠友五首》之五:“儿女未成人,父母已衰羸。”又《重到渭上旧居》:“因惊成人者,尽是旧童孺。”

【成人之美】 成全他人为善的美名。语出《论语·颜渊》。贯休《续姚梁公坐右铭》:“忽己之慢,成人之美。”

【成大】 长大;成长为大人。李商隐《骄儿诗》:“儿当速成大,探雏入虎穴。”

【成川】 整条河流。胡曾《咏史诗·涿鹿》:“丹霞遥映祠前水,疑是成川血尚流。”

【成子】 即春秋晋郤成子。周昙《咏史诗·春秋战国门·郤成子》:“苟非成子当明哲,谁是仁人可托孤。”

【成王】 ❶即周成王。王绩《赠梁公》:“成王已兴诮,宣帝如负芒。”李白《寓言三首》之一:“周公负斧扆,成王何夔夔。”周昙《咏史诗·三代门·成王》:“成王有过伯禽笞,圣惠能新日自奇。”❷即唐代宗李豫。豫乾元元年(758)封成王,宝应元年(762)即位。杜甫《洗兵马》:“成王功大心转小,郭相谋深古来少。”❸盛王之讹。“成”当作“盛”。盛王即李琦,玄宗第二十一子,开元十三年(725)封盛王,广德二年(764)卒。见《旧唐书·玄宗诸子传》。岑参有《成王挽歌》。

【成匹】 成为匹配。借指成为一匹布。晁采《子夜歌十八首》之三:“何时得成匹,离恨不复牵。”

【成少尹】 (少 shào)成贲。贲曾官左司员外郎,永泰元年(765)在京兆少尹任。岑参有《酬成少尹骆谷行见呈》。

【成少府】 (少 shào)即成贲。成贲乾元中官京兆万年县尉。钱起有《和万年成少府寓直》。

【成仁】 成就仁德。谓为正义事业献出生命。语出《论语·卫灵公》。李颀《登首阳山谒夷齐庙》:“毕命无怨色,成仁其若何。”

【成化】 形成教化;完成教化。储光羲《荐玄德公庙》:“神道本无已,成化亦自然。”姚合《文宗皇帝挽词三首》之一:“垂拱开成化,愔愔雅乐全。”

【成公简】 籍贯未详,长安四年(704),在武圣县尉任。《全唐诗补逸》卷三录其一联。

【成文】 成为文章。李白《题元丹丘颍阳山居》:“卜地初晦迹,兴言且成文。”

【成文幹】 即成彦雄。彦雄字文干。《全唐诗续补遗》卷十一录其诗一首。

【成功】 ❶建立功业;成就功勋。许敬宗《奉和春日望海》:“长驱七萃卒,成功百战场。”陈陶《水调词十首》之六:“几度长安发梅柳,节旄零落不成功。”❷成就的事业;既成之功。太宗《重幸武功》:“积善忻余庆,畅武悦成功。”李白《东武吟》:“方希佐明主,长揖辞成功。”岑参《奉送李太保兼御史大夫充渭北节度使》:“弟兄皆许国,天地荷成功。”项斯《舜城怀古》:“四隅咸启圣,万古赖成功。”❸事情达到预期结果。顾况《塞上曲》:“酣战祈成功,于焉罢边衅。”章孝标《山中送进士刘蟾赴举》:“艺精心更苦,何患不成功。”薛能《赠禅师》:“浮生蹇莫问,辛苦未成功。”

【成田】 熟田,种植多年的土地。钱起《酬长孙绎蓝溪寄杏》:“爱君蓝水上,种杏近成田。”

【成仙】 成为神仙。王绩《游仙四首》之一:“蔡经新学道,王烈旧成仙。”皮日休《奉和鲁望四明山九题·鹿亭》:“为在石窗下,成仙自不知。”亦用以婉称死亡。张蠙《途次绩溪先寄陈明府》:“新居多是客,旧隐半成仙。”

【成用】 姓名籍贯均未详。广德、大历间在浙东节度使幕。与严维、鲍防等联句唱酬。《全唐诗》卷七八九录其联句一联,误以名为姓。

【成立】 ❶成就。张九龄《岁初巡属县登高安南楼言怀》:“虽无成立效,庶以去思论。”❷成人,成长自立。孟浩然《书怀贻京邑同好》:“三十既成立,嗟吁命不通。”任翻《哭友人》:“儿孙未成立,谁与集遗文。”齐己《老将》："儿孙已成立，胆气亦英雄。"❸建立。皮日休《秋夜有怀》："如何欲佐主，功名未成立。"

【成年】 谓存在有年。陆龟蒙《奉和袭美登初阳楼寄怀北平郎中》："远窗浮槛亦成年，几伴杨公白昼筵。"

【成行】 (—háng)排列成行列。言众多。杜甫《赠卫八处士》："昔别君未婚，儿女忽成行。"苗仲方《仲秋太常寺观公辂车拜陵》："拜陵将展敬，车辂俨成行。"

【成名】 ❶获得美好名声。见《论语·子罕》。太宗《赋尚书》："灭身资累恶，成名由积善。"张说《杂曲歌辞·破阵乐》之二："誓欲成名报国，羞将开口论勋。"钱起《送卫功曹赴荆南》："汉家仍用武，才子晚成名。"权德舆《送从弟谒员外叔父回归义兴》："余力当勤学，成名贵少年。"罗隐《言》："成名成事皆因慎，亡国亡家只为多。"❷称中举。陈羽《送友人及第归江东》："落羽耻为关右客，成名空羡里中儿。"白居易《悲哉行》："十上方一第，成名常苦迟。"方干《山中言事八韵寄李支使》："受业几多为弟子，成名一半作公侯。"徐铉《送朱先辈尉庐陵》："成名无愧色，得禄及慈亲。"

【成名年】 指中举之年。赵嘏有《成名年献座主仆射兼呈同年》。

【成羊】 白石变成羊。见《艺文类聚》卷九四引晋葛洪《神仙传》。李端《送吉中孚拜官归楚州》："驱石不成羊，指丹空毙狗。"

【成州】 唐州名。隋汉阳郡。唐武德元年(618)，置成州，领上禄、长道、潭水三县。岑参有《凤翔府行军送程使君赴成州》。张蠙有《送成州牧》。

【成安】 即秦末成安君陈余。王涯《从军词三首》之一："今朝拜韩信，计日斩成安。"

【成均】 古代大学名。见《周礼·春官·大司乐》。按，成均又为西周时大学。又唐高宗曾改国子监为成均监，故成均亦用以称国子监。后泛称官办的高等学校。李胄《文宣王庙古松》："列植成均里，分行古庙前。"

【成佛】 佛教语。为永离生死烦恼，成就无上正等正觉。无名僧《禅诗》："三独罗刹得成佛，不要流心再座禅。"

【成君】 即汉霍光之女，孝宣霍皇后之名。殷尧藩《汉宫词三首》之二："霍家有女字成君，年少教人著绣裙。"

【成長】 (—zhǎng)❶长大；成长。寒山《诗三百三首》之一五九："忆昔少年时，求神愿成长。"王维《偶然作六首》之三："小妹日成长，兄弟未有娶。"白居易《和答诗十首·和大觜乌》："群雏又成长，众觜逞残凶。"张祜《喜王子载话旧》："欢娱非老大，成长是婴儿。"❷向成熟的阶段发展。沈彬《塞下三首》之一："胡儿向化新成长，犹自千回问汉王。"

【成武康昭】 西周成王、武王、康王、昭王之连称。李绅《赠毛仙翁》："周之天子无仙气，成武康昭都瞥尔。"

【成林】 形成树林。修睦《长安柳》："何如渡口成林处，留得黄莺到夜啼。"

【成事】 成就事业；办成事情。李白《留别曹南群官之江南》："献纳少成事，归休辞建章。"罗隐《言》："成名成事皆因慎，亡国亡家只为多。"徐夤《咏笔二首》之一："班超握管不成事，投掷翻从万里戎。"

【成命】 既定的天命。《诗·周颂·昊天有成命》："昊天有成命，二后受之。"《封泰山东章·豫和》："缉熙懿德，敷扬成命。"《效庙歌辞·周郊祀乐章·福顺乐》："昊天成命，邦国盛仪。"亦指君命。赵冬曦《酬燕公出湖见寄》："纶绰有成命，旌麾不可攀。"

【成周】 古地名。即西周东都洛邑。故地在今河南洛阳市东郊。(1)借指唐东都洛阳。孟浩然《上巳洛中寄王九迥》："卜洛成周地，浮杯上巳筵。"钱起《送王谏议任东都居守》："且喜成周地，诗人播国风。"刘禹锡《送分司陈郎中只召直史馆重修三圣实录》："蝉鸣官树引行车，言自成周赴玉除。"(2)借指西周兴盛时期或整个周王朝。李咸用《依韵修睦上人山居十首》之三："宣室三千虽有恨，成周八百岂无情。"罗邺《吴门再逢方干处士》："吾王若致升平化，可独成周只渭滨。"陈陶《闲居杂兴五首》之二："一顾成周力有余，白云闲钓五溪鱼。"

【成性】 ❶本性。见《易·系辞上》。严维《送舍弟》："疏懒吾成性，才华尔自强。"❷成为一定的习性。裴迪《辋川集二十首·漆园》："好闲早成性，果此谐宿诺。"褚载《送道士》："狂歌放饮浑成性，知道逍遥出俗笼。"

【成春】 描绘春色的自然美景。司空图《诗品二十四则·自然》："俱道适往，著手成春。"

【成相公】 (相 xiàng)指成汭。景福元年(892)，汭以荆南节度使加同平章事。吴融《赴阙次留献荆南成相公三十韵》。

【成相赋】 (相 xiàng)指战国荀况所撰《成相》篇。成，奏；相，一种乐器。成相，古代民间文艺形式的一种。荀子利用这一通俗的文艺形式，宣传自己的政治思想。顾况《闲居怀旧》："骚客空传成相赋，晋人已负绝交书。"

【成威阇】 僧人。住湖南。与李群玉有交往。李群玉有《湘中别成威阇黎》。

【成俗】 形容恶俗。徐夤《寓题述怀》："大道真风早晚还，妖讹成俗污乾坤。"

【成風】　运斤成风。见《庄子·徐无鬼》。为手法熟练、技术神妙的典故。骆宾王《夏日游德州赠高四》："成风郢匠斫，流水伯牙弦。"

【成彦雄】　字文幹，江南人，南唐进士。《全唐诗》卷七五九录其诗一卷。

【成帝夫人】　指汉成帝皇后赵飞燕。殷尧藩《汉宫词三首》之一："成帝夫人泪满怀，璧宫相趁落空阶。"

【成紀】　县名。汉置，属天水郡。唐属陇右道秦州，为州治所。故城在今甘肃秦安县北。李贺《昌谷诗》："刺促成纪人，好学鸱夷子。"崔珏《哭李商隐》："成纪星郎字义山，适归高壤抱长叹。"王仁裕《从蜀后主幸秦川上梓潼山》："前程问成纪，此去尚三千。"

【成真人】　名未详，道士，开元末，玄宗召入内殿，馆于蓬莱院，问以所习，皆不能答。半岁余，恳求归山，自内殿挈布囊徐行而去。事见《太平广记》卷三五引杜光庭《仙传拾遗》。《全唐诗》卷八六〇录其诗一首。

【成眠】　入睡。李贺《十二月乐词·十月》："珠帷怨卧不成眠，金凤刺衣著体寒。"

【成員外】　指成贲。贲广德间为刑部员外郎。岑参有《和刑部成员外秋夜寓直寄台省知己》。

【成皋】　❶古县名。西汉置，即今河南荥阳市西北汜水镇。隋开皇间改名汜水县。唐武德四年(621)复析置成皋县，贞观初入汜水县。岑参《送郑堪归东京汜水别业》："看君灞陵去，匹马成皋还。"❷关名。在今河南荥阳汜水镇西。自古为黄河以南东西交通孔道和战争要塞。苏颋《奉和圣制行次成皋途经先圣擒建德之所感而成诗应制》："成皋睹王业，天下致人雍。"储光羲《晚次东亭献郑州宋使君文》："成皋天地险，广武征战场。"皇甫冉《曾东游以诗寄之》："总辔越成皋，浮舟背梁苑。"

【成釗】　周成王诵和周康王钊的合称。卢僎《上幸皇太子新院应制》："父子成钊合，君臣禹启同。"

【成家】　❶成立家庭，娶妻。吕岩《沁园春》词："贪痴汉，望成家学道，两事双全。"❷兴家，使家业兴旺。周贺《上陕府姚中丞》："成家尽是经纶后，得句应多谏诤余。"司空图《漫书》："乐退安贫知是分，成家报国亦何惭。"❸犹安家。韩愈《桃源图》："初来犹自念乡邑，岁久此地还成家。"

【成務崇】　连州连山(今广东连山北)人。宋初书生。与孟嘏为忘年之交。孟简有《送成务崇》。

【成規】　❶现成的或久通行的规则、方法。周昙《咏史诗·三代门·周公》："文武传芳百代基，几多贤哲守成规。"❷成为圆形。张九龄《南还以诗代书赠京师旧僚》："一从关作限，两见月成规。"

【成堆】　谓众多的事物聚集在一起。形容数量众多。李山甫《牡丹》："晓露精神妖欲动，暮烟情态恨成堆。"

【成崇】　即王陵。陵字成崇。张说有《南中别王陵成崇》。

【成敗】　成功和失败。杜甫《寄韩谏议》："国家成败吾岂敢，色难腥腐餐风香。"韦应物《经函谷关》："古今虽共守，成败良可识。"罗隐《江北》："废宫荒苑莫闲愁，成败终须要彻头。"周昙《吟叙》："古今成败无多事，月殿花台幸一吟。"

【成章】　积辞成篇，作成诗文。方干《月》："庾亮恃才高更逸，方闻墨翰已成章。"

【成婚】　结婚。郑轨有《观兄弟同夜成婚》。

【成陰】　形成树荫。韦应物《西涧种柳》："成阴岂自取，为茂属他辰。"又《寄李侍御》："不栽桃李树，何日得成阴。"王表《赋得花发上林》："方知桃李树，从此别成阴。"

【成陰結實】　形成树荫，结出果实。喻人材成长。崔颢《孟门行》："成阴结实君自取，若问傍人那得知。"

【成華】　当作"咸華"。即咸阳县(今陕西咸阳市西北)和华原县(治所今陕西铜川市耀州区)。杜甫有《投简成华两县诸子》。"成"一本作"咸"。

【成都】　❶县名。战国秦惠王置，汉属蜀郡，唐属成都府。玄宗幸蜀，建为南京。治所在今四川成都市。李白《上皇西巡南京歌十首》之二："九天开出一成都，万户千门入画图。"杜甫《五盘》："成都万事好，岂若归吾庐。"权德舆《杂兴五首》之一："一颦一笑千金重，肯似成都夜失身。"李商隐《壬申七夕》："成都过卜肆，曾妒识灵槎。"❷府名。隋蜀郡。唐武德元年(618)改为益州。领成都等十三县。至德二载(757)十月，驾回西京，改蜀郡为成都府。治所在今四川成都市。杜甫有《成都府》。

【成都卜】　《汉书·王贡两龚鲍传》载，蜀郡人严遵，字君平，卜筮于成都市，日仅卜数人，得百钱足自养，则闭肆下帘而授《老子》。唐诗中借以表示占卜或用来称蜀地。杜甫《游子》："厌就成都卜，休为吏部眠。"

【成都少尹】　(少 shào)成贲。岑参有《酬成少尹骆谷行见呈》。诗云"按节投蜀都"，知成乃成都少尹。岑参有《与鲜于庶子自梓州成都少尹自褒城同行至利州道中作》。参见"成少尹"。

【成都醉道士】　姓名未详，自称尔朱先生。《全唐诗》卷八六二录其诗一首。

【成都騁騶引】　《史记·司马相如列传》载，司马相如奉诏使蜀，以通西南夷，至蜀，蜀太守以下郊迎，县令负弩矢先驰。后用作官员使蜀之典。骆宾王《代女道士王灵妃赠道士李荣》:“不能京兆画蛾眉,翻向成都骋驺引。”

【成都府君】 权无待。曾官成都尉。或迁为成都令。见《新唐书·宰相世系表五下》。权德舆《伏蒙十六叔寄示喜庆感怀三十韵因献之》:“握兰中台并,折桂东堂春。”注:“曾王父成都府君,曾祖叔梓州府君、长安府君,同以进士居甲科,载在《登科记》之内也。”

【成崿】 籍贯生平均未详。《全唐诗》卷七八〇录其诗一首。

【成詠】 成为诗篇。刘长卿有《过萧尚书故居见李花感而成咏》。陆龟蒙有《幽居有白菊一丛因而成咏呈知己》。

【成就】 ❶成功;完成。王建《和蒋学士新授章服》:“五色箱中绛服春,笏花成就白鱼新。”刘禹锡《和乐天烧药不成命酒独醉》:“九转欲成就,百神应主持。”白居易《不二门》:“至今残丹砂,烧乾不成就。”僧凤《书遗文后》:“愿阐摩诃衍,成就那罗延。”❷成材,成为材料。元稹《赛神》:“岁深树成就,曲直可轮辕。”

【成汤】 周成王、商汤王之连称。张祜《元和直言诗》:“成汤事不尽,勿更随波翻。”

【成寐】 入睡。丘丹《秋夕宿石门馆》:“独卧不成寐,苍然想谢公。”

【成歲】 谓禾稼成熟。张九龄《园中时蔬尽皆锄理遂赋二章》之一:“场藿已成岁,园葵亦向阳。”

【成羣】 众多的人或动物聚集在一起。刘沧《游上方石窟寺》:“雪下石龛僧在定,日西山木鸟成群。”

【成毁】 犹成败。刘叉《冰柱》:“自是成毁任天理,天于此物岂宜有忒赊。”

【成頌】 撰成赞颂的诗文。储光羲《酬李处士山中见赠》:“成颂非其德,高文徒自妍。”又《奉和韦判官献侍郎叔除河东采访使》:“贱士敢知言,成颂文明代。”

【成道】 ❶犹成佛。谓领会佛道而得证正果。储光羲《至岳寺即大通大照禅塔上温上人》:“二尊此成道,禅宇遥相望。”❷学成仙道。钱起《送柳道士》:“去世能成道,游仙不定家。”卢纶《和李中丞酬万年房署少府过汾州景云观因以寄上房与李早年同居此观》:“积学早成道,感恩难遂初。”❸成为道义之士。刘禹锡《奉送家兄归王屋山隐居二首》之一:“古来成道者,兄弟亦同行。”

【成瑨】 (?—166)字幻平,弘农陕(今河南三门峡)人,少修仁义,笃学,以经术称,以清名见。举孝廉,拜郎中。事迹见《后汉书·襄楷传》。李瀚《蒙求》:“宗资主诺,成瑨坐啸。”

【成辅端】 (?—804),优人。贞元二十年(804)春夏,关中大旱,京兆尹李实隐瞒实情,租税不免,百姓不堪其苦。因作戏语,以状秦民之艰苦,凡数十篇,实闻之怒,以为诽谤国政,德宗遽令决杀之。事见新旧《唐书·李实传》。《全唐诗》卷七三二录其《戏语》一首。

【成塵】 成为灰尘。方干《贻曦上人》:“四十年来多少人,一分零落九成尘。”

【成趣】 (一qū)成为散步的场所。趣,同“趋”。见《文选·陶潜〈归去来〉》。王维《丁寓田家有赠》:“在朝每为言,解印果成趣。”

【成輪】 指月亮。徐敞《圆灵水镜》:“成轮疑璧影,初魄类弓形。”

【成熟】 成功。徐铉《春尽日游后湖赠刘起居》:“笑折残花劝君酒,金丹成熟是何时。”原注:“刘时方烧药。”

【成憲】 原有的法律、规章制度。张九龄《奉和圣制赐诸州刺史以题座右》:“成宪知所奉,致理归其根。”

【成橋】 建成桥梁。李白《永王东巡歌十一首》之九:“祖龙浮海不成桥,汉武寻阳空射蛟。”

【成盧】 成为赌博的胜采。古摴蒲法。其骰五枚,上黑下白,黑者刻二为犊,白者刻二为雉,掷之全黑者为卢,二雉三黑为雉,最为贵采。刘禹锡《乐天寄重和晚达冬青一篇因成再答》:“振臂犹堪呼一掷,争知掌下不成卢。”

【成器】 ❶良器。见《礼记·王制》。李观《试中和节诏赐公卿尺诗》:“具寮颁玉尺,成器幸良工。”❷形成器具。喻成为有用的人才。见《礼记·学记》。戎昱《赋得铁马鞭》:“成器虽因匠,怀刚本自天。”白行简《金在熔》:“何当得成器,待叩向知音。”贾岛《送令狐绹相公》:“揠苗方灭裂,成器待陶钧。”王涣《上裴侍郎》:“玉经磨琢多成器,剑拔沈埋更倚天。”❸犹成材。柳宗元《冉溪》:“却学寿张樊敬侯,种漆南园待成器。”

【成龍】 科举及第。许昼《江南行》:“莫恨成龙晚,成龙会有期。”

【成蹊】 形成蹊径。亦用以比喻怀有才德,不需宣扬却广为人知。语出《史记·李将军列传》。张九龄《郡舍南有园畦杂树聊以永日》:“成蹊谢李径,卫足感葵阴。”李白《赠范金卿二首》之一:“桃李君不言,攀花愿成蹊。”李商隐《赋得桃李无言》:“应候非争艳,成蹊不在言。”李瀚《蒙求》:“陈平多辙,李广成蹊。”

【成禮】 完婚。孟浩然有《送桓子之郢成礼》。

【成績】 成功的业绩;收获。权德舆《建除诗》:“成绩封千室,畴劳使五符。”元稹《含风夕》:“络纬惊岁功,顾我何成绩。”罗隐《寄虔州薛大夫》:“会得窥成绩,幽窗染兔毫。”

【成雙】 配成一对。李商隐《柳枝五首》之五:“画屏绣步障,物物自成双。”

【成癖】 成为癖好。白居易《醉后重赠晦叔》:“各以诗成癖,俱因酒得仙。”

【成歡】 犹尽欢。白居易《琵琶引》:“醉不成欢惨将别,别时茫茫江浸月。”雍陶《明月照高楼》:“一妇独含叹,四坐谁成欢。”张蠙《十五夜与友人对月》:“每到月圆思共醉,不宜同醉不成欢。”

三　画

戒 〔jiè《广韵》古拜切,去怪,見。〕❶防备;警戒;鉴戒。见《诗·小雅·采薇》。德宗《中和节赐群臣宴赋七韵》:“胜赏信多欢,戒之在无荒。”张籍《学仙》:“先王知其非,戒之在国章。”白居易《青冢》:“何言一时事,可戒千年后。”齐己《渚宫莫问诗一十五首》之五:“满盈如不戒,倚伏更何疑。”胡宿《淮南王》:“贪铸金钱盗写符,何曾七国戒前车。”❷准备。见《诗·小雅·大田》。王绩《赠梁公》:“范蠡何智哉,单舟戒轻装。”厍狄履温《夏晚初霁南省寓直用余字》:“晨趋当及早,复此戒朝车。”❸登程;乘坐车马出发。张九龄《奉和圣制赐诸州刺史以题座右》:“肃肃稟玄猷,煌煌戒朱轩。”韦应物《游灵岩寺》:“闻钟戒归骑,憩涧惜良游。”刘禹锡《送李策秀才还湖南因寄幕中亲故兼简衡州吕八郎中》:“忽被戒羸骖,薄言事南征。”❹告诫。王勃《焦岸早行和陆四》:“侵星违旅馆,乘月戒征俦。”严维《酬耿拾遗题赠》:“顾身悲欲老,戒子力为儒。”李商隐《行次西郊作一百韵》:“谋臣拱手立,相戒无敢先。”陆龟蒙《南泾渔父》:“孜孜戒吾属,天物不可暴。”❺戒除。见“戒酒”。❻戒谨;谨慎。韩愈、孟郊《城南联句》:“韶曙迟胜赏,贤明戒先庚。”白居易《杂感》:“君子防悔尤,贤人戒行藏。”❼佛家之戒律。梵文意译。音译为“尸罗”。意为“惯行”,转为“行为”“习惯”“道德”“虔敬”等。广义说,善恶习惯皆可称戒,但通常作善戒、净戒使用,特指为出家或非出家的信徒所制定的戒规。岑参《寄青城龙溪奂道人》:“诵戒龙每听,赋诗人则称。”亦用以指持戒。白居易《寄卢少尹》:“老诲心不乱,庄戒形太劳。”齐己有《勉送吴国三五新戒归》。❽用于告诫的一种文体。南朝梁萧统《〈文选〉序》:“次则箴兴于补阙,戒出于弼匡。”白居易《老戒》:“我有白头戒,闻于韩侍郎。”温庭筠《病中书怀呈友人》:“功庸留剑舄,铭戒在盘盂。”❾通“届”。至,到。见《诗·商颂·烈祖》。张说《封泰山乐章·雍和》:“亦有和羹,既戒既平。”李舒《让皇帝庙乐章·迎俎》:“受釐归胙,既戒而平。”

【戒旦】 报晓警睡。萧至忠《三会寺应制》:“戒旦壶人警,翻霜羽骑来。”

【戒身】 约束自己的行为规范。许棠《送省玄上人归江东》:“释律周儒礼,严持用戒身。”

【戒序】 进入时序。魏征《五郊乐章·赤帝征音》:“青阳告谢,朱明戒序。”

【戒河】 指佛界。刘禹锡《秋日过鸿举法师寺院便送归江陵》引:“故自近古而降,释子以诗闻于世者相踵焉。因定而得境,故悠然以清;由慧而遣辞,故粹然以丽。信禅林之葩萼,而戒河之珠玑耳。”

【戒定】 佛教语。制身为戒,慎心为定。王维《同崔兴宗送衡岳瑗公南归》:“一施传心法,唯将戒定还。”白居易《赠僧五首·宗实上人》:“荣华恩爱弃成唾,戒定真如和作香。”

【戒相】 (—xiàng)佛教名词。持戒表现的相状,或持五戒,或持十戒,或持二百五十戒等,以及持戒的优劣。一般指模范地遵守戒律的相状。清昼、王遘《建安寺夜会对雨怀皇甫侍御曾联句》:“戒相初传授,文章旧切磋。”王建《新授戒尼师》:“自知戒相分明后,先出坛场礼大僧。”

【戒香】 佛家语,戒德重于四方,故以香为喻。思托《五言伤大和上传灯逝日本》:“戒香余散馥,慧炬复流风。”

【戒律】 宗教用以禁止教徒某些不正当行为的法规。庞蕴《杂诗》之四:“不假坐禅持戒律,超然解脱岂劳功。”

【戒徒】 ❶警戒徒属。柳宗元《种术》:“戒徒劚灵根,封植阏天和。”❷吩咐。刘知几《次河神庙虞参军船先发余阻风不进寒夜旅泊》:“复值惊波息,戒徒候前侣。”

【戒酒】 戒除饮酒之嗜好。陆龟蒙《自和次前韵》:“梦为怀山数,愁因戒酒浓。”

【戒珠】 佛教语,谓戒律洁白,使人身庄严如珠玉。《妙法莲华经·譬喻品》:“若见佛子,持戒清洁,如净明珠。”李绅《题法华寺五言二十韵》:“戒珠高腊护,心印祖僧传。”慧净《杂言》:“持囊毕契戒珠净,被甲要心忍衣固。”

【戒途】 亦作“戒塗”。登上路途,出发上路。张文琮《昭君词》:“戒途飞万里,回首望三秦。”皎然《陪颜使君饯宣谕萧常侍》:“已事方怀阙,归期早戒塗。”

【戒涼】 义同“戒寒”。苗仲方《仲秋太常寺观公辂车拜陵》:“南宫初开律,金风已戒凉。”

【戒程】 登程。出发上路。张九龄《奉和圣制送十道采访使及朝集使》:“戒程有攸往,诏饯无淹泊。”

【戒道】 ❶登程;出发上路。牛凤及《奉和受图温洛应制》:“戒道伊川北,通津涧水西。”徐坚《奉和圣制送张说巡边》："四骓将戒道，十乘启先行。"❷戒备于道。虞世南《奉和幸江都应诏》："安流进玉轴，戒道翼金吾。"苗晋卿《奉和圣制早登太行山中言志》："金吾戒道清，羽骑动天声。"

【戒塗】 见"戒途"。

【戒寒】 告诫人防寒。见《国语·周语中》。白居易《清调吟》："索索风戒寒，沈沈日藏耀。"穆寂有《清风戒寒》。

【戒壇】 僧徒传戒之坛。灵一《栖霞山夜坐》："山头戒坛路，幽映雪岩侧。"李群玉有《法性寺六祖戒坛》。

【戒轄】 准备车辆。韩愈《送文畅师北游》："挛拘屈吾真，戒辖思远发。"

【戒嚴】 战时、皇帝出巡等非常情况下所采取的严密的防备措施。独孤及《得柳员外书封寄近诗书中兼报新主行营兵马因代书戏答》："说剑尝宗漆园吏，戒严应笑棘门军。"李商隐《隋宫》："乘兴南游不戒严，九重谁省谏书函。"

【戒體】 佛教指受戒的人所内含的不受邪恶侵染的功能。白居易《题道宗上人十韵》："精洁沾戒体，闲淡藏禅味。"

我 〔wǒ《广韵》五可切，上哿，疑。〕❶代词。(1)称自己。李白《代别情人》："我悦子容艳，子倾我文章。"白居易《狂吟七言十四韵》："点检一生徼幸事，东都除我更无人。"崔珏《道林寺》："我吟杜诗清入骨，灌顶何必须醍醐。"(2)我们；我们的。《郊庙歌辞·太清宫乐章·香初上》："肃肃我祖，绵绵道宗。"王维《送秘书晁监还日本国》序："我开元天地大宝圣文神武应道皇帝，大道之行，先天布化，乾元广运，涵育无垠。"李玉箫《宫词一百首》："元是我王金弹子，海棠花下打流莺。"❷见"我山"。

【我人】 佛教语。指我相与人相。与众生相、寿者相，合称我人四相。见《圆觉经》。王维《与胡居士皆病寄此诗兼示学人二首》之一："如是睹阴界，何方置我人。"

【我丈】 对老人的亲切称呼。杜甫《奉赠李八丈判官》："我丈时英特，宗枝神尧后。"

【我山】 佛教语，喻顽固的我执。我执，佛教用以指执着于我，以身为实体的观点。被视为烦恼之源。司空图《与伏牛长老偈二首》之二："推倒我山无一事，莫将文字缚真如。"

【我后】 犹言我们的君上。张九龄《奉和圣制次成皋先圣擒建德之所》："绍成即我后，封岱出天关。"《郊庙歌辞·祀圜丘乐章·太和》："穆穆我后，道应千龄。"

【我私】 我私人的土地。语出《诗·小雅·大田》。杜甫《雨》："郊扉及我私，我圃日苍翠。"

【我身】 我自己；我这个人。韩愈《赠张籍》："我身蹈丘轲，爵位不早绾。"白居易《我身》："我身何所似，似彼孤生蓬。"

【我曹】 我辈，我们。李颀《送陈章甫》："东门酤酒饮我曹，心轻万事皆鸿毛。"卢纶《送畅当赴山南幕》："去矣奉戎律，悲君为我曹。"陆龟蒙《归雁》："北走南征象我曹，天涯迢递翼应劳。"韦庄《王道者》："应笑我曹身是梦，白头犹自学诗狂。"

【我家】 指皇家。李昂《上巳日赐裴度》："我家柱石衰，忧来学丘祷。"

【我將】 (—jiāng)《诗·周颂》篇名。为祭祀上帝配祭周文王的乐歌。丘光庭《补新宫》序："有颂焉，《清庙》《我将》之类是也。"

【我爾】 我与你。元稹《酬乐天东南行诗一百韵》："倍忆京华伴，偏忘我尔躯。"白居易《和微之春日投简阳明洞天五十韵》："伊予一生志，我尔百年躯。"

【我醉欲眠】《晋书·陶潜传》载，陶渊明性情直率旷放，贵贱造之者，有酒辄设。若自先酬，便谓客曰："我醉欲眠，卿可去！"后用为旷放直率的典实。李白《山中与幽人对酌》："我醉欲眠卿且去，明朝有意抱琴来。"

【我儂】 方言。我。司空图《力疾山下吴村看杏花十九首》之七："王老小儿吹笛看，我侬试舞尔侬看。"

【我輩】 我等，我们。杜甫《万丈潭》："造幽无人境，发兴自我辈。"

四　画

戔 〔jiān《广韵》昨干切，平寒，從。《集韵》將先切，平先，精。〕见"戋戋"。

【戔戔】 浅少。一说为堆积貌。见《易·贲》。宋璟《奉和圣制同二相已下群官乐游园宴》："亹亹韶弦屡，戋戋贲帛周。"白居易《秦中吟十首·买花》："灼灼百朵红，戋戋五束素。"

或 〔huò《广韵》胡國切，入德，匣。〕❶有。杜甫《牵牛织女》："明明君臣契，咫尺或未容。"王建《赠王侍御》："或人居饥寒，进退陈中情。"元稹《说剑》："劝君慎所用，所用无或苟。"白居易《寄唐生》："往往闻其风，俗士犹或非。"❷代词。(1)代人。有人，有些人。李白《杂曲歌辞·远别离》："或云尧幽囚，舜野死。"白居易《登商山最高顶》："或名诱其心，或利牵其身。"皮日休《鲁望昨以五百言见贻因成一千言上述吾唐文物之盛次叙相得之欢亦迭和之微旨也》："或作制诰薮，或为宫体渊。"(2)代事物。有的；有些；有时。杜甫《北征》："或红如丹砂，或黑如点漆。"刘昚虚《海上诗送薛文学归海东》："或见青色古，孤山百里秋。"白居易《春雪》："或记水不冰，或书霜不杀。"李商隐《李肱所遗画松诗书两纸得四十韵》："或著仙人号，或以大夫封。"❸副词。(1)或许；也许。宋昱《樟亭观涛》："伍生传或谬，枚叟说难穷。"岑参《冬宵家会饯李郎司兵赴同州》："多暇或自公，读书复弹棋。"舒元舆《履春冰》："鸟照微生水，狐听或过人。"杜牧《送沈处士赴苏州李中丞招以诗赠行》："公或忆姓名，为说都憔悴。"(2)又。见《诗·小雅·宾之初筵》。卢鸿一《嵩山十志十首·倒景台》序："倒景台者，盖太室南麓，天门右崖，杰峰如台，气凌倒景，登路有三处可憩，或曰三休台。"杜甫《猿》："惯习元从众，全生或用奇。"(3)犹；还。李白《闺情》："水或恋前浦，云犹归旧山。"又《入彭蠡经松门观石镜缅怀谢康乐题诗书游览之志》："水碧或可采，金精秘莫论。"又《之广陵宿常二南郭幽居》："忘忧或假草，满院罗丛萱。"(4)常，时常。王昌龄《淇上酬薛据兼寄郭微》："酒肆或淹留，渔泽屡栖泊。"李白《赠徐安宜》："讼息但长啸，宾来或解颐。"窦常《奉使西还早发小涧馆寄卢滁州迈》："清风时偃草，久旱或为霖。"韩愈《归彭城》："连日或不语，终朝见相欺。"(5)忽然，突然。沈颂《早发西山》："喧呼溪鸟惊，沙上或骞翥。"薛据《西陵口观海》："孤帆或不见，棹歌犹想像。"❹连词。(1)表示假设。如果。元结《系乐府十二首·颂东夷》："其音若或在，蹈海吾将学。"韦表微《池州夫子庙麟台》："苟或乖戾，身穷道存。"(2)表示选择或并列。《郊庙歌辞·汉宗庙乐舞辞·积善舞》："或戛或击，载炮载烹。"韩愈《嗟哉董生行》："或山而樵，或水而渔。"白居易《立秋夕即事咏怀汴州节度使李二十尚书》："或行或坐卧，体适心悠哉。"李商隐《骄儿诗》："或谑张飞胡，或笑邓艾吃。"皮日休《二游诗·徐诗》："或携归廨宇，或把穿林樾。"

【或可】 或许；可能。白居易《蔷薇正开春酒初熟因招刘十九张大夫崔二十四同饮》："试将诗句相招去，倘有风情或可来。"杜牧《偶题》："道在人间或可传，小还轻变已多年。"温庭筠《感旧陈情五十韵献淮南李仆射》："涩剑犹堪淬，余朱或可研。"

【或者】 ❶也许。白居易《贺雨》："或者天降沴，无乃儆予躬。"❷有人。白居易《题海图屏风》："或者不量力，谓兹鳌可求。"

【或是】 也许是。皎然《访朱放山人》："应非矍铄翁，或是沧浪客。"韩愈《送张道士》："或是章奏繁，裁择未及斯。"皮日休《虎丘寺西小溪闲泛三绝》之二："更深尚有通樵处，或是秦人未可知。"

【或恐】 也许；可能。崔颢《长干曲四首》之一："停舟暂借问，或恐是同乡。"杜甫《石犀行》："今年灌口损户口，此事或恐为神羞。"贾岛《答王建秘书》："时扫高槐影，朝回或恐过。"

【或時】 有时。李白《翰林读书言怀呈集贤诸学士》："或时清风来，闲倚栏下啸。"白居易《游悟真寺诗》："或时泄光彩，夜与星月连。"孙鲂《题梅岭泉》："或时留皂盖，尽日簇华筵。"

【或然】 忽然。欧阳炯《题景焕画应天寺壁天王歌》："交加器械满虚空，两面或然如斗敌。"

戕 〔qiáng《广韵》在良切，平陽，從。〕毁坏，损伤。见《左传·襄公二十八年》。见"戕戕靡替"。

【戕戕靡替】 伤害废弃。陆龟蒙《战秋辞》："不过约弱歆垂，戕残废替。"

五　画

威 〔wēi《广韵》於非切，平微，影。〕❶庄严，尊严。见"威容"。❷声势、力量。张九龄《奉和圣制次成皋先圣擒建德之所》："威加昔运往，泽流今圣还。"杜甫《夜》："绝岸风威动，寒房烛影微。"白居易《和答诗十首·和思归乐》："君恩若雨露，君威若雷霆。"罗隐《芳树》："若使威可以制，力可以止，则秦皇不肯敛手下沙丘，孟贲不合低头入蒿里。"❸震慑。玄宗《送张说巡边》："鼓吹威夷狄，旌轩溢洛阳。"卢纶《雪谤后书事上皇甫大夫》："长策威殊俗，嘉谋翊圣明。"叶季良《省试吴宫教美人战》："自可威邻国，何劳骋战功？"陆龟蒙《江南秋怀寄华阳山人》："武昔威殊俗，文今被八纮。"

【威公】 长安西明寺僧。法名全称未详。唐彦谦有《西明寺威公盆池新稻》。

【威令】 严峻的军令。皎然《因游支硎寺寄邢端公》："威令兼宁朔，英声重护羌。"顾况《奉和韩晋公晦日呈诸判官》："不是风光催柳色，却缘威令动阳和。"韩愈《奉酬天平马十二仆射暇日言怀见寄之作》："威令加徐土，儒风被鲁邦。"

【威名】 使人震慑的名声。李适《奉和幸望春宫送朔方军大总管张仁亶》："解衣延宠命，横剑总威名。"耿沣《奉送蒋尚书兼御史大夫东都留守》："副相威名重，春卿礼乐崇。"卢纶《送张郎中还蜀歌》："空令豪士仰威名，无复贫交恃颜色。"刘禹锡《王思道碑堂下作》："苍苍宰树起寒烟，尚有威名海内传。"白居易《早春醉吟寄太原令狐相公苏州刘郎中》："大振威名降北虏，勤行惠化活东吴。"殷尧藩《张飞庙》："威名垂万古，勇力冠当时。"

【威武】 ❶声威，声势。刘宪《奉和圣制幸望春宫送朔方大总管张仁亶》："光辉万乘饯，威武二庭宣。"张籍《董公诗》："今公施德礼，自然威武崇。"❷指气焰嚣张。李白《古风》之十四："借问谁凌虐，天骄毒威武。"杜牧《李甘诗》："吾君不省觉，二凶日威武。"

【威服】　以威力慑服。杨巨源《和吕舍人喜张员外自北番回至境上先寄二十韵》："茫茫斗星北，威服古来难。"

【威弧】　星名。又名弧矢。在天狼星东南。数星连线呈弯弓搭箭形，"矢"正对天狼星。古人认为："矢"如偏移，则天下盗贼蜂起。杜甫《送樊二十三侍御赴汉中判官》："威弧不能弦，自尔无宁岁。"

【威信】　威望信誉。宋璟《奉和圣制送张说巡边》："画阃崇威信，分麾盛宠荣。"

【威風】　使人震慑的声势。褚亮《奉和禁苑饯别应令》："惠化宣千里，威风动百城。"韩愈《山南郑相公樊员外酬答为诗依赋十四韵以献》："威风挟惠气，盖壤两劘拂。"李商隐《谢往桂林至彤庭窃咏》："造化中台座，威风上将坛。"刘威《尉迟将军》："江河定后威风在，社稷危来寄托深。"常雅《题伍相庙》："精魄不知何处在，威风犹入浙江寒。"《益州人吏语》(卷八七六)："录事意，与天通，益州司马折威风。"

【威怒】　震怒，发怒。李商隐《骄儿诗》："抱持多反侧，威怒不可律。"

【威紆】　迂回曲折貌。李峤《屏》："洞彻琉璃蔽，威纡屈膝回。"

【威恩】　指以威使慑和以恩使服的软硬兼施手法。孟郊《严河南》："洛民萧条久，威恩悯抚难。"

【威容】　❶威严的仪容。崔邠《享文恭太子庙乐章》："奋疾合威容，定利舒皦泽。"韩愈《奉和杜相公太清宫纪事陈诚上李相公十六韵》："象帝威容大，仙宗宝历赊。"温庭筠《病中书怀呈友人》："威容尊大树，刑法避秋荼。"欧阳炯《题景焕画应天寺壁天王歌》："宝冠动总生威容，趋跄左右来倾恭。"❷指强大的阵容。元稹《纪怀赠李六户曹崔二十功曹五十韵》："军幕威容盛，官曹礼数兢。"白居易《奉和汴州令狐令公二十二韵》："景象春加丽，威容晓助严。"又《泛太湖书事寄微之》："军府威容从道盛，江山气色定知同。"

【威脅】　以暴力相胁迫。许浑《闻边将刘皋无辜受戮》："外监多假帝王尊，威胁偏裨势不存。"

【威略】　显示武力的策略。《郊庙歌词·享懿德太子庙乐章·武舞作》："威略静三边，仁恩覃万姓。"

【威望】　使人崇敬的声望。徐铉《贺殷游二舍人入翰林江给事拜中丞》："阁老深严归翰苑，夕郎威望拜霜台。"

【威強】　力量强大。周昙《咏史诗·春秋战国门·再吟智伯》："徒逞威强称智伯，不知权变是愚人。"

【威稜】　威势。高适《同李员外贺哥舒大夫破九曲之作》："威稜慑沙漠，忠义感乾坤。"元稹《纪怀赠李六户曹崔二十公曹五十韵》："夔龙劳算画，貔虎带威稜。"白居易《府酒五绝·变法》："自惭到府来周岁，惠爱威稜一事无。"来鹄《梅花》："占得早芳何所利，与他霜雪助威稜。"萧遘《和王侍中谒张恶子庙》："斩马威稜应扫荡，截蛟锋刃俟升平。"韩昭《和题剑门》："闭关防老寇，孰敢振威稜。"

【威福】　指威权。见《尚书·洪范》。杜甫《草堂》："唱和作威福，孰肯辨无辜？"李咸用《富贵曲》："九野干戈指著心，威福满拳犹未快。"王周《巫庙》："日既恃威福，岁久为精灵。"

【威肅】　威武整肃。钱起《送鲍中丞赴太原军营》："宠兼三独任，威肃贰师营。"蒋涣《故太常卿赠礼部尚书李公及夫人挽歌二首》之一："能标百郡则，威肃一朝清。"

【威鳳】　瑞鸟。见《汉书·宣帝纪》。后称凤凰为"威鳳"。张说《酬崔光禄冬日述怀赠答》："山似鸣威凤，泉如出宝龟。"王维《送高适弟耽归临淮作》："野鹤终踉跄，威凤徒参差。"刘禹锡《飞鸢操》："天生众禽各有类，威凤文章在仁义。"薛逢《贺杨收作相》："威凤偶时因瑞圣，应龙无水谩通神。"韩偓《八月六日作四首》之四："威凤鬼应遮矢射，灵犀天与隔埃尘。"

【威輦】　东晋董京的字。王绩《策杖寻隐士》："孝然纵有舍，威辇遂无家。"司空曙《早春游望》："独作游社人，暮过威辇宿。"陆龟蒙《送董少卿游茅山》："威辇高悬度世名，至今仙裔作公卿。"

【威撫】　犹威服。崔日用《奉和圣制送张说巡边》："列将怀威抚，匈奴畏盛名。"

【威震】　犹威慑。韦应物《骊山行》："缵承鸿业圣明君，威震六合驱妖氛。"周昙《咏史诗·六朝门·二废帝》："自言威震为英武，肯虑湘东与玉夫。"

【威儀】　❶庄严的仪容举止。滕珦《释奠日国学观礼闻雅颂》："威仪何棣棣，环佩又纷纷。"孟郊《送魏端公入朝》："大宾威仪肃，上客冠剑鲜。"曹唐《小游仙诗九十八首》之八五："云衫玉带好威仪，三洞真人入奏时。"南巨川《美玉》："饰樽光宴赏，人珮奉威仪。"❷礼节，礼仪。杜甫《狄明府》："太宗社稷一朝正，汉官威仪重昭洗。"皇甫曾《送汤中丞和蕃》："已传尧雨露，更说汉威仪。"杨巨源《春日奉献圣寿无疆词十首》之十："愿同东观士，长对汉威仪。"姚合《和裴结端公早朝》："威仪谁可纪？柱史有新篇。"❸仪仗。则天皇后《唐大飨拜洛乐章·禋和》："奠享咸周，威仪毕备。"韩愈《大行皇太后挽歌词三首》之二："威仪备吉凶，文物杂军容。"白居易《元相公挽歌词三首》之一："铭旌官重威仪盛，骑吹声繁卤簿长。”欧阳炯《题景焕画应天寺壁天王歌》：“寺门左壁图天王，威仪部从来何方。”❹佛教经律中以行、住、坐、卧为四威仪，即规矩。拾得《诗》之三八：“终朝游俗舍，礼念作威仪。”刘长卿《秋夜北山精舍观体如师梵》：“清切兼秋远，威仪对月闲。”张籍《送律师归婺州》：“归到双溪桥北寺，乡僧争就学威仪。”齐己《寄怀江西徵岷二律师》：“几番新弟子，一样旧威仪。”

【威德】　声威德行。韩愈《送文畅师北游》：“仆射领北门，威德压胡羯。”刘禹锡《梁国祠》：“梁国三郎威德尊，女巫箫鼓走乡村。”

【威遲】　❶曲折绵延貌。杜甫《铁堂峡》：“威迟哀壑底，徒旅惨不悦。”刘禹锡《德宗神武孝文皇帝挽歌二首》之二：“凤翣拥铭旌，威迟异吉行。”又《和令狐相公春早朝回盐铁使院中作》：“柳动御沟清，威迟堤上行。”吴筠《步虚词十首》之九：“腾我八景舆，威迟入天门。”❷宛转自得貌。杜甫《通泉县署屋壁后薛少保画鹤》：“威迟白凤态，非是仓庚邻。”皎然《送陆侍御士佳赴上京》：“伊郁瑶瑟情，威迟花骢影。”

【威聲】　威名。卢从愿《奉和圣制送张说巡边》：“礼乐临轩送，威声出塞扬。”韦应物《汉武帝杂歌三首》之三：独有威声振千古，君不见后嗣尊为武。”贾至《自蜀奉册命往朔方途中呈门下崔侍郎》：“明主信英武，威声赫四邻。”李涉《邠州词献高尚书三首》之二：“将家难立是威声，不见多传卫霍名。”杜牧《送牛相出镇襄州》：“德业悬秦镜，威声隐楚郊。”李中《献中书张舍人》：“持宪威声振，司言品秩清。”

【威嚴】　威权。徐铉《送元帅书记高郎中出为婺源建威军使》：“倚马未曾妨笑傲，斩牲先要厉威严。”

【威瓌】　声色壮丽貌。孟郊《石淙》：“屑珠泻潺湲，裂玉何威瑰。”

【威懾】　以威势使人畏服。殷文圭《赠战将》：“威慑万人长凛凛，礼延群客每谦谦。”

【威权】　威势权利。张籍《庄陵挽歌词三首》之一：“佞幸威权薄，忠良宠锡饶。”白居易《偶作二首》之一：“谋虑系安危，威权主生杀。”

【威靈】　❶神灵。崔融《西征军行遇风》：“坐觉威灵远，行看氛祲息。”卢纶《宿定陵寺》：“谁悟威灵同寂灭，更堪砧杵发昭阳。”褚载《赠道士》：“六甲威灵藏瑞检，五龙雷电绕霜都。”贯休《经先主庙作》：“古庙积烟萝，威灵及物多。”轩辕弥明《谒尧帝庙》：“瞻仰威灵共回首，紫霞深处锁轩窗。”吕岩《寄白龙洞刘道人》：“黄婆丁老助威灵，撼动乾坤走神鬼。”❷声威。宋之问《奉和幸长安故城未央宫应制》：“壮丽一朝尽，威灵千载空。”刘长卿《孙权故城下怀古兼送友人归建业》：“威灵绝想像，芜没空林薮。”刘禹锡《君山怀古》：“千载威灵尽，赭山寒水中。”齐己《经安公寺》：“大圣威灵地，安公宴坐踪。”

六　画

戙　〔dòng《广韵》徒弄切，去送，定。〕驾船用具。王周《志峡船具诗》序：“峡水湍峻，激石忽发者谓之濆，沱洑而漩者谓之脑。岸石壁立，濆之忽作，篙力难制，以其木之坚韧竿直，戟其首以竹纳护之者，谓之戙。”

七　画

戛　〔jiá《广韵》古黠切，入黠，见。〕亦作“戞”。❶击；敲击。陈子昂《送著作佐郎崔融等从梁王东征》序：“尔乃投壶习射，博弈观兵，镗金铙，戛瑶琴，歌易水之慷慨，奏关山以徘徊。”《郊庙歌辞·汉宗庙乐舞辞·积善舞》：“或戛或击，载炮载烹。”韩愈、孟郊《城南联句》：“考钟馈殽核，戛鼓侑牢牲。”杜牧《茶山下作》：“燎岩野花远，戛瑟幽鸟啼。”陆龟蒙《寒夜联句》：“高唱戛金奏，朗咏铿玉节。”亦用指吹奏，演奏。姚合《咏云》：“霭霭纷纷不可穷，戛笙歌处尽随龙。”李沇《方响歌》：“梦入仙楼戛残曲，飞霜棱棱上秋玉。”❷拂，摩擦。李贺《赠陈商》：“旁古无寸寻，一上戛牛斗。”白居易《和思黯因添两韵继而美之》：“铿然双雅音，金石相磨戛。”庄南杰《湘弦曲》：“楚云铮铮戛秋露，巫云峡雨飞朝暮。”张祜《秋夜宿灵隐寺师上人》：“露叶凋阶藓，风枝戛井桐。”❸及，到达。杜甫《渼陂行》：“船舷暝戛云际寺，水面月出蓝田关。”孟郊《暮秋感思》：“振羽戛浮云，置罗任徒尔。”韩愈《送惠师》：“前年往罗浮，步戛南海漘。”❹鸣，鸣叫。刘景复《梦为吴泰伯作胜儿歌》：“倒腕斜挑掣流电，春雷直戛腾秋鹘。”见“戛戛❹”。

【戛玉】　敲击玉片。形容声音清脆悦耳。吴融《汴上观》：“千里风清闻戛玉，几人东下忆奔雷。”管雄甫《戛玉有余声》：“戛玉音难尽，凝人思转清。”

【戛玉敲冰】　形容声音清脆或铿锵。白居易《听田顺儿歌》：“戛玉敲冰声未停，嫌云不遏入青冥。”

【戛敔】　即敔。古代在雅音结束时击奏的止乐乐器。元稹《代曲江老人百韵》：“总干形屹崒，戛敔背嶙峋。”

【戛戛】　❶龃龉，抵触不合。一钵和尚《一钵歌》：“如饥吃盐加得渴，枉却一生头戛戛。”❷艰难貌。贾岛《病鹘吟》：“俊鸟还投高处栖，腾身戛戛下云梯。”❸参差不齐貌。薛能《使院栽苇》：“戛戛复差差，一丛千万枝。”❹象声词。郑谷《温处士能画鹭鹚以四韵换之》："涓涓浪溅残菱蔓，戛戛风搜折苇枝。"

【戛雲】 上摩云霄。韩偓《露》："五色呈祥须得处，戛云仙掌有金盘。"和凝《宫词百首》之七七："戛云楼上定风盘，雀跃猿跳总不难。"

戚[1] 〔qī《广韵》倉曆切，入錫，清。〕❶古代兵器名。斧之一种。亦用为舞具。李白《古风》之三四："如何舞干戚，一使有苗平。"❷亲近，亲密。韩愈《示儿》："主妇治北堂，膳服适戚疏。"亦指亲属、亲戚。鲍溶《羽林行》："临风亲戚怀，满袖儿女泪。"见"戚族"。❸皇家宗亲；外戚。高宗《太子纳妃太平公主出降》："欢凝欢懿戚，庆叶庆初姻。"刘得仁《春日雨后作》："枉是吾君戚，何门谒紫宸。"《郊庙歌辞·褒德庙乐章·进德》："涂山懿戚，妫汭崇姻。"❹忧愁；悲伤。德宗《重阳日赐宴曲江亭赋六韵诗用清字》序："夫共其戚者同其休，有其初者贵其终。"柳宗元《读书》："遇欣或自笑，感戚亦以吁。"李益《汉宫少年行》："岂知人事无定势，朝欢暮戚如掌翻。"周昙《咏史诗·三代门·子牙妻》："陵柏无心竹变秋，不能同戚拟同休。"

戚[2] 〔cù《集韵》趨玉切，入燭，清。〕通"促"。见"戚₂戚"。

【戚夫人】 汉济阴郡定陶（今属山东）人。为高祖姬，有宠，生赵王如意。事迹见《汉书·外戚传上》。于季子《咏汉高祖》："功归萧相国，气尽戚夫人。"李昂有《赋戚夫人楚舞歌》。李白《山人劝酒》："顾谓戚夫人，彼翁羽翼成。"白居易《和答诗十首·答四皓庙》："却顾戚夫人，楚舞无光辉。"

【戚里】 ❶帝王姻亲所居之地。见《史记·万石张叔列传》。许敬宗《安德山池宴集》："戚里欢娱地，园林瞩望新。"李益《春行》："侍臣朝谒罢，戚里自相过。"刘禹锡《韩十八侍御见示岳阳楼别窦司直诗因令属和重以自述故足成六十二韵》："观津戚里族，按道侯家子。"司空图《乐府》："喧传报戚里，明日幸长杨。"❷外戚。皎然《薛卿教长行歌》："家本联姻汉戚里，身是长安贵公子。"韦庄《刘得仁墓》："名有诗家业，身无戚里心。"

【戚施】 本为蟾蜍的别名。以蟾蜍四足据地，无颈，不能仰视，故用以喻阿谀献媚之人。见《文选·李康〈运命论〉》。范质《诫儿侄八百字》："所以古人疾，籧篨与戚施。"

【戚促】 穷迫；迫促。李白《空城雀》："嗷嗷空城雀，身计何戚促。"白居易《秋日醉中狂歌凡二百三十八字》："况吾头白眼已暗，终日戚促何所成。"李绅《逾岭峤止荒陬抵高要》："鹧鸪猿鸟声相续，椎髻哓呼同戚促。"陆龟蒙《萤诗》："肖翘虽振羽，戚促尽疑冰。"

【戚姬】 即戚夫人。参见"戚姬髡髮"。

【戚姬髡髮】 指汉吕后囚戚夫人于永巷并髡发钳颈之事。见《汉书·高祖吕皇后传》。李白《中山孺子妾歌》："戚姬髡翦入舂市，万古共悲辛。"

【戚戚】 ❶忧惧貌，忧伤貌。见《论语·述而》。杜甫《前出塞九首》之一："戚戚去故里，悠悠赴交河。"刘禹锡《游桃源一百韵》："纵无西山资，犹免长戚戚。"白居易《游悟真寺诗》："以此自惭惕，戚戚常寡欢。"❷低声鸣叫。韦应物《秋夜二首》之一："庭树转萧萧，阴虫还戚戚。"

【戚₂戚】 （—cù）急促貌。孟郊《弦歌行》："暗中崒崒拽茅鞭，倮足朱裈行戚戚。"鲍溶《长安言怀》："殷殷生念厚，戚戚劳者多。"

【戚逍遥】 冀州南宫（今属河北）人。十余岁，好道清谈，不为儿戏。父以《女诫》授之，不听，取《老子》、仙经诵之。年二十余，嫁同邑蒯浔，旦夕以斋戒修行为事，不为尘俗之事，愿独居小室修道，后成女仙。见《续仙传》卷上。《全唐诗》卷八六三录其诗一首。

【戚族】 亲族；外戚。刘禹锡《马嵬行》："军家诛戚族，天子舍妖姬。"

【戚疏】 亲疏。韩愈《示儿》："主妇治北堂，膳服适戚疏。"

【戚歎】 悲叹。李绅《忆登栖霞寺峰》："劳歌起旧思，戚叹竟难摅。"

【戚歷】 亦作"戚瀝"。寂静，冷静。皮日休《奉和鲁望同游北禅院》："戚历杉阴入草堂，老僧相见似相忘。"韩偓《冬日》："萧条古木衔斜日，戚沥晴寒滞早梅。"

【戚藩】 近亲诸王。见《文选·王俭〈褚渊碑文〉》。刘禹锡《武陵书怀五十韵》："西汉开支郡，南朝号戚藩。"

【戚瀝】 见"戚歷"。

【戚屬】 亲属；亲戚。沈佺期《答魑魅代书寄家人》："戚属甘胡越，声名任秕糠。"孙元晏《咏史诗·宋·黄罗襦》："戚属群臣尽见猜，预忧身后又堪哀。"

八画

戟 〔jǐ《广韵》几劇切，入陌，見。〕❶古兵器名。合戈、矛为一体。兼有戈之横击和矛之直刺双重作用。元结《演兴四首·闵岭中》："化毒铜以为戟，刺棘竹以为殳。"韦应物《送孙征赴云中》："黄骢少年舞双戟，目视傍人皆辟易。"白居易《闻李六景俭自河东令授唐邓行军司马以诗贺之》："泥埋剑戟终难久，水借蛟龙可在多。"舒元舆《八月五日中部官舍读唐历天宝已来追怆故事》:“燕戎伺其便,百万奋长戟。”❷仪仗名。古帝王外出,在止宿处插戟为门。后遂有设戟之制。唐制,庙社宫殿之门二十有四,东宫之门一十有八,一品之门十六,二品及京兆、河南、太原尹、大都督、大都护之门十四,三品及上都督、中都督、上都护、上州之门十二,下都督、下都护、中州、下州之门各十。设戟于门,谓之戟门。孙逖《故右丞相赠太师燕文贞公挽词二首》之二:“甲第三重戟,高门四列侯。”耿沣《元日早朝》:“参差万戟合,左右八貂斜。”卢纶《元日早朝呈故省诸公》:“万戟凌霜布,森森瑞气间。”曹邺《贵宅》:“入门又到门,到门戟相对。”

【戟支】 亦作“戟枝”。戟上横出刃。张籍《送防秋将》:“白首征西将,犹能射戟支。”刘禹锡《酬令狐相公春日言怀见寄》:“营飞柳絮雪,门耀戟枝霜。”又《和董庶中古散调词赠尹果毅》:“万夫列辕门,观射中戟支。”皮日休《吴中苦雨因书一百韵寄鲁望》:“著树胜戟支,中人过箭镞。”

【戟户】 显贵门户。显贵之家。高适《同郭十题杨主簿新厅》:“向风扃戟户,当署近棠阴。”张继《会稽秋晚奉呈于太守》:“寂寂讼庭幽,森森戟户秋。”张籍《酬李仆射晚春见寄》:“戟户洞初晨,莺声雨后频。”皮日休《襄州汉阳王故宅》:“戟户野蒿生翠瓦,舞楼栖鸽污雕梁。”

【戟衣】 戟套。刘禹锡《同乐天和微之深春二十首》之八:“公门吏散后,风摆戟衣斜。”杜牧《昔事文皇帝三十二韵》:“雨晴文石滑,风暖戟衣翻。”

【戟枝】 见“戟支”。

【戟門】 立戟为门。古代帝王外出,在止宿处插戟为门。唐制,官、阶、勋俱三品得立戟于门。后多用以指显贵之家或显赫的官署。王维《故南阳夫人樊氏挽歌》:“归去将何见,谁能返戟门。”岑参《送裴校书从大夫淄川觐省》:“怀中江橘熟,倚处戟门秋。”元稹《奉诚园》:“秋来古巷无人扫,树满空墙闭戟门。”朱庆余《过旧宅》:“古巷戟门谁旧宅,早曾闻说属官家。”

【戟帶】 系在戟上的带子。李贺《出城别张又新酬李汉》:“长安玉桂国,戟带披侯门。”温庭筠《夜宴谣》:“飘飖戟带俨相次,二十四枝龙画竿。”

【戟節】 (—jié)戟仗和符节。贾岛《送令狐绹相公》:“梁园趋戟节,海草几枯春。”

【戟槊】 门戟和长矛。古代权贵之家设于大门两侧的仪仗。韩愈《奉和杜相公太清宫纪事陈诚上李相公十六韵》:“卫门罗戟槊,图壁杂龙蛇。”王建《和胡将军寓直》:“进状直穿金戟槊,探更先傍玉钩栏。”

戞 同“戛”。

九 画

戡 〔kān《广韵》口含切,平覃,溪。〕❶平定。张祜《宋城道中逢王直方八韵》:“后以文投许,淮西难未戡。”见“戡難”。❷人名。白居易《哭孔戡》:“洛阳谁不死,戡死闻长安。”

【戡難】 (—nàn)消弭祸乱。李白《送张秀才谒高中丞》:“采尔幕中画,戡难光殊勋。”高适《酬河南节度使贺兰大夫见赠之作》:“愧无戡难策,多谢出师名。”皎然《送罗判官还寿州幕》:“定颂张征虏,桓桓戡难功。”鲍溶《读淮南李相行营至楚州诗》:“阃外建牙威不宾,古来戡难忆忠臣。”

戢 〔jí《广韵》阻立切,入缉,莊。〕❶收藏兵器。《诗·周颂·时迈》:“载戢干戈,载櫜弓矢。”毛传:“戢,集也。”引申指停止战争。太宗《饮马长城窟行》:“绝漠干戈戢,车徒振原隰。”齐己《送刘秀才归桑水宁觐》:“归和初喜戢戈矛,乍捧乡书感去留。”❷收敛;止息。见《诗·小雅·鸳鸯》。骆宾王《夏日游德州赠高四》:“未展从东骏,空戢图南翼。”卢仝《杂兴》:“昨朝惆怅不如君,今日悲君不如我。”杜牧《寄李播评事》:“大翼终难戢,奇锋且自韬。”❸鸟鸣。吴筠《苦春霖作寄友》:“时鸟戢好音,众芳亦微残。”❹通“辑”。安辑;和睦。贯休《上孙使君》:“为君整衢尊,为君戢蕃塞。”

【戢戈】 息兵。谓停止战争。储光羲《哥舒大夫颂德》:“戢戈旄头落,牧马昆仑平。”钱起《送王使君赴太原行营》:“太白明无象,皇威未戢戈。”

【戢羽】 敛翅止飞。韦应物《答长安丞裴说》:“安能戢羽翼,顾此林栖时。”崔枢《齐优开笼飞去所献楚王鹄》:“惠心先巧辩,戢羽见回翔。”

【戢兵】 息兵。谓停止战争。张说《封泰山乐章·凯安》:“戢兵天下安,约法人心改。”薛稷《奉和送金城公主适西蕃应制》:“天道宁殊俗,慈仁乃戢兵。”贯休《上荆南府主三让德政碑》:“四海英雄尽戢兵,皆如圪圪天金柱。”

【戢兵山】 旧石鼓山,在今安徽黟县北十五里。高百仞,周十里,有石鼓、石人、石驴。相传石鼓鸣即驴鸣,人哭而长官不利。唐天宝间改名戢兵山。见《弘治徽州府志一·山川》。许坚有《戢兵山》。

【戢武】 息兵。谓停止战争。太宗《执契静三边》:“戢武耀七德,升文辉九功。”

【戢戢】 ❶众多;密集。于鹄《过凌霄洞天谒张先生祠》:"戢戢乱峰里,一峰独凌天。"韩愈《南山诗》:"尝升崇丘望,戢戢见相凑。"又《赠崔立之评事》:"深藏篋笥时一发,戢戢已多如束笋。"❷整齐貌。张籍《采莲曲》:"青房圆实齐戢戢,争前竞折漾微波。"❸鱼张口貌。杜甫《又观打鱼》:"小鱼脱漏不可记,半死半生犹戢戢。"❹象声词。形容细小之声。元稹《表夏十首》之八:"翩翩帘外燕,戢戢巢内雏。"

【戢翼】 敛翅止飞。喻归隐或谦卑自处。李义府《咏鹦鹉》:"戢翼雕笼际,延思彩霞端。"王昌龄《郑县宿陶太公馆中赠冯六元二》:"冯公尚戢翼,元子仍跼步。"

【戢鳞】 敛鳞不游。喻蓄志待时。韩愈《赠郑兵曹》:"我材与世不相当,戢鳞委翅无复望。"

十　画

截 〔jié《广韵》昨結切,入屑,從。〕❶断,割断。李颀《听安万善吹觱篥歌》:"南山截竹为觱篥,此乐本自龟兹出。"元结《演兴四首·讼木魅》:"愿截恶木之根,倾枭獍之古巢。"韩愈《赠刘师服》:"羡君齿牙牢且洁,大肉硬饼如刀截。"白居易《有木诗八首》之一:"截枝扶为杖,软弱不自持。"❷刺,刺入。薛能《京中客舍闻筝》:"十二三弦共五音,每声如截远人心。"❸整治;整齐。见《诗·大雅·常武》。《中宗祀昊天乐章·凯安》:"风猷被有截,声教覃无外。"贯休《寿春节进》:"山河方有截,野逸诏无遗。"又《大蜀皇帝寿春节进尧铭舜颂二首·舜颂》:"四夷纳贶,九围有截。"❹直渡,跨越。见《文选·郭璞〈江赋〉》。孟浩然《寻天台山》:"歇马凭云宿,扬帆截海行。"❺裁,裁剪。戴叔伦《女耕田行》:"去年灾疫牛囤空,截绢买刀都市中。"白居易《新乐府·阴山道》:"缣丝不足女工苦,疏织短截充匹数。"

【截肪】 切开的脂肪。喻颜色和质地白润。柳宗元《弘农公以硕德伟材屈于诬枉谨献诗五十韵以毕微志》:"采绶还垂艾,华簪更截肪。"白居易《文柏床》:"玄斑状狸首,素质如截肪。"杜牧《怀钟陵旧游四首》之一:"一谒征南最少年,虞卿双璧截肪鲜。"李损之《都堂试贡士庆春雪》:"匝地如铺练,凝阶似截肪。"

【截河】 横截黄河之水。见《书·禹贡》。王维《别綦毋潜》:"高张多绝弦,截河有清济。"

【截海】 横在海中。元稹《估客乐》:"一身偃市利,突若截海鲸。"

【截流】 横流。孟浩然《秋日陪李侍御渡松滋江》:"截流宁假楫,挂席自生风。"李绅《渡西陵十六韵》:"截流张旆影,分岸走鼙声。"

【截雲】 切云,切断云。杨巨源《圣恩洗雪镇州寄献裴相公》:"曾贺截云翻栅远,仍闻劚冻下营深。"李贺《走马引》:"我有辞乡剑,玉锋堪截云。"

【截然】 界线分明貌。韩愈《陆浑山火和皇甫湜用其韵》:"截然高周烧四垣,神焦鬼烂无逃门。"

【截蒲】 谓截取蒲叶写字。见《汉书·路温舒传》。后用为咏勤学之典。温庭筠《病中书怀呈友人》:"赠远聊攀柳,栽书欲截蒲。"李瀚《蒙求》:"文宝缉柳,温舒截蒲。"

【截絹買刀】 唐时绢可作为货币使用,故截下几尺绢可买一把刀。戴叔伦《女耕田行》:"去年灾疫牛囤空,截绢买刀都市中。"

【截斷】 ❶切断。白居易《太湖石》:"削成青玉片,截断碧云根。"李绅《逾岭峤止荒陬抵高要》:"衡山截断炎方北,回雁峰南瘴烟黑。"曹邺《奉命齐州推事毕寄本府尚书》:"截断奸吏舌,擘开冤人肠。"韦庄《天井关》:"劚开岚翠为高垒,截断云霞作巨防。"❷打断。韩愈《记梦》:"口前截断第二句,绰虐顾我颜不欢。"

十一画

戮 〔lù《广韵》力竹切,入屋,來。〕❶杀。张九龄《和黄门卢监望秦始皇陵》:"国为项籍屠,君同华元戮。"杜甫《醉为马坠诸公携酒相看》:"何必走马来为问,君不见嵇康养生遭杀戮。"李商隐《哭虔州杨侍郎》:"甘心亲垤蚁,旋踵戮城狐。"唐彦谦《咸通中成二十韵》:"近者淮夷戮,前年归马调。"❷通"勠"。并,合。见"戮力"。

【戮力】 勉力;并力。戮,通"勠"。见《书·汤诰》。张祜《投魏博李相国三十二韵》:"王师初戮力,贼将首推诚。"朱存《新亭》:"倘能戮力扶王室,当自新亭复故乡。"

【戮辱】 受刑被辱。杜甫《行次昭陵》:"直词宁戮辱,贤路不崎岖。"又《寄彭州高三十五使君适虢州岑二十七长史参三十韵》:"蚩尤终戮辱,胡羯漫猖狂。"白居易《和答诗十首·答四皓庙》:"君看秦狱中,戮辱者李斯。"又《读史五首》之二:"当彼戮辱时,奋飞无翅羽。"

【戮竇】 谓杀戮窦建德。建德,隋末起义首领。白居易《新乐府·七德舞》:"太宗十八举义兵,白旄黄钺定两京,擒充戮窦四海清。"

【戮讎】 杀戮仇人。孟郊《杀气不在边》:"灵响复何事,剑鸣思戮仇。"

十二画

戰〔zhàn《广韵》之膳切，去線，章。〕❶作战；战争。孟浩然《送莫甥兼诸昆弟从韩司马入西军》："所从文且武，不战自应宁。"韩愈《元和圣德诗》："战不贪杀，擒不滥数。"白居易《贺雨》："二年戮李锜，不战安江东。"熊曜《送杨谏议赴河西节度判官兼呈韩王二侍御》："王师已无战，传檄奉良臣。"亦泛称斗争争斗。❷角逐；较量。韩愈《寄崔二十六立之》："往岁战词赋，不将势力随。"刘禹锡《送王司马之陕州》："两京大道多游客，每遇词人战一场。"方干《送喻坦之下第还江东》："文战偶未胜，无令移壮心。"张蠙《送缙云尉》："三年罢趋府，应更战高科。"见"戰勝"。❸恐惧；发抖。见《吕氏春秋·审应》。杜甫《元日示宗武》："汝啼吾手战，吾笑汝身长。"韦应物《马明生遇神女歌》："神女呵责不合见，仙子谢过手足战。"卢纶《腊日观咸宁王部曲娑勒擒豹歌》："拖自深丛目如电，万夫失容千马战。"张元一《嘲武懿宗》："去贼七百里，隈墙独自战。"❹摇晃；晃动。白居易《生别离》："天寒野旷何处宿，棠梨叶战风飕飕。"李商隐《子初全溪作》："战蒲知雁唼，皱月觉鱼来。"陆龟蒙《江南二首》之二："村边紫豆花垂次，岸上红梨叶战初。"李洞《赠庞炼师》："睡融春日柔金缕，妆发秋霞战翠翘。"

【戰人】　战士。姚合《剑器词三首》之一："今日当场舞，应知是战人。"

【戰士】　士兵。参加作战的人。辛常伯《军中行路难》："将军拥麾宣庙略，战士横戈静夷落。"岑参《青山峡口泊舟怀狄侍御》："把笔判甲兵，战士不敢骄。"白居易《新乐府·七德舞》："含血吮创抚战士，思摩奋呼乞效死。"吴融《太湖石歌》："初疑朝家正人立，又如战士方狙击。"

【戰亡】　指阵亡战士。太宗有《伤辽东战亡》。

【戰文】　以诗文相较量。裴度、李绅《刘二十八自汝赴左冯途经洛中相见联句》："插羽先飞酒，交锋便战文。"刘禹锡《乐天是月长斋遂为联句所期解闷焉敢惊禅》："持论峰峦峻，战文矛戟森。"亦指应科举考试。白居易《东南行一百韵》："战文重掉鞅，射策一弯弧。"

【戰功】　战争中所立之功劳。李益《送柳判官赴振武》："君逐嫖姚将，麒麟有战功。"叶季良《省试吴宫教美人战》："自可威邻国，何劳逞战功。"马戴《塞下曲二首》之一："却想羲轩氏，无人尚战功。"张蠙《吊万人冢》："可怜白骨攒孤冢，尽为将军觅战功。"

【戰代】　战国时代。罗隐《大梁见乔诩》："战代安鳌国，封崇孝景朝。"

【戰地】　战场及战场附近之地区。杨汝士《建节后偶作》："山僧见我衣裳窄，知道新从战地来。"陆龟蒙《徐方平后闻赦因寄袭美》："英材尽作龙蛇蛰，战地多成虎豹村。"方干《贼退后赠刘将军》："二年战地成桑茗，千里荒榛作比间。"齐己《夜次湘阴》："时难多战地，野阔绝春耕。"

【戰伐】　征战；战争。杜甫《后出塞五首》之一："战伐有功业，焉能守旧丘。"李绅《早渡扬子江》："焚却戍船无战伐，使知风教被乌蛮。"贾岛《寄沧州李尚书》："武可纵横讲，功从战伐论。"吴筠《高士咏·商山四皓》："万方厌秦德，战伐何纷纷。"

【戰血】　战斗中士兵所流之血。司马扎《古边卒思归》："梦中稻花香，觉后战血腥。"陆龟蒙《杂讽九首》之一："凶门尚儿戏，战血波澒溶。"贯休《古塞下曲四首》之四："战血染黄沙，风吹映天赤。"

【戰色】　战争的气氛。杨乘《甲子岁书事》："风雷随出师，云霞有战色。"

【戰角】　(一jiǎo)军队的号角。多借指战争的号角声。杜甫《遣兴》："天地军麾满，山河战角悲。"皇甫冉《送袁郎中破贼北归》："万里长闻随战角，十年不得掩郊扉。"

【戰没】　阵亡。张籍《将军行》："边人亲戚曾战没，今逐官军收旧骨。"

【戰武牢】　唐饶歌鼓吹曲名。柳宗元撰。柳宗元有《鼓吹铙歌·战武牢》。

【戰服】　战衣；戎服。韩愈、孟郊《城南联句》："战服脱明介，朝冠飘彩纮。"

【戰争】　❶民族、国家、阶级、集团之间的武装斗争。李白《读诸葛武侯传书怀赠长安崔少府叔封昆季》："汉道昔云季，群雄方战争。"孟郊《自叹》："古若不置兵，天下无战争。"皮日休《正乐府十篇·路臣恨》："七雄战争时，宾旅犹自通。"韦庄《悯耕者》："何代何王不战争，尽从离乱见清平。"❷泛称争斗，斗争。吕岩《渔父词一十八首·活得》："龙飞踊，虎狰狞，吐个神珠各战争。"

【戰卒】　(一zú)兵士，战士。韩愈《晚秋郾城夜会联句》："仓空战卒饥，月黑探兵错。"许棠《五原书事》："如何非战卒，弓剑不离腰。"

【戰城南】　乐府旧题，为《鼓吹曲辞·汉饶歌》十八曲之一。多写战争伤亡景象，哀悼阵亡士卒。李白、徐九皋、汪遵、曹邺等均有此作。

【戰威】　战争；兵威。李涉《送孙尧夫赴举》："自说轩皇息战威，万方无复事戎衣。"

【戰軍】　作战部队。丁棱《塞下曲》："烽举战军动，天寒征马嘶。"

【戰馬】　经过训练用于作战之马。苏颋《饯赵尚书摄御史大夫赴朔方军》："拔剑行人舞，挥戈战马驰。"戎昱《塞下曲》："高蹄战马三千匹，落日平原秋草中。"白行简《归马华山》："牧野功成后，周王战马闲。"司空图《华清宫》："岂知驱战马，只是太平人。"

【戰格】 防御用的战栅。杜甫《潼关吏》："连云列战格，飞鸟不能逾。"

【戰骨】 战死者的骸骨。李颀《古从军行》："年年战骨埋荒外，空见蒲桃入汉家。"陈标《饮马长城窟》："千堆战骨那知主，万里枯沙不辨春。"罗邺《边将》："战骨沙中金镞在，贺筵花畔玉盘新。"周朴《塞上行》："世世征人往，年年战骨深。"

【戰耕】 作战和耕地。陆龟蒙《江南秋怀寄华阳山人》："许国轻妻子，防边重战耕。"

【戰袍】 战士所穿之长衣。亦泛称军衣。王建《田侍郎归镇》："熨贴朝衣抛战袍，夔龙班里侍中高。"徐凝《莫愁曲》："玳瑁床头刺战袍，碧纱窗外叶骚骚。"马戴《出塞词》："金带连环束战袍，马头冲雪度临洮。"秦韬玉《塞下》："到处人皆著战袍，麾旗风紧马蹄劳。"

【戰陣】 ❶交战对阵。借指战争。张谓《别睢阳故人》："城池经战阵，人物恨存亡。"畅当《奉送杜中丞赴洪州》："江湖经战阵，草木待仁风。"❷陈列；阵营。韩愈《南山诗》："或屹若战阵，或围若蒐狩。"

【戰場】 两军交战之处。李峤《奉使筑朔方六州城率尔而作》："马牛被路隅，锋镝销战场。"杜甫《北征》："夜深经战场，寒月照白骨。"姚合《从军行》："昨来发兵师，各各赴战场。"皮日休《馆娃宫怀古五绝》之三："半夜娃宫作战场，血腥犹杂宴时香。"

【戰略】 作战的谋略。高适《自淇涉黄河途中作十三首》之六："当时无战略，此地即边戍。"

【戰國】 ❶时代名。自周威烈王二十三年(前403)韩、赵、魏三家分晋列为诸侯至秦始皇统一六国(前221)止。陈子昂《蓟丘览古赠卢居士藏用七首·乐生》："王道已沦昧，战国竞贪兵。"李白《古风》之五三："战国何纷纷，兵戈乱浮云。"聂夷中《胡无人行》："不读战国书，不览黄石经。"罗隐《燕昭王墓》："战国苍茫难重寻，此中踪迹想知音。"❷谓尚战之国或战争中的国家。费冠卿《酬范中丞见》："战国方须礼干木，康时何必重侯嬴。"殷文圭《寄广南刘仆射》："战国从今却尚文，品流才子作将军。"齐己《和昙域上人寄赠之什》："百病煎衰朽，栖迟战国中。"

【戰舸】 战船。陆龟蒙《京口》："战舸昔浮千骑去，钓舟今载一翁轻。"

【戰將】 (—jiàng)善战之将领。白居易《宣武令狐相公以诗寄赠聊奉短草用申酬谢》："辞人命薄多无位，战将功高少有文。"又《送徐州高仆射赴镇》："战将易求何足贵，书生难得始堪荣。"杜牧《寄崔钧》："词臣陪羽猎，战将骋骐驎。"皮日休《三羞诗三首》之二："军庸满天下，战将多金玉。"

【戰酣】 战斗正激烈之时。姚合《剑器词三首》之二："今朝重起舞，记得战酣时。"

【戰策】 指兵法，春秋有名将司马穰苴，齐景公时为将军，善于用兵，约束严明，曾击败燕、晋，收得齐国失地。死后，威王使大夫追论古之《司马兵法》，而把穰苴之作附于其中，称为《司马穰苴兵法》。见《史记·司马穰苴列传》。杜甫《秋日荆南送石首薛明府辞满告别奉寄薛尚书颂德叙怀斐然之作三十韵》："侍臣双宋玉，战策两穰苴。"

【戰勝】 ❶经过战斗、较量而取胜。多用于战争。亦用于棋艺等。高适《东平旅游奉赠薛太守二十四韵》："观棋知战胜，探象会冥搜。"陆龟蒙《读阴符经寄鹿门子》："但学战胜术，相高甲兵屯。"孙元晏《咏史诗·陈·宣帝伤将卒》："前后兵师战胜回，百余城垒尽归来。"❷指一种思想克服另一种思想。见《韩非子·喻老》。王维《与胡居士皆病寄此诗兼示学人二首》之一："战胜不谋食，理齐甘负薪。"杜甫《寄刘峡州伯华使君四十韵》："神融蹑飞动，战胜洗侵凌。"白居易《老去》："战胜心还壮，斋勤体校羸。"李群玉《洞庭驿楼雪夜宴集奉赠前湘州张员外》："方穷立命说，战胜心悠悠。"❸特指在科举考试中获胜。岑参《送薛播擢第归河东》："归去新战胜，盛名人共闻。"又《送严诜擢第归蜀》："战胜真才子，名高动世人。"又《送王伯伦应制授正字归》："战胜时偏许，名高人共闻。"又《送魏升卿擢第归东都因怀魏校书陆浑乔潭》："故人适战胜，匹马归山东。"

【戰勝樂】 (樂 yuè)乐府杂曲歌辞，可能出于盛唐。咏调名本意。五言，四句，二十字，三平韵。传辞如五绝，首句以仄起。《全唐诗》卷二七录有无名氏《战胜乐》一首。

【戰鼓】 古代作战时鼓舞士气所击之鼓。亦借指战争。李廓《猛士行》："战鼓惊沙恶天色，猛士虬髯眼前黑。"温庭筠《鸡鸣埭曲》："彗星拂地浪连海，战鼓渡江尘涨天。"韦庄《对梨花赠皇甫秀才》："腾腾战鼓正多事，须信明朝难重持。"徐铉《送刘山阳》："战鼓何时息，儒冠独自行。"

【戰跳】 颤抖。薛逢《镊白曲》："今年镊白发，两眼昏昏手战跳。"

【戰詩】 较量诗歌之优劣。韩愈《送灵师》："战诗谁与敌，浩汗横戈铤。"

【戰慄】 因恐惧而发抖。见《论语·八佾》。杜甫《自京赴奉先县咏怀五百字》："多士盈朝廷，仁者宜战栗。"柳宗元《种白蘘荷》："窜伏常战栗，怀故逾悲辛。"

【戰兢】　畏惧戒慎貌。《诗·小雅·小旻》:"战战兢兢,如临深渊,如履薄冰。"毛传:"战战,恐也。兢兢,戒也。"太宗《赋尚书》:"既承百王末,战兢随岁转。"杜甫《寄刘峡州伯华使君四十韵》:"筋力交凋丧,飘零免战兢。"

【戰圖】　作战地图。曹松《己亥岁二首》之一:"泽国江山入战图,生民何计乐樵苏。"

【戰旗】　军中之旗帜。亦借指战争。杜荀鹤《赠秋浦张明府》:"农夫背上题军号,贾客船头插战旗。"徐夤《两晋》:"谁知高鼻能知数,竞向中原簇战旗。"齐己《折杨柳词四首》之三:"多谢将军绕营种,翠中闲卓战旗红。"

【戰塵】　战场上的尘埃。借指战争。杨巨源《圣恩洗雪镇州寄献裴相公》:"天借春光洗绿林,战尘收尽见花阴。"温庭筠《鸿胪寺有开元中锡宴堂楼台池沼雅为胜绝荒凉遗址仅有存者偶成四十韵》:"纵火三月赤,战尘千里黄。"韦庄《和郑拾遗秋日感事一百韵》:"战尘轻犯阙,羽旆远巡梁。"齐己《寄荆幕孙郎中》:"别来乡国魂应断,剑阁东西尽战尘。"

【戰鋒】　兵器尖端。陆龟蒙《奉和袭美古杉三十韵》:"战锋新缺齾,烧岸黑黖黧。"

【戰敵】　战场上的敌人。杜审言《和李大夫嗣真奉使存抚河东》:"中军归战敌,外府绝兵权。"

【戰機】　❶用兵作战的谋略。李昌符《秋中夜坐》:"为应金门策,多应说战机。"司空图《洛阳咏古》:"石勒童年有战机,洛阳长啸倚门时。"❷战争。韦庄《题淮阴侯庙》:"能扶汉代成王业,忍见唐民陷战机。"周昙《咏史诗·春秋战国门·鲁仲连》:"昔进烧牛发战机,夜奔惊火走燕师。"

【戰器】　兵器。许棠《将过单于》:"行李亦须携战器,趋迎当便著戎衣。"

【戰戰兢兢】　畏惧谨慎貌。见《诗·小雅·小旻》。贾岛《让纠曹上乐使君》:"战战复兢兢,犹如履薄冰。"

【戰篦】　装饰在妇女头上微微抖动的篦子。温庭筠《思帝乡》词:"回面共人闲语,战篦金凤斜。"又《归国遥》词:"双脸,小凤战篦金飐艳。"

【戰壁】　军垒。崔融《从军行》:"坐看战壁为平土,近待军营作破羌。"

【戰聲】　战鼓之声。借指战争。王维《从军行》:"日暮沙漠陲,战声烟尘里。"杜甫《悲陈陶》:"野旷天清无战声,四万义军同日死。"唐彦谦《毗陵道中》:"禾麻地废生边气,草木春寒起战声。"张蠙《古战场》:"如何万古冤魂在,风雨时闻有战声。"

【戰壘】　战争中及以防守的堡垒。羊士谔《郡中即事三首》之一:"鼓角清明如战垒,梧桐摇落似贫居。"赵嘏《送李裴评事》:"城临战垒黄云晚,马渡寒沙夕照微。"陆龟蒙《奉和袭美初夏游楞伽精舍次韵》:"战垒竞高深,儒衣谩褒博。"罗隐《轻飙》:"战垒平时少,斋坛上处多。"

【戰鼙】　古代军中马上所击之鼓。借指战争。耿湋《奉和李观察登河中白楼》:"何心更和阳春奏,况复秋风闻战鼙。"贾岛《寄武功姚主簿》:"陇色澄秋月,边声入战鼙。"韦庄《江上逢史馆李学士》:"关河自此为征垒,城阙于今陷战鼙。"曹松《送陈樵校书归泉州》:"别席侵残漏,归程避战鼙。"

【戰艦】　大型战船。李白《永王东巡歌十一首》之七:"战舰森森罗虎士,征帆一一引龙驹。"李商隐《潭州》:"陶公战舰空滩雨,贾傅承尘破庙风。"陆龟蒙《奉和袭美太湖诗二十首·练渎》:"战舰百万辈,浮宫三十余。"王涣《惆怅诗十二首》之四:"隋师战舰欲亡陈,国破应难保此身。"

【戰鷁】　战船。因船首常画鹢首,故称。沈佺期《奉和晦日驾幸昆明池应制》:"战鹢逢时去,恩鱼望幸来。"

【戰鬭】　❶战争,敌我双方的武装冲突。王宏《从军行》:"从来战斗不求勋,杀身为君君不闻。"李白《豫章行》:"岂惜战斗死,为君扫凶顽。"杜甫《昼梦》:"安得务农息战斗,普天无吏横索钱。"韩偓《伤乱》:"故国几年犹战斗,异乡终日见旌旗。"❷泛指争斗。韩愈《贞女峡》:"江盘峡束春湍豪,风雷战斗鱼龙逃。"

十三画

戲[1]　〔xì《广韵》香義切,去寘,晓。〕亦作"戯"。❶开玩笑;嘲弄。杜甫《题壁画马歌》:"戏拈秃笔扫骅骝,欻见骐驎出东壁。"韩愈《琴曲歌辞·越裳操》:"厥临孔威,敢戏以侮。"皮日休《正乐府十篇·颂夷臣》:"所以不学者,反为夷臣戏。"齐己《寄洛下王彝训先辈二首》之二:"寻常谁并马,桥上戏成篇。"❷指人游玩或游戏。亦指动物活动。太宗《采芙蓉》:"结伴戏方塘,携手上雕航。"刘长卿《至德三年春正月寄上浙西节度李侍郎中丞行营五十韵》:"洲香生杜若,溪暖戏鸡鹊。"元稹《除夜酬乐天》:"引傩绥旆乱毵毵,戏罢人归思不堪。"朱庆余《凤翔西池与贾岛纳凉》:"蝶飞逢草住,鱼戏见人沉。"王贞白《田舍曲》:"牛羊晚自归,儿童戏野田。"❸指歌舞杂技等的表演。张说《奉和圣制观拔河俗戏应制》:"春来百种戏,天意在宜秋。"张籍《寒食内宴二首》之一:"千官尽醉犹教坐,百戏皆呈未放休。"刘禹锡《和滑州李尚书上巳忆江南禊事》:"柳营唯有军中戏,不似江南三月时。"白居易《新乐府·西凉伎》:"纵无智力未能收,忍取西凉弄为戏。”

戲² 〔hū《广韵》荒烏切，平模，曉。〕通“嚱”。惊叹词。李白《蜀道难》：“噫吁戲，危乎高哉，蜀道之难难于上青天。”

【戲水】 嬉戏于水上。罗虬《比红儿诗》之二十：“戏水源头指旧踪，当时一笑也难逢。”

【戲弄】 （—nòng）戏耍；玩弄。白居易《自咏五首》之一：“形骸与冠盖，假合相戏弄。”

【戲伴】 游玩的伴侣。白居易《新乐府·井底引银瓶》：“笑随戏伴后园中，此时与君未相识。”

【戲言】 开玩笑。元稹《遣悲怀三首》之二：“昔日戏言身后意，今朝皆到眼前来。”白居易《和答诗十首·答桐花》：“戒君无戏言，翦叶封弟兄。”

【戲馬】 ❶驰马取乐。王贞白《少年行二首》之一：“戏马上林苑，斗鸡寒食天。”❷一种儿童游戏。小孩将竹竿骑在裆下作马。李绅《南庭竹》：“莫令戏马童儿见，试引为龙道士看。”❸马术的一种。韦元旦《奉和圣制春日幸望春宫应制》：“危竿竞捧中街日，戏马争衔上苑花。”❹戏马台的省称。杜甫《九日登梓州城》：“共赏重阳节，言寻戏马游。”孟郊《南阳公请东樱桃亭子春宴》：“方知戏马会，永谢登龙宾。”此均指今江苏徐州市铜山区南之戏马台。钱珝《江行无题一百首》之四二：“曹园旧尊酒，戏马忆高台。”

【戲馬臺】 古迹名。(1)在今江苏徐州市铜山区南。传为西楚霸王项羽戏马之处。后人常在重阳日在戏马台练习马术，比赛射箭，同时筵饮游乐。据传此种风俗始于宋武帝刘裕。见《文选·南朝宋谢瞻〈九日从宋公戏马台集送孔令〉》李善注。张说《湘州九日城北亭子》：“西楚茱萸节，南淮戏马台。”李白《宣城九日醉后寄崔侍御二首》之二：“遥羡重阳作，应过戏马台。”皎然《九日陪颜使君真卿登水楼》：“偶见登龙客，同游戏马台。”薛逢《重送徐州李从事商隐》：“斩蛇泽畔人烟晓，戏马台前树影疏。”(2)在今江苏扬州市江都区。台下有一路，名玉钩斜，是隋代埋葬宫女之处。钱珝《江行无题一百首》之四二：“曹园旧樽酒，戏马忆高台。”

【戲笑】 玩笑；嬉笑。李嘉祐《送从叔阳冰祗召赴都》：“自小从游惯，多由戏笑偏。”

【戲魚】 嬉戏之鱼。太宗《秋日斅庾信体》：“花生圆菊蕊，荷尽戏鱼通。”李频《山中夜坐》：“戏鱼重跃定，惊鸟却栖难。”谢邈《谢僧寄拄杖》：“窗外冷敲檐冻折，溪边闲点戏鱼沈。”

【戲鼎魚】 在锅里游动的鱼。喻即将死亡的事物。见《后汉书·张纲传》。刘禹锡《览董评事思归之什因以诗赠》：“欹枕醉眠成戏蝶，抱琴闲望送归鸿。”王起《赋花》：“戏蝶未成梦，娇莺语更夸。”姚合《赏春》：“娇莺语足方离树，戏蝶飞高始过墙。”韦庄《归国遥》词之三：“春欲晚，戏蝶游蜂花烂熳。”

【戲團】 玩弄雪球。白居易《雪中即事答微之》：“戏团稚女呵红手，愁坐衰翁对白须。”

【戲劇】 儿戏。杜牧《西江怀古》：“魏帝缝囊真戏剧，苻坚投箠更荒唐。”

【戲嘲】 嘲笑。韩愈《昼月》：“嗟汝下民或敢侮，戏嘲盗视汝目瞽。”

【戲調】 （—tiáo）调戏。谓以轻佻言语或行为狎弄人。元稹《会真诗三十韵》：“戏调初微拒，柔情已暗通。”

【戲謔】 开玩笑；以诙谐的言词取笑。语出《诗·卫风·淇奥》。陈元光《示珦》：“勤劳思命重，戏谑逐时空。”张说《游龙山静胜寺》：“儿童共戏谑，猿鸟相惊顾。”独孤及《送相里郎中赴江西》：“共求数刻欢，戏谑君此堂。”

【戲鞭】 扬鞭策马。玄宗《初入秦川路逢寒食》：“自从关路入秦川，争道何人不戏鞭。”

【戲瀨】 嬉游于水湍，水激石间为濑。王维《白鼋涡》：“白鼋涡涛戏濑兮，委身以纵横。”

【戲鼙】 戏击小鼓。李绅《到宣武三十韵》：“戏鼙千卒跃，均酒百壶倾。”

戴 〔dài《广韵》都代切，去代，端。〕❶把东西加在头上或用头顶着，引申指加物于面、胸、手等之上。李白《怀仙歌》：“巨鳌莫戴三山去，我欲蓬莱顶上行。”白居易《江南喜逢萧九彻因话长安旧游戏赠五十韵》：“戴花红石竹，帔晕紫槟榔。”杜牧《忆游朱坡四韵》：“如今归不得，自戴望天盆。”薛能《春日使府寓怀二首》之一：“一想流年百事惊，已抛渔父戴尘缨。”杜光庭《富贵曲》：“岂知两片云，戴却数乡税。”❷尊奉，拥戴。见《国语·周语上》。杜甫《黄河二首》之二：“愿驱众庶戴君王，混一车书弃金玉。”元结《补乐歌十首·大夏》：“上有茂功兮，下戴仁天。”权德舆《仲秋朝拜昭陵》：“神祇戴元圣，君父纳大麓。”元稹《顺宗至德大圣大安孝皇帝挽歌词三首》之一：“讴歌同戴启，遏密共思尧。”皮日休《鲁望读襄阳耆旧传见赠五百言次韵》：“知者竞欲戴，嫉者或将诟。”❸感激；感恩。李白《在水军宴赠幕府诸侍御》：“齐心戴朝恩，不惜微躯捐。”元稹《旱灾自咎贻七县宰》：“竭力不敢惮，惭戴天子恩。”李商隐《偶成转韵七十二句赠四同舍》：“彭门十万皆雄勇，首戴公恩若山重。”黄滔《二月二日宴中贻同年封先辈渭》：“同戴大恩何处报，永言交道契陈雷。”❹姓。后汉有戴封，晋有戴逵。唐诗人有戴叔伦等。

【戴天】 ❶头顶青天。邵谒《送从弟长安下第南归觐亲》：“白日不得照，戴天如戴盆。”❷承受天恩或君恩。宋璟《奉和圣制同二相已下群官乐游园宴》:“戴天惟庆幸,选地即殊尤。”王维《奉和圣制登降圣观与宰臣等同望应制》:“维岳降二臣,戴天临万姓。”

【戴天山】 山名。又名大康山或大匡山。在今四川江油市。李白幼年曾在此山中的大明寺读书。李白有《访戴天山道士不遇》。

【戴公】 指汉戴封。李峤《席》:“避席承宣父,重筵揖戴公。”

【戴公懷】 籍贯未详。贞元七年(791),路应任温州刺史,作《仙居四瀑布即事》寄包佶、李纾、李岑等,公怀在幕中,有唱和诗。《全唐诗》卷八八七录其诗一首。

【戴月】 形容破晓前启行或夜行。曹唐《望九华寄池阳杜员外》:“戴月早辞三秀馆,迟明初识九华峰。”秦韬玉《钓翁》:“朝携轻棹穿云去,暮背寒塘戴月回。”尹鹗《何满子》词:“戴月潜穿深曲,和香醉脱轻裘。”

【戴斗鄉】 指北方之地。斗,指北斗,位于北方,故以“戴斗”称北方。张易之《出塞》:“转战磨笄地,横行戴斗乡。”

【戴白】 头戴白发,形容人老。见《汉书·严助传》。亦借称老年人。陆龟蒙《庆封宅古井行》:“江南戴白尽能言,此地曾为庆封宅。”

【戴令】 指汉戴封。封曾任西华令。张祜《苦旱》:“狱俟于公决,心期戴令虔。”

【戴玄】 即张戴玄。张籍从弟。张籍有《送从弟戴玄往苏州》。

【戴司顔】 司或作思,误。籍贯未详。大顺元年(890)进士及第。乾宁中,任太常博士。事迹略见《唐诗纪事》卷六六。《全唐诗》卷六九十录其诗二首。

【戴休珽】 戴休璇之讹。河东桑泉(今山西临猗西)人。事迹略见《元和姓纂》卷九。《全唐诗》卷七七一录其诗一首。

【戴休璇】 见“戴休珽”。

【戴安道】 即晋戴逵。逵字安道。杜甫《从驿次草堂复至东屯二首》之一:“非寻戴安道,似向习家池。”李群玉有《规公业在净名得甚深义仆近获顾长康月宫真影对戴安道所画文殊走笔此篇以屈瞻礼》。

【戴豸】 豸,指獬冠。獬豸为传说中的神兽,能别曲直。汉代以为法冠。执法官吏侍御史等戴之。后以“戴豸”作咏侍御史之典。李端《冬夜集张尹后阁》:“乘龟兼戴豸,白面映朱衣。”喻凫《夏日龙翔寺居即事寄崔侍御》:“何当戴豸客,复此问生涯。”许棠《送前汝州李侍御罢归宣城》:“吟诗早得名,戴豸又加荣。”曹邺《寄监察从兄》:“吾宗戴豸冠,忽然入西京。”

【戴角】 (—jiǎo)头顶上生角。见《列子·黄帝》。卢肇《别宜春赴举》:“辞乡且伴衔芦雁,入海终为戴角鱼。”蒋贻恭《谢郎中惠茶》:“想料肠怀无答处,披毛戴角谢郎中。”

【戴武弁】 指出任武职。见《后汉书·舆服志下》。韩翃《赠别太常李博士兼寄两省旧游》:“两年戴武弁,趋侍明光殿。”权德舆《省中春晚忽忆江南旧居戏书所怀因寄两浙亲故杂言》:“今兹戴武弁,谬列金门彦。”

【戴叔倫】 (732—789)字次公。一作幼公,误;名一作融,字叔伦。事迹见《新唐书》本传。《郡斋读书志》卷十八另著录其《外诗》一卷,《书状》一卷,明人辑有诗集二卷。《全唐诗》卷二七三、卷二七四录其诗二卷。

【戴侍中】 指汉戴凭。凭光武时为侍中,兼领虎贲中郎将。李商隐《今月二日不自量度辄以诗一首四十韵干渎尊严辄复五言四十韵诗献上亦诗人咏叹不足之义也》:“处剧张京兆,通经戴侍中。”参见“戴凴重席”。

【戴居士】 指南朝宋戴颙。颙为征士。李涉《题招隐寺即戴颙旧宅》:“欲问前朝戴居士,野烟秋色是丘陵。”

【戴封】 字平仲。济北刚县(今山东宁阳东北)人。年十五,诣太学,师事东海申君。事迹见《后汉书》本传。李瀚《蒙求》:“戴封积薪,耿恭拜井。”

【戴星】 ❶顶着星星。喻早出或晚归。成彦雄《元日》:“戴星先捧祝尧觞,镜里堪惊两鬓霜。”❷见《吕氏春秋·察贤》。后以“戴星”称官吏勤政。罗隐《夜泊义兴戏呈邑宰》:“溪畔维舟问戴星,此中三害有图经。”又《送前南昌崔令替任映摄新城县》:“五年苛政甚虫螟,深喜夫君已戴星。”李瀚《蒙求》:“巫马戴星,宓贱弹琴。”

【戴思顔】 见“戴司顔”。

【戴迪】 籍贯未详。官凤翔节度使从事。韩翃有《送戴迪赴凤翔幕府》。

【戴竿】 百戏节目之一。即今之顶竿,以头或齿顶长竿。见唐张鷟《朝野佥载》卷六。刘晏有《咏王大娘戴竿》。《幽州谣》:“旧来夸戴竿,今日不堪看。”

【戴侯】 即晋杨肇。肇谥曰戴。见《文选·潘岳〈怀旧赋〉》。卢伦《送黎兵曹往陕府结亲》:“何言在阴者,得是戴侯宗。”

【戴胄】 (?—633)字玄胤。相州安阳(今属河南)人。隋大业末,为门下录事。事迹见新旧《唐书》本传。白居易《新乐府·七德舞》自注:“太宗尝谓侍臣曰:‘妇人幽闭深宫,情实可愍。今将出之,任求伉俪。’于是令左丞戴胄、给事中杜正伦于掖庭宫西门拣出数千人,尽放归。”

【戴盆】　将盆覆戴在头上。见晋葛洪《抱朴子·辨问》。后用"戴盆"喻指陷于困境或蒙受冤屈。杜牧《昔事文皇帝三十二韵》:"照胆常悬镜,窥天自戴盆。"邵谒《送从弟长安下第南归觐亲》:"白日不得照,戴天自戴盆。"聂夷中《客有追叹后时者作诗勉之》:"我亦二十年,直似戴盆行。"罗隐《临川投穆中丞》:"试将生计问蓬根,心委寒灰首戴盆。"

【戴員外】　指戴叔伦。叔伦贞元元年(785)为抚州刺史,后检校礼部郎中。权德舆有《同陆太祝鸿渐崔法曹载华见萧侍御留后说得卫抚州报推事使张侍御却回前刺史戴员外无事喜而有作三首》。

【戴家】　指晋戴逵家。见《世说新语·任诞》。后用作思友或访友之典。李端《云阳观寄袁稠》:"戴家溪北住,雪后去相寻。"武元衡《中春亭雪夜寄西邻韩李二舍人》:"却笑山阴乘兴夜,何如今日戴家邻。"雍陶《送徐山人归睦州旧隐》:"君在桐庐何处住,草堂应与戴家邻。"

【戴家禮】　指西汉今文经学家戴德与其侄戴圣所传之《礼记》。二人同受《礼》于后苍,德传《礼》八十五篇,称《大戴礼》;圣传《礼》四十九篇,称《小戴礼》。见《汉书·儒林传》。王维《送高适弟耽归临淮作》:"深明戴家礼,颇学毛公诗。"

【戴逵】　(325?—395)字安道,谯郡铚县(今安徽宿州市西)人。少博学,善属文,能鼓琴,工书画。事迹见《晋书·隐逸传》《世说新语·雅量》。刘长卿《哭张员外继》:"自此辞张邵,何由见戴逵。"独孤及《登山谷寺上方答皇甫侍御卧疾阙陪车骑之后》:"不见戴逵心莫展,赖将新赠比琅玕。"张祜《酬答柳宗言秀才见赠》:"任子偶垂沧海钓,戴逵虚认少微星。"

【戴逵破琴】　指晋戴逵不事权贵而破所弹之琴之事。见《晋书·戴逵传》。李瀚《蒙求》:"戴逵破琴,谢敷应星。"

【戴偃】　自号玄黄子。江宁(今江苏南京)人。工诗,尤好规讽。事迹见陶岳《五代史补》卷三、《十国春秋》本传、《全唐诗》卷七九五录其诗二联。

【戴笠】　戴斗笠。形容清贫。元稹《酬东川李相公十六韵》序:"昔楚人始交,必有乘车戴笠不忘相揖之誓。"

【戴勝】　❶戴玉琢之华胜。神话传说中西王母的服饰。见《山海经·西山经》。王维《送秘书晁监还日本国》序:"若华为东道之侯,戴胜为西门之候。"❷鸟名。状似雀,头有冠,五色如方胜,故称。岑参《送魏四落第还乡》:"东归不称意,客舍戴胜鸣。"韦应物《听莺曲》:"伯劳飞过声跼促,戴胜下时桑田绿。"白居易《春村》:"二月村园暖,桑间戴胜飞。"刘驾《秦娥》:"羞人夜采桑,惊起戴胜鸟。"

【戴馮】　即戴凭。字次仲。汉汝南平舆(今河南平舆北)人。事迹见《后汉书·儒林传》。元稹《献荥阳公诗五十韵》:"戴冯遥避席,祖逖后施鞭。"

【戴馮重席】　(重 chóng)指汉戴冯以说经取胜,赢得坐五十余席之事,冯、凭字通。见《北堂书钞》卷五八引谢录《后汉书》。又见《后汉书·儒林·戴凭传》。李瀚《蒙求》:"郄诜一枝,戴冯重席。"

【戴淵】　(?—322)字若思,一名俨。广陵(今江苏扬州)人。事迹见《晋书·戴若思传》。见《世说新语·赏誉》刘峻注引。李瀚《蒙求》:"虞骙才望,戴渊锋颖。"

【戴髽】　戴孝。元稹《夫远征》:"坑中之鬼妻在营,髽麻戴绖鹅雁鸣。"

【戴端公】　指戴叔伦。叔伦贞元四年(788)为侍御史、容州刺史。陈羽有《送戴端公赴容州》。

【戴察】　(767—?)字彦衷。苏州(今属江苏)人。精于章句,为乡贡进士,无家业而有赋税。见李观《代李图南上苏州韦使君论戴察书》。《全唐诗》卷七七九录其诗一首。

【戴寥】　籍贯生平均未详。《全唐诗逸》卷中录其诗一联。

【戴髮含齒】　指人的形状。亦以指人。语本《列子·黄帝》。王维《送秘书晁监还日本国》序:"百神受职,五老告期,况乎戴发含齿,得不稽颡屈膝。"贯休《续姚梁公坐右铭》:"丁宁丁宁,戴发含齿。"

【戴顒】　(378—441)字仲若。南朝宋谯郡铚县(今安徽宿州市西)人,徙会稽剡县(今浙江嵊州市)。事迹见《宋书·隐逸传》《南史·隐逸传上》。颜真卿《题杼山癸亭得暮字》:"府视何楷台,傍瞻戴颙路。"李端《送少微上人入蜀》:"戴颙常执笔,不觉此身非。"温庭筠《寄清源寺僧》:"石路无尘竹径开,昔年曾伴戴颙来。"

【戴顒宅】　在润州丹徒县(今属江苏)西南兽窟山。山因南朝宋隐士戴颙所居,故名招隐山。李涉有《题招隐寺即戴颙旧宅》。张祜《题招隐寺》:"千年戴颙宅,佛庙此崇修。"皮日休、陆龟蒙《北禅院避暑联句》:"歊蒸何处避,来入戴颙宅。"按,北禅院即在招隐寺内。

【戴顒家】　同"戴颙宅"。骆宾王《陪润州薛司空丹徒桂明府游招隐寺》:"共寻招隐寺,初识戴颙家。"亦泛指隐士所居之处或寺院。李端《送暕上人游春》:"独将支遁去,欲往戴颙家。"罗隐《寄西华黄炼师》:"盛事两般君总得,老莱衣服戴颙家。"

【戴簡】　郡望谯郡铚县(今安徽宿州市西)人。好孔子书,兼及《庄子》《文子》。吕温有《道州送戴简处士往贺州谒杨侍郎》。

【戴衢】 籍贯生平均未详。乡贡进士，不第。《全唐诗》卷七七五录其诗一首。

【戴灣】 亦称“戴家湾”。村名。当在唐钱塘(今杭州市，唐为余杭郡治所)境内。晚唐诗人罗隐之家乡。罗隐《寄酬邺王罗令公五首》之五：“戴湾老圃根基薄，虚费工夫八十年。”又《送晋光大师》：“禹祠分首戴湾逢，健笔寻知达九重。”又《钱塘见芮逢》：“今日与君赢得在，戴家湾里两皤然。”

户 部

户〔hù《广韵》侯古切,上姥,匣。〕❶单扇门。亦泛称门户。见《诗·唐风·绸缪》。高适《送别》:“揽衣出户一相送,唯见归云纵复横。”司空曙《雨夜见投之作》:“出户繁星尽,池塘暗不开。”张籍《三原李氏园宴集》:“开户西北望,远见嵯峨山。”姚合《寒食二首》之一:“今朝一百五,出户雨初晴。”韦庄《梁氏水斋》:“卷帘山对客,开户犬迎僧。”❷洞穴。见《礼记·月令》。李白《送韩准裴政孔巢父还山》:“所以青云人,高歌在岩户。”见“户穴”。❸住户;人家。李白《子夜四时歌四首·秋歌》:“长安一片月,万户捣衣声。”岑参《寻巩县南李处士别业》:“桑叶隐村户,芦花映钓船。”崔涯《咏春风》:“绕桂月明过万户,弄帆晴晚渡三湘。”姚合《过李处士山居》:“少逢人到户,时有燕衔泥。”❹家家户户。韩愈《送桂州严大夫同用南字》:“户多输翠羽,家自种黄甘。”李商隐《异俗二首》之二:“户尽悬秦网,家多事越巫。”❺户籍,户口。方干《登新城县楼赠蔡明府》:“不知县籍添新户,但见川原桑柘稠。”❻量词。用以计户数。韦庄《秦妇吟》:“明朝晓至三峰路,百万人家无一户。”❼酒量。白居易《醉后》:“犹嫌小户长先醒,不得多时住醉乡。”又《久不见韩侍郎戏题四韵以寄之》:“户大嫌甜酒,才高笑小诗。”杜荀鹤《雪中别诗友》:“酒寒无小户,请满酌行杯。”

【户口】 ❶住户和人口的总称。户以计家;口以计人。杜甫《石犀行》:“今年灌口损户口,此事或恐为神羞。”张蠙《赠九江太守》:“二邑旋添新户口,四营渐废旧戈铤。”❷人口。亦借指百姓。张说有《奉和圣制送宇文融安辑户口应制》。杜荀鹤《寄益阳武灌明府》:“溪山入城郭,户口半渔樵。”又《将入关安陆遇兵寇》:“几州户口看成血,一旦天心却许和。”王仁裕《奉诏赋剑州途中鸷兽》:“从将户口资馋口,未委三丁税几丁。”

【户主】 户籍上一户之主。无名氏《五言白话诗》之一(外编下):“村头语户主,乡头无处得。”

【户穴】 洞穴。孟浩然《初年乐城馆中卧疾怀归作》:“蛰虫惊户穴,巢鹊眄庭柯。”

【户役】 按户摊派的差役。无名氏《五言诗》之三(外编下):“户役差耕来,弃抛我夫妇。”

【户庭】 户外庭院。亦泛指门庭、家门。孟浩然《送莫甥兼诸昆弟从韩司马入西军》:“念尔习诗礼,未曾违户庭。”杜甫《覃山人隐居》:“征君已去独松菊,哀壑无光留户庭。”戴叔伦《重游长真寺》:“鸟啼花竹暗,人散户庭空。”李贺《感讽六首》之六:“十日悬户庭,九秋无衰草。”伍乔《观华夷图》:“笔端尽现寰区事,堪把长悬在户庭。”

【户扇】 门户。司空图《冯燕歌》:“燕依户扇欲潜逃,巾在枕傍指令取。”

【户部】 官署名。朝廷里掌管全国土地、户籍、赋税、财政收支等事务的官署。《周礼》为地官大司徒之职,秦为治粟内史,两汉为大农令、大司农,又有尚书民曹,也是户部之职。参见“户部尚書”“户部侍郎”“户部員外郎”。

【户部王曹長】 (長 zhǎng)王绍。贞元中为仓部员外郎,迁户部、兵部郎中。见《旧唐书》本传。权德舆有《户部王曹长杨考功崔刑部二院长并同钟陵使府之旧因以寄赠》。按,郎中、员外郎、拾遗补阙相呼为院长。

【户部尚書】 户部主官。唐户部尚书一员,正三品,掌天下田户、均输、钱谷之政令,领户部、度支、金部、仓部四司。沈佺期有《和户部岑尚书参迹枢揆》。

【户部侍郎】 户部属官。唐户部设侍郎二员,正四品下,协助本部尚书掌天下田户、均输、钱谷之令。刘禹锡有《奉送李户部侍郎自河南尹再除本官归阙》。

【户部員外郎】 户部属官。为户部头司户部司次长官,唐户部司置员外郎二员,从六品上,协助本司长官郎中,掌分理户口、井田之事。吕温有《病中自户部员外郎转司封》。亦简称“户部員外”。白居易《商山路有感》序:“前年夏,予自忠州刺史除书归阙,时刑部李十一侍郎、户部崔二十员外亦自澧、果二郡宋征还,相次入关,皆同此路。”

【户窗】 窗户。周朴《句》:“白日才离沧海底,清光先照户窗前。”

【户税】 按户征收的赋税。韦庄《秦妇吟》:“岁种良田二百廛,年输户税三千万。”

【户鉤】 开门的工具。李益《诣红楼院寻广宣不遇留题》:“隔窗爱竹无人问,遣向邻房觅户钩。”

【户曹】 官名。州郡六曹判司之一。也称司户。掌户口、籍账、婚姻、田宅、杂徭等事。韦应物《天长寺上方别子西有道》序："时任京兆京府功曹，摄高陵宰。别田曹卢康、户曹韩质，因而有作。"元稹《和乐天初授户曹喜而言志》："君求户曹掾，贵以禄奉亲。"白居易《初除户曹喜而言志》："诏授户曹掾，捧诏感君恩。"唐彦谦有《送许户曹》。

【户曹叔】　卢纶从叔卢佋，曾官户部郎中。卢纶有《奉和户曹叔夏夜寓直寄呈同曹诸公并见示》。

【户算】　户税。刘禹锡《武陵书怀五十韵》："户算资渔猎，乡豪恃子孙。"

【户樞】　门轴。亦指门户。钱起《山斋读书寄时校书杜叟》："倒岭和溪雨，新泉到户枢。"耿湋《过王山人旧居》："汲少井味变，开稀户枢涩。"元稹《后湖》："朝餐布庭落，夜宿完户枢。"

【户牖】　❶门窗。包何《同阎伯均宿道士观有述》："冉冉修篁依户牖，迢迢列宿映楼台。"刘商《裴十六厅即事》："主人能政讼庭闲，帆影云峰户牖间。"李虞仲《初日照凤楼》："户牖仙山近，轩楹凤翼舒。"管雄甫《戛玉有余声》："依稀流户牖，仿佛在檐楹。"❷地名。借指西汉丞相陈平。高适《古乐府飞龙曲留上陈左相》："相门连户牖，卿族嗣弓裘。"

【户檻】　门槛。张籍《新城甲仗楼》："结缔榱甍固，虚明户槛幽。"

【户籍】　登记户口的册簿。姚合《武功县中作三十首》之二九："印朱沾墨砚，户籍杂经书。"又《寄杜师义》："点兵寻户籍，烧药试仙方。"辅国将军《为刘洪作》之一："名今编户籍，翠过叶生稀。"

三　画

戺　〔shì《广韵》鉏里切，上止，祟。〕亦作"扂"。堂廉。亦指堂廉下的台阶。见《书·顾命》。杜甫《题衡山县文宣王庙新学堂呈陆宰》："有井朱夏时，辘轳冻阶戺。"刘禹锡《令狐相公见示赠竹二十韵仍命继和》："垂梢覆内屏，迸笋侵前戺。"《郊庙歌辞·周朝飨乐章·忠顺》："共离金戺，复列彤庭。"

扂　同"戺"。

四　画

戾　〔lì《广韵》郎計切，去霽，來。又練結切，入屑，來。〕❶乖张，违逆。见《诗·小雅·节南山》。见"戾很"。❷暴虐；暴戾。见《荀子·儒效》。韩愈《南山诗》："或戾若仇雠；或密若婚媾。"❸至，到达。张说《南中别王陵成崇》："倏尔生六翮，翻飞戾九门。"皇甫牧《冬夜宴萧十丈因饯殷郭二子西上》："二子翰飞，言戾京师。"吴筠《览古十四首》之十三："晚节希鸾鹄，长飞戾曾穹。"王公亮《鱼上冰》："倘得随鲲化，终能上太虚。"❹指戾太子刘据。《郊庙歌辞·隐太子庙乐章·迎神》："江充祸结，戾据灾成。"

【戾止】　来到。见《诗·鲁颂·泮水》。卢鸿一《嵩山十志十首·樾馆》："粤有宾兮时戾止，樵苏不爨兮清谈已。"包佶《祀雨师乐章·迎神》："云軿戾止，洒雾飘烟。"任华《寄李白》："及余戾止，君已江东访元丹，邂逅不得见君面。"赵光逢《梁郊祀乐章·庆顺》："圣皇戾止，天步舒迟。"

【戾天】　飞至高空。见《诗·小雅·采芑》。刘禹锡《飞鸢操》："鹰隼仪形蝼蚁心，虽能戾天何足贵。"元稹《有鸟二十章》之一："似鹰指爪唯攫肉，戾天羽翮徒翰飞。"白居易《池鹤八绝句·鸢赠鹤》："君夸名鹤我名鸢，君叫闻天我戾天。"

【戾很】　乖戾凶狠。韩愈《嘲鼾睡》之二："鸿蒙总合杂，诡谲骋戾很。"

【戾園】　即戾太子园。汉武帝太子刘据的园陵。在今河南灵宝市西南。亦借指戾太子。见《汉书·戾太子刘据传》。张说《节义太子杨妃挽歌二首》之二："今春戾园树，索然无岁华。"李华《咏史十一首》之五："后代无其人，戾园满秋草。"

【戾滓】　杂质。段成式、张希复《光天帧赞联句》："戾滓可汰，痴膜可蜕。"李益《汉宫少年行》："椒房宠移子爱夺，一夕秋风生戾园。"《郊庙歌辞·享隐太子庙乐章·肃和》："瑶山既寂，戾园斯享。"

所　〔suǒ《广韵》踈舉切，上語，生。〕❶处地；地方。上官昭容《游长宁公主流杯池二十五首》之十一："此真攀玩所，临睨赏光辉。"李颀《王母歌》："若能炼魄去三尸，后当见我天皇所。"杜甫《严氏溪放歌行》："况我飘转无定所，终日戚戚忍羁旅。"李端《代村中老人答》："少年曾失所，衰暮欲何依。"白居易《和答诗十首·和分水岭》："萦纡用无所，奔迫流不已。"❷道理；方法。见《礼记·哀公问》。韩愈《元和圣德诗》："生知法式，动得理所。"❸宜；适宜。多指合宜的场所。李白《古风》之二六："结根未得所，愿托华池边。"韦应物《和张舍人夜直中书寄吏部刘员外》："托身各有所，相望徒徘徊。"韩愈《秋怀诗十一首》之二："适时各得所，松柏不必贵。"白居易《和答诗十首·答桐花》："生怜不得所，死欲扬其声。"王涣《惆怅诗十二首》之二："得所浓华销歇尽，楚魂湘血一生休。"❹用作官衙或其他办事机构的名称。喻凫《寄刘录事》："今在提纲所，应难扫石眠。"❺一切；所有。王昌龄《长歌行》："所是同袍者，相逢尽衰老。"❻可，可以。见《晏子春秋·杂下十》。见“所及”。❼代词，表示近指，相当于“此”。见《吕氏春秋·审应》。杜甫《示从孙济》：“所来为宗族，亦不为盘飧。”❽量词。杜牧《洛中送冀处士东游》：“二三里遗堵，八九所高丘。”❾副词。犹尚，还。高适《同群公宿开善寺赠陈十六所居》：“知君悟此道，所未搜袈裟。”柳宗元《韦道安》：“朅来事儒术，十载所能逞。”❿助词，与动词相结合组成名词性词组。表示与动作相关联的人、事、物等。李白《蜀道难》：“所守或匪亲，化为狼与豺。”杜甫《遣兴五首》之二：“未知所驰逐，但见暮光灭。”白居易《秦中吟十首·歌舞》：“所营唯第宅，所务在追游。”

【所及】　可用。可以达到。韩愈《送僧澄观》：“惜哉已老无所及，坐睨神骨空潸然。”

【所天】　称所依靠的人，指父母或丈夫等。李白《去妇词》：“十五许嫁君，二十移所天。”薛逢《邻相反行》：“我今躬耕奉所天，耘锄刈获当少年。”

【所心】　心中所向往的。朱庆余《送滕庶子致仕归江南》：“在处饶山水，堪行慰所心。”

【所之】　所至，所至之处。戎昱《寄梁淑》：“心思食檗何由展，家似流萍任所之。”杜牧《题桐叶》：“三吴烟水平生念，宁向闲人道所之。”刘兼《倦学》：“门前春色芳如画，好掩书斋任所之。”徐铉《避难东归依韵和黄秀才见寄》：“戚戚逢人问所之，东流相送向京畿。”

【所以】　❶原因，情由。韩愈《李花二首》之一：“问之不肯道所以，独绕百匝至日斜。”白居易《题元十八溪亭》：“今日到幽居，了然知所以。”又《偶然二首》之二：“六十四卦七十钻，毕竟不能知所以。”亦可与形容词或动词以及形容词、动词词组组成名词性词组，仍表示原因、情由。张说《登九里台是樊姬墓》：“楚国所以霸，樊姬有力焉。”萧颖士《江有归舟三章》序：“猗尔之所以求，我之所以诲，学乎？文乎？”李白《笑歌行》：“张仪所以只掉三寸舌，苏秦所以不垦二顷田。”韩愈《送文畅师北游》：“上论古之初，所以施赏罚。”陆龟蒙《南泾渔父》：“问其所以渔，对我真蹈道。”❷用以。袁朗《赋饮马长城窟》：“长城连不穷，所以隔华戎。”王昌龄《灞上闲居》：“二君既不朽，所以慰其魂。”元结《二风诗·乱风诗五篇·至惑》：“鉴察化人，所以保福也。”唐彦谦《索虾》：“所以供盘餐，罗列同珍羞。”❸连词。表示因果关系。(1)用在原因之后，由因及果。李白《古风》之二五：“所以桃李树，吐花竟不言。”玄宗《春中兴庆宫酺宴》序：“是故外无金革之虞，朝有搢绅之盛，所以岩廊多暇，垂拱无为。”孟郊《吊元鲁山》之四：“所以元鲁山，饥衰难与偕。”白居易《有木诗八首》之二：“所以姓萧人，曾为伐樱赋。”邵谒《寒女行》：“所以问皇天，皇天竟无语。”(2)前用“因”“缘”，后用“所以”。后来发展成为“因为……所以……”的句式。欧阳询《与欧阳询互嘲》：“只因心浑浑，所以面团团。”贯休《蜀王入大慈寺听讲》：“只缘支遁谈经妙，所以许询都讲来。”

【所司】　掌管部门。王建《宫词一百首》之十九：“传报所司分蜡烛，监开金锁放人归。”

【所在】　❶所在之地或所到之处。姚崇《秋夜望月》：“所思迷所在，长望独长叹。”王昌龄《留别岑参兄弟》：“何必念钟鼎，所在烹肥牛。”李白《寄远十一首》之二：“青楼何所在，乃在碧云中。”朱庆余《发凤翔后涂中怀田少府》：“所在求飧过，无因离得愁。”❷处处，到处。储光羲《杂诗二首》之一：“达士志寥廓，所在能忘机。”

【所求】　所要求的。杜甫《寄赞上人》：“茅屋买兼土，斯焉心所求。”李商隐《今月二日复五言四十韵诗献上亦诗人咏叹不足之义也》：“所求因渭浊，安肯与雷同。”

【所似】　想象的东西。杜甫《旅夜书怀》：“飘飘何所似，天地一沙鸥。”又《阆水歌》：“嘉陵江色何所似，石黛碧玉相因依。”李贺《石城晓》：“帐前轻絮鹤毛起，欲说春心无所似。”又《铜雀妓》：“石马卧新烟，忧来何所似。”

【所向】　所指向之处。杜甫《房兵曹胡马诗》：“所向无空阔，真堪托死生。”李群玉《始忝四座奏状闻荐蒙恩授官旋进歌诗延英宣赐言怀纪事呈同馆诸公二十四韵》：“孟门在步武，所向何由通。”齐己《池上感兴》：“所向似无端，风前吟凭栏。”临淄县主《与独孤穆冥会诗》：“出门皆凶竖，所向多逆谋。”

【所如】　所往。杜甫《秋清》：“十月江平稳，轻舟进所如。”李绅《忆登栖霞寺峰》：“江海森清荡，丘陵何所如。”

【所好】　(—hào)爱好；爱好的事情或喜欢的地方等。萧颖士《仰答韦司业垂访五首》之三：“士贫乏知己，安得成所好。”秦系《题石室山王宁所居》：“白云知所好，柏叶幸加餐。”白居易《感悟妄缘题如上人壁》：“所好随年异，为忙终日同。”李咸用《寄所知》：“从道趣时身计拙，如非所好肯开襟。”

【所尚】　爱好，崇尚。杜牧《题池州弄水亭》：“风俗知所尚，豪强耻孤侮。”徐铉《奉和右省仆射西亭高卧作》：“景皆随所尚，物各遂其宜。”

【所见】　看到的。杜甫《丽人行》：“背后何所见，珠压腰衱稳称身。”韩愈《谢自然诗》：“入门无所见，冠履同蜕蝉。”韦庄《登咸阳县楼望雨》：“尽日空濛无所见，雁行斜去字联联。”

【所依】　指所依投之人。戴叔伦《吊畅当》：“玉堂知己能铭述，犹得精魂慰所依。”刘沧《送友人罢举赴蓟门从事》：“人生行止在知己，远佐诸侯重所依。”

【所宜】 ❶适宜。马云奇《白云歌》："东西南北□□驰，上下高低恣所宜。"❷所长。李贺《申胡子觱篥歌》序："吾问所宜，称善平弄。"

【所居】 居处；住宅。孟浩然《云门寺西六七里闻符公兰若最幽与薛八同往》："所居最幽绝，所住皆静者。"李商隐《所居》。皮日休有《秋晚访李处士所居》。吴融《和峡州冯使君题所居》："三年拔薤成仁政，一日诛茅葺所居。"

【所思】 所怀念的人。所思虑的事情。白居易《秋池二首》之一："身闲无所为，心闲无所思。"于濆《青楼曲》："所思终不来，极目伤春草。"崔涂《江上怀翠微寺空上人》："所思今不见，乡国正天涯。"

【所務】 所做的事情；所操的职业。杜甫《秋行官张望督促东渚耗稻向毕清晨遣女奴阿稽竖子阿段往问》："青春具所务，勤垦免乱常。"柳宗元《田家三首》之一："蓐食徇所务，驱牛向东阡。"邵谒《送徐群宰望江》："今人力文学，所务惟公卿。"

【所得】 所得到的东西。杜甫《客堂》："前辈声名人，埋没何所得。"李商隐《蝶》："相兼惟柳絮，所得是花心。"温庭筠《题薛昌之所居》："所得乃清旷，寂寥常掩关。"陆龟蒙《奉酬袭美先辈吴中苦雨一百韵》："顾余为山者，所得才篑撮。"

【所從】 ❶所向；所往。陈希烈《省试白云起封中》："岂学无心出，东西任所从。"裴澄《春云》："漠漠复溶溶，乘春任所从。"❷所自。白居易《凶宅》："但恐灾将至，不思祸所从。"❸跟从之人。熊曜《送杨谏议赴河西节度判官兼呈韩王二侍御》："今者所从谁，不闻歌苦辛。"

【所欲】 愿望。戴叔伦《赠李唐山人》："此意无所欲，闭门风景迟。"白居易《春日闲居三首》之一："饥来恣餐歠，冷热随所欲。"

【所期】 期望。施肩吾《买地词》："所期在清凉，坐起闻香风。"

【所貴】 所可宝贵的事物。刘长卿《杂咏八首上礼部李侍郎·幽琴》："向君投此曲，所贵知音难。"韦应物《拟古诗十二首》之七："草木知贱微，所贵寒不易。"权德舆《和兵部李尚书东亭诗》："岂烦禽尚游，所贵天理全。"陆龟蒙《奉和袭美太湖诗二十首·投龙潭》："所贵风雨时，民皆受其赐。"徐铉《以端溪砚酬张员外水精珠兼和来篇》："巾箱各珍重，所贵在交情。"

【所欽】 令人钦佩的人或事。李峤《刘侍读见和山邸十篇重申此赠》："丘壑信多美，烟霞得所钦。"苏味道《始背洛城秋郊瞩目奉怀台中诸侍御》："回忆披书地，劳歌谢所钦。"蔡希寂《同家兄题渭南王公别业》："文章遥颂美，寤寐增所钦。"杜甫《风疾舟中伏枕书怀三十六韵奉呈湖南亲友》："狂走终奚适，微才谢所钦。"

【所須】 需要的东西。杜甫《江村》："多病所须唯药物，微躯此外更何求。"白居易《答尉迟少尹问所须》："乍到频劳问所须，所须非玉亦非珠。"李商隐《骄儿诗》："客前问所须，含意下吐实。"

【所爲】 （—wéi）所作，作为。杜甫《孟冬》："殊俗还多事，方冬变所为。"又《奉送魏六丈佑少府之交广》："心事披写间，气酣达所为。"白居易《自问此心呈诸老伴》："朝问此心何所思，暮问此心何所为。"徐铉《亚元舍人猥贻佳作三篇清绝不敢轻酬因为长歌聊以为报未竟复得子乔校书示问故兼寄陈君庶资一笑耳》："有时虚左来相召，举白飞觞任所为。"

【所痛】 令人痛恨的事情。戎昱《汉阴吊崔员外坟》："所痛泉路人，一去无还期。"李商隐《戏题枢言草阁三十二韵》："歌声入青云，所痛无良媒。"

【所業】 所操之职业；所作之事。许棠《将归江南留别友人》："连春不得意，所业已疑非。"

【所知】 ❶所知道的；知道。韩偓《惆怅》："何如饮酒连千醉，席地幕天无所知。"❷知己。李频有《长安书事寄所知》。杜荀鹤有《近试投所知》。

【所愛】 所喜爱的事物。杜甫《壮游》："脱身无所爱，痛饮信行藏。"又《楠树为风雨所拔叹》："沧波老树性所爱，浦上童童一青盖。"白居易《高仆射》："富贵人所爱，圣人去其泰。"

【所羡】 企羡，羡慕。杜甫《十二月一日三首》之一："明光起草人所羡，肺病几时朝日边。"又《奉赠太常张卿二十韵》："吹嘘人所羡，腾跃事仍睽。"又《石研诗》："平公今诗伯，秀发吾所羡。"

【所說】 所说的话，言论。崔国辅《奉和华清宫观行香应制》："道言何所说，宝历自无穷。"

【所適】 ❶所达到的地方。杜甫《赠苏四徯》："乾坤虽宽大，所适装囊空。"又《喜晴》："顾惭昧所适，回首白日斜。"又《题壁画马歌》："韦侯别我有所适，知我怜君画无敌。"❷适意；舒服。杜甫《大云寺赞公房四首》之二："愚意会所适，花边行自迟。"又《营屋》："洗然顺所适，此足代加餐。"

【所憂】 忧虑；忧虑的事情。韩愈《夜歌》："乐哉何所忧，所忧非我力。"白居易《续古诗十首》之三："豢豕非不饱，所忧竟为牺。"

【所憐】 ❶令人同情。杜甫《遣兴五首》之三："赫赫萧京兆，今为时所怜。"白居易《春雪》："所怜物性伤，非惜年芳绝。"❷招人喜爱。曹邺《恃宠》："君王心所怜，独自不见瑕。"

【所賴】 所依赖的，依赖。李商隐《行次西郊作一百韵》："伊昔称乐土，所赖牧伯仁。"韩昭《和题剑门》："三川奚所赖，双剑最堪矜。"

【所歷】　凡所经历的。杜甫《赠李白》:“二年客东都,所历厌机巧。”又《通泉驿南去通泉县十五里山水作》:“我生苦飘零,所历有嗟叹。”又《雨过苏端》:“诸家忆所历,一饭迹便扫。”

【所謂】　❶所说的,用于复说,引证等。元结《二风诗·治风诗五篇·至理》:“所谓代刑,以道去杀。”皮日休《七爱诗·李太尉》:“所谓大丈夫,动合惊乾坤。”❷谓某些人所说的。含不承认之意。陆龟蒙《江湖散人歌》:“人间所谓好男子,我见妇女留须眉。”❸所说的意思;意旨。唐彦谦《题虔僧室》:“水月定中何所谓,也嚬眉黛托腮愁。”

【所親】　亲人;亲近的朋友。杜甫《喜达行在所三首》之一:“所亲惊老瘦,辛苦贼中来。”又《奉赠李八丈判官》:“所亲问淹泊,泛爱惜衰朽。”又《寄张十二山人彪三十韵》:“将恐曾防寇,深潜托所亲。”白居易《登乐游园望》:“车马徒满眼,不见心所亲。”

【所歸】　❶归依;归宿。杜甫《幽人》:“孤云亦群游,神物有所归。”又《前苦寒行二首》之二:“三足之乌足恐断,羲和送将安所归。”❷特指女子出嫁。杜甫《新婚别》:“生女有所归,鸡狗亦得将。”

【所願】　愿望,希望。萧嵩《奉和圣制送张说上集贤学士赐宴》:“恩筵过所望,圣泽实超恒。”杜甫《夏日李公见访》:“旁舍颇淳朴,所愿亦易求。”赵征明《回军跛者》:“所愿死乡里,到日不愿生。”亦指愿去之处。韩愈《秋怀诗十一首》之三:“学堂日无事,驱马适所愿。”

【所懷】　所怀念之人。罗隐《宿彭蠡馆》:“所怀今已矣,何必恨东流。”

【所歡】　❶知己;亲近的朋友。孟浩然《题云门山寄越府包户曹徐起居》:“我行适诸越,梦寐怀所欢。”李益《置酒行》:“置酒命所欢,凭觞遂为戚。”❷情人。孟简《咏欧阳行周事》序:“先死之夕,剪其云髻,谓侍儿曰:‘所欢应访我,当以髻为贶。’”

房　〔fáng《广韵》符方切,平陽,奉。〕❶古代指正室两旁的房间。后泛指房屋、房间。见《楚辞·招魂》。秦系《奉寄昼公》:“蓑笠双童傍酒船,湖山相引到房前。”周贺《过僧竹院》:“一生爱竹自未有,每到此房归不能。”薛能《题龙兴寺》:“高户列禅房,松门到上方。”齐己《题中上人院》:“高房占境幽,讲退即冥搜。”❷聚集之处。见《急就篇》卷一。韩愈《此日足可惜赠张籍》:“维时月魄死,冬日朝在房。”❸家族的一支。沈佺期《答魑魅代书寄家人》:“降除沾二弟,离拆已三房。”元稹《赠咸阳少府萧郎》:“陆家幼女托良婿,阮氏诸房无外生。”❹周代祭祀用的俎几。见《广雅·释器》。《郊庙歌辞·周宗庙乐舞辞·明德舞》:“黍稷惟馨,笾豆大房。”见“房俎”。❺泛指结构或作用似房子者。(1)花的子房。亦称花朵、花果。肃宗《延瑛殿玉灵芝三章章八句》之一:“重英发秀,连叶分房。”元稹《春月》:“雪含樱绽蕊,珠蹙桃缀房。”白居易《草词毕遇芍药初开偶成十六韵》:“背日房微敛,当阶朵旋欹。”(2)被隔为众多小空间的物体。李端《宿荐福寺东池有怀故园因寄元校书》:“旧笋方辞箨,新莲未满房。”韩愈、李正封《晚秋郾城夜会联句》:“池莲拆秋房,院竹翻夏箨。”张籍《采莲曲》:“青房圆实齐戢戢,争前竞折漾微波。”白居易《浔阳三题·东林寺白莲》:“夏萼敷未歇,秋房结才成。”❻量词。(1)用于植物花朵、果实等物。岑参《优钵罗花歌》:“叶六瓣,花九房。”曹邺《乐府体》:“莲子房房嫩,菖蒲叶叶齐。”(2)用于外形、结构似房之物。李洞《山居喜友人见访》:“看待诗人无别物,半潭秋水一房山。”❼星宿名。二十八宿之一。见“房星”。❽姓。特指唐名相房玄龄。柳宗元《视民诗》:“明翼者何,乃房乃杜。”贯休《阳春曲》:“历数雍熙房与杜,魏公姚公宋开府。”

【房二十六】　见“房侍御❷”。

【房士清】　即房由。由字士清。郎士元有《别房士清》。

【房千里】　字鹄举,河南(今河南洛阳)人。大和元年(827)进士及第。官国子博士。事迹见《唐诗纪事》卷五一。《新唐书·艺文志二》著录其《投荒杂录》一卷,《南方异物志》一卷。张光朝有《获塘西庄赠房元垂》。

【房元直】　籍贯未详。曾官太原幕从事。严维有《送房元直赴北京》。

【房元陽】　郡望清河(今属河北),徙河南(今河南洛阳)。圣历二年(699),以司礼寺博士预修《三教珠英》。官至水部郎中。事迹略见《新唐书·宰相世系表一下》。《补全唐诗》录其诗二首。

【房太尉】　指房琯。琯卒赠太尉。李德裕有《汉州月夕游房太尉西湖》。刘禹锡有《和西川李尚书汉州微月游房太尉西湖》。

【房太尉墓】　即房琯墓。墓在今四川阆中市北。杜甫有《别房太尉墓》。

【房中曲】　(中 zhōng,曲 qǔ)周代始创的一种乐歌。由后妃讽诵,故称,又汉高祖时亦有《房中祠乐》,为唐山夫人所作,系楚声。见《仪礼·燕礼》。《旧唐书·音乐志二》:“《平调》《清调》,皆房中曲之遗声也。汉世谓之三调。”李商隐《房中曲》,用旧曲名咏叹自己面对空房的悲哀。

【房公】　❶指房琯。杜甫有《陪王汉州留杜绵州泛房公西湖》。郑澣有《和李德裕游汉州房公湖二首》。严公弼《题汉州西湖》:“西湖创置自房公,心匠纵横造化同。”❷指房耸。皎然《哭吴县房耸明府》自注：“房公昔日就沈道士学长生之术，昼以佛理难之。”❸指房式。韩愈《燕河南府秀才得生字》：“元和五年冬，房公尹东京。”

【房六】　名未详。休之弟。孟浩然有《临涣裴明府席遇张十一房六》。

【房由】　字士清，河南（今河南洛阳）人。与戴叔伦、刘太真等同师事萧颖士。事迹见《新唐书·宰相世系表一下》，又见《唐诗纪事》卷二七。郎士元有《送彭偃房由赴朝因寄钱大郎中李十七舍人》。参见“房白”。

【房四】　即房休。高适有《苦雨寄房四昆季》。

【房白】　房由之讹。《全唐诗》卷二〇九录其诗一首。参见“房由”。

【房玄齡】　（579—648）字乔。一说名乔，字玄龄。事迹见新旧《唐书》本传。《全唐诗》卷一太宗《两仪民赋柏梁体》录其诗一句。

【房旭】　籍贯生平均未详。《补全唐诗》录其诗一首。

【房次律】　即房琯。琯字次律。崔珏《席间咏琴客》：“唯有河南房次律，始终怜得董庭兰。”

【房次卿】　字蜀客，排行第五。河南（今河南洛阳）人。贞元七年（791）登进士第。与韩愈、孟郊有交往。孟郊有《吊房十五次卿少府》。按“房十五”为“房五”之衍。

【房杜】　高祖、太宗时宰相房玄龄、杜如晦之连称。杜甫《送重表侄王砅评事使南海》：“隋朝大业末，房杜俱交友。”皮日休《七爱诗·房杜二相国》：“吾爱房与杜，贫贱共联步。”贯休《上孙使君》：“必于尧舜日，还似房杜辈。”

【房杜蕭張】　太宗时宰相房玄龄、杜如晦，玄宗时宰相萧嵩、张九龄之连称。贯休《赠杨公杜之舅》：“王杨卢骆真何者，房杜萧张更是谁。”

【房妓】　房姓之妓女。名未详，大和中，从考功郎中崔龟从。白居易有《池上送考功崔郎中兼别房窦二妓》。

【房杭州】　指房孺夏。孺夏约贞元四、五年（788、789）任杭州刺史。韦应物有《送房杭州》。顾况有《酬房杭州》。刘太真有《顾十二况左迁过韦苏州房杭州韦睦州三使君皆有郡中燕集诗辞章高丽鄙夫之所仰慕顾生既至留连笑语因亦成篇以继三君子之风焉》。

【房尚書】　指房琯。琯至德元载（756）七月拜文部尚书、同中书门下平章事。贾至有《自蜀奉册命往朔方途中呈韦左相文部房尚书门下崔侍郎》。

【房侍御】　❶指房琯。琯开元二十二年（734）拜监察御史。陶翰有《赠房侍御》。高适有《送萧十八与房侍御回还》，又有《同房侍御山园新亭与邢判官同游》。❷名未详，排行第二十六。贞元间官监察御史。权德舆有《人日送房二十六侍御归越》。

【房使君】　指房孺夏。孺夏贞元十年（794）六月前为辰州刺史。窦常有《奉寄辰州房使君郎中》。

【房舍】　（—shè）房屋，房间。元稹《梦井》：“哽噎梦忽惊，觉来房舍静。”

【房門】　内室之门。白居易《春眠》：“枕低被暖身安稳，日照房门帐未开。”李群玉《龙安寺佳人阿最歌八首》之四：“门路穿茶焙，房门映竹烟。”

【房相公】　（相 xiàng）指房琯。琯至德元载（756）为文部尚书，同中书门下平章事。张偁有《辞房相公》。

【房星】　星宿名。即房宿。古时以之象征天马。见《晋书·天文志上》。杜审言《和李大夫嗣真奉使存抚河东》：“子月开阶统，房星受命年。”李贺《马诗二十三首》之四：“此马非凡马，房星本是星。”白居易《新乐府·八骏图》：“至今此物尚称珍，不知房星之精下为怪。”杜牧《晓望》：“房星随月晓，楚木向云秋。”

【房俎】　周代祭器。俎，谓俎几。见《礼记·明堂位》。贺知章《禅社首乐章·雍和》：“粢盛以絜，房俎斯荐。”

【房郎】　指房鲁。无名氏《题房鲁题名后》（卷八七二）：“姚家新婿是房郎，未解芳颜意欲狂。”

【房益】　籍贯未详。时又有房夔，益、夔皆为蜀中州名。二人当是兄弟。大历八、九年（773、774）在湖州，与刺史颜真卿、杼山僧皎然联句唱酬。《全唐诗补逸》卷十七颜真卿《竹山连句题潘氏书堂》录其联句一联。参见“房夔”。

【房帷】　犹帷帐。孟云卿《挽歌》：“房帷即灵帐，庭宇为哀次。”

【房庵】　泛称房屋。贾岛《寄魏少府》：“湿苔粘树瘿，瀑布溅房庵。”

【房陵】　古地名。汉县，属汉中郡。后魏为新城郡，又改为光迁国。唐武德初，又改为房州，改光迁为房陵县。属山南东道，地今湖北房县境内。历代多将罪犯迁流于此。李白《经乱离后天恩流夜郎忆旧游书怀赠江夏韦太守良宰》：“惟君固房陵，诚节冠终古。”杜甫《狄明府》：“禁中决册请房陵，前朝长老皆流涕。”胡曾《咏史诗·房陵》：“赵王一旦到房陵，国破家亡百恨增。”

【房琯】　（697—763）字次律，河南（今河南洛阳人），融之子。事迹见新旧《唐书》本传。《全唐诗》卷一〇九录其诗一首。

【房評事】　指房由。由大历中任大理评事。戴叔伦有《襄州遇房评事由》。

【房廊】 泛指殿宇、屋舍。宋昱《题石窟寺》:“檐牖笼朱旭,房廊挹翠微。”白居易《凶宅》:“往往朱门内,房廊相对空。”裴夷直《发交州日留题解炼师房》:“久喜房廊接,今成道路赊。”张蠙《题紫阁院》:“洞壑有灵药,房廊无老僧。”

【房開士】 即房启。启字开士。刘禹锡《伤秦姝行》序:“河南房开士,前为虞部郎中。”

【房给事】 指房琯。琯天宝五载(746)迁给事中,李颀有《送綦毋三谒房给事》,又有《听董大弹胡笳声兼寄语弄房给事》。

【房蜀客】 即房次卿。次卿字蜀客。韩愈有《将归赠孟东野房蜀客》。孟郊《吊房十五次卿少府》:“蜀客骨目高,聪辩剑戟新。”

【房署】 河南(今河南洛阳)人。次卿从弟。早年隐居汾州景云观,后为京兆万年县尉。事迹略见《新唐书·宰相世系表一下》。卢纶有《和李中丞酬万年房署少府过汾州景云观因以寄上房与李早年同居此观》。

【房融】 (?—705)河南(今河南洛阳)人,房琯之父。长安中,为怀州长史。事迹略见新旧《唐书·房琯传》。《全唐诗》卷录其诗一首。

【房德裕】 籍贯未详。官湖州都曹。皎然有《妙喜寺达公禅斋寄李司直公孙房都曹德裕从事方舟颜武康士骋四十二韵》。

【房鲁】 字咏归。名州临淄(今山东淄博东北)人。玄龄之七代孙。乡贡进士。无名氏有《题房鲁题名后》(卷八七二)。

【房盧氏】 指房琯。琯开元中为虢州卢氏令。王维有《赠房卢氏琯》。

【房憲部】 指房琯。琯天宝十四载(755)迁宪部侍郎。储光羲有《同房宪部应旋》。

【房聳】 字元警,籍贯未详。早年学道于湖州白鹤观沈道士,著《道性论》。皎然有《哭吴县房耸明府》。

【房孺複】 (756—797)河南(今河南洛阳)人。琯之子,大历十年(775),淮南节度使陈少游辟为从事。事迹见新旧《唐书》本传。《全唐诗》卷二七二录其诗一首。

【房濟】 籍贯未详,累迁监察御史,为太原尹从事。贞元十三年(797)前,曾为滁州刺史。事迹略见《新唐书·宰相世系表一下》。卢纶有《咸阳送房济侍御归太原幕》。

【房魏】 太宗时宰相房玄龄、魏征之连称。二人皆为贤相。杜甫《折槛行》:“呜呼房魏不复见,秦王学士时难羡。”

【房夔】 籍贯未详。时又有房益,益、夔皆为蜀中州名。二人当是兄弟。大历八、九年(773、774)在湖州,与刺史颜真卿、杼山僧皎然等联名句唱酬。《全唐诗补逸》卷十七录其联句一联。参见“房益”。

【房櫳】 ❶窗棂。见《汉书·孝成班婕妤传》。太宗《赋帘》:“惟当杂罗绮,相与媚房栊。”罗邺《题水帘洞》:“每向暑天来往见,疑将仙子隔房栊。”吴融《忆猿》:“犹有北山归意在,少惊佳树近房栊。”徐夤《纸帐》:“几叠玉山开洞壑,半岩春雾结房栊。”杨容华《新妆诗》:“啼鸟惊眠罢,房栊乘晓开。”❷泛指房屋。见《文选·张协〈杂诗〉之一》。徐安贞《程将军夫人挽诗》:“环珮声犹在,房栊梦不归。”王维《桃源行》:“月明松下房栊静,日出云中鸡犬喧。”杜甫《牵牛织女》:“膳夫翊堂殿,鸣玉凄房栊。”吴大江《捣衣》:“那堪裂纨素,时许出房栊。”韦庄《荷叶杯》之一:“碧天无路信难通,惆怅旧房栊。”

戽 〔hù《广韵》侯古切,上姥,匣。〕戽水。以戽斗、龙骨车等农具吸水。贯休《宿深村》:“黄昏见客合家喜,月下取鱼戽塘水。”

五 画

扁[1] 〔biǎn《广韵》方典切。上銑,幫。又蒲泫切,上銑,並。又符善切,上獮,奉。《集韵》補典切,上銑,幫。〕姓。见“扁鹊”。

扁[2] 〔piān《广韵》芳連切,平仙,滂。《集韵》紕延切,平僊。滂。〕狭小貌。见“扁₂舟”。

【扁₂舟】 ❶小船。裴迪《辋川集二十首·北垞》:“每欲采樵去,扁舟出菰蒲。”魏万《金陵酬李翰林谪仙子》:“五两挂海月,扁舟随长风。”鲍溶《代楚老酬主人》:“流水为我乡,扁舟为我宅。”李群玉《小弟艎南游近书来》:“何处泊扁舟,迢递湍波侧。”徐铉《赠泰州掾令狐克己》:“旧德在人终远大,扁舟为吏莫推辞。”❷乘扁舟浮于五湖。见《史记·货殖列传》。后以“扁舟”指归隐。李白《越中秋怀》:“不然五湖上,亦可乘扁舟。”羊士谔《题松江馆》:“扁舟一去鸱夷子,应笑分符计日程。”李绅《泛五湖》:“范子蜕冠履,扁舟逸霄汉。”李商隐《安定城楼》:“永忆江湖归白发,欲回天地入扁舟。”徐铉《奉和宫傅相公怀旧见寄四十韵》:“从容自保君臣契,何必扁舟始是贤。”❸晋名士王徽之,于雪夜乘船访友人戴逵,至门未见其人而返。语云:“吾本乘兴而行,兴尽而返,何必见戴?”见《世说新语·任诞》。后以“扁舟”作为访友之典。刘长卿《酬张夏雪夜赴州访别途中苦寒作》:“扁舟乘兴客,不惮苦寒行。”牟融《送友人》:“有客棹扁舟,相逢不暂留。”

❹晋时吴人张翰在洛阳为官，见秋风起，乃思家乡莼羹、鲈鱼脍，云："人生贵得适志，何能羁宦数千里以要名爵乎！"于是辞官还乡归隐。见《晋书·张翰传》。又张翰在家乡吴地遇见不相识的司空贺循，谈得投机，没告诉家人便登上贺氏之船同去洛阳。见《世说新语·任诞》。后借"扁舟"作漂泊不定或思乡之典。杜甫《严中丞枉驾见过》："扁舟不独如张翰，白帽还应似管宁。"张祜《汴上送客》："张翰思归何太切，扁舟不住又东归。"李郢《立秋后自京归家》："西江近有鲈鱼否，张翰扁舟始到家。"

【扁$_2$舟子】　指漂流在外的人。张若虚《春江花月夜》："谁家今夜扁舟子，何处相思明月楼。"

【扁$_2$舟興】　（興 xìng）义同"扁舟意"。吴商浩《宿山驿》："好同范蠡扁舟兴，高挂一帆归五湖。"

【扁$_2$舟意】　见晋张方《楚国先贤传》。后以"扁舟意"表示隐遁的决心。张蠙《经范蠡旧居》："他人不见扁舟意，却笑轻生泛五湖。"参见"扁$_2$舟興"。

【扁鵲】　姓秦氏，名越人，以与黄帝时医扁鹊相类，故号为扁鹊。事迹见《史记·扁鹊仓公列传》。宋之问《药》："扁鹊功成日，神农定品年。"李嘉祐《夜闻江南人家赛神因题即事》："韩康灵药不复求，扁鹊医方曾莫睹。"白居易《叹老三首》之一："吾闻善医者，今古称扁鹊。"

【扁鵲起虢】　指扁鹊使虢太子起死回生之事。见《史记·扁鹊仓公列传》。李瀚《蒙求》："董奉活燮，扁鹊起虢。"

扃　〔jiōng《广韵》古萤切，平青，見。〕❶从外关闭门户的门闩。见《文选·张衡〈南都赋〉》。亦指从内关闭门户的门闩。元稹《书异》："吾闻阴阳户，启闭各有扃。"《郊庙歌辞·祀九宫贵神乐章·豫和》之五："天门启扃，日驭飞盖。"❷关闭。高适《睢阳酬别畅大判官》："榆关夜不扃，塞口长萧萧。"秦系《题洪道士山院》："霞外主人门不扃，数株桃树药囊青。"白居易《偶吟》："里巷多通水，林园尽不扃。"吕岩《绝句》之十三："鹤观古坛松影里，悄无人迹户长扃。"亦引申为遮盖，阻挡。皮日休《奉和鲁望四明山九题·石窗》："棂中空吐月，扉际不扃霞。"❸门户。刘长卿《过裴舍人故居》："惨惨天寒独掩扃，纷纷黄叶满空庭。"令狐楚《南宫夜直宿见李给事封题其所下制敕知奏直在东省因以诗寄》："番直同遥夜，严扃限几重。"薛能《冬日送僧归吴中旧居》："还应觅新句，看雪倚禅扃。"黄损《出山吟》："来书初出白云扃，乍蹑秋风马走轻。"

【扃户】　闭户。李白《赠清漳明府侄聿》："牛羊散阡陌，夜寝不扃户。"

【扃要】　指管辖枢要。樊铸《门居》："扃要政攸敦，防非道久尊。"

【扃閉】　关闭。鱼玄机《闺怨》："扃闭朱门人不到，砧声何事透罗帏。"

【扃扉】　闭关。钱起《秋夜梁七兵曹同宿二首》之一："摘菱频贯酒，待月未扃扉。"

【扃樞】　户枢。贾岛《延寿里精舍寓居》："侧庐废扃枢，纤魄时卧逢。"

【扃錮】　关闭。谓被囚禁。崔湜《责躬诗》："扃锢非所耻，幽冤谁为辞！"

【扃牖】　门窗。韩翃《送李司直赴江西使幕》："竹露点衣巾，湖烟湿扃钥。"

【扃闈】　内室。宋之问《谒禹庙》："奕奕扃闱邃，轩轩仗卫趋。"

【扃鎖】　锁钥。白居易《和微之诗二十三首·和知非》："思苦膏火煎，忧深扃锁秘。"

【扃關】　关闭。白居易《游悟真寺诗》："龛间长丈余，门户无扃关。"又《晚归香山寺固咏所怀》："中有古精舍，轩户无扃关。"

【扃鐍】　❶门闩锁钥之类。见《庄子·胠箧》。卢纶《栖岩寺隋文帝马脑盏歌》："山中老僧眉似雪，忍死相传保扃鐍。"白居易《同微之赠别郭虚舟炼师五十韵》："六一闷扃鐍，子午守雄雌。"❷关闭。徐夤《忆潼关》："须知皇汉能扃鐍，延得年过四百余。"

【扃闥】　门，屋门。蔡希寂《登福先寺上方然公禅室》："当暑敞扃闼，却嫌絺绤寒。"

【扃鑰】　❶门户锁钥。权德舆《奉和李相公早朝于中书候传点偶书所怀奉呈门下相公中书相公》："五更钟漏歇，千门扃钥开。"❷关闭。吴仁璧《钱塘鹤》："虽抱雕笼密扃钥，可能长在叔伦家。"

六　画

扅　〔yí《广韵》弋支切，平支，以。〕见"扊扅"。

扆　〔yǐ《广韵》於豈切，上尾，影。〕❶古代宫殿窗户和内门之间的地方。见《说文·户部》。亦指置于窗与门之间的屏风。褚亮《明堂乐章·舒和》："御扆合宫承宝历，席图重馆奉明灵。"李白《寓言三首》之一："周公负斧扆，成王何夔夔。"白居易《新乐府·采诗官》："一人负扆常端默，百辟入门两自媚。"陆龟蒙《战秋辞》："少昊负扆，亲朝百灵。"韦庄《和郑拾遗秋日感事一百韵》："负扆劳天眷，凝旒念国章。"❷借指皇帝。常衮《晚秋集贤院即事寄徐薛二侍郎》："侍讲亲花扆，征吟步绮疏。"许浑《闻韶州李相公移拜郴州因寄》："恩回玉扆人先喜，道在金縢世不忧。”陆龟蒙《奉和袭美太湖诗二十首·缥缈峰》:“吾将自峰顶,便可朝帝扆。”来鹄《圣政纪颂》:“谓乎殿空扆逸,朝懵廷荒。”❸依凭。陆龟蒙《奉酬袭美先辈吴中苦雨一百韵》:“不独扆羲轩,便当城老佛。”

【扆座】 皇帝的座位。刘宪《奉和圣制登骊山高顶寓目应制》:“原隰旌门里,风云扆座隅。”

【扆旒】 帝王座后的屏风和冕旒。肃宗《延英殿玉灵芝诗三章章八句》之三:“幸生芳本,当我扆旒。”

扇[1] 〔shàn《广韵》式戰切,去線,書。〕❶用竹或苇编的门。见《礼记·月令》。亦泛指门扇、门扉、屏风。李贺《恼公》:“玳瑁钉帘薄,琉璃叠扇烘。”温庭筠《吴苑行》:“小苑有门红扇开,天丝舞蝶共徘徊。”❷扇翣。古代仪仗中的长柄大扇,用以遮尘蔽日。亦称障扇或掌扇。杜甫《秋兴八首》之五:“云移雉尾开宫扇,日绕龙鳞识圣颜。”韩愈《送区弘南归》:“蜃沉海底气升霏,彩雉野伏朝扇翚。”元稹《酬孝甫见赠十首》之四:“雉尾扇开朝日出,柘黄衫对碧霄垂。”温庭筠《郭处士击瓯歌》:“宫中近臣抱扇立,侍女低鬟落翠花。”❸扇子。摇动生风的工具。太宗《帝京篇十首》之九:“佩移星正动,扇掩月初圆。”钱起《避暑纳凉》:“木槿花开畏日长,时摇轻扇倚绳床。”白居易《朝课》:“池上好风来,新荷大如扇。”杜牧《秋夕》:“红烛秋光冷画屏,轻罗小扇扑流萤。”❹量词,用于门、窗、屏风等扁形物。孟郊《生生亭》:“遥青新画出,三十六扇屏。”白居易《长恨歌》:“钗留一股合一扇,钗擘黄金合分钿。”高蟾《春》之一:“天柱几条支白日,天门几扇锁明时。”孙光宪《菩萨蛮》词之三:“晓堂屏六扇,眉共湘山远。”

扇[2] 〔shān《广韵》式連切,平仙,書。〕❶摇动扇子或扇状物以生风。孙魴《题梅岭泉》:“云峰从勃起,葵叶岂劳扇。”顾云《与罗隐互谑》:“青蝇被扇扇离席,白泽遭钉钉在门。”❷振翼欲飞。见《尔雅·释虫》。李白《雉子班》:“扇锦翼,雄风生。”❸煽动。煽惑。萧颖士《江有归舟三章》序:“摭文字,以扇夫谈端。”李绅《趋翰苑遭诬构四十六韵》:“洁身酬雨露,利口扇谗谀。”亦用以表示激发,助长。刘禹锡《武陵观火诗》:“盲风扇其威,白昼曛阳乌。”李绅《南梁行》:“涧底红光夺火燃,摇风扇毒愁行客。”❹风起,风吹。魏征《五郊乐章·肃和》:“峰云暮起,景风晨扇。”丘为《夏日可畏》:“赫赫温风扇,炎炎夏日徂。”蒋防《春风扇微和》:“丽日催迟景,和风扇早春。”王毂《春草碧色》:“习习东风扇,萋萋草色新。”❺传播;显扬。李白《留别金陵诸公》:“地扇邹鲁学,诗腾颜谢名。”高适《途中酬李少府赠别之作》:“连帅扇清风,千里犹眼前。”白居易《奉和汴州令狐令公二十二韵》:“仁风扇道路,阴雨膏闾阎。”王仁裕《从蜀后主幸秦川上梓潼山》:“感德安疲俗,仁风扇极边。”❻侵袭。赵氏《古兴》之一:“郁蒸夏将半,暑气扇飞阁。”

【扇子】 摇动生风的用具。齐己有《谢人惠扇子及茶》。

【扇匣】 扇盒。陈子良《新成安乐宫》:“拂尘开扇匣,卷帐却薰笼。”

【扇枕】 为孝亲、归觐之典。见《东观汉记·黄香传》。张说《岳州别姚司马绍之制许归侍》:“天从扇枕愿,人遂倚门情。”

【扇風】 摇扇所生之风。周贺《再过王辂原居纳凉》:“扇风调病叶,沟水隔残云。”

【扇$_2$風】 起风,鼓风。崔国辅《七夕》:“扇风生玉漏,置水写银河。”章孝标《次韵和光禄钱卿二首》之一:“扇风知暑退,树影觉秋来。”李商隐《到秋》:“扇风淅沥簟流离,万里南风滞所思。”

【扇影】 ❶羽扇的影子。杜甫《至日遣兴奉寄北省旧阁老两院故人二首》之二:“麒麟不动炉烟上,孔雀徐开扇影还。”❷指女子歌舞时摇扇的风姿韵态。李峤《雪》:“逐舞花光动,临歌扇影飘。”

【扇舉遮王導】 表示对权要人物的不满。见《晋书·王导列传》。李商隐《今月二日不自量度辄以诗一首四十韵献上亦诗人咏叹不足之义也》:“扇举遮王导,樽开见孔融。”

七 画

扈 〔hù《广韵》侯古切,上姥,匣。〕❶随从;护卫。后多指随侍帝王。虞世南《和銮舆顿戏下》:“天经恋宸扆,帝命扈仙镳。”崔翘《奉和圣制答张说南出雀鼠谷》:“嘉颂推英宰,春游扈圣君。”贾至《巴陵早秋寄荆州崔司马吏部阎功曹舍人》:“故人西掖寮,同扈岐阳蒐。”鲍溶《读淮南李相行营至楚州诗》:“来年二月登封礼,去望台星扈日轮。”❷救护,爱护。陆龟蒙《早春》:“数枝花颣小,愁杀扈芳人。”❸古代管农事的官。见《左传·昭公十七年》。宋之问《龙门应制》:“吾皇不事瑶池乐,时雨来观农扈春。”❹鸟名。见《诗·小雅·小宛》。柳宗元《春怀故园》:“九扈鸣已晚,楚乡农事春。”❺古国名,又称有扈。在今陕西户县。见《左传·昭公元年》。张衮《梁郊祀乐章·庆融》:“服遐裔兮敷质文,格苗扈兮息烟尘。”❻姓。唐诗人有“扈載”。

【扈巡】 随从皇帝出行。沈佺期《答魑魅代书寄家人》:“扈巡行太液,陪宴坐明光。”

【扈亭】 地名。春秋郑邑。在今河南原阳县。韦应物有《扈亭西陂燕赏》。

【扈載】 (921—956)字仲熙,幽州安次(今河北廊坊西)人。事迹见新旧《五代史》本传。《直斋书录解题》卷十六著录其集十卷。《全唐诗》卷八八七录其诗一首。

【扈徒】 ❶随皇帝出巡。李白《东武吟》:“乘舆拥翠盖,扈从金城东。”韦应物《酬郑户曹骊山感怀》:“我念绮襦岁,扈从当太平。”贾至《自蜀奉册命往朔方途中呈韦左相文部房尚书门下崔侍郎》:“扈从出剑门,登翼岷江滨。”郑畋《初秋寓直三首》之二:“步廊无限金羁响,应是诸司扈从归。”❷指皇帝出游时的护卫侍从人员。宋之问《驾出长安》:“太平多扈从,文物有光辉。”沈佺期《狱中闻驾幸长安二首》之一:“扈从由来是方朔,为申冤气在长平。”

【扈遊】 见“扈游”。

【扈聖】 随皇帝出行。杜甫《奉赠严八阁老》:“扈圣登黄阁,明公独妙年。”又《夔府书怀四十韵》:“扈圣崆峒日,端居滟滪时。”

【扈遊】 亦作“扈游”。随从皇帝出游。任华《寄杜拾遗》:“积翠扈游花匼匝,披香寓直月团栾。”皎然《薛卿教长行歌》:“扈游长乐与祈年,人望青云白日边。”

【扈輦】 侍随皇帝出行。辇,天子之车。贾至《咏冯昭仪当熊》:“平明出金屋,扈辇上林中。”

【扈駕】 随侍皇帝的车驾。郑嵎《津阳门诗》:“五王扈驾夹城路,传声校猎渭水湄。”

【扈蹕】 随侍皇帝至某处。跸,指皇帝的车驾或行幸之处。上官昭容《驾幸新丰温泉宫献诗三首》之三:“岁岁年年常扈跸,长长久久乐升平。”戎昱《赠别张驸马》:“一身扈跸承殊泽,甲第朱门耸高戟。”李商隐《送千牛李将军赴阙五十韵》:“扈跸三才正,回军六合晴。”唐彦谦《登兴元城观烽火》:“汉川城上角三呼,扈跸防边列万夫。”

【扈獵】 随从皇帝出猎。韦应物《温泉行》:“蒙恩每浴华池水,扈猎不蹂渭北田。”

八 画

扉 〔fēi《广韵》甫微切,平微,非。〕❶门扇,门。见《左传·襄公二十八年》。刘长卿《送金昌宗归钱塘》:“惟有陶潜柳,萧条对掩扉。”钱起《赠李十六》:“忽听款扉响,欣然倒屣迎。”戴叔伦《酬别刘九郎评事传经同泉字》:“对牖墙阴满,临扉日影圆。”鲍溶《山中怀刘修》:“月斜掩扉卧,又在梦魂里。”黄滔《商山赠隐者》:“西窗昨夜鸣蛩尽,知梦芝翁起扣扉。”❷房舍。皎然《陪卢判官水堂夜宴》:“静依山堞近,凉入水扉偏。”司空曙《过钱员外》:“自说东峰下,松萝满故扉。”白居易《将归一绝》:“欲去公门返野扉,预思泉竹已依依。”

扊 〔yǎn《广韵》以冉切,上琰,以。〕见“扊扅”。

【扊扅】 门闩。见北齐颜之推《颜氏家训·书证》。陆龟蒙《袭美先辈以龟蒙所献五百言既蒙见和复示荣唱再抒鄙怀用伸酬谢》:“轻若脱钳钛,豁如抽扊扅。”

手　部

手〔shǒu《广韵》書九切，上有，書。〕❶人体上肢腕以下持物的部分。太宗《咏乌代陈师道》："只待纤纤手，曲里作宵啼。"戴叔伦《怀素上人草书歌》："心手相师势转奇，诡形怪状翻合宜。"白居易《杂兴三首》之三："身卧翠羽帐，手持红玉杯。"徐铉《送王四十五归东都》："殷勤手中柳，此是向南枝。"❷亲手，亲自。戎昱《和李尹种葛》："弱质人皆弃，唯君手自栽。"权德舆《送崔谕德致政东归》："家依白云峤，手植丹桂丛。"李商隐《偶成转韵七十二句赠四同舍》："手封狴牢屯制囚，直厅印锁黄昏愁。"赵嘏《李侍御归山同宿华严寺》："园林手植自含绿，霄汉眼看当去程。"❸持；拿。见《逸周书·克殷》。孟郊《山老吟》："腰斧斫旅松，手瓢汲家泉。"❹手迹。见《汉书·郊祀志上》。贯休《题成都玉局观孙位画龙》："老僧相传道是僧繇手，寻常入海共龙斗。"❺从事某种活动或职业的人。杜甫《遭田父泥饮美严中丞》："回头指大男，渠是弓弩手。"顾况《李供奉弹箜篌歌》："国府乐手弹箜篌，赤黄绦索金鎝头。"崔橹《过南城县麻姑山》之二："诗手难题画手惭，浅青浓碧叠东南。"❻在某种技艺或手工业中居某种地位的人。高适《画马篇》："感兹绝代称妙手，遂令谈者不容口。"杜甫《奉先刘少府新画山水障歌》："画师亦无数，好手不可遇。"杨巨源《见薛侍御戴不损裹帽子因赠》："何人呈巧思，好手自西来。"亦用以泛称某种技艺高超之人。姚合《赠张籍太祝》："古风无手敌，新语是人知。"王贞白《寄郑谷》："直须天上手，裁作领巾披。"

【手巾】　擦手或揩脸用的巾。李颀《弹棋歌》："联翩百中皆造微，魏文手巾不足比。"王维《与苏卢二员外期游方丈寺而苏不至因有是作》："手巾花氎净，香帔稻畦成。"

【手子】　即手。郑愚《拟权龙褒体赠鄠县李令及寄朝右》："不闻有政声，但见手子动。"

【手爪】　(—zhǎo)手指。白居易《阿崔》："玉芽开手爪，酥颗点肌肤。"

【手札】　手书。指亲笔信。杜甫《暮秋枉裴道州手札率尔遣兴寄近呈苏涣侍御》："道州手札适复至，纸长要自三过读。"白居易《初与元九别因以此寄》："开缄见手札，一纸十三行。"又《宿香山寺酬广陵牛相公见寄》："手札八行诗一篇，无由相见但依然。"李涉《却归巴陵途中走笔寄唐知言》："军中贤倅李监察，人马晓来兼手札。"

【手足】　❶手和足。杜甫《水会渡》："霜浓木石滑，风急手足寒。"钱起《锄药咏》："但使芝兰出萧艾，不辞手足皆胼胝。"曹邺《蓟北门行》："不如无手足，得见齿发暮。"陈陶《种兰》："一月薰手足，两月薰衣裳。"❷喻兄弟。皮日休《吴中言情寄鲁望》："爱酒有情如手足，除诗无计似膏肓。"❸比喻整体的分支。谓关系密切，不可分割。杜牧《感怀诗一首》："急热同手足，唱和如宫徵。"

【手板】　亦作"手版"。即笏。古代官吏上朝或谒见上司时所执的用于指画或记事的狭长板子。李颀《送刘四赴夏县》："朝持手板望飞鸟，暮诵楞伽对空室。"杜甫《西阁三度期大昌严明府同宿不到》："匣琴虚夜夜，手板自朝朝。"杜荀鹤《赠宣城麋明府》："何当抛手板，邻隐过危时。"韩愈《赠张籍》："昨因有缘事，上马插手版。"

【手板支颐】　王子猷以手版拄颊。见南朝宋刘义庆《世说新语·简傲》。后以"手板支颐"作为官务清闲、悠然自适之典。司空曙《春送郭大之官》："可怜江县闲无事，手板支颐独咏贫。"雍陶《寄永乐殷尧藩明府》："头巾漉酒临黄菊，手板支颐向白云。"

【手帕子】　手绢。王建《宫词一百首》之四七："缠得红罗手帕子，中心细画一双蝉。"

【手版】　见"手板"。

【手指】　人手前端的五个分支。皮日休《吴中苦雨因书一百韵寄鲁望》："手指既已胼，肌肤亦将瘯。"

【手格】　徒手格击。见《文选·司马相如〈子虚赋〉》。杜甫《八哀诗·赠司空王公思礼》："偏裨无所施，元帅见手格。"

【手胼胝】　手上长茧。于濆《古宴曲》："十户手胼胝，凤凰钗一只。"

【手胼足胝】　手足生茧，极言劳瘁。顾况《上古之什补亡训传十三章·上古一章》："袯襫锄犁，手胼足胝。"

【手迹】　见"手跡"。

【手書】　亲手写的字。笔迹。徐铉《文彧少卿文山郎中交好深至题此诗》："孙家虚座吊诸孤，张叟僧房见手书。"

【手脚】 ❶手和脚。杜甫《乾元中寓居同谷县作歌七首》之一:“中原无书归不得,手脚冻皴皮肉死。”张孜《雪诗》:“岂知饥寒人,手脚生皴劈。”❷动作。韦庄《涂次逢李氏兄弟感旧》:“巡街趁蝶衣裳破,上屋探雏手脚轻。”

【手筆】 指亲手所写的文章。寒山《诗三百三首》之十九:“手笔太纵横,身材极魁玮。”齐己《谢秦府推官寄丹台集》:“秦王手笔序丹台,不错褒扬最上才。”

【手詔】 帝王亲手所写的诏书。刘长卿《同诸公袁郎中宴筵喜加章服》:“手诏来筵上,腰金向粉闱。”王建《赠李愬仆射二首》之二:“旗幡四面下营稠,手诏频来老将忧。”张籍《老将》:“兵书封锦字,手诏满香筒。”

【手畫三軍勢】 西汉中郎将张千秋据山川形势,画地成图。见《汉书·张汤传》。诗人用以为典,称美军事才能。杜甫《送樊二十三侍御赴汉中判官》:“生知七曜历,手画三军势。”

【手疏】 ❶亲笔书写奏章。王维《送缙云苗太守》:“手疏谢明主,腰章为长吏。”❷亲笔书写的奏章。王建《朝天词十首寄上魏博田侍中》之七:“四海无波乞放闲,三封手疏犯龙颜。”

【手跡】 亦作“手迹”。❶笔迹,亲手写的墨迹。李白《代赠远》:“焚之扬其灰,手跡自此灭,”张籍《祭退之》:“鲁论未讫注,手跡今微茫。”❷手痕,手印在物体上的痕迹。鲍溶《霓裳羽衣歌》:“人言天孙机上亲手迹,有时怨别无所惜。”雍陶《阴地关见入蕃公主石上手跡》:“汉家公主昔和蕃,石上今余手跡存。”李山甫有《阴地关崇徽公主手跡》。

【手舞足蹈】 指朝仪中臣下的拜舞。李迥秀《奉和幸安乐公主山庄应制》:“手舞足蹈方无已,万年千岁奉薰琴。”赵居贞《云门山投龙诗》序:“预礼者悉闻之,余乃手舞足蹈。”

【手談】 下围棋。见南朝宋刘义庆《世说新语·巧艺》。薛戎《游烂柯山》之三:“不语寄手谈,无心引樵子。”

【手閱】 检看。卢仝《走笔谢孟谏议寄新茶》:“开缄宛见谏议面,手阅月团三百片。”

【手頭】 指手。顾况《李供奉弹箜篌歌》:“手头疾,腕头软,来来去去如风卷。”

【手翰】 亲笔书札。齐己《渚宫莫问诗一十五首》序:“予以辛巳岁蒙主人命居龙安寺,察其疏鄙,免以趋奉,爰降手翰。”

【手爐】 僧人作法事时所执的香炉。吴越王钱镠《隐岳洞》:“手炉香暖申卑愿,愿降殊祥福帝尧。”

才

〔cái《广韵》昨哉切,平咍,從。〕❶才能;才力。见《诗·鲁颂·駉》。宗楚客《安乐公主移入新宅侍宴应制》:“人同卫叔美,客似长卿才。”魏万《金陵酬李翰林谪仙子》:“才高世难容,道废可推命。”白居易《岁暮言怀》:“职与才相背,心将口自言。”陆龟蒙《自和次前韵》:“命既时相背,才非世所容。”❷有才能。见《论语·先进》。王维《燕支行》:“汉家天将才且雄,来时谒帝明光宫。”刘言史《苦妇词》:“校尉勋望重,幕府才且贤。”欧阳詹《题华十二判官汝州宅内亭》序:“睹居处玩好,则才不才了然可知。”白居易《谕友》:“穷通各问命,不系才不才。”❸人才。刘长卿《题冤句宋少府厅留别》:“世上无此才,天生一公器。”又《集梁耿开元寺所居院》:“岂得长高枕,中朝正用才。”❹副词。(1)方才,刚才。孟郊《尧歌》:“往辙才晚钟,还辙及晨鸡。”温庭筠《鸿胪寺有开元中锡宴堂偶成四十韵》:“禄山未封侯,林甫才为郎。”(2)开始,方始。温庭筠《马嵬佛寺》:“才信倾城是真语,直教涂地始甘心。”(3)仅仅;只。杜甫《归》:“林中才有地,峡外绝无天。”顾况《李供奉弹箜篌歌》:“仪容质,身才稍稍六尺一。”白居易《戊申岁暮咏怀三首》之二:“唯生一女才十二,只欠三年未六旬。”(4)表示只有在某种条件下,然后怎么样。岑参《冬夜宿仙游寺南凉堂呈谦道人》:“路盘石门窄,匹马行才通。”杜甫《北征》:“床前两小女,补绽才过膝。”

【才人】 ❶有才能的人,有才情的人。白居易《见小侄龟儿咏灯诗并腊娘制衣因寄行简》:“巧妇才人常薄命,莫教男女苦多能。”罗虬《比红儿诗》之十四:“拔得芙蓉出水新,魏家公子信才人。”曹松《赠镜湖处士方干二首》之一:“世路不妨平处少,才人唯是屈声多。”齐己《谢人惠十才子图》:“丹青妙写十才人,玉峭冰棱姑射神。”❷宫中女官名,多为妃嫔的称号。汉置,晋代爵视千石以下,唐为宫官正五品,后升为正四品,嗣后历代多沿置。杜甫《承闻河北诸道节度入朝欢喜口号绝句十二首》之六:“燕赵休矜出佳丽,宫闱不拟选才人。”卢纶《杂曲歌辞·天长地久词》之五:“楼船罢泛归犹早,行道才人斗射飞。”张祜《孟才人叹》:“却为一声河满子,下泉须吊旧才人。”和凝《宫词百首》之三六:“才人侍立持团扇,金缕双龙贴碧藤。”

【才力】 才能,能力。李白《酬坊州王司马与阎正字对雪见赠》:“阎公汉庭旧,沈郁富才力。”清昼、汤衡《讲古文联句》:“江淹杂体,方见才力。”李群玉《赠方处士兼以写别》:“才力似风鹏,谁能算升斗。”郑谷《寄左省张起居》:“风标欺鹭鹤,才力涌沙泉。”

【才士】 有才德之士。杜甫《白丝行》:“君不见才士汲引难,恐惧弃捐忍羁旅。”

【才子】 古称才德兼备之人。后多称有才华之人。刘长卿《赠别于群投笔赴安西》："风流一才子，经史仍满腹。"羊士谔《郡中玩月寄江南李少尹虞部孟员外三首》之三："西园旧才子，想见洛阳人。"元稹《酬乐天余思不尽加为六韵之作》："众推贾谊为才子，帝喜相如作侍臣。"徐铉《送和州张员外为江都令》："由来圣代怜才子，始觉清风激懦夫。"

【才地】 才质。地，质地。李咸用《投知》："酌量才地心虽动，点检囊装意又阑。"

【才臣】 干练之臣。皎然《送梁拾遗肃归朝》："明主重文谏，才臣出江东。"白居易《春来频与李二宾客郭外同游因赠长句》："我为病叟诚宜退，君是才臣岂合闲。"

【才行】 (—xíng)才智和德行。贾岛《吊孟协律》："才行古人齐，生前品位低。"杜荀鹤《送友人入关》："此去青云莫更疑，出人才行足人知。"

【才名】 才华与名望。孙逖《送李补阙摄御史充河西节度判官》："官序惭先达，才名畏后人。"元稹《代杭人作使君一朝去二首》之一："惠化境内春，才名天下首。"姚合《寄王玄伯》："夜归晓出满衣尘，转觉才名带累身。"唐彦谦《寄台省知己》："才名贾太傅，文学马相如。"

【才命】 才能和命运。古代文人常叹命运不济，有才难施。杜甫《别苏徯》："他日怜才命，居然屈壮图。"韩愈《驽骥》："喟余独兴叹，才命不同谋。"白居易《酬微之》："由来才命相磨折，天遣无儿欲怨谁。"李商隐《有感》："中路因循我所长，古来才命两相妨。"

【才英】 指才华杰出的人才。陈子良《赞德上越国公杨素》："君侯称上宰，命世挺才英。"

【才思】 才气和思致。殷遥《送杜士瞻楚州觐省》："风流与才思，俱似晋时人。"杜甫《送长孙九侍御赴武威判官》："若人才思阔，溟涨浸绝岛。"白居易《崔侍御以孩子三日示其所生诗见示因以二绝句和之》之二："弄璋诗句多才思，愁杀无儿老邓攸。"司空图《狂题十八首》之十二："应是阿刘还宿债，剩拼才思折供钱。"

【才彦】 才子贤士。高适《和窦侍御登凉州七级浮图之作》："清兴揖才彦，峻风和端倪。"韦应物《沣上西斋寄诸友》："明世重才彦，雨露降丹霄。"钱起《送蒋尚书居守东都》："前席命才彦，举朝推令名。"皇甫冉《送郑二员外》："元戎辟才彦，行子犯风烟。"

【才俊】 亦作"才儁"。才能出众；才能出众之人。韦应物《寄冯著》："胡能遭盛明，才俊伏里闾。"杜甫《客堂》："台郎选才俊，自顾亦已极。"韩愈《赴江陵途中寄赠三学士》："同官尽才俊，偏善柳与刘。"杜牧《题乌江亭》："江东子弟多才俊，卷土重来未可知。"又《雪中书怀》："明庭开广敞，才儁受羁维。"

【才哲】 才智卓越之人。李端《送吉中孚拜官归楚州》："自为才哲爱，日与侯王会。"白居易《再授宾客分司》："伊予再尘忝，内愧非才哲。"

【才格】 才致风格。杜甫《壮游》："吾观鸱夷子，才格出寻常。"皮日休《奉酬崔璐进士见寄次韵》："但恐才格劣，敢夸词彩敷。"

【才氣】 ❶才能和气魄。孟郊《赠章仇将军》："将军不夸剑，才气为英雄。"❷才华。郑谷《赠杨夔二首》之二："看取年年金榜上，几人才气似扬雄。"

【才鬼】 有才华的鬼魂。皮日休《鲁望读襄阳耆旧传见赠五百言次韵》："既作才鬼终，恐为仙籍售。"陆龟蒙《和过张祜处士丹阳故居》："魂应绝地为才鬼，名与遗编在史臣。"

【才能】 才智和能力。李白《书怀赠南陵常赞府》："君看我才能，何似鲁仲尼。"刘禹锡《浙西李大夫述梦四十韵并浙东元相公酬和斐然继声》："位是才能取，时因际会遭。"白居易《和裴令公一日日一年年杂言见赠》："我无才能忝高秩，合是人间闲散物。"郭密之《永嘉经谢公石门山作》："乘轺广储峙，祇命愧才能。"亦指有才智有能力的人。萧嵩《奉和圣制送张说上集贤学士赐宴》："帝曰简才能，旌贤在股肱。"

【才畧】 才能和谋略。李白《送张遥之寿阳幕府》："勖尔效才略，功成衣锦还。"杜甫《惜别行送刘仆射判官》："刘侯奉使光推择，滔滔才略沧溟窄。"钱起《送傅管记赴蜀军》："赐璧腰金应可料，才略纵横年且妙。"胡曾《咏史诗·濡须桥》："徒向濡须欲受降，英雄才略独无双。"

【才術】 才学；学问。李白《草创大还赠柳官迪》："才术信纵横，世途自轻掷。"高适《赠别褚山人》："光阴蓟子训，才术褚先生。"白居易《六年春赠分司东都诸公》："我为同州牧，内愧无才术。"张蠙《赠江都郑明府》："他人岂是称才术，才术须观力有余。"

【才術褚先生】 褚先生，谓褚伯玉。伯玉历晋、宋、齐三朝。隐居山中研习道法。不事王侯，屡拒征聘，受世人敬重。见《南史·褚伯玉传》。后用以作咏道者、隐士的典故。高适《赠别褚山人》："光阴蓟子训，才术褚先生。"

【才望】 才能声望。王昌龄《淇上酬薛据兼寄郭微》："才望忽先鸣，风期无宿诺。"高适《别刘大校书》："昔日京华去，知君才望新。"李瀚《蒙求》："虞骙才望，戴渊锋颖。"

【才情】 才华，才思。温会《和段相公登武担寺西台》："始愧才情薄，跻攀继韵穷。"皮日休《奉酬鲁望醉中戏赠》："秦吴风俗昔难同，唯有才情事事通。"陆龟蒙《奉酬袭美苦雨见寄》："惯曾掀搅大笔多，为我才情也如此。"司空图《力疾山下吴村看杏花十九首》之五："才情百巧斗风光，却笑雕花刻叶忙。"

【才華】 表现于外的才能。多指文才。张说《五君咏五首·李赵公峤》："李公实神敏，才华乃天授。"张继《读峄山碑》："六国平来四海家，相君当代擅才华。"权德舆《哭刘四尚父》："才华推独步，声气幸相亲。"李商隐《宋玉》："何事荆台百万家，惟教宋玉擅才华。"亦指有才华之人。白居易《和微之诗二十三首·和新楼北园偶集》："主人既贤豪，宾客皆才华。"

【才智】 才能和智慧；才能和智谋。张说《送郭大夫元振再使吐蕃》："远图待才智，苦节输筋力。"李白《鞠歌行》："又不见田千秋才智不出人，一朝富贵如有神。"胡曾《咏史诗·鲁城》："因笑臧孙才智少，东门钟鼓祀鶢鶋。"

【才策】 才智与谋略。孟郊《赠转运陆中丞》："尧知才策高，人喜道路通。"

【才傑】 杰出的人才。高适《同观陈十六史兴碑》："此地多精灵，有时生才杰。"钱起《送薛判官赴蜀》："边陲劳帝念，日下降才杰。"

【才儁】 见"才俊"。

【才疏】 才能不高。陆龟蒙《奉和袭美新秋言怀三十韵次韵》："才疏惟自补，技痒欲谁抓。"

【才幹】 办事的能力。息夫牧《冬夜宴萧十丈因饯殷郭二子西上》序："今殷、郭二子，天资才干，而加之铩羽，观光王庭，俯拾地芥，其谁曰不然?"

【才業】 才学。赵嘏《赠李秘书》："束带临风气调新，孔门才业独谁伦。"项斯《献令狐相公时相公郊坛行事回》："鹗在卿云冰在壶，代天才业本讦谟。"顾云《池阳醉歌赠匡庐处士姚岩杰》："裔孙才业今如此，谁人为奏明天子。"

【才稱】 (—chēng)才能和名声。李端《慈恩寺怀旧》序："员外，相国之子，雅有才称。"

【才義】 才华的仁义。李群玉《登宜春醉宿景星寺寄郑判官兼简空上人》："皎皎荥阳子，芳春富才义。"

【才猷】 才能谋略。钱起《巨鱼纵大壑》："喻士逢明主，才猷得所施。"

【才髦】 指才俊之士。息夫牧《冬夜宴萧十丈因饯殷郭二子西上》："彼之才髦，其年未冠。"

【才魂】 才人之魂。韩偓《金陵》："自古风流皆暗销，才魂妖魂谁与招。"

【才貌】 才能和容貌。崔融《和梁王众传张光禄是王子晋后身》："中郎才貌是，柱史姓名非。"

【才賢】 有品德有才能的人。李白《金门答苏秀才》："巨海纳百川，麟阁多才贤。"陆龟蒙《奉和袭美二游诗·徐诗》："吾闻徐氏子，奕世皆才贤。"

【才德】 才能德行。储光羲《陆著作挽歌》之三："英英有君子，才德满中州。"

【才調】 (—diào)犹才气。多指文才。杜甫《奉酬薛十二丈判官见赠》："相如才调逸，银汉会双星。"韩翃《赠别上元主簿张著》："风流才调爱君偏，此别相逢定几年。"李商隐《贾生》："宣室求贤访逐臣，贾生才调更无伦。"方干《哭江西处士陈陶》："巢父精灵归大夜，客儿才调振遗风。"

【才盡】 江郎才尽。见《南史·江淹传》。后用以作伤老自谦的典故。杜甫《送顾八分文学适洪吉州》："才尽伤形体，病渴污官位。"

【才器】 才能和器局。姚合《惜别》："桃李容华犹叹月，风流才器亦悲秋。"齐己《送韩蜕秀才赴举》："才器合居科第首，风流幸是缙绅门。"

【才學】 才能和学问。钱起《送陆珽侍御使新罗》："衣冠周柱史，才学我乡人。"陆龟蒙《寄淮南郑宝书记》："记室千年翰墨孤，唯君才学似应徐。"

【才薄】 才能不高。刘言史《立秋日》："才薄无潘头，便便画偃庐。"无名氏《秋中霖雨》(外编上)："才薄孰知无所用，独嗟戎俗滞微名。"

【才藝】 才能；技艺。寒山《诗三百三首》之五四："春秋未三十，才艺百般能。"韩愈《石鼓歌》："从臣才艺咸第一，拣选撰刻留山阿。"吕温《上官昭容书楼歌》："自言才艺是天真，不服丈夫胜妇人。"花蕊夫人徐氏《宫词》之一三二："才艺足当恩宠别，只堪供奉一场闲。"

【才難】 (—nán)❶谓人才难得。语出《论语·泰伯》。祝元膺《句》："杜甫一生怜李白，应缘孔圣道才难。"❷谓难得的人。皎然《送裴判官赴商幕》："商洛近京师，才难赴幕时。"

【才藻】 才思文采。权德舆《酬崔千牛四郎早秋见寄》："少年才藻新，金鼎世业崇。"

一 画

扎 〔zhá〕见"扎扎"。

【扎扎】 (—zhá)象声词。织机声。白居易《新乐府·缭绫》："丝细缲多女手疼，扎扎千声不盈尺。"王周《采桑女二首》之一："扎扎得盈尺，轻素何人衣。"

二 画

打 〔dǎ《广韵》德冷切，上梗，端。又都挺切，上迥，端。《六书故》都假切。〕❶敲击；撞击。王建《寄杨十二秘书》："人定犹行背街鼓，月高还去打僧房。”白居易《新乐府·上阳白发人》：“耿耿残灯背壁影，萧萧暗雨打窗声。”罗邺《山阳贻友人》：“行迟暖陌花拦马，睡重春江雨打船。”刘采春《啰唝曲六首》之六：“潮来打缆断，摇橹始知难。”和凝《山花子》词之二：“佯弄红丝绳拂子，打檀郎。”❷弹射；驱赶。黄损《公子行》：“打鹊抛金盏，招人举玉鞭。”金昌绪《春怨》：“打起黄莺儿，莫教枝上啼。”李玉箫《宫词》：“元是我王金弹子，海棠花下打流莺。”贯休《春野作五首》之一：“谁家挟弹少年，拟打红衣啄木。”❸捕捉。杜甫有《观打鱼歌》。无名氏《鸬鹚谚》：“鸬鹚不打脚下塘。”❹吃。寒山《诗三百三首》之一三八：“唯知打大脔，除此百无能。”权龙褒《初到沧州呈州官》：“中央一群汉，聚坐打杯觥。”❺编织，制作。《荆棺峡谚》：“九子不葬父，一女打荆棺。”原注：“峡壁有棺，以荆为之。相传人有九子，不能葬，女编荆为棺，庋之此。”❻汲取；盛取。贯休《怀邻叟》：“橘槔打水声嘎嘎，紫芋白薤肥濛濛。”❼飞扑。李贺《酬答二首》之一：“行处春风随马尾，柳花偏打内家香。”❽从事某种游戏。韩偓《偶见》：“秋千打困解罗裙，指点醍醐索一尊。”❾介词。犹自，从。表示时间。殷尧藩《经靖安里》：“巷底萧萧绝市尘，供愁疏雨打黄昏。”❿连词。犹及、和。寒山《诗三百三首》之一六八：“房房虚索索，东壁打西壁。”

【打劫】 围棋术语。谓双方在一处可以交互吃一子的争夺战，但打劫须隔一着方能还吃，故漏洞少的一方取胜可能就大。有时整盘棋由打劫决定输赢。杜荀鹤《观棋》：“得势侵吞远，乘危打劫赢。”

【打門】 叩门；敲门。王建《题崔秀才里居》：“时复打门无别事，铺头来索买残书。”卢仝《走笔谢孟谏议寄新茶》：“日高丈五睡正浓，军将打门惊周公。”

【打殺】 打死。无名氏《五言诗》之七(外编下)：“此是五逆贼，打杀何须案。”

【打脊】 鞭笞背部。古时肉刑的一种。无名氏《五言诗》之六(外编下)：“衙日唱稽逋，佐史打脊烂。”又《五言诗》之五：“驱将见朋友，打脊趁回来。”

【打酒】 吃酒。无名氏《五言诗》之六(外编下)：“寻常打酒醉，每日出逐伴。”

【打麥】 儿童的一种游戏，有节奏地以掌相拍打，掌声如打麦声，故称。《打麦谣》：“打麦，麦打。”

【打毬】 ❶古代的一种踢球游戏，即蹴鞠。见《汉书·枚乘传》。蔡孚《打球篇》序：“臣谨按打球者，往之蹴鞠古戏也。”❷古代军中用以练武的一种打球的游戏，又称“击鞠”。源于波斯，约于唐初传于中国。见唐封演《封氏闻见记·打球》。唐打球之戏，除骑马击球这种形式外，还有步行击球的形式，称为“步打”或“步击”。王建《送裴相公上太原》：“千群白刃兵迎节，十对红妆妓打球。”元稹《春六十韵》：“偏沾打球彩，频得铸钱铜。”花蕊夫人徐氏《宫词》之一四六：“殿前铺设两边楼，寒食宫人步打球。”又《宫词》之十九：“小球场近曲池头，宣唤勋臣试打球。”

【打魚船】 渔船，捕鱼船。张蠙《丛苇》：“丛丛寒水边，曾折打鱼船。”

【打鼓】 击鼓。见南朝宋刘义庆《世说新语·豪爽》。殷尧藩《夜酌溪楼》：“打鼓泊船何处客，捣衣隔竹是谁家。”项斯《蛮家》：“看儿调小象，打鼓试新船。”

【打煞】 打死。无名氏《五言白话诗》之三〇(外编下)：“逢贼被打煞，五品无人诤。”

【打撩】 (—liào)打击。崔道融《羯鼓》：“华清宫里打撩声，供奉丝簧束手听。”

【打徹】 犹言打杀。钟离权《赠吕洞宾》(卷八六〇)：“须打彻，进退天机明六甲。”

【打頭風】 逆风。元稹《闲二首》之一：“江喧过云雨，船泊打头风。”白居易《小舫》：“黄柳影笼随棹月，白蘋香起打头风。”郑谷《江上阻风》：“闻道渔家酒初熟，晚来翻喜打头风。”

【打駡】 挨打受骂。王梵志《诗》之十二：“打骂但知默，无应即是能。”

【打錢】 唐宋时期青少年的一种掷钱游戏。参与者持钱在手中颠簸，然后掷于阶上，依次摊平，以正反面之多寡定胜负。赵光远《咏手二首》之二：“慢笼彩笔闲书字，斜指瑶阶笑打钱。”

扐 〔lè《广韵》盧則切，入德，來。〕古代筮法。数蓍草卜吉凶，称每次将数剩余的蓍草夹在手指间为扐。亦用以称零数。罗让《闰月定四时》：“气薰灰琯验，数扐卦辞推。”

三 画

扞1 〔hàn《广韵》侯旰切，去翰，匣。〕❶保护；保卫。见《书·文侯之命》。贾至《自蜀奉册命往朔方途中呈韦左相文部房尚书门下崔侍郎》：“顾惟乏经济，扞牧陪从臣。”参见“扞城”。❷抵御；抵抗。陆龟蒙《奉和袭美初夏游楞伽精舍次韵》：“万善峻为城，巉巉扞群恶。”

扞2 〔gǎn《集韵》古旱切，上旱，見。〕同“擀”。碾压，使物舒展。贯休《春游灵泉寺》：“嘴红涧鸟啼芳草，头白山僧自扞茶。”

【扞城】 保护；保卫。见《左传·成公十二年》。亦指保卫疆土的将帅。储光羲《哥舒大夫颂德》：“画阃入受脤，凿门出扞城。”

扛[1] 〔gāng《广韵》古雙切，平江，見。〕双手举重物。见《说文·手部》。韩愈《病中赠张十八》："龙文百斛鼎，笔力可独扛。"

扛[2] 〔káng《广韵》虎項切，上講，曉。〕以肩荷物。段成式《牛尊师宅看牡丹》："若为萧史通家客，情愿扛壶入醉乡。"

扣 〔kòu《广韵》苦候切，去候，溪。又苦后切，上厚，溪。〕❶同"叩"。(1)敲击。宋之问《咏钟》："岂惟恒待扣，金簴有余清。"杜甫《相逢歌赠严二别驾》："黄昏始扣主人门，谁谓俄顷胶在漆。"许浑《游维山新兴寺宿石屏村谢叟家》："家家扣铜鼓，欲赛鲁将军。"陆龟蒙《江南秋怀寄华阳山人》："举楫挥青剑，鸣榔扣远缸。"黄滔《逢友人》："旅愁论未尽，古寺扣晨钟。"(2)斫，砍。包佶《朝拜元陵》："不见露盘迎晓日，唯闻木斧扣寒松。"(3)弹奏。庄若讷《湘灵彭瑟》："微音时扣徵，雅韵乍含商。"顾况《弹琴谷》："因君扣商调，草虫惊暗壁。"又《幽居弄》："扣商占角两三声，洞户溪窗一冥寂。"❷探问；叩问。孟郊《送任载齐古二秀才自洞庭游宣城》："扣奇知浩淼，采异访穹崇。"苏拯《雉兔者》："谁能为扣天地炉，铸此伤生其可乎。"❸缠绕。陆龟蒙《奉和袭美太湖诗二十首·孤园寺》："幡条玉龙扣，殿角金虬舞。"❹近；靠近。韦应物《慈恩精舍南池作》："缘崖摘紫房，扣槛集灵龟。"元稹《元和五年思怆曩游因投五十韵》："扣林引寒龟，疏丛出幽翠。"

【扣牛角】 (角 jiǎo)见"扣角"。徐夤《依韵赠严司直》："歌残白石扣牛角，赋换黄金爱马卿。"

【扣角】 (—jiǎo)春秋时卫人宁戚饭牛遇桓公，叩角而歌。见《楚辞·屈原〈离骚〉》。后用为求仕之典。李峤《歌》："愿君听扣角，当自识贤臣。"李白《笑歌行》："朱买臣，扣角行歌背负薪。"韦庄《东游远归》："扣角干名计已疏，剑歌休恨食无鱼。"

【扣門】 敲门。皎然《寻陆鸿渐不遇》："扣门无犬吠，欲去问西家。"刘禹锡《赠别君素上人诗》："穷巷唯秋草，高僧独扣门。"唐彦谦《宿田家》："忽闻扣门急，云是下乡隶。"贯休《春日许征君见访》："厨香烹瓠叶，道友扣门声。"

【扣馬】 拉住马不让行进。见《史记·伯夷列传》。为直谏之典。杜甫《八哀诗·赠太子太师汝阳郡王琎》："袖中谏猎书，扣马久上陈。"

【扣船】 义同"扣舷"。权德舆《晚》："寂寞扣船坐，独生千里愁。"陈羽《送殷华之洪州》："扣船歌月色，避浪宿猿声。"

【扣舷】 以桨击船舷而歌。王维《送綦毋秘书弃官还江东》："清夜何悠悠，扣舷明月中。"戎昱《汉上题韦氏庄》："日落数归鸟，夜深闻扣舷。"杨衡《旅次江亭》："扣舷不能寐，皓露清衣襟。"韩偓《汉江行次》："牧笛自由随草远，渔歌得意扣舷归。"

【扣寂】 指构思而发为文辞的思维活动。语本晋陆机《文赋》。后用指作文赋诗。杜甫《舟中苦热遣怀奉呈阳中丞通简台省诸公》："扣寂豁烦襟，皇天照嗟叹。"杨巨源《赠从弟茂卿》："扣寂由来在渊思，搜奇本自通禅智。"元稹《春分投简阳明洞天作》："君心除健羡，扣寂入虚无。"

【扣楫】 用桨击打船舷。贾至《送夏侯子之江夏》："扣楫洞庭上，清风千里来。"

【扣節】 击节，打拍子。元稹《寄吴士矩端公五十韵》："扣节参差乱，飞觥往来织。"

【扣劍】 抚剑，按剑。李白《金陵歌送别范宣》："扣剑悲吟空咄嗟，梁陈白骨乱如麻。"

【扣額】 叩头。李贺《绿章封事》："青霓扣额呼宫神，鸿龙玉狗开天门。"

【扣關】 谓叩击城门请求进入。春秋战国时列国于边界设关，检查行客。后多用以指扣门。丘为《寻西山隐者不遇》："扣关无僮仆，窥室唯案几。"李白《梁甫吟》："以额扣关阍者怒，白日不照吾精诚，杞国无事忧天倾。"韦应物《移疾会诗客元生与释子法朗因贻诸祠曹》："释子来问讯，诗人亦扣关。"黄滔《送僧归北岩寺》："上智失扣关，多被浮名误。"

托 〔tuō《集韵》闥各切，入鐸，透。〕❶手掌或他物向上承受物体。周繇《题东林寺虎掊泉》："爪抬山脉断，掌托石心拗。"韩偓《咏手》："怅望昔逢褰绣幔，依稀曾见托金车。"南唐后主李煜《捣练子》词之二："斜托香腮春笋懒，为谁和泪倚阑干。"❷衬垫。见"托腮"。❸依靠，寄托。蔡希周《奉和扈从温泉宫承恩赐浴》："自怜遇坎便能止，愿托仙槎路未通。"杜甫《乾元中寓居同谷县作歌七首》之二："长镵长镵白木柄，我生托子以为命。"杜荀鹤《哭友人》："无儿承后嗣，有女托何人。"郑衮《好鸟鸣高枝》："上林如可托，弱羽愿差池。"❹嘱托；衬托。岑参《送史司马赴崔相公幕》："愿托周南羽，相衔溪水湄。"戴叔伦《送孙直游郴州》："行客自知心有托，不闻惊浪与啼猿。"孟郊《覆巢行》："尔今所托非本地，乌鸢何得同尔心。"王初《梅花二首》之二："欲托清香传远信，一枝无计奈愁何。"

【托身】 寄身；栖身。王维《同卢拾遗过韦给事东山别业二十韵》："托身侍云陛，昧旦趋华轩。"刘长卿《小鸟篇上裴尹》："衔花纵有报恩时，择木谁容托身处。"

【托依】 依托。韩愈《南山有高树行赠李宗闵》："四旁多长枝，群鸟所托依。"

【托居】 寄居。戴叔伦《古意》："念我平生欢，托居在东里。”

【托根】 附着生根。张祜《树中草》：“青青树中草，托根非不危。”唐彦谦《松》：“托根蟠泰华，倚干蚀莓苔。”又《春草》：“天北天南绕路边，托根无处不延绵。”郭恭《秋池一枝莲》：“托根方得所，未肯即随风。”

【托腮】 手托腮颊。凝思貌。唐彦谦《题虔僧室》：“水月定中何所谓，也嚬眉黛托腮愁。”

【托裹】 衣服、鞋、帽的衬里。韩偓《屐子》：“方寸肤圆光致致，白罗绣屟红托里。”

扠 〔chā《集韵》初加切，平麻，初。〕❶同“叉”。一端有两个以上的长齿而另一端有柄的器具。亦谓用叉刺取。柳宗元《同刘二十八院长述旧言怀感时书事之作因其韵增至八十通赠二君子》：“野鹜行看弋，江鱼或共叉。”❷挟取。韩愈、孟郊《城南联句》：“馋叉饱活脔，恶嚼啅腥鲭。”❸推，搡。窦昉《嘲许子儒》：“瓦恶频蒙攛，墙虚屡被叉。”❹交叉两手。谓拱手作揖。无名氏《绝句》（卷七八六）：“自从江浙为渔父，二十余年手不叉。”

四 画

扶 〔fú《广韵》防無切，平虞，奉。〕❶搀扶。袁朗《和洗掾登城南坂望京邑》：“醒醉各相扶，讴歌从圣主。”韩翃《送江陵元司录》：“江城竹使待，山路橘官扶。”白居易《对酒吟》：“今夜还先醉，应烦红袖扶。”王驾《社日》：“桑柘影斜春社散，家家扶得醉人归。”❷以手倚物，扶着。王涯《宫词三十首》之二：“欲得君王回一顾，争扶玉辇下金阶。”❸支撑；支持。孟郊《北郭贫居》：“地僻草木壮，荒条扶我庐。”元稹《春余遣兴》：“笑倚连枝花，恭扶瑞藤杖。”白居易《有木诗八首》之一：“截枝扶为杖，软弱不自持。”张祜《病宫人》：“四体强扶藤夹膝，双鬟慵插玉搔头。”❹扶持；保持。储光羲《同诸公秋日游昆明池思古》：“坤纪戮屏翳，元纲扶逶迤。”温庭筠《老君庙》：“百二关山扶玉座，五千文字闷瑶缄。”又《题翠微寺二十二韵》：“万灵扶正寝，千嶂抱重冈。”❺扶正；扶直。见《管子·庙舍》。包佶《对酒赠故人》：“扶起离披菊，霜轻喜重开。”韩愈《题张十一旅舍三咏·蒲萄》：“新茎未遍半犹枯，高架支离倒复扶。”❻支援；帮助。见《战国策·宋卫策》。陈子昂《观荆玉篇》序：“余倏尔而笑曰：始者与此君别，不图至是而见之。岂非神明嘉惠，将欲扶吾寿也。”李白《答族侄僧中孚赠玉泉仙人掌茶》序：“而此茗清香滑熟，异于他者，所以能还童振枯，扶人寿也。”白居易《和答诗十首》序：“意者欲足下在途讽读，且以遣日时，消忧懑，又有以张直气而扶壮心也。”吕岩《七言》之二一：“日月暗扶君甲子，乾坤自与我知音。”❼匡扶；辅佐。杜甫《秋日夔府咏怀奉寄郑监李宾客一百韵》：“耿贾扶王室，萧曹拱御筵。”李商隐《哭刘司户二首》之二：“有美扶皇运，无谁荐直言。”韦庄《题淮阴侯庙》：“能扶汉代成王业，忍见唐民陷战机。”❽挽救；救治。王维《送李员外贤郎》：“薏苡扶衰病，归来幸可将。”杜甫《远游》：“种药扶衰病，吟诗解叹嗟。”杨巨源《石水词二首》之二：“天人持此扶衰病，胜得瑶池水一瓶。”韦庄《和郑拾遗秋日感事一百韵》：“志求扶坠典，力未振颓纲。”❾攀缘；附依。韦应物《西亭》：“弱藤已扶树，幽兰欲成丛。”陆龟蒙《村夜二篇》之一：“无名升甲乙，有志扶荀孟。”❿环绕；拱卫。杜甫《冬日洛城北谒玄元皇帝庙》：“山河扶绣户，日月近雕梁。”王铎《罢都统守镇滑州作》：“正会星辰扶北极，却驱戈甲镇南燕。”⓫沿，沿着。沈佺期《送金城公主适西蕃应制》：“金榜扶丹掖，银河属紫阍。”杜甫《观薛稷少保书画壁》：“又挥西方变，发地扶屋椽。”韩愈、孟郊《城南联句》：“皋区扶帝壤，瑰蕴郁天京。”

【扶天】 喻辅佐君王。司空图《丁巳元日》：“扶天咨协力，并日召延英。”

【扶正】 把动荡倾倒的东西扶持归正。孟郊《赠章仇将军》：“前时天地翻，已有扶正功。”

【扶立】 拥立。帮助新君继位。《后唐军士谣》：“除去菩萨，扶立生铁。”

【扶老】 ❶供老人凭借扶持。李德裕《近于伊川卜山居将命者画图而至欣然有感聊赋此诗兼寄上浙东元相公大夫使求青田胎化鹤》：“邛杖堪扶老，黄牛已服辕。”❷供养老人。杜甫《暂往白帝复还东屯》：“加餐可扶老，仓庾慰飘蓬。”

【扶行】 （—xíng）扶物行走。搀扶而行。杜甫《秋日夔府咏怀奉寄郑监李宾客一百韵》：“唤起搔头急，扶行几屐穿。”元稹《醉醒》：“积善坊中前度饮，谢家诸婢笑扶行。”白居易《新乐府·母别子》：“一始扶行一初坐，坐啼行哭牵人衣。”

【扶危】 扶助危殆之国和危难之人。陆龟蒙《袭美先辈以龟蒙所献五百言既蒙见和复示荣唱再抒鄙怀用伸酬谢》：“越疆必载质，历国将扶危。”又《奉酬袭美先辈吴中苦雨一百韵》：“有力即扶危，怀仁过救暍。”

【扶杖】 拄杖。韩愈《人日城南登高》：“扶杖凌圮阯，刺船犯枯葑。”

【扶助】 扶持帮助。王建《送振武张尚书》：“回天转地是将军，扶助春宫上五云。”

【扶侍】 侍奉。白居易《病中诗十五首·岁暮呈思黯相公皇甫朗之及梦得尚书》：“莫嫌身病人扶侍，犹胜无身可遣扶。”亦指搀扶陪侍之人。刘长卿有《送张栩扶侍之睦州》。孟郊有《春日同韦郎中使君送邹儒立少府扶侍赴云阳》。贾岛《送李戎扶侍往寿安》："关山多寇盗，扶侍带弓刀。"

【扶牀】 ❶手扶于床。元稹《酬乐天叹损伤见寄》："病为怕风多睡月，起因花药暂扶床。"❷谓年幼扶床学步。元稹《答友封见赠》："扶床小女君先识，应为些些似外翁。"白居易《新秋》："唯弄扶床女，时时强展眉。"杜牧《题村舍》："三树稚桑春未到，扶床乳女午啼饥。"

【扶持】 ❶挽扶。杜甫《桃竹杖引赠章留后》："使我不得尔之扶持，灭迹于君山湖上之青峰。"韩愈《和虞部卢四酬翰林钱七赤藤杖歌》："绳桥拄过免倾堕，性命造次蒙扶持。"白居易《对酒闲吟赠同老者》："扶持仰婢仆，将养信妻儿。"张祜《答僧赠柱杖》："幸以文堪采，扶持力不轻。"❷支持；帮助。杜甫《古柏行》："扶持自是神明力，正直原因造化功。"张籍《别段生》："行役多疾疢，赖此相扶持。"崔涯《咏春风》："扶持燕雀连天去，断送杨花尽日狂。"❸救助。刘禹锡《庙庭偃松诗》："势轧枝偏根已危，高情一见与扶持。"李商隐《韩碑》："帝得圣相相曰度，贼斫不死神扶持。"❹辅佐匡救。杜牧《和野人殷潜之题筹笔驿十四韵》："川流萦智思，山耸助扶持。"李商隐《寄太原卢司空三十韵》："保佐资冲漠，扶持在杳冥。"牛希济《奉诏赋蜀主降唐》："非干将相扶持拙，自是君臣数尽年。"贯休《和韦相公见示闲卧》："扶持千载圣，潇洒一声蝉。"❺勉力维持。杜甫《苦竹》："青冥亦自守，软弱强扶持。"张籍《寄王六侍御》："谁能借问功名事，只自扶持老病身。"

【扶南】 ❶南海古国名。始王曰混填。扶南盛时，奄有湄公湄南二河下游诸地。顾况《上古之什补亡训传十三章·苏方一章》序："《苏方》，讽商胡舶舟运苏方，岁发扶南、林邑，至齐国立尽。"❷唐县名，当在今广西境。李颀《送刘四赴夏县》："扶南甘蔗甜如蜜，杂以荔枝龙州橘。"

【扶南曲】 （曲 qǔ）扶南，古国名，今泰国东部。扶南曲《乐部诗集》列入《新乐府辞》。《全唐诗》卷一二五载王维《扶南曲歌词五首》均为第二体。又《全唐诗》卷二十载王维《班婕妤三首》中的第三首，即"怪来妆阁闭，朝下不相迎。总向春园里，花间笑语声"，实为《扶南曲》第一体。

【扶舁】 护持扛抬。韩愈《去岁自刑部侍郎以罪贬潮州小女道死殡之层峰驿旁山下蒙恩还朝过其墓留题驿梁》："惊恐入心身已病，扶舁沿路众知难。"

【扶風】 ❶郡名。唐武德元年（618）改为岐州，天宝元年（742）复改为扶风郡。治雍县（今陕西凤翔县）。李白《扶风豪士歌》："扶风豪士天下奇，意气相倾山可移。"岑参有《暮春虢州东亭送李司马归扶风别庐》。刘禹锡《马嵬行》："绿野扶风道，黄尘马嵬驿。"李商隐《十一月中旬至扶风界见梅花》。❷指悲壮激昂之作。晋刘琨有乐府歌辞《扶风歌》，悲歌慷慨，豪壮多气，抒写忠愤之情，为后人所称道和仿作。李白《宣城送刘副使入秦》："凄清横吹曲，慷慨扶风词。"

【扶冠】 （—guān）扶正帽子。严维《九月十日即事》："宿醒犹落帽，华发强扶冠。"

【扶胥】 镇名。在今广东番禺东南之江口。韩愈《赠别元十八协律六首》之六："乘潮簸扶胥，近岸指一发。"

【扶病】 支撑病体。亦指带病工作和行动。高适《哭裴少府》："扶病适到官，田园在何处。"张南史《酬张二仓曹杨子闲居见寄兼呈韩郎中左补阙皇甫冉》："莫怪杜门频乞假，不堪扶病拜龙楼。"白居易《新乐府·缚戎人》："身被金创面多瘠，扶病徒行日一驿。"徐铉《邵伯埭下寄高邮陈郎中》："顾我饮冰难辍棹，感君扶病为开筵。"

【扶疾】 犹扶病。刘长卿《行营酬吕侍御时尚书问罪襄阳军次汉东境上侍御以州邻寇贼复有水火迫于征税诗以见谕》："受辞瞻左钺，扶疾往前旌。"

【扶桑】 ❶神话中的树名。见《山海经·海外东经》。李白《上云乐》："西海栽若木，东溟植扶桑。"杜甫《白帝城最高楼》："扶桑西枝对断石，弱水东影随长流。"施肩吾《海边远望》："扶桑枝边红皎皎，天鸡一声四溟晓。"贯休《偶作五首》之二："闯蜀眉噘游海岛，扶桑椹熟金乌饱。"❷传说日出于扶桑之下，拂其树梢而升，亦借指太阳。刘叉《偶书》："日出扶桑一丈高，人间万事细如毛。"长孙佐辅《楚州盐壒古墙望海》："长风卷繁云，日出扶桑头。"徐夤《晓》："羲和晴耸扶桑辔，借与寰瀛看早晖。"吴筠《步虚词十首》之五："扶桑诞初景，羽盖凌晨霞。"❸喻指仙境或朝廷。卢照邻《中和乐九章·总歌第九》："登若木兮坐明堂，池濛汜兮家扶桑。"薛涛《上王尚书》："碧玉双幢白玉郎，初辞天帝下扶桑。"温庭筠《鸿胪寺有开元中锡宴堂楼台池沼雅为胜绝荒凉遗址仅有存者偶成四十韵》："轧然阊阖开，赤日生扶桑。"吴筠《游仙二十四首》之八："将过太帝宫，暂诣扶桑处。"❹东方古国名。后亦代称日本。见《梁书·扶桑国》。王维《送秘书晁监还日本国》："乡树扶桑外，主人孤岛中。"李益《送归中丞使新罗册立吊祭》："东望扶桑日，何年是到时。"姚合《送源中丞赴新罗》："谁得似君将雨露，海东万里洒扶桑。"❺泛指南海一带。杜甫《诸将五首》之四："回首扶桑铜柱标，冥冥氛祲未全销。"

【扶桑翁】 指仙翁。李商隐《李肱所遗画松诗书两纸得四十韵》："终骑紫鸾归，持寄扶桑翁。"

【扶接】 扶持。帮助。陈陶《旅次铜山途中先寄温州韩使君》:“跻攀寡俦侣,扶接念舆皂。”

【扶犁】 用手支持犁赶牛耕田。无名氏《五言诗》之五(外编下):“妇即客舂捣,夫即客扶犁。”

【扶犁兒】 扶犁耕田人。农夫。于濆《苦辛吟》:“垄上扶犁儿,手种腹长饥。”

【扶疏】 枝叶繁茂纷披貌。韦承庆《直中书省》:“清切凤凰池,扶疏鸡树枝。”钱起《江宁春夜裴使君席送萧员外》:“花院日扶疏,江云自卷舒。”白居易《和钱员外禁中夙兴见示》:“楼台红照曜,松竹青扶疏。”曹唐《穆王宴王母于九光流霞馆》:“桑叶扶疏闭日华,穆王邀命宴流霞。”

【扶陽】 西汉侯国。故城在今安徽萧县西南。见《汉书·韦贤传》。后以之代称韦贤,用以为典。杨炯《送李庶子致仕还洛》:“诏赐扶阳宅,人荣御史车。”崔融《韦长史挽词》:“京兆新阡辟,扶阳甲第空。”杨凝《送客往鄜州》:“近喜扶阳系戎相,从来卫霍笑长缨。”权德舆《韦宾客宅与诸博士宴集》:“宾筵征稷嗣,家法自扶阳。”又《送韦行军员外赴河阳》:“记事还同楚倚相,传经远自汉扶阳。”

【扶搖】 ❶飘风。盘旋而上的暴风。见《庄子·逍遥游》。卢象《青雀歌》:“逍遥饮啄安涯分,何假扶摇九万为。”高适《同群公秋登琴台》:“燕雀满檐楹,鸿鹄抟扶摇。”刘禹锡《两如何诗谢裴令公赠别二首》之二:“终期大冶再熔炼,愿托扶摇翔碧虚。”姚鹄《和工部杨尚书重送绝句》:“好控扶摇早回首,人人思看大鹏飞。”❷盘旋而上,腾飞。见《淮南子·览冥训》。褚载《鹤》:“沙鸥浦雁应惊讶,一举扶摇直上天。”陈陶《剑池》:“霸图缭戾金龙蛰,坤道扶摇紫气生。”

【扶路】 相携于路。卢照邻《哭金部韦郎中》:“贺客犹扶路,哀人遂上堂。”

【扶傾】 扶持倾危之物。见《文选·扬雄〈甘泉赋〉》。韦应物《种药》:“汲井既蒙泽,插楥亦扶倾。”亦喻挽救危局。韩偓《赠吴颠尊师》:“半酣思救世,一手拟扶倾。”

【扶道】 沿途。苏颋《奉和圣制途次旧居应制》:“约川星罕驻,扶道日旂舒。”

【扶壽】 益寿,延长寿命。李华《云母泉诗》序:“况支离多病,年甫始衰,愿饵药扶寿,以究无生之学。”

【扶輪】 为怀恩报效之典。事见《左传·宣公二年》。李瀚《蒙求》:“灵辄扶轮,魏颗结草。”

【扶頭】 ❶形容醉态。亦谓醉倒。杜荀鹤《晚春寄同年张曙先辈》:“无金润屋浑闲事,有酒扶头是了人。”❷指饮酒。姚合《答友人招游》:“赌棋招敌手,沽酒自扶头。”

【扶頭酒】 指易醉之酒。白居易《早饮湖州酒寄崔使君》:“一榼扶头酒,泓澄泻玉壶。”

【扶餘】 古国名,在今黑龙江双城市以南。亦借指高句丽。张籍《赠海东僧》:“别家行万里,自说过扶余。”

【扶親】 携带家眷。李洞《江峡寇乱寄怀吟僧》:“扶亲何处隐,惊梦入嵩丘。”

【扶顛】 救亡;扶持危局。语本《论语·季氏》。杜甫《洗兵马》:“征起适遇风云会,扶颠始知筹策良。”又《入衡州》:“扶颠待柱石,独坐飞风霜。”元稹《酬段丞与诸棋流会宿弊居见赠二十四韵》:“乘胜同三捷,扶颠望一词。”杜牧《分司东都寓居履道叨承川尹刘侍郎大夫恩知上四十韵》:“顺美皇恩洽,扶颠国步宁。”

【扶羸】 支撑瘦弱疲病的身体。亦指不顾身体疲病从事某种事宜。白居易《偶咏》:“御热蕉衣健,扶羸竹杖轻。”齐己《病起二首》之二:“抱疾关门久,扶羸傍砌时。”又《寄怀江西栖公》:“老病何堪说,扶羸寄此篇。”

【扶羸携幼】 搀着衰弱的老人,领着小孩。韦庄《秦妇吟》:“扶羸携幼竞相呼,上屋缘墙不知次。”

【扶蘇】 ❶枝叶繁茂纷披貌。陆龟蒙《问吴宫辞》:“霜氛重兮孤榜晓,远树扶苏兮愁烟悄眇。”❷秦始皇长子,因劝阻秦始皇坑儒而激怒始皇,被派往上郡监大将蒙恬军。始皇死后,其弟胡亥和宦官赵高、丞相李斯合谋,矫诏赐死。常楚老《祖龙行》:“腐肉偷生三千里,伪书先赐扶苏死。”储嗣宗《长安怀古》:“秋风解怨扶苏死,露泣烟愁红树枝。”胡曾《咏史诗·杀子谷》:“举国贤良尽泪垂,扶苏屈死树边时。”参见“扶蘇墓”。

【扶蘇城】 指唐绥州城。即今陕西绥德县。县城内有扶苏墓,故称。韦庄《绥州作》:“一曲单于暮烽起,扶苏城上月如钩。”参见“扶蘇墓”。

【扶蘇墓】 在今陕西绥德县城内疏属山巅。墓为长方形,孤峰屹立,并有“秦长子扶苏墓”石碑。秦始皇焚书坑儒时,扶苏曾加劝阻,始皇命其去上郡监蒙恬军。始皇崩,扶苏被赵高、李斯害死。近有呜咽泉,传为扶苏赐死处。曹邺《始皇陵下作》:“行人上陵过,却吊扶苏墓。”

【扶櫬】 扶柩,护送灵柩。杜甫《别蔡十四著作》:“主人薨城府,扶榇归咸秦。”

【扶攜】 搀扶。孟郊《献襄阳于大夫》:“还耕竟原野,归老相扶携。”

抔

〔póu《广韵》薄侯切,平侯,並。又芳杯切,平灰,滂。〕量词。相当于“捧”“把”。见“抔土”。

【抔土】 一捧之土。极言其少。语出《史记·张释之冯唐列传》。卢纶《栖岩寺隋文帝马脑盏歌》:“可怜贞质无今古，可叹隋陵一抔土。”权德舆《早夏青龙寺致斋凭眺感物因书十四韵》：“秦为三月火，汉乃一抔土。”刘禹锡《平蔡州三首》之三：“妖童擢发不足数，血污城西一抔土。”

技〔jì《广韵》渠綺切，上紙。羣。〕才能；技艺。杜甫《贻华阳柳少府》：“文章一小技，于道未为尊。”陆龟蒙《奉酬袭美先辈吴中苦雨一百韵》：“伊余将贡技，未有耻可刷。”见“技能”“技癢”。

【技能】　技艺才能。韩愈《赠崔立之评事》：“时命虽乖心转壮，技能虚富家逾窘。”

【技癢】　有某种技艺而急欲表现。见《文选·潘岳〈射雉赋〉》。杜甫《八哀诗·故著作郎贬台州司户荥阳郑公虔》：“贯穿无遗恨，荟蕞何技痒。”陆龟蒙《奉和袭美新秋言怀三十韵次韵》：“才疏惟自补，技痒欲谁抓。”

抛〔pāo《广韵》匹交切，平肴，滂。又匹皃切，去效，滂。〕❶丢弃；撇开。寒山《诗三百三首》之二五：“智者君抛我，愚者我抛君。”韩愈《感春四首》之三：“诗书渐欲抛，节行久已惰。”刘禹锡《赠乐天》：“终期抛印绶，共占少微星。”张碧《农父》：“运锄耕劚侵星起，陇亩丰盈满家喜。到头禾黍属他人，不知何处抛妻子。”徐夤《依韵赠南安方处士五首》之一：“七贵五侯生肯退，利尘名网死当抛。”❷扔；抛掷。王建《观蛮妓》：“谁家年少春风里，抛与金钱唱好多。”姚合《白鼻騧》：“摘莲抛水上，郎意在浮花。”李洞《病猿》：“罢抛檐果沉僧井，休拗崖冰溅客舟。”欧阳炯《贺明朝》词之二：“忆昔花间相见后，只凭纤手，暗抛红豆。”❸离开。贾岛《酬张籍王建》：“鼠抛贫屋收田日，雁度寒江拟雪天。”皮日休《七爱诗·房杜二相国》：“脱身抛乱世，策杖归真主。”曹松《九江送方干归镜湖》：“客路抛湓口，家林入镜中。”❹暴露；显现。张祜《观杨瑗柘枝》：“微动翠蛾抛旧态，缓遮檀口唱新词。”韩琮《题商山店》：“商山驿路几经过，未到仙娥见谢娥。红锦机头抛皓腕，绿云鬟下送横波。”亦指演奏。李频《古意》：“凤箫抛旧曲，鸾镜懒新妆。”❺谓下围棋。李洞《对棋》：“日斜抛作劫，月午蹙成迟。”见“抛棋”。

【抛力】　耗费气力。赵嘏《翡翠岩》：“惆怅晋朝人不到，谢公抛力上东山。”

【抛生】　放生。张祜《题赠仲仪上人院》：“抛生台上日，结座履中尘。”杜荀鹤《题战岛僧居》“载土春栽树，抛生日喂鱼。”李洞《题新安国寺》：“开讲宫娃听，抛生禁鸟餐。”

【抛令】　发出酒令。李宣古《咏崔云娘》：“瘦拳抛令急，长啸出歌迟。”

【抛曲】　（—qǔ）谓谱写新词供歌者歌唱。刘禹锡《同乐天和微之深春二十首》之十四：“杏园抛曲处，挥袖向风斜。”

【抛名】　抛弃名声。刘禹锡《酬乐天偶题酒瓮见寄》：“从君勇断抛名后，世路荣枯见几回。”白居易《苏州李中丞以诗寄微之及予辄依来篇七言八韵走笔奉答兼呈微之》：“白首余杭白太守，落魄抛名来已久。”

【抛名换姓】　抛弃原名改换姓氏。皎然《寒栖子歌》：“天然不饮亦不食，抛名换姓觅不得。”

【抛身】　抛置自己的身体。白居易《不二门》：“化作憔悴翁，抛身在荒陋。”又《九江北岸遇风雨》：“人间稳路应无限，何事抛身在此中。”又《岁暮寄微之三首》之二：“若不九重中掌事，即须千里外抛身。”李群玉《送人隐居》：“平生自有烟霞志，久欲抛身狎隐沦。”

【抛巡】　用杯斟酒一周。斟酒一周曰一巡。白居易《醉后赠人》：“香球趁拍回环匼，花盏抛巡取次飞。”

【抛青春】　酒名。韩愈《感春四首》之四：“百年未满不得死，且可勤买抛青春。”

【抛杯】　端起酒杯。柳中庸《春思赠人》：“落雁惊金弹，抛杯泻玉缸。”白居易《与诸客空腹饮》：“抛杯语同坐，莫作老人看。”

【抛官】　抛弃官职。白居易《琴茶》：“自抛官后春多醉，不读书来老更闲。”李频《送侯郎中任新定二首》之一：“便欲归田里，抛官逐隐侯。”黄滔《寓题》：“归泛扁舟可容易，五湖高士是抛官。”

【抛郤】　抛除；丢弃。刘长卿《戏赠干越尼子歌》：“北客相逢疑姓秦，铅花抛却仍青春。”王建《旧宫人》：“霓裳法曲浑抛却，独自花间扫玉阶。”白居易《题崔常侍济上别墅》：“主人忆尔尔知否，抛却青云归白云。”徐夤《陈》：“三惑昏昏中紫宸，万机抛却醉临春。”

【抛俸】　抛弃俸禄，谓离官。薛能《酬曹侍御见寄》：“累遣期抛俸，机忘怕与权。”

【抛書】　抛示书信。杜甫《喜观即到复题短篇二首》之二：“待尔嗔乌鹊，抛书示鹡鸰。”

【抛郡】　抛弃郡事。指离郡守职。李绅《寿阳罢郡日有诗十首与追怀不殊今编于后兼纪瑞物·初出淝口入淮》：“野老拥途知意重，病夫抛郡喜身轻。”

【抛除】　抛却，丢弃。寒山《诗三百三首》之四四：“抛除闹我者，历历树间瓢。”

【抛球】　抛掷彩球。王泠然《寒食篇》：“池中弄水白鹇飞，树下抛球彩莺去。”

【抛球樂】　（樂 yuè）唐教坊曲名，玄宗开元天宝间人作。唐人饮酒，常以抛球为令，并有歌曲伴随，此曲即因此而得名。五言，六句，三十字，三或四平韵，有叠句。传辞如五言小律，首句以仄起，以第二句后三字为叠句。第三四句对。三平韵为别体。凡不具叠句者，乃原有被省略。皇甫松、刘禹锡、徐铉等均有此作。后亦用为词牌名，以三十字为单调，至五代南唐冯延巳始创四十字体，平韵。见《全唐诗》卷八九七。

【抛捨】　抛开，撇下。孙元晏《咏史诗·晋·蒲葵扇》："抛舍东山岁月遥，几施经略挫雄豪。"

【抛梭】　谓来回投射梭子以织布。王建《七夕曲》："抛梭振镊动明珰，为有秋期眠不足。"

【抛棋】　下围棋。元稹《酬孝甫见赠十首》之七："无事抛棋侵虎口，几时开眼复联行。"

【抛棄】　丢弃。冯延巳《蝶恋花》词之六："谁道闲情抛弃久，每到春来，惆怅还依旧。"

【抛絕】　抛弃。寒山《诗三百三首》之一一一："抛绝红尘境，常游好阅书。"

【抛愁】　抛却愁苦。雍陶《初醒》："心中得胜暂抛愁，醉卧京风拂簟秋。"

【抛撥】　抛散。杜牧《池州送孟迟先辈》："周鼎列瓶罂，荆璧横抛拨。"

【抛詩】　抛弃作诗。白居易《求分司东都寄牛相公十韵》："纵贫长有酒，虽老未抛诗。"又《寄题庐山旧草堂兼呈二林寺道侣》："渐伏酒魔休放醉，犹残口业未抛诗。"

【抛鞚】　放松马缰绳。王昌龄《观猎》："角鹰初下秋草稀，铁骢抛鞚去如飞。"

【抛擲】　❶投；扔。李贺《示弟》："何须问牛马，抛掷任枭卢。"司空图《南北史感遇十首》之八："惟向眼前怜易落，不如抛掷任春风。"曹唐《织女怀牵牛》："封题锦字凝新恨，抛掷金梭织旧愁。"徐夤《长安即事三首》之一："抛掷清溪旧钓钩，长安寒暑再环周。"❷丢弃；弃置；遗弃。张籍《答刘竞》："刘君久被时抛掷，老向城中作选人。"白居易《酬别周从事二首》之二："洛下田园久抛掷，吴中歌酒莫留连。"布燮《听妓洞云歌》："若使当时闻此歌，抛掷广陵都不藉。"齐己《遣怀》："余生岂必虚抛掷，未死何妨乐咏吟。"牛希济《中兴乐》词："东风寂寞，恨郎抛掷，泪湿罗衣。"

拒　〔jù《广韵》其吕切，上語，羣。〕❶抵抗；阻挡。阎朝隐《鹦鹉猫儿篇》："朝飞暮噪无以拒，逢之兮屏气。"崔融《塞垣行》："是时军两进，东拒复西敌。"孙逖《丹阳行》："石头横帝里，京口拒戎锋。"杜甫《白水县崔少府十九翁高斋三十韵》："欲告清宴罢，难拒幽明迫。"❷拒绝；抵制。李白《对酒》："劝君莫拒杯，春风笑人来。"杜甫《遭田父泥饮美严中丞》："久客惜人情，如何拒邻叟。"元稹《会真诗三十韵》："戏调初微拒，柔情已暗通。"❸弥补；补塞。张九龄《九月九日登龙山》："东弥夏首阔，西拒荆门壮。"杜甫《秋日夔府咏怀奉寄郑监李宾客一百韵》："缺篱将棘拒，倒石赖藤缠。"❹立；占据。司空图《有感二首》之二："古来贤俊共悲辛，长是豪家拒要津。"

【拒地】　立于地上。韩愈《忆昨行和张十一》："阳山鸟路出临武，驿马拒地驱频隤。"

【拒非】　李复礼之字。元稹有《岁日赠拒非》。又《酬翰林白学士代书一百韵》自注："予与乐天、杓真、拒非辈，多于月灯阁闲游，又尝与秘省同官醵宴昆明池。"白居易《和答诗十首》序："仆思牛僧孺戒，不能示他人，惟与杓直、拒非及樊宗师辈三四人，时一吟读。"

【拒捍】　抵抗，抗拒。韩愈《喜侯喜至赠张籍张彻》："缤纷指瑕疵，拒捍阻城堑。"

【拒諫】　拒绝劝谏。周昙《咏史诗·六朝门·又吟》："无谋拒谏仍轻敌，国破身擒将奈何。"又《隋门·炀帝》："拒谏劳兵作祸基，穷奢极武向戎夷。"

批　〔pī《广韵》匹迷切，平齊，滂。〕❶打，用手击。卢纶《腊日观咸宁王部曲娑勒擒豹歌》："欻然扼颡批其颐，爪牙委地涎淋漓。"引申为摧残。陆龟蒙《战秋辞》："拨崇茝，批宿蕙。"❷削。杜甫《房兵曹胡马诗》："竹批双耳峻，风入四蹄轻。"仇兆鳌注："批，削也。"李贺《马诗二十三首》之十二："批竹初攒耳，桃花未上身。"❸批示。刘禹锡《浙西李大夫述梦四十韵并浙东元相公酬和斐然继声》："草诏令归马，批章答献獒。"卢肇《喜杨舍人入翰林》："御笔亲批翰长衔，夜开金殿送瑶缄。"❹批驳，驳回。罗隐《投浙东王大夫二十韵》："直曾批凤诏，高已冠鹓行。"萧结有《批州符》。❺批阅。钱弘俶《陈国》："批破陈书后，都无御敌心。"

【批紙尾】　署名于纸尾。谓职卑无权，只能陪在别人后面署名。语出《宋书·蔡廓传》。杜牧《送沈处士赴苏州李中丞招以诗赠行》："因书问故人，能忘批纸尾。"

【批敕】　代皇帝批示处理奏章和对草拟的制敕签署意见。罗隐《送李右丞分司》："在省曾批敕，中台肯避权。"

【批頰】　见"批鵊"。

【批鵊】　亦作"批颊"。鸟名。吴融《阌乡寓居十首·闻提壶鸟》："早于批鵊巧于莺，故国春林足此声。"卢延让《冬夜》："树上咨诹批颊鸟，窗间壁驳叩头虫。"

抄　〔chāo《广韵》楚交切，平肴，初。又初教切，去效，初。〕❶掠夺；袭击。元稹《和李校书新题乐府十二首·缚戎人》："边头大将差健卒，入抄禽生快于鹘。"见"抄盗"。❷誊写；抄写。李端《胡腾儿》："安西旧牧收泪看，洛下词人抄曲与。"孟郊《自惜》:“倾尽眼中力,抄诗过与人。”皮日休《新秋言怀寄鲁望三十韵》:“合药还慵服,为文亦懒抄。”杜荀鹤《闲居书事》:“鬓白只应秋炼句,眼昏多为夜抄书。”熊皎《怀三茅道友》:“长思碧洞云窗下,曾借黄庭雪夜抄。”❸用匙取食物。杜甫《与鄠县源大少府宴渼陂》:“饭抄云子白,瓜嚼水精寒。”韩愈《赠刘师服》:“匙抄烂饭稳送之,合口软嚼如牛呞。”白居易《与沈杨二舍人阁老同食敕赐樱桃玩物感恩因成十四韵》:“手擘才离核,匙抄半是津。”吴融《赋雪》:“玩宜苏让点,餐称蜜匀抄。”❹量词,古容量单位。六百粟为一抄。后泛称微量。张鷟《游仙窟诗・赠崔十娘》:“莫言长有千金面,终归变作一抄尘。”

【抄手】　双手交叉。表示施礼。张保嗣《戏示诸妓》:“抄手向前咨大使,这回不敢恼儿郎。”

【抄名】　录入名册。王建《宫词一百首》之五五:“浴堂门外抄名入,公主家人谢面脂。”又《宫词一百首》之八四:“青楼小妇砑裙长,总被抄名入教坊。”

【抄盗】　劫掠财物之盗贼。元稹《和李校书新题乐府十二首・蛮子朝》:“夜防抄盗保深山,朝望烟尘上高冢。”

折〔zhé《广韵》旨熱切,入薛,章。〕❶摘;摘取;采摘。寒山《诗三百三首》之六十:“共折路边花,各持插高髻。”刘长卿《七里滩重送》:“手折衰杨悲老大,故人零落已无多。”刘禹锡《同乐天和微之深春二十首》之二〇:“争骑一竿竹,偷折四邻花。”朱庆余《夏末留别洞庭知己》:“此地折高柳,何门听暮蝉。”路德延《小儿诗》:“嫩竹乘为马,新蒲折作鞭。”❷断;折断。李白《长干行二首》之二:“昨夜狂风度,吹折江头树。”钱起《送毕侍御谪居》:“崇兰香死玉簪折,志士吞声甘徇节。”元稹《思归乐》:“剑折有寸利,镜破有片明。”许棠《陈情献江西李常侍五首》之一:“径折啼猿树,岩荒喷月泉。”韦庄《乞彩笺歌》:“孔雀衔来向日飞,翩翩压折黄金翼。”❸曲折,弯。辛常伯《军中行路难》:“邛关九折无平路,江水双源有急流。”李白《在浔阳非所寄内》:“崎岖行石道,外折入青云。”刘长卿《硖石遇雨宴前主簿从兄子英宅》:“折腰五斗间,黾勉随尘埃。”李益《塞下曲》之三:“黄河东流流九折,沙场埋恨何时绝。”见“折折”。❹反转。见“折身”“折旋❷”。❺折服。李白《自广平乘醉走马六十里至邯郸登城楼览古书怀》:“相如章华巅,猛气折秦嬴。”韩愈《送侯参谋赴河中幕》:“雪径抵樵叟,风廊折谈僧。”王建《寄上韩愈侍郎》:“不以雄名疏野贱,唯将直气折王侯。”皮日休、张贲《寒夜文宴联句》:“理穷倾秘藏,论猛折玄关。”❻减损;消耗。杜甫《水宿遣兴奉呈群公》:“丹心老未折,时访武陵溪。”❼夭折;死亡。见《书・洪范》。杜甫《八哀诗・赠左仆射郑国公严公武》:“颜回竟短折,贾谊徒忠贞。”❽判案,裁决。崔颢《结定襄郡狱效陶体》:“我来折此狱,五听辨疑似。”李敬方《题黄山汤院》:“贪程归路远,折政讼庭繁。”吕岩《敲爻歌》:“不妄说,妄说一句天公折。”❾抵挡;折扣。杜甫《铜瓶》:“蛟龙半缺落,犹得折黄金。”王建《水运行》:“坏舟畏鼠复畏漏,恐向太仓折升斗。”❿同“摺”。起皱纹。韦庄《秦妇吟》:“凤侧鸾欹鬓脚斜,红攒黛敛眉心折。”

【折大刀】　立政目视李陵,循其刀环,意可还归汉。见《汉书・李广传》。此以“刀環”“大刀頭”借“還”,作为还家的隐语。杜甫《八月十五夜月二首》之一:“满目飞明镜,归心折大刀。”

【折巾】　东汉郭太,字林宗,一日遇雨,头巾沾湿,一角折叠。时人效之。见《后汉书・郭太传》。刘禹锡《闻董评事疾因以书赠》:“欹枕昼眠静,折巾秋鬓疏。”李瀚《蒙求》:“灵运曲笠,林宗折巾。”

【折刃】　断刀。韦应物《寇季膺古刀歌》:“厌见今时绕指柔,片锋折刃犹堪佩。”

【折支】　弯腰。支,通“肢”,元稹《台中鞫狱忆开元观旧事呈损之兼赠周兄四十韵》:“折支望车乘,支痛谁置患。”

【折水】　回旋的流水。借指产珠玉之处。语出《淮南子・地形训》。骆宾王《在江南赠宋五之问》:“浮光凝折水,积润疏圆沚。”

【折坂】　指九折坂。在今四川荥经县西邛崃山。骆宾王《饯郑安阳入蜀》:“彭山折坂外,井络少城隈。”

【折折】　弯曲貌。李贺《日出行》:“折折黄河曲,日从中央转。”

【折步】　“折腰步”的省称。走路时摆动腰肢,扭捏作态。见《后汉书・梁冀传》。李端《妾薄命》:“折步教人学,偷香与客熏。”

【折身】　转身。张祜《寿州裴中丞出柘枝》:“深情记处常低眼,急拍来时旋折身。”

【折角】　(—jiǎo)表示文章或口才折服他人。见《汉书・朱云传》。李峤《鹿》:“道士乘仙日,先生折角时。”元稹《献荥阳公诗五十韵》:“张鳞定摧败,折角反矜怜。”

【折花】　摘花。卢纶《春日过李侍御》:“折花朝露滴,漱石野泉清。”周贺《春喜友人至山舍》:“折花林影断,移石洞阴回。”张祜《穆护砂》:“折花当驿路,寄与陇头人。”刘驾《醒后》:“不记折花时,何得花在手。”

【折芳】　摘花。李白《金门答苏秀才》:“折芳愧遥忆,永路当日勖。”皇甫冉《酬张二仓曹扬子所居见寄兼呈韩郎中》:“折芳远寄三春草,乘兴闲看万里流。”周渭《赋得花发上林》:“一枝如可冀,不负折芳心。”贾岛《辞二知己》:“何以代远诚,折芳腊雪中。”

【折取】 摘取。孟浩然《九日得新字》："茱萸正可佩，折取寄情亲。"戴叔伦《赋得长亭柳》："赠行多折取，那得到深秋。"又《送吕少府》："深山古路无杨柳，折取桐花寄远人。"皮日休《鲁望春日多寻野景日休抱疾杜门因有是寄》："病中不用君相忆，折取山樱寄一枝。"

【折枝】 ❶摘取草茎树枝。语出《孟子·梁惠王上》。无名氏《杂诗》之一（卷七八五）："有花堪折直须折，莫待无花空折枝。"❷按摩。见《孟子·梁惠王上》。陆龟蒙《奉酬袭美苦雨见寄》："唾壶虎子尽能执，舐痔折枝无所辞。"❸折断的枝条。吴融《赋雪十韵》："河静胶行棹，岩空响折枝。"

【折券】 谓毁弃债券，不再索债。见《汉书·高帝纪上》，又见《战国策·齐策》。李瀚《蒙求》："汲黯开仓，冯驩折券。"

【折柳】 ❶折取柳枝。语出《三辅黄图·桥》。后多用为赠别或送别之词。权德舆《送陆太祝赴湖南幕同用送字》："新知折柳赠，旧侣乘篮送。"羊士谔《寒食宴城北山池即故郡守荣阳郑钢目为折柳亭》："别馆青山郭，游人折柳行。"罗邺《途中寄友人》："秋庭怅望别君初，折柳分襟十载余。"谢仲宣《送钟员外》："送人多折柳，唯我独吟松。"❷古乐曲名。《折杨柳》曲的省称。多用以惜别怀远。李白《塞下曲六首》之一："笛中闻折柳，春色未曾看。"又《春夜洛城闻笛》："此夜曲中闻折柳，何人不起故园情。"

【折柳歌】 即《折杨柳》曲。韩琮《柳》："折柳歌中得翠条，远移金殿种青霄。"参见"折柳❷""折楊柳❷"。

【折俎】 古代祭祀、宴会时，杀牲肢解而后置于俎上。俎，盛牺牲的礼器。见《仪礼·乡饮酒礼》。陈叔达《州城西园入斋祠社》："折俎分归胙，充庭降受釐。"

【折首】 犹低头，表示折服或投降。韩翃《送王诞渤海使赴李太守行营》："渤海名王曾折首，汉家诸将尽倾心。"

【折桂】 天下第一，犹桂林之一枝。见《晋书·郤诜传》。后以"折桂"称科举及第。杜甫《同豆卢峰知字韵》："梦兰他日应，折桂早年知。"武元衡《送魏正则擢第归江陵》："高文常独步，折桂及龆年。"白居易《和春深二十首》之十："折桂名惭郄，收萤志慕车。"黄颇《闻宜春诸举子陪郡主登河梁玩月》："虽向东堂先折桂，不如宾席此时同。"刘坦《书从事厅屏上》："金殿试回新折桂，将军留辟向江城。"亦作"折芳桂"。李白《题嵩山逸人元丹丘山居》："尔能折芳桂，吾亦采兰若。"

【折翅】 折断翅膀。李贺《经沙苑》："今春还不归，塞嘤折翅雁。"

【折納】 唐时实行两税法，称按钱折价交纳粟帛为折纳。元稹《和李校书新题乐府十二首·阴山道》："税户逋逃例摊配，官司折纳仍贪冒。"

【折野梅】 陆凯寄梅花一枝与范晔。见《太平御览》卷九七〇。后作为思念友人的典故。杜甫《王十七侍御抡许携酒至草堂奉寄此诗便请邀高三十五使君同到》："绣衣屡许携家酝，皂盖能忘折野梅。"

【折麻】 意为折取神麻之花以赠远方的隐者。见《楚辞·九歌·大司命》。后作为思念友人的典故。李白《夕霁杜陵登楼寄韦繇》："结桂空伫立，折麻恨莫从。"钱起《游辋川至南山寄谷口王十六》："折麻定延伫，乘月期招寻。"

【折旋】 （—xuán）❶曲行。古代行礼时的动作。李白《清平乐》词之一："谁道腰肢窈窕，折旋笑得君王。"❷转身；回头。元稹《和乐天赠樊著作》："解悬不泽手，拯溺无折旋。"

【折軸】 ❶使车轴折坏。语出《史记·张仪列传》。李白《雪谗诗赠友人》："群轻折轴，下沉黄泉。"❷西汉刘荣为临江王。奉诏入京，于江陵登车时，车轴折毁，人以为不祥之兆，刘荣到京果因事自杀。见《汉书·临江闵王刘荣传》。李瀚《蒙求》："仲文照镜，临江折轴。"

【折風帽】 古冠名。为高句丽族人所戴。李白《高句丽》："金花折风帽，白马小迟回。"

【折戟沈沙】 断戟沉埋在沙里。形容惨悲。杜牧《赤壁》："折戟沉沙铁未销，自将磨洗认前朝。"

【折楊】 古俗曲名。见《庄子·天地》。李白《答王十二寒夜独酌有怀》："折杨皇华合流俗，晋君听琴枉清角。"

【折楊柳】 ❶摘取杨柳之枝条。多用作赠别或送别之词。独孤及《官渡柳歌送李员外承恩往扬州觐省》："远客折杨柳，依依两含情。"邵谒《苦别离》："若遣折杨柳，此地树无根。"❷乐府旧题，属《横吹曲辞》。唐人之作多为伤春惜别之词，而怀念征人之作尤多。卢照邻《和吴侍御被使燕然》："胡笳折杨柳，汉使采燕支。"王翰《凉州词二首》之一："夜听胡笳折杨柳，教人意气忆长安。"羊士谔《泛舟入后溪》："玉笛闲吹折杨柳，春风无事傍鱼潭。"

【折輈】 义同"折轅"。辀，车辕。孟郊《君子勿郁郁士有谤毁者作诗以赠之》："折辀不在道，覆舟不在河。"

【折碑】 断碑。张籍《古苑杏花》："晚色连荒辙，低阴覆折碑。"杜荀鹤《经废宅》："何况蒿原上，荒坟与折碑。"王贞白《金陵怀古》："折碑犹有字，多记晋英雄。"贯休《蒿里》："折碑石人，莽秽榛没。"

【折節】 ❶折断的枝节。元稹《景申秋八首》之六:“竹垂哀折节,莲败惜空房。”❷屈着身子。言屈己下人。李白《行路难三首》之二:“君不见昔时燕家重郭隗,拥篲折节无嫌猜。”❸强自克制,不使自己失去检点。杜甫《将适吴楚留别章使君留后兼幕府诸公得柳字》:“近辞痛饮徒,折节万夫后。”

【折腰】 ❶弯着腰。薛涛《试新服裁制初成三首》之三:“每到宫中歌舞会,折腰齐唱步虚词。”元稹《哀病骢呈致用》:“自经梅雨长垂耳,乍食菰蒋欲折腰。”无可《奉和段著作山居呈诸同志三首次本韵》之二:“折腰窥乳窦,定足涉冰溪。”❷为屈身事人之典。见《晋书·陶潜传》。李白《梦游天姥吟留别》:“安能摧眉折腰事权贵,使我不得开心颜。”韦应物《任洛阳丞请告一首》:“折腰非吾事,饮水非吾贫。”刘禹锡《寓兴二首》之二:“何事陶彭泽,抛官为折腰。”廖凝《彭泽解印》:“五斗徒劳谩折腰,三年两鬓为谁焦。”吴筠《高士咏·陶征君》:“彭泽非我荣,折腰信为辱。❸走路时摆动腰肢,扭捏作态。李瀚《蒙求》:“西施捧心,孙寿折腰。”

【折腰吏】 泛称地方低级官吏。见《晋书·陶潜传》。韦应物《赠王侍御》:“自叹犹为折腰吏,可怜骢马路傍行。”司空曙《逢江客问南中故人因以诗寄》:“应怜折腰吏,冉冉在风尘。”白居易《早热二首》之一:“忽思公府内,青衫折腰吏。”

【折腰官】 义同“折腰吏”。韦应物《杂言送黎六郎》:“莫言去作折腰官,岂似长安折腰客。”

【折腰菱】 菱的一种。见唐段成式《酉阳杂俎·草篇》。白居易《池上篇》序:“罢苏州刺史时,得太湖石、白莲、折腰菱、青版舫以归。”钱珝《江行无题一百首》:“喜来邀客坐,分与折腰菱。”

【折腰禄】 指低级官吏的微薄俸禄。钱起《过沈氏山居》:“始愿今不从,区区折腰禄。”参见“折腰❷”“折腰吏”。

【折獄】 判决诉讼案件。许浑《新兴道中》:“芙蓉村步失官金,折狱无功不可寻。”李频《五月一日感怀送相公》:“折狱也曾为俗吏,劝农元本是耕人。”张蠙《赠南昌宰》:“折狱不曾偏下笔,灵襟长是大开门。”

【折齒】 谓牙齿折落。晋谢鲲戏邻家女,女抛梭折其齿。见《晋书·谢鲲传》。后作调戏妇女被拒而受惩之典。李瀚《蒙求》:“张敞画眉,谢鲲折齿。”

【折劍】 ❶把剑摘下。高适《赠别王十七管记》:“折剑留赠人,严装遂云迈。”❷断剑。刘长卿《疲兵篇》:“孤城望处增断肠,折剑看时可沾臆。”白居易《折剑头》:“拾得折剑头,不知折之由。”

【折衝】 ❶使敌人的战车后撤。谓制敌取胜。冲,冲车。战车之一种。见《吕氏春秋·召类》。玄宗《春中兴庆宫酺宴》序:“作扞四方,折冲万里,可运筹帷幄者,我于是乎悬重禄以待之。”❷武官名,北魏有折冲将军,隋禁卫军有折冲、果毅及武通、雄武等郎将官。唐各州置折冲府,于各折冲府中设折冲都尉一人,与长史、兵曹等管府兵的操练、调度和宿卫京师等军务。必要时领兵戍边或作战。薛业有《晚秋赠张折冲》。

【折磨】 使肉体或精神受痛苦。白居易《春晚咏怀赠皇甫朗之》:“一岁平分春日少,百年通计老时多,多中更被愁牵引,少处兼遭病折磨。”

【折轅】 车辕折断。谓车子破旧。见《后汉书·张堪传》。后以之为仁宦廉洁之典。李瀚《蒙求》:“张堪折辕,周镇漏船。”

【折臂三公】 羊祜坠马折臂,位果至公。见南朝宋刘义庆《世说新语·术解》。后以之为大臣坠马之典。刘禹锡《秘书崔少监见示坠马长句因而和之》:“上车著作应来问,折臂三公定送方。”

【折臂成醫】 喻从挫折中增长经验。语出《左传·定公十三年》。李商隐《咏怀寄秘阁旧僚二十六韵》:“悬头曾苦学,折臂反成医。”

【折檻】 汉槐里令朱云面谏成帝,请求剑斩佞臣张禹,触怒成帝,被拉下斩首时,朱云攀折殿槛。经大臣争谏,云始得免。见《汉书·朱云传》。后用作称美直谏之臣的典故。李嘉祐《故燕国相公挽歌二首》之二:“共美持衡日,皆言折槛时。”杜甫《秋日荆南述怀三十韵》:“杨镳随日驭,折槛出云台。”耿沣《赠别刘员外长卿》:“不学朱云能折槛,空羞献纳在丹墀。”

【折簡】 ❶折半之简,言其礼轻。古人以竹简作书。见《三国志·魏志·王凌传》。温庭筠《感旧陈情五十韵献淮南李仆射》:“折简能荣瘁,遣簪莫弃捐。”❷谓裁纸写信。杨衡《南海苦雨寄赠王四侍御》:“折简展离旷,理径俟招寻。”

【折攀】 攀折。吴融《题画柏》:“若非假羽翰,折攀何由得。”

【折贈】 摘取花、柳等以赠人。多表示送别之意。白居易《忆杭州梅花因叙旧游寄萧协律》:“蹋随游骑心长惜,折赠佳人手亦香。”韩溉《柳》:“世间惹恨偏饶此,可是行人折赠稀。”

抓 〔zhuā《广韵》侧交切,平肴,莊。又側絞切,上巧,莊。又側教切,去效,莊。〕❶搔,用指甲、爪子或带钩齿的东西在物体上划过。姚合《天竺寺殿前立石》:“霹雳划深龙旧攫,屈槃痕浅虎新抓。”杜牧《读韩杜集》:“杜诗韩集愁来读,似倩麻姑痒处抓。”皮日休《新秋言怀寄鲁望三十韵》:“烦心入夜醒,疾首带凉抓。”❷以手取物。见“抓拏”。

【抓拏】 以手取物。孟郊《品松》:“抓拏巨灵手,擘裂少室峰。”

扴 〔jiá《广韵》古黠切，入黠，见。〕弹奏。韩愈《征蜀联句》：“公欢钟晨撞，室宴丝晓扴。”

扼 〔è《广韵》乙革切，入麦，影。〕❶掐住；握住。卢纶《腊日观咸宁王部曲娑勒擒豹歌》：“欻然扼颡批其颐，爪牙委地涎淋漓。”皮日休《鲁望昨以五百言见贻因成一千言上述吾唐文物之盛次叙相得之欢亦迭和之微旨也》：“竞抵元化首，争扼真宰咽。”见“扼喉”。❷拦阻；阻挡。杜甫《塞芦子》：“芦关扼两寇，深意实在此。”❸据守；控制。杜甫《送韦十六评事充同谷郡防御判官》：“西扼弱水道，南镇枹罕陬。”皮日休《古函关》：“破落古关城，犹能扼帝京。”

【扼喉】 卡住咽喉。喻控制要害部位。杨浚《广武怀古》：“扼喉兵易守，扪指计何捷。”

【扼臂】 手镯。无名氏《冥会诗》之四（卷八六六）：“却羡一双金扼臂，得随人世出将来。”和凝《山花子》词之二：“玉腕重，金扼臂，淡梳妆。”

【扼肱】 握住胳膊。张祜《庚子岁寓游杨州赠崔荆四十韵》：“闷极行挑耳，狂来起扼肱。”

扳 〔pān《广韵》普班切，平删，滂。〕同“攀”。❶挽引；援引。见《公羊传·隐公元年》。见“扳牵”。❷攀援。刘禹锡《游桃源一百韵》：“三休俯乔木，千级扳峭壁。”又《送僧方及南谒柳员外》：“古寺历头陀，奇峰扳祝融。”胡传美《武康碧落观》：“不逢金简扳云洞，可惜瑶台叠藓除。”❸攀折。贯休《山居诗二十四首》之一：“无人与向群儒说，岩桂枝高亦好扳。”又《和杨使君游赤松山》：“为郡三星无一事，龚黄意外扳乔松。”

【扳折】 （—zhé）摘取。吕岩《酹江月》词：“仙花朵秀，圣男灵女扳折。”

【扳牵】 牵挽。李商隐《行次西郊作一百韵》：“乡里骇供亿，老少相扳牵。”

抑 〔yì《广韵》於力切，入職，影。〕❶抑制；阻止。刘元济《怨诗》：“愁来好自抑，念切已含噘。”韩愈《八月十五夜赠张功曹》：“州家申名使家抑，坎轲只得移荆蛮。”刘叉《冰柱》：“勿被曲瓦，直下不能抑郡邪。”苏拯《邹律》：“世患有三惑，尔律莫能抑。”❷强迫。《鲁城民歌》：“鲁地抑种稻，一概被水沫。”❸声音低沉。韩愈《宿龙宫滩》：“浩浩复汤汤，滩声抑更扬。”参见“抑揚❶”。❹连词。（1）还是，表示选择。白居易《和答诗十首》序：“岂仆所奉者二十章，遽能开足下聪明，使之然耶？抑又不知足下是行也。”（2）于是，而且，表示承接。玄宗《送贺知章归四明》序：“岂惟崇德尚齿，抑亦励俗劝人。”周弘亮《故乡除夜》：“非唯律变情堪恨，抑亦才疏命未通。”（3）即使。表示让步。白居易《和答诗十首·和雉媒》：“岂唯鸟有之，抑亦人复然。”❺语气助词，用于句首。见《诗·郑风·大叔于田》。李白《草创大还·赠柳官迪》：“抑予是何者，身在方士格。”

【抑抑】 轩昂貌。见《文选·陆机〈汉高祖功臣颂〉》。苏源明《小洞庭洄源亭宴四郡太守诗》序：“抑抑焉，堂堂焉，奚一人之富有，而群后之缉熙也。”

【抑揚】 ❶指声音或高或低。形容声音、音乐之美。寒山《诗三百三首》之二三：“妾在邯郸住，歌声亦抑扬。”庄若讷《湘灵鼓瑟》：“帝子鸣金瑟，余声自抑扬。”温庭筠《感旧陈情五十韵献淮南李仆射》：“抑扬中散曲，漂泊孝廉船。”❷称颂；赞扬。玄宗《端午三殿宴群臣探得神字》序：“讽味黄老，致息心于真妙。抑扬游夏，涤烦想于诗书。”❸控驭自如貌。李百药《谒汉高庙》：“抑扬驾人杰，叱咤掩时雄。”❹激烈貌。刘禹锡《和牛相公雨后寓怀见示》：“金火交争正抑扬，萧萧飞雨助清商。”

【抑揚蹈厲】 音乐高低起伏，动作威武雄壮，顿足以示猛厉。陆龟蒙《弩俞》：“抑扬蹈厉，有裂犀兕之气者，非公与？”

【抑逼】 强逼。韩愈《辞唱歌》：“抑逼教唱歌，不解看艳词。”

【抑遏】 抑制；遏止。陆龟蒙《江湖散人歌》：“禁军近自肃宗置，抑遏辅国争雄雌。”

【抑塞】 （—sè）❶压抑；阻塞。元稹《和李校书新题乐府十二首·胡旋女》：“倾天侧地用君力，抑塞周遮恐君见。”❷受压抑。杜甫《短歌行赠王郎司直》：“王郎酒酣拔剑斫地歌莫哀，我能拔尔抑塞磊落之奇才。”

【抑横】 抑制横暴。韩愈、孟郊《城南联句》：“顺居无鬼瞰，抑横免官评。”

【抑噫】 （—yí）悲叹。韩愈、孟郊《雨中寄孟刑部几道联句》：“商听饶清耸，闷怀空抑噫。”

【抑鬱】 忧虑沉闷。赵冬曦《陪张燕公登南楼》：“抑郁何以欢，阴氛亦登望。”

投 〔tóu《广韵》度侯切，平侯，定。〕❶掷；扔。见《左传·成公二年》。韦应物《易言》：“投石入水岂有碍，走丸下坂安得留。”殷尧藩《过雍陶博士邸中饮》：“偶成投辖饮，不待致书招。”常浩《赠卢夫人》：“归来投玉枕，始觉泪痕垂。”❷投射。章碣《夏日湖上即事寄晋陵萧明府》：“屋小有时投树影，舟轻不觉入鸥群。”南唐嗣主李璟《游后湖赏莲花》：“蓼花蘸水火不灭，水鸟惊鱼银梭投。”见“投梭”。❸置放，弃置。张宣明《使至三姓咽面》：“昔闻班家子，笔砚忽然投。”韦应物《答河南李士巽题香山寺》：“投杯起芳席，总辔振华缨。”刘长卿《题虎丘寺》：“永欲投死生，余生岂能误。”元稹《答姨兄胡灵之见寄五十韵》：“环坐唯便草，投盘暂废觥。”引申为耗费。高适《赠别沈四逸人》：“乘舟蹈沧海，买剑投黄金。”❹贬徙。见《礼记·乐记》。刘长卿《留题李明府霅溪水堂》：“谪居投瘴疠，离思过湘沅。”又《至饶州寻陶十七不在寄赠》：“谪宦投东道，逢君已北辕。”元稹《哭女樊四十韵》：“去伴投遐徼，来随梦险程。”李绅《悲善才》：“明年冠剑闭桥山，万里孤臣投海畔。”❺投靠；投奔。李白《猛虎行》：“暂到下邳受兵略，来投漂母作主人。”高适《酬李少府》：“君若登青云，余当投魏阙。”窦常《求自试》：“希垂拂拭惠，感激愿相投。”王建《留别舍弟》：“况复干戈地，懦夫何所投。”李赞华《立木海上刻诗》：“羞见故乡人，从此投外国。”❻投宿。李白《游泰山六首》之六：“朝饮王母池，暝投天门关。”杜甫《石壕吏》：“暮投石壕村，有吏夜捉人。”韩愈《谒衡岳庙遂宿岳寺题门楼》：“夜投佛寺上高阁，星月掩映云朣胧。”孟郊《往河阳宿峡陵寄李侍御》：“行路解鞍投古陵，苍苍隔山见微月。”熊孺登《送僧游山》：“日暮寒林投古寺，雪花飞满水田衣。”❼投至；飞至；往至。张九龄《岁初巡属县登高安南楼言怀》：“归云纳前岭，去鸟投遥村。”杜甫《悲秋》：“始欲投三峡，何由见两京。”刘禹锡《飞鸢操》：“畏人避犬投高处，俯啄无声犹屡顾。”韦庄《洛北村居》：“鸟势去投金谷树，钟声遥出上阳烟。”齐己《竟陵遇昼公》：“欲投莲岳夏，初过竟陵春。”亦指靠近，靠拢。孟浩然《夜渡湘水》：“榜人投岸火，渔子宿潭烟。”❽挥。见“投袂”。❾投入；投进。岑参《冬夜宿仙游寺南凉堂呈谦道人》：“石潭积黛色，每岁投金龙。”韦应物《郡斋感秋寄诸弟》：“采菊投酒中，昆弟自同倾。”吕温《古兴》：“剑任斲钟看，玉从投火试。”韦庄《三堂东湖作》：“蟾投夜魄当湖落，岳倒秋莲入浪生。”❿投赠。骆宾王《夏日游德州赠高四》序：“虽交因气合，资得意以敦交，道契忘言，少寄言而筌道，是以轻投木李，以代疏麻。”杜甫《送韦十六评事充同谷郡防御判官》：“题诗得秀句，札翰时相投。”独孤及《喜辱韩十四郎中书兼封近诗示代书题赠》：“长跪读书心暂缓，短章投我曲何高。”武元衡《和杨弘微春日曲江南望》：“黍稷闻兴叹，琼瑶畏见投。”白居易《偶以拙诗数首寄呈裴少尹侍郎蒙以盛制四篇一时酬和重投长句美而谢之》：“投君之文甚荒芜，数篇价直一束刍。”⓫投呈。见“投刺”。⓬合，投合。见《楚辞·大招》。曹邺《江西送人》：“将心速投人，路远人如何。”

【投人】❶投靠别人。耿湋《省试骊珠诗》：“欲问投人否，先论按剑无。”崔峒《客舍书情寄赵中丞》：“关山劳策蹇，僮仆惯投人。”杜牧《逢故人》：“投人销壮志，徇俗变真机。”又《中途寄友人》：“烟霞旧想长相阻，书剑投人久不归。”❷投合别人。曹邺《江西送人》：“将心速投人，路远人如何。”

【投刃皆虚】表示处理事物得心应手。见《庄子·养生主》。刘长卿《颍川留别司仓李万》：“且知投刃皆若虚，日挥案牍常有余。”白居易《送陕州王司马建赴任》：“自有铁牛无咏者，料君投刃必应虚。”

【投刃應桑林】表示处理事物得心应手。见《庄子·养生主》。李白《赠从孙义兴宰铭》：“亚相素所重，投刃应桑林。”参见“投刃皆虚”。

【投戈】丢弃戈矛。谓放下武器投降。崔铉《进宣宗收复河湟诗》：“右地名王争解辫，远方戎垒尽投戈。”

【投水】投入水中而自杀。裴澈《吊孟昌图》：“一章何罪死何名，投水惟君与屈平。”

【投水石】以石投水，喻游说之言得到君主赏识。语出《文选·李康〈运命论〉》。后用以作称美臣下上言之典。窦牟《元日喜闻大礼寄上翰林四学士中书六舍人二十韵》：“密辞投水石，精义出沙金。”

【投分】（—fèn）结交；意气相合。骆宾王《夏日游德州赠高四》：“缔交君赠缟，投分我忘筌。”李白《秋日炼药院镊白发赠元六兄林宗》：“投分三十载，荣枯同所欢。”独孤及《将赴京答李纾赠别》：“胶漆常投分，荆蛮各倦游。”皮日休《新秋言怀寄鲁望三十韵》：“白日须投分，青云合定交。”

【投文】❶投赠诗文。朱庆余《赠韩协律》：“门闲多有投文客，身病长无买药钱。”喻凫《晚次临泾》：“居人只尚武，过客谩投文。”李昭象《送周繇之建德》：“投文得仕而今少，佩印还家古所荣。”杜荀鹤《送人南游》：“纵有投文处，于君能几何。”❷用文章奠祭。雍裕之《听弹沈湘》：“贾谊投文吊屈平，瑶琴能写此时情。”韦庄《桐庐县作》：“此境只应词客爱，投文空吊木玄虚。”

【投火】邾子自投于床，堕于炉火而亡。见《左传·定公三年》。李瀚《蒙求》：“邾子投火，王思怒蝇。”

【投吊】凭吊。张九龄《九月九日登龙山》：“投吊伤昔人，挥斤感前匠。”张说《五君咏五首·赵耿公彦昭》：“湘流下浔阳，洒泪一投吊。”梁洽《观汉水》：“求思咏游女，投吊悲昭王。”徐锴《同家兄哭乔侍郎》：“三日笑谈成理命，一篇投吊尚应知。”

【投札】投寄书札。薛能《塞上蒙汝州任中丞寄书》：“投札转京忧不远，枉缄经虏喜初开。”

【投石】投掷石块。韦应物《易言》：“投石入水岂有碍，走丸下坂安得留。”皎然《送稟上人游越》：“投石轻龙窟，临流笑鹭涛。”李郢《试日上主司侍郎》：“线不因针何处入，水难投石古来知。”参见“投水石”。

【投瓜】　投赠木瓜。亦泛称赠以微物。语本《诗·卫风·木瓜》。陆龟蒙《江南秋怀寄华阳山人》："种豆悲杨恽，投瓜忆卫旍。"

【投弁】　弃去爵弁。借指弃官归隐。李华《寄赵七侍御》："吾师度门教，投弁蹑遐踪。"

【投老】　告老。牟融《处厚游杭作诗寄之》："念我故人劳碌久，不如投老卧沧洲。"又《题朱庆余闲居四首》之四："寂寥荒馆下，投老欲何为。"

【投杖】　丢弃拐杖。杜甫《垂老别》："投杖出门去，同行为辛酸。"

【投車轄】　见"投轄"。权德舆《过张监阁老宅对酒奉酬见赠》："不用投车辖，甘从倒载还。"

【投巫】　《史记·滑稽列传》载，西门豹为邺令，问民之疾苦，知有为河伯娶妇事。至其时，豹往河上，视所送之河伯妇，"顾谓三老、巫祝、父老曰：'是女子不好，烦大巫妪为入报河伯，得更求好女，后日送之。'即使吏卒共抱大巫妪投之河中。"李瀚《蒙求》："西门投巫，何谦焚祠。"

【投足】　❶举步；动脚。亦引申为处事。卢纶《早春游樊川野居却寄李端校书兼呈崔峒补阙司空曙主簿耿湋拾遗》："投足经危路，收才遇直绳。"白居易《赠杓直》："自吾得此心，投足无不安。"温庭筠《感旧陈情五十韵献淮南李仆射》："投足乖蹊径，冥心向简编。"汤洙《登云梯》："前修如可慕，投足固思齐。"❷栖身；投宿。滕倪《留别吉州太守宗人迈》："千里未知投足处，前程便是听猿时。"李建勋《寺居陆处士相访感怀却寄二三友人》："投足正逢他国乱，冥心未解祖师禅。"徐铉《送薛少卿赴青阳》："安民即是道，投足皆为家。"

【投身】　❶舍身。李白《流夜郎半道承恩放还兼欣克复之美书怀示息秀才》："去国愁夜郎，投身窜荒谷。"张谓《同孙构免官后登蓟楼》："东走到营州，投身似边将。"韩愈《送灵师》："投身岂得计，性命甘徒捐。"❷置身。张籍《雀飞多》："汝飞蓬蒿下，勿复投身网罗间。"陆龟蒙《渔具诗·鱼梁》："投身入笼槛，自古难飞走。"

【投沙】　谓迁谪于长沙。李白《赠汉阳辅录事二首》之一："应念投沙客，空余吊屈悲。"又《赠崔秋浦三首》之三："应念金门客，投沙吊楚臣。"又《流夜郎至西塞驿寄裴隐》："平明及西塞，已先投沙伴。"

【投汨】　见"投湘"。李白《书情题蔡舍人雄》："投汨笑古人，临濠得天和。"

【投林】　禽兽归林。喻人隐居或栖身。杜甫《独坐》："仰羡黄昏鸟，投林羽翮轻。"韦应物《夜闻独鸟啼》："失侣度山觅，投林舍北啼。"韦庄《同和薛先辈见寄初秋寓怀即事之作二十韵》："触丝蛛堕网，避隼鸟投林。"顾伟《雪夜听猿吟》："绕枝犹避箭，过岭却投林。"

【投杼】　表现谣言惑人，使人蒙冤遭谤，失去信任。见《战国策·秦策二》。沈佺期《枉系二首》之一："吾怜曾家子，昔有投杼疑。"李白《系寻阳上崔相涣三首》之二："虚言误公子，投杼惑慈亲。"白居易《思子台有感二首》之一："曾家机上闻投杼，尹氏园中见掇蜂。"林氏《送男左贬诗》(卷七九九)："他日初投杼，勤王在饮冰。"

【投刺】　投递名帖。宋之问《桂州陪王都督晦日宴逍遥楼》："投刺登龙日，开怀纳鸟晨。"高适《真定即事奉赠韦使君二十八韵》："问津惊弃置，投刺忽踟蹰。"欧阳詹《太原旅怀呈薛十八侍御齐十二奉礼》："伊予亦投刺，恩煦胡凋疏。"李商隐《自桂林奉使江陵途中感怀寄献尚书》："投刺虽伤晚，酬恩岂在今。"贯休《送叶蒙赴举》："空囊投刺远，大雪入关迟。"

【投知音】　投效知己。高适《别耿都尉》："如何耿夫子，感激投知音。"

【投佩】　亦作"投珮"。❶投赠玉佩。吴融《个人三十韵》："邂逅当投珮，艰难莫拊楹。"❷丢弃官佩。谓去官。李白《赠宣城宇文太守兼呈崔侍御》："怀恩欲报主，投佩向北燕。"

【投泥玉】　指玉在污泥之中。见《淮南子·说山训》。后用"投泥玉"喻蒙受不洁的贤者。刘损《愤惋诗三首》之二："已休磨琢投泥玉，懒更经营买笑金。"

【投陂竹】　费长房成仙，乘竹杖而归，以杖投葛陂中，化而为龙。见《后汉书·费长房》传。后以之为典，表示登龙及第。韦庄《和薛先辈见寄初秋离怀即事之作二十韵三用韵》："未化投陂竹，空思出谷禽。"

【投香】　晋吴隐之为官清廉，多年任广州刺史，回家时妻子带沉香一斤，隐之见之，投于湖亭水中。见《晋书·吴隐之传》。李商隐《故番禺侯以赃罪致不辜事觉母者他日过其门》："江陵从种橘，交广合投香。"

【投竿】　❶投钓竿于水中，谓垂钓。语出《庄子·外物》。元结《宿丹崖翁宅》："投竿来泊丹崖下，得与崖翁尽一欢。"白居易《想东游五十韵》："投竿出比目，掷果下猕猴。"❷收起钓竿。韩愈《游城南十六首·晚雨》："投竿跨马蹋归路，才到城门打鼓声。"❸丢掉钓竿，谓罢钓，借指出仕。相传吕尚垂钓于渭滨，周文王出猎相遇，与语大悦，载与俱归，立为师。见《史记·齐太公世家》。后以之为咏弃隐出仕之典。李白《赠钱征君少阳》："秉烛唯须饮，投竿也未迟。"又《酬坊州王司马与阎正字对雪见赠》："风水如见资，投竿佐皇极。"

【投食】　❶求食。王建《荆南赠别李肇著作转韵诗》:“两京二十年,投食公卿间。”❷投掷食物。白居易《仲夏斋居偶题八韵寄微之及崔湖州》:“褰帘放巢燕,投食施池鱼。”

【投袂】 甩袖。形容激动奋发。见《后汉书·朱浮传》。后用以指归隐。常建《湖中晚霁》:“岂念客衣薄,将期永投袂。”

【投珠】 将珠投送于人。语出《文选·邹阳〈上书自明〉》。王泠然《句》:“官微思倚玉,文浅怯投珠。”李白《陈情赠友人》:“投珠冀相报,按剑恐相距。”薛据《古兴》:“投珠恐见疑,抱玉但垂泣。”

【投珮】 见“投佩”。

【投荒】 贬斥、放逐至荒远之地。张子容《永嘉作》:“拙宦从江左,投荒更海边。”孟浩然《陪张丞相登荆城楼因寄蓟州张使君及浪泊戍主刘家》:“出守声弥远,投荒法未宽。”柳宗元《朗州窦常员外寄刘二十八诗见促行骑走笔酬赠》:“投荒垂一纪,新诏下荆扉。”吴融《和峡州冯使君题所居》:“记得街西邻舍否,投荒南去五千余。”贯休《赠抱麻刘舍人》:“得罪钟多故,投荒岂是迍。”

【投桃李】 投我以桃,报之以李。见《诗·大雅·抑》。后以之为典,表示在互相酬赠中所报非薄。白居易《岁暮枉衢州张使君书并诗因以长句报之》:“万言旧手才难敌,五字新题思有余。贫薄诗家无好物,反投桃李报琼琚。”

【投针偶穴】 谓扎针正值穴位。慧净《杂言》:“投针偶穴非同喻,束马悬车岂等程。”

【投迹】 亦作“投跡”。投身;托身。王昌龄《观江淮名胜图》:“投跡庶可齐,沧浪有孤棹。”杜甫《寄岳州贾司马六丈巴州严八使君两阁老五十韵》:“陇外翻投迹,渔阳复控弦。”张南史《早春书事奉寄中书李舍人》:“窜身初浩荡,投跡岂踌躇。”林宽《穷冬太学》:“投跡依槐馆,荒亭草合时。”司空图《放龟二首》之二:“本期沧海堪投迹,却向朱门待放生。”

【投書】 投交书信。李嘉祐《咏萤》:“向烛仍分焰,投书更有情。”

【投梭】 织布时来回投射梭子。指织布。王周《采桑女二首》之二:“采桑知蚕饥,投梭惜夜迟。”

【投釣】 垂钓,谓归隐。李白《翰林读书言怀呈集贤诸学士》:“功成谢人间,从此一投钓。”武元衡《经严秘校维故宅》:“不堪投钓处,邻笛怨春风。”

【投章】 投赠诗文。韩愈《县斋读书》:“投章类缟带,伫答逾兼金。”

【投宿】 (—sù)借宿;临时住宿。李白《长干行二首》之二:“日暮来投宿,数朝不肯东。”张籍《重平驿作》:“日暮未知投宿处,逢人更问向前程。”李商隐《淮阳路》:“荒村倚废营,投宿旅魂惊。”项斯《送僧》:“逢寺暂投宿,是山皆独寻。”

【投喜】 报喜。赵嘏《昔昔盐·恒敛千金笑》:“从军人更远,投喜鹊空传。”

【投報】 报答。高适《途中酬李少府赠别之作》:“投报空回首,狂歌谢比肩。”

【投壺】 ❶古代宴会礼制。亦为娱乐活动。宾主依次投矢壶中,以投中多少为胜负,胜者酌酒罚负者饮。陈子昂《送著作佐郎崔融等从梁王东征》序:“尔乃投壶习射,博弈观兵。”高适《钜鹿赠李少府》:“投壶华馆静,纵酒凉风夕。”王建《宫词一百首》之七七:“分朋闲坐赌樱桃,收却投壶玉腕劳。”唐彦谦《游南明山》:“阄令促传觞,投壶更联句。”❷东汉征虏将军祭遵,好礼乐,取士皆用儒术,虽在军旅,宴会设酒,必歌《雅》,投壶。见《后汉书·祭遵传》。后用作歌咏儒将的典故。杜甫《江陵节度阳城郡王请严侍御判官赋七字句同作》:“杖钺褰帷瞻具美,投壶散帙有余清。”

【投虛】 “投刃皆虚”的略称。元稹《送东川马逢侍御使回十韵》:“思勇曾吞笔,投虚惯用刀。”薛能《送浙东王大夫》:“报后功何患,投虚论素精。”参见“投刃皆虚”。

【投貺】 投赠。元稹《酬东川李相公十六韵》序:“况贵贱之隔,不啻于车笠之相悬,而相公投贶珍重,又岂唯一揖之容易哉!”

【投策】 ❶抽签。王勃《陇西行》之十:“门户尔能持,归来笑投策。”❷投杖;弃杖。见晋陶潜《始作镇军参军经曲阿》。钱起《过桐柏山》:“投策谢归途,世缘从此遣。”殷寅《铨试后征山别业寄源侍御》:“投策去园林,率名皆拜选。”

【投筆】 谓弃文而就他业。多指弃文就武。语出《后汉书·班超传》。魏征《出关》:“中原初逐鹿,投笔事戎轩。”独孤及《送游员外赴淮西》:“多君有奇略,投笔佐元戎。”欧阳詹《塞上行》:“闻说胡兵欲利秋,昨来投笔到营州。”许浑《赠河东虞押衙二首》之二:“莫向尊前更惆怅,古来投笔尽封侯。”陈陶《渡浙江》:“静寇思投笔,伤时欲钓鳌。”亦作“投筆硯”。刘长卿《赠别于群投笔赴安西》:“朅来投笔砚,长揖谢亲族。”

【投湘】 战国时,楚大夫屈原忠君爱国而不见用于楚王,遭谗远谪,终于投汨罗江而死。见《史记·屈原贾生列传》。后以之作为咏叹屈原之死的典故。李群玉《竞渡时在湖外偶为成章》:“灵均昔日投湘死,千古沉魂在湘水。”

【投湘浦】 西汉贾谊中谗遭贬,出为长沙王太傅。见《史记·屈原贾生列传》。后以“投湘浦”表示遭贬远官。耿湋《赴许州留别洛中亲故》:“幸免投湘浦,那辞近汝坟。”

【投湘赋】 西汉贾谊中谗遭贬，出为长沙王太傅，谊闻长沙卑湿，自以寿不得长，又以谴去，意不自得，途次湘水，尝作《吊屈原赋》，抒发心中的不平。见《史记·屈原贾生列传》。后以"投湘赋"作为伤叹贬谪的典故。杜牧《李甘诗》："题此涕滋笔，以代投湘赋。"

【投閑】 置身于清闲境地。唐彦谦《游南明山》："投闲息万机，三生有宿契。"

【投跡】 见"投迹"。

【投箸】 丢下筷子。谓停止吃饭。李白《行路难三首》之一："停杯投箸不能食，拔剑四顾心茫然。"又《玉真公主别馆苦雨赠卫尉张卿二首》之二："投箸解鹔鹴，换酒醉北堂。"

【投鼠】 "投鼠忌器"略语。见《汉书·贾谊传》。喻除恶而又有所顾忌。李商隐《送千牛李将军赴阙五十韵》："屡亦闻投鼠，谁其敢射鲸。"

【投鉤】 拈阄。皮日休《登初阳楼寄怀北平郎中》："投钩列坐围华烛，格簺分朋占靓妆。"

【投詩】 投献诗篇。唐诗人李群玉，以布衣游长安，向宰相裴休献三百首诗，被荐授弘文馆校书郎。见《唐才子传》卷七。周朴《吊李群玉》："群玉诗名冠李唐，投诗换得校书郎。"

【投誠】 投献诚心。王昌龄《武陵开元观黄炼师院三首》之三："暂因问俗到真境，便欲投诚依道源。"

【投棄】 丢弃，废弃。方干《王将军》："保宁帝业青萍在，投弃儒书绛帐空。"

【投暝】 傍晚。卢象《乡试后自巩还田家因谢邻友见过之作》："邻家多旧识，投暝来相看。"

【投箠】 投鞭。杜牧《西江怀古》："魏帝缝囊真戏剧，苻坚投箠更荒唐。"孙元晏《咏史诗·晋·苻坚投箠》："投箠填江语未终，谢安乘此立殊功。"参见"投鞭"。

【投獄】 投身监狱。何仲举《李皋试诗》："似玉来投狱，抛家去就枷。"

【投漢閣】 见"投阁"。杜甫《秦州见敕目远喜迁官兼述索居凡三十韵》："独惭投汉阁，俱议哭秦庭。"

【投漆】 喻情意投合。语出《古诗十九首·客从远方来》："以胶投漆中，谁能别离此。"骆宾王《冬日过故人任处士书斋》："神交尚投漆，虚室罢游兰。"张九龄《酬王履震游园林见贻》："幽意加投漆，新诗重赠轩。"杨衡《夷陵郡内叙别》："抚怀极投漆，感物重黄金。"

【投漆投膠】 如胶似漆，喻情感深厚。骆宾王《代女道士王灵妃赠道士李荣》："一心一意无穷已，投漆投胶非足拟。"参见"投漆""投膠"。

【投閣】 出《汉书·扬雄传下》。后以"投阁"作咏扬雄之典。多含同情惋叹之意。李白《古风》之八："投阁良可叹，但为此辈嗤。"杜甫《醉时歌》："相如逸才亲涤器，子云识字终投阁。"又《秋日荆南送石首薛明府辞满告别奉寄薛尚书颂德叙怀斐然之作三十韵》："扬子淹投阁，邹生惜曳裾。"张继《酬李书记校书越城秋夜见赠》："投阁嗤扬子，飞书代鲁连。"李瀚《蒙求》："不占陨车，子云投阁。"

【投隙】 乘隙；伺机。韩愈《喜雪献裴尚书》："骋巧先投隙，潜光半入池。"

【投綸】 （一lún）垂钓。语出《列子·汤问》。司马扎《隐者》："投纶溪鸟伴，曝药谷云飞。"

【投賦】 献赋。西汉司马相如尝以献《子虚赋》《大人赋》受到皇帝的赏识。见《史记·司马相如列传》。后作为文人自荐以求皇帝赏识的典故。杜牧《江上逢友人》："已作相如投赋计，还凭殷浩寄书回。"

【投篇】 投赠诗文。欧阳詹《及第后酬故园亲故》："称文作艺方惭德，相贺投篇料愧词。"

【投衛】 谓投靠卫懿公。见《左传·闵公二年》。后以"投卫"作为咏鹤之典。薛能《失鹤二首》之二："华表翘风未可期，变丁投卫两堪疑。"

【投膠】 犹投漆。喻情意投合。语本《古诗十九首·客从远方来》。杜甫《陪诸公上白帝城宴越公堂之作》："英灵如过隙，宴衎愿投胶。"

【投潘岳果】 潘岳美姿容，引来女子，纷纷向他投果子。见《世说新语·容止》。后用为男子赢得女子爱慕的典故。李商隐《病中闻河东公乐营置酒口占寄上》："必投潘岳果，谁掺祢衡挝。"

【投輦】 谓拉车。寒山《诗三百三首》之五："投辇从贤妇，巾车有孝儿。"

【投贄】 进呈诗文或礼物以求见。郑谷《叙事感恩上狄右丞》："昔岁曾投贽，关河在左冯。"

【投檄】 投弃征召的文书。借指弃官。韩愈《忆昨行和张十一》："今君纵署无涯吏，投檄北去何难哉。"

【投甎】 见"投磚"。

【投磚】 亦作"投甎"。犹抛砖，谦称自己的意见和文章水平不高。卢纶《卧病因题四十韵寄冯生并赠乔尊师》："倚玉翻成难，投砖敢望酬。"李端《酬丘拱外甥览余旧文见寄》："投甎聊取笑，赠绮一何妍。"

【投錢】 项仲仙饮马渭水，每投三钱。见汉赵岐《三辅决录·饮马》。后用之为典，表示清介和不妄取。韦应物《至西峰兰若受田妇馈》："常怪投钱饮，事与贤达疏。"李绅《闻里谣效古歌》："春日迟迟驱五马，留犊投钱以为谢。"

【投館】 投宿馆舍。孟浩然《夕次蔡阳馆》："听歌知近楚，投馆忽如归。"

【投謁】 投递名帖求见。乾康有《投谒齐己》。

【投龍】 投赠物品以祭龙。赵居贞《云门山投龙诗》序："余撰良日，爰用中元、下元，并躬行为圣上祈寿，祝拜焚香，投龙礼毕，有瑞云从洞门而出，五色纷郁回翔。"皮日休《太湖诗·投龙潭》："时有慕道者，作彼投龙术。"

【投龍潭】 潭名。在今江苏太湖之龟山下。皮日休有《太湖诗·投龙潭》，原注："在龟山。"

【投轄】 陈遵取客之车辖投井中，客虽有急，终不得去。见《汉书·陈遵传》。后作为宴饮留客之典。岑文本《冬日宴于庶子宅各赋一字得平》："既欣投辖赏，暂缓望乡情。"杜甫《晚秋长沙蔡五侍御饮筵送殷六参军归澧州觐省》："甘从投辖饮，肯作置书邮。"元稹《代曲江老人百韵》："探丸依郭解，投辖伴陈遵。"杜牧《将赴池州道中作》："投辖暂停留酒客，绛帷斜系满松阴。"李瀚《蒙求》："陈遵投辖，山简倒载。"

【投鞭】 投马鞭。前秦苻坚欲渡江伐晋，部将石越以为晋有长江之险，不可妄动。苻坚说："以吾之众旅，投鞭于江，足断其流，何险之足恃?"后以"投鞭"形容兵众势大。李白《登金陵冶城西北谢安墩》："投鞭可填江，一扫不足论。"殷尧藩《送白舍人渡江》："横锁已沉王濬筏，投鞭难阻谢玄兵。"

【投醪】 越王有酒，流之江，与民同之。见《吕氏春秋·顺民》。后以"投醪"指与军民同甘共苦。卢从愿《奉和圣制送张说巡边》："作鼓将军气，投醪壮士觞。"张登《重阳宴集同用寒字》："欲识投醪遍，应从落帽看。"李瀚《蒙求》："句践投醪，陆抗尝药。"

【投簡】 即投赠。杜甫有《投简成华两县诸子》和《投简梓州幕府兼简韦十郎官》。白居易有《和微之春日投简阳明洞天五十韵》。

【投軀】 ❶舍身；献身。王维《李陵咏》："深衷欲有报，投躯未能死。"李白《古风》之三四："千去不一回，投躯岂全生。"❷置身。李白《邺中赠王大》："投躯寄天下，长啸寻豪英。"又《送张遥之寿阳幕府》："投躯紫髯将，千里望风颜。"

【投擲】 ❶抛；扔。韩愈《岳阳楼别窦司直》："中盘进橙栗，投掷倾脯酱。"徐夤《咏笔二首》之一："班超握管不成事，投掷翻从万里戎。"❷犹投赠。李贺《出城别张又新酬李汉》："赋诗面投掷，悲哉不遇人。"

【投贈】 赠送。王昌龄《何九于客舍集》："此意投赠君，沧波风袅袅。"李白《赠友人三首》之二："持此愿投赠，与君同急难。"元稹《和乐天赠杨秘书》："因君投赠还相和，老去那能竞底名。"白居易《醉后狂言酬赠萧殷二协律》："劳将诗书投赠我，如此小惠何足论。"

【投邊】 投入边事，谓从军。王贞白《少年行二首》之二："弱冠投边急，驱兵夜渡河。"

【投簪】 丢下固冠用的簪子。借指弃官。王勃《对酒春园作》："投簪下山阁，携酒对河梁。"钱起《奉和杜相公移长兴宅奉呈元相公》："道高仍济代，恩重岂投簪。"吴筠《酬叶县刘明府避地庐山言怀诒郑录事昆季荀尊师兼见赠之》："从此罢飞凫，投簪辞割鸡。"李瀚《蒙求》："逢萌挂冠，胡昭投簪。"

【投巖】 奔至高岩。李商隐《商于》："背坞猿收果，投岩麝退香。"

抃

〔biàn《广韵》皮變切，去線，並。〕鼓掌；拍手表示欢欣。见《吕氏春秋·古乐》。许敬宗《奉和九月九日应制》："九流参广宴，万宇抃恩隆。"殷寅《玄元皇帝应见贺圣祚无疆》："无由同拜庆，窃抃贺陶甄。"窦牟《元日喜闻大礼寄上翰林四学士中书六舍人二十韵》："窃抃闻韶濩，观光想䩨任。"刘禹锡《和杨侍郎初至郴州纪事书情题郡斋八韵》："里闾风偃草，鼓舞抃成雷。"韩偓《余寓汀州沙县病中闻前郑左丞璘随外镇举荐赴洛兼云继有急征旋见脂辖因作七言四韵戏以赠之或冀其感悟也》："公干寂寥甘坐废，子牟欢抃促行期。"

【抃悦】 拍手欢呼。卢肇《汉堤诗》："不日不月，哈乎抃悦。"

【抃舞】 拍手而舞。形容欢乐。贺敳《奉和九月九日应制》："承欢徒抃舞，负弛窃忘躯。"牛凤及《奉和受图温洛应制》："微臣矫羽翮，抃舞接鸾鹥。"刘禹锡《送韦秀才道冲赴制举》："烟霞覆双阙，抃舞罗千官。"《郊庙歌辞·晋朝飨乐章·群臣酒行歌》："酒酣齐抃舞，同贺圣明朝。"

【抃鼇】 指大龟背负蓬莱山在海中抃舞。见《楚辞·屈原〈天问〉》。李德裕《寒食日三殿侍宴奉进诗一首》："广乐初跄凤，神山欲抃鳌。"李绅《入淮至盱眙》："岸惊目眩同奔马，浦溢心疑睹抃鳌。"李群玉《洞庭风雨二首》之二："羽化思乘鲤，山漂欲抃鳌。"亦用以指负山之巨龟。许浑《十二月拜起居表回》："楼形向日攒飞凤，宫势凌波压抃鳌。"陆龟蒙《袭美先辈以龟蒙所献五百言既蒙见和复示荣唱再抒鄙怀用伸酬谢》："谁能钓抃鳌，谁能灼神龟。"

【抃躍】 心情高兴而手舞足蹈。崔沔《奉和圣制同二相已下群官乐游园宴》："酒酣同抃跃，歌舞咏时康。"

抆

〔wěn《广韵》武粉切，上吻，微。又亡運切，去問，微。〕擦拭。见"抆血""抆泪"。

【抆血】 擦拭血泪。表示极为悲痛。见《文选·江淹〈别赋〉》。吕温《蕃中拘留岁余回至陇石先寄城中亲故》："镜数成丝发，囊收抆血衣。"

【抆泪】　擦眼泪。见《楚辞·九章·悲回风》。孟简《咏欧阳行周事》："抆泪取遗寄，深诚祈为传。"

抗〔kàng《广韵》苦浪切，去宕，溪。又胡郎切，平唐，匣。〕❶抗拒；抵御。见《荀子·臣道》。高适《三君咏·郭代公》："拥兵抗矫征，仗节归有德。"独孤及《季冬自嵩山赴洛道中作》："策马何纷纷，捐躯抗豺虎。"❷匹敌；抗衡。见"抗行""抗禮"。❸举，支撑。见《仪礼·既夕礼》。徐敞《赋得金茎露》："铜盘贮珠露，仙掌抗金茎。"李德裕《重过列子庙因书四韵奉寄》："已惭联左揆，犹喜抗前旌。"❹耸立；悬挂。李峤《安辑岭表事平罢归》："东瓯抗于越，南斗临吴会。"柳宗元《游南亭夜还叙志七十韵》："左右抗槐棘，纵横罗雁羔。"❺呈上。玄宗《送贺知章归四明》序："天宝三年，太子宾客贺知章，鉴止足之分，抗归老之疏。"权德舆《韦宾客宅与诸博士宴集》："累抗乞身章，湛恩比上庠。"❻收藏；隐藏。见《周礼·服不氏》。崔颂《和张荆州九龄晨出郡舍林下》："天云抗真意，郡阁晦高名。"❼正直；高尚。见《墨子·亲士》。元稹《和乐天赠樊著作》："抗哉巢由志，尧舜不可迁。"吴筠《览古十四首》之十四："謇謇陈蕃徒，孜孜抗忠节。"❽高，高亢。见"抗聲"。

【抗手】　举手示意告别。陈子昂《夏日晖上人房别李参军崇嗣》序："骊歌断引，抗手将辞。"李白《送白利从金吾董将军西征》："抗手凛相顾，寒风生铁衣。"

【抗行】　(—xíng)并行；抗衡。高适《酬河南节度使贺兰大夫见赠之作》："直道宁殊智，先鞭忽抗行。"刘禹锡《南海马大夫见惠著述诗以谢之》："一瞬见前事，九流当抗行。"

【抗志】　高尚其志。韦应物《朝请后还邑寄诸友生》："抗志青云表，俱践高世名。"刘禹锡《送李策秀才还湖南因寄幕中亲故兼简衡州吕八郎中》："抗志在灵府，发越侔咸英。"

【抗表】　向皇帝上奏章。窦常《求自试》："陈王抗表日，毛遂请行秋。"

【抗首】　昂首。李峤《鹿》："方怀丈夫志，抗首别心期。"梁陟《送孙舍人归湘州》："比肩移日近，抗首出郊畿。"

【抗旆】　举旗。李峤《旌》："方知美周政，抗旆赋车攻。"

【抗迹】　亦作"抗跡"。高尚其志行、心迹。张九龄《叙怀二首》之一："弱岁读群史，抗迹追古人。"许景先《征君宅》："征君昔嘉遁，抗跡遗俗尘。"杜光庭《怀古今》："吾所以思抗跡忘机用虚无为师范，吾所以思去奢灭欲保道德为规箴。"

【抗旌】　举旗。吕温《奉送范司空赴朔方》："抗旌回广漠，抚剑动旄头。"

【抗策】　扬鞭驱马。储光羲《终南幽居献苏侍郎三首时拜太祝未上》之二："抗策还南山，水木自相亲。"

【抗疏】　向皇帝上书直言政事。杜甫《秋兴八首》之三："匡衡抗疏功名薄，刘向传经心事违。"权德舆《奉送孔十兄宾客承恩致政归东都旧居》："乞身已见抗疏频，优礼新闻诏书许。"林宽《送惠补阙》："长因抗疏日，便作去官心。"

【抗跡】　见"抗迹"。

【抗節】　坚守节操。王烈《酬崔峒》："荣宠无心易，艰危抗节难。"羊士谔《和武相早朝中书候传点书怀奉呈》："抗节衷无隐，同心尚弼违。"

【抗殿】　❶高筑殿堂。语出《文选·张衡〈西京赋〉》。王良士《南至日隔霜仗望含元殿炉烟》："抗殿疏龙首，高高接上玄。"李百药《谒汉高庙》："树碑留故邑，抗殿表祠宫。"❷高大的殿堂。刘孝孙《游清都观寻沈道士得仙字》："飞轩俯松柏，抗殿接云烟。"赵中虚《游清都观寻沈道士得芳字》："烟霞凝抗殿，松桂肃长廊。"

【抗聲】　高声。鲁收《怀素上人草书歌》："狂来纸尽势不尽，投笔抗声连叫呼。"

【抗禮】　以平等之礼相待。孟浩然《韩大使东斋会岳上人诸学士》："抗礼尊缝掖，临流揖渡杯。"

【抗韻】　犹言高声。陆龟蒙《袭美先辈以龟蒙所献五百言见和复示荣唱再申鄙怀用伸酬谢》："抗韵吟比雅，覃思念梲擶。"

抖〔dǒn《广韵》當口切，上厚。端。〕见"抖擻"。

【抖擻】　❶以手举物而振拂。白居易《戏问牛司徒》："抖擻尘缨捋白须，半酣扶起问司徒。"又《泛春池》："恐污清泠波，尘缨先抖擻。"顾云《苔歌》："试把临流抖擻看，琉璃珠子泪双滴。"尚颜《秋夜吟》："梧桐雨畔夜愁吟，抖擻衣裾藓色侵。"❷佛教语。梵语意译。见《法苑珠林》卷一〇一。后用以指摆脱尘念、精神振奋之义。王维《胡居士卧病遗米因赠》："居士素通达，随宜善抖擻。"又《游化感寺》："抖擻辞贫里，归依宿化城。"权德舆《早夏青龙寺致斋凭眺感物因书十四韵》："尘劳期抖擻，陟降聊俯偻。"孟郊《夏日谒智远禅师》："抖擻尘埃衣，谒师见真宗。"

抉〔jué《广韵》古穴切，入屑，見。又於决切，入屑，影。〕❶择，挑选。陆龟蒙《杂讽九首》之二："斯为朽关键，怒荦抉以入。"❷戳，穿。李沇《巫山高》："抉天心，开地脉，浮动凌霄拂蓝碧。"❸举起，托起。见"抉門"。❹摘取。皎然《奉酬于中丞使君郡斋卧病见示一首》："抉得骊龙珠，光彩曜掌握。”❺折断。水神《霅溪夜宴诗》之四：“暂将柔荑抉锯牙之喙，空水府而藏其腥涎。”

【抉門】 犹启门；开门。语出《左传·襄公十年》。韩愈、孟郊《征蜀联句》：“蘸堞熇歊熺，抉门呀拗阒。”

【抉眼】 犹反目。杜甫《可叹》：“近者抉眼去其夫，河东女儿身姓柳。”

把 〔bǎ《广韵》博下切，上馬，幫。〕❶握；执；持。孟浩然《江上别流人》：“不知从此分，还袂何时把。”李白《古风》之十九：“素手把芙蓉，虚步蹑太清。”戎昱《别公安贾明府》：“把君诗卷西归去，一度相思一度吟。”李群玉《别狄佩》：“未开丹宵翮，空把碧梧枝。”徐夤《不把渔竿》：“不把渔竿不灌园，策筇吟绕绿芜村。”❷一把，谓一掌所握的粗细或多少。王维《辋川集·白石滩》：“清浅白石滩，绿蒲向堪把。”贺兰进明《古意二首》之二：“日暮徒盈把，裴回忧思深。”杜甫《玉华宫》：“忧来藉草坐，浩歌泪盈把。”孟郊《杏殇》之一：“拾之不盈把，日暮空悲归。”白居易《禁中九日对菊花酒忆元九》：“赐酒盈杯谁共持，宫花满把独相思。”❸介词，将。任华《寄杜拾遗》：“闲常把琴弄，闷即携樽起。”苏郁《鹦鹉词》：“莫把金笼闭鹦鹉，个个分明解人语。”白居易《花前有感兼呈崔相公刘郎中》：“落花如雪鬓如霜，醉把花看益自伤。”罗虬《比红儿诗》之四六：“殷勤为报梁家妇，休把啼妆赚后人。”裴说《喜友人再面》：“静坐将茶试，闲书把叶翻。”❹助词。无义。见“把將”。

【把手】 握手。周瑀《送潘三入京》：“把手河桥上，孤山日暮青。”刘长卿《题冤句宋少府厅留别》：“临期仍把手，此会良不易。”钱起《山下别杜少府》：“把手意难尽，前山日渐低。”韩愈《送惠师》：“奔波自追及，把手问所因。”

【把火】 手持火炬。吕温《衡州夜后把火看花留客》：“红芳暗落碧池头，把火遥看且少留。”王建《春词》：“下堂把火送郎回，移枕重眠晓窗里。”白居易《惜牡丹花二首》之一：“明朝风起应吹尽，夜惜衰红把火看。”温庭筠《夜看牡丹》：“高低深浅一阑红，把火殷勤绕露丛。”

【把玩】 置于手中赏玩。钱起《酬长孙绎蓝溪寄杏》：“把玩情何极，云林若眼前。”

【把袂】 拉住衣袖。表示关系亲密。张九龄《送杨道士往天台》：“当须一把袂，城郭共依然。”李白《酬崔五郎中》：“但得长把袂，何必嵩丘山。”崔宗之《赠李十二白》：“李侯忽来仪，把袂苦不早。”马异《答卢仝结交诗》：“河水悠悠山之间，无由把袂摅怀抱。”

【把酒】 手持酒杯。谓饮酒。孟浩然《过故人庄》：“开筵面场圃，把酒话桑麻。”杨巨源《答振武李逢吉判官》：“近来时辈都无兴，把酒皆言肺病同。”白居易《把酒》：“把酒仰问天，古今谁不死。”王周《问春》：“把酒问春因底意，为谁来后为谁归。”

【把袖】 义同“把袂”。张九龄《登南岳事毕谒司马道士》：“人室希把袖，登床愿启齿。”

【把書】 执书阅读。刘禹锡《令狐相公见示河中杨少尹赠答兼命继之》：“自从却縠为元帅，大将归来尽把书。”

【把釣】 垂钓。温庭筠《送襄州李中丞赴从事》：“把钓看棋高兴尽，焚香起草宦情疏。”陆龟蒙《自和次前韵》：“把钓竿初冷，题诗笔未慵。”吴融《自讽》：“本是沧州把钓人，无端三署接清尘。”亦指垂钓者。翁洮《渔者》：“只贪浊水张罗众，却笑清流把钓稀。”

【把將】 （—jiāng）拿去。将，助词。无义。卢仝《出山作》：“家僮若失钓鱼竿，定是猿猴把将去。”白居易《送萧炼师步虚词十首卷后以二绝继之》：“花纸瑶缄松墨字，把将天上共谁开。”

【把菊】 手持菊花。钱起《山园秋晚寄杜黄裳少府》：“杖藜仍把菊，对卷也看山。”黄滔《贻张蠙》：“驱车先五漏，把菊后重阳。”

【把握】 掌握。柳宗元《卢符》序：“运臂率指，屈伸把握，莫不统率。”

【把筆】 ❶握笔，执笔。刘禹锡《送周鲁儒赴举诗》：“童心便有爱书癖，手指今余把笔痕。”皮日休《吴中苦雨因书一百韵寄鲁望》：“吟诗口吻喎，把笔指节瘃。”陆龟蒙《记事》：“把笔强题诗，粗言瑰怪状。”吴融《赠方干处士歌》：“把笔尽为诗，何人敌夫子。”❷借指书写、写作。韩愈《送灵师》：“失职不把笔，珠玑为君编。”姚合《答韩湘》：“把笔日不休，忽忽有所得。”

【把盞】 亦作“把醆”。端起酒杯。高骈《遣兴》：“把盏非怜酒，持竿不为鱼。”罗隐《雪中怀友人》：“所思谁把醆，端坐恨无航。”

【把箸】 拿起筷子。白居易《醉赠刘二十八使君》：“为我引杯添酒饮，与君把箸击盘歌。”

【把劍覓徐君】 季札解宝剑，系于徐君之冢树。见《史记·吴太伯世家》。后作为伤悼亡友的典故。杜甫《别房太尉墓》：“对棋陪谢傅，把剑觅徐君。”

【把燭】 持烛。手持火把或蜡烛。杜甫《夜归》：“庭前把烛嗔两炬，峡口惊猿闻一个。”韩翃《寄赠虢州张参军》：“洗杯新酒熟，把烛故人留。”李绅《滁阳春日怀果园闲宴》：“劝人莫折怜芳早，把烛频看畏晓催。”

【把臂】 握持手臂。谓关系密切。陈子昂《喜遇冀侍御珪崔司议泰之二使》序：“隐几一笑，把臂入林。”李白《寻鲁城北范居士失道落苍耳中见范置酒摘苍耳作》：“入门且一笑，把臂君为谁。”杜甫《奉酬寇十侍御锡见寄四韵复寄寇》：“诗忆伤心处，春深把臂前。”韦迢《潭州留别杜员外院长》：“去留俱失意，把臂共潸然。”亦用以指好友。孟浩然《伤岘山云表观主》：“因之问闾里，把臂几人全。”

【把蟹螯】 毕卓右手持酒杯，左手持蟹螯。见《晋书·毕卓传》。后因用作咏嗜酒的典故。李白《送当涂赵少府赴长芦》：“摇扇对酒楼，持袂把蟹螯。”羊士谔《忆江南旧游二首》之二：“金罍几醉乌程酒，鹤舫闲吟把蟹螯。”

抒 〔shū《广韵》神舆切，上語，船。又徐吕切，上語，邪。〕表达；抒发。见“抒情”“抒詠”。

【抒情】 表达情思；抒发情感。骆宾王《秋日饯陆道士陈文林》序：“虽漆圆筌蹄，已忘然于道术；南而陟阳风雨，尚抒情于咏歌。”沈颜《书怀寄友人》：“登楼得句远，望月抒情深。”

【抒詠】 抒发咏叹。白居易《病中诗十五首》序：“昔刘公干病漳浦，谢康乐卧临川，咸有篇章，抒咏其志。”

拗¹ 同“拗₁”。断，折断。周繇《题东林寺虎掊泉》：“爪拾山脉断，掌托石心拗。”陈陶《竹十一首》之八：“诸儿莫拗成蹊笋，从结高笼养凤皇。”

拗² 同“拗₂”。❶愤愤不平。皮日休《虎丘寺殿前有古杉一本遂赋三百言以见志》：“拗似神荼怒，呀如猰貐饥。”❷撬；扳。贯休《偶作》：“口如暴死人，铁尺拗不开。”

【拗花】 折花。李贺《酬答二首》之二：“试问酒旗歌板地，今朝谁是拗花人。”

承 〔chéng《广韵》署陵切，平蒸，禪。〕❶奉，捧着，托着。见《左传·襄公二十五年》。杜甫《太子张舍人遗织成褥段》：“客云充君褥，承君终宴荣。”司空图《扇》：“有时池上遮残日，承得霜林几个蝉。”❷承受；接受。见《左传·宣公三年》。张九龄《酬周判官巡至始兴会改秘书少监见贻之作兼呈耿广州》：“所仗有神道，况承明主惠。”韦应物《对芳树》：“风条洒余霭，露叶承新旭。”黎逢《小苑春望宫池柳色》：“色承阳气暖，阴带御沟清。”张籍《送郑尚书出镇南海》：“远镇承新命，王程不假催。”黄滔《喜侯舍人蜀中新命三首》之三：“贾谊才承宣室召，左思唯预秘书流。”❸顺从；敬奉；奉承。李峤《席》：“避席承宣父，重筵揖戴公。”王维《谒璿上人》：“夙承大导师，焚香此瞻仰。”房白《送萧颖士赴东府得还字》：“今予亦云幸，谬得承温颜。”戎昱《闰春宴花溪严侍御庄》：“彩缛承颜面，朝朝赋白华。”见“承奉❷”“承迎”。❹继承；接续。见《诗·秦风·权舆》。太宗《幸武功庆善宫》：“粤予承累圣，悬弧亦在兹。”权德舆《送谢孝廉移家越州》：“家承晋太傅，身慕鲁诸生。”白居易《悲哉行》：“二十袭封爵，门承勋戚资。”欧阳詹《福州送郑楚材赴京时监察刘公亮有感激郑意》：“门承若兰族，身蕴如琼文。”❺次第；顺序。见《左传·昭公十三年》。《郊庙歌辞·周郊祀乐章·福顺乐》：“相承五运，取法三才。”李翱《赠毛仙翁》：“龟鹤计年承甲子，冰霜为质驻童颜。”

【承天】 ❶承捧天体。李峤《奉和天枢成宴夷夏群僚应制》：“仙盘正下露，高柱欲承天。”❷奉承天道。李峤《皇帝上礼抚事述怀》：“配极辉光远，承天顾托隆。”

【承天命】 承奉天道。李岑《玄元皇帝应见贺圣祚无疆》：“未预承天命，空勤望帝门。”

【承天門】 唐代宫城中门。见《旧唐书·睿宗纪》。张祜《退宫人二首》之一：“长说承天门上宴，百官楼下拾金钱。”

【承天皇帝】 即李倓。倓大历三年(768)追谥为承天皇帝。皇甫冉有《故齐王赠承天皇帝挽歌》。

【承天眷命】 承顺天道，得到天的眷爱并赋以重任。贯休《大蜀皇帝寿春节进尧铭舜颂二首·尧铭》：“承天眷命，罔厥矜骄。”

【承日】 承受日光。刘禹锡《鹤叹二首》之二：“丹顶宜承日，霜翎不染泥。”白居易《有木诗八首》之二：“叶密独承日，花繁偏受露。”

【承乏】 继承空缺的职位。后多用作任官的谦词。语本《左传·成公二年》。杜甫《东津送韦讽摄阆州录事》：“推荐非承乏，操持必去嫌。”权德舆《酬主客仲员外见贺正除》：“五年承乏奉如纶，才薄那堪侍从臣。”湛贲《题历山司徒右长史祖宅》：“从事叨承乏，铜章愧在腰。”

【承平】 治平相承。为太平或太平之世。陈子良《上之回》：“承平重游乐，诏跸上之回。”杜甫《送韦十六评事充同谷郡防御判官》：“此邦承平日，剽劫吏所羞。”裴度《中书即事》：“有意效承平，无功答圣明。”薛能《省试夜》：“白莲千朵照廊明，一片承平雅颂声。”韦庄《长安清明》：“游人记得承平事，暗喜风光似昔年。”

【承旨】 官名，唐代翰林院有翰林学士承旨，一般选学士中资望最高者充任，位在诸学士之上，亦称学士院长。凡大诰令、大废置、重要政事，皆得专对。诗人韩偓曾任此官。韩偓有《乙丑岁忽得商马杨迢员外书贺余复除戎曹依旧承旨还缄后因书四十字》。

【承序】 顺序继承。见《国语·楚语上》。韩愈《琴曲歌辞·岐山操》：“伊我承序，敢有不同。”

【承奉】 ❶承命奉行。玄宗《春晚宴两相及礼官丽正殿学士探得风字》序：“朕以薄德，祇膺历数，正天柱之将倾，纫地维之已绝，故得承奉宗庙，垂拱岩廊。”卢仝《观放鱼歌》：“念鱼承奉刺史仁，深僻处，远远游。”花蕊夫人徐氏《宫词》之六八：“承奉圣颜忧误失，就中长怕内夫人。”❷奉承。范质《诫儿侄八百字》：“不如承奉者，以尔为玩戏。”

【承事】 受事。郑嵎《津阳门诗》：“上皇宽容易承事，十家三国争光辉。”

【承明】 汉代宫殿名。张大安《奉和别越王》：“何时骖驾入，还见谒承明。”权德舆《郴州换印缄遣之际率成三韵因寄李二兄员外使君》：“行看换龟纽，奏最谒承明。”白居易《酬严十八郎中见示》：“承明长短君应入，莫忆家江七里滩。”马戴《答鄜畤友人同宿见示》：“承明无计入，旧隐但怀归。”参见“承明廬”。

【承明宫】 汉代宫殿名。见《汉书·奉翼传》。崔颢《赠怀一上人》：“一朝敕书至，召入承明宫。”卢象《赠程秘书》：“忽从被褐中，召入承明宫。”参见“承明廬”。

【承明客】 指在朝为官者。钱起《过李侍御宅》：“不见承明客，愁闻长乐钟。”

【承明庭】 即承明庐。顾况《哭从兄苌》：“赫赫承明庭，群公默无词。”又《酬漳州张九使君》：“无阶承明庭，高步相追游。”参见“承明廬”。

【承明廬】 汉承明殿旁屋。侍臣值宿所居，称承明庐。又魏文帝以建始殿朝群臣，曰门承明，其朝臣止息之所亦称承明庐。见《汉书·严助传》。后以入承明庐为入朝或在朝为官的典故。刘袆之《酬郑沁州》：“匪厌承明庐，伫兼司隶局。”高适《送虞城刘明府谒魏郡苗太守》：“天官苍生望，出入承明庐。”白居易《马上作》：“自问有何才，两入承明庐。”皮日休《七爱诗·李翰林》：“召见承明庐，天子亲赐食。”

【承制】 秉承皇帝旨意。刘得仁《送钱给事赴虢州》：“疲瘵初承制，乡闾似得春。”

【承和】 唐雅乐名。郊庙朝会皇太子出入时所奏。见《旧唐书·音乐志一》。《郊庙歌辞》有《释奠文宣王乐章·承和》。

【承命】 受命。王珪《咏淮阴侯》：“北讨燕承命，东驱楚绝粮。”岑参《酬成少尹骆谷行见呈》：“何幸承命日，得与夫子俱。”

【承迎】 奉承迎合。慈觉《书妙圆塔院张道者屋壁》：“只将淡薄作家风，未省承迎相苟且。”

【承風】 受风。喻承受德化。卢纶《寄赠库部王郎中》：“草木承风偃，云雷施泽均。”张籍《董公诗》：“旌节居汴水，四方皆承风。”李涉《六叹》之二：“燕王爱贤筑金台，四方豪俊承风来。”

【承前】 从前。见《资治通鉴·唐玄宗开元二十九年》。白居易《醉吟》：“应被众疑公事慢，承前府尹不吟诗。”

【承宣】 依次宣召。郑谷《入阁》：“门严新勘契，仗入乍承宣。”

【承時】 承受天时。史延《清明日赐百僚新火》：“颁赐恩逾洽，承时庆自均。”郑谷《偶书》：“承时偷喜负明神，务实那能得庇身。”苑诎《暗投明珠》：“抱影希人识，承时望帝求。”

【承恩】 承受恩惠，获得宠爱。宋璟《奉和圣制同二相已下群官乐游园宴》：“侍饮终酺会，承恩续胜游。”李白《温泉侍从归逢故人》：“激赏摇天笔，承恩赐御衣。”王建《宫词一百首》之四十：“自夸歌舞胜诸人，恨未承恩出内频。”白居易《宿紫阁山北村》：“主人慎勿语，中尉正承恩。”罗隐《宫词》：“巧画蛾眉独出群，当时人道便承恩。”

【承家】 继承家业。张说《阙题》：“婚礼知无贺，承家叹有辉。”杜甫《七月一日题终明府水楼二首》之二：“承家节操尚不泯，为政风流今在兹。”白居易《朱陈村》：“承家与事国，望此不肖身。”崔涂《问卜》：“承家望一名，几欲问君平。”

【承祧】 承祭祖先的宗庙。徐铉《文献太子挽歌词五首》之一：“国有承祧重，人知秉哲尊。”

【承規】 奉承天道或帝统。褚亮《祭方丘乐章·肃和》：“开元统纽，合大承规。”卢照邻《中和乐九章·歌储宫第六》：“承规翠所，问寝瑶庭。”

【承接】 连接，相连。罗隐《投宣武郑尚书二十韵》：“雁影相承接，龙图共始终。”

【承望】 指望。寒山《诗三百三首》之一五一：“须忆汝欲得，似我今承望。”

【承眷】 蒙受照顾。孟郊《赠万年陆郎中》：“江鸿耻承眷，云津未能翔。”

【承華】 太子宫门名。见《文选·陆机〈赠冯文罴迁斥丘令〉》。后用以代称太子或太子所居之宫殿。白居易《赠悼怀太子挽歌辞二首》之二：“剪叶藩封早，承华册命尊。”又《赠皇甫宾客》：“昔曾对作承华相，今复连为博望宾。”又《从同州刺史改授太子少傅分司》：“承华东署三分务，履道西池七过春。”黄滔《寄陈侍御》：“九级燕金满尊酒，却愁随诏谒承华。”

【承雲】 传为黄帝乐曲名。见《楚辞·远游》。魏征《郊庙歌辞·五郊乐章·舒和》：“调露初迎绮春节，承云遽践苍霄驭。”则天皇后《唐享昊天乐·第八》：“始奏承云娱帝赏，复歌调露畅韶英。”

【承詔】 承奉诏旨。元稹《酬乐天八月十五夜禁中独直玩月见寄》：“何意枚皋正承诏，瞥然尘念到江阴。”又《和李校书新题乐府十二首·五弦弹》：“主第侯家最难见，挼歌按曲皆承诏。”黄滔《酬俞钧》：“今日朝廷推草泽，伫君承诏出云根。”

【承睫】 含着眼泪。事见刘向《说苑·善说》。顾况《郑女弹筝歌》："一声雍门泪承睫，两声赤鲤露鬐鬣。"

【承裕】 即翁承裕。翁承赞有《寄舍弟承裕员外》。

【承蓋】 承载车盖。李季何《立春日晓望三素云》："浮轮初缥缈，承盖下氤氲。"

【承塵】 天花板。顾况《酬唐起居前后见寄二首》之二："自伤庚子日，鹏鸟上承尘。"李商隐《潭州》："陶公战舰空滩雨，贾傅承尘破庙风。"皮日休《吴中苦雨因书一百韵寄鲁望》："注欲透承尘，湿难庇厨簏。"潘佑《失题》："香飞绿琐人未归，巢燕承尘默无语。"

【承禎】 即司马承祯。贯休《闻赤松舒道士下世》："彭伉心相似，承祯趣一般。"

【承頦】 手支下巴。韩愈《记梦》："石坛坡陀可坐卧，我手承颏肘拄座。"

【承檢】 即翁承检。翁承赞有《喜弟承检登科》，又有《对雨述怀示弟承检》。

【承顏】 顺从尊长的颜色。谓侍奉尊长恭敬孝顺。见《艺文类聚》卷二十引《列女传》。张九龄《初发道中赠王司马兼寄诸公》："承颜方弄鸟，放性或观鱼。"杜甫《孟氏》："承颜胝手足，坐客强盘飧。"皎然《乐意联句》："子孙蔓衍负奇才，承颜弄鸟咏南陔。"钱起《酬刘起居卧病见寄》："承颜看彩服，不觉别丹墀。"刘禹锡《文宗元圣昭献孝皇帝挽歌三首》之一："继体三才理，承颜九族亲。"

【承寵】 受宠。王昌龄《春宫曲》："平阳歌舞新承宠，帘外春寒赐锦袍。"孟郊《婵娟篇》："汉宫承宠不多时，飞燕婕妤相妒嫉。"陈去疾《春宫曲》："抱里琵琶最承宠，君王敕赐玉檀槽。"孙元晏《咏史诗·宋·放宫人》："姚兴侍女方承宠，放出宫闱若等闲。"

【承露】 ❶承受露水；承接甘露。太宗《山阁晚秋》："疏兰尚染烟，残菊犹承露。"李康成《玉华仙子歌》："紫阳仙子名玉华，珠盘承露饵丹砂。"鲍溶《塞上行》："西风应时筋角坚，承露牧马水草冷。"陆龟蒙《秋荷》："蒲茸承露有佳色，茭叶束烟如效颦。"❷即承露盘。王维《听宫莺》："隐叶栖承露，攀花出未央。"杜甫《秋兴八首》之五："蓬莱宫阙对南山，承露金茎霄汉间。"司空曙《晚秋西省寄上李韩二舍人》："雁亲承露掌，砧隔曝衣楼。"

【承露臺】 指汉代建章宫所筑神明台，武帝于此以铜仙人承露，故称。刘禹锡《秋萤引》："曝衣楼上拂香裙，承露台前转仙掌。"

【承露盤】 汉武帝曾于建章宫造神明台，台上置承露盘，由铜铸仙人舒掌捧铜盘玉杯，以承云表甘露。用以调和玉屑服食以求长生。见《汉书·郊祀志上》。韦应物《汉武帝杂歌三首》之二："通天台上月初出，承露盘中珠正圆。"李益、广宣《八月十五夜联句》："含凉阁迥通仙掖，承露盘高出上宫。"鲍溶《汉宫词二首》之一："夜久月当承露盘，内人吹笙舞凤鸾。"杜牧《奉和仆射相公即事书成四韵》："昭阳殿下风回急，承露盘中月彩圆。"

【承露雞】 南方所产一种鸡，又名长鸣承露鸡。李商隐《戏题枢言草阁三十二韵》："上贴金捍拨，画为承露鸡。"

【承露囊】 开元十七年(729)，以玄宗生日八月初五为千秋节，百官献承囊，民间仿制为节日礼品相馈。杜牧《过勤政楼》："千秋令节名空在，承露丝囊世已无。"

【承顧】 相互顾盼。崔邠《礼部权侍郎阁老史馆张秘监阁老有离合酬赠之什宿直吟玩聊继此章》："谏垣则随步，东观方承顾。"

【承歡】 ❶顺从人意，取得欢心。见《楚辞·九章·哀郢》。白居易《长恨歌》："承欢侍宴无闲暇，春从春游夜专夜。"郑锬《婕妤怨》："南国承欢日，东方候晓时。"亦泛指人臣受君主的恩宠。贺敳《奉和九月九日应制》："承欢徒抃舞，负弛窃忘躯。"萧至忠《奉和九日幸临渭亭登高应制得余字》："承欢何以答，万亿奉宸居。"卢纶《送尹枢令狐楚及第后归觐》："贡文齐受宠，献礼两承欢。"❷取得父母的欢心。谓侍奉父母。孟浩然《送张参明经举兼向泾州觐省》："十五彩衣年，承欢慈母前。"又《送洗然弟进士举》："献策金门去，承欢彩服违。"喻凫《送友人下第归宁》："旋应赴秋贡，讵得久承欢。"

【承襲】 继承。罗隐《寄酬邺王罗令公五首》之一："营室东回葪斥丘，少年承袭拥青油。"

五　画

拜 〔bài《广韵》博怪切，去怪，幫。〕❶表示恭敬的一种礼节。行礼时下跪，低头与腰平，两手至地。见《荀子·大略》。后用为行礼的通称。王翰《饮马长城窟行》："麒麟前殿拜天子，走马西击长城胡。"顾况《哭从兄苌》："稚子新学拜，枯杨生一枝。"李商隐《韩碑》："愈拜稽首蹈且舞，金石刻画臣能为。"罗炯《行县至浮查寺》："野老竞遮官道拜，沙鸥遥避隼旗飞。"❷奏上；奉上。见"拜表""拜章""拜疏"。❸拜谢。见《论语·阳货》。见"拜恩"。❹拜谒；拜见。杜甫《新婚别》："妾身未分明，何以拜姑嫜。"见"拜謁"。❺敬词。见"拜受""拜侯"。❻授官封爵。储光羲《晚次东亭献郑州宋使君文》："三居清宪台，两拜文昌阁。"高适《酬裴员外以诗代书》："自从拜郎官，列宿焕天街。”元稹《赠吕三校书》：“同年同拜校书郎，触处潜行烂熳狂。”李频《赠长城庾将军》：“初年三十拜将军，近代英雄独未闻。”

【拜井】　耿恭穿井不得水，乃整衣服向井再拜，为吏士祷。有顷，水泉奔出。见《后汉书·耿恭传》。后用以为典。骆宾王《久戍边城有怀京邑》：“拜井开疏勒，鸣桴动密须。”李瀚《蒙求》：“戴封积薪，耿恭拜井。”

【拜手】　亦称“拜首”。古代男子跪拜礼的一种。既跪，两手拱合，俯头至手与心平，而不至地。见《书·太甲中》。杜审言《送和西蕃使》：“拜手明光殿，摇心上林苑。”杜甫《寄岳州贾司马六丈巴州严八使君两阁老五十韵》：“恩荣同拜手，出入最随肩。”钱起《送襄阳卢判官奏开河事》：“言归汉阳路，拜手蓬莱宫。”李端《送杨皋擢第归江东》：“拜手终凄怆，恭承中外亲。”

【拜月】　即拜新月。张夫人《拜新月》：“东家阿母亦拜月，一拜一悲声断绝。昔年拜月逞容辉，如今拜月双泪垂。”司空图《偶书五首》之三：“晚妆留拜月，卷上水精帘。”参见“拜新月”。

【拜堂】　旧式婚礼的一种仪式。有夫妇交拜、夫妻同拜天地和舅姑等。王建《失钗怨》：“双杯行酒六亲喜，我家新妇宜拜堂。”

【拜叩】　跪拜叩头。韩愈《元和圣德诗》：“妇女累累，啼哭拜叩。”

【拜伏】　跪拜依伏。表示恭敬的一种礼节。灵一《远公》：“钵帽绝朝宗，簪裾翻拜伏。”

【拜别】　告别的敬词。姚合《武功县中作三十首》之三〇：“拜别登朝客，归依炼药翁。”项斯《留别张水部籍》：“省中重拜别，兼领寄人书。”李频《长安书事寄所知》：“江湖终一日，拜别便东行。”黄滔《辞相府》：“今朝拜别幡幢下，双泪如珠滴不休。”

【拜表】　上奏章。韩愈《感春五首》之四：“前随杜尹拜表回，笑言溢口何欢哈。”张籍《寄令狐宾客》：“留司未到龙楼下，拜表长怀玉案前。”白居易《分司》：“行香拜表为公事，碧洛青嵩当主人。”姚合《和东都令狐留守相公》：“拜表出时传七刻，排班衙日有三公。”

【拜命】　拜受君命。岑参《送颜平原》：“吾兄镇河朔，拜命宣皇猷。”又《凤翔府行军送程使君赴成州》：“拜命时人羡，能官圣主闻。”窦牟《送东光吕少府之官连帅奏授》：“德礼邀才重，恩辉拜命新。”刘商有《送杨闲侍御拜命赴上都》。

【拜受】　拜而受之。常用作接受人赠予的敬词。陆复礼《试中和节诏赐公卿尺诗》：“捧观珍质丽，拜受圣恩崇。”

【拜迎】　跪拜迎接。杜审言《和李大夫嗣真奉使存抚河东》：“拜迎弥道路，舞咏溢郊鄽。”李白《赠宣城宇文太守兼呈崔侍御》：“竹马数小儿，拜迎白鹿前。”秦系《徐侍郎素未相识时携酒命馔兼命诸诗客同访会稽山居》：“忽道仙翁至，幽人学拜迎。”

【拜官】　授官。李颀《送刘四赴夏县》：“明主拜官麒麟阁，光车骏马看玉童。”韩愈《永贞行》：“夜作诏书朝拜官，超资越序曾无难。”贾岛《送裴校书》：“拜官从秘省，署职在藩维。”徐夤《公子行》：“有耳不闻经国事，拜官方买谢恩笺。”

【拜相】　（—xiàng）被任命为宰相。薛据《怀哉行》：“一言并拜相，片善咸居台。”

【拜省】　（—xǐng）拜望省视。朱庆余《送盛长史》：“拜省期将近，孤舟促去程。”

【拜侯】　除封为侯。侯，古代五等爵位之第二等。王昌龄《青楼曲二首》之二：“金章紫绶千余骑，夫婿朝回初拜侯。”李端《边头作》：“何事归朝将，今年又拜侯。”赵嘏《送令狐郎中赴郢州》：“佐幕才多始拜侯，一门清贵动神州。”罗隐《故都》：“江南江北两风流，一作迷津一拜侯。”

【拜後塵】　望车的后尘而拜。许浑《和人贺杨仆射致政》：“莲府公卿拜后尘，手持优诏挂朱轮。”参见“拜塵”。

【拜首】　义同“拜手”。李颀《谒张果先生》：“笙歌迎拜首，羽帐崇严卫。”刘长卿《送秦侍御外甥张篆之福州谒鲍大夫秦侍御与大夫有旧》：“辕门拜首儒衣弊，貌似牢之岂不怜。”权德舆《伏蒙十六叔寄示喜庆感怀三十韵因献之》：“省躬日三复，拜首书诸绅。”黄滔《投刑部裴郎中》：“拜首敢将诚吐血，蜕形唯待诺如金。”

【拜洛】　礼拜洛水神。见《易·系辞上》。后人把河图洛书加以神化，历代多行拜洛之典。李峤有《奉和拜洛应制》。则天皇后有《唐大飨拜洛乐章·昭和》。陈子昂《洛城观酺应制》：“方睹升中禅，言观拜洛回。”

【拜郎】　拜受郎官。郎官，指侍郎、郎中、员外郎。孙逖《和左司张员外自洛使入京中路先赴长安逢立春日赠韦侍御等诸公》：“拜郎登省闼，奉使驰车乘。”皇甫冉《馆陶李丞旧居》：“盛名天下挹余芳，弃置终身不拜郎。”严维《送李秘书往儋州》：“魑魅曾为伍，蓬莱近拜郎。”

【拜起居表】　拜表，上表。拜起居表，上奏章向皇帝问安。唐制，中央官员请疾者往往分司东都，分司之官，每月须拜表起居。杜牧有《中秋日拜起居表晨渡天津桥即事十六韵献居守相国崔公兼呈工部刘公》。许浑有《十二月拜起居表回》。

【拜貢】　进贡。王枳《句》：“今朝拜贡盈襟泪，不进新芽是进心。”

【拜恩】　拜谢恩赐。权德舆《奉和圣制重阳日中外同欢以诗言志因示百僚》：“玉醴宴嘉节，拜恩欢有余。”张籍《祭退之》：“籍受新官诏，拜恩当入城。”《郊庙歌辞·晋朝飨乐章·群臣酒行歌》：“拜恩瞻凤扆，倾耳听云韶。”

【拜候】　问候的敬词。孟郊《立德新居》之九：“拂拭贫士席，拜候丞相辕。”

【拜鬼求神】　拜求鬼神，以祈福佑。王建《三台》之三：“三年不得消息，各自拜鬼求神。”

【拜高堂】　叩拜父母。韦应物《送郑长源》：“君行拜高堂，速驾难久攀。”

【拜家慶】　见“拜嘉慶”。

【拜書】　敬词。谓致书信于人。韦庄《送崔郎中往使西川行在》：“拜书辞玉帐，万里剑关长。”

【拜掃】　扫墓，上坟。此俗始于后汉。见宋高承《事物纪原·岁时风俗·拜扫》。熊孺登《寒食野望》：“拜扫无过骨肉亲，一年唯此两三辰。”徐凝《嘉兴寒食》：“嘉兴郭里逢寒食，落日家家拜扫回。”韦庄《丙辰年鄜州遇寒食城外醉吟五首》之三：“开元坡下日初斜，拜扫归来走钿车。”

【拜章】　上给皇帝的奏章。杜牧《李甘诗》：“拜章岂艰难，胆薄多忧惧。”又《题茶山》：“拜章期沃日，轻骑疾奔雷。”司空图《冯燕歌》：“拜章请赎冯燕罪，千古三河激义风。”

【拜問】　跪拜讯问。元稹《和乐天示杨琼》：“去年十月过苏州，琼来拜问郎不识。”

【拜將壇】　(將 jiàng)为拜受大将所筑的土台。高骈《言怀》：“恨乏平戎策，惭登拜将坛。”参见“拜韓信”“拜壇”。

【拜陵】　拜谒王陵。王建《宫词一百首》：“拜陵日近公卿发，卤簿分头入太常。”严巨川有《仲秋太常寺观公卿辂车拜陵》。

【拜揖】　打躬作揖。王湾《奉使登终南山》：“倚岩见庐舍，入户欣拜揖。”李白《送赵判官赴黔府中丞叔幕》：“君为鲁曾子，拜揖高堂里。”李约《城南访裴氏昆季》：“野老无拜揖，村童多裸形。”

【拜請】　拜揖请求。曹唐《小游仙诗九十八首》之七九：“外人欲压长生籍，拜请飞琼报玉皇。”

【拜奠】　跪拜祭奠。刘禹锡《河南观察使故相国袁公挽歌三首》之三：“逢人即故吏，拜奠尽沾衣。”徐凝《题伍员庙》：“浙波只有灵涛在，拜奠青山人不休。”

【拜疏】　给皇帝上疏，上奏章。韩愈《赴江陵途中寄赠三学士》：“拜疏移阁门，为忠宁自谋。”杜牧《郡斋独酌》：“阙下谏官业，拜疏无文章。”陆龟蒙《和袭美腊后送内大德从勖游天台》：“若恋吾君先拜疏，为论台岳未封公。”

【拜賀】　拜揖祝贺。李白《赠从孙义兴宰铭》：“欢笑相拜贺，则知惠爱深。”又《赠从弟南平太守之遥二首》之一：“彤庭左右呼万岁，拜贺明主收沉沦。”

【拜跪】　表示恭敬的一种礼节。行礼时下跪，低头与腰平，两手至地。杜甫《八哀诗·赠司空王公思礼》：“天王拜跪毕，谠议果冰释。”又《惜别行送向卿进奉端午御衣之上都》：“裁缝云雾成御衣，拜跪题封向端午。”

【拜節】　拜受符节。节，符节。古时使臣执以示信之物。汉宣帝时，匈奴呼韩邪单于请求朝见，并请求留居光禄塞，车骑都尉韩昌持节迎送。元帝时，韩昌又曾与呼韩邪单于订立汉与匈奴合为一家的盟约。事见《汉书·匈奴传下》。后以之作为咏颂结好塞外民族的典故。胡皓《大漠行》：“韩君拜节偏知远，郑吉驱旌坐见迎。”

【拜會】　拜谒，会晤。刘长卿有《西庭夜燕喜评事兄拜会》。

【拜新月】　❶农历月初向初出的弯形月亮跪拜。唐时民间有此风俗，大都妇孺所为，旨在乞美、乞巧、乞遂人事。其拜七月为多，五月亦有。张夫人《拜新月》：“拜新月，拜月出堂前。”施肩吾《幼女词》：“向夜在堂前，学人拜新月。”常浩《赠卢夫人》：“日暮出画堂，下阶拜新月。”❷唐教坊曲，玄宗开元间人作。咏调名本意。五言，四句，二十字，二仄韵。传辞如仄韵五绝，首句以平起。《全唐诗》卷二八《杂仙歌辞》所录《拜新月》为李端所作。

【拜嘉】　春秋时，鲁国穆叔使晋，晋侯享之以《文王》之歌，不拜。享之以《鹿鸣》之歌，三拜。人问其故，对曰：“《鹿鸣》，君所以嘉寡君也，敢不拜嘉。”事见《左传·襄公四年》。后用以作为拜颂赏赐的典故。柳宗元《同刘二十八院长之作其韵增至八十通赠二君子》：“宪府初收迹，丹墀共拜嘉。”

【拜嘉慶】　亦作“拜家慶”。久别归家省亲。孟浩然《夕次蔡阳馆》：“明朝拜嘉庆，须著老莱衣。”嘉，一本作“家”。

【拜塵】　望车尘而拜。见《晋书·潘岳传》和《石崇传》。后用以为典，表示对有恩于己者的崇敬。杜牧《送牛相出镇襄州》：“拜尘先洒泪，成厦昔容巢。”

【拜舞】　跪拜与舞蹈。古代朝拜的礼节。杜甫《韦讽录事宅观曹将军画马图》：“碗赐将军拜舞归，轻纨细绮相追飞。”刘禹锡《始至云安寄兵部韩侍郎中书白舍人二公近曾远守故有属焉》：“望阙遥拜舞，分庭备将迎。”薛能《升平词十首》之二：“宣传无草动，拜舞有衣声。”黄滔《送翁拾遗》：“拜舞吾君后，青云更有梯。”亦指拜奠。李白《鲁郡尧祠送吴五之琅琊》：“送行奠桂酒,拜舞清心魂。"

【拜德】 礼拜大德。戎昱《赠岑郎中》:"虽披云雾逢迎疾,已恨趋风拜德迟。"

【拜慶】 ❶见"拜嘉慶"。张九龄《夏日奉使南海在道中作》:"肃事诚在公,拜庆遂及私。"韩翃《送冷朝阳还上元》:"青丝缆引木兰船,名遂身归拜庆年。"又《送田仓曹汴州觐省》:"拜庆承天宠,朝来辞汉宫。"李端《送赵给事侄尉丹阳》:"遥知拜庆后,梅尉称仙才。"刘兼《再见从弟舍人》:"愿君通理须还早,拜庆慈亲几杖前。"❷拜贺。殷寅《玄元皇帝应见贺圣祚无疆》:"无由同拜庆,窃抃贺陶甄。"

【拜壇】 拜受大将。杜甫《赠崔十三评事公辅》:"活国名公在,拜坛群寇疑。"参见"拜韓信"。

【拜謁】 拜见。王建《上杜元颖相公》:"闲曹散吏无相识,犹记荆州拜谒初。"

【拜親】 ❶拜见父母。韦应物《送槐广落第归扬州》:"拜亲归海畔,似舅得诗名。"韩翃《送故人归鲁》:"知君拜亲后,少妇下机迎。"朱庆余《送崔约下第归淮南觐省》:"远忆拜亲留不住,出门行计与谁同。"杜荀鹤《辞座主侍郎》:"茅堂拜亲后,特地泪双垂。"❷拜见朋友的父母。表示关系亲密。见《颜氏家训·风操》。张九龄《酬周判官巡至始兴会改秘书少监见贻之作兼呈耿广州》:"当推奉使绩,且结拜亲契。"

【拜選】 祭拜中岳嵩山。殷寅《铨试后征山别业寄源侍御》:"投策去园林,率名皆拜选。"

【拜嶽】 祭拜中岳嵩山。尉迟汾有《府尹王侍郎准制拜岳因状嵩高灵胜寄呈三十韵》。

【拜簇】 向蚕簇跪拜。簇,承蚕作茧的工具,以苇草或竹扎成。王建《簇蚕辞》:"新妇拜簇愿茧稠,女洒桃浆男打鼓。"

【拜韓信】 楚汉相争时,汉王刘邦接受萧何建议。重用韩信为大将军,并为之斋戒设坛,举行隆重的拜将仪式。事见《史记·淮阴侯列传》。后用以为典,称颂边境主将。王涯《从军词三首》之一:"今朝拜韩信,计日斩成安。"

【拜爵】 除授官爵。王维《送从弟蕃游淮南》:"归来见天子,拜爵赐黄金。"

【拜職】 除授官职。宋之问《送朔方何侍郎》:"拜职尝随骠,铭功不让班。"吏部选人《送南中尉》:"羡君初拜职,嗟我独无名。"

【拜璧】 春秋时,楚共王曾以"拜璧"的方式选择继位之人。事见《左传·襄公四年》。后用以作咏太子之典。王维《恭懿太子挽歌五首》之一:"何悟藏环早,才知拜璧年。"

【拜闕】 叩拜皇帝所居之宫阙。以示尊敬皇帝。刘长卿《和中丞出使恩命过终南别业》:"拜阙贪摇佩,看琴懒更弦。"戴叔伦《奉天酬别郑谏议云逵卢拾遗景亮见别之作》:"拜阙奏良图,留中沃圣谟。"

【拜覲】 拜见长上。苏颋有《送贾起居奉使入洛取图书因便拜觐》。

【拜辭】 拜别,行拜礼告别。白居易《和微之诗二十三首·和酬郑侍御东阳春闷放怀追越游见寄》:"自言拜辞主人后,离心荡飏风前旗。"李商隐《赠白道者》:"十二楼前再拜辞,灵风正满碧桃枝。"

【拜識】 拜见认识。朱庆余《上翰林李舍人》:"记得早年曾拜识,便怜孤进赏文章。"

抹[1] 〔mǒ《广韵》莫撥切,入末,明。〕❶涂敷;涂抹。杜甫《北征》:"学母无不为,晓妆随手抹。"贯休《观怀素草书歌》:"粉壁素屏不问主,乱拏乱抹无规矩。"见"抹朱""抹漆"。❷轻微的痕迹。多与"一"连用,犹一片。罗隐《梅》:"天赐胭脂一抹腮,盘中磊落笛中哀。"罗虬《比红儿诗》之十七:"一抹浓红傍脸斜,妆成不语独攀花。"

抹[2] 〔mò《广韵》莫撥切,入末,明。〕❶轻按。弹奏弦乐器的一种指法。王建《宫词一百首》之二九:"琵琶先抹六么头,小管丁宁侧调愁。"白居易《琵琶引》:"轻拢慢捻抹复挑,初为霓裳后六幺。"❷紧贴;束紧。刘言史《观绳伎》:"银画青绡抹云发,高处绮罗香更切。"毛熙震《浣溪沙》词之四:"一只横钗坠髻丛,静眠珍簟起来慵,绣罗红嫩抹苏胸。"

【抹朱】 涂上红色。卢仝《观放鱼歌》:"老鲤变化颇神异,三十六鳞如抹朱。"

【抹漆】 涂上黑漆。卢仝《月蚀诗》:"其初犹朦胧,既久如抹漆。"

【抹$_2$額】 束在额上的头巾。见宋高承《事物纪原·戎容兵械·抹额》。李贺《画角东城》:"水花沾抹额,旗鼓夜迎潮。"

拓 〔tuò《广韵》他各切,入鐸,透。〕❶扩大;开辟。见《文选·扬雄〈甘泉赋〉》。皮日休《鲁望读襄阳耆旧传见赠五百言因而寄答亦诗人无言不酬之义也次韵》:"繄王揭然出,上下拓宇宙。"见"拓土""拓地""拓境""拓邊"。❷推开。杜甫《季秋苏五弟缨江楼夜宴崔十三评事韦少府侄三首》之三:"听歌惊白鬓,笑舞拓秋窗。"❸展开;张开。王维《燕子龛禅师》:"岩腹乍旁穿,涧唇时外拓。"❹承托;举。见《列子·说符》。苏颋《奉和圣制途经华岳应制》:"晴观五千仞,仙掌拓山开。"杜甫《醉为马坠诸公携酒相看》:"甫也诸侯老宾客,罢酒酣歌拓金戟。"顾况《郑女弹筝歌》:"一声雍门泪承睫,两声赤鲤露鬐鬣,三声白猿臂拓颊。"

【拓土】 开拓疆土。李商隐《汉南书事》:"几时拓土成王道,从古穷兵是祸胎。"张绍《冲佑观》:"拓土开疆，经天纬地。"

【拓地】 ❶开拓疆土。虞世南《饮马长城窟》："拓地勋未赏，亡城律岂宽。"高适《李云南征蛮诗》："收兵列亭堠，拓地弥西东。"虞羽客《结客少年场行》："摧枯逾百战，拓地远三千。"❷深扎地下。唐彦谦《拜越公墓因游定水寺有怀源老》："老树背风深拓地，野云依海细分天。"

【拓拔思恭】 （？—886）党项拓拔赤辞后裔。事迹见《新唐书·西域上·党项传》。李琪有《奉试诏用拓拔思恭为京北收复都统》。

【拓定】 平定。张蠙《赠李司徒》："承家拓定陇关西，勋贵名应上将齐。"

【拓善】 眉州青神（今属四川）人。《全唐诗续补遗》卷十七录其佚句一联。

【拓境】 开拓领土。杜甫《遣怀》："拓境功未已，元和辞大炉。"

【拓羯】 唐代西北对卫士、战士的称呼，来自伊朗语。杜甫《喜闻官军已临贼境二十韵》："花门腾绝漠，拓羯渡临洮。"按《旧唐书·封常清传》《新唐书·西域传下》皆作"柘羯"。核以对音，以"柘羯"为是。顾况《露青竹杖歌》："蛟龙稽颡河伯虔，拓羯胡雏脚手鲜。"薛能《拓枝词三首》之二："悬军征拓羯，内地隔萧关。"

【拓邊】 开拓边疆。杜甫《有感五首》之一："白骨新交战，云台旧拓边。"

抨 〔pēng《广韵》普耕切，平耕，滂。〕弹响弓弦。见《说文·手部》。韩愈、孟郊《城南联句》："窟穷尚嗔视，箭出方惊抨。"李贺《猛虎行》："长戈莫舂，长弩莫抨。"白居易《河阳石尚射鹭鸶绘画为图猥蒙见示称叹不足以诗美之》："剑拔青鳞蛇尾活，弦抨赤羽火星流。"

【抨弓】 弹响弓弦，虚作射势。杜甫《自阆州领妻子却赴蜀山行三首》之三："转石惊魑魅，抨弓落狖鼯。"

【抨彈】 （—tán）开弓弹击。元稹《树上乌》："灵蛇万古唯一珠，岂可抨弹千万亿。"

拔 〔bá《广韵》蒲八切，入黠，並。又蒲撥切，入末，並。〕❶抽出；拽出。杜甫《诸将五首》之二："韩公本意筑三城，拟绝天骄拔汉旌。"白居易《有木诗八首》之五："何时猛风来，为我连根拔。"张祜《哭汴州陆大夫》："利剑太坚操，何妨拔一毛。"李洞《赠入内供奉僧》："因逢夏日西明讲，不觉宫人拔凤钗。"❷选取；提拔。杜甫《送高司直寻封阆州》："拔为天军佐，崇大王法度。"又《短歌行赠王郎司直》："王郎酒酣拔剑斫地歌莫哀，我能拔尔抑塞磊落之奇才。"元稹《感梦》："拔我尘土中，使我名字美。"❸超出；突起。王维《辋川闲居》："青菰临水拔，白鸟向山翻。"李白《梦游天姥吟留别》："天姥连天向天横，势拔五岳掩赤城。"钱起《登玉山诸峰偶至悟真寺》："数峰拔昆仑，秀色与空澈。"韩愈《岳阳楼别窦司直》："巍峨拔嵩华，腾踔较健壮。"❹攻取；攻伐。见《汉书·高帝纪上》。杜甫《北征》："伊洛指掌收，西京不足拔。"韩愈《征蜀联句》："日王忿违慠，有命事诛拔。"陆龟蒙《奉酬袭美先辈吴中苦雨一百韵》："王师虽继下，贼垒未即拔。"又《杂讽九首》之二："年来横干戈，未见拔城邑。"❺动摇；摇动。姚合《答窦知言》："冬日易惨恶，暴风拔山根。"❻脱离，摆脱。元稹《谕宝二首》之一："安得潜渊虬，拔壑超邓林。"❼辅助；辅扶。《广雅·释诂四》："拔，辅也。"柳宗元《贞符》序："此大事，不宜以辱故休缺，使圣王之典不立，无以抑诡类，拔正道，表核万代。"❽回转，调转。杜甫《江涨》："渔人萦小楫，容易拔船头。"❾拔开。柳宗元《笼鹰词》："但愿清商复为假，拔去万累云间翔。"

【拔山】 传说项羽有拔山的气概。见《史记·项羽本纪》。后用以喻力大气雄。于季子《咏项羽》："空歌拔山力，羞作渡江人。"窦常《项亭怀古》："汉家神器在，须废拔山功。"曹邺《秦后作》："空持拔山志，欲夺天地德。"胡曾《咏史诗·垓下》："拔山力尽霸图隳，倚剑空歌不逝骓。"

【拔心草】 草名。即卷施。又名宿莽。见《尔雅·释草》。骆宾王《艳情代郭氏答卢照邻》："芳沼徒游比目鱼，幽径还生拔心草。"

【拔地】 从地面耸起。吴融《赴阙次留献荆南成相公三十韵》："拔地孤峰秀，当天一鹗雄。"

【拔宅】 真君以东晋孝武太康二年八月一日，于洪州西山，举家四十二口，拔宅上升而去。见《太平广记》卷十四引《十二真君传·许真君》。故后以"拔宅"指全家成仙。亦喻指登科。韩偓《送人弃官入道》："他年如拔宅，为我指清都。"王贞白《御试后进诗》："二十五家齐拔宅，人间已写上升名。"黄滔《寄同年崔学士》："毕使海涯能拔宅，三秦二十四畿寰。"

【拔身】 脱身。李华《寄赵七侍御》："茂挺独先觉，拔身渡京虹。"

【拔刺】 拔除蒺藜。姚合《寻僧不遇》："拂床寻古画，拔刺看新丛。"

【拔河】 我国一项传统的体育运动。见宋王谠《唐语林》卷五。玄宗有《观拔河俗戏》。张说有《奉和圣制观拔河俗戏应制》。

【拔剌】 象声词。象鸟飞起之声。岑参《至大梁却寄匡城主人》："仲秋萧条景，拔剌飞鹅鸧。"

【拔殺】 拔完，拔尽。古之奇《秦人谣》："何人仕帝庭，拔杀指佞草。"

【拔家】 举家，全家。元稹《酬乐天东南行诗一百韵》："拔家逃力役，连锁责逋诛。"

【拔脱】 拔去，弄掉下来。李商隐《骄儿诗》："凝走弄香奁，拔脱金屈戌。"

【拔翠】 谓超越。戴叔伦《题天柱山图》："拔翠五云中，擎天不计功。"

【拔戟成一隊】 谓自从一队独当一面。喻别具一格，语出《左传·襄公十年》。皇甫湜《题浯溪石》："于诸作者间，拔戟成一队。"

【拔勢】 谓拔旗之势。杜牧《送国棋王逢》："赢形暗去春泉长，拔势横来野火烧。"

【拔趙旗】 见"拔幟"。王仁裕《贺王溥入相》："一战文场拔赵旗，便调金鼎佐无为。"

【拔賢】 选拔贤者。韩愈《元和圣德诗》："续功臣嗣，拔贤任耇。"

【拔幟】 韩信率汉军袭赵，拔赵旗。见《史记·淮阴侯列传》。后用以喻取胜。皮日休《鲁望昨以五百言见贻因成一千言上述吾唐文物之盛次叙相得之欢亦迭和之微旨也》："或为拔帜走，或遭劓垒还。"

【拔劍】 ❶抽出宝剑。刘庭琦《从军》："萧萧牧马鸣，中夜拔剑起。"张祜《酬凌秀才惠枕》："空心想此缘成梦，拔剑灯前一夜行。"❷拔剑击柱。见《史记·刘敬叔孙通列传》。张乔《赠边将》："对酒擎钟饮，临风拔剑歌。"

【拔薤】 指打击豪强，称颂地方官吏惠政。见《后汉书·庞参传》。吴融《和峡州冯使君题所居》："三年拔薤成仁政，一日诛茅葺所居。"

【拔擢】 选拔提升。杜甫《送陵州路使君赴任》："国待贤良急，君当拔擢新。"韩愈《崔十六少府摄伊阳以诗及书见投因酬三十韵》："府公旧同袍，拔擢宰山涧。"赵嘏《秋日吴中观贡藕》："御洁玲珑膳，人怀拔擢功。"周昙《咏史诗·六朝门·前凉张轨》："益信用贤由拔擢，穰苴不是将家生。"

拈 〔niān《广韵》奴兼切，平添，泥。〕❶用两三个指头夹、捏取物。见《说文·手部》。杜甫《题壁画马歌》："戏拈秃笔扫骅骝，欻见骐驎出东壁。"李群玉《戏赠姬人》："骰子巡抛裹手拈，无因得见玉纤纤。"胡令能《观郑州崔郎中诸妓绣样》："日暮堂前花蕊娇，争拈小笔上床描。"❷拿；持；提。梁锽《名姝咏》："怕重愁拈镜，怜轻喜曳罗。"元稹《开元观闲居酬吴士矩侍御三十韵》："几案随宜设，诗书逐便拈。"刘言史《葛巾歌》："鲁性将他类此身，还拈野物赠傍人。"张祜《读老庄》："昨日偶拈庄老读，万寻山上一毫厘。"❸摆弄。卢纶《古艳诗》之二："自拈裙带结同心，暖处偏知香气深。"❹黏。见《释名·释姿容》。韩愈《苦寒》："气寒鼻莫嗅，血冻指不拈。"沈亚之《汴州船行赋岸傍所见》："蓬烟拈绿线，棘实缀红囊。"引申为相关，联系。秦韬玉《咏手》："一双十指玉纤纤，不是风流物不拈。"

【拈酒】 唐代口语。拿起酒杯吃酒。元稹《酬复言长庆四年元日郡斋感怀见寄》："羞看稚子先拈酒，怅望平生旧采薇。"

【拈將】 (—jiāng)犹言拿去。元稹《书乐天纸》："不忍拈将等闲用，半封京信半题诗。"孙棨《题妓王福娘墙》："无端斗草输邻女，更被拈将玉步摇。"

抽 〔chōu《广韵》丑鸠切，平尤，徹。〕❶引；拉。见《庄子·天地》。李白《子夜四时歌四首·冬歌》："素手抽针冷，那堪把剪刀。"司空曙《长林令卫象饧丝结歌》："红茸向暮花参差，吴蚕络茧抽尚绝。"孟郊《寿安西渡奉别郑相公》之一："岁去弦吐箭，忧来蚕抽纶。"白居易《急乐世辞》："正抽碧线绣红罗，忽听黄莺敛翠蛾。"❷拔，拔出。李白《寄远十一首》之九："卷施心独苦，抽却死还生。"又《宣州谢朓楼饯别校书叔云》："抽刀断水水更流，举杯销愁愁更愁。"姚合《送元绪上人游商山》："朝簪抽未得，此别岂忘情。"李商隐《独居有怀》："数急芙蓉带，频抽翡翠簪。"引申作挑选。王绩《古意六首》之一："材抽峄山干，徽点昆丘玉。"❸抽取；取出。韩愈《卢郎中云夫寄示送盘谷子诗两章歌以和之》："行抽手版付丞相，不待弹劾还耕桑。"白居易《自咏老身示诸家属》："走笔还诗债，抽衣当药钱。"张祜《觱篥》："雪藤新换束，霞锦旋抽囊。"杜牧《代吴兴妓春初寄薛军事》："金钗有几只，抽当酒家钱。"陆龟蒙《袭美先辈以龟蒙所献五百言见和再抒鄙怀用伸酬谢》："抽书乱签帙，酌茗烦瓯檥。"❹抒发；展示；呈现。韩愈、孟郊《远游联句》："良知忽然远，壮志郁无抽。"孟郊《和宣州钱判官使院厅前石楠树》："抽肝在郢匠，叹息何踟蹰。"姚合《酬任畴协律夏中苦雨见寄》："酒思凄方罢，诗情耿始抽。"李绅《灵蛇见少林寺》："鳞蹙翠光抽璀璨，腹连金彩动弯环。"卢频《失题》："春泪烂罗绮，泣声抽恨多。"归仁《悼罗隐》："一著谗书未快心，几抽胸臆纵狂吟。"❺萌发；长生。李峤《晚秋喜雨》："晚穗萎还结，寒苗瘁复抽。"韩愈《奉和兵部张侍郎之作》："暖风抽宿麦，清雨卷归旗。"白居易《有木诗八首》之七："偶依一株树，遂抽百尺条。"杜牧《洛中送冀处士东游》："却于童顶上，萧萧玄发抽。"李建勋《春雨二首》之二："寒入远林莺翅重，暖抽新麦土膏虚。"❻除去，撤出。见《诗·小雅·楚茨》。元稹《望云骓马歌》："朱泚围兵抽未尽，怀光寇骑追行及。"甘洽《与王仙客互嘲》："王，计尔应姓田。为你面拨獭，抽却你两边。"见"抽兵""抽軍"。❼弹奏。王勃《春日宴乐游园赋韵得接字》："流水抽奇弄，崩云洒芳牒。"卢纶《赋得馆娃宫送王山人游江东》:"旅泊彼何夜,希君抽玉琴。"

【抽刃】 抽刀。谓持刀杀人。刘禹锡《武夫词》:"探丸害公吏,抽刃妒名倡。"

【抽心】 谓抽芽。李怀远《凤阁南厅槐树半死缘情率尔为咏》:"庭槐岁月深,半死尚抽心。"

【抽帆】 拉起船帆,扬帆。李贺《江楼曲》:"晓钗催鬓语南风,抽帆归来一日功。"

【抽匣】 从匣中抽出剑。权德舆《奉和张仆射朝天行》:"见公抽匣百炼光,试欲磨铅谅无助。"李绅《忆过润州》:"弓犯控弦招武旅,剑当抽匣问狂夫。"

【抽身】 谓弃官引退。刘禹锡《刑部白侍郎谢病长告改宾客分司以诗赠别》:"洛阳旧有衡茆在,亦拟抽身伴地仙。"白居易《寄山僧》:"会拟抽身去,当风斗擞衣。"又《和微之春日投简阳明洞天五十韵》:"白首青山约,抽身去得无。"

【抽兵】 去兵,弥灭战争。薛能《闻官军破吉浪戎小而固虑史氏遗忽因记为二章》之一:"一战便抽兵,蛮孤吉浪平。"

【抽芽】 长芽,发芽。刘禹锡《和牛相公南溪醉歌见寄》:"渚蒲抽芽剑脊动,岸荻迸笋锥头铦。"

【抽枝】 长出枝条。魏元忠《银潢宫侍宴应制》:"堑花仍吐叶,岩木尚抽枝。"

【抽弦】 拨弦。王绩《山夜调琴》:"促轸乘明月,抽弦对白云。"柳中庸《听筝》:"抽弦促柱听秦筝,无限秦人悲怨声。"刘禹锡《伤秦姝行》:"敛蛾收袂凝清光,抽弦缓调怨且长。"李绅《悲善才》:"抽弦度曲新声发,金铃玉珮相瑳切。"

【抽苗】 长出新苗。白居易《太和戊申岁大有年诏赐百寮出城观稼谨书盛事以俟采诗》:"膏雨抽苗足,凉风吐穗初。"

【抽思】 抒发情思。太宗《秋暮言志》:"抽思滋泉侧,飞想傅岩中。"

【抽軍】 抽去军队。周昙《咏史诗・六朝门・简文帝》:"救兵方至强抽军,与贼开城是简文。"

【抽條】 ❶长出枝条。白居易有《喜小楼西新柳抽条》。陆龟蒙《樵人十咏・樵溪》:"抽条欲千尺,众亦疑朴樕。"❷形成条状物。孙光宪《虞美人》词之一:"绣罗纹地粉新描,博山香炷旋抽条,睡魂销。"

【抽添】 抽出与加添。吕岩《七言》之三一:"运用须凭龙与虎,抽添全藉坎兼离。"

【抽毫】 抽笔出套。谓写作。李峤《饯薛大夫护边》:"伫见燕然上,抽毫颂武功。"李端《题郑少府林园》:"谢家今日晚,词客愿抽毫。"李坤《趋翰苑遭诬构四十六韵》:"捧日恩光别,抽毫顾问殊。"陆龟蒙《奉酬袭美先辈吴中苦雨一百韵》:"抽毫更唱和,剑戟相磨戛。"韩偓《病中初闻复官二首》之一:"抽毫连夜侍明光,执靮三年从省方。"

【抽葉】 长出新叶。李绅《新昌宅书堂前有药树一株今则长成名之天上树》:"丹彩结心才辨质,碧枝抽叶乍成条。"

【抽萌】 抽芽。韩愈、轩辕弥明《石鼎联句》:"秋瓜未落蒂,冻芋强抽萌。"

【抽笴】 长出竹笋。白居易《东南行一百韵》:"几见林抽笋,频惊燕引雏。"司空图《下方》:"坡暖冬抽笋,松凉夏健人。"

【抽菹】 抽笋。笋为七菹之一,故称。"菹",同"菹"。孟郊《靖安寄居》:"承世不出力,冬竹肯抽菹。"

【抽徵】 征收。元稹《织妇词》:"蚕神女圣早成丝,今年丝税抽征早。"

【抽旗】 拔旗。王建《赠索暹将军》:"轮剑直冲生马队,抽旗旋踏死人堆。"

【抽營】 撤出军营。谓不投入战斗。李涉《哭田布》:"魏师临阵却抽营,谁管豺狼作信兵。"

【抽韻】 谓作诗。孟郊《奉同朝贤送新罗使》:"冗隶窃抽韵,孤属思将同。"

【抽簪】 古代官员及簪连冠于发,故以抽簪代弃官引退。见《文选・沈约〈应沼乐游苑吕僧珍诗〉》。陈子良《夏晚寻于政世置酒赋韵》:"聊从嘉遁所,酌醴共抽簪。"岑参《上嘉州青衣山中峰题惠净上人幽居寄兵部杨郎中》:"况值庐山远,抽簪归法王。"白居易《戊申岁暮咏怀三首》之三:"万一差池似前事,又应追悔不抽簪。"张祜《溪行寄京师故人道侣》:"东郊故人在,应笑未抽簪。"林琨《晚望》:"方予事岩壑,及此欲抽簪。"

押 〔yā《广韵》烏甲切,入狎,影。〕❶在公文或契约上签字或画符号,以作凭证。王建《赠胡证将军》:"朱牌面上分官契,黄纸头边押敕符。"❷押送。杜牧有《押兵甲发谷口寄诸公》。和凝《宫词百首》之二八:"近臣押赐诸王宅,拜了方开敕字封。"❸掌管;统领。李贺《沙路曲》:"独垂重印押千官,金窠篆字红屈盘。"曹唐《小游仙诗九十八首》之十一:"朝骑白鹿趁朝去,凤押笙歌逐后飞。"韩偓《锡宴日作》:"中使押从天上去,外人知自日边来。"花蕊夫人徐氏《宫词》之四六:"别殿春风呼万岁,中丞新押散朝班。"❹镇压。李贺《河南府试十二月乐词・五月》:"雕玉押帘上,轻縠笼虚门。"韩愈《游太平公主山庄》:"公主当年欲占春,故将台榭押城闉。"

【押牙】 亦作"押衙"。唐代官名。职掌仪仗侍卫。牙,后讹变为"衙"。见唐李匡乂《资暇集》卷中。无名氏有《哭押牙四寂》(外编上)。

【押班】 百官朝会时之领班。管理百官朝会位次。唐制,以监察御史二人任其事。见《新唐书・百官志三》。李洞《题刘相公光德里新构茅亭》:“野色迷亭晓,龙墀待押班。”

【押衙】 见“押牙”。韦应物有《送崔押衙相州》。李绅《渡西陵十六韵》序:“余至驿,命押衙裴行宗先齎祝辞,东望拜大禹庙。”

拙 〔zhuō《广韵》職悦切,入薛,章。〕❶笨拙;迟钝。杜甫《投简成华两县诸子》:“自然弃掷与时异,况乃疏顽临事拙。”崔峒《书怀寄杨郭李王判官》:“吏欺从政拙,妻笑理家贫。”白居易《秋斋》:“阮籍谋身拙,嵇康向事慵。”刘得仁《陈情上知己》:“性与才俱拙,名场迹甚微。”韦庄《寄江南诸弟》:“性拙唯多蹇,家贫半为慵。”❷粗劣;低劣。杜甫《复愁十二首》之十二:“病减诗仍拙,吟多意有余。”韦应物《襄武馆游眺》:“仰恩惭政拙,念劳喜岁收。”杨衡《早春即事》:“老来诗更拙,吟罢少人听。”姚合《送王嗣之典仪城》:“病来文字拙,不要把归城。”陆龟蒙《奉和袭美酒中十咏·酒尊》:“黄金即为侈,白石又太拙。”❸谦词。见“拙分”“拙妻”“拙宦”。❹犹言不善于。崔湜《至桃林塞作》:“始知亭伯去,还是拙谋身。”白居易《白吟拙什因有所怀》:“上怪落声韵,下嫌拙言词。”皮日休《吴中苦雨因书一百韵寄鲁望》:“伊余之廨宇,古制拙卜筑。”

【拙工】 拙劣的工匠。无名氏《玉卮无当》:“讵惭君子贵,深讶拙工隳。”

【拙分】 (—fèn)谦称自己的名分、职分。刘长卿《客舍赠别韦九建赴任河南韦十七造赴任郑县就便觐省》:“拙分甘弃置,穷居长蓬蒿。”

【拙朴】 质朴,真率。齐己《山中答人》:“故人怜拙朴,时复寄空林。”

【拙劣】 笨拙低劣。元稹《献荥阳公诗五十韵》:“拙劣仍非速,迂愚且异专。”

【拙如鸠】 笨拙如鸠,自谦之词。李群玉《洞庭驿楼雪夜宴集奉赠前湘州张员外》:“贱子迹未安,谋身拙如鸠。”

【拙言】 质朴的言论。贾岛《朝饥》:“饥莫诣他门,古人有拙言。”

【拙直】 拙朴率直。韦应物《示从子河南尉班》:“拙直余恒守,公方尔所存。”白居易《游悟真寺诗》:“拙直不合时,无益同素餐。”姚合《闲居遣怀十首》之十:“拙直难和洽,从人笑掩关。”李山甫《遣怀》:“古道贵拙直,时事不足言。”

【拙妻】 谦称自己的妻室。李白《窜夜郎于乌江留别宗十六璟》:“拙妻莫邪剑,及此二龙随。”又《题嵩山逸人元丹丘山居》:“拙妻好乘鸾,娇女爱飞鹤。”

【拙性】 朴拙率直的性格。卢纶《驿中望山戏赠渭南陆赞主簿》:“官微多惧事多同,拙性偏无主驿功。”

【拙政】 拙于为政。用为谦词。白居易《卧小斋》:“拙政自多暇,幽情谁与同。”

【拙昧】 朴拙愚昧。畅当《天柱隐所重答江州应物》:“拙昧难容世,贫寒别有情。”

【拙計】 拙于谋划;笨拙的计谋。杜甫《咏怀二首》之二:“多忧污桃源,拙计泥铜柱。”又《雷》:“吾衰尤拙计,失望筑场圃。”左偃《寄韩侍郎》:“谋身谋隐两无成,拙计深惭负耦耕。”

【拙宦】 拙于为官,不善于为官。用作自谦之词。宋之问《酬李丹徒见赠之作》:“以予惭拙宦,期子遇良媒。”岑参《虢中酬陕西甄判官见赠》:“微才弃散地,拙宦惭清时。”钱起《酬元秘书晚出蓝溪见寄》:“拙宦不忘隐,归休常在兹。”白居易《十二月二十三日作兼呈晦叔》:“病身不许依年老,拙宦虚教逐日忙。”

【拙素】 谦称自己有夙愿。韦应物《天长寺上方别子西有道》:“假邑非拙素,况乃别伊人。”

【拙病】 犹拙疾。拙宦。张九龄《郡内闲斋》:“拙病宦情少,羁闲秋气悲。”

【拙疾】 犹拙宦。见《文选·谢灵运〈过始宁墅〉诗》。高适《奉酬睢阳路太守见赠之作》:“拙疾徒为尔,穷愁欲问谁。”孟郊《同溧阳宰送孙秀才》:“幽幽拙疾中,忽忽浮梦多。”

【拙退】 拙朴谦退。白居易《何处堪避暑》:“拙退是其分,荣耀非所求。”

【拙惡】 谦称自己的作品拙劣粗俗。韩偓《朝退书怀》:“粉壁不题新拙恶,小屏唯录古篇章。”

【拙速】 谦称自己文思敏捷。李绅《南梁行》:“此时醉客纵横书,公言可荐承明庐。”作者自注:“元和十四年,故山南节度仆射崔公秦观察判官,蒙以书秦见委,常戏拙速。”

【拙患】 谦称自己的疾病。李百药《春眺》:“疲痾荷拙患,沦踬合幽襟。”

【拙訥】 谓才疏口讷。用作谦词。孟郊《上张徐州》:“顾己诚拙讷,干名已蹉跎。”

【拙爲】 (—wéi)愚拙的行动。用作谦词。杜甫《上水遣怀》:“蹭蹬多拙为,安得不皓首。”

【拙詞】 拙劣的文词。张祜《又陪楚州韦舍人阊门游谯次韵北阊门》:“韵惭高手压,文岂拙词褒。”

【拙詩】 谦称自己的诗作拙劣。任华《寄杜拾遗》:“已曾读却无限书,拙诗一句两句在人耳。”白居易《酬和元九东川路诗十二首·骆口驿旧题诗》:“拙诗在壁无人爱,鸟污苔侵文字残。”

【拙謀】 拙于谋划。韩愈《宿曾江口示侄孙湘二首》之二:“嗟我亦拙谋,致身落南蛮。”亦笨拙的计谋。韩愈《纳凉联句》:“直道败邪径,拙谋伤巧诼。”

【拙鮌】 犹言笨拙之鲧。鮌，同“鲧”，传为禹之父。韩愈《嘲鼾睡》之二：“黄河弄渍薄，梗涩连拙鲧。”

【拙養】 粗劣的生产资料。杜甫《晚》：“人见幽居僻，吾知拙养尊。”

【拙學】 拙于学习、效法。袁皓《重归宜春偶成十六韵寄朝中知己》：“拙学趋时态，闲思与牧齐。”

【拙薄】 笨拙浅薄。李白《答从弟幼成过西园见赠》：“拙薄谢明时，栖闲归故园。”又《金门答苏秀才》：“恩光照拙薄，云汉希腾迁。”又《秋夜独坐怀故山》：“拙薄遂疏绝，归闲事耦耕。”白居易《新昌新居书事四十韵因寄元郎中张博士》：“拙薄才无取，疏慵职不专。”

【拙隱】 谦称自己隐居。齐己《山中喜得友生书》：“自成为拙隐，难以谢多才。”

【拙藝】 谦称自己的才艺。范的《时在育王寺书石字奉酬□丞使君寄赠四韵依次用本韵》：“拙艺荷才雄，新诗起谢公。”

扶 〔chì《广韵》丑栗切，入質，徹。〕笞击；鞭打。见《左传·文公十年》。李白《赠清漳明府侄聿》：“蒲鞭挂檐枝，示耻无扑抶。”李贺《相劝酒》：“弹乌崦嵫竹，抶马蟠桃鞭。”

拖 〔tuō《广韵》託何切，平歌，透。又吐邏切，去箇，透。〕亦作“拕”“拕”。❶曳引；拉。见《汉书·扬雄传上》。卢纶《腊日观咸宁王部曲娑勒擒豹歌》：“既苏复吼拗仍怒，果协英谋生致之。拖自深丛目如电，万夫失容千马战。”李贺《牡丹种曲》：“归霞帔拖蜀帐昏，嫣红落粉罢承恩。”齐己《贺孙支使郎中迁居》：“不隔红尘趋棨戟，只拖珠履赴尊罍。”郑綮《题中书壁》：“侧坡蛆蜫蝓，蚁子竞来拖。”亦指拖带；带着。吴融《风雨吟》：“端然拖愁坐，万感丛于心。”齐己《寄怀钟陵旧游因寄知己》：“终拖老病重寻去，得到匡庐死便休。”❷垂，下垂。皎然《湛处士枸杞架歌》：“拖线垂丝宜曙看，裴回满架何珊珊。”韩愈《答张彻》：“泉绅拖修白，石剑攒高青。”刘禹锡《桃源行》：“拖纶掷饵信流去，误入桃源行数里。”姚揆《颍川客舍》：“云拖雨脚连天去，树夹河声绕郡流。”孙光宪《河传》词之二：“柳拖金缕，著烟笼雾，濛濛落絮。”

【拖玉】 衣襟下垂带玉佩。喻指显贵。语出晋潘岳《西征赋》。杜甫《秋日寄题郑监湖上亭三首》之三：“挥金应物理，拖玉岂吾身。”

【拖玉腰金】 衣襟下垂带玉佩，腰系金鱼袋。借指显贵。杜甫《季夏送乡弟韶陪黄门从叔朝谒》：“舍舟策马论兵地，拖玉腰金报主身。”

【拖長紳】 （長 cháng）指文化增高。李贺《出城别张又新酬李汉》：“皇图跨四海，百姓拖长绅。”

【拖船】 牵引船只。李白《丁督护歌》：“吴牛喘月时，拖船一何苦。”

【拖紳】 引大带于朝服之上。见《论语·乡党》。亦借指大臣生病。刘禹锡《许给事见示哭工部刘尚书诗因命同作》：“荣耀初题剑，清羸已拖绅。”

【拖紫】 汉制，诸侯佩带的印绶为紫色，公卿为青色。唐制，三品以上服紫。后以借指官位显贵。崔颢《江畔老人愁》：“自言家代仕梁陈，垂朱拖紫三十人。”白居易《偶作二首》之一：“伊余信多幸，拖紫垂白发。”又《岁暮寄微之三首》之三：“若并如今是全活，纡朱拖紫且开眉。”白居易《新乐府·蛮子朝》：“可怜宰相拖紫佩金章，朝日唯闻对一刻。”参见“拖紫腰金”。

【拖紫腰金】 唐制，三品以上服紫，佩金符，刻鲤鱼形，谓之金鱼。后以借指官位显贵。袁皓《重归宜春经过萍川题梵林寺》：“拖紫腰金成底事，凭阑惆怅欲如何。”徐夤《长安即事三首》之三：“拖紫腰金不要论，便堪归隐白云村。”参见“拖紫”。

【拖紫鏘金】 见“拖紫腰金”。刘商《山中寄元二侍御二首》之二：“拖紫锵金济世才，知君倚玉望三台。”

【拖網】 施网，张网。唐彦谦《蟹》：“扳罾拖网取赛多，篾篓挑将水边货。”

【拖鉤】 拔河。亦称旋钩。见南朝梁宗懔《荆楚岁时记》。张说《奉和圣制观拔河俗戏应制》：“今岁好拖钩，横街敞御楼。”

拊 〔fǔ《广韵》芳武切，上麌，敷。〕❶抚；抚摩。韩愈《郓州溪堂诗》：“吹之煦之，摩手拊之。”张籍《离妇》：“高堂拊我身，哭我于路陲。”杜牧《别家》：“拊头一别三千里，何日迎门却到家。”❷拍；击。薛曜《舞马篇》：“我皇盛德苞六宇，俗泰时和虞石拊。”韩愈《元和圣德诗》：“凤凰应奏，舒翼自拊。”见“拊楹”。❸弹奏。元稹《桐花》：“君若事宗庙，拊以和球琳。”鲍溶《秋怀五首》之二：“凭觞散烦襟，援瑟清夜拊。”❹古乐器。即拊搏。见《礼记·明堂位》。李舒《让皇帝庙乐章·迎俎》：“捧彻祇敬，击拊和鸣。”

【拊心】 ❶拍胸。表示哀痛或悲愤。鲍溶《采珠行》：“拊心仿佛失珠意，此土为尔离农桑。”❷抚摩胸际。长孙佐辅《宫怨》：“拊心却笑西子嚬，掩鼻谁忧郑姬谤。”

【拊石】 敲击石磬。见《书·益稷》。魏征《五郊乐章·舒和》：“陈觞荐俎歌三献，拊石拟金会七盘。”则天皇后《唐享昊天乐·第八》：“奠璧郊坛昭大礼，锵金拊石表虔诚。”鲍溶《霓裳羽衣歌》：“五声写出心中见，拊石喧金柏梁殿。”

【拊背】 （—bèi）轻拍肩背。表示抚慰。李百药《妾薄命》：“羞闻拊背入，恨说舞腰轻。”高适《遇冲和先生》：“拊背念离别，依然出户庭。”杜牧《出宫人二首》之二："平阳拊背穿驰道，铜雀分香下璧门。"

【拊搏】 古代的一种打击乐器。亦用以指敲击乐器。韩愈《晚秋郾城夜会联句》："命衣备藻火，赐乐兼拊搏。"参见"拊❹"。

【拊楹】 拍击楹柱。语出《左传·襄公二十五年》。吴融《个人三十韵》："邂逅当投珮，艰难莫拊楹。"

【拊膺】 捶胸。罗隐《重九日广陵道中》："广陵大醉不解闷，韦曲旧游堪拊膺。"

【拊髀】 以手拍股。表示激动、赞赏等心情。语出《庄子·在宥》。刘禹锡《牛相公见示新什谨依本韵次用以抒下情》："惬心时拊髀，击节日麾肱。"

拍 〔pāi《广韵》普伯切，入陌，滂。〕❶用手掌拍打。李端《杂歌呈郑锡司空文明》："唉我还丹拍我背，令我延年在人代。"刘禹锡《游桃源一百韵》："黄石履看堕，洪崖肩可拍。"陆龟蒙《杂讽九首》之三："可拍伊牧肩，功名被金石。"王毂《赠苍溪王明府有文在手曰长生》："况无婚嫁累，应拍尚平肩。"❷击；敲击；袭击。高适《鲁西至东平》："沙岸拍不定，石桥水横流。"孟郊《送淡公》之三："铜斗饮江酒，手拍铜斗歌。"元稹《通州丁溪馆夜别李景信三首》之三："倦僮呼唤应复眠，啼鸡拍翅三声绝。"刘禹锡《竹枝词九首》之二："山桃红花满上头，蜀江春水拍山流。"徐夤《病中春日即事寄主人尚书二首》之二："风拍衰肌久未蠲，破窗频见月团圆。"孙光宪《临江仙》词之一："霜拍井梧干叶堕，翠帏雕槛初寒。"❸布满。卢鸿一《嵩山十志十首·草堂》："罗靡芜兮拍薜荔，荃壁兮兰砌。"❹乐曲的篇章单位。犹首。戎昱《听杜山人弹胡笳》："第一第二拍，泪尽蛾眉没蕃客。"王建《宫词一百首》之二八："整顿衣裳皆著却，舞头当拍第三声。"杜牧《后池泛舟送王十秀才》："问拍拟新令，怜香占彩球。"张祜《王家琵琶》："只愁拍尽凉州破，画出风雷是拨声。"❺乐曲的节拍，拍子。王建《霓裳辞十首》之五："日长耳里闻声熟，拍数分毫错总知。"白居易《王子晋庙》："鸾吟凤唱听无拍，多似霓裳散序声。"杜牧《过华清宫绝句三首》之三："云中乱拍禄山舞，风过重峦下笑声。"方干《海石榴》："舞蝶似随歌拍转，游人只怕酒杯干。"❻吟咏。吕岩《七夕》之二："父子生来有两口，多好歌笙不好拍。"原注："两口，吕也；拍，吟也。"

【拍天】 拍击天空。形容浪涛汹涌。韩愈《题临泷寺》："潮阳未到吾能说，海气昏昏水拍天。"杜牧《中丞业深韬略志在功名再奉长句一篇兼有咨劝》："樯似邓林江拍天，越香巴锦万千千。"韦庄《南昌晚眺》："南昌城郭枕江烟，章水悠悠浪拍天。"

【拍手】 ❶两手相拍。表示高兴。寒山《诗三百三首》之十五："拍手摧花舞，搘颐听鸟歌。"李白《襄阳歌》："襄阳小儿齐拍手，拦街争唱白铜鞮。"顾况《古仙坛》："仙人错下山，拍手坛边笑。"罗隐《春日叶秀才曲江》："一曲吴歌齐拍手，十年尘眼未曾开。"徐夤《寄天台陈希畋》："拍手相思惟大笑，我曹宁比等闲人。"❷借指时间快速。孟云卿《行路难》："金堂玉阙朝群仙，拍手东海成桑田。"

【拍序】 唐代《霓裳舞曲》中段始有拍。白居易《霓裳羽衣歌》："中序擘騞初入拍，秋竹竿裂春冰拆。"自注："凡法曲之初，从乐不齐，唯金三竹次第发声，霓裳序初，亦复如此，散序六遍元拍，故不舞也；中序始有拍，亦名拍序。"

【拍拍】 象声词。状鸟鼓翅起飞声。韩愈《病鸱》："青泥淹两翅，拍拍不得离。"

【拍肩】 轻拍别人的肩膀。表示关系密切。杜牧《往年随故府吴兴公夜泊芜湖口感旧伤怀因成十六韵》："数仞惭投迹，群公愧拍肩。"李商隐《碧城三首》之二："不逢萧史休回首，莫见洪崖又拍肩。"方干《赠李支使》："公卿位近应翘足，荀宋才微可拍肩。"参见"拍洪崖肩"。

【拍洪崖肩】 洪崖为古代传说中的仙人。见《文选·郭璞〈游仙诗七首〉之三》。后用"拍洪崖肩"作为表示与仙人同游的典故。白居易《题裴晋公女几山刻石诗后》："勿追赤松游，勿拍洪崖肩。"

【拍浮】 浮游；游泳。见南朝宋刘义庆《世说新语·任诞》。后有"拍浮"为诗酒娱情之典。卢注《酒胡子》："刘伶虚向酒中死，不得酒池中拍浮。"

【拍浪兒】 指善于驾船在风浪中行驶之人。孟郊《送淡公》之三："依是拍浪儿，饮则拜浪婆。"

拆 〔chāi《集韵》耻格切，入陌，徹。〕❶同"坼"。裂开；绽开。陈通方《赋得春风扇微和》："池柳晴初拆，林莺暖欲飞。"张祜《樱桃》："石榴未拆梅犹小，爱此山花四五株。"曹松《僧院松》："古甲磨云拆，孤根捉地坚。"张泌《春晚谣》："雨微微，烟霏霏，小庭半拆红蔷薇。"贯休《观怀素草书歌》："或细微，仙衣半拆金线垂。"亦指分裂。张碧《鸿沟》："山河欲拆人烟分，壮士鼓勇君王存。"❷打开；拆开。吕从庆《寄弟》："函罢家音又拆看，添书绝句报平安。"

【拆書】 拆开书信。司空图《上陌梯寺怀旧僧二首》之一："纵有人相问，林间懒拆书。"

抵[1] 〔dǐ《广韵》都禮切，上薺，端。〕❶排挤，诋毁。见《大戴礼记·夏小正》。见"抵掎"。❷值；相当；比。杜甫《春望》："烽火连三月，家书抵万金。"杨巨源《冬夜陪丘侍御先辈听崔校书弹琴》："若将雅调开诗兴，未抵丘迟一片心。"李绅《端州江亭得家书二首》之一："开拆远书何事喜，数行家信抵千金。”吴融《楚事》：“悲秋应亦抵伤春，屈宋当年并楚臣。”❸触犯。元结《别何员外》：“吾欲探时谣，为公伏奏书。但恐抵忌讳，示知肯听无。”李涉《遣谪康州先寄弟渤》：“唯将直道信苍苍，可料无名抵宪章。”❹干谒，拜谒。皇甫曾《送裴秀才贡举》：“儒衣羞此别，去抵汉公卿。”刘禹锡《送僧方及南谒柳员外》序：“一旦以行日来告。且曰：‘雅闻岛味之下有贤诸侯，愿跻其门，如蹈十地，敢乞词以抵之。’予唯而赋。”❺至；到达。杜甫《留花门》：“胡尘逾太行，杂种抵京室。”韩愈《送惠师》：“寻崧方抵洛，历华遂之秦。”孟简《咏欧阳行周事》序：“初抵太原，居大将军宴。”张蠙《和崔监丞春游郑仆射东园》：“白鸟穿萝去，清泉抵石还。”❻遇到。韩愈《送侯参谋赴河中幕》：“雪径抵樵叟，风廊折谈僧。”姚合《和王郎中召看牡丹》：“婵娟涵宿露，烂熳抵春风。”陆龟蒙《奉酬袭美先辈吴中苦雨一百韵》：“初谓抵狂猊，又如当毒蝎。”❼通过；穿过。骆宾王《畴昔篇》：“荒衢通猎骑，穷巷抵樵轮。”杜甫《秋日夔府咏怀奉寄郑监李宾客一百韵》：“堑抵公畦棱，村依野庙壖。”白居易《题西亭》：“直廊抵曲房，窈窕深且虚。”❽犹底。如何，什么。温庭筠《西州词》：“去帆不安幅，作抵使西风。”

抵²〔zhǐ《集韵》掌氏切，上紙，章〕❶击。见《后汉书·刘玄传》。陆龟蒙《战秋辞》：“斧抵耋老，干穿乳儿。”见“抵₂掌”。❷弃掷。李峤《鹊》：“不分荆山抵，甘从石印飞。”

【抵刑】　触犯刑律。高适《送蔡少府赴登州推事》：“国小常多事，人讹屡抵刑。”

【抵死】　老是，总是。罗隐《官池秋夕》：“芙渠抵死怨珠露，蟋蟀苦口嫌金波。”

【抵拒】　抵抗，抗拒。韦庄《南阳小将张彦硖口镇税人场射虎歌》：“鸣弦霹雳越幽阻，往往依林犹抵拒。”

【抵掎】　排挤攻击。柳宗元《贞符》序：“焚拆抵掎奔走转徙之害不作，而人乃克鸠类集族，歌舞悦怿，用抵于元德。”

【抵₂掌】　击掌。指人在谈话中的高兴神情。亦指快谈。语出《战国策·秦策一》。独孤及《得柳员外书封寄近诗书中兼报新主行营兵马因代书戏答》：“遥知抵掌论皇道，时复吟诗向白云。”刘禹锡《韩十八侍御见示岳阳楼别窦司直诗因令属和重以自述故足成六十二韵》：“兴酣更抵掌，乐极同启齿。”皮日休《吴中苦雨因书一百韵寄鲁望》：“入门且抵掌，大噱时碌碌。”徐铉《送蒯司录归京(亮)》：“抵掌曾论天下事，折腰犹悟俗人情。”

【抵滞】　迟钝，不灵活。元稹《献荥阳公诗五十韵》：“抵滞浑成醉，徘徊转慕膻。”白居易《微之重夸州居其落句有西州罗刹之谑因嘲兹石聊以寄怀》：“谁知太守心相似，抵滞坚顽两有余。”

【抵戲】　角抵戏。借指杂技乐。亦谓较量技艺。杜甫《能画》：“时时用抵戏，亦未杂风尘。”

【抵₂鵲】　本谓中原所贵者，边陲贱之。后用以喻大材小用。语出汉桓宽《盐铁论·崇礼》。刘允济《经庐岳回望江州想洛川有作》：“钟鼓旋惊鹢，瑾瑜俄抵鹊。”刘兼《登郡楼书怀》之三：“瑞玉岂知将抵鹊，铅刀何事却屠龙。”

【抵₂璧】　掷璧。谓不以财宝为重。语出晋葛洪《抱朴子·安贫》。元稹《答姨兄胡灵之见寄五十韵》：“抵璧惭虚弃，弹珠觉用轻。”白居易《赠友五首》之二：“捐金复抵璧，勿使劳生民。”

【抵觸】　触犯。唐彦谦《严子陵》：“严陵情性是真狂，抵触三公傲帝王。”

拘¹〔jū《广韵》舉朱切，平虞，見。〕❶逮捕；囚禁。元稹《酬乐天东南行诗一百韵》：“公干经时卧，钟仪几岁拘。”李商隐《哭虔州杨侍郎》：“中宪方外易，尹京终就拘。”❷束缚；拘束。见《孙子·九地》。张九龄《郡舍南有园畦杂树聊以永日》：“形骸拘俗吏，光景赖闲林。”元结《系乐府十二首·思太古》：“所欢同鸟兽，身意复何拘。”白居易《续古诗十首》之八：“心亦无所迫，身亦无所拘。”李咸用《临川逢陈百年》：“教我无为礼乐拘，利路名场多忌讳。”李中《怀庐岳旧游寄刘钧因感鉴上人》：“各拘片禄寻分别，高谢浮名竟未能。”❸局限；限制。岑参《酬成少尹骆谷行见呈》：“岂不惮险艰，王程剩相拘。”陆龟蒙《奉和袭美酒中十咏·酒泉》：“味既敌中山，饮宁拘一斛。”贯休《夜对雪寄杜使君》：“片片含天意，纷纷势莫拘。”❹拘泥；固执。陈子昂《感遇诗三十八首》之六：“世人拘目见，酣酒笑丹经。”见“拘教”。

拘²〔gōu《集韵》居侯切，平侯，見。〕弯曲。见《荀子·宥坐》。来鹄《圣政纪颂》：“鞲距磨抉，榻衡拘长。”见“拘₂連”。

拘³〔qú〕同“軥”。见“拘₃拘”。

【拘囚】　❶拘禁。韩愈《石鼎联句》序：“年九十余矣，解捕逐鬼物，拘囚螭蛟虎豹。”元稹《和李校书新题乐府十二首·五弦弹》：“臣有五贤非此弦，或在拘囚或屠钓。”❷束缚。韩愈《和归工部送僧约》：“早知皆是自拘囚，不学因循到白头。”

【拘束】　❶限制，约束。刘长卿《赠别于群投笔赴安西》：“且欲图变通，安能守拘束。”沈千运《山中作》：“不辞城邑游，礼乐拘束人。”刘禹锡《和留守令狐相公答白宾客》：“身无拘束起长晚，路足交亲行自迟。”吕岩《敲爻歌》：“色是药，酒是禄，酒色之中无拘束。只因花酒误长生，饮酒带花神鬼哭。”❷拘谨不自然。贯休《巩光大师草书歌》：“僧家爱诗自拘束，僧家爱画亦局促。”

【拘忌】 拘束顾忌。元结《夜宴石鱼湖作》：“坐无拘忌人，勿限醉与醒。”皮日休《正乐府十篇·贪官怨》：“国家选贤良，定制兼拘忌。”

【拘$_3$拘】 (—qú)勤劳貌。陆龟蒙《祝牛宫辞》：“老农拘拘，度地不亩。”

【拘囹】 拘禁于狱中。韩愈《答张彻》：“下险疑堕井，守官类拘囹。”

【拘官】 受官事约束。韩愈《南山诗》：“拘官计日月，欲进不可又。”

【拘幽操】 琴曲名，相传为周文王所作。见汉蔡邕《琴操》。韩愈《琴操十首》中有《拘幽操》。

【拘限】 拘束限制。独孤及《酬皇甫侍御望天潜山见示之作》：“登临叹拘限，出处悲老大。”权德舆《从事淮南府过亡友杨校书旧厅感念愀然》：“及我就拘限，清风留此堂。”又《和九华观见怀贡院八韵》：“拘限心杳杳，欢言望依依。”

【拘留】 羁束；羁留。张九龄《郡中每晨兴辄见群鹤东飞至暮又行列而返有所羡遂赋以诗》：“却念乘轩者，拘留不得飞。”杜甫《催宗文树鸡栅》：“未似尸乡翁，拘留盖阡陌。”

【拘送】 捕送。韩愈《月蚀诗效玉川子作》：“弊蛙拘送主府官，帝箸下腹尝其皤。”

【拘教】 (—jiào)拘泥于礼数。韩愈《送灵师》：“逸志不拘教，轩腾断牵挛。”

【拘$_2$連】 弯曲钩连。任华《怀素上人草书歌》：“回环缭绕相拘连，千变万化在眼前。”

【拘牵】 ❶束缚；羁束。元结《与党评事》：“未知在冠冕，不合无拘牵。”权德舆《酬陆四十楚源春夜宿虎丘山对月寄梁四敬之兼见贻之作》：“拘牵尚多故，梦想何由并。”白居易《适意二首》之一：“岂无平生志，拘牵不自由。”李山甫《山中寄梁判官》：“星郎雅是道中侣，六艺拘牵在隗台。”❷牵制。杨巨源《寄江州白司马》：“莫谩拘牵雨花社，青云依旧是前途。”

【拘情】 约束性情。柳宗元《法华寺石门精舍三十韵》：“拘情病幽郁，旷志寄高爽。”

【拘绊】 羁绊。寒山《诗三百三首》之二三六：“冥冥泉台路，被业相拘绊。”罗隐《题袁溪张逸人所居》：“若使浮名拘绊得，世间何处有男儿。”

【拘悶】 (—mèn)犹郁闷。杜甫《雨》：“拘闷出门游，旷绝经目趣。”

【拘紲】 拘禁，囚禁。顾况《露青竹杖歌》：“市头格是无人别，江海贱臣不拘绁。”

【拘跼】 拘束，羁束。白居易《和梦游春诗一百韵》：“心期正萧索，宦序仍拘跼。”

【拘閡】 束缚阻碍。阂，阻碍，阻隔。杜甫《咏怀二首》之二：“衣食相拘阂，朋知限流寓。”

【拘佇】 拘束。韩愈、孟郊《城南联句》：“始知乐名教，何用苦拘伫。”

【拘縶】 束缚。柳宗元《游南亭夜还叙志七十韵》：“入门守拘絷，凄戚增郁陶。”

【拘檢】 拘束；检束。韦应物《南园陪王卿游瞩》：“形迹虽拘检，世事澹无心。”韩愈《陪杜侍御游湘西两寺独宿有题一首因献杨常侍》：“群行忘后先，朋息弃拘检。”元稹《见人咏韩舍人新律诗因有戏赠》：“延之苦拘检，摩诘好因缘。”齐己《潜宫莫问诗一十五首》之九：“礼许无拘检，诗推异辈流。”

【拘禮】 拘泥于礼节。杜甫《狂歌行赠四兄》：“四时八节还拘礼，女拜弟妻男拜弟。”

【拘繫】 拘束；管束。无可《送僧》：“四海无拘系，行心兴自浓。”

【拘纏】 缠绕。杜甫《寄题江外草堂》：“尚念四小松，蔓草易拘缠。”

【拘攣】 ❶拘系，羁束。杜甫《画鹘行》：“初惊无拘挛，何得立突兀。”白居易《游悟真寺诗》：“野麋断羁绊，行走无拘挛。”皮日休《鲁望昨以五百言见贻过有褒美内揣庸陋弥增愧悚和之微旨也》：“惜哉不得时，将奋犹拘挛。”❷痉挛。肌肉难以伸展自如。皮日休《太湖诗·以毛公泉一瓶献上谏议因寄》：“饮之融痞蹇，濯之伸拘挛。”❸窘迫穷困。杜甫《秋日夔府咏怀一百韵》：“胡星一彗孛，黔首遂拘挛。”

披 〔pī《广韵》敷羈切，平支，滂。又匹靡切，上紙，滂。〕❶拨开；劈开。李峤《刘侍读见和山邸十篇重申此赠》：“践径披兰叶，攀崖引桂阴。”刘长卿《题虎丘寺》：“扪萝披翳荟，路转夕阳遽。”杜甫《赠崔十三评事公辅》：“岂但江曾决，还思雾一披。”窦牟《奉诚园闻笛》：“曾绝朱缨吐锦茵，欲披荒草访遗尘。”柳宗元《笼鹰词》：“云披雾裂虹蜺断，霹雳掣电捎平冈。”❷披拂；飘动。刘宪《兴庆池侍宴应制》：“缘堤夏筱萦不散，冒水新荷卷复披。”畅当《偶宴西蜀摩诃池》：“珍木郁清池，风荷左右披。”李贺《出城别张又新酬李汉》：“长安玉桂国，戟带披侯门。”❸砍斫。贾至《自蜀奉册命往朔方途中呈韦左相文部尚书门下崔侍郎》：“尚书抱忠义，历险披荆榛。”见“披榛”。❹镌刻，铭刻。陆龟蒙《杂讽九首》之三：“可拍伊牧肩，功名被金石。”❺冒着，顶着。温庭筠《原隰荑绿柳》：“拂尘生嫩绿，披雪见柔荑。”❻散去；消失。韩愈《元和圣德诗》：“军其城下，告以福祸。腹败枝披，不敢保聚。”崔护《郡斋三月下旬作》：“残红披独坠，嫩绿间浅深。”❼翻阅；披览。太宗《赋尚书》：“辍膳玩三坟，晖灯披五典。”杜甫《戏寄崔评事表侄苏五表弟韦大少府诸侄》：“忍待江山丽，还披鲍谢文。”陆龟蒙《奉和袭美吴中言情见寄次韵》：“徒爱右军遗点画，闲披左氏得膏肓。”李中《海上太守新创东亭》：“静披典籍堪师古，醉拥笙歌不碍公。”❽表露；披露；陈述。韦承庆《直中书省》：“白发随年改，丹心为主披。”韦应物《答长宁令杨辙》：“欢盼良见属，素怀亦已披。”顾况《酬房杭州》：“故人牧余杭，留我披胸衿。”元稹《答姨兄胡灵之见寄五十韵》：“愧捧芝兰赠，还披肺腑呈。”❾覆盖，笼罩。许景先《奉和御制春台望》：“复道晓光披，宸游出禁移。”常衮《晚秋集贤院即事寄徐薛二侍郎》：“缥囊披锦绣，翠轴卷琼琚。”耿沣《春录柳先生》：“疏云披远水，景动石床前。”皎然《奉酬袁使君高寺院新亭对雨》：“浮烟披夕景，高鹤下秋空。”章孝标《归海上旧居》：“乡路绕蒹葭，萦纡出海涯。人衣披蜃气，马迹印盐花。”韦庄《代书寄马》：“鬃白似披梁苑雪，颈肥如扑杏园花。”❿搭在肩背上。李白《秋浦清溪雪夜对酒客有唱山鹧鸪者》：“披君貂襜褕，对君白玉壶。”权德舆《和兵部李尚书东亭诗》：“风流披鹤氅，操割佩龙泉。”王建《水夫谣》：“衣寒衣湿披短蓑，臆穿足裂忍痛何。”姚合《赠卢沙弥小师》：“怕见世间事，削头披佛衣。”

【披月】　顶着月亮；披着月光。赵嘏《舒州献李相公》：“醉笔倚风飘涧雪，静襟披月坐楼天。”李沇《梦仙谣》：“银蟾半坠恨流咽，六鳌披月撼蓬阙。”

【披文】　披阅诗文。刘长卿《题冤句宋少府厅留别》：“对话堪息机，披文欲忘味。”陆龟蒙《奉酬袭美苦雨见寄》：“高揖愁霖词未已，披文忽自皮夫子。”

【披心】　披露真心。钱起《玛瑙杯歌》：“瑶溪碧岸生奇宝，剖质披心出文藻。”

【披心胸】　披露真诚。岑参《送祈乐归河东》：“置酒灞亭别，高歌披心胸。”又《北庭贻宗学士道别》：“忽来轮台下，相见披心胸。”

【披甲】　穿上铠甲。于渍《塞下曲》：“紫塞晓屯兵，黄沙披甲卧。”

【披衣】　衣服披在身上而臂不入袖。韦应物《秋夜》：“如何方恻怆，披衣露更寒。”耿沣《春日即事》：“邻里朝光遍，披衣夜醉醒。”姚合《武功县中作三十首》之十六：“好是吟诗夜，披衣坐到明。”徐铉《右省仆射相公垂览和诗复贻长句辄次来韵》：“西院春归道思深，披衣闲听暝猿吟。”

【披沙】　淘去泥沙。李峤《金》：“向日披沙净，含风振铎鸣。”韦渠牟《赠窦五判官》：“美玉自矜频献璞，真金难与细披沙。”李群玉《赠元绂》：“隐石那知玉，披沙始遇金。”方干《路入金州江中作》：“知是从来贡金处，江边牧竖亦披沙。”

【披沙金】　从泥沙里淘出的金子。见南朝梁钟嵘《诗品·晋·黄门潘岳》。后以“披沙金”喻优美的诗文。白居易《赠能七伦》：“手中一百篇，句句披沙金。”又《醉后走笔酬刘五主簿长句之赠兼简张大贾二十四先辈昆季》：“赠我一篇行路吟，吟之句句披沙金。”

【披玩】　亦作“披翫”。❶赏玩。萧颖士《菊荣一篇五章》之四：“有斐君子，是焉披玩。”无名氏《春日羁情》（外编上）：“儒释双披翫，声名独见跻。”❷拨开观赏。韦应物《沣上寄幼遐》：“罥挂丛榛密，披玩孤花明。”

【披披藉藉】　（藉 jí）纷纭混乱貌。柳宗元《贞符》：“披披藉藉，草野涂血。”

【披拂】　❶吹动；飘动。杜甫《秋日夔府咏怀奉寄郑监李宾客一百韵》：“披拂云宁在，淹留景不延。”李贺《昌谷诗》：“雾衣夜披拂，眠坛梦真粹。”张祜《题丹阳永泰寺练湖亭》：“聊当因畎浍，披拂坐潺湲。”徐铉《酬郭先辈》：“归来暮江上，云雾一披拂。”❷拨开。柳宗元《法华寺石门精舍三十韵》：“道同有爱弟，披拂恣心赏。”

【披垂】　披拂下垂。钱珝《客舍寓怀》：“洒洒滩声晚霁时，客亭风袖半披垂。”

【披肩】　披于肩上。杨衡《赠罗浮易炼师》：“翠发披肩长，金盖凌风轻。”刘言史《苦妇词》：“草草催出门，衣堕发披肩。”杜荀鹤《空闲二公递以禅律相鄙因而解之》：“念珠在手隳禅衲，禅衲披肩坏念珠。”

【披衫】　❶披着衣衫。白居易《闲乐》：“坐安卧稳舆平肩，倚杖披衫绕四边。”❷古之暑月之服。见唐刘存《续事始》。和凝《天仙子》词之一：“柳色披衫金缕凤，纤手轻拈红豆弄。”

【披红】　覆盖一片红色。韦应物《南园》：“水禽遥泛雪，池莲迥披红。”

【披省】　（—xǐng）披阅，披览。陆龟蒙《奉和袭美太湖诗二十首·晓次神景宫》：“尽出冰霜书，期君一披省。”

【披星带月】　顶着星月奔走。谓早出晚归或夜行。吕岩《七言》之四四：“击剑夜深归甚处，披星带月折麒麟。”

【披香】　汉宫殿名。见《三辅黄图·未央宫》。亦泛指宫殿。上官仪《早春桂林殿应诏》：“步辇出披香，清歌临太液。”任华《寄杜拾遗》：“积翠扈游花匼匝，披香寓直月团栾。”白居易《新乐府·红线毯》：“染为红线红于蓝，织作披香殿上毯。”温庭筠《题西平王旧赐屏风》：“披香殿下樱桃熟，结绮楼前芍药开。”

【披香苑】　披香殿附近之林苑。贺知章《望人家桃李花》：“的皪长奉明光殿，氛氲半入披香苑。”

【披風】　迎风敞襟。王勃《河阳桥代窦郎中佳人答杨中舍》："披风听鸟长河路，临津织女遥相妒。"赵嘏《回于道中寄舒州李珏相公》："静语乍临清庙瑟，披风如在九层台。"罗隐《京口见李侍郎》："屈指不堪言甲子，披风常记是庚申。"刘兼《送文英大师》："山郡披风方穆若，花时分袂更凄然。"

【披卷】　(—juàn)开卷，读书。太宗《帝京篇十首》之十："披卷览前踪，抚躬寻既往。"吕温《同恭夏日题寻真观李宽中秀才书院》："披卷最宜生白室，吟诗好就步虚坛。"李商隐《水斋》："更阅前题已披卷，仍斟昨夜未开缸。"

【披衲】　披僧衣，谓出家为僧。贾岛《题童真上人》："誓从五十身披衲，便向三千界坐禅。"周贺《赠柏岩禅师》："老来披衲重，病后读经生。"

【披荒】　拨开荒草。宋之问《入泷州江》："违隐乖求志，披荒为近名。"

【披凍】　解冻。韩愈《人日城南登高》："靄靄野浮阳，晖晖水披冻。"

【披展】　披诚展拜。赵居贞《云门山投龙诗》："披展送龙仪，宁安服狐白。"

【披書】　开卷，读书。苏味道《始背洛城秋郊瞩目奉怀台中诸侍御》："回忆披书地，劳歌谢所钦。"王泠然《夜光篇》："未得贵游同秉烛，唯将半影借披书。"蒋冽《台中书怀》："披书唯骨鲠，循迹少闲和。"李贺《感讽五首》之五："下有张仲蔚，披书案将朽。"

【披案牘】　披阅文书。岑参《郡斋闲坐》："顷来废章句，终日披案牍。"

【披袍】　即披风。披于肩而无袖之外衣。王延彬《春日寓感》："两衙前后讼堂清，软锦披袍拥鼻行。"

【披堅執鋭】　穿上坚固的甲衣，拿起锋利的武器。杜甫《魏将军歌》："披坚执锐略西极，昆仑月窟东崭岩。"

【披掩】　躲藏。元稹《杂忆五首》之四："忆得双文独披掩，满头花草倚新帘。"又《恨妆成》："最恨落花时，妆成独披掩。"

【披猖】　❶猖狂邪乱。韩愈《此日足可惜赠张籍》："纷纷百家起，诡怪相披猖。"❷混乱。高适《同观陈十六史兴碑》："西晋何披猖，五胡相唐突。"❸飞扬。韩愈《陆浑山火和皇甫湜用其韵》："错陈齐玫辟华园，芙蓉披猖塞鲜繁。"李山甫《寒食二首》之二："风烟放荡花披猖，秋千女儿飞短墙。"唐彦谦《春深独行马上有作》："日烈风高野草香，百花狼藉柳披猖。"

【披訪】　犹造访。鲍溶《山行经樵翁》："披访结恩地，世人轻报恩。"

【披冤】　雪冤，昭雪冤屈。沈佺期《移禁司刑》："累饷唯妻子，披冤是友于。"

【披雲】　❶拨开云层。语本汉徐干《中论·审大臣》。刘孝孙《冬日宴于庶子宅各赋一字得鲜》："解襟游胜地，披云促宴筵。"韦应物《雪行寄褒子》："行子郡城晓，披云看杉松。"戴叔伦《南野》："披云朝出耕，带月夜归读。"李群玉《将游罗浮登广陵楞伽台别羽客》："揭来罗浮巅，披云炼琼液。"❷比喻人的神情清朗。见南朝宋刘义庆《世说新语·赏誉》。苏味道《使岭南闻崔马二御史并拜台郎》："明光共待漏，清鉴各披云。"张谔《赠吏部孙员外济》："披云自有镜，从此照仙台。"张聿《圆灵水镜》："乐广披云日，山涛卷雾年。"裴度、刘禹锡《西池送白二十二东归兼寄令狐相公联句》："披云见居守，望日拜封章。"❸冲霄，喻得志。薛逢《席上酬东川严中丞叙旧见赠》："昔记披云日，今逾二十年。"

【披雲霧】　见"披雲❷"。李白《赠溧阳宋少府陟》："扫洒青天开，豁然披云雾。"戎昱《赠岑郎中》："虽披云雾逢迎疾，已恨趋风拜德迟。"

【披猲】　披猖，猖狂。皮日休《鲁望昨以五百言见贻因成一千言上述吾唐文物之盛次叙相得之欢亦和之微旨也》："披猲覆载枢，捭阖神异键。"

【披尋】　披阅寻讨。拾得《诗》之九："缓缓细披寻，不得生容易。"白居易《江楼夜吟元九律诗成三十韵》："酬答朝妨食，披寻夜废眠。"

【披裘】　❶披着皮袄。白居易《病中友人相访》："移榻就斜日，披裘倚前楹。"❷汉严光少时与刘秀同游学，有高名。及刘秀称帝，光隐居不出。刘秀令人访之。后齐国有人报告，有一男子，披羊裘钓泽中。刘秀估计他就是严光，三次派人才把他请到京师。事见《后汉书·逸民·严光传》。后以"披裘"作为隐居之典。王绩《赠李征君大寿》："去去相随去，披裘骄盛唐。"❸季子出游，当夏五月，有披裘而薪者。见汉王充《论衡·书虚》。后遂以之为高士孤高清廉、隐逸贫居之典。李白《杭州送裴大泽赴庐州长史》："五月披裘者，应知不取金。"

【披腹】　喻披露真诚。韩愈《龊龊》："排云叫阊阖，披腹呈琅玕。"

【披誠】　显示忠心；披露真诚。权德舆《奉和张仆射朝天行》："日日披诚奉昌运，王人织路传清问。"元稹《和乐天初授户曹喜而言志》："披诚再三请，天子怜俭贫。"

【披蓑】　披着蓑衣。崔道融《田上》："雨足高田白，披蓑半夜耕。"

【披榛】　砍去丛生之草木。刘长卿《奉陪萧使君入鲍达洞寻灵山寺》："遂使康乐侯，披榛著双屐。"杜甫《西枝村寻置草堂地夜宿赞公土室二首》之一："出郭眄细岑，披榛得微路。"

【披圖】 展阅图籍、图画等。杨师道《阙题》："不为披图来侍寝，非因主第奉身迎。"王昌龄《观江淮名胜图》："而我高其风，披图得遗照。"封敖《题西隐寺》："三年未到九华山，终日披图一室间。"李行敏《省试观庆云图》："裂素观嘉瑞，披图贺圣君。"

【披褐】 身穿粗布短衣。谓生活贫困。李贺《赠陈商》："凄凄陈述圣，披褐锄俎豆。"齐己《寓居岳麓谢进士沈彬再访》："明朝此相送，披褐入桃源。"

【披緇】 出家为僧尼。缁，缁衣，僧尼之服。齐己《夏日寓居寄友人》："披缁影迹堪藏拙，出世身心合向闲。"

【披敷】 花朵开放。温庭筠《病中书怀呈友人》："杖轻藜拥肿，衣破芰披敷。"又《感旧陈情五十韵献淮南李仆射》："冉弱营中柳，披敷幕下莲。"

【披翦】 砍斫。柳宗元《构法华寺西亭》："命童恣披翦，葺宇横断山。"

【披寫】 倾吐，抒发。杜甫《郑驸马池台喜遇郑广文同饮》："别离经死地，披写忽登台。"又《奉送魏六丈佑少府之交广》："心事披写间，气酣达所为。"

【披翫】 见"披玩"。

【披閱】 开卷阅读。皮日休《二游诗·徐诗》："引之看秘宝，任得穷披阅。"亦用以指观赏。韦应物《同元锡题琅琊寺》："昏旭穷陟降，幽显尽披阅。"

【披氅】 披着用羽毛编制的外衣。见《晋书·王恭列传》。李商隐《四年冬作忆雪诗又作残雪诗各一百言以寄情于旧游·忆雪》："映书孤志业，披氅阻神仙。"马戴《送道友人天台山作》："终期赤城里，披氅与君同。"

【披遲】 轻捷貌。沈亚之《湘中怨》："晨陶陶兮暮熙熙，舞婑那之秾条兮，骋盈盈以披迟。"

【披霜】 冒着严霜。孟郊《寻言上人》："披霜入众木，独自识青松。"

【披膽】 喻竭尽忠诚。韦应物《送李十四山东游》："圣朝有遗逸，披胆谒至尊。"

【披豁】 敞开；开诚。杜甫《奉简高三十五使君》："天涯喜相见，披豁对吾真。"宋华《蝉鸣一篇五章》之五："既见君子，披豁予抱。"李商隐《送千牛李将军赴阙五十韵》："披豁惭深眷，睽离动素诚。"

【披襖】 即披风。崔涯《嘲妓》之二："布袍披袄火烧毡，纸补箜篌麻接弦。"

【披霧】 见"披雲❷"。刘孝孙《游清都观寻沈道士得仙字》："寻真谒紫府，披雾觌青天。"王维《游悟真寺》："望云思圣主，披雾隐群贤。"杜甫《赠特进汝阳王二十韵》："披雾初欢夕，高秋爽气澄。"

【披顏】 开颜；高兴。储光羲《夏日寻蓝田唐丞登高宴集》："披颜辟衡闱，置酒登崇丘。"李白《游溧阳北湖亭望瓦屋山怀古赠同旅》："清光了在眼，白日如披颜。"杜甫《风疾舟中伏枕书怀三十六韵奉呈湖南亲友》："披颜争倩倩，逸足竞骎骎。"白居易《将发洛中枉令狐相公手札兼辱二篇宠行以长问答之》："玉韵乍听堪醒酒，银钩细读当披颜。"

【披襟】 ❶敞开衣襟。多喻舒畅心怀。见战国楚宋玉《风赋》。太宗《春日望海》："披襟眺沧海，凭轼玩春芳。"白居易《题新涧亭兼酬寄朝中亲故见赠》："何处披襟风快哉，一亭临涧四门开。"翁承赞《华下霁后晓眺》："花畔水边人不会，腾腾闲步一披襟。"❷披露心怀。杜甫《奉赠卢五丈参谋》："入幕知孙楚，披襟得郑侨。"

【披攘】 ❶犹披靡。喻军队溃散。储光羲《同诸公送李云南伐蛮》："封豕骤跧伏，巨象遥披攘。"柳宗元《唐铙歌鼓吹曲十二篇·奔鲸沛》："披攘蒙霧，开海门。"杜牧《战秋辞》："制质守帅，披攘城池。"❷犹风靡，传播开去。杜牧《皇风》："仁圣天子神且武，内兴文教外披攘。"

【披靡】 草木倒伏。喻军队溃败。李白《述德兼陈情上哥舒大夫》："丈夫立身有如此，一呼三军皆披靡。"

【披懷】 ❶敞开襟怀。张祜《苦旱》："披怀遭赤昼，濯足想清涟。"❷畅怀。韦应物《西郊养疾畅校书有新什见赠久伫不至先寄此诗》："披怀始高咏，对琴转幽独。"

【披露】 暴露，揭示于人。皮日休《友人以人参见惠因以诗谢之》："神草延年出道家，是谁披露记三桠。"

【披讀】 阅读。王昌龄《就道士问周易参同契》："披读了不悟，归来问嵇康。"韩愈《送灵师》："维舟事干谒，披读头风痊。"

【披鱗】 即批龙逆鳞。传说龙喉下有逆鳞径尺，触之必怒而伤人。故喻犯颜直谏，触怒帝王。皇甫澈《赋四相诗·中书令钟绍京》："谋猷叶圣朝，披鳞奋英节。"

【披觀】 （—guān）披玩，观赏。王勃《上巳浮江宴韵得址字》："披观玉京路，驻赏金台址。"

抱 〔bào《广韵》薄浩切，上晧，並。〕❶用手臂围持。刘长卿《送宇文迁明府赴洪州张观察追摄丰城令》："陈蕃待客应悬榻，宓贱之官独抱琴。"白居易《观刈麦》："复有贫妇人，抱子在其傍。"陆龟蒙《美人》："美人抱瑶瑟，哀怨弹别鹤。"❷人体胸腹间的部位。见《仪礼·士相见礼》。元结《系乐府十二首·贫妇词》："所怜抱中儿，不如山下麑。"陈去疾《春宫曲》："抱里琵琶最承宠，君王敕赐玉檀槽。"❸胸怀；怀抱；心情。韦应物《寄中书刘舍人》："晨露方怆怆，离抱更忡忡。"宗华《蝉鸣一篇五章》之二："既见君子，披豁予抱。"韩愈《杂诗四首》之四："喑蝉终不鸣，有抱不列陈。"李频《夏日过友人檀溪别业》："客抱方如醉，因来得暂醒。"齐己《读李贺歌集》："玄珠与虹玉，璨璨李贺抱。"❹藏，心中存有；持守。岑参《送王著作赴淮西幕府》："早年抱将略，累岁依幕中。"杜甫《贻华阳柳少府》："郁陶抱长策，义仗知者论。"韩愈《谢自然诗》："往者不可悔，孤魂抱深冤。"李商隐《戏题枢言草阁三十二韵》："我有苦寒调，君抱阳春才。"韦庄《古离别》："止竟多情何处好，少年长抱少年悲。"❺患病。孟浩然《送王昌龄之岭南》："已抱沈痼疾，更贻魑魅忧。"杜甫《棕拂子》："吾老抱疾病，家贫卧炎蒸。"韦应物《览褒子卧病一绝聊以题示》："念子抱沉疾，霜露交滁城。"陆龟蒙《读襄阳耆旧传固作诗五百言寄皮袭美》："伊余抱沈疾，憔悴守圭窦。"❻环绕。寒山《诗三百三首》之二："庭际何所有，白云抱幽石。"李白《自梁园至敬亭山见会公谈陵阳山水兼期限同游因有此赠》："冰谷明且秀，陵峦抱江城。"杜甫《水阁朝霁奉简严云安》："东城抱春岑，江阁邻石面。"元稹《梦游春七十韵》："长廊抱小楼，门牖相回互。"李延陵《自紫阳至华阳洞宿侯尊师草堂简同游》："七曜悬洞宫，五云抱山殿。"❼表示两臂合围的度量。杜甫《海棕行》："左绵公馆清江濆，海棕一株高入云。龙鳞犀甲相错落，苍稜白皮十抱文。"韦应物《赠冯著》："始此盈抱恨，旷然一夕中。"白居易《食笋》："山夫折盈抱，抱来早市鬻。"❽爱护。见《庄子·庚桑楚》。杜甫《七月三日戏呈二十一曹长》："园蔬抱金玉，无以供采掇。"❾太阳旁边的云气，古以为祥瑞之兆。见"抱戴"。❿禽鸟孵卵。见"抱卵""抱雞"。

【抱玉】　见"抱璞"。卢僎《途中口号》："抱玉三朝楚，怀书十上秦。"李白《古风》之三六："抱玉入楚国，见疑古所闻。"薛据《古兴》："投珠恐见疑，抱玉但垂泣。"姚鹄《寄友人》："抱玉终须献，谁言恋薜萝。"

【抱石】　犹抱璞。李白《赠丹阳横山周处士惟长》："抱石耻献玉，沉泉笑探珠。"

【抱玄】　坚守道家之道。蒋防《至人无梦》："抱玄虽解带，守一自离尘。"

【抱冰】　喻刻苦自勉。见汉赵晔《吴越春秋·勾践归国外传》。元稹《冬白纻》："共笑越王穷惴惴，夜夜抱冰寒不睡。"

【抱志】　心怀大志。元稹《遣兴十首》之五："寄言抱志士，日月东西跳。"

【抱杖】　拄杖，拄拐杖。阎防《夕次鹿门山作》："浮舟暝始至，抱杖聊自闲。"陆龟蒙《五歌·刈获》："平明抱杖入田中，十穗萧条九穗空。"

【抱卵】　孵卵。母禽伏于蛋上，孵出小雏。伊用昌《湖南闯斋吟》："鸡能抱卵心常听，蝉到成形壳自分。"

【抱冲】　保持淡泊宁静的品格。韦应物《与韩库部会王祠曹宅作》："守默共无吝，抱冲俱寡营。"又《县斋》："即事玩文墨，抱冲披道经。"

【抱板】　抱笏，拿着手板。谓居官，守官。岑参《太一石鳖崖口潭旧庐招王学士》："抱板寻旧圃，弊庐临迅湍。"

【抱持】　抱着；抱住。柳宗元《韦道安》："父子更抱持，涕血纷交零。"李商隐《骄儿诗》："抱持多反侧，威怒不可律。"

【抱柱信】　为坚守男女信约的典故。见《庄子·盗跖》。李白《长干行二首》之一："常存抱柱信，岂上望夫台。"亦用以指墨守成规而不知变通。

【抱怨】　心中埋怨、怨恨。骆宾王《畴昔篇》："邹衍衔悲系燕狱，李斯抱怨拘秦桎。"许敬宗《七夕赋咏成篇》："一年抱怨嗟长别，七夕含态始言归。"

【抱恨】　心存恨事。李白《鞠歌行》："夜光抱恨良叹悲，日月逝矣吾何之。"韩偓《吴郡怀古》："万古壮夫犹抱恨，至今词客尽伤情。"

【抱素】　保持淳朴的本质。太宗《喜雪》："映桐珪累白，萦峰莲抱素。"韦应物《善福精舍答韩司录清都观会宴见忆》："弱志厌众纷，抱素寄精庐。"钱众仲《玉壶冰》："提携今在此，抱素节宁渝。"

【抱真】　保持真性。李山甫《古石砚》："抱真唯守墨，求用每虚心。"

【抱飢渴】　谓思友或思贤的心情如饥似渴。韩愈《招杨之罘》："作诗招之罘，晨夕抱饥渴。"

【抱病】　抱疾，患病。沈佺期《初达驩州》："夜则忍饥卧，朝则抱病走。"杜甫《赠郑十八贲》："抱病排金门，衰容岂为敏。"权德舆《祗役江西路上以诗代书寄内》："一身常抱病，不复理章句。"罗隐《重九日广陵道中》："秋山抱病何处登，前时韦曲今广陵。"

【抱疾】　抱病。杜甫《东屯月夜》："抱疾漂萍老，防边旧谷屯。"周贺《赠厉玄侍御》："抱疾因寻周柱史，杜陵寒叶落无穷。"贾岛《重酬姚少府》："答迟礼涉傲，抱疾思加涩。"李频《暮秋重过山僧院》："安禅逢小暑，抱疾入高秋。"

【抱冤】　心存冤屈。崔湜《至桃林塞作》："抱冤非忤物，罹谤岂由人。"白居易《读史五首》之二："抱冤志气屈，忍耻形神沮。"赵抟《废长行》："门前有吏吓孤穷，欲诉门深抱冤哭。"

【抱書】　持书，拿着书。朱庆余《和刘补阙秋园寓兴之什十首》之五："每因逢石坐，多见抱书行。"

【抱責】　负有职责。顾况《从江西至彭蠡入浙西淮南界道中寄齐相公》："数年鄱阳掾，抱责栖微躬。"

【抱痛】 心情悲痛。孟郊《峡哀》："衔诉何时明，抱痛已不禁。"

【抱愁】 心怀忧愁。施肩吾《及第后过扬子江》："忆昔将贡年，抱愁此江边。"

【抱節】 指竹子保持径直有节的本性。喻人坚持操守。刘长卿《同郭参谋咏崔仆射淮南节度使厅前竹》："得地移根远，经霜抱节难。"

【抱佛脚】 谓信佛。求佛保佑。孟郊《读经》："垂老抱佛脚，教妻读黄经。"

【抱撮】 抱持拨弄。顾况《李供奉弹箜篌歌》："起坐可怜能抱撮，大指调弦中指拨。"

【抱影】 守着影子。形容孤独。褚亮《晚别乐记室彦》："抱影同为客，伤情共此时。"温庭筠《病中书怀呈友人》："衔恩空抱影，酬德未捐躯。"

【抱膝】 抱着膝盖而坐。形容孤独。骆宾王《艳情代郭氏答卢照邻》："抱膝当窗看夕兔，侧耳空房听晓鸡。"白居易《邯郸冬至夜思家》："邯郸驿里逢冬至，抱膝灯前影伴身。"

【抱膝吟】 孔明在荆州，常抱膝长啸。见《三国志·蜀志·诸葛亮传》。后作为咏叹诸葛亮的典实。李群玉《长沙紫极宫雨夜愁坐》："羁栖摧剪平生志，抱膝时为梁甫吟。"

【抱璞】 喻怀才不遇。见《韩非子·和氏》。孟郊《古兴》："痛玉不痛身，抱璞求所归。"张乔《自诮》："每到花时恨道穷，一生光景半成空。只应抱璞非良玉，岂得年年不至公。"武翊黄《瑕瑜不相掩》："抱璞应难辨，妍媸每自融。"

【抱器】 指怀才待时，不苟求名利。见《易·系辞下》。玄宗《春中兴庆宫酺宴》序："大抱器怀才，含仁蓄德，可以坐而论道者，我于是手辟重门以纳之。"唐彦谦《楼上偶题》："可能前岭空乔木，应有怀才抱器人。"

【抱瘵】 抱病。瘵，病。韦应物《移疾会诗客元生与释子法朗因贻诸祠曹》："抱瘵知旷职，淹旬非乐闲。"

【抱戴】 太阳周围的光圈。古以此为吉兆。见《孝经·援神契》。张九龄《奉和圣制南郊礼毕酺宴》："分曹日抱戴，赴节凤归昌。"

【抱轅】 犹攀车辕挽留。章孝标《赠杭州严史君》："长恐抱辕留不得，九天鸳鹭待成群。"赵嘏《泗上奉送相公》："今日抱辕留不得，欲挥双涕学舒人。"

【抱雞】 谓抱着鸡去参加斗鸡比赛。于鹄《公子行》："马上抱鸡三市斗，袖中携剑五陵游。"

【抱甕】 喻安于拙陋的淳朴生活。见《庄子·天地》。李白《赠张公洲革处士》："抱瓮灌秋蔬，心闲游天云。"杜甫《暮秋枉裴道州手札率尔遣兴寄近呈苏涣侍御》："市北肩舆每联袂，郭南抱瓮亦隐几。"元稹《和李校书新题乐府十二首·骠国乐》："借如牛马未蒙泽，岂在抱瓮滋鼋鼍。"徐铉《又和太常萧少卿近郊马上偶吟》："抱瓮何人灌药畦，金衔为尔驻平堤。"

【抱甕園】 唐诗人李益以抱瓮老人自喻，故称自己的杏溪园为抱瓮园。李益《与宣供奉携瘿尊归杏溪园联句》："千畦抱瓮园，一酌瘿尊酒。"

【抱犢】 怀抱牛犊。喻隐居。王维《送友人归山歌二首》之一："入云中兮养鸡，上山头兮抱犊。"

【抱關】 监门。借指小吏的职务。亦借指职位卑微。见《史记·魏公子列传》。李白《走笔赠独孤驸马》："倘其公子重回顾，何必侯嬴长抱关。"陈羽《将归旧山留别》："信陵死后无公子，徒向夷门学抱关。"罗隐《早春张坤归大梁》："为谢东门抱关吏，不堪惆怅满离杯。"吴筠《高士咏·荷蓧晨门》："荷蓧隐耕艺，晨门潜抱关。"

【抱麟】 喻失意不遇。见《公羊传·哀公十四年》。杜甫《敬寄族弟唐十八使君》："鸾凤有铩翮，先儒曾抱麟。"

拄 〔zhǔ《广韵》知庾切，上麌，知。〕❶支撑；顶着。杜甫《龙门阁》："滑石欹谁凿，浮梁袅相拄。"萧祜《游石堂观》："我爱崇山双剑北，峰如人首拄天黑。"孟郊《劝善吟》："藏书拄屋脊，不惜与凡聋。"蒋贻恭《咏伛背子》："出得门来背拄天，同行难可与差肩。"❷用手持棍棒等顶着地面以支持身体。韩愈《和虞部卢四酬翰林钱七赤藤杖歌》："绳桥拄过免倾堕，性命造次蒙扶持。"白居易《柘枝词》："将军拄球杖，看按柘枝来。"陆龟蒙《奉和袭美赠魏处士五贶诗·华顶杖》："拄访谭玄客，持看泼墨图。"贯休《上冯使君渡水僧障子》："跣足拄巴藤，潺湲渡几曾。"又《道中逢乞食老僧》："赤棕榈笠眉毫垂，拄榔栗杖行迟迟。"

【拄杖】 ❶支撑着拐杖。孟郊《忆江南弟》："努力拄杖来，余活与尔同。"张籍《赠贾岛》："拄杖傍田寻野菜，封书乞米趁时炊。"司空图《狂题十八首》之一："初时拄杖向邻村，渐到清明亦杜门。"❷拐杖。杜甫《题延州圣僧穴》："四时树长书经叶，万岁岩悬拄杖藤。"张籍《答僧拄杖》："灵藤为拄杖，白净色如银。"

【拄策】 拄杖；拄着拐杖。策，竹手杖。杜甫《法镜寺》："拄策忘前期，出萝已亭午。"

【拄頤】 顶到面颊。谓剑长。语出《战国策·齐策六》。李白《答王十二寒夜独酌有怀》："严陵高揖汉天子，何必长剑拄颐事玉阶。"

【拄撑】 支撑，扶持。柳宗元《韦道安》："麾令递束缚，纆索相拄撑。"

【拄頰】 以手支颊。形容愁思貌。韩偓《雨中》：

"鸟湿更梳翎，人愁方拄颊。"

拉 〔lā《广韵》盧合切，入合，來。〕❶摧折；折断。见《汉书·邹阳传》。卢仝《月蚀诗》："轮如壮士斧斫坏，桂似雪山风拉摧。"❷击，打。无名氏《改唱》(卷八七二)："舍下雄鸡失一足，街头小福拉三拳。"❸牵挽；牵引。李绛、刘禹锡《花下醉中联句》："谁能拉花住，争换得春回。"❹招邀；邀约。杜荀鹤《李昭象云与二三同人见访有寄》："得君书后病颜开，云拉同人访我来。"

拌¹ 〔pān《广韵》普官切，平桓，滂。又蒲旱切，上緩，並。〕❶舍弃；豁出。牛峤《菩萨蛮》词之七："须作一生拌，尽君今日欢。"❷放，撒。参见"拌嬌"。

拌² 〔bàn〕搅和；调匀。张贲《以青饳分送袭美鲁望因成一绝》："应宜仙子胡麻拌，因送刘郎与阮郎。"

【拌嬌】 犹撒娇。李商隐《又效江南曲》："乖期方积思，临酒欲拌娇。"

拕 同"拖"，牵引。韩愈《南溪始泛三首》之三："拕舟入其间，溪流正清激。"

拂 〔fú《广韵》敷勿切，入物，敷。〕❶过而击之；掠击。见《说文·手部》。郑繇《失白鹰》："梁苑惊池鹜，陈仓拂野鸡。"武元衡《出塞作》："边风引去骑，胡沙拂征辕。"陆龟蒙《早秋吴体寄袭美》："安得弯弓似明月，快箭拂下西飞鹏。"❷斫。见《汉书·王莽传上》。元稹《说剑》："剑隳妖蛇腹，剑拂佞臣首。"❸擦拭，掸除。见《仪礼·士昏礼》。王维《老将行》："试拂铁衣如雪色，聊持宝剑动星文。"戴叔伦《九日送洛阳李丞之任》："且倾浮菊酒，聊拂染衣尘。"白居易《麹生访宿》："知是君宿来，自拂尘埃席。"引申为除去；排除。刘长卿《奉送从兄罢官之淮南》："还当拂氛祲，那复卧云霞。"牟融《送羽衣之京》："羽衣缥缈拂尘嚣，怅别河梁赠柳条。"❹拂子，拂尘。杜甫《棕拂子》："棕拂且薄陋，岂知身效能。"❺掠过，轻轻擦过或飘动。席豫《江行纪事二首》之二："猿攀紫岩饮，鸟拂清潭飞。"权德舆《从叔将军宅蔷薇花开太府韦卿有题壁长句因以和作》："艳色当轩迷舞袖，繁香满径拂朝衣。"雍陶《公子行》："金鞭留当谁家酒，拂柳穿花信马归。"刘沧《登龙门敬善寺阁》："独步危梯入杳冥，天风潇洒拂檐楹。"韦庄《浣溪沙》词之四："绿树藏莺莺正啼，柳丝斜拂白铜鞮。"亦表示经过。许敬宗《奉和过慈恩寺应制》："凤阙邻金地，龙旂拂宝台。"岑参《武威送刘单判官赴安西行营便呈高明府》："扬旗拂昆仑，伐鼓震蒲昌。"❻迫近，接近；触到。见《文选·张衡〈东京赋〉》。贾至《自蜀奉册命往朔方途中呈韦左相文部房尚书门下崔郎中》："铁骑照白日，旄头拂秋旻。"雍裕之《山中桂》："八树拂丹霄，四时青不凋。"李绅《新楼诗二十首·望海亭》："乌盈兔缺天涯迥，鹤背松梢拂槛低。"徐夤《东京次新安道中》："洛水送年催代谢，嵩山擎日拂穹苍。"孙元晏《咏史诗·陈·结绮阁》："结绮高宜眺海涯，上凌丹汉拂云霞。"❼振动；摇动。李白《赠柳圆》："夫子即琼树，倾柯拂羽仪。"又《春日独坐寄郑明府》："长条一拂春风去，尽日飘扬无定时。"韩愈《叉鱼招张功曹》："盖江烟羃羃，拂棹影寥寥。"殷文圭《题友人庭竹》："丛篁萧瑟拂清阴，贵地栽成碧玉林。"❽拨动，弹奏。李颀《听董大弹胡笳声兼寄语弄房给事》："先拂商弦后角羽，四郊秋叶惊摵摵。"刘长卿《扬州雨中张十宅观妓》："夜色带春烟，灯花拂更燃。"黄滔《寄湘中郑明府》："琴拂莎庭石，茶担乳洞泉。"李中《访蔡文庆处士留题》："多谢相留宿，开樽拂素琴。"❾通"怫"。见"拂鬱"。

【拂子】 即拂尘。古代用以掸拭灰尘和驱赶蚊蝇。和凝《山花子》词之二："佯弄红丝绳拂子，打檀郎。"

【拂天】 触到天，极言其高。杜甫《韦讽录事宅观曹将军画马图》："忆昔巡幸新丰宫，翠华拂天来向东。"吕温《嘲柳州柳子厚》："柳管依然在，千秋柳拂天。"杜牧《题茶山》："拂天闻笑语，特地见楼台。"

【拂水】 掠过水面。袁傪《东峰亭同刘太真各赋一物得垂涧藤》："迎风仍未定，拂水更相宜。"李绅《江南暮春寄家》："江鸿断续翻云去，海燕差池拂水回。"顾非熊《赋得江边柳送陈许郭员外》："拂水复含烟，行分古岸边。"李商隐《越燕二首》之一："拂水斜纹乱，衔花片影微。"

【拂旦】 拂晓。沈佺期《人日重宴大明宫赐彩缕人胜应制》："拂旦鸡鸣仙卫陈，凭高龙首帝城春。"吴融《赠方干处士歌》："拂旦舍我亦不辞，携筇径去随所适。"

【拂衣】 ❶拂拭衣衫。张佐《忆游天台寄道流》："石笋半山移步险，桂花当洞拂衣轻。"❷提起或撩起衣襟。见《左传·襄公二十六年》。刘长卿《赠别于群投笔赴安西》："拂衣从此去，拥传一何速。"❸见《后汉书·杨彪传》。后以"拂衣"作为罢官退隐的典故。王维《送张五归山》："几日同携手，一朝先拂衣。"李白《题元丹丘颍阳山居》："益愿狎青鸟，拂衣栖红渍。"李端《送丘丹归江东》："肯学求名者，经年未拂衣。"苏广文《夜归华川因寄幕府》："嵇康懒慢仍耽酒，范蠡逋逃又拂衣。"孙元晏《咏史诗·宋·王方平》："拂衣耕钓已多时，江上山前乐可知。"

【拂羽】 拂拭羽毛。李白《送崔度还吴》："拂羽泪满面，送之吴江渍。"李绅《闻里谣效古歌》："鸣鸠拂羽知年好，齐和杨花踏青草。”

【拂局】 谓下棋。子兰《观棋》：“拂局尽消时，能因长路迟。”

【拂拭】 ❶掸拂；揩擦。李白《代美人愁镜二首》之一：“拂拭交冰月，光辉何清圆。”杜甫《阻雨不得归瀼西甘林》：“拂拭乌皮几，喜闻樵牧音。”孟郊《读经》：“拂拭尘几案，开函就孤亭。”白居易《感镜》：“今朝一拂拭，自照憔悴容。”李群玉《将游荆州投魏中丞》：“贫埋病压老巑岏，拂拭菱花不喜看。”❷修饰。白居易《酬卢秘书二十韵》：“衰颜虽拂拭，蹇步尚低徊。”❸奖掖；赏识。窦常《求自试》：“希垂拂拭惠，感激愿相投。”白居易《问支琴石》：“提携拂拭知恩否，虽不能言合有心。”

【拂拂】 ❶风吹动貌。李贺《章和二年中》：“云萧索，田风拂拂，麦芒如彗黍如粟。”皮日休《酒中十咏·酒旗》：“拂拂野桥幽，翻翻江市好。”冯延巳《虞美人》词之二：“春风拂拂横秋水，掩映遥相对。”❷散布貌。白居易《新乐府·红线毯》：“彩丝茸茸香拂拂，线软花虚不胜物。”王周《霞》：“拂拂生残晖，层层如裂绯。”贯休《送杨秀才》：“北山峨峨香拂拂，翠涨青奔势巉崒。”❸轻捷貌。吕岩《七言》之三三：“微微笑处机关转，拂拂行时户牖开。”又《七言》之十九：“共语难兮情兀兀，独自行时轻拂拂。”

【拂拔】 拔拂，吹动。韩愈《秋怀诗十一首》之一：“秋风一拂拔，策策鸣不已。”

【拂弦】 犹拨弦。李端《听筝》：“欲得周郎顾，时时误拂弦。”

【拂面】 轻擦脸面。李白《白纻辞三首》之一：“且吟白纻停渌水，长袖拂面为君起。”白居易《苏州柳》：“絮扑白头条拂面，使君无计奈春何。”李商隐《柳》：“为有桥边拂面香，何曾自敢占流光。”曹松《李郎中林亭》：“笋蹊已长过人竹，藤径从添拂面丝。”

【拂俎】 擦拭祭器。《郊庙歌辞·蜡百神乐章·送神》：“澄彝拂俎，报德酬功。”

【拂席】 拂拭坐席。多言尊敬意。张继《送张中丞归使幕》：“拂席流莺醉，鸣鞭骏马肥。”韩愈《山石》：“铺床拂席置羹饭，疏粝亦足饱我饥。”李商隐《送臻师二首》之一：“昔去灵山非拂席，今来沧海欲求珠。”

【拂袖】 ❶吹拂衣袖。徐铉《和太常萧少卿近郊马上偶吟》：“拂袖清风尘不起，满川芳草路如迷。”❷谓归隐。李中《送圆上人归庐山》：“莲宫旧隐尘埃外，策杖临风拂袖还。”

【拂掠】 轻轻掠过。韩愈《戏题牡丹》：“双燕无机还拂掠，游蜂多思正经营。”

【拂梳】 拂拭梳理。李贺《夜来乐》：“新客下马故客去，绿蝉秀黛重拂梳。”

【拂眼】 犹耀眼。韦蟾《长乐驿谑李汤给事题名》：“渭水秦川拂眼明，希仁何事寡诗情。”

【拂晨】 拂晓。白居易《东南行一百韵》：“承明连夜直，建礼拂晨趋。”

【拂琴】 弹琴。李白《答长安崔少府叔封游终南翠微寺太宗皇帝金沙泉见寄》：“拂琴听霜猿，灭烛乃星饭。”

【拂雲】 触到云；掠云。极言其高。杜甫《严郑公宅同咏竹》：“但令无剪伐，会见拂云长。”白居易《有木诗八首》之七：“朝为拂云花，暮为委地樵。”李绅《别双温树》：“看尔拂云今得地，莫随陵谷改深根。”马戴《高司马移竹》：“莫羡孤生在山者，无人看著拂云枝。”

【拂雲堆】 古地名，在今内蒙古包头西北。唐时朔方军与突厥以黄河为界。河北岸有拂云堆祠，突厥将入寇，必先诣祠祭酹求福，因牧马料兵，而后渡河。张仁愿既定漠北，于河北筑中、东、西三受降城以固守，故拂云堆又为中受降城的别称。李益《拂云堆》：“汉将新从虏地来，旌旗半上拂云堆。”王涯《秋思赠远二首》之二：“走马台边人不见，拂云堆畔战初酣。”杜牧《题木兰庙》：“几度思归还把酒，拂云堆上祝明妃。”

【拂蛾】 拂眉，画眉。李贺《难忘曲》：“蜂语绕妆镜，拂蛾学春碧。”

【拂榻】 拂拭床榻。白居易《寄李十一建》：“扫阶苔纹绿，拂榻藤阴清。”杜牧《洛中送冀处士东游》：“拂榻与之坐，十日语不休。”

【拂舞】 晋时江东地区以拂子为舞具的一种歌舞。见《晋书·乐志下》。李白有《夷则格上白鸠拂舞辞》。李贺有《拂舞辞》。

【拂塵】 ❶掸除尘埃。杜甫《相逢歌赠严二别驾》：“乌帽拂尘青螺粟，紫衣将炙绯衣走。”薛存诚《暮春自南台丞再除给事中》：“拂尘惊物在，开户似僧归。”杜牧《屏风绝句》：“斜倚玉窗鸾发女，拂尘犹自妒娇娆。”王玄《听琴》：“拂尘开按匣，何事独颦眉。”❷轻掠灰尘。羊士谔《彭州萧使君出妓夜宴见送》：“玉颜红烛忽惊春，微步凌波暗拂尘。”

【拂劍】 按剑，以手扶剑。示击剑之势。李白《玉壶吟》：“三杯拂剑舞秋月，忽然高咏涕泗涟。”又《赠何七判官昌浩》：“不然拂剑起，沙漠收奇勋。”李端《度关山》：“拂剑金星出，弯弧玉羽鸣。”司空图《诗品二十四则·悲慨》：“壮士拂剑，浩然弥哀。”

【拂曉】 接近天明之时。长孙佐辅《横吹曲辞·关山月》：“拂晓朔风悲，蓬惊雁不飞。”花蕊夫人徐氏《宫词》之四五：“拂晓贺春皇帝阁，彩衣金胜近龙衣。”徐夤《初夏戏题》：“长养薰风拂晓吹，渐开荷芰落蔷薇。”

【拂龜】 拂拭龟兆。占卜时以火灼龟甲，龟甲上的裂纹称龟兆。白居易《遣怀》:“尝求詹尹卜,拂龟竟默默。”

【拂曙】　拂晓。卢照邻《至陈仓晓晴望京邑》:“拂曙驱飞传,初晴带晓凉。”高适《寄宿田家》:“今夜只应还寄宿,明朝拂曙与君辞。”韩翃《华州夜宴庾侍御宅》:“自怜驱匹马,拂曙向关东。”赵嘏《长安晚秋》:“云物凄凉拂曙流,汉家宫阙动高秋。”

【拂黛】　涂上青黑色。杜甫《奉观严郑公厅事岷山沱江画图十韵》:“霏红洲蕊乱,拂黛石萝长。”

【拂簟】　拂拭竹席。白居易《幽居早秋闲咏》:“卧风秋拂簟,步月夜开关。”又《立秋夕凉风忽至炎暑稍消即事咏怀汴州节度使李二十尚书》:“披襟有余凉,拂簟无纤埃。”张祜《秋日病中》:“析析檐前竹,秋声拂簟凉。”

【拂鏡】　擦拭镜面。见《世说新语·假谲》。后用作咏婚姻或艳情的典故。李贺《恼公》:“拂镜羞温峤,薰衣避贾充。”

【拂廬】　吐蕃上层人物所居之毡帐。岑参《过梁州奉赠张尚书大夫公》:“锦席绣拂庐,玉盘金屈卮。”杜甫《送杨六判官使西蕃》:“草轻蕃马健,雪重拂庐干。”

【拂籜】　风吹落叶。箨,笋壳,竹类主杆所生之叶。卢照邻《中和乐九章·歌东军第三》:“风丘拂箨,日域清尘。”

【拂鬱】　愤闷。拂,通“怫”。《霅溪夜宴诗》之十(卷八六四):“上帝愍余之非事兮,俾大江鼓怒其踪,所以鞭浪山而疾驱波岳,亦粗足展余拂郁之心胸。”

拏　〔ná《文韵》女加切,平麻,娘。〕❶牵引,连结。《说文·手部》:“拏,牵引也。”李颀《爱敬寺古藤歌》:“古藤池水盘树根,左攫右拏龙虎蹲。”孟郊《与王二十一员外涯游枋口柳溪》:“万株古柳根,拏此磷磷溪。”亦指用手或抓取或抓住。皮日休《虎丘寺殿前有古彬一本遂赋三百言以见志》:“虎爪拏岩稳,虬身脱浪攲。”路德延《小儿诗》:“宝箧拏红豆,妆奁拾翠钿。”❷同“拿”。(1)攫拿。杜甫《李潮八分小篆歌》:“八分一字直百金,蛟龙盘拏肉屈强。”崔橹《过南城县麻姑山》:“盘疑虎伏形难写,展认龙拏势未回。”(2)撑。皎然《答黎士曹黎生前适越后之楚》:“欲寄楚人住,学拏渔子船。”

【拏天攫地】　凌空入地。极言其高。庄南杰《古松歌》:“拏天攫地数千尺,恐作云雨归维嵩。”

【拏舟】　撑船。李贺《白虎行》:“烧丹未得不死药,拏舟海上寻神仙。”

【拏空】　(—kōng)凌空。李商隐《李肱所遗画松诗书两纸得四十韵》:“樛枝势夭矫,忽欲蟠拏空。”

【拏雲】　凌云。僧鸾《赠李粲秀才》:“骏如健鹘鹗与雕,拏云猎野翻重霄。”蒋贻恭《题张道隐太山祠画龙》:“威疑喷浪归沧海,势欲拏云上杳冥。”亦喻志向高远。李贺《致酒行》:“少年心事当拏云,谁念幽寒坐呜呃。”

【拏攫】　搏斗。齐己《古寺老松》:“终当因夜电,拏攫从云龙。”

招　〔zhāo《广韵》止遥切,平宵,章。〕❶打手势呼人。见《诗·王风·君子阳阳》。上官昭容《游长宁公主流杯池二十五首》之十四:“攀藤招逸客,偃桂协幽情。”李白《焦山望寥山》:“仙人如爱我,举手来相招。”韦庄《赠边将》:“手招都护新降虏,身著文皇旧赐衣。”❷邀请。韦应物《慈恩伽蓝清会》:“素友俱薄世,屡招清景赏。”张籍《酬白二十二舍人早春曲江见招》:“仙掖高情客,相招共一过。”伍乔《僻居秋思寄友人》:“泽国旧游关远思,竹林前会负佳招。”❸访求;征用。张宣明《山行见孤松成咏》:“大厦今已构,惜哉无人招。”高适《宋中送族侄式颜》:“不改青云心,仍招布衣士。”皎然《答裴济从事》:“何异王内史,来招道林师。”黄滔《送僧归北岩寺》:“旋为俭府招,未得穷野步。”❹招抚。王建《寄贺田侍中东平功成》:“密招残寇防人觉,遥斩元凶恐自专。”❺招致;惹。王维《赠从弟司库员外絿》:“既寡遂性欢,恐招负时累。”沈千运《濮中言怀》:“衰退当弃捐,贫贱招毁讟。”李贺《致酒行》:“我有迷魂招不得,雄鸡一声天下白。”成彦雄《柳枝辞九首》之九:“残照林梢袅数枝,能招醉客上金堤。”

【招手】　打手势叫人来或向人打招呼,问候致意。白居易《重寄别微之》:“犹胜往岁峡中别,滟滪堆边招手时。”李廓《鸡鸣曲》:“妇人上城乱招手,夫婿不闻遥哭声。”贯休《寄澜公二首》之二:“终期再相见,招手复何如。”

【招手石】　当为唐代天台山(今浙江天台县北)上的胜景。张祜《游天台山》:“才登招手石,肘底笑天姥。”

【招手巖】　当为唐代惠山(今江苏无锡市西郊)上的胜景。李绅《鉴玄影堂》:“定心池上浮泡没,招手岩边梦幻通。”

【招引】　招致;引之使来。崔峒《秋晚送丹徒许明府赴上国因寄江南故人》:“还知南地客,招引住新丰。”李郢《和湖州杜员外冬至日白蘋州见忆》:“多愧龙门重招引,即抛田舍棹舟行。”

【招延】　招请;延请。姚合《新居秋夕寄李廓》:“稍暇更访诣,宁唯候招延。”温庭筠《感旧陈情五十韵献淮南李仆射》:“郑乡空健羡,陈榻未招延。”郑谷《府中寓止寄赵大谏》:“雪风花月好,中夜便招延。”徐铉《奉和宫傅相公怀旧见寄四十韵》:“不遣前驺妨野逸,别寻逋客互招延。”

【招招】 摇摆荡漾貌。刘禹锡《桃源行》：“渔舟何招招，浮在武陵水。”王周《志峡船具诗·梢》：“招招俾作主，泛泛实司命。”

【招呼】 ❶用言语、手势或其他方式招引、呼唤。孟浩然《与王昌龄宴王道士房》：“漆园有傲吏，惠好在招呼。”白居易《分司初到洛中偶题六韵兼戏呈冯尹》：“招呼新客侣，扫掠旧池台。”赵嘏《十无诗寄桂府杨中丞》之二：“东省南宫兴不孤，几因诗酒谬招呼。”❷招邀。吕从庆《避乱》：“栗里无踪空怅望，桃源有梦失招呼。”❸招惹；逗引。卢士衡《松》：“招呼暑气终无分，应和凉风别有声。”

【招屈亭】 亭名。在唐朗州，今湖南常德市。亭名招屈，当取意于招屈原之魂。刘禹锡《酬朗州崔员外与任十四兄侍御同过鄙人旧居见怀之什守吴郡》：“昔日居邻招屈亭，枫林橘树鹧鸪声。”汪遵《招屈亭》：“招屈亭边两重恨，远天秋色暮苍苍。”

【招要】 (—yāo)见“招邀”。

【招降】 (—xiáng)招引接纳投降之敌。张籍《送防秋将》：“逐虏招降远，开边旧垒移。”

【招疾】 招人疾恨。王绩《古意六首》之二：“有用虽自伤，无心复招疾。”

【招益】 带来益处。孟郊《汝州陆中丞席喜张从事至同赋十韵》：“纵情孰虑损，听论自招益。”

【招納】 招引接纳。卢照邻《咏史四首》之一：“汉祖广招纳，一朝拜公卿。”

【招國】 当作“昭國”。坊名，在唐都长安城东南。李商隐有《过招国李家南园二首》和《病中早访招国李十将军遇挈家游曲江》。郑谷有《题水部李羽员外招国里居》。

【招訪】 招邀拜访。戴休珽《古意》：“弱龄负奇节，侠客多招访。”

【招商】 招来秋天。商，商秋，秋天。司空曙《苦热》：“招商如有曲，一为取新秋。”

【招提】 寺院。梵语音译为“拓斗提奢”。省作“拓提”。后误为“招提”。其义为“四方”，四方之僧称招提僧，四方僧之住处称招提僧坊。北魏太武帝造伽蓝，创招提之名，后遂为寺院的别称。孟浩然《夜泊庐江闻故人在东寺以诗寄之》：“闻君寻寂乐，清夜宿招提。”高适《同马太守听九思法师讲金刚经》：“招提何清净，良牧驻轻盖。”欧阳衮《南涧寺》：“松籁泠泠疑梵呗，柳烟历历见招提。”郑谷《宿澄泉兰若》：“山半古招提，空林雪月迷。”

【招尋】 访求；寻访。张九龄《陪王司马登薛公逍遥台》：“府中因暇豫，江上幸招寻。”李白《送杨少府赴选》：“大道安弃物，时来或招寻。”杜甫《秋日夔府咏怀奉寄郑监李宾客一百韵》：“行路难何有，招寻兴已专。”杨衡《南海苦雨寄赠王四侍御》：“折简展离旷，理径俟招寻。”

【招感】 招致感应。赵居贞《云门山投龙诗》：“至诚必招感，大福旋来格。”

【招損】 招来损失。司空图《效陈拾遗子昂》：“量已苟自私，招损乃谁咎。”

【招摇】 星名。即北斗第七星摇光。亦借指北斗星。见《礼记·曲礼上》。储光羲《述华清宫五首》之五：“山开鸿濛色，天转招摇星。”高适《奉酬睢阳李太守》：“冬至招摇转，天寒蟋蟀收。”陈子昂《感遇诗三十八首》之十二：“招摇青桂树，幽蠹亦成科。”沈佺期《守岁应制》：“南渡轻冰解渭桥，东方树色起招摇。”

【招義】 汉淮陵县地，属临淮。南朝宋置济阴郡。唐武德七年(624)，改为招义，属濠州。故城在今江苏盱眙县西。无可有《送姚明府赴招义县》。

【招辟】 (—bì)招聘；征召。李频有《送崔侍御书记赴山北座主尚书招辟》。

【招魂】 ❶《楚辞》篇名，汉王逸题解：“《招䰟》者，宋玉之所作也……欲以复其精神，延其年寿。”李贺《南园》：“郑公乡老开酒尊，坐泛楚奏吟招魂。”元稹《虫豸诗·蛒蜂》之一：“昔甚招魂句，那知眼自逢。”陆龟蒙《离骚》：“天问复招魂，无因彻帝阍。”❷招死者之魂。刘禹锡《酬杨侍郎凭见寄》：“疏傅挥金忽相忆，远擎长句与招魂。”李商隐《哭虔州杨侍郎》：“楚水招魂远，邙山卜宅孤。”又《汴上送李郢之苏州》：“苏小小坟今在否，紫兰香径与招魂。”贯休《古出塞曲三首》之二：“功高宁在我，阵没与招魂。”❸招生者之魂。刘长卿《感怀》：“愁中卜命看周易，梦里招魂读楚词。”白居易《何处难忘酒七首》之七：“此时无一盏，何物可招魂。”薛能《嘉陵驿》：“尽室可招魂，蛮余出蜀门。”吴融《宋玉宅》：“已怀湘浦招魂事，更忆高唐说梦时。”

【招魂葬】 谓人死不得其尸，用其生前所着衣冠，招魂而葬之。亦称衣冠葬。张籍《征妇怨》：“万里无人收白骨，家家城下招魂葬。”

【招賢】 招揽贤人。孟浩然《荆门上张丞相》：“共理分荆国，招贤愧不材。”严维《题鲍行军小阁》：“席上招贤急，山阴对雪频。”白居易《题周皓大夫新亭子二十二韵》：“门以招贤盛，家因好事贫。”孙元晏《咏史诗·吴·太史慈》：“圣德招贤远近知，曹公心计却成欺。”

【招請】 招揽，聘请。韩愈《送灵师》：“邻州竞招请，书札何翩翩。”

【招諫】 招为谏官。李绅《趋翰苑遭诬构四十六韵》：“选贤方去智，招谏忽升愚。”

【招憂】 招来忧患。太宗《冬狩》：“禽荒非所乐，抚辔更招忧。”

【招論】 唐县名。在今湖南麻阳县东北。李义府有《招谕有怀赠同行人》。

【招邀】 亦作“招要”。邀请。赵冬曦《陪燕公游㴩湖上寺》：“江外多山水，招要步马来。”杜甫《赠特进汝阳王二十韵》：“招要恩屡至，崇重力难胜。”刘商《谢自然却还旧居》：“仙侣招邀自有期，九天升降五云随。”李商隐《无题二首》之二：“幽人不倦赏，秋暑贵招邀。”马戴《同州冬日陪吴常侍闲宴》：“静理良多暇，招邀惬所思。”

【招隱】 ❶征召隐居者出仕。高适《留别郑三韦九兼洛下诸公》：“幸逢明盛多招隐，高山大泽征求尽。”周贺《出关寄贾岛》：“去后期招隐，何当复此言。”❷招人归隐。独孤及《答李滁州忆玉潭新居见寄》：“从来招隐地，未有剖符人。”戴叔伦《答崔法曹赋四雪》：“楚僧蹑雪来招隐，先访高人积雪中。”张祜《题灵隐寺师一上人十韵》：“旧往师招隐，初临我咏怀。”潭用之《途次宿友人别墅》：“感君岩下闲招隐，细缕金盘鲙错刀。”❸谓《招隐》。李洞《寄窦禅山薛秀才》：“窦岭吟招隐，新诗满集贤。”参见“招隱詩”。

【招隱句】 指《招隐》。司马扎《自渭南晚次华州》：“劳役今若兹，羞吟招隐句。”

【招隱寺】 佛寺名。在今江苏镇江市南招隐山上。原为南朝宋隐士戴颙住处；颙死后，其女将住宅舍为佛寺，故称招隐寺。梁萧统曾读书于此，并于此编成《文选》。骆宾王有《陪润州薛司空丹徒桂明府游招隐寺》。王昌龄有《诸官游招隐寺》。皇甫冉有《招隐寺送阎判官还江州》。刘禹锡有《题招隐寺》。

【招隱詩】 诗篇名。晋左思、陆机均有《招隐》。表达招人归隐的思想。后亦泛称表达这种内容的诗作。王维《丁寓田家有赠》：“时吟招隐诗，或制闲居赋。”李白《秋山寄卫尉张卿及王征君》：“明发怀二子，空吟招隐诗。”韦应物《酬卢嵩秋夜见寄五韵》：“素秉栖遁志，况贻招隐诗。”李端《长安书事寄薛戴》：“论边书未上，招隐诗还作。”

【招隱篇】 义同“招隱詩”。皇甫冉《酬包评事壁画山水见寄》：“若览名山志，仍闻招隐篇。”

【招攜】 招邀；招邀偕行。储光羲《同王十三维偶然作十首》之六：“刻画尚风流，幸会君招携。”钱起《崔十四宅问候》：“微官同寄傲，移疾阻招携。”司空曙《田家》：“田家喜雨足，邻老相招携。”贾岛《寄武功姚主簿》：“会须过县去，况是屡招携。”

拚 〔pīn 又读 pàn《广韵》北萌切，平耕，幫。〕豁出去；舍弃不顾。后写作“拼”。司空图《狂题十八首》之十二：“应是阿刘还宿债，剩拼才思折供钱。”封敖《题西隐寺》：“胜事倘能销岁月，已拼名利不相关。”方干《对花》：“野客须拼终日醉，流莺自有隔年期。”李茂复《自叹》：“落日西山近一竿，世间恩爱极难拼。”

拇 〔mǔ《广韵》莫厚切，上厚，明。〕手或脚的大指。《易·解》：“解而拇，朋至斯孚。”孔颖达疏：“拇，足大指也。”手和脚的最小指亦称小拇指。梁宝《与赵神德互嘲》：“磨公小拇指，涂得太社北。”

拗1 〔ǎo《广韵》於絞切，上巧，影。〕亦作“抝”。拉折；折断。顾况《赠别崔十三长官》：“真玉烧不热，宝剑拗不折。”温庭筠《达摩支》：“捣麝成尘香不灭，拗莲作寸丝难绝。”李洞《病猿》：“罢抛檐果沉僧井，休拗崖冰溅客舟。”徐仲雅《耕夫谣》：“肥肤如玉洁，力拗丝不折。”

拗2 〔ào《古今韵会举要》於教切，去效。〕亦作“抝”。❶不顺。元稹《哭女樊四十韵》：“和蛮歌字拗，学妓舞腰轻。”❷违反。韩愈《答孟郊》：“古心虽自鞭，世路终难拗。”

【拗折】 （—zhé）❶折断。顾况《露青竹杖歌》：“家童拾薪几拗折，玉润犹沾玉垒雪。”❷犹折杀。寒山《诗三百三首》之一一三：“铨曹被拗折，洗垢觅疮瘢。”

六 画

挈1 〔qiè《广韵》苦結切，入屑，溪。〕❶提起；悬挂。李白《送梁四归东平》：“玉壶挈美酒，送别强为欢。”杜甫《送率府程录事还乡》：“素丝挈长鱼，碧酒随玉粒。”白居易《赎鸡》：“适有鬻鸡者，挈之来远村。”曹邺《从天平节度使游平流园》：“乘兴挈一壶，折荷以为盏。”李咸用《和吴处士题村叟壁》：“粝曲芰汀蓼，甘荼挈石泉。”❷携带；带领。林宽《寄何绍余》：“风波冻马遥逢见，革橐饥僮尚挈行。”❸提携。见“挈維”。

挈2 〔qì《集韵》詰計切，去霽，溪。〕通“契”。见“挈2然”。

【挈帶】 提起腰带。杜甫《村雨》：“挈带看朱绂，开箱睹黑裘。”

【挈瓶】 ❶汲水小瓶。喻知识浅薄。见《左传·昭公七年》。李商隐《寄太原卢司空三十韵》：“自顷徒窥管，于今愧挈瓶。”温庭筠《过孔北海墓二十韵》：“碌碌迷藏器，规规守挈瓶。”❷谓提瓶汲水。陈子昂《感遇诗三十八首》之二四：“挈瓶者谁子，姣服当青春。”

【挈壺】 ❶提着酒壶。谓带着酒。雍陶《酬李绀岁除送酒》：“已供时节深珍重，况许今朝更挈壶。”

❷挈壶氏或挈壶正的略称。掌知漏刻。李沇《梦仙谣》："海宫蹙浪收残月，挈壶掌事传更歇。"

【挈₂然】 自矜貌。挈，通"契"。见《庄子·庚桑楚》。刘禹锡《答东阳于令寒碧图诗》序："东阳令于兴宗，丞相燕国公之犹子，生绮襦纨裤间，所见皆贵盛，而挈然有心，如山东书生、前年白有司，愿为亲民官以自效，遂补东阳。"

【挈榼】 提着酒壶。谓带着酒。独孤及《初晴抱琴登马退山对酒望远醉后作》："挈榼上高磴，超遥望平川。"孟郊《看花》之四："独游终难醉，挈榼徒经过。"白居易《效陶潜体诗十六首》之八："云是南村叟，挈榼来相过。"又《长斋月满寄思黯》："明朝斋满相寻去，挈榼抱衾同醉眠。"

【挈維】 提携护持。郑谷《右省补阙张茂枢同在谏垣邻居光德迭和篇什因抒酬寄》："考功岂敢闻题品，水部犹须系挈维。"

【挈囊】 指自汉以来尚书官所携带的紫色袷囊。见《梁书·刘杳传》。后亦泛称置放文具之袋。李洞《龙州送人赴举》："挈囊秋卷重，转栈晚峰齐。"

拭 〔shì《广韵》賞職切，入職，書。〕揩，擦。李昂《从军行》："羽林练士拭金甲，将军校战出玉堂。"杜甫《归来》："洗杓开新醖，低头拭小盘。"柳公权《应制为宫嫔咏》："今朝却得君王顾，重入椒房拭泪痕。"鲍溶《悼豆卢策先辈》："眼前双双流，故袂安可拭。"罗衮《清明登奉先城楼》："拭尽贾生无限泪，一行归雁远参差。"

【拭目】 擦亮眼睛。形容殷切期待或关注。李白《赠潘侍御论钱少阳》："君能礼此最下士，九州拭目瞻清光。"崔玄亮《和白乐天》："病余归到洛阳头，拭目开眉见白侯。"方干《酬将作于少监》："不是散斋兼拭目，寻常未便借人看。"李中《献乔侍郎》："几多沈滞者，拭目望陶钧。"

【拭淚】 擦眼泪。杜甫《羌村》："妻孥怪我在，惊定还拭泪。"顾况《早春思归有唱竹枝歌者坐中下泪》："与君皆是思归客，拭泪看花奈老何。"韩愈《寒食日出游》："岂料生还得一处，引袖拭泪悲且庆。"杜荀鹤《别舍弟》："惟知偷拭泪，不忍更回头。"

【拭塵】 擦拭灰尘。李贺《出城别张又新酬李汉》："六郡无剿儿，长刀谁拭尘。"

挂 〔guà《广韵》古賣切，去卦，見。〕❶图绘。见《释名·释书契》。王贞白《拟塞外征行》："旌旗挂龙虎，壮士募鹰鹯。"❷悬挂；下垂。见《楚辞·招魂》。杜审言《和李大夫嗣真奉使存抚河东》："西河偃风俗，东壁挂星躔。"李白《蜀道难》："连峰去天不盈尺，枯松倒挂倚绝壁。"权德舆《新安江路》："即事遂幽赏，何心挂儒冠。"李绅《新楼诗二十首·满桂楼》："惟待素规澄满镜，莫看纤魄挂如钩。"❸挂在嘴上。谓提及，谈到。见"挂舌"。❹记，列名。韦应物《答崔都水》："不知为时来，名籍挂郎间。"❺牵挂；挂念。张说《山夜闻钟》："信知本际空，徒挂生灭想。"杜甫《遣兴五首》之三："有子贤与愚，何其挂怀抱。"❻搁置。王维《酬贺四赠葛巾之作》："早朝方暂挂，晚沐复来簪。"❼网罗。见《文选·张衡〈西京赋〉》。李白《送韩准裴政孔巢父还山》："猎客张兔罝，不能挂龙虎。"❽绊。张说《行从方秀川与刘评事文同宿》："寰中病羁挂，方外嫌纵诞。"

【挂弓】 谓息兵。杜甫《投赠哥舒开府二十韵》："青海无传箭，天山早挂弓。"

【挂印】 离任，弃官。白居易《罢府归旧居》："陋巷乘篮入，朱门挂印回。"

【挂帆】 张帆行船。刘长卿《奉陪萧使君入鲍达洞寻灵山寺》："独临沧洲路，如待挂帆客。"杨巨源《大堤曲》："细雨濛濛湿芰荷，巴东商侣挂帆多。"周贺《送表兄东南游》："挂帆春背雁，寻磬夜逢僧。"张乔《东湖赠僧子兰》："匡山许同社，愿卜挂帆期。"

【挂舌】 犹言提及，谈到。陆龟蒙《奉酬袭美先辈吴中苦雨一百韵》："喧哗不入耳，谗佞不挂舌。"

【挂念】 牵念，放心不下。杜牧《奉送中丞姊夫俦自大理卿出镇江西叙事书怀因成十二韵》："流年休挂念，万事至无言。"

【挂牀】 见"挂胡牀"。沈佺期《答魑魅代书寄家人》："家本传清白，官移重挂床。"

【挂胡牀】 三国魏人裴潜，任兖州刺史，尝备一张胡床，调任时留床挂于柱而出。见《三国志·魏书·裴潜传》裴松之注。后用为称颂官吏廉政之典。李白《寄上吴王三首》之二："去时无一物，东壁挂胡床。"

【挂冠】 (—guān)亦作"掛冠"。东汉逢萌，通《春秋经》，不满王莽统治，解冠挂于东都城门而归隐。见《后汉书·逢萌传》。后用为辞官归隐之典。崔信明《送金竟陵入蜀》："西上君飞盖，东归我挂冠。"岑参《与高适薛据登慈恩寺浮图》："誓将挂冠去，觉道资无穷。"白居易《初致仕后戏酬留守牛相公并呈分司诸僚友》："南北东西无所羁，挂冠自在胜分司。"王贞白《洛阳道》："贤哉只二疏，东门掛冠去。"

【挂衲】 披上僧衣。谓出家为僧。戴叔伦《寄赠翠岩奉上人》："挂衲云林净，翻经石榻凉。"杜荀鹤《舟行晚泊江上寺》："挂衲虽无分，修心未觉非。"

【挂席】 亦作"掛席"。犹扬帆。见《文选·谢灵运〈游赤石进帆海〉》。孟浩然《秋日陪李侍御渡松滋江》："截流宁假楫，挂席自生风。"杜甫《苦雨奉寄陇西公兼呈王征士》："掛席钓川涨，焉知清兴终。"许浑《送李溟秀才西行》:"停车山店雨,挂席海门涛。"马戴《送狄参军赴杭州》:"关雪发车晚,风涛挂席闻。"贯休《送新罗人及第归》:"莫言挂席飞连夜,见说无风即数年。"

【挂眼】 放在眼里,留意。韩愈《赠张籍》:"吾老著读书,余事不挂眼。"

【挂情】 挂念,系情。郑谷《赠刘神童》:"时果曾沾赐,春闱不挂情。"

【挂罥】 亦作"掛罥"。缠挂。杜甫《茅屋为秋风所破歌》:"茅飞度江洒江郊,高者掛罥长林梢,下者飘转沉塘坳。"元稹《虫豸诗·蜘蛛》之二:"因依方纪绪,挂罥遂容身。"

【挂帻】 悬挂巾子。谓遁迹归隐。刘禹锡《送曹璩归越中旧隐诗》序:"今方依名山以扬其声,将挂帻于南岳。"

【挂绶】 谓辞官。绶,系在印纽上的丝带。元稹《归田》:"陶君三十七,挂绶出都门。"

【挂劍】 春秋时吴王寿梦少子季札出使路过徐国,徐国国君很爱他的剑。季札已心许,准备回来时再送给他。等他回来时,徐君已死,季札将剑挂于徐君之墓,表示不能因徐君已死而违背自己许剑的心愿。见《史记·吴太伯世家》。后以之作为怀念亡故的典故。王维《哭祖六自虚》:"不期先挂剑,长恐后施鞭。"

【挂秦金】 秦丞相吕不韦令其门客撰《吕氏春秋》,书成,悬榜于咸阳市门,谓有能增删此书一字者,以千金为赏。见《史记·吕不韦列传》。后以"挂秦金"指高价征求对文章的意见。李峤《市》:"徒知观卫玉,讵肯挂秦金。"

【挂瓢】 许由挂瓢于树,后取捐之。见汉蔡邕《琴操》。后以之为隐逸山林的典故。李峤《扈从还洛呈侍从群官》:"邑罕悬磬贫,山无挂瓢逸。"骆宾王《秋日送尹大赴京》:"挂瓢余隐舜,负鼎尔干汤。"钱起《谒许由庙》:"松上挂瓢枝几变,石间洗耳水空流。"

【挂錫】 谓游方僧投宿寺房。因投宿时把衣钵锡杖挂在僧堂钩上,故称。李颀《照公院双橙》:"南庭黄竹尔不敌,借问何时堪挂锡。"马戴《寄西岳白石僧》:"挂锡中峰上,经行踏石梯。"慧宣《秋日游东山寺寻殊昙二法师》:"果值息心侣,乔枝方挂锡。"裴休《赠黄蘗山僧希运》:"挂锡十年栖蜀水,浮杯今日渡漳滨。"

【挂懷】 牵挂,挂念。韩愈《送灵师》:"灵师不挂怀,冒涉道转延。"

【挂纓】 义同"挂冠"。缨,冠饰。李百药《少年行》:"挂缨岂惮宿,落珥不胜娇。"韦应物《奉酬处士叔见示》:"挂缨守贫贱,积雪卧郊园。"

持 〔chí《广韵》直之切,平之,澄。〕❶拿着;握住。李白《杂言用投丹阳知己兼奉宣慰判官》:"欲投君,保君年,幸君持取无弃捐。"戎昱《闻颜尚书陷贼中》:"能持苏武节,不受马超勋。"白居易《杂兴三首》之三:"身卧翠羽帐,手持红玉杯。"陆龟蒙《奉酬袭美先辈吴中苦雨一百韵》:"文坛如命将,可以持玉钺。"❷掌管;主持。李白《赠张相镐二首》之一:"澹然养浩气,欻起持大钧。"杜甫《送殿中杨监赴蜀见相公》:"干戈未甚息,纪纲正所持。"皎然《奉送陆中丞长源诏征入朝》:"才当持汉典,道可致尧君。"皮日休《鲁望昨以五百言见贻因成一千言上述吾唐文物之盛次叙相得之欢迹迭和之微旨也》:"各持天地维,率意东西牵。"❸持有。李白《江夏赠韦南陵冰》:"赖遇南平豁方寸,复兼夫子持清论。"杜甫《奉送王信州崟北归》:"故人持雅论,绝塞豁穷愁。"皎然《伏日就汤评事衡湖上避暑》:"更持无生论,可以清烦忧。"白居易《杂感》:"为君持所感,仰面问苍苍。"❹扶持;护持。元结《二风诗·治风诗五篇·至慈》:"如煦如吹,如负如持,而不知其慈。"李商隐《韩碑》:"帝得圣相相曰度,贼斫不死神扶持。"周昙《咏史诗·后汉门·废帝》:"乱兵如蝟走王师,社稷颠危孰为持。"亦谓支撑。见"持頤"。❺守,保持。许景光《折柳篇》:"折芳远寄相思曲,为惜容华难再持。"高适《同马太守听九思法师讲金刚经》:"心持佛印久,标割魔军退。"皇甫冉《送志弥师往淮南》:"已能持律藏,复去礼禅亭。"白居易《凶宅》:"权重持难久,位高势易穷。"李洞《题尼大德院》:"云鬟早岁断金刀,戒律曾持五百条。"❻矜持;约束。李白《古风》之四九:"皓齿终不发,芳心空自持。"又《江夏行》:"忆昔娇小姿,春心亦自持。"耿湋《晚秋宿裴员外寺院》:"原向空门里,修持比昼龙。"南唐后主李煜《感怀》之二:"层城无复见娇姿,佳节缠哀不自持。"❼相持;对立。见《左传·昭公元年》。武元衡《夏日陪冯许二侍郎与严秘书游昊天观览旧题寄同里杨华州中丞》:"莫将真破妄,聊用静持喧。"权德舆《与道者同守庚申》:"俾我外持内,当兹申配庚。"❽携带。韩愈《赴江陵途中寄赠三学士》:"持男易斗粟,掉臂莫肯酬。"❾得,必须。韦渠牟《步虚词十九首》之十:"还持金作印,未要玉为台。"

【持刀】 拿刀。戴叔伦《女耕田行》:"无人无牛不及犁,持刀斫地翻作泥。"白居易《浔阳三题·湓浦竹》:"其有顾盼者,持刀斩且束。"又《池畔二首》之二:"持刀间密竹,竹少风来多。"

【持久】 维持长久。张九龄《奉和圣制送十道采访使及朝集使》:"持久望兹念,克终期所托。"

【持心】 指对人对事所持的态度。孟郊《求仙曲》:"持心若妄求,服食安足论。"

【持正】 ❶保持正气。独孤及《代书寄上李广州》:“推诚鱼鳖信,持正魑魅怛。”❷皇甫湜字持正。白居易《哭皇甫七郎中》自注:“持正奇文甚多,《涉江》一章尤著。”

【持玉斧】 指担任宫廷侍卫。见元陶宗仪《南村辍耕录》卷五。李益《杂曲》:“藁砧持玉斧,交结五陵儿。”

【持生術】 养生术,养生的方术。清江《春游司直城西鸬鹚溪别业》:“久慢持生术,多亲种药畦。”

【持用】 拿来使用;用作。李峤《烛》:“若逢燕国相,持用举贤人。”独孤及《代书寄上李广州》:“唯凭万里书,持用慰饥渴。”白居易《效陶潜体诗十六首》之三:“唯兹三四事,持用度昼夜。”

【持刑】 主持刑政。权德舆《户部王曹长杨考功崔刑部二院长并同钟陵使府之旧因以寄赠又陪郎署喜甚常僚因书所怀且叙所知》:“子玉谅贞实,持刑慎丹笔。”

【持戎】 手握兵器。贺知章《奉和圣制送张说巡边》:“九攻虽不战,五月尚持戎。”

【持行】 (—xíng)修行。齐己《送中观进公归巴陵》:“一论破双空,持行大国中。”

【持戒】 佛教谓严守戒律。寒山《诗三百三首》之三〇二:“沙门不持戒,道士不服药。”崔颢《赠怀一上人》:“帝作转轮王,师为持戒尊。”刘长卿《戏赠干越尼子歌》:“五年持戒长一食,到今犹自颜如花。”唐求《赠楚公》:“般若恒添持戒力,落叉谁算念经功。”

【持兵】 手握兵器。杨嗣复《丁巳岁八月祭武侯祠堂因题临淮公旧碑》:“酹酒成坳泽,持兵列偶人。”许浑《登尉佗楼》:“刘项持兵鹿未穷,自乘黄屋岛夷中。”

【持杯】 端着酒杯。权德舆《古意》:“持杯未饮时,众感纷已盈。”白居易《予与微之老而无子发作二什一以相贺一以自嘲》之二:“持杯祝愿无他语,慎勿顽愚似汝爷。”姚合《除夜二首》之二:“明日持杯处,谁为最后人。”卢嗣业《致孙状元诉醵罚钱》:“徒步求秋赋,持杯给暮饘。”

【持事】 行事,做事。顾况《宜城放琴客歌》:“人情厌薄古共然,相公心在持事坚。”

【持咒】 亦作“持呪”。念诵咒语。卢纶《送恒操上人归江处觐省》:“持呪过龙庙,翻经化海人。”张籍《赠海东僧》:“与医收海藻,持咒取龙鱼。”齐己《送潭三藏入京》:“持咒力须资运祚,度人心要似虚空。”

【持呪】 见“持咒”。

【持拙】 保持朴拙之性。张九龄《南还以诗代书赠京师旧僚》:“因声达霄汉,持拙守东陂。”

【持斧】 指执法或皇帝派出的御史等执法之官。见《汉书·王䜣传》。李白《赠宣城赵太守悦》:“持斧冠三军,霜清天北门。”韦应物《送李侍御益赴幽州幕》:“儒生幸持斧,可以佐功勋。”元结《酬裴云客》:“云客方持斧,与人正相临。”耿沣《赠兴平郑明府》:“仍劳持斧使,尚宰茂陵人。”

【持斧翁】 御史的别称。杜甫《两当县吴十侍御江上宅》:“借问持斧翁,几年长沙客。”

【持法】 执法。王维《初出济州别城中故人》:“执政方持法,明君照此心。”岑参《饯王岑判官赴襄阳道》:“害群应自慑,持法固须平。”元稹《送复梦赴韦令幕》:“西曹旧事多持法,慎莫吐他丞相茵。”温庭筠《病中书怀呈友人》:“触邪承密勿,持法奉订谟。”

【持帚】 拿着扫帚。顾况《归阳萧寺有丁行者能修无生忍担水施僧况归命稽首作诗》:“化佛示持帚,仲尼称执鞭。”

【持弦】 张弦。王昌龄《从军行二首》之二:“秋草马蹄轻,角弓持弦急。”

【持重】 (—zhòng)担负重大任务。元稹《虫豸诗·蚊子》之二:“寄言持重者,微物莫全轻。”

【持竿】 执持钓竿。谓钓鱼。语出《庄子·秋水》。皇甫冉《赠郑山人》:“伐木吴山晓,持竿越水清。”韩愈《闲游二首》之一:“持竿至日暮,幽咏欲谁听。”李咸用《湘浦有怀》:“依家本是持竿者,为爱明时入帝乡。”韦庄《渔塘十六韵》:“持竿聊藉草,待月好垂罾。”

【持冠適甌越】 (冠 guān)谓长处无处施展。见《韩非子·说林上》。陆龟蒙《读襄阳耆旧传因作诗五百言寄皮袭美》:“持冠适瓯越,敢怨不得售。”

【持袂】 卷起衣袖。见《晋书·毕卓传》。李白《送当涂赵少府赴长芦》:“摇扇对酒楼,持袂把蟹螯。”

【持姦】 去奸。李颀《龙门送裴侍御监五岭选》:“举善必称最,持奸当去尤。”

【持盈】 保守成业。见《国语·越语下》。吕岩《敲爻歌》:“龙虎媾,外持盈,走圣飞灵在宝瓶。”

【持針線】 指农历七夕穿针乞巧的风俗。见南朝梁宗懔《荆楚岁时记》二八。崔颢《七夕》:“长安城中月如练,家家此夜持针线。”

【持書】 官名。司理书簿。柳宗元《同刘二十八院长述旧言怀感时书事奉寄沣州张员外使君五十二韵之作因其韵增至八十通赠二君子》:“执简宁循枉,持书每去邪。”《后汉书》蔡邕举高第,补侍御史,又转持书御史,迁尚书。持书亦御史职也。

【持副節】 即官居副使。李益《奉酬崔员外副使携琴宿使院见示》:“犹持副节留军府,未荐高词直掖垣。”

【持國】 主持国政。刘希夷《谒汉世祖庙》:“列营百万众，持国十八年。”

【持符】　手持符箓。李商隐《戊辰会静中出贻同志二十韵》：“瑶简被灵诰，持符开七门。”

【持戟】　执戟。马逢《宫词二首》之一：“金吾持戟护轩檐，天乐传教万姓瞻。”

【持鈞】　执政。李白《书怀赠南陵常赞府》：“赖得契宰衡，持钧慰风俗。”

【持禄】　保持禄位。犹言尸位素餐。温庭筠《感旧陈情五十韵献淮南李仆射》：“耿介非持禄，优游是养贤。”王毂《玉树曲》：“当行狎客尽持禄，直谏犯颜无一人。”

【持鉢】　佛教语。托钵。孙逖《送新罗法师还国》：“持钵何年至，传灯是日归。”刘长卿《禅智寺上方怀演和尚寺即和尚所创》：“买园隋苑下，持钵楚城中。”李端《秋日忆暕上人》：“一从持钵别，更未到人间。”

【持鉞】　手持斧钺。张祜《献太原裴相公三十韵》：“坐筹千不失，持钺四无虚。”

【持節】　古代使臣奉命出使，必执符节以为凭证。李峤《旌》：“拥麾分彩雉，持节曳丹虹。”韩翃《送故人赴江陵寻庾牧》：“主人持节拜荆州，走马应从一路游。”白居易《去岁罢杭州今春领吴郡惭无善政聊写鄙怀兼寄三相公》：“岂有吟诗客，堪为持节臣。”贾岛《巴兴作》：“苏卿持节终还汉，葛相行师自渡泸。”

【持節大夫】　指薛兼训。朱湾有《送李司直归浙东幕兼寄鲍行军持节大夫初拜东平郡王》。

【持鉛】　谓以铅粉校正书籍讹误。李端《酬前驾部员外郎苗发》：“马融方直校，阅简复持铅。”

【持翣】　拿着棺饰。翣，棺饰。形似扇，在路以障车，入棺以障柩。王维《故西河郡杜太守挽歌三首》之二：“卷衣悲画翟，持翣待鸣鸡。”

【持簡】　手持书简。储光羲《晚次东亭献郑州宋使君文》：“夜闻持简立，朝看伏奏归。”刘长卿《落第赠杨侍御兼拜员外仍充安大夫判官赴范阳》：“含香初待漏，持简旧生风。”又《送裴四判官赴河西军试》：“出塞佐持简，辞家拥鸣驺。”

【持麈尾】　晋王衍，通《老》《庄》，善谈玄理，清谈时常持玉柄麈尾。见《晋书・王衍传》。后以持麈尾作为咏清谈的典故。韦应物《假中戏李二》：“应笑王戎成俗物，遥持麈尾独徘徊。”

【持滿】　❶持盈。语本《荀子・宥坐》。后用以喻保守成业。太宗《春日望海》：“怀卑运深广，持满守灵长。”❷谓满弦月。骆宾王《边城落日》：“候月恒持满，寻源屡凿空。”

【持綱】　执持政纲。温庭筠《感旧陈情五十韵献淮南李仆射》：“视草丝纶出，持纲雨露悬。”

【持衡】　持秤称物。喻公允地品评人才。并借指宰相的职务。綦毋潜《送崔员外黔中监选》：“持衡出帝畿，星指夜郎飞。”岑参《左仆射相国冀公东斋幽居同黎拾遗赋献》：“何当复持衡，短翮期风抟。”又以“持衡”指宰相的职守，复持衡即指复为相。杜甫《上韦左相二十韵》：“持衡留藻鉴，听履上星辰。”武元衡《西亭题壁寄中书李相公》：“授钺虚三顾，持衡旷万机。”吴融《赴阙次留献荆南成相公三十韵》：“分阃兼文德，持衡有武功。”

【持論】　立论，发表意见。贾岛《送僧》：“大内曾持论，天南化俗行。”

【持螯】　见“持蟹螯”。中宗《九月九日幸临渭亭登高得秋字》序：“陶潜盈把，即浮九醞之欢；毕卓持螯，须尽一生之兴。”

【持橈】　手持船桨。谓驾船。刘长卿《三月李明府后亭泛舟》：“更待持桡徐转去，微风落日水增波。”

【持頤】　以手托腮。形容神态专注安详。语出《庄子・渔父》。温庭筠《鄠郊别墅寄所知》：“持颐望平绿，万景集所思。”又《寄岳州李外郎远》：“含嚬不语坐持颐，天远楼高宋玉悲。”又《咏寒宵》：“话穷犹注睇，歌罢尚持颐。”亦指以物托腮。温庭筠《谢公墅歌》：“四座无喧梧竹静，金蝉玉柄俱持颐。”

【持憲】　执掌法令。韩翃《寄上田仆射》：“仆射临戎谢安石，大夫持宪杜延年。”蒋冽《台中书怀》：“持宪当休明，饬躬免颠沛。”白居易《见萧侍御忆旧山草堂诗因以继和》：“衣绣非不荣，持宪非不雄。”

【持鍤】　手持铁锹。刘长卿《题独孤使君湖上林亭》：“老农持锸拜，时稼卷帘看。”

【持謙】　保持谦卑之德。李白《鞠歌行》：“黄女持谦齿发高，汉妃恃丽天庭去。”

【持齋】　遵行戒律不茹荤食。佛教原谓过午不食，后多指素食。于鹄《题柏台山僧》：“行道临孤壁，持斋听远钟。”白居易《斋戒满夜戏招梦得》：“纱笼灯下道场前，白日持斋夜坐禅。”姚合《听僧云端讲经》：“远近持斋来谛听，酒坊鱼市尽无人。”

【持贈】　持物送人。刘长卿《送史九赴任宁陵兼呈单父史八时监察五兄初入台》：“梁园修竹在，持赠结交情。”李白《答裴侍御先行至石头驿以书见招期月满泛洞庭》：“巴陵定遥远，持赠解人忧。”严维、陈元初《一字至九字诗联句》：“探题只应尽墨，持赠更欲封泥。”戎昱《红槿花》：“今日惊秋自怜客，折来持赠少年人。”

【持蟹螯】　形容秋季食蟹饮酒之乐。高适《同河南李少尹毕员外宅夜饮时洛阳告捷遂作春酒歌》：“半醉忽然持蟹螯，洛阳告捷倾前后。”

拮 〔jié《广韵》古屑切，入屑。見。又居質切，入質，見。〕见“拮据”。

【拮据】 指艰难困顿；经济窘迫。杜甫《秋日荆南送石首薛明府辞满告别三十韵》：“文物陪巡守，亲贤病拮据。”

拱 〔gǒng《广韵》居悚切，上腫，見。《集韵》居容切，平鍾，見。〕❶拱手，两手相合。多用以示敬。杜甫《北征》：“鸱鸟鸣黄桑，野鼠拱乱穴。”柳宗元《贞符》：“拱之戴之，神具尔宜。”杜牧《洛中送冀处士东游》：“处士拱两手，笑之但掉头。”❷犹束手。谓不动手。张说《岳州行郡竹篱》：“始果游处心，终日成闲拱。”参见“拱手❷”。❸谓帝王不亲理事务。见“拱手❶”。❹指两手或两臂合围的径围。见《汉书·郊祀志上》。太宗《初春登楼即目观作述怀》：“连甍岂一拱，众干如千寻。”杜甫《观公孙大娘弟子舞剑器行》：“金粟堆南木已拱，瞿唐石城草萧瑟。”见“拱木”。❺环绕；环卫。张说《五君咏五首·苏许公瓌》：“朱户传新戟，青松拱旧茔。”韦应物《长安道》：“归来甲第拱皇居，朱门峨峨临九衢。”卢纶《秋暮中夜独坐迟明因陪陈翃郎中晨谒上公因书即事兼呈同院诸公》：“百雉拱双戟，万夫尊一贤。”羊士谔《和武相早朝中书候传点书怀奉呈》：“星辰拱帝座，剑履翊天机。”唐彦谦《游南明山》：“金银拱梵刹，丹青照廊宇。”

【拱手】 ❶谓无为而治。见《书·武成》。高适《古歌行》：“天子垂衣方晏如，庙堂拱手无余议。”❷犹束手。谓无能为力。李商隐《行次西郊作一百韵》：“谋臣拱手立，相戒无敢先。”贯休《问岳禅师疾》：“世病如山岳，世医皆拱手。”

【拱木】 称墓旁之木。亦婉称已死。见《左传·僖公三十二年》。寒山《诗三百三首》之一一：“自振孤蓬影，长凝拱木声。”杨炯《和旻上人伤果禅师》：“德音殊未远，拱木已生烟。”钱起《过温逸人旧居》：“玄堂闭几春，拱木齐云峤。”白居易《六十六》：“交游成拱木，婢仆见曾孙。”

【拱北】 见“拱北辰”。戴叔伦《赠徐山人》：“针自指南天窅窅，星犹拱北夜漫漫。”罗邺《春晚渡河有怀》：“万里山河星拱北，百年人事水归东。”齐己《赴郑谷郎中招游龙兴观读题诗板谒七真仪像因有十八韵》：“远继周南美，弥旌拱北思。”《郊庙歌辞·晋朝飨乐章·群臣酒行歌》：“剑佩俨如林，齐倾拱北心。”

【拱北辰】 拱卫北极星。见《论语·为政》。后以“拱北辰”喻官员环绕君主身边或四裔归附。张濯《迎春东郊》：“肃穆来东道，回环拱北辰。”欧阳詹《元日陪早朝》：“江皋腐草今何幸，亦与恒星拱北辰。”刘禹锡《和令狐相公初归京国赋诗言怀》：“相印昔辞东阁去，将星还拱北辰来。”又《许给事见示哭工部刘尚书诗因命同作》：“护塞无南牧，驰心拱北辰。”

【拱北極】 见“拱北辰”。元稹《分水岭》：“定如拱北极，莹若烧玉英。”

【拱辰】 见“拱北辰”。徐铉《再领制诰和王明府见贺》：“蹇步还依列宿边，拱辰重认旧云天。”

【拱柳】 合抱的老柳。李贺《勉爱行二首送小季之庐山》之二：“荒沟古水光如刀，庭南拱柳生蛴螬。”

【拱揖】 拱手作揖以示敬意。张绍《冲佑观》：“拱揖高让，神人乐推。”

拲 〔gǒng《广韵》居悚切，上腫，見。又居玉切，入燭，見。〕古代刑罚的一种。即把双手铐在一起，状如拱手。见《周礼·秋官·掌囚》。韩愈《会合联句》：“格言多彪蔚，悬解无梏拲。”引申为束缚。修雅《闻诵〈法华经〉歌》：“今日亲闻诵此经，始觉无物为拳拲。”

挃 〔zhì《广韵》陟栗切，入質，知。〕见“挃星星”。

【挃星星】 象声词。形容微小的声音。语出《诗·周颂·良耜》。无名氏《五言诗》之八(外编下)：“闭门无呼唤，耳里挃星星。”

拽1 〔yè《集韵》羊列切，入薛，以。〕同“曳”。❶拉牵；拖；拉。戴叔伦《答崔载华》：“文案日成堆，愁眉拽不开。”孟郊《赠章仇将军》：“五岳拽力内，百川倾意中。”李商隐《韩碑》：“长绳百尺拽碑倒，粗砂大石相磨治。”处默《萤》：“乱飞如拽火，成聚却无烟。”❷指拖长腔调或声音舒缓悠长。白居易《南园试小乐》：“高调管色吹银字，慢拽歌词唱渭城。”又《早发赴洞庭舟中作》：“棹举影摇灯烛动，舟移声拽管弦长。”

拽2 〔zhuāi〕抛；扔。黄滔《断酒》：“免遭拽盏郎君谑，还被簪花录事憎。”

【拽䇳】 拉纤。武元衡《南昌滩》：“渠江明净峡逶迤，船到名滩拽䇳迟。”元稹《遭风二十韵》：“后侣逢滩方拽䇳，前宗到浦已眠桅。”

括 〔kuò《广韵》古活切，入末，見。《集韵》苦活切，入木，溪。〕❶包容；包括。白居易《初授拾遗》：“杜甫陈子昂，才名括天地。”杜牧《冬至日寄小侄阿宜诗》：“经书括根本，史书阅兴亡。”❷至，到。见《诗·王风·君子于役》。皇甫湜《出世篇》：“上括天之门，直指帝所居。”❸作。元结《二风诗》序：“会有司奏待制者悉去之，于是归于州里。后三岁，以多病习静于商余山。病间，遂题括存之。”❹指赵括，赵奢之子，战国时赵将。空谈其父所传兵法，实际不会指挥战争。长平之战，代廉颇为将军，被秦将白起包围，突围不成，被射死。赵军四十万被俘坑死。元稹《夫远征》："括虽专命起尚轻，何况牵肘之人牵不已。"

【括州】 地名。隋置处州，开皇十二年(592)改称括州，因括苍山而得名。唐大历十四年(779)复称处州，属江南道。辖境相当于今浙江缙云、丽水、青田三县(市)之间地。故城在今丽水市东南括苍山麓。沈佺期有《送友人任括州》。孙逖有《送杨洪曹按括州》。刘长卿有《饯王相公出牧括州》。高适《宋中送族侄式颜》序："时张大夫贬括州，使人召式颜，遂有此作。"

【括蒼】 ❶山名。在今浙江省南部，因山多括木，故名。主峰又名苍岭，亦名天鼻山，唐天宝中改名真隐山，道书以为十大洞天福地之一。高适《宋中送族侄式颜》："转旆燕赵间，剖符括苍里。"刘昭禹有《括苍山》。❷县名。隋开皇析松阳县地置，唐大历十四年(779)更名丽水县，今属浙江省。李适《送友人向括州》："括苍涨海壖，斯路天台口。"

【括囊】 囊括，包罗。齐己《喜得自牧上人书》："闻著括囊新集了，拟教谁与序离骚。"

拾 〔shí《广韵》是執切，入缉，禪。〕❶捡取。王湾《奉使登终南山》："玉英时共饭，芝草为余拾。"杜甫《乾元中寓居同谷县作歌七首》之一："岁拾橡栗随狙公，天寒日暮山谷里。"韩愈《和崔舍人咏月二十韵》："独有虞庠客，无由拾落蓂。"温庭筠《经旧游》："坏墙经雨苍苔遍，拾得当时旧翠翘。"吴融《彭门用兵后经汴路三首》之二："金镞有苔人拾得，芦花无主鸟衔将。"❷收检。收拾；采摘。姚合《寄贾岛浪仙》："衣巾半僧施，蔬药常自拾。"白居易《元相公挽歌词三首》之三："琴书剑珮谁收拾，三岁遗孤新学行。"张祜《秋日病中》："坐拾车前子，行看肘后方。"❸抓；捉。杜甫《奉酬薛十二丈判官见赠》："客来洗粉黛，日暮拾流萤。"李商隐《洞庭鱼》："洞庭鱼可拾，不假更垂罾。"❹衔；啄。李端《野寺病居喜卢纶见访》："乳燕拾泥依古井，鸣鸠拂羽历花林。"韩愈《嗟哉董生行》："啄啄庭中拾虫蚁，哺之不食鸣声悲。"

【拾公】 即拾得。寒山《诗三百三首》之四十："时访丰干道，仍来看拾公。"

【拾材】 选取人才。李贺《送沈亚之歌》："春卿拾材白日下，掷置黄金解龙马。"

【拾青】 ❶指获得高位。见《汉书·夏侯胜传》。高适《奉酬北海李太守丈人夏日平阴亭》："从此日闲放，焉能怀拾青。"卢纶《纶有所酬以申悲旧兼寄夏侯侍御审侯仓曹钊》："百年甘守素，一顾乃拾青。"❷犹拾芥。薛逢《邻相反行》："涉书猎史无早暮，坐期朱紫如拾青。"参见"拾芥"。

【拾芥】 喻取之极易。见《汉书·夏侯胜传》。李峤《经》："青紫方拾芥，黄金徒满籝。"唐彦谦《送樊琯司业归朝》："惬心频拾芥，应手屡穿杨。"李瀚《蒙求》："韦贤满籝，夏侯拾芥。"

【拾得】 唐代著名诗僧。籍贯未详，贞元间人。事迹见《宋高僧传》卷十九、《景德传灯录》卷二七。同时僧道翘纂录寒山诗为《对寒山子诗》，以拾得诗附于后。《全唐诗》卷八〇七录其诗一卷。

【拾紫】 指获取高位。骆宾王《夏日游德州赠高四》："谈玄明毁璧，拾紫陋籝金。"孟郊《罗氏花下奉招陈侍御》："拾紫岂宜晚，掇芳须及晨。"参见"拾青❶"。

【拾塵】 指因误解而被猜疑。见《吕氏春秋·任数》。李白《雪谗诗赠友人》："拾尘掇蜂，疑圣猜贤。"柳宗元《酬娄秀才将之淮南见赠之什》："机事齐飘瓦，嫌猜比拾尘。"

【拾翠】 拾取翠鸟羽毛以为首饰。后多指妇女游春。骆宾王《棹歌行》："写月图黄罢，凌波拾翠通。"孟浩然《同张明府碧溪赠答》："自有阳台女，朝朝拾翠过。"杜甫《秋兴八首》之八："佳人拾翠春相问，仙侣同舟晚更移。"吴融《闲居有作》："踏青堤上烟多绿，拾翠江边月更明。"李珣《南乡子》词之一二："拾翠采珠能几许，来还去，争及村居织机女。"

【拾翠人】 指游春的妇女。郑谷《光化戊午年举公见示省试春草碧色诗偶赋是题》："想得寻花径，应迷拾翠人。"刘兼《莲塘霁望》："采莲女散吴歌阕，拾翠人归楚雨晴。"万俟造《龙池春草》："迟引萦花蝶，偏宜拾翠人。"

【拾翠殿】 唐宫殿名。杜甫《赠翰林张四学士》："赋诗拾翠殿，佐酒望云亭。"

【拾稼】 拾取遗留在田里的谷麦之类。元结《宿洄溪翁宅》："老翁八十犹能行，将领儿孙行拾稼。"

【拾遺】 ❶拾取他人的失物。孟郊《饥雪吟》："下有幸灾儿，拾遗多新争。"贯休《贺郑使君》："清威严令无纤墋，长路深山不拾遗。"❷采寻遗逸的事迹或作品。寒山有《拾遗二首新添》。❸补正别人的缺点过失。元稹《元和五年思怆曩游因投五十韵》："拾遗天子前，密奏升平议。"❹官名。唐武则天时设置左右拾遗，职权为对皇帝进行规谏，并荐举人员。左拾遗属门下省，右拾遗属中书省。杜甫《遭田父泥饮美严中丞》："今年大作社，拾遗能住否。"元稹《听庾及之弹乌夜啼引》："四五年前作拾遗，谏书不密丞相知。"朱庆余《送崔拾遗赴阙》："清貌凌寒玉，朝来拜拾遗。"郑谷《春幕咏怀寄集贤韦起居衮》："长安一夜残春雨，右省三年老拾遗。"

【拾樵】 拾柴。张子容《除日》："拾樵供岁火，帖牖作春书。”

挑[1]〔tiǎo《广韵》徒了切，上篠，定。又吐彫切，平蕭，透。〕❶挑动。见《文选·司马迁〈报任少卿书〉》。李白《醉后赠王历阳》：“举酒挑朔雪，从君不相饶。”元稹《酬卢秘书》序：“予自唐归京之岁，秘书郎卢拱作《喜遇白赞善学士诗二十韵》，兼以见贻，白诗酬和先出，予草蹙未暇，皇频有致师之挑，故篇末不无愤辞。”❷拨动；拨开。岑参《和刑部成员外秋夜寓直寄台省知己》：“笔为题诗点，灯缘起草挑。”韩愈《短灯檠歌》：“裁衣寄远泪眼暗，搔头频挑移近床。”韦蟾《上元三首》之二：“点时惊坠石，挑处接崩云。”徐夤《依韵和尚书再赠牡丹花》：“多著黄金何处买，轻桡挑过镜湖光。”❸挖；掘。顾况《露青竹杖歌》：“垂窗挂影西窗缺，稚子觅衣挑仰穴。”刘禹锡《送景玄师东归》：“滩头蹑屐挑沙菜，路上停舟读古碑。”元稹《生春二十首》之十二：“草芽犹未出，挑得小萱丛。”皮日休《闻鲁望游颜家林园病中有寄》：“细挑泉眼寻新脉，轻把花枝嗅宿香。”❹用手或器物挖剔。寒山《诗三百三首》之三五：“罗袖盛梅子，金锒挑笋芽。”❺握举。杜甫《前出塞九首》之二：“走马脱辔头，手中挑青丝。”❻弹拨。亦专指弹奏乐器的一种指法，即以指向外反拨。白居易《琵琶行》：“轻拢慢捻抹复挑，初为霓裳后六幺。”刘景复《梦为吴泰伯作胜儿歌》：“倒腕斜挑掣流电，春雷直戛腾秋鹘。”❼一种刺绣的方法。用针挑起经线或纬线，把针上的线从下面穿过去。杜甫《江月》：“谁家挑锦字，灭烛翠眉嚬。”徐夤《银结条冠子》：“蝉翼轻轻结，花纹细细挑。”❽汉字的笔画之一。或单独成一笔画；或同其他笔画相连接。吴融《赠晉光上人草书歌》：“摘如钩，挑如拨，斜如掌，回如斡。”

挑[2]〔tiāo《字彙》他彫切。〕❶抉择，挑选。见“挑₂抉”。❷以肩担物。皮日休《西塞山泊渔家》：“中妇桑村挑叶去，小儿沙市买蓑归。”

挑[3]〔tāo《广韵》土刀切，平豪，透。〕见“挑₃達”。

挑[4]〔diào《集韵》徒弔切，去嘯，定。〕摇动；旋转。李贺《南园十三首》之三：“竹里缲丝挑网车，青蝉独噪日光斜。”

【挑耳】　挖耳朵。张祜《庚子岁寓游扬州赠崔荆四十韵》：“闷极行挑耳，狂来起搋肱。”

【挑₂抉】　抉择，挑选。韩愈《双鸟诗》：“草木有微情，挑抉示九州。”

【挑剔】　挖掘。姚合《天竺寺殿前立石》：“苔黏月眼风挑剔，尘结云头雨磕敲。”

【挑凌】　挑衅欺凌。元结《演兴四首·讼木魅》：“尚畏乎众善之未茂兮，为众恶之所挑凌。”

【挑紋】　刺绣花纹。元稹《织妇词》：“东家头白双女儿，为解挑纹嫁不得。”又《和李校书新题乐府十二首·阴山道》：“挑纹变缯力倍费，弃旧从新人所好。”

【挑掘】　挖掘。寒山《诗三百三首》之一五七：“采药空求仙，根苗乱挑掘。”

【挑菜】　挖菜。多指挖野菜。薛能《酬曹侍御见寄》：“清和挑菜食，闷寂闭花眠。”

【挑菜日】　民间节日。旧俗，农历二月二日，仕女出郊拾野菜，士民游观其间，谓之挑菜节。见宋周密《武林旧事》卷二。郑谷《蜀中春日》：“和暖又逢挑菜日，寂寥未是探花人。”

【挑撥】　拨动灯芯使灯火明亮。喻对人启发诱导。李昇《咏灯》：“主人若也勤挑拨，敢向尊前不尽心。”

【挑₃達】　往来相见貌。见《诗·郑风·子衿》。引申为自由自在、放纵不羁。王维《赠吴官》：“不如侬家任挑达，草屩捞虾富春渚。”

【挑戰】　激使对方出战。张说《破陈乐词二首》之二：“匹马城西挑战，单刀蓟北从军。”杜甫《送蔡希曾都尉还陇右因寄高三十五书记》：“官是先锋得，材缘挑战须。”

【挑燈】　点灯。亦指在灯下。李白《闺情》：“织锦心草草，挑灯泪斑斑。”权德舆《太常寺宿斋有寄》：“转枕挑灯候晓鸡，相君应叹太常妻。”白居易《和微之诗二十三首·和自劝二首》之二：“门无宿客共谁言，暖酒挑灯对妻子。”吕岩《鄂渚悟道歌》：“数篇奇怪文入手，一夜挑灯读不了。”

【挑燈杖】　拨动灯烛使灯明亮的棍杖。骆宾王有《挑灯杖》。

【挑燭】　即挑灯。李洞《吊侯圭常侍》：“影挂僧挑烛，名传鹤拂碑。”

【挑鬟】　女子以骨针支两鬟，使两边隆起的发式。段成式《柔卿解籍戏呈飞卿三首》之三：“出意挑鬟一尺长，金为钿鸟簇钗梁。”

【挑鸞】　刺绣凤鸟。李贺《染丝上春机》：“为君挑鸾作腰绶，愿君处处宜春酒。”

拳〔quán《广韵》巨員切，平仙，羣。〕❶拳头。李贺《荣华乐》：“丹穴取凤充行庖，玃玃如拳那足食。”白居易《引泉》：“伊流狭似带，洛石大如拳。”楚儿《贻郑昌图》：“蛾眉欲碎巨灵掌，鸡肋难胜子路拳。”刘行敏《嘲崔生》：“幞头拳下落，高髻掌中擎。”❷鸟兽的趾爪。杜甫《义鹘》：“修鳞脱远枝，巨颡坼老拳。”元稹《有鸟二十章》之二：“弱羽长忧俊鹘拳，疽肠暗著鹓雏啄。”章孝标《鹰》：“会使老拳供口腹，莫辞亲手啖腥臊。”李咸用《和吴处士题村叟壁》：“睡岛凫藏足，攀藤狖冻拳。”郑蕡《天骥呈材》：“毛骨合天经，拳奇步骤轻。”❸搏击。元稹《有鸟二十章》之十七：“俊鹘无由拳狡兔，金雕不得擒魅狐。”❹力气；勇力。见“拳勇”。❺卷曲；弯曲。李白《赋得白鹭鸶送宋少府入三峡》：“白鹭拳一足，月明秋水寒。”戎昱《苦哉行五首》之四：“匈奴为先锋，长鼻黄发拳。”刘禹锡《西山兰若试茶歌》：“新芽连拳半未舒，自摘至煎俄顷余。”温庭筠《走马楼三更曲》：“春姿暖气昏神沼，李树拳枝紫芽小。”黄滔《赠怀光上人》：“顶寒拳素发，珠锐走红条。”❻见“拳拳”。❼量词。(1)犹把，一手抓起的数量。陈子昂《赠赵六贞固二首》之二：“舒可弥宇宙，揽之不盈拳。”(2)犹块，片。马异《答卢仝结交诗》：“长河拔作数条丝，太华磨成一拳石。”孟郊《答李员外小槛味》：“一拳芙蓉水，倾玉何泠泠。”元稹《酬郑从事四年九月宴望海亭次用旧韵》：“一拳墺伏东武小，两山斗构秦望雄。”钱珝《江行无题一百首》之七八：“千顷水纹细，一拳岚影孤。”

【拳毛】　❶卷曲的毛。刘禹锡《始闻秋风》：“马思边草拳毛动，雕眄青云睡眼开。”❷指拳毛䯄，马名。李贺《马诗二十三首》之十六：“唐剑斩隋公，拳毛属太宗。”参见“拳毛䯄”。

【拳毛䯄】　骏马名。唐太宗六骏之一。杜甫《韦讽录事宅观曹将军画马图》：“昔日太宗拳毛䯄，近时郭家师子花。”

【拳石】　❶指园林假山。白居易《过骆山人野居小池》：“拳石苔苍翠，尺波烟杳渺。”❷小石块。白居易《哭崔常侍晦叔》：“顽贱一拳石，精珍百炼金。”张祜《游天台山》：“三茅即拳石，二室犹块土。”

【拳足】　❶屈膝。韩愈、孟郊《城南联句》：“里儒拳足拜，土怪闪眸侦。”❷卷曲脚爪。温庭筠《题友人池亭》：“鸡鶒刷毛花荡漾，鹭鸶拳足雪离披。”

【拳勇】　勇壮。见《国语·齐语》。柳宗元《奉平淮夷雅表》：“训于群帅，拳勇来格。”

【拳拳】　❶诚恳貌。杜甫《解忧》：“兹理庶可广，拳拳期勿替。”孟简《惜分阴》：“业广因功苦，拳拳志士心。”❷勤勉貌。见《后汉书·皇后纪上·明德马皇后》。刘禹锡《送僧方及南谒柳员外》序：“九江僧方及，既出家，依匡山。一时中颇属诗以摅思，古诗人暨今号为能赋，有则求其词吟呻之，拳拳然，多多益嗜。”白居易《自诲》：“汝宜拳拳，终生行焉。”❸眷爱貌。白居易《访陶公旧宅》：“每读五柳传，目想心拳拳。”❹弯曲，卷曲。李白《上云乐》：“碧玉炅炅双目瞳，黄金拳拳两鬓红。”沈亚之《湘中怨》：“荷拳拳兮未舒，匪同归兮将焉如。”引申为委曲。杜甫《咏怀二首》之二：“曒曒幽旷心，拳拳异平素。”❺悬心，挂念。杜甫《逼仄行赠毕曜》：“焉能终日心拳拳，忆君诵诗神凛然。”

【拳偻】　佝偻。独孤及《酬皇甫侍御望天潜山见示之作》：“愧作拳偻人，沉迷簿书内。”

【拳跼】　局促不得舒展；屈曲。陈子昂《感遇诗三十八首》之二九：“拳跼竞万仞，崩危走九冥。”李白《答王十二寒夜独酌有怀》：“骅骝拳跼不能食，蹇驴得志鸣春风。”韩愈《答张彻》：“磴藓澾拳跼，梯飚飐伶俜。”皮日休《五贶诗》序：“有桐庐养和一，怪形拳跼，坐若变去，谓之乌龙养和。”齐己《苦寒行》：“既不能断绝蒺藜荆棘之根株，又不能展凤皇麒麟之拳跼。”

【拳孿】　卷曲不伸。李群玉《龙安寺佳人阿最歌八首》之二：“拳挛荷叶子，未得展莲心。”

按　〔àn《广韵》烏旰切，去翰，影。〕❶抚；摸。李白《古风》之四八：“秦皇按宝剑，赫怒震威神。”见“按劍”。❷敲击；弹奏；表演。李白《江夏赠韦南陵冰》：“不然鸣笳按鼓戏沧流，呼取江南女儿歌棹讴。”王建《霓裳词十首》之八：“传呼法部按霓裳，新得承恩别作行。”白居易《柘枝词》：“将军拄球杖，看按柘枝来。”许浑《观章中丞夜按歌舞》：“夜按双娃禁曲新，东西箫鼓接云津。”秦韬玉《豪家》：“按彻清歌天未晓，饮回深院漏犹赊。”❸巡边；巡视；考察。储光羲《贻鼓吹李丞时信安王北伐李公王之所器者也》：“灵威方首事，仗钺按边城。”岑参《使交河郡郡在火山脚其地苦热无雨雪献封大夫》：“奉使按胡俗，平明发轮台。”又《玉门关盖将军歌》：“我来塞外按边储，为君取醉酒剩沽。”杜甫《奉酬寇十侍御锡见寄四韵复寄寇》：“南瞻按百越，黄帽待君偏。”❹查验；核查。张说《时乐鸟篇》序：“臣按《南海异物志》，有时乐鸟，鸣云太平，天下有道则见。”❺举劾；查处。权德舆《户部王曹长杨考功崔刑部二院长并同钟陵使府之旧且叙所知》：“搦管或飞章，分曹时按吏。”白居易《姚侍御见过戏赠》：“东台御史多提举，莫按金章系布裘。”刘炎有《被按自悔诗》。❻根据；依照。刘长卿《送卢侍御赴河北》：“千里按图收故地，三军罢战及春耕。”窦庠《酬韩愈侍郎登岳阳楼见赠》：“昏旦呈新候，川原按旧经。”白居易《道州民》：“城云臣按六典书，任土贡有不贡无。”李绅《宿越州天王寺》：“休按簿书惩黠吏，未齐风俗昧良臣。”❼调驯或纵放鹰犬行猎。王建《外按》：“日暮秦陵尘土起，从东外按使初回。”韩偓《苑中》：“外使调鹰初得按，中官过马不教嘶。”原注：“五方外按使，以鹰隼初调习，始能擒获，谓之得按。”花蕊夫人徐氏《宫词》之一二六：“日晚宫人外按回，自牵骢马出林限。”又《宫词》一二七：“预排白兔兼苍狗，等候君王按鹘来。”❽通“案”。几案。郑谷《浔阳姚宰厅作》：“野泉当按落，汀鹭入衙飞。”

【按甲】　卸去铠甲。李商隐《寄太原卢司空三十韵》："按甲神初静，挥戈思欲醒。"

【按曲】（—qǔ）依照节拍进行歌唱。元稹《和李校书新题乐府十二首·五弦弹》："主第侯家最难见，援歌按曲皆承诏。"李廓《长安少年行》："虽然长按曲，不饮不曾听。"方干《李侍御上虞别业》："真为援毫方掩卷，常因按曲便开尊。"

【按幸】巡幸。前蜀后主王衍《幸秦川上梓潼山》："驱驰非取乐，按幸为忧边。"

【按使】即按察使。唐初仿汉刺史制度设置此官，赴各道巡察，考核吏治。景龙二年(708)分置十道按察使，成为常设官员。后屡改称为按察采访处置使、采访处置使、观察处置使。权力仅次于节度使，为各州刺史的上级。宋鼎《赠张丞相》序："张丞相与予有考廉校理之旧，又代余为荆州。余改汉阳，仍兼按使，巡至荆州，故有此赠。"

【按俗】体察民情风俗。李颀《送崔侍御赴京》："按俗又如此，为郎何太迟。"又《送皇甫曾游襄阳山水兼谒韦太守》："按俗荆南牧，持衡吏部郎。"刘长卿《贾侍郎自会稽使回因书数事率成十韵》："惊年一叶落，按俗五花嘶。"

【按章】根据奏章进行查处。见《汉书·王莽传下》。刘禹锡《武陵书怀五十韵》："按章清犴狱，视祭洁蘋蘩。"

【按部】按照部类。刘祎之《酬郑沁州》："缉图昭国典，按部留宸瞩。"权德舆《酬冯绛州早秋绛台感怀见寄》："按部青丝骑，裁诗白露天。"

【按節】❶停挥马鞭。表示徐行或停止。见《汉书·五行志下》。陈子昂《还至张掖古城闻东军告捷赠韦五虚己》："披图见丞相，按节入咸京。"岑参《酬成少尹骆谷行见呈》："五马当路嘶，按节投蜀都。"钱起《送王相公赴范阳》："翊圣衔恩重，频年按节行。"柳宗元《酬韶州裴曹长使君寄道州吕八大使因以见示二十韵一首》："乘轺参孔仅，按节服侯狦。"❷按照节拍吹奏或歌舞。刘长卿《送柳使君赴袁州》："五柳闭门高士去，三苗按节远人归。"杨凭《早发湘中》："按节鸣笳中贵催，红旌白旆满船开。"

【按歌】依照拍节歌唱。王建《宫词百首》之六五："逢着五弦琴绣袋，宜春院里按歌回。"白居易《后宫词》："泪湿罗巾梦不成，夜深前殿按歌声。"花蕊夫人徐氏《宫词》之十："夜夜月明花树底，傍池长有按歌声。"韦庄《诉衷情》词之一："何处按歌声，轻轻。"

【按舞】排练或表演舞蹈。徐晶《赠温驸马汝阳王》："梁邸调歌日，秦楼按舞时。"元稹《崔徽歌》："崔徽本不是娼家，教歌按舞娼家长。"司空图《柳二首》之一："谁家按舞傍池塘，已见繁枝嫩眼黄。"花蕊夫人徐氏《宫词》之三〇："重教按舞桃花下，只踏残红作地裀。"

【按劍】❶以手抚剑。预示击剑之势。徐晶《阮公体》："秦王按剑怒，发卒成龙沙。"李白《登广武古战场怀古》："按剑清八极，归酣歌大风。"牟融《题朱庆余闲居四首》之三："按剑心犹壮，琴书乐有余。"张蠙《边将二首》之二："按剑立城楼，西看极海头。"❷喻怀才不遇。见《史记·鲁仲连邹阳列传》。耿湋《省试骊珠诗》："欲问投人否，先论按剑无。"

【按樂】（—yuè）奏乐。韩偓《北齐二首》之一："后主猎回初按乐，胡姬酒醒更新妆。"

【按縣】巡察县政。见《晋书·陶潜传》。杜甫《东津送韦讽摄阆州录事》："他时如按县，不得慢陶潜。"

【按聲】压低声音。李商隐《骄儿诗》："忽复学参军，按声唤苍鹘。"

【按蹕】帝王巡行的车驾。苏颋《奉和圣制春台望应制》："事往覆钠经远喻，春还按跸凭高赋。"

【按鶻】纵鹘行猎。花蕊夫人徐氏《宫词》之一二七："预排白兔兼苍狗，等候君王按鹘来。"

【按轡】扣紧马缰使马缓行。韦应物《酬郑户曹骊山感怀》："万马自腾骧，八骏按辔行。"白居易《和韦庶子之作兼呈裴员外》："无妨按辔行乘月，何必逃杯走似云。"周昙《咏史诗·前汉门·条侯》："人君却禀将军令，按辔垂鞭为缓行。"

指〔zhǐ《广韵》職雉切，上旨，章。〕❶手指。杜甫《自京赴奉先县咏怀五百字》："霜严衣带断，指直不得结。"孟郊《羽林行》："朔雪寒断指，朔风劲裂冰。"张祜《听筝》："十指纤纤玉笋红，雁行轻遏翠弦中。"柴宿《瑜不掩瑕》："岂假良工指，堪为达士模。"❷用手指指着；对着。寒山《诗三百三首》之二一："俊杰马上郎，挥鞭指绿杨。"戎昱《塞下曲》："回头指阴山，杀气成黄云。"权德舆《玉台体十二首》之二："试问佳期不肯道，落花深处指青楼。"赵嘏《赠天卿寺禅亮上人》："笑指白莲心自得，世间烦恼是浮云。"贯休《春晚书山家屋壁二首》之二："山翁留我宿又宿，笑指西坡瓜豆熟。"❸向，往。崔日用《奉和圣制送张说巡边》："拟清鸡鹿塞，先指朔方城。"蔡希周《奉和扈从温泉宫承恩赐浴》："天行云从指骊宫，浴日余波锡诏同。"孟浩然《送桓子之郢成礼》："闻君驰彩骑，躞蹀指南荆。"顾非熊《送僧归洞庭》："江山万万重，归去指何峰。"李中《离家》："送别人归春日斜，独鞭羸马指天涯。"❹指望。薛能《晚春》："赖指清和樱笋熟，不然愁杀暮春天。"徐铉《送王四十五归东都》："想忆看来信，相宽指后期。"❺指点；指引。见"指示""指引""指使❷""指點"。❻旨意，意向。权德舆《户部王曹长杨考功崔刑部二院长并同钟陵使府之旧因以寄赠又陪郎署喜甚常僚因书所怀且叙所知》:"解颐通善谑,喻指穷精义。"韩愈《落齿》:"如其落并空,与渐亦同指。"

【指日】　不日,为期不远。翁承赞《汉上登舟忆闽》:"一片归心随去棹,愿言指日拜文翁。"又《奉使封闽王归京洛》:"指日还家堪自重,恩荣昼锦贺封王。"

【指爪】　(—zhǎo)❶手指。孟郊《品松》:"擘裂风雨狞,抓拏指爪傭。"刘驾《秦娥》:"秦娥十四五,面白于指爪。"❷趾甲;爪子。元稹《有鸟二十章》之一:"似鹰指爪唯攫肉,戾天羽翮徒翰飞。"

【指引】　指点引导。吕岩《西江月》词之二:"若遇高人指引,都来不费功程。"

【指示】　指点;指引。刘禹锡《宣上人远寄和礼部王侍郎放榜后诗因而继和》:"自吟白雪诠词赋,指示青云借羽翰。"李涉《题清溪鬼谷先生旧居》:"常闻先生教,指示秦仪路。"齐己《招乾昼上人宿话》:"禅心谁指示,诗卷自焚烧。"

【指甲】　指端背面扁平的表皮角质层。晁采《子夜歌十八首》之五:"明窗弄玉指,指甲如水晶。"

【指白日】　指天发誓。见《诗·王风·大车》。杜甫《留花门》:"公主歌黄鹄,君王指白日。"

【指斥】　指摘,斥责。杨乘《甲子岁书事》:"礼貌忽骄狂,疏奏遂指斥。"

【指尖】　手指的尖端部分。李群玉《戏赠姬人》:"但知谑道金钗落,图向人前露指尖。"

【指似】　指点,指给。李山甫《赠宿将》:"年来马上浑无力,望见飞鸿指似人。"元稹《连昌宫词》:"指似傍人因恸哭,却出宫门泪相续。"李涉《春山三朅来》之三:"世人重耳不重目,指似药苗心不足。"

【指名】　犹知名;著名。谓某人之名受人注意。杜牧《李甘诗》:"指名为锢党,状迹谁告诉。"

【指佞草】　指直臣反对佞臣。见晋张华《博物志》卷三。亦省称"指佞"。王贞白《宫池产瑞莲》:"愿同指佞草,生向帝尧前。"李咸用《题友生丛竹》:"指佞不长生,蒲萐今无种。"

【指巡胡】　古时饮宴时的劝酒具。刻木为胡人状,底锐,置盘中,推之,倾侧摇摆,视其所指者饮酒。元稹《指巡胡》:"遣闷多凭酒,公心只仰胡。挺身唯直指,无意独欺愚。"

【指囷】　指解囊助人。见《三国志·吴书·鲁肃传》。杜甫《水宿遣兴奉呈群公》:"赠粟囷应指,登桥柱必题。"李咸用《古意论交》:"见义必许死,临危当指囷。"

【指使】　❶差使,差遣。杜牧《送沈处士赴苏州李中丞招以诗赠行》:"尽我所有无,惟公之指使。"❷指点。无名氏《笔精诗》之三(卷八六七):"夫君不指使,何处觅银钩。"

【指的】　(—dí)确切指明;明确的所指。李白《草创大还赠柳官迪》:"自然成妙用,孰知其指的。"彭晓《参同契明镜图诀诗二首》之二:"两端指的铅金祖,莫向诸般取次寻。"

【指叙】　描写叙述。皇甫湜《题浯溪石》:"然长于指叙,约洁有余态。"

【指法】　弹奏乐器时手指动作的原则和方法。司空图《狂题十八首》之二:"别鹤凄凉指法存,戴逵能耻近王门。"齐己《听李尊师弹琴》:"何人传指法,携向海中岑。"

【指注】　手指目注。韩愈《荐士》:"俗流知者谁,指注竞嘲慠。"

【指馬】　表示万物应各任自然,不分彼此、是非、长短、多少。见《庄子·齐物论》。包佶《近获风痺之疾题寄所怀》:"寓形齐指马,观境制心猿。"

【指飛鴻】　晋郭瑀隐居不仕,人以重礼征之,指飞鸿示之曰:"此鸟也,安可笼哉!"遂深逃绝迹。后用作隐遁不仕之典。李白《送裴十八图南归嵩山二首》之一:"举手指飞鸿,此情难具论。"

【指教】　(—jiào)指点教导。罗隐《寄程尊师》:"未知朽败凡间骨,中授先生指教无。"

【指途】　见"指塗"。

【指途諳老馬】　指有经验者的引导作用。见《韩非子·说林上》。张祜《投魏博李相国三十二韵》:"指途谙老马,望海哂长鲸。"

【指鹿】　指颠倒黑白,混淆是非。见《史记·秦始皇本纪》。贺兰进明《古意二首》之一:"秦庭初指鹿,群盗满山东。"李绅《趋翰苑遭诬构四十六韵》:"诳天犹指鹿,依社尚凭狐。"于濆《秦原览古》:"汉祖竟为龙,赵高徒指鹿。"

【指望】　指而望之。卢纶《同赵进马元阳春日登长春宫古城望河中因寄郑损仓曹》:"城头春霭晓濛濛,指望关桥满袖风。"

【指期】　指日,不日;限定的期限。权德舆《奉使宜春夜渡新淦江陆路至黄檗馆路上遇风雨作》:"望路殊未穷,指期今已促。"韦庄《江上逢史馆李学士》:"去浪指期鱼必变,出门回首马空嘶。"

【指揮】　❶以手或手持物挥动示意。李颀《题璿公山池》:"指挥如意天花落,坐卧闲房春草深。"李白《永王东巡歌十一首》十一:"试借君王玉马鞭,指挥戎虏坐琼筵。"杜甫《泛溪》:"翻倒荷芰乱,指挥径路迷。"许浑《谢人赠鞭》:"莫言三尺长无用,百万军中要指挥。"❷发令调遣;差遣。卢仝《楼上女儿曲》:"谁家女儿楼上头,指挥婢子挂帘钩。"马植《奉和白敏中圣道和平致兹休运岁终功就合咏盛明呈上》:"指挥貔武皆神算,恢拓乾坤是圣功。"杜牧《冬至日寄小侄阿宜诗》："指挥群儿辈，意气何坚刚。"❸安排。杜甫《贻华阳柳少府》："指挥当世事，语及戎马存。"又《过郭代公故宅》："俄顷辨尊亲，指挥存顾托。"王建《赠胡涖将军》："恐要蕃中新道路，指挥重画五城图。"白居易《春葺新居》："平旦领仆使，乘春亲指挥。"

【指揮若定】　指挥调度时心有韬略，稳操胜算。杜甫《咏怀古迹五首》之五："伯仲之间见伊吕，指挥若定失萧曹。"

【指掌】　❶喻事情易办。语出《礼记·仲尼燕居》。杜甫《北征》："伊洛指掌收，西京不足拔。"独孤及《登山谷寺上方答皇甫侍御卧疾阙陪车骑之后》："梵宫香阁攀霞上，天柱孤峰指掌看。"❷抵掌，击掌。元稹《纪怀赠李六户曹崔二十功曹五十韵》："吹嘘期指掌，患难许檐簦。"薛能《送浙东王大夫》："徵还真指掌，感激自关情。"

【指喻】　指点晓谕。李绅《题法华寺五言二十韵》："指喻三车觉，开迷五阴缠。"

【指畫】　❶用手指示意。罗隐《寄聂尊师》："欲芟荆棘种交梨，指画城中日恐迟。"郑渥《塞上》："出门何处问西东，指画翻为语论同。"❷指挥。李宏皋《铜柱辞》："诞今铸柱庇黔黎，指画风雷开五溪。"❸指点，规划。白居易《自蜀江至洞庭湖口有感而作》："手提倚天剑，重来亲指画。"方干《题越州袁秀才林亭》："清邃林亭指画开，幽岩别派像天台。"又《嘉兴县内池阁》："指画应心成，周回气象清。"

【指節】　手指的关节。皮日休《吴中苦雨因书一百韵寄鲁望》："吟诗口吻㖞，把笔指节瘃。"

【指塗】　亦作"指途"。谓就道上路。张九龄《祠紫盖山经玉泉山寺》："指塗跻楚望，策马傍荆岑。"谈戭《清溪馆作》："指途清溪里，左右唯深林。"

【指摘】　挑出错误，加以批评。韩愈《县斋有怀》："指摘两憎嫌，睢盱互猜讶。"又《杂诗》："指摘相告语，虽还今谁亲。"

【指撝】　义同"指揮"。❶以手或手持物挥动示意。刘商《胡笳十八拍·第六拍》："是非取与在指㧑，言语传情不如手。"元稹《野节鞭》："指㧑狡兔踪，决挞怪龙睡。"❷意之所向。韩愈《寄崔二十六立之》："陷身泥沟间，谁复禀指㧑。"❸巧心安排。元稹《桐花落》："君夸沉檀样，云是指㧑作。"

【指麾】　义同"指揮"。❶以手或手持物挥动示意。刘禹锡《踏潮歌》："征南将军登丽谯，赤旗指麾不敢嚣。"❷发令调遣。太宗《幸武功庆善宫》："指麾八荒定，怀柔万国夷。"杜甫《种莴苣》："指麾赤白日，澒洞青光起。"温庭筠《醉歌》："阿耋光颜不识字，指麾豪俊如驱羊。"章碣《赠边将》："只有河源与辽海，如今全属指麾中。"❸安排。杜甫《奉寄章十侍御》："指麾能事回天地，训练强兵动鬼神。"白居易《湖上招客送春泛舟》："排比管弦行翠袖，指麾船舫点红旌。"又《裴侍中晋公以集贤林亭即事诗三十六韵见赠广为五百言以伸酬献》："文之者何人，公来亲指麾。"卢仝《月蚀诗》："请留北斗一星相北极，指麾万国悬中央。"

【指撥】　以手指弹拨乐器的弦。用左手扣弦、揉弦是指法，用右手顺手下拨或反手回拨是拨法，合称"指撥"。元稹《琵琶歌》："自后流传指拨衰，昆仑善才徒尔为。"

【指樹日】　老子出生时，其母指李树为姓。见晋葛洪《神仙传·老子》。后作咏李氏生日之典。张说《舞马千秋万岁乐府词》之一："岁岁相传指树日，翩翩来伴庆云翔。"

【指點】　❶用手或他物点示。李白《相逢行》："金鞭遥指点，玉勒近迟回。"杜甫《少年行》："不通姓字粗豪甚，指点银瓶索酒尝。"白居易《钟陵饯送》："路人指点滕王阁，看送忠州白使君。"韩偓《松髻》："髻根松慢玉钗垂，指点花枝又过时。"❷评说；批评。薛涛《斛石山晓望寄吕侍御》："不得玄晖同指点，天涯苍翠漫青青。"白居易《东南行一百韵》："时遭人指点，数被鬼揶揄。"❸指示，点拨。杜甫《送孔巢父谢病归游江东兼呈李白》："蓬莱织女回云车，指点虚无是征路。"白居易《小童薛阳陶吹觱栗歌》："指点之下师授声，含嚼之间天与气。"

【指蹤】　发踪指示，即发现禽兽踪迹以指示猎犬追捕。喻指挥谋划。语本《史记·萧相国世家》。高适《同群公出猎海上》："咄彼工拙间，恨非指踪徒。"顾云《筑城篇》："不假神龟出指踪，尽凭心匠为筹画。"周昙《咏史诗·前汉门·鄼侯》："韩生不是萧君荐，猎犬何人为指踪。"

【指歸】　大旨所归；归于正道。齐己《谢丁秀才见示赋卷》："五首新裁剪，搜罗尽指归。"吴筠《高士咏·严君平》："卜筮训流俗，指归畅玄经。"

【指環】　亦作"指鐶"。以金属或宝石制的小环，套于指上，作为饰物或信物。今称戒指。刘禹锡《马嵬行》："指环照骨明，首饰敌连城。"孙棨《题妓王福娘墙》："移壁回窗费几朝，指镮偷解博红椒。"常理《妾薄命》："娇小恣所爱，误人金指环。"王氏妇《与李章武赠答诗》之二："捻指环，相思见环重相忆。"

【指鐶】　见"指環"。

【指顧】　❶手指目视。白居易《放鹰》："下鞲随指顾，百掷无一遗。"李商隐《行次西郊作一百韵》："指顾动白日，暖热回苍旻。"❷一指一顾之间。言时间短暂。陆龟蒙《奉和袭美太湖诗二十首·初入太湖》："才迎沙屿好，指顾俄已失。"郑谷《回銮》："香泛传宣里，尘清指顾间。"韩偓《隰州新驿赠刺史》："贤侯新换古长亭，先定心机指顾成。”❸号令指挥。窦庠《金山行》：“架险凌虚随指顾，榱桷玲珑皆固护。”吕温《奉和武中丞秋日台中寄怀简诸僚友》：“指顾风行地，仪形月丽天。”孟郊《送草书献上人归庐山》：“万物随指顾，三光为回旋。”

拯 〔zhěng《广韵》蒸上聲，上拯，章。〕救援；救助。刘宪《奉和幸大荐福寺应制》：“甚欢延故吏，大觉拯生人。”高适《淇上酬薛三据兼寄郭少府微》：“永愿拯刍荛，孰云干鼎镬。”韦应物《登高望洛城作》：“圣主乃东眷，俾贤拯元元。”韩愈《晚秋郾城夜会联句》：“疲氓坠将拯，残虏狂可缚。”孙元晏《咏史诗·齐·王亮》：“后见梁王未免哀，奈何无计拯倾颓。”

【拯扶】 拯救扶助。张籍《祭退之》：“是事赖拯扶，如屋有栋梁。”

【拯物】 犹济世。李白《读诸葛武侯传书怀赠长安崔少府叔封昆季》：“余亦草间人，颇怀拯物情。”

【拯溺】 救援溺水者。引申指解救危难。于邵《释奠武成王乐章·亚献终献》：“始神翊周，拯溺除凶。”元稹《和乐天赠樊著作》：“解悬不泽手，拯溺无折旋。”李商隐《送从翁东川弘农尚书幕》：“拯溺休规步，防虞要徙薪。”周昙《咏史诗·春秋战国门·子产》：“如嫌水德人多狎，拯溺宜将猛济宽。”

【拯濟】 救济。王梵志《诗》之五五：“贫亲须拯济，富眷不须饶。”

拶 〔zā《广韵》姊末切，入末，精。〕逼近；挤在一起；挤压。陆龟蒙《四明山诗·云北》：“坛当星斗下，楼拶翠微边。”李山甫《禅林寺作寄刘书记》：“坐近松风骨自寒，茅斋直拶白云边。”贯休《读顾况歌行》：“妖狐爬出西子骨，雷车拶破织女机。”又《秋寄李频使君二首》之一：“烧烟连野白，山药拶阶枯。”又《送新罗僧归本国》：“月冲阴火出，帆拶大鹏飞。”

七 画

捕 〔bǔ《广韵》蒲故切，去暮，並。〕❶捕捉，逮捕。韦应物《野居》：“逐兔上坡冈，捕鱼缘赤涧。”柳宗元《游南亭夜还叙志七十韵》：“岷凶既云捕，吴虏亦已麏。”马异《答卢仝结交诗》：“将吾剑兮切淤泥，使良骥兮捕老鼠。”白居易《燕诗示刘叟》：“青虫不易捕，黄口无饱期。”李商隐《行次西郊作一百韵》：“节使杀亭吏，捕之恐无因。”❷追寻。见“捕逐❶”。

【捕風繫影】 喻虚幻无实或无根据地臆测。见《汉书·郊祀志下》。贯休《贻世》：“捕风兼系影，信矣不须争。”亦省作“捕風”。韦应物《难言》：“持索捕风几时得，将刀斫水几时断。”

【捕逐】 ❶追逐，追寻。韩愈《调张籍》：“我愿生两翅，捕逐出八荒。”❷捕捉。韩愈《石鼎联句》序：“刘往见衡湘间人说云，年九十余矣，解捕逐鬼物，拘囚螭蛟虎豹，不知其实能否也。”

【捕魚郎】 捕鱼的人，借指隐逸之士。张谓《登金陵临江驿楼》：“忽然江浦上，忆作捕鱼郎。”皮日休《寄怀南阳润卿》：“鹿门山下捕鱼郎，今向江南作渴羌。”

【捕魚翁】 义同“捕魚郎”。陆龟蒙《自遣诗三十首》之二一：“贤达垂竿小隐中，我来真作捕鱼翁。”

【捕虜】 捕虏将军的省称。捕虏将军为东汉武官名。马武曾以战功拜捕虏将军。见《后汉书·马武传》。后作为歌咏武将的典故。杜甫《寄董卿嘉荣十韵》：“居然双捕虏，自是一嫖姚。”

挾1 〔xié《广韵》胡颊切，入帖，匣。〕❶夹持；夹在腋下。见《国语·齐语》。李白《古风》之二十：“借予一白鹿，自挟两青龙。”杜甫《留花门》：“高秋马肥健，挟矢射汉月。”❷操持。张渐《郎月行》：“洞房怨孤枕，挟琴爱前墀。”孟浩然《大堤行寄万七》：“王孙挟珠弹，游女矜罗袜。”李贺《听颖师琴歌》：“谁看挟剑赴长桥，谁看浸发题春竹。”白居易《宿紫阁山北村》：“紫衣挟刀斧，草草十余人。”陆龟蒙《挟瑟歌》：“挟瑟为君抚，君嫌声太古。”亦引申为占有。韩愈《斗鸡联句》：“天时得清寒，地利挟爽垲。”❸带领。杜甫《暮春》：“暮春鸳鹭立洲渚，挟子翻飞还一丛。”李贺《夜来乐》：“南轩汉转帘影疏，桐林哑哑挟子乌。”❹夹杂。韩愈《山南郑相公樊员外酬答为诗依赋十四韵以献》：“威风挟惠气，盖壤两劘拂。”

挾2 〔jiā《集韵》訖洽切，入洽，見。〕同“夾”。夹住。韩愈《驽骥》：“王良执其辔，造父挟其辀。”常楚老《江上蚊子》：“飘摇挟翅亚红腹，江边夜起如雷哭。”杜牧《洛中送冀处士东游》：“处士有儒术，走可挟车辀。”

【挾丸子】 操持弹丸的人。喻构陷人的人。韩愈《南山有高树行赠李宗闵》：“不知挟丸子，心默有所规。”

【挾書】 私藏书籍。李商隐《赠送前刘五经映三十四韵》：“挟书秦二世，坏宅汉诸王。”参见“挾書律”。

【挾書律】 秦始皇采纳丞相李斯的建议，下令禁止儒生以古非今，颁布关于民间藏书的法律。见《史记·秦始皇本纪》。陆龟蒙《袭美先辈以龟蒙所献五百言既蒙见和复示荣唱再抒鄙怀用伸酬谢》：“加于挟书律，尽取坑焚之。”

【挾策】 扬鞭。皎然《送裴邕之上京》：“辞山偶世清，挟策忽西行。”

【挟瑟歌】 乐府杂歌谣辞。始见北齐魏收有此作。《全唐诗》卷二九录陆龟蒙《挟瑟歌》一首。

【挟勢】 依仗权势或威势。韩愈《和侯协律咏笋》：“得时方张王，挟势欲腾骞。”白居易《座中戏呈诸少年》：“不为倚官兼挟势，因何入得少年场。”

【挟彈】 （—dàn）夹带弹弓。崔颢《渭城少年行》：“双双挟弹来金市，两两鸣鞭上渭桥。”李益《轻薄篇》：“忽闻燕雁一声去，回鞍挟弹平陵园。”刘禹锡《百舌吟》：“廷尉张罗自不关，潘郎挟弹无情损。”周昙《咏史诗·春秋战国门·少孺》：“宝贵亲仁与善邻，邻兵何要互相臻。”贯休《春野作五首》之一：“谁家挟弹少年，拟打红衣啄木。”

【挟纊】 披着绵衣。喻受人抚慰而感到温暖。见《左传·宣公十二年》。薛奇童《拟古》：“吮痈世所薄，挟纩恩难顾。”崔枢《赐耆老布帛》：“情均皆挟纩，礼异贲丘园。”杨巨源《奉酬窦郎中早入省苦寒见寄》：“谁家挟纩心，何地当垆热。”白居易《短歌曲》：“奴温新挟纩，马肥初食粟。”卢延让《雪》：“吾皇忧挟纩，犹自问君家。”

捎[1] 〔shāo《广韵》所交切，平肴，生。〕❶拂；掠。王绩《古意六首》之四：“布叶捎云烟，插根拥岩穴。”杜甫《重过何氏五首》之一：“花妥莺捎蝶，溪喧獭趁鱼。”李贺《贵主征行乐》：“春营骑将如红玉，走马捎鞭上空绿。”柳宗元《笼鹰词》：“云披雾裂虹蜺断，霹雳掣电捎平冈。”施肩吾《仙客归乡词二首》之一：“井边不认捎云树，多是门人在后栽。”❷象声词。风振竹木声。见《文选·王褒〈洞箫赋〉》。高适《咏马鞭》：“把向空中捎一声，良马有心日驰千。”崔宗之《赠李十二白》：“耿耿意不畅，捎捎风叶声。”

捎[2] 〔shǎo《集韵》山巧切，上巧，生。〕击打；袭击。杜甫《绝名六首》之四：“急雨捎溪足，斜晖转树腰。”又《寄刘峡州伯华使君四十韵》：“翠虚捎魍魉，丹极上鹍鹏。”张祜《观泗州李常侍打球》：“斗转时乘势，旁捎乍迸空。”

【捎潰】 谓行船时遇波浪溃涌处能一掠而过。杜甫《最能行》：“欹帆侧柁入波涛，撇漩捎溃无险阻。”

捉 〔zhuō《广韵》侧角切，入觉，莊。〕❶握；持；拿。韩愈《纳凉联句》：“单絺厌已褫，长箑倦还捉。”杜牧《杜秋娘诗》：“指何为而捉，足何为而驰。”陆龟蒙《村夜二篇》之一：“遇敌舞蛇矛，逢谈捉犀柄。”贯休《上杜使君》：“即捉五色笔，密勿金銮角。”❷捕捉；捕获。杜甫《石壕吏》：“暮投石壕村，有吏夜捉人。”韩愈《双鸟诗》：“天公怪两鸟，各捉一处囚。”元稹《捉捕歌》：“捉捕复捉捕，莫捉狐与兔。”白居易《和答诗十首·和古社》：“饥雕竟不捉，老犬反为媒。”

【捉生】 捉俘虏。白居易《新乐府·城盐州》：“昼牧牛羊夜捉生，长去新城百里外。”

【捉捕】 ❶捕捉；擒拿。元稹《捉捕歌》：“捉捕复捉捕，莫捉狐与兔。”❷指《捉捕歌》。元稹《乐府古题序》：“其或颇同古义，全创新词者，则《田家》止述军输，《捉捕词》先蝼蚁之类是也。”

【捉捕歌】 乐府诗题。在《乐府诗集》中归入新乐府辞。元稹所创。诗以狐、兔、豺狼、蝼蚁等喻奸臣、小人、宦官祸国殃民之事。载《全唐诗》卷四一八。

【捉迷藏】 （藏 cáng）一种游戏。蒙目相捉或寻找躲藏者。元稹《杂忆五首》之三：“忆得双文胧月下，小楼前后捉迷藏。”

【捉搦】 捉拿。韩偓《无题》：“偷儿难捉搦，慎莫共比邻。”

【捉搦歌】 乐府横吹曲词。见《乐府诗集》卷二五引南朝陈智匠《古今乐录》。《全唐诗》卷十八载张祜《捉搦歌》一首。

捐 〔juān《广韵》與專切，平仙，以。〕❶放弃；舍弃。《说文·手部》：“捐，弃也。”徐彦伯《和李适答宋十一入崖口五渡见赠》：“闻有独往客，拂衣捐世心。”顾况《弃妇词》：“妾以憔悴捐，羞将旧物还。”元稹《何满子歌》：“敛黛吞声若自冤，郑袖见捐西子浣。”张祜《团扇郎》：“白团扇，今来此去捐。”韩偓《感事三十四韵》：“四夷同效顺，一命敢虚捐。”❷废除；除去；丧失。李白《陈情赠友人》：“薄德中见捐，忽之如遗尘。”韦应物《赠李儋》：“心神自安宅，烦虑顿可捐。”韩愈《叉鱼招张功曹》：“自可捐忧累，何须强问鸮。”皮日休《鲁望昨以五百言见贻因成一千言上述吾唐文物之盛次叙相得之欢亦迭和之微旨也》：“纵为三十车，一字不可捐。”许碏《题南岳招仙观壁上》：“丈夫未达莫相侵，攀龙附凤捐精神。”❸献。玄宗《端午三殿宴群臣探得神字》序：“庖捐恶鸟，俎献肥龟。”❹死于外地。《释名·释丧制》：“不得其尸曰捐，捐于他境也。”胡曾《咏史诗·湘川》：“虞舜南捐万乘君，灵妃挥涕竹成纹。”

【捐生】 舍弃生命。胡曾《咏史诗·不周山》：“共工争帝力穷秋，因此捐生触不周。”

【捐佩】 捐弃玉佩。语本屈原《九歌·湘君》。储光羲《汉阳即事》：“九歌有深意，捐佩乃言归。”李颀《湘夫人》：“佳期来北渚，捐佩在芳洲。”柳宗元《同刘二十八院长述旧言怀感时书事奉寄澧州张员外使君五十二韵之作因其韵增至八十通赠二君子》：“共思捐佩处，千骑拥青緺。”

【捐金】 弃金。崔湜《至桃林塞作》：“怀璧常贻训，捐金讵得邻。”权德舆《顺宗至德大安孝皇帝挽歌三首》之一："荐功期瘗玉，昭俭每捐金。"

【捐金抵璧】　捐弃黄金和璧玉。指不重财物。语本晋葛洪《抱朴子·安贫》。白居易《赠友五首》之二："捐金复抵璧，勿使劳生民。"

【捐庖】　献出而养于庖中。李白《纪南陵题五松山》："伊尹生空桑，捐庖佐皇极。"

【捐宫館】　义同"捐館"。元稹《楚歌十首》之四："万事捐宫馆，空山云雨期。"

【捐書】　废书不读。李白《送梁公昌从信安北征》："入幕推英选，捐书事远戎。"

【捐棄】　抛弃。魏奉古《长门怨》："自从捐弃在深宫，君处芳音更不通。"

【捐扇】　弃扇。李益《立春日宁州行营因赋朔风吹飞雪》："捐扇破谁执，素纨轻欲裁。"

【捐篋】　汉成帝宫人班婕妤，贤才通辩，雅擅诗歌，后赵飞燕得宠，被谮，退侍太后于长信宫，作《怨歌行》。诗以合欢扇自喻，有"常恐秋节至，凉飙夺炎热。弃捐箧笥中，恩情中道绝"之语。后以"捐箧"指宫女失宠。元稹《月三十韵》："捐箧辞班女，潜波蔽虙妃。"

【捐館】　即捐馆舍。死亡的婉词。见《战国策·赵策二》。白居易《题故曹王宅》："捐馆梁王去，思人楚客来。"又《感旧》："微之捐馆将一纪，杓直归丘二十春。"

【捐軀】　为国正义而死。杜甫《暮秋枉裴道州手札率尔遣兴寄近呈苏涣侍御》："致君尧舜付公等，早据要路思捐躯。"元稹《哭吕衡州六首》之三："请缨期系虏，枕草誓捐躯。"杜牧《闻庆州赵纵使君与党项战中箭身死辄书长句》："青史文章争点笔，朱门歌舞笑捐躯。"唐彦谦《奉使岐下闻唐弘夫行军为贼所擒伤而有作》："报国捐躯实壮夫，楚囚垂欲复神都。"亦指为国为正义而不惜身亡。韩愈《县斋有怀》："捐躯辰在丁，铩翮时方蜡。"

挹[1]　〔yì《广韵》伊入切，入缉，影。〕❶酌，以瓢舀取。见《诗·小雅·大东》。魏征《五郊乐章·青帝角音》："至德可飨，行潦斯挹。"刘长卿《关门望华山》："琼浆岂易挹，毛女非空传。"孟郊《擢第后东归书怀献座主吕侍御》："旧游期再践，悬水得重挹。"蒋防《玉卮无当》："酒浆悲莫挹，樽俎念空施。"韦庄《和郑拾遗秋日感事一百韵》："晨趋鸣铁骑，夜舞挹琼觞。"❷吸取；吸收。高适《送虞城刘明府谒魏郡苗太守》："君将挹高论，定是问樵渔。"皇甫冉《上礼部杨侍郎》："余波知可挹，弱植更求荣。"卢纶《宴赵氏昆季书院因与会文并率尔投赠》："诗礼挹余波，相欢在琢磨。"李涉《怀古》："至今百王则，孰不挹其源。"陈祐《风光草际浮》："清晖谁不挹，几许赏心同。"❸引；援引；称引。高适《别王八》："征马嘶长路，离人挹佩刀。"杜甫《览柏中允兼子侄数人除官制词因述父子兄弟四美载歌丝纶》："作歌挹盛事，推毂期孤骞。"又《早发射洪县南途中作》："衰颜偶一破，胜事难屡挹。"❹通"抑"。抑制；谦退。见《荀子·宥坐》。来鹄《圣政纪颂》："端耳抗目，不抐不挹。"

挹[2]　〔yī《广韵》伊入切，入缉，影。〕通"揖"。❶拜揖。见《荀子·议兵》。张说《唐封泰山乐章·豫和六首》之一："挹泰坛，紫泰清。"卢纶《送吉中孚校书归楚州旧山》："青袍芸阁郎，谈笑挹侯王。"郑澣《赠毛仙翁》："爰观绘事，似挹真形。"白居易《叙德书情四十韵上宣歙翟中丞》："饬躬趋馆舍，拜手挹阶墀。"贯休《山居诗二十四首》之六："乌外尘中四十秋，亦曾高挹汉诸侯。"❷推崇；崇尚；称颂。张九龄《临泛东湖》："乐职在中和，灵心挹上善。"宋鼎《赠张丞相》："郡挹文章美，人怀燮理余。"杜甫《长江二首》之一："朝宗人共挹，盗贼尔谁尊。"贾至《自蜀奉册命往朔方途中呈韦左相文部房尚书门下崔侍郎》："时望挹侍郎，公才标缙绅。"孟郊《大隐坊·章仇将军良弃功守贫》："挹君山岳德，谁能齐嵚岑。"❸发扬；传扬。宋璟《奉和圣制送张说巡边》："宰国推良器，为军挹壮声。"高适《宋中别李八》："行矣各勉旃，吾当挹余烈。"武元衡《酬谈校书长安秋夜对月寄诸故旧》："蓬山高价传新韵，槐市芳年挹盛名。"

【挹水】　舀水。柳宗元《同刘二十八院长之作因其韵增八十通赠二君子》："御寒衾用罽，挹水勺仍椰。"

【挹流】　舀取流水。柳宗元《游朝阳岩遂登西亭二十韵》："挹流敌清觞，掇野代嘉肴。"

【挹海】　舀取海水。张祜《陪楚州韦舍人北闾门游宴》："挹海惊涯涘，冲霄讶羽毛。"

【挹嚼】　指吃和饮。陆龟蒙《奉和袭美太湖诗二十首·入林屋洞》："何人能挹嚼，饵以代浆糗。"

挺　〔tǐng《广韵》徒鼎切，上迥，定。〕❶拔出；举起。见《国语·吴语》。李白《送薛九被谗去鲁》："毛公一挺剑，楚赵两相存。"杜甫《又观打鱼》："能者操舟疾若风，撑突波涛挺叉入。"❷直；直立；挺立。见《周礼·考工记·弓人》。白居易《栽杉》："劲叶森利剑，孤茎挺端标。"张又新《五月水边柳》："结根挺涯涘，垂影覆清浅。"李商隐《李肱所遗画松诗书两纸得四十韵》："端如君子身，挺若壮士胸。"❸生长；长出。见《后汉书·杨赐传》。张宣明《山行见孤松成咏》："既挺千丈干，亦生百尺条。"白居易《寓意诗五首》之一："挺高二百尺，本末皆十围。"孙魴《主人司空后亭牡丹》："佳卉挺芳辰，夭容乃绝伦。"❹突出；杰出。李白《登梅冈望金陵赠族侄高座寺僧中孚》："吾宗挺禅伯，特秀鸾凤骨。"刘长卿《送裴四判官赴河西军试》:“英资挺孤秀,清论含古流。”权德舆《伏蒙十六叔寄示喜庆感怀三十韵因献之》:“独立挺忠孝,至诚感神人。”又《数名诗》:“八桂挺奇姿,森森照初旭。”❺量词。多用于条状物或长形物。见《仪礼·乡饮酒礼》。苏颋《句》:“指如十挺墨,耳似两张匙。”陆龟蒙《京口与友生话别》:“玉封千挺藕,霜闭一筒柑。”梁宝、赵神德《与赵神德互嘲》:“向者入门来,案后惟见一挺墨。”

【挺生】 挺拔生长。亦指杰出。杜甫《秋日荆南述怀三十韵》:“昔承推奖分,愧匪挺生材。”柳宗元《弘农公以硕德伟材屈于诬枉谨献诗五十韵以毕微志》:“挺生推豹蔚,遐步仰龙骧。”李商隐《五言述德抒情诗献上杜七兄仆射相公》:“恶草虽当路,寒松实挺生。”

【挺立】 直立,身体正直。李商隐《骄儿诗》:“有时看临书,挺立不动膝。”

【挺出】 突出。杜甫《奉赠韦左丞丈二十二韵》:“自谓颇挺出,立登要路津。”

【挺身】 挺直身子。杜甫《八哀诗·赠太子太师汝阳郡王琎》:“诏王来射雁,拜命已挺身。”李商隐《偶成转韵七十二句赠四同舍》:“此时闻有燕昭台,挺身东望心眼开。”亦引申为勇敢地站出来挑起重担。杜甫《送韦十六评事充同谷郡防御判官》:“挺身艰难际,张目视寇雠。”

【挺拔】 挺立高耸。喻超凡出俗。杜甫《奉赠太常张卿二十韵》:“友于皆挺拔,公望各端倪。”

【挺特】 超群特出。吴融《赠广利大师歌》:“坚如百炼钢,挺特不可屈。”

【挺然】 ❶突兀貌。陆龟蒙《奉和袭美太湖诗二十首·缥缈峰》:“左右皆跳岑,孤峰挺然起。”❷不屈貌。李郃《咏舜庙古杉》:“任彼风飙折,挺然霜雪冲。”❸长久貌。元稹《说剑》:“今复谁人铸,挺然千载后。”❹挺直貌。杜甫《课伐木》序:“维条伊枚,正直挺然。”

【挺質】 生就的美质。李峤《弩》:“挺质本轩皇,申威振远方。”李咸用《石版歌》:“直方挺质贞且真,当庭卓立凝顽神。”

【挺贇】 终南山翠微寺僧。贞元时人。卢纶《敫颜鲁公送挺赟归翠微寺》:“挺赟惠学该儒释,袖有颜徐真草迹。”

梅 〔měi《广韵》武罪切,上賄,明。〕遮盖。刘禹锡《送曹璩归越中旧隐诗》引:“余为连州,诸生以进士书刺者,浩不可纪。独曹生崖然自称为山夫。及与语,以征其实,则曰:‘所嗜者名。尝远游以索之,抗喉舌,胝梅脢,以干东诸侯。’”

挻 〔shān《广韵》式連切,平仙,書。〕见“挻灾”。

【挻災】 招引祸殃。韩偓《八月六日作四首》之二:“金虎挻灾不复论,构成狂猘犯车尘。”

挫[1] 〔cuò《广韵》则臥切,去過,精。〕❶受挫;挫败;失败。许敬宗《奉和行经破薛举战地应制》:“混元分大象,长策挫修鲸。”杜甫《上水遣怀》:“穷迫挫曩怀,常如中风走。”姚合《武功县中作三十首》之二〇:“晴月销灯色,寒天挫笔锋。”胡曾《咏史诗·鸿沟》:“项王不觉英雄挫,欲向彭门醉玉楼。”孙元晏《咏史诗·晋·蒲葵扇》:“抛舍东山岁月遥,几施经略挫雄豪。”❷弯曲。张祜《感王将军柘枝妓殁》:“画鼓不闻招节拍,锦靴空想挫腰肢。”尹鹗《女冠子》词:“叵耐天风紧,挫腰肢。”

挫[2] 〔zuò《集韵》徂卧切,去過,從。〕捏起;提起。见“挫₂糟”。

【挫抑】 摧挫。韩愈《咏雪赠张籍》:“松篁遭挫抑,粪壤获饶培。”

【挫秣】 饲马的草料。孟郊、韩愈《遣兴联句》:“驽蹄顾挫秣,逸翮遗稻粱。”

【挫₂糟】 从酿酒的缸中逼开酒糟,压出酒来。语出《楚辞·招魂》。陆龟蒙《添酒中六咏·酒枪》:“奇器质含古,挫糟未应醇。”

捋 〔lǚ〕用手指顺着抹过去,使物体顺溜或干净。见《乐府诗集·相和歌辞三·陌上桑》。任华《寄杜拾遗》:“半醉起舞捋髭须,乍低乍昂傍若无。”权德舆《敷水驿》:“临风驻征骑,聊复捋髭须。”白居易《戏问牛司徒》:“抖擞尘缨捋白须,半酣扶起问司徒。”吕岩《七言》之五八:“醉捋黑须三岛黯,怒抽霜剑十洲寒。”

【捋虎鬚】 喻冒险犯强者或从事有风险的活动。见《三国志·吴书·朱桓传》。李绅《忆过润州》:“帛书投笔封鱼腹,玄发冲冠捋虎须。”曹唐《暮春戏赠吴端公》:“牡丹花下帘钩外,独凭红肌捋虎须。”韩偓《安贫》:“谋身拙为安蛇足,报国危曾捋虎须。”

【捋鬚】 抚摸胡须。李商隐《行次西郊作一百韵》:“捋须蹇不顾,坐在御榻前。”

挼 〔ruó《集韵》奴禾切,平戈,泥。〕❶同“捼”。揉搓;摩挲。万齐融《仗剑行》:“愿骑单马仗天威,挼取长绳缚虏归。”韩愈《读东方朔杂事》:“瞻相北斗柄,两手自相挼。”曹唐《小游仙诗九十八首》之二二:“玉女暗来花下立,手挼裙带问昭王。”韩偓《三忆》之二:“忆行时,背手挼金雀。”❷随节拍跳舞或伴舞。李宣古《杜司空席上赋》:“争奈夜深抛耍令,舞来挼去使人劳。”亦指弹奏。贯休《和毛学士舍人早春》:“雅得琴中妙,常挼脸似酣。”

【挼手】 搓手。李山甫《读汉史》:“每逢奸诈须挼手,真遇英雄始醒心。"

【挼歌按曲】（曲 qǔ）谓以乐器伴奏歌舞。元稹《和李校书新题乐府十二首·五弦弹》:"主第侯家最难见,挼歌按曲皆承诏。"

【挼莎】（—suǒ）揉搓;搓摩。元稹《酬孝甫见赠十首》之三:"十岁荒狂任博徒,挼莎五木掷枭卢。"李远《友人下第因以赠之》:"黄金百万终须得,只有挼莎更一呼。"

【挼絲】搓揉丝线以成绳。李贺《春坊正字剑子歌》:"挼丝团金悬䴡䍦,神光欲截蓝田玉。"

【挼藍】即揉蓝。浸揉蓝草作染料。后即借指湛蓝颜色。白居易《春池上戏赠李郎中》:"直似挼蓝新汁色,与君南宅染罗裙。"无名氏《春二首》之二:"风师剪翠换枯条,青帝挼蓝染江水。"

【挼繩】搓绳。陈子昂《东征答朝臣相送》:"挼绳当系虏,单马岂邀功。"

捃 〔jùn《广韵》居運切,去問,見。〕拾,捡。元结《演兴四首·招太灵》:"久惆兮忧忧,招捃擩兮呼风。"见"捃收""捃拾""捃摭"。

【捃收】收集。柳宗元《韦道安》:"捃收自担肩,转道趋前程。"

【捃拾】拾起;收集。苏味道《始背洛城秋郊瞩目奉怀台中诸侍御》:"野童来捃拾,田叟去讴吟。"刘禹锡《海阳十咏》序:"裴侍御为十咏以示余,颇明丽而不虚美,因捃拾裴诗所未道者,从而和之。"

【捃摭】采取;收集。刘禹锡《游桃源一百韵》:"九流宗指归,百氏旁捃摭。"陆龟蒙《奉酬袭美先辈吴中苦雨一百韵》:"歌谣非大雅,捃摭为小说。"

挶 〔jū《广韵》居玉切,入燭,見。〕执,持。韩愈、孟郊《城南联句》:"乾穟纷拄地,化虫枯挶茎。"引申为接触。陆龟蒙《奉和袭美闻开元寺开笋园寄章上人》:"更得锦苞零落后,粉环高下挶烟寒。"

挨 〔āi《广韵》於駭切,上駭,影。又於改切,上海,影。〕❶靠近。贯休《览姚合极玄集》:"好鸟挨花落,清风出院迟。"❷依次。李德裕《句》:"休咎占人甲,挨持见天丁。"

【挨排】紧密排列。姚合《恶神行雨》:"凶神扇簸恶神行,汹涌挨排白雾生。"

振 〔zhèn《广韵》章刃切,去震,章。〕见"振上人"。

【振上人】法振。大历、贞元间僧人,有诗名。李益有《晚春卧病喜振上人见访》和《送贾校书东归寄振上人》。

八　画

棖 〔chéng《广韵》直庚切,平庚,澄。〕触动,碰撞。韩愈、孟郊《城南联句》:"算蹄记功赏,裂脑擒撑挄。"

捧 〔pěng《广韵》敷奉切,上腫,敷。〕❶双手托持。岑参《和刑部成员外秋夜寓直寄台省知己》:"黄门持被覆,侍女捧香烧。"韩翃《和高平朱参军思归作》:"刺船频向剡中回,捧被曾过越人宿。"陆复礼《试中和节诏赐公卿尺诗》:"捧观珍质丽,拜受圣恩崇。"徐夤《荔枝二首》之一:"蛮山踢晓和烟摘,拜捧金盘奉越王。"❷指双手。韩愈《题炭谷湫祠堂》:"巨灵高其捧,保此一掬悭。"卢钧《荐冰》:"在捧摇寒色,当呈表素诚。"❸簇拥,拥托。寒山《诗三百三首》之五十:"浪捧鸳鸯儿,波摇鸂鶒子。"王涯《献寿辞》:"宫殿参差列九重,祥云瑞气捧阶浓。"李商隐《咏云》:"捧月三更断,藏星七夕明。"皮日休《南阳》:"昆阳王气已萧疏,依旧山河捧帝居。"❹挟持,侍奉。见"捧日""捧戴"。❺仰承,恭受。杜审言《守岁侍宴应制》:"季冬除夜接新年,帝子王孙捧御筵。"杜甫《寄岳州贾司马六丈巴州严八使君两阁老五十韵》:"忆昨趋行殿,殷忧捧御筵。"

【捧土】❶"捧土塞津"之省称。喻不可能办到之事。见《后汉书·朱浮传》。李白《北风行》:"黄河捧土尚可塞,北风雨雪恨难裁。"❷葬仪之一种。下葬时以手捧土填墓穴,以示哀悼。窦叔向《贞懿皇后挽歌三首》之一:"幼王亲捧土,爱女复边茔。"

【捧日】捧拥太阳。喻指侍从效忠帝王。崔日用《奉和立春游苑迎春应制》:"圣泽阳和宜宴乐,年年捧日向东城。"郑愔《奉和幸三会寺应制》:"散花将捧日,俱喜圣慈开。"沈亚之《山出云》:"从龙方有感,捧日岂无因。"章碣《浙西送杜晦侍御入关》:"捧日思驰仙掌外,朝宗势动海门中。"

【捧手】拱手。表示恭敬。张继《送张中丞归使幕》:"满台簪白笔,捧手恋清辉。"

【捧心】❶以手置胸前作捧心状,旧以为系女子的一种美态。《与崔渥冥会杂诗》(卷八六四):"亡国破家皆有恨,捧心无语泪苏台。"毛熙震《浣溪沙》词:"碧玉冠轻袅燕钗,捧心无语步香阶,缓移弓底绣罗鞋。"❷喻指拙劣可笑的模仿。见《庄子·天运》。柳宗元《重赠殷戏批书后二首》之二:"世上悠悠不识真,姜芽尽是捧心人。"韦蟾《句》:"伤颊讵关舞,捧心非效嚬。"

【捧足】簇拥于足下。道家谓得道者仙去时有彩云捧足。吕岩《七言》之二七:"彩云捧足归何处,直入三清谢圣颜。”

【捧金】　传战国燕昭王曾筑黄金台于易水边，置千金于台上，以广招天下贤士。见《文选·鲍明远〈放歌行〉》：“将起黄金台”李善注。后因以“捧金”为咏招贤之典。许浑《春日思旧游寄南徐从事刘三复》：“怀玉尚悲迷楚塞，捧金犹羡乐燕台。”

【捧持】　小心谨慎地用双手捧托或抱持。表示珍视、爱惜。杨巨源《酬崔驸马惠笺百张兼贻四韵》：“捧持价重凌云叶，封裹香深笑海苔。”姚合《拾得古砚》：“捧持且惊叹，不敢施笔墨。”杜牧《杜秋娘诗》：“画堂授傅姆，天人亲捧持。”徐夤《春末送陈先辈之清源》：“归日捧持明月宝，去时期刻刺桐花。”

【捧袂】　犹相逢。裴度、白居易等《刘二十八自汝赴左冯涂经洛中相见联句》：“游藩荣已久，捧袂惜将分。”

【捧握】　捧持。浩虚舟《赋得琢玉成器》：“伫当亲捧握，瑚琏幸齐名。”

【捧劍傳金人】　（傳 chuán）传秦昭王三月上巳置酒河曲，见金人自河而去，捧水心剑曰：“令君制有西夏。”秦成霸业后，乃于其地为曲水以流杯，遂相沿成习，见南朝梁吴均《续齐谐记》。后因以为咏上巳修禊之典。崔元翰《奉和圣制三日书怀因以示百寮》：“流觞想兰亭，捧剑传金人。”

【捧劍僕】　姓名未详。咸阳郭氏之仆。不事音乐。尝以望水眺云为事，不遵驱使，虽遭鞭而不改，后窜去。见范摅《云溪友议》卷下。《全唐诗》卷七三二录其诗三首。

【捧擁】　簇拥。杜甫《山寺得开字章留后同游》：“使君骑紫马，捧拥从西来。”白居易《和微之春日投简阳明洞天五十韵》：“捧拥罗将绮，趋跄紫与朱。”吕岩《七言》之六三：“庆云捧拥朝丹阙，瑞气裴回起白烟。”

【捧膳】　南朝宋谢瞻性至孝，母久病，亲为“尝药捧膳，不阙一时，勤容戚颜，未尝暂改。”见《宋书·谢瞻传》。后因以“捧膳”为咏孝亲之典。卢纶《送浑炼归觐却赴阙庭》：“执珪期已迫，捧膳步宁徐。”

【捧戴】　扶持，护持。元稹《后湖》：“提携翁及孙，捧戴妇与姑。”

【捧檄】　为咏“家贫亲老，不择官而仕”之典。见《后汉书·刘赵淳于等传》。骆宾王《早发淮口望盱眙》：“一朝从捧檄，千里倦悬旌。”又《夏日游德州赠高四》序：“而太夫人在堂，义须捧檄，因仰长安而就日，赴帝乡以望云。”孟浩然《书怀贻京邑同好》：“执鞭慕夫子，捧檄怀毛公。”

【捧藻】　捧阅华美之诗文。韦应物《奉和圣制重阳日赐宴》：“捧藻千官处，垂戒百王程。”

【捧露盤仙人】　即承露铜盘。汉武帝建，在建章宫神明台，高五丈，上有承露盘承云表之露，用以和玉屑服之以求不老，盘下铸铜仙人舒掌托之，即捧露盘仙人，见《历代宅京记》卷四。李贺《金铜仙人辞汉歌》序：“魏明帝青龙元年八月，诏宫官牵车西取汉孝武捧露盘仙人，欲立置前殿。”

掛　同“挂”。悬挂。程杰《芙蓉峰》：“清宵皓月峰头挂，宛如佳人对镜台。”

【掛冠】　同“挂冠”。指辞官。李涛《送凌处士赴连州邀》：“知己云霄在，那言欲挂冠。”

揶　〔yé〕见“揶揄”。

【揶揄】　嘲弄，打趣。李白《玩月金陵城西孙楚酒楼日晚乘醉棹歌秦淮访崔四侍御》：“半道逢吴姬，卷帘出揶揄。”温庭筠《病中书怀呈友人》：“镏惔虚访觅，王霸竟揶揄。”高骈《依韵奉酬李迪》：“而今共饮醇滋味，消得揶揄势利疏。”

【揶揄慚路鬼】　指仕途淹滞。见《世说新语·任诞》。骆宾王《春日离长安客中言怀》：“揶揄惭路鬼，憔悴切波臣。”李绅《趋翰苑遭诬构四十六韵》：“未平人睚眦，谁惧鬼揶揄。”罗隐《钟陵见杨秀才》：“赖得与君同此醉，醒来愁被鬼揶揄。”徐夤《咏怀》：“道在或期君梦想，贫来争奈鬼揶揄。”

掫　〔zōu《广韵》側九切，上有，莊。又子于切，平虞，精。又子侯切，平侯，精。〕攒聚。卢仝《冬行三首》之二：“漕石生齿牙，洗滩乱相掫。”

措　〔cuò《广韵》倉故切，去暮，清。〕❶安置，安放。沈颂《送金文学还日东》：“冒险当不惧，皇恩措尔躬。”见“措足”。❷行动，作为。元稹《梦游春七十韵》：“诚为坚所守，未为明所措。”❸搁置不用。杜审言《和李大夫嗣真奉使存抚河东》：“人乐逢刑措，时康洽赏延。”白居易《读史五首》之一：“是时刑方措，此去难为心。”❹指措辞，说。元稹《和乐天赠樊著作》：“是时游夏辈，不敢措舌端。”

【措大】　旧指落拓寒酸之读书人。谓其能举措大事，故称。《江陵语》：“琵琶多于饭甑，措大多于鲫鱼。”

【措手】　着手，下手。谓动手做某事。方干《酬将作于少监》：“冰丝织络经心久，瑞玉雕磨措手难。”

【措足】　立足，置身。韦丹《思归寄东林澈上人》序：“夫二林翼翼，松径幽邃，则何必措足于丹霄，驰心于太古矣。”

【措刑】　刑罚措置不用。表示天下承平，无犯法之人。元稹《代曲江老人百韵》：“措刑非苟简，稽古蹈因循。”

【措詞】 见“措辭”。

【措辭】 亦作“措詞”。指说话、写作时选择安排词句。亦泛指说话，行文。刘禹锡《送韦秀才道冲赴制举》：“游夏无措词，阳秋垂不刊。”白居易《和答诗十首》序：“若两不然者，何立意措辞，与足下前时诗如此之相远也？”

描 〔miáo《广韵》武儦切，平宵，明。〕描画；摹画。江妃《谢赐珍珠》：“桂叶双眉久不描，残妆和泪污红绡。”顾况《梁司马画马歌》：“展处把笔欲描时，司马一骑赛倾倒。”李洞《送醉画王处士》：“别后鹤毛描转细，近来牛角饮还粗。”薛媛《写真寄夫》：“泪眼描将易，愁肠写出难。”

捺 〔nà《广韵》奴曷切，入曷，泥。〕以手下按，摁。寒山《诗三百三首》之一七四：“捺头遣小心，鞭背令缄口。”

【捺硬】 强制，硬挺。寒山《诗三百三首》之六三：“捺硬莫采渠，呼名自当去。”

掎 〔jǐ《广韵》居綺切，上紙，見。又居宜切，平支，見。又卿義切，去寘，溪。〕❶牵引。见“掎摭”。❷牵制。见“掎角”。

【掎角】 谓协同作战，分兵夹击或牵制对方。柳宗元《鼓吹铙歌·战武牢》：“战武牢，动河朔。逆之助，图掎角。”白居易《代书诗一百韵寄微之》：“辅车排胜阵，掎角搴降旗。”

【掎摭】 摘拾，捡取。韩愈《石鼓歌》：“孔子西行不到秦，掎摭星宿遗羲娥。”又《读皇甫湜公安园池诗书其后二首》之一：“枉智思掎摭，粪壤污秽岂有臧。”

掩 〔yǎn《广韵》衣儉切，上琰，影。〕❶遮蔽，遮羞。太宗《帝京篇十首》之九：“珮移星正动，扇掩月初圆。”贺朝《孤兴》：“罗幕空掩昼，玉颜静移春。”吕牧《泾渭扬清浊》：“岸虚深草掩，波动晓烟轻。”孔德绍《南隐游泉山》：“野花开石镜，云叶掩山楼。”亦指捂住。卢纶《送内弟韦宗仁归信州觐省》：“醉掩壶觞人有泪，梦惊波浪日无辉。”见“掩耳”。❷覆盖，布满。窦威《出塞曲》：“潜军度马邑，扬旆掩龙城。”岑参《火山云歌送别》：“缭绕斜吞铁关树，氛氲半掩交河戍。”钱起《奉陪郭常侍宴浐川山池》：“歌声掩金谷，舞态出平阳。”❸掩盖，掩饰缺点。贾岛《辩士》：“善哉君子人，扬光掩瑕玼。”南巨川《美玉》：“有瑕宁自掩，匪石幸君知。”❹关闭。陈嘉言《上元夜效小庾体》：“重城自不掩，出向小平津。”刘长卿《长沙赠衡岳祝融峰般若禅师》：“归路却看飞鸟外，禅房空掩白云中。”李中《春闺辞二首》之二：“海燕归来门半掩，悠悠花落又黄昏。”亦指合上。窦牟《奉使至邢州赠李八使君》：“尽心敷吏术，含笑掩兵书。”李绅《南梁行》：“故箧岁深开断简，秋堂月曙掩遗题。”曹邺《四怨三愁五情诗十二首·其二愁》：“此夜目不掩，屋头乌啼声。”❺藏，隐。卢纶《送陈明府赴萍县》：“祠掩荒山下，田开野荻中。”朱景玄《远闻本郡行春到旧山二首》之一：“定掩溪名在图传，共知轩盖此登攀。”❻埋，埋葬。张继《城西虎跑寺》：“寺开梁殿阁，坟掩晋衣冠。”羊士谔《和李都官郎中经宫人斜》：“翡翠无穷掩夜泉，犹疑一半作神仙。”冯道《北使还京作》：“上下一行如骨肉，几人身死掩风沙。”❼掩没，埋没。耿湋《华州客舍奉和崔端公春城晓望》：“贫病催年齿，风尘掩姓名。”鱼玄机《游崇真观南楼睹新及第题名处》：“自恨罗衣掩诗句，举头空羡榜中名。”❽盖过，超过。宋之问《范阳王挽词二首》之一：“公才掩诸夏，文体变当时。”李白《赠闾丘宿松》：“吾知千载后，却掩二贤名。”李德裕《思山居一十首·忆药苗》：“味掩商山芝，英逾首阳蕨。”许浑《赠桐庐房明府先辈》：“阙下书功无后辈，卷中文字掩前贤。”❾阻止，止息。见“掩遏”。❿暗淡。见“掩藹”。⓫低垂。白居易《不能忘情吟》：“鬻骆马兮放杨柳枝，掩翠黛兮顿金羁。”鲍溶《子规》：“悲深寒乌雏，哀掩病鹤翅。”

【掩口】 ❶以手遮口。指暗笑。李颀《送刘十》：“闻道谢安掩口笑，知君不免为苍生。”白居易《新乐府·牡丹芳》：“低娇笑容疑掩口，凝思怨人如断肠。”❷捂住嘴，表示不饮。李白《赠宣城宇文太守兼呈崔侍御》：“回车避朝歌，掩口去盗泉。”

【掩户】 关闭门户。白居易《残春晚起伴客笑谈》：“掩户下帘朝睡足，一声黄鸟报残春。”

【掩玉泉】 死之婉词。玉泉，黄泉。卢照邻《哭明堂裴主簿》：“始谓调金鼎，如何掩玉泉。”

【掩耳】 以手捂耳。表示不愿听，怕听。韩愈《寄卢仝》：“劝参留守谒大尹，言语才及辄掩耳。”罗隐《感怀》：“掩耳恶闻宫妾语，低颜须向路人羞。”韩偓《老将》：“折枪黄马倦尘埃，掩耳凶徒怕疾雷。”

【掩抑】 ❶压制，遏抑。杜甫《种莴苣》：“因知邪干正，掩抑至没齿。”柳宗元《浑鸿胪宅闻歌效白纻》：“朱唇掩抑悄无声，金簧玉磬宫中生。”吕温《同舍弟恭岁暮寄晋州李六协律三十韵》：“摧藏变化用，掩抑扶摇姿。”❷指声音低沉幽咽。张九龄《听筝》：“悠扬思欲绝，掩抑态还生。”董思恭《咏琵琶》：“摧藏千里态，掩抑几重悲。”皎然《送李季良北归》：“掩抑楚弦绝，离披湘叶衰。”白居易《新乐府·五弦弹》：“第五弦声最掩抑，陇水冻咽流不得。”❸犹抑扬。李白《赠宣城宇文太守兼呈崔侍御》：“遂归池上酌，掩抑清风弦。”窦群《奉酬西川武相公晨兴赠友见示之作》：“殷勤见知己，掩抑绕中肠。”温庭筠《西州词》：“一弹三四解，掩抑似含情。”❹指心情抑郁。杜甫《湘江宴饯裴二端公赴道州》："促觞激百虑，掩抑泪潺湲。"孟郊《逢江南故昼上人会中郑方回》："追思东林日，掩抑北邙泪。"

【掩身】 遮身，居于隐蔽之处。李绅《入扬州郭》："非为掩身羞白发，自缘多病喜肩舆。"

【掩帙】 掩卷。合上书卷。指中止读书。卢纶《早春游樊川野居却寄李端校书》："掩帙蓬蒿晚，临川景气澄。"

【掩卷】 （—juàn）合上书卷。指中止读书。李白《翰林读书言怀呈集贤诸学士》："片言苟会心，掩卷忽而笑。"方干《李侍御上虞别业》："真为援毫方掩卷，常因按曲便开尊。"

【淹泣】 以手遮面而泣。许敬宗《七夕赋咏成篇》："所叹却随更漏尽，掩泣还弄昨宵机。"李白《万愤词投魏郎中》："恋高堂而掩泣，泪血地而成泥。"韩翃《赠别王侍御赴上都》："相思掩泣复何如，公子门前人渐疏。"许浑《伤故湖州李郎中》："南北相逢皆掩泣，白蘋洲暖百花开。"

【掩面】 用手或他物遮住自己面部。多为悲泣、羞惭或畏怯之状。戴叔伦《女耕田行》："头巾掩面畏人识，以刀代牛谁与同。"卢仝《楼上女儿曲》："箜篌历乱五六弦，罗袖掩面啼向天。"皮日休《太湖诗·练渎》："君王掩面死，嫔御不敢哭。"司空图《力疾山下吴村看杏花十九首》之十："秾艳三千临粉镜，独悲掩面李夫人。"

【掩映】 ❶或遮或露，有隐有现。李百药《和许侍郎游昆明池》："差池下凫雁，掩映生云烟。"武三思《奉和圣制夏日游石淙山》："掩映叶光含翡翠，参差石影带芙蓉。"元结《宿丹崖翁宅》："泉流掩映在木杪，有若白鸟飞林间。"李群玉《长沙春望寄涔阳故人》："依微水戍闻疏鼓，掩映河桥见酒旗。"❷遮蔽，隐蔽。权德舆《桃源篇》："渐入空濛迷鸟道，宁知掩映有人家。"元稹《赛神》："山深多掩映，仅免鲸鲵吞。"方干《书法华寺上方禅壁》："一径穿缘应就郭，千花掩映似无溪。"吴融《玉女庙》："九清何日降仙霓，掩映荒祠路欲迷。"❸犹映衬。谓相遮掩衬托。权德舆《广陵诗》："飘飘翠羽薄，掩映红襦明。"白居易《新昌新居书事四十韵因寄元郎中张博士》："篱东花掩映，窗北竹婵娟。"杜牧《朱坡绝句三首》之二："藤岸竹洲相掩映，满池春雨鸊鹈飞。"《题寺廊柱》："湖水团团夜如镜，碧树红花相掩映。"❹犹映照。引申指超越，盖过。李白《陈情赠友人》："多君骋逸藻，掩映当时人。"

【掩袂】 以衣袖遮面。多指掩面而泣。曹邺《送厉图南下第归澧州》："结根既不然，何必更掩袂。"梁琼《铜雀台》："谁怜未死妾，掩袂下铜台。"

【掩袂對懷王】 指战国楚郑袖设计陷害怀王宠姬事。李白《惧谗》："魏姝信郑袖，掩袂对怀王。"参见"掩鼻"。

【掩笑】 掩口而笑；忍住不使笑出声来。张谓《扬州雨中张十七宅观妓》："掩笑频欹扇，迎歌乍动弦。"颜粲《吴宫教美人战》："掩笑谁干令，严刑必用诛。"叶季良《省试吴宫教美人战》："掩笑分旗下，含羞入队中。"方干《赠美人四首》之二："坐上弄娇声不转，尊前掩笑意难知。"

【掩扇】 以扇遮面。韦应物《汉武帝杂歌三首》之一："掩扇一言相谢去，如烟非烟不知处。"

【掩書】 合上书本。谓中止看书。刘禹锡《同乐天送河南冯尹学士》："阁上掩书刘向去，门前修刺孔融来。"

【掩掩】 朦胧貌。元稹《通州丁溪馆夜别李景信三首》之一："月濛濛兮山掩掩，束束别魂眉敛敛。"

【掩脛】 谓衣长可遮住小腿。杜甫《乾元中寓居同谷县作歌七首》之二："黄精无苗山雪盛，短衣数挽不掩胫。"

【掩淚】 掩面流泪。卢象《八月十五日象自江东止田园移庄庆会三首》之二："今来识离恨，掩泪方殷勤。"李嘉祐《游徐城河忽见清淮因寄赵八》："长恨相逢即分首，含情掩泪独回头。"陈羽《古意》："知郎本来无岁寒，几回掩泪看花落。"刘云《有所思》："掩泪向浮云，谁知妾怀抱。"

【掩圍】 指围猎中收缩包围圈。钱起《校猎曲》："长杨杀气连云飞，汉主秋畋正掩围。"

【掩棄】 谓草草掩埋。赵徵明《回军跛者》："常恐道路旁，掩弃狐兔茔。"

【掩扉】 关门。严维《酬耿拾遗题赠》："掩扉常自静，驿吏忽传呼。"韦应物《永定寺喜辟强夜至》："深炉正燃火，空斋共掩扉。"白居易《春尽日宴罢感事独吟》："五年三月今朝尽，客散筵空独掩扉。"刘沧《题王校书山斋》："猿鸟无声昼掩扉，寒原隔水到人稀。"亦指关闭之门。刘长卿《送金昌宗归钱塘》："惟有陶潜柳，萧条对掩扉。"

【掩遏】 阻遏，压制。李商隐《有感二首》之二："苍黄五色棒，掩遏一阳生。"

【掩鼻】 楚怀王的新美人掩鼻见王，后被劓鼻。《战国策·楚策四》。后因以"掩鼻"为喻谗言构陷之典。白居易《读史五首》之四："掇蜂杀爱子，掩鼻戮宠姬。"又《新乐府·天可度》："劝君掩鼻君莫掩，使君夫妇为参商。"长孙佐辅《古宫怨》："拊心却笑西子颦，掩鼻谁忧郑姬谤。"韩偓《故都》："掩鼻计成终不觉，冯驩无路斆鸣鸡。"

【掩閨】 关上闺房之门。戴叔伦《新别离》："黄昏掩闺后，寂寞心自知。"张生妻《梦中歌》："良人去不回，焉知掩闺泣。"

【掩嫮】 谓美色被遮掩，盖过。李康成《玉华仙子歌》："紫阳彩女矜无数，遥见玉华皆掩嫭。"张九龄《奉和圣制瑞雪篇》："信宿婵娟飞雪度，能使玉人俱掩嫭。"

【掩障】 遮蔽。王建《赠王处士》："松树当轩雪满池，青山掩障碧纱幮。"

【掩噎】 犹掩泣。徐彦伯《题东山子李适碑阴二首》之一："忽惊薤露曲，掩噎东山云。"

【掩魄】 指金乌（传说日中有乌）遮住了阳光，喻指帝王死。李绅《趋翰苑遭诬构四十六韵》："日倾乌掩魄，星落斗摧枢。"

【掩骼】 掩埋暴露之尸骨。语本《礼记·月令》。柳宗元《掩役夫张进骸》："掩骼著春令，兹焉适其时。"

【掩斂】 ❶熠熠闪光貌。杜牧《梅》："轻盈照溪水，掩敛下瑶台。"皮日休《以纱巾寄鲁望因而有作》："掩敛乍疑裁黑雾，轻明浑似戴玄霜。"又《奉和鲁望蔷薇次韵》："红芳掩敛将迷蝶，翠蔓飘飖欲挂人。"❷躲闪藏避，怯生羞见人貌。吴融《杏花》："粉薄红轻掩敛羞，花中占断得风流。"孙光宪《浣溪沙》词之九："将见客时微掩敛，得人怜处且生疏，低头羞问壁边书。"

【掩謗】 弭谤。止息批评讽谏。司空图《感时》："爱毁亦自遭，掩谤终失计。"

【掩隱】 遮蔽，隐蔽。陆龟蒙《白鸥诗》序："池之南、西、北边合三亭，修篁嘉木，掩隐隈隩，处其一，不见其二也。"

【掩髂】 遮住腰骨。谓衣短仅及腰。韩愈《县斋有怀》："朝食不盈肠，冬衣才掩髂。"

【掩關】 ❶闭门。常指深居不出。羊士谔《雨中寒食》："令节逢烟雨，园亭但掩关。"姚合《闲居遣怀十首》之十："拙直难和洽，从人笑掩关。"李商隐《残花》："若但掩关劳独梦，宝钗何日不生尘。"李昭象《题顾正字溪居》："若教明月休生桂，应得危时共掩关。"❷坐关。佛教徒修行方式之一种，闭门静坐以求觉悟，为期不少于七天。白居易《秋山》："何时解尘网，此地来掩关。"又《赠杓直》："有兴或饮酒，无事多掩关。"

【掩藹】 昏暗貌。李得《赋得垣衣》："掩蔼青春去，苍茫白露稀。"

【掩鬱】 暗淡不明貌。赵冬曦《奉酬燕公见归田赋垂赠之作》："楚云何掩郁，湘水亦回遭。"

捷 〔jié《广韵》疾葉切，入葉，從。〕❶作战胜利。贺朝《从军行》："行望凤京旋凯捷，重来麟阁画丹青。"杜甫《蜀相》："出师未捷身先死，长使英雄泪满襟。"高适《赠别王十七管记》："归旌告东捷，斗骑传西败。"王贞白《送韩从事归本道》："献捷灵州倅，归时宠拜新。"❷告成，成功。李白《赠友人三首》之二："其事竟不捷，沦落归沙尘。"杨巨源《重送胡大夫赴振武》："人间文武能双捷，天下安危待一论。"贾岛《送雍陶及第归成都宁亲》："勿以攻文捷，而将学剑轻。"❸指科举中第。白居易《寄献北都留守裴令公》："始擅文三捷，终兼武六韬。"杜荀鹤《送宾贡登第后归海东》："归捷中华第，登船鬓未丝。"齐己《送人下第东归再谒旧主人》："一战偶不捷，东归计未空。"❹敏捷，迅疾。杜甫《闷》："猿捷长难见，鸥轻故不还。"王建《寻橦歌》："身轻足捷胜男子，绕竿四面争先缘。"司空图《效陈拾遗子昂感遇二首》之一："高燕飞何捷，啄害恣群雏。"❺近便。储光羲《野田黄雀行》："斜路岂不捷，渚田岂不肥。"王炎《赋得行不由径》："邪径趋时捷，端心恶此名。"

【捷技】 敏捷之技能，技艺。德宗《元日退朝观军仗归营》："勇余矜捷技，令肃无喧声。"

【捷步】 犹捷足，脚步快捷。张籍《省试行不由径》："孰知求捷步，又恐异端成。"

【捷徑】 ❶抄近之路。李商隐《商于新开路》："更谁开捷径，速拟上青云。"❷喻指投机取巧以求进身之途径。李白《咏桂》："攀折争捷径，及此春风暄。"杜甫《赠郑十八贲》："卑飞欲何待，捷径应未忍。"俞简《行不由径》："捷径虽云易，长衢岂不平？"韩偓《送人弃官入道》："俊才轻折桂，捷径取纡朱。"

【捷疾】 敏捷迅疾。韩愈《荐士》："荣华肖天秀，捷疾逾响报。"

【捷書】 捷报。报告胜利之文书。岑参《凯歌六首》之一："汉将承恩西破戎，捷书先奏未央宫。"刘长卿《罢摄官后将还旧居留辞李侍御》："引军横吹动，援翰捷书挥。"王涯《从军词三首》之三："旄头夜落捷书飞，来奏金门著赐衣。"杜牧《今皇帝陛下一诏征兵不日功集臣获睹圣功辄献歌咏》："捷书皆应睿谋期，十万曾无一镞遗。"

【捷捷】 行动迅疾貌。元稹《酬刘猛见送》："百足虽捷捷，商羊亦翘翘。"

【捷敏】 敏捷迅速。韩愈《赠崔立之评事》："崔侯文章苦捷敏，高浪驾天输不尽。"

【捷報】 报告胜利之文书。杜牧《少年行》："捷报云台贺，公卿拜寿卮。"

【捷勢】 胜利之势头。殷尧藩《李节度平虏诗》："元勋未论封茅异，捷势应知破竹然。"

【捷獵】 相接貌。元稹《大云寺二十韵》："虎行风捷猎，龙睡气氛氲。"

掉 〔diào《广韵》徒弔切，去嘯，定。又徒了切，上篠，定。又女角切，入覺，娘。〕❶摆动，摇动。杜甫《义鹘》："折尾能一掉，饱肠皆已穿。"韩愈《病中赠张十八》："谈舌久不掉，非君亮谁双。"姚合《游春十二首》之二："树枝风掉软，菜甲土浮轻。"陆龟蒙《奉和夏初袭美见访题小斋次韵》："尽趁晴明修网架，每和烟雨掉缫车。"❷翻转，倒转。陆龟蒙《奉和袭美太湖诗二十首·崦里》："笑我掉头去，芦中闻刺船。"吕岩《绝句》之十七："趯倒葫芦掉却琴，倒行直上卧牛岑。"❸更换，更替。韩愈《元和圣德诗》："掉弃兵革，私习簋簠。"亦指抛弃。吕岩《七言》之八四："割断繁华掉却荣，便从初得是长生。"❹划，划船。郎士元《赠强山人》："或掉轻舟或杖藜，寻常适意钓前溪。"刘商《合肥至日愁中寄郑明府》："鱼竿今尚在，行此掉沧浪。"曹松《赠南陵李主簿》："仍闻陂水近，亦拟掉菰蒲。"

【掉三寸舌】　鼓舌。形容善于游说。多用于贬义。李白《笑歌行》："张仪所以只掉三寸舌，苏秦所以不垦二顷田。"参见"鼓舌"。

【掉舌】　❶摇舌，吐舌。元稹《虫豸诗·巴蛇三首》："掉舌翻红焰，盘身蹙白花。"❷亦作"掉舌樞"。指谈论、游说。语本《史记·淮阴侯列传》。白居易《和答诗十首·答四皓庙》："八难掉舌枢，三略役心机。"罗隐《酬丘光庭》："道般合眼拜九列，张濬掉舌升三台。"

【掉舌樞】　见"掉舌❷"。

【掉折】　挥断。谓马鞭用频而折断。借指劳于征战或国事。吴融《登鹳雀楼》："祖鞭掉折徒为尔，赢得云溪负钓竿。"

【掉尾】　摇尾，摆动尾巴。李白《北上行》："猛虎又掉尾，磨牙皓秋霜。"姚康《赋得巨鱼纵大壑》："掉尾方穷乐，游鳞每自舒。"来鹄《游鱼》："弄萍限荇思夷犹，掉尾扬鬐逐慢流。"韦庄《抚州江口雨中作》："金骝掉尾横鞭望，犹指庐陵半日程。"

【掉首】　掉头，转过头去。表示不顾不理。张碧《题祖山人池上怪石》："铺却双缯直道难，掉首空归不成画。"

【掉鞍】　掉转马头。指回转。韦庄《观猎》："直待四郊高鸟尽，掉鞍齐向国门归。"

【掉鞅】　❶整理、理顺马颈上之皮带。李商隐《井泥四十韵》："伊余掉行鞅，行行来自西。"❷驾战车入敌营挑战时，下车整理马脖子上的皮带。见《左传·宣公十二年》。后以"掉鞅"指在战斗中从容不迫。储光羲《同诸公送李云南伐蛮》："剑关掉鞅归，武弁朝建章。"

【掉箾】　谓拔剑出鞘。箾，刀鞘。李贺《公莫舞歌》："腰下三看宝玦光，项庄掉箾栏前起。"

【掉蕩】　犹摇荡，振荡。元稹《代曲江老人百韵》："掉荡云门发，蹁跹鹭羽振。"又《纪怀赠李六户曹崔二十功曹五十韵》："角声悲掉荡，城影暗楼层。"

【掉頭】　❶摇头。不赞成貌。李白《答王十二寒夜独酌有怀》："世人闻此皆掉头，有如东风射马耳。"白居易《感所见》："谁人会我心中事，冷笑时时一掉头。"亦指吟诵貌。陆龟蒙《和同润卿寒夜访袭美各惜其志次韵》："醉韵飘飘不可亲，掉头吟侧华阳巾。"❷转过头去。表示不顾而去。杜甫《送孔巢父谢病归游江东兼呈李白》："巢父掉头不肯住，东将入海随烟雾。"韩翃《送齐山人归长白山》："旧事仙人白兔公，掉头归去又乘风。"刘禹锡《送裴处士应制举诗》："人言策中说何事，掉头不答看飞鸿。"杜牧《洛中送冀处士东游》："处士拱两手，笑之但掉头。"

【掉幟】　摇旗。柳宗元《鼓吹铙歌·泾水黄》："列缺掉帜，招摇耀铓。"

【掉臂】　❶甩手。两手空空貌。李白《魏郡别苏明府因北游》："散尽空掉臂，高歌赋还邛。"❷不顾而去貌。韩愈《赴江陵途中寄赠三学士》："持男易斗粟，掉臂莫肯酬。"吕岩《七言》之三五："当年诗价满皇都，掉臂西归是丈夫。"❸甩臂而行。自由行走貌。刘禹锡《含晖洞述》："伸头掉臂，空洞无阻。"吕岩《七言》之五三："闲来掉臂入天门，拂袂徐徐撮彩云。"❹犹奋臂。司空图《力疾山下吴村看杏花十九首》之一："掉臂只将诗酒敌，不劳金鼓助横行。"又《冯燕歌》："官将赴市拥红尘，掉臂人来擗看人。"

【掉鞭】　扬鞭，挥动马鞭。李白《幽州胡马客歌》："双双掉鞭行，游猎向楼兰。"白居易《题裴晋公女几山刻石诗后》："登山不拄仗，上马能掉鞭。"亦借指骑马征战。白居易《河阳石尚书破回鹘绘画为图猥蒙见示以诗美之》："塞北虏郊随手破，山东贼垒掉鞭收。"

【掉轡】　整理马缰绳。指驭马。贾岛《送沈秀才下第东归》："东归家室远，掉辔时参差。"

掌　〔zhǎng《广韵》諸兩切，上養，章。〕❶手掌，手。杜甫《乐游园歌》："公子华筵势最高，秦川对酒平如掌。"元稹《和李校书新题乐府十二首·驯犀》："前观驯象后驯犀，理国其如指诸掌。"贯休《战城南二首》之一："拖枪半夜去，雪片大如掌。"❷指汉武帝所建之承露仙人掌。太宗《赋秋日悬清光赐房玄龄》："秋露凝高掌，朝光上翠微。"骆宾王《秋晨同淄川毛司马秋九咏·秋露》："泛掌光逾净，添荷滴尚微。"刘禹锡《秋萤引》："曝衣楼上拂香裙，承露台前转仙掌。"❸掌管，主管。李颀《送刘十》："诸兄相继掌青史，第五之名齐骠骑。"李白《赠郭将军》："将军少年出武威，入掌银台护紫微。"王涯《宫词三十首》之四："头白监门掌来去，问频多是最承恩。"李商隐《送王十三校书分司》："多少分曹掌秘文，洛阳花雪梦随君。"

【掌上】　手掌之上。❶表示爱抚，钟爱。沈佺期《送金城公主适西蕃应制》："玉就歌中怨，珠辞掌上恩。”白居易《新乐府·母别子》：“新人迎来旧人弃，掌上莲花眼中刺。”陈标《婕妤怨》：“掌上恩移玉帐空，香珠满眼泣春风。”❷极言微小。方干《和剡县陈明府登县楼》：“郭里人家如掌上，檐前树木映窗棂。”吴融《赴阙次留献荆南成相公三十韵》：“似平铺掌上，疑涌出壶中。”❸极言容易。王昌龄《箜篌引》：“麄读兵书尽冥搜，为君掌上施权谋。”

【掌上玉】 喻指极受宠爱之女子。白居易《续古诗十首》之七：“何意掌上玉，化为眼中砂。”

【掌上身】 指女子之轻盈身材。罗隐《偶题》：“钟陵醉别十余春，重见云英掌上身。”徐夤《寄天台陈希畋》：“坐为羽猎车中相，飞作君王掌上身。”

【掌上珠】 亦作“掌中珠”。指抚弄于手掌之珍珠。喻指极受怜爱之人。多指受怜爱之子女。王宏《从军行》：“儿生三日掌上珠，燕颔猿肱秾李肤。”亦喻指受宠爱之女子。杨虞卿《过小妓英英墓》：“别我已为泉下土，思君犹似掌中珠。”

【掌上舞】 传汉成帝之后赵飞燕体态轻盈，能为掌上舞。后用为咏轻盈善舞之典。白居易《把酒思闲事二首》之二：“掌上初教舞，花前欲按歌。”聂夷中《大垂手》：“装束赵飞燕，教来掌上舞。”亦作“掌中舞”。武平一《妾薄命》：“正悦掌中舞，宁哀团扇诗。”

【掌中】 (—zhōng)❶手掌之中。(1)用汉赵飞燕事，借指女子得到恩宠、抚爱。张祜《退宫人二首》之一：“开元皇帝掌中怜，流落人间二十年。”李商隐《燕台四首·冬》：“当时欢向掌中销，桃叶桃根双姊妹。”(2)极言登高所见之物微小，如可置掌中。李忱《百丈山》：“日月每从肩上过，山河长在掌中看。”李群玉《将游罗浮登广陵楞伽台别羽客》：“百越落掌中，十洲点空白。”❷指汉武帝于建章宫所造之承露仙人掌。见《汉书·郊祀志上》。王翰《古蛾眉怨》：“黄金作盘铜作茎，青天白露掌中擎。”参见“承露盘”。

【掌中回】 (中 zhōng)见“掌中花”。

【掌中身】 (中 zhōng)犹掌上珠。指极受疼爱之人。李煜《挽辞》之一：“未销心里恨，又失掌中身。”

【掌中花】 (中 zhōng)亦作“掌中腰”“掌中回”。俱指似汉赵飞燕一般轻盈可作掌中舞之女子。王绩《辛司法宅观妓》：“云光身后荡，雪态掌中回。”和凝《采莲曲》：“波上人如潘玉儿，掌中花似赵飞燕。”李百药《少年行》：“千金笑里面，一搦掌中腰。”参见“掌上舞”。

【掌中珠】 (中 zhōng)见“掌上珠”。

【掌中腰】 (中 zhōng)见“掌中花”。

【掌中輕】 (中 zhōng)用汉成帝后赵飞燕事。谓其轻盈能为掌上舞。张南容《静女歌》：“为照齐王门下丑，何如汉帝掌中轻。”亦泛指轻盈善舞之女子。杜牧《遣怀》：“落魄江南载酒行，楚腰肠断掌中轻。”参见“掌上舞”。

【掌中舞】 (中 zhōng)见“掌上舞”。

【掌次】 周代官名。负责帝王出行时张幕设案等。王维《送秘书晁监还日本国》序：“同仪加等，位在王侯之先；掌次改观，不居蛮夷之邸。”参阅《周礼·天官·掌次》。

【掌事】 掌管事务。白居易《岁暮寄微之三首》之二：“若不九重中掌事，即须千里外抛身。”亦指掌管某一具体事务之人。李贺《秦王饮酒》：“银云栉栉瑶殿明，宫门掌事报一更。”李沇《梦仙谣》：“海宫蹙浪收残月，挈壶掌事传更歇。”

【掌珍】 犹掌上珠。喻指受父母怜爱之女子。徐彦伯《奉和送金城公主适西蕃应制》：“凤扆怜箫曲，鸾闺念掌珍。”

【掌故】 汉官名。掌管礼乐制度之故实。汉晁错曾以此职往伏生处受《尚书》。李商隐《赠送前刘五经映三十四韵》：“缧囚为学切，掌故受经忙。”

【掌珠】 同“掌上珠”。韦元旦《奉和送金城公主适西蕃应制》：“唯应西海月，来就掌珠圆。”白居易《哭崔儿》：“掌珠一颗儿三岁，鬓雪千茎父六旬。”

【掌記】 “掌書記”之省称。郎士元《送李敖湖南书记》：“怜君才与阮家同，掌记能资亚相雄。”贾岛《送张校书季霞》：“掌记试校书，未称高词华。”刘得仁《送灵武朱书记》：“相如偏自惬，掌记复乘骢。”

【掌書記】 唐代官名。为节度使或观察使之幕职，掌表奏书檄等文辞之事。李颀《别梁锽》：“虽云四十无禄位，曾与大军掌书记。”李频有《送姚侍御充渭北掌书记》。张鲁封有《谑池亳二州宾佐兼寄宣武军掌书记李昼》。

【掌握】 ❶手；手掌之中。乔琳《绵州越王楼即事》：“顿觉胸怀无俗事，回看掌握是人寰。”皎然《奉酬于中丞使君郡斋卧病见示一首》：“抉得骊龙珠，光彩曜掌握。”武元衡《酬崔使君寄麈尾》：“寄我襟怀里，辞君掌握中。”李群玉《古镜》：“云天入掌握，爽朗神魂净。”❷握持。包何《赋得秤送孟孺卿》：“掌握须平执，锱铢必尽知。”杜甫《太子张舍人遗织成褥段》：“掌握有权柄，衣马自肥轻。”贾岛《双鱼谣》：“掌握尺余雪，劈开肠有璜。”

【掌絲綸】 见“掌綸”。

【掌節】 周官名。《周礼·地官·掌节》谓其职为“掌守邦节而辨其用，以辅王命”。后亦借指守验符信之职。杜甫《冬日洛城北谒玄元皇帝庙》：“守祧严具礼，掌节镇非常。”

【掌誥】 掌起草诏诰。多指知制诰或中书舍人。韦应物《寄令狐侍郎》：“西掖方掌诰，南宫复司春。”又

《和吴舍人早春归沐西亭言志》:"一门双掌诰,伯侍仲言归。"元稹《酬乐天东南行诗一百韵》:"近喜司戎健,寻伤掌诰徂。"

【掌運】 掌管米粮钱币等之运输。唐以转运使专主其事。孟郊《赠转运陆中丞》:"掌运职既大,摧邪名更雄。"

【掌綸】 亦作"掌絲綸"。掌起草诏书。多指任知制诰或中书舍人之职。孙逖《故右丞相赠太师燕文贞公挽词二首》之二:"空余掌纶地,传庆百千秋。"韩愈《酒中留上襄阳李相公》:"浊水污泥清路尘,还曾同制掌丝纶。"白居易《酬皇甫庶子见寄》:"掌纶不称吾应笑,典郡无能我自知。"韩偓《与吴子华侍郎同年玉堂同直兼呈诸同年》:"二纪计偕劳笔研,一朝宣入掌丝纶。"

【掌賦】 掌钱谷贡赋之事,唐户部侍郎的职责。卢纶《纶与吉侍郎中孚审侯仓曹钊》:"掌赋若吹籁,司言如建瓴。"

【掌職】 掌管有关事务之职责。陆龟蒙《奉和袭美太湖诗二十首·投龙潭》:"掌职一不行,精灵又何寄。"

【掌翻】 翻掌。喻反复无常。李益《汉宫少年行》:"岂知人事无定势,朝欢暮戚如掌翻。"

【掌憲】 掌管法纪。卢僎《稍秋晓坐阁遇舟东下扬州即事寄上族父江阳令》:"掌宪时持节,为邦邈海头。"

排 〔pái《广韵》步皆切,平皆,並。〕❶推开。陆敬《游清都观寻沈道士得都字》:"聊排灵琐闼,徐步入清都。"李适《帝幸兴庆池戏竞渡应制》:"急桨争标排荇度,轻帆截浦触荷来。"骆宾王《畴昔篇》:"紫禁终难叫,朱门不易排。"白居易《行简初授拾遗同早朝入阁》:"待漏排阊阖,停珂拥建章。"❷排除;排挤。韩愈《赠张籍》:"喜气排寒冬,逼耳鸣睍睆。"元稹《送崔侍御之岭南二十韵》:"试蛊看银黑,排腥贵食咸。"刘禹锡《令狐相公见示赠竹二十韵仍命继和》:"新青排故叶,余纷笼疏理。"引申指压倒、超过。白居易《和酬郑侍御东阳春闷见寄》:"一缄疏入掩谷永,三都赋成排左思。"杜牧《分司东都寓居履道叨承川尹刘侍郎大夫恩知上四十韵》:"赋妙排鹦鹉,诗能继鹡鸰。"❸排遣,消解。高适《酬裴员外以诗代书》:"驱传及远蕃,忧思郁难排。"白居易《伤唐衢二首》之一:"常排伤心事,不为长叹息。"李煜《浪淘沙》词:"往事只堪哀,对景难排。"❹排列。寒山《诗三百三首》之一一九:"杂杂排山果,疏疏围酒樽。"李白《草书歌行》:"笺麻素绢排数厢,宣州石砚墨色光。"元稹《和乐天过秘阁书省旧厅》:"经排蠹简怜初校,芸长陈根识旧栽。"李贞白《咏罂粟子》:"倒排双陆子,希插碧牙筹。"亦指编次,编排。白居易《编集拙诗成一十五卷因题卷末》:"莫怪气粗言语大,新排十五卷诗成。"❺安排;准备。杜甫《续得观书迎就当阳居止正月中旬定出三峡》:"发日排南喜,伤神散北吁。"元稹《使东川·梁州梦》:"亭吏呼人排去马,所惊身在古梁州。"和凝《宫词百首》之六五:"先遣五坊排猎骑,为民除害出神京。"贯休《送僧入石霜》:"寂寞排松榻,斓斑半雪须。"❻冲向;耸入。岑参《北庭西郊候封大夫受降回军献上》:"直上排青云,傍看疾若飞。"窦牟《早入朝书事》:"隐轸排霄翰,差池跨海鳞。"李绅《题法华寺五言二十韵》:"十峰排碧落,双涧合清涟。"❼犹击,劈。杜甫《楠树为风雨所拔叹》:"干排雷雨犹力争,根断泉源岂天意。"❽排演,演奏。元稹《和乐天送客游岭南二十韵》:"歌钟排象背,炊爨上鱼身。"❾成排,成行。李洞《和曹监春晴见寄》:"兰台架列排书目,顾渚香浮瀹茗花。"

【排山】 推开大山。喻力大或势大。温庭筠《题李卫公诗二首》之二:"势欲凌云威触天,权倾诸夏力排山。"

【排比】 ❶安排,准备。白居易《湖上招客送春泛舟》:"排比管弦行翠袖,指麾船舫点红旌。"赵嘏《喜张濆及第》:"春风贺喜无言语,排比花枝满杏园。"吴融《溪翁》:"应嗟独上涔阳客,排比椒浆奠楚魂。"❷排列,布置。花蕊夫人徐氏《宫词》之一三三:"小院珠帘着地垂,院中排比不相知。"

【排方胯】 腰带之一种。胯,带上之饰物。每带有九胯或十余胯不等,每胯下有小环,用以佩物。胯之形状有方有圆,其密而方者称"排方胯"。张祜《观杭州柘枝》:"红罨画衫缠腕出,碧排方胯背腰来。"

【排户】 指赋税。薛能《边城作》:"管排蛮户远,出箐鸟巢孤。"自注:"蜀人谓税为排户。"

【排引】 犹引荐。李贺《仁和里杂叙皇甫湜》:"枉辱称知犯君眼,排引才升强缅断。"

【排仗】 排设仪仗。王建《赠胡证将军》:"半夜进傩当玉殿,未明排仗到铜壶。"又《宫词一百首》之六八:"未明东上阁门开,排仗声从后殿来。"

【排斥】 排挤斥逐。韩愈《赠别元十八协律六首》之四:"势要情所重,排斥则埃尘。"

【排立】 列队站立。孙光宪《杨柳枝词四首》之二:"恰似有人长点检,著行排立向春风。"

【排空】 (—kōng)犹腾空,凌空。陈希烈《省试白云起封中》:"冉冉排空上,依依叠影重。"刘沧《题天宫寺阁》:"丹阙侵霄壮复危,排空霞影动檐扉。"

【排拶】 相互挤压冲撞。韩愈《辛卯年雪》:"崩腾相排拶,龙凤交横飞。"

【排風】 犹顶风。谓逆风而上。杜甫《醉歌行》:

"偶然擢秀非难取，会是排风有毛质。"又《奉送二十三舅录事之摄郴州》："舟鹢排风影，林乌反哺声。"

【排班】　按官班等第排列次序。姚合《和东都令狐留守相公》："拜表出时传七刻，排班衙日有三公。"

【排戛】　犹排斥、挤撞。李贺《春归昌谷》："龙皮相排戛，翠羽更荡掉。"

【排訐】　排斥攻讦。韩愈《送文畅师北游》："谓僧当少安，草序颇排讦。"

【排陰】　谓排除地下阴气之阻遏。杜牧《冬至日寄小侄阿宜诗》："排阴出九地，万物随开张。"

【排奡】　刚健有力貌。韩愈《荐士》："横空盘硬语，妥帖力排奡。"

【排雲】　凌云；腾向云霄。李峤《雁》："望月惊弦影，排云结阵行。"韦应物《善福精舍秋夜迟诸君》："丹阁已排云，皓月更高悬。"韩愈《齪齪》："排云叫阊阖，披腹呈琅玕。"刘禹锡《秋词二首》之一："晴空一鹤排云上，便引诗情到碧霄。"

【排虛】　排空，凌空。虞世南《奉和幽山雨后应令》："排虚翔戏鸟，跨水落长虹。"温庭筠《感旧陈情五十韵献淮南李仆射》："既矫排虚翅，将持造物权。"

【排冥筌】　脱出鱼筌。比喻得到解脱。李白《赠饶阳张司户燧》："何当共携手，相与排冥筌。"

【排悶】　排遣郁闷。杜甫《江亭》："故林归未得，排闷强裁诗。"

【排衙】　衙门属吏依次参谒主官之仪式。元稹《纪怀赠李六户曹崔二十功曹五十韵》："竦足良甘分，排衙苦未曾。"白居易《雨雪放朝因怀微之》："不知雨雪江陵府，今日排衙得免无。"路德延《小儿诗》："排衙朱阁上，喝道画堂前。"

【排窠】　排格。方格形之印痕。白居易《妻初授邑号告身》："花笺印了排窠湿，锦褾装来耀手红。"参见"擘窠"。

【排遍】　唐乐舞术语。亦称歌头、迭遍。唐大曲有散序、中序、破三段。每段又有数遍。其中序之第一遍称"排遍"。《全唐诗》卷二七《杂曲歌辞》有《排遍第一》。

【排斡】　推移运转。韩愈《南山诗》："力虽能排斡，雷电怯呵诟。"

【排遣】　排挤，斥逐。寒山《诗三百三首》之一〇四："不意遭排遣，还归暗处藏。"

【排遷】　排挤贬迁。吴筠《览古十四首》之七："汉主思英才，贾生被排迁。"

【排霄】　凌云，冲霄。刘长卿《登扬州栖灵寺塔》："稍登诸劫尽，若骋排霄翮。"

【排蕩】　排除，扫荡。杜甫《八哀诗·赠秘书监江夏李公邕》："衰俗凛生风，排荡秋旻霁。"亦指排击、冲撞。杜甫《题衡山县文宣王庙新学堂呈陆宰》："金甲相排荡，青衿一憔悴。"

【排頭】　带头。荆人《嘲僧惟恭》："地狱千万重，莫厌排头入。"

【排擯】　排斥摈弃。元稹《苦乐相倚曲》："班姬收泪抱妾身，我曾排摈无限人。"

【排霧】　冲出云雾。李远《赠咸阳李少府》："鹏到碧天排雾去，凤游琼树拣枝栖。"

【排難】　（—nàn）排除困难、祸患。皮日休《新秋言怀寄鲁望三十韵》："底力将排难，何颜用解嘲。"胡曾《咏史诗·八公山》："谁料此山诸草木，尽能排难化为人。"路德延《感旧诗》："岂知流落萍蓬远，不觉推迁岁月遥。"

【排闥】　推门，推开门。贯休《送张拾遗赴施州司户》："君不见顷者百官排闼赴延英，阳城不死存令名。"李翰《蒙求》："樊哙排闼，辛毗引裾。"

【排籤】　并立的竹签。韩愈《苦寒》："将持匕箸食，触指如排签。"

捶〔chuí《广韵》之累切，由紙，章。〕❶用拳头或持棍棒敲打。李白《醉后答丁十八以诗讥余捶碎黄鹤楼》："黄鹤高楼已捶碎，黄鹤仙人无所依。"韩愈《八月十五夜赠张功曹》："昨者州前捶大鼓，嗣皇继圣登夔皋。"卢仝《月蚀诗》："蚩尤簸旗弄旬朔，始捶天鼓鸣珰琅。"白居易《新乐府·新丰折臂翁》："夜深不敢使人知，偷将大石捶折臂。"司空图《冯燕歌》："诬执张婴不自明，贵免生前遭考捶。"❷同"箠"。杖，鞭。韩愈《送张道士》："恨无一尺捶，为国苔羌夷。"柳宗元《同刘二十八院长寄澧州张使君》："曳捶牵羸马，垂蓑牧艾豭。"❸同"錘"。锤炼。见"捶琢"。

【捶琢】　锤炼琢磨。齐己《喜彬上人见访》："莫惜天机细捶琢，他时终可拟芙蕖。"

【捶鉤】　锻打带钩。见《庄子·知北游》。后以形容功夫纯熟。杜甫《夜听许十损诵诗爱而有作》："应手看捶钩，清心听鸣镝。"

【捶楚】　杖击；鞭打。为古代刑罚之一种。杜甫《送高三十五书记》："脱身簿尉中，始与捶楚辞。"韩愈《八月十五夜赠张功曹》："判司卑官不堪说，未免捶楚尘埃间。"

推〔tuī《广韵》他回切，平灰，透。又尺隹切，平脂，昌。〕❶向外用力使物体移动。李白《襄阳歌》："清风朗月不用一钱买，玉山自倒非人推。"王睿《公无渡河》："蛟螭尽醉兮君血干，推出黄沙兮泛君骨。"李商隐《无愁果有愁曲》："推烟唾月抛千里，十番红桐一行死。"司空图《冯燕歌》："故故推门掩不开，似教欧轧传言语。"推荐，推选。崔日用《奉和至制送张说巡边》"轩相推风后，周官重夏卿。"张九龄《饯王尚书出边》："汉相推人杰，殷宗伐鬼方。"柳宗元《唐饶歌教吹曲十二篇一奔鲸沛》："授以神柄，推元臣。"黄滔《酬俞钩》："今日朝廷推草泽，伫君承诏出云根。"❷把工具向前移动进行工作。见《礼记·月令》。顾况《乐府》："亲祀先崇典，躬推示劝耕。"徐夤《鸿门》："皇王尚法三推礼，白社宁忘四体勤。"《郊庙歌辞·享先农乐章·咸和》："三推礼就，万庾祈凝。"❸推重，推许。李白《相和歌辞·猛虎行》："三吴邦伯多顾盼，四海雄侠皆相推。"苏味道《和武三四于天中寺复礼上人之作》："敏学推多艺，高谈属辩才。"郑昉《人不易知》："寅亮推多士，清通固赏奇。"孟匡明《饯王将军赴云中》："势亚彤弓宠，时推金印雄。"❹推算。徐至《闰月定四时》："定向铜壶辨，还从玉律推。"纥干讽《新阳改故阴》："律管才推候，寒郊忽变阴。"陈子昂《蓟丘览古赠卢居士藏用七首·邹衍》："兴亡已千载，今也则无推。"见"推事""推命"。❺推诿，推托。李建勋《晚春送牡丹》："借问少年能几许，不许推酒厌杯盘。"韦庄《对雪献薛常侍》："门外寒光利如剑，莫推红袖诉金船。"又《对梨花赠皇甫秀才》："且恋残阳留绮席，莫推红袖诉金卮。❻推究，审问。见"推囚"。❼按顺序更换，移。李贺《河南府试十二月乐词·闰月》："帝重光，年重时，七十二候回环推，天官玉琯灰剩飞。"见"推遷"。❽拖延。吕岩《沁园春》词："奈日推一日，月推一月。"

【推手】　古代礼节。作揖时的动作。见《仪礼·乡饮酒礼》。韩愈《听颖师弹琴》："推手遽止之，湿衣泪滂滂。"

【推心】　以诚相待。张九龄《当涂界寄裴宣州》："推心徒有属，会面良无缘。"吕岩《与潭州智度寺慧觉诗》："达者推心兼济物，圣贤传法不离真。

【推心置腹】　谓真心相待。语本《东观汉记·光武帝纪》。白居易《新乐府·七德舞》："功成理定何神速，速在推心置人腹。"

【推引】　推荐引进。韩愈《赠崔立之评事》："频蒙怨句刺弃遗，岂有闲官敢推引。

【推功】　❶谋求功勋。李频《太和公主还宫》："天骄发使犯边尘，汉将推功遂夺亲。"❷推让功勋。皎然《奉送李中丞道昌入朝》："诸侯皆取则，八使独推功。"❸评定事功。孙魴《题梅岭泉》："讽咏虽知苦，推功靡极玄。"

【推囚】　审问犯人。元稹《瑟瑟歌》："今春制狱正撩乱，昼夜推囚心似灰。"又《辛夷花问韩员外》："缚遣推囚名御史，狼籍囚徒满田地。"

【推先】　推尊。王维《哭祖六自虚》："公卿尽虚左，朋识共推先。"韦应物《酬豆卢仓曹题库壁见示》："莫嗟年鬓改，郎署定推先。"张籍《赠殷山人》："同袍还共弊，连辔每推先。"

【推名】　推誉。陈政《赠窦蔡二记室主蜀》："六辅昔推名，二江今振响。"杜荀鹤《寄温州朱尚书并呈军倅崔太博》："永嘉名郡昔推名，连属荀家弟与兄。"

【推車】　用力使车向前移动。李白《上云乐》："抚顶弄盘古，推车转天轮。"欧阳詹《述德上兴元严仆射》："推车阃外主恩新，今日梁川草遍春。"薛能《行次灵龛驿寄西蜀尚书》："北客推车指蜀门，乾阳知已近临坤。"刘景复《梦为吴泰伯作胜儿歌》："河湟咫尺不能收，挽粟推车徒兀兀。"

【推事】　勘断案件。元稹《同醉》："柏树台中推事人，杏花坛上炼形真。"

【推命】　❶推算命运，算命。白居易《对镜吟》："三殿失恩宜放弃，九宫推命合漂沦。"❷谓守命自安。魏万《金陵酬李翰林谪仙子》："才高世难容，道废可推命。"

【推重】　（—zhòng）推许尊重。权德舆《奉和许阁老酬淮南崔十七端公见寄》："交辟尝推重，单辞忽受诬。"

【推食】　韩信说，汉王"解衣衣我，推食食我"。见《史记·淮阴侯列传》。后以"推食解衣"极言恩惠之深。刘宪《奉和圣制幸望春宫送朔云大总管张仁亶》："推食天厨至，投醪御酒传。"元稹《和李校书新题乐府十二首·驯犀》："脱衣推食衣食之，不若男耕女令纺。"

【推美】　推重赞美。杜审言《赠崔融二十韵》："玉振先推美，金铭旧所防。"

【推恩】　广施恩惠。黄滔《鹿時李相公》："推恩每觉车溟浅，吹律能令北陆暄。"

【推倒】　（—dǎo）向前用力使物体倒下。司空图《与伏牛长老偈二首》之二："推倒我山无一事，莫将文字缚真知。"牛殳《方响歌》："忽然碎打入破声，石崇推倒珊瑚树。"吕岩《七言》之一十："本色丹瓢推倒后，却吞丸药待延龄。"又《又记》："推倒玉葫芦，迸出黄金液。"

【推恕】　推恩宽恕。柳宗元《田家三首》之二："公门少推恕，鞭朴恣狼藉。"

【推能】　举荐贤能。周昙《咏史诗·三国门·蜀先主》："豫州军败信途穷，徐庶推能荐卧龙。"

【推理】　尊重理义。崔湜《襄阳早秋寄岑侍郎》："体道徒推理，防身终昧微。"

【推排】　相比。方干《贼退后赠刘将军》："非唯吴起与穰苴，今古推排尽不如。"

【推唱】　推许唱和。郑谷《赠宗人前公安宰吾》："孤散恨无推唱路，耿怀吟得赠君诗。"

【推移】 变化、移动或发展。苏颋《饯泽州卢使君赴任》："寥泬秋先起，推移月向诸。"柳宗元《种柳戏题》："谈笑为故事，推移成昔年。"陆龟蒙《次追和清远道士诗韵》："海岳尚推移，都鄙固芜漫。"

【推揚】 推崇颂扬。郑谷《左省补阙张茂枢同在谏垣邻居光德迭和篇会因抒酬寄》："紫垣名士推扬切，为话心孤倍感知。"

【推椎】 推向捶打。元稹《将进酒》："推椎主母牵下堂，扶妾遣升堂上床。"

【推誠】 以诚心相待。德宗《中和节赐百官燕集因示所怀》："推诚抚诸夏，与物长为春。"李白《赠从弟宣州长史昭》："摇笔起风霜，推诚结仁爱。"白居易《七年春题府厅》："推诚废钩距，示耻用蒲鞭。"杨夔《送张相公出征》："献画符中旨，推诚契上玄。"

【推溝】 推入沟壑之中。语本《孟子·万章上》。遂以"推沟"为悯民之典。李娇《晚秋喜雨》："紫宸兢履薄，丹扆念推沟。"

【推演】 推论演绎。韦嗣立《酬崔光禄冬日述怀赠答》："推演中都术，旋参河尹声。"

【推奬】 推许奖誉。杜甫《秋日荆南述怀三十韵》："昔承推奖分，愧匪挺生材。"

【推算】 推演计算。无名氏《讥裴休》："却教术士难推算，胎月分张与阿谁。"

【推賢】 推荐贤人。杜审言《和李大夫嗣真奉使存抚河东》："玺书傍问俗，旌节近推贤。"钱起《海畔愁思》："箕裘空在念，咄咄谁推贤。"刘禹锡《赠同年陈长史员外》："推贤有愧韩安国，论旧唯存盛孝章。"周昙《咏史诗·后汉门·杨震》："为国推贤匪惠私，十金为报遽相危。"

【推遷】 推移变化。孟浩然《除夜有怀》："五更钟漏欲相催，四气推迁往复回。"刘商《胡笳十八拍·第十一拍》："日来月往相推迁，迢迢星岁欲周天。"唐彦谦《登庐山》："凭虚有仙骨，日月看推迁。"

【推窮】 推研穷究。吕岩《酹江月》词："此是天关地轴，谁解推穷圆缺。"

【推薦】 介绍好的人或事希望被任用和接受。宋之问《郡宅中斋》："谢公念苍生，同忧感推荐。"孟浩然《同曹三御史行泛湖归越》："白简徒推荐，沧洲已拂衣。"杜甫《东京送韦讽摄阆州录事》："推荐非承乏，操持必去嫌。"殷寅《铨试后征山别业寄源待御》："裴楷能清通，山涛急推荐。"

【推擇】 推举择用。玄宗《赐诸州刺史以题座右》："猗欤此推择，声绩著周行。"

捭 〔bǎi《广韵》北買切，上蟹，幫。〕双手左右外击。引申指摆弄。卢仝《月蚀诗》："东方苍龙角，插戟尾捭风。"

【捭闔】 犹开合。分开与收拢。本为纵横家之术略，后亦泛指分合变化之术略、智谋。韩愈《病中赠张十八》："夜阑纵捭阖，哆口疏眉厖。"皮日休《鲁望昨以五百言见贻和之微旨也》："披揭覆载枢，捭阖神异键。"

捨 〔shě《广韵》書冶切，上馬，書。〕❶放弃，丢弃。储光羲《献八舅东归》："高位莫能舍，舍之世所贤。"韦应物《送宫人入道》："舍宠求仙畏色衰，辞天素面立天墀。"张文规《吴兴三绝》："吴兴三绝不可舍，劝子强为吴会行。"皮日休《正乐府十篇·颂夷臣》："吾人本尚舍，何况夷臣事。"❷离开；脱离。李颀《送王道士还山》："先生舍我欲何归，竹杖黄裳登翠微。"王维《菩提寺禁口号又示裴迪》："安得舍罗网，拂衣辞世喧。"韩愈《示爽》："座中悉亲故，谁肯舍汝眠。"白居易《酬裴相公见寄二绝》："可怜安稳地，舍此欲何归?"❸除却，除了。元稹《和乐天赠樊著作》："舍此二者外，安用名为宾。"❹赦免。见"捨罪"。❺放，发。见"捨矢"。

【捨手】 丢手，放下。吕岩《七言》之八八："些小道功如不信，金阶舍手试看么。"

【捨矢】 放箭，发箭。独孤及《和李尚书画射虎图歌》："舍矢如破石可裂，应弦尽敌山为空。"

【捨生】 牺牲生命。孟郊《列女操》："贞女贵徇夫，舍生亦如此。"李商隐《题僧壁》："舍生求道有前踪，乞脑剜身结愿重。"

【捨宅】 施舍住宅作佛寺。颜真卿《刻清远道士诗因而继作》："登坛仰生一，舍宅叹珣珉。"

【捨舟】 离舟，下船。孟浩然《题云门山寄越府包户曹徐起居》："舍舟入香界，登阁憩旃檀。"王维《蓝田山石门精舍》："舍舟理轻策，果然惬所适。"李德裕《夏晚有怀平泉林居》："孟夏守畏途，舍舟在徂暑。"

【捨身】 自愿为佛门作仆役或作其他苦行以示敬佛，谓之舍身。钱起《题延州圣僧穴》："昔日舍身缘救鸽，今时出见有飞鹰。"胡曾《咏史诗·金陵》："生前不得空王力，徒向金田自舍身。"

【捨施】 施舍。佛教称施财物予佛门以布恩德为施舍。高适《同马太守听九思法师讲金刚经》："舍施割肌肤，攀缘去亲爱。"

【捨眷】 抛家。离开家眷。裴度、白居易等《喜遇刘二十八偶书两韵联句》："舍眷将何适，留欢便是归。"

【捨筏】 意谓佛法助人达于悟境，如船筏之渡人达于彼岸。登岸则可弃筏。见《金刚经·正信希有分》。喻修行已达悟境。刘长卿《禅智寺上方怀演和尚寺即和尚所创》："舍筏追开士，回舟狎钓翁。"钱起《归义寺题震上人壁》："不作解缨客，宁知舍筏喻。"

【捨割】 舍弃。王梵志《诗》之七二:"世间难舍割,无过财色深。"

【捨罪】 赦罪,免罪。李白《东海有勇妇》:"舍罪警风俗,流芳播沧瀛。"

【捨魯】 离开鲁国。亦泛指离开故土。语本《礼记·礼运》。李商隐《送千牛李将军赴阙五十韵》:"舍鲁真非策,居邠未有名。"

掀 〔xiān《广韵》虚言切,平元,曉。〕❶上举,上扬。元稹《竞渡》:"赤鳞化时至,唐突鳍鬣掀。"❷翻,翻动。杜牧《华清宫三十韵》:"鲸鬣掀东海,胡牙揭上阳。"贯休《湖头别墅三首》之一:"饥鼠掀菱壳,新蝉避栗皱。"

【掀天】 冲天,翻天。极言声势之大。白居易《风雨晚泊》:"青苔扑地连春雨,白浪掀天尽日风。"曹唐《穆王宴王母于九光流霞馆》:"霓旌着地云初驻,金奏掀天月欲斜。"孙元晏《咏史诗·宋·借南苑》:"人主词应不偶然,几人曾说笑掀天。"

【掀掀】 举扬、翘起貌。韩愈《和侯协律咏笋》:"戈矛头戢戢,蛇虺首掀掀。"

【掀髯】 掀起胡须。李郃《贺州思九疑作》:"清风时掀髯,世虑浑相忘。"

【掀蹲】 飞扬与蹲伏。犹起伏。牛僧孺《李苏州遗太湖石奇状绝伦因题二十韵奉呈梦得乐天》:"掀蹲龙虎斗,挟怪鬼神惊。"

【掀簸】 掀腾簸荡。韩愈《泷吏》:"飓风有时作,掀簸真差事。"

【掀轟】 形容声音大。陆龟蒙《开元寺楼看雨联句》:"海上风雨来,掀轰杂飞电。"

【掀攪】 掀腾搅动。陆龟蒙《奉酬袭美苦雨见寄》:"惯曾掀搅大笔多,为我才情也如此。"

掄 〔lún《广韵》盧昆切,平魂。來。〕选择。见"掄才""掄材"。

【掄才】 亦作"掄材"。❶选拔人才。权德舆《奉和许阁老酬淮南崔十七端公见寄》:"抡才超粉署,驳议在黄枢。"皎然《因游支硎寺寄邢端公》:"大厦资多士,抡材得豫章。"❷选择木材。皇甫冉《上礼部杨侍郎》:"郢匠抡材日,辕轮必尽呈。"陆龟蒙《奉和袭美公斋四咏次韵·小松》:"会拂阳乌胸,抡才膺帝命。"

【掄材】 见"掄才"。

【掄擇】 选择。欧阳詹《答韩十八驽骥吟》:"班尔图永安,抡择期精专。"

捻 〔niē《广韵》奴協切,入帖,泥。〕❶握持,拈取。杜甫《陪郑广文游何将军山林十首》之四:"尽捻书籍卖,来问尔东家。"裴说《闻砧》:"愁捻银针信手缝,惆怅无人试宽窄。"❷捏制。施肩吾《冬词》:"台前也欲梳云髻,只怕盘龙手捻难。"❸搓、揉。乐器演奏手法之一种。李咸用《轻薄怨》:"捻笙软玉开素苞,画楼闪闪红裾摇。"❹量词。束。李咸用《吴处士寄香兼劝入道》:"谢寄精专一捻香,劝予朝礼仕虚皇。"

【捻取】 拈取,持取。无名氏《忆故人》之一(外编上):"虽然更寄新书去,忆时捻取旧诗看。"

採 〔cǎi《广韵》倉宰切,上海,清。〕❶采摘。寒山《诗三百三首》之五十:"相唤采芙蓉,可怜清江里。"刘长卿《送李挚赴延陵令》:"向水弹琴静,看山采菊迟。"郑繇华《赋得生刍一束》:"葑菲如堪采,山苗自可逾。"护国《题醴陵玉仙观歌》:"瀑布西行过石桥,黄精采根还采苗。"❷收集;选取。杜审言《和李大夫嗣真奉使存抚河东》:"茕嫠访疾苦,屠钓采贞坚。"李端《送耿拾遗沣使江南括图书》:"汉使收三箧,周诗采百篇。"卢贞《和白尚书赋永丰柳》:"玉皇曾采人间曲,应逐歌声入九重。"亦指采纳,采用。李白《送张秀才谒高中丞》:"采尔幕中画,戡难光殊勋。"❸砍伐。见"採薪""採樵"。❹开采。李白《宿虾湖》:"提携采铅客,结荷水边沐。"见"採玉""採金"。❺捕捉。韦庄《途次逢李氏兄弟感旧》:"巡街趁蝶衣裳破,上屋探雏手脚轻。"见"採魚"。❻采取。韩愈《岳阳楼别窦司直》:"公卿采虚名,擢拜识天仗。"见"採攫"。

【採玉】 开采玉石。李贺《老夫采玉歌》:"采玉采玉须水碧,琢作步摇徒好色。"

【採艾】 采集艾叶以供针灸。曹邺《入关》:"灸病不得穴,徒为采艾人。"

【採伐】 砍伐,伐木。翁承赞《寄舍弟承裕员外》:"无主园林饶采伐,忘情鸥鸟恣高低。"

【採江】 采于江。谓自水中采摘。韩愈《木芙蓉》:"采江官渡晚,搴木古祠空。"

【採折】 采摘,折取。护国《山中寄王员外》:"芬芳终有分,采折更谁过。"

【採秀】 觅取秀色。李白《送温处士归黄山白鹅峰旧居》:"采秀辞五岳,攀岩历万重。"又《答杜秀才五松见赠》:"角巾东出商山道,采秀行歌咏芝草。"

【採芝】 用秦末商山四皓隐居事。借指归隐。皇甫冉《刘侍御朝命许停官归侍》:"採芝供上药,拾槿奉晨餐。"吴融《绵竹山四十韵》:"纫兰以围腰,採芝将实腹。"参见"採芝歌"。亦作"采芝"。陈子昂《感遇诗三十八首》之二十:"去去行采芝,勿为尘所欺。"

【採芝翁】 指商山四皓,即东园公、角里先生、绮里季、夏黄公。传四人避秦苛政隐于商雒,并作《采芝歌》云:"晔晔紫芝,可以疗饥。"后因以"采芝翁"指隐者。许浑《李生弃官入道因寄》:"西岩一径通,知学采芝翁。"参见"采芝歌"。参阅《史记·留侯世家》。

【採芝歌】 古歌名。琴曲歌辞。传秦末商山四皓避秦苛政隐于商雒时作。歌词曰："莫莫高山，深谷逶迤。晔晔紫芝，可以疗饥。唐虞世远，吾将何归？驷马高盖，其忧甚大，高贵之畏人，不及贫贱之肆志。"后因以"采芝歌"为归隐之歌。许浑《潼关兰若》："故山归未得，徒咏采芝歌。"

【採取】 采伐；开采。张籍《樵客吟》："秋来野火烧栎林，枝柯已枯堪采取。"刘禹锡《和牛相公题姑苏所寄太湖石兼寄李苏州》："采取询乡耋，搜求按旧经。"

【採金】 开采金矿。李商隐《江村题壁》："喜客尝留橘，应官说采金。"

【採拾】 采取，捡拾。唐扶《使南海道长沙题道林岳麓寺》："两祠物色采拾尽，壁间杜甫真少恩。"

【採斫】 砍伐。柳宗元《杂曲歌辞·行路难三首》之二："虞衡斤斧罗千山，工命采斫杙与椽。"

【採珠】 入水采取蚌珠。元稹《乐府古题·采珠行》："海波无底珠沉海，采珠之人判死采。"李涉《六叹》之一："蓬莱岛边采珠客，西望人寰星汉隔。"韦庄《和薛先辈见寄初秋寓怀即事之作二十韵》："采珠逢宝窟，阅石见瑶林。"

【採茶】 采摘茶叶。皇甫冉《送陆鸿渐栖霞寺采茶》："采茶非采菉，远远上层崖。"温庭筠《赠隐者》："采茶溪树绿，煮药石泉清。"皎然《饮茶歌送郑容》："丹丘羽人轻玉食，采茶饮之生羽翼。"

【採捕】 采收捕捉。陆龟蒙《酬袭美见寄海蟹》："药杯应阻蟹螯香，却乞江边采捕郎。"

【採桑】 唐教坊大曲名，又名《杨下采桑》。源于乐府清商西曲之《采桑度》。张祜有《杂曲歌辞·杨下采桑》。

【採桑子】 词牌名。一名《罗敷媚》《罗敷艳妆》《丑奴儿》，双调四十四字。源于唐教坊大曲之《采桑》或《杨下采桑》。李煜有《采桑子》词二首。冯延巳有《采桑子》词十三首。

【採採】 犹言采呀采，谓采了又采。顾况《上古之什补亡训传十三章·采蜡一章》："采采者蜡，于泉谷兮。"

【採掇】 ❶采摘，拾取。宋之问《自洪府舟行直书其事》："悠悠南溟远，采掇长已矣。"李白《寄远十一首》之九："闲时当采掇，念此莫相轻。"张彤《奉和白太守拣橘》："行看采掇方盈手，暗觉馨香已满襟。"王周《金盘草诗》："风俗竞采掇，俾人防急难。"❷采集，收集。李白《酬殷明佐见赠五云裘歌》："凝毫采掇花露容，几年功成夺天造。"王损之《赋得浊水求珠》："终希识珍者，采掇冀冥搜。"卢钰《勖曹生》："游蜂采掇何时已，只恐多言议短长。"齐己《谢人惠十才子图》："翻腾造化山曾竭，采掇珠玑海几贫。"

【採覓】 采收寻觅。李群玉《赠方处士兼以写别》："龙宫奉采觅，澒洞一千首。"

【採魚】 捕鱼。李白《秋浦歌十七首》之十六："秋浦田舍翁，采鱼水中宿。"

【採訪】 见"採訪使"。

【採訪使】 官名。唐开元初，称按察采访处置使。开元二十一年(733)改称采访处置使。每道一员，掌监察本道州县，察访善恶。乾元元年(758)复改为观察处置使，且大都兼节度使。储光羲有《奉和韦判官献侍郎叔除河东采访使》。亦省称"採訪"。徐安贞有《送丹阳采访》。

【採菱】 摘菱角。吴楚风俗。当菱角熟时，士女相与采摘，并以歌相和。李白《秋浦歌十七首》之十三："郎听采菱女，一道夜歌归。"刘长卿《奉使新安宿七里滩下寄使院诸公》："月下扣舷声，烟中采菱唱。"

【採菱曲】 (曲 qǔ)亦作"採菱歌"。乐府清商曲名。源于吴楚民间采菱时相和之歌。李白《春滞沅湘有怀山中》："予非怀沙客，但美采菱曲。"白居易《看采菱》："时唱一声新水调，谩人道是采菱歌。"

【採菱歌】 见"採菱曲"。

【採詩】 采集诗歌。杨巨源《春日奉献圣寿无疆词十首》之六："汉典方宽律，周官正采诗。"刘禹锡《采菱行》序："古有《采菱曲》，罕传其词，故赋之以俟采诗者。"皮日休《奉和鲁望樵人十咏·樵歌》："若遇采诗人，无辞收鄙陋。"

【採詩官】 搜集诗歌之官。传周代设有专掌采诗之官。《诗经》中作品，多数以获传。后亦借指搜集诗歌之人。陆龟蒙《南泾渔父》："倘遇采诗官，斯文诚敢告。"

【採摘】 采折，摘取。陈叔达《咏菊》："但令逢采摘，宁辞独晚荣。"独孤授《花发上林》："愿君垂采摘，不使落风沙。"白居易《游平泉宴浥涧宿香山石楼赠座客》："采摘助盘筵，芳滋盈口腹。"徐夤《尚书惠蜡面茶》："武夷春暖月初圆，采摘新芽献地仙。"

【採蓮】 即《采莲曲》。李白《秋登巴陵望洞庭》："郢人唱白雪，越女歌采莲。"包何《阙下芙蓉》："更对乐悬张宴处，歌工欲奏采莲声。"独孤及《东平蓬莱驿夜宴平卢杨判官置酒留宴》："齐童如花解郢曲，起舞激楚歌采莲。"薛能《平阳寓怀》："曾为郡职随分竹，亦作歌词乞采莲。"

【採蓮曲】 (曲 qǔ)亦称《采莲歌》。乐府清商曲名。因《江南曲》有"江南可采莲，莲叶何田田"句，后遂发展为《采莲曲》。梁武帝《江南》七首始有《采莲曲》之名。庾抱《和乐记室忆江水》："遥想观涛处，犹意采莲歌。"戎昱《采莲曲二首》之一："虽听采莲曲，讵识采莲心。”韦皋《天池晚棹》：“雨霁天池生意足，花间谁咏采莲曲。”王勃、李白、杨衡、张敬徽均有《采莲曲》之作。

【採緝】 采集。李白《黄葛篇》：“闺人费素手，采缉作絺綌。”

【採擇】 采取，选取。陈陶《草木言》：“希君频采择，勿使枯雪霜。”

【採樵】 砍柴。张籍《樵客吟》：“上山采樵选枯树，深处樵多出辛苦。”储嗣宗《春游望仙谷》：“登山采樵路，临水浣纱人。”皮日休《奉和鲁望樵人十咏·樵歌》：“多云采樵乐，或说林泉候。”

【採薪】 砍柴。储光羲《樵父词》：“枯枝作采薪，爨室私自知。”李白《雉朝飞》：“锦衣绣翼何离褷，犊牧采薪感之悲。”又《北上行》：“汲水涧谷阻，采薪陇坂长。”元稹《赛神》：“采薪持斧者，弃斧纵横奔。”

【採斵】 采伐。张又新《吹台山》：“应谓焦桐堪采斫，不知谁是柳吴兴？”

【採薇】 指隐遁。殷末孤竹君之二子伯夷、叔齐谏阻武王伐纣。及周代殷，遂“义不食周粟”，隐于首阳山，采薇而食。见《史记·伯夷列传》。王维《留别钱起》：“徇禄仍怀橘，看山免采薇。”秦系《献薛仆射》：“由来那敢议轻肥，散发行歌自采薇。”吴融《得京中亲友书讶久无音耗以诗代谢》：“无才敢更期连茹，有意兼思学采薇。”

【採薇歌】 歌名。殷末伯夷、叔齐隐居首阳山所作。其歌曰：“登彼西山兮，采其薇矣。以暴易暴兮，不知其非矣。神农、虞、夏忽焉没兮，我安适归矣？于嗟徂兮，命之衰矣！”见《史记·伯夷列传》。柳宗元《种术》：“留连树蕙辞，婉娩采薇歌。”

【採擷】 摘取。刘禹锡《奉和郑相公以考功十弟山姜花俯赐篇咏》：“采撷黄姜蕊，封题青琐闱。”吕温《青出蓝诗》：“当时不采撷，作色几飘零。”

【採鞭】 采制竹鞭。顾况《露青竹杖歌》：“约束蜀儿采马鞭，蜀儿采鞭不敢眠。”朱庆余《送璧州刘使君》：“江分入峡路，山见采鞭人。”

【採蘭】 喻尽孝之心或思亲之情。见《诗·小雅·南陔序》。郎士元《赋得长洲苑送李惠》：“都迷采兰处，强记馆娃年。”韩愈《孟生诗》：“采兰起幽念，眇然望东南。”白居易《思归》：“冬积温席恋，春违采兰期。”

【採襭】 犹采摘。襭，将所采物用衣襟兜起。唐尧臣《金陵怀古》：“因依兰蕙丛，采襭不盈掬。”

【採攫】 攫取。刘商《金井歌》：“虞衡相贺为祯祥，畏人采攫持殳戕。”

授 〔shòu《广韵》承呪切，去宥，禪。〕❶给予；交付。王维《送崔九兴宗游蜀》：“出门当旅食，中路授寒衣。”岑参《酬成少尹骆谷行见呈》：“忆昨蓬莱宫，新授刺史符。”李贺《白虎行》：“天授秦封祚未移，衮龙衣点荆卿血。”陆龟蒙《奉和袭美酬前进士崔潞盛制见寄因赠至一百四十言》：“天必授贤哲，为时攻剪除。”❷任命。杜甫《送李校书二十六韵》：“十九授校书，二十声辉赫。”元结《忝官引》：“屡授不次官，曾与专征印。”贾岛《寄令狐绹相公》：“官高频敕授，老免把犁锄。”李频《送侯郎中任新定二首》之一：“为郎非白头，作牧授沧洲。”❸传授；教授。顾况《崦里桃花》：“老人方授上清箓，夜听步虚山月寒。”韩愈《赠张籍》：“试将诗义授，如以肉贯弗。”雍陶《赠玉芝观王尊师》：“长忧一日归天去，未授灵方遣问谁。”李洞《送三藏归西天国》：“十万里程多少碛，沙中弹舌授降龙。”❹犹传送，传递。权德舆《杂诗五首》之三：“一顾授横波，千金呈瓠犀。”薛涛《酬辛员外折花见遗》：“一枝为授殷勤意，把向风前旋旋开。”❺通“受”。接受。罗隐《寄程尊师》：“未知朽败凡间骨，中授先生指教无。”

【授衣】 ❶交授制作寒衣之事。语本《诗·豳风·七月》：“七月流火，九月授衣。”后亦泛指制备寒衣。李栖筠《投宋大夫》：“严霜昨夜侵人骨，谁念高堂未授衣。”高适《九日酬颜少府》：“行子迎霜未授衣，主人得钱始沽酒。”羊士谔《九月十日郡楼独酌》：“掾史当授衣，郡中稀物役。”白居易《江楼闻砧》：“江人授衣晚，十月始闻砧。”❷借指农历九月。宋之问《初到陆浑山庄》：“授衣感穷节，策马凌伊关。”钱起《谷口新居寄同省朋故》：“萧然授衣日，得此还山趣。”

【授衣假】 （假 jià）唐代国学之假期名。五月为田假，九月为授衣假。见《新唐书·选举志上》。张籍《和左司元郎中秋居十首》之九：“初当授衣假，无吏挽门铃。”

【授律】 指命将出师。语本《易·师》：“师出以律，否臧凶。”李峤《饯薛大夫护边》：“授律星芒动，分兵月晕空。”岑参《奉和杜相公初发京城作》：“衔恩期报主，授律远行师。”顾况《上古之什补亡训传十三章·燕于巢一章》：“君子授律，是祃是禷。”权德舆《故司徒兼侍中赠太傅北平王挽词》：“授律勋庸盛，居中鼎鼐和。”

【授時】 指颁行历法。语本《书·尧典》。杜周士《闰月定四时》：“得闰因贞岁，吾君敬授时。”

【授詞】 谓口头交代任务。高适《单父逢邓司仓覆仓库因而有赠》：“粲粲府中妙，授词如履霜。”

【授聖】 谓传授帝位。姚合《文宗皇帝挽词三首》之二：“继兄还付弟，授圣悉推公。”

【授節】 授予符节。卢纶《送郎士元使君赴郢州》："赐衣兼授节，行日郢中闻。"

【授道】 传授修道之精义。白居易《送毛仙翁》："何当悯湮厄，授道安虚孱。"

【授鉞】 古代大将出征，帝王授以斧钺，表示授予兵权。后因借指命将出征。沈佺期《塞北二首》之二："将军朝授钺，战士夜衔枚。"杜甫《暮秋枉裴道州手札率尔遣兴寄近呈苏涣侍御》："授钺筑坛闻意旨，颓纲漏网期弥纶。"武元衡《西亭题壁寄中书李相公》："授钺虚三顾，持衡旷万机。"李洞《感恩书事寄上集义司徒相公》："授钺已闻诸国静，坐筹重见大河澄。"

【授館】 为客人安排馆舍。雍陶《哭饶州吴谏议使君》："授馆曾为门下客，几回垂泪过宣平。"亦指作门客。贯休《上刘商州》："时命偶不谬，授馆终南东。"

【授簡】 授人简札，嘱之作赋。典出南朝宋谢惠连《雪赋》。后因以"授简"为咏诗赋之典。杜甫《又作此奉卫王》："白头授简焉能赋，愧似相如为大夫。"韩愈《喜雪献裴尚书》："拟盐吟旧句，授简慕前规。"

【授職】 授予官职。李颀《答高三十五留别便呈于十一》："散诞由来自不羁，低头授职尔何为。"

【授籙】 道家语。指传授符箓，道家传道，必先授箓。张祜《丹阳新居四十韵》："授箓陶贞白，留斋竺法乾。"

掙 〔zhēng《集韵》初耕切，平耕，初。〕撞击。见"掙摐"。

【掙摐】 敲击弹奏。花蕊夫人徐氏《宫词》之一一一："苑中排比宴秋宵，弦管挣摐各自调。"

掐 〔qiā《广韵》苦洽切，入洽，溪。〕❶用指甲截断。皮日休《鲁望以躬掇野蔬兼示雅什用以酬谢》："深挑乍见牛唇液，细掐徐闻鼠耳香。"❷以拇指嵌入。佛徒数念珠时，以拇指嵌入珠间依次拨动之，称掐念珠。张籍《赠箕山僧》："时闻衣袖里，暗掐念珠声。"贯休《山居诗二十四首》之二十四："香焚薝卜诸峰晓，珠掐金刚万境空。"

掬 〔jū《广韵》居六切，入屋，見。〕❶犹捧，两手相合，手心向上以捧物。李白《南奔书怀》："舟中指可掬，城上骸争爨。"韦应物《难言》："掬土移山望山尽，投石填海望海满。"张籍《罔象得玄珠》："无胫真难掬，怀疑实易迁。"赵光远《咏手二首》之一："妆成皓腕洗凝脂，背接红巾掬水时。"亦指捧物状之双手。袁高《茶山诗》："终朝不盈掬，手足皆鳞皴。"羊士谔《西郊兰若》："石泉盈掬冷，山实满枝香。"席夔《霜菊》："宁祛青女威，愿盈君子掬。"吴秘《风光草际浮》："耐可披襟对，谁应满掬收。"❷用于形容景色或表情等充盈洋溢，谓可用手捧持。岑参《题华严寺瓌公禅房》："寺南几十峰，峰翠晴可掬。"罗隐《秋夕对月》："夜月色可掬，倚楼聊解颜。"林披《秋气尚高凉》："山川虽远观，高怀不能掬。"❸卷扬。于鹄《古词三首》之一："素丝带金地，窗间掬飞尘。"见"掬波"。❹量词。一捧谓之一掬。韩愈《题炭谷湫祠堂》："巨灵高其捧，保此一掬慳。"白居易《新乐府·李夫人》："又不见泰陵一掬泪，马嵬坡下念杨妃。"崔珏《美人尝茶行》："银瓶贮泉水一掬，松雨声来乳花熟。"贯休《晉光大师草书歌》："唯师草圣艺偏高，一掬山泉心便足。"

【掬金灘】 滩名。在唐剑南道嘉州(今四川乐山)境。薛逢《九日嘉州发军亭即事》："舞鹤洲中翻白浪，掬金滩上折黄花。"

【掬波】 扬波。贾岛《望山》："虬龙一掬波，洗荡千万春。"

【掬翠】 以手捧持绿色植物。赵嘏《杂曲歌辞·昔昔盐·蘼芜叶复齐》："掬翠香盈袖，看花忆故夫。"

掠 〔lüè《广韵》離灼切，入藥，來。又力讓切，去漾，來。〕❶掠夺；掳掠。张籍《董逃行》："闻道官军犹掠人，旧里如今归未得。"罗隐《送汝州李中丞十二韵》："黄巾攻郡邑，白梃掠生灵。"杜荀鹤《塞上》："草白河冰合，蕃戎出掠频。"戴休珽《古意》："虏骑掠河南，汉兵屯灞上。"❷削割，剪裁。徐夤《剪刀》："金匣掠平花翡翠，绿窗裁破锦鸳鸯。"❸抛开，去除。苏味道《和武三思于天中寺寻复礼上人之作》："是非宁滞著，空有掠嫌猜。"❹梳理。白居易《嗟发落》："既不劳洗沐，又不烦梳掠。"见"掠削""掠鬢"。❺迅疾擦过、拂过。李绅《翡翠坞》："虞人掠水轻浮弋，翡翠惊飞飞不息。"章孝标《春原早望》："燕掠平芜去，人冲细雨来。"杜牧《偶见》："朔风高紧掠河楼，白鼻騧郎白罽裘。"黄滔《塞下》："荒骨或衔残铁露，惊风时掠暮沙旋。"

【掠地】 ❶从地面拂过。刘禹锡《白鹰》："轻抛一点入云去，喝杀三声掠地来。"方干《送朱二十赴涟水》："鸾凰取便多如此，掠地斜飞上太虚。"❷攻夺土地。张乔《赠边将》："翻师平碎叶，掠地取交河。"

【掠削】 梳理。元稹《连昌宫词》："春娇满眼睡红绡，掠削云鬟旋装束。"

【掠草】 擦着草地飞过。方干《路入剡中作》："掠草并飞怜燕子，停桡独饮学渔翁。"

【掠脂斡肉】 削脂割肉。喻残酷剥削。贯休《酷吏词》："如何如何，掠脂斡肉。"

【掠鬢】 梳理鬓发。王建《宫词一百首》之一〇二："每到日中重掠鬓，衩衣骑马绕宫廊。"张元一《又嘲武懿宗》："裹头极草草，掠鬓不莘莘。"

掖 〔yè《广韵》羊益切，入昔，以。〕❶同“腋”。胳肢窝。韩愈、李正封《晚秋郾城夜会联句》：“逢掖服翻惭，缦胡缨可愕。”李绅《过梅里七首·忆东郭居》：“曳娄一缝掖，出处劳昏早。”❷喻指两侧之建筑。因其位置如人之两腋，故称。(1)指掖庭。为嫔妃所居之地，位于正宫之旁侧。李嶷《读前汉外戚传》：“宠因宫掖里，势极必先亡。”李商隐《送从翁东川弘农尚书幕》：“宫掖方为蛊，边隅忽遘迍。”《郊庙歌辞·褒德庙乐章·武舞作》：“懿范隆丹掖，殊荣辟朱邸。”(2)指中书、门下两省。因其位在正殿两旁，故中书称右掖、西掖，门下称左掖、东掖，合称两掖。权德舆《送李城门罢官归嵩阳》：“启闭千门静，逢迎两掖通。”韩愈《和席八十二韵》：“绛阙银河曙，东风右掖春。”姚合《和卢给事酬裴员外》：“夕郎夜直吟仙掖，天乐和声下禁楼。”皮日休《七爱诗·白太傅》：“高吟辞两掖，清啸罢三川。”

【掖垣】 ❶指中书、门下两省。因二省分居宫中左右掖，故称。裴光庭《奉和御制左丞相说右丞相璟太子少傅乾曜同日上官赐诗》：“掖垣招近侍，虚薄厕清尘。”李收《和中书侍郎院壁画云》：“影从霄汉发，光照掖垣明。”皇甫冉《同韩给事观毕给事画松石》：“掖垣深沈昼无事，终日亭亭在人侧。”刘得仁《送钱给事赴虢州》：“帝心忧虢俗，暂辍掖垣臣。”亦指宫禁中之其他中央部门，如御史台等。薛能《酬泗州韦中丞埔上日寄赠兼次本韵》：“官自掖垣飘海上，镇从随岸入山中。”❷皇宫之旁垣、禁墙。李颀《听董大弹胡笳声兼寄语弄房给事》：“长安城连东掖垣，凤凰池对青琐门。”钱起《奉陪郭常侍宴浐川山池》：“掖垣携爱客，胜地赏年光。”杨凝《上巳》：“此日风光谁不共，纷纷皆是掖垣花。”

【掖垣郎】 供职于中书或门下省之郎官。白居易《钱侍郎使君以题庐山草堂诗见寄因酬之》：“殷勤江郡守，怅望掖垣郎。”

【掖庭】 即“掖庭宫”。宫中嫔妃居住之地。因位于宫廷旁侧，如肘腋，故称。虞世南《相和歌辞·怨歌行》：“掖庭羞改画，长门不惜金。”

【掖庭宫】 宫名。汉之掖庭宫在未央宫内。唐之掖庭宫在长安宫城西侧，俱为嫔妃居住之地。王涯《宫词三十首》之十八：“长入暮天凝不散，掖庭宫里动秋砧。”白居易《新乐府·七德舞》：“怨女三千放出宫”注：“于是令左丞戴胄、给事中杜正伦于掖庭宫西门拣出数千人，尽放归。”

【掖曹】 指中书、门下二省之衙署。张籍《和李仆射雨中寄卢严二给事》：“从容朝务退，放旷掖曹乖。”

捽 〔zuó《广韵》昨没切，入没，從。又慈邺切，入術，從。〕❶揪，抓。见“捽胡”。❷拔取。元稹《后湖》：“壮者负砾石，老亦捽茅刍。”皮日休《太湖诗·缥缈峰》：“捽为一雪山，欲与昭回通。”❸冲撞，撞击。韩愈《赠别元十八协律六首》之六：“峡山逢飓风，雷电助撞捽。”❹殴击。引申指伤害，蹂躏。卢肇《汉堤诗》：“滔滔襄郊，捽我婴孺。”

【捽胡】 揪住脖颈。段成式《句·光风亭夜宴妓有醉殴者》：“捽胡云彩落，疻面月痕消。”

掊 〔póu《广韵》薄侯切，平侯，并。又縛謀切，平尤，並。又薄交切，平肴，並。〕❶扒，掘。元稹《江边四十韵》：“庭草佣工薙，园蔬稚子掊。”周繇《题东林寺虎掊泉》：“胜致通幽感，灵泉有虎掊。”贯休《边上行》：“豺掊沙底骨，人上月边烽。”修睦《题虎掊泉》：“一自虎掊得，清声四远流。”❷克减。李贺《马诗二十三首》之十八：“只今掊白草，何日蓦青山。”

【掊掘】 发掘，探讨。韩愈《山南郑相公樊员外酬答为诗封以示愈依赋十四韵以献》：“辞悭义卓阔，呀豁疚掊掘。”

接 〔jiē《广韵》即葉切，入葉，精。〕❶交会；接交。王缙《同王昌龄裴迪游青龙寺昙壁上人兄院集和兄维》：“问义天人接，无心世界闲。”孟浩然《和张判官登万山亭因赠韩公》：“耆旧眇不接，崔徐无处寻。”张继《重经巴丘》：“昔年高接李膺欢，日泛仙舟醉碧澜。”卢纶《冬日登城楼有怀因赠程腾》：“谁知白首窗下人，不接朱门坐中客。”❷接待。张说《邺都引》：“昼携壮士破坚阵，夜接词人赋华屋。”李白《赠参寥子》：“天子分玉帛，百官接话言。”王建《上田仆射》：“一方新地隔河烟，曾接诸生听管弦。”黄滔《断酒》：“未老先为百病仍，醉杯无计接宾朋。”亦指接见。武元衡《休暇日中书相公致斋禁省因以寄赠》：“尝闻圣主得贤臣，三接能令四海春。”❸迎接。太宗《登三台言志》：“舞接花梁燕，歌迎鸟路尘。”卢纶《和赵给事白蝇拂歌》：“若将挥玩闲临水，愿接波中一白鸥。”李洞《送曹郎中南归时南中用军》：“系絛轻象笏，买布接蛮船。”齐己《送益公归旧居》：“邻僧喜相接，扫径与开扉。”❹连接；连通。李白《同王昌龄送族弟襄归桂阳二首》之二：“秦云连山海相接，桂水横烟不可涉。”章八元《寄都官刘员外》：“旧宅平津邸，槐阴接汉宫。”黄滔《寄同年崔学士》：“虽知珠树悬天上，终赖银河接世间。”❺连续；继续。孟浩然《岁除夜会乐城张少府宅》：“续明催画烛，守岁接长筵。”皇甫曾《赠沛禅师》：“身归沃洲老，名与支公接。”杜甫《赠蜀僧闾丘师兄》：“夜阑接软语，落月如金盆。”殷寅《玄元皇帝应见贺圣祚无疆》：“言因六梦接，庆叶九龄传。”❻指嫁接草木。

见“接樹”。❼接近，挨近。李颀《寄綦毋三》：“顾眄一过丞相府，风流三接令公香。”岑参《陪使君早春东郊游眺》：“郡中叨佐理，何幸接芳尘。”李冑《文宣王庙古松》：“每愧闻钟磬，多惭接豆笾。”鱼玄机《酬李郢夏日钓鱼回见示》：“迹登霄汉上，无路接烟波。”亦指接触、相遇。岑参《走马川行奉送出师西征》：“虏骑闻之应胆慑，料知短兵不敢接。”顾况《酬唐起居前后见寄二首》之二：“汉仪君已接，楚奏我空频。”韩愈《感春五首》之四：“音容不接只隔夜，凶讣讵可相寻来。”许浑《送客归峡中》：“住接猿啼处，行逢雁过时。”❽到，赴，达。李白《江夏寄汉阳辅录事》：“他日观军容，投壶接高宴。”卢纶《同耿拾遗春中题第四郎新修书院》：“得接西园会，多因野性同。”李端《游终南山因寄苏奉礼士尊师苗员外》：“海上终难接，人间益自疑。”李商隐《银河吹笙》：“怅望银河吹玉笙，楼寒院冷接平明。”❾接受，承收。卢象《赠广川马先生》：“愿接诸生礼，三年事马融。”白居易《和答诗十首·和大觜乌》：“乌喜张大觜，飞接在虚空。”徐介《耒阳杜工部祠堂》：“手接汨罗水，天心知所存。”❿迎射，捕捉。李颀《杂歌谣辞·郑樱桃歌》：“鸣鞞走马接飞鸟，铜驮瑟瑟随去尘。”李白《梁甫吟》：“手接飞猱搏雕虎，侧足焦原未言苦。”

【接人】 谓与人交往。黄滔《赠怀光上人》：“谢城还拥入，师以接人劳。”

【接引】 ❶接待。卢士衡《游灵溪观》：“樵翁接引寻红术，道士留连说紫书。”❷牵引，扶持。戎昱《和李尹种葛》：“拟托凌云势，须凭接引材。”

【接生】 谓嫁接成活。翁洮《赠进士李德新接海棠梨》：“蜀人犹说种难成，何事江东见接生。”

【接近】 挨近，距离近。杜甫《送鲜于万州迁巴州》：“朝廷偏注意，接近与名藩。”姚合《送陆畅侍御归扬州》：“故园偏接近，雪水洞庭边。”

【接座】 谓座位相接近。李商隐《梓州罢吟寄同舍》：“君缘接座交珠履，我为分行近翠翘。”

【接武】 步武相接。武，足迹。(1)小步前行。沈佺期《幸梨园亭观打球应制》：“今春芳苑游，接武上琼楼。”(2)接近，亲近。指一起共处。包何《和苗员外寓直中书》：“夜宿分曹阔，晨趋接武欢。”权德舆《户部王曹长杨考功崔刑部二院长并同钟陵使府之旧因以寄赠》：“外庭时接武，广陌更连镳。”徐铉《奉和子龙大监与舍弟赠答之什》：“鸳鹭分行皆接武，金兰同好共忘年。”(3)指人多。犹言成群结队。欧阳炯《春光好》词之一：“叠雪罗袍接武，团花骏马娇行。”(4)相继；相承。杜甫《送重表侄王砅评事使南海》：“洞主降接武，海胡舶千艘。”独孤及《江宁酬郑县刘少府兄赠别作》：“往年脱缝掖，接武仕关西。”皎然、汤衡等《讲古文联句》：“屈宋接武，班马继作。”刘禹锡《和仆射牛相公以离阙庭七年再睹龙颜因成四韵并示集贤中书二相公所和》：“交朋接武居仙院，幕客追风入凤池。”亦指继踵，随人之后。窦庠《东都嘉量亭献留守韩仆射》：“接武空惭蹇，修文敢并雄。”

【接枕】 枕头相接。谓共眠。严维《赠别刘长卿时赴河南严中丞幕府》：“望山吟度日，接枕话通宵。”

【接果】 嫁接果木。耿沣《春日即事》：“接果移天性，疏泉逐地形。”

【接岸】 与岸相连。谓布满水面。苏瑰《兴庆池侍宴应制》：“帷齐绿树当筵密，盖转缃荷接岸浮。”

【接物】 待人，与人交际。张祜《投陈许崔尚书二十韵》：“接物欢盈貌，安民术在衷。”

【接居】 居止接近。指访问晤谈。杜甫《毒热寄简崔评事十六弟》：“束带负芒刺，接居成阻修。”

【接弦】 续弦。续接断弦。崔涯《嘲妓》之二：“布袍披袄火烧毡，纸补箜篌麻接弦。”

【接阮】 接待阮籍。喻指接待贤人。阮籍，三国魏诗人，“竹林七贤”之一。李益《喜邢校书远至对雨同赋远晚饭阮返五韵》：“开径说逢康，临觞方接阮。”

【接席】 连席而从，座位相接。张祜《途次杨州赠崔荆二十韵》：“接席观诚忝，升堂迹贵叨。”

【接袂】 犹连袂。指相见、共处。孟浩然《湖中旅泊寄阎九司户防》：“接袂杳无由，徒增旅泊愁。”

【接迹】 见“接跡”。

【接宴】 亦作“接筵”“接讌”。参加宴会，接受宴请。李元纮《奉和圣制送张说上集贤学士赐宴》：“接筵欣有命，搦管愧无词。”王湾《晚春诣苏州敬赠武员外》：“意深投辖盛，才重接筵光。”杜甫《巫山县汾州唐使君十八弟宴别率题小诗留于屋壁》：“接宴身兼杖，听歌泪满衣。”韦应物《张彭州前与缑氏冯少府各惠寄一篇多故未答张已云没因追哀叙事》：“余时忝南省，接讌愧空虚。”韦镒《经望湖驿》：“交欢初仗信，接讌翻贻咎。”

【接連】 连接在一起。崔涂《望韩公堆》：“韩公堆上望秦川，渺渺关山西接连。”杜甫《宇文晁尚书之甥崔彧司业之孙尚书之子重泛郑监前湖》：“郑扉俗远长幽寂，野水春来更接连。”张籍《寄韩愈》：“过郭多园墟，桑果相接连。”

【接宿】 (—sù)犹共宿。韩愈《送灵师》：“吾徒颇携被，接宿穷欢妍。”

【接葉】 密叶。紧密相连之枝叶。杜甫《陪郑广文游何将军山林十首》之二：“卑枝低结子，接叶暗巢莺。”

【接軫】 车辆相接。喻同游、共处。轸，车后部之横木，代指车辆。黄滔《寄同年封舍人渭》：“唐城接轸赴秦川，忧合欢离骤十年。”

【接遇】 犹接待。陈子昂有《江上暂别萧四刘三旋欣接遇》。

【接跡】 亦作“接迹”。❶足迹相接。谓步步跟随，步伐整齐。张说《杂曲歌辞·舞马词》之四：“腾倚骧洋应节，繁骄接迹不移。”❷形容人多。接连不断。杜甫《两当县吴十侍御江上宅》：“兵家忌间谍，此辈常接跡。”❸指接近，会晤。郑谷《寄左省张起居》：“依栖常接跡，属和旧盈编。”

【接筵】 见“接宴”。

【接話】 共话，谈话。周贺《投江州张郎中》：“随行溪路细，接话草堂新。”孟贯《寄暹上人》：“终期息尘虑，接话虎溪边。”

【接賢賓】 词牌名。双调，平韵。五十九字。上片二韵二十二字；下片三韵三十七字。毛文锡有《接贤宾》词一首。

【接曉】 天方亮。李端《送古之奇赴安西幕》：“堠火经阴绝，边人接晓行。”

【接影】 身影相连。形容亲密。钱起《病鹤篇》：“何时白雾卷青天，接影追飞太液前。”李群玉《伤柘枝妓》：“曾见双鸾舞镜中，联飞接影对春风。”

【接諾】 承诺。贾岛《斋中》：“低扉碍轩辔，寡德谢接诺。”

【接樹】 嫁接树木。刘禹锡《同乐天和微之深春二十首》之十九：“分畦十字水，接树两般花。”

【接戰】 交战。张巡《守睢阳作》：“接战春来苦，孤城日渐危。”

【接聯】 连接。杜甫《奉赠严八阁老》：“客礼容疏放，官曹可接联。”

【接輿】 春秋楚国隐士。姓陆名通。昭王时，政令无常，乃披发佯狂不仕，人谓之楚狂。见《论语·微子》。王维《辋川闲居赠裴秀才迪》：“复值接舆醉，狂歌五柳前。”吴筠《高士咏·楚狂接舆夫妻》：“接舆耽冲玄，伉俪亦真逸。”李绅《赠韦金吾》：“接舆也是狂歌客，更就将军乞一声。”徐铉《附池州薛郎中书因寄歙州张员外》：“因附邻州寄消息，接舆今日信为狂。”

【接輿歌】 即楚狂接舆所唱“凤兮凤兮”之歌。白居易《问皇甫十》：“坐倾张翰酒，行唱接舆歌。”参见“接舆”。

【接翼】 犹比翼。指禽鸟翅膀挨着翅膀。顾夐《更漏子》词：“浓柳翠，晚霞微，江鸥接翼飞。”

【接膝】 犹促膝。膝盖相接。指贴近而坐。卢纶《送张郎中还蜀歌》：“回首岷峨半天黑，传觞接膝何由得。”李端《王敬伯歌》：“传杯唯畏浅，接膝犹嫌远。”

【接瞬】 犹转瞬。元稹《竞渡》：“接瞬电烻出，微吟霹雳喧。”

【接壤】 接境，交界。裴耀卿《敬酬张九龄当涂界留赠之作》：“饰簪陪早岁，接壤厕专城。”张祜《丹阳新居四十韵》：“接壤重岗抱，坯沙浅洞延。”

【接讌】 见“接宴”。

【接續】 连续，继续。王建《七夕曲》：“河边独自看星宿，夜织天丝难接续。”狄焕《孤雁》：“更无声接续，空有影相随。”

【接䍦】 头巾之一种。色白，亦称白接䍦。晋山简曾倒着接䍦醉游高阳池，见南朝宋刘义庆《世说新语·任诞》，后遂以倒着接䍦为咏醉游之典。张说《翻着葛巾呈赵尹》：“昔日接䍦倒，今我葛巾翻。”李白《襄阳歌》：“落日欲没岘山西，倒著接䍦花下迷。”滕迈《柳》：“陶令门前罥接䍦，亚夫营里拂朱旗。”陆龟蒙《和袭美钓侣二章》之一：“一艇轻撶看晓涛，接䍦抛下漉春醪。”

捲 〔juǎn《广韵》居轉切，上獮。見〕❶将物体弯成圆筒状。孟浩然《秋宵月下有怀》：“惊鹊栖未定，飞萤卷帘入。”钱起《奉和宣城张太守南亭秋夕怀友》：“卷幔浮凉入，闻钟永夜清。”周匡物《自题读书堂》：“窗外卷帘侵碧落，槛前敲竹响青冥。”❷收起，卷收。刘长卿《过裴舍人故居》：“书幌无人长不卷，秋来芳草自为萤。”见“捲綸”。❸吹动；翻卷。崔融《塞垣行》：“疾风卷溟海，万里扬砂砾。”张祜《题于越亭》：“山衔落照欹红盖，水蹙斜文卷绿罗。”司空图《诗品二十四则·悲慨》：“大风卷水，林木为摧。”❹萦绕，缭绕。薛昭蕴《女冠子》词：“入岩峦，雾卷黄罗帔，云雕白玉冠。”

【捲土】 犹卷席。谓如风卷尘土般全部卷走。韦庄《秦妇吟》：“入门下马若旋风，罄室倾囊如卷土。”

【捲地】 谓风势劲猛，席卷地面之物而过。岑参《白雪歌送武判官归京》：“北风卷地白草折，胡天八月即飞雪。”

【捲席】 卷起席子。多形容风大。崔珏《岳阳楼晚望》：“楼上北风斜卷席，湖中西日倒衔山。”

【捲綸】 收卷钓丝。郑谷《水·西蜀净众寺五题》：“洗钵老僧临岸久，钓鱼闲客卷纶迟。”

掞[1] 〔shàn《广韵》舒贍切，去豔，書。〕铺排，舒展。陈子良《赞德上越国公杨素》：“摅藻掞锦绮，育德润瑶琼。”骆宾王《和李明府》：“藻掞潘江澈，尘虚范甑清。”柳宗元《哭连州凌员外司马》：“天庭掞高文，万字若波驰。”蔡文恭《奉和夏日游山应制》：“掞彼涡川作，怀兹洛滨想。”

掞[2] 〔yàn《集韵》以贍切，去豔，以。〕映照，照耀。李白《献从叔当涂宰阳冰》：“秀句满江国，高才掞天庭。”见“掞天”。

【掞$_2$天】 谓光华映照天空。宋之问《扈从登封途中作》:"扈从良可赋,终乏掞天才。"杨师道《中书寓直咏雨简褚起居上官学士》:"玉阶良史笔,金马掞天才。"刘禹锡《江陵严司空见示与成都武相公唱和因命同作》:"不是郢中清唱发,谁当丞相掞天才。"黄滔《司马长卿》:"一自梁园失意回,无人知有掞天才。"

【掞發】 舒发。许敬宗《奉和过慈恩寺应制》:"梵境留宸瞩,掞发丽天才。"

【掞藻】 铺排词藻,对他人写作诗文之美称。储光羲《田家即事答崔二东皋作四首》之四:"赖君遗掞藻,忧来散能弭。"

控 〔kòng《广韵》苦貢切,去送,溪。〕❶拉弓,开弓。李白《秋猎孟诸夜归置酒单父东楼观妓》:"骏发跨名驹,雕弓控鸣弦。"岑参《白雪歌送武判官归京》:"将军角弓不得控,都护铁衣冷难着。"张祜《观徐州李司空猎》:"背手抽金镞,翻身控角弓。"路德延《小儿诗》:"远铺张鸽网,低控射蝇弦。"❷驾驭,乘。杨炯《紫骝马》:"侠客重周游,金鞭控紫骝。"李嘉祐《与从弟正字从兄兵曹宴集林园》:"去路归程仍待月,垂缰不控马行迟。"杨凝《唐昌观玉蕊花》:"时控彩鸾过旧邸,摘花持献玉皇前。"姚鹄《和工部杨尚书重送绝句》:"好控扶摇早回首,人人思看大鹏飞。"亦指驭马之缰、辔等物。喻凫《浴马》:"解控复收鞭,长津动细涟。"❸控制;掌握。杜甫《江陵望幸》:"风烟含越鸟,舟楫控吴人。"杨巨源《酬卢员外》:"谢傅旌旗控上游,卢郎樽俎借前筹。"许棠《讲德陈情上淮南李仆射八首》之三:"未领春闱望早清,况联戎阃控强兵。"李商隐《戊辰会静中出贻同志二十韵》:"丹泥因未控,万劫犹逡巡。"❹控带,控引,萦绕。李义府《在嶲州遥叙封禅》:"岧峣临渤澥,隐嶙控河沂。"杜甫《禹庙》:"早知乘四载,疏凿控三巴。"白居易《寄献北都留守裴令公》:"烽戍高临代,关河远控洮。"杜牧《怀钟陵旧游四首》之二:"连巴控越知何事,珠翠沉檀处处堆。"❺通,贯。卢照邻《长安古意》:"南陌北堂连北里,五剧三条控三市。"刘禹锡《洛中初冬拜表有怀上京故人》:"凤楼南面控三条,拜表郎官早渡桥。"❻投,落。武三思《仙鹤篇》:"霜毛忽控三神下,玉羽俄看二客旋。"

【控弦】 ❶拉弓;持弓。李华《咏史十一首》之四:"得罪因怀璧,防身辄控弦。"崔元翰《奉和登玄武楼观射即事书怀赐孟涉应制》:"饮羽连百中,控弦逾六钧。"马戴《送和北虏使》:"汉将行持节,胡儿坐控弦。"徐夤《公子行》:"十五辕门学控弦,六街骑马去如烟。"❷带弓之人。指士兵。高适《送浑将军出塞》:"控弦尽用阴山儿,登阵常骑大宛马。"杨凝《送客往夏州》:"夜投孤店愁吹笛,朝望行尘避控弦。"李商隐《行次西郊作一百韵》:"控弦二十万,长臂皆如猿。"温庭筠《感旧陈情五十韵献淮南李仆射》:"委寄崇推毂,威仪压控弦。"❸借指开战,战争。杜甫《寄岳州贾司马六丈巴州严八使君两阁老五十韵》:"陇外翻投迹,渔阳复控弦。"

【控帶】 牵引萦绕。引申指控驭。杜甫《送韦十六评事充同谷郡防御判官》:"况乃胡未灭,控带莽悠悠。"韩愈《送李尚书赴襄阳八韵得长字》:"控带荆门远,飘浮汉水长。"

【控馭】 控制,驾驭。秦韬玉《紫骝马》:"若遇丈夫能控驭,任从骑取觅封侯。"

【控榆枋】 投息于小树,喻无大志。语本《庄子·逍遥游》。赵中虚《游清都观寻沈道士得芳字》:"即此翔寥廓,非复控榆枋。"

【控截】 控制,截夺。来鹄《圣政纪颂》:"控截僚位,占护阳光。"

【控壓】 犹控制。杜牧《怀钟陵旧游四首》之四:"控压平江十万家,秋来江静镜新磨。"

【控鵠】 见"控鶴"。

【控鯉】 乘坐鲤鱼。传战国赵人琴高欲入涿水取龙子,先与弟子约曰,皆洁斋待于水旁。后果乘赤鲤鱼出,入坐祠中,留一月余,复入水去。见汉刘向《列仙传·琴高》。后因以"控鲤"为咏成仙之典。韦庄《和侯秀才同友生泛舟溪中相招之作》:"轻如控鲤初离岸,远似乘槎欲上天。"王贞白《送芮尊师》:"他年控鲤升天去,庐岳逋民愿从行。"

【控攏】 犹控驭,驾驭。吕岩《七言》之十六:"玉女控拢苍獬豸,山童提挈白虾蟆。"

【控鶴】 驾鹤,乘鹤。传周灵王太子王子乔,为道人浮丘公接上嵩山,三十余年后,嘱人告其家人曰:"七月七日待我于缑氏山头。"至时,果乘白鹤驻山巅,举手谢人,数日而去。见汉刘向《列仙传·王子乔》。后遂以"控鹤"为咏仙人之典。慧净《与英才言聚赋得升天行》:"驭风过阆苑,控鹤下瀛洲。"《郊庙歌辞·享章怀太子庙乐章·迎神》:"前驱戾止,控鹤来仪。"亦作"控鹄"。张祜《游天台山》:"控鹄大梦中,坐觉身栩栩。"

【控鶴山人】 指周灵王太子王子乔。相传王子乔后成仙,七月七日乘白鹤驻于缑氏山头。见《太平广记》卷四引《列仙传》。吴融《和张舍人》:"陵迁谷变如须问,控鹤山人字子乔。"

捩 〔liè《广韵》練結切,入屑,來。〕❶拗;扭,转动。王维《登楼歌》:"亦幸有张伯英草圣兮龙腾虬跃,摆长云兮捩回风。"陆龟蒙《杂讽九首》之一:"人争捩其臂,羿矢亦不中。"又《吴俞儿舞歌·弩俞》:"捩机关,进山谷。"❷盘旋,回旋。杜甫《义鹘》:"斗上捩孤影,噭哮来九天。"又《杜鹃行》:"跳枝窜叶树木中，抢佯瞥捩雌随雄。”

【捩柁】 转动船舵。指行船。杜甫《清明》：“金镫下山红粉晚，牙樯捩柁青楼远。”

【捩翅】 转动翅膀。指禽鸟飞行。杜甫《寄刘峡州伯华使君四十韵》：“放蹄知赤骥，捩翅服苍鹰。”

【捩眼】 转动眼珠。指侧目窥视。韩愈《寄崔二十六立之》：“四座各低面，不敢捩眼窥。”

探〔tàn《广韵》他含切，平覃，透。《集韵》他紺切，去勘，透。〕❶摸取；取。杜审言《和李大夫嗣真奉使存抚河东》：“兴来探马策，俊发抱龙泉。”王建《寄上韩愈侍郎》：“清俸探将还酒债，黄金旋得起书楼。”元稹《有鸟二十章》之九：“鹰鹯绕树探不得，随珠弹尽声转娇。”胡宿《早夏》：“一春酒费知多少，探尽囊中换赋金。”❷试探；触摸。綦毋潜《题栖霞寺》：“殿转云崖阴，僧探石泉度。”白居易《江州赴忠州舟中示舍弟五十韵》：“如汤探冷热，似博斗输赢。”皮日休《奉和鲁望四明山九题·过云》：“以杖探虚翠，将襟惹薄明。”徐铉《和江西萧少卿见寄二首》之一：“离肠似线常忧断，世态如汤不可探。”❸探研；探求。钱起《奉和中书常舍人晚秋集贤院即事寄徐薛二侍御》：“典坟探奥旨，造化睹权舆。”元结《别何员外》：“吾欲探时谣，为公伏奏书。”于頔《郡斋卧疾赠昼上人》：“晚依方外友，极理探精赜。”李商隐《和刘评事永乐闲居见寄》：“自探典籍忘名利，欹枕时惊落蠹鱼。”❹探寻；游赏。贺朝清《南山》：“邀君共探此，异篆残几卷。”皎然《奉陪陆使君长源春游东西武丘寺》：“曳组探诡怪，停骢访幽奇。”韩愈《卢郎中云夫寄示送盘谷子诗两章歌以和之》：“穷探极览颇恣横，物外日月本不忙。”❺探看，探访。孟浩然《与崔二十一游镜湖寄包贺二公》：“将探夏禹穴，稍背越王城。”花蕊夫人徐氏《宫词》之十八：“殿前排宴赏花开，宫女侵晨探几回。”❻打听，探问。许棠《寄建州姚员外》：“南来终不遂，日探北归期。”无名氏《朝士戏任彀》：“云林应讶鹤书迟，自入京来探事宜。”亦指侦察，侦探。张籍《出塞》：“月冷边帐湿，沙昏夜探迟。”见“探人”。❼预先。见“探支”。

【探人】 探子。军中做侦察工作之人。张籍《征西将》：“战马雪中宿，探人冰上行。”翁绶《横吹曲辞·雨雪曲》：“铁岭探人迷鸟道，阴山飞将湿貂裘。”

【探元】 探求玄理。元，同“玄”。陈子昂《感遇诗三十八首》之三六：“探元观群化，遗世从云螭。”李颀《无尽上人东林禅居》：“泄云岂知限，至道莫探元。”李白《送岑征君归鸣皋山》：“探元入窅默，观化游无垠。”又《赠饶阳张司户燧》：“独见游物祖，探元穷化先。”

【探支】 预支。姚合《武功县中作三十首》之十七：“每旬常乞假，隔月探支钱。”皮日休《新秋即事三首》之一：“酒坊吏到常先见，鹤料符来每探支。”

【探水】 于洞穴或缝隙等不能视见之处试探着取水。周贺《赠王道士》：“石缝瓢探水，云根斧斫薪。”

【探火】 探看烽火，以了解有无敌军犯境。朱庆余《望萧关》：“儿童能探火，妇女解缝旗。”

【探丸】 以手入囊探取弹丸，犹今之拈阄。见《汉书·酷吏传·尹赏》。后因以“探丸”指游侠杀人复仇。崔颢《代闺人答轻薄少年》：“儿家夫婿多轻薄，借客探丸重然诺。”元稹《代曲江老人百韵》：“探丸依郭解，投辖伴陈遵。”刘禹锡《武夫词》：“探丸害公吏，抽刃妒名倡。”

【探古】 探索古代之情况。李白《翰林读书言怀呈集贤诸学士》：“观书散遗帙，探古穷至妙。”

【探玄】 探求玄妙之理。赵中虚《游清都观寻沈道士得芳字》：“未若游兹境，探玄众妙场。”玄宗《为赵法师别造精院过院赋诗》：“探玄知几岁，习静更宜秋。”李白《赠参寥子》：“毫墨时洒落，探玄有奇作。”

【探穴】 ❶探看、观游洞穴。孙逖《同邢判官寻龙湍观归湖中》：“更从探穴处，还作棹歌行。”杨衡《游陆先生故岩居》：“拾薪遇遗鼎，探穴得古籍。”储嗣宗《送友人游吴》：“登楼旧国远，探穴九疑深。”❷即探禹穴。徐浩《谒禹庙》：“探穴图书朽，卑宫堂殿修。”

【探更】 （—gēng）打听更点，询问时间。王建《和胡将军寓直》：“进状直穿金戟槊，探更先傍玉钩栏。”

【探兵】 侦察兵。韩愈、李正封《晚秋郾城夜会联句》：“仓空战卒饥，月黑探兵错。”王建《别李赞侍御》：“草头送酒驱村乐，贼里看花著探兵。”

【探妙】 探寻奥妙。韩愈《赠徐州族侄》：“自云有奇术，探妙知天工。”

【探玩】 探寻玩赏。孟浩然《初春汉中漾舟》：“轻舟恣来往，探玩无厌足。”

【探花】 ❶赏花，看花。张籍《酬李仆射晚春见寄》：“教辅尝酒处，自问探花人。”白居易《初致仕后戏酬留守牛相公并呈分司诸寮友》：“探花尝酒多先到，拜表行香尽不知。”皮日休《奉和鲁望春雨即事次韵》：“野客正闲移竹远，幽人多病探花稀。”司空图《力疾山下吴村看杏花十九首》之十七：“行乐溪边步转迟，出山渐减探花期。”❷折花。翁承赞《擢探花使三首》之一：“洪崖差遣探花来，检点芳丛饮数杯。”参见“探花使”。

【探花使】 唐时进士及第后于杏园聚宴，并推同榜中最年少的进士二人于园中折花，此被推者即称“探花使”。翁承赞有《擢探花使》三首。参阅唐李淖《秦中岁时记》。

【探花筵】 唐时进士及第同榜者于长安杏园聚宴欢庆，称"探花筵"。因宴中举探花使二人于园中折花，故名。韩偓《余作探使以缭绫手帛子寄贺因而有诗》："解寄缭绫小字封，探花筵上映春丛。"

【探奇】 探寻奇景。王维《蓝田山石门精舍》："探奇不觉远，因以缘源穷。"柳宗元《法华寺石门精舍三十韵》："探奇极遥瞩，穷妙阏清响。"林宽《送僧游太白峰》："云深游太白，莫惜遍探奇。"

【探虎】 寻虎。喻经历艰难。李中《送相里秀才之匡山国子监》："已能探虎穷骚雅，又欲囊萤就典坟。"齐己《寄郑谷郎中》："觅句如探虎，逢知似得仙。"

【探虎子】 谓入虎穴取虎雏。喻敢入险境求取胜利。见《后汉书·班超传》。齐己《贻王秀才》："自能探虎子，何虑屈男儿。"

【探虎穴】 探猛虎窝。喻身入险境。见《后汉书·班超传》。李白《留别于十一兄逖裴十三游塞垣》："且探虎穴向沙漠，鸣鞭走马凌黄河。"又《送羽林陶将军》："万里横戈探虎穴，三杯拔剑舞龙泉。"

【探使】 ❶派出探察情况之使者。杜牧《过华清宫绝句三首》之二："新丰绿树起黄埃，数骑渔阳探使回。"张陵《虏患》："今日汉家探使回，蚁叠胡兵来未歇。"❷探花使之省称。韩偓有《余作探使以缭绫手帛子寄贺因而有诗》。

【探采】 探寻采集。唐彦谦《采桑女》："侵晨探采谁家女，手挽长条泪如雨。"

【探卒】 军中之探子。侦察敌情之士兵。贯休《古塞下曲七首》之一："搜山得探卒，放火猎黄羊。"

【探春】 游赏春色。唐俗正月十五后出城宴游称探春。羊士谔《乱后曲江》："忆昔曾游曲水滨，春来长有探春人。"孟郊《长安早春》："公子醉未起，美人争探春。"王建《华清宫前柳》："杨柳宫前忽地春，在先惊动探春人。"郑谷《驾部郑郎中三十八丈尹贰东周因贺送》："今日龙门看松雪，探春明日向平泉。"

【探幽】 探寻幽静之境。项斯《游烂柯山》："访古碑多缺，探幽路不真。"陆龟蒙《和袭美寒日书斋即事三首》之一："不必探幽上郁冈，公斋吟啸亦何妨。"张嫔《过山家》："避暑得探幽，忘言遂久留。"齐己《送僧游龙门香山寺》："君到香山寺，探幽莫损神。"

【探看】 探望。李商隐《无题》："蓬山此去无多路，青鸟殷勤为探看。"

【探禹穴】 探看禹穴。禹穴，在会稽(今浙江绍兴)宛委山上。传禹临终前曾入此穴，并藏书于此。见《史记·太史公自序》。后遂以"探禹穴"指游历名胜，探溯历史。孟浩然《送谢录事之越》："想到耶溪日，应探禹穴奇。"李白《越中秋怀》："何必探禹穴，逝将归蓬丘。"

【探馬】 同"探騎"。从事侦察之骑兵。杜荀鹤《塞上》："戍楼三号火，探马一条尘。"江为《塞下曲》："胡儿移帐寒笳绝，雪路时闻探马归。"

【探珠】 探采珍珠。见《庄子·列御寇》。后遂以"探珠"喻探寻珍贵之事物。李白《赠丹阳横山周处士惟长》："抱石耻献玉，沉泉笑探珠。"刘禹锡《答乐天所寄咏怀且释其枯树之叹》："骊龙颔被探珠去，老蚌胚还应月生。"姚合《庄居野行》："采玉上山颠，探珠入水府。"亦特指科举应试。唐求《伤张玖秀才》："铜梁剑阁几区区，十上探珠不见珠。"

【探真】 探求宗教之真谛。玄宗《赐道士邓紫阳》："有美探真士，囊中得秘书。"孟郊《与二三友秋宵会话清上人院》："扣寂兼探真，通宵讵能辍。"

【探秘】 探寻幽秘之境。张九龄《与生公游石窟山》："探秘孰云远，忘怀复尔同。"

【探討】 ❶探寻胜景。孟浩然《登鹿门山》："探讨意未穷，回艇夕阳晚。"吴筠《游庐山五老峰》："整策务探讨，嬉游任从容。"陆龟蒙《奉和袭美初夏游楞伽精舍次韵》："奇踪欲探讨，灵物先瘵瘼。"丘丹《奉使过石门瀑布》："奔波忝贱役，探讨愧前彦。"❷探索研讨。沈佺期《同工部李侍郎适访司马子微》："闻有参同契，何时一探讨。"皎然《奉和颜使君真卿修韵海毕会诸文士东堂重校》："探讨始河图，纷纶归海韵。"元稹《和乐天赠吴丹》："行当摆尘缨，吴门事探讨。"贯休《上顾大夫》："斯文如未精，归山更探讨。"

【探涉】 跋涉探求。萧颖士《仰答韦司业垂访五首》之三："且言风波倦，探涉岂为宝。"

【探書】 入禹穴探看图书。传禹穴为禹藏书之处。张继《会稽秋晚奉呈于太守》："禹穴探书罢，天台作赋游。"参见"探禹穴"。

【探理】 探索玄理。寒山《诗三百三首》之二七八："读玄月明夜，探理日临晨。"

【探得】 诗题用语。用于分题或分韵赋诗。其法将所分题或音乐制成签或阄，由各人摸取，故称"探得"。太宗有《探得李》。张易之有《侍从过公主南宅侍宴探得风字应制》。玄宗有《过大哥宅探得歌字韵》。

【探情】 试探情况。舒元舆《坊州按狱》："探情与之言，变态如奸猱。"

【探勝】 探寻胜景。韩愈《送惠师》："日携青云客，探胜穷崖滨。"

【探象】 探寻景物。高适《东平旅游奉赠薛太守二十四韵》："观棋知战胜，探象会冥搜。"

【探湯】 手触沸水。(1)喻炙热。柳宗元《夏夜苦热登西楼》："探汤汲阴井，炀灶开重扉。"(2)指取暖。韩愈《苦寒》："探汤无所益，何况纩与缫。"(3)喻苦难。犹言水深火热。韦庄《和郑拾遗秋日感事一百韵》："中原初纵燎，下国竟探汤。"

【探鉤】 即藏钩。古代宴饮时一种游戏。杜审言《守岁侍宴应制》："弹弦奏节梅风入，对局探钩柏酒传。"

【探腸】 探取肚肠。喻赤诚待人。杜甫《秋日荆南述怀三十韵》："结舌防谗柄，探肠有祸胎。"

【探微】 探寻幽僻之境。张籍《送邵州林使君》："山幽自足探微处，俗朴应无争竞人。"

【探閲】 捡寻阅读。李群玉《别尹炼师》："洞宫四百日，玉籍恣探阅。"

【探歷】 探寻游历。骆宾王《同辛簿简仰酬思玄上人林泉四首》之三："林泉恣探历，风景暂裴徊。"韩愈《南山诗》："前年遭谴谪，探历得邂逅。"

【探龍頷】 于龙颔下探取珍珠。喻科举及第。罗隐《寄前户部陆郎中》："桂堂纵道探龙颔，兰省何曾驻鹤心。"参见"探珠"。

【探險】 探寻险奇之境。僧鸾《赠李粲秀才》："陇西辉用真才子，搜奇探险无伦比。"

【探燭】 取烛；燃烛。元结《招陶别驾家阳华作》："探烛饮洞中，醉昏漱寒泉。"

【探騎】 从事侦察工作之骑兵。张籍《关山月》："军中探骑暮出城，伏兵暗处低旌戟。"曹松《送左协律京西从事》："时平无探骑，秋静见盘雕。"

【探擷】 探寻采撷。权德舆《唐开州文编远寄新赋累惠良药聊书还答》："探撷当五月，殷勤逾八行。"

【探題】 指以拈阄方式分题赋诗。卢纶《送浑炼归觐却赴阙庭》："探题多决胜，馔玉每分余。"王建《送韦处士老舅》："赋字咏新泉，探题得幽石。"张蠙《送薛郎中赴江州》："听事棋忘着，探题酒乱巡。"

【探雛】 同"探虎子"。李商隐《骄儿诗》："儿当速成大，探雏入虎穴。"

【探賾】 探寻幽秘、隐僻之处。刘禹锡《游桃源一百韵》："金行太元岁，渔者偶探赜。"

【探覽】 探讨考察。陈子昂《夏日晖上人房别李参军崇嗣》序："讨论儒墨，探览真玄。"

【探囊】 伸手入袋取物。(1)比喻轻而易举。杜牧《郡斋独酌》："谓言大义小不义，取易卷席如探囊。"(2)指偷窃。见《庄子·胠箧》。李商隐《赠送前刘五经映三十四韵》："诗书资破冢，法制困探囊。"

捫 〔mén《广韵》莫奔切，平魂，明。〕❶按住，持。杜甫《荆南兵马使太常卿赵公大食刀歌》："苍水使者扪赤绦，龙伯国人罢钓鳌。"韩愈《陆浑山火和皇甫湜用其韵》："要余和增怪又烦，虽欲悔舌不可扪。"❷摸，触摸。李白《自巴东舟行经瞿唐峡登巫山最高峰晚还题壁》："青天若可扪，银汉去安在。"独孤及《观海》："白日自中吐，扶桑如可扪。"章孝标《骆谷行》："扪云袅栈入青冥，辴马铃骡傍日星。"罗隐《钱塘遇默师忆润州旧游》："扪苔想豪杰，剔藓看文词。"❸攀援；牵挽。见"捫葛""捫蘿"。

【捫天】 摸天；接天。则天皇后《唐享昊天乐·第一》："扪天遂启极，梦日乃升曦。"李白《游泰山六首》之六："扪天摘匏瓜，恍惚不忆归。"裴潾《前相国赞皇公作镇浙右辄抒怀赋四言诗十四首奉寄》之九："退翔城颠，翠虬扪天。"

【捫心】 以手自抚胸口。表示自省自问。宋之问《玩郡斋海榴》："越俗鄙章甫，扪心空自怜。"李白《览镜书怀》："扪心空叹息，问影何枯槁。"白居易《和梦游春诗一百韵》："扪心无愧畏，腾口有谤讟。"皮日休《寄题玉霄峰叶涵象尊师所居》："子细扪心无偃骨，欲随师去肯相容。"

【捫弄】 抚摸玩弄。赵鸾鸾《酥乳》："浴罢檀郎扪弄处，灵华凉沁紫葡萄。"

【捫指】 指主将用计掩饰受伤以安军心。见《史记·高祖本纪》。杨浚《广武怀古》："扼喉兵易守，扪指计何捷。"

【捫虱】 亦作"捫蝨"。捉虱。(1)指豁达不拘，从容言谈大事。见《晋书·王猛传》。李白《赠韦秘书子春二首》之二："披云睹青天，扪蝨话良图。"又《赠张相镐二首》之一："扪蝨对桓公，愿得论悲辛。"陆龟蒙《寄怀华阳道士》："旧来扪虱知王猛，欲去为龙叹管宁。"(2)表示闲适自在。李颀《野老曝背》："有时扪虱独搔首，目送归鸿篱下眠。"李端《长安感事呈卢纶》："扪虱欣时泰，迎猫达岁丰。"贯休《甘雨应祈》："炙背扪虱兮，复何经营兮。"

【捫涉】 攀援跋涉。李白《题嵩山逸人元丹丘山居》："朅来游闽荒，扪涉穷禹凿。"

【捫虛】 扪天。手摸天空。形容高。陆龟蒙《纪梦游甘露寺》："扪虚陟孤峭，不翅千余尺。"

【捫参歷井】 （参 shēn）触摸到参星和井星。形容地势高。参、井，星宿名，其分野当秦蜀二地。李白《蜀道难》："扪参历井仰胁息，以手抚膺坐长叹。"

【捫腹】 抚摸腹部。(1)表现饱食自得之状。白居易《饱食闲坐》："扪腹起盥漱，下阶振衣裳。"(2)表示按腹内之物。刘禹锡《乐天是月长斋鄙夫此时愁卧遂为联句所期解词焉敢惊禅》："鉴容称四皓，扪腹有三壬。"

【捫葛】 攀挽葛藤以登高。袁高《茶山诗》："扪葛上欹壁，蓬头入荒榛。"

【捫摸】 触摸；攀援。王维《燕子龛禅师》："跳波谁揭厉，绝壁免扪摸。"

【捫蝨】 见"捫虱"。

【捫膺】 手抚胸口。表示哀伤、悲痛。齐己《湘江送客》:"鹦鹉洲边若回首,为思前事一扪膺。"

【捫襟】 手摸衣襟。表自省自问之状。李白《郢门秋怀》:"倚剑增浩叹,扪襟还自怜。"皎然《九日陪颜使君真卿登水楼》:"持菊烦相问,扪襟愧不才。"

【捫蘿】 攀挽萝藤。多指登山。辛常伯《军中行路难》:"漂梗飞蓬不暂安,扪萝引葛陟危峦。"杜甫《西枝村寻置草堂地夜宿赞公土室二首》之一:"扪萝涩先登,陟巘眩反顾。"李德裕《忆平泉杂咏·忆茗芽》:"饮罢闲无事,扪萝溪上行。"

掃[1] 〔sǎo《广韵》蘇老切,上晧,心。又蘇到切,去号,心。〕❶以扫帚等清除尘垢和杂物。李白《送客归吴》:"别后无余事,还应扫钓矶。"张籍《羁旅行》:"晨鸡喔喔茅屋傍,行人起扫车上霜。"李德裕《洛中士君子多以平泉见呼因以此诗为报奉寄刘宾客》:"径荒寒未扫,门设昼长关。"刘云《有所思》:"玉井苍苔春院深,桐花落尽无人扫。"❷扫荡,廓清,平定。杜审言《送崔融》:"坐觉烟尘扫,秋风古北平。"李白《古风》之三:"秦皇扫六合,虎视何雄哉。"姚合《闻魏州破贼》:"烟雾扫开尊北岳,蛟龙斩断净南河。"李商隐《行次昭应县道上送户部李郎中充昭义攻讨》:"将军大旆扫狂童,诏选名贤赞武功。"❸掠过,吹过。苏味道《嵩山石淙侍宴应制》:"隐暖源花迷近路,参差岭竹扫危坛。"刘长卿《送少微上人游天台》:"松门风自扫,瀑布雪难消。"卢士衡《灵溪老松歌》:"横山一枝戛楼阁,直上一枝扫寥廓。"亦指行径,走过。韩翃《送客还江东》:"不妨高卧顺流归,五两行看扫翠微。"❹以笔挥洒;描,画。李白《草书歌行》:"吾师醉后倚绳床,须臾扫尽数千张。"皎然《奉应颜尚书真卿观玄真子置酒张乐舞破阵画洞庭三山歌》:"乐纵酒酣狂更好,攒峰若雨纵横扫。"白居易《逢旧》:"我梳白发添新恨,君扫青蛾减旧容。"李商隐《代赠二首》之二:"总把春山扫眉黛,不知供得几多愁。"❺祭扫。白居易《天坛峰下赠杜录事》:"他日药成分一粒,与君先去扫天坛。"贯休《寄僧野和尚》:"傥然重结社,愿作扫坛人。"❻尽数,全部。李白《鸣皋歌送岑征君》:"扫梁园之群英,振大雅于东洛。"

掃[2] 〔sào《广韵》蘇到切,去号,心。〕见"掃₂帚"。

【掃一室】 喻拘守一室,胸无大志。见《后汉书·陈蕃传》。权德舆《星名诗》:"自当轻尺璧,岂复扫一室。"

【掃石】 打扫坐卧之石。多以表现修道者或山居隐逸者之闲适生活。戎昱《寄许炼师》:"扫石焚香礼碧空,露华偏湿蕊珠宫。"

【掃平】 全部除尽、平定。皎然《武源行赠丘卿岑》:"扫平氛祲望吴门,人间岁美桑柘繁。"

【掃地】 ❶清扫地面。白居易《日长》:"爱水多棹舟,惜花不扫地。"韦庄《赠武处士》:"扫地留疏影,穿池浸落霞。"李洞《寄淮海惠泽上人》:"他日愿师容一榻,煎茶扫地学忘机。"花蕊夫人徐氏《宫词》之十四:"修仪承宠住龙池,扫地焚香日午时。"❷喻全部除尽。李白《赤壁歌送别》:"二龙争战决雌雄,赤壁楼船扫地空。"胡曾《咏史诗·咸阳》:"一朝阎乐统群凶,二世朝廷扫地空。"颜胄《适思》:"繁华扫地歇,蟋蟀充堂鸣。"❸犹卷地。鲍溶《寒夜吟》:"霜飙乘阴扫地起,旅鸿迷雪绕枕声。"

【掃地夫】 清扫地面之仆役。花蕊夫人徐氏《宫词》之一四二:"宫人早起笑相呼,不识阶前扫地夫。"

【掃拂】 清扫拂拭。白居易《令狐尚书许过弊居先赠长句》:"已遣平治行药径,兼教扫拂钓鱼船。"

【掃門】 求谒权门以图进用。见《史记·齐悼惠王世家》。王维《重酬苑郎中》:"仙郎有意怜同舍,丞相无私断扫门。"钱起《送扬锖归隐》:"悔作扫门事,还吟招隐诗。"杜牧《寄崔钧》:"自愧扫门士,谁为乞火人?"亦作"掃塵"。朱庆余《寄友人》:"是处应为客,何门许扫尘。"

【掃拭】 擦拭,掸拂。李白《题金陵王处士水亭》:"扫拭青玉簟,为余置金尊。"

【掃眉】 画眉,描眉。张籍《倡女词》:"轻鬓丛梳阔扫眉,为嫌风日下楼稀。"李商隐《和郑愚赠汝阳王孙家筝妓二十韵》:"满内不扫眉,君王对西子。"司空图《灯花三首》之二:"明朝斗草多应喜,剪得灯花自扫眉。"

【掃眉才子】 指女才子。因古代女子多画眉,故称。胡曾《咏史诗·赠薛涛》:"扫眉才子于今少,管领春风总不如。"

【掃宫】 打扫宫室。表示对客人重视。韩愈《和虞部卢四酬翰林钱七赤藤杖歌》:"滇王扫宫避使者,跪进再拜语嗢咿。"

【掃荆扉】 打扫拂拭柴门。表示迎接客人。刘长卿《湘中纪行十首·洞山阳》:"桃园几家住,谁为扫荆扉。"钱起《送褚大落第东归》:"他日东流一乘兴,知君为我扫荆扉。"

【掃徑】 亦作"掃逕"。清扫小路。白居易《营闲事》:"浇畦引泉脉,扫径避兰芽。"亦表示虔敬迎客。齐己《送益公归旧居》:"邻僧喜相接,扫迳与开扉。"

【掃粉】 扑粉,搽粉。李贺《春昼》:"卷衣秦帝,扫粉赵燕。"

【掃庭】 打扫庭院。李频《夏日过友人檀溪别业》:"沙月邀开户,岩风助扫庭。"

【掃陣】 于阵地上驱除、进击对手。杜淹《咏寒食斗鸡应秦王教》:“长翘频扫阵,利爪屡通中。”

【掃除】 ❶打扫,清除尘垢。李峤《汾阴行》:“河东太守亲扫除,奉迎至尊导銮舆。”杜甫《大云寺赞公房四首》之四:“沾洒不濡地,扫除似无帚。”崔备《使院忆山中道侣兼怀李约》:“病柳伤摧折,残花惜扫除。”徐夤《苔》:“归去扫除阶砌下,藓痕残绿一重重。”❷除去;排除。包融《登翅头山题俨公石壁》:“扫除诸烟氛,照出众楼雉。”杜甫《丈人山》:“扫除白发黄精在,君看他时冰雪容。”亦指廓清、平定。杜甫《戏作花卿歌》:“绵州副史著柘黄,我卿扫除即日平。”韩愈《送侯参谋赴河中幕》:“曷不请扫除,活彼黎与烝。”

【掃掠】 打扫,清扫。白居易《题新居寄宣州崔相公》:“疏通竹径将迎月,扫掠莎台欲待春。”又《分司初到洛中偶题六韵兼戏呈冯尹》:“招呼新客侣,扫掠旧池台。”李商隐《戏题枢言草阁三十二韵》:“扫掠走马路,整顿射雉翳。”

【掃逕】 见“掃徑”。

【掃扉】 拂拭门扇。表示诚心迎接。李嘉祐《送冷朝阳及第东归江宁》:“稚子欢迎棹,邻人为扫扉。”

【掃蛾】 指女子描眉。李贺《河南府试十二月乐词·三月》:“军装宫妓扫蛾浅,摇摇锦旗夹城暖。”

【掃蓋】 拂过车顶。韦庄《雨霁晚眺》:“岭云寒扫盖,溪雪冻黏须。”

【掃墓】 预先清扫好墓地,以待人死。典出《后汉书·酷吏传·严延年》。后因以“扫墓”为咏酷吏之典。李瀚《蒙求》:“苟弟转酷,严母扫墓。”

【掃榻】 拂拭床榻,表示热情欢迎客人留宿。张乔《送友人归袁州》:“才子登科去,诸侯扫榻迎。”

【掃$_2$帚】 用于扫除灰尘的器具。拾得《诗》之二六:“死去见阎王,背后插扫帚。”

【掃塵】 见“掃門”。

【掃蕩】 扫除涤荡。李白《经乱离后天恩流夜郎忆旧游书怀赠江夏韦太守良宰》:“扫荡六合清,仍为负霜草。”施肩吾《讽山云》:“赖有风帘能扫荡,满山晴日照乾坤。”萧遘《和王侍中谒张恶子庙》:“斩马威棱应扫荡,截蛟锋刃俟升平。”吴融《途中阻风》:“洛阳寒食苦多风,扫荡春华一半空。”

【掃壇】 于坛上祭祀。殷尧藩《中元日观诸道士步虚》:“扫坛天地肃,投简鬼神惊。”

【掃黛】 描眉,画眉。李商隐《又效江南曲》:“扫黛开宫额,裁裙约楚腰。”

【掃灑】 ❶洒水扫地。张籍《和左司元郎中秋居十首》之五:“闲堂新扫洒,称是早秋天。”姚合《寄送卢拱秘书游魏州》:“扫洒氛埃静,游从气概生。”❷涤荡,廓清。杜牧《郡斋独酌》:“腥膻一扫洒,凶狠皆披攘。”

掘 〔jué《广韵》其月切,入月,羣。又衢物切,入物,羣。〕❶挖掘。张九龄《和黄门卢监望秦始皇陵》:“始掘既由楚,终焚乃因牧。”杜甫《新安吏》:“掘壕不到水,牧马役亦轻。”张籍《废居行》:“去时禾黍埋地中,饥兵掘土翻重重。”赵嘏《汉阴庭树》:“掘沟引水浇蔬圃,插竹为篱护药苗。”❷见“掘攣”。

【掘劍】 传晋张华闻雷焕言斗牛间有异气,应在豫章丰城有宝剑,乃补雷焕为丰城令。雷到任掘狱屋基,果得龙泉、太阿二剑,遂以其一赠张,自留一。后剑化双龙而去。事见《晋书·张华传》。后因以“掘剑”喻指被埋没之人才重见天日。杜甫《秦州见敕目薛三璩授司议郎远喜迁官三十韵》:“掘剑知埋狱,提刀见发硎。”亦作“掘寶劍”。韩愈《赴江陵途中寄赠三学士》:“雷焕掘宝剑,冤氛消斗牛。”或作“掘雙龍”。杜牧《怀钟陵旧游四首》之二:“未掘双龙牛斗气,高悬一榻栋梁材。”

【掘雙龍】 见“掘劍”。

【掘寶劍】 见“掘劍”。

【掘攣】 屈缩,蜷曲。皮日休《虎丘寺殿前有古杉一本形状丑怪遂赋三百言以见志》:“狼头教窣竖,虿尾掘挛垂。”

掇 〔duó《广韵》丁括切,入末,端。又陟劣切,入薛,知。〕❶拾取。李白《江上寄元六林宗》:“浦沙净如洗,海月明可掇。”韩愈《南山诗》:“鱼虾可俯掇,神物安敢寇。”白居易《酬李二十侍郎》:“行掇木芽供野食,坐牵萝蔓挂朝衣。”吴融《和座主尚书春日郊居》:“春蔬已为高僧掇,腊酝还因熟客开。”❷犹考取。指科举及第。贯休《闻友人驾前及第》:“世乱无全士,君方掇大科。”❸掉转。见“掇頭”。

【掇芳】 采摘香花。钱起《蓝田溪杂咏二十二首·东陂》:“永日兴难望,掇芳春陂曲。”张籍《城南》:“目为逐胜朗,手因掇芳柔。”亦喻指求取功名。孟郊《罗氏花下奉招陈侍御》:“拾紫岂宜晚,掇芳须及晨。”

【掇英】 采摘鲜花。韦应物《效陶彭泽》:“掇英泛浊醪,日入会田家。”又《洛都游寓》:“掇英出兰皋,玩月步川坻。”

【掇野】 采集野菜。柳宗元《游朝阳岩遂登西亭二十韵》:“挹流敌清觞,掇野代嘉肴。”

【掇蜂】 伯奇后母以蜜蜂计陷害伯奇。见《太平御览》卷九五〇引汉刘向《列女传》。后因以为离间、陷害之典。李白《雪谗诗赠友人》:“拾尘掇蜂,疑圣猜贤。”白居易《读史五首》之四:“掇蜂杀爱子,掩鼻戮宠姬。”又《思子台有感二首》之一:“曾家机上闻投杼,尹氏园中见掇蜂。”

【掇頭】 掉头之间。形容时间短暂。李白《暖酒》："拨却白云见青天，掇头里许便乘仙。"

【掇齋】 掇取斋食。陈裕《咏大慈寺斋头鲜于阁梨》："面折掇斋穷措大，笑迎搽粉阿尼师。"

九 画

揳 〔xiè《广韵》先結切，入屑，心。〕堵塞。韩愈、孟郊《征蜀联句》："跧梁排郁缩，闯窦揳窋窡。"

揲1 〔shé《广韵》食列切，入薛，船。〕间隔点数。见"揲策"。

揲2 〔dié《广韵》徒協切，入帖，定。〕❶折叠。刘驾《长门怨》："闲揲舞衣归未得，夜来砧杵六宫秋。"❷盘曲，挽摺。王翰《古蛾眉怨》："忽闻天子忆蛾眉，宝凤衔花揲两螭。"李商隐《海上谣》："借得龙堂宽，晓出揲云发。"

【揲策】 用蓍草以占卜。见《易·系辞上》。陆龟蒙《江南秋怀寄华阳山人》："揲策空占命，持竿不钓名。"

搽 〔chá〕敷，涂。见"搽粉"。

【搽粉】 敷粉于面部。陈裕《咏大慈寺斋头鲜于阁梨》："面折掇斋穷措大，笑迎搽粉阿尼师。"

搭1 〔dā《广韵》德合切，入合，端。〕❶披，挂。白居易《石楠树》："伞盖低垂金翡翠，熏笼乱搭绣衣裳。"花蕊夫人徐氏《宫词》之三二："一沟泛碧流春水，四面琼钩搭绮疏。"❷安放。顾况《杜秀才画立走水牛歌》："奚奴跨马不搭鞍，立走水牛惊汉宫。"❸指松散地连接在一起。王建《寒食》："白衫眠古巷，红索搭高枝。"❹量词，犹块、团。卢仝《月蚀诗》："摧环破璧眼看尽，当天一搭如煤炱。"

搭2 〔tà《广韵》吐盍切，入盍，透。〕同"拓"。以纸墨从刻有图文之金石上捶印拓本。亦指摹写。见"搭₂寫"。

【搭₂寫】 摹写，影摹。皮日休《奉和鲁望寄南阳广文次韵》："八会旧文多搭写，七真遗语剩思量。"

揠 〔yà《广韵》烏黠切，入黠，影。〕拔。见"揠苗"。亦指拔除。韩愈、孟郊《征蜀联句》："天刀封未拆，酋胆慑前揠。"

【揠苗】 宋人有闵其苗之不长而揠之者。见《孟子·公孙丑上》。后因以喻违背规律强求速成反致失败。贾岛《送令狐绹相公》："揠苗方灭裂，成器待陶钧。"陆龟蒙《南泾渔父》："孟子讥宋人，非其揠苗躁。"

揀 〔jiǎn《广韵》古限切，上産，見。又郎甸切，去霰，來。〕挑选，择取。寒山《诗三百三首》之三七："转怀钩距意，买绢先拣绫。"韩翃《送端州冯使君》："玉树群儿争翠羽，金盘少妾拣明珠。"白居易《新乐府·紫毫笔》："宣城之人采为笔，千万毛中拣一毫。"郑谷《燕》："低飞绿岸和梅雨，乱入红楼拣杏梁。"

【揀日】 选择日期。唐备《别家》："兄弟惜分离，拣日皆言恶。"

【揀材】 选拔人才。崔元翰《奉和登玄武楼观射即事书怀赐孟涉应制》："拣材尽爪士，受任皆信臣。"

【揀別】 选择辨别。元稹《乐府古题·人道短》："赖得人道有拣别，信任天道真茫茫。"

【揀退】 在选拔中被淘汰退回。白居易《新乐府·新丰折臂翁》："骨碎筋伤非不苦，且图拣退归乡土。"

【揀選】 挑选，选择。韩愈《石鼓歌》："从臣才艺咸第一，拣选撰刻留山阿。"元稹《连昌宫词》："长官清平太守好，拣选皆言由相公。"刘禹锡《同乐天和微之深春二十首》之十三："迎呼偏熟客，拣选最多花。"

揩 〔kāi《广韵》口皆切，平皆，溪。又苦戒切，去怪，溪。〕擦拭。章孝标《织绫词》："不学邻家妇慵懒，蜡揩粉拭谩官眼。"栖蟾《南中怀友生》："瘴村人起早，铜柱象揩光。"

【揩鏗】 象声词。象金属撞击之声。元稹《相和歌辞·董逃行》："董逃董逃董卓逃，揩铿戈甲声劳嘈。"

提1 〔tí《广韵》杜奚切，平齊，定。〕❶拎起，拎着。徐延寿《南州行》："采蕨暝提筐，弄瑟娇垂幌。"王维《杂诗》："持谢金吾子，烦君提玉壶。"白居易《病假中庞少尹携鱼酒相过》："劳动故人庞阁老，提鱼携酒远相寻。"李煜《菩萨蛮》词："刬袜步香阶，手提金缕鞋。"❷执持，握。李峤《宝剑篇》："东皇提升紫微座，西皇佩下赤城田。"李贺《春坊正字剑子歌》："提出西方白帝惊，嗷嗷鬼母秋郊哭。"杜牧《朱坡》："有计冠终挂，无才笔谩提。"黄文《湘江》："丹青欲画无好手，稳提玉勒沉吟久。"❸上举，上拉。吕岩《敲爻歌》："附耳低言玄妙旨，提上蓬莱第一峰。"见"提舉""提綱"。❹牵扶。李白《上元夫人》："手提嬴女儿，闲与凤吹箫。"❺率领。刘湾《李陵别苏武》："汉武爱边功，李陵提步卒。"温庭筠《感旧陈情五十韵献淮南李仆射》："梁园提彀骑，淮水换戎旃。"❻执掌，掌握。白居易《同微之赠别郭虚舟炼师五十韵》："一提支郡印，一建连帅旗。"又《和微之诗二十三首·和除夜作》："君提七郡籍，我按三尺书。"❼孩提。韦庄《信州西三十里山名仙人城余因行役过其下聊赋是诗》："群峰若侍从，众阜如婴提。"见"提孩"。

提[2]〔chí《广韵》是支切，平之，禪。〕姓。见“提彌”。

【提戈】执戈；手拿兵器。指从事征战。太宗《经破薛举战地》：“昔年怀壮气，提戈初仗节。”刘禹锡《望夫山》：“何代提戈去不还，独留形影白云间。”

【提引】提携荐引。许棠《投徐端公》：“霄汉期提引，龙钟未拟休。”

【提矛】指拿起武器。元结《闵荒诗》：“遂令一夫唱，四海欣提矛。”

【提兵】领兵，率领部队。陈元光《太母魏氏半径题石》：“万里提兵路，三年报母慈。”武元衡《兵行褒斜谷作》：“注意奏凯赴都畿，速令提兵还石坂。”

【提拔】从泥淖中拔出。喻指解救出困境。白居易《除忠州寄谢崔相公》：“提拔出泥知力竭，吹嘘生翅见情深。”

【提佩】携带，佩带。张惟俭《赋得西戎献白玉环》：“幸承提佩宠，多愧琢磨功。”

【提封】疆域，版图。杜甫《提封》：“提封汉天下，万国尚同心。”顾况《送从兄使新罗》：“地绝提封入，天平赐贡饶。”柳宗元《南省转牒欲具江国图令尽通风俗故事》：“圣代提封尽海壖，狼荒犹得纪山川。”《郊庙歌辞·晋武功舞歌二首》之一：“炎汉提封远，姬周世祚长。”亦指地方官之辖境。武元衡《冬日汉江南行将赴夏口途次江陵界寄裴尚书》：“舟楫不可驻，提封如任情。”

【提孩】小孩，儿童。韩愈《符读书城南》：“两家各生子，提孩巧相如。”又《咏雪赠张籍》：“莫烦相属和，传示及提孩。”

【提挈】❶提拎；携带。卢仝《哭玉碑子》：“百见百伤心，不堪再提挈。”李咸用《剑喻》：“纵挺倚天形，谁是躬提挈。”吕岩《七言》之六六：“玉女控拢苍獬豸，山童提挈白虾蟆。”亦指怀着、含着。李绅《逾岭峤止荒陬抵高要》：“幸逢雷雨荡妖昏，提挈悲欢出海门。”❷扶持帮助。卢肇《汉堤诗》：“来视襄人，噢咻提挈。”喻坦之《陈情献中丞》：“从兹便提挈，云路自生荣。”❸提炼概括要点。韩愈《南山诗》：“团辞试提挈，挂一念万漏。”

【提師】领兵，率兵。韩愈《送侯参谋赴河中幕》：“提师十万余，四海钦风棱。”

【提接】提携接引。谓帮助脱离困境。吕岩《敲爻歌》：“贫穷子，发誓切，待把凡流尽提接。”

【提將】（—jiāng）提携搀扶。元结《系乐府十二首·去乡悲》：“日行见孤老，羸弱相提将。”

【提握】❶握持，执。雍裕之《题蒲葵扇》：“羡尔逢提握，知名自谢公。”裴夷直《观淬龙泉剑》：“击磨如不倦，提握愿长从。”❷执手。指伴随共处。高适《答侯少府》：“提握每终日，相思犹比邻。”❸提携；提拔。高适《留上李右相》：“吹嘘成羽翼，提握动芳馨。”刘长卿《至德三年春闻王师收二京因书事寄上李侍郎中丞五十韵》：“艰难悲伏剑，提握喜悬衡。”

【提筆】执笔。指撰写，写作。沈亚之《答殷尧藩赠罢泾源记室》：“提笔从征虏，飞书始伏羌。”周繇《送边上从事》：“提笔男儿事，功名立可夸。”

【提壺】❶鸟名。即鹈鹕。以其鸣声象“提壶”，故多以为劝酒之鸟。刘禹锡《和苏郎中寻丰安里旧居寄主客张郎中》：“池看科斗成文字，鸟听提壶忆献酬。”白居易《寓意诗五首》之三：“促织不成章，提壶但闻声。”李频《送陆肱归吴兴》：“劝酒提壶鸟，乘舟震泽人。”韩偓《村居》：“日照神堂闻啄木，风含社树叫提壶。”❷提壶鸟之鸣声。其声象劝人饮酒。崔国辅《对酒吟》：“蒙笼荆棘一鸟吟，屡唱提壶沽酒吃。”白居易《早春闻提壶鸟因题邻家》：“厌听秋猿催下泪，喜闻春鸟劝提壶。”陆龟蒙《和袭美虎丘寺西小溪闲泛三绝》之一：“树号相思枝拂地，鸟语提壶声满溪。”❸持酒壶。多指饮酒。李白《拟古十二首》之三：“提壶莫辞贫，取酒会四邻。”李贺《安乐宫》：“歌回蜡板鸣，左悺提壶使。”刘禹锡《酬马大夫以愚献通草芰荬酒寄别之作》：“莫讶提壶赠，家传枕曲风。”杜牧《对花微疾不饮呈坐中诸公》：“花前虽病亦提壶，数调持觞兴有无。”

【提綱】❶提举鱼网之总绳。指撒网、收网。杜甫《又观打鱼》：“苍江鱼子清晨集，设网提纲万鱼急。”❷喻指理政，整顿纪纲。刘长卿《瓜洲驿奉饯张侍御使之岭南》：“佐剧劳黄绶，提纲疾素餐。”喻凫《寄刘录事》：“今在提纲所，应难扫石眠。”方干《送婺州许录事》：“曙星没尽提纲去，暝角吹残锁印归。”

【提撕】（—sī）提拉。引申指振作。韩愈《南内朝贺归呈同官》：“所职事无多，又不自提撕。”

【提舉】提拔举荐。白居易《姚侍御见过戏赠》：“东台御史多提举，莫按金章系布裘。”

【提衡】以秤称物。喻指简选官吏。刘禹锡《历阳书事七十韵》：“无能甘负弩，不慎在提衡。”

【提擎】擎举，提举。韩愈《石鼎联句》：“陋质荷斟酌，狭中愧提擎。”

【提彌】即提弥明。春秋晋赵盾之车右。晋侯宴赵盾，伏兵欲杀之，提弥明战死。事见《左传·宣公二年》。周昙《咏史诗·春秋战国门·赵宣子》：“门人曾不有提弥，连嗾呀呀孰敢支？”

【提攜】❶持带；提拎。李白《酬宇文少府见赠桃竹书筒》：“中藏宝诀峨眉去，千里提携长忆君。”钱起《片玉篇》：“美人之鉴明且彻，玉指提携叹奇绝。”李贺《雁门太守行》：“报君黄金台上意，提携玉龙为君死。”❷牵扶；带领。李白《空城雀》：“提携四黄口，饮乳未尝足。”韩愈《赠侯喜》：“便当提携妻与子，南入箕颍无还时。”元稹《后湖》：“提携翁及孙，捧戴妇与姑。”白居易《和梦游春诗一百韵》：“提携小儿女，将领旧姻族。”❸提举，提拉。杜甫《泛溪》：“童戏左右岸，罟弋毕提携。”又《秋行官张望督促东渚耗稻向毕遣竖子阿段往问》：“督领不无人，提携颇在纲。”❹荐举、提拔。杜甫《奉赠太常张卿二十韵》：“顾深惭锻炼，才小辱提携。”白居易《叙德书情四十韵上宣歙翟中丞》：“提携增善价，拂拭长妍姿。”赵嘏《重阳日示舍弟》：“侯门无路提携尔，虚共扁舟万里来。”❺携手；扶助。李白《万愤词投魏郎中》：“一门骨肉散百草，遇难不复相提携。”皇甫曾《寄净虚上人初至云门》：“寒踪白云里，法侣自提携。”白居易《秦中吟十首·伤友》：“昔年洛阳社，贫贱相提携。”罗隐《南园题》：“到头乘兴是，谁手好提携？”

揖[1] 〔yī《广韵》伊入切，入緝，影。〕❶举手行礼；揖拜。孙逖《春初送吕补阙往西岳勒碑得云字》：“箧中缄圣札，岩下揖神君。”李白《送韩准裴政孔巢父还山》：“山出揖牧伯，长啸轻衣簪。”卢纶《腊日观咸宁王部曲娑勒擒豹歌》：“阴方质子才三十，译语受词蕃语揖。”项斯《同友人会裴明府县楼》：“闲阁雨吹尘，陶家揖上宾。”亦指揖别。魏万《金陵酬李翰林谪仙子》：“南游吴越遍，高揖二千石。”陈去疾《送韩将军之雁门》：“归来长揖功成后，黄石当年故有期。”❷表示钦敬、景仰。李白《赠孟浩然》：“高山安可仰，徒此揖清芬。”高适《同李太守北池泛舟宴高平郑太守》：“每揖龚黄事，还陪李郭舟。”刘禹锡《酬国子崔博士立之见寄》：“健笔高科早绝伦，后来无不揖芳尘。”慧宣《奉和窦使君同恭法师咏高僧二首·释僧肇》：“秦王嗟理诣，童寿揖词清。”❸辞让，推让。高适《真定即事奉赠韦使君二十八韵》：“方欲呈高义，吹嘘揖大巫。”韩愈《酬司门卢四兄云夫院长望秋作》：“高揖群公谢名誉，远追甫白感至诚。”❹挟，挟持。李白《醉后赠从甥高镇》：“马上相逢揖马鞭，客中相见客中怜。”❺压抑。黄滔《广州试越台怀古》：“壮气曾难揖，空名信可哀。”

揖[2] 〔jí《集韵》籍入切，入緝，從。〕同“輯”。聚。陆龟蒙《寒夜联句》：“静境揖神凝，寒华射林缺。”

【揖拜】 拱手行礼。崔颢《长安道》：“日晚朝回拥宾从，路傍揖拜何纷纷。”

【揖對】 对揖。谓相互拱手行礼。王季友《酬李十六岐》：“千宾揖对若流水，五经发难如叩钟。”

【揖讓】 ❶相见时之礼仪。沈佺期《自考功员外授给事中》：“上台行揖让，中禁动光辉。”刘禹锡《监祠夕月坛书事》：“铿锵揖让秋光里，观者如云出凤城。”郑损《艺堂》：“揖让未能忘典礼，英雄孰不惯戎衣。”南唐后主李煜《咏扇》：“揖让月在手，动摇风满怀。”❷禅让帝位。周昙《咏史诗·唐虞门·虞舜》：“进善惩奸立帝功，功成揖让益温恭。”亦指礼乐文治。王维《偶然作六首》之二：“干戈将揖让，毕竟何者是。”杜甫《早行》：“干戈未揖让，崩迫开其情。”

揚 〔yáng《广韵》與章切，平陽，以。〕❶上飞；飘扬。亦指使上飞、飘散。崔融《塞垣行》：“疾风卷溟海，万里扬沙砾。”元季川《山中晓兴》：“华叶随风扬，珍条杂榛芜。”元稹《春分投简阳明洞天作》：“雾喷雷公怒，烟扬灶鬼趋。”曹松《长安春日》：“浩浩看花晨，六街扬远尘。”❷指掀动、卷起水波。李白《留别贾舍人至二首》之一：“鳌抃山海倾，四溟扬洪流。”岑参《送张秘书充刘相公通汴河判官》：“刘公领舟楫，汴水扬波澜。”李绅《涉沅潇》：“水灵江暗扬波涛，鼋鼍动荡风骚骚。”❸高举，举起。张九龄《奉和圣制送十道采访使及朝集使》：“首路回竹符，分镳扬木铎。”王维《奉和圣制送不蒙都护归安西应制》：“上卿增命服，都护扬归旆。”李嘉祐《奉酬路五郎中院长新除工部员外见简》：“问绢莲花府，扬旗细柳营。”温庭筠《拂舞词》：“公乎跃马扬玉鞭，灭没高蹄日千里。”❹显扬。徐坚《奉和圣制送张说巡边》：“燕山应勒颂，麟阁伫名扬。”岑参《过梁州奉赠张尚书大夫公》：“承家令名扬，许国苦节施。”王铤《登越王楼见乔公诗偶题》：“越王空置千年迹，丞相兼扬万古名。”姚合《从军行》：“六义虽粗成，名字犹未扬。”亦指传播、宣扬。毕乾泰《奉和九月九日登慈恩寺浮图应制》：“重九昭皇庆，大千扬帝休。”李白《九日》：“地远松石古，风扬弦管清。”白居易《和答诗十首·答桐花》：“生怜不得所，死欲扬其声。”❺举荐，拔用。李华《咏史十一首》之三：“蒲帛扬侧陋，薜萝为缙绅。”萧颖士《江有归舟三章》之一：“扬于王庭，允焯其休。”❻称颂，颂扬。太宗《咏司马彪续汉志》：“书言扬盛迹，补阙兴洪志。”玄宗《首夏花萼楼观群臣宴宁王山亭赋诗》：“九歌扬政要，六舞散朝衣。”杨於陵《和权载之离合诗》：“校德尽珪璋，才臣时所扬。”❼发扬，弘扬。杜甫《新婚别》：“妇人在军中，兵气恐不扬。”王建《赠王侍御》：“幸君扬素风，永作来者程。”❽指声音高昂。亦指声起。李白《白纻辞三首》之一：“扬清歌，发皓齿，北方佳人东邻子。”包佶《祀风师乐章·迎俎酌献》：“酌醴具举，工歌再扬。”韩愈《宿龙宫滩》：“浩浩复汤汤，滩声抑更扬。”❾指光发射。李白《拟古十二首》之六：“太白出东方，彗星扬精光。”戴叔伦《又酬晓灯离暗室五首》之二：“寒灯扬晓焰，重屋惊春雨。”欧阳詹《玩月》：“素魄皎孤凝，芳辉纷四扬。”❿指气味散发、飘逸。孟郊《憩淮上观公法堂》:“不惜青翠姿,为君扬芬芳。”

【揚一益二】 谓天下之盛,扬州第一,益州第二。扬州为唐代盐铁转运使所在之地,商贾如云,益州在蜀地,为天府之国,故云。《盐铁谚》:“扬一益二。”

【揚子】 ❶指扬子江。王维《送李判官赴东江》:“树色分扬子,潮声满富春。”刘长卿《瓜洲驿奉饯张侍御使之岭南》:“梅花分路远,扬子上潮宽。”李嘉祐《和韩郎中扬子津玩雪寄严维》:“雪深扬子岸,看柳尽成梅。”李益《行舟》:“闻道风光满扬子,天晴共上望乡楼。”❷指扬子津。韦应物有《初发扬子寄元大校书》。李益《长干行》:“八月西风起,想君发扬子。”❸指扬子县,唐永淳元年(682)分江都县置,属淮南道扬州。孙逖《扬子江楼》:“扬子何年邑,雄图作楚关。”皇甫冉有《酬张二仓曹扬子所居见寄兼呈韩郎中》。❹指汉扬雄。亦喻指似扬雄之人。王维《重酬苑郎中》:“扬子解嘲徒自遣,冯唐已老复何论。”杜甫《秋日荆南送石首薛明府奉寄薛尚书之作三十韵》:“扬子淹投阁,邹生惜曳裾。”司空曙《和耿拾遗元日观早朝》:“自怜扬子贱,归草太玄经。”杜牧《川守大夫刘公早岁寓居敦行里肆今之置第乃获旧居辄献此诗》:“昔为扬子宅,今是李膺门。”参见“揚子宅”。

【揚子宅】 即扬雄宅。任希古《和长孙秘监伏日苦热》:“披襟扬子宅,舒啸仰重闱。”王勃《赠李十四四首》之三:“从来扬子宅,别有尚玄人。”许浑《王秀才自越见寻不遇题诗而回因以酬寄》:“烟深扬子宅,云断越王台。”杜牧《川守大夫刘公早岁寓居敦行里肆有题壁十韵叹咏不足辄献此诗》:“昔为扬子宅,今是李膺门。”

【揚子江】 长江自扬州以下,古称扬子江。以其地有扬子津而得名。孟浩然有《渡扬子江》。张祜《哭京兆庞尹》:“扬子江头昔共迷,一为京兆隔云泥。”郑谷《淮上与友人别》:“扬子江头杨柳春,杨花愁杀渡江人。”吴融《题扬子津亭》:“扬子江津十四经,纪行文字遍长亭。”

【揚子居】 即扬雄宅。卢照邻《长安古意》:“寂寂寥寥扬子居,年年岁岁一床书。”

【揚子巷】 在成都,扬雄宅所在之巷。裴廷裕《蜀中登第答李搏六韵》:“高卷绛纱扬氏宅,半垂红袖薛涛窗。”自注:“时主文寓扬子巷,故有此句。”

【揚子津】 地名。在唐扬州扬子县。为扬子江北岸重要渡口。地近瓜州。孟浩然有《宿扬子津寄润州长山刘隐士》。李白《横江词六首》之三:“横江西望阻西秦,汉水东连扬子津。”刘禹锡《别夔州官吏》:“三年楚国巴城守,一去扬州扬子津。”又《鹤叹二首》序:“挈双鹤雏以归,予相遇于扬子津。”

【揚子渡】 即扬子津。白居易《三月三日祓禊洛滨》:“闹翻扬子渡,蹋破魏王堤。”李涉《醉中赠崔膺》:“与君兄弟匡岭故,与君相逢扬子渡。”徐铉《登甘露寺北望》:“芳草远迷扬子渡,宿烟深映广陵城。”

【揚子雲】 即汉扬雄。雄字子云。李白《东武吟》:“因学扬子云,献赋甘泉宫。”黄滔《书怀寄友人》:“常思扬子云,五藏曾离身。”贯休《拟君子有所思二首》之一:“我爱扬子云,理乱皆如凤。”

【揚子解嘲】 同“揚雄解嘲”。王维《重酬苑郎中》:“扬子解嘲徒自遣,冯唐已老复何论。”

【揚子業】 即“揚雄宅”。耿㵆《送蜀客还》:“卓家人寂寞,扬子业荒残。”

【揚子驛】 驿站名。在扬子渡。丁仙芝《渡扬子江》:“林开扬子驿,山出润州城。”参见“揚子津”。

【揚文】 弘扬文德教化。玄宗《饯王晙巡边》:“振武威荒服,扬文肃远墟。”

【揚氏】 指汉扬雄。参见“揚氏宅”。

【揚氏宅】 即扬雄宅。裴廷裕《蜀中登第答李搏六韵》:“高卷绛纱扬氏宅,半垂红袖薛涛窗。”

【揚目】 抬眼上视。傲视貌。语本《礼记·檀弓下》。李绅《却到浙西》:“野悲扬目称嗟食,林极翳桑顾所求。”

【揚玄】 指汉扬雄所著之《太玄经》。陆龟蒙《奉酬袭美先辈吴中苦雨一百韵》:“常参庄辩里,亦造扬玄末。”

【揚光】 ❶犹发光。温庭筠《常林欢歌》:“马声特特荆门道,蛮水扬光色如草。”❷喻扬善,举善。储光羲《秦中初霁献给事二首》之二:“善听在知己,扬光唯达人。”贾岛《辩士》:“善哉君子人,扬光掩瑕玼。”

【揚帆】 升起船帆。指行船。孟浩然《寻天台山》:“歇马凭云宿,扬帆截海行。”李白《流夜郎至西塞驿寄裴隐》:“扬帆借天风,水驿苦不缓。”郑巢《送人南游》:“远寺寒云外,扬帆暑雨前。”韦庄《忆小女银娘》:“睦州江上水门西,荡桨扬帆各解携。”

【揚名】 显扬名声。杨炯《和刘长史答十九兄》:“受禄宁辞死,扬名不顾身。”李白《东海有勇妇》:“岂如东海妇,事立独扬名。”蒋涣《故太常卿赠礼部尚书李公及夫人挽歌二首》之二:“扬名将宠赠,泉路满光辉。”薛逢《邻相反行》:“生前不得供甘滑,殁后扬名徒尔为。”

【揚州】 唐代州名。属淮南道。原为隋之江都郡。唐武德三年,于润州江宁县置扬州。九年改邗州为扬州,置大都督。天宝元年改为广陵郡。乾元元年复为扬州。王泠然《汴堤柳》:“隋家天子忆扬州,厌坐深宫傍海游。”王维《同崔傅答贤弟》:“九江枫树几回青,一片扬州五湖白。”李涉《醉中赠崔膺》:“扬州歌酒不可追，洛神映箔湘妃语。”杜牧《遣怀》：“十年一觉扬州梦，赢得青楼薄幸名。”

【揚兵】 举兵；陈兵。苏颋《饯赵尚书摄御史大夫赴朔方军》：“劲虏欲南窥，扬兵护朔陲。”李白《发白马》：“扬兵猎月窟，转战略朝那。”

【揚芳】 播扬香气。温庭筠《嘲春风》：“扬芳历九门，澹荡入兰荪。”

【揚孟】 汉扬雄与战国孟子之连称。顾云《池阳醉歌赠匡庐处士姚岩杰》：“呵叱潘陆鄙琐屑，提挈扬孟归孔门。”

【揚威】 显扬威力、威势。顾况《送从兄使新罗》：“扬威轻破虏，柔服耻征辽。”温庭筠《夏中病痁作》：“山鬼扬威正气愁，便辞珍簟袭狐裘。”司空图《月下留丹灶》：“瑶函真迹在，妖魅敢扬威。”

【揚風】 犹生风。使风扬起，常喻指宣扬德教风化。玄宗《赐崔日知往潞州》：“扬风非赠扇，易俗是张琴。”钱起《奉和宣城张太守南亭秋夕怀友》：“羽扇扬风暇，瑶琴怅别情。”

【揚軍】 出兵。高适《同李员外贺哥舒大夫破九曲之作》：“作气群山动，扬军大旆翻。”

【揚袂】 举袖；抬手。李白《流夜郎半道承恩放还书怀示息秀才》：“扬袂正北辰，开襟揽群雄。”

【揚眉】 抬眼，举目。(1)振奋、欣悦貌。李白《扶风豪士歌》：“抚长剑，一扬眉，清水白石何离离。”又《酬崔五郎中》：“起舞拂长剑，四座皆扬眉。”杜甫《晚晴》：“未怪及时少年子，扬眉结义黄金台。”(2)远望貌。刘禹锡《送僧仲剬东游》：“一旦扬眉望沃州，自言王谢许同游。”

【揚埃】 扬起尘埃。窦牟《洛下闲居夜晴观雪寄四远诸兄弟》：“雪月相辉云四开，终风助冻不扬埃。”

【揚益】 指唐代之扬州、益州。即今江苏扬州与四川成都。武元衡《奉酬淮南中书相公见寄》序：“时号扬益，俱为重藩。”参见“扬一益二”。

【揚都】 指扬州。李白《送当涂赵少府赴长芦》：“我来扬都市，送客回轻舠。”

【揚馬】 汉扬雄与司马相如之连称。二人以辞赋著称。王维《苑舍人能书梵字兼达梵音皆曲尽其妙戏为之赠》：“楚词共许胜扬马，梵字何人辨鲁鱼。”杜甫《陈拾遗故宅》：“公生扬马后，名与日月悬。”李端《赠何兆》：“文章似扬马，风骨又清羸。”白居易《东南行一百韵寄通州元九侍御澧州李十一舍人李二十助教员外窦七校书》：“名声逼扬马，交分过萧朱。”

【揚執戟】 指汉扬雄。雄成帝时为郎，执戟西侍。见《文选·曹植〈与杨德祖书〉》。李白《古风》之四六：“独有扬执戟，闭关草太玄。”李端《赠康洽》：“声名恒压鲍参军，班位不过扬执戟。”杨巨源《上裴中丞》：“应笑白须扬执戟，可怜春日老如何。”

【揚盛】 犹发扬光大。高适《真定即事奉赠韦使君二十八韵》：“光华扬盛矣，霄汉在兹乎。”

【揚舲】 犹扬帆，行船。王维《送封太守》：“扬舲发夏口，按节向吴门。”杜甫《别蔡十四著作》：“扬舲洪涛间，仗子济物身。”钱起《送丁著作佐台郡》：“扬舲望海岳，入境背风尘。”顾况《初秋莲塘归》：“只有溪上山，还识扬舲翁。”

【揚旌】 举旗。喻征战。张九龄《奉和圣制送尚书燕国公赴朔方》：“朔南方偃革，河右暂扬旌。”

【揚清】 扬起清水。温翁念《五言同韦子斿神泉诗》：“列坐殊满腹，扬清非洗耳。”

【揚雄】 (前53—18)字子云。汉蜀郡成都(今属四川)人。少而好学。慕司马相如之赋弘丽温雅，常拟之以为式。事迹见《汉书》本传。孟浩然《田园作》：“谁能为扬雄，一荐甘泉赋。”戴叔伦《行路难》：“扬雄闭门空读书，门前碧草春离离。”白居易《和谈校书秋夜感怀呈朝中亲友》：“汉庭卿相皆知己，不荐扬雄欲荐谁。”郑谷《赠杨夔二首》之二：“看取年年金榜上，几人才气似扬雄。”

【揚雄宅】 汉扬雄宅在成都城内西南。见《太平御览》卷一八〇引《成都记》。杜甫《夏日杨长宁宅送崔侍御常正字入京》：“醉酒扬雄宅，升堂子贱琴。”权德舆《数名诗》：“一区扬雄宅，恬然无所欲。”杨发《小园秋兴》：“昔日扬雄宅，还无卿相舆。”李郢《园居》：“暮雨扬雄宅，秋风向秀园。”

【揚雄知郭索】 汉扬雄《太玄·锐》：“蟹之郭索，后蚓黄泉。”郭索，蟹行貌。后因用为蟹之典实。陆龟蒙《酬袭美见寄海蟹》：“自是扬雄知郭索，且非何胤敢伥偟。”

【揚雄詞賦】 指汉扬雄所作楚辞及赋。雄悲屈原之投江，作《反离骚》以吊之，又作《广骚》等；又慕司马相如之赋弘丽温雅，常拟之以为式，作有《甘泉赋》《羽猎赋》等。见《汉书·扬雄传》。赵嘏《送从翁中丞奉使黠戛斯六首》之一：“扬雄词赋举天闻，万里油幢照塞云。”

【揚雄解嘲】 指汉扬雄为回答有人嘲笑自己无禄位而作《解嘲》之事。见《汉书·扬雄传下》。牟融《题赵支》：“曾闻贾谊陈奇策，肯学扬雄赋解嘲。”薛能《许州题观察判官厅》：“纤腰弟子知千恨，笑与扬雄作解嘲。”

【揚雄賦】 指汉扬雄所作之赋。雄慕司马相如之赋弘丽温雅，常拟之以为式，作有《甘泉赋》《羽猎赋》等。赋见《汉书·扬雄传》及《文选》。张说《崔司业挽歌二首》之一：“疾起扬雄赋，魂游谢客诗。”钱起《送严维尉河南》：“甘泉未献扬雄赋，吏道何劳贾谊才。”罗隐《寄侯博士》：“规谏扬雄赋，遭回贾谊官。”

【揚雄嘲】 同“揚雄解嘲”。长孙佐辅《山行书事》：“谁知问津客，空作扬雄嘲。”

【揚揚】 ❶得意貌。李瀚《蒙求》：“晏御扬扬，五鹿岳岳。”韩愈《秋怀诗十一首》之十一：“扬扬弄芳蝶，尔生还不早。”❷精神舒畅、神采飞扬貌。孟云卿《伤怀赠故人》：“坐中无知音，安得神扬扬。”杜甫《观公孙大娘弟子舞剑器行》：“临颍美人在白帝，妙舞此曲神扬扬。”鲍溶《会仙歌》：“碧花醉，灵扬扬，笑赐二子长生方。”❸飞举、飘扬貌。卢仝《听萧君姬人弹琴》：“风梅花落轻扬扬，十指干净声涓涓。”❹飘浮散逸貌。韩愈《琴操十首·猗兰操》：“兰之猗猗，扬扬其香。”李贺《感讽六首》之一：“人间春荡荡，帐暖香扬扬。”

【揚雄山】 山名。在唐剑南道嘉州（今四川乐山）境。蔡桢有《扬雄山》。

【揚策】 扬鞭。指乘马。王勃《散关晨度》：“即今扬策度，非是弃繻回。”

【揚葩】 开花。喻繁荣。欧阳詹《益昌行》：“四海有青春，众植伫扬葩。”

【揚蛾】 扬起蛾眉。形容女子得意之态。李白《杂曲歌辞·邯郸才人嫁为厮养卒妇》：“妾本丛台女，扬蛾入丹阙。”又《西施》：“勾践徵绝艳，扬蛾入吴关。”

【揚論】 抒发议论。杜甫《赠李十五丈别》：“扬论展寸心，壮笔过飞泉。”

【揚歷】 仕途之经历。刘禹锡《和令狐相公初归京国赋诗言怀》：“凌云羽翮掞天才，扬历中枢与外台。”贯休《和杨使君游赤松山》：“日边扬历不争路，云外苔藓须留踪。”

【揚聲】 放声，高声。修雅《闻诵法华经歌》：“长者扬声唤不回，何异聋，何异瞽。”

【揚翹】 向上翘起。刘禹锡《葡萄歌》：“扬翘向庭柯，意思如有属。”

【揚鞭】 挥举马鞭。指策马奔驰。李华《奉使朔方赠郭都护》：“扬鞭玉关道，回首望旌旗。”岑参《送崔子还京》：“匹马西从天外归，扬鞭只共鸟争飞。”李端《送黎兵曹往陕府结婚》：“安得同门吏，扬鞭入后尘。”司空图《华阴县楼》：“丹霄能有几层梯，懒更扬鞭耸翠蜕。”

【揚簸】 反复拨动扬去谷物中的糠秕杂质。白居易《纳粟》：“扬簸净如珠，一车三十斛。”

【揚觶】 举杯。古时饮酒时一种礼节。见《礼记·射义》。后遂以为择贤之典。温庭筠《病中书怀呈友人》：“垂橐羞尽爵，扬觯辱弯弧。”

【揚鑣】 提起马嚼。指乘马。杜甫《夔府书怀四十韵》：“扬镳惊主辱，拔剑拨年衰。”又《秋日荆南述怀三十韵》：“扬镳随日驭，折槛出云台。”

搵

〔wèn《广韵》烏困切，去慁，影。又於粉切，上吻，影。〕浸，浸没。寒山《诗三百三首》之二〇六：“蒸豚搵蒜酱，炙鸭点椒盐。”李建勋《殴妓》：“恨枕堆云髻，啼襟搵月黄。”

揭[1]

〔jiē《广韵》居竭切，入月，見。又居列切，入薛，見。又渠列切，入薛，羣。又丘謁切，入薛，溪。又其謁切，入月，羣。〕❶高举。苏颋《夜发三泉即事》：“重纩濡莫解，悬旌冻犹揭。”韩愈、李正封《晚秋郾城夜会联句》：“雷鼓揭千枪，浮桥交万筰。”刘禹锡《谒柱山会禅师》：“曈曈揭智烛，照使出昏昧。”亦指耸立，高竖。李贺《贝宫夫人》：“丁丁海女弄金环，雀钗翘揭双翅关。”韩愈《南山诗》：“或累若盆罂，或揭若甑豆。”许浑《正元》：“高揭鸡竿辟帝阍，祥风微暖瑞云屯。”❷扬，播。杜荀鹤《送李先辈从知塞上》：“洒碛雪粘旗力重，冻河风揭角声长。”孙元晏《咏史诗·陈·狎客》：“八宫妃尽赋篇章，风揭歌声锦绣香。”❸高峻。元结《演兴四首·初祀》：“云缨为帽兮愚木柄，洞渊禅兮揭巍巍。”亦指声音高。蜀太后徐氏《丈人观》：“仪仗影空寥廓外，金丝声揭翠微巅。”贯休《新猿》：“风清声更揭，月苦意弥哀。”尹鹗《秋夜月》词：“欢极，一片艳歌声揭。”❹持，拿。杜牧《池州送孟迟先辈》：“我欲东召龙伯翁，上天揭取北斗柄。”❺担，负。贯休《大蜀高祖潜龙日献陈情偈颂》：“揭日月行，符汤禹出。”❻掀开；掀翻。白居易《咏家酝十韵》：“瓮揭开时香酷烈，瓶封贮后味甘辛。”杜牧《华清宫三十韵》：“鲸鬣掀东海，胡牙揭上阳。”徐夤《惜牡丹》：“今日狂风揭锦筵，预愁吹落夕阳天。”孙光宪《虞美人》词：“好风微揭帘旌起，金翼鸾相倚。”亦指打开。张祜《高闲上人》：“日色屏初揭，风声笔未休。”无则《鹭鸶》：“愿揭金笼放归去，却随沙鹤斗轻丝。”

揭[2]

〔qì《广韵》去例切，去祭，溪。〕提起衣服涉水。韦应物《山行积雨归途始霁》：“急涧岂易揭，峻途良难遵。”

【揭天】 掀天。形容声音大。杜荀鹤《赠崔道士》：“九华道士浑如梦，犹向尊前笑揭天。”尹鹗《金浮图》词：“玉立纤腰，一片揭天歌吹。”

【揭日】 担载太阳。喻光明辉煌。温庭筠《过孔北海墓二十韵》：“揭日昭东夏，抟风滞北溟。”

【揭手】 举手，抬手。张祜《悖拏儿舞》：“揭手便拈金碗舞，上皇惊笑悖拏儿。”

【揭石】 掀翻石头。形容声音大。姚合《恶神行雨》：“哮吼忽雷声揭石，满天啾唧闹轰轰。”

【揭$_2$步】 “揭涉”之讹。牵衣涉水。李白《莹禅师房观山海图》：“如登赤城里，揭步沧洲畔。”

【揭尾】 扬尾。翘起尾巴。郑准《句》：“护犊横身立，逢人揭尾跳。”

【揭指】　谓按在乐器管孔上之手指抬起，指吹奏乐器。罗隐《薛阳陶觱篥歌》："左篁揭指徵羽吼，炀帝起坐淮王愁。"

【揭竿】　持竿，举竿。刘禹锡《竞渡曲》："刺史临流褰翠帏，揭竿命爵分雄雌。"

【揭屋】　掀动屋顶。形容声音大。崔道融《村墅》："南邻雨中揭屋笑，酒熟数家来相看。"

【揭趾】　提起脚。张祜《鹭鸶》："深窥思不穷，揭趾浅沙中。"

【揭揭】　高悬貌。刘禹锡《国学新修五经壁歌》序："名儒张参为国子司业，始详定五经，书于论堂东西厢之壁……揭揭高悬，积六十岁。"

【揭然】　犹昭然。显明貌。皮日休《鲁望读襄阳耆旧传见赠五百言因而寄答》："繄王揭然出，上下拓宇宙。"

【揭陽】　汉代县名。属南海郡。至唐为岭南道潮州。即今广东潮州。韩愈《别赵子》："我迁于揭阳，君先揭阳居。"

【揭厲】　高举而扬厉。杜甫《八哀诗・赠秘书监江夏李公邕》："哀赠竟萧条，恩波延揭厉。"

【揭₂厲】　渡浅水曰揭，渡深水曰厉。合而泛指涉水渡河。语本《诗・邶风・匏有苦叶》。储光羲《同诸公送李云南伐蛮》："回溪深天渊，揭厉逾舟梁。"陈昌言《赋得玉水记方流》："滔滔在何许，揭厉愿从游。"杜牧《除官归京睦州雨霁》："浅深须揭厉，休更学张纲。"

【揭牓】　张榜。张贴告示。"牓"，同"榜"。无名氏《诮失婢榜诗》之三："揭榜讳因依，千声叫不归。"

【揭調】　（—diào）高亢之曲调。高骈《赠歌者二首》之二："公子邀欢月满楼，双成揭调唱伊州。"吴融《赠李长史歌》："铿訇揭调初惊人，幽咽细声还感神。"毛文锡《甘州遍》词："美人唱，揭调是甘州。"

【揭鴻嶺】　山名。在唐江南道漳州（今福建漳州）。慕容韦有《度揭鸿岭》。

【揭櫱】　高峻貌。杜甫《九成宫》："纷披长松倒，揭櫱怪石走。"

揣　〔chuǎi《广韵》初委切，上紙，初。〕❶估量，揣度。卢仝《寄赠含曦上人》："破锁推玄关，高辩果难揣。"❷衡量。见"揣摩❷"。❸探研，玩味。见"揣摩❷"。

【揣分】　（—fèn）自我估量。水神《霅溪夜宴诗》之四："论心幸遇同归友，揣分惭无辅佐功。"

【揣情摩意】　揣度情意。李咸用《和友人喜相遇十首》之二："揣情摩意已无功，只把篇章助国风。"

【揣摩】　❶揣度，估量。多指力图摸准对方意图以迎合之。高适《封丘作》："揣摩惭黠吏，栖隐谢愚公。"❷探研，玩味。张说《五君咏五首・魏齐公元忠》："清论早揣摩，玄心晚超诣。"❸衡量。引申指评定。陆龟蒙《袭美先辈以龟蒙所献五百言既蒙见和再抒鄙怀用伸酬谢》："揣摩是非际，一一如襟期。"

揌　〔sāi《广韵》蘇來切，平咍，心。〕塞。陆龟蒙《江南秋怀寄华阳山人》："水喧揌紫芡，村响晞香粳。"

搰　〔kū《集韵》苦骨切，入没，溪。〕见"搰搰"。

【搰搰】　勤勉用力貌。杜甫《秋行官张望督促东渚耗稻向毕清晨遣女奴阿稽竖子阿段往问》："功夫竟搰搰，除草置岸旁。"陆龟蒙《奉酬袭美先辈吴中苦雨一百韵》："孱孙诚瞢昧，有志常搰搰。"又《村夜二篇》之二："专专望穜稑，搰搰条桑柘。"

插　〔chā《广韵》楚洽切，入洽，初。〕❶指细长之物扎入、刺进。王绩《古意六首》之四："布叶捎云烟，插根拥岩穴。"严武《题巴州光福寺楠木》："临溪插石盘老根，苔色青苍山雨痕。"罗隐《牡丹》："公子醉归灯下见，美人朝插镜中看。"亦指将薄物夹入。见"插架"。❷别进，穿入。李颀《塞下曲》："戎鞭腰下插，羌笛雪中吹。"❸同"鍤"。铲锹。温庭筠《烧歌》："邻翁能楚言，倚插欲潸然。"

【插子】　斗柄指向子辰方位。指冬至。卢仝《月蚀诗》："岁次庚寅，斗柄插子，律调黄钟。"

【插艾】　以艾或剪纸帛等为艾状插于头上以避邪。为古代端午节之一种风俗。和凝《宫词百首》之九五："绣额朱门插艾人，羞将角黍近香唇。"

【插羽】　❶插羽毛于军书之上表示紧急。贺朝《从军行》："朔胡乘月寇边城，军书插羽刺中京。"玄宗《饯王晙巡边》："檄来虽插羽，箭去亦飞书。"❷插箭于腰，携箭。表示从戎征战。崔颢《赠王威古》："插羽两相顾，鸣弓新上弦。"李白《塞下曲六首》之三："弯弓辞汉月，插羽破天骄。"刘长卿《送乔判官赴福州》："扬帆向何处，插羽逐征东。"李绅《和晋公三首》："插羽先飞酒，交锋便著文。"

【插花】　戴花于头上。刘禹锡《伤秦姝行》："长安二月花满城，插花女儿弹银筝。"杜牧《杏园》："莫怪杏园憔悴去，满城多少插花人。"

【插刺】　插进，刺入。元稹《村花晚》："村中女儿争摘将，插刺头鬓相夸张。"

【插茱萸】　古代风俗，重阳节戴茱萸于发或佩茱萸囊登高，谓可以祛邪避灾。王维《九月九日忆山东兄弟》："遥知兄弟登高处，遍插茱萸少一人。"耿湋《九日》："步蹇强登游藻井，发稀那更插茱萸。"

【插架】　以书插于书架。韩愈《送诸葛觉往随州读书》："邺侯家多书，插架三万轴。"

【插秧】 栽秧。将秧苗插入水田。高适《广陵别郑处士》："溪水堪垂钓，江田耐插秧。"

【插楥】 谓插榉柳作篱笆。楥，榉柳。韦应物《种药》："汲井既蒙泽，插楥亦扶倾。"

【插漢】 耸入霄汉。形容高。刘禹锡《瀑布泉》："翠巘绝高尖插汉，碧潭无底搅轰雷。"

【插髮】 以花、簪等物插戴于发际。杜甫《佳人》："摘花不插发，采柏动盈掬。"

揑 同"捏"。用于指将泥状软物塑成某种形状。李咸用《雪十二韵》："童痴为兽揑，僧爱用茶煎。"齐己《谢炭》："豪家揑为兽，红迸锦茵焦。"按兽炭系和炭屑揑成。蒋贻恭《咏金刚》："扬眉斗目恶精神，揑合将来恰似真。"

搜[1] 〔sōu《广韵》所鸠切，平尤，生。〕❶搜索，搜查；搜捕。姚合《腊日猎》："野外狐狸搜得尽，天边鸿雁射来稀。"黄滔《塞上》："掘地破重城，烧山搜伏兵。"❷寻找，觅求。韩愈《岣嵝山》："千搜万索何处有，森森绿树猿猱悲。"王损之《赋得浊水求珠》："终希识珍者，采掇冀冥搜。"陆龟蒙《寄茅山何威仪二首》之二："从闻此日搜奇话，转觉魂飞夜夜劳。"亦指觅取、选用。黄滔《喜侯舍人蜀中新命三首》之二："却搜文学起吾唐，暂失都城亦未妨。"❸聚集。杜甫《奉酬薛十二丈判官见赠》："碧色忽惆怅，风雷搜百灵。"刘禹锡《韩十八侍御见示岳阳楼别窦司直诗故足成六十二韵》："炎蒸动泉源，积潦搜山趾。"❹犹浸，沁。马戴《中秋月》："冷搜骊颔重，寒彻蚌胎深。"齐己《尝茶》："味击诗魔乱，香搜睡思轻。"黄滔《明月照高楼》："深鉴罗纨薄，寒搜户牖清。"

搜[2] 〔shǎo《集韵》山巧切，上巧，生。〕❶扰乱。见"搜₂攪"。❷搅拌，拌和。费冠卿《答萧建》："搜泥时和面，拾橡半添穜。"

【搜才】 寻求人才。杜牧《过大梁闻河亭方宴赠孙子端》："梁园纵玩归应少，赋雪搜才去必频。"

【搜山】 于山中搜查、搜索。许棠《塞下二首》之一："防秋朝伏弩，纵火夜搜山。"韩偓《边上看猎赠元戎》："搜山闪闪旗头远，出树斑斑豹尾长。"贯休《古塞下曲七首》之一："搜山得探卒，放火猎黄羊。"

【搜天斡地】 谓上天入地到处搜寻。元稹《和乐天赠杨秘书》："旧与杨郎在帝城，搜天斡地觅诗情。"

【搜斥】 广为搜集。寒山《诗三百三首》之六八："辛勤采芝术，搜斥讵成仙。"

【搜句】 谓作诗时苦思冥索佳句。钱珝《江行无题一百首》之七八："停船搜好句，题叶赠江枫。"林宽《和周繇校书先辈省中寓直》："时因搜句次，那惜一招携。"李中《宿青溪米处士幽居》："静虑同搜句，清神旋煮茶。"

【搜抉】 搜寻抉发。齐己《移居》："欲问存思搜抉妙，几联诗许敌三都。"

【搜求】 寻求，寻觅。元稹《酬翰林白学士代书一百韵》："略削荒凉苑，搜求激直词。"薛逢《开元后乐》："中原骏马搜求尽，沙苑年来草又芳。"李骘《读惠山若冰师集因题故院三首》之三："景物搜求歇，山云放纵飞。"陆龟蒙《南泾渔父》："民皆死搜求，莫肯兴愍悼。"

【搜吟】 搜觅诗句。姚揆《晚步》："迟回从此搜吟久，待得溪头月上还。"

【搜奇】 寻求奇特之事物。韩愈《答张彻》："搜奇日有富，嗜善心无宁。"李涉《感兴》："搜奇竭四海，立制谋千年。"司空图《争名》："争名岂在更搜奇，不朽才消一句诗。"徐铉《依韵和令公大王蔷薇诗》："君王偏属咏，七子尽搜奇。"

【搜奇探險】 搜求险奇之诗文佳句。僧鸾《赠李粲秀才》："陇西辉用真才子，搜奇探险无伦比。"

【搜春】 寻春。探赏春光。韩愈《荐士》："搜春摘花卉，沿袭伤剽盗。"按此喻指搜寻于文学园地。

【搜枯腸】 喻苦思寻觅佳句。卢仝《走笔谢孟谏议寄新茶》："三碗搜枯肠，唯有文字五千卷。"

【搜括】 谓刻意搜求寻觅。陆龟蒙《和袭美寄同年韦校书》："万古风烟满故都，清才搜括妙无余。"齐己《读李白集》："竭云涛，刳巨鳌，搜括造化空牢牢。"

【搜神】 谓集中精神寻觅佳句。犹云搜索枯肠。胡杲《七老会诗》："搜神得句题红叶，望景长吟对白云。"许棠《冬夜怀真里友人会宿》："静语与高吟，搜神又爽心。"

【搜草澤】 指寻求征用隐逸之贤才。王贞白《赠彭蟾处士》："年年搜草泽，未便老书窗。"

【搜討】 寻觅探求。无名氏《纪游东观山》："瑰奇恣搜讨，贝阙青瑶房。"

【搜原剔藪】 于原野湖泽中搜查寻觅。指到处严密搜寻。韩愈《元和圣德诗》："分散逐捕，搜原剔薮。"

【搜書】 寻访搜集散佚图书。储光羲有《送沈校书吴中搜书》。

【搜索】 ❶搜寻；觅求。韦应物《乌引雏》："引雏乌，尔心急急将何如，何得比日搜索雀卵啖尔雏。"白居易《裴侍中晋公以集贤林亭即事诗三十六韵见赠辄广为五百言以伸酬献》："灵襟一搜索，胜概无遁遗。"❷往来不止貌；连续不断貌。李峤《箫》："参差横凤翼，搜索动人心。"李白《送王屋山人魏万还王屋》："松风和猿声，搜索连洞壑。"刘禹锡《游桃源一百韵》："如严三清居，不使恣搜索。"

【搜揚】 访求拔用。陆龟蒙《杂讽九首》之五：

"搜扬好古士，一以罄云水。"王贞白《终南山》："地去搜扬近，人谋隐遁难。"

【搜勝】　寻赏胜景。孟郊《石淙》之七："搜胜有闻见，逃俗无踪蹊。"

【搜尋】　搜求寻觅。韩愈、孟郊《城南联句》："流滑随仄步，搜寻得深行。"耽章《辞南平钟王召》："樵客见之犹不采，郢人何事苦搜寻。"

【搜照】　巡回映照；普照。贯休《谢卢少卿惠千文》："苞含物象列，搜照鱼龙吼。"

【搜詩】　构思寻求好诗佳句。鱼玄机《冬夜寄温飞卿》："苦思搜诗灯下吟，不眠长夜怕寒衾。"善生《旅中答喻军事问客情》："畜恨霜侵鬓，搜诗病入神。"

【搜對】　探寻观赏。宋之问《灵隐寺》："夙龄尚遐异，搜对涤烦嚣。"

【搜漱】　犹飕飕。风凉沁人貌。韩愈《南山诗》："空虚寒兢兢，风气较搜漱。"参阅钱仲联《韩昌黎诗系年集释》。

【搜賢】　征求、选取贤才。杜牧《奉送中丞姊夫俦自大理出镇江西十二韵》："惟帝忧南纪，搜贤与大藩。"杜荀鹤《送友人入关》："况当朝野搜贤日，正是孤寒取士时。"裴说《南中县令》："上国搜贤急，陶公早晚归。"

【搜蕩】　搜寻翻检无遗。皮日休《吴中苦雨因书一百韵寄鲁望》："百家皆搜荡，六艺尽翻覆。"

【搜擇】　搜寻选择。张籍《罔象得玄珠》："今朝搜择得，应免媚晴川。"

【搜羅】　搜集罗致。陆龟蒙《奉和袭美二游诗·徐诗》："近者隋后主，搜罗势骈阗。"方干《赠李郢端公》："物外搜罗归大雅，毫端剪削有余功。"杜荀鹤《读张仆射诗》："秋吟一轴见心胸，万象搜罗咏欲空。"曹松《赠镜湖处士方干二首》之一："包含教化剩搜罗，句出东瓯奈峭何。"

【搜₂攪】　犹搅扰，骚扰。韩愈《岳阳楼别窦司直》："炎风日搜搅，幽怪多冗长。"

搥　〔chuí《字彙》直追切。〕敲打，推击。王维《燕子龛禅师》："六时自搥磬，一饮常带索。"孟郊《寒地百姓吟》："高堂搥钟饮，到晓闻烹炮。"韩愈《八月十五夜赠张功曹》："昨者州前搥大鼓，嗣皇继圣登夔皋。"白居易《新乐府·新丰折臂翁》："夜深不敢使人知，偷将大石搥折臂。"

【搥炰】　指烹煮食品。李白《过汪氏别业二首》之一："我来感意气，搥炰列珍羞。"

【搥琢】　锤炼琢磨。齐己《喜彬上人见访》："莫惜天机细搥琢，他时终可拟芙蕖。"

揄　〔yú《广韵》羊朱切，平虞，以。又度侯切，平侯，定。又徒口切，上厚，定。〕❶举，引。见"揄揚"。❷挥。见"揄揶"。

【揄揶】　揶揄。作出嘲弄手势。引申指戏弄、取笑。卢仝《苦雪寄退之》："但恨口中无酒气，刘伶见我相揄揶。"薛能《西县途中二十韵》："阵图谁许可，庙貌我揄揶。"

【揄揚】　❶举扬；称扬。李白《玉壶吟》："揄扬九重万乘主，谑浪赤墀青琐贤。"元稹《赠别杨员外巨源》："揄扬陶令缘求酒，结托萧娘只在诗。"❷宣扬。杜甫《送顾八分文学适洪吉州》："御札早流传，揄扬非造次。"韩愈《晚秋郾城夜会联句》："名声载揄扬，权势实熏灼。"白居易《酬郑侍御多雨春空过诗三十韵》："惠应施浃洽，政岂假揄扬。"李群玉《自澧浦东游江表途出巴丘投员外从公虞》："朱门待媒势，短褐谁揄扬。"

揜　〔yǎn《广韵》衣检切，上琰，影。又烏敢切，上敢，影。〕❶闭合。长孙无忌《新曲二首》之二："芙蓉绮帐还开掩，翡翠珠被烂齐光。"王勃《临高台》："歌屏朝掩翠，妆镜晚窥红。"梁锽《崔驸马宅咏画山水扇》："掩作山云暮，摇成陇树秋。"亦指收起。韩愈《忆昨行和张十一》："危辞苦语感我耳，泪落不掩何漼漼。"❷遮掩，掩蔽。韩愈《新竹》："缥节已储霜，黄苞犹掩翠。"吴融《败帘六韵》："伴灯微掩梦，兼扇劣遮羞。"❸藏匿。罗隐《邺城》："台上年年掩翠娥，台前高树夹漳河。"❹盖过，超过。窦庠《东都嘉量亭献留守韩仆射》："度材垂后俭，选胜掩前功。"韩愈《示爽》："名科掩众俊，州考居吏前。"李群玉《自澧浦东游江表途出巴丘投员外从公虞》："巴歌掩白雪，鲍肆埋兰芳。"

【揜淚】　掩泪。掩面流泪。吴融《华清宫四首》之四："玉皇掩泪频惆怅，应叹僧繇彩笔飞。"

【揜焱】　光昏暗貌。卢仝《月蚀诗》："奴婢炷暗灯，掩焱如玳瑁。"

【揜揜】　被遮蔽貌。韩愈《琴操十首·拘幽操》："目窈窈兮，其凝其盲。""窈窈"一作"揜揜"。

【揜關】　闭门。韩愈《雪后寄崔二十六丞公》："归来殒涕掩关卧，心之纷乱谁能删。"

【揜靄】　云雾遮蔽貌。徐铉《题雷公井》："掩霭愚公谷，萧寥羽客家。"

援　〔yuán《广韵》雨元切，平元，云。又王眷切，去線，云。〕❶牵引，拉。李咸用《公无渡河》："见溺不援能语狼，忍听丽玉传悲伤。"❷攀援。颜真卿《赠僧皎然》："倚石忘世情，援云得真意。"韦应物《云阳馆怀谷口》："云泉非所濯，萝月不可援。"韩愈《陆浑山火和皇甫湜用其韵》："命黑螭侦焚其元，天阙悠悠不可援。”法照《送清江上人》：“见山援葛藟，避世著方袍。”亦指攀扶。元结《系乐府十二首·陇上叹》：“援车登陇坂，穷高遂停驾。”贾至《君山》：“湘中老人读黄老，手援紫藟坐碧草。”❸攀折，攀摘。皎然《夏日与綦毋居士昱上人纳凉》：“坐援香实近，转爱绿芜生。”❹援助，救援。张说《奉和圣制过王濬墓应制》：“援孤因势屈，功重为谗偏。”王维《李陵咏》：“既失大军援，遂婴穹庐耻。”韦应物《睢阳感怀》：“穷年方绝输，邻援皆携贰。”水神《霅溪夜宴诗》：“矜孑孑于空江兮，靡群援之可依。”❺荐引，举拔。孟浩然《送丁大凤进士赴举呈张九龄》：“惜无金张援，十上空归来。”殷寅《铨试后征山别业寄源侍御》：“虽承国士恩，尚乏中人援。”朱庆余《酬李处士见赠》：“干上非无援，才多却累身。”齐己《送欧阳秀才赴举》：“莫疑空手去，无援取高科。”❻指藤萝之类攀援植物。孟郊《嵩少》：“闲步亦惺惺，芳援相依依。”❼篱、架等护持花木之物。李商隐《杏花》：“援少风多力，墙高月有痕。”温庭筠《鄠杜郊居》：“槿篱芳援近樵家，垄麦青青一径斜。”❽执，持。杜甫《客居》：“箧中有旧笔，情至时复援。”韦应物《复理西斋寄丘员外》：“援斧开众郁，如师启群蒙。”司空曙《长林令卫象饧丝结歌》：“手援玉箸不敢持，始状芙蓉新出水。”亦指弹奏。裴潾《前相国赞皇公早葺平泉山居抒怀赋四言诗十四首奉寄》之十四：“对酒不饮，设琴不援。”皎然《送吴冯游京》：“若忆山阴会，孤琴为我援。”❾援引，引用。詹敦仁《复留侯从效问南汉刘岩改名龑字音义》：“或援他代易，或变文回避。”

【援引】 引荐；举拔。韩愈《县斋有怀》：“名声荷朋友，援引乏姻娅。”

【援桴】 手执鼓槌。表示指挥军队。古代以击鼓指挥军队进击。玄宗《饯王晙巡边》：“分阃仍推毂，援桴且训车。”

【援毫】 提笔。指写作。李白《感时留别从兄徐王延年从弟延陵》：“掺袂何所道，援毫投此辞。”韦应物《奉和张大夫戏示青山郎》：“览卷冰将释，援毫露欲垂。”朱庆余《自述》：“愿答相思意，援毫愧不才。”黄滔《赠郑明府》：“援毫断狱登殊考，驻乐题诗得出联。”

【援琴】 持琴；弹琴。包何《送王汶宰江阴》：“止酒非关病，援琴不在声。”皎然《重联句一首》：“刘令兴多常步屧，柴桑事少但援琴。”陆龟蒙《樵人十咏·樵歌》：“因知负樵乐，不减援琴兴。”

【援笔】 提笔，执笔。指写或画。李白《赠黄山胡公求白鹇》序：“因援笔三叫，文不加点以赠之。”贾岛《赠僧》：“常恐画工援笔写，身长七尺有眉毫。”方干《赠中岩王处士》：“援笔便成鹦鹉赋，洗花须用橘槔泉。”僖宗北省官《寄兄》：“涉江今日恨偏多，援笔长吁欲奈何。”

【援瑟】 持瑟；奏琴。鲍溶《秋怀五首》之二：“凭觞散烦襟，援瑟清夜拊。”

【援翰】 提笔，执笔。翰，羽毛，借指毛笔。刘长卿《罢摄官后将还旧居留辞李侍御》：“引军横吹动，援翰捷书挥。”

换 〔huàn《广韵》胡玩切，去换，匣。〕❶更换，更改。寒山《诗三百三首》之十八：“岁去换愁年，春来物色鲜。”贺兰进明《行路难五首》之二：“盛年夫婿长别离，岁暮相逢色凋换。”李绅《新楼诗二十首·橘园》：“怜尔结根能自保，不随寒暑换贞心。”韩琮《题商山店》：“佯嗔阿母留宾客，暗为王孙换绮罗。”❷交换。李白《送鲁郡刘长史迁弘农长史》：“白玉换斗粟，黄金买尺薪。”杜甫《秋雨叹三首》之二：“城中斗米换衾裯，相许宁论两相直。”白居易《昨以拙诗十首寄西川杜相公相公亦以新作十首惠然报示重以一章用伸答谢》：“篇数虽同光价异，十鱼目换十骊珠。”杜荀鹤《送姚庭珪》：“脱衣将换酒，对酌话何之。”

【换白】 谓使头发返白为黑。姚合《病中书事寄友人》：“换白方多错，回金法不全。”

【换白鹅】 传晋书法家王羲之爱鹅，曾手写《黄庭经》（一说《道德经》）向山阴道士换取白鹅。见《晋书·王羲之传》与《白孔六帖》卷九五。后遂用为咏山阴逸事之典。李白《送贺宾客归越》：“山阴道士如相见，应写黄庭换白鹅。”亦作“换羣鹅”。杜牧《鸡鹊》：“山阴岂无尔，茧字换群鹅。”

【换主】 更换主人。王贞白《金陵怀古》：“石城几换主，天堑谩连空。”

【换印】 更换官印。指官职或任地更改。白居易《答刘和州禹锡》：“换印虽频命未通，历阳湖上又秋风。”

【换劫】 佛教语。指更换劫期。亦泛指开始新时期。殷尧藩《李节度平虏诗》：“太平从此销兵甲，记取红羊换劫年。”

【换直】 接替人值班。杨巨源《酬令狐舍人》：“晓禁苍苍换直还，暂低鸾翼向人间。”

【换妾】 以战马换取姬妾。喻功成被弃。纪唐夫《骢马曲》：“今日虏平将换妾，不如罗袖舞春风。”

【换骨】 谓脱胎成仙。道家谓服食仙药金丹可换凡骨而升仙。李商隐《药转》：“郁金堂北画楼东，换骨神方上药通。”方干《游张公洞寄陶校书》：“由来委曲寻仙路，不似先生换骨丹。”齐己《谢人惠药》：“久餐应换骨，一服已通神。”

【换羣鹅】 见“换白鹅”。

掾 〔yuàn《广韵》以絹切，去線，以。〕❶官府属官之通称。王湾《晚春诣苏州敬赠武员外》："持此功曹掾，初离华省郎。"刘长卿《送陶十赴杭州摄掾》："莫叹江城一掾卑，沧洲未是阻心期。"独孤及《得柳员外书封寄近诗因代书戏答》："郎官作掾心非好，儒服临戎政已闻。"黄崇嘏《辞蜀相妻女诗》："自服蓝衫居郡掾，永抛鸾镜画蛾眉。"❷作掾，担任掾吏。元稹《虫豸诗》序："始辛卯年，予掾荆州之地。"又《竹部》："我来荆门掾，寓食公堂肉。"❸缘，沿。李洞《冬日送凉州刺史》："移军驼驮角，下塞掾河冰。"

【掾史】 官名。汉置。即唐代之掾吏。羊士谔《九月十日郡楼独酌》："掾史当授衣，郡中稀物役。"

【掾吏】 官府中佐助官吏之通称。杜甫《览物》："曾为掾吏趋三辅，忆在潼关诗兴多。"赵居贞《云门山投龙诗》序："先是投礼，太守不行，以掾吏代之。"

【掾局】 掾吏之府署。韦应物《酬豆卢仓曹题库壁见示》："掾局劳才子，新诗动洛川。"

【掾曹】 即掾吏。古代州县属官多分属六曹，故称。岑参《题李士曹厅壁画度雨云歌》："掾曹有时不敢归，谓言雨过湿人衣。"钱起《李士曹厅对雨》："掾曹富文史，清兴对词客。"张籍《句》："韩官迁掾曹，子随至荆门。"姚鹄《和陕州参军李通微首夏书怀》："独为高怀谁和继，掾曹同处桂同攀。"

揞 〔ǎn《广韵》烏感切，上感，影。〕掩蔽，遮藏。卢仝《月蚀诗》："恐是眶睫间，揞塞所化成。"

搓 〔cuō《广韵》七何切，平歌，清。〕❶两手掌相合将纤维搓捻成线、绳。戴叔伦《赋得长亭柳》："雨搓金缕细，烟裹翠丝柔。"李郢《南池》："小男供饵妇搓丝，溢榼香醪倒接䍦。"花蕊夫人徐氏《宫词》之二七："称与画船牵锦缆，暖风搓出彩丝绦。"❷以手撑擦揉、团弄。韩偓《偶见》："见客入来和笑走，手搓梅子映中门。"亦指用手掌团弄、揉成。韩偓《偶见背面是夕兼梦》："酥凝背胛玉搓肩，轻薄红绡覆白莲。"

揃 〔jiǎn《广韵》即淺切，上獮，精。〕❶剪除。韩愈《忆昨行和张十一》："伾文未揃崖州炽，虽得赦宥恒愁猜。"❷损坏。见"揃壞"。

【揃壞】 损坏。段成式《游长安诸寺联句》序："在外六甲子，所留书籍，揃坏居半。"

揎 〔xuān《广韵》須緣切，平仙，心。〕将袖子上捋露出手臂。王建《捣衣曲》："妇姑相对神力生，双揎白腕调杵声。"路德延《小儿诗》："头依苍鹘裹，袖学柘枝揎。"花蕊夫人徐氏《宫词》之一〇一："慢揎红袖指纤纤，学钓池鱼傍水边。"赵光远《咏手二首》之一："唤人急拍临前槛，摘杏高揎近曲池。"

揮 〔huī《广韵》許歸切，平微，曉。〕❶舞动，摇动。苏味道《九江口南济北接蕲春南与浔阳岸》："津吏挥桡疾，邮童整传催。"刘禹锡《平蔡州三首》之一："汉家飞将下天来，马箠一挥门洞开。"长孙佐辅《答边信》："挥刀就烛裁红绮，结作同心答千里。"欧阳炯《题景焕画应天寺壁天王歌》："圣王怒色览东西，剑刃一挥皆整齐。"❷指运笔书写或绘画。孙逖《送新罗法师还国》："上卿挥别藻，中禁下禅衣。"刘长卿《颍川留别司仓李万》："且知投刃皆若虚，日挥案牍常有余。"韦应物《送李侍御益赴幽州幕》："二十挥篇翰，三十穷典坟。"韩愈《谴疟鬼》："符师弄刀笔，丹墨交横挥。"❸指洒泪，洒汗。柳宗元《夏夜苦热登西楼》："凭阑久彷徨，流汗不可挥。"韩愈《送区弘南归》："出送抚背我涕挥，行行正直慎脂韦。"李白《秋夕旅怀》："含悲想旧国，泣下谁能挥。"令狐楚《立秋日悲怀》："泪岂挥能尽，泉终闭不开。"❹指举杯饮酒。崔融《和梁王众传张光禄是王子晋后身》："丹成金鼎献，酒至玉杯挥。"李白《下终南山过斛斯山人宿置酒》："欢言得所憩，美酒聊共挥。"❺弹拨，弹奏。许敬宗《冬日宴于庶子宅各赋一字得归》："周醪忽同醉，牙弦乃共挥。"权德舆《杂言和常州李员外副使春日戏题十首》之四："不挥者何，知音诚稀。"元稹《筝》："急挥舞破催飞燕，慢逐歌词弄小娘。"❻发射，射出。耿湋《和王怀州观西营秋射》："迎筹皆叠鼓，挥箭或移竿。"❼消散，发散。权德舆《酬穆七侍郎早登使院西楼感怀》："楼中迟启明，林际挥宿烟。"张祜《送杨秀才游蜀》："不堪挥惨恨，一涕自潸然。"

【揮戈】 ❶挥动兵器。林藻《吴宫教战》："挥戈罗袖卷，擐甲汗装红。"李商隐《寄太原卢司空三十韵》："按甲神初静，挥戈思欲酲。"❷见"揮戈卻曜靈"。

【揮戈卻曜靈】 鲁阳公作战时用戈挥日，日倒退九十里。见《淮南子·览冥训》。后遂用为咏酣战或惜时之典。李峤《太平公主山亭侍宴应制》："遽惜欢娱歌吹晚，挥戈更却曜灵回。"亦作"揮戈憶魯陽"。岑参《送裴侍御赴岁入京》："惜别津亭暮，挥戈忆鲁阳。"亦省作"揮戈"。董思恭《咏日》："更也人皆仰，无侍挥戈正。"李白《日出行》："鲁阳何德，驻景挥戈。"

【揮日】 用挥戈回日之典。李商隐《寄太原卢司空三十韵》："酣战仍挥日，降妖亦斗霆。"亦作"揮景"。元稹《献荥阳公诗五十韵》："移时停笔砚，挥景乏戈铤。"参见"揮戈卻曜靈"。

【揮手】 ❶挥动手臂。(1)表示作别、送别。綦毋潜《宿太平观》："明当访真隐，挥手入无倪。"刘长卿《送宣尊师醮毕归越》："挥手桐溪路，无情水亦分。"卢仝《冬行三首》之一："老母妻子一挥手，涕下便作千里行。"韦庄《江皋赠别》："风前不用频挥手，我有家山白日西。”(2)表示弹琴。李白《听蜀僧濬弹琴》：“为我一挥手，如听万壑松。”❷举手。表示指点方向。戴叔伦《与虞沔州谒藏真上人》：“共问置心何处好，主人挥手指虚空。”

【揮斤】 ❶挥动斧头。指伐木。顾况《上古之什补亡训传十三章·十月之郊一章》：“万人挥斤，坎坎有厉。”❷见《庄子·徐无鬼》。后遂用为咏丧失知音之典。张九龄《九月九日登龙山》：“投吊伤昔人，挥斤感前匠。”

【揮文】 写作诗文。韦应物《东林精舍见故殿中郑侍御题诗因寄呈阎澧州冯少府》：“结骑京华年，挥文箧笥积。”

【揮汗】 挥洒汗水。白居易《早热二首》之一：“端坐犹挥汗，出门岂容易。”

【揮汗成雨】 洒出之汗水犹如下雨。形容人多。雍裕之《大言》：“挥汗曾成雨，画地亦成河。”

【揮弄】 ❶洒扬，玩弄。指戏水。杜甫《奉同郭给事汤东灵湫作》：“味如甘露浆，挥弄滑且柔。”白居易《山游示小妓》：“春泉共挥弄，好树同攀玩。”❷拨弄。指弹琴。白居易《琴》：“何烦故挥弄，风弦自有声。”

【揮玩】 挥拂，摆弄。卢纶《和赵给事白蝇拂歌》：“若将挥玩闲临水，愿接波中一白鸥。”

【揮抹】 犹弹奏。抹，弹琴手法之一种。李绅《悲善才》：“衔花金凤当承拨，转腕拢弦促挥抹。”

【揮拂】 ❶挥举，摆动。李郢《郢自街西醉归》：“铦刃剪裁多鹊媚，细鞘挥拂带龙腥。”挥笔书写。吴融《赠䛒光上人草书歌》：“人家好壁试挥拂，瞬目已流三五行。”

【揮金】 大方地散去钱财；挥霍金钱。岑参《河西太守杜公挽歌四首》之四：“秉心常匪席，行义每挥金。”钱起《秋霖曲》：“且如歌笑日挥金，应笑禹汤能罪己。”白居易《开龙门八节石滩诗二首》之一：“振锡导师凭众力，挥金退傅施家财。”李德裕《春暮思平泉杂咏二十首·西岭望鸣皋山》：“讵假数挥金，餐和养余日。”

【揮忽】 飘忽不定貌。张说《江路忆郡》：“水宿厌洲渚，晨光屡挥忽。”王湾《晚夏马嵬卿叔池亭即事寄京都一二知己》：“逡巡期赏会，挥忽变星斗。”

【揮袂】 挥袖，挥手。表示告别。刘长卿《奉送从兄罢官之淮南》：“挥袂看朱绂，扬帆指白沙。”戴叔伦《抚州处士胡泛见送北回两馆至南昌县界查溪兰若别》：“挥袂千里远，悲伤去住心。”刘禹锡《杨柳枝词九首》之八：“城外春风吹酒旗，行人挥袂日西时。”韦庄《含山店梦觉作》：“曾为流离惯别家，等闲挥袂客天涯。”

【揮素】 于素纸上挥笔书写。指学习书法。杨凝式《题怀素酒狂帖后》：“十年挥素学临池，始识王公学卫非。”

【揮拳】 猜拳，划拳。饮酒时之游戏。齐己《仙掌》：“云外自为高出手，人间谁合斗挥拳。”

【揮涕】 洒泪。苏颋《蜀城哭台州乐安少府》：“变衣寝门外，挥涕少城隈。”王维《观别者》：“挥涕逐前侣，含凄动征轮。”朱庆余《题娥皇庙》：“娥皇挥涕处，东望九疑天。”胡曾《咏史诗·湘川》：“虞舜南捐万乘君，灵妃挥涕竹成纹。”

【揮袖】 扬起衣袖，挥动衣袖。(1)起舞貌。刘禹锡《同乐天和微之深春二十首》之十四：“杏园抛曲处，挥袖向风斜。”(2)挥手告别貌。郑谷《阙下春日》：“秦楚年年有离别，扬鞭挥袖灞陵桥。”

【揮毫】 挥动毛笔。挥写或画。孙逖《冬末送魏起居赴京》：“早赴王正月，挥毫记首年。”任华《怀素上人草书歌》：“挥毫倏忽千万字，有时一字两字长丈二。”韩翃《别汜水县尉》：“花间赐食近丹墀，烟里挥毫对青阁。”徐光溥《题黄居寀秋山图》：“运思潜通造化工，挥毫定得神仙诀。”

【揮淚】 洒泪；拭泪。杜甫《雨晴》：“有猿挥泪尽，无犬附书频。”李商隐《行次西郊作一百韵》：“生分作死誓，挥泪连秋云。”贾岛《寄孟协律》：“挥泪洒暮天，滴著桂树枝。”

【揮張】 挥写，张设。李郃《贺州思九疑作》：“锋铓避英锐，铅椠费挥张。”

【揮發】 ❶发挥。杜甫《别苏徯赴湖南幕》：“数论封内事，挥发府中趋。”❷犹发扬，宣扬。孟郊《读张碧集》：“谁作采诗官，忍之不挥发。”

【揮琴】 弹琴。庾敬休《春雪映早梅》：“闻笛花疑落，挥琴兴转来。”

【揮景】 见“揮日”。

【揮策】 挥动马鞭。指乘马。李白《送王屋山人魏万还王屋》：“回桡楚江滨，挥策扬子津。”又《自巴东舟行经瞿唐峡登巫山最高峰晚还题壁》：“辞山不忍听，挥策还孤舟。”卢纶《书情上大尹十兄》：“磨铅惭砥砺，挥策愧驽骀。”

【揮筆】 运笔挥洒。指写作。韦应物《寄职方刘郎中》：“归来坐粉闱，挥笔乃纵横。”又《答僩奴重阳二甥》：“饮酒任真性，挥笔肆狂言。”

【揮電】 闪电，打闪。储光羲《苏十三瞻登玉泉寺峰入寺中见赠作》：“鸿濛已笑云，列缺仍挥电。”

【揮觥】 举杯。指饮酒。储光羲《同武平一员外游湖五首时武贬金坛令》之二：“青林碧屿暗相期，缓楫挥觥欲赋诗。”

【揮翰】 挥笔。李白《留别广陵诸公》：“中回圣明顾，挥翰凌云烟。”窦冀《怀素上人草书歌》：“狂僧挥翰狂且逸，独任天机摧格律。”韩翃《题玉山观禅师兰若》：“掖垣挥翰君称美，远客陪游问真理。”陆龟蒙、嵩起《报恩寺南池联句》：“斋心曾养鹤，挥翰好邀鹅。”

【揮霍】　匆遽、迅疾貌。李峤《安辑岭表事平罢归》：“自我违瀍洛，瞻途屡挥霍。”李端《长安书事寄薛戴》：“三山不可见，百岁空挥霍。”韩愈《汴泗交流赠张仆射建封》：“超遥散漫两闲暇，挥霍纷纭争变化。”李商隐《行次西郊作一百韵》：“奚寇西北来，挥霍如天翻。”亦作“挥攉”。牟融《谢惠剑》：“感君三尺铁，挥攉鬼神惊。”

【揮麈】　挥拂尘。指清谈。麈尾，即拂尘。古人清谈时常手挥麈，故谓。清范《送芝上人游罗浮》：“一瓶一锡十方游，挥麈湘南夜语投。”亦作“揮麈柄”。杨巨源《郊居秋日酬奚赞府见寄》：“闲言挥麈柄，清步掩蜗庐。”

【揮麈柄】　见“揮麈”。

【揮攉】　见“揮霍”。

【揮灑】　挥笔洒墨。指潇洒自如地运笔写画。杜甫《奉先刘少府新画山水障歌》：“自有两儿郎，挥洒亦莫比。”又《寄薛三郎中》：“赋诗宾客间，挥洒动八垠。”任华《怀素上人草书歌》：“粉壁摇晴光，素屏凝晓霜，待君挥洒兮不可弥忘。”

握　〔wò《广韵》於角切，入覺，影。〕❶执，持。韩愈、孟郊《纳凉联句》：“清砌千回坐，冷环再三握。”白居易《赠友五首》之一：“君出臣奉行，谓之握金镜。”韩琮《京西即事》：“昭阳亦待平安火，谁握旌旗不见勋。”❷掌，手掌。玄宗《左丞相说右丞相璟太子少傅乾曜同日上官命宴东堂赐诗》：“我有握中璧，双飞席上珍。”李白《来日大难》：“授以神药，金丹满握。”孟郊《赠姚怤别》：“何以写此心，赠君握中丹。”章孝标《咏弓》：“握内从夸弯似月，眼前还怕撇来风。”❸执掌，掌握。白居易《寄隐者》：“云是右丞相，当国握枢务。”又《新乐府·城盐州》：“相看养寇为身谋，各握强兵固恩泽。”❹量词。指一手所能握持之长度。张说《唐享太庙乐章·雍和二章》：“角握之牡，色纯之骍。”白居易《折剑头》：“一握青蛇尾，数寸碧峰头。”王仁裕《题孤云绝顶淮阴祠》：“一握寒天古木深，路人犹说汉淮阴。”

【握中】　〔一zhōng〕掌中，手中。王昌龄《赠史昭》：“握中何为赠，瑶草已衰散。”韦应物《酬张协律》：“非将握中宝，何以比其妍。”孟郊《楚竹吟酬卢虔端公见和湘弦怨》：“握中有新声，楚竹人未闻。”陈陶《小笛弄》：“一尺玲珑握中翠，仙娥月浦呼龙子。”

【握手】　执手。相见、相别或相语时拉手以示亲密。王绩《在京思故园见乡人问》：“敛眉俱握手，破涕共衔杯。”徐坚《饯唐永昌》：“此时怅望新丰道，握手相看共黯然。”牟融《送罗约》：“雨晴江馆柳依依，握手那堪此别离。”郑谷《别修觉寺无本上人》：“山门握手无他语，只约今冬看雪来。”

【握柘詞】　即掘柘词。舞曲名。亦作“屈柘詞”。属商调。温庭筠有《握柘词》。参阅《乐府诗集·舞曲歌辞三·柘枝词》与明杨慎《丹铅总录·掘柘语》。

【握珠】　掌中之明珠，已从水蚌中采出之珍珠。喻指已被选用之人才。韦应物《送褚校书归旧山歌》：“握珠不返泉，匣玉不归山。”

【握符】　掌握承天受运之符命。指登帝位。豆卢回《登乐游原怀古》：“握符升宝历，负扆御华轩。”

【握雪海上餐】　指苏武被幽于匈奴。卧雪啮旃，坚守节操事。见《汉书·苏武传》。李白《塞下曲六首》之二：“握雪海上餐，拂沙陇头寝。”

【握提】　握持，携带。喻指提携、荐拔。雍裕之《题蒲葵扇》：“羡尔逢提握，知名自谢公。”

【握筆】　执笔。河北士人《寄内诗》：“握笔题诗易，荷戈征戍难。”

【握節】　执持符节不放。表示不辱君命。杜甫《郑驸马池台喜遇郑广文同饮》：“然脐郿坞败，握节汉臣回。”李德裕《东郡怀古二首·阳给事》：“就烹感汉使，握节悲阳秋。”

【握管】　执笔。指写作或绘画。虞世南《侍宴应诏赋韵得前字》：“滥陪终宴赏，握管类窥天。”李峤《笔》：“握管门庭侧，含毫山水限。”来鹄《圣政纪颂》：“握管绝怡，当殿而立。”徐夤《咏笔二首》之一：“班超握管不成事，投掷翻从万里戎。”

【握槊】　古代博戏之一种。传系胡人所创。其法掷骰以取胜负。皎然《薛卿教长行歌》：“聊将握槊偶时人，便被人间称冠绝。”陆龟蒙《江南秋怀寄华阳山人》：“舼舺寻远近，握槊斗输赢。”

【握髮】　周公一沐三握发。事见《史记·鲁周公世家》。后遂以为礼贤下士之典。钱起《送任先生任唐山丞》：“上公频握发，才子共垂帷。”陈陶《涂山怀古》：“握发闻礼贤，葺茅见卑宫。”李瀚《蒙求》：“周公握发，蔡邕倒屣。”

【握鏡】　手持明镜。(1)指帝王承天命执天镜以掌明道。张说《唐享太庙乐章·文舞》：“三宗握镜，六合涣然。”(2)喻指受君王之重任。卢撰《季冬送户部郎中使黔府选补》：“握镜均荒服，分衡得大同。”李林甫《秋夜望月忆韩席等诸侍郎因以投赠》：“握镜惭先照，持衡愧后行。”

【握蘭】　❶指担任尚书省郎官或帝王近臣。典出汉应劭《汉官仪》卷上。武平一《饯唐永昌》：“寄谢铜街攀柳日，无忘粉署握兰时。”高适《奉酬睢阳李太守》："握兰多具美，前席有嘉谋。"权德舆《伏蒙十六叔寄示喜庆感怀三十韵因献之》："握兰中台并，折桂东堂春。"王传《和襄阳徐相公商贺徐副使加章绶》："仙府色饶攀桂侣，莲花光让握兰身。"❷《诗》逸篇有《南陔》，系咏养亲之作。见晋束晳《补亡诗》。后遂以"握兰"为咏孝亲之典。刘禹锡《送太常萧博士弃官归养赴东都》："侍膳曾调鼎，循陔更握兰。"

【握讖】 应验谶言。王元竞《北使长城》："卯金竟握谶，反璧俄沦祀。"

揆 〔kuí《广韵》求癸切，上旨，羣。〕❶度量，衡量；揣度。王维《丁寓田家有赠》："揆予宅闾井，幽赏何由屡。"徐浩《宝林寺作》："揆余久缨弁，末路遭邅回。"张彧《赵郡南石桥铭》序："乃揆厥迹，度厥功，皆合于自然，包我造化。"❷管理。引申指宰相之职。见"揆席"。

【揆材】 量材，度量材器。宋之问《谒禹庙》："揆材非美箭，精享愧生刍。"韦应物《任洛阳丞请告一首》："揆材各有用，反性生苦辛。"

【揆畫】 筹划，谋划。骆宾王《幽縶书情通简知己》："揆画惭周道，端忧滞夏台。"

【揆德】 衡量人之品德。颜真卿、颜岘《登岘山观李左相石尊联句》："陪游追盛美，揆德欣讨论。"

搔 〔sāo《广韵》蘇遭切，平豪，心。〕以指爪或他物轻轻抓挠、扒梳。杜甫《春望》："白头搔更短，浑欲不胜簪。"杨凌《即事寄人》："中禁鸣钟日欲高，北窗欹枕望频搔。"杜牧《登九峰楼》："白头搔杀倚柱遍，归棹何时闻轧鸦。"

【搔爬】 谓以指爪等抓挠、扒梳痒处。白居易《春日闲居三首》之一："饱竟快搔爬，筋骸无检束。"

【搔背】 以指爪抓挠脊背。李白《西岳云台歌送丹丘子》："明星玉女备洒扫，麻姑搔背指爪轻。"杜甫《阻雨不得归瀼西甘林》："令儿快搔背，脱我头上簪。"李商隐《海上》："直遣麻姑与搔背，可能留命待桑田。"

【搔首】 以手挠头。(1)惆怅失意或踟蹰貌。冯著《行路难》："男儿轗轲徒搔首，入市脱衣且沽酒。"牟融《寄范使君》："西望家山成浩叹，临风搔首不胜愁。"赵嘏《王先生不别而去》："沾衣尽日看山坐，搔首残春向路迷。"钟谟《贻耀州将》："多谢贤侯振吾道，免令搔首泣途穷。"(2)闲适任情貌。白居易《北亭》："脱衣恣搔首，坐卧任所适。"又《新秋喜凉因寄兵部杨侍郎》："睡足一屈伸，搔首摩挲面。"姚合《忆山》："日高搔首起，林下散衣行。"

【搔屑】 犹萧瑟。高适《蓟门不遇王之涣郭密之因以留赠》："谪远登蓟丘，兹晨独搔屑。"

【搔頭】 ❶即簪子。因亦可用以搔头，故名。顾况《王郎中妓席五咏·箜篌》："玉作搔头金步摇，高张苦调响连宵。"武元衡《赠佳人》："步摇金翠玉搔头，倾国倾城胜莫愁。"韩愈《短灯檠歌》："裁衣寄远泪眼暗，搔头频挑移近床。"❷以手抓挠头部。杜甫《秋日夔府咏怀奉寄郑监李宾客一百韵》："唤起搔头急，扶行几屐穿。"钱起《蓝田溪杂咏二十二首·伤秋》："搔头向黄叶，与尔共悲伤。"白居易《何处堪避暑》："脱袜闲濯足，解巾快搔头。"崔櫓《重阳日次荆南路经武宁驿》："莫看时节年年好，暗送搔头逐手霜。"

揉 〔róu《广韵》耳由切，平尤，日。〕❶搓；摩擦。韩愈《李花赠张十一署》："风揉雨练雪羞比，波涛翻空杳无涘。"王建《照镜》："暖手揉双目，看图引四肢。"韩偓《信笔》："绣叠昏金色，罗揉损砑光。"李谨言《水殿抛球曲二首》之二："堪恨隋家几帝王，舞裀揉尽绣鸳鸯。"❷以手团弄、挤压。李白《清平乐》词之五："应是天仙狂醉，乱把白云揉碎。"贯休《书倪氏屋壁三首》之二："白桑红椹莺咽咽，面揉玉尘饼挑雪。"❸融合，混合。李德裕《春暮思平泉杂咏二十首·海石楠》："霰雪讵能侵，烟岚自相揉。"❹通"鞣"。以药物硝制皮革使柔软。归氏子《答日休皮字诗》："八片尖裁浪作球，火中焊了水中揉。"

【揉惹】 由搓揉而招致。林楚翘《菩萨蛮》词："画堂春昼垂珠箔，卧来揉惹金钗落。"

【揉損】 由搓摩而损坏。韩偓《半睡》："四体著人娇欲泣，自家揉损砑缭绫。"又《六言三首》之二："红袖不干谁会，揉损联娟澹眉。"

【揉藍】 指青色。因系浸揉靛蓝所得之色，故称。方干《送水墨项处士归天台》："仙峤倍分元化功，揉蓝翠色一重重。"卢延让《谢杨尚书惠樱桃》："揉蓝尚带新鲜叶，泼血犹残旧折条。"

十 画

搆 〔gòu《广韵》古候切，去候，見。〕❶架木筑屋，建造。张九龄《与生公游石窟山》："跻险构灵室，诡制非人功。"颜真卿《题杼山癸亭得暮字》："欻构三癸亭，实为陆生故。"柳宗元《游朝阳岩遂登西亭二十韵》："西亭构其巅，反宇临呀庨。"刘公兴《望凌烟阁》："画阁凌虚构，遥瞻在九天。"❷屋室；建筑物。李敬方《题黄山汤院》："旧基绝仄足，新构忽行鵷。"郑损《星精石》："孤岩恰恰容幽构，可爱江南释子园。"❸兴起，制造。多用指挑起事端。白居易《新乐府·新丰折臂翁》篇末自注："天宝末，杨国忠为相，重构阁罗凤之役。"❹诬陷；捏造罪状。元稹《卢头陀诗》序："性强迈，不寻幽琐，为吏所构，谪官建州。"白居易《读史五首》之四："巧言构人罪，至死人不疑。"李绅有《趋翰苑曹诬构四十韵》。

【搆屯】（—zhūn）犹构难。语本《易·屯》。元稹《代曲江老人百韵》：“共谓长之泰，那知遽构屯。”

【搆兵】交兵，开战。韩偓《隰州新驿》：“盛德已图形，胡为忽构兵。”临淄县主《与独孤穆冥会诗》：“江都昔丧乱，阙下多构兵。”

【搆架】蓄意筑造。引申指做作，做假。拾得《诗》之一：“不唯贤与愚，个个心构架。”

【搆患】制造祸患。杜甫《彭衙行》：“别来岁月周，胡羯仍构患。”独孤及《送相里郎中赴江西》：“戎狄方构患，休牛殊未遑。”

【搆巢】筑巢。元稹《和李校书新题乐府十二首·驯犀》：“兽返深山鸟构巢，鹰雕鹞鹘无羁鞅。”

【搆詠】吟咏。裴度有《度自到洛中与乐天为文酒之会时时构咏乐不可支因为联句》。

【搆室】筑室，建屋。齐己《渚宫莫问诗十五首》序：“尔本青山一衲，白石孤禅，今王侯构室安之，给俸食之，使之乐然。”

搘〔zhī《字彙》旨而切。〕❶支持，支撑。顾况《经废寺》：“断幡犹挂刹，故板尚搘桥。”白居易《代书诗一百韵寄微之》：“千钧势易压，一柱力难搘。”高蟾《春》：“天柱几条搘白日，天门几扇锁明时。”卞震《春日偶题》：“老筇搘瘦影，寒木凭吟身。”亦指支垫。李商隐《寄太原卢司空三十韵》：“断鳌搘四柱，卓马济三灵。”见“搘牀”“搘機”。❷倚；柱，扶。李商隐《酬令狐郎中见寄》：“朝吟搘客枕，夜读漱僧瓶。”见“搘筇”。❸撑开，迸裂。姚合《题宣义池亭》：“迸笋搘阶起，垂藤压树偏。”

【搘天】柱天，擎天。方干《狂寇后上刘尚书》：“独柱搘天寰海正，雄名盖世古今无。”

【搘肘】犹支颐。以肘撑几或他物，手部托腮，凝神貌。李洞《毙驴》：“如画海门搘肘望，阿谁家卖钓鱼船。”

【搘牀】南方老人用龟支床脚。见《史记·龟策列传》。后因以为咏龟长寿之典。白居易《寄微之》：“鹦为能言长剪翅，龟缘难死久搘床。”

【搘筇】拄杖，扶杖。筇，筇竹手杖。李中《依韵和蠡泽王去微秀才见寄》：“搘筇朗吟罢，搔首独迟留。”徐光溥《题黄居寀秋山图》：“月槛参桥口，僧老坐搘筇。”

【搘頤】以手托腮。闲逸貌。寒山《诗三百三首》之十五：“拍手摧花舞，搘颐听鸟歌。”王维《赠东岳焦炼师》：“搘颐问樵客，世上复何如。”钱起《春暮过石龟谷题温处士林园》：“搘颐笑来客，头上有朝簪。”杜荀鹤《宿东林寺题愿公院》：“古寺沈沈僧未眠，搘颐将客说闲缘。”

【搘機】以石支垫织布机。见宋周密《癸辛杂识前集》引南朝梁宗懔《荆楚岁时记》。后遂用为咏纺织之典。李贺《春昼》：“越妇搘机，吴蚕作茧。”

摦〔huá〕同“劃”。以桨拨水推动船行。陆龟蒙《和胥门闲泛》：“细桨轻摦下白蘋，故城花谢绿阴新。”又《和袭美钓侣二章》之一：“一艇轻摦看晓涛，接䍦抛下漉春醪。”

摹〔mó《广韵》莫胡切，平模，明。〕❶规划。韩愈《河南令舍池台》：“规摹虽巧何足夸，景趣不远真可惜。”❷摹拟，模仿。权德舆《奉和太府韦卿阁老左藏库中假山之作》：“忽向庭中摹峻极，如从洞里见昭回。”杨师道《咏笙》：“短长插凤翼，洪细摹鸾音。”

摸〔mō《广韵》慕各切，入鐸，明。〕以手扪触，抚摸。张祜《读曲歌五首》之四：“三更机底下，摸著是谁梭。”

【摸索】以手触试，抚摸。无名氏《帝星井》：“野老相传是陈迹，断碑摸索苔藓斑。”

搏〔bó《广韵》補各切，入鐸，幫。又匹各切，入鐸，滂。又方遇切，去遇，非。〕❶捕捉。李白《梁甫吟》：“手接飞猱搏雕虎，侧足焦原未言苦。”郑嵎《津阳门诗》：“射熊搏虎众莫敌，弯弧出入随佽飞。”陆龟蒙《杂讽九首》之九：“捷可搏飞狖，健能超橐驼。”❷攫取，抓取。刘长卿《小鸟篇上裴尹》：“独立虽轻燕雀群，孤飞还惧鹰鹯搏。”韩愈《赠唐衢》：“虎有爪兮牛有角，虎可搏兮牛可触。”❸格斗；出击。元稹《虫豸诗·虻》之二：“搏牛皮若截，噬马血成文。”白居易《新乐府·秦吉了》：“岂无雕与鹗，嗉中肉饱不肯搏。”亦哈指攻讦，进谗。李绅《趋翰苑遭诬构四十六韵》：“砺吻矜先搏，张罗骋疾驱。”❹拍，击。苏颋《夜发三泉即事》：“搏颊赢马顿，回眸惴人跌。”亦指拍翼飞翔。刘允济《经庐岳回望江州想洛川有作》：“潜伏屡鲸奔，雄飞更鸷搏。”韩愈《南山诗》：“或蜿若藏龙，或翼若搏鹫。”❺通“傅”，随着。见“搏壁”。

【搏噬】抓攫咬啮。喻凶贪如猛兽。李绅《趋翰苑遭诬构四十六韵》：“择肉纵狂貙”自注：“逢吉、守澄、栖楚、柏耆、又新等，连为搏噬之徒。”

【搏險】斗险，冒险。戴公怀《奉和郎中游仙山四瀑泉兼寄李吏部包秘监赵婺州齐处州》：“凭高拥虎节，搏险窥龙湫。”

【搏壁】附着于悬壁攀援。搏，通“傅”，附着。岑参《登嘉州凌云寺作》：“搏壁跻半空，喜得登上头。”

【搏擊】❶指猛禽对他物之捕捉攻击。韦应物《杂体五首》之二：“居人不安寝，搏击思此时。”白居易《和答诗十首·和大觜乌》：“但食乌残肉，无施搏击功。”又《放鹰》：“乘饥纵搏击，未饱须絷维。”❷奋翅腾飞。李白《赠新平少年》：“何时腾风云，搏击申所能。”

❸格斗。亦喻指弈棋时相拼杀。刘禹锡《观棋歌送儇师西游》:“初疑磊落曙天星,次见搏击三秋兵。”❹奋斗,拼搏。罗隐《南园题》:“搏击路终迷,南园且灌畦。”

【搏齧】 搏斗,咬啮。陆龟蒙《奉酬袭美先辈吴中苦雨一百韵》:“初惊蚩尤阵,虎豹争搏啮。”

【搏攫】 捕取,抓攫。李白《上崔相百忧章》:“苍鹰搏攫,丹棘崔嵬。”

【搏鑠】 搏击,损毁。元稹《大觜乌》:“众乌齐搏铄,翠羽几离披。”

摭 〔zhì《广韵》陟利切,去至。知。又陟侈切,上纸,知。又豬几切,上旨,知。又陟里切,上旨,知。〕至,达。韩愈《咏雪赠张籍》:“厚虑填溟壑,高愁摭斗魁。”

搢 〔jìn《广韵》即刃切,去震,精。〕插。见“搢紳”。

【搢笏】 插笏于绅带。大臣上朝时之装束。和凝《宫词百首》之四二:“班定千牛立受宣,佩刀搢笏凤墀前。”

【搢紳】 指高官或儒者。搢,插;绅,官员或儒者围腰之大带。古代仕者插笏于绅,故称。虞世南《奉和月夜观星应令》:“宿草诚渝滥,吹嘘偶搢绅。”裴光庭《奉和御制左丞相说右丞相璟太子少傅乾曜同日上官赐诗》:“杂遝喧箫鼓,欢娱洽搢绅。”姚合《偶然书怀》:“十年通籍入金门,自愧名微枉搢绅。”郑谷《黯然》:“搢绅奔避复沦亡,消息春来到水乡。”

搨 〔tà《集韵》託合切,入合,透。〕❶影摹。用透明纸覆于字画上依样描摹。王建《宫词一百首》之六十:“内中数日无呼唤,拓得滕王蛱蝶图。”❷以纸蒙于金石铭刻上,用拓包蘸墨捶击,复制出字画。王建《原上新居十三首》之十一:“古碣凭人拓,闲诗任客吟。”❸下垂。韩愈《斗鸡联句》:“头垂碎丹砂,翼拓拖锦彩。”

損 〔sǔn《集韵》蘇本切,上混,心。〕❶减少;消减。杜甫《石犀行》:“今年灌口损户口,此事或恐为神羞。”刘长卿《题虎丘寺》:“暂因惬所适,果得损外虑。”罗隐《空城雀》:“雀入官仓中,所食能损几。”唐彦谦《垂柳》:“楚王江畔无端种,饿损纤腰学不成。”❷伤害,损坏。王泠然《汴堤柳》:“驿骑征帆损更多,山精野魅藏应老。”李白《寄从弟宣州长史昭》:“相思不可见,叹息损朱颜。”张籍《和韦开州盛山十二首·梅溪》:“不教人扫石,恐损落来花。”温庭筠《和友人伤歌姬》:“王孙莫学多情客,自古多情损少年。”亦指被损坏。白居易《眼暗》:“眼损不知都自取,病成方悟欲如何。”❸犹坏。置动词后作补语。韩偓《六言三首》之二:“红袖不干谁会,揉损联娟澹眉。”薛昭蕴《谒金门》词:“春满院,叠损罗衣金线。”

【損之】 李宗闵之字。见《旧唐书·李宗闵传》。元稹《酬翰林白学士代书一百韵》自注:“乐天、损之辈,常诅予箧中有不第之祥,而又哂予决求高第之僭也。”元稹有《台中鞫狱忆开元观旧事呈损之兼赠周兄四十韵》。白居易《梦与李七庾三十三同访元九》:“损之在我左,顺之在我右。”又《早冬游王屋自灵都抵阳台上方望天坛偶吟成章寄温谷周尊师中书李相公》:“尝闻此游者,隐客与损之。”

【損心】 损伤心灵。雍陶《遣愁》:“莫言客子无愁易,须识愁多暗损心。”

【損生】 伤身,劳损身体。黄滔《寓题》:“损生莫若攀丹桂,免俗无过咏紫芝。”

【損年】 减损寿命。王贞白《拟塞外征行》:“恩重恒思报,劳心屡损年。”

【損汙】 损毁,弄污。孟郊《江邑春霖奉赠陈侍御》:“嘉艳皆损污,好音难殷勤。”

【損神】 劳神,伤神。杜甫《上白帝城二首》之一:“不是烦形胜,深惭畏损神。”又《雨晴》:“故国愁眉外,长歌欲损神。”齐己《送僧游龙门香山寺》:“君到香山寺,探幽莫损神。”

【損耗】 减损消耗。亦指身体消瘦衰弱。白居易《自觉二首》之一:“形骸日损耗,心事同萧索。”

【損益】 ❶增减,盈亏。白居易《纳粟》:“常闻古人语,损益周必复。”❷利害。得失。刘希夷《秋日题汝阳潭壁》:“吟咏秋水篇,渺然忘损益。”岑参《西蜀旅舍春叹寄朝中故人呈狄评事》:“时危任舒卷,身退知损益。”又《送狄员外巡按西山军》:“儒生识损益,言事皆审谛。”❸指对政事之兴革。韦应物《郡楼春燕》:“为郡访凋瘵,守程难损益。”耿湋《送海州卢录事》:“损益关从事,期听劳者歌。”柳宗元《杨尚书寄郴笔知是小生本样令更商榷使尽其功辄献长句》:“曲艺岂能裨损益,微辞只欲播芳馨。”❹偏义复词,增益。王建《荆南赠别李肇著作转韵诗》:“醉笑或颠吟,发谈皆损益。”❺指《易经》中之损卦与益卦。杜甫《两当县吴十侍御江上宅》:“仲尼甘旅人,向子识损益。”

【損害】 损伤,伤害。吕岩《敲爻歌》:“水火蛟龙无损害,拍手天宫笑一场。”

【損傷】 ❶损坏,伤害。白居易《郡斋暇日忆庐山草堂兼寄二林僧舍三十韵》:“世界多烦恼,形神久损伤。”又《对镜偶吟赠张道士抱元》:“眼昏久被书料理,肺渴多因酒损伤。”❷创伤;伤疾。杜甫《暇日小园散病将种秋菜督勒耕牛兼书触目》:“雄者左翮垂,损伤已露筋。”白居易《眼病二首》之二:“眼藏损伤来已久,病根牢固去应难。”

【損壽】 减损寿命。方干《哭喻凫先生》:“日夜役神多损寿,先生下世未中年。”

【損餐】 减少饮食。姚月华《怨诗效徐淑体》:“损餐兮减寝,带缓兮罗裙。”

【損膳】 减少饮食,降低伙食标准。古代帝王常借此表示为国分忧、与民共苦。李峤《晚秋喜雨》序:“天子虑深求瘼,念在责躬,避寝损膳,录冤弛役。”

【損軀】 犹献身。谓不顾自身安危。李白《东海有勇妇》:“损躯报夫仇,万死不顾生。”或为“捐躯”之讹。王琦辑注本“损”字作“捐”。

搗 〔dǎo《古今韵会举要》覩老切,上晧。〕❶舂捣;捶打。杜甫《苏端薛复筵简华醉歌》:“垂老恶闻战鼓悲,急觞为缓忧心捣。”皎然《恨意联句》:“莫听东邻捣霜练,远忆征人泪如霰。”杨发《宿黄花馆》:“何处迷鸿离浦月,谁家愁妇捣霜衣?”陆龟蒙《奉和袭美茶具十咏·茶焙》:“左右捣凝膏,朝昏布烟缕。”杜甫《雨四首》之一:“柴扉临野碓,半得捣香粳。”郑还古《望思台》:“何因掘得江充骨,捣作微尘祭望思。”裴说《闻砧》:“只知抱杵捣秋砧,不觉高楼已无月。”❷指捣衣。刘长卿《月下听砧》:“声声捣秋月,肠断卢龙戍。”沈彬《秋日》:“秋含砧杵捣斜阳,笛引西风颢气凉。”❸进击,攻击。柳宗元《奉平淮夷雅表·皇武命丞相度董师集大功也》:“左捣其虚,靡慭厥虑。”

【搗衣】 捶衣。李澄之《秋庭夜月有怀》:“夜月明虚帐,秋风入捣衣。”李白《相和歌辞·子夜四时歌四首·秋歌》:“长安一片月,万户捣衣声。”卫叶《晚投南村》:“林落无多在,声声近捣衣。”

【搗衣石】 捶洗衣服所用之石。王建《捣衣曲》:“月明中庭捣衣石,掩帷下堂来捣帛。”

【搗冶】 舂捣冶炼。李白《草创大还赠柳官迪》:“捣冶入赤色,十二周律历。”

【搗帛】 犹捣衣。岑参《秋夜闻笛》:“天门街西闻捣帛,一夜愁杀湘南客。”

【搗椒】 舂花椒成末,以和泥涂屋壁。张孜《雪诗》:“其中豪贵家,捣椒泥四壁。”

【搗綃】 捶击生丝织品,使变柔软。韩愈《春雪》:“城险疑悬布,砧寒未捣绡。”

【搗礁】 在石砧上捶洗衣服或绢帛。李贺《谢秀才有妾缟练改从于人秀才引留之不得嘲谢贺复继四首》之三:“好作鸳鸯梦,南城罢捣砧。”

【搗練】 犹捣衣。以杵砧捶熟绢使洁净。张继《九日巴丘杨公台上宴集》:“谁家捣练孤城暮,何处题衣远信回。”

【搗練子】 词牌名。亦名《捣练子令》《深院月》。小令。单调五句二十七字。三平韵。李煜有《捣练子》词二首。

【搗鍊】 捶碎冶炼。卢仝《与马异结交诗》:“捣炼五色石,引日月之针、五星之缕把天补。”

【搗藥】 ❶以杵臼舂研药物。阎防《宿岸道人精舍》:“山牖见然灯,竹房闻捣药。”皮日休《奉和鲁望早秋吴体次韵》:“捣药香侵白袷袖,穿云润破乌纱棱。”王正己《句》:“洗盂秋涧日华动,捣药夜坐秋气深。”李煜《病中书事》:“月照静居唯捣药,门扃幽院只来禽。”❷民间传说月亮中有仙兔舂药。遂以“捣药”为咏月之典。李白《拟古十二首》之九:“月兔空捣药,扶桑已成薪。”卢仝《月蚀诗》:“长嗟白兔捣灵药,恰似有意防奸非。”贾岛《送沈鹤》:“夜泊疏山雨,秋吟捣药轮。”

搬 〔bān《字彙》音般。〕移动物体之位置。见“搬運”“搬載”。

【搬載】 搬移运载。吕岩《七言》之二七:“千日功夫不暂闲,河车搬载上昆山。”

【搬運】 搬移运送。吕岩《敲爻歌》:“三车搬运珍珠宝,送归宝藏自通灵。”

摋 〔sà《广韵》桑割切,入曷,心。〕❶侧手击。陆龟蒙《战秋辞》:“奈何欺荒庭?凌坏砌,摋崇茞,批宿蕙。”❷撒,散。杜牧《池州送孟迟先辈》:“周鼎列瓶罂,荆璧横抛摋。”

搖 〔yáo《广韵》餘昭切,平宵,以。又弋照切,去笑,以。〕❶摇动,摆动。李峤《人日侍宴大明宫恩赐彩缕人胜应制》:“愧奉登高摇彩翰,欣逢御气上丹霄。”刘长卿《送惠法师游天台因怀智大师故居》:“落日独摇金策去,深山谁向石桥逢。”戴叔伦《早春曲》:“垂杨摇丝莺乱啼,袅袅烟光不堪剪。”花蕊夫人徐氏《宫词》之一二一:“殿头日午摇纨扇,宫女争来玉座前。”❷荡漾,波动。宗楚客《奉和幸上阳宫侍宴应制》:“水光摇落日,树色带晴烟。”李绅《新楼诗二十首·龟山》:“秋月满时侵兔魄,素波摇处动龟形。”鲍防《元日早朝行》:“东方岁星大明宫,南山喜气摇晴空。”邓陟《珠还合浦》:“影摇波里月,光动水中山。”❸指搅动、牵惹起某些情思。张九龄《和吏部李侍郎见示秋夜望月忆诸侍郎之什因命仆继作》:“光逐露华满,情因水镜摇。”杜审言《春日江津游望》:“旅客摇边思,春江弄晚晴。”皎然《送崔判官还扬子》:“烟水摇归思,山当楚驿青。”又《酬乌程杨明府华雨后小亭对月见呈》:“夜凉喜无讼,霁色摇闲情。”

【搖手】 挥手以示告别。崔国辅《今别离》:“船行欲映洲,几度急摇手。”

【搖心】 谓心绪波动不安。杜审言《送和西蕃使》:“拜手明光殿,摇心上林苑。”

【搖光】 谓光闪烁波动。李益《与王楚同登青龙寺上方》:“摇光浅深树,拂木参差燕。”皎然《晨登乐游原望终南积雪》："曜彩含朝日，摇光夺寸眸。"元稹《和李校书新题乐府十二首·西凉伎》："狮子摇光毛彩竖，胡腾醉舞筋骨柔。"

【摇曳】 ❶飘摇，飘摆；摇荡。李峤《奉和初春幸太平公主南庄应制》："羽骑参差花外转，霓旌摇曳日边回。"李白《荆门浮舟望蜀江》："逶迤巴山尽，摇曳楚云行。"鲍溶《采葛行》："吴中角簟泛清水，摇曳胜被三素云。"温庭筠《河传》词之一："红袖摇曳逐风软，垂玉腕，肠向柳丝断。"❷声抑扬飘忽貌。郑絪《寒夜闻霜钟》："春容时未歇，摇曳夜方深。"高骈《写怀二首》之二："花满西园月满池，笙歌摇曳画船移。"方干《李户曹小妓天得善击越器以成曲章》："随风摇曳有余韵，测水浅深多泛声。"❸自在行走貌。储光羲《贻丁主簿仙芝别》："摇曳君初起，联翩予复来。"李白《玉真公主别馆苦雨赠卫尉张卿二首》："功成拂衣去，摇曳沧洲傍。"

【摇舌】 动舌。指说话。元稹《出门行》："言者未摇舌，无人敢轻议。"亦指禽鸟鸣叫。无则《百舌鸟二首》之二："饶伊摇舌先知晓，也待青天明即鸣。"

【摇尾】 摇摆尾巴。(1)谄媚乞怜貌。骆宾王《畴昔篇》："吹毛未可待，摇尾且求餐。"杜牧《宣城赠萧兵曹》："客道耻摇尾，皇恩宽犯鳞。"杜牧《梁秀才以早春旅次大梁将归郊扉言怀兼别士见赠走笔依韵》："处困羞摇尾，怀忠壮犯鳞。"韩偓《天鉴》："猛虎十年摇尾立，苍鹰一旦醒心飞。"(2)自由游动貌。无名氏《河鲤登龙门》："若令摇尾去，雨露此时浓。"

【摇拂】 摇摆拂动。法振《程评事西园之作》："摇拂烟云动，登临翰墨随。"

【摇拽】 同"摇曳"。摇动。寒山《诗三百三首》之八三："柔和如卷雾，摇拽似行云。"

【摇唇】 动嘴唇。形容善以言词惑人。元稹《代曲江老人百韵》："辉光随顾步，生死属摇唇。"

【摇衍】 犹摇荡。张说《三月三日定昆池奉和萧令得潭字韵》："广乐逶迤天上下，仙舟摇衍镜中酣。"

【摇風】 摇动于风中；被风吹而摇动。崔颢《渭城少年行》："长安道上春可怜，摇风荡日曲江边。"顾况《溪上》："采莲溪上女，舟小怯摇风。"牛希济《临江仙》词之六："柳带摇风汉水滨，平芜两岸争匀。"

【摇恨】 犹惹恨。使遗憾之情荡漾起来。罗隐《春思》："荡漾春风渌似波，惹情摇恨去偨偨。"

【摇振】 摇晃振动。柳宗元《登蒲州石矶望横江口潭岛深迥斜对香零山》："洄潭或动容，岛屿疑摇振。"

【摇掉】 摇摆，摆动。白居易《渭村退居寄礼部崔侍郎翰林钱舍人诗一百韵》："泥尾休摇掉，灰心罢激昂。"

【摇動】 ❶摇摆。白居易《有[illegible]"迎风闇摇动，引鸟潜来去。"❷撼[illegible]陈陶《闲居杂兴五首》之一："闲卧清秋[illegible]动古松枝。"

【摇旌】 飘动的旌旗。喻指心神不[illegible]国策·楚策一》。白居易《江州赴忠州至[illegible]中示舍弟五十韵》："年光同激箭，乡思极摇[illegible]

【摇情】 荡起情思。张若虚《春江花[illegible]知乘月几人归，落月摇情满江树。"

【摇揚】 摇曳；飘荡。李峤《风》："落日[illegible]摇扬遍远林。"裴达《小苑春望宫池柳色》："幂历[illegible]敛，摇扬落照明。"李贺《新夏歌》："三月摇扬入河道，天浓地浓柳梳扫。"

【摇筆】 犹挥笔。指书写、写作。储光羲《酬李处士山中见赠》："跂予北堂夜，摇笔酬明哲。"刘长卿《湖南使还留辞辛大夫》："风景随摇笔，山川入运筹。"刘禹锡《送裴处士应制举诗》："中贯腰鞭立倾酒，宰臣委佩观摇笔。"方干《赠许牍山人》："支颐忽有得，摇笔便成章。"

【摇裔】 摇荡，摇曳。李白《古风》之四二："摇裔双白鸥，鸣飞沧江流。"又《寓言三首》之二："摇裔双彩凤，婉娈三青禽。"

【摇落】 谓草木衰落、凋零。多表现悲秋之情。骆宾王《在江南赠宋五之问》："独负平生气，重牵摇落情。"杜甫《咏怀古迹五首》之二："摇落深知宋玉悲，风流儒雅亦吾师。"羊士谔《郡中即事三首》之一："鼓角清明如战垒，梧桐摇落似贫居。"刘兼《秋夕书事》："摇落江天万木空，雁行斜戛塞垣风。"

【摇頓】 摇动。独孤及《送陈兼应辟兼寄高适贾至》："天网忽摇顿，公才难弃遗。"

【摇摇】 ❶摇曳，摇荡。司空曙《观妓》："银烛摇摇尘暗下，却愁红粉泪痕生。"李贺《河南府试十二月乐词·三月》："军装宫妓扫蛾浅，摇摇锦旗夹城暖。"陈陶《海昌望月》："猎猎谷底兰，摇摇波上鸥。"韩熙载《书歌妓泥金带》："风柳摇摇无定枝，阳台云雨梦中归。"❷心神不定貌。宋之问《游云门寺》："摇摇不安寐，待月咏岩扃。"韩愈《喜侯喜至赠张籍张彻》："摇摇不可止，讽咏日喁噞。"杜牧《宣州送裴坦判官往舒州》："君意如鸿高的的，我心悬旆正摇摇。"刘兼《春游》："摇摇离绪不能持，满郡花开酒熟时。"❸犹遥遥。远貌。储光羲《贻丁主簿仙芝别》："去去水中沚，摇摇天一涯。"又《登商丘》："摇摇世祀怨，伤古复兼秋。"权德舆《祗役江西路上以诗代书寄内》："摇摇结遐心，靡靡即长路。"

【摇溶】 水浩荡奔涌貌。李商隐《河阳诗》："黄河摇溶天上来，玉楼影近中天台。"

❶荡漾。元结《宴湖上亭作》:"岸曲坐摇漾。"戴叔伦《下鼻亭泷行八十里寄青阳》:"舣舟始摇漾,举棹旋奔激。"王涯《春摇漾越江春,相将看白蘋。"温庭筠《荷叶杯》:"小船摇漾入花里,波起。"❷自由游动貌。温《酬友人》:"游鱼自摇漾,浴鸟故浮沉。"

【摇盪】 ❶摇曳,晃动;荡漾。李康成《江南行》:杨柳青青莺欲啼,风光摇荡绿蘋齐。"柳宗元《法华寺石门精舍三十韵》:"羁木畏飘浮,离旌倦摇荡。"温庭筠《莲浦谣》:"荷心有露似骊珠,不是真圆亦摇荡。"薛涛《柳絮》:"二月杨花轻复微,春风摇荡惹人衣。"❷使摇动;荡起。李白《忆秋浦桃花旧游时窜夜郎》:"摇荡女萝枝,半摇青天月。"皎然《长门怨》:"春风日日闭长门,摇荡春心似梦魂。"清昼《秋日潘述自长城至霅上与昼公汤评事游集累日联句》:"芸黄众芳晚,摇荡居人思。"李冶《偶居》:"狂风何事相摇荡,吹向南山复北山。"

【摇撼】 撼动,摇晃。顾况《华山西岗游赠隐玄叟》:"失风鼓唅呀,摇撼千灌木。"

【摇頭】 摆头。(1)表示否定。白居易《醉中得上都亲友书咏而报之》:"没齿甘蔬食,摇头谢缙绅。"(2)忘情貌。周贺《赠道人》:"摇头说《易》当朝客,落手围棋对俗人。"

【摇膝】 晃动膝盖。适意、自得貌。李群玉《龙山人惠石廪方及团茶》:"持瓯默吟味,摇膝空咨嗟。"

【摇飏】 摇曳;飘荡。太宗《咏风》:"萧条起关塞,摇飏下蓬瀛。"杜甫《雨不绝》:"鸣雨既过渐细微,映空摇飏如丝飞。"李绅《奉酬乐天立秋夕有怀见寄》:"薄帷乍飘卷,襟带轻摇飏。"滕传胤《郑锋宅神诗》:"浦口潮来初森漫,莲舟摇飏采花难。"

【摇鞭】 摇动马鞭,指骑马驰行。王初《送王秀才谒池州吴都督》:"南馆星郎东道主,摇鞭休问路行难。"张祜《爱妾换马》:"婵娟躞蹀春风里,挥手摇鞭杨柳堤。"赵嘏《婺州宴上留别》:"独自下楼骑瘦马,摇鞭重入乱蝉声。"许棠《过穆陵关》:"日暮聊摅思,摇鞭一放歌。"

【摇橹】 摇动船橹。指行船。刘采春《啰唝曲六首》之六:"潮来打缆断,摇橹始知难。"

【摇艷】 摇荡,摇曳。李白《折杨柳》:"垂杨拂绿水,摇艳东风年。"又《禅房怀友人岑伦》:"婵娟罗浮月,摇艳桂水云。"温庭筠《黄昙子歌》:"参差绿蒲短,摇艳云塘满。"

搶[1] 〔qiāng《广韵》七羊切,平陽,清。又初两切,上養,初。〕❶触,撞;冲。温庭筠《醉歌》:"驽马垂头抢暝尘,骅骝一日行千里。"皮日休《公斋四咏·小松》:"先愁被鹞抢,预恐遭蜗病。"齐己《寄顾蟾处士》:"和僧抢入云中峭,带鹤驱成涧底孤。"见"搶榆"。❷受伤,创伤。白居易《赎鸡》:"足伤金距缩,头抢花冠翻。"❸逆。亦专指书画运笔技法中之逆笔,即由顿而侧上急挑。贯休《上冯使君山水障子》:"笔句冈势转,墨抢烧痕颠。"

搶[2] 〔qiǎng《正字通》楚两切。〕赶,抢先。见"搶$_{2}$水"。

【搶$_{2}$水】 赛舟抢先。张建封《竞渡歌》:"前船抢水已得标,后船失势空挥桡。"

【搶翔】 迅疾飞掠貌。司空曙《杜鹃行》:"跳枝窜叶树木中,抢翔瞥捩雌随雄。"

【搶榆】 指仅能飞上树头之小鸟,或喻指目光短浅、胸无大志者。见《庄子·逍遥游》。储光羲《哥舒大夫颂德》:"顾我抢榆者,莫能翔青冥。"刘禹锡《洛中初冬拜表有怀上京故人》:"寄谢殷勤九天侣,抢榆水击各逍遥。"又《武陵书怀五十韵》:"巢幕方犹燕,抢榆尚笑鲲。"亦作"抢榆枋"。权德舆《酬穆七侍郎早登使院西楼感怀》:"小鸟抢榆枋,大鹏激三千。"

【搶$_{2}$攘】 (—rǎng)纷乱貌。李商隐《行次西郊作一百韵》:"抢攘互间谍,孰辨枭与鸾。"

搊[1] 〔chōu《广韵》楚鸠切,平尤,初。〕❶以手指弹拨琴弦。王湾有《观挡事》。王諲有《夜坐看挡筝》。❷抽紧,束紧。陆龟蒙《新夏东郊闲泛有怀袭美》:"经略彴时冠暂亚,佩笭箵后带频挡。"❸狠,凶。皮日休《吴中苦雨因书一百韵寄鲁望》:"龙光倏闪照,虬角挡琤触。"

搊[2] 〔zǒu《广韵》侧九切,上有,莊。〕揪,抓。卢仝《寄男抱孙》:"吾眼恨不见,心肠痛如挡。"

摛 〔chī《广韵》丑知切,平支,徹。〕舒展;铺展。陈嘉言《晦日重宴》:"绮席珍羞满,文场翰藻摛。"韩愈《和崔舍人咏月二十韵》:"属思摛霞锦,追欢罄缥瓶。"张祜《叙诗》:"沈侯美玉蕴,谢守文锦摛。"陆龟蒙《再招》:"虽是寒轻云重日,也留花簟待徐摛。"

【摛文】 铺陈文辞。李峤《笔》:"鹦鹉摛文至,麒麟绝句来。"韩愈、李正封《晚秋郾城夜会联句》:"摛文挥月毫,讲剑淬霜锷。"詹敦仁《复留侯从效问南汉刘岩改名龑字音义》:"奇字难雄博,摛文伏韩智。"

【摛景】 铺陈景色。许敬宗《奉和初春登楼即目应招》:"文波浮镂槛,摛景焕雕楹。"

【摛翰】 舒笔,挥笔。谓作文。王棨《文不加点》:"娱宾初命赋,摛翰已堪夸。"

【摛藻】 铺陈辞藻。谓写作诗文。虞世南《门有车马客》:"高谈辩飞兔,摛藻握灵蛇。"钱起《和范郎中宿直中书赠南省同僚》："六义惊摛藻，三台响掷金。"皇甫冉《寄江东李判官》："时贤几殂谢，摛藻继风流。"罗隐《送罾光大师》："圣主赐衣怜绝艺，侍臣摛藻许高踪。"

搪 〔táng《广韵》徒郎切，平唐，定。〕❶触犯。见"搪突"。❷应付，敷衍。见"搪塞"。❸掌开，张开。见"搪撑"。

【搪突】 触犯，冒犯。杜甫《敬寄族弟唐十八使君》："我能泛中流，搪突鼍獭瞋。"陆龟蒙《记事》："缄书寄城内，搪突无以况。"

【搪塞】 敷衍，应付。唐彦谦《宿田家》："阿母出搪塞，老脚走颠踬。"

【搪撑】 张开；撑拄。韩愈《月蚀诗效玉川子作》："赤龙黑乌烧口热，翎鼠倒侧相搪撑。"

搒[1] 〔péng《广韵》薄庚切，平庚，並。〕碰撞。韩愈、孟郊《城南联句》："逗翳翅相筑，摆幽尾交搒。"

搒[2] 〔bàng《广韵》補曠切，去宕，幫。〕摇船。谓摇橹使船行。寒山《诗三百三首》之二四："快搒三翼舟，善乘千里马。"又之四二："贪乘摘花马，乐搒采莲舟。"韩愈《叉鱼招张功曹》："深窥沙可数，静搒水无摇。"

【搒$_2$童】 摇船之童子。宋之问《早入清远峡》："榜童夷唱合，樵女越吟归。"

搕 〔è《广韵》於革切，入麦，影。〕同"扼"。❶掐住。杨乘《甲子岁书事》："贼臂既已断，贼喉既已扼。"❷扼守，据守。杜甫《八哀诗·赠司空王公思礼》："金城贼咽喉，诏镇雄所扼。"

搴 〔qiān《广韵》九輦切，上獮，見。《集韵》丘虔切，平仙，溪。〕❶采摘。李白《九日》："携壶酌流霞，搴菊泛寒荣。"钱起《仲春晚寻覆釜山》："碧涧志忘归，紫芝行可搴。"李益《登天坛夜见海》："仙人携我搴玉英，坛上夜半东方明。"钱起《江行无题一百首》之五四："涉江虽已晚，高树搴芙蓉。"亦指拔取。见"搴旗"。❷开，打开。杜甫《大云寺赞公房四首》之四："明霞烂复阁，霁雾搴高牖。"刘禹锡《晚步扬子游南塘望沙尾》："卑湿久喧浊，搴开偶虚清。"司空图《上元放二雉》："罂网虽皆困，搴笼喜共归。"❸通"褰"。撩起，提起。见"搴裳""搴簾"。

【搴木】 采之于树上。语本屈原《九歌·云中君》。韩愈《木芙蓉》："采江官渡晚，搴木古祠空。"

【搴芳】 采摘香花芳草。储光羲《终南幽居献苏侍郎三首时拜太祝未上》之二："寄言搴芳者，无乃后时人。"刘禹锡《送王师鲁协律赴湖南使幕》："楚水多兰芷，何人事搴芳。"白居易《从龙潭寺至少林寺题赠同游者》："山屐田衣六七贤，搴芳蹋翠弄潺湲。"马戴《浙江夜宿》："去去胡为恋，搴芳时一游。"

【搴茗】 举杯饮茶。杨衡《经端溪峡中》："搴茗庶蠲热，漱泉聊析酲。"

【搴帷】 撩起帷幕，谓便于观览。白居易《叙德书情四十韵上宣歙翟中丞》："好风迎解榻，美景待搴帷。"

【搴陟】 犹跋涉。渡水与登山。皇甫冉《渡汝水向太和山》："落日事搴陟，西南投一峰。"

【搴幌】 卷起帘帷。太宗《帝京篇十首》之七："搴幌玩琴书，开轩引云雾。"

【搴裳】 提起、撩起衣裳。涉水貌。搴，通"褰"。韩愈《赠崔立之》："搴裳触泥水，裹饭往食之。"

【搴旗】 拔取敌方军旗。杨师道《奉和圣制春日望海》："搴旗羽林客，跋距少年场。"杜甫《横吹曲辞·前出塞九首》之二："捷下万仞冈，俯身试搴旗。"元稹《酬卢秘书》："私调破叶箭，定饮搴旗杯。"

【搴擷】 采摘。刘禹锡《崔元受少府自贬所还遗山姜花以诗答之》："世人爱芳辛，搴擷忘幽遐。"无可《兰》："灵均曾采擷，纫珮挂荷裳。"

【搴簾】 撩起帘幔。白居易《闲卧有所思二首》之一："向夕搴帘卧枕琴，微凉入户起开襟。"李建勋《溪斋》："水木绕吾庐，搴帘晚槛虚。"

搉 〔què《广韵》苦角切，入覺，溪。〕衡量，估量。齐己《寄吴拾遗》："新竹将谁搉重轻，皎然评里见权衡。"

搦 〔nuò《广韵》女角切，入覺，娘。又女白切，入陌，娘。〕❶握；执。韩愈、孟郊《纳凉联句》："君颜不可觌，君手无由搦。"沈亚之《文祝延二阙》之二："朝马驾兮搦宝辔，千弭函弦兮森道骑。"❷捕捉。刘禹锡《白鹰》："都缘解搦生灵物，所以人人道俊哉。"姚合《杏溪十首·石濑》："清风波亦无，历历鱼可搦。"韩偓《无题》之二："偷儿难捉搦，慎莫共比邻。"裴谞《又判争猫儿状》："猫儿不识主，傍家搦老鼠。"❸招惹。无名氏《五言白话诗》之四："一群病赖贼，却搦父母耻。"按此系王梵志诗。❹量词。一搦犹一握。尹鹗《清平乐》词之二："赚得王孙狂处，断肠一搦腰肢。"

【搦管】 握笔。指书写、写作。骆宾王《初秋于窦六郎宅宴》序："虽忘筌戴笠，兴交态于灵台；而搦管操觚，叶神心于胜气。"李无纮《奉和圣制送张说上集贤学士赐宴》："接筵欣有命，搦管愧无词。"白居易《新乐府·紫毫笔》："搦管趋入黄金阙，抽毫立在白玉除。"裴说《怀素台歌》："高声唤起怀素书，搦管研朱点湘水。"

十一画

揰〔chōng《广韵》書容切，平鍾，書。〕冲撞，捣。周繇《登甘露寺》："海涛揰砌槛，山雨洒窗灯。"

摯〔zhì《广韵》脂利切，去至，章。〕姓。见"摯仲"。

【摯仲】　即晋摯虞。虞字仲洽。李瀚《蒙求》："太叔辨洽，摯仲辞翰。"

摶[1]〔tuán《广韵》度官切，平桓，定。〕❶鸟旋高飞，翱翔。常喻指仕途高升。张九龄《荆州作二首》之二："问余奚为者，无阶忽上抟。"高适《同群公秋登琴台》："燕雀满檐楹，鸿鹄抟扶摇。"姚合《赠终南山傅山人》："蟠蛰身仍病，鹏抟力未通。"皮日休《太湖诗·上真观》："自觉有真气，恐随风力抟。"亦指围绕、飞绕。吕从庆《薄暮步村径》："飞虫抟涧舞，鸣鹊抱巢修。"❷抟弄。用手将物搓捏成团。刘庭琦《奉和圣制瑞雪篇》："罗衣点著浑是花，玉手抟来半成水。"皇甫湜《出世篇》："翕然复抟，抟久而苏。"李建勋《醉中咏梅花》："十月清霜尚未寒，雪英重叠已如抟。"❸握，持。杜光庭《纪道德》："听之不闻，抟之不得。"

摶[2]〔zhuàn《广韵》持兗切，上獮，澄。〕束紧。见"摶₂束"。

【摶扶】　抟风。扶，扶摇，旋风。沈佺期《移禁司刑》："散材仍葺厦，弱羽遽抟扶。"陈季《鹤警露》："未假抟扶势，焉知羽翼轻。"张韦《及第后作》："九万抟扶排羽翼，十年辛苦涉风尘。"

【摶₂束】　卷束，卷紧。贯休《相和歌辞·苦寒行》："一气摶束，万物无态。"

【摶空】〔—kōng〕乘风盘旋于天空。储光羲《晚次东亭献郑州宋使君文》："骧首入丹掖，抟空趋太微。"玄宗《巡省途次上党旧宫赋》："三千初击浪，九万欲抟空。"杜甫《姜楚公画角鹰歌》："梁间燕雀休惊怕，亦未抟空上九天。"元稹《有酒十章》之五："抟空意远风来壮，我可奈何兮一杯又进消我烦。"

【摶風】　乘风高飞。语本《庄子·逍遥游》。骆宾王《帝京篇》："倏忽抟风生羽翼，须臾失浪委泥沙。"杜甫《见王监兵马使说近山有白黑二鹰请余赋诗》："正翮抟风超紫塞，立冬几夜宿阳台。"刘商《泛舒城南溪赋得沙欧歌奉饯张侍御赴河南元博士赴扬州拜觐仆射》："会使抟风羽翮轻，九霄云路随先鸣。"钱可复《莺出谷》："抟风翻翰疾，向日弄吭频。"

【摶禽】　乘风高飞之禽鸟。指大鹏。许敬宗《奉和圣制登三台言志应制》："企翼抟禽萃，飞甍燕雀游。"

【摶溟】　指高飞。语本《庄子·逍遥游》。崔涂《喜友人及第》："尚激抟溟势，期君借北风。"

【摶搖】　抟风。摇，扶摇，旋风名。李白《上李邕》："大鹏一日同风起，抟摇直上九万里。"参阅"摶溟。"

【摶擊】　抟风击水。指高飞。语本《庄子·逍遥游》。阎朝隐《鹦鹉猫儿篇》："抟击腾掷也，朝飞暮噪无以拒。"

【摶鵬】　乘风高翔之大鹏。许浑《姑熟官舍寄汝洛友人》："安知北溟水，终日送抟鹏。"僧鸾《苦热行》："烟岛抟鹏弹双翅，羲和赫怒强总辔。"

摽[1]〔biào《广韵》符少切，上小，並。又匹妙切，去笑，滂。〕落下。见"摽梅""摽落"。

摽[2]〔biāo《集韵》卑遥切，平宵，幫。〕通"标"。标榜。陈子昂《晦日宴高氏林亭》序："岂可使晋京才子，孤摽洛下之游，魏室群公，独擅邺中之会?"元稹《感石榴二十韵》："初到摽珍木，多来比乱麻。"

摽[3]〔piāo《广韵》撫招切，平宵，滂。〕高举貌。吴筠《步虚词十首》之二："玉阙摽敞朗，琼林郁葱蒨。"李贺《画角东城》："帆长摽越甸，壁冷挂吴刀。"

【摽₂奇】　显奇，称奇。吴筠《高士咏·郑商人弦高》："卓哉弦高子，商隐独摽奇。"

【摽梅】　谓梅子成熟而落下。喻指女子已到婚嫁年龄。语出《诗·召南·摽有梅》。郑世翼《看新婚》："初笄梦桃李，新妆应摽梅。"权德舆《薄命篇》："韶光日日看渐迟，摽梅既落行有时。"

【摽落】　落下。刘希夷《江南曲八首》之八："冠盖星繁江水上，冲风摽落洞庭渌。"

【摽摽】　高貌。陆龟蒙《江南秋怀寄华阳山人》："谅难求摽摽，聊欲取铮铮。"

摵〔shè《广韵》山責切，入麥，生。〕❶凋萎，凋零。杜甫《法镜寺》："婵娟碧鲜净，萧摵寒箨聚。"陆龟蒙《战秋辞》："杉篁蕉蔓，败北之气摵。"❷掠，划。见"摵劃"。❸摔。吕岩《参黄龙机悟后呈偈》："弃却瓢囊摵碎琴，如今不恋口中金。"见"摵鞭"。

【摵摵】　象声词。犹瑟瑟。象风吹枯叶声。李颀《听董大弹胡笳声兼寄语弄房给事》："先拂商弦后角羽，四郊秋叶惊摵摵。"韩愈《奉和虢州刘给事三堂新题二十一咏·荷池》："未谙鸣摵摵，那似卷翻翻。"

柳宗元《红蕉》："回晖眺林际，摵摵无遗芳。"白行简《夫子鼓琴得其人》："泠泠传妙手，摵摵振空林。"李商隐《雨》："摵摵度瓜园，依依傍竹轩。"

【摵劃】 划掠，划过。陆龟蒙《战秋辞》："苍茫惨澹，㯉危摵划。"

【摵鞭】 甩动鞭子使发出响声。和凝《宫词百首》之六八："摵鞭声定初开扇，百辟齐呼万岁长。"

撦 〔chě《广韵》昌者切，上馬，昌。〕同"扯"。拽；撕裂。段成式《句》："掷履仙凫起，扯衣蝴蝶飘。"皮日休《秋晚自洞庭湖别业寄穆秀才》："风扯红蕉仍换叶，雨淋黄菊不成香。"

摴 〔chū《广韵》丑居切，平魚，徹。〕散，掷。亦特指摴蒲，掷骰。李瀚《蒙求》："胡嫔争摴，晋武伤指。"见"摴蒲"。

【摴蒱】 见"摴蒲"。

【摴蒲】 亦作"摴蒱"。古代博戏名。汉已有之，以掷骰决胜负。薛能《嘲赵璘》："巡关每傍摴蒲局，望月还登乞巧楼。"郑谷《永日有怀》："能消永日是摴蒱，坑堑由来似宦途。"花蕊夫人徐氏《宫词》之九九："摴蒱冷澹学投壶，箭倚腰身约画图。"佚名《又湘妃诗四首》之四："相约杏花坛上去，画阑红子斗摴蒱。"

摚 〔chēng《集韵》徒郎切，平唐，定。又除庚切，平庚，澄。〕抵挡。见"摚振"。

【摚振】 撑拒，推拒；抵挡。韩愈、孟郊《城南联句》："算蹄记功赏，裂脑擒摚振。"

摟 〔lōu《广韵》落侯切，平侯，來，又力朱切，平虞，來。〕将物向自身方向拨、扒。陈陶《海昌望月》："疑抛云上锅，欲搂天边球。"

摑 〔guó《广韵》古獲切，入麥，見。〕掐，批打。卢仝《示添丁》："父怜母惜掴不得，却生痴笑令人嗟。"

摧 〔cuī《广韵》昨回切，平灰，從。〕❶坠毁；毁坏。苏颋《蜀城哭台州乐安少府》："向悟海盐客，已而梁木摧。"李白《蜀道难》："地崩山摧壮士死，然后天梯石栈相钩连。"李益《塞下曲》："秦筑长城城已摧，汉武北上单于台。"❷落下，掉下。张说《送岳州李十从军桂州》："剑拔蛟随断，弓张鸟自摧。"秦系《春日闲居三首》之三："游鱼牵荇没，戏鸟踏花摧。"亦指下垂，低垂。李白《杂曲歌辞·北风行》："幽州思妇十二月，停歌罢笑双蛾摧。"王建《于主簿厅看花》："小叶稠枝粉压摧，暖风吹动鹤翎开。"❸挫抑；摧残，损害。李华《杂诗六首》之四："风霜摧枝干，不复庇本根。"李白《胡无人》："敌可摧，旄头灭，履胡之肠涉胡血。"吕温《上官昭容书楼歌》："碧云起，心悠哉，境深转苦坐自摧。"李洞《寄东蜀幕中友》："为话门人吟太苦，风摧兰秀一枝残。"❹受挫；衰落，凋残。孟浩然《送丁大凤进士赴举呈张九龄》："弃置乡园老，翻飞羽翼摧。"杜甫《晚晴》："崖沉谷没白皑皑，江石缺裂青枫摧。"戴叔伦《哭朱放》："几年湖海挹余芳，岂料兰摧一夜霜。"孙元晏《咏史诗·吴·青盖》："历数将终势已摧，不修君德更堪哀。"❺哀痛，忧伤。李白《赠别郑判官》："远别泪空尽，长愁心已摧。"戎昱《逢陇西故人忆关中舍弟》："莫话边庭事，心摧不欲闻。"❻至，达到。韩愈《送灵师》："古气参象系，高标摧太玄。"❼催促。张祜《杂曲歌辞·爱妾换马》："乍牵玉勒辞金栈，摧整花钿出绣闺。"❽推举。见"摧賢"。

【摧兀】 高峻貌。陈子昂《感遇诗三十八首》之三："亭堠何摧兀，暴骨无全躯。"

【摧心】 伤心。谓极度悲痛。李商隐《咏怀寄秘阁旧僚二十六韵》："奋迹登弘阁，摧心对董帷。"

【摧伏】 摧折使伏，制伏。李白《草创大还赠柳官迪》："执枢相管辖，摧伏伤羽翮。"

【摧折】 ❶摧毁折断，毁坏。寒山《诗三百三首》之二七三："金台既摧折，沙丘遂灭亡。"窦冀《怀素上人草书歌》："边风杀气同惨烈，崩槎卧木争摧折。"陈标《焦桐树》："江上烹鱼采野樵，鸾枝摧折半曾烧。"吴融《壁画折竹杂言》："不是从来无本根，画工取势教摧折。"❷伤心，忧伤。顾况《酬本部韦左司》："寸心久摧折，别离重骨惊。"冯待征《虞姬怨》："天时人事有兴灭，智穷计屈心摧折。"❸挫折，遏抑。韩愈《县斋有怀》："蹉跎颜遂低，摧折气愈下。"孟郊《寓言》："贞明既如此，摧折安可得？"陆龟蒙《奉酬袭美先辈吴中苦雨一百韵》："非君顿挫才，沴气难摧折。"

【摧抑】 挫折压抑。元稹《寄吴士矩端公五十韵》："伯舅各骄纵，仁兄未摧抑。"

【摧杌】 犹摧折。韩愈、孟郊《城南联句》："浮虚有新劚，摧杌饶孤撑。"李贺《句》："不见山巅树，摧杌下为薪。"

【摧車】 损毁车辆。翻车。张建封《竞渡歌》："不思得岸各休去，会有摧车折楫时。"元稹《华之巫》："此盘不进行路难，陆有摧车舟有澜。"白居易《新乐府·太行路》："太行之路能摧车，若比人心是坦途。"

【摧枯】 摧折枯朽之树木。喻指容易摧毁、除灭。杜甫《北风》："涤除贪破浪，愁绝付摧枯。"刘方平《寄陇右严判官》："虏阵摧枯易，王师决胜频。"虞羽客《结客少年场行》："摧枯逾百战，拓地远三千。"

【摧眉】 低眉，低头。李白《秦女休行》："素颈未及断，摧眉伏泥沙。"

【摧眉折腰】 低头弯腰。卑躬事人貌。李白《梦游天姥吟留别》："安能摧眉折腰事权贵，使我不得开心颜。"

【摧挫】 挫折；损毁。韩愈《喜侯喜至赠张籍张彻》："以余经摧挫，固请发铅椠。"元稹《和李校书新题乐府十二首·立部伎》："如今节将一掉头，电卷风收尽摧挫。"

【摧倒】 摧折倒下。白居易《有木诗八首》之七："一旦树摧倒，独立暂飘飖。"

【摧捽】 亦作"摧崒"。挫伤。李贺《送沈亚之歌》："吾闻壮夫重心骨，古人三走无摧捽。"

【摧崒】 见"摧捽"。犹忧伤。李绅《赠毛仙翁》："百年命促奔马疾，愁肠盘结心摧崒。"

【摧翎】 毁伤翅羽，使不得高飞。喻指受挫。韩愈《答张彻》："省选逮投足，乡宾尚摧翎。"

【摧剝】 毁伤，剥落。柳宗元《自衡阳移桂十余本植零陵所住精舍》："火耕困烟烬，薪采久摧剥。"

【摧剪】 摧残，损毁。李群玉《长沙紫极宫雨夜愁坐》："羁栖催剪平生志，抱膝时为梁甫吟。"

【摧殘】 毁伤；使残损。张九龄《荆州作二首》二："内讼已惭沮，积毁今摧残。"王泠然《汴堤柳》："今日摧残何用道，数里曾无一枝好。"刘商《与湛上人院画松》："水墨乍成岩下树，摧残半隐洞中云。"韦庄《投寄旧知》："摧残不是当时貌，流落空余旧日贫。"

【摧輈】 毁损之车。谓路险难行而使车毁。辀，车辕，代指车。孟郊《杀气不在边》："道险不在山，平地有摧辀。"

【摧逼】 犹摧残。元稹《张旧蚊帱》："我亦距几时，胡为自摧逼。"

【摧傾】 推倒，摧毁。李白《经乱离后天恩流夜郎忆旧游书怀赠江夏韦太守良宰》："呼吸走百川，燕然可摧倾。"

【摧毀】 毁灭，毁坏。李商隐《行次西郊作一百韵》："因今左藏库，摧毁惟空垣。"

【摧墉】 犹颓垣。倒塌之墙。皇甫冉《曾东游以诗寄之》："朱槿列摧墉，苍苔遍幽石。"

【摧輪】 损坏车轮。形容路坎坷难行。见曹操《苦寒行》。李白《赠韦侍御黄裳二首》之二："此地果摧轮，全身以为宝。"又《忆旧游寄谯郡元参军》："五月相呼度太行，摧轮不道羊肠苦。"孟郊《偶作》："道险不在广，十步能摧轮。"

【摧賢】 推举贤才。吕温《送段九秀才归澧州》："摧贤路已隔，赈乏力不任。"当作"推賢"，"摧"字误。

【摧鋒】 挫败敌军之锐气。杜甫《观安西兵过赴关中待命二首》之一："四镇富精锐，摧锋皆绝伦。"韩愈、李正封《晚秋郾城夜会联句》："摧锋若貙兕，超乘如猱玃。"

【摧樞】 谓北斗第一星天枢星消失陨落。喻指帝王死。李绅《趋翰苑遭诬构四十六韵》："日倾乌掩魄，星落斗摧枢。"

【摧頹】 ❶毁损，凋萎。卢照邻《失群雁》："毛翎频顿飞无力，羽翮摧颓君不识。"杜甫《述怀一首》："摧颓苍松根，地冷骨未朽。"韩愈《感春五首》之五："朝明夕暗已足叹，况乃满地成摧颓。"亦指衰减，衰微。杜甫《昔游》："隔河忆长眺，青岁已摧颓。"白居易《立秋夕凉风忽至即事咏怀寄李二十尚书》："君位日宠重，我年日摧颓。"❷颓丧；悲哀。杜甫《秋日荆南述怀三十韵》："琴乌曲怨愤，庭鹤舞摧颓。"孟郊《峡哀》："我有古心意，为君空摧颓。"李贺《酒罢张大彻索赠诗》："陇西长吉摧颓客，酒阑感觉中区窄。"白居易《禽虫十二章》之五："如何闭向深笼里，一种摧颓触四隅。"

【摧翳】 凋敝。韦应物《休沐东还胄贵里示端》："竹木稍摧翳，园场亦荒芜。"又《重九登滁城楼忆前岁赴崔都水及诸弟宴集凄然怀旧》："凋散民里阔，摧翳众木衰。"

【摧悴】 摧残，伤害。元稹《四皓庙》："安存孝惠帝，摧悴戚夫人。"

【摧藏】 ❶挫抑，摧残。李群玉《自澧浦东游江表途出巴丘投员外从公虞》："艰哉水投石，壮志空摧藏。"陆龟蒙《读襄阳耆旧传因作诗五百言寄皮袭美》："物象悉摧藏，精灵畏雕镂。"❷抑郁，忧伤。陈子昂《酬李参军崇嗣旅馆见赠》："摧藏多古意，历览备艰辛。"李白《留别曹南群官之江南》："仙宫两无从，人间久摧藏。"柳宗元《笼鹰词》："炎风溽暑忽然至，羽翼脱落自摧藏。"李群玉《登宜春醉宿景星寺寄郑判官》："摧藏担簦客，郁抑胸襟事。"

【摧顔】 凋颜。使容颜暗淡、衰老。杜甫《秦州杂诗二十首》之七："烟尘独长望，衰飒正摧颜。"

【摧壞】 摧残，毁坏。白居易《秋池二首》之一："前池秋始半，卉物多摧坏。"

【摧櫓】 摇橹。喻起伏不定。温庭筠《寒食节日寄楚望二首》之二："年芳苦沉潦，心事如摧橹。"

撾 〔zhuā《集韵》張瓜切，平麻，知。〕敲打，撞击。张祜《题僧壁》："棋因王粲覆，鼓是祢衡挝。"李商隐《病中闻河东公乐营置酒口占寄上》："必投潘岳果，谁掺祢衡挝？"贯休《送张拾遗赴施州司户》："社稷安危在直言，须历尧阶挝谏鼓。"

【撾鼓】 击鼓。李白《猛虎行》："丈夫相见且为乐，槌牛挝鼓会众宾。"贯休《古意九首》之八："五湖大浪如银山，满船载酒挝鼓过。"徐弦《亚元舍人不替深知猥贻佳作庶资一笑耳》："多才太守能挝鼓，醉送金船间歌舞。"

【撾鐘】 撞钟。古代宫中宴饮喜庆时常撞钟击鼓以助兴。李白《春日行》："三千双蛾献歌笑，挝钟考鼓宫殿倾。"李贺《杂曲歌辞·十二月乐辞·十一月》：

"挝钟高饮千日酒，却天凝寒作君寿。"

摐〔chuāng《广韵》楚江切，平江，初。又七恭切，平鍾，清。〕❶撞击，敲打。温庭筠《清凉寺》："松飘晚吹摐金铎，竹荫寒苔上石梯。"吴融《李周弹筝歌》："当头独坐摐一声，满座好风生拂拂。"❷纷错、纷繁貌。见"摐摐❶"。❸象声词。象敲打、撞击之声。白居易《南园试小乐》："小园斑驳花初发，新乐铮摐教欲成。"见"摐摐❸"。

【摐玉】 敲击玉器使发出悦耳之声。常以誉文字优美。卢仝《与马异结交诗》："自从获得君，敲金摐玉凌浮云。"

【摐金】 敲击钟磬等金属乐器。佚名《郊庙歌辞·五郊乐章·舒和》："陈觞荐俎歌三献，拊石摐金会七盘。"高适《相和歌辞·燕歌行》："摐金伐鼓下榆关，旌旆逶迤碣石间。"庄南杰《相和歌辞·雁门太守行》："击革摐金燧牛尾，犬羊兵败如山死。"僧鸾《赠李粲秀才》："倾湖涌海数百字，字字不朽长摐金。"

【摐摐】 ❶纷繁貌。陆龟蒙《忆袭美洞庭观步奉和次韵》："闻君游静境，雅具更摐摐。"❷显扬貌。杜牧《寄唐州李玭尚书》："先揖耿弇声寂寂，今看黄霸事摐摐。"❸象声词。象金玉等物之撞击声。韩愈《病中赠张十八》："扶几导之言，曲节初摐摐。"王建《舞曲歌辞·霓裳辞十首》之六："弦索摐摐隔彩云，五更初发一山闻。"

【摐鐸】 敲击大铃。皮日休《太湖诗·晓次神景宫》："天籁如击琴，泉声似摐铎。"陆龟蒙《奉和袭美初夏游楞伽精舍次韵》："僮能蹑孤刹，鸟惯亲摐铎。"

摩¹〔mó《广韵》莫婆切，平戈，明。又摸卧切，去過，明。〕❶摩擦。见"摩戛"。❷逼迫，挨近。张九龄《登临沮楼》："危楼入水倒，飞槛向空摩。"岑参《与高适薛据登慈恩寺浮图》："四角碍白日，七层摩苍穹。"李绅《杭州天竺灵隐二寺顷岁亦布衣一游因追思为诗二首》之二："鱼扃昼锁龙宫宝，雁塔高摩欲界金。"沈彬《献马殷颂德》："金翅动身摩日月，银河转浪洗乾坤。"引申指进攻，攻击。虞世南《相和歌辞·从军行二首》之二："朝摩骨都垒，夜解谷蠡围。"见"摩窣"。❸抚摸，摩挲。皇甫湜《出世篇》："西摩月镜，东弄日珠。"朱昼《赠友人古镜》："摩久见菱蕊，青于蓝水色。"吕岩《七言》之十八："呼时一一关头转，吸处重重脉上摩。"❹打磨，磨砺。见"摩笄"。❺琢磨；切磋研究。李贺《出城别张又新酬李汉》："吾将噪礼乐，声调摩清新。"

摩²〔ma〕同"麽"。表疑问。顾敻《荷叶杯》词之一："忍教成病忆佳期，知摩知，知摩知。"

【摩天】 逼迫高空，形容高。史俊《题巴州光福寺楠木》："结根幽壑不知岁，耸干摩天凡几寻。"李白《寻雍尊师隐居》："群峭碧摩天，逍遥不记年。"李端《荆门歌送兄赴夔州》："摩天古木不可见，住岳高僧空得名。"高越《咏鹰》："雪爪星眸世所稀，摩天专待振毛衣。"

【摩日】 迫近太阳。形容飞得高。李绅《过梅里七首·忆放鹤》："好风顺举应摩日，逸翮将成莫恋群。"许棠《旅中送人归九华》："顶木晴摩日，根岚晓润衣。"

【摩手】 以手抚摸。表示亲切抚慰。韩愈《郓州溪堂诗》："吹之煦之，摩手拊之。"

【摩尼】 梵语宝珠之音译。寒山《诗三百三首》之一九八："昔年曾到大海游，为采摩尼誓恳求。"又诗之二〇三："方知摩尼一颗珠，解用无方处处圆。"元稹《醉别卢头陀》："顿见佛光身上出，已蒙衣内缀摩尼。"亦作"摩尼珠"。杜甫《赠蜀僧闾丘师兄》："惟有摩尼珠，可照浊水源。"顾况《谅公洞庭孤橘歌》："飞花檐卜旃檀香，结实如缀摩尼珠。"

【摩尼珠】 见"摩尼"。

【摩空】 （—kōng）摩天。谓高接云天。李贺《高轩过》："殿前作赋声摩空，笔补造化天无功。"

【摩耶夫人】 即摩诃摩耶。释迦牟尼之母，天臂城释迦族善觉长者之女，迦毘罗卫国净饭王之王后。顾况《八月五日歌》："四月八日明星出，摩耶夫人降前佛。"

【摩拭】 打磨擦拭。刘蜕《览陈拾遗文集》："寓书托宰君，请为试摩拭。"

【摩笄山】 山名。赵无恤灭代，代君夫人（即无恤之姊）摩笄而自杀于此，故名。即今河北蔚县之马头山。一说为河北宣化之鸡鸣山。胡曾有《咏史诗·摩笄山》。

【摩顶】 以手抚摸头顶。为佛教传法之仪式。刘长卿《秋夜有怀高三十五适兼呈空上人》："吾师几度曾摩顶，高士何年遂发心。"皇甫冉《送志弥师往淮南》："长老偏摩顶，时流尚诵经。"顾非熊《与无可宿辉公院》："倘许双摩顶，随缘万劫生。"

【摩捋】 ❶（—lǚ）顺抹。张籍《逢故人》："说尽向来无限事，相看摩捋白髭须。"❷（—luō）揉搓。何光远《鉴诫录·高僧谕》："大丈夫儿须豁豁，莫学痴人受摩捋。"

【摩戛】 犹摩擦。杜甫《自京赴奉先县咏怀五百字》："瑶池气郁律，羽林相摩戛。"

【摩挲】 ❶抚摸。卢仝《村醉》："摩挲青莓苔，莫嗔惊著汝。"白居易《与诸道者同游二室至九龙潭作》："举手摩挲潭上石，开襟斗薮府中尘。"李商隐《春游》："徙倚三层阁，摩挲七宝刀。"亦指摩拭。韩愈《石鼓歌》："牧童敲火牛砺角，谁复著手为摩挲。"王建《镜听词》："重重摩挲嫁时镜，夫婿远行凭镜听。"刘禹锡《淮阴行五首》之三："船头大铜镮，摩挲光阵阵。"❷揉按，揉搓。白居易《病后寒食》："斗擞弊袍春晚后，摩挲病脚日阳前。"又《新秋喜凉因寄兵部杨侍郎》："睡足一屈伸，搔首摩挲画。"

【摩揣】 揣摩。揣测，估量。白居易《东南行一百韵寄通州元九侍御寞七校书》："世务轻摩揣，周行窃觊觎。"

【摩雲】 高接云霄。张继《明德宫》："摩云观阁高如许，长对河流出断山。"

【摩圍】 山名。在四川彭水县西。刘禹锡《送义舟师却还黔南》："常说摩围似灵鹫，却将山屐上丹梯。"

【摩訶池】 池名。在今四川成都东南。摩诃，译音词，义为广大。传为隋蜀王秀筑广子城时所造。因有僧人见之云："摩诃宫毗罗。"意为"广大有龙"，故名。杜甫有《晚秋陪严郑公摩诃池泛舟》。武元衡《摩诃池宴》："摩诃池上春光早，爱水看花日日来。"高骈《残春遣兴》："画舸轻桡柳色新，摩诃池上醉青春。"顾敻《感秃鹙潜吟》："摩诃池上分明见，仔细看来是那鹕。"

【摩詰】 ❶维摩诘之略。白居易《闲坐》："有室同摩诘，无儿比邓攸。"贯休《冬末病中作二首》之一："聃龙与摩诘，吁叹非不闻。"又《大蜀高祖潜龙日献陈情偈颂》："富人侯王，旦奭摩诘。"❷王维之字。元稹《见人咏韩舍人新律诗因有戏赠》："延之苦拘检，摩诘好因缘。"郑嵎《津阳门诗》："烟中壁碎摩诘画，云间字失玄宗诗。"自注："王右丞山水两壁，寺毁之后，皆失之矣。摩诘乃王维之字也。"

【摩意】 揣摩、忖度其意思。李咸用《和友人喜相遇十首》之二："揣情摩意已无功，只把篇章助国风。"

【摩窣】 进击，搏击。韩愈《送无本师归范阳》："鲸鹏相摩窣，两举快一啖。"

【摩遮】 苏摩遮之省称。唐教坊曲名。本为自龟兹传入之西域乐曲，后亦用为词牌名，作"苏幕遮"。张说《苏摩遮五首》之一："摩遮本出海西胡，琉璃宝服紫髯胡。"

【摩霄】 接近云天，高入云霄。杜甫《晴二首》之一："竟日莺相和，摩霄鹤数群。"皎然《苕溪草堂自大历三年夏新营泊秋及春四十三韵》："却见羁世人，远高摩霄翮。"方干《赠赵崇侍御》："才因出众人皆嫉，势欲摩霄自不知。"刘象《鹭鸶》："摩霄志在潜修羽，会接鸾凰别苇丛。"

【摩壘】 逼迫营垒。指攻垒，挑战。皎然《酬薛员外谊见戏一首》："遗弓逢大敌，摩垒怯偏师。"韦庄《和郑拾遗秋日感事一百韵》："建牙虽可恃，摩垒讵能防。"

摭[1] 〔zhí《广韵》之石切，入昔，章。〕❶捡拾，拾取。李白《赠范金卿二首》之一："摭拭欲赠之，申眉路无梯。"❷搜集。周昙《闲吟》："考摭妍媸用破心，剪裁千古献当今。"亦指聚集、堆集。沈亚之《文祝延二阕》之二："馨炮膻燔兮溢按豆，爵盎无虚兮果摭杂佑。"❸摘取，取。萧颖士《江有归舟》序："学也者，非云徽辨说、摭文字，以扇夫谈端，輮厥词意。"皮日休《追和虎丘寺清远道士诗》："夫怪之与神，虽曰不言，在传则书之者，亦摭其实而为之也。"见"摭華"。

摭[2] 〔zhē〕同"遮"。遮掩；拦阻。韩愈《和裴仆射相公假山十一韵》："逍遥功德下，不与事相摭。"陆龟蒙《问吴宫辞》："欲摭愁烟兮问故基，又恐愁烟兮推白鸟。"

【摭華】 摘取其精华。李瀚《蒙求》："芟繁摭华，尔曹勉旃。"

摘[1] 〔zhāi《广韵》陟革切，入麦，知。〕❶采摘。用手指将连缀之物掐下或拔下，崔国辅《古意》："未得两回摘，秋风吹却花。"屈同仙《乌江女》："锦袖盛朱橘，银钩摘紫房。"韩愈《寄崔二十六立之》："连年收科第，若摘颔底髭。"陆希声《阳羡杂咏十九首·茗坡》："春醒酒病兼消渴，惜取新芽旋摘煎。"❷择取，抽取。韩愈《赠张籍》："召令吐所记，解摘了瑟僴。"杜牧《冬至日寄小侄阿宜诗》："高摘屈宋艳，浓薰班马香。"

摘[2] 〔tì《广韵》他歷切，入錫，透。〕挑起，掀揭。元稹《春六十韵》："撩摘芳情遍，搜求好处终。"

【摘句】 摘录诗文之句。张祜《送郑灞判官归冬宁》："摘句竞推梁记室，谈经今绍汉司农。"

【摘芳】 采摘香花芳草。钱起《山中春仲寄汝上王恒颖川沈冲》："游目来远思，摘芳寄汝颖。"

【摘星】 摘取天空之星辰。多形容地势高接星空。小白《尝居南狱》："棱层高阁倚岩肩，俯瞰尘寰仰摘星。"

【摘索】 犹瑟瑟，瑟缩。冷清萧条貌。韩偓《清兴》："阴沉天气连翩醉，摘索花枝料峭寒。"又《旧馆》："还似墙西紫荆树，残花摘索映高塘。"

【摘得新】 唐教坊曲名。以皇甫松所作词首句里前三字而得名。后亦为词牌名。单调，六句，四平韵，二十六字。皇甫松《摘得新》词："摘得新，枝枝叶叶春。"

【摘掇】 采摘。元稹《遣昼》："扫除田地静，摘掇园蔬美。”

撇[1] 〔piē《集韵》匹蔑切，入屑，滂。〕❶掠过，拂过。顾况《险竿歌》：“盘旋风，撇飞鸟。”李咸用《塘上行》：“红绡撇水荡舟人，画桡摻摻柔荑白。”韦庄《早秋夜作》：“翠簟初清暑半销，撇帘松韵送轻飙。”❷犹击、冲。见“撇波”。❸舍弃。白居易《咏家酝十韵》：“酿糯岂劳炊范黍，撇篘何假漉陶巾？”❹平持容器贴着液体浮面舀取。白居易《家酿新熟妻侄等劝令少饮因成长句以谕之》：“身上幸无疼痛处，瓮头正是撇尝时。”刘言史《与孟郊洛北野泉上煎茶》：“敲石取鲜火，撇泉避腥鳞。”贾岛《送僧归太白山》：“夜禅临虎穴，寒漱撇龙泉。”皮日休《奉和鲁望看压新醅》：“一篑松花细有声，旋将渠碗撇寒清。”

撇[2] 〔piě《集韵》匹篾切，入屑，滂。〕见“撇₂烈”“撇₂然”。

【撇波】 击波，冲波。李贺《宫娃歌》：“愿君光明如太阳，放妾骑鱼撇波去。”

【撇₂烈】 迅速轻捷貌。杜甫《留花门》：“渡河不用船，千骑常撇烈。”

【撇₂捩】 同“撇烈”。迅疾貌。杜甫《荆南兵马使太常卿赵公大食刀歌》：“鬼物撇捩辞坑壕，苍水使者扪赤条。”

【撇₂然】 忽然。卢仝《赠金鹅山人沈师鲁》：“买药床头一破颜，撇然便有上天意。”

【撇漩】 谓行船避开、撇开漩流。杜甫《最能行》：“欹帆侧柁入波涛，撇漩捎濆无险阻。”

擠 〔jī〕同“掎”。用筷子夹取食物。王梵志《诗》之二〇：“诸人未下筯，不得在前椅。”注：“一本作擠。”

摺 〔zhé《广韵》之涉切，入葉，章。〕折叠。齐己《谢王先辈寄毡》：“折坐资禅悦，铺眠减病容。”

摎 〔jiū《广韵》力求切，平尤，來。又古肴切，平肴，見。《集韵》居尤切，平尤，見。〕缠绕，缭绕。见“摎流”。

【摎流】 缭绕。韩愈、孟郊《秋雨联句》：“阴旌时摎流，帝鼓镇訇磕。”

摻[1] 〔shǎn《广韵》所斬切，上豏，生。〕执。韩愈《答张彻》：“尘祛又一摻，泪眦还双荧。”见“摻袂”“摻執”。

摻[2] 〔shān《广韵》所咸切，平咸，生。〕细匀貌。见“摻₂摻”。

摻[3] 〔chān《集韵》倉含切，平覃，清。〕同“攙”。混杂。章孝标《赠刘宽夫昆季》：“雁行云摻参差翼，琼树风开次第花。”

摻[4] 〔cān《古今韵会举要》七紺切，去勘。〕古代鼓曲名。亦指击鼓一种技法。因击时手弄三杖，且击且弄，故字或作“参”。李商隐《听鼓》：“欲问渔阳摻，时无祢正平。”又能《病中闻河东公乐营置酒口占寄上》：“必投潘岳果，谁摻祢衡挝。”皮日休《偶成小酌招鲁望不至以诗为解因次韵酬之》：“如何共是忘形者，不见渔阳摻一场。”

【摻袂】 执人衣袖。表示惜别。李白《感时留别从兄徐王延年从弟延陵》：“摻袂何所道，援毫投此辞。”钱起《送李四擢第归觐省》：“离筵不尽醉，摻袂一何早。”韦庄《酬吴秀才霅川相送》：“摻袂客从花下散，棹舟人向镜中归。”乔舜《送德林郎中学士赴东府》：“摻袂向江头，朝宗势未休。”

【摻執】 犹摻袂。谓执手或执袖送别。欧阳詹《有所恨二章》序：“又与生别，摻执都门。”

【摻₂摻】 （—shan）女子手细匀纤美貌。李咸用《墉上行》：“红绡撇水荡舟人，画桡摻摻柔荑白。”

【摻₄撾】 （—zhuā）犹击，擂。古代击鼓之一种技法。段成式《和周繇见嘲》序：“骑历块而风生，鼓摻挝而雷发。”

十二画

撓 〔náo《广韵》奴巧切，上巧，娘。又呼毛切，平豪，曉。〕❶烦扰；扰乱。杨巨源《胡二十拜户部兼判度支》：“清机果被公材挠，雄拜知承圣主恩。”李商隐《行次西郊作一百韵》：“降及开元中，奸邪挠经纶。”崔涂《夏日书怀寄道友》：“达即匡邦退即耕，是非何足挠平生。”❷阻挠，阻遏。杜甫《寄刘峡州伯华使君四十韵》：“炼骨调情性，张兵挠棘矜。”仇兆鳌注：“张兵伐叛。”❸搅动。元稹《酬别致用》：“玉色深不变，井水挠不移。”李敬方《题黄山汤院》：“不疏还自决，虽挠未尝浑。”李沛《海水不扬波》：“不挠鱼弥乐，无澜苇可航。”❹动，转动。元稹《相和歌辞·当来日大难行》：“轮轴自挠，牵制不停。”❺屈；枉。高适《饯宋八充彭中丞判官之岭南》：“翠羽干平法，黄金挠直绳。”白居易《和答诗十首·和思归乐》：“虽有回天力，挠之终不倾。”

【撓私】 阻挠其徇私。元稹《酬翰林白学士代书一百韵》：“便殿承偏召，权臣惧挠私。”

【撓事】 烦扰纷杂之事务。朱湾《平陵寓居再逢寒食》：“贫病固应无挠事，但将怀抱醉春风。”

【撓挑】 （—tiāo）宛转回环貌。语出《庄子·大宗师》。吴筠《游仙二十四首》之二二："挠挑绝漠中，差池遥相望。"又《高士咏·冲虚真人》："泠然竟何依，挠挑游太空。"

【撓思】 屈其心志。周贺《赠姚合郎中》："玉帛已知难挠思，云泉终是得闲身。"

撻 〔tà《文韵》他达切，入曷，透。〕❶以鞭或棍击打。元稹《野节鞭》："指扮狡兔踪，决挞怪龙睡。"胡曾《咏史诗·柏举》："谁料伍员入郢后，大开陵寝挞平王。"徐夤《笋鞭》："须向广场驱驵骏，莫从闲处挞驽骀。"❷拍击，摆拂。李贺《上之回》："悬红云，挞凤尾。"

【撻罰】 鞭打责罚。元稹《旱灾自咎贻七县宰同州时》："诛求与挞罚，无乃不逡巡。"

撒 〔sǎ《集韵》桑葛切，入曷，心。〕散落。洒下。岑参《玉门关盖将军歌》："红牙缕马对樗蒱，玉盘纤手撒作卢。"李贺《美人梳头歌》："一编香丝云撒地，玉钗落处无声腻。"白居易《晚春重到集贤院》："满砌荆花铺紫毯，隔墙榆荚撒青钱。"和凝《宫词百首》之三八："莺锦蝉罗撒麝脐，狻猊轻喷瑞烟迷。"

【撒鹽】 指下雪。见南朝宋刘义庆《世说新语·言语》。孟浩然《和张丞相春朝对雪》"撒盐如可拟，愿糁和羹梅。"

擖 〔jiā《广韵》古轄切，入轄，見。又恪八初，入黠，見。〕刮削。亦指刮削之声。陆龟蒙《奉酬袭美先辈吴中苦雨一百韵》："朗咏冲乐悬，陶匏响铿擖。"

擎 〔qíng《广韵》渠京切，平庚，羣。〕❶举。王翰《古蛾眉怨》："黄金作盘铜作茎，晴天白露掌中擎。"王建《寻橦歌》："大竿百夫擎不起，袅袅半在青云里。"黄滔《题郑山人居》："枯杉擎雪朵，破牖触风开。"刘象《咏仙掌》："万古亭亭倚碧霄，不成擎亦不成招。"❷持，拿，取。寒山《诗三百三首》之四五："无心装褾轴，来去省人擎。"孟浩然《庭橘》："擎来玉盘里，全胜在幽林。"张祜《公子行》："红粉美人擎酒劝，青衣年少臂鹰随。"贯休《蜀王登福感寺塔三首》之一："释子沾恩无以报，只擎章句贡平津。"❸支撑，承托。张乔《华山》："力疑擎上界，势独压中区。"秦韬玉《题刑部李郎中山亭》："瘦竹亸烟遮板阁，卷荷擎雨出盆池。"

【擎天】 支撑天空，托住天。形容极其高大有力。戴叔伦《题天柱山图》："拔翠五云中，擎天不计功。"孟郊《衰松》："既摧栖日干，未展擎天力。"又《怀南岳隐士》："见说祝融峰，擎天势似腾。"曹唐《仙都即景》："孤峰应碍日，一柱自擎天。"

【擎天柱】 托住天的柱子。喻指耸入云霄之高山。语本《楚辞·天问》。张固《独秀山》："曾得乾坤融结意，擎天一柱在南州。"

【擎跽】 拱手跪拜。行礼方式之一。亦泛指礼敬、恭敬。皮日休《吴中苦雨因书一百韵寄鲁望》："遇善必擎跽，见才辄驰逐。"

撅 〔jué《广韵》其月切，入月，羣。〕❶拔出。见"撅奇"。❷折断。笔头折毛亦称撅。贯休《读杜工部集二首》之二："彩毫终不撅，白雪更能轻。"又《和毛学士舍人早春》："书斋山帚撅，盘馔药花甘。"

【撅奇】 崛奇。奇特，出众。韦庄《江上村居》："颠倒梦魂愁里得，撅奇诗句望中生。"

撩[1] 〔liáo《广韵》落蕭切，平蕭，來。〕❶整理，梳理。杨志坚《送妻》："荆钗任意撩新鬓，明镜从他别画眉。"罗隐《白角篦》："莫言此个尖头物，几度撩人恶发来。"见"撩治"。❷逗弄；招惹。韩愈《次同冠峡》："无心思岭北，猿鸟莫相撩。"刘禹锡《牛相公见示新什谨依本韵次用以抒下情》："珠媚多藏贾，花撩欲定僧。"李商隐《风》："撩钗盘孔雀，恼带拂鸳鸯。"韦庄《齐安郡》："黍离缘底事，撩我起长叹。"亦指招致，招引。元稹《酬东川李相公十六韵》："戆直撩忌讳，科仪惩傲顽。"❸缠，绕。李群玉《龙安寺佳人阿最歌八首》之七："素腕撩金索，轻红约翠纱。"❹通"寮"。见"撩舍"。

撩[2] 〔liāo〕掀，揭。见"撩₂摘"。

【撩花狎鳥】 撩弄狎近花鸟。喻指狎近美人。元稹《和李校书新题乐府十二首·上阳白发人》："天宝年中花鸟使，撩花狎鸟含春思。"

【撩舍】 （—shè）寮舍，僧舍。撩，同"寮"。贯休《送僧入石霜》："撩舍新罗瘦，炉烟榾柮粗。"

【撩治】 撩弄，整治。刘禹锡《城内花园颇曾游玩令公居守亦有素期以答令狐相公见谑》："繁霜一夜相撩治，不似佳人似老人。"

【撩亂】 ❶杂乱，纷乱。崔知贤《上元夜效小庾体》："鼓声撩乱动，风光触处新。"李康成《自君之出矣》："思君如百草，撩乱逐春生。"秦系《鲍防员外见寻因书情呈赠》："荒凉鸟兽同三径，撩乱琴书共一床。"唐彦谦《萤》："日下芜城莽苍中，湿萤撩乱起衰丛。"❷缤纷。花繁多貌。丁仙芝《余杭醉歌赠吴山人》："桃花昨夜撩乱开，当轩发色映楼台。"权德舆《句》："古时楼上清明夜，月照楼前撩乱花。"姚合《和李十二舍人裴四二舍人两阁老酬白少傅见寄》："萧条雨夜吟连晓，撩乱花时看尽春。"❸烦乱。王昌龄《从军行七首》之二："撩乱边愁听不尽，高高秋月照长城。"元稹《西州院》："以彼撩乱思，吟为幽怨声。"❹牵惹，撩拨。卢仝《楼上女儿曲》："林花撩乱心之愁，卷却罗袖弹箜篌。"❺扰乱，搅扰。常楚老《江上蚊子》："怕君撩乱锦窗中，十轴轻绡围夜玉。"

【撩₂摘】（一tì）掀揭，发摘。元稹《春六十韵》："撩摘芳情遍，搜求好处终。"

【撩撥】❶挑逗，逗弄。张鷟《游仙窟·诗一首》："渠未相撩拨，娇从何处来？"❷招惹。《河北谚》（卷八七七）："山东一条葛，无事莫撩拨。"

撑 〔chēng《广韵》丑庚切，平庚，徹。〕亦作"撐"。❶支柱，支撑。李白《扶风豪士歌》："天津流水波赤血，白骨相撑如乱麻。"韩愈《谒衡岳庙遂宿岳寺题门楼》："须臾静扫众峰出，仰见突兀撑青空。"李商隐《李肱所遗画松诗书两纸得四十韵》："孤根邈无倚，直立撑鸿濛。"皮日休《吴中苦雨因书一百韵寄鲁望》："一苞势欲陊，将撑乏寸木。"亦指顶起。唐彦谦《咏葡萄》："满架高撑紫络索，一枝斜亸金琅珰。"无名氏《斑竹》："色抱霜花粉黛光，枝撑蜀锦红霞起。"或指耸竖。刘师服《石鼎联句》："旁有双耳穿，上有孤髻撑。"❷以篙行船。李白《下泾县陵阳溪至涩滩》："渔子与舟人，撑折万张篙。"钱起《江行无题一百首》之五二："撑开小渔艇，应到月明归。"白居易《奉酬淮南牛相公思黯见寄二十四韵》："竹篙撑钓艇，金甲拥楼船。"贯休《绣州张相公见访》："出师暂放张良箸，得罪惟撑范蠡船。"❸抵拒。元稹《相和歌辞·当来日大难行》："大梁侧，小梁倾，两轴相绞，两轮相撑。"❹胀满，饱胀。杨苎萝《咏垂丝蜘蛛嘲云辨僧》："吃得肚婴撑，寻思绕寺行。"❺张开。见"撑披"。

【撑舟】以篙行船。杜牧《题池州弄水亭》："小山浸石棱，撑舟入幽处。"

【撑披】张开。韩愈《寄崔二十六立之》："雷电生睒睗，角鬣相撑披。"

【撑拄】❶支撑，顶架。韩愈《元和圣德诗》："牵头曳足，先断腰膂。次及其徒，体骸撑拄。"❷抵拒。皮日休《太湖诗·游毛公坛》："桧异松复怪，枯疏互撑拄。"陆龟蒙《奉酬袭美苦雨见寄》："有头强方心强直，撑拄颓风不量力。"❸指拄杖，扶杖。齐己《病起二首》之一："撑拄筇犹重，枝梧力未任。"又《谢人惠拄杖》："深谢鲁儒怜潦倒，欲教撑拄绕禅床。"

【撑委】撑柱堆积。王无竞《北使长城》："死人如乱麻，白骨相撑委。"

【撑突】谓撑舟冲波。杜甫《又观打鱼》："能者操舟疾若风，撑突波涛挺叉入。"

【撑封】撑拒封装。薛能《蜀州郑史君寄鸟嘴茶因以赠答八韵》："拒碾乾声细，撑封利颖斜。"

【撑船】以篙行船。贯休《上冯使君五首》之一："撑船碧江上，春日何迟迟。"

【撑肠拄肚】塞满肚肠。谓饱食。卢仝《月蚀诗》："撑肠拄肚礧傀如山丘，自可饱死更不偷。"

【撑撥】撩拨，牵惹。白居易《题卢秘书夏日新栽竹二十韵》："撑拨诗人兴，勾牵酒客欢。"

撮¹ 〔cuō《广韵》倉括切，入末，清。又子括切，入末，精。〕❶以三指取物。亦指以多指指尖抓取。韩愈《记梦》："我以指撮白玉丹，行且咀噍行诘盘。"❷摄取。贯休《送崔使君》："岘首仁踪项频跛，商云乳麝香可撮。"❸簇聚；拢合。韩愈、孟郊《城南联句》："灵麻撮狗虱，村稚啼禽猩。"刘禹锡《秋萤引》："撮蚊妖鸟亦夜起，翅如车轮而已矣。"李商隐《安平公诗》："仰看楼殿撮清汉，坐视世界如恒沙。"亦指簇拥。吕岩《七言》之五〇三："闲来掉臂入天门，拂袂徐徐撮彩云。"❹量词。聚拢三指尖一次所可抓取之量。亦泛指少量。白居易《游悟真寺诗》："岩崿无撮土，树木多瘦坚。"姚揆《秋日江东晚行》："一撮秋烟堤上白，半轮残日岭头红。"

撮² 〔chuā《集韵》初買切，上蟹，初。〕持，握。顾况《李供奉弹箜篌歌》："起坐可怜能抱撮，大指调弦中指拨。"

撲 〔pū《广韵》普木切，入屋，滂。又蒲角切，入覺，並。〕❶击，打。元结《春陵行》："追呼尚不忍，况乃鞭扑之。"皮日休《补周礼九夏系女·九夏歌·章夏之歌》："征彼不憓，一扑而灭。"曹松《巫峡》："不逐彩云归碧落，却为暮雨扑行人。"❷拍打。以掌或扇状物拍捂。卢仝《萧宅二三子赠答诗二十首·石答竹》："不要儿女扑，不要春风吹。"杜牧《秋夕》："红烛秋光冷画屏，轻罗小扇扑流萤。"徐夤《蝴蝶三首》之二："莫欺翼短飞长近，试就花间扑已难。"❸摔，掷。元稹《代九九》："鸾镜灯前扑，鸳衾手下隳。"❹以身冲向、伏向。卢纶《赋得白鸥歌送李伯康归使》："衔鱼鱼落乱惊鸣，争扑莲丛莲叶倾。"韩愈《永贞行》："怪鸟鸣唤令人憎，蛊虫群飞夜扑灯。"皮日休《太湖诗·入林星洞》："忽然白蝙蝠，来扑松炬明。"韦庄《虚席》："鼠偷筵上果，蛾扑帐前灯。"亦指扑灭。《黄万祜题蜀宫壁》："莫交牵动青猪足，动即炎炎不可扑。"❺轻拂。杜甫《大历三年春白帝城放船出瞿塘峡四十韵》："石苔凌几杖，空翠扑肌肤。"杜牧《代吴兴妓春初寄薛军事》："雾冷侵红粉，春阴扑翠钿。"❻倾覆，翻倒。韩愈、孟郊《纳凉联句》："危檐不敢凭，朽机惧倾扑。"❼倾泻，流泻。褚载《瀑布》："争知不是青天阙，扑下银河一半来？"裴说《庐山瀑布》："崄飞千尺雪，寒扑一声雷。"❽以粉状物拍敷。白居易《和梦游春诗一百韵》："朱唇素指匀，粉汗红绵扑。"亦指粉状物粘附、敷满。白居易《题洛中第宅》："松胶黏琥珀，筠粉扑琅玕。”又《草词毕遇芍药初开偶成十六韵》：“钗葶抽碧股，粉蕊扑黄丝。”❾指散飞之物纷纷冲向、落向。张说《奉和圣制初入秦川路寒食应制》：“渭桥南渡花如扑，麦陇青青断人目。”岑参《乐府杂曲·鼓吹曲辞·凯歌六首》之二：“蒲海晓霜凝剑尾，葱山夜雪扑旌竿。”殷尧藩《春怨》：“柳花扑帘春欲尽，绿阴障林莺乱啼。”李商隐《赠柳》：“忍放花如雪，青楼扑酒旗。”❿指气味强烈散发袭人。戎昱《赠别张驸马》：“数里衣香遥扑人，长衢雨歇无纤尘。”赵嘏《广陵答崔琛》：“棹倚隋家旧院墙，柳金梅雪扑檐香。”花蕊夫人徐氏《宫词》之一一七：“嫩荷香扑钓鱼亭，水面文鱼作队行。”⓫满，布满。李贺《河南府试十二月乐词·三月》：“光风转蕙百余里，暖雾驱云扑天地。”韦庄《宜君县比卜居不遂留题王秀才别墅二首》之二：“明月严霜扑皂貂，羡君高卧正逍遥。”徐夤《牡丹花二首》之二：“诗书满架尘埃扑，尽日无人略举头。”⓬犹勃发。殷文圭《九华贺雨吟》：“万畦香稻蓬葱绿，九朵奇峰扑亚青。”⓭勃郁。草木繁盛貌。见“撲撲❶”。⓮象声词。见“撲撲❷”。

【撲手】 犹触手，满手。谓众多之物扑向手中。薛涛《酬杜舍人》：“双鱼底事到侬家，扑手新诗片片霞。”

【撲地】 犹满地，遍地。岑参《冬宵家会饯李郎司兵赴同州》：“寒天高堂夜，扑地飞雪时。”窦庠《龙门看花》：“无叶无枝不见空，加天扑地径才通。”萧祐《游石堂观》：“山花名药扑地香，月色泉声洞心冷。”李郢《燕蓊花》：“黄花扑地无穷极，愁杀江南去住人。”

【撲抶】 鞭打，杖击。沈佺期《被弹》：“劾吏何咆哮，晨夜闻扑抶。”李白《赠清漳明府姪聿》：“蒲鞭挂檐枝，示耻无扑抶。”韦应物《示从子河南尉班》序：“永泰中，余任洛阳丞，以扑抶军骑，时从子河南尉班，亦以刚直为政，俱见讼于居守。”

【撲畫】 ❶迎面。多指细小之物吹向脸部。白居易《别杨同州后却寄》：“春风怪我君知否，榆叶杨花扑面飞。”王毂《暑日题道边树》：“火轮迸焰烧长空，浮埃扑面愁朦朦。”❷布满表面。王播《题木兰院》：“三十年来尘扑面，如今始得碧纱笼。”

【撲破】 击破，摔破。齐己《扑满子》：“到头须扑破，却散与他人。”

【撲粉】 抹粉，搽粉。韩偓《昼寝》：“扑粉更添香体滑，解衣唯见下裳红。”

【撲棗】 打枣。以竿击落树上之枣。杜甫《又呈吴郎》：“堂前扑枣任西邻，无食无儿一妇人。”后成为资助，宽容邻人之典。

【撲筆】 掷笔，放下笔。指停止书写。韩愈《卢郎中云夫寄示送盘谷子诗两章歌以和之》：“闭门长安三日雪，推书扑笔歌慨慷。”

【撲落】 ❶跌落，坠落。姚合《天竺寺殿前立石》：“补天残片女娲抛，扑落禅门压地坳。”❷泻落。指月光射入。成彦雄《寒夜吟》：“猧儿睡魇唤不醒，满窗扑落银蟾影。”❸陨落。喻指人死。郑遨《哭张道古》：“曾陈章疏忤昭皇，扑落西南事可伤。”

【撲滅】 犹消灭，扑击、拍打使灭绝。杜甫《棕拂子》：“唖肤倦扑灭，赖尔甘服膺。”又《火》：“远迁谁扑灭，将恐及环堵。”司空图《华下》：“何事奸与邪，古来难扑灭？”

【撲滿】 亦作“撲滿子”。贮钱之瓦器，有小缝可放钱入。扑满则击破可取钱。贯休《续姚梁公坐右铭》：“励志须至，扑满必破。”又《桐江闲居作十二首》之十二：“囊非扑满器，门更绝人过。”齐己有《扑满子》。

【撲滿子】 见“撲滿”。

【撲撲】 ❶植物生长繁盛貌。白居易《山石榴寄元九》：“山石榴，一名山踯躅，一名杜鹃花，杜鹃啼时花扑扑。”卢殷《雨霁登北岸寄友人》：“稻黄扑扑黍油油，野树连山涧自流。”杜牧《郡斋独酌》：“后岭翠扑扑，前溪碧泱泱。”吴融《绵竹山四十韵》：“霜空正泬寥，浓翠霏扑扑。”❷象声词。象扑翅之声。王建《田家行》：“野蚕作茧人不取，叶间扑扑秋蛾生。”光威裒《联句》：“浪喜游蜂飞扑扑，佯惊孤燕语喃喃。”

【撲遬】 局促、拘束貌。刘禹锡《和董庶中古散调词赠尹果毅》：“行逢里中旧，扑遬昔所嗤。”

【撲翠】 拂翠。谓风拂过青翠之草木。裴杞《风光草际浮》：“徐吹遥扑翠，半偃乍浮光。”

【撲瀉】 倾覆容器使所容物流泻。皮日休《酒中十咏·酒樽》：“猿窥曾扑泻，鸟蹋经欹仄。”

撫 〔fǔ《广韵》芳武切，上麌，敷。〕❶抚摩。白居易《新制布裘》：“中夕忽有念，抚裘起逡巡。”和凝《江城子》词之四：“纤玉手，抚郎衣。”❷执持。徐贤妃《拟小山篇》：“仰幽岩而流盼，抚桂枝以凝想。”袁瓘《鸿门行》：“宝剑中夜抚，悲歌聊自舞。”权德舆《酬穆七侍郎早登使院西楼感怀》：“浩歌抚长剑，临风泛清弦。”陈陶《宿岛径夷山舍》：“对月抚长剑，愁襟纷莫开。”❸掌握。王维《送韦大夫东京留守》：“上德抚神运，冲和穆宸襟。”❹拍，击。见“撫掌”“撫翼”。❺凭，靠。引申指乘坐。李峤《早发苦竹馆》：“我行抚轺传，兼得傍林沼。”❻巡抚；治理。太宗《春日玄武门宴群臣》：“粤余君万国，还惭抚八埏。”徐坚《奉和圣制送张说巡边》：“至德抚遐荒，神兵赴朔方。”孟浩然《送韩使君除洪州都曹》：“述职抚荆衡，分符袭宠荣。”❼临览。杜甫《忆昔行》：“徒然咨嗟抚遗迹，至今梦想仍犹佐。”李益《和丘员外题湛长史旧居》：“伊人抚遗叹，恻恻芳又缛。”❽指省视自身。李商隐《献寄旧府开封公》:“酬恩抚身世,未觉胜鸿毛。”见“撫己”“撫躬”。❾弹,奏。储光羲《同王十三维偶然作十首》之十:“窈窕高台中,时闻抚新瑟。”李白《嘲王历阳不肯饮酒》:“浪抚一张琴,虚栽五株柳。”陆畅《赠贺若少府》:“十日广陵城里住,听君花下抚金徽。”鱼玄机《愁思》:“落叶纷纷暮雨和,朱丝独抚自清歌。”❿存恤,抚爱。高适《过卢明府有赠》:“君观黎庶心,抚之诚万全。”孟郊《上河阳李大夫》:“三军当严冬,一抚胜重衣。”薛逢《送司徒相公赴阙》:“十载殿廷连步武,两来庸蜀抚疲羸。”⓫抚育。见“撫稚”。⓬招抚;平定。韩愈《镇州路上谨酬裴司空相公重见寄》:“衔命山东抚乱师,日驰三百自嫌迟。”

【撫几】　凭几或指以手拍几,表慨叹。李白《日夕山中忽然有怀》:“云车来何迟,抚几空叹息。”舒元舆《八月五日中部官舍读唐历天宝已来追怆故事》:“抚几观陈文,使我心不怿。”

【撫己】　省视自身。李白《古风》之二十:“抚己忽自笑,沉吟为谁故。”高适《答侯少府》:“相逢愧薄游,抚己荷陶钧。”韦应物《善福精舍秋夜迟诸君》:“抚己亮无庸,结交赖群贤。”皮日休《三羞诗三首》之一:“入门疑储宫,抚己思鈇钺。”

【撫心】　手摸胸口。(1)表慨叹。李白《有所思》:“长鲸喷涌不可涉,抚心茫茫泪如珠。”鲍溶《秋思三首》之一:“昔奉千日书,抚心怨星霜。”韦庄《重围中逢萧校书》:“侧目不成语,抚心空自伤。”(2)表自省自问。参见“撫心自問”。

【撫心自問】　手摸心口自省自问。白居易《烹葵》:“抚心私自问:何者是荣衰。”

【撫戎】　临阵治军。《郊庙歌辞·享隐太子庙乐章·凯安》:“抚戎金阵廓,贰极瑶图阐。”

【撫州】　唐代州名。高祖武德五年(622)置。属江南西道。故治即今江西临川。皇甫冉有《送李使君赴抚州》。戴叔伦有《赴抚州对酬崔法曹夜雨滴空阶五首》。杜牧《冬至日寄小侄阿宜诗》:“多是抚州写,今来五纪强。”韦庄有《抚州江口雨中作》。

【撫字】　指为官存恤百姓。杜荀鹤《献钱塘县罗著作判官》:“还乡夫子遇贤侯,抚字情知不自由。”

【撫弄】　抚摸摆弄。李白《草创大还赠柳官迪》:“白日可抚弄,清都在咫尺。”

【撫坐】　抚摩座位。卢纶《奉陪侍中春日过武安君庙》:“抚坐悲今古,瞻容感废兴。”

【撫枕】　抚摩枕头。不寐貌。令狐楚《八月十七日夜书怀》:“抚枕独高歌,须君为予和。”

【撫事】　追思、感怀往事或时事。陈子昂有《奉和皇帝上礼抚事述怀应制》。杜甫《观公孙大娘弟子舞剑器行》:“与余问答既有以,感时抚事增惋伤。”白居易《杂感》:“立教固如此,抚事有非常。”温庭筠《过孔北海墓二十韵》:“抚事如神遇,临风独涕零。”

【撫背】　抚摩脊背。表示赞赏、安慰等。李白《访道安陵遇盖还为余造真箓临别留赠》:“能令二千石,抚背惊神聪。”韩愈《送区弘南归》:“出送抚背我涕挥,行行正直慎脂韦。”

【撫念】　犹抚爱、爱怜。韦应物《送杨氏女》:“尔辈况无恃,抚念益慈柔。”

【撫卷】　抚事书卷。读书而生感慨状。李华《咏史十一首》之七:“尝观党锢传,抚卷不胜悲。”

【撫弦】　指弹琴。孔德绍《夜宿荒村》:“抚弦无人听,对酒时独斟。”

【撫孤】　抚养存恤遗孤。杜甫《遣怀》:“临餐吐更食,常恐违抚孤。”刘长卿《哭张员外继》:“抚孤怜齿稚,叹逝顾身衰。”皎然《哭吴县房耸明府》:“夫子寡兄弟,抚孤伤藐然。”戴叔伦《舟中见雨》:“抚孤终日意,身世尚流萍。”

【撫俗】　巡察民情。太宗《执契静三边》:“循躬思励己,抚俗愧时康。”严维《奉和独孤中丞游云门寺》:“归来还抚俗,诸老莫攀辕。”李夷简《西亭暇日书怀十二韵献上相公》:“抚俗来康济,经邦去咨谋。”孟郊《姑蔑城》:“抚俗观旧迹,行春布新书。”

【撫恤】　抚慰体恤。白居易《送姚杭州赴任因思旧游二首》之一:“闾里固宜勤抚恤,楼台亦要数跻攀。”

【撫躬】　反躬自问、自省。太宗《帝京篇十首》之十:“披卷览前踪,抚躬寻既往。”张九龄《晨坐斋中偶而成咏》:“结念凭幽远,抚躬曷羁束。”段成式《河出荣光》:“抚躬悲未济,作颂喜时康。”李商隐《赠田叟》:“抚躬道地诚感激,在野无贤心自惊。”

【撫跡】　❶巡览、观览胜迹。杜审言《扈从出长安应制》:“抚迹地灵古,游情皇鉴新。”❷犹抚事,追怀往事。杜甫《自京赴奉先县咏怀五百字》:“抚迹犹酸辛,平人固骚屑。”

【撫柩】　扶柩。护送灵柩。元稹《城外回谢子蒙见谕》:“十里抚柩别,一身骑马回。”

【撫弱綏強】　存恤弱者安抚强者。玄宗《赐诸州刺史以题座右》:“恤惸且存老,抚弱复绥强。”

【撫棺】　抚摩棺材。表示对死者的哀悼。孟云卿《相和歌辞·挽歌》:“临穴频抚棺,至哀反无泪。”

【撫掌】　拍手。(1)表示开心、赞赏。李珣《南乡子》之十五:“一曲乡歌齐抚掌,堪游赏,酒酌螺杯流水上。”(2)表慨叹。李白《登广武古战场怀古》:“抚掌黄河曲,嗤嗤阮嗣宗。”(3)表示讥笑。寒山《诗三百三首》之二三〇:“愚者皆赞叹,智者抚掌笑。”李白《送薛九被谗去鲁》："贤哉四公子，抚掌黄泉里。"白居易《新乐府·杏为梁》："莫教门外过客闻，抚掌回头笑杀君。"(4)表示笑谈，闲谈。李白《与诸公送陈郎将归衡阳》序："作者嗤我，乃为抚掌之资乎？"赵嘏《宿何书记先辈延福新居》："因君抚掌问时俗，紫阁堆檐不举头。"齐己《寄西山郑谷神》："俗人应抚掌，闲处诵黄庭。"

【撫掌泉】 泉名。在唐杭州余杭县(今浙江余杭)西二十里。传泉水可应拍手之声涌出，故名。白元鉴有《抚掌泉》。

【撫景】 览景，面对风景。牟融《登环翠楼》："举杯对月邀诗兴，抚景令人豁醉眸。"又《访请上人》："抚景吟行远，谈玄入悟深。"

【撫循】 ❶存恤抚慰。权德舆《哭刘四尚书》："丹地膺推择，青油寄抚循。"❷犹省视。骆宾王《夏日游德州赠高四》序："进不能矫翰龙云，退不能栖神豹雾，抚循诸己，深觉劳生。"

【撫稚】 亦作"撫穉"。穉，同稚。元稹《江陵三梦》："抚稚再三嘱，泪珠千万垂。"又《酬李六醉后见寄口号》："命童寒色倦，抚穉晚啼饥。"

【撫運】 谓顺天运而掌国。李益《北至太原》："玄命久已集，抚运良乃艰。"权德舆《仲秋朝拜昭陵》："抚运斯顺人，救焚非逐鹿。"金真德《太平诗》："深仁谐日月，抚运迈时康。"

【撫綏】 安抚；绥靖。李频《送姚侍御充渭北掌书记》："抚绥初易帅，参画尽须人。"张蠙《赠信安太守》："三衢正对福星时，喜得君侯妙抚绥。"贯休《寿春节进》："杳杳闻韶濩，重重降抚绥。"

【撫養】 ❶抚爱教养。杜甫《新安吏》："况乃王师顺，抚养甚分明。"元结《舂陵行》："所愿见王官，抚养以惠慈。"❷抚育，养育。白居易《吾雏》："抚养虽骄騃，性识颇聪明。"

【撫劍】 持剑；按剑。李白《赠张相镐二首》之二："抚剑夜吟啸，雄心日千里。"钱起《送王季友赴洪州幕下》："抚剑感知己，出门方远辞。"李绅《南梁行》："呜呜晓角霞辉粲，抚剑当楹一长叹。"司空图《冯燕歌》："凭君抚剑即迟疑，自顾平生心不欺。"

【撫膺】 以手抚摩胸口，或指捶胸。表示悲痛或感慨等。李白《蜀道难》："扪参历井仰胁息，以手抚膺坐长叹。"皎然《戏赠吴冯》："昨朝为火今为冰，此道非君独抚膺。"白居易《反鲍明远白头吟》："胡为坐自苦，吞悲仍抚膺。"李商隐《哭刘司户蕡》："江阔惟回首，天高但抚膺。"

【撫翼】 ❶指禽鸟以喙摩挲、梳理羽翼。王维《双黄鹄歌送别》："天路来兮双黄鹄，云上飞兮水上宿，抚翼和鸣整羽族。"❷拍动翅膀。指振翼高飞。徐彦伯《赠刘舍人古意》："或言凤池乐，抚翼更西飞。"储光羲《同王十三维偶然作十首》之九："斯须照夕阳，双双复抚翼。"

【撫舊】 ❶追忆往事。李贺《感讽六首》之六："抚旧唯销魂，南山坐悲峭。"❷拟古。谓作诗比拟、仿照旧有之体。李贺《秦宫诗》序："予抚旧而作长辞，以冯子都之事，相为对望。"

【撫懷】 慰怀。谓感慰于怀。杨衡《夷陵郡内叙别》："抚怀极投漆，感物重黄金。"

【撫轡】 揽辔，手执缰绳。太宗《冬狩》："禽荒非所乐，抚辔更招忧。"

播 〔bō《广韵》補過切，去過，幫。〕❶撒播种子。亦泛指种植。柳宗元《视民诗》："乃学与仕，乃播与食。"见"播植""播穀"。❷传扬，流传。储光羲《贻丁主簿仙芝别》："敛衽归故山，敷言播天壤。"李白《送杨燕之东鲁》："四代三公族，清风播人天。"刘禹锡《酬令狐相公见寄》："才兼文武播雄名，遗爱芳尘满洛城。"卢延让《吊孟浩然》："高据襄阳播盛名，问人人道是诗星。"❸谓借音乐以流传。多指为诗歌配乐。韩愈、孟郊《城南联句》："书饶罄鱼茧，纪盛播琴筝。"刘禹锡《和令狐相公玩白菊》："一入瑶华咏，从兹播乐章。"❹散布，散发。沈亚之《湘中怨》："隆佳秀兮昭盛时，播薰芳兮淑华归。"《郊庙歌辞·祀圜丘乐章·肃和》："闿阳播气，甄曜垂明。"❺化育，长育。吴筠《步虚词十首》之十："二气播万有，化机无停轮。"刘禹锡《游桃源一百韵》："大方播群类，秀气肖翕辟。"皮日休《九夏歌九篇·族夏之歌》："大块孰埏，播为山阿。"❻施展，逞。李中《送朐山孙明府赴寿阳幕府辟命》："好向尊罍陈妙画，定应书檄播雄才。"❼迁徙，流徙。皮日休《三羞诗三首》之一："宪司遵故典，分道播南越。"张道古《上蜀王》："西巡凤府非为固，东播銮舆卒未安。"见"播徂"。❽象声词。见"播播"。

【播仙】 镇名。即故且末城。旧址在今新疆且末县车尔臣河北岸。岑参有《献封大夫破播仙凯歌六首》。

【播徂】 迁徙，流亡。王勃《倬彼我系》之二："粤自太原，播徂江澨。"

【播物】 长育万物。许敬宗《奉和元日应制》："发生同化育，播物体陶钧。"

【播笏】 犹执笏。无名氏《嘲伛偻人》(卷八七二)："拄杖欲似乃，播笏还似及。"

【播揚】 传扬。李颀《送刘四赴夏县》："声明播扬二十年，足下长途几千里。"

【播植】 亦作"播殖"。播种，种植。卢从愿《祭汾阴乐章》："播植资始，品汇咸亨。"钱起《奉和张荆州巡农晚望》："时和俗勤业，播殖农厥壤。"陆龟蒙《村夜二篇》之二："安知勤播植，卒岁无闲暇。"

【播馳】　传扬流播。陈政《赠窦蔡二记室入蜀》："四海奋羽仪，清风久播驰。"

【播種】　(—zhǒng)以播散种子之方式种植。聂夷中《古兴》："唐虞贵民食，只是勤播种。"《郊庙歌辞·祭太社乐章·迎神》："烈山有子，后土有臣，播种百谷，济育兆人。"

【播穀】　播种谷物。李群玉《寄友二首》之二："愁人相忆春山暮，烟树苍苍播谷时。"

【播播】　水流貌。韩愈《郓州溪堂诗》："公作溪堂，播播流水。"

【播遷】　迁徙；迁转。杜淹《寄赠齐公》："此欢终未极，于兹独播迁。"沈佺期《哭苏眉州崔司业二公》："及此俱冥昧，云谁叙播迁。"李绅《悲善才》序："自余经播迁，善才已没。因追感前事，为悲善才。"詹琲《永嘉乱衣冠南渡流落南泉作忆昔吟》："国势多危厄，宗人苦播迁。"

擒　〔qín《广韵》巨金切，平侵，羣。〕捕捉；俘获。王珪《咏淮阴侯》："斩龙堰濉水，擒豹熸夏阳。"贾至《相和歌辞·燕歌行》："五军精卒三十万，百战百胜擒单于。"韩愈《元和圣德诗》："战不贪杀，擒不滥数。"徐夤《鹰》："惟擒燕雀啖腥血，却笑鸾皇啄翠筠。"亦指被捉。周昙《咏史诗·六朝门·又吟苻坚》："无谋拒谏仍轻敌，国破身擒将奈何。"

【擒生】　活捉敌人。刘长卿《送李将军》："擒生绝漠经胡雪，怀旧长沙哭楚云。"戎昱《相和歌辞·从军行》："擒生黑山北，杀敌黄云西。"张仲素《塞下曲五首》之三："功名耻计擒生数，直斩楼兰报国恩。"元稹《智度师二首》之一："石榴园下擒生处，独自闲行独自归。"

【擒充戮竇】　指唐武德四年(621)，李世民于虎牢生擒窦建德押至长安戮之，王世充被俘事。见《旧唐书·太宗本纪》。白居易《新乐府·七德舞》："擒充戮窦四海清，二十有四功业成。"

【擒俘】　俘获、活捉敌人。玄宗《行次成皋途经先圣擒窦建德之所缅思功业感而赋诗》："克敌睿图就，擒俘帝道亨。"

【擒捉】　捕捉，捉取。吕岩《七言》之六三："入室用机擒捉取，一丸丹点体纯阳。"

【擒賊先擒王】　谓欲消灭盗贼必先捉住其为首之王。喻指办事必须抓住要害、关键。杜甫《横吹曲辞·前出塞九首》之六："射人先射马，擒贼先擒王。"后常用为成语。

【擒縱】　捕捉与释放。亦喻指收紧与宽纵。曹邺《奉命齐州推事毕寄本府尚书》："偶于擒纵间，尽得见否臧。"

撝　〔huī《广韵》許爲切，平支，曉。〕❶谦逊；退让。来鹄《圣政纪颂》："端耳抗目，不㧑不挹。"见"撝謙"。❷挥动。《景震剑文》(卷八七五)："㧑雷电，运玄星。"。❸指挥；指点。韩愈《寄崔二十六立之》："陷身泥沟间，谁复禀指㧑。"元稹《野节鞭》："指㧑狡兔踪，诀挞怪龙睡。"❹挥斥。见"撝呵"。

【撝呵】　挥斥呵责。引申指护卫。韩愈《石鼓歌》："雨淋日炙野火燎，鬼物守护烦㧑呵。"

【撝翰】　挥笔。谓动笔写作。温庭筠《过孔北海墓二十韵》："发言惊辨囿，㧑翰动文星。"

【撝謙】　谓躬行谦德。亦泛指谦逊。见《易·谦》。白居易《叙德书情四十韵上宣歙翟中丞》："㧑谦惊主宠，阴德畏人知。"

撚　〔niǎn《广韵》乃殄切，上銑，泥。〕❶执持。杜牧《重送》："手撚金仆姑，腰悬玉辘轳。"毛女正美《赠华山游人》："有时问却秦宫事，笑撚山花望太虚。"亦指取持，拈取。朱庆余《塞下曲》："箭撚雕翎阔，弓盘鹊角轻。"秦韬玉《边将》："旗缝雁翅和竿袅，箭撚雕翎逐隼雄。"贯休《避地毗陵寒月上孙徽使君三首》之二："文欺白凤真难及，药撚红蕖岂偶然。"❷搓，捻。白居易《眼病二首》之二："案上谩铺龙树论，盒中虚撚决明丸。"段成式《题僧壁》："有僧支颊撚眉毫，起就夕阳磨剃刀。"唐求《题青城山范贤观》："昼傍绿畦薅嫩玉，夜开红灶撚新丹。"亦指转动。皮日休《鲁望以轮钩相示缅怀高致因作三篇》之一："撚时解转蟾蜍魄，抛处能啼络纬声。"❸弹奏弦乐器之一种手法。指揉弦。白居易《琵琶行》："轻拢慢捻抹复挑，初为霓裳后六幺。"张祜《王家琵琶》："金屑檀槽玉腕明，子弦轻撚为多情。"

【撚玉搓瓊】　谓以琼玉搓捻而成。喻指光泽莹洁之手指。赵光远《咏手二首》之二："撚玉搓琼软复圆，绿窗谁见上琴弦。"

【撚弄】　拨弄，抚弄。赵抟《琴歌》："风啭吟幽鹤舞时，撚弄铮纵声亦在。"

【撚弦】　揉弦。指弹琴。刘禹锡《和扬师皋给事伤小姬英英》："撚弦花下呈新曲，放拨灯前谢改名。"唐彦谦《鹦鹉》："华屋撚弦弹鼓舞，绮窗含笔澹毛衣。"

【撚眉】　以手指捻眉毛，愁思貌。段成式《赠诸上人联句》："撚眉愁俗客，支颊背残阳。"

【撚撥】　揉弦与拨弦。弹琴之两种手法。借指弹奏。张祜《王家五弦》："五条弦出万端情，撚拨间关漫态生。"

【撚線】　捻线。用手指将纤维捻成线。亦喻指柳垂长丝，如捻出之线。秦韬玉《贵公子行》："乱花织锦柳撚线，妆点池台画屏展。"

【撚髭】　捻髭须。沉吟，沉思状。李洞《避地冬夜与二三禅侣吟集茅斋》:“撚髭孤烛白,闭目众山青。”

【撚斷數莖須】 捻断多根胡须。形容构思吟咏时间长久而入神忘情。卢延让《苦吟》:“吟安一个字,撚断数茎须。”后成为咏苦苦构思推敲诗句之典。

撞 〔zhuàng《广韵》直绛切,去绛,澄。又宅江切,平江,澄。〕敲击;冲撞。李贺《公莫舞歌》:“铁枢铁楗重束关,大旗五丈撞双环。”章孝标《游云际寺》:“云领浮名去,钟撞大梦醒。”张祜《投常州从兄中丞》:“广厦当宏构,洪钟并待撞。”李洞《终南山二十韵》:“怒恐撞天漏,深疑隐地形。”

【撞郎】 后汉明帝以杖击郎官药崧。事见《后汉书·钟离意传》。后遂以为咏郎官之典。卢照邻《哭金部韦郎中》:“徒令永平帝,千载罢撞郎。”

【撞捽】 冲击,冲撞。韩愈《赠别元十八协律六首》:“峡山逢飓风,雷电助撞捽。”

【撞筵】 以竹枝撞钟。喻指力薄不能洪鸣。语本汉东方朔《答客难》。韩愈《答张彻》:“微诚慕横草,琐力摧撞筵。”

【撞撞】 连续撞击。李益《登天坛夜见海》:“仙钟撞撞近海日,海中离离三山出。”

【撞鐘】 敲钟。宋之问《鲁忠王挽词三首》之三:“树羽迎朝日,撞钟望早霞。”杜《大云寺赞公房四首》之一:“到扉开复闭,撞钟斋及兹。”韩愈《华山女》:“街东街西讲佛经,撞钟吹螺闹宫庭。”刘禹锡《游桃源一百韵》:“旭日闻撞钟,彩云迎蹑屐。”

撤 〔chè《广韵》丑列切,入薛,徹。又直列切,入薛,澄。〕撤除,除去。张说《唐享太庙乐章·登歌》:“止笙磬,撤豆笾。”李纾《唐德明兴圣庙乐章·亚献终献》:“庆彰曼寿,胙撤嘉荐。”耿湋《贺李观察祷河神降雨》:“玉帛才敷云淡淡,笙镛未撤雨霏霏。”白居易《留别》:“秋凉卷朝簟,春暖撤夜衾。”

【撤俎】 宗庙祭祀礼仪之一。指祭祀活动临结束时撤除盛放祭品之容器。魏征《享太庙乐章·永和》:“雍歌撤俎,祝嘏陈辞。”包佶《祀雨师乐章·送神》:“饮福陈诚礼容备,撤俎终献曙光分。”

【撤瑟】 撤去琴瑟等乐器,使病者安静。表示对病人之关怀。语本《仪礼·既夕礼》。后用以指病危或病故。皎然《哭吴县房耸明府》:“始是牵丝日,翻成撤瑟年。”刘禹锡《许给事见示哭工都刘尚书诗因命同作》:“未遂挥金乐,空悲撤瑟晨。”亦作“撤弦”。弦,指琴瑟等弦乐器。权德舆《哭刘四尚书》:“撤弦惊物故,庀具见家贫。”

【撤縣】 同“撤瑟”。撤去悬挂于四面架上之钟磬等乐器。沈佺期《哭苏眉州崔司业二公》:“家爱方休杵,皇慈更撤县。”

【撤弦】 见“撤瑟”。

【撤薦】 指祭事临毕,撤去献供之祭品。魏征《享太庙乐章·雍和》:“笾豆撤荐,人祇介祉。”

撙 〔zǔn《广韵》兹损切,上混,精。〕抑制;控制。亦为人名用字。孙元晏有《咏史诗·梁·蔡撙》。

捞 〔lāo《广韵》鲁刀切,平豪,來。〕从水中取物。元稹《酬乐天东南行诗一百韵》:“泥浦喧捞蛤,荒郊险斗貙。”舒元舆《坊州按狱》:“山秃逾高采,水穷益深捞。”

【捞摝】 见“捞漉”。

【捞漉】 亦作“捞摝”。❶从水中捞取。卢仝《寄男抱孙》:“捞漉蛙蟆脚,莫遣生科斗。”❷泛指寻取。吕岩《七言》之四:“幸蒙上士甘捞摝,处世输君一个闲。”

【捞攏】 指划船荡桨。李贺《黄头郎》:“黄头郎,捞拢去不归。”

撏 〔xún《广韵》徐林切,平侵,邪。又视占切,平鹽,禪。又昨含切,平覃,從。〕拔取。多指拔毛。贾岛《原居即事言怀赠孙员外》:“镊撏白发断,兵阻尺书传。”方干《山中言事》:“山阴钓叟无知己,窥镜撏多鬓欲空。”徐夤《病中春日即事寄主人尚书二首》之一:“镜里白须撏又长,枝头黄鸟静还呼。”李洞《赠王凤二山人》:“愿许为三友,羞将白发撏。”

撰¹ 〔zhuàn《广韵》雛鯇切,上潸,崇。又士免切,上獮,崇。〕写作,编写。杜甫《洗兵马》:“隐士休歌紫芝曲,词人解撰河清颂。”张籍《和左司元郎中秋居十首》之九:“更撰居山记,唯寻相鹤经。”花蕊夫人徐氏《宫词》之六三:“中尉传闻三日宴,翰林当撰洗儿文。”

撰² 〔xuǎn《集韵》須兖切,上獮,心。〕同“選”。选择。赵居贞《云门山投龙诗》序:“余撰良日,爰及中元、下元,并躬行为圣上祈寿。”《郊庙歌辞·中宗祀昊天乐章·豫和》:“撰吉日兮表殷荐,冀神鉴兮降闿阳。”

【撰₂日】 选择日子。玄宗《同二相已下群官乐游园宴》:“撰日岩廊暇,需云宴乐初。”冯伉《享文敬太子庙乐章二首》之一:“撰日瞻景,诚陈乐张。”

【撰念】 存念。徐彦伯《和李适答宋十一入崖口五渡见赠》:“结欣薄枉渚,撰念萦旧林。”

【撰刻】 撰写镌刻。韩愈《石鼓歌》:“从臣才艺咸第一,拣选撰刻留山阿。”

【撰錄】 记录编写。来鹏《圣政纪颂》序:“臣请史官执笔,当群臣奏事,随日撰录。”

撜 〔chéng《集韵》除庚切，平庚，澄。〕同“振”。碰触。韩愈《石鼎联句》：“岂比俎豆古，不为手所撜。”

撥 〔bō《广韵》北末切，入末，幫。〕❶治理。见“撥亂”。❷拨开。以手或棍棒横向用力，使物体移动或向两边分开。储光羲《田家即事》：“拨食与田乌，日暮空筐归。”李白《寻雍尊师隐居》：“拨云寻古道，倚石听流泉。”刘禹锡《忆春草》：“馆娃宫外姑苏台，郁郁芊芊拨不开。”皮日休《二游诗·任诗》：“拨荇下文竿，结藤萦桂楫。”❸指蹴。杨巨源《寄申州卢拱使君》：“酒座微酣诸客倒，球场慢拨几人随。”皇甫松《抛球乐》：“红拨一声飘，轻球坠越绡。”张祜《少年乐》：“锦袋归调箭，罗鞋起拨球。”❹在水中划动。骆宾王《咏鹅》：“白毛浮绿水，红掌拨清波。”孟浩然《早发鱼浦潭》：“卧闻渔浦口，桡声暗相拨。”白居易《六月三日夜闻蝉》：“不知池上月，谁拨小船行。”又《池上逐凉二首》之二：“棹遣秃头奴子拨，茶教纤手侍儿煎。”❺拨弄。孟浩然《襄阳公宅饮》：“手拨金翠花，心迷玉红草。”吕岩《卜算子》词：“豆爆生莲火里时，痛拨寒灰冷。”齐己《谢炭》：“必恐吞难尽，唯愁拨易消。”❻推开，排除。李白《悲歌行》：“秦家李斯早追悔，虚名拨向身之外。”杜甫《九月一日过孟十二仓曹十四主簿兄弟》：“力稀经树歇，老困拨书眠。”又《长吟》：“已拨形骸累，真为烂漫深。”❼碰击。岑参《走马川行奉送出师西征》：“半夜军行戈相拨，风头如刀面如割。”❽弹拨。亦特指弹奏弦乐器之一种手法。顾况《李供奉禅箜篌歌》：“起坐可怜能抱撮，大指调弦中指拨。”羊士谔《夜听琵琶三首》之三：“破拨声繁恨已长，低鬟敛黛更摧藏。”史凤《闭门羹》：“入门独慕相如侣，欲拨瑶琴弹凤凰。”❾拨子。弹拨弦乐器之片状物。刘禹锡《和杨师皋给事伤小姬英英》：“撚弦花下呈新曲，放拨灯前谢改名。”白居易《琵琶引》：“沉吟放拨插弦中，整顿衣裳起敛容。”

【撥火】 拨动柴炭，使火烧旺。李群玉《春寒》：“拨火垂帘夕，将暄向冷天。”

【撥弄】 摆布玩弄。鱼玄机《打球作》：“无滞碍时从拨弄，有遮栏处任钩留。”

【撥杯】 推杯不饮。杜甫《送卢十四弟侍御护韦尚书灵榇归上都二十韵》：“拨杯要忽罢，抱被宿何依。”

【撥弦】 拨动琴弦。指弹琴。李贺《谢秀才有妾缟练改从于人座人制诗嘲谢贺复继四首》之二：“碧玉破不复，瑶琴重拨弦。”李商隐《镜槛》：“拨弦惊火凤，交扇拂天鹅。”

【撥柱推弦】 拨弄、调节琴上之弦柱。白居易《云和》：“非琴非瑟亦非筝，拨柱推弦调未成。”

【撥剌】 ❶手指拨动貌。白居易《九日宴集醉题郡楼兼呈周殷二判官》：“胡琴铮鏦指拨剌，吴娃美丽眉眼长。”❷象声词。(1)象鸟翅拍击声。顾况《李供奉弹箜篌歌》：“腕头花落舞制裂，手下鸟惊飞拨剌。”(2)象鱼摆尾拍击声。亦形容鱼惊逃挣扎貌。杜甫《漫成一绝》：“沙头宿鹭联拳静，船尾跳鱼拨剌鸣。”徐夤《谢主人惠绿酒白鱼》：“馨香乍揭春风瓮，拨剌初辞夜雨津。”❸犹溅起。皮日休《奉和鲁望谢惠巨鱼之半》：“钓公来信自松江，三尺春鱼拨剌霜。”

【撥剔】 拨开剔除。崔道融《酒醒》：“酒醒拨剔残灰火，多少凄凉在此中。”

【撥棄】 ❶泼洒，倾倒。杜甫《暮秋枉裴道州手札率尔遣兴寄近呈苏涣侍御》：“拨弃潭州百斛酒，芜没潇岸千株菊。”❷弃置，摒除。杜甫《雨过苏端》：“妻孥隔军垒，拨弃不拟道。”

【撥悶】 排遣愁闷。杜甫有《拨闷》。

【撥亂】 ❶治理乱政。元稹《代曲江老人百韵》：“拨乱干戈后，经文礼乐辰。”❷平定乱世，扫平祸乱。李白《登广武古战场怀古》：“拨乱属豪圣，俗儒安可通。”杜甫《忆昔二首》之一：“至今今上犹拨乱，劳身焦思补四方。”《郊庙歌辞·武后享清庙乐章十首·第七迎武舞》：“开基拨乱妖氛廓，佐命宣威海内清。”

【撥穀】 鸟名。即布谷鸟。李白《杂曲歌辞·荆州乐》：“缫丝忆君头绪多，拨谷飞鸣奈妾何。”皮日休《夏首病愈因招鲁望》：“一声拨谷桑柘晚，数点春锄烟雨微。”

【撥撥】 犹言声声。谓每一个拨弦之声。白居易《听曹刚琵琶兼示重莲》：“拨拨弦弦意不同，胡啼番语两玲珑。”

【撥頭】 即拨子。弹拨弦乐器之用具。白居易《听琵琶妓弹略略》：“腕软拨头轻，新教略略成。”

【撥醅】 未滤过之酒。温庭筠《醉歌》：“锦袍公子陈杯觞，拨醅百瓮春酒香。”韦庄《灞陵道中作》：“秦苑落花零露湿，灞陵新酒拨醅浓。”

【撥煩】 除去烦苦。杜甫《催宗文树鸡栅》：“倚赖穷岁晏，拨烦去冰释。”

【撥擢】 荡桨，划船。廖融《题伍彬屋壁》：“拨棹茶川去，初逢谷雨晴。”李梦符《渔父引二首》之一：“徐徐拨棹却归湾，浪叠朝霞锦绣翻。”

【撥擢子】 唐教坊曲名。尹鹗有《拨棹子》词二首。

【撥獺】 面部肥满貌。甘洽《与王仙客互嘲》：“王，计尔应姓田。为你面拨獭，抽却你两边。”

十三画

攫[1] 〔wò《广韵》一虢切，入陌，影。〕握取。亦用为象声词。见"攫攫"。

攫[2] 〔huò《广韵》胡郭切，入鐸，匣。〕捕猎之机关装置。卢仝《观放鱼歌》："忽脱身上殷绯袍，尽买罟攫尽有无。"

【攫攫】 象声词。象乌鸦叫声。韩愈《杂诗四首》之二："鹊鸣声楂楂，乌噪声攫攫。"

擊 〔jī《广韵》古歷切，入錫，見。〕❶敲打。杜甫《夏夜叹》："竟夕击刁斗，喧声连万方。"窦庠《于阗钟歌送灵彻上人归越》："大鸣小鸣须在君，不击不考终不闻。"独孤申叔《终南精舍月中闻磬》："幽磬此时击，余音几处闻。"韦镒《经望湖驿》："岂不固金汤，终闻击铜斗。"亦指拍击。刘禹锡《和乐天闲园独赏八韵》："抢榆与水击，小大强为名。"沈亚之《梦别秦穆公》："击髆舞，恨满烟光无处所。"❷攻伐，攻击。寒山《诗三百三首》之八七："去家一万里，提剑击匈奴。"岑参《送李副使赴碛西官军》："脱鞍暂入酒家垆，送君万里西击胡。"钱起《奉送户部李郎中充晋国副节度出塞》："德佐调梅用，忠输击虏年。"舒元舆《八月五日中部官舍读唐历天宝已来追怆故事》："肃宗传宝图，寇难连年击。"亦指搏杀、搏击。杜甫《画鹰》："何当击凡鸟，毛血洒平芜。"❸指禽鸟迅疾高飞。李峤《奉和幸望春宫送朔方总管张仁亶》："露下鹰初击，风高雁欲宾。"苏颋《边秋薄暮》："海外秋鹰击，霜前旅雁归。"李白《赠郭季鹰》："一击九千仞，相期凌紫氛。"❹指风劲吹。高适《苦雨寄房四昆季》："弥望无端倪，北风击林簌。"姚合《恶神行雨》："风击水凹波扑凸，雨淙山口地嵌坑。"徐夤《喜雨上主人尚书》："细如春雾笼平野，猛似秋风击古松。"❺接触，碰触。卢仝《赠稚禅师》："我来契平生，目击道自存。"❻犹激。杜甫《白水县崔少府十九翁高斋三十韵》："泉声闻复息，动静随所击。"齐己《尝茶》："味击诗魔乱，香搜睡思轻。"❼排除。引申指启发。杜甫《夜听许十损诵诗爱而有作》："离索晚相逢，包蒙欣有击。"❽犹挥。李绅《涉沅潇》："何不驱雷击电除奸邪，可怜空作沈泉骨。"

【擊水】 拍击水。语本《庄子·逍遥游》。储光羲《贻丁主簿仙芝别》："联行击水飞，独影凌虚上。"岑参《和刑部成员外秋夜寓直寄台省知己》："击水翻沧海，抟风透赤霄。"

【擊玉壺】 王敦咏曹操诗，以打玉壶为节。谓壮怀激烈。见《晋书·王敦传》。李白《玉壶吟》："烈士击玉壶，壮心惜暮年。"

【擊石】 ❶敲打石磬。张说《杂曲歌辞·舞马词》之五："击石骖驔紫燕，纵金顾步苍龙。"❷击打火石。孟郊《劝学》："击石乃有火，不击元无烟。"

【擊考】 敲击，击拊。元结《补乐歌十首·六英》："我有金石兮，击考崇崇。"

【擊托】 击捣，捣毁。韦庄《秦妇吟》："已闻击托坏高门，不觉攀缘上重屋。"

【擊缶】 敲打瓦缶。缶，瓦罐，古人用为击节击奏之乐器。张祎《题击瓯楼》："驻旌元帅遗风在，击缶高人逸兴酣。"亦以谦称自己的作品。崔元翰《清明节郭侍御偶与李侍御游开化寺卧病不得同游赋得十韵》："垂帘独衰疾，击缶酬金奏。"

【擊缶人】 指渑池会上的秦昭襄王。因会见时秦王令赵王为鼓瑟以辱之，赵蔺相如则请秦王亦为赵王击缶，秦王不肯，相如曰：五步之内，相如请得以颈血溅大王矣！秦王遂勉为一击缶，故称。见《史记·廉颇蔺相如列传》。胡曾《咏史诗·渑池》："能令百二山河主，便作樽前击缶人。"

【擊折】 (一zhé)因敲击而折断。李咸用《长歌行》："象箸击折歌勿休，玉山未倒非风流。"无名氏《琵琶》(卷七八五)："山僧扑破琉璃钵，壮士击折珊瑚鞭。"

【擊角歌】 即饭牛歌。传春秋卫人宁戚于齐桓公将出时，饭牛击牛角而歌云："南山矸，白石烂，生不遭尧与舜禅。短布单衣适至骭。从昏饭牛薄夜半，长夜曼曼何时旦?"桓公遂用为相，齐国以治。鲍溶《秋思》："徒为击角歌，且惭雕剑字。"

【擊汰】 拍击水波。多指划船。王维《送邢桂州》："赭圻将赤岸，击汰复扬舲。"储光羲《夜到洛口入黄河》："登舻望落月，击汰悲新秋。"

【擊拊】 敲击石磬。语本《书·益稷》。李纾《让皇帝庙乐章·迎俎》："捧撤祇敬，击拊和鸣。"

【擊刺】 用戈矛劈刺。皮日休《奉和鲁望樵人十咏》："响误击刺闹，焰疑彗孛飞。"亦指攻击。元稹《阳城驿》："奸心不快活，击刺砺戈矛。"

【擊卒】 杀敌之士卒。储光羲《送丘健至州敕放》："河陇征击卒，虎符到我州。"

【擊革摐金】 击鼓鸣锣。庄南杰《雁门太守行》："击革摐金燧牛尾，犬羊兵败如山死。"

【擊柝】 敲击木梆以巡夜示警。杜甫《将晓二首》之一："石城除击柝，铁锁欲开关。"又《西阁夜》："击柝可怜子，无衣何处村。"

【擊柱】 以剑刺柱。表有功被没之悲愤。语本《汉书·叔孙通传》。罗隐《韦公子》："击柱狂歌惨别颜，百年人事梦魂间。"

【擊隼】　疾猛善搏之鹰隼。喻指有才干之人。郎士元《送崔侍御往容州宣慰》:“秦原独立望湘川,击隼南飞向楚天。”

【擊射】　打击,射击。亦比喻风雨之疾骤。何华《怀素上人草书歌》:“飘风骤雨相击射,速禄飒拉动檐隙。”

【擊浪】　击水。以翅拍水,指大鹏高飞。语本《庄子·逍遥游》。玄宗《巡省途次上党旧宫赋》:“三千初击浪,九万欲抟空。”

【擊琴】　犹叩琴,弹琴。皮日休《太湖诗·晓次神景宫》:“天籁如击琴,泉声似拟铎。”

【擊筑】　❶敲击筑琴。筑,一种供敲击之弦乐器,其声激昂悲壮,故古代常以击筑表现慷慨悲壮之心情。玄宗《巡省途次上党旧宫赋》序:“击筑慷慨,酌桂留连,空想《大风》,题兹短什。”❷指悲歌壮别。见《史记·刺客列传》。李白《醉后赠从甥高镇》:“欲邀击筑悲歌饮,正值倾家无酒钱。”又《鲁郡尧祠送张十四游河北》:“击筑向北燕,燕歌易水滨。”刘长卿《山鸲鹆歌》:“巴人峡里自闻猿,燕客水头空击筑。”

【擊鼓】　打鼓。(1)用为出兵进击之号令。张巡《铁笔歌》:“月正明兮磨枪砺剑,星未落兮击鼓掀旗。”按此诗《全唐诗续补遗》题注云:“疑为后人所作。”(2)用作报时之信号。王建《舞曲歌辞·白纻歌二首》之二:“城头乌栖休击鼓,青娥弹瑟白纻舞。”

【擊搏】　攻击搏斗。陆龟蒙《五歌·水鸟》:“则有觜铍爪戟劲立直视者,击搏挽裂图膻腥。”

【擊節】　打拍子。李颀《放歌行答从弟墨卿》:“敛迹俯眉心自甘,高歌击节声半苦。”权德舆《感寓》:“下里徒击节,朱弦秘南薰。”刘禹锡《竞渡曲》:“杨桴击节雷阗阗,乱流齐进声轰然。”司空图《歌者十二首》之一:“追逐翻嫌傍管弦,金钗击节自当筵。”

【擊觸】　撞击,碰触。姚鹄《风不鸣条》:“只见低垂影,那闻击触声。”温庭筠《鸿胪寺有开元中锡宴堂偶成四十韵》:“剑佩相击触,左右随趋跄。”无名氏《古砚》(卷七八六):“波涛所击触,背面生隟隙。”

【擊蒙】　启发蒙昧。语本《易·蒙》。沈佺期《酬杨给事兼见赠台中》:“宿昔陪余论,平生赖击蒙。”杜甫《寄司马山人十二韵》:“道术曾留意,先生早击蒙。”

【擊劍】　持剑击刺。李咸用《西门行》:“尔奋空拳彼击剑,水纵长澜火飞焰。”亦指舞剑。高适《送浑将军出塞》:“从军借问所从谁,击剑酣歌当此时。”杜甫《相逢歌赠严二别驾》:“把臂开尊饮我酒,酒酣击剑蛟龙吼。”

【擊鞠】　古代竞技运动之一种。其法骑马持杖以击球。皮日休《洛中寒食二首》之一:“击鞠王孙如锦地,斗鸡公子似花衣。”

【擊壤】　❶古代游戏名。壤,以木片制成,状如履。戏时以其一侧立地上,戏者执另一壤于远处投之。中者胜。见《艺文类聚》卷十一引晋皇甫谧《帝王世纪》。后因以“击壤”为咏太平盛世之典。李峤《田》:“宁知帝王力,击壤自安贫。”王维《晦日游大理韦卿城南别业》:“幸同击壤乐,心荷尧为君。”元稹《和李校书新题乐府十二首·驯犀》:“尧民不自知有尧,但见安闲聊击壤。”清昼、巨川《乐意联句》:“承颜弄鸟咏南陔,鼓腹击壤歌康哉。”❷指《击壤歌》。石殷士有《闻击壤》。

【擊壤曲】　击壤歌。见《艺文类聚》卷十一引晋皇甫谧《帝王世纪》。后因以为咏太平盛世之歌。权德舆《奉和圣制重阳日即事六韵》:“多惭击壤曲,何以答尧聪。”亦作“擊壤謳”。李峤《晚秋喜雨》:“野洽如坻咏,途喧击壤讴。”

【擊壤謳】　见“擊壤曲”。

【擊鐘】　敲钟而食。形容生活奢华。王维《同卢拾遗过韦给事东山别业二十韵》:“会舞何飒沓,击钟弥朝昏。”韦应物《贵游行》:“平明击钟食,入夜乐未休。”

撼　〔hàn《广韵》胡感切,上感,匣。〕摇动,晃动。万齐融《仗剑行》:“登车一呼风雷动,遥震阴山撼巍巍。”孟浩然《望洞庭湖赠张丞相》:“气蒸云梦泽,波撼岳阳城。”刘商《姑苏怀古送秀才下第归江南》:“台前夹月吹玉鸾,台上迎凉撼金翠。”谢邈《谢人惠琴材》:“风撼桐丝带月明,羽人乘醉截秋声。”

【撼玉】　指玉佩、玉片等玉器摇动撞击有声。多以形容清脆悦耳之声。李贺《兰香神女庙》:“踏雾乘风归,撼玉山上闻。”白居易《霓裳羽衣歌》:“繁音急节十二遍,跳珠撼玉何铿铮。”杜牧《宿长庆寺》:“高铎数声秋撼玉,霁河千里晓横银。”

【撼動】　摇动。方干《怀桐江旧居》:“春潮撼动莺花郭,秋雨闲藏砧杵邨。”

【撼落】　摇落。元稹《酬乐天雪中见寄》:“撼落不教封柳眼,扫来偏尽附梅株。”

【撼撼】　雷轰鸣震撼貌。褚载《瀑布》:“泻雾倾烟撼撼雷,满山风雨助喧豗。”

【撼櫓】　摇橹。指行船。沈亚之《五月六日发石头城步望前船示舍弟兼寄侯郎》:“隐山曾撼橹,转濑指遥樯。”

【撼鐸】　指摇动铃铎。薛能《相国陇西公南征能以留务独宿府城作》:“高墉撼铎思巴栈,老木嗥风念野营。”

擂 〔léi《玉篇》力堆切。〕亦作“擂”。见“擂鼓”。

【擂鼓】 捶鼓，击鼓。白居易《东南行一百韵寄通州元九侍御》：“鼍鸣江擂鼓，蜃气海浮图。”

據 〔jù《广韵》居御切，去御，見。〕❶倚靠，凭。李颀《赠张旭》：“露顶据胡床，长叫三五声。”李贺《谢秀才有妾缟练改从于人座人制诗嘲谢贺复继四首》之四：“邀人裁半袖，端坐据胡床。”❷跨坐。见“據鞍”。❸据守，占有。孟浩然《送张祥之房陵》：“山河据形胜，天地生豪酋。”❹根据，依据。耿沣《渭上送李藏器移家东都》：“求名虽有据，学稼又无田。”薛能《升平词十首》之一：“中兴岂假问，据此自千秋。”❺指汉戾太子刘据。《郊庙歌辞·隐太子庙乐章·迎神》：“江充祸结，戾据灾成。”参阅《汉书·武五子传》。

【據見】 犹眼见。吕岩《七言》之六五：“据见目前无个识，不如杯酒混凡流。”

【據梧】 凭几。靠着梧桐木几案。语本《庄子·齐物论》。一说指倚着梧桐树。王维《故人张諲工诗善易卜项以诗见赠聊获酬之》：“药阑花径衡门里，时复据梧聊隐几。”耿沣《春寻柳先生》：“白髯垂策短，乌帽据梧偏。”卢纶《冬日宴郭监林亭》：“据梧花屦接，沃盥石泉分。”温庭筠《病中书怀呈友人》：“笑语空怀橘，穷愁亦据梧。”

【據案】 凭靠几案。李咸用《升天行》：“玉皇据案方凝然，仙官立仗森幢幡。”冯涓《蜀驮引》：“卓女窥窗莫我知，严仙据案何曾识。”

【據鞍】 跨坐马鞍之上。指乘马。亦借指征战。杜审言《赠苏味道》：“据鞍雄剑动，插笔羽书飞。”杜甫《壮游》：“苏侯据鞍喜，忽如携葛强。”羊士谔《西川独孤侍御见寄七言四韵一首逮此酬答》：“文章立事须铭鼎，谈笑论功耻据鞍。”李九龄《代边将》：“据鞍遥指长安路，须刻麟台第一功。”

操 〔cāo《广韵》七刀切，平豪，清。又七到切，去号，清。〕❶执持，拿。崔融《塞垣行》：“一朝弃笔砚，十年操矛戟。”岑参《西亭子送李司马》：“点笔操纸为君题，为君题，惜解携。”吕温《道州南楼换柱》：“良工操斤斧，沉吟方在斯。”韦庄《渔塘十六韵》：“他时操史笔，为尔著良称。”❷掌握，执掌。杨收《笔》：“一朝操政柄，定使冠三端。”❸操持，处理。韦应物《答长安丞裴说》：“从容操剧务，文翰方见推。”❹操纵，使用。高宗《七夕宴悬圃二首》之一：“谁能重操杼，纤手濯清澜。”郭受《寄杜员外》：“松花酒熟傍看醉，莲叶舟轻自学操。”❺操劳。多用指劳神、费心。元稹《奉和浙西大夫李德裕述梦四十韵次本韵》：“渥泽深难报，危心过自操。”❻弹奏。刘长卿《客舍赠别韦九建赴任河南》：“清琴有古调，更向何人操。”白居易《新乐府·立部伎》：“立部又退何所任，始就乐悬操雅音。”又《寄献北都留守裴令公》：“花月还同赏，琴诗雅自操。”❼琴曲。韩愈有《琴操十首》。元稹《乐府古题》序：“是后诗之流为二十四名……而又别其在琴瑟者为操、引，采民氓者为讴谣。”鲍溶有《湘妃烈女操》。❽操守；情操。常沂《禁中春松》：“操将金石固，材与直臣同。”李程《赋得竹箭有筠》：“方持不易操，对此欲观身。”于頔《郡斋卧疾赠昼上人》：“高洁古人操，素怀夙所仰。”黄崇嘏《辞蜀相妻女诗》：“立身卓尔青松操，挺志铿然白璧姿。”

【操刀】 ❶执刀，持刀。切割。柳宗元《游南亭夜还叙志七十韵》：“炊稻视爨鼎，脍鲜闻操刀。”❷指为政做官。李白《赠徐安宜》：“制锦不择地，操刀良在兹。”参阅《左传·襄公三十一年》。

【操刀必割】 喻行事果断坚定。语本《六韬·守土》。周昙《咏史诗·后汉门·魏博妻》：“操刀必割腕可断，磐石徒坚心不移。”

【操刃解牛】 持刀宰割牛体。见《庄子·养生主》。后因以“操刃解牛”喻人有才干。高适《奉酬睢阳李太守》：“著鞭驱驷马，操刃解全牛。”

【操公】 法名全称未详。润州鹤林寺僧。韦应物有《夜偶诗客操公作》。

【操心】 ❶持心。谓所守持之心性。李频《投京兆府试官任文学先辈》：“出口人皆信，操心自可知。”方干《赠萧山彭少府》：“作尉孜孜更寒苦，操心至癖不为清。”韩偓《余自刑部员外郎为时权所挤因成长句寄所知》：“操心未省趋浮俗，点额尤惭自至公。”李建勋《赠赵学士》：“见面到今日，操心如古人。”❷用心，劳神。杜牧《自遣》：“遇事知裁剪，操心识卷舒。”方干《献王大夫》：“操心已在精微域，落笔皆成典诰词。”

【操立】 犹操守。杜荀鹤《下第东归将及故园有作》：“平生操立有天知，何事谋身与志违。”

【操行】 （—xíng）操守、品行。韩愈《遣疟鬼》：“不修其操行，贱薄似汝稀。”

【操舟】 驾舟。杜甫《又观打鱼》：“能者操舟疾若风，撑突波涛挺叉入。”

【操弧】 执持弓箭。孟郊《感怀》：“奈何操弧者，不使枭巢倾。”

【操弦】 操琴，弹琴。刘禹锡《德宗皇帝挽歌二首》：“操弦调六气，挥翰动三辰。”白行简《夫子鼓琴得其人》：“促调清风至，操弦白日沈。”

【操持】 ❶握持；掌握。蒋防《玉卮无当》：“清越音虽在，操持意渐隳。”杜牧《李甘诗》：“操持北斗柄，开闭天门路。”❷操作。常指处理政务。杜甫《送韦讽上阆州录事参军》："操持纪纲地，喜见朱丝直。"姚鹄《襄州献卢尚书》："即随凤诏归何处，只是操持造化炉。"❸指作为、行为事迹。李商隐《谩成五章》之二："李杜操持事略齐，三才万象共端倪。"❹操守。李白《赠瑕丘王少府》："一见过所闻，操持难与群。"

【操袂】 指凯旋献捷。语本《礼记·曲礼上》。谓献战俘时执其右袖。白居易《大社观献捷诗》："班师郊社内，操袂凯歌中。"刘禹锡《元和癸巳岁仲秋凯旋之辰率尔成咏寄荆南严司空》："卉服联操袂，雕题尽鞠躬。"

【操宰】 执刀切割。喻施展才干。张九龄《赠澧阳韦明府》："何时遇操宰，当使玉如泥。"

【操執】 ❶执持。齐己《夏满日偶作寄孙支使》："旧扇犹操执，新秋更郁蒸。"❷操守。庐山女《赠朱朴》（卷八六七）："操执若同颜叔子，今宵宁免泪盈腮。"

【操琴】 弹琴。许浑《戏代李协律松江有赠》："蜀客操琴吴女歌，明珠十斛是天河。"

【操筆】 执笔，挥笔。指写作。白居易《自叹》："眼暗犹操笔，头斑未挂簪。"

【操觚】 执简。指写作。觚，古代供书写用之方木板。骆宾王《初秋于窦六郎宅宴》序："虽忘筌戴笠，与交态于灵台；而搦管操觚，叶神心于胜气。"陆龟蒙《江南秋怀寄华阳山人》："负杖歌栖亩，操觚赋北征。"

【操詞握賦】 谓掌握文词诗赋。白居易《醉后走笔酬刘五主簿长句之赠》："操词握赋为干戈，锋锐森然胜气多。"

【操割】 操刀而割。喻从仕为政。张九龄《在郡秋怀二首》之一："未得操割效，忽复寒暑移。"李白《送族弟单父主簿凝摄宋城主簿》："吾家青萍剑，操割有余闲。"杜甫《奉赠李八丈判官》："讨论实解颐，操割纷应手。"

【操禪師】 （禪 chán）❶即恒操禅师。王维、裴迪均有《夏日过青龙寺谒操禅师》。❷法名全称未详。嵩山寺僧。后又至剡县。李建勋有《怀赠操禅师》。

【操築】 执木杵以筑墙。见《楚辞·离骚》。谓殷代傅说原为筑墙之奴隶，终被武丁所重用，后因以"操筑"为怀念遗贤之典。薛稷《秋日还京陕西十里作》："操筑无昔老，采薇有遗歌。"

【操檝】 荡桨，行船。檝，同楫。张祜《忆江东旧游四十韵寄宣武李尚书》："夜泊闻操楫，朝行看下罾。"

【操權】 握持权柄，掌权。韩愈《寄卢仝》："嗟我身为赤县令，操权不用欲何俟。"

擇 〔zé《广韵》場伯切，入陌，澄。〕❶选择，挑选。寒山《诗三百三首》之一五九："择佛烧好香，拣僧归供养。"储光羲《晚次东亭献郑州宋使君文》："天眷择循良，惟贤降宠章。"鲍溶《采葛行》："葛丝茸茸春雪体，深涧择泉清处洗。"杜荀鹤《春来燕》："大须稳择安巢处，莫道巢成却不安。"❷区别。韩愈《忆昨行和张十一》："践蛇茹蛊不择死，忽有飞诏从天来。"见"擇木❶"。❸犹捉。见"擇肉"。

【擇木】 ❶指禽鸟选择栖息之树木。亦喻指人选择安身立命之处。王勃《倬彼我系》："自东施西，择木开宇。"杜甫《入衡州》："下流匪珠玉，择木羞鸾皇。"刘长卿《小鸟篇上裴尹》："衔花纵有报恩时，择木谁容托身处。"❷选取木材。喻指选择仕途。鲍溶《将归旧山留别孟郊》："择木无利刃，羡鱼无巧纶。"❸对树木加以区别。白居易《杏园中枣树》："东风不择木，吹煦长未已。"

【擇日】 选择吉日。卢从愿《奉和圣制送张说巡边》："占星引旌节，择日拜坛场。"张籍《将军行》："弹筝峡东有胡尘，天子择日拜将军。"

【擇地】 选择适宜之处所。孟郊《审交》："种树须择地，恶土变木根。"又《隐士》："草木择地生，禽鸟顺性飞。"王炎《葬西施挽歌》："连江起珠帐，择地葬金钗。"

【擇吏】 选择良吏。择贤人以授官。皮日休《三羞诗三首》之二："南荒不择吏，致我交阯覆。"

【擇肉】 选择猎食之禽兽。韩偓《访同年虞部李郎中》："未入庆霄君择肉，畏逢华毂我吹齑。"

【擇交】 选择朋友。白居易《寓意诗五首》之三："乃知择交难，须有知人明。"贾岛《送沈秀才下第东归》："君子忌苟合，择交如求师。"

【擇虱】 亦作"擇蝨"。蝨，同"虱"。寻虱，捉虱。表闲适之状。李商隐《咏怀寄秘阁旧僚二十六韵》："悔逐迁莺伴，谁观择虱时。"段成式《呈轮上人》："虎到前头心不惊，残阳择蝨懒逢迎。"

【擇高上人】 湖州僧。建中四年（783）秋至洪州。皎然有《秋日送择高上人往江西谒曹王》。

【擇善】 选择好的。元稹《酬翰林白学士代书一百韵》："多闻全受益，择善颇相师。"

【擇鄰】 选择好的邻居。白居易《欲与元八卜邻先有是赠》："每因暂出犹思伴，岂得安居不择邻。"

【擇賢】 选任贤才。张九龄《奉和圣制赐诸州刺史以题座右》："兴化俟群辟，择贤守列藩。"

【擇蝨】 见"擇虱"。

擐[1] 〔huàn《广韵》胡慣切，去諫，匣。又古還切，平刪，見。〕穿着，贯穿。玄宗《春晚宴两相及礼官丽正殿学士探得风字》序："乃命将士，擐介胄，砺矢石。"韩愈《崔十六少府摄伊阳以诗及书见投因酬三十韵》："上言酒味酸，冬衣竟未擐。"白居易《悲哉行》："手不把书卷，身不擐戎衣。"徐夤《依御史温飞卿华清宫二十二韵》："丹书陈北虏，玄甲擐犀牛。”

擐2 〔juǎn《集韵》古泫切，上銑，見。〕系，拴。岑参《送郭仆射节制剑南》：“铁马擐红缨，幡旗出禁城。”

擐3 〔xuān《集韵》荀缘切，平仙，心。〕通“揎”。捋起，卷起。见“擐₃袖”。

【擐甲】 披甲，穿上甲胄。岑参《九日使君席奉饯卫中丞赴长水》：“节使横行西出师，鸣弓擐甲羽林儿。”又《北庭贻宗学士道别》：“荷戈月窟外，擐甲昆仑东。”林藻《吴宫教战》：“挥戈罗袖卷，擐甲汗装红。”

【擐₃袖】 捋起衣袖。徐夤《酒胡子》：“当歌谁擐袖，应节渐轻躯。”

擉 〔chuò《广韵》测角切，入覺，初。〕戳，刺。贯休《秋末入匡山船行八首》之八：“雨淙山骨出，槔擉岸形卑。”又《春晚访镜湖方干》：“路远诸峰雨，时多擉鳖人。”

擔1 〔dān《广韵》都甘切，平談，端。〕❶以肩挑物。张说有《冬日见牧牛人担青草归》。韦应物《沣上精舍答赵氏外生伉》：“担书从我游，携手广川阴。”崔宗之《赠李十二白》：“担囊无俗物，访古千里余。”张蠙《赠段逸人》：“长笻自担药兼琴，话著名山即拟寻。”❷背负；抬杠。齐已《谢王先辈寄毡》：“他年从破碎，担去卧孤峰。”白居易《新乐府·红线毯》：“百夫同担进宫中，线厚丝多卷不得。”❸承受，担当。贯休《续姚梁公坐右铭》：“毋担虚誉，无背至理。”

擔2 〔dàn《广韵》都濫切，去闞，端。〕担子。指扁担所挑之物。王季友《滑中赠崔高士瑾》：“玄石采盈担，神方秘其肘。”李贺《感讽五首之四》：“己生须己养，荷担出门去。”白居易《洛下卜居》：“下担拂云根，开笼展霜翮。”吕岩《七言》之五五：“两轮日月从他载，九个山河一担担。”

【擔石】 一担或一石粮食。指微少之粮。李颀《别梁锽》：“但闻行路吟新诗，不叹举家无担石。”卢肇《送弟》：“去日家无担石储，汝须勤苦事樵渔。”皮日休《临顿为吴中偏胜之地陆鲁望居之因成五言十首奉题屋壁》：“夏过无担石，日高开板扉。”徐夤《温陵即事》：“国有安危期日谏，家无担石暂从军。”

【擔舁】 背负与扛抬。白居易《双石》：“担舁来郡内，洗刷去泥垢。”

【擔雪塞井】 挑雪去填井，喻白费力气，徒劳无益。顾况《行路难三首》之一：“君不见担雪塞井徒用力，炊砂作饭岂堪食。”

【擔憂】 为之忧虑、发愁。吕岩《沁园春》词：“火宅牵缠，夜去明来，早晚担忧。”

【擔錫】 肩着锡杖。僧人行走时常将禅杖扛于肩上，故常以指僧人行游。岑参《刘相公中书江山画障》：“担锡香炉缁，钓鱼沧浪翁。”李山甫《迁居清溪和刘书记见示》：“担锡归来竹绕溪，过津曾笑鲁儒迷。”齐己《荆州新秋寺居写怀诗五首上南平王》之五：“会待英雄启金口，却教担锡入云松。”

【擔簦】 背着雨伞。指奔波跋涉。李白《赠崔司户文昆季》：“惟昔不自媒，担簦西入秦。”皎然《酬秦山人见寻》：“左右香童不识君，担簦访我领鸥群。”陈羽《若耶溪逢陆澧》：“担簦蹑屐仍多病，笑杀云间陆士龙。”朱緌《诗史》：“好是晚来香雨里，担簦亲送绮罗人。”

擅 〔shàn《广韵》時戰切，去線，禪。〕❶独揽，专。白居易《寄献北都留守裴令公》：“始擅文三捷，终兼武六韬。”段成式《奇松联二十字绝句》：“无人擅谈柄，一枝不敢折。”贾彦璋《王龙骧墓》：“昔擅登坛宠，爰光典午朝。”❷享有，据有。骆宾王《过张平子墓》：“西鄂该通理，南阳擅德音。”杜甫《石笋行》：“嗟尔石笋擅虚名，后来未识犹骏奔。”俞简《行不由径》：“后来无枉路，先达擅前名。”李商隐《宋玉》：“何事荆台百万家，惟教宋玉擅才华。”❸谓在某一范围内领先、出众。张说《崔司业挽歌二首》之一：“风流满天下，人物擅京师。”❹擅长，专长。权德舆《奉和崔评事寄外甥刘同州》：“诗因乘黄赠，才擅雕龙格。”❺擅自。孟郊《感怀》：“擅摇干戈柄，呼叫豺狼声。”

【擅名】 享有名声。中宗《石淙》：“三阳本是标灵纪，二室由来独擅名。”李白《题宛溪馆》：“却笑严湍上，于今独擅名。”白居易《和谈校书秋夜感怀呈朝中亲友》：“词赋擅名来已久，烟霄得路去何迟。”齐己《寄倪署郎中》：“海内擅名君作赋，林间外学我为诗。”

【擅命】 不听上命，独断专行。韩愈《元和圣德诗》：“擅命而狂，既剪既去。”

【擅美】 独享美名。李峤《诗》：“缁衣久擅美，祖德信悠哉。”又《梨》：“擅美玄光侧，传芳瀚海中。”罗泰《暗投明珠》：“守恩辞合浦，擅美掩连城。”

【擅場】 喻强秦之吞并六国如雄鸡之独胜于斗鸡场。见《文选·张衡〈东京赋〉》。王绩《过汉故城》：“大汉昔未定，强秦犹擅场。”刘兼《晨鸡》：“作瑞莫惭先贡楚，擅场须信独推秦。”亦泛指技压群雄。杜甫《冬日洛城北谒玄元皇帝庙》：“画手看前辈，吴生远擅场。”司空图《剑器》：“楼下公孙昔擅场，空教女子爱军装。”

【擅價】 独享声价。罗隐《县斋秋晚酬友人朱瓒见寄》：“只叹雕龙方擅价，不知赪尾竟空回。”

【擅寵】 专宠。独受宠信，不许他人分享。李颀《郑樱桃歌》序：“樱桃美丽，擅宠宫掖。”

擁〔yōng《广韵》於隴切，上鍾，影。《集韵》於容切，平鍾，影。〕❶抱。王绩《古意六首》之四："布叶捎云烟，插根拥岩穴。"戴叔伦《行路难》："宴乐宁知白日短，时时醉拥双蛾眉。"韩愈《会合联句》："夏阴偶高庇，宵魄接虚拥。"❷环绕，围绕。包何《长安晓望寄崔补阙》："迢递山河拥帝京，参差宫殿接云平。"李贺《南园十三首》之八："窗含远色通书幌，鱼拥香钩近石矶。"白居易《闲坐》："暖拥红炉火，闲搔白发头。"喻坦之《送友人游东川》："风俗同吴地，山川拥梓州。"亦指簇拥。苏味道《嵩山石淙侍宴应制》："琱舆藻卫拥千官，仙洞灵溪访九丹。"李白《赠宣城赵太守悦》："三千堂上客，出入拥平原。"元稹《重酬乐天》："暂出已遭千骑拥，故交求见一人无。"❸围裹。寒山《诗三百三首》之一九六："布裘拥质随缘过，岂羡人间巧样模。"李峤《饯薛大夫护边》："犀皮拥青橐，象齿饰雕弓。"白居易《闲意》："病停夜食闲如社，慵拥朝裘暖似春。"❹抱持；执持。李白《陪族叔当涂宰游化城寺升公清风亭》："季父拥鸣琴，德声布云雷。"又《曾从弟冽》："日出布谷鸣，田家拥锄犁。"司空曙《送王使君赴太原拜节度副使》："出关逢将校，下岭拥戈矛。"元稹《遣病》："赵昌八十余，三拥大将旌。"❺拥有，据有。杜甫《草堂》："布衣数十人，亦拥专城居。"又《警急》："才名旧楚将，妙略拥兵机。"赵光逢《梁郊祀乐章·庆和》："膺天命，拥神休。万灵感，百禄遒。"❻聚集；丛聚。杜甫《投简成华两县诸子》："赤县官曹拥材杰，软裘快马当冰雪。"杨巨源《上刘侍中》："堤拥红蕖艳，桥分翠柳行。"李绅《拜宣武军节度使》："日晖红旆分如电，人拥青门动若雷。"赵嘏《平戎》："边声一夜殷秋鼙，牙帐连烽拥万蹄。"引申指统驭、率领。韦应物《送李侍御益赴幽州幕》："司徒拥精甲，誓将除国氛。"雍陶《送于中丞使北蕃》："来春拥边骑，新草满归程。"曹松《塞上行》："上将拥黄须，安西逐指呼。"❼堆积，积聚。杜甫《客居》："蜀麻久不来，吴盐拥荆门。"刘禹锡《海阳十咏·双溪》："浮花拥曲处，远影落中心。"白居易《新居早春二首》之一："铺沙盖苔面，扫雪拥松根。"法振《别卢使君归故栅村》："塞口竹缘空戍没，潮头沙拥慢冈成。"❽拥挤。苏颋《奉和圣制漕桥东送新除岳牧》："举杯临水发，张乐拥桥观。"❾遮蔽。万齐融《三日绿潭篇》："金鞍玉勒骋轻肥，落絮红尘拥路飞。"韦应物《西楼》："烟尘拥函谷，秋雁过来稀。"卢纶《送鲍中丞赴太原》："白草连胡帐，黄云拥戍楼。"❿笼罩、覆盖。越王李贞《奉和圣制过温汤》："寒氛空外拥，蒸气沼中浮。"贯休《上杜使君》："烟霞色拥墙，禾黍香侵郭。"又《蜀王入大慈寺听讲》："千重香拥龙鳞立，五种风生锦绣开。"亦指满布。王维《从岐王过杨氏别业应教》："严城时未启，前路拥笙歌。"⓫阻塞，壅塞。钱起《送时暹避难适荆南》："云天愁远别，豺虎拥前程。"韩愈《左迁至蓝关示侄孙湘》："云横秦岭家何在，雪拥蓝关马不前。"鲍溶《长城》："投沙拥海水，安得久不翻。"李郢《酬王舍人雪中见寄》："三日柴门拥不开，阶庭平满白皑皑。"⓬推送；驱赶。许敬宗《奉和秋暮言志应制》："波拥群凫至，秋飘朔雁归。"法振《丹阳浦送客之海上》："风吹雨色连村暗，潮拥菱花出岸浮。"见"拥石"。⓭指乘车或船。李夔《使至汴州喜逢宋之问》："巨源从吏道，正拥使车来。"李白《送羽林陶将军》："将军出使拥楼船，江上旌旗拂紫烟。"白居易《赴苏州至常州答贾舍人》："杭城隔岁转苏台，还拥前时五马回。"徐凝《奉酬元相公上元》："出拥楼船千万人，入为台辅九霄身。"

【擁入】　簇拥迎入。黄滔《赠怀光上人》："谢城还拥入，师以接人劳。"

【擁水】　积水。元友让《复游浯溪》："石渠疏拥水，门径斸丛篁。"

【擁石】　咏羊之典。见晋葛洪《神仙传·黄初平》。李峤《羊》："仙人拥石去，童子驭车来。"

【擁仗】　为仪仗队所簇拥。陆贽《赋得御园芳草》："拥杖缘驰道，乘舆入建章。"

【擁别】　簇拥道别。杜甫《巫山县汾州唐使君宴别》："诸公不相弃，拥别惜光辉。"

【擁兵】　聚兵；统兵。李白《至陵阳山登天柱石酬韩侍御见招隐黄山》："拥兵五陵下，长策遏胡戎。"高适《自淇涉黄河途中作十三首》之十二："传檄举敖仓，拥兵屯洛口。"杜甫《八哀诗·故司徒李公光弼》："拥兵镇河汴，千里初妥帖。"又《承闻河北诸道节度入朝欢喜口号绝句十二首》之四："拥兵相学干戈锐，使者徒劳百万回。"

【擁佑】　拥戴护佑。权德舆《仲秋朝拜昭陵》："拥佑乃清夷，威灵谅回复。"

【擁抱】　抱持。元稹《春月》："拥抱颠倒领，步屧东西厢。"

【擁門】　簇拥门前。韩偓《边上看猎赠元戎》："红袖拥门持烛炬，解劳今夜宴华堂。"

【擁咽】　指水受阻而发出呜咽之声。李郢有《罗敷东馆亭下流泉云至前山拥咽经岁移时掬弄惆怅成章》。

【擁砌】　环砌，满阶。卢纶《颜侍御厅丛篁咏送薛存诚》："拂帘寒雨响，拥砌深溪色。"杨巨源《秋夜闲居即事寄蜀郡符处士》："坠叶寒拥砌，灯火夜悠悠。"韦庄《三用韵》："萤影冲帘落，虫声拥砌吟。"

【擁條】　以树枝掩蔽自身。齐己《题鹤鸣泉八韵》："幽虫乘叶过，潙狖拥条看。"

【擁衾】　谓半卧时以被围身。权德舆《夜泊有怀》："转枕眠未熟，拥衾泪已濡。"

【擁旄】 持旄旗。借指统率大军。骆宾王《杂曲歌辞·从军中行路难二首》之一："将军拥旄宣庙略，战士横行静夷落。"李白《赠张相镐二首》之一："拥旄秉金钺，伐鼓乘朱轮。"张籍《寄虔州韩使君》："南康太守负才豪，五十如今未拥旄。"冯道《同光中承旨卢质节制河中赠》："视草北来唐学士，拥旄西去汉将军。"

【擁流】 簇拥于水边。李绅《却渡西陵别越中父老》："倾手奉觞看故老，拥流争拜见孩提。"

【擁被】 指半卧时下半身在被中，被端围于胸前。白居易《和微之诗二十三首·和自劝二首》之一："就暖移盘檐下食，防寒拥被帷中宿。"晁采《子夜歌十八首》之二："夜夜不成寐，拥被啼终夕。"

【擁袍】 指坐卧时身着长袍。白居易《青毡帐二十韵》："闲多揭帘入，醉便拥袍眠。"

【擁掩】 堆聚堵塞。韩愈《南山诗》："勃然思拆裂，拥掩难恕宥。"

【擁途】 拥挤而堵塞道路。李绅《初出淝口入淮》："野老拥途知意重，病夫抛郡喜身轻。"亦作"擁路"。李峤《侍宴桃花园咏桃花应制》："不能拥路迷仙客，故欲开蹊待圣君。"

【擁旌】 持旗。借指统率军队。刘长卿《赠元容州》："拥旌临合浦，上印卧长沙。"

【擁棹】 抱桨；持桨。多指划船。王昌龄《江上闻笛》："水客皆拥棹，空霜遂盈襟。"卢纶《送从侄滁州觐省》："拥棹逢鸥舞，凭阑见雨来。"李频《过巫峡》："拥棹向惊湍，巫峰直上看。"

【擁隔】 阻塞，阻隔。杜甫《光禄坂行》："安得更似开元中，道路即今多拥隔。"任华《寄李白》："伊余每欲乘兴往相寻，江湖拥隔劳寸心。"

【擁裘】 指坐卧时穿着皮袍。白居易《自在》："移榻向阳坐，拥裘仍解带。"

【擁路】 见"擁途"。

【擁腫】 臃肿。(1)谓树老而生木瘤，树干隆起而不平直。李白《咏山樽二首》之二："拥肿寒山木，嵌空成酒樽。"郑嵎《津阳门诗》："真人影帐偏生草，果老药堂空掩扉。"自注："绕殿石榴树皆太真所植，俱拥肿矣。"温庭筠《病中书怀呈友人》："杖轻藜拥肿，衣破芰披敷。"(2)指无用之材。见《庄子·逍遥游》。骆宾王《浮槎》："摧残空有恨，拥肿遂无庸。"高适《真定即事奉赠韦使君二十八韵》："不才羞拥肿，干禄谢侏儒。"权德舆《酬陆四十楚源春夜宿虎丘山对月见贻之作》："惭兹拥肿才，爱彼潺湲清。"陆龟蒙《奉和袭美古杉三十韵》："拥肿烦庄辩，槎牙费庾词。"(3)肥大短粗之状。孟郊《陪侍御叔游城南山墅》："夜坐拥肿亭，昼登崔巍岑。"白居易《画竹歌》："人画竹身肥拥肿，萧画茎瘦节节竦。"韩偓《雨》："馌妇寥翘布领寒，牡童拥肿簑衣湿。"(4)纯朴之貌。语本《庄子·庚桑楚》。权德舆《户部王曹长杨考功崔刑部二院长并同钟陵使府之旧因以寄赠》："方期全拥肿，岂望蹑扶摇。"

【擁節】 持符节。袁朗《相和歌辞·饮马长城窟》："属国拥节归，单于款关入。"张继《送邹判官往陈留》："国使乘轺去，诸侯拥节迎。"刘禹锡《和白侍郎送令狐相公镇太原》："边庭自此无烽火，拥节还来坐紫微。"张籍《和裴司空酬满城杨少尹》："拥节高临汉水上，题诗远入舜城中。"

【擁傳】 (一zhuàn)乘坐驿车。苏颋《饯潞州陆长史再守汾州》："拥传云初合，闻莺日正迟。"孟浩然《送韩使君除洪州都曹》："往来看拥传，前后赖专城。"钱起《奉送刘相公江淮催转运》："拥传星还去，过池凤不留。"萧祜《游石堂观》："直至今来意通形神开，拥传又恨斜阳催。"

【擁溜】 丛生于屋溜之上。卢纶《客舍苦雨即事寄钱起郎士元二员外》："绕池墙藓合，拥溜瓦松齐。"

【擁塞】 (一sè)❶拥挤充塞。杜甫《种莴苣》："拥塞败芝兰，众多盛荆杞。"❷阻隔。杜甫《暮春》："卧病拥塞在峡中，潇湘洞庭虚映空。"

【擁蓋】 指乘车。语出《史记·管晏列传》。岑参《卫节度赤骠马歌》："忆昨看君朝未央，鸣珂拥盖满路香。"

【擁滯】 阻滞，阻塞。杜甫《咏怀二首》之二："拥滞僮仆慵，稽留篙师怒。"孟郊《杀气不在边》："岂唯私客艰，拥滞官行舟。"

【擁遏】 阻隔。白居易《和微之诗二十三首·和新楼北园偶集》："归去勿拥遏，倒载逃难遮。"

【擁鼻】 ❶犹扑鼻。杜牧《郡斋独酌》："池边成独酌，拥鼻菊枝香。"又《春晚题韦家亭子》："拥鼻侵襟花草香，高台春去恨茫茫。"❷掩鼻。顾敻《更漏子》词："旧欢娱，新怅望，拥鼻含嚬楼上。"❸指吟咏。杜牧《折菊》："雨中衣半湿，拥鼻自知心。"韩偓《拥鼻》："拥鼻悲吟一向愁，寒更转尽未回头。"

【擁鼻吟】 指吟咏诗文。见《晋书·谢安传》。唐彦谦《春阴》："天涯已有销魂别，楼上宁无拥鼻吟。"胡宿《忆荐福寺牡丹》："雕槃分篸何由得，空作西州拥鼻吟。"

【擁膝】 抱膝而坐。骆宾王《夏日夜忆张二》："伏枕忧思深，拥膝独长吟。"刘长卿《秋夜有怀高三十五适兼呈空上人》："不见支公与玄度，相思拥膝坐长吟。"卢纶《送昙延法师讲罢赴上都》："复来拥膝说无住，知向人天何处期？"

【擁麾】 持旗。借指统率军队。李峤《旌》："拥麾分彩雉，持节曳丹虹。"辛常伯《军中行路难》："将军拥麾宣庙略，战士横戈静夷落。”按此诗与骆宾王重出，骆诗“拥麾”作“拥旌”。岑参《奉和相公发益昌》：“相国临戎别帝京，拥麾持节远横行。”

【擁褐】 指坐或半卧时身着褐衣。卢纶《同耿沣宿陆澧旅舍》：“拥褐觉霜下，抱琴闻雁来。”司空曙《题暕上人院》：“闭门不出自焚香，拥褐看山岁月长。”白居易《洛阳有愚叟》：“野食或烹鲜，寓眠多拥褐。”赵嘏《书斋雪后》：“拥褐坐茅檐，春晴喜初日。”

【擁檝】 聚舟。檝，同“楫”，借指船。刘禹锡《武陵书怀五十韵》：“拥楫舟为市，连甍竹覆轩。”

【擁錫】 执持禅杖。孟浩然《陪张丞相祠紫盖山途径玉泉寺》：“皂盖依松憩，缁徒拥锡迎。”雍陶《送契玄上人南游》：“寻钟过楚寺，拥锡上泷船。”

【擁擲】 群聚以掷骰。李白《少年行》：“君不见淮南少年游侠客，白日球猎夜拥掷。”

【擁篲】 执扫帚以清扫道路。表示对客人之恭敬。崔善为《答王无功冬夜载酒乡馆》：“讵知方拥篲，逢子敬惟桑。”李白《杂曲歌辞·行路难三首》之二：“君不见昔时燕家重郭隗，拥篲折节无嫌猜。”李商隐《赠送前刘五经映三十四韵》：“式闾真道在，拥篲信谦光。”韦庄《冬日长安感志寄献虢州崔郎中二十韵》：“虽有远心长拥篲，耻将新剑学编苫。”

【擁騎】 骑马。韦应物《诣西山深师》：“藩守宁为重，拥骑造云关。”

【擁櫂】 同“擁棹”。司空曙《送张弋》：“拥櫂江天旷，苍然下郢城。”

【擁護】 ❶保护，庇护。韩愈《题炭谷湫祠堂》：“鱼鳖蒙拥护，群嬉傲天顽。”❷遮护。李郃《咏舜庙古杉》：“枝头连理翠，拥护圣神宫。”

擘 〔bò《广韵》博厄切，入麦，幫。《集韵》蒲歷切，入錫，並。〕❶分开。(1)剖分；掰开。李白《西岳云台歌送丹丘子》：“巨灵咆哮擘两山，洪波喷箭射东海。”杜甫《宴戎州杨使君东楼》：“重碧拈春酒，轻红擘荔枝。”韩愈《赠侯喜》：“我为侯生不能已，盘针擘粒投泥滓。”刘禹锡《白鹰》：“绿玉觜攒鸡脑破，玄金爪擘兔心开。”亦指裂开、使开裂。岑参《酬成少尹骆谷行见呈》：“飞雪缩马毛，烈风擘我肤。”(2)裁开；截割。权德舆《端午日礼部宿斋有衣服彩结之贶以诗还答》：“寂寥斋画省，款曲擘香笺。”薛能《西县道中有短亭岩穴飞泉隔江洒至因成二首》之一：“争得巨灵从野性，旧乡无此擘将归。”韦庄《乞彩笺歌》：“手把金刀擘彩云，有时剪破秋天碧。”花蕊夫人徐氏《宫词》之四四：“擘开五色销金纸，碧琐窗前学草书。”(3)分叉；中分。薛能《题河中亭子》：“河擘双流岛在中，岛中亭上正南空。”李洞《寄南岳僧》：“五字句求方寸佛，一条街擘两行蝉。”(4)指双臂或双翅向两边张开。顾况《险竿歌》：“宛陵女儿擘飞手，长竿横空上下走。”韩愈《杂诗四首》之二：“黄鹄能忍饥，两翅久不擘。”❷劈。谓迅疾砍去。慧棱《卷帘大悟》：“有人问我解何宗，拈起拂子擘觜打。”❸弹琴指法之一种，指以拇指挑弦。亦泛指弹奏。王建《宫词一百首》之三一：“十三初学擘箜篌，弟子名中被点留。”

【擘石】 裂石。(1)形容力劲猛，可使石头碎裂。杜甫《奉同郭给事汤东灵湫作》：“初闻龙用壮，擘石摧林丘。”(2)形容坚贞。语本《吕氏春秋·诚廉》。李商隐《燕台四首·春》：“研丹擘石天不知，愿得天牢锁冤魄。”

【擘坼】 拆开。卢仝《月蚀诗》：“密迩玉几前擘坼，奏上臣仝顽愚胸。”

【擘波】 劈波。谓入水。鲍溶《采珠行》：“擘波下去忘此身，迢迢谓海无灵神。”

【擘眼】 犹反目，翻脸。无名氏《五言白话诗》之十四(外编下)：“未作道与钱，作了擘眼你。”

【擘畫】 筹划。杜牧《寄内兄和州崔员外十二韵》：“光尘能混合，擘画最分明。”

【擘騞】 象声词。象破裂之声。白居易《霓裳羽衣歌》：“中序擘騞初入拍，秋竹竿裂春冰拆。”

擗 〔pǐ《广韵》房益切，入昔，並。〕劈；分开。司空图《冯燕歌》：“官将赴市拥红尘，掉臂人来擗看人。”贯休《送颢雅禅师》：“霜锋擗石鸟雀聚，帆冻阴飙吹不举。”

十四画

擡 〔tái《广韵》徒哀切，平咍，定。〕❶上举，上提。章孝标《少年行》：“手抬白马嘶春雪，臂竦青骹入暮云。”杜荀鹤《伤病马》：“顾主强抬和泪眼，就人轻刷带疮皮。”吴融《上巳日花下闲看》：“云鬟照水和花重，罗袖抬风惹絮迟。”黄滔《启帐》：“侍女莫嫌抬素手，拨开珠翠待相逢。”❷多人合力举物或以杠搬物。白居易《马坠强出赠同座》：“足伤遭马坠，腰重倩人抬。”

【擡身】 由躺卧状态坐起。元稹《生春二十首》之十五：“开眼犹残梦，抬身便恐融。”

【擡眼】 举目。抬头观看。吕岩《山隐》：“抬眼试看山外景，纷纷风急障黄埃。”

【擡頭】 仰头。白居易《病中赠南邻觅酒》：“今朝似校抬头语，先问南邻有酒无？”裴諴《南歌子词三首》之二：“不信长相忆，抬头问取天。”皮日休《病孔雀》：“烟花虽媚思沈冥，犹自抬头护翠翎。”

【擡舉】 ❶举扬，高昂。元稹《高荷》：“亭亭自抬举，鼎鼎难藏擫。”亦指吹飏。罗隐《春风》：“但是粃糠微细物，等闲抬举到青云。”❷振飞。刘禹锡《酬郑州权舍人见寄十二韵》：“铩翮方抬举，危根易损伤。”❸吹拂，拂煦。喻指照顾、扶助。元稹《牡丹二首》之二：“风光一抬举，犹得暂时看。”又《襄阳为卢窦纪事》之五：“千万春风好抬举，夜来曾有凤凰栖。”李山甫《柳十首》之五：“金风不解相抬举，露压霜欺直到秋。”孙鲂《柳十一首》之十：“不是和风为抬举，可能开眼向行人。”❹誉美；捧抬。白居易《晚春重到集贤院》：“虚薄至今惭旧职，院名抬举号为贤。”又《霓裳羽衣歌》：“妍媸优劣宁相远，大都只在人抬举。”

擦　〔cā《广韵》七曷切，入曷，清。〕擦，摩擦。顾况《杜秀才画立走水牛歌》：“浅草平田擦过时，大虫著钝几落井。”

擥　同“攬”。

擫　〔yè《广韵》於葉切，入葉，影。又於琰切，上琰，影。〕❶以手指按堵。常指按压笙笛等管乐器以吹奏乐曲。白居易《霓裳羽衣歌》：“磬箫筝笛递相搀，击擫弹吹声逦迤。”❷盖住；掩藏。卢仝《月蚀诗》：“恨汝时当食，藏头擫脑不肯食。”元稹《高荷》：“亭亭自抬举，鼎鼎难藏擫。”❸执持。皮日休《吴中苦雨因书一百韵寄鲁望》：“呼童具盘餐，擫衣换鸡鹜。”

【擫笛】　以手指按笛孔。借指吹笛。元稹《连昌宫词》：“李谟擫笛傍宫墙，偷得新翻数般曲。”

擬　〔nǐ《广韵》魚紀切，上止，疑。〕❶揣度，料想。白居易《不准拟二首》之二：“不准拟身年六十，游春犹自有心情。”❷比拟；类似。睿宗《石淙》：“地首地肺何曾拟，天目天台倍觉惭。”孟浩然《和张丞相春朝对雪》：“撒盐如可拟，愿糁和羹梅。”权德舆《奉和许阁老酬淮南崔十七端公见寄》：“索居因仕宦，著论拟潜夫。”刘轲《玉声如乐》：“特达知难拟，玲珑岂易名。”❸仿效，摹拟。耿沣《送归中丞使新罗》：“城邑分华夏，衣裳拟缙绅。”秦韬玉《陈宫》：“临春高阁拟瀛洲，贪宠张妃作胜游。”朱泽《嘲郭凝素》：“借问东邻效西子，何如郭素拟王轩。”亦特指摹拟他人风格作诗文。李益《送贾校书东归寄振上人》：“为向东州故人道，江淹已拟惠休诗。”皎然《讲古文联句》：“江淹杂体，方见才力。拟之信工，似而不逼。”李商隐有《拟沈下贤》。李暇有《拟古东飞伯劳歌》。❹措词；拟写。窦牟《天津晓望因寄呈分司一二省郎》：“要自词难拟，繇来画不如。”卢纶《送饯从叔辞丰州幕归嵩阳旧居》：“鄙词何所拟，请自边城始。”孟郊《字文秀才斋中海柳咏》：“饮柏泛仙味，咏兰拟古词。”❺打算；将欲。崔日用《奉和圣制送张说巡边》：“拟清鸡鹿塞，先指朔方城。”张旭《山行留客》：“山光物态弄春辉，莫为轻阴便拟归。”王初《春日咏梅花二首》之二：“隔年拟待春消息，得见春风已断肠。”薛逢《送裴评事》：“塞垣从事识兵机，只拟平戎不拟归。”❻拟定，拟用。骆宾王《畴昔篇》：“卿相未曾识，王侯宁见拟。”❼度，传。元稹《生春二十首》之十：“蕊排难犯雪，香乞拟来风。”❽比划，指向。见“擬楫”。

【擬古】　摹拟古诗。多用作诗题，表示系仿古之作。徐彦伯、李白、薛奇童等均有《拟古》。

【擬用槽】　指宫中备选供乘舆用之马。元稹《望云骓马歌》：“御马齐登拟用槽，君王自试宣徽殿。”

【擬直】　谓价值相当。直，通“值”。李峤《宝剑篇》：“骇犀中断宁方利，骏马群骓未拟直。”

【擬杯】　指饮酒。李商隐《晓起》：“拟杯当晓起，呵镜可微寒。”

【擬倫】　类比，伦比。韩愈《题杜工部坟》：“独有工部称全美，当日诗人无拟伦。”

【擬欲】　打算，欲图。齐己《桃花》：“拟欲求图画，枝枝带竹丛。”

【擬將】　（—jiāng）欲把，欲将。杜光庭《偶题》：“拟将枕上日高睡，卖与世间荣贵人。”

【擬棹】　犹荡桨，划船。李绅《寿阳罢郡日有诗十首·肥河维舟阻冻只待勑命》：“罢分符竹作闲官，舟冻肥河拟棹难。”

【擬絮】　用柳絮比拟雪。见南朝宋刘义庆《世说新语·言语》。后遂以“拟絮”为咏雪之典。令狐楚《省中直夜对雪寄李师素侍郎》：“谢家争拟絮，越岭误惊梅。”亦作“擬鹽”。韩愈《喜雪献裴尚书》：“拟盐吟旧句，授简慕前规。”

【擬意】　摹写意绪。李商隐有《拟意》。

【擬楫】　持桨比划、指向。李绅《逾岭峤止荒陬抵高要》：“泷夫拟楫劈高浪，瞥忽浮沉如电随。”

【擬鹽】　用盐比拟雪。见南朝宋刘义庆《世说新语·言语》。韩愈《喜雪献裴尚书》：“拟盐吟旧句，授简慕前规。”

擿1　〔zhì《广韵》直炙切，入昔，澄。〕簪股。借指簪于发际之笔。古代臣僚奏事，皆簪笔执笏以备书事。皮日休、陆龟蒙《北禅院避暑联句》：“岂独断韦编，几将刓铁擿。”

擿2　〔zhāi《集韵》陟革切，入麥，知。〕❶摘取。皮日休《奉和鲁望白菊》：“无由擿向牙箱里，飞上方诸赠列仙。”❷摸索。亦指以手杖探寻道路。皮日休《鲁望以躬掇野蔬兼示雅什用以酬谢》：“杖擿春烟暖向阳，烦君为我致盈筐。”

擠　〔jǐ《广韵》子計切，去霽，精。又相稽切，平齊，心。〕❶推拥、排挤使离开原地。李白《万愤词投魏郎中》：“好我者恤我，不好我者何忍临危而相挤。”❷排斥、陷害。韩愈《南内朝贺归呈同官》：“婉娈自媚好，几时不见挤。”❸排除，使排出。元稹《感梦》：“重云痰小疾，良药固易挤。”

【擠排】 ❶排斥、陷害。皮日休《二游诗·任诗》：“欲者解挤排，诟者能詀讘。”❷拥挤，积聚。韩愈《咏雪赠张籍》：“隔绝门庭遽，挤排陛级才。”

擯 〔bìn《广韵》必刃切，去震，幫。〕排斥，摈弃。亦指被排斥、摈弃。张说《荆州亭入朝》：“九辨人犹摈，三秋雁始过。”岑参《优钵罗花歌》序：“亦何异怀才之士，未会明主，摈于林薮也?”孟郊《晚雪吟》：“甘为酒伶摈，坐耻歌女娇。”来鹄《圣政纪颂》：“丘明见嫌，倚相在摈。”或指被贬谪。韩愈《赠别元十八协律六首》之五：“嗟我摈南海，无由助飞鸣。”

【擯朋】 被朋友摈弃。韩愈、孟郊《纳凉联句》：“谁言摈朋老，犹自将心学。”

【擯逐】 摈弃、斥逐。刘言史《苦妇词》：“何处摈逐深，一罪三见颠。”

【擯落】 排除，弃绝。宋之问《自衡阳至韶州谒能禅师》：“宗师信舍法，摈落文史艺。”

擲 〔zhì《广韵》直炙切，入昔，澄。〕❶投掷，抛扔。寒山《诗三百三首》之三五：“限墙弄蝴蝶，临水掷虾蟆。”杜甫《石笋行》：“安得壮士掷天外，使人不疑见本根。”刘禹锡《桃源行》：“拖纶掷饵信流去，误入桃源行数里。”李绛《花下醉中联句》：“且当金韵掷，莫遣玉山颓。”❷丢弃，抛舍。韦承庆《折杨柳》：“不忍掷年华，含情寄攀折。”岑参《送郭乂杂言》：“功名须及早，岁月莫虚掷。”戴叔伦《赠康老人洽》：“暗将心事隔风尘，尽掷年光逐杯酒。”杜荀鹤《湘中秋日呈所知》：“求归归未得，不是掷光阴。”❸指掷卢，博戏。李白《少年行》：“君不见淮南少年游侠客，白日球猎夜拥掷。”❹纵跳，腾跃。周贺《晚题江馆》：“澄波月上见鱼掷，晚径叶多闻犬行。”陆龟蒙《丹阳道中寄友生》：“锦鲤冲风掷，丝禽掠浪飞。”崔道融《秋霁》：“夜来江上如钩月，时有惊鱼掷浪声。”❺飞落，疾飞。杜甫《呀鹘行》：“念尔此时有一掷，失声溅血非尔心。”皮日休《更次来韵寄鲁望》：“萧萧红叶掷苍苔，玄晏先生欠一杯。”

【擲三錢】 项仲山饮马渭水，日投三钱以偿之。见汉赵岐《三辅决录》。后遂以“投三钱”为咏渭水之典。骆宾王《海曲书情》：“江涛让双璧，渭水掷三钱。”

【擲水】 殷洪乔将捎带的百许函书抛掷于水中。见《世说新语·任诞》。后因以为咏捎带书信之典。李瀚《蒙求》：“洪乔掷水，陈泰挂壁。”

【擲火萬里】 道教语。指仙人出行。杜牧《赠李处士长句四韵》：“老翁四目牙爪利，掷火万里精神高。”

【擲瓦】 ❶咏丑男子之典。见《晋书·潘岳传》。李瀚《蒙求》：“孟阳掷瓦，贾氏如皋。”❷指生女。寒山《诗三百三首》之一一五：“弄璋字乌䴀，掷瓦名婠妠。”

【擲地】 见“擲地金聲”。

【擲地金聲】 称誉文章辞采优美、声韵铿锵。见《世说新语·文学》。刘长卿《落第赠杨侍御》：“掷地金声著，从军宝剑雄。”卢纶《酬崔侍卿早秋卧病书情见寄》：“掷地金声信有之，莹然冰玉见清词。”亦省作“擲地”。李端《送郭参军赴绛州》：“佐军髯尚短，掷地思还新。”羊士谔《都城从事萧员外寄海梨花诗》：“掷地好词凌彩笔，浣花春水腻鱼笺。”李绅《趋翰苑遭诬构四十六韵》：“掷地声名寡，摩天羽翮孤。”或省作“擲金”。钱起《和范郎中宿直中书赠南省同僚》：“六义惊摛藻，三台响掷金。”王仁裕《示诸门生》：“掷金换得天边桂，凿壁偷将榜上名。”

【擲安仁】 以果子投赠潘岳。安仁，潘岳之字。亦泛指以果子投赠他人。白居易《与沈杨二舍人同食敕赐樱桃因成十四韵》：“偷须防曼倩，惜莫掷安仁。”参见“擲果潘郎”。

【擲投】 投掷，抛扔。元稹《元和五年予官不了罚俸西归思怆囊游因投五十韵》：“叫噪掷投盘，生狞摄觥使。”

【擲身】 纵身腾跃。刘禹锡《酬思黯见示小饮四韵》：“三足鼎中知味久，百寻竿上掷身难。”

【擲果】 见“擲果潘郎”。

【擲果河陽】 见“擲果潘郎”。

【擲果潘郎】 潘安貌美，女子向其掷果。咏美男子之典。见《晋书·潘岳传》。司空图《冯燕歌》：“掷果潘郎谁不慕，朱门别见红妆露。”亦省作“擲果”。李白《送族弟凝之滁求婚崔氏》：“遥知向前路，掷果定盈车。”郑钬《玉阶怨》：“情深争掷果，宠罢怨残桃。”欧阳炯《春光好》词之六：“虽似安仁掷果，未闻韩寿分香。”或作“擲果河陽”。河阳，指潘岳。因潘曾任河阳令，故称。骆宾王《艳情代郭氏答卢照邻》：“掷果河阳君有分，货酒成都妾亦然。”

【擲金】 见“擲地金聲”。

【擲金錢】 博戏之一种。亦称“打錢”“攤錢”。其法掷铜钱使旋转，待扑地后以正反面定胜负。多流行于宫廷女子中。王涯《宫词三十首》之十四：“百尺仙梯倚阁边，内人争下掷金钱。”

【擲春心】 指女子向人表示爱慕之情意。李白《越女词五首》之二：“卖眼掷春心，折花调行客。”

【擲首】 抛掷头颅。谓斩首。韩愈《元和圣德诗》：“掷首陴外，降幡夜竖。”

【擲笏】 抛弃笏版。表示弃官。笏，古代臣僚朝君时所执之手版。李洞《送知己》：“掷笏南归去，波涛路几千。”

【擲掉】　犹跃动，转动。李贺《感讽五首》之一："会待春日晏，丝车方掷掉。"

【擲梭】　喻频繁往复、来来去去。卢仝《观放鱼歌》："或如莺掷梭，或如蛇衔珠。"

【擲鉤】　投掷鱼钩。指钓鱼。吴融《御沟十六韵》："有雨难澄镜，无萍易掷钩。"

【擲筆】　投笔。谓弃文从武。姚合《送任畹评事赴沂海》："掷笔不作尉，戎衣从嫖姚。"参见"投筆"。

【擲筆臺】　台名。在今山西晋城硖石山。传为东晋高僧慧远之遗迹。杨氏《硖石山》："莺啼花开入禅意，掷笔台前梵呗宣。"

【擲鼠】　投物击鼠。喻指除恶诛奸。韩偓《隰州新驿》："掷鼠须防误，连鸡莫惮惊。"

【擲盧】　古代博戏之一种。以骰五枚，状如杏核，一面涂黑，绘牛犊；一面涂白，绘雉。掷时五子俱黑称"卢"，为最上彩。故称"掷卢"。王建《宫词一百首》之六十："避暑昭阳不掷卢，井边含水喷鸦雏。"李远《友人下第因以赠之》："刘毅虽然不掷卢，谁人不道解樗蒲。"白居易、刘禹锡《会昌春连宴即事》联句："掷卢夸使气，刻烛斗成篇。"亦指博戏获头彩。和凝《宫词四首》："欲教官马冲关过，咒愿纤纤早掷卢。"

【擲還】　扔回，投还。杜甫《戏作花卿歌》："子章髑髅血模糊，手提掷还崔大夫。"

【擲鵲】　谓以玉投乌鹊。喻怀才不遇。语本北齐刘昼《新论·辩施》。李咸用《送人》："荆山有玉犹在璞，未遇良工虚掷鹊。"

【擲舊】　抛掷旧时。谓光阴流逝。喻凫《元日即事》："年光悲掷旧，景色喜呈新。"

【擲贈】　谓以果子投赠才貌如潘安之人。白居易《题郡中荔枝诗十八韵兼寄万州扬八使君》："唯君堪掷赠，面白似潘郎。"

擢　〔zhuó《广韵》直角切，入覺，澄。〕❶拔，拔取。柳宗元《种仙灵毗》："笑忭前即吏，为我擢其根。"见"擢髮"。❷抽出。指植物抽条生长。韦应物《答长令杨辙》："广川含澄澜，茂树擢华滋。"贯休《春晚闲居寄陈嵩伯》："菰蒲生白水，风篁擢纤玉。"见"擢本""擢芒"。❸提拔任用。张九龄《酬周判官巡至始兴见贻之作兼呈耿广州》："一探石室文，再擢金门第。"高适《酬别薛三蔡大留简韩十四主簿》："蔡子负清才，当年擢宾荐。"权德舆《和职方殷郎中初至南宫呈诸公并见寄》："师贞上介辟，恩擢正员郎。"❹出。韩愈、孟郊《纳凉联句》："熙熙炎光流，竦竦高云擢。"刘象《早春池亭独游三首》之二："细沙擢暖岸，淑景动和飙。"❺高耸貌。见"擢削""擢擢"。

【擢才】　提拔任用人才。高适《真定即事奉赠韦使君二十八韵》："擢才登粉署，飞步蹑云衢。"

【擢玉】　高耸之玉头饰。韩愈《题炭谷湫祠堂》："祠堂像侔真，擢玉纡烟鬟。"

【擢本】　树干高耸貌。吕温《赠友人》："南山双乔松，擢本皆千寻。"

【擢芒】　抽芒。长出麦芒。温庭筠《旅次盱眙县》："离离麦擢芒，楚客意偏伤。"

【擢秀】　❶指草木生长枝叶。李峤《兰》："河汾应擢秀，谁肯访山阴。"权德舆《和李中丞慈恩寺清上人院牡丹花歌》："擢秀全胜珠树林，结根幸在青莲域。"白居易《有木诗八首》之七："有木名凌霄，擢秀非孤标。"唐彦谦《西明寺威公盆池新稻》："莲盆积润分畦小，藻井垂阴擢秀稀。"❷喻显露才华。杜甫《醉歌行》："偶然擢秀非难取，会是排风有毛质。"张籍《献从兄》："擢秀登王畿，出为良使宾。"

【擢削】　挺拔耸立貌。陆龟蒙《袭美先辈以龟蒙所献五百言见和再抒鄙怀用伸酬谢》："岳净秀擢削，海寒光陆离。"

【擢拜】　提拔授官。韩愈《岳阳楼别窦司直》："公卿采虚名，擢拜识天仗。"

【擢桂】　犹折桂。喻科举及第。王湾《哭补阙亡友綦毋学士》："屡迁君擢桂，分尉我从梅。"杜诵《哭长孙侍郎》："礼闱曾擢桂，宪府旧乘骢。"方干《送李恬及第后还见州》："擢桂谁相比，籝金已不如。"

【擢第】　科举及第。储光羲《秦中初霁献给事二首》之二："擢第文昌阁，还家沧海滨。"岑参《送严诜擢第归蜀》："工文能似舅，擢第去荣亲。"郎士元《送孙愿》："擢第人多羡，如君独步稀。"贾岛《送郑长史之岭南》："擢第荣南去，晨昏近九疑。"

【擢幹】　耸干。谓树干上长。姚合《奉和四松》："擢干凌空去，移根劚石开。"

【擢髮】　拔下头发一根根地计数。形容数不胜数。亦特指罪多。李白《雪谗诗赠友人》："擢发续罪，罪乃孔多。"刘禹锡《平蔡州三首》之三："妖童擢发不足数，血污城西一抔土。"李瀚《蒙求》："廉颇负荆，须贾擢发。"

【擢擢】　❶高耸上挺貌。吕太一《咏院中丛竹》："擢擢当轩竹，青青重岁寒。"韩愈《奉和钱七兄曹长盆池所植》："擢擢菰叶长，芳根复谁徙。"❷直貌。杜甫《棕拂子》："荧荧金错刀，擢擢朱丝绳。"

十五画

擷　〔xié《广韵》胡結切，入屑，匣。又虎結切，入屑，曉。〕采摘；摘取。王维《相思》："愿君多采撷，此物最相思。"刘长卿《奉饯郑中丞罢浙西节度还京》："绿绮为谁弹，绿芳堪自撷。"孟郊《送陆畅归湖州因凭题故人皎然塔陆羽坟》:“手自擷甘旨,供养欢冲融。”许浑《太和初靖恭里感事》:“清湘吊屈原,垂泪擷蘋蘩。”

【擷芳】　采擷芳草、香花。皎然《送淳于秀才兰陵觐省》:“擷芳心未及,视枕恋常盈。”又《湛处士枸杞架歌》:“擷芳生影风洒怀,其致翛然此中足。”杜牧《将赴湖州留题亭菊》:“遥知渡江日,正是擷芳时。”吴融《秋园》:“惆怅擷芳人散尽,满园烟露蝶高飞。”

攀〔pān《广韵》普班切,平删,滂。〕❶牵挽。抓扳。宗楚客《奉和人日清晖阁宴群卧遇雪应制》:“今朝上林树,无处不堪攀。”邢巨《游春》:“绿潭渔子钓,红树美人攀。”白居易《秋山》:“白石卧可枕,青萝行可攀。”李商隐《行次西郊作一百韵》:“大妇抱儿哭,小妇攀车辐。”❷折取;采摘。孟浩然《韩大使东斋会岳上人诸学士》:“徒攀朱仲李,谁荐和羹梅。”钱起《山花》:“别有妖妍胜桃李,攀来折去亦成蹊。”戴叔伦《柳花歌送客往桂阳》:“摇烟拂水积翠间,缀雪含霜谁忍攀。”徐夤《温陵即事》:“非才岂合攀丹桂,多病犹堪伴白云。”❸攀附,依附。张九龄《感遇十二首》之十一:“但欲附高鸟,安敢攀飞龙。”李颀《缓歌行》:“小来托身攀贵游,倾财破产无所忧。”姚合《文宗皇帝挽词三首》之三:“龙归攀不得,髯在侍臣边。”李洞《寓言》:“麟凤隔云攀不及,空山惆怅夕阳时。”❹攀登,攀援。李峤《刘侍读见和山邸十篇重申此赠》:“践径披兰叶,攀崖引桂阴。”韦应物《至西柴峰兰若受田妇馈》:“攀崖复缘涧,遂造幽人居。”柴夔《望九华山》:“龙池水蘸中秋月,石路人攀上汉梯。”李商隐《寄华岳孙逸人》:“攀崖仍蹑壁,啖叶复眠阴。”亦指登上,进入。元稹《酬乐天待漏入阁见赠》:“丹陛曾同立,金銮恨独攀。”❺够到;接触。高适《自淇涉黄河途中作十三首》之一:“亲友若云霄,可望不可攀。”杜甫《有叹》:“武德开元际,苍生岂重攀。”又《道兴五首》之五:“昔在洛阳时,亲友相追攀。”又《前出塞九首》之九:“浮云暮南征,可望不可攀。”❻攀比;企及。房白《送萧颖士赴东府得还字》:“夫子高世迹,时人不可攀。”杜甫《戏为六绝句》之五:“窃攀屈宋宜方驾,恐与齐梁作后尘。”白居易《和裴令公南庄绝句》:“陶庐僻陋那堪比,谢墅幽微不足攀。”贯休《秋末寄上桐江冯使君》:“山东山色胜诸山,谢守清高不可攀。”❼牵念,牵挂。韦应物《郊居言志》:“世荣斯独已,颓志亦何攀。”又《移疾会诗客元生与释子法郎因贻诸祠曹》:“英曹幸休暇,悢悢心所攀。”❽攀和,和诗之谦词。犹言高攀。张九龄《奉和圣制次成皋先圣擒建德之所》:“尊祖颂先烈,赓歌安用攀。”

【攀光】　牵恋时光。颜真卿《五言重送横飞联句》:“出饯风初暖,攀光日渐西。”

【攀車】　攀住车子话别。亦指送行之人。卢纶《送崔郊拾遗》:“今日攀车复何者?辕门垂白一愚夫。”

【攀車卧轍】　出《文选·沈约〈齐故安陆昭王碑文〉》。后遂以之指地方官离任时,因有德政而受到百姓挽留。又作“攀轅卧轍”。薛逢《越王楼送高梓州入朝》:“让当游艺依仁日,便到攀辕卧辙秋。”

【攀折】　(—zhé)牵挽,折取。韦承庆《横吹曲辞·折杨柳》:“不忍掷年华,含情寄攀折。”李嘉祐《送侍御史四叔归朝》:“攀折隋宫柳,淹留秦地人。”韩滉《晦日呈诸判官》:“晦日新晴春色娇,万家攀折渡长桥。”赵嘏《送裴延翰下第归觐滁州》:“一枝攀折回头是,莫向清秋惜马蹄。”

【攀玩】　❶牵攀抚玩。白居易《白牡丹》:“唐昌玉蕊花,攀玩众所争。”又《有木诗八首》之二:“低软易攀玩,佳人屡回顾。”李德裕《比闻龙门敬善寺有红桂树独秀伊川因赋是诗兼赠陈侍御》:“平生爱此树,攀玩无由得。”❷留连赏玩。上官昭容《游长宁公主流杯池二十五首》之十一:“此真攀玩所,临睨赏光辉。”

【攀和】　和他人诗作之谦词。许浑《和李相国》序:“蒙宾客相国李公见示《和宣武卢仆射以吏部高尚书自江南赴阙贶大梨白鹇》,因赠五言六韵攀和。”

【攀附】　高攀依附。杜牧《奉和门下相公送西川相公出镇全蜀诗十八韵》:“滞顽堪白屋,攀附亦同行。”

【攀桂】　亦作“攀桂枝”“攀桂樹”。❶牵挽、持弄桂树枝。常用指淹留或游赏。语本汉淮南小山《招隐士》。杜淹《寄赠齐公》:“佩兰长坂上,攀桂小山前。”李白《忆旧游寄谯郡元参军》:“我向淮南攀桂枝,君留洛北愁梦思。”崔备《清溪路中寄诸公》:“少留攀桂树,长渴望梅林。”亦指攀挽传说中之月中桂。杜甫《八月十五夜月二首》之一:“转蓬行地远,攀桂仰天高。”❷犹折桂。喻指科举及第。武元衡《长安秋夜怀陈京昆季》:“甲乙科攀桂,图书阁践蓬。”方干《寄李频及第》:“弟子已攀桂,先生犹卧云。”张蠙《送友人及第归》:“乡俗稀攀桂,争来问月宫。”

【攀持】　牵挽握持。刘宪《折杨柳》:“攀持君不见,为听曲中新。”

【攀柳】　牵挽、攀折柳枝。唐人习俗以折柳表示送别或怀远。武平一《饯唐永昌》:“寄谢铜街攀柳日,无忘粉署握兰时。”温庭筠《病中书怀呈友人》:“赠远聊攀柳,栽书欲截蒲。”

【攀叙】　攀谈。秦系《徐侍郎素未相识时携酒访会稽山居》:“兰亭攀叙却,会此越中营。”

【攀倚】　攀援凭倚。高适《宴韦司户山亭院》:“苔径试窥践,石屏可攀倚。”

【攀條】 ❶牵挽、攀弄枝条。白居易《续古诗十首》之七:"下有感秋妇,攀条苦悲嗟。"又《樱桃花下叹白发》:"倚树无言久,攀条欲放迟。"李德裕《乙平泉杂咏·忆辛夷》:"倚树怜芳意,攀条惜岁滋。"徐铉《太傅相公以庭梅二篇许舍弟同赋谨依韵奉和庶申感谢》:"攀条感花萼,和曲许埙篪。"❷附着于枝条。上官昭容《奉和圣制立春日侍宴内殿出剪彩花应制》:"攀条虽不谬,摘蕊讵知虚。"赵彦昭同前题诗:"剪彩迎初候,攀条故写真。"

【攀追】 攀附追随。李商隐《韩碑》:"公之斯文不示后,曷与三五相攀追。"

【攀送】 攀扶车马以话别。亦泛指送别。皇甫冉《送王相公之幽州》:"徒思一攀送,羸老荜门中。"李频《送张郎中赴睦州》:"贱子遥攀送,归心逐马蹄。"张乔《送许棠及第归宣州》:"青门许攀送,故里接云林。"杜荀鹤《送韦书记归京》:"闻归帝里愁攀送,知到师门话姓名。"

【攀陟】 攀登。高适《古乐府飞龙曲留上陈左相》:"阶砌思攀陟,门阑尚阻修。"李渤《喜弟淑再至为长歌》:"若到湖南见紫霄,会须待我同攀陟。"戴公怀《奉和郎中游仙山四瀑泉兼寄李吏部包秘监赵婺州齐处州》:"当思共攀陟,东南看斗牛。"

【攀接】 与人结交、接近之谦词。徐夤《邑宰相访翼日有寄》:"夜半梦醒追复想,欲长攀接有何因。"

【攀雲】 攀附青云。喻指显贵、有权势之人。沈徽《古兴二首》之二:"攀云无丑士,唾地尽成珠。"

【攀嵇】 与嵇康交友。泛指结交贤人。语本南朝宋颜延年《五君咏·向常侍》。李白《赠饶阳张司户燧》:"慕蔺岂曩古,攀嵇是当年。"

【攀留】 犹挽留。孙光宪《更漏子》词之六:"能婉媚,解娇羞,王孙忍不攀留。"

【攀望】 攀留追望。郭周藩《潭子池》:"凡情留不得,攀望众号悲。"

【攀牽】 攀援牵拉。杨衡《经端溪峡中》:"飞猱相攀牵,白云乱纵横。"贯休《避寇山中作》:"山翠碧嵯峨,攀牵去者多。"

【攀陪】 高攀追随。罗隐《乌程》:"两府攀陪十五年,郡中甘雨幕中莲。"

【攀越】 攀登翻越。宋之问《自衡阳至韶州谒能禅师》:"岭嶂穷攀越,风涛极沿济。"

【攀萸】 攀折茱萸。古代风俗重阳节插茱萸于身以避邪。李从远《奉和九月九日登慈恩寺浮图应制》:"摘果珠盘献,攀萸玉辇回。"

【攀笄】 加簪笄。指女子成年。古代女子十五岁行加笄之礼,表示已成年。沈佺期《赦到不得归题江上石》:"小儿应离褓,幼女未攀笄。"

【攀援】 ❶手攀他物以登高。刘孝孙《游灵山寺》:"信美谐心赏,幽邃且攀援。"李白《蜀道难》:"黄鹤之飞尚不得过,猿猱欲度愁攀援。"吴融《阌乡寓居十首·小径》:"碍竹妨花一径幽,攀援可到玉峰头。"❷攀附,依附。王维《同卢拾遗过韦给事东山别业二十韵》:"蹇步守穷巷,高驾难攀援。"白居易《续古诗十首》之六:"长安多王侯,英俊竞攀援。"❸追慕,追随。颜真卿、史仲宣《登岘山观李左相石尊联句》:"怀贤久徂谢,赠远空攀援。"白居易《咏怀》:"今我不量力,举心欲攀援。"❹牵引,牵扶。杜甫《自京赴奉先县咏怀五百字》:"行旅相攀援,川广不可越。"❺提携,援助。韩愈《送进士刘师服东归》:"时节不可玩,亲交可攀援。"❻攀折,折取。黄滔《出京别同年》:"一枝仙桂已攀援,归去烟涛浦口村。"

【攀登】 攀援登高。陈子昂《送魏兵曹使嶲州得登字》:"阳山淫雾雨,之子慎攀登。"李白《相和歌辞·登高丘而望远》:"君不见骊山茂陵尽灰灭,牧羊之子来攀登。"权德舆《李十韶州寄途中绝句口号酬赠》:"诏下忽临山水郡,不妨从事恣攀登。"元稹《虫豸诗·虻》之三:"气平虫豸死,云路好攀登。"

【攀摘】 采摘。攀枝条而摘取。孟浩然《庭橘》:"女伴争攀摘,摘窥碍叶深。"

【攀搴】 牵挽攀玩。崔护《五月水边柳》:"长别几多情,含春任攀搴。"

【攀慕】 想望、羡慕。佚名《五言白话诗》之五:"不要男为伴,心里恒攀慕。"

【攀髯】 同"攀龍❶"。指追随帝王。陈陶《飞龙引》:"万姓攀髯髯堕地,啼呼弓剑飘寒水。"

【攀践】 犹攀登。谓步行登山。孟浩然《登鹿门山》:"纷吾感耆旧,结揽事攀践。"

【攀稽】 同"攀嵇"。稽,嵇之讹字。吴融《和诸学士秋夕禁直偶雪》:"正遂攀稽愿,翻追访戴欢。"参见"攀嵇"。

【攀緣】 ❶犹攀登。谓牵扶他物以登高。陈子昂《同王员外雨后登开元寺南楼因酬晖上人独坐山亭有赠》:"宁知人世里,疲病得攀缘。"韦应物《经少林精舍寄都邑亲友》:"息驾依松岭,高阁一攀缘。"皮日休《太湖诗·入林屋洞》:"攀缘不知倦,怪异焉敢惊?"❷佛教指修性以收摄散乱之心。高适《同马太守听九思法师讲金刚经》:"舍施割肌肤,攀缘去亲爱。"元稹《悟悼三首寄胡果》之二:"病宜多宴坐,贫似少攀援。"白居易《忆庐山旧隐及洛下新居》:"无奈攀缘随手长,亦知恩爱到头空。"

【攀舉】 攀附而腾飞。韦应物《答韩库部》:"岂不愿攀举,执事府庭中。"

【攀餞】 攀留饯别。韦应物《送雷监赴阙庭》:

"攀饯诚怆恨，贺荣且欢娱。"畅当《奉送杜中丞赴洪州》："多惭君子顾，攀饯路尘中。"李频《送鄂渚韦尚书赴镇》："谁知旧寮属，攀饯泪仍流。"

【攀龍】 ❶追随帝王。见《史记·封禅书》。李峤《弓》："徒切乌号思，攀龙遂不成。"李白《送鲁郡刘长史迁弘农长史》："轩后上天时，攀龙遗小臣。"又《留别广陵诸公》："骑虎不敢下，攀龙忽堕天。"亦作"攀鳞"。指帝王遗泽。许敬宗《奉和过旧宅应制》："攀鳞有遗皓，沐德抃称觞。"❷指在皇帝身边做官或受宠遇。韦应物《路逢崔元二侍御避马见招以诗见赠》："俱是攀龙客，空为避马人。"钱起《陪南省诸公宴殿中李监宅》："宦贵攀龙后，心倾待士时。"卢纶《同兵部李纾侍郎刑部包佶侍郎哭皇甫侍御曾》："攀龙与泣麟，哀乐不同尘。"亦指入仕立功名。李咸用《途中作》："退鹢风虽急，攀龙志已坚。"

【攀龍附鳳】 谓攀附龙身凤翼而随之飞腾，喻依附帝王或权贵而立身显名。见《法言·渊骞》。李白《猛虎行》："萧曹曾作沛中吏，攀龙附凤当有时。"杜甫《洗兵马》："攀龙附凤势莫当，天下尽化为侯王。"许碏《题南岳招仙观壁上》："丈夫未达莫相侵，攀龙附凤捐精神。"

【攀轅】 拉住车辕，使不能离去。表示对离任官员之留恋、挽留。岑参《送王录事却归华阴》："攀辕人共惜，解印日无多。"严维《奉和独孤中丞游云门寺》："归来还抚俗，诸老莫攀辕。"白居易《秦中吟十首·立碑》："攀辕不得归，留葬此江湄。"翁洮《上子男寿昌宰》："只恐攀辕留不住，明时霄汉有丹梯。"

【攀轍】 攀住车马话别。刘长卿《洛阳主簿叔知和驿承恩赴选伏辞一首》："赋诗皆旧友，攀辙多新吏。"

【攀蹬】 犹攀登。独孤均《题含虚洞二首》之二："扪萝攀蹬步欹危，历览幽岩骇怪奇。"

【攀躋】 攀登。韦丹《思归寄东林澈上人》序："且芳时胜侣，卜游于三二道人，必当攀跻千仞之峰，观九江之派。"岑参《西亭子送李司马》："盘崖缘壁试攀跻，群山向下飞鸟低。"孟郊《和皇甫判官游瑯琊溪》："唯当清宵梦，仿佛愿攀跻。"李咸用《谢友生遗端溪砚瓦》："正夸忧盗窃，将隐怯攀跻。"

【攀鷁】 攀舟。鹢，船首绘有鹢鸟之船。亦泛指船。孟浩然《秋日陪李侍御渡松滋江》："僚寀争攀鹢，鱼龙亦避骢。"

【攀歡】 攀交驸会。钱起《送兴平王少府游梁》："旧识相逢情更亲，攀欢甚少怆离频。"

【攀鱗】 见"攀龍❶"。

擾 〔rǎo《广韵》而沼切，上小，日。〕❶搅扰，骚扰。储光羲《晚次东亭献郑州宋使君文》："居敬物无扰，履端人自康。"王翰《飞燕篇》："日夕风传歌舞声，只扰长信忧人情。"李绅《杭州天竺灵隐二寺顷岁亦布衣一游因追思为诗二首》之一："时有猿猱扰钟磬，老憎无复得安禅。"亦指被骚扰。皇甫冉《庐山歌送至弘法师兼呈薛江州》："政成人野皆不扰，遂令法侣性安闲。"戴叔伦《女耕田行》："日正南冈下饷归，可怜朝雉扰惊飞。"❷纷乱；混乱。柳宗元《同刘二十八院长述旧言怀之作因其韵赠至八十通赠二君子》："令肃军无扰，程悬市禁贯。"❸侵扰，侵犯。罗隐《酬丘光庭》："自从黄寇扰中土，人心波荡犹未回。"

【擾弊】 受侵扰而衰弊。王勃《倬彼我系》："晋历崩坼，衣冠扰弊。"

【擾踐】 侵扰践踏。陆龟蒙《战秋辞》："扰践边朔，歼伤蛋夷。"

【擾擾】 纷繁貌；烦乱貌。王绩《赠程处士》："百年长扰扰，万事悉悠悠。"杨贲《时光》："扰扰路傍子，无劳歌是非。"韩愈《广宣上人频见过》："三百六旬长扰扰，不冲风雨即尘埃。"郑谷《慈恩寺偶题》："往事悠悠添浩叹，劳生扰扰竟何能。"

【擾擾紛紛】 纷繁杂乱貌。元稹《余杭周从事以十章见寄聊和诗首篇以答来贶》："扰扰纷纷旦暮间，经营闲事不曾闲。"

攄 〔shū《广韵》丑居切，平魚，徹。〕❶散发。李峤《汾阴行》："金鼎发色正焜煌，灵祇炜烨摅景光。"❷舒展，伸展。王绩《薛记室收过庄见寻率题古意以赠》："朽木不可雕，短翮将焉摅。"寇坦《同张少府和厍狄员外夏晚初霁南省寓直之作》："兼曹谋未展，入幕志方摅。"贯休《瀫江秋居作》："无事相关性自摅，庭前拾叶等闲书。"❸抒发，抒泄。李峤《刘侍读见和山邸十篇重申此赠》："寓言摅宿志，窃吹简知音。"杜甫《赠李八秘书别三十韵》："西蜀灾长弭，南翁愤始摅。"陈去疾《赋得骐骥长鸣》："积悲摅怨抑，一举彻穹苍。"韩偓《登南神光寺塔院》："无奈离肠日九回，强摅离抱立高台。"❹腾跃，飞腾。钱起《巨鱼纵大壑》："龙摅回地轴，鲲化想天池。"

【攄公】 指摅浩然。传为仙人。栾清《遇莲叶二客诗》："得饮摅公酒，复登摅公舟。"

【攄抱】 抒怀。抒发心胸。韩愈、孟郊《会合联句》："析言多新贯，摅抱无昔壅。"罗隐《灵山寺》："晚景聊摅抱，凭栏几荡魂。"

【攄思】 抒发思绪情怀。刘禹锡《送僧方及南谒柳员外》序："九江僧方及，既出家，依匡山，一时中颇属诗以摅思。"许棠《过穆陵关》："日暮聊摅思，摇鞭一放歌。"

【攄氣】 舒气。梁琼《远意》:"脉脉长摅气,微微不离心。"

【攄情】 抒发情怀。方干《送友及第归浙东》:"此地登临惯,摅情一送君。"

【攄望】 骋目远望。齐己《原上晚望》:"倚杖聊摅望,寒原远近分。"

【攄懷】 抒散、抒发胸怀之思绪情感。太宗《秋日翠微宫》:"摅怀俗尘外,高眺白云中。"钱珝《江行无题一百首》之六二:"左宦终何路,摅怀亦自宽。"顾敻《渔歌子》词:"好摅怀,堪寓目,身闲心静平生足。"

【攄藻】 铺展辞藻。谓作诗文。陈子良《赞德上越国公杨素》:"摅藻挟锦绮,育德润瑶琼。"

擈 〔bó《广韵》蒲角切,入覺,並。又匹角切,入覺,滂。〕❶掷。卢仝《忆金鹅山沈山人二首》之二:"夜叉喜欢动关锁,锁声擈地生风雷。"❷击打。宋齐丘《陪游凤凰台献诗》:"白虹欲吞人,赤骥相搏擈。"陆龟蒙、皮日休《开元寺楼看雨联句》:"垂檐珂珮喧,擈瓦珠玑溅。"

【擈挑】 犹翻跳,跳跃。李贞白《咏狗蚤》:"与虱都来不较多,擈挑筋斗太喽罗。"

擂 同"擂"。敲击,打。皮日休《太湖诗·游毛公坛》:"相敌百千戟,共擂十万鼓。"王毂《玉树曲》:"三阁霞明天上开,灵鼍振擂神仙出。"李建勋《迎神》:"擂蛮鼍,吟塞笛,女巫结束分行立。"

【擂鼓】 同"擂鼓"。击鼓。岑参《凯歌六首》之三:"鸣笳擂鼓拥回军,破国平蕃昔未闻。"

擺 〔bǎi《广韵》北買切,上蟹,幫。〕❶捭开,分开。见"擺闔"。❷排列,铺排。王维《登楼歌》:"亦幸有张伯英草圣兮龙腾虬跃,摆长云兮捩回风。"❸显现,表现。孟郊《送卢郎中汀》:"玉珂摆新欢,声与鸾凤俦。"❹击打。韩愈《贞女峡》:"漂船摆石万瓦裂,咫尺性命轻鸿毛。"❺摇摆,晃动。皎然《对呈薛彝》:"何处销君兴,春风摆绿杨。"张碧《庐山瀑布》:"参差碎碧落岩畔,梅花乱摆当风散。"王睿《相和歌辞·公无渡河》:"浪摆衣裳兮随步没,沉尸深入兮蛟螭窟。"裴说《赠衡山令》:"猿跳高岳静,鱼摆大江宽。"❻摆脱,卸除;排除。杜甫《桥陵诗三十韵因呈县内诸官》:"何当摆俗累,浩荡乘沧溟。"刘长卿《禅智寺上方怀演和尚》:"绀宇焚香净,沧洲摆雾空。"刘禹锡《酬留守牛相公宫城早秋寓言见寄》:"摆去将相印,渐为逍遥身。"陆龟蒙《奉和袭美初夏游楞伽精舍次韵》:"我亦摆尘埃,他年附鸿鹤。"

【擺手】 摇手。表示不同意。张碧《答张郎中分寄翰林贡余笔歌》:"梦中摆手不相许,怅望空乘碧云去。"

【擺弄】 摇动玩弄。韩愈《镇州初归》:"别来杨柳街头树,摆弄春风只欲飞。"

【擺浪】 摇动船只之波浪。杜甫《次晚州》:"摆浪散帙妨,危沙折花当。"

【擺動】 撼动,摇动。吕岩《七言》之三六:"摆动乾坤知道力,逃移生死见功程。"

【擺脱】 甩开,挣脱。韩偓《送人弃官入道》:"忸怩非壮志,摆脱是良图。"欧阳炯《渔父》词:"摆脱尘机上钓船,免教荣辱有流年。"

【擺掣】 颠簸摇荡。顾云《天威行》:"飓风忽起云颠狂,波涛摆掣鱼龙僵。"

【擺階】 指荡秋千。张籍《寒食》:"唯有一年寒食日,女郎相唤摆阶瓣。"

【擺落】 摆脱,甩开。杜甫《哭台州郑司户苏少监》:"摆落嫌疑久,哀伤志力输。"刘禹锡《寄扬虢州与之旧姻》:"玉城山里多灵药,摆落功名且养神。"陆龟蒙《奉和袭美二游诗·任诗》:"朅来任公子,摆落名利役。"

【擺撥】 摆脱拨开。谓去除约束而超脱。一钵和尚《一钵歌》:"也系裹,也摆拨,也学柔和也粗犷。"

【擺蕩】 摇摆晃荡。王涯《宫词三十首》之十五:"春风摆荡禁花枝,寒食秋千满地时。"

【擺撼】 摇动,晃动。卢士衡《灵溪老松歌》:"有时风雨晦暝,摆撼若黑龙之腾跃。"贯休《送新罗衲僧》:"六环金锡轻摆撼,万仞雪峤空参差。"吕岩《七言》之九七:"摆撼乾坤金剑吼,烹煎日月玉炉红。"

【擺頭】 摇头,表示不同意。韩愈《别赵子》:"摆头笑且言,我岂不足欤。"薛能《戏瞻相》:"瞻相赵女休相拽,不及人前诈摆头。"

【擺磨】 (—mò)击打摩擦。摆,同"捭",击。韩愈《陆浑山火和皇甫湜用其韵》:"摆磨出火以自燔,有声夜中惊莫原。"

【擺闔】 捭阖。分合。摆,同"捭"。杜甫《大历三年春白帝城放船出瞿塘峡漂泊有诗》:"摆阖盘涡沸,欹斜激浪输。"

【擺囊】 脱囊而出。元稹《酬乐天东南行一百韵》:"摆囊看利颖,开领出明珠。"

【擺鱗】 指鱼跳龙门。旧谓鱼跃登龙门即可化为龙,故以比科举及第。孟郊《夜忧》:"未遂摆鳞志,空思吹浪旋。"

擭 〔guó〕撤去。窦昉《嘲许子儒》:"瓦恶频蒙擭,墙虚屡被叉。"

十六画

擳 同“擣”。杜荀鹤《重阳日有作》:“偷捋白发真堪笑,牢锁黄金实可哀。”

擭 〔huò《广韵》虚郭切,入鐸,曉。〕手之反复动作。牟融《谢惠剑》:“感君三尺铁,挥擭鬼神惊。”

攏 〔lǒng《广韵》力董切,上董,來。〕❶拢合,掩合。元稹《春六十韵》:“挑鬟玉钗髻,刺绣宝装拢。”❷使船靠岸。丁仙芝《江南曲五首》:“发向横塘口,船开值急流。知郎旧时意,且请拢船头。”❸梳理。韩偓《信笔》:“睡髻休频拢,春眉忍更长。”李珣《南乡子》词之九:“拢云髻,背犀梳,焦红衫映绿罗裾。”亦指整理、料理。韩偓《咏浴》:“再整鱼犀拢翠簪,解衣先觉冷森森。”❹牵,拉。李廓《长安少年行》之二:“长拢出猎马,数换打球衣。”❺弹奏琵琶、琴瑟等弦乐器之一种指法。指以手指按弦向内拨。白居易《琵琶引》:“轻拢慢捻抹复挑,初为霓裳后六幺。”

【攏弦】 弹奏弦乐器时以指向内按弦。李绅《悲善才》:“衔花金凤当承拨,转腕拢弦促挥抹。”

【攏勒】 牵马笼头。指控驭马。贯休《观李翰林真二首》之二:“天马难拢勒,仙房久闭扃。”

【攏掠】 犹梳理。张碧《美人梳头》:“须臾拢掠蝉鬓生,玉钗冷透冬冰明。”

【攏撚】 弹奏弦乐器之两种指法。拢,以指向内按弦;撚,以手搓弦。李群玉《索曲送酒》:“烦君玉指轻拢撚,慢拨鸳鸯送一杯。”刘景复《梦为吴泰伯作胜儿歌》:“四弦拢撚三五声,唤起边风驻明月。”

【攏鬢】 梳理鬓发。韩偓《春闷偶成十二韵》:“有意通情处,无言拢鬓时。”又《浣溪沙》词:“拢鬓新收玉步摇,背灯初解绣裙腰。”

十七画

擩 〔lìng《广韵》郎定切,去徑,定。〕扬臂;挥手。元结《演兴四首·招太灵》:“久㦬兮忱忱,招捃擩兮呼风。”

攖 〔yīng《广韵》於盈切,平清,影。〕❶缠绕。引申指困扰,扰乱。吴筠《高士咏·老莱夫妻》:“杳然从我顾,岂为物所撄。”皎然《答苏州韦应物郎中》:“脱略文字累,免为外物撄。”罗隐《途中寄怀》:“两鬓已衰时未遇,数峰虽在病相撄。”❷接触。见“撄寧”。❸攖取。见“撄搏”。

【攖搏】 抓撄搏击。元稹《答姨兄胡灵之见寄五十韵》:“穷通须豹变,撄搏笑狼狞。”

【攖寧】 接触纷乱之外物而保持宁静。见《庄子·大宗师》。皮日休《秋晚自洞庭湖别业寄穆秀才》:“破村寥落过重阳,独自撄宁葺草房。”

攕 〔xiān《广韵》所咸切,平咸,生。《集韵》思廉切,平鹽。心。〕见“攕攕”。

【攕攕】 ❶手纤细貌。亦指纤细之手。元稹《送崔侍御之岭南二十韵》:“远书多不达,勤为枉攕攕。”❷泛指纤细之貌。韩愈《酬司门卢四兄云夫院长望秋作》:“楼头完月不共宿,其奈就缺就行攕攕。”

攙 〔chān《广韵》楚銜切,平銜,初。又士咸切,平咸,崇。〕❶锐利。牛僧孺《李苏州遗太湖石奇状绝伦因题二十韵奉呈梦得乐天》:“搀叉锋刃簇,缕络钓丝萦。”❷掺杂,混合。刘禹锡《和汴州令狐相公到镇改月偶书所怀二十二韵》:“旌旗遥一簇,舄履近相搀。”白居易《霓裳羽衣歌和微之》:“磬箫筝笛递相搀,击擫弹吹声逦迤。”❸星名。即天搀。见“攙搶”。

【攙搶】 (—qiǎng)彗星名。古人以为系妖星,主兵祸,故常以指战争、战祸。李洸《醮词》:“生人血欲尽,搀抢无饱意。”唐尧臣《金陵怀古》:“搀抢如云勃,鲸鲵旋自曝。”

攘 〔ráng《广韵》如兩切,上養,日。又汝陽切,平陽,日。〕❶侵夺。韩愈《病鸱》:“夺攘不愧耻,饱满盘天嬉。”❷捋,揎。白居易《渭村退居寄礼部崔侍郎翰林钱舍人诗一百韵》:“愤懑胸须豁,交加臂莫攘。”张祜《华清宫和杜舍人》:“下箭朱方满,鸣鞭皓腕攘。”❸纷乱貌。见“攘攘”。

【攘善】 犹掠美。陈中师《瑕瑜不相掩》:“秀质非攘善,贞姿肯废忠。”

【攘腕】 捋起衣袖,露出手腕。柳宗元《放鹧鸪词》:“鼎前芍药调五味,膳夫攘腕左右视。”

【攘臂】 捋袖露臂。亦表示奋起、奋激貌。刘长卿《吴中闻潼关失守因奉寄淮南萧判官》:“临风但攘臂,择木将委质。”任华《怀素上人草书歌》:“一颠一狂多意气,大叫一声起攘臂。”罗隐《中元甲子以辛丑驾幸蜀四首》之四:“白丁攘臂犯长安,翠辇苍黄路屈盘。”

【攘攘】 纷繁杂乱貌。杜甫《遣忧》:“纷纷乘白马,攘攘著黄巾。”

攔 〔lán《广韵》落干切,平寒,來。〕遮拦,拦阻。白居易《得微之到官后书怅然有感因成四章》之一:“虫蛇白昼拦官道,蚊蚋黄昏扑郡楼。”罗邺《山阳贻友人》:“行迟暖陌花拦马,睡重春江雨打船。”

【攔街】 充塞街道。李白《襄阳歌》:"襄阳小儿齐拍手,拦街争唱白铜鞮。"

【攔櫂】 犹划桨。李珣《南乡子》词之十三:"拦棹声齐罗袖敛,池光飐,惊起沙鸥八九点。"

十八画

攝 〔shè《广韵》書涉切,入葉,書。〕❶提,牵。见"攝衣❶"。❷代理。李白有《送族弟单父主簿凝摄宋城主簿》。韩愈有《崔十六少府摄伊阳以诗及书见投因酬三十韵》。张籍《贺秘书王丞南郊摄将军》:"正初天子亲郊礼,诏摄将军领卫兵。"见"攝政""攝行"。❸兼职。孙逖有《送李补阙摄御史充河西节度判官》。苑咸有《送大理正摄御史判凉州别驾》。岑参《优钵罗花歌》序:"天宝庚申岁,参忝大理评事,摄监察御史,领伊西北庭度支副使。"❹统领。孟郊《列仙文·金母飞空歌》:"龙群拂霄上,虎旗摄朱兵。"❺顿理。见"攝衣❷"。❻收敛。白居易《读禅经》:"摄动是禅禅是动,不禅不动即如如。"见"攝心""攝念"。❼保养。见"攝生""攝身"。❽谓以法术从远处摄取。顾况《寄江南鹤林寺石冰上人》:"定力超香象,真言摄毒龙。"李商隐《戊辰会静中出贻同志二十韵》:"金铃摄群魔,绛节何兟兟。"

【攝心】 收敛心神使宁静专注。韩偓《访明公大德》:"刮膜且扬三毒论,摄心徐指二宗禅。"孔德绍《登白马山护明寺》:"摄心罄前礼,访道挹中虚。"

【攝生】 养生,养身。卢象《家叔征君东溪草堂二首》之一:"鹤羡无老时,龟言摄生理。"王季友《滑中赠崔高士瑾》:"摄生固如此,履道当不朽。"罗隐《圣真观刘真师院十韵》:"摄生门已尽,混迹世犹逢。"

【攝令】 代理县令。李绅《寿阳罢郡日有诗十首·虎不食人》序:"得摄令和儧状,称潜山县乡村正赵珍夜归,中路与虎同行至家,竟无伤害之意。"

【攝行】 (—xíng)代行。代理行使职权。杜甫《冬狩行》:"况今摄行大将权,号令颇有前贤风。"张籍《拜丰陵》:"岁朝园寝遣公卿,学省班中亦摄行。"

【攝衣】 ❶提衣。孟郊《哀孟云卿嵩阳荒居》:"薙草恐伤蕙,摄衣自理锄。"❷整顿衣裳。韦应物《答崔都水》:"摄衣辞田里,华簪耀颓颜。"刘禹锡《送李策秀才还湖南因寄幕中亲故》:"摄衣相问讯,解带坐南荣。"

【攝身】 提身,纵身。李白《题舒州司空山瀑布》:"摄身凌青霄,松风拂我足。"韩愈《读东方朔杂事》:"一旦不辞诀,摄身凌苍霞。"

【攝事】 ❶治事,理事。宋之问《谒禹庙》:"下车霰已积,摄事露行濡。"❷代行职事。崔曙有《奉酬中书相公至日圆丘摄事叙怀见寄之作》。

【攝念】 收敛意念使心神专注。吴清妻《仙诗五首》之五:"摄念精思引彩霞,焚香虚室对烟花。"

【攝官】 ❶临时代理之官职。权德舆有《奉和郑宾客相公摄官丰陵扈从之作》。❷担任官职之谦词。刘长卿有《罢摄官后将还旧居留辞李侍御》。

【攝政】 代理帝王治理政务。李白《纪南陵题五松山》:"桐宫放太甲,摄政无愧色。"岑参《苗侍中挽歌二首》之一:"摄政朝章重,持衡国相尊。"

【攝提】 ❶星名。共六星,分居大角星两侧。属二十八宿之亢宿。摄提,提携之意。《郊庙歌辞·祀九宫贵神乐章·豫和》:"摄提运衡,招摇移轮。"参阅《史记·天官书》。❷岁名。"摄提格"之省称。即寅年。太岁行经寅辰之年,即称"摄提格"。张九龄《奉和圣制早登太行山率尔言志》:"孟月摄提贞,乘时我后征。"

【攝掾】 担任掾吏之职。刘长卿有《送陶十赴杭州摄掾》。

【攝職】 代行职事,代理官职。权德舆有《朔旦冬至摄职南郊因书即事》。

攜 〔xié《广韵》戶圭切,平齊,匣。〕❶提,拎。李白《秋浦寄内》:"有客自梁苑,手携五色鱼。"李端《青龙寺题故昙上人房》:"翻经徒有处,携履遂无归。"白居易《山路偶兴》:"提笼复携榼,遇胜时停泊。"李建勋《闲游》:"携酒复携觞,朝朝一似忙。"❷持,拿。上官昭容《游长宁公主流杯池二十五首》之十五:"携琴侍叔夜,负局访安期。"任华《寄杜拾遗》:"闲常把琴弄,闷即携樽起。"韦元甫《木兰歌》:"驰马赴军幕,慷慨携干将。"皮日休《鲁望以花翁之什见招因次韵酬之》:"九十携锄伛偻翁,小园幽事尽能通。"❸携带。杜审言《秋夜宴临津郑明府宅》:"坐携余兴往,还似未离群。"杜甫《北风》:"爽携卑湿地,声拔洞庭湖。"姚合《和裴令公新成绿野堂即事》:"携诗就竹写,取酒对花倾。"翁承赞《喜弟承检登科》:"知尔苦心功业就,早携长策出山来。"❹牵拉;搀扶。崔峒《江南回逢赵曜因送任十一赴交城主簿》:"不知携老幼,何处度艰难。"史凤《锁莲灯》:"残灰剔罢携纤手,也胜金莲送辙回。"亦指带领。白居易《秋游原上》:"闲携弟侄辈,同上秋原行。"❺分离,离别。杜甫《无家别》:"虽从本州役,内顾无所携。"李昌符《送友人》:"举世谁能与事期,解携多是正欢时。"

【攜手】 手拉手。(1)指同游。宋之问《送赵六贞固》:"始愿今不从,春风恋携手。"刘长卿《时平后送范伦归安州》:"与君携手姑苏台,望乡一日登几回。"顾况《岁日作》:"不觉老将春共至,更悲携手几人全。"(2)指聚会、晤面。李华《云母泉诗》:"江汉阻携手,天涯万里情。"白居易《寄题杨万州四望楼》:"无由得与君携手,同凭栏干一望乡。"谭用之《月夜怀寄友人》:"清风未许重携手,几度高吟寄水流。"(3)一同,一起。白居易《醉后重赠晦叔》:"人间更何事,携手送衰年。"赵嘏《代人赠别》:"会须携手乘鸾去,箫史楼台在玉京。"李洞《赠庞炼师》:"若能携手随仙令,皎皎银河渡鹊桥。"

【攜手曲】 (一qǔ)乐府曲名。属杂曲歌辞。内容多言携手行乐,恐芳时不留,君恩易歇。南朝梁沈约首制其辞。李咸用、田娥均有《携手曲》之作。

【攜妓】 携带歌妓。古人宴游时常携歌妓助兴。羊士谔《暇日适值澄霁江亭游宴》:"今来强携妓,醉舞石榴裙。"胡曾《咏史诗·东山》:"不知携妓重来日,几树莺啼谷口风。"杜荀鹤《山中对雪有作》:"玉帐英雄携妓赏,山村鸟雀共民愁。"

【攜玩】 携手同来赏玩。韩愈《新竹》:"何人可携玩,清景空瞪视。"

【攜迎】 携持以迎接。陆龟蒙《奉酬袭美先辈初夏见寄次韵》:"畦蔬与瓮醁,便可相携迎。"

【攜持】 携带。陆龟蒙《奉和袭美茶具十咏·茶籝》:"制作自野老,携持伴山娃。"又《奉和袭美谢友人惠人参》:"品第已闻升碧简,携持应合重黄金。"刘兼《从弟舍人惠茶》:"珍重宗亲相寄惠,水亭山阁自携持。"

【攜挈】 提挈,携带。李德裕《述梦诗四十韵》:"恩光惟觉重,携挈未为劳。"薛能《并州》:"携挈共过芳草渡,登临齐凭绿杨楼。"

【攜接】 扶助接待。王梵志《诗》之六五:"在处人携接,谙知无负心。"

【攜筇】 携持竹杖。吕岩《飞云山留题》:"携筇来此步飞云,钱满宾阶绿藓匀。"

【攜將】 (一jiāng)牵挽,挽得。白居易《赠苏炼师》:"携将道士通宵语,忘却花时尽日眠。"

【攜貳】 有二心,叛离。韦应物《睢阳感怀》:"穷年方绝输,邻援皆携贰。"亦指叛离者。皇甫澈《赋四相诗·门下侍郎平章事王缙》:"北征戮骄悍,东守辑携贰。"

【攜解】 犹宽解。姚合《闲居遣怀十首》之六:"以此多携解,将心但自宽。"

【攜樂】 (一yuè)携带乐工、歌伎。白居易有《松江亭携乐观渔宴宿》。

【攜擎】 携带举持。韩愈、孟郊《城南联句》:"潇碧远输委,湖嵌费携擎。"

擭 〔sǒng《广韵》息拱切,上腫,心。〕耸,挺。见"擭身""擭擭"。

【擭身】 竦身,挺身。杜甫《画鹰》:"㧐身思狡兔,侧目似愁胡。"

【擭擭】 耸立貌。杜牧《念昔游三首》之二:"曾奉郊宫为近侍,分明㧐㧐羽林枪。"

攛 〔cuān《集韵》七丸切,平桓,清。又取亂切,去换,清。〕掷。花蕊夫人徐氏《宫词》之九十:"恰似金梭攛碧沼,好题幽恨写闺情。"

十九画

攤 〔tān《广韵》他干切,平寒,透。〕❶铺开;平展。元凛《九日对酒》:"烟摊秋色正堪玩,风惹菊香无限来。"❷使平均分担。白居易《自到郡斋仅经旬日偷闲走笔题二十四韵呈吴中诸客》:"削使科条简,摊令赋役均。"见"攤配"。

【攤配】 摊派。元稹《和李校书新题乐府十二首·阴山道》:"税户逋逃例摊配,官司折纳仍贪冒。"

【攤破浣溪沙】 词牌名。双调,八句,四韵,四十八字。由浣溪沙摊破而来,故名。摊破,谓在原词调基础上有所突破。浣溪沙上下阕原各仅三句二十字,摊破则为四句二十四字。李璟、毛文锡均有《摊破浣溪沙》词。

【攤錢】 赌博之一种。亦称射意、射数。以猜数决胜负。杜甫《夔州歌十绝句》之七:"长年三老长歌里,白昼摊钱高浪中。"

【攤書】 将书平放打开。指读书。杜甫《又示宗武》:"觅句新知律,摊书解满床。"

攢1 〔cuán《广韵》在玩切,去换,從。〕聚集,簇聚。太宗《置酒坐飞阁》:"余花攒镂槛,残柳散雕栊。"皎然《述祖德赠湖上诸沈》:"岁晚高歌悲苦寒,空堂危坐百忧攒。"韩愈《郴口又赠二首》之一:"山作剑攒江写镜,扁舟斗转疾于飞。"李中《题紫司徒亭假山》:"萤影夜攒疑烧起,茶烟朝出认云归。"

攢2 〔zuān《集韵》祖官切,平桓,精。〕钻孔。引申指啄。刘禹锡《白鹰》:"绿玉觜攒鸡脑破,玄金爪擘兔心开。"

【攢天】 丛聚耸立天际。韩愈《雪后寄崔二十六丞公》:"攒天嵬嵬冻相映,君乃寄命于其间。"

【攢戈】 簇聚之兵戈。指集合之士兵。李绅《到宣武三十韵》:"森戟承三令,攒戈退一声。"

【攢心】 聚集于心中。吕温《冬夜即事》:"百忧攒心起复卧,夜长耿耿不可过。"

【攢石】 ❶堆聚之石。指假山。杜审言《和韦承庆过义阳公主山池五首》之四:"攒石当轩倚,悬泉度牖飞。"❷丛聚于石边。李赤《姑熟杂咏·慈姥竹》:

“野竹攒石生，含烟映江岛。”

【攢生】 丛聚而生。李颀《篱笋》：“迸出依青嶂，攒生伴绿池。”韩愈《和侯协律咏笋》：“攒生犹有隙，散布忽无垠。”

【攢立】 簇聚耸立。李绅《开元寺》：“攒立宝山中色界，散周香海小轮围。”

【攢合】 缀合，聚合。施肩吾《山石榴花》：“深色胭脂碎剪红，巧能攒合是天公。”

【攢花】 ❶丛生之花。岑参《优钵罗花歌》序：“攒花中拆，骈叶外包。”白居易《裴常侍以题蔷薇架十八韵见示因广为三十韵以和之》：“托质依高架，攒花对小堂。”亦指密集地插戴于头上之花。施肩吾《少妇游春词》：“簇锦攒花斗胜游，万人行处最风流。”❷指马身上剪出之花形标志。唐代进贡之良马均于马毛上剪成花瓣形，剪三瓣者称三花，五瓣者称五花。卢纶《送饯从叔辞丰州幕归嵩阳旧居》：“屯田布锦周千里，牧马攒花溢万群。”

【攢青蓄翠】 指簇拥着浓密的青枝绿叶。李颀《魏仓曹东堂柽树》：“攒青蓄翠阴满屋，紫穗红英曾断目。”

【攢空】 (—kōng)簇聚而耸入高空。李颀《望鸣皋山白云寄洛阳卢主簿》：“照日龙虎姿，攒空冰雪状。”皮日休《太湖诗·晓次神景宫》：“三百六十丈，攒空利如削。”

【攢柯】 ❶密集之树枝。常沂《禁中青松》：“攒柯沾圣泽，疏盖引皇风。”❷聚集于树枝周围。吕温《白云起封中诗》：“攒柯初缭绕，布叶渐蒙笼。”

【攢指】 聚拢之手指。韩愈《题炭谷湫祠堂》：“列峰若攒指，石盂仰环环。”

【攢星】 繁密之星。喻密集而鲜亮之花朵。司空曙《和李员外与舍人咏玫瑰花寄徐侍郎》：“攒星排绿蒂，照眼发红光。”

【攢炬】 簇聚之火炬。耿湋《元日早朝》：“远珂时接韵，攒炬偶成花。”

【攢眉】 蹙眉，皱眉。忧愁貌。元稹《代曲江老人百韵》：“振臂谁相应，攒眉独不伸。”

【攢虹】 攒聚之虹。喻多而密之拱桥。李绅《过吴门二十四韵》：“桥转攒虹饮，波通斗鹢浮。”

【攢珠】 聚集水珠。裴度、刘禹锡《西池落泉联句》：“喷雪萦松竹，攒珠贱芰荷。”

【攢珩】 簇聚之珩玉。珩，玉佩上之横玉。韩愈、孟郊《城南联句》：“悬长巧纽翠，象曲善攒珩。”

【攢栽】 密集栽种。章孝标《玄都观栽桃十韵》：“驱使鬼神功，攒栽万树红。”

【攢峰】 丛聚之群峰。则天皇后《从驾幸少林寺》：“云偃攒峰盖，霞低插浪旂。”高适《赴彭州山行之作》：“峭壁连崆峒，攒峰叠翠微。”皎然《奉应颜尚书真卿观玄真子置酒张乐画洞庭三山歌》：“乐纵酒酣狂更好，攒峰若雨纵横扫。”鲍溶《玉山谣奉送王隐者》：“攒峰胎玉气色润，百泉透云流不尽。”

【攢倚】 簇聚靠拢。宋之问《游陆浑南山以诗代书答李舍人适》：“细岑互攒倚，浮巘竞奔蹙。”

【攢筆】 众多的笔。谓很多人持笔。形容传写之人多。温庭筠《感旧陈情五十韵献淮南李仆射》：“赋成攒笔写，歌出满城传。”

【攢集】 聚集。韩愈《月蚀诗效玉川子作》：“星如撒沙出，攒集争强雄。”

【攢蛾】 蹙眉，皱眉。蛾，蛾眉。李贺《神弦》：“相思木帖金舞鸾，攒蛾一啑重一弹。”亦作“攢雙蛾”。武元衡《晨兴寄赠窦使君》：“有美婵娟子，百虑攒双蛾。”李贺《有所思》：“西风未起悲龙梭，年年织素攒双蛾。”

【攢聚】 集聚。李白《游泰山六首》之五：“千峰争攒聚，万壑绝凌历。”

【攢沖】 谓水流汇聚冲激。卢鸿一《嵩山十志十首·云锦淙》：“水攒冲兮石丛耸，焕云锦兮喷汹涌。”

【攢甍】 连接之屋脊。卢纶《萧常侍瘿柏亭歌》：“攒甍斗拱无斤迹，根瘿联悬同素壁。”

【攢磧】 集聚于沙漠之上。方干《晓角》：“立霜嘶马怨，攒碛泣兵愁。”

【攢蹄】 谓马并拢四蹄。马疾驰腾空时，四蹄向中间靠拢。韩愈《汴泗交流赠张仆射》：“分曹决胜约前定，百马攒蹄近相映。”

【攢激】 谓多股泉流密集冲激。卢鸿一《嵩山十志十首·涤烦矶》序：“涤烦矶者，盖穷谷峻崖，发地磐石，飞流攒激，积漱成渠。”

【攢簇】 集聚。伍乔《观华夷图》：“别手应难及此精，须知攒簇自心灵。”

【攢叢】 丛聚，簇聚。宋之问《嵩山天门歌》：“天门兮穹崇，回合兮攒丛。”李适《答宋十一崖口五渡见赠》：“石林上攒丛，金涧下明灭。”卢鸿一《嵩山十志十首·云锦淙》：“石攒丛兮云锦淙，波连珠兮文沓缝。”李白《至陵阳山登天柱石酬韩侍御见招隐黄山》：“黄山过石柱，巘崿上攒丛。”

【攢雜】 杂聚，聚合。韩愈《陆浑山火和皇甫湜用其韵》：“攒杂啾嚄沸篪埙，彤幢绛旃紫纛幡。”

【攢攢】 丛聚貌。孟郊《尧歌》：“莺弄方短短，花明碎攒攒。”李贺《送韦仁实兄弟入关》：“行槐引西道，青梢长攒攒。”

攣 〔luán《广韵》吕員切，平仙，來。《集韵》龍眷切，去綫，來。〕❶连缀，系连。见“攣索”。❷痉挛。元稹《野节鞭》：“愿我迟似挛，饶君疾如翅。”又《望云骓马歌》：“肉绽筋挛四蹄脱，七马死尽无马骑。”唐彦谦《自咏》：“两牙摇欲落，双膝瘴如挛。”

【攣臥】 蜷曲而卧。孟郊《吊卢殷》之四：“挛卧岁时长，涟涟但幽噫。”

【攣拘】 拘束，约束。韩愈《送文昌师北游》：“挛拘屈吾真，戒辖思远发。”

【攣索】 拴系之绳索。韩愈《元和圣德诗》：“解脱挛索，夹以砧斧。”

【攣瞎】 有痉挛病者与盲人。代指贫病穷苦之百姓。韩愈《征蜀联句》：“下书遏雄虓，解罪吊挛瞎。”

二十画

攫 〔jué《广韵》居缚切，入藥，見。〕鸟兽以爪抓取。任华《寄杜拾遗》：“势攫虎豹，气腾蛟螭。”柳宗元《跂乌词》：“无乃饥啼走道旁，贪鲜攫肉人所伤。”韩愈《猛虎行》：“豹来衔其尾，熊来攫其颐。”姚合《天竺寺殿前立石》：“霹雳划深龙旧攫，屈槃痕浅虎新抓。”

【攫挐】 抓取，拿取。柳宗元《同刘二十八院长述旧言怀之作因其韵增至八十通赠二君子》：“屋鼠从穿兀，林狙任攫挐。”刘禹锡《有獭吟》：“攫挐隐鳞去，哺雏林岳颠。”

【攫搏】 ❶谓鸟兽以爪抓撕。元稹《大觜乌》：“其一觜大者，攫搏性贪痴。”亦指擒拿搏击。卢纶《腊日观咸宁王部曲娑勒擒豹歌》：“苑中流水禁中山，期尔攫搏开天颜。”❷喻掠夺。舒元舆《坊州按狱》：“攫搏如猛虎，吞噬若狂獒。”

攪 〔jiǎo《广韵》古巧切，上巧，見。〕❶搅拌；搅动。戎昱《相和歌辞·苦哉行五首》之五：“忽如乱刀剑，搅妾心肠间。”柳宗元《寄韦珩》：“今年噬毒得霍疾，支心搅腹戟与刀。”李咸用《谢僧寄茶》：“林风夕和真珠泉，半匙青粉搅潺湲。”亦指旋动、翻舞。李端《胡腾儿》：“帐前跪作本音语，拾襟搅袖为君舞。”❷扰乱，撩起。杜审言《赋得妾薄命》：“啼鸟惊残梦，飞花搅独愁。”杜甫《醉歌行》：“风吹客衣日杲杲，树搅离思花冥冥。”韩翃《送李湜下第归卫州便游河北》：“轻云日下不成阴，出对流芳搅别心。”韩愈《答孟郊》：“才春思已乱，始秋悲又搅。”❸卷绕；缠绕。沈彬《入塞二首》之一：“半夜翻营旗搅月，深秋防戍剑磨风。”詹敦仁《柳堤诗》序：“搅诗肠之百结，宜吾一咏而一觞也。”

【攪和】 （—huò）搅拌使融合。方干《袁明府以家酝寄余余以山梅答赠》：“九度搅和谁用法，四边窥摘自攀枝。”

【攪陣】 搅乱敌阵。李贺《马诗二十三首》之十三：“他时须搅阵，牵去借将军。”

【攪亂】 扰乱。搅扰使纷乱。皎然《陇头水二首》之二：“旅魂声搅乱，无梦到咸阳。”

【攪擾】 扰乱。白居易《分司》：“钱唐五马留三匹，还拟骑游搅扰春。”

【攪撩】 搅扰撩拨。郑仁表《题沧浪峡榜》：“路傍著板沧浪峡，真是将闲搅撩忙。”

【攪攪】 犹纷纷。繁多貌。韩愈《寄崔二十六立之》：“搅搅争附托，无人角雄雌。”

二十一画

攬 〔lǎn《广韵》盧敢切，上敢，來。〕亦作“擥”。❶把持；执持。见“攬衣”。❷以臂拢取入怀。亦泛指收揽。杜牧《题池州弄水亭》：“光洁疑可揽，欲以襟怀贮。”❸指延揽人才。李白《流夜郎半道书怀示息秀才》：“扬袂正北辰，开襟揽群雄。”❹采摘，采收。徐彦伯《淮亭吟》：“贞寂虑兮淮山幽，怜芳若兮揽中洲。”

【攬衣】 提起衣衫。白居易《酬集贤刘郎中对月见寄兼怀元浙东》：“下有白头人，揽衣中夜起。”

【攬泣】 犹挥泪。崔湜《赠苏少府赴任江南余时还京》：“揽泣固无趣，衔杯空尔为。”

【攬結】 收揽；采收。李白《登庐山五老峰》：“九江秀色可揽结，吾将此地巢云松。”

【攬轡】 ❶挽执缰绳。指乘车马。张文琮《蜀道难》：“揽辔独长息，方知斯路难。”❷见《后汉书·党锢传·范滂》。后因以“揽辔”指受任赴职欲有新建树。高适《和贺兰判官望北海作》：“揽辔隼将击，忘机鸥复来。”

支　部

支〔zhī《广韵》章移切、平支，章。〕❶同“肢”。四肢。权德舆《与道者同守庚申》：“四支动有息，一室虚白生。”张籍《南归》：“促促念道路，四支不常宁。”皇甫湜《出世篇》：“支消体化膏露明，湛然无色茵席濡。”白居易《隐几》：“身适忘四支，心适忘是非。”❷分支。(1)指支流。见“支川”“支流”。(2)指宗族之分支、支系。刘禹锡《文宗元圣昭献孝皇帝挽歌三首》之一：“本支方百代，先让棣华春。”(3)撑住，顶住。杜甫《水槛》：“既殊大厦倾，可以一木支。”贯休《士马后见赤松舒道士》：“乱阶犹未已，一柱若为支。”亦指支持，维持。韩愈《落齿》：“倘常岁落一，自足支两纪。”杜牧《和野人殷潜之题筹笔驿十四韵》：“若非天夺去，岂复虑能支。”徐铉《依韵和令公大王蔷薇诗》：“芳心向谁许，醉态不能支。”❸支取。白居易《新乐府·陵园妾》：“四季徒支妆粉钱，三朝不识君王面。”方干《哭喻凫先辈》：“撰碑纵托登龙伴，营奠应支卖鹤钱。”李洞《吊膳曹从叔郎中》：“华省支残俸，寒蔬办祭稀。”❹量词。李端《送郑宥入蜀迎觐》：“剑门千转尽，巴水一支长。”❺姓。晋有支遁。张希复《闲中好》词：“卷上论题肇，画中僧姓支。”

【支山】　即支硎山。皮日休有《题支山南峰僧》。陆龟蒙有《和袭美题支山南峰僧次韵》。

【支川】　支流。河流之分支。刘禹锡《韩十八侍御见示岳阳楼别窦司直诗故足成六十二韵》：“支川让其威，蓄缩至南委。”

【支子】　栀子，花名。韩愈《山石》：“升堂坐阶新雨足，芭蕉叶大支子肥。”

【支公】　即晋高僧支遁。亦用以指僧人。许景先《征君宅》：“内史既解绶，支公亦相亲。”司空曙《闲居寄苗发》：“支公有遗寺，重与谢安过。”鲍溶《赠真公影堂》：“旧房西壁画支公，昨暮今晨色不同。”李中《送刘恭游庐山兼寄令上人》：“松桂烟霞蔽梵宫，诗流闲去访支公。”

【支公養馬】　指晋高僧支遁重马之神骏而养马数匹之事。见《世说新语·言语》。皎然《支公诗》：“支公养马复养鹤，率性无机多脱略。”亦作“支遁馬”。孟浩然《宴荣二山池》：“枥嘶支遁马，池养右军鹅。”

【支公養鶴】　指晋高僧支遁好鹤而养双鹤之事。见《世说新语·言语》。亦作“支遁鶴”。陆龟蒙《奉和袭美二游诗·任诗》：“秋笼支遁鹤，夜榻戴颙客。”

【支公憐神駿】　指晋高僧支遁重马之神骏而养马数匹之事。皮日休《重玄寺元达年逾八十好种名药余奇而访之因题二章》之二：“支公谩道怜神骏，不及今朝种一麻。”参见“支公養馬”。

【支分】　(一fēn)❶分配。白居易《花前有感兼呈崔相公刘郎中》：“四时轮转春常少，百刻支分夜苦长。”❷安排，处理。白居易《自咏老身示诸家属》：“支分闲事了，爬背向阳眠。”王建《题元郎中新宅》：“铺设暖房迎道士，支分闲院著医人。”

【支心】　犹言刺心、割心。形容腹内剧烈疼痛。柳宗元《寄韦珩》：“今年噬毒得霍疾，支心搅腹戟与刀。”

【支吾】　谓勉强支撑、支持。白居易《在家出家》：“衣食支吾婚嫁毕，从今家事不相仍。”

【支合】　指江河之分支与合流。元结《闵荒诗》：“河淮可支合，峰嶋生回沟。”

【支兵】　主力部队以外之小支部队。杨凝《送客往鄜州》：“晓上关城吟画角，暗驰羌马发支兵。”

【支流】　❶指江河分出数支小水流。亦喻指宗族分支。王勃《倬彼我系》：“分疆锡社，派别支流。”❷大江湖中分出之小水流。刘禹锡《海阳十咏·云英潭》：“支流日飞洒，深处自疑莹。”陆龟蒙《奉和袭美太湖诗二十首·练渎》：“一镜止千里，支流忽然迂。”

【支那】　古代印度等地对中国之称名。玄宗《题梵书》：“支那弟子无言语，穿耳胡僧笑点头。”

【支使】　官名。为观察使之幕职。位仅次于副使。一说即掌书记之职，掌表奏书檄等事。无出身者任此职即称支使。薛逢有《奉和仆射相公送东川李支使归使府夏侯相公》。薛能有《答贾支使寄鹤》。方干有《路支使小池》。齐己有《和孙支使惠示院中庭竹之什》。

【支牀】　❶支垫床脚。杜甫《季秋江村》：“登俎黄甘重，支床锦石圆。”❷亦作“支牀腳”。南方有老人用龟支床脚。见《史记·龟策列传》。后遂用为咏龟或咏修行长寿之典。王维《春日上方即事》：“鸠形将刻仗，龟壳用支床。”卢仝《月蚀诗》：“死壳没信处，唯堪支床脚。”李群玉《龟》：“曳尾辞泥后，支床得水初。”罗隐《圣真观刘真师院十韵》：“支床龟纵老，取箭鹤何慵。”

【支牀腳】　见“支牀”。

【支牀龜】　支垫床脚之乌龟。喻被拘束而过着单调冷清的生活。白居易《移家入新宅》：“春朝锁笼鸟，冬夜支床龟。”参见“支牀❷”。

【支持】　❶支撑住使得以维持。杜甫《夔府书怀四十韵》：“形容真潦倒，答效莫支持。”白居易《白云期》：“六十身太老，四体不支持。”又《祭社宵兴灯前偶作》：“更待年终后，支持归计看。”❷犹开支、支付。白居易《答山侣》：“非无解挂簪缨意，未有支持伏腊资。”又《狂吟七言十四韵》：“补绽衣裳愧妻女，支持酒肉赖交亲。”

【支派】　派系之分支。齐己《寄金陵幕中李郎中》：“龙门支派富才能，年少飞翔便大鹏。”

【支郡】　汉代各诸侯国领属之郡。韩愈、李正封《晚秋郾城夜会联句》：“汉刑支郡黜，周制闲田削。”刘禹锡《武陵书怀五十韵》：“西汉开支郡，南朝号戚藩。”

【支郎】　即汉末月氏国高僧支谦，时人称为支郎。见南朝梁慧皎《高僧传》卷一。严维《赠送崔子向》：“新诗踪谢守，内学似支郎。”权德舆《月夜过灵彻上人房因赠》：“今夜幸逢清净境，满庭秋月对支郎。”薛能《雨霁北归留题三学山》：“灌口阙寻惭远客，峨嵋乖约负支郎。”蒋吉《题商山修路僧院》：“支郎既解除艰险，试看人心平得无。”

【支梧】　同“支吾”。支撑；抵挡。白居易《偶以拙诗数首寄呈裴少尹侍郎蒙以盛制四篇一时酬和重投长句美而谢之》：“一麋丽龟绝报赛，五鹿连柱难支梧。”

【支硎】　山名。亦名报恩山。在唐江南道苏州吴县(今江苏苏州)西南。晋高僧支遁曾隐居于此。因山有平石，支遁即以支硎为号，山亦因此得名。硎，平石。皮日休《二游诗·徐诗》：“絜过太湖风，抱宿支硎雪。”又《初冬偶作寄南阳润卿》：“唯待支硎最寒夜，共君披氅访林公。”

【支硎寺】　寺名。即报恩寺，因在支硎山上，故名。皎然有《因游支硎寺寄邢端公》。刘禹锡《题报恩寺》：“云外支硎寺，名声敌虎丘。”亦称支硎山寺。刘长卿有《陪元侍御游支硎山寺》。参见“支硎山”。

【支筇】　拄杖。筇，竹手杖。许棠《寻山》：“蹑履复支筇，深山草木中。”陆龟蒙《引泉诗》：“支筇起独寻，只在墙东边。”

【支許】　晋高僧支遁与隐士许询之连称。二人相善，曾共讲《维摩诘经》。见南朝宋刘义庆《世说新语·文学》。杜甫《西枝村寻置草堂地夜宿赞公土室二首》之二：“从来支许游，兴趣江湖迥。”武元衡《慈恩寺起上人院》：“禅堂支许同，清论道源穷。”许浑《冬日宣城开元寺赠元孚上人》：“西方知有社，支许合相从。”段成式《中禅师影堂联句》：“当时乏支许，何人契深致。”

【支琴石】　放置琴瑟之石。白居易有《问支琴石》。

【支提】　梵语音译。原指佛火化后以土石等堆聚而成之纪念物，后亦指塔、刹。颜真卿《使过瑶台寺有怀圆寂上人》：“及尔不复见，支提犹岌然。”

【支策】　❶拄杖。李颀《咏张諲山水》：“小山破体闲支策，落日梨花照空壁。”权德舆《惠上人房宴别》：“方袍相引到龙华，支策开襟路不赊。”司马札《题清上人》：“罢经来宿鸟，支策对秋山。”❷以手杖击节。语本《庄子·齐物论》。独孤申叔《终南精舍月中闻磬》：“随风树杪去，支策月中分。”

【支給】　支付。花蕊夫人徐氏《宫词》之八七：“月头支给买花钱，满殿宫人近数千。”

【支遁】　(314—366)晋高僧。俗姓关，字道林，世称支公、林公。陈留(今河南开封东南)人。事迹见南朝梁慧皎《高僧传》卷四、南朝宋刘义庆《世说新语·言语》刘峻注引《高逸沙门传》。孟浩然《宿立公房》：“支遁初求道，深公笑买山。”李嘉祐《送王正字山寺读书》：“欲究先儒教，还过支遁居。”温庭筠《宿秦生山斋》：“岁晚得支遁，夜寒逢戴颙。”贯休《桐江闲居作十二首》之三：“何妨似支遁，骑马入青冥。”

【支遁馬】　见“支公養馬”。

【支遁愛山】　指晋高僧支遁买山而隐之事。见南朝梁慧皎《高僧传》卷四，又见南朝宋刘义庆《世说新语·排调》。广宣《红楼院应制》：“支遁爱山情谩切，昙摩泛海路空长。”

【支遁鶴】　见“支公養鶴”。

【支遁愛鷹】　指晋高僧支遁爱好养鹰之事。见许嵩《建康实录》卷八引晋许询《许玄度集》。司空图《退栖》：“燕昭不是空怜马，支遁何妨亦爱鹰。”

【支道林】　即晋高僧支遁。支遁字道林。柳宗元《韩漳州书报彻上人亡因寄二绝》之一：“他时若写兰亭会，莫画高僧支道林。”张祜《题灵彻上人旧房》：“寂寞空门支道林，满堂诗板旧知音。”

【支節】　肢体关节。引申指细碎。元稹《苦雨》：“又提精阳剑，蛟螭支节屠。”

【支撐】　支柱。谓以物顶住使不倾倒。牛僧孺《李苏州遗太湖石因题二十韵奉呈梦得乐天》：“地祇愁垫压，鳌足困支撑。”李渤《南溪诗》序：“俯而察之如伞如奁，如栾栌支撑，如莲蔓藻井。”

【支機】　见“支機石”。

【支機石】　传说中织女用以支垫织机之石。见宋周密《癸辛杂识前集》引南朝梁宗懔《荆楚岁时记》。

后遂以之为咏仙游之典。李邕《奉和初春幸太平公主南庄应制》:“传闻银汉支机石,复见金舆出紫微。”岑参《严君平卜肆》:“不知支机石,还在人间否。”李涉《逢旧二首》之二:“不知留得支机石,却逐黄河到世间。”崔道融《寓题》:“人间亦有支机石,虚被声名到洞天。”亦省作“支機”。李峤《同赋山居七夕》:“石类支机影,池似泛槎流。”沈佺期《奉和春初幸太平公主南庄应制》:“买地铺金曾作埒,寻河取石旧支机。”

【支頤】 以手托腮。多为闲适或沉思之状。王维《赠裴十迪》:“澹然望远空,如意方支颐。”陈羽《洛下赠彻公》:“支颐忽望碧云里,心爱嵩山第几重。”刘得仁《对月寄同志》:“支颐不语相思坐,料得君心似我心。”黄滔《故山》:“支颐默省旧林泉,石径茅堂到目前。”

【支錢】 支取俸钱,俸禄。姚合《武功县中作三十首》之十七:“每旬常乞假,隔月探支钱。”

【支離】 ❶离散;分别。骆宾王《送宋五之问得凉字》:“愿言游泗水,支离去二漳。”戎昱《逢陇西故人忆关中舍弟》:“每念支离苦,常嗟骨肉分。”元稹《酬段丞与诸棋流会宿弊居见赠二十四韵》:“公私牵去住,车马各支离。”韩偓《寄上兄长》:“两地支离路八千,襟怀凄怆鬓苍然。”亦指分割、截断。❷指支离疏。其人肢体残缺不全。柳宗元《跂乌词》:“支离无趾犹自免,努力低飞逃后患。”参见“支離疏”。❸流离。杜甫《咏怀古迹五首》之一:“支离东北风尘际,漂泊西南天地间。”郎士元《送彭偃房由赴朝因寄钱大郎中李十七舍人》:“寂寞浮云外,支离汉水边。”❹犹孤零、伶俜。钱起《小园招隐》:“支离鲜兄弟,形影如手足。”卢纶《酬包佶郎中览拙卷后见寄》:“令伯支离晚读书,岂知词赋称相如。”❺零乱,散乱。韩愈《蒲萄》:“新茎未遍半犹枯,高架支离倒复扶。”亦指树木扶疏貌。吴融《三峰府内矮柏十韵》:“绿涧支离久,朱门掩映深。”❻憔悴、衰颓貌。李华《云母泉诗》序:“况支离多病,年甫始衰。”杜甫《赠崔十三评事公辅》:“分军应供给,百姓日支离。”权德舆《病中苦热》:“三伏鼓洪炉,支离一病夫。”❼指残缺不完整。语本《庄子·人间世》。徐铉《赠奚道士》:“处世自能心混沌,全真谁见德支离。”

【支離疏】 庄子寓言中人物名。见《庄子·人间世》。后因以支离疏指形体不全之人。权德舆《古人名诗》:“从此直不疑,支离疏世事。”

【支羸】 ❶指肢体羸弱无力。李敬方《题黄山汤院》:“汗洽聊箕踞,支羸暂虎蹲。”❷支撑羸弱之身体。窦巩《代邻叟》:“年来七十罢耕桑,就暖支羸强下床。”

【支體】 肢体;身体。元稹《遣病十首》之八:“卧悲衾簟冷,病觉支体轻。”白居易《游悟真寺诗》:“歇定方盥漱,濯去支体烦。”鲍溶《与峨眉山道士期尽日不至》:“怀君屡惊叹,支体安能强。”亦指树的枝干。庄南杰《古松歌》:“龟鳞犀甲锁支体,泉声雨脚洗春风。”

六　画

攲 〔qī《广韵》去奇切,平支,溪。〕倾斜。刘商《袁德师求画松》:“柏偃松攲势自分,森梢古意出浮云。”

八　画

攱 〔qī《广韵》去奇切,平支,溪。又居綺切,上紙,見。〕同“攲”。

【攲午】 犹过午。谓日过正午而西斜。司空图《元日》:“殷勤元日日,攲午又明年。”

【攲石】 ❶斜侧之石。元结《石鱼湖上作》:“湖岸多攲石,石下流寒泉。”徐铉《题梁王旧园》:“树倚荒台风淅淅,草埋攲石雨修修。”❷斜倚,倚靠。元结《招孟武昌》:“攲石为水涯,半山在湖里。”常达《山居八咏》之三:“时提祖师意,攲石看斜阳。”

【攲瓦】 斜瓦。指屋顶上失修之瓦。白居易《江南遇天宝乐叟》:“红叶纷纷盖攲瓦,缘苔重重封坏垣。”

【攲危】 ❶倾斜而高耸。白居易《裴侍中晋公以集贤林亭即事诗三十六韵见赠辄广为五万言以伸酬谢》:“幽泉镜泓澄,怪石山攲危。”李商隐《深树见一颗樱桃尚在》:“矮堕绿云髻,攲危红玉簪。”陆龟蒙《和袭美江南书情二十韵寄秘阁韦校书商洛宋先辈》:“爱鹭攲危立,思猿矍铄狮。”吴融《槎》:“浪痕龙迹老攲危,流落何时别故枝。”❷高险不平之地。多指高山悬崖。杜甫《赠崔十三评事公辅》:“官联辞冗长,行路洗攲危。”韦应物《始至郡》:“高树上迢递,峻堞绕攲危。”孟郊《浮石亭》:“翠激递明灭,清潨泻攲危。”舒元舆《坊州按狱苏氏庄记室走马相访因成诗寄之》:“君能犯劲风,信宿凌攲危。”❸行步不稳貌。杜甫《江畔独步寻花七绝句》之二:“稠花乱蕊畏江滨,行步攲危实怕春。”韦应物《寻简寂观瀑布》:“蹑石攲危过急涧,攀崖迢递弄悬泉。”罗隐《冬暮城西晚眺》:“攲危长抱疾,衰老不禁寒。”

【攲枕】 倚枕。斜靠枕上。皎然《听寒更寄朱兵曹巨川》:“攲枕听寒更,寒更发还住。”李商隐《和刘评事永乐闲居见寄》:“自探典籍忘名利,攲枕时惊落蠹鱼。”秦韬玉《题竹》:“卷帘阴薄漏山色,攲枕韵寒宜雨声。”廖融《赠天台逸人》:“拂琴天籁寂,攲枕海涛生。”

【攲委】 倾侧下坠。崔橹《残莲花》之二:“不耐高风怕冷烟，瘦红攲委倒青莲。”

【攲垂】 斜垂。倾斜低垂。元结《漶阳亭作》：“峰石若鳞次，攲垂复旋回。”薛涛《寄旧诗与元微之》：“月下咏花怜暗澹，雨朝题柳为攲垂。”亦指斜垂之物，如柳枝之类。陆龟蒙《战秋辞》：“不过约弱攲垂，戕残废替。”

【攲差】 指山势倾斜而高低不齐。元结《引极三首·望仙府》：“中何有兮人不睹，远攲差兮阏仙府。”

【攲冠】 (—guān)谓头上之冠斜侧，未戴正。不羁之貌。包佶《奉和柳相公中书言怀》：“羸驾归贫宅，攲冠出禁林。”李商隐《戏题枢言草阁三十二韵》：“攲冠调玉琴，弹作松风哀。”

【攲眠】 斜躺，侧卧。顾况《苔藓山歌》：“闭门无事任盈虚，终日攲眠观四如。”方干《出山寄苏从事》：“倚松长啸宜疏拙，拂石攲眠绝是非。”褚载《送道士》：“鹿胎冠子水晶簪，长啸攲眠紫桂阴。”

【攲斜】 倾斜，歪斜。寒山《诗三百三首》之四三：“攲斜有瓮瓶，振拨无簪笏。”杜甫《大历三年春白帝城放船出瞿塘峡源泊有诗》：“摆阖盘涡沸，攲斜激浪输。”鱼玄机《春情寄子安》：“山路攲斜石磴危，不愁行苦苦相思。”黄滔《湘中赠张逸人》：“羽衣零落帽攲斜，不自孤峰即海沙。”

【攲侧】 倾斜，侧向一边。杜甫《宇文晁尚书之甥崔彧司业之孙重泛郑监前湖》：“锦席淹留还出浦，葛巾攲侧未回船。”顾况《攲松漪》：“湛湛碧涟漪，老松攲侧卧。”杨彝《过睦州青溪渡》：“飘零江海客，攲侧一帆归。”段成式《吴画联句》：“苍峭束高泉，角膝惊攲侧。”

【攲攲侧侧】 歪歪斜斜。倾斜貌。吴融《江行》：“攲攲侧侧海门帆，轧轧哑哑洞庭橹。”

【攲倾】 ❶倾斜，歪斜。杜甫《同元使君春陵行》：“作诗呻吟内，墨澹字攲倾。”陆龟蒙《奉酬袭美先辈初夏见寄次韵》：“闲心放羁靮，醉脚从攲倾。”周昙《咏史诗·前汉门·博陆侯》：“不是主人知诈伪，如何柱石免攲倾。”亦指歪斜不平之路。吕岩《七言》之十七：“渡海经河稀阻滞，上天入地绝攲倾。”❷喻指社稷倾危。殷文圭《观贺皇太子册命》：“自有汉元争翊戴，不劳商皓定攲倾。”❸犹倾轧。柳宗元《韦道安》：“君侯既即世，麾下相攲倾。”

【攲盖】 指大树斜出之浓密枝叶。以其遮蔽如盖，故称。杜甫《严郑公阶下新松》：“何当一百丈，攲盖拥高檐。”

攴 部

二 画

收 〔shōu《广韵》式州切，平尤，書。又舒救切，去宥，書。〕❶拘捕。王建《田侍郎归镇》之一："贼城破后先锋入，看着红妆不敢收。"❷收留，录用。玄宗《左丞相说右丞相璟太子少傅乾曜同日上官赐诗》："赤帝收三杰，黄轩举二臣。"李白《赠从弟南平太守之遥二首》之一："彤庭左右呼万岁，拜贺明主收沉沦。"杜元颖《赋得玉水记方流》："遇鉴终无暗，逢时愿见收。"亦指采纳、采用。刘昚虚《赠乔琳》："去年上策不见收，今年寄食仍淹留。"❸收回。刘长卿《送齐郎中赴海州》："直庐收旧草，行县及新苗。"杜牧《边上晚秋》："黑山南面更无州，马放平沙夜不收。"李商隐《富平少侯》："不收金弹抛林外，却惜银床在井头。"❹收存，收藏。姚合《哭贾岛二首》之一："曾闻有书剑，应是别人收。"❺收集；收罗。储光羲《群鸦咏》："冢宰收琳琅，侍臣尽鸳鸯。"杜甫《秋日夔府咏怀奉寄郑监李宾客一百韵》："高视收人表，虚心味道玄。"又《后出塞三首》之二："拔剑击大荒，日牧胡马群。"姚合《武功县中作三十首》之二："因病多收药，缘餐学钓鱼。"❻收获作物。杜甫《羌村》之二："赖知禾黍收，已觉槽床注。"韦应物《襄武馆游眺》："仰恩惭政拙，念劳喜岁收。"韩愈《赴江陵途中寄赠翰林三学士》："是年京师旱，田亩少所收。"皮日休《夏景无事因怀章来二上人二首》之一："水花移得和鱼子，山蕨收时带竹胎。"亦指摘收瓜果等。张祜《读曲歌五首》之五："郎去摘黄瓜，郎来收赤枣。"温庭筠《赠郑处士》："醉收陶令菊，贫卖邵平瓜。"贯休《和韦相公见示闲卧》："童收庭树果，风曳案头笺。"❼征收。高适《东平路中遇大水》："仓廪终尔给，田租应罢收。"❽收复。杜甫《遣愤》："自从收帝里，谁复总戎机。"令狐楚《年少行四首》之一："未收天子河湟地，不拟回头望故乡。"李商隐《偶成转韵七十二句赠四同舍》："平明赤帖使修表，上贺嫖姚收贼州。"亦指攻克、攻占。戎昱《听杜山人弹胡笳》："回鹘数年收洛阳，洛阳士女皆驱将。"❾收捡，捡拾。岑参《南溪别业》："竹径春来扫，兰樽夜不收。"韩愈《南山诗》："或行而不辍，或遗而不收。"杨衡《送孔周之南海谒王尚书》："潮尽收珠母，沙闲拾翠翎。"吴融《御沟十六韵》："激石珠争碎，萦堤练不收。"❿收容。杜甫《送长孙九侍御赴武威判官》："此行收遗甿，风俗方再造。"⓫集聚。韩愈《早赴街西行香赠卢李二中舍人》："寂寥二三子，归骑得相收。"⓬收服，征服。许天正《和陈元光平潮寇诗》："长戈收百甲，聚骑破千重。"杜甫《故司徒李公光弼》："司徒天宝末，北收晋阳甲。"⓭获得，建树。李白《送族弟绾从军安西》："尔随汉将出门去，剪虏若草收奇功。"又《赠何七判官昌浩》："不然拂剑起，沙漠收奇勋。"⓮收殓，殓葬。杜甫《兵车行》："君不见青海头，古来白骨无人收。"又《佳人》："官高何足论，不得收骨肉。"韩愈《左迁至蓝关示侄孙湘》："知汝远来应有意，好收吾骨瘴江边。"⓯缩回。卢纶《宴席赋得姚美人拍筝歌》："微收皓腕缠红袖，深遏朱弦低翠眉。"⓰收敛；消没。太宗《冬狩》："骑敛原尘静，戈回岭日收。"包佶《再过金陵》："玉树歌终王气收，雁行高送石城秋。"白居易《永崇里观居》："季夏中气候，烦暑自此收。"翁承赞《柳》之一："斜拂中桥远映楼，翠光骀荡晓烟收。"黄滔《明月照高楼》："卓午收全影，斜悬转半明。"⓱止歇；结束。岑参《虢州后亭送李判官使赴晋绛》："西原驿路挂城头，客散红亭雨未收。"卢纶《割飞二刀子歌》："神惊魄悸却收得，刃头已吐微微烟。"韦庄《同和薛先辈见寄初秋寓怀旧韵》："大火收残暑，清光渐惹襟。"李洞《闻杜鹃》："花落玄宗回蜀道，雨收工部宿江津。"

【收入】 收进；收录。韩愈《石鼓歌》："陋儒编诗不收入，二雅褊迫无委蛇。"

【收心】 谓收束心意，使专注于一处。吕岩《寄白龙洞刘道人》："要取鱼，须结筌，何不收心炼取铅。"

【收功】 取得战功；获得成功。白居易《新乐府·蛮子朝》："入界先经蜀川过，蜀将收功先表贺。"

【收田】 收获田稼。元稹《酬乐天东南行诗一百韵》："防戍兄兼弟，收田妇与姑。"贾岛《酬张籍王建》："鼠抛贫屋收田日，雁度寒江拟雪天。"

【收布】 织布。王贞白《寄郑谷》："火鼠重收布，冰蚕乍吐丝。"

【收成】 ❶收获庄稼。魏征《五郊乐章·白帝商音》："岁功既阜，庶类收成。"❷代指秋天。则天皇后《唐明堂乐章·商音》："律中夷则，序应收成。"

【收帆】 收起船帆。指停船。赵嘏《江上逢许逸人》："收帆依雁溢浦宿，带雨别僧衡岳回。"

【收羽】 收箭。传汉郑弘于射的山采薪时，拾得一箭，为仙人收回。郑求使若耶溪朝南风，暮北风，以便载薪，后果如愿。后遂用为咏仙人或喻箭失之典。李峤《箭》："汉甸初收羽，燕城忽解围。"参阅《后汉书·郑弘传》李贤注。

【收兵】 ❶收回兵器。参见"收兵鑄金人"。❷收回部队。指撤兵、班师。刘长卿《和袁郎中破贼后军行过剡中山水谨上太尉》："赦罪春阳发，收兵太白低。"张祜有《润州杨别驾宅送蒋侍御收兵归扬州》。贯休《古出塞曲三首》之一："纵宴参胡乐，收兵过雪山。"

【收兵鑄金人】 指秦始皇收天下兵器铸为十二金人事。见《史记·秦始皇本纪》。李白《古风》之三："收兵铸金人，函谷正东开。"

【收身】 撤身，退出。韩愈《和仆射相公朝回见寄》："放意机衡外，收身矢石间。"

【收宗廟】 借指收复京城。因帝王宗庙在京城，故云。杜甫《巴西闻收宫阙送班司马入京》："闻道收宗庙，鸣銮自陕归。"

【收取】 收复，取回。杜甫《散愁二首》之一："司徒下燕赵，收取旧山河。"李贺《南园十三首》之五："男儿何不带吴钩，收取关山五十州。"

【收拾】 ❶收集。齐己《送泰禅师归南岳》："有兴寄题红叶上，不妨收拾别为编。"❷收取。李山甫《上元怀古二首》之一："总是战争收拾得，却因歌舞破除休。"❸收获。韩愈《送张道士》："霜天熟柿栗，收拾不可迟。"❹收捡；捡拾。孟郊《奉报翰林张舍人见遗之诗》："收拾古所弃，俯仰补空文。"王毂《刺桐花》："直疑青帝去匆匆，收拾春风浑不尽。"成彦雄《柳枝辞九首》之二："饮散无人收拾得，月明阶下伴秋千。"❺清理，整理。孟郊《送陆畅归湖州因凭题故人皎然塔陆羽坟》："待我遂前心，收拾使有终。"韩愈《石鼓歌》："继周八代争战罢，无人收拾理则那。"白居易《和微之诗二十三首·和寄乐天》："饯筵才收拾，征棹遽排比。"曹唐《小游仙诗九十八首》之四十："白羊成队难收拾，吃尽溪头巨胜花。"亦特指打点行装。白居易《早春招张宾客》："商山老伴相收拾，不用随他年少人。"❻犹收敛、收束。薛涛《寄旧诗与元微之》："老大不能收拾得，与君开似教男儿。"

【收捕】 拘捕。张籍《伤歌行》："黄门诏下促收捕，京兆尹系御史府。"

【收跡】 ❶留存行迹。谓置身其间。韦应物《逢杨开府》："两府始收迹，南宫谬见推。"柳宗元《同刘二十八院长述旧言怀之作因其韵增至八十通赠二君子》："宪府初收迹，丹墀共拜嘉。"❷犹藏迹。指隐退。温庭筠《病中书怀呈友人》："放怀亲蕙芷，收迹异桑榆。"

【收採】 收集采纳。项斯《送归江州友人初下第》："名高不俟召，收采献君门。"

【收釣】 渔钓。钱起《和慕容法曹寻渔者寄城中故人》："饥鹭不惊收钓处，闲麛应乳负暄时。"

【收淚】 止住流泪。綦毋潜《送崔员外黔中监选》："听猿收泪罢，系雁待书稀。"雍陶《入蛮界不许有悲泣之声》："渐近蛮城谁敢哭，一时收泪羡猿啼。"

【收將】 （—jiāng）收得，收取。白居易《江楼夜吟元九律诗成三十韵》："收将白雪丽，夺尽碧云妍。"李商隐《碧城三首》之三："检与神方教驻景，收将凤纸写相思。"

【收貯】 收藏，贮存。白居易《题文集柜》："收贮谁家集，题云白乐天。"姚合《答窦知言》："倒箧别收贮，不与俗士论。"罗隐《金钱花》："若教此物堪收贮，应被豪门尽劚将。"

【收復】 收回。多指收回失地。郑嵎《津阳门诗》："湟中土地昔湮没，昨夜收复无疮痍。"

【收視】 道教语。道家修炼术之一。谓收神内视，以澄心修真。权德舆《与道者同守庚申》："收视忘趋舍，叩齿集神灵。"

【收資】 收藏资财。李瀚《蒙求》："糜竺收资，桓景登高。"

【收管】 收押看管。韩滉《判僧云晏五人聚赌喧诤语》："并付江神收管，波中便是泉台。"

【收旗臥鼓】 犹偃旗息鼓。李商隐《偶成转韵七十二句赠四同舍》："收旗卧鼓相天子，相门出相光青史。"

【收賦】 收取田赋。元结《别何员外》："犹是尚书郎，收赋来江湖。"卢纶《送信州姚使君》："楚国上腴收赋重，汉家良牧得人难。"

【收窮龐】 指战国齐孙膑以计制伏庞涓于马陵事。韩愈《病中赠张十八》："回军与角逐，斫树收穷庞。"

【收螢】 同囊萤。指晋车胤囊萤读书事。典出《晋书·车胤传》。白居易《和春深二十首》之十："折桂名惭郄，收萤志慕车。"

【收聲】 谓寂静而不再发声。韩愈《秋怀诗十一首》之十："暮暗来客去，群嚣各收声。"

【收斂】 ❶收束，加以约束。韩愈《送僧澄观》："向风长叹不可见，我欲收敛加冠巾。"❷收集，收捡。詹敦仁《柳堤诗》序："既当收敛暇余，迺且呼童削其繁冗，代其朽蠹。"

【收績】 取得功绩。韩愈《送侯参谋赴河中幕》："收绩开史牒，翰飞逐溟鹏。"

【收藏】 （—cáng）收存贮藏。白居易《将发洛中枉令狐相公手札以長句答之》:“收藏便作终身宝,何啻三年怀袖间。”吕岩《七言》之四七:“盈箱贮积登仙录,满室收藏伏火砂。”

【收穫】 收割庄稼。皇甫冉《寄刘八山中》:“闰岁风霜晚,山田收获迟。”柳宗元《田家三首》之三:“是时收获竟,落日多樵牧。”韩愈、孟郊《秋雨联句》:“岂惟虑收获,亦以求颠沛。”亦代指收获之季节,即秋季。杜甫《云》:“收获辞霜渚,分明在夕岑。”

三　画

攻〔gōng《广韵》古紅切,平東,見。又古冬切,平冬,見。〕❶攻击,进攻。张九龄《酬周判官巡至始兴见贻之作》:“义疾耻无勇,盗憎攻亦锐。”宋昱《樟亭观涛》:“冲腾如决胜,回合似相攻。”卢仝《月蚀诗》:“两眼不相攻,此说吾不容。”白居易《凶宅》:“四者如寇盗,日夜来相攻。”❷侵袭,侵犯。杜甫《赠苏四徯》:“为郎未为贱,其奈疾病攻。”❸攻讦,指责。寒山《诗三百三首》之四三:“不须攻人恶,何用伐己善。”见“攻短”。❹琢磨治理,加工。欧阳詹《送袁秀才下第归毗陵》:“矢舍虽未中,璞全终待攻。”柳宗元《奉平淮夷雅表·方城》:“既砺既攻,以后厥刃。”❺攻读,亦指专心钻研。阎防《百丈溪新理茅茨读书》:“开卦推盈虚,散帙攻节目。”吕温《同恭夏日题寻真观李宽中秀才书院》:“愿君此地攻文字,如炼仙家九转丹。”元稹《答姨兄胡灵之见寄五十韵》:“学问攻方苦,篇章兴太清。”滕倪《留别吉州太守宗人迈》:“误攻文字身空老,却返渔樵计已迟。”❻驯服,训练。见“攻駒”。❼医治,治疗。包佶《立春后休沐》:“积病攻难愈,衔恩报转微。”杜甫《秋野五首》之三:“礼乐攻吾短,山林引兴长。”孟郊《劝善吟》:“天疾难自医,诗癖将何攻。”❽古代祭祀名。见“攻禬”。

【攻文】 攻研诗文。李白《别鲁颂》:“夫子还倜傥,攻文继前烈。”戎昱《酬梁二十》:“细与知音说,攻文恐误人。”贾岛《送雍陶及第归成都宁亲》:“勿以攻文捷,而将学剑轻。”李商隐《咏怀寄秘阁旧僚二十六韵》:“攻文枯若木,处世钝若锤。”

【攻玉】 琢磨玉石。语本《诗·小雅·鹤鸣》。后常以喻指取人之长以致其功。张说《惠文太子挽歌二首》之一:“剪桐悲曩戏,攻玉怆新恩。”

【攻伐】 攻打讨伐。储光羲《哥舒大夫颂德》:“攻伐若振槁,熟云非神明。”

【攻守】 进攻与防守。借指作战。陈陶《塞下曲》之一:“海山谙向背,攻守别风云。”

【攻苦】 犹茹苦,刻苦。韩偓《即目二首》之二:“攻苦惯来无不可,寸心如水但澄鲜。”

【攻破】 攻打而破除之。亦喻指渗透。杜牧《歙州卢中丞见惠名酝》:“攻破是非浑似梦,削平身世有如无。”

【攻病】 治病。韦应物《广德中洛阳作》:“饮药本攻病,毒肠翻自残。”

【攻疾】 治病。柳宗元《种仙灵毗》:“灵和理内藏,攻疾贵自源。”元稹《感梦》:“前时奉橘丸,攻疾有神功。”

【攻穿】 犹打通。元稹《捉捕歌》:“梁栋尽空虚,攻穿痕不露。”又《虫豸诗·蚊子》之二:“攻穿漏江海,噆食困蚊鲸。”此指由咬啮而穿通。

【攻書】 研读书籍。或指钻研书法。王贞白《赠刘凝评事》:“谈史曾无滞,攻书已造微。”

【攻研】 攻读钻研。王建《送于丹移家洺州》:“诗礼不外学,兄弟相攻研。”

【攻琴】 专门研习奏琴。戎昱《听杜山人弹胡笳》:“杜陵攻琴四十年,琴声在音不在弦。”

【攻短】 攻讦人之短处。窦巩《江陵遇元九李六二侍御纪事书情呈十二韵》:“好闲容问道,攻短每言非。”

【攻剽】 攻掠抢劫。李瀚《蒙求》:“义纵攻剽,周阳暴虐。”

【攻說】 攻讦议论。贯休《寄景地判官》:“举世唯攻说,多君即不然。”

【攻駒】 调教训练马驹。杜甫《天育骠骑歌》:“伊昔太仆张景顺,监牧攻驹阅清峻。”又《沙苑行》:“食之豪健西域无,每岁攻驹冠边鄙。”

【攻戰】 征战。进攻作战。李峤《倡妇行》:“胡兵屡攻战,汉使绝和亲。”张说《奉和圣制送王晙巡边应制》:“欲施攻战法,先作简稽行。”胡皓《大漠行》:“汉将纷纭攻战盈,胡寇萧条幽朔清。”

【攻擊】 进攻袭击。武元衡《塞下曲》:“白露湿铁衣,半夜待攻击。”贯休《冬末病中作二首》之二:“胸中有一物,旅拒复攻击。”

【攻禬】 古代祭祀名。六祈之二种,其三曰禬,其五曰攻。俱以祭祈福攘灾。柳宗元《种白蘘荷》:“庶氏有嘉草,攻禬事久泯。”

【攻顛】 指专学草圣张旭之书法。旭醉酒狂书,人称张颠,故云。贾耽《赋虞书歌》:“不同怀素只攻颠,岂类张芝惟创草。”

攸〔yōu《广韵》以周切,平尤,以。〕❶是,斯。褚亮《享先农乐章·咸和》:“古今攸赖,是曰人天。”萧颖士《菊荣》:“恺悌君子,佩服攸宜。”❷连词。乃,于是。柳宗元《唐铙歌鼓吹曲十二篇·靖本邦》:“根柢之摇,枯叶攸病。”❸助词。(1)所。裴度《中和节诏赐公卿尺》:“短长思合制,远近贵攸同。”

韦表微《池州夫子庙麟台》:"吁嗟麟兮,靡有攸止。"(2)无义。《郊庙歌辞·郊天旧乐章·豫和》:"洪歆式就,介福攸归。"

【攸往】 所往。语出《易·坤》。张九龄《秦和圣制送十道采访使及朝集使》:"戒程有攸往,诏饯无淹泊。"权德舆《送人使之江陵》:"嘉招不辞远,捧檄利攸往。"温庭筠《秋日》:"投迹倦攸往,放怀志所执。"

改 〔gǎi《广韵》古亥切,上海。见。〕❶变化,变更。韦承庆《直中书省》:"白发随年改,丹心为主披。"贺知章《回乡偶书二首》之一:"少小离乡老大回,乡音难改鬓毛衰。"戴叔伦《赠康老人洽》:"百人会中一身在,被褐饮瓢终不改。"韦庄《新正日商南道中作寄李明府》:"嵩山不改千年色,洛邑长生一路尘。"亦指更改,改换。太宗《初夏》:"一朝春夏改,隔夜鸟花迁。"韦述《奉和圣制送张说上集贤学士赐宴赋得华字》:"修文中禁启,改字令名加。"韩愈《石鼓歌》:"忆昔初蒙博士征,其年始改称元和。"徐铉《光穆皇后挽歌三首》之一:"仙驭期难改,坤仪道自光。"❷改正,纠正。韩愈《岳阳楼别窦司直》:"事多改前好,趣有获新尚。"❸修改。虞世南《怨歌行》:"掖庭羞改画,长门不惜金。"王建《朝天词十首寄上魏博田侍中》:"威容难画改频频,眉目分毫恐不真。"方干《山中言事八韵寄李支使》:"旧诗改处空留韵,新酝尝来不满篘。"郑谷《中年》:"衰迟自喜添诗学,更把前题改数联。"❹谓弃原有之某事物而重新另作。孟浩然《和宋太史北楼新亭》:"丽谯非改作,轩槛是新图。"

【改木】 即改火。因古代钻木取火,四季取火之木材不同,故以喻指季节更换。张说《奉和圣制寒食作应制》:"改木迎新燧,封田表旧烧。"

【改月】 指月初之时。因初换新月,故称。白居易《自到郡斋仅经旬日偷闲走笔题二十四韵仍呈吴中诸客》:"涉途初改月,入境已经旬。"

【改火】 上古钻木取火,四季取火之木不同,春用榆柳,夏取桑柘,秋以柞楢,冬改槐檀,故称改火。亦喻指季节更易。史延《清明日赐百僚新火》:"九天初改火,万井属良辰。"郑辕《清明日赐百僚新火》:"改火清明后,优恩赐近臣。"韩愈《枯树》:"犹堪持改火,未肯但空心。"

【改年】 改元。帝王改换年号。沈佺期有《则天门赦改年》。参阅《资治通鉴·则天皇后永昌元年》。

【改行】 (一xíng)改变原来的行为。寒山《诗三百三首》之二四三:"汝今须改行,覆车须改辙。"

【改名】 ❶改换人名。刘禹锡《和杨师皋给事伤小姬英英》:"撚弦花下呈新曲,放拨灯前谢改名。"❷改换名称。雍陶《题情尽桥》:"自此改名为折柳,任他离恨一条条。"

【改色】 改变颜色。白居易《酬元九对新栽竹有怀见寄》:"始嫌梧桐树,秋至先改色。"

【改更】 (一gēng)改变,更换。李商隐《送千牛李将军赴阙五十韵》:"覆载还高下,寒暄急改更。"罗隐《乱后逢友人》:"生灵寇盗尽,方镇改更贫。"

【改邑】 改变封邑。语出《易·井》。卢仝《萧宅二三子赠答诗二十首·客谢井》:"改邑不改井,此是井卦辞。"

【改坐】 移坐。挪动坐处。元结《刘侍御月夜宴会》:"中夜兴欲酣,改坐临清川。"

【改序】 指时序变更,改换季节。韦应物《立夏日忆京师诸弟》:"改序念芳辰,烦襟倦日永。"

【改事】 本指另行择主从事。语出《左传·宣公十二年》。后转指改过事善。韩愈《除官赴阙至江州寄鄂岳李大夫》:"公其务贯过,我亦请改事。"

【改易】 改换,改变。崔颢《江畔老人愁》:"山川改易失市朝,衢路纵横填白央。"皇甫冉《送李使君赴抚州》:"岁时徒改易,今古接风流。"孟郊《衰松》:"人心忌孤直,木性随改易。"白居易《续古诗十首》之一:"妾身有存殁,妾心无改易。"

【改兔】 改月。指换月份。李群玉《将离澧浦置酒野屿奉怀沈正字昆弟三人联登高第》:"春月三改兔,花枝成绿阴。"

【改弦】 改换琴弦。喻指改变状况。刘长卿《雨中登沛县楼赠表兄郭少府》:"为客频改弦,辞家尚如昨。"

【改柯】 指树木换生新枝。曹邺《江西送人》:"何水不生波,何木不改柯。"

【改容】 犹动容。改变面容。郑准《江南清明》:"吴山楚驿四年中,一见清明一改容。"

【改移】 改变移动。白居易《埇桥旧业》:"改移新径路,变换旧村邻。"

【改張】 改弦更张之略语。指改换琴弦重新调音。多以喻指改革旧做法,重作新安排。元稹《桐花》:"改张乃可鼓,此语无古今。"白居易《府酒五绝·变法》:"唯是改张官酒法,渐从浊水作醍醐。"花蕊夫人徐氏《宫词》之五:"殿名新立号重光,岛上亭台尽改张。"参阅《汉书·董仲舒传》。

【改貫】 指出生地之里闾改名。王贞白《赴选别太守》:"改贯永留乡党额,减租重感郡侯恩。"

【改陰】 ❶谓树影移动。借指光阴流逝。孟简《惜分阴》:"对景嗟移晷,窥园讵改阴。"❷指一年。因树荫之疏密大小每年随季节变换一度,故谓。孟郊《送清远上人归楚山旧寺》:"山寺一别来,云萝三改阴。"

【改換】 更改,变换。白居易《曲江感秋二首》之一："销沉昔意气，改换旧容质。"方干《题龙泉寺绝顶》："前后登临思无尽，年年改换去来人。"罗隐《野狐泉》："又应改换皮毛后，何处人间作好人。"

【改葬】 迁葬。另择地安葬。郑嵎《津阳门诗》："宫中亲呼高骠骑，潜令改葬杨真妃。"周昙《咏史诗·春秋战国门·章子》："改葬义无欺死父，临戎安肯背生君。"

【改歲】 指进入新的一年。阎朝隐《奉和立春游苑迎春应制》："鹊入巢中言改岁，燕衔书上道宜新。"

【改過】 改正过失。孙魴《看牡丹二首》之二："也拟便休还改过，迢迢争奈一年期。"

【改節】 喻指改变节操。戎昱《辰州建中四年多怀》："竹寒宁改节，隼静早因禽。"

【改制】 重新缝制。刘禹锡《武陵书怀五十韵》："带赊衣改制，尘涩剑成痕。"

【改調】 (—diào)改变音调。花蕊夫人徐氏《宫词》之一五一："玉箫改调筝移柱，催换红罗绣舞筵。"

【改頭换面】 佛教语。谓众生在三界六道之轮回中只改变形相而不能脱离生死世界达到涅槃。寒山《诗三百三首》之二一三："改头换面孔，不离旧时人。"

【改轅】 改变车辕的朝向。借指中途改变车子的行进方向。韩愈《奉和兵部张侍郎酬郓州马尚书祗召途中见寄之作》："来朝当路日，承诏改辕时。"白居易《长庆二年七月自中书舍人出守杭州路次蓝溪作》："东道既不通，改辕遂南指。"

【改轍】 改变行车之轨道。多喻指改变原来的作法。寒山《诗三百三首》之二四三："汝今须改行，覆车须改辙。"拾得《诗》之十九："前车既落坑，后车须改辙。"杜甫《释闷》："但恐诛求不改辙，闻道嬖孽能全生。"

【改變】 更改，变化。寒山《诗三百三首》之一二〇："心若不妄起，永劫无改变。"王建《寻橦歌》："斯须改变曲解新，贵欲欢他平地人。"白居易《白发》："加添老气味，改变旧容仪。"无名氏《贺圣朝》词(卷八九九)："改变容颜，消磨今古，陇头残月。"

【改觀】 ❶改变原来状况。王维《送秘书晁监还日本国》序："同仪加等，位在王侯之先；掌次改观，不居蛮夷之邸。"❷犹言刮目相看。谓改变原来观感、看法。唐彦谦《望中条》："虞乡县西郭，改观揖中条。"

四 画

放[1] 〔fàng《广韵》甫妄切，去漾，非。〕❶放逐，流放。权龙褒《岭南归后献诗》："龙褒有何罪，天恩放岭南。"李白《单父东楼秋夜送族弟沈之秦》："屈原憔悴滞江潭，亭伯流离放辽海。"灵澈《初到汀州》："初放到沧州，前心讵解愁。"亦指贬谪外放。孟郊《连州吟》之二："正直被放者，鬼魅无所侵。"❷免职罢归。岑参有《送崔全被放归都觐省》。任华《寄李白》："有敕放君却归隐沦处，高歌大笑出关去。"孟郊《隐士》："陶公自放归，尚平去有依。"❸舍弃。杜甫《绝句漫兴九首》之八："人生几何春已夏，不放香醪如蜜甜。"❹免除，蠲免。白居易《新乐府·杜陵叟》："白麻纸上书德音，京畿尽放今年税。"亦指减免。卢仝《寄男抱孙》："一百放一下，打汝九十九。"❺放纵，不加约束。萧颖士《江有归舟三章》序："文也者，非云尚形似，牵比类，以局夫俪偶，放于奇靡。"杜甫《晦日寻崔戢李封》："当歌欲一放，泪下恐莫收。"白居易《尝黄醅新酎忆微之》："爱向卯时谋洽乐，亦曾酉日放粗狂。"李群玉《送人隐居》："鹏鷃喻中消日月，沧浪歌里放心神。"❻宽舒，舒展。戎昱《花下宴送郑炼师》："贵看花柳色，图放别离心。"李绅《过梅里七首·上家山》："山明溪月上，酒满心聊放。"❼散放；开释，放归。郑繇《失白鹰》："云中呼暂下，雪里放还迷。"杜甫《青丝》："不闻汉主放妃嫔，近静潼关扫蜂蚁。"王建《宫词一百首》之九六："只恐他时身到此，乞恩求赦放还家。"李中《放鹭鸶》："池塘多谢久淹留，长得霜翎放自由。"❽放牧，放养。杜甫《瘦马行》："天寒远放雁为伴，日暮不收乌啄疮。"张籍《赠贾岛》："蹇驴放饱骑将出，秋卷装成寄与谁。"白居易《东南行一百韵寄通州元九侍御》："喘牛犁紫芋，羸马放青菰。"陆龟蒙《五歌·放牛》："江草秋穷似秋半，十角吴牛放江岸。"❾显露，呈现。鱼玄机《游崇真观南楼睹新及第题名处》："云峰满目放春晴，历历银钩指下生。"亦指使露出。薛莹《中秋月》："劝君莫惜登楼望，云放蝉娟不久长。"杜荀鹤《山中对雪有作》："岂堪久蔽苍苍色，须放三光照九州。"❿放置，安放。韩愈《寄皇甫湜》："拆书放床头，涕与泪垂四。"皮日休《钓侣二章》之二："严陵滩势似云崩，钓具归来放石层。"⓫放下。见"放杯""放卷""放杖"。⓬发出，发遣。杜甫《乾元中寓居同谷县作歌七首》之二："呜呼二歌兮歌始放，邻里为我色惆怅。"韩愈《感春五首》之三："放车载草农事济，战马苦饥谁念哉。"李郢《晓井》："越女携瓶下金索，晓天初放辘轳声。"见"放光"。⓭发射。王绩《古意六首》之六："但使雏卵全，无令矰缴放。"⓮萌声，生长。戎昱《早春雪中》："为报春风休下雪，柳条初放不禁寒。"⓯施与。顾况《谅公洞庭孤橘歌》："待取天公放恩赦，侬家定作湖中客。"⓰施展。韩愈《咏雪赠张籍》："赏玩捐他事，歌谣放我才。"⓱行驶，泛。杜甫《白帝城楼》："彝陵春色起，渐拟放扁舟。"皮日休《太湖诗·初入太湖》："好放青翰舟，堪弄白玉笛。"⓲放飞。用指放风筝。路德延《小儿诗》:“折竹装泥燕,添丝放纸鸢。”⑲公布。见“放榜”。⑳放松,放宽。见“放鞚”。弄倒放平,特指伐木。韦应物《山耕叟》:“独放寒林烧,多寻虎迹行。”㉑教,令,使。杜甫《遣闷奉呈严公二十韵》:“会希全物色,时放倚梧桐。”杨巨源《寄申州卢拱使君》:“从来乐事憎诗苦,莫放窗中远岫知。”李商隐《乐游原》:“羲和自趁虞泉宿,不放斜阳更向东。”徐铉《和门下殷侍郎新茶二十韵》:“才教鹰觜拆,未放雪花妍。”

放²　〔fǎng《广韵》分网切,上養,非。〕同“仿”。依照,模仿。杜甫《风疾舟中伏枕书怀三十六韵奉呈湖南亲友》:“叨陪锦帐坐,久放白头吟。”

【放下】　搁置一边。吕岩《沁园春》词:“长生事,待明公放下,方可相传。”

【放世】　犹逃世。谓放弃尘世。皎然《苕溪草堂泊秋及春弥觉境胜因纪其事简潘丞述汤评事衡》:“放世与成名,两图在所择。”

【放牛】　散放牛而不加管束。李涉《山中》:“无奈牧童何,放牛吃我竹。”陆龟蒙有《放牛》。

【放手】　犹畅手。谓做事肆意而为,不加制约。杜甫《示从孙济》:“刈葵莫放手,放手伤葵根。”

【放火】　点火以引起大面积燃烧。于鹄《出塞》之三:“单于骄爱猎,放火到军城。”贯休《深山逢老僧二首》之二:“山童貌顽名乞乞,放火烧畬采崖蜜。”又《古塞下曲七首》之一:“搜山得探卒,放火猎黄羊。”

【放心】　放纵心怀。王维《瓜园诗》:“携手追凉风,放心望乾坤。”李白《怀仙歌》:“一鹤东飞过沧海,放心散漫知何在。”朱湾《七贤庙》:“常慕晋高士,放心日沈冥。”

【放出】　释放。白居易《新乐府·七德舞》:“怨女三千放出宫,死囚四百来归狱。”

【放生】　将落入人手之小动物放归大自然。司空图《山中》:“逃难人多分隙地,放生麋大出寒林。”方干《送僧南游》:“若念猩猩解言语,放生先合放猩猩。”

【放生池】　供将鱼、龟等水族放生之池。唐肃宗曾下诏于天下临池带郭处置放生池,凡八十一所。杜甫有《送王侍御往东川放生池祖席》。此指成都之放生池。李建勋《题魏坛二首》之一:“蛙黾自喧浇药井,牛羊闲过放生池。”参见“放生”。

【放臣】　逐臣。贬谪外放之官员。刘禹锡《读张曲江集作》序:“世称张曲江为相,建言放臣不宜与善地,多徙五溪不毛之乡。”

【放光】　放出光芒。白居易《登阊门闲望》:“云埋虎寺山藏色,月耀娃宫水放光。”又《池上早春即事招梦得》:“云破山呈色,冰融水放光。”

【放休】　使休止,教停歇。张籍《寒食内宴二首》之一:“千官尽醉犹教坐,百戏皆呈未放休。”

【放行】　(—xíng)允行,通行。司空图《偶书五首》之五:“渡头杨柳知人意,为惹官船莫放行。”

【放舟】　纵舟,行船。陈子昂有《万州晓发放舟乘涨还寄蜀中亲朋》。刘长卿《早春赠别赵居士还江左时长卿下第归嵩阳旧居》:“放舟驰楚郭,负杖辞秦塞。”

【放步】　放开步伐。谓大步行走。孟郊《西上经灵宝观》:“放步霁霞起,振衣华风生。”

【放佚】　放纵不羁。白居易《读张籍古乐府》:“读君学仙诗,可讽放佚君。”

【放身】　纵身。曹松《驸马宅宴罢》:“学语莺儿飞未稳,放身斜坠绿杨枝。”

【放狂】　放纵性情,狂放不羁。令狐楚《年少行四首》之一:“少小边州惯放狂,骣骑蕃马射黄羊。”白居易《独树浦雨夜寄李六郎中》:“花下放狂冲黑饮,灯前起坐彻明棋。”又《座中戏呈诸少年》:“兴来吟咏从成癖,饮后酣歌少放狂。”

【放言】　放纵无拘束地言谈。张说《伯奴边见归田赋因投赵侍御》:“放言久无次,触兴感成篇。”亦指放纵之言。白居易《禽虫十二章》序:“予闲居乘兴,偶作一十二章,颇类志怪放言。”

【放長】　(—zhǎng)任其生长。贾岛《崔卿池上鹤》:“翎羽如今从放长,犹能飞起向孤云。”

【放玩】　指纵鹰出猎以为玩乐。徐夤《鹰》:“豪门不读诗书者,走马平原放玩频。”

【放杯】　放下酒杯。指停饮。元稹《忆杨十二》:“恋花从马滞,联句放杯迟。”

【放牧】　将牛羊等牲畜赶到有水草之野外放养。隐峦《牧童》:“三个五个骑羸牛,前村后村来放牧。”

【放性】　放任性情。张九龄《初发道中赠王司马兼寄诸公》:“承颜方弄鸟,放性或观鱼。”

【放卷】　放下书卷。郑巢《题崔中丞北斋》:“放卷听泉坐,寻僧踏雪行。”

【放春】　谓草木等放出春意。杜甫《留别公安太易沙门》:“沙村白雪仍含冻,江县红梅已放春。”

【放泉】　放出泉水。李洞《终南山二十韵》:“放泉惊鹿睡,闻磬得人醒。”

【放卻】　放置一切,丢弃。许岷《木兰花》词:“宝筝金鸭任生尘,绣画工夫全放却。”亦指放逐。李白《悲歌行》:“汉帝不忆李将军,楚王放却屈大夫。”

【放宫人】　放宫女出宫还家。孙元晏有《咏史诗·宋·放宫人》。

【放神】　纵任心神驰骋。杜甫《写怀二首》之二:“放神八极外,俯仰俱萧瑟。”韦应物《贾常侍林亭燕集》："放神遗所拘，觥罚屡见酬。"

【放紅】　绽放红花。韩琮《牡丹》："桃时杏日不争浓，叶帐阴成始放红。"皮日休《病中书情寄上崔谏议》："殷勤莫怪求医切，只为山樱欲放红。"

【放馬】　散放马匹。指解下鞍辔让马休息。张籍《车遥遥》："野田人稀秋草绿，日暮放马车中宿。"

【放恣】　放任，放纵。张翱《自状》："来绮席兮，放恣胸襟。"

【放浪】　放纵心情，不拘形迹。吴筠《高士咏·柏成子高》："退躬适外野，放浪夫何求。"杜甫《石柜阁》："优游谢康乐，放浪陶彭泽。"皎然《观李中丞洪二美人唱歌轧筝歌》："主人高情始为开，高情放浪出常格。"皎然《泛长城东溪暝宿崇光寺寄处士陆羽联句》："沉吟迹所误，放浪心自足。"

【放赦】　赦免放归。李白《流夜郎赠辛判官》："我愁远谪夜郎去，何日金鸡放赦回。"

【放教】　（—jiào）任使；让，令。白居易《春来频与李二宾客郭外同游因赠长句》："可惜济时心力在，放教临水复登山。"杜荀鹤《献钱塘县罗著作判官》："莫把一名专懊恼，放教双眼绝冤仇。"

【放眼】　纵目而望。白居易《洛阳有愚叟》："放眼看青山，任头生白发。"

【放假】　（—jià）休假。颜真卿、张荐《七言乐语联句》："戍客归来见妻子，学生放假偷向市。"

【放魚池】　即放生池。吴融《废宅》："放鱼池涸蛙争聚，栖燕梁空雀自喧。"

【放情】　纵情，驰骋情怀。阎防《宿岸道人精舍》："早岁参道风，放情入寥廓。"戴叔伦《暮春感怀》："四十无闻懒慢身，放情丘壑任天真。"鱼玄机《愁思》："放情休恨无心友，养性空抛苦海波。"

【放$_2$習】　仿效。无名氏《五言白话诗》之六（外编上）："孝是前身缘，不由相放习。"

【放逐】　流放，贬谪远放。贾至《长沙别李六侍御》："放逐长沙外，相逢路正难。"韩愈《赴江陵途中寄赠翰林三学士》："孤臣昔放逐，血泣追愆尤。"牟融《寄永平友人》："放逐一心终去国，驱驰千里未还家。"胡曾《咏史诗·汨罗》："襄王不用直臣筹，放逐南来泽国秋。"

【放散】　（—sàn）❶解散。《高宗时语》（卷八七六）："三馆学生放散，五台令史经明。"❷消散，消歇。白居易《宿灵岩寺上院》："荤血屏除唯对酒，歌钟放散只留琴。"冯延巳《采桑子》词："笙歌放散人归去，独宿江楼。"

【放朝】　（—cháo）唐制，逢雨雪或酷暑可临时免百官上朝，谓之"放朝"。韩愈《雨中寄张博士籍侯主簿喜》："放朝还不报，半路蹋泥归。"张籍《酬韩祭酒雨中见寄》："屋湿唯添漏，泥深未放朝。"白居易《和韩侍郎苦雨》："仍闻放朝夜，误出到街头。"

【放筆】　纵笔挥洒。杜甫《戏为双松图歌》："已令拂拭光凌乱，请公放笔为直干。"

【放債】　为谋利息而借钱与人。李翱《断僧通状》："口称贫道，有钱放债。"

【放逸】　❶放纵逸乐。钱起《山中春仲寄汝上王恒颍川沈冲》："前溪堪放逸，仲月好风景。"❷自在闲逸。张籍《赠殷山人》："放逸栖岩鹿，清虚饮露蝉。"徐凝《送李补阙归朝》："江湖多放逸，献替欲谁论。"白居易《改业》："犹觉醉吟多放逸，不如禅定更清虚。"

【放船】　犹荡舟，行船。杜甫《陪诸贵公子丈八沟携妓纳凉晚际遇雨二首》之一："落日放船好，轻风生浪迟。"

【放詞】　放言，吐辞。皎然《杂兴六首》之一："高论让邹子，放词征屈生。"

【放牒】　放榜。张榜公布及第者名单。张籍有《喜王起侍郎放牒》。

【放閑】　准许归田居闲。王建《朝天词十首寄上魏博田侍中》："四海无波乞放闲，三封手疏犯龙颜。"

【放跡】　犹浪迹。四处漫游。欧阳衮《寄陈去疾进士》："放迹疑辞垢，栖心亦道门。"

【放衙】　衙门吏员早晚参谒主司，伺候升堂办公，谓之"两衙"，退堂称"放衙"。李商隐《安平公诗》："华州留语晓至暮，高声喝吏放两衙。"

【放飲】　放怀畅饮。多指饮酒。褚载《句》："狂歌放饮浑成性，知道逍遥出俗笼。"

【放愁】　尽愁，消愁。李商隐《即日》："重吟细把真无奈，已落犹开未放愁。"

【放意】　纵意。谓随心意之所欲，不加约束。杜甫《过郭代公故宅》："代公尉通泉，放意何自若。"韩愈《和仆射相公朝回见寄》："放意机衡外，收身矢石间。"翁承赞《晨兴》："一尊如有地，放意且狂歌。"贯休《山居诗二十四首》之十五："闲行放意寻流水，静坐支颐到落晖。"

【放棄】　放逐，贬谪。沈佺期《九真山净居寺谒无碍上人》："欲究因缘理，聊宽放弃惭。"白居易《偶然二首》之一："楚怀邪乱灵均直，放弃合宜何恻恻。"又《对镜吟》："三殿失恩宜放弃，九宫推命合漂沦。"

【放溜】　放舟顺水而行。宋之问《下桂江县黎壁》："放溜觌前溆，连山分上干。"孟浩然《下赣石》："放溜情弥惬，登舻目自闲。"司空曙《送郑况往淮南》："登戍因高望，停桡放溜闲。"陆龟蒙《顷自桐江得一钓车因出以为玩俄辱三篇复抒酬答》之三："云深石静闲眠稳，月上江平放溜迟。"

【放歌】　放声唱歌。李白《同族弟金城尉叔卿烛照山水壁画歌》："与君对此欢未歇，放歌行吟达明发。"李绅《过吴门二十四韵》："放歌随楚老，清宴奉诸侯。"赵嘏《重寄卢中丞》："放歌迎晚醉，指路上高云。"

【放歌行】　(行 xíng)乐府古题名。亦名《孤儿行》。属《相和歌辞·瑟调曲》。王昌龄、孟云卿、曹邺、李咸用均有《放歌行》。

【放榜】　亦作"放牓"。科举考试后公布考中者名单。王涯有《广宣上人以诗贺放榜和谢》。杜牧《及第后寄长安故人》："东都放榜未花开，三十三人走马回。"周墀有《贺王仆射放榜》。《南省北街人吟》(卷八七五)："放榜只应三月暮，登科又校一年迟。"

【放箸】　放手用箸。谓尽情大吃。箸，筷子。杜甫《阌乡姜七少府设脍戏赠长歌》："落砧何曾白纸湿，放箸未觉金盘空。"

【放牓】　见"放榜"。

【放慵】　放任慵懒，多指一时偷闲而不理事。白居易《戏赠萧处士清禅师》："又有放慵巴郡守，不营一事共腾腾。"

【放醆】　放下酒杯。谓结束饮酒。醆，同"盏"。白居易《逢旧》："即今欢乐事，放盏又成空。"又《残春咏怀赠杨慕巢侍郎》："静话开襟久，闲吟放盏迟。"韩偓《寒食日沙县雨中看蔷薇》："惬意凭阑久，贪吟放盏迟。"

【放醉】　纵饮任醉。白居易《初到洛下闲游》："趁伴入朝应老丑，寻春放醉尚粗豪。"

【放誕】　放荡不羁。杜甫《寄题江外草堂》："我生性放诞，雅欲逃自然。"

【放廢】　放逐贬谪。陈去疾《送人谪幽州》："临路深怀放废惭，梦中犹自忆江南。"

【放彈】　(—dàn)指出猎。李贺《感讽六首》之四："青门放弹去，马色连空郊。"

【放嬌】　撒娇。李商隐《碧城三首》之二："紫凤放娇衔楚佩，赤鳞狂舞拨湘弦。"和凝《杨柳枝》之二："醉来咬损新花子，拽住仙郎尽放娇。"

【放蕩】　❶放纵，不受约束。杜甫《宿凿石浦》："鄙夫亦放荡，草草频卒岁。"孟郊《登科后》："昔日龌龊不足夸，今朝放荡思无涯。"李群玉《留别马使君》："蜀国才微甘放荡，专城年少岂蹉跎。"刘兼《郡斋寓兴》："情怀放荡无羁束，地角天涯亦信缘。"❷犹浪迹，自由游荡。杜甫《壮游》："放荡齐赵间，裘马颇清狂。"

【放蕩不羈】　任情放纵，不受常规羁束。任华《怀素上人草书歌》："中间张长史，独放荡而不羁，以颠为名倾荡于当时。"

【放蹄】　奋蹄，放开马蹄。指马飞奔。喻指施展才干。杜甫《寄刘峡州伯华使君四十韵》："放蹄知赤骥，捩翅服苍鹰。"

【放螢苑】　隋宫苑名。在隋江都县(今江苏扬州)北七里。一名隋苑。因隋炀帝曾于此征萤火九斛，夜出放之，光遍岩谷遂得名。杜牧《扬州三首》之二："秋风放萤苑，春草斗鸡台。"

【放勳】　帝尧之名。陈陶《涂山怀古》："惟昔放勋世，阴晦彻成洪。"

【放錫】　放下锡杖。指僧人休憩之时。郑谷《赠尚颜上人》："相寻喜可知，放锡便论诗。"

【放鞚】　放松马勒。谓使马安步。白居易《闲出觅春戏赠诸郎官》："放鞚体安骑稳马，隔袍身暖照晴阳。"

【放還】　(—huán)放回，放人归家。白居易《闲居》："金羁骆马近卖却，罗袖柳枝寻放还。"袁郊《月》："嫦娥窃药出人间，藏在蟾宫不放还。"亦指官员免官归田。徐铉有《陈觉放还至泰州以诗见寄作此答之》。

【放縱】　❶放任纵容。韩愈《寄卢仝》："放纵是谁之过欤，效尤戮仆愧前史。"亦指宽容。韩愈《寒食日出游》："自嗟孤贱足瑕疵，特见放纵荷宽政。"❷指书法笔势纵逸奔放。鲁收《怀素上人草书歌》："划然放纵惊云涛，或时顿挫萦毫发。"❸自由自在。李骘《读惠山若冰师集因题故院三首》之三："景物搜求歇，山云放纵飞。"

【放歸】　❶准许人离去还家。宋之问《广州朱长史座观妓》："歌舞须连夜，神仙莫放归。"崔颢《邯郸宫人怨》："一旦放归旧乡里，乘车垂泪还入门。"王建《宫词一百首》之三七："因吃樱桃病放归，三年著破旧罗衣。"白居易《别柳枝》："明日放归归去后，世间应不要春风。"亦特指官员离职返乡。陶翰有《送集贤学士伊阙史少府敕放归江东觐省》。刘长卿《罢摄官后将还旧居留辞李侍御》："世难慵干谒，时闲喜放归。"❷指放牛马休闲。白居易《偶作二首》之一："战马春放归，农牛冬歇息。"

【放顛】　放狂。放纵如狂颠。杜甫《绝句九首》之九："设道春来好，狂风大放颠。"

【放曠】　❶恣情；放纵不拘。令狐德棻《冬日宴于庶子宅各赋一字得趣》："放旷山水情，留连文酒趣。"骆宾王《夏日游德州赠高四》："放旷愚公谷，消散野人家。"李中《思九江旧居三首》之二："门前烟水似潇湘，放旷优游兴味长。"❷旷达超逸，不拘俗礼。吴筠《高士咏·南华真人》："放旷生死外，逍遥神明域。"皮日休《太湖诗·入林屋洞》："遂招放旷侣，同作幽忧行。"陆龟蒙《补沈恭子诗》："虽非放旷怀，雅奉逍遥游。"❸自我放纵，不自检点。范质《诫儿侄八百字》："戒尔勿放旷，放旷非端士。"❹闲逸，闲旷。张籍《和裴仆射移官言志》："身在勤劳地，常思放旷时。"刘禹锡《和牛相公南溪醉歌见寄》："唯公出处得自在，决就放旷辞炎炎。”杜牧《李侍御于阳羡里富有泉石叙旧述怀因献长句四韵》:“紫绶公卿今放旷,白头郎吏尚留连。”亦指自由无拘。上官昭容《游长宁公主流杯池二十五首》之十二:“放旷出烟云,萧条自不群。”孟贯《寄山中高逸人》:“烟霞多放旷,吟啸是寻常。”

【放犢】 牧放牛犊。司空曙《田家》:“呼儿催放犊,宿客待烹鸡。”

【放麑翁】 指秦西巴。西巴持幼麑,见老麑随之啼,不忍而与之。后遂以借指仁慈之人。陈子昂《感遇诗三十八首》之四:“吾闻中山相,乃属放麑翁。”参见“放麛”。

【放懷】 ❶尽情。权德舆《新月与儿女夜坐听琴举酒》:“列坐屏轻箑,放怀弦素琴。”温庭筠《病中书怀呈友人》:“放怀亲蕙芷,收迹异桑榆。”皮日休《秋江晓望》:“此时放怀望,不厌为浮客。”亦指开怀,放纵情怀。白居易《闲夕》:“放怀常自适,遇境多成趣。”温庭筠《春日偶作》:“自欲放怀犹未得,不知经世竟如何。”❷宽心。放宽心怀。王维《偶然作六首》之二:“且当放怀去,行行没余齿。”❸敞开胸怀。皎然《夏日题桐庐杨明府纳凉山斋》:“放怀凉风至,缓步清阴重。”贯休《寄令狐郎中》:“雨打繁暑尽,放怀步微凉。”

【放懶】 任其懒散。白居易《日高卧》:“怕寒放懒日高卧,临老谁言牵率身。”

【放麛】 见“放麑翁”。见《韩非子·说林上》。后遂以“放麛”为咏送还幼子之典。孟郊《子庆诗》:“我欲拣其养,放麛者是谁。”

【放鷁】 放船,行船。鹢,水鸟。古多绘其形于船首,故以代指船。杜甫《将别巫峡赠南卿兄瀼西果园四十亩》:“正月喧莺末,兹辰放鹢初。”

【放體】 舒展身体。元稹《苦雨》:“夜来稍清晏,放体阶前呼。”

【放豔】 指花朵开放呈现艳丽之色。孙鲂《牡丹》:“百花休放艳,三月始为春。”

五　画

政 〔zhèng《广韵》之盛切,去劲,章。〕❶政治,政务,政事。崔颂《和张荆州九龄晨出郡舍林下》:“优闲表政清,林薄赏秋成。”张籍《同锦州胡郎中清明日对雨西亭宴》:“政闲方宴语,琴筑任遥情。”张祜《悲纳铁》:“长闻为政古诸侯,使佩刀人尽佩牛。”陆龟蒙《庆封宅古井行》:“庆封嗜酒荒齐政,齐人剪族封奔迸。”❷政令。苏颋《奉和圣制漕桥东送新除岳牧》:“政行思务本,风靡属胜残。”玄宗《游兴庆宫作》:“时康俗易渐,德薄政难施。”白居易《赠友五首》之一:“百里不同禁,四时自为政。”❸政权。权德舆《读穀梁传二首》之二:“君臣自盟歃,君政如赘旒。”❹量词。做官一任为一政。白居易《和微之诗二十三首·和我年三首》:“历官十五政,数若珠累累。”章孝标《及第后寄广陵故人》:“及第全胜十政官,金鞍镀了出长安。”❺嬴政。即秦始皇。徐九皋《咏史》:“金槌击政后,玉斗碎增前。”❻通“正”。(1)正当,正在。耿湋《送崔明府赴青城》:“当似遗民去,柴桑政自闲。”顾况《刺纸歌》:“政是垂头蹋翼时,不免向君求此物。”(2)恰好。李郢《春日题山家》:“丁香政堪结,留步小庭隈。”

【政化】 政治与教化。杜甫《石笋行》:“政化错迕失大体,坐看倾危受厚恩。”韩愈《陪杜侍御游湘西两寺独宿献成杨常侍》:“珥貂藩维重,政化类分陕。”蒋防《藩臣恋魏阙》:“直以蒸黎念,思陈政化源。”李中《和浔阳宰感旧绝句五首》之四:“政化有同风偃草,更将余力拯孤寒。”

【政門】 政务之门。喻指政事,政务。张九龄《奉和圣制赐诸州刺史以题座右》:“降鉴引君道,殷勤启政门。”

【政成】 政事成功。苏颋《饯潞州陆长史再守汾州》:“河尹政成期,为汾昔所推。”岑参《尹相公京兆府中棠树降甘露诗》:“相国尹京兆,政成人不欺。”皇甫冉《庐山歌送至弘法师兼呈薛江州》:“政成人野皆不扰,遂令法侣性安闲。”刘威《晚春陪王员外东塘游宴》:“水绿山青春日长,政成因暇泛回塘。”

【政拙】 谓拙于政事,不善理政。韦应物《寓居永定精舍》:“政拙忻罢守,闲居初理生。”

【政事】 行政事务,官务。李颀《送司农崔丞》:“清阴罗广庭,政事如流水。”韩愈《奉酬天平马十二仆射暇日言怀见寄之作》:“天平篇什外,政事亦无双。”牟融《赠浙西李相公》:“文章政事追先达,冠盖声华羡昔贤。”韦庄《江边吟》:“陶潜政事千杯酒,张翰生涯一叶舟。”

【政事堂】 唐代宰相办公之所。唐初在门下省。光宅间移于中书省。开元间改为中书门下。刘禹锡《和宣武令狐相公郡斋对新竹》:“此君若欲长相见,政事堂东有旧丛。”白居易《因梦得酬牛相公初到洛中小饮见赠》:“政事堂中老丞相,制科场里旧将军。”李商隐《行次西郊作一百韵》:“巍巍政事堂,宰相厌八珍。”

【政和】 政治清明、和顺。钱起《奉陪使君十四叔晚憩大云门寺》:“境对知心妄,人安觉政和。”皎然《冬至日陪裴端公使君清水堂集》:“推往知时训,书祥辨政和。”白居易《寄太原李相公》:“闻道北都今一变,政和军乐万人安。”

【政政】 届届,任任。谓一任又一任。刘禹锡《再赠乐天》:“一政政官轧轧,一年年老骎骎。”

【政柄】 指政权。谓政权如印之有柄,可操持掌握。白居易《和答诗十首·和阳城驿》:"宰相闻此章,政柄端正持。"杨收《笔》:"一朝操政柄,定使冠三端。"

【政要】 政务之精要。玄宗《首夏花萼楼观群臣宴宁王山亭回楼下又申之以赏乐赋诗》:"九歌扬政要,六舞散朝衣。"

【政能】 政治才能。卢纶《题杨虢县竹亭》:"家训资风化,心源隐政能。"

【政理】 谓政绩好,臻于大治。王湾《秋夜寓直即事怀赠萧令公裴侍郎》:"赋简流亡辑,农安政理凭。"

【政教】 (—jiào)政治与教化。韦应物《夏至避暑北池》:"未及施政教,所忧变炎凉。"白居易《春雪》:"上将儆政教,下以防灾孽。"又《征秋税毕题郡南亭》:"安可施政教,尚不通语言。"

【政術】 政治术略。则天皇后《制袍字赐狄仁杰》:"敷政术,守清勤。"杜甫《寄刘峡州伯华使君四十韵》:"政术甘疏诞,词场愧服膺。"姚合《咏南池嘉莲》:"自知政术无他异,纵是祯祥亦偶然。"贯休《上杜使君》:"政术似蒲卢,诗情出冲漠。"

【政清】 政治清明。黄崇嘏《下狱贡诗》:"何事政清如水镜,绊他野鹤在深笼。"

【政暇】 政事之余暇。姚合《题长安薛员外水阁》:"政暇招闲客,唯将酒送迎。"

【政經】 政治之常规。赵嘏《献淮南李相公》:"军中老将传兵术,江上诸侯受政经。"

【政聲】 为政之名声。多指好的政治声誉。王维《至滑州隔河望黎阳忆丁三》:"赖有政声远,时闻行路传。"岑参《梁园歌送河南王说判官》:"辅轩若过梁园道,应傍琴台闻政声。"卢纶《送信州姚使君》:"几日政声闻户外,九江行旅得相欢。"姚合《送崔郎中赴常州》:"人间盛事今全得,江上政声复欲归。"

【政簡】 政务简易,不繁重。李颀《送山阴姚丞携妓之任兼寄苏少府》:"山阴政简甚从容,到罢惟求物外踪。"

【政績】 做官为政之业绩。萧缜《前望江曲令颂德》:"政绩虽殊道且同,无辞买石纪前功。"

【政體】 为政之根本、要领。吴筠《高士咏·周丰》:"鲁侯询政体,喻以治道精。"

故 〔gù《广韵》古暮切,去暮,見。〕❶事故,变故。杜甫《奉送韦中丞之晋赴湖南》:"王室仍多故,苍生倚大臣。"卢纶《酬李端长安寓居偶咏见寄》:"流散俱多故,忧伤并在今。"权德舆《寄侍御从舅》:"世物自多故,达人心不羁。"刘禹锡《洛中酬福建陈判官见赠》:"潦倒声名拥肿材,一生多故苦邅回。"❷缘故。王维《偶然作六首》之三:"问君何以然,世网婴我故。"刘长卿《题虎丘寺》:"久迷空寂理,多为繁华故。"❸原来的;从前的。太宗《元日》:"草秀故春色,梅艳昔年妆。"王翰《赠唐祖二子》:"鸿飞遵枉渚,鹿鸣思故群。"韩愈《秋怀诗十一首》之一:"无明视颜色,与故不相似。"白居易《招王质夫》:"窗前故栽竹,与君为主人。"❹陈旧,旧的。董思恭《守岁二首》之一:"共欢新故岁,迎送一宵中。"王维《春过贺遂员外药园》:"前年槿篱故,新作药栏成。"韦应物《除日》:"忽惊年复新,独恨人成故。"元稹《梦游春七十韵》:"鲜妍脂粉薄,暗淡衣裳故。"❺指故友,旧交。王昌龄《遇薛明府谒聪上人》:"欣逢柏梁故,共谒聪公禅。"戎昱《秋日感怀》:"说向长安亲与故,谁怜岁晚尚淹留。"韩愈《猛虎行》:"故当结以信,亲当结以私。亲故且不保,人谁信汝为。"❻犹,仍。韦应物《答令狐侍郎》:"三黜故无愠,高贤当庶几。"王建《新开望山处》:"故欲遮春巷,还来绕暮天。"又《寄崔列中丞》:"如何非冈坂,故使车轮翻。"❼本,本来。李白《古风》之八:"富贵故如此,营营何所求。"高适《苦雪四首》之二:"余故非斯人,为性兼懒惰。"杜甫《太岁日》:"西江元下蜀,北斗故临秦。"❽时时,时常。崔国辅《长信草》:"故侵珠履迹,不使玉阶行。"杜甫《春水》:"已添无数鸟,争浴故相喧。"皇甫冉《赋得海边树》:"故伤游子意,多在客舟前。"韩愈《调张籍》:"不知群儿愚,那用故谤伤。"❾特地;故意。高适《秋胡行》:"莫道向来不得意,故欲留规诫后人。"钱起《谒许由庙》:"故向箕山访许由,林泉物外自清幽。"杨衡《冬夜举公房送崔秀才归南阳》:"闻君动征棹,犯夜故来寻。"李商隐《辛未七夕》:"恐是仙家好别离,故教迢递作佳期。"❿连词。所以,因此。李峤《游苑遇雪应制》:"不能落后争飞絮,故欲迎前赛早梅。"韦应物《答宾》:"持情须耿耿,故作单床寝。"白居易《高仆射》:"故作仆射诗,书之于大带。"皮日休《醉中寄鲁望一壶并一绝》:"醉中不得亲相倚,故遣青州从事来。"

【故人】 ❶故交,老友。孟浩然《过故人庄》:"故人具鸡黍,邀我至田家。"窦常《立春后言怀招汴州李匡衙推》:"海内故人君最老,花开鞭马更相过。"戴叔伦《谷城逢杨评事》:"横流夜长不得渡,驻马荒亭逢故人。"徐夤《鬓发》:"鬓添华发数茎新,罗雀门前绝故人。"❷亡故之人。李益《闻亡友王七嘉禾寺得素琴》:"故人惜此去,留琴明月前。"孔氏《赠夫诗三首》之一:"不忿成故人,掩涕每盈巾。"❸过去的情人。前妻或前夫。李白《怨情》:"新人如花虽可宠,故人似玉由来重。"刘驾《效古》:"新人且莫喜,故人曾如此。"

【故山】 故乡之山。借指故乡。王维《同崔兴宗送衡岳瑗公南归》:"独向池阳去,白云留故山。"郎士元《赠张五諲归濠州别业》:"故山期采菊,秋水忆观鱼。”许浑《李秀才近自涂口迁居适枉缄书因以此答》：“今日劳君犹问讯，一官唯长故山薇。”司空图《石楠》：“如何风叶西归路，吹断寒云见故山。”

【故山薇】　故山之薇菜。伯夷、叔齐采以为食。见《史记·伯夷列传》。后以“故山薇”为咏隐居遁世之典。李谅《苏州元日郡斋感怀寄越州元相公杭州白舍人》：“举族共资随月俸，一身惟忆故山薇。”

【故夫】　前夫。李商隐《寄蜀客》：“金徽却是无情物，不许文君忆故夫。”赵嘏《昔昔盐二十首·蘼芜叶复齐》：“掬翠香盈袖，看花忆故夫。”

【故友】　❶旧友，老友。戴叔伦《吴明府自远而来留宿》：“出门逢故友，衣服满尘埃。”杜荀鹤《秋江雨夜逢诗友》：“故友别来三四载，新诗吟得百余篇。”张蠙《送友尉蜀中》：“故友汉中尉，请为西蜀吟。”❷亡友。颜萱《过张祜处士丹阳故居》：“书斋已换当时主，诗壁空题故友名。”

【故丘】　故乡之山丘。亦借指故乡。储光羲《游茅山五首》：“北洛反初路，东江还故丘。”杜甫《解闷十二首》之三：“一辞故国十经秋，每见秋瓜忆故丘。”牟融《客中作》：“怅望频回首，西风忆故丘。”齐己《病起二首》之一：“终将此形陋，归死故丘林。”

【故老】　❶乡老，故旧。年老而有德望之人。李峤《汾阴行》：“路逢故老长叹息，世事回环不可测。”王维《晦日游大理韦卿城南别业》：“上卿始登席，故老前为寿。”崔峒《赠窦十九》：“山阳会里同人少，灞曲农时故老稀。”卢肇《被谪连州》：“黄绢外孙翻得罪，华颠故老莫相嗤。”❷老臣，元老。韩愈《永贞行》：“元臣故老不敢语，昼卧涕泣何汍澜。”

【故臣】　旧臣，遗臣。徐铉《文献太子挽歌词五首》之三：“故臣偏感咽，曾是叹三穷。”

【故在】　仍在，依旧存在。李商隐《百果嘲樱桃》：“流莺犹故在，争得讳含来。”

【故吏】　旧日之属下吏员。刘宪《奉和幸大荐福寺应制》：“甚欢延故吏，大觉拯生人。”戎昱《闻颜尚书陷贼中》：“闻说征南没，那堪故吏闻。”白居易《苏州故吏》：“江南故吏别来久，今日池边识我无。”消昼、潘述《重联句一首》：“仍怜故吏依依恋，自有清光处处随。”

【故曲】　（—qǔ）旧曲，往时之曲。温庭筠《邯郸郭公词》：“金笳悲故曲，玉座积深尘。”

【故自】　仍自，犹自。无名氏《嘲伛偻人》（卷八七二）：“城门尔许高，故自匍匐入。”

【故年】　❶旧年，往年。储光羲《田家杂兴八首》之一：“却羡故年时，中情无所取。”刘长卿《送李侍御贬郴州》：“听猿明月夜，看柳故年春。”李商隐《关门柳》：“永定河边一行柳，依依长发故年春。”❷暮年，晚年。李端《早春雪夜寄卢纶兼呈秘书元丞》：“独夜羁愁客，惟知惜故年。”

【故衣】　往日之衣。白居易《病中哭金銮子》：“故衣犹架上，残药尚头边。”

【故交】　旧交，老友。陈子昂《鸳鸯篇》：“持为美人赠，勖此故交心。”李白《书怀赠南陵常赞府》：“故交不过门，秋草日上阶。”杨凝《送客往夏州》：“闻有故交今从骑，何须著论更言钱。”唐彦谦《过浩然先生墓》：“行客须当下马过，故交谁复裹鸡来。”

【故池】　旧池。指禽鸟昔日曾居之池塘。陈子昂《咏主人壁上画鹤寄乔主簿崔著作》：“自矜彩色重，宁忆故池群。”白居易《雪后过集贤裴令公旧宅有感》：“唯有萧条雁，时来下故池。”

【故宅】　旧居，旧时住宅。储光羲有《至嵩阳观观即天皇故宅》。杜甫《遣兴五首》之四：“客子念故宅，三年门巷空。”

【故址】　旧址，遗址。无名氏《贺圣朝》词（卷八九九）：“故址颓垣，冷烟衰草，前朝宫阙。”

【故村】　故居之村。故乡之村。刘长卿有《谪官后却归故村将过虎丘怅然有作》。

【故里】　故乡。杜甫《前出塞九首》之一：“戚戚去故里，悠悠赴交河。”戴叔伦《送萧二》：“又闻故里朋游尽，到日知逢何处人。”许浑《下第归朱方寄刘三复》：“故里迹犹在，旧交心更新。”吴融《李周弹筝歌》：“近来一事还惆怅，故里春荒烟草平。”

【故作】　谓故意做出某种样子。徐铉《又和八日》：“故作别离应有以，拟延更漏共无由。”

【故宋】　古代宋国之旧地。即唐之宋州。治宋城县，汉为睢阳郡。即今河南商丘。骆宾王有《过故宋》。

【故社】　犹故乡。社，乡社。郑谷《潼关道中》：“何年归故社，披雨剪春畦。”

【故林】　❶故乡之园林，故乡。李颀《送陈章甫》：“闻道故林相识多，罢官昨日今如何。”崔曙《途中晓发》：“故林遥不见，况在落花时。”戎昱《抚州处士湖泛舟送北回两指此查溪兰若别》：“铺山即远道，查溪非故林。”谢邈《谢僧寄拄杖》：“他年必藉相携力，蹇步犹能返故林。”❷指禽鸟旧日栖居之树林。李端《送郭补阙归江阳》：“雁影愁斜日，莺声怨故林。”

【故枝】　旧枝条，老枝。王建《杜中丞书院新移小竹》：“嫩绿卷新叶，残黄收故枝。”

【故事】　❶往事，旧事。张九龄《商洛山行怀古》：“故事昔尝览，遗风今岂讹。”李嘉祐《晚发咸阳寄同院遗补》：“秦家故事随流水，汉代高坟对石碑。”柳宗元《种柳戏题》：“谈笑为故事，推移成昔年。”田娥《寄远》：“今来成故事，岁月令人惊。”亦指逸闻、历史传说。高适《秦中送李九赴越》：“谢家征故事，禹穴访遗编。"岑参《送陕县王主簿赴襄阳成亲》:"襄阳多故事,为我访先贤。"皎然《同李司直题武丘寺兼留诸公与陆羽之无锡》:"剑池留故事,月树即他方。"黄滔《奉和翁文尧员外文秀光贤昼锦之什》:"建水闽山无故事,长卿严助是前身。"❷旧例,成规。沈佺期《同李舍人冬日集安乐公主山池》:"故事犹如此,新图更可怜。"刘禹锡《平齐行二首》之一:"初哀狂童袭故事,文告不来方振怒。"李商隐《五言述德抒情诗献上杜七兄仆射相公》:"故事留台阁,前驱且旆旌。"❸典实;典故。苏味道《赠封御史入台》:"故事推三独,兹辰对两闱。"李商隐《题道静院院在中条山王颜中丞所置虢州刺史舍官居此》:"独坐遗芳成故事,褰帷旧貌似元君。"韦庄《赠峨嵋山弹琴李处士》:"广陵故事无人知,古人不说今人疑。"

【故典】 旧的典章制度。皮日休《三羞诗三首》之一:"宪司遵故典,分道播南越。"

【故知】 故交。旧时之相知。白居易《再到襄阳访问旧居》:"故知多零落,闾井亦迁移。"

【故侣】 旧友。刘禹锡《送韦秀才道冲赴制举》:"故侣不可追,凉风日已寒。"

【故物】 旧物;遗物。杜甫《玉华宫》:"当时侍金舆,故物独石马。"罗隐《杜处士新居》:"寇余无故物,时薄少深交。"李群玉《李远获贵妃袜》:"故物犹存事渺茫,把来忍见旧时香。"韦庄《秦妇吟》:"昔时繁盛皆埋没,举目凄凉无故物。"

【故念】 旧念。旧日之思念。李商隐《肠》:"故念飞书及,新欢借梦过。"

【故扃】 旧宅,旧居。扃,门户,代指宅舍。韦应物《乘月过西郊渡》:"还当守故扃,怅恨秉幽素。"

【故居】 旧居,昔日之住宅。刘长卿《喜鲍禅师自龙山至》:"故居何日下,春草欲芊芊。"胡传美《武康碧落观》:"仙宫碧落太微书,遗迹依然掩故居。"黄滔《伤蒋校书德山》:"秦苑火然新赋在,越城山秀故居荒。"徐铉《闻查建州陷贼寄钟郎中》:"旌旗零落沉荒服,簪履萧条返故居。"

【故故】 ❶时时,频频。杜甫《月三首》之三:"时时开暗室,故故满青天。"白居易《题东楼前李使君所种樱桃花》:"唯留花向楼前著,故故抛愁与后人。"薛能《春日使府寓怀二首》之一:"青春背我堂堂去,白发欺人故故生。"❷故意,特地。司空图《冯燕歌》:"故故推门掩不开,似教欧轧传言语。"韩偓《懒卸头》:"侍女动妆奁,故故惊人睡。"牛峤《菩萨蛮》词:"故故坠金鞭,回头应眼穿。"徐铉《九月三十夜雨寄故人》:"别念纷纷起,寒更故故迟。"❸象声词。咕咕,鸟啼声。白居易《人定》:"谁家教鹦鹉,故故语相惊。"

【故要】 固邀。固执地邀约。故,通"固"。语出《南齐书·高逸传》。杜甫《西阁三度期大昌严明府同宿不到》:"问子能来宿,今疑索故要。"

【故侯】 ❶指西汉召平。召平曾为故秦东陵侯,故称。陈子昂《感遇诗三十八首》之十四:"西山伤遗老,东陵有故侯。"刘长卿《家园瓜熟凄然感旧因赋此诗》:"谁能更向青门外,秋草茫茫觅故侯。"❷泛指曾为侯或大官之人。刘长卿《送李使君贬连州》:"贾谊辞明主,萧何识故侯。"戴叔伦《与虞沔州谒藏真上人》:"故侯将我到山中,更上西峰见远公。"又《赠康老人洽》:"多识故侯悲宿草,曾看流水没桑田。"

【故侯瓜】 秦破,东陵侯卖瓜于长安。喻沦落隐退之典。见《史记·萧相国世家》。王维《老将行》:"路傍时卖故侯瓜,门前学种先生柳。"

【故洛陽城】 指周公所营之洛邑。春秋时称王城,汉为河南县。故址在隋洛阳之东北二十余里。杜牧有《故洛阳城有感》。

【故宫】 前朝之宫殿。旧时之宫殿。李益《扬州早雁》:"江上三千雁,年年过故宫。"此指隋宫。白居易《送王卿使君赴任苏州》:"莺入故宫含意思,花迎新使生光彩。"此指吴宫。王贞白《长门怨二首》之一:"寂寞故宫春,残灯晓尚存。"此指汉宫。

【故氣】 道家语。指秽浊之气。李商隐《戊辰会静中出贻同志二十韵》:"科车遏故气,侍香传灵氛。"

【故條】 旧枝。老树枝。朱庆余《送品上人入秦》:"江雪沾新草,秦园发故条。"

【故跡】 旧迹,遗迹。太宗《经破薛举战地》:"沉沙无故迹,减灶有残痕。"欧阳炯《题景焕画应天寺壁天王歌》:"锦城东北黄金地,故迹何人兴此寺。"

【故疾】 旧病;宿疾。李频《郊居寄友人》:"故疾随秋至,离怀觉夜分。"陆龟蒙《秋日遣怀十六韵寄道侣》:"故疾因秋召,尘容畏日黔。"黄滔《秋辞江南》:"劳生多故疾,渐老少新知。"

【故基】 旧屋基。温庭筠《鸿胪寺有开元中锡宴堂荒凉遗址仅有存者偶成四十韵》:"兹地乃蔓草,故基摧坏墙。"陆龟蒙《问吴宫辞》:"欲摭愁烟兮问故基,又恐愁烟兮推白鸟。"

【故莊】 旧居之村庄、庄园。孟郊《送淡公》之六:"江湖有故庄,小女啼喈喈。"

【故都】 旧都,从前的都城。陆龟蒙《和袭美寄同年韦校书》:"万古风烟满故都,清才搜括妙无余。"此指春秋吴国之国都姑苏(今江苏苏州)。曹松《喜友人归上元别业》:"落日长边海,秋风满故都。"此指六朝故都建业(今江苏南京)。刘沧《咸阳怀古》:"渭水故都秦二世,咸原秋草汉诸陵。"此指秦都咸阳。

【故雪】 前所积留之雪。储光羲《巩城东庄道中作》:"涯口度新云,山阴留故雪。"

【故處】 旧地。曾栖居或经历过之处所。白居易《昨日复今辰》:"所经多故处,却想似前身。"

【故第】 故居。旧府第。于武陵有《过侯王故第》。郑谷《中年》:"苔色满墙寻故第,雨声一夜忆春田。"

【故國】 ❶故乡。李颀《送刘主簿归金坛》:"宦游邻故国,归梦是沧波。"郑巢《楚城秋夕》:"几时停桂楫,故国隔潇湘。"赵嘏《重阳日示舍弟》:"新霜何处雁初下,故国穷秋首正回。"吉师老《题春梦秋归故里》:"故国归路赊,春晚在天涯。"❷祖国。吴融《送僧归日本国》:"沧溟分故国,渺渺泛杯归。"❸旧国。昔日之国家。杜甫《秋兴八首》之五:"鱼龙寂寞秋江冷,故国平居有所思。"亦指已亡之国。李煜《菩萨蛮》词:"故国梦重归,觉来双泪垂。"又《虞美人》词:"小楼昨夜又东风,故国不堪回首月明中。"❹故都。昔日之都城。戎昱《云梦故城秋望》:"故国遗墟在,登临想旧游。"李益《扬州怀古》:"故国歌钟地,长桥车马尘。"刘禹锡《金陵五题·石头城》:"山围故国周遭在,潮打空城寂寞回。"

【故情】 旧情。往日之情意。杜审言《赋得妾薄命》:"宠移新爱夺,泪落故情留。"祖咏《长乐驿留别卢象裴总》:"故情君且足,谪宦我难任。"白居易《李留守见过活及翰林旧事因成四韵以献之》:"白首故情在,青云往事空。"又《和河南郑尹新岁对雪》:"白雪吟诗铃阁开,故情新兴两裴回。"

【故陰】 旧岁之秋冬。亦代指旧岁。古代以春夏为阳,秋冬为阴,故称。刘长卿《酬张夏》:"几岁依穷海,颓年惜故阴。"杨凌《早春雪中》:"乡信忆随回雁早,江春寒带故阴迟。"纥干讽有《新阳改故阴》。

【故鄉】 家乡。自小生长之处。李颀《失题》:"别离岁岁如流水,谁辨他乡与故乡。"李白《渡荆门送别》:"仍连故乡水,万里送行舟。"贾岛《渡桑干》:"无端更渡桑干水,却望并州是故乡。"张子明《孤雁》:"江南塞北俱关念,两地飞归是故乡。"

【故巢】 旧巢。亦喻指旧居。李白《忆旧游寄谯郡元参军》:"余既还山寻故巢,君亦归家渡渭桥。"白居易《池鹤二首》之二:"若问故巢知处在,主人相恋未能归。"郑谷《南康郡牧辟许棠先辈为郡从事因有寄赠》:"末路思前侣,犹为恋故巢。"

【故雄】 原来的雄性伴侣。李商隐《题鹅》:"那解将心怜孔翠,羁雌长共故雄分。"

【故程】 原来的道路。刘言史《初下东周赠孟郊》:"偶随下山云,荏苒失故程。"

【故歲】 旧岁,去年。乔知之《定情篇》:"故岁雕梁燕,双去今来只。"皮日休《旅舍除夜》:"挑灯犹故岁,听角已新年。"

【故園】 ❶家园,家乡。李颀《答高三十五留别便呈于十一》:"故园壁挂乌纱帽,官舍尘生白接䍦。"李白《春夜洛城闻笛》:"此夜曲中闻折柳,何人不起故园情。"李观《宿裴友书斋》:"久游失归趣,宿此似故园。"翁绶《关山月》:"况是故园摇落夜,那堪少妇独登楼。"❷陈旧荒落之园圃。元稹《感石榴二十韵》:"深抛故园里,少种贵人家。"

【故節】 指除夕。杜审言《除夜有怀》:"故节当歌守,新年把烛迎。"刘长卿《送裴使君赴荆南充行军司马》:"故节辞江郡,寒笳发渚宫。"

【故新】 新陈。旧与新。陈至《赋得芙蓉出水》:"莫以时先后,而言色故新。"

【故道】 老路。原来之路途。刘长卿《雨中过员稷巴陵山居赠别》:"牛羊归故道,猿鸟聚寒枝。"杜甫《绝句六首》之六:"鸟栖知故道,帆过宿谁家。"温庭筠《题萧山庙》:"故道木阴浓,荒祠山影东。"

【故溪】 ❶旧溪。前曾亲历之溪流。刘禹锡《游桃源一百韵》:"挥手一来归,故溪无故觅。"❷故土之河溪。亦借指故乡。钱起《江行无题一百首》之九八:"故溪黄稻熟,一夜梦中香。"吴融《送弟东归》:"偶持麟笔待金闺,梦想三年在故溪。"

【故绛】 地名。即翼城。为春秋晋之都城,孝侯始改绛曰翼,景公徙都新田,称翼城为故绛,其地唐属绛州。即今山西翼城县。岑参《故仆射裴公挽歌三首》之二:"礼容还故绛,宠赠冠新田。"皇甫冉《河南郑少尹城南亭送郑判官还河东》:"故绛青山在,新田绿树齐。"李商隐《行次昭应县道上送户部李郎中充昭义攻讨》:"暂逐虎牙临故绛,远含鸡舌过新丰。"

【故墟】 ❶旧墟,废墟。韦应物《秋郊作》:"登原忻时稼,采菊行故墟。"❷故里。旧居之处。韦应物《休沐东还胄贵里示端》:"休沐遂兹日,一来还故墟。"

【故榭】 旧时之台榭。温庭筠《经李征君故居》:"芳筵想像情难尽,故榭荒凉路已迷。"皮日休《奉和鲁望四明山九题·樊榭》:"主人成列仙,故榭独依然。"

【故僚】 昔日之僚属。李商隐《送从翁从东川弘农尚书幕》:"盛幕开高宴,将军问故僚。"

【故態】 旧有的神态、举止。裴度《度自到洛中与乐天为文酒之会而梦得亦分司至止因为联句》:"新声还共听,故态复相咍。"白居易《又戏答绝句》:"狂夫与我两相忘,故态些些亦不妨。"陆龟蒙《严光钓台》:"不是狂奴为故态,仲华争得黑头公。"

【故翠微宫】 即旧骊宫。在骊山顶。本为翠微寺。有骊山游人《题故翠微宫》。

【故綿】 旧的衬袍丝绵。白居易《自咏老身示诸家属》:"粥美尝新米,袍温换故绵。"

【故樓】 旧居之楼。储光羲《渭桥北亭作》:"独有故楼月，今来亭上明。”

【故劍】　汉宣帝诏求微时故剑，群臣知其意，乃立许氏为皇后。见《汉书·外戚传·孝宣许皇后》。后以指结发妻子。骆宾王《艳情代郭氏答卢照邻》：“倒提新缣成慊慊，翻将故剑作平平。”王昌龄《行路难》：“一闻汉主思故剑，使妾长嗟万古魂。”许浑《赠萧炼师》：“急宣求故剑，冥契得遗簪。”

【故躔】　旧星。卢象《马跑神泉》：“野马含暄气，农夫出故躔。”

【故實】　有传播价值的史实掌故。皎然《奉同颜使君真卿开元寺经藏院会观树文殊碑》：“故实刊周典，新声播鲁诗。”

【故蕖】　谢落之莲花。郑絪《奉和武相公省中宿斋酬李相公见寄》：“寒露滋新菊，秋风落故蕖。”

【故儔】　故侣。旧友。白居易《想东游五十韵》：“珠玉传新什，鹓鸾念故俦。”

【故錦】　旧锦缎。李商隐《日高》：“镀镮故锦縻轻拖，玉筦不动便门锁。”

【故營】　旧军营。营垒遗址。李益《观回军三韵》：“谁令呜咽水，重入故营流。”

【故蹊】　原来之路；旧时之路。刘长卿《贾侍郎自会稽使回与余有挂冠之期因书数事率成十韵》：“柏树荣新垄，桃源忆故蹊。”李端《酬前大理寺评事张芬》：“怅望成幽梦，依依识故蹊。”

【故舊】　❶故友旧交。张说《送岳州李十从军桂州》：“风波万里阔，故旧十年来。”王维《苑舍人能书梵字兼达梵音皆曲尽其妙戏为之赠》：“故旧相望在三事，愿君莫厌承明庐。”刘禹锡《酬思黯见示小饮四韵》：“追呼故旧连宵饮，直到天明兴未阑。”唐彦谦《夏日访友》：“主人闻故旧，出迎时倒屣。”❷往昔，从前。唐彦谦《和陶渊明贫士诗七首》之一：“贫贱如故旧，少壮即相依。”❸依旧，如故。白居易《六年秋重题白莲》：“不独池中花故旧，兼乘旧日采花船。”

【故壘】　古垒。旧时之营垒。皇甫冉《送常大夫加散骑常侍赴朔方》：“故垒烟尘后，新军河塞间。”李端《过宋州》：“荒郊春草遍，故垒野花开。”刘禹锡《登司马错古城》：“故垒清江上，苍烟晦乔木。”李德裕《东郡怀古二首·阳给事》：“徘徊望故垒，尚想精魂游。”

【故轍】　老路。旧时之路径。皎然《兵后西日溪行》：“石梁丹灶意更奇，春草不生多故辙。”

【故叢】　原来的花丛。李商隐《代贵公主》：“分逐东风去，风回得故丛。”

【故壟】　旧坟，古坟。孙逖《途中口号》：“无复新妆艳红粉，空余故垄满青苔。”

【故關】　❶旧关。年代久远之关隘。殷遥《塞上》：“沙填孤嶂角，烧断故关碑。”白居易《出关路》：“萧条去国意，秋风生故关。”杨达《塞下曲》：“秋日并州路，黄榆落故关。”❷乡关，故乡。司孔曙《送程秀才》：“送子恨何穷，故关如梦中。”马戴《夕次淮口》：“此意竟谁见，行行非故关。”

【故櫪】　原来之马槽。借指原来之栖宿处。戴叔伦《从军行》：“老马思故枥，穷鳞忆深流。”

【故廬】　故居，旧庐。钱起《罢官后酬元校书见赠》：“自我辞丹阙，惟君到故庐。”刘言史《闻崔倚旅葬》：“远客那能返故庐，苍梧埋骨痛何如。”

【故識】　旧友，故交。钱起《春夜宴任六昆季宅》：“向隅逢故识，兹夕愿披襟。”

【故驛】　古驿站。王维《送岐州源长史归》：“故驿通槐里，长亭下槿原。”刘长卿《晚次苦竹馆却忆干越旧游》：“故驿花临道，荒村竹映篱。”李商隐有《故驿迎吊故桂府常侍有感》。

【故籬】　故园之旧篱笆。借指老家、故乡。王维《早秋山中作》：“无才不敢累明时，思向东溪守故篱。”

六　画

敖　〔áo《广韵》五劳切，平豪，疑。〕❶游玩；游嬉。刘禹锡《国学新修五经壁歌》：“切切祁祁，不敖不嬉。”❷地名。见“敖倉”。

【敖倉】　秦所建粮仓名。敖，地名。在郑州西北邙山上。秦建仓于此，故名。后亦泛指粮仓。高适《自淇涉黄河途中作十三首》之十二：“传檄举敖仓，拥兵屯洛口。”

【敖惡】　谓耽溺于恶习之中。元结《二风诗·乱风诗五篇·至惑》：“敖恶无厌，不畏颠坠。”

效　〔xiào《广韵》胡教切，去效，匣。〕亦作“効”。❶仿效。丁仙芝《赠朱中书》：“而我守道不迁业，谁能肯敢效此事。”李白《玉壶吟》：“西施宜笑复宜颦，丑女效之徒累身。”薛据《怀哉行》：“主好臣必效，时禁权不开。”顾甄远《惆怅诗九首》之三：“莫言灵圃步难寻，有心终效偷桃客。”❷奉献，献出。王湾《秋夜寓直即事怀赠萧令公裴侍郎》：“卑吏夙驱策，微涓效斗升。”高适《塞上》：“常怀感激心，愿效纵横谟。”李德裕《效坛回舆仰感恩遇辄书是诗兼呈二相公》：“自惭衰且病，无以效涓埃。”陈陶《草木言》：“所愧雨露恩，愿效幽微芳。”❸尽；尽力于某事。杜甫《遣闷奉呈严公二十韵》：“束缚酬知己，蹉跎效小忠。”卢仝《萧宅二三子赠答诗二十首·井请客》：“已效炊爨劳，我亦不愿住。”裴度《中书即事》：“有意效承平，无功答圣明。”殷尧藩《郊行逢社日》：“妻孥亲稼穑，老稚效渔畋。”❹犹授。岑参《敬酬杜华淇上见赠兼呈熊曜》：“只曾效一官，今已年四十。”❺显现，显示。严武

《酬别杜二》:"未效风霜劲,空惭雨露私。"❻功效;功用。韩愈《朝归》:"进乏犬鸡效,又不勇自退。"詹敦仁《柳堤诗》序:"夫插柳之效,予既两资其利。"吕岩《七言》之八八:"貌相本来犹自可,针医偏更效无多。"

【效尤】 效仿做坏事。韩愈《寄卢仝》:"放纵是谁之过欤,效尤戮仆愧前史。"

【效功】 效力,献力。裴士淹《游石门洞》:"班输难效功,严马何能喻?"

【效古】 谓诗之体裁系仿效古体诗。储光羲、李白有《效古二首》。高适有《效古赠崔二》。

【效用】 效劳,效力。独孤及《送阳翟张主簿之任》:"少年当效用,远道岂辞艰。"徐铉《北苑侍宴杂咏诗·松》:"繁阴堪避雨,效用待东封。"

【效死】 以死报效。骆宾王《咏怀古意上裴侍郎》:"轻生长慷慨,效死独殷勤。"白居易《新乐府·七德舞》:"含血吮创抚战士,思摩奋呼乞效死。"孟简《咏欧阳行周事》序:"呜呼,钟爱于男女,素期效死,夫亦不蔽也。"

【效西子】 同"效矉"。西子,即西施。朱泽《嘲郭凝素》:"借问东邻效西子,何如郭素拟王轩。"

【效拙】 效力之谦词。钱起《县城秋夕》:"效拙惭无补,云林叹再归。"

【效忠】 尽忠。奉献忠诚。张九龄《奉和圣制过王濬墓》:"古节犹不弃,今人争效忠。"

【效官】 犹做官。耿沣《送苗赟赴阳翟丞》:"年少初辞阙,时危远效官。"白居易《游悟真寺诗》:"牵率使读书,推挽令效官。"

【效理】 谓效力于治理政务。指做地方官。李绅《寿阳罢郡日有诗十首·肥河维舟阻冻祗待敕命》:"淮阳效理空多病,疏受辞荣岂恋班。"

【效莩】 传尧时有瑞草名蓂荚,夹阶而生,每月朔日始生一荚,后每日生一荚,至月半后又日落一荚,月终而尽。故可以之记日。"效莩",即指始生荚,故亦以指朔日。李绅《趋翰苑遭诬构四十六韵》:"庭兽方呈角,阶蓂始效莩。"

【效國】 报国。效忠国家。张蠙《边情》:"惆怅临戎皆效国,岂无人似霍嫖姚。"又《青冢》:"倾国可能胜效国,无劳冥寞更思回。"

【效陶】 ❶指诗的风格摹拟陶潜体。曹邺有《山中效陶》《田家效陶》。❷谓仿效陶潜弃官归隐。刘禹锡《浙西李大夫述梦四十韵并浙东元相公酬和斐然继声》:"车骑方休汝,归来欲效陶。"

【效愚】 效忠之谦词。犹言报效愚忠。韦应物《自尚书郎出为滁州刺史》:"效愚方此始,顾私岂获并。"

【效順】 效忠,归顺。白居易《南阳小将张彦硖口镇税人场射虎歌》:"忠良效顺势亦然,一剑猜狂敢轻动。"司空图《淮西》:"莫夸十万兵威盛,消个忠良效顺无。"韩偓《感事三十四韵》:"四夷同效顺,一命敢虚捐。"

【效節】 犹尽忠。高适《李云南征蛮诗》序:"君子是以知庙堂使能,而李公效节。"权德舆《建除诗》:"执心思报国,效节在忘躯。"

【效矉】 同"效矉"。李白《效古二首》之二:"蛾眉不可妒,况乃效其矉。"

【效嚬】 同"效矉"。王翰《观蛮童为伎之作》:"长裙锦带还留客,广额青娥亦效嚬。"韦蟾《襄阳风光亭夜宴有妓醉殴赋》:"伤颊讵关舞,捧心非效嚬。"

【效驗】 效果,应验。寒山《诗三百二首》之一五七:"数年无效验,痴意瞋怫郁。"

【效矉】 ❶亦作"效嚬""效矉""效西子"。丑女仿西施皱眉。见《庄子·天运》。"嚬",同"矉",皱眉蹙额貌。后遂以"效矉"为讥笑模仿不当之典。王维《西施咏》:"持谢邻家子,效矉安可希。"李白《古风》之三五:"丑女来效矉,还家惊四邻。"钱起《诏许昌崔明府拜补阙》:"惜哉效矉客,心想劳婵娟。"薛能《寄吉谏议》:"将迎须学返抽身,合致蹉跎敢效矉。"❷泛指模仿蹙眉之状。李商隐《和人题真娘墓》:"柳眉空吐效矉叶,榆荚还飞买笑钱。"皮日休《馆娃宫怀古五绝》之五:"不知水葬今何处,溪月弯弯欲效矉。"陆龟蒙《秋荷》:"蒲茸承露有佳色,茭叶束烟如效矉。"

攲 同"攲"。倾斜。陆龟蒙《秋日遣怀十六韵寄道侣》:"冠攲玄发少,书健紫毫尖。"见"攲弁""攲危"。

【攲危】 倾斜高危。陆龟蒙《奉和袭美古杉三十韵》:"錨天形硉兀,当殿势攲危。"

【攲弁】 歪斜不正之皮帽。陆龟蒙《京口与友生话别》:"断帘从燕出,攲弁请人簪。"

【攲杉】 倾斜之杉树。皮日休《初夏即事寄鲁望》:"攲杉突杝架,迸笋支檐楹。"

七 画

教[1] 〔jiào《广韵》古孝切,去效,見。〕❶教育。玄宗《春中兴庆宫酺宴》序:"不言而海外知归,不教而寰中自肃。"孟简《咏欧阳行周事》序:"食太学之禄,助成均之教,有庸绩矣。"朱庆余《送石协律归吴兴别业》:"资身唯药草,教子但诗书。"冯道《赠窦十》:"燕山窦十郎,教子有义方。"❷教导,教诲。李嘉祐《送王正字山寺读书》:"欲究先儒教,还过支遁居。"杜甫《秋日夔府咏怀奉寄郑监李宾客一百韵》:"晚闻多妙教,卒践塞前愆。"韦应物《酬阎员外陟》："虽蒙一言教，自愧道情疏。"李涉《题清溪鬼谷先生旧居》："常闻先生教，指示秦仪路。"❸政教，教化。张说《奉和圣制赐诸州刺史应制以题坐右》："先言教为本，次言则是钦。"白居易《赠樊著作》："贤者不为名，名彰教乃敦。"项斯《送客归新罗》："风土虽知教，程途自致贫。"张生《梦舜抚琴歌》："荡荡之教兮由自然，熙熙之化兮吾道全。"❹宗教。耿沣《濬公院怀旧》："远公传教毕，身没向他方。"孟郊《读经》："海萍国教异，天声各泠泠。"杜荀鹤《空闲二公递以禅律相鄙因而解之》："一教谁云辟二途，律禅禅律智归愚。"❺训练，教练。王维《燕支行》："教战虽令赴汤火，终知上将先伐谋。"王建《寄汴州令狐相公》："三军江口拥双旌，虎帐长开自教兵。"

教[2]〔jiāo《广韵》古肴切，平肴，見。〕❶传授知识、技能。王维《洛阳女儿行》："自怜碧玉亲教舞，不惜珊瑚持与人。"孟浩然《姚开府山池》："馆是招贤辟，楼因教舞开。"张祜《雨霖铃》："长说上皇和泪教，月明南内更无人。"齐己《新栽松》："野僧教种法，苒苒出蓬蒿。"❷令，便，让。张谓《别韦郎中》："不醉郎中桑落酒，教人无奈别离何。"张南史《陆胜宅秋暮雨中探韵同作》："已被秋风教忆鲙，更闻寒雨劝飞觞。"司空图《送道者二首》之一："峰顶他时教我认，相招须把碧芙蓉。"❸犹给予。李贺《大堤曲》："青云教绾头上髻，明月与作耳边珰。"❹犹得。吕岩《七言》之五七："地脉尚能缩得短，人年岂不展教长。"

【教化】 ❶政教风化。韦应物《春月观省属城始憩东西林精舍》："今我蒙朝寄，教化敷里鄽。"元稹《和李校书新题乐府十二首·骠国乐》："教化从来有源委，必将泳海先泳河。"袁皓《重归宜春偶成十六韵寄朝中知已》："恩仁沾品物，教化及雕题。"李昭象《山中寄崔谏议》："新句未尝忘教化，上才急忍不吹嘘。"❷给以教育使受感化。李涉《怀古》："徒怀教化心，纡郁不能伸。"

【教示】 教导；指示。韩愈《赠张籍》："有儿虽甚怜，教示不免简。"元稹《哭子十首》之五："节量梨栗愁生疾，教示诗书望早成。"曹唐《小游仙诗九十八首》之二七："欲将碧字相教示，自解盘囊出素书。"

【教₂令】 使，令。李涉《却归巴陵途中走笔寄唐知言》："教令参谒礼数全，头头要处相称掣。"

【教主】 宗教中之居主宰地位者。秦韬玉《投知己》："炉中九转炼虽成，教主看时亦自惊。"

【教坊】 唐代官设之管理音乐、舞蹈、百戏之机构。王建《宫词一百首》之八四："青楼小妇砑裙长，总被抄名入教坊。"白居易《琵琶行》："十三学得琵琶成，名属教坊第一部。"李讷《命妓盛小丛歌饯崔侍御还厥》："曾向教坊听国乐，为君重唱盛丛歌。"和凝《宫词百首》之六六："内宴初开锦绣攒，教坊齐奏万年欢。"

【教弩臺】 古迹名。在唐淮南道庐州（今安徽合肥）。传汉末曹操曾于此筑台教强弩五百人以御孙权，故名。唐大历间因得铁佛奏请为寺。故址在今合肥明教寺。吴资《教弩台》："曹公教弩台，今为比丘寺。"

【教授】 教学。传授知识技能。王维《送梓州李使君》："文翁翻教授，不敢依先贤。"韩愈《送侯参谋赴河中幕》："东司绝教授，游宴以为恒。"

【教義】 礼教之义旨。夏侯孜《享太庙乐章》："兴起教义，申明典章。"

【教場】 军队操练与演习之场地。杨巨源《赠邻家老将》："拂雪陈师祭，冲风立教场。"

【教誘】 教诲诱导。皇甫曾《赠鉴上人》："律仪传教诱，僧腊老烟霄。"

【教誨】 教导，训诲。刘长卿《别李氏女子》："临歧方教诲，所贵和六姻。"韩愈《谁氏子》："呜呼余心诚岂弟，愿往教诲究终始。"

【教閲】 训练军队。李峤有《奉和杜员外扈从教阅》。

【教練】 教导训练。杜甫《赠崔十三评事公辅》："阴沈铁凤阙，教练羽林儿。"

【教頭】 教授歌舞之教师。花蕊夫人徐氏《宫词》之三三："蜀锦地衣呈队舞，教头先出拜君王。"

救〔jiù《广韵》居祐切，去宥，見。〕❶制止；扑灭。见"救煩""救火""救焚"。❷援助处于困危中之对象使从中摆脱出来。崔国辅《从军行》："塞北胡霜下，营州索兵救。"韦应物《送李十四山东游》："岂是贸荣宠，誓将救元元。"李翱《赠毛仙翁》："紫霄仙客下三山，因救生灵到世间。"张祜《赠内人》："斜拔玉钗灯影畔，剔开红焰救飞蛾。"❸解除，排解使人受困之苦难。崔曙《宿大通和尚塔敬赠如上人》："更有真僧来，道场救诸苦。"白居易《秦中吟十首·伤宅》："岂无穷贱者，忍不救饥寒。"郭周藩《谭子池》："发掘散生聚，可以救贫羸。"❹医治，治疗。韩愈《寄随州周员外》："金丹别后知传得，乞取刀圭救病身。"顾非熊《送僧归洞庭》："若救吴人病，须降震泽龙。"❺纠正。白居易《赠友五首》之一："谁能救其失，待君佐邦柄。"

【救世】 拯救时世。王维《燕子龛禅师》："救世多慈悲，即心无行作。"

【救乏】 救济贫困。寒山《诗三百三首》之一二六："悭惜不救乏，财多为累愚。"

【救火】 扑灭火灾。陈抟《赠张乖厓》："自吴入蜀是寻常，歌舞筵中救火忙。"

【救兵】 援兵。救援之军队。袁瓘《鸿门行》："战酣烽火灭，路断救兵稀。"周昙《咏史诗·六朝门·简文帝》："救兵方至强抽军，与贼开城是简文。"

【救物】 犹救世。拯救众生万物。独孤及《夏中酬于逖毕耀问病见赠》："救物智所昧，学仙愿未从。"杜荀鹤《自叙》："诗旨未能忘救物，世情奈值不容真。"

【救拔】 拯救，使脱离苦难。白居易《和微之诗二十三首·和晨霞》："弘愿在救拔，大悲忘辛勤。"

【救活】 救之使活。白居易《江州赴忠州至江陵已来舟中示舍弟五十韵》："烛蛾谁救活，蚕茧自缠萦。"

【救時】 拯救时弊。吴筠《览古十四首》之一："圣人重周济，明道欲救时。"

【救病】 为人治病。张籍《隐者》："救病自行药，得钱多与人。"

【救貧】 救济贫困，使摆脱贫困。方干《镜湖西岛言事寄陶校书》："文字不得力，桑麻难救贫。"

【救涸】 拯救涸辙之鱼。喻指拯救处于困境中之人。杜甫《水宿遣兴奉呈群公》："余波期救涸，费日苦轻赍。"参阅《庄子·外物》。

【救援】 援助，救助。崔国辅《杂诗》："何肯相救援，徒闻宝剑篇。"卢仝《月蚀诗》："月蚀不救援，安用东方龙。"

【救焚】 救焚拯溺之略语。谓救人于水火之中。权德舆《仲秋朝拜昭陵》："抚运斯顺人，救焚非逐鹿。"元稹《酬乐天东南行诗一百韵》："救焚期骨肉，投分刻肌肤。"

【救楚】 指春秋吴攻破楚都郢城，申包胥哭于秦庭七日夜，终使秦发兵救楚事。事见《史记·伍子胥列传》。李白《鸣皋歌送岑征君》："哭何苦而救楚，笑何夸而却秦。"

【救煩】 消除、止住烦躁。白居易《自到郡斋仅经旬日偷闲走笔题二十四韵呈吴中请客》："救烦无若静，补拙莫如勤。"

【救趙】 指战国魏侯嬴、朱亥为信陵君窃符救赵事。事见《史记·魏公子列传》。李白《侠客行》："救赵挥金槌，邯郸先震惊。"又《赠升州王使君忠臣》："应须救赵策，未肯弃侯嬴。"虞羽客《结客少年场行》："窃符方救赵，击筑正怀燕。"

【救暍】 救护中暑之人。杜甫《七月三日稳睡有诗因论壮年乐事戏呈元二十一曹长》："前圣慎焚巫，武王亲救暍。"韩愈《送文畅师北游》："僧时不听莹，若饮水救暍。"

【救鴿】 见佛教《贤愚经》。后用为咏僧人善行之典。钱起《题延州圣僧穴》："昔日舍身缘救鸽，今时出见有飞鹰。"

【救邊】 援助边境上之抗敌战斗。李希仲《蓟北行二首》："一身救边速，烽火通蓟门。"

【救療】 治疗。白居易《秋日与张宾客舒著作同游龙门醉中狂歌》："不能救疗生民病，即须先濯尘土缨。"

【救難】 (—nàn)解救苦难。姚合《赠刘叉》："避时曾变姓，救难似嫌身。"

敎 〔bó《广韵》蒲没切，入没，並。〕同"勃"。见"敎窣"。

【敎窣】 曲折摆动貌。皮日休《虎丘寺殿前有古杉一本形状丑怪遂赋三百言以见志》："狼头敎窣竖，虿尾掘挛垂。"

敕 〔chì《广韵》耻力切，入職，徹。〕一作"勅"。❶告诫，诫饬。元稹《寄吴士矩端公五十韵》："时辈多得途，亲朋屡相敕。"❷吩咐，命令。杜甫《秋日夔府咏怀奉寄郑监李宾客一百韵》："敕厨唯一味，求饱或三鳣。"韦应物《马明生遇神女歌》："乃言马生合不死，少姑教敕令付尔。"韩愈《燕河南府秀才得生字》："还家敕妻儿，具此煎炰烹。"徐夤《喜雨上主人尚书》："天皇攘袂敕神龙，雨我公田兆岁丰。"❸特指皇帝之命令，诏书。王维《敕赐百官樱桃》。任华《寄李白》："有敕放君却归隐沦处，高歌大笑出关去。"周匡物《及第谣》："遥望龙墀新得意，九天敕下多狂醉。"曹松《及第敕下宴中献座主杜侍郎》："门前送敕朱衣吏，席上衔杯碧落人。"❹整饬；整理。李商隐《和张秀才落花有感》："梦罢收罗荐，仙归敕玉箱。"

【敕目】 任命官员之详单。杜甫有《秦州见敕目薛三璩授司议郎毕四曜除监察》。

【敕字】 命令；诏书。窦巩《送元稹西归》："南州风土滞龙媒，黄纸初飞敕字来。"

【敕戒】 告诫。韩愈《元和圣德诗》："敕戒四方，侈则有咎。"

【敕使】 皇帝之使者。杜甫《巴西闻收宫阙送班司马入京》："剑外春天远，巴西敕使稀。"元稹《连昌宫词》："去年敕使因斫竹，偶值门开暂相逐。"马令有《早春陪敕使麻先生祭岳》。

【敕命】 皇帝之诏令。李绅有《寿阳罢郡日·肥河维舟阻冻祗待敕命》。

【敕放】 诏令放归。李白《自汉阳病酒归寄王明府》："今年敕放巫山阳，蛟龙笔翰生辉光。"

【敕書】 皇帝下达臣僚之文书。崔颢《赠怀一上人》："一朝敕书至，召入承明宫。"刘禹锡《和令狐相公入潼关》："东瞻军府静，西望敕书频。"周繇《送入蕃使》："猎猎旗幡过大荒，敕书犹带御烟香。"

【敕勒】 (—lè)古代北方民族名。也称"铁勒"。

北魏时称高车部。其先为匈奴。南北朝时为突厥吞并。温庭筠《敕勒歌塞北》:"敕勒金隤壁,阴山无岁华。"

【敕授】 谓由朝廷封授官阶。唐制三品以上称"册授",六品以下称"敕授"。贾岛《寄令狐绹相公》:"官高频敕授,老免把犁锄。"

【敕符】 朝廷用以传达命令之符契。王建《赠胡证将军》:"朱牌面上分官契,黄纸头边押敕符。"

【敕榜】 皇帝书赐之门头榜额。白居易《新乐府·两朱阁》:"寺门敕榜金字书,尼院佛庭宽有余。"

【敕賜】 皇帝所赐。李白《答杜秀才五松见赠》:"敕赐飞龙二天马,黄金络头白玉鞍。"顾况《樱桃曲》:"遥知寝庙尝新后,敕赐樱桃向几家。"陈去疾《春宫曲》:"抱里琵琶最承宠,君王敕赐玉檀槽。"姚合《题崔驸马宅》:"数树异花皆敕赐,并竿修竹自天生。"

敗 〔bài《广韵》薄邁切,去夬,並。又補邁切,去夬,幫。〕❶毁坏。韩愈《元和圣德诗》:"腹败枝披,不敢保聚。"见"敗堰""敗禮"。❷失败。见"敗北""敗將"。❸弃舍,废。见"敗道"。❹腐坏变质。见"敗肉""敗醢"。❺破烂,破旧。见"敗衲""敗船""敗褐"。❻衰微;衰退。太宗《赐魏征诗》:"千日醉不醒,十年味不败。"刘禹锡《秋晚病中乐天以诗见问力疾奉酬》:"兰芳经雨败,鹤病得秋轻。"❼凋残,枯萎。刘商《同徐城季明府游重光寺题晃师壁》:"鸟喧残果落,兰败几花开。"元稹《哭女樊四十韵》:"败槿萧疏馆,衰杨破坏城。"齐己《秋苔》:"月明疏竹径,雨歇败莎根。"❽破裂,拆裂。姚合《游春十二首》之四:"土融凝墅色,冰败满池声。"

【敗力】 衰败之体力。孟郊《退居》:"退身何所食,败力不能闲。"

【敗亡】 失败灭亡。李频《送姚侍御充渭北掌书记》:"败亡仍暴骨,冤哭可伤神。"韩偓《北齐二首》之二:"神器传时异至公,败亡安可怨匆匆。"

【敗北】 打仗中被战败。陆龟蒙《战秋辞》:"杉篁蕉蔓,败北之气摵。"

【敗肉】 腐臭之肉。周昙《咏史诗·春秋战国门·田饶》:"厨抛败肉士怀饥,仓烂余粮客未炊。"

【敗名】 败坏名声。元稹《答姨兄胡灵之见寄五十韵》:"斗设狂为好,谁忧饮败名。"灵一《秋题刘逸人林泉》:"莫恋幽栖地,惟安却败名。"

【敗衣】 破旧衣裳。司空曙《过钱员外》:"移病居荒宅,安贫著败衣。"

【敗兵】 失败的士兵。沈彬《入塞二首》之二:"鸢觑败兵眠白草,马惊边鬼哭阴云。"

【敗面】 毁伤面容。韩愈《征蜀联句》:"剟肤浃疮痍,败面碎剠刮。"

【敗衲】 破旧之僧衣。许浑《晨别翛然上人》:"吴僧诵经罢,败衲倚蒲团。"裴休《太平兴龙寺诗》:"白衣居士轻班爵,败衲高僧薄世情。"

【敗草】 衰枯之草。李贺《崇义里滞雨》:"瘦马秣败草,雨沫飘寒沟。"

【敗軍】 失败的军队。白居易《和微之诗二十三首·和知非》:"逐臣去室妇,降虏败军帅。"

【敗陣】 在对阵中败下。罗隐《归梦》:"贪财败阵谁相悉,鲍叔如今不可寻。"

【敗葉】 枯萎之落叶。周贺《秋思》:"归心病起切,败叶夜来多。"杜荀鹤《秋宿山馆》:"斜风吹败叶,寒烛照愁人。"曹松《句》:"鹿眠荒圃寒芜白,鸦噪残阳败叶飞。"

【敗荷】 ❶凋残之荷花。温庭筠《鸿胪寺有开元中锡宴堂偶成四十韵》:"败荷塌作泥,死竹森如枪。"❷凋残的荷叶。李商隐《过伊仆射旧宅》:"幽泪欲干残菊露,余香犹入败荷风。"又《夜冷》:"西亭翠被余香薄,一夜将愁向败荷。"

【敗船】 破漏之船。郑巢《泊灵溪馆》:"晓鹭栖危石,秋萍满败船。"

【敗將】 (—jiàng)战败之将领。李商隐《送从翁东川弘农尚书幕》:"逗挠官军乱,优容败将频。"

【敗絮】 旧的粗丝棉。裴说《冬日作》:"粝食拥败絮,苦吟吟过冬。"

【敗堰】 崩坏之拦河坝。李端《卧病寄阎寀》:"荒林飞老鹤,败堰过游鱼。"温庭筠《赠隐者》:"败堰水声急,破窗山色多。"

【敗道】 指僧人放弃修行而还俗。李商隐《天平公座中呈令狐令公》:"白足禅僧思败道,青袍御史拟休官。"

【敗褐】 破旧之粗布衣。项斯《忆朝阳峰前居》:"败褐黏苔遍,新题出石重。"

【敗牆】 倾颓之墙。张祜《江南杂题三十首》之二十七:"井鲋依颓甃,邻花出败墙。"

【敗橈】 失败。韩愈《答柳柳州食虾蟆》:"大战元鼎年,孰强孰败桡。"

【敗壁】 残破之墙壁。姚合《寄贾岛浪仙》:"颓篱里人度,败壁邻灯入。"

【敗禮】 败坏礼法。权德舆《书绅诗》:"败礼因近习,哲人自居贞。"

【敗屨】 破旧之鞋。司空曙《过终南柳处士》:"败屦安松砌,余棋在石床。"

【敗績】 指作战大溃败。亦泛指失败。杜甫《奉赠鲜于京兆二十韵》:"义声纷感激,败绩自逡巡。"岑参《入剑门作寄杜杨二郎中》:"刘氏昔颠覆,公孙曾败绩。"窦弘余《广谪仙怨》词序:"安禄山反,陷没洛阳,王师败绩。”韦庄《秦妇吟》：“簸旗掉剑却来归，又道官军悉败绩。”

【敗醯】 变质的醋。崔护《山鸡舞石镜》：“应笑翰音者，终朝饮败醯。”

【敗叢】 凋萎之草木丛。杨衡《采莲曲》：“楚客伤暮节，吴娃泣败丛。”

【敗壞】 ❶损害。寒山《诗三百三首》之八四：“但看阳焰浮沤水，便觉无常败坏人。”❷物之朽坏变质。元稹《度门寺》：“蕉非难败坏，槿喻暂丰茸。”

敘 〔xù《广韵》徐吕切，上語，邪。〕亦作“叙”。❶次序；秩序。独孤及《得柳员外书封寄近诗因代书戏答》：“百越待君言即叙，相思不敢怆离群。”李子昂《西戎即叙》：“今朝观即叙，非与献獒同。”❷依次排列。亦指使就绪。宋璟《奉和圣制答张说扈从南出雀鼠谷》：“四时宗伯叙，六义宰臣铺。”张说《唐封泰山乐章·豫和六首》之三：“九歌叙，万舞翔。”元稹《和李校书新题乐府十二首·五弦弹》：“五贤并用调五常，五常既叙三光耀。”许浑《和人贺杨仆射致政》：“岂同王谢山阴会，空叙流杯醉暮春。”❸叙功。按功劳之等第授奖。李白《宣城送刘副使入秦》：“大勋竟莫叙，已过秋风吹。”❹文体之一种。序，序文。王维《重酬苑郎中》序：“叙末云，且久不迁，因而嘲及。”韩愈《送灵师》：“手持南曹叙，字重青瑶镌。”❺叙谈，抒发。杜审言《赠崔融二十韵》：“相逢慰畴昔，相对叙存亡。”岑参《潼关镇国军句覆使院早春寄王同州》：“各自限官守，何由叙凉温。”牟融《寄永平友人》：“何日归来话畴昔，一樽重叙旧襟期。”❻记述，记叙。李白《答从弟幼成过西园见赠》：“上陈樵渔事，下叙农圃言。”皇甫湜《题浯溪石》：“然长于指叙，约洁有余态。”白居易《和答诗十首·和阳城驿》：“不劳叙世家，不用费文辞。”

【敘年】 陈述年龄。卢纶《和王员外冬夜寓直》“潘兵叙年因鬓发，扬雄托谏在文章。”

【敘别】 话别，叙谈以送别。李贺《仁和里杂叙皇甫湜》：“明朝下元复西道，崆峒叙别长如天。”张籍《送远曲》：“行人送客各惆怅，话离叙别倾清觞。”亦指畅谈阔别之情。唐彦谦《道中逢故人》：“兰陵市上忽相逢，叙别殷勤兴倍浓。”

【敘言】 犹吐言。谓陈述言辞。乔知之《定情篇》：“叙言情未尽，采葉已盈筐。”

【敘事】 记述事情。陆龟蒙《寄怀华阳道士》：“凝神密室多生白，叙事联编尽杀青。”法轮有《观大驾出叙事寄怀》。

【敘階】 依照规定按资历或政绩授予官阶或晋升阶品。范质《诫儿侄八百字》：“历官十五考，叙阶与尔侔。”

【敘意】 述说心意。孔德绍《夜宿荒村》：“劳歌欲叙意，终是白头吟。”

【敘德】 述德。记述人之道德修养。白居易《立碑》：“铭勋悉太公，叙德皆仲尼。”

【敘興】 (—xìng)犹即兴。诗题用语。说明所写内容系即景生情。王勃有《他乡叙兴》。

【敘謁】 依官品高低依次谒见。张籍《田司空入朝》：“朝官叙谒趋门外，恩使喧迎满路中。”

【敘舊】 述说旧情往事。白居易《寄答周协律》：“故人叙旧寄新篇，惆怅江南到眼前。”

【敘懷】 抒怀；述怀。抒以胸怀。宋华《蝉鸣一篇五章》之五：“何以叙怀，临水鸣琴。”高骈有《南征叙怀》。陆龟蒙有《谨和谏议罢郡叙怀六韵》。

敏 〔mǐn《广韵》眉殞切，上軫，明。〕❶迅速，敏捷。元稹《奉和浙西大夫李德裕述梦四十韵》：“攀禾工类蔡，咏豆敏过曹。”吴融《个人三十韵》：“柳絮联章敏，椒花属思清。”❷聪慧，晓达。孙逖《和登会稽山》：“能赋丘尝闻，和歌参不敏。”杜甫《赠郑十八贲》：“抱病排金门，衰容岂为敏。”又《寄刘峡州伯华使君四十韵》：“学并卢王敏，书偕褚薛能。”❸勤勉。见“敏學”。❹通“悯”。怜悯。顾况《上古之什补亡训传十三章·左车》：“敏尔之生，胡为波迸。”

【敏手】 快手；能手。指办事敏捷能干之人。陆龟蒙《奉和袭美添渔具五篇·背蓬》：“敏手劈江筠，随身织烟壳。”韩偓《奉和峡州孙舍人肇荆南重围中寄诸朝士二篇》之一：“敏手何妨误汰金，敢怀私忿斁羊斟。”齐己《谢人惠端溪砚》：“砻琢已曾经敏手，研磨终见透坚心。”

【敏捷】 灵敏迅捷。杜甫《不见》：“敏捷诗千首，飘零酒一杯。”

【敏德】 聪慧有德。钱起《送蒋尚书居守东都》：“若非君敏德，谁镇洛阳城。”

【敏學】 勤勉好学。苏味道《和武三思于天中寺寻复礼上人之作》：“敏学推多艺，高谈属辩才。”

【敏儁】 敏捷俊秀。儁通“俊”。元稹《答姨兄胡灵之见寄五十韵》：“豆萁才敏俊，羽猎正峥嵘。”

敓 〔duó《广韵》徒活切，入末，定。〕“奪”之古字。夺取；剥夺。陈子昂《感遇诗三十八首》：之二十四：“如何负公鼎，被夺笑时人。”

敢 〔gǎn《广韵》古覽切，上敢，見。〕❶有勇气做某事。王翰《饮马长城窟行》：“当昔秦王按剑起，诸侯膝行不敢视。”韦应物《逢杨开府》：“司隶不敢捕，立在白玉墀。”韩愈《送无本师归范阳》：“吾尝示之难，勇往无不敢。”李商隐《寄太原卢司空三十韵》：“拟填沧海鸟，敢竞太阳萤。”❷岂敢。王维《送张判官赴河西》：“单车曾出塞，报国敢邀勋。”杜甫《岁暮》:“济时敢爱死,寂寞壮心惊。”白居易《拣贡橘书情》:“登山敢惜驽骀力,望阙难伸蝼蚁情。”司马札《蚕女》:“但忧蚕与桑,敢问结发期。”❸谦词。犹云冒昧,斗胆。王维有《大同殿柱产玉芝龙池上有庆云圣恩便赐宴乐敢书即事》。李端《鲜于少府宅看花》:“敢问贤主人,何如种桃李。”李商隐《行次西郊作一百韵》:“敢问下执事,今谁掌其权。”❹愿意。杜甫《柴门》:“足了垂白年,敢居高士差。”卢纶《敬酬大府二十四舅览诗卷因以见示》:“顾已文章非酷似,敢将幽劣俟洪炉。”白居易《贺雨》:“敢贺有其始,亦愿有其终。”秦韬玉《贫女》:“敢将十指夸偏巧,不把双眉斗画长。”❺能;可。岑参《初至西虢官舍南池呈左右省及南宫诸故人》:“敢恨青琐客,无情华省郎。”元结《忝官引》:“敢诵王者箴,亦献当时论。”韩愈《元和圣德诗》:“腹败枝披,不敢保聚。”皮日休《泰伯庙》:“当时尽解称高义,谁敢教他莽卓闻。”❻犹可是。元稹《寄刘颇二首》之一:“唯爱刘君一片胆,近来还敢似人无。”

【敢决】 勇敢果决。杜甫《故武卫将军挽歌三首》之一:“壮夫思感决,哀诏惜精灵。”

【敢言】 ❶敢于直谏,敢直言。刘禹锡《寄杨八寿州》:“圣朝方用敢言者,次第应须旧谏臣。”❷岂敢说。李商隐《判春》:“敢言西子短,谁觉宓妃长。”

八　画

散 〔sàn《广韵》蘇旰切,去翰,心。又蘇旱切,上旱,心。〕❶分散。与“聚”相对。许天正《和陈元光平潮寇诗》:“飞絮随风散,余氛向日镕。”贺兰进明《行路难五首》之四:“亲故平生或聚散,欢娱未尽尊酒空。”李绅《悲善才》:“日曛尘暗车马散,为惜新声有余叹。”许棠《寻山》:“群猱呼却散,如此异林翁。”❷扩散;散发。太宗《重幸武功》:“瑞气萦丹阙,祥烟散碧空。”孟浩然《从张臣相游南纪城猎戏赠裴迪张参军》:“高标回落日,平楚散芳烟。”韦应物《夏至避暑北池》:“绿筠尚含粉,圆荷始散芳。”刘沧《过铸鼎原》:“仙界日长青鸟度,御衣香散紫霞飘。”亦指散射。李林甫《秋夜望月忆韩席等诸侍郎因以投赠》:“桂华澄远近,璧彩散池塘。”白行简《春从何处来》:“透雪寒光散,消冰水镜开。”❸传播;散播。刘滔有《赠旌德吕明府》。

敬 〔jìng《广韵》居慶切,去映,見。〕❶恭敬,端肃。见《易·坤》。太宗《帝京篇十首》之十:“奉天竭诚敬,临民思惠养。”则天皇后《唐明堂乐章·宫音》:“藻奠申诚敬,恭祀表惟馨。”柳宗元《唐铙歌鼓吹曲十二篇·靖本邦》:“洪惟我理,式和以敬。”《郊庙歌辞·五郊乐章·雍和》:“乃诚乃敬,载享载禋。”❷尊敬,敬重。王建《赠王侍御》:“恭事四海人,甚于敬公卿。”白居易《观稼》:“愧兹勤且敬,藜杖为淹泊。”许浑《赠郑处士》:“杨子可曾过北里,鲁人何必敬东家。”任翻《经堕泪碑》:“碑已无文字,人犹敬子孙。”❸姓。唐诗人有敬括等。

【敬十使君】 敬超先。官昭州刺史。杜甫《追酬故高蜀州人日见寄》序:“今海内忘形故人,独汉中王瑀与昭州敬使君超先在。”

【敬中】 (—zhōng)人名。裴敬中。元稹《崔徽歌》序:“崔徽,河中府娼也。裴敬中以兴元幕使蒲州,与徽相从累月。敬中便还,崔以不得从为恨,因而成疾。有丘夏善写人形,徽托写真寄敬中曰:‘崔徽一旦不及画中人,且为郎死。’发狂卒。”诗云:“为徽持此序敬中,以死报郎为终始。”

【敬文】 即敬字。《客题青龙寺门》(卷八七七):“敬文今不在,碎石入流沙。”题后注:“青龙寺有客,尝访知事僧,属遇有要地朝客,慢之。题其门云云。一沙弥解之曰:‘龛’字去‘龙’,‘合’字。‘时’字隐‘日’,‘寺’字。‘敬文’不在,‘苟’字。‘碎石入沙’,‘卒’字。此不逊之言,辱我曹矣。追访杳无迹。沙弥乃懿皇朝云皓供奉也。”

【敬心】 崇敬的心理。朱景玄《溪东岑望天都山》:“窥镜澄夙虑,望坛起敬心。”

【敬仲】 陈厉公之子,名完,谥敬仲。完奔齐,以国为姓。食邑于田,又为田氏。见《史记·田敬仲完世家》。储光羲《敬酬陈掾亲家翁秋夜有赠》:“敬仲为齐卿,当国名益震。”

【敬岑】 即敬亭山。杜牧《偶游石盎僧舍》:“敬岑草浮光,句沚水解脉。”

【敬宗】 尊崇祖庙。《郊庙歌辞·武后享清庙乐章十首·第二》:“敬宗茂典,爰表虔禋。”

【敬郎中】 (中 zhōng)敬昕。见《嘉泰吴兴志》卷一四《唐刺史》。刘禹锡有《吴兴敬郎中见惠斑竹杖兼示一绝聊以谢之》。

【敬括】 字叔号,河东(今山西永济市)人。少以文词知名乡里。《旧唐书》有传。《全唐诗》卷二一五录其《省试七月流火》一首。

【敬相】 当作敬湘。《新唐书·宰相世系表五上》敬氏有“湘庐州刺史”,为敬括曾孙。又据《郎官石柱题名考》卷十六金部员外郎有敬湘,约咸通末年任。《全唐诗外编下》录其《赠妓》一首。

【敬亭】 见“敬亭山”。

【敬亭山】 山名。在安徽省宣城市北。山上有敬亭,相传为南朝齐谢朓赋诗之所,山以此名。山高数百丈,千岩万壑,为近郊名胜。李白《寄从弟宣州长史昭》:“常夸云月好,邀我敬亭山。”耿湋《贺李观察祷河神降雨》："若出敬亭山下作，何人敢和谢玄晖。"鲍溶《宣城北楼昔从顺阳公会于此》："诗楼郡城北，窗牖敬亭山。"齐己《寄敬亭清越》："敬亭山色古，庙与寺松连。"亦省作"敬亭"。王维《送宇文太守赴宣城》："时赛敬亭神，复解罟师网。"李白《赠宣州灵源寺仲濬公》："敬亭白云气，秀色连苍梧。"刘禹锡《酬宣州崔大夫见寄》："遥想敬亭春欲暮，百花飞尽柳花初。"潘佐《送人往宣城》："谢安团扇上，为画敬亭云。"

【敬亭岑】　敬亭山。李群玉《送处士自番禺东游便归苏台别业》："南浮龙川月，东下敬亭岑。"

【敬亭祠】　在敬亭山上。当为南朝齐谢朓而立。韦应物《送宣城路录事》："云林谢家宅，山水敬亭祠。"钱起《送杨皞擢第游江南》："挂帆严子濑，酹酒敬亭祠。"

【敬亭峰】　敬亭山。耿湋《宣城逢张二南史》："秋来句曲水，雨后敬亭峰。"

【敬恭】　恭敬奉事；敬慎处事。语出《诗·大雅·云汉》。储光羲《敬酬陈掾亲家翁秋夜有赠》："宗党无远近，敬恭依仁人。"韦应物《送陆侍御还越》："敬恭尊郡守，笺简具州民。"韩愈《奉和杜相公太清宫纪事陈诚上李相公十六韵》："代工声问远，摄事敬恭加。"白居易《和答诗十首·和大觜乌》："云此非凡鸟，遥见起敬恭。"

【敬虔】　庄敬虔诚。皮日休《鲁望昨以五百言见贻》："开卷读数行，为之加敬虔。"

【敬時】　爱惜光阴。特指珍惜农时。杨炯《奉和上元酺宴应诏》："敬时穷发敛，卜代盈千亿。"苏颋《奉和圣制至长春宫登楼望稼穑之作》："敬时尧务作，尽力禹称功。"

【敬晊】　敬括之孙，曾官国事助教、江西观察推官。见《新唐书·宰相世系表五上》敬氏。刘得仁有《赠敬晊助教二首》。

【敬陳】　恭敬地陈列。《郊庙歌辞·五郊乐章·赤帝徵音》："延长是祈，敬陈椒醑。"《郊庙歌辞·武后享清庙乐章十首·第三登歌》："敬陈筐币，载表丹诚。"

【敬貴】　敬重而视为可贵。陆龟蒙《江湖散人歌》："因而称曰有巢氏，民共敬贵如君师。"

【敬奠】　恭敬地祭奠。《郊庙歌辞·武后享清庙乐章十首·第四迎神》："敬奠蘋藻，式罄虔襟。"

【敬業】　对自己的事业专心致志。见《礼记·学记》。《郊庙歌辞·释奠文宣王乐章·舒和》："尊儒敬业宏图阐，纬武经文盛德施。"

【敬愛】　尊敬热爱。骆宾王《夏日游德州赠高四》："虚室狎招寻，敬爱混浮沉。"封行高《冬日宴于庶子宅各赋一字得色》："夫君敬爱重，欢言情不极。"陈嘉言《晦日宴高氏林亭》："公子申敬爱，携朋玩物华。"刘行敏《又嘲杨文瓘》："武陵敬爱客，终宴不知疲。"

【敬遵】　恭敬遵守。则天皇后《唐明堂乐章·登歌》："敬遵茂典，敢择良辰。"

【敬薦】　恭敬地祭祀。则天皇后《唐武氏享先庙乐章》："大礼虔申典册，蘋藻敬荐翘襟。"

【敬展】　恭敬地祭拜。《中宗祀昊天乐章·亚献》："虔敷藻奠，敬展郊禋。"

敧　〔yè《广韵》於業切，入業，影。又於輒切，入葉，影。〕见"敧𣪠"。

【敧𣪠】　相及，接触。元稹《村花晚》："田翁蚕老迷臭香，晒暴敧𣪠熏衣裳。"

敞　〔chǎng《广韵》昌兩切，上養，昌。〕❶宽敞；开朗。则天皇后《唐享昊天乐·第一》："德迈娥台敞，仁高姒幄披。"杜甫《水槛遣心二首》之一："去郭轩楹敞，无村眺望赊。"元稹《春余遣兴》："单衣颇新绰，虚室复清敞。"薛能《升平词十首》之二："寥泬敞延英，朝班立位横。"❷打开，张开。则天皇后《早春夜宴》："九春开上节，千门敞夜扉。"李端《奉赠苗员外》："朱户敞高扉，青槐碍落晖。"杨衡《游峡山寺》："宝殿敞丹扉，灵幡垂绛旒。"李商隐《龙池》："龙池赐酒敞云屏，羯鼓声高众乐停。"❸显露，显出。上官仪《和太尉戏赠高阳公》："红尘正起浮桥路，青楼遥敞御沟前。"李峤《同赋山居七夕》："花庭开粉席，云岫敞针楼。"刘廓《杨岐山》："千峰围古寺，深处敞楼台。"张祜《陪范宣城北楼夜宴》："华轩敞碧流，官妓拥诸侯。"

【敞朗】　❶豁亮。杨炯《早行》："敞朗东方彻，阑干北斗斜。"❷宽敞明亮。刘宪《奉和幸三会寺应制》："岧峣仓史台，敞朗绀园开。"吴筠《步虚词十首》之二："王阙摽敞朗，琼林郁葱蒨。"

【敞豁】　宽广；开阔。杜甫《寄题江外草堂》："台亭随高下，敞豁当清川。"陈陶《旅次铜山途中先寄温州韩使君》："敞豁天地归，萦纡村落好。"

敦　〔dūn《广韵》都昆切，平魂，端。〕❶厚重，笃实。见《易·艮》。王昌龄《咏史》："位重任亦重，时危志弥敦。"玄宗《游兴庆宫作》："从来敦棣萼，今此茂荆枝。"钱起《蓝溪休沐寄赵八给事》："即事敦夙尚，衡门方再关。"刘禹锡《武陵书怀五十韵》："清白家传远，诗书志所敦。"亦指笃信。孟郊《赠别殷山人说易后归幽墅》："幽幽人不知，一一予所敦。"❷崇尚，注重。杜甫《示从孙济》："勿受外嫌猜，同姓古所敦。"韦应物《答故人见谕》："时风重书札，物情敦货遗。"钱起《奉和王相公秋日戏赠元校书》："贤相敦高躅，雕龙忆所思。"杨巨源《赠侯侍御》："敦诗扬大雅，映古酌高音。”李中《献中书潘舍人》：“遭逢敦孝治，蹇蹇值通津。”❸敦厚忠实。孟郊《和钱侍郎甘露》：“子礼忽来献，臣心固易敦。”姚合《答窦知言》：“同行十日程，僮仆性亦敦。”❹实行，践行。杜甫《别李义》：“丈人领宗卿，肃穆古制敦。”杨巨源《题赵孟庄》：“懿君敦三益，颓俗期一变。”李端《长安书事寄薛戴》：“贵者已朝餐，岂能敦宿诺。”❺勤勉貌。钱起《送张中丞赴桂州》：“夙仰敦诗礼，尝闻偃甲兵。”❻劝勉；勉励。韩愈《江汉答孟郊》：“嗟余与夫子，此义每所敦。”吴筠《览古十四首》之十：“萧洒去物累，此谋诚足敦。”李商隐《过姚孝子庐偶书》：“圣朝敦尔类，非独路人哀。”❼深厚。吴筠《过天门山怀友》：“一日如三秋，相思意弥敦。”元稹《去杭州》：“去年江上识君面，爱君风貌情已敦。”李商隐《哭遂州萧侍郎二十四韵》：“分以忘年契，情犹锡类敦。”❽盛，茂盛。见“敦牂”。

【敦人】　迫人。见《诗·邶风·北门》。独孤及《喜辱韩十四郎中书兼封近诗示代书题赠》：“宦情缘木知非愿，王事敦人敢告劳。”

【敦本】　注重根本。孟郊《蓝溪元居士草堂》：“读书业虽异，敦本志亦同。”

【敦行】　(—xíng)笃行。李端《寄畅当》：“颜子方敦行，支郎久住禅。”

【敦迫】　紧迫。杜甫《八哀诗·赠司空王公思礼》：“肃宗登宝位，塞望势敦迫。”

【敦故】　对故旧亲厚。白居易《渐老》：“遇境多怆辛，逢人益敦故。”

【敦俗】　使风俗敦厚。玄宗《早登太行山中言志》：“宣风问耆艾，敦俗劝耕桑。”

【敦牂】　古称太岁在午之年。意为是年万物盛壮。见《尔雅·释天》。吴少微《哭富嘉谟》：“乃通承明籍，遘此敦牂春。”

【敦睦】　亲厚和睦。德宗《重阳日中外同欢以诗言志因示群官》：“至化自敦睦，佳辰宜宴胥。”

【敦敦】　❶孜孜不倦貌。韩愈《寄崔二十六立之》：“敦敦凭书案，譬彼鸟黏黐。”❷诚恳惇厚貌。王建《从元太守夏宴西楼》：“青衿俨坐傍，礼容益敦敦。”

【敦詩】　❶重诗。杨巨源《赠侯侍御》：“敦诗扬大雅，映古酌高音。”❷人名。崔群字。大和五年(831)拜检校左仆射兼吏部尚书。卒于大和六年八月。《旧唐书》有传。与白居易相友善。白居易《耳顺吟寄敦诗梦得》：“敦诗梦得且相劝，不用嫌他耳顺年。”白居易又有《微之敦诗晦叔相次长逝岿然自伤因成二绝》。白居易《寄刘苏州》：“去年八月哭微之，今年八月哭敦诗。”

【敦學】　勤勉学习。苏颋《奉和圣制送张说上集贤学士赐宴得兹字》：“用儒今作相，敦学旧为师。”

【敦煌】　古郡名。西汉元鼎六年(前111)置，治所在敦煌县(今甘肃敦煌县西)。北魏改为敦煌镇，后复改郡。岑参《敦煌太守后庭歌》：“敦煌太守才且贤，郡中无事高枕眠。”徐铉《宣威苗将军贬官后重经故宅》：“天子未尝过细柳，将军寻已戍敦煌。”

【敦勸】　敦促劝勉。白居易《奉和汴州令狐令公二十二韵》：“俗阜知敦劝，民安见察廉。”

十　画

敲〔qiāo《广韵》口交切，平肴，溪。又苦教切，去效，溪。〕敲击，叩打。李白《冬日归旧山》：“洗砚修良策，敲松拟素贞。”高适《听张立本女吟》：“自把玉钗敲砌竹，清歌一曲月如霜。”元稹《相和歌辞·估客乐》：“归来村中卖，敲作金玉声。”张祜《少年乐》：“醉把金船掷，闲敲玉镫游。”

【敲石】　敲击火石以取火。韦应物《送孙征赴云中》：“敲石军中传夜火，斧冰河畔汲朝浆。”柳宗元《零陵赠李卿元侍御简吴武陵》：“阳光竞四溟，敲石安所施。”刘禹锡《武陵观火诗》：“御之失其道，敲石弥天隅。”刘言史《与孟郊洛北野泉上煎茶》：“敲石取鲜火，撇泉避腥鳞。”

【敲瓦】　敲击瓦片。巫俗击瓦，观其纹理分析吉凶，谓之瓦卜。温庭筠《烧歌》：“持钱就人卜，敲瓦隔林鸣。”

【敲玉】　敲击玉器。亦指玉器相击。王建《捣衣曲》：“高楼敲玉节会成，家家不睡皆起听。”白居易《题周家歌者》：“清紧如敲玉，深圆似转簧。”刘兼《秋夕书怀呈戎州郎中》之二：“风送秋荷满鼻香，竹声敲玉近虚廊。”

【敲冰】　击打冰层。谓破冰汲水或取冰。刘商《胡笳十八拍·第十七拍》：“马饥跑雪衔草根，人渴敲冰饮流水。”元稹《和李校书新题乐府十二首·华原磬》：“铿金戛瑟徒相杂，投玉敲冰杳然零。”白居易《听田顺儿歌》：“戛玉敲冰声未停，嫌云不遏入青冥。”陆龟蒙《子夜四时歌·夏歌》：“金龙倾漏尽，玉井敲冰早。”

【敲吟】　推敲吟咏诗句。李洞《毙驴》：“蹇驴秋毙瘗荒田，忍把敲吟旧竹鞭。”

【敲拍】　敲击，拍马。顾敻《甘州子》词：“红炉深夜醉调笙，敲拍处，玉纤轻。”

【敲金】　击磬。喻指诗人声调铿锵动听。姚合《喜览裴中丞诗卷》：“新诗盈道路，清韵似敲金。”

【敲金扣石】　敲钟击磬。形容乐声清润动听。李沇《方响歌》：“敲金扣石声相凌，遥空冷静天正澄。”

【敲金摐玉】　敲钟击磬。卢仝《与马异结交诗》：

“自从获得君，敲金扻玉凌浮云。”

【敲門】 叩门。韩愈《寄皇浦湜》：“敲门惊昼睡，问报睦州吏。”白居易《出斋日喜皇甫十早访》：“三旬斋满欲衔杯，平旦敲门门未开。”施肩吾《春霁》：“独对春光还寂寞，罗浮道士忽敲门。”皮日休《初夏即事寄鲁望》：“敲门若我访，倒屣欣逢迎。”

【敲骨】 敲击骨骼。语出《景德传灯录·菩提达磨》。卢仝《寄赠含曦上人》：“起信中百门，敲骨得佛髓。”

【敲鼓】 击鼓。牛殳《瑟琶行》：“若似长安月蚀时，满城敲鼓声嗙嗙。”

【敲碎】 击碎，击破。薛涛《酬祝十三秀才》：“浩思蓝山玉彩寒，冰囊敲碎楚金盘。”皮日休《奉和鲁望四明山九题·潺湲洞》：“敲碎一轮月，镕销半段天。”

【敲搒】 (—pēng)笞。韩愈《赴江陵途中寄翰林三学士》：“何况亲犴狱，敲搒发奸偷。”

【敲铜】 敲钟。铜，指钟。黄滔《御试二首》之二：“词臣假寐题黄绢，宫女敲铜奏子虚。”

【敲磬】 击磬。杜牧《题张处士山庄一绝》：“好鸟疑敲磬，风蝉认轧筝。”许浑《赠萧炼师》：“吹笙延鹤舞，敲磬引龙吟。”贾岛《赠无怀禅师》：“捧盂观宿饭，敲磬过清流。”

【敲擊】 敲打，击打。李绅《悲善才》：“秋吹动摇神女佩，月珠敲击水晶盘。”牛殳《方响歌》：“长短参差十六片，敲击宫商无不遍。”

【敲鏗】 敲击。铿，撞击。韩愈、孟郊《城南联句》：“蔓涎角出缩，树啄头敲铿。”

【敲飀】 车驾相碰声。韩愈、孟郊《城南联句》：“灵燔望高冏，龙驾闻敲飀。”

十一画

敷 〔fū《广韵》芳無切，平虞，敷。〕❶施行，实施。窦牟《奉使至邢州赠李八使君》：“尽心敷吏术，含笑掩兵书。”储光羲《望幸亭》：“君王敷惠政，程作贵从时。”杨巨源《上刘侍中》：“政洽军逾肃，仁敷物已康。”❷传播，散布。许敬宗《奉和元日应制》：“待旦敷玄造，韬旒御紫宸。”权德舆《奉和圣制重阳日即事六韵》：“天道光下济，睿词敷大中。”韦应物《春月观省属城始憩东西林精舍》：“今我蒙朝寄，教化敷里鄘。”莫宣卿《赋得水怀珠》：“合浦当还日，恩威信已敷。”❸遍，遍布。韦应物《西郊养疾闻畅校书有新什见赠久伫不至先寄此诗》：“养病惬清夏，郊园敷卉木。”又《往云门郊居途经回流作》：“原谷径途涩，春阳草木敷。”又《题从侄成绪西林精舍书斋》：“果药杂芬敷，松筠疏蒨峭。”徐浩《谒禹庙》：“亩浍敷四海，川源涤九州。”韩愈《示儿》：“有藤娄络之，春华夏阴敷。”❹敷陈，叙述。储光羲《田家即事答崔二东皋作四首》之二：“荡漾敷远情，飘飖吐清韵。”权德舆《奉和许阁老酬淮南崔十七端公见寄》：“旧友双鱼至，新文六义敷。”皮日休《奉酬崔璐进士见寄次韵》：“但恐才格劣，敢夸词彩敷。”来鹄《圣政纪颂》：“执言直注，史文直敷。”❺排列。李白《春日陪杨江宁及诸官宴北湖感古作》：“英僚满四座，粲若琼林敷。”❻铺开。唐彦谦《和陶渊明贫士诗七首》之三：“清阴可敷席，有酒谁与斟。”❼陈列，摆出。耿沣《贺李观察祷河神降雨》：“玉帛才敷云淡淡，笙镛未撤雨霏霏。”❽开放。顾况《上古之什补亡训传十三章·陵霜之华一章》：“陵霜之华兮，何不妄敷。”崔璐《览皮先辈盛制因作十韵以寄用伸款仰》：“浑浩江海广，葩华桃李敷。”❾水名。见“敷水”。

【敷水】 水名。在陕西华阴县。储光羲《华阳作贻祖三咏》：“朝行敷水上，暮出华山东。”岑参有《敷水歌送窦渐入京》。温庭筠《敷水小桃盛开因作》：“敷水小桥东，娟娟照露丛。”郑谷《小桃》：“和烟和雨遮敷水，映竹映村连灞桥。”

【敷水驛】 驿站名。在唐华州华阴县西二十里，其地有敷水渠。见《新唐书·地理志》。权德舆有《敷水驿》。

【敷化】 布行教化。皎然、潘述《讲德联句》：“二南敷化，四岳述职。”

【敷芬】 发散香气。张九龄《奉和圣制喜雨》：“无卉无木，敷芬黮黣。”刘希夷《孤松篇》：“澹艳烟雨姿，敷芬阳春陌。”

【敷言】 敷文，指铺陈辞藻写作诗文。储光羲《贻丁主簿仙芝别》：“敛衽归故山，敷言播天壤。”

【敷妙】 谓草拟诏书。语本南朝梁江淹《齐太祖高皇帝诔》。骆宾王《畴昔篇》：“高门有阅不图封，峻笔无闻敛敷妙。”

【敷扶】 互相帮助，互相扶持。元结《演兴四首·讼木魅》：“思聚义以为曹，令敷扶以相胜。”

【敷奏】 奏对。李建《赠别唐太师道袭》：“更深犹尚立案前，敷奏柔和不伤物。”李商隐《有感二首》之二：“丹陛犹敷奏，彤庭欻战争。”

【敷荣】 开花。武元衡《宜阳所居白蜀葵答咏柬诸公》：“敷荣时已背，幽赏地宜偏。”郑师贞《日暖万年枝》：“禁树敷荣早，偏将丽日宜。”

【敷華】 敷荣，开花。包佶《郊庙歌辞·祀风师乐章·送神》：“微穆敷华能应节，飘扬发彩宜行庆。”皎然《裴端公使君清席赋得青桂歌送徐长史》：“应怜独秀空林上，空赏敷华积雪间。”

【敷峰】 李商隐《李肱所遗画松诗书两纸得四十

韵》："竦削正稠直，婀娜旋敷峰。"敷峰，《唐音戊签》作"敷夆"，注曰："《尔雅》：甹夆，掣曳也。"冯浩注："今检《尔雅》，注谓牵挽……必本作'甹夆'，后乃讹'甹'为'敷'耳。"按：冯注可参。二句谓乍视之枝干密植耸立如削，又婀娜多姿，牵引摇曳。

【敷溪】 敷水。司空图《九疾山下吴村看杏花十九首》之十四："垂杨合是诗家物，只爱敷溪道北生。"郑谷《谷比岁受同年丈人故川守李侍郎教谕遂以章句自贻》："孤单所得皆逾分，归种敷溪一亩春。"

【敷陳】 呈献，显现。德宗《三日书怀因示百僚》："天文信昭回，皇道颇敷陈。"

【敷教】 (—jiào)布施教化。语出《书·舜典》。褚琇《奉和圣制送张说上集贤学士赐宴》："惟师恢帝则，敷教叶天工。"

【敷揚】 传播宣扬。张说《唐封泰山乐章·豫和六首》："缉熙懿德，敷扬成命。"贯休《赠抱麻刘舍人》："愤烈身先死，敷扬气益贞。"

【敷腴】 喜悦貌。杜甫《遣怀》："两公壮藻思，得我色敷腴。"

【敷誠】 布诚。卢照邻《赠李荣道士》："敷诚归上帝，应诏在明君。"则天皇后《唐大飨拜洛乐章·敬和》："敢用敷诚，实惟忘倦。"皎然《同诸公奉侍祭岳渎使大理卢幼平自会稽回期过故林不至》："敷诚通北阙，遗爱在南亭。"

【敷對】 奏对。李中《又送赴关》："想应敷对忠言后，不放乡云离太阳。"

【敷敷】 花开貌。韩愈《南山诗》："敷敷花披萼，闟闟屋摧霤。"

數[1]

〔shù《广韵》色句切，去遇，生。〕❶数目，数量。见《汉书·律历志上》。玄宗《端午三殿宴群臣探得神字》："五月符天数，五音调夏钧"张子容《长安早春》："鸿渐看无数，莺歌听欲频。"王建《园果》："雨中梨果病，每树无数个。"刘禹锡《元日乐天见过因举酒为贺》："渐入有年数，喜逢新岁来。"❷几。太宗《秋日二首》之一："将秋数行雁，离夏几林蝉。"杜甫《横吹曲辞·后出塞五首》之二："悲笳数声动，壮士惨不骄。"孟郊《巫山高二首》之二："见尽数万里，不闻三声猿。"南唐后主李煜《书琵琶背》："侁自肩如削，难胜数缕绦。"❸天命，运命。虞世南《从军行二首》之一："独有西山将，年年属数奇。"王维《老将行》："卫青不败由天幸，李广无功缘数奇。"见"數奇"。❹历数。见《淮南子·泛论训》。则天皇后《唐明堂乐章·皇帝行》："仰膺历数，俯顺讴歌。"

數[2]

〔shǔ《广韵》所矩切，上麌，生。〕❶计算；查点。见《周礼·地官·廪人》。张九龄《奉和圣制瑞雪篇》："预数斯箱庆，应如此雪多。"贺知章《奉和御制春台望》："自昔秦奢汉穷武，后庭万余宫百数。"韩愈《元和圣德诗》："其出穰穰，队以万数。"贯休《闻前王使君在泽潞居》："信哉有良吏，玄谶应百数。"❷比较起来最突出。杜甫《韦讽录事宅观曹将军画马图》："国初以来画鞍马，神妙独数江都王。"白居易《洛城东花下作》："记得旧诗章，花多数洛阳。"

數[3]

〔shuò《广韵》所角切，入觉，生。〕屡次。《杂曲歌辞·伊州歌第一》："征人去日殷勤属，归雁来时数寄书。"《杂曲歌辞·簇拍陆州》："陇山鹦鹉能言语，为报闺人数寄书。"李白《玉壶吟》："朝天数换飞龙马，敕赐珊瑚白玉鞭。"齐己《假山》："引看僧来数，牵吟客散迟。"

【數人】 几人，几个人。李白《下途归石门旧居》："数人不知几甲子，昨夜犹带冰霜颜。"杜甫《石研诗》："挥洒容数人，十手可对面。"贾岛《题青龙寺》："碣石山人一轴诗，终南山北数人知。"黄滔《书事》："千家数人在，一税十年空。"

【數千】 几千。刘希夷《从军行》："纷纷伊洛间，戎马数千匹。"刘长卿《送贾侍御克复后入京》："驰驲数千里，朝天十二楼。"顾况《露青竹杖歌》："飞龙闲厩马数千，朝饮吴江夕秣燕。"黄滔《长安书事》："一年年课数千言，口祝心祠挈出门。"

【數才周】 日数仅仅满一周年。见《礼记·月令》。韩愈《刘生诗》："天星回环数才周，文学穰穰囷仓稠。"

【數夕】 几个晚上。李涉《寄河阳从事杨潜》："回舟偶得风水便，烟帆数夕归潇湘。"

【數子】 ❶犹言几位先生。宋之问《宿云门寺》："兹焉多嘉遁，数子今莫同。"杜甫《发同谷县》："临岐别数子，握手泪再滴。"李贺《相劝酒》："尧舜至今万万岁，数子将为倾盖间。"姚合《答韩湘》："我无数子明，端坐空叹息。"❷指幼雏。杜甫《堂成》："暂止飞乌将数子，频来语燕定新巢。"

【數丈】 几丈。刘禹锡《浪淘沙九首》之七："八月涛声吼地来，头高数丈触山回。"元稹《黄明府诗》："逦迤七盘路，坡陀数丈城。"李涉《题招隐寺即戴颙旧宅》："两崖古树千般色，一井寒泉数丈冰。"罗隐《登宛陵条风楼寄窦常侍》："溪喧晚棹千声浪，云护寒郊数丈阴。"

【數日】 几天。张循之《送王汶宰江阴》："应缘五斗米，数日滞渊明。"杜甫《春水生二绝》之二："一夜水高二尺强，数日不可更禁当。"韩愈《次硖石》："数日方离雪，今朝又出山。"姚合《题家园新池》："数日自穿池，引泉来近陂。"李商隐《闲游》："数日同携酒，平明不在家。"

【數片】 几片。储光羲《吃茗粥作》:“数片远云度,曾不蔽炎晖。”戎昱《湖南春日二首》之一:“光景却添乡思苦,檐前数片落梅花。”张籍《和卢常侍寄华山郑隐者》:“一间松叶屋,数片石花冠。”张乔《岳阳即事》:“远色岳阳楼,湘帆数片愁。”

【數公】 犹言几位先生。高适《同敬八卢五泛河间清河》:“同济惬数公,玩物欣良时。”杜甫《收京》:“克复成如此,安危在数公。”严维《酬诸公宿镜水宅》:“诗书何德名夫子,草木推年长数公。”罗隐《徐寇南逼感事献江南知己次韵》:“酒阑离思浩无穷,西望维扬忆数公。”

【數月】 几个月。王昌龄《出郴山口至叠石湾野人室中寄张十一》:“数月乃离居,风湍成阻修。”元结《喻常吾直》:“近年更长吏,数月未为速。”灵一《题黄公陶翰别业》:“闻说花源堪避秦,幽寻数月不逢人。”罗隐《县斋秋晚酬友人朱瓒见寄》:“中和节后捧琼瑰,坐读行吟数月来。”

【數斗】 (—dǒu)几斗。王昌龄《放歌行》:“但营数斗禄,奉养毋丰羞。”李白《悲歌》:“君有数斗酒,我有三尺琴。”张谓《湖上对酒行》:“主人有黍百余石,浊醪数斗应不惜。”皮日休《江南道中怀茅山广文南阳博士三首》之二:“堂扃洞里千秋燕,厨盖岩根数斗泉。”

【數尺】 几尺。李白《春归终南山松龛旧隐》:“别来能几日,草木长数尺。”韦应物《郡斋移杉》:“擢干方数尺,幽姿已苍然。”张籍《哭胡十八遇》:“送君帐下衣裳白,数尺坟头柏树新。”殷尧藩《潭州独步》:“一帆暝色鸥边雨,数尺筇枝物外身。”

【數扐】 数蓍草以占算时节。罗让《闰月定四时》:“气薰灰琯验,数扐卦辞推。”

【數仞】 几仞。古时七尺或八尺为一仞。元晟《送萧颖士赴东府得引字》:“数仞不可窥,言味终难尽。”刘禹锡《登司马错古城》:“留此数仞基,几人伤远目。”李绅《开元寺》:“十层花宇真毫相,数仞峰峦阏月扉。”罗隐《寄郑补阙》:“夫子门前数仞墙,每经过处忆游梁。”

【數年】 几年。张子容《赠司勋萧郎中》:“群鸥终日狎,落叶数年悲。”高适《送蔡山人》:“斗酒相留醉复醒,悲歌数年泪如雨。”元稹《出门行》:“出门不数年,同归亦同遂。”刘得仁《冬夜寄白阁僧》:“营营不自息,睽阔数年情。”

【數百】 几百。杜甫《前出塞九首》之五:“隔河见胡骑,倏忽数百群。”皇甫湜《石佛谷》:“平腹有壑谷,深广数百尺。”张又新《华盖山》:“愁来始上消归思,见尽江城数百家。”陆龟蒙《大子夜歌二首》之一:“歌谣数百种,子夜最可怜。”

【數旬】 几旬。张九龄《奉和圣制瑞雪篇》:“昨讶骄阳积数旬,始知和气待迎新。”刘复《出三城留别幕中三判官》:“留连徂暑中,观望历数旬。”白居易《不出门》:“不出门来又数旬,将何销日与谁亲。”罗隐《寄三衢孙员外》:“尽是数旬陪奉处,使君怎肯不相思。”

【數行】 (—háng)几行。王绩《田家三首》之一:“相逢一醉饱,独坐数行书。”刘长卿《送崔升归上都》:“临期数行泪,为尔一沾巾。”李绅《重到惠山》:“还向窗间名姓下,数行添记别离愁。”司空图《商山二首》之一:“国史数行犹有志,只将谈笑继英尘。”

【數更】 (—gēng)几更。旧时一夜分成五更,每更大约两小时。卢仝《除夜》:“旧国余千里,新年隔数更。”

【數里】 几里。张九龄《登南岳事毕谒司马道士》:“绝迹寻一径,异香闻数里。”郭良《早行》:“早行星尚在,数里未天明。”权德舆《观葬者》:“涂刍随昼哭,数里至松门。”周朴《春日秦国怀古》:“数里黄沙行客路,不堪回首思秦原。”

【數君】 犹言几位先生。萧颖士《越江秋曙》:“延首剡溪近,咏言怀数君。”韩愈《喜侯喜至赠张籍张彻》:“昔我在南时,数君常在念。”吴筠《苦春霖作寄友》:“数君旷不接,悄然无与欢。”唐彦谦《汉嗣》:“汉嗣安危系数君,高皇决意势难分。”

【數村】 几个村庄。姚合《和裴令公游南庄忆白二十韦七二宾客》:“花开半山晓,竹动数村寒。”许浑《凌歊台送韦秀才》:“云起高台日未沉,数村残照半岩阴。”崔萱《豪家妓》:“岂知一只凤钗价,沽得数村蜗舍人。”

【數枝】 几枝。储光羲《蔷薇》:“一茎独秀当庭心,数枝分作满庭阴。”武元衡《春暮寄杜嘉兴昆弟》:“数枝琼玉无由见,空掩柴扉度岁华。”杜牧《题桐叶》:“樽香轻泛数枝菊,檐影斜侵半局棋。”张泌《惜花》:“蝶散莺啼尚数枝,日斜风定更离披。”

【數奇】 (—jī)指命运不好,遇事多不利。见《汉书·李广列传》。骆宾王《早秋出塞寄东台详正学士》:“数奇何以托,桃李自无言。”高适《送田少府贬苍梧》:“丈夫穷达未可知,看君不合长数奇。”白居易《岁暮病怀赠梦得》:“共遣数奇从是命,同教步蹇有何因。”徐铉《酬郭先辈》:“顾我徒有心,数奇身正绌。”

【數星】 ❶数颗星星。贾岛《玩月》:“近月有数星,星名未详谙。”又《元日女道士受箓》:“数星连斗出,万里断云飞。”郑谷《长安夜坐寄怀湖外嵇处士》:“风高群木落,夜久数星流。”❷几点。卢延让《冬除夜书情》:“数星深夜火,一个远乡人。”罗邺《冬夕江上言事五首》之二:“数星昨夜寒炉火,一阵谁家腊瓮香。”

【數夜】 几夜。戎昱《戏题秋月》:“近来数夜飞霜重,只畏娑婆树叶凋。”熊孺登《湘江夜泛》:“江流如箭月如弓，行尽三湘数夜中。"刘威《塞上作》："数夜城头月，弯弯如引弓。"徐夤《和尚书咏泉山瀑布十二韵》："数夜积霖声更远，郡楼欹枕听良宵。"

【數封】 几封。李昭象《山中寄崔谏议》："从此升腾休说命，只希公道数封书。"范尧佐《一字至七字诗·书》："别后莫暌千里信，数封缄送到闲居。"

【數重】 (—chóng)几重，多重。郭震《塞上》："仍闻酒泉郡，已合数重围。"耿沣《代宋州将淮上乞师》："身轻百战出，家在数重围。"张籍《和周赞善闻子规》："应投最高树，似隔数重云。"刘兼《昼寝》："花落青苔锦数重，书淫不觉避春慵。"

【數竿】 几根。李嘉祐《同皇甫侍御题荐福寺一公房》："闲窥数竿竹，老在一绳床。"杜甫《客堂》："平生憩息地，必种数竿竹。"刘商《早夏月夜问王开》："清风首夏夜犹寒，嫩笋侵阶竹数竿。"李咸用《庭竹》："坐销三伏景，吟起数竿风。"

【數首】 几首。戎昱《赠岑郎中》："童年未解读书时，诵得郎中数首诗。"刘禹锡《别夔州官吏》："惟有九歌词数首，里中留与赛蛮神。"赵嘏《酬段侍御》："莲花上客思闲闲，数首新诗到筚关。"李频《长安书情投知己》："重投期见奖，数首果蒙传。"

【數莖】 数根，几根。陶岘《西塞山下回舟作》："白发数茎归未得，青山一望计还成。"卢纶《舟中寒食》："因看数茎鬓，倍欲惜芳年。"白居易《白发》："今朝日阳里，梳落数茎丝。"赵嘏《听蝉》："独奈愁人数茎发，故园秋隔五湖云。"

【數峰】 几座山峰。张九龄《彭蠡湖上》："一水云际飞，数峰湖心出。"钱起《省试湘灵鼓瑟》："曲终人不见，江上数峰青。"王建《新开望山处》："应移千里道，犹自数峰偏。"白居易《官舍小亭闲望》："数峰太白雪，一卷陶潜诗。"

【數隻】 几只。黄滔《商山赠隐者》："数只珍禽寒月在，千株古木热时稀。"贯休《桐江闲居作十二首》之三："数只飞来鹤，成堆读了经。"齐己《自勉》："闲吟见秋水，数只钓鱼船。"欧阳炯《南乡子》词之八："岛上阴阴秋雨色，芦花扑，数只渔船何处宿。"

【數術】 即术数。古代关于天文、历法、占卜等方面的知识、学问。吴筠《高士咏·东方曼倩》："玄览寄数术，纳规在谈笑。"

【數處】 (—chù)几处。张九龄《初入湘中有喜》："两边枫作岸，数处橘为洲。"杜甫《阁夜》："野哭几家闻战伐，夷歌数处起渔樵。"马戴《题庐山寺》："白茅为屋宇编荆，数处阶墀石叠成。"任翻《经堕泪碑》："数处烟岚色，分明是泪痕。"

【數畝】 几亩。刘长卿《送张判官罢使东归》："春山数亩地，归去带经鉏。"耿沣《春日即事二首》之二："数亩东皋宅，青春独屏居。"孟郊《游城南韩氏庄》："何言数亩间，环泛路不穷。"李昌符《秋夜作》："数亩池塘近杜陵，秋天寂寞夜云凝。"

【數粒】 ❶指几粒米。见晋张华《鹪鹩赋》。后常用作安于贫困之典。杜甫《风疾舟中伏枕书怀三十韵奉呈湖南亲友》："应过数粒食，得近四知金。"白居易《和答诗十首·和大觜乌》："数粒未入口，一丸已中胸。"李群玉《将之番禺留别湖南府幕》："一枝仍未定，数粒欲何求。"❷犹数鬣。李群玉《书院二小松》："一双幽色出凡尘，数粒秋烟二尺鳞。"《增订注释全唐诗》："粒，当读为鬣，松针形如马鬣。二尺鳞：指小松，园松皮状如鱼鳞，故诗文中常以苍鳞代指松树。"

【數載】 (—zǎi)几年。张九龄《出为豫章郡途次庐山东岩下》："纷吾婴世网，数载忝朝簪。"戎昱《戏赠张使君》："数载蹉跎罢搢绅，五湖乘兴转迷津。"唐彦谦《南梁戏题汉高庙》："数载从军似武夫，今随戎捷气偏粗。"贯休《书陈处士屋壁二首》之二："数载卖甘橙，山赀近云足。"

【數朝】 (—zhāo)几天。李白《长干行二首》之二："日暮来投宿，数朝不肯东。"王湾《奉使登终南山》："数朝至林岭，百仞登嵬岌。"李德裕《故人寄茶》："六腑睡神去，数朝诗思清。"皎然《同薛员外谊喜雨诗兼上杨使君》："一宿恐鱼飞，数朝征鹳鸣。"

【數家】 几家。孟浩然《冬至后过吴张二子檀溪别业》："园庐二友接，水竹数家连。"戴叔伦《题友人山居》："数家茅屋清溪上，千树蝉声落日中。"姚合《街西居三首》之一："浅浅一井泉，数家同汲之。"李昌符《题友人屋》："数家分小径，一水截平芜。"

【數歲】 几年。李颀《送刘四赴夏县》："新诗数岁即文雄，上书昔召蓬莱宫。"韦应物《任洛阳丞答前长安田少府问》："数岁犹卑吏，家人笑著书。"钱起《忆山中寄旧友》："数岁白云里，与君同采薇。"耿沣《春日书情寄元校书伯和相国元子》："数岁平津邸，诸生出门时。"

【數篇】 几篇。任华《寄杜拾遗》："昨日有人诵得数篇黄绢词，吾怪异奇特借问，果然称是杜二之所为。"白居易《朝课》："蕊珠讽数篇，秋思弹一遍。"杜牧《赠张祜》："数篇留别我，羞杀李将军。"司空图《商山二首》之二："马上搜奇已数篇，籍中犹愧是顽仙。"

【數$_2$數$_2$】 计算数目。张籍《美人宫棋》："趁行移手巡收尽，数数看谁得最多。"

【數$_3$數$_3$】 ❶屡次，常常。白居易《东楼招客夜饮》："莫辞数数醉东楼，除醉无因破得愁。"又《对酒劝令公开春游宴》："宜须数数谋欢会，好作开成第二春。"又《分司洛中多暇数与诸客宴游醉后狂吟偶成十韵》："数数游何爽，些些病未妨。"❷犹汲汲。急迫。

陆龟蒙《迎潮送潮辞·送潮》:"爱长波兮数数,一幅巾兮无缨可濯。"

【數層】 几层。刘长卿《铜雀台》:"娇爱更何日,高台空数层。"卢纶《萧常侍瘿柏亭歌》:"数层乱泻云里峰,万片争呈雪中石。"陆希声《阳羡杂咏十九首·偃月岭》:"山岭依稀偃月形,数层倚石叠空青。"

【數樹】 几棵。裴达《小苑春望宫池柳色》:"几条垂广殿,数树影高旌。"李德裕《忆平泉杂咏·忆寒梅》:"寒塘数树梅,常近腊前开。"朱庆余《废宅花》:"数树荒庭上,芬芳映绿苔。"罗隐《罗敷水》:"数树枯桑虽不语,思量应合识秦人。"

【數錢】 清点钱币。上官仪《和太尉戏赠高阳公》:"惯是洛滨要解珮,本是河间好数钱。"岑参《邯郸客舍歌》:"邯郸女儿夜沽酒,对客桃灯夸数钱。"杨巨源《胡姬词》:"数钱怜皓腕,非是不能留。"陆龟蒙《奉和袭美酒中十咏·酒垆》:"数钱红烛下,涤器春江口。"

【數聲】 几声。杜甫《后出塞五首》之二:"悲笳数声动,壮士惨不骄。"秦系《晓鸡》:"黯黯严城罢鼓鼙,数声相续出寒栖。"杨凌《送客往睦州》:"惊秋路傍客,日暮数声蝉。"白居易《林下闲步寄皇甫庶子》:"一酌池上酒,数声竹间吟。"

【數點】 几点。崔国辅《石头滩作》:"羽山数点青,海岸杂光碎。"窦巩《早秋江行》:"渐惊云树转,数点是晨鸦。"项斯《苍梧云气》:"数点山能远,平铺水不流。"曹邺《题女郎庙》:"数点烟香出庙门,女娥飞去影中存。"

【數騎】 几位骑马者。特指几位骑兵。李颀《送山阴姚丞携妓之任兼寄苏少府》:"都门数骑出,河口片帆举。"杜甫《悲青坂》:"黄头奚儿日向西,数骑弯弓敢驰突。"张籍《送李骑曹灵州归觐》:"军府知归庆,应教数骑迎。"杨达《塞下曲》:"孤城吹角罢,数骑射雕还。"

敵 〔dí《广韵》徒歷切,入錫,定。〕❶敌人,仇敌。太宗《宴中山》:"对敌六奇举,临戎八阵张。"李白《胡无人行》:"云龙风虎尽交回,太白入月敌可摧。"元稹《放言五首》之一:"眼前餬敌都休问,身外功名一任他。"周昙《咏史诗·春秋战国门·智伯》:"三国连兵敌就擒,晋阳城下碧波深。"❷抵抗,对抗。颜真卿《赠裴将军》:"匈奴不敢敌,相呼归去来。"李微《无题》:"今日爪牙谁敢敌,当时声迹共相高。"黄滔《鄜畤李相公》:"计吐六奇谁敢敌,学穷三略不须论。"徐夤《蜀》:"虽倚关张敌万夫,岂胜恩信作良图。"❸对策,相当。张九龄《登荆州城楼》:"几代传荆国,当时敌陕郛。"无可《寄羽林卢大夫将军》:"门风荀氏敌,剑艺霍家推。"贯休《送僧入幽州》:"高士高无敌,腾腾话入燕。"齐己《再逢昼公》:"久吟难敌句,终忍不求名。"❹敌对的。见"敵兵""敵国"。

【敵兵】 敌方的军队。苏拯《经鹤台》:"一旦敌兵来,万民同陨濩。"

【敵手】 力量相当的对手。刘商《姑苏怀古送秀才下第归江南》:"君声日下闻来久,清赡何人敢敌手。"白居易《喜梦得自冯翊归洛兼呈令公》:"甲子等头怜共老,文章敌手莫相猜。"姚合《答友人招游》:"赌棋招敌手,沽酒自扶头。"尚颜《怀陆龟蒙处士》:"事免伤心否,棋逢敌手无。"

【敵國】 ❶敌对之国。李白《赠张相镐二首》之一:"亚夫得剧孟,敌国空无人。"韦应物《古剑行》:"豪士得之敌国宝,仇家举意半夜鸣。"柳宗元《古东门行》:"羌胡毂下一朝起,敌国舟中非所拟。"崔道融《西施》:"一笑不能忘敌国,五湖何处有功臣。"❷财富等与国家抗衡。苏拯《金谷园》:"徒有敌国富,不能买东市。"

十二画

整 〔zhěng《广韵》之郢切,上静,章。〕❶整齐,严整。见《诗·小雅·六月》。杜甫《八哀诗·故右仆射相国张公九龄》:"仙鹤下人间,独立霜毛整。"卢纶《秋幕中夜独坐迟明因陪陈翃即中晨谒上公因书即事兼呈同院诸公》:"簪裘肃已整,车骑俨将前。"林藻《吴宫教战》:"鼓停行未整,刑举令方崇。"白居易《蜀路石妇》:"俨然整衣巾,若立在闺庭。"❷整理,整治。见《文选·张衡〈东京赋〉》。刘祎之《奉和别越王》:"周屏辞金殿,梁骖整玉珂。"张籍《春日行》:"头上皮冠未曾整,直入花间不寻径。"欧阳詹《咏德上韦检察》:"并力革夷心,通筹整师律。"胡曾《咏史诗·细柳营》:"文帝銮舆劳北征,条侯此地整严兵。"❸整个,全部在内。张籍《寄孙冲主簿》:"低折沧州簿,无书整两春。"张祜《送周尚书赴滑台》:"楚谣襦袴整三年,喉舌新恩下九天。"副词。正,正在。韦庄《三用韵》:"鸳鸾方翙翙,骅骥整骎骎。"无名氏《塞姑》(卷二七):"昨日卢梅塞口,整见诸人镇守。"胡曾《咏史诗·夹谷》:"夹谷莺啼三月天,野花芳草整相鲜。"

【整巾】 整理冠巾。权德舆《卧病喜惠上人李炼师茅处士见访因以赠》:"整巾起曳策,喜非车马客。"白居易《新乐府·缚戎人》:"唯许正朝服汉仪,敛衣整巾潜泪垂。"蔡隐丘《句》:"整巾千嶂耸,曳履百泉鸣。"

【整衣】 整理衣衫。骆宾王《咏美人在天津桥》:"整衣香满路,移步袜生尘。"和凝《江城子》词:"含笑整衣开绣户,斜敛手,下阶迎。"

【整弁】 整饬衣冠。《郊庙歌辞·享先农乐章·

雍和》："沐芳整弁，其仪式序。"

【整豸】 整理獬豸冠。司空曙《送刘侍御》："狱成收夜烛，整豸出登车。"

【整羽】 整理羽毛。李山甫《燕》："整羽庄姜恨，回身汉后轻。"

【整車】 料理车马以备出行。唐求《晓发》："旅馆候天曙，整车趋远程。"无可《冬夜姚侍御宅送李廓少府》："雪罢见来吏，川昏聊整车。"

【整服】 整理服装。吴筠《游仙二十四首》之一二："停驂太仪侧，整服金阙前。"徐铉《步虚词五首》之一："整服乘三素，旋纲蹑九星。"

【整冠】 （—guān）整理帽子。戎昱《罗江客舍》："有兴时添酒，无聊懒整冠。"裴夷直《和邢郎中病中重阳强游乐游原》："晓日整冠兰室静，秋原骑马菊花高。"皮日休《二游诗·任诗》："闲日不整冠，闲风无用篂。"陆龟蒙《读阴符经寄鹿门子》："清晨整冠坐，朗咏三百言。"

【整理】 ❶整顿，使有条理。陆龟蒙《读襄阳耆旧传因作诗五百言寄皮袭美》："或耨锄翳荟，或整理错谬。"❷整治。孟简《咏欧阳行周事》："纤手自整理，剪刀断其根。"白居易《如梦令》词："告你，告你，休向人间整理。"杜牧《送杜顗赴润州幕》："还须整理韦弦佩，莫独矜夸玳瑁簪。"

【整顿】 ❶整饬，整治。杜甫《洗兵马》："二三豪俊为时出，整顿乾坤济时了。"沈彬《句》："须知手笔安排定，不怕山河整顿难。"❷调整。戴叔伦《女耕田行》："疏通畦陇防乱苗，整顿沟塍待时雨。"王建《田侍中宴席》："整顿舞衣呈玉腕，动摇歌扇露金钿。"卢仝《月蚀诗》："整顿排班行，剑握他人将。"孟郊《和丁助教塞上吟》："整顿气候谁，言从生灵始。"

【整馭】 整辔，整顿车马出行。《郊庙歌辞·五郊乐章·送神》："广乐送神，神其整驭。"《郊庙歌辞·蜡百神乐章·送神》："神其降祉，整驭随风。"

【整屐】 整理鞋子。张继《寄郑员外》："何时共登眺，整屐待晴云。"

【整策】 谓驾车出行。吴筠《游庐山五老峰》："整策务探讨，嬉游任从容。"

【整舄】 整理鞋子。秦系《送王道士》："真人俄整舄，双鹤屡飞翔。"

【整齊】 有秩序，有条理。欧阳炯《题景焕画应天寺壁天王歌》："圣王怒色览东西，剑刃一挥皆整齐。"

【整線】 犹言做针线。祖咏《七夕》："向月穿针易，临风整线难。"

【整肅】 ❶整顿。杜甫《忆昔二首》之一："我昔近侍叨奉引，出兵整肃不可当。"❷严肃，端庄。杜甫《冬狩行》："喜君士卒甚整肃，为我回辔擒西戎。"又《八哀诗·赠左仆射郑国公严公武》："汉仪尚整肃，胡骑忽纵横。"曹唐《三年冬大礼五首》之一："千官整肃三天夜，剑佩初闻入太清。"

【整鞍】 料理车马以备远行。吴黔《失题》："故国海云端，归宁便整鞍。"

【整翮】 整理羽翼。杜甫《百舌》："知音兼众语，整翮岂多身。"又《醉歌行赠公安颜少府请顾八题壁》："天马长鸣待驾驭，秋鹰整翮当云霄。"

【整履】 整理鞋子。杜甫《徐步》："整履步青芜，荒庭日欲晡。"

【整駕】 整理车驾以出行。包佶《祀雨师乐章·送神》："整驾升车望寥廓，垂阴荐祉荡昏氛。"韦应物《春月观省属城始憩东西林精舍》："建隼出浔阳，整驾游山川。"林璠《季夏入北山》："整驾俟明发，逶迤历险途。"吴筠《游仙诗二十四首》之二一："整驾辞五岳，排烟凌九霄。"

【整髻】 整理发髻。杜牧《旧游》："盼眄回眸远，纤衫整髻迟。"韩偓《踏青》："收裙整髻故迟迟，两点深心各惆怅。"吴融《戏》："整髻花当槛，吹灯月在窗。"

【整整】 肃穆整齐貌。杜牧《台城曲二首》之一："整整复斜斜，随旗簇晚沙。"贯休《大蜀高祖潜龙日献陈情偈颂》："穆穆蜀俗，整整师律。"

【整襟】 整理衣襟，整理衣衫。赵嘏《别牛郎中门馆》："整襟收泪别朱门，自料难酬顾念恩。"

【整鬟】 整理发鬟。薛昭蕴《浣溪沙》词之一："红蓼渡头秋正雨，印沙鸥迹自成行，整鬟飘袖野风香。"毛熙震《何满子》词："相望只教添怅恨，整鬟时见纤琼。"

【整鬢】 整理鬓发。李沇《方响歌》："季伦怒击珊瑚摧，灵芸整鬓步摇折。"

【整纜】 整理缆绳。殷尧藩《襄口阻风》："篙师整缆候明发，仍谒荒祠问鬼神。"

十三画

斂 〔liǎn《广韵》良冉切，上琰，來。又力驗切，去豔，來。〕❶聚集。见《书·洪范》。陆敬《游隋故都》："平原悴秋草，乔木敛寒烟。"沈佺期《钓竿篇》："朝日敛红烟，垂竿向绿川。"颜粲《白露为霜》："满庭添月色，拂水敛荷香。"❷收获。见《孟子·梁惠王下》。玄宗《幸凤泉汤》："荐鲜知路近，省敛觉年丰。"❸征收，索取。杜甫《自京赴奉先县咏怀五百字》："鞭挞其夫家，聚敛贡城阙。"元结《舂陵行》："供给岂不忧，征敛又可悲。"《喻常吾直》："战争且未息，征敛何时足。"元稹《竞舟》："买舟俟一竞，竞敛贫者赇。"白居易《新乐府·杜陵叟》："长吏明知不申破，急敛暴征求考课。"❹赋税。韦应物《骊山行》："时丰赋敛未告劳，海阔珍奇亦来献。"白居易《征秋税毕题郡南亭》："且喜赋敛毕，幸闻闾井安。"薛能《送浙东王大夫》："察应均赋敛，逃必复桑耕。"杜荀鹤《送人宰德清》："不闻宽赋敛，因此转流离。"❺收缩。太宗《两仪殿赋柏梁体》："云披雾敛天地明，登封日观禅云亭，太常具礼方告成。"王勃《饯韦兵曹》："川霁浮烟敛，山明落照移。"越王贞《奉和圣制过温汤》："林凋帷影散，云敛盖阴收。"张籍《朱鹭》："羽毛如翦色如染，远飞欲下双翅敛。"赵嘏《昔昔盐二十首·恒敛千金笑》："玉颜恒自敛，羞出镜台前。"❻通"殓"。给死者穿衣，入棺。见《仪礼·士丧礼》。见"斂葬"。❼通"瀲"。见"斂斂❷"。

【斂手】　❶拱手。表示恭敬。刘禹锡《酬柳柳州家鸡之赠》："柳家新样元和脚，且尽姜芽敛手徒。"白居易《秦中吟十首·议婚》："见人不敛手，娇痴二八初。"又《观稼》："敛手笑相延，社酒有残酌。"杜牧《冬至日寄小侄阿宜诗》："随兄旦夕去，敛手整衣裳。"❷缩手。罗隐《芳树》："人生长短同一轨，若使威可以制，力可以止，则秦皇不肯敛手下沙丘，孟贲不合低头入蒿里。"

【斂色】　光色消失。《郊庙歌辞·五郊乐章·黑郊迎神》："寒氛敛色，沍泉凝漏。"

【斂衣】　❶整饬衣服，表示恭敬。白居易《新乐府·缚戎人》："唯许正朝服汉仪，敛衣整巾潜泪垂。"杜牧《闺情》："袖红垂寂寞，眉黛敛衣稀。"方干《途中寄刘沆》："敛衣寒犯雪，倾篋病看春。"❷即敛服。殡殓时给死人穿的衣服。唐彦谦《吊方干处士二首》之一："敛衣应自定，只着古衣巾。"

【斂形】　收敛形体。梁锽《闻百舌鸟》："敛形藏一叶，分响出千花。"

【斂足】　敛步，停步不前。白居易《游悟真寺诗》："上阶脱双履，敛足升净筵。"

【斂板】　同"斂版"。卢纶《奉和户曹叔夏夜寓直寄呈同曹诸公并见示》："敛板捧清词，恭闻侍直时。"李端《长安感事呈卢纶》："敛板辞群彦，回车访老农。"喻凫《元日即事》："敛板贺交亲，称觞讵有巡。"方干《赠上虞胡少府百篇》："敛板尘中无恨色，应缘利禄副晨昏。"

【斂版】　古代官员朝会时皆执手板，端持近身，以示恭敬。韩翃《送李司直赴江西使幕》："敛版辞汉廷，进帆归楚幕。"

【斂迹】　亦作"斂跡"。❶收敛行迹。谓有所顾忌而不敢放肆。李颀《放歌行答从弟墨卿》："敛迹俯眉心自甘，高歌击节声半苦。"戴叔伦《同兖州张秀才过王侍御参谋宅赋十韵》："十年官不进，敛跡无怨咎。"❷退居，隐居。岑参《终南山双峰草堂作》："敛跡归山田，息心谢时辈。"阎防《宿岸道人精舍》："敛跡辞人间，杜门守寂寞。"杜牧《梁秀才以早春旅次大梁将归郊扉言怀兼别示凡二十韵走笔依韵》："敛迹愁山鬼，遗形慕谷神。"

【斂衽】　整饬衣裳，表示恭敬。卢照邻《还赴蜀中贻示京邑游好》："敛衽辞丹阙，悬旗陟翠微。"储光羲《贻丁主簿仙芝别》："敛衽归故山，敷言播天壤。"岑参《北庭西郊候封大夫受降回军献上》："侧身佐戎幕，敛衽事边陲。"杜甫《送李校书二十六韵》："倚门固有望，敛衽就行役。"

【斂退】　收敛退让；隐退。韩愈《秋怀诗十一首》之五："敛退就新懦，趋营悼前猛。"

【斂眉】　皱眉。王绩《在京思故园见乡人问》："敛眉俱握手，破涕共衔杯。"万楚《题情人药栏》："敛眉语芳草，何许太无情。"白居易《府斋感怀酬梦得》："合是人生开眼日，自当年老敛眉时。"杜荀鹤《送紫阳僧归庐岳旧寺》："此际无人会，微吟复敛眉。"

【斂翅】　收敛翅膀。白居易《杂兴三首》之一："飞鸿惊断行，敛翅避蛾眉。"又《代鹤答》："何如敛翅水边立，飞上云松栖稳枝。"张祜《鹦鹉》："雕笼悲敛翅，画阁岂关心。"郭仁表《梦中辞》："飘风暴雨可思惟，鹤望巢门敛翅飞。"

【斂索】　搜括索取。白居易《秦中吟十首·重赋》："浚我以求宠，敛索无冬春。"

【斂笑】　忍笑。卢纶《伦开府席上赋得咏美人名解愁》："颦眉乍欲语，敛笑又低头。"司空曙《拟百劳歌》："玉颜年几新上头，回身敛笑多自羞。"李商隐《闻歌》："敛笑凝眸意欲歌，高云不动碧嵯峨。"韩偓《三忆》："敛笑慢回头，步转阑干角。"

【斂容】　正容。显出端庄的脸色。骆宾王《王昭君》："敛容辞豹尾，缄怨度龙鳞。"阎朝隐《采莲女》："薄暮敛容歌一曲，氛氲香气满汀洲。"白居易《琵琶引》："沉吟放拨插弦中，整顿衣裳起敛容。"韩偓《及第过堂日作》："百辟敛容开路看，片时辉赫胜图形。"

【斂袖】　收紧衣袖。皮日休《太湖诗·销夏湾》："敛袖弄轻浪，解巾敌凉飔。"顾敻《醉公子》词之二："敛袖翠蛾攒，相逢尔许难。"

【斂眸】　敛目。凝神回想貌。罗虬《比红儿诗》之七："斜凭栏杆醉态新，敛眸微盻不胜春。"

【斂淚】　收泪。杜审言《奉和七夕侍宴两仪殿应制》："敛泪开星靥，微步动云衣。"

【斂笏】　收起手板。李端《送从叔赴洪州》："鸣桡过夏口，敛笏见浔阳。"又《送路司谏侍从叔赴洪州》："敛笏辞天子，乘龟从丈人。"韩翃《送寿州陈录事》："寿阳南渡口，斂笏见诸侯。"

【斂葬】 入殓安葬。斂，通"殓"。白居易《哭孔戡》："形骸随众人，斂葬北邙山。"

【斂策】 收起马鞭。喻羁旅。张籍《羁旅行》："远客出门行路难，停车斂策在门端。"

【斂蛾】 斂眉。刘禹锡《伤秦姝行》："斂蛾收袂凝清光，抽弦缓调怨且长。"

【斂跡】 见"斂迹"。

【斂態】 端正容态。王琚《美女篇》："须臾破颜倏斂态，一悲一喜并相宜。"权德舆《杂兴五首》之三："含羞斂态劝君住，更奏新声刮骨盐。"魏承班《菩萨蛮》词之一："翠翘云鬓动，斂态弹金凤。"孙光宪《酒泉子》词之三："斂态窗前，袅袅雀钗抛颈。"

【斂翠】 凝聚秀色。白居易《题周皓大夫新亭子二十二韵》："斂翠凝歌黛，流香动舞巾。"许浑《晨起西楼》："留情深处驻横波，斂翠凝红一曲歌。"孙光宪《酒泉子》词之二："泪掩红，眉斂翠，恨沉沉。"尹鹗《菩萨蛮》词之二："蛾眉应斂翠，咫尺同千里。"

【斂翠蛾】 皱眉。王建《观蛮妓》："欲说昭君斂翠蛾，清声委曲怨于歌。"白居易《急乐世辞》："正抽碧线绣红罗，忽听黄莺斂翠蛾。"温庭筠《牡丹二首》之二："华堂客散帘垂地，想凭阑干斂翠蛾。"

【斂髮】 整理头发。庄南杰《晓歌》："嫦娥斂发绾云头，玉女舒霞织天面。"

【斂翮】 收拢翅膀。指回归。元稹《雉媒》："斂翮远投君，飞驰势奔蹙。"

【斂積】 收斂和积储。杜甫《从驿次草堂复至东屯二首》之一："筑场看斂积，一学楚人为。"权德舆《古人名诗》："家林类岩巘，负郭躬斂积。"

【斂斂】 ❶收斂貌。元稹《通州丁溪馆夜别李景信三首》之一："月濛濛兮山掩掩，束束别魂眉斂斂。"❷同"瀲瀲"。郑谷《夕阳》："夕阳秋更好，斂斂蕙兰中。"

【斂屨】 犹摄足。踮起脚走路，表示敬肃。郎士元《冬夕寄青龙寺源公》："斂屦入寒竹，安禅过漏声。"

【斂穫】 收获。元稹《赛神》："家家不斂获，赛妖无富贫。"

【斂黛】 皱眉。羊士谔《夜听琵琶三首》之三："破拨声繁恨已长，低鬟斂黛更摧藏。"元稹《何满子歌》："斂黛吞声若自冤，郑袖见捐西子浣。"李群玉《王内人琵琶引》："三千宫嫔推第一，斂黛倾鬟艳兰室。"韦庄《悔恨》："几为妒来频斂黛，每思闲事不梳头。"

【斂翼】 收起翅膀。喻指隐退。杜甫《别赞上人》："马嘶思故枥，归鸟尽斂翼。"张众甫《寄兴国池鹤上刘相公》："欲飞还斂翼，讵敢望乘轩。"刘禹锡《送裴处士应制举诗》："白帝城边又相遇，斂翼三年不飞去。"李咸用《与刘三礼陈孝廉言志》："宋国高风休斂翼，圣朝公道易酬身。"

【斂轡】 收起马车，息驾。来济《出玉关》："斂辔遵龙汉，衔凄渡玉关。"

斃 〔bì《广韵》毗祭切，去祭，並。〕死，死亡。庄南杰《黄雀行》："林间公子挟弹弓，一丸致毙花丛里。"韦应物《睢阳感怀》："甘从锋刃毙，莫夺坚贞志。"柳宗元《韦道安》："一矢毙酋帅，余党号且惊。"李洞《毙驴》："蹇驴秋毙瘗荒田，忍把敲吟旧竹鞭。"

十七画

斆 〔yú《广韵》語居切，平魚，疑。〕"渔"的古文。捕鱼。陆龟蒙《奉和袭美酬前进士崔潞盛制见寄因增至一百四十言》："空持一竿饵，有意斆鲸鱼。"

十八画

斅 〔niè《广韵》尼輒切，入葉，娘。〕见"敜斅"。

十九画

變 〔biàn《广韵》彼眷切，去線，幫〕❶和原来不同，变化。孟浩然《高阳池送朱二》："一朝物变人亦非，四面荒凉人径稀。"刘长卿《送郑说之歙州谒薛侍郎》："俗变人难理，江传水至清。"白居易《题裴晋公女几山刻石诗后》："骡军成牛户，鬼火变人烟。"李涉《寄荆娘写真》："只愁陵谷变人寰，空叹桑田归海岸。"❷变通。周昙《咏史诗・春秋战国门・再吟》："徒逞威强称智伯，不知权变是愚人。"❸事变，有重大影响的突发事件。于濆《经馆娃宫》："馆娃宫畔顾，国变生娇妒。"❹灾异，异常的自然现象。杜甫《忆昔二首》之二："百余年间未灾变，叔孙礼乐萧何律。"罗隐《董仲舒》："灾变儒生不合闻，谩将刀笔指乾坤。"❺"變相""變文"的省称。杜甫《观薛稷少保书画壁》："又挥西方变，发地扶屋椽。"

【變丁】 变为丁令威。典出晋陶潜《搜神后记》卷一。薛能《失鹤二首》之二："华表翘风未可期，变丁投卫两堪疑。"

【變化】 ❶改变；变换。杜甫《杜鹃行》："苍天变化谁料得，万事反覆何所无。"孟云卿《伤时二首》之二："四时更变化，天道有亏盈。"独孤及《自东都还濠州奉酬王八谏议见赠》："天地变化县城改，独有故人交态在。"白居易《晏坐闲吟》："意气销磨群动里，形骸变化百年中。"李中《勉同志》："傥若功名立，那愁变化迟。"❷特指科举及第。王涯《广宣上人以诗贺放榜和谢》："龙门变化人皆望，莺谷飞鸣自有时。"裴翻《和主司王起》："云霄幸接鸳鸾盛，变化欣同草木荣。"郑准《寄进士崔鲁范》："山高雁断音书绝，谷背莺寒变化迟。"齐己《同光岁送人及第东归》："变化龙三十，升腾凤一行。"

【變文】 改变文字的写法。詹敦仁《复留侯从效问南汉刘岩改名龑字音义》："或援他代易，或变文回避。"

【變火】 改火。古代有改火之制。四时钻木取火，春用榆柳，夏用枣杏和桑柘，秋用柞楢，冬用槐檀。至寒食（古代寒食在清明前一日或二日）则禁火，到清明便取榆柳钻之取火，谓之新火。方干《清明日送邓芮还乡》："晓榆新变火，轻柳暗飞霜。"

【變心】 谓事物核心部分发生变化。耿韦《辞南平钟王召》："摧残枯木倚寒林，几度逢春不变心。"

【變石】 ❶变为石头。传说湖南石燕山有石燕。见北魏郦道元《水经注·湘水》。张鷟《咏燕》："变石身犹重，衔泥力尚微。"❷谓改变石头的颜色。杜甫《西阁口号》："雪崖才变石，风幔不依楼。"

【變成】 变为，变作。刘希夷《相和歌辞·白头吟》："已见松柏摧为薪，更闻桑田变成海。"李端《赠康洽》："自言万物有移改，始信桑田变成海。"李贺《古悠悠行》："海沙变成石，鱼沫吹秦桥。"方干《示乡叟》："如何镊残鬓，览镜变成丝。"

【變色】 ❶改变颜色。许敬宗《侍宴莎册宫应制得情字》："塞寒桃变色，冰断箭流声。"崔湜《边愁》："风尘马变色，霜雪剑生衣。"崔泰之《同光禄弟冬日述怀》："门庭寒变色，棨戟日生光。"刘禹锡《晚泊牛渚》："残霞忽变色，游雁有余声。"❷改变脸色。杜甫《大历三年春四十韵》："恶滩宁变色，高卧负微躯。"

【變衣】 改换衣服。指换成丧服。苏颋《蜀城哭台州乐安少府》："变衣寝门外，挥涕少城隈。"孟郊《送韩愈从军》："志士感恩起，变衣非变性。"

【變形】 改变形貌。邵谒《学仙词》："炼药口口口，变姓不变形。"

【變更】 变动更改。张祜《扬州法云寺双桧》："谢家双植本图荣，树老人因地变更。"又《江西道中作三首》之三："况是会游处，桑田小变更。"陆龟蒙《江南秋怀寄华阳山人》："天地宁舒惨，山川自变更。"熊皎《赠胥尊师》："他年华表重归日，却恐桑田已变更。"

【變見】 （—xiàn）同"變現"。元稹《大云寺二十韵》："听经神变见，说偈鸟纷纭。"按：佛经说，佛在与人发生交涉时，根据对象的不同，而以不同的"化身"出现。参见"化身"。

【變作】 变成，改变为。张说《赠崔二安平公乐世词》："宁知宿昔恩华乐，变作潇湘离别愁。"顾况《行路难三首》之三："君不见古人烧水银，变作北邙山上尘。"白居易《叹发落》："随梳落去何须惜，不落终须变作丝。"吕岩《勉牛生夏侯生》："甲子问时休记，看桑田变作黄埃。"

【變改】 变易，改换。白居易《重过寿泉忆与杨九别时因题店壁》："形容已变改，处所犹依然。"又《偶吟》："人生变改故无穷，昔是朝官今野翁。"邵谒《览孟东野集》："珪璋遍四海，人伦多变改。"

【變易】 改变，更易。李白《古风》之九："一体更变易，万事良悠悠。"耿湋《春日即事》："芳菲那变易，年鬓自蹉跎。"孟简《咏欧阳行周事》："生死不变易，中诚无间言。"姚合《拾得古砚》："宅亦作流水，斯砚未变易。"

【變性】 改变质性。孟郊《送韩愈从军》："志士感恩起，变衣非变性。"

【變法】 改变原有的法规。白居易《赠友五首》之三："兵兴一变法，兵息遂不还。"

【變姓】 改变姓氏。姚合《赠刘叉》："避时曾变姓，救难似嫌身。"邵谒《学仙词》："炼药口口口，变姓不变形。"

【變故】 意外发生的变化或事故。颜胄《适思》："冥漠生变故，凄凉结幽明。"

【變俗】 改变原有的习俗。张说《登九里台是樊姬墓》："诗书将变俗，绨纩忽弥年。"耿湋《赴许州留别洛中亲故》："淳风今变俗，末学误为文。"戴叔伦《送谢夷甫宰余姚县》："到时应变俗，新政满余姚。"司空曙《送卢使君赴夔州》："政成知变俗，当应画轮车。"

【變律】 ❶变化诗律。李商隐《漫成五章》之一："沈宋裁辞矜变律，王杨落笔得良朋。"冯浩注："《新唐书·文艺传》：'建安后讫江左，诗律屡变。至沈约、庾信，以音韵相婉附，属对精密。及宋之问、沈佺期，又加靡丽，回忌声病，约句准篇，如锦绣成文，学者宗之，号为沈宋。'又赞曰：'陈、隋风流，浮靡相矜，至沈、宋等研揣声音，浮切不差，而号律诗。'"❷律诗的变体。苏涣有《变律》三首。按：《中兴间气集》卷上作《变律格诗》三首。❸指测候季节变化的律管变动。见《梦溪笔谈·象数一》。姚鹄《书情献知己》："谷寒思变律，叶晚怯回风。"

【變風】 ❶改变风俗。张说《送苏合宫颋》："变风须恺悌，成化仁弦歌。"孟郊《春日同韦郎中使君送邹儒立少府扶侍赴云阳》："太守不韵俗，诸生皆变风。"❷指《诗经》"国风"中邶至豳等十三国的作品。

见《诗大序》。借指讽刺时政的诗歌。李洞《赠曹郎中崇贤所居》："诗句变风官渐紧，夜涛春断海边藤。"❸指改变鄙俚的诗风。沈亚之《文祝延二阕》序："其俗以为言俚，不足自道，或谓军副者能变风从律，善阐物志，因耆耋为请，于是与文以通其意。"

【變换】 变易。白居易《埇桥旧业》："改移新径路，变换旧村邻。"

【變衰】 变为衰老。张九龄《南阳道中作》："遭遇感风云，变衰空草泽。"杜甫《恨别》："草木变衰行剑外，兵戈阻绝老江边。徐锴《太傅相公以东观庭梅西垣旧植昔陪盛赏今独家兄唱和之余俾令攀和辄依本韵伏愧斐然》："物性虽摇落，人心岂变衰。"

【變海】 义同"變桑田"。白居易《酬郑侍御多雨春空过诗三十韵》："变海常须虑，为鱼慎勿忘。"

【變通】 ❶指事物因变化而通达。见《易·系辞上》。罗隐《芳树》："吾所以见造化之权，变通之理，春夏作头，秋冬为尾，循环反覆无终已。"❷随机应变。指不拘常规，因地、因时制宜。刘长卿《赠别于群投笔赴安西》："且欲图变通，安能守拘束。"杜甫《舟中苦热遣怀奉呈阳中丞通简台省诸公》："变通迫胁地，谋画焉得算。"方干《赠李郢端公》："非唯孤峭与世绝，吟处斯须能变通。"孙元晏《咏史诗·吴·介象》："好道君王遇亦难，变通灵异几多般。"

【變桑田】 麻姑见东海三为桑田。见晋葛洪《神仙传》卷七"麻姑"后用为咏世事变化的典故。赵冬曦《灉湖作》："试就湖边披草径，莫疑东海变桑田。"李程《赠毛仙翁》："他日更来人世看，又应东海变桑田。"刘禹锡《酬乐天醉后狂吟十韵》："处身于木雁，任世变桑田。"

【變现】 变形出现；变化。欧阳炯《题景焕画应天寺壁天王歌》："包含万象藏心里，变现百般生眼前。"

【變異】 ❶变化。张果《题登真洞》："自是神仙多变异，肯教踪迹掩红尘。"❷指怪异的事物。孟郊《游韦七洞庭别业》："山深有变异，意惬无惊惕。"

【變移】 变易，改变。李白《古风》之五九："路歧有南北，素丝易变移。"贯休《读玄宗幸蜀记》："宋璟姚崇死，中庸遂变移。"

【變動】 变化。《庐山女赠朱朴》(卷八六七)："知君久积池塘梦，遣我方思变动来。"

【變商】 变成秋天。商，五音之一，配四时指秋季。韦庄《和郑拾遗秋日感事一百韵》："北望心如旆，西归律变商。"

【變雅】 《诗经》中《小雅》《大雅》的部分内容，与"正雅"相对，一般是指反映周代政治衰乱的诗作。见《诗大序》。后以"變雅"指有真实内容而具讽世作用的作品。窦群《奉酬西川武相公晨兴赠友见示之作》："新什惊变雅，古瑟代沈湘。"武元衡《甲午岁相国李公有北园寄赠之作寓哀冥寞以广遗韵云》："碧云诗变雅，皇泽叶流根。"

【變爲】 (—wéi)变作，变成。王绩《过汉故城》："井田唯有草，海水变为桑。"元结《二风诗·乱风诗五篇·至伤》："嗟伤王！自为人君，变为人奴！"白居易《读史五首》之三："深谷变为岸，桑田成海水。"贯休《上留田》："我欲使诸凡鸟雀，尽变为鹓鸰。"

【變寒灰】 喻指改变绝望失意的心境。中宗《十月诞辰内殿宴群臣效柏梁体联句》："微臣捧日变寒灰，远惭班左愧游陪。"

【變節】 ❶改变竹节。喻改变人的节操。宋之问《宋公宅送宁谏议》："露荷秋变节，风柳夕鸣梢。"邵谒《金谷园怀古》："竹死不变节，花落有余香。"❷变换季节。敬括《省试七月流火》："变节金初至，分寒火正流。"

【變亂】 变得紊乱。元稹《和李校书新题乐府十二首·法曲》："雅弄虽云已变乱，夷音未得相参错。"又《和李校书新题乐府十二首·骠国乐》："促舞跳趦筋节硬，繁辞变乱名字讹。"

【變滅】 变化幻灭。白居易《齿落辞》："是身如浮云，须臾变灭。"又《病中诗十五首·罢灸》："病身佛说将何喻，变灭须臾岂不闻。"

【變貌】 改变面貌。方干《经旷禅师旧院》："更名变貌难休息，去去来来第几生。"

【變態】 指万事万物变化的不同情况。见《荀子·君道》。亦指事物的情状发生变化。杜甫《上白帝城二首》之一："江城含变态，一上一回新。"韦应物《鼋头山神女歌》："精灵变态状无方，游龙宛转惊鸿翔。"白居易《和答诗十首·和松树》："此如小人面，变态随炎凉。"舒元舆《坊州按狱》："探情与之言，变态如奸猱。"

【變遷】 变化，变易。白居易《达理二首》之二："胡然生变迁，不待死归土。"苏拯《邹律》："人心不变迁，空吹闲草木。"

【變徵】 (—zhǐ)我国古代七声声阶中的第四个音级。比徵低半音。见《国语·周语下》。元稹《小胡笳引》："流宫变徵渐幽咽，别鹤欲飞猿欲绝。"

【變調】 (—diào)转调，变换原来的音调。《文选·司马相如〈长门赋〉》："援雅琴以变调兮，奏愁思之不可长。"李周翰注："调谓变常调以奏愁思之曲。"李颀《听安万善吹觱篥歌》："变调如闻杨柳春，上林繁花照眼新。"又《听董大弹胡笳声兼寄语弄房给事》："幽音变调忽飘洒，长风吹林雨堕瓦。"

【變橘】 橘生淮南、淮北有差异。见《周礼·考工记序》。后以“變橘”喻指因环境不同而引起变化。孔绍安《伤顾学士》:“游人行变橘,逝者遽焚芝。”

【變聲】 发出各种声音。白居易《早春题少室东岩》:“远草初含色,寒禽未变声。”

【變霜】 指霜降。农历二十四节气之一。参见《通纬·考经援神契》。骆宾王《秋晨同淄川毛司马秋九咏·秋露》:“变霜凝晓液,承月委圆辉。”李绅《回望馆娃故宫》:“飘雪荻花铺涨渚,变霜枫叶卷平田。”

【變轉】 (—zhuǎn)谓变声转调。杜甫《秋日夔府咏怀奉寄郑监李宾客一百韵》:“法歌声变转,满座涕潺湲。”李岑《东峰亭各赋一物得栖烟鸟》:“变转对朝阳,差池栖夕烟。”

【變體】 改变原来文章的体式。张祜《陪楚州韦舍人北闻门游宴》:“丝纶初变体,锦袖旋挥毫。”

【變體詩】 一种律诗诗体。见宋胡仔《苕溪渔隐丛话前集》卷十四。按:章碣《变体诗》见卷六六九。

文　部

文[1]〔wén《广韵》無分切，平文，微。〕❶异色交错成彩。萧昕《临风舒锦》："缕散悠扬里，文回照灼中。"章孝标《少年行》："画榼倒悬鹦鹉嘴，花衫对舞凤凰文。"齐己《雉》："文呈五色异，瑞入九苞难。"亦指刺绣彩纹。刘复《长相思》："彩丝织绮文双鸳，昔时赠君君可怜。"李绅《重别西湖》："吹管曲传花易失，织文机学羽难飘。"❷花纹，纹理。李峤《绫》："马眼冰凌影，竹根雪霰文。"杜甫《太平寺泉眼》："北风起寒文，弱藻舒翠缕。"孟郊《苦寒吟》："厚冰无裂文，短日有冷光。"李商隐《灯》："影随帘押转，光信簟文流。"亦指使呈现彩纹。许敬宗《奉和登陕州城楼应制》："锦鳞文碧浪，绣羽绚青空。"❸文字。韦应物《石鼓歌》："今人濡纸脱其文，既击既扫白黑分。"韩愈《喜雪献裴尚书》："阵势鱼丽远，书文鸟篆奇。"亦指类似文字之图形。郭邕《洛出书》："象登四气顺，文辟九畴错。"❹文词，词句。孟郊、韩愈《赠剑客李园联句》："太一装以宝，列仙篆其文。"许浑《题灵山寺行坚师院》："经函露湿文多暗，香印风吹字半销。"齐己《读岘山碑》："兵火烧文缺，江云触藓滋。"❺文章，诗文。苑咸《酬王维》："为文已变当时体，入用还推间气贤。"贾至《赠陕掾梁宏》："梁子工文四十年，诗颠名过草书颠。"孟郊《送豆卢策归别墅》："一卷冰雪文，避俗常自携。"李商隐《韩碑》："文成破体书在纸，清晨再拜铺丹墀。"亦指作文。綦毋潜《早发上东门》："十五能文西入秦，三十无家作路人。"韩愈《醉赠张秘书》："为此座上客，及余各能文。"❻文士，文人。陆龟蒙《五歌·食鱼》："横戈负羽正纷纷，只用骁雄不用文。"许浑《病间寄郡中文士》："明朝欲醉文中彦，犹觉吟声带越乡。"❼文才。郎士元《送王司马赴润州》："暂屈文为吏，聊将禄代耕。"韦庄《同旧韵》："貌愧潘郎璧，文惭吕相金。"亦指有文才。刘长卿《哭魏兼遂》："艰危贫且共，少小秀而文。"❽姓。见"文翁"。

文[2]〔wèn《集韵》文運切，去問，微。〕❶装饰。司马逸客《雅琴篇》："文以楚山玉，错以昆吾金。"白居易《三谣·素屏谣》："素屏素屏，胡为乎不文不饰，不丹不青？"❷文饰，掩饰。见"文過"。❸文华。指华美之外在形式。与"质"相对。太宗《执契静三边》："浇俗庶反淳，替文聊就质。"褚朝阳《五丝》："章施文胜质，列匹美于姬。"温庭筠《病中书怀呈友人》："质文精等贯，琴筑韵相须。"韦庄《和薛先辈见寄初秋寓怀即事之作二十韵》："既睹文兼质，翻疑古在今。"亦特指文采，华美之语言。萧颖士《江有归舟三章》序："然夫德行政事，非学不言，言而无文，行之不远。"姚合《寄旧山隐者》："我性本朴直，词理安得文？"❹文事。与"武"相对。李颀《放歌行答从弟墨卿》："小来好文耻学武，世上功名不解取。"耿湋《赴许州留别洛中亲故》："淳风今变俗，末学误为文。"杜荀鹤《读张仆射诗》："廉颇解武文无说，谢朓能文武不通。"《郊庙歌辞·周宗庙乐舞辞·忠顺》："称文既表温柔德，示武须成蹈厉容。"亦指文治。杜甫《客堂》："循文庙算正，献可天衢直。"❺指礼乐制度。太宗《元日》："继文遵后轨，循古鉴前王。"滕珦《释奠日国学观礼闻雅颂》："幸因陪齿列，聊以颂斯文。"❻指雅乐中之文舞，用于郊庙祭祀之乐舞。褚亮《享先农乐章·舒和》："羽籥低昂文缀已，干戚蹈厉武行初。"❼文德。刘禹锡《将赴汝州途出浚下留辞李相公》："初逢贞元尚文主，云阙天池共翔舞。"❽量词。钱币之单位。吕岩《绝句》之十一："学道须教彻骨贫，囊中只有五三文。"❾指唐太宗李世民，因太宗谥号为"文皇帝"故称。杜牧《感怀诗一首》："高文会隋季，提剑徇天意。"❿温和。见"文火"。

【文人】 从事文事或文职之人。钱起《和万年成少府寓直》："赤县新秋夜，文人藻思催。"韩愈《燕河南府秀才得生字》："文人得其职，文道当大行。"

【文刀】 喻指文人之笔锋利如刀。韩愈《咏雪赠张籍》："雕刻文刀利，搜求智网恢。"

【文士】 能写作诗文之读书人。高适《塞下曲》："大笑向文士，一经何足穷！"韦应物《送崔叔清游越》："方伯怜文士，无为成滞游。"孟郊《招文士饮》："文士莫辞酒，诗人命属花。"许浑《题卫将军庙》序："文士王敖撰碑，辞实详备。"

【文工】 ❶文人，文士。元稹《酬卢秘书》："文工犹畏忌，朝士绝嫌猜。"❷谓文词精善。韩愈《桃源图》："文工画妙各臻极，异境恍惚移于斯。"

【文才】 创作诗文之才能。韩愈《南内朝贺归呈同官》："文才不如人，行又无町畦。"韩愈《韶州留别张端公使君》："久钦江总文才妙，自叹虞翻骨相屯。"姚鹄《寄赠许璋少府》："诗句峭无敌，文才清有余。"

【文山】　孔岘，岘字文山，官郎中，见《全唐诗》小传。徐铉有《文彧少卿文山郎中交好深至二纪已余暌别数年二子长逝留题此诗》。

【文王】　即周文王。常建《太公哀晚遇》："日出渭流白，文王畋猎时。"李白《古风》之三十五："大雅思文王，颂声久崩沦。"元稹《有鸟二十章》之十七："文王长在苑中猎，何日非熊休卖屠？"周昙《咏史诗·三代门·文王》："昭然明德报天休，礿祭惟馨胜杀牛。二老五侯何所诈，不归商受尽归周。"

【文王喻复】　出《易·复》。后因用为每月七日之典。相传周文王拘而演《周易》，故云。李商隐《人日即事》："文王喻复今朝是，子晋吹笙此日同。"

【文王避雨】　相传周文王曾避风雨于殽之北陵。殽山在河南渑池西南。见《左传·僖公三十二年》。唐彦谦《蒲津河亭》："烟横博望乘槎水，日上文王避雨陵。"

【文不加點】　谓写文章快捷，无须改动，一气呵成。李白《赠黄山胡公求白鹇》序："因援笔三叫，文不加点以赠之。"

【文友】　以诗文相交之友。语本《论语·颜渊》。钱起有《太子李舍人城东别业与二三文友逃暑》。冯伉《和权载之离合诗时为给事中》："车马退朝后，聿怀在文友。"清江《喜严侍御蜀还赠严秘书》："当时望月思文友，今日迎骢见近臣。"皮日休有《偶留羊振文先辈及一二文友小饮》。齐己《夜坐闻雪寄所知》："堪笑同文友，忘眠坐到明。"

【文水】　县名。唐属河东道太原府，即今山西文水。施肩吾有《旅次文水县喜遇李少府》。

【文化】　与武功相对，指文治教化。卢照邻《中和乐九章·总歌第九》："武化偃兮文化昌，礼乐昭兮股肱良。"则天皇后《唐大飨拜洛乐章·齐和》："既荐羽旌文化启，还呈干戚武威扬。"程行谌《奉和圣制送张说上集贤学士赐宴》："圣主崇文化，锵锵得盛才。"《郊庙歌辞·蜡百神乐章·舒和》："经纬两仪文化洽，削平方域武功成。"

【文公】　❶指春秋晋文公。卢象《寒食》："可叹文公霸，平生负此臣。"杜甫《寄张十二山人彪三十韵》："世祖修高庙，文公赏从臣。"周昙《咏史诗·春秋战国门·文公》："文公徒欲三强服，分晋元来是六卿。"❷指汉文翁。参见"文公講堂"。❸指令狐楚。楚谥曰文。徐铉《赠泰州椽令狐克己》："狐芳自爱凌霜处，咏限文公白菊诗。"

【文公講堂】　同"文翁講堂"。岑参《文公讲堂》："文公不可见，空使蜀人传。"

【文公廬】　汉文翁所居之处。唐为上方寺，在梓州射洪县北半里。杜甫《谒文公上方》："庭前猛虎卧，遂得文公庐。"

【文火】　煨煮东西所用之持续小火。与急火、旺火相对。皎然《对陆迅饮天目山茶因寄元居士晟》："文火香偏胜，寒泉味转嘉。"吕岩《敲爻歌》："玉炉中，文火烁，十二时中惟守一。"

【文心】　为文之用心。孟郊《南阳公请东樱桃亭子春宴》："文心兹焉重，俗尚安能珍。"刘禹锡《乐天是月长斋鄙夫此时愁卧遂为联句》："五月长斋月，文心苦行心。"

【文丙】　籍贯未详，处士。《宋史》卷二〇八《艺文志》著录《文丙诗》一卷、《直斋书录解题》卷十九著录《文丙集》一卷，今佚。《全唐诗》卷八八七录其诗五首。

【文石】　❶有花纹的石头。卢崇道《新都南亭送郭大元振》："竹径女萝蹊，莲洲文石堤。"❷文石陛之省称。权德舆《奉和李给事省中书情寄刘苗崔三曹长》："分曹列侍登文石，促膝闲谣接羽觞。"杜牧《昔事文皇帝三十二韵》："雨晴文石滑，风暖戟衣翻。"亦代指宫廷。

【文石陛】　用文石砌成之宫廷殿阶。杜牧《长安杂题长句六首》之四："束带谬趋文石陛，有章曾拜皂囊封。"又《寄宣州郑谏议》："文石陛前辞圣主，碧云天外作冥鸿。"

【文史】　文学与历史。亦指文学与历史书籍。李白《送王屋山人魏万还王屋》："十三弄文史，挥笔如振绮。"韦应物《答史馆张学士集贤院看花见寄》："班杨秉文史，对院自为邻。"韩愈《长安交游者赠孟郊》："陋室有文史，高门有笙竽。"

【文句】　诗文之词句。李群玉《始忝四座奏状闻荐蒙恩授官旋进歌诗延英宣赐言怀纪事呈同馆诸公二十四韵》："姓名挂丹诏，文句飞天聪。"

【文母】　文德之母。颂美王后之称。语出《诗·周颂·雝》。权德舆《大行皇太后挽歌词三首》之一："唯余文母化，阴德满公宫。"

【文攷】　❶周武王对其亡父文王之尊称。后亦泛称帝王之亡父。考，父亲死后之尊称。语出《书·泰誓下》。郭子仪《享太庙乐章·保大舞》："於穆文考，圣神昭章。"《郊庙歌辞·梁太庙乐舞辞·昭德舞》："肃肃文考，源浚派长。"❷汉王延寿之字。权德舆《从事淮南府过亡友杨校书旧厅感念愀然》："正平赋鹦鹉，文考颂灵光。"

【文吏】　文官，文职官吏。李贺《古邺城童子谣效王粲刺曹操》："将黑丸，斫文吏。"李商隐《汉南书事》："文吏何曾重刀笔，将军犹自舞轮台。"

【文成】　❶即汉张良。良谥曰文成侯。张文琮《赋桥》："已授文成履，空题武骑书。"按，张良于下邳桥上为黄石公进履之事见《史记·留侯世家》。❷即汉齐人少翁。少翁拜文成将军。元稹《赠毛仙翁》序："又以徐市、文成之事，谓方士之流，诞妄于世，不足以为教也。"白居易《新乐府·海漫漫》："徐福文成多诳诞，上元太一虚祈祷。"温庭筠《马嵬驿》："甘泉不复重相见，谁道文成是故侯。"❸张鷟之字。崔十娘《答文成赠别》："自恨无机杼，何日见文成。"

【文成術】　指汉齐人少翁以鬼神方事使武帝复见李夫人之术。少翁拜文成将军。见《汉书·外戚·孝武李夫人传》。唐彦谦《蒙縠山》："交朋漫信文成术，短烛瑶坛漏满壶。"

【文成履】　用汉张良早年在下邳桥为黄石公拾履之典。文成，指张良，良谥文成侯。张文琮《赋桥》："已授文成履，空题武骑书。"参阅《史记·留侯世家》。

【文光】　波纹，水光。李贺《竹》："人水文光动，抽空绿影春。"

【文曲】　(—qǔ)星名。亦名文星、文昌星。旧时认为系专主文运之星。李沇《醮词》："长庚冷有芒，文曲淡无气。"

【文行】　(—xíng)文章德行。权德舆《奉和许阁老酬淮南崔十七端公见寄》："文行蕴良图，声华挹大巫。"白居易《春中与卢四周谅华阳观同居》："文行如君尚憔悴，不知霄汉待何人?"

【文衣】　文彩之衣，华美之服装。元稹《陪韦尚书丈归履信宅因赠韦氏兄弟》："紫垣驺骑入华居，公子文衣护锦舆。"杜牧《长安杂题长句六首》之六："丰貂长组金张辈，驷马文衣许史家。"

【文江】　喻文章之深广如江。皎然《奉和颜使君真卿修韵海毕州中重宴》："九流宗韵海，七字揖文江。"

【文江學海】　比喻文学与学术著作浩如江海。中宗、郑愔、武平一《景龙四年正月五日重为柏梁体联句》："文江学海思济航，万邦考绩臣所详。"

【文宇】　犹画檐。胡元范《奉和太子纳妃太平公主出降三首》之三："曲池涵瑞景，文宇孕祥烟。"

【文字】　❶记录语言之书写符号。岑参《轮台即事》："蕃书文字别，胡俗语音殊。"元稹《有酒十章》之三："文字生而羲农作耶，仁义别而圣贤出耶?"皮日休《正乐府十篇·颂夷臣》："夷师本学外，仍善唐文字。"《神鸡童谣》(卷八七八)："生儿不用识文字，斗鸡走马胜读书。"亦指单字。陈标《赠元和十三年登第进士》："文字一千重马拥，喜欢三十二人同。"❷字句，文词。郑谷《代秋扇词》："一片山溪从蠹损，数行文字任尘侵。"贾岛《哭卢仝》："冢侧志石短，文字行参差。"❸诗书；诗文作品。钱起《送李四擢第归觐省》："当年贵得意，文字各争名。"卢仝《走笔谢孟谏议寄新茶》："三碗搜枯肠，唯有文字五千卷。"李频《自江上入关》："文字为人弃，田园被债收。"亦指读书，写作之事。王鲁复《诣李侍郎》："文字元无底，功夫转到难。"薛昭纬《谢银工》："早知文字多辛苦，悔不当初学冶银。"❹公文，文书。柳宗元《田家三首》之二："各言官长峻，文字多督责。"❺碑文。苏颋《奉和圣制途经华岳应制》："圣皇惟道契，文字勒岩限。"窦巩《经窦车骑故城》："今日诸孙拜坟树，愧无文字续燕然。"姚合《古碑》："荒田一片石，文字满青苔。"❻题词。杨巨源《同赵校书题普救寺》："气象须文字，逢君大雅篇。"李涉《岳阳别张祜》："岳阳西南湖上寺，水阁松房遍文字。"吴融《题扬子津亭》："扬子江津十四经，纪行文字遍长亭。"❼书写，书法。刘禹锡《湖州崔郎中曹长寄三癖诗故为四韵以谢之》："会书团扇上，知君文字工。"

【文字科】　科举考试。白居易《游悟真寺诗》："既登文字科，又忝谏诤员。"

【文字飲】　谓席间以赋诗联句助兴之宴饮。韩愈《醉赠张秘书》："不解文字饮，惟能醉红裙。"

【文秀】　诗僧。江南人。乾宁中居长安，为文章供奉，与郑谷、齐己友善，互有寄酬。事迹见《唐诗纪事》卷七四。《全唐诗》卷八二三录其诗一首。

【文秀大师】　同"文秀"。刘兼有《寄滑州文秀大师》。齐己有《寄文秀大师》。

【文伯】　即公父文伯，季悼子之孙，公父穆伯之子。春秋鲁大夫。鲁定公五年(前505)，阳虎欲为乱，恐不从，囚之。后又逐之，奔齐，事迹见《礼记·檀弓下》《左传·定公五年》《国语·鲁语下》。李瀚《蒙求》："文伯羞鳖，孟宗寄鲊。"按羞鳖事见《国语·鲁语下》。

【文杏】　树名。即银杏，俗称白果树。干高大，质细密，宜作梁。王琚《美女篇》："桂楼椒阁木兰堂，绣户雕轩文杏梁。"王维《辋川集·文杏馆》："文杏裁为梁，香茅结为宇。"于濆《田翁叹》："手植千树桑，文杏作中梁。"亦指银杏所作之屋梁。上官仪《安德山池宴集》："翠钗低舞席，文杏散歌尘。"李商隐《越燕二首》之一："卢家文杏好，试近莫愁飞。"

【文貝】　有彩色花纹之贝壳。韩愈、孟郊《秋雨联句》："枣圃落青玑，瓜畦烂文贝。"

【文告】　政府对藩镇所下的谕，以文德通告。语本《国语·周语上》。刘禹锡《平齐行二首》之一："初哀狂童袭故事，文告不来方振怒。"

【文身】　在身体上刺或涂绘花纹图案。薛逢《观竞渡》："须臾戏罢各东西，竟脱文身请书上。"柳宗元《登柳州城楼寄漳汀封连四州》："共来百越文身地，犹自音书滞一乡。"胡直钧《太常观阅骠国新乐》："转规回绣面，曲折度文身。"亦借指落后地区之风俗。王维

《送李判官赴东江》:“封章通左语,冠冕化文身。”

【文身國】 指古南越(今岭南)一带。因其地民有文身断发之俗,故称。宋之问《入泷州江》:“泣向文身国,悲看凿齿氓。”刘长卿《送独孤判官赴岭》:“遥想文身国,迎舟拜使臣。”

【文君】 即汉司马相如之妻卓文君。王勃《杂曲》:“智琼神女,来访文君。”顾况《露青竹杖歌》:“蜀帝城边子规咽,相如桥上文君绝。”罗虬《比红儿诗》之二八:“料得相如偷见面,不应琴里挑文君。”

【文君酒】 见“文君酒市”。

【文君酒市】 指汉司马相如之妻卓文君当垆酤酒之事。郑谷《蜀中三首》之一:“雪下文君沽酒市,云藏李白读书山。”齐己《送人入蜀》:“文君酒市逢初雪,满贳新沽洗旅颜。”亦作“文君酒”。李百药《少年子》:“始酌文君酒,新吹弄玉箫。”于濆《宫怨》:“临江起珠楼,不卖文君酒。”参见“文君當壚”。

【文君當壚】 指汉司马相如之妻卓文君当垆酤酒之事。见《史记·司马相如列传》。李瀚《蒙求》:“绿珠坠楼,文君当垆。”

【文武】 ❶文治与武功;文事与武事。褚亮《祭神州乐章·舒和》:“水土既调三极泰,文武毕备九区平。”钱起《送王相公赴范阳》:“安危皆报国,文武不缘名。”杜牧《感怀诗一首》:“叱起文武业,可以豁洪溟。”❷文才与武韬。王光庭《奉和圣制送张说巡边》:“贤相德符充,朝推文武雄。”韩翃《祭岳回重赠孟都督》:“自矜文武足,一醉寒溪夜。”杨巨源《重送胡大夫赴振武》:“人间文武能双捷,天下安危待一论。”黄滔《鄜畤李相公》:“生兼文武为人杰,出应乾坤静帝阍。”❸文臣武将。韦应物《骊山行》:“干戈一起文武乖,欢娱已极人事变。”张祜《元日仗》:“文武千官岁仗兵,万方同轨奏升平。”牛希济《奉诏赋蜀主降唐》:“满城文武欲朝天,不觉邻师犯塞烟。”❹指火之温缓与猛急。陆龟蒙《奉和袭美茶具十咏·茶焙》:“山谣纵高下,火候还文武。”❺周文王、周武王之连称。苏颋《奉和圣制登蒲州逍遥楼应制》:“缅怀祖宗业,相继文武图。”韦表微《池州夫子庙麟台》:“上无文武,下有定哀。”皮日休《奉和鲁望读阴符经见寄》:“自禹及文武,天机揞然弛。”

【文武火】 文火与武火。谓熬煮时所用之小而缓之火与大而急之火。王季友《酬李十六岐》:“炼丹文武火未成,卖药贩履俱逃名。”皮日休《太湖诗·以毛公泉一瓶献上谏议因寄》:“既用文武火,俄穷雌雄篇。”

【文事】 文章写作之事。耿湋《咏宣州笔》:“丹青与文事,舍此复何从?”

【文昌】 ❶星座名。即斗魁戴匡等六星,状如半月,在斗魁之前,其第四星俗称文曲星。旧以为六星下应尚书省之六都。刘禹锡《和浙西尚书闻常州杨给事制新楼因寄之作》:“文昌星象尽东来,油幕朱门次第开。”公乘亿《赋得郎官上应列宿》:“北极伫文昌,南宫晓拜郎。”❷指尚书省或尚书省之六部二十四曹。旧以为六部上应文昌宫六星。任希古《和左仆射燕公春日端居述怀》:“礼闱通政本,文昌总国均。”岑参《送李司谏归京》:“知君解起草,早去入文昌。”白居易《闻杨十二新拜省郎遥以诗贺》:“文昌新入有光辉,紫界宫墙白粉闱。”韦庄《南省伴直》:“文昌二十四仙曹,尽倚红檐种露桃。”❸宫殿名。三国魏建,在邺下(今河北临漳西),为魏都之正殿,后亦以借指皇宫正殿。宋之问《和姚给事寓直之作》:“晓河低武库,流火度文昌。”骆宾王《畴昔篇》:“挥戈出武帐,荷笔入文昌。”玄宗《送张说巡边》:“三台入武帐,八座起文昌。”卢从愿《奉和圣制送张说巡边》:“上将发文昌,中军静朔方。”

【文昌宫】 ❶宫殿名。曹魏所建,在邺下(今河北临漳西),为正大礼之殿。后亦以泛指帝王之正殿。李颀《缓歌行》:“文昌宫中赐锦衣,长安陌上退朝归。”钱起《画鹤篇》:“文昌宫近芙蓉阙,兰室絪缊香且结。”❷指尚书省。旧以文昌六星象尚书六曹,遂以文昌为尚书之美称。王维《同卢拾遗过韦给事东山别业二十韵》:“侍郎文昌宫,给事东掖垣。”权德舆《早夏青龙寺致斋凭眺感物因书十四韵》:“晓出文昌宫,憩兹青莲宇。”卢仝《月蚀诗》:“三台文昌宫,作上天纪纲。”

【文昌府】 旧时传说文昌帝掌人在簿录与文运,所居之府署称文昌府,又唐代掌科举考试之礼、吏二部属尚书省,尚书省亦称文昌台,故每以文昌府指主持科举考试之衙署。皎然《送杨遂初赴选》:“春会文昌府,思君每北看。”

【文明】 ❶指功德照临。见《书·舜典》。张说《奉和圣制赐诸州刺史应制以题坐右》:“文明遍禹迹,鳏寡达尧心。”韦应物《奉和圣制重阳日赐宴》:“玄功致海晏,锡宴表文明。”刘商《金井歌》:“文明化洽天地清,和气氤氲孕至灵。”和凝《宫词百首》之十九:“嘉瑞忽逢连理木,一时跪拜贺文明。”❷文治教化。唐思言《和主司王起》:“儒雅皆传德教行,几崇浮俗赞文明。”卢文纪《后唐宗庙乐舞辞》:“运符武德,道协文明。”汪遵《项亭》:“不修仁德合文明,天道如何拟力争?”❸谓文教昌明。储光羲《奉和韦判官献侍郎叔除河东访使》:“贱士敢知言,成颂文明代。”刘眘虚《寄阎防》:“莫叹文明日,弥年徒隐沦。”王建《送薛蔓应举》:“煌煌文明代,俱幸生此辰。”贯休《寄怀楚和尚二首》之一:“何得文明代,不为王者师。”❹谓文采熠耀。储光羲《苏十三瞻登玉泉寺峰入寺中见赠作》:“贞信发天姿,文明叶邦选。”阎济美《下第献座主张谓》:“謇谔王臣直，文明雅量全。”❺睿智明察。李咸用《送人》：“况今大朝公道，天子文明，团团月树悬青青。”

【文明殿】 唐宫殿名。在唐长安（今陕西西安）大明宫内。徐松《唐两京城坊考》卷一谓文明殿疑即宣政殿之更名。翁承赞有《文明殿受册封闽王》。

【文忠】 古代官方封给大臣的谥号。唐彦谦《咸通中始闻褚河南归葬阳翟是岁上平徐方在肆庆赏又诏八品锡其裔孙追叙风既因成二十韵》：“文忠徒谥议，子卯但箫韶。”

【文物】 ❶指礼乐典章制度等。魏征《五郊乐章·雍和》：“文物棣棣，声名济济。”李颀《送李回》：“不睹声明与文物，自伤流滞去关东。”李涉《醉中赠崔鹰》：“隋家文物今虽改，舞馆歌台基尚在。”徐铉《纳后夕侍宴》：“君臣欢乐日，文物盛明时。”❷指舆服旌旗仪仗等。宋之问《驾出长安》：“太平多扈从，文物有光辉。”张说《奉和圣制过晋阳宫应制》：“传呼大驾来，文物如云从。”杜甫《秋日荆南送石首薛明府辞满告别奉寄薛尚书颂德叙怀斐然之作》：“文物陪巡守，亲贤病拮据。”韩愈《大行皇太后挽歌词三首》之二：“威仪备吉凶，文物杂军容。”❸文士，人物。骆宾王《夕次旧吴》：“文物俄迁谢，英灵有盛衰。”

【文依上人】 广州观音院僧。南唐时人。李中有《赠海上观音院文依上人》。

【文采】 亦作“文彩”。❶美丽的花纹、色彩。寒山《诗三百三首》之一五五：“咸笑外凋零，不拎内文采。”滕潜《凤归云二首》之一：“五陵公子怜文彩，画与佳人刺绣衣。”贯休《闲居拟齐梁四首》之三：“池痕放文彩，雨气增慵堕。”❷指织出或绣出之彩色花纹。张籍《董公诗》：“公衣无文采，公食少肥浓。”李德裕《鸳鸯篇》：“金泥文彩未足珍，画作鸳鸯始堪著。”郑谷《锦二首》之一：“布素豪家定不看，若无文彩入时难。”韩常侍《寄织锦篇与薛郎中》：“锦字龙梭织锦篇，凤凰文彩间非烟。”❸指文词之华采。亦指文学才华。杜甫《莫相疑行》：“往时文彩动人主，此日饥寒趋路穷。”羊士谔《郡中端居有怀袁州王员外使君》：“恩光荣侍从，文彩应符徐。”贾岛《送汲鹏》：“文采非寻常，志愿期卓立。”罗隐《岐王宅》：“申白宾朋传道义，应刘文彩寄音徽。”

【文采風流】 见“文彩風流”。

【文朋】 文人行列。萧嵩《奉和圣制送张说上集贤学士赐宴》：“微臣亦何幸，叨此预文朋。”

【文服】 同文表。华美之衣服。元稹《酬乐天寄生衣》：“羸骨不胜纤细物，欲将文服却还君。”

【文周】 江州浔阳县南（今江西星子）人。处士。顾况有《上湖至破山赠文周萧元植》。

【文卷】 （—juàn）❶应试之文章。贾岛《送令狐绚相公》：“苦拟修文卷，重擎献匠人。”❷诗文稿卷。白居易《忆元九》：“近来文卷里，半是忆君诗。”

【文府】 文章之府库。储光羲《晚次东亭献郑州宋使君文》：“愔愔宿帝梧，侃侃居文府。”

【文法】 法制，法规。白居易《夏日独直寄萧侍御》：“宪台文法地，翰林清切司。”

【文治】 文德之治。谓以文教礼乐治世。杜牧《感怀诗一首》：“圣云继之神，神仍用文治。”又《冬至日寄小侄阿宜诗》：“朝廷用文治，大开官职场。”

【文宗陵】 即唐文宗章陵，在京兆富平县（今属陕西）。曹邺有《文宗陵》。

【文房】 ❶官府中掌管文书之部门。顾况《杂曲歌辞·乐府》：“文房开圣藻，武卫宿天营。”刘禹锡《酬令狐留守巡内至集贤院见寄》：“仙院文房隔旧宫，当时盛事尽成空。”杜牧《奉和门下相公送西川相公出镇全蜀诗十八韵》：“彤弓随武库，金印逐文房。”贯休《送卢舍人三首》之三：“君不见近代韦裴将与萧，文房书府师百僚。”❷书房。亦代指诗文写作之事。权德舆《唐开州文编远寄新赋累惠良药走笔代书聊书还答》：“昔年同旅食，终日窥文房。”皎然《春日又送潘述之扬州》：“文房旷佳士，禅室阻清盼。”元稹《答姨兄胡灵之见寄五十韵》：“笔阵戈矛合，文房栋桷撑。”温庭筠《醉歌》：“洛阳卢仝称文房，妻子脚秃舂黄粮。”

【文牀】 放置文具器物之几架。陈元光《落成会咏二首》之二：“文床堆玉笏，武座肃金签。”

【文弩】 饰有花纹之弓弩。刘禹锡《平蔡州三首》之一：“相公从容来镇抚，常侍郊迎负文弩。”

【文始真人】 即关令尹喜，尹喜号文始先生，其所著《关尹子》又名《文始真经》。吴筠有《高士咏·文始真人》。

【文若】 汉荀彧之字。李嘉祐《故燕国相公挽歌二首》之一：“文若为全德，留侯是重名。”

【文茂】 籍贯未祥。大历间人。少与邻女晁采约为夫妻，常以诗通情，采以莲子达意。后二人欢合，遂为夫妻，事见明冯梦龙《情史类略》卷三。《全唐诗》卷八〇〇晁采诗下附其诗六首。

【文英大師】 巴州曾口寺僧。齐己有《寄怀曾口寺文英大师》。

【文苑】 犹文坛，谓文学之苑圃。玄宗《春晚宴两相及礼官丽正殿学士探得风字》序：“有文苑之高才，有掖垣之良佐。”杜甫《解闷十二首》之四：“独当省署开文苑，兼泛沧浪学钓翁。”刘禹锡《吕八见寄郡内书怀因而戏和》：“文苑振金声，循良冠百城。”李群玉《薛侍御处乞靴》：“日于文苑陪高步，赢得芳尘接武名。”

【文郁上人】 台州唐兴县（今浙江天台）人。长安慈恩寺僧。贾岛有《酬慈恩文郁上人》。

【文柄】 ❶考试文士定其去取之权柄。多指知贡举。姚合《寄陕府内兄郭冏端公》:“相府执文柄,念其心专精。”裴翻《和主司王起》:“文柄久持殊岁纪,恩门三启动寰瀛。”刘驾《送人登第东归》:“我皇追古风,文柄付大贤。”孙偓《答门生王涣李德邻长句》:“谬持文柄得时贤,粉署清华次第迁。”❷喻指品评诗文之权威。皮日休《七爱诗·白太傅》:“所望标文柄,所希持化权。”

【文軌】 文字与车轨。语本《礼记·中庸》。后遂以文轨同借指国家统一。权德舆《朔旦冬至摄职南郊因书即事》:“文轨尽同尧历象,斋祠忝备汉公卿。”

【文彧】 萧彧。字少卿。见《全唐诗》小传。徐铉有《文彧少卿文山郎中交好深至二纪已余暌别数年二子长逝留题此诗》。

【文貞公】 ❶即魏征。征谥曰“文贞”。见《全唐诗》卷三十一小传。杜牧有《过魏文贞公宅》。陈彦博、裴大章分别有《恩赐魏文贞公诸孙旧第以导直臣》。❷即张说。说卒,赠谥曰“文贞”。见《旧唐书》本传。孔逖有《故右丞相赠太师燕文贞公挽词二首》。按《新唐书》本传及《旧唐书·玄宗纪上》均作“左丞相”,题中“右”字恐误。

【文星】 即文曲星。文昌宫六星中之第四星。旧以为主文运。故亦以喻指文才杰出之人。杜甫《宴胡侍御书堂》:“今夜文星动,吾侪醉不归。”严维《余姚祇役奉简鲍参军》:“歌诗盛赋文星动,箫管新亭晦日游。”章孝标《蜀中上王尚书》:“梓桐花幕碧云浮,天许文星寄上头。”殷文圭《省试夜投献座主》:“混沌分来融间气,欃松灭处炫文星。”

【文昭武穆】 指宗庙之位次。始祖庙以下,父子递为昭穆。周文王于周为穆,其子武王则为昭,故称。后泛指宗庙顺次。玄宗《春晚宴两相及礼官丽正殿学士探得风字》序:“乃命礼官,考制度,稽典则,序文昭武穆,享天地神祇。”

【文思】 ❶指帝王之才能道德,语本《书·尧典》。陆敬《游隋故都》:“舞象文思泽,偃伯武功宣。”褚秀《奉和圣制送张说上集贤帝士赐宴》:“文思光万宇,高议待升中。”杜甫《收京三首》之二:“羽翼怀商老,文思忆帝尧。”杜牧《咏歌圣德因题关亭长句四韵》:“圣敬文思业太平,海寰天下唱歌行。”❷文章之思想意蕴。白居易《题浔阳楼》:“常爱陶彭泽,文思何高玄!”❸诗文创作之构思、思路。贾岛《送卢秀才游潞府》:“边日寡文思,送君吟月华。”又《送饶州张使君》:“道心生向前朝寺,文思来因静夜楼。”

【文思天子】 即宣宗。宣宗大中二年(848)上尊号曰圣敬文忠和武光孝皇帝。杜牧《奉和白相公圣德和平致兹休运岁终功就合咏盛明呈上三相公长句四韵》:“黠戛可汗修职贡,文思天子复河湟。”

【文虹】 彩虹。崔知贤《三月三日宴王明府山亭》序:“浮梁雾绝,写川态于文虹。”

【文囿】 文苑,诗文园地。太宗《咏司马彪续汉志》:“文囿雕奇彩,艺门蕴深致。”温庭筠《病中书怀呈友人》:“文囿陪多士,神州试大巫。”

【文竿】 以翠羽为文饰之竿。可用以招禽鸟。陆龟蒙《奉酬袭美苦雨四声重寄三十二句·平声》:“床前垂文竿,巢边登轻舟。”

【文侯】 即战国魏文侯。周昙《咏史诗·春秋战国门·魏文侯》:“文侯不是贪禽者,示信将为教化先。”

【文侯恐卧】 指战国魏文侯所听古乐而唯恐瞌睡之事。见《礼记·乐记》。元稹《和李校书新题乐府十二首·立部伎》:“浊滞难令季札辨,迟回但恐文侯卧。”

【文侯擁篲】 指战国魏文侯师事卜商,为之恭敬持帚扫地之事。见《文选·阮籍〈诣蒋公奏记〉》。杜甫《八哀诗·赠秘书监江夏李公邕》:“几分汉廷竹,夙拥文侯篲。”

【文皇】 即太宗。太宗谥曰文皇帝。李白《永王东巡歌十一首》之九:“我王楼舰轻秦汉,却似文皇欲渡辽。”权德舆《仲秋朝拜昭陵》:“文皇昔潜耀,随季自颠覆。”罗隐《中元甲子以辛丑驾幸蜀四首》之四:“静怜贵族谋身易,危惜文皇创业难。”

【文皇帝】 ❶即汉孝文帝。鲍溶《倚瑟行》:“左文皇帝右慎姬,北面侍臣张释之。”❷即文宗。杜牧《昔事文皇帝三十二韵》:“昔事文皇帝,叨官在谏垣。”

【文律】 诗文声律。亦代指诗文。杜甫《哭韦大夫之晋》:“丈人叨礼数,文律早周旋。”权德舆《离合诗赠张监阁老》:“交情剧断金,文律每招寻。”陆龟蒙《记事》:“吴兴郑太守,文律颇清壮。”

【文風】 文德教化之风。韦庄《和郑拾遗秋日感事一百韵》:“文风销剑楯,礼物换旂裳。”

【文彦】 才俊之士。韩愈、孟郊《城南联句》:“祥色被文彦,良才插杉栝。”

【文帝】 ❶即汉文帝。白居易《新乐府·八骏图》:“文帝却之不肯乘,千里马去汉道兴。”胡曾《咏史诗·细柳营》:“文帝銮舆劳北征,条侯此地整严兵。”❷即太宗。太宗谥文皇帝。吴融《过九成宫》:“魏公碑字封苍藓,文帝泉声落野田。”❸即文宗。李嘉祐《离平泉马上作》:“文帝宠深陪雉尾,武皇恩厚宴龙津。”

【文宣】 同“文宣王”。吴筠《高士咏·楚狂接舆夫妻》:“凤歌诫文宣,龙德遂隐密。”

【文宣王】　即孔子。神龙元年(705),追谥曰文宣。开元二十七年(739),追谥曰文宣王。见《唐会要》卷三五、《旧唐书·礼仪志四》。元稹《人道短》:“殁后千余载,唐家天子封作文宣王。”姚合《赠卢沙弥小师》:“我师文宣王,立教垂书诗。”《郊庙歌辞》有《释奠文宣王乐章》。

【文宣王廟】　即孔子庙,各地均有。杜甫有《题衡山县文宣王庙新学堂呈陆宰》。刘禹锡有《和李六侍御文宣王庙释奠作》。罗隐有《谒文宣王庙》。

【文客】　文友;文人墨客。薛据《题丹阳陶司马厅壁》:“唯余好文客,时得咏幽兰。”韩愈《叉鱼招张功曹》:“文客惊先赋,篙工喜尽谣。”豆卢荣《赋得春风扇微和》:“文客拂尘衣,仁风愿回扇。”白居易《偶宴有怀》:“遇兴寻文客,因欢命酒徒。”

【文祖】　❶帝尧始祖之庙。后亦泛指太庙。权德舆《德宗神武孝文皇帝挽歌词三首》之一:“纂业光文祖,贻谋属孝孙。”❷指周文王。见《书·洛诰》。张九龄《奉和圣制次成皋先圣擒建德之所》:“翦商自文祖,夷项在兹山。”又用以称圣主。独孤及《季冬自嵩山赴洛道中作》:“三微复正统,五玉归文祖。”

【文馬】　毛色有文彩之马。包佶《奉和常阁老晚秋集贤院即事寄赠徐薛二侍郎》:“疏钟文马驻,繁叶彩禽栖。”

【文珪】　雕有花纹之玉。元稹《梦游春七十韵》:“美玉琢文珪,良金填武库。”

【文珮】　雕有花纹之玉。亦代指系玉珮之人。太宗《春日登陕州城楼俯眺原野即目川岫聊以命篇》。

【文草】　诗文草稿。陆龟蒙《秋赋有期因寄袭美》:“文草病来犹满箧,药苗衰后即离山。”

【文茵】　虎皮坐褥,兽皮坐褥。元稹《酬乐天早春闲游西湖》:“柳条黄大带,茭葑绿文茵。”白居易《题周皓大夫新亭子二十二韵》:“侍儿催画烛,醉客吐文茵。”徐夤《题僧壁》:“绀发青螺长,文茵紫豹重。”

【文恭太子】　即文敬太子。宋人避讳改。陈京、张荐、崔邠、许孟容均有《享文恭太子庙乐章》,冯伉有《享文恭太子庙乐章二首》。

【文哲】　❶文才。许孟容《答权载之离合诗》:“史才司秘府,文哲今超古。”❷有文才之人,文坛贤哲。李谅《湘中纪行》:“鹤岭访胎仙,□亭仰文哲。”

【文格】　文章之风格。于頔《郡斋卧疾赠昼上人》:“夙陪翰墨徒,深论穷文格。”

【文軒】　彩饰之长廊。吴少微《相和歌辞·怨歌行》:“绮窗虫网氛尘色,文轩莺对桃李颜。”

【文殊】　菩萨名。梵语“文殊师利”之简称。义译为妙德、妙吉祥。与善贤侍于佛左右。顾况《归阳萧寺有丁行者能修无生忍担水施僧况归命稽首作诗》:“左右二菩萨,文殊并普贤。”李群玉有《规公业在净名得甚深义仆近获顾长康月宫真影对戴安道所画文殊走笔此篇以屈瞻礼》。

【文殊问疾】　指文殊到维摩诘之处探疾之事。见《维摩诘所说经·文殊师利问疾品》。后因用为探病故实。元稹《酬孝甫见赠十首》之八:“巷南唯有陈居士,时学文殊一问来。”

【文圃】　文苑,文学园地。韦丹《思归寄东林澈上人》序:“澈公近以匡庐七咏见寄,及今咏之,皆丽绝于文圃也。”

【文翁】　汉庐江舒(今安徽庐江西南)人。少好学,通《春秋》。事迹见《汉书·循吏传》。王维《送梓州李使君》:“文翁翻教授,不敢倚先贤。”羊士谔《书楼怀古》:“何独文翁化,风流与代深。”薛能《送崔学士赴东川》:“文翁劝学人应恋,魏绛和戎戍自休。”

【文翁石室】　汉文翁所立学堂藏书之处,在今成都大城南。后世用以祠文翁,有文翁石像。裴铏《题文翁石室》:“文翁石室有仪形,庠序千秋播德馨。”参见“文翁講堂”。

【文翁興學】　指汉蜀郡太守文翁起学舍办学之事。见《汉书·循吏·文翁传》。李瀚《蒙求》:“龚遂劝农,文翁兴学。”

【文翁講堂】　汉文翁所立学堂。在今成都大城南。见晋常璩《华阳国志·蜀志》。又见李吉甫《元和郡县图志》卷三一。卢照邻有《文翁讲堂》。

【文記】　犹文奏。元稹《元和五年罚俸西归与吴端公崔院长思怆彝游因投五十韵》:“餐罢还复游,过从上文记。”

【文益】　(885－958)僧人。俗姓鲁,杭州余杭(今属浙江)人。事迹见《宋高僧传》卷十三、《十国春秋》本传。《全唐诗》卷八二五录其诗一首。

【文酒】　赋诗论文以助兴之饮宴。令狐德棻《冬日宴于庶子宅各赋一字得趣》:“放旷山水情,留连文酒趣。”崔翘《郑郎中山亭》:“无劳置驿骑,文酒可相求。”刘禹锡《自左冯归洛下酬乐天兼呈裴令公》:“更接东山文酒会,始知江左未风流。”李群玉有《将之吴越留别坐中文酒诸侣》。

【文浩】　唯识宗僧。善讲《百法论》。所住之寺未详。齐己有《寄文浩百法》。

【文海】　喻指文章领域之浩瀚如海。陈陶《赠江南从事张侍郎》:“几处谈天致云雨,早时文海得鲸鳌。”

【文流】　文士之流。周贺《春日山居寄友人》:“除忆文流外,何人更可言?”

【文宴】　文人赋诗助兴之宴饮。皮日休《秋夕文宴得遥字》:“啼蛩衰叶共萧萧,文宴无喧夜转遥。”陆龟蒙有《秋夕文宴》《寒夜文宴得惊字》。

【文案】　文书案牍。顾况《寄上兵部韩侍郎奉呈李户部卢刑部杜三侍郎》:“身在薜萝中,头刺文案边。”王建《昭应官舍》:“文案把来看未会,虽书一字甚惭颜。”姚合《酬卢汀谏议》:“篇什纵横文案少,亲朋撩乱吏人闲。”无名氏《五言诗》之六(外编下):“当官自慷懒,不勤判文案。”

【文書】　❶公文,案卷。王维《同比部杨员外十五夜游有怀静者季》:“承明少休沐,建礼省文书。”杨巨源《早春即事呈刘员外》:“且任文书堆案上,免令杯酒负花时。”元稹《使东川·望喜驿》:“满眼文书堆案边,眼昏偷得暂时眠。”白居易《新乐府·卖炭翁》:“黄衣使者白衫儿,手把文书口称敕。”❷书籍,诗文。韦蟾《岳麓道林寺》:“北方部落檀香塑,西国文书贝叶写。”花蕊夫人徐氏《宫词》之八六:“独自凭阑无一事,水风凉处读文书。”

【文姬】　汉蔡琰之字。卢照邻《琴曲歌辞·明月引》:“文姬绝域,侍子他乡。”刘长卿《鄂渚听杜别驾弹胡琴》:“文姬留此曲,千载一知音。”舒元舆《赠李翱》:“谁是蔡邕琴酒客,魏公怀旧嫁文姬。”

【文陣】　文学之营垒、阵地。张贲《奉和袭美醉中即席见赠次韵》:“文阵已推忠信甲,穷波犹认孝廉船。”罗隐《寄崔庆孙》:“文阵解围才昨日,醉乡分袂已三年。”齐己《谢贯微上人寄示古风今体四轴》:“不知谁肯降文阵,阉点旌旗敌子房。”

【文陛】　指皇宫阶陛,以其饰有花纹,故称。杜牧《华清宫三十韵》:“钩陈裹岩谷,文陛压青苍。”亦代指皇宫。翁承赞《奉使封闽王归京洛》:“客程回首瞻文陛,驿路乘轺忆故乡。”

【文理】　❶文教,礼仪。杜牧《洛中送冀处士东游》:“武事何骏壮,文理何优柔。”张乔《隐岩陪郑少师夜坐》:“衣冠与文理,静语对前朝。”❷纹理;水纹。李贺《北中寒》:“三尺木皮断文理,百石强车上河水。”陆龟蒙《二遗诗》序:“中饶古松,往往化而为石,盘根大柯,文理曲折。”

【文教】　(—jiào)礼乐制度;文章教化。刘升《奉和圣制送张说上集贤学士赐宴》:“幸逢文教盛,还睹颂声新。”皇甫冉《送归中丞使新罗》:“异俗知文教,通儒有令名。”朱庆余《送浙东陆中丞》:“坐将文教镇藩维,花满东南圣主知。”吴融《风雨吟》:“又岂忧文臣尽遭束高阁,文教从今日萧索。”

【文教主】　(教 jiào)文章教化之主。指执掌文柄之人。黄颇《和主司王起》:“二十二年文教主,三千上士满皇州。”

【文梓】　有纹理之梓树。为上等木材。刘禹锡《伤秦姝行》:“青牛文梓赤金簧,玫瑰宝柱秋雁行。”

【文彩】　见“文采”。

【文彩風流】　亦作“文采鳳流”。指出众的才华神采。杜甫《丹青引赠曹将军霸》:“英雄割据虽已矣,文彩风流犹尚存。”薛涛《赠段校书》:“玄成莫便骄名誉,文采风流定不如。”

【文魚】　鲤鱼,金鱼,亦泛指有彩纹之鱼。崔知贤《三月三日宴王明府山亭》:“花飘粉蝶,藻跃文鱼。”顾况《芙蓉榭》:“文鱼翻乱叶,翠羽上危栏。”元稹《桐花》:“丹凤巢阿阁,文鱼游碧浔。”花蕊夫人徐氏《宫词》之一一七:“嫩荷香扑钓鱼亭,水面文鱼作队行。”

【文章】　❶花纹;彩色。陈子昂《鸳鸯篇》:“文章负奇色,和鸣多好音。”杜甫《古柏行》:“不露文章世已惊,未辞剪伐谁能送。”白居易《新乐府·缭绫》:“中有文章又奇绝,地铺白烟花簇雪。”李郢《伤贾岛无可》:“何人收得文章箧,独我来经苔藓房。”❷文学法度。宋鼎《赠张丞相》:“郡挹文章美,人怀燮理余。”❸服饰。贯休《古意九首》之三:“文章深掣曳,珂珮鸣丁当。”亦指锦缎等有彩色花纹之织品。陈陶《蜀葵咏》:“南邻荡子妇无赖,锦机春夜成文章。”❹成篇之文字作品。韦述《广陵送别宋员外佐越郑舍人还京》:“文章南渡越,书奏北归朝。”李白《宣州谢朓楼饯别校书叔云》:“蓬莱文章建安骨,中间小谢又清发。”韩愈《赠贾岛》:“天恐文章浑断绝,更生贾岛著人间。”刘兼《寄高书记》:“声价五侯争辟命,文章一代振风骚。”亦指文才。韩愈《此日足可惜赠张籍》:“自矜有所得,言子有文章。”

【文章主】　文章宗主。刘禹锡《酬令狐相公早秋见寄》:“今日文章主,梁王不姓刘。”

【文章伯】　对文章巨匠之尊称。杜甫《戏赠阌乡秦少公短歌》:“同心不减骨肉亲,每语见许文章伯。”卢纶《和陈翃郎中拜本府少尹献上侍中》:“三千士里文章伯,四十年来锦绣衣。”

【文章國】　礼教之邦。张说《再使蜀道》:“如何别亲爱,坐去文章国?”

【文章憎命达】　谓文章佳者命运多不通达。杜甫《天末怀李白》:“文章憎命达,魑魅喜人过。”

【文部】　指尚书省之吏部。天宝十一载(752)正月,改吏部为文部。贾至有《自蜀奉册命往朔方途中呈韦左相文部房尚书门下崔侍郎》。

【文袿】　有文彩之长襦。权德舆《杂诗五首》之四:“文袿映束素,香黛宜曚绿。”

【文強】　汉黄香之字。乔知之《和苏员外寓直》:“从来宿台上,天子贵文强。”李憕《和户部杨员外伯成寓直》:“遥知台上宿,不独有文强。”寇坦《同张少府和库狄员外夏晚初霁南省寓直时充节度判官之作》:“少孺嘉能赋,文强阅赐书。”

【文通】　南朝梁江淹之字。刘友贤《晦日重宴高氏林亭》："欲向文通径，先游武子家。"陆龟蒙《和袭美寒日书斋即事三首每篇各用一韵》："已上星津八月槎，文通犹自学丹砂。"自注："江文通有《丹砂可学赋》。"

【文通毫管】　见"文通夢"。

【文通夢】　亦作"文通毫管"。江淹梦见郭璞索还所赠之笔，从此江诗无佳句。见《南史·江淹传》。后遂以为咏文思枯竭之典。周朴《谢友人惠笺纸并笔》："宵征觉有文通梦，日习惭无子谅篇。"徐夤《梦》："文通毫管醒来异，武帝蘅芜觉后香。"

【文堯】　翁承赞之字。黄滔有《奉和文尧对庭前千叶石榴》。

【文華】　❶文采。沈佺期《和户部岑尚书参迹枢揆》："理识当朝远，文华振古希。"刘得仁《上翰林丁学士》："官自文华重，恩因顾问生。"❷文学才华。韩愈《送郑十校理得洛字》："才子富文华，校雠天禄阁。"❸文章精华。韦应物《寄皎然上人》："茂苑文华地，流水古僧居。"

【文場】　❶犹文苑、文坛。崔融《登东阳沈隐侯八咏楼》："粤余忝藩左，束发事文场。"杜甫《遣闷》："时清疑武略，世乱踞文场。"张籍《哭胡十八遇》："文场继续成三代，家族辉华在一身。"陆龟蒙《袭美先辈以龟蒙所献五百言见和再抒鄙怀用伸酬谢》："手持一白旄，直向文场麾。"❷科举考场。韦应物《送章八元秀才擢第往上都应制》："决胜文场战已酣，行应辟命复才堪。"白居易《醉后走笔酬刘五主簿长句之赠》："齐入文场同苦战，五人十载九登科。"王仁裕《贺王溥入相》："一战文场拔赵旗，便调金鼎佐无为。"

【文喜】　唐末湖南僧。与虚中同时，有诗名。事迹略见《十国春秋·虚中传》。《全唐诗续补遗》卷十八录其诗一联。

【文惠宫人】　南朝齐文惠太子萧懋宫女，名未详。见《梁书·沈约传》。又见《南史·沈约传》。唐彦谦《文惠宫人》："认得前家令，宫人泪满裾。不知梁佐命，全是沈尚书。"

【文戟】　画戟。薛克构《奉和展礼岱宗涂经濮济》："画裳晨应月，文戟曙分星。"

【文雄】　文豪。文苑之杰出者。张九龄《送苏主簿赴偃师》："我与文雄别，胡然邑吏归。"陈子昂《晦日重宴高氏林亭》序："鸾凤锵锵，自有文雄之客。"贺知章《奉和圣制送张说巡边》："选车命元宰，授律取文雄。"

【文雅】　❶指礼乐教化。郑愔《夜游曲》："汉室欢娱盛，魏国文雅遒。"杜甫《题柏大兄弟山居屋壁二首》之一："山居精典籍，文雅涉风骚。"孟郊《送任载齐古二秀才自洞庭游宣城》："宣城文雅地，谢守声闻融。"徐铉《哭刑部侍郎乔公诗》："举世重文雅，大君更质真。"❷谓言谈举止雅正不俗，有礼仪。弓嗣初《晦日宴高氏林亭》："高才盛文雅，逸兴满烟霞。"杜甫《八哀诗·赠太子太师汝阳郡王琎》："宛彼汉中郡，文雅见天伦。"耿沣《宣城逢张二南史》："全家宛陵客，文雅世难逢。"罗隐《送蕲州裴员外》："两晋家声须有主，六朝文雅别无人。"❸指高雅不俗的情致、思绪。钱起《奉和杜相公移长兴宅奉呈元相公》："兴来文雅振，清韵掷双金。"顾况《酬本部韦左司》："文雅一何盛，林塘含余清。"

【文景】　❶汉文帝、景帝之连称。二帝均以治闻于世。陆龟蒙《袭美先辈以龟蒙所献五百言既蒙见和复示荣唱至于千字提将之重蔑有称实再抒鄙怀用伸酬谢》："及汉文景后，鸿生方鋠掜。"罗邺《帝里》："只合咏歌来大国，况逢文景化惟新。"❷指唐宣宗。见《旧唐书·宣宗纪》。贯休《赠轩辕先生》："曾亲文景上金銮，语共容城语一般。"

【文筆】　写作之笔。多代指文词或文章之笔力。杜甫《别李义》："子建文笔壮，河间经术存。"刘禹锡《平齐行二首》之二："侍臣燕公秉文笔，玉检告天无愧词。"白居易《狂言示诸侄》："世欺不识字，我忝攻文笔。"

【文集】　汇编多篇作品而成之书。白居易《读邓鲂诗》："尘架多文集，偶取一卷披。"杜荀鹤《哭友人》："惟余旧文集，一览一沾巾。"齐己《寄哭西川坛长广济大师》："文集编金在，碑铭刻玉新。"

【文禽】　羽毛艳丽之禽鸟。权德舆《杂言和常州李员外副使春日戏题十首》之四："芳树交柯，文禽并飞。"

【文詞】　文章；词句。李嘉祐《访韩司空不遇》："图画风流似长康，文词体格效陈王。"白居易《送蕲春李十九使君赴郡》："可怜官职好文词，五十专城未是迟。"姚合《过张邯郸庄》："时清士人闲，耕作唯文词。"罗隐《钱塘遇默师忆润州旧游》："扪苔想豪杰，剔藓看文词。"

【文焰】　文火。道家炼丹常用文武火。孟郊《访嵩阳道士不遇》："先生五兵游，文焰藏金鼎。"

【文流】　文人之流。周贺《春日山居寄友人》："除忆文流外，何人更可言？"

【文窗】　镂刻花纹或有彩饰窗。王勃《临高台》："复有青楼大道中，绣户文窗雕绮栊。"元稹《连昌宫词》："舞榭欹倾基尚在，文窗窈窕纱犹绿。"

【文犀】　有花纹之犀牛角。储光羲《述韦昭应画犀牛》："遐方献文犀，万里随南金。"郑锡《度关山》："象弭插文犀，鱼肠莹鹛鹈。"刘复《杂曲》："宝剑饰文犀，当风似切泥。”

【文疏】 祷告上天的祝文。寒山《诗三百三首》之二三二：“供僧读文疏，空是鬼神禄。”

【文陴】 文阵之城墙。陴，城墙之女墙。旧以登文陴谓在文坛较量中克敌制胜。陆龟蒙《袭美先辈以龟蒙所献五百言既蒙见和复示荣唱再抒鄙怀用伸酬谢》：“希君念余勇，挽袖登文陴。”

【文葆】 有花纹的小儿包被。葆，襁褓。李商隐《骄儿诗》：“文葆未周晬，固已知六七。”

【文敬太子】 即李谅。顺宗之子，德宗爱之，养为子。贞元十五年(799)卒，赠文敬太子。权德舆有《赠文敬太子庙时享退文舞迎武舞乐章》。

【文聘】 字仲业。汉南阳宛(今河南南阳)人。为刘表大将。事迹见《三国志·魏志》本传。罗隐《投寄韦右丞》：“赤壁征文聘，中台拜郄诜。”

【文楸】 指棋盘。因多以楸木绘制而成，故名。温庭筠《谢公墅歌》：“文楸方罫花参差，心阵未成星满池。”赵光远《咏手二首》之二：“象床珍簟宫棋处，拈定文楸占角边。”

【文業】 文章之事，文学事业。张祜《戊午年感事书怀二百韵谨寄献太原裴令公宣武李尚书》：“文业臻曹植，军书到谢玄。”

【文暢】 南朝柳恽之字。皎然《读张曲江集》：“逸荡子山匹，经奇文畅俦。”

【文暢人】 吴人。为江南僧。吕温、白居易有《送文畅人东游》。亦作“文畅师”。韩愈有《送文畅师北游》。

【文暢師】 见“文畅人”。

【文盟】 犹文坛、文苑。李商隐《五言述德诗献上杜七兄仆射相公》：“武乡传阵法，践土主文盟。”

【文園】 ❶即孝文园。汉文帝之陵园。温庭筠《秋日旅舍寄义山李侍御》：“子虚何处堪消渴，试向文园问长卿。”亦泛指陵园。皇甫冉《故齐王赠承天皇帝挽歌》：“旧居从代邸，新陇入文园。”钱起《赴章陵酬李卿赠别》：“芳草文园路，春愁满别心。”❷指汉司马相如。相如曾任孝文园令。杜甫《赠李八秘书别三十韵》：“文园多病后，中散旧交疏。”刘禹锡《咏古二首有所寄》：“金屋容色在，文园词赋新。”徐夤《纸帐》：“几笑文园四壁空，避寒深入剡藤中。”

【文$_2$過】 掩饰过错。贯休《续姚梁公坐右铭》：“非莫非于饰非，过莫过于文过。”

【文會】 文人赋诗论文之聚会或饮宴。骆宾王《畴昔篇》：“涂山执玉应昌期，曲水开襟重文会。”孟浩然《宴张记室宅》：“家封汉阳郡，文会楚材过。”李群玉《寄长沙许侍御》：“三年文会许追随，和遍南朝杂体诗。”韩偓《感事三十四韵》：“江总参文会，陈暄侍狎筵。”

【文會上人】 杭州富阳僧。与皎然有交往。皎然有《送文会上人还富阳》。

【文道】 文治之道。韩愈《燕河南府秀才得生字》：“文人得其职，文道当大行。”方干《上杭州姚郎中》：“借问公方与文道，而今中夏更传谁?”

【文經】 犹文事，文治。与“武功”“武略”相对。李适《元日退朝观军仗归营》：“顺时倾宴赏，亦以助文经。”牛僧儒《享太庙乐章·和宁舞》：“武烈文经，敷施当宜。”

【文經武緯】 经世治国之文治武功、文才武略。贯休《寿春节进大蜀皇帝五首》之一：“文经武纬包三古，日角龙颜遏四夷。”

【文臺】 三国吴孙坚之字。孙元晏《咏史诗·吴·孙坚后》：“委存张公翊圣材，几将贤德赞文台。”

【文種】 春秋楚郢(今湖北江陵)人。字少禽，一作子禽。楚平王时为宛县令。事迹见《国语·越语下》《史记·越王勾践世家》《吴越春秋·勾践伐吴外传》。吴筠《览古十四首》之五：“子胥烹吴鼎，文种断越铍。”元稹《酬郑从事四年九月宴望海亭次用旧韵》：“嵌空古墓失文种，突兀怪石疑防风。”

【文德皇后】 (601—636)姓长孙氏。河南洛阳(今属河南)人。武德元年(618)册为秦王妃。九年册拜为皇太子妃。同年八月，太宗即位，立为皇后。卒，谥曰文德。事迹见新旧《唐书·后妃传上》《全唐诗》卷五录其诗一首。

【文狸】 有文彩之狸猫。李颀《二妃庙送裴侍御使桂阳》：“回云迎赤豹，骤雨飒文狸。”

【文漪】 错综之水波纹。卢照邻《凌晨》：“兰襟帐北壑，玉匣鼓文漪。”

【文綺】 有文彩之丝织品。李峤《席》：“伫将文绮色，舒卷帝王宫。”

【文樞】 文章之机枢。张祜《投宛陵裴尚书二十韵》：“五兵森武库，百氏秘文枢。”

【文輝】 文章之光辉。韦渠牟《赠窦五判官》：“文辉锦彩珠垂露，逸兴江天绮散霞。”

【文賦】 ❶文章与赋。李咸用《和友人喜相遇十首》之一：“为儒自愧已多年，文赋歌诗路不专。”卢延让《苦吟》：“不同文赋易，为著者之乎。”亦泛指诗文作品。崔璐《览皮先辈盛制因作十韵以寄》：“勇果鲁仲由，文赋蜀相如。”齐己《与杨秀才话别》：“因思学文赋，不胜弄干戈。”❷即赋。于渍《巫山高》：“自垂文赋名，荒淫归楚襄。”❸篇名。晋陆执作。以赋之形式阐述文章作法之理论。杜甫《醉歌行》：“陆机二十作文赋，汝更小年能缀文。”李商隐《赠孙绮新及第》：“陆机始拟夸文赋，不觉云间有士龙。”

【文墨】 ❶借指文章词赋之类。亦指写作。孟浩然《南归阻雪》:“少年弄文墨,属意在章句。”刘长卿《对雨赠济阴马少府兼献南华二兄》:“笑语和风骚,雍容事文墨。”白居易《和渭北刘大夫借便秋遮虏寄朝中亲友》:“韬钤汉上将,文墨鲁诸生。”❷刑律文书,狱讼案牍。崔颢《结定襄郡狱效陶体》:“谤书盈几案,文墨相填委。”韦应物《谢栎阳令归西郊赠别诸友生》:“结发仕州县,蹉跎在文墨。”刘禹锡《始至云安寄兵部韩侍郎中书白舍人》:“铜符一以合,文墨纷来萦。”

【文墨曹】 掌起草诏书之官署。唐为中书省。许孟容《答权载之离合诗》:“亦有擅风骚,六联文墨曹。”

【文墨职】 掌起草诏书策命官职。唐多指中书舍人、知制诰。权德舆《和九华观见怀贡院八韵》:“滞兹文墨职,坐与琴觞违。”

【文舞】 雅乐舞蹈之一。古代“六舞”中之《云门》《咸池》《大诏》《大夏》等均属文舞。后多用于郊庙祭祀。张说有《唐享太庙乐章·文舞》。

【文稿】 诗文之底稿。韩偓《无题》序:“文稿咸弃,更无孑遗。”

【文篇】 诗文。韩愈《送灵师》:“少小涉书史,早能缀文篇。”方干《寄灵武胡常侍》:“自从忠谠承天眷,更用文篇续国风。”

【文質】 ❶文华与质朴。李峤《扈从还洛呈侍从群官》:“施恩浃寰宇,展义该文质。”❷指文章内容与形式。李白《古风》之一:“文质相炳焕,众星罗秋旻。”

【文質彬彬】 质朴与文华二者配合适中貌,语本《论语·雍也》。杨炯《和刘长史答十九兄》:“风标自落落,文质且彬彬。”上官昭容《游长宁公主流杯池二十五首》之五:“枝条郁郁,文质彬彬。”元稹《代曲江老人百韵》:“班行容济济,文质道彬彬。”《二贺诗》(卷八七六):“学行可师贺德基,文质彬彬贺德仁。”

【文價】 文章之声价。殷文圭《览陆龟蒙旧集》:“先生文价沸三吴,白雪千编酒一壶。”

【文魄】 犹文思。孟郊《送郑仆射出节山南》:“文魄既飞越,宦情唯等闲。”

【文鋒】 ❶文章之锋芒。喻指犀利之文笔。刘长卿《洛阳主簿叔承恩赴选伏辞一首》:“器宇溟渤宽,文锋镆铘利。”李敬伯《奉陪段相公晚夏登张仪楼》:“文锋摧八阵,星分应三台。”顾云《池阳醉歌赠匡庐姚岩杰》:“文锋斡破造化窟,心刃掘出兴亡根。”❷光芒闪耀之利剑。窦庠《于阗钟歌送灵彻上人归越》:“手提文锋百炼成,恐制此钟无一声。”

【文德】 ❶文治;礼乐教化。与“武功”相对。玄宗《平胡》:“武功今已立,文德愧前王。”元结《二风诗·治风诗五篇·至理》:“理何为兮?系修文德,加之清一,莫不顺则。”吕温《顺宗至德大圣大安孝皇帝挽歌词三首》之一:“尧功终有待,文德本无忧。”❷唐僖宗之年号(888)。吴融有《文德初闻车驾东游》。

【文衛】 指仪仗警卫。杨思玄《奉和圣制过温汤》:“风威肃文卫,日彩镜雕舆。”宋之问《扈从登封告成颂应制》:“文卫严清跸,幽仙读宝符。”元稹《恭王故太妃挽歌词二首》之二:“文卫罗新圹,仙娥掩暝山。”

【文魮】 鱼名。鸟首鱼尾,音如磬。见《文选·郭璞〈江赋〉》。曹松《南海》:“文魮隔雾朝含碧,老蚌凌波夜吐丹。”

【文履】 饰有文彩之鞋。元稹《会真诗三十韵》:“珠莹光文履,花明隐绣栊。”

【文練】 有花纹之熟丝织品。乔知之《从军行》:“曲房理针线,平砧捣衣练。”亦指白绢,用以喻月光。杜甫《湖城东遇孟云卿宴饮散因为醉歌》:“照室红炉促曙光,萦窗素月垂文练。”

【文壇】 文苑,文学界。陆龟蒙《奉酬袭美先辈吴中苦雨一百韵》:“文坛如命将,可以持玉钺。”

【文燕】 文宴。文人赋诗论文之宴饮。燕通“宴”。郑璧有《文燕润卿不至》。

【文翰】 文笔。代指文章,文词。杜甫《送顾八分文学适洪吉州》:“高歌卿相宅,文翰飞省寺。”韦应物《朝请后还邑寄诸友生》:“樽酒且欢乐,文翰亦纵横。”李端《长安感事呈卢纶》:“十五事文翰,大儿轻孔融。”罗隐《南康道中》:“弱冠负文翰,此中听鹿鸣。”

【文螭】 有文彩之螭龙。王维《赠李颀》:“文螭从赤豹,万里方一息。”又《辋川集·金屑泉》:“翠凤翊文螭,羽节朝玉帝。”

【文戰】 指科举考试。方干《送喻坦之下第还江东》:“文战偶未胜,无令移壮心。”罗邺《自蜀入关》:“文战连输未息机,束书携剑定前非。”吴商浩《宿山驿》:“文战何堪功未图,又驱羸马指天衢。”

【文鴦】 即三国魏文钦之子俶。俶小名鸯。为将军。后用以指武将。李贺《谢秀才有妾缟练改从于人秀才引留之不得后生感忆座人制诗嘲谢贺复继四首》之四:“寻常轻宋玉,今日嫁文鸯。”

【文學】 ❶文与学。谓文章与典籍。和德行、言语、政事并称为孔门四科。萧颖士《江有归舟三章》序:“学也者……所务乎宪章典法,膏腴德义而已;文也者……所务乎激扬雅训、彰宣事实而已。众之言文学者或不然。”清江《月夜有怀黄端公》:“四科弟子称文学,五马诸侯是绣衣。”参阅《论语·先进》。❷儒学。殷少野《送萧颖士赴东府得散字》:“文学鲁仲民,高标嵇中散。”邵谒《送徐群宰望江》:“古人力文学,所务安疲甿。”❸泛指文章诗赋经籍。韩愈《刘生诗》:“天星回环数才周,文学穰穰囷仓稠。”李潜《和主司王起》："文学宗师心秤平，无私三用佐贞明。"黄滔《省试一一吹竽》："以此论文学，终凭一一窥。"❹指诗文创作。卢照邻《同崔录事哭郑员外》："文学秋天远，郎官星位尊。"张说《药园宴武辂沙将军赋得洛字》："文学引邹枚，歌钟陈卫霍。"唐彦谦《寄台省知己》："才名贾太傅，文学马相如。"❺官名。唐制东宫官有文学三人，王府官有文学一人，俱掌校典经籍、侍奉文章。另诸州有经学傅士，德宗时亦改称文学。王维有《济上四贤咏・成文学》。杜甫《醉歌行赠公安颜少府请顾八题壁》："君不见东吴顾文学，君不见西汉杜陵老。"

【文舉】　汉孔融之字。崔融《哭蒋詹事俨》："不轻文举少，深叹子云疲。"孟浩然《送张参明经举兼向泾州觐省》："四座推文举，中郎许仲宣。"武元衡《奉酬中书相公至日圜丘行事合于中书宿斋移止于集贤院叙情见寄之什》："仲山方补衮，文举自伤年。"

【文舉酒】　见"文舉樽酒"。

【文舉樽酒】　汉孔融待客，樽中酒不空。见《后汉书・孔融传》。张祜《送刘韬秀才江陵归宇》："樽酒惜离文举坐，郡斋谁覆仲宣棋？"亦作"文举酒"。白居易《游坊口悬泉偶题石上》："虽无安石妓，不乏文举酒。"又《和微之诗二十三首・和三月三十日四十韵》："莫空文举酒，强下何曾箸。"

【文舉薦賢】　指汉孔融荐祢衡之事。融字文举。权德舆《奉酬从兄南仲见示十九韵》："荐贤比文举，理郡迈文翁。"

【文舉薦禰衡】　汉孔融与祢衡为交友，曾上表荐衡。表载《后汉书・文苑下・祢衡传》及《文选》。融字文举。权德舆《送正字十九兄归江东醉后绝句》："离堂莫起临岐叹，文举终当荐祢衡。"亦作"文舉薦衡"。杜牧《酬张祜处士见寄长句四韵》："荐衡昔日知文举，乞火无人作蒯通。"贯休《送高九经赴举》："陆机游洛日，文举荐衡时。"

【文儒】　儒者；文士。韦抗《奉和圣制送张说上集贤学士赐宴》："英宰文儒叶，明君日月齐。"李白《自广平乘醉走马书怀》："赵俗爱长剑，文儒少逢迎。"刘禹锡《览董评事思归之什因以诗赠》："文儒自袭胶西相，倚伏能齐塞上翁。"李群玉《将之京国赠薛员外》："圭衮照崇阕，文儒嗣箕裘。"

【文錦】　有彩色花纹之丝织品。常喻指色彩鲜艳华丽之物或锦绣文章等。贯休《送杨秀才》："水精帘卷桃花开，文锦娉婷众非一。"又《野居偶作》："风触好花文锦落，砌横流水玉琴斜。"

【文衡】　犹文柄。衡墨文章高下以定去取之权。多指知贡举。辈皞《示门生马侍郎胤孙》："宦途最重是文衡，天与愚夫著盛名。"

【文諫】　以文谏劝。皎然《送梁拾遗肃归朝》："明主重文谏，才臣出江东。"

【文憲】　礼法，法制。皎然《奉送李中丞道昌入朝》："文宪中司盛，恩荣外镇崇。"

【文選】　文学总集名。南朝梁昭明太子萧统编。亦称《昭明文选》。选周至六朝诗文七百余篇，分为三十卷。唐李善为作注，始分每卷为二成六十卷。其后有吕延济等人之五臣注本。杜甫《水阁朝霁奉简严云安》："呼婢取酒壶，续儿诵文选。"又《宗武生日》："熟精文选理，休觅彩衣轻。"白居易《偶以拙诗数首寄呈裴少尹侍郎》："毛诗三百篇后得，文选六十卷中无。"

【文選堂】　南朝梁昭明太子萧统集文士编《文选》之堂。在襄阳（今湖北襄樊）文选楼内。李颀《送皇甫曾游襄阳山水兼谒韦太守》："元凯春秋传，昭明文选堂。"

【文選閣】　阁名。在安徽贵池西。唐代建以藏《昭明文选》，故名。罗隐有《文选阁》。

【文選樓】　楼名。在襄阳（今湖北襄樊）。传南朝梁昭明太子萧统聚刘孝威、庾肩吾等十余人辑《文选》于此，故名。李益《送襄阳李尚书》："俗尚春秋学，词称文选楼。"齐己《闻贯休下世》："争得梁太子，重为文选楼。"

【文綬】　彩色之丝带。多用以系印。韩翃《送戴迪赴凤翔幕府》："青春带文绶，去事魏征西。"

【文檄】　即檄文。用于征召或讨伐之文书。张碧《答张郎中分寄翰林贡余笔歌》："我之宗兄掌文檄，翰林分与神仙毫。"

【文館】　指四门馆。隶属国子监，为专收一般官员及平民子弟之官设学校。黄蟾《和从兄御史延福里居》："回头文馆长安上，此际思予宁有穷？"

【文闈】　科举考试之考场。卢尚卿《东归诗》："九重丹诏下尘埃，深锁文闱罢选才。"曹松《将入关行次湘阴》："也知渐老岩栖稳，争奈文闱有至公。"

【文璧】　刻有花纹的璧玉。韦应物《答刘西曹》："空惭文璧赠，日夕不能酬。"

【文藝】　关于文章经籍之学问、才艺。骆宾王《畴昔篇》："五丁卓荦多奇力，四士英灵富文艺。"戴叔伦《抚州对事后送外生宋垓归饶州觐侍》："尔家习文艺，旁究天人际。"姚崍《题大梁临汴驿》："近日侯门不重才，莫将文艺拟为媒。"

【文藻】　❶文采。骆宾王《帝京篇》："马卿辞蜀多文藻，扬雄仕汉乏良媒。"杜甫《咏怀古迹五首》之二："江山故宅空文藻，云雨荒台岂梦思。"亦指文章，文词。姚发《送萧颖士赴东府得草字》："天生良史笔，浪迹擅文藻。"李群玉《始忝四座奏状闻荐蒙恩授官言怀纪事》："吾徒事文藻，骧首歌登封。"❷水草。亦指水藻状之花纹、形状。钱起《玛瑙杯歌》："瑶溪碧岸生奇宝，剖质披心出文藻。”

【文鏡】　可明鉴文章得失高下之镜。张道符《和主司王起》：“三开文镜继芳声，暗暗云霄接去程。”此喻指主持科举考试。贯休《上孙使君》：“君侯握文镜，独立尘埃外。”亦喻指手握文柄可明鉴文章得失之人。张蠙《投翰林萧侍郎》：“从来为学投文镜，文镜如今更有谁?”

【文簫】　传奇中人名。见唐裴铏《传奇·文箫》。吴彩鸾《歌》(卷八六三)：“若能相伴陟仙坛，应得文箫驾彩鸾。”

【文辭】　文词，文章。杜甫《移居公安敬赠卫大郎钧》：“平生感意气，少小爱文辞。”韩愈《桃源图》：“南宫先生忻得之，波涛入笔驱文辞。”吴融《陈琳墓》：“冀州飞檄傲英雄，却把文辞事邺宫。”徐铉《奉和宫傅相公怀旧见寄四十韵》：“文辞职业分工拙，流辈班资让后先。”

【文鵷】　羽毛多文采之鹓。鹓，传为凤凰类鸟。韦应物《将往江淮寄李十九儋》：“燕燕东向来，文鹓亦西飞。”

【文韜】　文士之韬略。元稹《奉和浙西大夫李德裕述梦四十韵次本韵》：“戈矛排笔阵，貔虎让文韬。”

【文繡】　绣有文彩之织品。韩愈《马厌谷》：“土被文绣兮，士无短褐。”李德裕《追和太师颜公同清远道士游虎丘寺》：“共扣哀玉音，皆舒文绣段。”陆龟蒙《读襄阳耆旧传因寄皮袭美》：“未足逞戈矛，谁云被文绣。”

【文獻】　有历史价值之图书文字资料。陈子昂《与东方左史虬修竹篇》序：“文章道弊，五百年矣；汉魏风骨，晋宋莫传。然而文献有可征者。”

【文譽】　擅长写作诗文之声誉。皮日休《鲁望悯承吉之孤为诗序邀予属和》：“唯我共君堪便戒，莫将文誉作生涯。”

【文獻太子】　即南唐李弘冀。弘冀为嗣主璟之长子。显德六年(959)九月卒，谥宣武，改谥文献。徐铉有《文献太子挽歌词五首》。

【文籍】　文章书籍。陆龟蒙《江南秋怀寄华阳山人》：“衣裾徒博大，文籍漫纵横。”

【文籍先生】　对精熟文献典籍之人的尊称。皮日休《寄毗陵魏处士朴》：“文籍先生不肯官，絮巾冲雪把鱼竿。”

【文寶】　汉孙敬之字。李瀚《蒙求》：“文宝缉柳，温舒截蒲。”按孙敬缉杨简以为经书之事，见《文选·任昉为萧杨州荐士表》李善注引晋张方《楚国先贤传》。

【文鰩】　传说中之飞鱼名。相传出于观水，其状如鲤，鱼身鸟翼，白首赤喙苍纹，常行西海，游于东海，以夜飞。顾况《送从兄使新罗》：“南溟垂大翼，西海饮文鳐。”刘禹锡《韩十八侍御见示岳阳楼别窦司直故足成六十二韵》：“珠蚌吐玲珑，文鳐翔旖旎。”唐彦谦《汉代》：“鞴韦翘彩雉，波扇画文鳐。”参阅《山海经·西山经》。

【文鷁】　船头绘有鹢鸟图形之船。太宗《赋得浮桥》：“水摇文鹢动，缆转锦花萦。”

【文鑒】　僧人。会昌二年(842)建经幢于苏州吴县包山。《全唐诗》卷八五〇录其诗一首。

【文篇】　古代管乐器之一种。以竹为之，长三尺，有六孔。亦可作舞具。刘允济《经庐岳回望江州想洛川有作》：“风云动翰林，宫徵调文篇。”

【文讌】　文宴。赋诗论文之宴会。讌同“宴”。皮日休《寒夜文宴润卿有期不至》。

【文體】　❶文章之风格、体裁。宋之问《范阳王挽词二首》之一：“公才掩诸夏，文体变当时。”韩翃《送故人赴江陵寻庾牧》：“文体此时看又别，吾知小庾甚风流。”皎然《杼山禅居寄赠东溪吴处士冯一首》：“身当青山秀，文体多郢声。”刘禹锡《蒙恩转仪曹郎举韩潮州自代因寄七言》：“今日荐君嗟久滞，不惟文体似相如。”❷文雅之体态。李嘉祐《送王牧往吉州谒王使君叔》：“年华初冠带，文体旧弓裘。”

【文鱗】　❶指鱼。柳宗元《登蒲州石矶望横江口》：“浮晖翻高禽，沉景照文鳞。”❷指传书之鱼。因古诗有“呼童烹鲤鱼，中有尺素书。”故云。李商隐《题二首后重有戏赠任秀才》：“虚为错刀留远客，枉缘书札损文鳞。”

八　画

斑　〔bān《广韵》布還切，平删，幫。〕❶斑驳。杂色相间貌。寒山《三百三首》之二二一：“涧底松常翠，谿边石自斑。”刘长卿《秋杪江亭有作》：“寂寞江亭下，江枫秋气斑。”白居易《题岐王旧山池石壁》：“树深藤老竹回环，石壁重重锦翠斑。”徐夤《醉题邑宰南塘屋壁》：“草色净经秋雨绿，烧痕寒入晓窗斑。”色彩交错、鲜明灿烂貌。戎昱《九日贾明府见访》：“莫嫌浊酒君须醉，虽是贫家菊也斑。”白居易《白羽扇》：“麈尾斑非疋，蒲葵陋不同。”❷异色之斑点，杂色之花纹。刘长卿《送马秀才落第归江南》：“湘竹旧斑思帝子，江蓠初绿怨骚人。”李煜《题金楼子后》序：“见虎一毛，不知其斑。”亦指生出斑点。姚合《敬宗皇帝挽词三首》之二：“荆山鼎成日，湘浦竹斑时。”❸头发花白貌。薛业《晚秋赠张折冲》：“冯唐真不遇，叹息鬓毛斑。”岑参《寄宇文判官》：“相忆不可见，别来头已斑。”羊士谔《春望》：“莫问华簪发已斑，归心满目是青山。”唐彦谦《秋日感怀》：“溪上芙蓉映醉颜，悲秋宋玉鬓毛斑。”

【斑毛】 黑白相杂之头发。李绅《奉酬乐天立秋夕有怀见寄》：“衰叶满栏草，斑毛盈镜霜。”

【斑白】 ❶指头发花白。形容年老。寒山《诗三百三首》之二十：“下有斑白人，喃喃读黄老。”孟浩然《家园卧疾毕太祝曜见寻》：“壮图哀未立，斑白恨吾衰。”白居易《闲忙》：“斑白霜侵鬓，苍黄日下山。”❷代指老人。杜甫《后出塞五首》之一：“斑白居上列，酒酣进庶羞。”刘禹锡《游桃源一百韵》：“遂令多夭伤，犹喜见斑白。”李绅《初秋忽奉诏除浙东观察使》：“飞诏宠荣欢里舍，岂徒斑白与垂髫。”皮日休《三羞诗三首》之三：“斑白死路傍，枕土皆离离。”

【斑竹】 竹名。色紫褐，有斑纹。一名湘妃竹。传舜南巡死。葬苍梧。舜之二妃娥皇、女英哭悼，泪滴竹成斑，故名。见旧题南朝梁任昉撰《述异记》。张九龄《杂诗五首》之四：“湘水吊灵妃，斑竹为情绪。”张谓《邵陵作》：“斑竹年来笋自生，白蘋春尽花空落。”元稹《奉和窦容州》：“斑竹初成二妃庙，碧莲遥耸九疑峰。”陈陶《巫山高》：“青鸾不在懒吹箫，斑竹题诗寄江妾。”

【斑竹杖】 以斑竹制成之手杖。李嘉祐有《裴待御见赠斑竹杖》。李频有《赋得长城斑竹杖》。

【斑衣】 彩衣。老莱子穿彩衣娱双亲。见《太平御览》卷四一三引《孝子传》。后遂以“斑衣”为孝亲之典。钱起《送韦信爱子归觐》：“才子学诗趋露冕，棠花含笑待斑衣。”又《小园招隐》：“甘辞代耕禄，斑衣在林巷。”刘禹锡《送韦秀才道冲赴制举》：“一旦西上书，斑衣拂征鞍。”李瀚《蒙求》：“老莱斑衣，黄香扇枕。”

【斑斑】 ❶斑驳。色相杂貌。戴叔伦《过故人陈羽山居》：“却望夏洋怀二妙，满崖霜树晓斑斑。”王建《雉将雏》：“雉咿喔，雏出壳。毛斑斑，嘴啄啄。”白居易《早春忆微之》：“沙头雨染斑斑草，水面风驱瑟瑟波。”李煜《九月十日偶书》：“自从双鬓斑斑白，不学安仁却自惊。”❷斑点或斑点状物密集貌。李嘉祐《江上曲》：“君看峰上斑斑竹，尽是湘妃泣泪痕。”韩翃《寄赠衡州杨使君》：“湘竹斑斑湘水春，衡阳太守虎符新。”张籍《同严给事闻唐昌观玉蕊近有仙过因成绝句二首》之二：“飞轮回处无踪迹，唯有斑斑满地花。”李商隐《河阳诗》：“巴西夜市红守宫，后房点臂斑斑红。”亦指泪水或汗水多貌。李白《闺情》：“织锦心草草，挑灯泪斑斑。”岑参《原头送范待御》：“百尺原头酒色殷，路傍骢马汗斑斑。”❸指点点泪痕。刘希夷《捣衣篇》：“莫言衣上有斑斑，只为思君泪相续。”

【斑虎】 毛色斑斓之猛虎。李绅《新楼诗二十首·东武亭》：“斗疑斑虎归三岛，散作游龙上九霄。”

【斑苗】 杂色之禾蔬幼苗。沈佺期《赦到不得归题江上石》：“配宅邻州廨，斑苗接野畦。”

【斑紅】 斑斓之红色。太宗《春日登陕州城楼俯眺原野聊以命篇》：“斑红妆蕊树，圆青压溜荆。”

【斑馬】 毛色斑驳之马。苏颋《赠彭州权别驾》：“黄莺急啭春风尽，斑马长嘶落景催。”

【斑剥】 同“斑驳”。色彩相杂貌。欧阳炯《题景焕画应天寺壁天王歌》：“臂横鹰爪尖纤利，腰缠虎皮斑剥红。”

【斑殼】 色彩斑驳之皮壳。白居易《食笋》：“紫箨坼故锦，素肌擘新玉。”

【斑筍】 斑竹之笋。杜牧《长安送友人游湖南》：“青梅繁枝低，斑笋新梢短。”

【斑犀】 色彩斑斓之犀牛角。陈黯《自咏豆花》：“玳瑁应难比，斑犀定不加。”

【斑髮】 花白之头发。刘禹锡《和苏十郎中谢病闲居时初有二毛之作》：“一卷素书消永日，数茎斑发对秋风。”

【斑管】 指毛笔。其管以斑竹制，故称。王颤《怀素上人草书歌》：“铜瓶锡杖倚闲庭，斑管秋毫多逸意。”

【斑駮】 亦作“斑剥”“斑駁”。色相杂貌。白居易《睡后茶兴忆杨同州》：“婆娑绿阴树，斑驳青苔地。”李中《送圆上人归庐山》：“萧骚红树当门老，斑驳苍苔锁径闲。”徐铉《和萧郎中小雪日作》：“寂寥小雪闲中过，斑驳轻霜鬓上加。”亦形容公深浅淡不齐。元稹《辛夷花》：“问君辛夷花，君言已斑驳。”白居易《南园试小乐》：“小园斑驳花初发，新乐铮拟教欲成。”

【斑龙】 苍、黑二色相间之龙。沈佺期《幸白鹿观应制》：“紫凤真人府，斑龙太上家。”

【斑点】 异色之斑痕与疵点。贯休《和毛学士舍人早春》：“竹杖无斑点，纱巾不著簪。”

【斑騅】 毛色苍黑相间之马。李商隐《无题》：“白道萦回入暮霞，斑骓嘶断七香车。”又《对雪二首》之二：“关河冻合东西路，肠断斑骓送陆郎。”

【斑簟】 斑竹所制之竹席。和凝《宫词百首》之二十：“斑簟如霞可殿铺，更开新进瑞莲图。”

【斑藤杖】 有斑点之藤杖。张籍《和左司元郎中秋居十首》之六：“醉倚斑藤杖，闲眠瘿木床。”

【斑斕】 色彩错杂、鲜明貌。孟郊《峡哀》之七：“恍惚清泉甲，斑斓碧石衣。”权德舆《送别沅泛》：“斑斓五彩服，前路春物熙。”刘禹锡《蛮子歌》：“蛮语钩辀音，蛮衣斑斓布。”

【斑麟】 色彩斑斓之麒麟。李德裕《遥伤茅山县孙尊师三首》之一：“黄鹄遥将举，斑麟俨未行。”

【斑鬢】 花白之鬓发。骆宾王《军中行路难》：

"夜夜朝朝斑鬓新，年年岁岁戎衣故。"杜甫《奉送蜀州柏二别驾将中丞命赴江陵》："报与惠连诗不惜，知吾斑鬓总如银。"独孤及《奉和中书常舍人晚秋集贤院即事》："远兴生斑鬓，高情寄缥囊。"陈陶《句》："寄语东流任斑鬓，向隅终守铁梭飞。"

斌〔bīn《广韵》府巾切，平真，幫。〕见"斌駁"。

【斌公】　长安崇圣寺僧。法名全称未详。贾岛有《崇圣寺斌公房》。

【斌駁】　杂色相间貌，田游岩《弘农清岩曲有磐石可坐宋十一每拂拭待余》："裴回承翠巘，斌驳带深溪。"

斐〔fěi《广韵》敷尾切，上尾，敷。〕❶有文采貌。萧颖士《菊荣一篇五章》之四："有斐君子，是焉披玩。"息夫牧《冬夜宴萧十丈因饯殷郭二子西上》："闻诗闻礼，斐兮璨璨。"❷狂放貌。见"斐然❶"。❸发愤貌。见斐然❹。❹妄作貌。宋之问《和库部李员外秋夜寓直之作》："徒斐阳春和，难参丽曲余。"❺显著貌。见"斐然❺"。

【斐然】　❶文采焕烂貌。韩愈《南山诗》："斐然作歌诗，惟用赞报酬。"崔紫云《临行献李尚书》："从来学制斐然诗，不料霜台御史知。"❷狂放貌。杜牧《奉和门下相公送西川相公出镇全蜀诗》："唱高知和寡，小子斐然狂。"韩偓《又和》："狂简斐然吟咏足，却邀群彦重吟看。"❸妄作貌。齐己《寄郑谷郎中》："曾沐星郎许，终惭是斐然。"❹发愤貌。刘禹锡《送鸿举游江西》："尔时，是师振麻衣，斐然而前，持文篇以为僧赞。"❺明显貌。徐锴有《太傅相公以东观庭梅唱和之余俾令攀和辄依本韵伏愧斐然》。

【斐亹】　文彩鲜明貌。韩愈《答张彻》："紫树雕斐亹，碧流滴珑玲。"刘禹锡《谢柳子厚寄叠石砚》："烟岚余斐亹，水墨两氛氲。"

九　画

斒〔bān《广韵》布還切，平刪，幫。又方閑切，平山，幫。〕见"斒斑""斒斕"。

【斒斑】　❶斑斑。斑点多密貌。无名氏《石榴》："玉刻冰壶含露湿，斒斑似带湘娥泣。"❷斑驳，色相杂貌。皮日休《太湖诗·明月湾》："钓坛两三处，苔老腥斒斑。"

【斒斕】　❶色彩错杂鲜明貌。刘禹锡《白鹰》："毛羽斒斓白纻裁，马前擎出不惊猜。"❷有文采貌。元稹《台中鞫狱忆开元观旧事呈损之》："以我文章卷，文章甚斒斓。"

十七画

斕〔lán《广韵》力閑切，平山，來。〕见"斕斑"、"斕斒"。

【斕斑】　❶色彩鲜明错杂貌。孟郊《杏殇》之一："零落小花乳，斓斑昔婴衣。"李贺《河南府试十二月乐词·九月》："露花飞飞风草草，翠锦斓斑满层道。"李绅《忆西湖双鸂鶒》："双鸂鶒，锦毛斓斑长比翼。"亦指斑驳，色杂不齐貌。杜牧《朱坡》："蜗壁斓斑藓，银筵豆蔻泥。"齐己《荆州寄贯微上人》："命服已沾天渥泽，衲衣犹拥祖斓斑。"❷斑白。头发白貌。白居易《郡中春宴因赠诸客》："暗澹绯衫故，斓斑白发新。"贯休《送僧入石霜》："寂寞排松榻，斓斑半雪须。"❸斑斑。斑痕多貌。皮日休《石榴歌》："玉刻冰壶含露湿，斓斑似带湘娥泣。"

【斕斒】　同"斒斓"。色彩鲜明错综貌。韩翃《少年行》："千点斓斒玉勒骢，青丝结尾绣缠骔。"张左正《锦带佩吴钩》："的皪宜骢马，斓斒映绮裘。"亦代指色彩鲜艳之衣物。柳宗元《酬韶州裴曹长使君寄道州吕八大使》："食贫甘莽卤，被褐谢斓斒。"

二十画

斖〔wěi《广韵》無匪切，上尾，微。〕❶美艳有文采貌。韩愈《征蜀联句》："邛文裁斐亹，巴艳收婠妠。"❷见"亹亹"。

【亹亹】　行进貌，时光流逝貌。韩愈《秋怀诗十一首》之十："悠悠偃宵寂，亹亹抱秋明。"

斗　部

斗[1]　〔dǒu《广韵》當口切，上厚，端。〕❶古代酒器名。见《史记·项羽本纪》。徐九皋《咏史》："金槌击政后，玉斗碎增前。"杜甫《久雨期王将军不至》："忆昔范增碎玉斗，未使吴兵着白袍。"吴融《李周弹筝歌》："鸿门玉斗初向地，织女金梭飞上天。"❷量器。容量为一斗，亦为量词，用以量酒、水和粮食等。长孙佐辅《山行书事》："性朴颇近古，其言无斗筲。"张说《夜坐》："百金谁见许，斗酒难为贯。"李贺《勉爱行二首送小季之庐山》："欲将千里别，持我易斗粟。"孟郊《连州吟》："斗水正回斡，倒流安可禁。"❸斗形的器物。李颀《从军行》："行人刁斗风砂暗，公主琵琶幽怨多。"陶翰《出萧古怀古》："刁斗鸣不息，羽书日夜传。"王建《捣衣曲》："重烧熨斗帖两头，与郎裁作迎寒裘。"元稹《春分投简阳明洞天作》："堤形弯熨斗，峰势踊香炉。"❹少量微薄。见"斗升""斗筲"。❺星宿名。因象斗形，故以为名。亦指北斗七星，又指二十八星宿之一南斗星。亦泛指星辰。玄宗《答司马承祯上剑镜》："日月丽光景，星斗裁文章。"李白《相和歌辞·短歌行》："北斗酌美酒，劝龙各一觞。"丁仙芝《京中守岁》："玉斗巡初匝，银河落渐微。"韩愈《三星行》："我生之辰，月宿南斗。"❻建筑用的方形木块，垫于拱与拱之间。见"斗拱"。❼通"徒"。陡然，突然。韩愈《答张十一功曹》："吟君诗罢看双鬓，斗觉霜毛一半加。"张渭《早春陪崔中丞浣花溪宴得暄字》："旌节临溪口，寒郊斗觉暄。"

斗[2]　〔zhǔ《集韵》腫庾切，上噳，章。〕斟水物。见《穆天子传》卷六。亦用为量词。韩愈《驽骥》："渴饮一斗水，饮食一束刍。"

【斗水】　一斗水。指少量之水。喻指少量的资助。语出《庄子·外物》。李白《献从叔当涂宰阳冰》："赠微所费广，斗水浇长鲸。"杜甫《引水》："人生留滞生理难，斗水何直百忧宽。"钱起《长安客舍赠李行父明府》："亲劳携斗水，往往救泥蟠。"孟郊《赠主人》："斗水泻大海，不如泻枯池。"

【斗升】　斗与升。喻少量、微薄。王湾《秋夜寓直即事怀赠萧令公裴侍郎兼通简南省诸友人》："卑吏夙驱策，微涓效斗升。"曹松《观华夷图》："分寸辨诸岳，斗升观四溟。"

【斗牛】　❶二十八宿中斗宿和牛宿。孟浩然《他乡七夕》："谁忍窥河汉，迢迢向斗牛。"常建《江行》："万里无归信，伤心看斗牛。"姚合《和膳部李郎中秋夕》："萤影明苔藓，鸿声傍斗牛。"马戴《送杜秀才东游》："心事何人识，斗牛应数看。"

【斗牛星】　斗宿和牛宿。钱珝《江行无题一百首》之八三："自怜非剑气，空向斗牛星。"

【斗文】　❶剑鞘上的星文图案。杜牧《送容州唐中丞赴镇》："交阯同星座，龙泉佩斗文。"李涉《送魏简能东游二首》之二："孤亭宿处时看剑，莫使尘埃蔽斗文。"❷指符箓上笔画屈曲的字形、图形。杨衡《赠罗浮易炼师》："默书绛符遍，晦步斗文成。"

【斗目】　谓睁大眼睛。蒋贻恭《咏金刚》："扬眉斗目恶精神，捏合将来恰似真。"

【斗杓】　即斗柄。见《淮南子·天文训》。苏颋《恩制尚书省僚宴昆明池同用尧字》："露渥洒云霄，天官次斗杓。"杜甫《哭王彭州抡》："巫峡长云雨，秦城近斗杓。"刘禹锡《七夕二首》之一："初喜渡河汉，频惊转斗杓。"刘得仁《秋夕即事》："漏微砧韵隔，月落斗杓低。"

【斗門】　堤堰中用以蓄泄渠水的闸门。李白《题瓜州新河饯族叔舍人贲》："海水落斗门，湖平见沙汭。"薛逢《醉春风》："斗门亭上柳如丝，洛水桥边月如练。"

【斗城】　汉长安故城，在今陕西省西安市北。本为秦宫，汉惠帝时重修。见《三辅黄图·汉长安故城》。后因以借指京城。张九龄《登总持寺阁》："山从函谷断，川向斗城回。"严武《酬别杜二》："斗城怜旧路，涡水惜归期。"沈佺期《安乐公主移入新宅》："初闻衡汉来，移住斗城隈。"卢渥《赋得寿星见》："皎洁垂银汉，光芒近斗城。"

【斗拱】　亦作"斗栱"。斗与栱，均为木结构筑的支持构件，在立柱和横梁交接处。从柱顶探出的方形肘木为栱，栱与横之间的方形垫木叫斗。卢纶《萧常侍瘿柏亭歌》："攒甍斗栱无斤迹，根瘿联悬同素壁。"吕岩《浪淘沙》词："万象森罗为斗拱，瓦盖青天。"

【斗柄】　北斗柄。指北斗的第五至第七星，玉衡、开泰、摇光。北斗，第一至第四星象斗，第五至第七星象柄。杨炯《和骞右丞省中暮望》："玄律葭灰变，青阳斗柄临。"孟浩然《岁暮海上作》："昏见斗柄回，方知岁星改。"韩愈《寒食日出游》:"忆昔与君同贬官,夜渡洞庭看斗柄。"徐铉《奉和七夕应令》:"斗柄易倾离恨促,河流不尽后期长。"

【斗星】　指北斗星。见《易·丰》。杨巨源《和吕舍人喜张员外自北番回至境上先寄二十韵》:"茫茫斗星北,威服古来难。"马戴《赠道者》:"往往龙潭上,焚香礼斗星。"

【斗建】　指农历之月建。古以北斗星的运转计算月令。斗柄所指之辰谓之斗建。如正月指寅,为建寅之月,二月指卯,为建卯之月。刘驾《塞下曲》:"下营看斗建,传号信狼烟。"徐至《闰月定四时》:"分铢标斗建,盈缩正人时。"

【斗酒】　一斗酒。谓善饮。李峤《饯骆四二首》之一:"平生何以乐,斗酒夜相逢。"李白《将进酒》:"陈王昔时宴平乐,斗酒十千恣欢谑。"陶翰《送朱大出关》:"故人有斗酒,是夜共君醉。"刘长卿《送郭六侍从之武陵郡》:"洞中时见秦人宅,落日相看斗酒前。"

【斗帳】　小帐。形如覆斗,故名。见《释名·释床帐》。李颀《杂歌谣辞·郑樱桃歌》:"赤花双簟珊瑚床,盘龙斗帐琥珀光。"阎朝隐《鹦鹉猫儿篇》:"流苏斗帐香烟起,承恩宴盼接宴喜。"温庭筠《偶游》:"红珠斗帐樱桃熟,金尾屏风孔雀闲。"韩偓《有忆》:"何时斗帐浓香里,分付东风与玉儿。"

【斗斛】　斗与斛。两种量器。十斗为斛。元稹《竹部》:"得钱盈千百,得粟盈斗斛。"

【斗極】　北斗星和北极星。见《尔雅·释地》。骆宾王《早秋出塞寄东台详正学士》:"天阶分斗极,地理接楼烦。"武平一《奉和幸韦嗣立山庄侍宴应制》:"三光回斗极,万骑肃钩陈。"刘长卿《禅智寺上方怀演和尚寺即和尚所创》:"斗极千灯近,烟波万井通。"杜牧《杜秋娘诗》:"觚棱拂斗极,回首尚迟迟。"

【斗粟】　一斗之粟。指少量的粮食。见《汉书·淮南厉王刘长传》。李峤《布》:"伫因舂斗粟,来晓棣华芳。"韩愈《赴江陵途中寄赠翰林三学士》:"持男易斗粟,掉臂莫肯酬。"

【斗量】　(—liáng)用斗量。形容数量之多。刘禹锡《泰娘歌》:"斗量明珠鸟传意,绀幰迎入专城居。"唐彦谦《见炀帝宝帐》:"汉文穷相作前王,悭惜明珠不斗量。"

【斗間紫氣】　(間 jiān)斗牛之间常有紫气。雷焕为丰城令,掘得宝剑。见《晋书·张华传》。后作为咏叹宝剑的典故。韩偓《宝剑》:"斗间紫气分明后,擘地成川看化龙。"杜牧《道一大尹存之庭美二学士简于圣明四韵呈上三君子》:"斗间紫气龙埋狱,天上洪炉帝铸颜。"

【斗筲】　斗与筲均为容器,孔子曾用以比喻人度量狭小,见识浅薄。见《论语·子路》。长孙佐辅《山行书事》:"性朴颇近古,其言无斗筲。"柳宗元《游朝阳岩遂登西亭二十韵》:"薄躯信无庸,琐屑剧斗筲。"皮日休《新秋言怀寄鲁望三十韵》"从此居方丈,终非竞斗筲。"

【斗魁】　指北斗七星之第一至第四星,即枢、璇、玑、权。亦泛指北斗。杜甫《秋日荆南述怀三十韵》:"数见铭钟鼎,真宜法斗魁。"韩愈《咏雪赠张籍》:"厚虑填溟壑,高愁撖斗魁。"薛能《蜀路》:"剑阁缘云拂斗魁,疾风生树过龙媒。"韩偓《感事三十四韵》:"斗魁当北坼,地轴向西偏。"

【北樞】　北斗七星的第一星,名天枢。亦泛指北斗。崔日用《奉和圣制龙池篇》:"龙兴白水汉兴符,圣主时乘运斗枢。"骆宾王《久戍边城有怀京邑》:"璧殿规宸象,金堤法斗枢。"沈佺期《夜泊越州逢北使》:"憩泊在兹夜,炎云逐斗枢。"高适《真定即事奉赠韦使君二十八韵》:"月换思乡陌,星回记斗枢。"

【斗儲】　指极少的储粮。韩翃《送别郑明府》:"千金尽去无斗储,双袖破来空百结。"韦应物《寄冯著》:"偃仰遂真性,所求惟斗储。"白居易《秋居书怀》:"丈室可容身,斗储可充腹。"陆龟蒙《樵人十咏·樵担》:"轻无斗储价,重则筋力绝。"

【斗擻】　❶抖动,抖落。白居易《自觉二首》之二:"斗擞垢秽衣,度脱生死轮。"又《寄山僧》:"会拟抽身去,当风斗擞衣。"又《寄皇甫宾客》:"睡足斗擞衣,闲步中庭地。"又《病后寒食》:"斗擞弊袍春晚后,摩挲病脚日阳前。"❷摆脱。白居易《答州民》:"宦情斗擞随尘去,乡思销磨逐日无。"

【斗藪】　❶抖动,抖落。白居易《新乐府·骠国乐》:"珠缨炫转星宿摇,花鬘斗薮龙蛇动。"又《游悟真寺诗》:"斗薮尘埃衣,礼拜冰雪颜。"又《游坊口悬泉偶题石上》:"仙棹浪悠扬,尘缨风斗薮。"❷摆脱。白居易《赠邻里往还》:"但能斗薮人间事,便是逍遥地上仙。"

【斗醪】　一斗醇酒。陆龟蒙《闲居杂题五首·松间斟》:"月上风微萧洒甚,斗醪何惜置盈尊。"

六　画

料　〔liào《广韵》力弔切,去嘯,來。又落蕭切,平蕭,來。〕❶估量,忖度。王维《宋进马哀词》:"哀从中兮不可胜,岂暇料余年兮复几。"刘长卿《恩敕重推使牒追赴苏州次前溪馆作》:"天南一万里,谁料得生还。"戴叔伦《哭朱放》:"几年湖海挹余芳,岂料兰摧一夜霜。"南唐后主李煜《梅花》:"谁料花前后,蛾眉却不全。"❷原料,材料。高适《留别郑三韦九兼洛下诸公》："羁旅虽同白社游，诗书已作青云料。"❸物料，粮料。丘为《冬至下寄舍弟时应赴入京》："适远才过宿舂料，相随惟一平头奴。"

【料吏】　指管理胥吏。周贺《赠李主簿》："对酒妨料吏，为官亦典衣。"

【料死】　估量死亡。高适《李云南征蛮诗》："料死不料敌，顾恩宁顾终。"

【料知】　料想，估计。岑参《走马川行奉送出师西征》："虏骑闻之应胆慑，料知短兵不敢接，车师西门伫献捷。"

【料取】　料想，估计。刘孝孙《赋得春莺送友人》："料取金闺意，因君问所思。"白居易《赠韦八》："容鬓别来今至此，心情料取合何如？"

【料事】　预料未然之事。杜甫《释闷》："江边老翁错料事，眼暗不见风尘清。"

【料度】　（一duó）估计，忖度。司空图《题休休亭》："休休休，莫莫莫，一局棋，一炉药，天意时情可料度。"

【料峭】　❶形容风力寒冷、尖利。陆龟蒙《奉和袭美开元寺客省早景即事次韵》："褵褷满地贝多雪，料峭入楼于阗风。"又《京口》："东风料峭客帆远，落叶夕阳天际明。"❷来回摆动貌。陆龟蒙《记事》："料峭采莲船，纵横簸天浪。"

【料事】　❶照顾，照料。杜甫《江畔独步寻花七绝句》之二："诗酒尚堪驱使在，未须料理白头人。"❷调事。元稹《人道短》："人能拣得丁沈兰蕙，料理百和香。"❸造成。白居易《对镜偶吟赠张道士抱元》："眼昏久被书料理，肺渴多因酒损伤。"❹排遣，消遣。韩愈《饮城南道边古墓上逢中丞过赠礼部卫员外少室张道士》："为逢桃树相料理，不觉中丞喝道来。"

【料得】　估计到，推测到。高适《渔父歌》："料得孤舟无定止，日莫持竿何处归。"白居易《池畔逐凉》："料得此身终老处，只应林下与滩头。"刘言史《赠童尼》："料得襄王惆怅极，更无云雨到阳台。"刘得仁《送祖山人归山》："料得仙家玉牌上，已镌白日上升名。"

【料量】　（一liáng）估计，猜度。白居易《行简初授拾遗同早朝入阁因示十二韵》："老去何侥幸，时来不料量。"李涉《送颜觉赴举》："颜子将才应四科，料量时辈更谁过。"

【料想】　猜想。方干《残秋送友》："料想还家后，休吟行路难。"

【料錢】　唐宋制度，官吏除俸禄外，有时另给食料，或折钱发给，称为料钱。刘长卿《江楼送太康郭主簿赴岭南》："料钱用尽却为谤，食客空多谁报恩。"白居易《送陕州王司马建赴任》："公事闲忙同少尹，料钱多少敌尚书。"杜荀鹤《赠溧水崔少府》："只闻留客教沽酒，未省逢人说料钱。"罗隐《病中上钱尚父》："纵饶吴士容衰病，争奈燕台费料钱。"

【料敵】　估量判断敌情。高适《李云南征蛮诗》："料死不料敌，顾恩宁顾终。"钱起《卢龙塞行送韦掌记》："陈琳书记本翩翩，料敌张兵夺酒泉。"又《送王相公赴范阳》："料敌知无战，安边示有征。"杨巨源《述旧纪勋寄太原李光颜侍中二首》之二："料敌知机在方寸，不劳心力讲《阴符》。"

七　画

斜[1]　〔xié《广韵》似嗟切，平麻，邪。〕❶不正；歪斜。太宗《赋得浮桥》："岸曲非千里，桥斜异七星。"刘长卿《杂曲歌辞·太行苦热行》："漳水斜绕营，常山遥入幕。"韩愈《南山诗》："或斜而不倚，或弛而不彀。"白居易《新居早春二首》之二："溜滴檐冰尽，尘浮隙日斜。"❷在偏高或正前的方向移动。亦指侧斜或曲折地向前延伸。郑愔《相和歌辞·铜雀台》："日斜漳浦望，风起邺台寒。"杜审言《晦日宴游》："歌管风轻度，池台日半斜。"杜甫《杜位宅守岁》："四十明朝过，飞腾暮景斜。"韩愈《独钓四首》之二："一径向池斜，池塘野草花。"温庭筠《题卢处士山居》："千峰随雨暗，一径入云斜。"❸委婉。元稹《遣兴十首》之七："爱直莫爱夸，爱疾莫爱斜。爱谟莫爱诈，爱施莫爱奢。"

斜[2]　〔yé《广韵》以遮切，平麻，以。〕终南山山谷名。在陕西褒城县东北。见汉班固《西都赋》序。又见清顾祖禹《读史方舆纪要·陕西五·汉中府》。卢纶《送何召下第后归蜀》："褒斜行客过，栈道响危空。"李建《赠别唐太师道袭》："褒斜旧地委勋贤，从此生灵永泰息。"雍陶《到蜀后记途中经历》："大散岭头春足雨，褒斜谷里夏犹寒。"

【斜日】　傍晚时西斜的太阳。杨炯《送临津房少府》："阶树含斜日，池风泛早凉。"孟浩然《送王五昆季省觐》："斜日催乌鸟，清江照彩衣。"元稹《代杭民答乐天》："翠幕笼斜日，朱衣俨别筵。"雍陶《晴诗》："晚虹斜日塞天昏，一半山川带雨痕。"

【斜分】　侧斜地分开。孟浩然《登万岁楼》："曲引古堤临冻浦，斜分远岸近枯杨。"王建《御猎》："青山直绕凤城头，浐水斜分入御沟。"张籍《和令狐尚书平泉东庄近居李仆谢有寄十韵》："斜分采药径，直过钓鱼船。"齐己《船窗》："瞥过沙禽翠，斜分夕照光。"

【斜月】　西斜的落月。王昌龄《送程六》："武冈前路看斜月，片片舟中云向西。"王建《村居即事》："斜月照房新睡觉，西峰半夜鹤来声。"元稹《晚秋》："谁怜独攲枕，斜月透窗明。"徐凝《庐山独夜》："寒空五老雪，斜月九江云。”

【斜亘】　横亘，斜曲地延伸。王绩《黄颊山》：“别有青溪道，斜亘碧岩限。”

【斜光】　侧斜的光线。王昌龄《初日》：“斜光入罗幕，稍稍亲丝管。”李嘉祐《晚登江楼有怀》：“爽气遥分隔浦岫，斜光偏照渡江人。”张籍《琴曲歌辞·宛转行》：“炉氲暗裴回，寒灯背斜光。”陆龟蒙《江南曲五首》之三：“潜依曲岸凉，正直斜光入。”

【斜行】　(—háng)倾斜的行列。白居易《江楼夜吟元九律诗成三十韵》：“斜行题粉壁，短卷写红笺。”朱庆余《送长安罗少府》：“雪晴新雁斜行出，潮落残云远色鲜。”方干《题睦州郡中千峰榭》：“曳响露蝉穿树去，斜行沙鸟向池来。”又《登龙瑞观北岩》：“促韵寒钟催落照，斜行白鸟入遥空。”

【斜抱】　侧斜地搂抱。王昌龄《西宫春怨》：“斜抱云和深见月，朦胧树色隐昭阳。”戎昱《赠别张驸马》：“从奴斜抱敕赐锦，双双蹙出金麒麟。”权德舆《秋闺月》：“初卷珠帘看不足，斜抱箜篌未成曲。”

【斜雨】　侧斜的雨。张碧《野田行》：“风昏昼色飞斜雨，冤骨千堆髑髅语。”元稹《遣行十首》之三：“暗萤穿竹见，斜雨隔窗声。”李群玉《北亭》：“斜雨飞丝织晓空，疏帘半卷野亭风。”方干《寄江陵王少府》：“吟处落花藏笔砚，睡时斜雨湿图书。”

【斜門】　❶斜开着的门。李商隐《镜槛》：“斜门穿戏蝶，小阁锁飞蛾。”❷指宫中角门。李商隐《烧香曲》：“玉佩呵光铜照昏，帘波日暮冲斜门。”

【斜封】　侧斜地封闭。卢仝《走笔谢孟谏议寄新茶》：“口云谏议送书信，白绢斜封三道印。”

【斜柯】　谓攲侧身躯。语出《乐府诗集·相和歌辞·艳歌行》。毕耀《情人玉清歌》：“善踏斜柯能独立，婵娟花艳无人及。”段成武、郑符《游长安诸寺联句·道政坊宝应寺·小小写真联句》：“褕袂将离座，斜柯欲近人。”

【斜風】　斜吹来的风。王建《秋千词》：“下来立定重系衣，复畏斜风高不得。”刘禹锡《酬乐天小亭寒夜有怀》：“斜风闪灯影，迸雪打窗声。”皮日休《开元寺佛钵诗》：“从此共君新顶戴，斜风应不等闲吹。”杜荀鹤《秋宿山馆》：“斜风吹败叶，寒烛照愁人。”

【斜風细雨】　细密的小雨随风斜落。张志和《渔父》词之一：“青箬笠，绿蓑衣，斜风细雨不须归。”韦庄《题貂黄岭官军》：“斜风细雨江亭上，尽日凭栏忆楚乡。”

【斜穿】　侧斜地穿过。元稹《友封体》：“微风暗度香囊转，胧月斜穿隔子明。”张祜《题灵隐寺师一上人十韵》：“迸笋斜穿坞，飞泉下喷崖。”韦庄《春早》：“一带窗间月，斜穿枕上生。”归仁《牡丹》：“偷香黑蚁斜穿叶，觑蕊黄蜂倒挂枝。”

【斜徑】　歪斜的小路。杨炯《和石侍御山庄》：“阔堑防斜径，平堤夹小渠。”李华《咏史十一首》之八：“古坟襄城野，斜径横秋陂。”李咸用《寓意》：“直道荆棘生，斜径红尘起。”

【斜掩】　半掩。王建《长安县后亭看画》：“县门斜掩无人吏，看画双飞白鹭鸶。”白居易《早春》：“官舍悄无事，日西斜掩门。”雍陶《宿大彻禅师故院》：“秋磬数声天欲晓，影堂斜掩一灯深。”陆龟蒙《连昌宫词二首·门》：“金铺零落兽镮空，斜掩双扉细草中。”

【斜雪】　侧斜的雪。朱庆余《雪夜与真上人宿韩协律宅》：“斜雪微沾砌，空堂夜语清。”李群玉《江南》：“斜雪北风何处宿，江南一路酒旗多。”方干《赠进士章碣》：“藉地落花春半后，打窗斜雪夜深时。”贯休《怀白阁道侣》：“斜雪扫不尽，饥猿唤得应。”

【斜眼】　斜着眼睛。张鷟《游仙窟》：“娘子欲似皱眉，张郎不须斜眼。”张祜《陪范宣城北楼夜宴》：“亚身摧蜡烛，斜眼送香球。”

【斜廊】　侧斜的走廊。太宗《初秋夜坐》：“斜廊连绮阁，初月照宵帏。”张籍《送稽亭山寺僧》：“师往稽亭高处寺，斜廊曲阁倚云开。”皮日休《二游诗·任诗》：“广槛小山攲，斜廊怪石夹。”

【斜陽】　傍晚西斜的太阳。王维《渭川田家》：“斜阳照墟落，穷巷牛羊归。”包佶《再过金陵》：“江山不管兴亡事，一任斜阳伴客愁。”耿沣《观邻老栽松》：“何事斜阳里，栽松欲待阴。”刘禹锡《龙阳县歌》：“沙平草绿见吏稀，寂历斜阳照县鼓。”

【斜攲】　❶倾斜；歪斜。孙光宪《浣溪沙》词：“乌帽斜攲倒佩鱼，静街偷步访仙居。”❷斜靠。欧阳炯《浣溪沙》词之一：“独掩画屏愁不语，斜攲瑶枕髻鬟偏，此时心在阿谁边？”陈陶《泉州刺桐花咏兼呈赵使君》之六：“今来树似离宫色，红翠斜攲十二楼。”李珣《望远行》词之四：“屏半掩，枕斜攲，蜡泪无言对垂。”

【斜景】　❶(—jǐng)西斜的太阳；西斜的阳光。李峤《刘侍读见和山邸十篇重申此赠》：“朝游极斜景，夕宴待横参。”孟浩然《途中遇晴》：“天开斜景遍，山出晚云低。”杜甫《出郭》：“远烟盐井上，斜景雪峰西。”钱起《酬赵给事相寻不遇留赠》：“斜景适随诗兴尽，好风才送珮声回。”❷(—yǐng)侧斜的影子。贾棱《御沟新柳》：“轻云度斜景，多露滴行尘。”白居易《步东坡》：“绿阴斜景转，芳气微风度。”

【斜照】　❶光线从侧面照射。刘禹锡《海阳十咏·月窟》：“岩曲月斜照，林寒春晚煦。”王建《秋灯》：“斜照碧山图，松间一片石。”张祜《集灵台二首》之一：“日光斜照集灵台，红树花迎晓露开。”皮日休《太湖诗·销夏湾》：“赤日莫斜照，清风多遥吹。”❷斜阳。

上官仪《奉和秋日即目应制》:"晚云含朔气,斜照荡秋光。"刘长卿《却归睦州至七里滩下作》:"山开斜照在,石浅乱流难。"陆龟蒙《寄怀华阳道士》:"拍岸惊波沉翡翠,入檐斜照碍蜻蜓。"李咸用《江行》:"高岫留斜照,归鸿背落霞。"

【斜暉】 指傍晚西斜的阳光。许敬宗《奉和仪鸾殿早秋应制》:"斜晖丽粉壁,清吹肃朱楼。"杜甫《绝句六首》之四:"急雨捎溪足,斜晖转树腰。"韩愈《宿神龟招李二十八冯十七》:"荒山野水照斜晖,啄雪寒鸦趁始飞。"陆龟蒙《和袭美重送圆载上人归日本国》:"遥想到时思魏阙,只应遥拜望斜晖。"

【斜雁】 ❶斜飞的雁群。李群玉《九日陪崔大夫宴清河亭》:"晴山低画浦,斜雁远书天。"又《九日》:"半岭残阳衔树落,一行斜雁向人来。"孙光宪《河渎神》词之三:"一方卵色楚南天,数行斜雁联翩。"❷紧贴鬓边、额上的一种首饰。李贺《恼公》:"匀脸安斜雁,移灯想梦熊。"

【斜雁子】 当指马镫的斜飞雁群装饰图案。张祜《公行子》:"镫金斜雁子,鞍帕嫩鹅儿。"

【斜傾】 倾斜。元稹《遭风二十韵》:"樯乌斗折头仓掉,水狗斜倾尾缆开。"温庭筠《题李卫公诗二首》之二:"千岩万壑应惆怅,流水斜倾出武关。"

【斜凴】 斜靠着。白居易《闺妇》:"斜凭绣床愁不动,红绡带缓绿鬟低。"罗虬《比红儿诗》之七:"斜凭栏杆醉态新,敛眸微盼不胜春。"韦庄《秋霁晚景》:"玉人襟袖薄,斜凭翠阑干。"南唐后主李煜《一斛珠》词:"绣床斜凭娇无那,烂嚼红茸,笑向檀郎唾。"

【斜墜】 侧斜地下垂。曹松《驸马宅宴罢》:"学语莺儿飞未稳,放身斜坠绿杨枝。"无名氏《杂诗》:"翠羽帐中人梦觉,宝钗斜坠枕函声。"李珣《临江仙》词之一:"不语低鬟幽思远,玉钗斜坠双鱼。"冯延巳《贺圣朝》词:"云鬟斜坠,春应未已,不胜娇困。"

【斜舞】 侧斜着飞舞。王建《酬于汝锡晓雪见寄》:"旋销迎暖沾墙少,斜舞遮春到地难。"

【斜漢】 秋天向西南方向偏斜的银河。见《文选·谢庄〈月赋〉》。太宗《帝京篇十首》之七:"斜汉耿层阁,清风摇玉树。"窦常《七夕》:"斜汉没时人不寐,几条蛛网下风庭。"喻凫《和段学士对雪》:"赞月登斜汉,兼沙搅北湖。"刘沧《八月十五日夜玩月》:"桂枝斜汉流灵魄,蘋叶微风动细波。"

【斜輪】 指西斜的太阳。李治《九月九日》:"斜轮低夕景,归旆拥通庄。"

【斜影】 侧斜的影子。玄宗《途经华岳》:"翠嵴留斜影,悬岩冒夕烟。"杜甫《覆舟二首》之一:"羁使空斜影,龙居闷积流。"白居易《魏生访宿》:"厨灯斜影出,檐雨余声滴。"熊孺登《八月十五夜卧疾》:"寂寞竹窗闲不闭,夜深斜影到床前。"

【斜燈】 侧照的灯光。白居易《禁中秋宿》:"耿耿背斜灯,秋床一人寝。"韩偓《绕廊》:"浓烟隔帘香漏泄,斜灯映竹光参差。"

【斜窺】 斜着眼睛偷看。欧阳炯《题景焕画应天寺壁天王歌》:"斜窥小鬼怒双目,直倚越狼高半胸。"

【斜斂】 倾斜收敛。张祜《周员外席上观柘枝》:"一时欻腕招残拍,斜敛轻身拜玉郎。"和凝《江城子》词:"含笑整衣开绣户,斜敛手,下阶迎。"

【斜瞻】 侧看。杨师道《奉和圣制春日望海》:"回瞰卢龙塞,斜瞻肃慎乡。"

【斜飄】 侧斜着飘洒;侧斜着飘扬。翁受《雨雪曲》:"斜飘旌旆过戒帐,半杂风沙入戍楼。"温庭筠《秋雨》:"斜飘看棋簟,疏洒望山亭。"李中《对雨寄朐山林番明府》:"斜飘虚阁琴书润,冷逼幽窗梦寐清。"

斛 〔hú《广韵》胡谷切,入屋,匣。〕❶量器。十斗曰斛。见《庄子·胠箧》。元稹《竹部》:"得钱盈千百,得粟盈斗斛。"杜甫《盐井》:"自公斗三百,转致斛六千。"❷量词。(1)用于量酒、珠玉和粮食等。乔知之《绿珠篇》:"石家金谷重新声,明珠十斛买娉婷。"李白《寄韦南陵冰余江上乘兴访之遇寻颜尚书笑有此赠》:"堂上三千珠履客,瓮中百斛金陵春。"杜甫《夔州歌十绝句》之七:"蜀麻吴盐自古通,万斛之舟行若风。"张籍《长塘湖》:"长塘湖,一斛水中半斛鱼。"白居易《纳粟》:"扬簸净如珠,一车三十斛。"(2)古代弓力的计算单位。杜甫《虎牙行》:"楚老长嗟忆炎瘴,三尺角弓两斛力。"

八 画

斝 〔jiǎ《广韵》古疋切,上馬,見。〕古代青铜制贮酒器,有两柱、鋬与三足,供盛酒与温酒用。后借指酒杯。见《说文·斗部》。刘禹锡《和汴州令狐相公到镇改月偶书所怀二十二韵》:"玉斝虚频易,金炉暖更添。"

九 画

斟 〔zhēn《广韵》職深切,平侵,章。〕❶用勺、瓢等器具舀取。见《吕氏春秋·任数》。顾况《杂曲歌辞·游子吟》:"太行何艰哉,北斗不可斟。"陆龟蒙《奉酬袭美先辈初夏见寄次韵》:"何须乞鹅炙,岂在斟羊羹。"❷用壶倒酒或茶水。借指饮酒喝茶。崔善为《答王无功九日》:"摘来还泛酒,独坐即徐斟。"李白《悲歌行》:"悲来乎,悲来乎,人有酒且莫斟,听我一曲悲吟。"韦应物《夏夜忆卢嵩》:"炎月得凉夜，芳樽谁与斟。”刘真《七老会诗》：“山茗煮时秋雾碧，玉杯斟处彩霞鲜。”见“斟茗”。

【斟茗】　倒茶，饮茶。黄滔《题郑山人居》：“终期宿清夜，斟茗说天台。”

【斟桂】　倒桂花酒，饮桂花酒。高峤《晦日重宴》：“班荆逢旧识，斟桂喜深知。”

【斟酌】　❶倒酒，注酒，亦谓饮酒。王维《偶然作六首》之四：“且喜得斟酌，安问升与斗。”杜甫《羌村》：“如今足斟酌，且用慰迟暮。”韩愈《病中赠张十八》：“倾尊与斟酌，四壁堆罂缸。”皮日休《奉和添酒中六咏·酒船》：“东海如可倾，乘之就斟酌。”❷倒酒不满曰斟，太过曰酌，贵在其中。故凡事反复考虑，择善而定，亦称为斟酌。亦即思量之意。董思恭《相和歌辞·王昭君》：“斟酌红颜尽，何劳镜里看。”杜甫《月》：“斟酌姮娥寡，天寒耐九秋。”

【斟酒】　倒酒，注酒。欧阳詹《九日广陵同陈十五先辈登高怀林十二先辈》：“泛菊聊斟酒，持萸懒插头。”施肩吾《句》：“花眼绽红斟酒看，药心抽绿带烟锄。”崔道融《钓鱼》：“闲钓江鱼不钓名，瓦瓯斟酒暮山青。”徐铉《和江西萧少卿见寄二首》之一：“珍重加餐省思虑，时时斟酒压山岚。”

【斟量】　(—liáng)酌量；估量。周昙《咏史诗·前汉门·薛公》：“黥布称兵孰敢当，薛公三计为斟量。”

十　画

斡　〔wò《广韵》乌括切，入末，影。〕❶旋转；运转。吴少微《哭富家谟》：“鼓兴斡河岳，贞词毒鬼神。”杜甫《三川观水涨二十韵》：“乘陵破山门，回斡裂地轴。”孟郊《连州吟》：“斗水正回斡，倒流安可禁。”元稹《代曲江老人百韵》：“裴王持藻镜，姚宋斡陶钧。”❷挖取，掏取。贯休《酷吏词》：“如何如何，掠脂斡肉。”

【斡波】　回旋的波浪。张建封《竞渡歌》：“棹影斡波飞万剑，鼓声劈浪鸣千雷。”

【斡流】　流转。窦庠《金山行》：“斡流倒景不可窥，万仞千崖生跬步。”

斤 部

斤 〔jīn《广韵》舉欣切，平欣，見。〕❶斧头。见《说文·斤部》。张九龄《九月九日登龙山》："投吊伤昔人，挥斤感前匠。"顾况《上古之什补亡训传十三章·十月之郊一章》："万人挥斤，坎坎有厉。"杜甫《奉赠鲜于京兆二十韵》："脱略磻溪钓，操持郢匠斤。"李商隐《五松驿》："只应既斩斯高后，寻被樵人用斧斤。"❷砍斫。卢纶《萧常侍瘿柏亭歌》："攒甍斗拱无斤迹，根瘿联悬同素壁。"❸重量单位。旧制一斤分十六两。张说《安乐郡主花烛行》："百壶渌酒千斤肉，大道连延障锦轴。"王昌龄《箜篌引》："黄金千斤不称求，九族分离作楚囚。"朱放《杨子津送人》："老病无余事，丹砂乞五斤。"白居易《新乐府·卖炭翁》："一车炭，千余斤，官使驱将惜不得。"

【斤斧】 斧头。王绩《古意六首》之五："荣荫诚不厚，斤斧亦勿伤。"杜甫《营屋》："寂无斤斧响，庶遂憩息欢。"王建《山中寄及第故人》："俱承日月照，幸免斤斧伤。"元稹《桐花》："待我持斤斧，置君为大琛。"

【斤溪】 疑即斤竹涧，在今浙江绍兴市东南。郑愕《送萧颖士赴东府得往字》："斤溪数亩田，素心拟长往。"

【斤墨】 斧头和墨斗。木匠的工具。白居易《寓意诗五首》之一："匠人执斤墨，采度将有期。"

一 画

斥 〔chì《广韵》昌石切，入昔，昌。〕❶贬斥；疏远；驱逐。韩愈《赠别元十八协律六首》之四："势要情所重，排斥则埃尘。"又《李花二首》之一："冰盘夏荐碧实脆，斥去不御惭其花。"杜牧《李甘诗》："明日诏书下，谪斥南荒去。"无名氏《灵响词》："神灵斥众恶，与我作风威。"❷开拓，扩大。见《史记·司马相如列传》。柳宗元《唐铙歌鼓吹曲十二篇·晋阳武》："斥田坼，流洪辉。"又《乐府杂曲·鼓吹饶歌·铁山碎》："穷竟窟宅，斥余吾。"❸驳斥，指斥。杨乘《甲子岁书事》："礼貌忽骄狂诳，疏奏遂指斥。"

【斥逐】 驱逐。韩愈《岳阳楼别窦司直》："奸猜畏弹射，斥逐恣欺诳。"罗隐《杜陵秋思》："只闻斥逐张公子，不觉悲同楚大夫。"

【斥候】 ❶侦察，候望。见《史记·李将军列传》。骆宾王《杂曲歌辞·从军中行路难二首》之一："朝驱疲斥候，夕息倦谁何。"❷用以瞭望敌情的土堡。杜甫《将赴成都草堂途中有作先寄严郑公五首》之二："雪山斥候无兵马，锦里逢迎有主人。"马戴《送和北虏使》："穹庐移斥候，烽火绝祁连。"❸哨兵，侦察兵。杜甫《寄董卿嘉荣十韵》："会取干戈利，无令斥候骄。"司空图《乱前上卢相》："犹须劳斥候，勿遣大河冰。"

【斥鷃】 即鷃雀。一种小鸟。见《庄子·逍遥游》。孟浩然《送吴悦游韶阳》："安能与斥鷃，决起但枪榆。"温庭筠《过孔北海墓二十韵》："矜夸遭斥鷃，光彩困流萤。"陆龟蒙《孤雁》："漆园逍遥篇，中亦载斥鷃。"

四 画

斧 〔fǔ《广韵》方矩切，麌，非。〕❶斧子。砍物的工具，有柄。古代专指銎为椭圆形者。王绩《古意六首》之二："刀斧俄见寻，根株坐相失。"杜甫《课伐木》："清晨饭其腹，持斧入白谷。"柳宗元《行路难三首》之二："虞衡斤斧罗千山，工命采斫杙与椽。"李群玉《送隐者归罗浮》："两卷素书留贳酒，一柯樵斧坐看棋。"❷兵器。古代亦作为执法权力的象征。韩愈《元和圣德诗》："解脱挛索，夹以砧斧。"见"斧钺""斧鑕"。❸用斧砍。权德舆《仲秋朝拜昭陵》："展敬何所伸，曾以斧山木。"见"斧冰"。

【斧子】 用以砍伐的工具，头呈楔形，有木柄。贯休《送道友归天台》："云根应狎玉斧子，月径多寻银地僧。"《谣·神龙后乌鹊窠谣》："镰柯不凿孔，斧子不施柯。"

【斧冰】 用斧砍取冰块。长孙佐辅《相和歌辞·陇西行》："射雁旋充饥，斧冰还止渴。"李白《送韩淮裴政孔巢父还山》："斧冰嗽寒泉，三子同二屐。"韦应物《送孙徵赴云中》："敲石军中传夜火，斧冰河畔汲朝浆。"

【斧柯】 ❶斧柄。古代传说，王质入山遇仙，归时斧柯已烂。见南朝梁任昉《述异记》卷上。陈子昂《感遇诗三十八首》之十二："谁见枯城蘖，青青成斧柯。"谢勮《游烂柯山》之三："因看斧柯烂，子孙发已素。"孟郊《烂柯石》："樵客返归路，斧柯烂从风。"护国

《题醴陵玉仙观歌》："南山石上有棋局，曾使樵夫烂斧柯。"亦借指斧子。杜甫《恶树》："独绕虚斋径，常持小斧柯。"❷山名。在广东肇庆市高要区，以产端砚石著名，故亦借指砚。韩偓《同年前虞部李郎中自长沙赴行在余以紫石砚赠之赋诗代书》："斧柯新样胜珠玑，堪赞星郎染翰时。"

【斧扆】 古代帝王朝堂所用的屏风状的器物，以绛为质，高八尺，东西当户牖之间，其上有斧形图案，故名。李白《寓言三首》之一："周公负斧扆，成王何夔夔。"

【斧鉞】 斧与钺。泛指兵器。亦泛指刑罚、杀戮和专伐之权等。徐坚《奉和圣制送张说巡边》："寄崇专斧钺，礼备设坛场。"柳宗元《奉平淮夷雅表·皇武命丞相度董师集大功也》："锡汝斧钺，其往视师。"姚合《送郑尚书赴兴元》："斧钺来天上，诗书理汉中。"杜牧《贵游》："斧钺旧威龙塞北，池台新赐凤城西。"

【斧螗】 螳螂斧状的前肢。柳宗元《奉平淮夷雅表·皇武命丞相度董师集大功也》"哀凶鞠顽，锋猬斧螗。"

【斧聲】 斧子砍斫时发出的声响。王季友《杂诗》："斧声出岩壑，四听无知音。"张籍《樵客吟》："斧声坎坎在幽谷，采得齐梢青葛束。"陈陶《双桂咏》："琉璃宫殿无斧声，石上萧萧伴僧老。"

【斧藻】 ❶指梁楹上刻画的文饰图案。韩愈《和席八十二韵》："芳菲含斧藻，光景畅形神。"白居易《和答诗十首·答桐花》："泛拂香炉烟，隐映斧藻屏。"陆龟蒙《奉和袭美新秋言怀三十韵次韵》："山衣轻斧藻，天籁逸弦匏。"❷修饰。《文选·王融〈三月三日曲水诗序〉》："斧藻至德，琢磨令范。"刘良注："斧藻，修饰也。"权德舆《奉和李相公早朝于中书候传点偶书所怀奉呈门下相公中书相公》："斧藻归全德，轮辕适众材。"

【斧鑕】 斧子和铁砧，古代刑具。行刑时置人于砧上，以斧砍之。卢照邻《咏史四首》之二："玉帛委奄尹，斧锧婴缙绅。"亦借指刑律。韩愈、李正封《晚秋郾城夜会联句》："余虽司斧锧，情本尚丘壑。"

【斧鑿】 斧子和凿子。韩愈《调张籍》："徒观斧凿痕，不瞩治水航。"

五　画

斫 〔zhuó《广韵》之若切，入藥，章。〕❶用刀斧砍或削。骆宾王《夏日游德州赠高四》："成风郢匠斫，流水伯牙弦。"聂夷中《胡无人行》："请携天子剑，斫下旄头星。"马戴《出塞词》："卷旗夜劫单于帐，乱斫胡儿缺宝刀。"杜荀鹤《山中寡妇》："时挑野菜和根煮，旋斫生柴带叶烧。"❷击，击打。《汉书·君赏传》载，长安有少年肆意杀人，事先群聚一起，"探丸为弹，得赤者斫武吏，得黑者杀文吏。"李贺《杂歌谣辞·邺城童子谣》："邺城中，暮尘起，将黑丸，斫文吏。"

【斫水】 断水，切水。韦应物《难言》："持索捕风几时得，将刀斫水几时断。"戴叔伦《相思曲》："将刀斫水水复连，挥刃割情情不断。"

【斫石】 ❶斫取石材。郑谷《岁暮自广江至新兴往复中题峡山寺四首》之三："洞丁多斫石，蛮女半淘金。"❷砍斫石块。郑巢《哭虚海上人》："买碑行暮雨，斫石葬寒云。"唐彦谦《邓艾庙》："昭烈遗黎死尚羞，挥刀斫石恨谯周。"

【斫地】 ❶砍地。表示激愤。杜甫《短歌行赠王郎司直》："王郎酒酣拔剑斫地歌莫哀，我能拔尔抑塞磊落之奇才。"❷砍斫耕地。戴叔伦《女耕田行》："无人无牛不及犁，持刀斫地翻作泥。"

【斫冰】 斫取冰块。郑谷《寄赠蓝田韦少府先辈》："斫冰泉窦响，赛雪庙松春。"

【斫作】 砍取而制作。李商隐《蜀桐》："枉教紫凤无栖处，斫作秋琴弹《坏陵》。"

【斫却】 砍掉。杜甫《一百五日夜对月》："斫却月中桂，清光应更多。"曹邺《恃宠》："恐君爱阳艳，斫却园中花。"

【斫取】 砍取。李贺《昌谷北园新笋四首》之二："斫取青光写楚辞，腻香春粉黑离离。"

【斫案】 砍斫桌案。见《三国志·吴志·周瑜传》裴松之注引《江表传》。孙元晏《咏史诗·吴·鲁肃》："斫案兴言断众疑，鼎分从此定雄雌。"

【斫開】 砍开，辟开。张乔《题小松》："斫开深涧雪，移出远林烟。"

【斫畬】 开荒火种。杜甫《自瀼西荆扉且移居东屯茅屋四首》之三："斫畬应费日，解缆不知年。"

【斫楚】 砍斫楚木。楚，木名，荆属。卢肇《汉堤诗》："周旋上下，披岘斫楚。"

【斫薪】 砍柴。周贺《赠王道士》："石缝瓢探水，云根斧斫薪。"

【斫樹】 砍树，伐树。见《史记·孙子吴起列传》。韩愈《病中赠张十八》："回军与角逐，斫树收穷庞。"张祜《题曾氏园林》："斫树遗桑斧，浇花湿笋鞋。"

【斫樹人】 指吴刚。传说中的仙人名。见唐段成式《酉阳杂俎·天咫》。李商隐《同学彭道士参寥》："月中桂树高多少，试问西河斫树人。"

【斫營】 劫营；偷袭敌营。元稹《酬段丞与诸棋流会宿弊居见赠二十四韵》："斫营看迥点，对垒重相持。"白居易《奉送三兄》："少年曾管二千兵，昼听笙歌夜斫营。”张祜《送王昌涉侍御》:“号令朝移幕,偷踪夜斫营。”韩偓《老将》:“雪密酒酣偷号去,月明衣冷斫营回。”

【斫斷】 砍断;截断。韩愈《石鼓歌》:“年深岂免有缺画,快剑斫断生蛟鼍。”

【斫壞】 砍坏。卢仝《月蚀诗》:“轮如壮士斧斫坏,桂似雪上风拉摧。”

【斫鱠】 薄切至片。郑谷《漂泊》:“鲈鱼斫鲙输张翰,橘树呼奴羡李衡。”

七 画

斬 〔zhǎn《广韵》侧减切,上豏,莊。〕❶古代刑罚之一。本谓车裂,后谓斩首或腰斩。见《说文·车部》、《释名·释丧制》。引申为砍杀。见“斬成安”“斬首”“斬畫師”。❷泛指砍或砍断。李白《杂曲谣辞·临江王节士歌》:“安得倚天剑,跨海斩长鲸。”杜甫《将赴成都草堂途中有作先寄严郑公五首》之四:“新松恨不高千尺,恶竹应须斩万竿。”卢纶《割飞二刀子歌》:“越戟吴钩不足夸,斩犀切玉应怀怍。”李贺《苦昼短》:“吾将斩龙足,嚼龙肉。”

【斬木】 砍伐树木。杜甫《入奏行赠西山检察使窦侍御》:“运粮绳桥壮士喜,斩木火井穷猿呼。”

【斬成安】 在楚汉战争中,韩信斩成安君。见《史记·淮阴侯列传》。后遂用为咏兵败敌之典。王涯《从军词三首》之一:“今朝拜韩信,计日斩成安。”

【斬空衣】 (空 kōng)晋智伯为赵襄子所杀,智伯下属豫让想为智伯报仇,谋刺赵襄子,但两次行刺均告失败,为赵襄子所擒。豫让自知报仇无望,请得赵襄子之衣而击之,以示报仇之意,然后伏剑自刎。见《战国策·赵策一》。后遂以“斬空衣”为咏叹报仇的典故。李白《舞曲歌辞·东海有勇妇》:“豫让斩空衣,有心竟无成。”

【斬蛇】 汉刘邦起事前醉行泽中,遇大蛇当道,挥剑斩之。见《汉书·高帝纪上》。后遂用以为典。张九龄《奉和圣制次成皋先圣擒建德之所》:“地识斩蛇处,河临饮马间。”刘叉《水柱》:“又疑汉高帝,西方来斩蛇。”

【斬首】 砍头。李白《舞曲歌辞·东海有勇妇》:“斩首掉国门,蹴踏五藏行。”刘希夷《将军行》:“截围一百里,斩首五千级。”

【斬馬劍】 汉宝剑名。其利可以断马。故名。因其藏于尚方,后世俗称为尚方宝剑。见《汉书·朱云传》。卢照邻《咏史四首》之四:“愿得斩马剑,先断佞臣头。”

【斬斬】 堆积貌。元稹《和乐天送客游岭南二十韵》:“曙潮云斩斩,夜海火燐燐。”

【斬蛇劍】 指汉刘邦泽中斩蛇之剑。南朝刘敬叔《异苑》载,晋惠帝元康五年(295),武库失火,人见高祖斩白蛇剑穿屋飞去,不知所终。元稹《虫豸诗·巴蛇》之三:“汉帝斩蛇剑,晋时烧上天。”

【斬將】 (—jiàng)斩杀敌方将领,亦借指战胜对方强手。于鹄《横吹曲辞·出塞曲》:“观兵登古戍,斩将对双旌。”元稹《酬段丞与诸棋流会宿弊居见赠二十四韵》:“退引防边策,雄吟斩将诗。”高骈《依韵奉酬李迪》:“诗成斩将奇难敌,酒熟封侯快未如。”

【斬蛟】 斩杀蛟龙。刘禹锡《杂曲歌辞·壮士行》:“明日长桥上,倾城看斩蛟。”

【斬蛟鄉】 指湖北襄阳。晋襄阳太守邓遐斩蛟。见《水经注·沔水》。李颀《送皇甫曾游襄阳山水兼谒韦太守》:“山深卧龙宅,水净斩蛟乡。”

【斬蛟劍】 春秋时饮非,乘船渡江,遇蛟为患。饮非持剑入江,斩断蛟首,安全渡江。见《淮南子·道应训》。后遂以“斬蛟劍”作为叹渡江之典。杜甫《覆舟二首》之二:“徒闻斩蛟剑,无复爨犀船。”

【斬畫師】 王昭君貌为后宫第一,善应对,举止娴雅,但不肯贿赂画工,致使汉元帝不见其画像,遂令昭君和亲出塞,远嫁匈奴。后元帝穷案其事,画工毛延寿等皆斩首于市。见《西京杂记》卷二。后遂以之为咏叹王昭君之典。崔国辅《相和歌辞·王昭君》:“何时得见汉朝使,为妾传书斩画师。”

【斬虜】 斩杀敌虏。李白《相和歌辞·豫章行》:“本为休明人,斩虏素不闲。”裴漼《奉和御制旋师喜捷》:“斩虏还遮塞,绥降更筑城。”

【斬新】 崭新,全新。杜甫《三绝句》之一:“楸树馨香倚钓矶,斩新花蕊未应飞。”王建《题别遗爱草堂兼呈李十使君》:“斩新萝径合,依旧竹窗开。”段成式《不赴光风亭夜饮赠周繇》:“姹女不愁难管领,斩新铅里得黄牙。”白居易《喜山石榴花开》:“已怜根损斩新栽,还喜花开依旧数。”

【斬樓蘭】 汉武帝欲通大宛,西域楼兰国当道,常攻劫汉使,武帝诏任文捕获楼兰王。放归后,楼兰王复遮杀汉使。霍光派傅介子将楼兰王安归刺杀。见《汉书·西域传上》。唐诗中常以楼兰泛指唐代塞外民族政权,并以斩楼兰作为出征塞外杀敌立功的典故。李白《塞下曲六首》之一:“愿将腰下剑,直为斩楼兰。”又《杂曲歌辞·出自蓟北门行》:“挥刃斩楼兰,弯弓射贤王。”岑参《北庭西郊候封大夫受降回军献上》:“前年斩楼兰,去岁平月氏。”

【斬龍】 斩杀龙且。在楚汉交战中,楚将龙且率二十万众救齐,与韩信在潍水对阵。韩信暗中使人以沙袋壅堵潍水上游,诈败诱引龙且军涉水追击,然后决堤淹其军，杀龙且，虏其王。见《史记·淮阴侯列传》。王珪《咏淮阴侯》："斩龙堰濉水，擒豹熸夏阳。"按：濉应作"潍"。

【斬龍子】　晋时，阳羡人周处为害乡里，被乡人连同南山之虎、水中之蛟合称"三害"。后周处改过自新，并射虎、斩蛟，为乡人除去三害。斩龙子，指周处投水搏蛟。李贺《春坊正字剑子歌》："先辈匣中三尺水，曾入吴潭斩龙子。"

【斬斷】　砍断，切断。杜甫《寄从孙崇简》："牧竖童樵亦无赖，莫令斩断青云梯。"姚合《闻魏州破贼》："烟雾扫开尊北岳，蛟龙斩断净南河。"

【斬鯨】　斩杀鲸鱼。太宗《宴中山》："斩鲸澄碧海，卷雾扫扶桑。"杜甫《观兵》："莫守邺城下，斩鲸辽海波。"独孤及《季冬自嵩山赴洛道中作》："斩鲸安溟波，截鳌作天柱。"李逢吉《奉酬忠武李相公见寄》："剑门失险曾缚虎，淮水安流缘斩鲸。"

【斬關】　卦名。《占辞·冯存澄为明皇占》："合因斩关，铸印乘轩。"题后注："明皇初为临淄王，欲平逆韦之祸，与道士冯存澄占卦。初得'合因'，再得'斩关'，三得'铸印乘轩'。存澄曰：'此黄帝所以胜炎帝也，其词云云。'明皇掩其口，使勿言，后举事，果验。"

八　画

斯〔sī《广韵》息移切，平支，心。〕❶指示代词。此，这。见"斯人""斯地""斯時"。❷副词。都，就。《郊庙歌辞·五郊乐章·青帝角音》："至德可飨，行潦斯挹。"则天皇后《唐明堂乐章·迎送王公》"君臣德合，鱼水斯同。"❸连词。犹则，乃。见清王引之《经传释词》卷八。玄宗《过晋阳宫》："井邑龙斯跃，城池凤翔余。"《唐享昊天乐章第十》："三献已周，九成斯毕。"❹助词。无实际意义，亦无语法作用。《诗经》中屡见，如《诗·小雅·甫田》："乃求千斯仓，乃球万斯箱。"《郊庙歌辞·五郊乐章·黄帝宫音》："毕陈万舞，乃荐斯牲。"❺语气词。用于句末。见《诗·小雅·何人斯》。来鹄《圣政纪颂》："昔何臣斯，隐我祖正。"❻见"斯須"。

【斯人】　❶此人，这个人。亦指这种人。李白《陈情赠友人》："斯人无良朋，岂有青云望。"岑参《终南山双峰草堂作》："胜事犹可追，斯人邈千载。"白居易《高仆射》："斯人古亦稀，何况今之代。"杜牧《沈下贤》："斯人清唱何人和，草径苔芜不可寻。"❷犹斯民。指人民，百姓。元结《与瀼溪邻里》："斯人转贫弱，力役非无冤。"

【斯文】　❶指礼乐教化、典章制度等。《郊庙歌辞·朝日乐章·肃和》："礼云克备，斯文有秩。"李白《上崔相百忧章》："斯文未丧，东岳岂颓。"孙昌胤《和司空曙刘昚虚九日送人》："君看酒中意，未肯丧斯文。"张贲《酬袭美先见寄倒来韵》："寻疑天意丧斯文，故选茅峰寄白云。"❷文人，文士。孟浩然《晓入南山》："贾生曾吊屈，予亦痛斯文。"杜甫《壮游》："斯文崔魏徒，以我似班扬。"李商隐《喜舍弟羲叟及第上礼部魏公》："国以斯文重，公仍内署来。"❸此文，此诗，此类诗文。钱起《美杨侍御清文见示》："斯文不易遇，清爽心岂足。"王起《贡举人谒先师闻雅乐》："长言听已罢，千载仰斯文。"孟郊《读张碧集》："先生今复生，斯文信难缺。"❹文彩。窦常《过宋氏五女旧居》："谢庭风韵婕妤才，天纵斯文去不回。"

【斯民】　指老百姓。韦应物《郡斋雨中与诸文士燕集》："自惭居处崇，未睹斯民康。"刘禹锡《善卷坛下作》："斯民既已治，我得安林薮。"刘叉《雪车》："庙堂食禄不自惭，我为斯民叹息还叹息。"李商隐《送从翁东川弘农尚书幕》："封崇自何等，流落乃斯民。"

【斯地】　此地，这个地方。杨炯《西陵峡》："及余践斯地，瑰奇信为美。"徐夤《春入鲤湖》："回首浮生真幻梦，何如斯地傍幽栖。"

【斯時】　此时，这个时候。杜甫《壮游》："斯时伏青蒲，廷争守御床。"皮日休《吴中苦雨因书一百韵寄鲁望》："而民当斯时，不觉有烦溽。"又《奉酬鲁望四声四首·平上声》："吾徒当斯时，此道可以了。"

【斯情】　此种情怀，此种情感。吴筠《高士咏·柏成子高》："俋俋耕不顾，斯情邈难俦。"李适《重阳日赐宴曲江亭赋六韵诗用清字》："永怀无荒戒，良士同斯情。"

【斯須】　须臾；片刻。储光羲《酬李处士山中见赠》："斯须旷千里，婉娩将十年。"杜甫《哀王孙》："不敢长语临交衢，且为王孙立斯须。"刘禹锡《西山兰若试茶歌》："斯须炒成满室香，便酌砌下金沙水。"贾岛《题山寺井》："沈沈百尺余，功就岂斯须。"

【斯繩】　谓执绳。斯，助词，无义。见《易·说卦》和《汉书·魏相传》。《郊庙歌辞·祈谷乐章·肃和》："履艮斯绳，居中体正。"

【斯箱】　指载粮的车子。箱，车厢。斯，助词。亦借指极多的粮食。语出《诗·小雅·甫田》。张九龄《奉和圣制瑞雪篇》："预数斯箱庆，应如此雪多。"高适《单父逢邓司仓覆仓库因而有赠》："校缗阅帑藏，发廪欣斯箱。"韦庄《和郑拾遗秋日感事一百韵》："路愁千里月，田爱万斯箱。

九 画

新 〔xīn《广韵》息鄰切，平真，心。〕❶初次出现的。与“舊”相对。太宗《登三台言志》：“扇天裁户旧，砌地剪基新。”赵徵明《相和歌辞·挽歌》：“原下荆棘丛，丛边有新墓。”长孙氏《春游曲》：“井上新桃偷面色，檐边嫩柳学身轻。”张祜《杂曲谣辞·苏小小歌》：“新人千里去，故人千里来。”❷没有用过的。与“舊”相对。刘长卿《同诸公袁郎中宴筵喜加章服》：“勋名传旧阁，蹈舞着新衣。”窦牟《元日喜闻大礼寄上翰林四学士中书六舍人二十韵》：“庆赐迎新服，斋庄弃旧簪。”王起《和李校书雨中自秘省见访知早入朝便入集贤不遇诗》：“新冠峨峨不变铁，旧泉脉脉犹在渠。”王建《闻故人自征戍回》：“尔弟修废枥，尔母缝新裳。”❸更新；使之新。见“新新”。❹新鲜，新洁，清新。玄宗《同刘晃喜雨》：“悬知花叶意，朝夕望中新。”杜甫《杂曲歌辞·丽人行》：“三月三日天气新，长安水边多丽人。”鲍溶《晚山蝉》：“能阅几时新碧树，不知何日寂金闺。”卢延让《谢杨尚书惠樱桃》：“揉蓝尚带新鲜叶，泼血犹残旧折条。”❺新的人或新的事物。杜甫《将适吴楚留别章使君留后兼幕府诸公得柳字》：“相逢半新故，取别随薄厚。”又《野人送朱樱》：“金盘玉箸无消息，此日尝新任转蓬。”王建《宫词一百首》之四：“白玉窗前起草臣，樱桃初赤赐尝新。”❻开始。宋之问《新年作》：“乡心新岁切，天畔独潸然。”刘长卿《岁夜喜魏万成郭夏雪中相寻》：“新年欲变柳，旧客共沾衣。”白居易《客中月》：“晓随残月行，夕与新月宿。”李贺《杂曲歌辞·十二月乐词·正月》：“上楼迎春新春归，暗黄著柳宫漏迟。”❼结婚或结婚不久的。李白《相和歌辞·白头吟二首》之二：“愿持照新人，双对可怜影。”卢仝《感古四首》之四：“哀哉旧妇何眉目，新婿随行向天哭。”❽副词。新近，刚刚。杜甫《雨四首》之三：“多病久加饭，衰容新授衣。”张籍《送杨少尹赴凤翔》：“西学已行秦博士，南宫新拜汉郎官。”刘驾《有感》：“高门几世宅，舞袖仍新赐。”

【新人】 ❶新娶的妻子，对先前的妻子而言。杜甫《佳人》：“但见新人笑，那闻旧人哭。”李端《妾薄命》：“新人莫恃新，秋至会无春。”刘元叔《妾薄命》：“且逐新人殊未归，还令秋至夜霜飞。”❷新得的姬妾。鲍溶《相和歌辞·怨诗》：“新人易如玉，废琴难为弦。”❸新嫁的丈夫，对先前的丈夫而言。张祜《杂曲谣辞·苏小小歌》：“新人千里去，故人千里来。”❹新出现或新任命的人。袁瓘《鸿门行》：“新人不如旧，旧人不相救。”李端《下策上薛侍郎》：“纵觉新人好，宁忘旧主疑。”刘禹锡《答乐天临都驿见赠》：“世事不同心事，新人何似故人。”❺谓新死之人。李贺《感讽五首》之三：“漆炬迎亲人，幽圹萤扰扰。”

【新天子】 新的国君。元稹《思归乐》：“归朝新天子，济济为上卿。”卢仝《月蚀诗》：“新天子即位五年，岁次庚寅，斗柄插子，律调黄钟。”徐夤《宋二首》之二：“岂知紫殿新天子，只是丹徒旧啬夫。”

【新水】 春水，新出现的水流。钱起《晚出青门望终南别业》：“远山新水下，寒皋微雨余。”白居易《春池闲泛》：“绿塘新水平，红槛小盘轻。”牛僧孺《李苏州遗太湖石因题二十韵奉呈梦得乐天》：“带雨新水静，轻敲碎玉鸣。”雍陶《晴诗》：“新水乱侵青草路，残烟犹傍绿杨村。”

【新月】 ❶农历每月初出的弯形的月亮。王勃《长柳》：“晚风清近壑，新月照澄湾。”李端《拜新月》：“开帘见新月，便即下阶拜。”刘长卿《宿怀仁县南湖寄东海荀处士》：“离人正惆怅，新月愁婵娟。”王涯《秋思赠远二首》之一：“不见乡书传雁足，唯看新月吐蛾眉。”❷农历月逢十五日新满的月亮。白居易《八月十五日夜禁中独亘对月忆元九》：“三五夜中新月色，二千里外故人心。”

【新文】 新近撰写的文章。李白《自梁园至敬亭山见会公谈陵阳山水因有此赠》：“雪山扫粉壁，墨客多新文。”郎士元《奉和杜相公益昌路作》：“已见庙谟能喻蜀，新文更喜报金华。”张籍《赠别孟郊》：“纯诚发新文，独有金石声。”李频《送德清喻明府》：“州传多古迹，县记是新文。”

【新火】 唐宋习俗，清明前一天禁火寒食，到清明节再起火赐百官，是为“新火”。杜甫《清明二首》之一：“朝来新火起新烟，湖色春光净客船。”权德舆《清明日次弋阳》：“家人定是持新火，点作孤灯照洞房。”张籍《同锦州胡郎中清明日对雨西亭宴》：“郡内开新火，高斋雨气清。”曹松《南海陪郑司空游荔园》：“叶中新火欺寒食，树上丹砂胜锦州。”

【新正】 ❶农历新年正月。孟浩然《溯江至武昌》：“残冻因风解，新正度腊开。”皇甫冉《送钱唐路少府赴制举》：“公车待诏赴长安，客里新正阻旧欢。”白居易《岁假内命酒赠周判官萧协律》：“共知欲老流年急，且喜新正假日频。”杜牧《早春赠军事薛判官》：“雪后新正半，春来四刻长。”❷农历正月初一，元旦。孟浩然《岁除夜会乐城张少府宅》：“旧曲梅花唱，新正柏酒传。”韦应物《元日寄诸弟兼呈崔都水》：“新正加我年，故岁去超忽。”白居易《除夜寄弟妹》：“病容非旧日，归思逼新正。”薛逢《元日田家》：“相逢但祝新正寿，对举那愁暮景催。”

【新史】 新史书。于鹄《横吹曲辞·出塞曲》：“如今新史上，已有灭胡名。”

【新生】　刚出现，刚产生。李贺《天上谣》："东指羲和能走马，海尘新生石山下。"白居易《题小桥前新竹招客》："桥前何所有，苒苒新生竹。"常达《山居八咏》之二："更堪论的意，林下笋新生。"齐己《晚夏金江寓居答友生》："碧耸新生竹，红垂半熟桃。"

【新禾】　❶新种的禾苗。戴叔伦《屯田词》："新禾未熟飞蝗至，青苗食尽余枯茎。"❷指新成熟的谷物。无名氏《永淳中童谣》："新禾不入箱，新麦不入场。"

【新白】　指头发新近变白。孟郊《答韩愈李观别因献张徐州》："懒磨旧铜镜，畏见新白发。"元稹《别李十一五绝》之五："闻君欲去潜销骨，一夜暗添新白头。"白居易《花下对酒二首》之一："楼中老太守，头上新白发。"于邺《秋夕闻雁》："千树又黄叶，几人新白头。"

【新令】　❶新的政令。刘长卿《送梁郎中赴吉州》："旧官移上象，新令布中和。"李绅《趋翰苑遭诬构四十六韵》："画象垂新令，消兵易旧谟。"❷新的指令、酒令等。卢纶《和张仆射塞下曲》："独立扬新令，千营共一呼。"杜牧《后池泛舟送王十秀才》："问拍拟新令，怜香占彩球。"

【新句】　诗文中清新优美的语句。亦泛指新的诗作。李嘉祐《送舍弟》："定知马上多新句，早寄袁溪当八行。"张籍《使回留别襄阳李司空》："回首吟新句，霜云满楚城。"雍陶《秋居病中》："新句有时愁里得，古方无效病来抛。"郑谷《寄题方干处士》："暮年诗力在，新句更幽微。"

【新市】　❶新开的市镇。王勃《乐府杂曲·鼓吹曲辞·临高台》："旗亭百队开新市，甲第千甍分戚里。"❷指新丰镇。在今江苏丹徒，产美酒。泛指请宴之地。李廓《杂曲歌辞·长安少年行》："还携新市酒，远醉曲江花。"储光羲《洛阳道五首献吕四郎中》之五："少年不得志，走马游新市。"翁承赞《甲子岁衔命到家至榕城册封次日闽王降旌旗于新丰饯别》："登庸楼上方停乐，新市堤边又举杯。"

【新阡】　新筑的墓道。亦借指新构筑的坟墓。崔融《韦长史挽词》："京兆新阡辟，扶阳甲第空。"岑参《河西太守杜公挽歌四首》之一："长安非旧日，京兆是新阡。"杜甫《故武卫将军挽歌三首》之三："哀挽青门去，新阡绛水遥。"姚合《文宗皇帝挽词三首》之三："彻奠新阡起，登山吉从全。"

【新加】　❶新近增加。李涉《看射柳枝》："玉弝朱弦敕赐弓，新加二斗得秋风。"❷指新迁加官或加封号。李颀《寄綦毋三》："新加大邑绶仍黄，近与单车去洛阳。"又《送崔婴赴汉阳》："中外相连弟与兄，新加小县子男名。"

【新曲】　（—qǔ）新的歌曲；新的曲调。卢照邻《赠益府群官》："昂藏多古貌，哀怨有新曲。"刘禹锡《杂曲歌辞·踏歌行》："自从雪里唱秋曲，直至三春花尽时。"温庭筠《弹筝人》："天宝年中事玉皇，曾将新曲教宁王。"徐铉《奉和宫傅相公怀旧见寄四十韵》："闲歌柳叶翻新曲，醉咏桃花促绮筵。"

【新年】　一年之始，指元旦及其后的几天。崔日用《奉和人日重宴大明宫恩赐彩缕人胜应制》："新年宴乐坐东朝，钟鼓铿锽大乐调。"刘长卿《酬郭夏人日长沙感怀见赠》："新年向国泪，今日倚门心。"卢仝《悲新年》："新年何事最堪悲，病客遥听百舌儿。"皮日休《旅舍除夜》："挑灯犹故岁，听角已新年。"

【新先辈】　唐时考中进士者互称新先辈。新先辈是对新进士的敬称。韦庄有《癸丑年下第献新先辈》。

【新竹】　新生的竹子。崔融《从军行》："依稀蜀杖迷新竹，仿佛胡床识故桑。"卢伦《郊居对雨寄赵涓给事包佶郎中》："萧飒宜新竹，龙钟拾野蔬。"白居易《晚兴》："闲吟倚新竹，筠粉污朱衣。"李远《邻人自金仙观移竹》："移居新竹已堪看，剷破莓苔得几竿。"

【新休】　雨新停。熊孺登《寒食》："东风泼火雨新休，舁尽春泥扫雪沟。"

【新色】　新的色彩，新的颜色。储光羲《泛茅山东溪》："江海霁初景，草木含新色。"孟郊《和蔷薇花歌》："忽惊锦浪洗新色，又似宫娃逞妆饰。"

【新衣】　新的衣服，新的服装。刘长卿《同诸公袁郎中宴筵喜加章服》："勋名传旧阁，蹈舞着新衣。"王建《长安春游》："骑马傍闲坊，新衣著雨香。"姚合《游春十二首》之五："旧历藏深箧，新衣薄絮绵。"贾岛《再投李益常侍》："新衣裁白苎，思从曲江行。"

【新池】　新辟成的水池。弓嗣初《晦日重宴》："年华蔼芳隰，春溜涨新池。"元友直《小苑春望宫池柳色》："柳色新池遍，春光御苑晴。"白居易《奉和裴令公新成午桥庄绿野堂即事》："旧径开桃李，新池凿凤凰。"薛能《参军厅新池》："流泉不至客来久，坐见新池落旧痕。"

【新宅】　新居。新建的住宅或新迁入的住宅。王建《秋日送杜虔州》："忆得宿新宅，别来余蕙香。"卢仝《寄男抱孙》："下学偷功夫，新宅锄藜莠。"白居易《移家入新宅》："移家入新宅，罢郡有余赀。"

【新安】　❶郡名。隋大业三年(607)改歙州治，治所在休宁县(今安徽休宁县)，十三年移治歙县(今安徽歙县)。唐武德初改为歙州，天宝元年(742)复为新安郡，乾元元年(758)改为歙州。崔颢《发锦沙村》："孤舟下建德，江水入新安。"綦毋潜《送贾恒明府兼寄温张二司户》："越客新安别，秦人旧国情。"陶翰《赠房侍御》:“郡临新安渚,佳赏此城偏。”刘长卿《题元录事开元所居》:“今日新安郡,因君水更清。”❷县名,秦置。治所在今河南渑池县东。隋大业初移治今河南新安县。杜甫《新安吏》:“客行新安道,喧呼闻点兵。借问新安吏,县小更无丁。”柳宗元《弘农公以硕德伟材屈于诬枉左官谨献诗五十韵以毕微志》:“关识新安地,封传临晋乡。”

【新安江】　水名。源自今安徽休宁、祁门两县境,东南流至浙江省汇入钱塘江。卢象《句》:“吴越山多秀,新安江甚清。”孟云卿《新安江上寄处士》:“深潭与浅滩,万转出新安。”李白《清溪行》:“借问新安江,见底何如此。”李嘉祐《冬夜饶州使堂饯相公五叔赴歙州》:

【新花】　❶新开的花。李峤《山》:“古壁丹青色,新花绮绣纹。”独孤及《和赠远》:“今年新花如旧时,去年美人不在兹。”白居易《白莲池泛舟》:“白藕新花照水开,红窗小舫信风回。”唐彦谦《春风四首》之二:“新花红烁烁,旧花满山白。”❷指新剪制的彩花。上官昭答《奉和圣制立春日侍宴内殿出剪彩花应制》:“密叶因裁吐,新花逐剪舒。”

【新芳】　新花,新开的花。崔枢《齐优开笼飞去所献楚王鹄》:“度云摇旧影,过树阅新芳。”权德舆《题邵端公林亭》:“凿池通野水,扫径阅新芳。”韩愈、孟郊《秋雨联句》:“椶菊茂新芳,径兰销晚馤。”

【新里】　新的聚居地。杜审言《登襄阳城》:“冠盖非新里,章华即旧台。”

【新邑】　新建的城邑。储光羲《述韦昭应画犀牛》:“有我衰鸟郎,新邑长鸣琴。”又《荐玄德公庙》:“灵山俯新邑,松上生彩烟。”李峤《奉和幸三会寺应制》:“故台苍颉里,新邑紫泉居。”

【新吟】　新的吟咏,新诗。白居易《酬令狐留守尚书见赠十韵》:“旧眷怜移疾,新吟念索居。”郑谷《送司封从叔员外徼赴华州裴尚书均辟》:“尽入新吟境,归朝兴莫慵。”包颖《和徐鼎臣见寄》:“且喜新吟报强健,明年相望杏园春。”齐己《答友生山居寄示》:“嘉遁有新吟,因僧寄竹林。”

【新吹】　新近吹奏。李百药《杂曲歌辞·少年行》:“始酌文君酒,新吹弄玉箫。”

【新作】　❶新作品,新创作。李白《鸣皋歌送岑征君》:“送君之归兮,动鸣皋之新作。”杜甫《苏大侍御访江浦赋八韵记异》:“再闻诵新作,突过黄初诗。”贾岛《病起》:“病令新作少,雨阻故人稀。”张乔《再题敬亭山清越上人山房》:“久别多新作,长吟洗俗愁。”❷新近做成。王维《春过贺遂员外药园》:“前年槿篱故,新作药栏成。”薛奇童《相和歌辞·怨诗二首》之二:“君王好长袖,新作舞衣宽。”刘方平《京兆眉》:“新作蛾眉样,谁将月里同。”

【新炊】　❶才刚炊煮。陆龟蒙《四月十五日道室书事寄袭美》:“乌饭新炊芼臛香,道家斋日以为常。”❷新煮的饭。杜甫《赠卫八处士》:“夜雨剪春韭,新炊间黄粱。”

【新社】　❶即春社。祭祀土地神以祈丰收,时间在立春后,清明前。卢仝《晚次新丰北野老家书事呈赠韩质明府》:“衰翁正席矜新社,稚子齐襟读古论。”韦庄《纪村事》:“酿酒迎新社,遥砧送暮晖。”薛能《桃花》:“风光新社燕,时节旧春农。”❷指新近结成的僧社。白居易《郡斋暇日忆庐山草堂兼寄二林僧社三十韵多叙出处之意》:“龙象投新社,鹓鸾失故行。”

【新妆】　亦作“新粧”。谓女子新颖别致的打扮修饰。徐坚《相和歌辞·棹歌行》:“棹女饰银钩,新妆下翠楼。”李白《采莲曲》:“日照新妆水底明,风飘香袖空中举。”元稹《赠刘采春》:“新妆巧样画双蛾,谩里常州透额罗。”韦庄《白牡丹》:“闺中莫妒新妆妇,陌上须惭傅粉郎。”

【新苗】　新生的禾苗。刘长卿《送齐郎中赴海州》:“直庐收旧草,行县及新苗。”

【新英】　❶新开放的花。李华《春游吟》:“美人摘新英,步步玩春绿。”元稹《大云寺二十韵》:“新英蜂采掇,荒草象耕耘。”❷指三片一簇如花初放的嫩茶。郑谷《峡中尝休》:“蔟蔟新英摘露光,小江园里火煎尝。”

【新苔】　新生长的青苔。太宗《山阁晚秋》:“古石衣新苔,新巢封古树。”席豫《江行幻事二首》之二:“古树崩沙岸,新苔覆石矶。”姚合《和裴令公新成绿野堂即事》:“曙雨新苔色,秋风长桂声。”张祜《闲居》:“僻巷新苔遍,空庭弱柳垂。”

【新林】　❶开春后刚抽芽长叶的树林。储光羲《寄孙山人》:“新林二月孤舟还,水满清江花满山。”韦应物《庄严精舍游集》:“新林泛景光,丛绿含露濡。”张继《江上送客游庐山》:“花映新林岸,云开瀑布泉。”白居易《春日闲居三首》之二:“新林绿阴成,众鸟欣相鸣。”❷指新林江。韩翃《送客还江东》:“君到新林江口泊,吟诗应赏谢玄晖。”参见“新林浦”。

【新林浦】　水名。在今江苏南京西南二十里许。李白《新林浦阻风寄友人》:“明发新林浦,空吟谢朓诗。”又《送友人游梅湖》:“暂行新林浦,定醉金陵月。”

【新雨】　刚下过雨。亦指刚下的雨。王维《山居秋暝》:“空山新雨后,天气晚来秋。”韦应物《游开元精舍》:“果园新雨后,香台照日初。”张籍《江南春》:“渡口过新雨,夜来生白蘋。”白居易《秋游原上》:“是时新雨足,禾黍夹道青。”

【新授】　❶新近授予。岑参《酬成少尹骆谷行见呈》:“忆昨蓬莱宫,新授刺史符。”白居易《初除官蒙裴常侍赠鹘衔瑞草绯袍鱼袋因谢惠贶兼抒离情》:“新授铜符未著绯,因君装束始光辉。”❷新近传授。许浑《赠河东虞押衙二首》之一:“旧精鸟篆谙书体,新授龙韬识战机。”曹唐《小游仙诗九十八首》之九五:“新授金书八素章,玉皇教妾主扶桑。”薛昭蕴《女冠子》词:“云罗雾縠,新授明威法箓。”

【新事】 ❶新出现的事情。刘禹锡《送元上人归稽亭》:“徒侣问新事,烟云怆别情。”温庭筠《赠卢长史》:“地深新事少,官散故交疏。”崔涂《南山旅舍与故人别》:“病知新事少,老别旧交难。”齐己《谢人寄新诗集》:“所闻新事即戈矛,欲去终疑是暗投。”❷谓侍奉新主人。韩翃《送监军李判官》:“旧从张博望,新事郑长秋。”

【新刺】 新长出的刺。鲍溶《采莲曲二首》之一:“殷勤护惜纤纤指,水菱初熟多新刺。”

【新奇】 新颖奇特,新鲜奇妙。窦冀《怀素上人草书歌》:“偏看能事转新奇,郡守王公同赋诗。”卢仝《寄赠含曦上人》:“近来爱作诗,新奇颇烦委。”白居易《奉和思黯自题南庄见示兼呈梦得》:“谢家别墅最新奇,山展屏风花夹篱。”方干《赠进士章碣》:“织锦虽云用旧机,抽梭起样更新奇。”

【新尚】 新的爱好。韩愈《岳阳楼别窦司直》:“事多改前好,趣有获新尚。”

【新果】 鲜果,新鲜的水果。权德舆《酬裴杰秀才新樱桃》:“新果真琼液,来应宴紫兰。”张籍《祭退之》:“新果及异鲑,无不相待尝。”白居易《寄皇甫七》:“邻女偷新果,家僮漉小鱼。”张祜《晚夏归别业》:“鸟啼新果熟,花落故人稀。”

【新知】 新结交的知己。语本《楚辞·九歌·少司命》:“悲莫悲兮生别离,乐莫乐兮新相知。”李商隐《风雨》:“新知遭薄俗,旧好隔良缘。”

【新炊】 新煮的饭。杜甫《赠卫八处士》:“夜雨剪春韭,新炊间黄粱。”亦指新煮饭。陆龟蒙《四月十五日道室书事寄袭美》:“乌饭新炊芼臛香,道家斋日以为常。”

【新兔】 指新征收的兔子。梁冀起兔苑,移檄所在调发生兔。见《后汉书·梁冀传》。李贺《荣华乐》:“能教刻石平紫金,解送刻毛寄新兔。”

【新店】 地名。当在黄河边。司空图《偶书五首》之五:“新店南原后夜程,黄河风浪信难平。”

【新法】 新的方法。李端《酬前驾部员外郎苗发》:“煮玉矜新法,留符识旧仙。”

【新河】 新开凿的河流。李白《题瓜州新河饯族叔舍人贲》:“齐公凿新河,万古流不绝。”刘长卿《送杨於陵归宋汴州别业》:“新河柳色千株暗,故国云帆万里归。”无名氏《沧州百姓歌》:“新河得通舟楫利,直达沧海鱼盐至。”

【新官】 新上任的官。权德舆《送韦十二丈赴襄城令三韵》:“旧业传一经,新官栽五柳。”张籍《祭退之》:“籍受新官诏,拜恩当入城。”白居易《送考功崔郎中赴阙》:“称意新官又少年,秋凉身健好朝天。”马戴《送狄参军赴杭州》:“新官非次受,圣主宠前勋。”

【新郎】 新郎君。指新进士或新及第者。刘禹锡《送李二十九兄员外赴邠宁使幕》:“南宫通籍新郎吏,西候从戎旧主人。”顾非熊《送皇甫司录赴黔南幕》:“远别因多感,新郎倍寂寥。”谭用之《河桥楼赋得群公夜宴》:“芙蓉帘幕扇秋红,蛮府新郎夜宴同。”

【新郎吏】 新授的郎官。刘禹锡《送李二十九兄员外赴邠宁使幕》:“南宫通籍新郎吏,西候从戎旧主人。”

【新房】 新建的房屋。花蕊夫人徐氏《宫词》之六二:“内人承宠赐新房,红纸泥窗绕画廊。”

【新衫】 新的衣衫。刘禹锡《和乐天柘枝》:“松鬓改梳鸾凤髻,新衫别织斗鸡纱。”王建《宫词一百首》之十六:“新衫一样殿头黄,银带排方獭尾长。”

【新居】 新建的住宅;新迁入的居所。陶岘《西塞山下回舟作》:“匡庐旧业是谁主,吴越新居交此生。”张籍《寄韩愈》:“野馆非我室,新居未能安。”韩愈《崔十六少府摄伊阳以诗及书见投因酬三十韵》:“我时亦新居,触事苦难办。”贾岛《杨秘书新居》:“城角新居邻静寺,时从新阁上经楼。”

【新除】 新任命。王建《赠李愬仆射》:“独破淮西功业大,新除陇右世家雄。”曹唐《小游仙诗九十八首》之十七:“玉诏新除沈侍郎,便分茅土镇东方。”王贞白《入塞》:“新除羽林将,曾破月支兵。”

【新姑】 指新结婚的女子。温庭筠《会昌丙寅丰岁歌》:“新姑车左及门柱,粉项韩凭双扇中。”

【新春】 初春。指农历元旦以后的一二十天。沈佺期《梅花落》:“夕逐新春管,香迎小岁杯。”耿沣《渭上送李藏器移家东都》:“故国三千里,新春五十年。”杨巨源《城东早春》:“诗家清景在新春,绿柳才黄半未匀。”李商隐《春日》:“欲入卢家白玉堂,新春催破舞衣裳。”

【新城】 新建的城镇。太宗《执契静三边》:“钱缀榆天合,新城柳塞空。”钱起《同王员外陇城绝句》:“不忆新城连嶂起,唯惊画角入云高。”张籍《送令狐尚书赴东都留守》:“勋业新城大梁镇,思荣更守洛阳宫。”杜牧《忆归》:“新城非故里,终日想柴扃。”薛能《闻官军破吉浪戎小而固虑史氏遗忽因记为二章》:“通连无旧穴,要害有新城。”

【新政】 新的政令。戴叔伦《送谢夷甫宰余姚县》："到时应变俗，新政满余姚。"

【新政縣】 唐武德四年（621）置，治所即今四川仪陇县新政镇。元稹《新政县》："新政县前逢月夜，嘉陵江底看星辰。"又《感梦》："前经新政县，今夕复明辰。"

【新茸】 初生的嫩苗。刘禹锡《西山兰若试茶歌》："山僧后檐茶数丛，春来映竹抽新茸。"

【新茶】 新采制的茶叶。顾况《焙茶坞》："新茶已上焙，旧架忧生醭。"卢仝《忆金鹅山沈山人二首》之一："一片新茶破鼻香，请君速来助我喜。"白居易《北亭招客》："小盏吹醅尝冷酒，深炉敲火炙新茶。"司空图《丑年冬》："醉日昔闻都下酒，何如今喜折新茶。"

【新草】 新生长的草。独孤及《同皇甫侍御斋中春望见示之作》："甘比流波辞旧浦，忍看新草遍横塘。"李端《野寺病居喜卢纶见访》："青青麦垄白云阴，古寺无人新草深。"朱庆余《送品上人入秦》："江雪沾新草，秦园发故条。"吴融《长安逢故人》："池影含新草，林芳动早梅。"

【新茗】 新茶。裴度《凉风亭睡觉》："饱食缓行新睡觉，一瓯新茗侍儿煎。"白居易《谢李六郎中寄新蜀茶》："故情周匝向交亲，新茗分张及病身。"张祜《题普贤寺》："更共尝新茗，闻钟笑语间。"李中《赠朐山孙明府》："闲抚素琴曹吏散，自烹新茗海僧来。"

【新故】 ❶新与旧。太宗《守岁》："共欢新故岁，迎送一宵中。"李端《鲜于少府宅看花》："孤光杂新故，众色更重累。"元稹《酬乐天赴江州路上见寄三首》之二："风尘同古今，人世劳新故。"曹松《道中》："主人厚薄礼，客子新故衣。"❷新交与故友，杜甫《将适吴楚留别章使君留后兼幕府诸公得柳字》："相逢半新故，取别随薄厚。"

【新柳】 新栽种的柳树；新长出的柳枝。杜审言《宿羽亭侍宴应制》："风光新柳报，宴赏落花催。"刘长卿《送李补阙之上都》："路看新柳夕，家对旧山秋。"黎逢《小苑春望宫池柳色》："上林新柳变，小苑暮天晴。"刘皂《边城柳》："一株新柳色，十里断孤城。"

【新按】 初次弹奏。雍陶《杂曲歌辞·少年行》："觅匠重装燕客剑，对人新按越姬筝。"

【新思】 新意，新的意蕴。卢纶《酬包佶郎中览拙卷后见寄》："枉逢花木无新思，拙就溪潭损旧居。"

【新拜】 新近拜官。张籍《少年行》："少年从出猎长杨，禁中新拜羽林郎。"王建《赠郭将军》："承恩新拜上将军，当直巡更近五云。"白居易《送徐州高仆射赴镇》："大红旆引碧幢旌，新拜将军指点行。"皮日休《送令狐补阙归朝》："为说明年今日事，晋廷新拜黑头公。"

【新秋】 初秋。骆宾王《晚泊江镇》："荷香销晚夏，菊气入新秋。"韦应物《送榆次林明府》："别思方萧索，新秋一叶飞。"令狐楚《立秋日》："平日本多恨，新秋偏易悲。"李涉《酬举生许遇山居》"琉璃潭上新秋月，清净泉中智惠珠。"

【新科】 新的法令条文。吕渭《皇帝移晦日为中和节》："湔裙移旧俗，赐尺下新科。"

【新律】 ❶新的法律；新的法令。杜甫《奉送郭中丞兼太仆卿充陇右节度使三十韵》："元帅调新律，前军压旧京。"李绅《到宣武三十韵》："旧风除物蠹，新律奉师贞。"徐铉《送杨郎中唐员外奉使湖南》："今朝草木逢新律，昨日山川满战尘。"❷新的律管，新与节候相适应的律管。陆贽《晓过南宫闻太常清乐》："节随新律改，声带绪风轻。"刘商《合肥至日愁中寄郑明府》："灰管移新律，穷阴变一阳。"刘禹锡《早秋集贤院即事》："灰琯应新律，铜壶添夜筹。"白居易《酬卢秘书二十韵》："旧恩收坠履，新律动寒灰。"

【新鬼】 新死者的鬼魂。杜甫《兵车行》："新鬼烦冤旧鬼哭，天阴雨湿声啾啾。"又《对雪》："战哭多新鬼，愁吟独老翁。"孟郊《吊卢殷》之一："君归新鬼乡，我面古玉颜。"

【新風】 指春日之东风。见《礼记·月令》。《郊庙歌辞·五郊乐章·青帝角音》："律候新风，阳开初蛰。"

【新衰】 指为父母举哀的丧主。张说《右丞相苏公挽歌二首》之一："缁衣传旧职，华衮赠新衰。"

【新亭】 ❶亭名。故址在今江苏南京市江宁区南。三国吴建，名临沧观。晋安帝隆安中丹阳尹司马恢之重修，名新亭。东京时为京师名士周顗、王导等诸名流游宴之所，遂致此亭声名大振。李白《金陵新亭》："金陵风景好，豪士集新亭。"杜甫《十二月一日三首》之二："新亭举目风景切，茂陵著书消渴长。"皇甫冉《李二侍御丹阳东去新亭》："旧日新亭更携手，他乡风景亦相关。"徐铉《亚元舍人不替深知猥贻佳作因为长歌以为极》："新亭风景如东洛，邙岭林泉似北山。"❷泛称新建的亭阁。杜甫《同李太守登历下古城员外新亭亭对鹊湖》："新亭结构罢，隐见清湖阴。"韩愈《奉和虢州刘给事使君三堂新题二十一咏·新亭》："湖上新亭好，公来日出初。"柳宗元《巽公院五咏·芙蓉亭》："新亭俯朱槛，嘉木开芙蓉。"姚合《题凤翔西郭新亭》："西郭尘埃外，新亭制度奇。"

【新亭泣】 思念故国或忧伤时事。东晋时南渡人士常在新亭饮宴，有时不免伤感落泪。见南朝宋刘义庆《世说新语·言语》。独孤及《癸卯岁赴南丰道中闻京师失守寄权士繇韩幼深》："莫作新亭泣，徒使夷吾嗤。"吴融《过渑池书事》："莫道新亭人对泣，异乡殊代也沾衣。"

【新度】　新过，才刚经过。张泌《长安道中早行》："鸡唱未沈函谷月，雁声新度灞陵烟。"白居易《早春独游曲江》："影迟新度雁，声涩欲啼莺。"

【新音】　❶新的声音。孟郊《汝州南潭陪陆中丞公宴》："山态变初霁，水声流新音。"❷新的音乐。邵谒《古乐府》："对酒弹古琴，弦中发新音。"

【新恨】　新出现的怅惘之情。戴叔伦《赋得长亭柳》："送客添新恨，听莺忆旧游。"白居易《逢旧》："我梳白发添新恨，君扫青蛾减旧容。"曹唐《织女怀牵牛》："封题锦字凝新恨，抛掷金梭织旧愁。"徐铉《和方泰州见寄》："逐客凄凄重入京，旧愁新恨两难胜。"

【新室】　❶新的房舍，新的人家。戎昱《赠宜阳张使君》："旧郭多新室，闲坡尽辟田。"❷指王莽新朝。公元8年，王莽代汉称帝，国号"新"。后因称其王朝为"新室"。周昙《咏史诗・前汉门・王莽》："新室不因崇外戚，水中安敢生营？"

【新軍】　新编的军队。杜甫《曲江对雨》："龙武新军深驻辇，芙蓉别殿谩焚香。"皇甫冉《送常大夫加散骑常侍赴朔方》："故垒烟尘后，新军河塞间。"李益《再赴渭北使府留别》："故府旌旗在，新军羽校齐。"

【新柔】　指初生的茶叶。孟郊《游枋口》之二："芳物竞晼晚，绿梢挂新柔。"韩愈、孟郊《远游联句》："村饮泊好木，野蔬拾新柔。"

【新班】　新的位次。黄滔《寄献梓橦山侯侍御》："东门添故事，南省缺新班。"

【新桂】　❶新月。传说月中有桂树，故称。李贺《房中思》："新桂如蛾眉，秋风吹小绿。"李商隐《题僧壁》："蚌胎未满思新桂，琥珀初成忆旧松。"❷晋人郤诜自夸贤良对策，为天下第一，犹桂林一枝，昆山片玉。故以"折挂"谓科举考试中式，"新桂"指新近科举中式者。无可《书事寄万年厉员外》："文场新桂茂，粉署旧兰崇。"胡曾《咏史诗・下第》："上林新桂年年发，不许平人折一枝。"

【新條】　新枝条。李从善《蔷薇诗一首十八韵呈东海侍郎徐铉》："嫩刺牵衣细，新条窣草垂。"岑参《春遇南使贻赵知音》："枯杨长新条，芳草滋旧根。"姚合《杨柳枝词五首》之三："江上东西离别饶，旧条折尽折新条。"罗隐《柳》："明年更有新枝在，绕乱春风卒未休。"

【新朔】　指农历每月初一。元稹《月三十韵》："蓂叶标新朔，霜豪引细辉。"

【新流】　❶新有水流。太宗《咏雨》："新流添旧涧，宿雾足朝烟。"刘友贤《晦日宴高氏林亭》："池碧新流满，岩红落照斜。"高适《同房侍御山园新亭与邢判官同游》："决河导新流，疏径踪旧林。"薛能《春色满皇州》："上林荣旧树，太液镜新流。"❷新人，新辈。沈佺期《七夕曝衣篇》："椒房金屋宠新流，意气骄奢不自由。"

【新洗】　新近洗涤、浆洗。杜甫《别常征君》："白发少新洗，寒衣宽总长。"白居易《悲歌》："白头新洗镜新磨，老逼身来不奈何。"齐己《移居西湖作二首》之一："只待秋声涤心地，衲衣新洗健形容。"

【新浴】　新近沐浴。王建《昭应官舍》："避风新浴后，请假未醒间。"吕温《河中城南姚家浴后题赠主人》："新浴振轻衣，满堂寒月色。"白居易《春眠》："新浴肢体畅，独寝神魂安。"和凝《麦秀两岐》词："脸莲红，眉柳绿，胸雪宜新浴。"

【新宫】　❶新的宫殿。王维《奉和圣制与太子诸王三月三日龙池春禊应制》："故事修春禊，新宫展豫游。"储光羲《群鸦咏》："新宫骊山阴，龙衮时出豫。"韩愈《元和圣德诗》："荐于新宫，视瞻梁梠。"❷古逸诗名。丘光庭为补写，共三章(见《全唐诗》卷七六七)。

【新芻】　当为"新篘"之误。篘，用竹编成的滤酒的器具，故借指酒。新篘，即新酒。段成式《怯酒赠周繇》："大白东西飞正狂，新刍石冻杂梅香。"

【新桃】　新开的桃花。长孙氏《春游曲》："井上新桃偷面色，檐边嫩柳学身轻。"

【新夏】　初夏。李贺有《新夏歌》。贾岛《喜无可上人游山回》："相逢新夏满，不见半年余。"李建勋《怀赠操禅师》："杉松新夏后，雨雹夜禅中。"韦庄《和人春暮书事寄崔秀才》："才见早春莺出谷，已惊新夏燕巢梁。"

【新破】　新近打败敌人。耿沣《横吹曲辞・入塞曲》："首登平乐宴，新破大宛归。"皎然《相和歌辞・从军行》："汉旆拂丹霄，汉军新破辽。"孙棨《题刘泰娘舍》："汉高新过咸阳后，英俊奔波遂吃虚。"韦庄《江上村居》："闻道汉军新破虏，使来仍说近离京。"

【新租】　新交的田赋。齐己《耕叟》："官仓鼠雀群，共待新租入。"

【新凉】　新出现的凉爽。韩愈《符读书城南》："时秋积雨霁，新凉入郊墟。"张籍《和李仆射雨中寄卢严二给事》："晚润生琴匣，新凉满药斋。"

【新家】　新的居宅。王维《辋川集・孟城坳》："新家孟城口，古木余衰柳。"刘长卿《送金昌宗归钱塘》："新家浙江上，独泛落潮归。"刘禹锡《和思黯忆南庄见示》："丞相新家伊水头，智囊心匠日增修。"贾岛《寄江上人》："紫阁旧房在，新家中岳东。"

【新書】　❶新近书写。苏涣《赠零陵僧》："零陵沙门继其后，新书大字大如斗。"樊骧《和主司王起》："满朝簪发半门生，又见新书甲乙名。"韩偓《玉合》："开缄不见新书迹，带粉犹残旧泪痕。"❷新发行的书籍或新颁发的文书。储光羲《同诸公送李云南伐蛮》：

"边吏静县道，新书行纪纲。"孟郊《姑蔑城》："抚俗观旧迹，行春布新书。"许浑《送人之任邛州》："黄卷新书芸委积，青山旧路菊离披。"张贲《奉和袭美先辈悼鹤》："丹台旧氅难重绢，紫府新书岂更通。"

【新陳】 新与旧。刘禹锡《和乐天早寒》："酒瓮新陈接，书签次第排。"杜牧《题白云楼》："高下绿苗千顷尽，新陈红粟万箱空。"

【新著】 (—zhuó)新穿。独孤及《官渡柳歌送李员外承恩往扬州觐省》："脱却貂襜褕，新著五彩衣。"张籍《送浙西周判官》："天阙因将贺表到，家乡新著赐衣还。"徐凝《过马当》："三月尽头云叶秀，小姑新著好衣裳。"韦庄《使院黄葵花》："薄妆新著淡黄衣，对捧金炉侍醮迟。"

【新梢】 新长出的树梢。杜甫《严郑公宅咏竹》："绿竹半含箨，新梢才出墙。"杜牧《长安送友人游湖南》："青梅繁枝低，斑笋新梢短。"

【新雪】 初降的雪。冯宿《酬白乐天刘梦得》："遥约和风新草木，且令新雪静尘埃。"权德舆《送清汶上人谒信州陆员外》："滩经水濑逢新雪，路过渔潭宿暝烟。"白居易《江州雪》："新雪满前山，初晴好天气。"林宽《寄何绍余》："芙蓉苑北曲江岸，期看终南新雪晴。"

【新唱】 新创作的诗词曲作品。许浑《酬副使郑端公见寄》："郢中白雪惭新唱，涂上青山忆旧游。"

【新第】 新建的住宅。刘得仁《题从伯舍人道正里南园》："帝里余新第，朱门面碧岑。"黄滔《陈侍御新居》："幕客开新第，词人遍有诗。"

【新偈】 (—jì)新的佛经唱词。储光羲《同房宪部应旋》："微言发新偈，粲粲如悬圃。"

【新訣】 新的秘诀。韦渠牟《步虚词十九首》之四："镂玉留新诀，雕金得旧编。"

【新粒】 新收获的谷物。岑参《宿华阴东郭客舍忆阎防》："主人炊新粒，行子充夜饥。"

【新陰】 春夏之交新生枝叶逐渐茂密而形成的树荫。崔护《郡斋三月下旬作》："偃仰卷芳褥，顾步爱新阴。"白居易《首夏》："春禽余哢在，夏木新阴成。"杨汝士《宴杨仆射新昌里第》："文章旧价留鸾掖，桃李新阴在鲤庭。"韩偓《夏日》："庭树新阴叶未成，玉阶人静一蝉声。"

【新清】 新的清颖。齐己《喜罾公自武陵至》："鬓全无旧黑，诗别有新清。"

【新添】 新近增加；刚才增添。李颀《寄司勋卢员外》："归鸿欲度千门雪，侍女新添五夜香。"王建《朝天词十首寄上魏博田侍中》："初从战地来无物，唯奏新添十八州。"刘长卿《送贾三北游》："雨色新添漳水绿，夕阳远照苏门高。"王睿《秋》："欲知潘鬓愁多少，一夜新添白数茎。"

【新渥】 新的恩惠。杜甫《览柏中允兼子侄数人除官制词因述父子兄弟四美载歌丝纶》："高名入竹帛，新渥照乾坤。"

【新姬】 新的姬妾。刘禹锡《同乐天和微之深春二十首》之八："傲客多凭酒，新姬苦上车。"刘驾《寄远》："去年君点行，贱妾是新姬。"

【新婚】 刚结婚。韦应物《送秦系赴润州》："近作新婚镊白髯，长怀旧卷映蓝衫。"杜甫《新婚别》："勿为新婚念，努力事戎行。"韩翃《赠王随》："青云自致晚应遥，朱邸新婚乐事饶。"白居易《读邓鲂诗》："擢第禄不及，新婚妻未归。"

【新婦】 ❶新娘子。指刚结婚或结婚不久的女子。李嘉祐《送郑正则汉阳迎妇》："望夫山上花犹发，新妇江边莺未稀。"王建《促刺词》："百年不遣踏君门，在家谁唤为新妇。"又《失钗怨》："双杯行酒六亲喜，我家新妇宜拜堂。"韩愈《谁氏子》："翠眉新妇年二十，载送还家哭穿市。"白居易《初除户曹喜而言志》："弟兄俱簪笏，新妇严衣巾。"❷指儿媳。黄生《义府·新妇》："汉以还，呼子妇为新妇。"王建《赛神曲》："新妇上酒勿辞勤，使尔舅姑无所苦。"元稹《有鸟二十章》之十八："君不见隋朝陇头姥，娇养双鹦嘱新妇。"

【新習】 新的习气，新的气派。孟郊《擢第后东归书怀献座主吕侍御》："宝镜无私光，时文有新习。"

【新貫】 新意。宋苏轼《和顿教授见寄》："仄闻顿夫子，讲道出新贯。"韩愈、张籍《会合联句》："析言多新贯，摅抱无昔壅。"

【新巢】 新营建的鸟巢。太宗《山阁晚秋》："古石衣新苔，新巢封古树。"杜甫《堂成》："暂止飞乌将数子，频来语燕定新巢。"顾况《空梁落燕泥》："旧点痕犹浅，新巢绢尚低。"李建勋《归燕词》："旧地人潜换，新巢雀谩窥。"

【新堤】 新筑的堤坝。孟浩然《和张判官登万山亭因赠洪府都督韩公》："旧径兰勿剪，新堤柳欲阴。"张籍《沙堤行呈裴相公》："白麻诏下移相印，新堤未成旧堤尽。"

【新裁】 ❶新近裁制。戴叔伦《白苎词》："新裁白苎胜红绡，玉佩珠缨金步摇。"杨巨源《见薛侍御戴不损裹帽子因赠》："潘郎对青镜，乌帽似新裁。"史凤《神鸡枕》："枕绘鸳鸯久与栖，新裁雾縠斗神鸡。"雍陶《公子行》："公子风流嫌锦绣，新裁白纻作春衣。"❷新近撰写、创作。顾况《和翰林吴舍人兄弟西斋》："新裁尺一诏，早入明光宫。"郑谷《蜡烛》："金闺露白新裁诏，画阁春红正试妆。"李郢《和湖州杜员外冬至日白蘋洲见忆》："白蘋亭上一阳生，谢朓新裁锦绣成。"❸指诗文作品。孟郊《雪》："强起吐巧词，委曲多新裁。"

【新晴】 天刚放晴。亦指刚放晴的天气。萧至忠《陪幸长宁公主林亭》:"新晴看蛱蝶,早夏摘芙蕖。"元结《登白云亭》:"长山绕井邑,登望宜新晴。"白居易《湖亭望水》:"久雨南湖涨,新晴北客过。"郑谷《郊野》:"蓼水菊篱边,新晴有乱蝉。"

【新貴】 新近为官者。新的贵族。司空图《乱后三首》之二:"行在多新贵,幽栖独长年。"

【新啼】 新近鸣啼。李涉《寄荆娘写真》:"青楼曈昽曙光蚤,梨花满巷莺新啼。"雍陶《洛源驿戏题》:"柳阴春岭鸟新啼,暖色浓烟深处迷。"齐己《春寄尚颜》:"含桃花谢杏花开,杜宇新啼燕子来。"

【新愁】 新添的忧愁。王建《长安早春》:"先向红妆添晓梦,争来白发送新愁。"孟郊《寄张籍》:"旧爱忽已远,新愁坐相凌。"徐凝《长庆春》:"山头水色薄笼烟,久客新愁长庆年。"薛能《一叶落》:"客心空自比,谁肯问新愁。"

【新筍】 新生的竹笋。李颀《篱笋》:"东园长新笋,映日复穿篱。"韩愈《和侯协律咏笋》:"竹亭人不到,新笋满前轩。"元稹《和友封题开善寺十韵》:"竹荒新笋细,池浅小鱼跳。"李涉《头陀寺看竹》:"寺前新笋已成竿,策马重来独自看。"

【新集】 新的诗文集。王建《赠卢汀谏议》:"近见兰台诸吏说,御诗新集未教传。"齐己《喜得自牧上人书》:"闻著括囊新集了,拟教谁与序离骚。"

【新詠】 亦作"新咏"。新近作的诗。钱起《紫参歌》:"蓬山才子怜幽性,白云阳春动新咏。"窦牟《缑氏拜陵回道中呈李舍人少尹》:"却愁新咏发,酬和不相如。"元稹《城外回谢子蒙见谕》:"潘安寄新咏,仍是夜深来。"路贯《和元常侍除浙东留题》:"共喜甘棠有新咏,独惭霜鬓又攀龙。"

【新詞】 新的诗作。白居易《读李杜诗集因题卷后》:"文场供秀句,乐府待新词。"张祜《观杨瑗柘枝》:"微动翠蛾抛旧态,缓遮檀口唱新词。"司空图《漫题》:"看看万里休征戍,莫向新词寄断肠。"方干《送睦州侯郎中赴阙》:"青云旧路归仙掖,白凤新词入圣聪。"

【新寒】 气候开始转冷。刘宪《奉和九月九日圣制登慈恩寺浮图应制》:"御酒新寒退,天文瑞景留。"

【新婿】 岳家称新作亲的女婿。卢仝《感古四首》之四:"哀哉旧妇何眉目,新婿随行向天哭。"

【新嫁娘】 新娘,新出嫁的女子。王建有《新嫁娘词三首》。

【新開】 ❶花朵新开放。王涯《春游曲二首》之一:"万树江边杏,新开一夜风。"李白《送祝八之江东赋得浣纱石》:"桃李新开映古查,菖蒲犹短出平沙。"韩愈《木芙蓉》:"新开寒露丛,远比水间红。"白居易《东园玩菊》:"唯有数丛菊,新开篱落间。"❷新近开启,新近打开。孟浩然《裴司士员司户见寻》:"府僚能枉驾,家酝复新开。"钱起《九日宴浙江西亭》:"木奴向熟悬金实,桑落新开泻玉缸。"白居易《冬夜对酒寄皇甫十》:"新开一瓶酒,那得不相思。"又《题香山新经堂招僧》:"谁能来此寻真谛,白老新开一藏经。"❸新近开辟、兴建。李端《赠郭驸马》之二:"新开金埒看调马,旧赐铜山许铸钱。"王建《新开望山处》:"新开望山处,今朝减病眠。"刘禹锡《答东阳于令寒碧图诗》:"新开潭洞疑仙镜,远写丹青到雍州。"张籍《山中赠日南僧》:"甃石新开井,穿林自种茶。"

【新翠】 新绿。初春草木显现的嫩绿色。宋之问《龙门应制》:"河堤柳新翠,苑树花先发。"亦泛指嫩绿色。李贺《河南府试十二月乐词·三月》:"复宫深殿竹风起,新翠舞衿净如水。"

【新登】 新近进用;新近及第。岑参《送蒲秀才擢第归蜀》:"新登郄诜第,更著老莱衣。"又《送张秘书充刘相公通汴河判官便赴江外觐省》:"新登麒麟阁,适脱獬豸冠。"刘禹锡《李贾二大谏拜命后寄杨八寿州》:"谏省新登二直臣,万方惊喜捧丝纶。"姚合《寄李频》:"珍重君名字,新登甲乙科。"

【新絲】 ❶当年的蚕丝。聂夷中《咏田家》:"二月卖新丝,五月粜新谷。"唐彦谦《采桑女》:"愁听门外催里胥,官家二月收新丝。"❷喻初生的白发。元稹《哭女樊四十韵》:"往绪心千结,新丝鬓百茎。"白居易《除苏州刺史别洛城东花》:"乱雪千花落,新丝两鬓生。"方干《题慈溪张丞壁》:"共向乡中非半面,俱惊鬓里有新丝。"鲍溶《寄妇》:"新丝强入未衰鬓,别泪应沾独宿衣。"

【新臺】 新建的台阁。沈佺期《安乐公主移入新宅》:"马香遗旧埒,风吹绕新台。"

【新蓮】 新开的莲花;新荷。李端《宿荐福寺东池有怀故园因寄元校书》:"旧笋方辞箨,新莲未满房。"白居易《因梦得题公垂所寄蜡烛因寄公垂》:"照梁初日光相似,出水新莲艳不如。"张祜《拔蒲歌》:"郎心在何处,莫趁新莲去。"唐彦谦《莲》:"新莲映多浦,迢递绿塘东。"

【新蒲】 新生的菖蒲。储光羲《闲居》:"步栏滴余雪,春塘抽新蒲。"王建《江陵道中》:"菱叶参差萍叶重,新蒲半折夜来风。"白居易《开元寺东池早春》:"簇簇青泥中,新蒲叶如剑。"朱庆余《泛溪》:"余卉才分影,新蒲自作丛。"

【新墓】 新起的坟墓。皇甫冉《送魏六侍御葬》:"盛曹徒列柏,新墓已栽松。"王建《伤邻家鹦鹉词》:"短声亦绝翠臆翻,新墓崔嵬旧巢远。"姚合《哭贾岛二首》之二:"新墓松三尺,空阶月二更。"

【新禁】 (一jìn)新近禁止。刘禹锡《同乐天和微之深春二十首》之十五:“能偷新禁曲,自剪入时花。”

【新雷】 最初的春雷。李端《早春夜望》:“旧雪逐泥沙,新雷发草芽。”

【新歲】 新年。宋之问《新年作》:“乡心新岁切,天畔独潸然。”孟浩然《早春润州送从弟还乡》:“已多新岁感,更饯白眉还。”刘禹锡《岁夜咏怀》:“弥年不得意,新岁又如何?”卢贞《和刘梦得岁夜怀友》:“贞元朝士尽,新岁一悲凉。”

【新蛾】 妇女新画的细眉。杨师道《初宵看婚》:“洛城花烛动,戚里画新蛾。”

【新甃】 新砌。指新砌之井。李颀《长寿寺粲公院新甃井》:“白石抱新甃,苍苔依旧栏。”

【新愁舊恨】 指对现状和往事均感到烦恼和怨恨。韩偓《三月》:“新愁旧恨真无奈,须就邻家瓮底眠。”雍陶《忆山寄僧》:“新愁旧恨多难说,半在眉间半在胸。”

【新篘】 新竹。韦应物《将往滁城恋新竹简崔都水示端》:“停车欲去绕丛竹,偏爱新篘十数竿。”

【新節】 新的时令,新的季节。韦应物《对雪赠徐秀才》:“妍光属瑶阶,乱绪陵新节。”又《寒食后北楼作》:“园林过新节,风花乱高阁。”朱湾《平陵寓居再逢寒食》:“火燧知从新节变,灰心还与故人同。”令狐楚《立秋日悲怀》:“又添新节恨,犹抱故年哀。”

【新愛】 新的爱情;新的爱人。杜审言《赋得妾薄命》:“宠移新爱夺,泪落故情留。”韦应物《拟古诗十二首》之九:“良人久燕赵,新爱移平生。”

【新新】 新之又新,不断变新。孟郊《吊卢殷》之二:“新新复新新,千古一花春。”

【新詩】 新近作的诗。张九龄《酬王履震游园林见贻》:“幽意加投漆,新诗重赠轩。”韦应物《酬豆卢仓曹题库壁见示》:“掾局劳才子,新诗动洛川。”张籍《送萧远弟》:“与君别后秋风夜,作得新诗说向谁。”李频《送姚评事》:“新诗随过客,旋满洛阳传。”

【新詔】 新下的诏书。武元衡《韦常侍以宾客致仕同诸公题壁》:“望苑忽惊新诏下,新鸾归处玉笼开。”杨巨源《述旧纪勋寄太原李光颜侍中二首》之一:“玉塞含凄见雁行,北垣新诏拜龙骧。”刘禹锡《送浑大夫赴丰州》:“凤衔新诏降恩华,又见旌旗出浑家。”赵嘏《送滕迈郎中赴睦州》:“星月去随新诏动,旌旗遥映故山明。”

【新意】 ❶新的意义、见解、认识。太宗《咏司马彪续汉志》:“川谷犹旧途,郡国开新意。”杜甫《题衡山县文宣王庙新学堂呈陆宰》:“是以资雅才,涣然立新意。”王建《老人歌》:“如今供奉多新意,错唱当时一半声。”权德舆《马秀才草书歌》:“变化纵横出新意,眼看一字千金贵。”许浑《酬绵州于中丞使君见寄》:“故人书信越褒斜,新意虽多旧约赊。”❷新的情意。张说《温泉冯刘二监客舍观妓》:“妒宠倾新意,衔恩奈老何。”张九龄《听筝》:“纤指传新意,繁弦起怨情。”

【新義】 新的意义。孟郊《立德新居》之八:“治旧得新义,耕荒生嘉苗。”贯休《赠信安郑道人》:“仍闻得新义,便欲注阴符。”

【新煙】 指寒食节后重新举火所生之烟。刘长卿《清明后登城眺望》:“百花如旧日,万井出新烟。”张继《阊门即事》:“试上吴门窥郡郭,清明几处有新烟。”刘驾《送人登第东归》:“所居似清明,冷灶起新烟。”亦泛指新起的炊烟。顾况《焙茶坞》:“旋旋续新烟,呼儿劈寒木。”

【新塋】 新坟。张九龄《故荥阳君苏氏挽歌词三首》之三:“旧室容衣奠,新茔拱树栽。”顾况《相国晋公挽歌二首》之二:“夕照新茔近,秋风故吏还。”卢纶《哭司农苗主簿》:“原头殡御绕新茔,原下行人望哭声。”白居易《挽歌词》:“旧陇转芜绝,新坟日罗列。”

【新溜】 (—liù)初解冻的急流。虞世南《初晴应教》:“初日明燕馆,新溜满梁池。”李峤《荷》:“新溜满澄陂,圆荷影若规。”宋璟《奉和圣制同二相已下群官乐游园宴》:“曲江新溜暖,上苑杂花稠。”韩翃《送刘侍御赴陕州》:“带冰新溜涩,间雪早梅香。”

【新閣】 新建的楼阁。郑愔《奉和幸三会寺应制》:“鸟籀遗新阁,龙旂访古台。”姚合《题长安薛员外水阁》:“亭亭新阁成,风景益鲜明。”

【新裝】 ❶新的服装。顾况《王郎中妓席五咏·舞》:“汗浥新装画不成,丝催急节舞衣轻。”李郢《早发》:“孤灯怜宿处,斜月厌新装。”❷新近装订。白居易《初到洛下闲游》:“诗携彩纸新装卷,酒典绯花旧赐袍。”

【新碧】 新近呈现碧绿;清新碧绿。李适《中和节赐群臣宴赋七韵》:“曲沼水新碧,华林桃稍芳。”孟郊《春日同韦郎中使君送邹儒立少府扶侍赴云阳》:“酒酣正芳景,诗缀新碧丛。”白居易《溪中早春》:“西涧冰已消,春溜含新碧。”鲍溶《晚山蝉》:“能阅几时新碧树,不知何日寂金闺。”

【新製】 ❶新近制作,新近构筑。白居易有《新制绫袄成感而有咏》。皮日休《登初阳楼寄怀北平郎中》:“危楼新制号初阳,白粉青薮射沼光。”❷新作品,新制作。孟浩然《同张明府碧溪赠答》:“别业闻新制,同声和者多。”李肱《省试霓羽衣曲》:“梨园献旧曲,玉座流新制。”

【新僚】 新结交的同僚。孟郊《寿安西渡奉别郑相公》之二:“昧趣多滞涩,懒朋寡新僚。”

【新魄】 刚升起的月亮。于武陵《望月》“新魄又将满,故乡应渐遥。”

【新銜】　新授予的官銜。皇甫冉《送处州裴使君赴京》:“新衔趋建礼,旧位识文昌。”元稹《送崔侍御之岭南二十韵》:“萧何归旧印,鲍永授新衔。”姚合《及第后夜中书事》:“新衔添一字,旧友逊前途。”翁承赞《擢进士》:“霓旌引上大罗天,别领新衔意自怜。”

【新語】　新鲜的话题,新颖的语句。杜甫《送从弟亚赴安西判官》:“经纶皆新语,足以正神器。”王建《晚秋病中》:“偶逢新语书红叶,难得闲人话白云。”姚合《赠张籍太祝》:“古风无手敌,新语是人知。”皎然《同李侍御萼李判官集陆处士羽新宅》:“素风千户敌,新语陆生能。”

【新寡】　指新近死去丈夫。乔知之《倡女行》:“文君正新寡,结念在歌倡。”杜甫《奉酬薛十二丈判官见赠》:“卓氏近新寡,豪家朱门扃。”

【新聞】　❶新近听来的事。社会上新近发生的事。李咸用《春日喜逢乡人刘松》:“旧业久抛耕钓侣,新闻多说战争功。”❷新近获悉。权德舆《奉送孔十兄宾客承恩致政归东都旧居》:“乞身已见抗疏频,优礼新闻诏书许。”姚合《裴大夫见过》:“解下佩刀无所惜,新闻天子付三刀。”❸犹传说。陈陶《题僧院紫竹》:“新闻赤帝种,子落毛人谷。”

【新翠】　新绿。宋之问《龙门应制》:“河堤柳新翠,苑树花先发。”李贺《河南府试十二月乐词·三月》:“复宫深殿竹风起,新翠舞衿净如水。”

【新緑】　初春草木显现的青绿色。宋之问《寒食江州满塘驿》:“遥怜巩树花应满,复见吴洲草新绿。”韦应物《对新篁》:“新绿苞初解,嫩气笋犹香。”白居易《南湖早春》:“乱点碎红山杏发,平铺新绿水蘋生。”施肩吾《春日美新绿词》:“天公不语能运为,驱遣羲和染新绿。”

【新墳】　新起的坟墓。权德舆《故太尉兼中书令赠太师西平王挽词》:“河山封故地,金石表新坟。”白居易《过高将军墓》:“原上新坟委一身,城中旧宅有何人。”曹唐《哭陷边许兵马使》:“故国暗回残士卒,新坟空葬旧衣裳。”

【新穀】　新种的谷物。戴叔伦《女耕田行》:“乳燕入巢笋成竹,谁家二女种新谷。”刘驾《唐乐府十首·边军过》:“健儿食肥肉,战马食新谷。”聂夷中《咏田家》:“二月卖新丝,五月粜新谷。”

【新様】　新式样。王建《酬于汝锡晓雪见寄》:“劳动更裁新样绮,红灯一夜剪刀寒。”李敬方《太和公主还宫》:“宫髻怜新样,庭柯想旧围。”张祜《送走马使》:“新样花文配蜀罗,同心双带蹙金蛾。”郑谷《锦二首》之一:“舞衣转转求新样,不问流离桑柘残。”

【新醅】　新酿的酒。白居易《问刘十九》:“绿蚁新醅酒,红泥小火垆。”又《冬初酒熟二首》之一:“一瓮新醅酒,萍浮春水波。”

【新賜】　新近赐予。岑参《省中即事》:“君王新赐笔,草奏向明光。”韩愈《寒食直归遇雨》:“惟将新赐火,向曙著朝衣。”刘禹锡《早春对雪奉寄澧州元郎中》:“新赐鱼书墨未干,贤人暂出远人安。”刘驾《有感》:“高门几世宅,舞袖仍新赐。”

【新篁】　新生之竹。亦指新笋。杨师道《中书寓直咏雨简褚起居上官学士》:“早荷叶稍没,新篁枝半摧。”李贺《昌谷北园新笋四首》之三:“今年水曲春沙上,笛管新篁拔玉青。”元稹《新竹》:“新篁才解箨,寒色已青葱。”陆龟蒙《移石盆》:“无人尽日澄心坐,倒影新篁一两竿。”

【新篇】　新的作品。韦应物《酬张协律》:“公府适烦倦,开缄莹新篇。”孟郊《题陆鸿渐上饶新开山舍》:“啸竹引清吹,吟花成新篇。”姚合《和裴结端公早朝》:“威仪谁可纪,柱史有新篇。”齐己《夏日林下作》:“秋风舍此去,满箧贮新篇。”

【新課】　新征的赋税。项斯《送友人游边》:“自可资新课,还期振盛名。”

【新調】　❶(—diào)新创造的曲调。唐彦谦《留别四首》之二:“鼓吹翻新调,都亭酒正酣。”❷(—tiáo)(1)新近调教。王建《宫词一百首》之十四:“新调白马怕鞭声,供奉骑来绕殿行。”韩翃《赠王逖》:“新调赭白马,暂试黑貂裘。”(2)新近调试。薛逢《观猎》:“马缩寒毛鹰落膘,角弓初暖箭新调。”

【新熟】　❶酒新酿成。崔颢《杂曲歌辞·渭城少年行》:“渭城桥头酒新熟,金鞍白马谁家宿。”李白《南陵别儿童入京》:“白酒新熟山中归,黄鸡啄黍秋正肥。”张籍《书怀寄王秘书》:“下药远求新熟酒,看山多上最高楼。”贾岛《夏日寄高洗马》:“花发应耽新熟酒,草颠还写早朝诗。”❷谷物等新成熟。宋之问《游陆浑南山自歇马岭到枫香林以诗代书答李舍人适》:“粳稻远弥秀,栗芋秋新熟。”白居易《荔枝楼对酒》:“荔枝新熟鸡冠色,烧酒初开琥珀香。”杜牧《送刘秀才归江陵》:“彩服鲜华觐渚宫,鲈鱼新熟别江东。”

【新廟】　新建的祖庙。崔融《和梁王众传张光禄是王子晋后身》:“旧坛何处所,新庙坐光辉。”《郊庙歌辞·享太庙乐章·景云舞》:“新庙奕奕,明德配天。”又《郊庙歌辞·周宗庙乐舞辞·明德舞》:“新庙奕奕,丰年穰穰。”又《郊庙歌辞·周宗庙乐舞辞·福顺》:“新庙奕奕,金奏洋洋。”

【新澗】　新的水沟。吴融《送策上人》:“瓶添新涧绿,笠卸晚峰阴。”齐己《庭际新移松竹》:“抱节乍离新涧雪,盘根远别旧林风。”

【新漿】　新酒。王建《田家留客》:“人家少能留我屋,客有新浆马有粟。”

【新樂】（—yuè）新作或新引进的乐曲。元结《系乐府十二首·颂东夷》："尝闻古天子，朝会张新乐。"元稹《和李校书新题乐府十二首·华原磬》："玄宗爱乐爱新乐，梨园弟子承恩横。"白居易《新乐府·骠国乐》："伏见骠人献新乐，请书国史传子孙。"又《南园试小乐》："小园斑驳花初发，新乐铮摐教欲成。"

【新樂府】（樂 yuè）一种用新题写时事的乐府体诗。这类新歌，始创于初唐，发扬于李白、杜甫，至元稹、白居易，更加发扬光大，并确定了新乐府的名称。白居易《〈新乐府〉序》称其创作宗旨为规讽时事，强调其歌诗："为君、为臣、为民、为物、为事而作，不为文而作也"，其现实主义精神一直影响着后代诗歌创作。元稹《送东川马逢侍御使回十韵》："旋吟新乐府，便续古离骚。"马逢有题为"新乐府"诗。

【新樂録】（樂 yuè）记载新乐曲的册籍。孟郊《清东曲》："南阳公首词，编入新乐录。"

【新髻】新式样的发髻。顾况《送从兄使新罗》："鬓发成新髻，人参长旧苗。"

【新燕】春天初来的燕子。钱起《寻司勋李郎中不遇》："每恨蒹葭傍芳树，多惭新燕入华堂。"白居易《钱唐湖春行》："几处早莺争暖树，谁家新燕啄春泥。"李群玉《恼从兄》："芳草萋萋新燕飞，芷汀南望雁书稀。"方干《废宅》："若见故交皆散去，即应新燕不归来。"

【新翰】新的作品。郑愔《同韦舍人早朝》："闻有题新翰，依然想旧林。"

【新樹】新栽的树木。王绩《在京思故园见乡人问》："旧园今在否，新树也应栽。"皇甫冉《送陆鸿渐赴越》："行随新树深，梦隔重江远。"白居易《除官去未间》："新树少于松，平湖半连草。"

【新醖】新酿的酒。杜甫《归来》："洗杓开新醖，低头拭小盘。"段成式《柔卿解籍戏呈飞卿三首》之一："长担犊车初入门，金牙新醖盈深樽。"

【新曆】新的历书。王维《春中田园作》："归燕识故巢，旧人看新历。"李绅《寿阳罢郡日》："罢阅旧林三载籍，又开新历四年春。"陆龟蒙《寄怀华阳道士》："休采古书探禹穴，自刊新历斗尧蓂。"

【新築】❶新构筑成功。雍陶《河阴新城》："高城新筑压长川，虎踞龙盘气色全。"杜荀鹤《献郑给事》："他日朱门恐难扫，沙堤新筑必无尘。"❷新建筑的房屋。戴叔伦《南野》："东山有遗茔，南野起新筑。"

【新興】（—xìng）新的兴致；新的兴趣。韦应物《赠萧河南》："对琴无一事，新兴复何如？"皇甫冉《酬包评事壁画山水见寄》："濡翰生新兴，群峰忽眼前。"白居易《和河南郑尹新岁对雪》："白雪吟诗铃阁开，故情新兴两裴回。"朱庆余《酬萧员外见寄》："倘期霁后陪新兴，一滴还须当一杯。"

【新學】❶新近学习。王绩《游仙四首》之一："蔡经新学道，王烈旧成仙。"沈千运《濮中言怀》："童儿新学稼，少女未能织。"顾况《哭从兄苌》"稚子新学拜，枯杨生一枝。"❷新倡导的学术，新学术的奉行者。孟郊《立德新居》之六："耻从新学游，愿将古农齐。"又《寄陕府邓给事》："自谓古诗量，异将新学偏。"

【新縫】新近缝制。王建《舞曲歌辞·白纻歌二首》之一："新缝白纻舞衣成，来迟邀得吴王迎。"法振《送褚先生海上寻封炼师》："不厌乌皮几，新缝鹤氅裘。"

【新编】新编撰。亦指新作。李商隐《题李上谟壁》："旧著思玄赋，新编杂拟诗。"刘兼《酬勾评事》："闲庭攲枕正悲秋，忽觉新编浣远愁。"

【新豐】❶县名。汉高祖七年置。唐废。治所在今西安市临潼区西北。汉高祖刘邦定都关中，其父居长安宫中，思念故乡心切。高祖乃依故乡丰邑街里房舍格局改筑骊邑，新邑与旧邑极其相似。见《西记杂记》卷二。后遂用作游宴作乐及富贵后与故人聚饮叙旧之典。太宗《重幸武功》："列筵欢故老，高宴聚新丰。"又《过旧宅二首》之二："金舆巡白水，玉辇驻新丰。"储光羲《新丰作贻殷四校书》："汉皇思旧邑，秦地作新丰。"李白《上皇西巡南京歌十首》之三："华阳春树号新丰，行入新都若旧宫。"❷镇名。在今江苏丹徒，产名酒。诗词用以泛称美酒产地。李白《杂曲歌辞·结客少年场行》："托交从剧孟，买醉入新丰。"王维《杂曲歌辞·少年行四首》之一："新丰美酒斗十千，咸阳游侠多少年。"参见"新豐酒"。

【新豐市】❶新丰县邑。王维《观猎》："忽过新丰市，还归细柳营。"❷新丰镇。在今江苏丹徒。陈存《丹阳作》："暂入新丰市，犹闻旧酒香。"

【新豐邑】新丰县城。今陕西西安市临潼区西北。苏绾《奉和姚令公驾幸温汤喜雪应制》："汉主新丰邑，周王尚父师。"

【新豐酒】新丰镇出产的酒。借以泛称美酒。镇在今江苏丹徒。李白《杨叛儿》："君歌《杨叛儿》，妾劝新丰酒。"又《春日独坐寄郑明府》："情人道来竟不来，何人共醉新丰酒。"韦应物《相逢行》："犹酣新丰酒，尚带灞陵雨。"李商隐《风雨》："心断新丰酒，销愁斗几千。"

【新豐客】唐马周早年不得志，初游长安，路过张丰，在旋店中受到冷遇。至京，住大将军常何家中，替常向太宗写条陈，为太宗赏识。见《旧唐书》本传。后以"新豐客"指怀才不遇、出门在外遭冷遇者。李贺《致酒行》："吾闻马周昔作新丰客，天荒地老无人识。"

【新豐縣】见"新豐❶"。白居易《新乐府·新丰折臂翁》："翁云贯属新丰县，生逢圣代无征战。"徐夤《依御史温飞卿华清宫二十二韵》："帝里新丰县，长安旧雍州。"

【新聲】　新作的乐曲，新颖美妙的乐音。王昌龄《殿前曲二首》之二："新声一段高楼月，圣主千秋乐未休。"孟浩然《陪卢明府泛舟回作》："高岸迷陵谷，新声满棹歌。"孟郊《楚竹吟酬卢虔端公见和湘弦怨》："握中有新声，楚竹人未闻。"陆龟蒙《婕妤怨》："后宫多窈窕，日日学新声。"

【新館】　新建的馆舍。白居易《题新馆》："新馆寒来多少客，欲回歌酒暖风尘。"

【新壙】　新墓。元稹《恭王故太妃挽歌词二首》之二："文卫罗新圹，仙娥掩暝山。"

【新蕊】　初生的花蕊。亦指新开放的花。太宗《赋得花庭雾》："兰气已熏宫，新蕊半妆丛。"李贺《静女春曙曲》："嫩叶怜芳抱新蕊，泣露枝枝滴夭泪。"李绅《新楼诗二十首·城上蔷薇》："新蕊度香翻宿蝶，密房飘影戏晨禽。"吕岩《潘安仁戴星看河阳花发》："晓花迎径发，新蕊满城香。"

【新鮮】　❶新颖的，新出现的。王建《同于汝锡赏白牡丹》："柔腻于云叶，新鲜掩鹤膺。"孟郊《游华山云台观》："华岳独灵异，草木恒新鲜。"卢延让《谢杨尚书惠樱桃》："揉蓝尚带新鲜叶，泼血犹残旧折条。"❷食物保持鲜美状态没有变质。李咸用《谢僧寄茶》："倾筐短甑蒸新鲜，白纻眼细匀于研。"

【新舊】　新的与旧的；原有的与新出现的。杜审言《经行岚州》："往来花不发，新旧雪仍残。"秦系《耶溪书怀寄刘长卿员外》："云色卷舒前后岭，药苗新旧两三畦。"白居易《对酒》："东岱前后魂，北邙新旧骨。"又《有感三首》之二："借问新旧主，谁乐谁辛苦。"亦指故人和新人。权德舆《宫人斜绝句》："铅华新旧共冥寞，日暮愁鸱飞野田。"

【新謡】　新歌。陈陶《投赠福建路罗中丞》："越艳新谣不厌听，楼船高卧静南溟。"

【新藥】　新的中草药。朱庆余《山居》"时复收新药，随云过石梁。"

【新藥草】　新的中草药。白居易《病中逢秋招客夜酌》："合和新药草，寻检旧方书。"

【新題】　诗文的新题目。李商隐《细雨成咏献尚书河东公》："府公能八咏，聊且续新题。"

【新蟬】　初夏的鸣蝉。李端《寄上舍人叔》："残雨开斜日，新蝉发迥林。"白居易《寄李十一建》："别时残花落，及此新蝉鸣。"周贺《再过王辂原居纳凉》："旧月来还见，新蝉坐忽闻。"杜牧《闻蝉》："故国行千里，新蝉忽数声。"

【新翻】　新改编。元稹《连昌宫词》："李谟擫笛傍宫墙，偷得新翻数般曲。"白居易《残酌晚餐》："舞看新翻曲，歌听自作词。"李绅《悲善才》："东头弟子曹善才，琵琶请进新翻曲。"薛逢《听曹刚弹琵琶》："禁曲新翻下玉都，四弦振触五音殊。"

【新蟾】　新月。传说月中有三足蟾蜍，故云。温庭筠《夜宴谣》："高楼客散杏花多，脉脉新蝉如瞪目。"又《觱篥歌》："蜡烟如纛新蟾满，门外平沙草芽短。"韦庄《冬日长安感志寄献虢州崔郎中二十韵》："帝里无成久滞淹，别家三度见新蟾。"

【新壟】　❶新坟。刘长卿《哭陈歙州》："空山寂寂开新垅，乔木苍苍掩旧门。"白居易《忆杭州梅花因叙旧游寄萧协律》："薛刘相次埋新垅，沈谢双飞出故乡。"刘言史《桂江逢王使君旅榇归》："遥想北原新垅上，日寒光浅水松稀。"薛曜《邙山古意》："长乐移新垅，咸阳失旧阡。"❷田间新做成的垅埂。李贺《新夏歌》："野家麦畦上新垅，长畛裴回桑柘重。"

【新寵】　新承宠爱者。多指新纳之妾。薛奇童《相和歌辞·怨诗二首》之一："艳舞矜新宠，愁容泣旧恩。"徐贤妃《相和歌辞·长门怨》："旧爱柏梁台，新宠昭阳殿。"顾况《弃妇词》："物情弃衰歇，新宠方妍好。"韩愈、孟郊《会合联句》："忽尔衔远命，归欤舞新宠。"

【新曦】　清晨的阳光。韩愈《南山诗》："新曦照危峨，亿丈恒高袤。"

【新識】　❶新近认识，新近结交。王维《崔兴宗写真咏》："今时新识人，知君旧时好。"王建《原上新居十三首》之十三："新识邻里面，未谙村社情。"元稹《酬卢秘书》："新识蓬山杰，深交翰苑材。"❷新近结交的朋友。吕温《道州敬酬何处士书情见赠》："新识几人知杞梓，故园何岁长蓬蒿。"

【新歡】　新的欢乐，新的快乐。储光羲《秦中岁晏马舍人宅宴集》："故人处东第，清夜多新欢。"李端《得山中道友书寄苗钱二员外》："新欢追易失，故思渺难裁。"张祜《送韦整尉长沙》："莫言卑湿地，未必乏新欢。"李商隐《肠》："故念飞书及，新欢借梦过。"

【新霽】　雨雪后新晴。张说《岳阳早霁南楼》："山水佳新霁，南楼玩初旭。"阎济美《天津桥望洛城残雪》："新霁洛城端，千家积雪寒。"白居易《池上即事》："久阴新霁宜丝管，苦热初凉入绮罗。"吴融《赋雪》："阑干高百尺，新霁若为抛。"

【新鬟】　新梳理的鬟发。杨志坚《送妻》："荆钗任意撩新鬓，明镜从他别画眉。"卢纶《酬李叔度秋夜喜相遇因伤关东僚友丧逝见赠》："恐看新鬓色，怯问故人名。"杜牧《闺情》："娟娟却月眉，新鬓学鸦飞。"

【新釀】　新近酿制的酒。顾非熊《途次怀归》："正值江南新酿熟，可容闲却老莱衣。"唐彦谦《寄陈少府兼简叔高》："近日邻家有新酿，每逢诗伴得淹留。"

韦庄《对雨独酌》:"榴花新酿绿于苔,对雨闲倾满满杯。"

十一画

斲 〔zhuó《广韵》竹角切,入覺,知。〕砍,斫,见"斲琴"。

【斲琴】 斫木制琴。唐李肇《唐国史补》卷下:"蜀中雷氏斲琴,常自品第,第一者以玉徽,次者以瑟瑟徽,又次者以金徽,又次者螺蚌之徽。"郑谷《蜀中三首》之三:"窗下斫琴翘凤足,波中濯锦散鸥群。"

十四画

斷 〔duàn《广韵》都管切,上緩,端。又徒管切,上緩,定。又丁貫切,去换,端。〕❶截断,折断。杜甫《自京赴奉先县咏怀五百字》:"霜严衣带断,指直不得结。"皎然《陇头水二首》:"如何幽咽水,并欲断君肠。"李贺《相和歌辞·长歌续短歌》:"长歌破衣襟,短歌断白发。"温庭筠《杂曲歌辞·杨柳枝》:"正是玉人肠断处,一渠春水赤栏桥。❷断绝,隔绝。柳宗元《杨白花》:"茫茫晓日下长秋,哀歌未断城鸦起。"白居易《谢杨东川寄衣服》:"唯有巢兄不相忘,春茶未断寄秋衣。"顾非熊《瓜洲送朱万言》:"双泪别家犹未断,不堪仍送故乡人。"齐己《送隆公上人》:"未断生徒望,难教白日闲。"❸杀;斩。见《汉书·淮南厉王刘长传》。韩愈《元和圣德诗》:"婉婉弱子,赤立伛偻,牵头曳足,先断腰臂。"胡曾《咏史诗·大泽》:"白蛇初断路人通,汉祖龙泉血刃红。"❹戒除;禁绝。白居易《仲夏斋戒月》:"仲夏斋戒月,三旬断腥膻。"又《新昌新居书事四十韵因寄元郎中张博士》:"终须抛爵禄,渐拟断腥膻。"薛能《题汉州西湖》:"尝茶春味渴,断酒晚怀清。"李建勋《闲出书怀》:"断酒只携僧共去,看山从听马行迟。"❺了却,了结。杜甫《曲江三章章五句》:"自断此生休问天,杜曲幸有桑麻田。"❻商订。周贺《留别南徐故人》:"未断却来约,且伸临去情。"❼片断之木。《庄子·天地》:"比牺尊于沟中之断,则美恶有间矣。"韩愈《题木居士二首》之二:"为神讵比沟中断,遇赏还同爨下余。"❽陡峭。见"斷崖""斷壁"。❾孤单。见"斷雁""斷煙"。❿审理,判决。见"斷獄"。⓫副词。(1)极;尽。宋之问《送赵六贞固》:"目断南浦云,心醉东郊柳。"杜甫《孤雁》:"望尽似犹见,哀多如更闻。"卢纶《送万巨》:"望断青山独立,更知何处相寻。"李商隐《潭州》:"目断故园人不至,松醪一醉与谁同。"(2)断然,决然。见"斷定"。

【斷山】 陡峭壁立的高山。王勃《郊园即事》:"断山疑画障,县溜泻鸣琴。"杜甫《远游》:"江阔浮高栋,云长出断山。"畅当《登鹳雀楼》:"天势围平野,河流入断山。"陈陶《登宝历寺阁》:"三楚故墟残景北,六朝荒苑断山东。"

【斷手】 完毕。杜甫《寄题江外草堂》:"经营上元始,断手宝应年。"

【斷水】 以刀切水。李白《宣州谢朓楼饯别校书叔云》:"抽刀断水水更流,举杯销愁愁更愁。"

【斷火】 断绝用火;不用火烹煮加工食物。旧俗清明前一日起禁火三日,称为断火。《艺文类聚》卷四引晋陆翽《邺中记》:"邺州俗,冬至后百五日,为介子推断火,冷食三日。"伍唐珪《寒食日献郡守》:"惭愧四邻教断火,不知厨里久无烟。"亦借指寒食日。薛能《春居即事》:"雨新临断火,春冷著单衣。"

【斷石】 陡峭的岩石。杜甫《移居夔州郭》:"禹功饶断石,且就土微平。"又《白帝城最高楼》:"扶桑西枝对断石,弱水东影随长流。"张乔《经九华山费征君故居》:"断石荒林外,孤坟晚照中。"

【斷目】 极目,望断。李颀《魏仓曹东堂柽树》:"攒青蓄翠阴满屋,紫穗红英曾断目。"李贺《送韦仁实兄弟入关》:"坐来壮胆破,断目不能看。"叶葱奇注:"断目犹目断,望断。"

【斷年】 整年。白居易《听田顺儿歌》:"争得黄金满衫袖,一时抛与断年听。"陆龟蒙《看压新醅寄怀袭美》:"饮啄断年同鹤俭,风波终日看人争。"韩偓《睡起》:"断年不出僧嫌癖,逐日无机鹤伴闲。"

【斷行】 (—háng)隔断行列。太宗《春日望海》:"照岸花分彩,迷云雁断行。"韦应物《奉送从兄宰晋陵》:"慰此断行别,邑人多颂声。"权德舆《送从弟广东归绝句》:"知尔业成还出谷,今朝莫怆断行飞。"李咸用《送从兄入京》:"云帆高挂一挥手,目送烟霄雁断行。"

【斷折】 折断。杜甫《哀王孙》:"金鞭断折九马死,骨肉不待同驰驱。"

【斷足】 斩断脚。古代一种残酷肉刑。周昙《咏史诗·春秋战国门·孙膑》:"断足尔能行不足,逢君谁肯不酬君。"

【斷金】 语出《易·系辞上》:"二人同心,其利断金。"后遂为典,谓同心协力或情义深厚。李峤《兰》:"虚室重招寻,忘言契断金。"《奉和许阁老酬淮南崔十七端公见寄》:"断金挥丽藻,比玉咏生刍。"王传《和襄阳徐相公商贺徐副使加章绶》:"朱紫联辉照日新,芳菲全属断金人。"

【斷金契】 挚友。权德舆《题亡友江畔旧居》:"平生断金契,到此泪成双。"

【斷定】 断然认定；下结论。裴夷直《漫作》："月色莫来孤寝处，春风又向别人家，梁园桃李虽无数，断定今年不看花。"薛能《江上寄情》："年来断定知休处，一树繁花一亩宫。"杜荀鹤《春日闲居即事》："饥寒是吾事，断定不归耕。"

【斷弦】 ❶断绝的琴弦。杜甫《寄岳州贾司马六丈巴州严八使君两阁老五十韵》："贝锦无停织，朱丝有断弦。"温庭筠《送崔郎中赴幕》："一别黔巫似断弦，故交东去更凄然。"亦指断绝的弦音。犹言余响。王昌龄《听流人水调子》："岭色千重万重雨，断弦收与泪痕深。"❷古以琴瑟调和喻夫妇和谐。故谓丧妻为断弦。徐彦伯《孤独叹》："暖手缝轻素，嚬蛾续断弦。"孟郊《感兴》："连理时所重，断弦今所轻。"元稹《夜闲》："孤琴在幽匣，时迸断弦声。"赵嘏《昔昔盐二十首·暗牖悬蛛网》："妾意何聊赖，看看剧断弦。"

【斷馬劍】 即斩马剑。一种利剑，可以断马。见《汉书·朱云传》。李华《咏史十一首》："尝闻断马剑，每壮朱云贤。"

【斷虹】 ❶一段彩虹；残虹。刘禹锡《海阳十咏·切云亭》："隔水生别岛，带桥如断虹。"李贺《恼公》："晚树迷新蝶，残霓忆断虹。"许浑《洛中游眺贻同志》："楼势排高凤，桥形架断虹。"张乔《思宜春寄友人》："断虹全岭雨，斜月半溪烟。"吴融《湖州晚望》："鼓角迎秋晚韵长，断虹疏雨间微阳。"❷断桥。虹，桥的代称。陆龟蒙《和袭美咏皋桥》："横截春流架断虹，凭栏犹思五噫风。"

【斷骨】 骨头折断。比喻极其悲伤。柳宗元《相和歌辞·东门行》："绝咽断骨那下补，万金宠赠不如土。"韦庄《咸阳怀古》："莫怪楚吟偏断骨，野烟踪迹似东周。"

【斷香】 一阵阵的香气。王勃《对酒春园作》："狭水牵长镜，高花送断香。"毛熙震《菩萨蛮》词之一："屏掩断香飞，行云山外归。"张泌《浣溪沙》词之七："小槛日斜风悄悄，隔帘零落杏花阴，断香轻碧锁愁深。"

【斷送】 ❶谓度过光阴。韩愈《游城南十六首·遣兴》："断送一生惟有酒，寻思百计不如闲。"❷发付。白居易《同梦得和思黯见赠》："留连灯下明犹饮，断送尊前倒即休。"❸护持。崔涯《咏春风》："扶持燕雀连天去，断送杨花尽日狂。"

【斷烟】 见"斷煙"。

【斷酒】 戒酒。张籍《闲游》："病眼校来犹断酒，却嫌行处菊花多。"白居易《答苏庶子》："病来从断酒，老去可禁愁。"项斯《宁州春思》："初为断酒客，旧识卖书家。"李建勋《春日病中》："方为医者劝，断酒已经旬。"

【斷梗】 折断的苇梗。李贺《咏怀二首》之一："梁王与武帝，弃之如断梗。"罗隐《归梦》："日晚向隅悲断梗，夜阑浇酒哭知音。"

【斷蛇劍】 剑名。刘邦斩蛇起义，盖用此剑。见《广雅·释器》。杜甫《奉酬薛十二丈判官见赠》："谁重断蛇剑，致君君未听。"

【斷崖】 陡峭的山崖。李白《题舒州司空山瀑布》："断崖如削瓜，岚光破崖绿。"杜甫《入宅三首》之一："奔峭背赤甲，断崖当白盐。"周贺《寄新头陀》："远洞省穿湖底过，断崖曾向壁中禅。"赵嘏《旅次商山》："断崖如避马，芳树欲留人。"

【斷章】 诗文中的一章一段。刘禹锡《酬郑州权舍人见寄二十韵》："抃会因佳句，情深取断章。"

【斷碑】 断裂的石碑。张继《宿白马寺》："白马驮经事已空，断碑残刹见遗踪。"李洞《送行脚僧》："夜观入枯树，野眠逢断碑。"又《题咸阳楼》："断碑移作砌，广第灌成园。"唐求《古寺》："乱纸失经偈，断碑分篆踪。"

【斷裂】 折断开裂。张籍《塞下曲》："天寒山路石断裂，白日不销帐上雪。"

【斷蛟】 斩杀蛟龙。见《初学记》卷二二引《孔丛子》。李峤《箭》："断蛟云梦泽，希为识忘归。"

【斷無】 绝无。王维《陇西行》："关山正飞雪，烽戍断无烟。"李贺《夜饮朝眠曲》："夜饮朝眠断无事，梦罗之帏卧皇子。"白居易《咏身》："薄有文章传子弟，断无书札答交亲。"李商隐《无题二首》之一："曾是寂寥金烬暗，断无消息石榴红。"

【斷雁】 失君之雁；孤雁。上官仪《奉和山夜临秋》："云飞送断雁，月上净疏林。"王建《塞上》："断雁逢冰碛，回军占雪溪。"杜牧《旅宿》："寒灯思旧事，断雁警愁眠。"方干《别从兄部》："已呼断雁归行里，全胜枯鳞在辙中。"

【斷雲】 片云。陈子昂《入东阳峡与李明府舟前后不相及》："孤狖啼寒月，哀鸿叫断云。"杜甫《雨四首》之一："微雨不滑道，断云疏复行。"张祜《登金山寺》："水阔吞沧海，亭高宿断云。"贾岛《元日女道士受箓》："数星连斗出，万里断云飞。"

【斷道】 阻隔道路。柳宗元《杂曲歌辞·行路难三首》之三："飞雪断道冰成梁，侯家炽炭雕玉房。"

【斷絕】 ❶原来连贯的不再连贯；原来有联系的失去联系。綦毋潜《春泛若耶溪》："幽意无断绝，此去随所偶。"李益《从军有苦乐行》："断绝海云去，出没胡沙长。"乔知之《杂曲歌辞·定情篇》："赠君泪潺湲，相思无断绝。"白居易《生别离》："生离别，生离别，忧从中来无断绝。"❷伤心，悲伤。贾至《相和歌辞·铜雀台》："抚弦心断绝，听管泪霏霏。"卢仝《有所思》："翠眉蝉鬓生别离，一望不见心断绝。”戎昱《相和歌辞·苦哉行五首》之五：“汉月割妾心，胡风凋妾颜。去去断绝魂，叫天天不闻。”孟郊《杂曲歌辞·出门行二首》之二：“手持琅玕欲有赠，爱而不见心断绝。”

【斷絲】　断绝的丝。虞世南《中妇织流黄》：“综新交缕涩，经脆断丝多。”白居易《有感》：“绝弦与断丝，犹有却续时。唯有衷肠断，应无续得期。”李商隐《和人题真娘墓》：“胃树断丝悲舞席，出云清梵想歌筵。”吴融《古别离》：“莫道断丝不可续，丹穴凤凰胶不远。”

【斷魂】　销魂神往。形容一往情深或哀伤。宋之问《江亭晚望》：“望水知柔性，看山欲断魂。”戴叔伦《春怨》：“金鸭香消欲断魂，梨花春雨掩重门。”温庭筠《鷩篥歌》：“景阳宫女正愁绝，莫使此声催断魂。”唐彦谦《牡丹》：“那堪更被烟蒙蔽，南国西施泣断魂。”

【斷蓬】　飞蓬。喻飘泊在外，居无定所。王昌龄《从军行二首》之二：“断蓬孤自转，寒雁飞相及。”卢纶《山中咏古木》：“坠叶鸣丛竹，斜根拥断蓬。”刘言史《初下东周赠孟郊》：“断蓬在门栏，岂当桃李荣。”许浑《送从兄归隐蓝溪二首》之二：“京洛多高盖，怜兄剧断蓬。”

【斷碎】　破旧残缺。李贺《酒罢张大彻索赠诗》：“葛衣断碎赵城秋，吟诗一夜东方白。”

【斷當】　(—dàng)犹言商订。陆希声《阳羡杂咏十九首·弄云亭》：“已共此山私断当，不须转辙重移文。”

【斷腸】　形容极度悲痛思念。杨师道《横吹曲辞·陇头水》：“笳添离别曲，风送断肠声。”高适《相和歌辞·燕歌行》：“少妇城南欲断肠，征人蓟北空回首。”白居易《杂曲歌辞·何满子》：“一曲四词歌八叠，从头便是断肠声。”韦庄《杂曲歌辞·古离别》：“更把马鞭云外指，断肠春色在江南。”参见“斷腸猿”。

【斷腸花】　引人极度爱怜或哀伤之花。刘希夷《公子行》：“可怜杨柳伤心树，可怜桃李断肠花。”李白《古风》之十八：“天津三月时，千门桃与李。朝为断肠花，暮逐东流水。”

【斷腸猿】　母猿失子，缘岸哀号至绝，腹中肠寸寸断。语出南朝宋刘义庆《世说新语·黜免》。后遂因为思念爱子而极度悲伤之典。张说《岳州别子均》：“津亭拔心草，江路断肠猿。”李白《赠武十七谔》：“爱子隔东鲁，空悲断肠猿。”亦泛指极度哀伤。齐己《送周秀游峡》：“自非亡国客，何虑断肠猿。”

【斷猿】　断肠猿。孤独悲啼之猿。骆宾王《饯郑安阳入蜀》：“魂将离鹤远，思逐断猿哀。”窦常《杏山馆听子规》：“楚塞余春听渐稀，断猿今夕让沾衣。”孟郊《车遥遥》：“旅雁忽叫月，断猿寒啼秋。”贯休《秋末江行》：“断猿不堪听，一听亦同悲。”

【斷煙】　亦作“斷烟”。孤烟。李义府《和边城秋气早》：“极望断烟飘，遥落惊蓬没。”戴叔伦《春江独钓》：“断烟栖草碧，流水带花香。”赵嘏《宿楚国寺有怀》：“风动衰荷寂寞香，断烟残月共苍苍。”李咸用《和吴处士题村叟壁》：“远雨笼孤戍，斜阳隔断烟。”

【斷綆】　断了的汲水绳。贾岛《李斯井》：“断绠数寻垂古甃，取将寒水是何人。”陆龟蒙《庆封宅古井行》：“今歌此井示吴人，断绠沉瓶自兹始。”

【斷鞅】　砍断马鞅。鞅，夹贴在马颈两旁的皮条。后汉申屠刚，光武时为大夫。帝出游，刚叩头曰：“今陇蜀未平，不宜游逸。”帝不从。刚以刀断马鞅，帝乃止焉。见《初学记》卷一八引《汝南先贤传》。后遂为强谏之典。李瀚《蒙求》：“朱云折槛，申屠断鞅。”

【斷嶂】　陡峭突兀的山峰。王绩《采药》：“时时断嶂遮，往往孤峰出。”

【斷獄】　审理和判决案件。黄滔《赠郑明府》：“援毫断狱登殊考，驻乐题诗得出联。”又《赠旌德吕明府》：“两衙断狱兼留客，三考论功合树碑。”

【斷穀】　辟谷。古代神仙家导引之术。张籍《同韦员外开元观寻时道士》：“昨来官罢无生计，欲就师求断谷方。”周贺《湘汉旅怀翁杰》：“不拟为身谋旧业，终期断谷隐高丘。”黄滔《喜翁文尧员外病起》：“饮冰俾消渴，断谷皆清羸。”

【斷髯】　扯断龙髯。亦指扯断了的龙髯。传说黄帝铸鼎乘龙而去，有臣下乘龙不得，乃持龙髯，致使龙髯断折。见《汉书·郊祀志上》。张祜《游蔚过昭陵十六韵》：“断髯无复见，空拜鼎湖前。”舒元舆《桥山怀古》：“君不见黄龙飞去山下路，断髯成草风飕飕。”

【斷嶠】　陡峭耸立的山峰。黄滔《寄友人山居》：“断峤沧江上，相思恨阻寻。”

【斷線】　折断了的线。孟郊《汴州留别韩愈》：“四时不在家，弊服断线多。”

【斷橋】　❶毁坏的桥梁。杜甫《过故斛斯校书庄二首》之二：“断桥无复板，卧柳自生枝。”刘长卿《蛇浦桥下重送严维》：“寒江渐出高岸，古木犹依断桥。”权德舆《陪包谏议湖墅路中举帆》：“断桥通远浦，野墅接秋山。”许浑《暝投灵智寺渡溪不得却取沿江路往》：“双岩泻一川，回马断桥前。”❷桥名。在浙江省杭州市白堤上。自唐以来已有此名。张祜《题杭州孤山寺》：“断桥荒藓涩，空院落花深。”

【斷機】　断织，中断织作。汉刘向《列女传·邹孟轲母》载，孟轲少时，废学归家，其母方织，因引刀断其机织，曰：“子之废学，若吾断斯织也。”轲遂奋力勉学，终成大业。后遂成为母亲督子勤学之典。李瀚《蒙求》：“陵母伏剑，轲亲断机。”

【斷磧】 浅水中不相连接的沙石。卢纶《相和歌辞·从军行》:“卷旗收败马,断碛拥残兵。”陈子良《入蜀秋夜宿江渚》:“山阴黑断碛,月影素寒流。”杨巨源《上刘侍中》:“断碛瞻貔武,临池识凤凰。”曹唐《送康祭酒赴轮台》:“断碛簇烟山似米,野营轩地鼓如雷。”

【斷霓】 断虹。杜牧《题池州弄水亭》:“断霓天帔垂,狂烧汉旗怒。”李山甫《迁居清溪和刘书记见示》:“晚天吟望秋光重,雨阵横空蔽断霓。”

【斷壁】 绝壁,峭壁。杜甫《晓望白帝城盐山》:“翠深开断壁,红远结飞楼。”皎然《赋得啼猿送客》:“断壁分垂影,流泉入苦吟。”刘长卿《栖霞寺东峰寻南齐明征君故居》:“片云生断壁,万壑遍疏钟。”张蠙《过黄牛峡》:“盘涡逆入嵌空地,断壁高分缭绕天。”

【斷霞】 片断的云霞。张说《巴丘春作》:“日出洞庭水,春山挂断霞。”李虞仲《初日照凤楼》:“断霞生峻宇,通阁丽晴虚。”方干《朱秀才庭际蔷薇》:“断霞转影侵西壁,浓麝分香入四邻。”韦庄《旧居》:“皓质留残雪,香魂逐断霞。”

【斷鴻】 失群的孤雁。李峤《送光禄刘主簿之洛》:“背枥嘶班马,分洲叫断鸿。”焦郁《春雪》:“不分残照影,何处断鸿声。”皎然《送严明府入关谒黍京兆》:“旅候闻嘶马,残阳望断鸿。”李咸用《登楼值雨二首》:“浪猛惊翘鹭,烟昏叫断鸿。”

【斷臂】 砍断手臂。谓僧人求法心志专诚。南北朝时,僧神光闻达摩在沙林,遂往。彼晨夕参承,莫闻诲励,乃断臂置师前。后达摩遂传衣钵与神光,是为禅宗二祖慧可。见《景德传灯录》卷三。王维《谒璿上人》:“誓从断臂血,不复婴世网。”贾岛《赠绍明上人》:“祖岂无言去,心因断臂传。”陆龟蒙《次追和清远道士诗韵》:“宁为断臂忧,肯作秋柏散。”亦泛指折断手臂。方干《思越中旧游寄友》:“断臂青猿啼玉笥,成行白鸟下耶溪。”

【斷簡】 断残的书简。李绅《南梁行》:“故箧岁深开断简,秋堂月曙掩遗题。”陆龟蒙《药名离合夏日即事三首》之三:“青箱有意终须续,断简遗编一半通。”

【斷霧】 残雾。骆宾王《冬日野望》:“野静连云卷,川明断雾销。”又《宿山庄》:“林虚宿断雾,磴险挂悬流。”

【斷鰲】 斩断鳌足。鳌,巨龟。古代神话,谓女娲氏断鳌之足以立地之四极。见《列子·汤问》。元稹《说剑》:“太古初断鳌,武王亲击纣。”刘禹锡《和河南裴尹侍郎宿斋天平寺诣九龙祠祈雨二十韵》:“缅怀断鳌足,凝想乘鸾姿。”李商隐《寄太原卢司空三十韵》:“断鳌支四柱,卓马济三灵。”

【斷續】 时而中断,时而接续。太宗《入潼关》:“古木参差影,寒猿断续声。”刘长卿《赠别于群投笔赴安西》:“边愁殊浩荡,离思空断续。”杨巨源《长城闻笛》:“孤城笛满林,断续共霜砧。”李商隐《摇落》:“水亭吟断续,月幌梦飞沉。”

【斷纓】 扯断帽带。楚庄王夜宴群臣,正当酒酣,忽然灯灭。此时有人牵扯王妃衣服,被王妃乘机拉断他的帽带,准备掌灯寻找此人治罪。庄王反下令所有参宴者都把帽带扯断。事见汉刘向《说苑·复思》,后遂成为重贤轻色之典。慕幽《灯》:“忽尔思多穿壁处,偶然心尽断缨时。”

【斷靄】 断雾。林宽《省试腊后望春宫》:“御沟穿断靄,骊岫照斜空。”

二十一画

斸 〔zhú《广韵》陟玉切,入燭,知。〕❶锄一类的农具,故亦用指挖,掘。张碧《农夫》:“运锄耕斸侵星起,陇亩丰盈满家喜。”❷斫,砍削。牛殳《琵琶行》:“何人斸得一片木,三尺春冰五音足。”

【斸掘】 挖掘。白居易《赠卖松者》:“斸掘经几日,枝叶满尘埃。”

方　部

方[1] 〔fāng《广韵》府良切，平陽，非。〕❶本指相并的两船。引申为并列，并排。见“方舟”“方駕”。❷相比，比较；比拟。王绩《食后》：“胡麻山麨样，楚豆野麋方。”王琚《美女篇》：“东邻美女实名倡，绝代容华无比方。”李白《酬殷明佐见赠五云裘歌》：“相如不足跨鹔鹴，王恭鹤氅安可方。”见“方比”。❸效法，仿效。李舒《郊庙歌辞·让皇帝庙乐章·迎俎》：“方周假庙，用鲁纯牲。”❹方正，刚直。白居易《适意二首》之二：“况余方且介，举动多忤累。”见“方正”“方拙”。❺方法、准则。见“方法”“方圓”。❻配方、方剂之属。王绩《游仙四首》之二：“六局黄公术，三门赤帝方。”王建《设酒寄独孤少府》：“自看和酿一依方，缘看松花色较黄。”❼方形。与圆相对。卢照邻《中和乐九章·歌明堂第二》：“左平右墄，上圆下方。”玄宗《采芙蓉》：“结伴戏方塘，携手上雕航。”《郊庙歌辞·武后大享昊天乐章》：“圆坛敢申昭报，方璧冀展虔情。”杜甫《天育骠骑歌》：“毛为绿缥两耳黄，眼有紫焰双瞳方。”❽方向，方位。李白《送外甥郑灌从军三首》之三：“月蚀西方破敌时，及瓜归日未应迟。”白居易《和微之诗二十三首·和望晓》：“南山青沈沈，东方白漫漫。”又《庭槐》：“南方饶竹树，唯有青槐稀。”李商隐《送臻师二首》之一：“苦海迷途去未因，东方过此几微尘。”❾地方，地区。张谓《送李著作倅杭州》：“辍史空三署，题舆佐一方。”孟郊《和钱侍郎甘露》：“一方难独占，天下恐争论。”姚鹄《襄州献卢尚书》：“立事成功尽远图，一方独与万方殊。”徐铉《和王庶子寄题兄长建州廉使新亭》：“谢守高斋结构新，一方风景万家情。”❿旁边；一侧。见《诗·秦风·蒹葭》。卢照邻《中和乐九章·总歌第九》：“若有人兮天一方，忠为衣兮信为裳。”王勃《秋夜长》：“君在天一方，寒衣徒自香。”窦群《东山月下怀友人》：“皎洁殊未已，沉吟限一方。”韦庄《嘉会里闲居》：“草占一方绿，树藏千古春。”⓫副词。(1)方始，方才。见《诗·大雅·公刘》。皇甫冉《酬裴十四》：“淮海各联翩，三年方一见。”韩愈《次硖石》：“数日方离雪，今朝又出山。”白居易《酬李少府曹长官舍见赠》：“一落风尘下，方知为吏难。”李商隐《七夕偶题》：“明朝晒犊鼻，方信阮家贫。”(2)表示某种状态正在持续或某种动作正在进行。犹正。卢照邻《战城南》：“应须驻白日，为待战方酣。”韦应物《酬张协律》：“属余藩守日，方君卧病年。”白居易《三年冬随事铺设小堂因念衰病偶吟所怀》：“由来蚕老后，方是茧成时。”李商隐《李肱所遗画松诗书两纸得四十韵》：“是时方暑夏，座内若严冬。”(3)将，将要。见《诗·秦风·小戎》。皎然《送秘上人游京》：“共君方异路，山伴与谁同。”郑蜀宾《别亲朋》：“畏途方万里，生涯近百年。”尚，还。皇甫冉《酬卢十一过宿》：“乞还方未遂，日夕望云林。”(4)介词。当，在。任希古《和李公七夕》：“昔从九春徂，方此三秋遇。”张九龄《登古阳云台》：“方此全盛时，岂无婵娟子。”(5)姓。唐诗人有方干、方泽、方棫等。

方[2] 〔páng《集韵》蒲光切，平唐，並。〕通“旁”。天下，广博。见《国语·晋语一》。见“方$_2$割”。

【方刀】 指钱。齐己《寄黄晖处士》：“濡染只应亲赋咏，风流不称近方刀。”

【方干】 字雄飞。睦州桐庐（今属浙江）人。幼有清才，徐凝一见器之。《全唐诗》编诗为六卷，三百余首。事迹见《唐诗纪事》卷六三、《唐才子传》卷七。

【方士】 方术之士。古代谓访仙炼丹以求长生的人。李白《送方士赵叟之东平》：“赵叟得秘诀，还从方士游。”杜甫《信行远修水筒》：“讵要方士符，何假将军盖。”李端《赠道者》：“窗中忽有鹤飞声，方士因知道欲成。”白居易《新乐府·海漫漫》：“秦皇汉武信此语，方士年年采药去。”

【方寸】 本指一寸见方，形容极小，用以代指心，遂成为典，用以指心及心绪、心思等。见《三国志·蜀志·诸葛亮传》。寒山《诗三百三首》之一五九：“不报父母恩，方寸底模样。”刘禹锡《奉和裴晋公凉风亭睡觉》：“方寸莹然无一事，水声来似玉琴声。”卢仝《送王储詹事西游献兵书》：“落日长安道，方寸无人知。”白居易《赠元稹》：“所合在方寸，心源无异端。”

【方山巾】 儒者所戴的软帽，上下均平。李白《嘲鲁儒》：“足著远游履，首戴方山巾。”

【方比】 比较。李白《于阗采花》：“乃知汉地多名姝，胡中无花可方比。”杨嗣复《赠毛仙翁》：“童姿玉貌谁方比，玄发绿髯光弥弥。”

【方水】 方折之水流。李峤《玉》：“方水晴虹媚，常山瑞马新。”参见“方流”。

【方中】（—zhōng）指古代帝王的寿穴。语见《史记·酷吏列传》。权德舆《大行皇太后挽歌词三首》之一："从龙开遂路，合璧向方中。"

【方今】当今，现在。卢纶《和太常李主簿秋中山下别墅即事》："韶乐方今奏，云林徒蔽亏。"白居易《旅次华州赠袁右丞》："方今天子心，忧人正忡忡。"

【方可】才可。吕岩《沁园春》词："长生事，待明公放下，方可相传。"

【方册】典籍，简牍。李白《鞠歌行》："二侯行事在方册，泣麟老人终困厄。"

【方外】❶世俗礼法之外。杜甫《逼仄行赠毕曜》："街头酒价常苦贵，方外酒徒稀醉眠。"❷世外。指仙境或僧道的生活环境。李白《送王屋山人魏万还王屋》序："美其爱文好古，浪迹方外，因述其行，而赠是诗。"韩翃《同题仙游观》："何用别寻方外去，人间亦自有丹丘。"权德舆《卧病喜惠上人李炼师茅处士见访》："方外三贤人，惠然来相亲。"❸僧人名。衡岳高僧。李白有《登巴陵开元寺西阁赠衡岳僧方外》。

【方外侣】方外友。不步尘世或不拘世俗礼法之人。皎然《春夜期裴都曹济集心上人院不至》："道遥方外侣，荏苒府中情。"

【方外遊】指寻仙访道之游。王武陵《宿慧山寺》序："赋诗道意，以纪方外之游。"

【方正】行为、品质正直无邪。李商隐《赠送前刘五经映三十四韵》："策非方正士，贡绝孝廉郎。"

【方丈】❶一丈见方。白居易《病假中南亭闲望》："闲意不在远，小亭方丈间。"又《官舍内新凿小池》："未如床席间，方丈深盈尺。"又《小池二首》之二："有意不在大，湛湛方丈余。"又《过骆山人野居小池》："茅覆环堵亭，泉添方丈沼。"❷初指寺院。后指僧尼、长老、住持的居室。欧阳詹《同诸公过福先寺律院宣上人房》："寂尔方丈内，莹然虚白间。"❸寺院、道观的住持。陆龟蒙《和袭美寒日书斋即事三首每篇各用一韵》之三："名价皆酬百万余，尚怜方丈讲玄虚。"❹传说中海上神山名。见《史记·秦始皇本纪》。杜甫《奉赠太常张卿均二十韵》："方丈三韩外，昆仑万国西。"又《观李固请司马弟山水图三首》之二："方丈浑连水，天台总映云。"

【方及】九江（今江西九江市）僧。驻锡庐山，影不出山者十余年，有诗名，与柳宗元、刘禹锡有交往。详见刘禹锡《送僧方及南谒柳员外》序。

【方寸心】指心。心处胸中方寸间，故云。贾岛《易水怀古》："我叹方寸心，谁论一时事。"

【方丘】古代祭祀地祇之坛。见《周礼·春官·大司乐》。源光裕《郊庙歌辞·祭汾阴乐章·顺和》："方丘既膳，嘉飨载谧。"《郊庙歌辞》又有《祭方丘乐章》。

【方田】驿站名。在今湖南耒阳县。杜甫有《聂耒阳以仆阻水书致酒肉疗饥荒江诗得代怀兴尽本音乐至县呈聂令陆去方田驿四十里舟行一日时属江涨泊于方田》。

【方回】晋人郗音，字方回，为当时优游名士。见《晋书·郗鉴传》附《郗音传》。后因以借指文人才士。李商隐《令狐八拾遗见招送裴十四归华州》："兰亭宴罢方回去，雪夜诗成道韫归。"

【方任】一方的重任，指地方长官的职位。语见《文选·任昉〈齐竟陵文宣王行状〉》。权德舆《送安南裴都护》："莫言方任远，且贵主忧分。"

【方舟】两船相并。语见《庄子·山木》。陈希烈《奉和圣制三月三日》："锦缆方舟渡，琼筵大乐张。"白居易《裴侍中晋公以集贤林亭即事三十六韵见赠广为五百言以伸酬献》："主人命方舟，宛中水中坻。"

【方折】（—zhé）指水流作直角转折。古传方折之水，其下有玉。《艺文类聚》卷八引《尸子》："凡水，其方折者有玉，其圆折者有珠。"白居易《玉水记方流》："矩浮光滟滟，方折浪悠悠。"

【方伯】殷周时一方诸侯之长。后泛称地方长官。李白《悲歌行》："还须黑头取方伯，莫谩白首为儒生。"高适《三君咏·狄梁公》："待贤开相府，共理登方伯。"

【方言】语言的地方变体。一种语言中跟标准语有区别的只在一个地区通行的语言。皇甫冉《同诸公有怀绝句》："移家南渡久，童稚解方言。"

【方判官】方讷。曾官东都留守判官、浙西营田副使、泰州刺史。见《全唐文》卷八八五徐铉《唐故金紫光禄大夫检校司徒行少府监河南方公（讷）墓志铭》。徐铉有《得浙西郝判官书未及报闻燕王移镇京口因寄此诗问方判官田书记消息》。

【方拙】方正而愚拙。孟郊《灞上轻薄行》："自叹方拙身，忽随轻薄伦。"

【方來】近来。韦应物《赠冯著》："方来属追往，十载事不同。"又《城中卧疾知阎薛二子屡从邑令饮因以赠之》："方来从令饮，卧病独何如。"

【方物】本地土产。储光羲《贻余处士》："市亭忽云构，方物如山峙。"包何《送韦侍御奉使江岭诸道》："因君使绝域，方物尽来庭。"朱庆余《商州王中丞留吃枳壳》："方物就中名最远，只应愈疾味偏佳。"

【方明】语见《庄子·徐无鬼》。方明乃《庄子》寓言中虚构的为黄帝驾车之人，后遂以指帝王侍从之臣。张说《扈从幸韦嗣立山庄应制》："既得方明相，还寻大隗居。"

【方法】❶办法。杜甫《孟仓曹步趾领新酒酱二物满器见遗老夫》："理生那免俗，方法报山妻。❷方术，法术。张籍《书怀》："别从仙客求方法，时到僧家问苦空。"

【方城】　春秋时楚国北方的长城。古九塞之一。由今之河南方城县，循伏牛山，北至今邓州。借指山川险要。元稹《楚歌十首》之六："殷勤聘名士，莫但倚方城。"

【方相】　（一xiāng）上古传说中驱除疫鬼和山川精怪的神灵。相貌凶恶。见《周礼·夏官·方相氏》。后遂以"方相"形容形状怪异。皮日休《虎丘寺殿前有古杉一本形状丑怪遂赋三百言以见志》："突兀方相胫，鳞皴夏氏胝。"

【方枘】　方形的榫头。方枘不能入圆孔，喻指不相投合。寒山《诗三百三首》之四五："圆凿而方枘，悲哉空尔为。"吕温《同舍弟恭岁暮寄晋州李六协律三十韵》："几年困方枘，一旦迷多岐。"陆龟蒙《寄怀华阳道士》："我悲雌伏真方枘，他骋雄材似建瓴。"

【方貞】　犹言繁茂。见汉扬雄《反离骚》。《郊庙歌辞·祭方丘乐章·须和》："阴祇协赞，厚载方贞。"

【方便】　❶设法，想办法。韩偓《偶见》："小叠红笺书恨字，与奴方便寄卿卿。"❷佛教语。指用灵活方法因人施教使人领悟佛理。皇甫冉《送普门上人》："何用求方便，看心是一乘。"姚合《秋夜寄默然上人》："赖师方便语，渐得识真如。"

【方泰州】　方讷。曾官泰州刺史。徐铉有《和方泰州见寄》。参见"方判官"。

【方貢】　四方的土贡。亦指方土的贡物。卢纶《送盐铁裴判官入蜀》："传诏收方贡，登车著赐衣。"

【方峭】　棱角分明貌。韦处厚《盛山十二诗·绣衣石榻》："巉巉雪中峤，磊磊标方峭。"

【方術】　泛指天文、医学、神仙术、房中术、占卜、相术、遁甲、堪舆、谶记等。宋务光《海上作》："方术徒相误，蓬莱安可得。"

【方朔】　西汉东方朔，字曼倩，平原厌次人。武帝朝任太中大夫，诙谐善辩。事迹见《汉书》本传。旧题班固《汉武帝内传》《汉武故事》等。杜甫《八哀诗·故著作郎贬台州司户荥阳郑公虔》："子云窥未遍，方朔谐太枉。"蒋防《玄都楼桃》："红软满枝须作意，莫教方朔施偷将。"李商隐《汉宫》："王母不来方朔去，更须重见李夫人。"又《圣女祠》："惟应碧桃下，方朔是狂夫。"

【方流】　作直角转折的水流。相传其下有玉。语见《文选·颜延之〈赠王太常〉诗》。白居易有《玉水记方流》。张文琮《咏水》："方流涵玉润，圆折动珠光。"

【方棫】　生平事迹不详。《全唐诗》卷七七五录其《失题》一首，题下注："一作陈叔宝诗。按：《隋遗录》卷上作陈后主（陈叔宝）《小窗》。宋人蔡居厚《诗史》、姚宽《西溪丛语》卷下谓唐人方棫诗，恐误。"

【方朔桃】　神话传说，西王母种桃，三千年方结果实，东方朔曾经偷食，事见《汉武故事》。后用以借指仙果。元稹《和乐天赠吴丹》："冥搜方朔桃，结念安期枣。"

【方書】　医书。白居易《病中逢秋招客夜酌》："合和新药草，寻检旧方书。"古代医术与方术同出一源，故亦指方术之书。卢纶《寻贾尊师》："井臼阴苔遍，方书古字多。"

【方袍】　僧人所穿的袈裟。平摊为方形，故称。许浑《泊蒜山津闻东林寺光仪上人物故》："云斋曾宿借方袍，因说浮生大梦劳。"齐己《病起见生涯》："方袍嫌垢弊，律服变光华。"亦借指僧人。司空曙《题凌云寺》："不与方袍同结社，下归尘世竟如何。"

【方袍客】　指僧人。杨凝式《雪晴》："为报方袍客，丰年瑞已成。"

【方域】　地方，国内。《郊庙歌辞·蜡百神乐章·舒和》："经纬两仪文化洽，削平方域武功成。"

【方隅】　❶四方和四隅。借指边疆。杜甫《赠李十五丈别》："汧公制方隅，迥出诸侯先。"又《哭韦大夫之晋》："谁寄方隅理，朝难将帅权。"❷指边和角。储光羲《采莲词》："广江无术阡，大泽绝方隅。"

【方$_2$割】　普遍为害。见《书·尧典》。亦指普遍的祸害。独孤及《代书寄上李广州》："天子咨四岳，伫公济方割。"

【方塘】　方形池塘。储光羲《望幸亭》："疏屏宜朝享，方塘堪水嬉。"杜甫《秋行官张望督促东渚耗稻向毕清晨遣女奴阿稽竖子阿段往问》："丰苗亦已穊，云水照方塘。"又《行官张望补稻畦水归》："更仆往方塘，决渠当断岸。"王贞白《独芙蓉》："方塘清晓镜，独照玉容秋。"

【方圓】　❶方形与圆形。亦泛指事物的形状、性状。白居易《题韦家泉池》："自从引作池中水，深浅方圆一任君。"❷指方法、准则。李华《咏史十一首》之四："如何得良吏，一为制方圆。"

【方蓬】　传说中海上神山方丈、蓬莱的并称。李白《流夜郎半道承恩放还兼欣克复之美书怀示息秀才》："寄言息夫子，岁晚陟方蓬。"又李白《赠卢征君昆弟》："水落海上清，鳌背睹方蓬。"

【方愚】　生平事迹不详。《全唐诗》卷七七八录其《读孝经》一首。

【方圓齟齬】　方枘圆凿，不能相容。见宋玉《九辩》。后以为典，喻指彼此不相投合。杜甫《牵牛织女》："方圆苟龃龉，丈夫多英雄。"

【方壶】 传说中海上仙山名。见《列子·汤问》。王绩《独坐》:“百年随分了,未羡陟方壶。”杜甫《戏题画山水图歌》:“壮哉昆仑方壶图,挂君高堂之素壁。”灵澈《奉和郎中题仙岩瀑布十四韵》:“遥将大壑近,暗与方壶连。”

【方领】 方形衣领。李颀《杂曲歌辞·行路难》:“火浣单衣绣方领,茱萸锦带玉盘囊。”

【方辇】 同辇。见《汉书·外戚传下·班倢伃》。徐贤妃《相和歌辞·长门怨》:“守分辞方辇,含情泣团扇。”

【方駕】 ❶两车并行。褚亮《伤始平李少府正己》:“同游秘府日,方驾直城闉。”❷比肩;媲美。杜甫《戏为六绝句》之五:“窃攀屈宋宜方驾,恐与齐梁作后尘。”又《奉寄高常侍》:“总戎楚蜀应全未,方驾曹刘不啻过。”

【方壇】 方形之坛。卢照邻《赠李荣道士》:“圆洞开丹鼎,方坛聚绛云。”

【方壶居士】 生平事迹不详。《全唐诗》卷八六二录其《题法云寺双桧》一首。

【方澤】 字公悦,北宋人。《全唐诗》卷七七四误录其《武昌阻风》一首。

【方瞳】 方形的瞳孔。古人以为长寿之相。道家以为是得道成仙的标志之一。诗文中因用作咏神仙道士的典故。李白《游泰山六首》之二:“山际逢羽人,方瞳好容颜。”白居易《送毛仙翁》:“方瞳点玄漆,高步凌非烟。”李咸用《临川逢陈百年》:“麻姑山下逢真士,玄肤碧眼方瞳子。”陆龟蒙《奉和袭美太湖诗二十首·入林屋洞》:“自非方瞳人,不敢窥洞口。”

【方輿】 大地。见《文选·束皙〈补亡诗〉之五》。魏征《郊庙歌辞·五郊乐章·肃和》:“眇眇方舆,苍苍圜盖。”太宗《执契静三边》:“圆盖归天壤,方舆入地荒。”

【方鎮】 指掌握兵权、镇守一方的军事长官。唐之观察使、节度使、经略,均属此。杜甫《元日寄韦氏妹》:“郎伯殊方镇,京华旧国移。”白居易《和春深二十首》之四:“何处春深好,春深方镇家。”

【方響】 古罄类打击乐器。由十六枚大小相同、厚薄不一的长方铁块组成,分两排悬于架上。用小铁击奏。声音清浊不一。始创于南朝梁,为隋唐燕乐中常用乐器。牛殳《方响歌》:“乐中何乐偏堪赏,无过夜深听方响。”司空图《江行二首》之一:“曲塘春尽雨,方响夜深船。”注曰:“《旧唐书》:方响以铁为之,修八寸,广二寸,圆上方下。”杜牧和陆龟蒙有《方响》。

【方將】 (—jiāng)方才。储光羲《牧童词》:“方将忧暑雨,亦以惧寒阴。”

四 画

於[1] 〔wū《广韵》哀都切,平模,影。〕叹词。见《诗·周颂·赉》。见“於赫”“於穆”“於鑠”。

於[2] 〔yú《广韵》央居切,平魚,影。〕❶亲近,亲密。太宗《赋得夏首启节》:“此时欢不极,调轸坐相于。”杜甫《赠李八秘书别三十韵》:“此行非不济,良友昔相于。”❷依靠。刘得仁《赠敬晊助教二首》之一:“便欲却随为弟子,片云孤鹤可相於。”❸厚待,款待。见《吕氏春秋·不侵》。韩愈《示儿》:“前荣馔宾亲,冠婚之所于。”❹介词。(1)从;自。李白《东海有勇妇》:“津妾一棹歌,脱父于严刑。”白居易《老戒》:“我有白头戒,闻于韩侍郎。”又《霓裳羽衣歌》:“我爱霓裳君合知,发于歌咏形于诗。”(2)在。卢照邻《怀仙引》:“休余马于幽谷,挂余冠于夕阳。”骆宾王《夏日游德州赠高四》序:“遂得载披玉叶,款洽金兰。倾意气于一言,缔风其于干祀。”李白《日出行》:“草不谢荣于春风,木不怨落于秋天。”白居易《和答诗十首·和阳城驿》:“附于雅歌末,奏之白玉墀。”(3)与;跟;同。李白《答族侄僧中孚赠玉泉仙人掌茶》序:“唯玉泉真公常采而饮之,年八十余岁,颜色如桃李,而此茗清香滑熟,异于他者,所以能还童振枯,扶人寿也。”杜甫《九日五首》之一:“竹叶于人既无分,菊花从此不须开。”骆宾王《在狱咏蝉》序:“岂人心异于曩时,将虫响悲于前听?”白居易《咏拙》:“同此天地间,我岂异于人。”(4)比。表示比较。李白《蜀道难》:“蜀道之难难于上青天。”杜甫《送路六侍御入朝》:“不分桃花红胜锦,生憎柳絮白于绵。”白居易《首夏同诸校正游开元观因宿玩月》:“官小无职事,闲于为客时。”李商隐《和孙朴韦蟾孔雀咏》:“轻于赵皇后,贵极楚悬黎。”(5)对,对于。卢照邻《怀仙引》:“向无情之白日,窃有恨于皇天。”杜甫《醉时歌》:“儒术于我何有哉,孔丘盗跖俱尘埃。”白居易《把酒》:“此外皆长物,于我云相似。”又《隐几赠客》:“紫绶与金章,于予亦何有。”(6)至,到。孟浩然《行出东山望汉川》:“万壑归于汉,千峰划彼苍。”李白《泛沔州城南郎官湖》序:“乾元岁,秋八月,白迁于夜郎。”《郊庙歌辞·明皇祀圜丘乐章·寿和》:“祐我皇祚,于万斯年。”《郊庙歌辞·享太庙乐章·大基舞》:“基我鼎运,于万斯年。”❺助词。表示语气。见《左传·定公五年》。卢肇《汉堤诗》:“于惟余甿,饥伤喘呼。”见“於₂越”。❻古代地名。见《史记·商君列传》。按于商,或商于,指战国秦商县、于中一带地区。在今陕西商南至河南内乡一带。秦惠王使张仪诈以商于之地六百里与楚怀王,而实与六里，即此地。见《史记·屈原贾生列传》。权德舆《送商州杜中丞赴任》："安康地里接商于，帝命专城总赋舆。"李商隐《商于新开路》："六百商于路，崎岖古共闻。"徐夤《楚国史》："六国商于恨最多，良弓休绾剑休磨。"周昙《咏史诗·秦秋战国门·楚怀王》："不听陈轸信张仪，六里商于果见欺。"

【於中】 （—zhōng）在其中间。白居易《宿溪翁》："于中甚安适，此外无营欲。"又《对酒闲吟赠同老者》："于中我自乐，此外吾不知。"

【於₂今】 ❶至今。杜甫《昔游》："休事董先生，于今独萧索。"韩愈《赠别元十八协律六首》之三："寤寐想风采，于今已三年。"白居易《夜雨有念》："自我向道来，于今六七年。"李商隐《五言述德抒情诗一首四十韵献上杜七兄仆射相公》："有客趋高义，于今滞下卿。"❷现在，如今。杜甫《丹青引赠曹将军霸》："将军魏武之子孙，于今为庶为清门。"李商隐《旧顿》："东人望幸久咨嗟，四海于今是一家。"白居易《叹常生》："于今亦已矣，可为一长吁。"

【於此】 ❶在此。崔国辅《漂母岸》："秦时有漂母，于此饭王孙。"李白《上留田行》："昔之弟死兄不葬，他人于此举铭旌。"又《望黄鹤楼》："颇闻列仙人，于此学飞术。"白居易《初入峡有感》："一跌无完舟，吾生系于此。"❷从此。李白《秋日登扬州西灵塔》："玉毫如可见，于此照迷方。"❸至此。李白《江夏别宋之悌》："平生不下泪，于此泣无穷。"

【於₂是】 ❶在此。白居易《代书诗一百韵寄微之》："造次行于是，平生志在兹。"❷连词。因此。骆宾王《秋日饯陆道士陈文林》序："于是维舟锦水，藉兰若以开筵，绁骑金堤，泛榴花于祖道。"

【於₂陵】 地名。属战国楚地。战国时齐国高士陈仲子夫妇居于此。仲子拒绝为楚相，以织履灌园为生。见晋皇甫谧《高士传·陈仲子》。后遂以"於陵"为典歌咏隐士。王维《春过贺遂员外药园》："颇识灌园意，于陵不自轻。"顾况《从江西至彭蠡入浙西淮南界道中寄齐相公》："老氏齐宠辱，于陵一穷通。"元稹《青云驿》："金张好车马，于陵亲灌畦。"李翰《蒙求》："干木富义，于陵辞聘。"亦作"於陵子"。李颀《答高三十五留别便呈于十一》："寄书寂寂于陵子，蓬蒿没身胡不仕。"王维《辋川闲居》："寂寞于陵子，桔槔方灌园。"李德裕《山居遇雪喜道者相访》："应笑于陵子，遗荣自灌畦。"

【於₂陵子】 见"於₂陵"。

【於皇】 叹词。用于赞美。见《诗·周颂·武》。亦借指帝王。张说《唐享太庙乐章·文舞》："介此百禄，于皇万年。"

【於₂焉】 在此，于是。见《诗·小雅·白驹》。李白《北山独酌寄韦六》："于焉摘朱果，兼得养玄牝。"又《商山四皓》："龙虎方战争，于焉自休息。"元稹《古决绝词》之二："有美一人，于焉旷绝。"白居易《自余杭归宿淮口作》："此外吾不知，于焉心自得。"李群玉《送郑子宽弃官东游便归女儿》："九女叠云屏，于焉恣栖息。"

【於赫】 叹美之词。见《诗·商颂·那》和《后汉书·光武帝纪赞》。《郊庙歌辞·享太庙乐章·大政舞》："于赫元命，权舆帝文。"《明皇祀圜丘乐章·寿和》："于赫圣祖，龙飞晋阳。"《郊庙歌辞·享太庙乐章·广运舞》："于赫皇祖，昭明有融。"郭子仪《郊庙歌辞·梁太庙乐舞辞·登歌》："于赫我皇，建中立极。"

【於穆】 对美好的赞叹。见《诗·周颂·维天之命》。《郊庙歌辞·享太庙乐章·雍和》："于穆清庙，聿修严祀。"郑絪《郊庙歌辞·享太庙乐章·大顺舞》："于穆时文，受天明命。"郭子仪《郊庙歌辞·享太庙乐章·保大舞》："于穆文考，圣神昭章。"王晙《郊庙歌辞·祭汾阴乐章·太和》："于穆圣皇，六叶重光。"

【於昭】 叹词。表赞美。贺知章《唐禅社首乐章·太和》："肃我成命，于昭黄祇。"韦表微《池州夫子庙麟台》："于昭鲁邑，栖迟孔门。"

【於₂越】 春秋时越国，地在今浙江一带。亦指浙江。见《左传·定公五年》。李峤《安辑岭表事平罢归》："东瓯抗于越，南斗临吴会。"李嘉祐《至七里滩作》："迁客投于越，临江泪满衣。"张继《送窦十九判官使江南》："思归一惆怅，于越古亭中。"

【於₂兹】 在此，于此。杨师道《陇头水》："于兹觉无渡，方共濯胡缨。"又《中书寓直咏雨简褚起居上官学士》："思君赠桃李，于此冀琼瑰。"《郊庙歌辞·享先蚕乐章·肃和》："于兹申至恳，方期远庆臻。"《郊庙歌辞·享先蚕乐章·展敬》："所冀延明福，于兹享至诚。"

【於期】 樊于期。战国末年秦将。后叛逃燕国。秦王政曾"购之千斤，邑万家"。燕太子谋刺秦王，荆轲向他建议，以其头和督亢地图进献秦王，以取秦王信任，俟机行刺。他当即自杀献图。周昙《咏史诗·春秋战国门·荆轲》："有心为报怀权略，可在于期与地图。"

【於戲】 （—hū）犹于乎。感叹词。见《史记·三王世家》。吴少微《哭富嘉谟》："吾友适不死，于戏社稷臣。"元结《二风诗·治风诗五篇·至劳》："于戏劳王，勤亦何极。"白居易《开龙门八节石滩诗二首》序："于戏，从古有碍之险，未来无穷之苦，忽乎一旦尽除去之。"

【於鑠】 叹词。表赞美。见《诗·周颂·酌》。夏侯孜《郊庙歌辞·享太庙乐章·宣宗室舞》："于铄令主，圣祚重昌。”《郊庙歌辞·享太庙乐章·咸宁舞》：“于铄丕嗣，惟帝之光。”

【於菟】 虎的别称。语见《左传·宣公四年》。杜甫《戏作俳谐体遣闷二首》之二：“于菟侵客恨，粔籹作人情。”吴融《太湖石歌》：“又如防风死后骨，又如于菟活时额。”

【於斯】 于此，在此。杜甫《赠崔十三评事公辅》：“骞腾坐可致，九万起于斯。”又《咏怀二首》之一：“岁月不我与，蹉跎病于斯。”又《奉送魏六丈佑少府之广交》：“两情顾盼合，珠碧赠于于斯。”又《偶题》：“骚人嗟不见，汉道盛于斯。”

五　画

斿 〔liú《集韵》力求切，平尤，來。〕同“旒”。古代旌旗下垂的飘带等饰物。见《周礼·春官·巾车》。卢照邻《中和乐九章·歌南郊第四》：“龙驾四牡，鸾旗九斿。”

施¹ 〔shī《广韵》式支切，平支，書。又施智切，去寘，書。〕❶散布；铺陈。见《易·乾》。杜甫《大雨》：“风雷飒万里，霈泽施蓬蒿。”薛据《怀哉行》：“我闻雷雨施，天泽罔不该。”韩愈《琴操十首·越裳操》：“雨之施物以孳，我何意于彼为。”❷放置，设置。韩愈《元和圣德诗》：“庐幕周施，开揭磊砢。”白居易《北亭》：“前楹卷帘箔，北牖施床席。”鲍防《送薛补阙入朝》：“柴门岂断施行马，鲁酒那堪醉近臣。”陈通方《金谷园怀古》：“徒闻施锦帐，此地拥行轩。”❸施行，实行。韦应物《夏至避暑北池》：“未及施政教，所忧变炎凉。”元结《舂陵行》：“有司临郡县，刑法竞欲施。”白居易《征秋税毕题郡南亭》：“安可施政教，尚不通语言。”又《晚岁》：“病难施郡政，老未答君恩。”❹施展，展示。李白《望鹦鹉洲怀祢衡》：“才高竟何施，寡识冒天刑。”崔融《哭蒋詹事俨》：“雅量沧海纳，完才庙廊施。”韩愈《病鸱》：“中汝要害处，汝能不得施。”白居易《和答诗十首·答四皓庙》：“岂无子房口，口舌无所施。”❺给予；施舍。见《广雅·释诂三》。拾得《诗》之十八：“辍已惠于人，方可名为施。”杨巨源《观妓人入道二首》之一：“舞衣施尽余香在，今日花前学诵经。”白居易《开龙门八节石滩诗二首》之一：“振锡导师凭众力，挥金退傅施家财。”周昙《咏史诗·春秋战国门·孙叔敖》：“是知阳报由阴施，天爵昭然契日彰。”❻恩惠。韩愈《元和圣德诗》：“孩养无告，仁滂施厚。”❼用，使用。见《淮南子·原道训》。张九龄《杂诗五首》之一：“疏阴不自覆，修干欲何施。”袁朗《赋饮马长城窟》：“太平今若斯，汗马竟无施。”韦承庆《直中书省》：“九思空自勉，五字本无施。”白居易《有木诗八首》之一：“为树信可玩，论材何所施。”❽搽抹。杜甫《北征》：“移时施朱铅，狼藉画眉阔。”罗隐《粉》：“郎若姓何应解傅，女能窥宋不劳施。”郑谷《闲题》：“若教嫫母临明镜，也道不劳红粉施。”毛文锡《巫山一段云》词：“薄薄施铅粉，盈盈挂绮罗。”

施² 〔shǐ《集韵》賞是切，上紙，書。〕通“弛”。宽缓。韩愈《送李翱》：“人生一世间，不自张与驰。”

【施力】 用力。郑谷《代秋扇词》：“汗流浃背曾施力，气爽中宵便负心。”

【施手】 动手，动工。韩愈《调张籍》：“想当施手时，巨刃磨天扬。”

【施巧】 施展技巧。杜甫《见王监兵马使请余赋诗二首》之二：“虞罗自各虚施巧，春雁同归必见猜。”

【施朱】 涂以红色。见战国楚宋玉《登徒子好色赋》。后借以指涂脂抹粉。元稹《恨妆成》：“傅粉贵重重，施朱怜冉冉。”白居易《新乐府·时世妆》：“腮不施朱面无粉，乌膏注唇唇似泥。”

【施行】 (—xíng)行动。见《文子·上德》。王建《上崔相公》：“施行圣泽山川润，图画天文彩色新。”

【施令】 施行政令。韩愈《元和圣德诗》：“施令酬功，急疾如火。”

【施先辈】 施肩吾。肩吾，元和十五年(820)进士，隐于洪州西山。徐凝有《回施先辈见寄新诗二首》，诗谓“九幽仙子西山卷”，谓“料得仙宫列仙籍，如君进士出身稀”，与肩吾事迹全合。

【施衣】 沾衣。李洞《吊曹监》：“甘露施衣封泪点，秘书取集印苔痕。”

【施州】 北周武帝置，治所在沙渠县(今湖北恩施州)。隋大业初废，义宁二年(618)复置。唐天宝初改清化郡，乾元初复为施州。杜甫有《郑典设自施州归》。

【施肩吾】 字希圣，号栖真子、华阳真人，睦州分水(今浙江桐庐)人。曾寓居吴兴(今浙江湖州)、常州、武进(今属江苏)。少时曾隐居四明山。诗名早著，七绝歌词广为流传。《全唐诗》录其诗一卷，一百八十余首，事迹见《新唐书·艺文志》《唐诗纪事》卷四一、《唐才子传校笺》卷六等。

【施香】 指施舍香火钱。沈佺期《绍隆寺诗》序：“绍隆寺江岭最奇，去驩城二十五里，将北客毕日游憩，随例施香，回于舟中作。”

【施食】 施舍食物。于鹄《温泉僧房》：“山村无施食，盥漱亦安禅。”白居易《观游鱼》：“一种爱鱼心各异，我来施食尔垂钓。”

【施紅】 犹施朱。涂以红色。李峤《杂曲歌辞·东飞伯劳歌》：“罗裙玉佩当轩出，点翠施红竞春日。”

李贺《瑶华乐》:“施红点翠照虞泉,曳云拖玉下昆山。”

【施財】 给人以钱财。白居易《开龙门八节石滩诗二首》序:“会昌四年,有悲智僧道遇,适同发心,经营开凿。贫者出力,仁者施财。”刘禹锡《贾客词》:“邀福祷波神,施财游化城。”

【施恩】 给人以恩惠。白居易《放鱼》:“施恩即望报,吾非斯人徒。”又《初到江州寄翰林张李杜三学士》:“雨露施恩无厚薄,蓬蒿随分有荣枯。”邵谒《岁丰》:“天地莫施恩,施恩强者得。”

【施衮】 指在礼服上刺绣龙纹。皮日休《添鱼具诗·蓑衣》:“前头不施衮,何以为三公。”

【施展】 ❶展开。元稹《竹簟》:“忆昨初来日,看君自施展。”❷显示本领,发挥才干。白居易《和微之诗二十三首·和寄乐天》:“平生赏心事,施展十未一。”

【施舂】 谓舂米。慧能原为舂米行者,后得弘忍衣钵,居韶州曹溪宝林寺,为禅宗第六祖。见宋释赞宁《高僧传》。温庭筠《宿秦生山斋》:“行解无由发,曹溪欲施舂。”

【施逵】 生平事迹不详。《全唐诗外编》收其《丫头山》一首。

【施設】 设置,设立。元稹《谕宝二首》之二:“神物岂徒然,用之乃施设。”

【施張】 安放,铺陈。元稹《张旧蚊帱》:“施张合欢榻,展卷双鸳翼。”又《梦游春七十韵》:“铺设绣红茵,施张钿妆具。”白居易《青毡帐二十韵》:“合聚千羊毳,施张百子弮。”

【施飯】 施舍饭食。崔颢《游天竺寺》:“鸣钟集人天,施饭聚猿鸟。”

【施僧】 施舍给僧人。白居易《衰病》:“禄食分供鹤,朝衣减施僧。”韦庄《虚席》:“一闭香闺后,罗衣尽施僧。”

【施璘】 字仲宝,京兆蓝田(今属陕西)人,后周名画家,善画生竹,为当时绝技。见《五代名画补遗》。韦遵有《题施璘画竹图》。

【施錢】 赐予钱财。王建《题柱国寺》:“皇帝施钱修此院,半居天上半人间。”

【施齋】 施食给僧侣。韦蟾《岳麓道林寺》:“他方居士来施斋,彼岸上人投结夏。”

【施藥】 施舍药物。王维《赠洪暂师》:“人来多施药,愿满不持经。”

【施鞭】 着鞭。见《晋书·刘琨传》。王维《哭祖六自虚》:“不期先挂剑,长恐后施鞭。”

【施關】 谓安置门闩。元稹《江边四十韵》:“制榻容筐篚,施关拒斗筲。”

六　画

旁[1] 〔páng《广韵》步光切,平唐,並。〕❶广泛;普遍。见《书·说命下》。杨炯《和旻上人伤果禅师》:“箫鼓旁喧地,龙蛇直映天。”杜甫《塞芦子》:“岐有薛大夫,旁制山贼起。”白居易《和微诗二十三首·和寄乐天》:“旁爱及弟兄,中权避家室。”❷近侧,旁边。李白《梁甫吟》:“雷公砰訇震天鼓,帝旁投壶多玉女。”韩愈《猛虎行》:“狐鸣门两旁,乌鹊从噪之。”柳宗元《跂乌词》:“无乃饥啼走道旁,贪鲜攫肉人所伤。”白居易《途中寒食》:“路旁寒食行人尽,独占春愁在路旁。”

旁[2] 〔bàng《古今韵会举要》蒲浪切,去漾。〕靠近。储光羲《杂诗二首》之一:“虎豹对我蹲,鸑鷟旁我飞。”见“旁₂舍”。

【旁人】 ❶他人,别人。沈佺期《横吹曲辞·折杨柳》:“妾自肝肠断,旁人那得知。”李白《公无渡河》:“旁人不惜妻止之,公无渡河苦渡之。”元稹《将进酒》:“旁人知妾为主说,主将泪洗鞭头血。”❷旁边的人。白居易《偶作二首》之二:“焦心一身苦,炙手旁人热。”

【旁延】 ❶广泛漫延。张谓《长沙失火后戏题莲花寺》:“金园宝刹半长沙,烧劫旁延一万家。”❷广泛流布。白居易《题道宗上人十韵》:“旁延邦国彦,上达王公贵。”

【旁求】 广征搜求。语见白居易《长恨歌》前载陈鸿《长恨歌传》。聂夷中《燕台二首》之一:“何必驰凤书,旁求向林野。”

【旁舍】 (—shè)邻舍,邻居。杜甫《夏日李公见访》:“旁舍颇淳朴,所愿亦易求。”

【旁₂舍】 靠近房舍。王维《田家》:“饷田桑下憩,旁舍草中归。”

【旁穿】 横穿。王维《燕子龛禅师》:“岩腹乍旁穿,洞唇对外拓。”陆龟蒙《奉和袭美太湖诗二十首·太湖石》:“旁穿参洞穴,内窍均环钏。”

【旁郡】 附近的州郡。李白《春感诗》序:“白隐居戴天大匡山,往来旁郡,依潼江赵征君蕤,蕤亦节士。”

【旁觀】 从旁观察。白居易《问秋光》:“自适颇从容,旁观诚濩落。”

【旁鑒】 旁观,从旁观察。白居易《遇物感兴因示子弟》:“上遵周孔训,旁鉴老庄言。”

旆 〔pèi《广韵》蒲盖切,去泰,並。〕❶古代旗末端状如燕尾的垂旒。亦借喻累累的花蕊。皎然《晦日陪颜使君白蘋洲集》:“桂寒初结旆,蘋小欲成丛。”❷泛指旌旗。骆宾王《从军中行路难二首》之二："连营去去无穷极，拥旆遥遥过绝国。"武元衡《题嘉陵驿》："悠悠风旆绕山川，山驿空濛雨似烟。"李贺《瑶华乐》："列旆如松，张盖如轮。"雍陶《蜀中战后感事》："蕃兵依濮柳，蛮旆指江梅。"

【旆旌】　泛指旗帜。太宗《饮马长城窟行》："悠悠卷旆旌，饮马出长城。"沈佺期《横吹曲辞·出塞》："寒日生戈剑，阴云摇旆旌。"耿沣《杂曲歌辞·凉州词》："国使翩翩随旆旌，陇西岐路足荒城。"白居易《送河南尹冯学士赴任》："谩夸河北操旄钺，莫羡江西拥旆旌。"

旄

〔máo《广韵》莫袍切，平豪，明。〕❶古代用牦牛尾做竿饰的旗帜。见《诗·鄘风·干旄》。骆宾王《杂曲歌辞·从军中行路难二首》之一："将军拥旄宣庙略，战士横行静夷落。"亦泛指旌旗，借指军队。李商隐《送从翁东川弘农尚书幕》："日驭难淹蜀，星旄要定秦。"白居易《新乐府·七德舞》："白旄黄钺定两京，擒充戮窦四海清。"又《寄献北都留守裴令公》："宠重移宫籥，恩新换阃旄。"❷牦牛尾。见《荀子·王制》。王维《横吹曲辞·陇头吟》："苏武才为典属国，节旄应尽海西头。"钱起《送张将军征西》："始笑子卿心计失，徒看海上节旄稀。"陈羽《读苏属国传》："肠断帝乡遥望日，节旄零落汉家臣。"杨衡《边思》："苏武节旄尽，李陵音信稀。"

【旄羽】　牦牛尾和雉羽。《郊庙歌辞·周宗庙乐舞辞观成舞》："纷绛旄羽，锵洋磬钟。"

【旄星】　即旄头星。储光羲《观范阳递俘》："北河旄星陨，鬼方狝林胡。"

【旄鉞】　白旄和黄钺。借指军权。语本《书·牧誓》。李白《闻李太尉大举秦兵百万出征东南》："太尉杖旄钺，云旗绕彭城。"又《南奔书怀》："天人秉旄钺，虎竹光藩翰。"白居易《送河南尹冯学士赴任》："谩夸河北操旄钺，莫羡江西拥旆旌。"

【旄麾】　即旌麾。帅旗。刘长卿《陪辛大夫西亭宴观妓》："歌舞怜迟日，旄麾映早春。"

【旄頭】　星名。即二十八宿中的昴宿。古人以为旄头星闪耀是战争的先兆。李白《幽州胡马客歌》："旄头四光芒，争战若蜂攒。"杜甫《大历三年四十韵》："旄头初俶扰，鹑首丽泥涂。"又《题衡山县文宣王庙新学堂呈陆宰》："旄头彗紫微，无复俎豆事。"又《寄岳州贾司马六丈巴州严八使君两阁老五十韵》："画角吹秦晋，旄头俯涧瀍。"

【旄頭落】　指冬日拂晓。昴星冬日拂晓落于西方。岑参《轮台歌奉送封大夫出师西征》："轮台城头夜吹角，轮台城北旄头落。"

【旄節】　❶古代使臣所持符号。用作信物。语见《史记·秦始皇本纪》。亦借指镇守一方的长官所拥有的节。李嘉祐《送从弟归河朔》："诸将矜旄节，何人重布衣。"刘长卿《湖南使还留辞辛大夫》："羽觞交饯席，旄节对归舟。"王建《送唐大夫罢节归山》："旄节抱归官路上，公卿送到国门前。"❷指仙人所执紫毛或青毛之节。王维《送方尊师归嵩山》："仙官欲往九龙潭，旄节朱幡倚石龛。"皇甫冉《送张道士归茅山谒李尊师》："师事少君年岁久，欲随旄节往层城。"许浑《赠萧炼师》："旄节纤腰举，霞杯皓腕斟。"

旃

〔zhān《干韵》諸延切，平仙，章。〕❶赤色、无饰、曲柄的旗。亦泛指旌旗。杜审言《送崔融》："旌旃朝朔气，笳吹夜边声。"李白《赠宣城宇文太守兼呈崔侍御》："良图扫沙漠，别梦绕旌旃。"李商隐《怀求古翁》："何时粉署仙，傲兀逐戎旃。"陶翰《出萧关怀古》："秦城亘宇宙，汉帝理旌旃。"❷之，焉。见《诗·魏风·陟岵》马瑞辰通释。杜甫《秋日夔府咏怀奉寄郑监李宾客一百韵》："困学违从众，明公各勉旃。"陆敬《游隋故都》："兴悼今如此，悲愁复在旃。"皮日休《七爱诗·白太傅》："天下皆闷闷，乐天独舍旃。"李翰《蒙求》："芟繁摭华，尔曹勉旃。"

【旃檀】　即檀香。见明李时珍《本草纲目·木一·檀香》。李白《赠僧行融》："赋诗旃檀阁，纵酒鹦鹉洲。"顾况《谅公洞庭孤橘歌》："飞花檐卜旃檀香，结实如缀摩尼珠。"杨德麟《题奉慈寺》："日月金轮动，旃檀碧树秋。"史凤《传香枕》："休疑粉黛加铤刃，玉女旃檀侍佛前。"

旅

〔lǚ《广韵》力舉切，上語，來。〕❶军队编制单位。见《周礼·地官·小司徒》。韩愈《元和圣德诗》："出师征之，其众十旅。"❷泛指军队。德宗《元日退朝观军仗归营》："眷此戎旅节，载嘉良士诚。"卢照邻《上之回》："振旅汾川曲，秋风横大歌。"柳宗元《鼓吹铙歌曲十二篇·吐谷浑》："王旅千万人，衔枚黑无哗。"贯休《横吹曲辞·入塞曲》："塞垣须静谧，师旅审安危。"❸不种而生。见"旅松""旅刺"。❹寄居外地，旅居。杜甫《郑典设自施州归》："旅兹殊俗远，竟以屡空迫。"刘孝标《送刘散员同赋陈思王诗游人久不归》："羁旅久淫滞，物色屡芳菲。"白居易《送毛仙翁》："羁旅坐多感，裴回私自怜。"李商隐《寒食行次冷泉驿》："驿途仍近节，旅宿倍思家。"❺寄居外地或旅行在途的人；旅客。见《左传·宣公十二年》。杨炯《西陵峡》："行旅相赠言，风涛无极已。"宋之问《早发大庾岭》："歇鞍问徒旅，乡关在西北。"祖咏《酬汴州李别驾赠》："秋风多客思，行旅厌艰辛。"李商隐《商于新开路》题下注："商州上洛郡，贞元七年刺史李西华开新道七百余里，行旅便之。"❻进行到某一区域而暂作停留；旅次。杜甫《催宗文树鸡栅》："吾衰怯行迈，旅次展崩迫。"见"旅次❷"。❼庐舍；旅舍。见

《诗·大雅·公刘》。刘长卿《早春赠别赵居士还江左时长卿下第归嵩阳旧居》:"逆旅乡梦频,春风客心碎。"白居易《新乐府·杏为梁》:"逆旅重居逆旅中,心是主人身是客。"又《有感三首》之一:"第宅非吾庐,逆旅暂留止。"见"旅次❶"。❽俱,共同。见"旅退""旅距❶"。❾《易》六十四卦之一。艮下离上。见《易·旅》。刘禹锡《和李六侍御文宣王庙释奠作》:"儒风正礼乐,旅象入蓍龟。"

【旅人】 ❶客居在外者。陈子昂《感遇诗三十八首》之十七:"大运自古来,旅人胡叹哉。"李白《与诸公送陈郎中将归衡阳》序:"仲尼旅人,文王明夷。"杜甫《与严二郎奉礼别》:"诸将归应尽,题书报旅人。"❷旅行在途之人。任翻《秋晚途次》:"众鸟已归树,旅人犹过山。"元稹《忆醉》:"自叹旅人行意速,每嫌杯酒缓归期。"卢殷《晚蝉》:"犹畏旅人头不白,再三移树带声飞。"

【旅夕】 羁旅之夜。高蟾有《旅夕》。

【旅中】 (—zhōng)羁旅之中。朱庆余有《旅中秋月有怀》和《旅中过重阳》。许浑有《旅中别侄暭》。许棠有《旅中送人归九华》。善生有《旅中答喻军事问客情》。

【旅心】 羁旅之心。高适《奉酬睢阳路太守见赠之作》:"风尘吏道迫,行迈旅心悲。"

【旅行】 (—xíng)远行;去外地游览、办事或谋生。耿沣《客行赠人》:"旅行虽别路,日暮各思归。"张籍《送人任济阴》:"黄绶在腰下,知君非旅行。"孟郊、崔道融有《旅行》。裴说有《旅行闻寇》。

【旅衣】 行装;旅途中所穿的服装。岑参《巴南舟中思陆浑别业》:"镜里愁衰鬓,舟中换旅衣。"钱起《秋夜梁七兵曹同宿二首》之一:"星影低惊鹊,虫声傍旅衣。"

【旅次】 ❶旅人暂居之处。语本《易·旅》。杜甫《毒热寄简崔评事十六弟》:"老夫转不乐,旅次兼百忧。"戎昱有《旅次寄湖南张郎中》。徐夤有《旅次寓题》。李中有《旅次闻砧》。❷旅途中暂作停留。刘长卿有《旅次丹阳郡遇康侍御宣慰召募兼别岑单父》。施肩吾有《旅次文水县喜遇李少府》。温庭筠有《旅次盱眙县》。许棠有《旅次滑台投献陆侍御》。

【旅拒】 见"旅距"。

【旅步】 犹旅程。孟郊《暮秋感思》:"亦恐旅步难,何独朱颜丑。"

【旅吟】 旅途吟咏。钱起《江行无题一百首》之四一:"旅吟还有伴,沙柳数枝蝉。"

【旅泛】 漂荡,飘零。杜甫《桥陵诗三十韵因呈县内诸官》:"诸生旧短褐,旅泛一浮萍。"崔涂《江上怀翠微寺空上人》:"旅泛本无定,相逢那可期。"

【旅抱】 旅怀。李商隐《自桂林奉使江陵途中感怀寄献上书》:"归期无雁报,旅抱有猿侵。"

【旅松】 不种自生的松树,即野松树。孟郊《山老吟》:"腰斧斫旅松,手瓢汲家泉。"

【旅舍】 (—shè)旅馆。司空曙《送卢堪》:"旅舍秋霖叶,行人寒草风。"李端《送丘丹归江东》:"旅舍寻人别,秋风逐雁归。"又《送杨少府赴阳翟》:"东人欲相送,旅舍已潸然。"

【旅服】 行装。旅途中所穿的衣服。张南史《陆胜宅秋暮雨中探韵同作》:"归心莫问三江水,旅服徒沾九日霜。"

【旅店】 旅馆。项斯《晓发昭应》:"旅店开偏早,乡帆去未收。"

【旅夜】 羁旅之夜。钱起《长安旅宿》:"九秋旅夜长,万感何时歇。"王建《照镜》:"万愁生旅夜,百病凑衰年。"杜甫有《旅夜书怀》。

【旅泊】 (—bó)漂泊。王勃《重别薛华》:"旅泊成千里,栖遑共百年。"王绩《在京思故园见乡人问》:"旅泊多年岁,老去不知回。"祖咏《宿陈留李少府揆厅》:"旅泊倦愁卧,堂空闻曙更。"皇甫冉《送康判官往新安赋得江路西南永》:"何须愁旅泊,使者有辉光。"

【旅思】 羁旅之愁思。骆宾王《寓居洛滨对雪忆谢二》:"旅思眇难裁,冲飙恨易哀。"王勃《羁游饯别》:"宁觉山川远,悠悠旅思难。"张九龄《旅宿淮阳亭口号》:"日暮荒亭上,悠悠旅思多。"白居易《逢张十八员外籍》:"旅思正茫茫,相逢此道傍。"

【旅食】 寄食。王勃《白下驿饯唐少府》:"下驿穷交日,昌亭旅食年。"王维《送崔九兴宗游蜀》:"出门当旅食,中路授寒衣。"祖咏《送丘为下第》:"国门税征驾,旅食谋归旋。"白居易《题新馆》:"重裘每念单衣士,兼味尝思旅食人。"

【旅恨】 旅愁,羁旅者的愁苦。刘言史《广州王园寺伏日即事寄北中亲友》:"旅恨生乌浒,乡心系洛桥。"白居易《送常秀才下第东归》:"东归多旅恨,西上少知音。"郑准《江南清明》:"旅恨共风连夜起,韶光随酒著人浓。"

【旅宦】 外出做官或求官。郎士元《送长沙韦明府》:"秋入长沙县,萧条旅宦心。"元稹《酬许五康佐次用本韵》:"课书同吏职,旅宦各乡愁。"白居易《醉后走笔酬刘五主簿长句之赠兼简张大贾二十四先辈昆季》:"岐阳旅宦少欢娱,江左羁游费时日。"

【旅客】 旅行者。骆宾王《蓬莱镇》:"旅客春心断,边城夜望高。"杜审言《春日江津游望》:"旅客摇边思,春江弄晚晴。"陈子昂《答洛阳主人》:"主人亦何问,旅客非悠悠。"张继《登丹阳楼》:"寒皋那可望,旅客又初还。"

【旅途】 亦作“旅塗”。旅行途中。张乔《吴江旅次》：“旅途归计晚，乡树别年深。”

【旅託】 旅居。贾岛《延寿里精舍寓居》：“旅托避华馆，荒楼遂愚慵。”

【旅酒】 羁旅时所饮之酒。李贺《潞州张大宅病酒遇江使寄上十四兄》：“旅酒侵愁肺，离歌绕懦弦。”

【旅宴】 饯行的宴席。刘希夷《送友人之新丰》：“宾游宽旅宴，王事促严程。”

【旅棘】 旅途中的荆棘。顾况《上古之什补亡训传十三章·我行自东一章》：“我行自东，山海其空，旅棘有丛。”

【旅距】 亦作“旅拒”。❶聚众抗拒。见《后汉书·马援传》。白居易《南阳小将张彦硖口镇税人场射虎歌》：“鸣弦霹雳越幽阻，往往依林犹旅拒。”❷抵住，顶着。贯休《冬末病中作二首》之二：“胸中有一物，旅拒复攻击。”

【旅逸】 谓为客而放逸。见《文选·谢灵运〈会吟行〉》。韩翃《送故人归蜀》：“自应成旅逸，爱客有王孙。”刘长卿《送友人南游》：“旅逸同群鸟，悠悠往复还。”

【旅望】 羁旅者登高望远。崔曙《途中晓发》：“旅望因高尽，乡心遇物悲。”郎士元《登丹阳北楼》：“寒皋那可望，旅望又初还。”白居易有《岁晚旅望》和《夜泊旅望》。

【旅情】 羁旅者的情怀、思绪。李白《淮南卧病书怀寄蜀中赵征君蕤》：“旅情初结缉，秋气方寂历。”杜甫《舟出江陵南浦奉寄郑少尹审》：“经过忆郑驿，斟酌旅情孤。”白居易《自江陵之徐州路上寄兄弟》：“夕宿劳乡梦，晨装惨旅情。”武元衡《夕次潘山下》：“旅情方浩荡，蜀魄满林啼。”

【旅宿】 （—sù）❶旅途夜宿。韦应物《送常侍御却使西蕃》：“旅宿关河逢暮雨，春耕亭障识遗民。”皇甫冉《酬李司兵直夜见寄》：“江城闻鼓角，旅宿复何如。”李商隐《寒食行次冷泉驿》：“驿途仍近节，旅宿倍思家。”❷指旅舍。张籍《宿临江驿》：“旅宿今已远，此行殊未归。”白居易《秋霖中过尹纵之仙游山居》：“岩鸟共旅宿，草虫伴愁吟。”

【旅退】 “旅进旅退”的略语。谓随大流。郑谷《前寄左省张起居一百言寻蒙唱酬见誉过实》：“旅退惭随众，孤飞怯向前。”

【旅棹】 客船。杨凭《晚泊江戍》：“旅棹依遥戍，清湘急晚流。”

【旅葬】 客死，葬于他乡。孟郊《哭李观》：“旅葬无高坟，栽松不成行。”许浑《伤冯秀才》：“旅葬不可问，茫茫西陇头。”

【旅程】 旅行的路程。韩愈《陪杜侍御游湘西两寺独宿有题》：“旅程愧淹留，徂岁嗟荏苒。”

【旅雁】 指南飞或北归的群雁。褚亮《和御史韦大夫喜霁之作》：“晴天度旅雁，斜影照残虹。”张籍《望行人》：“秋风窗下起，旅雁向南飞。”孟郊《车遥遥》：“旅雁忽叫月，断猿寒啼秋。”张九龄《道逢北使题赠京邑亲知》：“故人怜别日，旅雁逐归时。”

【旅遊】 ❶旅行游览。白居易《适意二首》之二：“早岁从旅游，颇谙时俗意。”又《朱陈村》：“忆昨旅游初，迨今十五春。”❷谓长期寄居他乡。高适《别韦五》：“相识仍远别，欲归翻旅游。”贾岛《上谷旅夜》：“世难那堪恨旅游，龙钟更是对穷秋。”白居易《新沐浴》：“何处征戍行，何人羁旅游。”尚颜《江上秋思》：“到来江上久，谁念旅游心。”

【旅寓】 旅居。孟浩然《和张明府登鹿门作》：“忽示登高作，能宽旅寓情。”杜甫《发秦州》：“虽伤旅寓远，庶遂平生游。”又《秋日夔府咏怀寄郑监李宾客一百韵》：“瓜时犹旅寓，萍泛苦夤缘。”

【旅魂】 ❶犹旅情。骆宾王《边夜有怀》：“旅魂劳泛梗，离恨断征蓬。”杜甫《夜》：“露下天高秋水清，空山独夜旅魂惊。”戴叔伦《柳花歌送客往桂阳》：“定知别后消散尽，却忆今朝伤旅魂。”张鼎《江南遇雨》：“旅魂惊处断，乡信意中微。”❷客死他乡者的鬼魂。黄滔《经安州感故郑郎中二首》之三：“旅魂频此归来否，千载云山属一游。”刘禹锡《泰娘歌》：“安知鹏鸟座隅飞，寂寞旅魂招不归。”

【旅夢】 旅人思乡之梦。张乔《荆楚道中》：“春宵多旅梦，夏闰远秋期。”李商隐《五言述德抒情诗一首四十韵献上杜七兄仆射相公》：“归期过旧岁，旅梦绕残更。”韩偓《午寝梦江外兄弟》：“空庭日午独眠觉，旅梦天涯相见回。”前蜀韦庄《春日》：“旅梦乱随蝴蝶散，离魂渐逐杜鹃飞。”

【旅愁】 羁旅者愁闷的心情。王昌龄《万岁楼》：“谁堪登望云烟里，向晚茫茫发旅愁。”储光羲《寒夜江口泊舟》：“一夜苦风浪，自然增旅愁。”章八元《归桐庐旧居寄严长史》：“近闻江老传乡语，遥见家山减旅愁。”白居易《江楼望归》：“旅愁春入越，乡梦夜归秦。”

【旅腸】 羁旅者的心情。李咸用《和人湘中咋》：“湘川湘岸两荒凉，孤雁号空动旅肠。”罗隐《长安秋夜》：“灯欹短焰烧离鬓，漏转寒更滴旅肠。”

【旅塗】 见“旅途”。

【旅榜】 客船。孟郊《旅行》：“野梅参差发，旅榜逍遥归。”

【旅歌】 旅吟。李贺《客游》：“旅歌屡弹铗，归问时裂帛。”

【旅貌】 旅颜。旅人愁苦的面容。白居易《庚楼新岁》：“岁时销旅貌，风景触乡愁。”许棠《新年呈友》：

"清晨窥古镜,旅貌近衰翁。"

【旅塵】 旅人身上的尘土。孟郊《长安羁旅行》:"十日一理发,每梳飞旅尘。"

【旅墳】 客死异乡者之坟。刘禹锡《哭吕衡州时予方谪居》:"遗草一函归太史,旅坟三尺近要离。"

【旅燈】 旅舍的灯火。白居易《秋暮西归途中书情》:"耿耿旅灯下,愁多常少眠。"

【旅館】 供人住宿的房舍。旅店。王勃《焦岸早行和陆四》:"侵星违旅馆,乘月戒征传。"刘希夷《晚憩南阳旅馆》:"旅馆何年废,征夫此日过。"张说《夕宴房主簿舍》:"旅馆月宿永,闭扃云思兴。"孟浩然《唐城馆中早发寄杨使君》:"旅馆归心逼,荒村客思盈。"

【旅憩】 旅途休息。李白《冬夜醉宿龙门觉起言志》:"醉来脱宝剑,旅憩高堂眠。"

【旅壁】 旅店墙壁。李中《秋雨》:"寒蛩悲旅壁,乱藓滑渔矶。"

【旅鴻】 旅雁。鲍溶《杂曲歌辞·夜寒吟》:"霜飙乘阴扫地起,旅鸿迷雪绕枕声。"

【旅顔】 旅人困顿的脸色。杜甫《茅堂检校收稻二首》之一:"御夹侵寒气,尝新破旅颜。"齐己《送人入蜀》:"文君酒市逢初雪,满贳新沽洗旅颜。"

【旅竄】 贬逐流放。张说《卢巴驿闻张御史张判官欲到不得待留赠之》:"旅窜南方远,传闻北使来。"

【旅獸】 野兽。卢照邻《于是春也慨然有江湖之思寄赠柳九陇》:"翔禽鸣我侧,旅兽过我前。"

【旅懷】 羁旅者的情怀。祖咏《过郑曲》:"旅怀劳自慰,淅淅有凉风。"张继《九日巴丘杨公台上宴集》:"江汉路长身不定,菊花三笑旅怀开。"周贺、雍陶、刘威、李频等均有《旅怀》。白居易有《长安早春旅怀》。

【旅覊】 久居他乡。方干《旅次洋州寓居郝氏林亭》:"青云未得平行去,梦到江南身旅羁。"

【旅櫬】 客死者的灵柩。杜甫《哭李尚书》:"客亭鞍马绝,旅榇网虫悬。"刘长卿《哭陈歙州》:"旅榇归程伤道路,举家行哭向田园。"刘商《同诸子哭张元易》:"素帷旅榇乡关远,丹旐孤灯客舍中。"

【旅鬢】 羁旅时的鬓发。李白《醉后赠从甥高镇》:"君为进士不得进,我被秋霜生旅鬓。"白居易《九日登巴台》:"旅鬓寻已白,乡书久不来。"

旂 〔qí《广韵》渠希切,平微,羣。〕古代画有两龙并在竿头悬铃的旗。白居易《和微之诗二十三首·和送刘道士游天台》:"灵旗星月象,天衣龙凤纹。"亦代指军队。杜甫《送卢十四弟侍御护韦尚书灵榇归上都二十韵》:"但促铜壶箭,休添玉帐旂。"

【旂常】 ❶旂与常。旂画交龙,常画日月,是王侯的旗帜。语本《周礼·春官·司常》:"日月为常,交龙为旂……王建大常,诸侯建旂。"韩愈《元和圣德诗》:"天兵四罗,旂常婀娜。"李商隐《五言述德抒情诗一首四十韵献上杜七兄仆射相公》:"旂常悬祖德,甲令著嘉声。"❷泛称旗帜。李商隐《行次西郊作一百韵》:"采旂转初旭,玉座当祥烟。"

七 画

旌 〔jīng《广韵》子盈切,平清,精。〕❶杆顶饰有旄尾和彩色鸟羽的旗,多用为仪仗。魏征《奉和正日临朝应诏》:"淑景辉雕辇,高旌扬翠烟。"裴达《小苑春望宫池柳色》:"几条垂广殿,数树影高旌。"李逢吉《再赴襄阳辱宣武相公贻诗今用奉酬》:"解韨辞丹禁,扬旌去赤墀。"罗隐《重送朗州张员外》:"一榻早年容孺子,双旌今日别文翁。"❷旗帜的通称。祖咏《望蓟门》:"万里寒光生积雪,三边曙色动危旌。"高适《燕歌行》:"摐金伐鼓下榆关,旌旆逶迤碣石间。"李贺《猛虎行》:"举头为城,掉尾为旌。"李绅《渡西陵十六韵》:"及郊挥白羽,入里卷红旌。"❸表彰。宋之问《故赵王属赠黄门侍郎上官公挽词二首》之一:"韦门旌旧德,班氏业前书。"吴筠《经羊角哀墓作》:"祇召出江国,路傍旌古坟。"丁泽《龟负图》:"作瑞旌君德,披文协帝谟。"齐已《赴郑谷郎中招游龙兴观十八韵》:"远继周南美,弥旌拱北思。"

【旌甲】 旌旗兵甲,泛指军队装备。李益《送柳判官赴振武》:"边庭汉仪重,旌甲似云中。"

【旌羽】 犹羽旌。许景先《奉和圣制送张尚书巡边》:"郊云驻旌羽,边吹引金鉦。"

【旌車】 插有旌幡的载灵柩的车子。王维《哭祖六自虚》:"旌车出郊甸,乡国隐云天。"

【旌府】 指节度使府。参见"旌節"。钱镠《功臣堂》:"两邦父老趋旌府,百品肴羞宴桂堂。"

【旌門】 帝王或大官出行,于所驻行前列旗如门,故称"旌门"。魏元忠《修书院学士奉敕宴梁王宅》:"荣光开帐殿,佳气满旌门。"徐安贞《奉和喜雪应制》:"蓬莱北上旌门暗,花萼南归马迹深。"韩翃《扈从郊庙因呈两省诸公》:"昼趋行殿旌门北,夜宿斋房刻漏东。"刘禹锡《江陵严司空见示与成都武相公唱和因命同作》:"南荆西蜀大行台,幕府旌门相对开。"

【旌封】 表彰册封。徐夤《大夫松》:"五树旌封许岁寒,挽柯攀叶也无端。"周岳秀《君山祠》:"万顷湖波浸碧天,旌封香火几千年。"

【旌竿】 旗杆。郑愔《塞外三首》之三:"边声入鼓吹,霜气下旌竿。"常建《客有自燕而归哀其老而赠之》:"寸心渔阳兴,落日旌竿悬。"岑参《献封大夫破播仙凯歌六首》之二："蒲海晓霜凝马尾，葱山夜雪扑旌竿。"戴叔伦《赠史开府》："野战频年沙朔外，旌竿高与雪峰齐。"杜牧《郡斋独酌》："旌竿幖幖旗𤡮𤡮，意气横鞭归故乡。"

【旌斿】（—liú）泛指仪仗中的旗帜。徐夤《依御史温飞卿华清宫二十二韵》："飞烟笼剑戟，残月照旌斿。"曹松《南海陪郑司空游荔园》："荔枝时节出旌斿，南国名园尽兴游。"

【旌軒】指一方长官乘坐的车子。玄宗《送张说巡边》："鼓吹威夷狄，旌轩溢洛阳。"白居易《和微之诗二十三首·和三月三十日四十韵》："寻幽驻旌轩，选胜回宾御。"鲍溶《述德上太原严尚书绶》："樵客天一畔，何由拜旌轩。"

【旌旆】❶指仪仗中的旌旗。刘宪《奉和送金城公主入西蕃应制》："旌旆羌风引，轩车汉月随。"贾至《送友人使河源》："河源望不见，旌旆去悠悠。"牟融《送沈侯之京》："悠悠旌旆出东楼，特出仙郎上帝州。"戈牢《和主司王起》："正是感恩流涕日，但思旌旆碧峰前。"❷指军旅。胡皓《大漠行》："旌旆悠悠静瀚源，鼙鼓喧喧动卢谷。"杜甫《白帝城最高楼》："城尖径昃旌旆愁，独立缥缈之飞楼。"戴叔伦《奉酬卢端公饮后赠诸公见示之作》："佐幕临戎旌旆间，五营无事万家闲。"翁绶《雨雪曲》："斜飘旌旆过戎帐，半杂风沙入戍楼。"

【旌旃】泛指旗帜。崔湜《送梁卿王郎中使东蕃吊册》："赠册绥九夷，旌旃下双阙。"李白《经乱离后天恩流夜郎忆旧游书怀赠江夏韦太守良宰》："半夜水军来，浔阳满旌旃。"姚合《送李廓侍御赴西川行营》："何人荐筹策，走马逐旌旃。"方干《献浙东王大夫二首》之一："吟处美人擎笔砚，行时飞鸟避旌旃。"

【旌旄】泛指仪仗中的旌旗。杜甫《避地》："诗书遂墙壁，奴仆且旌旄。"元稹《奉和浙西大夫李德裕述梦四十韵次本韵》："犹怜弊簪履，重委旧旌旄。"李绅《过梅里七首·忆东郭居》："旌旄光里舍，骑服欢妻嫂。"无可《寄羽林卢大夫将军》："计日旌旄下，萧萧万马随。"

【旌旂】同"旌旗"。泛指旌旗。权德舆《德宗神武孝文皇帝挽歌词三首》之三："乔山森羽骑，渭水拥旌旂。"胡曾《题周瑜将军庙》："交锋魏帝旌旂退，委任君王社稷安。"

【旌戟】旄旗与棨戟。泛指仪仗。沈佺期《和崔正谏登秋日早朝》："爽气临旌戟，朝光映冕旒。"储光羲《贻王侍御出台掾丹阳》："旌戟俨成行，鸡人传发煦。"张籍《关山月》："军中探骑暮出城，伏兵暗处低旌戟。"姚合《送裴大夫赴亳州》："寒日严旌戟，睛风出管弦。"杜牧《送张判官归兼谒鄂州大夫》："今君拜旌戟，凛凛近霜台。"

【旌棨】犹旌戟。棨，有套的戟。杜甫《狄明府》："汝曹又宜列土食，身使门户多旌棨。"鲍溶《读史》："宿昔见汉兵，龙蛇满旌棨。"

【旌鉞】旌旗和大斧。泛指军备。白居易《戏和微之答窦七行军之作》："旌钺从櫜鞬，宾僚礼数全。"

【旌節】❶犹旄节。古代使臣所持的节杖。竹制而发旄尾为饰，为信守的象征。杜审言《和李大夫嗣真奉使存抚河东》："玺书傍问俗，旌节近推贤。"耿湋《奉送崔侍御和蕃》："旌节随边草，关山见戍楼。"李涉《六叹》之三："夜宿寒云卧冰雪，严风触刃垂旌节。"❷旌与节。唐赐节度使双旌双节，旌以专赏，节以专杀。后亦作节度使的代称。杜甫《奉侍严大夫》："常怪偏裨终日待，不知旌节隔年回。"李益《送襄阳李尚书》："都门送旌节，符竹领诸侯。"王建《朝天词十首寄上魏博田侍中》之一："风动白髯旌节下，过时天子御楼看。"李绅《拜宣武军节度使》序："开成元年六月二十六日，制授宣武节度使，七月三日，中使刘泰押送旌节止洛阳。"❸泛指仪仗。陈子昂《东征答朝臣相送》："君王谬殊宠，旌节从此戎。"王维《送岐州源长史归》："征西旧旌节，从此向河源。"鲍溶《赠远》："辛苦关西车骑将，几年旌节客河兰。"孟匡明《饯王将军赴云中》："关山横代北，旌节壮河东。"

【旌蓋】旌旗和华盖。泛指仪仗。李峤《奉和幸韦嗣立山庄侍宴应制》："松门驻旌盖，薜幄引簪裾。"顾况《朝上清歌》："旌盖飒沓，箫鼓和些。"

【旌銘】灵柩前的旌幡。上写死者姓名、官职等。白居易《哭崔二十四常侍》："《薤露》歌词非《白雪》，旌铭官爵是浮云。"

【旌旗】亦作"旌旂"。❶旗帜的通称。太宗《冬狩》："旌旗四望合，置罗一面求。"杜甫《乾元中寓居同谷县作歌七首》之四："扁舟欲往箭满眼，杳杳南国多旌旗。"张祜《连昌宫》："龙虎旌旗雨露飘，玉楼歌断碧山遥。"张蠙《赠信安太守》："甲士散教耕垄苗，书生闲许从旆旗。"❷借指军士。王昌龄《青楼曲二首》之一："白马金鞍从武皇，旌旗十万宿长杨。"

【旌賢】表彰贤明的人。萧嵩《奉和圣制送张说上集贤学士赐宴》："帝曰简才能，旌贤在股肱。"孟郊《旅次湘沅有怀灵均》："侧聆故老言，遂得旌贤愚。"李衢《都堂试贡士日庆春雪》："锡瑞来丰岁，旌贤入贡辰。"项斯《经李白墓》："游魂应到蜀，小碣岂旌贤。"

【旌幡】亦作"旌旛"。犹旌旗。张籍《永嘉行》："紫陌旌旛暗相触，家家鸡犬惊上屋。"李绅《却到浙西》序："吴人以恤灾之惠，犹惧旌幡留戒于迥野之处，不及城郭之所，则相率拜泣于舟楫前。"雍陶《僧金河戍客》："戍远旌幡少，年深帐幕低。"

【旌幢】 (—chuáng)泛指仪仗。耿沣《送叶尊师归处州》:“群袄离分野,五岳拜旌幢。”张籍《送李仆射愬赴镇凤翔》:“旌幢独继家声外,竹帛新添国史中。”李频《送崔侍御书记赴山北座主尚书招辟》:“书记向丘门,旌幢夹谷尊。”贯休《送吏部刘相公除东川》:“旌幢山色湿,邛僰鸟啼新。”

【旌幟】 旗帜。戴叔伦《塞上曲二首》之二:“汉家旌帜满阴山,不遣胡儿匹马还。”

【旌德】 县名。汉泾县地。唐初属太平县,宝应二年(763)分太平九乡置旌德县。今属安徽省。黄滔有《赠旌德吕明府》。

【旌麾】 亦作“旍麾”。❶帅旗。苏颋《边秋薄暮》:“边风思鞞鼓,落日惨旌麾。”卢象《送赵都护赴安西》:“下客候旌麾,元戎复在斯。”❷泛指旗帜。崔融《哭蒋詹事俨》:“钩陈侍帷扆,环卫奉旌麾。”刘长卿《送齐郎中典括州》:“星象移何处,旌麾独向东。”杜甫《奉酬严公寄题野亭之作》:“枉沐旌麾出城府,草茅无径欲教锄。”韩愈《和虞部卢四酬翰林钱七赤藤杖歌》:“途经百国皆莫识,君臣聚观逐旌麾。”贾岛《送觉兴上人归中条山兼谒河中李司空》:“闻师新译偈,说拟对旌麾。”❸借指征战;战乱。虞世南《从军行二首》之一:“结发早驱驰,辛苦事旌麾。”赵冬曦《酬燕公出湖见寄》:“纶綍有成命,旌麾不可攀。”刘长卿《闻虞沔州有替将归上都登汉东城寄赠》:“惆怅恨君先我去,汉阳耆老忆旌麾。”皇甫曾《奉送杜侍御还京》:“怀恩偏感别,堕泪向旌麾。”赵嘏《广陵答崔琛》:“声名官职应前定,且把旌麾入醉乡。”❹泛指仪仗。颜真卿、柳淡《登岘山观李左相石尊联句》:“旌麾间翠幄,箫鼓来朱轓。”皇甫冉《奉和待勤照上人不至》:“旌麾俨欲动,杯锡杳仍迟。”韩愈《和虞部卢四酬翰林钱七赤藤杖歌》:“途经百国皆莫识,君臣聚观逐旌麾。”贾岛《送觉兴上人归中条山兼谒河中李司空》:“闻师新译偈,说拟对旌麾。”

【旌儒廟】 庙名。故址在今西安市临潼骊山下。其处为秦始皇坑儒之所,故原名即为坑儒,玄宗改名“旌儒”。庙是为祭祀这些儒生而立。许浑有《旌儒庙》。

【旌禮】 表彰推崇。清昼、汤稀等《讲德联句》:“哀矜鳏寡,旌礼儒墨。”

【旌騎】 (—jì)持仪仗的骑兵。宗楚客《正月晦日侍宴浐水应制赋得长字》:“日斜旌骑转,休气满林塘。”

【旌旛】 亦作“旌幡”。泛指旗帜。张籍《永嘉行》:“紫陌旌旛暗相触,家家鸡犬惊上屋。”雍陶《僧金河戍客》:“戍远旌旛少,年深帐幕低。”方干《侯郎中新置西湖》:“烟雾未应藏岛屿,凫鹥亦解避旌旛。”

【旌纛】 大旗。亦泛指旗帜。仪仗中的大旗。马戴《送和北虏使》:“刀镮向月动,旌纛冒霜悬。”贾岛《寄沧州李尚书》:“迢递瞻旌纛,浮阳寄咏言。”

族 〔zú《广韵》昨木切,入屋,從。〕❶指有血缘关系的亲属。《时人为李义甫语》(卷八七六):“今日巨唐年,还诛四凶族。”韩愈《梁国惠康公主挽歌二首》之二:“夫族迎魂去,宫官会葬归。”刘言史《苦妇词》:“况非本族音,肌露谁为怜。”贯休《酷吏词》:“不惟哭,亦白其头,饥其族,所以祥风不来,和气不复。”❷氏族。李白《拟古十二首》之七:“万族皆凋枯,遂无少可乐。”高适《送浑将军出塞》:“将军族贵兵且强,汉字已是浑邪王。”元结《舂陵行》:“大乡无十家,大族命单羸。”李商隐《少将》:“族亚齐安陆,风高汉武威。”❸种族,族类。李峤《奉使筑朔方六州城率尔而作》:“驱彼犬羊族,正此戎夏疆。”李白《登黄山凌歊台送族弟溧阳尉济充泛舟赴华阴》:“鸾乃凤之族,翱翔紫云霓。”刘长卿《山鸲鹆歌》:“朝去秋田啄残粟,暮入寒林啸群族。”元稹《有鸟二十章》之九:“妖鼠多年羽翮生,不辨雌雄无本族。”❹群体。李白《空城雀》:“本与鷦鷯群,不随凤凰族。”韦应物《任洛阳丞请告一首》:“游鱼自成族,野鸟亦有群。”皮日休《三羞诗三首》之二:“雄健许昌师,忠武冠其族。”❺聚集。李白《鸣皋歌送岑征君》:“鸡聚族以争食,凤孤飞而无邻。”可止《雪十二韵》:“洞深猿作族,松亚鹤移栖。”

【族父】 指父亲的堂伯叔之子。杜甫《送长孙九侍御赴武威判官》:“族父领元戎,名声国中老。”

【族氏】 指同姓的亲族。白居易《访陶公旧宅》:“子孙虽无闻,族氏犹未迁。”

【族弟】 指同一高祖的堂兄弟辈中的年少者。齐己有《还族弟卷》。

【族叔】 指与父亲同一高祖的堂弟。李白有《陪族叔刑部侍郎晔及中书贾舍人至游洞庭五首》,又有《陪族叔当涂宰游化城寺升公清风亭》。

【族姪】 族兄弟之子。李白有《答族侄僧中孚赠玉泉仙人掌茶》,又有《同族侄评事黯游昌禅师山池二首》,又有《登梅冈望金陵赠族侄高座寺僧中孚》。

【族孫】 族兄弟之孙。卢肇《汉堤诗》:“族孙作诗,昭示厥后。”

【族望】 名门大族。李商隐《赠赵协律皙》:“已叨邹马声华末,更共刘卢族望通。”

【族滅】 酷刑名。指诛杀整个家族。李商隐《行次西郊作一百韵》:“破者以族灭,存者尚迁延。”

【族親】 本族的亲人。韩愈《元和圣德诗》:“浃于族亲,濡及九有。”

【族類】 同类。卢仝《观放鱼歌》:“族类恣饮啖,强力无亲疏。”白居易《虾蟆》:“地既蕃其生,使之族类多。”又《代鹤》：“洛阳寡族类，皎皎唯两翼。”皮日休《病中有人惠海蟹转寄鲁望》：“族类分明连琐玮，形容好个似蟛蜞。”

旍 〔jīng《广韵》子盈切，平滑，精。〕同“旌”。卢纶《皇帝感词》之二：“高旍花外转，行漏乐前闻。”

【旍旃】 犹旌旗。陈陶《将归钟陵留赠南海李尚书》：“龙门竟多故，双泪别旍旃。”

旎 〔nǐ《广韵》女氏切，上紙，娘。〕盛貌。沈亚之《湘中怨》之一：“酡游颜兮倡蔓卉縠，流茜霓兮石发髓旎。”

【旎旎】 盛貌。卢仝《寄赠含曦上人》：“春鸟娇关关，春风醉旎旎。”

旋[1] 〔xuán《广韵》似宣切，平仙，邪。〕❶旋转，盘旋。李颀《弹棋歌》：“回飙转指速飞电，拂四取五旋风花。”元稹《和李校书新题乐府十二首·胡旋女》：“旋得明王不觉迷，妖胡奄到长生殿。”李绅《登禹庙回降雪五言二十韵》：“细疑歌响尽，旋作舞腰回。”温庭筠《感旧陈情五十韵献淮南李仆射》：“绣旗随影合，金阵似波旋。”❷昏眩。白居易《病中诗十五首·初病风》：“肘痹宜生柳，头旋剧转蓬。”又《欢喜二偈》：“眼暗头旋耳重听，唯余心口尚醒醒。”❸返还，回来。李峤《刀》：“列辟鸣鸾至，惟良佩犊旋。”卢纶《和张仆射塞下曲》之四：“野幕敞琼筵，羌戎贺劳旋。”贾岛《游子》：“谁知奔他山，自欲早旋车。”

旋[2] 〔xuàn《广韵》辝戀切，去線，邪。〕❶绕。王建《雉将雏》：“学飞未得一尺高，还逐母行旋母脚。”元稹《琵琶歌》：“百万金铃旋玉盘，醉客满船皆暂醒。”❷呈螺旋形的。见“旋毛”。❸急迫。李白《送梁公昌从信安北征》：“旋应献凯入，麟阁伫深功。”元稹《连昌宫词》：“春娇满眼睡红绡，掠削云鬟旋装束。”杜牧《池州送孟迟先辈》：“呼儿旋供衫，走门空踏袜。”❹忽，随即。刘长卿《送孙莹京监擢第归蜀觐省》：“适贺一枝新，旋惊万里分。”李益《度破讷沙二首》之一：“眼见风来沙旋移，经年不省草生时。”李远《闻明上人逝寄友人》：“别后旋成庄叟梦，书来忽报惠休亡。”殷文圭《鹦鹉》：“丹觜如簧翠羽轻，随人呼物旋知名。”❺屡，频。王建《寄贾岛》：“傍暖旋收红落叶，觉寒犹著旧生衣。”于武陵《洛阳道》：“旋添青草冢，更有白头人。”杜荀鹤《山中寡妇》：“时挑野菜和根煮，旋斫生柴带叶烧。”徐夤《东京次新安道中》：“旋从古辙成深谷，几见金舆过上阳。”❻漫然，随意。上官昭容《游长宁公主流杯池二十五首》之二一：“傍池聊试笔，倚石旋题诗。”李白《少年行三首》之三：“好鞍好马乞与人，十千五千旋沽酒。”张祜《公子行》：“轻将玉杖敲花片，旋把金鞭约柳枝。”林宽《酬陈樵见寄》：“囊书旋入酒家尽，纱帽长依僧壁垂。”❼渐渐。王泠然《汴堤柳》：“直到淮南种官柳，功成力尽人旋亡。”刘禹锡《故洛城古墙》：“粉落椒飞知几春，风吹雨洒旋成尘。”元稹《当来日大难行》：“泥潦渐久，荆棘旋生。”徐夤《题南寺》：“平生英壮节，何故旋消磨。”❽一边……一边。刘叉《冰柱》：“旋落旋逐朝暾化，檐间冰柱若削出交加。”王建《宫词一百首》之四一：“闷来无处可思量，旋下金阶旋忆床。”陆龟蒙《奉和袭美题达上人药圃二首》之一：“药味多从远客赍，旋添花圃旋成畦。”司空图《酒泉子》词：“旋开旋落旋成空。”

【旋$_2$毛】 旋涡形的马毛。据云马有旋毛在腹下为千里马。李贺《马诗二十三首》之一八：“伯乐向前看，旋毛在腹间。”霍总《骢马》：“路傍看骤影，鞍底卷旋毛。”

【旋返】 回来。骆宾王《在江南赠宋五之问》：“漳滨已辽远，江潭未旋返。”

【旋$_2$風】 作螺旋状的风。高适《画马篇》：“荷君剪拂与君用，一日千里如旋风。”顾况《梁司马画马歌》：“画精神，画筋骨，一团旋风瞥灭没。”元稹《赛神》：“旋风天地转，急雨江河翻。”陈陶《赠别离》：“山妖水魅骑旋风，魇梦啮魂黄瘴中。”

【旋門】 古关名。又名旋门坂。东汉中平初置八门都尉以防黄巾军，旋门为其一。故址在今河南荥阳西。郑愔《贬降至汝州广城驿》：“函塞云间别，旋门雾里看。”

【旋$_2$迴】 水势圆转。元结《漶阳亭作》：“峰石若鳞次，敧垂复旋回。”孟郊《峡哀》：“谷号相喷激，石怒争旋回。”

【旋師】 军队凯旋。玄宗有《旋师喜捷》。韩愈《晋公破贼回重拜台司以诗示幕中宾客愈奉和》：“南伐旋师太华东，天书夜到册元功。”

【旋旆】 谓军队凯旋。杜甫《散愁二首》之一：“久客宜旋旆，兴王未息戈。”

【旋宫】 音乐术语。古以十二律配七声，每一律均可作为宫声。因可“旋相为宫”，故称“旋宫”。元稹《琵琶歌》：“琵琶宫调八十一，旋宫三调弹不出。”

【旋旋】 转动貌。孟郊《偷诗》：“亦如婴儿食，饧桃口旋旋。”

【旋$_2$旋$_2$】 ❶呈螺旋形。元稹《舞腰》：“裙裾旋旋手迢迢，不趁音声自趁娇。”❷频频。顾况《焙茶坞》：“旋旋续新烟，呼儿劈寒木。”秦韬玉《咏手》：“金杯有喜轻轻点，银鸭无香旋旋添。”❸渐渐，缓缓。白居易《和薛秀才寻梅花同饮见赠》：“歌声怨处微微落，酒气熏时旋旋开。”皮日休《奉和鲁望渔具十五咏·网》：“闲来发其机，旋旋沈平绿。”李山甫《早春微雨》：“青罗舞袖纷纷转，红脸啼珠旋旋收。”薛涛《酬辛员外折花见遗》："一枝为授殷勤意，把向风前旋旋开。"❹随即，马上。秦韬玉《春雪》："片才著地轻轻陷，力不禁风旋旋销。"徐夤《曲江宴日呈诸同年》："天知惜日迟迟暮，春为催花旋旋红。"

【旋蓬】　旋转的蓬草。蓬遇风即拔起，随风旋转。李白《梁甫吟》："东下齐城七十二，指麾楚汉如旋蓬。"

【旋踵】　转足。形容迅速。李商隐《哭虔州杨侍郎》："甘心亲垤坟蚁，旋踵戮城狐。"

【旋轅】　回车。张说《蜀路二首》之二："及兹旋辕地，秋风满路生。"

【旋轉】　(—zhuǎn)盘旋。卢纶《腊日观咸宁王部曲娑勒擒豹歌》："潜形踠伏草不动，双雕旋转群鸦鸣。"元稹《表夏十首》之六："红丝散芳树，旋转光风急。"

【旋歸】　归还，归来。杜甫《郑典设自施州归》："倒屣喜旋归，画地求所历。"元结《送孟校书往南海》："相劝早旋归，此言慎勿忘。"独孤及《代书寄上李广州》：几时复旋归，入践青琐闼。"令狐楚《发潭州寄李宁常侍》："委废从兹日，旋归在几年。"

【旋繞】　围绕。段义宗《题三学院经楼》："尚欲归心求四谛，敢辞旋绕满三周。"

八　画

旐　〔zhào《广韵》治小切，上小，澄。〕出殡时在灵柩前引路的旗幡。骆宾王《乐大夫挽词五首》之三："彤驺朝帝阙，丹旐背王畿。"岑参《韩员外夫人清河县君崔氏挽歌二首》之二："青松吊客泪，丹旐路人愁。"柳宗元《哭连州凌员外司马》："盖棺未塞责，孤旐凝寒飔。"白居易《挽歌词》："丹旐何飞扬，素骖亦悲鸣。"

九　画

旓　〔shāo《广韵》所交切，平肴，生。〕旌旗上的飘带。杜甫《魏将军歌》："欃枪荧惑不敢动，翠蕤云旓相荡摩。"杜牧《奉送中丞姊夫俦自大理卿出镇江西十二韵》："红旓挂石壁，黑槊断云根。"

旒　〔liú《广韵》力求切，平尤，來。〕❶旌旗下边悬垂的饰物。虞世南《奉和至寿春应令》："后车喧风吹，前旌映彩旒。"薛能《折杨柳十首》之三："嫩绿轻悬似缀旒，路人遥见隔宫楼。"皮日休《九夏歌九篇》之五："何以锡之，龙旂九旒。"❷冠冕前后悬垂的玉串。许敬宗《奉和咏雨应诏》："崇朝方浃宇，宸盼俯凝旒。"杜甫《秋日荆南述怀三十韵》："垂旒资穆穆，祝网但恢恢。"韩愈《苦寒》："褰旒去耳纩，调和进梅盐。"温庭筠《鸿胪寺有开元中锡宴堂偶成四十韵》："玄珠十二旒，红粉三千行。"

【旒扆】　皇帝的代称。旒，冕旒；扆，帝座后的屏风。陆龟蒙《徐方平后闻赦因寄袭美》："新春旒扆御辇轩，海内初传涣汗恩。"

【旒旐】　出殡时引导灵柩的幡旗。张说《惠文太子挽歌二首》之二："旒旐飞行树，帷宫宿野烟。"

【旒綴】　喻皇权受到威胁。杜甫《送樊二十三侍御赴汉中判官》："使者纷星散，王纲尚旒缀。"又《八哀诗·赠秘书监江夏李公邕》："忠贞负冤恨，宫阙深旒缀。"

十　画

旗　〔qí《广韵》渠之切，平之，羣。〕❶旗帜。贺知章《奉和御制春台望》："旗回五丈殿千门，连绵南隥出西垣。"钱起《送王季友赴洪州幕下》："烟波带幕府，海日生红旗。"温庭筠《过华清宫二十二韵》："剑锋挥太皞，旗焰拂蚩尤。"杜荀鹤《送李先辈从知塞上》："洒碛雪粘旗力重，冻河风揭角声长。"❷旗状物。齐己《闻道林诸友尝茶因有寄》："枪旗冉冉绿从园，谷雨初晴叫杜鹃。"

【旗門】　犹旌门。苏颋《人日重宴大明宫恩赐彩缕人胜应制》："疏龙磴道切昭回，建凤旗门绕帝台。"李华《咏史十一首》之四："魏阙心犹在，旗门首已悬。"豆卢复《昌年宫之作》："旗门芳草合，辇路小槐疏。"

【旗竿】　旗杆。马戴《塞下曲二首》之二："风折旗竿曲，沙埋树杪平。"

【旗亭】　❶市楼。建于集市之中观察指挥集市的处所，因立旗为号令，故名。王勃《临高台》："旗亭百队开新市，甲第千甍分戚里。"杜甫《入衡州》："旗亭壮邑屋，蜂櫓蟠城隍。"❷酒楼。刘禹锡《贾客词》："大艑浮通川，高楼次旗亭。"元稹《茅舍》："旗亭红粉泥，佛庙青鸳瓦。"杜牧《郡斋独酌》："旗亭雪中过，敢问当垆娘。"韩偓《雪中过重湖信笔偶题》："旗亭腊酎逾年熟，水国春寒向晚多。"

【旗旆】　旌旗。陆龟蒙《奉和袭美太湖诗二十首·孤园寺》："庭蕉裂旗旆，野蔓差缨组。"

【旗旃】　旌旗。皎然《奉送袁高使君诏征赴行在效曹刘体》："那堪临流意，千里望旗旃。"

【旗戟】　泛指仪仗。孟郊《汝州南潭陪陆中丞公宴》："高岸立旗戟，潜蛟失浮沉。"韩愈《孟生诗》："晶光荡相射，旗戟翩以森。"

【旗畫】　旌旗上的彩画。杨炯《从军行》："雪暗凋旗画，风多杂鼓声。"

【旗鼓】 ❶旌旗战鼓。崔湜《塞垣行》："蔽山张旗鼓，间道潜锋镝。"李咸用《煌煌京洛行》："但听嵩山万岁声，将军旗鼓何时偃。"❷代指军队。沈佺期《杂诗三首》之三："谁能将旗鼓，一为取龙城。"白居易《奉送三兄》："自反丘园头尽白，每逢旗鼓眼犹明。"

【旗葢】 泛指仪仗。李商隐《漫成五章》之三："借问琴书终一世，何如旗盖仰三分。"

【旗幡】 亦作"旗旛"。泛指旗帜。陈羽《和王中丞使君春日过高评事幽居》："风光满路旗幡出，林下高人待使君。"李商隐《行次西郊作一百韵》："列城绕长河，平明插旗幡。"周鑫《送人蕃使》："猎猎旗幡过火荒，敕书犹带御烟香。"贯休《古塞上曲七首》之二："号变旗幡乱，鼙干草木黄。"

【旗幟】 旗的通称。杜甫《赠李八秘书别三十韵》："消息多旗帜，经过叹里闾。"张籍《新城甲仗楼》："鱼龙卷旗帜，霜雪积戈矛。"王仁裕《句》："铁锁寨门扃白日，大张旗帜插青天。"

【旗旛】 同"旗幡。"

【旗纛】 古旗。许浑《献鄜坊丘常侍》："秋槛鼓鼙惊朔雪，晓阶旗纛起边风。"

旖 〔yǐ《广韵》於綺切，上紙，影。又於離切，平支，影。〕见"旖旎"。

【旖旎】 柔美貌。陈子昂《感遇诗三十八首》之二三："旖旎光首饰，葳蕤烂锦衾。"柳宗元《茅檐下始栽竹》："萧瑟过极浦，旖旎附幽墀。"李商隐《李肱所遗画松诗书两纸得四十韵》："孙枝擢细叶，旖旎狐裘茸。"王毂《吹笙引》："旖旎香风绕指生，千声妙尽神仙曲。"

十四画

旛 〔fān《广韵》孚袁切，平元，敷。又附袁切，平元，奉。〕同"幡"。张籍《送侯判官赴广州从军》："驿舫过江分白堠，戍亭当岭见红幡。"项斯《赠金州姚合使君》："未觉旗幡贵，闲行触处过。"

【旛花】 亦作"幡花""幡華"。供佛的幡幢彩花。权德舆《送濬上人归扬州禅智寺》："扬州后学应相待，遥想幡花古寺前。"

【旛幢】 同"幡幢"。顾况《宿湖边山寺》："香透经窗笼桧柏，云生梵宇湿幡幢。"

十五画

旟 〔yú《广韵》以諸切，平魚，以。〕画有隼的旗。高适《奉酬北海李太守丈人夏日平阴亭》："谁谓整隼旟，翻然忆柴扃。"柳宗元《同刘二十八院长述旧言怀感时书事奉寄澧州赠二君子》："建旟翻鸷鸟，负弩绕文蛇。"白居易《和微之春日投简阳明洞天五十韵》："刺史旟翻隼，尚书履曳凫。"方干《归睦州中路寄侯郎中》："却容鹤发还蜗舍，犹梦渔竿从隼旟。"

【旟隼】 旟上之隼。王湾《秋夜寓直即事怀赠萧令公裴侍郎兼通简南省诸友人》："旟隼当朝立，台骢发郡乘。"

无　部

旡　〔jì《广韵》居豪切，去未，見。〕饮食引起的气逆哽塞。见《说文·旡部》。引申为作梗、叛逆之意。张祜《投太原李司空》："号令诛旡轨，观风审未萌。"

五　画

既　〔jì《广韵》居豪切，去未，見。〕❶尽，结束。见《左传·宣公十二年》。元稹《元和五年予官不了罚俸西归三月六日怆曩游因投五十韵》："是时春已老，我游亦云既。"❷副词，已经。见《书·尧典》。寒山《诗三百三首》之七："今日既老矣，余生不足云。"杜甫《奉酬薛十二丈判官见赠》："既蒙主人顾，举翮唳孤亭。"李益《华阴东泉同张处士诣藏律师兼简县内同官因寄齐中书》："群材既兼畅，顾我在草泽。"陆龟蒙《奉和袭美太湖诗二十首·毛公坛》："象外真既感，区中道俄成。"❸连词。(1)既然。寒山《诗三百三首》之八七："渠命既不惜，汝命亦何辜。"无可《同刘秀才宿见赠》："既能持苦节，勿谓少知音。"刘行敏《又嘲杨文瓘》："精神既如此，长叹复何为。"梁宝《与赵神德互嘲》："赵神德，天上既无云，闪电何以无准则？"(2)与"又""且"等呼应，组成并列关系，表示两种情况兼而有之。任华《寄李白》："至于他作多不拘常律，振摆超腾，既俊且逸。"赵征明《回军跛者》："既老又不全，始得离边城。"白居易《梦仙》："再拜受斯言，既寤喜且惊。"(3)连用表示并列关系。元稹《分水岭》："五月金石铄，既寒亦既清。"清昼《讲德联句》："既富既教，足兵足食。"皮日休《九夏歌九篇·昭夏》："既醑既酢，爰𫚭爰舞。"

【既已】　已经。郎士元《湘夫人二首》之一："万乘既已殁，孤舟谁忍还。"皇甫冉《春早》："春色既已同，人心亦相似。"

【既夕】　到了傍晚。王勃《陇西行》之三："既夕罢朝参，薄暮入终南。"杜甫《返照》："牛羊识僮仆，既夕应传呼。"

【既而】　接着；不久。语本《左传·僖公十五年》。骆宾王《夏日游德州赠高四》序："入门自媚，谁相谓言，致使君门隔于九重，中堂远于千里，既而交非得免，路是亡羊。"张说《酬崔光禄冬日述怀赠答》序："太极殿众君子分，同洛城，自春涉秋，日有游讨。既而韦公出守，兹乐使废。"孟简《咏欧阳行周事》序："生感悦之，留赏累月，以为燕婉之乐，尽在是矣。既而南辕，妓请同行。"

【既成】　已成。丁居晦《琢玉》："露璞方期辨，雕文幸既成。"

【既往】　以往。亦指以往的事情。太宗《帝京篇十首》之十："披卷览前踪，抚躬寻既往。"韩愈《永贞行》："具书目见非妄征，嗟尔既往宜为惩。"朱庆余《过洞庭》："帆挂狂风起，茫茫既往时。"

【既望】　周历以每月十五、十六日至二十二、二十三日为既望。后称农历十五日为望，十六日为既望。刘禹锡《奉和中书崔舍人八月十五日夜玩月二十韵》："暮景中秋爽，阴灵既望圆。"

【既濟】　❶《易》卦名。离下坎上。䷾。见《易·既济》。万事皆济。吕岩《七言》之四十："水火自然成既济，阴阳和合自相符。"❷已经渡河。见《左传·僖公二十二年》。引申为达到某一目的。沈东美《奉和苑舍人宿直晓玩新池寄南省友》："既济仍怀友，流谦欲进贤。"

部首目录

国家出版基金项目
NATIONAL PUBLICATION FOUNDATION

全唐诗词语通释

第四卷

《全唐诗词语通释》编纂组 编著

北京师范大学出版集团
BEIJING NORMAL UNIVERSITY PUBLISHING GROUP
安徽大学出版社

第四卷　部首表

第四卷　部首检字表

2771
火部

2935
玄部

2945
玉(王)部

3044
瓜部

3046
瓦部

火　部

火〔huǒ《广韵》呼果切，上果，曉。〕❶物体燃烧发出的光和焰。杜甫《奉送郭中丞兼太仆卿充陇右节度使三十韵》："毁庙天飞雨，焚宫火彻明。"白居易《村居苦寒》："唯烧蒿棘火，愁坐夜待晨。"周贺《休粮僧》："唯留温药火，未写化金方。"韦庄《长安清明》："内官初赐清明火，上相闲分白打钱。"❷焚烧；烧毁。孟郊《靖安寄居》："败菜不敢火，补衣亦写书。"李商隐《楚宫》："歌成犹未唱，秦火入夷陵。"唐彦谦《送樊琯司业归朝》："未见泥函谷，俄惊火建章。"病狂人《歌》："惆怅此情言不尽，一丸萝卜火吾宫。"❸指灯烛或火炬。杜甫《春夜喜雨》："野径云俱黑，江船火独明。"严维《秋夜船行》："一点前村火，谁家未掩扉。"李绅《寿阳罢郡日有诗十首与追怀不殊今编于后兼纪瑞物·肥河维舟阻冻祗待敕命》之一："夜灯空应渔家火，朝食还依雁宿滩。"韦庄《癸丑年下第献新先辈》："千炬火中莺出谷，一声钟后鹤冲天。"❹烽火。韦应物《乘月过西郊渡》："已举候亭火，犹爱村原树。"刘禹锡《和白侍郎送令狐相公镇太原》："边庭自此无烽火，拥节还来坐紫微。"李频《朔中即事》："山头堠火孤明后，星外行人四绝时。"卢汝弼《和李秀才边庭四时怨》之四："半夜火来知有敌，一时齐保贺兰山。"❺因寒食节禁火，故指寒食节。刘禹锡《送张盥赴举诗》："火后见琮璜，霜余识松筠。"唐彦谦《上巳》："微微泼火雨，草草踏青人。"❻形容火热。岑参《宿铁关西馆》："雪中行地角，火处宿天倪。"杜甫《热三首》之二："峡中都似火，江上只空雷。"❼火急；紧急。韦庄《秋日早行》："行人自是心如火，兔走乌飞不觉长。"又《题汧阳县马跑泉李学士别业》："九霄岐路忙于火，肯恋斜阳守钓矶。"❽形容鲜红的旌旗、花果等物。贾至《燕歌行》："千营万队连旌旗，望之如火忽电驰。"权德舆《酬裴杰秀才新樱桃》："远火微微辨，残星隐隐看。"白居易《酬令狐相公春日寻花见寄六韵》："粉坏杏将谢，火繁桃尚稠。"温庭筠《海榴》："海榴开似火，先解报春风。"❾喻怒气。李商隐《送从翁从东川弘农尚书幕》："敢共颓波远，因之内火烧。"李群玉《自澧浦东游江表途出巴丘投员外公虞》："中夜恨火来，焚烧九回肠。"杜荀鹤《夏日题悟空上人院》："安禅不必须出水，灭得心中火自凉。"❿星名。即大火，心宿第二星。李白《酬张卿夜宿南陵见赠》："当君相思夜，火落金风高。"敬括《省试七月流火》："变节金初至，分寒火正流。"唐彦谦《秋霁夜吟寄友人》："槐柳萧疏溽暑收，金商频伏火西流。"⓫星名。即火星。见"火星❶"。⓬五行之一。见"火德"。

【火山】 ❶山名。又名火焰山。自新疆吐鲁番向东延伸至鄯善县以南。山由红砂岩构成，又因其地气候干热，故名。岑参《经火山》："火山今始见，突兀蒲昌东。"又《使交河郡郡在火山脚其地苦热无雨雪献封大夫》："暮投交河城，火山赤崔巍。"❷山名。在今广西梧州市南。沈佺期《梧州火山》："身经火山热，颜入瘴乡消。"贾岛《送黄知新归安南》："火山难下雪，瘴土不生茶。"曹唐《奉送严大夫再领容府二首》之二："日照双旌射火山，笑迎宾从却南还。"自注："《岭表录》云：梧州西有火山，下有澄潭无底。山头夜见火三尺，如野烧然，广十余丈。或言水中有宝珠也，焰如火。山产荔枝，四月子丹。以其地热，故曰火山。"齐己《送迁客》："瘴昏铜柱黑，草赤火山秋。"贯休《送人征蛮》："树尽低铜柱，潮常沸火山。"

【火力】 火燃烧时所产生的能量、热度。陆龟蒙《寄怀华阳道士》："分张火力烧金灶，拂拭苔痕洗酒瓶。"郑谷《初还京师寓止府署偶题屋壁》："火力不能销地力，乱前黄菊眼前开。"

【火井】 ❶能产生可燃天然气的井。钱起《送薛判官赴蜀》："星桥过客稀，火井蒸云热。"罗隐《春日投钱塘元帅尚父二首》之二："盐车顾后声方重，火井窥来焰始浮。"❷县名。治所即今四川邛崃县西南火井镇。因其地有能产可燃天然气的井而得名。杜甫《西山三首》之二："烟尘侵火井，雨雪闭松州。"又《入奏行赠西山检察使窦侍御》："运粮绳桥壮士喜，斩木火井穷猿呼。"❸温泉井。玄宗《温汤对雪》："未见温泉冰，宁知火井灭。"李贺《河南府试十二月乐调·十一月》："御沟泉合如环素，火井温泉在何处。"无名氏《冬》："浩汗霜风刮天地，温泉火井无生意。"又《白雪歌》："孙康冻死读书闱，火井不暖温泉微。"

【火天】 夏天。在五行中，火主夏，故称。施肩吾《夏日题方师院》："火天无处买清风，闷发时来入梵宫。"

【火牛】 指火牛阵。战国时齐将田单利用火牛袭击燕军的战术。《史记·田单列传》："(田单)乃收城中得千余牛……束兵刃于其角，而灌脂束苇于尾，烧其端，凿城数十穴，夜纵牛，壮士五千人随其后，牛尾热，怒而奔燕军，燕军夜大惊。”齐军乘胜追击，遂收复失去的七十余城。胡曾《咏史诗·即墨》：“即墨门开纵火牛，燕师营里血波流。”李瀚《蒙求》：“田单火牛，江逌爇鸡。”

【火艾】 针灸治疗时所用的艾炷。王梵志《诗》之五一：“但知多与酒，火艾不欺人。”白居易《病中诗十五首·罢灸》：“莫遣净名知我笑，休将火艾灸浮云。”

【火石】 燧石。李白《留别广陵诸公》：“炼丹费火石，采药穷山川。”

【火布】 即火浣布。元稹《送岭南崔侍御》：“火布垢尘须火浣，木绵温软当绵衣。”见“火浣”。

【火田】 火耕之田。戴叔伦《渐至涪州先寄王员外使君纵》：“文教通夷俗，均输问火田。”李端《送从舅成都丞广南归蜀》：“栈长山雨响，溪乱火田稀。”白居易《东南行一百韵》：“吏征渔户税，人纳火田租。”薛光谦《任阆中下乡检田登艾萧山北望》：“拥涧开新耨，缘岸指火田。”见“火耕”。

【火中蓮】 见“火生蓮”。

【火生蓮】 一作“火中蓮”。佛教语。《维摩经·佛道品》：“火中生莲华，是可谓希有。在欲而行禅，稀有亦如此。”后因以“火生莲”喻人虽处烦恼的尘世而能解脱，达到清凉的优美的境界。白居易《新昌新居书事四十韵因寄元郎中张博士》：“浮荣水划字，真谛火生莲。”亦借指优美的形象。罗虬《比红儿诗》之三五：“常笑世人语虚诞，今朝自见火中莲。”

【火令】 指寒食节禁火的命令。韩愈《寒食日出游》：“明宵故欲相就醉，有月莫愁当火令。”

【火光】 ❶火焰；火的光芒。白居易《感兴二首》之一：“只见火光烧润屋，不闻风浪覆虚舟。”缪岛云《汤泉》：“紫气晓笼烟色澹，锦霞明照火光浮。”韦庄《秦妇吟》：“须臾四面火光来，欲下回梯梯又摧。”❷比喻繁盛的红花。刘言史《山寺看海榴花》：“夜久月明人去尽，火光霞焰递相燃。”

【火色】 指红色。罗虬《比红儿诗》之八九：“火色樱桃摘得初，仙宫只有世间无。”

【火米】 火田收获的稻米。元稹《酬翰林白学士代书一百韵》：“面梨通蒂朽，火米带芒炊。”李德裕《谪岭南道中作》：“五月畬田收火米，三更津吏报潮鸡。”见“火田”“火种”。

【火宅】 ❶佛教语。佛教认为人被情欲所扰，如居火坑，故名。《法华经·譬喻品》：“三界无安，犹如火宅。”沈佺期《从驩州廨宅移住山间水亭赠苏使君》：“乘闲无火宅，因放有渔舟。”寒山《诗三百三首》之二五四：“余劝诸稚子，急离火宅中。”白居易《自悲》：“火宅煎熬地，霜松摧折身。”李绅《题法华寺五言二十韵》：“幻身观火宅，昏眼照青莲。”❷指烧毁的寺院住宅。皎然《兵后经永安法空寺寄悟禅师》：“微踪旧是香林下，余烬今成火宅中。”

【火伴】 北魏时军中以十人共灶炊食，故称同火者为“火伴”。后泛称同伴。元稹《估客乐》：“出门求火伴，入户辞父兄。”

【火災】 大火造成的灾害。李元操《和从叔禄愔元日早朝》：“保章望瑞气，尚书免火灾。”

【火旻】 秋天；秋天的天空。《文选·谢灵运〈永初三年七月十六日之郡初发都〉诗》：“秋岸澄夕阴，火旻团朝露。”李善注：“火，大火也。《毛诗》曰：‘七月流火。’《尔雅》曰：‘秋为旻天。’”刘禹锡《卧病闻常山旋师策勋宥过王泽大洽因寄李六侍郎》：“南国异气候，火旻尚昏霾。”又《早秋送台院杨侍御归朝》：“鸷鸟得秋气，法星悬火旻。”

【火性】 急躁的脾气。张祜《戊午年感事书怀二百韵谨寄献太原裴令公淮南李相公汉南李仆射宣武李尚书》：“灰心志射鹄，火性急韦编。”徐夤《水》：“火性何如水性柔，西来东出几时休。”

【火炎】 见“火焰”。

【火城】 唐代朝会时大臣的火炬仪仗。张籍《谢裴司空寄马》：“长思岁旦沙堤上，得从鸣珂傍火城。”姚合《除夜二首》之一：“谁见长安陌，晨钟度火城。”李咸用《富贵曲》：“空中汉转星移盖，火城拥出随朝会。”罗隐《寄金吾李荪常侍》：“晓色严天仗，春寒避火城。”

【火威】 太阳的炎威。丘为《省试夏日可畏》：“火威驰迥野，畏景烁遥途。”王言史《广州王园寺伏日即事寄北中亲友》：“地偏毛瘴近，山毒火威饶。”

【火砂】 即丹砂。包佶《答窦拾遗卧病见寄》：“瓶开枸杞悬泉水，鼎炼芙蓉伏火砂。”

【火星】 ❶星名。古称“荧惑”。太阳系九大行星之一。古代认为它司南方，主夏季。高适《奉酬北海李太守丈人夏日平阴亭》：“春野变木德，夏天临火星。”刘禹锡《韩十八侍御见示岳阳楼别窦司直诗因令属和重以自述故足成六十二韵》：“火星忽南见，月硖方东迤。”权德舆《和李大夫西山祈雨因感张曲江故事十韵》：“火星当永日，云汉倬炎天。”❷指流星。孙逖《夜到润州》：“海隅云汉转，江畔火星流。”卢纶《长安疾后首秋夜即事》：“紫陌夜深槐露滴，碧空云尽火星流。”刘禹锡《新秋对月寄乐天》：“夜凉金气应，天静火星流。”❸形容中箭的落鸟。白居易《河阳石尚书破回鹘以诗美之》：“剑拔青鳞蛇尾活，弦抨赤羽火星流。”自注：“尚书将入潞府，偶逢水鸟鹭鸶，引弓射之，一发中目，三军踊跃。”

【火食】　炊火而食。李白《送侯十一》："余亦不火食，游梁同在陈。"

【火風】　❶炎热的风。李绅《趋翰苑遭诬构四十六韵》："火风晴处扇，山鬼雨中呼。"❷佛教语。指"四大"中的火和风。佛教认为，地、水、火、风，是构成色法（物质现象）的基本元素，世界万物及人身均由它们组成。四大如不调和，就会发生天灾人祸，产生疾病。刘禹锡《闻董评事疾因以书赠》："火风乖四大，文字废三余。"

【火急】　唐代口语，犹急速。李休烈《咏铜柱》："天门街里倒天枢，火急先须卸火珠。"柳宗元《叠后》："劝君火急添功用，趁取当时二妙声。"白居易《劝欢》："火急欢娱慎勿迟，眼看老病悔难追。"李建勋《春日金谷园》："火急召亲宾，欢游莫厌频。"

【火斾】　见"火旆"。

【火帝】　即赤帝，古代所谓"五方天帝"之一。掌南方，司火，司夏。韩偓《八月六日作四首》之一："火帝动炉销剑戟，风师吹雨洗乾坤。"

【火前】　❶指在寒食节禁火之前。薛能《晚春》："征东留滞一年年，又向军前遇火前。"❷即火前茶。齐己《咏茶十二韵》："甘传天下口，贵占火前名。"见"火前茶"。

【火前春】　即火前茶。白居易《谢李六郎中寄新蜀茶》："红纸一封书后信，绿芽十片火前春。"

【火前茶】　茶名。因在寒食节禁火之前采制，故名。韩偓《己巳年正月十二日自沙县抵邵武军将谋抚信之行到才一夕为闽相急脚相召却请赴沙县郊外泊船偶成一篇》："数盏绿醅桑落酒，一瓯香沫火前茶。"

【火洲】　传说为南海古地名。亦泛指南方炎热之地。沈佺期《从驩州廨宅移住山间水亭赠苏使君》："遇坎即乘流，西南到火洲。"

【火陣】　古代用火攻敌的军阵。《孙膑兵法·十阵》："火阵者，所以拔也；水阵者，所以伥固也。"贯休《古塞下曲七首》之五："雨曾淋火阵，箭又中金疮。"

【火院】　犹苦海。痛苦烦恼的处境。吕岩《沁园春》词之三："有限光阴，无涯火院。"

【火珠】　即火齐珠。宝珠的一种。崔曙《奉试明堂火珠》："正位开重屋，凌空出火珠。"李休烈《咏铜柱》："天门街里倒天枢，火急先须卸火珠。"李白《秋日登扬州西灵塔》："水摇金刹影，日动火珠光。"

【火耕】　古代一种原始的耕作方法。烧去草木，就地种植作物。杜甫《戏作俳谐体遣闷三首》之三："瓦卜传神语，畬田费火耕。"张南史《春日道中寄孟侍御》："谁家鱼网求鲜食，几处人烟事火耕。"畅当《自平阳馆赴郡》："寥落火耕俗，征途青冥里。"柳宗元《自衡阳移桂十余本植零陵所住精舍》："火耕困烟烬，薪采久摧剥。"刘禹锡《历阳书事一百韵》："忆昨深山里，终朝看火耕。"

【火氣】　物体燃烧产生的热气。白居易《宿东林寺》："经窗灯焰短，僧炉火气深。"亦指火焰。顾在镕《题玉芝双奉院》："至药应将熟，年年火气微。"

【火候】　❶指烹饪或焙烤时火力的强弱和时间的长短。陆龟蒙《奉和袭美茶具十咏·茶焙》："山谣纵高下，火候还文武。"❷指炼丹时火力的强弱与时间的长短。白居易《不二门》："亦曾烧大药，消息乖火候。"吕岩《七言》之二六："闭目存神玉户观，时来火候递相传。"❸指方士炼丹的功候。白居易《天坛峰下赠杜录事》："河车九转宜精炼，火候三年在好看。"又《同微之赠别郭虚舟炼师五十韵》："心尘未净洁，火候遂参差。"

【火烏】　《史记·周本纪》："武王渡河，中流，白鱼跃入王舟中，武王俯取以祭。既渡，有火自上复于下，至于王屋，流为乌，其色赤，其声魄云。"裴骃集解："郑玄注：'《书说》云乌有孝名。武王卒父大业，故乌瑞臻。赤者，周之正色也。'"后因以"火乌"代指周朝的国祚。李贺《白虎行》："火乌日晴崩腾云，秦皇虎视苍生群。"

【火旆】　一作"火斾"。红色的旌旗。李群玉《凉公从叔春祭广利王庙》："海客敛威惊火旆，天吴收浪避楼船。"唐彦谦《送樊琯司业归朝》："黉室青衿尽，渠门火旆扬。"贯休《宋使君罢新定移出东馆二首》之二："火旆画旗风焰焰，橘洲渔舍浪茫茫。"

【火旍】　红色的旌旗。雍裕之《四色》之三："劳鲂莲渚内，汗马火旍间。"

【火浣】　火浣布。即石棉布。浣洗后投入火中，则愈加洁白。李峤《布》："瀑飞临碧海，火浣擅炎方。"李颀《行路难》："火浣单衣绣方领，茱萸锦带玉盘囊。"元稹《估客乐》："炎洲布火浣，蜀地锦织成。"褚载《贺赵观文重试及第》："龙泉再淬方知利，火浣重烧转更新。"徐夤《和尚书咏泉山瀑布十二韵》："名齐火浣溢山椒，谁把惊虹挂一条。"

【火術】　道家宣传的一种制火之术。谓处于火中而不被烧伤。张九龄《始兴南山下有林泉尝卜居焉荆州卧病有怀此地》："多惭入火术，常惕履冰心。"

【火船】　古代一种设有火攻装备的战船。王周《赤壁》："帐前斫案决大计，赤壁火船烧战旗。"

【火粒】　指五谷。因需火煮熟而食，故称。李颀《谒张果先生》："餐霞断火粒，野服兼荷制。"

【火陬】　指南方边远之地。沈佺期《三日独坐驩州思忆旧游》："铜柱威丹徼，朱崖镇火陬。"

【火棗】　传说中的仙枣。李商隐《戊辰会静中出贻同志二十韵》："玉管会玄圃，火枣承天姻。"陆龟蒙

《袭美以春橘见惠兼之雅篇因次韵酬谢》:"堪居汉苑霜梨上,合在仙家火枣前。"罗隐《第五将军于余杭天柱宫入道因题寄》:"交梨火枣味何如,闻说茗川已下车。"

【火雲】 指炎夏、旱秋时的火烧云。杜甫《多病执热奉怀李尚书之芳》:"大水淼茫炎海接,奇峰硉兀火云升。"刘长卿《奉和李大夫同吕评事太行苦热行兼寄院中诸公仍呈王员外》:"火云从中出,仰视飞鸟落。"元稹《酬乐天叹穷愁见寄》:"三冬有电连春雨,九月无霜尽火云。"许浑《送杜秀才归桂林》:"瘴雨欲来枫树黑,火云初起荔枝红。"

【火晶】 火热的太阳。柳宗元《夏夜苦热登西楼》:"火晶燥露滋,野静停风威。"

【火景】 (一yǐng)阳光。陆龟蒙《奉和袭美怀华阳润卿博士三首》之二:"火景应难到洞宫,萧闲堂冷任天风。"

【火傘】 比喻烈日。韩愈《游青龙寺赠崔大补阙》:"光华闪壁见神鬼,赫赫炎官张火伞。"

【火焰】 又作"火炎""火燄"。❶火苗。物体燃烧时所发的炽热光芒。曹邺《过白起墓》:"夷陵火焰灭,长平生气低。"《郊庙歌辞·汉宗庙乐舞辞·灵长舞》:"火炎上,水灵长。"❷火焚;焚烧。柳宗元《弘农公以硕德伟材屈于诬枉左官以毕微志》:"火炎侵琬琰,鹰击谬鸾凤。"韩愈《咏雪赠张籍》:"鲸鲵陆死骨,玉石火炎灰。"❸喻红色的花苞。白居易《题灵隐寺红辛夷花戏酬光上人》:"紫粉笔含尖火燄,红胭脂染小莲花。"❹喻鲜红的光彩。鲍溶《和淮南李相公夷简喜平淄青回军之作》:"天际兽旗摇火燄,日前鱼甲动金文。"

【火葬】 唐代僧人的一种葬法。积柴焚化尸体,将骨灰装入容器,然后放入佛塔中保存。原盛行于古印度,后随佛教传入中国。林宽《哭造微禅师》:"神迁不火葬,新塔露疏柽。"

【火禁】 指寒食节禁火。储光羲《苏十三瞻登玉泉寺峰入寺中见赠作》:"淹留火禁辰,愉乐弦歌宴。"

【火雷】 雷电。顾况《庐山瀑布歌送李顾》:"不遣浔阳湖向西,火雷劈山珠喷日。"

【火電】 闪电。亦比喻闪烁的目光。吕岩《七言》之六二:"眉藏火电非他说,手种金莲不自夸。"

【火號】 举火报警的信号。王建《赠李愬仆射二首》之一:"遥看火号连营赤,知是先锋已上城。"刘禹锡《元和癸巳岁仲秋诏发江陵偏师问罪蛮徼后命宣慰释兵归降凯旋之辰率尔成咏》:"火号休传警,机桥罢亘空。"张祜《投河阳石仆射》:"黑夜星华朗,黄昏火号明。"

【火蛾】 即飞蛾。因喜灯火,故称。韩偓有《火蛾》。

【火鼠】 即火光兽。神话传说中的一种鼠名,其毛可织火浣布。汉东方朔《土洲记》:"炎洲,在南海中。……又有火林山,中有火光兽,大如鼠,毛长三四寸,或赤或白。山可三百里许,晦夜即见此山林,乃是此兽光照,状如火光相似,取其兽毛,以缉为布,时人号为火浣布。"王贞白《寄郑谷》:"火鼠重收布,冰蚕乍吐丝。"

【火鈴】 道士所用的法器。皮日休《太湖诗·入林屋洞》:"腰下佩金兽,手中持火铃。"徐铉《步虚词五首》之五:"火铃空灭没,星斗晓阑干。"

【火鉛】 方士炼丹用的一种红铅。吕岩《七言》之六:"水府寻铅合火铅,黑红红黑又玄玄。"

【火煎】 火烧;烹煎。白居易《送毛仙翁》:"衰鬓忽霜白,愁肠如火煎。"

【火煖】 暖和。白居易《送张山人归嵩阳》:"酒酣火暖与君言,何事入关又出关。"

【火滅】 犹火并。同伴互相残害而至灭亡。李白《古风》之五九:"张陈竟火灭,萧朱亦星离。"

【火種】 (一zhòng)古代一种原始的耕作播种方法。焚烧草木,就地耕作播种作物。刘长卿《送州人孙沅自本州却归句章新营所居》:"火种山田薄,星居海岛寒。"刘禹锡《莫瑶歌》:"星居占泉眼,火种开山脊。"方干《山中寄吴磻十韵》:"盘餐怜火种,岁计付刀耕。"见"火耕"。

【火鳳】 ❶凤凰。相传凤为火之精,故称。李商隐《镜槛》:"拨弦惊火凤,交扇拂天鹅。"一说,此指《火凤》曲。❷即《火凤曲》。元稹《和李校书新题乐府十二首·法曲》:"火凤声沉多咽绝,春莺啭罢长萧索。"又《筝》:"火凤有凰求不得,春莺无伴啭空长。"见"火鳳詞"。

【火鳳詞】 乐曲名。《乐府诗集·近代词曲二·火凤辞》:"《乐苑》曰:《火凤》,羽调曲也。又有《真火凤》。《唐会要》曰:'贞观中,有裴神符者,妙解琵琶。初唯作《胜蛮奴》《火凤》《倾杯乐》三曲,声度清美,太宗深爱之。'则《火凤》盖贞观已前曲也。"李百药有《火凤词》二首。

【火膏】 《庄子·人间世》:"山木自寇也,膏火自煎也。"陆德明释文引晋司马彪曰:"膏起火,还自消。"后以"火膏"喻自相攻伐者。张九龄《杂诗五首》之五:"何言为用薄,而与火膏同。"

【火旗】 ❶红色的旌旗。李白《送程刘二侍郎兼独孤判官赴安西幕府》:"天外飞霜下葱海,火旗云马生光彩。"李贺《吕将军歌》:"榼榼银龟摇白马,傅粉女郎火旗下。"王琦注:"火旗,旗之红者。"李绅《早发》:"火旗似辨吴门戍,水驿遥迷楚塞城。"徐铉《和元帅书记萧郎中观习水师》："元帅楼船出治兵，落星山外火旗明。"❷喻指炎热的赤云。王毂《苦热行》："祝融南来鞭火龙，火旗焰焰烧天红。"刘禹锡《和河南裴尹侍郎宿斋天平寺诣九龙祠祈雨二十韵》："丰隆震天衢，列缺挥火旗。"

【火齊】（一jì）即火齐珠。又名玫瑰珠。一种宝珠名。亦比喻鲜红的花朵。皮日休《病中庭际海石榴花盛发感而有寄》："火齐满枝烧夜月，金津含蕊滴朝阳。"

【火精】❶太阳。李白《上云乐》："云见日月初生时，铸冶火精与水银。"❷即火德。"五德"之一。陈陶《剑池》："秦帝南巡厌火精，苍黄埋剑故丰城。"见"火德"。

【火維】指南方。因南方属火，故称。韩愈《谒衡岳庙遂宿岳寺题门楼》："火维地荒足妖怪，天假神柄专其雄。"

【火熱】热闹。贯休《长安道》："黄尘雾合，车马火热。"

【火輪】指太阳。韩愈《桃源图》："夜半金鸡啁哳鸣，火轮飞出客心惊。"章碣《夏日湖上即事寄晋陵萧明府》："亭午羲和驻火轮，开门嘉树庇湖滨。"王毂《暑日题道边树》："火轮迸焰烧长空，浮埃扑面愁朦朦。"

【火德】❶"五德"之一。五德，古代阴阳五行家所创立的关于社会历史发展变化的学说，认为人类历史上朝代的兴替，是依据五行相生相胜的规律而不断循环运转的。秦始皇统一中国后，认为周得火德；因为水胜火，所以秦得水德。汉统一天下后，又自以为得火德。后遂以"火德"指汉。王绩《过汉故城》："冰坚成巨猾，火德遂颓纲。"于渍《秦原览古》："火德道将亨，夜逢蛇母哭。"黄损《读史》："逐鹿走红尘，炎炎火德新。"❷唐朝统一全国后，又自以为得火德，因以"火德"指唐。杜审言《大酺》："火德云官逢道泰，天长地久属年丰。"又《和李大夫嗣真奉使存抚河东》："讴歌移火德，图谶在金天。"❸火的功能。刘禹锡《武陵观火诗》："火德资生人，庸可一日无。"❹指赤帝，古代所谓五方天帝之一。掌南方，司火，司夏。皎然《酬薛员外谊苦热行见寄》："火德烧百卉，瑶草不及荣。"

【火箭】一种箭头附有引火物，射到对方阵地以引起燃烧的箭矢名。韩愈《晚秋郾城夜会联句》："峨峨云梯翔，赫赫火箭著。"李商隐《送千牛李将军赴阙五十韵》："火箭侵乘石，云桥逼禁营。"

【火燄】见"火焰"。

【火樹】❶形容红花繁盛的树。白居易《山枇杷》："火树风来翻绛焰，琼枝日出晒红纱。"❷比喻节日里繁盛的灯火。张说《安乐郡主花烛行》："平台火树连上阳，紫炬红轮十二行。"孟浩然《同张将蓟门观灯》："蓟门看火树，疑是烛龙燃。"顾况《上元夜忆长安》："云车龙阙下，火树凤楼前。"陈去疾《踏歌行》之一："夭矫翔龙衔火树，飞来瑞凤散芳春。"❸红珊瑚的别称。亦借指南方。马致恭《送孟宾于》："曾闻洛下缀神仙，火树南栖几十年。"

【火樹銀花】比喻繁盛灿烂的灯火。苏味道《正月十五夜》："火树银花合，星桥铁锁开。"

【火耨刀耕】即刀耕火种。古代山地一种原始的耕作方法。宋王禹偁《畬田词》序："深山穷谷，其民耕火种。大抵先斫山田，虽悬崖绝岭，树木尽仆，俟其干且燥，乃行火焉。火尚炽，即以种播之。"罗隐《别池阳所居》："黄尘初起此留连，火耨刀耕六七年。"

【火龍】❶神话传说中火焰缠身的龙，南方火神祝融所乘。吴筠《游仙二十四首》之九："赤帝跃火龙，炎官控朱鸟。"王毂《苦热行》："祝融南来鞭火龙，火旗焰焰烧天红。"❷形容蜿蜒如龙的灯光火炬。玄宗《早登太行山中言志》："火龙明鸟道，铁骑绕羊肠。"❸指火星。心宿第二星。《文选・张协〈七命〉》："若乃龙火西颓，暄气初收。"李善注："《汉书》曰：'东官，苍龙房心。'心为火，故曰龙火也。"刘良注："龙火，火星。"按，火星黄昏见于东方，时为春末夏初。陈子昂《春台引》："嘉青鸟之辰，迎火龙之始。"

【火燎】火烧。张继《送邹判官往陈留》："火燎原犹热，波摇海未平。"

【火燭】泛指灯烛。张萧远《观灯》："十万人家火烛光，门门开处见红妆。"韩偓《夜船》："村远夜深无火烛，江寒坐久换衣裳。"

【火燧】即燧火。钻木所取的火。古代因季节变化而改用不同的燧木以取火，即春取榆柳，夏取枣杏，季夏取桑柘，秋取柞楢，冬取槐檀。见《论语正义・阳货》刘宝楠引马融注。朱湾《平陵寓居再逢寒食》："火燧知从新节变，灰心还与故人同。"

【火鞭】神话中日神羲和所操之鞭。韩愈《和虞部卢四酬翰林钱七赤藤杖歌》："又云羲和操火鞭，暝到西极睡所遗。"

【火旛】红色的旌旗。张说《破陈乐词二首》之一："百里火幡焰焰，千行云骑霏霏。"

【火燼】火的余烬，灰烬。包佶《翻经台》："彩线风飘断，湘缣火烬余。"

【火爇】火烧。李华《云母泉诗》序："事乖志负，火爇于心。寄怀此篇，亦以书余之志也。"

【火罏】同"火爐"。白居易《问刘十九》："绿蚁新醅酒，红泥小火垆。"

【火鑠】形容红光闪耀。韩愈《晚秋郾城夜会联句》："蹂野马云腾，映原旗火铄。"

【火爐】 供取暖或炊事用的炉子。白居易《睡觉》:“转枕频伸书帐下,披裘箕踞火炉前。”又《夜招晦叔》:“碧毡帐上正飘雪,红火炉前初炷灯。”

【火爐牀】 即火炕。木制或砖砌的一种床,底下有炉,可生火取暖。元稹《旅眠》:“夜眠兼客坐,同在火炉床。”薛能《嘲赵璘》:“火炉床上平身立,便与夫人作镜台。”

【火爨】 烧火煮饭。詹敦仁《柳堤诗》序:“况是木删之则枝叶倍长,剪之则芽蘖滋多,又得以供火爨之用焉。”

二 画

灰 〔huī《广韵》呼恢切,平灰,晓。〕❶物体燃烧尽后的粉状剩余物。孟浩然《除夜有怀》:“帐里残灯才去焰,炉中香气尽成灰。”韦应物《伤逝》:“染白一为黑,焚木尽成灰。”刘禹锡《秋扇词》:“当时初入君怀袖,岂念寒炉有死灰。”章碣《焚书坑》:“坑灰未冷山东乱,刘项元来不读书。”❷烧;烧毁。韦庄《北原闲眺》:“五凤灰残金翠灭,六龙游去市朝空。”❸尘土;污垢。白居易《燕子楼三首》之三:“见说白杨堪作柱,争教红粉不成灰。”杜牧《悲吴王城》:“千秋万古无消息,国作荒原人作灰。”李商隐《和韩录事送宫人入道》:“当时若爱韩公子,埋骨成灰恨未休。”杜荀鹤《唐诗纪事》:“旧衣灰絮絮,新酒竹篘篘。”❹消沉;沮丧。杜甫《曲江三章章五句》之二:“吾人甘作心似灰,弟侄何伤泪如雨。”孟郊《吊卢殷》之三:“噫贫气已焚,噫死心更灰。”张祜《走笔赠许玖赴桂州命》:“直气自消瘴,远心无暂灰。”韦庄《不寐》:“不寐天将晓,心劳转似灰。”❺喻白雪。卢仝《苦雪寄退之》:“清风搅肠筋力绝,白灰压屋梁柱斜。”

【灰人】 泥塑的人像。古代水灾苦雨时,祭拜以祈天晴。姚合《酬任畴协律夏中苦雨见寄》:“灰人漫禳厌,水马恣沉浮。”

【灰土】 尘土。白居易《新乐府·八骏图》:“岂知才及四代孙,心轻王业如灰土。”

【灰火】 火灰;灰烬。项斯《古观》:“坛边见灰火,几烧祭星文。”

【灰心】 ❶指悟道之心,枯寂无情,如同死灰。语本《庄子·齐物论》:“形固可使如槁木,而心固可使如死灰乎?”张九龄《冬中至玉泉山寺故有此作》:“复此灰心者,仍追巢顶禅。”吴筠《高士咏·南郭子綦》:“子綦方隐几,冥寂久灰心。”齐己《答献上人卷》:“珍重南宗好才子,灰心冥目外无妨。”❷丧失信心。朱湾《平陵寓居再逢寒食》:“火燧知从新节变,灰心还与故人同。”元稹《题长庆四年历日尾》:“残历半张余十四,灰心雪鬓两凄然。”白居易《渭村退居寄礼部崔侍郎翰林钱舍人诗一百韵》:“泥尾休摇掉,灰心罢激昂。”

【灰劫】 佛教语。指劫火之后的余灰。南朝梁慧皎《高僧传·泽经上·竺法兰》:“昔汉武穿昆明池底,得黑灰,问东方朔。朔云:‘不知,可问西域胡人。’后法兰既至,众人追以问之。兰云:‘世界终尽,劫火洞烧,此灰是也。’”杜甫《寄刘峡州伯华使君四十韵》:“药囊亲道士,灰劫问胡僧。”

【灰律】 律;律管。古代测候节气,先将芦苇膜灰置于十二律管之内,至某一节气,相应律管内的灰就会自行飞出,以之占验时序,谓之“灰律”。太宗《正日临朝》:“条风开献节,灰律动初阳。”方干《早春》:“正气才随灰律变,残寒便被柳条欺。”见“灰琯”。

【灰飛】 指灰琯中的葭莩之灰自行飞动。灰动则节候更易。元稹《何满子歌》:“我来湖外拜君侯,正值灰飞仲春琯。”见“灰琯”。

【灰琯】 ❶古代用以测候节气季节变化的器具。太宗《于太原召侍臣赐宴守岁》:“四时运灰琯,一夕变冬春。”罗让《闰月定四时》:“气薰灰琯验,数扐卦辞推。”刘禹锡《早秋集贤院即事》:“灰琯应新律,铜壶添夜筹。”乐伸《闰月定四时》:“斗杓重指甲,灰琯再推离。”❷借指节候、时序。骆宾王《从军中行路难二首》之二:“春来秋去移灰琯,兰闺柳市芳尘断。”元稹《答姨兄胡灵之见寄五十韵》:“荏苒移灰琯,喧阗倦塞兵。”

【灰滅】 灰烬泯灭。谓消亡、消失。李白《登高丘而望远》:“君不见骊山茂陵尽灰灭,牧羊之子来攀登。”陆龟蒙《读襄阳耆旧传因作诗五百言寄皮袭美》:“暴秦之前人,灰灭不可究。”

【灰管】 同“灰琯”。陆敬《游隋故都》:“兹辰素商节,灰管变星躔。”刘商《合肥至日愁中寄郑明府》:“灰管移新律,穷阴变一阳。”

【灰塵】 ❶尘埃;尘土。刘庭琦《铜雀台》:“铜台宫观委灰尘,魏主园林漳水滨。”祖咏《古意二首》之一:“生前妒歌舞,死后同灰尘。”寒山《诗三百三首》之二八〇:“生而还复死,尽变作灰尘。”白居易《感旧》:“箧中亦有旧书札,纸穿字蠹成灰尘。”❷喻消亡。高适《古大梁行》:“魏王宫观尽禾黍,信陵宾客随灰尘。”❸喻微不足道。白居易《读鄂公传》:“高卧深居不见人,功名斗薮似灰尘。”

【灰蝶】 指飞舞似蝶的纸灰。李贺《感讽六首》之五:“腰衱佩珠断,灰蝶生阴松。”

【灰燼】 ❶物体燃烧后的剩余物。元结《忝官引》:“冤辞何者苦,万邑余灰烬。”白居易《寓意诗五首》之一:“一朝为灰烬,柯叶无孑遗。”段成式《桃源僧舍看花》:“今日长安已灰烬,忍能南国对芳枝。”郑谷

《顺动后蓝田偶作》:"宫阙飞灰烬,嫔嫱落里间。"❷谓烧成灰。杜甫《火》:"青林一灰烬,云气无处所。"郑谷《渚宫乱后作》:"牢落故居灰烬后,黄花紫蔓上墙生。"

三　画

灸 〔jiǔ《广韵》舉有切,上有,見。又居祐切,去宥,見。〕❶中医的一种疗法。将燃烧着的艾绒,熏灼人体穴位的皮肤表面,利用热刺激来治病。杜甫《雨》:"针灸阻朋曹,糠籺对童孺。"又《咏怀二首》之二:"羸瘠且如何,魄夺针灸屡。"❷晒;灼。贯休《富贵曲二首》之二:"宁知耘田车水翁,日日灸背欲裂。"

【灸客】 指进行灸疗的病人。陆龟蒙《袭美见题郊居十首因次韵酬之以伸荣谢》之四:"病深怜灸客,炊晚信樵儿。"

【灸師】 以灸术治病的医师。韩愈《谴疟鬼》:"灸师施艾炷,酷若猎火围。"

【灸病】 以灸术治病。曹邺《入关》:"灸病不得穴,徒为采艾人。"

灼 〔zhuó《广韵》之若切,入藥,章。〕❶烧;灸。王绩《灵龟》:"既刳既剥,是钻是灼。"韩愈《月蚀诗效玉川子作》:"乌龟怯奸,怕寒缩颈,以壳自遮。终令夸娥抉汝出,卜师烧锥钻灼满板如星罗。"白居易《观刈麦》:"足蒸暑土气,背灼炎天光。"❷照耀。李白《拟古十二首》之七:"荣贵当及时,春华宜照灼。"孟郊《石淙》之五:"丹巘堕环景,霁波灼虚形。"徐铉《游蒋山题辛夷花寄陈奉礼》:"晴后日高偏照灼,晚来风急渐离披。"无名氏《霜菊》:"华滋尚照灼,幽气含纷郁。"❸彰著。见"灼灼❺"。❹明亮。见"灼灼❹"。❺鲜明。见"灼灼❶""灼爍❶"。❻情意热切。见"灼灼❻"。

【灼灼】 ❶形容花红艳鲜明。李白《送客归吴》:"岛花开灼灼,汀柳细依依。"白居易《寄情》:"灼灼早春梅,东南枝最早。"贾岛《对菊》:"灼灼尚繁英,美人无消息。"崔萱《古意》:"灼灼叶中花,夏萎春又芳。"❷鲜艳貌。杨巨源《寄赠田仓曹湾》:"芳兰媚庭除,灼灼红英舒。"刘禹锡《奉酬湖州崔郎中见寄五韵》:"山阳昔相遇,灼灼晨葩鲜。"白居易《秦中吟十首·买花》:"灼灼百朵红,戋戋五束素。"周朴《春日游北园寄韩侍郎》:"灼灼春园晚色分,露珠千点映寒云。"❸鲜明貌。许敬宗《七夕赋咏成篇》:"飘飘罗袜光天步,灼灼新妆鉴月辉。"李白《古风》之四九:"美人出南国,灼灼芙蓉姿。"冯待征《虞姬怨》:"年华灼灼艳桃李,结发簪花配君子。"韦庄《定西番》词之一:"挑尽金灯红烬,人灼灼,漏迟迟。"又形容人光彩焕发。白居易《自觉二首》之一:"同岁崔舍人,容光方灼灼。"❹光芒闪烁貌;明亮貌。李峤《奉和天枢成宴夷夏群僚应制》:"灼灼临黄道,迢迢入紫烟。"韦应物《夏花明》:"炎炎日正午,灼灼火俱燃。"韩濬《清明日赐百僚新火》:"灼灼千门晓,辉辉万井春。"吕岩《七言》之三六:"金锤灼灼舞天阶,独自骑龙去又来。"❺犹昭昭。彰著貌。韩愈《谢自然诗》:"皆云神仙事,灼灼信可传。"李贺《公莫舞歌》序:"《公莫舞歌》者,咏项伯翼蔽刘沛公也。会中壮士,灼灼于人,故无复书。"❻情意热切貌。乔知之《定情篇》:"去时恩灼灼,去罢心悠悠。"韩愈、孟郊《远游联句》:"取之讵灼灼,此去信悠悠。"❼蜀美女名。生平事迹见《绿窗新话》卷上引《丽情集》。韦庄《伤灼灼》:"尝闻灼灼丽于花,云髻盘时未破瓜。"自注:"灼灼,蜀之丽人也,近闻贫且老,殂落于成都酒市中,因以四韵吊之。"

【灼龜】 即占龟。先在龟甲上钻一小孔,用火烧灼,视其裂纹,以测吉凶。卢纶《卧病寓居龙兴观枉冯十七著作书知罢摄洛阳赴缑氏因题十四韵》:"灼龟炉气冷,曝药树阴稠。"

【灼爍】 ❶形容花鲜艳明丽。吴筠《步虚词十首》之五:"碧津湛洪源,灼烁敷荷花。"李白《拟古十二首》之四:"清都绿玉树,灼烁瑶台春。"顾况《道该上人院石竹花歌》:"婵娟灼烁委清露,小枝小叶飘香风。"徐铉《依韵和令公大王蔷薇诗》:"低昂匀灼烁,浓淡叠参差。"❷光彩貌;明亮貌;鲜明貌。魏征《奉和正日临朝应诏》:"锵洋鸣玉佩,灼烁耀金蝉。"赵蕃《老人星》:"灼烁依狼地,昭彰近帝庭。"徐商《贺襄阳副使节判同加章绶》:"晴日照旗红灼烁,韶光入队影玢璘。"

【灼爛】 烧灼至于糜烂。柳宗元《贞符》序:"环四海以为鼎,跨九垠以为炉,爨以毒燎,煽以虐焰,其人沸涌灼烂,号呼腾蹈,莫有救止。"

灺 〔xiè《广韵》徐野切,上馬,邪。〕❶灯烛香的余烬。李白《清平乐》词之二:"玉帐鸳鸯喷兰麝,时落银灯香灺。"元稹《通州丁溪馆夜别李景信三首》之二:"离床别脸睡还开,灯灺暗飘珠蔌蔌。"李商隐《闻歌》:"此声肠断非今日,香灺灯光奈尔何。"❷指灯烛。韩偓《无题》之一:"小槛移灯灺,空房锁隙尘。"❸泛指灰烬、余烬。韩愈、轩辕弥明《石鼎联句》:"何当出灰灺,无计离瓶罂。"元稹《茅舍》:"竹蠹茅亦干,迎风自焚灺。"

災 〔zāi《广韵》祖才切,平咍,精。〕❶灾害;祸患。韦应物《伤逝》:"提携属时屯,契阔忧患灾。"严维《奉和皇甫大夫祈雨应时雨降》:"致和知必感,岁旱未书灾。"❷危害。元稹《旱灾自咎贻七县宰》:"臣稹苟有罪,胡不灾我身。"

【災天】 指天灾。张祜《谢高燕公惠生衣》:"高公宠赐白衣裳，惊讶灾天雪满箱。"

【災亢】　旱灾。李峤《晚秋喜雨》序："至诚斯感，灵眷有融，爰降甘泽，大拯灾亢。"

【災危】　灾祸；危难。范质《诫儿侄八百字》："苟不慎枢机，灾危从此始。"

【災沴】　指自然灾害。元稹《旱灾自咎贻七县宰》："自顾顽滞牧，坐贻灾沴臻。"汪遵《密县》："至今闾里逢灾沴，犹祝当时卓长官。"罗隐《甘露寺看雪上周相公》："一种为祥君看取，半禳灾沴半年丰。"

【災毒】　灾难；祸害。寒山《诗三百三首》之二三二："罪业如毗富，岂得免灾毒。"

【災殃】　灾难；祸殃。拾得《诗》之二七："闭门私造罪，准拟免灾殃。"张籍《学仙》："百年度一人，妄泄有灾殃。"《莆田石记》(卷八七五)："石敢当，镇百鬼，压灾殃。"

【災星】　古人以天象附会人事，认为天体某一星体出现或出现异常，人间便会有相应的灾变，这一星体便称"灾星"。后亦泛指人的厄运、祸殃。司空图《句》："忍事敌灾星。"

【災疫】　指疫病流行成灾。戴叔伦《女耕田行》："去年灾疫牛囤空，截绢买刀都市中。"

【災害】　灾难；祸害。元结《二风诗·治风诗五篇·至劳》之三："於戏劳王，功亦何大。去尔兆庶，洪湮灾害。"杨义方《题九头鸟》："好惜羽毛还鬼窟，莫留灾害与苍生。"

【災患】　灾难，祸患。元结《酬孟武昌苦雪》："知公苦阴雪，伤彼灾患多。"又《登殊亭作》："谁能守缨佩，日与灾患并。"《李微诗》(卷八六七)："偶因狂疾成殊类，灾患相仍不可逃。"

【災虞】　灾祸。吴越僧《武肃王有旨石桥设斋会进一诗共六首》之三："胜妙重重惟祷祝，永资军庶息灾虞。"

【災禍】　灾难；祸患。柳宗元《咏荆轲》："始期忧患弭，卒动灾祸枢。"

【災數】　(一shù)犹厄运。司空图《华下》："尧汤遇灾数，灾数还中辍。"

【災蝗】　指给庄稼带来灾祸的蝗虫。张祜《戊午年感事书怀二百韵谨寄献李尚书》："灾蝗虽犯稼，彗孛欲依躔。"

【災曜】　即灾星。司空图《青龙师安上人》："灾曜偏临许国人，雨中衰菊病中身。"

【災難】　因灾祸而造成的苦难。元稹《别李十一五绝》之一："为我远来休怅望，折君灾难是通州。"

【災孽】　灾难；祸害。白居易《春雪》："上将儆政教，下以防灾孽。"

【災變】　灾异；灾难。杜甫《忆昔二首》之二："百余年间未灾变，叔孙礼乐萧何律。"罗隐《董仲舒》："灾变儒生不合闻，谩将刀笔指乾坤。"

四　画

炬　〔jù《广韵》其吕切，上語，群。〕❶火把。韩愈《叉鱼招张功曹》："大炬然如昼，长船缚似桥。"张籍《拜丰陵》："寒更报点来山殿，晓炬分行照柏城。"殷尧藩《早朝》："曙钟催入紫宸朝，列炬流虹映绛绡。"皮日休《奉和鲁望渔具十五咏·叉鱼》："列炬春溪口，平潭如不流。"❷指烛。李白《秋猎孟诸夜归置酒单父东楼观妓》："倾晖速短炬，走海无停川。"白居易、刘禹锡《会昌春连宴即事》："舞袖翻红炬，歌鬟插宝蝉。"李商隐《无题》："春蚕到死丝方尽，蜡炬成灰泪始干。"又《十字水期韦潘侍御同年不至时韦寓居水次故郭汾宁宅》："漆灯夜照真无数，蜡炬晨炊竟未休。"❸点燃、焚烧。杜牧《台城曲二首》之二："干芦一炬火，回首是平芜。"❹量词。杜甫《夜归》："庭前把烛嗔两炬，峡口惊猿闻一个。"温庭筠《台城晓朝曲》："司马门前火千炬，阑干星斗天将曙。"韦庄《南邻公子》："南邻公子夜归声，数炬银灯隔竹明。"蜀太妃徐氏《三学山夜看圣灯》："圣灯千万炬，旋向碧空生。"

炁　〔qì《广韵》去既切，去未，溪。〕"气"的古字。❶道家多指人的元气。杜光庭《生死歌诀》："一呼三寸阳炁出，一吸复然阴炁入。"❷用作仙人名。李洸《梦仙谣》："九炁真翁骑白犀，临池静听雌蛟啼。"

炒　〔chǎo《广韵》初爪切，上巧，初。〕烹调方法之一。把食物放在锅里加热翻搅使熟。顾况《和知章诗》："钑镂银盘盛炒鰕，镜湖莼菜乱如麻。"刘禹锡《西山兰若试茶歌》："斯须炒成满室香，便酌砌下金沙水。"贯休《偶作五首》之二："机生机，巧生巧，心镬烘烘日煎炒。"

炅　〔jiǒng《广韵》古迥切，上迥，見。〕光；明亮。陆龟蒙《奉和袭美二游诗·徐诗》："炅然东壁光，与月争流天。"

【炅炅】　明亮貌。李白《上云乐》："碧玉炅炅双目瞳，黄金拳拳两鬓红。"张仲方《赠毛仙翁》："方口秀眉编贝齿，瞭然炅炅双瞳子。"

炊　〔chuī《广韵》昌垂切，平支，昌。〕❶烧火。窦牟《秋夕闲居对雨赠别卢七侍御坦》："夜长檐霤寒无寝，日晏厨烟湿未炊。"张籍《送新罗使》："夜泊避蛟窟，朝炊求岛泉。"李商隐《十字水期韦潘侍御同年不至时韦寓居水次故郭汾宁宅》："漆灯夜照真无数，蜡炬晨炊竟未休。"皮日休《苦雨杂言寄鲁望》:“桃花米斗半百钱,枯荒湿坏炊不然。”❷烧火做饭。岑参《宿华阴东郭客舍忆阎防》:“主人炊新粒,行子充夜饥。”耿沣《秋中雨田园即事》:“五稼何时获,孤村几户炊。”王建《田家留客》:“远行僮仆应苦饥,新妇厨中炊欲熟。”姚合《赠张籍太祝》:“野客开山借,邻僧与米炊。”

【炊砂作飯】 煮沙作饭。喻徒劳无益。顾况《行路难三首》之一:“君不见担雪塞井空用力,炊砂作饭岂堪食。”

【炊香飯】 煮饭。王建《饭僧》:“别屋炊香饭,薰辛不入家。”白居易《招韬光禅师》:“白屋炊香饭,荤膻不入家。”

【炊黍】 煮黍米饭。王维《积雨辋川庄作》:“积雨空林烟火迟,蒸藜炊黍饷东菑。”钱起《酬元秘书晚出蓝溪见寄》:“知音倘相访,炊黍扫茅茨。”严维《送薛居士和州读书》:“蒿莱织妾晨炊黍,隅落耕童夕放牛。”白居易《偶吟二首》之二:“厨香炊黍调和酒,窗暖安弦拂拭琴。”

【炊湯】 烧热水。韦应物《易言》:“洪炉炽炭燎一毛,大鼎炊汤沃残雪。”

【炊醅】 温酒。李郢《春日题山家》:“嫩茶重搅绿,新酒略炊醅。”

【炊稻】 煮饭。稻,指米。柳宗元《游南亭夜还叙志七十韵》:“炊稻视爨鼎,脍鲜闻操刀。”白居易《舟行》:“船头有行灶,炊稻烹红鲤。”

【炊甑】 一种蒸食炊器,底有孔。古用陶制,后代改用铜制。白居易《食笋》:“置之炊甑中,与饭同时熟。”

【炊瓊爇桂】 煮玉烧桂。比喻物价昂贵。林宽《献同年孔郎中》:“炊琼爇桂帝关居,卖尽寒衣典尽书。”

炙 〔zhì《广韵》之石切,入昔,章。又之石切,去禡,章。〕❶烤;煎。寒山《诗三百三首》之二〇六:“蒸豚揾蒜酱,炙鸭点椒盐。”白居易《和梦得夏至忆苏州呈卢宾客》:“粽香筒竹嫩,炙脆子鹅鲜。”贯休《偶作五首》之四:“尔非凤炙麒麟肉,焉能一挂于齿牙。”孙元晏《咏史诗·晋·庾悦鹅炙》:“春暖江南景气新,子鹅炙美就中珍。”❷烤熟的肉食。李白《侠客行》:“将炙啖朱亥,持觞劝侯嬴。”杜甫《奉赠韦左丞丈二十二韵》:“残杯与冷炙,到处潜悲辛。”李端《晚春过夏侯校书值其沉醉戏赠》:“炙熟樽方竭,车回辖且全。”李商隐《咏怀寄秘阁旧僚二十六韵》:“遇炙谁先啖,逢齑即便吹。”❸烘烤。孟郊《寒地百姓吟》:“无火炙地眠,半夜皆立号。”白居易《北亭招客》:“小酰吹醅尝冷酒,深炉敲火炙新茶。”刘禹锡《武陵观火诗》:“吹焚照水府,炙浪愁天吴。”❹曝晒。韩愈《石鼓歌》:“雨淋日炙野火燎,鬼物守护烦㧑呵。”白居易《和韩侍郎题杨舍人林池见寄》:“渠水暗流春冻解,风吹日炙不成凝。”薛逢《石膏枕》:“朝来送在凉床上,只怕风吹日炙销。”司空图《华下》:“日炙旱云裂,迸为千道血。”

【炙手】 比喻权势炽盛。白居易《放言五首》之四:“昨日屋头堪炙手,今朝门外好张罗。”又《偶作二首》之一:“焦心一身苦,炙手旁人热。”又《咏兴五首·出府归吾庐》:“炙手外炎炎,履冰中栗栗。”

【炙手可熱】 形容权势气焰逼人,如火之烫手。杜甫《丽人行》:“炙手可热势绝伦,慎莫近前丞相嗔。”

【炙背】 晒背。三国魏嵇康《与山巨源绝交书》:“野人有快炙背而美芹子者,欲献之至尊,虽有区区之意,亦已疏矣。”后因以“炙背”为咏乡农之乐的典故,或用以表示对天子的忠诚。杜甫《赤甲》:“炙背可以献天子,美芹由来知野人。”白居易、王起《喜晴联句》:“散蹄良马稳,炙背野人宜。”皮日休《太湖诗·以毛公泉一瓶献上谏议因寄》:“炙背野人兴,亦思侯伯怜。”韩偓《有感》:“故老未曾忘炙背,何人终拟问苞茅。”

【炙笙】 即炙簧,烘暖笙簧。刘禹锡《历阳书事七十韵》:“日落方收鼓,天寒更炙笙。”见“炙簧”。

【炙輠】 輠,古代车上盛贮油膏的器具。輠烘热后即流出油脂润滑车轴,故因以炙輠比喻人才智杰出,语言流畅风趣。元稹《献荥阳公诗五十韵》:“空虚惭炙輠,点窜许怀铅。”李瀚《蒙求》:“淳于炙輠,彦国吐屑。”

【炙燋】 烤焦。王建《题所赁宅牡丹花》:“且愿风留著,惟愁日炙燋。”

【炙簧】 簧,笙中之簧。笙簧必须经火烘焙,方能声音清越,称“炙簧”。崔颢《岐王席观妓》:“拂匣先临镜,调笙更炙簧。”

炎[1] 〔yán《广韵》于廉切,平豔,云。〕❶火焰猛烈。见“炎炎❷”。❷焚烧。韩愈《咏雪赠张籍》:“鲸鲵陆死骨,玉石火炎灰。”❸炎热。韦迢《潭州留别杜员外院长》:“地湿愁飞鹏,天炎畏跕鸢。”韦应物《使云阳寄府曹》:“夙驾祗府命,冒炎不遑息。”韩愈《南山诗》:“夏炎百木盛,荫郁增埋覆。”马异《贞元旱岁》:“赤地炎都寸草无,百川水沸煮虫鱼。”❹指热天;伏天。刘禹锡《早秋雨后寄乐天》:“且喜炎前别,安能怀寸阴。”王言史《广州王园寺伏日即事寄北中亲友》:“谁怜在炎客,一夕壮容销。”❺指南方。常衮《逢南中使寄岭外故人》:“炎方难久客,为尔一沾襟。”柳宗元《南中荣橘柚》:“橘柚怀贞质,受命此炎方。”无可《送契公自桂阳赴南海》:“莫便将经卷,炎方去不回。”❻指太阳。见“炎光❶”。❼指汉代。见“炎漢”“炎運”“炎祚”。❽指炎帝神农氏。张说《唐享太庙乐章·大成舞》："后歌有蛴，胎炎孕黄。"元稹《有酒十章》之三："炎始暴耶，蚩尤炽耶。"

炎[2] 〔yān《集韵》以赡切，去豔，以。〕火焰。杜甫《相逢歌赠严二别驾》："铜盘烧蜡炎吐日，夜如何其初促膝。"元稹《酬段丞与诸棋流会宿弊居见赠二十四韵》："兽炎余炭在，蜡泪短光衰。"刘禹锡《武陵观火诗》："楚乡祝融分，炎火常为虞。"

【炎天】 夏天；伏天。卢纶《送绛州郭参军》："炎天故绛路，千里麦花香。"白居易《池畔逐凉》："风清泉冷竹修修，三伏炎天凉似秋。"姚合《送丁端公赴河阴》："炎天木叶焦，晓夕绝凉飙。"崔道融《雪窦禅师》："雪窦峰前一派悬，雪窦五月无炎天。"

【炎天光】 指灼热的阳光。白居易《观刈麦》："足蒸暑土气，背灼炎天光。"

【炎月】 暑月；暑天。王丘《奉和圣制送张尚书巡边》："朔门正炎月，兵气已秋风。"

【炎方】 ❶泛指南方炎热的地区。杜甫《七月三日亭午已后较热退晚加小凉稳睡有诗因论壮年乐事戏呈元二十一曹长》："衰年旅炎方，生意从此活。"常衮《逢南中使因寄岭外故人》："炎方难久客，为尔一沾襟。"柳宗元《得卢衡州书因以诗寄》："临蒸且莫叹炎方，为报秋来雁几行。"贾岛《送人南游》："蛮国人多富，炎方语不同。"❷指炎洲。神话中的岛屿名。李峤《布》："瀑飞临碧海，火浣擅炎方。"见"炎洲❶"。

【炎光】 ❶阳光。韩愈《纳凉联句》："熙熙炎光流，竦竦高云擢。"白居易《香山寺石楼潭夜浴》："炎光昼方炽，暑气宵弥毒。"❷炎热；暑气。钱镠《秋景》："三秋才到退炎光，二曜分晖照四方。"

【炎₂光】 光焰，光彩。方干《酬将作于少监》："由来至宝出毫端，五色炎光照室寒。"

【炎伏】 炎热的夏天。皎然《伏日就汤评事衡湖上避暑》："拥几苦炎伏，出门望汀洲。"

【炎州】 见"炎洲"。

【炎辰】 炎热的日子。韦应物《夏冰歌》："出自玄泉杳杳之深井，汲在朱明赫赫之炎辰。"

【炎旱】 炎热干旱。李白《流夜郎至西塞驿寄裴隐》："龙怪潜溟波，俟时救炎旱。"

【炎氛】 暑气。张九龄《酬王六霁后书怀见示》："炎氛霁后灭，边绪望中来。"韦应物《慈恩精舍南池作》："清境岂云远，炎氛忽如遗。"钱起《奉陪使君十四叔晚憩大云门寺》："炎氛临水尽，夕照傍林多。"蔡瑰《夏日闺怨》："桃径李蹊绝芳园，炎氛炽日满愁轩。"

【炎炎】 ❶光焰炽盛貌。丘为《省试夏日可畏》："赫赫温风扇，炎炎夏日徂。"韦应物《夏花明》："炎炎日正午，灼灼火俱燃。"王涯《宫词三十首》之十九："炎炎夏日满天时，桐叶交加覆玉墀。"白居易《旱热二首》之二："勃勃旱尘气，炎炎赤日光。"❷火焰猛烈貌。无名氏《邢君才旧宅三怪诗》："昔日炎炎徒自知，今无烽灶欲何为。"无名氏《黄万祜题蜀宫壁》(卷八七五)："莫交牵动青猪足，动即炎炎不可扑。"❸盛貌；气势兴盛貌。黄损《读史》："逐鹿走红尘，炎炎火德新。"贯休《大蜀皇帝寿春节进尧铭舜颂二首·尧铭》："四德炎炎，阶蓂不凋。"❹炎热；灼热。皎然《陈氏童子草书歌》："夏室炎炎少人欢，山轩日色在阑干。"亦指盛夏的太阳。顾况《上古之什补亡训传十三章·十月之郊一章》："炎炎则移，皎皎则亏。"❺权势煊赫貌。白居易《寓意诗五首》之二："赫赫京内史，炎炎中书郎。"又《咏兴五首·出府归吾庐》："炙手外炎炎，履冰中栗栗。"亦指煊赫的权势地位。刘禹锡《和牛相公南溪醉歌见寄》："唯公出处得自在，决就放旷辞炎炎。"❻光明、光辉貌。李白《送于十八应四子举落第还嵩山》："炎炎四真人，摛辩若涛波。"

【炎沴】 炎热；酷热。杨於陵《郡斋有紫薇双本自朱明接于徂暑其花芳馥数旬犹茂庭宇之内予嘉其美而能久因诗纪述》："炎沴昼方铄，幽姿闲且都。"

【炎官】 神话传说中的火神。吴筠《游仙二十四首》之九："赤帝跃火龙，炎官控朱鸟。"韩愈《游青龙寺赠崔大补阙》："光华闪壁见神鬼，赫赫炎官张火伞。"

【炎毒】 酷热。杜甫《雨》："清凉破炎毒，衰意欲登台。"

【炎威】 ❶酷热的威势。李峤《晚秋喜雨》："炎威振皇服，歊景暴神州。"刘禹锡《裴祭酒尚书见示春归城南青松坞别墅寄王左丞高侍郎之什命同作》："吟风起天籁，蔽日无炎威。"❷火焰的威势。李白《草创大还赠柳官迪》："朱鸟张炎威，白虎守本宅。"王琦注引俞琰曰："朱雀，火也。"❸威严；威势。骆宾王《畴昔篇》："炎威资夏景，平曲况秋翰。"陈熙晋注："按炎威句，用越盾夏日可威意。"

【炎₂炭】 炭火。韦应物《酬元伟过洛阳夜燕》："明灯照四隅，炎炭正可依。"

【炎皇】 指炎帝神农氏。储光羲《观范阳递俘》："大邦武功爵，固与炎皇殊。"

【炎風】 ❶夏天炎热的风、热风。岑参《使交河郡郡在火山脚其地苦热无雨雪献封大夫》："九月尚流汗，炎风吹沙埃。"韩愈《县斋有怀》："毒雾恒熏昼，炎风每烧夏。"杨衡《南海苦雨寄赠王四侍御》："炎风杂海气，暑雨每成霖。"李廓《夏日途中》："树夹炎风路，行人正午稀。"❷借指夏季。胡皓《奉和圣制送张尚书巡边》："请追炎风暮，归旌候此时。"❸借指南方。杜甫《诸将五首》之四："炎风朔雪天王地，只在忠臣翊圣朝。"仇兆鳌引顾宸注："炎风塑雪，以极南极北之地言。"徐铉《寄驾部郎中》:"炎风久成别,南望思悠然。"

【炎帝】 ❶即神农氏,传说为上古姜姓部族首领。《史记·五帝本纪》:"炎帝欲侵陵诸侯,诸侯咸归轩辕。"张守节正义引《帝王世纪》:"神农氏,姜姓也。有圣德,以火德王,故号炎帝。"《淮南子·修务训》:"神农尝百草之滋味,一日而遇七十毒。"韩愈《和水部张员外宣政衙赐百官樱桃诗》:"汉家旧种明光殿,炎帝还书本草经。"❷神话传说中的南方之神。司夏,司火。《礼记·月令》:"(孟夏之月)其日丙丁,其帝炎帝,其神祝融。"《淮南子·天文训》:"南方,火也,其帝炎帝,其佐朱明(祝融),执衡(称)而治夏。"黎逢《夏首犹清和》:"祝融将御节,炎帝启朱明。"韩愈《苦寒》:"炎帝持祝融,呵嘘不相炎。"

【炎洲】 亦作"炎州"。❶神话传说中的岛屿名,在南海之中。《海内十洲记·炎洲》:"炎洲在南海中,地方二千里,去北岸九万里。"陈子昂《感遇诗三十八首》之二三:"杀身炎州里,委羽玉堂阴。"李白《野田黄雀行》:"游莫逐炎洲翠,栖莫近吴宫燕。"钱起《赋得池上双丁香树》:"何如南海外,雨露隔炎洲。"陈陶《泉州刺桐花咏兼呈赵使君》之六:"赤帝常闻海上游,三千幢盖拥炎州。"❷泛指南方炎热地区。骆宾王《从军中行路难二首》之一:"沧江绿水东流驶,炎洲丹徼南中地。"杜甫《得广州张判官叔卿书使还以诗代意》:"忽得炎洲信,遥从月峡传。"刘长卿《送李秘书却赴南中》:"炎洲百口住,故国几人归。"韩愈《刘生诗》:"越女一笑三年留,南逾横岭入炎州。"李群玉《将之番禺留别湖南府幕》:"会登梅岭翠,南翥入炎洲。"

【炎祚】 指应火运而兴的隋朝的国运。李益《北至太原》:"炎祚昔昏替,皇基此郁盘。"

【炎荒】 南方炎热荒远之地。权德舆《奉和许阁老酬淮南崔十七端公见寄》:"溟涨前程险,炎荒旅梦孤。"柳宗元《哭连州凌员外司马》:"溘死委炎荒,臧获守灵帷。"李绅《江亭》:"今日病身悲状候,岂能埋骨向炎荒。"裴夷直《崇山郡》:"地尽炎荒瘴海头,圣朝今又放驩兜。"

【炎夏】 炎热的夏天。孟浩然《仲夏归汉南园寄京邑耆旧》:"归来当炎夏,耕稼不及春。"朱庆余《夏日访贞上人院》:"炎夏寻灵境,高僧澹荡中。"王严《和于中丞登越王楼》:"蝉声怨炎夏,山色报新秋。"黄滔《长安书事》:"炎夏群木死,北海惊波深。"

【炎氣】 ❶暑气。高宗《太子纳妃太平公主出降》:"暑阑炎气息,凉早吹疏频。"白居易《月夜登阁避暑》:"旱久炎气盛,中人若燔烧。"朱庆余《凤翔西池与贾岛纳凉》:"四面无炎气,清池阔复深。"曹松《碧角簟》:"五月不教炎气入,满堂秋色冷龙鳞。"❷火焰的热气。王泠然《夜光篇》:"焦声散著群树鸣,炎气傍林一川暖。"

【炎海】 泛指南海炎热的地区。张说《喜度岭》:"洄沿炎海畔,登降闽山陬。"李颀《二妃庙送裴侍御使桂阳》:"受命出炎海,焚香征楚词。"杜甫《多病执热奉怀李尚书之芳》:"大水淼茫炎海接,奇峰硉兀火云升。"

【炎域】 指南方炎热地区。丁儒《归闲诗二十韵》:"功成在炎域,事定有闲身。"

【炎崑】 《书·胤征》:"火炎昆冈,玉石俱焚。"后以"炎昆"喻同归于尽。杨乘《南徐春日怀古》:"形骸劳大块,玉石任炎昆。"

【炎涼】 ❶冷暖。指气温。杜审言《赠崔融二十韵》:"云天断书札,风土异炎凉。"刘商《赋得月下闻蛩送别》:"物候改秋节,炎凉此夕分。"白居易《春江》:"炎凉昏晓苦推迁,不觉忠州已二年。"子兰《赠行脚僧》:"炎凉三衲共,生死一身休。"❷指寒暑、岁月。骆宾王《在江南赠宋五之问》:"炎凉几迁贸,川陆疲臻凑。"孟浩然《闺情》:"一别隔炎凉,君衣忘短长。"韦应物《夏至避暑北池》:"未及施政教,所忧变炎凉。"白居易《酬思黯相公晚夏雨后感秋见赠》:"暮去朝来无歇期,炎凉暗向雨中移。"❸犹寒暄。白居易《初与元久别后忽梦见之因以此寄》:"心肠都未尽,不暇叙炎凉。"又《醉后走笔酬刘五主簿长句之赠兼简张大贾二十四先辈昆季》:"敛手炎凉叙未毕,先说旧山今悔出。"❹喻世态炎凉、人情势利。白居易《和答诗十首·和松树》:"此如小人面,变态随炎凉。"又《早夏游宴》:"荣落逐瞬迁,炎凉随刻变。"

【炎陸】 炎热的大地。则天皇后《唐明堂乐章·徵音》:"赫赫离精御炎陆,滔滔炽景开隆暑。"

【炎馭】 指以火德而兴的汉朝。《郊庙歌辞·享太庙乐章·宁和》:"炎驭失天纲,土德承天命。"

【炎雲】 炎热的火云。沈佺期《夜泊越州逢北使》:"憩泊在兹夜,炎云逐斗枢。"李颀《送綦毋三谒房给事》:"晚景南路别,炎云中伏初。"独孤及《奉和李大夫同吕评事太行苦热行兼寄院中诸公》:"炎云如烟火,溪谷将恐竭。"权德舆《送安南裴都护》:"戈船航涨海,旌旆卷炎云。"

【炎景】 炎热的阳光。虞世南《奉和月夜观星应令》:"早秋炎景暮,初弦月彩新。"崔禹锡《奉和圣制送张说巡边》:"炎景宁云惮,神谋肃所将。"萧颖士《有竹一篇七章》之五:"夏之日,炎景斯郁。"白居易《新秋喜凉因寄兵部杨侍郎》:"徐徐炎景度,稍稍凉飙扇。"

【炎暑】 酷热;酷暑。孙逖《送张环摄御史监南选》:"莫愁炎暑地,秋至有严霜。"孟浩然《同王九题就师山房》:"轩窗避炎暑,翰墨动新文。"贾岛《送南卓归京》:"行李逢炎暑,山泉满路岐。"李洞《过野叟居》:

“尽日无炎暑，眠君青石床。”

【炎焰】 火焰。张说《安乐郡主花烛行》：“丹炉飞铁驰炎焰，炎霞烁电吐明光。”

【炎$_2$煙】 ❶火与烟。郭震《古剑篇》：“君不见昆吾铁冶飞炎烟，红光紫气俱赫然。”❷炎热的烟霭。白居易《赠韦处士六年夏大热旱》：“旱日干密云，炎烟焦茂草。”

【炎暉】 亦作“炎輝”。炎热的阳光。储光羲《吃茗粥作》：“数片远云度，曾不蔽炎晖。”项斯《泛溪》：“溪船泛渺弥，渐觉灭炎辉。”

【炎節】 夏季。钱起《送薛判官赴蜀》：“单车动夙夜，越境正炎节。”

【炎裔】 指炎热的南方边远之地。孟浩然《将适天台留别临安李主簿》：“念离当夏首，漂泊指炎裔。”李德裕《夏晚有怀平泉林居》：“矧余窜炎裔，日夕谁晤语。”

【炎運】 指汉代的国运。《郊庙歌辞·祀圜丘乐章·凯安》：“昔在炎运终，中华乱无象。”李百药《赋得魏都》：“炎运精华歇，清都宝命开。”见“炎漢”。

【炎赫】 炽热。李白《登黄山凌歊台送族弟溧阳尉济充泛舟赴华阴》：“炎赫五月中，朱曦烁河堤。”杜甫《热三首》之一：“炎赫衣流汗，低垂气不苏。”

【炎蒸】 暑热熏蒸。沈佺期《三日独坐驩州思忆旧游》：“炎蒸连晓夕，瘴疠满冬秋。”王翰《奉和圣制送张尚书巡边》：“不惮炎蒸苦，亲尝走集赊。”杜甫《热三首》之三：“歘翕炎蒸景，飘飖征戍人。”周贺《寄金陵僧》：“水石致身闲自得，平云竹阁少炎蒸。”

【炎酷】 酷热。刘叉《雪车》：“载载欲何之，秘藏深宫以御炎酷。”

【炎厲】 指南方炎热的瘴疠之地。杜甫《八哀诗·赠秘书临江夏李公邕》：“放逐早联翩，低垂困炎厉。”

【炎鄙】 指南方边远地区。宋之问《自洪府舟行直书其事》：“问余何奇剥，迁窜极炎鄙。”

【炎精】 ❶指赤帝。古代所谓“五方天帝”之一。掌南方，司火，司夏。《郊庙歌辞·五郊乐章·送神》：“炎精式降，苍生攸仰。”❷指太阳。萧颖士《游马耳山》：“我来疑初伏，幽路无炎精。”❸指应火运而兴的汉代。吴筠《建业怀古》：“炎精既失御，宇内为三分。”

【炎熇】 炎热；酷热。张祜《忧旱吟》：“炎熇肆蒸溽，南薰日飘飏。”

【炎漢】 汉自称以火德王，故称“炎汉”。《汉书·高帝纪赞》：“汉承尧运，德祚已盛，断蛇著符，旗帜上赤，协于火德，自然之应，得天统矣。”太宗《咏司马彪续汉志》：“炎汉承君道，英谟篡神器。”杨凭《边塞行》：“圣主嗤炎汉，无心自勒兵。”张光朝《获塘西庄赠房元垂》：“忆昔炎汉时，乃知绮季贤。”杜牧《洛中送冀处士东游》：“四百年炎汉，三十代宗周。”见“火德❶”。

【炎熱】 ❶指温度高，气候热。王维《夏日过青龙寺谒操禅师》：“莫怪销炎热，能生大地风。”元结《题孟中丞茅阁》：“天下正炎热，此然冰雪俱。”白居易《苦热喜凉》：“经时苦炎热，心体但烦倦。”杜牧《池州送孟迟先辈》：“昔子来陵阳，时当苦炎热。”❷比喻侯门权贵。杜甫《去矣行》：“焉能作堂上燕，衔泥附炎热。”

【炎輝】 见“炎暉”。

【炎曆】 指以火德而兴的汉代。苏颋《奉和晦日幸昆明池应制》：“炎历事边陲，昆明始凿池。”《郊庙歌辞·享章怀太子庙乐章·武舞作》：“绿林炽炎历，黄虞格有苗。”见“火德❶”。

【炎徼】 炎热的南方边远之地。宋之问《早发韶州》：“炎徼行应尽，回瞻乡路遥。”白居易《十年三月三十日别微之于沣上十四年三月十一日夜遇微之于峡中停舟夷陵三宿而别言不尽者以诗终之因赋七言十七韵以赠》：“君还秦地辞炎徼，我向忠州入瘴烟。”

【炎瘴】 指南方山林中湿热而致人疾病的瘴气。张子容《永嘉作》：“未应悲晚发，炎瘴苦华年。”张谓《同孙构免官后登蓟楼》：“北别伤士卒，南迁死炎瘴。”韩愈《答张十一功曹》：“未报恩波知死所，莫令炎瘴送生涯。”刘兼《初至郡界》：“郡印已分炎瘴地，朝衣犹惹御炉烟。”

【炎燠】 炎热；酷热。韩愈《重云李观疾赠之》：“重云闭白日，炎燠成寒凉。”柳宗元《夏初雨后寻愚溪》：“幸此息营营，啸歌静炎燠。”白居易《孟夏思渭村旧居寄舍弟》：“九江地卑湿，四月天炎燠。”又《苦热中寄舒员外》：“何堪日衰病，复此时炎燠。”

【炎霞】 红色的霞光。张说《安乐郡主花烛行》：“丹炉飞铁驰炎焰，炎霞烁电吐明光。”

【炎癘】 指南方炎热地区疫疠等流行病。宋之问《自衡阳至韶州谒能禅师》：“何辞御魑魅，自可乘炎疠。”

【炎曦】 炎热的阳光。皎然《酬薛员外谊苦热行见寄》：“炎曦烁肌肤，毒雾昏性情。”韩愈《郑群赠簟》：“倒身甘寝百疾愈，却愿天日恒炎曦。”

【炎鑠】 酷热。赵氏《古兴》之一：“明月流素光，轻风换炎铄。”

【炎靈】 ❶指应火运而兴的汉代。杨凭《乐游园望月》：“炎灵全盛地，明月半秋时。”❷指汉高祖刘邦。韦应物《经函谷关》：“炎灵讵西驾，娄子非经国。”

五 画

炳 〔bǐng《广韵》兵永切，上梗，幫。〕❶光明；光彩。卢鸿一《嵩山十志十首·金碧潭》："炳其焕兮凝其洁，悠悠千古兮长不灭。"李白《留别于十一兄逖裴十三游塞垣》："裴生览千古，龙鸾炳文章。"李缜《奉和郎中游仙岩四瀑布十四韵》："缣缃炳珠宝，中外贻同官。"❷昭著；显扬。尚宫宋氏若昭《奉和御制麟德殿宴百僚应制》："德炳韶光炽，恩沾雨露浓。"贯休《上顾大夫》："即应炳文柄，孤平去浩浩。"❸照耀。李白《题嵩山逸人元丹丘山居》："故人契嵩颍，高义炳丹膢。"后主李煜《句》之十四："九重开扇鹄，四牖炳灯鱼。"

【炳焕】 光彩绚丽。李白《古风》之一："文质相炳焕，众星罗秋旻。"又《献从叔当涂宰阳冰》："吐辞又炳焕，五色罗华星。"

【炳蔚】 形容文采绚丽华美。韩愈《山南郑相公樊员外酬答为诗以示愈依赋十四韵以献》："诚既富而美，章汇霍炳蔚。"徐铉《酬郭先辈》："太原郭夫子，行高文炳蔚。"

【炳麗】 灿烂绚丽。钱起《玛瑙杯歌》："含华炳丽金尊侧，翠斝琼觞忽无色。"

【炳耀】 形容文采绚丽灿烂。柳宗元《奉平淮夷雅表》："然徵于《诗》'大小雅'，其选徒出狩，则《车攻》《吉日》；命官分土，则《嵩高》《韩奕》《烝人》；南征北伐，则《六月》《采芑》；平淮夷，则《江汉》《常武》。铿锵炳耀，荡人耳目。"

【炳靈】 ❶光彩焕发的灵秀之气。温庭筠《过孔北海墓二十韵》："珪玉埋英气，山河孕炳灵。"❷光彩焕发。杜甫《赠蜀僧闾丘师兄》："呜呼先博士，炳灵精气奔。"❸犹英灵、英才。皮日休《鲁望读襄阳耆旧传见赠五百言予次而赞之因而寄答亦诗人无言不酬之义也次韵》："江汉称炳灵，克明嗣清昼。"

【炳爛】 灿烂绚丽。贯休《上卢少卿觅千文》："荆山有美玉，含华尚炳烂。"又《循吏曲上王使君》："需宿需宿，炳烂光合。"

炭 〔tàn《广韵》他旦切，去翰，透。〕❶木炭。郭震《十月乐游诗》："愁仍夜未几，已使炭成灰。"白居易《新乐府·卖炭翁》："卖炭翁，伐薪烧炭南山中。"章孝标《道者与金丹开合已失因为二首再有投掷》之二："阴阳曾作炭，造化亦分功。"皮日休《金钱花》："阴阳为炭地为炉，铸出金钱不用模。"❷炭火。孟浩然《寒夜张明府宅宴》："香炭金炉暖，娇弦玉指清。"韦应物《酬元伟过洛阳夜燕》："明灯照四隅，炎炭正可依。"元稹《竞渡》："炎皇炽如炭，蚩尤扇其燔。"白居易《睡后茶兴忆杨同州》："白瓷瓯甚洁，红炉炭方炽。"

【炭火】 炭燃烧时的火焰。李贺《神弦》："女巫浇酒云满空，玉炉炭火香冬冬。"贯休《赠景和尚院》："炭火邕湖滢，山晴紫竹凉。"

【炭煙】 烧炭时升起的烟。许浑《访别韦隐居不值》："栎坞炭烟晴过岭，蓼村渔火夜移湾。"

炯 〔jiǒng《广韵》古迥切，上迥，見。又户頂切，上迥，匣。〕亦作"烱"。❶光芒、光彩。杜甫《法镜寺》："朱甍半光炯，户牖粲可数。"又《行官张望补稻畦水归》："芊芊炯翠羽，剡剡生银汉。"李群玉《古镜》："不必负局仙，金沙发光炯。"❷明亮；光明。杜审言《南海乱石山作》："朝暾赩丹紫，夜魄炯青翠。"杜甫《入奏行赠西山检察使窦侍御》："炯如一段清冰出万壑，置在迎风寒露之玉壶。"来鹄《圣政纪颂》："炯哉时皇，言必成章。"

【炯介】 光明正直。皎然《妙喜寺达公禅斋寄李司直公孙房都曹德裕从事方舟颜武康士骋四十二韵》："颜生炯介士，有志不可越。"

【炯心】 光明忠诚之心。李白《感兴六首》之五："高节不可夺，炯心中凝丹。"柳宗元《弘农公以硕德伟材屈于诬枉献诗五十韵以毕微志》："炯心那自是，昭世懒佯狂。"

【炯戒】 亦作"炯誡"。即明鉴。昭明的鉴戒。李白《酬王补阙惠翼庄庙宋丞泚赠别》："酬赠非炯诫，永言铭佩绅。"皇甫湜《佷石铭》："刻词佷石，炯戒千春。"司空图《冯燕歌》："此君精爽知犹在，长与人间留炯诫。"

【炯冷】 闪烁而带有寒意。温庭筠《遐水谣》："犀带鼠裘无暖色，清光炯冷黄金鞍。"

【炯炯】 亦作"烱烱"。❶光亮貌；明亮貌。李华《云母泉诗》序："自墨山西北至石门，东南至东陵，广轮二十里，尽生云母，墙阶道路，炯炯如列星。"卢纶《和马郎中画鹤赞》："晨光炯炯，一直朱顶。"刘禹锡《更衣曲》："博山炯炯吐香雾，红烛引至更衣处。"温庭筠《鸡鸣埭曲》："殿巢江燕砌生蒿，十二金人霜炯炯。"❷光明貌。杜甫《八哀诗·赠左仆射郑国公严公武》："炯炯一心在，沉沉二竖婴。"又《逼仄行赠毕曜》："徒步翻愁官长怒，此心炯炯君应识。"又《奉赠李八丈判官》："区区犹历试，炯炯更持久。"❸光彩貌。刘禹锡《吴兴敬郎中见惠斑竹杖兼示一绝聊以谢之》："一茎炯炯琅玕色，数节重重玳瑁文。"

【炯晃】 光彩、光芒。柴宿《初日照华清宫》："璇题生炯晃，珠缀引胧胧。"

【炯然】 ❶光明貌。杜甫《义鹘》："兹实鸷鸟最，急难心炯然。"又《凤凰台》："炯然无外求，血以当醴泉。”❷明亮貌。柳宗元《咏荆轲》：“炯然耀电光，掌握罔正夫。”

【炯碎】 形容波光闪烁。杜甫《万丈潭》：“黑如湾澴底，清见光炯碎。”

【炯諴】 见“炯戒”。

炧 〔xiè《广韵》徐野切，上馬，邪。〕同“灺”。灯烛、香火等熄灭。郑畋《题缑山王子晋庙》：“古殿香残炧，荒阶柳长条。”

炮 〔páo《广韵》薄交切，平肴，並。〕❶用烂泥涂裹食物在火中烤。亦泛指烤、炙。李贺《将进酒》：“烹龙炮凤玉脂泣，罗屏绣幕围香风。”白居易《和微之春日投简阳明洞天五十韵》：“佐饮时炮鳖，蠲酲数鲙鲈。”沈亚之《文祝延二阕》之二：“调丹含琼兮瑳佳笑，馨炮膻燔兮溢按豆。”《郊庙歌辞·汉宗庙乐舞辞·积善舞》：“或戛或击，载炮载烹。”《郊庙歌辞·周宗庙乐舞辞·禋顺》：“肇禋肇祀，或炮或烹。”❷烹调的一种。将锅里的食物在旺火上迅速炒拌。白居易《夏日作》：“烹葵炮嫩笋，可以备朝餐。”

【炮羔】 烤炙乳羊肉。崔元翰《奉和圣制重阳旦日百寮曲江宴示怀》：“炮羔备丰膳，集凤调鸣律。”

【炮炙】 烧烤。李白《秋猎孟诸夜归置酒单父东楼观妓》：“归来献所获，炮炙宜霜天。”

【炮烹】 烧烤烹煮。李华《杂诗六首》之三：“圣人不能绝，钻燧与炮烹。”

炰[1] 〔páo《广韵》薄交切，平肴，並。〕同“炮❶”。把带毛的肉用泥裹住在火上烧烤。亦泛指烧烤。韩愈《燕河南府秀才得生字》：“还家敕妻儿，具此煎炰烹。”又《陆浑山火和皇甫湜用其韵》：“焊炰煨爊孰飞奔，祝融告休酌卑尊。”

炰[2] 〔fǒu《集韵》俯九切，上有，非。〕同“缹”。蒸煮。《诗·大雅·韩奕》：“其殽维何？炰鳖鲜魚。”孔颖达疏：“此及《六月》云‘炰鳖’者，音皆作缹，然则炰与缹，以火熟之，谓烝熟之也。”元稹《酬乐天东南行诗一百韵》：“炰鳖那胜羜，烹鯄只似鲈。”

【炰炙】 烧烤。钱起《秋霖曲》：“貂裘玉食张公子，炰炙熏天戟门里。”

【炰羔】 烤炙乳羊肉。韦应物《长安道》：“山珍海错弃藩篱，烹犊炰羔如折葵。”韩愈《晚秋郾城夜会联句》：“斩马祭旄纛，炰羔礼芒屩。”

【炰羞】 精美的肴馔。韩愈《郴州祈雨》：“乞雨女郎魂，炰羞洁且繁。”

【炰焊】 用火烧烤。韩愈《苦寒》：“不如弹射死，却得亲炰焊。”

炷 〔zhù《广韵》之戍切，去遇，章。又之庚切，上麌，章。〕❶点；燃。王建《和元郎中从八月十二至十五夜玩月五首》之四：“夜深尽放家人睡，直到天明不炷灯。”李贺《谢秀才有妾缟练改从于人秀才引留之不得后生感忆座人制诗嘲谢贺复继四首》之三：“灰暖残香炷，发冷青虫簪。”卢仝《月蚀诗》：“奴婢炷暗灯，掩菼如玳瑁。”白居易《夜招晦叔》：“碧毡帐上正飘雪，红火炉前初炷灯。”❷香名。刘禹锡《同乐天和微之深春二十首》之六：“炉添龙脑炷，绶结虎头花。”李贺《恼公》：“桂火流苏暖，金炉细炷通。”李商隐《哀筝》：“何由问香炷，翠幕自黄昏。”又《海上谣》：“刘郎旧香炷，立见茂陵树。”❸量词。用于计量点着的线香。白居易《赠朱道士》：“尽日窗间更无事，唯烧一炷降真香。”司空图《青龙师安上人》：“清香一炷知师意，应为昭陵惜老臣。”李中《游北山洞神宫》：“羡师向此朝星斗，一炷清香午夜焚。”贯休《经栖白旧院二首》之一：“不见中秋月，空余一炷香。”❹柱状物。皮日休《虎丘寺殿前有古杉赋三百言以见志》：“一炷玄云拔，三寻黑槊奇。”按，此指古杉。李洞《宿成都松溪院》：“松持节操溪澄性，一炷烟岚压寺隅。”按，此指松。温庭筠《水仙谣》：“露魄冠轻见云发，寒丝七炷香泉咽。”按，此指琴柱。

【炷炙】 灸疗用的艾绒，做成柱状，故称。使用时染麻油引火点炷灸，滋润灸疮，至愈不疼。韩愈《南山诗》：“或乱若抽笋，或嵲若炷灸。”

炲 同“炱”。

炫 〔xuàn《广韵》黄練切，去霰，匣。〕❶光亮；明亮。殷文圭《省试夜投献座主》：“混沌分来融间气，欃枪灭处炫文星。”蜀太后徐氏《三学山夜看圣灯》：“玉香焚静夜，银烛炫辽空。”❷辉映。中宗《石淙》：“水炫珠光遇泉客，岩悬石镜厌山精。”❸闪耀；闪烁。吴融《御沟十六韵》：“影炫金茎表，光摇绮陌头。”❹艳丽。钱起《柏崖老人号无名先生男削发女黄冠自以云泉独乐命予赋诗》：“长男栖月宇，少女炫霓裳。”❺通“衒”。显示；夸耀。李商隐《和孙朴韦蟾孔雀咏》：“都护矜罗幕，佳人炫绣袿。”

【炫玉】 谓玉石光彩闪烁。太宗《登三台言志》：“露除光炫玉，霜阙映雕银。”

【炫晃】 指泪光闪烁。柳宗元《寄韦珩》：“回眸炫晃别群玉，独赴异域穿蓬蒿。”

【炫煌】 光芒闪耀。温庭筠《鸿胪寺有开元中锡宴堂偶成四十韵》：“飐滟荡碧波，炫煌迷横塘。”

【炫轉】 ❶光芒闪耀。元稹《连昌宫词》：“楼上楼前尽珠翠，炫转荧煌照天地。”又《酬孝甫见赠十首》

之十："开拆新诗展大璆，明珠炫转玉音浮。"白居易《裴常侍以题蔷薇架十八韵见示因广为三十韵以和之》："九微灯炫转，七宝帐荧煌。"❷光彩转动貌。元稹《曹十九舞绿钿》："骤袅柳牵丝，炫转风回雪。"又《西明寺牡丹》："花向琉璃地上生，光风炫转紫云英。"白居易《新乐府·骠国乐》："珠缨炫转星宿摇，花鬘斗薮龙蛇动。"

【炫曜】 ❶炫示；夸耀。韩愈《刘生诗》："青鲸高磨波山浮，怪魅炫曜堆蛟虬。"❷光彩；光耀。韩愈、孟郊《城南联句》："扳援贱蹊绝，炫曜仙选更。"

【炫燿】 光彩闪耀。邵谒《妓女》："炫燿一时间，逡巡九泉里。"

炱 〔tái《广韵》徒哀切，平咍，定。〕亦作"炲"。火烟凝积成的黑灰。徐浩《宝林寺作》："禅堂清溽润，高阁无恢炱。"卢仝《月蚀诗》："摧环破璧眼看尽，当天一搭如煤炲。"

【炱煤】 火烟凝积成的黑灰。皮日休《太湖诗·投龙潭》："气涌扑炱煤，波澄扫纯漆。"

六 画

烖 同"灾"。元稹《赠毛仙翁》序："殊不知至仁无兼爱，大智无非烖。"

烘 〔hōng《广韵》呼東切，平東，曉。〕❶燃烧。刘禹锡《历阳书事七十韵》："炽炭烘蹲兽，华茵织斗鲸。"又《武陵观火诗》："余势下限隩，长熛烘舳舻。"李商隐《今月二日不自量度辄以诗一首四十韵干渎尊严伏蒙仁恩俯赐披览》："天书何日降，庭燎几时烘。"❷烤；烤炙。岑参《热海行送崔侍御还京》："阴火潜烧天地炉，何事偏烘西一隅。"李贺《许公子郑姬歌》："铜驼酒熟烘明胶，古堤大柳烟中翠。"元稹《春六十韵》："酒爱油衣浅，杯夸玛瑙烘。"

【烘明】 通明。吴融《红叶》："露染霜干片片轻，斜阳照处转烘明。"

【烘烘】 火盛貌；火热貌。贯休《偶作五首》之二："机生机，巧生巧，心镬烘烘日煎炒。"

【烘焖】 火盛貌。韦庄《秦妇吟》："火迸金星上九天，十二官街烟烘焖。"

【烘焙】 用微火烘烤。齐己《谢人惠纸》："烘焙几工成晓雪，轻明百辐叠春冰。"

【烘煁】 炽热的火炉。息夫牧《冬夜宴萧十丈因饯殷郭二子西上》："烘煁有炜，酒醴惟旨。"

【烘影】 映照成影。温庭筠《春愁曲》："远翠愁山入卧屏，两重云母空烘影。"

【烘燚】 光焰。孙思邈《四言诗》："洪炉烈火，烘焰翕赫。"

烜 〔xuǎn《广韵》况晚切，上阮，曉。〕❶光明；显赫。李商隐《韩碑》："呜呼圣皇及圣相，相与烜赫流淳熙。"❷盛大。杨炯《西陵峡》："楚都昔全盛，高丘烜望祀。"

【烜赫】 ❶显赫；昭著。李白《侠客行》："千秋二壮士，烜赫大梁城。"刘禹锡《酬太原狄尚书见寄》："家声烜赫冠前贤，时望穹崇镇北边。"韩偓《与吴子华侍郎同年因成长句四韵兼呈诸同年》："声名烜赫文章士，金紫雍容富贵身。"❷光彩；光耀。李白《感时留别从兄徐王延年从弟延陵》："羞言梁苑地，烜赫耀旌旗。"颜真卿《赠裴将军》："将军临八荒，烜赫耀英材。"和凝《宫词百首》之七五："杏梁烜赫晴霞展，时见空虚坠燕泥。"

烸 同"怪"。责怪。王梵志《诗》之二一(补编)："忽然人烸责，可不众中羞。"

烈 〔liè《广韵》良薛切，入薛，來。〕❶火势猛。高宗《九月九日》："挥鞭争电烈，飞羽乱星光。"❷燃；烧。顾况《上古之什补亡训传十三章·采蜡一章》："煌煌中堂，烈华烛兮。"李节《赠释疏言还道林寺诗》序："会昌季年，武宗大剪释氏，巾其徒且数万人。民隶其居，容貌于土木者沉诸水，言词于纸素者烈诸火。"❸猛烈；激烈。鲁收《怀素上人草书歌》："风声吼烈随手起，龙蛇迸落空壁飞。"皎然《送罗判官还寿州幕》："天寒长蛇伏，飙烈文虎雄。"李商隐《春深脱衣》："日烈忧花甚，风长奈柳何。"❹功业；业绩。高适《奉酬北海李太守丈人夏日平阴亭》："盛烈播南史，雄词豁东溟。"刘斌《和谒孔子庙》："及门思往烈，入室想前修。"令狐楚《青云干吕》："恭惟汉武帝，余烈尚氛氲。"❺烈士。有壮志有节概的人。骆宾王《伤祝阿王明府》："含章光后烈，继武嗣前雄。"王维《同卢拾遗过韦给事东山别业二十韵》："盛德启前烈，大贤钟后昆。"韦应物《寄职方刘郎中》："端服光朝次，群烈慕英声。"白居易《新乐府·青石》："长使不忠不烈臣，观碑改节慕为人。"

【烈士】 满怀壮志的节概之士。李白《玉壶吟》："烈士击玉壶，壮心惜暮年。"孟郊《送孟寂赴举》："烈士不忧身，为君吟苦辛。"杜牧《春申君》："烈士思酬国士恩，春申谁与快冤魂。"汪遵《易水》："斯须却作秦中鬼，青史徒标烈士名。"

【烈山】 山名。在今湖北省随州市北。相传上古炎帝神农氏生于此。北魏郦道元《水经注·漻水》："(漻水)分为二水，一水西径厉乡南。水南有重山，即烈山也。山下有一穴，父老相传，云是神农所生处也。故《礼》谓之烈山氏。"《郊庙歌辞·祭太社乐章·迎神》："烈山有子，后土有臣。"

【烈日】 火热的太阳。吕温《同恭夏日题寻真观李宽中秀才书院》："微风但觉杉香满，烈日方知竹气寒。"徐夤《西寨寓居》之二："烈日不融双鬓雪，病身全仰竹枝筇。"

【烈火】 ❶猛烈的火。韩休《奉和御制平胡》："始见幽烽警，俄看烈火焚。"杜甫《述古三首》之二："置膏烈火上，哀哀自煎熬。"吕温《道州观野火》："南风吹烈火，焰焰烧楚泽。"李涉《感兴》："秦兵半夜来，烈火焚高台。"❷点燃灯火。沈佺期《守岁应制》："殿上灯人争烈火，宫中侲子乱驱妖。"❸比喻鲜红色。唐彦谦《绯桃》："短墙荒圃四无邻，烈火绯桃照地春。"

【烈風】 大风；狂风。储光羲《奉别长史庾公太守徐公应召》："烈风起江汉，白浪忽如山。"杜甫《古柏行》："落落盘踞虽得地，冥冥孤高多烈风。"白居易《和答诗十首・和古社》："昨夜云雨合，烈风驱迅雷。"杜牧《李甘诗》："烈风驾地震，狞雷驱猛雨。"

【烈祖】 ❶指建立功业的祖先。元稹《去杭州・送王师范》："君名师范欲何范，君之烈祖遗范存。"❷特指天子开创基业的祖先。魏征《享太庙乐章・永和》："於穆烈祖，弘此丕基。"张说《唐封泰山乐章・凯和》："烈祖顺三灵，文宗威四海。"萧华《扈从回銮应制》："惟彼烈祖事，增修实荣观。"张绍《冲佑观》："赫赫烈祖，再造丕基。"

【烈烈】 ❶火焰炽盛貌。王绩《过汉故城》："烈烈焚青棘，萧萧吹白杨。"❷猛烈貌。太宗《冬狩》："烈烈寒风起，惨惨飞云浮。"储光羲《登戏马台作》："沧海沉沉晨雾开，彭城烈烈秋风来。"吕从庆《观野烧》："烈烈西风里，蓬芜一扫空。"❸光耀明亮貌。牟融《赠浙西李相公》："长庚烈烈独遥天，盛世应知降谪仙。"❹威武貌。皇甫澈《中书令汉阳王张柬之》："烈烈张汉阳，左袒清诸武。"柳宗元《鼓吹铙歌・高昌》："烈烈王者师，熊螭以为徒。"❺刚正貌。元希声《赠皇甫侍御赴都八首》之四："棱棱直指，烈烈方书。"❻寒冷貌。《诗・小雅・四月》："冬日烈烈，飘风发发。"郑玄笺："烈烈，犹栗烈也。"顾况《上古之什补亡训传十三章・陵霜之华一章》："烈烈严秋，熙熙阳春。"❼象声词。孟郊《答昼上人止谗作》："烈烈鸑鷟吟，铿铿琅玕音。"

【烈燒】 烈火；野火。许棠《宿青山馆》："烈烧飞荒野，栖凫宿广陂。"

【烈焰】 炽盛的火焰。杜牧《寄杜子二首》之一："狂风烈焰虽千尺，豁得平生俊气无。"无名氏《题焚经台》："确实是非凭烈焰，要分真伪筑高台。"

烔

〔tóng《广韵》徒紅切，平東，定。〕热气蒸腾上升。韦庄《秦妇吟》："火迸金星上九天，十二官街烟烘烔。"

烟

〔yān《广韵》烏前切，平先，影。〕同"煙"。

烻

〔yàn《集韵》延面切，去綫，以。〕火炽盛貌。元稹《竞渡》："接瞬电烻出，微吟霹雳喧。"又《三叹》之一："雄为光电烻，雌但深泓澄。"又《放言五首》之三："霆轰电烻数声频，不奈狂夫不藉身。"

烏

〔wū《广韵》哀都切，平模，影。〕❶鸟名。乌鸦。杜甫《杜鹃行》："君不见昔日蜀天子，化作杜鹃似老乌。"王建《别鹤曲》："池边巢破松树死，树头年年乌生子。"杨巨源《乌啼曲赠张评事》："乌栖不定枝条弱，城头夜半声哑哑。"白居易《母别子》："不如林中乌与鹊，母不失雏雄伴雌。"❷黑色。刘禹锡《武昌老人说笛歌》："当时买材恣搜索，典却身上乌貂裘。"❸传说太阳中有三足乌，因以"乌"指太阳。李绅《新楼诗二十首・望海亭》："乌盈兔缺天涯迥，鹤背松梢拂槛低。"韩琮《春愁》："金乌长飞玉兔走，青鬓长青古无有。"罗邺《冬日寄献庾员外》："却思紫陌觥筹地，兔缺乌沉欲半年。"韩偓《踪迹》："东乌西兔似车轮，劫火桑田不复论。"见"烏足"。❹疑问代词。李白《感兴六首》之六："乌得荐宗庙，为君生光辉。"

【烏几】 即乌皮几。杜甫《移居公安敬赠卫大郎钧》："白头供宴语，乌几伴栖迟。"又《风疾舟中伏枕书怀三十六韵奉呈湖南亲友》："乌几重重缚，鹑衣寸寸针。"见"烏皮几"。

【烏几舄】 古代达官贵族穿的一种头尖而向上翘的黑色的鞋。白居易《郡斋暇日忆庐山草堂兼寄二林僧社三十韵多叙贬官已来出处之意》："先生乌几舄，居士白衣裳。"

【烏巾】 即乌角巾。杜甫《奉陪郑驸马韦曲二首》之一："何时占丛竹，头戴小乌巾。"陈羽《送李德舆归穿石洞山居》："乌巾年少归何处，一片彩霞仙洞中。"白居易《雪朝乘兴欲诣李司徒留守先以五韵戏之》："好拂乌巾出，宜披鹤氅行。"李叔卿《江南曲》："郗家子弟谢家郎，乌巾白袷紫香囊。"详见"烏角巾"。

【烏丸】 即乌桓。古代北方一支少数民族名。后亦借指北方边地部族。贺朝《从军行》："衔珠浴铁向桑乾，衅旗膏剑指乌丸。"详见"烏桓"。

【烏弓】 即乌号弓。萧楚才《奉和展礼岱宗涂经濮济》："叶箭凌寒矫，乌弓望晓惊。"详见"烏號"。

【烏布帳】 《晋书・谢尚传》："尚为政清简，始到官，郡府以布四十匹为尚造乌布帐。尚坏之，以为军士襦袴。"后以"乌布帐"为奢侈排场之典。韩翃《送夏侯侍御》："听讼不闻乌布帐，迎宾暂著紫绨裘。"

【烏皮】 即乌皮儿。杜甫《寄刘峡州伯华君四十韵》:“凭久乌皮折,簪稀白帽棱。”

【烏皮几】 乌羊羔皮裹饰的小几案。古人坐时用以凭依。王维《慕容承携素馔见过》:“纱帽乌皮几,闲居懒赋诗。”杜甫《将赴成都草堂途中有作先寄严郑公五首》之五:“锦官城西生事微,乌皮几在还思归。”法振《送褚先生海上寻封炼师》:“不厌乌皮几,新缝鹤氅裘。”贯休《和韦相公见示闲卧》:“修补乌皮几,深藏子敬毡。”

【烏皮隱几】 即乌皮几。隐,凭依。李颀《送康洽入京进乐府歌》:“白夹春衫仙吏赠,乌皮隐几台郎与。”

【烏曲】 琴曲名,即《乌夜啼引》。杜甫《秋日荆南述怀三十韵》:“琴乌曲怨愤,庭鹤舞摧颓。”见“烏夜啼引”。

【烏臼】 亦作“烏柏”。❶即乌臼树。张祜《所居即事六首·其二》:“杜鹃花落杜鹃叫,乌臼叶生乌臼啼。”❷鸟名。李时珍《本草纲目·禽三·伯劳》:“鵧鸠,《尔雅》名鵧鸡。……江东谓之乌臼。”张祜《江西道中作三首》之三:“落日啼乌柏,空林露寄生。”又《所居即事六首·其二》:“杜鹃花落杜鹃叫,乌臼叶生乌臼啼。”

【烏臼樹】 落叶树木。有实,如胡麻子,汁味如猪油,可制肥皂及蜡烛。温庭筠《西州词》:“门前乌臼树,惨澹天将曙。”

【烏延】 城名。又名乌城,穆宗长庆四年(824)筑。故地在今陕西靖边县南。顾非熊《出塞即事二首》之一:“塞山行尽到乌延,万顷沙堆见极边。”

【烏衣】 ❶指乌衣巷。韩偓《倒押前韵》:“白下同归路,乌衣枉作邻。”朱存《金陵览古·乌衣巷》:“人物风流往往非,空余陋巷作乌衣。”详见“烏衣巷”。❷指贵族官宦。严维《剡中赠张卿侍御》:“深巷乌衣盛,高门画戟闲。”❸指亲朋之游。张九龄《和韦尚书答梓州兄南亭宴集》:“棠棣闻余兴,乌衣有旧游。”

【烏衣事】 《宋书·谢弘微传》:“混风格高峻,少所交纳,唯与族子灵运、瞻、曜、弘微并以文义赏会。尝共宴处,居在乌衣巷,故谓之乌衣之游,混五言诗所云‘昔为乌衣游,戚戚皆亲侄’者也。”后遂用为亲朋之游的典故。李商隐《过故崔兖海宅与崔明秀才话旧因寄旧僚杜赵李三椽》:“绛帐恩如昨,乌衣事莫寻。”

【烏衣巷】 地名。在今南京市秦淮河南。三国吴时在此置乌衣营,以士兵着乌衣而得名。东晋时王、谢等望族居此。韩翃《送客之江宁》:“朱雀桥边看淮水,乌衣巷里问王家。”刘禹锡《金陵五题·乌衣巷》:“朱雀桥边野草花,乌衣巷口夕阳斜。”温庭筠《题丰安里王相林亭二首》之二:“偶到乌衣巷,含情更惘然。”孙元晏《咏史诗·宋·乌衣巷》:“乌衣巷在何人住,回首令人忆谢家。”

【烏江】 ❶水名。即今安徽和县东北乌江。楚汉之际项羽垓下战败,至乌江自刎,即此。灵一《项王庙》:“拔山力尽乌江水,今日悠悠空浪花。”张碧《鸿沟》:“力拔山兮忽到此,骓嘶懒渡乌江水。”许浑《鸿沟》:“力尽乌江千载后,古沟芳草起寒云。”韦庄《过当涂县》:“采石花空发,乌江水自流。”❷县名。治所即今安徽和县东北乌江镇。柳宗元《哭连州凌员外司马》:“出守乌江浒,老迁湟水湄。”白居易有《自河南经乱关内阻饥兄弟离散各在一处因望月有感聊书所怀寄上浮梁大兄於潜七兄乌江十五兄兼示符离及下邽弟妹》。

【烏足】 ❶指踆乌之足。《淮南子·精神训》:“日中有踆乌而月中有蟾蜍。”高诱注:“踆,犹蹲也。谓三足乌。”吴融《文德初闻车驾东游》:“鳌头一荡山虽没,乌足重安日不昏。”❷借指太阳。无名氏《春二首》之二:“乌足迟迟日宫里,天门击鼓龙蛇起。”

【烏角巾】 黑头巾。以葛制成,因有折角,故称。多为隐士所戴。杜甫《南邻》:“锦里先生乌角巾,园收芋粟不全贫。”许浑《赠王处士》:“归卧养天真,鹿裘乌角巾。”又《题灞西骆隐居》:“往往乘黄犊,鹿裘乌角巾。”

【烏林】 地名。在今湖北省嘉鱼县西,位于长江北岸。赤壁之战中,周瑜曾于此大败曹兵。杜牧《早春寄岳州李使君李善棋爱酒情地闲雅》:“乌林芳草远,赤壁健帆开。”

【烏匼】 即乌角巾。杜甫《七月三日亭午已后论壮年乐事戏呈元二十一曹长》:“晚风爽乌匼,筋力苏摧折。”见“烏角巾”。

【烏䖘】 虎的别名。见明李时珍《本草纲目·兽二·虎》。寒山《诗三百三首》之一一五:“弄璋字乌䖘,掷瓦名婠妠。”

【烏兔】 太阳和月亮。古代神话谓太阳为乌,月亮为兔,故名。权德舆《古兴》:“晦明乌兔相推迁,雪霜渐到双鬓边。”汪遵《短歌吟》:“箭飞乌兔竞东西,贵贱贤愚不梦齐。”韦庄《夜景》:“乌兔不知多事世,星辰长似太平年。”苏拯《世迷》:“乌兔日夜行,与人运枯荣。”

【烏夜啼】 ❶乐府清商曲辞《西曲歌》名。《旧唐书·音乐志二》:“《乌夜啼》,宋临川王义庆所作也。元嘉十七年,徙彭城王义康于豫章。义庆时为江州,至镇,相见而哭,为帝所怪,征还宅,大惧。妓妾夜闻乌啼声,扣斋阁云:‘明日应有赦。’其年更为南兖州刺史,作此歌。……今所传歌似非义庆本旨。”按,此调在唐代有琴曲与舞曲之分,琴曲多称《乌夜啼引》,舞曲在盛唐时颇流行,《全唐诗》卷二一内所收李白、杨巨源、顾况、李群玉、聂夷中、白居易、王建、张祜等所作《乌夜啼》,均为其舞曲倚歌。❷唐代琴曲名。元稹《听庾及之弹〈乌夜啼引〉》:"君弹《乌夜啼》,我传乐府解古题。良人在狱妻在闺,官家欲赦乌报妻。"见"烏夜啼引"。❸乌鸟夜间啼鸣。贺兰进明《行路难五首》之三:"独宿自然堪下泪,况复时闻乌夜啼。"李商隐《留赠畏之》之二:"五更又欲向何处,骑马出门乌夜啼。"

【烏夜啼引】 亦作"烏夜啼""烏啼引"。乐府琴曲歌辞名。《乐府诗集·琴曲歌辞四·乌夜啼引》:"李勉《琴说》曰:'《乌夜啼》者,何晏之女所造也。初,晏系狱,有二乌止于舍上。女曰:"乌有喜声,父必免。"遂撰此操。'按清商西曲亦有《乌夜啼》,宋临川王所作,与此义同而事异。"《全唐诗》卷二三"琴曲歌辞"收有张籍《乌夜啼引》。又元稹《听庾及之弹〈乌夜啼引〉》:"君弹《乌夜啼》,我传乐府解古题。良人在狱妻在闺,官家欲赦乌报妻。乌前再拜泪如雨,乌作哀声妻暗语。后人写出《乌啼引》,吴调哀弦声楚楚。"词皆与本事合。

【烏府】 《汉书·朱博传》:"是时御史府吏舍百余区井水皆竭;又其府中列柏树,常有野乌数千栖宿其上,晨去暮来,号曰'朝夕乌'。"后因称御史府为"烏府"。刘长卿《奉饯元侍郎加豫章采访兼赐章服》:"任重兼乌府,时平偃豹韬。"刘商《送林衮侍御东阳秩满赴上都》:"几年乌府内,何处逐凫归。"姚合《洛下夜会寄贾岛》:"乌府偶为吏,沧江长在心。"罗隐《寄易定公乘亿侍郎》:"班秩通乌府,樽罍奉碧幢。"

【烏府客】 指在御史府任职的官吏。皎然《奉酬李员外使君嘉祐苏台屏营居春首有怀》:"诗思先邀乌府客,山情还访白楼人。"

【烏毒】 指以乌头浸染的箭毒。乌头,即堇草,其根茎有毒。白居易《禽虫十二章》之一〇:"豆苗鹿嚼解乌毒,艾叶雀衔夺燕巢。"自注:"尝猎者说云:鹿若中箭,发即嚼豆叶食之,多消。解箭毒多用乌头,故云乌毒。"

【烏柏】 《汉书·朱博传》:"(御史府)列柏树,常有野乌数千栖宿其上,晨去暮来。"后以"乌柏"借指御史府。刘禹锡《浙西李大夫述梦四十韵酬和斐然继声》:"建节辞乌柏,宣风看鹭涛。"详见"烏府"。

【烏鬼】 鸬鹚的别名。宋沈括《梦溪笔谈·艺文三》引刘克博曰:"克乃按,《夔州图经》称峡中人谓鸬鹚为乌鬼。蜀人临水居者,皆养鸬鹚,绳系其颈,使之捕鱼。"杜甫《戏作俳谐体遣闷二首》之一:"家家养乌鬼,顿顿食黄鱼。"一说,猪的别名。或特指祭鬼神用的猪。宋胡仔《苕溪渔隐丛话前集·杜陵七》:"《漫叟诗话》云……'予崇宁间往兴国军,太守杨鼎臣字汉杰,一日约饭乡味,作蒸猪头肉,因谓予曰:川人嗜此肉,家家养猪,杜诗所谓"家家养乌鬼"是也。每呼猪则乌鬼声,故号猪为乌鬼。'"宋马永卿《懒真子》卷四:"仆亲见一峡中人士夏侯节立夫言:'乌鬼,猪也。峡中人家多事鬼,家养一猪,非祭鬼不用。故于猪群中特呼乌鬼以别之。'此言良是。"

【烏飛】 ❶谓光阴流逝。乌,指太阳。太宗《赋得白日半西山》:"红轮不暂驻,乌飞岂复停。"司空图《杂言》:"乌飞飞,兔蹶蹶,朝来暮去驱时节。"韦庄《秋日早行》:"行人自是心如火,兔走乌飞不觉长。"按,兔,指月亮。又《寓言》:"兔走乌飞如未息,路尘终见泰山平。"❷乌鸟飞起;乌鸟飞翔。刘禹锡《淮阴行五首》之一:"好日起樯竿,乌飞惊五两。"

【烏桓】 古代北方少数民族名。原为东胡族的一支,西汉初被匈奴击败,迁移到乌桓山,因以为名。亦指其居住地。殷尧藩《送景玄上人还山》:"地横龙朔连沙暝,山入乌桓碧树重。"

【烏哺親】 相传乌雏长大后衔食喂养其母。《初学记》卷三十引《春秋运斗枢》:"飞翔羽翮为阳,阳气仁,故乌反哺也。"晋成公绥《乌赋》:"嗟乌之克孝兮,心识养而知慕。同《蓼莪》之报德兮,怀《凯风》之至素。雏其壮而能飞兮,乃衔食而反哺。"后用为孝亲之典。陈元光《恩义操·其二》:"岭海物产知慈仁,寒獭祭鱼乌哺亲。"

【烏孫】 ❶汉代西域国名。其地在今新疆伊犁谷。见《汉书·西域传下·乌孙国》。后借指边地部族。李颀《崔五六图屏风各赋一物得乌孙佩刀》:"乌孙腰间佩两刀,刃可吹毛锦为带。"耿沣《送杨将军》:"一身良将后,万里讨乌孙。"张籍《塞下曲》:"乌孙国乱多降胡,诏使名王持汉节。"许浑《征西旧卒》:"少年乘勇气,百战过乌孙。"❷指汉武帝遣江都王刘建女细君为公主出嫁乌孙王事。借喻唐代的和亲睦邻政策。崔日用《奉和送金城公主适西蕃》:"俗化乌孙垒,春生积石河。"沈佺期《送金城公主适西蕃应制》:"那堪将凤女,还以嫁乌孙。"孙叔向《送咸安公主》:"卤簿迟迟出国门,汉家公主嫁乌孙。"鲍溶《述德上太原严尚书绶》:"可惜汉公主,哀哀嫁乌孙。"见"烏孫公主"。

【烏孫公主】 汉武帝即位,乌孙遣使献马,愿得尚汉公主。元封中,武帝遣江都王刘建女细君为公主,出嫁乌孙王,世称乌孙公主。见《汉书·西域传下·乌孙国》。后借指为实行和亲睦邻政策而远嫁边地部族首领的公主。白居易《河阳石尚书破回鹘迎贵主过上党以诗美之》:"乌孙公主归秦地,白马将军入潞州。"

【烏紗】 ❶即乌纱帽。韩翃《寄斐郓州》:"乌纱灵寿对秋风，怅望浮云济水东。”元稹《奉和严司空重阳日登龙山落帽台佳宴》：“贵重近臣光绮席，笑怜从事落乌纱。”刘威《旅怀》：“无名无位却无事，醉落乌纱卧夕阳。”唐彦谦《高平九日》：“乌纱频岸西风里，笑插黄花满鬓秋。”❷指戴乌纱帽的人。贾岛《原东居喜唐温琪频至》：“地近劳频访，乌纱出送迎。”

【烏紗巾】 即乌纱帽。李白《玩月金陵城西孙楚酒楼达曙歌吹日晚乘醉访崔四侍御》：“草裹乌纱巾，倒被紫绮裘。”司空图《修史亭三首》之三：“乌纱巾上是青天，检束酬知四十年。”

【烏紗帽】 帽名。创制于南朝宋明帝元嘉初年，始为官宦所戴，唐时官吏庶民贵贱同用。五代马缟《中华古今注·乌纱帽》：“武德九年十一月，太宗诏曰：‘自今已后，天子服乌纱帽，百官士庶皆同服之。’”李颀《答高三十五留别便呈于十一》：“故园壁挂乌纱帽，官舍尘生白接䍦。”李白《答友人赠乌纱帽》：“领得乌纱帽，全胜白接䍦。”白居易《初冬早起寄梦得》：“起戴乌纱帽，行披白布裘。”又《感旧纱帽》：“昔君乌纱帽，赠我白头翁。”

【烏貪】 汉代西域乌贪訾离国的省称。卢照邻《战城南》：“将军出紫塞，冒顿在乌贪。”

【烏鳥】 ❶乌鸦之属。李郢《寒食野望》：“乌鸟乱啼人未还，野风吹散白棠梨。”无名氏《战城南》：“乌鸟衔人肉，食闷飞不起。”❷相传乌雏长大后能反哺其母。后因借喻孝亲之人。孟浩然《送王五昆季省觐》：“斜日催乌鸟，清江照彩衣。”

【烏麻】 即黑芝麻。杜甫《寄彭州高三十五使君适虢州岑二十七长史参三十韵》：“乌麻蒸续晒，丹橘露应尝。”

【烏棲曲】 乐府清商曲辞《西曲歌》名。李白、李端、王建、张籍等都有《乌栖曲》词。刘方平有《栖乌曲》二首。

【烏椑】 柿树的一种。其实青黑色。贯休《秋夜吟》：“饥童舂赤黍，繁露洒乌椑。”

【烏啼】 ❶乌鸟啼叫。杜甫《发秦州》：“日色隐孤戍，乌啼满城头。”卢纶《送朝邑张明府》：“不知琴月夜，谁得听乌啼。”刘禹锡《踏歌词四首》之三：“月落乌啼云雨散，游童陌上拾花钿。”韦庄《赠峨嵋山弹琴李处士》：“子期子野俱不见，乌啼鬼哭空伤悲。”❷指琴曲《乌夜啼引》。元稹《听庾及之弹乌夜啼引》：“感君此曲有深意，昨日乌啼桐叶坠。”见“烏夜啼引”。

【烏啼引】 见“烏夜啼引”。

【烏帽】 黑帽。古代贵者所戴。隋唐以后多为平民、隐者之帽。高适《重阳》：“岂有白衣来剥啄，一从乌帽自攲斜。”韩翃《送李明府赴滑州》：“乌帽背斜晖，青骊踏春草。”许浑《送萧处士归缑岭别业》：“醉斜乌帽发如丝，曾看仙人一局棋。”李商隐《自桂林奉使江陵途中感怀寄献尚书》：“白衣居士访，乌帽逸人寻。”

【烏犍】 阉过的公牛。亦泛指公牛。唐彦谦《越城待旦》：“清溪白石村村有，五尺乌犍托此生。”

【烏程酒】 古代名酒名，因产地而得名。其地有二说。一谓在湖州乌程县（今浙江湖州市）。《太平寰宇记·江南东道二·湖州》：“《郡国志》云：古乌程氏居此，能醖酒，故以名县。”一谓在豫章康乐县（今江西省万载县）乌程乡。《文选·张协〈七命〉》：“乃有荆南乌程。”李善注：“盛弘之《荆州记》曰：渌水出豫章康乐县。其间乌程乡，有酒官取水为酒，酒极甘美。”羊士谔《忆江南旧游二首》之二：“金罍几醉乌程酒，鹤舫闲吟把蟹螯。”李贺《拂舞歌辞》：“尊有乌程酒，劝君千万寿。”罗隐《乌程》：“一瓶犹是乌程酒，须对霜风度泫然。”张文规《寄刘环中秀才》：“待醉乌程酒，思斟平望羹。”

【烏程縣】 唐县名，治所即今浙江湖州市。李冶《寄校书七兄》：“无事乌程县，蹉跎岁月余。”秦系有《赠乌程杨苹明府》。

【烏飯】 即乌米饭。以南烛草液汁浸泡约后的米煮成之饭。因其色青碧，故称。见宋林洪《山家清供》卷上。或以杨桐叶、乌桕树等叶液汁煮饭，又称“青精饭”。陆龟蒙《四月十五日道室书事寄袭美》：“乌饭新炊芼臛香，道家斋日以为常。”

【烏焰】 太阳。罗邺《冬日旅怀》：“乌焰才沉桂魄生，霜阶拥褐暂吟行。”见“烏蟾”。

【烏犀】 黑犀牛。亦指黑犀牛的角制成的饰物。和凝《小重山》词之二：“乌犀白纻最相宜，精神出，御陌袖鞭垂。”

【烏絲絹】 指上下以黑丝织成栏、其间用朱墨界行的绢素。畅当《题沈八斋》：“绿绮琴弹白雪引，乌丝绢勒黄庭经。”

【烏裘】 《战国策·秦策一》：“（苏秦）说秦王书十上而说不行，黑貂之裘敝，黄金百斤尽，资用乏绝，去秦而归。”后以之为咏失意落魄之典。骆宾王《春日离长安客中言怀》：“玄草终疲汉，乌裘几滞秦。”陈子昂《酬李参军崇嗣旅馆见赠》：“白璧疑冤楚，乌裘似入秦。”李白《赠从兄襄阳少府皓》：“一朝乌裘敝，百镒黄金空。”卢纶《客舍喜崔补阙司空拾遗访宿》：“乌裘先醉客，清镜早朝人。”

【烏號】 （—háo）❶良弓名。《淮南子·原道训》：“射者扜乌号之弓，弯棋卫之箭。”高诱注：“乌号，桑柘，其材坚劲，乌峙其上，及其将飞，枝必桡下，劲能复巢，乌随之，乌不敢飞，号呼其上。伐其枝以为弓，因曰乌号之弓也。”骆宾王《从军中行路难二首》之二：

“百发乌号遥碎柳,七尺龙文迥照莲。”❷《史记·封禅书》:“黄帝采首山铜,铸鼎于荆山下。鼎既成,有龙垂胡须下迎黄帝。黄帝上骑,群臣后宫从上者七十余人,龙乃上去。余小臣不得上,乃悉持龙须,龙须拔,堕,堕黄帝之弓。百姓仰望黄帝既上天,乃抱其弓与胡须号,故后世因名其处曰鼎湖,其弓曰乌号。”后因用为哀悼死者之典实。陈元光《太母魏氏半径题石》:“乌号非岭海,鹤仰向京师。”李峤《弓》:“徒切乌号思,攀龙遂不成。”武元衡《顺宗至德大圣皇帝挽歌词三首》之二:“乌号龙驭远,遏密风声哀。”

【烏照】 指阳光。后主李煜《句》之一一:“乌照始潜辉,龙烛便争秉。”见“烏蟾”。

【烏署】 御史台的别称。李峤《和杜侍御太清台宿直旦有怀》:“貂冠朝彩振,乌署晓光分。”见“烏府”。

【烏臺】 指御史台。杜甫《夏日杨长宁宅送崔侍御常正字入京》:“乌台俯麟阁,长夏白头吟。”姚合《和门下李相饯西蜀相公》:“乌台情已洽,凤阁分弥浓。”许浑《送处士武君归章洪山居》:“却望乌台春树老,独归蜗舍暮云深。”卢溵《和李尚书命妓饯崔侍御》:“乌台上客紫髯公,共捧天书静境中。”见“烏府”。

【烏臺客】 指在御史台任职的官吏。岑参《西亭送蒋侍御还京》:“为报乌台客,须怜白发催。”羊士谔《和窦吏部雪中寓直》:“谁问乌台客,家山忆桂丛。”

【烏榜】 (—bàng)用黑油涂饰的船。榜,船桨。韩翃《送冷朝阳还上元》:“落日澄江乌榜外,秋风疏柳白门前。”

【烏鳶】 乌鸦和老鹰。李白《战城南》:“乌鸢啄人肠,衔飞上挂枯树枝。”孟云卿《行路难》:“海中之水慎勿枯,乌鸢啄蚌伤明珠。”张籍《北邙行》:“寒食家家送纸钱,乌鸢作窠衔上树。”韦庄《喻东军》:“几时鸾凤归丹阙,到处乌鸢从白旗。”

【烏銀】 用硫磺熏炙和特殊方法熔铸的黑色的银。孟郊《答友人赠炭》:“青山白屋有仁人,赠炭价重双乌银。”

【烏膏】 古代妇女涂唇的化妆品。因其色乌黑,故名。白居易《新乐府·时世妆》:“乌膏注唇唇似泥,双眉画作八字低。”

【烏滸】 古代南方一支少数民族名。《后汉书·南蛮传·乌浒》:“今乌浒人也。”李贤注引万震《南州异物志》:“(乌浒)在广州之南,交州之北。”亦指其居住地区。刘言史《广州王园寺伏日即事寄北中亲友》:“旅恨生乌浒,乡心系洛桥。”

【烏輪】 太阳。李沇《醮词》:“乌轮不再中,黄沙瘗腥鬼。”见“烏足”“日輪”。

【烏盤】 唐人拜乌时内置食品的供盘。元稹《听庾及之弹乌夜啼引》:“君来到舍是乌力,妆点乌盘邀女巫。”见“拜烏”。

【烏頭】 指满头黑发。元稹《贻蜀五首·韦兵曹臧文》:“鹏翼已翻君好去,乌头未变我何如。”白居易《江州赴忠州至江陵已来舟中示舍弟五十韵》:“乌头因感白,鱼尾为劳赪。”

【烏頭白】 乌鸟头白。《燕丹子》卷上:“燕太子丹质于秦,秦王遇之无礼,不得意,欲求归。秦王不听,谬言曰令乌白头、马生角,乃可许耳。丹仰天叹,乌即白头,马生角。秦王不得已而遣之。”后以“乌头白”比喻不可能实现的事情。白居易《答元郎中杨员外喜乌见寄》:“我归应待乌头白,惭愧元郎误欢喜。”李商隐《人欲》:“秦中已久乌头白,却是君王未备知。”

【烏龍】 ❶犬名。晋陶潜《搜神后记》卷九载:会稽句章民张然,滞役在都,经年不得归。家有少妇,与奴私通。然在都养一狗,甚快,名曰“乌龙”,常以自随。后假归,妇与奴遂谋杀然。妇作饭食,共坐下食,奴握刀当户。然知之,乃以盘中肉与饭掷狗,曰:“养汝数年,吾当将死,汝能救我否?”狗应声扑向奴,奴失刀仗倒地,然因取刀杀奴。后因以“乌龙”泛指犬。元稹《梦游春七十韵》:“乌龙不作声,碧玉曾相慕。”李商隐《题二首后重有戏赠任秀才》:“适知小阁还斜照,羡杀乌龙卧锦茵。”薛逢《元日田家》:“蛮榼出门儿妇去,乌龙迎路女郎来。”韩偓《夏日》:“相风不动乌龙睡,时有娇莺自唤名。”❷即乌龙山。陆龟蒙《引泉诗》:“新定山角角,乌龙独巉然。”贯休《寄宋使君》:“寺倚乌龙腹,窗中见碧棱。”又《寄新定桂雍》:“独自住乌龙,应怜是衲僧。”

【烏龍山】 山名。在今浙江建德县境。方干有《题睦州乌龙山禅居》。

【烏龍嶺】 即乌龙山。许浑《送段觉归东阳兼寄窦使君》:“台倚乌龙岭,楼侵白雁潭。”

【烏嶺】 山名。在今山西浮山、安泽二县之间。会昌三年(843),石雄代李彦佐曾踰乌岭,大败叛臣刘稹之军。李德裕《离平泉马上作》:“黑山永破和亲虏,乌岭全阬跋扈臣。”

【烏龜】 ❶一种爬行动物。有硬甲,头、尾、四肢能缩入壳内。生活在江湖沼泽中。元稹《野节鞭》:“乌龟旋眼斑,不染江头泪。”❷借指其形如龟的玄武星宿。韩愈《月蚀诗效玉川子作》:“乌龟怯奸,怕寒缩颈,以壳自遮。”

【烏氈】 黑色的地毯。白居易《喜老自嘲》:“裘轻被白氎,靴暖蹋乌毡。”

【烏藥】 一种常绿灌木。木似茶櫝,高四至五米,叶微圆而尖,根香,可入药,有健胃作用。施肩吾《送人南游》:“闽县绿娥能引客,泉州乌药好防身。”

【烏壘】 汉代西域诸国之一。其地在今新疆轮台以东的小野云沟附近。唐代于此置乌垒州。李约《从军行三首》之一:“乌垒天西戍,鹰姿塞上川。”皮日休《鲁望昨以五百言见贻过有褒美内揣庸陋弥增愧悚因成一千言》:“乌垒虏亦写,鸡林夷争传。”

【烏雞】 即乌骨鸡。杜甫《催宗文树鸡栅》:“愈风传乌鸡,秋卵方漫吃。”

【烏鵲】 ❶乌鸦和喜鹊。亦偏指喜鹊。杜甫《画鹘行》:“乌鹊满樛枝,轩然恐其出。”窦巩《秋夕》:“护霜云映月朦胧,乌鹊争飞井上桐。”李商隐《赴职梓潼留别畏之员外同年》:“乌鹊失栖长不定,鸳鸯何事自相将。”丁儒《冬日到泉郡次九龙江与诸公唱和诗》:“日出喧乌鹊,沙晴落雁鸿。”❷指喜鹊。古代传说喜鹊报喜;或曰喜鹊噪而行人至。杜甫《喜观即到复题短篇二首》之二:“待尔嗔乌鹊,抛书示鹡鸰。”又《偶题》:“音书恨乌鹊,号怒怪熊罴。”又《西山三首》之三:“今朝乌鹊喜,欲报凯歌归。”李渤《喜弟淑再至为长歌》:“昨日亭前乌鹊喜,果得今朝尔来此。”❸指神话传说中七夕时为牛郎织女搭桥的喜鹊。李邕《奉和初春幸太平公主南庄应制》:“织女桥边乌鹊起,仙人楼上凤皇飞。”张光朝《天门街西观荣王聘妃》:“桥成乌鹊助,盖转凤皇飞。”李商隐《辛未七夕》:“岂能无意酬乌鹊,惟与蜘蛛乞巧丝。”唐彦谦《七夕》:“天外凤皇何寂寞,世间乌鹊漫辛勤。”❹指绕树三匝之乌鹊。借以寄托羁旅漂泊之感。典出三国曹操《短歌行》:“月明星稀,乌鹊南飞。”刘长卿《小鸟篇上裴尹》:“绕树空随乌鹊惊,巢林只有鷦鷯分。”刘沧《八月十五日夜玩月》:“中秋朗月静天河,乌鹊南飞客恨多。”李华《海上生明月》:“素娥尝药去,乌鹊绕枝惊。”

【烏鵲橋】 ❶即鹊桥。《白孔六帖·鹊部》引《淮南子》曰:“乌鹊填河成桥,渡织女。”刘威《七夕》:“乌鹊桥成上界通,千秋灵会此宵同。”李郢《七夕》:“乌鹊桥头双扇开,年年一度过河来。”❷喻指男女相会相别之处。宋之问《明河篇》:“鸳鸯机上疏萤度,乌鹊桥边一雁飞。”刘商《送女子》:“青娥宛宛聚为裳,乌鹊桥成别恨长。”❸比喻公主山庄之桥。苏颋《奉和初春幸太平公主南庄应制》:“凤皇楼下交天仗,乌鹊桥头敞御筵。”❹唐时苏州南门桥名。白居易《送苏州李使君赴郡二绝句》之二:“馆娃宫深春日长,乌鹊桥高秋夜凉。”自注:“乌鹊桥在苏州南门。”

【烏蟾】 ❶指神话传说中日中的三足乌和月中的蟾蜍。《淮南子·精神训》:“日中有踆乌,而月中有蟾蜍。”韩愈《若寒》:“日月虽云尊,不能活乌蟾。”❷借指日月。陆龟蒙《奉酬袭美苦雨四声重寄三十二句·平去声》:“乌蟾俱沉光,昼夜恨暗度。”

【烏羅帽】 即乌帽。白居易《同诸客嘲雪中马上妓》:“银篦稳篸乌罗帽,花襜宜乘叱拨驹。”详见“乌帽”。

【烏鶡】 鸟名。形似鸬鹚,善高飞。吴融《和韩致光侍郎无题三首十四韵》之三:“鷫鹴偏报晓,乌鶡惯惊晨。”

【烏蘭】 县名。天授二年(691)置,治所在今甘肃靖远县西北。县西南有乌兰关。李益《五城道中》:“仍闻旧兵老,尚在乌兰戍。”

【烏蠻】 古代西南少数民族名。《新唐书·南蛮传上·南诏上》:“(南诏)本哀牢夷之后,乌蛮别种也。”李绅《早渡扬子江》:“焚却戍船无战伐,使知风教被乌蛮。”徐凝《蛮入西川后》:“纷纷塞外乌蛮贼,驱尽江头濯锦娘。”亦指乌蛮居住地。杜甫《秋日夔府咏怀奉寄郑监李宾客一百韵》:“绝塞乌蛮北,孤城白帝边。”又《渝州候严六侍御不到先下峡》:“山带乌蛮阔,江连白帝深。”

烝 〔zhēng《广韵》煮仍切,平蒸,章。又諸應切,去證,章。〕❶古代冬祭名。《礼记·王制》:“天子诸侯宗庙之祭,春曰礿,夏曰禘,秋曰尝,冬曰烝。”后亦泛称祭祀。见“烝礿”“烝嘗”。❷加热以蒸气蒸煮。韩愈《送侯参谋赴河中幕》:“陆浑桃花间,有汤沸如烝。”张籍《祭退之》:“踏沙掇水蔬,树下烝新粳。”曹唐《小游仙诗九十八首》之二八:“洗花烝叶滤清酒,待与夫人邀五翁。”❸热气上升,蒸腾。韩愈《永贞行》:“蛮俗生梗瘴疠烝,江氛岭祲昏若凝。”又《和崔舍人咏月二十韵》:“未高烝远气,半上霁孤形。”薛能《影灯夜二首》之二:“十万军城百万灯,酥油香暖夜如烝。”❹指百姓、人民。韩愈《送侯参谋赴河中幕》:“曷不请扫除,活彼黎与烝。”❺美。赞颂之辞。《明皇祀圜丘乐章·豫和》:“至矣丕构,烝哉太平。”

【烝人】 亦作“蒸人”。❶百姓;民众。魏征《五郊乐章·青帝角音》:“锡以无疆,蒸人乃粒。”张九龄《奉和圣制喜雨》:“于斯烝人,瞻彼非觊。”❷即《烝民》。《诗经》篇名,因避唐太宗李世民讳改。柳宗元《奉平淮夷雅表》序:“然征于《诗》‘大小雅’,其选徒出狩,则《车攻》《吉日》。命官分工,则《嵩高》《韩奕》《烝人》。”

【烝民】 百姓;民众。皎然《同薛员外谊喜雨诗兼上杨使君》:“积旱忽飞澍,烝民心亦倾。”李频《之任建安渌溪亭偶作二首》之二:“所幸分尧理,烝民悉可封。”

【烝礿】 烝,冬祭名;礿,春祭名。后泛称祭祀。韩愈《晚秋郾城夜会联句》:“终朝考蓍龟,何日亲烝礿。”

【烝烝】 美盛貌。魏征《享太庙乐章·永和》:“肃肃清祀,烝烝孝思。”张说《唐封泰山乐章·寿和》:“烝烝我后,享献惟寅。”

【烝庶】　百姓；众民。贯休《蜀王登福感寺塔三首》之三："喜欢烝庶皆相逐，惆怅銮舆尚未回。"

【烝黎】　黎民百姓。杜甫《石龛》："奈何渔阳骑，飒飒惊烝黎。"姚合《庄居野行》："上天不雨粟，何由活烝黎。"李频《之任建安渌溪亭偶作二首》之一："想取烝黎泰，无过赋敛均。"陆龟蒙《奉酬袭美苦雨见寄》："伊予不战不耕人，敢怨烝黎无糁粒。"

【烝瘴】　蒸腾的瘴气。元稹《虫豸诗》序："通之地，丛秽卑褊，烝瘴阴郁。"

七　画

焉〔yān《广韵》於乾切，平仙，影。又有乾切，平仙，雲。又謁言切，平雲，影。〕❶代词。相当于"之"。常用在动词之后，代人、代事、代物。张说《登九里台是樊姬墓》："楚国所以霸，樊姬有力焉。"孟浩然《冬至后过吴张二子檀溪别业》："余亦幽栖者，经过窃慕焉。"元结《二风诗·治风诗五篇·至劳》之一："谁能颂之，我请颂焉。"刘禹锡《送张盥赴举诗》引："古人以偕受学为同门友，今人以偕升名为同年友，其语熟见，缙绅者皆道焉。"❷代词。与"于"组合，指代地点或代物、代事。李白《北山独酌寄韦六》："于焉摘朱果，兼得养玄牝。"元稹《古决绝词》之二："有美一人，于焉旷绝。"陆瀍《和张相公太原山亭怀古诗》："于焉悟幽道，境寂心自怡。"唐彦谦《兰二首》之二："于焉忽相见，岁晏将如何。"❸疑问代词。相当于"哪里""怎么"。张九龄《酬周判官巡至始兴会改秘书少监见贻之作兼呈耿广州》："善谋虽若兹，至理焉可替。"李白《春陪商州裴使君游石娥溪》："明发首东路，此欢焉可忘。"刘太真《顾十二况左迁过韦苏州房杭州韦睦州三使君皆有郡中燕集诗顾生既至留连笑语因亦成篇以继三君子之风焉》："夙兴谅无补，旬暇焉敢休。"戴叔伦《孤鸿篇》："焉随腐鼠欲，负此云霄期。"❹兼词。犹"在哪里""在这里"。张九龄《奉和圣制谒玄元皇帝庙斋》："紫气尚蓊郁，玄元如在焉。"萧颖士《江有枫一篇十章》之五："有莼有鱼，君子居焉。"皇甫冉《赋长道一绝送陆邃潜夫》序："顷者江淮征镇，屡有抡材之举，子不列焉，有司之过。"❺助词。用于句末，表示肯定，可译为"啦""啊"。杜审言《和李大夫嗣真奉使存抚河东》："澄清得使者，作颂有人焉。"王维《哭祖六自虚》："为善吾无矣，知音子绝焉。"顾况《归阳萧寺有丁行者能修无生忍担水施僧况归命稽首作诗》："列生御风归，饲豕如人焉。"张祜《戊午年感事书怀二百韵谨寄献李尚书》："建业人无也，姑苏事已焉。"❻助词。用于副词或形容词尾。有时可译为"啊"。杜甫《奉送王信州崟北归》："高义终焉在，斯文去矣休。"元结《石鱼湖上作》："醉中一盥漱，快意无比焉。"白居易、刘禹锡《秋霖即事联句三十韵》："律候今秋矣，欢娱久旷焉。"王周《赠怤师》："坚然物莫迁，寂焉心为师。"❼语气助词。用于句中，表示停顿。太宗《于北平作》："兹焉可游赏，何必襄城外。"杜甫《寄赞上人》："茅屋买兼土，斯焉心所求。"萧颖士《蒙山作》："此焉多深邃，贤达昔所止。"韦应物《送郗詹事》："洛川当盛宴，斯焉为达生。"

【焉用】　❶何须；何必。杜甫《垂老别》："于孙阵亡尽，焉用身独完。"刘昚虚《越中问海客》："浮海焉用说，忆乡难久违。"白居易《闲居偶吟招郑庶子皇甫郎中》："焉用车马客，即此是吾徒。"薛能《赠歌者》："汉浦蔑闻虚解佩，临邛焉用枉当垆。"❷有什么用途。刘禹锡《送曹璩归越中旧隐诗》引："若子之言，依山而为高，是练神叩寂，捐日月而不顾，名闻而老至，持是焉用。"

【焉如】　❶如何；怎么办。张九龄《武司功初有幽庭春暄见贻夏首获见以诗报焉》："暄妍不相待，含叹欲焉如。"韦应物《至西峰兰若受田妇馈》："今我何为答，鳏寡欲焉如。"❷何所往。刘禹锡《令狐仆射与余投分予已承讣书寝门长恸》："文章虽不朽，精魄竟焉如。"徐铉《奉酬度支陈员外》："俯视长沙赋，凄凄将焉如。"❸谁能相比。来鹄《圣政纪颂》："至德何比，至教焉如。"

【焉知】　哪里知道。蔡希寂《洛阳客舍逢祖咏留宴》："逢君贳酒因成醉，醉后焉知世上情。"孟浩然《和张丞相春朝对雪》："不观丰年瑞，焉知燮理才。"白居易《旱热二首》之二："持此聊过日，焉知畏景长。"褚载《长城》："焉知万里连云色，不及尧阶三尺高。"

【焉耆】　地名。故址在今新疆焉耆回族自治县西南四十里。贞观十八年(644)于此置焉耆都督府，为安西四镇之一，属安西节度使辖领。岑参有《早发焉耆怀终南别业》。

【焉能】　哪能。岑参《巩北秋兴寄崔明允》："所适在鱼鸟，焉能徇锥刀。"寒山《诗三百三首》之一〇二："焉能同泛滟，极目波上凫。"韩愈《东都遇春》："既去焉能追，有来犹莫骋。"梁震《荆台道院》："桑田一变赋归来，爵禄焉能浼我哉。"

【焉得】　❶哪能；哪会。戴叔伦《同辛兖州巢父卢副端岳相思兼呈辛魏二院长杨长宁》："焉得夜淹留，一回终宴喜。"权德舆《书绅诗》："苟非不逾矩，焉得遂性情。"李贺《感讽五首》之一："不因使君怒，焉得诣尔庐。"邵谒《放歌行》："屈原若不贤，焉得沉湘水。"❷如何能够。李白《古风》之二七："焉得偶君子，共乘双飞鸾。"杜甫《江上值水如海势聊短述》："焉得思如陶谢手，令渠述作与同游。"又《悲青坂》："焉得附书与我军，忍待明年莫仓卒。”❸哪能得到；哪能使得。杜甫《塞芦子》：“焉得一万人，疾驱塞芦子。”于濆《古征战》：“皇天自山谷，焉得人心平。”

【焉敢】　岂敢；哪敢。杨嗣复《题李处士山居》：“今日仲容修故业，草堂焉敢更移文。”刘驾《励志》：“仲尼亦为土，鲁人焉敢耕。”王周《赤壁》：“若使曹瞒忠汉室，周郎焉敢破王师。”

【焉爾】　于是；而已。萧颖士《江有归舟三章》序：“同是饯者，赋江有归舟，以宠夫嘉庆焉尔。”元结《补乐歌十首》序：“有纯古之声，岂几乎司乐君子，道和焉尔。”

烔　同“炯”。

焕　〔huàn《广韵》火貫切，去换，曉。〕❶光耀；光彩。褚遂良《奉和行经破薛举战地应诏》：“睿藻烟霞焕，天声宫羽调。”高适《酬秘书弟兼寄幕下诸公》：“侍御执邦宪，清词焕春丛。”权德舆《唐开州文编远寄新赋累惠良药咏叹仰佩不觉斐然走笔代书聊书还答》：“复有金玉音，焕如龙凤章。”陆龟蒙《奉和袭美太湖诗二十首·投龙潭》：“鳞光焕水容，目色烧山翠。”❷焕发光彩；放射光芒。郑辕《清明日赐百僚新火》：“瑞彩来双阙，神光焕四邻。”高适《酬裴员外以诗代书》：“自从拜郎官，列宿焕天街。”杜牧《华清宫三十韵》：“雷霆驰号令，星斗焕文章。”

【焕若】　光彩貌。卢鸿一《嵩山十志十首·云锦淙》序：“诡辉分丽，焕若云锦。”杜甫《木皮岭》：“西崖特秀发，焕若灵芝繁。”李德裕《寒食日三殿侍宴奉进诗一首》：“焕若游玄圃，欢如享太牢。”

【焕炳】　明亮。吴筠《游仙二十四首》之一九：“烛龙发神曜，阴野弥焕炳。”

【焕朗】　光耀，明亮。吴筠《游仙二十四首》之一八：“恬夷宇宙泰，焕朗天光彻。”

【焕焕】　光耀貌。韩愈《南山诗》：“参参削剑戟，焕焕衔莹琇。”

【焕景】　明丽的景色。褚遂良《安德山池宴集》：“伏枥丹霞外，遮园焕景舒。”

【焕然】　光彩貌。殷尧藩《赠惟俨师》：“焕然文采照青春，一策江湖自在身。”罗隐《滕王阁》：“焕然丽藻传千古，赫尔英名动两京。”

【焕赫】　光耀、光彩貌。韩愈《元和圣德诗》：“日君月妃，焕赫媄娓。”

【焕輝】　光辉，光彩。孟郊《访疾》：“古有焕辉句，嵇康闲婆娑。”

【焕爛】　光辉灿烂；文彩斑斓。张文琮《同潘屯田冬日早朝》：“纷纶文物纪，焕烂声明发。”司空曙《和李员外与舍人咏玫瑰花寄徐侍郎》：“蒙茏珠树合，焕烂锦屏张。”杨巨源《寄中书同年舍人》：“五色天书词焕烂，九华春殿语从容。”白居易《和微之诗二十三首·和酬郑侍御东阳春闷放怀追越游见寄》：“劲气森爽竹竿竦，妍文焕烂芙蓉披。”白居易、刘禹锡《喜晴联句》：“霞文晚焕烂，星影夕参差。”

烽　〔fēng《广韵》敷容切，平锺，敷。〕❶烽火。古代边防报警的烟火。褚亮《明堂乐章·舒和》：“偃武修文九围泰，沉烽静柝八荒宁。”杜甫《秦州杂诗二十首》之一八：“警急烽常报，传闻檄屡飞。”刘禹锡《重酬前寄》：“边烽寂寂尽收兵，宫树苍苍静掩扃。”裴说《乱中偷路入故乡》：“愁看贼火起诸烽，偷得余程怅望中。”❷指战火。太宗《执契静三边》：“书绝龙庭羽，烽休凤穴戍。”刘长卿《行营酬吕侍御时尚书问罪襄阳军次汉东境上侍御以州邻寇贼复有水火迫于征税诗以见谕》：“水归余断岸，烽至掩孤城。”贾岛《暮过山村》：“初月未终夕，边烽不过秦。”❸指烽火台。王昌龄《从军行七首》之七：“玉门山障几千重，山北山南总是烽。”李嘉祐《送崔夷甫员外和蕃》：“双节行为伴，孤烽到似家。”李益《上黄堆烽》：“心期紫阁山中月，身过黄堆烽上云。”张仲素《塞下曲五首》之五：“阴碛茫茫塞草肥，桔槔烽上暮云飞。”❹火；火焰。杜甫《诸将五首》之三：“洛阳宫殿化为烽，休道秦关百二重。”

【烽子】　戍守烽火台的士卒。戎昱《塞上曲》：“山头烽子声声叫，知是将军夜猎还。”

【烽火】　❶古代边防报警的烟火。陈子良《赞德上越国公杨素》：“匈奴轶燕蓟，烽火照幽并。”李白《战城南》：“秦家筑城避胡处，汉家还有烽火然。烽火然不息，征战无已时。”戴叔伦《行营送马侍御》：“万里羽书来未绝，五关烽火昼仍传。”王贞白《塞上曲》：“夕照低烽火，寒笳咽戍楼。”❷战火；战争。杜甫《春望》：“烽火连三月，家书抵万金。”李益《赴渭北宿石泉驿南望黄堆烽》：“边城已在虏城中，烽火南飞入汉宫。”司马扎《古边卒思归》：“中原半烽火，比屋皆点行。”贯休《杜侯行》：“顷者天厖乱下鲸翻海，烽火崩腾照行在。”

【烽火樓】　古代边防作为瞭望及烽燧报警的建筑。李涉《奉使京西》：“卢龙已复两河平，烽火楼边处处耕。”亦简作“烽楼”。

【烽戍】　❶烽燧；驻兵戍守之处。王维《陇西行》：“关山正飞雪，烽戍断无烟。”卢纶《太白西峰偶宿车祝二尊师石室晨登前巘凭眺书怀即事》：“积阻关河固，绵联烽戍稠。”刘商《胡笳十八拍·第十七拍》：“燕山仿佛辨烽戍，鼙鼓如闻汉家垒。”白居易《寄献北都留守裴令公》：“烽戍高临代，关河远控洮。”❷谓戍守边防。陈陶《贺容府韦中丞大府贤兄新除黔南经略》：

"烽戍悠悠限巴越，伫听歌咏两甘棠。"赵嘏《今岁往辽西》："烽戍年将老，红颜日向凋。"❸指烽火、战火。郎士元《送李将军赴定州》："鼓鼙悲绝漠，烽戍隔长河。"

【烽树】 报边警的驿舍。李益《军次阳城烽舍北流泉》："何地可潸然，阳城烽树边。"

【烽候】 ❶烽火台。虞世南《从军行二首》之："涂山烽候惊，弭节度龙城。"卢照邻《上之回》："回中道路险，萧关烽候多。"元稹《酬乐天东南行诗一百韵》："邮亭一萧索，烽候各崎岖。"❷烽火；战火。元稹《塞马》："夷狄寝烽候，关河无战声。"张蠙《送卢尚书赴灵武》："西北正传烽候急，灵州共喜信臣居。"周昙《咏史诗・三代门・幽王》："狼烟篝火为边尘，烽候那宜悦妇人。"

【烽砦】 烽火台和营垒。许棠《塞下二首》之二："塞深烽砦密，山乱犬羊多。"

【烽堠】 即烽候。袁傪《喜陆侍御破石埭草寇东峰亭赋诗》："几处闲烽堠，千方庆里闾。"李宣远《近无西耗》："烽堠惊秦塞，囚居困越吟。"

【烽煙】 ❶即烽火。烽火台报警的信号。郑锡《出塞曲》："沙平虏迹风吹尽，雾失烽烟道易迷。"薛涛《罚赴边有怀上韦令公二首》之二："黠虏犹违命，烽烟直北愁。"李频《送姚侍御充渭北掌书记》："北境烽烟急，南山战伐频。"❷指战火、战争。高骈《南征叙怀》："回期直待烽烟静，不遣征衣有泪痕。"杜荀鹤《赠崔道士》："四海兵戈无静处，人家废业望烽烟。"伊用昌《题游帷观真君殿后》："更无戎夷添礼乐，永教胡虏绝烽烟。"后主李衍《过白卫岭和韩昭》："前望陇山屯剑戟，后凭巫峡锁烽烟。"

【烽寨】 古代边防举火报警的营寨。贯休《古塞下曲七首》之六："榆叶飘萧尽，关防烽寨重。"

【烽楼】 即烽火楼。朱庆余《都门晚望》："日暮野人耕种罢，烽楼原上一条烟。"喻凫《题弘济寺不出院僧》："声寒通节院，城黑见烽楼。"薛能《和杨中丞早春即事》："戍客烽楼迥，文君酒幔斜。"

【烽頭】 指烽火台。刘禹锡《送李二十九兄员外赴邠宁使幕》："城外草黄秋有雪，烽火烟静虏无尘。"

【烽燧】 ❶古代边防报警的两种烟火信号。白天放烟叫"燧"，夜间举火叫"烽"。《后汉书・光武纪下》："修烽燧。"李贤注："昼则燔燧，夜乃举烽。"一说白天放烟叫"烽"，夜晚举火叫"燧"。《史记・司马相如列传》："烽举燧燔。"司马贞索隐："烽主昼，燧主夜。"杜甫《送从弟亚赴安西判官》："西极最疮痍，连山暗烽燧。"顾况《从军行二首》之一："单于近突围，烽燧屡夜惊。"韦庄《汴堤行》："欲上隋堤举步迟，隔云烽燧叫非时。"❷指战争、战火。杜甫《伤春五首》之五："春色生烽燧，幽人泣薜萝。"又《寓目》："羌女轻烽燧，胡儿制骆驼。"韦庄《江边吟》："江边烽燧几时休，江上行人雪满头。"❸指烽火台。陆龟蒙《江南秋怀寄华阳山人》："朔雪埋烽燧，寒笳裂旆旌。"

【烽壘】 古代边防用以举火报警的营垒。张说《送李侍郎迥秀薛长史季昶同赋得水字》："汉郡接胡庭，幽并对烽垒。"钱起《广德和銮驾出关后登高愁望二首》之一："黄云压城阙，斜照移烽垒。"

【烽櫓】 用作瞭望及举烽火的望楼。杜甫《入衡州》："旗亭壮邑屋，烽橹蟠城隍。"

【烽竈】 即生火做饭菜的灶。《邢君才旧宅三怪诗》(卷八六七)之一："昔日炎火徒自知，今无烽灶欲何为。"

烹 〔pēng《集韵》披庚切，平庚，滂。〕❶煮；烧。李白《南陵别儿童入京》："呼童烹鸡酌白酒，儿女嬉笑牵人衣。"戴叔伦《行路难》："白眼向人多意气，宰牛烹羊如折葵。"李敬方《题黄山汤院》："善烹寒食茗，能变早春园。"贯休《送吴融员外赴阙》："云寒犹惜雪，烧猛似烹山。"❷指古代的一种酷刑，用鼎镬将人煮死。李德裕《东郡怀古二首・阳给事》："就烹感汉使，握节悲阳秋。"李商隐《送千牛李将军赴阙五十韵》："马前烹莽卓，坛上揖韩彭。"❸指烹炙的肴馔或煮沸的茶等。贾岛《双鱼谣》："见令馋舌短，烹绕邻舍香。"齐己《谢灉湖茶》："碾声通一室，烹色带残阳。"❹指出任县宰。刘长卿《至德三年春正月书事寄上浙西节度李侍郎中丞行营五十韵》："家怜双鲤断，才愧小鳞烹。"张祜《戊午年寓兴二十韵》："讵闻高鸟尽，终俟小鲜烹。"见"烹小鲜"。❺指拆阅书信。权德舆《酬陆三十二参浙东见寄》："骢马别已久，鲤鱼来自烹。"

【烹小鮮】 《老子》第六十章："治大国，若烹小鲜。"河上公注："鲜，鱼。烹小鱼，不去肠，不去鳞，不敢挠，恐其糜也。治国烦，则下乱。"后比喻出任县令，以施展治国便民的政治才能。高适《过卢明府有赠》："何幸逢大道，愿言烹小鲜。"

【烹牛】 比喻承担大任。李白《赠清漳明府侄聿》："小邑且割鸡，大刀伫烹牛。"

【烹金】 冶炼金属。窦庠《于阗钟歌送灵彻上人归越》："海中有国倾神功，烹金化成九乳钟。"

【烹炙】 烹烧煎烤。白居易《首夏》："湓鱼贱如泥，烹炙无昏早。"

【烹茶】 煮茶。权德舆《伏蒙十六叔寄示喜庆感怀三十韵因献之》："种杏当暑热，烹茶含露新。"吕从庆《游多宝寺》："老衲烹茶出，先供座佛歆。"

【烹茗】 煮茶。皎然《答裴集阳伯明二贤以一章用酬两作》："清宵集我寺，烹茗开禅牖。"

【烹炮】 (—páo)烹烧炙烤。孟郊《寒地百姓吟》:"高堂搥钟饮,到晓闻烹炮。"

【烹蛇】 晋陶潜《搜神后记》卷十:"元嘉中,广州有三人,共入山中伐木。忽见有石窠中有二卵,大如升。取煮之,汤始热,便闻林中如风雨声。须臾,有一蛇,大十围,长四五丈,径来,于汤中衔卵去。三人无几皆死。"后遂用为典实,谓其事会招来祸殃。韦庄《和郑拾遗秋日感事一百韵》:"饲崔曾传庆,烹蛇讵有殃。"

【烹飪】 亦作"烹餁"。烧煮烹调食物菜肴。耿沣《甘泉诗》序:"既蠲诸邪,亦愈群瘵,岂止夫宜盥漱之用,增烹饪之味。"皮日休《奉和添酒中六咏·酒枪》:"象鼎格仍高,其中不烹饪。"

【烹煎】 烹烧炙烤。刘禹锡《有獭吟》:"呼儿贯鱼归,与獭同烹煎。"

【烹餁】 见"烹飪"。

【烹龍炮鳳】 喻烹调精美珍奇的肴馔。李贺《将进酒》:"烹龙炮凤玉脂泣,罗屏绣幕围香风。"

【烹鲜】 ❶同"烹小鲜"。李颀《赠别穆元林》:"彼乡有令弟,小邑试烹鲜。"刘长卿《送薛据宰涉县》:"宝剑诚可用,烹鲜是虚弃。"李昂《题雍丘崔明府丹灶》:"白石既烧应化鹤,黄金未熟且烹鲜。"杜牧《牧陪昭应卢郎中在江西宣州成二十二韵用以投寄》:"君作烹鲜用,谁膺仄席求。"❷烹鱼。李颀《夏宴张兵曹东堂》:"重林华屋堪避暑,况乃烹鲜会佳客。"白居易《洛阳有愚叟》:"野食或烹鲜,寓眠多拥褐。"

【烹鲤】 《乐府诗集·相和歌辞十三·饮马长城窟行》:"呼儿烹鲤鱼,中有尺素书。"后以"烹鲤"借指亲友的来信。杜甫《秋日夔府咏怀奉寄郑监李宾客一百韵》:"雕虫蒙记忆,烹鲤问沉绵。"

【烹酈其】 一作"烹酈食其"。郦其,即郦食其,汉高祖刘邦谋臣。《史记·郦生列传》:"淮阴侯闻郦生伏轼下齐七十余城,乃夜度兵平原袭齐。齐王田广闻汉兵至,以为郦生卖己,乃曰:'汝能止汉军,我活汝;不然,我将烹汝!'郦生曰:'举大事不细谨,盛德不辞让。而公不为若更言!'齐王遂烹郦生,引兵东走。"后遂用为典实。白居易《咏史》:"秦磨利刀斩李斯,齐烧沸鼎烹郦其。"胡曾《咏史诗·田横墓》:"也知不去朝黄屋,只为曾烹郦食其。"

【烹酈食其】 见"烹酈其"。

【烹鱠】 烹调鲙鱼。张籍《寄韩愈》:"共忻得鲂鲤,烹鲙于我前。"

焄 〔xūn《广韵》許雲切,平文,晚。〕同"薰"。香臭之气。见"焄蕙"。

【焄蕙】 同"焄蒿"。香臭之气上升貌。《礼记·祭义》:"众生必死,死必归土,此之谓鬼。骨肉毙于下,阴为野土。其气发扬于上,为昭明,焄蒿悽怆,此百物之精也,神之著也。"郑玄注:"焄谓香臭也,蒿谓气蒸出貌也。……蒿,或为'蕙'。"孔颖达疏:"言人生时形体与气合共为生,其死则形与气分。其气元精魂发扬升于上为昭明者,言此升上为神灵光明也。"后引申为死亡。柳宗元《游南亭夜还叙志七十韵》:"宁唯迫魑魅,所惧齐焄蕙。"自注:"蕙,音蒿。"

焌 〔jùn《广韵》子峻切,去稕,精。又子寸切,去慁,精。〕点火。《说文·火部》:"焌,然火也。"见"焌律"。

八 画

煮 〔zhǔ《广韵》章舆切,上語,章。〕❶用水烹煮。杜甫《秋日寄题郑监湖上亭三首》之三:"羹煮秋莼滑,杯迎露菊新。"马异《贞元旱岁》:"赤地炎都寸草无,百川水沸煮虫鱼。"白居易《新乐府·红线毯》:"红线毯,择茧缫丝清水煮。"黄滔《题道成上人院》:"簟舒湘竹滑,茗煮蜀芽香。"❷烧;煎;冶炼。顾况《露青竹杖歌》:"浮沤丁子珠联联,灰煮蜡楷光烂然。"张籍《灵都观李道士》:"泥灶煮灵液,扫坛朝玉真。"缪岛云《汤泉》:"阴阳相煮连珠浦,今古长煎泻镜流。"❸沸腾;沸水。王维《赠吴官》:"长安客舍热如煮,无个茗糜难御暑。"岑参《热海行送崔侍御还京》:"侧闻阴山胡儿语,西头热海水如煮。"

【煮井】 煮盐井之水提取盐。杜甫《秋日夔府咏怀奉寄郑监李宾客一百韵》:"煮井为盐速,烧畬度地偏。"

【煮石】 同"煮白石"。孟郊《忆南岳隐士》:"饭不煮石吃,眉应似发长。"

【煮仙藥】 炼丹药。韩愈侯喜《石鼎联句》:"岂能煮仙药,但未污羊羹。"

【煮白石】 晋葛洪《神仙传》卷一:"白石生者,中黄丈人弟子也。至彭祖之时,年已二千余岁矣,不肯修升仙之道,但取于不死而已,不失人间之乐……初患家贫身贱不能得药,乃养猪牧羊,十数年约衣节用,致货万金,乃买药服之。常煮白石为粮,因就白石山居,时人号曰'白石生'。"后成为咏仙道的典故。韦应物《寄全椒山中道士》:"涧底束荆薪,归来煮白石。"令狐楚《句》:"行常乘青竹,饥即煮白石。"贯休《古意九首》之九:"种薤煮白石,旨趣如婴儿。"吕岩《赠刘方处士》:"拟向烟霞煮白石,偶来城市见丹丘。"

【煮金】 指方术之士炼丹砂为黄金。卢纶《过终南柳处士》:"五老正相寻,围棋到煮金。"孟郊《送无怀道士游富春山水》:"煮金阴阳火,囚怪星宿坛。"姚合《寄陕州王司马》:"欲知居处堪长久,须向山中学煮金。"又《寄崔之仁山人》::"仙经拣客问,药债煮金还。”

【煮弩】　东汉末，东郡太守臧洪被袁绍围困于东武阳，死战不降。绍增兵急攻，城中粮尽，外无援救，洪令士府掘鼠，煮弓弩之上的筋弦以为食。见《后汉书·臧洪传》。吴融《赴阙次留献荆南成相公三十韵》：“解鞍欺李广，煮弩笑臧洪。”

【煮茶】　烹茶。可止《雪十二韵》：“煮茶融破练，磨墨染成鷖。”行因《偈》：“想见煮茶延客处，直缘生死不相关。”

【煮茗】　烹茶。韦应物《澄秀上座院》：“林下器未收，何人适煮茗。”喻凫《龙翔寺居喜胡权见访因宿》：“林栖无异欢，煮茗就花栏。”贾岛《过雍秀才居》：“就凉安坐石，煮茗汲邻泉。”孟贯《夏日登瀑顶寺因寄诸知己》：“杖藜青石路，煮茗白云樵。”

【煮泉】　煮泉水烹茶。皮日休《题惠山泉二首》之一：“丞相长思煮泉时，郡侯催发只忧迟。”

【煮海】　❶煮海水为盐。白居易《和微之春日投简阳明洞天五十韵》：“利饶盐煮海，名胜水澄湖。”贾岛《寄沧州李尚书》：“水县卖纱市，盐田煮海村。”❷形容功绩巨大。许浑《送岭南卢判官罢职归华阴山居》：“东堂旧屈移山志，南国新留煮海功。”许棠《讲德陈情上淮南李仆射八首》之三：“九郡竟歌兼煮海，四方皆得共和羹。”罗隐《春日独游禅智寺》：“思量只合腾腾醉，煮海平陈一梦中。”

【煮黄金】　同“煮金”。李洞《寓言》：“三千宫女露蛾眉，笑煮黄金日月迟。”

【煮鹤烧琴】　比喻毁坏美好的事物而大煞风景。韦鹏翼《戏题盱眙邵明府壁》：“自从煮鹤烧琴后，却背青山卧月明。”

【煮鹽】　煮干盐水，提取食盐。高适《涟上题樊氏水亭》：“煮盐沧海曲，种稻长淮边。”杜甫《盐井》：“官作既有程，煮盐烟在川。”

焚〔fén《广韵》符分切，平文，奉。〕❶烧；焚烧。李白《代赠远》：“焚之扬其灰，手迹自此灭。”王建《山中寄及第故人》：“尽弃所留药，亦焚旧草堂。”姚合《寄李干》：“见说与君同一格，数篇到火却休焚。”李中《游北山洞神宫》：“羡师向此朝星斗，一炷清香午夜焚。”❷炙；烤。见“焚枯”。❸形容人的内心痛苦如焚。鲍溶《途中旅思二首》之二：“斯言化为火，日夜焚深衷。”李商隐《行次西郊作一百韵》：“我听此言罢，冤愤如相焚。”

【焚介子】　指晋文公焚山，介子推不出，抱木而被烧死。元稹《春六十韵》：“晋悲焚介子，鲁愿浴沂童。”见“焚林❶”。

【焚芝】　❶《三国志·魏志·公孙度传》：“往来赂遗。”裴松之注引三国魏鱼豢《魏略》：“若苗秽害田，随风烈火，芝艾俱焚，安能白别乎？”后以焚芝比喻黑白不分或贤人遭难的典故。则天皇后《从驾幸少林寺》：“昔遇焚芝火，山红连野飞。”柳宗元《弘农公以硕德伟材屈于诬枉左官谨献诗五十韵以毕微志》：“刻木终难对，焚芝未改方。”❷《文选·晋陆机〈叹逝赋〉》：“信松茂而柏悦，嗟芝焚而蕙叹。”李周翰注：“芝、蕙香草也，言亲友既逝，其情无聊。”后以焚芝为哀悼亡故亲友之典。孔绍安《伤顾学士》：“游人行变橘，逝者遽焚芝。”

【焚舟】　《左传·文公三年》：“秦伯伐晋，济河焚舟。”杜预注：“示必死也。”后以“焚舟”表示下定决心，誓不反顾。李端《送潘述宏词下第归江外》：“弈棋知胜偶，射策请焚舟。”雍陶《离家后作》：“出门便作焚舟计，生不成名死不归。”

【焚汙】　犹烧毁。柳宗元《咏荆轲》：“夷城芟七族，台观皆焚污。”

【焚如】　焚烧。吕温《道州观野火》：“乃悟焚如功，来岁终受益。”

【焚坑】　指秦始皇下令烧毁儒家经典、诸子百家书籍及坑杀儒生事。公元前213年，秦始皇接受丞相李斯的建议，下令焚书。除博士官藏书和秦国史书及医药、卜筮、种树文书外，所有《诗》《书》、百家语一律烧毁。偶语《诗》《书》者处死，以古非今者灭族。次年，秦始皇派遣的方士、儒生求药不得，卢生等又逃亡，始皇怒，在咸阳坑杀诸生四百六十余人，史称“焚书坑儒”。李商隐《赠送前刘五经映三十四韵》：“屋壁余无几，焚坑逮可伤。”

【焚巫】　《左传·僖公二十一年》：“夏，大旱，公欲焚巫尪。”杜预注：“巫尪，女巫也，主祈祷请雨者。或以为尪非巫也。瘠病之人，其面上向，俗谓天哀其病，恐雨入其鼻，故为之旱，是以公欲焚之。”后以焚巫为求雨之典。杜甫《七月三日亭午已后较热退晚加小凉戏呈元二十一曹长》：“前圣慎焚巫，武王亲救暍。”

【焚身】　❶指僧人去世后进行火化。周贺《哭闲霄上人》：“地燥焚身后，堂空著影初。”❷丧生；毁灭自身。白居易《闲坐看书贻诸少年》：“劝君少求利，利是焚身火。”❸指晋文公焚山，介子推不出，抱木而被烧死。卢象《寒食》：“子推言避世，山火遂焚身。”见“焚林❶”。

【焚林】　❶春秋时晋国介子推随晋文公流亡，割股食公。文公返国赏从者，介子推不言禄，去而隐之绵山。后文公知之，使人求之，介子推不出，文公焚其山以逼，介子推抱树焚死。后遂以“焚林”为求取贤士之典。韦蟾《上元三首》之三：“熏穴应无取，焚林固有求。”吴仁璧《投谢钱武肃》：“累重虽然容食椹，力微无计报焚林。”❷焚烧山林。马令《早春陪敕使麻先生祭岳》:"缇幕灰初皮,焚林火欲然。"

【焚券】 烧毁债券。冯谖,战国齐孟尝君门客,曾为孟尝君收债于薛。临行前向曰:"债收毕,以何市而返?"孟尝君曰:"视吾家所寡有者。"冯谖长驱之薛,矫命以债赐诸民,尽烧其券,民称万岁。返而见孟尝君曰:"臣窃计,君宫中积珍宝,狗马实外厩,美人充下陈;君家所寡有者,以义耳!窃已为君市义。"后用以为典,喻收买人心。温庭筠《病中书怀呈友人》:"市义虚焚券,关讥谩弃繻。"

【焚草】 ❶烧毁奏章诏诰等的草稿,以示谨密。《晋书·羊祜传》:"祜历职二朝,任典枢要,政事损益,皆谘访焉,势利之求,无所关与。其嘉谋谠议,皆焚其草,故世莫闻。凡所进达,人皆不知所由。或谓祜慎密太过者。祜曰:'是何言欤!夫入则造膝,出则诡辞,君臣不密之诫,吾惟惧其不及。'"后亦借指草拟诏诰。权德舆《送陆拾遗祗召赴行在》:"幸因焚草暇,书札访沉冥。"❷借指职掌供奏讽谏的拾遗、谏议大夫等职。权德舆《和张秘监阁老献岁过蒋大拾遗因呈两省诸公并见示》:"焚草淹轻秩,藏书厌旧编。"又《奉和韦谏议奉送水部家兄上并呈两省阁老院长》:"护衣直夜南宫静,焚草清时左掖深。"

【焚枯】 烤煎干鱼。钱起《和慕容法曹寻渔者寄城中故人》:"茅斋对雪开尊好,稚子焚枯饭客迟。"

【焚研】 见"焚砚"。

【焚香】 ❶燃点线香或焚烧其他香料,以取其芳香。刘长卿《望龙山怀道士许法棱》:"空林闲坐独焚香,真官列侍俨成行。"李商隐《碧城三首》之二:"鄂君怅望舟中夜,绣被焚香独自眠。"马戴《题僧禅院》:"虚室焚香久,禅心悟几生。"蔡瑰《夏日闺怨》:"卧簟乘闲乍逐凉,熏炉畏热懒焚香。"❷向鬼神烧香,表示虔诚。王维《凉州郊外游望》:"洒酒浇刍狗,焚香拜木人。"韩翃《赠别上元主簿张著》:"回船对酒三生渚,系马焚香五愿祠。"李群玉《饭僧》:"焚香面金偈,一室唯巾水。"陆龟蒙《引泉诗》:"焚香礼真像,盥手披灵编。"

【焚修】 焚香修行。司空图《携仙箓九首》之五:"若道阴功能济活,且将方寸自焚修。"张蠙《赠闻一上人》:"坛场在三殿,应召入焚修。"齐己《勉道林谦光鸿蕴二侄》:"共扫焚修地,同闻水石香。"花蕊夫人徐氏《宫词》之七五:"焚修每遇三元节,天子亲簪白玉冠。"

【焚柴】 古代一种祭天仪式。将玉帛、牺牲等置于积柴之上而焚之。独孤及《酬皇甫侍御望天灊山见示之作》:"焚柴百神趋,执玉万方会。"

【焚脩】 同"焚修"。牛峤《登陈拾遗书台览杜工部留题慨然成咏》:"羽帔请焚脩,霜钟扣空寂。"

【焚書】 ❶指秦始皇下令烧毁除农书、医书及卜筮书以外的诸子百家书籍事。中宗《幸秦始皇陵》:"政烦方改篆,愚俗乃焚书。"沈佺期《咸阳览古》:"野桥疑望日,出火类焚书。"❷焚毁书籍。李峤《象》:"万推方演梦,惠子正焚书。"

【焚魚】 烹鱼。罗邺《自遣》:"焚鱼酌醴醉尧代,吟向席门聊自娱。"

【焚硯】 亦作"焚研"。《晋书·陆机传》:"机天才秀逸,辞藻宏丽。张华尝谓之曰:'人之为文,常恨才少,而子更患其多。'弟云尝与书曰:'君苗见兄文,辄欲烧其笔砚。'"后以"焚砚"为自愧文不如人,烧毁笔砚,不愿再行写作之典。冯伉《和权载之离合诗》:"息心欲焚砚,自靦陪群英。"陆龟蒙、皮日休《开元寺楼看雨联句》:"接思强挥毫,窥词几焚研。"

【焚筆】 义同"焚藁"。赵嘏《山阳即席献裴中丞》:"暂肯剖符临水石,几曾焚笔动星辰。"

【焚裘】 《初学记》卷九引晋王隐《晋书》:"武帝太始七年三月,诏太宫减膳……有献雉头裘者,上曰:'异服奇裘,典制所禁也。其于前殿烧裘。'敕有异服者依礼致罪。"后以"焚裘"为称美帝王节俭之典。沈佺期《和崔正谏登秋日早朝》:"河宗来献宝,天子命焚裘。"无名氏有《焚裘》。

【焚溺】 喻指处于水深火热中的人。白居易《寓言题僧》:"力小无因救焚溺,清凉山下且安禅。"

【焚蕩】 烧毁。李白《双燕离》:"吴宫又焚荡,雏尽巢亦空。"

【焚盥】 谓焚香盥洗,洁诚以待。陆龟蒙《奉和袭美太湖诗二十首·入林屋洞》:"真君不可见,焚盥空迟久。"

【焚諫草】 同"焚草❶"。齐己《寄王振拾遗》:"近来焚谏草,深去觅山居。"

【焚燒】 燃烧;烧毁。白居易《赠昙禅师》:"欲知火宅焚烧苦,方寸如今化作灰。"李群玉《自澧浦东游江表途出巴丘投员外从公虞》:"中夜恨火来,焚烧九回肠。"陆龟蒙《奉酬袭美先辈吴中苦雨一百韵》:"践蹋比尘埃,焚烧同稿秸。"齐己《招乾昼上人宿话》:"禅心谁指示,诗卷自焚烧。"

【焚藁】 犹焚草。烧掉奏稿,以示谨密。刘长卿《秋日夏口涉汉阳献李相公》:"藏弓身已退,焚藁事难闻。"又《奉和杜相公新移长兴宅呈元相公》:"献替常焚藁,优闲独对萱。"杨巨源《和卢谏议朝回书情即事寄两省阁老兼呈二起居谏院诸院长》:"对客默焚藁,何人知谏书。"

【焚爇】 焚烧;烧毁。苏颋《奉和圣制春台望应制》:"诗书焚爇散学士,高阁奢逾娇美人。"白居易《杂感》:"城门自焚爇,池鱼罹其殃。"元稹《螟子三首》之三:"那能枉焚爇,尔众我微茫。"陆龟蒙《奉和袭美二游诗·徐诗》:"兵威忽破碎,焚爇无遗篇。"

焯 〔zhuō《广韵》之若切，入藥，章。〕❶明彻；明显。萧颖士《江有归舟三章》之一："扬于王庭，允焯其休。"❷照耀。颜真卿、李崿《水堂送诸文士戏赠潘丞联句》："帘开北陆风，烛焯南枝鹊。"

焜 〔kūn《广韵》胡本切，上混，匣。《集韵》公渾切，平魂，見。〕❶明亮；光辉。见"焜煌"。❷照耀。见"焜燿"。

【焜煌】 明亮；光辉。李峤《汾阴行》："金鼎发色正焜煌，灵祇炜烨摅景光。"徐彦伯《石淙》："张茑席云平圃宴，焜煌金记蕴名山。"

【焜燿】 ❶照耀；明照。储光羲《奉别长史庾公太守徐公应召》："宇宙既焜耀，崇德济巨川。"❷光辉；辉煌。独孤及《送陈兼应辟兼寄高适贾至》：'贾生去洛阳，焜耀琳琅姿。"

無[1] 〔wú《广韵》武夫切，平虞，微。〕❶没有。储光羲《效古二首》之一："老幼相别离，哭泣无昏早。"刘禹锡《游桃源一百韵》："言毕依庭树，如烟去无迹。"裴士淹《白牡丹》："别有玉杯承露冷，无人起就月中看。"黄滔《商山赠隐者》："蓬莱水浅有人说，商洛山高无客归。"❷虚无；空虚。刘禹锡《游桃源一百韵》："虚无天乐来，僁窣鬼兵役。"白居易《长恨歌》："忽闻海上有仙山，山在虚无缥缈间。"朱庆余《过苏州晓上人院》："夏满律当清，无中景自生。"杜荀鹤《空闲二公递以禅律相鄙因而解之》："象外空分空外象，无中有作有中无。"❸连词。不论。杜甫《徒步归行》："人生交契无老少，论交何必先同调。"又《夏夜叹》："物情无巨细，自适固其常。"又《寄薛三郎中》："人生无贤愚，飘飖若埃尘。"刘商《胡笳十八拍·第九拍》："鬓胡少年能走马，弯弓射飞无远近。"❹副词。(1)表示否定，相当于"不"。王维《送秘书晁监还日本国》序："我无尔诈，尔无我虞，彼以好来，废关弛禁。"权德舆《奉酬从兄南仲见示十九韵》："时来无自疑，刷翮摩苍穹。"韩愈《古风》："无念百年，聊乐一日。"刘禹锡《华山歌》："丈夫无特达，虽贵犹碌碌。"张起《早过梨岭喜雪书情呈崔判官》："共君歌乐土，无作白头吟。"(2)表示否定，相当于"没""未曾"。王维《胡居士卧病遗米因赠》："无有一法真，无有一法垢。"李白《自代内赠》："宝刀截流水，无有断绝时。"杜甫《蚕谷行》："天下郡国向万城，无有一城无甲兵。"又《丹青引赠曹将军霸》："学书初学卫夫人，但恨无过王右军。"(33)表示禁止，相当于"不要""不可"。李颀《遇刘五》："携手当年共为乐，无惊蕙草惜残春。"卢纶《秋夜宴集陈翃郎中圃亭美校书郎张正元归乡》："为谢邑中少，无惊池上鸥。"王建《空城雀》："报言黄口莫啾啾，长尔得成无横死。"元稹《六年春遣怀八首》之三："公无渡河音响绝，已隔前春复去秋。"(四)用于句末，表示疑问，相当于"否""吗"。杜甫《入奏行赠西山检察使窦侍御》："江花未落还成都，肯访浣花老翁无。"王缙《九日作》："今日登高樽酒里，不知能有菊花无。"戴叔伦《抚州被推昭雪答陆太祝三首》之三："已对铁冠穷事本，不知廷尉念冤无。"白居易《苏州李中丞以元日郡斋感怀诗寄微之及予辄依来篇七言八韵走笔奉答兼呈微之》："老去还能痛饮无，春来曾作闲游否。"❺通"何"。杜甫《陪郑广文游何将军山林十首》之四："词赋工无益，山林迹未赊。"又《即事》："多病马卿无日起，穷途阮籍几时醒。"李贺《石城晓》："帐前轻絮鹤毛起，欲说春心无所似。"李商隐《天津西望》："虏马崩腾忽一狂，翠华无日到东方。"❻唐僧人名。生平无考。齐己有《夏日江寺寄无上人》。

無[2] 〔mó〕与"南"组合成为梵文 Namas 的音译词，为归命、敬礼、度我之意，表示对佛法僧三宝的归敬。寒山《诗三百三首》之二二五："举手高弹指，南无佛陀耶。"又《诗三百三首》之二七一："南无佛陀耶，远远求弥勒。"

【無二諾】 亦省作"無二"。《史记·季布列传》："曹丘至，即揖季布曰：'楚人谚曰：得黄金百斤，不如得季布一诺。足下何以得此声于梁楚间哉？'"后以"无二诺"称美人信守诺言。魏征《述怀》："季布无二诺，侯嬴重一言。"李白《寻阳送弟昌峒鄱阳司马作》："一睹无二诺，朝欢更胜昨。"

【無力】 ❶没有力气。杜甫《茅屋为秋风所破歌》："南村群童欺我老无力，忍能对面为盗贼。"刘禹锡《缺题》："坐对一樽酒，恨多无力斟。"白居易《长恨歌》："侍儿扶起娇无力，始是新承恩泽时。"李洞《废寺闲居寄怀一二罢举知己》："病居废庙冷吟烟，无力争飞类病蝉。"❷没有能力；无能为力。杜甫《宿江边阁》："不眠忧战伐，无力正乾坤。"项斯《长安退将》："常说老身思斗将，最悲无力制蕃营。"刘沧《怀汶阳兄弟》："书信经年乡国远，弟兄无力海田荒。"归仁《题楚庙》："天地有心归道德，山河无力为英雄。"❸形容花、柳、风、水等物的轻袅柔静。刘禹锡《罢和州游建康》："秋水清无力，寒山暮多思。"此指水波不兴。白居易《魏王堤》："何处未春先有思，柳条无力魏王堤。"此指柳丝下垂轻拂。李绅《新楼诗二十首·北楼樱桃花》："舞空柔弱看无力，带月葱茏似有情。"此指落花随风曼舞。李商隐《无题》："相见时难别亦难，东风无力百花残。"此言风力轻柔。

【無乃】 相当于"莫非""岂不是"，表示委婉测度的语气。储光羲《终南幽居献苏侍郎三首时拜太祝未上》之二："寄言搴芳者，无乃后时人。"杜甫《天育骠骑歌》："吾闻天子之马走千里，今之画图无乃是。"权德舆《送别沅泛》："用兹处大官，无乃玷清时。"韩愈《归彭城》："讦谟者谁子，无乃失所宜。"元稹《解秋十首》之二："无乃天地意，使之行小惩。"

【無了】　❶佛教语。谓心无万物，无心可了，故曰"无了"。周朴《赠无了禅师》："不学世所惜，是何无了公?"❷唐僧人名。俗姓沉，泉州莆田人。嗣马祖。住泉州龟洋院，世称龟洋和尚。存诗一首，见《全唐诗补编》(中)卷二十二。周朴有《赠无了禅师》。

【無才】　没有才能。杜牧《云》："尽日看云首不回，无心都大似无才。"司空图《狂题十八首》之一七："十年三署让官频，认得无才又索身。"

【無上】　❶指无上道。拾得《诗》之七："早愿悟无生，办集无上事。"❷犹无比。寒山《诗三百三首》之二四七："谓言灵无上，妙药心神秘。"

【無上道】　佛教语。指佛法，佛道。因为无人超过，故称。拾得《诗》之六："尽登无上道，俱证菩提路。"刘禹锡《乐天少傅五月长斋广延缁徒谢绝文友坐成睽间因以戏之》："精修无上道，结念未来生。"司马承祯《太子升玄消灾护命妙经颂》："心原是元始，更无无上道。"

【無已】　无止境；无了时。辛常伯《军中行路难》："天涯望转积，地际行无已。"储光羲《荐玄德公庙》："神道本无已，成化亦自然。"李郢《茶山贡焙歌》："使君爱客情无已，客在金台价无比。"吴融《祝风三十二韵》："堤防苟不时，泛滥即无已。"

【無匹】　❶无双。李商隐《骄儿诗》："衮师我骄儿，美秀乃无匹。"❷无配偶。温庭筠《西州词》："武昌何郁郁，侬家定无匹。"

【無比】　无与伦比。杜牧《春末题池州弄水亭》："亭宇清无比，溪山画不如。"李郢《茶山贡焙歌》："使君爱客情无已，客在金台价无比。"罗隐《投宣武郑尚书二十韵》："人地应无比，箪瓢奈屡空。"贯休《送张拾遗赴施州司户》："恭闻吾皇至圣深无比，推席却几听至理。"

【無比倫】　无人可相比。寒山《诗三百三首》之三八："余曾昔睹聪明士，博达英灵无比伦。"

【無日】　❶不日，谓为时不久。柳宗元《敌戒》："药石去矣，吾亡无日。"李商隐《行次昭应县道上送户部李郎中充昭义攻讨》："鱼游沸鼎知无日，鸟覆危巢岂待风。"❷没有一天，谓天天。丘为《泛若耶溪》："无日不钓鱼，有时向城市。"❸谓遥遥无期。薛逢《九日嘉州发军亭即事》："不愁故国归无日，却恨浮名苦有涯。"❹没有太阳。杜甫《石龛》："天寒昏无日，山远道路迷。"

【無分】　没有机缘。杜甫《九日五首》之一："竹叶于人既无分，菊花从此不须开。"白居易《病假中庞少尹携鱼酒相过》："被老相催虽白首，与春无分未甘心。"勾令元《敬礼瓦屋和尚塔偈》："流流法乳谁无分，了了教知我最亲。"

【無方】　❶犹言四方、天下。元结《补东歌十首·云门》："类我圣德兮，溥被无方。"❷犹无穷尽。李白《安州般若寺水阁纳凉喜遇薛员外乂》："而我遗有漏，与君用无方。"寒山《诗三百三首》："方知摩尼一颗珠，解用无方处处圆。"

【無心】　❶犹无意。刘长卿《西庭夜燕喜评事兄拜会》："无心羡荣禄，唯待却垂纶。"韦应物《南园陪王卿游瞩》："形迹虽拘检，世事澹无心。"元稹《六年春遣怀八首》之六："百事无心值寒食，身将稚女帐前啼。"陆龟蒙《秋赋有期因寄袭美》："云似无心水似闲，忽思名在贡书间。"❷佛教语。指解脱各种恼和邪念的真心。王维《投道一师兰若宿》："迹为无心隐，名因立教传。"刘长卿《送灵澈上人还越中》："禅客无心杖锡还，沃洲深处草堂闲。"修雅《闻诵法华经歌》："我亦当年学空寂，一得无心便休息。"吴融《和僧咏牡丹》："万缘销尽本无心，何事看花恨却深。"

【無心地】　指佛寺。高适《同群公宿开善寺赠陈十六所居》："则是无心地，相看唯月华。"

【無心物】　指浮云。张乔《孤云》："莫言长是无心物，还有随龙作雨时。"见"無心雲"。

【無心法】　佛教语。指解脱烦恼和邪念的方法。李端《同苗发慈恩寺避暑》："若问无心法，莲花隔淤泥。"

【無心雲】　指浮云。语本晋陶渊明《归去来兮辞》："云无心以出岫，鸟倦飞而知还。"杜甫《白水县崔少府十九翁高斋三十韵》："上有无心云，下有欲落石。"刘禹锡《送鸿举游江西》："禅客学禅兼学文，出山初似无心云。"

【無以】　❶不能用；不要用。韩愈《听颖师弹琴》："颖乎尔诚能，无以冰炭置我肠。"❷无从；无法。李峤《皇帝上礼抚事述怀》："小臣滥簪笔，无以颂唐风。"吴筠《酬刘待御草堂》："予渐乏琼玖，无以报兼金。"钱起《宿新里馆》："无以逃悲思，寒蛩处处啼。"潘孟阳《元日和布泽》："自惭同草木，无以答乾坤。"吴融《旅馆梅花》："清香无以敌寒梅，可爱他乡独看来。"

【無以加】　无法再增加；比不上。白居易《虾蟆》："虾蟆得其志，快乐无以加。"又《劝酒寄元九》："俗号销愁药，神速无以加。"

【無功】　没有成效；没有收获。白居易《和答诗十首·和分水岭》："浸润小无功，山苗长旱死。"许浑《怀旧居》："兵书一箧老无功，故国郊扉在梦中。"赵嘏《赠皇甫垣》："养由弓箭已无功，牢落生涯事事同。"

【無可】　❶不能；无法。王维《赠焦道士》："谢君徒雀跃，无可问鸿濛。”白居易《感发落》：“眼看应落尽，无可变成丝。”皮日休《追和幽独君诗次韵》之二：“双睫不能濡，六藏无可摧。”❷即无可上人。杜荀鹤《秋宿诗僧云英房因赠》：“贾岛怜无可，都缘数句诗。”见“无可上人”。

【無可奈何】 没有办法。白居易《无可奈何歌》：“无可奈何兮，白日走而朱颜颓，少日往而老日催。”又：“去不可挽兮来不可推，无可奈何兮。”

【無可無不可】《论语·微子》：“虞仲、夷逸隐居放言，身中清，废中权。我则异于是，无可无不可。”邢昺疏：“我之所行，则与此逸民异，亦不必进，亦不必退，唯义所在。”后多用来指对人对事不拘成见。贯休《闻知已入翰林》：“奇哉子渊颂，无可无不可。”

【無且】（—jū）即夏无且，秦始皇侍医。荆轲刺秦王时曾以药囊击荆轲，事后受赐黄金二百镒。事见《史记·刺客列传》。柳宗元《咏荆轲》：“世传故多谬，太史征无且。”

【無由】 无法；无从；无门径。宋之问《初发荆府赠长史》：“明主无由见，群公莫与言。”李白《拟古十二首》之一一：“相思无由见，怅望凉风前。”武元衡《春暮寄杜嘉兴昆弟》：“数枝琼玉无由见，空掩柴扉度岁华。”周昙《咏史诗·后汉门·吕母》：“狱无良吏雪无由，处处戈铤自执仇。”

【無央】 ❶无穷尽。《嫁女诗》（卷八六二）：“与天齐休，庆流无央。”❷无数。陈陶《朝元引四首》之一：“无央鸾凤随金母，来贺熏风一万年。”❸无边无际。司马承祯《太上升玄消灾护命妙经颂》：“放出光明照，无央世界中。”

【無生】 ❶佛教语。认为一切现象之生灭变化，都是世间众生虚妄分别的产物，本质是不生不灭。《仁王经》卷中：“一切法性真实空，不来不去，无生无灭。”《圆觉经》卷上：“一切众生，于无生中妄见生灭，是故说名轮转生死。”王维《谒璿上人》：“一心在法要，愿以无生奖。”钱起《东城初陷与薛员外王补阙暝投南山佛寺》：“庶将镜中象，尽作无生观。”姚合《听僧云端讲经》：“无生深旨诚难解，唯是师言得正真。”许浑《闻释子栖玄欲奉道因寄》：“今日劝师师莫惑，长生难学证无生。”❷指无生无灭的佛学真谛。严维《宿法华寺》：“无生久已学，白发浪相侵。”张继《游灵岩》：“谁谓无生真可学，山中亦自有年华。”白居易《赠王山人》：“不如学无生，无生即无灭。”姚合《送文著上人游越》：“念我为官应易老，羡师依佛学无生。”

【無生之學】 指佛学。李华《云母泉诗》序：“况支离多病，年甫始衰，愿饵药扶寿，以究无生之学。”

【無生地】 佛教语。无生无灭的境地。指涅槃的境界。元稹《哭小女降真》：“浮生未到无生地，暂到人间又一生。”李绅《题法华寺五言二十韵》：“花界无生地，慈宫有相天。”

【無生忍】 佛教语。指对佛教无生无灭之理坚心信仰而不动摇。《智度论·出到品》：“无生忍污者，于无生灭诸法实相中，信受通达，无碍不退，是名无生忍。”顾况有《归阳萧寺有丁行者能修无生忍担水施僧况归命稽首作诗》。

【無生法】 佛教语。指无生无灭的佛教真谛。储光羲《秦中守岁》：“或念无生法，多伤未出尘。”

【無生理】 佛教语。谓无生无灭的真谛。宋之问《自洪府舟行直书其事》：“周旋本师训，佩服无生理。”孟浩然《还山贻湛法师》：“幼闻无生理，常欲观此身。”韩翃《题龙兴寺澹师房》：“记取无生理，归来问此身。”吉驹骖《题云居上寺》：“未悟无生理，宁知有想空。”

【無生偈】 佛教语。佛经中阐述无生无灭的唱颂词。亦指无生无灭的佛法真谛。皇甫冉《奉和独孤中丞游法华寺》：“法证无生偈，诗成大雅篇。”

【無生鄉】 佛教语。犹无生地。储光羲《题慎言法师故房》：“精庐不住子，自有无生乡。”见“無生地”。

【無生慧】 佛教语。指对无生无灭理论的认识智慧。宋之问《自衡阳至韶州谒能禅师》：“愿以有漏躯，聿薰无生慧。”

【無生篇】 指佛经。储光羲《同王十三维哭殷遥》：“故人王夫子，静念无生篇。”

【無生論】 指佛经。皎然《伏日就汤评事衡湖上避暑》：“更持无生论，可以清烦忧。”

【無生禪】 彻悟无生无灭之理的僧人。白居易《游悟真寺诗》：“云有过去师，坐得无生禅。”

【無他】 指无灾祸变故。齐己《将游嵩华行次荆渚》：“闲身应绝迹，在世幸无他。”

【無令】 不使。李颀《送窦参军》：“公子何时至，无令芳草阑。”岑参《送王伯伦应制授正字归》：“科斗皆成字，无令错古文。”韩愈《赴江陵途中寄赠翰林三学士》：“上陈人疾苦，无令绝其喉。”罗立言《赋得沽美玉》：“采研资良匠，无令瑕掩瑜。”

【無用】 ❶没有用处；不起作用。白居易《虾蟆》：“蠢蠢水族中，无用者虾蟆。”薛能《升平词十首》之一〇：“谏纸应无用，朝纲自有伦。”孙元晏《咏史诗·宋·大岘》：“公孙计策嗟无用，天与南朝作霸基。”❷无能；没有才干。韩愈《酬裴十六功曹巡府西驿途中见寄》：“多才自劳苦，无用只因循。”

【無外】 ❶犹无穷，无所不包。《郊庙歌辞·中宗祀昊天乐章·凯安》：“风猷被有截，声教覃无外。”王维《奉和圣制幸玉真公主山庄因题石壁十韵之作应制》：“大道今无外，长生讵有涯。”姚合《和门下李相饯西蜀相公》："理化知无外，烝黎尽可封。"李商隐《戊辰会静中出贻同志二十韵》："大道谅无外，会越自登真。"❷特指国家统一。杜甫《夔州歌十绝句》之二："群雄竞起问前朝，王者无外见今朝。"

【無主】 ❶没有主人。刘禹锡《伤桃源薛道士》："手植红桃千树发，满山无主任春风。"储嗣宗《经故人旧居》："古书无主散，废宅与山邻。"韦庄《上元县》："止竟霸图何物在，石麟无主卧秋风。"翁承赞《寄舍弟承裕员外》："无主园林饶采伐，忘情鸥鸟恣高低。"❷谓不由己。聂夷中《送友人归江南》："上国身无主，下第诚可悲。"

【無地】 ❶没有泥土；没有土地。罗隐《扇上画牡丹》："根生无地如仙桂，疑是姮娥月里栽。"唐彦谦《秋霁丰德寺与玄贞师咏月》："四溟水合疑无地，八月槎通好上天。"❷指水面。杜甫《草阁》："草阁临无地，柴扉永不关。"❸谓无处可住。杜审言《秋夜宴临津郑明府宅》："行止皆无地，招寻独有君。"李商隐《自南山北归经分水岭》："水急愁无地，山深故有云。"❹谓无地置身。韩愈《华山女》："观中人满坐观外，后至无地无由听。"❺没有地方。刘禹锡《庭竹》："依依似君子，无地不相宜。"

【無有】 ❶没有。王维《胡居士卧病遗米因赠》："无有一法真，无有一法垢。"韩琮《春愁》："金乌长飞玉兔走，青鬓长青古无有。"刘禹锡《泰娘歌》引："地荒且远，无有能知其容与艺者。"❷犹无比。李峤《汾阴行》："声明动天乐无有，千秋万岁南山寿。"吕令问《驾幸天空宫赋附邑老田父歌》："君之德兮德无有，路旁劳赉皆牛酒。"

【無有象】 佛教语。佛教认为宇宙万象都属虚构，而非真象，故称"无有象"。王昌龄《同王维集青龙寺昙壁上人兄院五韵》："圆通无有象，圣境不能侵。"

【無有鄉】 "无何有之乡"的省称。白居易《睡起晏坐》："本是无有乡，亦名不用处。"详见"無何鄉"。

【無成】 指功业未成。或指科举未第。刘禹锡《遥和韩睦州元相公二君子》："其奈无成空老去，每临明镜若为情。"薛逢《座中走笔送前萧使君》："自笑无成今老大，送君垂泪郭门前。"贾岛《石门陂留辞从叔谟》："有耻长为客，无成又入关。"刘得仁《赠敬晊助教二首》之二："自顾无成年渐长，报恩惟愿杀微身。"韦庄《冬日长安感志寄献虢州崔郎中二十韵》："帝里无成久滞淹，别家三度见新蟾。"

【無邪】 谓行为品质正直而不邪僻。樊铸《及第后读书院咏物十首上礼部李侍郎·箭括》："有节通贞干，无邪抱直弦。"

【無邪欺】 谓诚实正直。贾岛《送沈秀才下第东归》："沈生才俊秀，心肠无邪欺。"

【無因】 ❶无所凭借；没有机缘。刘希夷《江南曲八首》之三："空盈万里怀，欲赠竟无因。"韩翃《寄赠虢州张参军》："无因达情意，西望日悠悠。"李商隐《九日》："郎君官贵施行马，东阁无因再得窥。"李郢《不睡》："家寄江南断音信，一凭归梦去无因。"❷无法；无故。崔融《吴中好风景》："无因生羽翼，轻举托还飙。"王昌龄《送韦十二兵曹》："对坐论岁暮，弦悲岂无因。"刘禹锡《读张曲江集作》："良时难久恃，阴谪岂无因。"又《题欹器图》："无因上蔡牵黄犬，愿作丹徒一布衣。"❸无须。李白《送袁明府任长沙》："自此长江内，无因夜犬惊。"元稹《酬友封话旧叙怀十二韵》："但拟驯鸥鸟，无因用弩机。"李商隐《送千牛李将军赴阙五十韵》："且欲凭神算，无因计力争。"罗虬《比红儿诗》之三一："汉皇若遇红儿貌，掌上无因著别人。"

【無年】 荒年；歉收之年。丁泽《良田无晚岁》："无年皆有获，后种亦先芳。"

【無先】 未有超过；前所未有。孙鲂《题梅岭泉》："登临真不易，幽胜恐无先。"李中《书情寄诗友》："诗情长若旧，吾事更无先。"

【無似】 谦词。犹言不肖。《礼记·哀公问》："寡人虽无似也，愿闻所以行三言之道，可得闻乎？"郑玄注："无似，犹言不肖。"权德舆《伏蒙十六叔寄示喜庆感怀三十韵因献之》："小生谅无似，积庆遭昌辰。"

【無全牛】 眼中没有完整的牛。比喻洞彻事物，或喻技艺精纯。典出《庄子·养生主》："庖丁为文惠君解牛，手之所触，肩之所倚，足之所履，膝之所踦，砉然响然，奏刀騞然莫中中音。合于《桑林》之舞，乃中《经首》之会。文惠君曰：'譆，善哉！技盖至此乎？'庖丁释刀对曰：'臣之所好者道也，进乎技矣。始臣之解牛之时，所见无非全牛者。三年之后，未尝见全牛也。方今之时，臣以神遇而不以目视。'"李白《送方士赵叟之东平》："长桑晓洞视，五藏无全牛。"刘长卿《送裴四判官赴河西军试》："逢时将骋骥，临事无全牛。"

【無名】 ❶没有名字。皎然《白云上人精舍寻杼山禅师兼示崔子向何山道上人》："木栖无名树，水汲忘机井。"刘禹锡《南海马大夫见惠著述三通诗以谢之》："编蒲曾苦思，垂竹愧无名。"张祜《江南杂题三十首》之一九："洛下无名客，江南不系舟。"刘沧《题王母庙》："武帝无名在仙籍，玉坛星月夜空明。"❷没有名声；没有声誉。李郢《阙下献杨侍郎》："沧洲垂钓本无名，十月风霜偶到京。"赵嘏《东归道中二首》之一："何必劳知己，无名亦息机。"方干《山中寄吴磻十韵》："禅生知见理，妻子笑无名。"罗隐《汉江上作》："半雨半风终日恨，无名无迹几时回。"❸没有名义；没有名分。李商隐《有感二首》之二："素心虽未易，此举太无名。"韩偓《夜坐》："无名无位堪休去，犹拟朝衣换钓蓑。"❹

不追求名声。吴筠《高士咏·颜阖》："颜阖遵无名，饭牛聊自怡。"李白《行路难三首》之三："含光混世贵无名，何用孤高比云月。"

【無名死】《论语·卫灵公》："子曰：'君子疾没世而名不称焉。'"后以"无名死"为感叹功业无成的典故。白居易《初入峡有感》："常恐不才身，复作无名死。"

【無多】没有多少。严维《重送新安刘员外》："手折衰杨悲老大，故人零落已无多。"司空图《寓居有感三首》之三："客处不堪频送别，无多情绪更伤情。"胡曾《咏史诗·昆阳》："师克由来在协和，萧王兵马固无多。"张蠙《乱中寄友人》："鬓黑无多日，尘清是几时。"

【無妄】❶指《易》卦"无妄"。象征不妄为。元稹《痁卧闻幕中诸公征乐会饮因有戏呈三十韵》："布卦求无妄，祈天愿孔皆。"❷指遭到意外的灾祸。张九龄《九月九日登龙山》："际会非有欲，往来是无妄。"❸谓出人意料。韩愈《岳阳楼别窦司直》："前年出官由，此祸最无妄。"❹不敢妄为。清昼、汤衡《还丹可成诗联句》："吾心苟无妄，神理期合并。"

【無妄之憂】指不愉快的小事。《易·无妄》："无妄之疾，勿药有喜。"孔颖达疏："若疾自己招，或寒暑饮食所致，当须治疗；若其自然之疾，非己所致，疾当自损，勿须药疗而有喜也。"按，无妄之疾，指行不妄为而偶染的微疾。韩愈《忆昨行和张十一》："无忘之忧勿药喜，一善自足禳千灾。"

【無次】没有行列次序。皎然《和邢端公登台春望句句有春字之什》："春树乱无次，春山遥得名。"

【無那】（—nuò）❶无奈；无可奈何。骆宾王《艳情代郭氏答卢照邻》："无那短封即疏索，不在长情守期契。"王维《酬郭给事》："强欲从君无那老，将因卧病解朝衣。"雍陶《美人春风怨》："偏能飘散同心蒂，无那愁眉吹不开。"杜牧《书怀》："满眼青山未得过，镜中无那鬓丝何。"❷犹无比；无限。后主李煜《一斛珠》词："绣床斜凭娇无那，烂嚼红茸，笑向檀郎唾。"

【無如】❶无奈；无奈何。刘长卿《江州重别薛六柳八二员外》："寄身且喜沧洲近，顾影无如白发何。"又《赠崔九载华》："怜君一见一悲歌，岁岁无如老去何。"耿沣《春日即事》："纵欲论相报，无如漂母何。"李端《赠薛戴》："欲赋苦饥行，无如消渴病。"❷比不上；不如。储光羲《临江亭五咏》之二："此地兴王业，无如宋主贤。"司空曙《送曹同椅》："青春三十余，众艺尽无如。"刘禹锡《送春词》："万古至今同此恨，无如一醉尽忘机。"张蠙《新竹》："不是他山少，无如此地生。"❸犹无比、无限。徐铉《赠浙西顾推官》："盛府宾寮八十余，闭门高卧兴无如。"

【無形】不见形体；不露形迹。杜牧《愁》："聚散竟无形，回肠自结成。"贯休《循吏曲上王使君》："和气无形，春光自成。"

【無否臧】臧，表彰；否，指责。形容出言谨慎，不褒贬别人。语出《晋书·阮籍传》："籍虽不拘礼数，然发言玄远，口不臧否人物。"李颀《送刘四》："辞满如脱屣，立言无否臧。"

【無町畦】谓没有田界。喻指人行为放任，没有约束。语出《庄子·人间世》："彼且为婴儿，亦与之为婴儿；彼且为无町畦，亦与之为无町畦。"韩愈《南内朝贺归呈同官》："文才不如人，行又无町畦。"

【無私】公正不偏私；不自私。潘炎《清如玉壶冰》："至鉴功宁宰，无私照岂偏。"李潜《和主司王起》："文学宗师心秤平，无私三用佐贞明。"李咸用《与刘三礼陈孝廉言志》："真宰无私造化均，年年分散月中春。"韩偓《病中初闻复官二首》之二："青云有路通还去，白发无私健亦生。"

【無私之光】指日月之光。语本《礼记·孔子闲居》："孔子曰：'天无私覆，地无私载，日月无私照。奉斯三者以劳天下，此之谓三无私。'"后亦以喻天子的恩泽。白居易《新乐府·鸦九剑》："为君使无私之光及万物，蛰虫昭苏萌草出。"

【無我】佛教语。指世界一切事物皆无独立的实在自体。孟浩然《陪姚使君题惠上人房》："会理知无我，观空厌有形。"严维《宿天竺寺》："居然对我说无我，寂历山深将夜深。"皎然《寓言》："吾道本无我，未曾嫌世人。"鲍溶《赠僧戒休》："欲问月中无我法，无人无我问何人。"

【無何】❶不多久；不久。杜审言《和李大夫嗣真奉使存抚河东》："昔出诸侯上，无何霸业全。"白居易《新乐府·新丰折臂翁》："无何天宝大征兵，户有三丁点一丁。"李商隐《归来》："旧隐无何别，归来始更悲。"张贲《偶约道流终乖文会答皮陆》："仙侣无何访蔡经，两烦韶濩出彤庭。"❷如何；怎么；怎能。玄宗《平胡》："杂虏忽猖狂，无何敢乱常。"吕温《同舍弟恭岁暮寄晋州李六协律三十韵》："有美壮感激，无何远栖迟。"杜荀鹤《怀庐岳书斋》："无何一名系，引出白云间。"郑谷《偶怀寄台院孙端公棨》："才拙道仍孤，无何舍钓徒。"❸"无何乡"之省称。白居易《渭村退居寄礼部崔侍郎翰林钱舍人诗一百韵》："不动为吾志，无何是我乡。"又《读庄子》："为寻庄子知归处，认得无何是本乡。"详见"無何鄉"。

【無何鄉】《庄子·逍遥游》："今子有大树，患其无用，何不树之于无何有之乡、广莫之野，彷徨乎无为其侧，逍遥乎寝卧其下，不夭斤斧，物无害者，无所可用，安所困苦哉！"成玄英疏："无何有，犹无有也。莫，无也。谓宽旷无人之处，不问何物，悉皆无有，故曰无何有之乡也。”岑参《林卧》：“唯爱隐几时，独游无何乡。”权德舆《浩歌》：“因兹谢时辈，栖息无何乡。”元稹《解秋十首》之三：“往岁学仙侣，各在无何乡。”刘禹锡《游桃源一百韵》：“寂寂无何乡，密尔天地隔。”

【無作】　唐诗僧。俗姓司马氏，字不用，自号逍遥子。苏州（今属江苏）人。昭宗时住洪州（今江西南昌）十年，后住浙江四明山。性高傲，不谒王侯。吴越王钱谬曾礼聘之，托病不就。工书法，善诗歌。《全唐诗》卷八四九录其《谢武肃王》诗一首。

【無住】　❶佛教语。指万物变化无常，一切事物及人的认识都不会凝固不变。张说《杂诗四首》之四：“应将无住法，修到不成名。”卢纶《送昙延法师讲罢赴上都》：“复来拥膝说无住，知向人天何处期。”谢勮《游烂柯山》之四：“惟将无住理，转与信人说。”刘禹锡《送慧则法师归上都因呈广宣上人》引：“法无住道，行而归顾，予有社内之因，故言别之日，爱缘瞥起。”❷唐诗僧。俗姓李，凤翔郿县（今山西眉县）人。开元间赴朔方展效，时年二十，信安王留充衙前游弈先锋官。后舍官出家，初学法于无相大师，乃居南阳白崖山。大历年间，杜鸿渐、崔宁皆敬重之。后居保唐寺而终。《全唐诗外编》（下）录其《语录诗》一首。按，《历代法宝记》云此为无住引王梵志诗，此作无住诗，似误。

【無身】　道家语。谓没有自身的存在。《老子》：“吾所以有大患者，为吾有身；及吾无身，吾有何患？”河上公注：“使吾无有身体，得道，自然轻举升云，出入无间，与道通神，当有何患？”司马承祯《木上升玄消灾护命妙经颂》：“若能心解悟，身外更无身。”高适《登广陵栖灵寺塔》：“何必了无身，然后知所退。”薛莹《寄旧山隐侣》：“旧山诸隐沦，身在苦无身。”李频《题栖霞寺庆上人院》：“多生从此性，久集得无身。”

【無角】　❶指麻雀。语出《诗·召南·行露》：“谁谓雀无角，何以穿我屋。”角，指鸟喙。李昂《驯鸽篇》：“亦闻无角巢君屋，请处不栖如择林。”❷指鸟无喙。寒山《诗三百三首》之三十：“谁谓雀无角，其如穿屋何。”

【無良】❶不善；不好。亦指不善之人。杜甫《遣兴五首》：“地用莫如马，无良复谁记。”元稹《望云骓马歌》：“圉人畏诮仍相惑，此马无良空有力。”李商隐《赠送前刘五经映三十四韵》：“片辞褒有德，一字贬无良。”❷不才；无能。用为自谦之词。萧嵩《奉和御制同日上官命宴都堂赐诗》：“荷恩思有报，陈力愧无良。”

【無忌】　❶指战国楚平王时少傅费无忌。奸邪阴狠，谗害太子建及太傅伍奢等。事见《史记·伍子胥列传》。罗隐《宿纪南驿》：“不知无忌奸邪骨，又作何山野葛苗。”❷指战国时魏国信陵君公子无忌。亦喻指长安贵族子弟。韦庄《忆昔》：“西园公子名无忌，南国佳人号莫愁。”见“信陵君”。

【無妨】　❶没有祸害；没有妨害。白居易《斋居偶作》：“是非一以遣，动静百无妨。”又《梦得卧病携酒相寻先以此寄》：“小疾无妨饮，还须挈一壶。”温庭筠《偶题》：“细雨无妨烛，轻寒不隔帘。”徐铉《送魏舍人仲甫为蕲州判官》：“以道卷舒犹自适，临戎谈笑固无妨。”❷不妨；没有关系。王维《酬严少尹徐舍人见过不遇》：“君但倾茶碗，无妨骑马归。”权德舆《送谢孝廉移家越州》：“从此幽深去，无妨隐姓名。”张籍《寄陆浑赵明府》：“公事稀疏来客少，无妨著屐独闲行。”齐己《寄明月山僧》：“要上诸峰去，无妨半夜行。”

【無表雪王章】　《汉书·王章传》：“章以选为京兆尹。时帝舅大将军王凤辅政，章虽为凤所举，非凤专权，不亲附凤。会日有蚀之，章奏封事，召见，言凤不可任用，宜更选忠贤。上初纳受章言，后不忍退凤。章由是见疑，遂为凤所陷，罪至大逆。”后以无表雪王章为咏直臣冤死之典。李玖《喷玉泉冥会诗八首·四丈夫同赋》之二：“虽有衣衾藏李固，终无表疏雪王章。”

【無取】　不足取。杜甫《湘江宴饯裴二端公赴道州》：“盛名富事业，无取愧高贤。”卢纶《纶与吉侍郎中孚司空郎中曙苗辄有所酬以申悲旧》：“考实绩无取，责能才固轻。”杜牧《羊栏浦夜陪宴会》：“自比诸生最无取，不知何处亦升堂。”

【無枉】　没有冤枉。虞世南《赋得慎罚》：“明慎全无枉，哀矜在好生。”

【無或】　不要。元结《招陶别驾家阳华作》：“无或毕婚嫁，竟为俗务牵。”顾况《上古之什补亡训传十三章·十月之郊一章》：“无或夭枝，有巨根蒂。”

【無事】　❶没有什么事。白居易《重修香山寺毕题二十二韵以纪之》：“官散殊无事，身闲甚自由。”刘禹锡《秋日书怀寄河南王尹》：“公府想无事，西池秋水清。”郑巢《题崔中丞北斋》：“何年各无事，高论宿青城。”徐铉《和张少监晚菊》：“今朝旬假犹无事，更好登临泛一杯。”❷无所事事。刘禹锡《同白二十二赠王山人》：“爱名之世忘名客，多事之时无事身。”常衮《赴京旅次感怀》：“万里云烟绕画楼，客居无事转深愁。”刘沧《赠天台隐者》：“看书饮酒余无事，自乐樵渔狎钓翁。”陆龟蒙《春思二首》之二：“谁家无事少年子，满面落花犹醉眠。”❸没有变故。多指没有灾异、战事等。太宗、淮安王《两仪殿赋柏梁体》：“绝域降附天下平，八表无事悦圣情。”杜审言《送和西蕃使》：“疆场及无事，雅歌而餐饭。”王维《奉和圣制重阳节宰臣及群官上寿应制》：“四海方无事，三秋大有年。”李商隐《留赠畏之》之一："清时无事奏明光，不遣当关报早霜。"❹无争，无为；平静。王维《晦日游大理韦卿城南别业四声依次用各六韵》："与世澹无事，自然江海人。"卢象《赠刘蓝田》："对此能无事，劳君问是非。"白居易《早热二首》之一："岂唯身所得，兼示心无事。"又《赠僧五首·自远禅师》："令人见即心无事，每一相逢是道场。"❺犹无意。李益《逢归信偶寄》："无事将心寄柳条，等闲书字满芭蕉。"又《闻鸡赠主人》："无事恋君轩，今君重凫鹄。"

【無奈】 ❶常与"何"呼应，表示无法对付或处置。岑参《酒泉太守席上醉后作》："三更醉后军中寝，无奈秦山归梦何。"柳浑《牡丹》："近来无奈牡丹何，数十千钱买一颗。"白居易《久雨闲闷对酒偶吟》："赖有杯中神圣物，有忧无奈十分何。"李涉《山中》："无奈牧童何，放牛吃我竹。"李中《宿临江驿》："候馆寥寥辍櫂过，酒醒无奈旅愁何。"❷无可奈何。李白《玉壶吟》："君王虽爱蛾眉好，无奈宫中妒杀人。"白居易《开襟》："无奈每年秋，先来入衰思。"赵嘏《八月二十九日宿怀》："无奈风光易流转，强须倾酒一杯觞。"李中《暮春吟怀寄姚端先辈》："无奈诗魔旦夕生，更堪芳草满长汀。"❸犹无比。张祜《听薛阳陶吹芦管》："无奈一声天外绝，百年已死断肠刀。"

【無奈何】 无可奈何；没有办法。张说《李工部挽歌三首》之三："是日归泉下，伤心无奈何。"韦应物《温泉行》："可怜蹭蹬失风波，仰天大叫无奈何。"白居易《酬裴令公赠马相戏》："安石风流无奈何，欲将赤骥换青蛾。"颜胄《适思》："精灵无奈何，像设安所荣。"贯休《桐江闲居作十二首》之一二："唯有前山色，窗中无奈何。"

【無非】 无一不是；肯定是。韩愈《示儿》："开门问谁来，无非卿大夫。"白居易《池上逐凉二首》之二："门前便是红尘地，林外无非赤日天。"姚合《崔少卿鹤》："入门石径半高低，闲处无非是药畦。"方干《同萧山陈长官县楼登望》："坐看南北与西东，远近无非礼义中。"

【無味】 没有兴味；没有滋味。王梵志《诗》之九七："以此好寻思，万事淡无味。"唐彦谦《春深独行马上有作》："众饮不欢逃席酒，独行无味放游缰。"

【無門】 ❶没有门路。姚鹄《将归蜀留献恩地仆射二首》之二："应怜死节无门效，永叹潜怀似转蓬。"又《书情献知己》："有道期攀桂，无门息转蓬。"❷无人；无处。姚合《舟行书事寄杭州崔员外》："若未重相见，无门解寂寥。"

【無明】 佛教语。指愚昧痴迷，不懂佛理。按，佛教把人认识事物、分辨是非的活动统称"无明"。王梵志《诗》之一〇二："众生头兀兀，常住无明窟。"寒山《诗三百三首》之二五二："痴属根本业，无明烦恼坑。"拾得《诗》之二一："君不见三界之中纷扰扰，只为无明不了绝。"

【無明鬼】 犹无明贼。寒山《诗三百三首》之二九七："手把兔角弓，拟射无明鬼。"

【無明賊】 指愚昧痴迷。佛教认为它是"三毒"之一，故谓之贼。拾得《诗》之四四："先破无明贼，神珠自吐焰。"寒山《诗三百三首》之二七五："一朝著病缠，三年卧床席。亦有真佛性，翻作无明贼。"见"無明"。

【無狀】 ❶没有形状；无迹象。薛能《国学试风化下》："蘋末看无状，人间觉有功。"❷没有事实；无根据。孙处玄《失题》："汉家轻壮士，无状杀彭王。"❸谓罪状。杜牧《感怀诗一首》："只云徒有征，安能问无状。"❹无须；不须。王绩《独酌》："浮生知几日，无状逐空名。"

【無知】 ❶不明事理；没有知识。王梵志《诗》之五三："骂妻早是恶，打妇更无知。"❷指淳朴幼稚。韦庄《赠野童》："羡尔无知野性真，乱搔蓬发笑看人。"

【無依】 无所依靠。李绅《上党奏庆云见》："宁作无依者，空传陶令文。"李商隐《壬申闰秋题赠乌鹊》："绕树无依月正高，邺城新泪溅云袍。"佚名《青海卧疾之作》："有命如朝露，无依类断蓬。"

【無所】 ❶无地；无处。白居易《早度分水岭》："萦纡用无所，奔迫流不已。"刘禹锡《伤丘中丞》："马鬣今无所，龙门昔共登。"又《泰娘歌》引："悉卒，泰娘无所归，地荒且远，无有能知其容与艺者，故日抱乐器而哭。"❷没有什么。李白《门有车马客行》："廓落无所合，流离湘水滨。"王建《新修道居》："世间无所入，学道处新成。"韩愈《谢自然诗》："童騃无所识，但闻有神仙。"白居易《续古诗十首》之八："心亦无所迫，身亦无所拘。"

【無命】 ❶谓命运不好。杜甫《狄明府》："比看叔伯四十人，有才无命百寮底。"❷指非寿终。李商隐《筹笔驿》："管乐有才终不忝，关张无命欲如何。"

【無念】 佛教语。谓无妄念，不存有世俗的思想认识。李益《入南山至全师兰若》："木陨水归壑，寂然无念心。"白居易《晚起》："唯吟一句偈，无念是无生。"又《对小潭寄远上人》："借问不流水，何如无念心。"

【無法】 没有办法。张祜《赠禅师》："已知无法说，心向定中灰。"

【無況】 谓景况不佳。罗隐《秋霁后》："蝇蚊渐无况，日晚自相亲。"杜荀鹤《感春》："无况青云有恨身，眼前花似梦中春。"

【無定】 变化不一；不固定。刘禹锡《秋斋独坐寄乐天兼呈吴方之大夫》："世间忧喜虽无定，释氏销磨尽有因。”又《贾客词》:“贾客无定游,所游唯利并。”韩琮《风》:“莫见东风便无定,满帆还有济川功。”李商隐《玄微先生》:“仙翁无定数,时人一壶藏。”徐铉《赋得风光草际浮》:“映空无定彩,飘径有余光。”

【無定所】 ❶没有一定处所。杜甫《严氏溪放歌行》:“况我飘转无定所,终日戚戚忍羁旅。”刘禹锡《送深法师游南岳》:“飞锡无定所,宝书留旧房。”李商隐《重过圣女祠》:“萼绿华来无定所,杜兰香去未移时。”一钵和尚《一钵歌》:“语时默,默时语,语默行踪无定所。”❷谓流逝不停留。李商隐《晓坐》:“红颜无定所,得失在当年。”

【無定河】 即今陕西省北部黄河支流无定河。李益《登夏州城观送行人赋得六州胡儿歌》:“无定河边数株柳,共送行人一杯酒。”陈陶《陇西行四首》之二:“可怜无定河边骨,犹是春闺梦里人。”秦韬玉《边将》:“无定河边蕃将死,受降城外虏尘空。”

【無弦】 即无弦琴。李白《戏赠郑溧阳》:“素琴本无弦,漉酒用葛巾。”白居易《访陶公旧宅》:“不慕尊有酒,不慕琴无弦。”陆龟蒙《奉和袭美夏景冲澹偶作次韵二首》之一:“垆中有酒文园会,琴上无弦靖节家。”

【無弦琴】 见“無絃琴”。

【無限】 ❶无边际。钱起《赋得寒云轻重色送子恂入京》:“无限寒云色,苍茫浅更深。”白居易《李白墓》:“采石江边李白坟,绕田无限草连云。”李郢《上裴晋公》:“惆怅旧堂扃绿野,夕阳无限鸟飞迟。”钱弘倧《登卧龙山偶成》:“四望楼台无限景,槛前赢得且徘徊。”❷极多;无数。谓数量极多。顾况《送李秀才游嵩山》:“嵩山石壁挂飞流,无限神仙在上头。”武元衡《岁暮送舍人》:“欲别临岐无限泪,故园花发寄君攀。”高骈《句》:“人间无限伤心事,不得尊前折一枝。”高蟾《金陵晚望》:“世间无限丹青手,一片伤心画不成。”❸无穷尽。李白《送王屋山人魏万还王屋》:“相逢乐无限,水石日在眼。”刘禹锡《酬乐天衫酒见寄》:“终朝相忆终年别,对景临风无限情。”温庭筠《卢氏池上遇雨赠游者》:“无限松江恨,烦君解钓丝。”韦庄《东阳赠别》:“无限别情言不得,回看溪柳恨依依。”

【無限意】 无穷的情意。耿湋《题清萝翁双泉》:“泠泠无限意,不独远公知。”韦夏卿《别张贾》:“临归无限意,相视却忘言。”刘沧《留别山中友人》:“别后寂寥无限意,野花门路草虫吟。”刘兼《征妇怨》:“曾寄锦书无限意,塞鸿何事不归来。”

【無始】 指太古。拾得《壁上诗二首》之一:“可惜一灵物,无始被境埋。”陈子昂《感遇诗三十八首》之七:“茫茫吾何思,林卧观无始。”

【無玷】 没有瑕疵。刘禹锡《许给事见示哭工部刘尚书诗因命同作》:“特达圭无玷,坚贞竹有筠。”

【無垠】 无边际;无穷尽。宋之问《嵩山天门歌》:“前汹汹兮未半,下漠漠兮无垠。”李白《送岑征君归鸣皋山》:“探元入窅默,观化游无垠。”孟郊《贫女词寄从叔先辈简》:“永别劳苦场,飘飖游无垠。”贯休《胡无人》:“我闻之,天子富有四海,德被无垠。”

【無荒】 谓不荒废政事。语出《诗·唐风·蟋蟀》:“好乐无荒,良士瞿瞿。”郑玄笺:“荒,废乱也。良,义也。君之好义,不当至于废乱政事。”《郊庙歌辞·梁太庙乐舞辞·撤豆》:“克勤克俭,无怠无荒。”

【無相】 ❶佛教语。相,指现象的形状和性质。无相,指摆脱世俗之有相认识所得的真如实相。《金刚经》:“凡所有相,皆是虚妄;若见诸相非相,则见如来。”皇甫冉《和郑少尹祭中岳寺北访萧居士越上方》:“寂静求无相,淳和睹太初。”姚合《过钦上人院》:“有相无相身,唯师说始真。”裴休《白鹿寺释迦瑞相诗》:“无相无亏有相圆,多生檀越各因缘。”❷指无相寺。韩熙载《溧水无相寺赠僧》:“无相景幽远,山屏四面开。”见“無相寺”。❸新罗国僧人。俗姓金,为新罗国王第三子。开元十六年(728)入长安,住禅定寺。不久入蜀,从处寂学头陀行。安史之乱时,玄宗在蜀曾召见讲论佛法。贯休有《书无相道人巷》。❹唐僧人名。姓氏、生平不详。章孝标有《送无相禅师入关》。罗隐有《赠无相禅师》、《寄无相禅师》。

【無相寺】 佛寺名。❶故址在今江苏溧水县。韩熙载有《溧水无相寺赠僧》。❷故址在今安徽九华山头陀岭下。建于唐初,北宋治平元年(1064)赐额。李白有《宿无相寺》,见《全唐诗续拾》卷一四。

【無相學】 即佛学。包佶《立春后休沐》:“渐穷无相学,惟避不才讥。”见“無相❶”。

【無面到江東】 谓无面目见故乡父老。《史记·项羽本纪》:“于是项王乃欲东渡乌江。乌江亭长舣船待,谓项王曰:‘江东虽小,地方千里,众数十万人,亦足王也。愿大王急渡。今独臣有船,汉军至,无以渡。’项王笑曰:‘天之亡我,我何渡为!且籍与江东子弟八千人渡江而西,今无一人还,纵江东父兄怜而王我,我何面目见之?纵彼不言,籍独不愧于心乎?’”窦常《项亭怀古》:“有心裁帐下,无面到江东。”

【無骨】 ❶体无骨骼。形容体态轻柔袅娜。欧阳詹《汝川行》:“垂空玉腕若无骨,映叶朱唇似花发。”刘禹锡《观柘枝舞二首》之二:“体轻似无骨,观者皆耸神。”又《酬牛相公独饮偶醉寓言见示》:“歌眉低有思,舞体轻无骨。”❷谓没有骨气。李白《赠新平少年》:“屈体若无骨,壮心有所凭。”❸形容应对时言词快利圆滑。周昙《咏史诗·春秋战国门·再吟》:“戏问将何对所耽,滑稽无骨是常谭。”❹形容肥壮。苏拯《狡兔行》："秋来无骨肥，鹰犬遍原野。"

【無信】 没有信使。杜甫《寄彭州高三十五使君三十韵》："诗好几时见，书成无信将。"熊皎《怀三茅道友》："丹桂有心凭至论，五峰无信问深交。"

【無鬼論】 认为无鬼存在。《晋书·阮瞻传》："瞻素执无鬼论，物莫能难，每自谓此理足可以辩正幽明。忽有一客通名诣瞻，寒温毕，聊谈名理。客甚有才辩，瞻与之言，良久及鬼神之事，反覆甚苦。客遂屈。"事又见南朝宋刘义庆《世说新语·方正》。李商隐《过故崔兖海宅与崔明秀才话旧因寄旧僚杜赵李三掾》："莫凭无鬼论，终负托孤心。"

【無計】 没有办法。张籍《寄友人》："如今各千里，无计得相随。"许浑《京口闲居寄京洛友人》："聚散有期云北去，浮沉无计水东流。"杜荀鹤《山中寡妇》："任是深山更深处，也应无计避征徭。"刘兼《江楼望乡寄内》："魂梦只能随蛱蝶，烟波无计学鸳鸯。"

【無度】 犹无比。语出《诗·魏风·汾沮洳》："彼其之子，美无度；美无度，殊异乎公路。"颜真卿《题杼山癸亭得暮字》："及兹纡胜引，曾是美无度。"皎然《奉和薛员外谊赠汤评事衡反招隐之迹兼见寄十二韵》："喜友称高儒，旷怀美无度。"

【無前】 ❶谓勇往直前，无所阻挡。杜甫《寄岳州贾司马六丈巴州严八使君两阁老五十韵》："万方思助顺，一鼓气无前。"❷前所未有。贯休《贺郑使君》："天文仰视同诸掌，剑术无前更数谁。"

【無染】 ❶佛教语。谓性本洁净，无沾污垢。晋道安《道行般若波罗蜜经序》："从始发意，逮一切智曲成决，著八地无染，谓之智也。"司马承祯《太上升玄消灾护命妙经颂》："灵童即正性，无染号真人。"刘禹锡《送慧则法师归上都因呈广宣上人》："以为尽妙理者莫如法门，变凡夫者莫如佛土，悟无染者莫如散花。"张祜《题赠志凝上人》："悟色身无染，观空事不生。"❷僧名。生平无考。齐己有《荆渚寄怀西蜀无染大师兄》，见卷八四四。

【無爲】 ❶道家的政治主张。谓顺应自然，清静无为。《老子》："道常无为而无不为，侯王若能守之，万物将自化。"又曰："我无为，而民自化；我好静，而民自正；我无事，而民自富；我无欲，而民自朴。"杜审言《和李大夫嗣真奉使存抚河东》："不宰神功运，无为大象悬。"储光羲《同王十三维偶然作十首》之二："孔丘贵仁义，老氏好无为。"《郊庙歌辞·太清宫乐章·序入破第一奏》："化演无为日，言昭有象初。"❷儒家的政治主张。谓选贤任能，垂拱而治。《论语·卫灵公》："子曰：'无为而治者其舜也与？夫何为哉？恭己正南面而已矣。'"太宗《执契静三边》："无为宇宙清，有美璇玑正。"杜审言《望春亭侍游应诏》："小臣同酌海，歌颂答无为。"王维《三月三日勤政楼侍宴应制》："天保无为德，人欢不战功。"姚合《文宗皇帝挽词三首》之二："代以无为理，车书万国同。"王仁裕《贺王溥入相》："一战文场拔赵旗，便调金鼎佐无为。"❸佛教语。指绝对存在的佛理。亦泛指超脱，无所作为。拾得《诗》之三三："欲识无为理，心中不挂丝。"皎然《湖南兰若示大乘诸公》："未到无为岸，空怜不系舟。"广宣《禁中法会应制》："从今精至理，长愿契无为。"白居易《赠草堂宗密上人》："吾师道与佛相应，念念无为法法能。"❹指顺应自然，无所作为。寒山《诗三百三首》之二四六："无为无事人，逍遥实快乐。"韦应物《寄黄刘二尊师》："中有无为乐，自然与世疏。"孟郊《大隐坊·赵记室俶在职无事》："时吟尧舜篇，心向无为开。"白居易《移家入新宅》："何必苦修道，此即是无为。"❺无须；不必。王绩《古意六首》之四："寄言悠悠者，无为嗟大耋。"王勃《杜少府之任蜀州》："无为在歧路，儿女共沾巾。"李白《赠韦侍御黄裳二首》之二："但勖冰壶心，无为叹衰老。"韩愈《此日足可惜赠张籍》："高爵尚可求，无为守一乡。"❻不要；不用。韦应物《送颜司议使蜀访图书》："无为久留滞，圣主待遗文。"权德舆《唐开州文编远寄新赋聊书还答》："伫见征颍川，无为薄淮阳。"吕温《登少陵原望秦中诸川因用感叹》："无为学惊俗，狂醉哭途穷。"薛能《送李溟出塞》："甚险穹庐宿，无为过代州。"❼别为；别被。李咸用《西门行》："君子当固穷，无为仲由滥。"又《临川逢陈百年》："教我无为礼乐拘，利路名场多忌讳。"张乔《送友人归宣州》："无为谢公恋，吟过晓蝉秋。"

【無爲天下先】 《老子》："我有三宝，持而保之：一曰慈，二曰俭，三曰不敢为天下先。慈故能勇，俭固能广，不敢为天下先，故能成器长。"后以"无为无下先"谓为人处世应守拙韬晦，莫作先行者。李山甫《遣怀》："莫饮盗泉水，无为天下先。"

【無爲日】 无为而治的圣明时代。杨师道《奉和夏日晚景应诏》："幸属无为日，欢娱尚未央。"白居易《池上闲吟二首》之一："幸逢尧舜无为日，得作羲皇向上人。"许棠《陈情献江西李常侍五首》之三："谩倚无为日，还成不偶人。"贯休《寿春进祝圣七首·山呼万岁》："声教无为日，山呼万岁声。"

【無爲化】 谓无为而治。语本《老子》："我无为而民自化。"玄宗《为赵法师别造精院过院赋诗》："欲广无为化，因兹庶可求。"王维《奉和圣制庆玄元皇帝玉像之作应制》："愿奉无为化，斋心学自然。"韦应物《答崔都水》："不遇无为化，谁复得闲居。"姚合《和元八郎中秋居》："圣代无为化，郎中似散仙。"见"無爲❶"。

【無耗】 没有消息。李商隐《即日》："赤岭久无耗，鸿门犹合围。”

【無恥】　不知羞耻。武无衡《行路难》：“休说编氓朴无耻，至竟终须合天理。”

【無時】　❶随时；常常。杜甫《三川观水涨二十韵》：“火云无时出，飞电常在目。”李建勋《谢赐待诏御苑》：“禁中仙乐无时过，阶下常人不敢行。”❷无时无刻；没有一刻。张仲方《赠毛仙翁》：“几岁头梳云鬓绿，无时面带桃花红。”李商隐《寄远》：“姮蛾捣药无时已，玉女投壶未肯休。”贾岛《赠翰林》：“看花在处多随驾，召宴无时不及身。”司空图《冯燕歌》：“黄河东注无时歇，注尽波澜名不灭。”❸不逢时会。李商隐《寿安公主出降》：“四郊多垒在，此礼恐无时。”又《四皓庙》：“羽翼殊勋弃若遗，皇天有运我无时。”

【無倪】　❶没有边际。李商隐《七月二十八日夜与王郑二秀才听雨后梦作》：“恍惚无倪明又暗，低迷不已断还连。”❷指太空。綦毋潜《宿太平观》：“明当访真隐，挥手入无倪。”李白《古风》之四一：“飘飘入无倪，稽首祈上皇。”

【無倫】　无与伦比。宋之问《潜珠篇》：“天生至宝自无伦，如何真伪人莫分。”李商隐《贾生》：“宣室求贤访逐臣，贾生才调更无伦。”又《华清宫》：“华清恩幸古无伦，犹恐蛾眉不胜人。”赵嘏《赠解头贾嵩》：“贾生名亦忽无伦，十月长安看尽春。”

【無射】　（—yì）古代十二律之一。位于戌，故亦指阴历九月。《史记·律书》：“九月也，律中无射。无射者，阴气盛用事，阳气无余也，故曰无射。其于十二子为戌。”阴行先《和张燕公湘中九日登高》：“重阳初启节，无射正飞灰。”

【無朕】　亦作“無眹”。没有迹象，没有先兆。元稹《酬别致用》：“神哉心相见，无眹安得离。”贯休《循吏曲上王使君》：“大信不信，贻阙无朕。”

【無記】　佛教语。指在神通力作种种变化时，心中不记善恶之业。王维《与胡居士皆病寄此诗兼示学人二首》之二：“灭相成无记，生心坐有求。”

【無恙】　没有疾病；没有忧患。多作问候语。《太平御览》卷七三九引汉应劭《风俗通》：“恙，病也。凡人相见及通书，皆云‘无恙’。又《易传》云：‘上古之时，草居露宿。恙，啮虫也，善食人心。俗悉患之，故相劳云‘无恙’。”李白《秋下荆门》：“霜落荆门江树空，布帆无恙挂秋风。”杜甫《得家书》：“熊儿幸无恙，骥子最怜渠。”韩愈《岳阳楼别窦司直》：“怜我窜逐归，相见得无恙。”

【無益】　没有好处；没有裨益。魏奉古《长门怨》：“闻道他人更可怜，悬知欲垢终无益。”刘禹锡《秋日书怀寄白宾客》：“州远雄无益，年高健亦衰。”薛能《圣灯》：“须知火尽烟无益，一夜栏边说向僧。”归处讷《咏石校书》：“如今追荐应无益，已被牛头煮几场。”

【無益當】　没有益处。寒山《诗三百三首》之一五九：“自逞说喽啰，聪明无益当。”

【無家】　❶没有妻室。卫唯《句》：“何必剃头为弟子，无家便是出家人。”❷没有家人。杜甫《月夜忆舍弟》：“有弟皆分散，无家问死生。”李商隐《悼伤后赴东蜀辟至散关遇雪》：“剑外从军远，无家与寄衣。”

【無能】　❶没有才能；没有能力。多用作谦词。白居易《酬皇甫庶子见寄》：“掌纶不称吾应笑，典郡无能我自知。”杜牧《将赴吴兴登乐游原一绝》：“清时有味是无能，闲爱孤云静爱僧。”司空图《退栖》：“宦游萧索为无能，移住中条最上层。”孟贯《夏日寄史处士》：“寂寥知得趣，疏懒似无能。”

【無聊】　❶孤寂无趣。戎昱《罗江客舍》：“有兴时添酒，无聊懒整冠。”牟融《有感二首》之二：“有兴不愁诗韵险，无聊只怕酒杯干。”罗隐《大梁见乔诩》：“千年非有限，一醉解无聊。”刘兼《中夏昼卧》：“寂寂无聊九夏中，傍檐依壁待清风。”❷无作用；没有意义。杜牧《寄浙东韩八评事》：“无穷尘土无聊事，不得清言解不休。”

【無著】　❶无所依托。韦庄《出关》：“危时只合身无著，白日那堪事有涯。”❷佛教语。无所羁绊，无所执着。唐彦谦《野行》：“野人心地都无著，伴蝶随鸥亦不归。”郑谷《蔡处士》：“无著复无求，平生不解愁。”廖匡图《和人赠沈彬》：“逼真但使心无著，混俗何妨手强抄。”❸新罗僧人名。生活于大历、贞元之际。法照有《送无著禅师为新罗》。

【無處】　❶没有处所；没有地方。杜甫《江畔独步寻花七绝句》之一：“江上被花恼不彻，无处告诉只颠狂。”刘禹锡《游桃源一百韵》：“挥手一来归，故溪无处觅。”许棠《早发洛中》：“孤村人尚梦，无处暂停桡。”朱长山《苦热诗》：“炎暑郁蒸无处避，凉风消息几时来。”❷没有一处。宗楚客《奉和人日清晖阁宴群臣遇雪应制》：“今朝上林树，无处不堪攀。”韩翃《寒食》：“春城无处不飞花，寒食东风御柳斜。”方干《送孙百篇游天台》：“远近常时皆药气，高低无处不泉声。”

【無處所】　犹言无定止。引申为消失不见或湮没不存。王勃《铜雀妓二首》之一：“君王无处所，台榭若平生。”陈子昂《感遇诗三十八首》之二七：“朝云无处所，荆国亦沦亡。”沈佺期《巫山高二首》之二：“雺云无处所，台馆晓苍苍。”沈亚之《秦梦诗三首》之二：“击髀舞，恨满烟光无处所。”王炎《葬西施挽歌》：“春风无处所，悽恨不胜怀。”

【無常】　❶佛教语。梵文意译，谓世间一切事，都处在生起、变异、破灭之中，迁流不息，绝无常住，谓之“无常”。王梵志《诗》：“不见无常急，业道自迎君。”

寒山《诗三百三首》之八四："但看阳焰浮沤水，便觉无常败坏人。"❷指无常鬼。旧时迷信所谓勾魂之鬼。王梵《诗》："无常煞鬼至，火急被追催。"拾得《诗》之四七："忽尔无常到，定知乱纷纷。"吕岩《窑头坯歌》："不道未曾经水火，无常一旦临君身。"

【無眹】 见"無朕"。

【無眼人】 喻没有见识的人。伏牛上人《三伤颂·其二》："咄哉无眼人，纤络何时了。"

【無異】 没有差别。贾岛《玩月》："无异市井人，见金不知廉。"曹邺《贵宅》："此地日烹羊，无异我食菜。"

【無異同】 没有差别。方干《哭江西处士陈陶》："南华至理须齐物，生死即应无异同。"

【無趾】 庄子寓言中一个身残而追求道德完美的人。见《庄子·德充符》。柳宗元《跂乌词》："支离无趾犹自免，努力低飞逃后患。"

【無累】 无所挂碍。韦应物《沣上西斋寄诸友》："闲游忽无累，心迹随景超。"

【無患】 没有灾祸。李商隐《四年冬以退居蒲之永乐作忆雪又作残雪诗各一百言以寄情于游旧·残雪》："焦寝忻无患，梁园去有因。"

【無罣礙】 没有任何牵挂。庞蕴《杂诗》之四："神识苟能无挂碍，廓周法界等虚空。"

【無過】 ❶无人超过；不能超过。裴谈《回波乐》："外边只有裴谈，内里无过李老。"李山甫《山中览刘书记新诗》："记室新诗相寄我，蔼然清绝更无过。"牛殳《方响歌》："乐中何乐偏堪赏，无过夜深听方响。"❷犹不如。王梵志《兀然无事》之四："若欲度众生，无过且自度。"《天宝中京兆谣》："欲得米麦贱，无过追李岘。"

【無偏】 不偏颇。语本《书·洪范》："无偏无党，王道荡荡；无党无偏，王道平平。"《郊庙歌辞·梁郊祀乐章·庆和》："岁功已就，王道无偏。"

【無術】 ❶没有本领。许棠《冬杪归陵阳别业五首》之三："学剑虽无术，吟诗似有魔。"❷没有办法。陆龟蒙《江湖散人歌》："均荒补败岂无术，布在方册撑颓隳。"

【無得】 ❶不能。韦庄《赠礼佛名者》："何用辛勤礼佛名，我从无得到真庭。"❷唐僧人名。生平无考。贾岛有《寄无得头陀》。

【無從】 ❶不知从何处而来。钱起《猷川雪后送僧粲临还京时避世卧疾》："回望群山携手处，离心一一涕无从。"《郊庙歌辞·梁太庙乐舞辞·送神》："其降无从，其往无踪。"❷不知将往何处。赵嘏《昔昔盐二十首·水溢芙蓉沼》："将心托流水，终日渺无从。"

【無魚】 《战国策·齐策四》："齐人有冯谖者，贫乏不能自存。使人属孟尝君，愿寄食门下。孟尝君曰：'客何好？'曰：'客无好也。'曰：'客何能？'曰：'客无能也。'孟尝君笑而受之，曰：'诺。'左右以君贱之也，食以草具。居有顷，倚柱弹其剑，歌曰：'长铗归来乎！食无鱼。'"后以无鱼形容食馔简单，生活清贫。耿湋《喜侯十七校书见访》："许酣令乞酒，辞窭任无鱼。"

【無象】 没有形象；不见形迹。贯休《春》："自来自去动洪炉，无象无私无处无。"又《上缙云段使君》："活民刀尺虽无象，出世文章岂有师。"

【無逸】 不懈怠。贯休《大蜀皇帝寿春节进尧铭舜颂二首·舜颂》："吾皇则之，无斁无逸。"

【無猜】 不疑虑；不避嫌疑。李白《上崔相百忧草》："冶长非罪，尼父无猜。"韦应物《宝观主白鸜鹆歌》："来掌上，时拂拭，人心鸟意自无猜。"徐铉《亚元舍人不替深知猥贻佳作三篇兼寄陈君庶资一笑耳》："可怜诸贵贤且才，时情物望两无猜。"又《又题白鹭洲江鸥送陈君》："酒旗渔艇两无猜，月影芦花镇相得。"

【無庸】 平庸无能。多用为自谦之词。虞世南《奉和幸江都应诏》："多幸沾行苇，无庸类散樗。"王维《送綦毋秘书弃官还江东》："无庸客昭世，衰鬓日如蓬。"韦应物《善福精舍秋夜迟诸君》："抚已亮无庸，结交赖群贤。"柳宗元《游朝阳岩遂登西亭二十韵》："薄躯信无庸，琐屑剧斗筲。"

【無情】 ❶没有情义；没有感情。刘长卿《送宣尊师醮毕归越》："挥手桐溪路，无情水亦分。"白居易《叹春风兼赠李二十侍郎二绝》之一："唯有须霜依旧白，春风于我独无情。"温庭筠《过分水岭》："溪水无情似有情，入山三日得同行。"韦庄《台城》："无情最是台城柳，依旧烟笼十里堤。"❷指虚伪不实之人。陆龟蒙《奉和袭美太湖诗二十首·上真观》："无情走声利，有志依闲暇。"

【無情花】 指花草之花。因无感情，故云。皎然《苕溪草堂自大历三年夏新营洎秋及春弥觉境胜因纪其事》："原上无情花，山中听经石。"自注："圣教意：草木等器世间，虽无情而理性通。又云：郁郁黄花，无非般若，是其义。"

【無情物】 没有感情的物品。李商隐《寄蜀客》："金徽却是无情物，不许文君忆故夫。"贯休《行路难》之五："无情之物尚如此，为人不及还堪悲。"

【無悰】 无趣；心情不快。李益《溪中月下寄杨子尉封亮》："蘅若夺幽色，衔思怅无悰。"李商隐《乐游原》："无悰托诗遣，吟罢更无悰。"

【無涯】 无边际；无穷尽。戴叔伦《赠韩道士》："日暮秋风吹野花，上清归客意无涯。"林宽《华清宫》："殿角钟残立宿鸦，朝元归驾望无涯。"李九龄《登昭福寺楼》："旅怀秋兴正无涯，独倚危楼四望赊。"刘兼《春晚闲望》："归计未成头欲白，钓舟烟浪思无涯。"

【無將】 ❶莫谓；不要说。韦应物《新秋夜寄诸弟》："无将别来近，颜鬓已蹉跎。"又《示全真元常》："无将一会易，岁月坐推迁。"司空曙《留卢秦卿》："无将故人酒，不及石尤风。"❷莫以。韦应《往云门郊居途经回流作》："无将为邑志，一酌澄波余。"刘得仁《秋夜喜友人宿》："无将簪绂意，只损壮夫心。"

【無絃琴】 亦作"無弦琴"。没有弦的琴。《宋书·隐逸传·陶潜》："潜不解音声，而畜素琴一张，无弦，每有酒适，辄抚弄以寄其意。"后以"无弦琴"用作咏闲适情趣的典故。王昌龄《赵十四兄见访》："但有无弦琴，共君尽尊中。"李白《赠临洺县令皓弟》："大音自成曲，但奏无弦琴。"白居易《丘中有一士二首》之二："行披带索衣，坐拍无弦琴。"司空图《书怀》："陶令若能兼不饮，无弦琴亦是沽名。"

【無堪】 ❶犹言无能、不才、无可取处。多用作谦词。杜甫《绝句漫兴九首》之六："懒慢无堪不出村，呼儿日在掩柴门。"❷不堪；承受不了。赵东曦《和张燕公耗磨日饮》之二："不酌他乡酒，无堪对楚山。"

【無期】 ❶了无期日。谓不知何时。刘希夷《死马赋》："高门待封杳无期，迁乔题柱即长辞。"刘禹锡《送廖参谋东游二首》之一："九陌逢君又别离，行云别鹤本无期。"李频《关东逢薛能》："唯君一度别，便似见无期。"李隲《读惠山若冰师诗集因题古院五首》之五："碧云终一谢，飞锡久无期。"❷谓久远。白居易《寓意诗五首》之五："孰谓虫之微，虫蠹已无期。"柳宗元《唐铙歌鼓吹曲十二篇·晋阳武第一》："惟德辅，庆无期。"

【無期別】 后会难期的别离。王维《哭祖六自虚》："定作无期别，宁同旧日旋。"李商隐《七夕》："争将世上无期别，换得年年一度来。"

【無辜】 ❶无罪。耿湋《岳祠送薛近贬官》："迁客无辜祝史告，神明有喜女巫知。"卢纶《纶与吉侍郎中孚司空郎中曙苗有五十韵见寄辄有所酬以申悲旧》："因逢骇浪飘，几落无辜刑。"柳宗元《古东门行》："魏王卧内藏兵符，子西掩袂真无辜。"佚名《久憾缧绁之作》："今时有恨同兰芝，即日无辜比冶长。"❷无罪之人。杜甫《两当县吴十侍御江上宅》："不忍杀无辜，所以分白黑。"又《草堂》："唱和作威福，孰肯辨无辜。"李绅《逾岭峤止荒陬抵高要》："明皇圣德异文皇，不使无辜困鬼方。"❸谓不幸死亡。韩愈《去岁自刑部侍郎以罪贬潮州刺史留题驿梁》："致汝无辜由我罪，百年惭痛泪阑干。"

【無極】 无穷尽；无边际。寒山《诗三百三首》之九二："天高高不穷，地厚厚无极。"司空曙《送郑锡》："汉阳云树清无极，蜀国风烟思不堪。"姚合《题凤翔西郭新亭》："嫩藓乍缘墀，永望情无极。"徐铉《孟君别后相续寄书作此酬之》："跂足北窗风，遥怀浩无极。"

【無量壽】 犹言万寿无疆。张说《奉和同皇太子过慈恩寺应制二首》之一："愿君无量寿，仙乐屡徘徊。"

【無間】 (—jiàn)❶没有空隙。指极其微小处。语本《老子》："天下之至柔，驰骋天下之至坚。无有入无间，吾是知无为之有益。"崔璐《览皮先辈盛制因作十韵以寄用伸款仰》："小言入无间，大言塞空虚。"❷无可指摘；无可非议。语出《论语·泰伯》："子曰：'禹，吾无间矣。'"徐浩《谒禹庙》："盛德吾无间，高功谁与俦。"元稹《和乐天赠樊著作》："皋夔益稷禹，粗得无间然。"❸没有隔阂。形容关系密切。张九龄《武司功有幽庭春暄见贻夏首获见以诗报焉》："赠鲤情无间，求莺思有余。"李白《题嵩山逸人元丹丘山居》序："白久在庐霍，元公近游嵩山。故交深情，出处无间。"❹不阻止。皇甫冉《送陆鸿渐赴越》序："吾子之行，盖不在此。尚书郎鲍侯，知子爱子者，将推食解衣以拯其极，讲德游艺以凌其深，岂徒尝镜水之鱼、宿耶溪之月而已！吾是以无间，劝其晨装，同赋送远客一绝。"❺不一会；倏忽之间。刘长卿《观李凑所画美人障子》："无间已得象，象外更生意。"❻不分；无区别。孟浩然《襄阳公宅饮》："荣辱应无间，欢娱当共保。"

【無悶】 ❶没有烦恼苦闷。语出《易·乾》："不易乎世，不成乎名，遯世无闷。"王绩《端坐咏思》："纷吾独无闷，高卧喜闲居。"李峤《田假限疾不获还庄率成短韵用写长怀赠杜幽素》："乐道方无闷，怀贤独有违。"陈子昂《赠别冀侍御崔司议》："有道君匡国，无闷余在林。"❷唐诗僧。生平无考。《全唐》卷八五〇收其诗二首。参《唐才子传校笺》卷三。

【無違】 不违背；不要违背。王昌龄《香积寺礼拜万回平等二圣僧塔》："万回主此方，平等性无违。"陈元光《教民祭蜡》："祈禳称世世，民社两无违。"《郊庙歌辞·唐明堂乐章·配飨》："孝思期有感，明洁庶无违。"

【無嗟】 不要感叹。韦应物《送榆次林明府》："无嗟千里远，亦是宰王畿。"

【無無】 ❶虚无；乌有。贯休《道情偈三首》之一："崆峒老人专一一，黄梅真叟却无无。"❷犹渐渐。张振祖《句》："门前草满无无老，床底钱多有有娘。"

【無然】 不要这样；不要。张九龄《郡舍南有园畦杂树聊以永日》："我愿从归翼，无然坐自沉。"储光羲《终南幽居献苏侍郎三首时拜太祝未上》之一："羽化既有言，无然悲不成。"李益《置酒行》："无然坐衰老，惭叹东陵柏。"

【無愧】 不慚愧；无惭愧之处。《郊庙歌辞·明皇祀圜丘乐章·豫和》：“祀宗陈德，无愧斯诚。”

【無愧詞】 见“無愧辭”。

【無愧辭】 一作“無愧詞”。谓诚实的言辞。杜甫《大云寺赞公房四首》之一：“把臂有多日，开怀无愧辞。”刘禹锡《平齐行二首》之二：“侍臣燕公秉文笔，玉检告天无愧词。”❷《后汉书·郭太传》：“明年春，卒于家，时年四十二。四方之士千余人，皆来会葬。同志者乃共刻石立碑，蔡邕为其文，既而谓涿郡卢植曰：‘吾为碑铭多矣，皆有惭德，唯郭有道无愧色耳。’”后用为赞誉人品德高尚的典故。李商隐《撰彭阳公志文毕有感》：“敢伐不加点，犹当无愧辞。”

【無道】 ❶指倒行逆施，不行正道。贯休《杞梁妻》：“秦之无道兮四海枯，筑长城兮遮北胡。”❷指不行正道的暴君。王昌龄《杂兴》：“无道吞诸侯，坐见九州裂。”徐振《雷塘》：“花忆所为犹自笑，草知无道更应荒。”

【無曾】 （—céng）不曾；没有。元稹《寄浙西李大夫四首》之三：“禁林同直话交情，无夜无曾不到明。”

【無勞】 ❶不劳，不用劳烦。王勃《陇西行十首》之四：“无劳豪吏猜，常侍当无恐。”张易之《侍从过公主南宅侍宴探得风字应制》：“坐客无劳起，秦箫曲未终。”李商隐《寓怀》：“搴树无劳援，神禾岂用耘。”❷无须。太宗《过旧宅二首》之二：“八表文同轨，无劳歌大风。”刘宪《奉和幸安乐公主山庄应制》：“主家别墅帝城隈，无劳海上觅蓬莱。”王维《递孟六归襄阳》：“好是一生事，无劳献子虚。”许浑《晓发鄞江北渡寄崔韩二先辈》：“无劳促回楫，千里有心期。”

【無補】 无所补益。张九龄《郡舍南有园畦杂树聊以永日》：“为郡久无补，越乡空复深。”韩愈《食曲河驿》：“杀身谅无补，何用答生成。”

【無媒】 无人引荐。喻进身无路。宋之问《潜珠篇》：“今乃千里作一尉，无媒为献明圣君。”杜牧《送隐者一绝》：“无媒径路草萧萧，自古云林远市朝。”许棠《冬杪归陵阳别业五首》之一：“无媒归别业，所向自乖心。”韦庄《下第题青龙寺僧房》：“千蹄万毂一枝芳，要路无媒果自伤。”

【無絶】 不尽，永远。无名氏《老君本生经颂一章》：“妄作善恶缘，祸福报无绝。”

【無幾】 没有多少；不多。李商隐《赠送前刘五经映三十四韵》：“屋壁余无几，焚坑逮可伤。”吴融《祝风三十二韵》：“虽然遣毕功，萎约都无几。”

【無幾何】 没有多久。刘禹锡《泰娘歌》引：“泰娘本韦尚书家主讴者。初尚书为吴郡，得之，命乐工诲之琵琶，使之歌且舞。无几何，尽得其术。”

【無瑕】 指玉上没有斑点。或比喻人没有缺点。杜甫《可叹》：“明月无瑕岂容易，紫气郁郁犹冲斗。”吕岩《西江月》词之一：“真铅似玉本无瑕，将凤欲比狂鸦。”

【無歲】 指荒年。张说《送任御史江南发粮以赈河北百姓》：“河朔人无岁，荆南义廪开。”

【無虞】 没有忧患；太平无事。杜甫《后出塞五首》之四：“献凯日继踵，两蕃静无虞。”李绅《泝西江》：“一身累困怀千载，百口无虞贵万金。”薛能《升平词十首》之一：“他时应有寿，当代且无虞。”

【無業次】 无职业。拾得《诗》之七：“后来出家者，多缘无业次。”

【無暇】 没有空闲；来不及。许浑《下第归朱方寄刘三复》：“诗酒应无暇，朝朝问旅人。”李洞《终南山二十韵》：“暂看犹无暇，长栖信有灵。”翁承赞《访建阳马驿僧亚齐》：“应笑乘轺青琐客，比时无暇听猿啼。”张又新《谢庐山僧寄谷帘水》：“吏役寻无暇，诗情得有缘。”

【無路】 ❶没有道路；不见道路。刘禹锡《桃源行》：“渔人振衣起出户，满庭无路花纷纷。”❷没有门路。赵嘏《重阳日示舍弟》：“侯门无路提携尔，虚共扁舟万里来。”陶谷《献诗吴越王》：“此生头已白，无路扫王门。”独孤均《题含虚洞二首》之二：“真人鹿引非无路，洞府龙升自有时。”

【無跡】 没有痕迹。无名氏《天帝君讃大有妙经颂一章》：“玄化本无迹，有迹生道宗。”

【無愁】 ❶没有忧愁。杜甫《题张氏隐居二首》之二：“前村山路险，归醉每无愁。”刘禹锡《酬令狐相公早秋见寄》：“公来第四秋，乐国号无愁。”李商隐《楚吟》：“楚天长短黄昏雨，宋玉无愁亦自愁。”赵嘏《江亭晚望》：“无愁自得仙翁术，多病能忘太史书。”❷指北齐后主高纬。《北齐书·幼主纪》：“（后主高纬）乃益骄纵，盛为《无愁》之曲，帝自弹琵琶而唱之，侍和之者以百数。人间谓之无愁天子。”李商隐《陈后宫》：“从臣皆半醉，天子正无愁。”温庭筠《达摩支曲》：“君不见无愁高纬花漫漫，漳浦宴余清露寒。”

【無愁果有愁曲】 即《无愁曲》。古乐府杂曲歌名。传为北齐后主高纬创作。《乐府诗庥·杂曲歌辞十五》：“《隋书·乐志》曰：‘北齐后主自能度曲，尝倚弦而歌，别采新声，为《无愁曲》。自弹胡琵琶而唱之，音韵窈窕，极于哀思。使胡儿阉官辈齐和之，曲终乐阕，莫不陨涕。虽行幸道路，或时马上奏之，乐往哀来，竟以亡国。’”李商隐有《无愁果有愁曲》。

【無腸公子】 蟹的别名。晋葛洪《抱朴子·内篇·登陟》：“称河伯者，鱼也；称无肠公子者，蟹也。”唐彦谦《蟹》：“无肠公子固称美，弗使当道禁横行。”

【無意】 ❶无心；没有意念。刘长卿《和灵一上人新泉》："动静皆无意，唯应达者知。"白居易《狐泉店前作》："花水悠悠两无意，因风吹落偶相依。"温庭筠《寒食节日寄楚望二首》之一："芳兰无意绿，弱柳何穷缕。"苏拯《经马嵬坡》："一从杀贵妃，春来花无意。"❷不想；没有打算。刘禹锡《洛中送韩七中丞之吴兴口号五首》之三："今朝无意诉离杯，何况清弦急管催。"钱珝《江行无题一百首》之六二："燹笺嘲白鹭，无意喻枭鸾。"陆希声《山居即事二首》之二："不是幽栖矫性灵，从来无意在膻腥。"

【無煩】 不须烦劳；不用。李端《送郑宥入蜀迎觐》："请语愁猿道，无烦促泪行。"韦渠牟《步虚词十九首》之一八："无烦骑白鹿，不用驾青牛。"王维《与胡居士皆病寄此诗兼示学人二首》之二："无烦君喻马，任以我为牛。"马戴《过野叟居》："自著养生论，无烦忧暮年。"

【無際】 ❶无边；无垠。刘禹锡《韩十八侍御见示岳阳楼别窦司直诗足成六十二韵》："素光淡无际，绿静平如砥。"张碧《秋日登岳阳楼晴望》："西南东北竞无际，直疑侵断青天涯。"温庭筠《南湖》："芦叶有声疑雾雨，浪花无际似潇湘。"吴融《登鹳雀楼》："鸟在林梢脚底看，夕阳无际戍烟残。"❷不间歇；不间断。王维《谒璿上人》序："上人外人内天，不定不乱，舍法而渊泊，无心而云动。色空无碍，不物物也；默语无际，不言言也。"❸唐诗僧。即石头希迁和尚。端州高要（今属广东）人。俗姓陈，嗣青原行思。天宝初住衡山南寺，结庵东石上。贞元六年（790）卒，德宗谥无际大师。《全唐诗外编》（下）录其《咏走马灯诗》一首。

【無嫌猜】 不避嫌疑。李白《长干行二首》之一："同居长干里，两小无嫌猜。"

【無厭】 ❶不满足；不厌倦。白居易《池上即事》："林下水边无厌日，便堪终老岂论年。"贾岛《玩月》："不知此夜中，几人同无厌。"陆龟蒙《秋日遣怀十六韵寄道侣》："胡麻如重寄，从诮我无厌。"崔涂《友人问卜见招》："乐善知无厌，操心幸不欺。"亦指贪心不足。韦应物《酒肆行》："主人无厌且专利，百斛须臾一壶费。"❷不要嫌弃。柳宗元《田家三首》之三："今年幸少丰，无厌馆与粥。"

【無對】 无双；无敌。皇甫冉《同李苏州伤美人》："歌舞常无对，幽明忽此分。"李商隐《病中闻河东公乐营置酒口占寄上》："嵇鹤元无对，荀龙不在夸。"

【無聞】 没有名声；不为人知。语本《论语·子罕》："四十五十而无闻焉，斯亦不足畏已。"戴叔伦《暮春感怀》之二："四十无闻懒慢声，放情丘壑任天真。"张祜《访许用晦》："怪来音信少，五十我无闻。"

【無種】 指无血统相传关系。语本《史记·陈涉世家》："且壮士不死即已，死即举大名耳，王侯将相宁有种乎！"护国《别盛安》："亲故相逢且借问，古来无种是王侯。"刘禹锡《武夫祠》："犹思风尘起，无种取侯王。"

【無算】 不计其数。极言其多。萧颖士《菊荣一篇五章》之五："良辰旨酒，宴饮无算。"窦庠《东都嘉量亭献留守韩仆射》："玉斝飞无算，金饶奏未终。"后主李煜《句》："羽觞无算酌。"

【無算酌】 见"無算爵"。

【無算爵】 亦作"無算酌"。指古代某些典礼中不限定饮酒爵数的饮酒礼，至醉而止。《仪礼·乡饮酒礼》："若有诸公大夫，则使人受俎如宾礼，众宾皆降。说屦揖让，如初升坐，乃羞。无算爵。"郑玄注："算，数也。宾主燕饮，爵行无数，醉而止也。"罗隐《暇日有寄姑苏曹使君兼呈张郎中郡中宾僚》："融酒徒夸无算爵，俭莲还少最高枝。"后主李煜《句》："羽觞无算酌。"

【無個】 犹没有、无一。个，语助词。王维《赠吴官》："长安客舍热如煮，无个茗糜难御暑。"佚名《晚秋羁情》："尚见蒿莱遍街陌，屋宇摧残无个存。"

【無疑】 ❶没有疑惧；没有猜疑。孟浩然《陪张丞相自松滋江东泊渚宫》："政成人自理，机息鸟无疑。"司空图《修史亭二首》之一："今日无疑亦无病，前程无事扰医王。"吴融《和韩致侍郎无题三首十四韵》之一："厌胜还随俗，无疑不避人。"子兰《观棋》："点头初得计，格手待无疑。"❷毫无疑问。贯休《闻大愿和尚顺世三首》之一："古容图得否，内院去无疑。"自注："大师行高德广，必生弥勒内院。"

【無語】 ❶没有话语。任翻《惜花》："无语与花别，细看枝上红。"李治《明月夜留别》："离人无语月无声，明月有光人有情。"❷形容悄然无声。刘禹锡《百舌吟》："笙簧百啭音韵多，黄鹂吞声燕无语。"崔涯《黄蜀葵》："独立悄无语，清愁人讵知。"高蟾《秋日北固晚望二首》之一："何事满江惆怅水，年年无语向东流。"王毂《牡丹》："曷若东园桃与李，果成无语自垂阴。"

【無遮】 没有遮挡。吕岩《浪淘沙》词："我有屋三椽，住在灵源，无遮四壁任萧然。"契此《偈》："不高亦不低，无遮亦无障。"

【無遮會】 佛教语。即佛教布施与说法的大会，每五年一次。参加者除僧徒外，不论老少贵贱，外道男女，都可参加与布施。南朝梁武帝中大通元年（527）九月，曾驾幸同泰寺，设四部无遮大会，因舍身。公卿以下，以钱一亿万奉赠，为历史上一次著名的无遮大会。杨氏《硖石山》："遥想当年无遮会，纷纷散落雨花天。"

【無端】 ❶无边际；无头绪。徐安贞《闻邻家理筝》："北头横天夜欲阑，愁人倚月思无端。"皎然《独游二首》之一："性野趣无端，春晴路又干。"元稹《竹部》："分尔有限资，饱我无端腹。"李频《长安寓居寄柏侍郎》："霜轻两鬓欲相侵，愁绪无端不可寻。"❷没来由；无缘无故。魏奉古《长门怨》："旧来偏得君王意，今日无端宠爱轻。"刘长卿《瓜洲驿奉饯张侍御公拜膳部郎中却复宪台充贺兰大夫留后》："寸心宁有负，三黜竟无端。"皎然《从军行五首》之三："须防肘腋下，飞祸出无端。"韩愈《秋怀诗十一首》之一："愁忧无端来，感叹成坐起。"❸犹无心、无意。杜甫《送郑十八虔贬台州司户伤其临老隔贼之故阙为面别情见于诗》："苍惶已就长途往，邂逅无端出饯迟。"韩愈《感春四首》之四："今者无端读书史，智慧只足劳精神。"李商隐《锦瑟》："锦瑟无端五十弦，一弦一柱思华年。"又《晋昌晚归马上赠》："人岂无端别，猿应有意哀。"陆龟蒙《寄怀华阳道士》："衔烟细草无端绿，冒雨闲花作意馨。"❹犹不料。表示事出意外。杜甫《历历》："无端盗贼起，忽已岁时迁。"杨巨源《大堤曲》："无端嫁与五陵少，离别烟波伤玉颜。"韩愈《游城南十六首·落花》："无端又被春风误，吹落西家不得归。"张祜《杨花》："无端惹著潘郎鬓，惊杀绿窗红粉人。"❺犹无奈。用于感叹事与愿违。李嘉祐《过乌公山寄钱起员外》："无端王事还相系，肠断蒹葭君不知。"张籍《使行望悟真寺》："无端来去骑官马，寸步教身不得游。"刘皂《旅次朔方》："无端又渡桑干水，却望并州似故乡。"薛能《盩厔官舍新竹》："无端种在幽闲地，众鸟嫌寒凤未知。"❻犹无赖、无知、无礼。陆龟蒙《自遣诗三十首》之一二："雪侵春事太无端，舞急微还近腊寒。"孙元晏《咏史诗·晋·卫玠》："江东士女无端甚，看杀玉人浑不知。"蒋贻恭《咏虾蟆》："坐卧兼行总一般，向人努眼太无端。"

【無端倪】 无边无垠。岑参《西亭子送李司马》："丝绳玉壶为君提，坐来一望无端倪。"

【無適】 (一dí)"无适无莫"的略语。意谓君子对于天下之事，没规定要怎样做，也没规定不这样做，只要怎样做符合正义，就怎样做。语本《论语·里仁》："君子之于天下也，无适也，无莫也，义之与比。"高适《同群公题郑少府田家》："男儿未称意，其道固无适。"❷(一shì)不愉快。岑参《六月三十日水亭送华阴王少府还县》："失路情无适，离怀思不堪。"

【無憀】 闲而烦闷，无聊赖。李商隐《离亭赋得折杨柳二首》之一："暂凭樽酒送无憀，莫损愁眉与细腰。"温庭筠《菩萨蛮》词之一一："时节欲黄昏，无憀独倚门。"崔橹《和友人题僧院蔷薇花三首》之三："试问更谁过野寺，无憀徒自舞春风。"唐彦谦《汉代》："静多如有待，闲极似无憀。"

【無鄰】 ❶无可匹比。卢象《寒食》："深冤何用道，峻迹古无邻。"杜甫《谒先主庙》："应天才不小，得士契无邻。"刘禹锡《送华阴尉张苕赴邕府使幕》："高视缅今古，清风夐无邻。"杨嗣复《仪凤》："低昂多异趣，饮啄迥无邻。"❷无边；无垠。刘禹锡《有僧言罗浮事因为诗以写之》："夜宿最高峰，瞻望浩无邻。"❸没有伴侣。孟浩然《上巳日涧南园期王山人陈七诸公不至》："坐歌空有待，行乐恨无邻。"

【無漏】 佛教语。指无烦恼。寇坦《同皇甫兵曹天官寺浴室新成招友人赏会》："共听无漏法，兼濯有为尘。"吕岩《窑头坯歌》："到此遂成无漏身，胎息丹田涌真火。"

【無寥】 无聊；闲散而无趣。齐己《寄东林言之禅子》："可惜东窗月，无寥过一年。"子兰《鹦鹉》："翠毛丹觜乍教时，终日无寥似忆归。"

【無褐】 没有粗劣的短衣。形容生活贫苦。皇甫冉《送薛秀才》："读书惟务静，无褐不忧贫。"

【無複】 不再有；不再。太宗《望送魏征葬》："无复昔时人，芳春共谁遣。"杜甫《枯楠》："犹含栋梁具，无复霄汉志。"窦牟《杏园渡》："君子素风悲已矣，杏园无复一枝花。"李商隐《任弘农尉献州刺史乞假还京》："却羡卞和双刖足，一生无复没阶趋。"

【無盡】 没有穷尽。王维《送别》："但去莫复问，白云无尽时。"白居易《白羽扇》："盛夏不销雪，终年无尽风。"皮日休《吴中苦雨因书一百韵寄鲁望》："高谈繄无尽，昼漏何太促。"

【無盡燈】 佛教语。喻佛法。佛法普度众生，如一灯能点燃千百盏灯，故称。寒山《诗三百三首》："唯有一般恶，不传无尽灯。"张说《游龙山静胜寺》："但传无尽灯，可使有情悟。"王贞白《云居长老》："不说有为法，非传无尽灯。"

【無頗】 公正不偏。张九龄《咏史》："大德始无颇，中智是所是。"

【無緒】 ❶没有情绪；情绪不好。张九龄《听筝》："端居正无绪，那复发秦筝。"白居易《题王家庄临水柳亭》："春愁正无绪，争不尽残杯。"❷没有头绪。李白《赠刘都使》："所求竟无绪，裘马欲摧藏。"

【無緇磷】 比喻不因受外界条件的影响而起变化。语出《论语·阳货》："不曰坚乎？磨而不磷；不曰白乎？涅而不缁。"磷，谓因磨而薄；缁，谓因染而黑。贾至《自蜀奉册命往朔方途中呈韦左相文部房尚书门下崔侍郎》："亭亭昆山玉，皎皎无缁磷。"

【無慮】 不忧虑；不愁。曹邺《下第寄知己》："无虑数尺躯，委作泉下骨。"司空图《漫题三首》之三："山林若无虑，名利不难逃。"

【無題】 诗本名。指以"无题"标名而别有寄托的诗歌。其特点大多以男女爱情为题材，而又寄托深微。最早以“无题”命篇的是李德裕，但写得最多而使“无题”成为诗中一体的则是李商隐。其诗集中以“无题”为题的有十五首之多，其外还有以“偶题”“失题”为题，以及采用诗中首二字标题实际也等于无题的（如《锦瑟》《碧城》等）诗有七八首。这类诗大都隐晦曲折，或隐含不愿公开的爱情故事，或寄托着某种政治内容，但又写得深情绵邈，绮丽精工，故向来为人所喜爱。后来韩偓、吴融及宋初的“西昆体”诗派都有继作，从而使它成为诗中的一体。

【無踪】 见“無蹤”。

【無遺】 没有遗漏。唐彦谦《留别四首》之三：“登庸趋俊乂，厕用野无遗。”崔道融《题李将军传》：“猿臂将军去似飞，弯弓百步虏无遗。”

【無數】 不计其数。极言其多。杜甫《秋雨叹三首》之一：“著叶满枝翠羽盖，开花无数黄金钱。”李商隐《十字水期韦潘侍御同年不至时韦寓居水次故郭汾宁宅》：“漆灯夜照真无数，蜡炬晨炊竟未休。”韩琮《雨》：“不及流他荷叶上，似珠无数转分明。”唐彦谦《九日游中溪》：“蓼花最无数，照水娇婀娜。”

【無稽】 没有根据，无从查考。朱存《金陵览古·天阙山》：“牛头天际碧凝岚，王导无稽亦妄谈。”

【無價】 价值无法，计算形容极珍贵。许浑《酬副使郑端公见寄》：“笙磬有文终易别，珠玑无价竟难酬。”郑损《玉声亭》：“世间泉石本无价，那更天然落景中。”一钵和尚《一钵歌》：“一颗圆明无价珠，眼不见，耳不闻，无见无闻无不闻。”佚名《洛阳人嘲跋异》（卷八七二）：“张氏出头跋异无价。”

【無價寶】 形容极其珍贵的东西。寒山《诗三百三首》之一九五：“不识心中无价宝，犹似盲驴信脚行。”鱼玄机《赠邻女》：“易求无价宝，难得有心郎。”周昙《咏史诗·春秋战国门·季札》：“宝剑徒称无价宝，行心更贵不欺心。”吕岩《七言》之一〇四：“只此世间无价宝，不凭火里试烧看。”

【無儀】 没有妇人应有的仪范。元稹《有鸟二十章》之一八：“一鸚曾说妇无仪，悍妇杀鸚欺主母。”

【無餘】 ❶没有多余之物或多余的资财。温庭筠《登卢氏台》：“台高秋尽出，林断野无余。”张乔《题友人草堂》：“空山卜隐初，生计亦无余。”❷佛教语。指无余涅槃。谓不仅已断俗世烦恼，而且前世果报已尽，不再受牵制。白居易《读禅经》：“须知诸相皆非相，若住无余却有余。”

【無誰】 没有人。李商隐《哭刘司户二首》之二：“有美扶皇运，无谁荐直言。”

【無論】 ❶不必说；且不说。王绩《春日还庄》：“自得终焉趣，无论怀故乡。”《入衡州》：“无论再缱绻，已是安苍黄。”耿湋《奉送崔侍御和蕃》：“无论善长对，博望自封侯。”白居易《无元九悼往》：“无论君自感，闻者欲沾襟。”❷不论；不管。王勃《别薛华》：“无论去与往，俱是梦中人。”王梵志《诗》之二七：“无论贫与富，一概惣须平。”白居易《醉后重赠晦叔》：“无论疏与数，相见辄欣然。”杜荀鹤《途中有作》：“无论南北与西东，名利牵人处处同。”❸犹岂止、不止。李白《望庐山瀑布水二首》之一：“无论漱琼液，还得洗尘颜。”

【無敵】 无人可比；没有人可与对抗。孟郊《送谏议十六叔至孝义渡后奉寄》：“文清虽无敌，儒贵不敢骄。”杜牧《咏歌圣德远怀天宝因题关亭长句四韵》：“广德者强朝万国，用贤无敌是长城。”李群玉《规公业在净名得甚深义走笔此篇以屈瞻礼》：“生公吐辩真无敌，顾氏传神实有灵。”李中《献乔侍郎》：“贾马才无敌，褒雄誉益臻。”

【無敵才】 无人可比的才能。皮日休《七爱诗·房杜二相国》：“肮脏无敌才，磊落不世遇。”

【無窮】 ❶没有穷尽；没完没了。武无衡《送李正字之蜀》：“无穷别离思，遥寄竹枝歌。”朱庆余《观涛》：“高楼晓望无穷意，丹叶黄花绕郡城。”牟融《山寺律僧画兰竹图》：“偶来绝顶兴无穷，独有山僧笔最工。”方泽《武昌阻风》：“江上春风留客舟，无穷归思满东流。”❷指空间上没有边际或尽头。李频《送友人游塞北》：“日西身独远，山转路无穷。”贾岛《题虢州三堂赠吴郎中》：“无穷草树昔谁栽，新起临湖白石台。”许棠《边城晚望》：“广漠杳无穷，孤城四面空。”贯休《夏雨登千霄亭上宋使君二首》之一：“霁色澄鲜壑映红，千霄亭上望无穷。”❸指时间上没有终结。玄宗《春晚宴两相及礼官丽正殿学士探得风字》：“乾道运无穷，恒将人代工。”杜甫《往在》：“千春荐陵寝，永永垂无穷。”张祜《隋堤怀古句》：“锦帆东去不归日，汴水西来无穷年。”李商隐《今月二日不自量度辄以诗献上》：“待公三入相，丕祚始无穷。”❹无数。谓数量极多。戎昱《八月十五日》：“梨园几人在，应是涕无穷。”寒山《诗三百三首》之一一二：“变化计无穷，生死竟不止。”李频《初离黔中泊江上》：“无穷幽鸟戏，时向棹前飞。”刘沧《咸阳怀古》：“经过此地无穷事，一望凄然感废兴。”

【無窮已】 没有穷尽。张若虚《春江花月夜》：“人生代代无穷已，江月年年只相似。”刘禹锡《观棋歌送儇师西游》：“前身后身付余习，百变千化无穷已。”又《韩十八侍御见示岳阳楼别窦司直诗因令属和重以自述故足成六十二韵》：“孤城寄远目，一写无穷已。”寒山《诗三百三首》之一三二：“犊子又生儿，积数无穷已。”

【無窮門】 古代道家所称通往至道境界的门径。语本《庄子·在宥》：“得吾道者，上为皇而下为王；失吾道者，上见光而下为土。今夫百昌皆生于土而反于土，故余将去女，人无穷之门，以游无极之野。”李白《古风》之二五：“归来广成子，去入无穷门。”

【無緣】 ❶没有机会；没有缘分。白居易《奉酬淮南牛相公思黯见寄二十四韵》：“是非分未定，会合杳无缘。”谭铢《题九华山》：“浮沉任名路，窥仰会无缘。”徐夤《溪隐》：“将名将利已无缘，深隐清溪拟学仙。”韦縠《杂诗》之二：“玉钗重合两无缘，鱼在深潭鹤在天。”❷佛教语。谓无分别、执着、挂碍。无名僧《禅诗》之一：“座禅不乱意，观色更无缘。”

【無擇】 指无失误或不妥之处。择，通“殬”。败坏，不合法度。王引之《经义述闻》：“殬、斁、择古音并同。……《孝经》：‘口无择言，身无择行。’口无败言，身无败行也。”陈子昂《座右铭》：“言行既无择，存殁自扬名。”

【無機】 ❶没有机心；任其自然。皎然《宿法华寺简灵澈上人》：“至道无机但杳冥，孤灯寒竹自青荧。”刘沧《赠隐者》：“谁识无机养真性，醉眠松石枕空杯。”张乔《长安书事》：“有景终年住，无机是处闲。”陆希声《阳羡杂咏十九首·清辉堂》：“野人心地本无机，为爱茅檐倚翠微。”❷没有机会、机遇。李端《赠康洽》：“迩来七十遂无机，空是咸阳一布衣。”元稹《酬复言长庆四年元日郡斋感怀见寄》：“富贵祝来何所遂，聪明鞭得转无机。”许浑《赠迁客》：“无机还得罪，直得不伤情。”陆龟蒙《奉酬裘美先辈吴中苦雨一百韵》：“偃仰纵无机，形容且相忽。”

【無機者】 机遇不好的人。贯休《送吴融员外赴阙》：“应笑无机者，腾腾天地间。”

【無賴】 ❶指奸诈狡猾等恶劣行为。杜甫《咏怀古迹五首》之一：“羯胡事主终无赖，词客哀时且未还。”韦应物《逢杨开府》：“少事武皇帝，无赖恃恩私。”吴融《倒次元韵》：“生憎无赖客，死忆有情人。”❷似憎实爱。犹可喜、可爱。往往含有亲昵意味。杜甫《奉陪郑驸马韦曲二首》之一：“韦曲花无赖，家家恼杀人。”徐凝《忆扬州》：“天下三分明月夜，二分无赖是扬州。”李商隐《嘲桃》：“无赖夭桃面，平时露井东。”曹唐《又游仙诗一绝》：“春风流水还无赖，偷放桃花出洞门。”❸犹无心、无意。杨巨源《与李文仲秀才同赋泛酒花诗》：“若道春无赖，飞花合逐风。”李商隐《二月二日》：“花须柳眼各无赖，紫蝶黄蜂俱有情。”罗隐《渚宫秋思》：“襄王台下水无赖，神女庙前云有心。”吴融《灵宝县西侧津》：“柳花无赖苦多暇，蛱蝶有情长自忙。”❹不堪；难以忍耐。裴说《过洞庭湖》：“此际情无赖，何门寄所思。”

【無戰】 不经战斗。多指不滥用武力。李峤《军师凯旋自邕州顺流舟中》：“全军多胜策，无战在明时。”刘禹锡《卧病闻常山旋师策勋宥过王泽大洽因寄李六侍郎》：“无战陋丹水，垂仁轻槁街。”又《元和癸巳岁仲秋诏发江陵成咏寄荆南严司空》：“前筹得上策，无战已成功。”❷没有战事，没有战争。王维《奉和圣制送不蒙都护兼鸿胪卿归安西应制》：“无战是天心，天心同覆载。”

【無氈】 《梁书·江革传》：“朓尝宿卫，还过候革，时大雪，见革敝絮单席，而耽学不倦，嗟叹久之，乃脱所著襦，并手割半毡与革充卧具而去。”后以“無氈”为咏士人清贫的典故。王维《胡居士卧病遗米因赠》：“床上无毡卧，镉中有粥否。”杜甫《戏简郑广文虔兼呈苏司业源明》：“才名四十年，坐客寒无毡。”郑谷《前寄左省张起居一百言寻蒙唱酬见誉过实却用旧韵重答》：“预愁摇落后，子美笑无毡。”

【無儔】 无可匹比。元稹《再酬复言和夸州宅》：“会稽天下本无俦，任取苏杭作辈流。”

【無錫】 唐县名。治所即今江苏无锡市。罗隐有《夜泊毗陵无锡县有寄》。灵一有《酬皇甫冉将赴无锡于云门寺赠别》。

【無謂】 没有意义；没有深意。韩愈《杂诗四首》之四：“蛙黾鸣无谓，阁阁只乱人。”白居易《和微之诗二十三首·和知非》：“除禅其次醉，此说非无谓。”李商隐《无题》：“人生岂得长无谓，怀古思乡共白头。”韦庄《和郑拾遗秋日感事一百韵》：“覆餗非无谓，奢华事每详。”

【無諼】 纯正；无邪。顾况《朝上清歌》：“至阳无谖，其乐多些。”

【無營】 ❶没有制作。许敬宗《奉和初春登楼即目应诏》：“创规虽有作，凝拱遂无营。”杜甫《太子张舍人遗织成褥段》：“今我一贱老，裋褐更无营。”❷无所谋求。戎昱《寂上人禅房》：“安得此生同草木，无营长在四时间。”

【無聲】 ❶没有声音。韦承庆《南行别弟》：“落花相与恨，到地一无声。”戴叔伦《相思曲》：“紫箫横笛寂无声，独向瑶窗坐愁绝。”刘禹锡《谢窦员外旬休早凉见示诗》：“新秋十日浣朱衣，铃阁无声公吏归。”❷吞声；不说话。杜甫《投简成华两县诸子》：“君不见空墙日色晚，此老无声泪垂血。”

【無聲無臭】 （臭 xiù）没有声音，没有气味。多形容天道的幽微玄妙。《诗·大雅·文王》：“上天之载，无声无臭。”郑玄注：“天之道难知也，耳不闻声音，鼻不闻香臭。”《郊庙歌辞·五郊乐章·黑帝羽音·雍和》：“既高既远，无声无臭。”

【無藉在】 犹言无聊赖，或无拘束。杜甫《送韦出记赴安西》：“白头无藉在，朱绂有哀怜。”白居易《洛城东花下作》：“白头无藉在，醉倒亦何妨。”

【無虧】 不要损害。褚亮《祭方丘乐章·肃和》:“永言配命,长保无亏。”

【無斁】 不厌倦。贯休《大蜀皇帝寿春节进尧铭舜颂二首·舜颂》:“吾皇则之,无斁无逸。”

【無鮭菜】 《南齐书·庾杲之传》:“清贫自业,食唯有韭葅、瀹韭、生韭杂菜,或戏之曰:‘谁谓庾郎贫,食鲑常有二十七种。’”事又见《南史·庾杲之传》。后因用作咏清贫的典故。杜甫《王竟敢携酒高亦同过共用寒字》:“自愧无鲑菜,空烦卸马鞍。”

【無謝】 犹不亚于。杜甫《进艇》:“茗饮蔗浆携所有,瓷罂无谢玉为缸。”

【無禮】 没有礼貌;不循礼法。杜甫《遭田父泥饮美严中丞》:“指挥过无礼,未觉村野丑。”丘光庭《补茅鸱》序:“茅鸱,刺食禄而无礼也。在位之人,有重禄而无礼度,君子以为茅鸱之不若,作诗以刺之。”

【無蹤】 亦作“无踪”。没有踪影。张乔《送僧雅觉归东海》:“鸟行来有路,帆影去无蹤。”张峤《句》:“红尾漫摇三尺浪,真龙透石本无踪。”《郊庙歌辞·梁太庙乐舞辞·送神》:“其降无从,其往无蹤。”

【無雙】 ❶独一无二;无与伦比。钱起《陪考功王员外城东池亭宴》:“无双锦帐郎,绝境有林塘。”戴叔伦《临流送顾东阳》:“海上独归惭不及,邑中遗爱定无双。”胡曾《咏史诗·濡须桥》:“徒向濡须欲受降,英雄才略独无双。”李叔卿《江南曲》:“湖上女,江南花,无双越女春浣纱。”❷单;一片,一只。薛能《一叶落》:“无双浮水面,孤绝落关头。”

【無雙將】 无可匹比的将才。典出《史记·李将军列传》:“典属国公孙昆邪为上泣曰:‘李广才气,天下无双,自负其能,数与虏敌战,恐亡之。’于是乃徙为上郡太守。”杜牧《题永崇西平王宅太尉愬院六韵》:“天下无双将,关西第一雄。”

【無雙譽】 《后汉书·荀淑传》:“颍川为之语曰:‘荀氏八龙,慈明无双。’”后以“无双誉”谓无可匹比的声誉。李商隐《今月二日不自量度辄复五方四十韵诗献上》:“家擅无双誉,朝居第一功。”

【無邊】 ❶没有边际。杜甫《登高》:“无边落木萧萧下,不尽长江滚滚来。”马戴《远水》:“秋光照不极,鸟影去无边。”章碣《变体诗》:“今古若论英达算,鸱夷高兴固无边。”僧鸾《赠李粲秀才》:“大郊远阔空无边,凝明淡绿收余烟。”❷犹无穷。王梵志《诗》之九十:“布施无边福,来生不少粮。”李洞《送远上人》:“海岳两无边,去来都偶然。”

【無礙】 ❶佛教语。谓通达自在,没有障碍。刘长卿《陪元侍御游支硎山寺》:“因逐溪水还,观心两无碍。”武元衡《旬假南亭寄熊郎中》:“如何无碍智,犹苦病缠牵。”李绅《题法华寺五言二十韵》:“极乐知无碍,分明应有缘。”李洞《赠兴善彻公上人》:“心宗本无碍,问学岂难同。”❷谓没有尘杂。丰干《壁上诗二首》之一:“论心话明月,太虚廓无碍。”❸唐僧人名。俗姓陈,永嘉(今属浙江)人。十岁时入长安出家,北周天和三年(568)受具足戒。隋初在长安永宁寺从僧超学《智度论》等。后移居洛阳庄严寺。唐初返长安弘法。❹僧人名。天竺人。后入日南弘法,居九真山净居寺。沈佺期有《九真山净居寺谒无碍上人》。

【無礙才】 深通无碍之人。王绩《游山寺》:“别有迷方者,终惭无碍才。”见“無礙❶”。

【無礙寺】 唐佛寺名。故址在今河南省新郑。皇甫冉有《寄振上人无碍寺所居》与《寄郑二侍御归新郑无碍寺所居》。

【無辭】 不推辞;不要推辞。钱起《题萧丞小池》:“此会无辞醉,良辰难再追。”刘禹锡《和乐天春词依忆江南曲拍为句》之二:“无辞竹叶醉樽前,惟待见青天。”李商隐《北禽》:“为恋巴江好,无辞瘴雾蒸。”皮日休《奉和鲁望樵人十咏·樵歌》:“若遇采诗人,无辞收鄙陋。”

【無識】 ❶(—zhī)不知。杜荀鹤《寄温州崔博士》:“县宰不仁工部饿,酒家无识翰林醒。”❷(—shí)佛教语。不懂;无知。《法苑珠林》卷一一二引《沙弥尼戒经》:“心闭意塞,世世愚痴;不值大道,其心无识。”宋佺期《九真山净居寺谒无碍上人》:“弟子哀无识,医王惜未谈。”

【無懷氏】 传说中的上古帝王。《管子·封禅》:“昔无怀氏封太山。”君知章注:“古之王者,在伏羲前。”皮日休《酒中十咏》序:“傲然不持,以洪荒至化为爵赏。仰无怀氏之民乎,葛天氏之民乎?”

【無疆】 ❶永远;无穷。多为祝颂之词。张九龄《奉和圣制南郊礼毕酺宴》:“气和皆有感,泽厚自无疆。”权德舆《仲秋朝拜昭陵》:“无疆传庆祚,有截荷亭育。”白居易《新乐府·法曲》:‘法曲法曲歌堂堂,堂堂之庆垂无疆。”杜牧《郡斋独酌》:“醺酣更唱太平曲,仁圣天子寿无疆。”❷广袤无垠。贯休《古战处》:“相怜极目无疆地,曾落将军一阵中。”

【無疆福】 无穷的幸福。李商隐《五言述德抒情诗一首四十韵献上杜七兄仆射相公》:“愿保无疆福,将图不朽名。”

【無疆壽】 犹万寿无疆。杨巨源《春日奉献圣寿无疆词十首》之九:“永保无疆寿,长怀不战心。”广宣《早秋降诞日献寿二首应制》之一:“敢赞无疆寿,香花上法筵。”

【無籍】 没有门籍。门籍,古代悬挂于宫殿门前的记名牌,上署官员姓名、年龄、身份等,凭籍方可出入宫门。韩愈《孟生诗》:“一门百夫守,无籍不可寻。”

【無競】 不争。《诗·大雅·桑柔》:“君子实维,秉心无竞。”元稹《竞渡》:“自是岂无竞,琐细不复言。”皮日休《奉和鲁望秋日遣怀次韵》:“与物深无竞,于生亦太廉。”

【無體】 不成体统。韩偓《北齐二首》之二:“周朝将相还无体,宁死何须入铁笼。”

【無鹽】 汉刘向《新序·杂事二》:“齐有妇人极丑无双,号曰‘无盐女’。其为人也,血头深目,长壮大节,昂鼻结喉,肥项少发,折腰出胸,皮肤若漆。”又《列女传·辩通传·齐钟离春》:“钟离春者,齐无盐邑之女,宣王之正后也。其为人丑极无双。”后用为丑女的代称。李白《于阗采花》:“丹青能令丑者妍,无盐翻在深宫里。”又《答族侄僧中孚赠玉仙人掌茶》:“清镜烛无盐,顾惭西子妍。”李端《杂歌》:“人生照镜须自知,无盐何用妒西施。”

【無鹽子】 代指丑女。李白《效古二首》之二:“寄语无盐子,如君何足珍。”详见“無鹽”。

焦 〔jiāo《广韵》即消切,平宵,精。〕❶烧焦。韩愈《陆浑山火和皇甫湜用其韵》:“截然高周烧四垣,神焦鬼烂无逃门。”白居易《赠韦处士六年夏大热旱》:“旱日干密云,炎烟焦茂草。”陈标《焦桐树》:“未经良匠材虽散,待得知音尾已焦。”王贞白《寄天台叶尊师》:“采药霞衣湿,煎芝古鼎焦。”❷焦枯;干枯。王建《原上新居十三首》之四:“家贫僮仆瘦,春冷菜蔬焦。”陈羽《江上愁思二首》之二:“江上草茎枯,茎枯叶复焦。”皮日休《病中美景颇阻追游因寄鲁望》:“看取病来多少日,早梅零落玉华焦。”刘瑶《暗别离》:“槐花结子桐叶焦,单飞越鸟啼青霄。”❸干燥。杜甫《茅屋为秋风所破歌》:“唇焦口燥呼不得,归来倚杖自叹息。”贯休《夜对雪寄杜使君》:“鹤襟声偏密,风焦片益粗。”❹焦黄色。白居易《新秋病起》:“病瘦形如鹤,愁焦鬓似蓬。”殷尧藩《还京口》:“吏民莫见参军面,水宿风餐鬓发焦。”李群玉《役从叔》:“可惜出群蹄,毛焦久卧泥。”李洞《出山睹春榜》:“未老鬓毛焦,心归向石桥。”❺焦急;焦虑。张说《杂诗四首》之一:“抱薰心常焦,举旆心常摇。”张鷟《又一首》:“千思千肠热,一念一心焦。”岑参《青山峡口泊舟怀狄侍御》:“九月芦花新,弥令客心焦。”白居易《因沐感发寄朗上人二首》之一:“应是烦恼多,心焦血不足。”

【焦山】 山名。在今江苏镇江市东北长江中,与金山对峙。相传东汉焦先隐居于此,故名。李白有《焦山望寥山》。王瓒有《冬日与群公泛舟焦山》。

【焦心】 ❶忧思苦虑。白居易《偶作二首》之一:“焦心一身苦,炙手旁人热。”❷中心烧焦。骆宾王《挑灯杖》:“禀质非贪热,焦心岂惮熬。”

【焦石】 即煤炭。韩翃《别李明府》:“五侯焦石烹江笋,千户沉香染客衣。”

【焦死】 枯死。白居易《喜雨》:“松干竹焦死,眷眷在心目。”

【焦灼】 火热;酷热。韦应物《夏冰歌》:“咫尺炎凉变四时,出门焦灼君讵知。”孟郊《赠竟陵卢使君虔别》:“孰不苦焦灼,所行为贫侵。”

【焦尾】 即焦尾琴。李颀《题僧房双桐》:“谁能事音律,焦尾蔡邕家。”窦庠《留守府酬皇甫曙侍御弹琴之什》:“那令杂繁手,出假求焦尾。”顾况《谢王郎中见赠琴鹤》:“此琴等焦尾,此鹤方胎生。”李咸用《山居》:“焦尾何人听,凉霄对月弹。”见“焦桐”。

【焦氓】 指处于水深火热中的人民。吕岩《七言》之三二:“回首便归天上去,愿将甘雨救焦氓。”

【焦卷】 ❶干枯卷缩。王维《苦热》:“草木尽焦卷,川泽皆竭涸。”❷指干枯的禾苗草木等。杜甫《雨》:“皇天德泽降,焦卷有生意。”

【焦封】 开元初浚仪令。《全唐诗》卷八六七录《孙长史女与焦封赠答诗》四首,诗题后注:“开元初,浚义令焦封罢任,丧妻,客蜀中。夜逢一青衣,邀入一甲第。有女子年十七八,仪貌殊常,自称孙长史女,夫丧,寡居于此。命酒赋诗,遂留匹偶。经月,封思入关,女赠玉环并诗为别。封亦以诗留赠,登前途,女忽奔至,疑讶间,有千余猩猩来,女喜跃曰:‘君不顾我东归,我亦逐女伴归山耳。’化为一猩猩去。”

【焦枯】 ❶干枯。白居易《喜雨》:“顿疏万物焦枯意,定看秋郊稼穑丰。”❷喻指处于水深火热中的人。李商隐《哭虔州杨侍郎》:“莫凭牲玉请,便望救焦枯。”

【焦思】 焦苦地思虑。杜甫《忆昔二首》之一:“至今今上犹拨乱,劳身焦思补四方。”刘禹锡《送李策秀才还湖南因寄幕中亲故兼简衡州吕八郎中》:“暂将息薄游,焦思穷笔精。”殷文圭《九华贺雨吟》:“陶公焦思念生灵,变旱为丰合杳冥。”

【焦紅】 指深红色。李珣《南乡子》词之九:“拢云髻,背犀梳,焦红衫映绿罗裾。”

【焦桐】 晋干宝《搜神记》卷十三:“汉灵帝时,陈留蔡邕……至吴,吴人有烧桐以爨者,邕闻火烈声,曰:‘此良材也。’因请之,削以为琴,果有美音。而其尾焦,因名‘焦尾琴’。”又见《后汉书·蔡邕传》。后因以“焦桐”指琴。刘禹锡《答杨八敬之绝句》:“饱霜孤竹声偏切,带火焦桐韵本悲。”张祜《思归引》:“焦桐弹罢丝自绝,漠漠暗魂愁夜月。”姚鹄《将归蜀留献恩地仆射二首》之一:“危叶只将终委地,焦桐谁料却为琴。”顾甄远《惆怅诗九首》之四:“愁遇人间好风景,焦桐韵满华堂静。”

【焦原】 ❶巨石名。《尸子》卷下:“莒国有名焦原者，广寻长五十步，临万仞之溪，莒国莫敢近也。”李白《梁甫吟》：“手接飞猱搏雕虎，侧足焦原未言苦。”阎防《夕次鹿门山作》：“焦原不足险，梁壑未成艰。”❷干旱的原野。李敬方《题黄山汤院》：“定应邻火宅，非独过焦原。”陆龟蒙《奉和袭美太湖诗二十首·以毛公泉献大谏清河公》：“霏霏散为雨，用以移焦原。”

【焦烈】 犹枯干。张祜《忧旱吟》：“田畴苦焦烈，龟坼无润壤。”

【焦殺】 （—shài）谓声调急促。《史记·乐书》：“志微焦杀之音作，而民思忧。”张守节正义：“若人君丛脞，情志细劣，其乐音噍戚杀急，不舒缓也。”刘禹锡《泰娘歌》引：“孙卒，泰娘无所归。地荒且远，无有能知其容与艺者。故日抱乐器而哭，其音焦杀以悲。”

【焦拳】 喻窘迫。韩愈《催十六少府摄伊阳以诗及书见投因酬三十韵》：“谋拙日焦拳，活计似锄划。”

【焦梧桐】 指琴。贾岛《投孟郊》：“原倾肺肠事，尽入焦梧桐。”见“焦桐”。

【焦崖閣】 古代蜀道中的阁道名。在今陕西洋县北五十里焦崖山。韦庄《焦崖阁》：“今朝夜过焦崖阁，始信星河在马前。”

【焦涸】 枯竭。李建勋《春雪》：“莫道便为桑麦药，亦胜焦涸到春残。”

【焦焦】 焦急貌。孟郊《送李翱习之》：“壮年俱悠悠，逮兹各焦焦。”

【焦勞】 焦虑烦劳。白居易《感所见》：“巧者焦劳智者愁，愚翁何喜复何忧。”

【焦湖】 一名濼湖。即今安徽巢湖。伶人《戏为冥吏判》：“焦湖百里，一任作獭。”萧颖士有《□□□赵载同游焦湖夜归作》。

【焦瘦】 干枯消瘦。李端《瘦马行》：“眼中有泪皮有疮，骨毛焦瘦令人伤。”

【焦寢】 晋皇甫谧《高士传·焦先》：“常结草为庐于河之湄……后野火烧其庐，先因露寝，遭冬雪大至，先袒卧不移，人以为死，就视如故。后百余岁卒。”后遂以焦寝指隐居生活。李商隐《残雪》：“焦寝忻无患，梁园去有因。”

【焦熱】 干旱炎热。方干《上张舍人》：“此地清廉惟饮水，四方焦热待为霖。”

【焦頭爛額】 形容烧伤严重。《汉书·霍光传》：“臣闻客有过主人者，见其灶直突，傍有积薪，客谓主人，更为曲突，远徙其薪，不者且有火患。主人嘿然不应。俄而家果失火，邻里共救之，幸而得息。于是杀牛置酒，谢其邻人，灼烂者在于上行，余各以功次坐，而不录言曲突者。人谓主人曰：‘乡使听客之言，不费牛酒，终亡火患。今论功而请宾，曲突徙薪亡恩泽，焦头烂额为上客耶?’主人乃寤而请之。”周昙《咏史诗·春秋战国门·再吟》：“曲突徙薪不谓贤，焦头烂额飨盘筵。”

【焦聲】 指树木烧焦而发出的声响。王泠然《夜光篇》：“焦声散著群树鸣，炎气傍林一川暖。”

【焦糟】 即秫米熬成的糖。杜甫《十月一日》：“蒸裹如千室，焦糟幸一柈。”王嗣奭《杜臆》：“‘蒸裹’‘焦糖’，互相馈送，此夔之俗，盖以是日为佳节也。”按，糟，一本作“糖”。柈，同“盘”。

【焦爛】 烧焦糜烂。白居易《和答诗十首·答四皓庙》：“君看齐鼎中，焦烂者郦其。”

【焦鬱】 唐诗人。贞元十八年(802)官登仕郎、泾阳县尉。《全唐诗》卷五〇五录其《白云向空尽》等诗三首。

焮 〔xìn《广韵》香靳切，去焮，曉。〕❶燃烧。杜甫《火》：“势俗焚昆仑，光弥焮洲渚。”❷照耀。段成式《观山灯献徐尚书》序：“初烁空焮谷，漫若朝炬。”❸炽盛。徐彦伯《比干墓》：“玉床逾皎洁，铜柱方歊焮。”

【焮赩】 红艳艳的火光。刘禹锡《武陵观火诗》：“当前迎焮赩，是物同膏腴。”

然 〔rán《广韵》如延切，平仙，日。〕❶“燃”的古字。燃烧；焚烧。丁仙芝《戏赠姚侍御》：“繁霜晓幕鸣柏乌，待子兽炭然金炉。”李白《战城南》：“秦家筑城避胡处，汉家还有烽火然。烽火然不息，征战无已时。”皮日休《茶中杂咏·茶灶》：“水煮石发气，薪然杉脂香。”贯休《题师颖和尚院》：“煮茗然枫枿，泥墙札祖碑。”❷点燃。韩愈《送侯参谋赴河中幕》：“秋渔荫密树，夜博然明灯。”白居易《游悟真寺诗一百三十韵》：“黑夜自光明，不待灯烛然。”顾非熊《早秋雨夕》：“就枕终难寐，残灯灭又然。”羊昭业《皮袭美见留小宴次韵》：“知君不肯然官烛，争得华筵彻夜明。”❸明；明亮。王维《过卢四员外宅看饭僧共题七韵》：“不须愁日暮，自有一灯然。”张谓《扬州雨中张十七宅观妓》：“夜色带寒烟，灯花拂更然。”白居易《新昌新居书事四十韵因寄元郎中张博士》：“炉香穿盖散，笼烛隔纱然。”施肩吾《宿兰若》：“独夜客心何处是，秋云影里一灯然。”❹明丽耀眼。虞世南《发营逢雨应诏》：“陇麦沾逾翠，山花湿更然。”许敬宗《奉和秋日即目应制》：“昆明秋景淡，岐岫落霞然。”岑参《高冠谷口招郑鄠》：“涧花然暮雨，潭树暖春云。”施肩吾《夜宴曲》：“青娥一行十二仙，欲笑不笑桃花然。”❺正确；认为正确。元结《系乐府十二首·下客谣》：“客言胜黄金，主人然不然。”或表示肯定的答语。韩愈《元和圣德诗》：“皇帝曰然，嗟远士女。”❻代词。如此，这样。骆宾王《艳情代郭氏答卢照邻》：“掷果河阳君有分，货酒成都妾亦然。”王维《哭祖六自虚》：“否极尝闻泰，嗟君独不然。”孟郊《抒情因上郎中二十二叔监察十五叔兼呈李益端公柳缜评事》：“自悲何以然，在礼阙晨昏。”吴融《李周弹筝歌》：“古人云：丝不如竹，竹不如肉。乃知此语未必然。”❼副词。犹然后、才。李益《从军夜次六胡北饮马磨剑石为祝殇辞》：“请君先问湘江水，然我此恨乃可论。”❽连词。犹然而、但是。刘禹锡《庙庭偃松诗》序：“丞相晋公为赋诗，美其犹龙蛇，然植于高檐乔木间，上嵌旁轧，盘蹙倾亚，似不得天和者。”又《送僧元暠东游》序：“虽万姓归佛，尽为释种，如河入海，无复水名，然具一切智者，岂惟遗百行，求无量义者，宁容断闻思。”皇甫湜《题浯溪石》：“然长于指叙，约洁有余态。”❾助词。(1)用于句末，与若、如等配合，表比拟。刘禹锡《送张盥赴举诗》序：“向所谓同年友，当其盛时，联袂齐镳，互绝九衢，若屏风然，今来落落，如曙星之相望。”(2)用于形容词或副词的词尾，表状态。王维《至滑州隔河望黎阳忆丁三寓》：“故人不可见，河水复悠然。”刘禹锡《和董庶中古散调词赠尹果毅》：“饮尔一杯酒，陶然足自怡。”李商隐《偶成转韵七十二句赠四同舍》：“爱君忧国去未能，白道青松了然在。”陆龟蒙《奉和袭美太湖诗二十首·毛公坛》：“远怀步罡夕，列宿森然明。”

【然公】　即皎然。唐诗僧。蔡希寂有《登福先寺上方然公禅室》。见“皎然”。

【然火】　点火。窦常《奉送职方崔员外摄中丞新罗册使》：“夜色潜然火，秋期独往槎。”白居易《裴常侍以题蔷薇架十八韵见示因广为三十韵以和之》：“烂若丛然火，殷于叶得霜。”

【然而】　连词。连接分句，表示转折。刘禹锡《赠别君素上人诗》引：“曩予习礼之中庸，至不勉而中，不思而得，傻然知圣人之德，学以至于无学，然而斯言也，犹示行者以室庐之奥耳，求其径术而布武，未易得也。”又《从曹璩归越中旧隐诗》引：“读史书，自黄帝至吴魏间，班班能言之，然而绝口不敢言衡山。”

【然灰】　义同“死灰复燃”。典出《史记·韩长孺列传》：“其后安国坐法抵罪，蒙狱吏田甲辱安国。安国曰：‘死灰独不复然乎？’田甲曰：‘然即溺之。’居无何，梁内史缺，汉使使者拜安国为梁内史，起徒中为二千石。田甲亡走。安国曰：‘甲不就官，我灭而宗。’甲因肉袒谢。安国笑曰：‘可溺矣！公等足与治乎？’卒善遇之。”骆宾王《畴昔篇》：“冶长非罪曾缧绁，长孺然灰也经溺。”

【然明】　张奂之字。奂东汉敦煌人，拜武威太守。其地民俗多妖忌，凡二月、五月产子及与父母同月生者，悉杀之。奂示以义理，严加赏罚，风俗遂改，百姓为之立生祠。事见《后汉书·张奂传》。苏颋《同饯阳将军兼源州都督御史中丞》：“然明方改俗，去病不为家。”

【然則】　连词。表示句子间的连贯关系，犹言“那么”。丘光庭《补新宫》序：“成三年新宫灾，祢庙之宫也。然则正言新宫，居处之宫也。”

【然信】　谓重然诺，言而有信。许浑《题卫将军庙》序：“既而以孝敬睦闺门，以然信居乡里。”

【然後】　副词。表示接着某种动作或情况之后。王维《不遇咏》：“济人然后拂衣去，肯作徒尔一男儿。”李白《蜀道难》：“地崩山摧壮士死，然后天梯石栈方钩连。”窦庠《东都嘉量亭献留守韩仆射》：“岂须登岘首，然后奉羊公。”邵谒《少年行》：“何必走马夸弓矢，然后致得人心争。”

【然紅】　谓开放红花。韦应物《西亭》：“小山初构石，珍树正然红。”

【然桂】　以桂作薪，形容物价昂贵。语出《战国策·楚策三》：“楚国之食贵于玉，薪贵于桂，臣今食玉炊桂。”孟浩然《秦中感秋寄远上人》：“黄金然桂尽，壮志逐年衰。”羊士谔《永宁小园即事》：“宿雨方然桂，朝饥更摘蔬。”

【然然】　自然貌。吕岩《勉牛生夏侯生》：“然然卷，然然舒，哀哀咍咍，孩儿喘而不死，腹空虚兮长斋。”

【然犀角】　传说晋温峤曾点燃犀牛角，照出了水中的怪物。南朝宋刘敬叔《异苑》卷七：“晋温峤至牛渚矶，闻水底有音乐之声。水深不可测，传言下多怪物。乃燃犀角而照之，须臾，见水族覆火，奇形异状，或乘车马，着赤衣帻。其夜，梦人谓曰：‘与君幽明道隔，何意相照邪？’峤甚恶之，未几卒。”又见《晋书·温峤传》。王绩《游仙四首》之四：“照水然犀角，游山费虎皮。”

【然諾】　❶应允；许诺。虞世南《结客少年场行》：“共矜然诺心，各负纵横志。”高适《同吕员外酬田著作幕门军西宿盘山秋夜作》：“人生感然诺，何啻若形影。”张渭《题长安壁主人》：“纵令然诺暂相许，终是悠悠行路心。”贾岛《再投李益常侍》：“淹留花柳变，然诺肺肠倾。”❷义同“一诺”。谓对诺言极守信用。典出《史记·季布列传》：“曹秋至，即揖季布曰：‘楚人谚曰：“得黄金百斤，不如得季布一诺。”足下何以得此声于梁楚间哉？’”李白《宣城送刘副使入秦》：“感激一然诺，纵横两无疑。”刘长卿《题冤句宋少府厅留别》：“一言重然诺，累夕陪宴慰。”羊士谔《乾元初严黄门自京兆少尹贬牧巴郡赋诗十四韵刻于石壁》：“光辉轻尺璧，然诺重黄金。”元稹《别李三》：“半面契始终，千金比然诺。”

【然燈】　点灯。崔曙《宿大通和尚塔敬赠如上人兼呈常孙二山人》：“然灯见栖鸽，作礼闻信鼓。”李嘉祐《同皇甫侍御题荐福寺一公房》："啜茗翻真偈，然灯继夕阳。"阎防《宿岸道人精舍》："山牖见然灯，竹房闻捣药。"

【然點】 点燃。曹松《句》："石脉水流泉滴沙，鬼灯然点松柏花。"

【然燭】 燃点蜡烛。元稹《连昌宫词》："须臾觅得又连催，特敕街中许然烛。"皮日休《吴中苦雨因书一百韵寄鲁望》："薪蒸湿不著，白昼须然烛。"

【然臍】 指元凶伏法。沈佺期《赦到不得归题江上石》："五方思寄刃，万姓喜然脐。"杜甫《郑驸马池台喜遇郑广文同饮》："然脐郿坞败，秃节汉臣回。"

【然蠟】 点燃蜡烛。孟浩然《夜登孔伯昭南楼时沈太清朱升在座》："华烛罢然蜡，清弦方奏鹍。"

焰 〔yàn《广韵》以赡切，去艶，以。〕亦作"燄"。❶火苗。太宗《冬宵各为四韵》："珠帘烛燄动，绣柱月光浮。"李贺《谢秀才有妾缟练改从于人座人制诗嘲谢贺复继四首》之三："夜遥灯焰短，睡熟小屏深。"姚合《喜马戴冬夜见过期无可上人不至》之一："苦寒灯焰细，近晓鼓声重。"李建勋《宿友人山居寄司徒相公》之二："溪冻声全减，灯寒焰不高。"❷火；火光；光辉。苏颋《奉和圣制春台望应制》："圆阙朱光燄，横山翠微积。"李峤《宝剑篇》："淬绿水，鉴红云，五采焰起光氛氲。"白居易《寓意诗五首》之一："疾风吹猛燄，从根烧到枝。"刘禹锡《和乐天斋戒月满夜对道场偶怀咏》："案上香烟铺贝叶，佛前灯焰透莲花。"❸燃烧。武元衡《德宗皇帝挽歌词三首》之三："松柏韵幽音，鱼龙焰寒烛。"赵嘏《花园即事呈常中丞》："烧衣焰席三千树，破鼻醒愁一万杯。"❹形容红旗、红花等的光彩、光辉。沈佺期《塞北二首》之一："锋刃奔涛色，旌旗焰火文。"刘禹锡《百花行》："红焰出墙头，雪光映楼角。"按，此指红花。温庭筠《过华清宫二十二韵》："剑锋挥太皞，旗焰拂蚩尤。"贯休《古塞下曲七首》之一："地使人心恶，风吹旗燄荒。"❺犹熏。元稹《虫豸诗》序："通之地，丛秽卑褊，烝瘴阴郁，燄为虫蛇，备有辛螫。"

【焰水】 热水。庞蕴《杂诗》之七："焰水无鱼下底钩，觅鱼无处笑君愁。"

【焰光】 又作"燄光"。火焰。李群玉《赠魏三十七》："莫放燄光高二丈，来年烧杀杏园花。"

【焰焰】 又作"燄燄"。❶火焰或阳光炽烈貌。吕温《道州观野火》："南风吹烈火，焰焰烧楚泽。"杨巨源《夏日苦热同长孙主簿过仁寿寺纳凉》："爀爀沸泉壑，燄燄燋砂石。"元稹《乐府古题诗·董逃行》："剜剜深脐脂燄燄，人皆数叹曰，尔独不忆年年取我身上膏。"僧鸾《苦热行》："彤云叠叠耸奇峰，焰焰流光热凝翠。"❷明亮貌。虞世南《结客少年场行》："燄燄戈霜动，耿耿剑虹浮。"綦毋潜《题鹤林寺》："珊珊宝幡挂，焰焰明灯烧。"姚合《同诸公会太府韩卿宅》："燄燄兰缸明狭室，丁丁玉漏发深宫。"齐己《书古寺僧房》："绿树深深处，长明焰焰灯。"《道者遗记》(卷八七五)："燄燄其光，和和其始。"❸鲜红色；鲜明貌。张说《破陈乐词二首》之一："百里火幡焰焰，千行云骑霏霏。"耿湋《朝下寄韩舍人》："花间焰焰云旗合，鸟外亭亭露掌高。"白居易《早春招张宾客》："池色溶溶蓝染水，花光燄燄火烧春。"王毂《苦热行》："祝融南来鞭火龙，火旗焰焰烧天红。"❹明丽貌。司空曙《送程秀才》："东风催节换，燄燄春阳散。"

【焰旗】 红旗。温庭筠《汉皇迎春词》："猎猎东风展燄旗，画神金甲葱茏网。"

【焰燒】 火烧。李绅《逾岭峤止荒陬抵高要》："岭头刺竹蒙笼密，火拆红蕉焰烧日。"

焙 〔bèi《集韵》蒲昧切，去队，並。〕❶微火烘烤。顾况《焙茶坞》："新茶已上焙，旧架忧生醭。"张祜《题天竺寺》："嫩绿茶新焙，干黄竹旋烧。"许浑《冬日宣城开元寺赠元孚上人》："露茗山厨焙，霜粳野碓舂。"❷指焙茶。清昼、皎然《渚山春暮会顾丞茗舍联句效小庾体》："烟浓山焙动，泉破水舂疾。"徐铉《和门下殷侍郎新茶二十韵》："任公因焙显，陆氏有经传。"❸指焙茶的装置或场所。李群玉《龙安寺佳人阿最歌八首》之四："门路穿茶焙，房门映竹烟。"李郢《茶山贡焙歌》："就焙尝茶坐诸客，几回到口重咨嗟。"

【焙芳】 焙制茶芽。卢仝《走笔谢孟谏议寄新茶》："摘鲜焙芳旋封裹，至精至好且不奢。"

【焙茶】 用微火烘制茶叶。顾况《过山农家》："莫嗔焙茶烟暗，却喜晒谷天晴。"白居易《题施山人野居》："春泥秧稻暖，夜火焙茶香。"又《即事》："室香罗药气，笼暖焙茶烟。"

【焙茗】 焙茶。许浑《村舍》："野碓舂粳滑，山厨焙茗香。"皮日休《太湖诗·崦里》："罢钓时煮菱，停缫或焙茗。"

【焙香】 焙制茶叶的清香。武元衡《津梁寺采新茶与幕中诸公遍赏芳香尤异因题四韵兼呈陆郎中》："阴窦藏烟湿，单衣染焙香。"

【焙藥】 焙烤药物。皮日休《寄怀南阳润卿》："醉来浑忘移花处，病起空闻焙药香。"

焱 〔yàn《广韵》以赡切，去豔，以。又呼臭切，入錫，曉。〕❶光华；火焰。白居易《开元寺东池早春》："旧游成梦寐，往事随阳焱。"❷炎热。见"焱燠"。

【焱燠】 炎热；闷热。白居易《曲江早秋》："方喜焱燠销，复嗟时节换。"

九 画

煤 〔méi《广韵》莫杯切,平灰,明。〕❶烟尘;烟熏所积的黑灰。刘禹锡《畬田行》:"红焰远成霞,轻煤飞入郭。"薛能《早春归山中旧居》:"雨地残枯沫,灯窗积旧煤。"李群玉《石潴》:"迥野煤飞乱,遥空爆响闻。"❷制墨的烟灰。亦借指墨。韩偓《横塘》:"蜀纸麝煤沾笔兴,越瓯犀液发茶香。"

【煤炱】 凝聚的烟尘;煤灰。卢仝《月蚀诗》:"摧环破璧眼看尽,当天一搭如煤炱。"

煠 〔zhá《广韵》士洽切,入洽,崇。〕❶把食物或其他物品放在汤或煮沸的油中使之熟。皮日休《吴中苦雨因书一百韵寄鲁望》:"或蒸一升麻,或炸两把菊。"❷将金属熔铸加工。蜀太后徐氏《丹景山至德寺》:"虔炸六铢宜铸祝,惟祈圣祉保遐昌。"

煙[1] 〔yān《广韵》烏前切,平先,影。〕❶物质燃烧时产生的气状物。王维《使至塞上》:"大漠孤烟直,长河落日圆。"杜甫《盐井》:"卤中草木白,青者官盐烟。"白居易《和集贤刘学士早期作》:"烟吐白龙头宛转,扇开青雉尾参差。"刘禹锡《武陵观火诗》:"是时直突烟,发自晨炊徒。"❷云霭;雾气。李白《当涂赵炎少府粉图山水歌》:"满堂空翠如可扫,赤城霞气苍梧烟。"顾况《登楼望水》:"鸟啼花发柳含烟,掷却风光忆少年。"刘禹锡《采菱行》:"屈平祠下沅江水,月照寒波白烟起。"李山甫《曲江二首》之二:"江色沉天万草齐,暖烟晴霭自相迷。"❸柔美、摇曳貌。李白《黄葛篇》:"青烟蔓长条,缭绕几百尺。"岑参《送杨子》:"梨花千树雪,杨叶万条烟。"鱼玄机《折杨柳》:"朝朝送别泣花钿,折尽春风杨柳烟。"❹以烟熏所积灰制作的墨。见"煙眉"。

煙[2] 〔yīn〕见"煙₂熅"。

【煙山】 云雾弥漫的山峰。李德裕《寄题惠林李侍郎旧馆》:"栋宇非吾室,烟山是我邻。"贾岛《延康吟》:"人有不朽语,得之烟山春。"

【煙月】 ❶烟花风月。张九龄《初发道中赠王司马兼寄诸公》:"林园事益简,烟月赏恒余。"温庭筠《惜春词》:"秦女含嚬向烟月,愁红带露空迢迢。"孙光宪《浣溪沙》词之一九:"一生狂荡恐难休,且陪烟月醉红楼。"后主李煜《感怀》之二:"空有当年旧烟月,芙蓉城上哭蛾眉。"❷明净的月色。白居易《因梦得酬牛相公初到洛中小饮见赠》:"宫城烟月饶全占,关塞风光请半分。"杜牧《有怀重送斛斯判官》:"苍苍烟月满川亭,我有劳歌一为听。"许浑《京口闲居寄洛友人》:"吴门烟月昔同游,枫叶芦花并客舟。"皮日休《吴中言情寄鲁望》:"为说松江堪老处,满船烟月湿莎裳。"

【煙火】 ❶火与烟。崔颢《江畔老人愁》:"兵戈乱入建康城,烟火连烧未央阙。"寒山《诗三百三首》之一八九:"摧残荒草庐,其中烟火蔚。"白居易《新乐府·卖炭翁》:"满面尘灰烟火色,两鬓苍苍十指黑。"刘言史《北原情三首》之一:"乌鸢下空地,烟火残荒榛。"❷炉火;灶火。孟郊《吊卢殷》之二:"烟火不自暖,筋力早已贫。"白居易《题李山人》:"厨无烟火室无妻,篱落萧条屋舍低。"贾岛《送陈商》:"釜底绝烟火,晓行皇帝京。"韦蟾《题僧壁》:"一竹横檐挂净巾,灶无烟火地无尘。"❸指炊烟。亦泛指人烟。王维《早入荥阳界》:"河曲闾阎隘,川中烟火繁。"张籍《寒食书事二首》之二:"出城烟火少,况复是今朝。"杜牧《郡斋独酌》:"姻亲骨肉舍,烟火遥相望。"李中《寒江暮泊寄左偃》:"烟火人家远,汀洲暮雨寒。"亦指熟食。贾岛《送道者》:"到处绝烟火,逢人话古时。"❹灯火。权德舆《祗役江西路上以诗代书寄内》:"渔商闻远岸,烟火明古渡。"白居易《秦中吟十首·重赋》:"夜深烟火尽,霰雪白纷纷。"韩偓《曲江夜思》:"林塘阒寂偏宜夜,烟火稀疏便似村。"❺烽火;战火。崔颢《送单于裴都护赴西河》:"汉驿通烟火,胡沙乏井泉。"刘长卿《至德三年春正月寄上浙西节度李侍郎中丞行营五十韵》:"关原驰万骑,烟火乱千甍。"❻香火。李绅《忆登栖霞寺峰》:"香印烟火息,法堂钟磬余。"欧阳炯《贯休应梦罗汉画歌》:"林间乱叶纷纷堕,一印残香断烟火。"

【煙水】 ❶雾霭迷蒙的水面。张翚《绝句》:"茫茫烟水上,日暮阴云飞。"刘长卿《饯别王十一南游》:"望君烟水阔,挥手泪沾巾。"李绅《却渡西陵别越中父老》:"渐举云帆烟水阔,杳然凫雁各东西。"徐铉《回至瓜洲献侍中》:"笙歌隐隐违离后,烟水茫茫怅望中。"❷借指遁迹江湖。李白《金门答苏秀才》:"身世如两忘,从君老烟水。"杜牧《题桐叶》:"三吴烟水平生念,宁向闲人道所之。"温庭筠《渭上题三首》之三:"烟水何曾息世机,暂时相向亦依依。"刘兼《去年今日》:"圣主若容辞重禄,便归烟水狎群鸥。"❸指水面雾霭。于鹄《襄阳寒食》:"烟水初销见万家,东风吹柳万条斜。"

【煙水夢】 指遁迹江湖的愿望。温庭筠《赠卢长史》:"东门烟水梦,非独为鲈鱼。"

【煙汀】 雾霭笼罩的水边平地。杜荀鹤《鸬鹚》:"一般毛羽结群飞,雨岸烟汀好景时。"王周《湖口县》:"最是芦洲东北望,人家残照隔烟汀。"张泌《春江雨》:"雨溟溟,风泠泠,老松瘦竹临烟汀。"

【煙光】 ❶雾霭;雾气。薛登惑《奉和进船洛水应制》:"兴尽离宫暮,烟光起夕流。"李白《观元丹丘坐巫山屏风》："水石潺湲万壑分，烟光草色俱氛氲。"耿湋《送友人游江南》："漠漠烟光前浦晚，青青草色定山春。"李群玉《感春》："秋思逐烟光，空濛满天地。"❷风光；春天的风光。姚合《扬州春词三首》之三："江北烟光里，淮南胜事多。"薛能《影灯夜二首》之二："红妆满地烟光好，只恐笙歌引上升。"许浑《泛溪夜回寄道玄上人》："南郭烟光异世间，碧桃红杏水潺潺。"来鹄《清明日与友人游玉粒塘庄》："几宿春山逐陆郎，清明时节好烟光。"

【煙帆】　烟波中的帆船。张祜《酬房子客郊居六韵》："南国烟帆低晚岸，北林霜叶堕寒蔬。"卢栯《和于中丞登陆越王楼作》："云岛孤征雁，烟帆一叶舟。"皮日休《新秋即事三首》之二："乞求待得西风起，尽挽烟帆入太湖。"

【煙竹】　轻雾飘缈的竹林。孙逖《宴越府陈法曹西亭》："雪梅初度腊，烟竹稍迎曛。"郑谷《宣义里舍冬暮自贻》："满眼尘埃驰骛去，独寻烟竹剪渔竿。"

【煙舟】　烟波中的小舟。孟郊《寒江吟》："烟舟忽自阻，风帆不相乘。"郑谷《闻进士许彬罢举归睦州怅然怀寄》："烟舟撑晚浦，雨屐剪春蔬。"

【煙色】　云烟迷蒙的景色。崔液《代春闺》："寂寂春花烟色暮，檐燕双双落花度。"王湾《奉使登终南山》："烟色松上深，水流山下急。"缪岛云《汤泉》："紫气晓笼烟色澹，锦霞明照火光浮。"

【煙江】　雾霭弥漫的江面。韩偓《咏灯》："高在酒楼明锦幕，远随渔艇泊烟江。"后主李煜《郑邓王二十弟从益牧宣城》："咫尺烟江几多地，不须怀抱重凄凄。"

【煙花】　❶雾霭轻笼的花。杜甫《泛江送客》："烟花山际重，舟楫浪前轻。"刘长卿《上巳日越中与鲍侍郎泛舟耶溪》："君见渔船时借问，前洲几路入烟花。"陆龟蒙《句曲山朝真词二首・迎真》："空洞灵章发一声，春来万壑烟花醒。"章碣《雨》："低看烟花漠漠轻，正堪吟坐掩柴扃。"❷繁花。韦应物《任鄠令渼陂游眺》："野水滟长塘，烟花乱晴日。"崔橹《春晚岳阳言二首》之一："烟花零落过清明，异国光阴老客情。"章碣《长安春日》："六宫罗绮同时泊，九陌烟花一样飞。"沈徽《古兴二首》之二："日晏下双阙，烟花乱九衢。"❸指绮丽多姿的春景。李白《黄鹤楼送孟浩然之广陵》："故人西辞黄鹤楼，烟花三月下扬州。"杜甫《清明二首》之二："秦城楼阁烟花里，汉主山河锦绣中。"马戴《送人游蜀》："过尽愁人处，烟花是锦城。"刘望《九嶷山》："仙家日月蓬壶里，尘世烟花梦寐中。"❹指歌女舞伎。黄滔《闺怨》："塞上无烟花，宁思妾颜色。"

【煙芳】　如烟雾般的繁花。韦应物《西郊游瞩》："烟芳何处寻，杳蔼春山曲。"

【煙村】　雾霭中的村庄。白居易《冬日平泉路晚归》："山路难行日易斜，烟村霜树欲栖鸦。"皮日休《题包山》："一片烟村能画图，四边波浪送清虚。"谭用之《寄友人》："早晚烟村碧江畔，挂罾重对蓼花滩。"齐己《过荆门》："野店丛蒿短，烟村簇树齐。"

【煙岑】　云雾缭绕的山峰。李中《壬申岁承命之任淦阳再过庐山国学感旧寄刘钧明府》："三十年前共苦辛，囊萤曾寄此烟岑。"又《送汪涛》："花飞当野渡，猿叫在烟岑。"

【煙沙】　雾霭笼罩的沙滩。陈子昂《入峭峡安居溪伐木溪源幽邃林岭相映有奇致焉》："烟沙分两岸，露岛夹双洲。"

【煙林】　雾霭笼罩的树林。刘禹锡《和窦中丞晚入容江作》："莎岸见长亭，烟林隔丽谯。"温庭筠《酬友人》："宁复思金籍，独此卧烟林。"无名氏《空水共澄鲜》："海鹤飞天际，烟林出镜中。"

【煙杪】　高入云天的树梢。张九龄《入庐山仰望瀑布水》："绝顶有悬泉，喧喧出烟杪。"郑谷《曲江》："楼台在烟杪，鸥鹭下沙中。"

【煙松】　云烟中的苍松。武平一《奉和幸新丰温泉应制》："烟松衔翠幄，雪径绕花源。"钱起《开元观遇张侍御》："晚凉生玉井，新暑避烟松。"

【煙雨】　烟雾般的细雨。王维《和陈监田郎秋雨中思从弟据》："袅袅秋风动，凄凄烟雨繁。"戴叔伦《苏溪亭》："燕子不归春事晚，一汀烟雨杏花寒。"刘言史《葛巾歌》："空留棁杖犊鼻裈，濛濛烟雨归山村。"高骈《宴犒蕃军有感》："蜀地恩留马嵬哭，烟雨濛濛春草绿。"

【煙旻】　指云霄。刘禹锡《送华阴尉张苕赴邕府使幕》："青袍仙掌下，矫首凌烟旻。"又《送张盥赴举诗》："三十二君子，齐飞凌烟旻。"

【煙岫】　云雾弥漫的山峦。李益《自朔方还与郑式瞻崔称郑子周岑赞同会法华寺三门避暑》："始投清凉宇，门值烟岫表。"张祜《题道光上人山院》："火田生白菌，烟岫老青杉。"

【煙氛】　烟霭之雾。崔日用《奉和立春游苑迎春应制》："乘时迎气正璇衡，灞浐烟氛向晚清。"包融《登翅头山题俨公石壁》："扫除诸烟氛，照出众楼雉。"岑参《陪狄员外早秋登府西楼因呈院中诸公》："烟氛扫晴空，草树映朝光。"韦应物《秋夕西斋与僧神静游》："正当秋夏交，原野起烟氛。"

【煙物】　指雾霭。岑参《春遇南使贻赵知音》："北风吹烟物，戴胜鸣中园。"张祜《晚秋潼关西门作》："日落寒郊烟物清，古槐阴黑少人行。"

【煙郊】　雾霭弥漫的郊野。袁晖《奉和圣制答张说扈从南出雀鼠谷之作》："石路行将尽，烟郊望忽开。"温庭筠《寒食日作》:"自有玉楼春意在,不能骑马度烟郊。"

【煙波】 ❶指雾霭渺茫的水面。李峤《和杜学士旅次淮口阻风》:"森漫烟波阔,参差林岸遥。"孟浩然《宿扬子津寄润州长山刘隐士》:"日夕望京口,烟波愁我心。"李绅《宿扬州》:"江横渡阔烟波晚,潮过金陵落叶秋。"刘沧《经炀帝行宫》:"残柳宫前空露叶,夕阳川上浩烟波。"公乘亿《赋得临江迟来客》:"江上晚沉沉,烟波一望深。"❷指水波;河水。太宗《执契静三边》:"烟波澄旧碧,尘火息前红。"白居易《又和令公新开龙泉晋水二池》:"春变烟波色,晴添树木光。"卢肇《耸翠峰题石》:"日回影倒落前溪,烟波湛湛浸琉璃。"❸指水路行程。张九龄《送杨道士往天台》:"此地烟波远,何时羽驾旋。"刘长卿《送姚八之句容旧任便归江南》:"猿鸟共孤屿,烟波连数州。"王涯《闺人赠远五首》之三:"形影一朝别,烟波千里分。"贾岛《寄江上人》:"烟波千里隔,消息一朝通。"❹借指遁迹江湖。张祜《和李子智鲁中院前凿池种芦之什》:"君看范蠡功成后,不道烟波无去舟。"韦庄《惊秋》:"不向烟波狎钓舟,强亲文墨事儒丘。"谭用之《幽居寄李秘书》:"几年帝里阻烟波,敢向明时叩角歌。"

【煙波客】 渔翁。钱起《江行无题一百首》之七七:"曾有烟波客,能歌西塞山。"

【煙波興】 (興 xìng)泛舟江湖的兴致。钱起《江行无题一百首》之八七:"幸有烟波兴,宁辞笔砚劳。"

【煙空】 高远的云天。李白《上之回》:"阁道步行月,美人愁烟空。"赵嘏《寄淮南幕中刘员外》:"桂生岩石本潇洒,鹤到烟空更自由。"黄滔《寄李校书游简寂观》:"却愁逢羽客,相与入烟空。"

【煙春】 春天。郑谷《石门山泉》:"烟春雨晚闲吟去,不复远寻皇子陂。"

【煙坰】 雾霭笼罩的郊野。周瑀《送潘三入京》:"故人嗟此别,相送出烟坰。"

【煙草】 雾霭中的草丛、蔓草。李白《春滞沅湘有怀山中》:"沅湘春色还,风暖烟草绿。"李商隐《细雨》:"故园烟草色,仍近五门青。"郑嵎《津阳门诗》:"鼎湖一日失弓剑,桥山烟草俄霏霏。"吴融《李周弹筝歌》:"近来一事还惆怅,故里春荒烟草平。"

【煙柳】 雾霭中的杨柳。多形容春柳。张仲素《春游曲三首》之一:"烟柳飞轻絮,风榆落小钱。"李商隐《乐游园》:"青门弄烟柳,紫阁舞云松。"韦庄《江外思乡》:"更被夕阳江岸上,断肠烟柳一丝丝。"狄归昌《题马嵬驿》:"马嵬烟柳正依依,重见銮舆幸蜀归。"

【煙砂】 烟霭迷茫的沙漠地。李山甫《兵后寻边三首》之一:"千里烟沙尽日昏,战余烧罢闭重门。"

【煙虹】 云天中的彩虹。丁仙芝《和荐福寺英公新构禅堂》:"果药罗砌下,烟虹垂户前。"贺朝《宿香山阁》:"轩窗闭潮海,枕席拂烟虹。"孟浩然《卢明府九日岘山宴袁使君张郎中崔员外》:"烟虹铺藻翰,松竹挂衣冠。"李白《东武吟》:"君王赐颜色,声价凌烟虹。"

【煙香】 指芳香霏微。郑谷《擢第后入蜀经罗村路见海棠盛开偶有题咏》:"手中已有新春桂,多谢烟香更入衣。"又《侯家鹧鸪》:"江天梅雨湿江蓠,到处烟香是此时。"

【煙宫】 指山上云雾缭绕的宫殿。张说《奉和圣制温泉言志应制》:"汤池薰水殿,翠木暖烟宫。"

【煙客】 ❶指仙人。吴筠《游仙二十四首》之一九:"玉楼互相晖,烟客何秀颖。"❷指道士。钱起《山居新种花药与道士同游赋诗》:"杖策携烟客,满袖掇芳蕤。"

【煙眉】 以墨画的眉。沈亚之《湘中怨》:"醉融光兮渺渺潴潴,迷千里兮涵烟眉。"

【煙院】 雾霭弥漫的庭院。杜牧《池州送孟迟先辈》:"烟院松飘萧,风廊竹交戛。"

【煙素】 薄如烟雾的丝织品。李贺《上云乐》:"天江碎碎银沙路,嬴女机中断烟素。断烟素,缝衣缕,八月一日君前舞。"

【煙埃】 ❶尘埃;灰尘。李白《望黄鹤楼》:"金灶生烟埃,玉潭秘清谧。"段文昌《晚夏登张仪楼呈院中诸公》:"重楼窗户开,四望敛烟埃。"唐彦谦《过浩然先生墓》:"犹胜黄金买碑碣,百年名字已烟埃。"❷战争的烽烟。岑参《登北庭北楼呈幕中诸公》:"上将新破胡,西郊绝烟埃。"

【煙華】 ❶如烟雾弥漫的繁花;烟雾弥漫中的花朵。韦应物《龙门游眺》:"花树发烟华,淙流散石脉。"温庭筠《秋日》:"烟华久荡摇,石涧仍清急。"陆龟蒙《子夜四时歌·春》:"山连翠羽屏,草接烟华席。"韦庄《闺月》:"明月照前除,烟华蕙兰湿。"❷指古代的妇女用以画眉的黑色染料。陆龟蒙《陌上桑》:"皓齿还如贝色含,长眉亦似烟华贴。"❸墨汁。杨师道《咏砚》:"圆池类璧水,轻翰染烟华。"

【煙條】 烟柳枝条。张旭《柳》:"濯濯烟柳拂地垂,城边楼畔结春思。"王涯《游春词二首》之一:"曲江绿柳变烟条,寒谷冰随暖气销。"陆龟蒙《奉酬袭美病中见寄》:"早晚却还岩下电,共寻芳径结烟条。"

【煙峰】 云雾弥漫的山峰。太宗《春日登陕州城楼俯眺原野聊以命篇》:"烟峰高下翠,日浪浅深明。"

【煙氣】 ❶物质燃烧时产生的烟雾。寒山《诗三百三首》之八五:"心未片时歇,奔突如烟气。"崔立之《南至隔仗望含元殿香炉》:"隔仗炉光出,浮霜烟气翻。"刘斌《咏山》:"紫盖云阴远,香炉烟气多。"黄滔《喜侯舍人蜀中新命三首》之三:"立被御炉烟气逼,吟经栈阁雨声秋。”❷雾霭。宋之问《春日芙蓉园侍宴应制》：“烟气笼青阁，流文荡画桥。”元稹《生春二十首》之四：“星围分暗陌，烟气满晴风。”

【煙徑】　雾霭迷蒙的小路。陆龟蒙《奉和袭美卧疾感春见寄次韵》：“烟径水涯多好鸟，竹床蒲椅但高僧。”张乔《题宣州开元寺》：“谁家烟径长莓苔，金碧虚栏竹上开。”

【煙島】　烟波中的岛屿。李颀《送皇甫曾游襄阳山水兼谒韦太守》：“风流满今古，烟岛思微茫。”李绅《趋翰苑遭诬构四十六韵》：“烟岛深千瘴，沧波淼四隅。”赵嘏《忆山阳》：“城碍十洲烟岛路，寺临千顷夕阳川。”张乔《赠友人》：“待月夜留烟岛客，忆云闲访翠微僧。”

【煙浦】　云雾迷蒙的水滨。李贺《钓鱼诗》：“为看烟浦上，楚女泪沾裙。”李绅《忆至巩县河宿待家累追怀》：“今来忆事凉风晚，烟浦空悲黄菊花。”

【煙浪】　❶雾霭渺茫的水面。白居易《新乐府·海漫漫》：“云涛烟浪最深处，人传中有三神仙。”刘禹锡《酬冯十七舍人宿卫赠别五韵》：“白首相逢处，巴江烟浪深。”温庭筠《和友人盘石寺逢旧友》：“月溪逢远客，烟浪有归舟。”李群玉《南庄春晚二首》之二：“草暖沙长望去舟，微茫烟浪向巴丘。”❷水波；波浪。郑嵎《津阳门诗》：“刻成玉莲喷香液，漱回烟浪深逶迤。”皮日休《钓侣二章》之二：“烟浪溅篷寒不睡，更将枯蚌点渔灯。”徐夤《不把渔竿》：“鸟趁竹风穿静户，鱼吹烟浪喷晴轩。”

【煙容】　弥漫的云雾。孟浩然《游凤林寺西岭》：“烟容开远树，春色满幽山。”李白《登峨眉山》：“烟容如在颜，尘累忽相失。”张祜《题陆敦礼山居伏牛潭》：“日彩沉青壁，烟容静碧潭。”

【煙梧】　苍梧的云气。苍梧，地名，传说舜葬于此。李贺《湘妃》：“离鸾别凤烟梧中，巫云蜀雨遥相通。”

【煙梯】　山雾中的石级。刘得仁《和段校书冬夕寄题庐山》：“烟梯缘薜荔，岳寺步攲危。”

【煙雪】　烟雾般的飞雪。杜甫《韦讽录事宅观曹将军画马图》：“其余七匹亦殊绝，迥若寒空动烟雪。”刘长卿《寄许尊师》：“独上云梯入翠微，濛濛烟雪映岩扉。”

【煙野】　雾霭迷蒙的郊野。温庭筠《早春浐水送友人》：“青门烟野外，渡浐送行人。”钱珝《江行无题一百首》之五五：“叶舟维夏口，烟野独行时。”

【煙彩】　草丛的光彩。吴秘《风光草际浮》：“碧凝烟彩入，红是日华流。”

【煙鳥】　雾霭中的鸟。孟浩然《宿业师山房期丁大不至》：“樵人归欲尽，烟鸟栖初定。”韦应物《林园晚霁》：“山多烟鸟乱，林清风景翻。”

【煙渚】　雾霭中的洲渚。孟浩然《宿建德江》：“移舟泊烟渚，日暮客愁新。”钱起《江行无题一百首》之三六：“烟渚复烟渚，画屏休画屏。”白居易《泛太湖书事寄微之》：“烟渚云帆处处通，飘然舟似入虚空。”鲍溶《章华宫行》：“烟渚南鸿呼晓群，章华宫娥怨行云。”

【煙鄉】　轻烟笼罩的乡村。陆龟蒙《和袭美木兰后池三咏·重台莲花》：“水国烟乡足芰荷，就中芳瑞此难过。”

【煙塢】　云烟迷蒙的村落。钱起《春郊》：“水绕冰渠渐有声，气融烟坞晚来明。”杜牧《题宣州开元寺》：“亡国去如鸿，遗寺藏烟坞。”

【煙葉】　雾霭中的树叶。钱起《蓝上采石芥寄前李明府》：“隔溪烟叶小，覆石雪花舒。”白居易《题州北路傍老柳树》：“雪花零碎逐年减，烟叶稀疏随分新。”沈传师《和李德裕观玉蕊花见怀之作》：“雪英飞舞近，烟叶动摇深。”

【煙朝】　犹雾气弥漫的早晨。杜牧《赠渔父》：“芦花深泽静垂纶，月夕烟朝几十春。”

【煙棹】　指烟波中的小舟。司空图《浙上》之二：“从他烟棹更南去，休向津头问去程。”

【煙雁】　云天的鸿雁。牛峤《感恩多》词之二：“几度将书托烟雁，泪盈襟。”

【煙雲】　❶烟霭云雾。张旭《春游值雨》：“欲寻轩槛列清尊，江上烟云向晚昏。”广宣《驾幸天长寺应制》：“车马喧长路，烟云净远山。”薛能《符亭二首》之二：“山如巫峡烟云好，路似嘉祥水木清。”徐铉《光穆皇后挽歌三首》之三：“隐隐阊门路，烟云晓更愁。”❷云天。形容高远之处。白居易《登乐游园望》：“东北何霭霭，宫阙入烟云。”胡证《汝州北楼晚望少室诗》：“峭拔烟云外，雄居造化工。”

【煙景】　❶云烟迷蒙的景色。刘长卿《自紫阳观至华阳洞宿侯尊师草堂简同游李延年》：“石门媚烟景，句曲盘江甸。”权德舆《湖上晚眺呈惠上人》：“湖上烟景好，鸟飞云自还。”牟融《送陈衡》：“秋江烟景晚苍苍，江上离人促去航。”崔涂《春夕》：“自是不归归便得，五湖烟景有谁争。”❷春天的景色。李白《落日忆山中》：“雨后烟景绿，晴天散余霞。”王绰《迎春东郊》：“虬螭动旌旆，烟景入城闉。”刘禹锡《同留守王仆射各赋春中一物从一韵至七》：“千门万户垂杨里，百转如簧烟景晴。”姚合《咏莺》：“到处为怜烟景好，隔帘多爱语声娇。”

【煙嵐】　山林中的雾气。宋之问《江亭晚望》：“浩渺浸云根，烟岚出远村。”卢嗣立《望九华山》：“坐观风雪销烦思，惜别烟岚驻晓行。”

【煙策】 传说仙人驱策车驾的鞭子。鲍溶《途中旅思二首》之一："鹤驾如可从，他年执烟策。"顾云《华清词》："九色真龙上汉时，愿把霓幢引烟策。"

【煙艇】 出入于烟波中的小舟。杜甫《八哀诗·故右仆射相国张公九龄》："再读徐孺碑，犹思理烟艇。"赵嘏《松江》："我有五湖烟艇在，不堪残日动征鞍。"陆龟蒙《奉和袭美添渔具五篇·箬笠》："朝携下枫浦，晚戴出烟艇。"

【煙焰】 烟和火焰。张谓《长沙失火后戏题莲花寺》："楼殿纵随烟焰去，火中何处出莲花。"曹唐《三年冬大礼五首》之四："禁火曙然烟焰袅，宫衣寒拂雪花轻。"孙元晏《咏史诗·陈·虞居士》："苦谏将军总不知，几随烟焰作尘飞。"

【煙窗】 ❶形容山居清幽的窗户。李白《登梅冈望金陵赠族侄高座寺僧中孚》："烟窗引蔷薇，石壁老野蕨。"皮日休《夏景无事因怀章来二上人二首》之二："平铺风簟寻琴谱，静扫烟窗著药方。"❷即烟囱。崔涯《嘲李端端》之一："黄昏不语不知行，鼻似烟窗耳似铛。"

【煙絲】 指如丝的柳条。皇甫松《杨柳枝》之二："春入行宫映翠微，玄宗侍女舞烟丝。"陆龟蒙《袭美病中闻余游颜家园见寄次韵酬之》："烟丝乌拂来萦带，蕊榼人收去约簧。"

【煙幌】 薄如烟雾的帘幕。李商隐《汴上送李郢之苏州》："烟幌自应怜白纻，月楼谁伴咏黄昏。"

【煙煤】 灰尘；尘埃。李商隐《南朝》："敌国军营漂木柹，前朝神庙锁烟煤。"

【煙溪】 烟雾笼罩的山溪。钱起《玉山东溪题李叟屋壁》："霞景已斜照，烟溪方暝投。"无名氏《子陵山洞》："烟溪七里濑，风月一竿竹。"

【煙際】 云烟迷茫之处。李峤《绫》："何当画秦女，烟际坐氤氲。"徐铉《右省仆射后湖亭闲宴铉以宿直先归赋诗留献》："枫林烟际出，白鸟波心见。"

【煙蔦】 雾霭中的茑萝。卢鸿一《嵩山十志十首·樾馆》："紫岩隈兮青溪侧，云松烟茑兮千古色。"皮日休《江南书情二十韵寄秘阁韦校书贻之商洛宋先辈垂文二同年》："他年如访问，烟茑暗髟髟。"

【煙墅】 雾霭弥漫的村舍。皎然《奉酬李中丞洪湖州时中丞量移湖州长史》："樵子逗烟墅，渔翁宿沙汀。"

【煙閣】 ❶烟霭中的楼阁。韦应物《秋夜南宫寄沣上弟及诸生》："暝色起烟阁，沉抱积离忧。"又《始除尚书郎别善福精舍》："明晨下烟阁，白云在幽谷。"吕温《同舍弟恭岁暮寄晋州李六协律三十韵》："云雨沛萧艾，烟阁双萋蕤。"❷凌烟阁的省称。司空图《榜下》："春风漫折一枝桂，烟阁英雄笑杀人。"黄损《读史》："须知烟阁上，一半老儒真。"李洞《感恩书事寄上集义司徒相公》："功居第一图烟阁，依旧终南满杜陵。"罗隐《寄酬邺王罗令公五首》之四："鹤发四垂烟阁远，此生何处拜仪形。"

【煙暝】 薄雾中的黄昏。孟浩然《宴包二融宅》："烟暝栖鸟迷，余将归白社。"

【煙魄】 朦胧的月色。罗邺《白角簟》："叠玉骈珪巧思长，露华烟魄让清光。"

【煙塵】 ❶烽火；烽烟。指战争、战乱。杜审言《送崔融》："坐觉烟尘扫，秋风古北平。"高适《燕歌行》："汉家烟尘在东北，汉将辞家破残贼。"杨凌《北行留别》："日日山川烽火频，山河重起旧烟尘。"施肩吾《壮士行》："当今四海无烟尘，胸襟被压不得伸。"❷烟雾尘埃。刘长卿《时平后送范伦归安州》："忆昔扁舟此南渡，荆棘烟尘满归路。"翁洮《夏》："大野烟尘飘赫日，高楼帘幕逗薰风。"吴融《经苻坚墓》："百里烟尘散杳冥，新平一隰草青青。"❸风尘。李白《长干行二首》之二："忆妾深闺里，烟尘不曾识。"权德舆《甲子岁元日呈郑侍御明府》："万里烟尘合，秦吴遂渺然。"❹指人烟稠密处。杜甫《为农》："锦里烟尘外，江村八九家。"戴叔伦《晚望》："杉竹何年种，烟尘此地分。"

【煙$_2$熅】 云烟弥漫貌。李峤《云》："烟熅万年树，掩映三秋月。"白居易《题赠郑秘书征君石沟溪隐居》："丹灶烧烟熅，黄精花丰茸。"

【煙漢】 霄汉。喻朝廷。李群玉《始忝四座奏状闻荐蒙恩授官呈同馆诸公二十四韵》："声名仰闻见，烟汉陪高踪。"方干《送郑端公》："应怜寂寞沧洲客，烟汉尘泥相去赊。"

【煙態】 形容袅娜娇媚的姿态。李商隐《木兰》："波痕空映袜，烟态不胜裾。"后主李煜《赐宫人庆奴》："多谢长条似相识，强垂烟态拂人头。"

【煙翠】 青蒙蒙的云雾。岑参《峨眉东脚临江听猿怀二室旧庐》："峨眉烟翠新，昨夜秋雨洗。"李群玉《登宜春醉宿景星寺寄郑判官兼简空上人》："扬鞭入莽苍，山驿凌烟翠。"皮日休《添鱼具诗·箬笠》："圆似写月魂，轻如织烟翠。"黄滔《奉和翁文尧员外经过七林书堂见寄之什》："山从南国添烟翠，龙起东溟认夜光。"

【煙網】 烟波渔网。喻指遁迹江湖的生活。郑谷《春暮咏怀寄集贤韦起居衮》："五湖烟网非无意，未去难忘国士知。"

【煙綿】 ❶连绵。宋之问《送赵司马赴蜀州》："饯子西南望，烟绵剑道微。"李白《送王屋山人魏万还王屋》："烟绵横九疑，漭荡见五湖。"❷云烟绵延。杜甫《乐游园歌》："乐游古园崒森爽，烟绵碧草萋萋长。"司空曙《送程秀才》："楚草渐烟绵，江云亦芜漫。"元稹

《江陵三梦》之二:“崩剥山门坏,烟绵坟草生。”

【煙蕪】 雾霭中的草丛。权德舆《奉陪李大夫九日龙沙宴会》:“烟芜敛暝色,霜菊发寒姿。”韩愈《题杜工部坟》:“一堆空土烟芜里,虚使诗人叹悲起。”郑谷《鹧鸪》:“暖戏烟芜锦翼齐,品流应得近山鸡。”吴融《春寒》:“莫问王孙事,烟芜正寂寥。”

【煙樓】 高耸入云的楼阁。李峤《奉和幸韦嗣立山庄侍宴应制》:“石磴平黄陆,烟楼半紫虚。”

【煙霄】 ❶云霄。陈子昂《春日登金华观》:“山川乱云日,楼榭入烟霄。”戴叔伦《登楼望月寄凤翔李少尹》:“心送情人趋凤阙,目随阳雁极烟霄。”汪遵《晋河》:“舟人笑指千余客,谁是烟霄六翮毛。”孟贯《夏日登瀑顶寺因寄诸知己》:“曾于尘里望,此景在烟霄。”❷指山之高处。皇甫曾《赠鉴上人》:“律仪传教诱,僧腊老烟霄。”张祜《题天竺寺》:“唯思闲事了,长此卧烟霄。”❸喻指朝廷。白居易《和微之诗二十三首・和朝回与王炼师游南山下》:“但愧烟霄上,鸾凤为吾徒。”吴融《和杨侍郎》:“烟霄惭暮齿,麋鹿愧初心。”王霞卿《答郑殷彝》:“君是烟霄折桂身,圣朝方切用儒珍。”齐己《送刘秀才往东洛》:“烟霄有兄弟,事业尽曹刘。”❹喻显赫的地位。卢纶《太白西峰偶宿车祝二尊师石室晨登前巘凭眺书怀》:“烟霄不可仰,鸾鹤自追随。”白居易《喜敏中及第偶示所怀》之二:“转于文墨须留意,贵向烟霄早致身。”刘威《伤曾秀才马》:“临轩振策休惆怅,坐致烟霄只在君。”韦庄《三用韵》:“烟霄难自致,岁月易相侵。”

【煙霄侶】 同在朝廷任职的朋友。白居易《感秋怀微之》:“昔为烟霄侣,今作泥涂吏。”

【煙影】 轻淡的雾霭。杜牧《渔父》:“烟影侵芦岸,潮痕在竹扉。”

【煙嶠】 雾霭迷蒙的山岭。韦应物《酬郑户曹骊山感怀》:“日出烟峤绿,氛氲丽层甍。”

【煙篆】 香燃烧时的烟缕。因形似圆曲篆字,故称。程太虚《醮坛峰》:“烟篆香残凌汉表,风飘仙乐响山间。”

【煙駕】 ❶仙人的车驾。陈子昂《题李三书斋》:“还丹应有术,烟驾共君乘。”吴筠《登北固山望海》:“愿言策烟驾,缥缈寻安期。”钟辂《缑山月夜闻王子晋吹笙》:“此夕留烟驾,何时返玉京。”李愿《望仙门》:“烟驾知何处,星槎记昔年。”❷借用为对道士的敬称。李颀《送暨道士还玉清观》:“遂此留书客,超遥烟驾分。”韩翃《赠别华阴道士》:“青青百草云台春,烟驾霓衣白角巾。”杨凝《送别》:“暂下云峰能几日,却回烟驾驭春风。”

【煙壒】 烟尘;尘埃。元稹《玉泉道中作》:“暗焚初夜香,谷深烟壒净。”又《冬夜怀李侍御王太祝段丞》:“浩露烟壒尽,月光闲有余。”

【煙樹】 雾霭弥漫的树林。崔国辅《漂母岸》:“遥望不可到,苍苍烟树昏。”孟浩然《夜归鹿门山歌》:“鹿门月照开烟树,忽到庞公栖隐处。”李绅《新楼诗二十首・望海亭》:“夕岚明灭江帆小,烟树苍茫客思迷。”刘沧《登龙门敬善寺阁》:“禹门烟树正春色,少室云屏向晚晴。”

【煙霏】 雾霭。席元明《三月三日宴王明府山亭》:“烟霏万雉,花明四郊。”韩愈《山石》:“天明独去无道路,出入高下穷烟霏。”武元衡《和李中丞题故将军林亭》:“烟霏瑶草露,苔暗杏梁尘。”

【煙霓】 云霓。沈亚之《湘中怨》解:“帷褰,有弹弦鼓吹者,皆神仙蛾眉,被服烟霓,裙袖皆广尺。”赵嘏《王先生不别而去》:“仙翁归袖拂烟霓,一卷素书还独携。”

【煙嶼】 烟雾渺茫的岛屿。张九龄《湘中作》:“烟屿宜春望,林猿莫夜听。”李颀《与诸公游济渎泛舟》:“淹留怅言别,烟屿夕微濛。”权德舆《送穆侍御归东都》:“江深烟屿没,山暗雨云飞。”李群玉《将离澧浦置酒野屿奉怀沈正字昆弟三人联登高第》:“酌桂烟屿晚,鸩鸣江草深。”

【煙簑】 指烟雨中穿簑衣的人。郑谷《郊园》:“烟簑春钓静,雪屋夜棋深。”

【煙燎】 (—liáo)郊祀燔柴的烟火。张说《唐封泰山乐章・豫和》:“礼乐终,烟燎上。怀灵惠,结皇想。”包佶《祀雨师乐章・亚献终献》:“乘烟燎,俨从风。”张衮《梁郊祀乐章・庆和》:“烟燎升,礼容彻。”

【煙磴】 云雾中的石级。王勃《长柳》:“晨征犯烟磴,夕憩在云关。”杜牧《朱坡绝句三首》之三:“自笑卷怀头角缩,归盘烟磴恰如蜗。”林滋《宴韦侍御新亭》:“烟磴披青霭,风筵籍紫苔。”

【煙霜】 雾霭和霜。权德舆《奉和圣制九日言怀赐中书门下及百寮》:“烟霜暮景清,水木秋光寒。”白居易《初冬早起寄梦得》:“早起烟霜白,初寒鸟雀愁。”张祜《瓜洲闻晓角》:“五更人起烟霜静,一曲残声遍落潮。”李胄《文宣王庙古松》:“寒影烟霜暗,晨光枝叶妍。”

【煙霞】 ❶雾霭;云霞。杨师道《还山宅》:“依然此泉路,犹是昔烟霞。”钱起《赋得绵绵思远道送岑判官入岭》:“极目烟霞外,孤舟一使星。”白居易《病中诗十五首・送嵩客》:“登山临水分无期,泉石烟霞今属谁。”姚合《武功县中作三十首》之一三:“岐路荒城少,烟霞远岫多。”❷指山林、山水。刘长卿《送陆羽之茅山寄李延陵》:“鸡犬驱将去,烟霞拟不还。”秦系《山中奉寄钱起员外兼简苗发员外》:“稚子唯能觅梨栗,逸妻相共老烟霞。”殷尧藩《上巳日赠都上人》:“吾师无所愿，惟愿老烟霞。”李群玉《洞庭驿楼雪夜宴集奉赠前湘州张员外》：“谋身拙如鸠，分随烟霞老。”❸谓隐居山林。杜牧《题白蘋洲》：“无多珪组累，终不负烟霞。”陆龟蒙《杂讽九首》之八：“分已诺烟霞，全遗事干谒。”谭用之《江馆秋夕》：“谁人更唱阳关曲，牢落烟霞梦不成。”❹指山的高处。张继《游灵岩》：“灵岩有路入烟霞，台殿高低释子家。”

【煙霞地】 云雾缭绕的山林之地。皮日休《陈先辈故居》：“襄阳无限烟霞地，难觅幽奇似此殊。”陆龟蒙《奉和袭美太湖诗二十首·雨中游包山精舍》：“乃知烟霞地，绝俗无不得。”

【煙霞志】 ❶隐居山林之愿。白居易《重题》之一：“早年薄有烟霞志，岁晚深谙世俗情。”李群玉《送人隐居》：“平生自有烟霞志，久欲抛身狎隐沦。”❷即青云志。远大的志向。李群玉《将之番禺留别湖南府幕》：“本乏烟霞志，那随鸳鹭游。”陈陶《海昌望月》：“平生烟霞志，读书觅封侯。”

【煙霞侣】 ❶指山林隐士。丘丹《奉酬韦苏州使君》：“久作烟霞侣，暂将簪组亲。”❷与山水结为伴侣。形容喜爱山水。白居易《祗役骆口因与王质夫同游秋山偶题三韵》：“平生烟霞侣，此地重裴回。”❸指隐居山林的伴侣。白居易《以诗代书酬慕巢尚书见寄》：“愿为愚谷烟霞侣，思结空门香火缘。”自注：“慕巢书中，颇切归休结侣之意，故以此答。”

【煙霞客】 山林隐士。秦系《张建封大夫奏系为校书郎因寄此作》：“久是烟霞客，潭深钓得鱼。”

【煙霞約】 幽居山林之约。贾岛《送无可上人》：“终有烟霞约，天台作近邻。”

【煙霞縣】 多山水幽胜之县。李频《送薛能少府任盩厔》：“好去烟霞县，仙人有旧踪。”

【煙霞癖】 谓酷爱山水成癖。贯休《别卢使君归东阳二首》之二：“难医林薮烟霞癖，又出芝兰父母乡。”

【煙曙】 雾霭迷蒙的清晨。崔曙《嵩山寻冯炼师不遇》：“青溪访道凌烟曙，王子仙成已飞去。”温庭筠《雉场歌》：“茭叶萋萋接烟曙，鸡鸣埭上梨花露。”

【煙鴻】 云天的鸿雁。太宗《秋日即目》：“散岫飘云叶，迷路飞烟鸿。”杜牧《走笔送杜十三归京》：“烟鸿上汉声声远，逸骥寻云步步高。”

【煙濤】 ❶烟波，雾霭渺茫的水面。李白《梦游天姥吟留别》：“海客谈瀛洲，烟涛微茫信难求。”黄滔《送人往苏州觐其兄》：“阖闾城外越江头，两地烟涛一叶舟。”❷犹波涛。李白《书情题蔡舍人雄》：“我纵五湖棹，烟涛恣崩奔。”又《莹禅师房观山海图》：“烟涛争喷薄，岛屿相凌乱。”

【煙縷】 ❶指缕缕轻烟。王周《道院》：“谁知是官府，烟缕满炉沉。”❷指细长的柳条。李中《途中柳》：“无人折烟缕，落日拂溪桥。”

【煙霧】 ❶雾霭；云雾。玄宗《初入秦川路逢寒食》：“远看骊岫入云霄，预想汤池起烟雾。烟雾氛氲水殿开，暂拂香轮归去来。”戴叔伦《奉天酬别郑谏议云逵卢拾遗景亮见别之作》：“关河烟雾深，寸步音尘隔。”王季文《九华山谣》：“南风拂晓烟雾开，满山葱蒨铺鲜碧。”陆龟蒙《雁》：“不知烟雾里，几只到衡阳。”❷喻指轻薄的丝织品。杜甫《自京赴奉先县咏怀五百字》：“中堂舞神仙，烟雾蒙玉质。”韦应物《杂体五首》之三：“心精烟雾色，指历千万绪。”罗隐《寄酬邺王罗令公五首》之五：“绡从海室夺烟雾，乐奏帝宫胜管弦。”

【煙闕】 云天上的仙家宫阙。鲍溶《庐山石镜》：“我图辨鬼魅，信美留烟阙。”

【煙壘】 雾霭中的堡垒。李绅《到宣武三十韵》：“烟垒风调角，秋原雨洗兵。”

【煙燼】 灰烬。柳宗元《自衡阳移桂十余本植零陵所住精舍》：“火耕困烟烬，薪采久摧剥。”

【煙躅】 仙人之履。吴融《绵竹山四十韵》：“合有羽衣人，飘飖曳烟躅。”

【煙露】 烟雾露水。韦应物《鼋头山神女歌》：“蕙兰琼芳积烟露，碧窗松月无冬春。”杜牧《栽竹》：“历历羽林影，疏疏烟露姿。”李群玉《龙山人惠石廪方及团茶》：“自云凌烟露，采掇春山芽。”吴融《蛱蝶》：“两两自依依，南园烟露微。”

【煙蘿】 ❶指藤萝。白居易《新涧亭》：“烟萝初合涧新开，闲上西亭日几回。”李群玉《送魏珪觐省》。“烟萝拂行舟，玉濑锵枕席。”刘沧《八月十五日夜玩月》：“寒色满窗明枕簟，清光凝露拂烟萝。”汪遵《金谷》：“香散艳消如一梦，但留风月伴烟萝。”❷指山间草树茂密、烟聚萝缠之处。借指隐居之处。李端《送友人还洛》：“何当嵩岳下，相见在烟萝。”刘沧《秋日山斋书怀》：“空将方寸荷知己，身寄烟萝恩未酬。”胡骈《经费拾遗旧隐》：“不将冠剑为荣事，只向烟萝寄此生。”王继勋《赠和龙妙空禅师》：“只栖云树两三亩，不下烟萝四五年。”❸暗指佛教坐禅与道家修真之处。寒山《诗三百三首》之二二六：“自乐平生道，烟萝石洞间。”司空曙《题凌云寺》：“百丈金身开翠壁，万龛灯焰隔烟萝。”赵嘏《早出洞仙观》：“露浓如水洒苍苔，洞口烟萝密不开。”齐己《与杨秀才话别》：“到头重策蹇，归去旧烟萝。”❹借指隐居之士。白居易《晚秋有怀郑中旧隐》：“长闲羡云鹤，久别愧烟萝。”

【煙籠】 雾霭迷蒙。张祜《途次杨州赠崔荆二十韵》：“烟笼春树薄，日映曙楼高。”杜牧《泊秦淮》：“烟笼寒水月笼沙，夜泊秦淮近酒家。”陆龟蒙《和袭美初冬偶作寄南阳润卿次韵》："衰柳尚能和月动，败兰犹拟倩烟笼。"

【煙鬟】 形容女子鬟发如云。韩愈《题炭谷湫祠堂》："祠堂像侔真，擢玉纡烟鬟。"罗邺《闻友人入越幕因以诗赠》："稽岭春生酒冻销，烟鬟红袖恃娇饶。"

【煙鬢】 犹云鬓。妇女的鬓发。韩偓《咏手》："背人细撚垂烟鬓，向镜轻匀衬脸霞。"

【煙靄】 ❶云雾；雾霭。岑参《东归发犍为至泥溪舟中作》："烟霭吴楚连，溯沿湖海通。"张祜《题南陵隐静寺》："松径上登攀，深行烟霭间。"褚载《句》之三："星斗离披烟霭收，玉蟾蜍耀海东头。"黄文《湘江》："鹧鸪一声在何许，黄陵庙前烟霭深。"❷指云霭弥漫之处。杜甫《万丈潭》："跼步凌垠堮，侧身下烟霭。"于兴宗《夏杪登越王楼临涪江望雪山寄朝中知友》："晴明中雪岭，烟霭下渔舟。"❸指烟，烟气。张碧《幽思》："金炉烟霭微，银釭残影灭。"

【煙爨】 炊烟。皮日休《贫居秋日》："贫家烟爨稀，灶底阴虫语。"

煩 〔fán《广韵》附袁切，平元，奉。〕❶热头痛。《说文・页部》："烦，热头痛也。"后泛指痛苦。吴筠《览古十四首》之六："尝稽真仙道，清寂祛众烦。"❷烦躁；烦恼；烦忧。杜甫《大云寺赞公房四首》之四："近公如白雪，执热烦何有。"韦应物《酬李儋》："不见同心友，徘徊忧且烦。"孟郊《赠别殷山人说易后归幽墅》："一悟祛万结，夕怀倾朝烦。"刘禹锡《苏州白舍人寄新诗有叹早白无儿之句因以赠之》："于公必有高门庆，谢守何烦晓镜悲。"❸多，多次。王昌龄《行路难》："行路难，劝君酒，莫辞烦。"孙逖《送杨法曹按括州》："溪澄问人隐，岩险烦登陟。"武元衡《夏日陪冯许二侍郎与严秘书游昊天观览旧题寄同里杨华州中丞》："三伏草木变，九城车马烦。"贾岛《游仙》："若人无仙骨，芝术徒烦食。"❹繁杂；纷乱。郑愔《百舌》："借问声何烦，末俗不尚默。"钱起《长安客舍赠李行父明府》："理烦善用简，济猛能兼宽。"韩愈《赴江陵途中寄赠王二十补阙李十一拾遗李二十六员外翰林三学士》："有司恤经费，未免烦征求。"白居易《和答诗十首》序："各引所作，稍删其烦而晦其义焉。"皮日休《奉和鲁望渔具十五咏・罩》："人立独无声，鱼烦似相抄。"❺困乏；疲劳。崔融《西征军行遇风》："马烦莫敢进，人急未遑食。"元稹《庙之神》："我马烦兮释我车，神之庙兮山之阿。"张籍《寄韩愈》："临溪一盥濯，清去肢体烦。"白居易《初出蓝田路作》："人烦马蹄跙，劳苦已如此。"❻劳；烦劳。高适《赠别沈四逸人》："世务不足烦，有田西出岑。"李白《秋浦清溪雪夜对酒客有唱山鹧鸪者》："持此足为乐，何烦笙与竽。"杜甫《咏怀二首》之二："井灶任尘埃，舟航烦数具。"元稹《古筑城曲五解》之五："筑城安敢烦，愿听丁一言。"❼劳驾；劳烦。杜甫《赠郑十八贲》："数杯资好事，异味烦县尹。"卢纶《苦雨闻包谏议欲见访戏赠》："常时多病因多雨，那敢烦君车马来。"权德舆《送张阁老中丞持节册吊回鹘》："欲散别离唯有醉，暂烦宾从驻征鞍。"曹松《送左协律京西从事》："若遣关中使，烦君问寂寥。"❽厌烦；腻烦。杜甫《上白帝城二首》之一："不是烦形胜，深惭畏损神。"白居易《松斋偶兴》："耳烦闻晓角，眼醒见秋山。"❾烦苛。中宗《幸秦始皇陵》："政烦方改篆，愚俗乃焚书。"❿烦扰。韩愈《南溪始泛三首》之二："但恐烦里间，时有缓急投。"

【煩心】 谓心情烦恼。皮日休《新秋言怀寄鲁望三十韵》："烦心入夜醒，疾首带凉抓。"

【煩劬】 烦劳；劳累。权德舆《侍从游后湖宴坐》："清旭理轻舟，嬉游散烦劬。"

【煩吝】 指杂乱鄙吝的思绪。韦应物《赠丘员外二首》之一："宵昼方连燕，烦吝亦顿祛。"

【煩苦】 烦劳辛苦。韩愈《元和圣德诗》："皇帝曰嘻，元汝烦苦。"程太虚《清心泉》："多少人间烦苦事，只消一点便清凉。"

【煩苛】 繁杂苛细。多指法令。张说《赠别扬盈川炯箴》："才勿骄怪，政勿烦苛。"杜甫《秋日夔府咏怀奉寄郑监李宾客一百韵》："哀痛丝纶切，烦苛法令蠲。"戴叔伦《奉同汴州李相公勉送郭布殿中出游》："省风传隐恤，持法去烦苛。"周昙《咏史诗・秦门・陈涉》："秦法烦苛霸业隳，一夫攘臂万夫随。"元稹《和李校书新题乐府十二首・骠国乐》："万人有意皆洞达，四岳不敢施烦苛。"

【煩抱】 烦乱的胸怀。韦应物《新理西斋》："始见庭宇旷，顿令烦抱舒。"又《复理西斋寄丘员外》："庭宇还清旷，烦抱亦舒通。"又《夏至避暑北池》："于焉洒烦抱，可以对华觞。"

【煩昏】 烦闷昏沉。王建《从元太守夏宴西楼》："六月晨亦热，卑居多烦昏。"元稹《苦雨》："烦昏一日内，阴暗三四殊。"

【煩炎】 指炎症。贾岛《玩月》："目常有热疾，久视无烦炎。"

【煩拏】 纷乱；牵缠。寒山《诗三百三首》之二二五："是渠作障碍，使你事烦拏。"

【煩思】 烦恼忧思。卢嗣立《望九华山》："坐观风雪销烦思，惜别烟岚驻晓行。"

【煩促】 迫促；急迫。李邕《登历下古城员外孙新亭》："高兴汩烦促，永怀清典常。"杜甫《醉为马坠诸公携酒相看》："职当忧戚伏衾枕，况乃迟暮加烦促。"羊士谔《息舟荆溪入阳羡南山游善权寺呈李功曹巨》："念遵烦促途，荣利骛隙光。"

【煩紆】　指思绪纷乱愁结。李白《古风》之五六："鱼目复相哂，寸心增烦纡。"杨于陵《郡斋有紫薇双本自朱明接于徂暑予嘉其美而能久因诗纪述》："省躬既跼蹐，结思多烦纡。"杨衡《病中赴袁州次香馆》："谁能挹香水，一为濯烦纡。"吴融《题画柏》："闲取画图看，烦纡果冰释。"

【煩埃】　犹尘埃。谓尘俗之虑。无可《送契公自桂阳赴南海》："南行登岭首，与俗洗烦埃。"

【煩倦】　烦闷困倦。白居易《苦热喜凉》："经时苦炎暑，心体但烦倦。"又《苦热》："朝客应烦倦，农夫更苦辛。"

【煩疴】　扰人的疾病。韦应物《郡斋雨中与诸文士燕集》："烦疴近消散，嘉宾复满堂。"

【煩冤】　烦躁怨愤。杜甫《兵车行》："新鬼烦冤旧鬼哭，天阴雨湿声啾啾。"孟郊《闺怨》："妾恨比斑竹，下盘烦冤根。"白居易《将之饶州江浦夜泊》："烦冤寝不得，夏夜长于秋。"姚月华《怨诗效徐淑体》："烦冤兮凭胸，何时兮可论。"

【煩虚】　烦忧的心怀。权德舆《和九华观见怀贡院八韵》："丽曲涤烦虚，幽缄发清机。"

【煩欲】　繁杂的尘俗之欲。权澈《琵琶浤石壁诗刻》："夙愿解尘组，幸兹洗烦欲。"

【煩暑】　暑天的闷热，炎热。苏颋《小园纳凉即事》："烦暑避蒸郁，居闲习高明。"裴迪《夏日过青龙寺谒操禅师》："烦暑自兹适，清凉何所求。"严维《僧房避暑》："幽旷无烦暑，恬和不可量。"方干《夏日登灵隐寺后峰》："绝顶无烦暑，登临三伏中。"

【煩惱】　❶佛教语。梵文 KLesa 的意译。或译为"惑"。为佛教所说世俗欲求扰乱众生身心，使之产生的一切迷惑、苦恼等的总称。《唯识述记》卷一："烦是扰义，恼是乱义，扰乱有情，故名烦恼。"白居易《客路感秋寄明准上人》："使我忘得心，不教烦恼生。"皎然《饮茶歌诮崔石使君》："三饮便得道，何须苦心破烦恼。"方干《游竹林寺》："闻僧说真理，烦恼自然轻。"❷忧愁苦恼。孟浩然《宿天台桐柏观》："愿言解缨绂，从此去烦恼。"孟郊《劝善吟》："自悲咄咄感，变作烦恼翁。烦恼不可欺，古剑涩亦雄。"白居易《因沐感发寄朗上人二首》之一："应是烦恼多，心焦血不足。"裴说《鹿门寺》："何计生烦恼，虚空是四邻。"

【煩惱根】　佛教语。指与人俱来的而引起烦恼的俗欲。白居易《逍遥咏》："此身何足恋，万劫烦恼根。"

【煩惱海】　佛教语。谓烦恼之大，深广如海。齐己《赠持法华经僧》："受持身心苟精洁，尚能使烦恼大海水枯竭。"

【煩惱業】　佛教语。谓由俗欲而造下的罪孽。孟浩然《还山贻湛法师》："烦恼业顿舍，山林情转殷。"

【煩惱賊】　佛教语。谓俗欲使人烦恼，伤人之性，犹如盗贼。《维摩经·菩萨行品》："以智慧剑，破烦恼贼。"寒山《诗三百三首》之一五六："常持智慧剑，拟破烦恼贼。"

【煩惱塵】　佛教语。比喻烦恼如人身上的尘垢。白居易《自觉二首》之二："誓以智慧水，永洗烦恼尘。"又《和微之诗二十三首·和晨霞》："抉开生盲眼，摆去烦恼尘。"

【煩惱樹】　佛教语。比喻烦恼如难除之大树。王维《与胡居士皆病寄此诗兼示学人二首》之二："空虚花聚散，烦恼树稀稠。"赵殿成注："《佛遗教经》：实智慧者，伐烦恼树之利斧也。《涅槃经》：是经即是刚利智斧，能伐一切烦恼大树。"

【煩勞】　烦恼伤神。李白《鸣皋歌送岑征君》："若有人兮思鸣皋，阻积雪兮心烦劳。"

【煩費】　浪费；耗费。白居易《夏日闲放》："资身既给足，长物徒烦费。"杜牧《感怀诗一首》："邈矣远太平，萧然尽烦费。"

【煩蒸】　闷热。许棠《陪友人夏夜对月》："烦蒸惊顿绝，吟玩畏闻鸡。"齐己《苦热》："毒害芙蓉死，烦蒸瀑布红。"熊皎《道傍松》："论功只合行人赏，销得烦蒸古道边。"

【煩想】　❶杂念；俗虑。韦应物《晦日处士叔园林燕集》："赖此林下期，清风涤烦想。"❷思绪纷乱。权德舆《崔四郎协律以诗见寄兼惠蜀琴因以酬赠》："临风结烦想，客至传好音。"

【煩鄙】　繁杂卑俗。元稹《遣昼》："客来伤寂寞，我念遗烦鄙。"

【煩溽】　闷热；溽热。皮日休《吴中苦雨因书一百韵寄鲁望》："而民当斯时，不觉有烦溽。"

【煩滓】　污浊杂乱。李鹏《五言同韦子斿神泉诗》："镜澈无纤翳，天清涤烦滓。"吴筠《游倚帝山二首》之一："振衣超烦滓，策杖追岑壑"。

【煩熱】　使人烦躁的闷热。杜甫《入奏行赠西山检察使窦侍御》："蔗浆归厨金碗冻，洗涤烦热足以宁君躯。"白居易《月夜登阁避暑》："清凉近高生，烦热委静销。"姚合《过张邯郸庄》："客行长似病，烦热束四肢。"李洞《避暑庄严禅院》："定里无烦热，吟中达性情。"

【煩憂】　烦恼忧愁。张说《岳州西城》："危堞临清境，烦忧暂豁然。"李白《宣州谢朓楼饯别校书叔云》："弃我去者昨日之日不可留，乱我心者今日之日多烦忧。"韦应物《贾常侍林亭燕集》："朝旦气候佳，逍遥写烦忧。"皎然《伏日就汤评事衡湖上避暑》："更持无生论，可以清烦忧。"

【煩慮】 烦躁忧虑。杨浚《题武陵草堂》:“适知幽通趣,已觉烦虑屏。”韦应物《赠李儋》:“心神自安宅,烦虑顿可捐。”皎然《赋得夜雨滴空阶送陆羽归龙山》:“气令烦虑散,时与早秋同。”白居易《老来生计》:“烦虑渐消虚白长,一年心胜一年心。”

【煩數】 频繁。元结《系乐府十二首·颂东夷》:“东惊且悲叹,节变何烦数。”

【煩緣】 产生烦恼的尘缘。寒山《诗三百三首》之二〇三:“我家本住在寒山,石岩栖息离烦缘。”

【煩懷】 烦闷的心怀。韩愈、孟郊《纳凉联句》:“烦怀却星星,高意还卓卓。”

【煩燠】 闷热。韦应物《寄子西》:“乔树落疏阴,微风散烦燠。”皎然《奉和陆使君长源夏月游太湖》:“遂与南湖游,虚襟涤烦燠。”张祜《濠州水馆》:“高阁去烦燠,客心遂安舒。”

【煩濁】 ❶烦扰纷乱。孟郊《酬李侍御书记秋夕雨中病假见寄》:“洗涤烦浊尽,视听昭旷生。”❷指烦冗污秽的尘俗之事。孟郊《游韦七洞庭别业》:“人皆走烦浊,君能致虚寂。”❸指苦热。王维《苦热》:“长风万里来,江海荡烦浊。”

【煩膺】 烦躁的心怀。元稹《秋堂夕》:“泛览昏夜目,咏谣畅烦膺。”

【煩擾】 烦躁;纷扰。李益《自朔方还与郑式瞻崔称郑子周岑赞同会法云寺三门避暑》:“英英二三彦,襟旷去烦扰。”

【煩襟】 烦闷纷乱的心怀。王勃《游梵宇三觉寺》:“遽忻陪妙躅,延赏涤烦襟。”杜甫《云》:“高斋非一处,秀气豁烦襟。”刘禹锡《西山兰若试茶歌》:“悠扬喷鼻宿酲散,清峭彻骨烦襟开。”陆希声《阳羡杂咏十九首·绿云亭》:“六月清凉绿树阴,小亭高卧涤烦襟。”

【煩囂】 ❶喧嚣;嘈杂。宋之问《灵隐寺》:“夙龄尚遐异,搜对涤烦嚣。”杜牧《题吴兴消暑楼十二韵》:“时陪庾公赏,还悟脱烦嚣。”❸指繁杂的尘俗之事。独孤及《诗一首》:“簿领日盈机,知君傲烦嚣。”

【煩纓】 指世俗的牵累和烦扰。韦应物《西涧即事示卢陟》:“知子尘喧久,暂可散烦缨。”

煉 〔liàn《集韵》郎甸切,去霰,來。〕❶熔炼;冶炼。吕温《同恭夏日题寻真观李宽中秀才书院》:“愿君此地攻文字,如炼仙家九转丹。”李群玉《将游罗浮登广陵楞伽台别羽客》:“揭来罗浮巅,披云炼琼液。”贯休《古意九首》之六:“古交如真金,百炼色不回。”曹文姬《句》:“凿开天外长生地,炼出人间不死丹。”❷修炼;锻炼。李白《古风》之一七:“昆山采琼蕊,可以炼精魄。”翁承赞《题景祥院》:“三卷贝多金粟语,可能心炼得成灰。”韩屿《赠进士李守微》:“炼成正气功应大,养得元神道不差。”

【煉丹】 道教语。将丹砂炼制成药物。后又有内丹与外丹之分。炼丹砂为药物,称“外丹”;以气功修炼人体内的精、气、神三者,称“内丹”。张籍《和卢常待寄华山郑隐者》:“独住三峰下,年深学炼丹。”牟融《寄羽士》:“山中胜景常留客,林下清风好炼丹。”施肩吾《经吴真君旧宅》:“古仙炼丹处,不测何岁年。”吕岩《炼丹台》:“谁筑斯台学炼丹,丹成飞上紫云端。”

【煉汞燒鉛】 熔炼金属汞石等物以制成丹药。高骈《闻河中王铎加都统》:“炼汞烧铅四十年,至今犹在药炉前。”

【煉冶】 熔化提炼。司空图《诗品二十四则·洗炼》:“超心炼冶,绝爱缁磷。”

【煉金】 即炼丹。金,金丹。贯休《寿春节进大蜀皇帝五首》之五:“积劫修来似炼金,为皇为帝万灵钦。”

【煉師】 对懂得“养生”“炼丹”方法的道士的尊称。储光羲有《贻韦炼师》。李益有《同萧炼师宿太乙庙》。李群玉有《送秦炼师归岑公山》。

【煉液】 即炼汞以制丹药。卢鸿一《嵩山十志十首·期仙磴》:“山中人兮好神仙,想象闻此兮欲升烟,铸月炼液兮伫还年。”

【煉養】 修炼养生。吕岩《窑头坯歌》:“修行路上多少人,穷年炼养费精神。”

【煉藥】 指炼制丹药。钱起《暇日题草堂》:“通经未拾紫,炼药不成仙。”杜光庭《题都庆观》:“炼药旧台空处所,挂衣乔木两摧残。”

煬 〔yàng《广韵》餘亮切,去漾,以。〕❶烘烤。见“煬竈”。❷烧,焚烧。陆龟蒙《奉和袭美茶具十咏·茶灶》:“炀者若吾徒,年年看不足。”❸指隋炀帝。柳宗元《唐铙歌鼓吹曲十二篇·为晋阳武第一》:“炀之渝,德焉归。”白居易《新乐府·隋堤柳》:“大业年中炀天子,种柳成行夹流水。”

【煬皇】 指隋炀帝。元结《闵荒诗》:“炀皇嗣君位,隋德滋昏幽。”罗隐《席上歌水调》:“若使炀皇魂魄在,为君应合过江来。”

【煬帝行宫】 即炀帝宫。刘禹锡《杨柳枝词九首》之六:“炀帝行宫汴水滨,数枝杨柳不胜春。”

【煬帝宫】 即隋炀帝行宫。故址在今江苏扬州市。鲍溶《隋宫》:“楚老几代人,种田炀帝宫。”

【煬帝都城】 指江都,今江苏扬州市。赵嘏《送沈单作尉江都》:“炀帝都城春水边,笙歌夜上木兰船。”

【煬帝陵】 在今江苏扬州市北雷塘。隋炀帝初葬于扬州吴公台下,唐武德五年(622)江都总管陈稜改葬其于今址。李涉《醉中赠崔膺》:“炀帝陵边草木深，汴河流水空归海。"

【熇竈】 谓在灶前烤火。人在灶前烤火，则蔽后者之光。后因以"熇竈"喻佞臣擅权，蒙蔽其君；或用以咏烤火。典出《韩非子·内储说上》。柳宗元《夏夜苦热登西楼》："探汤汲阴井，炀灶开重扉。"按，比喻夏夜之热，犹如灶前烤火。

煒 〔huī《集韵》吁韋切，平微，曉。〕同"煇"。光辉；光彩。韦应物《石鼓歌》："周宣大猎兮岐之阳，刻石表功兮炜煌煌。"息夫牧《冬夜宴萧十丈饯殷郭二子西上》："烘煁有炜，酒醴惟旨。"

【煒煌】 ❶犹辉煌。寒山《诗三百三首》之一〇四："富儿会高堂，华灯何炜煌。"❷华丽美盛貌。韩愈《此日足可惜赠张籍》："驰辞对我策，章句何炜煌。"温庭筠《鸿胪寺有开元中锡宴堂遗址仅有存者偶四十韵》："锡宴得幽致，车从真炜煌。"

【煒燁】 美盛貌。李峤《汾阴行》："金鼎发色正焜煌，灵祇炜烨摅景光。"又《夏晚九成宫呈同僚》："英藩信炜烨，胜地本从容。"

煁 〔chén《广韵》氏任切，平侵，禪。〕火炉。李纾《唐德明兴圣庙乐章·迎俎》："鼎煁阳燧，玉舆阴精。"息夫牧《冬夜宴萧十丈因饯殷郭二子西上》："烘煁有炜，酒醴惟旨。"

煴 〔yūn《广韵》於雲切，平文，影。〕❶郁烟，不见火焰燃烧而冒出的烟。白居易《题赠郑秘书征君石沟溪隐居》："丹灶烧烟煴，黄精花丰茸。"❷氛氲。指浓郁的烟霭或香气。李峤《云》："烟煴万年树，掩映三秋月。"窦牟《元日喜闻大礼寄上翰林四学士中书六舍人二十韵》："国香煴翠幄，庭燎絶红衾。"

【煴香】 香炉之烟的芳香。温庭筠《春愁曲》："凉簪坠发春眠重，玉兔煴香柳如梦。"

照 〔zhào《广韵》之少切，去笑，章。〕❶照耀；照射。杜甫《后出塞五首》之二："落日照大旗，马鸣风萧萧。"韦应物《酬元伟过洛阳夜燕》："明灯照四隅，炎炭正可依。"周贺《浔阳与孙郎中宴回》："浔阳渡口月未上，渔火照江仍独眠。"李郢《送李判官》："津市停桡送别难，荧荧蜡炬照更阑。"❷辉映；映射。太宗《临洛水》："水花翻照树，堤兰倒插波。"王维《瓜园诗》："黄鹂啭深木，朱槿照中园。"潘炎《清如玉壶冰》："日融光乍散，雪照色逾鲜。"许棠《寄庐山贾处士》："彭蠡波涵月，炉峰雪照天。"李昌符《赠同席》："四座列吾友，满园花照衣。"❸太阳；日光；光。太宗《赋得白日半西山》："藿叶随光转，葵心逐照倾。"杜甫《秋野五首》之四："远岸秋沙白，连山晚照红。"刘禹锡《和重题》："林端落照尽，湖上远岚清。"李商隐《无题四首》之一："蜡照半笼金翡翠，麝熏微度绣芙蓉。"❹察知；明鉴。王维《初出济州别城中故人》："执政方持法，明君照此心。"李白《远别离》："我纵言之将何补，皇穹窃恐不照余之忠诚。"❺反射影像。王涯《春游曲二首》之一："满园深浅色，照在绿波中。"卢纶《秋中野望寄舍弟绶兼令呈上西川尚书舅》："尘容不在照，雪鬓那堪镊。"刘商《送僧往湖南》："船到南湖风浪静，可怜秋水照莲花。"李绅《逾岭峤止荒陬抵高要》："岭上泉分南北流，行人照水愁肠骨。"❻镜子。玄宗《答司马承祯上剑镜》："宝照含天地，神剑合阴阳。"李商隐《烧香曲》："玉佩呵光铜照昏，帘波日暮冲斜门。"

【照日】 ❶谓日光照射。温庭筠《感旧陈情五十韵献淮南李仆射》："照日青油湿，迎风锦帐鲜。"❷丽日。太宗《初春登楼即目观作述怀》："绮峰含翠雾，照日蕊红林。"❸谓与日光辉映。刘禹锡《同乐天和微之深春二十首》之四："前旌光照日，后骑蹙成花。"

【照灼】 ❶光彩闪耀。张柬之《与国贤良夜歌二首》之二："杏间花照灼，楼上月裴回。"贺知章《望人家桃李花》："桃花红兮李花白，照灼城隅复南陌。"萧颖士《菊荣一篇五章》之一："紫英黄萼，照灼丹墀。"蔡文恭《奉和夏日游山应制》："照灼晚花鲜，潺湲夕流响。"张文姬《双槿树》："绿影竞扶疏，红姿相照灼。"❷照耀；照射。权德舆《寄侍御从舅》："清泠松露泫，照灼岩花迟。"白居易《山石榴花十二韵》："照灼连朱槛，玲珑映粉墙。"李绅《过梅里七首·忆西湖双鸂鶒》："戏绕莲丛回锦臆，照灼花丛两相得。"皮日休《太湖诗·晓次神景宫》："松声正清绝，海日方照灼。"❸光彩；光辉。李宣古《和主司王起》："何处新诗添照灼，碧莲峰下柳间营。"罗隐《重过三衢哭孙员外》："华屋未移春照灼，故侯何在泪汍澜。"

【照妖鏡】 传说能照出妖魔原形的宝镜。李商隐《李肱所遗画松诗书两纸得四十韵》："我闻照妖镜，及与神剑锋。"

【照夜白】 玄宗骏马名。唐郑处诲《明皇杂录》："上所乘马有玉花骢、照夜白。"杜甫《韦讽录事宅观曹将军画马图》："曾貌先帝照夜白，龙池十日飞霹雳。"

【照夜璣】 夜明珠。罗虬《比红儿诗》之二一："虢国夫人照夜玑，若为求得与红儿。"

【照面】 映照容貌。王梵专《五言十首》之八："照面不用镜，布施不须财。"

【照骨】 照见骨骼。《西京杂记》卷一："戚夫人以百炼金为彄环，照见指骨。"刘禹锡《马嵬行》："指环照骨明，首饰敌连城。"

【照亮】 犹明察。宋鼎《赠张丞相》："皇恩倪照亮，岂厌承明庐。"

【照乘】 即照乘珠。耿湋《省试骊珠诗》："酬恩光莫及，照乘色难逾。"权德舆《奉和韦谏议奉送水部家兄并呈两省阁老院长》:“人望皆同照乘宝,家风不重满籝金。”独孤绶《投珠于泉》:“天真来照乘,成性却沉泉。”白居易《放言五首》之一:“不取燔柴兼照乘,可怜光彩亦何殊。”

【照乘珠】 (乘 shèng)宝珠名。传说因珠光能远照前后十二乘车而得名。高适《涟上别王秀才》:“何意照乘珠,忽然欲暗投。”独孤良器《赋得沉珠于泉》:“皎洁沉泉水,荧煌照乘珠。”

【照眼】 耀眼。杜甫《酬郭十五受判官》:“药裹关心诗总废,花枝照眼句还成。”

【照御】 照临。吴融《奉和御制六韵》:“日华偏照御,星彩迥分台。”

【照像】 即铜镜。叶季良《赋得月照冰池》:“浮霜玉比彩,照像镜同规。”

【照像燈】 即供于佛像前的长明灯。周贺《寄金陵僧》:“斋床几减供禽食,禅径寒通照像灯。”

【照影】 映照容颜。武元衡《行路难》:“几度美人来照影,濯纤笑引银瓶绠。”李商隐《蝶三首》之三:“见我佯羞频照影,不知身属冶游郎。”罗邺《温泉》:“此水贵妃曾照影,不堪流入旧宫来。”

【照壁】 旧时筑于寺庙或住宅前的墙屏,与正门相对,以作遮蔽、装饰之用。韩愈《送文畅师北游》:“昨来得京官,照壁喜见蝎。”

【照臨】 ❶犹照射。顾况《游子吟》:“赫赫大圣朝,日月光照临。”李绅《新楼诗二十首·橘园》:“惧同枳棘愁迁徙,每抱馨香委照临。”纥干讽《新阳改故阴》:“有截知遐布,无私荷照临。”贯休《古镜词上刘侍郎》:“若非八彩眉,不可辄照临。”❷犹明察。杜甫《风疾舟中伏枕书怀三十六韵奉呈湖南亲友》:“朗鉴存愚直,皇天实照临。”

【照膽】 照彻肺腑。张文恭《佳人照镜》:“倦采蘼芜叶,贪怜照胆明。”孟浩然《陪张丞相祠紫盖山途经玉泉寺》:“闻钟度门近,照胆玉泉清。”卢纶《清如玉壶冰》:“既有虚心鉴,还如照胆清。”杜牧《昔事文皇帝三十二韵》:“照胆常悬镜,窥天自戴盆。”见“照膽鏡”。

【照膽鏡】 传说中为照彻人肺腑的宝镜。典出《西京杂记》卷三:“高祖初入咸阳宫,周行库府,金玉珍宝,不可称言。其尤惊异者……有方镜,广四尺,高五尺九寸,表里有明,人直来照之,影则倒见。以手扪心而来,则见肠胃五脏,历然无破。人有疾病在内,则掩心而照之,则知病之所在。又女子有邪心,则胆张心动。秦始皇常以照宫人,胆张心动者则杀之。”李白《宴陶家亭子》:“池开照胆镜,林吐破颜花。”

【照燭】 ❶照耀;照射。韩愈《游青龙寺赠崔大补阙》:“有如流传上古时,九轮照烛乾坤旱。”白居易《和微之诗二十三首·和送刘道士游天台》:“慈光一照烛,奥法相絪缊。”李涉《濉阳行》:“昨日太阳回照烛,转见天心重含育。”❷照亮,照明。孟郊《古意赠染肃补阙》:“自然照烛间,不受邪佞轻。”

【照曜】 同“照耀”。❶照射。白居易《和钱员外禁中夙兴见示》:“楼台红照曜,松竹青扶疏。”杜牧《东兵长句十韵》:“即墨龙文光照曜,常山蛇阵势纵横。”马戴《秋日》:“照耀天山外,飞鸦几共过。”李白《梦游天姥吟留别》:“青冥浩荡不见底,日月照耀金银台。”❷光耀;辉映。杨师道《咏马》:“宝马权奇出未央,雕鞍照曜紫金装。”李白《君马黄》:“长剑既照曜,高冠何艴赫。”太宗《赋秋日悬清光赐玄龄》:“参差丽双阙,照耀满重闱。”李颀《郑樱桃歌》:“宫军女骑一千匹,繁花照耀漳河春。”

【照鏡】 谓对镜自照容颜。张怀庆《窃李义府诗》:“照镜自怜回雪影,来时好取洛川归。”李商隐《无题二首》之一:“八岁偷照镜,长眉已能画。”司马扎《蚕女》:“东邻女新嫁,照镜弄蛾眉。”

【照耀】 见“照曜”。

煦 〔xù《广韵》香句切,去遇,晓。又况羽切,上麌,晓〕❶温暖。韩愈《南山诗》:“无风自飘簸,融液煦柔茂。”白居易《卯时酒》:“煦若春贯肠,暄如日炙背。”温庭筠《元日》:“雨旸春令煦,裘冕晬容尊。”周朴《早春》:“韶光不偏党,积渐煦疲民。”❷旭日的光辉。张说《游龙山静胜寺》:“苦霜裛野草,爱日扬江煦。”韦应物《晦日处士叔园林燕集》:“始萌动新煦,佳禽发幽响。”元稹《梦游春七十韵》:“池光漾霞影,晓日初明煦。”无名氏《长安早春》:“熙熙晴煦远,徒欲奉尧觞。”❸晴明;晴暖。韦应物《春游南亭》:“景煦听禽响,雨余看柳重。”刘禹锡《海阳十咏·月窟》:“岩曲月斜照,林寒春晚煦。”❹以唾沫相互救助。皇甫冉《太常魏博士远出贼庭江外相逢因叙其事》:“耻作纤鳞煦,方随高鸟飞。”见“煦濡”。❺同“呴”。吹气;吐出。吕岩《勉牛生夏侯生》:“但煦日吹月,咽雨呵雷。”引申为养育、抚育。元结《二风诗·治风诗五篇·至慈》:“如煦如吹,如负如持,而不知其慈。”柳宗元《贞符》:“懿其休风,是煦是吹。”

【煦物】 温暖万物。吴融《赴阙次留献荆南成相公三十韵》:“礼贤金璧贱,煦物雪霜融。”

【煦育】 抚育;养育。贾岛《寄沧州李尚书》:“威棱高腊冽,煦育极春温。”方干《除夜》:“煦育诚非远,阳和又欲升。”

【煦暖】 温暖。元稹《酬乐天雪中见寄》:“敲扶密竹枝犹亚,煦暖寒禽气渐苏。”

【煦愛】 爱抚,抚育。贯休《送崔尚书朝觐》:“澄渟消宿蠹,煦爱剧阳春。”

【煦嫗】 ❶指天地对万物的养育、抚育。蒋防

《日暖万年枝》:“自与恩光近,那关煦妪偏。”郭求《日暖万年枝》:“温仁临树久,煦妪在条偏。”王约《日暖万年枝》:“煦妪光偏好,青葱色转宜。”曹松《武德殿朝退望九衢春色》:“苏舒同舜泽,煦妪并尧仁。”❷温暖;爱抚。白居易《岁暮》:“加之一杯酒,煦妪如阳春。”贯休《贺郑使君》:“龚遂刘宽同煦妪,张飞关羽太驱驰。”

【煦潤】 温暖滋润。司空图《效陈拾遗子昂感遇二首》之二:“阳和含煦润,卉木竞纷华。”

【煦濡】 谓以唾沫相润湿。比喻相互救于困境之中。典出《庄子·大宗师》:“泉涸,鱼相与处于陆,相呴以湿,相濡以沫。”颜真卿《七言重联句》:“只自倾心惭煦濡,何曾将口恨蹉跎。”

煨 〔wēi《广韵》烏恢切,平灰,影。〕❶热灰;灰烬。《说文·火部》:“煨,盆中火。”李白《上崔相百忧章》:“仰希霖雨,洒宝炎煨。”刘商《胡笳十八拍·第十八拍》:“明烛重燃煨烬灰,寒泉更洗沉泥玉。”❷烹饪方式的一种,以小火慢慢煮。韩愈《陆浑山火和皇甫湜用其韵》:“焊炰煨爊孰飞奔,祝融告休酌卑尊。”

【煨燼】 灰烬。物体燃烧后的残余物。徐彦伯《比干墓》:“荒坟护草木,刻桷吹煨烬。”顾况《行路难三首》之三:“睢水英雄多血刃,建章宫阙成煨烬。”陆龟蒙《奉和袭美二游诗·徐诗》:“洛阳且煨烬,载籍宜为烟。”齐己《伤郑谷郎中》:“知落干戈里,谁家煨烬中。”

煞[1] 〔shā《广韵》所八切,入黠,生。〕杀死;弄死。章孝标《鹰》:“穿云自怪身如电,煞兔谁知吻胜刀。”

煞[2] 〔shà《集韵》所介切,去怪,生。〕❶副词。极;甚。卢延让《八月十六夜月》:“桂老犹全在,蟾深未煞忙。”❷助词。用在动词后,表示程度深。白居易《府酒五绝·谕妓》:“莫辞辛苦供欢宴,老后思量悔煞君。”李咸用《喻道》:“长生客待仙桃饵,月里婵娟笑煞人。”李行言《成南宴》:“斗鸡走马□□□,东煞长安游侠儿。”

【煞生】 杀害生灵。王梵志《诗》元七三:“煞生最罪重,吃肉亦非轻。”

【煞氣】 杀伐之气。佚名《登山奉怀知己》:“阵云横北塞,煞气螟南荒。”又《晚秋羁情》:“凌晨煞气半天红,薄暮寒云满山白。”

煌 〔huáng《广韵》胡光切,平唐,匣。〕❶明亮。见“煌煌❶”。❷光彩;光芒。见“煌煌❷”。❸盛;美。见“煌煌❹”。

【煌煌】 ❶明亮貌。韦应物《观早朝》:“煌煌列明烛,朝服照华鲜。”韩愈《醉后》:“煌煌东方星,奈此众客醉。”权德舆《放歌行》:“银烛煌煌夜将久,侍婢金罍泻春酒。”白居易《新乐府·司天台》:“北辰微暗少光色,四星煌煌如火赤。”❷光彩耀目貌。肃宗《延英殿玉灵芝诗三章章八句》之一:“玉殿肃肃,灵芝煌煌。”杜甫《太子张舍人遗织成褥段》:“煌煌珠宫物,寝处祸所婴。”权德舆《太原郑尚书远寄新诗走笔酬赠因代书贺》:“戎装躞蹀纷出祖,金印煌煌宠司武。”白居易《题郡中荔枝诗十八韵兼寄万州杨八使君》:“素华春漠漠,丹实夏煌煌。”❸辉煌貌。杜甫《北征》:“煌煌太宗业,树立甚宏达。”韦应物《石鼓歌》:“周宣大猎兮岐之阳,刻石表功兮炜煌煌。”王建《送薛蔓应举》:“煌煌文明代,俱幸生此辰。”元稹《和乐天赠樊著作》:“煌煌二帝道,铺设在典坟。”❹盛美貌。崔禹锡《奉和圣制送张说巡边》:“供帐何煌煌,公其抚朔方。”韩愈《丰陵行》:“羽卫煌煌一百里,晓出都门葬天子。”冯伉《享文恭太子庙乐章二首》之一:“礼容秩秩,羽舞煌煌。”李商隐《偶成转韵七十二句赠四同舍》:“诘旦九门传奏章,高车大马来煌煌。”贯休《拟齐梁体寄冯使君三首》之一:“煌煌发令姿,珂佩鸣丁冬。”

【煌鍠】 辉煌。温庭筠《湖阴词》:“白虬天子金煌铠,高临帝座回龙章。”

煖 〔nuǎn《广韵》乃管切,上缓,泥。〕❶同“暖”。温暖;暖和。孟浩然《寒夜张明府宅宴》:“香炭金炉煖,娇弦玉指清。”韦应物《休沐东还胄贵里示端》:“山明宿雨霁,风煖百卉舒。”姚合《迎春》:“风煖慢行寻曲水,天晴远望立高台。”褚载《句》:“莲浦浪澄堪倚钓,柳堤风煖好重鞭。”❷使之暖和;暖和。杜甫《新婚别》:“结发为妻子,席不煖君床。”白居易《自咏》:“随宜饮食聊充腹,取次衣裘亦煖身。”皮日休《奉和鲁望樵人十咏·樵火》:“傍边煖白酒,不觉瀑冰垂。”贯休《桐江闲居作十二首》之三:“茶和阿魏煖,火种柏根馨。”❸指衣裘。白居易《秦中吟十首·重赋》:“夺我身上煖,买尔眼前恩。”

【煖老】 谓给老人温暖。语本《礼记·王制》:“八十非人不煖。”杜甫《独坐二首》之一:“煖老须燕玉,充饥忆楚萍。”

【煖吹】 暖风。高宗《守岁》:“花余凝地雪,条含煖吹分。”

【煖律】 指温暖的春天节候。罗隐《登宛陵条风楼寄窦常侍》:“只有远山含煖律,不知高阁动归心。”

【煖風】 温暖的风。韩琮《春愁》:“劝君年少莫游春,煖风迟日浓于酒。”

【煖氣】 温暖的气候。张若虚《代答闺梦还》:“试衫著暖气,开镜觅春晖。”李白《邹衍谷》:“燕谷无煖气,穷岩闭严阴。”

【煖酒】 温酒。白居易《初冬早起寄梦得》:“炉温先煖酒,手冷未梳头。”许浑《赠裴处士》:“煖酒雪初下,读书山欲明。”徐铉《又赋早春书事》:“煖酒红炉火，浮舟绿水波。”

【煖景】 指春天的景象。姚合《霁后登楼》：“碧池舒煖景，弱柳𬙂和风。”

【煖湯】 热水。杜甫《彭衙行》：“煖汤濯我足，剪纸招我魂。”

【煖寒】 取暖御寒。白居易《老去》：“煖寒从饮酒，冲冷少吟诗。”又《早饮醉中除河南尹敕到》：“雪拥衡门水满池，温炉卯后煖寒时。”

【煖煙】 春天的雾霭。韦庄《立春》：“青帝东来日驭迟，煖烟轻逐晓风吹。”黄损《公子行》：“春草绿绵绵，骄骖骤煖烟。”

【煖閣】 温暖的楼阁。欧阳炯《菩萨蛮》词之二：“红炉煖阁佳人睡，隔帘飞雪添寒气。”

【煖熱】 温暖；和暖。白居易《答梦得秋庭独坐见赠》：“应是天教相煖热，一时垂老与闲官。”李商隐《行次西郊作一百韵》：“指顾动白日，煖热回苍旻。”

【煖爐】 取暖的火炉。白居易《新雪二首》之一：“唯忆静恭杨阁老，小园新雪煖炉前。”又《晚起》：“煖炉生火早，寒镜裹头迟。”又《岁除夜对酒》：“醉依香枕坐，慵傍煖炉眠。”

煢 〔qióng《广韵》渠營切，平清，群。〕孤独无依。见“煢煢”“煢嫠”“煢獨”。

【煢煢】 孤零貌。卢纶《纶与吉侍郎中孚司空郎中曙有所酬以申悲旧》：“感旧谅戚戚，问孤恳茕茕。”施肩吾《收妆词》：“斜月胧胧照半床，茕茕孤妾懒收妆。”

【煢嫠】 寡妇。杜审言《和李大夫嗣真奉使存抚河东》：“茕嫠访疾苦，屠钓采贞坚。”

【煢獨】 孤独。费冠卿《久居京师感怀诗》：“茕独不为苦，求名始辛酸。”

煎[1] 〔jiān《广韵》子仙切，平仙，精。〕❶烹煮。岑参《热海行送崔侍御还京》：“蒸沙烁石然虏云，沸浪炎波煎汉月。”韦应物《清明日忆诸弟》：“杏粥犹堪食，榆羹已稍煎。”姚合《和元八郎中秋居》：“酒用林花酿，茶将野水煎。”王贞白《寄天台叶尊师》：“采药霞衣湿，煎芝古鼎焦。”❷煎熬；燃烧。储光羲《同王十三维偶然作十首》之九：“想见明膏煎，中夜起唧唧。”杜甫《遣兴五首》之三：“漆有用而割，膏以明自煎。”元结《贼退示官吏》：“今彼征敛者，迫之如火煎。”白居易《和微之诗二十三首·和知非》：“思苦膏火煎，忧深扃锁秘。”❸一种烹饪方法。先在锅里放油，加热后放入食物，烧炙至表面焦黄。韩愈《燕河南府秀才得生字》：“还家敕妻儿，具此煎炰烹。”❹烘烤；曝晒。元稹《一字至七字诗·茶》：“铫煎黄蕊色，碗转曲尘花。”白居易《大水》：“风卷白波翻，日煎红浪沸。”陆希声《阳羡杂咏十九首·茗坡》：“春醒酒病兼消渴，惜取新芽旋摘煎。”❺喻痛苦折磨。杜甫《羌村》之二：“萧萧北风劲，抚事煎百虑。”独孤及《初晴抱琴登马退山对酒望远醉后作》：“人生几何时，太半百忧煎。”孟郊《李少府厅吊李元宾遗字》：“一生能几时，百虑来相煎。”张祜《苦旱》：“病体长煎虑，穷愁益自煎。”

煎[2] 〔jiǎn《集韵》子淺切，上獮，精。〕减损；消损。李贺《苦昼短》：“唯见月寒日暖，来煎人寿。”张碧《惜花三首》之三：“朝开暮落煎人老，无人为报东君道。”

【煎心】 形容内心痛苦如被火煎。陈叔达《自君之出矣》之一：“思君如明烛，煎心且衔泪。”

【煎炒】 犹烹炙、烹烧。贯休《偶作五首》之二：“机生机，巧生巧，心镬烘烘日煎炒。”

【煎茶】 烹茶；煮茶。姚合《送别友人》：“摘花浸酒春愁尽，烧竹煎茶夜卧迟。”皮日休《临顿为吴中偏胜之地因成五言十首奉题屋壁》之二：“压酒移溪石，煎茶拾野巢。”李商隐《即目》：“小鼎煎茶面曲池，白须道士竹间棋。”徐铉《和陈洗马山庄新泉》：“何日煎茶酝香酒，沙边同听暝猿吟。”

【煎茗】 烹茶。姚合《题金州西园九首·葼径》：“爱此不能行，折薪坐煎茗。”

【煎烹】 谓烹煮食物。韩愈、刘师服《石鼎联句》：“巧匠斫山骨，刳中事煎烹。”

【煎情】 谓内心焦急如焚。李贺《出城别张又新酬李汉》：“不闻今夕鼓，差慰煎情人。”

【煎蒸】 燃烧而消溶。孟郊《吊元鲁山》之五：“血誓竟讹谬，膏明易煎蒸。”

【煎催】 火急地催促。徐夤《忆长安行》：“钟鼓煎催人自急，侯王更换恨难胜。”

【煎熬】 ❶燃烧；烹煮。白居易《自悲》：“火宅煎熬地，霜松摧折身。”李敬方《题黄山汤院》：“煎熬何处所，炉炭孰司存。”李商隐《灯》：“皎洁终无倦，煎熬亦自求。”❷形容痛苦折磨。李白《古风》之二〇：“名利徒煎熬，安得闲余步。”杜甫《述古三首》之二：“置膏烈火上，哀哀自煎熬。”柳宗元《游南亭夜还叙志七十韵》：“踉跄辞束缚，悦怿换煎熬。”齐己《夏满日偶作寄孙支使》：“一百二十日，煎熬几不胜。”❸形容形势紧急。舒元舆《坊州按狱》：“小臣诚小心，奉命如煎熬。”

【煎爊】 同“煎熬❷”。吕岩《寄白龙洞刘道人》：“其间寒暑互煎熬，不觉童颜暗中失。”

【煎膠】 烹煮凤喙与麟角合为胶。司空图《杂言》：“女娲只解补青天，不解煎胶黏日月。”见“煎膠續弦”。

【煎膠續弦】 比喻交情密切。杜甫《病后遇王倚饮赠歌》：“麟角凤觜世莫识，煎胶续弦奇自见。”

【煎聲】 痛苦之声。孟郊《吊卢殷》之三："哭弦多煎声，恨涕有余摧。"

【煎藥】 熬药。白居易《病中赠南邻觅酒》："头痛牙疼三日卧，妻看煎药婢来扶。"陆龟蒙《袭美以公斋小宴见招因代书寄之》："自与酌量煎药水，别教安置晒书床。"李中《秋夕病中作》："煎药惟忧涩，停灯又怕明。"后主李煜《病中感怀》："夜鼎唯煎药，朝髭半染霜。"

【煎蹙】 逼迫。王梵志《五言十首》之九："省得分田宅，无人横煎蹙。"

【煎鑠】 煎熬。形容炽热。刘长卿《奉和李大夫同吕评事太行苦热行兼寄院中诸公仍呈王员外》："清风竟不至，赤日方煎铄。"

煇 〔huī《广韵》許歸切，平微，曉。〕光；光辉。见"煇煇"。

【煇煇】 明亮貌。韩濬《清明日赐百僚新火》："灼灼千门晓，辉辉万井春。"

【煇燿】 光彩闪烁貌。陆龟蒙《奉和袭美初夏游楞伽精舍次韵》："仰首乍眩施，回眸更辉燿。"

煆 〔xiā《广韵》許加切，平麻，曉。又呼訝切，去禡，曉。〕火气猛烈。柳宗元《同刘二十八院长述旧言怀感时书事赠二君子》："瘴氛恒积润，讹火亟生煆。"自注："讹火，野火也。煆，火气。"

十 画

熬 〔áo《广韵》五勞切，平豪，疑。〕❶以火煎煮。王建《隐者居》："何物中长食，胡麻慢火熬。"❷比喻痛苦折磨。骆宾王《挑灯杖》："禀质非贪热，焦心岂惮熬。"杜甫《述古三首》之二："置膏烈火上，哀哀自煎熬。"李德裕《述梦诗四十韵》："聚散俄成昔，悲愁益自熬。"

【熬煎】 ❶煎煮。顾况《归阳萧寺有丁行者能修无生忍担水施僧况归命稽首作诗》："此辈之死后，镬汤所熬煎。"❷痛苦折磨。韦应物《答崔都水》："氓税况重叠，公门极熬煎。"白居易《夜雨有念》："唯有恩爱火，往往犹熬煎。"

【熬熬】 愁苦哀怨之声。张籍《山头鹿》："早日熬熬蒸野冈，禾黍不收无狱粮。"齐己《苦热行》："下土熬熬若煎煮，苍生惶惶无处处。"

熇[1] 〔hè《广韵》呵各切，入鐸，曉。又火酷切，入沃，曉。又呼木切，入屋，曉。〕热；炽盛。韩愈、孟郊《征蜀联句》："爇堞熇歊熹，抉门呀拗阖。"

熇[2] 〔xiāo《集韵》虛嬌切，平宵，曉。〕热貌。张籍《新城甲仗楼》："暑雨熇烝隔，凉风宴位留。"

熇[3] 〔kǎo《集韵》苦浩切，上晧，溪。〕烘烤。柳宗元《咏史》："宁知世情异，嘉谷坐熇焚。"

爗 〔yè《广韵》筠輒切，入葉，雲。〕明亮；灿烂。李峤《汾阴行》："金鼎发色正焜煌，灵祇炜烨摅景光。"又《夏晚九成宫呈同僚》："英藩信炜烨，胜地本从容。"

【爗爗】 明亮貌。卢纶《割飞二刀子歌》："刀乎刀乎何烨烨，魑魅须藏怪须慑。"

熙 〔xī《广韵》許其切，平之，曉。〕❶光明；明亮。陈元光《太母魏氏半径题石》："昭题盟岳渎，展墓庆重熙。"《郊庙歌辞·祭汾阴乐章·南吕羽》："于穆濬哲，维清缉熙。"《郊庙歌辞·禅社首乐章·太和》："缉熙肆靖，厥心匪离。"李商隐《韩碑》："呜呼圣皇及圣相，相与烜赫流淳熙。"❷光大。李纾《唐德明兴圣庙乐章·登歌奠币》："于万斯年，熙成帝系。"殷尧藩《帝京二首》之二："都将俭德熙文治，淳俗应还太古风。"❸和乐。李白《送于十八应四子举落第还嵩山》："归根复太素，群动熙元和。"元结《忝官引》："山野性所安，熙然自全顺。"《郊庙歌辞·祀九宫贵神乐章，太和》："旷哉动植，如熙春阳。"白居易《贺雨》："万心春熙熙，百谷青芃芃。"❹照射。韩愈《送无本师归范阳》："天阳熙四海，注视首不颔。"❺茂盛。权德舆《送别沅泛》："斑斓五彩服，前路春物熙。"❻通"嬉"。嬉戏。元结《石宫四咏》之二："远风吹萝蔓，野客熙清阴。"

【熙怡】 和乐；喜悦。贯休《读唐史》："君臣道昭彰，天颜终熙怡。"

【熙陽】 和煦的阳光。韦应物《西郊燕集》："群山霭遐瞩，绿野布熙阳。"

【熙熙】 ❶和乐貌。赵冬曦《奉和张燕公早霁南楼》："群动皆熙熙，噫予独羁束。"韦应物《往富平伤怀》："出门无所忧，返室亦熙熙。"白居易《三适赠道友》："三适今为一，怡怡复熙熙。"李建勋《田家三首》之二："不识城中路，熙熙乐有年。"❷温暖，和暖。顾况《上古之什补亡训传十三章·陵霜之华一章》："烈烈严秋，熙熙阳春，职生有伦。"刘禹锡《省试风光草际浮》："熙熙春景霁，草绿春光丽。"白居易《郡中即事》："漫漫潮初平，熙熙春日至。"❸光明貌。韩愈《纳凉联句》："熙熙炎光流，竦竦高云擢。"无名氏《长安早春》："熙熙晴煦远，徒欲奉尧觞。"❹众多；纷纷。韩愈《陆浑山火和皇甫湜用其韵》："熙熙釂酬笑语言，雷公擘山海水翻。"郑賨《春台晴望》："熙熙山雨霁，处处柳条新。”❺广大貌。卢纶《秋暮中夜独坐迟明因书即事兼呈同院诸公》：“熙熙造化功，穆穆唐尧年。”张生《梦舜抚琴歌》：“荡荡之教兮由自然，熙熙之化兮吾道全。”

熥　〔bó《集韵》伯各切，入鐸，幫。〕搏击。宋齐丘《陪游凤凰台献诗》：“白虹欲吞人，赤骥相熥爆。”

熏　〔xūn《广韵》許雲切，平文，曉。〕❶用烟火熏炙。韩愈《谴疟鬼》：“医师加百毒，熏灌无停机。”元稹《捉捕歌》：“狡兔掘荒榛，妖狐熏古墓。”刘禹锡《蛮子歌》：“熏狸掘沙鼠，时节祠盘瓠。”亦指用火煎。王建《寄刘蕡问疾》：“赊来半夏重熏尽，投著山中旧主人。”❷烘；烤。姚合《病僧》：“茶烟熏杀竹，檐雨滴穿阶。”郑巢《瀑布寺贞上人院》：“古壁灯熏画，秋琴雨润弦。”❸熏染；侵染。赵谦光《答户部员外贺遂涉戏赠》：“锦帐随情设，金炉任意熏。”王建《田侍中宴席》：“香熏罗幕暖成烟，火照中庭烛满筵。”朱庆余《送邵州林使君》：“水边花气熏章服，岭上岚光照画旗。”阎德隐《薛王花烛行》：“金炉半夜起氛氲，翡翠被重苏合熏。”❹谓香气扑人。白居易《与诸同年贺座主侍郎新拜太常同宴萧尚书亭子》：“共仰曾攀处，年深桂尚熏。”又《南亭对酒送春》：“含桃实已落，红薇花尚熏。”欧阳玭《新岭临眺寄连总进士》：“烟中独鸟下，潭上杂花熏。”❺温暖；暖和。崔翘《奉和圣制答张说南出雀鼠谷》：“早行芳草迴，晚憩好风熏。”白居易《约心》：“朝就高斋上，熏然负暄卧。”又《春寝》：“气熏肌骨畅，东窗一昏睡。”❻指《熏风曲》。李适《中春麟德殿会百僚观新乐诗一章章十六句》：“顾非咸池奏，庶协南风熏。”见“熏風曲”。❼用同“薰”。陆龟蒙《奉酬袭美先辈吴中苦雨一百韵》：“上可补熏茎，傍堪跐芽蘖。”见“熏弦”。

【熏天】　形容气焰极盛。贾至《早朝大明宫呈两省僚友》：“银烛熏天紫陌长，禁城春色晓苍苍。”杜甫《遣兴五首》之一：“北里富熏天，高楼夜吹笛。”钱起《秋霖曲》：“貂裘玉食张公子，炰炙熏天戟门里。”

【熏灼】　烧炙。亦比喻气势逼人。韩愈《晚秋郾城夜会联句》：“名声载揄扬，权势实熏灼。”

【熏弦】　《孔子家语·辨乐》：“昔省舜弹五弦之琴，造《南风》之诗，其诗曰：‘南风之薰兮，可以解吾民之愠兮；南风之时兮，可以阜吾民之财兮。’”后以“熏弦”借指帝王施行贤明的政治。张昭《郊庙歌辞·汉宗庙乐舞辞·观德舞》：“正换熏弦娱赤子，忽登仙驾泣苍梧。”

【熏香】　❶焚烧香料。欧阳炯《女冠子》词之二：“摇曳熏香夜，婵娟对镜时。”花蕊夫人徐氏《宫词》之四九：“宫女熏香进御衣，殿门开锁请金匙。”❷香气袭人。刘禹锡《和乐天闲园独赏八韵》：“傅粉琅玕节，熏香菡萏茎。”

【熏風】　❶东南风；和风。太宗《元日》：“穆矣熏风茂，康哉帝道昌。”源乾曜《奉和圣制送张说上集贤学士赐宴》：“熏风清禁籞，文殿述皇明。”白居易、刘禹锡《仆射来示有三春向晚四者难并之说诚哉是言辄引起题重为联句》：“林野熏风起，楼台谷雨晴。”陈陶《蜀葵咏》：“绿衣宛地红倡倡，熏风似舞诸女郎。”❷即《熏风曲》。杜正伦《玄武门侍宴》：“湛露晞尧日，熏风入舜弦。”宗楚客《奉和幸上阳宫侍宴应制》：“湛露飞尧酒，熏风入舜弦。”

【熏風曲】　即《南风歌》。传说为虞舜所作。《礼记·乐记》：“昔者舜作五弦之琴，以歌《南风》。”后以“熏风曲”借以称美帝王的诗篇。刘宪《奉和幸长安故城未央宫应制》：“幸听熏风曲，方知霸道羞。”

【熏風唱】　即《熏风曲》。德宗《中和节日宴百僚赐诗》：“惭非熏风唱，曷用慰吾人。”

【熏風殿】　成都蜀宫殿名。蜀宫群仙《后土夫人》（卷八六三）：“偶引群仙到世间，熏风殿里醉华筵。”

【熏琴】　指天子弹奏的琴声。李适《侍宴长宁公主东庄应制》：“山花添圣酒，涧竹绕熏琴。”见“熏風曲”。

【熏裛】　以香气熏染。吴融《薛舍人见征恩赐香并二十八字同寄》：“都缘有意重熏裛，更洒江毫上玉堂。”

【熏歌】　即《熏风曲》。赵彦昭《奉和幸长安故城未央宫应制》：“茨室留皇鉴，熏歌盛有虞。”

【熏熏】　茂盛貌。白居易《开元寺东池早春》：“顺气草熏熏，适情鸥泛泛。”

【熏馨】　茂盛芬芳。崔日用《奉和圣制春日幸望春宫应制》：“东郊风物正熏馨，素浐凫鹭戏绿汀。”

【熏爐】　用以熏香或取暖的炉子。李商隐《酬崔八早梅有赠兼示之作》：“谢郎衣袖初翻雪，荀令熏炉更换香。”温庭筠《织锦词》：“象尺熏炉未觉秋，碧池已有新莲子。”蔡瑰《夏日闺怨》：“卧簟乘闲乍逐凉，熏炉畏热懒焚香。”张曙《浣溪沙》：“枕障熏炉隔绣帷，二年终日苦相思。”

【熏籠】　一种覆罩于火炉上，供熏香烘物及取暖用的器物。王昌龄《长信秋词五首》之一：“熏笼玉枕无颜色，卧听南宫清漏长。”王建《宫词一百首》之八八：“内人恐要秋衣著，不住熏笼换好香。”白居易《石榴树》：“伞盖低垂金翡翠，熏笼乱搭绣衣裳。”张碧《林书记蔷薇》：“双成涌出琉璃宫，天香阔罩红熏笼。”

熂　〔xì《广韵》許既切，去未，曉。〕火烧杂草。顾况《上古之什补亡训传十三章·十月之郊一章》：“乃熂蒺藜，乃夷荆棘。”

煼 〔chǎo《广韵》初爪切，上巧，初。〕❶熬；炒。韩愈《答孟郊》："名声暂膻腥，肠肚镇煎煼。"❷炒熟。卢仝《月蚀诗》："金烁水银流，玉煼丹砂焦。"

熒 〔yíng《广韵》户扃切，平青，匣。〕❶光闪烁貌。杜甫《奉酬薛十二丈判官见赠》："人生相感动，金石两青荧。"韩愈《答张彻》："尘祛又一掺，泪眦还双荧。"刘禹锡《和牛相公题姑苏所寄太湖石兼寄李苏州》："垂钩入空隙，隔浪动晶荧。"❷同"萤"。见"熒光"。

【熒光】 萤火虫之光。蒋防《望禁苑祥光》："拱汾疑鼎气，临渭比荧光。"

【熒侮】 迷惑侮狎。杜甫《火》："尔宁要谤讟，凭此近荧侮。"浦起龙《读杜心解》："荧惑而侮狎也。"

【熒華】 闪烁的亮光。郑俞《赋得玉水记方流》："潜润滋云起，荧华射浪浮。"

【熒射】 谓光芒四射。李绅《灵蛇见少林寺》序："青光荧射，逼之不怒。"

【熒惑】 ❶古代指火星。因隐现不定，令人迷惑，故名。杜甫《魏将军歌》："夜骑天驷超天河，欃枪荧惑不敢动。"韩愈《苦寒》："荧惑丧缠次，六龙冰脱髯。"卢仝《月蚀诗》："荧惑矍铄翁，执法大不中。"按，古谓荧惑，为天之法星。见《鬼谷子·符言》陶弘景注。❷炫惑；迷惑。元稹《和李校书新题乐府十二首·胡旋女》："佞臣闻此心计回，荧惑君心君眼眩。"❸光芒闪烁。白居易《与沈杨二舍人阁老食敕赐樱桃玩物感恩因成十四韵》："荧惑晶华赤，醍醐气味真。"

【熒煌】 ❶光艳貌；光彩闪耀貌。萧颖士《仰答韦司业垂访五首》之二："错落负奇文，荧煌耀丹金。"独孤良器《赋得沉珠于泉》："皎洁沉泉水，荧煌照乘珠。"元稹《连昌宫词》："楼上楼前尽珠翠，炫转荧煌照天地。"白居易《裴常侍以题蔷薇架十八韵见示因广为三十韵以和之》："九微灯炫转，七宝帐荧煌。"❷光闪烁貌。李群玉《长沙陪裴大夫夜宴》："东山夜宴酒成河，银烛荧煌照绮罗。"薛逢《夜晏观妓》："灯火荧煌醉客豪，卷帘罗绮艳仙桃。"罗隐《帘二首》之一："叠影重纹映画堂，玉钩银烛共荧煌。"徐铉《陈侍郎宅观花烛》："佩声寥亮和金奏，烛影荧煌映玉钩。"孙光宪《更漏子》词之三："烛荧煌，香旖旎，闲放一堆鸳被。"

【熒熒】 ❶灯火明貌。李白《捣衣篇》："琼筵宝幄连枝锦，灯烛荧荧照孤寝。"杨衡《宿云溪观赋得秋灯引送客》："云房寄宿秋夜客，一灯荧荧照虚壁。"杜牧《分司东都寓居履道叨承川尹刘侍郎大夫恩知上四十韵》："梦余钟杳杳，吟罢烛荧荧。"李郢《送李判官》："津市停桡送别难，荧荧蜡炬照更阑。"❷光闪烁貌。王昌龄《送窦七》："清江月色傍林秋，波上荧荧望一舟。"颜真卿、李崿《七言重联句》："荧荧远火分渔浦，历历寒枝露鸟窠。"欧阳詹《智达上人水精念珠歌》："连连寒溜下阴轩，荧荧泫露垂秋草。"贯休《行路难》之二："君不见烧金炼石古帝王，鬼火荧荧白杨里。"❸光艳貌；光彩貌。徐彦伯《仪坤庙乐章·永和》："猗若清庙，肃肃荧荧。"沈佺期《奉和圣制同皇太子游慈恩寺应制》："肃肃莲花界，荧荧贝叶宫。"杜甫《棕拂子》："荧荧金错刀，擢擢朱丝绳。"韩愈《送区弘南归》："爰有区子荧荧晖，观以彝训或从违。"

煽 〔shān《广韵》式連切，平仙，書。又式戰切，去線，書。〕❶炽盛。见"煽赫"。❷扇火使旺。贾岛《纪汤泉》："下有风轮煽，上有雷车驰。"

【煽赫】 炽盛。柳宗元《放鹧鸪词》："羽毛摧折触笼籞，烟火煽赫惊庖厨。"

熁 〔xié《广韵》虚業切，入業，曉。〕熏烤；熏蒸。贯休《经费隐君旧宅》："雨和高瀑浊，烧熁大槠枯。"

熊 〔xióng《广韵》羽弓切，平東，匣。〕❶兽名。有白熊、黑熊之分。白熊，即北极熊。黑熊，又称狗熊，似猪而大，能直立行走，善攀援。冬多穴居，始春而出。李白《梦游天姥吟留别》："熊咆龙吟殷岩泉，栗深林兮惊层巅。"杜甫《上水遣怀》："苍苍众色晚，熊挂玄蛇吼。"李贺《苦昼短》："食熊则肥，食蛙则瘦。"温庭筠《题谷隐兰若》："风带巢熊拗树声，老僧相引入云行。"❷指熊车。孟郊《送卢虔端公守复州》："肃肃太守章，明明华毂熊。"见"熊轼"。❸指古熊耳山。柳宗元《南中荣橘柚》："攀条何所叹，北望熊与湘。"见"熊湘"。

【熊白】 熊背上有脂肪。色白，故名。为珍贵美味之一。张祜《戊上年感事书怀二百韵谨献太原裴令公淮南李相公汉南李仆射宣武李尚书》："蟹黄咸满筋，熊白软加笾。"

【熊耳】 山名。在今河南宜阳县境。因山双峦竞举，状同熊耳，故名。西汉末刘秀兵压赤眉于宜阳，刘盆子被迫肉袒而降，积兵甲于宜阳城西，与熊耳山齐。见《后汉书·刘盆子传》。李白《送外甥郑灌从军三首》之二："破胡必用龙韬策，积甲应将熊耳齐。"贯休《寄大愿和尚》："道朗居太山，达磨住熊耳。"又《上冯使君渡水僧障子》："熊耳应初到，牛头始去登。"

【熊武】 ❶指以熊、虎为徽识的旗帜。因避唐高祖李渊祖父李虎之讳，故改"虎"为"武"。柳宗元《同刘二十八院长述旧言怀赠二君子》："鸾凤标魏阙，熊武负崇牙。"❷二溪水名，在今湖南省境内。刘禹锡《韩十八侍御见示岳阳楼别窦司直诗足成六十二韵》："蓄缩至南委，熊武走蛮落。"

【熊虎】 指以熊、虎为徽识的旗帜。杜甫《八哀诗·赠司空王公思礼》:“翠华卷飞雪,熊虎亘阡陌。”柳宗元《唐铙歌鼓吹曲十二篇·吐谷浑》:“烈烈旆其旗,熊虎杂龙蛇。”

【熊虺】 古代传说中一种食人的九头怪兽。李贺《公无出门》:“熊虺食人魂,霜雪断人骨。”

【熊侯】 以熊皮为饰的箭靶。《周礼·天官·司裘》:“王大射,则共虎侯、熊侯、豹侯,设其鹄。”贾公彦疏:“熊侯者,以熊皮饰其侧,七十步之侯,诸侯射之也。”韦应物《始建射侯》:“虎竹忝明命,熊侯始张皇。”

【熊首轓】 即熊车。汉代时公侯及郡守所乘。王维《送封太守》:“忽解羊头削,聊驰熊首轓。”按,一本作“熊轼轓。”

【熊軒】 即熊车。汉代时公侯及郡守所乘。刘祎之《酬郑沁州》:“麒阁一代良,熊轩千里躅。”张说《奉和圣制赐诸州刺史应制以题坐右》:“犀节同分命,熊轩各外临。”杜牧《昔事文皇帝三十二韵》:“曾经触虿尾,犹得凭熊轩。”见“熊軾”。

【熊旂】 以熊、虎为徽识的旗帜。柳宗元《奉平淮夷雅表·皇武》之三:“犀甲熊旂,威命是荷。”

【熊掌】 熊的脚掌。为古代珍馐之一。白居易《奉和卞州令狐令公二十二韵》:“陆珍熊掌烂,海味蟹螯咸。”

【熊湘】 指古熊耳山和湘山。古熊耳山指今河南卢氏县南山峰,为今熊耳山的一部分。湘山,在今湖南省境内。元结《题孟中丞茅阁》:“凭轩望熊湘,云榭连苍梧。”

【熊軾】 伏熊形的车前横木。汉制:公与列侯之车以伏熊为轼。后因用作咏公卿或地方长官的典故。尹懋《秋夜陪张丞相赵侍御游滍湖二首》之一:“熊轼巴陵地,鹢舟湘水浔。”杜甫《奉赠萧二十使君》:“鹏图仍矫翼,熊轼且移轮。”刘长卿《罢摄官后将还旧居留辞李侍御》:“熊轼分朝寄,龙韬解贼围。”武元衡《送邓州潘使君赴任》:“虎符中禁授,熊轼上流居。”

【熊軾任】 指出任太守。钱起《江宁春夜裴使君席送萧员外》:“主人熊轼任,归客雉门车。”

【熊熊】 气势壮伟貌。宋之问《游陆浑南山自歇马岭到枫香林以诗代书答李舍人适》:“孤出群峰首,熊熊元气间。”王光庭《奉和圣制送张说巡边》:“虎貔纷儗儗,河洛振熊熊。”

【熊螭】 比喻勇士。螭,传说中的无角之龙。柳宗元《唐铙歌鼓吹曲十二篇·为晋阳武第一》:“斫枭骜,连熊螭。”又《唐铙歌鼓吹曲十二篇·高昌》:“烈烈王者师,熊螭以为徒。”

【熊膽】 熊的胆。味苦,可入药。晁采《子夜歌十八首》之一六:“熊胆磨作墨,书来字字苦。”

【熊羆】 ❶熊和罴。储光羲《同诸公秋日游昆明池思古》:“锐士千万人,猛气如熊罴。”杜甫《石龛》:“熊罴哮我东,虎豹号我西。”又《偶题》:“音书恨乌鹊,号怒怪熊罴。”陆龟蒙《奉和袭美古杉三十韵》:“节穿开耳目,根瘿坐熊罴。”❷比喻勇士或雄师劲旅。语出《书·牧誓》:“尚桓桓,如虎如貔,如熊如罴。”杜甫《重经昭陵》:“陵寝盘空曲,熊罴守翠微。”独孤及《贾员外处见中书贾舍人巴陵诗集览之怀旧代书寄赠》:“大驾今返正,熊罴扈鸣銮。”韩愈《晋公破贼回重拜台司以诗示幕中宾客愈奉和》:“鹓鹭欲归仙仗里,熊罴还入禁营中。”鲍溶《读淮南李相行营至楚州诗》:“已分舟楫归元老,更使熊罴属丈人。”❸指天子得贤相。典出《史记·齐太公世家》:“吕尚盖尝穷困,年老矣,以渔钓奸周西伯。西伯将出猎,卜之,曰:‘所获非龙非彨,非虎非罴;所获霸王之辅。’于是周西伯猎,果遇太公于渭之阳,与语大说,曰:‘自吾先君太公曰“当有圣人适周,周以兴”。子真是邪?吾太公望子久矣。’故号之曰‘太公望’,载与俱归,立为师。”杜甫《赠崔十三评事公辅》:“燕王买骏骨,渭老得熊罴。”又《秋日夔府咏怀奉寄郑监李宾客一百韵》:“熊罴载吕望,鸿雁美周宣。”黄滔《严陵钓台》:“直钩犹逐熊罴起,独是先生真钓鱼。”❹指生男之兆。典出《诗·小雅·斯干》:“吉梦维何?维熊维罴,维虺维蛇。大人占之:维熊维罴,男子之祥;维虺维蛇,女子之祥。”李群玉《哭小女痴儿》:“平生未省梦熊罴,稚女如花坠晓枝。”徐夤《府主仆射王抟生日》:“熊罴先兆庆垂休,天地氤氲瑞气浮。”❺喻凶残的敌人。储光羲《登秦岭作时陷贼归国》:“网罗蠛蠓时,顾齿熊罴锋。”

【熊羆兆】 指天子得贤相之兆。元稹《奉和权相公行次临阙驿以奉赠诗十四韵》:“去速熊罴兆,来驰虎豹夫。”见“熊羆❸”。

十一画

熱 〔rè《广韵》如列切,入薛,日。〕❶温度高。与“冷”相对。李白《梁园吟》:“平头奴子摇大扇,五月不热疑清秋。”顾况《赠别崔十三长官》:“真玉烧不热,宝剑拗不折。”李绅《逾岭峤止荒陬抵高要》:“云蒸地热无霜霰,桃李冬华匪时变。”许浑《夏日戏题郭别驾东堂》:“犹恐何郎热,冰生白玉盘。”❷暑气;暑天。孟浩然《他乡七夕》:“绪风初减热,新月始临秋。”杜甫《送高三十五书记》:“借问今何官,触热向武威。”韦应物《同元锡题琅琊寺》:“适从郡邑喧,又兹三伏热。”姚合《赠供奉僧次融》:“热时吟一句,凉冷胜秋分。”❸烧灼。杜甫《赠卫八处士》:“访旧半为鬼,惊呼热中肠。”又《又上后园山脚》:“肺萎属久战,骨出热中肠。”白居易《反鲍明远白头吟》:“火不热贞玉,蝇不点清冰。”❹忧灼;焦躁。白居易《效陶潜体诗十六首》之一一:“念此忽内热,坐看成白头。”❺激动。李白《古风》之五:“仰望不可及,苍然五情热。”杜甫《自京赴奉先县咏怀五百字》:“穷年忧黎元,叹息肠内热。”又《铁堂峡》:“飘蓬逾三年,回首肝肺热。”❻形容权势煊赫。崔颢《长安道》:“莫言炙手手可热,须臾火尽灰亦灭。”杜甫《丽人行》:“炙手可热势绝伦,慎莫近前丞相嗔。”❼形容极其羡慕;极其喜爱。韩愈《寄崔二十六立之》:“侪辈妒且热,喘如竹筒吹。”齐己《送惠空上人归》:“尘中名利热,鸟外水云闲。”❽形容情意深厚。杜甫《送重表侄王砅评事使南海》:“逗留热尔肠,十里却呼号。”❾中医学名词。指阳气亢盛的热症,发烧。王维《敕赐百官樱桃》:“饱食不须愁内热,大官还有蔗浆寒。”杜甫《病后遇王倚饮赠歌》:“疟疠三秋孰可忍,寒热百日相交战。”

【熱月】 指夏天。白居易《自题》:“热月无堆案,寒天不趁朝。”

【熱地】 指权热显赫之地。白居易《初授赞善大夫早朝寄李二十助教》:“寂寞曹司非热地,萧条财雪是寒天。”

【熱血】 犹鲜血。汪遵《杜邮馆》:“杀尽降兵热血流,一心犹自逞戈矛。”

【熱疾】 指由内热所致的病症。贾岛《玩月》:“目常有热疾,久视无烦炎。”

【熱海】 湖名。即今吉尔吉斯斯坦境内之伊塞克湖。其地唐时属安西节度使领辖。岑参《热海行送崔侍御还京》:“侧闻阴山胡儿语,西头热海水如煮。”

【熱雲】 夏天的云。杜甫《湘江宴饯裴二端公赴道州》:“热云集曛黑,缺月未生天。”

【熱飲】 趁热饮用。白居易《冬日平泉路晚归》:“夜归不到应闲事,热饮三杯即是家。”

【熱惱】 焦灼烦恼。权德舆《酬灵彻上人以诗代书见寄》:“更喜开缄销热恼,西方社里旧相亲。”白居易《赠韦处士六年夏大热旱》:“脱无白栴檀,何以除热恼。”又《夏日与闲禅师林下避暑》:“热恼渐知随念尽,清凉常愿与人同。”

【熱趕】 立即驱赶。王苏苏《和李标》:“阿谁乱引闲人到,留住青蚨热赶归。”

【熱戲】 唐玄宗时太常乐分两棚对台赛戏的活动。张祜《热戏乐》:“热戏争心剧火烧,铜槌暗执不相饶。”

熯 〔hàn《广韵》呼旰切,去翰,曉。又呼旱切,上旱,曉。〕烘烤;烘干。柳宗元《贞符》:“泽熯于爨,爨炎以浣。”

熛 〔biāo《广韵》甫遥切,平宵,幫。〕火焰;火。刘禹锡《武陵观火诗》:“余势下限隩,长熛烘舳舻。”贯休《寄静林别墅胡进士兄弟》:“烧熛汀岛境,月色弟兄吟。”

檛 〔yǒu《改併四声篇海》引《川篇》餘紐切。〕燃烧积薪以祭天。韩愈《南山诗》:“或赤若秃鬜,或熏若柴檛。”鲍溶《闻国家将行封禅聊抒臣情》:“山知檛柞新烟火,臣望箫韶旧鼓钟。”

【檛燎】 准备燃烧以祭天的木柴。《郊庙歌辞·五郊乐章·白郊迎神》:“檛燎既积,稷奠并芳。”

熳 〔màn〕色彩艳丽。杜甫《春日江村五首》之三:“种竹交加翠,栽桃烂熳红。”温庭筠《却经商山寄昔同行人》:“人事转新花烂熳,客程依旧水潺湲。”韦庄《庭前菊》:“为忆长安烂熳开,我今移尔满庭栽。”见“爛熳”。

熟 〔shú 又读 shóu《广韵》殊雲切,入屋,禪。〕❶烧熟;煮熟。李端《晚春过夏侯校书值其沉醉戏赠》:“炙熟樽方竭,车回辖且全。”王建《田家留客》:“远行僮仆应苦饥,新妇厨中炊欲熟。”❷果实成熟。章怀太子《黄台瓜辞》:“种瓜黄台下,瓜熟子离离。”李颀《送刘四赴夏县》:“男耕女织蒙惠化,麦熟雉鸣长秋稼。”李吉甫《怀伊川赋》:“正是北州梨枣熟,梦魂秋日到郊园。”韦庄《纪村事》:“雨多庭果烂,稻熟渚禽肥。”❸年成丰熟;丰收。高适《过卢明府有赠》:“时平俯鹊巢,岁熟多人烟。”韦应物《郊居言志》:“唯当岁丰熟,闾里一欢颜。”沈千运《濮中言怀》:“不如守田园,岁晏望丰熟。”元稹《有酒十章》之一〇:“欲天泰而地宁,欲人康而岁熟。”❹成;成就。王建《题东华观》:“白发道心熟,黄衣仙骨轻。”卢肇《成名后作》:“桂在蟾宫不可攀,功成业熟也何难。”❺指酒酿造成熟。袁朗《秋日应诏》:“迎寒桂酒熟,含露菊花垂。”李白《南陵别儿童入京》:“白酒新熟山中归,黄鸡啄黍秋正肥。”窦庠《奉酬侍御家兄东洛闲居夜晴观雪之什》:“绿醽乍熟堪聊酌,黄竹篇成好命题。”邢象玉《古意》:“家中酒新熟,园里叶初荣。”❻熟悉;了解。杜甫《堂成》:“背郭堂成荫白茅,缘江路熟俯青郊。”王建《远将归》:“在家相见熟,新归欢不足。”赵嘏《吴门梦故山》:“心熟家山梦不迷,孤峰寒绕一条溪。”韦庄《题许仙师院》:“往来谁与熟,乳鹿往前林。”❼精通;熟练。杜甫《宗武生日》:“熟精文选理,休觅彩衣轻。”方干《德政上睦州胡中丞》:“群书已熟无人似,五字研成举世传。”❽仔细;周密。寒山《诗三百三首》之一一四:“为汝熟思量,令我也愁闷。”又《诗三百三首》之一五一:“有无更代事,劝汝熟思量。”❾表示程度深。杜甫《狂歌行赠四兄》:“日斜枕肘寝已熟,啾啾唧唧为何人。”权德舆《中书宿斋有寄》:“遥想洞房眠正熟,不堪深夜凤池寒。”李德裕《述梦诗四十韵》序：“始觉枕簟微冷，俄而假寐斯熟。”

【熟衣】 以煮炼过的丝织品制成的衣服。白居易《感秋咏意》：“炎凉迁次速如飞，又脱生衣著熟衣。”又《西风》：“新霁乘轻屐，初凉换熟衣。”方干《秋晚林中寄宾幕》：“杯盂未称尝生酒，砧杵先催试熟衣。”

【熟見】 经常见到。刘禹锡《送张盥赴举诗》引：“古人以偕受学为同门友，今人以偕升名为同年友，其语熟见，缙绅者皆道焉。”

【熟知】 深知。杜甫《绝句漫兴九首》之三：“熟知茅斋绝低小，江上燕子故来频。”

【熟念】 仔细考虑。韩愈《烽火》：“愿君熟念此，秉烛夜中归。”

【熟食】 即熟食节。寒食节的别称。寒食节不举火，预办熟食过节，故称。杜甫《熟食日示宗文宗武》：“几年逢熟食，万里逼清明。”

【熟客】 常客。刘禹锡《同乐天和微之深春二十首》之一三：“迎呼偏熟客，拣选最多花。”吴融《和座主尚书春日郊居》：“春蔬已为高僧掇，腊酝还因熟客开。”

【熟眠】 熟睡；沉睡。柳宗元《夏昼偶作》：“南州溽暑醉如酒，隐几熟眠开北牖。”

【熟視】 注目细看。刘禹锡《送周鲁儒赴举诗》引：“迁客裴御史遇生于坐，抵掌曰：‘人固有貌类而族殊者，周生疑罗玠也。’众咸觏然而熟视生，疑也愈甚。”司空图《冯燕歌》：“窗间红艳犹可掬，熟视花钿情不足。”丘希范《江门洞》：“袭耸犹马奔，熟视如虹趋。”

【熟寢】 熟睡；沉睡。李商隐《谢先辈防记念拙诗甚多异日偶有此寄》：“熟寝初同鹤，含嘶欲并蝉。”

【熟醉】 沉醉。杜甫《晦日寻崔戢李封》：“至今阮籍等，熟醉为身谋。”

【熟諳】 深知；熟悉。杜荀鹤《自叙》：“酒瓮琴书伴病身，熟谙时事乐于贫。”

【熟識】 熟悉；了解。李敬方《太和公主还宫》：“生还侍儿少，熟识内家稀。”

熨 〔yùn《广韵》纡物切，入物，影。〕❶用熨斗熨平衣物。杜甫《持衣》：“宁辞捣熨倦，一寄塞垣深。”王建《春意二首》之一：“缘逢好天气，教熨看花衣。”又《宫词一百首》之三六：“每夜停灯熨御衣，银熏笼底火霏霏。”白居易《得微之到官后书备知通州元事怅然有感因成四章》之二：“衣斑梅雨长须熨，米涩畲田不解锄。”李商隐《玄微先生》：“龙竹裁轻策，鲛绡熨下裳。”❷凉润；寒冷。李洞《和曹监春晴见寄》：“胶溜石松粘鹤氅，泉离冰井熨僧牙。”

【熨手】 谓手感到凉润、凉爽。白居易《题卢秘书夏日新栽竹二十韵》：“拂肩摇翡翠，熨手弄琅玕。”

【熨斗】 一种斗形金属器具。斗内烧炭，以熨烫衣物。王建《捣衣曲》：“重烧熨斗帖两头，与郎裁作迎寒裘。”元稹《春分投简阳明洞天作》：“堤形弯熨斗，峰势踊香炉。”按，此谓堤形状如熨斗。

【熨斗陂】 地名。在今湖北省荆门附近。李端《荆门歌送兄赴夔州》：“琵琶寺里响空廊，熨斗陂前湿荒戍。”

【熨衣】 烫平衣服。白居易《春早秋初因时即事兼寄浙东李侍郎》：“理曲管弦闻后院，熨衣灯火映深房。”

【熨波】 熨烫出衣裳的皱褶。白居易《新乐府·缭绫》：“广裁衫袖长制裙，金斗熨波刀剪纹。”

【熨眼】 悦目。李咸用《卢山》：“对犹青熨眼，到必冷凝魂。”

【熨貼】 把衣服烫平。杜甫《白丝行》：“美人细意熨贴平，裁缝灭尽针线迹。”王建《田侍郎归镇》之二：“熨贴朝衣抛战袍，夔龙班里侍中高。”白居易《春末夏初闲游江郭二首》之二：“展张新小簟，熨贴旧生衣。”司空图《力疾山下吴村看杏花十九首》之五：“熨帖新巾来与裹，犹看腾踏少年场。”

【熨齒】 谓使牙齿感到凉爽或寒凉。韩偓《雨后月中玉堂闲坐》：“绿香熨齿冰盘果，清冷侵肌水殿风。”

熠 〔yì《广韵》羊入切，入缉，以。又爲立切，入缉，雲。〕❶光耀；闪耀。见“熠熠”“熠燿❶”“熠爚”。❷见“熠燿❷”。

【熠熠】 ❶光耀貌。卢鸿一《嵩山十志十首·金碧潭》：“水碧色兮石金光，滟熠熠兮淡湟湟。”孟浩然《鹦鹉洲送王九之江左》：“滩头日落沙碛长，金沙熠熠动飙光。”韦应物《休沐东还胄贵里示端》：“泓泓野泉洁，熠熠林光初。”刘禹锡《牛相公见示新什谨依本韵次用以抒下情》：“拣金光熠熠，累璧势层层。”❷闪烁貌。杜甫《扬旗》：“回回偃飞盖，熠熠迸流星。”储光羲《同王十三维偶然作十首》之七：“丹鸟飞熠熠，苍蝇乱营营。”卢纶《奉和户曹叔夏夜寓直寄呈同曹诸公并见示》：“乱萤光熠熠，行树影离离。”周繇《咏萤》：“熠熠与娟娟，池塘竹树边。”

【熠燿】 亦作“熠耀”。❶光彩鲜明貌。白居易《长恨歌·陈鸿〈长恨歌传〉》：“内外命妇，熠燿景从。”❷燐火；鬼火。后亦借指萤火虫。杜甫《秋日荆南送石首薛明府辞满告别奉寄薛尚书颂德叙怀裴然之作三十韵》：“但惊飞熠燿，不记改蟾蜍。”徐彦伯《淮亭吟》：“熠燿飞兮蟋蟀吟，倚清瑟兮横凉琴。”元稹《江边四十韵》：“断帘飞熠燿，当户网蠨蛸。”李群玉《中秋维舟君山看月二首》之二：“熠燿游何处，蟾蜍食渐残。”沈祖仙《秋闺》：“炉冷蜘蛛喜，灯高熠燿期。”❸显耀。

杨衡《登紫霄峰赠黄仙师》："世华徒熠耀，虚室自朦胧。"

【熠耀】 见"熠燿"。

【熠爚】 ❶光芒闪耀貌。沈佺期《和元舍人万顷临池玩月戏为新体》："熠爚光如沸，翩翾景若摧。"李颀《送綦毋三寺中赋得纱灯》："熠爚众星下，玲珑双塔前。"❷光彩鲜明貌。宋之问《玩郡斋海榴》："熠爚御风静，葳蕤含景鲜。"刘兼《玉烛花》："少女不吹方熠爚，东君偏惜未离披。"

燂 同"燥"。干燥。白居易《庭松》："朝昏有风月，燂温无尘泥。"燂温，一本作"燥"。

十二画

燒¹ 〔shāo《广韵》式招切，平宵，书。〕❶焚烧。王维《出塞》："居延城外猎天娇，白草连山野火烧。"韩愈《汴州乱二首》之一："健儿争夸杀留后，连屋累栋烧成灰。"白居易《赋得古原草送别》："野火烧不尽，春风吹又生。"韦庄《边上逢薛秀才话旧》："秦云一散如春梦，楚市千烧作故城。"❷点燃；燃烧。杜甫《夜宴左氏庄》："检书烧烛短，看剑引杯长。"薛据《题鹤林寺》："珊珊宝幡挂，焰焰明灯烧。"白居易《赠朱道士》："尽日窗间更无事，唯烧一炷降真香。"李商隐《句》："兰膏爇处心犹浅，银烛烧残焰不馨。"❸烘烤；曝晒。白居易《别行简》："岂是远行时，火云烧栈热。"❹烫；灼。白居易《自到郡斋仅经旬日方专公务未及宴游偷闲走笔题二十四韵》："暑遣烧神酎，晴教瞰舞茵。"又《与沈杨二舍人阁老同食敕赐樱桃玩物感恩因成十四韵》："如珠未穿孔，似火不烧人。"刘言史《广州王园寺伏日即事寄北中亲友》："裛汗絺如濯，亲床枕并烧。"李商隐《肠》："热应翻急烧，冷欲彻微波。"❺照耀；映照；映红。王建《江陵即事》："寺多红药烧人眼，地足青苔染马蹄。"鲍溶《采珠行》："东方暮空海面平，骊龙弄珠烧月明。"王毂《苦热行》："祝融南来鞭火龙，火旗焰焰烧天红。"孙光宪《河传》词之一："烟际红，烧空，魂迷大业中。"❻鲜艳；明丽耀眼。王建《原上新居十三首》之一〇："鸡睡日阳暖，蜂狂花艳烧。"姚合《舟行书事寄杭州崔员外》："张颐任酒浇，开眼信花烧。"❼激动；激发。孟郊《寿安西渡奉别郑相公》之二："病深理方悟，悔至心自烧。"又《送李翱习之》："言之烧人心，事去不可招。"❽酒名。李商隐《碧瓦》："歌从雍门学，酒是蜀城烧。"见"烧春""烧罍"。

燒² 〔shào《广韵》失照切，去笑，书。〕❶烧畲，放火烧野草以肥田。李峤《奉和杜员外扈从教阅》："菜田初起烧，兰野正开防。"戴叔伦《桂阳北岭偶过野人所居聊书即事呈王永州邕李道州圻》："种田烧险谷，汲井凿高原。"顾非熊《寄九华山费拾遗》："石室和云住，山田引烧开。"温庭筠《烧歌》："起来望南山，山火烧山田。"❷火；野火。孟浩然《题终南翠微寺空上人房》："暝还高窗眠，时见远山烧。"白居易《秋思》："夕照红于烧，晴空碧胜蓝。"姚合《杏溪十首·莲塘》："幽人夜眠起，忽疑野中烧。"许棠《送前汝州李侍御罢归宣城》："云移寒峤出，烧夹夜江明。"❸彩霞。司空曙《送李嘉祐正字括图书兼往扬州觐省》："晚烧平芜外，朝阳叠浪东。"

【烧山】 ❶即烧荒种田。杜甫《铜官渚守风》："水耕先浸草，春火更烧山。"见"烧₂畲"。❷焚烧山林。许浑《途中寒食》："泣路同杨子，烧山忆介推。"贯休《闻知闻赴成都辟请》："饮水临人易，烧山觅士难。"

【烧牛】 指火牛阵。战国时齐将田单利用火牛袭击燕军的战术。汪遵《聊城》："田单漫逞烧牛计，一箭终输鲁仲连。"周昙《咏史诗·春秋战国门·鲁仲连》："昔进烧牛发战机，夜奔惊火走燕师。"

【烧丹】 炼丹。道教徒以朱砂等矿物炼丹药。李白《答杜秀才五松见赠》："此中岂是久留处，便欲烧丹从列仙。"戎昱《送王明府入道》："悬悬老松下，金灶夜烧丹。"白居易《竹楼宿》："此处与谁相伴宿，烧丹道士坐禅僧。"许浑《赠王山人》："近来闻说烧丹处，玉洞桃花万树春。"

【烧丹诀】 炼丹的方法。李端《游终南山因寄苏奉礼士尊师苗员外》："愿得烧丹诀，流沙永待师。"

【烧丹經】 即丹经，记载炼丹法术的书。白居易《梦仙》："徒传辟谷法，虚受烧丹经。"

【烧₂火】 猎火；野火。太宗《出猎》："寒野霜氛白，平原烧火红。"

【烧心】 犹言激动人心。顾况《游子吟》："未老霜绕鬓，非狂火烧心。"李绅《红蕉花》："叶满丛深殷似火，不唯烧眼更烧心。"白居易《朱陈村》："悲火烧心曲，愁霜侵鬓根。"

【烧田】 烧荒种田。方干《汝南过访田评事》："买酒宜城远，烧田梦泽深。"曹松《将入关行次湘阴》："打桨天连晴水白，烧田云隔夜山红。"

【烧地】 野火焚烧过的地面。刘禹锡《壮士行》："徐行出烧地，连吼入黄茅。"无可《奉和段著作山居呈诸同志三首次本韵》之一："履温行烧地，衣赤动霞风。"

【烧色】 曙光；曙色。马戴《旅次夏州》："锁郡云阴暮，鸣笳烧色来。"许棠《登渭南县楼》："雪助河流涨，人耕烧色残。"王贞白《从军行》："边声动白草，烧色入枯河。"

【烧衣】 映红了衣服。赵嘏《花园即事呈常中丞》:"烧衣焰席三千树,破鼻醒愁一万杯。"

【燒劫】 ❶指劫火。佛教谓世界坏劫之末所起的大火。南朝梁慧皎《高僧传·译经上·竺法兰》:"昔汉武穿昆明池底,得黑灰,问东方朔,朔云:'不知。可问西域胡人。'后法兰既至,众人追以问之,兰云:'世界终尽,劫火洞烧,此灰是也。'"宋之问《奉和晦日幸昆明池应制》:"象溟看浴景,烧劫辨沉灰。"❷指火灾。张谓《长沙失火后戏题莲花寺》:"金园宝刹半长沙,烧劫旁延一万家。"

【燒汞】 方术之士用水银炼丹药。陆龟蒙《秋日遣怀十六韵寄道侣》:"夜然烧汞火,朝炼洗金盐。"

【燒灼】 炙烫。白居易《过昭君村》:"至今村女面,烧灼成瘢痕。"

【燒尾】 ❶传说鱼跃龙门时,有雷电烧其尾。《太平广记》卷四六六引辛氏《三秦记》:"龙门之下,每岁季春有黄鲤鱼,自海及诸川争来赴之。一岁中,登龙门者不过七十二。初登龙门,即有云雨随之,天火自后烧其尾,乃化为龙矣。"张仲谋《题搔口》:"尝闻烧尾便拏空,只过天门更一重。"❷唐代举子登第或官吏升迁的庆贺宴席。许浑《晚登龙门驿楼》:"风云有路皆烧尾,波浪无程尽曝腮。"罗隐《投浙东王大夫二十韵》:"想望鱼烧尾,咨嗟鼠啮肠。"黄滔《喜陈先辈及第》:"飞离海浪从烧尾,咽却金丹定易牙。"

【燒岳】 即烧山。烧荒种田。贯休《秋晚野步》:"烧岳阴风起,田家浊酒香。"

【燒金】 ❶指方术之士及道教徒炼丹砂为黄金。卢纶《送王尊师》:"种玉非求稔,烧金不为贫。"李贺《马诗二十三首》之二三:"武帝爱神仙,烧金得紫烟。"白居易《浔阳岁晚寄元八郎中庾三十二员外》:"阅水年将暮,烧金道未成。"徐夤《新葺茆堂》之二:"笔研不才当付火,方书多诳罢烧金。"❷谓以金为釜。李贺《秦宫诗》:"斫桂烧金待晓筵,白鹿青苏夜半煮。"

【燒春】 唐代剑南出产的一种美酒名。牛峤《女冠子》词之二:"锦江烟水,卓女烧春浓美。"

【燒炭】 将树木的枝干烧制为炭。白居易《卖炭翁》:"卖炭翁,伐薪烧炭南山中。"

【燒缸地】 其土可取以烧制酒壶、酒缸之地。元稹《放言五首》之五:"他时定葬烧缸地,卖与人家得酒盛。"

【燒香】 ❶将香点燃并插入香炉中。古代拜神求福的一种诚敬仪式。王翰《赋得明星玉女坛送廉察尉华阴》:"欲求玉女长生法,日夜烧香应自还。"王梵志《诗》之八六:"六时长礼忏,日暮广烧香。"寒山《诗三百三首》之六三:"烧香请佛力,礼拜求僧助。"陈裕《咏深沙》:"祸福岂由泥担汉,烧香供养弄蛇人。"❷指僧徒烧香供佛。鲍溶《送僧择栖游天台二首》之二:"可怜石室烧香夜,江月对心无是非。"李群玉《龙安寺佳人阿最歌八首》之六:"愿扫琉璃地,烧香过一生。"❸焚烧香料以取其芳香。元稹《冬夜怀李侍御王太祝段丞》:"丹灶炽东序,烧香罗玉书。"杨衡《游陆先生故岩居》:"结念候云兴,烧香坐终夕。"李商隐《无题四首》之二:"金蟾啮锁烧香入,玉虎牵丝汲井回。"

【燒桂】 焚香。李贺《昌谷诗》:"高眠服玉容,烧桂祀天几。"王琦注:"烧桂,焚香也。"

【燒破眼】 犹眼红。韦庄《丙辰年鄜州遇寒食城外醉吟五首》之四:"闲客不须烧破眼,好花皆属富家郎。"

【燒瓷】 用高岭土等烧制而成的瓷器。杜甫《又于韦处乞大邑瓷碗》:"大邑烧瓷轻且坚,扣如哀玉锦城传。"

【燒酒】 唐代蜀地出产的一种色美味香的酒。雍陶《到蜀后记途中经历》:"自到成都烧酒熟,不思身更入长安。"白居易《荔枝楼对酒》:"荔枝新熟鸡冠色,烧酒初开琥珀香。"

【燒書】 公元前213年,秦始皇接受李斯建议,下令焚书。除博士官藏书和秦国史书以及医药、卜筮、种树之书不烧外,所有《诗》《书》、百家语一律烧毁;偶语《诗》《书》者处死,以古非今者灭族。李贺《白虎行》:"烧书灭国无暇日,铸剑佩玦惟将军。"

【燒野】 野火烧后的野地。太宗《秋暮言志》:"朝光浮烧野,霜华净碧空。"

【燒眼】 耀眼。李绅《红蕉花》:"叶满丛深殷似火,不唯烧眼更烧心。"

【燒痕】 野火的痕迹。张籍《古树》:"蠹节莓苔老,烧痕霹雳新。"

【燒烽】 即烽火,古代边防报警的烟火。孟郊《边城吟》:"烧烽碧云外,牧马青坡巅。"

【燒焚】 焚烧。杜甫《忆昔二首》之二:"洛阳宫殿烧焚尽,宗庙新除狐兔穴。"元结《演兴四首·讼木魅》:"割大木使飞焰,徯枯腐之烧焚。"喻凫《晚次临泾》:"沙田积蒿艾,竟夕见烧焚。"徐夤《咏笔二首》之二:"毛干时有何人润,尽把烧焚恨始平。"

【燒棧】 ❶烧毁栈道。《史记·留侯世家》:"汉王之国,良送至褒中,遣良归韩。良因说汉王曰:'王何不烧绝所过栈道,示天下无还心,以固项王意。'乃使良还。行,烧绝栈道。"后或以烧栈代指剑门。杜甫《陪章留后侍御宴南楼》:"朝廷烧栈北,鼓角满天东。"又《王命》:"牢落新烧栈,苍茫旧筑坛。"李瀚《蒙求》:"黥布开关,张良烧栈。"见"张良燒棧"。❷烘烤栈道。白居易《别行简》:"岂是远行时,火云烧栈热。"

【燒雲】 映红了云彩。岑参《江行夜宿龙吼滩临眺思峨眉隐者兼寄幕中诸公》:"水烟晴吐月,山火夜燒云。”皎然《从军行》之：“汉鞞秋聒地，羌火昼烧云。”许浑《游维山新兴寺宿石屏村谢叟家》：“谷响寒耕雪，山明夜烧云。”张乔《再书边事》：“分营夜火烧云远，校猎秋雕掠草轻。”

【燒₂畬】　烧荒种地。古代山地的一种耕种方法。岑参《与鲜于庶子自梓州成都少尹自褒城同行至利州道中作》：“水种新插秧，山田正烧畬。”刘禹锡《竹枝词九首》之九：“银钏金钗来负水，长刀短笠去烧畬。”李商隐《赠田叟》：“烧畬晓映远山色，代树暝传深谷声。”温庭筠《烧歌》：“自言楚越俗，烧畬为早田。”

【燒當】　(—dāng)古代西羌部族名。居秦陇一带。沈佺期《答魑魅代书寄家人》：“云沙降白遂，秦陇献烧当。”

【燒銀】　点燃银灯。徐夤《灯花》：“点蜡烧银却胜栽，九华红艳吐玫瑰。”

【燒燴】　烘烤。贯休《经费隐君旧宅》：“雨和高瀑浊，烧燴大槠枯。”

【燒錢】　焚烧纸钱，以敬祖宗神灵。章孝标《诸葛武侯庙》：“木牛零落阵图残，山姥烧钱古柏寒。”

【燒燒】　火攻。贯休《桐江闲居作十二首》之七：“诸境教人认，荒榛引烧烧。”

【燒燔】　烧焚。张祜《题弋阳徐明府水亭》：“荡桨投昏岸，烧燔指湿烟。”

【燒燈】　点灯。王建《宫词一百首》之八七：“院院烧灯如白日，沉香火底坐吹笙。”

【燒藥】　即炼制丹药。白居易《劝酒四十首・不如来饮酒七首》之五：“矻矻皆烧药，累累尽作坟。”姚合《赠终南傅山人》：“已无烧药本，唯有著书功。”韦庄《婺州和陆谏议将赴阙怀阳羡山居》：“道开烧药鼎，僧寄卧云衣。”张蠙《自讽》：“同隐海山烧药伴，不求丹桂却登仙。”

【燒蘭】　即兰膏，一种有兰香的油脂，古代富贵之家用以照明。白居易《看恽家牡丹花戏赠李二十》：“香胜烧兰红胜霞，城中最数令公家。”李商隐《槿花二首》之二：“烧兰才作烛，襞锦不成书。”无可《冬晚与诸文士会太仆田卿宅》：“从容启华馆，馔玉复烧兰。”齐己《荆门病中寄怀乡人欧阳侍郎彬》：“可怜馔玉烧兰者，肯慰寒偎雪夜炉。”

【燒罌】　烧春酒坛。贾岛《送雍陶及第归成都宁亲》：“制衣新濯锦，开酝旧烧罂。”见“曉春”。

【燒蠟】　点燃灯烛。杜甫《相逢歌赠严二别驾》：“铜盘烧蜡光吐日，夜如何其初促膝。”

熺　〔xī《广韵》許其切，平之，曉。〕同“熹”。❶炽；盛燃。萧颖士《有竹一篇七章》之四：“我有金炉，熺其以歊。”❷发出；放射(光焰)。韩愈《南山诗》：“或如火熺焰，或若饋餾。”韩愈、孟郊《征蜀联句》：“爇堞熇歊熺，抉门呀拗阖。”

燕[1]　〔yàn《广韵》於甸切，去霰，影。〕❶鸟名。即燕子。王维《春中田园作》：“归燕识故巢，旧人看新历。”刘长卿《寻白石山真禅师旧草堂》：“隔岭春犹在，无人燕亦来。”李绅《逾岭峤止荒陬抵高要》：“天际长垂饮涧虹，檐前不去衔泥燕。”齐己《夏日江寺寄无上人》：“燕和江鸟语，墙夺暮花阴。”❷安宁；平安。韦应物《酬郑户曹骊山感怀》：“朝燕咏无事，时丰贺国祯。”❸通“宴”。宴饮；宴请。韦应物《秋集罢还途中作谨献寿春公黎公》：“公堂燕华筵，礼罢复言辞。”韩愈《燕河南府秀才得生字》：“何能充欢燕，庶以露厥诚。”刘禹锡《游桃源一百韵》：“赐燕聆箫韶，侍祠阅琮璧。”丘光庭《补新宫》之二：“我既考落，以燕群臣。”

燕[2]　〔yān《广韵》烏前切，平先，影。〕❶周至战国时的诸侯国。姬姓，召公奭之后。其地相当于今河北省北部及辽宁省西部，都于蓟(今北京城西南隅)。战国时为七雄之一，后为秦所灭。沈如筠《句》：“渔阳燕旧都，美女花不如。”柳宗元《咏史》：“燕有黄金台，远致望诸君。”白居易《有小白马湓然而毙足可惊伤不能忘情题二十韵》：“念倍燕求骏，情深项别骓。”虞羽客《结客少年场行》：“窃符方救赵，击筑正怀燕。”❷指今河北省北部一带。亦泛指北方。李白《古风》之六：“代马不思越，越禽不恋燕。”刘湾《云南曲》：“岱马卧阳山，燕兵哭泸水。”顾况《露青竹杖歌》：“飞龙闲厩马数千，朝饮吴江夕秣燕。”许棠《陈情献江西李常侍五首》之一：“二十二三年，游秦复滞燕。”

【燕₂山】　❶山名。即自天津市蓟县东南绵延而东直到海滨的燕山山脉。亦泛指北方边地。李白《北风行》：“燕山雪花大如席，片片吹落轩辕台。”窦巩《赠阿史那都尉》：“较猎燕山经几春，雕弓白羽不离身。”袁郊《霜》：“但想燕山吹暖律，炎天岂不解飞霜。”裴说《塞上曲》：“楚水辞鱼窟，燕山到雁家。”❷指燕然山。东汉窦宪领兵大破北匈奴刻石勒功之处。虞世南《从军行二首》之二：“交河梁已毕，燕山旆欲挥。”徐坚《奉和圣制送张说巡边》：“燕山应勒颂，麟阁伫名扬。”刘长卿《平蕃曲三首》之三：“空留一片石，万古在燕山。”陆龟蒙《寄怀华阳道士》：“初征汉栈宜飞檄，待破燕山好勒铭。”见“燕₂然❷”。❸指战国时筑黄金台招纳贤才的燕昭王。贾至《燕歌行》：“昔时燕山重贤士，黄金筑台从隗始。”见“燕₂臺”。

【燕₂山铭】　指东汉窦宪大破北匈奴登燕然山刻石纪功，命班固所撰的《封燕然山铭》。后泛指记载歌颂边塞立功的文字。王昌龄《少年行二首》之一：“气高轻赴难，谁顾燕山铭。”杜甫《奉酬薛十二丈判官见赠》："欲学鸱夷子，待勒燕山铭。"鲍溶《秋思三首》之二："立身多门户，何必燕山铭。"

【燕$_2$山頌】　见"燕$_2$然頌"。

【燕$_2$弓】　燕地所产的一种良弓。王维《老将行》："愿得燕弓射天将，耻令越甲鸣吴军。"温庭筠《塞寒行》："燕弓弦劲霜封瓦，朴簌寒雕睇平野。"

【燕$_2$女吟】　美人的歌唱。喻指优美的诗篇。曹邺《寄贾驰先辈》："闻君燕女吟，如自蓟北来。"见"燕$_2$趙姝"。

【燕子】　鸟名。即燕。孟浩然《赋得盈盈楼上女》："燕子家家入，杨花处处飞。"欧阳詹《幽轩》："桃花飘岫幌，燕子语松关。"李商隐《无题四首》之四："归来展转到五更，梁间燕子闻长叹。"韩偓《宫词》："燕子不来花著雨，春风应自怨黄昏。"

【燕子樓】　楼名。故址在今江苏省徐州市。传说为唐贞元、元和间武宁军节度使张愔之爱妾关盼盼居所。张愔死后，盼盼不嫁，独居此楼十余年。白居易《燕子楼三首》序："徐州故张尚书有爱妓曰盼盼，善歌舞，雅多风态。予为校书郎时，游徐泗间，张尚书宴予。酒酣，出盼盼以佐欢。欢甚，予因赠诗云：'醉娇胜不得，风嫋牡丹花。'一欢而去，尔后绝不相闻，迨兹仅一纪矣。昨日司勋员外郎张仲素缋之访予，因吟新诗，有《燕子楼》三首，词甚婉丽。诘其由，为盼盼作也。缋之从事武宁军累年，颇知盼盼始末，云尚书既殁，归葬东洛，而彭城有张氏旧第，第中有小楼名燕子。盼盼念旧爱而不嫁，居是楼十余年，幽独块然，于今尚在。"按，一说，盼盼系张愔之父徐泗濠节度使张建封之妾。误。见朱金城《白居易集笺校》卷十五。张仲素《燕子楼诗三首》之二："北邙松柏锁愁烟，燕子楼人思悄然。"

【燕子龕】　佛寺名。王维《燕子龛禅师》："山中燕子龛，路剧羊肠恶。"按，一说，地名，又名下岩，在今四川云阳县西。

【燕$_2$王臺】　即燕台，黄金台。高适《酬裴员外以诗代书》："题诗碣石馆，纵酒燕王台。"高骈《留别彰德军从事范校书》："匹马东归羡知己，燕王台上结交新。"详见"燕$_2$臺❶"。

【燕$_2$支】　❶草名。可作红色染料。卢照邻《和吴侍御被使燕然》："胡笳折杨柳，汉使采燕支。"❷即胭脂。一种红色颜料，妇女用作化妆品。元稹《感石榴二十韵》："琥珀烘梳碎，燕支懒颊涂。"白居易《山石榴寄元九》："泪痕裛损燕支脸，剪刀裁破红绡巾。"又《木莲树生巴峡山谷间惜其遐僻因题三绝句云》之二："红似燕支腻如粉，伤心好物不须臾。"殷尧藩《吹笙歌》："伶儿竹声愁绕空，秦女泪湿燕支红。"❸泛指红色的花或果。白居易《题郡中荔枝诗十八韵兼寄万州杨八使君》："燕支掌中颗，甘露舌头浆。"陆畅《蔷薇花》："莫引美人来架下，恐惊红片落燕支。"裴谐《观修处士画桃花图歌》："燕支乍湿如含露，引得娇莺痴不去。"❹即燕支山。亦泛指北方、西北方边地。李白《塞上曲》："燕去落汉家，妇女无华色。"又《代赠远》："燕支多美女，走马轻风雪。"高适《登百丈峰二首》之一："朝登百丈峰，遥望燕支道。"岑参《送张献心充副使归河西杂句》："花门南，燕支北，张掖城头云正黑。"见"燕$_2$支山"。

【燕$_2$支山】　山名。在今甘肃省永昌、民乐二县之间。杜审言《赠苏绾书记》："红粉楼中应计日，燕支山下莫经年。"贺朝《从军行》："自从一戍燕支山，春光几度晋阳关。"岑参《过燕支寄杜位》："燕支山西酒泉道，北风吹沙卷白草。"杜牧《青冢》："青冢前头陇水流，燕支山上暮云秋。"

【燕$_2$支顆】　指艳红色的花苞。徐凝《玩花五首》之五："花到蔷薇明艳绝，燕支颗破麦风秋。"张祜《蔷薇花》："晓风抹尽燕支颗，夜雨催成蜀锦机。"

【燕$_2$公】　指唐燕国公张说。胡皓《奉和圣制送张尚书巡边》："燕公为汉将，武德奉文思。"顾况《八月五日歌》："开元九年燕公说，奉诏听置千秋节。"刘禹锡《平齐行二首》之二："侍臣燕公秉文笔，玉检告天无愧词。"见"張說"。

【燕$_2$丹客】　指荆轲。燕太子丹派荆轲入秦刺秦王，事败，被秦所杀。事见《战国策·燕策三》。骆宾王《送郑少府入辽共赋侠客远从戎》："不学燕丹客，空歌易水寒。"见"燕$_2$歌❶"。

【燕$_2$玉】　泛指美女。杜甫《独坐二首》之一："暖老须燕玉，充饥忆楚萍。"

【燕$_2$石】　❶燕山所产的一种类似玉的石头。以"燕石"喻不是珍贵之物。李白《古风》之五〇："宋国梧台东，野人得燕石。"钱起《片玉篇》："世人所贵惟燕石，美玉对之成瓦砾。"韩愈《喜雪献裴尚书》："捧赠同燕石，多惭失所宜。"白居易《渭村退居寄礼部崔侍郎翰林钱舍人诗一百韵》："齐竽混韶夏，燕石厕琳琅。"❷指燕然石。李商隐《行次昭应县道上送户部李郎中充昭义攻讨》："早勒勋庸燕石上，伫光纶綍汉廷中。"霍总《塞下曲》："岂要铭燕石，平生重武威。"详见"燕$_2$然石"。

【燕$_2$代】　战国时燕国、代国所在地，包括今河北西北部和山西东北部一带地区。韦应物《送李侍御益赴幽州幕》："登高望燕代，日夕生夏云。"崔峒《初入集贤院赠李献仁》："燕代官初罢，江湖路便分。"李群玉《感兴四首》之四："朔雁衔边秋，寒声落燕代。"

【燕$_2$市】　❶即燕京。故址在今北京市城西南。唐代为幽州治所。李遐周《题壁》："燕市人皆去，函关马不归。”❷同“燕₂市飲”。陆龟蒙《答友人》：“荆卿雄骨化为尘，燕市应无共饮人。”又《秋夕文宴》：“飞觥壮若游燕市，觅句难于下赵城。”

【燕₂市悲歌】 亦作“燕₂客悲歌”。《史记·刺客列传》：“荆轲既至燕，爱燕之狗屠及善击筑者高渐离……荆轲和而歌于市中，相乐也，已而相泣，旁若无人者。”后以“燕市悲歌”表现朋友间惜别的情怀。李涉《送魏简能东游二首》之二：“燕市悲歌又送君，目随征雁过寒云。”温庭筠《回中作》：“吴姬怨思吹双管，燕客悲歌别五侯。”

【燕₂市飲】 亦省作“燕₂市”。形容痛快淋漓地饮酒。陆龟蒙《独夜有怀因作吴体寄袭美》：“不然快作燕市饮，笑抚肉枅眠酒垆。”见“燕₂市悲歌”。

【燕₂臣】 指战国时燕臣邹衍。因蒙冤仰天大哭，夏天为之降霜。李白《古风》之三七：“燕臣昔恸哭，五月飞秋霜。”见“燕₂國飛霜”。

【燕肉】 即燕脯。皮日休《送润卿博士还华阳》：“仙市鹿胎如锦嫩，阴宫燕肉似酥肥。”见“燕脯”。

【燕₂州】 北魏太和中置，治所在广宁郡(今河北涿鹿县)。李益《献刘济》：“草绿古燕州，莺声引独游。”

【燕麥】 植物名。多野生于废墟荒地之间。燕雀所食，故名。李白《春日独坐寄郑明府》：“燕麦青青游子悲，河堤弱柳郁金枝。”刘禹锡《再游玄都观》引：“重游玄都观，荡然无复一树，唯兔葵燕麦动摇于春风耳。”齐己《湘中寓居春日感怀》：“落苔红小樱桃熟，侵井青纤燕麦长。”

【燕坐】 ❶安坐。元结《登九疑第二峰》：“不如几百岁，燕坐饵金丹。”❷指僧徒坐禅。綦毋潜《题招隐寺绚公房》：“徒知燕坐处，不见有为心。”

【燕₂谷】 古代传说中的寒冷谷地。因在燕地，故名燕谷，又名黍谷。李白《邹衍谷》：“燕谷无暖气，穷岩闭严阴。”许浑《陪宣城大夫崔公泛后池兼北楼宴二首》之一：“皆贺虢岩终选傅，自伤燕谷未逢邹。”苏拯《邹律》：“邹律暖燕谷，青史徒编录。”徐夤《北》：“可怜燕谷花间晚，邹律如何为一吹。”

【燕尾旗】 末端分叉形如燕尾的旗帜。司空曙《杂兴》：“黄尘满目随风散，不认将军燕尾旗。”

【燕兒】 雏燕。皮日休《临顿为吴中偏胜之地因成五言十首奉题屋壁》之四：“坏堑生鱼沫，颓檐落燕儿。”

【燕₂京】 即蓟邑，故址在今北京市城西南。因西周至战国为燕国都城，故称。李白《自广平乘醉走马六十里至邯郸登城楼览古书怀》：“日落把烛归，凌晨向燕京。”

【燕享】 古代帝王宴饮群臣、国宾。丘光庭《补新宫》序：“因此之时，时人歌咏其美，以成篇章，故周公采之为燕享歌焉。”

【燕泥】 ❶燕子筑巢所衔的泥。李德裕《谪岭南道中作》：“愁冲毒雾逢蛇草，畏落沙虫避燕泥。”薛蕴《句》：“寂寞相思处，雕梁落燕泥。”和凝《宫词百首》之七五：“杏梁炟赫晴霞展，时见空虚坠燕泥。”孙光宪《浣溪沙》词之八：“轻打银筝坠燕泥，断丝高罥画楼西。”❷泛指湿泥。裴度《夏日对雨》：“檐疏蛛网重，地湿燕泥新。”温庭筠《经西坞偶题》：“微红柰蒂惹蜂粉，洁白芹芽穿燕泥。”

【燕居】 退朝而居；闲居。储光羲《同房宪部应旋》：“落发自南州，燕居在西土。”王维《同崔兴宗送衡岳瑗公南归》序：“天宝癸巳岁，始游于长安，手提瓶笠，至自万里，燕居吐论，缁属高之。”韦应物《燕居即事》：“燕居日已永，夏木纷成结。”权德舆《户部王曹长杨考功崔因书所怀且叙所知》：“子云尝燕居，作赋似相如。”

【燕₂弧】 角弓名。因以燕地所产的角制成，故名。后以“燕弧”泛指良弓。李峤《奉和杜员外扈从教阅》：“燕弧带晓月，吴剑动秋霜。”

【燕₂珉】 同“燕₂石❶”。李白《赠范金卿二首》之一：“时人弃此物，乃与燕珉齐。”

【燕₂城】 即燕京。王昌龄《送朱越》：“远别舟中蒋山暮，君行举首燕城路。”白居易《和答诗十首·答箭镞》：“不然学仲连，一发下燕城。”贾岛《寄山中王参》：“长怀燕城南，相送十里别。”详见“燕₂京”。

【燕₂草】 泛指北地之草。李白《春思》：“燕草如碧丝，秦桑低绿枝。”

【燕₂昭臺】 即燕台，黄金台。李商隐《偶成转韵七十二句赠四同舍》：“此时闻有燕昭台，挺身东望心眼开。”黄滔《故山》：“何事苍髯不归去，燕昭台上一年年。”李瀚《蒙求》：“燕昭筑台，郑庄置驿。”详见“燕₂臺❶”。

【燕₂骨】 《战国策·燕策一》：“郭隗先生曰：‘臣闻古之君人，有以千金求千里马者，三年不能得。涓人言于君曰：“请求之。”君遣之。三月得千里马，马已死，买其首五百金，反以报君。君大怒曰：“所求者生马，安事死马而捐五百金？”涓人对曰：“死马且买之五百金，况生马乎？天下必以王为能市马，马今至矣。”于是不能期年，千里之马至者三。今王诚欲致士，先从隗始；隗且见事，况贤于隗者乎？岂远千里哉？’”后以燕骨比喻去世的贤能之士。曹松《吊贾岛二首》之一：“已葬离燕骨，难招入剑魂。”

【燕胎】 神话传说中的仙芝名。皮日休、陆龟蒙《药名联句》：“艺可屠龙胆，家曾近燕胎。”

【燕客書】 典出《汉书·霍光传》。后用作咏贤臣遭谤的典故。李绅《趋翰苑遭诬构四十六韵》："燕客书方诈，尧门信未孚。"

【燕$_2$客悲歌】 见"燕$_2$市悲歌"。

【燕$_2$陣】 即火牛阵。战国时燕军围齐于即墨，齐将田单以火牛阵反击，大获全胜，收复全部失地。见《史记·田单列传》。李峤《牛》："齐歌初入相，燕阵早横功。"见"火牛"。

【燕$_2$姝】 泛指美女。上官仪《酬薛舍人万年宫晚景寓直怀友》："燕姝对明月，荆艳促芳尊。"见"燕$_2$趙姝"。

【燕$_2$耆】 即燕支山。陈陶《塞下曲》之二："牛羊奔赤狄，部落散燕耆。"见"燕$_2$支山"。

【燕酌】 宴饮。韦应物《因省风俗与从侄成绪游山水中道先归寄示》："累宵同燕酌，十舍携征骑。"又《酬刘侍郎使君》："朋友亦远集，燕酌在佳辰。"

【燕息】 安息；休息。储光羲《至岳寺即大通大照禅塔上温上人》："燕息云满门，出游花隐房。"白居易《自余杭归宿淮口作》："岂止吾一身，举家同燕息。"又《偶作二首》之二："日午脱巾簪，燕息窗下床。"又《寒食》："出去恣欢游，归来聊燕息。"

【燕$_2$脂】 ❶即胭脂。一种红色颜料。妇女用作化妆品。五代马缟《中华古今注·燕脂》："盖起自纣，以红蓝花汁凝作燕脂。以燕国所生，故曰燕脂。"寒山《诗三百三首》之一六九："头戴蜀样花，燕脂涂粉腻。"李贺《谢秀才有妾缟练改从于人秀才制诗嘲谢贺复继四首》之二："铜镜立青鸾，燕脂拂紫绵。"元稹《离思五首》之一："须臾日射燕脂颊，一朵红苏旋欲融。"刘瑶《暗别离》："翠轩展云轻遥遥，燕脂泪迸红条条。"见"燕$_2$支❶"。❷指红色；红花。杜甫《曲江对雨》："林花著雨燕脂落，水荇牵风翠带长。"沈亚之《秦梦诗三首》之三："春景似伤秦丧主，落花如雨泪燕脂。"秦韬玉《送友人罢举授南陵令》："花明驿路燕脂暖，山入江亭罨画开。"卢延让《观新岁朝贺》："元日燕脂色，朝天桦烛香。"❸指彩霞。李贺《雁门太守行》："角声满天秋色里，塞上燕脂凝夜紫。"

【燕席】 宴席；酒席。韩愈《感春三首》之三："心怀平生友，莫一在燕席。"

【燕$_2$姬】 春秋时北燕之女。姬姓，故称燕姬。后泛指燕地美女。李白《豳歌行上新平长史兄粲》："赵女长歌入彩云，燕姬醉舞娇红烛。"李华《咏史十一首》之八："白雪燕姬舞，朱弦赵女弹。"皇甫冉《见诸姬学玉台体》："艳唱召燕姬，清弦待卢女。"秦韬玉《吹笙歌》："便出燕姬再倾醑，此时花下逢仙侣。"

【燕$_2$姬曲】 燕地美女的舞曲。钱起《陪南省诸公宴殿中李监宅》："舞退燕姬曲，歌征谢朓诗。"

【燕$_2$娥】 美女。于濆《古宴曲》："燕娥奉卮酒，低鬟若无力。"见"燕趙玉"。

【燕$_2$雪】 燕地之雪。泛指北方的雪。李白《北风行》："燕山雪花大如席，片片吹落轩辕台。"顾云《苏君厅观韩干马障歌》："眼前只欠燕雪飞，蹄下如闻朔风起。"

【燕雀】 ❶燕和雀一类小鸟。灵澈《听莺歌》："城头鸱乌拾膻腥，空园燕雀争泥滓。"李商隐《过故府中武威公交城旧庄感事》："日落高门喧燕雀，风飘大树撼熊罴。"贾岛《义雀行和朱评事》："燕雀虽微类，感愧诚不殊。"杜荀鹤《赠溧水崔少府》："庭户萧条燕雀喧，日高窗下枕书眠。"❷喻识见短浅的平庸之辈。高适《同颜六少府旅宦秋中之作》："逸气旧来凌燕雀，高才何得混妍媸。"刘长卿《小鸟篇上裴尹》："独立虽轻燕雀群，孤飞还惧鹰鹯搏。"方干《献王大夫》："一鹗难成燕雀伍，非熊本是帝王师。"徐夤《偶题二首》之一："驽骀燕雀堪何用，仍向人前价例高。"❸用作自谦之词。高适《途中酬李少府赠别之作》："鹓鸿列霄汉，燕雀何翩翩。"韦应物《寄令狐侍郎》："孤鸿既高举，燕雀在荆榛。"❹喻卑劣的小人。李白《古风》之三九："梧桐巢燕雀，枳棘栖鸳鸾。"高适《见薛大臂鹰作》："寄言燕雀莫相啅，自有云霄万里高。"李商隐《送从翁从东川弘农尚书幕》："鸾皇期一举，燕雀不相饶。"

【燕雀賀】 见"燕賀"。

【燕$_2$國公】 ❶即诗人张说。景云二年(711)，同中书门下平章事；开元元年(713)，封燕国公，故又称燕国相公。见《旧唐书·张说传》。张九龄有《奉和圣制送尚书燕国公赴朔方》。李嘉祐有《故燕国相公挽歌二首》。❷即于頔。贞观间累迁至左仆射、平章事，封燕国公。元和三年(808)入拜司空。见《旧唐书·于頔传》。刘禹锡《答东阳于令寒碧图诗》序："东阳令于兴宗，丞相燕国公之犹子。"又有《故相国燕国公于司空挽歌二首》。

【燕$_2$國金臺】 即燕台，黄金台。黄滔《贻宋评事》："燕国金台无别客，陶家柳下有清风。"见"燕$_2$臺❶"。

【燕國相】 《韩非子·外储说左上》："郢人有遗燕相国书者，夜书，火不明，因谓持烛者曰'举烛'，而误书'举烛'。举烛，非书意也。燕相受书而说之，曰：'举烛者，尚明也；尚明也者，举贤而任之。'燕相白王。王大悦，国以治。治则治矣，非书意也。今世学者，多似此矣。"后因借以咏烛。李峤《烛》："若逢燕国相，持用举贤人。"

【燕$_2$國飛霜】 《初学记》卷二引《淮南子》："邹衍事燕惠王尽忠，左右谮之，王系之。仰天而哭，夏五月，天为之下霜。"《文选·江淹〈诣建平王上书〉》李善注引作"正夏而天为之降霜"。按，今本《淮南子》无此文。后用作咏冤狱的典故。徐夤《恨》："燕国飞霜将破夏，汉宫纨扇岂禁秋。"

【燕釵】 古代妇女别在发髻上的一种燕子形的发钗。李贺《湖中曲》："燕钗玉股照青渠，越王娇郎小字书。"李商隐《燕台四首·冬》："破鬟矮堕凌朝寒，白玉燕钗黄金蝉。"温庭筠《张静婉采莲歌》："兰膏坠发红玉春，燕钗拖颈抛盘云。"韩偓《梅花》："龙笛远吹胡地月，燕钗初试汉宫妆。"

【燕脯】 (—fǔ)燕肉干。传说龙嗜食之。李商隐《利州江潭作》："他时燕脯无人寄，雨满空城蕙叶雕。"

【燕$_2$許】 玄宗开元间名臣燕国公张说与许国公苏颋的并称。两人同时又以文章显世，时号"燕许大手笔"。见《新唐书·苏颋传》。李涉《题温泉》："当时姚宋并燕许，尽是骊山从驾人。"

【燕梁】 指屋梁。旧时，燕子多在梁上筑巢，故称。郑谷《蜡烛》："多情更有分明处，照得歌尘下燕梁。"刘兼《梦归故园》之二："宦情率尔拖鱼艇，客恨依然在燕梁。"

【燕$_2$將書】 《史记·鲁仲连列传》："燕将攻下聊城，聊城人或谗之燕，燕将惧诛，因保守聊城，不敢归。齐田单攻聊城岁余，士卒多死而聊城不下。鲁连乃为书，约之矢以射城中，遗燕将。……燕将见鲁连书，泣三日，犹豫不能自决。欲归燕，已有隙，恐诛；欲降齐，所杀虏于齐甚众，恐已降而后见辱。喟然叹曰：'与人刃我，宁自刃。'乃自杀。"又见《战国策·齐策六》。后以"燕将书"指劝降书信。杜甫《收京三首》之一："暂屈汾阳驾，聊飞燕将书。"

【燕$_2$隗】 指战国时燕人郭隗。事见《战国策·燕策一》。后用为君主礼贤敬士之典。张说《赴集贤院学士上赐宴应制得辉字》："首命深燕隗，通经浅汉韦。"

【燕婢】 燕子的戏称。皮日休《送李明府之任海南》："蟹奴晴上临潮槛，燕婢秋随过海船。"

【燕婉】 ❶优美、温婉貌。《诗·邶风·新台》："燕婉之求，籧篨不鲜。"毛传："燕，安；婉，顺也。"孟简《咏欧阳行周事》序："初抵太原，居大将军宴。席上有妓，北方之尤者，屡目于生，生感悦之，留赏累月，以为燕婉之乐，尽在是矣。"❷借指美女。高适《同敬八卢五泛河间清河》："飘飖波上兴，燕婉舟中词。"❸指夫妇和爱。武元衡、柳公绰《中秋夜听歌联句》："燕婉人间意，飘飖物外缘。"白居易《新乐府·母别子》："以汝夫妇新燕婉，使我母子生别离。"

【燕巢】 燕子的窝。白居易《禽虫十二章》之一〇："豆苗鹿嚼解乌毒，艾叶雀衔夺燕巢。"雍陶《秋居病中》："荒檐数蝶悬蛛网，空屋孤萤入燕巢。"温庭筠《寒食日作》："窗中草色妒鸡卵，盘上芹泥憎燕巢。"司空图《光启丁未别山》："草堂琴画已判烧，犹托邻僧护燕巢。"

【燕$_2$琯】 指燕人邹衍所吹之律管。罗隐《大梁见乔诩》："怅望添燕琯，蹉跎厌鲁瓢。"见"燕$_2$谷"。

【燕喜】 ❶宴饮欢乐。萧颖士《江有归舟三章》之二："称觞燕喜，于岵于屺。"❷欢乐地宴饮、宴请。刘长卿有《西庭夜燕喜评事兄拜会》。

【燕厦】 指新居。厍狄履温《夏晚初霁南省寓直用余字》："燕厦欣成托，鹓行滥所如。"见"燕贺"。

【燕雁】 ❶燕地之雁。指北雁、大雁。李益《轻薄篇》："忽闻燕雁一声去，回鞍挟弹平陵园。"鲍溶《秋怀五首》之五："龙荒变露色，燕雁南为客。"杜牧《题池州弄水亭》："槛前燕雁栖，枕上巴帆去。"崔涂《鹦鹉洲即事》："幽岛暖闻燕雁去，晓江晴觉蜀波来。"❷指代书信。李商隐《写意》："燕雁迢迢隔上林，高秋望断正长吟。"张贲《贲中间有吴门旅泊之什蒙鲁望垂和更作一章以伸酬谢》："有恨书燕雁，无聊赋郢云。"

【燕飲】 聚会宴饮。丘光庭《补新宫》序："新宫，成室也。宫室毕，乃祭而落之，又与群臣宾客燕饮，谓之成也。"

【燕$_2$然】 ❶即燕然山。亦泛指北方边地。王维《使至塞上》："萧送逢候吏，都护在燕然。"李白《长相思》："此曲有意无人传，愿随春风寄燕然。"元稹《琵琶歌》："低回慢弄关山思，坐对燕然秋月寒。"张蠙《边将二首》之一："历战燕然北，功高剑有威。"❷《后汉书·窦宪传》：东汉永元元年(89)，车骑将军窦宪领兵出塞，与北单于战于稽落山，大破之。虏众崩溃，单于遁走。斩名王以下万三千级，获生口马牛羊橐驼百万余头，率众降者，前后二十余万人。宪遂登燕然山，命班固作《封燕然山铭》，刻石勒功，纪汉威德。后遂成为咏立功边塞的典故。徐知仁《奉和圣制送张说巡边》："由来词翰手，今见勒燕然。"皇甫冉《春思》："为问元戎窦车骑，何时反旆勒燕然。"武元衡《幕中诸公有观猎之作因继之》："为报府中诸从事，燕然未勒莫论功。"吴融《渌池县见早梅》："待勒燕然归未得，雪枝南畔少徘徊。"❸指班固所撰《封燕然山铭》。窦巩《经窦车骑故城》："今日诸孙拜坟树，愧无文字续燕然。"

【燕$_2$然山】 山名。即今蒙古人民共和国境内的杭爱山。东汉时窦宪率兵大破北匈奴后刻石勒功于此。李白《登邯郸洪波台置酒观发兵》："请缨不系越，且向燕然山。"张仲素《塞下曲五首》之二："猎马千行雁几双，燕然山下碧油幢。"王贞白《塞上曲》："燕然山上字，男子见须羞。"吴融《绵竹山四十韵》："勒铭燕然山，万代垂芬郁。"见"燕$_2$然❷"。

【燕$_2$然石】 指记载边功的纪念碑。崔湜《塞垣行》："岂要黄河誓，须勒燕然石。"窦威《出塞曲》："会勒燕然石，方传车骑名。”耿沣《送王将军出塞》：“更就燕然石，行看奏虏功。”李益《统汉峰下》：“只今已勒燕然石，北地无人空月明。”见“燕₂然❷”。

【燕₂然筆】　借指歌颂战功的文笔。羊士谔《送张郎中副使自南省赴凤翔府幕》：“当奋燕然笔，铭功向陇头。”见“燕₂然❷”。

【燕₂然頌】　亦作“燕₂山頌”。指纪录歌颂边功的文字。崔泰之《奉和圣制送张尚书巡边》：“伫勒燕然颂，鸣驺计日归。”席豫《奉和圣制送张说巡边》：“已勒燕山颂，犹闻遣戍篇。”见“燕₂然❷”。

【燕詞】　即燕语。令狐楚《立秋日》：“燕词如惜别，柳意已呈衰。”

【燕遊】　宴饮游乐。丘光庭《补新宫》序：“宫者，居处燕游宗庙之总称也。士芀城绛以深其宫，梁伯沟其公宫，居处之宫也。”

【燕₂犀】　❶燕地制造的犀甲。后泛指坚固的铠甲。虞世南《从军行二首》之一：“冀马楼兰将，燕犀上谷兵。”❷指身披铠甲的北方士兵。李商隐《马嵬二首》之一：“冀马燕犀动地来，自埋红粉自成灰。”

【燕賀】　亦作“燕雀賀”。谓燕雀因大厦落成有栖身之所而相庆贺。后以“燕贺”“燕雀贺”为贺人新居落成或祝贺之语。杜甫《奉贺阳城郡王太夫人恩命加邓国太夫人》：“紫诰鸾回纸，清朝燕贺人。”杜甫《江陵节度阳城郡王新楼成王请严侍御判官赋七字句同作》：“楼上炎天冰雪生，高尽燕雀贺新成。”元稹《江边四十韵》：“各各人宁宇，双双燕贺巢。”

【燕蓊】　一种花名。李郢《燕蓊花》：“十二街中何限草，燕蓊尽欲占残春。”又《张郎中宅戏赠二首》之一：“薄雪燕蓊紫燕钗，钗垂簏簌抱香怀。”

【燕₂路】　❶通往燕国的道路。张蠙《边游别友人》：“雨雪迷燕路，田园隔楚波。”❷指通向燕台的道路。泛指招贤之地。李商隐《自桂林奉使江陵途中感怀寄献尚书》：“人皆向燕路，无乃费黄金。”

【燕₂鼠】　指燕石与鼠璞。鼠璞，语本《尹文子·大道下》：“郑人谓玉未理者为璞，周人谓鼠未腊者为璞。周人怀璞谓郑贾曰：‘欲买璞乎？’郑贾曰：‘欲之。’出其璞视之，乃鼠也，因谢不取。”温庭筠《病中书怀呈友人》：“叶龙图夭矫，燕鼠笑胡卢。”见“燕₂石”。

【燕₂塞】　泛指我国北部地区。杜甫《送裴五赴东川》：“何日通燕塞，相看老蜀门。”皇甫冉《送段明府》：“离人转吴岫，旅雁从燕塞。”崔涂《湘中秋怀迁客》：“并闻燕塞雁，独立楚人村。”

【燕₂裾】　燕女衣襟。指舞衣。褚遂良《安德山池宴集》：“亭中奏赵瑟，席上舞燕裾。”见“燕趙姝”。

【燕禖】　古代帝王于春暖燕子到来之日，祭祀禖神以求后嗣，曰“燕禖”。禖，古代求子之祀；亦指求子所祀的禖神。语出《礼记·月令》。杜牧《杜秋娘诗》：“燕禖得皇子，壮发绿緌緌。”

【燕₂趙】　指战国时燕、赵二国。亦泛指其所在地，即今之河北省北部及山西省西部一带。崔湜《冀北春望》：“回首览燕赵，春生两河间。”韦应物《拟古诗十二首》之九：“良人久燕赵，新爱移平生。”罗虬《比红儿诗》三八：“十年东北看燕赵，眼冷何曾见一人。”

【燕₂趙女】　泛指美女。曹邺《四望楼》：“无限燕赵女，吹笙上金梯。”见“燕趙玉”。

【燕₂趙玉】　《古诗十九首》之一二：“燕赵多佳人，美者颜如玉。”后借指美女或舞女歌姬。司马扎《感古》：“玄珠人不识，徒爱燕赵玉。”

【燕₂趙佳人】　泛指美女。刘禹锡《酬太原狄尚书见寄》：“幽并侠少趋鞭弭，燕赵佳人奉管弦。”见“燕₂趙玉”。

【燕₂趙風】　古代燕赵之地多慷慨悲壮之士，后以“燕趙風”指英雄慷慨的气概。韦应物《送崔押衙相州》：“礼乐儒家子，英豪燕赵风。”

【燕₂趙姝】　泛指美女。于濆《苦辛吟》：“我愿燕赵姝，化为嫫母姿。”见“燕₂趙玉”。

【燕₂趙娉婷】　泛指美女。权德舆《薄命篇》：“宁知燕赵娉婷子，翻嫁幽并游侠儿。”于濆《古征战》：“齐鲁足兵甲，燕赵多娉婷。”见“燕₂趙玉”。

【燕₂趙蛾眉】　燕赵美女。杨师道《阙题》：“燕赵蛾眉旧倾国，楚宫腰细本传名。”见“燕₂趙玉”。

【燕₂臺】　❶即黄金台。据王隐《晋书》《水经注》《上谷郡图经》《太平寰宇记》，黄金台故址当在今河北易县东南。许浑《南亭偶题》：“南轩自流涕，不是望燕台。”薛能《送人归上党》：“燕台基坏穴狐蛇，计拙因循岁月赊。”聂夷中《燕台二首》之一：“燕台累黄金，上欲招儒雅。”徐夤《偶题》：“燕台财力知多少，谁筑黄金到九层。”后用为君主或长官礼贤敬士之典。柳棠《答杨尚书》：“未向燕台逢厚礼，幸因社会接余欢。”杜牧《寄浙西李判官》：“燕台上客意何如，四五年来渐渐疏。”温庭筠《中书令裴公挽歌词二首》之二：“空嗟荐贤路，芳草满燕台。”齐己《贺孙支使郎中迁居》：“别认公侯礼上才，筑金何啻旧燕台。”❷对幕府的美称。李白《江上答崔宣城》：“谬忝燕台召，而陪郭隗踪。”许浑《春日思旧游寄南徐从事刘三复》：“怀玉尚悲迷楚塞，捧金犹羡乐燕台。”李商隐《梓州罢吟寄同舍》：“长吟远下燕台去，惟有衣香染未销。”黄滔《南海幕和段先辈送韦侍御赴阙》：“魏阙别当飞羽翼，燕台独且占风流。”❸对幕主的美称。李商隐《自南山北归经分水岭》：“郑驿来虽及，燕台哭不闻。”亦指受到礼遇的作者自己。罗隐《姑苏城南湖陪曹使君游》：“少年太守勋庸盛，应笑燕台两鬓霜。”❹即幽州台。故址在今北京市西南。祖咏《望蓟门》:"燕台一望客心惊,箫鼓喧喧汉将营。"韩翃《送客之上谷》:"披衣朝易水,匹马夕燕台。"

【燕₂歌】 ❶指战国时荆轲所唱的《易水歌》。燕太子丹送荆轲入秦刺秦王,饯别于易水之上,高渐离击筑,荆轲慷慨悲歌曰:"风萧萧兮易水寒,壮士一去兮不复还!"见《战国策·燕策三》。后泛指燕地的歌谣,或慷慨悲壮的歌。李白《鲁郡尧祠送张十四韵游河北》:"击筑向北燕,燕歌易水滨。"李益《塞下曲》之一:"燕歌未断塞鸿飞,牧马群嘶边草绿。"鲍溶《冬夜答客》:"临风弹楚剑,为子奏燕歌。"谭用之《寄王侍御》:"燕歌别后休惆怅,黍已成畦菊已开。"❷燕女美妙入耳的歌声。王韫秀《喻夫阻客》:"楚竹燕歌动画梁,春兰重换舞衣裳。"

【燕₂歌行】 (行 xíng)乐府古题,属相和歌平调曲。《乐府诗集·相和歌辞七·燕歌行题解》:"晋乐奏魏文帝《秋风》《别日》二曲,言时序迁换,行役不归,妇人怨旷无所诉也。"唐高适、贾至、陶翰等均有《燕歌行》,其辞多写边塞征戍之事及思女怀念征人之情。

【燕₂歌楚舞】 燕女善歌,楚女善舞,后以"燕歌楚舞"泛指优美的歌舞。钱起《玛瑙杯歌》:"宁及琢磨当妙用,燕歌楚舞长相随。"

【燕₂歌趙舞】 泛指优美的歌舞。卢照邻《长安古意》:"罗襦宝带为君解,燕歌赵舞为君开。"

【燕₂僧】 北地的僧人。孟郊《戏赠无本》之二:"燕僧耸听词,袈裟喜新翻。"张蠙《蓟北书事》:"暑过燕僧出,时平虏客通。"

【燕₂獄】 燕国之狱。骆宾王《畴昔篇》:"邹衍衔悲系燕狱,李斯抱怨拘秦桎。"见"燕₂國飛霜"。

【燕語】 形容燕子喃喃啼鸣。刘禹锡《和郴州杨侍郎玩郡斋紫薇花十四韵》:"雨余人吏散,燕语帘栊静。"白居易《酬梦得以予五月长斋延僧徒绝宾友见戏十韵》:"檐闲空燕语,林静未蝉鸣。"姚合《酬任畴协律夏中苦雨见寄》:"树暗蝉吟咽,巢倾燕语愁。"罗虬《比红儿诗》之五二:"晓月雕梁燕语频,见花难可比他人。"

【燕樂】 宴饮欢乐。高适《效古赠崔二》:"周旋多燕乐,门馆列车骑。"韦应物《乐燕行》:"良辰且燕乐,乐往不再来。"

【燕燕】 (一yàn)燕子。《诗·邶风·燕燕》:"燕燕于飞,差池其羽。"孔颖达疏:"此燕即今之燕也,古人重言之。"韦应物《将往江淮寄李十九儋》:"燕燕东向来,文鹓亦西飞。"窦牟《秋夕闲居对雨赠别卢七侍御坦》:"燕燕辞巢蝉蜕枝,穷居积雨坏藩篱。"杜牧《为人题赠二首》之二:"绿树莺莺语,平江燕燕飞。"皮日休《重题蔷薇》:"浓似猩猩初染素,轻如燕燕欲凌空。"

【燕₂薊】 幽州、蓟州。今河北省北部一带地区。陈子良《赞德上越国公杨素》:"匈奴轶燕蓟,烽火照幽并。"

【燕₂冀】 幽州、冀州。在今河北省中部和北部。张说《送李问政河北简兵》:"密亲仕燕冀,连年迩寇雠。"

【燕餞】 设宴招待或送行。许浑有《南海府罢南康阻浅行侣稍稍登陆而迈主人燕饯至频暮宿东溪》。

【燕₂館】 即碣石宫。战国时燕昭王为招纳贤才所筑的馆舍。后泛指招纳贤才的馆舍。虞世南《初晴应教》:"初日明燕馆,新溜满梁池。"李商隐《病中闻河东公乐营置酒口占寄上》:"兴欲倾燕馆,欢终到习家。"吴融《赴阙次留献荆南成相公三十韵》:"只惭燕馆盛,宁觉阮途穷。"

【燕頷】 即燕颔相。骆宾王《夕次蒲类津》:"龙庭但苦战,燕颔会封侯。"岑参《送张都尉东归》:"封侯应不远,燕颔岂徒然。"王涯《从军词三首》之二:"燕颔多奇相,狼头敢犯边。"黄滔《寄南海黄尚书》:"燕颔已知飞食肉,龙门犹自退为鱼。"

【燕頷虬鬚】 形容相貌威武。白居易《赠李兵马使》:"江南别有楼船将,燕颔虬须不姓杨。"见"燕颔相"。

【燕頷相】《后汉书·班超传》:班超,字仲升,扶风平陵人。"家贫,常为官佣书以供养。久劳苦,尝辍业投笔叹曰:'大丈夫无它志略,犹当效傅介子、张骞立功异域,以取封侯,安能久事笔研间乎?'左右皆笑之。超曰:'小子安知壮士志哉!'其后行诣相者,曰:'祭酒,布衣诸生耳,而当封侯万里之外。'超问其状。相者指曰:'生燕颔虎颈,飞而食肉,此万里侯相也。'"后以"燕颔相"为封侯之相。张说《送赵顺直郎中赴安西副大都督》:"龙泉恩已著,燕颔相终成。"

【燕頷儒生】 有封侯之相的书生。钱起《送傅管记赴蜀军》:"终童之死谁继出,燕颔儒生今俊逸。"

【燕謔】 宴饮戏谑。韦应物《寄大梁诸友》:"燕谑始云洽,方舟已解维。"

【燕₂霜】 同"燕₂國飛霜"。李白《送张秀才谒高中丞》:"我无燕霜感,玉石俱烧焚。"

【燕₂鴻】 ❶燕地之鸿。指北雁,大雁。李白《拟古十二首》之一二:"越燕喜海日,燕鸿思朔云。"令狐楚《秋怀寄钱侍郎》:"燕鸿一声叫,郢树尽青苍。"杜牧《池州春送前进士蒯希逸》:"楚岸千万里,燕鸿三两行。"黄滔《湘中赠张逸人》:"鸣琴坐见燕鸿没,曳履吟忘野径赊。"❷指书信。李商隐《今月二日不自量度辄以五言四十韵诗献上》:"营巢怜越燕,裂帛待燕鸿。"韦庄《清平乐》词之六:"碧窗望断燕鸿,翠帘睡眼溟濛。"见"雁書"。

【燕禮】《诗经》佚诗名。丘光庭《补新宫》序："昭二十五年《左传》：叔阳昭子聘于宋，公享之，赋新宫，又燕礼，升歌鹿鸣，下管新宫。今诗序无此篇，盖孔子返鲁之后，其诗散佚，采之不得故也。"

【燕翼】❶《诗·大雅·文王有声》："武王岂不仕，诒厥孙谋，以燕翼子。"毛传："燕，安；翼，敬也。"孔颖达疏："思得泽及后人，故遗传其所以顺天下之谋，以安敬事之子孙。"后以"燕翼"谓善为子孙或身后谋划。刘禹锡《读张曲江集作》引："议者以曲江为良臣，识胡雏有反相，羞凡器与同列。密启廷争，虽古哲人不及。而燕翼无似，终为馁魂。"❷燕的翅膀。元稹《酬翰林白学士代书一百韵》："莺声爱娇小，燕翼玩逶迤。"刘兼《春晚闲望》："雁行断续晴天远，燕翼参差翠幕斜。"郭绍兰《寄夫》："殷勤凭燕翼，寄与薄情夫。"

【燕雛】幼燕。刘禹锡《武陵观火诗》："晋库走龙剑，吴宫伤燕雏。"杜牧《江楼晚望》："初语燕雏知社日，习飞鹰隼识秋风。"

【燕鶴骨】古代认为是贵人的骨相。李商隐《骄儿诗》："不然神仙姿，不尔燕鹤骨。"

【燕體】指汉成帝皇后赵飞燕的体态。因其身轻如燕，善于歌舞，故称。后亦形容花木枝条的轻柔袅娜。李商隐《槿花二首》之一："燕体伤风力，鸡香积露文。"

燂
〔jiān《广韵》子廉切，平鹽，精。〕熄灭。王珪《咏淮阴侯》："斩龙堰濉水，擒豹燂夏阳。"

燂
〔xún 又读 qián《广韵》昨鹽切，平鹽，從。又徒含切，平覃，定。《集韵》徐心切，平侵，邪。〕❶烧，烧热。卢仝《客淮南病》："扬州蒸毒似燂汤，客病清枯鬓欲霜。"❷烤，烤热。颜真卿清昼《七言大言联句》："高歌阆风步瀛洲，燂鹏爚鲲餐未休。"

燠
〔yù《广韵》於六切，入屋，影。又烏晧切。上晧，影。又烏到切，去號，影。〕❶暖；热。则天皇后《游石淙诗》："密叶舒帷，屏梅氛而荡燠。"韦应物《寄子西》："乔树落疏阴，微风散烦燠。"又《送冯著受李广州署为录事》："建邦临日城，温燠御四时。"权德舆《侍从游后湖宴坐》："宿雨荡残燠，惠风与之俱。"❷指暑季。李峤《刘侍读见和山邸十篇重申此赠》："野气迷凉燠，山花杂古今。"白居易《和梦游春诗一百韵》："凄凄隔幽显，冉冉移寒燠。"

燄
同"焰"。

燀
〔chǎn《广韵》昌善切，上獮，昌。又尺延切，平仙，昌。〕彰显；显扬。玄宗《端午三殿宴群臣探得神字》序："律中蕤宾，献酬之象者。火在盛德，文明之义燀。"

【燀赫】❶显赫。杜甫《奉送郭中丞兼太仆卿充陇右节度使三十韵》："凄凉余部曲，燀赫旧家声。"又《送李校书二十六韵》："十九授校书，二十声燀赫。"❷形容声势浩大。李白《古风》之三三："凭陵随海运，燀赫因风起。"李群玉《洞庭驿楼雪夜晏集奉赠前湘州张员外》："所期波涛助，燀赫呈吞舟。"

【燀耀】烜赫；显赫。柳宗元《唐铙歌鼓吹曲十二篇·铁山碎第八》："百蛮破胆，边氓苏。"

燎[1]
〔liǎo《广韵》力小切，上小，來。又力照切，去笑，來。〕延烧；焚烧。高适《同群公出猎海上》："尘惊大泽晦，火燎深林枯。"韩愈《石鼓歌》："雨淋日炙野火燎，鬼物守护烦㧑呵。"白居易《寓意诗五首》之一："孟冬草木枯，烈火燎山陂。"徐夤《烟》："燎野焚林见所从，惹空横水展形容。"

燎[2]
〔liáo《广韵》力昭切，平宵，來。〕❶火炬。李华《咏史十一首》之三："且设庭中燎，宁窥泉下鳞。"李商隐《今月二日不自量度辄以诗一首四十韵干渎尊严伏蒙仁恩俯赐披览》："天书何日降，庭燎几时烘。"曹松《江外除夜》："千门庭燎照楼台，总为年光急急催。"又《除夜》："燎暗倾时斗，春通绽处芬。"❷火。刘言史《春过赵墟》："古柏重生枝亦干，余燎见风幽焰灭。"韦庄《和郑拾遗秋日感事一百韵》："中原初纵燎，下国竟探汤。"

燎[3]
〔liào《广韵》力照切，去笑，來。〕指柴薪。元稹《赛神》："主人不堪命，积燎曾欲燔。"

【燎₂火】火炬。张说《岳州守岁》："除夜清樽满，寒庭燎火多。"储光羲《秦中守岁》："阖门守初夜，燎火到清晨。"刘禹锡《元日感怀》："燎火委虚烬，儿童炫彩衣。"

【燎原】（今读 liáo—）❶放火烧田野的杂草。卢纶《送夏侯校书归华阴别墅》："候客定为黍，务农因燎原。"❷喻指兵燹、战火之烈。元稹《竞渡》："一战波委焰，再战火燎原。"❸犹玩火。韩偓《隰州新驿》："燎原虽自及，诛乱不无名。"

【燎原火】延烧原野的大火。元稹《有鸟二十章》之一〇："当时幸有燎原火，何不鼓风连夜烧。"

燋[1]
〔jiāo《广韵》即消切，平宵，精。〕通"焦"。❶烧焦。杜甫《雷》："大旱山岳燋，密云复无雨。"刘长卿《奉和李大夫同吕评事太行苦热行兼寄院中诸公仍呈王员外》："石枯山木燋，鳞穷水泉涸。"白居易《不如来饮酒七首》之六："鱼烂缘吞饵，蛾燋为扑灯。”❷干枯。储光羲《同王十三维偶然作十首》之一：“仲夏日中时，草木看欲燋。”王建《题所赁宅牡丹花》：“且愿风留著，惟愁日炙燋。”贾岛《送崔约秀才》：“重入石头城下寺，南朝杉老未干燋。”❸焦急；烦苦。贯休《避地毗陵上王慥使君》：“烽烟终日起，汤沐用心燋。”

燋2 〔qiáo《集韵》慈焦切，平宵，從。〕通“憔”。憔悴。元稹《哀病骢呈致用》：“金络头衔光未灭，玉花衫色瘦来燋。”

燋3 〔zhuó《集韵》職略切，入藥，章。〕同“灼”。烧灼；烧。杨巨源《夏日苦热同长孙主簿过仁寿寺纳凉》：“赫赫沸泉壑，焰焰燋砂石。”元稹《酬刘猛见送》：“神剑土不蚀，异布火不燋。”

【燋花】 枯萎的花。陆龟蒙《袭美见题郊居十首因次韵酬之以伸荣谢》之六：“燕轻捎坠叶，蜂懒卧燋花。”

【燋卷】 枯萎卷缩。李商隐《行次西郊作一百韵》：“又若夏苦热，燋卷无芳津。”

【燋枿】 焦枯的树木干。顾非熊《天河阁到啼猿阁即事》：“湿云和栈起，燋枿带畬余。”

【燋紅】 枯萎的花朵。白居易《蔷薇花一丛独死不知其故因有是篇》：“碎碧初凋叶，燋红尚恋枝。”

【燋稼】 枯萎的庄稼。皎然《同薛员外谊喜雨诗兼上杨使君》：“燋稼濯又发，败荷滋更荣。”

【燋爛】 烧焦糜烂。马异《贞元旱岁》：“定应燋烂无人救，泪落三篇古尚书。”元稹《张旧蚊帱》：“燋烂各自求，他人顾何力。”

【燋爨】 指焦尾琴。刘禹锡《送僧方及南谒柳员外》：“古来赏音者，燋爨得孤桐。”见“焦桐”。

燔 〔fán《广韵》附袁切，平元，奉。〕❶焚烧。韩愈《陆浑山火和皇甫湜用其韵》：“摆磨出火以自燔，有声夜中惊莫原。”元稹《有酒十章》之五：“精卫衔芦塞海溢，枯鱼喷沫救池燔。”鲍溶《长城》：“万古骊山下，徒悲野火燔。”又《山行经樵翁》：“心如木中火，忧至常自燔。”亦指燃烧旺盛。李益《汉宫少年行》：“持杯收水水已覆，徙薪避火火更燔。”❷烤；炙。苏源明《小洞庭洄源亭宴四郡太守诗》序：“其俎何有？燔兔脍鲂。”沈亚之《文祝延二阕》之二：“馨炮膻燔兮溢按豆，爵盎无虚兮果摭杂佑。”❸燔柴。古代祭天仪式。韩愈、孟郊《城南联句》：“威畅捐辏棚，灵燔望高冏。”元稹《赛神》：“主人不堪命，积燎曾欲燔。”

【燔炙】 烤炙。亦泛指烹煮。张说《东都酺宴四首》序：“旨酒络绎，大庖燔炙。”皮日休《吴中苦雨因书一百韵寄鲁望》：“燔炙既芬芬，威仪乃毣毣。”

【燔柴】 古代祭天仪式。《礼记·祭法》：“燔柴于泰坛。”孔颖达疏：“谓积薪于坛上，而取玉及牲置柴上燔之，使气达于天也。”《郊庙歌辞·祀九宫贵神乐章·豫和》：“奠玉高坛，燔柴广庭。”刘禹锡《卧病闻常山旋师策勋宥过王泽大洽因寄李六侍郎》：“清庙既策勋，圆丘俟燔柴。”白居易《放言五首》之一：“不取燔柴兼照乘，可怜光彩亦何殊。”鲍溶《寄宋申锡评事时从李少师移军回归》：“欲求岱岳燔柴礼，已锡鲁人缝掖衣。”

【燔燒】 燃烧，焚烧。白居易《月夜登阁避暑》：“旱久炎气盛，中人若燔烧。”

燃 〔rán《广韵》如延切，平仙，日。〕❶焚烧。杜甫《西枝村寻置草堂地夜宿赞公土室二首》之二：“明燃林中薪，暗汲石底井。”杨巨源《夏日裴尹员外西斋看花》：“露湿呈妆污，风吹畏火燃。”柳宗元《渔翁》：“渔翁夜傍西岩宿，晓汲清湘燃楚竹。”齐己《题东林白莲》：“色后群芳拆，香殊百和燃。”❷点燃。李绅《题法华寺五言二十韵》：“药草经行遍，香灯次第燃。”贾岛《内道场僧弘绍》：“麟德燃香请，长安春几回。”❸比喻花、云色泽红艳鲜明。杜甫《绝句二首》之二：“江碧鸟逾白，山青花欲燃。”韩翃《送蒋员外端公归淮南》：“光风千日暖，寒食百花燃。”杨巨源《送陈判官罢举赴江外》：“定爱红云燃楚色，应看白雨打江声。”李商隐《槿花二首》之二：“珠馆熏燃久，玉房梳扫余。”

【燃火】 燃烧着火焰。韦应物《永定寺喜辟强夜至》：“深炉正燃火，空斋共掩扉。”

【燃犀】 南朝宋刘敬叔《异苑》卷七：“晋温峤至牛渚矶，闻水底有音乐之声，水深不可测，传言下多怪物，乃燃犀角而照之。须臾，见水族覆火，奇形异状，或乘马车，着赤衣帻。其夜梦人谓曰：‘与君幽明道隔，何意相照耶？’”又见《晋书·温峤传》。后遂用为典实。胡曾《咏史诗·牛渚》：“温峤南归辍棹晨，燃犀牛渚照通津。”

【燃燈】 ❶点灯；灯光。皇甫曾《送陆鸿渐山人采茶回》：“寂寂燃灯夜，相思一磬声。”杨衡《宿陟岵寺云律师院》：“中有弥天子，燃灯坐虚室。”无可《新年》：“燃灯朝复夕，渐作长年身。”❷佛教语。谓传灯。佛教认为佛法犹如明灯，能破除迷惑暗昧，故称传法为传灯。刘长卿《送勤照和尚往睢阳赴太守请》：“燃灯传七祖，杖锡为诸侯。”

燑 〔tóng《集韵》徒東切，平東，定。〕同“烔”。火光明亮。见“燑燑”。

【燑燑】 火光明亮貌。《霅溪夜宴诗》之八（卷八六四）：“珠光龙耀火燑燑，夜接朝云宴渚宫。”

熾 〔chì《广韵》昌志切，去志，昌。〕❶火炽热；旺盛。柳宗元《行路难三首》之三："飞雪断道冰成梁，侯家炽炭雕玉房。"白居易《睡后茶兴忆杨同州》："白瓷瓯甚洁，红炉炭方炽。"尚宫宋氏若昭《奉和御制麟德殿宴百僚应制》："德炳韶光炽，恩沾雨露浓。"刘言史《广州王园寺伏日即事寄北中亲友》："且困流金炽，难成独酌谣。"❷强烈；厉害。李华《杂诗六首》之三："嗜欲乘此炽，百金资一倾。"白居易《香山寺石楼潭夜浴》："炎光昼方炽，暑气宵弥毒。"刘禹锡《贾客词》序："五方之贾，以财相雄，而盐贾尤炽。"詹敦仁《复留侯从效问南汉刘岩改名龑字音义》："滥觞久滋蔓，伤心日益炽。"❸燃烧。元稹《冬夜怀李侍御王太祝段丞》："丹灶炽东序，烧香罗玉书。"❹赤；赤热。张九龄《奉使自蓝田玉山南行》："是节暑云炽，纷吾心所尊。"❺焦急。元稹《代曲江老人百韵》："沃土心逾炽，豪家礼渐湮。"

【熾日】 烈日。蔡瑰《夏日闺怨》："桃径李蹊绝芳园，炎氛炽日满愁轩。"

【熾心】 谓心肠狠毒。李涉《六叹》之三："烧人之家食人肉，狼虎炽心都未足。"

【熾空】 火热的天空。太宗《秋日敩庾信体》："飒飒高天吹，氛澄下炽空。"

【熾炭】 赤炭；烈炭。韦应物《易言》："洪炉炽炭燎一毛，大鼎炊汤沃残雪。"韩愈《苦寒》："侵炉不觉暖，炽炭屡已添。"刘禹锡《历阳书事七十韵》："炽炭烘蹲兽，华茵织斗鲸。"韩偓《奉和峡州孙舍人今至湖南方暇牵课》之一："炽炭一炉真玉性，浓霜千涧老松心。"

【熾景】 炎热的阳光。则天皇后《唐明堂乐章·徵音》："赫赫离精御炎陆，滔滔炽景开隆暑。"

【熾錟】 指灼热的阳光。司空曙《苦热》："啸风兼炽焰，挥汗讶成流。"

燉 〔dūn〕见"燉煌"。

【燉煌】 唐郡名，即沙州，治所在今甘肃敦煌县西。岑参《燉煌太守后庭歌》："燉煌太守才且贤，郡中无事高枕眠。"徐铉《宣威苗将军贬官后重经故宅》："天子未尝过细柳，将军寻已成燉煌。"

燐 〔lín《广韵》力珍切，平真，來。〕❶燐火，即动物尸骨中分解出的磷化氢自燃的现象。其焰呈淡蓝绿色，浮游空中，只在光线很暗时可见。徐彦伯《比干墓》："丘坟被宿莽，坛启缘飞燐。"元稹《代曲江老人百韵》："破船沉古渡，战鬼聚阴燐。"❷光闪烁貌。见"燐燐"。

【燐燐】 光闪烁貌。元稹《和乐天送客游岭南二十韵》："曙潮云斩斩，夜海火燐燐。"

營 〔yíng《广韵》餘傾切，平清，以。〕❶同"縈"。萦绕；旋转。杜甫《屏迹三首》之二："晚起家何事，无营地转幽。"刘禹锡《历阳书事七十韵》："望夫人化石，梦帝日环营。"❷军营；营垒。岑参《献封大夫破播仙凯歌六首》之四："洗兵鱼海云迎阵，秣马龙堆月照营。"贾至《燕歌行》："六军将士皆死尽，战马空鞍归故营。"王建《关山月》："关山月，营开道白前军发。"亦指扎营。耿沣《送王将军出塞》："列营依茂草，吹角向高风。"❸古代军事编制单位名称。太宗《还陕述怀》："遍野屯万骑，临原驻五营。"韩愈《送李尚书赴襄阳八韵得长字》："五营兵转肃，千里地还方。"❹营造；建筑。李白《过汪氏别业二首》之二："随山起馆宇，凿石营池台。"杨巨源《送卢谏议朝回书情即事寄两省阁老兼呈二起居谏院诸院长》："谢监营野墅，陶公爱吾庐。"韩愈《送张道士》："况当营都邑，杞梓用不疑。"亦指制作。张祜《夏日梅溪馆寄庞舍人》："坐听津桥说，今营太守碑。"❺经营。韦应物《幽居》："贵贱虽异等，出门皆有营。"卢纶《纶与吉侍郎中孚辄有所酬以申悲旧》："鄱阳富学徒，诮我戆无营。"白居易《新乐府·卖炭翁》："卖炭得钱何所营，身上衣裳口中食。"喻坦之《陈情献中丞》："孤拙竟何营，徒希折桂名。"❻谋求；需求。高适《渔父歌》："笋皮笠子荷叶衣，心无所营守钓矶。"皎然《奉应颜尚书真卿观玄真子置酒张乐舞破阵画洞庭三山歌》："如何万象自心出，而心澹然无所营。"白居易《答林泉》："欲作栖云计，须营种黍钱。"方干《山中言事》："攲枕亦吟行亦醉，卧吟行醉更何营。"❼中医学名词。见"營衛"。

【營心】 犹操心。张籍《寄紫阁隐者》："唯应采灵药，更不别营心。"

【營平】 指汉营平侯赵充国。汉陇西上邽(今甘肃天水西南)人。武帝、昭帝时曾率军反击匈奴，宣帝时封营平侯。率军在西北屯田，"料敌制胜，威谋靡亢"。后借指边防主将。杨凝《送客往鄜州》："新参将相事营平，锦带骍弓结束轻。"

【營田】 即屯田。政府利用士卒或招募流民在军队驻扎地种田，以供军饷。杜甫《兵车行》："或从十五北防河，便至四十西营田。"周昙《咏史诗·春秋战国门·韩惠王》："韩惠开渠止暴秦，营田万顷饱秦人。"

【營生】 ❶谋生。刘长卿《灞东晚晴简同行薛弃朱训》："好道当有心，营生苦无暇。"白居易《赠内》："陶潜不营生，翟氏自爨薪。"杜牧《不寝》："世路应难尽，营生卒未休。"杜荀鹤《同中寄友人》："不是营生拙，都缘觅句忙。"❷养生；保养身体。曹松《山中》："樵夫岂解营生业，贵欲自安麋鹿间。"

【營丘】 古邑名。在今东省淄博市临淄北，以营丘山而得名。周武王灭商后，封吕尚于齐，建都于此。李白《鞠歌行》："一举钧六合，遂荒营丘东。"权德舆《渭水》："意在静天下，岂唯食营丘。"马戴《雪中送青州薛评事》："岳雪明日观，海云冒营丘。"

【營伍】 军营。亦指军队的部署。温庭筠《湖阴词》序："王敦举兵至湖阴，明帝微行，视其营伍。"

【營州】 北魏太平真君五年(444)置，治所在龙城县(今辽宁省朝阳市)。后废。唐初复置。天宝元年(742)改为柳城郡，乾元元年(758)复为营州。唐时此地为汉族与契丹族杂居之地，开元后设平卢节度使于此，成为唐代东北的重镇。崔国辅《从军行》："塞北胡霜下，营州索兵救。"张谓《同孙构免官后登蓟楼》："东走到营州，投身似边将。"郑锡《出塞》："关山落叶秋，掩泪望营州。"欧阳詹《塞上行》："闻说胡兵欲利秋，昨来投笔到营州。"

【營守】 管理守护。卢仝《冬行三首》之二："贾偰旧相识，十年与营守。"

【營求】 谋求；追求。刘商《题道济上人房》："何处营求出世间，心中无事即身闲。"白居易《吾庐》："眼下营求容足地，心中准拟挂冠时。"徐铉《和门下殷侍郎新茶二十韵》："采撷唯忧晚，营求不计钱。"

【營役】 营求、谋求之事。白居易《临池闲卧》："营役抛身外，幽奇送枕前。"

【營妓】 唐代军中的官妓。油蔚有《赠别营妓卿卿》。

【營門】 军营之门。钱起《赋得青城山歌送杨杜二郎中赴蜀军》："绿萝春月营门近，知君对酒遥相思。"郎士元《塞下曲》："萧条夜静边风吹，独倚营门望秋月。"许浑《征西旧卒》："晓风听戍角，残月倚营门。"翁承赞《柳》之二："高出营门远出墙，朱阑门闭绿成行。"

【營建】 兴建；建造。则天皇后《从驾幸少林寺》序："睹先妃营建之所，倍切茕衿，逾悽远慕。"

【營柳】 军营旁的柳树。李峤《送骆奉礼从军》："笛梅含晚吹，营柳带余春。"张祜《献太原裴相公三十韵》："曙色开营柳，秋声动塞榆。"

【營食】 寻求食物。韩愈《杂诗四首》之四："雀鸣朝营食，鸠鸣暮觅群。"

【營軍】 谓构筑驻军营垒。储光羲《贻鼓吹李丞时信安王北伐李公王之所器者也》："出车发西洛，营军临北平。"

【營造】 建造；制造。寒山《诗三百三首》之二四四："今日审思量，自家须营造。"

【營家】 ❶军中长官。王建《渡辽水》："亦有白骨归咸阳，营家各与题本乡。"❷营建家室。马戴《江行留别》："余将何所往，海峤拟营家。"黄滔《湘中赠张逸人》："曾为蜀山成寓迹，又因湘水拟营家。"

【營欲】 欲求；欲望。韦应物《九日澧上作寄崔主簿倬二李端系》："人生不自省，营欲无终已。"白居易《宿溪翁》："于中甚安适，此外无营欲。"

【營陽】 郡名。东晋置，治所在营浦县(今湖南道县东)。刘禹锡《送周鲁儒赴举诗》："宋日营阳内史孙，因家占得九疑村。"又《含辉洞述》："营阳郁郁，山水第一。"

【營巢】 筑巢。杜牧《村舍燕》："何处营巢夏将半，茅檐烟里语双双。"许浑《孤燕》："不及营巢燕，西风相伴归。"司空图《退居漫题七首》之七："燕拙营巢苦，鱼贪触网惊。"刘兼《春燕》："栖息数年情已厚，营巢争肯傍他檐。"

【營奠】 置备供品进行祭奠。元稹《遣悲怀三首》之一："今日俸钱过十万，与君营奠复营斋。"朱庆余《哭胡遇》："不应随分空营奠，终拟求人与立碑。"方干《哭喻凫先辈》："撰碑纵托登龙伴，营奠应支卖鹤钱。"

【營道】 研习道艺。储光羲《荐玄德公庙》："表微在营道，明祀将祈年。"钱起《诏许昌崔明府拜补阙》："儒者久营道，诏书方问贤。"又《赠柏岩老人》："寄谢营道人，天真此翁有。"权德舆《酬陆四十楚源春夜宿虎丘山对月寄梁四敬之兼见贻之作》："营道幸同术，论心皆后凋。"

【營幕】 营帐，军队住宿用的帐篷。岑参《献封大夫破播仙凯歌六首》之二："官军西出过楼兰，营幕傍临月窟寒。"

【營農】 从事农耕。杜甫《遭田父泥饮美严中丞》："前日放营农，辛苦救衰朽。"

【營魄】 犹魂魄。顾况《寄上兵部韩侍郎呈李户部卢刑部杜三侍郎》："圣代逢三宥，营魂空九迁。"

【營衛】 中医学名词。指血气。《灵枢经·营卫生会》："营卫者，精气也；血者，神气也。故血之与气，异名同类也。"陆龟蒙《记事》："虽然营卫困，亦觉精神王。"

【營營】 ❶象声词。蚊蝇往来飞鸣的声音。储光羲《同王十三维偶然作十首》之七："丹鸟飞熠熠，苍蝇乱营营。"杜甫《八哀诗·故司徒李公光弼》："青蝇纷营营，风雨秋一叶。"孟郊《蚊》："五月中夜息，饥蚊尚营营。"白居易《反鲍明远白头吟》："炎炎者烈火，营营者小蝇。"❷忙碌貌。李白《古风》之九："富贵故如此，营营何所求。"杜甫《写怀二首》之二："吾亦驱其儿，营营为私实。"皎然《白云歌寄陆中丞使君长源》："或逢天上或人间，人自营营云自闲。"元稹《夜饮》："莫辞终夜饮，朝起又营营。"❸不断追求貌。元稹《含风夕》："委顺在物为，营营复何益。"章孝标《赠茅山高拾遺蔓》："人皆貪禄利，白首更營營。"薛能《長安道》："汲汲復營營，東西連兩京。"栾清《蓮叶二客诗》之二："營營功业人，朽骨成泥沙。"❹往来不绝貌；来回奔波貌。戴步伦《赠康老人洽》："陌头车马共營營，不解如君任此生。"白居易《白牡丹》："城中看花客，旦暮走營營。"杜荀鹤《遣怀》："驱驰岐路共營營，只为人间利与名。"唐彦谦《游南明山》："宦途劳營營，暂此涤尘虑。"❺形容思虑萦绕盘旋。白居易《和微之诗二十三首·和自劝二首》之二："争知寿命短复长，岂得營營心不止。"鲍溶《秋怀五首》之一："促促生有涯，營營意无限。"刘皋《长门怨》："營營孤思通，寂寂长门夜。"❻纷纷，纷乱貌。戎昱《过东平军》："画角初鸣残照微，營營鞍马往来稀。"姚合《寄题纵上人院》："營營是与非，前乐后还悲。"李群玉《宵民》："惨惨心如虺，營營舌似蝇。"

【營齋】 谓延请僧道来为死者超度亡灵。元稹《遣悲怀三首》之一："今日俸钱过十万，与君營奠复營斋。"

【營壘】 军营；堡垒。杜甫《西山三首》之二："漫山贼营垒，回首得无忧。"

【營織】 构思组织。孟郊《寿安西渡奉别郑相公》之二："文字徒营织，声华谅疑骄。"

燧 〔suì《广韵》徐醉切，去至，邪。〕❶古代取火用具。(一)火镜。一种青铜凹面镜，用以向日聚集日光而取火。韩愈《寄崔二十六立之》："愿君恒御之，行止杂燧觿。"钱仲联集释引高步瀛曰："《礼记·内则》郑注云：'小觿，解小结也，觿貌如锥，以象骨为之。金燧可火于日。'"(二)木燧。根据不同的季节用不同的树木制成，钻木取火。《论语·阳货》："旧谷既没，新谷既升，钻燧改火，期可已矣。"刘宝楠正义："周氏柄中《典故辨正》：'钻燧之法，书传不载。'揭子宣《璇玑遗述》云：'如榆刚取心一段为钻，柳刚取心方尺为盘，中凿眼，钻头大，旁开寸许，用绳力牵如车。钻则火星飞爆出窦，薄煤成火矣。此即《庄子》所谓木与木相摩则燃者。古人钻燧之法，意亦如此。'今案揭说颇近理。若然，则春取榆柳者，正用两木，一为钻，一为燧也。其枣杏桑柘，意亦然矣。"张说《奉和圣制寒食作应制》："改木迎新燧，封田表旧烧。"元稹《春六十韵》："燧改鲜妍火，阴繁晻澹桐。"❷古代边防报警的信号。白天放烟叫"燧"，夜间举火叫"烽"。《后汉书·光武帝纪下》："修烽燧。"李贤注："昼则燔(烧)燧，夜乃举烽。"一说，白天放烟叫"烽"，夜间举火叫"燧"。《史记·司马相如列传》："夫边郡之士，闻烽举燧燔，皆摄弓而驰，荷兵而走。"司马贞索隐："烽主昼，燧主夜。"杜甫《送从弟亚赴安西判官》："西极最疮痍，连山暗烽燧。"温庭皓《观山灯献徐尚书》之一："焚书翻见字，举燧不招兵。"韦庄《江边吟》："江边烽燧几时休，江上行人雪满头。"❸烽火台。元稹《和李校书新题乐府十二首·缚戎人》："烟尘乱起无亭燧，主帅惊跳弃旄钺。"❹火；火焰。李纾《唐德明兴圣庙乐章·迎俎》："鼎煁阳燧，玉盥阴精。"韦蟾《上元三首》之一："归牛疑燧落，过雁误书迟。"见"燧牛尾"。❺燧人氏的简称。《郊庙歌辞·中宗祀昊天乐章·太和》："德惭巢燧，化劣唐虞。"见"燧人氏"。

【燧人氏】 传说中的古帝王。钻木取火的发明者。《韩非子·五蠹》："有圣人作，钻燧取火，以化腥臊，而民悦之，使王天下，号之曰燧人氏。"杜甫《写怀二首》之二："祸首燧人氏，厉阶董狐笔。"

【燧牛尾】 指火牛阵。战国时齐将田单利用火牛袭击燕军的战术。《史记·田单列传》："(田单)乃收城中得千余牛……束兵刃于其角，而灌脂束苇于尾，烧其端，凿城数千穴，夜纵牛，壮士五千人随其后，牛尾热，怒而奔燕军，燕军夜大惊。"齐军乘胜出击，遂收复失去的七十余城。庄南杰《雁门太守行》："击革纵金燧牛尾，犬羊兵败如山死。"

【燧火】 钻燧所生的火。孙昌胤《清明》："燧火开新焰，桐花发故枝。"

【燧林】 古代传说中的地名。晋王嘉《拾遗记·燕昭王》："(西王母)与昭王游于燧林之下，说炎帝钻火之术。"马彧《赠韩定辞》："燧林芳草绵绵思，尽日相携陟丽谯。"

【燧象】 尾巴系着火炬的象。《左传·定公四年》："鍼尹固与王同舟，王使执燧象以奔吴师。"杜预注："烧火燧系象尾，使赴吴师，惊却之。"孔绍安《结客少年场行》："吴师惊燧象，燕将警奔牛。"

【燧燔】 燃烧；焚烧。皇甫湜《伲石铭》："险阻不阖，干戈倒锋。屍露于劫，燧燔于童。"

㷗 〔xún，又读 qián《广韵》徐鹽切，平鹽，邪。《集韵》徐心切，平侵，邪。〕❶挦去鸟兽的毛。韩愈《咏雪赠张籍》："定非㷗鹄鹭，真是屑琼瑰。"❷同"燂"。烤。韩愈《苦寒》："不如弹射死，却得亲炰㷗。"归氏子《答日休皮字诗》："八片尖裁浪作球，火中㷗了水中揉。"

【㷗炰】 用火烧烤。韩愈《陆浑山火和皇甫湜用其韵》："㷗炰煨爊孰飞奔，祝融告休酌卑尊。"

燈 〔dēng《广韵》都腾切，平登，端。〕❶照明的器具。王维《黎拾遗昕裴秀才迪见过秋夜对雨之作》："寒灯坐高馆，秋雨闻疏钟。"韦应物《答崔都水》："深夜竹亭雪，孤灯案上书。"刘沧《晚春宿僧院》："微微一点寒灯在，乡梦不成闻曙鸦。"亦指灯光。耿沣《宿韦员外宅》："座中灯泛酒，檐外月如霜。"❷特指元宵节张挂的彩灯。崔知贤《上元夜效小庾体》："月下多游骑，灯前饶看人。"长孙正隐《上元夜效小庾体同用春字》序："重城之扉四辟，车马轰阗，五剧之灯九华，绮罗纷错。"❸灯能照明，故佛教借以喻佛法。戎昱《题招提寺》："一灯传岁月，深院长莓苔。"刘禹锡《送僧元暠东游》："传灯已悟无为理，濡露犹怀罔极情。"

【燈人】 掌灯的小吏。沈佺期《守岁应制》："殿上灯人争烈火，宫中侲子乱驱妖。"

【燈火】 ❶点燃的灯烛等照明物；亦指灯烛之光。李绅《宿扬州》："夜桥灯火连星汉，水郭帆樯近斗牛。"雍陶《非酒》："一夜醒来灯火暗，不应愁事亦成愁。"温庭筠《送淮阴孙令之官》："鱼盐桥上市，灯火雨中船。"❷花灯；彩灯。白居易《正月十五日夜月》："灯火家家市，笙歌处处楼。"

【燈光】 灯的亮光。杜甫《送严侍御到绵州同登杜使君江楼》："灯光散远近，月彩静高深。"刘方平《乌栖曲二首》之一："银汉斜临白玉堂，芙蓉行障掩灯光。"项斯《遥装夜》："卷席贫抛壁下床，且铺他处对灯光。"

【燈花】 灯芯燃烧后结成的花状物。岑参《与独孤渐道别长句兼呈严八侍御》："中酒朝眠日色高，弹棋夜半灯花落。"张谓《扬州雨中张十七宅观妓》："夜色带寒烟，灯花拂更然。"薛能《春日旅舍书怀》："开门草色朝无客，落案灯花夜一身。"唐彦谦《无题十首》之六："满园芳草年年恨，剔尽灯花夜夜心。"

【燈灺】 灯烛。韩偓《无题》之一："小槛移灯灺，空房锁隙尘。"

【燈彩】 灯的光彩。杨衡《夷陵郡内叙别》："灯彩凝寒风，蝉思噪密林。"

【燈魚】 一种制成鱼形的灯。后主李煜《句》："九重开扇鹄，四牖炳灯鱼。"

【燈塔】 一种装饰成塔形的彩灯、花灯。薛能《影灯夜二首》之一："偃王灯塔古徐州，二十年来乐事休。"

【燈傳】 指传法。佛教认为佛法犹如明灯，能破除迷惑暗昧，故称。项斯《题永忻寺影堂》："僧得名难进，灯传火已长。"

【燈焰】 亦作"燈燄"。灯烛的火焰。长孙正隐《上元夜效小庾体同用春字》："月光三五夜，灯燄一重春。"刘禹锡《和乐天斋戒月满夜对道场偶咏怀》："案上香烟铺贝叶，佛前灯焰透莲花。"白居易《宿东林寺》："经窗灯燄短，僧炉火气深。"

【燈輪】 一种大型的彩灯、花灯。唐张鷟《朝野佥载》卷三："睿宗先天二年正月十五、十六夜，于京师安福门外作灯轮，高二十丈，衣似锦绮，饰以金玉，燃五万盏灯，簇之如花树。"陈子昂《上元夜效小庾体》："芳宵殊未极，随意守灯轮。"韩仲宣《上元夜效小庾体》："他乡月夜人，相伴看灯轮。"戴寥《句》："蛾绕灯轮千焰动，鹤飞云路一声长。"

【燈影】 ❶灯光的投影。刘禹锡《酬乐天小亭寒夜有怀》："斜风闪灯影，迸雪打窗声。"张蠙《送董卿赴台州》："夜蚌侵灯影，春禽杂橹声。"陈陶《题豫章西山香城寺》："只园树老梵声小，雪岭花香灯影长。"❷指灯光。沈佺期《夜游》："月华连昼色，灯影杂星光。"杜甫《大云寺赞公房四首》之三："灯影照无睡，心清闻妙香。"钱起《宿毕侍御宅》："薄寒灯影外，残漏雨声中。"柳中庸《听筝》："谁家独夜愁灯影，何处空楼思月明。"❸指元宵节张挂的彩灯。郭利贞《上元》："九陌连灯影，千门度月华。"

【燈檠】 即灯架。灯盘下的立柱。韩愈有《短灯檠歌》。

【燈燄】 见"燈焰"。

【燈燭】 灯火；灯光。李白《捣衣篇》："琼筵宝幄连枝锦，灯烛荧荧照孤寝。"张继《饮李十二宅》："重门敞春夕，灯烛霭余辉。"孟郊《北郭贫居》："夜贫灯烛绝，明月照吾书。"崔珏《哭李商隐》之二："风雨已吹灯烛灭，姓名长在齿牙寒。"

【燈燼】 ❶灯芯燃烧后的炭状残余物。寒山《诗三百三首》之一九六："浮生幻化如灯烬，冢内埋身是有无。"元稹《空屋题》："月明穿暗隙，灯烬落残灰。"❷灯火熄灭。吴融《和诸学士秋夕禁直偶雪》："砚冰忧诏急，灯烬惜更残。"

【燈籠】 ❶一种笼状灯具。内燃灯烛，供照明或装饰用。元稹《和友封题开善寺十韵》："灯笼青焰短，香印白灰销。"❷借指寒窗苦读。李洞《送邵先辈归觐华阴》："休停砚笔吟荒庙，永别灯笼赴锁闱。"

十三画

燦〔càn《广韵》苍案切，去翰，清。〕❶明亮貌。《郊庙歌辞·昭德皇后庙乐章·凯安》："承天厚载均，并耀宵光灿。"韩愈《陪杜侍御游湘西两寺独宿有题一首因献杨常侍》："山楼黑无月，渔火灿星点。"郑嵎《津阳门诗》："韩家烛台倚林杪，千枝灿若山霞摛。"❷光耀；光彩。皎然《劳山居寄呈吴处士》："贤阁御题龙墨灿，诏归补衮在须臾。"韩愈、孟郊《城南联句》："遗灿飘的皪，淑颜洞精诚。"皇甫湜《出世篇》："群仙来迎塞天衢，凤皇鸾鸟灿金舆。"❸鲜艳貌。李白《观元丹丘坐巫山屏风》："高咫尺，如千里，翠屏丹崖灿如绮。"

【燦燦】 ❶明亮貌。韩愈《和李相公摄事南郊览物兴怀呈一二知旧》："灿灿辰角曙，亭亭寒露朝。"李德裕《早入中书行公主册礼事毕登集贤阁成咏》："明星入东陌，灿灿光层宙。”❷光彩貌。李群玉《送萧绾之桂林》：“灿灿凤池裔，一毛今再新。”❸色彩鲜艳貌。孟郊《投所知》：“晔晔家道路，灿灿我衣服。”

【燦爛】 ❶鲜明貌；明亮貌。元稹《寄吴士矩端公五十韵》：“萎蕤云幕翠，灿烂红茵艳。”韦庄《杂体联锦》：“错刀何灿烂，使我肠千断。”❷华丽；绚丽。李峤《珠》：“灿烂金舆侧，玲珑玉殿隈。”韩王从善《蔷薇诗一首十八韵呈东海侍郎徐铉》：“绛罗房灿烂，碧玉叶参差。”❸形容文辞精美。李郃《贺州思九疑作》：“璇玑盘胸次，灿烂皆文章。”僧鸾《赠李粲秀才》：“鞭驰造化绕笔转，灿烂不为酸苦吟。”

燥 〔zào《广韵》蘇老切，上晧，心。《集韵》先到切，去號，心。〕❶干；干燥。杜甫《茅屋为秋风所破歌》：“唇焦口燥呼不得，归来倚杖自叹息。”白居易《首夏》：“浔阳多美酒，可使杯不燥。”周贺《哭闲霄上人》：“地燥焚身后，堂空著影初。”贯休《秋居寄王相公三首》之一：“禅林蝉□落，地燥可生苔。”亦指使干燥。柳宗元《夏夜苦热登西楼》：“火晶燥露滋，野静停风威。”白居易《杂兴三首》之二：“风日燥水田，水涸尘飞起。”❷燥热。皎然《伏日就汤评事衡湖上避暑》：“大火方燥石，停云昼亦收。”皮日休《茶中杂咏·茶焙》：“初能燥金饼，渐见干琼液。”❸书法用语。指用墨少。窦冀《怀素上人草书歌》：“殊形怪状不易说，就中惊燥尤枯绝。”

【燥溼】 ❶干燥和潮湿。卢鸿一《嵩山十志十首·草堂》序：“草堂者，盖因自然之溪阜，前当墉洫，资人力之缔构。后加茅茨，将以避燥湿，成栋宇之用。”顾况《上古之什补亡训传十三章·十月之郊一章》：“公室既成，御燥湿风日。”白居易《移家入新宅》：“既可避燥湿，复免忧寒饥。”❷指日常生活起居。白居易《庭松》：“朝昏有风月，燥湿无尘泥。”

【燥溼弦】 汉韩婴《韩诗外传》卷七：“使者曰：‘调则可记其柱。’王曰：‘不可。天有燥湿，弦有缓急，柱有推移，不可记也。’使者曰：‘臣请借此以喻。楚之去赵也千有余里，亦有吉凶之变。凶则吊之，吉则贺之，犹柱之有推移，不可记也。’”后因用来比喻善于随机应变，亦借以称美人诗才不凡。杜甫《秋日夔府咏怀奉寄郑监李宾客一百韵》：“律比昆仑竹，音知燥湿弦。”

燭 〔zhú《广韵》之欲切，入燭，章。〕❶火炬；火把。在易燃的一束材料中，灌入耐燃的油类，点燃以照明。顾况《山春洞》：“引烛踏仙泥，时时乱乳燕。”李贺《沙路曲》：“断烬遗香袅翠烟，烛骑啼乌上天去。”李绅《悲善才》：“穆王夜幸蓬池曲，金銮殿开高秉烛。”姚合《扬州春词三首》之三：“市鄽持烛入，邻里漾船过。”❷蜡烛。刘禹锡《更衣曲》：“博山炯炯吐香雾，红烛引至更衣处。”裴夷直《席上夜别张主簿》：“红烛剪还明，绿尊添又满。”周贺《留辞杭州姚合郎中》：“丛桑山店迥，孤烛海船深。”赵嘏《洞庭寄所思》：“遥知不语坐相忆，寂寞洞房寒烛微。”❸点燃；燃烧。韩愈《秋雨联句》：“贫薪不烛灶，富粟空填庨。”❹照射；照亮；照见。贺知章《奉和圣制送张说上集贤学士赐宴赋得谟字》：“天光烛武殿，时宰集鸿都。”李白《答族侄僧中孚赠玉泉仙人掌茶》：“清镜烛无盐，顾惭西子妍。”韩愈《送惠师》：“光芒相照烛，南北争罗陈。”李虞仲《初旧照凤楼》：“旭日烟云殿，朝阳烛帝居。”❺明察；洞悉。高适《途中酬李少府赠别之作》：“皇明烛幽遐，德泽普照宣。”刘禹锡《送华阴尉张苕赴邕府使幕》：“一旦逢良时，天光烛幽沦。白居易《薛中丞》：“皇明烛如日，再使秉王度。”舒元舆《坊州按狱》：“大君明四目，烛之洞秋毫。”

【燭花】 ❶灯烛芯燃烧后结成的花状物。杜甫《夏夜李尚书筵送宇文石首赴县联句》：“雨稀云叶断，夜久烛花偏。”唐彦谦《夜坐示友》：“夜久烛花落，凄声生远林。”❷指烛光。杨衡《将之荆州南与张伯刚马惣钟陵夜别》：“烛花侵雾暗，瑟调寒风亮。”

【燭物】 明察事物。崔宗《恩赐耆老布帛》：“烛物明尧日，垂衣辟禹门。”

【燭炬】 蜡烛或火炬。韩偓《边上看猎赠元戎》：“红袖拥门持烛炬，解劳今夜宴华堂。”

【燭房】 灯烛明亮的厅房。李商隐《和友人戏赠二首》之一：“翠袖自随回雪转，烛房寻类外庭空。”又《昨夜》：“不辞鶗鴂妒年芳，但惜流尘暗烛房。”

【燭幽】 能明察事物的幽微之处。严武《题龙日寺西龛石壁》：“圣泽久润物，皇明常烛幽。”

【燭淚】 蜡烛点燃时流下的液态蜡。白居易《房家夜宴喜雪戏赠主人》：“酒钩送酰推莲子，烛泪粘盘垒蒲萄。”刘禹锡《和汴州令狐相公到镇改月偶书所怀》：“衣风飘叆叇，烛泪滴巉岩。”

【燭焯】 烛光照射。颜真卿、李崿《水堂送诸文士戏赠潘丞联句》：“帘开北陆风，烛焯南枝鹊。”

【燭臺】 天宝间韩国夫人命人制作的一种巨型灯台。郑嵎《津阳门诗》：“韩家烛台倚林杪，千枝灿若山霞摛。”自注：“韩国为千枝灯台，高八十尺，置于山上，每至上元夜则然之，千光夺月，凡百里之内，皆可望焉。”

【燭影】 ❶灯烛光。杜甫《夜》：“绝岸风威动，寒房烛影微。”李商隐《常娥》：“云母屏风烛影深，长河渐落晓星沉。”成彦雄《寒夜吟》：“洞房脉脉寒宵永，烛影香消金凤冷。”徐铉《陈侍郎宅观花烛》：“佩声寥亮和金奏，烛影荧煌映玉钩。”❷灯烛光中人或物的投影。李峤《银》：“思妇屏辉掩，游人烛影长。”卢纶《送黎兵曹往陕府结亲》：“步帐歌声转，妆台烛影重。”

【燭盤】　一种带有可盛烛泪的底盘的灯台。杜牧《初冬夜饮》："淮阳多病偶求欢，客袖侵霜与烛盘。"温庭筠《洞户二十二韵》："烛盘烟坠烬，帘压月通阴。"

【燭樹】　一种灯烛名。李贺《秦王饮酒》："仙人烛树蜡烟轻，清琴醉眼泪泓泓。"

【燭餤】　烛光。李商隐《明日》："天上参旗过，人间烛焰销。"

【燭龍】　❶古代神话中的神名。传说其张目能照耀天下。吴筠《游仙二十四首》之一九："烛龙发神曜，阴野弥焕炳。"杨巨源《和吕舍人喜张员外自北番回至境上先寄二十韵》："地邻冰鼠净，天映烛龙寒。"许浑《和宾客相国咏雪》："烛龙初照耀，巢鹤乍裴回。"严伯均、疾《远意联句》："楂客三千路未央，烛龙之地日无光。"❷一说烛龙衔烛以照天下。《楚辞·屈原〈天问〉》："日安不到，烛龙何照?"王逸注："言天之西北有幽冥无日之国，有龙衔烛而照之也。"孟浩然《同张将蓟门观灯》："蓟门看火树，疑是烛龙然。"僧鸾《苦热行》："烛龙衔火飞天地，平陆无风海波沸。"韩偓《元夜即席》："桂兔韬光云叶重，烛龙衔耀月轮明。"❸一说烛龙为驾日之神。崔珏《道林寺》："四时唯夏不敢入，烛龙安敢停斯须。"谭用之《感怀呈所知》："十年流落赋归鸿，谁傍昏衢驾烛龙。"

【燭燭】　明亮貌。韦庄《捣练篇》："月华吐艳明烛烛，青楼妇唱捣衣曲。"

【燭燼】　❶灯烛芯燃烧后的残余物。韦庄《诉衷情》词之一："烛烬香残帘半卷，梦初惊。"❷烛火；烛光。崔璀《赠营妓》："寒檐寂寂雨霏霏，候馆萧条烛烬微。"

【燭籠】　即灯笼。张籍《楚宫行》："千门万户开相当，烛笼左右列成行。"李贺《河南府试十二月乐调·十月》："碎霜斜舞上罗幕，烛笼两行照飞阁。"按，笼，一本作"龙"。

燬　〔huǐ《广韵》許委切，上紙，曉。〕❶烈火。《诗·周南·汝坟》："鲂鱼赪尾，王室如毁。"毛传："燬，火也。"陆德明释文："齐人谓火曰毁。"杜甫《种莴苣》："枯旱于其中，炎方惨如毁。"无名氏《平盖山》："井通八角寒泉涌，观毁三清劫火余。"❷引申为酷热、暴烈、猛烈。《诗·周南·汝坟》："鲂鱼赪尾，王室如毁。"郑玄笺："君子仕于乱世，其颜色瘦病，如鱼劳则尾赤。所以然者，畏王室之酷烈。是时纣存。"王勃《倬彼我系》之二："礼丧贤隐，时屯道闭。王室如毁，生人多殪。"孙逖《丹阳行》："在昔风尘起，京都乱如毁。"贯休《闻大愿如尚顺世三首》之一："王室今如毁，仍闻丧我师。"

燮　〔xiè《广韵》蘇協切，入帖，心。〕调中；协和。李白《狱中上崔相涣》："贤相燮元气，再欣海县康。"

【燮和】　指宰相的政务。杨巨源《奉和裴相公》："敢望燮和回旧律，任应时节到春风。"姚合《和门下李相饯西蜀相公》："燮和皆达识，出入并登庸。"

【燮理】　❶协调治理。指宰相的政务。宋鼎《赠张丞相》："郡挹文章美，人怀燮理余。"元稹《连昌宫词》："燮理阴阳禾黍丰，调和中外无兵戎。"张隐《万寿寺歌词》："位乘燮理致伤残，四面墙匡不忍看。"《景龙中嘲宰相歌》："礼贤不解开东阁，燮理惟能闭北门。"❷指任宰相之职。刘得仁《上翰林丁学士》："终当闻燮理，寰宇永升平。"❸调和协理。吕岩《满庭芳》词："运周天水火，燮理寒温，十月脱胎丹就。"

【燮理才】　指宰相之才。孟浩然《和张丞相春朝对雪》："不睹丰年瑞，焉知燮理才。"

【燮燮】　象声词。李端《荆门歌送兄赴夔州》："霹霹燮燮声渐繁，浦里人家收市喧。"

【燮贊】　调和协助。权德舆《几铭》："燮赞裁成，粲然文明。"

十四画

爀　〔hè《广韵》呼格切，入陌，曉。〕火赤红貌。见"爀爀"。

【爀爀】　赤热貌。杨巨源《夏日苦热同长孙主簿过仁寿寺纳凉》："爀爀沸泉壑，焰焰焦砂石。"

燾　〔dào《广韵》徒到切，去號，定。又徒刀切，平豪，定。〕覆盖。引申为荫庇。柳宗元《游南亭夜还叙志七十韵》："三辟咸肆宥，众生均覆焘。"陆龟蒙《南泾渔父》："同覆天地中，违仁辜覆焘。"

【燾養】　覆育。韩愈《征蜀联句》："圣灵闵顽嚣，焘养均草蔡。"

爇　〔ruò《广韵》如劣切，入薛，日。〕❶烧；焚烧。岑参《题山寺僧房》："野炉风自爇，山碓水能舂。"刘禹锡《桃源行》："筵羞石髓劝客餐，灯爇松脂留客宿。"吴融《赋雪》："炉寒资爇荻，屋暖赖编茅。"和凝《宫词百首》之八："红兽慢然天色暖，凤炉时复爇沉香。"❷烘烤。王泠然《夜光篇》："浊烟熏月黑，高艳爇云红。"白居易《自诲》："事有万感，爇人如火。"❸点燃。顾况《李供奉弹箜篌歌》："爇玉烛，点银灯。光照手，实可憎。"施肩吾《望夫词》："手爇寒灯向影频，回文机上暗生尘。"

【爇薪】　《后汉书·文苑传下·侯瑾》："侯瑾字

子瑜，敦煌人也。少孤贫，依宗人居。性笃学，恒佣作为资，暮还辄然柴以读书。”《晋书·范汪传》：“汪少孤贫，六岁过江，依外家新野庾氏。……及长，好学。外氏家贫，无以资给，汪乃庐于园中，布衣蔬食，然薪写书。”后用为咏家贫好学的典故。杜甫《八哀诗·故秘书少监武功苏公源明》：“夜字照爇薪，垢衣生碧藓。”

【爇雞】《晋书·江逌传》：“时羌及丁零叛，浩军震惧。姚襄去浩十里结营以逼浩，浩令逌击之……乃取数百鸡以长绳连之，系火于足。群鸡骇散，飞集襄营。襄营火发，因其乱，随而击之，襄遂小败。”后遂为用谋破敌之典。李翰《蒙求》：“田单火牛，江逌爇鸡。”

燻 同“熏”。❶火烟，火烟上升。韩愈《南山诗》：“或赤若秃鬝，或燻若柴槱。”❷火烟熏炙。周昙《咏史诗·春秋战国门·再吟》：“社鼠穿墙巧庇身，何由攻灌若为燻。”❸熏染；侵染。皮日休《春日陪崔谏议樱桃园宴》：“万树香飘水麝风，蜡燻花雪尽成红。”

燼 〔jìn《广韵》徐刃切，去震，邪。〕❶物体燃烧后的剩余物；灰烬。杜甫《惜别行送向卿进奉端午御衣之上都》：“逆胡冥寞随烟烬，卿家兄弟功名震。”白居易《谪居》：“火烧寒涧松为烬，霜降春林花委地。”皮日休《奉和鲁望上元日道室焚修》：“端简不知清景暮，灵芜香烬落金坛。”郑谷《顺动后蓝田偶作》：“宫阙飞灰烬，嫔嫱落里闾。”❷灯花；烛花。徐彦伯《孤烛叹》：“玉盘红泪滴，金烬彩光圆。”崔璀《赠营妓》：“寒檐寂寂雨霏霏，候馆萧条烛烬微。”元稹《空屋题》：“月明穿暗隙，灯烬落残灰。”张乔《宿刘温书斋》：“回笔挑灯烬，悬图见海涛。”❸火花；火星。吕温《答段秀才》：“楼中共指南园火，红烬随花落碧苔。”元稹《茅舍》：“遗烬一星然，连延祸相嫁。”刘禹锡《武陵观火诗》：“众烬合星罗，游氛铄人肤。”❹烧毁。贯休《胡无人》：“肉胡之肉，烬胡帐幄。”❺烧残的；残存的。见“燼香”“燼燭”。

【燼火】将要熄灭的火焰。卢溵《金灯》：“有月长灯在，无烟烬火同。”

【燼灰】灰烬。刘商《胡笳十八拍·第十八拍》：“明烛重燃煨烬灰，寒泉更洗沉泥玉。”薛存诚《观南郊回仗》：“德泽施云雨，恩光变烬灰。”

【燼香】残香。张祜《题僧影堂》：“寒叶坠清霜，空帘著烬香。”温庭筠《走马楼三更曲》：“帘间清唱报寒点，丙舍无人遗烬香。”

【燼萌】火的余烬、草的萌芽。喻祸根。杜牧《感怀诗一首》：“蟠联两河间，烬萌终不弭。”

【燼燭】残烛。蔡希寂《扬子江夜宴》：“楚水夜潮平，仙舟烬烛明。”

燿 〔yào《广韵》弋照切，去笑，以。〕❶照耀。权彻《题沈黎城》：“铁骑耀楚甲，玉匣横吴钩。”❷闪耀；炫耀。储光羲《奉别长史庾公太守徐公应召》：“宇宙既焜耀，崇德济巨川。”独孤及《送陈兼应辟兼寄高适贾至》：“贾生去洛阳，焜耀琳琅姿。”陆龟蒙《奉和袭美初夏游楞伽精舍次韵》：“仰首乍眩旋，回眸更辉耀。”

十五画

爆 〔bào《广韵》北教切，支效，幫。又北角切，入覺，幫。又補各切，入鐸，幫。〕❶猛然破裂；迸出。杜甫《火》：“爆嵌魑魅泣，崩冻岚阴昈。”卢延让《怀江上》：“栗爆烧毡破，猫跳触鼎翻。”吕岩《卜算子》词：“豆爆生莲火里时，痛拨寒灰冷。”❷火烧物声。亦形容雷鸣般的蛙声。韩愈《答柳柳州食虾蟆》：“叵堪朋类多，沸耳作惊爆。”

【爆竹】❶古代习俗于农历正月初一清晨，燃烧竹筒毕剥发声，以驱除鬼魅，谓之“爆竹”。张说《岳州守岁二首》之二：“桃枝堪辟恶，爆竹好惊眠。”❷指竹燃烧时发出猛烈的声响。刘禹锡《畬田行》：“照潭出老蛟，爆竹惊山鬼。”❸供燃爆用之竹。元稹《生春二十首》之十三：“乱骑残爆竹，争唾小旋风。”

【爆竿】即爆竹。来鹄《早春》：“新历才将半纸开，小庭犹聚爆竿灰。”见“爆竹❶”。

【爆雷】霹雳。亦喻猛烈的鼓声。贾岛《寄长武朱尚书》：“角吹边月没，鼓绝爆雷残。”

【爆響】突然发出的猛烈声响。李群玉《石潴》：“迥野煤飞乱，遥空爆响闻。”

爊 〔āo《集韵》於刀切，平豪，影。〕埋在灰火中煨熟。韩愈《陆浑山火和皇甫湜用其韵》：“焆炰煨爊孰飞奔，祝融告休酌卑尊。”

爍 〔shuò《广韵》書藥切，入藥，書。〕❶光芒闪耀；光彩貌。崔国辅《古意》：“红荷楚水曲，彪炳烁晨霞。”李白《拟古十二首》之四：“清都绿玉树，灼烁瑶台春。”元稹《有酒十章》之九：“月争光兮星又繁，烧横空兮焰仍烁。”韩偓《无题》之二：“柳昏连绿野，花烂烁清晨。”❷照耀；照射。李白《安州应城玉女汤作》：“地底烁朱火，沙傍歊素烟。”寒山《诗三百三首》之二〇九：“不见朝垂露，日烁自消除。”徐夤《追和常建叹王昭君》：“红颜如朔雪，日烁忽成空。”贯休《古意九首》之二：“阳乌烁万物，草木怀春恩。”❸热；烫；烤。丘为《省试夏日可畏》：“火威驰迥野，畏景烁遥途。”李白《登黄山凌歊台送族弟溧阳尉济充泛舟赴华阴》：“炎赫五月中，朱曦烁河堤。”皎然《酬薛员外谊苦热行见寄》：“炎曦烁肌肤，毒雾昏性情。”又《答豆卢次方》："朝晖烁我肌，贤士清我神。"❹烧；煮。李白《感时留别从兄徐王延年从弟延陵》："骄阳何太赫，海水烁龙龟。"吕岩《敲爻歌》："玉炉中，文火烁，十二时中惟守一。"❺通"铄"。(1)销熔；熔化。岑参《热海行送崔侍御还京》："蒸沙烁石然虏云，沸浪炎波煎汉月。"李白《雪谗诗赠友人》："洪焰烁山，发自纤烟。"皎然《白云歌寄陆中丞使君长源》："黄金被烁玉亦瑕，一片飘然污不著。"元稹《酬刘猛见送》："烁铁不在火，割肌不在刀。"(2)消损。韩愈《刘生诗》："山獠讙噪猩猩游，毒气烁体黄膏流。"

【爍電】　闪电。张说《安乐郡主花烛行》："丹炉飞铁驰炎焰，炎霞烁电吐明光。"

【爍爍】　光芒闪烁貌。寒山《诗三百三首》之一三〇："樱桃红烁烁，杨柳正毵毵。"韩愈《芍药》："浩态狂香昔未逢，红灯烁烁绿盘笼。"唐彦谦《春风四首》之二："新花红烁烁，旧花满山白。"

【爍爛】　烧烂。吕温《道州观野火》："虫蛇尽烁烂，虎兕出奔迫。"

燿　〔huò《龙龛手鉴》音霍。〕光亮闪烁貌。杜甫《观公孙大娘弟子舞剑器行》："燿如羿射九日落，矫如群帝骖龙翔。"皮日休《初夏游楞伽精舍》："似愈渐离燿，一片太湖光。"

【燿燿】　❶明亮貌。元稹《遣兴十首》之八："燿燿刀刃光，弯弯弓面张。"❷鲜艳貌。元稹《春六十韵》："倡楼妆燿燿，农野绿芃芃。"杜甫《郡斋独酌》："旌竿幖幖旗燿燿，意气横鞭归故乡。"

爐　〔lú《广韵》落胡切，平模，來。〕❶炉子。供烹饪、冶炼、取暖等用的盛火器具。张说《行从方秀川与刘评事文同宿》："开炉命温酎，中夜发清管。"岑参《玉门关盖将军歌》："暖屋绣帘红地炉，织成壁衣花氍毹。"鲍君徽《惜花吟》："莺歌蝶舞韶光长，红炉煮茗松花香。"齐己《除夜》："夜久谁同坐，炉寒鼎亦澄。"❷量词。吕岩《七言》之三七："炼出一炉神圣药，五云归去路分明。"顾敻《甘州子》词之一："一炉龙麝锦帷傍，屏掩映，烛荧煌。"

【爐火】　炉中之火。李白《秋浦歌十七首》之十四："炉火照天地，红星乱紫烟。"白居易《寒亭留客》："今朝闲坐石亭中，炉火销残尊又空。"徐铉《又赋早春书事》："暖酒红炉火，浮舟绿水波。"

【爐灰】　炉中的灰烬。张说《闻雨》："心对炉灰死，颜随庭树残。"郑綮《老僧》："冻瓶粘柱础，宿火陷炉灰。"皮日休《太湖诗·包山祠》："炉灰寂不然，风送杉桂香。"

【爐冶】　冶炼之炉。韦庄《长年》："大盗不将炉冶去，有心重筑太平基。"

【爐炭】　炉中的炭火。韩偓《喜凉》："炉炭烧人百疾生，凤狂龙躁减心情。"

【爐香】　❶熏炉的香气。韦应物《观早朝》："禁旅下成列，炉香起中天。"韩翃《赠王随》："帐里炉香春梦晓，堂前烛影早更朝。"常衮《赠金吾郭将军石洑茅堂》："炉香诸洞暖，殿影众山阴。"❷熏炉里的香。马戴《题青龙寺镜公房》："炉香寒自灭，履雪饭初回。"后主李煜《望远行》词："余寒欲去梦难成，炉香烟冷自亭亭。"

【爐峰】　江西省庐山香炉峰的省称。刘长卿《冬夜宿扬州开元寺烈公房送李侍御之江东》："炉峰若便道，为访东林僧。"皎然《夏日与綦毋居士昱上人纳凉》："为依炉峰住，境胜增道情。"许棠《寄庐山贾处士》："彭蠡波涵月，炉峰雪照天。"来鹄《宛陵送李明府罢任归江州》："浪生湓浦千层雪，云起炉峰一炷烟。"

【爐氣】　炉中的香气。沈佺期《红楼院应制》："经声夜息闻天语，炉气晨飘接御香。"

【爐鼎】　供炼丹用的炉灶与鼎。吕岩《七言》之十二："认得东西木与金，自然炉鼎虎龙吟。"

【爐煙】　❶熏炉或香炉里的烟。李商隐《忆住一师》："炉烟消尽寒灯晦，童子开门雪满松。"徐铉《步虚词五首》之五："佩响流虚殿，炉烟在醮坛。"裴休《题铜官山庙》："幡花凝宝座，香案俨炉烟。"❷唐代早朝时在大明宫前丹墀所设焚香炉中焚烧香料升起的烟。亦借指朝廷。韦应物《燕李录事》："与君十五侍皇闱，晓拂炉烟上赤墀。"皇甫曾《早朝日寄所知》："炉烟乍起开仙仗，玉佩才成引上公。"韩翃《访王起居不遇留赠》："行闻漏滴随金仗，入对炉烟侍玉除。"❸指炉火。李商隐《忆住一师》："炉烟消尽寒灯晦，童子开门雪满松。"

【爐熏】　熏香。温庭筠《南歌子》词之七："懒拂鸳鸯枕，休缝翡翠裙，罗帐罢炉熏。"

【爐嶠】　即炉峰。庐山香炉峰。吴筠《秋日彭蠡湖中观庐山》："凉烟发炉峤，秋日明帝台。"

【爐鞴】　火炉鼓风的皮囊。顾云《池阳醉歌赠匡庐处士姚岩杰》："肺枯似著炉鞴煽，脑热如遭锤凿钉。"

十七画

爟　〔guàn《广韵》古玩切，去换，見。〕❶古代祭祀用的火炬。亦泛指火。皮日休《虎丘寺殿前有古杉赋三百言以见志》："目燥那逢爟，心开岂中钺。"❷报警的烽火。见"爟火"。

【爟火】　报警的烽火。刘禹锡《和董庶中古散调词赠尹果毅》："爟火入咸阳，诏征神武师。"

爚　〔yuè《广韵》以灼切，入藥，以。又書藥切，入藥，書。〕❶光彩貌。沈如云《寄天台司马道士》："河洲花艳爚，庭树光彩蒨。"李颀《送綦毋三寺中赋得纱灯》："熠爚众星下，玲珑双塔前。"刘兼《玉烛花》："少女不吹方熠爚，东君偏惜未离披。"❷通"瀹"。放在汤中煮。颜真卿、清昼《七言大言联句》："高歌阆风步瀛洲，燂鹏爚鲲餐未休。"

爝　〔jué《广韵》即略切，入藥，精。又在爵切，入藥，從。又子肖切，去笑，精。〕小火。韩愈《晚秋郾城夜会联句》："帝载弥天地，臣辞劣萤爝。"

【爝火】　炬火；小火。皎然《效古》："渴死化爝火，嗟嗟徒尔为。"温庭皓《观山灯献徐尚书》之三："春山收暝色，爝火集余辉。"徐铉《赋得风光草际浮》："飐若荷珠乱，纷如爝火飏。"

爛　〔làn《广韵》郎旰切，去翰，來。〕❶指食物煮得熟烂。白居易《奉和汴州令狐令公二十二韵》："陆珍熊掌烂，海味蟹螯咸。"又《杂感》："老龟烹不烂，延祸及枯桑。"又《劝酒十四首·不如来饮酒七首》之六："鱼烂缘吞饵，蛾燋为扑灯。"❷指果实因熟透而烂。韦庄《纪村事》："雨多庭果烂，稻熟渚禽肥。"又《和薛先辈见寄初秋寓怀即事之作二十韵》："鸟喧从果烂，阶净任苔侵。"❸放纵而不节制。韩愈《刘生诗》："妖歌慢舞烂不收，倒心回肠为青眸。"李贺《秦宫诗》："开门烂用水衡钱，卷起黄河向身泻。"王毂《红蔷薇歌》："红霞烂泼猩猩血，阿母瑶池晒仙缬。"❹烧伤；烫伤。韩愈《陆浑山火和皇甫湜用其韵》："截然高周烧四垣，神焦鬼烂无逃门。"白居易《答四皓庙》："君看齐鼎中，焦烂者郦其。"❺腐烂；腐败。杜甫《秋雨叹三首》之一："雨中百草秋烂死，阶下决明颜色鲜。"王建《听雨》："照泥星出依前黑，淹烂庭花不肯休。"元稹《和友封题开善寺十韵》："藏经沾雨烂，魔女捧花娇。"周昙《咏史诗·春秋战国门·田饶》："厨抛败肉士怀饥，仓烂余粮客未炊。"❻破碎；破烂。皮日休《吴中苦雨因书一百韵寄鲁望》："不敢履洿处，恐蹋烂地轴。"齐己《升天行》："三五仙子乘龙车，堂前碾烂蟠桃花。"❼形容焦急。王建《当窗织》："水寒手涩丝脆断，续来续去心肠烂。"❽光明；明亮。长孙无忌《新曲二首》之二："芙蓉绮帐还开掩，翡翠珠被烂齐光。"杜甫《江亭王阆州筵饯萧遂州》："二天开宠饯，五马烂生光。"李贺《河阳歌》："觥船饫口红，蜜炬千枝烂。"胡宿《侯家》："宴残红烛长庚烂，还促朝珂谒未央。"❾光芒闪耀；光耀。杜甫《园》："碧溪摇艇阔，朱果烂枝繁。"韩愈《送文畅师北游》："相公镇幽都，竹帛烂勋伐。"孟郊《出门行》："南山峨峨白石烂，碧海之波浩漫漫。"贾岛《纪汤泉》："霞掀祝融井，日烂扶桑池。"❿色彩绚丽。杨炯《巫峡》："绝壁横天险，莓苔烂锦章。"李白《下途归石门旧居》："羡君素书尝满案，含丹照白霞色烂。"白居易《江楼夜吟元九律诗成三十韵》："八风凄间发，五彩烂相宣。"王毂《刺桐花》："林梢簇簇红霞烂，暑天别觉生精神。"⓫茂盛。寒山《诗三百三首》之一七九："今年秋菊烂，此时思发生。"李德裕《怀山居邀松阳子同作》："春思岩花烂，夏忆寒泉冽。"杜牧《牧陪昭应卢郎中叙旧成二十二韵》："日晚花枝烂，钉凝粉彩稠。"

【爛色】　谓色彩鲜艳。《郊庙辞歌·享太庙乐章·钧天舞》："日月扬晖，烟云烂色。"

【爛若】　光彩闪耀貌。顾况《上古之什补亡训传十三章·十月之郊一章》："金铺烂若，不集于鸟雀。"白居易《和钱员外早冬玩禁中新菊》："新黄间繁绿，烂若金照碧。"

【爛斧柯】　同"爛柯"。护国《题醴陵玉仙观歌》："南山石上有棋局，曾使樵夫烂斧柯。"

【爛柯】　南朝梁任昉《述异记》卷上："信安郡有石室山，晋时王质伐木至，见童子数人棋而歌，质因听之。童子以一物与质，如枣核，质含之，不觉饥。俄，童子谓曰：'何不去？'质起视，斧柯尽烂。既归，无复时人。"后因以"烂柯"谓岁月流逝，人事变迁；或用作咏仙道与弈棋的典故。窦常《哭张仓曹南史》："丽藻尝专席，闲情欲烂柯。"戎昱《送吉州阎使君入道二首》之一："他年会相访，莫作烂柯棋。"刘禹锡《酬乐天扬州初逢席上见赠》："怀旧空吟闻笛赋，到乡翻似烂柯人。"

【爛柯山】　山名。又名石室山，在今浙江省衢县南。又广东省高要县、河南省新安县、山西省沁县并有烂柯山，皆相传为樵夫王质遇仙人弈棋处。刘禹锡《衢州徐员外使君遗以缟纻兼竹书箱因成一篇用答佳贶》："烂柯山下旧仙郎，列宿来添婺女光。"罗隐《重过三衢哭孙员外》："烂柯山下忍重到，双桧楼前日欲残。"

【爛柯叟】　指烂柯山弈棋的仙人。窦群《时兴》："不遇烂柯叟，报非旧城郭。"见"爛柯"。

【爛柯棋】　同"爛柯"。戎昱《送吉州阎使君入道二首》之一："他年会相访，莫作烂柯棋。"

【爛煮】　煮烂。曹唐《小游仙诗九十八首》之二三："烂煮琼花劝君吃，恐君毛鬓暗成霜。"李梦符《渔父引二首》之二："椰榆杓子木瘤杯，烂煮鲈鱼满案堆。"

【爛雲】　一种彩云。古代认为的祥瑞之兆。《郊庙歌辞·明皇祀圜丘乐章·雍和》："烂云普洽，律风无外。"

【爛開】　盛开。元稹《辛夷花》："不畏辛夷不烂开，顾我筋骸官束缚。"

【爛飯】　指煮得软而烂的饭。韩愈《赠刘师服》："匙抄烂饭稳送之，合口软嚼如牛呞。"

【爛然】　光明貌。顾况《露青竹杖歌》："浮沤丁子珠联联，灰煮蜡楷光烂然。"

【爛銀】 灿烂如银。形容雪白闪亮。张碧《庐山瀑布》:“黛花新染插天风,蓦吐中心烂银色。”徐夤《依韵和尚书再赠牡丹花》:“烂银基地薄红妆,羞杀千花百卉芳。”元和举子《丙申岁诗》:“袍似烂银文似锦,相将白日上青天。”

【爛銀盤】 比喻满月、圆月。卢仝《月蚀诗》:“烂银盘从海底出,出来照我草屋东。”

【爛漫】 亦作“爛熳”。❶光彩闪耀。杜甫《春日江村五首》之三:“种竹交加翠,栽桃烂熳红。”徐夤《蜀葵》:“烂熳红兼紫,飘香入绣扃。”陈嶰《寻易尊师不遇》:“烂熳红霞光照衣,苔封白石路微微。”❷绚丽多姿;色彩艳丽。杜甫《追酬故高蜀州人日见寄》:“锦里春光空烂熳,瑶墀侍臣已冥莫。”皎然《九日和于使君思上京亲故》:“碧山与黄花,烂熳多秋情。”韩愈《山石》:“山红涧碧纷烂漫,时见松枥皆十围。”元稹《答姨兄胡灵之见寄五十韵》:“春郊才烂熳,夕鼓已砰轰。”❸花繁盛貌。褚遂良《湘潭偶题诗》:“远山酋萃翠凝烟,烂熳桐花二月天。”杜甫《叹庭前甘菊花》:“明日萧条醉尽醒,残花烂熳开何益。”李端《鲜于少府宅看花》:“烂熳绿苔前,婵娟青草里。”白居易《喜山石榴花开》:“但知烂熳恣情开,莫怕南宾桃李妒。”❹纷乱;繁多。皎然《送丘秀才游越》:“山情与诗思,烂熳欲何从。”韩愈《新竹》:“纵横乍依行,烂熳忽无次。”李贺《春归昌谷》:“京国心烂漫,夜梦归家少。”张祜《途次杨州赠崔荆二十韵》:“醉时心烂漫,别夜眼号咷。”❺弥漫;蔓延。杜甫《太平寺泉眼》:“如丝气或上,烂熳为云雨。”姚合《和李补阙曲江看莲花》:“绕行香烂熳,折赠意缠绵。”翁承赞《万寿寺牡丹》:“烂熳香风引贵游,高僧移步亦迟留。”❻无涯际;浩荡。杜甫《送李校书二十六韵》:“归期岂烂漫,别意终感激。”韩愈、孟郊《远游联句》:“离思春冰泮,烂漫不可收。”李贺《美人梳头歌》:“春风烂熳恼娇慵,十八鬟多无气力。”❼恣情;纵情;尽情。李白《醉后答丁十八以诗讥余捶碎黄鹤楼》:“待取明朝酒醒罢,与君烂漫寻春晖。”杜甫《长吟》:“已拨形骸累,真为烂漫深。”刘禹锡《洛中早春赠乐天》:“翻愁烂熳后,春暮却伤心。”徐凝《和秋游洛阳》:“洛阳自古多才子,唯爱春风烂漫游。”❽任意;随意。李商隐《蜂》:“小苑华池烂熳通,后门前槛思无穷。”❾形容睡眠甜熟,沉酣。杜甫《彭衙行》:“众雏烂熳睡,唤起沾盘餐。”白居易《春寝》:“烂熳不能休,自午将及未。”又《睡后茶兴忆杨同州》:“今朝餐又饱,烂熳移时睡。”又《晚起》:“烂熳朝眠后,频伸晚起时。”❿深厚纯洁。杜甫《与鄠县源大少府宴渼陂》:“主人情烂熳,持答翠琅玕。”元稹《泛江玩月十二韵》:“饮荒情烂熳,风棹乐峥纵。”⓫痛饮貌;醉貌。杜甫《寄高适》:“定知相见日,烂漫倒芳尊。”韩愈《感春四首》之二:“近怜李杜无检束,烂漫长醉多文辞。”又《岳阳楼别窦司直》:“开筵交履舄,烂漫倒家酿。”元稹《有酒十章》之七:“有酒有酒方烂漫,饮酣拔剑心眼乱。”

【爛醉】 大醉。杜甫《杜位宅守岁》:“谁能更拘束,烂醉是生涯。”项斯《途中逢友人》:“烂醉百花酒,狂题几首诗。”章碣《长安春日》:“输他得路蓬洲客,红绿山头烂醉归。”王仁裕《与诸门生春日会饮繁台赋》:“烂醉也须诗一首,不能空放马头回。”

【爛熟】 形容果实熟透。沈彬《洪州解至长安初举纳省卷梦仙谣》:“玉殿大开从客入,金桃烂熟没人偷。”齐己《乞樱桃》:“去年曾赋此花诗,几听南园烂熟时。”

【爛熳】 见“爛漫”。

【爛嚼】 ❶嚼烂。后主李煜《一斛珠》词:“绣床斜凭娇无那,烂嚼红茸,笑向檀郎唾。”❷喻仔细体味。修雅《闻诵法华经歌》:“师诵此经经一字,字字烂嚼醍醐味。”

【爛爛】 ❶光芒闪耀貌。仲子陵《秦镜》:“烂烂金光发,澄澄物象生。”韩愈《江汉答孟郊》:“终宵处幽室,华烛光烂烂。”李贺《夜坐吟》:“帘外严霜皆倒飞,明星烂烂东方陲。”陆龟蒙《迎潮送潮辞·迎潮》:“鸥巢卑兮渔箔短,远岸没兮光烂烂。”❷色彩鲜艳貌。白居易《新乐府·牡丹芳》:“千片赤英霞烂烂,百枝绛点灯煌煌。”

十八画

爞　〔chóng《广韵》直弓切,平東,澄。〕热气。见“爞爞”。

【爞爞】 热气熏蒸貌。白居易《贺雨》:“自冬及春暮,不雨旱爞爞。”齐己《夏云曲》:“爞爞万里压天堑,飐雷电光空闪闪。”

二十画

爣　〔tǎng《广韵》他朗切,上蕩,透〕光明;明亮。见“爣爣”。

【爣爣】 明亮貌。皮日休《九夏歌九篇·王夏之歌》之一:“爣爣皎日,欻丽于天。”

二十六画

爨　〔cuàn《广韵》七亂切,去换,清。〕❶烧火做饭。岑参《春半与群公同游元处士别业》:“山厨竹里爨,野碓藤间舂。”钱起《秋霖曲》:“公卿红粒爨丹桂,黔首白骨封青苔。”薛逢《邻相反行》："男春女爨二十载，堂上未为衰老人。"齐己《寄山中叟》："青泉碧树夏风凉，紫厥红粳午爨香。"又《荆渚病中因思匡庐遂成三百字寄梁先辈》："微烟动晨爨，细雨滋园蔬。"❷泛指烧煮。皎然《饮茶歌诮崔石使君》："越人遗我剡溪茗，采得金牙爨金鼎。"刘言史《与孟郊洛北野泉上煎茶》："荧荧爨风铛，拾得坠巢薪。"李群玉《龙山人惠石廪方及团茶》："红炉爨霜枝，越儿斟井华。"韦庄《西塞山下作》："爨动晓烟烹紫蕨，露和香蒂摘黄柑。"❸焚烧。李白《南奔书怀》："舟中指可掬，城上骸争爨。"柳宗元《种术》："爨竹茹芳叶，宁虑瘵与瘥。"❹采伐。王季友《杂诗》："翳翳青桐枝，樵爨日所侵。"❺爨烟。借指雾霭。玄宗《幸凤泉汤》："阴谷含神爨，汤泉养圣功。"

【爨桐】 即焦尾琴。晋干宝《搜神记》卷十三："汉灵帝时，陈留蔡邕……至吴，吴人有烧桐以爨者，邕闻火烈声，曰：'此良材也。'因请之，削以为琴，果有美音。而其尾焦，因名'焦尾琴'。"顾非熊《冬日寄蔡先辈校书京》："惟君知我苦，何异爨桐鸣。"刘得仁《夏日感怀寄所知》"中郎今远在，谁识爨桐音。"韦庄《同旧韵》："但埋酆狱气，未发爨桐音。"

爪　部

爪　〔zhǎo 或读 zhuǎ《广韵》側絞切，上巧，莊。〕❶鸟兽的趾端有尖甲的脚。亦指其尖利趾甲。杜淹《咏寒食斗鸡应秦王教》："长翘频扫阵，利爪屡通中。"皎然《陈氏童子草书歌》："龙爪状奇鼠须锐，水笺白皙越人惠。"白居易《燕诗示刘叟》："嘴爪虽欲敝，心力不知疲。"唐彦谦《蟹》："纵横连爪一尺长，秀凝铁色含湖光。"引申指器物的爪形部分。司空曙《同张参军喜李尚书寄新琴》："白玉连徽净，朱丝系爪长。"❷人的指甲。亦指手。杜甫《孟冬》："破甘霜落爪，尝稻雪翻匙。"元稹《闺晚》："红裙委砖阶，玉爪劈朱橘。"❸喻护卫者。韩愈《送侯参谋赴河中幕》："洸洸司徒公，天子爪与肱。"

【爪士】　卫士；禁卫军将士。亦泛称勇猛的武臣。崔元翰《奉和登玄武楼观射即事书怀赐孟涉应制》："拣材尽爪士，受任皆信臣。"李逢吉《和严揆省中宿斋遇令狐员外当直之作》："曾驱爪士三边静，新赠鬐参六义穷。"

【爪牙】　❶动物的尖爪利牙。储光羲《猛虎词》："彩章耀朝日，爪牙雄武臣。"韩愈《寄崔二十六立之》："驹麛著爪牙，猛虎借与皮。"陆龟蒙《短歌行》："爪牙在身上，陷阱犹可制。"李咸用《猛虎行》："爪牙欺白刃，果敢无前阵。"❷喻勇士、卫士。王珪《咏汉高祖》："爪牙驱信越，腹心谋张陈。"李华《杂诗六首》之三："爪牙相践伤，日与性命争。"杜牧《感怀诗一首》："凶门爪牙辈，穰穰如儿戏。"贯休《上卢使君》："宾从皆凤毛，爪牙悉猿臂。"

【爪甲】　手指或脚趾前端的角质硬壳。杜甫《桃竹杖引赠章留后》："怜我老病赠两茎，出入爪甲铿有声。"

【爪距】　鸡爪。亦借指别的动物的尖趾。罗隐《咏月》："蟾向静中矜爪距，兔隈明处弄精神。"

【爪戟】　指如戟之利爪。陆龟蒙《五歌·水鸟》："则有嘴铍爪戟劲立直视者，击搏挽裂图膻腥。"

四　画

爭　〔zhēng《广韵》側莖切，平耕，莊。〕❶争夺；夺取。刘长卿《登吴古城歌》："白杨萧萧悲故柯，黄雀啾啾争晚禾。"李华《杂诗六首》之三："爪牙相践伤，日与性命争。"白居易《七年元日对酒五首》之三："除却崔常侍，无人共我争。"陆龟蒙《奉酬袭美先辈吴中苦雨一百韵》："初惊蚩尤阵，虎豹争搏啮。"❷争斗；抗衡。孙逖《和登会稽山》："烟景昼清明，九峰争隐嶙。"❸竞争；较量。高宗《九月九日》："挥鞭争电烈，飞羽乱星光。"杜甫《桃竹杖引赠章留后》："路幽必为鬼神夺，拔剑或与蛟龙争。"刘禹锡《酬乐天斋满日裴令公置宴席上戏赠》："酒力半酣愁已散，文锋未钝老犹争。"白居易《和答诗十首·答桐花》："沉沉绿满地，桃李不敢争。"❹竞相；抢先。李颀《赠别张兵曹》："君为禁脔婿，争看玉人游。"钱起《送张将军征西》："长安少年唯好武，金殿承恩争破虏。"孟郊《春雨后》："何物最先知，虚庭草争出。"韦庄《咸通》："破产竟留天上乐，铸山争买洞中花。"❺怎。戴叔伦《织女词》："难得相逢容易别，银河争似妾愁深。"白居易《早夏晓兴赠梦得》："无情亦任他春去，不醉争销得昼长。"杜荀鹤《梁王坐上赋无云雨》："若教阴朗长相似，争表梁王造化功。"徐夤《追和常建叹王昭君》："君心争不悔，恨思竟何穷。"❻犹"甚"。高适《行路难二首》之一："五侯相逢大道边，美人弦管争留连。"杜甫《岳麓山道林二寺行》："玉泉之南麓山殊，道林林壑争盘纡。"又《桥陵诗三十韵因呈县内诸官》："居然赤县立，台榭争岧亭。"❼差；相差。杜荀鹤《自遣》："百年身后一丘土，贫富高低争几多。"❽奈；禁受。和凝《麦秀两岐》词："娇娆不争人拳踢，黛眉微蹙。"

【爭及】　怎及；哪及。白居易《题山石榴花》："争及此花檐户下，任人采弄尽人看。"又《候仙亭同诸客醉作》："争及湖亭今日会，嘲花咏水赠蛾眉。"汪遵《长城》："虽然万里连云际，争及尧阶三尺高。"

【爭天下】　争夺天下，争夺国家的统治权。张碧《野田行》："悲嗟自古争天下，几度乾坤复如此。"陆龟蒙《和袭美泰伯庙》："迩来父子争天下，不信人间有让王。"

【爭天祿】　犹言争取天命。张说《邺都引》："君不见魏武草创争天禄，群雄睚眦相驰逐。"

【爭不】　怎不。王贞白《昭阳落花》："尽皆承雨露，争不惜芳菲。"《占辞·又射覆橘子》："傥能擘破同分吃，争不惭愧洞庭山。"鹿虔扆《思越人》词："苦是适来新梦见，离肠争不千断。”

【爭日月】 争取时间。张说《蜀道后期》：“客心争日月，来往预期程。”

【爭生】 怎生；怎么。欧阳炯《更漏子》词之一：“虽叵耐，又寻思，争生嗔得伊。”

【爭地】 争夺土地。韩愈《新竹》：“稀生巧补林，并出疑争地。”

【爭光】 争竞光辉。《史记·屈原贾生列传》：“推此志，虽与日月争光可也。”张守节《正义》：“推此志意，虽与日月争其光明，斯亦可矣。”杜甫《成都府》：“初月出不高，众星尚争光。”唐彦谦《春雪初霁杏花正芳月上夜吟》：“姮娥应有语，悔共雪争光。”

【爭先】 抢在前头。张彪《神仙》：“争先等驰驱，中路苦瘦弱。”白居易《代梦得吟》：“世上争先从尽汝，人间斗在不如吾。”姚合《杏园》：“江头数顷杏花开，车马争先尽此来。”王贞白《洛阳道》：“喧喧洛阳路，奔走争先步。”

【爭向】 怎奈。向，语助词。白居易《题酒瓮呈梦得》：“若无清酒两三瓮，争向白须千万茎。”又《春至》：“若为南国春还至，争向东楼日又长。”

【爭似】 怎似。刘禹锡《杨柳枝词九首》之四：“城中桃李须臾尽，争似垂杨无限时。”白居易《思往喜今》：“争似如今作宾客，都无一念到心头。”

【爭名】 争名望或争名誉。韩愈《雨中寄孟刑部几道联句》：“争名求鹄徒，腾口甚蝉喝。”张籍《酬孙洛阳》：“各离争名地，无人见是非。”司空图《争名》：“争名岂在更搜奇，不朽才消一句诗。”章碣《寄江东道友》：“野亭歌罢指西秦，避俗争名兴各新。”

【爭次】 争相连接。李贺《昌谷诗》：“霞巘殷嵯峨，危溜听争次。”

【爭如】 ❶怎么比得上。韦庄《夏口行寄婺州诸弟》：“双双得伴争如雁，一一归巢却羡鸦。”齐己《送欧阳秀才赴举》：“直是文章好，争如德行多。”❷犹怎奈。骆浚《题度支杂事典庭中柏树》：“争如燕雀偏巢此，却是鸳鸯不得栖。”

【爭劫】 围棋术语。争吃对方一子。劫，黑白双方往复提吃对方一子称为“劫”。皮日休《二游诗·任诗》：“闲斟不置罚，闲弈无争劫。”

【爭利】 争夺利益。贯休《偶作因怀山中道侣》：“姓刘姓项今何在，争利争名愁杀人。”

【爭忍】 犹怎忍。白居易《华阳观桃花时》：“争忍开时不同醉，明朝后日即空枝。”

【爭長】 (一zhǎng)争霸，争当霸主。魏征《赋西汉》：“受降临轵道，争长趣鸿门。”

【爭取】 ❶抢先拿到。王建《华岳庙二首》之一：“女巫遮客买神盘，争取琵琶庙里弹。”张籍《送李馀及第后归蜀》：“归去唯将新诰牒，后来争取旧衣裳。”鱼玄机《打球作》：“毕竟入门应始了，愿君争取最前筹。”❷怎会。罗虬《比红儿诗》之六三：“若教粗及红儿貌，争取楼前斩爱姬。”

【爭來】 争相前来。杜甫《洗兵马》：“寸地尺天皆入贡，奇祥异瑞争来送。”姚合《咏南池嘉莲》：“四野人闻皆尽喜，争来入郭看嘉莲。”张蠙《送友人及第归》：“乡俗稀攀桂，争来问月宫。”

【爭奈】 怎奈；无奈。顾况《从军行二首》之二：“风寒欲砭肌，争奈裘袄轻。”白居易《闻乐感邻》：“欢娱未足身先去，争奈书生薄命何。”张祜《自君之出矣》：“千寻葶苈枝，争奈长长苦。”汪遵《细腰宫》：“争奈君王正沉醉，秦兵江上促征桡。”

【爭肯】 怎肯。陈标《僧院牡丹》：“应是向西无地种，不然争肯重莲花。”曹唐《病马五首呈郑校书章三吴十五先辈》之三：“一朝千里心犹在，争肯潜忘秣饲恩。”曹松《贻世》：“富者非义取，朴风争肯还。”

【爭知】 怎知。刘禹锡《乐天寄重和晚达冬青一篇因成再答》：“振臂犹堪呼一掷，争知掌下不成卢。”杨衡《槿》：“怜红未许家人见，胡蝶争知早到来。”陆龟蒙《自遣诗三十首》之十三：“争知天上无人住，亦有春愁鹤发翁。”又《自遣诗三十首》之十五：“古往天高事渺茫，争知灵媛不凄凉。”

【爭春】 争艳于春日。戎昱《红槿花》：“花是深红叶曲尘，不将桃李共争春。”

【爭持】 竞相拿出。韩愈《桃源图》：“争持酒食来相馈，礼数不同樽俎异。”

【爭峙】 对峙。皮日休《奉和鲁望读阴符经见寄》：“声诗川竞大，礼乐山争峙。”

【爭食】 争抢食物。白居易《问鹤》：“乌鸢争食雀争窠，独立池边风雪多。”又《感鹤》：“委质小池内，争食群鸡前。”

【爭飛】 争先飞翔。孟郊《送淡公》之四：“短蓑不怕雨，白鹭相争飞。”杨彝《过睦州青溪渡》：“潭清鱼可数，沙晚雁争飞。”

【爭途】 抢占道路。李端《晚秋旅舍寄苗员外》：“争途苦不前，贫病遂连牵。”

【爭席】 争座位。表示彼此融洽无间，不拘礼节。王维《积雨辋川庄作》：“野老与人争席罢，海鸥何事更相疑。”

【爭能】 ❶犹逞能。杜甫《见王监兵马使说近山有白黑二鹰请余赋诗》之一：“一生自猎知无敌，百中争能耻下韝。”❷犹怎能。白居易《得微之到官后书怅然有感因成四章》之四：“举目争能不惆怅，高车大马满长安。”

【爭桑】 争夺桑树。《史记·吴太伯世家》：“初，楚边邑卑梁氏之处女与吴边邑之女争桑，二女家怒相灭，两国边邑长闻之，怒而相攻，灭吴之边邑。吴王怒，故遂伐楚，取两都而去。”后用为边境不宁之典。刘禹锡《酬郑州权舍人见寄十二韵》：“风行能偃草，境静不争桑。”

【爭教】 （—jiào）怎教。白居易《遣怀》：“遂使四时都似电，争教两鬓不成霜。”

【爭得】 怎能；怎得。郭震《萤》：“暗处若教同众类，世间争得有人知。”秦系《闲居览史》：“当时汉祖无三杰，争得咸阳与子孙。”白居易《浔阳春三首·春去》：“四十六时三月尽，送春争得不殷勤。”于武陵《早春日山居寄城郭知己》：“虽有眼前诗酒兴，遨游争得称闲心。”

【爭訟】 争论而致诉讼。李颀《送綦毋三谒房给事》：“百里人户满，片言争讼疏。”崔颢《结定襄郡狱效陶体》：“定襄诸小儿，争讼纷城市。”高适《酬裴员外以诗代书》：“罢人纷争讼，赋税如山崖。”元结《游石溪示学者》：“阶庭无争讼，郊境罢守卫。”

【爭敢】 怎敢；岂敢。权德舆《玉台体十二首》之十：“隔帘肠欲断，争敢下阶看。”卢仝《萧宅二三子赠答诗二十首·客谢井》：“我纵有神力，争敢将公归。”

【爭巢】 争占窠巢。庄南杰《黄雀行》：“穿屋穿墙不知止，争树争巢入营死。”

【爭堪】 怎堪；怎能。白居易《酬裴相公见寄二绝》之二：“总是迂闲物，争堪伴相君。”

【爭場】 争占场地。李益《紫骝马》：“争场看斗鸡，白鼻紫骝嘶。”

【爭雄】 争强；争胜。储光羲《射雉词》：“顾敌已忘生，争雄方决死。”张鼎《邺城引》：“君不见汉家失统三灵变，魏武争雄六龙战。”杜荀鹤《恩门致书远及山居因献之》：“身居剑戟争雄地，道在乾坤未丧间。”刘兼《咸阳怀古》：“七国斗鸡方贾勇，中原逐鹿更争雄。”

【爭喝】 抢先叫喝。陆龟蒙《奉酬袭美先辈吴中苦雨一百韵》：“隐几还自怡，蓬卢亦争喝。”

【爭道】 ❶争占道路。杜甫《过南岳入洞庭湖》：“洪波忽争道，岸转异江湖。”❷谓争抢围棋中的道位。刘禹锡《观棋歌送儇师西游》：“忽思争道画平沙，独笑无言心有适。”

【爭渡】 争先渡河。岑参《巴南舟中夜市》：“渡口欲黄昏，归人争渡喧。”刘禹锡《堤上行三首》之一：“日暮行人争渡急，桨声幽轧满中流。”白居易《和春深二十首》之十五：“齐桡争渡处，一匹锦标斜。”

【爭强】 争胜。李山甫《兵后寻边三首》之二：“角声恶杀悲于哭，鼓势争强怒若雷。”

【爭發】 争相开放。李赤《姑熟杂咏·望夫山》：“芳草不知愁，岩花但争发。”

【爭馳】 竞相奔驰。常建《古兴》：“将军死重国，汉卒犹争驰。”曹邺《送曾德迈归宁宜春》：“几府争驰毛义檄，一乡看侍老莱衣。”吕岩《沁园春》词：“造化争驰，虎龙交媾。”

【爭路】 抢占道路。冯著《行路难》：“行路难，权门慎勿干，平人争路相摧残。”司空图《旅中重阳》：“乘时争路只危身，经乱登高有几人。”

【爭新】 争竞新奇。刘晏《咏王大娘戴竿》：“楼前百戏竞争新，唯有长竿妙入神。”玄宗《端午三殿宴群臣探得神字》：“四时花竞巧，九子粽争新。”

【爭窠】 争占鸟窠。白居易《问鹤》：“乌鸢争食雀争窠，独立池边风雪多。”

【爭奪】 争斗夺取；争着夺取。杜甫《赠蜀僧闾丘师兄》：“漠漠世界黑，驱车争夺繁。”阎防《夕次鹿门山作》：“安能徇机巧，争夺锥刀间。”李绅《赠毛仙翁》：“九州争夺无时休，八骏垂头避豺虎。”

【爭標】 争夺锦标。李适《帝幸兴庆池戏竞渡应制》：“急桨争标排荇度，轻帆截浦触荷来。”

【爭樗】 樗蒲时争矢。晋武帝司马炎在后宫与宠妃胡芳樗蒲，因争矢而伤指。事见《晋书·后妃·胡贵嫔传》。李瀚《蒙求》：“胡嫔争摴，晋武伤指。”

【爭鋒】 争胜；交兵作战。霍总《塞下曲》：“但见争锋处，长须得胜归。”

【爭駢】 争相并列。皮日休《鲁望昨以五百言见贻因成一千言和之微旨也》：“齐驱不让策，并驾或争骈。”

【爭樹】 抢着在树上栖息。白居易《送鹤与裴相临别赠诗》：“夜栖少共鸡争树，晓浴先饶凤占池。”庄南杰《黄雀行》：“穿屋穿墙不知止，争树争巢入营死。”

【爭頭】 （—tóu）犹言争光。寒山《诗三百三首》之九二：“争头觅饱暖，作计相啖食。”齐己《寄吴国知旧》：“晴色水云天合影，晚声名利市争头。”

【爭戰】 战斗；战争。李白《幽州胡马客歌》：“旄头四光芒，争战若蜂攒。”韩愈《石鼓歌》：“继周八代争战罢，无人收拾理则那。”王毂《鸿门谯》：“寰海沸兮争战苦，风云愁兮会龙虎。”

【爭衡】 抗衡；比较高低。皎然《读张曲江集》：“后辈惊失步，前修敢争衡。”刘禹锡《始至云安寄兵部韩侍郎中书白舍人二公近曾远守故有属焉》：“迅濑下哮吼，两岸势争衡。”孙元晏《咏史诗·陈·王僧辨》：“彼此英雄各有名，石头高卧拟争衡。”

【爭潜】 波涛激荡回旋貌。李贺《北中寒》：“争潜海水飞凌喧，山瀑无声玉虹悬。”

【爭競】 ❶争胜。韩愈《寒食日出游》：“迩来又见桃与李，交开红白如争竞。”元稹《酬乐天喜邻郡》：“老大那能更争竞，任君投募醉乡人。”❷为名利争逐奔走。寒山《诗三百三首》之九七："但自审思量，不用闲争竞。"张籍《送邵州林使君》："山幽自足探微处，俗朴应无争竞人。"

【爭權】 争夺权力、权益。李华《杂诗六首》之六："争权复争利，终不得其力。"颜萱《过张祜处士丹阳故居》："岂是争权留怨敌，可怜当路尽公卿。"徐夤《寄华山司空侍郎二首》之一："金阙争权竞献功，独逃征诏卧三峰。"

【爭鬭】 相互竞争。成彦雄《柳枝辞九首》之八："怪得美人争斗乞，要他秾翠染罗衣。"

【爭論】 谓争夺。孟郊《和钱侍郎甘露》："一方难独占，天下恐争论。"

【爭豔】 争呈美艳。李商隐《赋得桃李无言》："应候非争艳，成蹊不在言。"

爬 〔pá《广韵》蒲巴切，平麻，並。〕❶用指甲搔。柳宗元《同刘二十八院长述旧言怀感时书事之作因增至八十通赠二君子》："东门牛屡饭，中散虱空爬。"见"爬搔"。❷刨；扒。贯休《读顾况歌行》："妖狐爬出西子骨，雷车拶破织女机。"❸攀援。卢仝《月蚀诗》："御辔执索相爬钩，推荡轰訇入汝喉。"

【爬搔】 用指甲搔痒。李敬方《题黄山汤院》："痒闷头风切，爬搔臂力烦。"皮日休《北禅院避暑联句》："爬搔林下风，偃仰涧中石。"

【爬頭峰】 亦作"杷頭峰"。山名。在唐朔州（今山西朔县），北临大碛，东望云中，西望振武。杜牧《重送》："爬头峰北正好去，系取可汗钳作奴。"

五 画

爰 〔yuán《广韵》雨元切，平元，雲。〕❶连词。于是。徐坚《奉和圣制送张说巡边》："帝思元帅重，爰择股肱良。"玄宗《鹡鸰颂》："爰游爰处，爰笑爰语，巡庭除兮。"清昼、裴济《讲古文联句》："爰有书契，乃立典谟。"韩愈《元和圣德诗》："爰命崇文，分卒禁御。"柳宗元《奉平淮夷雅表方城》："其恃爰获，我功我多。"❷助词。无义。多用于句首，以调节语气。则天皇后《唐享昊天乐章·第十》："爰撤其俎，载迁其实。"玄宗《春中兴庆宫酺宴》序："往以仲冬建子，南至初阳，爰诏司存，式陈郊祀。"包佶《祀风师乐章·迎俎酌献》："爰候发生，式荐馨香。"李纾《让皇帝庙乐章·迎神》："爰命有司，式尊前志。"

【爰田】 本指变更旧日田土所有制，以公田赏赐众人。《左传·僖公十五年》："晋于是作爰田。"后用以指受封之田地。温庭筠《病中书怀呈友人》："采地荒遗野，爰田失故都。"自注："予先祖国朝公相，晋阳佐命，食采于并汾也。"

八 画

爲[1] 〔wéi《广韵》薳支切，平支，雲。〕❶做；干。卢鸿一《嵩山十志十首·樾馆》序："居不期逸，为不至劳，清谈娱宾，斯为尚矣。"储光羲《舟中别武金坛》："纸笔亦何为，写我心中冤。"李白《战城南》："士卒涂草莽，将军空尔为。"杜甫《北征》："痴女头自栉，学母无不为。"❷制作。张叔卿《空灵岸》："早知名是幻，不敢绣为衣。"司空曙《长林令卫象饧丝结歌》："寒女眷眷墨子悲，乃言假使錫为之，八珍重沓失颜色。"❸修造；整治。杜甫《陪李七司马皂聊题短韵作简李公二首》之一："伐竹为桥结构同，褰裳不涉往来通。"岑参《优钵罗花歌》序："自公多暇，乃于府庭内栽树种药，为山凿池，婆娑乎其间，足以寄傲。"卢纶《萧常侍瘿柏亭歌》："柏之异者山中灵，何人断绝为君亭。"❹治理。苏颋《饯潞州陆长史再守汾州》："河尹政成期，为汾昔所推。"李华《咏史十一首》之九："为蜀谅不易，如曹难复论。"刘禹锡《别苏州二首》之一："三载为吴郡，临岐祖帐开。"丘丹《奉使过石门瀑布》序："予六代祖梁中书侍郎天监中有《过石门瀑布》，后亦为此郡。"❺做出；装出。韩愈《北极赠李观》："无为儿女态，憔悴悲贱贫。"见"爲態"。❻实行。储光羲《同诸公秋日游昆明池思古》："上兵贵伐谋，此道不能为。"❼撰写。韩愈《元和圣德诗》："汝为表书，求我帅汝。"又《酬别留后侍郎》："为文无出相如右，谋帅难居郤縠先。"按，郤，《全唐诗》误作"卻"。刘禹锡《和李相公初归平泉过龙门南岭遥望山居即事》："曾为鹏鸟赋，喜过凿龙山。"罗隐《秋晚》："宰邑惭良术，为文愧壮图。"❽吟唱；演奏。白居易《琵琶引》："轻拢慢捻抹复挑，初为霓裳后六幺。"❾充当；担任。李白《单父东楼秋夜送族弟沈之秦》："长安宫阙九天上，此地曾经为近臣。"顾况《长安窦明府后亭》："君为长安令，我美长安政。"元结《二风诗·治风诗五篇·至正》："为君之道，何以为明？"白居易《见殷尧藩侍御忆江南诗因继和之》："君是旅人犹苦忆，我为刺史更难忘。"❿当作；算作。太宗《过旧宅二首》之一："一朝辞此地，四海遂为家。"元结《二风诗·治风诗五篇·至正》："王至是然，可为明焉。"司空曙《送张炼师还峨嵋山》："太一天坛天柱西，垂萝为幌石为梯。"罗隐《芳树》："春夏作头，秋冬为尾，循环反复无终已。"⓫变成；成为。刘长卿《过裴舍人故居》："书幌无人长不卷，秋来芳草自为萤。"白居易《贺雨》："凝为油油云，散作习习风。"韦庄《上元县》："有国有家皆是梦，为龙为虎亦成空。"齐己《经贾岛旧居》："先生居处所，野烧几为灰。"⓬是。李白《宫中行乐词八首》之三："卢橘为秦树，蒲萄出汉宫。”刘湾《李陵别苏武》：“生为汉宫臣，死为胡地骨。”刘长卿《送友人东归》：“怜君献策十余载，今日犹为一布衣。”白居易《新乐府・井底引银瓶》：“聘则为妻奔是妾，不堪主祀奉蘋蘩。”毛文锡《醉花间》词之二：“风摇玉佩清，今夕为何夕。”⑬如同；好像。辛弘智《赋诗》：“君为河边草，逢春心剩生。”于结《赋得生刍一束》：“比玉人应重，为刍物自轻。”崔琮《长至日上公献寿》：“南山为圣寿，长对未央宫。”⑭使；致使。杜甫《和裴迪登蜀州东亭送客逢早梅相忆见寄》：“幸不折来伤岁暮，若为看去乱乡愁。”⑮介词。被。李颀《送裴腾》：“养德为众许，森然此丈夫。”卢纶《落第后归终南别业》：“久为名所误，春尽始归山。”元稹《和乐天感鹤》：“无乃予所爱，误为微物迁。”陆龟蒙《记事》：“苦为饥寒累，未得恣闲畅。”⑯连词。表选择。见“爲復”。⑰助词。(1)用于句末，多与“何”“安”“奚”等相配合，表示疑问或反诘。卢象《青雀歌》：“逍遥饮啄安涯分，何假扶摇九万为。”孟浩然《齿坐呈山南诸隐》：“于此无奇策，苍生奚以为。”杜甫《水槛》：“临川视万里，何必阑槛为。”顾况《哭从兄苌》：“人生倏忽间，安用才士为。”(2)附于某些单音形容词后构成表示程度的副词。裴迪《青龙寺昙壁上人院集》：“灵境信为绝，法堂出尘氛。”

爲²〔wèi《广韵》于僞切，去寘，雲。〕❶介词。(1)给；替。刘长卿《送崔昇归上都》：“临期数行泪，为尔一沾巾。”王建《当窗织》：“贫家女为富家织，翁母隔墙不得力。”韩愈《左迁至蓝关示侄孙湘》：“欲为圣朝除弊事，肯将衰朽惜残年。”白居易《废琴》：“不辞为君弹，纵弹人不听。”(2)对；向。李白《月下独酌四首》之二：“但得酒中趣，勿为醒者传。”元稹《感梦》：“僧来为予语，语及昔所知。”又《连昌宫词》：“宫边老翁为余泣，小年进食曾因入。”(3)因为；由于。表原因。杜甫《惜别行送刘仆射判官》：“俸钱时散士子尽，府库不为骄豪虚。”刘禹锡《踏歌词四首》之二：“为是襄王故宫地，至今犹自细腰多。”杜荀鹤《乱后逢村叟》：“因供寨木无桑柘，为著乡兵绝子孙。”(4)为了。表目的。李峤《麟》：“若惊能吐哺，为待凤凰来。”李白《山人劝酒》：“春风尔来为阿谁，胡蝶忽然满芳草。”戴叔伦《相思曲》：“落红乱逐东流水，一点芳心为君死。”孟郊《吴安西馆赠从弟楚客》：“风生今为谁，湘客多远情。”❷通“谓”。(1)说。储光羲《述华清宫五首》之五：“三雪报大有，谁为非我灵。”韦庄《思归》：“旧里若为归去好，子期凋谢吕安亡。”(2)认为；以为。刘长卿《送沈少府之任淮南》：“勿为州县卑，时来自为用。”吴融《首阳山》：“不同天下人为非，兄弟相看自为是。”

【爲人】❶做人处世接物。杜荀鹤《和友人寄长林孟明府》：“为政为人渐见心，长才聊屈宰长林。”❷指人在形体或性格方面所表现出的特征。高适《赠别晋三处士》：“知己从来不易知，慕君为人与君好。”杜甫《江上值水如海势聊短述》：“为人性僻耽佳句，语不惊人死不休。”韩愈《送诸葛觉往随州读书》：“为人强记览，过眼不再读。”❸谓区别万物而作为人。杜甫《喜观即到复题短篇二首》之一：“病中吾见弟，书到汝为人。”❹犹言被人。为，表被动。孟浩然《高阳池送朱二》：“征马分飞日渐斜，见此空为人所嗟。”韩愈《山石》：“人生如此自可乐，岂必局束为人鞿。”李频《自江上入关》：“文字为人弃，田园被债收。”

【爲₂人】为着人；替人。刘禹锡《和李相公平泉潭上喜见初月》：“幽境此何夕，清光如为人。”白居易《酬令狐相公春日寻花见寄六韵》：“老应随日至，春肯为人留。”又《和答诗十首・和大嘴乌》：“阴作北斗使，能为人吉凶。”朱庆余《废宅花》：“自缘逢暖发，不是为人开。”

【爲久】长久。韩愈《此日足可惜赠张籍》：“别离未为久，辛苦多所经。”

【爲₂己】为了自我。储光羲《游茅山五首》之五：“为己存实际，忘形同化初。”

【爲子】作为儿子。方愚《读孝经》：“为臣为子不忠孝，辜负宣尼一卷经。”

【爲文】作文；创作诗文。杜甫《戏为六绝句》之二：“杨王卢骆当时体，轻薄为文哂未休。”白居易《秦中吟十首・立碑》：“为文彼何人，想见下笔时。”张祜《到广陵》：“嗜酒几曾群众小，为文多是讽诸侯。”皮日休《新秋言怀寄鲁望三十韵》：“合药还慵服，为文亦懒抄。”

【爲心】❶表现出某种心境。刘长卿《送宇文迁明府赴洪州张观察追摄丰城令》：“送君不复远为心，余心扁舟湘水阴。”又《送友人东归》：“河边草已绿，此别难为心。”❷用心。杜甫《承闻河北诸道节度入朝欢喜口号绝句十二首》之六：“英雄见事若通神，圣哲为心小一身。”又《秋日夔府咏怀寄郑监李宾客一百韵》：“勇猛为心极，清赢任体孱。”

【爲₂他人作嫁衣裳】喻为他人劳苦而自己不能受益。秦韬玉《贫女》：“苦恨年年压金线，为他人作嫁衣裳。”

【爲用】❶犹言用处。张九龄《杂诗五首》之五：“何言为用薄，而与火膏同。”❷犹言因用。李白《送薛九被谗去鲁》：“信陵夺兵符，为用侯生言。”❸犹言被用。刘长卿《送沈少府之任淮南》：“勿为州县卑，时来自为用。”

【爲₂民除害】替老百姓除去祸害。和凝《宫词百首》之六五：“先遣五坊排猎骑，为民除害出神京。”

【爲奴】 做奴隶。杜甫《哀王孙》："问之不肯道姓名，但道困苦乞为奴。"

【爲邦】 谓担任地方长官，治理州郡。张九龄《九月九日登龙山》："为邦复多幸，去国殊迁放。"李白《赠范金卿二首》之二："为邦默自化，日觉冰壶清。"杜甫《寄杨五桂州谭》："闻此宽相忆，为邦复好音。"独孤及《送陈王府张长史还京》："论齿弟兄列，为邦前后差。"

【爲臣】 作为臣民或臣子。白居易《读汉书》："寄言为臣者，可以鉴于斯。"方愚《读孝经》："为臣为子不忠孝，辜负宣尼一卷经。"

【爲吏】 充当官吏。杜牧《送沈处士赴苏州李中丞招以诗赠行》："战贼即战贼，为吏即为吏。"

【爲$_2$有】 因有。白居易《文柏床》："方知自残者，为有好文章。"赵嘏《送友人郑州归觐》："为有趋庭恋，应忘道路赊。"李德裕《秋日登郡楼望赞皇山感而成咏》："昔人怀井邑，为有挂冠期。"高骈《寄题罗浮别业》："不将真性染埃尘，为有烟霞伴此身。"

【爲$_2$此】 ❶因此，因为这个。孙逖《和咏廨署有樱桃》："为此堪攀折，芳蹊处处成。"❷为此，为了这个。杜甫《楠树为风雨所拔叹》："诛茅卜居总为此，五月仿佛闻寒蝉。"又《凤凰台》："深衷正为此，群盗何淹留。"

【爲$_2$名】 为了名声。李商隐《览古》："回头一吊箕山客，始信逃尧不为名。"

【爲邑】 谓当县令。孟浩然《同卢明府早秋宴张郎中海亭》："故园欣赏竹，为邑幸来苏。"韦应物《往云门郊居途经回流作》："无将为邑志，一酌澄波余。"

【爲别】 分别，相别。李白《金陵送张十一再游东吴》："去国难为别，思归各未旋。"权德舆《送句容王少府簿领赴上都》："春风若为别，相顾起尊前。"白居易《寓意诗五首》之三："云雨一为别，飞沉两难并。"许浑《卧病》："病中送客难为别，梦里还家不当归。"

【爲$_2$我】 替我。杜甫《冬狩行》："喜君士卒甚整肃，为我回辔擒西戎。"元结《喻瀼溪乡旧游》："瀼人异其心，应为我冠缨。"赵嘏《送卢缄归扬州》："今年春色还相误，为我江边谢钓矶。"翁承赞《擢探花使三首》之一："深紫浓香三百朵，明朝为我一时开。"

【爲言】 ❶说话；交谈。元稹《和李校书新题乐府十二首·胡旋女》："才人观者相为言，承奉君恩在圆变。"❷说是。岑参《过碛》："为言地尽天还尽，行到安西更向西。"

【爲$_2$言】 替我说道。元稹《酬胡三凭人问牡丹》："窃见胡三问牡丹，为言依旧满西栏。"司空曙《寄胡居士》："为言惆怅嵩阳寺，明月高松应独游。"韦庄《送人归上国》："若见青云旧相识，为言流落在天涯。"

【爲雨爲雲】 亦作"爲雲爲雨"。《文选·宋玉〈高唐赋〉》："昔者楚襄王与宋玉游于云梦之台，望高唐之观，其上独有云气……王问玉曰：此何气也？玉对曰：所谓朝云者也。王曰：何谓朝云？玉曰：昔先王尝游高唐，怠而昼寝，梦见一妇人曰：'妾，巫山之女也，为高唐之客。闻君游高唐，愿荐枕席。'王因幸之，去而辞曰：'妾在巫山之阳，高丘之阻；旦为朝云，暮为行雨。朝朝暮暮，阳台之下。'"后用以为典，或咏其本事，或借以表达男女情爱。刘希夷《公子行》："倾国倾城汉武帝，为云为雨楚襄王。"刘禹锡《有所嗟二首》之一："相逢相笑尽如梦，为雨为云今不知。"李商隐《深宫》："岂知为雨为云处，只有高唐十二峰。"韦庄《谒巫山庙》："朝朝暮暮阳台下，为雨为云楚国亡。"

【爲性】 为人本性。高适《苦雪四首》之二："余故非斯人，为性兼懒惰。"

【爲法】 施行佛法。李白《僧伽歌》："此僧本住南天竺，为法头陀来此国。"

【爲宗】 作为宗伯。储嗣宗《过王右丞书堂二首》之一："澄潭昔卧龙，章句世为宗。"

【爲官】 当官。岑参《题山寺僧房》："为官好欲慵，高僧暝不见。"窦群《送内弟袁德师》："因君相问为官意，不卖毗陵负郭田。"白居易《偶作寄朗之》："历想为官日，无如刺史时。"欧阳炯《题景焕画应天寺壁天王歌》："曾持象简累为官，又有蛇珠常在握。"

【爲郎】 担任郎官。郎官，原本是帝王侍从官，其职责为护卫陪从，随时建议，备顾问及差遣。后世郎官为尚书各部的要职，且以文人为之。汉冯唐历事文、景、武三帝，直言不知忌讳，年老仍为郎。见《史记·张释之冯唐列传》。杜甫《赠比部萧郎中十兄》："蕴藉为郎久，魁梧秉哲尊。"钱起《送马员外拜官觐省》："二十为郎事汉文，鸳雏骥子自为群。"耿湋《赠苗员外》："为郎日赋诗，小谢少年时。"许棠《送张员外西川从事》："为郎不入朝，自是赴嘉招。"

【爲政】 ❶处理政事。储光羲《晚次东亭献郑州宋使君文》："分符指聊摄，为政本农桑。"岑参《送宇文舍人出宰元城》："别后能为政，相思淇水长。"杜荀鹤《和友人寄长林孟明府》："为政为人渐见心，长才聊屈宰长林。"吕敞《潘安仁戴星看阳花发》："为政宵忘寝，临人俗冀康。"❷执政。周昙《咏史诗·春秋战国门·华元》："昔日羊斟曾不预，今朝为政事如何？"又《咏史诗·春秋战国门·子产》："为政何门是化源，宽仁高下保安全。"又《咏史诗·六朝门·傅昭》："为政残苛兽亦饥，除饥机在养疲羸。"王周《金盘草诗》："今之为政者，何不反此观。"❸谓做官。张祜《投常州从兄中丞》："士因为政乐，儒为说诗降。"

【爲客】 旅居外地；在他乡客居。耿湋《秋夜思归》:"投人心似切,为客事皆难。"严维《送人入金华》:"昔年为客处,今日送君游。"牟融《楼城叙别》:"故人为客上神州,倾盖相逢感昔游。"黄滔《送二友游湘中》:"为客早悲烟草绿,移家晚失岳峰青。"

【爲客鳥】 指候鸟。顾况《海鸥咏》:"万里飞来为客鸟,曾蒙丹凤借枝柯。"

【爲郡】 谓担任州刺史。韦应物《郡楼春燕》:"为郡访凋瘵,守程难损益。"杨凌《奉酬韦滁州寄示》:"淮杨为郡暇,坐惜流芳歇。"刘禹锡《郡斋书怀寄江南白尹兼简分司崔宾客》:"谩读图书三十车,年年为郡老天涯。"亦指担任节度使。张弘靖《山亭怀古》:"归田竟何因,为郡岂所宜。"

【爲害】 造成祸害。白居易《紫藤》:"先柔后为害,有似谀佞徒。"

【爲家】 组建或安顿家庭。戴叔伦《寄刘禹锡》:"谢相园西石径斜,知君习隐暂为家。"韩翃《送刘将军》:"阙下来时亲伏奏,胡尘未尽不为家。"

【爲容】 修饰容貌。杜甫《庭草》:"看花随节序,不敢强为容。"孟郊《怨别》:"在富易为容,居贫难自好。"

【爲祟】 ❶做坏事害人。杜甫《送顾八分文学适洪吉州》:"舟楫无根蒂,蛟鼍好为祟。"❷是祸害。刘禹锡《和仆射牛相公寓言二首》之二:"时来未觉权为祟,贵了方知退是荣。"

【爲問】 因问;为此而问。李适之《罢相作》:"为问门前客,今朝几个来。"杜甫《述古三首》之一。"悲鸣泪至地,为问驭者谁。"司空曙《新蝉》:"为问同怀者,凄凉听几声。"李德裕《奉和韦侍御陪相公游开义五言六韵》:"为问昆城内,余薰几日销。"

【爲國】 治国。白居易《读汉书》:"寄言为国者,不得学天时。"

【爲患】 以之为忧患。柳宗元《敌戒》:"晋败楚鄢,范文为患。"

【爲魚】 春秋时,周景王派刘定公出使。刘定公临河、洛追怀夏禹治水之功,有"微禹,吾其鱼乎"的感叹。见《左传·昭公元年》。后用以为典,咏禹或歌颂丰功伟绩。杜甫《赠李八秘书别三十韵》:"一戎才汗马,百姓免为鱼。"严维《陪皇甫大夫谒禹庙》:"为鱼歌德后,舞羽降神时。"李德裕《东郡怀古二首·王京兆》:"投马灾未弭,为鱼叹方深。"白居易《自蜀江至洞庭湖口有感而作》:"不尔民为鱼,大哉禹之绩。"

【爲₂許】 ❶为此。陈子良《于塞北春日思归》:"为许羁愁长下泪,那堪春色更伤心。"沈佺期《杂诗三首》之二:"为许长相忆,阑干玉箸齐。"❷为何。杜审言《赠苏绾书记》:"知君书记本翩翩,为许从戎赴朔边。"

【爲庶】 为庶人。即布衣。杜甫《丹青引赠曹将军霸》:"将军魏武之子孙,于今为庶为清门。"

【爲情】 抒发情感。储光羲《苏十三瞻登玉泉寺峰入寺中见赠作》:"为情贵深远,作德齐隐见。"李白《三五七言》:"相思相见知何日,此时此夜难为情。"杜甫《江阁卧病走笔寄呈崔卢两侍御》:"衰年病只瘦,长夏想为情。"戎昱《听杜山人弹胡笳》:"更闻出塞入塞声,穹庐毡帐难为情。"

【爲將】 (—jiàng)当军士将领。徐铉《宣威苗将军贬官后重经故宅》:"为将为儒皆寂寞,门前愁杀马郎中。"

【爲₂報】 替我告诉。岑参《九日使君奉饯卫中丞赴长水》:"为报使君多泛菊,更将弦管醉东篱。"王涯《闺人赠远五首》之一:"为报辽阳客,流芳不待人。"李涉《春晚游鹤林寺寄使府诸公》:"明朝携酒犹堪赏,为报春风且莫吹。"冯少吉《山寺见杨少卿书壁因题其尾》:"为报远公须爱惜,此书书后更无书。"

【爲期】 到期,到达某地之时。孙逖《春初送吕补阙往西岳勒碑得云字》:"语别梅初艳,为期草初薰。"

【爲雲女】 指巫山神女。毛熙震《南歌子》词之二:"暗想为云女,应怜傅粉郎。"详见"爲雨爲雲"。

【爲雲爲雨】 见"爲雨爲雲"。

【爲黍】 备饭。语出《论语·微子》:"止子路宿,杀鸡为黍而食之。"卢纶《送夏侯校书·归华阴别墅》:"候客定为黍,务农因燎原。"

【爲復】 还是;抑或。王维《问寇校书双溪》:"君家少室西,为复少室东。"

【爲然】 是这样。韩愈《琴操十首·猗兰操》:"今天之旋,其曷为然。"

【爲詞】 见"爲辭"。

【爲童憶聚沙】 回忆做孩子时把细沙聚成宝塔。语本《法华经·方便品》:"乃至童子戏,聚沙为佛塔。"孟浩然《登总持寺浮图》:"累劫从初地,为童忆聚沙。"

【爲善】 行善;做善事。《后汉书·东平宪王苍传》:"日者问东平王处家何等最乐,王言为善最乐。"王维《哭祖六自虚》:"为善吾无矣,知音子绝焉。"苏味道《和武三思于天中寺寻复礼上人之作》:"愿陪为善乐,从此去尘埃。"元稹《去杭州》:"昔公为善日不足,假寐待旦朝至尊。"李瀚《蒙求》:"东平为善,司马称好。"

【爲道】 修道。包融《酬忠公林亭》:"为道岂庐霍,会静由吾心。"

【爲瑞】 呈瑞。许棠《贞女祠》:"唯疑千古后,为瑞向人间。"

【爲髡髻鉗】 对犯人施剃去头发并以铁圈束颈

的刑罚。顾况《上古之什补亡训传十三章·团一章》:"为髡为钳,如视草木。"

【爲楫】 殷高宗访得傅说,任以为相,并对他说:"若济巨川,用汝作舟楫。"见《书·商书·说命》。后以"为楫"为典,表示宰相尽忠于国事。卢怀慎《奉和圣制龙池篇》:"大川既济惭为楫,报德空思奉细涓。"见"爲礪"。

【爲農】 当农民。高适《别韦参军》:"兔苑为农岁不登,雁池垂钓心长苦。"杜甫《所思》:"为农山涧曲,卧病海云边。"又《为农》:"卜宅从兹老,为农去国赊。"

【爲愁】 犹发愁。元结《系乐府十二首·贱士吟》:"为愁亦何尔,自请说此由。"齐己《白发》:"浮生未达此,多为尔为愁。"

【爲詩】 作诗。孟郊《送淡公》之一二:"诗人苦为诗,不如脱空飞。"姚合《心怀霜》:"欲识为诗苦,秋霜若在心。"吴融《赠方干处士歌》:"把笔尽为诗,何人敌夫子。"

【爲話】 谈话;与人交谈。杜甫《送司马入京》。"向来论社稷,为话涕沾巾。"

【爲₂話】 替我传话。许棠《谓上送人南归》:"江人如见问,为话复贫游。"

【爲羣】 ❶结成群体。李白《过崔八丈水亭》:"闲随白鸥去,沙上自为群。"刘长卿《送方外上人之常州依萧使君》:"宰臣思得度,鸥鸟恋为群。"❷在一起;为伍。李白《拟古十二首》之十二:"人生难称意,岂得长为群。"江全铭《还故君》:"懒寻书作伴,长与鹤为群。"杜甫《晓望》:"荆扉对麋鹿,应共尔为群。"

【爲壽】 谓席间向尊长敬酒或赠送礼物,并祝其长寿。王涣《上裴侍郎》:"应念衔恩最深者,春来为寿拜尊前。"

【爲臧爲獲】 当奴婢。臧获,奴婢。顾况《上古之什补亡训传十三章·团一章》:"乃绝其阳,为臧为获。"

【爲僚】 谓在同一官署为官,同官为僚。杜甫《寄韦有夏郎中》:"万里皇华使,为僚记腐儒。"

【爲僧】 当和尚。杜荀鹤《赠僧》:"只恐为僧僧不了,为僧得了总输僧。"

【爲₂語】 替我传语。畅当《南充谢郡客游澧州留赠宇文中丞》:"为语弋林者,冥冥鸿远矣。"

【爲₂說】 替我说道。杨凭《长安春夜宿开元观》:"为说蓬瀛路,云涛几处连。"高骈《安南送曹别敕归朝》:"知君万里朝天去,为说征南已五秋。"徐铉《亚元舍人不替深知因为长歌庶资一笑耳》:"寄向中朝谢故人,为说相思意如此。"

【爲鄰】 ❶成为邻居。杜甫《与严二郎奉礼别》:"商歌还入夜,巴俗自为邻。"❷接近,相近。杜甫《戏为六绝句》之五:"不薄今人爱古人,清词丽句必为邻。"戴叔伦《奉天酬别郑谏议云逵卢拾遗景亮见别之作》:"宽饶狂自比,汲黯直为邻。"❸邻居。《文选·宋玉〈登徒子好色赋〉》:"天下之佳人,莫若楚国;楚国之丽者,莫若臣里;臣里之美者,莫若臣东家之子。东家之子,增之一分则太长,减之一分则太短;著粉则太白,施朱则太赤;眉心翠羽,肌如白雪,腰如白素,齿如含贝;嫣然一笑,惑阳城,迷下蔡。然此女登墙窥臣三年,至今未许也。"后用为典,歌咏女子美丽多情。吴融《和韩致光侍郎无题三首十四韵》之一:"可怜三五夕,妩媚善为邻。"

【爲態】 作态。杜甫《园官送菜》:"小人塞道路,为态何喧喧。"又《戏作俳谐体遣闷二首》之一:"旧识能为态,新知已暗疏。"

【爲德】 修养道德,杜甫《送韦讽上阆州录事参军》:"诛求何多门,贤者贵为德。"

【爲₂論】 向人谈论。高适《送郭处士往莱芜兼寄苟山人》:"归见莱芜九十翁,为论别后长相忆。"戴叔伦《古意寄呈王侍郎》:"日向江湖老,此心谁为论。"

【爲樂】 (—lè)行乐;作乐。李白《过汪氏别业二首》之一:"酒酣益爽气,为乐不知秋。"又《效古二首》之一:"快意且为乐,列筵坐群公。"韦应物《送洛阳韩丞东游》:"举酒欲为乐,忧怀方沈沈。"耿沣《晚春青门林亭燕集》:"对酒当为乐,双杯未可辞。"

【爲霖】 下霖雨。相传殷高宗访得傅说,任以为相,并对他说:"若岁大旱,用汝作霖雨。"见《书·商书·说命上》。后常作咏宰相的典故。李正辞《赋得白云起封中》:"为霖虽易得,表圣自难逢。"李频《送许浑侍御赴润州》:"别有为霖日,孤云未自由。"方干《寄灵武胡常侍》:"欲遣为霖安九有,先令作相赞东宫。"又《上张舍人》:"此地清廉惟饮水,四方焦热待为霖。"

【爲學】 治学;做学问。元稹《悟禅三首寄胡果》之二:"晚岁倦为学,闲心易到禅。"

【爲儒】 儒者;作为儒者。卢纶《与张擢对酌》:"回头顾张老,敢欲戏为儒。"杨凭《边塞行》:"独许为儒老,相邻从骑行。"韦庄《寓言》:"为儒逢世乱,吾道欲何之。"徐铉《宣威苗将军贬官后重经故宅》:"为将为儒皆寂寞,门前愁杀马中郎。"

【爲龍】 《太平广记》卷四六六引辛氏《三秦记》:"龙门之下,每岁季春有黄鲤鱼,自海及诸州争来赴之。一岁中,登龙门者不过七十二。初登龙门,即有云雨随之,天火自后烧其尾,乃化为龙矣。"后用以为典喻科举登第。王季则《鱼上冰》:"为龙将可望,今日愧才虚。"李群玉《放鱼》:"早觅为龙去,江湖莫漫游。"

【爲艱】 谓作乱。韩愈《元和圣德诗》:"负鄙为艰，纵则不可。”

【爲₂謝】 替我感谢。卢纶《和李使君三郎早秋城北亭楼宴崔司士因寄关中弟张评事时遇》：“为谢登龙客，琼枝寄一攀。”

【爲禮】 制定礼仪。刘瑰《三让月成魄》：“为礼依天象，周旋逐月成。”

【爲難】 （—nán）难办；感到难办。崔峒《送韦八少府判官归东京》：“琼树相思何日见，银钩数字莫为难。”白居易《出使在途偶咏旅怀寄太原李相公》：“丧乘独归殊不易，脱骖相赠岂为难。”

【爲礪】 《书·商书·说命》：“说筑傅岩之野，惟肖。爰立作相。王置诸其左右，命之曰：‘朝夕纳诲，以辅台德。若金，用汝作砺；若济巨川，用汝作舟楫；若岁大旱，用汝作霖雨……若作酒醴，尔唯曲蘖；若作和羹，尔唯盐梅。”后用为砺为典称誉宰相。赵冬曦《奉和圣制答张说扈从南出雀鼠谷》：“道合殷为砺，时行楚有材。”

【爲辭】 亦作“爲詞”。❶写文章。李商隐《韩碑》：“帝曰汝度功第一，汝从事愈宜为辞。”❷说话。崔湜《责躬诗》：“扃锢非所耻，幽宽谁为辞。”张荐《奉酬礼部阁老转韵离合见赠》：“格言信难继，木石强为词。”

【爲歡】 作乐。李颀《与诸公游济渎泛舟》：“兹境信难遇，为欢殊未终。”韦应物《寄户庾》：“独我何耿耿，非君谁为欢。”戴叔伦《白苎词》：“大家为欢莫延伫，顷刻铜龙报天曙。”

十三画

爵 〔jué《广韵》即略切，入藥，精。〕❶古代一种盛酒酒器，形似雀，较尊彝小，受一升。亦用为饮酒器。韦应物《送雷监赴阙庭》：“广筵列众宾，送爵无停迁。”柳宗元《咏荆轲》：“朔风动易水，挥爵前长驱。”无可《书事寄万年厉员外》：“留客把盈爵，抽毫咏早鸿。”马戴《酬刑部姚郎中》：“鸟啼花半落，人散爵方空。”亦用作量词。李景阳《回波辞》：“侍谯既过三爵，喧哗窃恐非仪。”❷指酒。见“爵筭”。❸饮之以酒。《国语·鲁语下》：“宾发币于大夫，及仲尼，仲尼爵之。”韦昭注：“爵之，饮之酒也。”徐夤《李夫人二首》之二：“招得香魂爵少翁，九华灯烛晓还空。”❹爵位；官位。刘叉《答孟东野》：“文王已云没，谁顾好爵縻。”白居易《江楼夜吟元九律诗成三十韵》：“名高折人爵，思苦减天年。”李绅《初秋忽奉诏除浙东观察使检校右貂》：“印封龟纽知颁爵，冠饰蝉緌更珥貂。”皮日休《怀华阳润卿博士三首》之二：“冥心唯事白英君，不问人间爵与勋。”❺授爵或授官。孟郊《旅次湘沅有怀灵均》：“五十爵高秩，谬膺从大夫。”

【爵土】 官爵和封地。储光羲《敬酬陈掾亲家翁秋夜有赠》：“武皇受瑶图，爵土封其新。”

【爵弁】 古之礼冠，次冕一等。爵，通“雀”。窦昉《嘲许子儒》：“一年辞爵弁，半岁履麻鞋。”

【爵里刺】 书有官位和乡里的名片。骆宾王《夏日游德州赠高四》：“言投爵里刺，来泛野人船。”

【爵位】 爵号；官位。韩愈《赠张籍》：“我身蹈丘轲，爵位不早绾。”

【爵服】 爵位及其相应服饰。卢仝《常州孟谏议座上闻韩员外职方贬国子博士有感五首》之三：“爵服何曾好，荷衣已惯缝。”

【爵馬】 古代两种角斗性质的杂耍。泛指玩赏之物。爵，通“雀”。韦庄《杂感》：“鱼龙爵马皆如梦，风月烟花岂有情。”

【爵秩】 爵禄。白居易《从同州刺史改授太子少傅分司》：“留侯爵秩诚虚贵，疏受生涯未苦贫。”范质《诫儿倒八百字》：“朝廷悬爵秩，命之曰公器。”

【爵禄】 官爵和俸禄。韩愈《嗟哉董生行》：“爵禄不及门，门外唯有吏。”白居易《和答诗十首·和思归乐》：“心中志气大，眼前爵禄轻。”姚合《送任畹评事赴沂海》：“丈夫贵功勋，不贵爵禄饶。”皮日休《太湖诗·太湖石》：“赏玩若称意，爵禄行斯须。”

【爵筭】 酒筹。古代筵席上饮酒一轮谓之一巡，用以记巡数的筹子叫酒筹。酒筹为长条形，多以竹、木为之。张祜《奉和湖州苏员外题游杯池》：“何劳数爵筭，不止一龟航。”

【爵壽】 官爵和寿命。白居易《读邓鲂诗》：“天不与爵寿，唯与好文词。”

【爵賞】 爵禄和赏赐。皮日休《酒中十咏》序：“以天地大顺为堤封，傲然不持，以洪荒至化为爵赏，抑无怀氏之民乎？”

【爵勳】 爵位和功勋。韩愈、孟郊《城南联句》：“爵勋逮僮隶，簪笏自怀绷。”

【爵醴】 爵所盛之美酒。张衮《梁郊祀乐章·庆隆》：“爵醴是荷，鸿基永昌。”

父　部

父[1] 〔fǔ《广韵》扶雨切，上麌，奉。〕❶父亲。韦元甫《栏歌》："老父隶兵籍，气力日衰耗。"见"父子""父兄"。❷谓行为像个父亲。贯休《上留田》："父不父，兄不兄，上留田，蝥贼生。"❸对年长者的尊称。杜甫《送韦十六评事充同谷郡防御判官》："羌父豪猪靴，羌儿青兕裘。"韦庄《秦妇吟》："妾闻此父伤心语，竟日阑干泪如雨。"

父[2] 〔fǔ《广韵》方矩切，上麌，非。〕对有才德的男子的美称。白行简《夫子鼓琴得其人》："宣父穷玄奥，师襄授素琴。"

【父子】 父亲和儿子。寒山《诗三百三首》之六："弟兄同五郡，父子本三州。"袁郊《云》："荒淫却入阳台梦，惑乱怀襄父子心。"陆龟蒙《和袭美泰伯庙》："迩来父子争天下，不信人间有让王。"唐彦谦《夜坐》："十年穷父子，相守慰飘零。"

【父子軍】 唐初禁军的一种，其特点为父兄老以子弟接替之。李涉《邠州词献高尚书三首》之三："朔方忠义旧来闻，尽是邠城父子军。"

【父兄】 父亲与兄长。杜甫《新安吏》："送行勿泣血，仆射如父兄。"刘驾《唐乐府十首·乐边人》："父兄若一处，任向边头老。"于濆《宫怨》："父兄未许人，畏妾事姑舅。"徐夤《吴》："一主参差六十年，父兄犹庆授孙权。"

【父母】 父亲和母亲。寒山《诗三百三首》之一五九："不报父母恩，方寸底模样。"白居易《赠友五首》之五："儿女未成人，父母已衰羸。"曹邺《弃妇》："父母亦有家，羞言何以归。"张为《谢别毛仙翁》："重睹日月光，何报父母慈。"

【父母國】 犹祖国。阎朝隐《奉和送金城公主适西蕃应制》："回瞻父母国，日出在东方。"梁琼《昭君怨》："回看父母国，生死毕胡尘。"

【父老】 对老年人的尊称。杜甫《羌村》之三："父老四五人，问我久远行。"李绅《闻里谣效古歌》："乡里儿，东家父老为尔言，鼓腹那知生育恩。"杜牧《洛阳长句二首》之二："连昌绣岭行宫在，玉辇何时父老迎。"韦庄《鄠杜旧居二首》之一："阮咸贫去田园尽，向秀归来父老稀。"

【父任】 谓以父荫而当官。杜甫《八哀诗·赠左仆射郑国公严公武》："历职匪父任，嫉邪常力争。"

【父祖】 父亲和祖父。泛称祖先。白居易《感白莲花》："埋殁汉父祖，孳生胡子孙。"周昙《咏史诗·三代门·太康》："师保何人为琢磨，安知父祖苦辛多。"

【父娘】 亦作"父孃"。父母。王梵志《五言》之五："桑下种粟麦，四时供父娘。"张祜《戏赠村妇》："想得到家相见后，父娘由唤小时名。"

【父執】 父亲的朋友。杜甫《赠卫八处士》："怡然敬父执，问我来何方。"

【父孃】 见"父娘"。

八　画

爺 〔yé《玉篇》以庶切。〕父亲。王维《戏题示萧氏甥》："怜尔解临池，渠爷未学诗。"元稹《和李校书新题乐府十二首·上阳白发人》："良人顾妾心死别，小女呼爷血垂泪。"白居易《予与微之老而无子今年冬各有一子戏作二什一以相贺一以自嘲》："持杯祝愿无他语，慎勿顽愚似汝爷。"杜牧《别家》："初岁娇儿未识爷，别爷不拜手吒叉。"

【爺孃】 父母。寒山《诗三百三首》之一五九："个个惜妻儿，爷娘不供养。"

爻 部

七 画

爽 〔shuǎng《广韵》疎两切，上養，生。〕❶明亮；清朗；清凉。张宣明《山行见孤松成咏》："孤松郁山椒，肃爽凌清霄。"权德舆《星名诗》："风秋景气爽，叶落井径出。"顾非熊《月夜登王屋仙坛》："月临峰顶坛，气爽觉天宽。"曹松《月》："寥寥天地内，夜魄爽何轻。"栖白《八月十五夜玩月》："清光凝有露，皓魄爽无烟。"❷豪爽。见"爽氣❷"。❸舒畅；舒服。刘禹锡《和乐天洛下雪中宴集寄李汴州李尚书》："笙歌要请频何爽，笑语忘机拙更欢。"白居易《分司洛中偶成十韵因招梦得兼呈思黯奇章公》："数数游何爽，些些病未妨。"陆龟蒙《寄怀华阳道士》："频抛俗物心还爽，远忆幽期目剩瞑。"特指清爽可口。司空图《即事二首》之一："茶爽添诗句，天清莹道心。"郑谷《西蜀净众寺松溪八韵兼寄小笔崔处士》："淡烹新茗爽，暖泛落花轻。"❹《左传·昭公七年》："用物精多，则魂魄强，是以有精爽至于神明。"孔颖达疏："精，亦神也；爽，亦明也。精是神之未著，爽是明之未昭。"后用以指心神、神志。吴融《秋兴》："襟期渐萧洒，精爽欲飞扬。"亦指依附形体的精神，即所谓"魄"。韩愈《嘲鼾睡》之一："虽令巫咸招，魂爽难复在。"❼差失；不合。王勃《倬彼我系》之九："名存实爽，负信愆义。"郑谷《投时相十韵》："省署随清品，渔舟爽素期。"《郊庙歌辞·五郊乐章·送神》："昭祀有应，冥期不爽。"❽丧失；失去。杜甫《病橘》："剖之尽蠹虫，采掇爽其宜。"❾伤害。王维《别綦毋潜》："严冬爽群木，伊洛方清泚。"

【爽心】 使心情爽快。许棠《冬夜怀真里友人会宿》："静语与高吟，搜神又爽心。"

【爽别】 清亮。刘言史《与孟郊洛北野泉上煎茶》："洁色既爽别，浮氳亦殷勤。"

【爽拔】 秀美挺拔。贯休《早秋即事寄冯使君》："落叶峥嵘处，诸峰爽拔时。"

【爽味】 清爽的味道。贾岛《黄子陂上韩吏部》："疏衣蕉缕细，爽味茗芽新。"

【爽風】 凉爽的风。吴融《宪丞裴公上洛退居有寄二首》之二："瘦如仙鹤爽风篁，外却尘嚣兴绪长。"

【爽神】 使心神爽快。常建《听琴秋夜赠寇尊师》："一指指应法，一声声爽神。"贾岛《过唐校书书斋》："池满风吹竹，时时得爽神。"

【爽砧】 响亮的捣衣声。刘禹锡《捣衣曲》："爽砧应秋律，繁杵含凄风。"

【爽氣】 ❶凉爽之气。太宗《秋日即目》："爽气浮丹阙，秋光澹紫宫。"韦应物《晚归沣川》："南岭横爽气，高林绕遥阡。"徐放《奉和武相公中秋锦楼玩月得来字》："远月青光遍，高空爽气来。"罗邺《秋晚》："残星残月一声钟，谷际岩限爽气浓。"❷豪爽的气质、气概。李白《过汪氏别业二首》之一："酒酣益爽气，为乐不知秋。"杜甫《遣兴五首》之四："爽气不可致，斯人今则亡。"又《奉赠鲜于京兆二十韵》："异才应间出，爽气必殊伦。"

【爽健】 畅快康健。陆龟蒙《奉和袭美茶具十咏·煮茶》："倾余精爽健，忽似氛埃灭。"

【爽朗】 ❶天气晴朗。罗邺《化城寺》："秋霄爽朗空潭月，暑气萧寥古柏风。"❷性格开朗直爽。李渤《南溪诗》："萧条风烟外，爽朗形神寂。"徐谦《短歌二首》之二："意气青云里，爽朗烟霞外。"❸明净无尘。李群玉《古镜》："云天入掌握，爽朗神魂净。"

【爽爽】 俊朗出众貌。寒山《诗三百三首》之一八三："精神殊爽爽，形貌极堂堂。"

【爽然】 爽快貌。李白《游秋浦白笴陂二首》之二："白笴夜长啸，爽然溪谷寒。"

【爽寒】 清朗而寒冷。朱庆余《和刘补阙秋园寓兴之什十首》之八："蕉叶犹停翠，桐阴已爽寒。"

【爽塏】 高而干燥。亦指高而干燥之地。塏，干燥。张说《至尉氏》："夕次阮公台，啸歌临爽垲。"赵冬曦《奉和圣制同二相已下群官乐游园宴》："爽垲三秦地，芳华二月初。"韩愈《斗鸡联句》："天时得清寒，地利挟爽垲。"

【爽節】 (—jié)天高气爽的气节 。褚遂良《辽东侍宴山夜临秋同赋临韵应诏》："凭高御爽节，流月扬清阴。"羊士谔《登乐游原寄司封孟郎中卢补阙》："爽节时清眺，秋怀怅独过。"张固《重阳宴东观山亭和从事卢顺之》："乱山青翠郡城东，爽节凭高一望通。"

【爽意】 快意。王湾《奉和贺监林月清酌》："消宵凝爽意，并此助文雄。"

【爽邁】 爽朗超逸。清昼、汤衡《讲古文联句》："孤标爽迈，深造精研。"

【爽籟】 清风。李益《和丘员外题湛长史旧居》："灵波结繁笳，爽籁赴鸣玉。"

十 画

爾 〔ěr《广韵》兒氏切，上紙，日。〕❶代词。(1)你；你们。李白《独酌》："长松尔何知，萧瑟为谁吟？"韩愈《答张彻》："辱赠不知报，我歌尔其聆。"元稹《别毅郎》之一："尔爷只为一杯酒，此别那知死与生。"李绅《涉沅潇》："举杯沥酒招尔魂，月影滉漾开乾坤。"(2)此；这个。杜甫《送樊二十三侍御赴汉中判官》："威弧不能弦，自尔无宁岁。"见"爾後""爾時❷"。(3)彼；那个。见"爾時❷""爾來❶"。(4)如此；这样。李白《雪谗诗赠友人》："万乘尚尔，匹夫何伤。"刘禹锡《武夫词》："借问胡为尔，列校在鹰扬。"李绅《悲善才》："惆怅追怀万事空，雍门感慨徒为尔。"黄滔《秋夕贫居》："迟明亦如晦，鸡唱徒为尔。"❷助词。(1)用作词缀，犹"然"。李白《秋思》："芜然蕙草暮，飒尔凉风吹。"皇甫冉《赠郑山人》："忽尔辞林壑，高歌至上京。"皎然《白云歌寄陆中丞使君长源》："忽尔飞来暂为侣，忽然飞去莫能攀。"白居易《寓意诗五首》之五："蠢尔树间虫，形质一何微。"(2)用于句末，表示肯定。杜甫《塞芦子》："回略大荒来，崤函盖虚尔。"韩愈《落齿》："我言生有涯，长短俱死尔。"又《秋怀诗十一首》之十一："由来命分尔，泯灭岂足道。"白居易《有木诗八首》序："因引风人骚人之兴，赋《有木》八章，不独讽前人，欲儆后代尔。"

【爾汝】 亦作"爾女"，彼此亲昵的称呼，表示不拘形迹，亲密无间。杜甫《醉时歌》："忘形到尔汝，痛饮真吾师。"韩愈《听颖师弹琴》："昵昵儿女语，恩怨相尔汝。"李涉《醉中赠崔膺》："与君一言两相许，外舍形骸中尔女。"唐彦谦《游南明山》："兴来较胜负，醉后忘尔汝。"

【爾我】 你和我。泛指我们、大家。于武陵《过百牢关贻舟中者》："不因名与利，尔我各应闲。"

【爾來】 ❶自那时以来。李白《蜀道难》："尔来四万八千岁，不与秦塞通人烟。"戴叔伦《赠康老人洽》："尔来倏忽五十年，却忆当时思眇然。"白居易《新乐府·七德舞》："尔来一百九十载，天下至今歌舞之。"皮日休《鲁望昨以五百言见贻迭和之微旨也》："尔来五寒暑，试艺称精专。"❷近来。李颀《送刘四》："尔来屡迁易，三度尉洛阳。"刘长卿《赠别卢司直之闽中》："尔来多不见，此去又何之。"杜牧《郡斋独酌》："叔舅欲饮我，社瓮尔来尝。"

【爾後】 从此以后。白居易《题裴晋公女几山刻石诗后》："尔后多少时，四朝二十年。"陆龟蒙《奉和袭美二游诗·徐诗》："尔后国脆弱，人多尚虚玄。"又《记事》："尔后如有年，还应惬微尚。"《古墓卜地词》："尔后一千岁，此地化为泉。"

【爾時】 ❶彼时；那时。邹象先《寄萧颖士补正字》："尔时黄绶屈，别后青云致。"韩愈《送侯参谋赴河中幕》："尔时心气壮，百事谓已能。"白居易《五月斋戒先以长句呈谢》："居士尔时缘护戒，车公何事亦停杯？"❷此时。贾岛《就峰公宿》："尔时无了梦，兹宵方未穷。"

【爾曹】 你们。卢象《追凉历下古城西北隅此地有清泉乔木》："贞悔不自卜，游随共尔曹。"杜甫《戏为六绝句》之二："尔曹身与名俱灭，不废江河万古流。"周贺《相次寻举客寄住人》："游者还南去，终期伴尔曹。"方干《送何道者》："遍寻岩洞求仙者，即恐无人似尔曹。"

【爾許】 ❶如此；这么。牛峤《杨柳枝五首》之五："章华台畔隋堤上，傍得春风尔许多。"《谐谑·嘲伛偻人》："城门尔许高，故自匍匐入。"顾敻《醉公子》词之二："敛袖翠蛾攒，相逢尔许难。"❷如许；许多。罗虬《比红儿诗》之五六："崔徽有底多头面，费得微之尔许才。"又《比红儿诗》之十六："红儿若在东家住，不得登墙尔许年。"胡曾《咏史诗·柯亭》："中郎在世无甄别，争得名垂尔许年。"

【爾雅】 书名。我国古代最早解释词义的专著。关于它的作者，说法不一，一般认为是秦汉间学者纂集说诗博士解诂之言而成。本书首创按内容性质分类释词的体例，为我国古代词典之先河，为考证词义和古代名物的重要资料。韩愈《读皇甫湜公安园池诗书其后二首》之一："《尔雅》注虫鱼，定非磊落人。"唐彦谦《送樊琯司业归朝》："啖螯讥尔雅，卖饼诉公羊。"吕岩《七言》之五二："尘中教化千人眼，世上人知尔雅篇。"

【爾爲】 (—wéi)犹言"这样做"。岑参《北庭西郊候封大夫受降回军献上》："却笑霍嫖姚，区区徒尔为。"梁德裕《感寓二首》之二："荣落人不见，芳香徒尔为。"吕温《同舍弟恭岁暮寄晋州李六协律三十韵》："伊吕偶然得，孔墨徒尔为。"元稹《江陵三梦》之一："况乃幽明隔，梦魂徒尔为。"

【爾詐我虞】 互不信任，互相欺骗。王维《送秘书晁监还日本国》序："我无尔诈，尔无我虞。"

【爾輩】 你们。沈千运《感怀弟妹》："唯念得尔辈，时看慰朝夕。"白居易《览镜喜老》："尔辈且安坐，从容听我词。"李绅《龟山寺鱼池》之二："祇园说法无高下，尔辈何劳尚世情。"陆龟蒙《孤雁》："吾常吓鸳雏，尔辈安足讪。"

【爾儂】 犹言你、你们。司空图《力疾山下吴村看杏花十九首》之七："王老小儿吹笛看，我侬试舞尔侬看。"

【爾類】 你们，你们一类。李商隐《过姚孝子庐偶书》："圣朝敦尔类，非独路人哀。"许浑《鸳鸯》："凫鸥皆尔类，唯羡独含情。"

爿　部

四　画

牀 〔chuáng《广韵》士莊切，平陽，崇。〕❶供人睡卧的家具。李白《长干行二首》之一："郎骑竹马来，绕床弄青梅。"杜甫《新婚别》："结发为妻子，席不暖君床。"顾况《弃妇词》："记得初嫁君，小姑始扶床。"白居易《雨中招张司业宿》："能来同宿否，听雨对床眠。"❷古代坐具。岑参《水亭送刘颙使还归节度》："解带怜高柳，移床爱小溪。"王建《上杜元颖相公》："承恩不许离床谢，密诏常教倚案书。"张籍《赠阎少保》："特承恩诏新开戟，每见公卿不下床。"❸放置器物之架。杜甫《驱竖子摘苍耳》："登床半生熟，下箸还小益。"岑参《过王判官西津所居》："沙鸟上笔床，溪花彗帘钩。"元稹《自述》："延英引对碧衣郎，江砚宣毫各别床。"杜荀鹤《书斋即事》："卖却屋边三亩地，添成窗下一床书。"❹井边的栏杆。李峤《银》："玉壶初下箭，桐井共安床。"李白《洗脚亭》："前有昔时井，下有五丈床。"李贺《后园凿井歌》："井上辘轳床上转，水声繁，弦声浅。"

【牀底】　床的下面。张振祖《句》："门前草满天天老，床底钱多有有娘。"

【牀席】　❶垫在床上的凉席。白居易《新乐府·缚戎人》："朝餐饥渴费杯盘，夜卧腥臊污床席。"又《秋霖中过尹纵之仙游山居》："秋天床席冷，夜雨灯火深。"又《盘石铭》："便是白家，夏天床席。"薛能《监郡犍为舟中寓题寄同舍》："叠果盘餐丹橘地，若花床席早梅风。"❷坐卧用具。元稹《秋堂夕》："书卷满床席，蟏蛸悬复升。"

【牀腳】　床腿。卢仝《月蚀诗》："死壳没信处，唯堪支床脚。"

【牀榻】　❶一种可坐可躺的家具，似椅而大。周朴《题玄公院》："衣巾离暑气，床榻向凉风。"齐己《怀华顶道人》："无人触床榻，满屋贮烟霞。"❷几案。郑嵎《津阳门诗》："马知舞彻下床榻，人惜曲终更羽衣。"

【牀頭】　❶坐具旁边。李山甫《早秋山中作》："烟岚出涧底，瀑布落床头。"张蠙《赠江都郑明府》："床头怪石神仙画，箧里华笺将相书。"李洞《秋宿长安韦主簿厅》："坐劳同步帘前月，鼠动床头印锁声。"❷床的一端。岑参《宿岐州北郭严给事别业》："疏钟人卧内，片月到床头。"贾岛《宿村家亭子》："床头枕是溪中石，井底泉通竹下池。"方干《山中言事八韵寄李交使》："竹里断云来枕上，岩边片月在床头。"

【牀頭金盡】　谓钱财用尽。张籍《行路难》："君不见床头黄金尽，壮士无颜色。"

【牀頭錢】　南朝宋鲍照《拟行路难》诗之五："且愿得志数相就，床头恒有沽酒钱。"后用以为典，以床头钱指美酒钱。岑参《郡斋南池招扬辚》："闲时耐相访，正有床头钱。"

五　画

牁 〔kē《广韵》古俄切，平歌，見。〕见"牂牁"。

六　画

牂 〔zāng《广韵》则郎切，平唐，精。〕见"牂牁"。

【牂柯】　见"牂牁"。

【牂牁】　亦作"牂柯"。❶郡名。牂牁本义为船只停靠时用以系缆绳的木桩。汉时置郡，治所且兰，在今贵州凯里县西北。唐为牂州，治所在今贵州义安县东北。羊士谔《寄黔府窦中丞》："汉臣旌节贵，万里护牂牁。"白居易《新乐府·蛮子朝》："臣闻云南六诏蛮，东连牂牁西连蕃。"又《郡中春谯因赠诸客》："身骑牂牁马，口食途江鳞。"❷水名。即今云南、贵州境内北盘江及其下游流经广西、广东之红水河、黔江、浔江和西江。一说即今都江、濛江、沅江、乌江等。陈羽《犍为城下夜泊闻夷歌》："犍为城下牂牁路，空冢滩西贾客州。"柳宗元《得卢衡州书因以诗寄》："东邑东回山似戟，牂牁南下水如汤。"

七画

將[1] 〔jiāng《广韵》即良切，平陽，精。〕❶扶助。柳宗元《贞符》："惟贞厥符，浩浩将之。"❷护卫。张籍《祭退之》："籍在江湖间，独以道自将。"❸供养。白居易《书事咏怀》："官俸将生计，虽贫岂敢嫌。"❹行；施行。崔禹锡《奉和圣制送张说巡边》："炎景宁云惮，神谋肃所将。"冯伉《迎俎酌献》之一："肃将涤濯，祇荐芬芳。"乐伸《闰月定四时》："圣代承尧历，恒将闰正时。"❺奉献；进献。《郊庙歌辞·昭德皇后庙乐章·雍和》："我将我享，尽明而诚。"司空曙《秋日趋府上张大夫》："谪吏何能沐风化，空将歌颂拜车前。"李渥《秋日登越王楼献于中丞》："徒学仲宣聊四望，且将词赋好依刘。"❻遵奉；秉承。元结《贼退示官吏》："使臣将王命，岂不如贼焉。"李山甫《又代孔明哭先主》："鲸鬣翻腾四海波，始将天意用干戈。"❼表达；传达。戴叔伦《长门怨》："空将旧时意，长望凤凰楼。"权德舆《送张曹长工部大夫奉使西番》："吊祠将渥命，导驿畅皇风。"元稹《遣春十首》之五："各将一时意，终年无再华。"❽行，行进。刘昚虚《越中问海客》："初谓落何处，永将无所依。"卢纶《秋幕中夜独坐因书即事兼呈同院诸公》："簪袭肃已整，车骑俨将前。"❾推进。引申为驾驭。李白《估客行》："海客乘天风，将船远行役。"杜甫《瘦马行》："去岁奔波逐余寇，骅骝不惯不得将。"元结《漫歌八曲·将船何处去二首》之一："将船何处去，钓彼大回中。"司空图《诗品二十四则·超诣》："如将白云，清风与归。"❿送，遣送。杜甫《季秋江村》："清琴将暇日，白首望霜天。"任华《寄杜拾遗》："火急将书凭驿使，为报杜拾遗。"戴叔伦《塞上曲二首》之一："汉祖谩夸娄敬策，却将公主嫁单于。"⓫带领；携带。张谔《满月》："乌将八子去，凤逐九雏来。"陈孙《移耶溪旧居呈陈元初校书》："书笈将非重，荷衣著甚轻。"于鹄《南溪书斋》："入院将雏鸟，寻萝抱子猿。"温庭筠《过陈琳墓》："莫怪临风倍惆怅，欲将书剑学从军。"⓬伴随；随从。刘宪《奉和幸安乐公主山庄应制》："庭莎作荐舞行出，浦树相将歌棹回。"李白《泾溪东亭寄郑少府谔》："我游东亭不见君，沙上行将白鹭群。"韩愈《闻梨花发赠刘师命》："闻道郭西千树雪，欲将君去醉如何。"贯休《怀匡山道侣》："常忆将吾友，穿云过瀑西。"⓭任；听凭。郭震《寄刘校书》："俗吏三年何足论，每将荣辱在朝昏。"萧颖士《过河滨和文学张志尹》："至化无苦窳，宇宙将陶甄。"杜甫《大历三年春白帝城放船四十韵》："飘萧将素发，汩没听洪炉。"⓮持；取；拿。王昌龄《长信秋词五首》之三："奉帚平明金殿开，且将团扇暂裴回。"张巡《守睢阳作》："屡厌黄尘起，时将白羽挥。"欧阳詹《玩月》："惜此苦宜玩，揽之非可将。"李涉《山花》："长安若在五侯宅，谁肯将钱买牡丹。"元凛《中秋夜不见月》："公子倚栏犹怅望，懒将红烛草堂归。"⓯想要；打算。孟浩然《寄天台道士》："屡蹑莓苔滑，将寻汗漫期。"杜甫《北征》："杜子将北征，苍茫问家室。"项斯《送宫人入道》："将敲碧落新斋磬，却进昭阳旧赐筝。"李商隐《五言述德抒情诗一首四十韵献上杜七兄仆射相公》："愿保无疆福，将图不朽名。"⓰谓；以为。刘长卿《齐一和尚影堂》："身寄虚空如过客，心将生灭是浮云。"韦应物《示全真元常》："无将一会易，岁月坐推迁。"司空曙《留卢秦卿》："无将故人酒，不及石尤风。"柳宗元《酬娄秀才将之淮南见赠之什》："已将名是患，还用道为邻。"徐铉《观人读春秋》："日觉儒风薄，谁将霸道羞。"⓱长久。元结《演兴四首·闵岭中》："欲采之以将寿，眇不知夫所从。"见"將久"。⓲为；为了。杨发《东斋夜宴酬绍之起居见赠》："渐老旧交情更重，莫将美酒负良辰。"李群玉《湘妃庙》："少将风月怨平湖，见尽扶桑水到枯。"黄滔《送僧》："鸟道泷湫悉行后，岂将翻译负心期。"⓳副词。(1)愿；欲。苏味道《咏霜》："自有贞筠质，宁将庶草腓。"杜甫《入衡州》："军州体不一，宽猛性所将。"钱起《片玉篇》："独使虹光天子识，不将清韵世人知。"高骈《寄题罗浮别业》："不将真性染埃尘，为有烟霞伴此身。"(2)将要；快要。李峤《桐》："不因将入爨，谁谓作鸣琴。"李端《送客赋得巴江夜猿》："残月暗将落，空霜寒欲明。"刘禹锡《武陵书怀五十韵》："积阴春暗度，将霁雾先昏。"胡宿《次韵和朱况雨中之什》："夕梦将成还滴滴，春心欲断正霏霏。"(3)方；始。太宗《秋日二首》之一："将秋数行雁，离夏几林蝉。"王维《待储光羲不至》："要欲闻清佩，方将出户迎。"秦系《题僧明惠房》："入定几时将出定，不知巢燕污袈裟。"温庭筠《原隰荑绿柳》："新莺将出谷，应借一枝栖。"(4)必；必定。卢纶《题贾山人园林》："五字每将称玉友，一尊曾不顾金囊。"韩愈《孟东野失子》："失子将何尤，吾将上尤天。"贾岛《欲游嵩岳留别李少尹益》："微眇此来将敢问，凤凰何日定归池。"李商隐《韩碑》："誓将上雪列圣耻，坐法宫中朝四夷。"(5)当；会；应是。丁仙芝《越裳贡白雉》："驯扰将无惧，翻飞幸不猜。"秦系《春日闲居三首》之一："一似桃源隐，将令过客迷。"徐凝《送日本使还》："绝国将无外，扶桑更有东。"姚鹄《将归蜀留献恩地仆射二首》之一："危叶只将终委地，焦桐谁料却为琴。"(6)表示疑问，相当于尚、还。王绩《古意六首》之一："月下横宝琴，此外将安欲。"李白《拟古十二首》之一："银河无鹊桥，非时将安适。"(7)可；能。寒山《诗三百三首》之一一九："芦莦将代席，蕉叶且充盘。"韩愈《嗟哉董生行》："嗟哉董生，谁将与俦。”(8)相当于只。韩愈《示爽》：“念汝将一身，西来曾几年。”(9)表示数量等差不多，相当于“将近”。储光羲《酬李处士山中见赠》：“斯须旷千里，婉娩将十年。”杜甫《解闷十二首》之七：“孰知二谢将能事，颇学阴何苦用心。”李益《置酒行》：“百龄非久长，五十将半百。”罗邺《春过白遥岭》：“到来山下春将半，上得林端雪未消。”⑳介词。(1)在；于。李白《登庐山五老峰》：“九江秀色可揽结，吾将此地巢云松。”韦应物《再游西山》：“况将尘埃外，襟抱从此舒。”张彪《古别离》：“不闻车轮声，后会将何时。”刘禹锡《武昌老人说笛歌》：“曾将黄鹤楼上吹，一声占尽秋江月。”(2)用；以。上官昭容《游长宁公主流杯池二十五首》之十一：“书引藤为架，人将薜作衣。”李颀《崔五六图屏风各赋一物得乌孙佩刀》：“磨用阴山一片玉，洗将胡地独流泉。”朱放《别李季兰》：“莫将罗袖拂花落，便是行人肠断时。”曹邺《读李斯传》：“难将一人手，掩得天下目。”(3)把。李峤《三月奉教作》：“蝶影将花乱，虹文向水低。”钱起《李四劝为尉氏尉李七勉为开封尉》：“自理尧唐俗，唯将礼让传。”李山甫《风》：“能将尘土平欺客，爱把波澜枉陷人。”黄滔《寄郑县李侍御》：“僧借松萝住，人将雨雪期。”(4)同；与。杜审言《和康五庭芝望月有怀》：“暂将弓并曲，翻与扇俱团。”綦毋潜《早发上东门》：“时命不将明主合，布衣空染洛阳尘。”皇甫冉《送安律师》：“永日空林下，心将何物亲。”赵嘏《宛陵寓居上沈大夫二首》之一：“人情已觉春长在，溪户仍将水共闲。”㉑连词。(1)和。陈子良《赋得妓》：“何必桃将李，别有待春晖。”刘长卿《更被奏留淮南送从弟罢使江东》：“青山将绿水，惆怅不胜情。”卢纶《与畅当夜泛秋潭》：“离人将落叶，俱在一船中。”白居易《授太子宾客归洛》：“病将老齐至，心与身同归。”(2)且；又。李白《将进酒》：“将进酒，君莫停。”杜甫《晚登瀼上堂》：“安得随鸟翎，迫此惧将恐。”刘长卿《长沙桓王墓下别李纾张南史》：“流水朝将暮，行人东复西。”刘威《遣怀寄欧阳秀才》：“平生闲过日将日，欲老始知吾负吾。”(3)则。邓倚《春云》：“色任寒暄变，光将远近同。”(4)如；若。韦应物《诣西山深师》：“世有征战事，心将流水闲。”王建《送张籍归江东》：“犹将在远道，忽忽起思量。”㉒助词。(1)相当于殆、大概。元稹《有酒十章》之三：“将德之者不位，位者不逮其德耶。”(2)相当于岂。武元衡《晨兴寄赠窦使君》：“世事浮云变，功名将奈何。”(3)相当于得。王建《寄上韩愈侍郎》：“清俸探将还酒债，黄金旋得起书楼。”白居易《花楼望雪命宴赋诗》：“输将虚白堂前鹤，失却樟亭驿后梅。”韩偓《赠僧》：“瓶添涧水盛将月，衲挂松枝惹得云。”(4)语气助词，用于动词之后。陈叔达《听邻人琵琶》：“虽有相思韵，翻将入塞同。”萧颖士《舟中遇陆棣兄西归晚次沙埜西岸作》：“波上风雨歇，舟人叫将去。”戎昱《听杜山人弹胡笳》：“回鹘数年收洛阳，洛阳士女皆驱将。”高骈《风筝》：“依稀似曲才堪听，又被移将别调中。”

將² 〔jiàng《广韵》子亮切，去漾，精。〕❶将帅，将领。李白《侍从游宿温泉宫作》：“羽林十二将，罗列应星文。”常衮《代员将军罢战后归故里》：“空余麾下将，犹逐羽林郎。”杨巨源《长城闻笛》：“夜月降羌泪，秋风老将心。”曹松《己亥岁二首》之一：“凭君莫话封侯事，一将功成万骨枯。”❷统率；率领；指挥。杜审言《送崔融》：“君王行出将，书记远从征。”高适《同河南李少尹毕员外宅夜饮作春酒歌》：“前年持节将楚兵，去年留司在东京。”李端《题故将军庄》：“曾将数骑过桑干，遥对单于饬马鞍。”刘禹锡《令狐相公自天平移镇太原以诗申贺》：“北都留守将天兵，出入香街宿禁扃。”

將³ 〔qiāng《集韵》千羊切，平陽，清。〕愿。徐铉《爱敬寺有老僧尝游长安因赠此诗兼示同行客》：“城中无此景，将子剩淹留。”

【將₂士】 军官与士兵，亦泛指全军人员。贾至《燕歌行》：“六军将士皆死尽，战马空鞍归故营。”钱起《同王员外陇城绝句》：“三军版筑脱金刀，黎庶翻惭将士劳。”杜荀鹤《乱后书事寄同志》：“皇泽正沾新将士，侯门不是旧公卿。”

【將才】 犹怀才，有此才华。李涉《送颜觉赴举》：“颜子将才应四科，料量时辈更谁过。”

【將久】 长久。李白《金陵江上遇蓬池隐者》：“共语一执手，留连夜将久。”权德舆《放歌行》：“银烛煌煌夜将久，侍婢金罍泻春酒。”

【將及】 快要到达；将要接近。杜甫《遭田父泥饮美严中丞》：“朝来偶然出，自卯将及酉。”许棠《春夜同厉文学先辈会宿》：“无眠将及曙，多是说山阴。”

【將出】 拿去；拿出来。李白《将进酒》：“呼儿将出换美酒，与尔同销万古愁。”贯休《送卢秀才应举》：“句好慵将出，囊空却不忙。”

【將老】 犹渐老。杜甫《早发射洪县南途中作》：“将老忧贫窭，筋力岂能及。”刘长卿《北归入至德州界偶逢洛阳邻家李光宰》：“炎州日日人将老，寒渚年年水自波。”卢纶《九日同司直九叔崔侍御登宝鸡南楼》：“把菊叹将老，上楼悲未还。”于武陵《洛阳道》“岁暮容将老，雪晴山欲春。”

【將₂臣】 武臣。与儒臣相对。吴融《风雨吟》：“官军扰人甚于贼，将臣怕死唯守城。”

【將₂吏】 泛指文武官员。韩愈《元和圣德诗》：“优赏将吏，扶珪缀组。”白居易《晚兴》：“将吏随衙散，文书入务稀。”朱庆余《早发庐江涂中遇雪寄李侍御》：

“遥知将吏相逢处，半是春城贺雪归。”张蠙《送薛郎中赴江州》：“郡显山川别，衙开将吏新。”

【將休】　养息休歇。李频《自江上入关》：“此名如不得，何处拟将休。”

【將行】　(—xíng)欲行，将要启程。项斯《巴中逢故人》：“以分难相舍，将行且暂留。”李频《自遣》：“永拟东归把钓丝，将行忽起半心疑。”黄滔《江行遇王侍御》：“渡头潮落将行客，天际风高未宿鸿。”

【將₂行】　(—xíng)带领随行。见《汉书·司马相如传》。刘禹锡《寄赠小樊》：“终须买取名春草，处处将行步步随。”白居易《从陕至东京》：“笙歌与谈笑，随分自将行。”

【將何】　何以；用什么。白居易《南园试小乐》：“不饮一杯听一曲，将何安慰老心情。”曹邺《将赴天平职书怀寄翰林从兄》：“开口啖酒肉，将何报相知。”韦庄《春暮》：“不学山公醉，将何自解颐。”贯休《寿春节进大蜀皇帝五首》之五：“今朝献寿将何比，愿似庄椿一万寻。”

【將作】　❶官名。秦始置，称将作少府。汉景帝时，改称将作大匠，职掌宫室、宗庙、陵寝等土木营建。魏晋沿置。南朝梁改称大匠卿，北齐称将作寺大匠。隋改寺为监，唐代因之。张籍有《同将作韦二少监赠水部李郎中》。方干有《酬将作于少监》。❷打算制定，想要制作。秦系《鲍防员外见寻因书情呈赠》：“览镜已知身渐老，买山将作计偏长。”李涉《逢旧二首》之二：“将作乘槎去不还，便寻云海住三山。”

【將作主簿】　官名，将作属官。见《新唐书·百官志三》。权德舆有《送薛十九丈授将作主簿分司东都赋得春草》。

【將身】　❶置身。杜甫《严氏溪放歌行》：“东游西还力实倦，从此将身更何许。”❷以身；把自身。韩愈《游城南十六首·落花》：“已分将身著地飞，那羞践踏损光晖。”李频《春日鄜州赠裴居言》：“虽将身佐幕，出入似闲居。”罗虬《比红儿诗》之八〇：“冯媛须知住汉宫，将身只是解当熊。”孙元晏《咏史诗·齐·潘妃》：“玉儿还有怀恩处，不肯将身嫁小臣。”

【將事】　行事，奉命办事。见《左传·成公十三年》。杨巨源《卢郎中拜陵遇雪蒙见召因寄》：“寒冷出郊犹未得，羡公将事看芳菲。”

【將來】　❶将要到来。韩愈《赠徐州族侄》：“既往怅何及，将来喜还通。”吴融《春寒》：“已过冬疑剩，将来暖未饶。”孙元晏《咏史诗·宋·羊玄保》：“运命将来各有期，好官才阙即思之。”❷未来，指现在以后的时间。杜甫《八哀诗·故司徒李公光弼》：“直笔在史臣，将来洗箱箧。”吴筠《高士咏·玄晏先生》：“薄葬信昭俭，可为将来则。”杜荀鹤《下第出关投郑拾遗》：“更卜深知意，将来拟荐谁。”❸取来；带来；拿来。韦应物《咏露珠》：“将来玉盘上，不定始知圆。”张籍《昆仑儿》：“昆仑家住海中州，蛮客将来汉地游。”李商隐《漫成三首》之一：“远把龙山千里雪，将来拟并洛阳花。”庞蕴《杂诗》：“空拳只是婴儿信，岂得将来诳老夫。”❹犹下来，起来。助词，用于复合动词后。乔知之《折杨柳》：“可怜濯濯春杨柳，攀折将来就纤手。”蒋贻恭《咏金刚》：“扬眉斗目恶精神，捏合将来恰似真。”

【將明】　谓人臣奉行王命，明辨国事。见《诗·大雅·烝民》。孟郊《戏赠无本》：“将明文在身，亦尔道所存。”

【將命】　❶奉命；受命。见《仪礼·聘礼》。张九龄《登南岳事毕谒司马道士》：“将命祈灵岳，回策诣真士。”杜甫《惜别行送向卿进奉端午御衣之上都》：“向卿将命寸心赤，青山落日江潮白。”窦牟《早赴临台立马待漏口号寄弟群》：“伏奏徒将命，周行自引才。”皮日休《正乐府十篇·哀陇民》：“将命提雕笼，直到金台前。”❷传命。见《礼记·少仪》。秦系《献薛仆射》序：“秦系右卫率府仓曹参军，意所不欲，以疾辞免。因将命者，辄献斯诗。”

【將₂門】　将帅家门。王维《李陵咏》：“汉家李将军，三代将门子。”岑参《送张献心充副使归河西杂句》：“将门子弟君独贤，一从受命常在边。”

【將₂門胜霍】　谓出身名将门第。霍，指霍去病。汉武帝时，霍去病多次从卫青击匈奴，屡建战功。见《史记·卫将军骠骑将军列传》。钱起《陪南省诸公宴殿中李监宅》：“将门高胜霍，相子宠过韦。”

【將近】　犹接近。卢殷《仲夏寄江南》：“五月行将近，三年客未回。”李频《临岐留别相知》：“行行将近老，处处不离愁。”

【將迎】　❶迎接。魏征《五郊乐章·舒和》：“御征乘宫出郊甸，安歌率舞递将迎。”❷送往迎来。权德舆《徐孺亭马上口号》序：“贞元初，余为是邦从事，每将迎郊劳，多经是间。”刘禹锡《游桃源一百韵》：“居人互将迎，笑语如平昔。”

【將₂卒】　军官与士兵。王珪《咏汉高祖》：“虮虱生介胄，将卒多苦辛。”孙元晏《咏史诗·陈·宣帝伤将卒》：“当时将卒应知感，况得君王为举哀。”

【將底】　犹“将何”。向什么。顾况《别江南》：“将底求名宦，平生但任真。”

【將₂相】　(—xiàng)❶将帅和丞相。杜甫《八哀诗·赠左仆射郑国公严公武》：“开口取将相，小心事友生。”王建《送裴相公上太原》：“还携堂印向并州，将相兼权是武侯。”张籍《田司空入朝》：“西来将相位兼雄，不与诸君觐礼同。”刘禹锡《洛中逢白监同话游梁之乐因寄宣武令狐相公》：“少有一身兼将相，更能四面占文章。”❷泛指文武大臣。陈元光《太母魏氏半径题石》：“系牒公侯裔，悬弧将相儿。”张九龄《送赵都护赴安西》：“将相有更践，简心良独难。”殷尧藩《帝京二首》之二：“英雄尽入江东籍，将相多收蓟北功。”牛希济《奉诏赋蜀主降唐》：“非干将相扶持拙，自是君臣数尽年。”

【將₂星】 古人认为人间将相等官职与天上星宿相应，将星即象征大将的星宿。见《隋书·天文志上》。张说《送王晙自羽林赴永昌令》：“将星移北洛，神雨避东京。”岑参《送张郎中赴陇右觐省卿公》：“还家卿月迥，度陇将星高。”杨巨源《和大夫边春呈长安亲故》：“旌旆朝天不知晚，将星高处近三台。”方干《王将军》：“将星依旧当文座，应念愚儒命未通。”

【將₂帥】 将领。杜甫《有感五首》之一：“将帅蒙恩泽，兵戈有岁年。”又《奉寄高常侍》：“今日朝廷须汲黯，中原将帅忆廉颇。”

【將爲】 同“將謂”。李贺《相劝酒》：“尧舜至今万万岁，数子将为倾盖间。”崔涂《东晋》：“五陵豪侠笑为儒，将为儒生只读书。”韩熙载《感怀诗二章》之二：“未到故乡时，将为故乡好。”

【將₂軍】 ❶武官名。春秋时诸侯以上卿为中军统帅，因而有将军之称。战国时始为武官名。汉置大将军、骠骑将军。参见《通典·职官十》《旧唐书·职官志一》。太宗《饮马长城窟行》：“都尉反龙堆，将军旋马邑。”李白《送羽林陶将军》：“将军出使拥楼船，江上旌旗拂紫烟。”韩愈《晋公破贼回重拜台司以诗示幕中宾客愈奉和》：“将军旧压三司贵，相国新兼五等崇。”李商隐《旧将军》：“日暮灞陵原上猎，李将军是故将军。”❷泛指高级将领，或对军官之尊称。崔国辅《从军行》：“夜里偷道行，将军马亦瘦。”戎昱《塞上曲》：“山头烽子声声叫，知是将军夜猎还。”韦元甫《木兰歌》：“将军得胜归，士卒还故乡。”张蠙《吊万人冢》：“可怜白骨攒孤冢，尽为将军觅战功。”

【將₂軍一箭歌】 指唐左龙武将军鄜坊节度观察使王栖曜射事。见《册府元龟·总录部·善射》。后用以喻战功。李商隐《街西池馆》：“太守三刀梦，将军一箭歌。”

【將₂軍令】 将军之命令。元稹《内状诗寄杨白二员外》：“冲街不避将军令，跋敕兼题宰相名。”

【將₂軍西第】 指东汉大将军梁冀在京城西兴建之第宅。见《后汉书·梁冀传》。后因以喻贵族官僚之骄奢淫逸。杜审言《春日京中有怀》：“公子南桥应尽兴，将军西第几留宾。”杜甫《暮秋枉裴道州手札率尔遣兴寄近呈苏涣侍御》：“无数将军西第成，早作丞相东山起。”

【將₂軍死杜郵】 指秦将白起被赐死，自杀于杜邮。见《史记·白起王翦列传》。汪遵《杜邮馆》：“功成若解求身退，岂得将军死杜邮。”

【將₂軍虎】 指怪石。见《史记·李将军列传》。王感化《题怪石》：“草中误认将军虎，山上曾为道士羊。”

【將₂軍佩】 传说汉贰师将军李广利拔佩刀刺山而飞泉出。见《后汉书·耿恭传》。杜甫《信行远修水筒》：“讵要方士符，何假将军盖。”

【將₂軍笛】 用晋右军将军善吹笛事。见《晋书·桓伊传》。杜牧《街西长句》：“一曲将军何处笛，连云芳草日初斜。”

【將₂軍箭】 谓射技高超。见《隋书·史万岁传》。章孝标《咏弓》：“较量武艺论勋庸，曾发将军箭落鸿。”温庭筠《猎骑辞》：“蚕饥使君马，雁避将军箭。”

【將₂軍換馬】 将军乘马作战，为避免被敌人杀伤，不愿乘醒目的白。见《淮南子·说山训》。后用作将军作战之典。杜甫《日暮》：“将军别换马，夜出拥雕弋。”

【將₂軍畫廚】 喻收藏名画书史。见《晋书·顾恺之传》。温庭筠《病中书怀呈友人》：“内史书千卷，将军画一厨。”

【將₂軍樹】 出《后汉书·冯异传》。后因以“将军树”称美武将建立功勋。王昌龄《从军行二首》之一：“虽投定远笔，未坐将军树。”杜甫《过宋员外之问旧庄》：“更识将军树，悲风日暮多。”赵嘏《陪韦中丞宴扈都头花园》：“寻花偶坐将军树，饮水方重刺史天。”

【將₂員】 高级武官。张祜《戊午年感事书怀二百韵谨寄李尚书》：“战伐穷蕃域，英雄是将员。”

【將₂校】 （—xiào）高级武官的通称。司空曙《送王使君赴太原拜节度副使》：“出关逢将校，下岭拥戈矛。”元稹《遭风二十韵》：“紫衣将校临船问，白马君侯傍柳来。”陈陶《圣帝击壤歌四十声》：“英星垂将校，神岳诞忠良。”

【將息】 ❶休息，调养。卢纶《王评事驸马花烛诗》：“为报司徒好将息，明珠解转又能圆。”王建《寄刘蕡问疾》：“年少病多应为酒，谁家将息过今春。”白居易《偶咏》：“身闲当将息，病亦有心情。”❷保重。薛能《送人自苏州之长沙县官》：“炎方好将息，卑湿旧堪忧。”

【將家】 携带家眷。元结《忝官引》：“将家瀛海滨，自弃同刍粪。”又《贼退示官吏》：“将家就鱼麦，归老江湖边。”

【將₂家】 将门；将帅人家。李益《边思》：“莫笑关西将家子，只将诗思入凉州。”李涉《邠州词献高尚书三首》之二：“将家难立是威声，不见多传卫霍名。”周昙《咏史诗·六朝门·前凉张轨》：“益信用贤由拔擢，穰苴不是将家生。”

【將₂略】 用兵的谋略。李峤《安辑岭表事平罢归》：“绛宫韬将略，黄石寝兵符。”岑参《送王著作赴淮西幕府》：“早年抱将略，累岁依幕中。”刘禹锡《韩信庙》：“将略兵机命世雄，苍黄钟室叹良弓。”韦庄《闻官军继至未睹凯旋》：“已有孔明传将略，更闻王导得神机。”

【將₃進酒】 汉乐府《铙歌》十八曲之一。见《乐府诗集·鼓吹曲辞一·将进酒》宋郭茂倩题解。李白、李贺皆有《将进酒》。

【將期】 ❶犹将必。李白《闻李太尉大举秦兵百万出征东南留别金陵崔侍御十九韵》：“愿雪会稽耻，将期报恩荣。”韦建《河中晚霁》：“肯念客衣薄，将期永投袂。”杜甫《敬赠郑谏议十韵》：“将期一诺重，欻使寸心倾。”❷想要期待。温庭筠《病中书怀呈友人》：“适与群英集，将期善价沽。”

【將朝贈言】 出《左传·成公十五年》。后因以“将朝赠言”称美夫人贤德。王维《故南阳夫人樊氏挽歌》：“将朝每赠言，入室还相敬。”

【將閒】 将息，休闲。刘禹锡《酬乐天闲卧见寄》：“散诞向阳眠，将闲敌地仙，”

【將欲】 将要；打算。李白《赠汪伦》：“李白乘舟将欲行，忽闻岸上踏歌声。”又《入彭蠡经松门观石镜书游览之志》：“将欲继风雅，岂徒清心魂。”杜甫《投赠哥舒开府二十韵》：“防身一长剑，将欲倚崆峒。”

【將₂將】 （—jiàng）驾驭将领。贯休《大蜀皇帝寿春节进尧铭舜颂二首·尧铭》：“汉高将将，太宗兵柄。”引申为指挥作战。陆龟蒙《寄远》：“中原犹将将，何日重卿卿。”

【將閭仰天】 指秦公子将闾含冤自杀事。见《史记·秦始皇本纪》。李瀚《蒙求》：“将闾仰天，王凌呼庙。”

【將養】 调养；养息。白居易《二月一日作赠韦七庶子》：“去冬病疮痏，将养遵医术。”李商隐《骄儿诗》：“诛赦两未成，将养如痼疾。”

【將₂壇】 将帅的指挥或阅兵台。羊士谔《西川独孤侍御见寄七言四韵一首诚乖拙速》：“百雉层城上将坛，列营西照雪峰寒。”韩愈《同李二十八夜次襄城》：“印绶归台室，旌旗别将坛。”白居易《寄太原李相公》：“绮罗二八围宾榻，组练三千夹将坛。”皮日休《寄毗陵魏处士朴》：“一堆方册为侯印，三级幽岩是将坛。”

【將謂】 以为；认为。刘商《胡笳十八拍·第一拍》：“纱窗对镜未经事，将谓珠帘能蔽身。”张又新《牡丹》：“牡丹一朵值千金，将谓从来色最深。”罗隐《焚书坑》：“祖龙算事浑乖角，将谓诗书活得人。”颜仁郁《农家》：“时人不识农家苦，将谓田中谷自生。”见“将爲”。

【將龍逐虎】 道家丹诀以龙虎指水火。因以“将龙逐虎”指炼丹。见《参同契》卷上。曹邺《寄嵩阳道人》：“将龙逐虎神初王，积火焚心气渐清。”

【將₂禮】 将帅的礼仪。苏颋《同饯阳将军兼源州都督御史中丞》：“将礼登坛盛，军容出塞华。”

【將歸】 ❶持归；拿回去。孟浩然《早梅》：“少妇曾攀折，将归插镜台。”王昌龄《越女》：“将归问夫婿，颜色何如妾。”陆龟蒙《松石晓景图》：“将归与说文通后，写得松江岸上秋。”❷将要归去；想要回到。岑参《送崔全被放归都觐省》：“楚王犹自惑，宋玉且将归。”戴叔伦《广陵送赵主簿自蜀归绛州宁觐》：“将归汾水上，远省锦城来。”韩愈《病中赠张十八》：“将归乃徐谓，子言得无哤。”陆畅《送独孤秀才下第归太白山》：“逸翮暂时成落羽，将归太白赏灵踪。”

【將歸操】 古琴曲名。琴曲十二操之一。见《乐府诗集·琴曲歌辞二·将归操》题解。韩愈有《琴操十首·将归操》。

【將雛】 ❶带领幼禽。独孤及《官渡柳歌送李员外承恩往扬州觐省》：“双凤并两翅，将雏东南飞。”权德舆《璩授京兆府参军戏书以示兼呈独孤郎》：“老牛还舐犊，凡鸟亦将雏。”李商隐《凤》：“新春定有将雏乐，阿阁华池两处栖。”吴融《赠李长史歌》：“紫凤将雏叫山月，玄兔丧子啼江春。”❷指携带年幼的子女。杜甫《清明二首》之二：“十年蹴踘将雏远，万里秋千习俗同。”柳宗元《重赠二首》之一：“闻道将雏向墨池，刘家还有异同词。”❸指《将雏曲》。严维《咏孩子》：“将雏有旧曲，还入武城弦。”

【將雛曲】 指古曲《凤将雏》。见《晋书·乐志下》。后用以咏父母携带年幼子女的情景。骆宾王《艳情代郭氏答卢照邻》：“思君欲上望夫台，端居懒听将雏曲。”张昌宗《太平公主山亭侍宴》：“扇掩将雏曲，钗承堕马鬟。”杜甫《同豆卢峰知字韵》：“倡和将雏曲，田翁号鹿皮。”

十三画

牆 〔qiáng《广韵》在良切，平陽，從。〕房屋、院落、城邑等的四面。多为土筑或砖砌而成，垂直于地面。杜甫《壮游》：“气劘屈贾垒，目短曹刘墙。”白居易《秦中吟十首·伤宅》：“丰屋中栉比，高墙外回环。”姚合《酬薛奉礼见赠之作》：“诗成客见书墙和，药熟僧来就鼎分。”罗隐《桃花》：“数枝艳拂文君酒，半里红欹宋玉墙。”引申为门下。见“牆屏”。

【牆匡】 围墙；墙垣。郑谷《再经南阳》：“寥落墙匡春欲暮，烧残官树有花开。”韦庄《长安旧里》：“满目墙匡春草深，伤时伤事更伤心。”徐夤《东京次新安道中》：“贼去兵来岁月长，野蒿空满坏墙匡。”

【牆衣】　墙上的苔藓。钱起《郎员外见寻不遇》：“更怜垂露迹，花里点墙衣。”白居易《营闲事》：“暖变墙衣色，晴催木笔花。”章孝标《题碧山寺塔》：“萦砌乳泉梳石发，滴松银露洗墙衣。”

【牆宇】　房屋。杜甫《课伐木》：“墙宇资屡修，衰年怯幽独。”

【牆花】　种植在墙边或攀缘在墙上的花卉。元稹《酬翰林白学士代书一百韵》：“山岫当街翠，墙花拂面枝。”罗隐《寒食日早出城东》：“禁柳疏风雨，墙花拆露鲜。”

【牆角】　两堵墙相接处的凹角或其近处。白居易《早寒》：“黄叶聚墙角，青苔围柱根。”

【牆東】　《后汉书·逸民·逢萌传》：“君公遭乱独不去，侩牛自隐。时人谓之论曰：‘避世墙东王君公。’”后以“墙东”指隐居之地。王维《登楼歌》：“执戟疲于下位，老夫好隐兮墙东。”

【牆東隱】　指隐而不仕之人。李端《晚春过夏侯校书值其沉醉戏赠》：“本是墙东隐，今为瓮下仙。”见“牆東”。

【牆垣】　墙壁。储光羲《同王十三维哭殷遥》：“四邻尽桑柘，咫尺开墙垣。”李益《过马嵬二首》之一：“路至墙垣问樵者，顾予云是太真宫。”韩愈《南山诗》：“闾阎树墙垣，巘巘驾库厩。”姚合《题金州西园九首·垣竹》：“穷秋雨萧条，但见墙垣长。”

【牆柳】　墙边之柳。白居易《天宫阁早春》：“林莺何处吟筝柱，墙柳谁家晒曲尘。”

【牆屋】　房屋。白居易《浔阳三题·湓浦竹》：“剖劈青琅玕，家家盖墙屋。”

【牆屏】　门下。韩愈《示儿》：“跹跹媚学子，墙屏日有徒。”

【牆根】　墙脚，墙壁下部以及地面近墙处。白居易《早春》：“满庭田地湿，荠叶生墙根。”又《宅西有流水偶题五绝句》之一：“家家抛向墙根底，唯我栽莲越小楼。”

【牆隅】　墙角。张籍《雨中寄元宗简》：“街径多坠果，墙隅有蜕蜩。”吴融《平望蚊子二十六韵》：“蚊蚋是阴物，夜从喧墙隅。”

【牆陰】　墙的阴暗处或阴影处。岑参《题山寺僧房》：“窗影摇群木，墙阴载一峰。”李群玉《长沙开元寺昔与故长林许侍御题松竹联句》：“墙阴数行字，怀旧惨伤情。”韩偓《赠渔者》：“城方四面墙阴直，江阔中心水脉坳。”

【牆墉】　墙壁。白居易《凶宅》：“风雨坏檐隙，蛇鼠穿墙墉。”

【牆頭】　❶围墙的上端。杜甫《夏日李公见访》：“墙头过浊醪，展席俯长流。”聂夷中《公子行二首》之二：“花树出墙头，花里谁家楼。”韩偓《残花》：“树底草齐千片净，墙头风急数枝空。”张蠙《夏日题老将林亭》：“墙头细雨垂纤草，水面回风聚落花。”❷墙边。杜甫《羌村》之一：“邻人满墙头，感叹亦歔欷。”

【牆頭花】　唐教坊曲，《东府诗集》归杂曲歌辞。因所见墙头之花，以兴墙内之人。五言，四句，二十字，二仄韵。传辞如五古，一、三两句多以仄起。张祜有《墙头花二首》。

【牆頭馬上】　白居易《新乐府·井底引银瓶》：“墙头马上遥相顾，一见知君即断肠。”后遂以墙头马上为男女相爱之典。

【牆壁】　砖、石或土等筑成的屏障或外围。杜甫《通泉县署壁后薛少保画鹤》：“曝露墙壁外，终嗟风雨频。”张籍《九华观看花》：“花里可怜池上景，几重墙壁贮春风。”姚合《买太湖石》：“碧光入四邻，墙壁难蔽遮。”韦縠《市中狂吟》：“墙壁作散土一堆，主人翁永不来归。”

【牆藩】　围墙和篱笆。刘禹锡《令狐相公见示赠竹二十韵仍命继和》：“犹复隔墙藩，何因出尘滓。”

片　部

片〔piàn《广韵》薄麵切，去霰，滂。〕❶指扁而薄的物体。李白《晓晴》："零落残云片，风吹挂竹溪。"白居易《太湖石》："削成青玉片，裁断碧云根。"张祜《公子行》："轻将玉杖敲花片，旋把金鞭约柳枝。"齐己《秋兴寄胤公》："试裂芭蕉片，题诗问竺卿。"❷微小；微少。引申为短暂。张籍《水》："势引长云阔，波轻片雪连。"马戴《落日怅望》："孤云与归鸟，千里片时间。"司空图《客中重九》："楚老相逢泪满衣，片名薄宦已知非。"齐己《寄武陵道友》："何当见招我，乞与片生涯。"❸量词。(1)用于扁而薄的物体。韦应物《寇季膺古刀歌》："厌见今时绕指柔，片锋折刃犹堪佩。"孟郊《有所思》："古镇刀攒万片霜，寒江浪起千堆雪。"白居易《眼病二首》之一："散乱空中千片雪，蒙笼物上一重纱。"何仲举《李皋试诗》："可怜两片木，夹却一枝花。"(2)用于面积、范围较大的东西。钱起《登胜果寺南楼雨中望严协律》："孤村凝片烟，去水生远白。"常衮《咏冬瑰花》："丽日千层艳，孤霞一片光。"孟郊《西上经灵宝观》："一片古关路，万里今人行。"张祜《樱桃》："斜日庭前风袅袅，碧油千片漏红珠。"(3)用于情感等抽象的东西。孟浩然《送告八从军》："男儿一片气，何必五车书。"吕温《送段九秀才归澧州》："寸义薄联组，片诚敌兼金。"杨巨源《雪中听筝》："谁怜楚客向隅时，一片愁心与弦绝。"黄滔《寄怀南北故人》："秋风昨夜落芙蕖，一片离心到外区。"

【片子】　一点点；少量。张鷟《游仙窟·益州新样锦留赠五娘》："今留片子信，可以赠佳期。"

【片片】　一片一片；每一片。寒山《诗三百三首》之二六三："松月飕飕冷，云霞片片起。"戴叔伦《过柳溪道院》："日斜深巷无人迹，时见梨花片片飞。"赵嘏《秋日吴中观贡藕》："叶乱田田绿，莲余片片红。"贯休《夜对雪寄杜使君》："片片含天意，纷纷势莫拘。"

【片月】　❶弦月。法振《月夜泛舟》："西塞长云尽，南湖片月斜。"雍陶《送徐山人归睦州旧隐》："秋风钓艇遥相忆，七里滩西片月新。"刘沧《洛神怨》："停车绮陌傍杨柳，片月青楼落未央。"❷一片月光。岑参《宿岐州北郭严给事别业》："疏钟入卧内，片月到床头。"王周《赠怤师》："水中有片月，照耀婵娟姿。"张子明《孤雁》："忆伴几回思片月，蜕翎多为系繁霜。"

【片文】　短文。谦称自己的诗文。李郢《阙下献杨侍郎》："赢马未曾谙道路，片文谁为达公卿。"

【片心】　犹言寸心。严维《送少微上人东南游》："片心应为法，万里独无言。"颜真卿《五言夜集联句》："兹夕无尘虑，高云共片心。"郑准《代寄边人》："片心因卜解，残梦过桥惊。"无名氏《感蘽草初生》(外编上)："春色纵芳菲，片心终郁怏。"

【片水】　小面积的水面。姚合《咏破屏风》："残雪飞屋里，片水落床头。"吴融《和集贤相公西溪侍宴观竞渡》："片水耸层桥，祥烟霭庆霄。"

【片玉】　❶一片玉石。张聿《圆灵水镜》："影散微波上，光含片玉悬。"护国《许州郑使君孩子》："毛骨贵天生，肌肤片玉明。"叶季良《赋得琢玉成器》："片玉寄幽石，纷纶当代名。"聂夷中《古兴》："片玉一尘轻，粒粟山丘重。"❷喻群贤之一。孟浩然《送崔遏》："片玉来夸楚，治中作主人。"卢纶《秋晚河西县楼送浑中允赴朝阙》："芳兰生贵里，片玉立清朝。"元稹《送崔侍御之岭南二十韵》："联游亏片玉，洞照失明鉴。"崔轩《和主司王起》："国器旧知收片玉，朝宗转觉集登瀛。"

【片札】　简短的书信。吴筠《高士咏·鲁仲连》："一言却秦围，片札降聊城。"

【片石】　❶孤石；一块石头。权德舆《寄李衡州》："片石丛花画不如，庇身三径岂吾庐。"鱼玄机《遣怀》："丛篁堪作伴，片石好为俦。"赵嘏《送滕迈郎中赴睦州》："诗寻片石依依晚，帆挂孤云杳杳轻。"陆龟蒙《秋日遣怀十六韵寄道侣》："片石聊当枕，横烟欲代帘。"❷指石碑。晋羊祜乐山水，每遇佳日必登岘山置酒，言咏终日不倦。死后，襄阳百姓于岘山羊祜游憩之所建庙立碑，岁时享祭，望其碑者，莫不流泪，人称"堕泪碑"。见《晋书·羊祜传》。李白《襄阳歌》："君不见晋朝羊公一片石，龟头剥落生莓苔。"刘长卿《朱放自杭州与故里相使君立碑回因以奉简吏部杨侍郎制文》："片石羊公后，凄凉江水滨。"高适《观李九少府翥树宓子贱神祠碑》："片石勿谓轻，斯言固难穷。"

【片帆】　孤舟。李颀《送山阴姚丞携妓之任兼寄苏少府》："都门数骑出，河口片帆举。"权德舆《晚度扬子江却寄江南亲故》："远岫有无中，片帆风水上。"曹邺《旅次岳阳寄京中亲故》："身逐片帆归楚泽，魂随流水向秦川。"孟贯《春江送人》："数雁别湓浦，片帆离洞庭。"

【片衣】 用布片拼缀而成的僧衣。张祜《题灵隐寺师一上人十韵》:“片衣闲自衲,单食老长斋。”

【片池】 小面积的池塘。孟郊《赠苏州韦郎中使君》:“萍蘋一浪草,菰蒲片池荣。”

【片志】 微志。谦称自己的志向。滕志胤《赠僧》:“卓立不求名出家,长怀片志在青霞。”

【片言】 简短的语言或文字。李白《赠从兄襄阳少府皓》:“所以陈片言,片言贵情通。”任华《寄李白》:“倘能报我一片言,但访任华有人识。”章孝标《初及第归酬孟元翊见赠》:“未有片言惊后辈,不无惭色见同人。”罗隐《咏史》:“未必片言资国计,只应邪说动人心。”

【片言如山】 谓言少而意义重大。高适《行路难二首》之一:“黄金如斗不敢惜,片言如山莫弃捐。”

【片言隻字】 少量的文字。贯休《行路难》之四:“或偶因片言只字登第光二亲,又不能献可替否航要津。”

【片雨】 ❶阵雨。局部地区降落的雨。岑参《缑山西峰草堂作》:“片雨下南涧,孤峰出东原。”李端《晚游东田寄司空曙》:“片雨无妨景,残虹不映天。”皎然《夏日登观农楼和崔使君》:“片雨拂檐楹,烦襟四坐清。”❷微雨。朱庆余《送浙东周判官》:“蝉鸣远驿残阳树,鹭起湖田片雨秋。”齐己《寻阳道中作》:“云疏片雨歇,野阔九江流。”❸指飞溅的瀑流。岑参《登嘉作》:“回风吹虎穴,片雨当龙湫。”

【片段】 整体中的部分。杜牧《朱坡》:“洞云生片段,苔径缭高低。”李郢《冬至后西湖泛舟看断冰偶成长句》:“崖崩苇岸纵横散,篙蹙兰舟片段随。”吴融《鲛绡》:“云供片段月供光,贫女寒机枉自忙。”子兰《赠行脚僧》:“片段云随体,稀疏雪满头。”

【片時】 片刻。寒山《诗三百三首》之八五:“心未片时歇,奔突如烟气。”岑参《春梦》:“枕上片时春梦中,行尽江南数千里。”温庭筠《过潼关》:“片时无事溪泉好,尽日凝眸岳色秋。”齐己《卖松者》:“宁同买花者,贵逐片时春。”

【片晌】 片刻。吕岩《酹江月》:“片晌功夫,霎时丹聚。”

【片席】 片帆;孤舟。许浑《九日登樟亭驿楼》:“鲈鲙与莼羹,西风片席轻。”许棠《江上行》:“片席随高鸟,连天积浪间。”

【片陽】 一片阳光。灵一《题东兰若》:“更惜片阳谈妙理,归时莫待暝钟催。”

【片雲】 极少的云;孤云。杜甫《野老》:“长路关心悲剑阁,片云何意傍琴台。”武元衡《立秋日与陆华原于县界南馆送邹十八》:“风入昭阳池馆秋,片云孤鹤两难留。”杜牧《送薛种游湖南》:“怜君片云思,一去绕潇湘。”王周《会哙岑山人》:“略坐移时又分别,片云孤鹤一枝筇。”

【片愧】 些微的羞愧。王昌龄《行路难》:“美酒千钟犹可尽,心中片愧何可论。”

【片善】 微小的长处或优点。李白《东武吟》:“天书美片善,清芬播无穷。”薛据《怀哉行》:“一言并拜相,片善咸居台。”朱庆余《叙吟》:“未能酬片善,难更免孤吟。”贯休《咏竹根珓子》:“不缘怀片善,岂得近馨香。”

【片禄】 微薄的俸禄。韩愈《赠徐州族侄》:“一名虽云就,片禄不足充。”李中《怀庐岳旧游寄刘钧因感鉴上人》:“各拘片禄寻分别,高谢浮名竟未能。”

【片辭】 简短的言词或文字。李白《经乱离后忆旧游书怀赠江夏韦太守良宰》:“片辞贵白璧,一诺轻黄金。”李商隐《赠送前刘五经映三十四韵》:“片辞褒有德,一字贬无良。”

【片議】 简短的议论。卢象《杂诗二首》之二:“死生在片议,穷达由一言。”刘长卿《按覆后归睦州赠苗侍御》:“一言知己重,片议杀身轻。”

【片歡】 短暂的欢乐。梁锽《七夕泛舟》:“片欢秋始展,残梦晓翻催。”

四 画

版 〔bǎn《广韵》布绾切,上潸,幫。〕❶供建筑或其他使用的木板。杜甫《阻雨不得归瀼西甘林》:“坏舟百版坼,峻岸复万寻。”李咸用《石版》:“不磨如版平,大巧非因力。”亦泛指物之扁平者。李白《自广平乘醉走马六十里至邯郸登城楼览古书怀》:“诸贤没此地,碑版有残铭。”杜甫《八哀诗·赠秘书监江夏李公邕》:“干谒走其门,碑版照四裔。”❷筑土墙用的夹板。见“版築❶”。❸指版筑的工事。见“版築❷”。❹牍。古代书写用的木简。见“版牘”。❺朝笏。即手板。韩翃《送李司直赴江西使幕》:“敛版辞汉廷,进帆归楚幕。”张蠙《次韵和友人冬月书斋》:“象版签书帙,蛮藤络酒瓢。”

【版亂】 义同“版蕩”。贯休《东阳罹乱后怀王慥使君五首》之二:“天意岂应容版乱,人心都改太凋讹。”

【版圖】 ❶疆域。白居易《自到郡斋偷闲走笔题二十四韵兼寄常州贾舍人湖州崔郎中仍呈吴中诸客》:“版图十万户,兵籍五千人。”❷地图。柳宗元《咏荆轲》:“函首致宿怨,献田开版图。”

【版蕩】 亦作“板蕩”。《诗·大雅》有《板》《荡》两篇,皆言周厉王无道,致使天下不宁。后因以“版荡”指社会动荡不安。吴筠《览古十四首》之一四:“汉氏方版荡，群阉恣邪谲。”

【版齒】 即板齿。门牙。杜甫《戏赠友二首》之一：“一朝被马踏，唇裂版齿无。”

【版築】 ❶版和筑，本为两种筑土墙的工具，故后以“版築”指筑土墙。即用两版相夹，填泥其中，以杵捣实成墙。相传商代贤者傅说筑于傅岩，武丁用以为相。见《书·说命上》。李白《冬夜醉宿龙门觉起言志》：“傅说版筑臣，李斯鹰犬人。”杜甫《泥功山》：“泥泞非一时，版筑劳人工。”钱起《同王员外陇城绝句》：“三军版筑脱金刀，黎庶翻惭将士劳。”李咸用《寄题从兄坤载村居》：“说与众佣同版筑，吕将群叟共磻溪。”❷指土墙之类的工事或围墙等。沈佺期《咸阳览古》：“版筑林光尽，坛场雷听疏。”李频《赋得长城斑竹杖》：“秦兴版筑时，剪伐不知谁。”罗邺《新安城》：“但将死节酬尧禹，版筑无劳寇已平。”唐尧客《大梁行》：“版筑有陈迹，歌吹无遗声。”

【版輿】 一种木制的轻便坐车。罗隐《送丁明府赴紫溪任》：“栾公社在怜乡树，潘令花繁贺版舆。”

【版牘】 古代书写用的薄木片。刘禹锡《国学新修五经壁歌》序：“乃析坚木负墉而庇之，其制如版牍而高广，其平如粉泽而洁滑。”

【版籍】 户口册。贾岛《送南康姚明府》：“版籍多迁客，封疆接洞田。”

八　画

牋 〔jiàn《广韵》则前切，平光，精。〕❶表文之一种。魏晋以后，多用以上皇后、太子及诸王。杜甫《八哀诗·故右仆射相国张公九龄》：“绮丽玄晖拥，笺诔任昉骋。”皮日休《苦雨杂言寄鲁望》：“豪华满眼语不信，不如直上天公笺。”❷泛指书信。韩愈《月蚀诗郊玉川子作》：“寄笺东南风，天门西北祈风通。”张仲素《春游曲三首》之二：“林间踏青去，席上寄笺来。”❸纸张。杜甫《秋日夔府咏怀奉寄郑监李宾客一百韵》：“远游凌绝境，佳句染华笺。”刘禹锡《乐天寄忆旧游因作报白君以答》：“酒酣襞笺飞逸韵，至今传在人人口。”姚合《喜览裴中丞诗卷》：“蜀笺方入写，越客始消吟。”齐己《寄敬亭清越》：“鼎尝天柱茗，诗硾剡溪笺。”

【牋天】 行文以祭告上天。陆龟蒙《奉酬袭美苦雨见寄》：“初悲湿翼何由起，末欲笺天叩天耳。”

【牋札】 书信；公文。赵冬曦《奉和圣制送张说上集贤学士赐宴赋得莲字》：“笺札来宸禁，衣冠集诏筵。”

【牋花】 喻指美妙的诗文。李元纮《奉和圣制送张说上集贤学士赐宴》：“馔玉趋丹禁，笺花降紫墀。”

【牋奏】 书札；奏章。陆龟蒙《寄淮南郑宝书记》：“炀帝帆樯留泽国，淮王笺奏入班书。”

【牋草】 文书的草稿。章孝标《蜀中上王尚书》：“丁香风里飞笺草，邛竹烟中动酒钩。”

【牋紙】 用于写信、题写诗文的特制纸张。白居易《写新诗寄微之偶题卷后》：“写了吟看满卷愁，浅红笺纸小银钩。”李商隐《送崔珏往西川》：“浣花笺纸桃花色，好好题诗咏玉钩。”段成式有《寄湿飞卿笺纸》。鲍溶《寄王璠侍御求蜀笺》：“蜀川笺纸彩云初，闻说王家最有余。”

【牋麻】 泛指精美纸张。李白《草书歌行》：“笺麻素绢排数厢，宣州石砚墨色光。”

【牋墨】 纸和墨。吴融《木笔花》：“谁与诗人偎槛看，好于笺墨并分题。”

【牋翰】 书翰。李贺《秋凉诗寄正字十二兄》：“弟兄谁念虑，笺翰既通达。”

【牋藤】 指越中以青藤为原料制成的纸张。元稹《纪怀赠李六户曹崔二十功曹五十韵》：“荣班联锦绣，谏纸赐笺藤。”

【牋簡】 文书。韦应物《送陆侍御还越》：“敬恭尊郡守，笺简具州民。”

牌 〔pái《广韵》薄佳切，平佳，並。又步階切，平階，並。〕❶古时官府用作标志或告示用的板子。张籍《蛮州》：“一山海上无城郭，唯见松牌记象州。”❷古时官府用作凭证的小木板或金属板。李贺《河阳歌》：“今日见银牌，今夜鸣玉譙。”叶葱奇疏注引曾益注：“唐官妓佩银牌，刻名其上。”王建《赠胡涎将军》：“朱牌面上分官契，黄纸头边押敕符。”

【牌纛】 用作仪仗的金牌和大旗。王建《朝天词十首寄上魏博田侍中》之三：“隔月太常先习乐，金书牌纛彩云中。”

九　画

牒 〔dié《广韵》徒協切，入帖，定。〕❶表册。白居易《新乐府·新丰折臂翁》：“是时翁年二十四，兵部牒中有名字。”李商隐《行次西郊作一百韵》：“夜半军牒来，屯兵万五千。”❷授予官职的文书。孟浩然《送袁太祝尉豫章》：“随牒牵黄绶，离群会墨卿。”钱起《送李兵曹赴河中》：“休命且随牒，候时常振缨。”权德舆《春送十四叔赴任渝州录事绝句》：“随牒忽离南北巷，解巾都吏有清风。”胡宿《赵宗道归辇下》：“沿牒相逢楚水湄，竹林文酒此攀嵇。”❸官府文书的一种。元结《舂陵行》序：“到官未五十日，承诸使征求符牒二百余封，皆曰：失其限者罪至贬削。”袁高《茶山诗》：“阴岭芽未吐，使者牒已频。”白居易《新乐府·杜陵叟》："昨日里胥方到门，手持尺牒榜乡村。"❹呈文。张籍《早春病中》："多申请假牒，只送贺官书。"❺行文；发文。李翱《断僧通状》："量决十下，牒出东界。"❻泛称书籍。韩愈《送侯参谋赴河中幕》："收绩开史牒，翰飞逐溟鹏。"杜牧《赠李处士长句四韵》："玉函怪牒锁灵篆，紫洞香风吹碧桃。"❼科举考试中第者名单。张籍《喜王起侍郎放牒》："二十八人初上牒，百千万里尽传名。"❽纸。王勃《春日宴乐游园赋韵得接字》："流水抽奇弄，崩云洒芳牒。"

【牒映螢光】 晋车胤家贫好学，夏月常捉萤数十盛于纱囊，照书而读。见《晋书·车胤传》。后用为勤奋求学之典。海顺《三不为篇》："我欲刺股锥刃，悬头屋梁，书临雪彩，牒映萤光。"

【牒訴】 求告之文；诉状。陆龟蒙《南泾渔父》："牒诉已盈庭，闻之类禽噪。"

牕 同"窗"。刘希夷《北邙篇》："星帘卷兮月牕开，镜花摇兮山树迥。"

十 画

牓 〔bǎng《广韵》北朗切，上蕩，幫。〕❶牌匾；匾额。杜甫《宣政殿退朝晚出左掖》："天门日射黄金榜，春殿晴曛赤羽旗。"刘禹锡《伤愚溪三首》之二："唯见里门通德榜，残阳寂寞出樵车。"元稹《湘南登临湘楼》："霞刹分危榜，烟波透远光。"白居易《八月十五日夜偶题是诗》："皓色分明双阙榜，清光深到九门关。"❷告示；文书。白居易《失婢》："宅院小墙庳，坊门帖榜迟。"❸张挂的科举考试中第者名单。李廓《落第》："榜前潜制泪，众里自嫌身。"姚合《寄陕府内兄郭冏端公》："春榜四散飞，数日遍八纮。"皮日休《伤进士严子重诗》："十哭都门榜上尘，盖棺终是五湖人。"贯休《送李铏赴举》："因知登第榜，不著不平人。"亦指主持科举考试。王涣《上裴侍郎》："青衿七十榜三年，建礼含香次第迁。"❹张挂榜文或张贴告示。孟郊《织妇辞》："官家榜村路，更索栽桑树。"白居易《新乐府·杜陵叟》："昨日里胥方到门，手持尺牒榜乡村。"

【牓子】 ❶告示。张保胤有《示妓榜子》。❷札子；奏折。王建《宫词一百首》之五九："自写金花红榜子，前头先进凤凰旗。"

十一画

牖 〔yǒu《广韵》與久切，上有，以。〕窗户。韦应物《拟古诗十二首》之四："四壁含清风，丹霞射其牖。"韩愈《东都遇春》："朝曦入牖来，鸟唤昏不醒。"白居易《梦与李七庾三十三同访元九》："残灯影闪墙，斜月光穿牖。"黄滔《题郑山人居》："枯杉擎雪朵，破牖触风开。"

【牖户】 本指窗与门。后多指窗户。韩愈《和虞部卢四酬翰林钱七赤藤杖歌》："空堂昼眠倚牖户，飞电著壁搜蛟螭。"李绅《趋翰苑遭诬构四十六韵》："鹊灵窥牖户，龟瑞出泥途。"陆龟蒙《杂讽九首》之四："元精遗万类，双目如牖户。"

十五画

牘 〔dú《广韵》徒谷切，入屋，定。〕❶古代书写用的木板。后借指公文、文牍。韦应物《张彭州前与缑氏冯少府各惠寄一篇多故未答张已云没因追哀叙事兼远简冯生》："长怀关河表，永日简牍余。"又《始至郡》："宾朋未及讌，简牍已云疲。"蒋冽《台中书怀》："简牍时休暇，依然秋兴多。"❷古乐器名。皮日休《九夏歌九篇·械夏之歌》："礼酒既酌，嘉宾既厚，牍为之奏。"

牙 部

牙 〔yá《广韵》五加切，平麻，疑。〕❶指大牙，臼齿。古时当唇者称齿，在辅车之后者称牙。韩愈《落齿》："去年落一牙，今年落一齿。"罗隐《蟋蟀诗》："勿徇喧哗，鼠岂无牙。"❷牙齿的通称。李白《梁甫吟》："猰貐磨牙竞人肉，驺虞不折生草茎。"韩愈《元和圣德诗》："血人于牙，不肯吐口。"❸羽翼党徒。李华《杂诗六首》之六。"我逢纵横者，是我牙与翼。"见"牙爪❷"。❹称形状象牙齿的器物。元稹《代曲江老人百韵》："建簴崇牙盛，衔钟兽目嗔。"❺特指象牙。李贺《追赋画江潭苑四首》之二："鞦垂妆细粟，箭箙钉文牙。"王琦汇解："钉文牙，钉象牙于箙上以为饰。"见"牙尺""牙笏""牙籌"。❻旗名。见"牙旗"。❼古称军中长官住所。王建《田侍郎归镇》之三："对时先奏牙间将，次第天恩与节旄。"❽指春秋善琴者伯牙。见"牙弦"。❾通"芽"。(1)植物的幼芽。高适《同李司仓早春宴睢阳东亭》："竹根初带笋，槐色正开牙。"杜甫《晦日寻崔戢李封》："草牙既青出，蜂声亦暖游。"张籍《春日行》："春日融融池上暖，竹牙出土兰心短。"温庭筠《原隰荑绿柳》："碧玉牙犹短，黄金缕未齐。"(2)萌生。韩愈《奉和杜相公太清宫纪事陈诚上李相公十六韵》："阳月时之首，阴泉气未牙。"

【牙爪】 (—zhǎo)❶动物的牙齿和爪子。亦指人的牙齿和指甲。杜牧《赠李处士长句四韵》："老翁四目牙爪利，掷火万里精神高。"薛逢《灵台家兄古镜歌》："盘龙鳞胀玉匣溢，牙爪触风时有声。"❷喻羽翼党徒。李商隐《韩碑》："愬武古通作牙爪，仪曹外郎载笔随。"

【牙尺】 古代的一种测量工具。在唐代上层社会，流行用象牙来制作。裴说《闻砧》："细想仪形执牙尺，回刀剪破澄江色。"

【牙角】 (—jiǎo)牙齿和角。韩愈《月蚀诗效玉川子作》："东方青色龙，牙角何呀呀！"陆龟蒙《杂讽九首》之一："蛟龙在怒水，拔取牙角弄。"

【牙門】 指武将。韩翃《寄哥舒仆射》："先麾牙门将，转斗黄河北。"刘禹锡《平齐行二首》之一："牙门大将有刘生，夜半射落欃枪星。"

【牙牀】 饰以象牙的睡床或坐榻。亦泛称精美的床。白居易《卧听法曲霓裳》："金磬玉笙调已久，牙床角枕睡常迟。"卢延让《观新岁朝贺》："表章堆玉案，缯帛满牙床。"花蕊夫人徐氏《宫词》之五："但是一人行幸处，黄金阁子锁牙床。"冯延巳《贺圣朝》词："金丝帐暖牙床稳，怀香方寸。"

【牙弦】 传说春秋时伯牙善弹琴，钟子期善听，二人遂为至交。见《列子·汤问》。后以"牙弦"称精美之琴，寓有相知之意。许敬宗《冬日宴于庶子宅冬赋一字得归》："周醪忽同醉，牙弦乃共挥。"亦借指琴声。喻绝唱、杰作。令狐楚《李相薨后题断金集》："牙弦千古绝，珠泪万行新。"

【牙香】 用多种香料研末制成的香。张蠙《宴驸马宅》："牙香禁乐镇相携，日日君恩降紫泥。"花蕊夫人徐氏《宫词》之一五七："虽道君王不来宿，帐中长是炷牙香。"

【牙旆】 牙旗。张籍《送郑尚书出镇南海》："牙旆从城展，兵符到府开。"

【牙軍】 牙兵。卫兵，亲兵。《魏博语》(卷九九二六)："长安天子，魏府牙军。"

【牙笏】 象牙手板。亦指朝笏。大臣朝见皇帝时所执用。白居易《百日假满少傅官停自喜言怀》："老嫌手重抛牙笏，病喜头轻换角巾。"

【牙帳】 将帅所居的营帐。杜甫《寄董卿嘉荣十韵》："闻道君牙帐，防秋近赤霄。"李贺《贵主征行乐》："女垣素月角咿咿，牙帐未开分锦衣。"顾非熊《送于中丞入回鹘》："朝衣惊异俗，牙帐见新正。"赵嘏《平戎》："边声一夜殷秋鼙，牙帐连烽拥万蹄。"

【牙戟】 饰以象牙的仪仗用戟。白居易《寄献北都守裴令公》："豹尾交牙戟，虬须捧佩刀。"

【牙雲】 指别有象牙簪的乌云状的头发。徐凝《白人》："泥郎为插珑璁钗，争教一朵牙云落。"

【牙槎】 瘦削貌。曹唐《病马五首呈郑校书章三吴十五先辈》之一："堕月兔毛干觳觫，失云龙骨瘦牙槎。"

【牙筭】 牙筹。张祜《丹阳新居四十韵》："何当把牙筭，只是蹑苔钱。"

【牙旗】 旗竿上饰有象牙的大旗。多为主帅主将所用，亦用作仪仗。李商隐《重有感》："玉帐牙旗得上游，安危须共主君忧。"又《赠别前蔚州契苾使君》："夜卷牙旗千帐雪，朝飞羽骑一河冰。"

【牙緋】 指牙笏绯袍。沈佺期《回波词》："身名已蒙齿录，袍笏未复牙绯。”

【牙璋】 古代的一种兵符。分两块，合处凸凹相嵌叫作“牙”。分别掌握在朝廷和主将手中，调动军队时用作凭证。亦借指将帅。杨炯《从军行》：“牙璋辞凤阙，铁骑绕龙城。”刘禹锡《送湘阳熊判官孺登府罢归钟陵因寄呈江西裴中丞二十三兄》：“贵臣持牙璋，优诏发青纸。”

【牙齒】 人类和某些动物口腔内外的、具有一定形态的高度钙化的坚硬组织。有撕咬、咀嚼功能。杜甫《复阴》：“君不见夔子之国杜陵翁，牙齿半落左耳聋。”白居易《和微之诗二十三首·和除夜作》：“头上毛发短，口中牙齿疏。”王周《金口步》：“两山斗咽喉，群石矗牙齿。”归处讷《咏虺汉》：“更有一般堪笑处，镀金牙齿咬银匙。”

【牙箱】 用象牙装饰的箱子。皮日休《奉和鲁望白菊》：“无由揾向牙箱里，飞上方诸赠列仙。”

【牙鞘】 以象牙为饰的刀剑套。王建《宫词一百首》之七九：“裹头宫监堂前立，手把牙鞘竹弹弓。”

【牙檣】 象牙装饰的桅杆。一说桅杆顶端尖锐如牙，故称。后为桅杆的美称。杜甫《清明》：“金镫下山红粉晚，牙樯捩柁青楼远。”又《城西陂泛舟》：“春风自信牙樯动，迟日徐看锦缆牵。”又《秋兴八首》之六：“朱帘绣柱围黄鹤，锦缆牙樯起白鸥。”亦借指舟船。白居易《送客春游岭南二十韵》：“牙樯迎海舶，铜鼓赛江神。”

【牙簪】 象牙制成的头簪。章孝标《答友人惠牙簪》：“牙簪不可忘，来处隔炎荒。”

【牙孽】 ❶犹牙蘖。草木新生的枝芽。刘禹锡《畬田行》：“下种暖灰中，乘阳拆牙孽。”❷妖孽。来鹄《圣政纪颂》：“牙孽不作，鸟鼠不除。”

【牙關】 上下颌之间的关节。亦指口腔。孟郊《懊恼》：“好诗更相嫉，剑戟生牙关。”

【牙籌】 象牙或骨、角等制的计数筹码，用作算筹、酒筹、博筹等。元稹《何满子歌》：“何如有态一曲终，牙筹记令红螺碗。”白居易《想东游五十韵》：“稍催朱蜡炬，徐动碧牙筹。”

【牙籤】 牙骨等制成的书签，系在书卷上作为标志，以便翻检。韩愈《送诸葛觉往随州读书》：“一一悬牙签，新若手未触。”姚合《和座主相公西亭秋日即事》：“海图装玉轴，书目记牙签。”亦借指书籍。刘兼《昼寝》：“玉液未能消气魄，牙签方可涤昏蒙。”

【牙籤萬轴】 称人书多。宋胡继宗《书言故事·书史》：“称人书多，牙签万轴。”南唐后主李煜《题金楼子后》：“牙签万轴裹红绡，王粲书同付火烧。”

【牙纛】 牙旗。纛，大旗。韩愈《山南郑相公樊员外酬答为诗依赋十四韵以献》：“帝咨女予往，牙纛前岔坲。”

牛 部

牛 〔niú《广韵》語求切，平尤，疑。〕❶反刍偶蹄类哺乳动物。头有双角，体大力强，善于负重。戴叔伦《女耕田行》："无人无牛不及犁，持刀斫地翻作泥。"姚合《罢武功县将入城》之一："欲泥山僧分屋住，羞从野老借牛耕。"李建勋《田家三首》之二："霜落牛归屋，禾收雀满田。"韦庄《虢州涧东村居作》："清涧涨时翘鹭喜，绿桑疏处哺牛鸣。"❷喻受驱使之人。见"牛馬走"。❸星宿名，二十八宿之一。《汉书·律历志下》："斗二十六。牛八。"韩愈《三星行》："牛奋其角，箕张其口。"见"牛斗"。亦指牵牛星。俗称"牛郎"。见"牛女"。

【牛二】 牛僧孺。官户部侍郎，同中书门下平章事。见《新唐书·宰相表下》。白居易有《京使回累得南省诸公书因以长句诗寄谢萧五牛二杨十二员外》。

【牛刀】 宰牛的刀。语出《论语·阳货》："子之武城，闻弦歌之声。夫子莞尔而笑曰：'割鸡焉用牛刀？'"后常以喻大材器。孟浩然《赠萧少府》："鸿渐升仪羽，牛刀列下班。"许浑《广陵送剡县薛明府赴任》："寻仙在仙骨，不用废牛刀。"

【牛力】 牛的力气、力量。杜甫《暇日小园散病将种秋菜督勒耕牛兼书触目》："冬菁饭之半，牛力晚来新。"

【牛山】 山名。在今山东临淄县南。春秋时齐景公泣牛山，即此地。杜牧《九日齐安登高》："古往今来只如此，牛山何必泪沾衣。"李商隐《无愁果有愁曲北齐歌》："骐骥踏云天马狞，牛山撼碎珊瑚声。"见"牛山悲"。

【牛山淚】 见"牛山悲"。

【牛山悲】 亦作"牛山淚"。《晏子春秋·内篇·谏上》："齐景公游于牛山，北临其国城而流涕曰：'若何滂滂击此而死乎！'艾孔、梁丘据皆从而泣。"后以牛山悲喻为人生短暂而悲叹。李白《君子有所思》："无作牛山悲，恻怆泪沾臆。"又《古风》之二三："景公一何愚，牛山泪相续。"

【牛女】 牛郎与织女；牛郎星与织女星。古代传说，织女每逢七夕渡银河相会。见南朝梁吴筠《续齐谐记》。后遂以"牛女"为典，借以咏七夕或夫妻久别之情。施肩吾《古别离二首》之一："所嗟不及牛女星，一年一度得相见。"李郢《七夕寄张氏兄弟》："新秋牛女会佳期，红粉筵开玉馔时。"

【牛子】 即牛。李咸用《升天行》："河边牛子星郎牵，三清宫殿浮晴烟。"

【牛不服箱】 《诗·小雅·大东》："睆彼牵牛，不以服箱。"后用以为典，嘲讽徒有虚名。韩愈《三星行》："牛不见服箱，斗不挹酒浆。"

【牛牛】 即牛。乐府诗常有这种叠字。张籍《牧童词》："牛牛食草莫相触，官家截尔头上角。"

【牛毛】 牛的毛。❶喻众多。杜甫《述古三首》之二："秦时任商鞅，法令如牛毛。"❷牛大毛微。喻微小。白居易《劝酒十四首·不如来饮酒七首》之七："相争两蜗角，所得一牛毛。"

【牛公】 指牛僧孺。李绅有《忆被牛相留醉州中时无他宾牛公夜出真珠辈数人》。

【牛殳】 唐诗人。约为中唐以后人。善作长篇歌行。《全唐诗》卷七七六录其《琵琶行》等诗二首。

【牛斗】 牛宿和斗宿。据传晋灭吴时埋藏于豫章丰城县狱底下的龙泉、太阿两只宝剑，有紫气冲牛斗之间。见《晋书·张华传》。故后常用"牛斗"作为咏剑之典。崔融《咏宝剑》："匣气冲牛斗，山形转辘轳。"戎昱《观卫尚书九日对中使射破的》："勇气干牛斗，欢声震鼓鼙。"杜牧《怀钟陵旧游四首》之二："未掘双龙牛斗气，高悬一榻栋梁材。"罗隐《边夜》："雁门穷朔路，牛斗故乡星。"

【牛户】 养牛的农户。白居易《题裴晋公女几山刻石诗后》："骡军成牛户，鬼火变人烟。"自注："蔡寇号缧子军。陈蔡间农骁锐者、人畜牛者，呼为牛户。"

【牛甘】 《史记·张仪列传》载，陈轸对秦惠王曰："庄子欲刺虎，馆竖子止之曰：'两虎方且食牛，食甘必争，争则必斗，斗则大者伤，小者死，从伤而刺之，一举必有双虎之名。"后用以为典。李绅《寿阳罢郡日·虎不食人》："不竞牛甘令买患，免遭狐假妄凭威。"

【牛司徒】 牛僧孺。会昌元年(841)七月罢为太子少师。未几，检校司徒，兼太子少傅，留守东都。见《全唐文》卷七五五《唐故太子太师奇章郡开国公赠太尉牛公墓志铭》。白居易有《戏问牛司徒》。

【牛衣】 ❶供牛御寒用的披盖物。《汉书·王章传》："章疾病，无被，卧牛衣中。"颜师古注："牛衣，编乱麻为之，即今欲呼龙具者。”后用为表现贫士伤贫的典故。刘禹锡《谪居悼往二首》之一：“牛衣独自眠，谁哀仲卿泣。”白居易《新乐府·涧底松》：“金张世禄原宪贫，牛衣寒贱貂蝉贵。”罗隐《寄袁皓侍郎》：“我寝牛衣敝，君居豸角危。”刘兼《中春登楼》之一：“王章莫耻牛衣泪，潘岳休惊鹤鬓霜。”❷指贫寒之士。袁朗《和洗掾登城南坂望京邑》：“狐白登郎庙，牛衣出草莱。”温庭筠《和友人题壁》：“自欲一鸣惊鹤寝，不应孤愤学牛衣。”

【牛羊】　牛和羊。孟浩然《游精思观回王白云在后》：“回瞻下山路，但见牛羊群。”钱起《题玉山村叟屋壁》：“牛羊下山小，烟火隔云深。”欧阳衮《田家》：“黯黯日将夕，牛羊村外来。”翁绶《陇头吟》：“残月出林明剑戟，平沙隔水见牛羊。”

【牛車】　佛教语。佛教以羊车喻声闻乘，即小乘；以鹿车喻缘觉乘，即中乘；以牛车喻菩萨乘，即大乘。后用作咏佛理的典故。张谓《送僧》：“殷勤结香火，来世上牛车。”李商隐《题白石莲花寄楚公》：“漫夸鹙子真罗汉，不会牛车是上乘。”

【牛囤】　（—dùn）牛栏。戴叔伦《女耕田行》：“去年灾疫牛囤空，截绢买刀都市中。”

【牛皁】　牛的食槽。皁，通“槽”。陈去疾《赋得骐骥长鸣》：“牛皁休维絷，天衢恣陆梁。”

【牛希濟】　五代诗人。狄道（今甘肃临洮）人。事前蜀后主王衍，为起居郎，累官翰林学士、御史中丞。后入后唐，为雍州节度副使。《全唐诗》卷七六〇录其《奉诏赋蜀主降唐》诗一首，卷八九三录其《生查子》等词二十余首。

【牛角】　（—jiǎo）牛之角。《楚辞·离骚》：“宁戚之讴歌兮，齐桓闻以该辅。”王逸注：“宁戚，卫人。该，备也。宁戚修德不用，退而商贾，宿齐东门外。桓公夜出，宁戚方饭牛，叩角而商歌。桓公闻之，知其贤，举用为客卿，备辅佐也。”后用作无意求仕之典。李咸用《秋日送严湘侍御归京》：“谁听宁戚敲牛角，月落星稀一曲歌。”

【牛尾】　牛的尾巴。庄南杰《雁门太守行》：“击革枞金燧牛尾，犬羊兵败如山死。”见“火牛陣”。

【牛尚書】　牛弘。入隋，历秘书监、礼部尚书、太常卿、吏部尚书，封奇章郡公。《隋书》有其传。刘斌有《和许给事伤牛尚书》。

【牛呞】　牛反刍。韩愈《赠刘师服》：“匙抄烂饭稳送之，合口软嚼如牛呞。”

【牛乳】　牛奶。母牛的乳汁。杜甫《太平寺泉眼》：“取供十方僧，香美胜牛乳。”

【牛郎中】　疑为牛蔚。牛僧孺子，字大章。大中初为右补阙，寻改司门员外郎，出为金州刺史，入拜礼、吏二部郎中。见《旧唐书·牛僧孺传》。赵嘏有《别牛郎中门馆》。

【牛相】　（—xiàng）牛僧孺。李绅有《忆被牛相留醉州中时无他宾牛公夜出真珍辈数人》和《州中小饮便别牛相》。

【牛相公】　（相 xiàng）牛僧孺。长庆三年（823）三月，御史中丞牛僧孺为户部侍郎、同中书门下平章事，见《新唐书·宰相表下》。白居易有《求分司东都寄牛相公十韵》《酬牛相公宫城早秋寓言见示兼呈梦得》和《初致仕后戏酬留守牛相公并呈分司诸僚友》等诗。刘禹锡有《和牛相公游南庄醉后寓言戏赠乐天见示》和《和仆射牛相公春日闲坐见怀》。

【牛後】　牛的肛门。喻处从属地位。元稹《酬翰林白学士代书一百韵》：“那能作牛后，更拟助洪基。”

【牛哀】　即公牛哀。传说他生病变成了虎，将其兄杀死。见《淮南子·俶真训》。李贺《猛虎行》：“道逢驺虞，牛哀不平。”白居易《达理二首》之二：“舒姑化为泉，牛哀病作虎。”

【牛首山】　即牛头山，在今江苏南京市中华门外。山高四百余米，双峰角立，形如牛首，故称。韦庄《游牛首山》：“牛首见鹤林，梯径绕幽岑。”

【牛宫】　古代国家饲养禽兽的场所。后专指牛栏。陆龟蒙有《祝牛宫辞》。

【牛馬】　❶牛和马。孟云卿《汴河阻风》：“白雾鱼龙气，黑云牛马形。”白居易《大水》：“工商彻屋去，牛马登山避。”温庭筠《会昌丙寅丰岁歌》：“丙寅岁，休牛马，风如吹烟，日如渥赭。”周朴《春日秦国怀古》：“牛马放多春草尽，原田耕破古碑存。”❷指古游戏五木中的牛子。李贺《示弟》：“何须问牛马，抛掷任枭卢。”

【牛馬走】　《文选·司马迁〈报任少卿书〉》：“太史公牛马走，司马迁再拜言少卿足下。”李善注：“走，犹仆也……自谦之词也。”后用以为典，表示疲于奔走。李敬方《近无西耗》：“自怜牛马走，未识犬羊心。”

【牛衾】　即牛衣。李群玉《将离澧浦置酒野屿奉怀沈正字昆弟三人联登高第》：“无灯假贫女，有泪沾牛衾。”

【牛酒】　牛和酒。古代用以馈赠、犒劳、祭祀。张九龄《奉和圣制幸晋阳宫》：“户蒙枌榆复，邑争牛酒欢。”李峤《汾阴行》：“欢娱宴洽赐群后，家家复除户牛酒。”李颀《欲之新乡答崔颢綦毋潜》：“自知寂寞无去思，敢望县人致牛酒。”杜甫《八哀诗·赠左仆射郑国公严公武》：“西郊牛酒再，原庙丹青明。”

【牛脣】　草名。即泽泻。泻与“蕮”同。皮日休《鲁望以躬掇野蔬兼示雅什用以酬谢》：“深挑乍见牛唇液，细掐徐闻鼠耳香。”自注：“《尔雅》云：荬，牛唇，一名水蓊。"

【牛笛】 牧牛人所吹的笛子。亦指这种笛子所吹出来的声音。杜荀鹤《题汪明府山居》:"牛笛漫吹烟雨里,稻田平入水云间。"韦庄《村笛》:"却见孤村明月夜,一声牛笛断人肠。"

【牛渚】 山名。在今安徽当涂县西北。山北突入江中,名采石矶,亦即牛渚矶。李白《献从叔当涂宰阳冰》:"月衔天门晓,霜落牛渚清。"羊士谔《郡中玩月寄江南李少尹虞部孟员外三首》之二:"凤池分直夜,牛渚泛舟年。"杜牧《和州绝句》:"江湖醉渡十年春,牛渚山边六问津。"许棠《东归次采石江》:"东下经牛渚,依然是故关。"

【牛渚詠】 语出《晋书·文苑·袁宏传》:贫士袁宏在牛渚吟咏所作《咏史》,谢尚时镇牛渚,会其讽咏,嘉其诗"率有胜致",并"即遣要迎,谈话申旦"。后用以为称誉他人著作之典。孟浩然《送袁十岭南寻弟》:"早闻牛渚咏,今见鹡鸰心。"

【牛渚磯】 在今安徽马鞍山市西南长江边,为牛渚山北部突出长江中的部分,又名采石矶,为沟通大江南北的重要津渡。为晋温峤燃犀、袁宏高咏及传说唐李白捉月溺水处。李颀《杂兴》:"沉沉牛渚矶,旧说多灵怪。"李白《姑孰十咏·牛渚矶》:"但惊群木秀,莫测精灵状。"杜牧《赠朱道灵》:"牛渚矶南谢山北,白云深处有岩居。"亦简称"牛渚"。胡曾《咏史诗·牛渚》:"温峤南归辍棹晨,燃犀牛渚照通津。"

【牛喘】《汉书·丙吉传》:"吉又尝出,逢清道群斗者,死伤横道,吉过之不问,掾史独怪之。吉前行,逢人逐牛,牛喘吐舌。吉止驻,使骑吏问:'逐牛行几里矣?'掾史独谓丞相前后失问,或以讥吉。吉曰:'民斗相杀伤,长安令,京兆尹职所当禁备逐捕,岁竟丞相课其殿最,奏行赏罚而已。宰相不亲小事,非所当于道路问也。方春少阳用事,未可大热,恐牛近行,用暑故喘,此时气失节,恐有所伤害也。三公典调和阴阳,职当忧,是以问之。'掾史乃服,以吉知大体。"后用作称颂宰相尽职、官员关心民瘼的典故。包佶《奉和柳相公中书言怀》:"风巢方得地,牛喘最关心。"李瀚《蒙求》:"王承鱼盗,丙吉牛喘。"

【牛童】 放牛的儿童。刘兼《登楼寓望》:"背琴鹤客归松径,横笛牛童卧蓼滩。"

【牛禍】 发生在牛身上的怪异现象。多指怪胎。古以为兆示灾祸,故称。西汉时,梁孝王刘武病死前,有人献牛,牛足上出背上,时人认为是牛祸预示了凶兆。见《汉书·梁孝王传》。李德裕《清冷池怀古》:"牛祸衅将发,羊孙谋始回。"李瀚《蒙求》:"赵伦鹛怪,梁孝牛祸。"

【牛蓑】 牛衣。泛指蓑衣。罗隐《严陵滩》:"中都九鼎勤英髦,渔钓牛蓑且遁逃。"

【牛酪】 用牛乳制成的半凝固的食品。韩偓《湖南绝少含桃偶有人以新摘者见惠感事伤怀因成四韵》:"苦笋恐难同象匕,酪浆无复莹玭珠。"自注:"湖南无牛酪之味。"

【牛跡】 牛蹄迹中之水,水量极少。《淮南子·氾论训》:"夫牛蹄之涔,不能生鳣鲔。"高诱注:"涔,雨水也,满牛蹄迹中,言其小也。"后用以为典。李群玉《规公业在净名得甚深义走笔此篇以屈瞻礼》:"但用须弥藏芥子,安知牛迹笑东溟。"

【牛跡石】 巨石名。在今江苏无锡市西北舜山旁。魏璞有《题舜山后牛迹石》。

【牛腰】 牛的腰部。喻诗文数量之大。李白《醉后赠王历阳》:"书秃千兔毫,诗裁两牛腰。"

【牛鳳及】 唐诗人。安定(今甘肃泾川北)人。长寿(692—694)中曾撰《唐书》一一〇卷,今佚。中宗时为中书门下侍郎。《全唐诗》卷九九录其《奉和受图温洛应制》诗一首。

【牛歌】 牧牛儿童所唱之歌。杜牧《登九峰楼》:"牛歌鱼笛山月上,鹭渚鹜梁溪日斜。"路德延《小儿诗》:"樵唱回深岭,牛歌下远川。"崔橹《南阳见柳》:"金衔细毂萦回岸,戍笛牛歌远近陂。"

【牛僧孺】 唐诗人。字思黯,安定鹑觚(今甘肃灵台)人。贞元二十一年(805)登进士第,元和三年(808)登贤良云正、能言极谏科。历任监察御史、尚书郎、御史中丞。长庆元年(821)拜户部侍郎,以本官同平章事。敬宗即位,加中书侍郎,封奇章郡公。后出为武昌节度使等。太和四年(830)又入居相位。会昌二年(842)拜太子少保,进少师。夙与李德裕相恶,贬循州长史。宣宗即位,内迁,不久卒。谥曰文简,一说文贞。与韩愈、白居易、刘禹锡等诗为文友。《全唐诗》卷四六六录其诗四首。

【牛儂】 农人。元稹《春分投简阳明洞天作》:"牛侬惊力直,蚕妾笑睢盱。"

【牛徽】 唐诗人。安定鹑觚(今甘肃灵台)人。牛丛子,牛僧孺孙。咸通二年(861)进士。《全唐诗》卷六〇〇录其《登越王楼即事》诗一首。

【牛頭】 ❶牛头形酒樽。李贺《河阳歌》:"牛头高一尺,隔坐应相见。"❷佛教指地狱的牛头鬼卒。卢仝《与马异结交诗》:"天怪神农党龙蛇,罚神农为牛头。"归处讷《咏石校书》:"如今追荐应无益,已被牛头煮几场。"❸山名。(1)在四川三台县。见"牛頭寺"。(2)亦称牛首山。在今江苏南京市中华门外。贯休《上冯使君渡水僧障子》:"熊耳应初到,牛头始去登。"朱存《金陵览古·天阙山》:"牛头天际碧凝岚,王导无稽亦妄谈。"

【牛頭寺】 在四川三台县西牛头山下。杜甫有《上牛头寺》和《望牛头寺》。柳公绰有《题梓州牛头寺》。李洞有《秋宿梓州牛头寺》。

【牛蹄】 牛的蹄子。亦指牛蹄踏出的印迹。喻极其狭小的境地。韩愈《题炭谷湫祠堂》:"吁无吹毛刃,血此牛蹄殷。"

【牛礒】 即牛渚矶。骆宾王《浮槎》序:"虽殷仲文叹生意已尽,孔宣父知朽质难雕,然而遇良工,逢仙客,牛矶可托,玉璜之路非遥。"杜牧《池州送孟迟先辈》:"仲秋往历阳,同上牛矶歇。"见"牛渚礒"。

【牛叢】 唐诗人。字表龄,安定鹑觚(今甘肃灵台)人。牛僧孺之子。开成二年(837)进士。初为藩镇幕僚,后历官拾遗、补阙、司勋员外郎、睦州刺史。咸通十四年(873)拜剑南西川节度使。僖宗朝,官太常、吏部尚书。《全唐诗》卷五四二录其《题朝阳岩》诗一首。

【牛犢】 小牛。寒山《诗三百三首》之五七:"田舍多桑园,牛犊满厩辙。"又《诗三百三首》之一〇七:"行爱观牛犊,坐不离左右。"李郢《夏日登信州北楼》:"田苗映林合,牛犊傍村闲。"

【牛鬭】 南朝宋刘义庆《世说新语·纰漏》:"殷仲堪父病虚季,闻床下蚁动,谓是牛斗。"刘孝标注引檀道鸾《续晋阳秋》:"仲堪父曾有失心病。"后用以指病虚、心神恍惚。李瀚《蒙求》:"广客蛇影,殷师牛斗。"

二 画

牝 〔pìn《广韵》毗忍切,上軫,並。又扶履切,上旨,並。〕❶鸟兽的雌性。张说《唐享太庙乐章·雍和二首》:"角握之牝,色纯之骍。"杜甫《沙苑行》:"苑中騋牝三千匹,丰草青青寒不死。"❷溪谷。韩愈《赠崔立之评事》:"可怜无益费精神,有似黄金掷虚牝。"

【牝牡】 指阴阳。希道《授炁毂子歌二首》之二(卷八六二):"魄微入魂牝牡结,阳呴阴滋神鬼灭。"

【牝雞】 母鸡。旧以母鸡报晓喻女性掌权,所谓阴阳倒置,将导致家破国亡。徐夤《龙蛰二首》之二:"逐日莫矜驽马步,司晨谁要牝鸡鸣。"陈陶《圣帝击埌壤四十声》:"牝鸡何谗谳,猘犬漫劻勷。"周昙《咏史诗·前汉门·王莽》:"权归诸吕牝鸡鸣,殷鉴昭然讵可轻。"

牟 〔móu《广韵》莫浮切,平尤,明。〕❶牛鸣声。《说文·牛部》:"牟,牛鸣也。"韩愈《征蜀联句》:"椎肥牛呼牟,载实驼鸣𠯋。"❷姓。唐诗人有牟融。

三 画

牡 〔mǔ《广韵》莫厚切,上厚,明。〕鸟兽的雄性。刘长卿《送邵州判官往南》:"看君发原隰,驷牡志皇皇。"高适《和贺兰判官望北海作》:"四牡未遑息,三山安在哉。"耿沣《送河中张胄曹往太原计会回》:"北风长至远,四牡向幽并。"韩愈《元和圣德诗》:"乃以上辛,于郊用牡。"

【牡丹】 著名的观赏植物。古无牡丹之名,统称芍药,后以木芍药称牡丹。一般谓牡丹之称在唐以后,但在唐以前已见记载。至开元中盛于长安。群花品中,牡丹第一,芍药第二,故世谓牡丹为花王,芍药为花相。岑参《左仆射相国冀公东斋幽居》:"玉佩罥女萝,金印耀牡丹。"窦巩《送元稹西归》:"二月曲江连旧宅,阿婆情熟牡丹开。"刘禹锡《赏牡丹》:"唯有牡丹真国色,花开时节动京城。"刘兼《再看光福寺牡丹》:"去年曾看牡丹花,蛱蝶迎人傍彩霞。"

【牡丹鞋】 当为一种绣有牡丹花形的鞋。范元凯《章仇公席上咏真珠姬》:"神女初离碧玉阶,彤云犹拥牡丹鞋。"

牢 〔láo《广韵》鲁刀切,平豪,來。〕❶关养牲畜的栏圈。亦借指居室。杨衡《夷陵郡内叙别》:"礼娶嗣明德,同牢夙所钦。"见"牢丞"。❷古代祭祀用的牛、羊、豕三牲。三牲各为一牢。亦单指供祭祀用的牛或羊、豕。皮日休《补周礼九夏系文·九夏歌九篇》之四:"我牢不愆,我货不匮。"亦泛称用于其他场合的牛、羊、豕等。韩愈、李正封《晚秋郾城夜会联句》:"百牢犒舆师,千户购首恶。"见"牢牲""牢醑""牢醴""牢饌"。❸监狱。骆宾王《早秋出塞寄东台详正学士》:"汲冢宁详蠹,秦牢讵辨冤。"郑薰《赠巩畴》:"纸上掣牢键,舌端摇利兵。"❹束缚;囚禁。皮日休《吴中苦雨因书一百韵寄鲁望》:"勃勃生湿气,人人牢于锅。"❺容纳;包括。见"牢籠❶"。❻罗致;搜罗。见"牢籠❷"。❼坚固;牢固;经久。杜甫《飞仙阁》:"栈云阑千峻,梯石结构牢。"孟郊《杏殇》之六:"始知天地间,万物皆不牢。"章孝标《赠庐山钱卿》:"象魏抽簪早,匡庐筑室牢。"褚载《长城》:"秦筑长城比铁牢,蕃戎不敢过临洮。"❽忧愁貌。见"牢愁"。

【牢山】 山名。即今山东半岛西南、青岛市区东部之崂山。古称劳山、牢山。自古被誉为"神仙之宅""灵异之府",相传秦王汉武为采仙药,曾先后登临此山。唐玄宗曾派王旻、李华周进山炼药,并易山名为辅唐。罗隐《寄窦泽处士二首》之二:"牢山道士无仙骨,却向人间作酒徒。"

【牢牢】 ❶寥廓深远貌。张祜《箜篌》："星汉夜牢牢，深帘调更高。"❷罄空貌。齐己《读李白集》："竭云涛，刳巨鳌，搜括造化空牢牢。"

【牢固】 ❶坚固；结实。杜甫《宿花石戍》："柴扉虽芜没，农器尚牢固。"陆龟蒙《江湖散人歌》："太宗基业甚牢固，小丑背叛当歼夷。"❷深，根深蒂固。白居易《眼病二首》之二："眼藏损伤来已久，病根牢固去应难。"❸犹言粗糙。白居易《真娘墓》："脂肤荑手不牢固，世间尤物难留连。"

【牢卺】 同居室，共酒杯。谓结婚。白居易《二年三月五日斋毕开素食偶吟赠妻弘农郡君》："忆同牢卺初，家贫共糟糠。"

【牢牲】 祭祀用的牺牲。韩愈、孟郊《城南联句》："考钟馈殽核，戛鼓侑牢牲。"

【牢盆】 煮盐器具。借指盐政或盐业。罗隐《淮南送卢端公归台》："道从上国曾匡济，才向牢盆始重难。"

【牢狴】 监狱。狴，狴犴，传说中的神兽。性好讼，古常图绘其形于狱门，故称。李白《万愤词投魏郎中》："如其听卑，脱我牢狴。"

【牢堅】 坚固；坚实。白居易《浔阳三题·庐山桂》："枝干日长大，根荄日牢坚。"

【牢落】 ❶零落荒芜貌。杜甫《王命》："牢落新烧栈，苍茫旧筑坛。"张祜《江南杂题三十首》之二五："郊园日牢落，无意及壶飧。"刘沧《下第东归途中书事》："东归海上有余业，牢落田园荒草平。"郑谷《渚宫乱后作》："牢落故居灰烬后，黄花紫蔓上墙生。"❷孤寂无聊貌。刘长卿《题魏万成江亭》："萧条方岁晏，牢落对空洲。"白居易《庾楼新岁》："牢落江湖意，新年上庾楼。"李咸用《旅馆秋夕》："牢落生涯在水乡，只思归去泛沧浪。"罗隐《旅舍书怀寄所知二首》之一："思量前事不堪寻，牢落余情满素琴。"

【牢愁】 忧愁；忧郁。皮日休《病后春思》："牢愁有度应如月，春梦无心只似云。"陆龟蒙《记事》："感物动牢愁，愤时频肮脏。"

【牢實】 牢固结实。寒山《诗三百三首》之一八八："二瓶任君看，那个瓶牢实。"

【牢醑】 祭祀用的牺牲和美酒。皮日休《补周礼九夏系文·九夏歌九篇》之四："自筐及筥，我有牢醑。"

【牢醴】 祭祀用的牺牲和美酒。王维《晦日游大理韦卿城南别业四声依次用各六韵》之一："故乡信高会，牢醴及佳辰。"

【牢饌】 酒食。萧颖士《仰答韦司业垂访五首》之一："但悦丰草美，宁知牢馔鲜。"

【牢籠】 ❶包罗；容纳。褚亮《祭神州乐章·肃和》："包含日域，牢宠月窟。"❷罗致；搜罗。玄宗《巡省途次上党旧宫赋》："英髦既包括，豪杰自牢宠。"许棠《讲德陈情上淮南李仆射八首》之四："帝念淮壖疫疹频，牢笼山海委名臣。"

牣 〔rèn《广韵》而振切，去震，日。〕盈满；充塞。韩愈、孟郊《城南联句》："通波牣鳞介，疏畹富萧蘅。"

四　画

牧 〔mù《广韵》莫六切，入屋，明。〕❶放牧；饲养。孟浩然《高阳池送朱二》："此地朝来饯行者，翻向此中牧征马。"柳宗元《同刘二十八院长五十二韵之作因其韵增至八十通赠二君子》："曳捶牵羸马，垂簑牧艾豭。"刘禹锡《武陵书怀五十韵》："来忧御魑魅，归愿牧鸡豚。"韦庄《送人游并汾》："如今虏骑方南牧，莫过阴关第一州。"❷牧人；牧民。张九龄《和黄门卢监望秦始皇陵》："始掘既由楚，终焚乃因牧。"刘禹锡《许给事见示哭工部刘尚书诗因命同作》："护塞无南牧，驰心拱北辰。"翁承赞《题莒潭安闽院》："窗含孤岫影，牧卧断霞阴。"❸畜牧。钱起《山居新种花药与道士同游赋诗》："自乐鱼鸟性，宁求农牧资。"❹治理；统治。刘太真《顾十二况左迁因亦成篇以继三君子之风焉》："牧此雕弊甿，属当赋敛秋。"白居易《郡中春讌因赠诸客》："一旦奉优诏，万里牧远人。"李商隐《行次西郊作一百韵》："因令猛毅辈，杂牧升平民。"罗隐《送朗州张员外》："圣朝纶阁最延才，须牧生民始入来。"❺治民者。多指州郡长官。储光羲《送丘健至州敕放作时任下邽县》："邦牧新下车，德礼彼甿讴。"韩愈《送灵师》："开忠二州牧，诗赋时多传。"白居易《六年春赠分司东都诸公》："我为同州牧，内愧无才术。"李频《送侯郎中任新定二首》之一："为郎非白头，作牧授沧洲。"❻作牧，充当州郡长官。顾况《酬房杭州》："故人牧余杭，留我披胸衿。"欧阳詹《东风二章》序："贞元十二年，相国东都守陇西董公牧于浚。"刘禹锡《赠澧州高大夫司马霞寓》："前年牧锦城，马蹋血泥行。"又《吏隐亭述》："元和十年，再牧于连州，作吏隐亭海阳湖壖。"❼谓来自西北方游牧民族的入侵。戎昱《塞下曲》之二："黄河冰已合，意又向南牧。"窦庠《灵台镇赠丘岑中丞》："近来胡骑休南牧，羊马城边春草生。"雍陶《晴诗》："胡人羊马休南牧，汉将旌旗在北门。"

【牧人】 ❶放牧牲畜的人。王绩《野望》："牧人驱犊返，猎马带禽归。"储光羲《观范阳递俘》："牧人过橐驼，校正引騊駼。"❷管理民事的地方官。特指州郡长官。玄宗《鹡鸰颂》序："朕之兄弟唯有五人，比为方伯，岁一朝见。虽载崇藩屏，而有睽谈笑，是以辍牧人而各守京职。"韦应物《答崔都水》："牧人本无术，命至苟复迁。"薛逢《送刘郎中牧杭州》："圣代牧人无远近，好将能事济清闲。"马戴《送田使君牧蔡州》："主意思政理，牧人官不轻。"

【牧牛】　放牛。张籍《牧童词》："远牧牛，绕村四面禾黍稠。"李涉《牧童词》："朝牧牛，牧牛下江曲；夜牧牛，牧牛度村谷。"郑谷《书村叟壁》："草肥朝牧牛，桑绿晚鸣鸠。"

【牧牛兒】　放牛的儿童。杜牧《村行》："蓑唱牧童儿，篱窥蒨裙女。"

【牧牛童】　放牛的儿童。曹松《南朝》："时见牧牛童，嗔牛吃禾黍。"

【牧民】　治民。元稹《茅舍》："牧民未及久，郡邑纷如化。"

【牧羊臣】　指苏武。西汉苏武，出使匈奴被扣留，流放于北海牧羊，持节不屈。见《汉书·苏建传》附《苏武传》。崔融《塞垣行》："可嗟牧羊臣，海外久为客。"

【牧羊兒】　借称世外之人。典出晋葛洪《神仙传·黄初平》。黄初平，年十五，家使牧羊，有道士见其良谨，便将其引至金华石室中，四十余年不复念家。其兄初起寻找初平，历年不得。后见市中有一道士谓初起曰："金华山中有一牧羊儿，姓黄字初平，是卿弟非疑。"于是找到了初平。问其羊何在，答道近在山东。初起去看时，只看到白石头，初平叫一声："羊起！"于是白石皆变为羊，有数万头。李白《古风》之一七："金华牧羊儿，乃是紫烟客。"张祜《游仙》："愿侣牧羊儿，休休在崖岭。"

【牧州】　古代官职名。即州牧。黄滔《经安州感故郑郎中二首》之二："锦帐先生作牧州，干戈缺后见荒丘。"

【牧守】　州郡的长官。州官称牧，郡官称守。韦应物《酬张协律》："由来牧守重，英俊得荐延。"赵居贞《云门山投龙诗》序："先是投礼，太守不行，以掾吏代之，余是年病国戾止，以为圣上祈祐，宜牧守亲躬，吏辄代，非礼也。"白居易《咏怀》："苏杭自昔称名郡，牧守当今当好官。"舒元舆《坊州按狱》："牧守苟怀仁，痒之时为搔。"

【牧豕】　放猪。李颀《放歌行答从弟墨卿》："由是蹉跎一老夫，养鸡牧豕东城隅。"

【牧伯】　称州郡长官。李白《送韩准裴政孔巢父还山》："出山揖牧伯，长啸轻衣簪。"窦牟《奉使至邢州赠李八使君》："牧伯风流足，辎轩若涩虚。"李商隐《行次西郊作一百韵》："伊昔称乐土，所赖牧伯仁。"

【牧兒】　牧童。韩愈《题杜工部坟》："招手借问骑牛儿，牧儿指我祠堂路。"

【牧馬】　❶牧放马匹。古代将游牧民族入侵亦称为"牧马"。耿湋《送大谷高少府》："古塞草青宜牧马，春城月暗好啼乌。"鲍溶《塞上行》："西风应时筋角坚，承露牧马水草冷。"李郢《酬刘谷立春日吏隐亭见寄》："野田青牧马，幽竹暖鸣禽。"无名氏《胡笳曲》(卷七八六)："汉家自失李将军，单于公然来牧马。"❷放牧的马匹。钱起《送王使君赴太原行营》："惊蓬连雁起，牧马入云多。"李益《塞下曲》之一："燕歌未断塞鸿飞，牧马群嘶边草绿。"司空图《即事九首》之一："宿雨川原霁，凭高景物新。"郑启《严塘经乱书事》之二："未见山前归牧马，犹闻江山带征鞞。"引申指征骑或胡骑。刘庭琦《从军》："萧萧牧马鸣，中夜拔剑起。"杜甫《近闻》："近闻犬戎远遁逃，牧马不敢侵临洮。"

【牧野】　古地名。在今河淇县东。姜尚助周武王于此挫败殷纣。白居易《效陶潜体诗十六首》之十六："太公战牧野，伯夷饿首阳。"白行简《归马华山》："牧野功成后，周王战马闲。"白敏中《驾收复秦原诸州诗》："戍楼吹笛人休战，牧野嘶风马自闲。"

【牧童】　放牧牛羊的儿童。太宗《重幸武功》："驻跸抚田畯，回舆访牧童。"元结《漫歌八曲·将牛何处去二首》之一："相伴有田父，相欢惟牧童。"舒元舆《桥山怀古》："哀喧叫笑牧童戏，阴天月落狐狸游。"贯休《春晚书山家屋壁二首》之二："蚕娘洗茧前溪渌，牧童吹笛和衣浴。"

【牧童火】　典出《汉书·刘向传》："秦始皇帝葬于骊之阿……项籍燔其宫室营宇，往者咸见发掘。其后牧儿亡羊，羊入其凿，牧者持火照求羊，火烧其臧椁。"后用为警告富贵骄奢的典故。杜牧《过骊山作》："牧童火入九泉底，烧作灰时犹未枯。"

【牧童兒】　即牧童。贯休《蒿里》："时见牧童儿，弄枯骨。"

【牧豎】　牧奴；牧童。杨炯《奉和上元酺宴应诏》："襄城非牧竖，楚国有巴人。"李端《赠岐山姜明府》："牧竖寒骑马，边烽晚立旗。"许浑《下第归蒲城墅居》："牧竖还呼犊，邻翁亦抱孙。"韦庄《途中望雨怀归》："牧竖远当烟草立，饥禽闲旁渚田飞。"

【牧豎歌】　牧童歌唱或所唱之歌。刘长卿《登吴古城歌》："黍离离兮城坡坨，牛羊践兮牧竖歌。"司空图《浙上》之一："儿童栗熟迷归路，归得仍随牧竖歌。"齐己《宜阳道中作》："日落犹前去，诸村牧竖歌。"徐铉《和钟大监泛舟同游见示》："溪桥树映行人渡，村径风飘牧竖歌。"

【牧豎樵童】　放牧砍柴的儿童。杜甫《寄从孙崇简》："牧竖樵童亦无赖，莫令斩断青云梯。"崔橹《村路菊花》："牧竖樵童看，应教爱尔难。"

【牧課】 牧马。课，课马。吕从庆《薄暮步村径》："川上渔歌断，坡前牧课休。"

物 〔wù《广韵》文弗切，入物微。〕❶泛称万物。亦指某一具体的事物。徐知仁《奉和圣制送张说巡边》："大明均照物，小丑未宁边。"杜甫《夏日叹》："雨降不濡物，良田起黄埃。"白居易《三月三十日作》："且遣花下歌，送此杯中物。"崔涯《咏春风》："孤云虽是无心物，借便吹教到帝乡。"徐铉《奉和右省仆射西亭高卧作》："景皆随所尚，物各遂其宜。"❷与"我"相对的外物。《礼记·乐记》："其本在人心之感于物也。"孔颖达疏："物，外境也。"见"物我""物役""物物❶""物累"。❸人；众人。杜甫《寄张十二山人彪三十韵》："群凶弥宇宙，此物在风尘。"又《留花门》："中原有驱除，隐忍用此物。"见"物心""物我""物役""物論""物議"。❹事务；事情。皇甫冉《送郑员外入茅山居》："其中应有物，岂贵一身闲。"李频《镜湖夜泊有怀》："广水遥堤利物功，因思太守惠无穷。"❺景物。王湾《奉使登终南山》："物奇春状改，气远天香集。"韩愈《同冠峡》："南方二月半，春物亦已少。"孟郊《落第》："谁言春物荣，独见叶上霜。"❻特指鬼魅精怪。古书多谓鬼魅为物。李颀《杂兴》："水滨丈人曾有语，物或恶之当害汝。"

【物土】 土地所产的物品。杜审言《和李大夫嗣真奉使存抚河东》："八荒平物土，四海接人烟。"亦泛指一方之物。张说《岳州作》："物土南州异，关河北信赊。"

【物化】 ❶事物的变化。陈子昂《感遇诗三十八首》之十三："闲卧观物化，悠悠念无生。"❷人死。骆宾王《乐大夫挽词五首》之二："居然同物化，何处欲藏舟。"于鹄《古挽歌》之一："时尽从物化，又免生忧挠。"白居易《梦仙》："一朝同物化，身与粪壤并。"徐铉《光穆皇后挽歌三首》之三："还随偶物化，同此思轩丘。"亦指其他动物的死亡。杜甫《天育骠骑歌》："年多物化空形影，呜呼健步无由骋。"

【物心】 指事物的本性。白居易《感鹤》："物心不可知，天性有时迁。"

【物以稀爲貴】 （爲 wéi）物品因稀少而珍贵。白居易《小岁日喜谈氏外孙女孩满月》："物以稀为贵，情因老更慈。"

【物世】 人世；尘世。解彦融《雁塔》："本愿从兹适，方知物世轻。"

【物外】 世外；超脱于尘世之外。刘长卿《夜宴洛阳程九主簿宅送杨三山人隐居》："此行颇自适，物外谁能牵。"皇甫冉《赠郑山人》："家人恣贫贱，物外任衰荣。"杨发《秋晴独立南亭》："心似蒙庄游物外，官惭许掾在人间。"赵嘏《赠王明府》："但存物外醉乡在，谁向人间问是非。"

【物外心】 超脱尘世的情怀。高宗《谒大慈恩寺》："寥廓烟云表，超然物外心。"韩翃《奉和元相公家园即事寄王相公》："共列中台贵，能齐物外心。"

【物外志】 超脱尘世的志向。太宗《初晴落景》："寄言博通者，知予物外志。"

【物外身】 世外之身。谓摆脱世俗事物。殷尧藩《潭州独步》："一帆暝色鸥边雨，数尺筇枝物外身。"薛能《新雪八韵》："耀若花前境，清如物外身。"许棠《题郑侍郎岩隐十韵》："物外身虽隐，区中望本清。"

【物外者】 尘世以外的人。上官昭容《游长宁公主流杯池二十五首》之十："除非物外者，谁就此经过。"

【物外游】 超脱尘世的游览。韩翃《送夏侯侍郎》："使君下马爱瀛州，简贵将求物外游。"温庭筠《马嵬驿》："穆满曾为物外游，六龙经此暂淹留。"韦庄《咸阳怀古》："李斯不向仓中悟，徐福应无物外游。"

【物外僧】 即僧人。僧人不问尘世俗务，故称。安守范《天台禅院联句》："偶到天台院，因逢物外僧。"

【物外趣】 超脱尘世的情趣。许棠《野步》："物外趣都别，尘中心枉劳。"陆龟蒙《奉和袭美太湖诗二十首·三宿神景宫》："徒深物外趣，未脱尘中病。"

【物外篇】 《庄子》篇名。《庄子》分内篇、外篇，外篇有《物外》章。亦喻指超脱尘世的人生哲学、处世态度等。卢照邻《于时春也慨然有江湖之思寄赠柳九陇》："我有壶中要，题为物外篇。"

【物外蹤】 世外的行踪；脱离尘世的行踪。韩翃《送山阴姚丞携妓之任兼寄山阴苏少府》："山阴政简甚从容，到罢唯求物外踪。"岑参《携琴酒寻阎防崇济寺所居僧院》："事惬林中语，人幽物外踪。"

【物色】 ❶形状；形貌。杜甫《雨四首》之三："物色岁将晏，天隅人未归。"方干《题严子陵祠二首》之一："物色旁求至汉庭，一宵同寝见交情。"吴筠《高士咏·严子陵》："汉皇敦故友，物色访严生。"❷景物；景色。寒山《诗三百三首》之十八："岁去换愁年，春来物色鲜。"杜甫《秋日夔府咏怀奉寄郑监李宾客一百韵》："登临多物色，陶冶赖诗篇。"元稹《春游》："不能辜物色，乍可怯春寒。"韩偓《即目二首》之一："万古离怀憎物色，几生愁绪溺风光。"❸物性。杜甫《遣闷奉呈严公二十韵》："会希全物色，时放倚梧桐。"杨巨源《上裴中丞》："政引风霜成物色，语回天地到阳和。"孟郊《与韩愈李翱张籍话别》："物色岂有异，人心顾将违。"❹访求；寻求。寒山《诗三百三首》之三五："斗论多物色，此地胜余家。"韩愈《桃源图》："渔舟之子来何所，物色相猜更问语。"

【物我】 外物与自身。刘洎《安德山池宴集》：

“已均朝野致，还欣物我齐。”韦应物《听嘉陵江水声寄深上人》：“贻之道门旧，了此物我情。”张谓《同诸公游云公禅寺》：“地与喧闻隔，人将物我齐。”徐铉《棋赌赋诗输刘起居》：“本图忘物我，何必计输赢。”

【物役】　为外物所役使。张说《夕宴房主簿舍》：“薄游羁物役，微尚惬远凭。”韦应物《李博士弟以余罢官杜诗见问聊以为答》：“从来迟高驾，自顾无物役。”白居易《登香炉峰顶》：“终年牵物役，今日方一往。”李绅《望鹤林寺》：“自叹秋风劳物役，白头拘束一闲人。”

【物妖】　妖物。元稹《有鸟二十章》之十：“主人烦惑罢擒取，许占神林为物妖。”

【物表】　物外，世俗之外。韦应物《答贡士黎逢》：“栖神澹物表，涣汗布令词。”钱起《少游覆釜山道士观因登玄元庙》：“冥搜过物表，洞府次溪旁。”孟郊《酬郑毗踯躅咏》：“忽惊物表物，嘉客为留连。”白居易《想东游五十韵》：“物表疏形役，人寰足悔尤。”

【物尚】　世尚。周朴《玉泉寺》：“物尚犹如此，人争合偶然。”

【物狀】　事物的形状；景物。王昌龄《宴南亭》：“物状如丝纶，上心为予决。”白居易《想东游五十韵》：“静阅天工妙，闲窥物状幽。”许棠《中秋夜对月》：“影蔽星芒尽，光分物状全。”

【物物】　❶为外物所役使。王维《谒璿上人》序：“色空无碍，不物物也。”❷各种物品，各种事物。李商隐《柳枝五首》之五：“画屏绣步障，物物自成双。”王贞白《白鹿洞二首》之二：“眼前物物皆佳兴，并作吟窝一味清。”贯休《上孙使君》：“物物动和气，家家有新态。”又《寿春节进大蜀皇帝五首》之四：“远人玉帛尽来归，及物天慈物物肥。”

【物性】　事物的本性。宋之问《放白鹇篇》：“乃言物性不可违，白鹇愁慕刷毛衣。”高适《同群公秋登琴台》：“物性各自得，我心在渔樵。”钱起《过瑞龙观道士》：“灵山含道气，物性皆自然。”白居易《自咏》：“只要天和在，无令物性违。”

【物故】　❶物品陈旧。白居易《感旧纱帽》：“物故犹堪用，人亡不可逢。”❷死亡。不正言死，但讳云物故，犹孟子所谓大故。权德舆《哭刘四尚书》：“撤弦惊物故，庀具见家贫。”颜萱《过张祜处士丹阳故居》序：“处士有四男一女。男曰椿儿、桂子、椅儿、杞儿，问之，三已物故，唯杞为遗孕，与其女尚存。”

【物華】　指自然景物。孟浩然《夏日辨玉法师茅斋》：“物华皆可玩，花蕊四时芳。”杜甫《曲江陪郑八丈南史饮》：“自知白发非春事，且尽芳尊恋物华。”柳宗元《种木槲花》：“上苑年年占物华，飘零今日在天涯。”薛能《和杨中丞早春即事》：“贵宅登临地，春来见物华。”

【物换星移】　景物改变，星辰移动。谓时序变迁。王勃《滕王阁》：“闲云潭影日悠悠，物换星移几度秋。”

【物候】　动植物随季节变化而变化的周期现象。泛称时令。樊晃《南中感怀》：“南路蹉跎客未回，常嗟物候暗相催。”岑参《陪使君早春东郊游眺》：“太守拥朱轮，东郊物候新。”元稹《酬乐天东南行诗一百韵》：“坐痛筋骸憯，旁嗟物候殊。”郑谷《咸通十四年府试木向荣》：“山川应物候，皋壤起农情。”

【物理】　事物的道理、规律。杜甫《曲江二首》之一：“细推物理须行乐，何用浮名绊此身。”白居易《效陶潜体诗十六首》之一六：“物理不可测，神道亦难量。”李商隐《井泥四十韵》：“因兹感物理，恻怆平生怀。”李咸用《秋望》：“荣枯物理终难测，贵贱人生自不知。”

【物累】　(—lěi)外物给予人的拖累。李峤《田假限疾不获还庄载想田园兼思亲友率成短韵用写长怀赠杜幽素》：“高情物累遣，逸气烟霞飞。”杜甫《发同谷县》：“奈何迫物累，一岁四行彼。”独孤及《酬重甫侍御望天灊山见示之作》：“思免物累牵，敢令道机退。”裴夷直《奉和大梁相公重九日军中宴会之什》：“何言辞物累，方系万人情。”

【物象】　❶外界事物。孟郊《赠郑夫子鲂》：“文章得其微，物象由我裁。”刘暌《题越王楼寄献中丞使君》：“人间物象分千里，天上笙歌醉五侯。”贾岛《吊孟协律》：“集诗应万首，物象遍曾题。”陆龟蒙《袭美以紫石砚见赠以诗迎之》：“君能把赠闲吟客，遍写江南物象酬。”❷物体的形象；事物的现象。高适《陪窦侍御灵云南亭宴诗得雷字》：“连唱波澜动，冥搜物象开。”又《酬庞十兵曹》：“高谈悬物象，逸韵投翰墨。”韩愈《喜雪献裴尚书》：“浩荡乾坤合，霏微物象移。”❸景物；风景。钱起《奉和张荆州巡农晚望》：“太清霁云雷，阳春陶物象。”孟郊《同年春燕》：“视听改旧趣，物象含新姿。”杜牧《题吴兴消暑楼十二韵》：“晴日登攀好，危楼物象饶。”《与何光远赠答诗》之三：“澹荡春光物象饶，一枝琼艳不胜娇。”❹镜中反射出来的形象。仲子陵《秦镜》：“烂烂金光发，澄澄物象生。”崔护《山鸡舞石镜》：“物象纤无隐，禽情只自迷。”

【物望】　名望。储光羲《贻袁三拾遗谪作》：“如君物望美，令德声何已。”司空图《句》：“物望倾心久，凶渠破胆频。”

【物情】　❶物理人情；世情。孟浩然《山中逢道士云公》：“物情趋势利，吾道贵闲寂。”顾况《弃妇词》：“物情弃衰歇，新宠方妍好。”刘驾《上巳日》：“物情重此节，不是爱芳树。”李山甫《下第献所知三首》之二：“大抵物情应莫料，近来天意也须疑。”❷物之情况、性质。刘庭琦《咏木槿树题武进文明府厅》:“物情良可见,人事不胜悲。”杜甫《夏夜叹》:“物情无巨细,自适固其常。”韦应物《杂体五首》之四:“物情苟有合,莫问玉与泥。”❸众情;民心。玄览《题竹》:“欲知吾道廓,不与物情违。”韦庄《咸通》:“咸通时代物情奢,欢杀金张许史家。”

【物景】　景物。邵谒《赠郑殷处士》:“退居一河湄,山中物景清。”王周《过武宁县》:“行过武宁县,初晴物景和。”李中《和浔阳宰感旧绝句五首》之二:“浔阳物景真难及,练泻澄江最好看。”

【物像】　物之表象。杨衡《赠庐山道士》:“物像自随尘外灭,真源长向性中看。”

【物態】　❶物的形态、表象。陆龟蒙《战秋辞》:“左右物态,森疏强梁。”贯休《避地毗陵寒月上孙徽使君兼寄东阳王使君三首》之一:“岂缘思妙尘埃少,自是风清物态高。”❷景物。张旭《山行留客》:“山光物态弄春辉,莫为轻阴便拟归。”张籍《奉和舍人叔直省时思琴》:“地清物态胜,宵闲琴思通。”❸世态。刘威《旅怀》:“物态人心渐渺茫,十年徒学钓沧浪。”罗隐《送人赴职任褒中》:“物态时情难重陈,夫君此去莫伤春。”

【物論】　❶众人的议论;舆论。张祜《投宛陵裴尚书二十韵》:“物论推前哲,朝纲揖大巫。”罗隐《送汝州李中丞十二韵》:“与能才物论,慎选忽天庭。”韩偓《隰州新驿》:“肘腋人情变,朝廷物论生。”❷关于事物的道理。李咸用《寄题从兄坤载村居》:“邻并无非樵钓者,庄生物论宛然齐。”

【物類】　❶万物;各种各类的事物。白居易《新乐府·胡旋女》:“人间物类无可比,奔车轮缓旋风迟。”苏拯《鸱枭》:“为害未为害,其如污物类。”特指人或动物。任彦思家鬼《血书诗》(卷八六六):“物类易迁变,我行人不见。”

【物議】　众人的议论;舆论。刘长卿《客舍赠别韦九建赴任河南韦十七造赴任郑县就便觐省》:“人生未鹍化,物议如鸿毛。”柳宗元《衡阳与梦得分路赠别》:“直以慵疏招物议,休将文字占时名。”杜牧《商山富水驿》:“当时物议朱云小,后代声华白日悬。”李商隐《今月二日复五言四十韵献上亦诗人咏叹不足之义也》:“物议将调鼎,君恩忽赐弓。”

【物蠹】　喻有害于国家的坏人。《韩非子》有《五蠹篇》,斥五种人为“邦之蠹”。李绅《到宣武三十韵》:“旧风除物蠹,新律奉师贞。”

五　画

牲　〔shēng《广韵》所庚切,平庚,生。〕供祭祀和食用的家畜。魏征《五郊乐章·黄帝宫音》:“毕陈万舞,乃荐斯牲。”张说《唐享太庙乐章·雍和二首》之一:“在涤嘉豢,丽碑敬牲。”

【牲玉】　供祭祀用的牺牲和玉器。李商隐《哭虔州杨侍郎》:“莫凭牲玉请,便望救焦枯。”

【牲牢】　牲畜。韩愈《忆昨行和张十一》:“车载牲牢瓮异酒,并召宾客延邹枚。”刘禹锡《和李六侍御文宣王庙释奠作》:“钟鼓胶庠荐,牲牢郡邑祠。”元稹《代曲江老人百韵》:“耒耜勤千亩,牲牢奉六禋。”

【牲牷】　古代祭祀所用的纯色全牲。亦泛指祭品。魏征《享太庙乐章·雍和》:“粢盛咸洁,牲牷孔备。”褚亮《宗庙九德之歌辞》:“式备牺象,用□牲牷。”皮日休《鲁望昨以五百言见贻因成一千言迭和之微旨也》:“筑之为京观,解之为牲牷。”《郊庙歌辞·梁太庙乐舞辞·开平舞》:“黍稷馨,醴酴清。牲牷洁,金石铿。”

【牲幣】　牺牲和币帛。古用以祭祀日月星辰、社稷、五岳等。亦泛指一般祭品。魏征《五郊乐章·雍和》:“礼陈牲币,乐备篪簧。”李峤《晚秋喜雨》序:“天子虑深求瘼,念在责躬。避寝损膳,录冤弛役,牲币之礼,遍于神祇。”

【牲璧】　义同“牲玉”。杜甫《望岳》:“牲璧忍衰俗,神其思降祥。”见“牲玉”。

六　画

特　〔tè《广韵》徒得切,入德,定。〕❶牲一头。见“特牲”。❷单个;单独。王睿《松》:“好是特凋群木后,护霜凌雪翠逾深。”见“特室”“特峰”。❸杰出者。杜甫《舟中苦热遣怀奉呈阳中丞通简台省诸公》:“吾非丈夫特,没齿埋冰炭。”韩愈《赠别元十八协律六首》之二:“英英桂林伯,实惟文武特。”❹挺立;耸立。见“特立❶”。❺不同一般;异常。韩愈《答柳柳州食虾蟆》:“虾蟆虽水居,水特变形貌。”见“特異”。❻特别;最。张说《奉和圣制初入秦川路寒食应制》:“路上天心重豫游,御前恩赐特风流。”王翰《赋得明星玉女坛送廉察尉华阴》:“三峰离地皆倚天,唯独中峰特修峻。”李白《感时留别从兄徐王延年从弟延陵》:“深心紫河车,与我特相宜。”杜甫《木皮岭》:“西崖特秀发,焕若灵芝繁。”❼特地;特意。阎朝隐《侍从途中口号应制》:“常愿粉肌骨,特答造化功。”任华《寄杜拾遗》:“昨日有人诵得数篇黄绢词,吾怪异奇特借问，果然称是杜二之所为。”窦牟《送刘公达判官赴天德军幕》：“特建青油幕，量分紫禁师。”白居易《和钱员外禁中夙兴见示》：“君爱此时好，回头特谓余。”

【特立】 ❶挺立。李颀《送刘四赴夏县》：“九霄特立红鸾姿，万仞孤生玉树枝。”❷谓有坚定的志向和操守。陆龟蒙《读襄阳耆旧传因作诗五百言寄皮袭美》：“自从宋生贤，特立冠耆旧。”崔涂《春晓怀进士韦澹》：“特立珪无玷，相思草有兰。”

【特出】 特别突出。牟融《送沈侯之京》：“悠悠旌旆出东楼，特出仙郎上帝州。”

【特地】 ❶突然；忽然。李涉《逢旧二首》之一：“不期陵谷迁朝市，今日辽东特地逢。”费冠卿《久居京师感怀诗》：“马嘶渭桥柳，特地起秋声。”罗邺《大散岭》：“岭头却望人来处，特地身疑是鸟飞。”❷亦作“特底”。特别；格外。韩愈《夕次寿阳驿题吴郎中诗后》：“风光欲动别长安，春半城边特地寒。”罗隐《汴河》：“当时天子是闲游，今日行人特地愁。”齐己《寄还阙下高辇先辈卷》：“仍闻得名后，特地更忘疲。”❸特意；特为。杜甫《陪柏中丞观宴将士二首》之一：“几时来翠节，特地引红妆。”戴叔伦《题黄司直园》：“为忆去年梅，凌寒特地来。”韩愈《题杜工部坟》：“召朋特地踏烟雾，路入溪村数百步。”孙元晏《咏史诗·齐·谢朏》：“此时忠节还希有，堪羡君王特地容。”

【特列】 特别列为。姚合《寄陕府内兄郭冏端公》：“薄艺不退辱，特列为门生。”

【特此】 犹特意、特为。权德舆《严陵钓台下作》：“焉用佐天子，特此报故人。”

【特秀】 特别优秀。李白《登梅冈望金陵赠族侄高座寺僧中孚》：“吾宗挺禅伯，特秀鸾凤骨。”

【特來】 特地前来。施肩吾《代农叟吟》：“引客特来山地上，坐看秋水落红莲。”张祜《襄阳乐》：“东风正上信，春夜特来游。”

【特底】 见“特地❷”。

【特牲】 祭祀时只用一种牲畜。《郊庙歌辞·周郊祀乐章·禋顺乐》：“黄彝将献，特牲预迎。”

【特俎】 礼器。如案几，祭祀时用以陈置牲口。李德裕《句》：“牛羊具特俎。”

【特室】 单身居住的房间。崔元翰《奉和圣制重阳旦日百寮曲江宴示怀》：“探道得玄珠，斋心居特室。”沈亚之《梦挽秦弄玉》序：“亚之送葬咸阳还，以悼怅过戚被病，犹在翠微宫，然处殿外特室，不居宫中矣。”

【特恩】 皇帝给予的特别恩宠。刘禹锡《酬乐天请裴令公开春加宴》：“高名大位能兼有，恣意遨游是特恩。”

【特峰】 特出的山峰。卢鸿一《嵩山十志十首·枕烟庭》：“枕烟庭者，盖特峰秀起，意若枕烟。”

【特特】 象声词。状马蹄声。马异《送皇甫湜赴举》：“马蹄声特特，去入天子国。”温庭筠《常林欢歌》：“马声特特荆门道，蛮水扬光色如草。”

【特達】 ❶原谓行聘时唯圭、璋能独行通，不加余币。后用以喻指人才的特别、突出。储光羲《敬酬陈掾亲家翁秋夜有赠》：“特达逾珪璋，节操方松筠。”杜甫《送高三十五书记》：“此行既特达，足以慰所思。”任华《寄杜拾遗》：“英才特达承天眷，公卿无不相钦羡。”刘禹锡《许给事见示哭工部刘尚书诗因命同作》：“特达圭无玷，坚贞竹有筠。”亦指特异之人。李白《赠崔司户文昆季》：“明月两特达，余辉傍照人。”❷特殊知遇。刘商《送庐州贾使君拜命》：“特达恩难报，升沉路易分。”陈昌言《赋得玉水记方流》：“久处沉潜贵，希当特达收。”

【特敕】 皇帝的特别命令。白居易《新乐府·蛮子朝》：“异牟寻男寻阁劝，特敕召对延英殿。”

【特異】 特殊，不同于一般。李白《江上送女道士褚三清游南岳》：“霓衣不湿雨，特异阳台云。”李中《莺》：“羽毛特异诸禽，出谷堪听好音。”

【特進】 官名。始设于西汉末，授予列侯中有特殊地位者，位在三公下。东汉至南北朝仅为加官，无实职。隋唐以后为散官。唐特进虽不带职事官，而朝参禄俸并同职事官仍隶吏部。徐彦伯《送特进李峤入都祔庙》：“特进三公下，台臣百揆先。”杜甫《八哀诗·赠秘书江夏李公邕》：“近伏盈川雄，未甘特进丽。”又《赠特进汝阳王二十韵》：“特进群公表，天人夙德升。”

【特許】 特别许可。姚合《牧杭州谢李太尉德裕》：“皇恩特许拜杭坛，欲谢旌旄去就难。”

【特爲】 （—wèi）特地。孙元晏《咏史诗·梁·勍敌》：“传闻天子重儒才，特为皇华绮宴开。”

【特然】 特别貌。元稹《酬乐天江楼夜吟稹诗因成三十韵》：“点缀工微者，吹嘘势特然。”

【特操】 独立的操守。刘禹锡《答东阳于令寒碧图诗》序：“于生自以为有特操，而生于公侯家，由覆荫入士，常忽忽叹息。”

【特顧】 特别恩顾。杜甫《送高司直寻封阆州》：“主人不世才，先帝常特顾。”

牷 〔quán《广韵》疾缘切，平仙，從。〕纯色而完全的祭牲。魏征《享太庙乐章·雍和》：“粢盛咸洁，牲牷孔备。”见“牲牷”。

牸 〔zì《广韵》疾置切，去志，從。〕母牛。王维《田家》：“柴车驾羸牸，草屩牧豪豨。”许浑《南阳道中》：“饥乌索哺随雏叫，乳牸慵归望犊鸣。”陆龟蒙《祝牛宫辞》：“四牸三牯，中一去乳。”亦泛指牛。刘言史《初下东周赠孟郊》：“身着木叶衣，养鹿兼牸耕。”许浑《题灞西骆隐居》：“往往乘黄牸，鹿裘乌角巾。”

【牸牛】　母牛。寒山《诗三百三首》之一二三：“养得一牸牛，生得五犊子。”

七　画

牽[1]　〔qiān《广韵》苦堅切，平先，溪。〕❶拉；挽。姚崇《夜渡江》：“舟轻不觉动，缆急始知牽。”杜甫《骢马行》：“夙昔传闻思一见，牽来左右神皆竦。”戴叔伦《巫山高》：“云梯岂可进，百丈那能牽。”平曾《絷白马诗上薛仆射》：“雪中放去空留迹，月下牽来只见鞍。”❷带领；引导。见“牽率”。❸牽连；牽涉。见“牽聯”。❹牽挂。见“牽心❶”“牽念”。❺牽动；驱使。钱起《海畔秋思》：“匡济难道合，去留随兴牽。”白居易《东园玩菊》：“忆我少小日，易为兴所牽。”又《登商山最高顶》：“或名诱其心，或利牽其身。”❻引，引起。杜审言《和韦承庆过义阳公主山池五首》之一：“绾雾青丝弱，牽风紫蔓长。”戴叔伦《江干》：“杨柳牽愁思，和春上翠裙。”白居易《闲咏》：“夜学禅多坐，秋牽兴暂吟。”李中《姑苏怀古》之二：“触目牽伤感，将行又驻留。”❼牽累。杜审言《经行岚州》：“自惊牽远役，艰险促征鞍。”钱起《送族侄赴任》：“林下不成兴，仲容微禄牽。”白居易《引泉》：“一为止足限，二为衰疾牽。”姚合《同诸公会太府韩卿宅》：“即听鸡唱天门晓，吏事相牽西复东。”❽拘泥；拘牽。杜审言《和李大夫嗣真奉使存抚河东》：“江海宁为让，巴渝转自牽。”元结《与党评事》：“未知在冠冕，不合无拘牽。”权德舆《浩歌》：“心为世教牽，迹寄翰墨场。”温庭筠《寒食节日寄楚望二首》之二：“三春谢游衍，一笑牽规矩。”❾牽制。见“牽肘”。❿牽强；勉强从事。萧颖士《江有归舟三章》序：“文也者，非云尚形似，牽比类，以局夫俪偶，放于奇靡。”沈东美《奉和苑舍人宿直晓玩新池寄南省友》：“青云仰不逮，白雪和难牽。”见“牽課”。

牽[2]　〔qiàn《广韵》苦甸切，去霰，溪。〕同“縴”。挽船的绳索。见“牽₂路”。

【牽力】　勉力。皇甫冉《送陆鸿渐赴越》序：“君自数百里访予羁病，牽力迎门，握手心喜。”

【牽牛】　星座名。即河鼓，俗称牛郎星。亦指牛郎织女神话故事中的人物。玄宗《春台望》：“太液池中下黄鹤，昆明水上映牽牛。”卢殷《七夕》：“河耿月凉时，牽牛织女期。”陆畅《云安公主出降杂咏催妆二首》之一：“天上琼花不避秋，今宵织女嫁牽牛。”罗虬《比红儿诗》之六五：“长恨西风送早秋，低眉深恨嫁牽牛。”

【牽牛南渡】　北魏郦道元《水经注·渭水》：“水上有梁，谓之渭桥，秦制也。亦曰便门桥。秦始皇作离宫于渭水南北，以象天宫。故《三辅皇图》曰：‘渭水贯都，以象天汉；横桥南渡，以法牽牛。南有长乐宫，北有咸阳宫，欲通二宫之间，故造此桥。’”后以牽牛南渡作为咏桥的典故。李乂《侍宴安乐公主新宅应制》：“牽牛南渡象昭回，学凤楼成帝女来。”

【牽牛織女】　指牽牛星和织女星。亦指神话传说中的牛郎和织女。杜牧《秋夕》：“天阶夜色凉如水，坐看牽牛织女星。”见“牛郎織女”。

【牽心】　❶关心。李中《送黄秀才》：“蟾宫须展志，渔艇莫牽心。”❷牽动心绪。韩偓《村居》：“前欢入望盈千恨，胜景牽心非一途。”徐夤《明妃》：“不用牽心恨画工，帝家无策及边戎。”

【牽引】　❶拉；拖。崔颢《结定襄郡狱效陶体》：“牽引肆中翁，追呼田家子。”❷吸引；引起。姚合《游春十二首》之三：“诗酒相牽引，朝朝思不穷。”韦庄《思归》：“暖丝无力自悠扬，牽引东风断客肠。”❸引导。李白《秋浦歌十七首》之五：“牽引条上儿，饮弄水中月。”❹拖累。白居易《春晚咏怀赠皇甫朗之》：“多中更被愁牽引，少处兼遭病折磨。”

【牽目】　招人注目。姚合《闲居遣怀十首》之四：“好景时牽目，茅斋兴有余。”

【牽衣】　拉着衣裳。杜甫《兵车行》：“牽衣顿足阑道哭，哭声直上干云霄。”杜牧《归家》：“稚子牽衣问，归来何太迟。”曹邺《蓟北门行》：“亲戚牽衣泣，悲号自相顾。”韦庄《秦妇吟》：“牽衣不肯出朱门，红粉香脂刀下死。”

【牽羊】　《史记·宋微子世家》：“周武王克殷，微子乃持其祭器造于军门，内袒面缚，左牽羊，右抱茅，膝行而前以告。于是武王乃释微子，复其位如故。”后以牽羊表示降服。远公《伤悼前蜀废国》：“牽羊废主寻倾国，指鹿奸臣尽丧家。”

【牽束】　牽累拘束。白居易《归田三首》之三：“何必守一方，窘然自牽束。”方干《途中言事寄居远上人》：“羡师了达无牽束，竹径生苔掩竹门。”

【牽吟】　引动诗兴。李中《海城秋日书怀寄朐山孙明府》：“青云展志知何日，皓月牽吟又入秋。”孙鲂《春苔》：“底物最牽吟，秋苔独自寻。”

【牽役】　❶为俗务所牽累。张九龄《使还都湘东作》：“牽役而无悔，坐愁只自怡。”刘长卿《奉使新安自桐庐县经严陵钓台宿七里滩下寄使院诸公》：“牽役徒自劳，近名非所向。”严维《示外生》：“牽役非吾好，宽情尔在傍。”白居易《昭国闲居》：“勿嫌坊曲远，近即多牽役。”❷心为外物牽动而不能自主。顾敻《献衷心》

词："被娇娥牵役，魂梦如痴。"

【牵肘】 掣肘；从旁牵制。元稹《乐府古题·夫远征》："秦强赵破括敌起，括虽专命起尚轻，何况牵肘之人牵不已。"

【牵拖】 拖拉。谓行动困难。齐己《示诸侄》："形容浑瘦削，行止强牵拖。"

【牵制】 受阻而不能行动。元稹《当来日大难行》："轮轴自挠，牵制不停。"

【牵卑】 拘牵于微小的职务。萧颖士《早春过七岭寄题硖石裴丞厅壁》："弥叹春罢酒，牵卑从此分。"钱起《偶成》："始觉牵卑剧，宵眠亦在公。"又《送河南陆少府》："自料抱材将致远，宁嗟趋府暂牵卑。"

【牵迫】 紧迫。杜甫《望岳》："牵迫限修途，未暇杖崇冈。"白居易《春游二林寺》："身闲易飘泊，官散无牵迫。"李绅《望鹤林寺》序："仍岁往来牵迫，皆不得往。"

【牵念】 挂念。罗隐《圣真观刘真师院十韵》："别久曾牵念，闲来肯压重。"

【牵拽】 （—yè）牵拉。刘禹锡《同乐天和微之深春二十首》之一六："秋千争次第，牵拽彩绳斜。"

【牵思】 牵人思绪。朱庆余《叙吟》："有景皆牵思，无愁不到心。"

【牵迹】 见"牵跡"。

【牵恨】 引起怨恨之情。李商隐《柳》："如线如丝正牵恨，王孙归路一何遥。"

【牵連】 ❶连接。孟郊《去妇》："妾心藕中丝，虽断犹牵连。"❷拖延。杜牧《雪中书怀》："牵连久不解，他盗恐旁窥。"

【牵挽】 牵拉。指拉物。韩愈《南溪始泛三首》之一："石粗肆磨砺，波恶厌牵挽。"吴融《古锦裾六韵》："武威应认得，牵挽几当春。"

【牵黄犬】 《史记·李斯列传》载，李斯助秦始皇定天下，官居丞相。二世立，信任赵高，赵高诬陷李斯谋反。"二世二年七月，具斯五刑，论腰斩咸阳市。斯出狱，与其中子俱执，顾为其中子曰：'吾欲与若复牵黄犬俱出上蔡东门逐狡兔，岂可得乎！'遂父子相哭，而夷三族"。后以"牵黄犬"表示悠闲自得的生活。刘禹锡《题欹器图》："无因上蔡牵黄犬，愿作丹徒一布衣。"亦指官场凶险。白居易《九年十一月二十一日感事而作》："顾索素琴应不暇，忆牵黄犬定难追。"

【牵累】 （—lěi）牵挂拖累。白居易《咏怀》："闲官是宾客，宾客无牵累。"

【牵動】 触动。李中《江南重会友人感旧二首》之一："牵动诗魔处，凉风村落砧。"

【牵船】 负纤引船前行。王建《宫词一百首》之三十："春池日暖少风波，花里牵船水上歌。"

【牵率】 （—shuài）❶带领；引导。白居易《游悟真寺诗》："牵率使读书，推挽令效官。"又《六年春赠分司东都诸公》："老子苦乖墉，希君数牵率。"❷草率。杜甫《宴忠州使君侄宅》："昔曾如意舞，牵率强为看。"又《奉赠卢五丈参谋》："藻翰惟牵率，湖山合动摇。"引申为随意。齐己《春兴》："风流在诗句，牵率绕池塘。"❸拘牵。白居易《狂言示诸侄》："心安不移转，身泰无牵率。"

【牵情】 触动情感；动情。杨巨源《和杜中丞西禅院看花》："一林堆锦映千灯，照眼牵情欲不胜。"朱庆余《中秋月》："孤高稀此遇，吟赏倍牵情。"韩偓《病忆》："信知尤物必牵情，一顾难酬觉命轻。"孙鲂《柳》之四："春物牵情不奈何，就中杨柳态难过。"

【牵绊】 牵累羁绊。尹鹗《菩萨蛮》词之三："少年狂荡惯，花曲长牵绊。"

【牵惹】 ❶缠绵。尹鹗《临江仙》词之一："昔年于此伴萧娘，相偎伫立，牵惹叙衷肠。"❷拉扯。吕岩《七言》之十："真个夫妻齐守志，立教牵惹在阴阳。"

【牵雲曳雪】 指牵曳着云彩飞雪般的衣裳。李贺《洛姝真珠》："玉喉窱窱排空光，牵云曳雪留陆郎。"

【牵援】 牵引。元稹《去杭州》："每出新诗共联缀，闲因醉舞相牵援。"

【牵强】 （—qiǎng）勉强。皇甫冉《同李司直诸公暑夜南余馆》："微官朝复夕，牵强亦何心。"

【牵絲】 ❶佩绶。谓任官。韩翃《家兄自山南罢归献诗叙事》："坐厌牵丝倦，因从解绶旋。"皎然《哭吴县房耸明府》："始是牵丝日，翻成撤瑟年。"❷牵引绳子。李商隐《无题四首》之二："金蟾啮锁烧香入，玉虎牵丝汲井回。"❸指牵丝戏，一种傀儡戏。傀儡多以木制，高尺许，四肢及头部和关节部分皆缀以线，表演者在上方拉线操纵傀儡动作。玄宗《傀儡吟》："刻木牵丝作老翁，鸡皮鹤发与真同。"

【牵夢】 萦于梦寐。李中《送王道士游东海》："巨浸常牵梦，云游岂觉劳。"齐己《送益公归旧居》："旧隐终牵梦，春残结束归。"

【牵感】 牵动情感。鲍溶《悲湘灵》："初因无象外，牵感百忧里。"

【牵₂路】 纤夫拉船时所走的小路。钱珝《江行无题一百首》之一六："牵路沿江狭，沙崩岸不平。"

【牵跡】 亦作"牵迹"。行走，涉足。王勃《忽梦游仙》："仆本江上客，牵跡在方内。"骆宾王《在江南赠宋五之问》："谋己谬观光，牵迹强凄惶。"

【牵愁】 牵动愁思。白居易《春江闲步赠张山人》："江景又妍和，牵愁发浩歌。"韩偓《别绪》："别绪静愔愔，牵愁暗入心。"

【牵鉤】 牵连。杜牧《洛中送冀处士东游》："治乱掘根本，蔓延相牵钩。”

【牽腸】　牵人心肠；挂念。任翻《长安冬夜书事》：“春风谁识面，水国但牵肠。”

【牽裾】　《三国志·魏志·辛毗传》：“帝欲徙冀州士家十万户实河南。时连蝗民饥，群司以为不可，而帝意甚盛。毗与朝臣俱求见，帝知其欲谏，作色以见之，皆莫敢言。毗曰：‘陛下欲徙士家，其计安出？’帝曰：‘卿谓我徙之非邪？’毗曰：‘诚以为非也。’……帝不答，起入内，毗随而引其裾，帝遂奋衣不还。”后用作歌颂直谏或谏臣的典故。杜甫《建都十二韵》：“牵裾恨不死，漏网荷殊恩。”又《赠李八秘书别三十韵》：“不才同补衮，奉诏许牵裾。”又《风疾舟中伏枕书怀三十六韵奉呈湖南亲友》：“牵裾惊魏帝，投阁为刘歆。”

【牽跼】　牵拘。韦应物《拟古诗十二首》之八：“反志解牵跼，无为尚劳躬。”

【牽漕】　指牵拉漕运的船只。元稹《和李校书新题乐府十二首·阴山道》：“万束刍茭供旦暮，千钟菽粟长牵漕。”

【牽網】　喻世俗的羁绊。李峤《田假限疾不获还庄用写长怀赠杜幽素》：“游宦劳牵网，风尘久化衣。”

【牽綿】　牵延连绵。元稹《酬乐天江楼夜吟稹诗因成三十韵》：“铃因风断续，珠与调牵绵。”

【牽綴】　牵累；牵制。张九龄《别乡人南还》：“牵缀从浮事，迟回谢所钦。”皇甫冉《题裴二十一新园》：“穷年无牵缀，往事惜沦误。”

【牽課】　勉强写作。亦指勉强写出的作品。元稹《酬东川李相公十六韵》序：“稹独何人，享是嘉惠，辄复牵课拙劣，酬献所赐，是犹百兽与凤凰同舞于箫韶之中，各极其欢心耳。”周弘亮《故乡除夜》：“诗成始欲吟将看，早是去年牵课中。”韩偓《奉和峡州孙舍人肇荆南重围中寄诸朝士二篇》序：“时李常侍洵、严谏议龟、李起居殷衡、李郎中冉，皆有继和，余久有是债，今至湖南方暇牵课。”

【牽頭】　拉扯头部。韩愈《元和圣德诗》：“牵头曳足，先断腰膂。”

【牽聯】　连累；株连。白居易《府西亭纳凉归》：“牵联缧绁囚，奔走尘埃吏。”

【牽斷】　拉断。白居易《杨柳枝词八首》之八：“柳丝挽断肠牵断，彼此应无续得期。”薛能《柳枝词五首》之三：“牵断绿丝攀不得，半空悬着玉搔头。”杜荀鹤《春日山居寄友人》：“半岩云脚风牵断，平野花枝鸟踏垂。”

【牽攀】　❶攀援。韩愈《题炭谷湫祠堂》：“石级皆险滑，颠跻莫牵攀。”❷援手；援助。李白《去妇词》：“余生欲何寄，谁肯相牵攀。”❸牵拉。杜甫《彭衙行》：“一旬半雷雨，泥泞相牵攀。”

【牽犢】　牵着牛犊。传说尧时高士巢父见许由于颍水洗耳，认为许由有意沽名，其水受污，遂“牵犊上流饮之”。见晋皇甫谧《高士传》。后诗人咏其事。李白《田园言怀》：“何如牵白犊，饮水对清流。”

【牽懷】　挂怀；挂念。韩愈《秋雨联句》：“牵怀到空山，属听迩惊濑。”

【牽驅入市】　把骏马牵到市上去卖。《战国策·燕策二》载，苏代为燕说齐，未见齐王，先说淳于髡曰：“人有卖骏马者，比三旦立市，人莫知之。往见伯乐曰：‘臣有骏马，欲卖之，比三旦立于市，人莫与言，愿子还而视之，去而顾之，臣请献一朝之贾。’伯乐乃还而视之，去而顾之，一旦而马价十倍。今臣欲以骏马见于王，莫为臣先后者，足下有意为臣伯乐乎？”后用以喻贤才不受赏识。韩愈《驽骥》：“牵驱入市门，行者不为留。”

【牽纏】　❶纠缠。白居易《放言五首》之二：“世途倚伏都无定，尘网牵缠卒未休。”❷牵累。骆宾王《秋日山行简梁大官》：“弹冠劳巧拙，结绶倦牵缠。”萧颖士《蒙山作》：“顾予尚牵缠，家业重书史。”顾况《游子吟》：“腰下是何物，牵缠旷登寻。”吕岩《寄白龙洞刘道人》：“纵有儿孙满眼前，却成恩爱转牵缠。”❸牵动；引动。温庭筠《杨柳八首》之六：“春来幸自长如线，可惜牵缠荡子心。”

【牽蘿補屋】　牵拉萝藤补房子的漏洞。谓房屋破败。杜甫《佳人》：“侍婢卖珠回，牵萝补茅屋。”

【牽攣】　牵拘。韩愈《送灵师》：“逸志不拘教，轩腾断牵挛。”

【牽鹽】　《战国策·楚策四》载，汗明谓春申君曰：“君亦闻骥乎？夫骥之齿至矣，服盐车而上太行。蹄申膝折，尾湛胕溃，漉汁洒地，白汗交流，中阪迁延，负辕不能上。伯乐遭之，下车攀而哭之，解纻衣以幂之。骥于是俯而喷，仰而鸣，声达于天，若出金石声者，何也？彼见伯乐之知己也。”后以“牵盐”喻怀才不遇。陆龟蒙《记事》：“骏骨正牵盐，玄文终覆酱。”李咸用《投知》：“嘶风重诉牵盐耻，伯乐何妨转眼看。”

【牽羈】　牵绊；羁绊。崔融《哭蒋詹事俨》：“昔余参下位，数载忝牵羁。”

犊　〔bó〕母牛。《谣·黄犊子谣》：“黄犊犊子挽纼断，两脚蹋地鞋糯断。”

八　画

犊　〔yún《广韵》如匀切，平諄，日。〕身长七尺的牛。泛称大牛。元稹《代曲江老人百韵》：“桥桃矜马骛，倚硕数牛犉。”

犍 〔qián《广韵》渠焉切,平仙,群。〕犍为。郡名和县名。见"犍爲"。

【犍爲】 ❶郡名。即嘉州,隋眉山郡。唐武德元年(619)改为嘉州,领龙游等五县。上元元年(674)以戎州之犍为来属。天宝元年(742)改为犍为郡,乾元元年(256)复为嘉州,治所在今四川乐山县。岑参有《赴犍为经龙阁道》和《初至犍为作》。❷县名,汉安南县地。北周置沈犀郡,并置武阳县。隋废郡,以县隶戎州。唐上元元年(674)改属嘉州。今属四川。薛逢《醉春风》:"犍为县里古城里,开是好花飞是尘。"

犀 〔xī《广韵》先稽切,平齊,心。〕❶犀牛。哺乳类动物,体粗大,壮似牛。鼻上有一角或两角,亦间有三角者。皮粗而厚,无毛。产于亚洲和非洲的热带森林里。杜甫《自平》:"近供生犀翡翠稀,复恐征戎干戈密。"曹松《南游》:"犀占花阴卧,波冲瘴色流。"李洞《送云卿上人游安南》:"鲸吞洗钵水,犀触点灯船。"❷指犀牛皮。顾况《公子行》:"双镫悬金缕鹘飞,长衫刺雪生犀束。"孟郊《石淙》之四:"何况被犀士,制之空以权。"❸指犀牛角。卢纶《割飞二刀子歌》:"越戟吴钩不足夸,斩犀切玉应怀怍。"雍陶《蜀中战后感事》:"空留犀厌怪,无复酒除灾。"李商隐《碧城三首》之一:"碧城十二曲阑干,犀辟尘埃玉辟寒。"张云容《与薛昭合婚诗》之二:"幽谷啼莺整羽翰,犀沉玉冷自长叹。"❹指用犀角制的饰物。郑锡《度关山》:"象弭插文犀,鱼肠莹鹖鹈。"韩愈《南内朝贺归呈同官》:"岂惟一身荣,佩玉冠簪犀。"❺指以犀角为饰的腰带。和凝《小重山》词之二:"乌犀白纻最相宜。精神出,御陌袖鞭垂。"❻坚固。见"犀利""犀船"。

【犀匕首】 柄有犀角为饰的匕首。温庭筠《过西堡塞北》:"白马犀匕首,黑裘金佩刀。"

【犀牛】 犀的俗称。因其状如水牛,故称。杜甫《石犀行》:"君不见秦时蜀太守,刻石立作三犀牛。"张祜《少年乐》:"带盘红鼹鼠,袍砑紫犀牛。"徐夤《依御史温飞卿华清宫二十二韵》:"丹书陈北虏,玄甲擐犀牛。"齐己《送人南游》:"蛮花藏孔雀,野石乱犀牛。"

【犀札】 犀甲。韩愈《征蜀联句》:"刑神咤牦旄,阴焰飐犀札。"

【犀甲】 ❶犀皮。杜甫《海棕行》:"龙鳞犀甲相错落,苍棱白皮十抱文。"庄南杰《古松歌》:"龟鳞犀甲锁支体,泉声雨脚洗春风。"❷犀牛皮制的铠甲。亦指身穿犀甲的战士。柳宗元《奉平淮夷雅表·皇武》:"犀甲熊旂,威命是荷。"杜牧《郡斋独酌》:"犀甲吴兵斗弓弩,蛇矛燕戟驰锋铓。"殷文圭《赠战将》:"绿沉枪利雪峰尖,犀甲军装称紫髯。"陈陶《赠容南韦中丞》:"十二铜鱼尊画戟,三千犀甲拥朱轮。"

【犀皮】 犀牛皮。李峤《饯薛大夫护边》:"犀皮拥青橐,象齿饰雕弓。"

【犀兕】 ❶犀牛和兕。杜甫《八哀诗·故秘书少监武功苏公源明》:"青荧芙蓉剑,犀兕岂独剸。"元稹《奉和权相公诗十四韵》:"锋芒断犀兕,波浪没蓬壶。"❷犀兕皮。亦指用犀兕皮制的甲或盾。陆龟蒙《吴俞儿歌·弩俞》:"有裂犀兕之气者,非公与?"

【犀利】 锋利。刘长卿《杂咏八首上礼部李侍郎·古剑》:"傥遇拂拭恩,应知剸犀利。"陆龟蒙《杂讽九首》之八:"吴兵甚犀利,太白光突兀。"

【犀角】 (—jiǎo)犀牛角。可入药,亦可制器。传说可以辟邪防毒。寒山《诗三百三首》之七七:"纵你居犀角,饶君带虎睛。"王建《送严大夫赴桂州》:"辟邪犀角重,解酒荔枝甘。"卢仝《寄萧二十三庆中》:"就中南瘴欺北客,凭君数磨犀角吃。"

【犀枕】 犀皮制成的枕头。冯延巳《贺圣朝》词:"不胜娇困,半敧犀枕。"

【犀帖】 (—tiē)薄犀牛皮制的帷幔。帖,通"幨"。李商隐《拟意》:"象床穿幰网,犀帖钉窗油。"

【犀革】 犀牛皮。韦应物《汉武帝杂歌三首》之三:"左有佽飞落霜翮,右有孤儿贯犀革。"

【犀柄】 指以犀角为柄的麈尾。晋名士清谈时手中常持之。皮日休《暇日独处寄鲁望》:"幽慵不觉耗年光,犀柄金徽乱一床。"陆龟蒙《村夜二篇》之一:"遇敌舞蛇矛,逢谈捉犀柄。"

【犀屏】 (—píng)犀牛皮制成的屏风。郑嵎《津阳门诗》:"犀屏象荐杂罗列,锦凫绣雁相追随。"

【犀株】 即犀角。角以株计数,故称。李贺《恼公》:"犀株防胆怯,银液镇心忪。"亦喻犀角状物。特借指竹笋。元稹《无和五年思怆曩游因投五十韵》:"新笋踊犀株,落梅翻蝶翅。"

【犀軒】 古代卿所乘用的用犀皮所装饰的车子。罗隐《送程尊师东游有寄》:"且凭鹤驾寻沧海,又恐犀轩过赤城。"

【犀梳】 用犀角制成的梳子。唐彦谦《无题十首》之二:"醉倚阑干花下月,犀梳斜骈鬓云边。"李珣《南乡子》词之九:"拢云髻,背犀梳,焦红衫映绿罗裾。"

【犀帶】 即犀角带。画有犀角的腰带,非品官不能用。元稹《自责》:"犀带金鱼束紫袍,不能将命报分毫。"白居易《元微之除浙东观察使喜得杭越邻州先赠长句》:"稽山镜水欢游地,犀带金章荣贵身。"温庭筠《遐水谣》:"犀带鼠裘无暖色,清光炯冷黄金鞍。"和凝《宫词百首》之七八:"停稳春衫窣地长,通天犀带缀金章。"

【犀船】 坚固的船只。陆龟蒙《引泉诗》:"凌风捩桂柁，隔雾驰犀船。”

【犀象】 犀牛和象。李白《独漉篇》：“不断犀象，绣涩苔生。”常衮《奉和圣制麟德殿燕百僚应制》：“蛮夷陪作位，犀象舞成行。”曹唐《送羽人王锡归罗浮》：“龙蛇出洞闲邀雨，犀象眠花不避人。”陈陶《番禺道中作》：“常闻岛夷俗，犀象满城邑。”

【犀渠】 犀甲。皎然《从军行五首》之五：“誓师张虎落，选将擐犀渠。”权德舆《太原郑尚书远寄新诗走笔酬赠因代书贺》：“时看介士阅犀渠，每狎儒生冠章甫。”杜牧《送容州唐中丞赴镇》：“鷁首冲泷浪，犀渠拂岭云。”薛逢《重送徐州李从事商隐》：“晓乘征骑带犀渠，醉别都门惨袂初。”

【犀焰】 犀角燃烧的火焰。刘禹锡《历阳书事七十韵》：“苴纶牵拨剌，犀焰照澄泓。”

【犀節】 饰有犀角的符节。张说《奉和圣制赐诸州刺史应制以题坐右》：“犀节同分命，熊轩各外临。”

【犀箸】 用犀牛角制成的筷子。杜甫《丽人行》：“犀箸厌饫久未下，鸾刀缕切空纷纶。”

【犀燭】 燃犀牛角照明。李端《杂歌》：“犀烛江行见鬼神，木人登席呈歌舞。”

【犀簟】 用犀皮制的席子。曹唐《小游仙诗九十八首》之二一：“月影悠悠秋树明，露吹犀簟象床轻。”

【犀簪】 用犀角制成的发簪。或谓妇人用之可以辟尘。吴融《和韩致光侍郎无题三首十四韵》之一：“珠佩元消暑，犀簪自辟尘。”李节度姬《会张生述怀》：“门前画戟寻常设，堂上犀簪取次看。”和凝《临江仙》词之二：“碧罗冠子稳犀簪，凤凰双飐步摇金。”

犁 〔lí《广韵》郎溪切，平齊，來。又力脂切，平脂，來。〕❶农具。用以种田、翻土。杜甫《兵车行》：“纵有健妇把锄犁，禾生陇亩无东西。”张籍《野老歌》：“岁暮锄犁傍空室，呼儿登山收橡实。”刘驾《田西边》：“刀剑作锄犁，耕田古城下。”❷耕。戴叔伦《女耕田行》：“无人无牛不及犁，持刀斫地翻作泥。”杨发《南野逢田客》“桑柘悠悠水蘸堤，晚风晴景不妨犁。”唐彦谦《第三溪》：“早知涉世真成梦，不充山田春雨犁。”❸铲平；铲毁。寒山《诗三百三首》之二一九：“回瞻郊郭外，古墓犁为田。”白居易《题裴晋公女几山刻石诗后》：“贼骨化为土，贼垒犁为田。”

【犁牛】 杂色牛。岑参《酒泉太守席上醉后作》：“浑炙犁牛烹野驼，交河美酒归叵罗。”高适《留别郑三韦九兼洛下诸公》：“犁牛钓竿不复见，县人邑吏来相邀。”吕温《道州》：“列馆月，犁牛冰河金山雪。”

【犁田】 指耕地。顾况《悲歌》：“边城路，今人犁田昔人墓。”

【犁眉騧】 良马名。毛黄色，眉黑色。犁，通“黧”。李白《鲁郡尧祠送窦明府薄华还西京》：“朝策犁眉騧，举鞭力不堪。”

【犁鉏】 见“犁锄”。

【犁鋤】 亦作“犁鉏”。犁和锄两种农具。白居易《归田三首》之二：“更待明年后，自拟执犁锄。”贾岛《寄令狐绹相公》：“官高频敕授，老免把犁锄。”贯休《春末兰溪道中作》：“人担犁锄细雨歇，路入桑柘斜阳微。”亦指用犁锄耕作。韩愈《符读书城南》：“不见公与相，起身自犁鉏。”

九　画

犨 同“輽”。李贺《金铜仙人辞汉歌》序：“魏明帝青龙九年，诏宫官犨车西取汉李武捧露盘仙人，欲立置前殿。”

十　画

犒 〔kào《广韵》苦到切，去號，溪。〕犒赏，以酒食财物慰劳。韩愈、李正封《晚秋郾城夜会联句》：“百牢犒舆师，千户购首恶。”元稹《和李校书新题乐府十二首·阴山道》：“元和天子念女工，内出金银代酬犒。”白居易《郡斋旬假始命宴呈座客示群僚》：“无轻一日醉，用犒九日勤。”吴筠《高士咏·郑商人弦高》：“效谋全郑国，矫命犒秦师。”亦指犒劳之物。韩愈《荐士》：“救死具八珍，不如一箪犒。”

【犒士】 犒劳士兵。储光羲《田家杂兴八首》之三：“驻旗沧海上，犒士吴宫侧。”白居易《新乐府·西凉伎》：“娱宾犒士宴监军，狮子胡儿长在目。”

【犒功】 犒赏有功之人。杨乘《甲子岁书事》：“犒功椎万牛，募勇悬千帛。”

【犒迎】 犒劳迎接。柳宗元《贞符》序：“徒奋袒呼，犒迎义旅，欢动六合，至于麾下。”

【犒軍】 犒劳军队。罗隐《暇日有寄姑苏曹使君兼呈张郎中郡中宾僚》：“湖边观稼雨迎马，城外犒军风满旗。”

犖 〔luò《广韵》吕角切，入覺，來。〕❶杂色牛。陆龟蒙《杂讽九首》之二：“斯为朽关键，怒荦抉以入。”❷山石险峻不平貌。见“荦确”。

【犖硞】 见“荦确”。

【犖确】 亦作“荦硞”“荦嶨”。山石险峻不平貌。韩愈《山石》：“山石荦确行径微，黄昏到寺蝙蝠飞。”韩愈《纳凉联句》：“炎湖度氛氲，热石行荦硞。”韩愈、孟郊《会合联句》：“吟巴山荦嶨，说楚波堆垄。”孟郊《石淙》之四：“蜿蜒相缠掣，荦确亦回旋。”

【犖嶨】 见“荦确”。

犗 〔jiē《广韵》古喝切，去夬，見。《集韵》居拜切，去怪，見。〕犍牛。阉割过的牛。韩愈、孟郊《雨中寄孟刑部几道联句》："东野继奇躅，修纶悬众犗。"

十一画

犛 〔máo《广韵》莫交切，平肴，明。又里之切，平之，來。又落哀切，平咍，來。〕犛牛。见"犛牛"。

【犛牛】 野牛。形状毛尾同牦牛，但大于牦牛。一说即牦牛。王昌龄《箜篌引》："思还本乡食犛牛，欲语不得指咽喉。"元稹《答姨兄胡灵之见寄五十韵》："矮马驼鬉鞯，犛牛兽面缨。"

【犛旄】 以犛牛尾为饰的旗子。韩愈《征蜀联句》："刑神咤犛旄，阴焰飐犀札。"

犘 〔má《广韵》莫霞切，平麻，明。〕牛名，即牦牛。出巴中，重千斤。柳宗元《同刘二十八院长五十二韵之作因其韵增至八十通赠二君子》："岸芦翻毒蜃，磎竹斗狂犘。"

十五画

犢 〔dú《广韵》徒谷切，入屋，定。〕小牛。李白《田园言怀》："何如牵白犊，饮水对清流。"白居易《归田三首》之二："卖马买犊使，徒步归田庐。"许浑《下第归蒲城墅居》："牧竖还呼犊，邻翁亦抱孙。"杜荀鹤《题所居村舍》："蚕无夏织桑充寨，田废春耕犊劳军。"

【犢子】 小牛。寒山《诗三百三首》之一三二："养得一牸牛，生得五犊子。犊子又生儿，积数无穷已。"《黄犊子谣》："黄牸犊子挽纼断，两脚踏地鞋𪎊断。"曹邺《早秋宿田舍》："南村犊子夜声急，应是栏边新有霜。"

【犢車】 牛车。汉诸侯贫者乘，后转为贵者乘之。寒山《诗三百三首》之三四："两龟乘犊车，驀出路头戏。"王建《宫词一百首》之五七："走马犊车当御路，汉阳宫主进鸡球。"李廓《长安少年行》之三："倒插银鱼袋，行随金犊车。"吴融《隋堤》："岸傍昔道牵龙舰，河底今来走犊车。"

【犢鼻】 见"犢鼻褌"。

【犢鼻褌】 亦省作"犢鼻"。一种短裤。一说围裙。形如犊鼻，故称。❶汉文学家司马相如琴挑卓文君，文君和奔，相偕在临邛卖酒。"文君当垆，相如身自着犊鼻裈与傭保杂作，涤器于市中"。见《史记・司马相如列传》。后作为卖酒之典。皮日休《酒中十咏・酒垆》："有枪尽龙头，有主皆犊鼻。"❷南朝宋刘义庆《世说新语・任诞》："阮仲容、步兵居道南，诸阮居道北。北阮皆富，南阮贫。七月七日，北阮盛晒衣，皆纱罗锦绮。仲容以竿挂大布犊鼻裈于中庭。人或怪之，答曰：'未能免俗，聊复尔耳！'"后因作为贫穷而旷达之典。李颀《别梁锽》："庭中犊鼻昔尝挂，怀里琅玕今在无。"刘言史《葛巾歌》："空留悦杖犊鼻裈，濛濛烟雨归山村。"李商隐《七夕偶题》："明朝晒犊鼻，方信阮家贫。"

十六 画

犧[1] 〔xī《广韵》許羈切，平支，曉。〕祭祀用的纯色牲畜。《郊庙歌辞・明皇祀圜丘乐章・豫和》："授牺膺箓，复禹继明。"白居易《续古诗十首》之三："豢豕非不饱，所忧竟为牺。"陆龟蒙《袭美先辈以龟蒙所献五百言用伸酬谢》："谁若灵囿鹿，谁犹清庙牺。"李瀚《蒙求》："贾谊忌鹏，庄周畏牺。"

犧[2] 〔suō 今读 xī《广韵》素何切，平歌，心。〕酒樽名。《集韵・平戈》："牺，酒尊名，饰以翡翠，郑司农说。"见"犧₂象""犧₂樽"。

【犧牛】 祭祀用的纯色牛。薛逢《惊秋》："长笑李斯称溷鼠，每多庄叟喻牺牛。"刘兼《送二郎君归长安》："好向云泉营旧隐，莫教庄叟畏牺牛。"李贞白《咏罂粟子》："既似牺牛乳，又如铃马兜。"

【犧牲】 ❶供祭祀用的纯色全体牲畜。王维《送秘书晁监还日本国》序："亦由呼耶来朝，舍于葡萄之馆，卑弥遣使，报以蛟龙之锦，牺牲玉帛，以将厚意，服食器用，不宝远物，百神受职，五老告期。"白居易《和答诗十首・答桐花》："雄鸡自断尾，不愿为牺牲。"又《自咏》："老龟岂羡牺牲饱，蟠木宁争桃李春。"陆龟蒙《江南秋怀寄华阳山人》："阮高酣曲糵，庄达谢牺牲。"❷供盟誓、宴享用的牲畜。白居易《山雉》："既有稻粱恩，必有牺牲患。"韦庄《秦妇吟》："寰中箫管不曾闻，筵上牺牲无处觅。"

【犧₂象】 古代饰有鸟形、鸟羽或象骨的酒器。或说为牺樽和象樽的合称。褚亮《宗庙九德之歌辞》："式备牺象，用□牲牷。"李纾《唐德明兴圣庙乐章・德明酌献》："器尊牺象，礼属宗公。"《郊庙歌辞・梁太庙乐舞辞・饮福》："灵歆醉止牺象盈，自天降福千万龄。"

【犧₂尊】 见"犧樽"。

【犧₂樽】 亦作"犧尊"。古代酒器，作牺牛形，背上开孔以盛酒。一说樽腹刻画牛形。皮日休《酒中十咏・酒樽》："牺樽一何古，我抱期幽客。"《郊庙歌辞・

汉宗庙乐舞辞·章庆舞》:“玉斝牺樽潋滟,龙旂凤辖逶巡。”

犨 〔chóu《广韵》赤周切,平尤,昌。〕突出。见“犨牆”。

【犨牆】 突出的墙。陆龟蒙《奉和袭美二游诗·任诗》:“犨墙绕曲岸,势似行无极。”

犬　部

犬〔quǎn《广韵》苦泫切，上銑，溪。〕家畜名。俗称狗，为人类最早驯化的家畜之一。听觉、嗅觉灵敏，毛有黄、白、黑等颜色。品种很多，按用途可分为牧羊犬、猎犬、警犬、玩赏犬以及挽曳犬、皮肉用犬等。王维《春夜竹亭赠钱少府归蓝田》："夜静群动息，时闻隔林犬。"张籍《野老歌》："西江贾客珠百斛，船中养犬长食肉。"李绅《闻里谣效古歌》："兄锄弟耨妻在机，夜犬不吠开蓬扉。"韦庄《梁氏水斋》："卷帘山对客，开户犬迎僧。"

【犬子】 ❶幼犬。姚合《哭砚山孙道士》："可怜白犬子，闲吠远行人。"❷谦称自己儿子。张祜《所居即事六首》之三："日夕爱琴怜犬子，春风咏雪喜胡儿。"

【犬牙】 ❶狗的牙齿。刘禹锡《晚岁登武陵城顾望水陆怅然有作》："星象承乌翼，蛮陬想犬牙。"皮日休《闻开元寺开笋园寄章上人》："并出亦如鹅管合，各生还似犬牙分。"❷谓地形、地势等交错如犬牙。刘禹锡《朗州窦员外见示与澧州元郎中群斋赠答长句二篇因以继和》："新恩共理犬牙地，昨日同含鸡舌香。"白居易《自到郡斋未及宴游偷闲走笔题呈吴中诸客》："愧无铛脚政，徒忝犬牙邻。"杜牧《朱坡绝句三首》之三："乳肥春洞生鹅管，沼避回岩势犬牙。"张蠙《送成州牧》："犬牙连蜀国，兵额贯秦州。"

【犬戎】 ❶古族名。戎人的一支，即畎戎。王维《送宇文三赴河西充行军司马》："当令犬戎国，朝聘学昆邪。"白居易《新乐府·西凉伎》："自从天宝兵戈起，犬戎日夜吞西鄙。"周昙《咏史诗·三代门·平王》："犬戎西集杀幽王，邦土何由不便亡。"李子昂《西戎即叙》："悬首藁街中，天兵破犬戎。"❷旧时对我国少数民族和外国侵略者的蔑称。张说《送郭大夫元振再使吐蕃》："犬戎废东献，汉使驰西极。"岑参《玉门关盖将军歌》："南邻犬戎北接胡，将军到来备不虞。"马植《奉和白敏中圣道和平致兹休运岁终功就合咏盛明呈上》："舜德尧仁化犬戎，许提河陇款皇风。"杜荀鹤《塞上》："沙塞旋收饶帐幕，犬戎时杀少烟尘。"

【犬羊】 ❶犬和羊。储光羲《同诸公送李云南伐蛮》："斩伐若草木，系缧同犬羊。"李白《经乱离后书怀赠江夏韦太守良宰》："公卿如犬羊，忠谠醢与菹。"亦喻指任人宰割者，如俘虏、囚犯等。韩愈《晚秋郾城夜会联句》："虎豹贪犬羊，鹰鹯憎鸟雀。"❷对外敌的蔑称。杜甫《览镜呈柏中丞》："胆销豺虎窟，泪入犬羊天。"耿沣《上将行》："萧关扫定犬羊群，闭阁层城白日曛。"庄南杰《雁门太守行》："击昌枞金燧牛尾，犬羊兵败如山死。"张乔《再书边事》："万里沙西寇已平，犬羊群外筑空城。"

【犬豕】 狗和猪。喻卑贱之人。杜牧《送沈处士赴苏州李中丞招以诗赠行》："处士有常言，残虏为犬豕。"刘景复《梦为吴泰伯作胜儿歌》："太平之末狂胡乱，犬豕崩腾恣唐突。"

【犬吠】 狗叫。刘长卿《逢雪宿芙蓉山主人》："柴门闻犬吠，风雪夜归人。"李建勋《田家三首》之一："犬吠隈篱落，鸡飞上碓桯。"杨徽之《汉阳晚泊》："犬吠竹篱沽酒客，鹤随苔岸洗衣僧。"

【犬虏】 敌虏。赵嘏《华清宫和杜舍人》："衣冠逃犬虏，鼙鼓动渔阳。"

【犬馬】 ❶犬和马。用作谦词。姚鹄《将归蜀留献恩地仆射二首》之一："蒿莱讵报生成德，犬马空怀感恋心。"❷古代大夫生病的婉词。王棨《甸服耆旧望籍千亩》："未睹公卿从，长愁犬马先。"

【犬馬心】 对尊长表示赤诚报效的谦词。黄滔《投刑部裴郎中》："瞻恩虽隔云雷赐，向主终知犬马心。"见"狗馬心"。

【犬馬年】 臣下对君上卑称自己的年龄。杜甫《送十五弟侍御使蜀》："未息豺狼斗，空催犬马年。"

【犬馬恋】 喻臣下眷怀君上。岑参《初至西虢官舍南池呈左右省及南宫诸故人》："空积犬马恋，岂思鹓鹭行。"韦应物《亦师叛乱寄诸弟》："上怀犬马恋，下有骨肉情。"

【犬書】 家书；家信。李贺《始为奉礼忆昌谷山居》："犬书曾去洛，鹤病悔游秦。"

【犬彘】 狗和猪。喻卑劣之人。皮日休《奉和鲁望读阴符经见寄》："九伯真犬彘，诸侯实虎兕。"罗隐《中元甲子以辛丑驾幸蜀四首》之三："纵饶犬彘迷常理，不奈豺狼幸此时。"

【犬臺宫】 汉宫殿名。在上林苑中。杜牧《李给事中敏二首》之一："元礼去归缑氏学，江充来见犬台宫。"

二　画

犯 〔fàn《广韵》防殿切，上範，奉。〕❶进攻；侵犯。胡皓《大漠行》："单于犯蓟壖，虏骑略萧边。"皇甫冉《太常魏博士远出贼庭江外相逢因叙其事》："烽火惊戎塞，豺狼犯帝畿。"张祜《投魏博田司空二十韵》："报主亲临敌，屯师首犯疆。"韦庄《秦妇吟》："自从大寇犯中原，戎马不曾生四鄙。"亦用以指风雪等侵袭。杜甫《对雪》："北雪犯长沙，胡云冷万家。"❷伤害；损害。韦应物《睢阳感怀》："豺虎犯天纲，升平无内备。"刘禹锡《代靖安佳人怨二首》之一："宝马鸣珂踏晓尘，鱼文匕首犯车茵。"❸欺凌；污辱。李商隐《陈后宫》："渚莲参法驾，沙鸟犯句陈。"❹触犯；冒犯。李颀《别梁锽》："抗辞请刃诛部曲，作色论兵犯二帅。"萧颖士《江有归舟三章》序："《记》有之：尊道成德，严师其难哉！故在三之礼，极乎君亲，而师也参焉，无犯与隐，义斯贯矣。"李贺《致酒行》："空将笺上两行书，直犯龙颜请恩泽。"许棠《送裴拾遗宰下邽》："县斋高枕卧，犹梦犯天颜。"❺冒着；不顾（危险、恶劣环境等）。皇甫冉《送郑二员外》："元戎辟才彦，行子犯风烟。"李端《送王副使还并州》："铁马垂金络，貂裘犯雪花。"舒元舆《坊州按狱苏氏庄记室二贤自鄜州走马相访因成诗寄之》："君能犯劲风，信宿凌欹危。"温庭筠《清明日》："出犯繁花露，归穿弱柳风。"高蟾《雪中》："金阁倚云开，朱轩犯雪来。"❻违背；违反。李正封《洛阳清明日雨霁》："游人恋芳草，半犯严城鼓。"见"犯夜"。❼碰撞；触及。王绩《古意六首》之二："绿叶吟风劲，翠茎犯霄密。"李峤《清明日龙门游泛》："罗袂罥杨丝，香桡犯苔发。"韩愈《人日城南登高》："扶杖凌圮阯，刺船犯枯葑。"陆龟蒙《奉和袭美新秋言怀三十韵次韵》："目曾窥绝洞，耳不犯征铙。"❽犯法。韦庄《官庄》："桑田稻泽今无主，新犯香醪没入官。"❾临；到。王勃《长柳》："晨征犯烟磴，夕憩在云关。"杜甫《将晓二首》之一："垂老孤帆色，飘飘犯百蛮。"元稹《感石榴二十韵》："酸辛犯葱岭，憔悴涉龙沙。"❿蹈袭；重复。司空图《二十四诗品·缜密》："语不欲犯，思不欲痴，犹春于绿，明月雪时。"⓫词曲变调，移换宫商。元稹《何满子歌》："犯羽含商移调态，留情度意抛弦管。"见"犯聲"。

【犯斗】　亦作"犯牛仙""犯斗牛""犯斗槎"。神话传说天河通海，有居海边者，见年年八月海上木筏按期往来，便携粮乘筏，泛游至天河，见到牛郎、织女。见晋张华《博物志》卷三。又相传汉张骞出使大夏，寻黄河源头，乘槎见到牛郎、织女。见周密《癸辛杂识前集·乘槎》引南朝梁宗懔《荆楚岁时记》。后以"犯斗"指登天。韩偓《六月十七日召对自辰及申方归本院》："坐久忽疑槎犯斗，归来兼恐海生桑。"又《喜凉》："稳想海槎朝犯斗，健思胡马夜翻营。"

【犯牛仙】　见"犯斗"。韩琮《兴平县野中得落星石移置县斋》："几逢疑虎将，应逐犯牛仙。"

【犯斗牛】　见"犯斗"。李群玉《登蒲涧寺后二岩三首》之二："便欲寻河汉，因之犯斗牛。"曹唐《勖剑》："垂情不用将闲气，恼乱司空犯斗牛。"

【犯斗槎】　见"犯斗"。宋之问《鲁忠王挽词三首》之三："气有冲天剑，星无犯斗槎。"

【犯卯】　超过卯时。凌晨五时至七时为卯时。马异《暮春醉中寄李干秀才》："不须愁犯卯，且乞醉过申。"

【犯刑】　触犯刑律。李白《秦女休行》："犯刑若履虎，不畏落爪牙。"

【犯夜】　违禁夜行。杜甫《陪李金吾花下饮》："醉归应犯夜，可怕李金吾。"杨衡《冬夜举公房送崔秀才归南阳》："闻君动征棹，犯夜故来寻。"鲍溶《题禅定寺集公竹院》："归时常犯夜，云里有经声。"刘行敏《嘲崔生》："崔生犯夜行，武候正严更。"

【犯星】　❶冒着晨星。谓天将晓时。杜甫《夜二首》之一："蛮歌犯星起，空觉在天边。"❷传说有人乘槎从海上到达天河，筮者严君平谓："某年月日有客星犯牵牛宿。"计年月，正是此人到天河之时。见晋张华《博物志》卷三。后以"犯星"指进入仙境。苏颋《奉和幸韦嗣立山庄应制》："恩如犯星夜，欢拟济河秋。"

【犯雪】　冒着雪。皇甫冉《韦中丞西厅海榴》："海花争让候榴花，犯雪先开内史家。"韩愈《县斋有怀》："求官去东洛，犯雪过西华。"李德裕《怀京国》："海上东风犯雪来，腊前先折镜湖梅。"袁求贤《早春送郎官出宰》："趋程犹犯雪，行县正逢春。"

【犯宿】　（—xiù）义同"犯斗槎"。卢照邻《七夕泛舟二首》之二："石似支机罢，槎疑犯宿来。"

【犯寒】　冒着寒冷。孟浩然《早梅》："园中有早梅，年例犯寒开。"刘禹锡《咏庭梅寄人》："早花常犯寒，繁实常苦酸。"鲍溶《冬夜答客》："幸君霜露里，车马犯寒过。"冯延巳《玉楼春》："北枝梅蕊犯寒开，南浦波纹如酒绿。"

【犯塞】　（—sài）侵犯边塞。李贺《送秦光禄北征》："髯胡频犯塞，骄气似横霓。"白居易《新乐府·城盐州》："自筑盐州十余载，左衽毡裘不犯塞。"

【犯霄】　犹言高入云霄。王绩《古意六首》之二："绿叶气风劲，翠茎犯霄密。"

【犯龍鱗】　见"犯鳞"。李白《猛虎行》："有策不敢犯龙鳞，窜身南国避胡尘。"白居易《酬赠李炼师见招》："曾犯龙鳞容不死，欲骑鹤背觅长生。"李绅《却过淮阴吊韩信庙》:“英主任贤增虎翼,假王徼福犹龙鳞。”

【犯聲】 谓词曲变调。如《剑器》宫声,而入《浑脱》之角调等。元稹《元和五年予官不了罚俸西归三月六日至陕府因投五十韵》:“能唱犯声歌,偏精变筹义。”

【犯霜】 冒着霜。孟浩然《唐城馆中早发寄杨使君》:“犯霜驱晓驾,数里见唐城。”

【犯霜露】 形容旅途艰苦。沈颂《早发西山》:“疲马怀涧泉,征衣犯霜露。”

【犯蹕】 冲犯皇帝的车驾。贯休《大蜀高祖潜龙日献陈情偈颂》:“天步孔艰,横流犯跸。”

【犯闕】 (一què)指举兵入犯朝廷。韦庄《和郑拾遗秋日感事一百韵》:“战尘轻犯阙,羽旆远巡梁。”

【犯颜】 冒犯君王的威严。元稹《奉和浙西大夫李德裕述梦四十韵次本韵》:“犯颜诚恳恳,腾口惧切切。”王毂《玉树曲》:“当行狎客尽持禄,直谏犯颜无一人。”孙元晏《咏史诗·宋·放宫人》:“纳谏廷臣免犯颜,自然恩可霸江山。”

【犯嚴】 冒犯尊严。韩愈《雪后寄崔二十六丞公》:“儿欲犯严出荐口,气象硉兀未可攀。”

【犯鳞】 亦作“犯龍鳞”。喻臣子直谏。杜牧《梁秀才见赠凡二十韵走笔依韵》:“处困羞摇尾,怀忠壮犯鳞。”许浑《宣城赠萧兵曹》:“客道耻摇尾,皇恩宽犯鳞。”

四 画

狂 〔huáng《广韵》巨王切,平陽,群。〕❶疯狗。亦指狗发疯。李咸用《雪十二韵》:“犬狂南陌上,竹醉小池前。”见“狂猘”。❷疯癫;精神失常。亦指失却常态、狂乱。孟浩然《山中逢道士云公》:“既笑接舆狂,仍怜孔丘厄。”窦庠《于阗钟歌送灵彻上人归越》:“不知飞在灵嘉寺,一国之人皆若狂。”韩愈《此日足可惜赠张籍》:“卑贱不敢辞,忽忽心如狂。”韦庄《和郑拾遗秋日感事一百韵》:“世随渔父醉,身效接舆狂。”❸轻狂;言语或行动失于检点。王建《送山人二首》之二:“山客狂来跨白驴,袖中遗却颍阳书。”刘禹锡《酬皇甫十少尹暮秋久雨喜晴有怀见示》:“何况菊香新酒熟,神州司马好狂时。”白居易《酬思黯戏赠同用狂字》:“眼看狂不得,狂得且须狂。”罗虬《比红儿诗》之五五:“藏鸦门外诸年少,不识红儿未是狂。”❹放荡;言语、行为不受礼法约束。见“狂心❶”“狂蜂浪蝶”。❺狂放不羁。李白《梁甫吟》:“狂客落魄尚如此,何况壮士当群雄。”白居易《洛阳有愚叟》:“浪迹虽似狂,谋身亦不拙。”施肩吾《归公水留赠王少府》:“仙吏饮冰多玉声,新诗丽句遗狂生。”张蠙《别郑仁表》:“春雷醉别镜湖边,官显才狂正少年。”❻狂妄;放肆。一钵和尚《一钵歌》:“莫怪狂言天次第,筛罗新人粗中细。”见“狂悖”“狂詞”“狂愚”。❼疯狂;傲慢。韩愈《元和圣德诗》:“擅命而狂,既剪既去。”黄滔《送友人边游》:“砂城经雨坏,虏骑入秋狂。”和凝《题鹰猎兔画》:“岂动骚人兴,惟增猎客狂。”❽对某种事物迷恋到狂热的程度。张祜《闲居作五首》之一:“十年狂是酒,一世癖缘诗。”韦庄《王道者》:“应笑我曹身是梦,白头犹自学诗狂。”❾恣意;纵情。顾敻《木兰花》之三:“良宵好事枉教休,无计那他狂耍婿。”见“狂飲”“狂游”“狂舞”。❿浩大;猛烈。韩愈《芍药》:“浩态狂香昔未逢,红灯烁烁绿盘笼。”陈陶《草木言》:“愿天雨无暴,愿地风无狂。”见“狂風”“狂暴”。⓫凶猛;凶暴。亦指凶暴之徒。柳宗元《咏三良》:“从邪陷厥父,吾欲讨彼狂。”见“狂兕”“狂寇”。⓬指花盛开。元稹《南家桃》:“树小花狂风易吹,一夜风吹满墙北。”见“狂葩”。⓭谎骗。窦庠《酬谢韦卿二十五兄俯赠辄敢书情》:“荆山璞在终应识,楚国人知不是狂。”见“狂花❷”“狂畫”。

【狂人】 放诞不羁之人。李白《庐山谣寄卢侍御虚舟》:“我本楚狂人,凤歌笑孔丘。”顾况《寻僧二首》之二:“莫怪狂人游楚国,莲花只在淤泥生。”

【狂才】 不羁之才。孟郊《赠郑夫子鲂》:“宋玉逞大句,李白飞狂才。”司空图《白菊杂书四首》之三:“狂才不足自英雄,仆妾驱令学贩舂。”又《纶阁有感》:“欲去迟迟还自笑,狂才应不是仙才。”

【狂夫】 ❶无知妄为之人。白居易《遇物感兴因示子弟》:“圣择狂夫言,俗信老人语。”修雅《闻颂法华经歌》:“四生六道一光中,狂夫犹自问弥勒。”❷放荡不羁之人。杜甫《狂夫》:“欲填沟壑唯疏放,自笑狂夫老更狂。”白居易《又戏答绝句》:“狂夫与我两相忘,故态些些亦不妨。”李商隐《圣女祠》:“惟应碧桃下,方朔是狂夫。”温庭筠《原隰荑绿柳》:“预恐狂夫折,迎牵逸客迷。”❸指悖逆者。李绅《忆过润州》:“弓犯控弦招武旅,剑当抽匣问狂夫。”❹古代妇女自称其夫的谦词。崔国辅《古意二首》之二:“比至狂夫还,看看几花发。”李白《闺情》:“窥镜不自识,况乃狂夫还。”孟郊《杂怨》之三:“浪水多散影,狂夫多异踪。”杨虞卿《过小妓英英墓》:“兰质蕙心何所在,焉知过者是狂夫。”崔道融《拟乐府子夜四时歌四首》之三:“狂夫自不归,满地无天河。”

【狂少】 (一shào)狂妄少年。李绅《却过淮阴吊韩信庙》:“贱能忍耻卑狂少,贵乏怀忠近佞人。”

【狂气】 狂放不羁的气概。韩愈《酬司门卢四兄云夫院长望秋作》:“云夫吾兄有狂气,嗜好与俗殊酸咸。”

【狂月】　指如弦月之眉。秦韬玉《吹笙歌》：“弯弯狂月压秋波，两条黄金闰黄雾。”

【狂心】　❶狂妄或放荡的念头。颜真卿、清昼《七言醉语联句》：“倒着接离发垂领，狂心乱语无人并。”方干《咏花》：“狂心醉眼共裴回，一半先开笑未开。”韩偓《厌花落》：“半醉狂心忍不禁，分明一任傍人见。”❷强烈的愿望。白居易《元和十二年淮寇未平诏停岁仗愤然有感率尔成章》：“愚计忽思飞短檄，狂心便欲请长缨。”

【狂生】　狂放不羁之人。熊孺登《送马判官赴安南》：“故人交趾去从军，应笑狂生挥阵云。”司空图《白菊三首》之一：“不疑陶令是狂生，作赋其如有定情。”罗隐《江都》：“淮王高宴动江都，曾忆狂生亦坐隅。”吴筠《览古十四首》之八：“食其昔未偶，落魄为狂生。”

【狂奴】　狂放不羁的人。皮日休《添鱼具诗·钓矶》：“狂奴卧此多，所以蹋帝腹。”见“狂奴故態”。

【狂奴故態】　狂放不羁者的老脾气。张祜《投宛陵裴尚书二十韵》：“新知多隽彦，旧态只狂奴。”陆龟蒙《严光钓台》：“不是狂奴为故态，仲华争得黑头公。”

【狂戎】　指北方少数民族强敌。许棠《送李左丞巡边》：“狂戎侵内地，左辖去萧关。”

【狂劣】　轻狂低劣。吕岩《寄白龙洞刘道人》：“莫怪言词太狂劣，只为时人难鉴别。”

【狂走】　迅疾奔跑。王维《胡居士卧病遗米因赠》：“即病即实相，趋空定狂走。”

【狂花】　❶不依时序而开的花。皎然《南池杂咏五首·寒竹》：“狂花不相似，还共凌冬发。”白居易《早冬》：“老柘叶黄如嫩树，寒樱枝白是狂花。”❷不会结实之花。俗称荒花。岑参《使院中新栽柏树子呈李十五栖筠》：“脆叶欺门柳，狂花笑院梅。”刘禹锡《同乐天和微之深春二十首》之十：“芟庭留野菜，撼树去狂花。”卢钚《勖曹生》：“莫为狂花迷眼界，须求真理定心王。”❸盛开之花。喻姿色。王昌龄《行路难》：“人生意气好迁捐，只重狂花不重贤。”

【狂吟】　纵情吟咏。刘禹锡《赠乐天》：“痛饮连宵醉，狂吟满坐听。”韩偓《欲明》：“唯有狂吟与沉饮，时时犹自触灵台。”贯休《怀张为周朴》：“有时狂吟入僧宅，锦囊鸟啼荔枝红。”

【狂兕】　猛兽。喻强敌。陆龟蒙《杂讽九首》之五：“东南有狂兕，猎者西北矢。”

【狂言】　荒诞之语或放肆之言。白居易《秋日与张宾客舒著作同游龙门醉中狂歌凡二百三十八字》：“暂停杯觞辍吟咏，我有狂言君试听。”又《继之尚书自余病来寄遗非一又蒙览醉吟先生传题诗以美之今以此篇用伸酬谢》：“醉傅狂言人尽笑，独知我者是尚书。”徐铉《陈觉放还至泰州以诗见寄作此答之》：“壮气未平空咄咄，狂言无验信悠悠。”又《亚元舍人不替深知猥贻佳作兼寄陈君庶资一笑耳》：“醉后狂言何足奇，感君知己不相遗。”

【狂忍】　疯狂残忍。文结《二风诗·乱风诗五篇·至虐》序：“古有虐王，昏毒狂忍，无恶不及。”

【狂易】　荒诞。李绅《新楼诗二十首·龙宫寺》序：“崔公坐中有僧人修真，自言居龙宫寺，起谓余言，异日必当镇此，为修此寺。时以狂易之言，不之应，僧相视久之而退。”

【狂波】　狂澜。亦喻猛烈的潮流或心情不平静。张祜《投韩员外六韵》：“狂波心上涌，骤雨笔前来。”薛能《题后集》：“诗源何代失澄清，处处狂波污后生。”皮日休《二游诗·徐诗》：“学海正狂波，予头向中颁。”又《太湖诗·石板》：“狂波忽然死，浩气清且浮。”

【狂胡】　强胡。谓北方和西方少数民族强敌。戎昱《苦哉行五首》之四：“前年狂胡来，惧死翻生全。”张祜《投河阳右仆射》：“狂湖追过碛，贵主夺还京。”蒋吉《昭君冢》：“曾为汉帝眼中人，今作狂胡陌上尘。”刘景复《梦为吴泰伯作胜儿歌》：“太平之末狂胡乱，犬豕崩腾恣唐突。”

【狂叟】　犹言癫狂的老头。白居易《白发》：“歌吟终日如狂叟，衰疾多时似瘦仙。”

【狂風】　猛烈的风。寒山《诗三百三首》之五十：“游戏不觉暮，屡见狂风起。”李白《金乡送韦八之西京》：“狂风吹我心，西挂咸阳树。”朱庆余《过洞庭》：“帆挂狂风起，茫茫既往时。”方干《惜花》：“可怜妍艳正当时，刚被狂风一夜吹。”

【狂客】　❶狂放不羁的人。李白《梁甫吟》：“狂客落魄尚如此，何况壮士当群雄。”张籍《春堤曲》：“狂客谁家爱云水，日日独来城下游。”白居易《酬舒三员外见赠长句》：“已判到老为狂客，不分当春作病夫。”贾岛《赠友人》：“不同狂客醉，自伴律僧斋。”❷指唐诗人贺知章。因其自号“四明狂客”，故称。李白《送贺宾客归越》：“镜湖流水漾清波，狂客归舟逸兴多。”又《对酒忆贺监二首》之一：“四明有狂客，风流贺季真。”杜甫《寄李十二白二十韵》：“昔年有狂客，号尔谪仙人。”

【狂秦】　暴秦，强暴的秦国。李白《古风》之一：“龙虎相啖食，兵戈逮狂秦。”又《桃源》之一：“昔日狂秦事可嗟，直驱鸡犬入桃花。”

【狂殺】　犹言极狂。杀，形容极甚之词。刘禹锡《杨柳枝词九首》之三：“御沟春水相辉映，狂杀长安年少儿。”元稹《和李校书新题乐府十二首·五弦弹》：“旬休节假暂归来，一声狂杀长安少。”李郢《阳羡春歌》：“长桥新晴好天气，两市儿郎櫂船戏。”

【狂翁】 癫狂的老翁。白居易《赠梦得》:“闻道洛城人尽怪,呼为刘白二狂翁。”《赠诸少年》:“少年莫笑我蹉跎,听我狂翁一曲歌。”

【狂狷】 ❶狂妄褊急。语出《论语·子路》:“不得中行而与之,必也狂狷乎!”张祜《投陈许崔尚书二十韵》:“耻为狂狷者,强厕滑稽雄。”徐铉《亚元舍人不替深知猥贻佳作三篇清绝不敢轻酬因为长歌聊以为报未竟复得子乔校书示问故兼寄陈君庶资一笑耳》:“伊余独禀狂狷性,褊量多言仍薄命。”❷轻率褊狭之人。李商隐《行次西郊作一百韵》:“乐祸忘怨敌,树揽多狂狷。”亦指不守礼法之人。李绅《州中小饮便别牛相》:“从此别离长酩酊,洛阳狂狷任椎埋。”

【狂悖】 狂妄背逆。李商隐《骄儿诗》:“况今西与北,羌戎正狂悖。”

【狂悍】 狂暴凶悍。许棠《塞下二首》之一:“胡虏偏狂悍,边兵不敢闲。”

【狂流】 汹涌的水波。严维、成用:《一字至九字诗联句》:“狂流碍石,迸笋穿溪。”

【狂涌】 汹涌。张碧《答张郎中分寄翰林贡余笔歌》:“东风吹柳作金线,狂涌辞波力生健。”

【狂夢】 荒诞之梦。顾敻《浣溪沙》词之一:“槛前无力绿杨斜,小屏狂梦极天涯。”

【狂象】 桀骜不驯之象。佛教往往用以喻难以为佛说所感化之人。王维《黎拾遗昕裴秀才迪见过秋夜对雨之作》:“白法调狂象,玄言问老龙。”刘禹锡《乐天是月长斋》:“我静驯狂象,餐余施众禽。”元稹《醉别卢头陀》:“醉迷狂象别吾师,梦觉观空始自悲。”

【狂逸】 指书法或绘画奔放飘逸。任华《怀素上人草书歌》:“虽有壮丽之骨,恨无狂逸之姿。”欧阳炯《贯休应梦罗汉画歌》:“高握节腕当空掷,窸窣毫端任狂逸。”胡崇伯《赠释空海歌》:“天假吾师多伎术,就中草圣最狂逸。”

【狂情】 狂乱之情。李咸用《轻薄怨》:“碧蹄偃蹇连金镳,狂情十里飞相烧。”

【狂寇】 猖狂的寇敌。韦庄《秦妇吟》:“一从狂寇陷中国,天地晦冥风雨黑。”

【狂葩】 怒放而易萎之花。孟郊《遣兴》:“浮声与狂葩,胡为欲相侵。”

【狂喉】 犹大口。陆龟蒙《读阴符经寄鹿门子》:“狂喉恣吞噬,逆翼争飞翻。”

【狂筆】 指狂放恣肆的书画笔法。孟郊《送草书献上人归庐山》:“狂僧不为酒,狂笔自通天。”司空图《詧光大师草书歌》:“羸病爱师书劲逸,翻作长歌助狂笔。”

【狂飲】 纵饮;畅饮。魏承班《满宫花》词之一:“雪霏霏,风凛凛,玉郎何处狂饮。”

【狂詞】 狂妄的言词。韩愈《送无本师归范阳》:“狂词肆滂葩,低昂见舒惨。”白居易《遇物感兴因示子弟》:“我有老狂词,听之吾语汝。”又《北窗三友》:“兴酣不叠纸,走笔操狂词。”

【狂遊】 亦作“狂游”。纵情游玩。张祜《到广陵》:“一年江海恣狂遊,夜宿倡家晓上楼。”李中《寄黄鹗秀才》:“长忆狂游日,惜春心恰同。”《风台云母》(外编上):“一笑杀狂游勾漏令,更从何处觅丹砂。”

【狂遊恣飲】 纵情游宴。子兰《长安伤春》:“霜陨中春花半无,狂游恣饮尽凶徒。”

【狂童】 指狂悖作乱之人。韩愈《送张道士》:“臣有平贼策,狂童不难治。”刘禹锡《平蔡州三首》之一:“狂童面缚登槛车,太白夭矫垂捷书。”李商隐《行次昭应县道上送户部李郎中充昭义攻讨》:“将军大旆扫狂童,诏选名贤赞武功。”韩偓《乱后却至近甸有感》:“狂童容易犯金门,比屋齐人作旅魂。”

【狂游】 见“狂遊”。

【狂畫】 指足以乱真的图画。皎然《奉应颜尚书真卿观玄真子置酒张乐舞破阵画洞庭三山歌》:“赏君狂画忘远游,不出轩墀坐苍翠。”

【狂疏】 狂放不羁。王建《人家看花》:“年少狂疏逐君马,去来憔悴到京华。”姚合《寄酬卢侍御》:“诗新得意恣狂疏,挥手终朝力有余。”

【狂電】 迅疾的闪电。皮日休《太湖诗·缥缈峰》:“激雷与波起,狂电将日红。”

【狂虜】 猖狂的寇虏。聂通志《经故宫女坟有感》之一:“家国久随狂虏没,春芜又向冢头青。”李九龄《代边将》:“雪冻阴河半夜风,战回狂虏血漂红。”

【狂愚】 指狂妄愚昧之人。刘商《山中寄元二侍御二首》之二:“深山穷谷无人到,唯有狂愚独自来。”

【狂蜂浪蝶】 喻轻薄放浪的男子。冯延巳《金错刀》词之二:“鸠逐妇,燕穿帘,狂蜂浪蝶相翩翩。”

【狂節】 疾速的节拍。杜牧《池州送孟迟先辈》:“鞉鼓画麒麟,看君击狂节。”

【狂獒】 发狂的凶犬。舒元舆《坊州按狱》:“攫搏如猛虎,吞噬若狂獒。”

【狂蔓】 (—wàn)纵横伸展的藤蔓。陆龟蒙《蔷薇》:“清香往往生遥吹,狂蔓看看及四邻。”

【狂歌】 ❶纵情歌咏。岑参《送王录事却归华阴》:“相送欲狂歌,其如此别何。”白居易《醉中得上都亲友书以予停俸多时忧问贫乏偶乘酒兴咏而报之》:“头白醉昏昏,狂歌秋复春。”姚合《罢武功县将入城》:“青衫脱下便狂歌,种薤栽莎劚古坡。”张蠙《和友人送赵能卿东归》:“无人不有遇,之子独狂歌。”❷纵情咏唱之歌。岑参《邯郸客舍歌》:“酩酊醉时日正午,一曲狂歌垆上眠。”白居易《拜表回闲游》:“八关净戒斋销日,一曲狂歌醉送春。”韦庄《和人春暮书事寄崔秀才》:“相逢只赖如渑酒,一曲狂歌入醉乡。”

【狂歌欲嘆凤】《论语·微子》:“楚狂接舆歌而过孔子曰:‘凤兮!凤兮!何德之衰?往者不可谏,来者犹可追。已而,已而,今之从政者殆而!’孔子下,欲与之方,趋而辟之,不得与之言。”后用以为典。卢照邻《山行寄刘李二参军》:“狂歌欲叹凤,失路反占龟。”

【狂舞】纵情起舞。杨巨源《奉酬端公春雪见寄》:“闲飘上路呈丰岁,狂舞中庭学醉春。”

【狂語】狂鸣;狂叫。姚合《游春十二首》之十一:“弄日莺狂语,迎风蝶倒飞。”

【狂塵】指纷扰的尘世。温庭筠《晓仙谣》:“雾盖狂尘亿兆家,世人犹作牵情梦。”

【狂態】轻狂的姿态。刘禹锡《酬乐天斋满日斐令公置宴席上戏赠》:“衔杯本自多狂态,事佛无妨有佞名。”

【狂蕩】轻狂。尹鹗《菩萨蛮》词之三:“少年狂荡惯,花曲长牵绊。”

【狂醉】大醉。白居易《履信池樱桃岛上醉后走笔送别舒员外兼寄宗正李卿考功崔郎中》:“忽忆与宗卿闲饮日,又忆与考功狂醉时。”周匡物《及第谣》:“遥望龙墀新得意,九天敕下多狂醉。”许棠《冬杪归陵阳别业五首》之三:“时因寻野叟,狂醉复狂歌。”李洞《送醉画王处士》:“几年乘兴住南吴,狂醉兰舟夜落湖。”

【狂劇】迅猛。韩愈《和侯协律咏笋》:“狂剧时穿壁,横强几触藩。”

【狂暴】猛烈。韩偓《荷花》:“浸淫因重露,狂暴是秋风。”

【狂嘲】纵情吟咏。白居易《玩半开花赠皇甫郎中》:“醉玩无胜此,狂嘲更让谁。”

【狂蝶】狂舞之蝴蝶。杨巨源《郊居秋日酬奚赞府见寄》:“暮色无狂蝶,秋华有嫩蔬。”

【狂僻】谓性格疏狂不合群。姚合《武功县中作三十首》之二九:“自知狂僻性,吏事固相疏。”

【狂機】谦称自己作诗的灵机。贾岛《投孟郊》:“一吟动狂机,万疾辞顽躬。”

【狂霖】暴雨。皮日休《苦雨中又作四声诗寄鲁望·平去声》:“狂霖昏悲吟,瘦桂对病卧。”韦庄《暴雨》:“江村入夏多雷雨,晓作狂霖晚又晴。”

【狂興】(—xìng)狂放的兴致。韩偓《春阴独酌寄同年虞部李郎中》:“酒酣狂兴依然存,其奈千茎鬓雪何。”

【狂濤】汹涌的波涛。齐己《观李琼处士画海涛》:“巨鳌转侧长鳍翻,狂涛颠浪高漫漫。”

【狂藥】酒的别名。李群玉《索曲送酒》:“帘外春风正落梅,须求狂药解愁回。”皮日休《酒中十咏》序:“夫圣人之诫,酒祸也大矣。在《书》为沉湎,在《诗》为童羖,在《礼》为豢豕,在史为狂药。”范质《诫儿侄八百岁》:“戒尔勿嗜酒,狂药非佳味。”

【狂簡】志向高远而处事疏阔。白居易《寄献北都留守裴令公》:“欲献文狂简,徒烦思郁陶。”韩偓《又和》:“狂简斐然吟咏足,却邀群彦重吟看。”

【狂貙】❶凶猛的老虎。虎五爪为貙。陆龟蒙《奉酬袭美先辈吴中苦雨一百韵》:“初谓抵狂貙,又如当毒蝎。”❷喻凶恶之人。李绅《趋翰苑遭诬构四十六韵》:“乱群逢害马,择肉纵狂貙。”

【狂孽】指忤逆者。李商隐《登霍山驿楼》:“壶关有狂孽,速继老生功。”按,刘稹为唐节度使刘从谏从子。从谏卒,稹为兵马留后。诏令稹护从谏之丧归洛阳,稹拒旨被杀。

【狂顛】癫狂。形容举止放荡而无节制。张籍《罗道士》:“闻客语声知贵贱,持花歌咏似狂颠。”白居易《送毛仙翁》:“每嗟人世人,役役如狂颠。”路德延《小儿诗》:“明时方任德,劝尔减狂颠。”僧鸾《赠李粲秀才》:“雄芒逸气测不得,使我踯躅成狂颠。”

【狂勷】(—ráng)惶遽。韩愈《征蜀联句》:“浑奔肆狂勷,捷窜脱趫黠。”

【狂癡】癫狂痴呆。亦指癫狂痴呆之人。孟郊《乱离》:“积怨成疾疹,积恨成狂痴。”刘叉《答孟东野》:“万事付杯酒,从人笑狂痴。”元稹《江陵三梦》之一:“惊悲忽然寤,坐卧若狂痴。”陆龟蒙《江湖散人歌》:“奴颜婢膝真乞丐,反以正直为狂痴。”

【狂懷】放纵的情怀。孟郊《喜符郎诗有天纵》:“幸当禁止之,勿使恣狂怀。”

【狂飆】急骤的暴风。储光羲《同王十三维偶然作十首》之十:“狂飙动地起,拔木乃非一。”李商隐《深宫》:“狂飙不惜萝阳薄,清露偏知桂叶浓。”

【狂顧】遑急顾盼。杜甫《有怀台州郑十八司户》:“性命由他人,悲辛但狂顾。”

【狂蠱】蛊疾。患此疾者神志惑乱,故称。陆龟蒙《奉和裴美寄琼州杨舍人》:“人多药户生狂蛊,吏有珠官出俸钱。”

【狂艷】极其艳丽。孟郊《邀人赏蔷薇》:“醉红不自力,狂艳如索扶。”

狺 〔yín《广韵》語中切,平真,疑。〕同“狺”。参见“狺狺”。

【狺狺】狺狺。狗叫声。耿沣《送叶尊师归处州》:“狺狺吠声晓,洞府有仙厖。”

沌 〔tún《广韵》徒渾切,平魂,定。〕同“豚”。小猪。亦泛称猪。韩愈《送进士刘师服东归》:“猛虎落槛阱,坐食如孤沌。”张蠙《社日村居》:“鹅湖山下稻粱肥,沌阱鸡栖对掩扉。”

【豘穽】 猪圈。张蠙《社日村居》："鹅湖山下稻粱肥，豚阱鸡栖对掩扉。"

狄 〔dí《广韵》徒历切，入錫，定。〕❶我国古代民族名。秦汉以后亦泛称北方各少数民族，李白《至陵阳山登天柱石酬韩侍御见招隐黄山》："天子昔避狄，与君亦乘骢。"杜甫《前出塞九首》之九："中原有斗争，况在狄与戎。"韩愈《琴操十首·岐山操》："今狄之人，将土我疆。"❷姓。唐诗人有狄仁杰、狄归昌、狄涣。

【狄女】 北方少数民族之妇女。李商隐《赠别前蔚州契苾使君》："蕃儿襁负来青冢，狄女壶浆出白登。"

【狄犬】 古代对北方少数民族污辱性的称呼。李白《赠武十七谔》："狄犬吠清洛，天津成塞垣。"

【狄胡】 贬称北方少数民族。陆龟蒙《吴俞儿舞歌·剑俞》："春膢残，儿且止，狄胡有胆大如山，怖亦死。"

狃 〔niǔ《广韵》女久切，上有，娘。又女救切，去宥，娘。〕❶贪图。见"狃捷"。❷骄傲。韩愈《南山诗》："悠悠舒而安，兀兀狂以狃。"

【狃捷】 耽于成功。刘禹锡《谒柱山会禅师》："勉修贵及早，狃捷不知退。"

狀 〔zhuàng《广韵》鋤亮切，去漾，崇。〕❶形状；形态；形貌。陈希烈《省试白云起封中》："千年泰山顶，云起汉王封。不奇峰状，宁分触石容。"高傪《东峰亭各赋一物得林中翠》："杳霭无定状，霏微常满林。"韩愈《岳阳楼别窦司直》："潴为七百里，吞纳各殊状。"许棠《和薛侍御题兴善寺松》："自得天然状，非同涧底生。"韦庄《鸡公帻》："石状虽如帻，山形可类鸡。"❷形容；描绘。李白《观博平王志安少府山水粉图》："粉壁为空天，丹青状江海。"张仲素《寒云轻重色》："每向愁中览，含毫欲状难。"柳宗元《界围岩水帘》："灵境不可状，鬼工谅难求。"白居易《新乐府·青石》："刻此两片坚贞质，状彼二人忠烈姿。"❸犹言脸面。沈亚之《梦挽秦弄玉》序："亚之对曰：'臣无状，不能从死公主，使得归骨父母国。臣不忘君恩，时日将去。'"❹类似；好像。李白《草书歌行》："左盘右蹙如惊电，状同楚汉相攻战。"严维《书情献相公》："孤根独弃惭山木，弱质无成状水萍。"窦庠《东都嘉量亭献留守韩仆射》："灵槛如朝蜃，飞桥状晚虹。"卢纶《客舍苦雨即事寄钱起郎士元二员外》："积雨暮凄凄，羁人状鸟栖。"❺文体名。向上级陈述意见或事实的文书。张籍《祭退之》："特状为博士，始获升朝行。"刘得仁《赠敬晊助教二首》之二："禁掖人知连状荐，国庠官满一家贫。"

【狀元】 科举考试中殿试第一名。柳珪有《送莫仲节状元归省》。张曙有《下第戏状之崔昭纬》。

【狀物】 描绘事物。杨巨源《奉酬端公春雪见寄》："造化多情状物亲，剪花铺玉万重新。"欧阳詹《建溪行待陈诩》："空忆丽词能状物，每看奇异但相思。"

【狀候】 情况；状态。韩愈《南山诗》："明昏无停态，顷刻异状候。"李绅《江亭》："今日病身悲状候，岂能埋骨向炎荒。"

【狀跡】 事迹。杜牧《李甘诗》："指名为锢党，状迹谁告诉。"

【狀貌】 相貌，容貌。李颀《赠苏明府》："苏君年几许，状貌如玉童。"白居易《悲哉行》："沉沉朱门宅，中有乳臭儿。"

【狀語】 学语，学人说话。司空曙《残莺百啭歌同王员外耿拾遗吉中孚李端游慈恩各赋一物》："绵蛮巧状语，机节终如曲。"

【狀頭】 状元，科举时代殿试第一名。唐制：主人赴京应礼部试者皆须投状，因称居首者为状头。卢储《催妆》："昔年将去玉京游，第一仙人许状头。"郑合敬《及第后宿平康里诗》："好是五更残酒醒，时时闻唤状头声。"殷文圭有《赵侍郎看红白牡丹因寄杨状头赞图》。

【狀類】 形状和种类。元结《窊尊诗》："窊石堪为樽，状类不可名。"

狘 〔chù《广韵》丑律切，入術，徹。〕见"狒狘"。

五 画

狙 〔jū《广韵》七餘切，平魚，清。〕❶猕猴。杜甫《秋日荆南送石首薛明府辞满告别奉寄薛尚书颂德叙怀斐然之作三十韵》："降集翻翔凤，追攀绝众狙。"柳宗元《同刘二十八之作因其韵增至八十通赠二君子》："屋鼠从穿兀，林狙任攫拏。"李商隐《送千牛李将军赴阙五十韵》："喧阗众狙怒，容易八蛮惊。"❷狡诈。见"狙詐"。❸伺察。杜甫《哀王孙》："花门厉面请雪耻，慎勿出口他人狙。"见"狙狙""狙擊"。

【狙公】 古代喜养猴者。亦称指猿猴。杜甫《乾元中寓居同谷县作歌七首》之一："岁拾橡栗随狙公，天寒日暮山谷里。"李商隐《赠送前刘五经映三十四韵》："海鸟悲钟鼓，狙公畏服裳。"皮日休《奉和鲁望四明山九题·鞠侯》："泉遣狙公护，果教猝子供。"又《新秋言怀寄鲁望三十韵》："狙公闹后戏，云母病来操。"

【狙狙】 伺察貌。韩愈《别赵子》："蚌蠃鱼鳖虫，瞿瞿以狙狙。"

【狙詐】 狡猾奸诈。陆龟蒙《村夜二篇》之二："平生守仁义，所疾唯狙诈。"吴筠《览古十四首》之二："忠诚及狙诈，淆混安可甄。"

【狙猿】 猿猴。韩愈《征蜀联句》："岩钩踔狙猿，水漉杂鳣蝤。"

【狙暴】 狡猾残暴。王天竞《北使长城》："仁义寝邦国，狙暴行始终。"

【狙擊】 暗中埋伏；伺机伏击。颜真卿《咏陶渊明》："狙击不肯就，舍生悲缙绅。"吴融《太湖石歌》："初疑朝家正人立，又如战士方狙击。"

狎 〔xiá《广韵》胡甲切，入狎，匣。〕❶接近；亲近。张九龄《出为豫章郡途次庐山东岩下》："有趣逢樵客，忘怀狎野禽。"刘长卿《避地江东留别淮南使院诸公》："此去行持一竿竹，等闲将狎钓渔翁。"白居易《闲园独赏》："仙禽狎君子，芳树倚佳人。"周贺《上陕府姚中丞》："此心长爱狎禽鱼，仍候登封独著书。"❷熟习；习惯。白居易《南阳小将张彦硖口镇税人场射虎歌》："海内昔年狎太平，横目穰穰何峥嵘。"❸驯顺。李昌符《寄栖白上人》："归林幽鸟狎，乞食病僧分。"吴融《池上双凫二首》之二："双凫狎得傍池台，残藻衔蒲远又回。"❹轻忽；轻慢。李峤《王屋山第之侧杂构小亭暇日与群公同游》："狎水惊梁雁，临风听楚鸡。"周昙《咏史诗・春秋战国门・子产》："如嫌水德人多狎，拯溺宜将狂济宽。"❺仰慕；向往。高适《自淇涉黄河途中作十三首》之十一："临水狎渔樵，望山怀隐沦。"权德舆《太原郑尚书远寄新诗走笔酬赠因代书贺》："时看介士阅犀渠，每狎儒生冠章甫。"❻玩弄；狎玩。李绅《泛五湖》："易狎当悔游，临深罔知难。"施肩吾《吴中代蜀客吟》："身狎吴儿家在蜀，春深屡唱思乡曲。"司空图《偶书五首》之三："蜀妓轻成妙，吴娃狎共纤。"❼密集；拥挤。品从庆《小园》："露笋抽泥立，风兰狎石铺。"见"狎恰"。❽重叠接续貌。见"狎獵"。

【狎弄】 亲近戏弄。白居易《官舍内新凿小池》："清浅可狎弄，昏烦聊漱涤。"

【狎近】 亲近。韩偓《赠湖南李思齐处士》："燕侠冰霜难狎近，楚狂锋刃触凡愚。"

【狎玩】 接近，戏弄。白居易《玩止水》："淡可交君子，岂唯空狎玩。"

【狎帢】 犹匼匝。环绕貌。杜甫《送蔡希曾都尉还陇右因寄高三十五书记》："马头金狎帢，驼背锦模糊。"

【狎侮】 轻慢侮弄。李阳冰《恶溪铭》："水德立柔，狎侮而死。"

【狎恰】 拥挤貌。一说私下互相邀约。韩愈《华山女》："广张罪福资诱胁，听众狎恰排浮萍。"

【狎客】 ❶陪伴权贵游乐之人。王涣《惆怅诗十二首》之九："狎客沦亡丽华死，他年江令独来时。"徐夤《陈》："兵戈半渡前江水，狎客犹闻争酒巡。"孙元晏《咏史诗・陈・狎客》："选得十人为狎客，有谁能解谏君王。"齐己《得李推官近寄怀》："堪笑陈宫诸狎客，当时空有个追陪。"亦指墨客、门客等。刘禹锡《秋日书怀寄河南王尹》："去年为狎客，永日奉高情。"皮日休《追和虎丘清远道士诗》序："其冥讽昧刺，时出于世者，则与骚人狎客，往往敌于忽微焉。"❷嫖客。韩偓《六言三首》之一："春楼处子倾城，金陵狎客多情。"

【狎宴】 亲昵、不拘礼节的饮宴。韩偓《侍宴》："蜂黄蝶粉两依依，狎宴临春日正迟。"

【狎鳥】 ❶义同"狎鸥"。王维《济上四贤咏・崔录事》："已闻能狎鸟，余欲共乘桴。"元希声《宴卢十四南园得园韵》："野人怜狎鸟，游子爱芳荪。"刘长卿《送子婿崔真甫李穆往扬州四首》之四："狎鸟携稚子，钓鱼终老身。"皇甫冉《和郑少尹祭中岳寺北访萧居士越上方》："海边曾狎鸟，濠上正观鱼。"❷玩鸟。亦指所玩之鸟。元稹《和李校书新题乐府十二首・上阳白发人》："天宝年中花鸟使，撩花狎鸟含春思。"皮日休《李处士郊居》："几多狎鸟皆谙性，无限幽花未得名。"

【狎道】 习道。骆宾王《夏日游德州赠高四》："栖拙隐金华，狎道访仙查。"

【狎賞】 指亲昵、不拘礼节的宴集。上官仪《安德山池宴集》："缔交开狎赏，丽席展芳辰。"

【狎獵】 重叠接续貌。白居易《同微之赠别郭虚舟炼师五十韵》："绸缪夫妇体，狎猎鱼龙姿。"

【狎鷗】 《列子・黄帝》："海上之人有好沤鸟者，每旦之海上，从沤鸟游，沤鸟之至者百住而不止。其父曰：'吾闻沤鸟皆从汝游，汝取来，吾玩之。'明日之海上，沤鸟舞而不下也。"沤，同"鸥"。后以"狎鸥"指隐逸。孟浩然《秦中苦雨思归赠袁左丞贺侍郎》："跃马非吾事，狎鸥宜我心。"秦系《山中崔大夫有书相问》："客在烟霞里，闲闲逐狎鸥。"耿湋《赠韦山人》："无机狎鸥惯，多病见人稀。"徐夤《白鸽》："狎鸥归未得，睹尔忆晴江。"

狌 〔shēng《广韵》所庚切，平庚，生。〕见"狌獰"。

【狌獰】 狰狞。吕岩《渔父词一十八首・活得》："龙飞踊，虎狌狞，吐个神珠各战争。"

狐 〔hú《广韵》户吴切，平模，匣。〕❶兽名。通称狐狸。状如狼，面长，耳呈三角形，尾长，毛通常为赤黄色。性狡猾多疑，昼伏夜出，吃鼠类、鸟类、家禽等。毛皮可制衣。较常见是草狐和赤狐。杜甫《无家别》："但对狐与狸，竖毛怒我啼。"白居易《凶宅》:“枭鸣松桂树,狐藏兰菊丛。”李绅《寿阳罢郡日有诗十首·虎不食人》:“不竞牛甘令买患,免遭狐假妄凭威。”韦庄《雨霁晚眺》:“卧草跧如兔,听冰怯似狐。”❷喻坏人、小人。裴潾《前相国赞皇公命作镇浙右辄抒怀赋四言诗十四首奉寄》之三:“彼狐彼鼠,窒穴扫踪。”李商隐《哭虔州杨侍郎》:“甘心亲垤蚁,旋踵戮城狐。”自注:“是年冬舒李伏戮。”

【狐白】 ❶狐狸腋下的白毛皮。见“狐白裘”。❷指狐白裘。卢象《杂诗二首》之二:“须识苦寒士,莫矜狐白温。”李白《赠宣城赵太守悦》:“自笑东郭履,侧惭狐白温。”赵居贞《云门山投龙诗》:“披展送龙仪,宁安服狐白。”权德舆《酬别蔡十二见赠》:“严霜被鹑衣,不知狐白温。”❸借指身服狐白裘的富贵者。袁朗《和洗掾登城南坂望京邑》:“狐白登廊庙,牛衣出草莱。”

【狐白裘】 用狐腋的白毛皮所制之服。亦借指富贵者。杜甫《锦树行》:“五陵豪贵反颠倒,乡里小儿狐白裘。”常理《古别离》:“君御狐白裘,妾居缃绮帱。”吕岩《七言》之五四:“凤茸袄子非为贵,狐白裘裳欲比难。”

【狐臣】 奸佞之臣。无名氏《挽歌五首》之二(外编上):“宠极狐臣惧,恩深四表知。”

【狐伏】 如狐之伏匿。周昙《咏史诗·春秋战国门·冯谖》:“兔窟穿成主再兴,辈流狐伏敢骄矜。”

【狐兔】 狐和兔。孟云卿《行行且游猎篇》:“迟迟平原上,狐兔奔林丘。”韩愈《县斋有怀》:“弓箭围狐兔,丝竹罗酒炙。”张祜《戏颜郎中猎》:“倒把角弓呈一箭,满川狐兔当头行。”苏拯《猎犬行》:“猎犬未成行,狐兔无奈何;猎犬今盈群,狐兔依旧多。”

【狐威】 喻爪牙的淫威。杜牧《昔事文皇帝三十二韵》:“狐威假白额,枭啸得黄昏。”

【狐首】 《礼记·檀弓上》:“太公封于营丘及比五世,皆反葬于周。君子曰:‘乐,乐其所自生;礼,不忘其本。古之人有言曰“狐死正丘首”,仁也。’”陈澔集说:“狐虽微兽,捕其所窟藏之地,是亦生而乐于此矣。故及死而犹正其首以向丘,不忘其本也。”后以“狐死首丘”喻不忘本或对乡土的思念。亦省作“狐首”。卢仝《冬行三首》之二:“且贵终焉图,死兔惭狐首。”

【狐神】 狐仙。旧时传说狐狸能修炼成仙,化为人形,拥有法力,故称。洞庭龙君《宴柳毅诗》:“狐神鼠圣兮,薄社依墙。”

【狐狸】 兽名。狐和狸本为两种动物,后合指狐。常喻奸佞狡猾之人。钱起《津梁寺寻李侍御》:“霄汉期鸳鹭,狐狸避宪章。”韩愈《病鸱》:“朝餐辍鱼肉,暝宿防狐狸。”姚合《腊日猎》:“野外狐狸搜得尽,天边鸿雁射来稀。”韦应物《赠戍兵》:“汉皇无事暂游汾,底事狐狸啸作群。”

【狐狸不足論】 《汉书·孙宝传》:“以立秋日署文东部督邮。入见,敕曰:‘今日鹰隼始击,当顺天气取奸恶,以成严霜之诛,掾部渠有其人乎?’文卬曰:‘无其人不敢空受职。’宝曰:‘谁也?’文曰:‘霸陵杜稚季。’宝曰:‘其次。’文曰:‘豺狼横道,不宜复问狐狸。’宝默然。”后用以为典。杜甫《奉汉中王手札》:“大马诚为恋,狐狸不足论。”亦作“狐狸何足道”。杜甫《久客》:“狐狸何足道,豺虎正纵横。”

【狐掇蚁拾】 如狐狸和蚂蚁般地拾起。贯休《蒿里》:“尽为风消土吃,狐掇蚁拾,黄金不啼玉不泣。”

【狐蛇】 狐和蛇。喻坏人。薛能《送人归上党》:“燕台基坏穴狐蛇,计拙因循岁月赊。”

【狐假虎威】 (假 jiǎ)《战国策·楚策一》:“虎求百兽而食之,得狐。狐曰:‘子无敢食我也。天帝使我长百兽,今子食我,是逆天帝命也。子以我为不信,吾为子先行,子随我后,观百兽之见我而敢不走乎!’虎以为然,故遂与之行,兽见之皆走。虎不知兽畏己而走也,以为畏狐也。”后因以“狐假虎威”喻依仗别人的威势而欺压人。李商隐《哭遂州萧侍郎二十四韵》:“虎威狐更假,隼击鸟逾喧。”

【狐腋】 狐腋下的毛皮。韩翃《送客归广平》:“晚杯狐腋暖,春雪马毛寒。”元稹《代曲江老人百韵》:“韬袖夸狐腋,弓弦尚鹿膜。”白居易《醉后狂言》:“吴绵细软桂布密,柔如狐腋白似云。”见“狐白”“狐白裘”。

【狐媚】 ❶谓狐为魅。白居易《有木诗八首》之四:“狐媚言语巧,鸟妖声音恶。”又《和答诗十首·和古社》:“寄言狐媚者,天火有时来。”❷谓以阴柔手段迷惑人。白居易《新乐府·古冢狐》:“女为狐媚害即深,日长月增溺人心。”

【狐裘】 用狐皮制的外衣。李峤《十一月奉教作》:“霜犯狐裘夕,寒侵兽火朝。”权德舆《旅馆雪晴又睹新月众兴所感因成杂言》:“狐裘兽炭不知寒,珠环翠佩声珊珊。”温庭筠《夏病痁作》:“山鬼扬威正气愁,便辞珍簟袭狐裘。”吕岩《题壁二绝》之二:“何处酒家堪醉月,兴酣解却白狐裘。”

【狐裘蒙茸】 谓狐裘的皮毛凌乱。高适《营州歌》:“营州少年厌原野,狐裘蒙茸猎城下。”

【狐貉】 兽名。狐与貉。亦指狐、貉的皮毛制成的皮衣。韩愈、李正封《晚秋郾城夜会联句》:“丹掖列鹓鹭,洪炉衣狐貉。”陆龟蒙《袭美将以绿罽为赠因成四韵》:“狐貉近怀珠履贵,薜萝遥羡白巾高。”

【狐塞】 (—sài)飞狐塞之省称,在今河北涞源县北跨蔚县界。陈子昂《送魏大从军》:“雁山横代北,狐塞接云中。”

【狐鳴梟噪】 狐和枭之鸣噪。喻小人嚣张。韩愈《永贞行》:“狐鸣枭噪争署置,睗睒跳踉相妩媚。”

【狐魅】 指狐妖。《谚谜·事狐神谚》:“无狐魅,不成村。”

【狐疑】 犹豫不决。寒山《诗三百三首》之六九:“心惆怅兮狐疑,年老已无成。”白居易《放言五首》之三:“赠君一法决狐疑,不用钻龟与祝蓍。”皮日休《新秋言怀寄鲁望三十韵》:“犹豫应难抱,狐疑不易包。”周昙《咏史诗·三代门·又吟太公》:“匡政必能除苟媚,去邪当断勿狐疑。”

【狐精】 狐妖;狐仙。喻奸佞狡猾之人。韦庄《秦妇吟》:“柏台多士尽狐精,兰省诸郎皆鼠魅。”

【狐蹤】 狐之脚印。亦指而满狐狸脚印的小径。李贺《恼公》:“隈花开兔径,向壁印狐踪。”

【狐聽】 《初学记·狐》引《述征记》:“北风劲,河水始合,要须狐行。云此物善听,听冰下无水声,然后过河。”后以“狐听”指冰下水流之声。李商隐《赋得月照冰池》:“鹊惊俱欲绕,狐听始无疑。”舒元舆《履春冰》:“鸟照微生水,狐听或过人。”

狗 〔gǒu《广韵》古厚切,上厚,見。〕❶即犬。一种哺乳动物,品种繁多。听觉、嗅觉灵敏。杜甫《新婚别》:“生女有所归,鸡狗亦得将。”白居易《和郭使君题枸杞》:“不知灵药根成狗,怪得时闻吠夜声。”李商隐《井泥四十韵》:“屠狗与贩缯,突起定倾危。”罗隐《关亭春望》:“信越功名高似狗,裴王气力大于牛。”❷喻坏人。杜甫《大云寺赞公房四首》之四:“泱泱泥污人,听听国多狗。”

【狗兒】 唐代歌妓名。元稹《追昔游》:“谢傅堂前音乐和,狗儿吹笛胆娘歌。”又《台中鞫狱忆开元观旧事呈损之兼赠周兄四十韵》:“鹞子绣线鞯,狗儿金油镮。”

【狗乳】 哺乳期的母犬。韩愈《嗟哉董生行》:“家有狗乳出求食,鸡来哺其儿。”

【狗馬】 狗和马。指游猎之物。白居易《悲哉行》:“声色狗马外,其余一无知。”

【狗脊】 草名。施肩吾《句》:“池塘已长鸡头叶,篱落初开狗脊花。”

【狗盜】 伪装成狗进行偷盗。亦泛指窃贼。宋之问《过函谷关》:“鸡鸣将狗盗,论德不论勋。”白居易《和答诗十首·答箭镞》:“闻有狗盗者,昼伏夜潜行。”周昙《咏史诗·春秋战国门·田文》:“下客常才不足珍,谁为狗盗脱强秦。”

【狗監】 (—jiàn)汉代内官名,主管皇帝的猎犬。司马相如因狗监荐引而名显,故后用作荐人之典。刘禹锡《酬宣州崔大夫见寄》:“再入龙楼称绮季,应缘狗监说相如。”王初《送叶秀才》:“汉庭狗监深知己,有日前驱负弩归。”

【狗蝨】 胡麻之别名。韩愈、孟郊《城南联句》:“灵麻撮狗虱,村稚啼禽猩。”

【狗竇】 狗洞。晋名士光逸放达不羁,曾伸头入狗窦窥探室内谢鲲等酒友。见《晋书·光逸传》。皮日休《鲁望读襄阳耆旧传见赠五百言次韵》:“甘穷卧牛衣,受辱对狗窦。”韩偓《赠吴颠尊师》:“狗窦号光逸,渔阳裸祢衡。”

狖 〔yǒu《广韵》餘救切,去宥,以。〕长尾猿。杜甫《自阆州领妻子却赴蜀山行三首》之三:“转石惊魑魅,抨弓落狖鼯。”韩愈《县斋读书》:“哀狖醒俗耳,清泉洁尘襟。”白居易《自江州至忠州》:“巴人类猿狖,矍铄满山野。”杨奇鲲《途中诗》:“海鸥聚处窗前见,林狖啼时枕上听。”

【狖軛鼯軒】 喻极其灵巧的车马。罗隐《巫山高》:“纵有精灵得往来,狖轭鼯轩亦颠陨。”

狒 〔fèi《广韵》扶沸切,去未,奉。〕兽名。见“狒狒。”

【狒狘】 兽名。林宽《曲江》:“琼镌狒狘绕觥舞,金蹙辟邪拏拨鸣。”韩偓《苑中》:“金阶铸出狻猊立,玉树雕成狒狘啼。”欧阳炯《题景焕画应天寺壁天王歌》:“彩仗时驱狒狘装,金鞭频策骐驎马。”

【狒狖】 狒狒和狖。李贺《送秦光禄北征》:“宝玦麒麟起,银壶狒狖啼。”

【狒狒】 兽名。哺乳动物,身体像猴,头部像狗,毛色灰褐,四肢粗,尾细长。群居,杂食。元稹《和乐天送客游岭南二十韵》:“狒狒穿筒格,猩猩置屐驯。”许棠《送徐侍御充南诏判官》:“笑宜防狒狒,言好听猩猩。”缪岛言《句》:“抛芥子降颠狒狒,折杨枝洒醉猩猩。”

六 画

狌 同“猧”。元稹《春晓》:“狌儿撼起钟声动,二十年前晓寺情。”

狨 〔róng《广韵》如融切,平東,日。〕动物名,即金丝猴。杜甫《石龛》:“我后鬼长啸,我前狨又啼。”

狥 同“徇”。曲从;顺从。见“狥世”。

【狥世】 曲从世俗。陆龟蒙《松江秋书》:“如何狥世浮沉去,可要抛官独自归。”

狢 〔hé 或读 háo《广韵》下各切，入鐸，匣。〕同“貉”。兽名，栖于山林，昼伏夜出，是一种重要的毛皮兽。李贺《感讽六首》之四：“千金不了馔，狢肉称盘臊。”叶葱奇注引《正字通》：“狢似狸，锐头小鼻，斑色，毛深厚温滑，可为裘。”

狡 〔jiǎo《广韵》古巧切，上巧，見。〕狡猾。杨臣源《和裴舍人观田尚书出猎》：“云禽已觉高无益，霜兔应和狡不成。”见“狡兔”“狡計”。

【狡吏】 狡猾的官吏。皮日休《正乐府十篇·橡媪叹》：“狡吏不畏刑，贪官不避赃。”齐己《寄澧阳吴使君》：“去兽未胜除狡吏，还珠争似复逋民。”

【狡佞】 狡诈谄媚。卢仝《门箴》：“狡佞讦愎，身之八杀。”

【狡兔】 狡猾的兔子。杜甫《七月三十日戏呈元二十一曹长》：“长铓逐狡兔，突羽当满月。”李德裕《述梦诗四十韵》：“未能追狡兔，空觉长黄蒿。”胡曾《咏史诗·上蔡》：“上蔡东门狡兔肥，李斯何事忘南归。”苏拯《猎犬行》：“狡兔何曾擒，时把家鸡捉。”

【狡兔三窟】《战国策·齐策四》：“狡兔有三窟，仅得免其死耳；今君有一窟，未得高枕而卧也；请为君复凿二窟。”后以“狡兔三窟”喻有多个藏身之处，便于逃避灾祸。鲍容《蔡平喜遇河阳马判官宽话别》：“看寻狡兔翻三窟，见射妖星落九天。”

【狡兔穴多】 见“狡兔三窟”。徐夤《鹰》：“狡兔穴多非尔识，鸣鸠脰短罚君身。”

【狡狯】 诡诈。韩愈《读东方朔杂事》：“曰吾儿可憎，奈此狡狯何。”又《嘲鼾睡》之二：“盗贼虽狡狯，亡魂敢窥閫。”

【狡計】 狡猾的计谋。郑嵎《津阳门诗》：“绣栩衣裾日员晶，甘言狡计愈娇痴。”

【狡猾】 ❶诡诈刁钻。吴筠《览古十四首》之五：“奸邪起狡猾，骨肉相残夷。”❷指情意深厚。寒山《诗三百三首》之一一五：“夫妻共百年，相怜情狡猾。”

【狡童】《诗·郑风·狡童》：“彼狡童兮，不与我言兮。”后以“狡童”指霸占一方的割据者。李商隐《今月二日不自量度辄以诗一首四十韵干渎尊严辄复五言四十韵诗献上亦诗人咏叹不足之义也》：“慷慨资元老，周旋值狡童。

狩 〔shòu《广韵》舒救切，去宥，書。〕❶打猎。亦特指古代君主冬猎。李峤《奉和杜员外扈从教阅》：“薄狩三农隙，大阅五戎场。”杜甫《冬狩行》：“春蒐冬狩侯得同，使君五马一马骢。”韩愈、李正封《晚秋郾城夜会联句》：“五狩朝恒岱，三畋宿杨柞。”王仁裕《奉诏赋剑州途中鸷兽》：“今日帝王亲出狩，白云岩下好藏形。”❷通“守”。(1)天子出巡。李群玉《黄陵庙》：“犹似含颦望巡狩，九疑愁断隔湘川。”(2)帝王被召、出奔或被俘的婉词。杜甫《八哀诗·赠司空王公思礼》：“太子入朔方，至尊狩梁益。”

狠 〔hěn《篇海类编》下墾切。〕凶狠。韦庄《和郑拾遗秋日感事一百韵》：“出师威似虎，御敌狠如羊。”

七 画

狭 〔xiá《广韵》侯夾切，入洽，匣。〕❶窄。横的距离小。与“宽”“广”相对。孟浩然《武陵泛舟》：“武陵川路狭，前棹入花林。”张籍《春水曲》：“鸭鸭，嘴唼唼。青蒲生，春水狭。”贾岛《永福湖和杨郑州》：“嵩少分明对，潇湘阔狭齐。”方干《路支使小池》：“广狭偶然非制定，犹将方寸像沧溟。”❷指心胸狭窄。见“狭中”。❸迫切；靠近。见“狭坐”。❹通“侠”。吴越后主钱弘俶《陈国》：“巨爵妖姬醉，新诗狭客吟。”

【狭小】 狭隘窄小。钱珝《江行无题一百首》：“客船虽狭小，容得瘦将军。”原注：“晋冠军将军柳遐免官，桓温怪其瘦，答云：‘不能不恨于破甑。’”

【狭中】 (—zhōng)谓心胸狭窄。中，内心。韩愈、刘师服《石鼎联句》：“陋质荷斟酌，狭中愧提擎。”

【狭行】 (—xíng)小步而行。李贺《春归昌谷》：“狭行无廓落，壮士徒轻躁。”

【狭坐】 促坐；迫近而坐。李贺《嘲少年》：“美人狭坐飞琼觞，贫人唤云天上郎。”

【狭室】 狭小之居室。姚合《同诸公会太府韩卿宅》：“焰焰兰缸明狭室，丁丁玉漏发深宫。”

【狭逕】 见“狭徑”。

【狭徑】 亦作“狭逕”。小路。卢照邻《奉使益州至长安发钟阳驿》：“平川看钓侣，狭径闻樵唱。”孟浩然《晚春卧病寄张八》：“狭迳花障迷，闲庭竹扫净。”

【狭流】 狭窄的水流。羊士谔《郡中玩月寄江南李少尹虞部孟员外三首》之一：“月满自高丘，江通无狭流。”

【狭窄】 宽度小。刘禹锡《游桃源一百韵》：“因思人间世，前路何狭窄。”

【狭斜】 ❶小街曲巷。卢照邻《长安古意》：“长安大道连狭斜，青牛白马七香车。”骆宾王《代女道士王灵妃赠道士李荣》：“为想三春狭斜路，莫辞九折邛关道。”❷妓院。古乐府有《长安有狭斜行》，述少年冶游之事。后称娼妓居处为“狭斜”。孟浩然《美人分香》：“春风狭斜道，含笑待逢迎。”皇甫冉《长安路》：“结束趋平乐，联翩抵狭斜。”刘复《春游曲》：“春风戏狭斜，相见莫愁家。”

【狭路】 狭窄的小路。储光羲《巩城东庄道中作》："霭霭长路暖，迟迟狭路归。"

狝 同"豩"。念 huán。顽劣。刘禹锡《答乐天见忆》："笔底心无毒，杯前胆不狝。"自注："呼关切，顽也，亦作'豩'。"

狴 〔bì《广韵》邊兮切，平齊，幫。《集韵》部礼切，止薺，並。〕兽名。即狴犴。其形似虎，古人常图其形于狱门，故亦代称牢狱。刘禹锡《白太守行》："朱户非不崇，我心如重狴。"

【狴牢】 牢狱。元稹《和李校书新题乐府十二首·驯犀》："玉盆金栈非不珍，虎啖狴牢鱼食网。"舒元舆《坊州按狱》："及此督簿书，游词出狴牢。"李商隐《偶成转韵七十二句赠四同舍》："手封狴牢屯制囚，直厅印锁黄昏愁。"

狸 〔lí《广韵》里之切，平之，來。〕❶同"貍"。豹猫。也叫狸猫、狸子、山猫等。形状似猫，圆头大尾，头部有黑色条纹，两眼内缘上各有一白纹，躯干上有黑褐色的斑点。性凶猛，吃鸟、鼠、蛇、蛙和小动物。毛皮可做衣服。亦泛称猫。元稹《酬乐天东南行诗一百韵》："狸病翻随鼠，骢羸返作驹。"周贺《送僧归江南》："饥鼠缘危壁，寒狸出坏坟。"❷狐类动物。李贺《神弦曲》："桂叶刷风桂坠子，青狸哭血寒狐死。"

【狸膏】 狸的脂膏。古时斗鸡时取以涂抹鸡头，使对方畏怯，从而战胜对方。李白《答王十二寒夜独酌有怀》："君不能狸膏金距学斗鸡，坐令鼻息吹虹霓。"

狈 〔bèi《广韵》博盖切，去泰，幫。〕传说中的兽名。前腿特别短。唐段成式《酉阳杂俎·毛篇》："或言狼、狈是两物，狈前足绝短，每行常驾两狼，失狼则不能动，故世言事求者称狼狈。"亦喻指恶人。舒元舆《坊州按狱》："门墙见狼狈，案牍闻腥臊。"

狷 〔juàn《广韵》吉椽切，去綫，見。又吉县切，去霰，見。〕❶拘谨无为。引申为孤洁。李咸用《放歌行》："悠悠狷者心，寂寂厌清世。"❷褊急。白居易《自题写真》："况多刚狷性，难与世同尘。"杜牧《长安送友人游湖南》："子性剧弘和，愚衷深褊狷。"李商隐《行次西郊作一百韵》："乐祸忘怨敌，树党多狂狷。"

【狷介】 孤高洁身。白居易《酬张十八方宿见赠》："我受狷介性，立为顽拙身。"陆龟蒙《和过张祜处士丹阳故居》序："亦受辟诸侯府，性狷介不容物，辄自劾去。"

【狷然】 褊急；固执。元稹《酬刘猛见送》："伊余狷然质，谬入多士朝。"

狺 〔yín《广韵》語斤切，平真，疑。又語斤切，平欣，疑。〕❶犬吠声。见"狺狺❶"。❷喧嚷嘈杂。见"狺狺❷"。

【狺狺】 ❶犬吠声。《楚辞·九辩》："猛犬狺狺而迎吠兮，关梁闭而不通。"朱熹集注："狺，犬争吠声。"李贺《公无出门》："嗾犬狺狺相索索，舐掌偏宜佩兰客。"白居易《和答诗十首·答箭镞》："狺狺嗥不已，主人为之惊。"无名氏《纪游东观山》（卷七八六）："赑赑左顾龟，狺狺欲吠龙。"❷喻喧嚷嘈杂。李节《赠释疏言还道林寺诗》之三："湘川狺狺兮俗犷且很，利杀业偷兮吏莫之驯。"

狼 〔láng《广韵》鲁當切，平唐，來。〕❶兽名。犬科。耳竖立，毛黄色或灰褐色，尾下垂，栖息山林，昼伏夜出，性残忍而贪婪，吃兔、鹿等，也伤害人畜，对畜牧业有害。毛皮可制衣褥等。李白《蜀道难》："所守或匪亲，化为狼与豺。"见"狼虎"。❷喻恶人。舒元舆《坊州按狱》："奈何贪狼心，润屋沉脂膏。"李商隐《韩碑》："淮西有贼五十载，封狼生貙貙生罴。"❸凶狠。见"狼戾"。❹星名，即天狼星。赵蕃《老人星》："灼烁依狼地，昭彰近帝庭。"杜牧《奉和白相公圣德和平长句四韵》："应须日驭西巡狩，不假星弧北射狼。"见"狼星"。

【狼山】 山名。在今内蒙古自治区西北巴彦淖尔盟。高适《燕歌行》："校尉羽书飞瀚海，单于猎火照狼山。"梁琼《昭君怨》："衣薄狼山雪，妆成虏塞春。"

【狼牙】 ❶狼的牙齿。喻险境。元稹《酬段丞与诸棋流会宿弊居见赠二十四韵》："狼牙当必碎，虎口祸难移。"❷喻箭头。李贺《长平箭头歌》："白翎金簳雨中尽，直余三脊残狼牙。"

【狼火】 烽火。古时边防报警点燃的烟火。鲍溶《赠李黯将军》："细柳连营石堑牢，平安狼火赤星高。"见"狼煙"。

【狼孛】 指天狼星和彗星。吴越王钱镠《青史楼引宾从同登》："如今兮野天狼孛，青史楼标定乱功。"

【狼抗】 傲慢；暴戾。南朝宋刘义庆《世说新语·识鉴》："（周）嵩性狼抗，亦不容于世。"李瀚《蒙求》："周嵩狼抗，梁冀跋扈。"

【狼虎】 ❶狼和虎。罗隐《钱》："朱门狼虎性，一半逐君回。"刘炎《被按自悔诗》："早知太守如狼虎，猎取膏粱以啖之。"❷喻凶恶残暴之人。王昌龄《杂兴》："可悲燕丹事，终被狼虎灭。"温庭筠《过孔北海墓二十韵》："鸾凰婴雪刃，狼虎犯云屏。"李涉《六叹》之三："烧人之家食人肉，狼虎炽心都未足。"

【狼戾】 凶狠暴戾。李白《幽州胡马客歌》："天骄五单于，狼戾好凶残。"司空图《冯燕歌》："谁言狼戾心能忍，待我情深情不隐。"

【狼居】 即狼居胥山。汉元狩四年(前 119)霍去病出代郡塞击败匈奴,封狼居胥山,约为今蒙古人民共和国境内肯特山。袁朗《赋饮马长城窟》:“朝服践狼居,凯歌旋马邑。”

【狼荒】 指荒远的地方。柳宗元《南省转牒欲具江国图令尽通风俗故事》:“圣代提封尽海壖,狼荒犹得纪山川。”

【狼星】 星名。元稹《和李校书新题乐府十二首·缚戎人》:“天宝未乱犹数载,狼星四角光蓬勃。”白居易《和答诗十首·答箭镞》:“何不向西射。西天有狼星。”殷尧藩《下第东归作》:“欲射狼星把弓箭,休将萤火读诗书。”唐求《马嵬感事》:“冷气生深殿,狼星渡远关。”

【狼狈】 ❶二兽名,即狼与狈。狈是传说中一种似狼的野兽。张祜《戊午年感事书怀二百韵谨寄献太原裴令公淮南李相公汉南李仆射宣武李尚书》:“未坐扶狼狈,重茵睡踝然。”亦喻恶人。舒元舆《坊州按狱》:“门墙见狼狈,案牍闻腥臊。”❷喻艰难窘迫或难堪的处境。杜甫《同元使君舂陵行》:“沉绵盗贼际,狼狈江汉行。”卢仝《月蚀诗》:“不料至神物,有此大狼狈。”唐彦谦《毗陵道中》:“百年只有百清明,狼狈今年又避兵。”❸急速;急忙。杜甫《北征》:“忆昨狼狈初,事与古先别。”

【狼嗥】 狼叫。薛能《蒙恩除侍御史行次华州寄蒋相》:“行野众喧闻雁发,宿亭孤寂有狼嗥。”

【狼煙】 ❶燃狼粪升起的烟。古时边防用作军事上的报警信号。顾非熊《出塞即事二首》之一:“此处游人堪下泪,更闻终日望狼烟。”杜牧《边上闻笳三首》之一:“何处吹笳薄暮天,寒垣高鸟没狼烟。”温庭筠《遐水谣》:“狼烟堡上霜漫漫,枯叶号风天地干。”周昙《咏史诗·三代门·幽王》:“狼烟篝火为边尘,烽候那宜悦妇人。”❷喻战火或战争。李商隐《寄太原卢司空三十韵》:“鸡塞谁生事,狼烟不暂停。”

【狼頭】 ❶狼之头。皮日休《虎丘寺殿前有古杉一本遂赋三百言以见志》:“狼头勃窣竖,虿尾掘孪垂。”❷指狼头纛。高适《部落曲》:“雕戈蒙豹尾,红旆插狼头。”借指突厥。王涯《从军词三首》之二:“燕颔多奇相,狼头敢犯边。”

【狼頭纛】 用狼头作标志的大旗。吴融《绵竹山四十韵》:“戎提虎仆毛,专奉狼头纛。”

【狼噬虎餐】 如狼虎之吞食。喻凶暴地侵占。来鹄《圣政纪颂》序:“自永徽之后,宰执不正,窥伺是忌,针棘前后,阻越对扬,狼噬虎餐,持膏衔肉,盖以言多为己,曾不致君。”

【狼藉】 亦作“狼籍”。❶纵横散乱貌。孟郊《吊卢殷》之一:“故书穷鼠啮,狼藉一室间。”杜牧《见穆三十宅中庭海榴花谢》:“堪恨王孙浪游去,落英狼籍始归来。”陆龟蒙《和袭美重题蔷薇》:“更被夜来风雨恶,满阶狼籍没多红。”徐铉《赠浙西顾推官》:“狼藉杯盘重会面,风流才调一如初。”❷混乱;真假不辨。无名氏《题焚经台》(卷八八六):“春风也解嫌狼籍,吹尽当年道教灰。”❸不整洁。杜甫《北征》:“移时施朱铅,狼藉画眉阔。”李洞《赠可上人》:“模糊书卷烟岚滴,狼籍衣裳瀑布缄。”❹遭受劫难。白居易《新乐府·草茫茫》:“奢者狼藉俭者安,一凶一吉在眼前。”

【狼籍】 亦作“狼藉”。

【狼顧】 ❶狼行走时,常转过头看,以防袭击。喻人有畏惧。柳宗元《行路难三首》之二:“柏梁天灾武库火,匠石狼顾相愁冤。”❷如狼之视物。形容凶狠而贪婪地企图攫取。杨乘《甲子岁书事》:“虿毒久萌牙,狼顾非日夕。”李瀚《蒙求》:“晋宣狼顾,汉祖龙颜。”

狻 〔suān《广韵》素官切,平桓,心。〕见“狻猊”。

【狻猊】 ❶兽名。狮子。杜甫《王兵马使二角鹰》:“白羽曾肉三狻猊,敢决岂不与之齐。”李贺《公无出门》:“毒虬相视振金环,狻猊猰貐吐馋涎。”❷指刻镂成狮子状的香炉。皮日休《重玄寺双矮桧》:“应如天竺难陀寺,一对狻猊相枕眠。”韩偓《苑中》:“金阶铸出狻猊立,玉树雕成狒狖啼。”和凝《宫词百首》之三八:“莺锦蝉罗撒麝脐,狻猊轻喷瑞烟迷。”

八 画

猜 〔cāi《广韵》仓才切,平咍,清。〕❶猜疑;怀疑。卢象《赠程秘书》:“将相猜贾谊,图书归马融。”高适《酬裴员外以诗代书》:“乐毅吾所怜,拔齐翻见猜。”韩愈《忆昨行和张十一》:“伾文未揃崖州炽,虽得赦宥恒愁猜。”李绅《登禹庙回降雪五言二十韵》:“鸡树花惊笑,龙池絮欲猜。”孙元晏《咏史诗·宋·黄罗襦》:“戚属群臣尽见猜,预忧身后又堪哀。”❷恨;嫉恨。丁仙芝《越裳贡白雉》:“驯扰将无惧,翻飞幸不猜。”刘长卿《归沛县道中晚泊留侯城》:“楚水澹相引,沙鸥闲不猜。”吕温《道州夏日郡内北桥新亭书怀赠何元二处士》:“齐物鱼何乐,忘机鸟不猜。”元稹《有鸟二十章》之四:“飞飞渐上高高阁,百鸟不猜称好逑。”❸恐惧;害怕。李峤《人日侍宴大明宫恩赐彩缕人胜应制》:“鱼猜水冻行犹涩,莺喜春熙弄欲娇。”孙逖《山行遇雨》:“涉涧猜行潦,缘崖畏宿氛。”高适《和贺兰判官望北海作》:“迹非想像到,心以精灵猜。”❹迟疑;犹豫不决。王绩《在京思故园见乡人问》:"羁心只欲问,为报不须猜。"欧阳衮《田家》:"晚间春作好,行乐不须猜。"❺凶恶。刘禹锡《连州腊日观莫徭猎西山》:"猜鹰虑奋迅,惊鹿时跼跳。"

【猜防】 猜疑防范。周繇《和段成式》:"回簪转黛喜猜防,粉署裁诗助酒狂。"孙光宪《遐方怨》词:"任人猜妒恶猜防,到头须使似鸳鸯。"

【猜狂】 犹凶猛。韦庄《南阳小将张彦硖口镇税人场射虎歌》:"忠良效顺势亦然,一剑猜狂敢轻动。"

【猜忌】 怀疑别人对自己不利而心怀不满。杜甫《秦州见敕目薛三璩授司议郎毕四曜除监察与二子有故远喜迁官兼述索居凡三十韵》:"俗态犹猜忌,妖氛忽杳冥。"元稹《元和五年三月六日至陕府与吴十一兄端公崔二十二院长思怆曩游因投五十韵》:"召见不须臾,憸庸已猜忌。"陆龟蒙《鹤媒歌》:"而况世间有名利,外头笑语中猜忌。"苑油《暗投明珠》:"谁言按剑者,猜忌却生仇。"

【猜妒】 亦作"猜妬"。猜疑妒忌。萧颖士《江有枫一篇十章》之九:"皓然洁素,忘其猜妒。"白居易《和微之诗二十三首·和李势女》:"竟以恩信待,岂止猜妒忘。"孙光宪《遐方怨》词:"任人猜妒恶猜防,到头须使似鸳鸯。"

【猜妬】 见"猜妒"。

【猜恨】 猜疑怨恨。冯著《短歌行》:"但君开怀抱,猜恨莫匆匆。"元结《苦乐相倚曲》:"君心半夜猜恨生,荆棘满怀天未明。"

【猜害】 因猜忌而杀害或隐害。元结《系乐府十二首·陇上叹》:"父子忍猜害,君臣敢欺诈。"

【猜訝】 猜忌疑怪。韩愈《县斋有怀》:"指摘两憎嫌,睢盱互猜讶。"

【猜贰】 疑忌而有二心。李商隐《淮阳路》:"猜贰谁先致,三朝事始平。"

【猜禍】 谓猜疑别人并加以损害。皮日休《奉献致政裴秘监》:"猜祸皆及身,何复至如是。"

【猜意】 犹猜忌。李商隐《安定城楼》:"不知腐鼠成滋味,猜意鹓雏竟未休。"

【猜慊】 (—qiàn)即猜嫌。猜忌嫌怨。无名氏《忽有故人相以志代书达知己两首》之二(外编上):"非论阻碍难相见,亦恐猜慊不寄书。"

【猜嫌】 猜忌嫌怨。刘长卿《初贬南巴至鄱阳题李嘉祐江亭》:"猜嫌伤薏苡,愁暮向江篱。"司空曙《送郑明府贬岭南》:"猜嫌成谪宦,正直不防身。"韩愈《赴江陵途中寄赠三学士》:"猜嫌动置毒,对案辄怀愁。"孙光宪《浣溪沙》词之七:"空推宿酒睡无厌,争教人不别猜嫌。"

【猜謗】 受到猜忌,遭到诽谤。孟郊《旅次湘沅有怀灵均》:"死为不吊鬼,生作猜谤徒。"

【猜懼】 疑惧。孟郊《石淙》之七:"戆兽鲜猜惧,罗人巧置罘。"

【猜讒】 因猜忌而进谗言。刘长卿《送侯中丞流康州》:"迁播共知臣道枉,猜谗却为主恩深。"马戴《新春闻赦》:"道在猜谗息,仁深疾苦除。"

猪 〔zhū《广韵》陟魚切,平魚,知。〕哺乳动物。头大,鼻子和嘴都长,眼小耳大,脚短,身体肥。肉供食用,皮可制革,鬃可制刷子和其他工业原料,粪尿可做肥料。白居易《二年三月五日斋毕开素当食偶吟赠妻弘农郡君》:"今食且如此,何必烹猪羊。"李商隐《行次西郊作一百韵》:"快刀断其头,列若猪牛悬。"

【猪肝】 猪之肝脏。后汉闵贡(字仲叔)寄居安邑,因贫病买不起肉,每天买猪肝一片,屠者或不肯与,被安邑令听得,命令照常供给。闵贡知此后,叹曰:"闵仲叔岂以口腹累安邑邪?"于是离开安邑他去。见《后汉书·周燮传序》。后用以为典。独孤及《酬常郿县见赠》:"谓乘凫舄朝天子,却愧猪肝累主人。"李商隐《大卤平后移家到永乐县居书怀十韵》:"脱身离虎口,移疾就猪肝。"薛能《洛下寓怀》:"敢向官途争虎首,尚嫌身累爱猪肝。"罗隐《寄洪正师》:"鸡肋曹公忿,猪肝仲叔惭。"

【猪都】 指豪猪。李商隐《异俗二首》之二:"未曾容獭祭,只是纵猪都。"

猗 〔yī《广韵》於离切,平支,影。〕❶美盛貌。见"猗猗"。❷叹词。常用于句首,表示赞美。孟云卿《行行且游猎篇》:"岂唯务驰骋,猗尔暴田畴。"元结《二风诗·治风诗五篇·至仁》:"猗皇至圣兮,至惠至仁。"又《补乐歌十首·丰年》:"猗太帝兮,其智如神。"

【猗猗】 美盛貌。元结《二风诗·治风诗五篇·至慈》:"至化之深兮,猗猗娭娭。"韩愈《寄崔二十六立之》:"四隅芙蓉树,擢艳皆猗猗。"又《琴操十首·猗兰操》:"兰之猗猗,扬扬其香。"

【猗嗟】 叹词。表示赞叹。元希声《赠皇甫侍御赴都八首》之二:"猗嗟众珍,以况君子。"王周《志峡船具诗·戙》:"猗嗟戙之为,彬彬坚且直。"

【猗與】 见"猗歟"。

【猗歟】 亦作"猗與"。叹词。表示赞美。玄宗《赐诸州刺史以题座右》:"猗欤此推择,声绩著周行。"李德裕《鹿迹山铭》:"猗欤先生,耽道体玄。"李群玉《送魏珪觐省》:"猗欤白华秀,伤心倚门夕。"皮日休《鲁望昨以五百言见贻迭和之微旨也》:"猗与子美思,不尽如转轮。"

【猗靡】 缠绵。李白《感遇四首》之一:"可怜浮丘公,猗靡与情亲。"

【猗蘭】 汉殿名。相传汉武帝诞生前，其父景帝梦显彘从云中而下，入崇兰阁，因改阁名为猗兰殿。后武帝生于此殿。见旧题汉郭宪《洞冥记》。郑愔《中宗降诞日长宁公主满月侍宴应制》："春殿猗兰美，仙阶柏树荣。"杜甫《冬日洛城北谒玄元皇帝庙》："仙李盘根大，猗兰奕叶光。"王良士《奉陪武相公西亭夜宴陆郎中》："芳气袭猗兰，青云展旧欢。"陆龟蒙《奉和袭美病中庭际海石榴花盛发见寄次韵》："紫府真人饷露囊，猗兰灯烛未荧煌。"

【猗蘭操】 古琴曲名。多抒生不逢时、怀才不遇之感叹。韩愈有《琴操十首·猗兰操》。

猓 〔guǒ《广韵》古火切，上果，見。〕见"猓然"。

【猓然】 兽名。即长尾猿。《文选·左思〈吴都赋〉》："狖鼯猓然，腾趠飞超。"刘逵注："猓然，猿狖之类，居树，色青赤有文，日南、九真有之。"张祜《戊午年感事书怀二百韵谨寄献太原裴令公淮南李相公汉南李仆射宣武〗李尚书》："未坐扶狼狈，重茵跃猓然。"殷尧藩《醉赠刘十二》："莺将吉了语，猿共猓然啼。"

猒 〔yàn《广韵》於艷切，去艷，影。又一監切，平監，影。〕同"厭"。厌恶。张祜《和池州杜员外题九峰楼》："杜陵压倒日归应早，莫厌青山谢朓家。"又《投滑州卢尚书》："文翁莫厌分符久，韩信终须仗钺行。"又《旅次岳州呈徐员外》："提笔厌班超，把诗怜阮籍。"

猖 〔chāng《广韵》尺良切，平陽，昌。〕见"猖狂""猖獗"。

【猖狂】 ❶谓随心所欲，无所束缚。张祜《忆江东旧游四十韵寄宣武李尚书》："忆昨江东客，猖狂事颇曾。"亦指清虚以自守的境界。沈佺期《答魑魅代书寄家人》："此中因悟道，无问入猖狂。"❷狂妄而放肆。李白《雪谗诗赠友人》："彼妇人之猖狂，不如鹊之强强。"杜甫《寄彭州高三十五使君适虢州岑二十七长史参三十韵》："蚩尤终戮辱，胡羯漫猖狂。"皮日休《襄州春游》："岑牟单绞何曾著，莫道猖狂似祢衡。"❸形容思想、感情、文章气势等激荡奔放。张籍《送远曲》："吟丝竹，鸣笙簧，酒酣性逸歌猖狂。"贯休《少年行》之三："面白如削玉，猖狂曲江曲。"❹形容气势猛烈。元稹《有酒十章》之八："阴火然兮众族沸渭，飓风作兮尽夜猖狂。"❺狂乱貌。刘兼《春霁》："猖狂乱打貔貅鼓，懒慢迟修鸳鹭书。"

【猖獗】 ❶猖狂；狂妄而放肆。元稹《和李校书新题乐府十二首·缚戎人》："五六十年涌思绝，中间盟会又猖獗。"❷颠覆；失败。李白《雪谗诗赠友人》："嗟余沉迷，猖獗已久。"

猘 〔zhì《广韵》居例切，去祭，見。《集韵》征例切，去祭，章。〕❶谓犬疯狂。见"猘犬"。❷狂犬；猛犬。喻狂暴之徒。杜牧《昔事文皇帝三十二韵》："吠声嗾国猘，公议怯膺门。"韩偓《八月六日作四首》之二："金虎挺灾不复论，构成狂猘犯车尘。"

【猘犬】 疯狗。亦喻狂暴之徒。李商隐《赠从兄阆之》："城中猘犬憎兰佩，莫损幽芳久不归。"陈陶《圣帝击壤歌四十声》："牝鸡何谶满，猘犬漫劻勷。"

猛 〔měng《广韵》莫杏切，上梗，明。〕❶残暴；凶猛。杜甫《荆南兵马使太常卿赵公大食刀歌》："牧出令奔飞百艘，猛蛟突兽纷腾逃。"元稹《梦井》："遍入原上村，村空犬仍猛。"见"猛虎❶""猛毅""猛獸"。❷勇猛；威猛。羊士谔《斋中有兽皮茵偶成咏》："逸才岂凡兽，服猛愚人得。"李商隐《李肱所遗画松诗书两纸得四十韵》："细疑袭气母，猛若争神功。"亦用以指勇猛之士。韩愈《秋怀诗十一首》之五："敛退就新懦，趋营悼前猛。"❸严厉。虞世南《赋得慎罚》："政宽思济猛，疑罪必从轻。"钱起《长安客舍赠李行父明府》："理烦善用简，济猛能兼宽。"白居易《赠友五首》之四："宽猛政不一，民心安得淳。"周昙《咏史诗·春秋战国门·子产》："如嫌水德人多狎，拯溺宜将猛济宽。"❹猛烈。见"猛雨""猛風""猛燄"。❺繁密。孙鲂《题梅岭泉》："药苗繁似结，萝蔓猛如编。"

【猛士】 勇士，勇武有力之人。杜甫《去秋行》："战场冤魂每夜哭，空令野营猛士悲。"又《冬狩行》："夜发猛士三千人，清晨合围步骤同。"李廓《猛士行》："战鼓惊沙恶天色，猛士虬髯眼前黑。"皮日休《三羞诗三首》之二："刮则齐民痡，分为猛士禄。"

【猛利】 厉害。寒山《诗三百三首》之二四二："上人心猛利，一闻便知妙。"

【猛雨】 迅猛之雨。白居易《香山避暑二绝》之一："六月滩声如猛雨，香山楼北畅师房。"杜牧《李甘诗》："烈风驾地震，狞雷驱猛雨。"陆龟蒙《奉酬袭美苦雨见寄》："顽云猛雨更相欺，声似虓号色如墨。"韦庄《赠峨嵋山弹琴李处士》："一弹猛雨随手来，再弹白雪连天起。"

【猛虎】 ❶凶猛之虎。王勃《陇西行》之二："南来射猛虎，西去猎平原。"白居易《南阳小将张彦硖口镇税人场射虎歌》："天生天杀岂天怒，忍使朝朝喂猛虎。"舒元舆《坊州按狱》："攫搏如猛虎，吞噬若狂夔。"宋齐丘《陪游凤凰台献诗》："笼鹤羡凫毛，猛虎爱蜗角。"❷指状如猛虎之物。李白《游溧阳北湖亭望瓦屋山怀古赠同旅》："高坟五六墩，崒兀栖猛虎。"杜甫《北征》:"猛虎立我前,苍崖吼时裂。"❸喻凶恶之人。杜甫《述怀一首》:"嵚岑猛虎场,郁结回我首。"萧涤非注:"猛虎,喻贼寇的残暴。"王揆《长沙六快诗》:"怀昔甘棠花,伤今猛虎毒。"❹喻苛政。岑参《送颜平原》:"易俗去猛虎,化人似驯鸥。"张祜《隋堤怀古》:"隋季穷兵复溍川,自为猛虎可周旋。"

【猛虎行】 (行 xíng)乐府《平调曲》名。《乐府诗集·相和歌辞六·猛虎行》郭茂倩题解:"古辞曰:'饥不从猛虎食,暮不从野雀栖。野雀安无巢,游子为谁骄。'"后人作此题者,或写客行,或写劝勉,或写功业未建的苦闷,或以猛虎喻苛政,题旨不尽相同。李白《猛虎行》:"朝作猛虎行,暮作猛虎吟。"杜甫《送顾八分文学适洪吉州》:"赠子猛虎行,出郊载酸鼻。"仇兆鳌注:"戒其失身于所往,见朋友相规之意。"韩愈、李咸用等均有此作。

【猛虎吟】 即"猛虎行"。李白《猛虎行》:"朝作猛虎行,暮作猛虎吟。

【猛虎詞】 即"猛虎行"。储光羲有《猛虎词》。李白《寻鲁城北范居士失道落苍耳中见范置酒摘苍耳作》:"还倾四五酌,自咏猛虎词。"又《闻谢杨儿吟猛虎词因此有赠》:"同州隔秋浦,闻吟猛虎词。"

【猛毒】 指猛兽毒蛇。元结《演兴四首·闵岭中》:"彼猛毒兮曹聚,必凭托乎阻修。"聂文郁注:"猛毒,指猛兽毒蛇之类。"

【猛政】 严酷的政治。韩愈《寄卢仝》:"况又时当长养节,都邑未可猛政理。"

【猛風】 猛烈之风。王昌龄《上马当山神》:"直为猛风波滚骤,莫怪昌龄不下船。"白居易《有木诗八首》之五:"何时猛风来,为我连根拔。"

【猛馬】 勇猛之马。李商隐《骄儿诗》:"豪鹰毛崱屴,猛马气佶傈。"

【猛烈】 ❶刚强;顽强。吕岩《题桐柏山黄先生庵门》:"我今劝子心悲切,君自思兮生猛烈。"钟离权《赠吕洞宾》:"大丈夫,遇真诀,须要执持心猛烈。"❷勇猛威烈。元结《演兴四首·闵岭中》:"得猛烈之材,获与之而并驱,且舂刺乎恶毒,又引射夫妖怪。"

【猛氣】 勇猛的气势或气概。李峤《奉和幸望春宫送朔方总管张仁亶》:"猛气凌玄朔,崇恩降紫宸。"储光羲《同诸公秋日游昆明池思古》:"锐士千万人,猛气如熊罴。"

【猛將】 (—jiàng)勇猛的将领。杜甫《戏作花卿歌》:"成都猛将有花卿,学语小儿知姓名。"颜真卿《赠裴将军》:"大君制六合,猛将清九垓。"汪遵《昭君》:"猛将谋臣徒自贵,蛾眉一笑塞尘清。"司空图《南北史感遇十首》之一:"雨淋麟阁名臣画,雪卧龙庭猛将碑。"

【猛勢】 勇猛的气势或气概。《郊庙歌辞·周郊祀乐章·武舞乐》:"成文非羽籥,猛势若罴熊。"王沂《送钟员外》:"猛势资新雁,寒声伴暮潮。"

【猛寬】 严厉和宽大。汪遵《密县》:"百里能将济猛宽,飞蝗不到邑人安。"

【猛毅】 凶暴威猛。李商隐《行次西郊作一百韵》:"因令猛毅辈,杂牧升平民。"

【猛燄】 猛烈的火焰。白居易《寓意诗五首》之一:"疾风吹猛焰,从根烧到枝。"

【猛獸】 体大而凶猛的兽类。李白《赠宣城赵太守悦》:"出牧历三郡,所居猛兽奔。"孟郊《游石龙涡》:"险力此独壮,猛兽亦不停。"姚令《赠少室山麻襦僧》:"庵前多猛兽,径小绝行人。"刘驾《贾客词》:"寇盗伏其路,猛兽来相追。"

【猛簴】 刻有猛兽为饰的钟架。刘禹锡《平齐行二首》之二:"千钧猛虡顺流下,洪波涵淡浮熊罴。"

猫

〔māo《广韵》武瀌切,平宵,明。《集韵》謨交切,平爻,明。〕哺乳动物。面部略圆,耳小眼大。瞳孔的大小随光线强弱而变化,四肢较短,掌部有肉垫,行动敏捷,善跳跃,能捕鼠。李绅《忆寿春废虎坑》:"当路绝群尝诫暴,为猫驱狝亦先迎。"马希振《与何致雍僧贯徽联句》"虬子子唧虫子子,猫儿儿捉雀儿儿。"

猧

〔wō《集韵》烏禾切,平戈,影。〕小狗。见"猧兒"。

【猧兒】 小狗。王涯《宫词三十首》之十三:"白雪猧儿拂地行,惯眠红毯不曾惊。"成彦雄《寒夜吟》:"猧儿睡魇唤不醒,满窗扑落银蟾影。"无名氏《醉公子》词(卷八九九):"门外猧儿吠,知是萧郎至。"

猗

同"狗"。《字汇·犬部》:"猗,同'狗'。"王梵志《诗》之十:"主人无床枕,坐旦捉猗狐。"

九 画

猰¹

〔yà《广韵》烏黠切,入黠,影。〕兽名。猰貐。见"猰貐"。

猰²

〔jiá《广韵》古鎋切,入鎋,見。〕见"猰❷犬"。

【猰₂犬】 疯狗。喻恶人。李贺《仁和里杂叙皇甫湜》:"洛风送马入长关,阖扇未开逢猰犬。"

【猰貐】 古代传说中的食人猛兽。亦喻凶恶之人。李白《梁甫吟》:"猰貐磨牙竞人肉,驺虞不折生草茎。"李贺《公无出门》:"毒虬相视振金环,狻猊猰貐吐嚵涎。"皮日休《太湖诗·游毛公坛》:"将山待夸娥,以肉投猰貐。"

猢 〔hú《广韵》户吴切,平模,匣。〕见"猢狲"。

【猢狲】 猕猴的一种,身有密毛,生活在我国北方山林中。亦泛称猴子。黄幡绰《嘲刘文树》:"文树面孔不似猢狲,猢狲面孔强似文树。"

猩 〔xīng《广韵》所庚切,平庚,生。〕❶猩猩的省称。韩愈、孟郊《城南联句》:"灵麻撮狗虱,村稚啼禽猩。"见"猩鼯"。❷指鲜红色。见"猩血""猩猩色"。

【猩血】 猩猩的血。借指鲜红色。韩偓《已凉》:"碧阑干外绣帘垂,猩血屏风画折枝。"

【猩紅】 指如同猩猩血那样鲜红的颜色。赵鸾鸾《纤指》:"昨日琵琶弦索上,分明满甲染猩红。"

【猩唇】 即猩猩的嘴唇,是一道美食。李咸用《富贵曲》:"雪暖瑶杯凤髓融,红拖象箸猩唇细。"见"猩猩唇"。

【猩袍】 红袍。杜荀鹤《献钱塘县罗著作判官》:"猩袍懒著辞公宴,鹤氅闲披访道流。"

【猩猩】 ❶哺乳动物。大于猴,两臂长,全身有赤褐色长毛,没有臀疣。树栖,主食果实。能在前肢帮助下直立行走。古亦指猿猴之类。李白《清溪行》:"向晚猩猩啼,空悲远游子。"张籍《贾客乐》:"秋江初月猩猩语,孤帆夜发潇湘渚。"袁不约《送人至岭南》:"知君怜酒兴,莫杀醉猩猩。"贯休《怀武夷红石子二首》之一:"窗外猩猩语,炉中姹姹娇。"❷指猩猩血。亦借指鲜红色。皮日休《重题蔷薇》:"浓似猩猩初染素,轻如燕燕欲凌空。"

【猩猩血】 猩猩的血。借指鲜红色。白居易《感兴二首》之二:"尊前诱得猩猩血,幕上偷安燕燕窠。"方干《孙氏林亭》:"瑟瑟林排全巷竹,猩猩血染半园花。"殷文圭《题吴中陆龟蒙山斋》:"花心露洗猩猩血,水面风披瑟瑟罗。"齐己《石竹花》:"一枝两枝初笑风,猩猩血泼低低丛。"

【猩猩色】 指鲜红色。韦庄《乞彩笺歌》:"留得溪头瑟瑟波,泼成纸上猩猩色。"

【猩猩唇】 猩猩的嘴唇,食品中"八珍"之一。李贺《大堤曲》:"郎食鲤鱼尾,妾食猩猩唇。"陈陶《将进酒》:"珊瑚座上凌香云,凤臓龙炙猩猩唇。"

【猩鼯】 猩猩和飞鼠。韩愈《八月十五晚赠张功曹》:"洞庭连天九疑高,蛟龙出没猩鼯号。"

猳 〔jiā《广韵》古牙切,平麻,見。〕猪。《谶记·马殷浚城石碣篆》:"龙举头,猳掉尾。"

猥 〔wěi《广韵》烏賄切,上賄,影。〕❶大;粗大。韩愈《嘲鼾睡》之一:"澹师昼睡时,声气一何猥!"❷见"猥欵"。❸副词。(1)骤然,突然。高适《答侯少府》:"谁谓行路难,猥当希代珍。"(2)谦词。犹辱、承。杜甫《奉赠韦左丞丈二十二韵》:"每于百僚上,猥诵佳句新。"萧涤非注:"猥,是古人常用的客气字,犹蒙或承。"韦应物《答徐秀才》:"铅钝谢贞器,时秀猥见称。"

【猥承】 谦词。犹辱承。张说《奉和御制与宋璟源乾曜同日上官命宴东堂赐诗应制》:"猥承三事命,虚忝百僚师。"

【猥欵】 形容歌咏之声。韩愈、孟郊《远游联句》:"貉谣众猥款,巴语相咿嚘。"款,当作"欵"。

【猥蒙】 谦词,犹辱蒙。李涉《却归巴陵途中走笔寄唐知言》:"猥蒙方伯怜饥贫,假名许得陪诸宾。"

猾 〔huá《广韵》户八發,入黠,匣。〕狡猾。见"猾吏""猾谋"。

【猾吏】 狡猾的官吏。杜牧《分司东都寓居履道叨承川严刘侍郎大夫恩知上四十韵》:"猾吏门长塞,豪家户不扃。"李兼《题洛阳县壁》:"猾吏畏服,县妖破胆。"

【猾虜】 狡猾之敌。皎然《送裴判官赴商幕》:"会喜疲人息,应逢猾虏衰。"

【猾謀】 狡猾的计谋。来鹄《圣政纪颂》序:"岂图臣蓄猾谋,公无同事,欲弄尾舌,先卫岩穴,隔斥史臣,占佞明后,致懿搜嘉访不存《尧典》之书,善讽名猷,莫出《清庙》之什。"

猷 〔yóu《广韵》以周切,平尤,以。〕谋略;计划。《书·盘庚上》:"各长于厥居,勉出乃力,听予一人之作猷。"孔颖达疏:"听从我迁徙之谋。"许敬宗《奉和圣制登三台言志应制》:"形言防处逸,粹藻发嘉猷。"岑参《送颜平原》:"吾兄镇河朔,拜命宣皇猷。"杜甫《凤凰台》:"图以奉至尊,凤以垂鸿猷。"皎然《同薛员外谊久旱感怀寄兼呈上杨使君》:"赖以王猷盛,中原无凶慝。"李群玉《将之京国赠薛员外》:"天子坐宣室,夔龙奉谟猷。"

猶 〔yóu《广韵》以周切,平尤,以。又居祐切,去宥,見。又余救切,去宥,以。〕❶如;似;好比。韩愈《答张彻》:"初味犹啖蔗,遂通斯建瓴。"刘禹锡《武陵书怀五十韵》:"巢幕方犹燕,抢榆尚笑鲲。"李商隐《韩碑》:"行军司马智且勇,十四万众犹虎貔。"司空图《诗品二十四则·冲淡》:"犹之惠风,荏苒在衣。”❷有。杜甫《新安吏》：“白水暮东流，青山犹哭声。”又《负薪行》：“十犹八九负薪归，卖薪得钱应供给。”崔峒《润州送师弟自江夏往台州》：“别路犹千里，离心重一杯。”薛能《升平词十首》之四：“寿笑山犹尽，明嫌日有阴。”❸怀疑；疑惑。见“猶疑”。❹副词。(1)还；仍。陈元光《太母魏氏半径题石》：“忧阕情犹结，祥回禫届期。”钱起《梦寻西山准上人》：“别处秋泉声，至今犹在耳。”白居易《谕亲友》：“烦闹荣华犹易过，优闲福禄更难销。”杜牧《泊秦淮》：“商女不知亡国恨，隔江犹唱后庭花。”黄滔《寄罗郎中隐》：“绿酒千杯肠已烂，新诗数首骨犹存。”(2)则；却。杜甫《老病》：“合分双赐笔，犹作一飘蓬。”又《高楠》：“落景阴犹合，微风韵可听。”刘长卿《送友人南游》：“虽在春风里，犹从芳草间。”白居易《寓意诗五首》之一：“不如粪土英，犹有人掇之。”(3)只；独。杜甫《得舍弟消息》：“犹有泪成河，经天复东注。”又《复愁十二首》之五：“一自风尘起，犹嗟行路难。”又《病马》：“毛骨岂殊众，驯良犹至今。”李贺《写诗二十三首》之四：“向前敲瘦骨，犹自带铜声。”(4)已；已经。李嘉祐《送崔侍御入朝》：“十年犹执宪，万里独归春。”杜甫《客亭》：“秋窗犹曙色，落木更天风。”刘长卿《秋日夏口涉汉阳献李相公》：“十年犹去国，黄叶又纷纷。”耿沣《雨中宿义兴寺》：“家国身犹负，星霜鬓已侵。”(5)亦；也。朱庆余《泛溪》：“前湾更幽绝，虽浅去犹通。”陆龟蒙《樵人十咏·樵歌》：“出林方自转，隔水犹相应。”❺连词。尚且。崔国辅《石头滩作》：“一身犹未理，安得济时代。”韦应物《送令狐岫宰恩阳》：“居家犹苦寒，子有千里行。”陈润《送骆征君》：“黄卷犹将去，青山岂更归。”白居易《与梦得沽酒闲饮且约后期》：“少时犹不忧生计，老后谁能惜酒钱。”❻通“由”。(1)以。崔涂《声》：“欢戚犹来恨不平，此中高下本无情。”(2)由于。贾岛《荒斋》：“朴愚犹本性，不是学忘机。”

【猶子】 侄子。本指丧服而言，谓为己之子期，兄弟之子亦为期。后用称兄弟之子为犹子。刘禹锡《答东阳于令寒碧图诗》序：“东阳令于兴宗，丞相燕国公之犹子。”元稹《哭女樊四十韵》：“骑竹痴犹子，牵车小外甥。”郑谷《颜惠詹事即孤侄舅氏滴官黔巫舟中相遇怆然有寄》：“犹子在天末，念渠怀渭阳。”

【猶王】 (—wàng)犹言还很旺盛。王，同“旺”，旺盛。李白《赠张相镐二首》之二：“英烈遗厥孙，百代神犹王。”

【猶未】 还没有，尚未。岑参《河西春暮忆秦中》：“凉州三月半，犹未脱寒衣。”陈羽《古意》：“是时妾家犹未贫，兄弟出入双车轮。”元稹《哭子十首》之二：“自食自眠犹未得，九重泉路托何人。”徐夤《伤进士谢庭皓》：“献书犹未达明君，何事先游岱岳云。”

【猶可】 尚可；还可以。张谓《读后汉逸人传二首》之一：“名位苟无心，对君犹可眠。”刘长卿《杂咏八首上礼部李侍郎·古剑》：“铁衣今正涩，宝刀犹可试。”白居易《放鱼》：“脱泉虽已久，得水犹可苏。”曹邺《杂诫》：“未入犹可悟，已入当何如。”

【猶自】 尚；还是。王维《李外士山居》：“清昼犹自眠，出鸟时一啭。”顾况《归阳萧寺有丁行者能修无生忍担水施僧况归命稽首作诗》：“尽力答明主，犹自招罪愆。”白居易《过温尚书旧庄》：“村人都不知时事，犹自呼为处士庄。”孟迟《吴故宫》：“岂知一日终非主，犹自如今有怨声。”

【猶如】 如同。李白《赠从孙义兴宰铭》：“所恨不见之，犹如仰昭回。”

【猶言】 犹，还。“言”字无义。徐夤《经故广平员外旧宅》：“平生欲献匡君策，抱病犹言未息机。”孔德绍《落叶》：“翻飞未肯下，犹言惜故林。”

【猶或】 还；或许。顾况《上古之什补亡训传十三章·筑城二章》：“死而无知，犹或不可。”白居易《寄唐生》：“往往闻其风，俗士犹或非。”又《和答诗十首·答四皓庙》：“先生道甚明，夫子犹或非。”

【猶是】 还是。李白《赠裴司马》：“犹是可怜人，容华世中稀。”刘长卿《西庭夜燕喜评事兄拜会》：“犹是南州史，江城又一春。”卢纶《晚次鄂州》：“云开远见汉阳城，犹是孤帆一日程。”牛峤《登陈拾遗书台览杜工部留题慨然成咏》：“虽称含香吏，犹是飘蓬客。”

【猶恐】 还怕，还是担心。戴叔伦《晚望》：“桃源宁异此，犹恐世间闻。”白居易《燕诗示刘叟》：“须臾十来往，犹恐巢中饥。”李商隐《华清宫》：“华清恩幸古无伦，犹恐蛾眉不胜人。”司马扎《蚕女》：“鸣梭夜达晓，犹恐不及时。”

【猶得】 尚能；还能够。杜甫《石壕吏》：“急应河阳役，犹得备晨炊。”戴叔伦《昭君词》：“惆怅不如边雁影，秋风犹得向南飞。”李绅《滁阳春日怀果园闲宴》：“闻道数年深草露，几株犹得近池台。”

【猶堪】 尚能。刘长卿《过隐空和尚故居》：“寥落东峰上，犹堪静者依。”

【猶疑】 怀疑；疑惑。令狐楚《游义兴寺寄上李逢吉相公》：“柳营无事诣莲宫，步步犹疑是梦中。”韩愈《岳阳楼别窦司直》：“犹疑帝轩辕，张乐就空旷。”羊士谔《和李都官郎中经宫人斜》：“翡翠无穷掩夜泉，犹疑一半作神仙。”

【猶豫】 迟疑不定。皮日休《新秋言怀寄鲁望三十韵》：“犹豫应难抱，狐疑不易包。”

猨 〔yuán《广韵》雨无切，平元，雲。〕同“猿”。程序《题灵泉寺》：“猨攀太子树，鸟听法王经。”

猭 〔chuán《广韵》丑缘切,平仙,徹。〕见"獼猭"。

獋[1] 〔huī《广韵》許歸切,平微,曉。又户昆切,平魂,匣。〕兽名。猿的一种。皮日休《奉和鲁望四明山九题·鞠侯》:"泉遣狙公护,果教猝子供。"

獋[2] 〔xūn《集韵》許雲切,平文,曉。〕同"獯"。獯鬻。我国古代民族名。亦泛指边疆民族。郑洪业《诏放云南子弟还国》:"有泽沾殊俗,无征及犷猝。"

猴 〔hóu《广韵》户鉤切,平侯,匣。〕猴子。杜牧《昔事文皇帝三十二韵》:"斗巧猴雕刺,夸趫索挂跟。"见"猕猴"。

猱 〔náo《广韵》奴刀切,平豪,泥。又女救切,去宥,娘。〕兽名。猿类。身体便捷,善攀援。李白《梁甫吟》:"手接飞猱搏雕虎,侧足焦原未言苦。"韩愈《岣嵝山》:"千搜万索何处有,森森绿树猿猱悲。"李咸用《早秋游山寺》:"闲卧云岩稳,攀缘笑戏猱。"齐己《新栽松》:"静宜兼竹石,幽合近猿猱。"

【猱子】 即猱,猿类。身体便捷,善攀援。王维《戏题辋川别业》:"藤花欲暗藏猱子,柏叶初齐养麝香。"

【猱狖】 泛指猿猴。韩愈《南山诗》:"微澜动水面,踊跃躁猱狖。"

【猱玃】 泛指猿猴。杜甫《瞿塘两崖》:"猱玃须髯古,蛟龙窟宅尊。"韩愈、李正封《晚秋郾城夜会联句》:"摧锋若貙兕,超乘如猱玃。"

十 画

猿 〔yuán《广韵》雨之切,平元,雲。〕哺乳动物,似猴而大,没有颊囊和尾巴,生于丛林之中。太宗《帝京篇十首》之三:"惊雁落虚弦,啼猿悲急箭。"刘长卿《初到碧涧招明契上人》:"猿护窗前树,泉浇谷后田。"郑巢《题灵隐寺皖公院》:"岚昏声磬早,果熟唤猿迟。"杜荀鹤《宿村舍》:"深夜欲眠眠未著,一丛寒木一猿声。"

【猿父】 老公猿。孙逖《长洲苑》:"山静吟猿父,城空应雉媒。"皮日休《奉和鲁望樵人十咏·樵子》:"将花包饵鹿麛,以果投猿父。"

【猿心】 佛教语。喻躁动散乱之心。钱起《杪秋南山西峰题准上人兰若》:"客到两忘言,猿心与禅定。"李群玉《饭僧》:"以静制猿心,将虞瞥然起。"

【猿吟】 猿猴鸣叫。元结《欸乃曲五首》之三:"千里枫林烟雨深,无朝无暮有猿吟。"朱庆余《送僧游缙云》:"水落无风夜,猿吟欲雨天。"刘沧《宿苍溪馆》:"孤馆门开对碧岑,竹窗灯下听猿吟。"

【猿肱】 义同"猿臂"。肱,手臂从肘到腕的部分,又称手臂。谓臂长如猿,能运用自如。王宏《从军行》:"儿生三日掌上珠,燕颔猿肱秾李肤。"

【猿狖】 泛指猿猴。孟浩然《下赣石》:"跳沫鱼龙沸,垂藤猿狖攀。"颜真卿《题杼山癸亭得暮字》:"山僧狎猿狖,巢鸟来枳椇。"陆龟蒙《丁隐君歌》:"霜浓果熟未容收,往往儿童杂猿狖。"崔涂《送道士于千龄游南岳》:"猿狖潇湘树,烟波屈宋祠。"

【猿哀】 指猿猴哀怨凄凉的鸣叫声。李贺《蜀国弦》:"惊石坠猿哀,竹云愁半岭。"李商隐《思归》:"鱼乱书何托,猿哀梦易惊。"

【猿鳥】 猿猴和禽鸟。借指隐逸生活。李商隐《筹笔驿》:"猿鸟犹疑畏简书,风云常为护储胥。"赵嘏《旅次商山》:"日夕猿鸟伴,古今京洛尘。"司空图《偶诗五首》之一:"闲韵虽高不衒才,偶抛猿鸟乍归来。"李昭象《山中寄崔谏议》:"半生猿鸟共山居,吟月吟风两鬓疏。"

【猿超鶻掠】 像猿猴超越一样快捷,像鹰隼飞掠一样凌厉。形容身手不凡。杜牧《郡斋独酌》:"功成赐宴麟德殿,猿超鹘掠广球场。"

【猿啼】 猿猴鸣叫;猿猴鸣叫声。乔备《秋夜巫山》:"萤色寒秋露,猿啼清夜闻。"白居易《秦中吟十首·五弦》:"又如鹊报喜,转作猿啼苦。"翁承赞《访建阳马驿僧亚齐》:"应天乘轺青琐客,此时无暇听猿啼。"齐己《过荆门》:"翻思故林去,在处有猿啼。"

【猿啼鶴怨】 猿和鹤凄厉地啼叫。李商隐《和友人戏赠二首》之二:"猿啼鹤怨终年事,未抵熏炉一夕间。"

【猿猴】 猿和猴。贯休《东西二林寺流水》:"数家舂碓硙,几处浴猿猴。"

【猿猱】 泛指猿猴。李白《下泾县陵阳溪至涩滩》:"涩滩鸣嘈嘈,两山足猿猱。"李绅《杭州天竺灵隐二寺二首》之一:"时有猿猱扰钟磬,老僧无复得安禅。"许棠《忆江南》:"雷电闲倾雨,猿猱斗堕林。"徐夤《和尚书咏泉山瀑布十二韵》:"林际猿猱偏得饭,岸边乌鹊拟为桥。"

【猿嗥】 猿猴号叫。孟贯《秋江送客》:"浦云沉雁影,山月照猿嗥。"

【猿愁】 指猿哀鸣。李白《寻高凤石门山中元丹丘》:"寂寂闻猿愁,行行见云收。"韩愈《湘中》:"猿愁鱼踊水翻波,自古流传是汨罗。"

【猿嘯】 猿猴拉长声啼叫。刘长卿《夏口送屈突司直使湖南》:"莺啼何处梦,猿啸若为声。"李绅《逾岭峤止荒陬抵高要》:"千崖傍耸猿啸悲,丹蛇玄虺潜蝼蛇。"

【猿聲】 猿猴之啼鸣声。刘长卿《送崔载华张起之闽中》:"猿声入岭切,鸟道问人深。"李商隐《因书》:"猿声连月槛,鸟影落天窗。"孟贯《送人游南越》:"瘴烟迷海色,岭树带猿声。"张颜夫《东林寺》:"猿声云壑断,磬韵竹房深。"

【猿臂】 ❶谓臂长如猿,可以运转自如。耿沣《入塞曲》:"猿臂销弓力,虬须长剑威。"罗邺《老将》:"弓欺猿臂秋无力,剑泣虬须晓有霜。"❷谓孔武有力之人。贯休《上卢使君》:"宾从皆风毛,爪牙悉猿臂。"

【猿鶴】 猿和鹤。象征隐逸生活。朱存《金陵怀古·东山》:"镇物高情济世才,欲随猿鹤老岩限。"孙鲂《庐山瀑布》:"却羡为猿鹤,飞鸣近碧湍。"

獃 〔dāi 又读 ái《广韵》五來切,平咍,疑。〕痴呆;愚昧。寒山《诗三百三首》之二三八:"弃本却逐末,只守一场呆。"

獅 〔shī《广韵》疏夷切,平脂,生。〕狮子。柳泌《玉清行》:"狮麟威赫赫,鸾凤影翩翩。"

【獅子】 猛兽名。体大雄壮,身毛呈棕黄色,尾端生丛毛,雄狮的颈部有长鬣。产于非洲和亚洲西部。捕食羚羊、斑马等动物,吼声很大,有"兽王"之称。元稹《和李校书新题乐府十二首·西凉伎》:"狮子摇光毛彩竖,胡腾醉舞筋骨柔。"欧阳炯《题景焕画应天寺壁天王歌》:"腕头狮子咬金甲,脚底夜叉击络鞮。"

【獅子吼】 佛教语。比喻佛菩萨说法时震慑一切外道邪说的神威。见《维摩经·佛国品》。亦泛指传经说法。刘禹锡《送鸿举游江西》:"与师相见便谈空,想得高斋狮子吼。"又《送元简上人适越》:"浙江涛惊狮子吼,稽岭峰疑灵鹫飞。"杨德辉《征青州长老嘲僧门》:"说法谩称狮子吼,魅人多使野狐涎。"

【獅子座】 指佛所坐之处。白居易《夜从法王寺归岳寺》:"可怜狮子座,舁出净名翁。"

獒 〔áo《广韵》五劳切,平豪,疑。〕高大凶猛的狗。元稹《奉和浙西大夫李德裕述梦四十韵次本韵》:"绕月同栖鹊,惊风比夜獒。"李德裕《述梦诗四十韵》:"夕阅梨园骑,宵闻禁仗獒。"舒元舆《坊州按狱》:"攫搏如猛虎,吞噬若狂獒。"周昙《咏史诗·春秋战国门·赵宣子》:"临难若教无苟免,乱朝争那以獒为。"

獓 同"獒"。贯休《送杨秀才》:"玻璃门外仙獓睡,幢节森森绛烟密。"

十一画

獑 〔chán《广韵》鋤銜切,平銜,崇。又士咸切,平咸,崇。〕兽名。猿属。皮日休《江南书情寄秘阁韦校书贻之商洛宋先辈垂文二同年》:"瘦去形如鹤,忧来态似獑。"陆龟蒙《和袭美江南书情二十韵寄秘阁韦校书贻之商洛宋先辈垂文二同年次韵》:"爰鹭欹危立,思猿矍铄獑。"

貙 〔chū《广韵》敕俱切,平虞,徹。〕同"貙"。兽名。虎属。吴融《平望蚊子二十六部》:"南北百余里,畏之如虎貙。"

㵘 〔màn《广韵》莫半切,去换明。又莫還切,平删,明,又无販切,去愿,微。〕兽名。似狸,狼属。柳宗元《酬韶州裴曹长使君寄道州吕八大使因以见示二十韵一首》:"泥沙潜虺蜮,榛莽斗豺㵘。"童宗说注:"㵘,狼属,似狸。"

獄 〔yù《广韵》魚欲切,入燭,疑。〕❶讼案。崔颢《结定襄郡狱效陶体》:"我来折此狱,五听辨疑似。"司空曙《送刘侍御》:"狱成收夜烛,整豸出登车。"张祜《苦旱》:"狱俟于公决,心期戴令虔。"周昙《咏史诗·后汉门·吕母》:"狱无良吏雪无由,处处戈铤自执仇。"❷刑狱。苏颋《奉和圣制漕桥东送陈除岳牧》:"有令田知急,无分狱在宽。"❸监狱。张聿《剑化为龙》:"沉埋方出狱,合会却成龙。"吕温《古兴》:"空岩起白虹,古狱生紫气。"卢仝《月蚀诗》:"北方寒龟被蛇缚,藏头入壳如入狱。"白居易《新乐府七德舞》:"怨女三千放出宫,死囚四百来归狱。"亦指人狱。杜牧《和野人殷潜之题筹毛驿十四韵》:"三吴裂婺女,九锡狱孤儿。"

【獄户】 监狱。李白《万愤词投魏郎中》:"狱户春而不草,独幽怨而沉迷。"

【獄中書】 指汉邹阳《狱中上吴王书》。梁李王门下士邹阳,因曹羊胜、公孙诡的谗言,将被处死,遂于狱中上书。李王读后便放了他,卒奉他为上客。崔国辅《送韩十四被鲁王推递往济南府》:"梁王虽好事,不察狱中书。"

【獄囚】 狱中囚犯。吕温《楚州追制后舍弟直长安县失囚花下共饮》:"天子收郡印,京兆责狱囚。"

【獄市】 本指狱讼和集市交易。宋米翌《猗觉寮杂记》卷下:"狱也,市也,二事也。狱如敦峻词讼,资给盗贼,市如用和斗秤欺谩变易之类,皆奸人图利之所,若穷治则事必枝蔓,此等无所容,必为乱,非省事之术也。"亦用以借指为酷吏和奸商所迫害之人。宣宗《句》:"七载秉钧调四序,一方狱市获来苏。"

【獄吏】 ❶酷吏,以严刑峻法残虐百姓的官吏。

《李昭德为王弘义语》："昔闻苍鹰狱吏，今见白兔御史。"❷掌管讼案、刑狱的官吏。曹邺《奉命齐州推事毕寄本府尚书》："狱吏相对语，簿书堆满床。"❸管理监狱的小吏。李商隐《哭虔州杨侍郎》："深知狱吏贵，几迫季冬诛。"

【獄門】 牢门。王梵志《诗》："万一无常去，免至狱门边。"

【獄推】 掌握刑狱的官员。张巡《铁笔歌》："事蓬莱兮殿直，任酆都兮狱推。"

【獄訟】 讼事；讼案。杜甫《同元使君舂陵行》："狱讼永衰息，岂唯偃甲兵。"

【獄情】 案情。周贺《寄宁海李明府》："把疏寻书义，澄心得狱情。"

【獄糧】 给囚犯吃的粮食。张籍《山头鹿》："早日熬熬蒸野冈，禾黍不收无狱粮。"

【獄聽】 狱讼断决。崔湜《责躬诗》："郊官已十载，理剧犹未期，狱听除苛惨，刑章息滞疑。"

獍 〔jìng《广韵》居慶切，去映，見。〕传说中的恶兽名。亦用以喻恶人。杜甫《草堂》："焉知肘腋祸，自及枭獍徒。"元结《演兴四首·讼木魅》："倾枭獍之古巢，取□童以为薪。"

獀 〔sāo《集韵》蘇遭切，平豪，心。〕古代传说中的怪物。似人，可能为山魈之类。韩愈《征蜀联句》："中矢类妖獀，跳锋状惊豹。"

十二画

獠¹ 〔liáo《广韵》落蕭切，平蕭，來。〕夜猎。亦泛指打猎。杨廷玉《回波词》："回波尔时廷玉，打獠取钱未足。"亦指渔者。孟郊《寒溪》之四："朔冻哀彻底，獠馋咏潜鲲。"

獠² 〔ǎo《广韵》庐皓切，來。又張絞切，巧，知。〕❶即僚，中国古族名。分布在今广东、广西、湖南、四川、云南、贵州等地区。近代僮侗语族各族及仡佬族与其有渊源关系。岑参《上嘉州青衣山中峰题惠净上人幽居寄兵部杨郎中》："尚以名宦拘，聿来夷獠乡。"❷詈词。见"獠₂子"。

【獠₂子】 詈词。《谣·吏部谣》："岑惜獠子后，崔湜令公孙。"

【獠₂奴】 指僚人为家奴者。杜甫有《示獠奴阿段》。

【獠₂蠱】 指僚人以人工培养的毒虫。旧说江南数郡有畜蛊以杀人者。韩愈《答张彻》："荒餐茹獠蛊，幽梦感湘灵。"

獝 〔xù《广韵》况必切，入質，曉。〕见"獝狂"。

【獝狂】 恶鬼名。王绩《过汉故城》："狐兔惊魍魉，鸱鸮吓獝狂。"皮日休《虎丘寺前有古杉一本遂赋三百言以见志》："初惊蠼篆活，复讶獝狂痴。"

十三画

獸 同"独"。单独。吉益《题云居上寺》："一迳□藜杖，行行獸下山。"

獨 〔dú《广韵》徒谷切，入屋，定。〕❶单独；独自。太宗《帝京篇十首》之十："以兹游观极，悠然独长想。"郑繇《失白鹰》："不知寥廓外，何处独依栖。"白居易《白牡丹》："众嫌我独赏，移植在中庭。"韦庄《中渡晚眺》："魏王堤畔草如烟，有客伤时独扣舷。"❷独特；特别。岑参《卫节度赤骠马歌》："枥上看时独意气，众中牵出偏雄豪。"陈铁民等注："独意气，气概独特不凡。"任华《怀素上人草书歌》："中间张长史，独放荡而不羁。"白居易《邓鲂张彻落第》："众目悦芳艳，松独守其贞。"皮日休《酒中十咏》序："鹿门子性介而行独。"❸副词。(1)仅仅；唯独。戴叔伦《竹》："岂独对芳菲，终年色如一。"孟郊《长安羁旅行》："万物皆及时，独余不觉春。"元稹《思归乐》："身安即形乐，岂独乐咸京。"白居易《和刘郎中伤鄂姬》："不独君嗟我亦嗟，西风北雪杀南花。"(2)偏偏；却。太宗《望雪》："不妆空散粉，无树独飘花。"杜甫《破船》："邻人亦已非，野竹独修修。"白居易《哭刘敦质》："愚者多贵寿，贤者独贱迍。"曹邺《送厉图南下第归澧州》："当春人尽归，我独无归计。"(3)还；依然。杜甫《秋尽》："雪岭独看西日落，剑门犹阻北人来。"又《上牛头寺》："何处莺啼切，移时独未休。"李贺《官街鼓》："从君翠发芦花色，独共南山守中国。"

【獨一】 唯一无二。寒山《诗三百三首》之一六〇："可贵天然物，独一无伴侣。"

【獨夫】 ❶指残暴无道、众叛亲离的统治者。杜甫《行次昭陵》："旧俗疲庸主，群雄问独夫。"杜牧《过骊山作》："黔首不愚尔益愚，千里函关囚独夫。"❷年老无妻者。亦用以泛泛老者。于鹄《悼孩子》："静思益伤情，畏老为独夫。"李山甫《山中答刘书记寓怀》："山中有独夫，笑傲出衰盛。"

【獨不見】 乐府杂曲歌辞。唐吴兢《乐府古题要解》卷下："《独不见》，皆言思而不得见也。"多写男女情思，诗中多数出现"独不见"三字，亦有不出此三字者，沈佺期、王训、杨巨源、李白、戴叔伦、胡曾等均有此作。

【獨火】 户外燃起的小堆之火。李绅《却望无锡芙蓉湖》："丹橘村边独火微，碧流明处雁初飞。"

【獨占】　独自占有;垄断。白居易《紫薇花》:"独占芳菲当夏景,不将颜色托春风。"又《和刘郎中望终南山秋雪》:"清光莫独占,亦对白云司。"司空图《鹂》:"不是流莺独占春,林间彩翠四时新。"方干《赠郑仁规》:"一石雄才独占难,应分二斗借人寰。"

【獨立】　❶单独站立。杜甫《乐游园歌》:"此身饮罢无归处,独立苍茫自咏诗。"许浑《留题李侍御书斋》:"独立千峰晓,频来一叶秋。"罗虬《比红儿诗》之九二:"红儿被掩妆成后,含笑无人独立时。"翁宏《春残》:"落花人独立,微雨燕双飞。"亦指独自一人。❷孤单无所依附。卢象《赠程秘书》:"孤飞畏不偶,独立谁见用?"朱庆余《送人下第曰》:"独立身难达,新春与志违。"白居易《有木诗八首》之七:"一旦树摧倒,独立暂飘飖。"❸超凡拔俗;与众不同。刘长卿《送薛据宰涉县》:"故人河山秀,独立风神异。"皎然《南池杂咏五首·寒竹》:"袅袅孤生竹,独立山中雪。"丁棱《和主司王起》:"公心独立副天心,三辖春闱冠古今。"韩偓《荷花》:"纨扇相欹绿,香囊独立红。"

【獨戍】　独自戍守。戴叔伦《从军行》:"远游历燕蓟,独戍边城陬。"卢纶《送饯从叔辞丰州幕归嵩阳旧居》:"行客已去依独戍,主人犹自在高楼。"

【獨任】　专任和信任。杜甫《洗兵马》:"只残邺城不日得,独任朔方无限功。"萧涤非注:"独任,是专任和信任。"

【獨自】　❶自己一个人;单独。武元衡《寒食下第通简长故人》:"寒食都人重胜游,相如独自闭门愁。"顾况《访邱员外丹》:"五月五日日亭午,独自骑驴上山坞。"刘言史《送僧归山》:"夜行独自寒山寺,雪径泠泠金锡声。"陆龟蒙《陌上桑》:"邻娃尽着绣裆襦,独自提筐采蚕叶。"❷唯独;单单。顾况《寄秘书包监》:"贾生只是三年谪,独自无才已四年。"杨巨源《春日有赠》:"由来感情思,独自惜年华。"刘湾《即席赋露中菊》:"受气何曾异,开花独自迟。"刘禹锡《浪淘沙九首》之四:"衔泥燕子争归舍,独自狂夫不忆家。"

【獨自個】　只有自己一个人。欧阳炯《更漏子》词之一:"独自个,立多时,露华浓湿衣。"

【獨行】　❶独自行走;一人行路。姚合《闲居遣怀十首》之八:"独行看影笑,闲坐弄琴声。"贾岛《送无可上人》:"独行潭底影,数息树边身。"陆龟蒙《独夜》:"独行独坐亦独酌,独玩独吟还独悲。"唐彦谦《春深独行马上有作》:"众饮不欢逃席酒,独行无味放游缰。"❷谓德行高尚,不随俗浮沉。刘长卿《哭魏兼遂》:"独行依穷巷,全身出乱军。"雍陶《送徐山人归睦州旧隐》:"终日欲为相逐计,临岐空羡独行身。"

【獨守】　❶独自保持。崔湜《责躬诗》:"尝闻占人说,正直神不欺。忠义恒独守,坚贞每自持。"❷谓独自守贞。崔液《代春闺》:"妾恨十年长独守,君情万里在渔阳。"曹邺《四怨三愁五情诗十二首·其一怨》:"美人如新花,许嫁还独守。"

【獨步】　❶独自漫步;独自步行。卢纶《和徐法曹赠崔洛阳斑竹杖以诗见答》:"方辰将独步,岂与此君疏。"白居易《小院酒醒》:"酒醒闲独步,小院夜深凉。"殷尧藩《潭州独步》:"鹤发垂肩懒着巾,晚凉独步楚江滨。"卢汝弼《秋夕寓居精舍书事》:"觉来独步长廊下,半夜西风吹月明。"❷独一无二;无与伦比。李白《草书歌行》:"少年上人号怀素,草书天下称独步。"权德舆《哭刘四尚书》:"才华推独步,声气幸相亲。"白居易《欲到东洛得杨使君书因以此报》:"三郡政能从独步,十年生计复何如。"李瀚《蒙求》:"仲宣独步,子建八斗。"

【獨足】　一足。柳宗元《跂乌词》:"翘肖独足下丛薄,口衔低枝始能跃。"

【獨吟】　❶独自吟咏。刘长卿《酬张夏》:"玩雪劳相访,看山正独吟。"周贺《山居秋思》:"夜静溪声彻,寒灯尚独吟。"刘沧《龙门留别道友》:"裴徊偏起旧枝恋,半夜独吟孤烛残。"陆龟蒙《独夜》:"独行独坐亦独酌,独玩独吟还独悲。"❷独自啼叫。杜甫《课小竖锄斫舍北果林枝蔓荒秽净讫移床三首》之一:"山雉防求敌,江猿应独吟。"

【獨秀】　独自茂盛。太宗《咏桃》:"如何仙岭侧,独秀隐遥芳。"

【獨秀山】　山名。在今广西桂林市中心。张固有《独秀山》。

【獨坐】　❶一个人坐着。李白《赠从孙义兴宰铭》:"独坐伤激扬,神融一开襟。"刘禹锡《和乐天春词依忆江南曲拍为句》之一:"弱柳从风疑举袂,丛兰裛露似沾巾,独笑亦含嚬。"刘沧《旅馆书怀》:"落叶虫丝满窗户,秋堂独坐思悠然。"徐铉《雪中作》:"他乡一尊酒,独坐不成斟。"❷《后汉书·宣秉传》:"光武特诏御史中丞与司隶校尉、尚书令会同并专席而坐,故京师号曰'三独坐'。"唐人因"三独坐"之事,以"独坐"为御史中丞别名。李白《中丞宋公以吴兵三千赴河南次寻阳脱余之囚参谋幕府因赠之》:"独坐清天下,专征出海隅。"又《送赵判官赴黔府中丞叔幕》:"风霜推独坐,旌节镇雄藩。"杜甫《奉送郭中丞兼太仆卿充陇右节度使三十韵》:"通籍微班忝,周行独坐荣。"

【獨言獨語】　独自言语;自言自语。贾岛《客思》:"独言独语月明里,惊觉眠童与宿禽。"

【獨玩】　独自游玩。陆龟蒙《独夜》:"独行独坐亦独酌,独玩独吟还独悲。"

【獨卧】　独自躺卧。窦群《雪中遇直》:"明晨阻通籍,独卧挂朝衣。"

【獨往】 ❶犹言独往独来。谓特立独行之人，摆脱万物的挂碍，自由往来于天地间。亦借以指隐逸生活。储光羲《献八舅东归》："独往不可群，沧海成桑田。"岑参《潼关使院怀王七季友》："无心顾微禄，有意在独往。"白居易《与诸道者同游二室至九龙潭作》："他日终为独往客，今朝未是自由身。"朱庆余《送滕庶子致仕归江南》："常怀独往意，此日去朝簪。"❷独自前往。刘长卿《宿双峰寺寄卢七李十六》："此游诚多趣，独往共谁阅。"钱起《送包何东游》："水国尝独往，送君还念兹。"严维《送崔峒使往睦州兼寄薛司户》："如今相府用英髦，独往南州肯告劳。"韦应物《蓝岭精舍》："道人上方至，清夜还独往。"

【獨夜】 一人独处之夜。刘希夷《嵩岳闻笙》："风止夜何清，独夜草虫鸣。"刘长卿《入桂渚次砂牛石穴》："片帆落桂渚，独夜依枫林。"权德舆《渡江秋怨二首》之一："秋江平，秋月明，孤舟独夜万里情。"刘沧《送李休秀才归岭中》："独夜猿声和落叶，晴江月色带回潮。"

【獨居】 单独居住。孟郊、韩愈《遣兴联句》："独居久寂默，相顾聊慨慷。"李商隐有《独居有怀》。

【獨柱】 孤独的柱子。喻骨干人才。方干《狂寇后上刘尚书》："独柱支天寰海正，雄名盖世古今无。"

【獨栖】 单独栖息。李商隐《细雨成咏献尚书河东公》："猿别方长啸，乌惊始独栖。"陆龟蒙《寄怀华阳道士》："遥夜独栖还有梦，昔年相见便忘形。"

【獨酌】 独自饮酒。张濬《山居洞前得杜鹃花走笔偶成以口桂帅仆射兼呈广州仆射刘公》："独酌高吟问山水，到头山景属何人。"白居易《闲吟二首》之二："长歌时独酌，饱食后安眠。"温庭筠《寒食前有怀》："旧侣不归成独酌，故园虽在有谁耕。"陆龟蒙《独夜》："独行独坐亦独酌，独玩独吟还独悲。"

【獨酌謡】 乐府杂歌谣歌辞名。南朝陈后主《〈独酌谣〉序》："齐人淳于髡善为十酒，偶效之，作《独酌谣》。"南朝陈沈炯曾据题作歌，表现自伤孤寂、颓唐出世的思绪。后用以代称有关饮酒的诗作，亦用以指优异的诗文。李益、广宣《兰陵僻居联句》："潘岳闲居赋，陶潜独酌谣。"皎然《送沈居士还太原》："名重郊居赋，才高独酌谣。"白居易《吴秘监每有美酒辄此戏酬兼呈梦得》："蓬山仙客下烟霄，对酒唯吟《独酌谣》。"刘言史《广州王园寺伏日即事寄北中亲友》："且困流金炽，难成独酌谣。"

【獨眠】 独自睡眠。李德裕《思山居一十首·忆葛胜木禅床》："忆我斋中榻，寒宵几独眠。"许浑《寄小弟》："孤梦家山远，独眠秋夜长。"

【獨處】 (—chǔ)指男女无偶独居。亦泛指单独居处。皮日休和陆龟蒙分别有《暇日独处鲁望》和《奉和袭美暇日独处见寄》。周昙《咏史诗·春秋战国门·颜叔子》："诚知独处从烧烛，君子行心要自明。"

【獨唱】 ❶独自吟咏、吟唱。鲍溶《送僧东游》："独唱郢中雪，还游天际霞。"刘沧《晚秋野望》："归途休问从前事，独唱劳歌醉数杯。"陆龟蒙《补沈恭子诗》序："恭子，美谥也。而诗中有风流词翰之称，岂独唱而不和者欤？"❷犹绝唱。谓诗文创作的最高造诣。寇坦《同张少府和库狄员外夏晚初霁南省寓直时充节度判官之作》："高才推独唱，嘉会喜连茹。"

【獨宿】 ❶独眠；一个人住宿。刘长卿有《松江独宿》。韩愈《陪杜侍御游湘西两寺独宿有题一首因献杨常侍》："幸逢车马归，独宿门不掩。"❷指男女一方无偶独处。刘沧《代友人悼姬》："萧郎独宿落花夜，谢女不归明月春。"韩偓《别绪》："此生终独宿，到死誓相寻。"

【獨飲】 独自饮酒。李益、广宣《与宣供奉携癭尊归杏溪园联句》："追欢君适性，独饮我空口。"无名氏《五言诗》之二(外编下)："麦酒三五瓶，时时独饮乐。"

【獨遊】 亦作"獨游"。独自游玩或游览。皎然《秋日送择高上人往江西谒曹王》："超然独游趣，无限别山情。"张仲方《赠毛仙翁》："四海五山长独游，矜贫傲富欺王侯。"张祜《寓怀寄苏州刘郎中》："唯是胜游行未遍，欲离京国尚迟迟。"谢太虚《杪秋洞庭怀王道士》："千里杳难尽，一身常独游。"

【獨善】 "獨善其身"之略语，意谓注重自身修养，保持节操。卢僎《稍秋晓坐阁遇舟东下扬州即事寄上族父江阳令》："独善与兼济，语默奉良筹。"元稹《和乐天赠梦著作》："其次有独善，善己不善民。"白居易《秋日与张宾客舒著作同游龙门醉中狂歌凡二百三十八字》："丈夫一生有二志，兼济独善难得并。"薛逢《镊白曲》："少年曾读古人书，本期独善安有余。"

【獨善一身】 注重自身修养，保持节操。语出《孟子·尽心上》："穷则独善其身，达则兼善天下。"赵岐注："独治其身以立于世间，不失其操也。"白居易《新制布裘》："丈夫贵兼济，岂独善一身。"

【獨游】 见"獨遊"。

【獨斟】 独酌；独饮。司空图《丁巳重阳》："重阳未到已登临，探得黄花且独斟。"

【獨當】 (—dāng)独自承当。王建《送裴相公上太原》："时难独当天下事，功成却进手中筹。"

【獨榻】 独床，独睡之床。刘沧《洛阳月夜书怀》："独榻闲眠移岳影，寒窗幽思度烟空。"

【獨語】 自言自语。张籍《蓟北旅思》："长因送人处，忆得别家时。失意还独语，多愁只自知。"白居易《新乐府·骠国乐》："时有击壤老农父，暗测君心闲独语。”

【獨漉】 亦作“獨獨漉漉”。有声无义。古代民歌中多有此类表声之字，大抵配合乐器之用。李白《独漉篇》：“独漉水中泥，水浊不见月。”王建《独漉歌》：“独独漉漉，鼠食猫肉。”

【獨漉歌】 见“獨漉篇”。

【獨漉篇】 亦作“獨漉歌”。乐府旧题。属《舞曲歌》。“獨漉”一作“獨禄”。李白有《独漉篇》。王建有《独漉歌》。

【獨醉】 独自酒醉。白居易《送吕漳州》：“独醉似无名，借君作题目。”又《宅西有流水墙下构小楼临玩之时颇有幽趣因命歌酒聊以自娱独醉独吟偶题五绝句》之五：“独醉还须得歌舞，自娱何必要亲宾。”韦庄《梁氏水斋》：“独醉任腾腾，琴棋亦自能。”

【獨醒】 独自清醒。喻不同流俗。李颀《渔父歌》：“而笑独醒者，临流多苦辛。”杜甫《赠裴南部》：“独醒时所嫉，群小谤能深。”白居易《咏家酝十韵》：“独醒从古笑灵均，长醉如今敩伯伦。”刘得仁《赠从弟谷》：“从来不爱三闾死，今日凭君莫独醒。”

【獨醒人】 本指屈原。后亦泛称不随流俗者。杜牧《赠渔父》：“自说孤舟寒水畔，不曾逢著独醒人。”曹邺《对酒》：“未必独醒人，便是不饮者。”李咸用《同友生题僧院杜鹃花》：“留得却缘真达者，见来宁作独醒人。”王贞白《书陶潜醉石》：“争如累月醉，不笑独醒人。”

【獨學】 谓自学而无师友指导切磋。韩愈《招杨之罘》：“礼称独学陋，易贵不远复。”

【獨獨漉漉】 见“獨漉”。

【獨繭】 即独茧丝。一茧之丝。李贺《钓鱼诗》：“菱丝萦独茧，蒲米蛰双鱼。”

【獨歸】 独自归来。李绅《忆夜直金銮殿承旨》：“明日独归花路远，可怜人世隔云霓。”裴夷直《穷冬曲江闲步》：“曲江永日无人到，独绕寒池又独归。”刘沧《宿苍溪馆》：“空思知己隔云岭，乡路独归春草深。”钱珝《送王郎中》：“独归回首处，争那暮山何。”

【獨斷】 独自决断。刘舟《送萧颖士赴东府得适字》：“大名掩诸古，独断无不适。”李咸用《和彭进士感怀》：“四海英雄多独断，不是何者是长筹。”

獫 〔xiǎn《广韵》虚検切，上琰，曉。又良冉切，上琰，來。又力監切，平監，來。又力驗切，去艷，來。〕❶长喙猎犬。《诗·秦风·驷驖》：“輶车鸾镳，载猃歇骄。”毛传：“猃，歇骄，田犬也，长喙曰猃，短喙曰歇骄。”见“獫獨”。❷见“獫狁”。

【獫狁】 我国古代北方少数民族名。也作“玁狁”。春秋时称“戎”或“狄”，秦汉时称“匈奴”或“胡”，隋唐称“突厥”。散居在今甘肃、陕西北部及内蒙西部。储光羲《次天元十载华阴发兵作时有郎官点发》：“鬼方生猃狁，时寇卢龙营。”白居易《寄献北都留守裴令公》：“神在台骀助，魂亡猃狁逃。”李频《送友人陆肱往太原》：“猃狁方为寇，嫖姚正用师。”

【獫獨】 亦作“獫歇”。泛指猎犬。歇，歇骄，短喙猎犬。韩愈《送文畅师北游》：“庇身指蓬茅，逞志纵猃猲。”见“獫❶”。

【獫歇】 见“獫獨”。

獬 〔xiè《广韵》胡買切，上蟹，匣。〕见“獬豸”。

【獬豸】 ❶传说中的神兽，一角，能辨曲直。见人相斗，则以角触邪恶无理者。古视为祥物。李华《咏史十一首》之一：“昂藏獬豸兽，出自太平年。”姚合《送李植侍御》：“圣代无邪触，空林獬豸归。”温庭筠《鸿胪寺偶成四十韵》：“四凶有獬豸，一臂无螳螂。”齐己《湘中寓居春日感怀》：“头角任多无獬豸，羽毛虽众让鸳鸯。”❷指古代御史大夫等执法官戴的獬豸冠。丁仙芝《戏赠姚侍御》：“新披骢马陇西驹，头戴獬豸急晨趋。”岑参《晦日陪侍御泛北池》：“月带虾蟆冷，霜随獬豸寒。”司空曙《九日送人》：“送人冠獬豸，值节佩茱萸。”权德舆《奉和许阁老酬淮南崔十七端公见寄》：“方看簪獬豸，俄叹絷騊駼。”❸指代御史等执法官。杜甫《送卢十四弟侍御护韦尚书灵榇归上都二十韵》：“墓待龙骧诏，台迎獬豸威。”卢纶《和陈翃郎中拜本府少尹兼侍御史献上侍中因呈同院诸公》：“乡中贺者唯争路，不识传呼獬豸威。”白居易《代书诗一百韵寄微之》：“每列鹓鸾序，偏瞻獬豸姿。”喻凫《西山寒日逢韦侍御》：“獬豸霜中貌，龙钟病后颜。”

【獬豸冠】 （冠 guān）❶古代御史大夫等执法官吏戴的帽子。张谓《送韦侍御赴上都》：“更谒麒麟殿，重簪獬豸冠。”岑参《送张秘书充刘相公通汴河判官便赴江外觐省》：“新登麒麟阁，适脱獬豸冠。”戎昱《谪官辰州冬至日有怀》：“去年长至在长安，策杖曾簪獬豸冠。”卢纶《春日喜雨奉和马侍中宴白楼》：“今朝醉舞共乡老，不觉倾欹獬豸冠。”❷指御史等执法官吏。张谓《杜侍御送贡物戏赠》：“越人自贡珊瑚树，汉使何劳獬豸冠。”

【獬廌】 ❶即獬豸。李商隐《寄太原卢司空三十韵》：“邪同獬廌触，乐伴凤凰听。”见“獬豸”。❷指代御史等执法官。李商隐《谢往桂林至彤庭窃咏》：“凤凰传诏旨，獬廌冠朝端。”见“獬豸冠”。

獲 〔huò《广韵》胡麥切，入麥，匣。〕❶猎得；猎捕。李白《秋猎孟诸夜归置酒单父东楼观妓》：“喧呼鞍马前，归来献所获。”杜甫《八哀诗·曾太子太师汝阳郡王琎》：“胡人虽获多，天笑不为新。"韩愈《杂诗四首》之二:"苍苍云海路,岁晚将无获。"段成式、张希复《游长安诸寺联句·宣阳坊静域寺·三阶院联句》:"获蛟徒破浪,中乙漫如墙。"❷俘获。耿沣《塞上曲》:"懒说疆场曾大获,且悲年鬓老长征。"❸奴婢。顾况《上古之什补亡训传十三章·囝一章》:"为臧为获,致金满屋。"❹得到;取得。太宗《秋暮言志》:"已获千箱庆,何以继重风。"杜甫《北征》:"周汉获再兴,宣光果明哲。"白居易《达哉乐天行》:"光卖南坊十亩园,次卖东都五顷田。然后兼卖所居宅,仿佛获缗二三千。"陆龟蒙《南泾渔父》:"终朝获鱼利,鱼利未常耗。"❺满足。张九龄《骊山下逍遥公旧居游集》:"岑寂罕人至,幽深获我思。"卢鸿一《嵩山十志十首·云锦淙》:"漱灵液兮乐天休,实获我心兮夫何求?"

【獲戾】 得罪;获咎。宋之问《自洪府舟行直书其事》:"群议负宿心,获戾光华始。"白居易《和答诗十首·和思归乐》:"获戾自东洛,贬官向南荆。"

【獲獸】 猎捕野兽。李端《瘦马行》:"玉勒金鞍既已远,追奔获兽有谁知。"

【獲麟】 ❶指春秋鲁哀公十四年(前481)猎获麒麟事。相传孔子作《春秋》至此而辍笔。李白《古风》之一:"希圣如有立,绝笔于获麟。"杜甫《寄张十二山人彪三十韵》:"高兴知笼鸟,斯文起获麟。"元稹《秋堂夕》:"况吟获麟章,欲罢久不能。"陆龟蒙《袭美先辈以龟蒙所献五百言既蒙见和复示荣唱至于千字再抒鄙怀用伸酬谢》:"歌凤时不偶,获麟心益悲。"❷借指绝笔之作。唐彦谦《吊方干处士二首》之一:"别号行鸣雁,遗编感获麟。"

【獲麟臺】 为纪念"西狩获麟",后人在获麟处筑起的土台。李白《送方士赵叟之东平》:"西过获麟台,为我吊孔丘。"见"獲麟"。

十四画

獮[1] 〔xiǎn《文韵》思淺切,上獮,心。〕❶秋天打猎。储光羲《秋次霸亭寄申大》:"会朝幸岁正,校猎从新狝。"李绅《忆寿春废虎坑》:"当路绝群尝诚暴,为猫驱狝亦先迎。"❷杀戮;捕杀。储光羲《观范阳递俘》:"北河旄星陨,鬼方狝林胡。"

獮[2] 同"獼"。见"獼猴"。

【獮猴】 即猕猴。王建《元太守同游七泉寺》:"晚吹箫管秋山里,引得猕猴出象林。"张籍《山禽》:"猕猴半夜来取栗,一双中林向月飞。"周贺《赠厉玄侍御》:"关分河汉秋钟绝,露滴猕猴夜岳空。"贯休《闻无相道人顺世五首》之二:"庭树雪摧残,上有白猕猴。"

【獮猴桃】 即猕猴桃。落叶木本植物,开黄花,果可食。或称羊桃、阳桃。岑参《太白东溪张老舍即事寄舍弟侄等》:"中庭井阑上,一架猕猴桃。"

【獮猴臺】 终南山峄名。岑参《终南云际精舍寻法澄上人不遇归高冠东潭石淙望秦岭微雨作贻友人》:"东南云开处,突兀猕猴台。"

【獮猴騎土牛】 比喻为官晋升缓慢。李白《赠宣城赵太守悦》:"猕猴骑土牛,羸马夹双辕。"

玁 〔xūn《广韵》許雲切,平文,曉。〕即獯鬻。见"獯鬻"。

【玁戎】 獯鬻和西戎,我国古代北方和西方少数民族名。亦泛称少数民族。陈子昂《送著作佐郎崔融等从梁王东征》序:"酒中乐酣,拔剑起舞,则已气横辽碣,志扫獯戎。"王光庭《奉和圣制送张说巡边》:"用师敷礼乐,非是为獯戎。"

【玁虜】 古代对北方少数民族的蔑称。李益《从军有苦乐行》:"北逐驱獯虏,西临复旧疆。"

【玁鬻】 我国古代北方少数民族名。夏时称獯鬻,周时称猃狁,秦汉称匈奴,亦泛指北方少数民族。张说《唐享太庙乐章·钧天舞》:"化怀獯鬻,兵戢句骊。"

獷 〔guǎng《广韵》居往切,上養,見。又古猛節,上梗,見。〕❶兽类凶猛不驯。亦指凶猛不驯之兽类,喻凶猛桀骜之人。柳宗元《唐铙歌鼓吹曲十二篇·兽之穷》:"兽之穷,奔大麓,天厚黄德,狙犷服。"❷野蛮。李节《赠释疏言还道林寺诗》:"湘川狺狺兮俗犷且很,利杀业偷兮吏莫之驯。"郑洪业《诏放去南子弟还国》:"有泽沾殊俗,无征及犷狎。"

【獷俗】 犷悍的习俗。元稹《酬乐天东南行一百韵》:"犷俗诚堪惮,妖神甚可虞。"李绅有《转寿春守寿人多寇盗好诉讦时谓之凶郡犷俗》。

【獷眼】 凶恶的眼睛。韩愈、孟郊《征蜀联句》:"强睛死不闭,犷眼困逾眦。"

【獷獸】 凶猛之兽。喻凶恶之敌。刘希夷《谒汉世祖庙》:"犷兽血涂地,巨人声沸天。"

獱 〔bīn 又读 biān《广韵》符真切,平真,並。《集韵》卑民切,平真,幫。〕即猵獭。又称猵。《孟子·离娄上》:"故为渊殴鱼者,獭也。"赵岐注:"獭,猵也。"《广雅·释兽》:"猵,獭也。"见"獱獺"。

【獱獺】 獭属。居水中,食鱼。简称猵。储光羲《同诸公秋日游昆明池思古》:"猵獭游诸隅,葭芦生漘湄。"

獰〔níng《广韵》乃庚切，平庚，泥。〕凶猛；凶恶。韩愈《初南食贻元十八协律》："惟蛇旧所识，实惮口眼狞。"张祜《赠淮南将》："带金狮子小，裘锦麒麟狞。"陆龟蒙《江南秋怀寄华阳山人》："荷笠渔翁古，穿篱守犬狞。"吴融《个人三十韵》："匣镜金螭怒，帘旌绣兽狞。"

【獰色】　凶相，脸色凶恶。李贺《感讽五首》之一："县官骑马来，狞色虬紫须。"皮日休《太湖诗·投龙潭》："晓来林岑静，狞色如怒日。"

【獰呼】　猛叫；狂呼。皮日休《正乐府十篇·路臣恨》："狞呼不觉止，推下苍黄中。"

【獰惡】　(—è)凶恶。吕岩《绝句》："先生先生貌狞恶，拔剑当空气云错。"

【獰雷】　犹炸雷。杜牧《李甘诗》："烈风驾地震，狞雷驱猛雨。"

【獰龍】　恶龙。李沇《巫山高》："江涛迅激如相助，十二狞龙怒行雨。"

【獰飆】　狂风。韩愈《送无本师归范阳》："狞飙搅空衢，天地与顿撼。"

【獰鱗】　恶鱼。孟郊《峡哀》："仄田无异稼，毒水多狞鳞。"

十五画

𤢖〔lěi《广韵》力軌切，上旨，來。〕鼺鼠。刘允济《经庐岳回望江州想洛川有作》："惊𤢖透烟霞，腾猿乱枝格。"

獸〔shòu《广韵》舒救切，去宥，書。〕❶一般指四足、全身生毛的哺乳动物。太宗《帝京篇十首》之八："千钟合尧禹，百兽谐金石。"钱起《校猎曲》："重门日晏红尘出，数骑胡人猎兽归。"李绅《渡西陵十六韵》："兽逐衔波涌，龟艨喷棹轻。"韦庄《登咸阳县楼望雨》："乱云如兽出山前，细雨和风满渭川。"❷兽形的。见"獸侯""獸環"。❸唐人因避高祖李渊祖父李虎讳，往往把虎字改"兽"。见"獸盾"。

【獸之窮】　乐府鼓吹曲辞。柳宗元作。《鼓吹曲辞·鼓吹铙歌·兽之穷》序："《兽之穷》，言李密自邙山之败，其下皆贰，霸王之业，知天授在唐，遂归于有道，享我爵命也。"诗载《全唐诗》卷十七和卷三五〇。

【獸火】　兽炭之火。指炉火。李峤《十一月奉教作》："霜犯孤裘夕，寒侵兽火朝。"鲍溶《寒夜吟》："兽火扬光二三月，细腰楚姬丝竹间。"

【獸目】　野兽的眼睛。元稹《代曲江老人百韵》："建虡崇牙盛，衔钟兽目嗔。"

【獸皮】　兽之毛皮。唐求《送友人江行之庐山肄业》："兽皮裁褥暖，莲叶制衣馨。"

【獸材】　雕绘有兽形的柱子。韩愈、孟郊《城南联句》："剑石犹竦槛，兽材尚挈楹。"钱仲联集辞引孙汝听曰："兽材谓柱上刻为兽形。楹，柱也。"

【獸炎】　见"獸燄"。

【獸炭】　做成兽形的炭。亦泛指炭或炭火。丁仙芝《戏赠姚侍御》："繁霜晓幕鸣柏鸟，待子兽炭然金炉。"张南史《雪》："千门万户皆静，兽炭皮裘自热。"白居易《对火玩雪》："鹅毛纷正堕，兽炭敲初折。"李中《腊中作》："豪家应不觉，兽炭满炉红。"

【獸侯】　画有兽形的箭靶。崔元翰《奉和登玄武楼观射即事书怀赐孟涉应制》："城高凤楼耸，场迥兽侯新。"

【獸盾】　虎盾。绘饰有虎形的盾牌。因避讳而改。韩愈《元和圣德诗》："兽盾腾拏，圆坛帖妥。"钱仲联集释引方世举曰："兽盾，虎盾也。唐讳虎为'兽'。"

【獸迹】　兽的足迹。权德舆《奉使宜春夜渡新淦江陆路至黄薜馆路上遇风作》："兽迹不敢窥，马蹄唯务速。"

【獸旗】　画有熊、虎等图像的旗帜。鲍溶《和淮南李相公夷简喜平淄青回军之作》："天际兽旗摇火焰，日前鱼甲动金文。"

【獸頭】　兽形龙舟之首。卢綮《竞渡诗》："鼙鼓动时雷隐隐，兽头凌处雪微微。"

【獸燄】　亦作"兽炎"。❶指兽形香炉中燃香而生的火焰。李商隐《烧捍曲》："入蚕茧绵分小炷，兽燄微红隔云母。"❷兽炭燃烧发出的火焰。元稹《酬段丞与诸棋流会宿弊居见赠二十四韵》："兽炎余炭在，蜡泪短光衰。"

【獸環】　亦作"兽鐶"。兽头形铺首衔着的门环。陆龟蒙《连昌宫词二首·门》："金铺零落兽鐶空，斜掩双扉细草中。"赵光远《题妓莱儿壁》："鱼钥兽环斜掩门，萋萋芳草忆王孙。"

【獸叢】　群兽聚集处。杜审言《度石门山》："泥拥奔蛇径，云埋伏兽丛。"

【獸艦】　船体雕饰有兽形的战舰。温庭筠《昆明池水战词》："鼍鼓三声报天子，雕旌兽舰凌波起。"

【獸壚】　兽形的香炉。垆，通"炉"。杜牧《春思》："兽垆凝冷焰，罗幕蔽晴烟。"

【獸鐶】　见"獸環"。

𤢺〔yōu《玉篇》羊就切。〕同"狖"。黑色长尾猿。元结《演兴四首·讼木魅》："且忧颙之翩翩，又愁狖之奔驰。"

獵〔liè《广韵》良涉切，入葉，來。〕❶打猎，捕捉禽兽。郭震《王昭君三首》之二："思从漠南猎，一见汉家尘。"杜甫《遣兴五首》之二："长陵锐头儿，出猎待明发。"李绅《闻里谣效古歌》："父渔子猎日歸暮，月明处处春黄粱。”苏拯《雉兔者》：“所猎一何酷，终年耗林麓。”❷经过；掠过。刘禹锡《观柘枝舞二首》之一：“神飙猎红蕖，龙烛映金枝。”吕温《风咏》：“轻摇深林翠，静猎幽径芳。”薛涛《风》：“猎蕙微风远，飘弦唳一声。”李群玉《宿鸟远峡化台遇风雨》：“惊风折乔木，飞焰猎窗户。”❸涉猎。薛逢《邻相反行》：“涉书猎史无早暮，坐期朱紫如拾青。”罗隐《酬寄右司李员外》：“闲摛丽藻嫌秋兴，静猎遗编笑过秦。”苏拯《雉兔者》：“尝闻猎书史，可以鉴荣辱。”❹搜求；求取。苏拯《雉兔者》：“尝闻猎贤良，可以霸邦国。”见“獵取”“獵賢”。

【獵人】 打猎的人；以打猎为业的人。林宽《朱坡》：“夜吟禅子室，晓爨猎人铛。”陆龟蒙《头陀僧》：“自扫雪中归鹿迹，天明恐被猎人寻。”方干《寄石溢清越上人》：“相思有书札，俱倩猎人传。”齐己《寄南岳泰禅师》：“山下猎人应不到，雪深花鹿在庵中。”

【獵士】 打猎的壮士。借指猛将。李咸用《题陈将军别墅》：“明王猎士犹疏在，岩谷安居最有才。”韩偓《北齐二首》之二：“犯寒猎士朝频戮，告急军书夜不通。”

【獵犬】 受过训练，能帮助人打猎的狗。王维《淇上田园即事》：“牧童望村去，猎犬随人还。”韩偓《从猎三首》之一：“猎犬谙斜路，宫嫔识认旗。”苏拯《猎犬行》：“猎犬未成行，狐兔无奈何。”周昙《咏史诗·前汉门·鄭侯》：“韩生不是萧君荐，猎犬何人为指踪。”

【獵火】 ❶围猎时焚山驱兽之火。王维《酬虞部苏员外过蓝田别业不见留之作》：“渔舟胶冻浦，猎火烧寒原。”韩愈《谴疟鬼》：“灸师施艾炷，酷若猎火围。”❷指古代游牧民族出兵打仗的战火。高适《燕歌行》：“校尉羽书飞瀚海，单于猎火照狼山。”李观《赠冯宿》：“黑云截万里，猎火从中烧。”

【獵取】 求取。刘炎《被按自悔诗》：“早知太守如狼虎，猎取膏粱以啖之。”

【獵客】 猎人。李白《送韩准裴政孔巢父还山》：“猎客张兔罝，不能挂龙虎。”司马扎有《猎客》。杜荀鹤《春日山中对雪有作》：“牢系鹿儿防猎客，满添茶鼎候吟僧。”和凝《题鹰猎兔画》：“岂动骚人兴，惟增猎客狂。”

【獵馬】 出猎的马。王绩《野望》：“牧人驱犊返，猎马带禽归。”岑参《赵将军歌》：“九月天山风似刀，城南猎马缩寒毛。”李廓《长安少年行》之二：“长拢出猎马，数换打球衣。”

【獵師】 猎人；猎手。寒山《诗三百三首》之一五七：“猎师披袈裟，元非汝使物。”白居易《放鹰》：“鄙语不可弃，吾闻诸猎师。”贯休《村行遇猎》：“猎师纷纷走榛莽，女亦相随把弓矢。”齐己《谢猿皮》：“贵向猎师家买得，携来乞与坐禅床。”

【獵徒】 猎人。方干《与乡人鉴休上人别》：“山夜猎徒多信犬，雨天村舍未催蚕。”

【獵圍】 ❶打猎的队伍所形成的包围圈。卢纶《腊日观咸宁王部曲娑勒擒豹歌》：“山头曈曈日将出，山下猎围照初日。”❷借指战争包围圈。张籍《塞下曲》：“将军阅兵青塞下，鸣鼓逢逢促猎围。”

【獵較】 争夺猎物。后因以表示和众随俗。韩愈《答柳柳州食虾蟆》：“猎较务同俗，全身斯为孝。”

【獵微】 探取精微。李白《秋夕书怀》：“灭见息群动，猎微穷至精。”

【獵塵】 围猎所掀起的灰尘。张蠙《过萧关》：“晓戍残烽火，晴原起猎尘。”

【獵精】 搜取精华。李白《留别广陵诸公》：“晚节觉此疏，猎精草太玄。”

【獵網】 猎人所设的罗网。许浑《村舍二首》之二：“山径晓云收猎网，水门凉月挂鱼竿。”

【獵賢】 搜求贤人。马戴《校猎曲》：“当时能猎贤，保国兼保家。”陆龟蒙《袭美先辈以龟蒙所献五百言用伸酬谢》：“邺下曹父子，猎贤甚熊罴。”

【獵聲】 围猎之呼叫声。借指战声。卢纶《送颜推官游夏谒韩大夫》：“猎声云外响，战血雨中腥。”

【獵騎】 骑马行猎者。李白《观猎》：“江沙横猎骑，山火绕行围。”刘禹锡《纪南歌》：“天寒多猎骑，走上樊姬墓。”杜牧《长安杂题长句六首》之六：“白鹿原头回猎骑，紫云楼下醉江花。”许棠《塞下二首》之一：“雁逆风鼙振，沙飞猎骑还。”

【獵獵】 ❶象声词。王翰《饮马长城窟行》：“胡沙猎猎吹人面，汉虏相逢不相见。”刘禹锡《畬田行》：“风引上高岑，猎猎度青林。”牟融《寄永平友人》之二：“朔风猎猎惨寒沙，关月寥寥咽暮笳。”郑嵎《津阳门诗》：“津阳门北临通逵，雪风猎猎飘酒旗。”❷物体随风飘拂貌。寒山《诗三百三首》之一五四：“月照冰澄澄，风吹草猎猎。”刘长卿《疲兵篇》：“朔风萧萧动枯草，旌旗猎猎榆关道。”罗隐《题袁溪张逸人所居》：“蒲梢猎猎燕差差，数里溪光日落时。”张泌《边上》：“戍楼吹角起征鸿，猎猎寒旌背晚风。”

【獵獸】 猎取野兽。钱起《校猎曲》：“重门日晏红尘出，数骑胡人猎兽归。”

十六画

獺 〔tǎ《广韵》他达切，入曷，透。又他鎋切，入鎋，透。〕兽名。哺乳动物。头扁，耳小，脚短，趾间有蹼，毛短而软密，栖息水边。善游泳，主食鱼类。分水獭、旱獭、海獭三种。毛皮可作大衣、帽子等。孟浩然《早发渔浦潭》："饮水畏惊猿，祭鱼时见獭。"刘禹锡《有獭吟》："有獭得嘉鱼，自谓天见怜。"白居易《池上寓兴二绝》之一："獭捕鱼来鱼跃出，此非鱼乐是鱼惊。"罗隐《早春巴陵道中》："波泛洞庭猵獭健，谷连荆楚鬼神妖。"

【獭祭】　谓獭常捕鱼陈列水边，如同陈列供品祭祀。独孤及《山中春思》："獭祭川水大，人家春日长。"李商隐《异俗二首》之二："未曾容獭祭，只是纵猪都。"

【獭髓】　獭的骨髓。相传与玉屑、琥珀调和，可作灭疤痕的贵重药物。吴融《和韩致光侍郎无题三首十四韵》之二："獭髓求鱼客，鲛绡托海人。"

獻〔xiàn《广韵》許建切，去原曉。〕❶祭宗庙所用之犬。引申指祭祀。张荐《享文恭太子庙乐章》："三献具举，九旗将旋。"李商隐《韩碑》："八蔡缚贼献太庙，功无与让恩不訾。"❷进酒。杜牧《念昔游三首》之一："十载飘然绳检外，樽前自献自为酬。"❸奉献。(1)进贡。指藩属奉献礼物。李子昂《西戎即叙》："今朝观即叙，非与献獒同。"(2)把东西奉送给尊者或敬重的人。张说《舞马词六首》之六："圣君出震应箓，神马浮河献图。"岑参《登千福寺楚金禅师法华院多宝塔》："千家献黄金，万匠磨琉璃。"白居易《秦中吟十首·重赋》："号为羡余物，随月献至尊。"翁承赞《喜弟承检登科》："荆璞献多还得售，桂堂恩在敢轻回。"(3)贡献力量，表示心意、意见等。王维《送韦大夫东京留守》："慷慨念王室，从容献官箴。"沈亚之《西蕃请谒庙》："圣恩覃布濩，异域献精诚。"见"獻計""獻策""獻謀"。❹指进献之物。韦应物《至西峰兰若受田妇馈》："田妇有嘉献，泼撒新岁余。"❺呈现；现出。薛涛《续嘉陵驿诗献武相国》："卓氏长卿称士女，锦江玉垒献山川。"❻贤者。《书·益稷》："万邦黎献共惟帝臣。"孔传："献，贤也。万国众贤共为帝臣。"见"獻臣"。

【獻文】　进献文章。皮日休《三羞诗三首》之一："献文不上第，归于淮之汭。"

【獻玉】　《韩非子·和氏》："楚人和氏得玉璞楚山中，奉而献之厉王；厉王使玉人相之，玉人曰：'石也。'王以和为诳而刖其左足。及厉王薨，文王即位，和乃抱其璞而哭于楚山之下。三日三夜，泣尽而继之以血。王闻之，使人问其故，曰：'天下之刖者多矣，子奚哭之悲也？'和曰：'吾非悲刖也，悲夫宝玉而题之以石，贞士而名之以诳，此吾所以悲也。'王乃使玉人理其璞而得宝焉，遂命曰'和氏之璧'。"后以献玉为典，喻向君主或朝廷进献才智。王昌龄《为张僨赠阎使臣》："哀哀献玉人，楚国同悲辛。"李白《赠丹阳横山周处士惟长》："抱石耻献玉，沉泉笑探珠。"陆畅《下第后病中》："献玉频年命未通，穷秋成病悟真空。"贾岛《古意》："眼中两行泪，曾吊三献玉。"

【獻功】　进献功绩。徐夤《寄华山司空侍郎二首》之一："金阙争权竞献功，独逃征诏卧三峰。"

【獻可】　见"獻可替否"。

【獻可替否】　(否 fǒu)亦作"獻可""獻替"。进献可行者，废除不可行者。贯休《行路难》之四："或偶因片言只字登第光二亲，又不能献可替否航要津。"杜甫《客堂》："循文庙算正，献可天衢直。"刘长卿《奉和杜相公新移长兴宅呈元相公》："献替常焚稿，优闲独对萱。"刘禹锡《奉和淮南李相公早秋即事寄成都武相公》："献可通三略，分甘出万钱。"李中《献张拾遗》："献替频陈忠誉播，鹏霄万里展雄飞。"

【獻臣】　贤臣。方干《途中寄刘沆》："莫负髫年志，清朝作献臣。"

【獻花】　将鲜花赠予礼敬或尊重的对象。杜甫《大觉高僧兰若》："飞锡去年啼邑子，献花何日许门徒。"

【獻芹】　《列子·杨朱》："宋国有田夫……谓其妻曰：'负日之暄，人莫知者，以献吾君，将有重赏。'里之富室告之曰：'昔人有美戎菽，甘枲茎芹萍子者，对乡豪称之。乡豪取而尝之，蜇于口，惨于腹，众哂而怨之，其人大惭。'后以"献芹"谦称自己赠品菲薄或建议浅陋。李白《赠范金卿二首》之一："徒有献芹心，终流泣玉啼。"杜甫《槐叶冷淘》："献芹则小小，荐藻明区区。"高适《自淇涉黄河途中作十三首》之九："尚有献芹心，无因见明主。"

【獻狀】　投献文献。高适《自武威赴临洮谒大夫不及因事即事案河西陇左幕下诸公》："献状陈首级，飨军烹太牢。"

【獻封】　进献封奏。高适《酬秘书弟兼寄幕下诸公》："献封到关西，独步归山东。"

【獻計】　进献计策。顾非熊《出塞即事二首》之二："回望风光成异域，谁能献计复河湟。"

【獻送】　恭敬地寄送。李频有《五月一日蒙替本官不得随例入阙感怀献送相公》。

【獻桃】　进献仙桃。据晋王嘉《拾遗记》载，周穆三十六年西王母曾向穆王献万岁冰桃。李商隐《昭肃皇帝挽歌辞三首》之三："海迷求药使，雪隔献桃人。"

【獻酒】　进酒。王贞白《送马明府归山》："送吏各献酒，群儿自担书。"

【獻書】　奉上书札；上书。多指向有地位者陈述意见。王维《不遇咏》："北阙献书寝不报，南山种田时不登。"萧颖士《山庄月夜作》："献书嗟弃置，疲拙归田园。"崔峒《书情寄上苏州韦使君兼呈吴县李明府》："谁念献书来万里，君王深在九重城。"马戴《长安书怀》："年年销壮志，空作献书人。"

【獻納】 进献忠言以供采纳。李白《答高山人兼呈权顾二侯》："谬挥紫泥诏，献纳青云际。"杜甫《奉赠鲜于京兆二十韵》："献纳纡皇眷，中间谒紫宸。"权德舆《送陆拾遗祇召赴行在》："歌诗能合雅，献纳每论经。"蒋防《藩臣恋魏阙》："恩波怀魏阙，献纳望天阍。"

【獻納司】 即献纳院。唐时朝廷专管臣民书奏呈文等的机构。杜甫《赠献纳使起居田舍人》："献纳司存雨露边，地分清切任才贤。"

【獻納臣】 进献忠言之臣。王维《送丘为落第归江东》："知尔不能荐，羞称献纳臣。"白居易《余思未尽加为六韵重寄微之》："遥知独对封章草，忽忆固为献纳臣。"又《江南谪居十韵》："自哂沉冥客，曾为献纳臣。"

【獻納使】 唐时匦院主持人，专管臣民书奏之官。亦称匦使。武后垂拱元年(685)置匦院，属中书省，以谏大夫及补阙、拾遗一人为知匦使。"明皇以'匦'字似鬼，改'匦使'为'献纳使'。乾之初，复其旧名。"(宋王谠《唐语林·补遗一》)杜甫有《赠献纳使起居田舍人》。

【獻捷】 进献俘虏或战利品。崔颢《送单于裴都护赴西河》："功成须献捷，未必去经年。"杜甫《八哀诗·故司徒李公光弼》："高视笑禄山，公又大献捷。"韦庄《家叔南游却归因献贺》："长闻凤诏征兵急，何事龙韬献捷稀。"王贞白《送韩从事归本道》："献捷灵州倅，归时宠拜新。"

【獻術】 献出技艺。崔融《咏宝剑》："五精初献术，千户竞沦都。"

【獻寄】 恭敬地寄送。李商隐有《献寄旧府开封公》。

【獻替】 见"献可替否"。

【獻款】 归顺。孙逖《送李补阙摄御史充河西节度判官》："西戎虽献款，上策耻和亲。"

【獻酢】 谓主宾互相敬酒。独孤及《客舍月下对酒醉后寄毕四耀》："清机暂无累，献酢更络绎。"又《水西馆泛舟送王员外》："单醪敢献酢，曲沼荷经过。"

【獻凱】 献捷。骆宾王《在军中赠先还知己》："献凯多惭霍，论封几谢班。"袁瓘《鸿门行》："献凯云台中，自言塞上雄。"李白《送梁昌公从信安北征》："旋应献凯入，麟阁伫深功。"杜甫《后出塞五首》之四："献凯日继踵，两蕃静无虞。"

【獻策】 献计。多指向朝廷进献大计。张九龄《酬宋使君见诒》："陟邻初禀训，献策幸逢时。"孟浩然《送洗然弟进士举》："献策金门去，承欢彩服违。"刘长卿《送友人东归》："怜君献策十余载，今日犹为一布衣。"李端《郑郭良辅下第东归》："献策不得意，驰车东出秦。"

【獻御】 进献食物给皇上。韩愈《归彭城》："食芹虽云美，献御固已痴。"

【獻詞】 进献敬语。孟郊《上张徐州》："献词惟在口，所欲无余佗。"

【獻楚】 指春秋时卞和向楚王献璞玉而反遭酷刑之事。喻怀才不遇，报效无门。骆宾王《在江南赠宋五之问》："弹随空被笑，献楚自多伤。"元稹《献荥阳公诗五十韵》："会将连献楚，深耻谬游燕。"

【獻酬】 亦作"献醻"。❶饮酒时主客互相敬酒。李峤《酒》："孔坐洽良俦，陈筵几献酬。"杜甫《晦日寻崔戢李封》："引客看扫除，随时成献酬。"刘禹锡《和苏郎中寻丰安里旧居寄主客张郎中》："池看科斗成文字，鸟听提壶忆献酬。"李咸用《和殷衙推春霖即事》："蚌鹬徒喧竞，笙歌罢献酬。"亦泛称斟饮。白居易《郊陶潜体诗十六首》之十一："举杯还独饮，顾影自献酬。"❷谓诗文酬答、应酬。高适《东平旅游奉赠薛太守二十四韵》："高兴陪登陟，嘉言忝献酬。"李中《吉水寄阎侍御》："不得论休戚，何因校献酬。"齐己《题中上人院》："莫道归山字，朝贤日献酬。"柳棠《又忤杨尚书诗》："莫言名位未相俦，风月何曾阻献酬。"

【獻歲】 进入新的一年；岁首正月。李华《咏史十一首》之八："献岁受朝时，鸣钟宴百官。"钱起《酬陶六辞秩归旧居见柬》："旧庐云峰下，献岁车骑归。"羊士谔《息舟荆溪入阳羡南山游善权寺呈李功曹巨》："献岁冰雪尽，细泉生路傍。"方干《元日》："轩车欲识人间感，献岁须来帝里看。"

【獻節】 犹献岁。太宗《正日临朝》："条风开献节，灰律动初阳。"又《除夜》："岁阴穷暮纪，献节启新芳。"

【獻詩】 进献诗作。古多以表示讽谏或歌颂。韦应物《沣上精舍答赵氏外生伉》："对榻遇清夜，献诗合雅音。"权龙褒有《岭南归后献诗》。杜荀鹤《下第东归将及故园有作》："上国献诗还不遇，故园经乱又空归。"

【獻新】 以新收获的谷物、果品等先祭祀神灵，后自享用的一种风俗。卢纶《送马尚书郎君侍从归觐太原》："从赏野邮静，献新秋果鲜。"

【獻壽】 献礼祝寿。杜审言《蓬莱三殿侍宴奉敕咏终南山应制》："小臣持献寿，长此戴尧天。"杜甫《元日示宗武》："赋诗犹落笔，献寿更称觞。"白敏中《至日上公献寿酒》："羽仪瞻百姓，献寿侍三公。"姚合《和李十二舍人冬至日》："献寿人皆庆，南山复北堂。"

【獻圖開益地】 《艺文类聚》卷一十引《雒书灵准听》曰："有人方面、日衡、重华、握石推，怀神珠，舜受终，凤凰仪，黄龙感、朱草生蓂荚孳，西王母得益地之地图来献。”按，此言舜在位时的西王母献益地地图之瑞。后用作称颂君王之典。张说《奉和圣制暇日与兄弟同游兴庆宫作应制》：“献图开益地，张乐奏《钧天》。”

【獻賦】 作赋献给皇帝，用以颂扬或讽谏。汉司马相如，以《子虚赋》《大人赋》受到皇帝赏识。见《史记·司马相如列传》。汉又有扬雄，以献《甘泉赋》《河东赋》《羽猎赋》《长杨赋》受到皇帝赏识。见《汉书·扬雄传》。后以献赋作为文人自荐受到皇帝赏识的典故。卢象《驾幸温泉》：“此日小臣徒献赋，汉家谁复重扬雄。”岑参《送薛弁归河东》：“献赋今未售，读书凡几秋。”项斯《归家山行》：“献赋才何拙，经时不耻归。”秦韬玉《送友人罢举授南陵令》：“献赋未为龙化去，除书犹喜凤衔来。”

【獻遺】 (—wèi)谓馈赠财物，玄宗《千秋节宴》：“献遗成新俗，朝仪入旧章。”

【獻箴】 进献劝谏之词。春秋楚庄王夫人樊姬谏止庄王狩猎，并激楚相虞丘子使进孙叔敖。庄王以敖为令尹。三年而霸。事见刘向《列女传·楚庄樊姬》。张九龄《郢城西北有樊妃冢因后人为植松柏故行路尽知之》：“楚子初逞志，樊妃尝献箴。”

【獻璞】 犹献玉。韦渠牟《赠窦五判官》：“美玉自矜频献璞，真金难与细披沙。”见“献玉。”

【獻謀】 献计；献策。司空图《寄考功王员外》：“更勉匡君志，论思在献谋。”

【獻馘】 献上所杀者之左耳以论功。《诗·鲁颂·泮水》：“矫矫虎臣，在泮献馘。”郑玄笺：“馘，所格者之左耳。”卢照邻《中和乐九章·歌东军第三》：“休兵宇县，献馘天阊。”

【獻寶】 上献宝玉一类的珍物。陈元光《落成会咏一首》：“凌烟乔木茂，献宝介圭崇。”杜甫《韦讽录事宅观曹将军画马歌》：“自从献宝朝河宗，无复射蛟江水中。”

【獻醻】 见“獻酬”。

十七画

獵 〔lián《广韵》力延切，平仙。來，又直閑切，平山，澄。又丑人切，平真，撤。〕见“獵㺄。”

【獵㺄】 兽类奔跑。韩偓《感事三十四韵》：“鹿穷唯牴触，兔急且獭㺄。”皮日休《鲁望昨以五百言见贻迭和之微旨也》：“后至陈隋世，得之拘且缬……君臣作降虏，北走如獭㺄。”

獼 〔mí《广韵》武移切，平支，明。《集韵》民卑切，平支，明。〕见“獼猴”。

【獼猴】 哺乳动物，猴的一种。上身皮毛灰褐色，腰部下橙黄色，有光泽，面部微红，两颊有颊囊，臀部的皮很厚，不生毛，尾短。以野果、野菜为食物，有时偷食农作物。寒山《诗三百三首》之一五二：“欲伏猕猴心，须听狮子吼。”于鹄《买山吟》：“唯有猕猴来往熟，弄人抛果满书堂。”白居易《想东游五十韵》：“投竿出比目，掷果下猕猴。”

【獼猿】 即猕猴。杜甫《秋日夔府咏怀奉寄郑监李宾客一百韵》：“鸂鶒双双舞，猕猿垒垒悬。”

貜 〔yīng《正字通》伊卿切。〕猿类。贯休《离乱后寄九峰和尚二首》之二：“老貜寒披衲，孤云静入厨。”

二十画

玃 〔jué《广韵》居縛切，入藥，見。〕大猴。一说大猿。亦泛指猿猴。杜甫《瞿塘两崖》：“猱玃须髯古，蛟龙窟宅尊。”费冠卿《答萧建》：“泉鱼候洗钵，老玃戏撞钟。”

玄　部

玄〔xuán《广韵》胡涓切,平先,匣。〕❶赤黑色。后多用以指黑色。韦应物《酬张协律》:"当以贫非病,孰云白未玄。"权德舆《酬穆七侍郎早登使院西楼感怀》:"当令志气神,及此鬓发玄。"韩愈《孟东野失子》:"东野夜得梦,有夫玄衣巾。"陆龟蒙《奉和袭美二游诗·任诗》:"但知醉还醒,岂知玄尚白。"❷《易·坤》:"天玄而地黄。"孔颖达疏:"天色玄,地色黄。"后因以"玄"指天。则天皇后《唐大飨拜洛乐章·昭和》:"九玄眷命,三圣基隆。"《郊夜歌辞·中宗祀昊天乐章·肃和》:"九玄著象,七曜贞明。"❸北方;北向的。见"玄天""玄水"。❹深奥;玄妙。杜甫《寄岳州贾司马六丈巴州严八使君两阁老五十韵》:"去去才难得,苍苍理又玄。"李群玉《东湖二首》之一:"性野难依俗,诗玄自入冥。"陆龟蒙《袭美先辈以龟蒙所献五百言伸用酬谢》:"河图孕八卦,焕作玄中奇。"齐己《谢虚中上人寄示题天策阁诗》:"天策二首作,境幽搜亦玄。"❺指汉扬雄仿《周易》所作的《太玄经》。李白《古风》之八:"赋达身已老,草玄鬓若丝。"杜甫《酬高使君相赠》:"草玄吾岂敢,赋或似相如。"韦应物《闲居赠友》:"草玄良见诮,杜门无请托。"韦庄《和陆谏议避地寄东阳进退未决见寄》:"读易草玄人不会,忧君心是致君心。"❻浓密;浓厚。见"玄雲"。❼《老子》书中称"道"为"玄之又玄",后因以指道家学说。李德裕《鹿迹山铭》:"猗欤先生,耽道得玄,腾驾素鹿,遨游紫烟。"孟郊《列仙文·安度明》:"勤研玄中思,道成更相过。"白居易《奉和李大夫题新诗二首各六韵·忘筌亭》:"虚室闲生白,高情澹入玄。"裴说《访道士》:"粗得玄中趣,当期宿话频。"❽指佛教。见"玄講"。❾通"懸"。悬挂,高挂。见"玄泉""玄圃"。

【玄女】　传说中的天上神女,曾授黄帝兵法,以制服蚩尤。亦称"九天玄女",为道教所奉之神。罗隐《后土庙》:"九天玄女犹无圣,后土夫人岂有灵。"见"玄女符"。

【玄女符】　指兵法或兵书。孟郊《献汉南樊尚书》:"心开玄女符,面缚清波人。"刘禹锡《和董应中古散调词赠尹果毅》:"读得玄女符,生当事边时。"见"玄女"。

【玄王】　指商代的始祖契。《诗·商颂·长发》:"玄王桓拨,受小国是达。"毛传:"玄王,契也。"郑玄笺:"承黑帝而立子,故谓契为玄王。"一说契由玄鸟降生,故名。《国语·周语下》:"玄王勤商,十有四世而兴。"韦昭注:"玄王,契也。殷祖由玄鸟而生,汤亦水德,故曰玄王。"张说《唐享太庙乐章·光大舞》:"玄王贻绪,后稷谋孙。"

【玄夫】　指龟。韩愈《孟东野失子诗》:"再拜谢玄夫,收悲以欢欣。"王伯大音释引孙汝听曰:"玄夫,大灵龟,以其衣巾玄,故曰玄夫。"

【玄天】　北方之天。《吕氏春秋·有始》:"北方曰玄天。"高诱注:"北方十一月建子,水之中也。水黑色,故曰玄天。"亦泛指天。陈子昂《感遇诗三十八首》之二十:"玄天幽且默,群议曷嗤嗤。"韦应物《咏露珠》:"秋荷一滴露,清夜坠玄天。"孟郊《和钱侍郎甘露》:"玄天何以言,瑞露青松繁。"皮日休《太湖诗·以毛公泉一瓶献上谏议因寄》:"服之生羽翼,倏尔冲玄天。"

【玄元】　❶道家所称天地万物本源的道。李白《感时留别从兄徐王延年从弟延陵》:"玄元包橐籥,紫气何逶迤。"❷指老子。唐初追号老子为"太上玄元皇帝",简称"玄元"。吴筠《览古十四首》之一三:"玄元明知止,大雅尚保躬。"见"玄元皇帝"。

【玄元皇帝】　指老子。唐奉老子为始祖,于乾封元年(666)二月追号为"太上玄元皇帝",天宝二年(743)正月加尊号"大圣祖"三字,天宝八载(749)六月又加尊号为"圣祖大道玄元皇帝"。杜甫《喜闻盗贼蕃寇总退口号五首》之五:"大历二年调玉烛,玄元皇帝圣云孙。"李绅《赠毛仙翁》:"忆昔我祖神仙主,玄元皇帝周柱史。"

【玄元聖祖】　指老子。白居易《新乐府·海漫漫》:"何况玄元圣祖五千言,不言药,不言仙,不言白日升青天。"见"玄元皇帝"。

【玄元廟】　唐代祠老子的庙宇。开元年间诏两京和诸州各置玄元皇帝庙,天宝初年,在京师的改称玄元宫,天下诸州的称紫极宫。皇甫冉有《登玄元庙》。

【玄元觀】　(觀 guàn)即玄元庙。魏知古有《玄元观寻李先生不遇》。皇甫冉有《玄元观送李源李风还奉先华阴》。

【玄戈】　星名。亦指绘有此星的旗帜。杜牧《洛阳》："已建玄戈收相土，应回翠帽过离宫。"

【玄化】 ❶圣德教化。上官仪《奉和过旧宅应制》："偃伯歌玄化，扈跸颂王游。"李憕《同望幸新亭赐钱公宴》："感梦通玄化，覃恩降紫宸。"权德舆《奉和圣制中和节赐百官宴集因示所怀》："赓歌武弁侧，永荷玄化醇。"《郊庙歌辞·祀圜丘乐章·豫和》："景福降兮圣德远，玄化穆兮天历长。"❷神妙的变化。王昌龄《岳阳别李十七越宾》："闭门观玄化，携手遗损益。"权德舆《从事淮南府过亡友杨校书旧厅感念愀然》："黄墟既杳杳，玄化亦茫茫。"黄滔《寄徐正字夤》："何当诗一句，同吟祝玄化。"吴筠《游仙二十四首》之四："体妙尘累隔，心微玄化并。"

【玄月】 夏历九月的别称。张九龄《和黄门卢侍御咏竹》："色无玄月变，声有惠风吹。"宋务光《海上作》："劳歌玄月暮，旅睇沧浪极。"孟郊《酬友人见寄新文》："为客栖未定，况当玄月中。"

【玄文】 指汉扬雄所著《太玄》。陆龟蒙《记事》："骏骨正牵盐，玄文终覆酱。"

【玄心】 洞彻事物的玄理奥义之心。张说《五君咏五首·魏齐公元忠》："清论早揣摩，玄心晚超诣。"顾非熊《与无可宿辉公院》："世路虽多梗，玄心各自明。"

【玄水】 传说中的北方水名。亦泛指北方之水。储光羲《述降圣观》："玉殿俯玄水，春旗摇素风。"

【玄玉】 指墨丸、墨锭。《谶记·隐者瘗男铭》："丞相瘗之刻玄玉，仙路何长死何促。"

【玄功】 ❶神功。指宇宙自然之功。柳宗元《酬贾鹏山人郡内新栽松寓兴见赠二首》之一："芳朽自为别，无心乃玄功。"薛能《海棠》："酷烈复离披，玄功莫我知。"吴融《雪》："自怜曾末至，聊复赋玄功。"孙鲂《柳》之九："莫道玄功无定配，不然争得见桃花。"❷巨大的功勋或恩惠。周利用《奉和九月九日登慈恩寺浮图应制》："萸房开圣酒，杏苑被玄功。"《郊庙歌辞·武后享清庙乐章十首·第七迎武舞》："赫赫玄功被穹壤，皇皇至德洽生灵。"韦应物《奉和圣制重阳日赐宴》："玄功致海晏，锡晏表文明。"武元衡《奉和圣制重阳日即事》："徒然被鸿霈，无以报玄功。"❸道教指修炼的功夫。白居易《送毛仙翁》："玄功曷可报，感极惟勤拳。"

【玄古】 远古。李白《古风》之一："圣代复元古，垂衣贵清真。"

【玄石山】 山名。在洞庭湖西。李华《云母泉诗》序："洞庭湖西玄石山，俗谓之墨山。"

【玄石嶺】 即玄石山。李华《云母泉诗》："晨登玄石岭，岭上寒松声。"

【玄甲】 铁甲。铁色玄黑，故称。杜甫《别蔡十四著作》："玄甲聚不散，兵久食恐贫。"徐夤《依御史温飞卿华清宫二十二韵》："丹书陈北虏，玄甲擐犀牛。"

【玄丘】 传说中的地名。据传殷契母与其姊妹浴于玄丘之水，误吞玄鸟之卵而生契。见刘向《列女传·契母简狄》。后以"玄丘"泛称神仙居处。储光羲《题辛道士房》："先生秀衡岳，玉立居玄丘。"

【玄仙】 传说中"九仙"之一。《云笈七籤》卷三："九仙者，第一上仙，二高仙，三火仙，四玄仙，五天仙，六真仙，七神仙，八灵仙，九至仙。"皎然《奉和崔中丞使君论李侍御萼登烂柯山宿石桥寺效小谢体》："果回青骢臆，共蹑玄仙踪。"

【玄冬】 冬天；冬季。储光羲《题眄上人禅居》："秀色玄冬发，交枝白日阴。"杜甫《西阁曝日》："凛冽倦玄冬，负暄嗜飞阁。"庾承宣《赋得冬日可爱》："岂假阳和气，暂忘玄冬律。"鲍溶《经秦始皇墓》："白昼盗开陵，玄冬火焚树。"

【玄玄】 ❶赤黑色。吕岩《七言》之六："水府寻铅合火铅，黑红红黑又玄玄。"❷深远貌。玄宗《经河上公庙》："玄玄妙门启，肃肃祠宇清。"❸《老子》"玄之又玄"之省，指道家所称的道。也用以形容道的深奥、微妙。吕岩《七言》之五十："唯愿先生频一顾，更玄玄外问玄玄。"又《七言》之一四："玄门玄理又玄玄，不死根元在汞铅。"又《赠刘方处士》："何如识个玄玄道，道在杳冥须细考。"

【玄圭】 一种黑色的玉器，上尖下方，古用以赏赐建立殊勋者。亦借特大功业。《郊庙歌辞·汉宗庙乐舞辞·章庆舞》："赤伏英灵未泯，玄圭运祚重新。"

【玄地】 指道观或佛寺。宋之问《使至嵩山寻杜四不遇慨然复伤田洗马韩观主因以题壁赠杜侯杜四》："笙歌入玄地，诗酒坐寥天。"曲瞻《奉和九月九日登慈恩浮图应制》："扈跸游玄地，陪仙瞰紫微。"

【玄光】 传说中的仙梨名。李峤《梨》："擅美玄光侧，传芳瀚海中。"

【玄同】 谓在冥默中与道混同为一。张九龄《奉和圣制途经华山》："灵居虽窅密，睿览忽玄同。"

【玄牝】 ❶道家指孳生万物的本源，比喻道。孙逖《和登会稽山》："望中厌朱绂，俗内探玄牝。"刘禹锡《送惟良上人》："玄牝无关锁，琼书舍文字。"吕岩《谷神歌》："谷神不死玄牝门，出入绵绵道若存。"❷《老子》："谷神不死，是谓玄牝。"河上公注："玄，天也；于人为鼻；牝，地也，于人为口。"后以"玄牝"指人的口和鼻。李白《北山独酌寄韦六》："于焉摘朱果，兼得养玄牝。"

【玄兆】 兆象。韩愈、孟郊《城南联句》："岸壳坼玄兆，野䕷渐丰萌。"钱仲联集释孙汝听曰："岸壳，言岸有虫壳如坼。玄兆，兆象也。"

【玄旨】 深奥的义理。吴筠《高士咏河上公》：

"灵关畅玄旨，万乘趋道风。"无可《寄殿院薛侍御》："休浣通玄旨，留僧昼掩关。"常达《山居八咏》之五："好听玄旨处，猿啸岭南枝。"张蠙《宿开照寺光泽上人院》："静室谭玄旨，清宵独细听。"

【玄衣】　黑衣。借指燕子的黑色羽毛。李峤《燕》："天女伺辰至，玄衣澹碧空。"

【玄冰】　厚冰。韦应物《答徐秀才》："清诗舞艳雪，孤抱莹玄冰。"

【玄羽】　指五音中的羽声。员半千《郊庙歌辞·仪坤庙乐章·雍和》："云感玄羽，风凄素商。"

【玄花】　指视觉中的模糊影像。玄，通"眩"。韩愈《寄崔二十六立之》："玄花著两眼，视物隔褷褵。"

【玄谷】　幽深的山谷。施肩吾《修仙词》："丹田自种留年药，玄谷长生续命芝。"

【玄言】　❶指魏晋间崇尚老庄玄理的言论或言谈。亦泛称深奥的言论或言谈。杜正伦《冬日宴于庶子宅各赋一字得节》："清论畅玄言，雅琴飞白雪。"王维《黎拾遗昕裴秀才迪见过秋夜对雨之作》："白法调狂象，玄言问老龙。"羊士谔《西郊兰若》："寂寞传心印，玄言亦已忘。"郑薰《赠巩畴》序："九华处士巩畴，擅玄言之要，通《易》《老》。"❷指道教义理。元稹《奉和浙西大夫李德裕四十韵次本韵》："庄蝶玄言秘，罗禽藻思高。"欧阳衮《寄陈去疾进士》："玄言萝幌馥，诗思竹炉温。"张祜《硫黄》："一粒硫黄入贵门，寝堂深处问玄言。"罗隐《题玄同先生草堂三首》之三："自此玄言绝，长应闭洞门。"

【玄序】　冬季。许敬宗《奉和守岁应制》："玉琯移玄序，金奏赏彤闱。"

【玄沚】　水中的小块陆地。沚，亦作"阯"。许敬宗《奉和执契静三边应诏》："清台映罗叶，玄沚控瑶池。"

【玄妙】　❶《老子》："玄之又玄，众妙之门。"意谓道家所称之"道"深奥难识，万物均源于此。故后以"玄妙"指"道"。寒山《诗三百三首》之二七七："廓然神自清，含虚洞玄妙。"张说《奉和圣制经河上公庙应制》："玄妙为天下，清虚用谷神。"孟浩然《游精思题观主山房》："渐通玄妙理，深得坐忘心。"❷深奥玄妙。拾得《诗》之三四："珠光日夜照，玄妙卒难量。"贯休《贺雨上王使君二首》之二："玄妙久闻谈佛母，感通今日见神明。"

【玄武】　❶古代神话中的北方之神，其形为龟，或龟蛇合体。李百药《赋得魏都》："玄武疏遥隥，金凤上层台。"亦指道教所信奉的真武神。《司马承祯含象鉴文》："左龙右虎辟不祥，朱鸟玄武顺于旁。"❷二十八星宿中北方七星（斗、牛、女、虚、危、室、壁）之合称，以其排列之形似龟而得名。杜甫《魏将军歌》："钩陈苍苍风玄武，万岁千秋奉明主，临江节士安足数。"❸绘有龟形的军旗。借指军事力量。储光羲《同诸公送李云南伐蛮》："玄武扫孤蜮，蛟龙除方良。"❹指唐大明宫正北门玄武门楼。张说《宿直温泉宫羽林献诗》："星陈玄武阁，月对羽林营。"

【玄武山】　在四川三台县附近。王勃《玄武山圣泉宴》序："玄武山有圣泉焉。"邵大震有《九日登玄武山旅眺》，自注："玄武山在今东蜀。高宗时，王勃以檄鸡文斥出沛王府。既废，客剑南，有游玄武山赋诗，卢照邻亦有和作。"卢照邻有《九月九日登玄武山》。

【玄武門】　❶唐长安太极宫（又名西内，即隋之大兴宫）北面正门，故址在今陕西西安市旧城北。唐初"玄武门之变"发生于此。太宗有《春日玄武门宴群臣》。杜正伦有《玄武门侍宴》。❷唐长安大明宫（又称东内）北面正门。故址在今陕西西安市旧城北龙首原上。唐长安城内的皇宫原只有太极宫一处。贞观八年(634)，太宗在长安城外东北角龙首原上修建一所新的宫殿，供其祖父高祖李渊避暑，此即大明宫，与太极宫、兴庆宫并为三大宫殿，而尤以大明宫使用时间最长，建筑最为精美。张说有《玄武门侍射》。

【玄武湖】　在今江苏南京市东北玄武门外。古名桑泊湖，自三国吴引水入城起，至南朝宋，先后名后湖、练湖、蒋陵湖、北湖。宋文帝时，因见湖中出现所谓"黑龙"，故易名玄武湖。东晋后即为著名的风景胜地。张九龄有《经江宁览旧迹至玄武湖》。李商隐《南朝》："玄武湖中玉漏催，鸡鸣埭口绣襦回。"司空图《南北史感遇十首》之九："景阳楼下花钿镜，玄武湖边锦绣旗。"徐铉《奉和宫傅相公怀旧见寄四十韵》："玄武湖边林隐见，五城桥下棹洄沿。"

【玄武樓】　楼阁名。在唐都城长安（今陕西西安）大明宫的北面，德宗时建。崔元翰有《奉和登玄武楼观射即事书怀赐孟涉应制》。元稹《连昌宫词》："往来年少说长安，玄武楼成花萼废。"

【玄英】　指冬天。《郊庙歌辞·五郊乐章·黑郊迎神》："玄英戒序，黑郊临候。"《郊庙歌辞·蜡百神乐章·雍和》："缇籥劲序，玄英晚候。"

【玄味】　指高雅的境界或趣味。韩偓《闲兴》："景寂有玄味，韵高无俗情。"徐铉《题碧岩亭赠孙尊师》："幽岩君独爱，玄味我曾耽。"

【玄門】　❶《老子》："玄之又玄，众妙之门。"后以"玄门"指道教。亦指道观或道观之门。骆宾王《于紫云观赠道士》："碧落澄秋景，玄门启曙关。"薛能《平盖观》："巨柏与山高，玄门静有猱。"郑谷《朝直》："自扣玄门齐宠辱，从他荣路用机关。"李中《庐山栖隐洞谭先生院留题》："偶然醒得庄周梦，始觉玄门兴味深。"❷指佛教。刘孝孙《游灵山寺》："永怀筌了义，寂念启玄门。"贾岛《送僧》:"出家从丱岁,解论造玄门。"❸谓高深的造诣。亚栖《对御书后一绝》:"通神笔法得玄门,亲入长安谒至尊。"

【玄命】 天命。李益《北至太原》:"玄命久已集,抚运良乃艰。"

【玄兔】 ❶黑色的兔子。耿湋《入塞曲》:"暮烽玄兔急,秋草紫骝肥。"吴融《绵竹山四十韵》:"尾蟉青蛇盘,颈低玄兔伏。"又《赠李长史歌》:"紫凤将雏叫山月,玄兔丧子啼江春。"❷指月亮。因传说月亮上有兔子,故称。太宗《辽城望月》:"玄兔月初明,澄辉照辽碣。"吴融《题画柏》:"下荫玄兔窟,上映嫦娥魄。"❸即玄菟,郡名。岑参《裴将军宅芦管歌》:"白狼河北堪愁恨,玄兔城南皆断肠。"高适《信安王幕府诗》:"倚弓玄兔月,饮马白狼川。"杨巨源《上刘侍中》:"城远迷玄兔,川明辩白狼。"见"玄菟"。

【玄夜】 ❶黑夜。孟郊《远愁曲》:"愿邀玄夜月,出视白日踪。"❷谓死亡。褚亮《伤始平李少府正己》:"谁能免玄夜,惜尔正青春。"❸指阴间。李咸用《哭所知》:"朝作青云士,暮为玄夜人。"

【玄穹】 天空;苍天。张九龄《和姚令公哭李尚书乂》:"无恩报国士,徒欲问玄穹。"刘长卿《至德三年春因书事寄上浙西节度李侍郎中丞行营五十韵》:"白日重轮庆,玄穹再造荣。"柳宗元《唐铙歌鼓吹曲十二篇·晋阳武》:"后土荡,玄穹弥。"陆龟蒙《樵人十咏·樵溪》:"若遇燎玄穹,微烟出云族。"

【玄契】 默契。齐己《拟嵇康绝交寄湘中贯微》:"相知在玄契,莫讶八行疏。"

【玄封】 谓天地未分时的混沌状态。元结《补乐歌十首·大韶》:"森森群象兮,日见生成。欲闻朕初兮,玄封冥冥。"聂文郁注:"堆土为坟曰封……这句话的意思是,帝尧已死,埋葬于昏暗的坟墓之中。"

【玄草】 ❶枯草。张籍《赠故人马子乔六首》之一:"踯躅城上羊,攀隅食玄草。"❷文稿,书稿。武平一《奉和幸新丰温泉宫应制》:"侍从推玄草,文章召虎贲。"❸指汉扬雄所撰《太玄》。骆宾王《春日长安客中言怀》:"玄草终疲汉,乌裘几滞秦。"

【玄要】 (—yào)奥妙精粹之处。吕岩《忆江南》词之四:"长生术,玄要补泥丸。"

【玄虺】 黑蛇。李绅《逾岭峤止荒陬抵高要》:"千崖傍耸猿啸悲,丹蛇玄虺潜蝼蛇。"

【玄星】 天上的星星。《景震剑文》:"伪雷电,运玄星,摧凶恶,亨利贞。"

【玄幽】 中唐诗僧。长庆年间尝题于长安大兴善寺和尚院。《全唐诗》卷八五一录其断句一联。

【玄科】 道教的规章。皮日休《太湖诗·晓次神景宫》:"清斋洞前院,敢负玄科约。"

【玄修】 修道。韦渠牟《步虚词十九首》之八:"上法杳无营,玄修似有情。"

【玄泉】 ❶瀑布。玄,通"悬"。孟郊《送草书献上人归庐山》:"手中飞黑电,象外泻玄泉。"❷深泉。韦应物《夏冰歌》:"出自玄泉杳杳之深井,汲在朱明赫赫之炎辰。"白居易《想东游五十韵》:"紫洞藏仙窟,玄泉贮怪湫。"

【玄律】 指冬季。李峤《十月奉教作》:"白藏初送节,玄律始迎冬。"杨炯《和骞右丞省中暮望》:"玄律葭灰变,青阳斗柄临。"无名氏《玉壶冰》(卷七八七):"玄律阴风劲,坚冰在玉壶。"

【玄風】 ❶远古纯朴之风。卢僎《让帝挽歌词二首》之一:"泰伯玄风远,延州德让行。"郭子仪《享太庙乐章·广运舞》:"虔恭孝飨,穆穆玄风。"李白《古风》之三十:"玄风变太古,道丧无时还。"贯休《循吏曲》:"使君为理,玄风震古。"❷玄谈的风气。吴筠《高士咏·董威辇》:"董京依白社,散发咏玄风。"❸谓天子清静无为的教化。袁朗《和洗掾登城南坂望京邑》:"玄风叶黎庶,德泽浸区宇。"

【玄庭】 仙庭。孟郊《列仙文·方诸青童君》:"玄庭自嘉会,金书拆华名。"

【玄音】 佛之声。指佛教经义。贯休《行路难》之四:"清净玄音竟不闻,花眼酒肠暗如漆。"齐己《寄酬秦府高推官辇》:"争得相逢一携手,拂衣同去听玄音。"亦指道教教义。贯休《商山道者》:"五千言外得玄音,石屋寒栖隔雪林。"

【玄洲】 神话中的十洲之一。韦渠牟《步虚词十九首》之十八:"紫府与玄洲,唯来物外游。"施肩吾《玩友人庭竹》:"曾去玄洲看种玉,那似君家满庭竹。"曹唐《小游仙诗九十八首》之六:"玄洲草木不知黄,甲子初开浩劫长。"罗隐《秋日有寄》:"东去西来人不会,上卿踪迹本玄洲。"

【玄津】 指佛法。骆宾王《和王书记从赵王春日游陀山寺》:"雕谈筌奥旨,妙辩漱玄津。"

【玄宫】 ❶天子后妃所葬之坟墓。韩愈《丰陵行》:"逾梁下坂笳鼓咽,嵽嵲遂走玄宫间。"姚合《敬宗皇帝挽词三首》之一:"玄宫今一闭,终古柏苍苍。"❷仙人所居之宫殿。孙咸《题九天使者庙》:"独入玄宫礼至真,焚香不为贱贫身。"吕岩《七言》之五十:"形飞峭壁非凡骨,神在玄宫别有天。"❸指道观。李中《赠蒯亮处士》:"玄宫寄宿月华冷,羽客伴吟松韵秋。"

【玄扃】 ❶墓门;墓室。陈元光《太母魏氏半径题石》:"乔岳标仙迹,玄扃妥寿姬。"张九龄《故荥阳君苏氏挽歌词三首》之三:"缟服纷相送,玄扃翳不开。"❷犹玄门。指道教的玄妙深奥之道。李商隐《寄太原卢司空三十韵》:"何由叨末席,还得扣玄扃。"

【玄祖】 远祖。白居易《德宗皇帝挽歌词四首》之一:“执象宗玄祖,贻谋启孝孙。”

【玄珠】 ❶黑色明珠。喻贤才的言论或宝贵的事物等。许浑《酬副使郑端公见寄》:“一日高名遍九州,玄珠仍向道中求。”温庭筠《鸿胪寺有开元中锡宴堂遗址仅有存者偶成四十韵》:“玄珠十二旒,红粉三千行。”司马扎《感古》:“玄珠人不识,徒爱燕赵玉。”崔璐《览皮先辈盛制因作十韵以寄用伸款仰》:“几人游赤水,夫子得玄珠。”❷道家、佛家比喻道的实体,或教义的真谛。陆敬《游清都观寻沈道士得都字》:“方追羽化侣,从此得玄珠。”崔元翰《奉和圣制重阳旦日百寮曲江宴示怀》:“探道得玄珠,斋心居特室。”姚鹄《送贺知章入道》:“还披旧褐辞金殿,却捧玄球向翠微。”李群玉《湘中别成威阇黎》:“赤水千丈深,玄珠几人得。”

【玄都】 (—dū)❶传说中神仙居处。沈佺期《哭道士刘无得》:“闻有玄都客,成仙不易祈。”杜甫《冬日洛城北谒玄元皇帝庙》:“配极玄都闷,凭虚禁御长。”殷尧恭《府试中元观道流步虚》:“玄都开秘箓,白石礼先生。”曹唐《小游仙诗九十八首》之三二:“洞里烟深木叶粗,乘风使者降玄都。”❷指玄都观。刘禹锡《酬令狐相公雪中游玄都见忆》:“玄都留五字,使入步虚声。”见“玄都觀”。

【玄都五府】 (都 dū)谓神仙所居之地的明堂。五府,即明堂。中有文祖、神斗、显纪、玄矩、灵府五室。尧时称“五府”,周时称“明堂”。骆宾王《代女道士王灵妃赠道士李荣》:“玄都五府风尘绝,碧海三山波浪深。”

【玄都閣】 (都 dū)玄都观楼阁。朱庆余有《登玄都阁》。见“玄都觀”。

【玄都壇】 (都 dū)古道坛名。杜甫《玄都坛歌寄元逸人》:“屋前太古玄都坛,青石漠漠常风寒。”蔡梦弼注:“玄都乃汉武帝所筑,在长安南山子午谷中。”

【玄都觀】 (都 dū,觀 guàn)北周、隋、唐道观名。原名通道观,隋开皇二年(582)改名玄都观。在今陕西长安县南崇业坊。刘禹锡《元和十一年自朗州召至京戏赠看花诸君子》:“玄都观里桃千树,尽是刘郎去后栽。”章孝标有《玄都观栽桃十韵》。喻凫有《玄都观李尊师》。蜀太后有《玄都观》。

【玄根】 ❶指道家所称的道的根本。吕岩《七言》之十:“安排鼎灶炼玄根,进退须明卯酉门。”❷犹言本性。韩愈《陆浑山火和皇甫湜用其韵》:“电光䃶磹赪目瑷,项冥收威避玄根。”

【玄蚌】 (—bàng)黑色蚌。李涉《六叹》之一:“玄蚌初开影暂明,骊龙欲近威难逼。”

【玄圃】 传说中昆仑山顶的神仙居处,中有奇花异石。玄,通“悬”。李康成《玉华仙子歌》:“夕宿紫府云母帐,朝餐玄圃昆仑芝。”李德裕《寒食日三殿侍宴奉进诗一首》:“焕若游玄圃,欢如享太牢。”李群玉《自澧浦东游江表途出巴丘投员外从公虞》:“文襟即玄圃,笔下成琳琅。”温庭皓《观山灯献徐尚书》:“势异昆冈发,光疑玄圃生。”

【玄恩】 圣恩。陈陶《涂山怀古》:“玄恩及花木,丹谶名崆峒。”

【玄造】 ❶造化。亦指大自然、天地。杜正伦《玄武门侍宴》:“大德侔玄造,微物荷陶甄。”元结《闵荒诗》:“令行山川改,功与玄造侔。”欧阳詹《寓兴》:“相将任玄造,聊醉手中卮。”曹松《哭胡处士》:“白衣归北路,玄造亦遗才。”❷天意。白居易《逸老》:“是故临老心,冥然合玄造。”

【玄豹】 黑豹。其毛皮贵重,胎为美味。钱起《过山人所居因寄诸遗补》:“一随玄豹隐,几换绿萝阴。”柳宗元《雨中赠仙人山贾山人》:“遥知玄豹在深处,下笑羁绊泥涂间。”刘言史《葛巾歌》:“十年紫竹溪南住,迹同玄豹依深雾。”谭用之《寄徐拾遗》:“好向明庭拾遗事,莫教玄豹老泉林。”

【玄悟】 深悟;妙悟。韦应物《司空主簿琴席》:“澹景发清琴,幽期默玄悟。”

【玄朔】 北方。李峤《奉和幸望春宫送朔方总管张仁亶》:“猛气凌玄朔,崇恩降紫宸。”杜甫《赠李八秘书别三十韵》:“玄朔回天步,神都忆帝车。”

【玄浦】 即玄圃。吕岩《题桐柏山黄先生庵门》:“云軿飘泛到凝阳,一见君兮在玄浦。”

【玄酒】 古代祭礼中当酒用的清水。亦指淡酒。皎然《同诸公奉侍祭岳渎使大理卢幼平自会稽回经平望将赴于朝廷期过故林不至》:“紫泥颁会计,玄酒荐芳馨。”《郊庙歌辞·享节愍太子庙乐章·登歌酌鬯》:“礼因诚致,备洁玄酒。”皮日休《酒中十咏·酒泉》:“羲皇有玄酒,滋味何太薄。”李咸用《春雨》:“天人醉引玄酒注,倾香旋入花根土。”

【玄冥】 ❶神名。(1)水神。《左传·昭公十八年》:“禳火于玄冥、回禄。”杜预注:“玄冥,水神。”一说为雨师。李颀《与诸公游济渎泛舟》:“玄冥掌阴事,祝史告年丰。”杜甫《又上后园山脚》:“蓐收困用事,玄冥蔚强梁。”原注:“蓐收:金神,主秋;玄冥:水神,主冬。”❷冬神。杜甫《前苦寒行二首》之一:“玄冥祝融气或交,手持白羽未敢释。”杨巨源《奉酬窦郎中早入省苦寒见寄》:“玄冥怒含风,群物戒严节。”白居易《浔阳三题·湓浦行》:“玄冥气力薄,草木冬犹绿。”徐夤《梅花》:“玄冥借与三冬景,谢氏输他六出花。”(3)北方之神。李峤《扈从还洛呈侍从群官》:“玄冥奉时驾,白拒参戎律。”(2)指北方。杜甫《后出塞五首》之三:“誓开玄冥北，持以奉吾君。”❸指阴间、九泉。鲍溶《苦哉远征人》：“李陵死别处，窅杳玄冥乡。”韦庄《冬日长安感志寄献虢州崔郎中二十韵》：“才惊素节移铜律，又见玄冥变玉签。”又《句》：“不随妖艳开，独媚玄冥节。”

【玄通】　与天相通。吴筠《高士咏·冲虚真人》：“冲虚冥至理，体道自玄通。”

【玄孫】　自身以下的第五代。杜甫《赠虞十五司马》：“远师虞秘监，今喜识玄孙。”白居易《新乐府·新丰折臂翁》：“玄孙扶向店前行，左臂凭肩右臂折。”又《朱陈村》：“所以多寿考，往往见玄孙生。”

【玄理】　精微的义理；深奥的道理。李频《暮秋重过山僧院》：“静室闻玄理，深山可白头。”张乔《闻仰山禅师往曹溪因赠》：“四海求玄理，千峰绕定身。”李群玉《游玉芝观》：“且共探玄理，归途月未生。”刘沧《夏日登慈恩寺》：“尘机消尽话玄理，暮磬出林疏韵澄。”

【玄域】　指仙境。贯休《读杜工部集二首》之一：“岂非玄域橐，夺得古人旗。”

【玄教】　（—jiào）指道教。李咸用《吴处士寄香兼劝入道》：“空挂黄衣宁续寿，曾闻玄教在知常。”

【玄黄】　❶指天地的颜色。玄为天色，黄为地色。陈子昂《夏日晖上人房别李参军崇嗣》：“翕忽玄黄里，驱驰风雨情。”❷黑色和黄色。此二色与青、赤、白为古之所谓五种正色。李华《杂诗六首》之二：“玄黄与丹青，五气之正色。”亦泛称各种颜色。无名氏《白受采》（卷七八七）：“皎洁形无定，玄黄用莫同。”❸古人谓天地混沌之气。尉迟汾《府尹王侍郎准制拜岳因状嵩高灵胜寄呈三十韵》：“动息形似蚁，玄黄气如笼。”刘禹锡《送惟良上人》序：“视玄黄溟涬，无倪有常。”❹《易·坤》：“龙战于野，其血玄黄。”高亨注：“二龙搏斗于野，流血染泥土，成青黄混合之色。”后用以指战乱。《霅溪夜宴诗》之一（卷八六四）：“雪集大野兮血波汹汹，玄黄交战兮吴无全陇。”齐己《谢贯微上人寄示古风今体四轴》：“今体尽搜初剖判，古风淳凿未玄黄。”❺马病貌。刘长卿《杂咏八首上礼部李侍郎·疲马》：“玄黄一疲马，筋力尽胡尘。”白居易《有小白马乘驭多时湓然而毙足可惊伤不能忘情题二十韵》：“赭白何曾变，玄黄岂得知。”王建《闻故人自征戍回》：“亦知远行劳，人悴马玄黄。”鲍溶《秋暮山中怀李端公益》：“此中会难得，梦君马玄黄。”

【玄菟】　古郡名。汉武帝置。辖境相当辽宁东部及朝鲜咸镜道一带。后亦泛指边塞要地。许敬宗《奉和春日望海》：“电野清玄菟，腾笳振白狼。”长孙佐辅《关山月》：“始经玄菟塞，终绕白狼河。”李商隐《隋师东》：“可惜前朝玄菟郡，积骸成莽阵云深。”见“玄兔❸”。

【玄虛】　❶形容道的玄远虚无，亦指玄远虚无的道。吴筠《游仙二十四首》之二二：“寥寥唯玄虚，至乐在神王。”陆龟蒙《和袭美寒日书斋即事三首每篇各用一韵》之三：“名价皆酬百万余，尚怜方丈讲玄虚。”罗隐《第五将军于余杭天柱宫入道因题寄》：“却恐武皇还望祀，软轮征入问玄虚。”李珣《渔父》：“轻爵禄，慕玄虚，莫道渔人只为鱼。”❷谓性情恬静。韦应物《寄冯著》：“吾道亦自适，退身保玄虚。”蒋防《题杜宾客新丰里幽居》：“风泉输耳目，松竹助玄虚。”

【玄堂】　指坟墓。钱起《过温逸人旧居》：“玄堂闭几春，拱木齐云峤。”姚合《庄恪太子挽词二首》之二：“寒日青宫闭，玄堂渭水滨。”

【玄冕】　黑色官冕。杜甫《喜闻官军已临贼境二十韵》：“帐殿罗玄冕，辕门照白袍。”姚合《冬夜书事寄两省阁老》：“发稀岂易胜玄冕，眼暗应难写谏书。”方干《初归镜中寄陈端公》：“故交若问逍遥事，玄冕何曾胜苇衣。”

【玄帷】　黑色的帷幕。韩愈《病中赠张十八》：“玄帷隔雪风，照炉钉明釭。”

【玄符】　天符；符命。谓上天显示的瑞征。刘禹锡《平齐行二首》之一：“今朝天子圣神武，手握玄符平九土。”

【玄鳥】　❶燕子。苏颋《奉和圣制答张说出雀鼠谷》：“御祠玄鸟应，仙仗绿杨开。”李应《立春日晓望三素云》：“玄鸟初来日，灵仙望里分。”白居易《寓意诗五首》：“翩翩两玄鸟，本是同巢燕。”贾岛《义雀行和朱评事》：“玄鸟雄雌俱，春雷惊蛰余。”❷即玄鸟氏之省称。传说上古少昊帝时官名。掌春分、秋分。魏征《五郊乐章·肃和》：“玄鸟司春，苍龙登岁。”

【玄象】　天象。谓日月星辰在天所成之象。李白《古风》之二九：“至人洞玄象，高举凌紫霞。”吴筠《高士咏·严子陵》：“紫宸同御寝，玄象验客星。”鲍溶《读淮南李相行营至楚州诗》：“玄象合教沧海晏，青龙喜应太山春。”李商隐《送从翁东川弘农尚书幕》：“中原重板荡，玄象失钩陈。”

【玄液】　指水。柳宗元《种术》：“土膏滋玄液，松露坠繁柯。”

【玄寂】　玄虚寂静，形容守道无为。方干《题澄圣塔院上方》：“若把重门谕玄寂，何妨善闭却无关。”

【玄宿】　（—xiù）天上的星宿。皮日休《鲁望读襄阳耆旧传见赠五百言次韵》：“斑斑生造士，一一应玄宿。”

【玄扈】　水名。在今陕西洛南县南，源于玄扈山，注入洛水，故又名洛汭。传说仓颉于此受灵龟负书。见《水经注·洛水》。李怀远《凝碧池侍宴看竞渡》：“地如玄扈望，波似洞庭秋。”

【玄陰】　❶指冬季极盛的阴气。刘希夷《孤松篇》：“玄阴天地冥，皓雪朝夜零。”杜甫《复阴》：“方冬合杳玄阴塞，昨日晚晴今日黑。”白居易《题平泉薛家雪堆庄》：“赤日旱天长看雨，玄阴腊月亦闻雷。”❷指月亮。元稹《赋得九月尽》：“玄阴迎落日，凉魄尽残钩。”

【玄鄉】　迷信谓阴间。《示韦泛禄命》（卷八六四）：“前阳复后杨，后杨年年强，七月之节归玄乡。”

【玄斑】　黑色的斑纹。白居易《文柏床》：“玄斑状狸首，素质如截肪。”

【玄極】　天顶；天空。韦应物《王母歌》：“上游玄极杳冥中，下看东海一杯水。”

【玄棗】　黑枣。韦应物《马明生遇神女歌》：“大瓜玄枣冷如冰，海上摘来朝霞凝。”

【玄雲】　❶黑云；浓云。杜甫《久雨期王将军不至》：“数看黄雾乱玄云，时听严风折乔木。”白居易《和微之诗二十三首·和祝苍华》：“使我玄云发，化为素丝缕。”❷黑黄色的云。喻圣泽、圣德。元结《补乐歌十首·云门》：“玄云溶溶兮，垂雨濛濛，类我圣泽兮，涵濡不穷。”❸汉代铙歌名。列为鼓吹曲，用于战阵之事。《晋书·乐志下》：“汉时有《短箫铙歌》之乐，其曲有……《玄云》《黄爵行》《钓竿》等曲，列于鼓吹，列序战阵之事。”陈子昂《登泽州城北楼宴》：“且歌玄云曲，御酒舞薰风。”

【玄雲曲】　见“玄雲歌”。

【玄雲歌】　亦作“玄雲曲”。曲名。《艺文类聚》卷四三引汉班固《汉武内传》：“西王母命侍女安法婴歌《玄云》曲。”后以指仙歌妙曲。李商隐《李肱所遗画松诗书两纸得四十韵》：“口咏玄云歌，手把金芙蓉。”陈陶《有所思》：“欲唱玄云曲，知音复谁是。”

【玄貺】　天赐。李益《大礼毕皇帝御丹凤门改元建中大赦》：“升中告成答玄贶，泥金检玉昭鸿恩。”德宗《中春麟德殿会百僚观新乐诗一章章十六句》：“德浅荷玄贶，乐成思治人。”

【玄奥】　指玄虚深奥的义理。白行简《夫子鼓琴得其人》：“宣父穷玄奥，师襄授素琴。”牟融《题山房壁》：“玄奥凝神久，禅机入妙深。”

【玄禽】　指燕子。关盼盼《燕子楼三首》之三：“适看鸿雁岳阳回，又睹玄禽逼社来。”

【玄遊】　犹仙游。指信奉道教的人外出求仙访道。刘宪《奉和幸白鹿观应制》：“玄游乘落晖，仙宇蔼霏微。”

【玄絲】　黑色的钓丝。杜牧《题池州弄水亭》：“玄丝落钩饵，冰鳞看吞吐。”

【玄遠】　玄妙幽远。崔日用《句》：“彼名流兮左氏癖，意玄远兮冠今夕。”吴筠《高士咏·南华真人》：“南华源道宗，玄远故不测。”

【玄想】　指超脱尘世的思想。任要《腊月中与韦户曹游发生洞同为口号》：“山翠幂灵洞，洞深玄想微。”皮日休《临顿为吴中偏胜之地因成五言十首奉题屋壁》之七：“玄想凝鹤扇，清斋拂鹿冠。”

【玄路】　成佛的道路。慧静《杂言》：“唯有能仁独圆悟，廓尘静浪开玄路。”

【玄微】　❶深远微妙；深远微妙的境界。周贺《赠姚合郎中》：“道从会解唯求静，诗造玄微不趁新。”刘沧《赠颛顼山人》：“浩气含真玉片辉，著书精义入玄微。”张蠙《赠丘衙推》：“诗逸不拘凡对属，易穷皆达圣玄微。”贯休《观棋》：“今朝惭一行，无以造玄微。”❷深远的微妙的义理。常达《山居八咏》之六：“太虚同万象，相谓话玄微。”❸天空；高空。郭周藩《谭子池》：“言讫辞冲虚，杳霭上玄微。”

【玄猿】　黑色的猿。张谓《西亭子言怀》：“攀树玄猿呼郡吏，傍溪白鸟应家禽。”李白《鸣皋歌送岑征君》：“玄猿绿罴，舔舕崟岌。”杜甫《九日五首》之一：“殊方日落玄猿哭，旧国霜前白雁来。”皮日休《追和虎丘寺清远道士诗》：“玄猿行列归，白云次第散。”

【玄解】　（—jiě）对事物玄妙的理解。亦指玄妙难解的道理或事理。陆龟蒙《和袭美寄怀南阳润卿》：“才情未拟汤从事，玄解犹嫌竺道人。”徐铉《步虚词五首》之四：“何处求玄解，人间有洞天。”

【玄猷】　指先圣的大道。张九龄《奉和圣制赐诸州刺史以题座右》：“肃肃禀玄猷，煌煌戒朱轩。”《郊庙歌辞·享太庙乐章·严和》：“肃肃清庙，赫赫玄猷。”

【玄漠】　北方大漠。裴漼《奉和御制平胡》：“玄漠圣恩通，由来书轨同。”李昂《从军行》：“玄漠云平初合阵，西山月出闻鸣镝。”

【玄塞】　（—sài）指长城。许敬宗《奉和执契静三边应诏》：“玄塞隔阴戎，朱光分昧谷。”玄宗《平胡》：“雾扫清玄塞，云开静朔方。”

【玄窞】　幽深的洞穴。韩愈《送无本师归范阳》：“众鬼囚大幽，下觑袭玄窞。”

【玄經】　指道家经典。吴筠《高士咏·严君平》：“卜筮训流俗，指归畅玄经。”王湾《哭补阙亡友綦毋学士》：“玄经贻石室，朱绂耀泉台。”卢鸿一《嵩山十志十首·洞元室》：“泽妙思兮草玄经，结幽门兮在黄庭。”

【玄閣】　指唐玄宗在骊山（在今陕西临潼县境）所修建的朝元阁。为玄宗供奉道教鼻祖老子之处，殿内有老子石像，传为唐著名艺术家元佳儿所雕制。储光羲《述华清宫五首》之一：“朝朝礼玄阁，日日闻体轻。”韦应物《温泉行》：“玉林瑶雪满寒山，上升玄阁游绛烟。”

【玄圖】　指图谶。吕岩《忆江南》词之五：“阴丹诀，三五合玄图。”

【玄鳳】　凤凰。陈子昂《感遇诗三十八首》之二五："昆仑见玄凤，岂复虞云罗。"李益《答郭黄中孤云首章见赠》："已矣玄凤叹，严霜集灵苕。"

【玄誥】　指《文始真经》，周尹喜撰。因尹喜号文始先生，故称。吴筠《高士咏·文始真人》："玄诰已云锡，世荣何足累。"

【玄端】　古代一种黑色礼服。祭祀时，天子、诸侯、士大夫皆服之。《郊庙歌辞·朝日乐章·雍和》："玄端肃事，紫幄兴祥。"

【玄髮】　黑发。张九龄《登乐游原春望书怀》："已惊玄发换，空度绿荑柔。"刘长卿《奉送从兄罢官之淮南》："玄发他乡换，沧州此路遐。"白居易《府斋感怀酬梦得》："丹砂炼作三铢土，玄发看成一把丝。"聂夷中《秋夕》："玄发不知白，晓入寒铜觉。"亦借指少年。刘沧《春日旅游》："玄发辞家事远游，春风归雁一声愁。"

【玄鬢】　黑发。温庭筠《洞户二十二韵》："素手琉璃扇，玄鬓玳瑁簪。"

【玄駒】　黑色小马。或谓良马名。辅国将军《为刘洪作》之一（卷八六四）："乌乌在虚飞，玄驹遂野依。"

【玄樞】　指把握道的奥义的枢纽。皎然《寒栖子歌》："栖子妙今道已成，手把玄枢心运冥。"

【玄膚】　黑色的皮肤。李咸用《临川逢百年》："麻姑山下逢真士，玄肤碧眼方瞳子。"

【玄賞】　游赏。李峤《刘侍读见和山邸十篇重申此赠》："梁驾陪玄赏，淄庭掩翠岑。"

【玄黓】　天干壬的别称。用以纪年，壬年称玄黓。赵居贞《云门山投龙诗》序："有唐天宝玄黓岁□月己巳，中散大夫、使持节北海郡诸军事、北海郡太守、柱国天水赵居贞，登云门山，投金龙环璧，奉为开元天地大宝圣文神武皇帝祈福也。"

【玄範】　指仙境。李义府《在嶲州遥叙封禅》："帝猷符广运，玄范畅文思。"

【玄論】　关于老庄学说的谈论。李中《宿庐山白云峰重道者院》："绝顶松堂喜暂游，一宵玄论接浮丘。"

【玄談】　❶指汉魏以来以老庄之道和《周易》为依据而辨析名理的谈论。孙逖《和左卫武仓曹卫中对雨创韵赠右卫李骑曹》："美酒怀公宴，玄谈俟客嘲。"崔宗之《赠李十二白》："清论既抵掌，玄谈又绝倒。"羊士谔《郡中端居有怀袁州王员外使君》："青眼真知我，玄谈愧起予。"❷佛教语。指对佛教教义的阐述。张蠙《赠闻一上人》："玄谈穷释旨，清思掩诗流。"贯休《赠抱麻刘舍人》："禅叟知何幸，玄谈有宿因。"

【玄潭】　深潭。王昌龄《山中别庞十》："吟时白云合，钓处玄潭清。"

【玄豫】　谓天子巡游。上官仪《奉和秋日即目应制》："仙歌临枍诣，玄豫历长杨。"

【玄燕】　燕子。太宗《初夏》："碧鳞惊棹侧，玄燕舞檐前。"徐夤《梦断》："玄燕有情穿绣户，灵龟无应祝金杯。"

【玄機】　❶天机；天意。殷尧藩《寄许浑秀才》："万木惊秋叶渐稀，静深造化见玄机。"周昙《咏史诗·春秋战国门·张孟谭》："城内蒿铜诚自有，无谋谁解见玄机。"❷深奥微妙的义理。张说《道家四首春敕撰》之三："金炉承道诀，玉牒启玄机。"李嘉祐《题张公洞》："主人白发雪霞衣，松间留我谈玄机。"牟融《游淮云寺》："玄机隐隐应难觉，尘事悠悠了不关。"皮日休《奉和鲁望读阴符经见寄》："玄机一以发，五贼纷然起。"

【玄默】　❶沉静不语。韦应物《善福精舍示诸生》："方以玄默处，岂为名迹侵。"萧祜《游石堂观》："斋心玄默感灵卫，必见鸾鹤相裴回。"❷清静无为。郑絪《享太庙乐章》："允恭玄默，化成理定。"

【玄澤】　圣恩。张九龄《奉和圣制温泉歌》："吾君利物心，玄泽浸苍黔。"武平一《奉和幸韦嗣立山庄侍宴应制》："素风纷可尚，玄泽蔼无垠。"储光羲《大酺得长字韵时任安宜尉》："中朝发玄泽，下国被天光。"杨巨源《春日奉献圣寿无疆词十首》之五："紫烟含北极，玄泽付东风。"

【玄霜】　❶神话中的一种仙药。《樊夫人答裴航》（卷八六十）："一饮琼浆百感生，玄霜捣尽见云英。"❷厚霜。元季川《山中晓兴》："河汉降玄霜，昨来节物殊。"皮日休《以纱巾寄鲁望因而有作》："掩敛乍疑裁黑雾，轻明浑似戴玄霜。"

【玄壑】　深壑。韦应物《送阎寀赴东川辟》："上陟白云峤，下冥玄壑湍。"

【玄龜】　元龟；大龟。刘希夷《蜀城怀古》："玄龟埋卜室，彩凤灭词场。"张祜《寄王尊师》："溪桥晚下玄龟出，草露朝行白鹿眠。"叔孙玄观《洛出书》："清洛含温溜，玄龟荐宝书。"

【玄講】　讲叙佛学义理。孟郊《与王二十一员外涯游昭成寺》："玄讲岛岳尽，渊咏文字新。"

【玄闕】　（一què）谓皇宫。李义俯《和边城秋气早》："睿作高紫宸，分明映玄阙。"

【玄曜】　天光。喻坚贞的品质。孟郊《连州吟》之一："愿君保玄曜，壮志无自沉。"

【玄蹤】　仙踪。孟浩然《宿天台桐柏观》："高步凌四明，玄踪得三老。"钱起《寻华山云台观道士》："稍寻玄踪远，宛入寥天寂。"张聿《剑化为龙》："至今沙岸下，谁得睹玄踪。"皮日休《奉和鲁望四明山九题·鞠侯》："尔徒如不死，应得蹑玄踪。"

【玄蟬】　秋蝉；寒蝉。陈子昂《感遇诗三十八首》之二五："玄蝉号白露，兹岁已蹉跎。"司空曙《残莺百峤歌同李端游慈恩各赋一物》："此时断绝为君惜，明日玄蝉催发白。"李正封《咏露》："沾树急玄蝉，洒池栖皓鹤。"李商隐《访隐者不遇成二绝》之一："玄蝉去尽叶黄落，一树冬青人未归。"

【玄藻】 美妙的文辞。武平一《送金城公主适西蕃》："圣念飞玄藻，仙仪下白兰。"皮日休《奉和鲁望上元日道室焚修》："明真台上下仙官，玄藻初吟高籁寒。"

【玄關】 ❶佛家称入道的法门。李端《宿云际寺赠深上人》："支公有方便，一愿启玄关。"朱湾《同清江师月夜听坚正二上人为怀州转法华经歌》："玄关密迹难可思，醒人悟兮醉人疑。"白居易《宿竹阁》："无劳别修道，即此是玄关。"贾岛《赠无怀禅师》："不掩玄关路，教人问白头。"❷道家指道教的要义。丁泽《上元日梦王母献白玉环》："灵姿趋甲帐，悟道契玄关。"王起《赠毛仙翁》："丹灶化金留秘诀，仙宫嗽玉叩玄关。"徐铉《题白鹤庙》："平生心事向玄关，一入仙乡似旧山。"吕岩《七言》之二六："举世尽皆寻此道，谁人空里得玄关。"❸泛指门户。崔曙《颍阳东溪怀古》："昔时让王者，此地闭玄关。"羊士谔《小园春至偶呈吏部窦郎中》："偃息非老圃，沉吟阖玄关。"陆龟蒙《袭美见题郊居十首因次韵酬之以伸荣谢》之五："福地能容堑，玄关讵有扉。"李山甫《禅林寺作寄刘书记》："玄关不闭何人到，此事谁论在佛先。"

【玄廬】 坟墓。韦应物《送终》："晨迁俯玄庐，临诀但遑遑。"

【玄轡】 仙驾。孟郊《列仙文·方诸青童君》："玄辔飞霄外，八景乘高清。"

【玄寶】 ❶灵宝妙品。元结《引极三首·怀潜君》："拜潜君兮索玄宝，佩元符兮轨皇道。"聂文郁注："索玄宝，意思是向潜君讨要灵宝妙品。"❷北宋初南岳诗僧。《全唐诗》卷八五〇录其《路》一首。

【玄纁】 黑色和浅红色的布帛。后世帝王用作延聘贤士的礼品。权德舆《卧病喜惠上人李炼师茅处士见访因以赠》："清言出象系，旷迹逃玄纁。"刘禹锡《游桃源一百韵》："居安白社贫，志傲玄纁辟。"张贲《酬袭美先见寄倒来韵》："为有此身犹苦患，不知何者是玄纁。"曹松《拜访陆处士》："万卷书边人半白，再来惟恐降玄纁。"

【玄覽】 ❶远见；深察。贺知章《奉和圣制送张说上集贤学士赐宴赋得谟字》："西学垂玄览，东堂发圣谟。"吴筠《高士咏·东方曼倩》："玄览寄数术，纳规在谈笑。"❷远望；远眺。崔湜《奉和登骊山高顶寓目应制》："名山何壮哉，玄览一徘徊。"贺敳《奉和九月九日应制》："商飙凝素生命线篇，玄览赍黄图。"徐彦伯《奉和幸新丰温泉宫应制》："何如黑帝月，玄览白云乡。"钱起《奉和圣制登朝元阁》："六合纡玄览，重轩启上清。"❸犹悬镜。指人的内心。太宗《端午三殿宴群臣探得神字》："超然玄览，自足为乐。"❹唐诗僧。玄，一作"元"。《全唐诗外编》(下)录其《题竹》诗一首，诗题下注："玄览，大历末住荆陟山古寺。道高有风韵，人不可得而亲。张璪尝画古松于斋壁，符载赞之，卫象诗之，亦一时三绝，玄览悉加垩焉。问其故，曰：'无事疥吾壁也。'僧那即其甥，为寺之患，发瓦探过觳，坏墙重鼠，览未尝责。有弟子义诠，布衣一食，览亦不称，或怪之，乃题诗于句。"

【玄露】 ❶清露。令狐楚《南宫夜直以诗寄》："尚垂玄露点，犹湿紫泥封。"李群玉《龟》："灵腹唯玄露，芳巢必翠蕖。"吕岩《汉宫春》词："胎禽怨夜，来乘风、玄露丹霞。"❷喻美酒。曹堂《玉女杜兰香下嫁于张硕》："怨入清尘愁锦瑟，酒倾玄露醉瑶觞。"

【玄鶴】 仙鹤；黑鹤。太宗《帝京篇十首》之四："彩凤肃来仪，玄鹤纷成列。"李绅《新楼诗二十首·琪树》："石桥峰上栖玄鹤，碧阙岩边荫羽人。"舒元舆《桥山怀古》："洞庭张乐降玄鹤，涿鹿大战摧蚩尤。"卢士衡《游灵溪观》："话久仙童颜色老，病来玄鹤羽毛疏。"

【玄鑒】 犹明镜。喻高明的见解。则天皇后《唐享昊天乐·第三》："丹襟式敷衷恳，玄鉴庶察微诚。"

【玄籙】 道教传述仙法的秘文符册。则天皇后《石淙》："三山十洞光玄箓，玉峤金峦镇紫微。"李益《入华山访隐者经仙人石坛》："尝闻玉清洞，金简受玄箓。"皮日休《太湖诗·入林屋洞》："玄箓乏仙骨，青文无绛名。"

【玄鬢】 ❶黑色鬓发。羊士谔《寄江陵韩少尹》："别来玄鬓共成霜，云起无心出帝乡。"刘禹锡《送蕲州李郎中赴任》："北地交亲长引领，早将玄鬓到京华。"白居易《感旧写真》："朱颜与玄鬓，日夜改复改。"张蠙《和友人送赵能卿东归》："相看玄鬓少，共忆白云多。"❷指蝉。骆宾王《在狱咏蝉》："那堪玄鬓影，来对白头吟。"

【玄靈】 神灵。张说《唐封泰山乐章·太和》："贞璧就奠，玄灵垂光。"

【玄讖】 玄妙的谶记。贯休《闻前王使君在泽潞居》："信哉有良吏，玄谶应百数。"原注："东阳古者相传有记云：刺史满一百，即有好刺史来，后有大寇至。使君来正当一百人，两年后果有黄贼来，公避地远去。"又《寿春节进》："大宝归玄谶，殊祥出远池。"

【玄灞】 即灞水。灞，亦作"霸"。灞水出陕西蓝田东秦岭即西南而流，复折向西北经陕西西安市东过灞桥而北入渭水。卢照邻《晚渡渭桥寄示京邑游好》："一赴清泥道，空思玄灞游。"刘长卿《灞东晚晴简同行薛弃朱训》："客山豁初霁，霁色暝玄灞。"

六 画

率[1] 〔shuài《广韵》所類切，去至，生。又所律切，入術，生。〕❶急遽；仓猝。见“率然”“率爾”。❷服从；顺服。柳宗元《奉平淮夷雅表·方城》：“孰是蔡人，而不率从。”❸率领；带领。柳宗元《贞符》：“运臂率指，屈伸把握，莫不统率。”见“率领”。❹继，一个接一个。杜甫《述古三首》之二：“农人望岁稔，相率除蓬蒿。”❺轻率；草率。李峤有《寒食清明日早赴王门率成》。玄宗《千秋节宴》序：“令节肇开，情兼感庆，率题八韵。”贾岛《赠智朗禅师》：“率赋赠远言，言惭非子曰。”李咸用《和吴处士题村叟壁》：“览君书壁句，诱我率成篇。”❻直率；真率。司空图《漫题三首》之三：“率怕人言谨，闲宜酒韵高。”又《诗品二十四则·疏野》：“拾物自富，与率为期。”韦庄《曲池作》：“性为无机率，家因守道贫。”❼使。柳宗元《贞符》：“于是有圣人焉晓，置州牧四岳，持而纲之，立有德有功有能者，参而维之，运臂率指屈伸把握，莫不统率。”❽表率。楷模。白居易《贺雨》：“莫如率其身，慈和与俭恭。乃命罢进献，乃命赈饥穷。”❾一概；都。韩愈《调张籍》：“惟此两夫子，家居率荒凉。”刘禹锡《海阳十咏》序：“元次山始作海阳湖，后之人或立亭榭，率无指名，及余而大备。”白居易《和答诗十首》序：“凡二十章，率有尖比。”皮日休《鲁望昨以五百言见贻因成一千言上述吾唐文物之盛次叙相得之欢亦迭和之微旨也》：“百家嚣浮说，诸子率寓篇。”❿大抵；一般。白居易《偶作二首》之二：“一日分五时，作息率有常。”皮日休《添鱼具诗》序：“江汉间时候率多雨。”⓫自；从。见“率土”。

率[2] 〔lǜ《集韵》劣戌切，入術，來。〕见“率府”“率税”。

【率土】 ❶“率土之滨”的省称。指疆域之内。张九龄《奉和圣制南郊礼毕酺宴》：“配天昭圣业，率土庆辉光。”权德舆《仲秋朝拜昭陵》：“吾皇弘孝理，率土蒙景福。”白居易《新乐府·昆明春》：“吾闻率土皆王民，远民何疏近何亲。”卢渥《赋得寿星见》：“无如此嘉祉，率土荷秋成。”❷犹王土。指京畿地区。张署《赠韩退之》：“涣汗几时流率土，扁舟西下共归田。”

【率先】 ❶首先；带头。韩愈《元和圣德诗》序：“臣蒙被恩泽，日与群臣序立紫宸殿陛下，亲望穆穆之光；而其职业又在以经籍教导国子，诚宜率先作歌诗以称道盛德。”❷作出榜样。张祜《投魏博田司空二十韵》：“传癖深元凯，筹谋奥子房。率先供帝命，特地举朝纲。”

【率服】 相率而服从。齐己《煌煌京洛行》：“大观无遗物，四夷来率服。”

【率$_2$府】 古官署名。始置于秦，汉因之。晋有五率府，南北朝及隋迭有因革，唐则有左右卫率府、左右宗卫率府、左右虞候率府、左右监门率府、左右内率府等十率府，皆太子属官，掌东宫兵仗、仪卫及门禁、徼巡、斥候等事。杜甫《官定后戏赠》：“老夫怕趋走，率府且逍遥。”

【率$_2$府兵曹】 官名。即左右卫率府兵曹参军。杜甫《官定后戏赠》原注：“时免河西尉，为右卫率府兵曹。”见“率$_2$府”。

【率性】 ❶循其本性；尽情任性。李峤《和同府李祭酒休沐田居》：“若人兼吏隐，率性夷荣辱。”广宣《皇太子频赐存问并索唱和新诗因有陈谢》：“率性多非学，缘情偶自书。”柳宗元《游南亭夜还叙志七十韵》：“夙抱丘壑尚，率性恣游遨。”❷本性；禀性。韦应物《种瓜》：“率性方卤莽，理生尤自疏。”皎然《支公诗》：“支公养马复养鹤，率性无机多脱略。”

【率情】 ❶顺其性情。汪遵《升仙桥》：“题桥贵欲露先诚，此日人皆笑率情。”❷任意。苏拯《明禁忌》：“恣欲创楼台，率情染朱翠。”

【率$_2$税】 唐代由率贷转化而来的一种杂税。率贷在名义上是向富户借钱，率税则为按财产的多少而抽税。白居易《大水》：“况当率税时，颇害农桑事。”

【率然】 ❶喜悦貌。耿沣《甘泉诗》：“客乃率然，遂赋兹是。”❷轻快貌。畅当《南充谢郡客游澧州留赠宇文中丞》：“车服率然来，涔阳作游子。”❸轻率貌。顾云《池阳醉歌赠匡庐处士姚岩杰》：“戏操狂翰蛮笺，傍人莫笑我率然。”

【率意】 任意，随意。皮日休《鲁望昨以五百言见贻因成一千言上述吾唐文物之盛次叙相得之欢亦迭和之微旨也》：“各持天地维，率意东西牵。”勾龙逢《献贺捷诗》：“唇齿论交岁月长，岂其率意忽颠狂。”

【率爾】 ❶急遽貌。刘禹锡《浙西李大夫述梦四十韵并浙东元相公酬和裴然继声》：“讽谏欣然纳，奇觚率尔操。”❷轻率貌。李峤有《奉使筑朔方六州城率尔而作》。韦应物《沣上精舍答赵氏外生伉》：“无为率尔言，可以致华簪。”❸犹索然。刘兼《梦归故园》之二：“宦情率尔拖鱼艇，客恨依然在燕梁。”

【率舞】 相率而舞。崔湜《奉和春日幸望春宫》：“即此欢娱齐镐宴，唯应率舞乐薰风。”顾况《乐府》“野人同鸟兽，率舞感升平。”杨巨源《春日奉献圣寿无疆词十首》之六：“无因随百兽，率舞奉丹墀。”李衢《都堂试贡士日庆春雪》：“因歌大君德，率舞咏陶钧。”

【率领】 带领。张说《舞马词六首》之一：“万玉朝宗凤扆，千金率领龙媒。”

玉 部

王[1] 〔wáng《广韵》雨方切，平陽，雲。〕❶帝王。夏商周三代之国君均称王。姚合《过天津桥晴望》："自从王在镐，天宝至如今。"亦以称后代之皇帝。杜甫《桥陵诗三十韵因呈县内诸官》："中使日夜继，惟王心不宁。"又《沙苑行》："王有虎臣司苑门，入门天厩皆云屯。"萧仿《享太庙乐章》："汪汪美化，垂范今王。"❷东周列国之诸侯均称王。元稹《出门行》："楚有望气人，王前忽长跪。贺王得贵宝，不远王所莅。"❸封有王爵者。李白《拟古十二首》之六："惟昔鹰将犬，今为侯与王。"❹番邦之国君。杜甫《北征》："其王愿助顺，其俗善驰突。"亦泛指首领。杜甫《前出塞九首》之六："射人先射马，擒贼先擒王。"❺表示在某一领域地位最尊，至高无上。刘禹锡《闲坐忆乐天以诗问酒熟未》："减书存眼力，省事养心王。"刘沧《经曲阜城》："三千弟子标青史，万代先生号素王。"陆龟蒙《袭美见题郊居十首因次韵酬之》："懒外应无敌，贫中直是王。"❻指诸侯或外邦朝见天子表示臣服。李峤《奉使筑朔方六州城率尔而作》："二庭已顿颡，五岭尽来王。"《郊庙歌辞·享太庙乐章·延和》："百蛮饮泽，万国来王。"❼指汉末王粲。贾岛《登楼》："赋因王阁笔，思比谢游疏。"❽指晋王徽之。白居易《会昌春连宴即事》："兴伴王寻戴，荣同隗在燕。"见"尋戴"。

王[2] 〔wàng《广韵》於放切，去漾，雲。〕❶作王，称王。于季子《咏项羽》："北伐虽全赵，东归不王秦。"皮日休《正乐府十篇·橡媪叹》："吾闻田成子，诈仁犹自王。"❷通"旺"。旺盛。高适《同诸公登慈恩寺浮图》："顿疑身世别，乃觉形神王。"朱逵《怀素上人草书歌》："衡阳客舍未相访，连饮百杯神转王。"白居易《胡吉郑刘卢张等六贤偶于弊居合成尚齿之会因成七言六韵以纪之》："诗吟两句神还王，酒饮三杯气尚粗。"薛能《春日闲居》："花繁春正王，茶美梦初惊。"

【王二十】 王涯。曾官补阙。韩愈有《赴江陵途中寄赠王二十补阙李十一拾遗李二十六员外翰林三学士》。见"王補闕"。

【王二十四侍御契】 杜甫有《赠王二十四侍御契四十韵》。朱鹤龄以为即此王契。黄鹤以为杜甫诗中之王契乃蜀人，别是一人。

【王十一】 ❶王行周。《会稽掇英总集》卷一〇收元稹《送王十一郎游浙中》及李绅《遥和元九送王行周游越》，知王十一郎为王行周。元稹有《送王十一南行》和《送王十一郎游剡中》。❷王起。元稹《酬哥舒大少府寄同年科第》："同年科第，宏词，吕二炅、王十一起。"白居易有《初除主客郎中知制诰与王十一李七元九三舍人中书同宿话旧感怀》。

【王十七】 王抡。曾官侍御史，《全石萃编》卷七四《御史台精舍碑》左侧有王抡题名。杜甫有《王十七侍御抡许携酒至草堂奉寄此诗便请邀高三十五使君同到》。

【王十八】 ❶王仲周。武元衡有《酬王十八见招》。《唐人行第录》："王十八仲周。武元衡《酬王十八见招》，又《闻王仲周所居牡丹花发戏赠》，两诗相应，当即其人。"又，武元衡有《夏日寄陆三达陆四逢并王念八仲周》。谓仲周行二十八，不知孰误。❷王质夫。白居易有《期李二十文略王十八质夫不至独宿仙游寺》《酬王十八李大见招游山》和《和王十八蔷薇涧花时有怀萧侍御兼见赠》等诗。

【王十三】 王正雅，为白居易洛阳履道里东邻。《旧唐书·王绍宗传》："出为汝州刺史，充本州防御使。有中人为监军，怙权干政，正雅不能堪，乃谢病归。"白居易有《赠东邻王十三》。

【王十將軍承俊】 (將 jiāng)杜甫有《寄赠王十将军承俊》。王承俊，当作王崇俊。崇俊，曾官大将军，西山都知兵马使崔旰欲其为节度使，未果，后被人诬杀之。见《资治通鉴》卷二二四。又，与杜甫同时有衢州刺史王承俊，然行八，且非武职。李嘉祐有《赠王八衢(州)》，此王八即承俊。

【王七】 ❶王绍宗。扬州江都(治所在今江苏扬州市)人。少力学，遍览经史，尤工草书，则天朝擢拜太子文学，累转秘书少监。见《旧唐书》本传。宋之问有《伤王七秘书监寄呈扬州陆长史通简府僚广陵以广好事》。❷王季友。岑参有《潼关使院怀王七季友》和《送王七录事赴虢州》。❸王之涣。王有《凉州词二首》云："羌笛何须怨杨柳，春风不度玉门关。"高适有《和王七玉门关听吹笛》。高诗或为王诗之和诗，故用韵亦相同。

【王八】 王承俊。承俊曾官衢刺史(见许志雍

《唐故江南西道观察判官监察御史裹行太原王公(叔雅)墓志铭》《全唐文》卷七一三)。李嘉祐有《赠王八衢》,原校:"一本此下有'州'字。"是。

【王人】 君王的使臣。权德舆《奉和张仆射朝天行》:"日日披诚奉昌运,王人织路传清问。"

【王九】 王迥。孟浩然友人。孟浩然有《上巳洛中寄王九迥》《鹦鹉洲送王九之江左》《春中喜王九相寻》《赠王九》和《同王九题就师山房》。

【王土】 帝王统辖之土地。杜甫《八哀诗·赠司空王公思礼》:"恐惧禄位高,怅望王土窄。"

【王大夫】 ❶王彦威。大和九年(835)二月,以司农卿王彦威兼御史大夫,充平卢军节度使。见《旧唐书·文宗纪下》。白居易有《路逢青州王大夫赴镇立马赠别》。❷王龟。咸通十四年(873),转越州刺史、御史大夫、浙东团练观察使。见《旧唐书》本传。方干有《献浙东王大夫二首》和《献王大夫二首》。

【王大校書】 (校 jiào)王昌龄。昌龄行大,进士登第,授秘书省校书郎。见《旧唐书》本传。孟浩然有《初出关旅亭夜坐怀王大校书》和《送王大校书》。

【王大理】 王正雅。大理卿,大和五年(851)十一月卒。见《旧唐书》本传。白居易《闻乐感邻》:"尚书宅畔悲邻笛,廷尉门前叹雀罗。"自注:"东邻王大理去冬云亡,南邻崔尚书今秋薨逝。"

【王山人】 王迥。迥号白云先生。孟浩然有《游精思观回王白云在后》《白云先生王迥见访》和《上巳日涧南园期王山人陈七诸公不至》。

【王之涣】 (688—742)唐诗人。字季羡,原籍晋阳(今山西太原市),五世祖王隆之于北魏时为绛州刺史,遂徙居绛郡(今山西新绛县)。年少即精于文章。始任冀州衡水主簿,被人诬构,拂衣而去,优游山水十五年。晚年曾出任文安县尉,以清白著称。慷慨任侠,豪放倜傥,常击剑悲歌,为盛唐边塞诗人之一。《全唐诗》卷二五三录其《登鹳雀楼》等诗五首。

【王子】 ❶帝王之子。王维《恭懿太子挽歌五首》之一:"翀天王子去,对日圣君怜。"按此亦双关指王子晋。盛指国王之子。白居易《新乐府·骠国乐》:"曲终王子启圣人,臣父愿为唐外臣。"❷封有王位者之子。杜甫《戏题寄上汉中王三首》之一:"西汉亲王子,成都老客星。"又《送李卿晔》:"王子思归日,长安已乱兵。"无名氏《五言白话诗》之十二:"高马衣轻裘,伴涉诸王子。"❸尊称王姓者。岑参有《丘中春卧寄王子》。❹指东晋王氏之子弟。因东晋王姓多高官名士,故亦借指贵族子弟。李贺《恼公》:"春迟王子态,莺啭谢娘慵。"又《感讽六首》之一:"王子下马来,曲沼鸣鸳鸯。"李缟《和三乡诗》:"会稽王谢两风流,王子沉沦谢女愁。"❺指王子乔。崔曙《嵩山寻冯炼师不遇》:"青溪访道凌烟曙,王子仙成已飞去。"吴筠《缑山庙》:"王子谢时人,笙歌此宾帝。"武元衡《缑山道中口号》:"王子白云仙去久,洛滨行路夜吹笙。"李商隐《鸾凤》:"王子调清管,天人降紫泥。"

【王子表】 《汉书》有《王子侯表》。后因以"王子表"借指记载帝王宗室之史书。杜甫《哭李常侍峄二首》之二:"发挥王子表,不愧史臣词。"

【王子載】 即王直方。张祜《荣城道中逢王直方八韵》诗谓"二年离子载",知子载乃直方字。直方曾官右补阙,大和八年(834)三月为镇州册赠副使。见《册府元龟》卷四六四。张祜有《喜王子载话旧》。

【王子晉】 即王子乔,据传即是周灵王太子晋。好吹笙作凤凰鸣,游伊洛之间。道人浮丘公接以上嵩山。三十余年后,人见其乘白鹤降于缑氏山。见旧题汉刘向《列仙传·王子乔》。后遂以"王子晋"作为咏仙之典。沈佺期《凤笙曲》:"忆昔王子晋,凤笙游云空。"李白《古风》之四十:"幸遇王子晋,结交青云端。"又《感遇四首》之一:"吾爱王子晋,得道伊洛滨。"杜牧《怀紫阁山》:"山路远怀王子晋,诗家长忆谢玄晖。"

【王子敬】 东晋大书法家王献之字。张南史《早春书事奉寄中书李舍人》:"神清王子敬,气逐马相如。"

【王子喬】 传说中上古时代的仙人。传为周灵王太子王子晋。后常作咏仙家的典故。李白《赠别舍人弟台卿之江南》:"客遇王子乔,口传不死方。"又《至陵阳山登天柱石酬韩侍御见招隐黄山》:"又引王子乔,吹笙舞松风。"见"王乔"。

【王大】 王昌龄。岑参有《送王大昌龄赴江宁》。孟浩然有《初出关旅亭夜坐怀王大校书》。

【王元】 五代宋初诗人。一作王玄,字文元,桂州(今广西桂林市)人。隐居不仕。与翁宏、李绍、谬融等为友。《全唐诗》卷七六二录其《登祝融峰》等诗五首、断句一联。

【王元貽】 晋人。曾任侍御史。潘尼有《赠侍御史王元贻》诗对他加以称美。后因用作咏御史的典故。

【王太尉】 王仁皎。玄宗五庶人父。卒赠太尉。张说受诏为其碑文,玄宗亲为书石。见《旧唐书》本传。张说有《羽林恩召观御书王太尉碑》。

【王少府】 (少 shào)❶王履震。张九龄有《晚憩王少府东阁》和《与王六履震广州津亭晓望》。❷王崟。渭南县尉。独孤及有《海上怀华中旧游寄郑县刘少府造渭南王少府崟》。❸王纯。亦即王绍,避唐宪宗李纯讳改。见《新唐书·王绍传》。戴叔伦有《暮春沐发晦日书怀寄韦功曹飒李录事从训王少府纯》。❹王昌龄。曾任江宁县。罗隐《过废江宁县》题下注:王昌龄曾尉此县。林宽《下第寄欧阳瓒》："莫作江宁王少府，一生吟苦竟谁知。"❺王季友。季友于宝应年间任华阴县尉。岑参有《喜华阴王少府使到南池宴集》《五月四日送王少府归华阴》和《六月三十日水亭送华阴王少府还县》。独孤及有《海上怀华中旧游郑县刘少府造渭南王少府鉴》。

【王内史】 东晋著名书法家王羲之曾任会稽内史，定居会稽山阴。曾于永和九年(353)三月三日，与名士多人修禊宴集于山阴之兰亭，传为盛会。见《晋书·王羲之传》。鲍防《上巳寄孟中丞》："今日会稽王内史，好将宾客醉兰亭。"温庭筠《法云寺双桧》："题处尚寻王内史，画时应是顾将军。"

【王仁巨】 新罗国隐士。唐僖宗文德元年(888)遭诬下狱。《全唐诗》卷七三二录其《愤怨诗》一首，诗题下注："《朝鲜史略》云：新罗女主曼与魏弘通，弘死，复引年少美丈夫私之，授以要职。由是佞幸肆志，纪纲坏弛。时有人讥谤时政，榜于路。主疑隐者王巨仁所为，命下狱。将诛之。巨仁愤怨作诗，书狱壁。是夕忽震雷雨雹，主惧，释之。唐僖宗文德初年事也。"

【王仁裕】 唐末五代诗人。字德辇，天水(今甘肃天水市)人。唐末为节度判官。入蜀为中书舍人、翰林学士。蜀亡，仕后唐，官都官郎中充翰林学士。入后晋，任谏议大夫。后汉高祖使复为瀚林学士承旨。乾祐元年(948)，以户部侍郎擢户部尚书。后周时以太子太保致仕。晓音律，善为诗。《全唐诗》录其诗一卷，十五首。

【王化】 帝王之教化。卢照邻《登封大酺歌四首》之四："千年圣主应昌期，万国淳风王化基。"杜甫《暮冬送苏四郎徯兵曹适桂州》："岁阳初盛动，王化久磷缁。"耿沣《送归中丞使新罗》："远国通王化，儒林得使臣。"贯休《寿春节进大蜀皇帝五首》之三："四洲不必归王化，一统那能计圣情。"

【王父】 权倕。曾官河西尉，终羽林军参军。见《金石萃编》卷八一《左辅顿僚西岳庙中刻石记》和《新唐书·权皋传》。权德舆《伏蒙十六叔寄示喜庆感怀三十韵因献之》："祖德蹈前哲，家风播清芬。"注："王父，古(右)羽林军泰事府君，与席文公建侯友善，又与苏司业源明、包著作融为文章之友。"

【王公】 ❶周代指天子与诸侯。唐指封爵为亲王、嗣王及国公、郡公之人。亦指王及郡公等爵位。崔颢《赠怀一上人》："传灯遍都邑，杖锡游王公。"刘湾《出塞曲》："一朝随召募，百战争王公。"卢仝《走笔谢孟谏议寄新茶》："至尊之余合王公，何事便到山人家。"李洞《赠僧》："不羡王公与贵人，唯将云鹤自相亲。"❷特指王溥。官翰林学士、卢部侍郎。以中书侍郎同中书门下平章事。见《新唐书》本传。韩偓《无题》序："余辛酉年戏作《无题十四韵》，故奉常王公相国首于继和……吏部员外涣相次属和。"

【王公大人】 泛指达官显贵。李白《驾去温泉后赠杨山人》："王公大人借颜色，金璋紫绶来相趋。"任华《怀素上人草书歌》："朝骑王公大人马，暮宿王公大人家。"

【王公易】 王师简，曾官浙西观察判官。见《宝刻丛编》卷一五。《全唐文》卷六二八吕温《送薛大信归临晋序》称"太原王师简"，卷七一六载王师简《下泊宫三茅君素像记》。刘禹锡《马大夫见示浙西王侍御赠答诗因命同作》序："大夫荣践旧府，又历交趾、桂林……王侍御易，一别岁余。"

【王公亮】 唐诗人。郡望琅琊，贞元六年(790)进士。长庆元年(821)自尚书司门郎出为商州刺史。以撰兵书十八卷进献，迁右金吾大将军。大和元年(827)，出为潭州刺史、湖南观察使。《全唐诗》卷四六六录其《鱼上冰》诗一首。按，此诗一作纪元皋诗。

【王氏】 ❶唐女诗人，太原(今山西太原市)人。代宗大历年间福建永泰县令潘某之妻。《全唐诗》卷九七七录其《书石壁》诗一首，诗题后注："王氏随夫宰永福，任满祖饯，留连累日。王先解舟，泊五里汰王滩下。俟久不至，月夜登岸，题诗石壁。未署太原族望，岁久诗漫灭，独太原二字入石。邑人因以名其滩。"❷谓闽黍宗王继鹏。詹敦仁有《劝王氏入贡宠予以官作辞命篇》。

【王氏女】 唐女诗人，翰林王徽之侄女。《全唐诗》卷八六三录其《临化绝句》二首，诗题后注："翰林王徽，有侄女寓居兴桂岩山，幼好道，不嫁，持《大洞经》《道德》章句。乾符元年(874)小疾，于洞灵观修斋。归，坐门右片石上，题绝句，奄然而终。有二鹤栖止庭树，仙乐盈室。及葬，棺经，发视之，衣舄而已。"

【王氏妇】 唐女诗人，华州(产陕西华县)人。《全唐诗》卷八六六录其《与李章武赠答诗》七首。诗题后注："中山李章武，贞元三年，客游华州，于市北街见一妇甚美，遂赁舍其家。主人姓王，此则其子妇也。两相悦而私焉。月余，计用直三万余。子妇所供费亦倍之，情好弥切。章武告归……至十一年，重游，则王氏长老舍业远游，客无一人。子妇殁已再周矣。有东邻妇杨，道其临殁相托语云：'李十八郎至此，乞暂留止，冀神会于仿佛。'章式于是仍就其家借憩，具酒食呼祭，果见王氏从室北角冉冉至。迎拥共宿，叙平生欢。至五更，下床呜咽，仍各为诗叙别，自屋角去，不复见。"

【王六】 ❶王履震。张九龄《陪王司马宴王少府东阁序》："王六官志共大者，司马公引而申之。"可知，履震行六，曾为少府，与张九龄关系密切。张九龄有

《晚霁登王六东阁》《与王六履震广州津亭晓望》《酬王六霁后书怀见示》和《酬王六寒朝见诒》等诗。❷王建。曾官秘书郎。张籍有《喜王六同宿》。

【王六秘書】 王建。《全唐文》卷五六七白居易《授王建秘书郎制》:"敕,太府丞王建……可秘书郎。"韩愈有《玩月喜张十八员外以王六秘书至》。

【王文仲】 王众仲之兄,曾官司禄。元稹《泛江玩月十二韵》序:"六月十四日,张季友、李景俭二侍御,王文仲司录、王众仲判官两昆季,为予载酒炙,选声音,自府城之南桥,乘月泛舟,穷竟一夕。"

【王尹】 王起。长庆四年(825)九月,以兵部侍郎王起为河南尹。见《旧唐书·德宗纪》。白居易《求分司东都寄牛相公十韵》:"王尹贯将马,田家卖与池。"白居易又有《河南王尹初到以诗代书先问之》和《题新居呈王尹兼简府中王掾》。

【王允千里】 后汉王允。官至司徒。年轻时便受到名士郭林宗的赏识,谓:"王生一日千里,王佐才也。"见《后汉书·王允传》。李翰《蒙求》:"王允千里,黄宪万顷。"

【王正己】 五代宋初诗人。楚逸人,寓居衡阳。与任鹄、廖融、王元为友。《全唐诗》卷七六二录其《赠廖融》诗一首、《赠隐者》断句一联。

【王正】 (—zhēng)《春秋》每岁元月皆书为"王正月",意谓系文王历法之正月。后因以"王正"泛指正月。羊士谔《巴南郡斋雨中有怀昔年期谒因成八韵》:"夷落朝云候,王正小雪辰。"刘禹锡《武陵书怀五十韵》:"王正会夷夏,月朔盛旗幡。"

【王功】 辅佐天子成就帝业之大功勋。褚遂良《奉和行经破薛举战地应诏》:"王功先美化,帝略蕴戎昭。"

【王右丞】 王维。曾官上书右丞。见《旧唐书》本传。裴由有《春日与王右丞过新吕里访吕逸人不遇》。按,王维转右丞当在上元初,然此诗非必作于上元中,"右丞"二字恐后人所拟。崔兴宗有《同王右丞送瑗公南归》。按,此诗作于天宝十二年(537),时维官未至右丞,题为后人所拟。说见陶敏《全唐诗人名汇考》卷一二九此二诗考。司空曙有《过胡居士睹王右丞遗文》。张祜有《题王右丞山水障二首》。储嗣宗有《过王右丞书堂二首》。

【王右丞兄弟】 王维、王缙兄弟。段成式《游长安诸寺联句·道政访宝应寺》序:"韩干,蓝田人,少时常为酒家送酒。王右丞兄弟未遇,每贯酒漫游。"

【王右軍】 东晋著名书法家王羲之曾任右军将军,故别称"王右军"。杜甫《丹青引赠曹将军霸》:"学书初学卫夫人,但恨无过王右军。"韩翃《送王侍御赴江西兼寄李袁州》:"湓城诗赠鱼司马,汝水人逢王右军。"李商隐《漫成五章》之三:"生儿古有孙征虏,嫁女今无王右军。"

【王生襪】 后汉时处士王生当众要廷尉张释之为其结袜,以显示张释之礼贤下士的美德。见《史记·张释之列传》。后遂以"王生襪"作为礼贤下士的典故。许浑《灞上逢元九处士东归》:"何人更结王生袜,此客虚弹贡氏冠。"薛逢《上吏部崔相公》:"公车未结王生袜,客路虚弹贡禹冠。"

【王仙仙】 《全唐诗》卷八六三以其为女仙,录其《答孙玄照》诗一首。

【王仙客】 唐诗人。唐初人。《全唐诗》卷八七一录甘洽《与王仙客互嘲》,通以姓相嘲,甘洽谓:"王,计尔应姓田。为你面拨獭,抽却你两边。"仙客嘲甘洽谓:"甘,计尔应姓丹。为你不出头,回脚向上安。"

【王仙喬】 唐诗人。开元天宝间南岳九真观道士。《全唐诗外编》(上)录其断句一联。

【王令公】 王铎。中和元年(881)七月,以侍中王铎检校太尉、中书令,兼滑州刺史、义成军节度使、郑滑观察处置,见《旧唐书·僖宗纪》。罗隐《郑州献卢舍人》诗注:"时本官王令公收复两京后。"

【王玄】 即王元。《全唐诗》卷七七八录其《听琴》,实为王元《听琴》诗之前四句,唯第二句"何事独颦眉",元诗作"有客独伤时"。

【王司馬】 ❶王建。大和间任陕州司马。《新唐书·艺文志四》:"《王建集》十卷。大和陕州司马。"刘禹锡有《送王司马之陕州》。白居易有《送陕州王司马建赴任》。贾岛有《送陕府王建司马》。姚合有《寄陕州王司马》。❷韶州司马。名不详。与张九龄关系密切。张九龄有《岁除陪王司马登薛公逍遥台序》(《全唐文》卷二九〇)、《陪王司马宴王少府东阁序》(同上)、《为王司马祭妻父文》(《全唐文》卷二九三)和《为王司马祭甄都叔文》(同上),均即此王司马。张九龄有《陪王司马登薛公逍遥台》。

【王司勳】 王绂。曾官司勋郎中,《郎官石柱题名》司勋郎中第六行有王绂。李嘉祐有《司勋王郎中宅送韦九郎中往濠州》和《袁江口怀王司勋王吏部二郎中起居十七弟》。

【王弘送酒】 晋陶渊明某年重阳日思饮而无酒,恰有刺史王弘派白衣人送酒上门。见《艺文类聚》卷四方南朝宋檀道鸾《续晋阳秋》。后为歌咏重阳日的典故。李嘉祐《答泉州薛播使君重阳日赠酒》:"共知不是浔阳郡,那得王弘送酒来。"

【王母】 ❶即西王母的省称,为古代神话中的女仙。据传居昆仑山,其形象旧说近于怪物,后来被描述为美丽的中年女子。唐诗中用作仙家的典故,也用以借指杨贵妃。沈佺期《幸白鹿观应制》:"唯应问王母，桃作几时花。”王维《赠东岳焦炼师》：“遥识齐侯鼎，新过王母庐。”王昌龄《宿灞上寄侍御玙弟》：“甚悦我皇心，得与王母对。”杜甫《宿昔》：“落日留王母，微风倚少儿。”❷神话中王母使者的省称。鸟名，“足青，嘴赤，黄色翼，绛颡”，曾为王母守药函。见唐段成式《酉阳杂俎·羽篇》。杜甫《玄都坛歌寄元逸人》：“子规夜啼山竹裂，王母昼下云旗翻。”

【王母宫】　西王母所居之宫。传说王母居昆仑山。《山海经·西山经》谓居玉山，《穆天子传》称居弇山。韩愈《读东方朔杂事》：“严严王母宫，下维万仙家。”钱仲联补释云：“西王母虽以昆仑为宫，亦自有离宫别窟游息之处，不专住一山也。”

【王母祠】　供祭王母之祠庙。❶在华山。李商隐有《华山题王母祠》。❷在骊山。郑嵎《津阳门》诗：“金沙洞口长生殿，王蕊峰头王母祠。”

【王母桃】　神话传说谓王母曾赠仙桃于汉武帝，称此桃三千年才结实一次，“桃味甘美，口有盈味”。见旧题东汉班固《汉武帝内传》。后遂以为典，以咏仙迹，亦以咏桃。李康成《玉华仙子歌》：“仙娥桂树长自春，王母桃花未尝落。”李贺《浩歌》：“王母桃花千遍红，彭祖巫咸几回死。”

【王戎】　晋人。字濬冲，琅琊临沂（今属山东）人。好清谈，为“竹林七贤”之一。惠帝时，累官尚书令、司徒。自幼聪颖，能判断道旁之李必苦。显达之前，钟会对其曾有为人“简要”的赞语。见《晋书·王戎传》和《三国志·魏志·裴潜传》裴松之注引《晋诸公赞》。李峤《李》：“潘岳闲居日，王戎戏陌辰。”李翰《蒙求》：“王戎简要，裴楷清通。”又裴楷谓其目光“如岩下电”。羊昭业《皮袭美见留小宴次韵》：“王戎似电休推病，周颤才醒众却惊。”

【王吉】　❶东汉明帝的侍卫武官，善射。明帝巡泰山，有鸟飞鸣乘舆上，王吉射而中之，帝赐钱二百万。见《太平御览》卷九二〇引汉应劭《风俗通》，今本《风俗通》无此文。杨师道《应诏咏鸟巢》：“惊鸣雕辇侧，王吉自相知。”❷西汉博士谏议大夫，字子阳，琅琊皋虞（今山东即墨）人。

【王臣】　❶匡扶王室的大臣。皮日休《三羞诗三首》之一：“王臣方謇謇，佐我无玷缺。”李咸用《剑喻》：“愿将百炼身，助我王臣节。”方干《献浙东王大夫二首》之二：“王臣夷夏仰清名，领镇犹为失意行。”❷天子之臣民。杜甫《有感五首》之三：“不过行俭德，盗贼本王臣。”

【王吏部】　王延昌。曾官吏部郎中。《郎官石柱题名新著录》第十二行有王延昌。卢纶有《送卫司法河中觐省》。注：“即故王吏部延昌外甥。”

【王有初】　唐诗人。《全唐诗逸》卷中录其《赠在贺先辈》诗断句一联。

【王光庭】　即王晙，王方庆子。《旧唐书·王方庆传》：“少子晙，工书知名……官至殿中侍御史。”《新唐书·宰相世系二中》王氏：“晙，多光庭，明威将军。”按，《旧传》云王方庆长子光辅，《新表》则云庆子皦字光辅，知光庭兄弟皆以字行。陈子昂有《送王光庭》。

【王早】　唐诗人，与耿沣、司空曙等同时。《全唐诗》卷七八九录其与耿沣等《寄司空曙李端联句》一联。

【王同州】　王政。王政自襄州刺史贬饶州长史，复量移同州刺史，终鄂州刺史，其守同州与岑参为镇国军使判官同时。参见郁贤皓《唐刺史考》“同州”。岑参有《潼关镇国军句覆使院早春寄王同州》。

【王廷】　见“王庭”。

【王廷珪】　五代后蜀诗人。广政十二年（949）曾任兵部尚书。《全唐诗》卷七九五录其断句一联。

【王延彬】　五代诗人，光州固始（今属河南）人。生于泉州（今属福建），闽太祖王审知兄审邽之子。天祐初，为平卢节度使，知泉州军事。后梁开平三年（909），转右仆射，再转司空，累加至检校太尉。再知泉州刺史。《全唐诗》卷七六三录其《春日寓感》等诗二首。

【王仲周】　集贤院学工王定之幼子，曾以廷尉评摄监察御史。又曾官太子右庶子，明州、台州刺史，韶州司户等。见《全唐文》卷五〇〇。权德舆《故太子右庶子集贤院学士……王公（定）神道碑铭》。《册府元龟》卷七〇〇、《旧唐书·穆宗纪》。武元衡有《闻王仲周所居牡丹花发因戏赠》。

【王仲宣】　王粲字。粲过目成诵，曾默记道边墓碑碑文，一字不差。见《三国志·魏志·王粲传》。高适《观李九少府翥树宓子贱神祠碑》：“我非王仲宣，去矣徒发蒙。”

【王仲烈】　王无竞，字仲烈。孙逖《太子舍人王公墓志铭》：“公讳无竞，字仲烈，其先琅琊人也，因官遂居东莱。”陈子昂《观荆玉篇》序：“丙戌岁，余从左补阙乔公出征……时东莱王仲烈亦同旅舍。”

【王仲舒】　唐诗人。字弘中，并州祁（今山西祁县）人。少客江南。贞元十年（794），中贤良方正、能言直谏科。历任拾遗、补阙、礼部、吏部等部员外郎。元和五年（810），自职方郎知制诰，后贬峡州刺史，改婺州，迁苏州。十五年，拜中书舍人，旋授江西观察使。《全唐诗》卷四七三录其《寄李十员外》诗一首。

【王充阅市】　王充，字仲仁，会稽上虞（今属浙江人）。少时家贫无书，常阅读于洛阳书肆。历任州县小官，后罢职家居，专事著述。见《后汉书·王充传》。李翰《蒙求》：“王充阅市，董生下帷。”

【王丞】 王建。刘禹锡《送王司马之陕州》自注:“自太常丞授,工为诗。”王司马,即王建,曾官陕州司马。张籍有《使至蓝溪驿寄太常王丞》。长庆末迁秘书丞,张籍有《贺秘书王丞南郊摄将军》。雍陶有《酬秘书王丞见寄》。

【王孝廉】 唐渤海国(今辽宁、吉林部分地域)人。当元和、长庆间,曾为渤海王大使聘日。归途覆舟,溺海而死。按,一说是归途遇风感疾卒。《全唐诗外编》(上)录其《奉敕陪内宴》等诗五首,皆为其在日本所作。

【王岑】 岑参有《饯王岑判官赴襄阳道》。原校岑“一作崟”,疑作“崟”是。岑参又有《题新乡王釜厅壁》。亦疑王釜为王崟之误。诗云“怜君守一尉”,知王时为新乡尉。按《新唐书·宰相世系二中》乌丸王氏,“崟,怀州刺史”。《郎官石柱题名新著录》左司员外郎、度友员外郎、吏部员外郎均有王崟名。杜甫有《奉送王信州崟北归》。王岑、王釜,似以王崟为是。

【王兵部】 王珣。曾任兵部侍郎、秘书监。见《旧唐书·王铁传》。苏颋有《昆明池晏坐答王兵部珣三韵见示》。

【王佐】 帝王之辅佐。裴耀卿《敬酬张九龄当涂界留赠之作》:“茂先实王佐,仲举信时英。”高适《奉酬睢阳李太守》:“公族称王佐,朝经允帝求。”韩愈《合江亭》:“维昔经营初,邦君实王佐。”徐夤《尚书荣拜恩命夤疾中辄课恶诗二首以申攀赞》之二:“昴星人杰当王佐,黄石仙翁识帝师。”

【王佐才】 辅佐帝王创业或治国的才能。孟浩然《送丁大凤进士赴举呈张九龄》:“吾观鹪鹩赋,君负王佐才。”高适《宋中遇陈二》:“常忝鲍叔义,所期王佐才。”白居易《效陶潜体十六首》之十四:“地寒命且薄,徒抱王佐才。”亦指辅佐帝王创业治国的人才。李白《书情题蔡舍人雄》:“夫子王佐才,而今复谁论?”独孤及《送陈兼应辟兼寄高适贾至》:“所以王佐才,未能忘茅茨。”

【王君飛舄】 见“王喬履”。

【王伯倫】 唐人。曾任秘书省正字,后为崔光远行军司马。至德二年(757),贼将寇凤翔,伯伦率众捍贼,血战而死。见《千唐志斋》八五七《唐故郧郡司参军张公墓志铭并序》和《旧唐书·肃宗纪》。岑参有《送王伯伦应制授正字归》。

【王役】 官府之徭役。无名氏《五言白话诗》之二:“王役逼驱驱,走多换行少。”

【王言】 帝王之言语。亦指诏书。王维《宋进马哀词》:“草王言兮不得辞,我悲减思兮少时。”陈羽《观朱舍人归葬吴中》:“几处州人临水哭,共看遗草有王言。”姚合《和李十二舍人裴四二舍人两阁老酬白少傅见寄》:“罢草王言星岁久,嵩高山色日相亲。”徐铉《亚元舍人不替深知猥贻佳作因为长歌聊以为报》:“王言简静官司闲,朋好殷勤多往还。”

【王希羽】 唐诗人。一作王羽,误。歙州(今安徽歙县)人。天复元年(901),与曹松、刘蒙、柯崇、郑希颜等同登进士第,五人均年逾七十,时号“五老榜”。授秘书省正字。后与杜荀鹤等为宣州节度使田頵门客。《全唐诗》卷七一五录其《赠杜荀鹤》诗一首。

【王言史】 当为刘言史之误。《全唐诗》卷七七〇所录其《广州王园寺伏日即事寄北中亲友》,见于卷四六八刘言史名下。

【王忳绣被】 王忳,字少林,广汉新都(今属四川)人。忳受一书生金彦临终之托,处理丧事,不取赠金。后风飘绣被,将忳引至彦父处。见《后汉书·独行传·王忳》。李翰《蒙求》:“王忳绣被,张氏铜钩。”

【王沂】 南唐诗人。与徐铉、萧彧、孙岘等曾分韵赋诗饯送钟蒨赴任东都江都府少尹。《全唐诗》七五七录其赋风《送钟员外》诗一首。

【王汶】 曾官殿中少监,见《新唐书·宰相世系二中》王氏。包何有《送王汶宰江阴》。

【王沈】 唐诗人。玄宗天宝前人。《全唐诗》卷七七三录其《婕妤怨》诗一首。

【王宏】 唐诗人。字景元,琅琊临沂(今属山东)人。仕隋,济源丞。入军以军功拜大将军,仍参怀州司功军事。累迁梓州永泰、濮州濮阳、黄州麻城、秦州陇城、淄州淄川、贝州临清六县县令。永徽三年(652)卒于临清官舍。见《大唐故贝州临清县令王君墓志铭并序》。又《全唐诗》小传云:“王宏,济南人。与太宗幼日同学问。为八体书。及帝即位,因访乡人,竟传隐去。”此采自《龙城录·王宏善为八体书》,未必足信。

【王良】 春秋时善御者,即邮无恤,一名孙无政,为赵简子御。杜甫《天育骠骑歌》:“如今岂无騕褭与骅骝,时无王良伯乐死即休。”鲍防《元日早朝行》:“师旷应律调黄钟,王良运策调时龙。”韩愈《驽骥》:“王良执其辔,造父挟其辀。”元稹《八骏图诗》:“车无轮扁斫,辔无王良把。”

【王良士】 唐诗人。贞元五年(789)中进士第。为西川刘辟幕僚。刘辟败,当坐罪,高崇文宥之。《全唐诗》卷三一八录其《奉陪武相公西亭夜宴陆郎中》等二首。

【王良會】 唐诗人。宪宗时内侍,元和年间为西川监军使。《全唐诗》卷七三二录其《和武相公中秋夜西蜀锦楼望月得清字》诗一首。

【王初】《全唐诗》卷四九一王初小传:“王初,并州人,仲舒之长子也。元和末登进士第。诗十九首。”

按，唐王初无诗传世，本卷所录诗十九首，皆为北宋王初所作。宋王初，为宋仁宗天圣二年(1024)进士。

【王邵】《全唐诗》卷七七〇录王邵《冬晚对雪忆胡处士》诗一首。按，此诗为王维所作，维与胡处士友善，除此诗外，又有《胡居士卧病遗米因赠》。【王武陵】唐诗人。字晦伯，太军(今山西太原市)人。贞元十八年(802)前后为左补阙，终官仓部员外郎。《全唐诗》卷二七五录其《宿慧山寺》等诗二首。

【王表】唐诗人。大历四年(79)进士。平卢节度使李纳女婿，官至秘书少监。《全唐诗》卷二八一录其《赋得花发上林》等诗三首。

【王長史】(長 zhǎng)❶王积薪。《全唐文》卷三〇九孙逖《授王积薪庆王友制》："胡散大夫、前右领军卫长史王积薪，博艺多能。"又《新唐书·艺文志三》："王积薪《金谷园九局图》一卷，开元侍诏。"王积薪从仙人学棋事见《集异记》卷一，又见《桂苑丛谈》。刘禹锡有《观棋歌送儇师西游》。❷王翰。翰曾官汝州刺史，又改仙州别驾。祖咏有《寄王长史》和《汝坟同仙州王长史翰闻百舌鸟》。见《旧唐书·王瀚传》。按，"瀚"乃"翰"之误。

【王者】帝王。苏颋《奉和圣制春台望应制》："壮丽天之府，神明王者宅。"杜甫《凤凰台》："所贵王者瑞，敢辞微命休。"白居易《贺雨》："乃知王者心，忧乐与众同。"杜牧《杜秋娘诗》："射钩后呼父，钓翁王者师。"

【王者師】指吕尚事。太公吕尚钓于渭阳，遇周文王，先后为周文王、武王尊为师。见《史记·齐太公世家》。杜牧《杜秋娘诗》："射钩后呼父，钓翁王者师。"

【王若巖】唐诗人。玄宗时进士。《全唐诗》卷七八二录其《试越裳贡白雉》诗一首。

【王茂時】唐诗人。太原祁(今山西祁县)人，王珪之孙。调露二年(680)与席元明等参与晦日高氏林亭之宴。《全唐诗》卷七二录其《晦日宴高氏林亭》诗一首。

【王英】唐诗人。天宝间人。《全唐诗外编》(上)录其《感石浮图》诗二首。

【王枚】西汉辞赋家王褒与枚乘的合称。王为汉宣帝文学侍从，枚乘于汉景帝朝为梁孝王客。故后以"王枚"喻指文学侍从之臣。李适《奉和圣制九日侍宴应制得高字》："王枚俱得从，浅浅愧飞豪。"武平一《奉和幸新丰里温泉宫应制》："谬忝王枚列，多惭雨露恩。"

【王述忿狷】王述，晋人。袭承蓝田县尉。至东晋，历任刺史、尚书令职。情性急躁，尝食鸡子，以筯刺之，不得，便大怒，举以掷地。鸡蛋于地上圆转不止，以屐齿蹍之，又不得，瞋甚，复于地取而纳之口中，啮破则吐之。见南朝宋刘义庆《世说新语·忿狷》。李翰《蒙求》："王述忿狷，荀粲惑溺。"

【王事】犹国事。多指政府官员奉行之公务。沈佺期《饯高唐州询》："生涯在王事，客鬓各蹉跎。"孟浩然《送卢少府使入秦》："州县勤王事，山河转使车。"张众甫《送李司直使吴》："使臣方拥传，王事远辞家。"孙咸《题九天使者庙》："九江太守勤王事，好放天兵渡要津。"亦指军旅、朝请等事。岑参《初过陇山途中呈宇文判官》："万里奉王事，一身无所求。"窦牟《晚过敷水驿却寄华州使院张郑二侍御》："几许岁华销道路，无穷王事系戎师。"韩愈《秋怀诗十一首》之六："尚须勉其顽，王事有朝请。"

【王卓】唐诗人。玄宗天宝时人，曾应进士试。《全唐诗》卷七八一录其《观北番谒庙》诗一首，此诗一作沈亚之诗。

【王尚書】❶王晙。《旧唐书·玄宗纪上》："(开元十一年四月癸亥)吏部尚书、中山公王晙为兵部尚书、同中书门下三品。五月己巳……王晙为朔节度使，兼知河北郡、陇右、河西兵马使。六月，王晙赴朔云。"玄宗有《饯王晙巡边》。张说有《奉和圣制送王晙巡边应制》。张九龄有《饯王尚书出边》。❷王绍。韩愈《顺宗实录》卷上："(贞元二十二年三月)以户部尚书，判度支王绍为兵部尚书。"权德舆有《春日同诸公过兵部王尚书林园》。❸王彦威。开成三年(838)七月，以卫尉卿王彦威检校礼部尚书，见《旧唐书·文宗纪下》。刘禹锡有《和陈许王尚书酬白少傅侍郎长句因通简汝洛旧游之什》。白居易有《天寒晚起引酌咏怀寄许州王尚书汝州李常侍》。❹王锷。曾官广州刺史、御史大夫、岭南节度使。见《旧唐书·王锷传》。杨衡有《送孔周之南海谒王尚书》。❺王涯。穆宗即位，官检校礼部尚书、梓州刺史、剑南东川节度使。见《旧唐书·王涯传》。章孝标有《蜀中上王尚书》。❻王播。元和十三年(818)正月，以礼部尚书王播为成都尹、剑南西川节度使，见《旧唐书·宪宗纪下》。章孝标有《上西川王尚书》。薛涛有《上王尚书》。❼王璠。大和六年(832)八月，以尚书右丞、判太常卿王璠检校礼部尚书、润州刺史、浙西观察史，见《旧唐书·文宗纪下》。许浑有《陪王尚书泛舟莲池》。❽王茂元。泾原节度使，检校兵部尚书。见《新唐书》本传和《全唐文》卷七七一李商隐《为尚书濮阳公泾原让加兵部尚书表》。喻凫有《秋日将归长安留别王尚书》和《龙翔寺居夏日寄献王尚书》。

【王昌涉】籍贯未详。时为武宁节度使从事，兼监察御史，招讨淄青平卢节度使李师道。《全唐文》卷六五九有白居易《武宁军将王昌涉等授官制》。张祜有《送王昌涉侍御》。

【王昌龄】 唐诗人。字少伯，京兆（今陕西西安市）人。开元十五年（727）进士，授秘书省校书郎。二十二年（734）登博学鸿词科，迁汜水县尉。二十八年（740），迁江宁丞。天宝前期，贬为龙标尉。安史乱起，归还乡里，道出亳州，为刺史闾丘晓所杀。《全唐诗》录其诗六卷，一百六十余首，《全唐诗逸》卷上录其断句三十余联，《全唐诗外编》（上）录其《题净眼师房》等诗二首。

【王門】 ❶犹王庭、朝廷、官府。李贺《勉爱行二首送小季之庐山》之二："辞家三载今如此，索米王门一事无。"张籍《送汀州源使君》："曾成赵北归朝计，因拜王门最好官。"陆龟蒙《句》："头方不会王门事，尘土空缁白苎衣。"李建勋《道林寺》："无因得结香灯社，空向王门玷玉班。"❷封王爵者之府第。李白《行路难三首》之二："弹剑作歌奏苦声，曳裾王门不称情。"戎昱《下第留辞顾侍郎》："绮陌彤彤花照尘，王门侯邸尽朱轮。"孟郊《大梁送柳淳先入关》："王门与侯门，待富不待贫。"徐铉《观吉王从谦花烛》："王门嘉礼万人观，况是新承置醴欢。"

【王易從】 唐诗人。京兆杜陵（今陕西西安市东）人。二十岁进士及第，授亳州城父尉，转华阴尉。大足元年（701）中文擅词场科，转美原尉、华原丞、鄠县尉。景龙二年（708）朔方总管张仁愿奏为判官。后历任左台监察御史、左补阙、殿中侍御史、户部员外郎，转祀部、主爵、考功三郎中，拜给事中，转中书舍人。后迁兵部侍郎，出为扬州大都督府长史。见苏颋《扬州大都长史王公神道碑》、两《唐书·王徽传》。《全唐诗》卷九九录其《临高台》诗一首。

【王易簡】 五代诗人。字国宝，京兆万年（今陕西西安市）人。后梁乾化三年（913）进士。历仕梁、唐、晋、周四朝，曾任左拾遗、著作郎、中书舍人、御史中丞、吏部侍郎、礼部尚书、刑部尚书。显德四年（957）以太子少保致仕。入宋，召加少保。《全唐诗》卷七三四录其《官左拾遗归隐作》诗一首。

【王迥】 唐诗人。襄阳（今湖北襄樊市）人。行九。号白云山人，别号巢居子，隐于鹿门山。与孟浩然交往甚密，孟浩然诗中叙及王迥者凡九首。《全唐诗》卷二一五录其《同孟浩然宴赋》诗一首。

【王季友】 ❶唐诗人。河南（今河南洛阳市）人。宝应（762—763）年间曾任华阳县尉，迁虢州录事参军，旋复旧职。广德元年（763）为太子司议郎，二年李勉出任洪州刺史，季友以御察御史为其副职。《全唐诗》卷二五九录其《别李季友》等诗六首。❷唐诗人。《全唐诗》卷七八〇小传谓"开宝间王季友同名，另一人也"。此卷录其《玉壶冰》诗一首，卷八八八三录其《青出蓝》等诗二首。

【王季文】 唐诗人。字贞素，池阳（今安徽贵池）人。少隐居九华山，相传遇异人授九仙飞化之术。咸通中登进士第，任秘书郎。寻谢病归九华，日一浴于山之龙潭，寒暑不渝，相传仙去。《全唐诗》卷六〇〇录其《九华山谣》等诗二首。

【王季】 周太王三个儿子互让王位，季历为幼子，后立为王，是为王季。见《史记·吴泰伯世家》。后遂为兄弟间谦让王位的典故。张说《奉和圣制过宁王宅应制》："帝尧敦族礼，王季友兄心。"

【王季則】 唐诗人，元和间进士。《全唐诗》卷四九一录其《鱼上冰》诗一首。

【王侍中】 ❶王智兴。大和九年（835）五月，以河中节度使王智兴为宣武军节度使，依前守太傅，兼侍中。见《旧唐书·文宗纪下》。白居易《偶吟》："韦荆南去留春服，王侍中来乞酒钱。"❷王铎。中和元年（881）四月，王铎加侍中。见《资治通鉴》卷二五四。萧遘有《和王侍中谒张恶子庙》。王铎有《谒梓潼张恶子庙》。

【王侍郎】 ❶王缙。缙曾官宪部侍郎和兵部侍郎，见《旧唐书》本传。杜甫有《和裴迪登新津寺寄丕侍郎》。❷王绍。贞元十三年（797）七月，以兵部侍中、判户部王绍为户部侍郎，见《旧唐书·德宗纪下》。窦庠有《奉和王侍郎春日喜李侍郎崔给谏张舍人韦谏议见访因命觞观乐之什》。权德舆有《和王侍郎病中领度支烦迫之余过西园书堂闲望》。❸王延昌。《册府元龟》卷三〇三："王延昌为吏部侍郎，卒，大历四年追赠吏部尚书。"戴叔伦有《古意寄王侍郎》。❹王起。长庆元年（821）迁礼部侍郎，见《旧唐书》本传。刘禹锡有《宣上人远寄和礼部王侍郎放榜后诗因而继和》。❺王播。曾官工部侍郎、河南尹。见《旧唐书·敬宗纪》。许浑有《行次白沙馆先寄上河南王侍御》。题中"侍御"杜牧卷作"侍郎"。❻疑为王铎。咸通五年（864），铎转礼部侍郎，典贡士两岁，时称得人，见《旧唐书》本传。卢肇有《除歙州途中寄座主王侍郎》。❼王沨。沨曾官户部侍郎、越州刺史、浙东观察使等。见《会稽掇英总集》卷一八太守题名。方干有《送王侍郎浙东入朝》。章碣有《陪浙西王侍郎夜宴》。"浙西"当为"浙东"之讹。❽王凝。曾官礼部侍郎、检校右散骑常侍、潭州刺史、湖南团练观察使。见《旧唐书》本传。杜荀鹤《献长沙王侍郎》。

【王侍郎昆弟】 王绍、王纾。绍，历任户部侍郎、户部、兵部二尚书。纾，曾官左補阙、起居郎、左司员外郎、库部郎中。纾为兄，绍为弟。见权德舆《故尚书工部员外郎……王公（端）神道碑铭》（《全唐文》卷五〇〇）。权德舆《奉和崔评事寄外甥刘同州并呈杜宾客许给事王侍郎昆弟杨少尹李侍御并见寄之作》。

【王侍御】 ❶王维。维曾官监察御史，见《旧唐书》本传。又《金石萃编》卷十四《御史台精舍碑》碑阴下层、碑右棱、碑阴左棱三见王维题名，碑右侧侍御史兼殿中下亦有王维题名。丘为有《湖中寄王侍御》。❷疑为王瓒。瓒曾由监察御史出为丹阳掾。储光羲有《贻王侍御出台掾丹阳》。❸疑为王抡。抡曾官监察御史，见《太平广记》卷一二一引《纪闻》。杜甫有《送王侍御往东川放生池祖席》《王十七侍御抡许携酒至草堂奉寄此诗便请邀高三十五使君同到》和《哭王彭州抡》。❹王起。宰相李吉甫镇淮南，起以监察充掌书记，见《旧唐书·王起传》。李德裕有《雨中自秘书省访王三侍御知早入朝便入集贤故以诗赠之》。王起行十一，"三"乃"十一"之讹。白居易有《题王侍御池亭》。李德裕有《雨中自秘书省访王三侍御知早入朝以诗赠之》。❺王播。元和中入为监察御史，见《旧唐书》本传。鲍溶有《酬王侍御》。

【王岳靈】 唐诗人。开元间进士。天宝中累至监察御史。《全唐诗》卷一四五录其《闻漏》诗一首。

【王使君】 ❶疑为王缜。缜曾官吉州刺史。李嘉祐有《送王牧往吉州谒王使君叔》。❷王纵。戴叔伦有《渐至涪州先寄王员外使君纵》。❸王公亮。长庆元年(821)任商州刺史。见《新唐志·艺文志三》。张籍有《赠商州王使君》。❹王镒。长庆元年(821)十二月，镒由刑部员外郎贬为郢州刺史，见《旧唐书·穆宗纪》。白居易有《郢州寄别王八使君》。❺疑为王蕴。曾官苏州刺史，见《新唐书·周宝传》。罗隐有《送王使君赴苏台》。❻王慥。曾官婺州刺史。贯休《闻王慥常侍卒三首》之三："棠树梅滨北，佳城舜庙东。"贯休又有《闻前王使君在泽潞居》和《寄拄杖上王使君》。

【王舍】 (—shè)见"王舍城"。

【王舍人】 ❶王维。王维乾元中迁太子中庶子、中书舍人，见《旧唐书》本传。王维晚年向佛，半官半隐，故诗云："腰金载笔谒承明，至道安禅得此生，西掖几年纶绫贵，东山遥夜薜萝情。"钱起有《中书王舍人辋川旧居》。❷王定。定历礼部、吏部二员外，迁考功郎中，寻以本官知制诰。见权德舆《故太子右庶子集贤院学士……王公(定)神道碑铭》(《全唐文》卷五〇〇)。卢给予有《送王录事赴任苏州》，自注："即舍人堂弟。"按，唐时以它官知制诰亦可称舍人。❸疑为王铎。咸通初，由驾部郎中知制诰皋中书舍人，见《旧唐书》本传。李郢有《酬王舍人雪中见寄》。❹王涤。曾任中书舍人。见《全唐文》卷八二五《丈六金身碑》。黄滔有《和王舍人崔补阙题天王寺》。

【王舍城】 (舍 shè)亦作"王舍"。即中印度之曷罗阇结利呬城，是古印度的一个古城。后亦泛称佛寺。广宣《驾幸圣容院应制》："大唐国里千年圣，王舍城中百亿身。"亦省作"王舍"。赵彦昭《奉和幸大荐福寺》："天衣拂旧石，王舍起新祠。"

【王命】 帝王之诏命。李白《别内赴征三首》之一："王命三征去未还，明朝离别去吴关。"杜甫《甘林》："劝其死王命，慎莫远奋飞。"元结《贼退示官吏》："使臣将王命，岂不如贼焉。"

【王周】 宋诗人。明州奉化(今属浙江)人，宋大中祥符五年(1012)进士。乾兴元年(1022)以大理丞知无锡县。宝元二年(1039)复以虞部员外郎知无锡县。庆历中，自司封郎中知明州。《全唐诗》误其为唐人，录其诗一卷，近五十首。《全唐诗外编》(下)录其《赤壁》诗一首。

【王京兆】 西京王尊。成帝时官京兆尹，后为东郡太宗。河水决促，尊投白马祀水神，亲执珪璧，露宿河岸，至水退方止。见《汉书》本传。李德裕有《东郡怀古二首·王京兆》。

【王府】 帝王之府。张说《五君咏五首·郭代公元振》："大勋书王府，舛命沦江路。"叶元良《御制段太尉碑》："国人皆堕泪，王府已铭勋。"亦指朝廷。皮日休《七爱诗·房杜二相公》："臣业照国史，大勋镇王府。"

【王法】 ❶帝王治国之道。韩愈《读皇甫湜公安园池诗书其后二首》之一："春秋书王法，不诛其人身。"❷国家之法令、法律。张祜《大唐圣功诗》："直词虽可进，王法讵该情。"

【王泠然】 唐诗人。太原(今山西太原市)人，字仲清。开元五年长安令裴耀卿掌贡举，泠然及第，但未授予官职。开元九年(721)，吏部侍郎王丘典吏部选，泠然试拔萃入等，授将士郎、守太常校书郎。秩满，移右威卫兵曹参军。《全唐诗》卷一一五录其《汴堤柳》等诗四首、断句三联，《全唐诗外编》(上)录其《寒食篇》一首。

【王宗成】 李白有《淮阴书怀寄王宗成》。注："一作'王宗城'。"唐无宗成县，宗城县则属贝州。诗云"梁苑"，知"宗成"当依李白集作"宋城"，宋州宋城县有梁孝王兔苑，见《元和郡县志》卷七。

【王定保】 唐诗人。南昌(今江西南昌市)人。吴融之婿。昭宗光化三年(900)进士。丧乱后入湖南，为邕管巡官。至南汉刘隐辟置幕府。刘䶮僭位，拜宁远军节度使。大有十三年(942)，代赵损为中书侍郎，同平章事，不逾年卒。有《唐摭言》十五卷。《全唐诗外编》(下)录其《下第题长乐驿壁》诗一首。按此诗《全唐诗》卷七八六作无名氏诗。

【王官】 ❶朝廷授任之政府官员。杜甫《王命》：

"深怀喻蜀意，恸哭望王官。"元结《舂陵行》："所愿见王官，抚养以惠慈。"唐彦谦《和陶渊明贫士诗七首》之五："德成禄自至，释耒列王官。"❷地名，即王官谷。司空图有《王官二首》。

【王官谷】 山谷名。在山西永济东南之中条山。司空图曾隐居于此，有《丁未岁归王官谷》。

【王郎中】 ❶疑为王础。础曾官祠部郎中和比部郎中，见《册府元龟》卷一三九。韦应物有《答王郎中》。❷王统。《郎官石柱题名新著录》司勋郎中第六行有王统。李嘉祐有《司勋王郎中宅送韦九郎中往濠州》。❸王铕。贞元四年(788)为左司郎中。钱起有《同王镄起居程浩郎中韩翃舍人《题安国寺用上人院》。王镄，当作王铕。王铕贞元中官左司正郎，见《宋高僧传》卷十五《唐京师安国寺藏用传》。顾况有《谢王郎中见赠琴鹤》。❹疑为王质，曾官尚书户部郎中。见《全唐文》卷六〇九刘禹锡《唐故宣歙池等团练观察处置使宣州刺史兼御史中丞……王公(质)神道碑》。刘禹锡有《题王郎中宣义里新居》。❺王调。曾官长安令，河东节度副使。见《资治通鉴》卷二五三。李山甫有《送职方王郎中吏部刘员外自太原郑相公幕继奉征书归省署》。❻疑为王棨。棨，字福之，福唐(今福建福清县)人。咸通三年(862)进士及第，曾官太常博士，水部郎中。见《全唐文》卷八一七黄璞《王郎中传》。罗隐有《箧中得故王郎中书》。❼疑为王崇文。李建勋有《送王郎中之官吉水》。

【王建】 ❶唐诗人。字仲初，颍川(今河南许昌市)人。大历十年(775)进士。至元和八年(813)始为昭应丞。大和二年(828)前后，自太府寺丞出为陕州司马。与张籍交厚，皆擅长乐府，世称"张王乐府"。《全唐诗》录其诗六卷，五百余首。❷五代时，前蜀国建立者，字光图，许州舞阳(今属河南)人。903—918年在位。少微贱，以屠牛、贩盐为业，后从戎。唐末从杜审权击败黄巢义军。后为壁州刺史、永平军节度使。大顺二年(891)，攻取成都，后又攻取东川，据有四川宝境。天复三年(903)唐封其为蜀王。后梁开平元年(907)，在成都自称为帝，国号蜀，史称前蜀。《全唐诗》卷八录其《赠别唐太师道袭》诗一首。

【王承魚盜】 王承，西晋东海太守，字安期。政尚清净，不为细察。有小吏盗池中鱼，不予处治。见《晋书·王湛传》附《王承传》。李翰《蒙求》："王承鱼盗，丙吉牛喘。"

【王春】 指阴历初春。语本《公羊传·隐公元年》："元年春，王正月……'春'者何？岁之始也；'王'者孰谓？谓文王也。"杜甫《暮春江陵送马大卿公恩命追赴阙下》："卿月升金掌，王春度玉墀。"

【王城】 都城。王维《游悟真寺》："梵宇聊凭视，王城遂渺然。"李白《经乱后将避地剡中留赠崔宣城》："王城皆荡覆，世路成奔峭。"刘禹锡《洛中送杨处厚入关便游蜀》："王城晓入窥丹凤，蜀路晴来见碧鸡。"李洞《题尼大德院》："绣成佛国银为地，画出王城雪覆桥。"

【王相】 (—xiāng)王涯，相宪宗、文宗。注《太玄经》六卷，见《新唐书·艺文志二》。温庭筠有《题丰安里王相林亭二首》。

【王相公】 (相 xiàng)❶王缙。缙曾官门下侍郎、平章，后贬括州刺史。见《旧唐书·代宗纪》。刘长卿有《饯王相公出牧括州》。皇甫曾有《送王相公赴幽州》。皇甫冉有《送王相公之幽州》。钱起有《送王相公赴范阳》和《晚春永宁墅小园独坐寄上王相公》。张继有《奉送王相公赴幽州》。韩翃有《奉和元相公家园即事寄王相公》。❷王播。大和元年(827)六月，拜尚书左仆射、同平章事。四年正月患喉肿暴卒。见《旧唐书》本传。刘禹锡有《哭王仆射相公》。❸王锴。前蜀高祖武成二年(900)，除中书侍郎、同平章事，见《十国春秋》本传。贯休有《秋居寄王相公三首》。

【王枳】 唐诗人。僖宗时为常州刺史。《全唐诗》卷七九五录其"今朝拜贡盈襟泪，不进新芽是进心"，全诗注："常州旧贡阳羡茶。僖宗幸蜀，枳间关驰贡，故有此句。见《常州志》。"又《全唐诗》卷七二六录王祝《和三乡诗》一首，王祝小传云："字不耀，给事中，常州刺史。"张忱石《全唐诗作者索引》认为，"王祝为王枳之误"。

【王勃】 (649—676)唐诗人。字子安，绛州龙门(今山西河津县)人。王通孙。六岁善属文，九岁读颜师古注《汉书》，作《指暇》以纠其失。麟德初(664)，刘道祥巡行关内，王勃上书自陈，刘惊叹其为神童，表荐于朝，对策高第，授朝散郎。后为沛王府修撰。后曾为虢州参军。恃才傲物，为同僚所嫉。犯死罪，遇赦革职。父王福畤也因此受牵连而贬为交趾令。勃渡海觐省，溺水惊悸而死，年二十八。《全唐诗》录其诗二卷，八十余首。《全唐诗外编》(下)录其《玄武山圣泉宴》等诗十九首。

【王拾遺】 王振。昭宗时官拾遗，见《新唐书·艺文志二》。齐己有《寄王振拾遗》和《谢王拾遗见访兼寄篇什》。

【王貞】 唐诗人。字有道，信州永丰(今江西广丰县)人。乾宁二年(895)进士，七年后始授校书郎。后归隐。《全唐诗》录其诗一卷，五十余首。又《全唐诗·补遗四》录其诗十二首，《全唐诗外编》(上)录其诗十二首。

【王貞素】 王栖霞，字玄隐，道士。天祐中避乱南渡。南唐烈祖封其为玄博大师，中主又加贞素先生之号。见《全唐文》卷八八五徐铉《唐故道门威仪玄博大师贞素先生王君碑》，徐铉有《赠王贞素先生》。

【王思怒蝇】　王思，三国魏大司农。性情急躁，曾因怒蝇集笔端驱赶不去而掷笔践踏。见《三国志·魏志·梁习传》裴松之注引《魏略·苛吏传》。李翰《蒙求》："郑子投火，王思怒蝇。"

【王重榮】　唐人，晚唐军政要员。曾任河中节度使。因击败黄巢收复长安有功，进太尉、同中书门下三品。剧燕有《赠王重荣》诗(断句)。

【王修輟社】　王修，东汉末人。字叔治，北海营陵(今山东乐昌)人。七岁时，其母死于社日。翌年，邻人祭社，修感念其母，哀痛不已，邻人为之罢社。见《三国志·魏志·王修传》。李翰《蒙求》："隐之感邻，王修辍社。"

【王信州】　即王崟。崟为夔州刺史。唐武德元年(618)改巴东郡为信州，二年又改信州为夔州。杜甫有《奉送王信州崟北归》。

【王侯】　❶指帝王与诸侯。护国《别盛安》："亲故相逢且借问，古来无种是王侯。"徐夤《客厅》："燕台汉阁王侯事，青史千年播耿光。"❷封有王爵与侯爵之人。亦泛指达官贵人。李颀《送王道士还山》："出入彤庭佩金印，承恩赫赫如王侯。"李白《忆旧游寄谯郡元参军》："黄金白璧买歌笑，一醉累月轻王侯。"张仲方《赠毛仙翁》："四海五山长独游，矜贫傲富欺王侯。"杜牧《洛中送冀处士东游》："不爱事耕稼，不乐干王侯。"

【王侯無種】　(種 zhǒng)谓为王为侯者皆非天生命定，人人得而为之。周昙《咏史诗·秦门·陈涉》："王侯无种英雄志，燕雀喧喧安得知。"

【王俊】　王晙之误。见"王晙"。❶晋人。字夷甫，琅琊临沂(今属山东)人。曾官中书令、司徒、司空、太尉等职。丧子，悲不自胜。山简谓："孩抱中物，何至于此?"王曰："圣人忘情，最下不及情，情之所钟，正在我辈。"见南朝宋刘义庆《世说新语·伤逝》。遂用为哀伤丧失子女之典。李群玉《哭小女痴儿》："方同王衍钟情切，犹念商瞿有庆迟。"❷前蜀后主，字化源，前蜀先主王建第十一子。永平三年(913)立为太子，光天之年(918)即位。咸康元年(925)，国破降后唐。次年，被押送洛阳，途中被诛。《全唐诗》卷人录其《奉秦川上樟潼山》等诗五首，卷八八九录其《醉妆词》等词二首。《全唐诗外编》(下)录其《妆镜词》诗一首。

【王風】　❶王者之风化、教化。李白《古风》之一："王风委蔓草，战国多荆榛。"颜真卿、陆涓《与耿沣水亭咏风联句》："王风今若此，谁不荷明休。"独孤及《丙戌岁正月出洛阳书怀》："王风从西来，春光满乾坤。"白居易《赠友五首》之一："周汉德下衰，王风始不竞。"❷《诗·国风》之一，为东周洛邑之诗。因产生于周道衰微之时，故被视为亡国之音。李白《古风》之二九："《王风》何怨怒，世道终纷拏。"又《上崔相百忧草》："豪圣凋枯，《王风》伤哀。"

【王度】　❶帝王之德行气度。王维《送秘书晁监还日本国》序："恢我王度，喻彼蕃臣。"武元衡《奉和圣制丰年多庆九日示怀》："金玉美王度，欢康谣国风。"裴度《奉酬中书相公至日圆丘摄事叙怀见寄之作》："相庭方积玉，王度已如金。"《郊庙歌辞·后唐宗庙乐舞词·应天舞》："黼黻帝道，金玉王度。"❷犹王法。储光羲《贻王侍御出台掾丹阳》："礼服正邦祀，刑冠肃王度。"杜甫《宿花石戍》："山东残逆气，吴楚守王度。"白居易《薛中丞》："皇明烛如日，再使秉王度。"

【王庭】　亦作"王廷"。朝廷。储光羲《游茅山五首》之二："王庭有轩冕，此日方知轻。"萧颖士《江有归舟三章》之一："扬于王庭，允焯其休。"卢纶《纶与吉侍郎中孚等风尘追游向三十载畅博士当感怀前踪有五十韵见寄辄有所酬》："偶为达者知，扬我于王廷。"

【王音】　帝王之言语、诏旨。张祜《题李戡山居》："莫道酷学无知己，未必王音不荐雄。"

【王彦威】　唐诗人。字子美，太原(今属山西)人。家贫力学，淹识古今典礼。元和中，举明经甲科，补检讨官。因献所撰《元和新礼》，拜太常博士。累擢司封郎中、弘文馆学士。大和五年(831)迁谏议大夫，后出为河南尹，俄入为司农卿。后历平卢节度使、户部侍郎。开成三年(838)忠武军节度使。后徙镇宣武。《全唐诗》卷五一六录其《宣武军镇作》诗一首。

【王室】　帝王家室。借指朝廷、国家。王维《送韦大夫东京留守》："慷慨念王室，从容献官箴。"杜甫《观公孙大娘弟子舞剑器行》："五十年间似反掌，风尘倾动昏王室。"章孝标《次韵和光禄钱卿二首》之二："闲论忧王室，愁眉仗酒开。"《孙咸题庐山神庙诗》(卷八七五)："九江太守勤王室，好放天兵渡要津。"

【王宫】　❶帝王之宫殿。骆宾王《四月八日题七级》："霸略今何在，王宫尚岿然。"白居易《杂兴三首》之二："流水不入田，壅入王宫里。"徐铉《作韵和令公大王蔷薇诗》："幸植王宫里，仍逢宰府知。"❷王府，封王爵者之府第。白居易《三谣·素屏谣》："尔不见当今甲第与王宫，织成步障银屏风。"

【王祠曹】　王仲武。元载子，曾官祠部员外郎，见《旧唐书·元载传》。韦应物有《与韩库部会王祠曹宅作》。

【王屋】　即王屋山。李颀《与诸公游济渎泛舟》："济水出王屋，其源来不穷。"李白《送王屋山人魏万还王屋》："采秀卧王屋，因窥洞天门。"司空曙《雪二首》

之二："王屋南崖见洛城，石龛松寺上方平。"熊皎《赠胥尊师》："绿发童颜羽服轻，天台王屋几经行。"

【王屋山】 山名。在今山西阳城、垣曲间。主峰在今河南济源县王屋镇北。山有三重，其状如屋，故名。玄宗有《王屋山送道士司马承祯还天台》。元稹《使东川·惭问囚》："尚平村落拟连买，王屋山泉为别游。"鱼玄机《左名场自泽州至京使人传语》："闲居作赋几年愁，王屋山前是旧游。"

【王屋洞】 即王屋山。因山有石坛，称清虚小有洞天，为道教所尊三十六洞天之一，故称。权德舆有《送王炼师赴王屋洞》。

【王約】 唐诗人。贞元、元和间曾与郭求、郑师贞等应进士试。《全唐诗》卷七七九录其《日暖万年枝》应试诗一首。

【王珣】 东晋人。字之琳，为大司马桓温主簿。珣形体矮小，人称"短主簿"。见南朝宋刘义庆《世说新语·宠礼》。后遂以为典，以咏僚佐等。许浑《陪宣城大夫崔公泛后池兼北楼宴二首》之二："王珣作簿公曾喜，刘表为邦客尽依。"李翰《蒙求》："郄超髯参，王珣短簿。"

【王起】 唐诗人。字举之，祖籍太原(今山西太原市)，后迁居扬州(今江苏扬州市)。王播弟。贞元十四年(798)进士，释褐为校书郎。又登直言极谏科，授蓝田尉。元和十四年(819)，以比部郎中知制诰。穆宗即位，任中书舍人，迁礼部侍郎，出为河南尹，旋入为吏部侍郎。武宗时，进位左仆射，封魏郡公。终官山南西道节度使。曾四度主持礼部贡举，当时著名文士，多为其门生。《全唐诗》卷四六四录其诗六首，卷七九〇录其与白居易、刘禹锡联句数联。

【王起居】 ❶王涯。贞元二十年(804)任右拾遗、左补阙、起居舍人，见《旧唐书》本传。羊士谔有《故萧尚书瘿柏斋前玉蕊树与王起居吏部孟员外同赏》和《王起居独游青龙寺玩红叶因寄》。❷王起。宰相李吉甫镇淮南，以监察充掌书记。入内殿中迁起居部、司勋员外郎，直史馆。见《旧唐书》本传。白居易有《禁中晓卧因怀王起居》等。

【王都】 京都。韩愈《送区弘南归》："子虽勤苦终何希，王都观阙双巍巍。"罗隐《建康》："庾舅已能窥常室，王都还是预人家。"

【王都督】 王晙。景龙末，累转为桂州都督。见《旧唐书》本传。宋之问有《桂州陪王都督晦日宴逍遥楼》。

【王莽】 西汉人。字巨君。新王朝建立者，公元8—23年在位。元帝皇后侄。以外戚掌握政权。篡位前伪装谦恭，"爵位益尊，节操愈谦"。初始元年(8)称帝，改国号为新。见《汉书·王莽传上》。白居易《放言五首》之三："周公恐惧流言后，王莽谦恭未篡时。"

【王恭】 晋人。字孝伯，太原晋阳(今山西太原)人。起家为佐著作郎，历丹杨尹、中书令，出为五州都督，平北将军，青、兖二州刺史。美姿仪，人称其"濯濯如春月柳"。后遂以为典，美赞人风流脱俗。李商隐《行至金牛驿寄兴元渤海尚书》："诸生个个王恭柳，从事人人庾杲莲。"徐夤《尚书荣拜恩命夤疾中辄课恶诗二首以申攀赞》之二："三五月明临阙泽，百千人众看王恭。"

【王軒】 《全唐诗》卷八六六西施名下有《谢王轩》。诗题后注："太和中进士王轩，少为诗，颇有才思。""太和"，当为"大和"之误。该卷录其题西施诗二首。

【王烈】 ❶传说中的学道成仙者。字长休，邯郸(今属河北)人。常服黄精及铅，年三百三十八岁，犹有少容，登山历险，行步如飞。见晋葛洪《神仙传》卷六。后遂为咏神仙、道士的典故。王绩《游仙四首》之一："蔡经新学道，王烈旧成仙。"罗隐《圣真观刘真师院十韵》："山薮师王烈，簪缨友戴颙。"❷唐诗人。大历间人，和崔涂有交往。《全唐诗》卷二九五录其《行路难》等四首。

【王振】 字文飞。昭宗时官拾遗，有《汴水滔天录》一卷。见《新唐书·宰相世系二中》太原王氏和《新唐书·艺文志二》。

【王員外】 ❶王圆。大历十年(769)左右曾以员外郎使江南，《郎官石柱题名新著录》司封郎中第六行有王员。皎然有《奉酬颜使君真卿王员外圆宿寺兼送员外使回》。刘长卿有《送王员外归朝》。❷王统。岑参有《和祠部王员外雪后早朝即事》。李嘉言《岑诗系年》："王员外谓统，《郎官石柱题名新著录》祠部员外郎王统名在公后。"按，王统，或作王统。详见陶敏《全唐诗人名汇考》卷二百一此诗考。❸王纵。纵曾官仓部员外郎，《郎官石柱题名新著录》仓部员外郎有王纵。戴叔伦有《渐至涪州先寄王员外使君纵》。❹王缙之子，未详何名。官考功员外郎。李端《慈恩寺怀旧》诗序："余去夏五月，与耿沣、司空文明、吉中字同陪故考功王员外来游此寺。员外，相国之子，雅有才称。"游慈恩有《残莺百啭歌同王员外耿拾遗吉中孚李端司空曙各赋一物》。❺王涯。涯于宪宗时曾官兵部员外郎，见《新唐书》本传。羊士谔有《郡中端居怀袁州王员外使君》。时涯因忤宰相徙为袁州刺史。

【王氣】 帝王之瑞气。旧时迷信谓帝王所在之处，其上有祥瑞之云气。观此云气可知帝王运数之盛衰。孙逖《丹阳行》："昔年王气今何在，并向长安就尧日。"包佶《再过金陵》："玉树歌终王气收，雁行高送石城秋。"刘禹锡《西塞山怀古》："西晋楼船下益州，金陵王气黯然收。"沈彬《金陵杂题二首》之一:"王气生秦四百年,晋元东渡浪花船。"

【王租】 向官府交纳之租税。许棠《送龙州樊使君》:"土产唯宜药,王租只贡金。"

【王秘書】 王建。建曾官太府丞,迁秘书郎。《全唐文》卷五六七白居易《授王建秘书郎制》:"敕,太府丞王建……可秘书郎。"韩愈有《玩月喜张十八员外以王六秘书至》。张籍有《赠王秘书》《书怀寄王秘书》。

【王倚】 唐德州刺史。《全唐诗外编》(下)王倚名下《笔管上刻从军行句》谓:"亭前琪树已堪攀,塞北征人尚未还。"题下注:"唐德州刺史王倚家有笔一管,粗于常笔,刻《从军行》。人马毛发,亭台山水,无不精绝。刊两句曰……"按此两句为隋卢思道《从军行》中句,非王倚所作。

【王師】 朝廷之部队;国家之部队。宋璟《奉和圣制送张说巡边》:"帝道薄存兵,王师尚有征。"裴漼《奉和御制旋师喜捷》:"殊类骄无长,王师示有征。"皇甫冉《同温丹徒登万岁楼》:"闻道王师犹转战,谁能谈笑解重围。"高骈《太公庙》:"及得王师身已老,不知辛苦为何人。"

【王倉】 王翃子。《新唐书·宰相世系二中》太原王氏:"仓,兼御史丞。"仓当为河中少尹兼御史中丞。又陆贽《忧恤畿内百姓并除十县令诏》(《全唐文》四六三):"王仓可检校礼部员外郎兼美原县令。"卢纶有《和王仓少尹暇日言怀》。

【王卿】 疑为王统,王维弟。统曾官太常少卿,坐元载贬官,见《旧唐书·代宗纪》。韦应物《南园陪王卿游瞩》诗云:"郡中多山水,日夕听幽禽。"盖王卿遭贬谪,与韦同在滁州。韦应物有《郡斋赠王卿》和《登楼寄王卿》。钱起有《新雨喜得王卿书问》。

【王訓】 南朝梁人。字怀范,梁尚书左仆射王暕之子。曾官秘书郎、太子舍人、侍中等职。卒谥"温子"。《全唐诗》卷七七四误其为唐人,录其《独不见》诗一首。

【王旅】 王师;朝廷之部队。独孤及《初晴抱琴登马退山对酒望远醉后作》:"王旅方伐叛,虎臣皆被坚。"柳宗元《奉平淮夷雅表·皇武》:"王旅浑浑,是佚是怙。"

【王凌】 三国魏太尉。见"王凌呼廟"。

【王凌呼廟】 王凌,三国魏太尉。太原祁(今山西祁县)人,字彦云。他欲迎立楚王曹彪,事败,为太傅司马懿所逼,自杀。死前,他对魏将贾逵祠大呼:"王凌固忠于魏之社稷者,唯尔有神,知之。"见《三国志·魏志·王凌传》。李翰《蒙求》:"将闾仰天,王凌呼庙。"

【王涣】 唐诗人。字群吉,睢阳(今河南商丘县)人。大顺二年(891)进士。曾任左史,迁考功员外郎。年九十,以礼部侍郎致仕。《全唐诗》卷六九〇录其《上裴侍郎》等诗十四首。

【王家】 ❶犹王室,指帝王。元结《二风诗·乱风诗五篇·至乱》:"嘻乎王家,曾有凶王。"❷有王爵者之家。亦泛指显贵望族。张谔《岐王山亭》:"王家傍绿池,春色正相宜。"❸指东晋王氏家族。王氏家族人才辈出,其中王导从子王羲之为著名书法家,生七子,有五人知名,如王徽之、王献之、王凝之等。见《晋书·王羲之传》。其中王徽之性爱竹,寄居之处也要种竹,称竹为不可一日缺少的"此君"。见《晋书·王羲传》附《王徽之》传。后遂以为典,称美人家中人才辈出。或以咏竹。严维《奉和皇甫大夫夏日游花严寺》:"初第华严会,王家少长行。"顾况《题琅邪上方》:"东晋王家在此溪,南朝树色隔窗低。"李群玉《题王侍御宅》:"绿阴十里滩声里,闲自王家看竹来。"吴融《岐阳蒙相国对宅因抒怀投献》:"虽非宋玉诛茅至,且学王家种竹来。"亦泛指王姓人家。见"王家宅"。

【王家宅】 王正雅宅。正雅于大和五年(831)十一月卒。见《旧唐书》本传。正雅为白居易之东邻。白居易有《以诗代书寄户部杨侍郎劝买东邻王家宅》。

【王宰】 宰相。张说《右丞相苏公挽歌二首》之一:"王宰丹青化,春卿礼乐才。"

【王祥】 晋人。字休征,琅琊临沂(今属山东)人。三国时曾入徐州别驾,有善政,入晋官拜太保。以孝著称。有丹柰结实,母命守之,遇风雨,惧柰实被吹落,抱树而泣。徐州刺史吕虔有佩刀,相人以为有三公之命方可佩之,吕以之赠王祥。祥死前赠予王览,览后奕世多贤才,兴于江左。见《晋书》本传。唐诗中用王祥事,或咏李亲,或咏别驾之类官吏。李端《送别驾赴晋陵即舍人叔之兄》:"谢朓中书直,王祥别乘归。"司空曙《送鄂州张别驾襄阳觐省》:"王祥因就宦,莱子不违亲。"李商隐《谢书》:"自蒙半夜传衣后,不羡王祥得佩刀。"李翰《蒙求》:"王祥守柰,蔡顺分椹。"

【王陵】 汉初大臣,沛县(今属江苏)人。楚汉战争中,聚众数千人据南阳,后归刘邦,转战各地。汉初封安国侯,任右丞相。"为人少文任气,好直言"。张九龄《登荆州城楼》:"直似王陵戆,非如宁武愚。"王湾《秋夜寓直即事怀赠萧令公裴侍郎兼通简南省诸友人》:"中书赠陈准,右相简王陵。"韩翃《送万巨》:"汉相见王陵,扬州事张禹。"李端《长安感事呈卢纶》:"王陵固似戆,郭最遂非难。"

【王姬】 本指周天子之女儿。因周王室姬姓,故称。后亦泛指帝王或五侯之女儿。元稹《代曲江老人百韵》："世族功勋久，王姬宠爱亲。"李商隐《寿安公主出降》："昔忧迷帝力，今分送王姬。"

【王孫】 ❶封王爵者之子孙后裔。杜审言《守岁侍宴应制》："季冬除夜接新年，帝子王孙捧御筵。"杜甫《哀王孙》："腰下宝玦青珊瑚，可怜王孙泣路隅。"李商隐《哭遂州萧侍郎二十四韵》："公先真帝子，我系本王孙。"❷泛指贵族显门。崔液《上元夜六首》之五："公子王孙意气骄，不论相识也相邀。"王维《同比部杨员外十五夜游有怀静者季》："陌头驰骋尽繁华，王孙公子五侯家。"郭郧《寒食寄李补阙》："介子终知禄不及，王孙谁肯一相怜。"温庭筠《寓怀》："自期尊客卿，非意干王孙。"亦泛用为对一般人之尊称。崔国辅《漂母岸》："秦时有漂母，于此饭王孙。"汪遵《淮阴》："秦季贤愚混不分，只应漂母识王孙。"参阅《史记·淮阴侯列传》"吾哀王孙而进食"司马贞索隐。❸汉淮南小山《招隐士》有"王孙游兮不归，春草生兮萋萋"句，后因以"王孙"指客游之人。宋之问《题谢处士山斋》："不知幽谷草，何意老王孙？"耿湋《送张侍御赴郴州别驾》："王孙对芳草，愁思杳无涯。"温庭筠《送卢处士游吴越》："羡君东去见残梅，唯有王孙独未回。"襄阳妓《送武补阙》(卷八〇二)："无限烟花不留意，忍教芳草怨王孙。"❹指汉临邛卓王孙与县令王吉。他们对司马相如予以热情接待。见《史记·司马相如列传》。韩翃《送故人归蜀》："自应成旅逸，爱客有王孙。"

【王孫草】 指牵动人客愁或怀远忧思之草色。李颀《题少府监李丞山池》："窗外王孙草，床头中散琴。"刘长卿《寄普门上人》："惆怅王孙草，青青又一年。"孟迟《闺情》："蘼芜亦是王孙草，莫送春香入客衣。"李郢《元日作》："忽忆王孙草，前年在帝京。"

【王純】 王绍，唐诗人，与颜真卿、皎然、陆羽等为同时人。绍，本名纯，避宪宗讳改。见《新唐书》本传。《全唐诗》卷七八八录其与颜真卿等《登岘山观李左相石尊联句》一联。

【王邕】 唐诗人。太原晋阳(今山西太原市)。天宝十年(751)进士。大历中曾任永州太守。《全唐诗》卷二〇四在其名下《湘灵鼓瑟》和《嵩山望幸》二首，同卷在王颤名下录《怀素上人草书歌》，亦为王邕所作，王颤乃王邕之误。

【王著】 五代诗人。字成象，单州单父(今山东单县)人。后汉乾祐(949—950)中进士。官至翰林学士。《全唐诗外编》(下)录其《赠梦英大师》诗一首。

【王梵志】 唐诗人。初名梵天，卫州黎阳(今河南浚县)人。生于隋唐之际。先以耕渎为业，有妻室，后削发为僧。娴熟儒家经典和佛典，诗以通俗形式讽喻世事，劝喻人情，通俗诙谐。《全唐诗外编》(上)录其诗一百一十首。《全唐诗外编》(下)录其《七言》等诗二十余首。今人项楚《王梵志诗校注》，收王梵志诗三百九十首。

【王堅】 唐诗人。武后、中宗时人。《全唐诗外编》(上)录其断句一联。

【王勔】 唐诗人。绛州龙门(今山西河津县)人，王勃兄。官至泾州刺史。万岁通天二年(647)，因受刘思礼、綦连耀谋反事牵连，与弟勮同时被诛。神龙初(705)，追复官位。勔与弟勮、勃才藻卓异，人称"王氏三珠树"。《全唐诗》卷五六录其《晦日宴高氏林亭同用华字》诗一首。《全唐诗外编》(上)录其《山名》诗一首。

【王處士】 (處 chǔ)当作姚处士，指姚义。五卷本《王无功文集》卷二作《秋夜喜作姚处事》。姚为王绩密友。王绩《薛记室收过庄见寻率题古意以赠》诗谓"同志亦不多，西庄有姚徐。"姚，即姚义。

【王晦伯】 王武陵。武陵字晦，见《全唐诗》二七五作者小传。窦群有《同王晦伯朱遐景宿慧山寺》。王武陵有《宿慧山寺》。

【王晙】 ❶唐诗人。沧州景城(今河北沧州市西)人。徙家洛阳。明经及第，历清苑尉，永昌令、殿中侍御史、渭南令。景龙末，迁桂州都督。再转朔方军副大总管。开元二年(714)，因击吐蕃有功，封清源县公，兼原州都督，寻除并州长史。八年(720)以破突厥有功，复充朔方军副大总管。十年(722)，拜太子詹士，累封中山公。十一年(723)，迁兵部尚书、同中书门下三品。位终户部尚书、朔方军节度使。卒赠尚书左丞相，谥曰忠烈。两《唐书》有传。《全唐诗》卷九九录其《祭汾阴乐章》一诗。❷王行杲子。《唐会要》卷十："神龙二年十一月二日，改洛阳为永昌县，以王晙为县令。"与张说有交游。张说有《送王晙自羽林赴永昌令》。

【王國】 帝王之国家。张说《韦谯公挽歌二首》之一："五瑞分王国，双珠映后家。"杜甫《奉赠鲜于京兆二十韵》："王国称多士，贤良复几人。"贾岛《北岳庙》："神兮安在哉，永康我王国。"

【王崟】 唐人。安州都督王仁忠之子，曾任渭南县尉，左司、户部、度支、吏部员外郎，大历中历官夔州刺史、怀州刺史。杜甫有《奉送王信州崟北归》。岑参有《饯王崟判官赴襄阳道》。《全唐诗》王崟作王岑，校云，"一作崟"，作岑，误。岑参又有《题新乡王崟厅壁》。

【王符縫掖】 王符，东汉哲学家。字节信，安定临泾(今甘肃镇原县)人。一生隐居著书，饱学，有名声。度辽将军皇甫规不愿接见前乡人太守，而对穿儒生服(缝掖)的王符极为礼遇。见《后汉书·王符传》。李翰《蒙求》："邹阳长裾，王符缝掖。"

【王偃】　唐诗人。玄宗天宝前人。《全唐诗》卷七七三录其《夜夜曲》等诗二首。

【王猛】　十六国前秦大臣，字景略，北海剧（今山东寿光东南）人。少贫贱，以卖畚为生。后为苻坚谋士。苻坚即位，累迁司徒、录事尚书，后为丞相。苻坚比之为诸葛亮。罗隐《南园题》："病怜王猛畚，愚笑隗嚣泥。"

【王祭酒】　王权。《新唐书·宰相世系二中》王氏："权，国子祭酒。"权德舆有《和王祭酒太社宿斋不得赴李尚书宅会戏书见寄》。

【王祭還供】　谓天子之祭祀用品诸侯能及时供给。借指国家统一，地方藩镇能听命于中央。杜甫《承闻河北诸道节度入朝欢喜口号绝句十二首》之八："苞茅重入归关内，王祭还供尽海头。"

【王庶子】　疑为王崇质，建州廉使王崇文之弟，曾官礼部侍郎。见马令《南唐书·嗣主传》。徐铉有《和王庶子寄题兄长建州廉使新亭》和《陪王庶子游后湖涵虚阁》。

【王章】　前汉人。字仲卿，泰山巨平（今山东泰安县南）人。成帝时曾为谏议大夫，迁司隶校尉。入仕前，就学于长安，家贫无被，卧牛衣中，涕泣不已。见《汉书》本传。李峤《被》："光逸偷眠稳，王章泣恨长。"

【王商止訛】　王商，汉代人。成帝时官左将军。时京师谣传将有大水淹长安，百姓惊惶奔走，王商在朝中力排众议，认定此为讹言。后果如商所言。见《汉书·王商传》。李翰《蒙求》："桓谭非谶，王商止讹。"

【王涯】　唐诗人。字广津，太原（今山西太原市）人。贞元八年(792)进士。又登宏词科，释褐为蓝田尉。贞元二十年(804)，召为翰林学士，累迁起居舍人。元和三年(808)，贬虢州司马。后召为吏部员外郎，迁中书舍人。元和十一年(616)升为宰相。穆宗即位，出为剑南东川节度使。长庆三年(823)，入为御史大夫，历任户部尚书、盐铁转运使、兴元尹、尚书左仆射等职。大和七年(833)复任宰相，进封代国公，官至司空。甘露之变中被杀。《全唐诗》录其诗一卷，六十余首。

【王陽】　❶西汉王吉，字子阳。其为官清廉，不治家产，而车服鲜明，搬家时所载不过囊衣。见《汉书·王吉传》。李翰《蒙求》："王阳囊衣，马援薏苡。"❷西汉益州刺史。行部至邛崃九折坂，叹曰："奉先人遗体，奈何数乘此险！"称病离职。见《汉书·王尊传》。陈子昂《送魏兵曹使嶲州得登字》："勿以王阳叹，迢递畏崚嶒。"李端《送郑宥入蜀迎觐》："宁亲西陟险，君去异王阳。"

【王紹宗】　唐诗人。字承烈，扬州江都（今江苏扬州）人。嗜学，尤工草隶。常佣力写佛经自给。文明元年(684)，徐敬业起兵，征之不就。武后时拜太子文学，累转秘书少监。《全唐诗》卷一〇〇录其《三妇艳》诗一首。

【王琚】　唐诗人。怀州河内（今河南沁阳）人。睿宗时，为詹事府司直、内供奉、兼崇文学士。旋迁太子舍人，兼谏议大夫。玄宗即位，擢中书侍郎。后因预诛太平公主功，进户部尚书。眷委特异，参预大政，人称"内宰相"。开元二年(764)，出为泽州刺史，历衡、郴、滑、夔、许、同、等十五州刺史。天宝初，又为广平、邺郡太守。五年(746)，为李林甫构陷，贬死于江华郡员外司马任所。《全唐诗》卷九八录其《奉答燕公》等诗四首。

【王越賓】　唐诗人。玄宗时中官。《全唐诗》卷七三二录其《使至潜山》诗一首。

【王彭州】　王抡。曾官朔方节度判官、大理司直、监察御史、彭州刺史。杜甫有《哭王彭州抡》。

【王雄】　与郑谷、翁洮有交往。翁洮《赠进士王雄》诗谓"河清海晏小波涛，几番垂钓不得鳌。空向人间修谏草，又来江上咏离骚"，知王雄为南人，屡举不第。郑谷有《赠文士王雄》。

【王揆】　宋诗人。庆历初为太常博士。曾知临江军。终官屯田郎。《全唐诗》卷七七〇误其为唐人，录其《长沙六快诗》一首。

【王鼎】　五代诗人。字则之，湖湘人。《全唐诗外编》(下)录其《鸿鹏》诗一首、《洪州西山》诗断句一联。

【王景中】　唐诗人。曾赴进士试。《全唐诗》卷七七九录其《风草不留霜》诗一首。

【王喦】　宋诗人。蜀人。太平兴国四年(979)，宋太宗征北汉，岩曾作《圣驾亲征河东》诗以颂之。淳化五年(994)，李顺率农民起义军攻陷成都、樟州等地，岩携家避乱荆南。《全唐诗》卷七三一误其为唐人，录其诗六首。

【王無競】　唐诗人。字仲烈，东莱（今山东掖县）人。仪凤二年(677)，举下笔成章科及第，授赵州栾城尉。垂拱二年(686)，与陈子昂等随乔知之征同罗、仆固。擢殿中侍御史，因得罪宰相，转为太子舍人。神龙初，坐诋权幸，贬为苏州司马。张易之兄弟败，无竞又因与其有交往，再贬岭南，卒于广州。《全唐诗》卷六七录其《和宋之问下山歌》等诗五首。《全唐诗外编》(上)录其《咏汉武帝》等诗四首。

【王智興】　唐诗人。字匡谏，河南府温县（今属河南）人。起为徐州牙将，因军功官至武宁军节度使。大和中因平李同捷功，进位侍中，封雁门郡王，改忠武节度使，后转河中、宣武两镇。卒赠太尉。《全唐诗》卷三十四录其《徐州使院赋》诗一首。

【王程】 奉命外出执行公务之途程。张九龄《郡江南上别孙侍御》："王程不我驻，离思逐秋风。"徐安贞《送王判官》："不畏王程促，惟愁仙路迷。"韩翃《送蓚县刘主簿楚》："王程书使前期促，他日应知举鞭速。"杨奇鲲《途中诗》："此际自然无限趣，王程不敢暂停留。"

【王税】 朝廷、官府之赋税。白居易《归田三首》之二："上求奉王税，下望备家储。"李咸用《题王处士山居》："无多别业供王税，大半生涯在钓船。"

【王喬】 ❶即传说中的仙人王子乔。好吹笙作凤鸣，道人浮丘公接上嵩山，修道成仙后乘白鹤至缑山与家人相见。见《太平广记》卷四引旧题汉刘向《列仙传》。唐诗中常咏作仙家的典故。李白《避地司空原言怀》："一随王乔去，长年玉天宾。"杜甫《昔游》："王乔下天坛，微月映皓鹤。"任华《寄李白》："人传访道沧海上，丁令王乔每往还。"郑谷《鹤》："一自王乔放自由，俗人行处懒回头。"❷东汉叶县县令。有道术，据传上朝时常乘履所化之凫，后入玉棺仙去。见《后汉书·方术传上·王乔》。唐诗中常以咏县令。李白《赠王汉阳》："天落白玉棺，王乔辞叶县。"杜甫《桥陵诗三十韵因呈县内诸官》："太史候凫影，王乔随鹤翎。"❸唐诗人。天宝初曾任安定太守。《全唐诗》卷二〇三录其《过故人旧宅》诗一首。

【王喬履】 亦作"王鳧""王喬舄"。指东汉叶县县令王乔所著之履，据传能化凫以乘之。唐诗中多指以咏县令。李白《淮阴书怀寄王宗城》："眷言王乔舄，婉娈故人情。"杜甫《七月一日题终明府水楼二首》之一："看君宜著王乔履，真赐还疑出尚方。"又《阆州奉送二十四舅使自京赴任青城》："闻道王乔舄，名因太史传。"杜甫《奉赠萧二十使君》："王凫聊暂出，萧雉只相驯。"亦作"王君飛舄"。王昌龄《奉赠张荆州》："王君飞舄仍未去，苏耽宅中意遥缄。"

【王傳】 唐诗人。大中三年(849)进士。大中十年(856)至咸通元年(860)辟徐商山南东道观察判官，加授监察御史。《全唐诗》卷五六六录其《和襄阳徐相公商贺徐副使加章绶》诗一首。

【王順山】 山名。在唐关内道京兆府蓝田县(今陕西蓝田)东南二十里。白居易《游悟真寺诗》："我游悟真寺，寺在王顺山。"

【王衆仲】 曾官判官，刺虔、衡二州。见《全唐文》卷六五九白居易《王众仲可衡州刺史制》。元稹《泛江玩月十二韵》序："六月十四日，张季友、李景俭二侍御，王文仲司录、王众仲判官两昆季，为予载酒炙，选声音，自府城之南桥，乘月泛舟，穷竟一夕。"

【王註】 指魏王弼之《周易注》。张祜《戊午年盛事书怀谨寄献太原裴令公宣武李尚书》："谈易删王注，通诗断郑笺。"

【王敦傾室】 王敦，东晋人。官至侍中、大将军。后因叛乱被杀。他居官时尝荒恣于色，身体大伤，后听左右规谏，将家婢妾数十人全部遣散。见《晋书·王敦传》。李翰《蒙求》："王敦倾室，纪瞻出妓。"

【王羡門】 唐诗人。开元、天宝间人。《全唐诗》卷二〇三录其《都中闲居》诗一首。

【王尊】 西汉人。由郿令迁益州刺史。当初，琅琊王阳为益州刺史时，行部至邛崃九折坂，叹曰："奉先人遗体，奈何数乘此险！"称病离职。及尊为益州刺史，至其坂，叱其驭者曰："驱之！王阳为孝子，王尊为忠臣。"见《汉书》本传。元稹《奉和权相公行次临阙驿逢郑仆射相公归朝俄顷分途因奉赠》："黄霸乘轺入，王尊叱驭趋。"李翰《蒙求》："桓典避马，王尊叱驭。"

【王道】 儒家之一种政治主张，与霸道相对，即依靠实行仁政以治理国家。贺知章《奉和御制春台望》："青阳布王道，玄览陶真性。"萧颖士《仰答韦司业垂访五首》之三："立言寄青史，将以赞王道。"元稹《和李校书新题乐府十二首·骠国乐》："秦霸周衰古官废，下堙上塞王道颇。"吴越王钱镠《西园产芝》："兴吴定越崇王道，殄物平凶建国仪。"

【王湛】 晋人。字处冲，太原(今属山西)人。王济叔父，才不外露，兄弟亲戚都以为痴。晋武帝每见王济，便问："卿家痴叔死未?"王济与叔父王湛实际相处后，发现叔父才德均在自己之上，以后武帝再问，济便答："臣叔不痴。"见南朝宋刘义庆《世说新语·赏誉》。白居易《想东游五十韵》："未死痴王湛，无儿老邓攸。"

【王棨】 唐诗人。福清(今属福建)人，咸通三年(862)进士。曾为江西观察使李骘辟为判官。后除太常博士、水部郎中。《全唐诗外编》(上)录其《省题诗二十一首》。

【王補闕】 ❶李白有《酬王补阙惠翼庄庙宋丞泚赠别》。《李太平全集》卷一九王琦注："睿宗子申王㧑，开元八年(720)薨，谥惠庄太子，宋泚必为惠庄太子陵庙丞者也，翼则王补阙之名。'惠翼'当作'翼惠'是也。"王补阙翼，王美畅子，曾官周至令。见《新唐书·宰相世系二中》乌丸王氏。又有王翼曾官监察御史，《金石萃编》卷七四《御史台精舍碑》碑阴监察御史下两见王翼，碑右棱再见，左侧又两见王翼。不知此王翼与周至令王翼是否同为一人。❷王涯。涯曾官左补阙，见《旧唐书》本传。窦庠《冬夜寓怀寄王翰林》诗原校："一作'翰林王补阙'。"韩愈有《赴江陵途中寄赠王二十补阙李十一拾遗李二十六员外翰林三学士》。

【王夢周】　即王鲁复，字梦周。《全唐诗》卷七七〇在其名下录《故白岩禅师院》诗一首。

【王幹】　疑为王翰之误。《全唐诗逸》卷中录其《长安春日》断句一联。

【王楚】　即王石击，曾官秘书少监、黔中经略转运使、御史中丞。见《旧唐书·德宗纪下》。孟郊有《赠黔府王中丞楚》。

【王感化】　南唐诗人。建州（今福建建瓯）人。少聪敏，未尝执卷而多识，善为词。初隶光山乐籍，后入金陵教坊。元宗即位，宴乐击鞠不辍，感化献讽谏，元宗为其词所感，书《浣溪沙》词二首以赐之。后主即位，复以元宗所赐词进献，又得后主宠爱。《全唐诗》卷七五七录其《建州节帅更代筵上献诗》等诗二首、断句一联。

【王損之】　唐诗人。贞元十四年（798）年进士。《全唐诗》卷四六四录其《赋得浊水求珠》诗一首。

【王粲】　东汉末文学家，建安七子之一。字仲宣，山阳高平（今山东邹县）人。因中原动乱，南赴荆州依刘表。曾登城楼作《登楼赋》。后归曹操，官至侍中。以诗赋著称。唐诗中借以指诗人、才士或幕宾。杜甫《久客》："去国哀王粲，伤时哭贾生。"李端《送从叔赴洪州》："王粲名虽重，郄超髯未长。"戴叔伦《赠司空拾遗》："陈琳草奏才还在，王粲登楼兴不赊。"齐己《荆州新秋寺居写怀诗五首》之四："托迹幸将王粲别，归心宁与子山同。"

【王業】　开创王朝、成为帝王之事业。张九龄《奉和圣制次成皋先圣擒建德之所》："天命诚有集，王业初惟艰。"储光羲《临江亭五咏》之二："此地兴王业，无如宋主贤。"敬括《省试七月流火》："自此观邦正，深知王业休。"韦庄《题淮阴侯庙》："能扶汉代成王业，忍见唐民陷战机。"

【王鉉】　唐诗人。武后、中宗时人。《全唐诗外编》（上）录其断句一联。

【王會】　❶诸侯或四夷朝见天子之聚会。魏征《奉和正日临朝应诏》："庭实超王会，广乐盛钧天。"❷指《逸周书》之《王会》篇。柳宗元《南省转牒欲具江国图令尽通风俗故事》："南宫有意求遗俗，试检周书王会篇。"

【王舄】　东汉人，曾任叶县县令。杜甫《奉赠萧二十使君》："王舄聊暂出，萧雉只相驯。"见"王喬履"。

【王慥】　曾官金户郎中、主客郎中、婺州刺史。见《旧唐书·僖宗纪》《郎官石柱题名新著录》。贯休有《闻王慥常侍卒三首》。

【王猷】　❶犹王道，王者治国之道。李德裕《奉和圣制南郊礼毕诗》："昌运岁今会，王猷从此新。"❷指晋王羲之之子王徽之。徽之字子猷，省称王猷。牟融《题陈侯竹亭》："岁寒高节谁能识，独有王猷爱此君。"见"王家❸"。

【王溥】　五代诗人。字齐物，并州祁（今山西祁县）人。后汉乾祐中进士，为秘书郎。后周广顺初，拜端明殿学士。恭帝即位，官左仆射。入宋，进位司空，加太子太师，封祁国公。卒谥"康献"。《全唐诗外编》（上）录其《谢进士张翼投诗两轴》等诗二首。

【王滌】　唐诗人。字用霖，太原（今山西太原市）人。景福（892—893）中进士。累官中书舍人。天祐（876—901）中避乱于闽，终老于此。《全唐诗》卷七二六录其《和三乡诗》一首。

【王寧】　《新唐书·宰相世系二中》有王宁，王方庆生，相武后，疑即此人。李颀有《少室雪晴送王宁》。

【王福娘】　唐女诗人、乐妓。字宜之，解梁（今山西运城西南）人。少与乐工为邻，学诵歌诗。后沦为长安北里前曲乐妓。僖宗乾符年间与孙棨屡有酬唱。《全唐诗》卷八〇二录其《题孙棨诗后》等诗三首。

【王碩】　唐诗人。唐末进士。《全唐诗》卷七二六录其《和三乡诗》一首。

【王僕射】　（射 yè）❶王播。大和元年（827）六月，拜尚书左信射，同平章事。见《旧唐书》本传。刘禹锡有《哭王仆射相公》。❷王起。王播弟。武宗时进位左仆射、封魏郡公。曾四度主持礼部贡举，当时著名文士，多为其门生。见《旧唐书》本传。刘禹锡有《同留守王仆射各赋春中一物从一韵至七》。周墀有《贺王仆射放榜》。

【王銪】　钱起有《同王铕起居程浩郎中韩翃舍人题安国寺用上人院》。王铕，当作王销，曾官南曹郎。

【王説】　唐人。河南道采访处置使判官。岑参有《梁园歌送河南王说判官》。

【王端】　举进士、宏词，连中甲科，授崇文馆校书郎。累迁监察御史、殿中侍御史、王部员外郎，见《全唐文》卷五〇〇。权德舆《故尚书工部员外郎赠礼部尚书王公（端）神道碑铭》。李嘉祐有《送王端赴朝》。

【王端公】　❶王圆。曾官侍御史。见《全唐文》卷九一九清昼《苏州支硎山报恩寺大和尚碑》。皎然有《翔隼歌送王端公》。刘长卿有《送王端公入奏上都》。❷戎昱有《送王端公之太原归觐相公》。相公，指王缙。大历三年（768）八月至五年四月为太原尹、河东节度使、同平章事。缙有三弟：绰、纮、统，王端公当为此三人之一。

【王適】　唐诗人。幽州（今北京城西南）人。武后时，敕吏部糊名考选入判，以求才俊，适与刘宪、司马锽、梁载言相次入第二等。官至雍州司户参军。《全唐诗》卷九四录其《铜雀妓》等诗五首。

【王熊】《全唐诗》卷八七四有《王法曹歌》，增订注释《全唐诗》卷八七〇改为《王熊歌》，谓"据本事被讽刺者为王熊，非王法曹"。诗题后注订补："王熊为泽州都督，府法曹断略粮贼，唯各决杖一百，通判。熊曰：'总略几人？'法曹曰：'略七人。'熊曰：'略七人，合决七百。法曹曲断，府司科罪。'时人哂之。前尹正义都督，公平。后熊来替，百姓歌云云。"泽州，为"潭州"之误。王熊，曾官申、郢、光、潭四州刺史。见《唐代暮志铭汇编》开元一七六《大唐故王府君（玄起）夫人李氏墓志铭并序》。熊与岳州刺史张说有交往，《全唐诗》卷九八录其《奉别张岳州》诗二首。

【王綺】　兰州刺史王景子，曾官越州仓曹参军。见《新唐书·宰相世系二中》。岑参有《冀州客舍酒酣贻王绮寄题南楼》。

【王綽】　唐诗人。上元二年（761）进士。《全唐诗》卷二六二录其《迎春东郊》诗一首。

【王綱】　天子治国之纲纪。杜甫《送樊二十三侍御赴汉中判官》："使者纷星散，王纲尚旒缀。"李商隐《送千牛李将军赴阙五十韵》："在昔王纲紊，因谁国步清。"周昙《咏史诗·晋门·王茂弘》："中原一片生灵血，谁秉王纲色不惭。"

【王維】　唐诗人。字摩诘，祖籍太原祁县（今山西祁县）。至其父时，迁居浦州（今山西永济县西），遂为河东人。开元九年（721）进士，任太乐丞，后贬为济州司仓参军。张九龄执政，擢为右拾遗，迁监察御史。开元二十五年（737），奉使出塞，在凉州河西节度使兼任判官。开元末年任殿中侍御史。天宝末，为给事中。安史乱起，王维被俘，曾受伪职。肃宗回京后，贬为太子中允，累迁为太子中庶子、中书舍人，官至尚书右丞，或称王右丞。工诗善画，人谓其"诗中有画，画中有诗"。《全唐诗》录其诗四卷，近三百首。《全唐诗外编》（上）录其《江上别流人》诗一首，《全唐诗外编》（下）录其《从军行》等诗十九首。

【王駙馬】　王士平。贞元十一年（795）十月义阳公主出降秘书少监王士平，见《唐会要》卷六。卢伦有《王评事驸马花烛诗》。陆畅有《游城东王驸马亭》。

【王樞】　唐诗人。咸通末任湖州判官，乾符元年（874）为商州刺史。《全唐诗》卷五四六录其《和严恽落花诗》一首。

【王樞密】　王守澄。唐宪宗服方士柳泌药，心躁暴怒，宦官王守澄与内侍陈弘志弑帝，立穆宗。守澄俄知枢密事。见《新唐书·宦者传》。王建有《赠枢密》。

【王播】　唐诗人。字明扬。祖籍太原（今山西太原市），父恕迁居扬州（今江苏扬州市）。贞元十年（794）进士。复登贤良方正、能言直谏科，历官监察御史、侍御史、御史中丞，元和五年（810）为京兆尹，六年为刑部侍郎，充盐铁转运使，十年为礼部尚书，十三年为剑南西川节度使。长庆元年（821）拜相，次年出为淮南节度使，大和元年（827）复入朝为相，四年卒，谥敬，赠太尉。《全唐诗》卷四六六录其《淮南游故居感旧酬西川李尚书德裕》等诗三首。

【王赋】　向朝廷交纳之贡赋。白居易《题郡中荔枝诗十八韵兼寄万州杨八使君》："不得充王赋，无由寄帝乡。"

【王閬州】　王承顺弟，官阆州刺史，名未详。杜甫《为阆州王使君进论巴蜀安危表》："臣兄承顺……臣本随兄在蜀，向二十年。兄既辱身蛮夷，相见无日。"杜甫有《陪李梓州王阆州苏遂州李果州四使君登惠义寺》。

【王儉】　南朝齐人。字仲宝，琅琊临沂（今属山东）人。曾任侍中、尚书令、镇威将军等职。封南昌县公。卒谥文宪。多辟才士为幕僚，时称王俭府为莲花池。一次受惊坠车，谢超崇戏称其为"坠车仆射"。见《南史·庾杲之传》和《南史·谢灵运传》附《谢超宗传》。罗隐《淮南送卢端公归台》："朱绂两参王俭府，绣衣三领杜林官。"李翰《蒙求》："王俭坠车，褚渊落水。"

【王質】　唐诗人。字华卿，绛州龙门（今山西河津县）人。寓居寿春（今安徽寿县）。元和六年（811）进士，任岭南管记，历佐使幕。后入朝为殿中侍御史、户部尚书、谏议大夫。大和五年（831）出为虢州刺史。七年（833）召为给事中，迁河南尹，八年（834）为宣歙观察使。《全唐诗》卷四八八录其《金谷园花发怀古》诗一首。

【王餘】　见"王餘魚"。

【王餘魚】　鱼名，比目鱼之半身。刘禹锡《送裴处士应制举诗》："垂钩钓得王余鱼，踏芳共登苏小墓。"亦省作"王餘"。元稹《春分投简阳明洞天作》："水静王余见，山空谢豹呼。"皮日休《新秋言怀寄鲁望三十韵》："王余落败堑，胡孟入空庖。"吴融《玉女庙》："檐横渌派王余掷，窗袅红枝杜宇啼。"

【王魯】　南唐诗人。曾任当涂宰。《全唐诗》卷八七三录其《判部民诉主簿牒》云："汝虽打草，吾已惊蛇。"题下注："鲁为当涂宰，颇以资产为务，会部民连状主簿贪赂。鲁判云云，为好事者口实。"

【王褒】　西汉辞赋家。字子渊，蜀资中（今四川资阳）人。宣帝时为谏议大夫。通音律，曾撰《洞箫赋》。性至孛，据传常至亡父墓前哭拜，墓前柏树为其涕泣所著，致使树色与凡树不同。见《汉书》本传。李峤《箫》："虞舜调清管，王褒赋雅音。"李德裕《述梦诗四十韵》："著书同陆贾，待诏比王褒。"刘禹锡《逢王十二学士入翰林因以诗赠》:“定知欲报淮南诏,促召王褒入九重。”李翰《蒙求》:“王褒柏惨,闵损衣单。”

【王翦】 战国末秦之名将。频阳(今陕西富平县东北)东乡人。曾统军灭燕、赵、楚三国。见《史记·白起王翦列传》。杨巨源《赠张将军》:“知爱鲁连归海上,肯令王翦在频阳。”

【王導】 东晋大臣。字茂弘,琅琊临沂(今属山东)人。东晋初历任骠骑大将军、侍中领中书监,历仕元、明、成三帝,曾都诸军讨伐其堂兄王敦叛乱,明帝称其能“大义灭亲”。见《晋书》本传。唐诗中亦借以指爱国将领。韦庄《闻官军继至未睹凯旋》:“已有孔明传将略,更闻王导得神机。”李翰《蒙求》:“谢安高洁,王导公忠。”

【王潭州】 王熊。熊曾为潭州刺史。见《唐代墓志汇编》开元一七五《大唐故中大夫行定州鼓城县令王君(玄起)墓志铭》。韦嗣立有《奉和张岳州王潭州二首》。

【王潛】 唐诗人。字弘志,相州安阳(今河南安阳市)人。为驸马都尉光禄卿王同皎孙。元和中擢将作监,迁左散骑常侍,拜泾原节度使。穆宗即位,封琅琊郡公。太和初,检校尚书左仆射。《全唐诗外编》(上)录其《题云居上寺》诗一首。

【王駕】 唐诗人。字大用,河中(今山西永济)人。自号守素先生。大顺元年(890)进士。释褐为校书郎,累官礼部员外郎。后弃官归隐,与司空图、郑谷为诗人,相互唱和。《全唐诗》卷二九〇录其诗六首,卷八八五录其《次韵和卢先辈避难寺居看牡丹》诗一首。《全唐诗外编》(下)录其《永和上巳》诗一首。

【王駕校書】 (校 jiào)王驾于大顺元年(890)登第,授书郎,官至礼部员外郎。见《唐才子传》卷九。郑谷有《次韵和王驾校书结绶见寄之什》。

【王畿】 ❶指京城周围千里之地。王维《登楼歌》:“王畿郁兮千里,山河壮兮咸秦。”❷指京畿。即京城及其附近之地域。王昌龄《途中作》:“游人愁岁晏,早起遵王畿。”韩翃《别汜水县尉》:“奴子平头骏马肥,少年白皙登王畿。”柳宗元《闻黄鹂》:“王畿优本少赋役,务闲酒熟饶经过。”郑谷《寄赠蓝田韦少府先辈》:“王畿第一县,县尉是词人。”

【王璘】 唐诗人。长沙(今属湖南)人,与李群玉同时。工诗善赋,为人放荡不羁。湖南观察使崔黯对他甚欣赏,但为宰相所阻。《全唐诗》卷七九五录其断句一联。

【王翰】 唐诗人。字子羽,并州晋阳(今山西太原市)人。景云元年(710)进士。开元八年(720),登直言极谏科,授昌乐尉。又登起拔群类科。后历官秘书正字,通事舍人、驾部员外郎。开元十四年,出为汝州刺史,又改任仙州别驾。后又贬为道州司马。《全唐诗》录其诗一卷,十三首。

【王叡】 唐诗人。大中(847—860)年间诗人,自号炙毂子。著《炙毂子诗格》一卷、《炙毂子杂录注解》五卷。《全唐诗》五〇五录其《公无渡河》等诗九首。

【王學士】 王涯。贞元二十年(804)十一月,王涯由蓝田县令入为翰林学士。见《旧唐书·德宗纪下》。刘禹锡有《送王十二学士入翰林因以诗赠》。涯行二十,作“十二”字倒,宋刻蜀本《刘梦得文集》不误。

【王錄事】 ❶岑参有《送王录事却归华阴》。注云:“王录事自华阴尉授虢洲(州)录事参军,旬日却复旧官。”岑参又有《送王七录事赴虢州》及与华阴王少府诗多首。陈铁民等《岑参集校注、潼关使院怀王七季友》注云:“此诗曰‘开门见太华,朝日映高掌’,谓王当时在华阴;而据岑参《送王七录事赴虢州》《送王录事却归华阴》二诗,知王玩世不恭录事曾任华阴尉,故疑王七录事即本诗之王季友。又唐称县尉曰少府,则岑居虢州时屡为酬赠之华阴王少府亦当是王季友矣。”陶敏《全唐诗人名汇考》认为,此二王录事似非同一人。孙望《蜗叟杂稿·箧中集作者事辑》将二人加以区别,审慎可从。见《汇考》卷二百《送王录事却归华阴》诗考。❷王定堂弟,名不详。卢纶有《送王录事赴任苏州》。注:“即舍人堂弟。”舍人即王定,以考功郎中知制中诰,故称舍人。见“王舍人”。

【王諫議】 王崟。李嘉祐有《送王谏议充东都留守判官》。诗云“时称谢康乐,别事汉平津”,知王所从之留守曾为相,或时带平章事。广德二年(764)八月,王缙以宰相、都统河东诸道行营节度兼领东都留守。见《旧唐书·代宗纪》和《新唐书·宰相表中》。时李嘉祐在长安,王谏议当出为王缙判官。钱起有《送王谏议任东都居守》。当为同送诗,题下夺“判官”二字。独孤及有《自东都还濠州奉酬王八谏议见赠》。此亦当为酬同人之作。郁贤皓《李白丛考·黄锡珪李太白年谱附录三文辨伪》以为王谏议即王崟。详见陶敏《全唐诗人名汇考》卷二百六李嘉祐此诗考。

【王濛市帽】 王濛。晋外戚,美姿容,有风流美誉。入市购帽,妪悦其美貌,以新帽赠之。见《晋书·外戚传·王濛》。李翰《蒙术》:“韩寿窃香,王濛市帽。”

【王澤】 帝王之德泽恩惠。岑参《尹相公京兆府中棠树降甘露诗》:“王泽布人和,精心动灵祇。”李商隐《五言述德诗献上杜七兄仆射相公》:“自昔流王泽,由来仗国桢。”郑谷《乾符丙申岁奉试春涨曲江池》:“王泽尚通津,恩波此日新。”范质《诫儿侄八百字》:“适会龙飞庆,王泽天下流。”

【王縉】 唐诗人。字夏卿,祖籍太原祁县(今山西祁县)。至其父时,迁居浦州(今山西永济县西),遂为河东人。王维弟。连登草泽自举科和文词清丽科,累授侍御史、武部员外郎。安史之乱中,任太原尹,与李光弼同守太原,因功加宪部侍郎。乱平,拜国子祭酒。广德二年(764),拜黄门侍郎、同平章事。后出任河南副统帅、兼河东节度使,又再度入相。后因依附元载而被贬为括州刺史。终官太子宾客。《全唐诗》卷一二九录其《古离别》等诗八首。

【王轂】 唐诗人。字虚中,自号临沂子,袁州宜春(今江西宜春)人。昭宗乾宁五年(898)进士。曾任国子博士,终官尚书郎。《全唐诗》卷六九四录其《吹笙引》等诗十六首。

【王霞卿】 唐女诗人。蓝田(今属陕西)人。唐末会稽令韩嵩妾。嵩死,霞卿流落会稽。光启三年(887)三月,登唐安寺阁。睹物增悲,作《题唐安寺阁壁》。见《全唐诗》卷七九九。

【王篲】 即王彗,植物名。亦称地肤、王帚。其茎梢可制扫帚。卢照邻《山林休日田家》:"径草疏王篲,岩枝落帝桑。"

【王儲】 唐诗人。大历十四年(779)状元。曾任太子詹事。与卢仝友善。卢有《送王储詹事西游献兵书》。《全唐诗》卷二八一录王储《赋得花发上林》试帖诗一首。

【王龜】 唐诗人。字大年,其先太原人,后迁居扬州(今江苏扬州市)。王起子。初隐居不仕,后历任右补阙、诗御史、兵部郎中知制诰、太常卿、同州刺史、浙东观察使等。《全唐诗》卷七九五录其断句一联。

【王鍇】 唐诗人。僖宗天复年间奉使西川,留蜀事王建,为翰林学士,迁御史中丞。武成二年(909)拜中书侍郎、同平章事。上书兴用文教,罢为兵部侍郎。旋复相。前蜀亡,入唐,授刺史。《全唐诗》卷七六〇录其《赠禅月大师》诗一首。

【王謩】 唐诗人。大中(847860)时人,与释元孚同时。曾任中散大夫、台州司马。《全唐诗外编》(上)录其《奉和元孚上都左街保寿文章应制》诗一首。

【王謝】 ❶东晋时两个有名的世家大族。王,指王导,字茂弘,历仕晋元帝、明帝、成帝三朝;谢,指谢安,字安石,官尚书仆射,领中书令,进太保,卒赠太傅。后遂以"王谢"代称高门世族。杜甫《壮游》:"王谢风流远,阖庐丘墓荒。"羊士谔《忆江南旧游二首》之一:"山阴道上桂花初,王谢风流满晋书。"刘禹锡《金陵五题·乌衣巷》:"旧时王谢堂前燕,飞入寻常百姓家。"陆龟蒙《送浙东德师侍御罢府西归》:"王谢遗踪玉籍仙,三年闲上鄂君船。"❷指东晋谢安与王羲之。他们寓居会稽,常结伴为山水之游。后遂作游赏之典,亦为咏会稽之典。李嘉祐《送越州辛法曹之任》:"王谢登临处,依依今尚存。"羊士谔《乾元初严黄门自京兆少尹贬牧巴郡乃赋诗十四韵刻于石壁》:"追怀王谢侣,更似会稽岑。"李群玉《将之吴越留别坐中文酒诸侣》:"风流访王谢,佳境恣洄沿。"

【王濬】 西晋名将,字士治。历官益州刺史、辅国大将军。未仕前恢宏有大志。起宅时,开门前路广数十步,谓曰:"吾欲使容长戟幡旗。"晋武帝司马炎谋伐吴,受命监造战船,为龙骧将军,摧毁吴军水上的铁索。见《晋书》本传。杨巨源《题赵孟庄》:"王濬爱旌旗,梁竦劳州县。"殷尧藩《送白舍人渡江》:"横锁已沉王濬筏,投鞭难阻谢玄兵。"按,此诗实为明人史谨作,题为《渡江》。

【王濟】 晋人。字武子,太原(今属山东)人。精通老庄之学,官至侍中。因爱马又善解马性,杜预称其有"马癖"。见《晋书·王浑传》附《王济传》和《晋书·杜预传》。韩琮《咏马》:"难逢王济知音癖,欲就燕昭买骏名。"刘禹锡《崔元受少府自贬所遗山姜花以诗答之》:"王济本尚味,石崇方斗奢。"

【王禮】 王者之礼仪。吴越王钱镠《功臣堂》:"宝剑已颁王礼盛,锦衣重带御炉香。"

【王績】 唐诗人。字无功,绛州龙门(今山西河津县)人。王通弟。隋末,授秘书省正字,不乐在朝,求为六合丞。嗜酒不视事,被劾还故里。唐初,以原官待诏门下省。至贞观初,为太乐丞。后弃官还乡,隐居东皋,自号东皋子。工诗善文,为唐初重要作家之一。《全唐诗》录其诗一卷,近五十首;卷八八二初录其《阶前石竹》诗一首。《全唐诗外编》(上)录其《春自直疏》诗一首,《全唐诗外编》(下)录其《绩溪岭》诗一首。

【王韞秀】 唐诗人。河南节度使王忠嗣女,宰相元载之妻。《全唐诗》卷七九九录其《同夫游秦》等诗三首。元载有《别妻王韫秀》,自注:"王忠嗣镇太原,以女韫秀归载。"按诗出《云溪友议》卷下。《友议》云:"元丞相载妻王氏,字韫秀,王缙相公之女,维右丞之侄。"《全唐诗》编者因《旧唐书·元载传》云元载妻乃王忠嗣女,乃易缙为忠嗣。然《友议》载王韫秀诗有"家风第一右丞诗"之句(见《全唐诗》卷七九九王韫秀《夫入相寄姨妹》),又焉能一并显为王缙之女。史传所说有异,不知孰是。

【王鎔】 唐诗人。成德节度使王廷奏四世孙。中和二年(882),父景从卒,镕袭位为成德节度使,时年十岁。在唐累官至太师,封常山郡王。入梁,封赵王。天祐十八年(921)为其部将王德明所杀。《全唐诗》卷七三四录其《哭赵州和尚二首》。

【王顏】 贞元中为御史中丞、虢州刺史,见王颜《追树十八代祖晋司空太原王公神道碑铭》。李商隐有《题道静院院在中条山故王颜中丞所置虢州刺史舍官居此今写真存焉》。

【王蘇蘇】　唐诗人，乐妓，懿宗咸通中长安北里南曲乐妓。善说笑谐谑。《全唐诗》卷八〇二录其《和李标》诗一首，诗题后注："一作题李标诗后。进士李标，从王左谏弟侄诣苏苏，饮次，题诗于窗。苏苏先未识标，不甘其题，曰：'阿谁留郎君：莫乱道！'"诗末注："李标题窗诗云：'春暮花枝绕户飞，王孙寻胜引尘衣。洞中仙子多情态，留住刘郎不放归。'"

【王嚴】　唐诗人。唐宣宗大中时人，终身布衣。《全唐诗》卷五六四录其《和于中丞登越王楼》诗一首。

【王廬二拾遺】　王拾遗，即王维。维曾官右拾遗。卢拾遗，疑为卢象，象曾官左补阙。李颀有《留别王卢二拾遗》。

【王懷州】　王崟。崟曾官怀州刺史，见《新唐书·宰相世系二中》乌九王氏。耿湋有《和王怀州观西营秋射》。

【王顧】　王邕之误。见"王邕"。

【王鐐】　唐诗人。字德辉，祖籍太原（今属山西）。宰相王铎之弟。登成通进士第。历任主客员外郎、仓部员外郎、左司郎中、汝州刺史。乾符中，贬韶州司马。终官太子宾客。《全唐诗》卷六百录其《感事》诗一首。

【王繼勳】　五代诗人。字绍光，光州固始（今属河南）人。闽王王审知族孙。后晋开运元年（944）为泉池刺史。二年，归降南唐，拜侍中。南唐保大五年（947）为池州刺史。拜左卫威大将军，《全唐诗》卷七六三录其《赠和龙妙空禅师》诗一首。

【王繼鵬】　闽王王审知之孙。光州固始（今属河南）人。后改名昶。长兴二年（930），以威武节度副使权知军府事。尤启元年（933），封福王。永和元年（935），即闽帝位。次年改元通文。天福三年（938），晋高祖封之为闽王。通文四年，为王继业所杀。《全唐诗》卷八录其《批叶翘谏书纸尾》诗一首。

【王權】　指掌通报传达之权的守门人。万彤云《献卢尚书》："不是尚书轻下客，山家无物与王权。"

【王覽友弟】　晋人。琅琊临沂（今属山东）人。王祥弟。王祥受继母虐侍，览极为维护祥。一次继母以毒酒酖杀祥，览予以阻止。自后继母与祥馔食，览辄先尝。见《晋书·王祥传》附《王览传》。李翰《蒙求》："江革忠孝，王览友弟。"

【王霸】　❶王道与霸道。崔宗之《赠李十二白》："分明楚汉事，历历王霸道。"❷后汉人。字儒仲，太原广武（今山西代县西南）人。东汉光武帝刘秀建武年间，征至尚书，朝拜时称名不称臣，有司问其故，霸曰："天子有所不臣，诸侯有所不友。"后称疾归隐。见《后汉书·逸民传》。后遂作归隐守志之典。王绩《赠李征君大寿》："管宁存祭礼，王霸重朝章。"李颀《答高十三五留别便呈于十一》："韩康虽复在人间，王霸终思隐岩窦。"❸后汉人。字元伯，颍川颍阳（今河南许昌市西南）人。从刘秀起事，任功曹令。在后有追兵的情况下为刘秀探路，诡称河已结冰。刘秀领兵至，河果已结冰，军队得以渡河脱险。见《后汉书》本传。李翰《蒙求》："广利泉涌，王霸冰合。"又王霸从刘秀在蓟，时王郎在邯郸称天子，悬赏缉拿刘秀。刘秀令王霸至市中募人缉郎，市人大笑，以手揶揄之。见《后汉书》本传。温庭筠《病中书怀呈友人》："镏惔虚访觅，王霸竟揶揄。"

【王鐸】　唐诗人。字昭范，宰相王播之子。原籍太原（今陕西太原市），祖父恕迁居扬州（今江苏扬州市）。会昌元年（841）进士。累官右补阙、集贤殿直学士。咸通二年（861），由驾部郎中知制诰，历中书舍人、礼部侍郎、御史中丞、户部侍郎判度支、礼部尚书。十一年（870），拜相。僖宗中和二年（882）以检校司徒、中书令为义成节度使，诸道行营都统，与黄巢起义军对抗。四年（884），徙义昌节度使，赴任途经魏州时被人劫杀。《全唐诗》卷五五七录其《和于兴宗登越王楼》等诗三首。

【王癩獺】　指王熊。《歌·王熊歌》（原题《王法曹歌》）："前得尹佛子，后得王癞獭。"见"王熊"。

【王瓚】　唐诗人。约为玄宗天宝后人。曾任丹阳功曹、司兵参军。《全唐诗》卷七七二录其《冬日与群公泛舟焦山》诗二首。

【王觀】　唐诗人。大历、贞元间人。《全唐诗》卷三一一录其《早行》诗一首。

【王灣】　唐诗人。洛阳（今河南洛阳市）人。玄宗先天年间（712—713）进士。开元初，为荥阳主簿。后曾任洛阳尉。《全唐诗》卷一一五录其《奉使登终南山》等诗十首、断句一联。

玉　〔yù《广韵》魚欲切，入燭，疑。〕❶美石之一种。质细性坚，表面莹洁光润，可制簪、环、镯、佩等高级装饰品。王勃《题九江英烈庙》："万邦金作楝，千片玉推阶。"卢崇道《新都南亭别郭大元振》："长怀赏心爱，如玉复如珪。"王维《奉和圣制幸玉真公主山庄因题石壁十韵之作应制》："种田生白玉，泥灶化丹砂。"李商隐《偶成转韵七十二句赠四同舍》："蓝山宝肆不可入，玉中仍是青琅玕。"❷指玉磬等乐器。常用以形容清脆悦耳之声音。杜审言《赠崔融二十韵》："玉振先推美，金铭旧所防。"高适《信安王幕府诗》："振玉登辽甸，摐金历蓟壖。"程太虚《清心泉》："飞泉触石玉玎珰，中隐神龙岁月长。"白居易《继之尚书寄遗非一今以此篇用伸酬谢》："交情郑重金相似，诗韵清锵玉不如。”❸比喻莹白如玉之物。李咸用《小雪》：“崆峒山北面，早想玉成丘。”此指雪。韦庄《谒金门》词之一：“柳外飞来双羽玉，弄晴相对浴。”此指白鸟。❹比喻才德。因古代称玉有仁、智、义、礼、信五德，故谓。韩愈《和席八十二韵》：“倚玉难藏拙，吹竽久混真。”牟融《寄周韶州》：“山中荆璞谁知玉，海底骊龙不见珠。”❺喻指高贵、美好之物。杜甫《徐卿二子歌》：“大儿九龄色清澈，秋水为神玉为骨。”韦应物《杂体五首》之四：“物情苟有合，莫问玉与泥。”❻形容人之风姿仪容高雅俊爽。李白《赠崔秋浦三首》之三：“河阳花作县，秋浦玉为人。”白居易《和微之诗二十三首・和顺之琴者》：“中有弄琴人，声貌俱如玉。”许浑《余谢病东归王秀才见寄今潘秀才南棹奉酬》：“酷似牢之玉不如，落星山下白云居。”何仲举《李皋试诗》：“似玉来投狱，抛家去就枷。”❼喻指女子之美好容颜。董思恭《春日代情人》：“泪滴珠难尽，容残玉易销。”亦喻指年轻女子。骆宾王《艳情代郭氏答卢照邻》：“当时拟弄掌上珠，岂谓先摧庭际玉。”❽敬词。用以敬称他人之言辞诗文或身体容貌等。见“玉音”“玉體”“玉颜”。❾冠于名词之前，表示美称。见“玉食”“玉葉”“玉筍”。亦指仙境或皇宫之事物。见“玉苑”“玉輅”“玉館”“玉陛”。

【玉醑】 指美酒。魏征《五郊乐章・赤帝徵者・雍和》：“琼羞溢俎，玉醑浮觞。”

【玉窔窱】 形容歌声悠扬悦耳如玉佩碰击之声。窔，同“窈”。郑嵎《津阳门诗》：“迎娘歌喉玉窔窱，蛮儿舞带金葳蕤。”

【玉醽】 隋炀帝之美酒名。太宗《赐魏征诗》：“醽醁胜兰生，翠涛过玉醽。”

【玉琤】 玉片相击之清脆声音。陆龟蒙《不南秋怀寄华阳山人》：“懒桧推岚影，飞泉撼玉琤。”

【玉人】 ❶玉工，治玉之人。多喻指慧眼识才之人。白居易《玉水记方流》：“玉人如不见，沦弃即千秋。”雍陶《再下第将归荆楚上白舍人》：“长倚玉人心自醉，不辞归去哭荆山。”周昙《咏史诗・春秋战国门・宋子罕》：“自有不贪身内宝，玉人徒献外来珍。”❷风神秀异之男子。李颀《赠别张兵曹》：“君为禁脔婿，争看玉人游。”孟浩然《夏日与崔二十一同集卫明府宅》：“喜逢金马客，同饮玉人杯。”姚合《咏贵游》：“凤凰尊畔飞金盏，丝竹声中醉玉人。”孙元晏《咏史诗・晋・卫玠》：“江东士女无端甚，看杀玉人浑不知。”❸指美丽女子。温庭筠《杨柳八首》之一：“正是玉人肠断处，一渠春水赤阑桥。”薛能《黄蜀葵》：“记得玉人初病起，道家妆束厌禳时。”司空图《华下对菊》：“不似春风逞红艳，镜前空坠玉人钗。”韦庄《秋霁晚景》：“玉人襟袖薄，斜倚翠阑干。”❹指仙女。李群玉《宿巫山庙二首》之一：“寂寞高堂别楚君，玉人天上逐行云。”唐彦谦《梅》：“玉人下瑶台，香风动轻素。”杜光庭《题平盖沼》：“江上玉人应可见，洞中仙鹿已来驯。”❺对亲人之昵称。钱起《送张参及第还家》：“借问还家何处好，玉人含笑下机迎。”权德舆《送卢评事婺州省觐》：“客愁青眼别，家喜玉人归。”

【玉人吹箫】 《艺文类聚・灵异部・仙道》引汉刘向《列仙传》：“萧史善吹箫，能致白鹄孔雀。秦穆公以女弄玉妻之，遂教弄玉吹箫作凤鸣。居数十年，有凤来止其屋。公为筑凤台，夫妻止其上，不下数年。后萧史乘龙、弄玉乘凤仙去。”后遂用为咏家情或仙女之典。杜牧《寄扬州韩绰判官》：“二十四桥明月夜，玉人何处教吹箫？”

【玉几】 （—jī）玉饰之几案。李白《入朝曲》：“天子凭玉几，剑履若去行。”杜甫《至日遣兴奉寄北省旧阁老两院故人二首》之二：“玉几由来天北极，朱衣只在殿中间。”郑谷《入阁》：“玉几当红旭，金炉纵碧烟。”张昭《汉宗庙乐舞辞》：“荐豆奉觞亲玉几，配天合祖耀璿枢。”

【玉工】 治玉之人。陈子昂《观荆玉篇》：“勿信玉工言，徒悲荆国人。”皎然《桃花石枕歌赠康从事》：“剑工见兮可为剑，玉工辨兮知非石。”

【玉山】 ❶传说中王母所居之仙山。李贺《马诗二十三首》之三：“忽忆周天子，驱车上玉山。”李商隐《玉山》：“玉山高与阆风齐，玉水清流不贮泥。”徐仲雅《赠齐己》：“嫦娥月里学步虚，桂风吹落玉山下。”亦泛指仙山。张祜《别玉华仙侣》：“尘机不尽住不得，珍重玉山山上人。”❷山名，即蓝田山。一名覆车山。在今陕西蓝田东南。杜甫《崔氏东山草堂》：“爱汝玉山草堂静，高秋爽气相鲜新。”钱起有《登玉山诸峰偶至悟真寺》。武元衡《送魏正则擢第归江陵》：“商山路接玉山深，古木苍然尽合阴。”李商隐《故驿迎吊故桂府常侍有感》：“二纪征南恩与旧，此时丹旐玉山西。”❸喻指假山。白居易《杨六尚书留太湖石在洛下借置庭中因对举杯》：“每就玉山倾一酌，兴来如对醉尚书。”按，此亦双关，喻杨尚书为嵇康。见“玉山頽”。亦用为山之美称。鲍防《人日陪宣州范中丞传真宴东峰亭》：“丝柳向空轻婉转，玉山看日渐裴回。”❹喻指云、雪等近似玉山之物。刘禹锡《客有为余话登天坛遇雨之状因以赋之》：“滉济雪海翻，槎牙玉山碎。”杜牧《奉和仆射相公嘉雪忽降即事书成四韵》：“银阙双高云汉里，玉山横列五墀前。”❺《晋书・裴楷传》：“楷风神高迈，容仪俊爽，博涉群书，特精理义，时人谓之‘玉人’。”后因以“玉山”指有神采之俊美男子。李白《赠裴十四》：“朝见裴叔则，朗如玉山行。”贾岛《上杜驸马》：“玉山突兀压乾坤，出得朱门入戟门。”❻喻指人之醉态。李白《襄阳歌》:“清风朗月不用一钱买,玉山自倒非人推。”李端《送黎少府赴阳翟》:“玉人那惜醉,金谷已无春。”李瀚《蒙求》:“仲容青云,叔夜玉山。”见“玉山頽”。

【玉山禾】　传说王母所居玉山之木禾,借指仙界之食物。王维《青雀歌》:“青雀翅羽短,未能远食玉山禾。”李白《天马歌》:“虽有玉山禾,不能疗苦饥。”刘禹锡《飞鸢操》:“青鸟自爱玉山禾,仙禽徒贵华亭露。”李商隐《街西池馆》:“国租容客旅,香熟玉山禾。”

【玉山岑】　传说中王母所居玉山之顶。亦泛指仙界。李白《寓言三首》之二:“往还瑶台里,鸣舞玉山岑。”李商隐《摇落》:“朱谙沧海路,何处玉山岑。”

【玉山桂】　《晋书·郤诜传》:“(诜)累迁雍州刺史。武帝于东堂会送,问诜曰:‘卿自以为何如?’诜对曰:‘臣举贤良对策,为天下第一,犹桂林之一枝,昆山之片玉。’”后因以“玉山桂”喻贤中之贤者。杜甫《赠李公邕》:“慷慨嗣真作,咨嗟玉山桂。”

【玉山傾】　同“玉山頽”。方干《陪王大夫泛湖》:“蜜炬烧残银汉昃,羽觞飞急玉山倾。”亦作“玉山傾倒”。令狐楚《三月晦日会李员外座中频以老大不醉见讥因有此赠》:“三月唯残一日春,玉山倾倒白鸥驯。”

【玉山頽】　南朝宋刘义庆《世说新语·容止》:“嵇叔夜之为人也,岩岩若孤松之独立;其醉也,傀俄若玉山之将崩。”后因以“玉山颓”形容人酒醉欲倒之态。王绩《辛司法宅观妓》:“到愁金谷晚,不怪玉山颓。”骆宾王《畴若篇》:“不识金貂重,偏惜玉山颓。”令狐楚《省中直夜对雪寄李师素侍郎》:“静怀琼树倚,醉忆玉山颓。”韦庄《漳亭驿小樱桃》:“李白已亡工部死,何人堪伴玉山颓。”

【玉川】　对川流之美称。指其水明洁如玉。白居易《和李相公六韵》:“似从银汉下,落傍玉川西。”

【玉弓】　❶有玉饰之弓。薛涛《赠段校书》:“公子翩翩说校书,玉弓金勒紫绡裾。”❷喻指弯月。李贺《南园十三首》之六:“寻章摘句老雕虫,晓月当帘挂玉弓。”

【玉女】　❶神女;仙女。储光羲《杂诗二首》之二:“洪崖吹箫管,玉女飘飖来。”王翰《赋得明星玉女坛送廉察尉华阴》:“欲求玉女长生法,日夜烧香应自还。”熊孺登《赠侯山人》:“来时玉女裁春服,剪破湘山几片云?”李商隐《寄远》:“姮娥捣药恒未已,玉女投壶未肯休。”亦特指巫山神女。多以形容云雾烟岚。苏味道《咏霜》:“金祇暮律尽,玉女暝气归。”范禹偁《简州》:“史君桥柳凝清镜,玉女山烟展画屏。”❷指美丽女子。李德裕《思平泉树石杂咏·重台芙蓉》:“玉女袭朱裳,重重映皓质。”薛逢《汉武宫辞》:“殿前玉女移香案,云际金人捧露盘。”❸对女子之美称。张谔《三日岐王宅》:“玉女贵妃生,嫛婗始发声。”

【玉女披衣】　自然景观名。在今江西萍乡芦溪。其地雨前有五色云气涌出,状若仙女披衣,故名。段成式《苦雨》:“不愿石郎戴笠,难甘玉女披衣。”

【玉女盆】　见“玉女洗頭盆”。

【玉女洗頭盆】　华山玉女祠前有五石臼,称“玉女洗头盆”。杜甫《望岳》:“安得仙人九节杖,拄到玉女洗头盆?”贾岛《马戴居华山因寄》:“玉女洗头盆,孤高不可言。”亦省作“玉女盆”。马戴《华下逢杨侍御》:“巨灵掌上月,玉女盆中泉。”吴融《和张舍人》:“玉女盆边雪未销,正多春事莫无憀。”

【玉女祠】　祀奉玉女之祠庙,在唐河南府河阳(今河南孟县)县境。又华山中峰亦有之。李颀《送五叔入京兼寄綦毋三》:“寄书春草年年色,莫道相逢玉女祠。”

【玉女砧】　传说神女捣衣之石砧,在琅琊郡(秦置。后魏时治地相当于今山东临沂南)之捣衣山。温庭筠《洞户二十二韵》:“粉白仙郎署,霜清玉女砧。”

【玉女峰】　山峰名,即华山中峰。传说秦穆公女弄玉偕萧史出走后即隐居于此,故名。李白《江上答谢宣城》:“太华三芙蓉,明星玉女峰。”

【玉女壶】　指传说中东荒山之神女作投壶戏事。骆宾王《久戍边城有怀京邑》:“漏缓金徒箭,娇繁玉女壶。”

【玉女窗】　嵩山古迹之一。传汉武帝于此窗中曾见玉女,故名。李白《送王屋山人魏万还王屋》:“朝携月光子,暮宿玉女窗。”顾况《夜中望仙观》:“遥知玉女窗前树,不是仙人不得攀。”李商隐《和友人戏题二首》之一:“仙人掌冷三霄露,玉女窗虚五夜风。”亦喻指宫殿之窗。温庭筠《休澣日西掖谒所知》:“赤墀高阁自从容,玉女窗扉报曙钟。”

【玉女扉】　绘有仙女的窗门。宋之问《奉和章大荐福寺》:“殿饰金人影,窗摇玉女扉。”李商隐《对雪二首》之一:“寒气先侵玉女扉,清光旋透省郎闱。”

【玉子】　❶玉苗。传说种后可生玉。张鷟《游仙窟·别崔琼英》:“自怜无玉子,何日见琼英。”吕岩《五言》之十五:“玉子偏宜种,金田岂在耕。”见“玉田❶”。❷玉制之棋子。杜牧《送国棋王逢》:“玉子纹楸一路饶,最宜檐雨竹萧萧。”❸指仙童。吕岩《七言》之九三:“先差玉子开南殿,后遣青龙入紫微。”

【玉井】　❶指华山山顶之池。韩愈《古意》:“太华峰头玉井莲,开花十丈藕如船。”❷古代帝王藏冰之井。杜甫《多病执热奉怀李尚书》:“恩沾道暍黄梅雨,敢望宫恩玉井冰。”陆龟蒙《子夜四时歌》之二:“金龙倾漏尽,玉井敲冰早。”❸对井之美称。李峤《桐》:“高映龙门迥，双依玉井深。”钱起《开元观遇张侍御》：“晚凉生玉井，新暑避烟松。”罗隐《台城》：“玉井已干龙不起，金瓯虽破虎曾争。”唐彦谦《拜越公墓因游定水寺有怀长老》：“青峰晓接鸣钟寺，玉井秋澄试鸣泉。”

【玉天】　指道教所称之玉清境，为三十六天中“三清境”（亦称三天）之最高境，元始天尊所居。李白《避地司空原言怀》：“一随王乔去，长年玉天宾。”

【玉犬】　仙境之犬。李滚《酬词》：“玉犬吠天关，彩童哭仙吏。”

【玉友】　指美酒。卢纶《题贾山人园林》：“五字每将称玉友，一尊曾不顾金囊。”

【玉手】　莹洁如玉之手。亦用为对手之美称。张谓《奉和圣制瑞雪篇》：“罗衣点着浑是花，玉手抟来半成水。”杜甫《白丝行》：“象床玉手乱殷红，万草千花动凝碧。”张祜《折杨柳枝二首》之二：“那胜妃子朝元阁，玉手和烟弄一枝。”杜牧《方响》：“数条秋水挂琅玕，玉手丁当怕夜寒。”

【玉片】　喻指洁白如玉之片状物。张祜《忆江东旧游四十韵寄宣武李尚书》：“金丝援嫩柳，玉片犯残冰。”此指冰块。刘兼《郡楼闲望书怀》：“莲披净沼群香散，鹭点寒烟玉片新。”此指白色羽毛。

【玉爪】　❶对鹰爪之美称。杜甫《见王监兵马使说近山有白黑二鹰请余赋》：“万里寒空只一日，金眸玉爪不凡材。”❷对女子指甲之美称。元稹《闲晚》：“红裙委砖阶，玉爪剺朱橘。”

【玉方壶】　传说之仙山名，即方壶山，亦称方丈山。元稹《和乐天招钱蔚章看山绝句》：“碧落招摇闲旷望，黄金城外玉方壶。”

【玉斗】　❶玉制之酒器。孟简《赋得亚父碎玉斗》：“宝位方苦竞，玉斗何情爱！”吴融《李周弹筝歌》：“鸿门玉斗初向地，织女金梭飞上天。”冯延巳《金错》词：“双玉斗，百琼壶，佳人欢饮笑喧呼。”❷指北斗星。丁仙芝《京中守岁》：“玉斗巡初匝，银河落渐微。”李白《秋夜宿龙门香山寺奉寄王方城十七丈》：“玉斗横网户，银河耿花宫。”

【玉户】　玉饰之门户。亦为门户之美称。张若虚《春江花月夜》：“玉户帘中卷不去，捣衣砧上拂还来。”司空曙《题玉真观公主山池院》：“春殿留遗影，春朝玉户开。”罗邺《萤二首》之一：“水殿清风玉户开，飞光千点去还来。”韩溉《鹊》：“几度送风临玉户，一时传喜到妆台。”

【玉心】　坚贞如玉石之心。李白《怨情》：“花性飘扬不自持，玉心皎洁终不移。”

【玉尺】　玉制之尺。常以喻指衡量人才之标准。李白《上清宝鼎诗》：“仙人持玉尺，废君多少才。玉尺不可尽，君才无时休。”亦为尺之美称。李观《试中和节诏赐公卿尺诗》：“具寮颁玉尺，成器幸良工。”贯休《善哉行》：“欲赠之以紫玉尺、白银铛。久不见之今，湘水茫茫。”

【玉水】　❶产玉之处的流水。郑俞、吴丹等有《赋得玉水记方流》。鲍溶《玉山谣奉送王隐者》：“闲开玉水灌芝草，静醉天酒松间眠。”李商隐《玉山》：“玉山高与阆风齐，玉水清流不贮泥。”❷对水之美称。白居易《寄崔少监》：“弹为古宫调，玉水寒泠泠。”

【玉札】　❶以玉版刻印之道教经籍。亦泛指道教经书。刘禹锡《游桃源一百韵》：“丹丘肃朝礼，玉札工细绎。”❷对他人书札之美称。皮日休《怀华阳润卿博士三首》之三：“数行玉札存心久，一掬云浆漱齿寒。”

【玉石】　❶玉与石。分别喻指好与坏、精与粗。李白《赠瑕丘王少府》：“我隐屠钓下，尔当玉石分。”吕温《道州观野火》：“岂复辨萧兰，焉能分玉石？”喻凫《献知己》：“竟蒙分玉石，终不离埃尘。”吴融《闲书》：“大底鹪鹩须自适，何尝玉石不同焚。”❷玉；玉制之乐器，如玉磬等。郑嵎《津阳门诗》：“月中秘乐天半间，丁珰玉石和埙篪。”

【玉石不完】　犹玉石俱碎。谓不分好坏善恶，同被摧毁。韦应物《广德中洛阳作》：“王师涉河洛，玉石俱不完。”

【玉石同焚】　比喻不论好坏善恶，同归于尽。孔绍安《别徐永元秀才》：“金汤既失险，玉石乃同焚。”

【玉田】　❶晋干宝《搜神记》卷十一载：洛阳人杨伯雍于坂头作义浆。“有一人就饮，以一斗石子与之，使至高平好地有石处种之，云：‘玉当生其中。’杨公未娶，又语云：‘汝后当得好妇。’”杨乃种其石，果见玉子生石上，又取种得之玉聘徐氏为妻。“天子闻而异之，拜为大夫。乃于种玉处四角作大石柱，各一丈，中央一顷地，名曰‘玉田’”。后因以“玉田”指种玉处。亦借指隐居之处。王建《送唐大夫罢归节山》：“不堪腰下悬金印，已向云西寄玉田。”韦渠牟《步虚词十九首》之五：“几处留丹灶，何时种玉田？”罗虬《比红儿诗》之三七：“定知不及红儿貌，枉却工夫种玉田。”❷喻指大雪覆盖之田野。李绅《登禹庙降雪》：“玉田千亩合，琼室万家开。”亦喻指月光下之沙滩。鲍溶《沙上月》：“水文不上烟不荡，平平玉田冷空旷。”

【玉仙】　仙女。杜牧《瑶瑟》：“玉仙瑶瑟夜珊珊，月过楼西桂烛残。”刘兼《春夜》：“醉垂罗袂倚朱栏，小数玉仙歌未阕。”

【玉仙觀】　道观名，在唐江南道潭州醴陵县（今湖南醴陵）。护国有《题醴陵玉仙观歌》。

【玉白花紅】　形容诗文多彩多姿。杜牧《送李群玉赴举》：“玉白花红三百首，五陵谁唱与春风。”

【玉卮】 玉制之酒杯。亦为酒杯之美称。张籍《短歌行》:“玉卮盛酒置君前,再拜愿君千万年。”皮日休《奉和添酒中六韵·酒杯》:“兹器不复见,家家唯玉卮。”亦代指酒。许浑《舟行早发庐陵郡郭寄滕郎中》:“离心更羡高斋夕,巫峡花深醉玉卮。”

【玉卮无當】 (當 dàng)《韩非子·外储说右上》:“一日堂溪公见昭侯曰:‘今有白玉之卮而无当,有瓦卮而有当,君渴将何以饮?’君曰:‘以瓦卮。’”意云玉制酒杯若无底则不如有底之瓦制酒杯实用。当,底。后因以“玉卮无当”喻虚美而不实用。无名氏有《玉卮无当》诗(卷七八七)云:“共惜连城宝,翻为无当卮。”

【玉册】 册书之一种。因以五简制成,故名。帝王祭祀或上尊号时用。杜甫《八哀诗·赠司空王公思礼》:“际会清河公,间道传玉册。”又《往在》:“登阶捧玉册,峨冕耿金钟。”岑参《送许子擢第因寄王大昌龄》:“皇帝受玉册,群臣罗天庭。”

【玉立】 ❶形容坚贞如玉,洁身自立。储光羲《题辛道士房》:“先生秀衡岳,玉立居玄丘。”窦常《酬舍弟牟秋日洛阳官舍寄怀十韵》:“玉立求知己,金声乍起予。”❷形容人身姿修长、神采俊爽。窦常《凉国惠康公主挽歌》:“玉立分尧绪,笄年下相门。”❸挺拔矗立。白居易《题东武丘寺六韵》:“龙蟠松矫矫,玉立竹森森。”

【玉芝】 ❶芝草之一种,即白芝。王维有《大同殿柱产玉芝圣恩便赐宴乐取书即事》。❷即玉脂芝。道家谓生于有玉之山,玉膏流出万年以上,即凝而成芝,服之可成仙。后人因以“采玉芝”指学道求仙。钱起《夕游覆釜山道士观因登玄之庙》:“倾思丹灶术,愿采玉芝芳。”白居易《早冬游王屋望天坛偶吟成章寄温谷周尊师中书李相公》:“一人佩金印,一人翳玉芝。”陆龟蒙《自遣诗三十首》之六:“玉芝敲折峰然坠,合有真人上姓名。”❸喻珍贵之贤才。刘禹锡《哭吕衡州》:“一夜霜风凋玉芝,苍生绝望士林悲。”

【玉芝觀】 道观名。(1)在唐江南道苏州吴县(今江苏苏州)。戴叔伦有《新年第二夜答处上人宿玉芝观见寄》。许浑有《再游姑苏玉芝观》。(2)在长安崇业坊。白居易《赠王山人》:“玉芝观里王居士,服气餐霞善养身。”雍陶有《赠玉芝观王尊师》。

【玉灰】 玉石焚后之灰。喻指雪。李咸用《雪》:“云汉风多银浪溅,昆山火后玉灰飞。”

【玉光】 指玉杯击破时碎片飞溅之光。张碧《鸿沟》:“亚父斗声天上闻,玉光坠地惊昆仑。

【玉吕】 玉律。候气之律管。每至相应节气,管中之灰即飞起。魏征《五郊乐章·舒和》:“璿仪气爽惊缇籥,玉吕灰飞含素商。”

【玉缶】 玉制之盛酒或水之器皿。郑嵎《津阳门诗》:“大开内府恣供给,玉缶金筐银簸箕。”

【玉合】 玉制或玉饰之盒。章孝标《道者与金丹开合已失因为二首再有投掷》:“减自青囊里,收安玉合中。”韩偓《玉合》:“罗囊绣两凤凰,玉合雕双鸂鶒。”王贞白《白牡丹》:“异香开玉合,轻粉泥银盘。”

【玉肌】 莹洁如玉之肌肤。白居易《小岁日喜谈氏外孙女满月》:“桂燎薰花里,兰汤洗玉肌。”郑仁表《赠妓仙哥》:“严吹如何下太清,玉肌无疹六铢轻。”韦庄《伤灼灼》:“桃脸曼长横绿水,玉肌香腻透红纱。”

【玉色】 ❶如玉般莹白之色。曹唐《小游仙诗九十八首》之二五:“玉色雌龙金络头,真妃骑出纵闲游。”❷美女之色。吴筠《览古十四首》之六:“金膏恃延期,玉色复动魄。”鲍溶《玉清坛》:“上阳宫里女,玉色楚人多。”亦指美女。李白《怨歌行》:“君王选玉色,侍寝金屏中。”❸犹言尊容。对他人容颜之美称。朱昼《喜陈懿老示新制》:“苦心无闲时,今夕见玉色。”

【玉交杯】 玉制之酒杯,供男女饮交杯酒用者。李商隐《可叹》:“冰簟且眠金缕枕,琼筵不醉玉交杯。”

【玉衣】 ❶玉饰之衣。亦泛称华美之衣。《三国志·魏志·文昭甄皇后传》“后三岁失父”裴松之注引《魏书》云:甄后“每寝寐,家中仿佛见如有人持玉衣覆其上者”。后遂以“玉衣”指美人之衣。李贺《贝宫夫人》:“秋肌稍觉玉花寒,空光帖妥水如天。”罗虬《比红儿诗》之七四:“争知昼卧纱窗里,不见神人覆玉衣。”❷帝王、皇后之葬衣。以金缕缀玉片而成。皇甫冉《赠恭顺皇后挽歌》:“诏使归金策,神人送玉衣。”❸指雪花覆盖人或物体,如玉色之衣。刘宪《人日玩雪应制》:“呈晖幸得承金镜,飏彩还将奉玉衣。”❹指白鹤之翅羽。陆龟蒙《鹤屏》:“何由振玉衣,一举栖瀛阆。”❺指仙人或修道者之衣。顾况《朝上清歌》:“君着玉衣,乘玉车些。”

【玉衣自舉】 《汉书·王莽传下》:“是月,杜陵便殿乘舆虎文衣废藏在室匣中者出,自树立于外堂上,良久乃委地。”后因以“玉衣自举”为咏已故帝王之典。杜甫《行次昭陵》:“玉衣晨自举,铁马汗常趋。”

【玉池】 ❶仙池,仙境之水池。李商隐《碧城三首》之二:“对影闻声已可怜,玉池荷叶正田田。”❷对水池之美称。白居易《虾蟆》:“岂唯玉池上,污君清泠波?”李渤《南溪诗》:“玉池似无水,玄井昏不测。”许浑《再游姑苏玉芝观》:“玉池露冷芙蓉浅,琼树风高薜荔疏。”亦指宫掖水池。钱起《和刘七读书》:“何愁丹穴凤,不饮玉池泉。”❸指华山山顶之玉井。韩翃《赠别华阴道士》:“芙蓉山顶玉池西,一室平临万仞溪。”❹道教称人口为玉池。戎昱《送吉州阎使君入道二首》之一:“金汞封仙骨,灵津咽玉池。”宋自然《遗诗》:“心是灵台神是室,口为玉池生玉液。”吕岩《七言》之八:

"金阙内藏玄谷子，玉池中坐太和官。"

【玉宇】 ❶以玉筑成之宫殿。指仙宫。亦为宫殿或寺观殿阁之美称。玄宗《千秋节宴》："玉宇开花萼，宫县动会昌。"韩翃《题玉真观李秘书院》："白云斜日影深松，玉宇瑶坛知几重。"李德裕《圣祖院石磬铭》："悬之玉宇，永托仙岑。"花蕊夫人徐氏《宫词》之三五："玉宇无人双燕去，一弯新月上金枢。"❷天空；太空。许敬宗《奉和喜雪应制》："腾华承玉宇，凝照混金娥。"储光羲《贻韦炼师》："新池近天井，玉宇停云车。"韦应物《效何水部二首》之一："玉宇含清露，香笼散轻烟。"赵休《侍宴》："金茎来白露，玉宇起清风。"

【玉字】 ❶刻于玉上之字。多指道教经书。王维《送秘书晁监还日本国》序："金简玉字，传道经于绝域之人；方鼎彝尊，致分器于异姓之国。"❷对他人赠字之美称。李白《洞庭醉后送绛州吕使君果流澧州》："赠剑刻玉字，延平两蛟龙。"

【玉如意】 玉制之如意。本为搔痒之爪杖，僧人讲经时亦持之，写经文于其上以备忘。王昌龄《题净眼师房》："玉如意，金澡瓶，朱唇皓齿能诵经。"

【玉妃】 ❶仙妃；仙女。温庭筠《晓仙谣》："玉妃唤月归海宫，月色澹白涵春空。"曹唐《小游仙诗九十八首》之六一："细腰侍女瑶花外，争向红房报玉妃。"又第八六首："香残酒冷玉妃睡，不觉七真归海中。"❷喻梅花。皮日休《行次野梅》："鸾拂萝捎一树梅，玉妃无侣独裴回。"❸喻雪花。韩愈《辛卯年雪》："璿房璿室路幽微，晨降云軿万玉妃。"

【玉羽】 ❶洁白如玉的鸟羽。杜甫《鸥》："却思翻玉羽，随意点春苗。"王若岩《试越裳贡白雉》："冰晴朝映日，玉羽夜含霜。"亦指似白羽之花片。李群玉《二辛夷》："狂吟乱舞双白鹤，霜翎玉羽纷芬落。"❷指箭羽。李端《度关山》："拂剑金星出，弯弧玉羽鸣。"

【玉走金飛】 谓日月飞驰。玉，玉兔，指月；金，金乌，指日。吕岩《寄白龙洞刘道人》："玉走金飞两曜忙，始闻花发又秋霜。"

【玉汞】 道家炼丹之砂汞。吕岩《赠乔二郎》："当时玉汞涓涓生，弄归之海如雷声。"

【玉芙蓉】 指汉武帝所建承露铜盘上之玉杯。王建《宫词百首》之九一："金殿当头紫阁重，仙人掌上玉芙蓉。"

【玉芽】 ❶对笋芽之美称。王贞白《洗竹》："锦箨裁冠添散逸，玉芽修馔称清虚。"❷喻指小儿。白居易《阿雀》："玉芽开手爪，酥颗点肌肤。"又《谈氏外孙生三日偶吟成篇兼戏呈梦得》："玉芽珠颗小男儿，罗荐兰汤浴罢时。"

【玉花】 ❶指簟上之光洁花纹。徐彦伯《芳树》："玉花珍簟上，金缕画屏开。"❷指剑光。李贺《平城下》："别剑无玉花，海风断鬓发。"❸指水花、浪花。陈抟《题石水涧》："几恨却为顽石碍，琉璃滑处玉花飞。"❹指玉花骢。罗隐《病骢马》："金络衔头光未灭，玉花毛色瘦来焦。"见"玉花驄"。

【玉花階】 以玉石砌成之花阶。王建《宫词一百首》之九五："暂向玉花阶上坐，簸钱赢得两三筹。"

【玉花驄】 玄宗所乘之宝马名。色青白而面如玉色，故称。杜甫《丹青引》："先帝天马玉花骢，画工如山貌不同。"

【玉杖】 ❶饰有玉鸠之杖。亦称鸠杖。汉时天子以赐七十岁以上老人。因鸠为不噎之鸟，欲老人不噎，故杖端饰以鸠鸟。李白《白鸠辞》："天子刻玉杖，镂形赐耆人。"参阅《后汉书·礼仪志中》。❷玉饰之仗。亦为一般杖之美称。张祜《公子行》："轻将玉杖敲花片，旋把金鞭约柳枝。"

【玉李】 传说仙界有李称玉李。后亦为一般李树之美称。徐铉《依韵和令公大王蔷薇诗》："玉李寻皆谢，金桃亦暗衰。"

【玉車】 ❶玉饰之车。亦指华贵之车。王翰《观蛮董为使之作》："共惜不成金谷妓，虚令看杀玉车人。"❷仙人之车。顾况《朝上清歌》："君着玉衣，升玉车些，欲降琼宫，玉女家些。"

【玉匣】 ❶玉饰之匣。古代琴、剑、镜、印等多盛以玉匣。太宗《帝京篇十首》之一："玉匣启龙图，金绳披凤篆。"孟浩然《赠道士参寥》："蜀琴久不弃，玉匣细尘生。"白居易《李都尉古剑》："湛然玉匣中，秋水澄不流。"李商隐《破镜》："玉加清光不复持，菱花散乱月轮亏。"❷汉代帝王王侯之葬服，即金缕玉衣。以金缕连玉片而成，形如铠甲。王侯腰以下服，帝后全身服。白居易《狂歌词》："焉用黄墟下，珠衾玉匣为。"

【玉豆】 玉饰的礼器。豆，祭祀时盛食物之礼器。陈至《荐冰》："形盐非近进，玉豆为潜英。"皮日休《鲁望读襄阳耆旧传见赠五百言因而寄答次韵》："势端唯金茎，质古乃玉豆。"《霅溪夜宴诗》之九（卷八六四）："雕盘玉豆兮罗珍羞，金卮琼斝兮方献酬。"

【玉折】 喻指贤者之夭折、亡故。杜甫《哭王彭州抡》："之官方玉折，寄葬与萍漂。"

【玉步】 ❶合乎礼法之行步。李远《赠咸阳李少府》："金刀片片裁新锦，玉步重重上旧梯。"❷对女子行步之美称。李群玉《李远获贵妃袜》："常束凝酥迷圣主，应随玉步浴温汤。"孙棨《题妓王福娘墙》："无端斗草输邻女，更被拈将玉步摇。"

【玉吹】 (—chuì)对笙箫等管乐器之美称。温庭筠《元日》："绪风调玉吹，端日应铜辉。"

【玉角】 指白鹿、仙鹿。孟郊《答卢仝》："独自奋异骨，将骑玉角翔。"

【玉沙】 ❶对白沙之美称。韦述《奉和圣制送张说上集贤学士赐宴》:"云散明金阙,池开照玉沙。"皮日休《鸳鸯二首》之一:"翠浪万回同过影,玉沙千处共栖痕。"缪岛云《马迹石》:"因过盘石上,如印玉沙行。"❷喻棋子。王建《夜看美人宫棋》:"巡拾玉沙天汉晓,犹残织女两三星。"

【玉局】 对棋盘之美称。杜甫《存殁口号二首》之一:"玉局他年无限笑,白杨今日几人悲。"李商隐《灯》:"锦囊名画掩,玉局败阵收。"

【玉局觀】 (觀 guàn)道观名。在唐剑南道成都(今四川成都)。齐己《谢徽上人见惠二龙障子以短歌酬之》:"又闻蜀国玉局观有孙遇迹,盘屈身长八十尺。"一作贯休诗,题为《题成都玉局观孙位画龙》。

【玉青】 形容新竹之色青翠而有润泽。李贺《昌谷北园新笋四首》之三:"今年水曲春沙上,笛管新篁拔玉青。"

【玉苗】 ❶对珍贵幼苗之美称。李绅《新昌宅书堂有药树一株今则长成名之天上树》:"羽衣道士偷玄圃,金简真人护玉苗。"吴融《和韩致光侍郎无题三首》之三:"茗煎云沫聚,药种玉苗匀。"吕岩《赠刘方处士》:"露飘香陇玉苗滋,月上碧峰丹鹤唳。"❷积雪掩盖之苗。许浑《蒙河南刘大夫见示喜雪酬唱》:"瑞花琼树合,仙草玉苗深。"

【玉英】 ❶玉之精华。李益《登天坛夜见海》:"仙人携我搴玉英,坛上夜半东方明。"皎然《顾渚行寄裴方舟》:"初肩怕出欺玉英,更取煎来胜金液。"元稹《放言五首》之四:"玉英唯向火中冷,莲叶元来水上干。"陆龟蒙《开元杂题七首·玉龙子》:"何代奇工碾玉英,细髯纤角尽雕成。"又古代谓食玉英可长寿延年。王湾《奉使登终南山》:"玉英时共饭,芝草为余拾。"徐敞《赋得金茎露》:"武帝贵长生,延年饵玉英。"❷喻清澈之泉水。李华《云母泉诗》:"洞微净金界,夤缘流玉英。"李绅《别石泉》:"桂凝秋露添灵液,茗折香芽泛玉英。"

【玉苑】 对园囿之美称。钱起《奉和圣制登朝元阁》:"山通玉苑迴,河抱紫英明。"

【玉茗】 对笋芽之美称。陆龟蒙《奉和袭美茶具十咏·茶笋》:"所孕和气深,时抽玉茗短。"

【玉林】 ❶仙界之树林。陆龟蒙《上清》:"玉林风露寂寥清,仙妃对月闲吹笙。"曹唐《小游仙诗九十八首》之七:"宫阙重重闲玉林,昆仑高阙彩云深。"亦为普通树林之美称。贾岛《赠弘泉上人》:"心知溪卉长,居此玉林宫。"❷雪中之树林。韦应物《温泉行》:"玉林瑶雪满寒山,上升玄阁游绛烟。"

【玉杯】 ❶玉制的酒杯。则天皇后《游仙篇》:"金浆既取玉杯斟,玉酒还用金膏酿。"刘真《七老会诗》:"山茗着时秋雾碧,玉杯斟处彩霞鲜。"许浑《闻州中有宴寄崔大夫兼简邢群评事》:"箫管筵间列翠蛾,玉杯金液耀金波。"亦特指汉武帝所建承露铜盘上之承接仙露之杯。李白《古风》之四三:"瑶水闻遗歌,玉杯竟空言。"❷喻指莲花苞。皮日休《宿报恩寺水阁》:"池文带月铺金簟,莲朵含风动玉杯。"❸喻指白牡丹花。裴璘《白牡丹》:"另有玉杯承露冷,无人起就月中看。"❹《汉书·董仲舒传》谓董所著书有《玉杯》《蕃露》《清明》《竹林》等数十篇,后因以"玉杯"代指人之著述。杜牧《早春寄岳州李使君》:"拂匣调珠柱,磨铅勘玉杯。"

【玉枕】 玉制或玉饰之枕。王维《送孙秀才》:"常城风日好,况复建平家。玉枕双文簟,金盘五色瓜。"赵嘏《昔昔盐二十首·长垂双玉啼》:"向灯垂玉枕,对月洒金闺。"皮日休《古宫词三首》之三:"玉枕寐不足,宫花空触檐。"

【玉刺】 对刺帖之美称。陆龟蒙《上元日道室焚修寄袭美》:"三清今日聚灵官,玉刺齐抽谒广寒。"

【玉押】 玉制的门帘镇坠。和凝《宫词百首》之七九:"重黎玉押春帘卷,不夜珠楼晓鉴开。"

【玉虎】 ❶白虎。皮日休《寂上人院联句》:"石形蹲玉虎,池影闪金蛇。"❷汲引井水之辘轳。李商隐《无题》:"金蟾啮锁烧香入,玉虎牵丝汲井回。"

【玉具劍】 剑名。剑镡与鼻皆以玉制之剑。李白《游敬亭寄崔侍御》:"腰间玉具剑,意许无遗诺。"

【玉果】 柑橘之美称。皮日休《早春以橘子寄鲁望》:"不为韩嫣金丸重,直是周王玉果圆。"

【玉門】 ❶即玉门关。虞世南《出塞》:"誓将绝沙漠,悠然去玉门。"李白《从军行》:"从军玉门道,逐虏金徽山。"虞羽客《结客少年场行》:"歌吹金微返,振旅玉门旋。"❷传说中仙界之山名。皮日休《送董少卿游茅山》:"天影晓通金井水,山灵深护玉门沙。"

【玉門關】 古关名。汉武帝置。因系自西城输入玉石之门户,故名。故址在唐陇右道沙州敦煌县西北(今甘肃敦煌小方盘镇)。胡浩《大漠行》:"阳春半,岐路间。瑶台苑,玉门关。"王之涣《凉州词二首》之一:"羌笛何须怨杨柳,春风不度玉门关。"戴叔伦《塞上曲二首》之二:"愿得此身长报国,何须生入玉门关。"胡宿《塞上》:"契利请盟金匕酒,将军归卧玉门关。"

【玉虬】 ❶传说中的无角龙。因《楚辞·离骚》有"驷玉虬以乘鹭兮,溘埃风余上征"句,后亦以"玉虬"指车驾。温庭筠《奉天西佛寺》:"忆昔狂童犯顺年,玉虬闲暇出甘泉。"❷浑天仪上的龙形漏水部件。汉张衡《漏水转浑天仪制》:"以铜为器,再叠差置,实以清水,下各开孔,以玉虬吐漏水入两壶,右为夜,左为昼。"骆宾王《秋晨同淄川毛司马秋九咏·秋萤》："玉虬分静夜，金萤照晚凉。"

【玉牀】 ❶玉饰之床。亦为床之美称。李白《鲁东门观刈蒲》："织作玉床席，欣承清夜娱。"鲍溶《秋怀五首》之三："玉床暗虫响，锦席寒泪冻。"❷玉石井栏，或指雕饰美观之井栏。李白《答王十二寒夜独酌有怀》："怀余对酒夜霜白，玉床金井水峥嵘。"

【玉季】 对人兄弟之美称。贯休《杜侯行》："金昆玉季轻三鼓，黄河悬鱼臣节苦。"

【玉版】 ❶刻文字之玉石版。亦为珍贵书籍之美称。李德裕《雨中自秘书省访王三侍御》："顾我蓬莱静无事，玉版宝书藏众瑞。"亦指诏书。司空图《贺翰林侍郎二首》之二："玉版徽书洞里看，沈羲新拜侍郎官。"❷喻指天明时之晴空。元稹《酬段丞与诸棋流会宿弊居见赠》："繁星收玉版，残月耀冰池。"

【玉兒】 ❶南朝齐东昏侯潘叔妃的小名。陆龟蒙《奉和袭美行次野梅次韵》："梁殿得非萧帝瑞，齐宫应是玉儿媒。"罗虬《比红儿诗》之四五："琥珀妆成恩正深，玉儿妖惑荡君心。"孙元晏《咏史诗·齐·潘妃》："玉儿还有怀恩处，不肯将身嫁小臣。"❷后魏元树之宠姬朱玉儿。刘禹锡《和西川李尚书伤孔雀及薛涛之什》："玉儿已逐金环葬，翠玉先随秋草萎。"自注："(文树)北归，爱姬朱玉儿脱金指环为赠。"❸泛指美人。韩偓《有忆》："何时斗帐浓香里，分付东风与玉儿?"

【玉佩】 见"玉珮"。

【玉帛】 ❶圭玉与丝帛。古代祭祀、会盟或朝聘时所用之物品。宋之问《谒禹庙》："玉帛空天下，衣冠照海隅。"耿沣《贺李观察祷河神降雨》："玉帛才敷云淡淡，笙镛未撤雨霏霏。"元稹《赛神》："忧虞神愤恨，玉帛意弥敦。"亦为聘贤、礼贤之物。李白《赠参寥子》："天子分玉帛，为官接话言。"❷指来献玉帛之诸侯或外邦使者。常建《塞下曲四首》之一："玉帛朝回望帝乡，乌孙归去不称王。"❸表示友好、和睦。玄宗《赐新罗王》："玉帛遍天下，梯航归上都。"权德舆《送张曹长工部大夫奉使西蕃》："故地山河在，新恩玉帛通。"又《德宗神武孝文皇帝挽歌词三首》之二："梯航来万国，玉帛庆三朝。"❹借指财富。李绅《莺莺歌》："家家玉帛弃泥土，少女娇妻愁被虏。"周贺《赠姚合郎中》："玉帛已知难挠思，云泉终是得闲身。"

【玉斧】 ❶玉制之斧。宫廷侍卫所持之仪仗之一种。李益《杂曲》："藁砧持玉斧，交结五陵儿。"❷传说中仙人许翙之小字。亦以代指仙人。韦应物《萼绿华歌》："世淫浊兮不可降，胡不来兮玉斧家?"陆龟蒙《润卿遗青饳饭聊用答谢》："旧闻香积金仙食，今见青精玉斧餐。"

【玉乳泉】 泉名。在唐江南东道润州丹阳县(今江苏丹阳)。《全唐诗外编下》有无名氏《玉乳泉壁间诗》。

【玉股】 以玉为脚之钗。李贺《湖中曲》："燕钗玉股照青渠，越王娇郎小字书。"

【玉兔】 ❶神话所说月亮中之白兔。白居易《中秋月》："照他几许人肠断，玉兔银蟾远不知。"鲍溶《庐山石镜》："绿萝就玉兔，再与高鸟歇。"贾岛《病鹘吟》："迅疾月边捎玉兔，迟回日里拂金鸡。"唐彦谦《叙别》："蟠拏对月吸深杯，月府清虚玉兔吼。"❷指月亮。施肩吾《笑卿卿词》："出来看玉兔，又欲过银河。"李商隐《海上谣》："桂水寒于江，玉兔秋冷咽。"韩琮《春愁》："金乌长飞玉兔走，青鬓长青古无有。"❸饰有兔形之薰香炉。温庭筠《春愁曲》："凉簪坠发春眠重，玉兔煴香柳如梦。"

【玉兔毛】 见"玉兔毫"。

【玉兔宫】 月宫；月亮。因神话传说月中有白兔捣药，故称。张齐《试月中桂》："未种丹霄日，应虚玉兔宫。"

【玉兔毫】 亦作"玉兔毛"。❶月中白兔之毛。喻月光。李群玉《七月十五夜看月》："下射长鲸眼，遥分玉兔毫。"❷以月中兔毛所制之笔。亦泛指精良毛笔。齐己《寄黄晖处士》："锋铓妙夺金鸡距，纤利精分玉兔毫。"施肩吾《仙女祠》："手题金简非凡笔，道是天边玉兔毛。"

【玉狗】 传说中守天门之狗。李贺《绿章封事》："青霓扣额呼宫神，鸿龙玉狗开天门。"

【玉京】 ❶道教谓元始天尊所居之处，在三十六天最高层大罗天中。又称"玄都玉京"。许敬宗《游清都观寻沈道士得清字》："纵心驰贝阙，怡神想玉京。"李白《庐山谣寄卢侍御虚舟》："遥见仙人彩云里，手把芙蓉朝玉京。"杨衡《仙女祠》："玉京初侍紫皇君，金缕鸳鸯满绛裾。"贯休《送杨秀才》："有时朝玉京，红云拥金虎。"亦泛指仙境。王维《恭懿太子挽歌五首》之二："鸡鸣常问膳，今恨玉京留。"李商隐《杏花》："仙子玉京路，主人金谷园。"曹邺《故人寄茶》："剑外九华英，缄题下玉京。"❷对道观之美称。綦毋潜《宿太平观》："夕到玉京寝，窅莫云汉低。"戎昱《开元观陪杜大夫中元日观乐》："今朝欢称玉京天，况值关东理俗年。"于鹄《早上凌霄第六峰礼白鹤观祠》："忽然见朱楼，象牌题玉京。"❸喻指京都。杨巨源《奉酬窦郎中早入省苦寒见寄》："旷怀玉京云，孤唱粉垣雪。"朱庆余《长安春日野中》："尽日徘徊处，归鸿过玉京。"亦指朝廷。南卓《赠副戎》："翱翔曾在玉京天，堕落江南路几千。"❹喻指大雪覆盖之城。裴夷直《和周侍御洛城雪》："天街飞辔踏琼英，四顾全疑在玉京。"许浑《和毕员外雷中见寄》："夜凌瑶席宴，春寄玉京吟。"

【玉京山】　道教谓元始天尊所居之仙山。晋葛洪《枕中书》："元始天王，在天中心之上，名曰玉京山。"令狐楚《中元日赠张尊师》："寂寂焚香在玄观，知师遥礼玉京山。"吕岩《忆江南词》之十二："沉醉处，缥缈玉京山。"

【玉京仗】　喻指大雨。杜牧《大雨行》："四面崩腾玉京仗，万里横牙羽林枪。"

【玉府】　❶犹仙府。许浑《余谢病东归王秀才见寄今潘秀才南棹奉酬》："春耕旋搆金门客，夜学兼修玉府书。"亦为道观之美称。武平一《奉和幸白鹿观应制》："玉府凌三曜，金坛驻六龙。"❷指高洁之胸怀。杜甫《暮春送马大卿公恩命追赴阙下》："玉府标孤映，霜蹄去不疑。"

【玉性】　喻高洁坚贞之品性。孟郊《送丹霞子阮芳颜上人归山》："松色不肯秋，玉性不可柔。"白居易《和答诗十首·和思归乐》："在火辨玉性，经霜识松贞。"

【玉河】　河名。因产玉而得名。在今新疆于阗中。杜甫《喜闻盗贼蕃寇总退口号五首》之四："勃律天而采玉河，坚昆碧碗最来多。"

【玉泥】　封禅时用以封缄玉检之封泥。鲍溶《闻国家将行封禅聊抒臣情》："云雨由来随六龙，玉泥瑶检不乾封。"

【玉沼】　对清水池沼的美称。贯休《寿春节进》："银轮随宝马，玉沼见金龟。"

【玉波】　月光下的银色水波。温庭筠《水仙谣》："夜深天碧乱山姿，光碎玉波满船月。"

【玉郎】　❶道家所称之仙官名。韦渠牟《步虚词十九首》之三："上常求仙使，真符取玉郎。"杨嗣复《赠毛仙翁》："天上玉郎骑白鹤，肘后金壶盛妙药。"李商隐《重过圣女祠》："玉郎会此通仙籍，忆向天阶问紫芝。"曹唐《小游仙诗九十八首》之五："金殿无人锁绛烟，玉郎并不赏丹田。"❷犹情郎。女子对情人之爱称。李贺《染丝上春机》："彩线结茸背复叠，白袷玉郎寄桃叶。"张祜《周员外席上观柘枝》："一时欻腕招残拍，斜敛轻身拜玉郎。"裴思谦《及第后宿平康里》："银缸斜背解鸣珰，小语偷声贺玉郎。"韦庄《天仙子》词之四："梦觉云屏依旧空，杜鹃声咽隔空拢，玉郎薄倖去无踪。"❸对他人之美称。元稹《送王十一郎游剡中》："想得玉郎乘画舸，几回明月堕云间。"

【玉房】　❶以玉建成之房。指仙宫。亦以称学仙求道者之居室。贯休《送轩辕先生归罗浮山》："玉房花洞楼三清，谩指罗浮是去程。"❷指帝王宫室。李益、法振《赋应门照绿苔》："珠履久行绝，玉房重未开。"杜牧《华清宫三十韵》："迸水倾瑶砌，疏风罅玉房。"陈陶《圣常击壤歌》："戎羯输天马，灵仙侍玉房。"亦为华贵房屋之美称。顾况《乌啼曲二首》之一："玉房掣锁声翻叶，银箭添泉绕霜堞。"李端《听筝》："鸣筝金粟粒，素手玉房前。"柳宗元《行路难三首》之三："飞雪断道冰成梁，侯家炽炭雕玉房。"❸指花之子房。沈佺期《题椰子树》："玉房九霄露，碧叶四时春。"白居易《牡丹芳》："牡丹芳，牡丹芳，黄金蕊绽红玉房。"

【玉弩】　玉饰之弓。许敬宗《奉和执契静三边应诏》："乾灵振玉弩，神略运璇枢。"高蟾《秋日寄华阳山人》："银鞍公子魂俱断，玉弩将军涕自零。"韦庄《和郑拾遗秋日感事一百韵》："风引金根疾，兵环玉弩彊。"

【玉函】　玉制之匣。道教谓重要经籍皆书于金简玉版，藏于玉函，故常以"玉函"形容所藏贵重之经籍或物品。刘禹锡《赴和州再遇毛仙翁十八兄因成一绝》："又得案前亲礼拜，大罗天诀玉函封。"杜牧《赠李处士长句四韵》："玉函怪牒锁灵篆，紫洞香风吹碧桃。"罗隐《感别元帅尚父》："玉函瑶检下台司，记得当年捧领时。"黄滔《寄罗浮山道者二首》之二："金鼎药成龙入海，玉函书发鹤归天。"

【玉珂】　❶马勒上之饰物。以玉制成，振动则有声。钱起《送萧常侍北使》："绛节引雕戈，鸣驺动玉珂。"刘商《送薛六暂游扬州》："志在乘轩鸣玉珂，心期未快隐青萝。"白居易《续古诗十首》之七："良人近封侯，出入鸣玉珂。"郑嵎《津阳门诗》："幽州晓进供奉马，玉珂宝勒黄金羁。"❷指装饰华贵之马。亦借指乘马之显贵。沈佺期《和韦舍人早朝》："玉珂龙影度，珠履雁行来。"王维《从岐王过杨氏别业应教》："径转回银烛，林开散玉珂。"张濛《晓过南宫闻太常清乐》："玉珂经礼寺，金奏过南宫。"灵澈《元日观郭将军早朝》："今朝始见金吾贵，车马纵横避玉珂。"❸喻指冰块。杜牧《汴河阻冻》："千里长河初冻时，玉珂瑶佩响参差。"

【玉珂人】　指达官贵人。玉珂，指装饰华贵之马或车骑。唯显贵有之，故谓。杜甫《送顾八分文学适洪吉州》："向者玉珂人，谁是青云器？"

【玉玲瓏】　形容清脆如玉片撞击之声。白居易《筝》："甲明银玓瓅，柱触玉玲珑。"

【玉柄】　❶玉制之手柄。白居易《池上清晨侯皇甫郎中》："玉柄鹤翎扇，银瓮云母浆。"❷指扇。司空曙《早夏寄元校书》："珠荷荐果香寒簟，玉柄摇风满夏衣。"❸指麈尾，古人清谈时常持之。崔融《哭蒋詹事俨》："逸翰金相发，清谈玉柄挥。"李白《同族侄评事黯游昌禅师山池二首》之二："高僧拂玉柄，童子献霜梨。"武元衡《酬崔使君寄麈尾》："金声劳振远，玉柄借谈空。"李山甫《山中答刘书记寓怀》："笔头指金波，座上横玉柄。"❹指清谈。皮日休《卧病感春寄鲁望》：

"乌皮几上困腾腾，玉柄清羸愧不能。"

【玉柱】 ❶玉石之柱。皮日休《鲁望以竹夹膝见寄因次韵酬谢》："圆于玉柱滑于龙，来自衡阳彩翠中。"❷玉制之琴柱。亦代指琴筝等弦乐器。刘允济《经庐岳回望江州想洛川作》："夜琴清玉柱，秋灰变缇幕。"王涯《宫词三十首》之六："筝翻禁曲觉声难，玉柱皆非旧处安。"白居易《奉酬淮南牛相公思黯见寄二十四韵》："霜纨一百匹，玉柱十三弦。"韩偓《喜凉》："楚宫忽惊凄玉柱，汉宫应已湿金茎。"❸喻石峰。林滋《望九华山》："玉柱金茎相拄枝，干空蹦碧势参差。"❹喻手指。白居易《何处难忘酒七首》之五："玉柱剥葱手，金章烂椹袍。"亦特指中手指。《招手令》(卷八七八)："以蹲鸱间虎膺之下，以钩戟差玉柱之旁。"

【玉砌】 用玉石砌成之台阶。贺敳《奉和九月九日应制》："玉砌分雕戟，金沟转镂衢。"白居易《禁中月》："净落金塘水，明浮玉砌霜。"李商隐《和郑愚赠汝阳王孙家筝妓二十韵》："玉砌衔红兰，妆窗结碧绮。"王约《日暖万年枝》："霭霭彤庭里，沉沉玉砌陲。"

【玉面】 莹洁如玉的面容，美丽的脸庞。李白《浣沙石上女》："玉面耶溪女，青蛾红粉妆。"

【玉指】 ❶莹白如玉之手指。多指美人之手指，亦指仙人之指。刘希夷《嵩岳闻笙》："绛唇吸灵气，玉指调真声。"徐安贞《闻邻家理筝》："曲成虚忆青蛾敛，调急遥怜玉指寒。"裴夷直《赠美人琴弦》："应从玉指到金徽，万态千情料可知。"刘章《咏薄鞋》："才自绣窗离玉指，便随罗袜上音尘。"❷指冰柱、檐溜。孟郊《晚雪吟》："小儿击玉指，大耋歌圣朝。"

【玉星】 ❶指镶于剑上之银点。李贺《公无渡河》："帝遣乘轩灾自灭，玉星点创黄金轭。"❷指冰被击而溅起之碎屑。孟郊《寒溪》之四："篙工碓玉星，一路随迸萤。"

【玉界】 指天空。陆龟蒙、皮日休《开元寺楼看雨联句》："写作玉界破，吹为羽林旋。"

【玉虹】 喻瀑布。李贺《北中寒》："争漕海水飞凌喧，山瀑无声玉虹悬。"

【玉炭】 谓仙人以玉为炭。曹唐《小游仙诗九十八首》之五八："行厨侍女炊何物？满灶无烟玉炭红。"

【玉骨】 称他人之清瘦身材。李商隐《偶成转韵七十二句赠四同舍》："天官补吏府中趋，玉骨瘦来无一把。"

【玉缸】 对酒缸、酒瓮之美称。岑参《青门歌送东台张判官》："胡姬酒垆日未午，丝绳玉缸酒如乳。"严维《九日登高》："木奴向熟悬金实，桑落新开泻玉缸。"耿湋《送叶尊师归处州》："石髓调金鼎，云浆实玉缸。"许浑《留别赵端公》："海门征棹赴龙泷，暂寄华筵倒玉缸。"

【玉笈】 玉饰之书箱。或为书箱之美称。亦称装道经之书箱。王勃《寻道观》："玉笈三山记，金箱五岳图。"陆龟蒙《和袭美赠南阳润卿将归雷平》："玉笈诗成吟处晓，金沙泉落梦中寒。"

【玉皇】 ❶道教指地位仅次于"三清"之总执天道之天帝。全称玉皇大帝。民间传说中则指总管三界十方一切祸福之至子天帝。李白《草创大还赠柳官迪》："不向金阙游，思为玉皇客。"韩愈《华山女》："玉皇颔首许归去，乘龙驾鹤去青冥。"白居易《山石榴花十二韵》："恐合栽金阙，思将献玉皇。"陆龟蒙《白芙蓉》："似说玉皇亲谪堕，至今犹着水霜袍。"❷道教所称三十六天中之帝君。李白《酬殷明佐见赠五云裘歌》："为君持此凌苍苍，上朝三十六玉皇。"❸喻指皇帝。裴夷直《寄婺州李给事二首》之一："心尽玉皇恩已远，亦留江郡宦应孤。"温庭筠《弹筝人》："天宝年中事玉皇，曾将新曲教宁王。"李山甫《送职方王郎中吏部刘员外自太原郑相公幕继奉征书归省署》："欢凤衔书次第飞，玉皇催促到仙归。"

【玉皇帝】 即玉皇大帝。李嘉祐《送韦司直西行》："心朝玉皇帝，貌似紫阳人。"白居易《梦仙》："仰谒玉皇帝，稽首前致诚。"见"玉皇❶"。

【玉泉】 ❶产玉之泉。吴丹《赋得玉水记方流》："玉泉何处记，四折水纹浮。"见"玉水"。❷泉名。在唐关内道庆州合水县(今甘肃庆阳)。《全唐诗》卷七八六有无名氏《合水县玉泉石崖刻》。❸指玉泉山乳窟中之泉水，在今湖北当阳西。李白《答族侄僧中孚赠玉泉仙人掌茶》："茗生此中石，玉泉流不歇。"贾岛《送惠雅法师归玉泉》："降霜归楚夕，星冷玉泉秋。"刘得仁《送僧归玉泉寺》："玉泉归故刹，便老是僧期。"❹指玉泉寺。齐己《寄当阳张明府》："玉泉神运寺，寒磬彻琴堂。"❺清泉之美称。杜审言《和韦承庆过义阳公主山池五首》之二："玉泉移酒味，石髓换粳香。"苏颋《武担寺》："武担独苍然，坟山下玉泉。"李德裕《感遇》："叶洗玉泉水，珠清湛露滋。"皮日休《太湖诗·三宿神景宫》："玉泉浣衣后，金殿添香时。"❻清泉之水。陆龟蒙《奉和袭美茶具十咏·茶灶》："盈锅玉泉沸，满甑云芽熟。"❼黄泉；地下。卢照邻《哭明堂裴主簿》："始谓调金鼎，如何掩玉泉!"李白《过四皓墓》："伊昔铸金鼎，何年闭玉泉?"❽道教指化玉所成之玉浆，谓服之可长生。严维、杜弇《中元日鲍端公宅遇吴天师联句》："宝笥开金箓，华池漱玉泉。"杨衡《赠罗浮易炼师》："左挹玉泉液，石搴灵芝英。"

【玉泉山】 山名。在唐山南道江陵府当阳县(今湖北当阳)西。张九龄有《祠紫盖山经玉泉山寺》。李白《答族侄僧中孚赠玉泉仙人掌茶》："常闻玉泉山，山洞多乳窟。"

【玉泉寺】 寺名。(1)在唐代山南道江陵府当阳县(今湖北当阳)西覆舟山(一名玉泉山)。隋炀帝时为智颉所建。孟浩然有《陪张丞相祠紫盖山途经玉泉寺》。元稹《思归乐》:"遐想玉泉寺,久闻岘山亭。"刘得仁有《送僧归玉泉寺》。(2)在洛阳玉泉山。白居易有《独游玉泉寺》与《玉泉寺南多深红踯躅感惜题诗以示游者》。(3)在唐京兆府蓝田县(今陕西蓝田)。储光羲有《苏十三瞻登玉泉寺峰入寺中见赠作》。(4)指华山北麓之玉泉院。齐己有《题玉泉寺大师影堂》诗云:"大化终华顶,灵踪示玉泉。"

【玉律】 ❶古代定音之律管,依管之长短定音之高低。计十二律,即六律六吕。又与十二月相对应,以葭莩灰塞十二律管内,气至则灰动,用以候气。陈叔达《早春桂林殿应诏》:"金铺照春色,玉律动年华。"李元操《和从叔禄愔元日早朝》:"铜辉变枕节,玉律动年灰。"张祜《听岳州徐员外弹琴》:"玉律潜符一古琴,哲人心见圣人心。"钱可复《莺出谷》:"玉律阳和变,时禽羽翮新。"❷指道教之律令。吕岩《六言》:"独携玉律丹诀,闲踏青莎碧苔。"

【玉俎】 古代祭祀时放置祭品之礼器。魏征《五郊乐章·雍和》:"金悬夕肆,玉俎朝陈。"亦指设宴时放食品之器。权德舆《奉和圣制中春麟德殿会百寮观新乐》:"玉俎映朝服,金钿明舞茵。"

【玉食】 美食。杜甫《奉送魏六丈佑少府之交广》:"玉食亚王者,乐张游子悲。"皎然《饮茶歌送郑容》:"丹丘羽人轻玉食,采茶饮之生羽翼。"钱起《秋霖曲》:"貂裘玉食张公子,炰炙熏天戟门里。"罗隐《钱尚父生日》:"锦衣玉食将何报,更俟庄椿一举头。"

【玉凫】 玉雕之凫鸭。李贺《夜来乐》:"赤金瓜子兼杂麸,五丝封青凫。"

【玉庭】 ❶对庭院之美称。祖咏《七夕》:"玉庭开粉席,罗袖捧金盘。"韦庄《抚盈歌》:"玉庭兮春昼,金屋兮秋宵。"沈祖仙《秋闺》:"玉庭霜落夜,罗幌月明时。"❷宫廷。高宗《太子纳妃太平公主出降》:"玉庭浮瑞色,银膀藻祥徽。"

【玉音】 ❶清越如叩玉之音。多指琴、磬等悦耳之声音。韦庄《听赵秀才弹琴》:"满匣冰泉咽又鸣,玉音闲澹入神清。"李勋《泗滨得石磬》:"出水见贞质,在悬含玉音。"亦指鹤鸣声。元稹《和乐天感鹤》:"云貌久已隔,玉音无复传。"❷敬称他人之言谈、诗文或信函等。吴筠《酬刘侍御过草堂》:"贻我方来偈,自然生玉音。"权德舆《拜昭陵出城与张秘监阁老同里寻辱清辞辄酬之》:"策马缘云路,开缄扣玉音。"白居易《早祭风伯因怀李十一舍人》:"至今想在耳,玉音尚玲玲。"李潜《和主司王起》:"兰署崇资金色重,莲峰高唱玉音清。"

【玉帝】 即玉皇。王维《金屑泉》:"翠凤翊文螭,羽节朝玉京。"顾况《奉酬茅山赠赐并简綦毋正字》:"玉帝居金阙,灵山几处朝。"刘禹锡《寻汪道士不遇》:"受箓金华洞,焚香玉帝宫。"元稹《天坛上境》:"万里洞中朝玉帝,九光霞外宿天坛。"

【玉姿】 俊秀美好之仪态风姿。王无竞《凤台曲》:"一吹一落泪,至今怜玉姿。"刘谷《和三乡诗》:"兰惠芬香见玉姿,路旁花笑景迟迟。"鱼玄机《春情寄子安》:"冰销远涧怜清韵,雪远寥峰想玉姿。"

【玉洞】 仙洞。指仙人或道者之所居。亦为山洞之美称。钱起《赋得青城山歌送杨杜二郎中赴蜀郡》:"锦屏云起易成霞,玉洞花明不知夕。"卢纶《寻贾尊师》:"玉洞秦时客,焚香映绿萝。"白居易《送毛仙翁》:"晴眺五老峰,玉洞多神仙。"张籍《送吴炼师归王屋》:"玉阳峰下学长生,玉洞仙中已有名。"

【玉室】 ❶仙人之居室。张绍《冲祐观》:"金房玉室,羽盖云軿。"❷喻深奥难解之理。吕岩《七言》之二十:"真铅圣汞徒虚费,玉室金关不解扃。"

【玉宫】 仙宫;月宫。李贺《天上谣》:"玉宫桂树花未落,仙妾采香垂佩缨。"陈陶《殿前生桂树》:"仙娥玉宫秋夜明,桂枝拂槛参差琼。"

【玉突枝】 玉饰之箭名。王建《宫词百首》之三四:"粟金腰带象牙锥,散插红翎玉突枝。"

【玉冠】 (—guān)❶道士之帽。项斯《送宫人入道》:"初戴玉冠多误拜,欲辞金殿别称名。"❷莲花之花冠。白居易《六年秋重题白莲》:"素房含露玉冠鲜,绀叶摇风钿扇圆。"

【玉扃】 玉饰之门。白居易《长恨歌》:"金阙西厢叩玉扃,转款小玉报双成。"

【玉屏風】 (屏 píng)玉制的屏风。郑遂初《别离怨》:"尘生锦步幛,花送玉屏风。"

【玉陛】 皇宫的阶除。王昌龄《夏月花萼楼酺宴应制》:"玉陛分朝列,文章发圣聪。"亦代指朝廷。白居易《重赠李大夫》:"早接清班朝玉陛,同承别诏直金銮。"许棠《送裴拾遗宰下邽》:"直庐辞玉陛,上马向仙山。"韦庄《送崔郎中往使西川行在》:"一身朝玉陛,九日过铜梁。"

【玉除】 ❶玉石台阶。亦为台阶之美称。张乔《杨花落》:"人家女儿入罗幕,净扫玉除看花落。"❷指皇宫台阶。王维《和尹谏议史馆山池》:"云馆接天居,霓裳侍玉除。"韩翃《访王起居不遇留赠》:"行闻漏转随金杖,入对炉烟侍玉除。"郑畋《五月一日紫宸侯对穿内而行因书六韵》:"漏响飘银箭,灯光照玉除。"罗隐《淮南送工部卢员外赴阙》:"始从豸角曳长裾,又吐鸡香奏玉除。"❸借指朝廷。钱起《送集贤十八叔承恩括图书》:"相见应朝夕,归期在玉除。"刘禹锡《送分司陈郎中衹召直史馆重修三圣实录》:"蝉鸣官树引行车,言自成周赴玉除。"白居易《答马侍御见赠》:"谬入金门侍玉除,烦君问我意何如。"薛能《闲题》:"八年藩翰似侨居,只此谁知报玉除。"

【玉姝】 玉人;美女。黄滔《成名后呈同年》:"名推颜柳题金塔,饮自燕秦索玉姝。"

【玉姹】 美丽如玉。陆龟蒙《上真观》:"霄裙或霞灿,侍女忽玉姹。"

【玉架】 ❶称道观的书架。王勃《观内怀仙》:"玉架残书隐,金坛旧迹迷。"❷供饲养珍禽用的玉石架。白居易《见萧侍御忆旧山草堂诗因以继和》:"玉架绊野鹤,珠笼锁冥鸿。"王建《伤韦令孔雀词》:"雕笼玉架嫌不栖,夜夜思归向南舞。"

【玉柔】 ❶喻指女子之手。南唐后主李煜《子夜歌》词:"缥色玉柔擎,醅浮盏面清。"❷喻指女子身体倦怠。欧阳炯《浣溪沙》词之一:"落絮残莺半日天,玉柔花醉只思眠。"

【玉紅草】 传说之仙草名。孟浩然《襄阳公主宅》诗:"手拨金翠花,心迷玉红草。"

【玉馬】 对骏马之美称。温庭筠《湖阴词》:"五陵愁碧春萋萋,霸川玉马空中嘶。"成彦雄《会友不至》:"王孙还是负佳期,玉马追游日渐西。"

【玉馬津】 即白马津,在唐河南道滑州(今河南滑县)白马县。骆宾王《咏雪》:"影乱铜鸟吹,光销玉马津。"

【玉馬朝周】 (朝 cháo)喻指贤臣离开昏君另事明主。语本《论语比考谶》:"殷惑女妲己,玉马走。"玉马,指殷之贤臣微子启,曾数谏纣,不听,遂去而朝周。陈子昂《感遇诗三十八首》之十四:"昔日殷王子,玉马遂朝周。"刘禹锡《后梁宣明二帝碑堂下作》:"玉马朝周从此辞,园陵寂寞对丰碑。"

【玉珪】 玉器之一种。其状上圆下方。孟郊《与五十一员外涯游枋口柳溪》:"潜窦韵灵瑟,翠涯鸣玉珪。"

【玉珠】 ❶喻指花蕊。李绅《过梅里七首·早梅桥》:"东风报春春未彻,紫萼迎风玉珠裂。"❷喻指光洁如玉之果实。李绅《琪树》:"冰叶万条垂碧实,玉珠千日保青春。"

【玉珮】 ❶亦作"玉佩"。系于革带上之玉制装饰品。上古之玉佩为多种玉饰之组合,一般为上下三排,上排为珩,中为瑀、琚,下为冲牙与璜。玉之质地与组绶色彩刚因佩带者之身份等级不同而异。后亦泛指一般玉制佩戴品。魏征《奉和正日临朝应诏》:"锵洋鸣玉佩,灼烁耀金蝉。"崔国辅《古意》:"时芳不待妾,玉佩无处夸。"徐凝《七夕》:"一道鹊桥横渺渺,千声玉佩过玲玲。"灵一《送王颖悟归左绵》:"梦摇玉佩随旄节,心到金华忆杏坛。"❷指带有玉佩之显贵人物。窦庠《奉和王侍郎春日喜李侍郎见访因命觞观乐之什》:"锦遥开绛帐,玉佩下朱轮。"亦指佩玉之歌妓。杜甫《陪李北海宴历下亭》:"云山已发兴,玉佩仍当歌。"

【玉都】 犹玉京。道教所称天帝之居处。吕岩《七言》之六七:"羽化自应无鬼录,玉都长是有仙名。"李九龄《上清辞》之五:"新拜天官上玉都,紫皇亲授五灵符。"

【玉華】 ❶玉之精华,精美之玉。曹唐《病马五首呈郑校书》之五:"病久无人着意看,玉华衫色欲凋残。"❷喻莹白如玉之花朵。皮日休《病中美景颇阻追游因寄鲁望》:"看取病来多少日,早梅零落玉华焦。"❸喻指雪。陆龟蒙《记事》:"卧恐玉华销,时时推枕望。"❹传说之仙女名。李康成《玉华仙子歌》:"紫阳彩女矜无数,遥见玉华皆掩嫭。"

【玉華君】 道家所奉之天帝名。韦庄《喜迁莺》词:"霓旌绛节一群群,引见玉华君。"

【玉華宫】 ❶宫名。为窟崖建筑形式,在唐关内道坊州宜君县(今陕西铜川)玉华山凤凰谷。贞观二十一年(647)建。永徽二年(651)改为佛寺。杜甫有《玉华宫》诗云:"不知何王殿,遗构绝壁下。"❷指道家所称玉华帝君之仙宫。储光羲《升天行贻卢六健》:"上由玉华宫,下视首阳岑。"

【玉真】 ❶道家所称仙人名。亦指仙女。李白《玉真仙人词》:"玉真之仙人,时往太华峰。"元稹《襄阳为卢窦纪事》:"帝下真符召玉真,偶逢游女暂相亲。"温庭筠《题河中紫极宫》:"昔年曾伴玉真游,每到仙宫即是秋。"司空图《南至四首》之三:"犹有玉真长命缕,尊前时唱缓羁情。"❷指杨贵妃。白居易《长恨歌》:"中有一人字玉真,雪肤花貌参差是。"玉真,一本作"太真"。李郢《骊山怀古》之三:"紫府灵坛降玉真,华清台殿影长新。"

【玉真公主】 睿宗第九女。《新唐书·诸帝公主传》载,玉真公主为睿宗第十女。岑仲勉《唐史馀瀋》指出,《传》中排行第三的荆山公主和排行第八的郧国公主为同一人,故排行第九和第十的金仙公主和玉真公主,当为睿宗第八女和第九女。玄宗有《同玉真公主过大哥山池》。李白有《玉真公主别馆苦雨赠卫尉张卿二首》。

【玉真路】 指通向仙女住处之路。李贺《昌谷诗》:"纡缓玉真路,神娥蕙花里。"王琦注:"文义当是往兰香神女庙中之路,故谓之玉真路,玉真犹玉女也。"

【玉真觀】 (—guàn)道观名,在唐长安辅兴坊。本工部尚书窦诞宅。景云元年(710),睿宗第十女昌隆公主出家为女道士，次年改封玉真公主，为之建观于此，故名。韩翃有《题玉真观李秘书院》。司空曙有《题玉真观公主山池院》。李群玉有《玉真观》诗云："高情帝女慕乘鸾，绀发初簪玉叶冠。"

【玉桂】 ❶对桂树之美称。李山甫《月》："玉桂影摇乌鹊动，金波寒注鬼神惊。"❷谓米贵似玉，薪贵如桂。形容生活费用高。李贺《出城别张不新酬李汉》："长安玉桂国，戟带披侯门。"

【玉條】 玉律。指法令。太宗《咏司马彪续汉志》："政宣竹律和，时平玉条备。"

【玉條脱】 即玉手镯。陆龟蒙《和袭美江南道中怀茅山广文南阳博士三首次韵》之三："珍重双双玉条脱，尽凭三岛寄羊君。"

【玉桃】 神话中王母之仙桃。李商隐《茂陵》："玉桃偷得怜方朔，金屋修成贮阿娇。"

【玉連錢】 玉制马饰之一种。其形似钱相连，故称。亦借指马。徐夤《放榜日》："万里便随金鸾鹙，三台仍借玉连钱。"自注："南海相公此时在京，蒙借鞍马人仆。"

【玉連環】 套连在一起的玉环。李商隐《赠歌妓二首》之一："水精如意玉连环，下蔡城危莫破颜。"

【玉砧】 为捣衣石砧之美称。贾至《寓言二首》之二："玉砧调鸣杵，始捣机中纨。"

【玉振】 本谓玉磬之声振荡。语出《孟子·万章下》："集大成也者，金声而玉振之也。"后常以喻指文辞优美或德声远播。杜审言《赠崔融二十韵》："玉振先推美，金铭旧所防。"皎然《送乌程李明府得陟状赴京》："士林推玉振，公府荐冰清。"

【玉峰】 ❶指蓝田山，在陕西蓝田。因其山出玉，亦名玉山。白居易《游兰田山卜居》："朝蹋玉峰下，暮寻蓝水滨。"贾岛《题皇甫荀蓝田厅》："任官经一年，县与玉峰连。"❷指玉笥山，在江西峡江。传汉武帝巡行至此，见有玉箱如笥委坛上，故名。道教以之为第三十七洞天。徐铉《玉笥山留题》："征传莫辞劳，玉峰聊一息。"又《送孟宾于员外还新淦》："暂来城阙不从容，却佩银鱼隐玉峰。"❸喻积雪之山峰。许浑《玩残雪寄江南尹刘大夫》："素质添瑶水，清光散玉峰。"陈陶《渡浙江》："曙光金海近，晴雪玉峰高。"❹道教谓天帝居于玉京山，故以玉峰指仙境。于鹄《送宫人入道归山》："自伤白发辞金屋，许着黄衣向玉峰。"❺为山峰之美称。李绅《庆云见》："礼成中岳陈金册，祥报卿云冠玉峰。"温庭筠《寄清源寺僧》："帘向玉峰藏夜雪，砌因流水长秋苔。"韦庄《过渼陂怀旧》："辛勤曾寄玉峰前，一别云溪二十年。"

【玉氣】 为云气之美称。亦指祥云瑞气。钱起《登玉山诸峰偶至悟真寺》："玉气交晴虹，桂花留曙月。"徐敞《虹藏不见》："玉气徒成象，星精不散光。"陈陶《谪仙词》："玉气兰光久摧折，上清鸡犬音书绝。"

【玉乘】 称帝王所乘之车。王维《奉和圣制暮春送朝集使归郡应制》："玉乘迎大客，金节送诸侯。"

【玉笄】 玉簪。借指仙女或美女。杨衡《仙女祠》："玉笄初侍紫皇君，金缕鸳鸯满绛裙。"马戴《寄襄阳五公子》："君马勒金羁，君家贮玉笄。"

【玉筦】 钥匙之美称。李商隐《日高》："镀镮故锦縻轻拖，玉筦不动便门锁。"

【玉笏】 玉制之手板，大臣上朝时用。陈元光《落成会咏二首》之二："文床堆玉笏，武座肃金签。"

【玉笋班】 同"玉筍班"。本指人才济济之朝班。亦指天上仙官之班。程太虚《醮坛峰》："高烧华岳金莲炬，齐到黄岗玉笋班。"

【玉釜】 道家对锅釜之美称。王绩《游仙四首》之二："金壶新炼乳，玉釜始煎香。"白居易《李夫人》："又令方士合灵药，玉釜煎炼金炉焚。"

【玉盌】 ❶玉制之碗。或为碗之美称。张九龄《谢公楼》："红泥乍擘绿蚁浮，玉碗才倾黄蜜剖。"❷喻指月亮。韩愈《昼月》："玉碗不磨着泥土，青天孔出白石补。"

【玉座】 亦作"玉坐"。❶帝王之宝座。卢僎《上幸皇太子新院应制》："视膳铜楼下，吹笙玉座中。"李白《金陵歌送别范宣》："冠盖散为烟雾尽，金舆玉座成寒灰。"赵蕃《荐冰》："寒姿分玉坐，皓彩发丹楹。"花蕊夫人徐氏《宫词》之一一六："殿头日午摇纨扇，宫女争来玉座前。"亦借指帝王。杜甫《解闷》之九："炎方每续朱樱献，玉座应悲白露团。"白敏中《至日上公献寿酒》："自欣朝玉座，宴此咏皇风。"李肱《省试霓裳羽衣曲》："梨园献旧曲，玉座流新制。"厉玄《元日观朝》："玉座临新岁，朝盈万国人。"❷指帝王或神之灵位、神座。高适《铜雀妓》："日暮铜雀回，秋深玉座深。"贾竦《谒华岳庙》："虹梁无燕雀，玉座镇虺蜴。"温庭筠《老君庙》："百二关山扶玉座，五千文字闷瑶缄。"皮日休《太湖诗·入桂屋洞》："金堂似镌出，玉座如琢成。"❸泛指玉饰之座或华美之座。温庭筠《邯郸郭公词》："金笳悲故曲，玉座积深尘。"

【玉旆】 指酒幌。羊士谔《郡楼晴望二首》之二："兰卮谁与荐，玉旆自无悰。"

【玉瓶】 对瓷瓶之美称。李白《广陵赠别》："玉瓶沽美酒，数里送君还。"皎然《春夜赋得漉水囊歙送郑明府》："玉瓶徐泻赏涓涓，溅着莲衣水珠满。"

【玉粉】 玉之碎屑、粉末。姚合《寄李群玉》："石脂稀胜乳，玉粉细于尘。"

【玉浦】 对水边之美称。周彦晖《晦日重宴》："置驿铜街右，开筵玉浦陲。"

【玉酒】　传说中之仙酒名。则天皇后《游仙篇》："金浆既取玉杯斟，玉酒还用金膏酿。"亦为御酒或美酒之誉称。太宗《帝子篇十首》之八："玉酒泛云罍，兰殽陈绮席。"李适《侍宴安乐公主新宅应制》："银河半倚凤凰台，玉酒相传鹦鹉杯。"郑愔《奉和幸上官昭容院献诗四首》之一："座拂金过来电，池摇玉酒霞。"

【玉消】　谓冰雪融化。孟郊《寒溪》之一三："玉消花滴滴，虬解光鳞鳞。"

【玉流】　清溪。沈佺期《和元舍人顷临池玩月戏为新体》："玉流含吹动，金魄度云来。"

【玉浪】　白浪。李群玉《望月怀友》："酒花荡漾金尊里，棹影飘飖玉浪中。"贯休《陪冯使君游六首·钓罾潭》："自怜亦在仙舟上，玉浪翻翻溅草衣。"

【玉宸】　天庭；天帝之宫。吴筠《览古十四首》之九："既登玉宸庭，肃肃仰紫轩。"严休复《唐昌观王蕊花折有仙人游怅然成二绝》之一："终日斋心祷玉宸，魂销目断未逢真。"白居易《和微之诗二十三首·和晨霞》："借问晨霞子，何如朝玉宸？"

【玉容】　❶对女子容颜之美称。白居易《长恨歌》："玉容寂寞泪阑干，梨花一枝春带雨。"张碧《美人梳头》："玉容惊觉浓睡醒，圆蟾挂出妆台表。"汪遵《息国》："家国兴亡身独存，玉容还受楚王恩。"《与崔渥冥会杂诗》(卷八六四)："谁人翻向群峰路，不得苍梧徇玉容。"❷代指美女、女子。方干《陪李郎中夜宴》："遍请玉容歌《白雪》，高烧红烛照朱衣。"❸对男子容貌之敬称。杜牧《寄沈褒秀才》："仙桂茂时金镜晓，洛波飞处玉容高。"

【玉案】　❶玉饰的几案。刘长卿《寻洪尊师不遇》："道书堆玉案，仙被叠青霞。"贯休《古镜词上刘侍郎》："即归玉案头，为君整冠簪。"❷御案。皇帝或皇宫所用之几案。王建《鸡鸣曲》："直内初烧玉案香，司更尚滴铜壶水。"顾非熊《酬陈标详事喜及第与段何共贻》："榜入金门去，名从玉案来。"和凝《宫词百首》之六一："晓日曈昽瞻玉案，丁冬环佩满彤墀。"卢延让《观新岁朝贺》："表章堆玉案，缯帛满牙床。"❸玉饰之有足食盘。韩翃《寄上田仆射》："金装画出罗千骑，玉案晨餐值万钱。"❹喻指瀑布。李白《题舒州司空山瀑布》："玉案赤文字，世眼不可读。"

【玉扆】　❶玉饰的屏风。多指帝王宫殿之屏风。高宗《九月九日》："端居临玉扆，初律启金商。"白居易《题崔常侍济源庄》："籍在金闺内，班排玉扆前。"❷借指皇帝、朝廷。窦牟《史馆候别蒋拾遗不遇》："主文亲玉扆，通籍入金闺。"许浑《闻韶州李相公移拜郴州因寄》："恩回玉扆人先喜，道在金縢世不忧。"清昼《建安寺西院喜王郎中遘恩命初至联句》："身净金绳内，心驰玉扆前。"亦借指皇后。武元衡《昭德后挽歌词》："玉扆将迁坐，金鸡忽报晓。"

【玉扇】　饰玉之扇。僧鸾《苦热行》："玉扇画堂凝夜秋，歌艳绕梁催莫愁。"

【玉袖】　玉色的衣袖。杜甫《数陪李梓州泛江有女乐在诸舫戏为艳曲二首赠李》之一："玉袖凌风并，金壶隐浪偏。"

【玉書】　❶道教之经书。韦应物《郡中西斋》："清觞养真气，玉书示道流。"元稹《冬夜怀李侍御王太祝段丞》："丹灶炽东序，烧香罗玉书。"张贲《奉和袭美伤开元观顾道士》："惆怅真灵又空返，玉书谁授紫微歌？"李中《寄庐山简寂观重道者》："玉书闲展石楼晓，瑶瑟醉弹琪树春。"❷喻指帝王诏书。李郢《上裴晋公》："天上玉书传诏夜，阵前金甲受降时。"❸宫廷藏书。李远《赠弘文杜校书》："晓随鹓鹭排金锁，静对铅黄校玉书。"

【玉屑】　❶玉之碎屑或粉末。古代谓玉系阳精之纯者，食之可御水气。道家谓饮食玉屑和天露可以长生。故汉武帝建仙掌铜盘，承云露以餐玉屑。韩偓《中秋禁直》："露和玉屑金盘冷，月射珠光贝阙寒。"❷喻指雪片。张南史《雪》："雪，雪，花片，玉屑。"❸喻指米粉。李贺《题赵生壁》："大妇然竹根，中妇舂玉屑。"

【玉弰】　玉饰之弓。弰，弓端。刘禹锡《壮士行》："壮士走马去，镫前弯玉弰。"

【玉娥】　指美人。冯延巳《采桑子》词之六："玉娥重起添香印，回倚孤屏，不语含情，水调何人吹笛声！"

【玉勒】　❶玉饰的马衔。万齐融《三日绿潭篇》："金鞍玉勒骋轻肥，落絮红尘拥路飞。"王维《洛阳女儿行》："良人玉勒乘骢马，侍女金盘脍鲤鱼。"权德舆《送张仆射朝见毕归镇》："青光照目青门曙，玉勒雕戈拥驺驭。"黄文《湘江》："丹青欲画无好手，稳提玉勒沉吟久。"❷代指马。太宗《冬狩》："金鞍移上苑，玉勒骋平畴。"李白《相逢行》："金鞭遥指点，玉勒近迟回。"卢纶《冬日宴郭监林亭》："玉勒聚如云，森森鸾鹤群。"徐铉《重游木兰亭》："兰桡破浪城阴直，玉勒穿花苑树深。"

【玉勒吏】　驭马之吏员。玉勒，代指马。李贺《马诗二十三首》之二一："须鞭玉勒吏，何事谪高州？"

【玉梳】　对梳之美称。元稹《六年春遣怀八首》之四："玉梳钿杂香膠解，尽日风吹玳瑁筝。"

【玉梯】　❶对楼梯之美称。毕耀《情人玉清歌》："玉梯不得蹈，摇袂两盈盈。"王初《延平天庆观》："剑化江边绿构清，层台不染玉梯尘。"李商隐《代赠二首》之一："楼上黄昏欲望休，玉梯横绝月中钩。"❷对栏杆之美称。杜牧《贵游》："门通碧树开金锁，楼对青山倚玉梯。"

【玉梭】 指传说中织女之织布梭。李峤《奉和七夕两仪殿会宴应制》:"帝缕升银阁,天机罢玉梭。"王建《宫词百首》之九四:"画作天河刻作牛,玉梭金镊采桥头。"李群玉《感兴四首》之二:"轧轧挥素手,几时停玉梭?"

【玉豉】 中药名,即地榆,一名玉札。其实黑如豉,传说服之可以成仙。皮日休《太湖诗·晓次神景宫》:"金醴可酣畅,玉豉堪咀嚼。"参阅北魏贾思勰《齐民要术·地榆》。

【玉戚】 玉饰之斧。张九龄《南郊太尉酌献武舞作凯安之乐》:"玉戚初蹈厉,金匏既静好。"

【玉帶】 玉饰之腰带。贵官或贵妇用之。寒山《诗三百三首》之五三:"玉带暂时华,金钗非久饰。"韩愈《示儿》:"不知官高低,玉带悬金鱼。"曹唐《小游仙诗九十八首》之八五:"云衫玉带好威仪,三洞真人入奏时。"花蕊夫人徐氏《宫词》之八四:"罗衫玉带最风流,斜插银篦慢裹头。"

【玉雪】 喻高尚贞节。唐彦谦《吊方干处士二首》之一:"不谓高名下,终全玉雪身。"

【玉虚】 道教指玉帝所居之仙宫。吴筠《步虚词十首》之六:"玉虚无昼夜,灵景何皎皎。"曹唐《小游仙诗九十八首》之五:"沙野先生闭玉虚,焚香夜写紫微书。"

【玉堂】 ❶玉饰之殿堂。亦泛指华贵之屋室。张柬之《东飞伯劳歌》:"窈窕玉堂褰翠幙,参差绣户悬珠箔。"施肩吾《夜宴曲》:"兰缸如昼晓不眠,玉堂夜起沉香烟。"李商隐《对雪二首》之二:"已随江令夸琼树,又入卢家妬玉堂。"❷汉宫殿名,在未央宫中。许景先《奉和御制春台望》:"汾祠雍畤望通天,玉堂宣室坐长年。"韩翃《汉宫曲二首》之一:"绮窗夜闭玉堂静,素绠朝穿玉井寒。"薛逢《悼古》:"汉武玉堂人岂在?石家金谷水空流。"温庭筠《太液池歌》:"夜深银汉通柏梁,二十八宿朝玉堂。"❸指皇宫。或借指朝廷。杜审言《蓬莱三殿侍宴奉敕咏终南山应制》:"云标金阙迥,树杪玉堂悬。"李昂《从军行》:"羽林练士拭金甲,将军校战出玉堂。"杜甫《寄韩谏议》:"美人胡为隔秋水,焉得置之贡玉堂!"唐彦谦《贺李昌时禁苑新命》:"振鹭翔鸾集禁闱,玉堂珠树莹风仪。"亦泛指官署。李白《赠刘都使》:"铜官几万人,诤讼清玉堂。"❹指翰林院。汉时待诏于玉堂殿,唐待诏于翰林院,故称。和凝《宫词百首》之六七:"视草词臣直玉堂,对来新锡锦袍香。"伍乔《寄张学士洎》:"遥想玉堂多暇日,花时谁伴出城游?"亦指中书堂,李嘉祐《和张舍人中书宿直》:"玉堂宜岁久,且莫厌彤闱。"权德舆《初秋月夜中书宿直因呈杨阁老》:"沉沉玉堂夕,皎皎金波流。"或指待漏院。刘邺《待漏院吟》:"玉堂帘外独迟迟,明月初沉勘契时。"❺指宫内嫔妃居处。王涯《宫词三十首》之十:"寒食禁花开满树,玉堂终日闭时多。"鲍溶《行路难》:"玉堂向夕如无人,丝竹俨然宫商死。"❻仙宫。刘长卿《望龙山怀道士许法棱》:"朝入青霄礼玉堂,夜扫白云眠石床。"韩愈《桃源图》:"月明伴宿玉堂空,骨冷魂清无梦寐。"刘望《九嶷山》:"九转药成丹灶冷,五车云去玉堂空。"

【玉堂金馬】 玉堂,汉宫殿名;金马,指金马门,汉宦者署门。二处均为学士待诏之地。因汉扬雄《解嘲》有"今子幸得遭明盛之世,处不讳之朝,与群贤同行,历金门上玉堂有日矣"语,后遂以"玉堂金门"指人仕升朝。钱起《送褚大落第东归》:"玉堂金马隔青云,墨客儒生皆白首。"

【玉晨】 ❶即玉晨君,道教仙人名。亦泛指道教之仙人。赵嘏《赠五老韩尊师》:"有客斋心事玉晨,对山须鬓绿无尘。"❷道观名。亦名紫宸观。在唐长安大明宫紫宸殿后。元稹《寄浙西李大夫四首》之三:"最忆西楼人静夜,玉晨钟磬两三声。"自注:"玉晨观在紫宸殿后面也。"郑畋《金銮坡上南望》:"玉晨钟韵上清虚,画戟祥烟拱帝居。"温庭筠《郭处士击瓯歌》:"玉晨冷磬破昏梦,天露未干香着衣。"

【玉晨君】 道教所奉至高尊神之一。位仅次于元始天尊。南朝梁陶弘景《真位灵业图》中定为第二级中位尊神,全称"上清高圣太上玉晨玄皇大道君"。鲍溶《弄玉词二首》之二:"琼箫碧月唤朱雀,携手上谒玉晨君。"又《赠杨炼师》:"明月在天将凤管,夜深吹向玉晨君。"

【玉趾】 ❶莹白如玉之足。多指女子之足。李嘉祐《古兴》:"自从得向蓬莱里,出入金舆乘玉趾。"韦庄《秦妇吟》:"君能为妾解金鞍,妾亦与君停玉趾。"牛峤《女冠子词》之一:"玉趾回娇步,约佳期。"❷对足之美称或敬称。韦元旦《五言夏日游神泉诗》:"澡流莹丹心,跂石凉玉趾。"卢鸿一《嵩山十志十首·云锦淙》序:"及匪士观之,则反曰寒泉伤玉趾矣。"刘禹锡《海阳十咏·裴溪》:"君今赐环归,何人承玉趾?"

【玉唾壶】 玉制承唾液之壶。罗隐《钱塘遇然师忆润州旧游》:"歌敲玉唾壶,醉击珊瑚枝。"

【玉帳】 ❶玉饰之帐。亦泛指华贵之帐。韦蟾《上元三首》之三:"夜阑陪玉帐,不见九枝留。"齐己《题南平后园牡丹》:"玉帐笙歌留连日,瑶台伴侣待归天。"❷主将所居之军帐。本为兵家厌胜之方位,主将于其方置军帐,则坚不可犯,如玉帐然。其法出于《黄帝遁甲》,以月建前三位取之,如正月建寅,则巳为玉帐。详见明焦竑《焦氏笔乘续集·玉帐》。骆宾王《从军中行路难二首》之二:"七德龙韬开玉帐,千里鼍鼓叠金钲。"李白《司马将军歌》:"身居玉帐临河魁,紫髯若戟冠崔嵬。”韩翃《送高别驾归汴州》：“身随玉帐心应惬，官佐龙符势又全。”卢尚卿《车归诗》：“自从玉帐论兵后，不许金门谏猎来。”

【玉帐術】 指用兵之术。杜甫《奉送严公入朝十韵》：“空留玉帐术，愁杀锦城人。”见“玉帐❷”。

【玉崖】 喻指高如山崖的巨浪。皮日休《太湖诗·初入太湖》：“倏忽雷陈吼，须臾玉崖坼。”

【玉崑崙】 指玉制酒杯。李商隐《魏侯第东北楼堂郢叔言别》：“锁香金屈戌，带酒玉昆仑。”

【玉笛】 ❶玉制之笛。亦为竹笛之美称。李白《春夜洛城闻笛》：“谁家玉笛暗飞声，散入春风满洛城。”张祜《长安感怀》：“更闻玉笛吹明月，一曲风前泪满巾。”韦庄《章江作》：“杜陵归客正裴回，玉笛谁家叫落梅？”刘兼《蜀都春晚感怀》：“谁家玉笛吹残照，柳市金丝拂旧堤。”❷奏笛之声。钱起《赋得青城山歌送杨杜二郎中赴蜀军》：“日落猿声连玉笛，晴来山翠傍旌旗。”章碣《春日经湖上友人别业》：“绿泉溅石银屏湿，黄鸟逢人玉笛休。”刘兼《春夕遣怀》：“风飘玉笛梅初落，酒泛金樽月未央。”

【玉笙】 ❶玉饰之笙。或为笙之美称。储光羲《杂咏五首·题太玄观》：“行即翳若木，坐即吹玉笙。”李白《忆旧游寄谯郡元参军》：“紫阳之真人，邀我吹玉笙。”李德裕《桂花曲》：“仙女侍，董双成，桂殿夜凉吹玉笙。”王毂《吹笙引》：“娲皇遗音寄玉笙，双成传得何凄清！”❷奏笙之音。陆龟蒙《奉和袭美太湖诗二十首·三宿神景宫》：“仿佛闻玉笙，鼓铿动凉磬。”南唐后主李煜《摊破浣溪沙》：“细雨梦回鸡塞远，小楼吹彻玉笙寒。”

【玉符】 玉质的符信。韩休《奉和御制平胡》：“玉符征选士，金钺拜将军。”薛能《鄜州进白野鹊》：“名应玉符朝北阙，色柔金性瑞西方。”亦指唐代之玉质鱼符。王维《恭懿太子挽歌五首》之二：“凯容金节护，册命玉符新。”

【玉笥】 山名。(1)在江西永新。皮日休《伤开元观顾道士》：“烟栖玉笥封云篆，月惨琪花葬羽衣。”徐铉《送彭秀才南游》：“问君孤棹去何之，玉笥春风楚水西。”沈麟《送道士曾昭莹》：“昔曾栖玉笥，今也返去都。”(2)在浙江绍兴。方干《思越中旧游寄友》：“断臂青猿啼玉笥，成行白鸟下耶溪。”

【玉笥山】 山名。(1)在唐江南道吉州永新县(今江西永新)。道家称玉笥山洞为三十六小洞天之一，谓系真人梁伯鸾主之。李群玉《别尹炼师》：“学道玉笥山，烧丹白云穴。”徐铉《送萧尚书致仕归庐陵》：“鹤归华表望不尽，玉笥山头多白云。”又有《玉笥山留题》诗云：“九仙皆积学，洞壑多遗迹。”(2)在唐江南道越州(今浙江绍兴)会稽山南。方干有《题玉笥山强处士》。

【玉偏提】 玉制的酒壶。韩偓《从猎三首》之三：“忽闻仙乐动，赐酒玉偏提。”

【玉釧】 玉手镯。阎朝隐《采莲女》：“莲衣承玉钏，莲刺罥银钩。”刘言史《偶题》：“掬水远湿岸边郎，红绡缕中玉钏光。”

【玉釵】 玉制之钗。李白《白纻辞三首》之三：“高堂月落烛已微，玉钗挂缨君莫违。”杨衡《春梦》：“傍人不知梦中事，唯见玉钗时坠枕。”张碧《美人梳头》：“须臾拢掠蝉鬓生，玉钗冷透冬冰明。”许浑《听歌鹧鸪辞》：“山行水宿不知远，犹梦玉钗金缕衣。”

【玉彩】 玉之光彩。亦以喻指晶莹柔和如玉之光，如烛光、镜光等。太宗《执契静三边》：“玉彩辉关烛，金华流日镜。”李峤《鉴》：“玉彩疑冰彻，金辉似月开。”

【玉魚】 玉制的鱼形饰物。韦述《两京新记》谓唐高宗时巫祝刘明奴见鬼出宣政门，自称系汉楚王戊太子，死葬于此。高宗欲为改葬，鬼曰：“改葬幸甚，天子敛我玉鱼一双，勿见夺也。”及发掘，果见玉鱼宛然。后因以“玉鱼”指殉葬之珍宝。杜甫《诸将五首》之三：“昨日玉鱼蒙葬地，早时金碗出人间。”

【玉毫】 佛教指佛眉中之白毛，谓其可放相光，照耀天地。李白《秋日登扬州西灵塔》：“玉毫如可见，于此照迷方。”张籍《题玉像堂》：“玉毫不着世间尘，辉相分明十八身。”裴林《白鹿寺释迦瑞相诗》：“绀目辉腾沧海月，玉毫光射宝炉烟。”

【玉痕】 泪痕。张文琮《昭君怨》：“玉痕垂粉泪，罗袂拂胡尘。”

【玉粒】 喻指稻米、粟粒。杜甫《送率府程录事还乡》：“素丝挈长鱼，碧酒随玉粒。”又《行官张望补稻畦水归》：“玉粒足晨炊，红鲜任霞散。”韩翃《赠张道者》：“玉粒捐应久，丹砂验不微。”吕岩《七言》之三八：“驱遣苏牛耕宇宙，分张玉粒种山川。”

【玉清】 ❶道教所称之玉清境。道教划分天境为三十六天，其中最高为“圣境四天”，内含大罗天与三清境，亦名“三天”。玉清则为“三天”中之最高圣境，为元始天尊所居之处。故多以“玉清”指道家所追求之最高仙境。吴筠《游仙二十四首》之四：“使我齐浩劫，萧萧宴玉清。”孟郊《列仙文·金母飞空歌》：“驾我八景舆，欻然入玉清。”刘廷坚《寓止欢中因抒感怀》：“玉清难测无穷景，金露能摧有限花。”❷喻指幽美如仙境之地。徐凝《和嵩阳客月夜忆上清人》：“瑶池月胜嵩阳月，人在玉清眠不眠？”姚鹄《行桐柏山》：“际海礼冰碧，穿云来玉清。”❸喻指京师。姚鹄《送黄炼师供奉赴上都》：“已同化鹤临华表，又见骖龙向玉清。”❹喻称道观。李群玉《游玉芝观》：“寻仙向玉清，独倚雪初晴。”❺山名。卢照邻有《登玉清》。任国绪笺注云：“或本诗所登之山即庙山。”庙山在唐剑南道梓州去武县（今四川中江）玄武山之西，上有道君庙。❻宫殿名。花蕊夫人徐氏《宫词》之五七：“玉清迢递无尘到，殿角东西五月寒。”

【玉清人】　指仙人。张赍《和袭美寒夜见访》：“不用吴江叹留滞，风姿俱是玉清人。”见“玉清❶”。

【玉清天】　道教指三十六天中之玉清境，为大罗天下之最高天境，元始天尊所居。韦渠牟《步虚词十九首》之九：“方朝太素帝，更向玉清天。”

【玉清洞】　指华山莲花峰之老君洞。道教奉老子为洞真教主、天宝君，称其治三清境之玉清天，故称。一说指司命真君所居之神仙洞府。李益《入华山访隐者经仙人石坛》：“尝闻玉清洞，金简受玄箓。”

【玉清宫】　指仙宫。徐凝《回旋先辈见寄新诗二首》之一：“此卷玉清宫里少，曾寻真诰读诗来。”

【玉清書】　指道教经书。玄宗《赐道士邓紫阳》：“下传金版术，上刻玉清书。”又《送道士薛季昌还山》：“将成金阙要，愿奉玉清书。”

【玉清臺】　道教祭仙之台。刘禹锡《赠东岳张炼师》：“金缕机中抛锦字，玉清台上着霓衣。”

【玉清壇】　道观中祭祀上天之坛。王昌龄《武陵龙兴观黄道士房问易因题》：“仙老言余鹤飞去，玉清坛上雨濛濛。”花蕊夫人徐氏《宫词》之二四：“会仙观内玉清坛，新点宫人作女冠。”

【玉渠】　清澈之渠水。陆龟蒙《汤泉》：“暖殿流汤数十间，玉渠香细浪回环。”

【玉液】　❶琼浆。《楚辞·王逸〈九思·疾世〉》“从邛遨兮栖迟，吮玉液兮止渴”原注：“玉液，琼蕊之精气。”周元范《和白太守拣贡橘》：“银章自竭人巨力，玉液谁知造化功？”❷指美酒。元结《说洄溪招退者》：“麋也如珈玉液酒，酒熟犹闻松节香。”李商隐《隋宫守岁》：“沉香甲煎为庭燎，玉液琼苏作寿杯。”刘兼《昼寝》：“玉液未能消气魄，牙签方可涤昏蒙。”❸道家指炼成之仙液，谓服之可以成仙。张九龄《与生公游石窟山》：“犹希咽玉液，从此升玉空。”李白《游泰山六首》之五：“终当遇安期，于此炼玉液。”皇甫冉《彭祖井》：“闻道延年如玉液，欲将调鼎献明光。”吕岩《忆江南》词之三：“黄帝术，玄妙美金花。玉液初凝红粉见，乾坤覆载暗交加，龙虎变成砂。”❹道教与佛教指唾液。宋自然《遗诗》：“心是灵台神是室，口为玉池生玉液。”❺指清冽之水。张丛《游东观山》：“玉液寒深洞，秋光秀远山。”

【玉梁】　❶对桥之美称。张说《奉和石桥铭》：“玉梁架迥，碧沼涵空。”无名氏《纪游东观山》（卷七八六）：“玉梁窃浮溪，琼户正当窗。”❷山名，即今安徽芜湖长江边之东西梁山。齐己《舟中江上望玉梁山怀李尊师》：“残照玉梁巅，峨峨远棹前。”

【玉階】　❶玉石砌成之台阶。或为石阶之美称。施肩吾《早春残雪》：“花分梅岭色，尘减玉阶寒。”吴融《早发潼关》：“关树苍苍晓，玉阶澹澹寒。”贯休《宋使君罢新定移出东馆》：“玉阶香惹麒麟步，银汉风驱鸾鹫飞。”亦特指宫中之台阶。崔国辅《长信草》：“故侵珠履迹，不使玉阶行。”戴叔伦《宫词》：“尘暗玉阶綦迹断，香飘金屋篆烟清。”刘言史《赠成炼师四首》之四：“曾随阿母汉宫斋，凤驾龙軿列玉阶。”李谨言《水殿抛毬曲二首》之一：“侍宴黄昏晓未休，玉阶夜色月如流。”❷借指宫廷、朝廷。杨师道《中书寓直咏两简褚赶快在上官学士》：“玉阶良史笔，金马掞天才。”李白《答王十二寒夜独酌有怀》：“严陵高揖汉天子，何必长剑拄颐事玉阶。”护国《赠张驸马斑竹拄杖》：“为有岁寒堪赠远，玉阶行处愿提携。”崔琮《长至日上公献寿》：“玉阶文物盛，仙仗武貔雄。”

【玉階人】　在朝中任官职之人。韦应物《酬刘侍郎使君》：“英贤虽出守，本自玉阶人。”

【玉陽】　山名。在唐河南道河南府济源县（今河南济源）西三十里。有二峰相对，名东玉阳、西玉阳。传睿宗第九女玉真公主曾修道于此。张籍《送吴炼师归王屋》：“玉阳峰下学长生，玉洞仙中已有名。”李商隐《李肱所遗画松诗书两纸得四十韵》：“忆昔谢四骑，学仙玉阳东。”

【玉参差】　（参 cēn，差 cī）即玉笙。因笙管排列参差错落，故称。杜牧《望少华三首》之三：“好伴羽人深洞去，月前秋听玉参差。”

【玉琴】　玉饰之琴。亦为琴之美称。李白《古风》之二七：“纤手怨玉琴，清晨起长叹。”韦应物《花径》：“胡床理事余，玉琴承露湿。”朱庆余《题王丘长史宅》：“玉琴闲把看山坐，筒簟长铺与客眠。”刘沧《秋日山寺怀友人》：“相思不见又经岁，坐向松窗弹玉琴。”

【玉瑛】　水精之别名。皎然《酬元主簿子球别赠》：“览君缄申宝，如搴清玉瑛。”

【玉琳華】　雕有花纹的碧玉。李商隐《戊辰会静中出贻同志二十韵》：“蒨璨玉琳华，翱翔九真君。”

【玉琯】　玉管。❶玉制之律管。用以定音，亦以候律。魏征《五郊乐章·黑帝羽音·肃和》：“律周玉琯，星回金度。”许敬宗《奉和守岁应制》：“玉琯移去序，金奏赏彤阙。”李贺《河南府试十二月乐词·闰月》：“天官玉琯灰剩飞，今岁何长来岁迟。”❷泛指管乐器。白居易《长恨歌》序：“梨园弟子，玉琯发音。闻《霓裳羽衣》一声，则天颜不怡，左右歔欷。”唐彦谦《穆天子传》：“王母清歌玉琯悲，瑶台应有再来期。”❸竹之美称。白居易《题卢秘书新栽竹二十韵》：“叶剪兰罗碎，茎抽玉琯端。"

【玉堞】 玉砌之城墙。多指仙境之城或皇城。苏郁《步虚词》："十二楼藏玉堞中，凤凰双宿碧芙蓉。"

【玉壶】 ❶玉质之壶。王季友《玉壶冰》："玉壶知素结，止水复中澄。"温庭筠《病中书怀呈友人》："瑞景森琼树，轻冰莹玉壶。"曹唐《小游仙诗九十八首》之三八："忘却教人锁后宫，还丹失尽玉壶空。"❷喻高洁之情操。王昌龄《芙蓉楼送辛渐二首》之一："洛阳亲友如相问，一片冰心在玉壶。"杜甫《入奏行赠西山检察使窦侍御》："炯如一段清冰出万壑，置在迎风寒露之玉壶。"武元衡《长安秋夜怀陈京昆季》："玉壶思洞彻，琼树忆葱茏。"许浑《寓怀》："素手怨瑶瑟，清心悲玉壶。"❸对酒壶之美称。王维《杂诗》："持谢金吾子，烦君提玉壶。"李白《送梁四归东平》："玉壶挈美酒，送别强为欢。"张继《送张中丞归使幕》："玉壶分御酒，金殿赐春衣。"高骈《边方春兴》："草色青青柳色浓，玉壶倾酒满金钟。"❹指计时用的铜壶滴漏。鲍溶《白露》："金飙爽晨华，玉壶增夜刻。"李商隐《深宫》："金殿销香闭绮拢，玉壶传点咽铜龙。"❺玉质之唾壶。李白《玉壶吟》："烈士击玉壶，壮心惜暮年。"❻《后汉书·方术列传·费长房》："费长房者，汝南人也，曾为市掾。市中有老翁卖药，悬一壶于肆头，及市罢，辄跳入壶中，市人莫之见……后乃就楼上候长房曰：'我神仙之人，以过见责，今事毕当去，子宁能相随乎？'"后因以"玉壶"为咏仙人之典。陈子昂《感遇诗三十八首》之五："曷见玄真子，观世玉壶中？"李白《对雪醉后赠王历阳》："君看昔日汝南市，白头仙人隐玉壶。"鲍溶《与峨眉山道士期尽日不至》："玉壶贮天地，岁月亦已长。"❼喻指月亮。朱华《海上生明月》："影开金镜满，轮抱玉壶清。"

【玉壶先生】 指传说中之仙人壶公。鲍溶《周先生画洞庭歌》："疑君如有长生路，玉壶先生在何处？"

【玉壶冰】 ❶玉壶中之冰。常用以形容清澈、晶莹。无名氏《采菱女》(《外编》下)："更看池际影，若对玉壶冰。"❷喻高洁之情操。李商隐《别薛岩宾》："清规无以况，且用玉壶冰。"李群玉《宵民》："谁于销骨地，一鉴玉壶冰？"❸形容寒冷。杜甫《赠特进汝阳王二十韵》："研寒金井水，檐动玉壶冰。"白居易《醉后戏题》："今夜酒醺罗绮暖，被君融尽玉壶冰。"

【玉壶銀箭】 指古代计时之铜壶滴漏。玉壶指玉饰之铜壶，银箭指壶中刻度计时之箭。李贺《河南府试十二月乐词·十月》："玉壶银箭稍难倾，釭花夜笑凝幽明。"

【玉葉】 ❶道冠上的叶状玉片。尹鹗《女冠子词》："霞帔金丝薄，花冠玉叶危。"❷喻指白云。李绅《华山庆云见》："金柯初缭绕，玉叶渐氛氲。"章孝标《玩月遇云》："无端玉叶连天起，不放金波到晓流。"李群玉《仙明洲口号》："浪翻新月金波浅，风损轻云玉叶疏。"刘兼《晚楼寓怀》："月沉江底珠轮净，云锁峰头玉叶寒。"❸喻皇室宗系、子孙。萧仿《享太庙乐章》："金枝繁茂，玉叶延长。"卢文纪《后唐宗庙乐舞辞》："金门积庆，玉叶传荣。"❹指结拜兄弟的帖谱。骆宾王《夏日游德州赠高四》序："遂得载披玉叶，款洽金兰。"又《游兖郡逢孔君自卫来欣然相遇若旧》："倾盖金兰合，忘筌玉叶开。"亦说"玉叶"指云。❺纸名。唐名纸有剡溪玉叶纸。元稹《赠严童子》："解拈玉叶排新句，认得金环识旧身。"❻瑠璃瓦名。借指宫殿。张说《奉和圣制爰因巡省余次旧居应制》："从臣观玉叶，方愿纪灵符。"

【玉葉冠】 (—guān)冠名。以玉片为饰，故名。高宗时太平公主有之，与虢国夫人夜光枕等并列为稀世之宝。李群玉《玉真观》："高情帝女慕乘鸾，绀发初簪玉叶冠。"罗虬《比红儿诗》之二二："知有持盈玉叶冠，剪云裁月照人寒。"

【玉葱絛】 喻指青白色之丝绦。花蕊夫人徐氏《宫词》之四一："纱幔薄垂金麦穗，帘钩纤挂玉葱绦。"

【玉楮】 《列子·说符》："宋人有为其君以玉为楮叶者，三年而成，锋杀茎柯，毫芒繁泽，乱之楮叶中而不可别也。此人遂以巧食宋国。子列子闻之，曰：'使天地之生物，三年而成一叶，则物之有叶者寡矣。'"后因以"玉楮"喻华而不实。张九龄《叙怀二首》之二："木瓜诚有报，玉楮论无实。"

【玉棺】 玉制之棺。传汉武帝临终前天上忽下玉棺，吏人排推不动。王乔曰："天帝独召我也？"乃寝其中，盖便立覆。人以其为古仙人王子乔。见《后汉书·方术传上·王乔》。后遂以玉棺为仙逝之典。张说《徐高御挽歌》："玉棺从此闭，金鼎代相欺。"李白《自溧水道哭王炎三首》之一："天上坠玉棺，泉中掩龙章。"杜甫《昔游》："玉棺已上天，白日亦寂寞。"李群玉《伤友》："玉棺来九天，凫舄掩穷泉。"

【玉軸】 ❶卷轴。字画书卷端部之轴。因轴端镶玉，故称。皮日休《茶中杂咏·茶笋》："圆如玉轴光，脆似琼英冻。"亦代指书卷字画。李商隐《骄儿》："古锦请裁衣，玉轴亦欲乞。"温庭筠《赠李将军》："金沟故事春长在，玉轴遗文火半焚。"陆龟蒙《奉和袭美二游诗·徐诗》："宝函映玉轴，彩悴明霞轩。"❷指船。虞世南《奉和幸江都应诏》："安流进玉轴，戒道翼金吾。"

【玉軫】 ❶玉质之琴柱，系琴弦用。李贺《追和柳浑》："酒杯箬叶露，玉轸蜀桐虚。"刘损《愤惋诗三首》之一："金杯倒覆难收水，玉轸倾歌懒续弦。"❷代指琴。白居易《春池闲泛》："花助银杯气，松添玉轸声。”吴仁璧《秋日听僧弹琴》:“金徽玉轸韵泠然,言下浮生指下泉。”

【玉粟】 对粟米之美称。元稹《有鸟二十章》之五:“主人偏养怜整顿,玉粟充肠瑶树栖。”

【玉砚】 玉石所制之砚。亦为砚台之美称。贯休《送郑使君》:“视事蛮奴磨玉砚,邀宾海月射金杯。”

【玉雁】 系于腰带上之雁形玉佩。李廓《长安少年行》之八:“玉雁排方带,金鹅立仗衣。”

【玉裂】 形容声音似击破玉器般清脆。杜牧《牧陪昭应卢郎中成二十二韵用以投寄》:“玉裂歌声断,霞飘舞带收。”

【玉搔】 即玉搔头。刘禹锡《浙西李大夫示述梦四十韵并浙东元相公酬和》:“宛转倾罗扇,回旋坠玉搔。”

【玉搔頭】 即玉簪。传汉武帝过李夫人处,曾就取玉簪搔头,后因称玉簪为玉搔头。白居易《长恨歌》:“花钿委地无人收,翠翘金雀玉搔头。”袁不约《病宫人》:“四体强扶藤夹膝,双环慵整玉搔头。”裴虔馀《柳枝词咏篙水溅妓衣》:“半额微黄金缕衣,玉搔头袅凤双飞。”褚载《句》:“躞蹀马摇金络脑,婵娟人坠玉搔头。”

【玉斝】 玉制之酒器。其状如爵,下有三足,旁有耳,故亦称玉爵。后亦为酒杯之美称。玄宗《春中兴庆宫酺宴》:“玉斝飞千日,琼遥荐八珍。”卢象《马跑神泉》:“吴歈催玉斝,赵舞落金钿。”韩愈《乙昨行和张十一》:“青天白日花草丽,玉斝屡举倾金罍。”赵光远《咏手二首》之一:“薄雾袖中拈玉斝,斜阳屏上撚金丝。”

【玉喉】 喻指美妙之歌喉。李贺《洛姝真珠》:“玉喉窱窱排空光,牵云曳雪留陆郎。”

【玉啼】 喻指垂于脸上之眼泪。韩愈、孟郊《城南联句》:“宝唾拾未尽,玉啼坠犹枪。”

【玉策】 ❶玉册。帝王祭祀所用之册书,以玉简制成。赵居贞《云门山投龙诗》:“玉策奉诚信,仙佩俟奔驿。”❷玉饰之鞭。曹唐《小游仙诗九十八首》之五十:“手抬玉册红于火,敲断金鸾使唱歌。”

【玉筵】 对筵席之美称。皇甫冉《祭张公洞二首》之一:“拂雾陈金策,焚香拜玉筵。”杨巨源《邵州陪五郎中宴》:“西塞无尘多玉筵,貔貅鸳鸯俨相连。”黄頗《闻宜春诸举子陪郡主登黄梁玩月》:“虹影迥分银汉上,兔辉全鸟玉筵中。”

【玉箸】 ❶玉制之筷子。或为筷子之美称。杜甫《野人送朱樱》:“金盘玉箸无消息,此日尝新任转蓬。”韩翃《送戴迪赴凤翔幕府》:“上路金羁出,中人玉箸齐。”司空曙《长林令卫象饧丝结歌》:“手援玉箸不敢持,始状芙蓉新出水。”皮日休《奉和鲁望谢惠巨鱼之半》:“冷鳞中断榆钱破,寒骨平分玉箸光。”❷喻指眼泪。骆宾王《王昭君》:“金钿明汉月,玉箸染胡尘。”贺朝《从军行》:“金河未转青丝骑,玉箸应啼红粉颜。”令狐楚《闺人赠远二首》之一:“玉箸千行落,银床一半空。”李冶《得阎伯钧书》:“莫怪阑干重玉箸,只缘惆怅对银钩。”❸秦李斯所创之篆书书体名。齐己《谢西川县域大师玉箸篆书》:“玉箸真文久不兴,李斯传到李阳冰。”

【玉箸篆書】 见“玉箸篆”。

【玉笋】 ❶笋之美称。皎然《贻李酒》:“山中玉笋是仙药,袖里素书题养生。”❷喻指密如雨后春笋之众多人才。郑谷《偶怀寄台院孙端公棨》:“班虽沾玉笋,香不近金炉。”见“玉笋班”。❸喻女子之手指。张祜《池州周员外出柘枝》:“纤纤玉笋罗衫撮,戢戢金星钿带回。”韩偓《咏手》:“腕白肤红玉笋芽,调琴抽线露尖斜。”钟辐《卜算子慢》词:“独倚危栏久,把玉笋偷弹,黛蛾轻斗。”❹喻指女子之足。杜牧《咏袜》:“钿尺裁量减四分,纤纤玉笋裹轻云。”

【玉笋班】 指人才荟萃之朝班。郑谷《九日偶怀寄左省张起居》:“浑无酒泛金英菊,漫道官趋玉笋班。”

【玉舄】 传说中仙人之玉制鞋。汉刘向《刘仙传·安期生》云:秦始皇见安期生,与语三日夜,赐金璧数千万,安期生留赤玉舄一双为报,留言曰:“后数年求我于蓬莱山。”晋嵇含《南方草木状》卷上云:安期生采食菖蒲,“仙去,但留玉舄焉”。后因以“玉舄”指升仙者之遗物。陆龟蒙《寄茅山何道士》:“终身持玉舄,丹诀未应传。”

【玉牌】 ❶对匾额之美称。王建《元日早期》:“举头有玉牌,不识宫殿名。”❷传说仙界刻记众仙名籍之玉版。刘得仁《送祖山人归山》:“料得仙家玉牌上,已镌白日上升名。”

【玉鈎】 ❶玉制之钩。亦为钩之美称。古代常用以挂帘。又衣带上亦用钩。张祜《投陈许李司空二十韵》:“玉钩红袖把,银注紫衣擎。”项斯《梦游仙》:“梦游飞上天家楼,珠箔当风挂玉钩。”韦庄《句》:“印将金锁锁,帘用玉钩钩。”吴商浩《长安春赠友人》:“花对玉钩帘外发,歌飘尘土路边闻。”❷指酒钩。李商隐《送崔珏往西川》:“浣花笺纸桃花色,好好题诗咏玉钩。”又《即日》:“金鞍忽散银壶漏,更醉谁家白玉钩?”❸喻指新月。李白《挂席江上待月有怀》:“倏忽城西郭,青天悬玉钩。”柳宗元《再至界围岩水帘遂宿岩下》:“幽岩画屏倚,新月玉钩吐。”白居易《三月三日》:“指点接南玩新月,玉钩素手两纤纤。”曹松《七夕》:“彤云缥缈回金辂,明月婵娟挂玉钩。”

【玉鈎亭】 亭名。在唐淮南道扬州江都县(今江苏江都)西南。元和中李夷简镇淮南于此见新月如钩,因以名之。窦巩有《登玉钩亭奉淮南李相公》诗云:“西南城上高高处,望月分明似玉钩。”

【玉鉤欄】 玉石之井栏。鲍溶《隋家井》:“玉钩栏下寒泉水,金辘轳边影照人。”罗隐《台城》:“兵来吾有计,金井玉钩栏。”

【玉腕】 莹白如玉之手腕。亦指如玉之手。王勃《采莲曲》:“桂棹兰桡下长浦,罗裙玉腕轻摇橹。”王维《杂诗》:“对人传玉腕,映烛解罗襦。”武元衡、裴度《中秋夜听歌联句》:“云鬟方自照,玉腕更呈鲜。”卢肇《戏题》:“知道相公怜玉腕,强将纤手整金钗。”

【玉腕騮】 骏马名。因其足腕色白如玉,故称。杜甫《玉腕骝》:“闻说荆南马,尚书玉腕骝。”

【玉詔】 道家称玉皇之诏书。曹唐《小游仙诗九十八首》之一七:“玉诏新除沈侍郎,便分茅土镇东方。”

【玉童】 ❶仙童。李颀《玉母歌》:“头上复戴九星冠,总领玉童坐南面。”元稹《会真诗三十韵》:“绛节随金母,云心捧玉童。”李涉《赠长安小主人》:“上清真子玉童颜,花态娇羞月思闲。”独孤均《题含虚洞二首》之一:“别后已迷丹灶火,回来犹认玉童颜。”❷对小童、侍童之美称。李商隐《石城》:“玉童收夜钥,金秋守更筹。”❸指美如仙子之少女。李白《在水军宴韦司马楼船观妓》:“对舞青楼妓,双鬟白玉童。”玉,一本作“女”。常理《妾薄命》:“十五玉童也,双蛾青弯弯。”

【玉道】 犹玉渠。指护城河。卢照邻《长安古意》:“隐隐朱城临玉道,遥遥翠幰没金堤。”

【玉溆】 对水浦之美称。溆,即浦,水边之地。崔国辅《采莲曲》:“玉溆花争发,金塘水乱流。”

【玉窗】 对窗之美称。李适《游禁苑幸临渭亭遇雪应制》:“花从银阁度,絮绕玉窗飞。”王维《班婕妤三首》之一:“玉窗萤影度,金殿人声绝。”杜牧《屏风绝句》:“斜倚玉窗鸾发女,拂尘犹自妒娇娆。”司空图《杨柳枝寿杯词十八首》之七:“直待玉窗尘不起,始应金雁得成行。”

【玉裕】 玉一般之美好姿容。裕,容。因晋陆机《皇太子宴玄圃诗》中有“茂德渊冲,天姿玉裕”语,故后多用以形容太子。《闻庙歌辞·享章怀太子庙乐章·迎神》:“铜楼备德,玉裕成规。”又《享懿德太子庙乐章·登歌酌鬯》:“玉裕虽晦,铜楼可想。”

【玉瑟】 饰玉之瑟。徐彦伯《雪》:“孤妾调玉瑟,早寒生锦衿。”陆龟蒙《奉酬袭美苦雨四声·平入声》:“吴王荒金尊,越妾挟玉瑟。”

【玉瑞】 古代帝王用为符信之镇圭。苏颋《奉和圣制途经华岳应制》:“受命金符叶,过祥玉瑞陪。”

【玉蓮】 ❶指华山。因山有莲花峰,故称。一说因华山顶有玉井池,生千叶莲花,故称。李白《送杨燕之东鲁》:“夫子华阴居,开门对玉莲。”❷指华清池中玉石雕出之莲花。杜牧《华清池》:“零叶翻红万树霜,玉莲开蕊暖泉香。”郑嵎《津阳门诗》:“刻成玉莲喷香液,漱回烟浪深逶迤。”自注:“长汤每赐诸嫔御,其修广与诸汤不侔,甃以文瑶宝石,中央有玉莲捧汤泉。”

【玉蓮房】 指华清宫之长汤池。因内有玉雕莲花以喷温泉,故称。李商隐《骊山有感》:“骊岫飞泉泛暖香,九龙呵护玉莲房。”

【玉靶】 饰玉之弓柄。借指弓。王维《出塞》:“玉靶革弓珠勒马,汉家将赐霍嫖姚。”郑锡《出塞曲》:“玉靶半开鸿已落,金河欲度马连嘶。”

【玉幹】 对竹竿之美称。卢纶《颜侍御厅丛篁咏送薛存诚》:“玉干百余茎,生君此堂侧。”又《和徐法曹赠崔洛阳斑竹杖以诗见答》:“玉干一寻余,苔花锦不如。”

【玉禁】 (一jìn)指宫禁。亦指仙宫。刘言史《赠陈长史妓》:“宝钿云和玉禁仙,深含媚靥袅朱弦。”

【玉楹】 对宫殿楹柱之美称。卢纶《纶与吉侍郎中孚风尘追游向三十载畅博士当感怀前踪有五十韵见寄辄有所酬》:“夜雨滴金砌,阴风吹玉楹。”

【玉軾】 饰玉之车轼。借指华贵之车。庄南杰《阳春曲》:“紫锦红囊香满风,金鸾玉轼摇丁冬。”

【玉輅】 帝王所乘之车。因以琬、琰等玉为饰,故称。张籍《贺秘书王丞南郊摄将军》:“斜带银刀入黄道,先随玉辂到青城。”张昭《汉宗庙乐舞辞》:“高庙明灵再启图,金根玉辂幸神都。”

【玉碎】 形容声音清脆,似玉器碎裂之声。李贺《李凭箜篌引》:“昆山玉碎凤凰叫,芙蓉泣露香兰笑。”

【玉椀】 ❶玉制之碗。或为碗之美称。李白《客中行》:“兰陵美酒郁金香,玉碗盛来琥珀光。”李贺《过华清宫》:“玉碗盛残露,银灯点旧纱。”韩偓《恩赐樱桃分寄朝士》:“蔗浆自透银杯冷,朱实相辉玉碗红。”❷《汉武故事》载:郿县有人于市售玉杯,经推问,乃武帝陵墓中物。又《南史·沈炯传》有“甲帐珠帘,一朝零落;茂陵玉碗,遂出人间”语。后因以“玉碗”借指帝王陵墓中之殉葬宝物。郑嵎《津阳门诗》:“空闻玉碗入金市,但见铜壶飘翠帷。”

【玉盞】 玉饰或玉质之酒杯。韩愈《奉酬振武胡十二丈大夫》:“横飞玉盏家山晓,远蹀金珂塞草春。”元稹《饮致用神曲酒三十韵》:“雕镌荆玉盏,烘透内丘瓶。”

【玉照】 谓华光照耀。则天皇后《唐大飨拜洛乐·昭和》:“虹开玉照,凤引金声。”

【玉蜍】 玉石雕刻之蟾蜍。刘禹锡《唐秀才赠端州紫石砚以诗答之》:“玉蜍吐水霞光静,彩翰摇风绛绵鲜。”

【玉署】　玉堂，翰林院之别称。吴融《联李翰林游池上有寄》：“花飞絮落水和流，玉署词臣奉诏游。”亦指位于宫内之集贤院、秘书监等府署。任希古《和长孙秘监伏日苦热》：“玉署三时晓，金羁五日归。”司空曙《奉和常舍人晚秋集贤院即事寄徐薛二侍郎》：“蔼蔼凤凰宫，兰台玉署通。”

【玉幌】　玉帘。为帘幕之美称。刘言史《七夕歌》：“玉幌相逢夜将报，妖红惨黛生愁色。”

【玉甃】　❶本为井壁之美称。亦代指水井或水池。李峤《井》：“玉甃谈仙客，铜台赏魏君。”白居易《新乐府·骊宫高》：“迟迟兮春日，玉甃暖兮温泉溢。”李洞《题学公院池莲》：“竹引山泉玉甃池，栽莲莫怪藕生丝。”李家明《元宗钓鱼无获进诗》：“玉甃垂钩兴正浓，碧池春暖水溶溶。”❷喻指城墙。韦庄《天井关》：“短绠讵能垂玉甃，缭垣何用学金汤。”贯休《大蜀皇帝潜龙日述圣德诗五首》之一：“玉甃金汤山岳崚，花藏台榭管弦清。”❸指水上桥基。张彧《赵郡南石桥铭》：“斡地泉开，盘根玉甃。”

【玉節】　❶玉制之符节。玄宗《钱王晙巡边》：“金坛申将礼，玉节授军符。”顾况《相国晋公挽歌二首》之一：“玉节朝天罢，洪炉造化新。”张籍《赠道士》：“茅山近别剡溪逢，玉节青旄十二重。”殷尧藩《送源中丞使新罗》：“玉节在船清海怪，金函开诏抚夷王。”亦指持使节之官员。李益《五城道中》：“金铙随玉节，落日河边路。”刘禹锡《重送浙西李相公复领旧地新加旌旄》：“江北万人看玉节，江南千骑引金铙。”❷对拄杖之美称。胡曾《咏史诗·高阳池》：“何事山公持玉节，等闲深入醉乡来。”❸对竹笋之美称。皮日休《奉和鲁望早春雪中作吴体见寄》：“竹根乍烧玉节快，酒面新泼金膏寒。”❹用以调节管乐之器。陆龟蒙《奉酬袭美先辈初夏见寄次韵》：“洪崖领玉节，坐使虚音生。”❺形容声音和谐清脆，有如叩玉。张说《唐享太庙乐章·太和》：“玉节肆夏，金锵五钟。”陆龟蒙《寒夜联句》：“高唱戛金奏，朗咏铿玉节。”

【玉牒】　道家指载录仙人名字之簿籍。韦应物《绿萼华歌》：“有一人兮升紫霞，书名玉牒兮缘萼华。”

【玉像】　玉雕之像。亦以称神像。王维有《奉和圣制庆玄元皇帝玉像之作应制》。王建《题应圣观》：“空廊鸟啄花砖缝，小殿虫缘玉像尘。”

【玉鉞】　玉制或玉饰之斧钺。亦为斧钺之美称。古代命将则授钺以示权柄。亦用为仪仗。陆龟蒙《奉酬袭美先辈吴中苦雨一百韵》：“文坛如命将，可以持斧钺。”又《送真》：“萦云风髻飘然解，玉钺玄干俨先迈。”

【玉鈴】　对铃之美称。谓其声脆如鸣玉。赵嘏《华清宫和杜舍人》：“马驯金勒细，鹰健玉铃锵。”

【玉鉉】　玉制之铉。或为铉之美称。铉，提鼎之具，状如钩，可提鼎耳以上举之。常以喻指宰辅之位。刘长卿《瓜洲驿奉饯张侍御使之岭南》：“伫将调玉铉，翻自落金丸。”钱起《题樊川杜相公别业》：“圣恩加玉铉，安得卧青霞。”武元衡《秋日书怀》：“金貂玉铉奉君恩，夜漏晨钟老掖垣。”徐夤《献内翰杨侍郎》：“莫拟吟云避荣贵，庙堂玉铉待盐梅。”

【玉腰奴】　蝴蝶之别称。温庭筠《蜂蝶》：“蜜宫金翼使，花贼玉腰奴。”

【玉腦】　即玛瑙，玉石之一种。常以比喻鲜润之果实。皮日休《奉和鲁望四明山九题·青檽子》：“味似云腴美，形如玉脑圆。”又《寒夜文宴得泉字》：“蟹因霜重金膏溢，橘为风多玉脑鲜。”

【玉鳳】　❶玉雕之凤形首饰。张祜《寿州裴中丞出柘枝》：“青娥十五柘枝人，玉凤双翘翠帽新。”花蕊夫人徐氏《宫词》之四五：“翠钿贴靥轻如笑，玉凤雕钗袅欲飞。”后唐庄宗《阳台梦》词：“笑迎移步小兰丛，亸金翘玉凤。”❷喻宫女。李贺《秦王饮酒》：“花楼玉凤声娇狞，海绡红文香浅清。”

【玉觥】　玉质之酒杯。代指美酒。张辞《上盐城令述德诗》：“讼堂无事调琴轸，郡阁何妨醉玉觥。”

【玉旒】　帝王冠冕前后具垂之串珠组缨。亦代指天子。许浑《秋日早朝》：“龙旗尽列趋金殿，雉扇才分拜玉旒。”

【玉煙】　对白雾之美称。李贺《晚溪凉》：“玉烟青湿白如幢，银湾晓转流天东。”鲍溶《霓裳羽衣歌》：“玉烟生窗午轻凝，晨华左耀鲜相凝。”

【玉溪】　❶溪名。指江西玉山县境内之信江。顾况有《送李山人还玉溪》。❷仙境之小溪。曹唐《小游仙诗九十八首》之三：“骑龙重过玉溪头，红叶还春碧水流。”❸对小溪之美称。贾岛《莲峰歌》：“锦砾潺湲玉溪水，晓来微雨藤花紫。”赵嘏《薛廷范从事自宣城至因赠》：“金管别筵楼灼灼，玉溪回首马萧萧。”

【玉溜】　喻指清澈之溪泉。太宗《冬日临昆明池》：“石鲸分玉溜，劫烬隐平沙。”萧至忠《奉和幸安乐公主山庄应制》：“匝地金声初度曲，周堂玉溜好传杯。”钱起《登覆釜山遇道人二道》之一：“攀崖到天窗，入洞穷玉溜。”

【玉塞】　玉门关之别称。亦泛指边塞。李峤《送骆奉礼从军》：“玉塞边烽举，金坛庙略申。”王维《燕支行》：“誓辞甲第金门里，身作长城玉塞中。”张惟俭《赋得西戎献白玉环》：“列土金河北，朝天玉塞东。”翁绶《关山月》：“影转银河寰海静，光分玉塞古今愁。”

【玉窟】　喻月亮。陈陶《海昌望月》：“金盘谁雕镌，玉窟难冥搜。”

【玉殿】 ❶称皇帝之宫殿。李峤《晚秋喜雨》："御车迁玉殿，荐菲撤琼羞。"杜甫《咏怀古迹五首》之四："翠华想像空山里，玉殿虚无野寺中。"武元衡《学仙难》："玉殿笙歌汉帝愁，鸾龙俨驾望瀛洲。"李商隐《曲江》："金舆不返倾城色，玉殿犹分下苑波。"❷称仙宫。亦指道观。李郃《游九疑黄庭观》："玉殿斜临汉，金堂迥架烟。"

【玉經】 称道教经书。韦渠牟《步虚词十九首》之十七："和齿端金简，焚香检玉经。"

【玉綃】 指生丝绢。郑璧《奉和陆鲁望白菊》："燕雨似翻瑶渚浪，雁风疑卷玉绡纹。"

【玉臺】 ❶传说天帝所居之处。借指天上。郭震《十月乐游诗》："十月严阴盛，霜气下玉台。"亦指皇宫中之台。李适《安乐公主移入新宅》："马向铺钱埒，箫闻奏玉台。"薛曜《舞观篇》："阊阖间，玉台侧，承恩煦兮生光色。"❷饰玉之镜台。王琚《美女篇》："玉台龙镜洞彻光，金炉沉烟酷烈芳。"王昌龄《朝来曲》："盘龙玉台镜，唯待画眉人。"李白《代美人愁镜二首》之一："明明金鹊镜，了了玉台前。"❸指玉台山。在今四川阆中。杜甫《玉台观》："中天积翠玉台遥，上帝高居绛节朝。"又《阆山歌》："阆州城东灵山白，阆州城北玉台碧。"

【玉臺新詠】 诗选集名，南朝陈徐陵编，内容为汉至南朝梁之五言诗及歌行，计十卷。内颇多绮罗脂粉之词，然亦不乏佳作。孟简《咏欧阳行周事》序："《玉台新咏》有庐江小吏，相死或类于此。"

【玉臺體】 诗体名。南朝陈徐陵编选汉魏六朝诗为集，名《玉台新咏》。其中纤丽秾艳者较多，后遂称其体为"玉台体"。戎昱有《玉台体题湖上序》。权德舆有《玉台体十二首》。罗隐有《仿玉台体》。

【玉臺觀】 （觀 guàn）道观名。在唐剑南道阆州（今四川阆州）城北七里玉台山上。杜甫有《玉台观》。

【玉榼】 玉制之盛酒器。马戴《边将》："玉榼酒频倾，论功笑李陵。"

【玉碣】 玉石之碑碣。陆龟蒙《奉和袭美太湖诗二十首·入林屋洞》："眷恋玉碣文，行行但回首。"

【玉閨】 对闺室之美称。指女子之居室。王维《早春行》："玉闺青门里，日落香车入。"亦指闺室之门。李渤《醉中袭美先月中归》："休文虽即逃琼液，阿鹜还须掩玉闺。"

【玉嶂】 喻积雪之山崖。吕温《吐番别馆望白水山作》："玉嶂拥清气，莲峰开白花。"李谅《湘中纪行》："稠峰叠玉嶂，浅浪翻残雪。"皎然《晨登乐游原望终南积雪》："琼峰埋积翠，玉嶂掩风流。"

【玉箸】 同"玉筯"，玉制之筷子。喻指女子面上之双泪。吴融和《韩致光侍郎无题三首》之二："玉箸和妆裛，金莲逐步新。"

【玉箸篆】 指秦李斯所创之篆书书体。唐李阳冰善此体。舒元舆有《题李阳冰玉箸篆词》。亦作"玉筯篆书"。齐己有《谢西川昙域大师玉筯篆书》。

【玉箏】 玉饰之筝。或为筝之美称。常建《高楼夜弹筝》："明月照人苦，开帘弹玉筝。"亦指筝声。许浑《宿开元寺楼》："月移珠殿晓，风递玉筝秋。"

【玉管】 ❶律管。古以玉制，后亦用竹。长一尺，有六孔。以之定音，亦以候气。许景先《折柳篇》："芳树朝催玉管新，春风夜染罗衣薄。"王綽《迎春东郊》："玉管潜移律，东郊始报春。"羊士谔《山阁闻留》："临风玉管吹参差，山坞春深日又迟。"温庭筠《赠袁司录》："金钗醉就胡僧画，玉管闲留洛客吹。"❷《太平广记》卷四引《列仙传》云："王子乔者，周灵王太子晋也，好吹笙作凤鸣。"后升仙。又《艺文类聚》卷七八引《列仙传》云："萧史善吹箫……后萧史乘龙弄玉乘凤仙去。"后因以"玉管"指王子晋之笙或萧史之箫，用为咏仙人之典。王维《赠东岳焦炼师》："玉管时来凤，铜盘即钓鱼。"李商隐《题郑大有隐居》："近知西岭上，玉管有时闻。"自注："君居近子晋憩鹤台。"又《寓怀》："金书唯是见，玉管不胜闻。"❸对竹之美称。元晦《句》："笋竿抽玉管，花蔓缀金钿。"韩琮《风》："凉飞玉管来秦甸，暗裛花枝入楚宫。"

【玉魄】 指月亮。《游春台诗》之三（卷八六二）："玉魄东方开，嫦娥逐影来。"

【玉銜】 玉饰之马口嚼。杜牧《长安杂题长句》之五："草妒佳人钿杂色，风回公子玉衔声。"李山甫《公子家二首》之一："锦袖妒姬争巧笑，玉衔骄马索闲游。"韩偓《锡宴日作》："玉衔花马蹋香街，诏遣追欢绮席开。"

【玉貌】 ❶形容女子玉一般之美丽容貌。杜甫《观公孙大娘弟子舞剑器行》序："玉貌锦衣，况余白首。今兹弟子，亦匪盛颜。"元稹《和乐天示杨琼》："青衫玉貌何处去，安得红旗遮头白。"刘得仁《悲老宫人》："曾缘玉貌君王宠，准拟人看似旧时。"卢茂钦《无题》："容仪一见情难舍，玉貌重看意懒回。"❷指美貌女子。戎昱《咏史》："岂能将玉貌，便拟静胡尘。"长孙辅佐《古宫怨》："三千玉貌休自夸，十二金钗独相向。"❸指男子之青春容颜。戎昱《秋日感怀》："荷衣半浸缘乡泪，玉貌潜销是客愁。"温庭筠《和友人悼亡》："玉貌潘郎泪满衣，画罗轻鬓雨微微。"亦借指青春年少之时。卢纶《送黎燧尉阳翟》："玉貌承严训，金声称上才。"

【玉膏】 传说所称玉之膏脂。宋之问《幸少林寺应制》："玉膏从此泛，仙驭接浮丘。"李颀《送王道士还山》："玉膏清冷瀑泉水，白云溪中日方此。"吴筠《游庐山五老峰》："玉膏正滴沥，瑶草多半茸。"

【玉塵】 ❶喻指雪。姚康《礼部试早春残雪》："玉尘销欲尽，穷巷起袁安。"陈羽《喜雪上窦相公》："全似玉尘销更积，半成冰水结还流。"李衢《都堂试贡士日庆春雪》："绕砌封琼屑，依阶喷玉尘。"秦韬玉《春雪》："云重寒空思寂寥，玉尘如糁满春潮。"❷喻花瓣。张籍《同严给事闻唐昌观王蕊近有仙过因成绝句二首》之一："千枝花里玉尘飞，阿母宫中亦见稀。"王贞白《春日咏梅花》："靓庄才罢粉痕新，迨晓风回散玉尘。"❸喻茶叶。白居易《游宝称寺》："酒嫩倾金液，茶新碾玉尘。"李郢《酬友人春暮寄枳花茶》："金饼拍成和雨露，玉尘煎出照烟霞。"

【玉漏】 玉制之计时漏壶。崔湜《上元夜六首》之一："玉漏银壶且莫催，铁关金锁彻明开。"崔国辅《七夕》："扇风生玉漏，置水写银河。"陆畅《帘》："玉漏报来过半夜，可怜潘岳立踟蹰。"刘兼《秋夕书怀呈戎州郎中》："谭鸡寂默纱窗静，梦蝶萧条玉漏长。"

【玉璜】 半圆形之玉饰。《尚书大传》卷一："周文王至磻溪，见吕尚钓。文王拜，尚云：'望钓得玉璜，剡曰：姬受命，吕佐检德合，于今昌来提。'"后因以"玉璜"指吕尚佐文王兴周事。骆宾王《浮槎》序："牛矶可托，玉璜之路非遥；匠石先谈，万乘之器何速。"刘禹锡《浙西李大夫述梦四十韵并浙东元相公酬和斐然继声》："门承金铉鼎，家有玉璜韬。"方干《献浙东王大夫二首》之二："已见玉璜曾上钓，何愁金鼎不和羹。"

【玉輦】 指帝王之车。饰之以玉，故称。阎朝隐《奉和圣制夏日游石淙山》："金台隐隐陵黄道，玉辇亭亭下绛雾。"刘长卿《上阳宫望幸》："玉辇西巡久未还，春光犹入上阳间。"王涯《宫词三十首》之二："欲得君王回一顾，争扶玉辇下金阶。"柯崇《宫怨二首》之二："长门槐柳半萧疏，玉辇沉思恨有余。"

【玉墀】 ❶皇宫殿前之台阶。刘孝孙《赋得春莺送友人》："待雪消金禁，衔花向玉墀。"贾至《早朝大明宫呈两省僚友》："剑风声随玉墀步，衣冠身惹御炉香。"王涯《宫词三十首》之十九："炎炎夏日满天时，桐叶交加覆玉墀。"徐夤《上阳宫词》："点点苔钱上玉墀，日斜空望大龙西。"❷泛指玉石台阶，或为台阶之美称。温庭筠《生禖屏风歌》："玉墀暗接昆仑井，井上无人金索冷。"

【玉鞍】 对马鞍之美称。亦指华贵之马鞍。李白《塞下曲六首》之一："晓战随金鼓，宵眠抱玉鞍。"岑参《卫节度赤骠马歌》："红缨紫鞚珊瑚鞭，玉鞍锦鞯黄金勒。"罗虬《比红儿诗》之二六："舍却青娥换玉鞍，古来公子苦无端。"花蕊夫人徐氏《宫词》之二二："自教宫娥学打毬，玉鞍初跨柳腰柔。"

【玉蕊】 ❶花名。白居易《早夏游宴》："山榴艳似火，玉蕊飘如霰。"李德裕《招隐山观玉荒树戏书即事奉寄沈大夫阁老》："玉蕊天中树，金闺昔共窥。"和凝《宫词百首》之四九："珠帘静卷水亭凉，玉蕊风飘小槛香。"李建勋《蔷薇二首》之二："万倍馨香胜玉蕊，一生颜色笑西施。"见"玉蕊花"。❷喻指雪花。徐铉《春雪应制》："紫林开玉蕊，飘座裛香尘。"❸山峰名。在唐华阳县。徐夤《依御史温飞卿华清宫二十二韵》："岳拱莲花秀，峰高玉蕊秋。"

【玉蕊花】 花名。状如荼蘼，栢叶紫茎，花须中别抽一英，散为十余蕊，色白如玉，故名。一说即琼花。或说为玚花，又名山攀，可以染布。刘禹锡《和严给事闻唐昌观玉蕊花下有游仙二绝》之一："玉女来看玉蕊花，异香先引七香车。"白居易《白牡丹》："唐昌玉蕊花，攀玩众所争。"

【玉蕊峰】 疑为唐华清宫所在骊山之峰名。郑嵎《津阳门诗》："金沙洞口长生殿，玉蕊峰头王母祠。"

【玉槽】 玉饰之鼓座，或为鼓座之美称。宋齐丘《陪华林园试小妓羯鼓》："切断牙床镂紫金，最宜平稳玉槽深。"

【玉樓】 ❶天上仙人所居之楼。窦巩《游仙词》："不知何处去，月照玉楼空。"张为《秋醉歌》："三留对上帝，玉楼十二重。"❷指女子所居之楼。因美女常被喻称仙女，故称。亦以指歌妓之楼。白居易《听崔七妓人筝》："花脸云鬟坐玉楼，十三弦里一时愁。"李洞《赠庞炼师》："家住洛江汉语娇，一声歌戛玉楼箫。"无名氏《伤哉行》(卷七八五)："王母夭桃一度开，玉楼红粉千回变。"❸指皇宫之楼。亦泛称华丽之楼。宗楚客《奉和幸安乐公主山庄应制》："玉楼银榜枕严城，翠盖红旗列禁营。"孟浩然《长安早春》："草迎金埒马，花伴玉楼人。"王建《过绮岫宫》："玉楼倾倒粉墙空，重叠青山绕故宫。"赵嘏《宫乌栖》："宫乌栖处玉楼深，微月生檐夜夜心。"

【玉輪】 ❶喻指月亮。武元衡《八月十五夜与诸公锦楼望月得中字》："玉轮初满空，迥出锦城东。"宋之问《送赵司马赴蜀州》："定知和氏璧，遥掩玉轮辉。"李商隐《碧城三首》之三："玉轮顾兔初生魄，铁网珊瑚未有枝。"孙纬《中秋夜思郑延美有作》："未追良友玩，安用玉轮盈。"❷地名。即玉轮坂，在嶓山西。骆宾王《在江南赠宋五之问》："玉轮涵地开，剑匣连星起。"

【玉奩】 玉制或玉饰之梳妆匣。元稹《开元观闲居酬吴士矩侍御三十韵》："醮起彤庭烛，香开白玉奁。"

【玉頰】 指女子莹白如玉之脸颊。戴叔伦《早春曲》："玉颊啼红梦初醒，羞见赤鸾镜中影。"

【玉霄】 传说神仙所居之天境。常建《古意三首》之二："玉霄九重闭，金馆夜不开。"王初《立春后作》："方信玉霄千万里，春风犹未到人间。"徐铉《赠奚道士》："玉霄尘闭人长在，全鼎功成俗未知。"郑遨《题中条静观》："松顶留衣上玉霄，永传异迹在中条。"

【玉霄峰】 山峰名，在浙江天台山。皮日休《寄题玉霄峰叶涵象尊师所居》："青冥向上玉霄峰，元始先生戴紫蓉。"陆龟蒙有《和袭美寄题玉霄峰叶涵象尊师所居》诗云："天台一万八千丈，师在浮云端掩扉。"

【玉齒】 洁白如玉之牙齿。韦应物《拟古诗十二首》之二："娟娟双青娥，微微启玉齿。"李商隐《南潭上亭宴集以疾后至因而抒情》："佳人启玉齿，上客颔朱颜。"

【玉膚】 莹白如玉之肌肤。杜牧《宫词二首》之二："蝉翼轻绡傅体红，玉肤如醉向春风。"

【玉影】 玉之光泽。鲍溶《经秦皇墓》："珠华翔青鸟，玉影耀白兔。"

【玉蝶】 对蝴蝶之美称。刘兼《宣赐锦袍设上赠诸郡客》："将同玉蝶侵肌冷，世遣金鹏遍体飞。"按，此指锦衣上所绣之蝴蝶。

【玉蝴蝶】 词牌名。双调，八句，四十一字，平韵。温庭筠有《玉蝴蝶》词一首。

【玉幢】 ❶对佛教经幢之美称。元稹《泛江玩月十二韵》："远树悬金镜，深潭倒玉幢。"❷喻指山峰。《游春台诗》(卷八六二)："玉幢亘碧虚，此乃真人居。"

【玉箱】 ❶玉饰之箱。沈佺期《七夕曝衣篇》："曝衣何许曛半黄，宫中彩女提玉箱。"❷玉饰之车厢。借指车。李商隐《和张秀才落花有感》："梦罢收罗荐，仙归敕玉箱。"

【玉篇】 字书名。南朝梁顾野王撰，凡三十卷，收字一万六千余。后亦以泛指字书。罗隐《升平公主旧第》："乘凤仙人降此时，玉篇才罢到文词。"

【玉篆】 ❶篆书之美称。岑文本《奉述飞白书势》："六文开玉篆，八体曜银书。"亦指以篆书写出之字句。皮日休《访寂上人不遇》："炉里尚飘残玉篆，龛中仍锁小金仙。"❷指道家所称仙籍，即仙人名册。陆龟蒙《中元夜寄道侣二首》之一："丁宁独受金妃约，许与亲题玉篆名。"

【玉牖】 对窗户之美称。吴融《玉堂种竹六韵》："引凤穿玉牖，摇露滴金盘。"

【玉質】 喻指如玉般莹洁之肌肤。杜甫《自京赴奉先县咏怀五百字》："中堂舞神仙，烟雾散玉质。"杜牧《张好好诗》："玉质随月满，艳态逐春舒。"

【玉德】 指玉之五种品德。亦泛指美好之品性。白居易《雪中即事寄微之》："润含玉德怀君子，寒助霜威忆大夫。"

【玉盤】 ❶玉质之盘。或为盘之美称。李白《行路难》其一："金樽清酒斗十千，玉盘珍馐直万钱。"韦应物《横塘行》："玉盘的历双白鱼，宝簟玲珑透象床。"陈羽《宴杨驸马山亭》："鲙下玉盘红缕细，酒开金瓮绿醅酴。"曹唐《小游仙诗九十八首》之五三："千岁红桃香破鼻，玉盘盛出与金妃。"❷指汉武帝所建之仙掌承露盘。陆龟蒙《汉宫词》："一身三十六宫夜，露滴玉盘青桂秋。"❸比喻光润而圆如玉盘之花朵。卢纶《裴给事宅白牡丹》："别有玉盘承露冷，无人起就月中看。"白居易《浔阳三题·东林寺白莲》："泄香银囊破，泻露玉盘倾。"李涉《山花》："六出花开赤玉盘，当中红湿耐春寒。"李商隐《回中牡丹为雨所败二首》之二："玉盘迸泪伤心数，锦瑟惊弦破梦频。"❹喻圆月。无可《中秋夜山脚下看月》："汹涌吹苍雾，朦胧吐玉盘。"李群玉《中秋维舟君山看月二首》之一："汗漫铺澄碧，朦胧吐玉盘。"

【玉盤珠】 喻指声韵铿锵之诗句。卢纶《纶与吉侍郎风尘追游向三十载畅博士当感怀前踪有五十韵见寄辄有所酬》："君持玉盘珠，泻我怀袖盈。"

【玉盤龍】 指雕有盘龙之梁柱。骆宾王《帝京篇》："宝盖雕鞍金络马，兰窗绣柱玉盘龙。"

【玉盤囊】 华美盘囊之美称。亦称鞶囊，指系于腰侧鞶带上之小囊，为贵人之饰物。李颀《行路难》："火浣单衣绣方领，茱萸锦带玉盘囊。"

【玉鋒】 形容闪耀寒光之剑锋。李贺《走马引》："我有辞乡剑，玉锋堪截云。"

【玉劍】 玉柄剑，剑首、剑镡均以玉饰之剑。崔国辅《侠客行》："玉剑膝前横，金杯马上倾。"钱起《送崔校书从军》："宁唯玉剑报知己，更有龙韬佐师律。"李商隐《闻著明凶问哭寄飞卿》："空余双玉剑，无复一壶冰。"

【玉潭】 ❶对水潭之美称。李白《望黄鹤楼》："金灶生烟埃，玉潭秘清谧。"许浑《南海使院对菊怀丁卯别墅》："影摇金涧水，香染玉潭风。"❷山庄名。在常州义兴，为唐李幼卿之别墅。独孤及《得李滁州书以玉潭庄见托因书春思以诗代答》："日日思琼树，书书话玉潭。"

【玉潤】 ❶古谓玉有五德，其一曰"温润而泽，仁也"。后因以"玉润"喻人有美德。刘商《送王贞》："清阳玉润复多才，邂逅佳期过早梅。"权德舆《璩授京兆府参军戏书以示兼呈独孤侍郎》："因惭玉润客，应笑此非夫。"❷形容物体外表光泽鲜润。李峤《藤》："金堤不见识，玉润几重开。"顾况《露青竹杖歌》："玉润犹沾玉垒雪，碧鲜似染苌弘血。"❸晋卫玠风姿俊爽，少时乘车入市，见者皆以为玉人。其岳父乐广有海内重名。时人谓"妇公冰清，女婿玉润"。见《晋书·卫玠传》。后因以"玉润"指风姿俊爽。皎然《送顾处士歌》："满道喧喧遇君别，争窥玉润与冰清。"杜荀鹤《清溪未明府出二子请诗因遗一绝》："珠明玉润尽惊人，不称寒门不称贫。"

【玉澗】 产玉之溪涧。亦为清溪之美称。贾岛《送李登少府》："流水潺潺处，坚贞玉涧珉。"皮日休《奉和鲁望四明山九题·鹿亭》："经时掊玉涧，尽日嗅金芝。"

【玉弾弓】 （弹 dàn）饰玉之弹弓。花蕊夫人徐氏《宫词》之三一："侍女争挥玉弹弓，金丸飞入乱花中。"

【玉漿】 ❶传说仙人所饮之琼浆玉液。卢鸿一《嵩山十志十首·草堂》："读金书兮饮玉浆，童颜幽操兮不易长。"李白《西岳云台歌送丹丘子》："玉浆倘惠故人饮，骑二茅龙上天飞。"项斯《梦仙》："云叶许裁成野服，玉浆教吃润愁身。"霍总《郡楼望九华歌》："玉浆瑶草不可见，自有神仙风马来。"❷喻甘美之果汁。林杰《咏荔枝》："金盘摘下挂朱颗，红壳开时饮玉浆。"❸喻指甘美之泉水。皮日休《太湖诗·以毛公泉一瓶献上谏议因寄》："汲时月液动，担处玉浆旋。"

【玉緘】 指封缄之道家经书图箓等。李郢《读汉武内传》："金鼎未成悲浊世，玉缄时捧望青都。"

【玉線】 传说仙人以玉捻成之线。曹唐《小游仙诗九十八首》之二六："偷来洞口访刘君，缓步轻抬玉线裙。"又第九六首："蛟丝玉线难裁制，须借玉妃金剪刀。"

【玉编】 ❶指道教经书。王建《武陵春日》："不似冥心叩尘寂，玉编金轴有仙方。"❷指皇宫珍藏之书籍。卢纶《和常舍人晚秋集贤院即事十二韵》："鳞笔删金篆，龙绡荐玉编。"

【玉璞】 含玉而未凿出之石。李白《杂言用投丹阳知己兼奉宣慰判官》："客从昆仑来，遗我双玉璞。"韩愈《纳凉联句》："凄如弭寒门，皓若攒玉璞。"

【玉壇】 ❶道观之法坛。亦指仙坛、仙境。王勃《出境游山二首》之四："玉坛栖暮夜，珠洞结秋阴。"李益《避暑女冠》："焚香欲使三清鸟，静拂桐阴上玉坛。"刘禹锡《八月十五夜桃源玩月》："少君引我升玉坛，礼空遥请真仙官。"刘沧《题王母庙》："武帝无名在仙籍，玉坛仙月夜空明。"❷对花坛之美称。卢纶《早秋望华清宫中树因以成咏》："玉坛标八桂，金井识双桐。"

【玉磬】 ❶乐器名。一名鸣球。以石制成，敲之有声。上古为天子之乐器。柳宗元《浑鸿胪宅闻歆效白纻》："朱唇掩柳悄无声，金簧玉磬宫中生。"亦称仙境之磬。鲍溶《会仙歌》："洞阴玉磬敲天声，乐王母，一送玉杯长命酒。"❷喻诗歌之声韵铿锵。刘禹锡《令狐相公见示河中杨少尹赠答兼命继之》："两首新诗百字余，朱弦玉磬韵难如。"

【玉燕】 指玉燕钗。韩偓《春闷偶成十二韵》："醉后金蝉重，欢余玉燕敧。"顾敻《酒泉子》词之五："金虫玉燕锁香奁，恨厌厌。"

【玉燕釵】 玉制钗名。相传神女留赠汉成帝玉钗，帝以赐赵婕妤，后于匣中化白燕飞去，故名。李白《白头吟》："头上玉燕钗，是妾嫁时物。"

【玉樹】 ❶传说中之仙树。李白《怀仙歌》："仙人浩歌望我来，应攀玉树常相待。"李德裕《寄茅山孙炼师》："乍警瑶坛鹤，时嘶玉树蝉。"亦指传说之月宫桂树。令狐楚《八月十七夜书杯》："金蟾著未出，玉树悲稍破。"❷《汉武故事》（上）谓汉武帝于前庭植玉树，以珊瑚为枝，碧玉为叶，珠玉为花子，后因以"玉树"指宝树。又《三辅黄图·汉宫》谓甘泉宫北岸有槐树，人称"玉树"，故又常以"玉树"指皇宫之树。李白《宫中行乐词八首》之四："玉树春归日，金宫乐事多。"张继《华清宫》："玉树长飘云外曲，霓裳闲舞月中歌。"裴夷直《送王缋》："翠羽长将玉树期，偶然飞下肯多时。"韩偓《苑中》："金阶铸出狻猊立，玉树雕成狒狖啼。"❸对某些树木之美称。李白《对雪献从兄虞城宰》："庭前看玉树，肠断忆连枝。"柳中庸《秋怨》："玉树起凉烟，凝情一叶前。"元稹《和严给事闻唐昌观玉蕊花下有游仙》："弄玉潜过玉树时，不教青鸟出花枝。"杜牧《秋感》："金风万里思何尽，玉树一窗秋影寒。"❹南朝宋刘义庆《世说新语·言语》："谢太傅问诸子侄：'子弟亦何预人事，而正欲使其佳?'诸人莫有言者。车骑答曰：'譬如芝兰玉树，欲使其生于阶庭耳。'"后因以"玉树"喻指美好有才能的子弟。杜甫《题柏大兄弟山居屋壁二首》之一："叔父朱门贵，郎君玉树高。"钱起《重赠赵给事》："玉树满庭家能贵，云衢独步位初高。"韩翃《送端州冯使君》："玉树群儿争翠羽，金盘少妾拣明珠。"鲍溶《寄薛膺昆季》："楚山清洛雨无期，梦里春风玉树枝。"❺《世说新语·容止》："魏明帝使后弟毛曾与夏侯玄共坐，时人谓'蒹葭倚玉树'。"后因以"玉树"喻指风姿美好之人。杜甫《饮中八仙歌》："举觞白眼望青天，皎如玉树临风前。"李贺《答赠》："露重金泥冷，杯阑玉树斜。"陈陶《南海送韦七使君赴象州任》："地理金城近，天涯玉树孤。"亦喻指任人美女。李群玉《龙安寺佳人阿最歌八首》之三："若教亲玉树，情愿作蒹葭。"❻指南朝陈后主所作《玉树后庭花》歌。包佶《再过金陵》："玉树歌终王气收，雁行高送石城秋。"许浑《金陵怀古》："玉树歌残王气终，景阳兵合戍楼空。"李商隐《陈后宫》："寿献金茎露，歌翻玉树尘。"吴融《隋堤》："曾笑陈家歌玉树，却随后主看琼花。"

【玉樹曲】 同"玉樹後庭花"。王毂《玉树曲》："陈宫内宴明朝曲，玉树新妆逞娇逸。"

【玉樹花】 "玉樹後庭花"之省称。胡曾《陈宫》："不知即入宫中井，犹自听吹玉树花。"

【玉樹後庭曲】 见"玉樹後庭花"。

【玉樹後庭花】 乐府吴声歌曲名，南朝陈后主作。后主常引朝臣、女学士与狎客游宴，共赋新诗，采其尤轻艳者以为此曲，选宫女千百数，习而歌之。内容皆称美张贵妃、孔贵嫔之容色。未几陈破，后主与张、孔二妃俱自投景阳井。后因以此曲为亡国之音。见《陈书·皇后传·后主张贵妃》。李白《金陵歌送别范宣》："吴子龙沉景阳井，谁歌玉树后庭花？"许浑《陈宫怨二首》之二："玉树后庭花一曲，与君同上景阳楼。"卢秀才《殷淑妃》："长醉金陵前殿酒，偏闻玉树后庭花。"亦作"玉树后庭曲"。温庭筠《鸡鸣埭曲》："宁知玉树后庭曲，留待野棠如雪枝。"

【玉樹宫】 指汉甘泉宫。因扬雄《甘泉赋》有"翠玉之青葱兮"语，又《三辅黄图》云"甘泉宫北岸有槐树，今谓玉树"，故称。后亦泛指皇宫。姚崇《奉和圣制夏日游石淙山》："周王久谢瑶池赏，汉主悬惭玉树宫。"王维《送崔五太守》："黄花县西九折坂，玉树宫南五丈原。"

【玉樹歌】 即"玉樹後庭花"。温庭筠《春江花月夜词》："玉树歌阑海云里，花庭忽作青芜国。"

【玉樹瓊枝】 以珠宝装饰之树。语本《汉武故事》上："植玉树之法，葺珊瑚为枝，以碧玉为叶，花子或青或赤，悉以珠玉为之。"后亦以形容奢华的宫廷生活。南唐后主李煜《破阵子》词："凤阙龙楼连霄汉，玉树琼枝作烟萝。"

【玉樽】 玉制之酒杯。或为酒杯之美称。李白《东武吟》："宾客日疏散，玉樽亦已空。"又《献从叔当涂宰阳冰》："顾惭青云器，谬奉玉樽倾。"

【玉醞】 玉酒。指美酒。晁采《子夜歌十八首》之九："信使无虚日，玉醞寄盈觥。"

【玉醑】 指美酒。黄滔《江州夜宴献陈员外》："清管彻时斟玉醑，碧筹回处掷金船。"

【玉曆】 ❶指享国之历数。李竦《长至日上公献寿》："侯晓金门关，乘时玉律长。"❷指岁历。亦指历法、历书。白居易《郡中春宴因赠诸客》："是时岁二月，玉历布春分。"独孤铉《日南长至》："玉历颁新律，凝阴发一阳。"

【玉頹】 同"玉山頹"。形容人醉倒之态。黄滔《二月二日宴中贻同年封先辈渭》："帝尧城里日衔杯，每倚嵇康到玉颓。"

【玉衡】 古代测天象之仪器。长八尺，孔径一寸，可自下端观星。亦以之喻人之识鉴。杜甫《寄裴施州》："金钟大镛在东序，冰壶玉衡悬清秋。"

【玉錢】 玉质之钱币。皮日休《奉和鲁望白菊》："蕊香亦似浮金靥，花样还如镂玉钱。"

【玉館】 仙馆。亦以称皇宫馆舍。中宗《登骊山高顶寓月》："金门披玉馆，因此识皇图。"

【玉膳】 对膳食之美称。李白《登黄山凌歊台送族弟济充泛舟赴华阴》："君王减玉膳，早起思鸣鸡。"

【玉鴛鴦】 饰有玉质鸳鸯之钗簪。寒山《诗三百三首》之六二："缀裙金蛱蝶，插髻玉鸳鸯。"

【玉麈】 见"玉麈尾"。

【玉麈尾】 玉柄之麈尾。拂尘之器，魏晋文人常执之以助清谈。李白《赠僧崖公》："手秉玉麈尾，如登白楼亭。"贯休《经旷禅师院》："此时师握玉麈尾，报我却去非日月。"亦作"玉麈"。卢照邻《行路难》："金貂有时换美酒，玉麈但摇莫计钱。"

【玉龍】 ❶玉雕之龙。韦庄《闻再幸梁洋》："兴庆玉龙寒自跃，昭陵石马夜空嘶。"《天宝时人·玉龙子诗》："圣运潜符瑞玉龙，自兴云雨更无踪。"见"玉龍子"。❷泛指器物或建筑上之龙形图饰。陆龟蒙《奉和袭美太湖诗二十首·孤园寺》："幡条玉龙扣，殿角金虬舞。"又《庆封宅古井行》："泽车豪马驰似水，锦凤玉龙森老墙。"❸喻剑。李贺《雁门太守行》："报君黄金台上意，提携玉龙为君死。"王初《送王秀才谒池州吴都督》："衣袂障风金缕细，剑光横雪玉龙寒。"吕岩《化江南简寂观道士侯用晦磨剑》："欲整锋铓敢惮劳，凌晨开匣玉龙嗥。"❹喻雪。吕岩《剑画此诗于襄阳雪中》："岘山一夜玉龙寒，凤林千树梨花老。"

【玉龍子】 指唐内府所藏之玉雕龙。陆龟蒙有《开元观杂题·玉龙子》。卷七八四有无名氏《玉龙子诗》。

【玉澤】 玉一般润泽之颜容。孙思邈《四言诗》："骨变金植，颜驻玉泽。"

【玉環】 ❶玉质之环，如玉佩环、玉耳环等。徐贤妃《赋得北方有佳人》："腕摇金钏响，步转玉环鸣。"❷《后汉书·杨震传》"父宝"李贤注引《续齐谐记》云："宝年九岁时，至华阴山北，见一黄雀为鸱枭所搏，坠于树下，为蝼蚁所困。宝取之以归，置巾箱中，唯食黄花。百余日毛羽成，乃飞去。其夜有黄衣童子向宝再拜曰：'我西王母使者，君仁爱救拯，实感成济。'以白环四枚与宝：'令君子孙洁白，位登三事，当如此环矣。'"后因以"玉环"为咏施仁受报之典。刘禹锡《和南海马大夫闻杨侍郎出守郴州因有寄上之作》："玉环庆远瞻台座，铜柱勋高压海门。"陈陶《空城雀》："不随海燕柏梁去，应无玉环衔报恩。"❸喻月亮。白居易《和微之诗二十三首·和栉沐寄道友》："高星粲金粟，落月沉玉环。"❹睿宗所御琵琶名。张祜《玉环琵琶》："回顾段师非汝意，玉环休把恨分明。"❺杨贵妃之小字。贾岛《纪汤泉》："骊山岂不好，玉环污流脂。"罗虬《比红儿诗》之二三："明媚何曾让玉环，破瓜年几百花颜。"

【玉璫】 ❶用为耳饰之玉珠。鲍溶《旧镜》："珠粉不结花，玉珰宁辉耳。”李商隐《春雨》：“玉珰缄札何由达，万里云罗一雁飞。”皮日休《正乐府十首·橡媪叹》：“细获又精舂，粒粒如玉珰。”李郢《题水精钗》：“何年偶坠青丝发，问价应齐白玉珰。”亦借指女子。杜牧《自宣州赴官入京题赠》：“梅花落经香缭绕，雪白玉珰花下行。”❷汉代武官之冠饰。后亦为高官之冠饰。《和郑拾遗秋日感事一百韵》：“望阙飞华盖，趋朝振玉珰。”

【玉聲】 ❶玉佩碰击之声。借指清脆悦耳之声。司空曙《送曲山人之衡州》：“茅洞玉声流暗水，衡山碧色映朝阳。”此指流水声。杜牧《闺情代作》：“月照石泉金点冷，凤酣箫管玉声微。”此指箫声。❷对他人诗文之敬称。令狐楚《奉和仆射相公酬忠武李相公见寄之作》：“初瞻绮色连霞色，又听金声继玉声。”施肩吾《归分水留赠王少府》：“仙吏饮冰多玉声，新诗丽句遗狂生。”

【玉薛】 对苔藓之美称。孟郊《题韦少保静恭宅藏书洞》：“仙华凝四时，玉藓生数峰。”李郢《阳羡春诗》：“石亭杨花落如积，玉藓斓斑竹姑赤。”

【玉蘤】 白花之美称。李峤《橘》：“玉花含霜动，金衣逐吹翻。”

【玉檢】 ❶帝王封禅玉牒或其他典籍、名册之函箧。韦抗《奉和圣制送张说上集贤学士赐宴》：“圣德鸿名远，将陪玉检泥。”张嗣初《赋得白云起封中》：“金泥光乍掩，玉检气潜通。”❷指玉检中之玉牒。张九龄《奉和圣制途经华山》：“会应陪玉检，来此告成功。”刘禹锡《平齐行二首》之二：“侍臣燕公秉文笔，玉检告天无愧词。”李商隐《韩碑》：“传之七十有二代，以为封禅玉检明赏基。”吴融《寄杨侍郎》：“奇文已刻金书券，秘语看镌玉检封。”

【玉檀槽】 玉饰之檀木琴架。陈去疾《春宫曲》：“抱里琵琶最承宠，君王敕赐玉檀槽。”

【玉霜】 ❶白霜。李白《寄远十一首》之十：“鲁缟如玉霜，笔题月氏书。”❷指白骏马。王德真《奉和圣制过温汤》：“玉霜鸣凤野，金阵藻龙川。”

【玉顆】 对各种圆润果实、籽粒之美称。皮日休《天竺寺八月十五日夜桂子》：“玉颗珊珊下月轮，殿前拾得露华新。”此指桂子。

【玉螺】 对用以吹奏之海螺的美称。白居易《新乐府·骠国乐》：“玉螺一吹推髻耸，铜鼓一击文身踊。”

【玉嶺】 对山岭之美称。王初《书秋》：“人间玉岭清秋月，天上银河白昼风。”

【玉輿】 玉饰之车。指皇室之车。李峤《奉和幸三会寺应制》：“岁在开金寺，时来降玉舆。”

【玉龜山】 传说所称之仙山。严休复《唐昌观玉蕊花折有仙人游怅然成二绝》之二：“羽车潜下玉龟山，尘世何由睹蕣颜。”

【玉徽】 玉制之琴徽。亦借指琴。刘长卿《罢摄官后将还旧居留辞李侍御》：“忆昨趋金节，临时废玉徽。”韦应物《昭国里第听元老师弹琴》：“竹林高宇霜露清，朱丝玉徽多故情。”李德裕《汉州月夕游房太尉西湖》：“丞相鸣琴地，何年闲玉徽!”赵抟《琴歌》：“玉徽冷落无光彩，堪恨钟期不相待。”

【玉鍤】 玉制之钗簪等首饰。陆龟蒙《洞房怨》：“玉锸朝扶鬓，金梯晚下台。”

【玉爵】 玉质之酒杯。亦为酒杯之美称。白居易《吴秘监每有美酒但蒙诗报不以饮招辄此戏酬》：“不怕道狂挥玉爵，亦曾乘兴解金貂。”殷文圭《行朝早春侍师门宴西溪席上作》：“金鳞掷浪钱翻荇，玉爵粘香雪泛梅。”

【玉臉】 莹白如玉之脸，指女子之面容。李商隐《咏桃》：“酥胸酣暖日，玉脸笑春风。”

【玉甕】 玉质之瓮。齐己《祈真坛》：“玉瓮瑶坛二三级，学仙弟子参差入。”

【玉燭】 ❶谓四时和畅，明照如烛。用以指太平盛世。李峤《十二月奉教作》：“玉烛年行尽，铜史漏犹长。”杜甫《喜闻盗贼蕃寇总退口号五首》之五：“大历二年调玉烛，玄元皇帝圣云孙。”孟简《嘉禾合颖》：“玉烛将成岁，封人亦自歌。”李群玉《凉公从叔春祭广利王庙》：“从此华岳封域静，潜熏玉烛奉尧年。”❷对蜡烛之美称。僖宗宫人《金锁》：“玉烛制袍夜，金刀呵手裁。”花蕊夫人徐氏《宫词》之六七：“昭仪侍宴足精神，玉烛抽看记饮巡。”

【玉臂】 莹白如玉之手臂。指女子之臂膊。杜甫《月夜》：“香雾云鬟湿，清辉玉臂寒。”

【玉藕】 对藕之美称。李贺《恼公》：“鱼生玉藕下，人在石莲中。”

【玉鞭】 玉柄之马鞭。王建《赠崔礼驸马》：“金埒减添栽药地，玉鞭平与卖书人。”刘言史《春游曲》：“喷味团香小桂条，玉鞭兼赐霍嫖姚。”温庭筠《排舞词》：“公乎跃马扬玉鞭，灭没高蹄日千里。”李洞《上司空员外》：“藤杖几携量碛雪，玉鞭曾把数嵩峰。”卢征《天骥呈材》：“讵假调金埒，宁须动玉鞭。”

【玉檻】 玉制栏杆。亦为井栏之美称。郭震《咏井》：“玲珑映玉槛，澄澈泻银床。”罗邺《鹦鹉咏》：“玉槛瑶轩任所依，东风休忆岭头归。”

【玉櫂】 对船桨之美称。白居易《叙德书怀四十韵上宣歙崔中丞》：“回塘排玉棹，归路拥金羁。”

【玉轉】 （—zhuàn）指辘轳，井上汲水之工具。李贺《夜饮朝眠曲》：“玉转湿丝牵晓水，熟粉生香琅玕紫。”

【玉轆轤】 剑首之玉饰。亦借指剑。杜牧《重送》:“手撚金仆姑,腰悬玉辘轳。”

【玉叢】 对竹丛之美称。陈陶《竹十一首》之十一:“玄圃千春闲玉丛,湛阳一祖碧云空。”

【玉罌】 玉瓶。汲水或盛酒之器。李贺《染丝上春机》:“玉罂汲水桐花井,蒨丝沉水如云影。”

【玉闕】 ❶仙宫。亦指皇宫。太宗《赋帘》:“参差垂玉阙,舒卷映兰宫。”李贺《吕将军歌》:“将军振神挥剑锷,玉阙朱城有门阁。”王建《昭应李郎中见贻佳作次韵奉酬》:“诸生围绕新篇读,玉阙仙官少此才。”李旭《及第后呈朝中知己》:“金榜高悬当玉阙,锦衣即着到家林。”❷道教指肾中白气与肺相连处。李白《访道安陵遇盖还留赠》:“丹田了玉阙,白日思云空。”

【玉壘】 ❶即玉垒山。亦以代指蜀地。崔信明《送金竟陵入蜀》:“金门去蜀道,玉垒望长安。”骆宾王《畴者篇》:“玉垒铜梁不易攀,地角天涯渺难测。”钱起《送傅管记赴蜀军》:“峨眉玉垒指霞标,乌没天低幕府遥。”薛涛《续嘉陵驿诗献武相园》:“卓氏长卿称士女,锦江玉垒献山川。”❷玉制酒杯。或为酒杯之美称。李贺《送秦光禄北征》:“呵臂悬金斗,当唇注玉垒。”

【玉壘山】 山名。在唐剑南道茂州汶川县(今四川汶川)至彭州导江(今四川灌县西)之间。因山石莹洁而产玉,故名。岑参有《酬崔十三侍御登玉垒山思故园见寄》。贾岛《送玄岩上人归西蜀》:“玉垒山中寺,幽深胜概多。”

【玉蟲】 喻灯花。旧时民间谓家有喜事则灯烛芯结灯花。韩愈《咏灯花同侯十一》:“黄里排金粟,钗头缀玉虫。”

【玉蟬】 ❶蝉鬓。薄如蝉翼之云鬓。张蠙《边将》:“战骨沙中金镞在,贺筵花畔玉蝉新。”和凝《宫词百首》之十八:“香云双飐玉蝉轻,侍从君王苑里行。”❷首饰名。王建《宫词百首》之六二:“玉蝉金雀三层插,翠髻高丛绿鬓虚。”韦庄《怨王孙》词:“玉蝉金雀宝髻,花族鸣珰,绣衣裳。”❸指石蝉花。以其花形似蝉,故名。谭用之《送僧中孚南归》:“苔封石锦栖霞室,水迸衣珠喷玉蝉。”

【玉簟】 称光洁如玉之竹簟。韦应物《马明生遇神女歌》:“石壁千寻启双检,中有玉床铺玉簟。”韩翃《送蒨县刘主簿楚》:“金盘晓鲙朱衣鲋,玉簟宵迎翠羽人。”李廓《长安少年行》之十:“犬娇眠玉簟,鹰掣撼金铃。”李商隐《房中曲》:“玉簟失柔肤,但见蒙罗碧。”

【玉簪】 ❶首饰名。玉制之发簪。钱起《送毕侍御谪居》:“崇兰香死玉簪折,志士吞声甘徇节。”戎昱《采莲曲二首》之一:“同侣怜波静,看妆坠玉簪。”白居易《新乐府·井底引银瓶》:“石上磨玉簪,玉簪欲成中央折。”张氏女《梦王尚书口授吟》:“手把玉簪敲砌竹,清歌一曲月如霜。”❷喻山峰。杜仁杰《至真观》(补编):“青螺堆,玉簪峭。”

【玉簡】 玉质之书简。多指道家之符箓。韦渠牟《步虚词》之一:“玉简真人降,金书道箓通。”姚合《送任尊师归蜀觐亲》:“玉简通仙籍,金丹驻母年。”曹唐《小游仙诗九十八首》之十二:“焚香独自上天坛,桂树风吹玉简寒。”

【玉鎮】 玉制之镇尺,书写或阅读时用以镇纸。皎然《奉和颜使君真卿修韵海毕会诸文士东堂重校》:“错简记铅椠,阅书移玉镇。”

【玉雞】 传说中之天鸡。陈陶《步虚引》:“朝天半夜闻玉鸡,星斗离离碍天翼。”

【玉雞川】 亦作“玉雞津”。指洛水流经洛阳之一段。宗楚客《奉和幸上阳宫侍宴应制》:“紫庭金凤阙,丹禁玉鸡川。”李峤《洛》:“花明丹凤浦,日映玉鸡津。”

【玉雞津】 见“玉雞川”。

【玉觴】 玉制之酒杯。或为酒杯之美称。亦代指酒。李白《寄上吴王三首》之二:“坐啸庐江静,闲闻进玉觞。”杜甫《白水县高斋三十韵》:“玉觞淡无味,羯奴岂强敌?”白居易《令狐相公有喜从镇归之作刘郎中先和因以继之》:“金勒最宜乘雪出,玉觞何必待花开?”

【玉顔】 ❶喻指女子之美丽容颜。李颀《绝缨歌》:“玉颜艳艳空相向,满堂目成不得语。”刘长卿《王昭君歌》:“上马辞君嫁骄虏,玉颜对人啼不语。”独孤及《和赠远》:“美人挟瑟对芳树,玉颜亭亭与花双。”杜牧《奉陵宫人》:“玉颜不是黄金少,泪滴秋山人寿宫。”❷仙人之不老容颜。李白《古风》之四一:“云卧游八极,玉颜已千霜。”韦应物《王母歌》:“玉颜渺渺何处寻,世上茫茫人自死。”元稹《台中鞫狱忆开元观旧事呈损之》:“忆在开元馆,食柏练玉颜。”❸指男子之美好容颜。李白《颍阳别元丹丘之淮阳》:“悠悠市朝间,玉颜日缁磷。”布燮《思乡作》:“坐欠销银烛,愁多减玉颜。”

【玉顔花貌】 如花似玉之美丽容貌。吕岩《题广陵妓屏二首》之一:“他年鹤发鸡皮媪,今日玉颜花貌人。”

【玉額】 玉石之匾额。李乂《奉和幸大荐福寺》:“碧楼披玉额,丹仗导金舆。”

【玉藻】 天子冠冕垂旒上贯玉珠之杂彩丝绳。曹唐《三年冬大礼五首》之三:“春浮玉藻寒初落,露拂金茎曙欲分。”又第四首:“千官不起金縢义,万国空瞻玉藻声。”

【玉櫝】 玉制或玉饰之匣。刘禹锡《口兵戒》:“玉椟不启,焉能瑕疵?”

【玉璽】 皇帝之玉印。辛常伯《军中行路难》："玉玺分兵惩恶少，金坛授律动将军。"羊士谔《郡中端居有怀袁州王员外使君》："珥笔金华殿，三朝玉玺书。"张祜《读韩文公集十韵》："文雕玉玺重，诗织锦梭轻。"许浑《献韶阳相国崔公》："万国已闻传玉玺，百官犹望启金縢。"

【玉關】 ❶即玉门关。来济《出玉关》："敛辔遵龙汉，衔凄出玉关。"岑参《玉关寄长安李主簿》："玉关西望堪肠断，况复明朝是岁除。"武元衡《送张六谏议归朝》："归去朝端如有问，玉关门外老班超。"林宽《闻雁》："接影横空背雪飞，声声寒出玉关迟。"❷对门闩之美称。许玫《题雁塔》："宝轮金地压人寰，独坐苍冥启玉关。"

【玉關情】 思念戍边亲人之情。李白《子夜吴歌·秋歌》："秋风吹不尽，总是玉关情。"

【玉蟾】 见"玉蟾蜍"。

【玉蟾宫】 指月宫。因传说月中有蟾蜍，故称。又因旧称科举及第为"蟾宫折桂"，故以入蟾宫指进士及第。李咸用《春风》："年年三十骑，飘入玉蟾宫。"

【玉蟾蜍】 亦作"玉蟾"。❶玉雕之蟾蜍形器物。常衮《晚秋集贤院即事寄徐薛二侍郎》："缀帘金翡翠，赐砚玉蟾蜍。"此指贮水之容器。李贺《李夫人》："玉蟾滴水鸡人唱，露华兰叶参差光。"此指更漏上之贮水容器。❷指传说中之月宫蟾蜍。亦借指月亮。李白《初月》："玉蟾离海上，白露湿花时。"张祜《濠州水馆》："南轩更何待，坐见玉蟾蜍。"褚载《句》："星斗离披烟霭收，玉蟾蜍耀海东头。"唐求《送僧讲罢归山》："共看玉蟾三皎洁，独悬金锡一玲珑。"

【玉蟻】 亦称"浮蚁"。指浮于酒面之白色泡沫。皮日休《酒中十咏·酒篘》："轻可网金醅，疏能容玉蚁。"

【玉簾】 玉饰之窗帘或门帘。亦为帘之美称。齐己《送节大德归阙》："晨光金殿里，紫气玉帘前。"

【玉簫】 ❶玉饰或玉制之箫。亦为箫之美称。钱起《宴崔驸马玉山别业》："玉箫唯送酒，罗袖爱留鬟。"徐凝《春陪相公看花宴会二首》之一："丞相邀欢事事同，玉箫金管咽东风。"姚合《题梁国公主池亭》："寂寞空余歌舞地，玉箫惊起凤归天。"关盼盼《燕上楼三首》之二："瑶瑟玉箫无意绪，任从蛛网任从灰。"❷人名。姜荆宝小婢，诗及本事见《云溪友议》卷上。韦皋《忆玉箫》序："玉箫者，江夏姜使君家青衣也。皋微时，客于姜，与之有情，以指环马一诗遗之，订后约。久之，玉箫郁念成疾死。姜以环着中指葬矣。后皋镇蜀，生日东川献歌妓，亦名玉箫，而貌正同，中指肉隐起如著玉环，时以为感皋意再生云。"

【玉簫金管】 对管乐器之美称。或指精美华贵之管乐器。李白《江夏赠韦南陵冰》："玉箫金管喧四筵，苦心不得申长句。"又《江上吟》："木兰之枻沙棠舟，玉箫金管坐两头。"

【玉鉞】 玉制或玉饰之斧，常用为祭礼时之仪仗。魏征《五郊乐章·黑帝羽音·舒和》："执籥持羽初终曲，朱干玉钺始分行。"

【玉鏃】 玉箭头。喻新竹尖。元稹《寺院新竹》："节高送玉镞，箨缀疑花捧。"亦喻指鸟喙。濮阳瓘《出笼鹘》："玉镞分花袖，金铃出彩笼。"

【玉鏃花】 雕有花纹之玉转轴。李贺《追赋画江潭苑四首》之三："剪翅小鹰斜，绉根玉镞花。"

【玉鏡】 ❶玉制之镜。白居易《游悟真诗》："六楹排玉镜，四座敷金钿。"❷喻清明之道。李白《送张秀才谒高中丞》："秦帝沦玉镜，留侯降氛氲。"❸喻明月。张子容《璧池望秋月》："满轮沉玉镜，半魄落银钩。"韩翃《经月岩山》："腾腾上天半，玉镜悬飞梯。"❹喻明净之湖面。李白《陪族叔刑部侍郎游洞庭五首》之五："淡扫明湖开玉镜，丹青画出是君山。"

【玉鏡臺】 ❶玉饰之镜台。杨炯《梅花落》："泣对铜钩障，愁看玉镜台。"王昌龄《古意》："欲暮黄鹂啭，伤心玉镜台。"❷南朝宋刘义庆《世说新语·假谲》："温公丧妇，从姑刘氏，家值乱离散，唯有一女，甚有姿慧，姑以属公觅婚。公密有自婚意……却后少日，公报姑云：'已觅得婚处，门地粗可，婿身名宦，尽不减峤。'因下玉镜台一枚。姑大喜。既婚交礼，女以手披纱扇，抚掌大笑曰：'我固疑是老奴，果如所卜。'"后因以"玉镜台"指结婚之聘礼。张铉《行路难》："君不见温家玉镜台，提携抱握九重来。"李商隐《中条作》："羊权须得金条脱，温峤终虚玉镜台。"

【玉鏡潭】 水潭名。在唐江南道池州（今安徽池州）西南七十里桃树坡下。李白有《与周刚清玉镜潭宴别》。

【玉瓣】 对花瓣之美称。吕岩《沁园春》词："天然巧，蕊珠圆簇，玉瓣轻裁。"

【玉韻】 ❶指玉佩碰击之清脆悦耳声。罗虬《比红儿诗》之九三："红儿谩唱伊州遍，认取轻敲玉韵长。"❷誉称他人之诗文。白居易《将发洛中枉令狐相公手札以长句答之》："玉韵乍听堪醒酒，银钩细读当披颜。"又《初冬月夜得皇甫泽州手札并诗数篇因遣报书》："清冷玉韵两三章，落箔银钩七八行。"张道符《和主司王起》："莲峰对处朱轮贵，金榜传时玉韵成。"

【玉繩】 ❶星名。指北斗七星之开阳、摇光二星。后亦泛指群星。骆宾王《秋晨同淄川毛司马秋九咏·秋月》："云披玉绳净，月满镜轮圆。"杜甫《月三首》之三："不违银汉落，亦伴玉绳横。"窦庠《奉酬侍御家兄东洛闲居夜晴观雪之什》："清浅乍分银汉近，辉光渐觉玉绳低。”殷尧藩《夜酌溪楼》：“玉绳低转宵初迥，银烛高烧月近斜。”❷喻指雨丝。张萧远《兴善寺看雨》：“须臾满寺泉声合，百尺飞檐挂玉绳。”陆龟蒙《奉酬袭美先辈吴中苦雨一百韵》：“万瓦垂玉绳，如堪取萦结。”

【玉瓏璁】 花名。温庭筠《握柘词》：“绣衫金騕褭，花髻玉珑璁。”

【玉櫳】 雕饰有花纹之窗棂。亦借指闺阁。元稹《杂忆五首》之一：“忆得双文通内里，玉栊深处暗闻音。”

【玉醴】 ❶传说服用后可以长生之仙液。吴筠《游仙二十四首》之十二：“玉醴洽中座，霞膏充四筵。”❷指美酒。骆宾王《于紫霞观赠道士》：“只应倾玉醴，时许寄颓颜。”李白《咏山樽二首》之一：“外与金罍并，中涵玉醴虚。”顾况《乐府》：“玉醴随觞至，铜壶逐漏行。”李群玉《九日陪崔大夫宴清河亭》：“玉醴浮金菊，云亭敞玳筵。”

【玉罌】 盛水之玉瓶。亦为水瓶之美称。李贺《染丝上春机》：“玉罂汲水桐花井，蒨丝沉水如云影。”

【玉闥】 玉饰之门。借指仙宫。吴筠《游仙二十四首》之二十：“上元降玉闼，王母开琳宫。”

【玉籍】 仙籍。传说中登载仙人名录之簿籍。温庭筠《感旧陈情五十韵献淮南李仆射》：“玉籍标人瑞，金丹化地仙。”李群玉《别尹炼师》：“洞宫四百日，玉籍恣探阅。”皮日休《奉和鲁望上元日道室焚修》：“蕊书乞见斋心易，玉籍求添拜首难。”韦应《送福州王先辈南归》：“名称玉籍仙坛上，家寄闽山画障中。”

【玉籍人】 仙人。名载仙籍之人。陆龟蒙《寄怀华阳道士》：“珠宫凤合迎仙史，玉籍人谁访蔡经？”

【玉籌】 玉制之行酒令筹。徐铉《抛毬乐辞二首》：“歌舞送飞毬，金觥碧玉筹。”

【玉鐙】 对马镫之美称。亦代指马。韩翃《赠别太常李博士兼寄两省旧游》：“玉镫初回酸枣路，金钿正舞石榴裙。”李贺《追赋画江潭苑四首》之四：“旗湿金铃重，霜干玉镫空。”张祜《少年乐》：“醉把金船掷，闲敲玉镫游。”韩偓《马上见》：“和裙穿玉镫，隔袖把金鞭。”

【玉饌】 珍馐美食。陈子昂《晦日重宴高氏林亭》：“象筵开玉馔，翠羽饰金卮。”岑参《送郭仆射节制剑南》：“玉馔天厨送，金杯御酒倾。”卢仝《杂兴》：“厨中玉馔盈金盘，方丈厌见嫌不餐。”李郢《七夕寄张氏兄弟》：“新秋牛女会佳期，红粉筵开玉馔时。”

【玉爐】 ❶香炉；熏炉。杨衡《宿陟山古寺云律师院》：“玉炉扬翠烟，金经开缥帙。”胡杲《七老会诗》：“霜鬓不嫌杯酒兴，白头仍爱玉炉熏。”韩偓《御制春游长句》：“玉炉烟直风初静，银汉云销日正长。”牛峤《菩萨蛮》词之七：“玉炉冰簟鸳鸯锦，粉融香汗流山枕。”❷道家炼丹之炉。吕岩《七言》之四八：“摆撼乾坤金剑吼，烹煎日月玉炉红。”又《敲爻歌》：“铅初就，汞初生，玉炉金鼎未经烹。”

【玉欄】 玉石栏杆。亦为栏杆之美称。韦庄《贵公子》：“大道青楼玉苑东，玉栏仙杏压枝红。”又《过旧宅》：“朱槛翠楼为卜肆，玉栏仙杏作春樵。”

【玉露】 白露。秋日之露水。许敬宗《奉和秋日即目应制》：“玉露交珠网，金风度绮钱。”杜甫《秋兴八首》之一：“玉露凋伤枫树林，巫山巫峡气象森。”柳公绰《和武相锦楼玩月得浓字》：“万井金花肃，千林玉露浓。”莫宣卿《答问读书居》：“井汲冽寒泉，桂花香玉露。”

【玉髓】 即玉膏，相传服之可以长生。皮日休《太湖诗·以毛公泉一瓶献上谏议因寄》：“澄如玉髓洁，泛若金精鲜。”

【玉鐶】 同“玉環”。张籍《蛮中》：“玉镮穿耳谁家女，自抱琵琶迎海神。”

【玉竈】 指道家炼丹之炉灶。则天皇后《赠胡天师》：“碧岫窥去洞，玉灶练丹砂。”

【玉疊】 喻重叠交加之雪花。李咸用《和人咏雪》：“轻轻玉叠向风加，襟袖谁能认六葩。”

【玉體】 ❶对人身体之尊称。犹言尊贵之体。韦应物《马明生遇神女歌》：“立这一隅不与言，玉体安稳三日眠。”鲍溶《采葛行》：“衣亲玉体又何如，杳然独对秋风曙。”❷指佳人之身体。李商隐《北齐二首》之一：“小怜玉体横陈夜，已报周师入晋阳。”马彦珪《因聘女自为内相醉酬新郎催妆之诗》：“不是到来梳洗晚，却忧玉体未禁怜。”

【玉籙】 指道教经书或符箓。杨衡《登紫霄峰赠黄仙师》：“玉箓掩不开，天窗微微风。”

【玉籠】 ❶玉饰之鸟笼。亦泛指精美之鸟笼。武元衡《韦常侍以宾客致仕同诸公题壁》：“望苑忽惊新诏下，彩鸾题处玉笼开。”郑嵎《津阳门诗》：“雪衣女失玉笼在，长生鹿瘦铜牌垂。”自注：“太真美白鹦鹉……字为雪衣女。”❷玉制之熏笼。供焚香薰衣被用。崔国辅《古意二首》之一：“玉笼薰绣裳，着罢眠洞房。”❸对箱笼之美称。韩偓《荔枝三首》之二：“封开玉笼鸡冠湿，叶衬金盘鹤顶鲜。”

【玉轡】 对马缰绳之美称。陈陶《巫山高》：“飘飘丝散巴子天，苔裳玉辔红霞幡。”

【玉轤】 对辘轳之美称。刘言史《买花谣》：“浇红湿绿千万家，青丝玉轳声哑哑。”

【玉籥】 玉饰之管乐器。徐铉《步虚词五首》之三：“世上金壶远，人间玉籥空。”

【玉籤】 ❶铜壶滴漏中以竹或木制之浮箭。上有刻度以计时。温庭筠《更漏子》词:“宫树暗,鹊桥横,玉签初报明。”韦庄《冬日长安感志寄献虢州崔郎中》:“才惊素节移铜律,又见玄冥变玉签。”❷指博戏所用之签筹,如五木之类。和凝《宫词百首》之十四:“龙楼露著鸳鸯瓦,谁近螭头掷玉签?”

【玉鳞】 对鱼鳞之美称。喻指梅花瓣。李群玉《人日梅花病中》:“玉鳞寂寂飞斜月,素艳亭亭对夕阳。”

【玉麟】 对麒麟之美称。陆龟蒙《四明山诗·樊榭》:“至今山客说,时驾玉麟归。”李九龄《鹤》:“天上瑶池覆五云,玉麟金凤好为群。”

【玉缨】 玉饰之冠带。杨衡《白纻歌二首》之一:“玉缨翠佩杂轻罗,香汗微渍朱颜酡。”

【玉纖】 纤细之玉指。形容女子之手指。韩偓《咏柳》:“玉纤折得遥相赠,便似观音手里时。”温庭筠《菩萨蛮》词:“玉纤弹处珍珠落,流多暗湿铅华薄。”

【玉纖素綆】 女子之手与井绳。代指汲井水之女子。李中《经废宅》:“玉纤素绠知何处?金井梧枯碧甃寒。”

【玉纖纖】 莹白细匀如玉貌,多用以形容女子之手。白居易《奉和汴州令狐令公二十二韵》:“回灯花簇簇,过酒玉纤纤。”

【玉鬓】 指白发。耿沣《上巳日》:“玉鬓风尘下,花林丝管中。”

【玉靈】 指灵龟。韦应物《鼋头山神女歌》:“红蕖绿蘋芳意多,玉灵荡漾凌清波。”

【玉鱠】 对鲈鱼之鲙的美称。为吴越之著名美味。皮日休《吴中言情寄鲁望》:“宴时不辍琅书味,斋日难判玉鲙香。”又《新秋即事三首》之一:“共君无事堪相贺,又到金齑玉鲙时。”

【玉灣】 对水湾之美称。李商隐《河阳诗》:“玉湾不钓三千年,莲房暗被蛟龙惜。”

【玉鑾】 ❶对车上銮铃之美称。张籍《车遥遥》:“愿为玉銮系华轼,终日有声在君侧。”❷代称天子之车驾。钱起《奉和圣制登会昌山应制》:“玉銮登嶂远,云辂出花迟。”

【玉豔】 玉一般白腻美艳,多形容女子之肌肤。李商隐《天平公座中呈令狐令公》:“更深欲诉蛾眉敛,衣薄临醒玉艳寒。”周昙《咏史诗·前汉门·毛延寿》:“不拔金钗赂汉臣,徒嗟玉艳委胡尘。”

【玉鸞】 ❶同“玉鑾”。对车铃之美称。代指帝王之车。吴融《望嵩山》:“始知万岁声长在,只待东巡动玉鸾。”❷指笙箫等器乐。刘商《姑苏台怀古送秀才下第归江南》:“台前夹月吹玉鸾,台上迎凉撼金翠。”亦指仙乐。白居易《梦仙》:“羽衣忽飘飘,玉鸾俄铮铮。”

二 画

玎 〔dīng《广韵》當經切,平青,端。又中莖切,平耕,知。〕象声词。见“玎璫”。

【玎璫】 象声词。象玉器相碰之清脆声音。韩偓《秋雨内宴》:“一带清风入画堂,撼真珠箔碎玎珰。”

三 画

玓 〔dí《广韵》都歷切,入錫,端。〕见“玓瓅”。

【玓瓅】 珠宝光彩闪烁貌。欧阳詹《智达上人水精念珠歌》:“咨董母,访朱公,得之玓珠群奇中。”刘禹锡《游桃源一百韵》:“祥禽舞葱茏,珠树摇玓瓅。”白居易《筝》:“甲明银玓瓅,柱触玉玲珑。”

四 画

玞 〔fū《广韵》甫無切,平虞,非。〕似玉之石。常以喻无才之人。李群玉《始忝四认奏状闻荐蒙恩授官言怀纪事》:“自顾珉玞璞,何缘侣圭琮。”

玩 〔wán《广韵》五换切,去换,疑。〕❶玩味;研习。太宗《帝京篇十首》之七:“搴幌玩琴书,开轩引云雾。”又《赋尚书》:“辍膳玩三坟,晖灯披五典。”潘孟阳《和权载之离合诗》:“烟云竞文藻,因喜玩新诗。”白居易《重答汝州李六使君见和忆吴中旧游》:“为忆娃宫与虎丘,玩君新作不能休。”❷观赏;赏玩。拾得《诗》之二九:“归来翠岩下,席草玩清流。”李颀《少室雪晴送王宁》:“行人与我玩幽境,北风切切吹衣冷。”孟郊《游枋口》之一:“恣闲饶淡薄,怠玩多淹留。”李章《春游吟》:“美人摘新英,步步玩春绿。”❸指赏玩之物。欧阳詹《玩月》序:“月之为玩,冬则繁霜大寒,夏则蒸云大热。”元稹《梦游春七十韵》:“闲窥东西阁,奇玩参差布。”李商隐《李肱所遗画松诗书两纸得四十韵》:“平生握中玩,散失随奴童。”❹喜;乐。玄宗《端午三殿宴群臣探得神字》序:“喜麦秋之有登,玩梅香之无事。”韦应物《游龙门香山泉》:“羽觞自成玩,永日亦延趣。”❺弄,摆弄。韦应物《县斋》:“即事玩文墨,抱冲披道经。”又《贾常侍林亭宴集》:“没露摘幽草,涉烟玩轻舟。”❻施行。司空图《效陈拾遗子昂感遇二首》之一:“人岂玩其暴,华轩容尔居。”❼轻忽。韩愈《送进士刘师服东归》:“时节不可玩,亲交可攀援。”

【玩月】 观赏月亮。韦应物《洛都游寓》：“掇英出兰皋，玩月步川坻。”又《沣上西斋寄诸友》：“玩月爱佳夕，望山属清朝。”刘沧有《八月十五日夜玩月》。

【玩水登山】 游赏山水。王氏女《临化绝句》：“玩水登山无足时，诸仙频下听吟诗。”

【玩世】 以轻慢不严肃的态度对待世事。吴筠《高士咏·东方曼倩》：“东方禀易象，玩世隐廊庙。”

【玩好】 （—hào）供玩赏之物。欧阳詹《题华十二判官汝州宅内亭》序：“睹居处玩好，则才不才了然可知。”元稹《大觜乌》：“儿即富家业，玩好方爱奇。”皮日休《正乐府十篇·哀陇民》：“胡为轻人命，奉此玩好端？”陆龟蒙《过张祜处士丹阳故君》序：“噫！人假之为玩好，不根于道义耶？”

【玩弄】 把玩抚弄。孟郊《立德新居》之八：“畏彼梨栗儿，空资玩弄骄。”

【玩芳】 赏花。司空曙《和李员外与舍人咏玫瑰花》：“仙吏紫薇郎，奇花共玩芳。”

【玩兵】 谓好战，好轻率用兵。杜牧《华清宫三十韵》：“玩兵师汉武，回手倒干将。”又《东兵长句十韵》：“狂垂何者欲专地，圣主无私岂玩兵？”

【玩事】 赏玩之事。欧阳詹《玩月》序：“秋八月十五夜，诣陈之居，修厥玩事。”

【玩奇】 玩赏奇景。刘长卿《宿双峰寺寄卢七李十六》：“玩奇不可尽，渐远更幽绝。”严维《经兰亭故池联句》：“玩奇聊倚策，寻异稍移船。”刘禹锡《秋江早发》：“纳爽耳目变，玩奇筋骨轻。”

【玩幽】 赏玩幽景。刘长卿《游白沙渚至石窟山下怀天台陆山人》：“远屿霭将夕，玩幽行自迟。”韦应物《答僩奴重阳二甥诗》：“弃职曾守拙，玩幽遂忘喧。”

【玩雪】 赏玩雪景。刘长卿《酬张夏》：“玩雪劳相访，看山正独吟。”

【玩習】 谓适应、习惯于新环境。韦应物《述园鹿》：“野性本难畜，玩习亦逾年。”

【玩景尋芳】 观景赏花。刘禹锡《吐绶鸟词》：“春和秋霁野花开，玩景寻芳处处来。”

【玩賞】 品玩；欣赏。姚合《题金州西园九首·垣竹》：“种竹爱庭际，亦以资玩赏。”

【玩影】 赏弄花卉之姿影。皮日休《奉和鲁望白菊》：“玩影冯妃堪比艳，炼形萧史好争妍。”

【玩戲】 玩笑戏弄。范质《诫儿侄八百字》：“不如承奉者，以尔为玩戏。”按，“如”或为“知”之讹。

玭 〔pín《广韵》符真切，平真，並。又部田切，平先，並。〕蚌珠名。杜甫有《忆郑南玭》。按，此诗一本无“玭”字。

玫 〔méi《广韵》謨杯切，平灰，明。〕见“玫瑰”。

【玫瑰】 ❶美玉之一种。一说即火齐珠。李商隐《河阳诗》：“龙头泻酒客寿杯，主人浅笑红玫瑰。”冯浩笺注：“《子虚赋》：‘其石则赤玉、玫瑰。’晋灼曰：‘玫瑰，火齐珠也。’主人即所怀之美人；红玫瑰，喻其笑口。”温庭筠《织锦曲》：“此意欲传传不得，玫瑰作柱朱弦琴。”❷花木名。蔷薇科灌木，多刺。夏日开花，色紫红或白，香味浓郁。白居易《草词毕遇芍药初开偶成十六韵》：“菡萏泥连萼，玫瑰刺绕枝。”长孙佐辅《古宫怨》：“窗前好树名玫瑰，去年花落今年开。”徐夤《司直巡官无诸移到玫瑰花》：“浓艳尽怜胜彩绘，嘉名谁赠作玫瑰。”李建勋《春词》：“折得玫瑰花一朵，凭君簪向凤凰钗。”

【玫瑰柱】 以玫瑰玉石制成之琴柱。刘禹锡《伤秦姝行》：“青牛文梓赤金簧，玫瑰宝柱秋雁行。”

【玫瑰樹】 即灌木玫瑰。李叔卿《芳树》：“春看玫瑰树，西邻即宋家。”

玠 〔jiè《广韵》古拜切，去怪，見。〕古时尺二寸之大珪称玠。韩愈、孟郊《雨中寄孟刑部几道联句》：“惟当骑款段，岂望觌珪玠。”

玢 〔bīn《广韵》府巾切，平真，幫。〕玉名。见“玢瑞”。

【玢瑞】 珠玉光彩闪耀貌。邓陟《珠还合浦》：“素辉明荡漾，圆彩色玢瑞。”

【玢璘】 色彩缤纷貌。徐商《贺襄阳副使节判同加章绶》：“晴日照旗红灼烁，韶光入队影玢璘。”

玦 〔jué《广韵》古穴切，入屑，見。〕玉器名。环形，有缺口。古代用为佩带之饰品。又常取其音与“决”谐，表示决断之意。杜甫《哀王孙》：“腰下宝玦青珊瑚，可怜王孙泣路隅。”韦应物《行路难》：“人情厚薄苦须臾，昔似连环今似玦。”王建《两头纤纤》：“两头行行青玉玦，半白半黑头上发。”李贺《公莫舞歌》：“腰下三看宝玦光，项庄掉箾栏前起。”

五 画

珏 〔jué《集韵》訖岳切，入覺，見。〕亦写作“玨”。双玉相合称珏。陈昌言《赋得玉水记方流》：“方珏清沙遍，纵横气色浮。”

珂 〔kē《广韵》苦何切，平歌，溪。〕次于玉之白石或白玛瑙。一说为白色贝螺。古代常用为马勒之饰物。杨师道《咏马》：“鸣珂屡度章台侧，细蹀经向濯龙傍。”杜甫《奉寄别马巴州》：“知君未爰春湖色，兴在骊驹白玉珂。”李廓《长安少年行》之八：“酒深和碗赐，马疾打珂飞。”杜牧《除官赴阙商山道中绝句》：“水叠鸣珂树如帐，长杨春殿九门珂。”亦代指马。胡宿《侯家》：“宴残红烛长庚烂，还促朝珂谒未央。”

【珂馬】 饰有玉珂之马。张说《城南亭作》：“珂马朝归连万石，稍门洞启亲迎客。”温庭筠《张静婉采莲歌》：“麒麟公子朝天客，珂马珰珰度春陌。”

【珂珮】 ❶珂玉制成之佩饰。岑参《送张秘书充刘相公通汴河判官便赴江南觐省》：“长安多权贵，珂佩声珊珊。”戎昱《湘南曲》：“昨夜月明湘浦宿，闺中珂佩度空山。”王初《立春后作》：“东君珂佩声珊珊，青驭多时下九关。”贯休《陪冯使君游六首·游灵泉院》：“珂佩喧喧满路岐，乱泉声里和禅扉。”❷喻指飞溅有声之雨点。陆龟蒙、皮日休《开元寺楼看雨联句》：“垂檐珂佩喧，摞瓦珠玑溅。”

【珂傘】 饰有玉珂之伞。元稹《生春二十首》之四：“竞排阛阓侧，珂伞自相丛。”

【珂聲】 马勒上之玉珂声。钱起《卧病李员外题扉而去》：“珂声未驻门，兰气先入室。”杨巨源《贺田仆射子弟荣拜金吾》：“街衢烛影寒侵月，文武珂声叠晓天。”张籍《送韩侍御归山》：“明日珂声出城去，家僮不复扫柴关。”白居易《新春江次》：“莫怪珂声碎，春来五马骄。”

玷 〔diàn《广韵》多忝切，上忝，端。〕❶玉上之疵点。陈子昂《座石铭》：“白珪玷可灭，黄金诺不轻。”郑愔《贬降至汝州广城驿》：“荆玉终无玷，随珠忽已弹。”刘禹锡《许给事见示哭工部刘尚书诗因命同作》：“特达圭无玷，坚贞竹有筠。”翁绶《婕妤怨》：“火烧白玉非因玷，霜剪红兰不待秋。”❷泛指污点。亦比喻缺点。李绅《宿越州天王寺》：“壶冰自洁中无玷，镜水非求下见鳞。”苏拯《鸱枭》：“斯言之一玷，流传极天地。”范质《诫儿侄八百字》：“省躬常惧玷，恐掇庭闱差。”❸玷污；侮辱。储光羲《贻袁三拾遗谪作》：“斯言徒自玷，白玉岂为滓。”杜甫《敬寄族弟十八使君》：“物白讳受玷，行高无污真。”权德舆《伏蒙十六叔寄示喜庆感怀三十韵因献之》：“岂足议大政，所忧玷彝伦。”柳宗元《贞符》序：“其后有贤常日光武，克绥天下，夏承旧物，犹崇赤伏，以玷厥德。”❹犹忝、辱。自谦之词。杜甫《春日江村五首》之三：“岂知牙齿落，名玷荐贤中。”

【玷玉】 有瑕疵之玉。喻指有缺点之人。或以谦喻自身。戎昱《再赴桂州先寄李大夫》：“玷玉甘长弃，朱门喜再游。”

【玷疵】 缺点；过失。皮日休《七爱诗·元鲁山》：“辇母远之官，宰邑无玷疵。”

【玷染】 玷污；污染。齐己《荆州新秋病起杂题一十五首·病起见苔色》：“为钱虚玷染，毕竟不如无。”

【玷缺】 污点；缺陷。李益《校书郎杨凝往年以古镜贶别今追赠以诗》：“愿以三五期，经天无玷缺。”皮日休《三羞诗三首》之一：“王臣方謇謇，佐我无玷缺。”程长文《狱中书情上使君》：“但看洗雪出圜扉，始信白寺无玷缺。”

【玷翳】 玉上之瑕疵、污痕。杜甫《谒文公上方》：“大珠脱玷翳，白月当空虚。”

珊 〔shān《广韵》蘇幹切，平寒心。〕见“珊珊”“珊瑚”。

【珊珊】 ❶形容玉佩碰击声。寒山《诗三百三首》之十四：“城中娥眉女，珠佩珂珊珊。”李华《咏史十一首》之十一：“丽色异人间，珊珊摇佩环。”耿湋《夏夜西亭即事寄钱员外》：“遥想随行者，珊珊动晓珂。”王初《立春后作》：“东君珂佩响珊珊，青驭多时下九关。”亦以形容琴瑟之声。杜牧《瑶瑟》：“玉仙瑶瑟夜珊珊，月过楼西桂烛残。”❷形容风雨之声。元稹《琵琶歌》：“一弹既罢又一弹，珠幢夜静风珊珊。”白居易《题卢秘书夏日新栽竹二十韵》：“碧笼烟幕幕，珠洒雨珊珊。”亦指风吹竹声。韩愈《题杜工部坟》：“寒竹珊珊摇晚风，野蔓层层缠庭户。”王周《巫山庙》：“庙前溪水流潺潺，庙中修竹声珊珊。”齐己《移竹》：“旧溪千万竿，风雨声珊珊。”❸悬挂貌；垂落貌。綦毋潜《题鹤林寺》：“姗姗宝幡挂，焰焰明灯烧。”卢仝《楼上女儿曲》：“直缘感君恩爱一回顾，使我双泪长珊珊。”皮日休《天竺寺八月十五日夜桂子》：“玉颗珊珊下月轮，殿前拾得玉华新。”❹晶莹貌。孟郊《寒溪》之七：“溪老哭甚寒，涕泗冰珊珊。”薛涛《和刘宾客玉蕣》：“琼枝的皪露珊珊，欲折如披玉彩寒。”于邺《白樱桃》：“只应汉武金盘上，泻得珊珊白露珠。”亦指鲜新、鲜明貌。章碣《下第有怀》：“但使他年遇公道，月轮常在桂珊珊。”易思《题袁州龙兴寺》：“百尺古松松下寺，宝幡朱盖画珊珊。”❺缓慢移动貌。莫宣卿《百官乘月早朝听残漏》：“星河犹皎皎，银箭尚珊珊。”

【珊瑚】 ❶由珊瑚虫分泌之石灰质骨骼聚成之物。生于海底，状如树枝，色多为红色或白色。古代视为珍宝，常用为饰物或供于几案以供赏玩。李白《咏邻女东窗海石榴》：“珊瑚映绿水，未足比光辉。”杜甫《观李固请司马弟山水图三首》之三：“红浸珊瑚短，青悬薜荔长。”白居易《新乐府·涧底松》：“君不见沉沉海底生珊瑚，历历天上种白榆。”李暇《拟古东飞伯劳歌》：“秦王龙剑燕后琴，珊瑚宝画镂双心。”❷指饰有珊瑚之马鞭。顾况《公子行》：“绿槐夹道阴初成，珊瑚几节敌流星。”❸喻指树。陆龟蒙《奉和袭美古杉三十韵》:“磔索珊瑚涌,森严獬豸窥。”❹喻指优美诗文。贯休《还举人歌行卷》:“蜀机凤雏动蹩躠,珊瑚枝枝撑着月。”❺指南朝齐后主妃冯小怜。杜牧《杜秋娘诗》:“珊瑚破高齐,作婢春黄糜。”

【珊瑚枝】 即珊瑚。因其状歧出如树枝,故称。杜甫《幽人》:“崔嵬扶桑日,照耀珊瑚枝。”张继《长相思》:“海上珊瑚枝,年年寄春燕。”罗隐《钱塘遇默师忆润州旧游》:“歌敲玉唾壶,醉击珊瑚枝。”含曦《酬卢仝见访不遇题壁》:“鲸吞海水尽,露出珊瑚枝。”

【珊瑚枕】 以珊瑚磨制之枕。亦称山枕。李绅《长门怨》:“珊瑚枕上千行泪,不是思君是恨君。”无名氏《斑竹簟》:“百朵排花蜀缬明,珊瑚枕滑葛衣轻。”

【珊瑚牀】 以珊瑚装饰之床。李颀《郑樱桃歌》:“赤花双簟珊瑚床,盘龙斗帐琥珀光。”

【珊瑚散】 (—sǎn)中药名。以珊瑚研粉而成。传可愈眼疾。李商隐有《房君珊瑚散》云:“月中闲杵臼,桂子捣成尘。”

【珊瑚鉤】 ❶以珊瑚制成之帐帘钩。杜甫《八哀诗·赠秘书监江夏李公邕》:“丰屋珊瑚钩,骐驎织成罽。”唐彦谦《咏葡萄》:“石家美人金谷游,罗帏翠幕珊瑚钩。”韩翃《汉宫曲二首》之二:“绣幕珊瑚钩,春开翡翠楼。”❷喻指文采华美。杜甫《奉同郭给事汤东灵湫作》:“飘飘青琐郎,文彩珊瑚钩。”

【珊瑚臺】 饰有珊瑚之镜台。王翰《飞燕篇》:“红妆室镜珊瑚台,青琐银箦云母扇。”

【珊瑚樹】 即珊瑚。因其形状如树,故称。张谓《杜侍御送贡物戏赠》:“越人自贡珊瑚树,汉歙可劳獬豸冠。”杜甫《送孔巢父谢病归游江东兼呈李白》:“诗卷长留天地间,钓竿欲拂珊瑚树。”李郢《冬至后西湖泛舟偶成长句》:“云母扇摇当殿色,珊瑚树碎满盘枝。”牛殳《方响歌》:“忽然碎打入破声,石崇推倒珊瑚树。”

【珊瑚鞭】 ❶以珊瑚饰柄之马鞭。寒山《诗三百三首》之七四:“骝马珊瑚鞭,驱驰洛阳道。”崔国辅《长乐少年行》:“遗却珊瑚鞭,白马骄不行。”白居易《醉送李二十常侍赴镇浙东》:“好去商山紫芒伴,珊瑚鞭动马头高。”温庭筠《湖阴词》:“祖龙黄须珊瑚鞭,铁骢金面青连钱。”❷喻竹。牟融《题竹》:“不见凤凰尾,谁识珊瑚鞭。”

玳 〔dài《集韵》待戴切,去代,定。〕亦作“瑇”。“玳瑁”之简称。令狐楚《远别离二首》之二:“玳织鸳鸯履,金装翡翠簪。”见“玳瑁”。

【玳牛】 毛色似玳瑁之牛。段成式《戏高侍御七首》之二:“七尺发犹三角梳,玳牛独驾长檐车。”

【玳席】 即玳瑁筵。高宗《太子纳妃太平公主出降》:“环阶凤乐陈,玳席珍羞荐。”

【玳梁】 即玳瑁梁。宋之问《宴安乐公主宅》:“玳梁翻贺燕,金埒倚晴虹。”李商隐《谑柳》:“玳梁谁道好?偏拟映卢家。”

【玳筵】 “玳瑁筵”之省称。李敬玄《奉和别鲁王》:“别念凝神扆,崇恩洽玳筵。”杜甫《观公孙大娘弟子舞剑器行》:“玳筵急管曲复终,乐极哀来自东出。”崔备《奉陪武相公西亭夜宴陆郎中》:“宾阁玳筵开,通宵递玉杯。”魏承班《菩萨蛮》词之二:“罗衣隐约金泥画,玳筵一曲当秋夜。”

【玳瑁】 ❶海龟类爬行动物。其背甲为半透明体,呈黄褐色,间以黑色斑纹。因其美丽珍异,常用为珍贵之装饰品。贺知章《奉和御制春台望》:“广画螓蛾夸窈窕,罗生玳瑁象昆仑。”李白《去妇词》:“常嫌玳瑁孤,犹羡鸳鸯偶。”卢仝《月蚀诗》:“奴婢炷暗灯,掩菼如玳瑁。”陈黯《自咏豆花》:“玳瑁应难比,斑犀定不加。”❷指玳瑁之甲壳或其制品。王建《赠王屋道士赴诏》:“玉皇符诏下天坛,玳瑁头簪白角冠。”施肩吾《代征妇怨》:“画裙多泪鸳鸯湿,云鬓慵梳玳瑁垂。”姚合《题梁国公主池亭》:“装帘玳瑁随风落,庭岸鸡鶄趁暖眠。”陆龟蒙《奉和袭美赠魏处士五贶诗·诃陵尊》:“外堪欺玳瑁,中可酌昆仑。”❸指玳瑁筵。窦庠《东都嘉量亭献留守韩仆射》:“重筵开玳瑁,上客集鹓鸿。”

【玳瑁文】 玳瑁之黄褐色斑纹。喻斑竹之纹。刘禹锡《吴兴敬郎中见惠斑竹杖兼示一绝聊以谢之》:“一茎炯炯琅玕色,数节重重玳瑁文。”

【玳瑁牀】 以玳瑁为饰之床。刘希夷《晚春》:“寒尽鸳鸯被,春生玳瑁床。”崔颢《邯郸宫人怨》:“水晶帘箔云母扇,琉璃窗牖玳瑁床。”韩翃《别李明府》:“醉舞雄王玳瑁床,娇嘶骏马珊瑚柱。”徐凝《莫愁曲》:“玳瑁床头刺战马,碧纱窗外叶骚骚。”

【玳瑁梁】 雕绘有玳瑁之屋梁。沈佺期《古意呈补阙乔知之》:“卢家小妇郁金堂,海燕双栖玳瑁梁。”

【玳瑁筵】 指豪华筵席。因其杂文交错,有似玳瑁花纹,故称。太宗《帝京篇十首》之九:“罗绮昭阳殿,芬芳玳瑁筵。”李白《流夜郎赠辛判官》:“文章献纳麒麟殿,歌舞淹留玳瑁筵。”张又新《赠广陵妓》:“今来头白重相见,还上襄王玳瑁筵。”江为《句》:“吟登萧寺旃檀客,醉倚王家玳瑁筵。”

【玳瑁鉤】 以玳瑁制成之帘钩。温庭筠《江南曲》:“明月西南楼,珠帘玳瑁钩。”刘阙《登楼望月二首》之二:“帐卷芙蓉带,帘褰玳瑁钩。”

【玳瑁簪】 以玳瑁甲制成之发簪。光、威、裒《联句》:“偏怜爱数蟏蛸掌,每忆光抽玳瑁簪。”罗隐《咏史》:“徐陵笔砚珊瑚架,赵胜宾朋玳瑁簪。”

【玳瑁簾】 饰有玳瑁之帘子。沈佺期《七夕曝衣篇》:“玳瑁帘中别作春,珊瑚窗里翻成昼。”顾况《李供奉弹箜篌歌》:“美女争窥玳瑁帘,圣人卷上真珠箔。”

【玳簪】 即玳瑁簪。《史记·春申君列传》:“赵使欲夸楚,为瑇瑁簪,刀剑室以珠玉饰之,请命春申君客。春申君客三千人,其上客皆珠履以见赵使,赵使大惭。”后因以“玳簪”借指门客、幕僚。李峤《刘侍读见和山邸十篇重申此赠》:“顾已惭铅锷,叨名齿玳簪。”李商隐《自桂林奉使江陵途中感怀寄献尚书》:“良讯封鸳绮,余光借玳簪。”罗隐《尚父偶建小楼特摛丽藻绝句不敢称扬三首》之二:“玳簪珠履愧非才,时凭栏杆首重回。”齐己《酬湘幕徐员外见寄》:“珠履早曾从相府,玳簪今又别官筵。”

珀 〔pò《广韵》普伯切,入陌,滂。〕见“琥珀”。

珍 〔zhēn《广韵》陟鄰切,平真,知。〕❶珍珠美玉等珍宝。杜审言《岁夜安乐公主满月侍宴应制》:“睿作尧君宝,孙谋梁国珍。”元稹《代曲江老人百韵》:“山泽长孳货,梯航竞献珍。”杜牧《梁秀才以早春旅次大梁将归郊扉合怀见赠走笔依韵》:“但寻陶令集,休献楚王珍。”罗隐《秦中富人》:“粪土金玉珍,犹嫌未奢侈。”❷喻珍贵之物。贾岛《送令狐绹相公》:“数行望外札,绝句握中珍。”栖白《看南山》:“影里天家桂,光中陆海珍。”❸精美;珍贵。苑油《暗投明珠》:“错落珍寰宇,圆明隔浅流。”修雅《闻诵法华经歌》:“醍醐之味珍且美,不在唇,不在齿。”❹珍惜;珍视。杜淹《召拜御史大夫赠袁天纲》:“且珍纨素美,当与薜萝疏。”李白《拟古十二首》之九:“前后更叹息,浮荣安足珍!”孟郊《寄张籍》:“西明寺后穷瞎张太祝,纵尔有眼谁尔珍。”周昙《咏史诗·春秋战国门·田文》:“下客常才不足珍,谁为狗盗脱强秦?”❺精美之食物。太宗《赋得樱桃》:“昔作园中实,今来席上珍。”王维《同崔傅答贤弟》:“衣冠若话外台城,先数夫君席上珍。”韩愈《城南联句》:“飞膳自北下,函珍极东烹。”孙元晏《咏史诗·梁·蔡撙》:“紫茄白苋以为珍,守任清真转更贫。”❻喻贤才。綦毋潜《送集贤学士九阙史少府放归江东觐省》:“墨客钟张侣,才高吴越珍。”

【珍木】 珍贵之树木。贺知章《望人家桃李花》:“苑中珍木元自奇,黄金作叶白玉枝。”李白《舍利弗》:“金绳界宝地,珍木荫瑶池。”严公贶《题汉州西湖》:“珍木罗修岸,冰光映坐隅。”胡玢《石楠树》:“青云士尽识珍木,白屋人多唤俗名。”

【珍石】 美石;玉石。李峤《刘侍读见和山邸十篇重申此赠》:“奖价逾珍石,酬文重振金。”

【珍名】 珍奇物美之名。严武《题龙日寺西龛石壁》:“奇色艳草满,珍名嘉树稠。”

【珍宇】 对天空之美称。苏颋《奉和晦日幸昆明池应制》:“霁色清珍宇,年芳入锦被。”

【珍玩】 珍贵之玩赏物。李瀚《留题座主和凝旧阁》:“玉堂旧阁多珍玩,可作西斋润笔不?”

【珍奇】 ❶珍贵奇异。白居易《题周皓大夫新亭子二十二韵》:“辉赫车舆闹,珍奇鸟兽驯。”❷珍异之物。韦应物《送冯著受李广州署为录事》:“百国共臻奏,珍奇献京师。”又《骊山行》:“时丰赋敛未告劳,海阔珍奇亦来献。”苏拯《世迷》:“恣海产珍奇,纵地生花柳。”

【珍果】 珍贵之水果。李白《答林弟幼成过西园见赠》:“山童荐珍果,野老开芳樽。”元稹《奉和浙西大夫李德裕述梦四十韵次本韵》:“冰井分珍果,金瓶贮御醪。”贾岛《延寿里精舍寓居》:“短庭无繁植,珍果春亦浓。”

【珍味】 珍异之美味佳肴。秦系《徐侍郎素未相识时携酒访会稽山居》:“华簪窥瓮牖,珍味代藜羹。”

【珍肥】 指美味之肉食。韦应物《酬元伟过洛阳夜燕》:“清觞虽云酌,所愧乏珍肥。”

【珍怪】 ❶珍贵奇异。韩愈《和虞部卢四酬翰林钱七赤藤杖歌》:“几重包裹自题署,不以珍怪夸荒夷。”姚合《买太湖石》:“比之昔所见,珍怪颇更加。”❷珍贵奇异之物。张九龄《和黄门卢监望秦始皇陵》:“徒役如雷弄,珍怪亦云蓄。”

【珍重】 (—zhòng)❶珍贵;贵重。张说《城南亭作》:“北堂珍重琥珀酒,庭前列肆茱萸席。”张祜《谢高燕公惠生衣》:“珍重六铢无可赠,空凭七字当琼浆。”鲍溶《酬王侍御》:“所报何珍重,清明胜夜光。”李商隐《赠庾十二朱版》:“固膝投胶不可开,赠君珍重抵琼瑰。”❷珍惜;重视。柳宗元《自衡阳移桂十余本植零陵所住精舍》:“南人始珍重,微我谁先觉!”雍陶《酬李绀岁除送酒》:“已供时节深珍重,况许今朝更挈壶。”郑愚《花》:“最是堪珍重,能令睡思清。”❸保重。多用为告别语。李白《送友生游峡中》:“殷勤一杯酒,珍重岁寒姿。”戎昱《送李参军》:“好住好住王司户,珍重珍重李参军。”李绅《寿阳罢郡日有诗十首·肥河维舟阻冻祗待勒命》:“珍重八公山下叟,不劳重泪更追攀。”亦指殷勤关怀。元稹《酬独孤二十六送归通州》:“再拜捧兄赠,拜兄珍重言。”白居易《酬张太祝晚秋卧病见寄》:“何以报珍重?惭无双南金。”姚合《罢武功县将入城》之一:“无奈同官珍重意,几回临路却休行。”❹道谢;感激之辞。犹言多谢、难得、幸亏。刘禹锡《刘驸马水亭避暑》:“尽日逍遥避烦暑,再三珍重主人翁。”李山甫《下第卧疾卢员外招游曲江》:“珍重列星相借问,嵇康卧病也天真。”和凝《醴泉院》:“珍重支公每相勉,我于儒行也修行。”刘兼《从弟舍人惠茶》:“珍重宗亲相寄惠，水亭山阁自携持。”❺郑重；慎重。杜甫《风雨看舟前落花戏为新句》：“赤憎轻薄遮人怀，珍重分明不来接。”雍陶《状春》：“珍重两般堪比处，醉时红脸舞时腰。”李商隐《利州江潭作》：“神剑飞来不易销，碧潭珍重驻兰桡。”贯休《送卢舍人三首》之三：“行行珍重寄斯语，斯言不是寻常曲。”

【珍珠】 ❶蚌珠。一种珍贵装饰品。江妃《谢赐珍珠》：“长门尽日无梳洗，何必珍珠慰寂寥。”白居易《同诸客题于家公主旧宅》：“台倾滑石犹残砌，帘断珍珠不满钩。”鲍溶《霓裳羽衣歌》：“香风间旋众彩随，联联珍珠贯长丝。”❷珍宝。李咸用《富贵曲》：“珍珠索得龙宫贫，膏腴刮下苍生背。”吕岩《窑头坯歌》：“自融结，转光明，变作珍珠飞玉京。”❸喻水珠。无名氏《合水县玉泉石崖刻》(卷二二)：“乱垂寒玉篆，碎洒珍珠滴。”

【珍荷】 (—hè)谓珍视对方之恩赐。卢延让《谢杨尚书惠樱桃》：“春来老病尤珍荷，併食中肠似火烧。”

【珍條】 珍贵树木的枝条。元季川《山中晓兴》：“华叶随风扬，珍条杂榛芜。”

【珍羞】 珍贵之美味佳肴。陈嘉言《晦日重宴》：“绮席珍羞满，文场翰藻摛。”李白《行路难三首》之一：“金樽清酒斗十千，玉盘珍羞直万钱。”姚合《宴光禄田卿宅》：“竹里开华馆，珍羞次第尝。”《霅溪夜宴诗》之九(卷八六四)：“雕盘玉豆兮罗珍羞，金卮琼斝兮方献酬。”

【珍産】 珍贵之物产。李颀《龙门送裴侍御监五岭选》：“夷俗富珍产，土风资宦游。”

【珍貺】 珍贵之馈赠。许敬宗《奉和执契静三边应诏》：“驼鹿输珍贶，树羽飨来仪。”杨巨源《和人与人分惠赐冰》：“丽词珍贶难双有，迢递金舆殿角东。”

【珍貴】 珍爱；珍重。白居易《酬卢秘书二十韵》：“不胜珍贵意，满袖写琼怀。”

【珍禽】 珍异之禽鸟。陈子昂《感遇诗三十八首》之二三：“多材信为累，叹息此珍禽。”岑参《送史司马赴崔相公幕》：“珍禽在罗网，微命若游丝。”李德裕《奉和韦侍御陪相公游开义》：“念法珍禽集，闻经醉象调。”司空图《喜山鹊初归三首》之二：“山中只是惜珍禽，语不分明识尔心。”

【珍裘】 珍贵之皮衣。李白《酬殷明佐见赠五云裘歌》：“粉图珍裘五云色，晔如晴天散彩虹。”

【珍鳳】 对凤凰之美称。李义府《嶲州遥叙封禅》：“瑞策开珍凤，祯图荐宝龟。”

【珍箑】 珍贵之扇。徐夤《溪上要一只白簟扇盖头垂钓犹南郡东常侍请之》：“难求珍箑过炎天，远就金貂乞月圆。”

【珍價】 珍贵之价值。杨巨源《和吕舍人喜张员外自北番回至境上先寄二十韵》：“丽词传锦绮，珍价掩琅玕。”

【珍質】 珍异精美之质地。陆复礼《试中和节诏赐公卿尺诗》：“捧观珍质丽，拜受圣恩崇。”

【珍樹】 珍贵之树。韦应物《西亭》：“小山初构石，珍树正然红。”羊士谔《永宁里园亭休沐怅然成咏》：“幽帘宜永日，珍树始清阴。”

【珍器】 珍贵之器物。钱起《玛瑙杯歌》：“良工雕饰明且鲜，得成珍器入芳筵。”

【珍錫】 珍贵之馈赠。李郢有《郢自街西醉归马鞭坠失崔员外起秘书皆许见贻辄抒短章仰酬珍锡》。

【珍藏】 (—zàng)收藏珍宝之府库。王翰《奉和圣制同二相已下群官乐游园宴》：“陆海披珍藏，天河直斗城。”

【珍叢】 珍异花木之丛。韩偓《大庆堂赐宴元珰而有诗呈吴越王》：“笙歌风紧人酣醉，却烧珍丛烂漫看。”

【珍簟】 珍贵之簟席。徐彦伯《芳树》：“玉花珍簟上，金缕画屏开。”王维《晚春归思》：“炉气清珍簟，墙阴上玉墀。”李益《写情》：“水纹珍簟思悠悠，千里佳期一夕休。”晁采《秋日再寄》：“表簟生凉夜漏余，梦中恍惚觉来初。”

【珍壤】 珍贵之土壤。李贺《昌谷诗》：“珍壤割绣段，里俗祖风义。”

【珍饌】 珍异之美食。白居易、刘禹锡《会昌春连宴即事》：“遍尝珍馔后，许入画堂前。”

【珍寶】 珍珠宝石等贵重饰品。贾岛《寄丘儒》：“一面如何重？重甚珍宝片。”李都《戏答朝士》：“惟堪爱惜为珍宝，不敢传留误子孙。”

玲 〔líng《广韵》郎丁切，平青，來。〕玉之声，清越之声。元稹《琵琶》：“学语胡儿撼玉玲，甘州破里最星星。”李洸《方响歌》：“十六叶中侵素光，寒玲震月杂佩珰。”见“玲玲”“玲瓏”。

【玲玎】 玉相碰击之声。皮日休《太湖诗·入林屋洞》：“人语散澒洞，石响高玲玎。”

【玲玲】 玉相击之声。亦泛指清脆如击玉之声。戎昱《题招提寺》：“日暮双林磬，玲玲送客回。”元稹《何满子歌》：“迢迢击磬远玲玲，一一贯珠匀款款。”白居易《早祭风伯因怀李十一舍人》：“至今想在耳，玉音尚玲玲。”

【玲瓏】 ❶玉器碰击声。韦应物《寄中书刘舍人》：“应向横门度，环佩杳玲珑。”王建《鸡鸣曲》：“宝钗命妇灯下起，环佩玲珑晓光里。”白居易《筝》：“甲明银玓珞，柱触玉玲珑。”鲍溶《湘妃列女操》：“暗携女手殷勤言，环佩玲珑有无间。”亦指清脆悦耳如击玉之声。贾岛《就峰公宿》:“残月华晻暖,远水响玲珑。”白居易《听曹刚琵琶兼示重莲》:“拨拨弦弦意不同,胡啼番语两玲珑。”❷光亮闪耀貌。李颀《送綦毋三寺中赋得纱灯》:“熠爚众星下,玲珑双塔前。”皇甫冉《杂言无锡惠山寺流泉歌》:“偏依佛界通仙境,明灭玲珑媚林岭。”元稹《遣屋》:“况乃秋日光,玲珑晓窗里。”张祜《东山寺》:“半夜四山钟磬尽,水精宫殿月玲珑。”❸清澈透明貌。王翰《春女行》:“中有一人金作面,隔幌玲珑遥可见。”邵楚苌《题马侍中燧木香亭》:“树影参差斜入檐,风动玲珑水昌箔。”徐夤《和尚书咏烟》:“玲珑薄展蛟绡片,幂历轻含凤竹丛。”❹晶莹光洁貌。韦应物《横塘行》:“玉盘的历双白鱼,宝簟玲珑透象床。”徐凝《香炉峰》:“尽是玲珑石,时生旦暮烟。”温庭筠《南歌子词二首》之二:“玲珑骰子安红豆,入骨相思知不知?”陈陶《小笛弄》:“一尺玲珑握中翠,仙娥月浦呼龙子。”❺明丽敞亮貌。岑参《与高适薛据登慈恩寺浮图》:“青槐夹驰道,宫馆何玲珑。”段文昌《题武担寺西台》:“秋天如镜空,楼阁尽玲珑。”长孙佐辅《古宫怨》:“忆昔妆成侯仙仗,宫琐玲珑日新上。”白居易《和皇甫郎中秋晓同登天宫阁言怀六韵》:“玲珑晓楼阁,清脆秋丝管。”❻犹辉映、映照。岑参《冬夜宿仙游寺南凉堂呈谦道人》:“空山满清光,水树相玲珑。”权德舆《送崔谕德致政东归》:“竹斋引寒泉,霞月相玲珑。”白居易《三谣·素屏谣》:“缀珠陷钿贴云母,五金七宝相玲珑。”黄滔《和吴学士对春雪献吴令公次韵》:“奔川半留滞,叠树互玲珑。”❼树木枝叶葱茏貌。韩仍《陪杜侍御游湘西两寺独宿因献杨常侍》:“深林高玲珑,青山上琬琰。”白居易《对家醞玩自种花》:“玲珑五六树,潋滟两三杯。”李远《游故王驸马池亭》:“花树香玲珑,渔舟处处通。”神颖《和王季文题九华山》:“玉树郁玲珑,天籁韵萧寥。”❽精巧貌。窦庠《金山行》:“架险凌虚随指顾,榱桷玲珑皆因护。”白居易《简简吟》:“玲珑云髻生花样,飘飘风袖蔷薇香。”又《和春深二十首》之十六:“玲珑镂鸡子,宛转彩球花。”❾灵通貌;灵活貌。施肩吾《观叶生画花》:“心窍玲珑貌亦奇,荣枯只在手中移。”方干《赠美人四首》之一:“直缘多艺用心劳,心路玲珑格调高。”张峤《偶诗》:“毳流来问我家风,我道玲珑处处通。”❿唐代杭州乐妓名,商姓。元稹《重赠乐天》:“休遣玲珑唱我诗,我诗多是别君词。”题注云:“乐人商玲珑能歌,歌予数十诗。”白居易《醉歌》:“罢胡琴,掩秦瑟,玲珑再拜歌初毕。”又《霓裳羽衣歌》:“玲珑箜篌谢好筝,陈宠觱栗沈平笙。”自注云:“自玲珑以下,皆杭之妓名。”

玠

同“珍”。

【玠席】 席上之珍宝。喻珍贵之才德。张祜《奉和湖州苏员外题游杯池》:“床座非玠席,穷源喜滥觞。”

玻

〔bō《广韵》滂禾切,平戈,滂。〕见“玻璃”。

【玻璃】 美玉之一种。亦称水玉。或谓即水晶。李贺《秦王饮酒》:“羲和敲日玻璃声,劫灰飞尽古今平。”殷尧藩《早朝》:“昨日钟山甘露降,玻璃满赐出宫瓢。”温庭筠《春江花月夜词》:“漏转霞高沧海西,玻璃枕上闻天鸡。”按,“玻璃”一本作“颇黎”。贯休《送杨秀才》:“玻璃门外仙獭睡,幢节森森绛烟密。”

【玻黎盌】 犹玉碗。玻黎,同“玻璃”,玉名。韩愈《游青龙寺赠崔大补阙》:“二三道士席其间,买液屡进玻黎碗。”

珉

〔mín《广韵》武巾切,平直,明。《集韵》眉貧切,貧真,明。〕次于玉之美石。颜真卿《刻清远道士诗因而继作》:“登坛仰生一,舍宅叹珣珉。”钱起《登玉山诸峰偶至悟真寺》:“半岩采珉者,一点如片雪。”孟郊《答卢虔故园见寄》:“因悲楚左右,谤玉不知珉。”贾岛《送李登少府》:“流水潺潺处,坚贞玉涧珉。”

【珉井】 以珉石砌壁之井。或为井之美称。无名氏《常星井》:“苍苍珉井一百丈,至今深夜光芒寒。”

【珉玉】 珉与玉。喻优劣、美恶。权德舆《上巳日贡院考杂文不遂赴九华观祓禊之会以二绝句申赠》之一:“老夫留滞何由往?珉玉相和正绕身。”韩愈《荐士》:“幸当择珉玉,宁有弃珪瑁?”

【珉石】 即珉,次于玉之美石。陈子昂《观荆玉篇》序:“乔公信是言,乃讥余,作《采玉篇》,谓宋人不识玉而宝珉石也。”李咸用《览友生古风》:“荆璞且深藏,珉石方如雪。”

【珉玞璞】 泛指似玉未开凿加工之石。喻凡庸之材。李群玉《始忝四座奏状闻荐蒙恩授官言怀纪事》:“自顾珉玞璞,何缘侣圭琮?”

【珉珮】 以珉玉制成之玉佩。贾岛《寄李犳侍郎》:“亦冀铿珉佩,终当直石渠。”

【珉笛】 犹玉笛,以珉玉制成之笛。杜牧有《寄珉笛与宇文舍人》。

【珉甃】 犹玉甃,对井壁之美称。韩愈、孟郊《城南联句》:“绿发抽珉甃,青肤耸瑶桢。”

珈

〔jiā《广韵》古牙切,平麻,見。〕妇女首饰名。元结《说洄溪招退者》:“糜色如珈玉液酒,酒熟犹闻松节香。”

六　画

珪〔guī《广韵》古携切,平齊,見。〕❶即圭。一种珍贵的玉器,其形上圆下方。古代朝聘、祭祀时用为礼器。则天皇后《唐明堂乐章·角音》:"龙德盛,鸟星出。荐珪篚,陈诚实。"《郊庙歌辞·褒德庙乐章·武舞作》:"万石覃贻厥,分珪崇祖祢。"❷借指官职、爵位。因古代封爵授土时,均赐珪以为符信,故谓。储光羲《奉和韦判官献侍郎叔除河东采访使》:"两持方伯珪,再转诸侯盖。"高适《宋中遇林虑杨十七山人因而有别》:"人生苟如此,何必组与珪。"李白《送张秀才从军》:"周粟犹不顾,齐珪安肯分。"包佶《奉和常阁才艴秋集贤院即事寄赠徐薛二侍郎》:"职美纶将绰,荣深组及珪。"❸喻指高尚之品德。崔涂《春晚怀进士韦澹》:"一命达何难,特立珪无玷。"孟翱《言行相顾》:"比珪斯不玷,修己直如弦。"❹因西周时周成王曾戏以桐叶为珪封叔虞,后因以借指桐叶。陆龟蒙《秋思三首》之一:"桐露珪初落,兰风佩欲裹。"参阅《史记·晋世家》。❺比喻色白如玉之物。孟郊《寒溪》之二:"绿水结绿玉,白波生白珪。"此喻白波。牛峤《女冠子》词之三:"明翠摇蝉翼,纤珪理宿妆。"此喻女子之手指。李咸用《秋日送严湘侍御归京》:"蟾影珪圆湖始波,楚人相别恨偏多。"此喻指皎月。

【珪月】　喻指新月。李咸用《婕妤怨》:"不得团圆长近君,珪月钺时泣秋扇。"

【珪玉】　即玉圭,上尖下方之条状玉器。古代诸侯朝聘、祭祀时用为礼器。亦泛指美玉。杨巨源《上刘侍中》:"鼓鼙喧北里,珪玉映东床。"孟郊《清东曲》:"采采清东曲,明眸艳珪玉。"亦指石碑。温庭筠《过孔北海墓二十韵》:"珪玉埋英气,山河孕炳灵。"

【珪玠】　介圭。玠,大圭。古代封爵皆赐珪以为瑞信,爵愈高,珪愈大,故以珪玠喻指大臣。韩愈、孟郊《雨中寄孟刑部几道联句》:"惟当骑款段,岂望觌珪玠。"

【珪玷】　玉圭上之瑕斑。罗隐《言》:"珪玷由来尚可磨,似簧终日复如何。"

【珪珙】　珪与璧。亦泛指珍贵之玉器。韩愈、孟郊《会合联句》:"朝绅郁青绿,马饰曜珪珙。"

【珪符】　封爵时赐为符信之玉圭。裴耀卿《敬酬张九龄当涂界留赠之作》:"珪符肃有命,江国远徂征。"

【珪陰】　梧桐树之阴。《吕氏春秋·重言》:"成王与唐叔虞燕居,援梧叶以为珪,而授唐叔虞曰:'余以此封汝'。"后因以"珪阴"称梧阴。骆宾王《秋夜送阎五还润州》序:"珪阴散迥,摇碎影于风梧。"

【珪組】　玉珪与组绶。因古代珪为诸侯所执,组则用以系官印,故以珪组借指官爵。孟浩然《宴张别驾新斋》:"世业传珪组,江城佐股肱。"窦常《商山祠堂即事》:"后王不敢论珪组,土偶人前枳树秋。"杜牧《题白蘋洲》:"无多珪组累,终不负烟霞。"吴融《海上秋怀》:"辞无珪组隐无才,门向潮头过处开。"

【珪瑁】　诸侯所执之珪与天子所执之瑞玉。喻指杰出的贤才。韩愈《荐士》:"幸当择珉玉,宁有弃珪瑁?"

【珪幣】　祭祀时所用之圭玉与帛。魏征《五郊乐章·青帝角音·肃和》:"诚备祝嘏,礼殚珪币。"周墀《酬李常侍立秋日奉诏祭岳见寄》:"莲掌月高珪币列,金天雨露鬼神陪。"

【珪璋】　❶古代朝聘、祭祀或行聘时所用之玉质礼器。璋,状如半珪之玉。储光羲《敬酬陈掾亲家翁秋夜有赠》:"特达逾珪璋,节操方松筠。"钱起《片玉篇》:"试作珪璋礼天地,何如瑀瑊在阶墀。"李竦《长至日上公献寿》:"日行临观阙,帝锡洽珪璋。"吴丹《赋得玉水记方流》:"珪璋分辨状,沙砾共怀柔。"❷喻贤贞高洁之人品。皎然《答郑方回》:"萋蕤莺凤彩,特达珪璋性。"陆龟蒙《奉和袭美太湖诗二十首·以毛公泉献大谏清河公》:"况公珪璋质,近处谏诤垣。"❸喻杰出的诗文作品。邵谒《览孟东野集》:"哲人归大夜,千古传珪璋。珪璋遍四海,人伦多变改。"❹喻杰出的人才。贾至《闲居秋怀寄阳翟陆赞府封丘高少府》:"天朝富英髦,多士如珪璋。"❺指使节。因古代诸侯朝王以圭,朝后执璋,故称。杜牧《长安杂题长句六首》之一:"觚陵金碧照山高,万国珪璋捧赭袍。"

【珪璋特達】　古礼行聘时唯珪璋可不加余币而独达。后因以喻人有才德而独能无事不通。皎然《桃花石枕歌送安吉康丞》:"珪璋特达世所珍,吾知此物亦其伦。"

【珪質】　犹玉质。喻坚贞高洁之质。皮日休《公斋四咏·小桂》:"劲挺隐珪质,盘珊缇油姿。"

【珪璧】　❶玉珪与玉璧。古代祭祀或朝聘时所用之礼器。亦泛指珍贵之玉器。韩愈《送僧澄观》:"越商胡贾脱身罪,珪璧满船宁计资。"卢仝《赠徐希仁石砚别》:"用之可以过珪璧,弃置还为一片石。"《郊庙歌辞·中宗祀昊天乐章·肃和》:"珪璧是奠,醖酎斯英。"❷喻坚贞高洁之人品。李德裕《东都怀古二首·王京兆》:"惟公执珪璧,誓与身俱沉。"❸喻指杰出之人才。李咸用《送人》:"未闻珪璧为人弃,莫倦江山去路长。"贯休《拟君子有所思二首》之一:"陋巷萧萧风淅淅,缅想斯人胜珪璧。"❹喻指爵位、官职。皎然《苕溪草堂自大历三年真新营因纪其事》:"吾嘉鲁仲连,功成弃珪璧。”韦应物《东林精舍寄呈阎澧州冯少府》：“朝廷重英彦，时辈分珪璧。”

【珪瓒】　以珪为柄的盛鬯酒之勺。王季友《玉壶冰》：“正值求珪瓒，提携共饮冰。”

珥　〔ěr《广韵》仍吏切，去志，日。〕❶玉石或珍珠制成之耳饰。刘禹锡《百舌吟》：“酡颜侠少停歌听，坠珥妖姬和睡闻。”袁不约《长安夜游》：“长乐晓钟归骑后，遗簪坠珥满街中。”李群玉《长沙九日登东楼观舞》：“坠珥时流盼，修裾欲遡空。”薛昭蕴《浣溪沙》词之二：“静临兰槛卸头时，约鬟低珥算归期。”❷插；戴。罗隐《寄酬邺王罗令公五首》之二：“十万貔貅趋玉帐，三千宾客珥金貂。”见“珥笔”“珥貂”。❸指日晕或月晕。见“珥月”。

【珥月】　有晕之月。王良会《和武相公中秋夜西蜀锦楼望月得清字》：“德星摇此夜，珥月满重城。”

【珥笔】　犹簪笔。古代史官等上朝时插笔于冠侧以备记事，谓之“珥笔”。上官仪《奉和过旧宅应制》：“遗簪谬昭奖，珥笔荷恩休。”王维《上张令公》：“珥笔趋丹陛，垂珰上玉除。”羊士谔《郡中端居有怀袁州王员外使君》：“珥笔金华殿，三朝玉玺书。”沈传师《次潭州酬唐侍御姚员外游道林岳麓寺题示》：“含香珥笔皆眷旧，谦抑自忘台省尊。”

【珥貂】　汉代侍中、中常侍之冠均插貂尾为饰，故后以“珥貂”指皇帝近臣之冠，亦以泛指达官显贵。钱起《陪郭常侍令公东亭宴集》：“珥貂为相子，开阁引时英。”姚合《奉和前司封苏郎中喜严常侍萧给事见访惊斑鬓之什》：“绕鬓沧浪有几茎，珥貂相问夕郎惊。”杜牧《杜秋粮诗》：“珥貂七叶贵，何妨戎虏支。”韦庄《三堂早春》：“主人年少多情味，笔换金龟解珥貂。”

琊　〔yá《字汇》余庶切。〕见“瑯玡”。

玼　〔cī《广韵》疾移切，平支，從。〕玉上之斑点。喻指缺点。贾岛《辩士》：“善哉君子人，杨光掩瑕玼。”

珠　〔zhū《广韵》章俱切，平虞，章。〕❶珍珠。王梵志《诗》之六十：“但惠封疮药，何愁不奉珠。”钱起《送张中丞赴桂州》：“化贮还珠美，心将片玉贞。”牟融《寄周韶州》：“山中荆璞谁知玉，海底骊龙不见珠？”韦庄《饶州余干县琵琶洲有故韩宾客旧居因以和吟》：“已觉地灵因昴降，更闻川湄有珠生。”❷玉石之珠。李贺《夜来乐》：“剑崖鞭节青石珠，白騧吹湍凝霜须。”❸念珠。佛徒念经时之数珠。岑参《晚过盘石寺礼郑和尚》：“顶上巢新鹊，衣中带旧珠。”皎然《水精数珠歌》：“西方真人为行密，臂上记珠皎如日。”❹指圆形颗粒状物。韦应物《汉武帝杂歌三首》之二：“通天台上月初出，承露盘中珠正圆。”此指露珠。韩愈《汴泗交流赠张仆射》：“侧身转臂着马腹，霹雳应手神珠驰。”此指马毬。李商隐《碧瓦》：“雾唾香难尽，珠啼冷易销。”此指泪珠。❺喻指光彩耀目之物。李商隐《富平少侯》：“彩树转灯珠错落，绣檀回枕玉雕锼。”❻喻指精妙之诗文。韩愈《奉酬卢给事云夫曲江荷花行见寄》：“遗我明珠九十六，寒光映骨睡骊目。”

【珠丸】　对弹丸之美称。元稹《有鸟二十章》之一：“珠丸弹射死不去，意在护巢兼护儿。”

【珠子】　圆珠。亦泛指圆粒状物。顾云《苔歌》：“试把临流抖擞看，琉璃珠子泪双滴。”

【珠斗】　指北斗七星。因其相连如贯珠，故称。王维《同崔员外秋宵直》：“月迥藏珠斗，云消出绛河。”

【珠户】　饰以珠玉之门户。指豪华之居室。李商隐《晋元帝庙》：“夜台无月照珠户，秋殿有风开玉扆。”

【珠玉】　❶珍珠与美玉。亦泛指珠宝或喻指珍贵事物。张潮《江风行》：“婿贫如珠玉，婿富如埃尘。”李商隐《判春》：“珠玉终相类，同名作夜光。”于濆《里中女》：“珠玉不到眼，遂无奢侈心。”或指珠与玉制成之首饰或佩饰。萧祐《奉陪武相公西亭夜宴陆郎中》：“一闻清佩动，珠玉夜珊珊。”李郢《骊山怀古》之五：“珠玉影摇千树冷，绮罗风动满川香。”❷喻指美妙之言辞或诗文。白居易《广府胡尚书频寄诗因答绝句》：“唯向诗中得珠玉，时时寄到帝乡来。”又《想东游五十韵》：“珠玉传新什，鹓鸾念故俦。”牛僧孺《席上赠刘梦得》：“珠玉会应成咳唾，山川犹觉露精神。”贯休《酬韦相公见寄》：“空讽平津好珠玉，不知更得及门么？”❸喻灯火。章碣《上元夜建元寺观灯呈智通上人》：“珠玉乱抛高殿佛，绮罗深拜远山僧。”

【珠母】　指产珍珠之蚌。杨衡《送孔周之南海谒王尚书》：“潮尽收珠母，沙闲拾翠翎。”皮日休《太湖诗·投龙潭》：“月中珠母见，烟际枫人出。”

【珠光】　❶珍珠之光芒。太宗《赋帘》：“珠光摇素月，竹影乱清风。”李郢《题水精钗》：“插去定难分镜彩，看时长似滴珠光。”❷喻指莹洁似珍珠之光。李绅《过梅里七首·翡翠坞》：“莲茎触散莲叶攲，露滴珠光似还浦。”韩偓《中秋禁直》：“露和玉屑金盘冷，月射珠光贝阙寒。”

【珠汗】　即汗珠。李颀《夏宴张兵曹东堂》：“羽扇摇风却珠汗，玉盆贮水割甘瓜。”霍总《骢马》：“踏雪生珠汗，障泥护锦袍。”

【珠江】　水名。即粤江，在今广东。因其流经广州南一段有沙洲名“海珠”，故名。王泠然《句》：“陈兵剑阁山将动，饮马珠江水不流。”

【珠貝】 珍珠宝贝。《霅溪夜宴诗》之四(卷八六四):"当楼船泛泛于叠浪,恨珠贝又轻于鸿毛。"

【珠串】 成串之珍珠。喻指接连不断的圆润歌声。李商隐《拟意》:"银河扑醉眼,珠串咽歌喉。"

【珠妓】 美丽的歌妓。陈子昂《上元夜效小庾体》:"楼上看珠妓,车中见玉人。"

【珠英】 对花朵之美称。李德裕《比闻龙门敬善寺有红桂树独秀伊川因赋是诗兼赠陈侍御》:"琼叶润不凋,珠英粲如织。"

【珠林】 ❶对树林之美称。陈去疾《忆山中》:"珠林余露气,乳窦滴香泉。"❷称佛寺。牟融《题山房壁》:"珠林春寂寂,宝地夜沉沉。"翁承赞《题莒潭安闽院》:"祧宗营祀舍,幽异胜珠林。"

【珠雨】 雨珠;雨点。上官仪《奉和过旧宅应制》:"神麾飏珠雨,仙吹响飞流。"

【珠厓】 本汉郡名,汉元帝废之。唐岭南道崖州亦有珠崖,谓"大如国廪,与徐闻对渡"。地当今海南省琼山县东南。宋之问《早发韶州》:"珠厓天外郡,铜柱海南标。"

【珠明玉潤】 珍珠般明亮,玉一般温润。常用以称誉他人之子。杜荀鹤《清溪来明府出二子请诗因遗一绝》:"珠明玉润尽惊人,不称寒门不称贫。"

【珠佩】 同"珠珮"。珠玉所制之佩饰。吴融《和韩致光侍郎无题三首十四韵》:"珠佩元消暑,犀簪自辟尘。"徐铉《杂歌辞五首》之五:"拂匣收珠佩,回灯拭薄妆。"《郊庙歌辞·汉宗庙乐舞辞·章庆舞》:"珠佩貂珰熠爚,羽旄干戚纷纶。"

【珠金】 泛指金银珠玉等财宝。王梵志《五言》之五:"却是成忧恼,珠金虚满堂。"

【珠服】 饰以珍珠之服。亦泛指华贵之服。张说《赠工部尚书冯公挽歌三首》之三:"石碑填驳藓,珠服聚尘埃。"

【珠河】 珍珠之河。喻指精美而源源不竭之诗作。孟郊《哭刘言史》:"精异刘言史,诗肠倾珠河。"

【珠官】 ❶掌采珠事务之官。王维《送祢郎中》:"卉服为诸吏,珠官拜本州。"陆龟蒙《奉和袭美寄琼州杨舍人》:"人多药户行狂蛊,吏有珠官出俸钱。"❷地名,即今广东合浦。汉置合浦郡,三国吴黄武年间曾改名珠官郡。王维《送元中丞转运江淮》:"去问珠官俗,来经石劫春。"

【珠草】 犹仙草。陆龟蒙《奉和袭美古杉三十韵》:"蟠桃标日域,珠草侍仙墀。"

【珠柱】 珠玉所制之琴柱。杜牧《早春寄岳州李使君》:"拂匣调珠柱,磨铅勘玉杯。"

【珠泉】 对泉水之美称。鲍溶《巫山怀古》:"银箭暗凋歌夜烛,珠泉频点舞时衣。"

【珠胎】 ❶蚌内正在成长之珍珠。张说《卢巴驿闻张御史张判官欲到不得待留赠之》:"旧庭知玉树,合浦识珠胎。"石殷士《日华川上动》:"萍实空随浪,珠胎不照渊。"❷旧传蚌珠月弓则虚,月满则实,故以珠胎喻指月。宗楚客《正月晦日侍宴浐水应制赋得长字》:"珠胎随月减,玉漏与年长。"骆宾王《望月有所思》:"似霜明玉砌,如镜写珠胎。"元稹《月三十韵》:"珠胎方夜满,清露忍朝晞。"❸喻指人之幼子。王勃《伤裴录事丧子》:"魄散珠胎没,芳销玉树沉。"

【珠洞】 犹言仙洞。亦以称道观。王勃《出境游山二首》之二:"玉坛栖暮夜,珠洞结秋阴。"

【珠宫】 ❶指传说中之龙宫。杜甫《太学张舍人遗织成褥段》:"煌煌珠宫物,寝处祸所婴。"❷指显贵所居之华丽殿堂。韩翃《别李明府》:"宠光五世腰青组,出入珠宫引箫鼓。"❸犹仙宫。亦以称道观。吴筠《步虚词十首》之一:"七玄已高飞,火炼生珠宫。"殷尧藩《中元日观诸道士步虚》:"玉洞花长发,珠宫月最明。"陆龟蒙《寄怀华阳道士》:"珠宫凤合迎萧史,玉籍人谁访蔡经?"张绍《冲佑观》:"珠宫宝殿,璇台玉堂。"

【珠珮】 珠玉之佩饰。李商隐《七夕偶题》:"宝婺摇珠珮,常娥照玉轮。"茅盈《赋上清神女催妆》:"水晶帐开银烛明,风摇珠珮连云清。"

【珠華】 珍珠之光华。鲍溶《经秦皇墓》:"珠华翔青鸟,玉影耀白兔。"

【珠荷】 对莲荷之美称。因莲子圆润如珠,故称。司空曙《早夏寄元校书》:"珠荷荐果香寒簟,玉柄摇风满夏衣。"

【珠軒】 ❶珠饰之窗。亦泛指装饰华丽之窗。董恩恭《咏月》:"玉户照罗帏,珠轩明绮幛。"❷珠饰之车。亦泛指装饰华丽之车。张昌宗《少年行》:"珠轩流水车,玉勒浮云骑。"

【珠乘】 (—shèng)❶珠饰之车。亦泛指华贵之车。李峤《车》:"无阶忝虚左,珠乘奉王言。"❷照乘珠。因其光彩可照亮车乘,故名。颜真卿、张荐《五言夜宴咏灯联句》:"讵惭珠乘朗,不让月轮明。"

【珠旆】 珠饰之旗。刘宪《奉和应白鹿观应制》:"石梁萦涧转,珠旆扫坛飞。"

【珠粉】 珍珠粉。亦为白色香粉之美称。鲍溶《古意》:"翠袖皓珠粉,碧阶封绿钱。"又《旧镜》:"珠粉不结花,玉珰宁辉耳?"

【珠浦】 产蚌珠之水浦。❶指广东合浦。其地唐属廉州,有合浦水,以产珠著称。杜甫《广州段功曹到得杨五长史却归聊寄此诗》:"铜梁书远及,珠浦使将旋。"❷《初学记》卷七谓郑交甫过汉皋,遇二女以所佩珠相赠,遂怀之。去十步,竟失其珠,亦亡其女。后因以"珠浦"指汉水岸。卢照邻《酬张少府柬之》:"珠浦龙犹卧，檀溪马正沉。”❸泛指河岸或海浦。崔融《宝名》：“珠浦荷如盖，铜街树似帷。”缪岛云《汤泉》：“阴阳相煮连珠浦，今古长煎泻镜流。”

【珠泪】　对眼泪之美称。李白《学古思边诗》：“相思杳如梦，珠泪湿罗衣。”裴夷直《题断金集后》：“牙弦千古绝，珠泪万行新。”高骈《湘妃庙》：“当时珠泪垂多少，直到如今竹尚斑。”李山甫《贫女》：“两意定知无说处，暗垂珠泪湿蚕筐。”

【珠扆】　珠饰之屏风。贾至《侍宴曲》：“云陛褰珠扆，天墀覆绿杨。”魏奉古《长门怨》：“云浮雕练此城游，花缀珠衾紫台宿。”

【珠袖】　珠饰之衣袖。杜甫《观公孙大娘弟子舞剑器行》：“绛唇珠袖两寂寞，况有弟子传芬芳。”按此指舞袖。

【珠袍】　饰以珠玉之袍。李白《结客少年场行》：“珠袍曳锦带，匕首插吴鸿。”

【珠被】　珠光闪耀之被；华丽之被。李暇《碧玉歌》：“珠被玳瑁床，感郎情意深。”

【珠勒】　饰有珠玉之马笼头。王维《出塞作》：“玉靶角弓珠勒马，汉家将赐霍嫖姚。”

【珠梯】　对梯之美称。王景《奉和九月九日登慈恩寺浮图应制》：“玉辇移中禁，珠梯览四禅。”

【珠唱】　指圆润的歌声。杜牧《羊栏浦夜陪宴会》：“红弦高紧声声急，珠唱铺圆袅袅长。”

【珠帐】　❶缀珠之帷帐。温庭筠《晓仙谣》：“遥遥珠帐连湘烟，鹤扇如霜金谷仙。”阎德隐《薛王花烛行》：“玉盘错落银灯照，珠帐玲珑宝扇开。”王炎《葬西施挽歌》：“连江起珠帐，择地葬金钗。”牛希济《临江仙》词：“金炉珠帐，香霭昼偏浓。”❷喻指葡萄架。唐彦谦《葡萄》：“珠帐夜不收，月明坠清影。”又《咏葡萄》：“玉盘新荐入华屋，珠帐高悬夜不收。”

【珠帷】　缀珠之帷帐。李贺《河南府试十二月乐词・十月》：“独龙两行照飞阁，珠帷怨卧不成眠。”

【珠毬】　对马毬之美称。王建《朝天词十首寄上魏博田司空》：“御马牵来亲自试，珠毬到处玉蹄知。”

【珠彩】　珍珠之光彩。王涣《上裴侍郎》：“珠彩下连星错落，桂花曾对月婵娟。”

【珠馆】　❶传说中水神所居之馆舍。康翊仁《鲛人潜织》：“珠馆冯夷室，灵鲛信所潜。”亦指仙宫。李商隐《圣女祠》：“寄问钗头双白燕，每朝珠馆几时归？”郑畋《题缑山王子晋庙》：“珠馆青童宴，琳宫阿母朝。”❷泛称精美之馆舍。李商隐《槿花二首》之二：“珠馆薰染久，玉房梳扫余。”

【珠液】　对泉水之美称。谓产珠之泉。王勃《怀仙》：“紫泉漱珠液，玄岩列丹葩。”

【珠貫】　❶贯连之珠串。张说《扈从幸韦嗣立山庄应制》：“悬泉珠贯下，列张锦屏舒。”❷喻指连续不断的歌声或乐声。裴度、白居易《宴兴化池亭送白二十二东归联句》：“歌停珠贯断，饮罢玉峰颓。”白居易《小童薛阳陶吹觱栗歌》：“急声圆转促不断，轹轹辚辚似珠贯。”崔珏《有赠》：“舞胜柳枝腰更软，歌嫌珠贯曲犹长。”

【珠蛤】　产珍珠之蚌蛤。刘禹锡《韩十八侍御属和足成六十二韵》：“珠蛤吐玲珑，文鳐翔旖旎。”

【珠帽】　珠饰之帽。张祜《池州周员外出柘枝》：“珠帽着听歌遍匝，锦靴行踏鼓声来。”

【珠牋】　对他人函札之敬称。唐枢《酬书问》：“芳字八行清露重，珠笺一片碧云轻。”

【珠络】　缀珠之网络，网头发所用。杜牧《少年行》：“春风细雨走马去，珠络璀璀白罽袍。”

【珠絲】　对丝之美称。因其光泽如珠，故称。郑钦《婕妤怨》：“宝叶随云髻，珠丝锻履綦。”

【珠碎】　喻指贤人去世。胡曾《咏史诗・江夏》：“黄祖才非长者俦，祢衡珠碎此江头。”

【珠暉】　喻月光。骆宾王《秋晨同淄川毛司马秋九咏・秘月》：“裛露珠晖冷，凌霜桂影寒。”

【珠像】　佛像之敬称。皮日休《开元寺客省早景即事》：“鹤静时来珠像侧，鸽驯多在宝幡中。”

【珠旒】　冕旒。代指帝王。杨衡《他乡七夕》：“向云迎翠辇，当月拜珠旒。”高骈《途次内黄马病寄僧舍呈诸友人》：“好与高阳结吟社，况无名迹达珠旒。”

【珠溜】　指皎洁月光下之水流。卢照邻《江中望月》：“镜圆珠溜彻，弦满箭波长。”

【珠閣】　指华丽之楼阁。李白《双燕离》：“玉楼珠阁不独栖，金窗绣户长相见。”廖融《梦仙谣》：“银河旌节摇波影，珠阁笙箫吸月华。”

【珠箔】　即珠帘。以珠串编成之帘帷。刘允济《经庐岳回望江州想洛川有作》：“池榭宣琼管，风花乱珠箔。”贺朝《孤兴》：“晴日暖珠箔，夭桃色正新。”平曾《谒李相不遇》：“老夫三日门前立，珠箔银屏昼不开。”项斯《梦游仙》：“梦游飞上天家楼，珠箔当风挂玉钩。”

【珠魄】　指月光。姚合《中秋夜洞庭圆月》：“圆彩含珠魄，微飚发桂馨。”

【珠實】　对小圆果实之美称。李商隐《百果嘲樱桃》：“珠实虽先熟，琼莩纵早开。”

【珠翠】　❶珍珠与翡翠。亦泛指珍贵之珠宝或首饰。陈子昂《感遇诗三十八首》之十九：“云构山林尽，瑶图珠翠烦。”李颀《绝缨歌》：“君王赦过不之罪，暗中珠翠鸣珊珊。”韦应物《送宫人入道》：“公主与收珠翠后，君王看待角冠时。”高骈《句》：“满身珠翠将何用？唯与豪家拂象床。”❷指装饰华贵之女子。王昌龄《西宫秋怨》：“芙蓉不及美人妆，水殿风来珠翠香。”

顾况《上元夜忆长安》:“处处逢珠翠,家家听管弦。”陆龟蒙《杂妓》:“六宫争近乘舆望,珠翠三千拥赭袍。”韦庄《陪金陵府相中堂夜宴》:“满耳笙歌满眼花,满楼珠翠胜吴娃。”

【珠網】 以珠连缀成之网状帘帷。许敬宗《奉和秋日即目应制》:“玉露交珠网,金风度绮钱。”孙逖《和崔司马登称心寺》:“翡翠巢珠网,鹍鸡间绮疏。”温庭筠《长安寺》:“绣户香焚象,珠网玉盘龙。”又《洞户二十二韵》:“洞户连珠网,方疏隐碧浔。”

【珠綴】 ❶指珠帘。以珠串制成之帘帷。徐彦伯《赠刘舍人古意》:“璇题激流日,珠缀绵清阴。”窦叔向《春日早朝应制》:“乳燕翻珠缀,祥乌集露盘。”武元衡《八月十五夜与诸公锦楼望月得中字》:“桂香随窈窕,珠缀隔玲珑。”亦指珠帘上之珠串。吴融《败帘六韵》:“零落亡珠缀,殷勤谢玉钩。”❷连缀珍珠而成之饰物。李华《咏史十一首》之十一:“泥沾珠缀履,雨湿翠毛簪。”

【珠樓】 装饰华丽之楼。于濆《宫怨》:“临江起珠楼,不卖文君酒。”

【珠輪】 喻指圆月。刘兼《晚楼寓怀》:“月沉江底珠轮净,云锁峰头玉叶寒。”

【珠幡】 珠饰之旗幡,触动时可发出声响。刘宪《奉和幸大荐福寺应制》:“珠幡映白日,镜殿写青春。”纥干著《古仙词》:“珠幡绛节晓霞中,汉武清斋待少翁。”

【珠幢】 饰有珠缀之幡幢。元稹《奉和李校书新题乐府十二首·五弦弹》:“促节频催渐繁拨,珠幢斗绝金铃掉。”又《琵琶歌》:“一弹既罢又一弹,珠幢夜静风珊珊。”李珣《女冠子》词:“金磬敲清露,珠幢立翠苔。”

【珠篆】 篆书之美称。亦借指簿籍文告等。罗隐《寄剡县主簿》:“金庭养真地,珠篆会稽官。”

【珠盤】 珠饰之盘。本诸侯歃血盟誓时用以盛牛耳之具,后亦泛指精美之盘。李从远《奉和九月九日登慈恩寺浮图应制》:“摘果珠盘献,攀萸玉辇回。”孟浩然《张郎中梅园中》:“绮席铺兰杜,珠盘折芰荷。”许浑《过故友旧居》:“珠盘凝宝瑟,绮席递华觞。”

【珠履】 ❶珠饰之履。亦为履之美称。李峤《瓜》:“龙蹄远珠履,女臂动金花。”包何《和程员外春日东郊即事》:“藤垂宛地萦珠履,泉迸侵阶浸绿钱。”杨衡《白纻歌二首》之二:“蹑珠履,步琼筵,轻身起舞红烛前。”赵嘏《昔昔盐二十首·采桑秦氏女》:“珠履荡花湿,龙钩折桂新。”❷指显贵或门客。沈佺期《和韦舍人早朝》:“玉珂龙影度,珠履雁行来。”皎然《咏史》:“借问高车与珠履,何如卑贱一书生?”武瓘《九日卫使君筵上作》:“共贺安人丰乐岁,幸陪珠履侍银章。”罗隐《途中献晋州孟中丞》:“昨日隼旟辞阙下,今朝珠履在河中。”见“珠履三千”。

【珠履三千】 《史记·春申君列传》:“春申君客三千余人,其上客皆蹑珠履以见赵使,赵使大惭。”后因以“珠履三千”指门客或僚佐。李白《江上赠窦长史》:“不同珠履三千客,别欲论交一片心。”武元衡《送裴戡行军》:“珠履三千醉不欢,玉人犹苦夜冰寒。”陈陶《投赠福建桂常侍二首》之二:“不知珠履三千外,更许侯赢寄食无。”亦作“珠履客”。杜甫《投赠哥舒开府二十韵》:“未为珠履客,已见白头翁。”杜牧《初上船留寄》:“况为珠履客,即泊锦帆堤。”

【珠履客】 见“珠履三千”。

【珠彈】 (—dàn)对弹丸之美称。骆宾王《帝京篇》:“使客珠弹垂杨道,倡妇银钩采桑路。”孟浩然《大堤行赠万七》:“王孙挟珠弹,游女矜罗袜。”

【珠璣】 ❶珍珠。亦泛指珠宝。上官昭容《游长宁公主流杯池二十五首》之八:“弗玩珠玑饰,仍留仁智情。”元稹《送崔侍御之岭南二十韵》序:“大抵珠玑玳瑁之所聚,贵洁廉,湮郁暑湿之所蒸,避溢欲。”陆龟蒙《奉和袭美太湖诗二十首·孤园寺》:“穷山林干尽,竭海珠玑聚。”罗隐《寄酬邺王罗令公五首》之三:“珍重珠玑兼绣段,草玄堂下寄扬雄。”❷喻指圆润如珠之物。刘禹锡《葡萄歌》:“繁葩组绶结,悬实珠玑蹙。”此喻葡萄。杜牧《题新定八松院小石》:“雨滴珠玑碎,苔生紫翠重。”此喻圆石。陆龟蒙、皮日休《开元寺楼看雨联句》:“垂檐珂佩喧,爆瓦珠玑溅。”此喻雨点。徐仲雅《春园宴》:“珠玑影冷偏粘草,兰麝香浓却损花。”此喻露珠。❸喻指精美之诗文或言辞。刘允济《经庐岳回望江州想洛川有作》:“千里辉珠玑,五采含丹雘。”王建《寄上韩愈侍郎》:“咏伤松桂青山瘦,取尽珠玑碧海愁。”许浑《酬副使郑端公见寄》:“笙磬有文终易别,珠玑无价竟难酬。”方干《赠孙百篇》:“羽翼便从吟处出,珠玑续向笔头生。”

【珠樹】 ❶传说中仙境之树。李白《送贺监归四明应制》:“借问欲栖珠树鹤,何年却向帝城飞?”权德舆《和李中丞慈恩寺清上人院牡丹花歌》:“擢秀全胜珠树林,结根幸在青莲城。”黄滔《寄同年崔学士》:“虽知珠树悬天上,终懒银河接世间。”❷喻指朝廷。权德舆《酬张秘监阁老喜太常中书二阁老与德舆同日迁官相代之作》:“珠树共飞栖,分封受紫泥。”唐彦谦《贺李昌时禁苑新命》:“振鹭翔鸾集禁闱,玉堂珠树莹风仪。”❸喻指积雪之树。王初《望雪》:“银花珠树晓来看,宿醉初醒一倍寒。”又《雪霁》:“昆玉楼台珠树密,夜来谁向月中归?”❹对树之美称。司空曙《和李员外与舍人咏玫瑰花寄徐侍郎》:“蒙茏珠树合,焕烂锦屏张。”刘禹锡《和牛相公南溪醉歌见寄》:“怪石钓出太湖底,珠树移自天台尖。”李绅《新昌宅书堂前有药树一株今则长成名之天上树》:“白榆星底开红甲,珠树宫中长紫霄。”齐己《乞樱桃》:“闻说张筵就珠树,任从攀折半离披。”

【珠還】 见“珠還合浦”。

【珠還合浦】 传合浦郡原产蚌珠,因宰守贪婪,采求无度,珍珠遂外迁至交趾郡。后孟尝为合浦郡守,革除前弊,珠复迁返。见《后汉书·循吏传·孟尝》。后因以“珠还合浦”为咏去而复归或咏太守贤明廉洁之典。邓陟有《珠还合浦》。亦作“珠歸合浦”。王维《送邢桂州》:“明珠归合浦,应逐使臣星。”或省作“珠還”。李商隐《残雪》:“珠还犹照魏,璧碎尚留秦。”陈陶《闽中送任畹端公还京》:“汉庭凤进鹓行善,隋国珠还水府贫。”

【珠璫】 耳饰之一种,以珍珠连缀而成。红绡伎《忆崔生》:“深洞莺啼恨阮郎,偷来花下解珠珰。”冯延巳《菩萨蛮》词之八:“相逢颦翠黛,笑把珠珰解。”亦泛指缀珠而成之饰物。和凝《宫词百首》之八:“红泥椒房缀珠珰,收蹙金龙窣地长。”

【珠顆】 ❶喻指橘子。白居易《拣贡橘书情》:“珠颗形容随日长,琼浆气味得霜成。”❷喻指婴儿。白居易《谈氏外孙生三日喜是男偶吟成篇》:“玉芽珠颗小男儿,罗荐兰汤浴罢时。”

【珠闕】 仙界之宫阙。则天皇后《游仙篇》:“绛宫珠阙敞仙家,蜺裳羽旆自凌霞。”王维《赠焦道士》:“缩地朝珠阙,行天使玉童。”陆龟蒙《送董少卿游茅山》:“将随羽节朝珠阙,曾佩鱼符管赤城。”薛曜《登锦州富乐山别李道士策》:“珠阙昆山远,银宫涨海悬。”

【珠簟】 “珠箪”之讹。指一箪珍珠。箪,圆形之盛食竹器。杜牧《寄内兄和州崔员外十二韵》:“金橐宁回顾,珠簟肯一枨。”簟,清冯集梧《樊川诗集注》本作“箪”。

【珠歸合浦】 见“珠還合浦”。

【珠鎖】 对锁之美称。南唐后主李煜《菩萨蛮》词:“潜来珠锁动,惊觉鸳鸯梦。”

【珠旛】 亦作“珠幡”。皮日休《初夏游楞伽精舍》:“珠幡时相铿,恐是诸天乐。”段成式、郑符《书事联句》:“步触珠旛响,吟窥钵水澄。”

【珠璧】 珍珠与玉璧。喻指温润明洁之物。李群玉《送魏珪觐省》:“见尔一开颜,温明乃珠璧。”

【珠簾】 ❶联缀珠串而成之帘。寒山《诗三百三首》之十三:“玉堂挂珠帘,中有婵娟子。”孟浩然《春情》:“青楼晓日珠帘映,红粉春妆宝镜催。”王涯《宫词三十首》之三:“欲卷珠帘惊雪满,自将红烛上楼看。”徐仲雅《宫词》:“内人晓起怯春寒,轻揭珠帘看牡丹。”❷喻指瀑布。徐资用《九鲤湖》:“画帐远开横晓岫,珠帘倒挂泻寒泉。”

【珠瓏】 “珠珑璁”之省称,即缀有珍珠之网状饰物。霍总《关山月》:“珠珑翡翠床,白皙侍中郎。”

【珠櫳】 珠饰之窗棂。亦为窗棂之美称。元稹《虫豸诗·蜘蛛》之一:“为送佳人喜,珠栊无奈何。”李商隐《李肱所遗画松诗书两纸得四十韵》:“报以漆鸣琴,悬之真珠栊。”

【珠寶】 珍珠宝贝。李缜《奉和郎中游仙岩四瀑布寄包秘监等十四韵》:“缣缃炳珠宝,中外贻同官。”

【珠瓔】 缀以珍珠之璎珞。王英《感石浮图又一首》(外编):“轮宝□霄壮,珠璎镂石晶。”刘禹锡《送僧元暠南游》:“从此多逢大居士,何人不愿解珠璎?”

【珠櫻】 对樱桃之美称。韩愈、孟郊《城南联句》:“凌花咀粉蕊,削履穿珠樱。”

【珠露】 犹言玉露。对露珠之美称。徐敞《赋得金茎露》:“铜盘贮珠露,仙掌抗金茎。”羊士谔《和李都官郎中经宫人斜》:“秋来还照长门月,珠露寒花是野田。”赵嘏《昔昔盐二十首·暗牖悬珠网》:“分从珠露滴,愁见隙风牵。”韩偓《夜坐》:“天仙空江星似波,时时珠露滴圆荷。”

【珠籠】 缀以珍珠之鸟笼。白居易《见萧侍御忆旧山草堂诗因以继和》:“玉架绊野鹤,珠笼锁冥鸿。”

【珠纓】 缀以珍珠之缨珞,供佩戴的一种穗状饰物。戴叔伦《白苎词》:“新裁白苎胜红绡,玉佩珠缨金步瑶。”白居易《新乐府·骠园乐》:“珠缨炫转星宿摇,花鬘抖擞龙蛇动。”吴融《个人三十韵》:“剪罗成彩字,销蜡脱珠缨。”

【珠灣】 对水湾之美称。阎防《夕次鹿门山歌》:“双岩开鹿门,百谷集珠湾。”

珽

〔tǐng《广韵》他鼎切,上迥,透。〕天子所执之玉质手版。贺知章《唐禅社首乐章·福和》:“大裘如濡,执珽有颙。”

珩

〔héng《广韵》户庚切,平庚,匣。〕❶指玉佩上之横玉。形似磬。亦借指玉佩,或泛指玉。元稹《出门行》:“白珩无颜色,垂棘有瑕累。”见“珩珮”。❷喻指晶莹明洁似玉之物。孟郊《济源寒》:“深红缕草木,浅碧珩溯洄。”此喻指水。韩愈、孟郊《城南联句》:“悬长巧纽翠,象曲善攒珩。”钱仲联集释引黄钺注云:“按下句似状葡萄,其藤蟠曲,果则如苍玉之珩,攒聚在一处累累然。”

【珩珮】 佩玉。由珩、璜、琚、瑀、冲牙等组成之佩饰。皮日休《九夏歌九篇·王夏之歌》:“出有龙旂,入有珩佩。”

【珩璜】 指佩玉。亦称“杂佩”。因由珩、璜、琚、瑀等组成,故称。权德舆《元和元年室中封安喜县君感庆兼怀聊申贺赠》:“珩璜联采组,琴瑟谐宫微。”《郊庙歌辞·汉宗庙乐舞辞·建庙社》:"罗钟石,俨珩璜。"

珮〔pèi《广韵》蒲昧切,去隊,並。〕❶玉制之佩饰。亦指由珩、璜、琚、瑀、冲牙等构成之成组玉佩,走动时则相互碰击有声,用以节步。何仲宣《七夕赋咏成篇》:"历历珠星疑拖佩,冉冉云衣似曳罗。"贾至《早朝大明宫呈两省僚友》:"剑佩声随玉墀步,衣冠身惹御炉香。"姚合《和裴结端公早期》:"仰闻天语近,俯拜佩声连。"陆龟蒙《江湖散人歌》:"所以腰欲散,不散佩陆离。"❷佩挂;佩带。韩愈《南内朝贺呈同官》:"岂唯一身荣,佩玉冠簪犀。"

【珮玉】　❶佩戴玉饰。韦元旦《早朝》:"佩玉朝三陛,鸣珂度九门。"❷供佩戴之玉质饰品。白居易《醉后走笔酬刘五主簿长句之赠》:"蹇步何堪鸣佩玉,衰容不称着朝衣。"

【珮玉垂紳】　戴玉佩,系绅带。古代士绅显贵之装束。贯休《送张拾遗赴施州司户》:"又不见仲尼遥奇司马子,佩玉垂绅合如此。"

【珮珂】　人所戴之玉佩与马勒上之玉珂。殷尧藩《金陵怀古》:"黄道天清拥佩珂,东南王气秣陵多。"喻凫《樊川寒食》:"佩珂客惊鸟,绮罗人间花。"

【珮馬】　饰有玉珂之马。李贺《沙路曲》:"柳脸半眠丞相树,佩马钉铃踏沙路。"

【珮珠】　以珍珠缀成之佩饰。李贺《感讽六首》之五:"腰衱佩珠断,灰蝶生阴松。"

【珮璫】　玉制之耳饰。李贺《李夫人歌》:"红璧阑珊悬佩珰,歌台小妓遥相望。"李沇《方响歌》:"十六叶中侵素光,寒玲震月杂佩珰。"魏承班《菩萨蛮》词之一:"宴罢入兰房,邀人解佩珰。"

【珮環】　❶玉佩。常建《古意三首》之三:"寤寐见神女,金沙鸣佩环。"李华《咏史十一首》之十一:"丽色异人间,珊珊鸣佩环。"李德裕《桂花曲》:"九霄有路去无际,袅袅大风吹佩环。"杜牧《道一大尹存之庭美二学士皆与舍弟昔年还往因成长句四韵》:"九金神鼎重丘山,五玉诸侯杂佩环。"❷指佩玉之人。多指女子。武元衡《昭德皇后挽歌词》:"佩环仙驭远,星月夜台新。"❸玉佩撞击声。喻指冰之破裂声。徐铉《早春左省寓直》:"远籁飞箫管,零冰响佩环。"❹喻诗文之声韵铿锵。白居易《将发洛中枉令狐相公手札兼辱二篇宠行以长句答之》:"八行落泊飞云雨,五字枪钺动佩环。"

【珮纓】　古代少年男女用以系香囊之佩带。李贺《天上谣》:"玉宫桂树花未落,仙妾采香垂佩缨。"

【珮蘭客】　《楚辞·离骚》:"扈江离与辟芷兮,纫秋兰以为佩。"后因以"佩兰客"称高雅之士。鲍溶《送王损之秀才赴举》:"青门佩兰客,淮水誓风流。"

珓〔jiào《广韵》古孝切,去效,見。〕见"珓子"。

【珓子】　即杯珓。古代占卜用具。以贝壳或形似贝壳之竹片两枚掷于地,视其俯仰以定吉凶。贯休有《咏竹根珓子》。

班〔bān《广韵》布還切,平刪,幫。〕❶本义指分玉。见《说文·珏部》。引申指分赐。见"班瑞""班錫"。❷离群。见"班馬"。❸布放,铺放。见"班荆"。❹朝班。官员上朝时依官爵品级高低分班站立称为"朝班"。窦常《奉贺太保岐公承恩致政》:"五色诏中宣九德,百僚班外罪三师。"王建《和胡将军寓直》:"漏传五点班初合,鼓动三声仗已端。"姚合《省直书事》:"立朝班近殿,奏直上知名。"来鹄《圣政纪颂》:"秉笔如今,随班不进。班退史归。惘然畴依。"❺指官爵、官位。杜审言《和李大夫嗣真奉使存抚河东》:"莫以崇班阂,而云胜托捐。"卢僎《初出京邑有怀旧林》:"赋生期独得,素业守微班。"韦应物《高陵书情寄三原卢少府》:"直方难为进,守此微贱班。"蒋冽《台中书怀》:"寄切才恨薄,职雄班匪大。"❻行列。白居易《洛下送牛相公出镇淮南》:"万人开路看,百吏立班迎。"❼指后汉班超。骆宾王《在军中赠先还知己》:"献凯多惭霍,论封几谢班。"❽通"斑"。(1)异色相杂貌;色彩斑斓貌。杜甫《滕王亭子》:"清江锦石伤心丽,嫩蕊浓花满目班。"白行简《在巴南望郡南山呈乐天》:"临江一嶂白云间,红绿层层锦绣班。"亦指头发花白。见"班白"。(2)斑点;斑痕。韦应物《述园鹿》:"鹿班始力直,麚角已苍然。"韦庄《木兰花》词:"坐看落花空叹息,罗袂湿班空叹息。"

【班女】　即汉成帝妃子班婕妤。王涯《后庭怨》:"甄妃为妒出层宫,班女因猜下长信。"

【班女扇】　汉成帝班婕妤失宠自伤,作《怨歌行》自比秋扇,"弃捐箧笥中"。唐人多用以咏宫怨、咏月、咏雪等。李峤《游楚苑陪幸临谓亭应制》:"光含班女扇,韵入楚王弦。"李端《和李舍人直中对月见寄》:"素魄近成班女扇,清光远似庾公楼。"亦作"班家扇"。许浑《赠萧炼师》:"莫比班家扇,宁同卓氏琴。"亦省作"班扇"。鲍溶《上阳宫月》:"合裁班扇思行幸,愿托凉风箧笥嫌。"白居易《春夜喜雪有怀王二十二》:"坐罢楚弦曲,起吟班扇诗。"李商隐《喜雪》:"班扇慵裁素,曹衣讵比麻。"

【班中】　朝班中;同级官班之内。张籍《拜丰陵》:"岁朝园寝遣公卿,学省班中亦摄行。"白居易《曲江夜归闻元八见访》:"自入台来见面稀,班中摇得揖容辉。"

【班氏】　指东汉班彪、班固父子。班固继父之志,潜精积思二十余年撰《汉书》。宋之问《故赵王属赠黄门侍郎上官公挽词》:"韦门旌旧德,班氏业前书。”

【班氏廬】 见“班生廬”。

【班生廬】 语出晋陶潜《始作镇军参军经曲阿作》诗：“聊且凭化迁，终返班生庐。”此用班固《幽通赋》“终保已而贻则，里上仁之所庐”之意，借指归隐所居之旧居。丘丹《奉酬重送归山》：“猥萦招隐作，岂愧班生庐。”亦作“班氏廬”。张九龄《初发道中赠王司马兼寄诸公》：“林隔王公舆，云迷班氏庐。”

【班白】 ❶头发花白。班，通“斑”。白居易《恻恻吟》：“泥涂绛老头班白，炎瘴灵均面黎黑。”又《有感三首》之一：“鬓发已班白，衣绶方朱紫。”❷头发花白之老人。卢纶《酬陈翃郎中见寄》：“班白皆持酒，蓬茅尽有书。”

【班皮】 斑驳之笋皮。班，通“斑”。李涉《头陀寺看竹》：“可惜班皮空满地，无人解取作头冠。”

【班列】 ❶朝官之行列。张籍《赠王司马》：“白笏朱衫年少时，久登班列会朝仪。”白居易《适意二首》之二：“中年忝班列，备见朝廷事。”郑谷《和左省新除韦拾遗》：“百寮班列趋丹陛，两掖风清上碧天。”❷朝官。白居易《叹元九》：“不入城门来五载，同时班列尽官高。”虚中《献郑都官》：“早晚辞班列，归寻旧隐峰。”

【班竹】 斑竹。班，通“斑”。李涉《湘妃庙》：“班竹林边有古祠，鸟啼花发尽堪悲。”

【班行】 （—háng）❶朝班之行列位次。唐制官员上朝时须按官阶品第依次分班站立。卢仝《月蚀诗》：“整顿排班行，剑握他人将。”元稹《寄隐客》：“班行次第立，朱紫相参差。”卢延让《观新岁朝贺》：“龙墀初立仗，鸳鸯列班行。”徐铉《和明道人宿山寺》：“羡师闲未得，早起逐班行。”❷指朝官。韩愈《示爽》：“强颜班行内，何实非罪愆?”张籍《和陆司业习静寄所知》：“逍遥无别事，不似在班行。”李逢吉《和严揆省中宿斋遇令狐员外当直之作》：“位极班行犹念旧，名题章奏亦从公。”徐铉《寄歙州吕判官》：“莫忆班行重回首，是非多处是长安。”❸指朝廷。皮日休《三羞诗三首》之一：“苍惶出班行，家室不容别。”

【班次】 官爵之等级次序。白居易《初授拾遗》：“受命已旬月，饱食随班次。”亦指阶品相同之官班。元结《与党评事》：“跼身班次中，常窃愧耻焉。”

【班杖】 斑竹杖。指手杖。杜甫《晓望白帝城盐山》：“徐步移班杖，看山仰白头。”

【班位】 职位。李端《赠康洽》：“声名恒压鲍参军，班位不过杨执戟。”

【班序】 ❶依官爵品级排列之次序。杜甫《奉赠太常张卿土自二十韵》：“鹓谐方一展，班序更何跻。”❷官位；官阶。罗隐《裴庶子除太仆卿因贺》：“楚珪班序未为轻，莫惜良途副圣明。”

【班使君】 班震。曾官夔州刺史。见《元和姓纂》卷四“扶风班氏”。卢纶和司空曙均有《送夔州班使君》。详见陶敏《全唐诗人名汇考》卷二七六卢纶此诗考。

【班定遠】 即后汉班超。官至都护，封定远侯，故称。唐诗中常用作咏赴边儒将的典故。陈子昂《和陆明府赠将军重出塞》：“宁知班定远，犹是一书生。”武元衡《元和癸巳途经百牢关因题石门洞》：“何惭班定远，正是立功年。”王涯《从军词三道》之二：“寄言班定远，正是立功年。”

【班姑】 即后汉班昭。字惠班，一名姬。班彪女，博学高才。其兄班固著《汉书》，《八表》及《天文志》未及竟而卒，班昭为其补撰。见《后汉书·列女传·曹世叔妻传》。杜甫《奉贺阳城郡王太夫人恩命加邓国夫人》：“奕叶班姑史，芬芳孟母邻。”

【班荆】 铺荆于地。《左传·襄公二十六年》：“楚伍参与蔡太师子朝友，其子伍举与声子相善……伍举奔郑，将遂奔晋。声子将如晋，遇之于郑郊，班荆相与食，而言复故。”杜预注：“班，布也。布荆坐地，共议归楚事。”后因以“班荆”指朋友道途相遇，共叙别情。王勔《山名》：“倾盖雕炎远，班荆密契新。”高正臣《晦日重宴》：“班荆陪旧识，倾盖得新知。”李德裕《夏晚有怀平泉林居》：“眷阙悲子牟，班荆感椒举。”吴融《送许校书》：“故人言别倍依依，病里班荆苦忆违。”

【班首】 朝见时居于班列之首位。元稹《初除浙东妻有阻色因以四韵晓之》诗“兴庆首行千命妇”自注：“予在中书日，妻以郡君朝太后于兴庆宫，猥为班首。”

【班馬】 ❶离群之马。李峤《送光禄刘主簿之洛》：“背枥嘶班马，分洲叫断鸿。”李白《送友人》：“挥手自兹去，萧萧班马鸣。”唐尧客《大梁行》：“闻有东山去，萧萧班马鸣。”❷汉班固与司马迁之并称。杜牧《冬至日寄小侄阿宜诗》：“高摘屈宋艳，浓薰班马香。”黄滔《遇罗员外衮》：“绮园难贮林栖意，班马须持笔削权。”❸汉班固与司马相如之并称。温庭筠《病中书怀呈友人》：“班马方齐骛，陈雷亦并驱。”清昼《讲古文联句》：“屈宋接武，班马继作。”

【班班】 ❶彰明貌；显著貌。刘禹锡《送曹璩归越中旧隐》序：“读史书，自黄帝至吴魏间，班班能言之。”白居易《以镜赠别》：“我惭貌丑老，绕鬓班班雪。”韦庄《乞彩笺歌》：“班班布在时人口，满袖松花却未有。”❷连绵不断貌。杜甫《忆昔二首》之二：“齐纨鲁缟车班班，男耕女桑不相失。”白居易《滩声》：“碧玉班班沙历历，清流决决响泠泠。”按，“碧玉”喻流水。❸斑斑。斑点累累貌。班，通“斑”。孟郊《杏殇》之六：“班班落地英，点点如明膏。”

【班秩】 ❶朝官之行列。白居易《狂言示诸侄》："世欺不得官，我忝居班秩。"❷官阶之品级。杜甫《奉寄李十五秘书二首》之二："班秩兼通贵，公侯出异人。"罗隐《寄易定公乘亿侍郎》："班秩通乌府，樽罍奉碧幢。"

【班師】 指军队得胜返回。皇甫冉《和袁郎中破贼后经剡中山水》："受律梅初发，班师草未齐。"白居易《大社观献捷诗》："班师郊社内，操袂凯歌中。"

【班家扇】 见"班女扇"。

【班扇】 见"班女扇"。

【班姬】 指汉成帝妃子班倢伃。初受宠，后遭谗自请退居长信宫。唐诗中用作后妃失宠的典故，亦泛称宫人。沈佺期《凤箫曲》："飞燕侍寝昭日殿，班姬饮恨长信宫。"王维《早朝》："方朔金门侍，班姬王辇迎。"刘驾《皎皎词》："班姬入后宫，飞燕舞东风。"邵谒《汉宫井》："辘轳声绝离宫静，班姬几度照金井。"

【班超】 东汉人。字仲远，扶风安陵(今陕西咸阳东北)人。班彪幼子。少有立功万里之志，投笔从戎，出使西域三十一年，使西域五十余国内属。官至都护，封定远侯。见《后汉书·班超传》。许浑《献鄜坊丘常侍》："蓬莱每望平安火，应奏班超定远功。"

【班超筆】 后汉班超"家贫，尝为官佣书以供养。久劳苦，尝辍业投笔叹曰：'大丈夫无他志略，犹当效傅介子、张骞立功异域，以取封侯，安能久事笔研间乎?'"见《后汉书·班超传》。后用为典，喻弃文就武，以咏从军、出征、边塞等。殷尧藩《九日》："壮怀空投班超笔，久客谁怜季子裘。"亦省作"班笔"。元稹《纪怀赠李六户曹崔十二功曹》："班笔行看掷，黄陂莫漫澄。"崔致远《安化》(补编上)："班笔由来不暗投，旋驱熊隼待封侯。"

【班筆】 见"班超笔"。

【班犀】 斑驳之犀角。喻指竹笋。徐光溥《同刘侍郎咏笋》："迸出班犀数十株，更添幽景向蓬壶。"

【班瑞】 颁赐瑞玉。亦指颁赐祥瑞。钱起《送马使君赴郑州》："喜观班瑞礼，还在偃兵年。"

【班揚】 班固和扬雄的合称。唐诗中常用作咏文才之士的典故。杜甫《壮游》："斯文崔魏徒，以我似班扬。"又《哭台州郑司户苏少监》："班扬名甚盛，嵇阮逸相须。"

【班雉】 即野鸡。因其毛色斑斓，故称。班，通"斑"。杜牧《朱坡》："蟠蛟冈隐隐，班雉草萋萋。"

【班資】 官阶资历。李商隐《送千牛李将军赴阙五十韵》："班资古直阁，勋伐旧西京。"罗隐《寄礼部郑员外》："班资冠鸡舌，人品压龙头。"和凝《宫词百首》之六七："班资最在云霄上，长是先迎日月光。"徐铉《奉和宫傅相公怀旧见寄四十韵》："文辞职业分工拙，流辈班资让后先。"

【班裏】 朝班之中。王建《朝天词十首寄上魏博田侍中》："私从班里来长跪，捧上金杯便合仪。"

【班頭】 官班中之首领。王建《赠人二首》之一："金炉烟里要班头，欲得归山可自由?"

【班錫】 颁赏；分赐。张随《勒赐三相马》："九天班锡礼，三相代劳年。"

【班龍珠】 喻指鹿角。班龙，色彩斑斓之龙，喻指鹿。蜀中酒阁道人《歌》："唯有班龙顶上珠，能补玉堂关下穴。"题注："有许仲源者，问其诗中'班龙珠'何物，云为鹿角。"

【班爵】 官爵。裴休《太平兴龙寺诗》："白衣居士轻班爵，败衲高僧薄世情。"

【班騅】 毛色斑驳之马。李贺《夜坐吟》："红霞稍出东南涯，陆郎去矣乘班骓。"温庭筠《东郊行》："斗鸡舌下东西道，柳覆班骓蝶萦草。"

【班藤】 有斑纹之粗藤。施肩吾《送绝尘子归旧隐二首》之二："班藤为仗草为衣，万壑千峰独自归。"

【班籍】 记录官员姓名、职务之簿籍。亦借指官位。白居易《履道新居二十韵》："辞章留凤阁，班籍寄龙楼。"

【班麟】 传说仙人所乘之麒麟。班，通"斑"。徐铉《步虚词五首》之二："白鹤能为使，班麟解驾车。"

【班鬢】 花白之鬓发。班，通"斑"。韦应物《登蒲塘驿忽想京师旧居追怀昔年》："荏苒班鬓及，梦寝婚宦初。"

七　画

球 〔qiú《广韵》巨鸠切，平尤，群。〕❶美玉名。见"球琳"。❷玉磬。因乐器唯磬用玉，故称磬为球。魏征《享太庙乐章·肃和》："嘉乐斯登，鸣球以咏。"徐浩《谒禹庙》："婆娑非舞羽，镗鞳异鸣球。"顾况《酬漳州张九使君》："促膝坠簪珥，辟幌戛琳球。"元稹《和李校书新题乐府十二首·五弦弹》："千靫鸣镝发胡弓，万片清球击虞庙。"❸泛指圆球状之物。王泛然《寒食篇》："池中弄水白鹇飞，树下抛球彩莺去。"

【球琳】 ❶球与琳。两种美玉名。亦泛指美玉。顾况《游子吟》："层城登云韶，玉府锵球琳。"❷喻贤德之人才。李白《送杨少府赴选》："夫子有盛才，主司得球琳。"❸玉磬。元稹《桐花》："君若事宗庙，拊以和球琳。"

【球琳器】 喻贤能堪大用之人才。元稹《哭吕衡州六首》之二："国待球琳器，家藏虎豹韬。"

琿

〔chē《广韵》迟遮切，平麻，昌。〕见“琿璖”。

【琿璖】 海中之大蚌。亦指其贝壳。欧阳詹《智达上人水精念珠歌》：“穷川极陆难为宝，熟说珲璖持玛瑙。”

現

〔xiàn《广韵》胡甸切，去霰，匣。〕显现；露出。太宗《题龟峰山》：“天开云现瑠璃碧，日落霞明玛瑙红。”杜甫《石妍诗》：“联坳各尽墨，多水递隐现。”刘长卿《登扬州栖灵寺塔》：“江流入空翠，海峤现微碧。”朱庆余《逢山人》：“星月相逢现此身，自然无迹又无尘。”

【現身】 显现、显露身形。顾况《归阳萧寺有丁行者能修无生忍况归命稽首作诗》：“永愿遗世知，现身弥勒前。”元稹《大云寺二十韵》：“现身千佛国，护世四五军。”

理

〔lǐ《广韵》良士切，上止，來。〕❶治理；管理；处理。崔颢《结定襄郡狱效陶体》：“长老不敢言，太守不能理。”刘长卿《送郑说之歙州谒薛侍郎》：“俗变人难理，江传水至清。”孟郊《献江南樊尚书》：“自公理斯郡，寒谷皆变春。”陆龟蒙《奉酬袭美吴中苦雨一百韵》：“所贪既仁义，岂暇理生活？”亦特指理政、政务。阮公体《送友人尉蜀中》：“理闲无别事，时寄一登临。”罗隐《送汝州李中丞十二韵》：“理必资宽猛，谋须借典刑。”❷治。与“乱”相对，谓理政成功，社会安泰。杜甫《奉送王信州崟北归》：“复见陶唐理，甘为汗漫游。”元结《治风诗·至理》：“理何为兮？系修文德。”杨巨源《上刘侍中》：“俗理宁因劝，边城讵假防。”李商隐《行次西郊作一百韵》：“又闻理与乱，在人不在天。”亦指治理成功之地。刘禹锡《送湘阳熊判官孺登府罢归钟陵》：“是时左冯翊，天下第一理。”❸整理；清理。贺朝《从军行》：“闻有何湟客，愔愔理帷帟。”皇甫曾《遇风雨作》：“草草理夜装，涉江又登陆。”卢仝《梳铭》：“有发兮朝朝思理，有身兮胡不如是？”姚月华《怨诗效徐淑体》：“丝棼兮可理，妾心兮焉分。”亦指修饰。韦应物《拟古诗十二首》之八：“清镜理容发，褰帘出深重。”施肩吾《襄阳曲》：“清晨对镜理容色，意欲取郎千万金。”❹犹弄，摆弄。贺知章《晓发》：“江皋闻曙钟，轻枻理还舼。”杜甫《八哀诗·故右仆射相国张公九龄》：“再读徐孺碑，犹思理烟艇。”李幼卿《游烂柯山四首》之一：“拂雾理孤策，薄霄眺层岑。”以上指弄舟、弄鞭，即行船或乘马。韦元甫《木兰歌》：“木兰能承父母颜，却卸巾鞲理丝簧。”和凝《宫词百首》之九九：“扼臂交光红玉软，起来重拟理箜篌。”卓英英《理笙》：“频倚银屏理凤笙，调中幽意起春情。”以上指弄琴，奏乐。❺犹从事、制作。王昌龄《从军行二首》之一：“早知行路难，悔不理章句。”李白《拟古十二首》之一：“闺人理纨素，游子悲行役。”权德舆《祗役江西路上以诗代书寄内》：“一身常抱病，不复理章句。”白居易《秦中吟十首·重赋》：“生民理布帛，所求活一身。”❻调理，调养。白居易《读张籍古乐府》：“下可理情性，卷之善一身。”❼治疗，医治。姚合《寄贾岛》：“渐老病难理，久贫吟益空。”齐己《荆渚病中因思匡庐遂成三百字寄梁先辈》：“自理自可适，他人谁与祛？”❽道理；情理。骆宾王《艳情代郭氏答卢照邻》：“情知唾井终无理，情知覆水也难收。”王维《酬张少府》：“君问穷通理，渔歌入深浦。”白居易《偶然作二首》之二：“此理知甚易，此道行甚难。”《袁仁敬歌》（卷八七四）：“有理无申兮，痛哉安诉陈兮！”亦特指佛理。刘长卿《题虎丘寺》：“久迷空寂理，多为繁华故。”杨巨源《夏日苦热同长孙主簿过仁寿寺纳凉》：“心空得清凉，理证等喧寂。”❾纹理。司空图《诗品二十四则·委曲》：“水理漩洑，鹏风翱翔。”❿天性，本性。见“理性”。

【理人】 治理百姓。张九龄《登郡城南楼》：“谬忝为邦寄，多惭理人术。”韦应物《任鄠令渼陂游眺》：“屡往人独闲，恨无理人术。”姚合《杭州官舍偶书》：“无术理人人自理，朝朝渐觉簿书稀。”韦瓘《留题桂州碧浔亭》：“理人虽切才常短，薄宦都缘命不遭。”

【理王】 使天下大治之君王。元结《二风诗·治风·至理》序：“古有理王，能守清一，以至无刑。”

【理毛】 谓禽以喙梳理羽毛。李端《题郑少府林园》：“枥马方回影，池鹅正理毛。”

【理化】 政理与教化。薛存诚《太学创制石经》：“从此理化成，恩光遍遐迩。”姚合《和门下李相践西蜀相公》：“理化知无外，丞理尽可封。”姚鹄《风不鸣条》：“吾君理化清，上瑞报时平。”

【理心】 调理心性。白居易《卧听法曲霓裳》：“乐可理心应不谬，酒能陶性信无疑。”

【理世】 盛世，天下大治之世。柳宗元《零陵赠李卿元侍御简吴武陵》：“理世固轻士，弃捐湘之湄。”

【理生】 料理生计。杜甫《孟仓曹步趾领新酒酱二物满器见遗老夫》：“理生那免俗，方法报山妻。”韦应物《寓居永定精舍》：“政拙欣罢守，闲居初理生。”又《种瓜》：“率性方卤莽，理生尤自疏。”张祜《寓言》：“理生且自昧，安忍限众徂？”

【理代】 治世。大治之世。权德舆《奉和于司空新卜城南郊居即事书情奉献兼呈李裴相公》：“云龙谐理代，鱼水见深恩。”白居易《德宗皇帝挽歌词四首》之三：“悬知千载后，理代数贞元。”

【理刑】 掌理刑法。皎然《同诸公奉侍祭岳渎使大理卢幼平自会稽回》：“礼秩加新命，朝章笃理刑。”

【理曲】 （—qǔ）犹弄曲。弹奏乐曲。王维《洛阳女儿行》:“戏罢曾无理曲时,妆成只是熏香坐。”刘禹锡《和乐天斋戒月满夜对道场偶咏怀》:“持斋已满招闲客,理曲先闻命小娃。”李叔卿《江南曲》:“含情为君再理曲,月华照出澄江时。”薛蕴《赠郑女郎》:“朝理曲,暮理曲,独坐窗前一片玉。”

【理行】 (—xíng)治行;政绩。韦应物《送雷监赴阙庭》:“雄藩精理行,秘府擢文儒。”权德舆《唐开州文编选寄走笔代书聊书还答》:“下车今几时,理行远芬芳。”

【理兵】 治理军队。周昙《咏史诗·春秋战国门·孙武》:“理国无难似理兵,兵家法令贵遵行。”

【理身】 修身。聂夷中《杂兴》:“理身不知道,将为天地聋。”

【理物】 治理天下百姓。金真德《太平诗》:“统天崇雨施,理物体含章。”

【理命】 ❶犹言命该、理应。白居易《江楼夜吟元九律诗成三十韵》:“天教声烜赫,理合命迍邅。”❷即治命。避高宗李治讳作“理命”。指临终神志清醒时之遗命。白居易《令狐相公与梦得交情素深眷予分亦不浅一闻薨逝相顾泫然旋得未殁前书及诗感而继和》:“前月使来犹理命,今朝诗到是遗文。”

【理京】 治理京城政事。钱起《京兆尹厅前甘棠树降甘露》:“内史用尧意,理京宣惠慈。”

【理性】 ❶天性,本性。元结《演兴四首·讼木魅》:“谅理性之不等,于顺时兮不如。”吕岩《七言》之八一:“自晓谷神通此道,谁将理性欲修真!”❷佛教指先天具足之真如法性。拾得《诗》之十七:“若能悟理性,那由锦绣包?”

【理定】 谓治理天下成功。白居易《新乐府·七德舞》:“功成理定何神速,速在推心置人腹。”

【理居】 建置、打理居舍。元稹《茅舍》:“楚俗不理居,居人尽茅舍。”

【理郡】 治理州政。韦应物《冬至夜寄京师诸弟兼怀崔都水》:“理郡无异政,所忧在素餐。”李曜《赠吴圆》:“经年理郡少欢娱,为习干戈间饮徒。”

【理致】 义理情致。郑薰《赠巩畴》序:“理致明妙,神骨超爽。”

【理家】 治理家政。崔峒《书怀寄王郭李杨判官》:“吏欺从政拙,妻笑理家贫。”杜光庭《纪道德》:“故可以越圆清方浊兮不始不终,何止乎居九流五常兮理家理国?”

【理國】 治理国家。包何《阙下芙蓉》:“一人理国致升平,万物呈祥助圣明。”白居易《新乐府·骠国乐》:“观身理国国可济,君如心兮民如体。”周昙《咏史·春秋战国门·孙武》:“理国无难似理兵,兵家法令贵遵行。”胡权《济川用舟楫》:“还如圣明代,理国用英贤。”

【理訟】 处理讼事。陈子昂《座右铭》:“理讼唯正直,察狱必审情。”

【理琴】 弄琴;奏琴。孟浩然《寒夜》:“理琴开宝匣,就枕卧重围。”沈宇《代闺人》:“百花帘下朝窥镜,明月窗前夜理琴。”

【理棹】 整理船桨。指乘舟远行。张九龄《巡按自漓水南行》:“理棹虽去远,饮冰宁有惜?”刘长卿《湘中忆归》:“终日空理棹,经年犹别家。”

【理道】 治世之道。高适《淇上酬薛三据兼寄郭少府微》:“理道资任贤,安人在求瘼。”韩偓《朝退书怀》:“孜孜莫患劳心力,富国安民理道长。”

【理瑟】 犹奏瑟。杨巨源《大堤曲》:“珍簟华灯夕阳后,当垆理瑟矜纤手。”

【理檝】 整理舟楫。亦指划桨、行船。王勃《深湾夜宿》:“江童暮理楫,山女夜调砧。”杜甫《水会渡》:“篙师暗理楫,歌笑轻波澜。”

【理會】 ❶心理或理解相合。韦应物《郡斋雨中与诸文士燕集》:“理会是非遣,性达形迹忘。”❷犹领悟、心领神会。柳宗元《法华寺石门精舍三十韵》:“理会方在今,神开庶殊曩。”

【理亂】 治与乱。李白《经乱离后赠江夏韦太守良宰》:“误逐世间乐,颇穷理乱情。”韦应物《登高望洛城作》:“坐感理乱迹,永怀经济言。”吕从庆《幽居》:“理乱无闻声,荣辱不相着。”贯休《拟君子有所思二首》之一:“我爱扬子云,理乱皆如凤。”

【理煩】 治理烦杂之事务。钱起《长安客舍赠李行父明府》:“理烦善用简,济猛能兼宽。”

【理源】 道理之本源。李节《赠释疏言还道林寺诗》序:“向非我君洞察理源,其何能复立之?”

【理窟】 义理之渊窟。喻人满腹才学,如贮义理之窖。包融《酬忠公林亭》:“一谈入理窟,再索破幽襟。”李瀚《蒙求》:“张凭理窟,裴颜谈薮。”亦用为咏太常博士之典。罗隐《哭张博士太常》:“只应移理窟,泉下对真长。”

【理髮】 梳理、理顺头发。孟郊《长安羁旅行》:“十日一理发,每梳飞旅尘。”

【理劇】 处理繁杂之政务、事务。崔湜《责躬诗》:“效官已十载,理剧犹未期。”高适《同郭十题杨主簿新厅》:“勿改安卑节,聊闲理剧心。”见“理劇推張”。

【理劇推張】 谓善于处理繁剧政务,可与西汉张敞比美。柳宗元《弘农公以硕德传材屈于诬枉左官三岁复为大僚谨献诗五十韵》:“训刑方命吕,理剧复推张。”

【理論】 论述评说;谈论。方干《赠许牍秀才》:“理论与妙用,皆从人外来。”郑谷《故少师从翁隐岩别墅乱后榛芜遂有追纪》:“理论知清越,生徒得李频。”

【理識】　为政之远见卓识。沈佺期《和户部岑尚书参迹枢揆》:“理识当朝远,文华振古希。”

琇　〔xiù《广韵》息救切,去宥,心。又興久切,上有,以。〕美石。喻贤能之人。萧颖士《江有枫十章》之七:“我友于征,彼郑之子。如琇如英,德音孔明。”

琉　〔liú《集韵》力求切,平尤,來。〕见“琉璃”。

【琉玭】　琉璃与玭瑁。王英《感石浮图又一首》:“琉玭雕莹美,图真琢玉成。”

【琉璃】　❶玉石之一种。可透光,色有绿、黄等多种。崔颢《邯郸宫人怨》:“水晶帘箔云母扇,琉璃窗牖玭瑁床。”岑参《登千福寺楚金禅师法华院多宝塔》:“千家献黄金,万匠磨琉璃。”韩愈、孟郊《城南联句》:“琉璃剪木叶,翡翠开园英。”❷烧制而成的釉料。色多黄或绿,常用于砖瓦或陶器之外层。陆龟蒙《奉和袭美初夏游楞伽精舍次韵》:“薝蔔冠诸香,琉璃代华垩。”见“琉璃瓦”。❸指琉璃瓦。郑嵎《津阳门诗》:“孔雀松残赤琥珀,鸳鸯瓦碎青琉璃。”亦指琉璃砖瓦建筑之宫殿。王建《题台州静隐寺》:“崆峒黯淡碧琉璃,白云吞吐红莲阁。”❹指玻璃。白居易《游悟真寺诗》:“双瓶白琉璃,色若秋水寒。”又《简简吟》:“大都好物不坚牢,彩云易散琉璃脆。”李商隐《蝇蝶鸡麝鸾凤等成篇》:“玳瑁明书阁,琉璃冰酒缸。”❺喻指明洁鲜丽似琉璃之物。(1)喻水波。上官昭容《游长宁公主流杯池二十五首》之十:“玭瑁凝春色,琉璃漾水波。”杜甫《渼陂行》:“天地黤惨忽异色,波涛万顷堆琉璃。”元稹《襄阳为卢窦纪事》:“琉璃玻面月笼烟,暂逐萧郎走上天。”张碧《秋日登岳阳楼晴望》:“漫漫万顷铺琉璃,烟波阔远无鸟飞。”(2)喻竹簟。韩愈《郑群赠簟》:“携来当昼不得卧,一府传看黄琉璃。”(3)喻花朵。孟郊《溧阳唐兴寺观蔷薇花同诸公饯陈明府》:“忽惊红琉璃,千艳万艳开。”(4)喻柳枝。成彦雄《柳枝辞九首》之四:“勾践初迎西子年,琉璃为帚扫溪烟。”❻指以琉璃制成或以琉璃为饰之物。罗隐《故洛阳公镇大梁时隐得游门下聊抒所怀》:“狂抛赋笔琉璃冷,醉倚歌筵玭瑁红。”此指琉璃砚。❼《法华经》谓佛地以琉璃铺成,故后以“琉璃”指佛地、佛门、佛理等。张继《安公房问法》:“试向东林问禅伯,遣将心地学琉璃。”刘禹锡《送慧则法师归上都因呈广宣上人》:“昨日东林看讲时,都人象马蹋琉璃。”徐仲雅《赠齐己》:“一言悟得生死海,芙蓉吐出琉璃心。”见“琉璃地”。

【琉璃上方】　对佛寺住持僧居处之敬称。无可有《春晚喜悟禅师自琉璃上方见过》。

【琉璃瓦】　表面有鲜亮绿色或黄色釉质之瓦。宫殿屋顶多用之。欧阳炯《题景焕画应天寺壁天王歌》:“我闻天王分理四天下,水晶宫殿琉璃瓦。”

【琉璃水】　明亮光滑似琉璃之绿水。裴度、白居易《宴兴化池亭送白二十二东归联句》:“坐弄琉璃水,行登绿缛堆。”

【琉璃地】　指佛地、寺院之地。王维《游化感寺》:“翡翠香烟合,琉璃宝地平。”刘言史《山寺看海榴花》:“琉璃地上绀宫前,发翠凝红已十年。”陈标《僧院牡丹》:“琉璃地上开红艳,碧落天头散晓霞。”李群玉《龙安寺佳人阿最歌八首》之六:“愿扫琉璃地,烧香过一生。”

【琉璃匣】　以琉璃制成之匣。传汉高祖斩白蛇之剑以五色琉璃为匣,后因以指剑匣。郭震《古剑篇》:“琉璃玉匣吐莲花,错镂金环映明月。”李白《留别曹南群官之江南》:“闭剑琉璃匣,炼丹紫翠房。”

【琉璃宫】　佛所居之宫,多指佛寺。鲍溶《怀愿明禅师》:“雪山世界此凉夜,宝月独照琉璃宫。”

【琉璃師】　对高僧之敬称。无可《春晚喜悟禅师自琉璃上方见过》:“琉璃师到城,谈性外诸经。”

【琉璃扇】　扇骨饰以琉璃之扇。温庭筠《洞户二十二韵》:“素手琉璃扇,玄髻玭瑁簪。”

【琉璃眼】　茶名。李泌《赋茶》:“旋沐翻成碧玉池,添酥散出琉璃眼。”

【琉璃椀】　表面有琉璃彩釉之碗。岑参《成之挽歌》:“漫作琉璃碗,淮王误合丹。”

【琉璃硯】　以琉璃玉石制成之砚。或指用以为饰之砚。李白《自汉阳病归寄王明府》:“去岁左迁夜郎道,琉璃砚水长枯槁。”

【琉璃缾】　即琉璃瓶。李洞《宿成都松溪院》:“翡翠鸟飞人不见,琉璃瓶贮水疑无。”

【琉璃盞】　玻璃酒杯。施肩吾《夜宴曲》:“被郎嗔罚琉璃盏,酒入四肢红玉软。”

【琉璃錢】　以琉璃作成之钱形图案。李贺《屏风曲》:“蝶栖石竹根交关,水凝绿鸭琉璃钱。”一说指琉璃小荷叶,因古称新生荷叶为“荷钱”。见叶葱奇编注《李贺诗集》。

【琉璃鏡】　喻指明净之水。白居易《答尉迟少监水阁重宴》:“水轩平写琉璃镜,草岸斜铺翡翠茵。”

琅　〔láng《广韵》鲁當切,平唐,來。〕亦作“瑯”。

【琅玕】　❶美石之似珠玉者。有青色、白色等多种。皎然《杂兴六首》之五:“白云琅玕色,一片生虚无。”郎士元《和王相公题中书丛竹寄上元相公》:“多时仙掖里,色并翠琅玕。”韩愈《秋怀诗十一首》之九:

“空阶一片下，琤若摧琅玕。”李商隐《咏三学山》：“夜看圣灯红菡萏，晓惊飞石碧琅玕。”❷传说中之仙树名。李白《江夏送友人》：“凤无琅玕实，何以赠远游。”杜甫《玄都坛歌寄元逸人》：“知君此计成长往，芝草琅玕日应长。”顾况《谢五郎中见赠琴鹤》：“何由玉女床，去食琅玕英？”❸喻竹。杨巨源《池上竹》：“岁晏琅玕实，心期有风过。”王叡《竹》：“庭竹森疏玉质寒，色包葱碧尽琅玕。”王贞白《洗竹》：“有时记得三天事，自下琅玕节下书。”曹松《山寺引泉》：“劈碎琅玕意有余，细泉高引入香厨。”亦喻指竹簟。杜甫《郑驸马宅宴洞中》：“主家阴洞细烟雾，留客夏簟青琅玕。”❹喻指莹洁如玉之物。李贺《夜饮朝眠曲》：“玉转湿丝牵晓水，熟粉生香琅玕紫。”此喻指面色。崔道融《溪夜》：“积雪消来溪水宽，满楼明月碎琅玕。”此喻指月光。齐己《溪斋二首》之一：“子猷何处在？老尽碧琅玕。”此喻指溪水。❺喻指珍贵美好之物。陈子昂《晦日宴高氏林亭》序：“列珍羞于绮席，珠翠琅玕；奏丝管于芳圃，秦筝赵瑟。”李白《寄远十一首》之十一：“朝共琅玕之绮食，夜同鸳鸯之锦衾。”此喻珍馐美食。杨嗣复《赠毛仙翁》：“九转琅玕必有余，愿乞刀圭救生死。”此喻仙丹。❻喻出众之才华、见识或优美之文辞。李颀《别梁锽》：“庭中犊鼻昔尝挂，怀里琅玕今在无。”护国《伤蔡处士》：“箧中遗草是琅玕，对此空令洒泪看。”贯休《送郑侍郎骞赴阙》：“文章国器尽琅玕，朝骑骎骎岁欲残。”亦以形容诗文声韵铿锵。孟郊《答昼上人止谗作》：“烈烈鸾鹭吟，铿铿琅玕音。”施肩吾《听范玄长吟》：“声声扣出碧琅玕，能使秋猿欲叫难。”❼喻次等之才。自谦之词。李商隐《偶成转韵七十二句赠四同舍》：“蓝山宝肆不可入，玉中仍是青琅玕。”

【琅花】 亦作“琅華”。传说中琅玕仙树所开之花。亦为白花之美称。皮日休《奉和鲁望白菊》：“已过重阳半月天，琅华千点照寒烟。”陆龟蒙《奉和袭美太湖诗二十首·入林屋洞》：“尝闻白芝秀，状与琅花同。”

【琅函】 ❶对书匣之美称。韦庄《李氏小池亭》：“家藏何所宝？清韵满琅函。”贯休《山居诗二十四首》之九：“龙藏琅玕遍九垓，霜钟金鼓振琼台。”❷指经书。吕从庆《赠野僧》：“只今石畔双扉掩，静阅琅函日几章。”

【琅琊子】 指三国蜀诸葛亮。因诸葛亮为琅琊阳都人，故称。陈子昂《赠赵六贞固二首》之二：“昔者琅琊子，躬耕亦慨然。”

【琅琊臺】 台名。在今山东诸城东南琅琊山上，其地滨海。传勾践并吴，欲霸中国，徙都琅琊，起观台于琅琊山上，以望东海。又，秦始皇二十六年（前221），灭齐以为郡，登琅琊山，作层台于其上，名琅琊台，并刻石以记功。见《水经注》卷二六、《史记·秦始皇本纪》。王维《送秘书晁监还日本国》序：“琅琊台上，回望龙门；碣石馆前，敻然鸟逝。”李白《古风》之三：“铭功会稽岭，骋望琅琊台。”徐浩《宝林寺作》：“兹山昔飞来，远自琅琊台。”

【琅華】 见“琅花”。

【琅海】 传说中仙境之海。吴筠《游仙二十四首》之十四：“玉山郁嵯峨，琅海杳无岸。”

【琅書】 仙书；道家之书。皮日休《吴中言情寄鲁望》：“宴时不辍琅书味，斋日难制玉鲙香。”

【琅琅】 ❶象声词。形容声音响亮而清朗。吴筠《步虚词十首》之八：“至乐无箫歌，金玉音琅琅。”温庭筠《蒋侯神歌》：“巫娥传意托悲丝，铎语琅琅理双鬟。”❷形容诗文声韵铿锵。孟郊《答友人》：“落落出俗韵，琅琅大雅词。”

【琅璫】 ❶象声词。象金玉等器物撞击声。杜甫《大云寺赞公房四首》之三：“夜深殿突兀，风动金琅珰。”此指檐铃声。李贺《荣华乐》：“金蟾呀呀兰烛香，军装武妓声琅珰。”此指甲胄声。❷喻指似铃铛状物。唐彦谦《咏葡萄》：“满架高撑紫络索，一枝斜亸金琅珰。”

八 画

琫 〔běng《广韵》邉孔切，上董，幫。〕佩刀刀鞘上之饰物。近刀口者称琫，远刀口者称珌。见“琕琫”。

琵 〔pí《广韵》房脂切，平脂，並。《集韵》頻脂切，平脂，並。〕见“琵琶”。

【琵琶】 弹拨乐器之一种，汉代自西域传入。其状圆体细颈，四柱四弦。本为马上弹奏，故奏时横抱，以拨弹之。后经演变，体近椭圆，改为竖弹，且柱位增多，以指代拨。王翰《凉州词二首》之一：“葡萄美酒夜光杯，欲饮琵琶马上催。”张籍《蛮中》：“玉环穿耳谁家女？自抱琵琶迎海神。”陈去疾《春宫曲》：“抱里琵琶最承宠，君王敕赐玉檀槽。”赵光远《咏手二首》之一：“好是琵琶弦畔见，细圆无节玉参差。”

【琵琶伎】 乐伎名。白居易《哭师皋》：“何日重闻扫市歌，谁家收得琵琶伎？”自注：“又有小伎工琵琶，不知今落何处。”

【琵琶谷】 即琵琶峡。寒山《诗三百三首》之一七七：“送客琵琶谷，携琴鹦鹉洲。”

【琵琶洲】 洲名。在江西余干，以形似得名。施肩吾《宿干越亭》：“琵琶洲上人行绝，干越亭中客思多。”韦庄《饶洲余干县琵琶洲有故韩宾客旧居客有过之感旧因以和吟》:"琵琶洲近斗牛星,鸾凤曾于此放情。"

【琵琶峽】 峡谷名。在巫山中。宋之问《巫山高》:"俯听琵琶峡,平看云雨台。"李白有《送陆判官往琵琶峡》。谭用之《送僧中孚南归》:"琵琶峡口月溪边,玉乳头陀忆旧川。"

【琵琶師】 教人演奏琵琶之师傅。白居易《代琵琶弟子谢女师曹供奉寄新调弄谱》:"琵琶师在九重城,忽得书来喜且惊。"

【琵琶槽】 琵琶上架弦之槽格。白居易《寄献北都留守裴令公》:"银含凿落盏,金屑琵琶槽。"亦代指琵琶。方干《赠美人四首》之一:"才会云雨须别去,语惭不及琵琶槽。"

琴 〔qín《广韵》巨金切,平侵,群。〕❶古代弦乐器之一种。其形窄长。于木质音箱上并排安丝弦五或七根,面板弦侧有标志音位之十三徽,底板有二孔供出音,名"龙池""凤沼"。演奏时右手拨弦,左指按之。李白《山中与幽人对酌》:"我醉欲眠卿且去,明朝有意抱琴来。"刘长卿《送李挚赴延陵令》:"白水弹琴静,看山采菊迟。"李德裕《思山居一十首·题寄商山石》:"聊用支琴尾,宁唯倚病身。"赵嘏《经无锡县醉后吟》:"何须觅陶令,乘醉自横琴。"❷弹琴;使弹琴。见"琴嵇"。❸琴声。杜审言《经行岚州》:"水作琴中听,山疑画里看。"司空曙《春夜山亭》:"夜静琴还静,年春□复春。"白居易《松下赠琴客》:"松寂风初定,琴清夜欲阑。"贯休《拟齐梁酬所知见赠二首》之二:"美如仙鼎金,清如纤手琴。"

【琴几】 放置琴之几案。司空曙《和卢校书文若早入使院书事》:"轩墀湿繁露,琴几指轻埃。"

【琴月】 琴与月。指月下奏琴或听琴。贾岛《寄刘侍御》:"琴月西斋集,如今岂复言?"孟贯《寄张山人》:"琴月相亲夜,更深恋不眠。"

【琴心】 琴音。或指借琴音表达之心情、心意。姚系《五老峰大明观赠隐者》:"故人清和客,默会琴心微。"李贺《有所思》:"琴心与妾肠,此夜断还续。"白居易《和殷协律琴思》:"烦君玉指分明语,知是琴心佯不闻。"李咸用《水仙操》:"琴心不喜亦不惊,安弦缓爪何泠泠。"

【琴曲】 ❶琴谱;以琴弹奏出之乐曲。李峤《奉和初春幸太平公主南庄应制》:"还将石溜调琴曲,更取峰霞入酒杯。"王湾《晚春诣苏州敬赠武员外》:"从来琴曲罢,开匣为君张。"张濯《题舜庙》:"向晚风吹庭下拍,犹疑琴曲韵南薰。"许浑《湖州韦长史山居》:"琴曲少声重勘谱,药丸多忌更寻方。"❷见"琴曲歌辭"。

【琴曲歌辭】 乐府歌辞之一类。指为琴曲配唱之歌辞。《全唐诗》卷二三收《琴曲歌辞》一卷计五十曲一百余首。

【琴材】 制琴之木材。多指桐木。雍陶《孤桐》:"岁晚琴材老,天涯桂叶凋。"陆龟蒙《奉酬袭美秋晚见题二首》之一:"鸟啄琴材响,僧传药味精。"谢邈《谢人惠琴材》:"风撼桐丝带月明,羽人乘醉截秋声。"

【琴匣】 贮放琴之匣。白居易《罢府归旧居》:"石片抬琴匣,松枝阁酒杯。"

【琴言】 谓以琴代言,以琴音表达心意。储光羲《山居贻裴十二迪》:"霜卧眇兹地,琴言纷已违。"

【琴杯興】 弹琴饮酒之雅兴。喻凫《得子侄书》:"无复琴杯兴,开怀向尔同。"

【琴枕】 枕名。以形似琴,故名。张籍《和左司元郎中秋居十首》之四:"就石安琴枕,穿松压酒槽。"

【琴牀】 即琴几,置琴之几案。孟郊《怀南岳隐士》之二:"枫梩揎酒瓮,鹤虱落琴床。"白居易《奉和裴令公新成午桥庄绿野堂即事》:"游丝飘酒席,瀑布溅琴床。"齐己《赠李明府》:"冰痕生砚水,柳影透琴床。"

【琴帙】 琴与书帙。李群玉《赠方处士兼以写别》:"无营傲云竹,琴帙静为友。"

【琴弦】 ❶弦乐器上之弦丝,可弹拨以发声。孟郊《静女吟》:"此志谁与谅?琴弦幽韵重。"灵澈《句》:"窗风枯砚水,山雨慢琴弦。"❷乐伎名。韦庄有《悼杨氏妓琴弦》。

【琴思】 琴声中所表达之思绪。卢纶《春日卧病示赵季黄》:"语少渐知琴思苦,卧多唯觉鸟声喧。"

【琴客】 弹琴之人。崔珏有《席间咏琴客》。

【琴院】 弹琴之庭院。贾岛《寄山友长孙栖峤》:"此时气萧飒,琴院可应关?"

【琴軒】 琴室之窗。皎然《晦夜李侍御萼宅集招潘述汤衡海上人饮茶赋》:"晦夜不生月,琴轩犹为开。"

【琴酌】 弹琴与饮酒。元希声《宴庐十四南园得园韵》(补编):"□然林下意,琴酌坐忘言。"

【琴烏】 指琴曲《乌夜啼》。杜甫《秋日荆南述怀三十韵》:"琴乌曲怨愤,庭鹤舞摧颓。"亦指乌鸦。羊士谔《酬彭州萧使君郡中言怀》:"皋鹤惊秋律,琴乌怨夜啼。"

【琴席】 聆听奏琴之席上。韦应物有《司空主簿琴席》。

【琴酒】 琴与酒。亦指饮酒弹琴。钱起《归故山路逢邻居隐者》:"无因芳杜月,琴酒更相逢。"许浑《东陵赴京道病东归寄卢员外宋魏二先辈》:"不是醉眠愁不散,莫言琴酒学相如。"赵嘏《十无诗寄桂府阳中丞》之一:"琴酒曾将风月须,谢公名迹满江湖。"或指以奏乐助饮之宴席。白居易《自题小园》:"亲宾有时会,琴酒连夜开。"

【琴案】 放置琴之几案。王昌龄《谒焦炼师》："炉春净琴案，松影闲瑶墀。"

【琴書】 琴与书。太宗《帝京篇十首》之七："搴幌玩琴书，开轩引云雾。"孟浩然《题长安主人壁》："枕籍琴书满，褰帷远岫连。"白居易《赠侯三郎中》："幸有琴书堪作伴，苦无田宅可为邻。"杜荀鹤《自叙》："酒瓮琴书伴病身，熟谙时事乐于贫。"亦指弹琴看书。牟融《题朱庆余闲居四首》之三："按剑心犹壮，琴书乐有余。"

【琴堂】 ❶《吕氏春秋·察贤》："宓子贱治单父，弹鸣琴，身不下堂而单父治。"后因以"琴堂"指县署或州衙。亦用为赞地方官善治之典。萧颖士《重阳日陪元鲁山德秀登北城瞩对新霁因以寄别》："赖兹琴堂暇，傲睨倾菊酒。"韦应物《送唐明府赴溧水》："到此安甿俗，琴堂又晏然。"伍乔《僻居谢何明府见访》："公退琴堂动逸怀，闲披烟霭访微才。"齐己《寄当阳张明府》："玉泉神运寺，寒磬彻琴堂。"❷指为纪念宓子贱而造之琴台。高适《宓公琴台诗三首》之二："邦伯感遗事，慨然建琴堂。"❸指汉司马相如之琴台。李贺《答赠》："琴堂沽酒客，新买后园花。"❹泛指弹琴之室。李白《题江夏静修寺》："书带留青草，琴堂幂素尘。"

【琴壶】 琴与酒壶。借指琴与酒。权德舆《韦宾客宅与博士宴集》："簪组欢言久，琴壶雅兴长。"刘禹锡《含辉洞述》："雅步幅巾，琴壶以随。"曹松《罗浮山下》："渔钓未归深竹里，琴壶犹恋落花迹。"

【琴棋】 指弹琴与下棋。郑谷《乖慵》："自得无端趣，琴棋舫子中。"韦庄《梁氏水斋》："独醉任腾腾，琴棋亦自能。"

【琴軫】 琴上可转动以调整弦松紧之小轴。亦以喻石榴籽。白居易《喜山石榴花开》："赤玉何人少琴轸，红缬谁家合罗裤？"又《江亭玩春》："水蒲渐展书带叶，山榴半含琴轸房。"

【琴硯】 琴与砚。俱为表现文人雅兴之物。孟浩然《还山贻湛法师》："平石藉琴砚，落泉洒衣巾。"秦系《寄浙东皇甫中丞》："琴砚共依春酒瓮，云霞覆着破紫篱。"

【琴嵇】 使嵇康弹琴。形容环境适宜，可触发嵇康弹琴之兴。嵇康，三国魏人，善弹琴，所弹《广陵散》，冠绝天下。田游岩《弘农清岩曲有磐可坐宋十一每拂拭待余寄诗赠之》："风来应啸阮，波动可琴嵇。"

【琴筑】 琴与筑。两种弦乐器名。温庭筠《病中书怀呈友人》："质文精等贯，琴筑韵相须。"

【琴尊】 同"琴樽"。卢纶《宴赵氏昆季书院因与会文并率尔投赠》："琴尊方会集，珠玉忽骈罗。"杨巨源《重送胡大夫赴振武》："布惠宣威大夫事，不防诗思许琴尊。"牟融《水西草堂》："吟对琴尊江上月，笑看花木镜中春。"李中《赠海上书记张济员外》："阮瑀不能专笔砚，嵇康唯要乐琴尊。"

【琴窗】 于其下弹琴之窗。王维《东溪玩月》："恍惚琴窗里，松溪晓思难。"

【琴畫】 琴与画。亦泛指文人所爱之雅物。司空图《光启丁未别山》："草堂琴画已判烧，犹托邻僧护燕巢。"

【琴瑟】 ❶琴与瑟。亦偏指琴，或泛指弦乐器。玄宗《首夏花萼楼观群臣宴宁王山亭赋诗》序："鼓之以琴瑟，侑之以筐篚。"杜甫《锦树行》："飞书白帝营斗粟，琴瑟几杖柴门幽。"顾况《宜城放琴客歌》："头髻鬓髯手爪长，善抚琴瑟有文章。"李绅《拜三川守》："改张琴瑟移胶柱，止息笙簧辨鲁鱼。"❷指弹奏琴瑟之声。因《诗·周南·关雎》有"窈窕淑女，琴瑟友之"句，后遂以喻夫妻和谐。徐安贞《程将军夫人挽诗》："琴瑟调以凤，和鸣不独飞。"李郢《为妻作生日寄意》："鸳鸯交颈期千岁，琴瑟谐和愿百年。"周昙《咏史诗·后汉门·鲍宣妻》："但能和乐同琴瑟，未必思情在绮纨。"阎德隐《薛王花烛行》："同心婉娩若琴瑟，更笑天河有灵匹。"❸喻指融洽之友情。陈子昂《春夜别友人二首》之一："离堂思琴瑟，别路绕山川。"

【琴瑟篇】 指《诗·周南·关雎》篇。因其中有"窈窕淑女，琴瑟友之"语，故称。喻指夫妻感情和谐。鲍溶《古意》："肃肃羔羊礼，泠泠琴瑟篇。"

【琴詩】 琴与诗。亦指弹琴与写诗。杨志坚《送妻》："平生志业在琴诗，头上如今有二丝。"白居易《寄献北都留守裴令公》："花月还同赏，琴诗雅自操。"

【琴意】 琴声所表达之意义。宋之问《过中书元舍人山斋》："酒情忽无限，琴意忻有得。"

【琴溪】 见"琴谿"。

【琴臺】 ❶春秋单父宰宓子贱弹琴之台。旧址在今山东单县东南旧城边。传宓子贱鸣琴于堂，身不下堂而单父治，即其地。王维有《酬比部杨员外暮宿琴台率尔见赠之作》。高适有《同群公秋登琴台》。岑参《梁园歌送河南王说判官》："輶轩若过梁园道，应傍琴台闻政声。"❷传汉司马相如为卓文君弹琴之台。旧址在今四川成都浣花溪畔。杜甫《野老》："长路关心悲剑阁，片云何意傍琴台。"岑参《司马相如琴台》："相如琴台古，人去台亦空。"贾岛《送朱休归剑南》："卓氏琴台废，深芜想径通。"吴融《灵池县见早梅》："春日暖时抛笠泽，战尘飞处见琴台。"❸在唐苏州砚石山。颜真卿《刻清远道士诗因而继作》："金气腾为虎，琴台化若神。"许浑《游楞伽寺》："尽日伤心人不见，石榴花满旧琴台。"❹在唐福州（今福建福州）辖境。马戴《送李侍御福建从事》："钓渚龙应在，琴台鹤乱栖。”❺泛指供弹琴之高台。骆宾王《寓居洛滨对雪忆谢二》：“积彩明书幌，流韵绕琴台。”

【琴歌】 ❶乐府琴曲歌辞之一种。张说有《送尹补阙元凯琴歌》。李颀有《琴歌》。❷弹琴而歌。陈子昂《夏日游晖上人房》：“山水开精舍，琴歌列梵筵。”崔融《宝名》：“琴歌待明月，丹石有深期。”

【琴漆】 琴面所涂之漆膜。李商隐《骄儿诗》：“曲躬牵窗网，衉唾拭琴漆。”

【琴劍】 琴与剑。古代文人随身携带之物。薛能《送冯温往河外》：“琴剑事行装，河关出北方。”许棠《哭宣城元微君》：“琴剑今无主，园林旧许谁。”吕岩《西灵观》：“八月秋高气渐清，再携琴剑宿西灵。”

【琴調】 ❶（—diào）琴之音调。顾况《琴歌》：“琴调秋些，胡风绕雪。”黄滔《赠宿松杨明府》：“月狖声和琴调咽，烟村景接柳条春。”❷（—tiáo）调整琴音。皮日休《襄阳闲居与友生夜会》：“旧丝再上琴调晚，坏叶重烧酒暖迟。”

【琴操】 诗体名。为琴曲所作之歌词。韩愈有《琴操》十首。

【琴樽】 琴与酒樽。文人弹琴饮酒之具。张籍《怀别》：“离堂无留客，席上唯琴樽。”温庭筠《感旧陈情五十韵献淮南李仆射》：“琴樽陈席上，纨绮拜床前。”崔道融《江上逢故人》：“故里琴樽侣，相逢近腊梅。”刘兼《访饮妓不遇招酒徒不至》：“琴樽冷落春将尽，帏幌萧条日又斜。”

【琴徽】 琴轴上系弦之绳。张祜《乐静》：“发匣琴徽静，开瓶酒味真。”

【琴谿】 亦作“琴溪”。溪名。在唐江南道宣州泾县（今安徽泾县）东北二十里。源出宁国山中，西流入赏溪。相传仙人琴高于此投药淬化为鱼，故名。邢巨有《游宣州琴溪同武平一作》。李白《宣州长史弟昭赠余琴溪中双舞鹤诗以见志》：“令弟佐宣城，赠余琴溪鹤。”赵嘏《西峰即事献沈大夫》：“山连谢宅余霞在，水映琴溪旧浪春。”

【琴觴】 指琴与酒。白居易《再授宾客分司》：“宾友得从容，琴觞恣怡悦。”

【琴譜】 琴之曲谱。张籍《和陆司业习静寄所知》：“收拾新琴谱，封题旧药方。”皮日休《夏景无事因怀章来二上人二首》之二：“平铺风簟寻琴谱，静扫烟窗著药方。”喻坦之《留别友人书斋》：“巷僻鸟巢低，背俗修琴谱。”

【琴韻】 琴音；琴音中之韵味。李端《晚春过夏侯校书值其沉醉戏赠》：“阮籍供琴韵，陶潜余秫田。”姚合《奉和门下相公雨中寄裴给事》：“飒飒通琴韵，萧萧静竹斋。”魏承班《生查子》词：“琴韵对薰风，有恨和情抚。”

【琴鶴】 琴与鹤。文人雅爱并体现具高尚志趣之物。任鹄《送王正己归山》：“琴鹤同归去，烟霞到处眠。”齐己《寄镜湖方干处士》：“闻君与琴鹤，终日在渔船。”

琶

〔pá《广韵》蒲巴切，平麻，並。〕见“琵琶”。

琪

〔qí《广韵》渠之切，平之，群。〕美玉之一种。见“琪琚”“琪樹”。

【琪木】 即琪树。廖融《梦仙谣》：“琪木扶疏系辟邪，麻姑夜宴紫皇家。”

【琪花】 仙树之花。皮日休《伤开元观顾道士》：“烟凄玉笥封云篆，月惨琪花葬羽衣。”曹唐《小游仙诗九十八首》之二：“万树琪花千圃药，心知不敢辄形相。”罗邺《献池州庾员外》：“琪花玉蔓应相笑，未得歌吟从酒行。”唐求《赠道者》：“饭把琪花煮，衣将藕叶裁。”

【琪花瑤草】 仙境中之花草。王毂《梦仙谣三首》之一：“前程渐觉风光好，琪花片片沾瑶草。”

【琪琚】 玉佩。孟郊《忽不贫喜卢仝书船归洛》：“喃喃肩经郎，言语倾琪琚。”

【琪葩】 传说中玉树之花。皎然《妙喜寺达公禅斋寄李司直等四十二韵》：“桂子何蓂苓，琪葩亦皎洁。”

【琪樹】 ❶传说仙境中之玉树。亦为树之美称。张子容《送苏倩游天台》：“琪树尝仙果，琼楼试羽衣。”钱起《送柳道士》：“不知相忆处，琪树几枝花？”李益《秋晚溪中寄怀大理齐司直》：“昆仑进琪树，飞舞下瑶池。”韦庄《信州溪岸夜吟作》：“一城人悄悄，琪树宿仙禽。”❷树名。羊士谔有《初移琪树》。李绅《新楼诗二十首·琪树》序：“琪树垂条如弱柳，结子如碧珠。三年子可一熟，每岁生者相续。一年绿，二年碧，三年者红。缀于条上，璀错相间。”刘驾有《琪树下因吟六韵呈先达者》。❸喻指风姿如玉之美人。温庭筠《女冠子》词：“雪胸鸾镜里，琪树凤楼前。”

瑛

〔yīng《广韵》於驚切，平庚，影。〕❶玉之光泽。陆龟蒙《江南秋怀寄华寄华阳山人》：“砺缺知予利，磨瑕见璧瑛。”❷美玉。见“瑛球”。

【瑛球】 美玉。喻冰。刘叉《冰柱》：“天人一夜剪瑛球，诘旦都成六出花。”

琳

〔lín《广韵》力桑切，平侵，來。〕美玉。顾况《游子吟》：“层城登云韶，王府锵球琳。”见“琳琅”“琳球”。

【琳法師】 法琳。俗姓陈，颍川（今河南许昌市）人。贞观初年，太宗于南山大和宫旧宅置龙田寺，法琳居之。贞观十三年(629)冬,有人阴陈法琳谤讪皇帝,太宗怒而执之。后敕徙于益部僧寺。行至百牢关菩提寺,因痼疾而卒。见《续高僧传》卷二五《唐终南山龙田寺释法琳传》。毛明素有《与琳法师》。慧净有《和琳法师初春法集之作》。

【琳宫】 ❶仙宫。吴筠《游仙二十四首》之二十:"上元降玉闼,王母开琳宫。"郑畋《题缑山王子晋》:"珠馆青童宴,琳宫阿母朝。"❷道观或学道者山居之美称。殷尧藩《游王羽士山房》:"落日半楼明,琳宫事事清。"

【琳華】 美玉之光彩。李商隐《戊辰会静中出贻同志二十韵》:"蒨灿玉琳华,翱翔九真君。"

【琳球】 ❶两种玉名。泛指美玉。元稹《阳城驿》:"何以持为赠,束帛藉琳球。"❷喻指优秀之人才。虞世南《奉和至寿春应令》:"天文徒可仰,何以厕琳球。"顾况《酬漳州张九使君》:"促膝坠簪珥,辟幌戛琳球。"

【琳琅】 亦作"琳瑯"。❶琳与琅玕。美玉与似玉之美石。泛指玉石。储光羲《贻丁主簿仙芝别》:"骅骝多逸气,琳瑯有清响。"元稹《代曲江老人百韵》:"琳瑯铺柱础,葛藟茂河潰。"❷南朝宋刘义庆《世说新语·容止》:"有人诣王太尉,遇安丰、大将军、丞相在坐,往别屋见季胤、平子。还语人曰:'今日之行,触目见琳琅珠玉。'"后因以"琳琅"喻优秀之人才。杜甫《送鲜宇万州迁巴州》:"京兆先时杰,琳琅照一门。"丘为《答韩文》:"畴昔主司曾见知,琳琅丛中拔一枝。"卢纶《秋幕中夜独坐呈同院诸公》:"琳琅多谋蕴,律吕更相宜。"刘禹锡《送王师鲁协律赴湖南使幕》:"素风传竹帛,高价聘琳琅。"❸喻优美之诗文、言词。杜甫《桥陵诗三十韵因呈县内诸官》:"绮绣相展转,琳琅愈青荧。"韩愈《调张籍》:"平生千万篇,金薤垂琳琅。"白居易《渭村退居寄礼部崔侍郎翰林钱舍人诗一百韵》:"齐竽混韶夏,燕石厕琳琅。"李群玉《自澧浦东游江表途出巴丘投员外从公虞》:"文襟即玄圃,笔下成琳琅。"❹形容建筑之华贵富丽。王翰《古蛾眉怨》:"琳琅禁闼遥相忆,紫翠岩房昼不开。"❺喻珍美之饮食。唐彦谦《蟹》:"充盘煮熟堆琳琅,橙膏酱渫调堪尝。"

【琳瑯】 同"琳琅"。

【琳瑯姿】 玉姿。形容俊爽不凡之风姿。独孤及《送陈兼应辟兼寄高适贾至》:"贾生去洛阳,焜燿琳瑯姿。"

【琳館】 仙馆;仙宫。吕岩《沁园春》词:"琳馆清标,琼台丽质,何年天上飞来?"

琢 ❶磨治、雕镂玉石。李贺《老夫采玉歌》:"采玉采玉须水碧,琢作步摇好颜色。"叶季良《赋得琢玉成器》:"荆人献始遇,良匠琢初成。"温庭筠《病中书怀呈友人》:"岂意观文物,何劳琢碔砆。"丁居晦《琢玉》:"琢来闻制器,价衒胜连城。"❷比喻精心修饰文辞或修炼德业。李白《古风》之三十:"大儒挥金推,琢之诗礼间。"皎然《奉和颜使君真卿修韵海毕会诸文士东堂重校》:"亲承大匠琢,况睹颓波振。"李频《长安书情投知己》:"精华搜未竭,骚雅琢须全。"齐己《谢王先辈湘中回示卷轴》:"少小即怀风雅情,独能遗像琢淳精。"❸通"椓",指割去男性生殖器。见"琢斲"。

【琢切】 切磋琢磨。韩愈《雨中寄孟刑部几道联句》:"温存感深惠,琢切奉明诚。"

【琢玉】 ❶琢磨玉石;雕琢玉器。李程《玉壶冰》:"琢玉性唯坚,成壶体更圆。"白居易《见萧侍御忆旧山草堂诗因以继和》:"琢玉以为架,缀珠以为笼。"王英《感石浮图又一首》:"琉玳雕莹美,图真琢玉成。"❷喻修饰加工文辞,或比喻砺学以造就人才。钱起《送任先生任唐山丞》:"琢玉成良器,出门偏怆离。"又《送张参及第还家》:"大学三年闻琢玉,东堂一举早成名。"喻坦之《陈情献中丞》:"五言非琢玉,十载看莺迁。"

【琢石】 琢磨雕制石器。王英《感石浮图》:"树福金岩顶,粧严琢石成。"

【琢句】 修饰加工诗文字句。贯休《寄匡山纪公》:"寄言无别事,琢句似终身。"

【琢枕】 将石材琢磨成枕。皎然《桃花石枕歌赠康从事》:"何人琢枕持赠君,片片桃花开未落。"

【琢珉】 琢磨珉石。钱起《石白枕》:"琢珉胜水碧,所贵素且贞。"

【琢斲】 割势斫筋。泛指酷刑。琢,通"椓",指宫刑。柳宗元《贞符》序:"琢斲屠剔膏流节离之祸不作,而人乃克完平舒愉。"

【琢詩】 精心琢磨加工诗句。林宽《哭栖白供奉》:"琢诗方到骨,至死不离贫。"

【琢磨】 ❶磨治、镂刻玉石。钱起《玛脑杯歌》:"宁及琢磨当妙用,燕歌楚舞长相随。"张惟俭《赋得西戎献白玉环》:"幸承提佩宠,多惭琢磨功。"陈标《焦桐树》:"若使琢磨徽白玉,便来风律轸青瑶。"辛宏《白珪无玷》:"琢磨欣大匠,还冀动连城。"❷喻指磨炼意志、修养道德学业。杜甫《湖中送敬十使君适广陵》:"遭乱实漂泊,济时曾琢磨。"韦应物《赠别河南李功曹》:"故人方琢磨,瓌朗代所稀。"薛能《下第后春日长安寓居二首》之二:"犹将琢磨意,更欲侯宗师。"周昙《咏史·三代门·太康》:"师保何人为琢磨,安知父祖苦辛多。"❸喻修饰加工诗文、言词。卢纶《宴赵氏昆季书院因与会文并率尔投赠》:"诗礼挹余波,相欢在琢磨。"贾岛《送崔峤游潇湘》:"功烈尚书孙,琢磨风雅言。”郑谷《予尝有雪景一绝段赞善忽为图画，以诗谢之》：“属兴同吟咏，成功更琢磨。”

琖 饰玉之爵。亦泛指玉盏或酒杯。元稹《通州丁溪馆夜别李景信三首》之一：“蠡盏覆时天欲明，碧幌青灯风滟滟。”刘禹锡《刘驸马水亭避暑》：“琥珀盏红疑漏酒，水晶帘莹更通风。”

琲 〔bèi《广韵》蒲罪切，上贿，並。〕珠串。见“琲瓃”。

【琲瓃】 成串之玉珠。喻指圆粒状之叶苞、蓓蕾。卢仝《走笔谢孟谏议寄新茶》：“仁风暗结珠琲瓃，先春抽出黄金芽。”

琥 〔hǔ《广韵》呼古切，上姥，曉。〕见“琥珀”。

【琥珀】 ❶松树脂之化石。色淡黄或红褐。古代用为珍贵之饰品。《老君玉策》云：“松脂入地千年作茯苓，茯苓千年作琥珀。”李白《酬中都小吏携斗酒双鱼于逆旅见赠》：“鲁酒若琥珀，汶鱼紫锦鳞。”李绅《新楼诗二十首·琪树》：“徒使茯苓成琥珀，不为松老化龙鳞。”郑嵎《津阳门诗》：“孔雀松残赤琥珀，鸳鸯瓦碎青琉璃。”刘廷坚《观岳寿寺松因课留题》：“根盘藓石龙形老，乳滴金沙琥珀香。”❷指色如琥珀之美酒。李贺《残丝曲》：“绿鬓年少金钗客，缥粉壶中沉琥珀。”白居易《荔枝楼对酒》：“荔枝新熟鸡冠色，烧酒初开琥珀香。”皮日休《酒中十咏·酒樽》：“少恐消醍醐，满拟烘琥珀。”贯休《送吏部刘相公除东川》：“酒倾红琥珀，马控白麒麟。”❸指琥珀枕。吴融《倒次元韵》：“枕凉歌琥珀，簟洁展麒麟。”

【琥珀枕】 以琥珀制成之枕。李白《白头吟》：“且留琥珀枕，或有梦来时。”李商隐《偶题二首》之一：“水文簟上琥珀枕，旁有堕钗双翠翘。”

【琥珀盃】 盛琥珀酒之杯。亦为酒杯之美称。陈元光《漳州新城秋宴》：“琥珀杯方酌，鲛绡席未尘。”

【琥珀珠】 以琥珀制成之念珠。皮日休《冬晓章上人院》：“琥珀珠粘行处雪，棕榈帚扫卧来云。”

【琥珀酒】 色红褐如琥珀之美酒。张说《城南亭作》：“北堂珍重琥珀酒，庭前列肆茱萸席。”王维《登楼歌》：“琥珀酒兮雕胡饭，君不御兮日将晚。”

【琥珀釵】 饰有琥珀之发钗。罗虬《比红儿诗》之四五：“琥珀钗成恩正深，玉儿妖惑荡君心。”

琤 〔chēng《广韵》楚庚切，平庚，初。又楚耕切，平耕，初。〕象声词。多形容玉声，亦形容清越似玉器相击之声。韩愈《秋怀诗十一首》之九：“空阶一片下，琤若摧琅玕。”见“琤琤”“琤瑽”。

【琤琤】 象声词。象击玉之声或清越之声。孟郊《听琴》：“前溪忽调琴，隔林寒琤琤。”白居易《和令狐仆射小饮听阮咸》：“落盘珠历历，摇珮玉琤琤。”李郢《长安夜访澈上人》：“琤琤晓漏喧秦禁，漠漠秋烟起汉陵。”胡宿《天街晓望》：“金波穆穆沙堤月，玉树琤琤上苑风。”

【琤然】 发出清脆之声音。陆龟蒙《自遣诗三十首》之六：“玉芝敲折琤然坠，合有真人上姓名。”

【琤瑽】 象声词。象击玉之声或清脆似击玉之声。刘禹锡《牛相公见示新什依韵抒情》：“玉柱琤琮韵，金觥雹突棱。”殷文圭《玉仙道中》：“山势北蟠龙偃蹇，泉声东漱玉琤瑽。”

【琤鎗】 象声词。象击玉之声或清越似击玉之声。元稹《献荥阳公诗五十韵》：“卫磬琤鎗极，齐竽潜滥偏。”

【琤觸】 相撞触而发出清脆之声。皮日休《吴中苦雨一百韵寄鲁望》：“龙光倏闪照，虬角掐琤触。”

琱 〔diāo《广韵》都聊切，平蕭，端。〕本义为治玉。引申指雕刻、雕饰。见“琱戈”“琱輿”。

【琱弓】 雕饰花纹之弓。太宗《帝京篇十首》之三：“弓写明月，骏马疑电流。”王维《赠裴旻将军》：“腰间宝剑七星文，臂上雕弓百战勋。”欧阳詹《送张骠骑邠宁行营》：“宝马雕弓金仆姑，龙骧虎视出皇都。”薛逢《送灵州田尚书》：“霜中入塞雕弓硬，月下翻营夜帐寒。”

【琱戈】 雕镂有花纹之戈。太宗《出猎》：“雕戈夏服箭，羽骑绿沈弓。”高适《部落曲》：“雕戈蒙豹尾，红旆插狼头。”权德舆《送张仆射朝见毕归镇》：“青光照目青门曙，玉勒雕戈拥驺驭。”罗隐《寄酬邺王罗令公五首》之一：“坐调金鼎尊明主，横把雕戈拜列侯。”亦喻指持戈之士兵。欧阳询《道失》：“雕戈动地来，误杀陈后主。”

【琱文】 雕刻花纹。蔡孚《打球篇》：“金锤玉蓥千金地，宝杖雕文七宝毬。”

【琱琢】 磨治雕缕。韦应物《行路难》：“良工雕琢双连环，月蚀中央镜心穿。”

【琱臺】 殿台之美称。王勃《游梵宇三觉寺》：“杏阁披青磴，雕台控紫岑。”此指寺殿所居之高台。

【琱鋋】 雕花之铁柄短矛。李峤《戈》：“晓霜含白刃，落影驻雕铤。”

【琱輦】 玉辇。饰有玉刻花纹之车辇。亦为车驾之美称。宗楚客《奉和幸上阳宫侍宴应制》：“向夕回雕辇，佳气满岩泉。”赵彦昭《奉和幸大荐福寺》：“刹凤迎雕辇，幡红驻彩旗。”

【琱鞍】 饰有花纹之马鞍。借指装饰华丽之马。则天皇后《石淙》：“且驻欢筵赏仁智，雕鞍薄晚杂尘飞。”

【琱盤】 雕饰有花纹之食盘。张说《岳州宴姚绍文》：“翠斝吹黄菊，雕盘鲙紫鳞。”卢纶《春日喜雨奉和马侍中宴白楼》：“艳艳风光呈瑞岁，泠泠歌颂振雕盘。”司空曙《长林令卫象饧丝结歌》：“主人雕盘盘素丝，寒女眷眷墨子悲。”杨巨源《和吕舍人喜张员外自北番回至境上先寄二十韵》：“毳庐同甲帐，韦橐比雕盘。”

【琱履】 犹玉履。张说《安乐郡主花烛行》：“罽茵饰地承雕履，花烛分阶移锦帐。”

【琱璫】 雕饰之珠珰。本为汉宦官、武官之冠饰，后亦借指高官。谭用之《河桥楼赋得群公夜宴》：“杯粘紫酒金镙重，谈转雕珰玉尘空。”

【琱輿】 饰有雕玉之车舆。多为车驾之美称。苏味道《嵩山石淙侍宴应制》：“雕玙藻卫拥千官，仙洞灵溪访九丹。”赵彦昭《人日侍宴大明宫应制》：“宝契无为属圣人，雕玙出幸玩芳辰。”

琮 〔cóng《广韵》藏宗切，平冬，從。〕❶玉器名。方柱形，中有圆孔。古代用为祭礼之礼器，亦用为发兵之符节。《郊庙歌辞·周郊祀乐章·昭顺乐》：“云门孤竹，苍璧黄琮。”❷喻指才德美好之人。李群玉《始忝四座奏状闻荐蒙恩擢官言怀纪事》：“自顾珉玞璞，何缘侣圭琮？”见“琮璜❷”。❸象声词。见“琮琤”。

【琮玉】 端玉名。古代以黄琮玉为祭地之礼器。贺知章《唐禅首山乐章·肃和》：“礼以琮玉，荐厥茅藉。”

【琮琤】 象声词。象击玉之清脆声。韩愈、孟郊《城南联句》：“竹影金琐碎，泉音玉琮琤。”潘存实《赋得玉磬如乐》：“后夔如为听，从此振琮琤。”郑损《玉声亭》：“汉佩琮琤寒溜雨，秦萧缥缈夜敲风。”

【琮璜】 ❶琮与璜。古代祭祀或朝聘时所用之玉质礼器。《周郊祀乐章·治顺乐》：“黼黻龙衣备，琮璜宝器完。”❷喻指美好之才德或文词。刘禹锡《送张盥赴举诗》：“火后见琮璜，霜余识松筠。”陆龟蒙《江南秋怀寄华阳山人》：“琮璜陈始毕，韶真教始成。”

【琮璧】 玉琮和玉璧。泛指玉制礼器或喻指珍异之物。刘禹锡《游桃源一百韵》：“赐宴聆萧韶，侍祠阅琮璧。”又《和令狐相公九日对黄白二菊花见怀》：“琮璧交辉映，衣裳杂彩章。”

琯 〔guān《广韵》古滿切，上緩，見。〕玉制之律管。古乐器名，有六孔。用以定音，亦以候律。魏征《五郊乐章·肃和》：“律国玉琯，星回金度。”杜甫《小至》：“刺绣五纹添弱线，吹葭六管动浮灰。”元稹《何满子歌》：“我来湖外拜君侯，正值灰飞仲春琯。”李商隐《昭肃皇帝挽歌辞三首》之三：“莫验昭华琯，虚传甲帐神。”

琬 〔wǎn《广韵》於阮切，上阮，影。又烏貫切，去换，影。〕上端呈环形之圭玉。古代用为符节。亦为碑石之美称，或以喻美好之品德或文辞。见“琬琰”。

【琬琰】 ❶琬与琰。两种圭玉名。亦泛指美玉。郑畋《题缑山王子晋庙》：“露坛装琬琰，真像写松乔。”❷碑石之美称。杜甫《秋日夔府咏怀奉寄郑监李宾客一百韵》：“顾恺丹青列，头陀琬琰镌。”范的《时在育王寺书石字奉酬□丞使君寄赠四韵依次用本韵》：“风雪文章里，书镌琬琰中。”贯休《上荆南府主三让德政碑》：“一从寇灭二十年，琬琰雕镌赐重叠。”❸喻美好之文辞或才德。李夷简《西亭暇日书怀十二韵献上相公》：“琬琰富佳什，池台想旧游。”柳宗元《弘农公屈于诬枉左官三岁复为大僚谨献诗以毕微志》：“火炎侵琬琰，鹰击谬鸾凰。”❹形容山宛然隆起之状。韩愈《陪杜侍御游湘西两寺独宿有题一首因献杨常侍》：“深林高玲珑，青山上琬琰。”

瑯 同“琅”。

琛 〔chēn《广韵》丑林切，平侵，徹。〕珍宝。亦泛指珍异之物。杜甫《风疾舟中伏枕书怀三十六韵奉呈湖南亲友》：“吾安藜不糁，汝贵玉为琛。”顾况《游子吟》：“引烛窥洞穴，凌波睥天琛。”张彧《赵郡南石桥铭》：“穷琛莫算，盈纪方就。”吕岩《五言》之一三：“要贪天上宝，须去世间琛。”

【琛怪】 珍奇怪异之物。顾况《曲龙山歌》：“其下琛怪之所产，其上灵栖复无限。”

【琛異】 珍异宝贵之物。韩愈《晚秋郾城夜会联句》：“穷天贡琛异，匝海赐酺醵。”

【琛賮】 进贡之宝物财货。李峤《安辑岭表事平罢归》：“衣裳会百蛮，琛赆委重关。”窦常《奉送职方崔员外摄中丞新罗册使》：“便随琛赆入，正朔在中华。”陆龟蒙《新秋月夕客有自远相寻者作吴体二首以赠》之二：“三吴烟雾且如此，百越琛赆来何时。”

九 画

瑟 〔sè《广韵》所櫛切，入櫛，生。〕❶弹拨乐器名。状似琴。古瑟有五十弦、二十五弦与十五弦者多种。今瑟通常为二十五弦，亦有十六弦者。每弦下有一柱，凭柱之移动以定其音高。徐延寿《南州行》：“弄瑟娇垂幌，迎人笑下堂。”杜甫《锦树行》：“飞书白帝营斗粟，琴瑟几杖柴门幽。”鲍溶《倚瑟行》：“高歌倚瑟流清悲，徐乐哀生知为谁。”吴融《御沟十六韵》："鼓宜尧女瑟，盈必蔡姬舟。"❷明洁貌。张说《凯安三首》之一："瑟彼瑶爵，亚维上公。"李纾《让皇帝庙乐·酌献》："洁此宗彝，瑟彼圭瓒。"

【瑟弦】 瑟上之弦。借指弦乐器。曹松《僧院松》："此木韵弥全，秋霄学瑟弦。"

【瑟瑟】 ❶宝石名。色青黄。杜甫《石笋行》："雨多往往得瑟瑟，此事恍惚难明论。"张碧《答张郎中分寄翰林贡余笔歌》："手擎瑟瑟三十斗，博罗天上书黄庭。"欧阳炯《南乡子》词之五："耳坠金镮穿瑟瑟，霞衣窄，笑倚江头招远客。"❷指青黄色或碧色。白居易《出府归吾庐》："出游爱何处，嵩碧伊瑟瑟。"方干《孙氏林亭》："瑟瑟林排全巷竹，猩猩血染半园花。"殷文圭《题吴中陆龟蒙山斋》："花心露洗猩猩血，水面风披瑟瑟罗。"崔橹《和友人题僧院蔷薇花三首》之一："何人移得在禅家，瑟瑟枝条簇簇霞。"❸寒凉貌。雍陶《和河南白尹西池北新葺水斋招赏十二韵》："座中寒瑟瑟，床下细泠泠。"李群玉《秋怨》："瑟瑟凉海气，西来送愁容。"❸凄清萧瑟貌。刘希夷《捣衣篇》："秋天瑟瑟夜漫漫，夜白风清雨露污。"萧颖士《过河滨和文学张志尹》："瑟瑟寒原著，冷风吹衣襟。"白居易《琵琶引》："浔阳江头夜送客，枫叶荻花秋瑟瑟。"李群玉《小弟艎南游近书来》："停停倚门念，瑟瑟风雨夕。"❹指绿茶。秦韬玉《采茶歌》："天柱香芽露香发，烂研瑟瑟穿荻蔑。"❺象声词。象风声。卢照邻《早度风水岭》："瑟瑟松风急，苍苍山月团。"李颀《郑樱桃歌》："鸣鞞走马接飞鸟，铜驼瑟瑟随去尘。"元稹《台中鞫狱忆开元观旧事呈损之》："绕院松瑟瑟，通畦水潺潺。"齐己《升天行》："幢盖飘摇入冷空，天风瑟瑟星河动。"

【瑟瑟钗】 以瑟瑟宝石制成之发钗。温庭筠有《瑟瑟钗》诗云："翠染冰轻透露光，堕云孙寿有余香。"

【瑟瑟塵】 亦作"瑟瑟香塵"。喻绿茶。白居易《山泉煎茶有怀》："坐酌泠泠水，看煎瑟瑟尘。"崔珏《美人尝茶行》："云鬟枕落困春泥，玉郎为碾瑟瑟尘。"崔道融《谢朱常侍寄贶蜀茶剡纸二首》之一："瑟瑟香尘瑟瑟泉，惊风骤雨起炉烟。"

【瑟瑟羅】 绿色之丝罗。喻指碧波。殷文圭《题吴中陆龟蒙山斋》："花心露洗猩猩血，水面风披瑟瑟罗。"

【瑟僩】 矜庄宽大貌。韩愈《赠张籍》："召令吐所记，解摘了瑟僩。"

【瑟調】 瑟所弹出之曲调。杨衡《将之荆州南与张伯刚马总钟陵夜别》："烛花侵雾暗，瑟调寒风亮。"

【瑟縮】 蜷屈貌；局促貌。韩愈《孟东野失子》："地祇为之悲，瑟缩久不安。"

【瑟韻】 瑟曲。亦指琴瑟之韵调。刘沧《访友人郊居》："休弹瑟韵伤离思，已有蝉声报夏初。"

璹 同"玳"。

【璹梁】 玳瑁为饰之梁。亦为画梁之美称。李商隐《谑柳》："璹梁谁道好，偏拟映卢家。"

【璹瑁】 同"玳瑁"。李商隐《蝇蝀鸡麝鸾凤等成篇》："璹瑁明书阁，琉璃冰酒缸。"

瑚 〔hú《广韵》户吴切，平模，匣。〕❶古代宗庙礼器名。用以盛黍稷以祭供用。见"瑚琏""瑚簋"。❷见"珊瑚"。

【瑚璉】 盛黍稷之宗庙礼器名。《论语·公冶长》："子贡问曰：'赐也何如?'子曰：'汝，器也。'曰：'何器也?'曰：'瑚琏也。'"后因以喻指安邦治国之大才。杜甫《水宿遣兴奉呈群公》："嶷嶷瑚琏器，阴阴桃李蹊。"韩愈《答张彻》："冏冏抱瑚琏，飞飞连鹡鸰。"浩虚舟《赋得琢玉成器》："伫当亲捧握，瑚琏幸齐名。"元稹《青云驿》："谓言青云具，瑚琏杂象犀。"

【瑚簋】 犹瑚琏，宗庙中盛黍稷之礼器。褚亮《享先农乐章·肃和》："樽彝既列，瑚簋方荐。"

瑊 〔jiān《广韵》古咸切，平咸，見。又職深切，平侵，章。〕次于玉之坚石。皮日休《江南书情二十韵寄秘阁韦校书贻之商洛宋先辈垂文二同年》："孤竹宁收笛，黄琮未作瑊。"陆龟蒙《和袭美江南书情二十韵寄秘阁韦校书商洛宋先辈次韵》："大乐宁忘缶，奇工肯顾瑊。"

瑁 〔mào《广韵》莫沃切，入沃，明。又莫佩切，去隊，明。又莫報切，去號，明。〕见"玳瑁"。

瑞 〔ruì《广韵》是僞切，去寘，禪。〕❶本义指用为符信之玉。引申指祥瑞，即作为吉祥征兆之某些自然现象。太宗《喜雪》："怀珍愧隐德，表瑞伫丰年。"孟浩然《和张丞相春朝对雪》："不睹丰年瑞，焉知燮理才。"顾非熊《送信州卢员外兼寄薛员外》："德茂荣方渐，仁深瑞必呈。"杜荀鹤《清溪来明府出二子请诗因遗一绝》："若向吾唐作双瑞，便同祥凤与祥麟。"❷作祥瑞；使受吉祥。崔日用《奉和圣制龙池篇》："操环昔闻迎夏启，发匣先来瑞有虞。"幸夤逊《云》："横天未必朋元恶，捧日还曾瑞至尊。"吴清妻《仙诗五首》之五："道合云霄游紫府，湛然真境瑞皇家。"

【瑞木】 连理木。古谓王者德泽纯洽、八方合一则生。李绅《寿阳罢郡日有诗十首·别连理木》："垂阴敢慕甘棠叶，附干将呈瑞木符。"

【瑞犬】 对犬之美称。喻指枸杞树根。刘禹锡《楚州开元寺北院枸杞临井繁茂可观群贤赋诗因以继和》："枝繁本是仙人杖，根老新成瑞犬形。"

【瑞日】 对太阳之美称。钱起《和李员外扈驾幸温泉宫》:"雪霁山门迎瑞日,云开水殿候飞龙。"亦指吉祥之太阳。广宣《早秋降诞日献寿二首应制》之一:"绕殿祥风起,当空瑞日悬。"

【瑞月】 吉祥之月。张仲素《圣明乐》:"九陌祥烟合,千春瑞月明。"

【瑞玉】 本指诸侯朝聘时所执之玉,后亦泛指美玉。天宝时人《玉龙子诗》:"圣运潜符瑞玉龙,自兴云雨更无踪。"方干《酬将作于少监》:"冰丝织络经心久,瑞玉雕磨措手难。"

【瑞石】 象征吉祥之美石。贯休《寿春节进》:"始闻呈瑞石,又报产灵芝。"自注:"瑞石放光,灵芝生野。"

【瑞光】 吉祥之光。权德舆《和张秘监阁老献岁过蒋大拾遗因呈两省诸公》:"竹风晴翠动,松雪瑞光鲜。"常楚志《祖龙行》:"墓接骊山土未干,瑞光已向芒砀起。"雍陶《永乐殷尧藩明府县池嘉莲咏》:"青蘋白石匣莲塘,水里莲开带瑞光。"李山甫《代张孜幻梦李白歌》:"瑞光闪烁天关开,五云着地长裾来。"

【瑞年】 吉祥之年。指风调雨顺之丰年。李峤《游禁苑陪幸临谓亭遇雪应制》:"六出迎仙藻,千箱答瑞年。"

【瑞色】 吉祥之光色。裴光庭《奉和御制左丞相说右丞相璟太子少傅乾曜同日上官命宴都堂赐诗》:"天文悬瑞色,圣酒泛华茵。"皎然《晨登乐游原望终南积雪》:"寒空标瑞色,爽气袭皇州。"张碧《鸿沟》:"新丰瑞色生楼台,西楚韩蒿哭愁鬼。"徐夤《放榜日》:"花浮酒影彤霞烂,日照衫光瑞色鲜。"

【瑞芝】 对灵芝草之美称。古谓灵芝象征吉祥,故称。杜甫《桥陵诗三十韵因呈县内诸官》:"瑞芝产庙柱,好鸟鸣岩扃。"张祜《寓游扬州》:"坊期瑞芝宿,阁诣庆云登。"

【瑞花】 ❶吉祥灵异之花。孟浩然《来阇黎新亭作》:"瑞花长自下,灵药岂须栽。"❷瑞雪;雪花。骆宾王《咏雪》:"龙云玉叶上,鹤雪瑞花新。"许浑《蒙河南刘大夫见示与张吏部喜雪酬唱辄敢攀和》:"瑞花琼树合,仙草玉苗深。"

【瑞物】 吉祥之物。李绅有《寿阳罢郡日有诗十首与追怀不殊今编于后兼纪瑞物》。

【瑞金】 祥瑞之金。苏味道《咏虹》:"逸照含良玉,神花藻瑞金。"

【瑞星】 吉星。传说此星现,则应验吉祥之事。杜光庭《赠人》:"静神凝思仰青冥,此夕长天降瑞星。"

【瑞香】 祥瑞之香花。曹唐《小游仙诗九十八首》之三三:"芝蕙芸花烂漫春,瑞香烟露湿衣巾。"

【瑞風】 吉祥之风。陈标《赠元和十三年登第进士》:"眼看鱼变辞凡水,心逐鹏飞出瑞风。"曹唐《小游仙诗九十八首》之五一:"碧瓦铜轩月殿开,九天花落瑞风来。"和凝《宫词百首》之三:"中兴殿上晓光融,一炷天香舞瑞风。"

【瑞亭】 亭名。在唐岭南道容州(今广东合浦)。陈陶《和容南韦中丞题瑞亭白燕白鼠六眸龟嘉莲》:"伏波恩信动南夷,交趾喧传四瑞时。"

【瑞馬】 马之美称。李峤《玉》:"方水晴虹媚,常山瑞马嘶。"

【瑞草】 ❶指灵芝、蓂荚等古人以为吉祥灵异之草。钱起《过瑞龙观道士》:"白鹿顾瑞草,骊龙蟠玉泉。"杨衡《赋得直如朱丝弦》:"瑞草人空仰,王言世久行。"杜牧《题茶山》:"山实东吴秀,茶称瑞草魁。"❷喻指人杰。姚合《哭贾岛二首》之一:"岂料文章远,那知瑞草秋。"

【瑞麥】 穗作两枝或异株同穗之麦。旧谓此麦生为盛世之吉兆,故称。张聿《余瑞麦》:"瑞麦生尧日,芃芃雨露偏。"白居易《新乐府·牡丹芳》:"今年瑞麦分两岐,君心独喜无人知。"陆龟蒙《风人诗四首》之一:"一心如瑞麦,长作两岐分。"

【瑞時】 犹吉时,良时。谭用之《寄友人》:"穴凤瑞时来却易,人龙别后见何难。"

【瑞氣】 祥瑞之气。《晋书·天文志》谓瑞气有庆云、归邪、昌光三种,皆应吉祥之事而生。后亦泛指吉祥之气。太宗《重幸武功》:"瑞气萦丹阙,祥烟散碧空。"许景先《奉和御制春台望》:"瑞气朝浮五云阁,祥光夜吐万年枝。"徐敞《赋得金茎露》:"岧峣捧瑞气,宠迸出宫城。"李嵘《献淮南师》:"鸡树烟含瑞气凝,凤池波待玉山澄。"

【瑞狼】 指白狼。王棨《咏白》:"曳练闻良马,衔钩见瑞狼。"

【瑞容】 祥瑞之容色、状貌。令狐楚《青云干吕》:"瑞容惊不散,冥感信稀闻。"

【瑞雪】 兆示丰年之好雪。宗楚客《奉和圣制喜雪应制》:"飘飘瑞雪下山川,散漫轻飞集九埏。"孟浩然《寒夜张明府宅宴》:"瑞雪初盈尺,寒宵始半更。"钱起《奉和圣制登朝元阁》:"拂曙銮舆上,晞阳瑞雪晴。"卢延让《雪》:"瑞雪落纷华,随风一向斜。"

【瑞策】 吉祥之简策。李义府《在嶲州遥叙封禅》:"瑞策开珍凤,祯图荐宝龟。"

【瑞符】 祥瑞之符命。李绅《趋翰苑遭诬搆四十六韵》:"九五当乾德,三千应瑞符。"

【瑞鳥】 祥瑞之鸟,如鸾凤等。宋之问《龙门应制》:"微风一起祥花落,仙乐初鸣瑞鸟来。"

【瑞彩】 祥瑞之光彩。亦特指霞光。虞世南《奉和月夜观星应令》:"休光灼前曜,瑞彩接重轮。"郑辕

《清明日赐为僚新火》："瑞彩来双阙，神光焕四邻。"韩偓《漫作二首》之二："黍谷纯阳人，鸾霄瑞彩生。"郭邕《洛出书》："氤氲瑞彩浮，左右灵仪廓。"

【瑞雲】 祥云。亦称庆云、景云。彭伉《青云干侣》："自使来宾国，西瞻仰瑞云。"张籍《春日早朝》："晓陌春寒朝寄来，瑞云深处见楼台。"陈去疾《踏歌行》之二："仙跸初传紫禁香，瑞云开处夜花芳。"许浑《正元》："高揭鸡竿辟帝阍，祥风微暖瑞云屯。"

【瑞景】 ❶祥瑞之景象。刘宪《奉和九月九日圣制登慈恩寺浮图应制》："御酒新寒退，天文瑞景留。"刘禹锡《奉送家兄归王屋山隐居二首》之二："登台吸瑞景，飞步翼神飙。"滕迈《春色满皇州》："暖带晴烟起，清添瑞景浮。"温庭筠《病中书怀呈友人》："瑞景森琼树，轻冰莹玉壶。"❷祥瑞之日光。李德裕《寒食日三殿侍宴奉进诗》："瑞景开阴翳，薰风散郁陶。"章碣《长安春日》："春日皇家瑞景迟，东风无力雨微微。"

【瑞牒】 祥瑞之图籍。张义方《奉和圣制元日大雪登楼》："自古谁先标瑞牒，有谁轻易比杨花。"

【瑞勝】 对彩胜之美称。林滋《人日》："共向花前图瑞胜，试看池上动轻苔。"

【瑞葉】 玉叶；玉片。喻云。骆宾王《赋得春云处处生》："綮日祥光举，疏云瑞叶轻。"

【瑞聖】 应验圣者之德泽而生瑞兆。薛逢《贺杨收作相》："威逢偶时因瑞圣，应龙无水漫通神。"张钦敬《洛出书》："浮空九洛水，瑞圣千年质。"

【瑞鼎】 对鼎之美称。因旧以鼎为传国之重器，故以代指王位、帝业。许敬宗《奉和入潼关》："仙露含灵掌，瑞鼎照川湄。"

【瑞煙】 祥烟。杜审言《蓬莱三殿侍宴奉敕咏终南山应制》："半岭通佳气，中峰绕瑞烟。"李绅《忆春日太液池亭候对》："宫莺报晓瑞烟开，三岛灵禽拂水回。"刘公兴《望凌烟阁》："霭霭浮元气，亭亭出瑞烟。"毛文锡《柳含烟》词："栽培得地近皇宫，瑞烟浓。"

【瑞榜】 对题写于建筑物上的榜额的美称。李峤《太平公主山亭侍宴应制》："黄金瑞榜绛河隈，白玉仙舆紫禁来。"

【瑞圖】 指河图洛书。亦泛指祥瑞之图籍。旧以河出图、洛出书为帝王圣者受命之祥瑞，故称。肃宗《延英殿玉灵芝诗三章》之二："载启瑞图，庶符皇极。"杜甫《凤凰台》："自天衔瑞图，飞下十二楼。"卢纶《送崔玢拾遗》："谏修郊庙开宸虑，议按休征浅瑞图。"

【瑞鳳】 兆示祥瑞之凤凰。苏瓌《兴庆池侍宴应制》："瑞凤飞来随帝辇，祥鱼出戏跃王舟。"陈去疾《踏歌行》之一："夭娇翔龙衔火树，飞来瑞凤散芳春。"

【瑞彰】 谓祥瑞显明。李绅《登禹庙回降雪五言二十韵》："瑞彰知有感，灵贶表无灾。"

【瑞蓮】 象征吉祥之莲花。亦为莲花之美称。宋昱《题石窟寺》："瑞莲生佛步，瑶树挂天衣。"王贞白《宫池产瑞莲》："雨露及万物，嘉祥有瑞莲。"

【瑞影】 对影子之美称。犹言玉影。王鉴《赋得玉水记方流》："氤氲冥瑞影，演漾度方流。"沈亚之《勤政楼下观百官献寿》："乐阕祥烟起，杯酣瑞影收。"罗邺《曲江春望》："瑞影玉楼开组绣，欢声丹禁奏云韶。"

【瑞質】 祥瑞之姿质。梁德裕《感遇二首》之一："彩云呈瑞质，五色发人寰。"

【瑞慶】 吉祥喜庆。《南唐伶人献先主词》(卷八七二)："惟愿普天多瑞庆，柳条结絮鹅双生。"

【瑞錦】 对锦缎之美称。顾况《李供奉弹箜篌歌》："银器胡瓶马上驮，瑞锦轻罗满车送。"

【瑞檢】 犹玉检。封藏帝王封禅祭祀等文牒之玉函。李峤《奉和拜洛应制》："七萃銮舆动，千年瑞检开。"亦指藏道教经典或符箓之玉函。褚载《赠道士》："六甲威灵藏瑞检，五龙雷电绕霜都。"

【瑞霞】 祥瑞之彩霞。李商隐《七月二十八日夜与王郑二秀才听雨后梦作》："初梦龙宫宝焰然，瑞霞明丽满晴天。"

【瑞鵲】 指喜鹊。丘光庭《补茅鸱》："顾弹去汝，来彼瑞鹊。来彼瑞鹊，其音可乐。"

【瑞應】 (—yìng)谓天降祥瑞以应验帝王圣者之仁德。叔孙玄观《洛出书》："波开绿字出，瑞应紫宸居。"钱镠《西园产芝》："忽有灵根彰瑞应，皆田和气感明祇。"

【瑞蹟】 产生过瑞兆之遗迹。袁朗《和洗掾登城南坂望京邑》："神皋多瑞迹，列代有兴王。"

【瑞璧】 祥瑞之玉璧。徐夤《绿鬓》："眼众岂能分瑞璧，舌多须信烁良金。"

【瑞闕】 宫阙之美称。郑愔《同韦舍人早朝》："瑞阙龙居峻，宸庭凤掖深。"

【瑞獸】 ❶祥瑞灵异之兽，如麒麟、獬豕之类。柳宗元《同刘二十八院长述旧言怀之作赠二君子》："分行参瑞兽，传点乱宫鸦。"齐己《溪斋二首》之一："瑞兽藏头角，幽禽惜羽翰。"❷指兽形香炉。罗隐《寄前宣州窦常侍》："喷香瑞兽金三尺，舞雪佳人玉一围。"

【瑞寶】 祥瑞之宝物。贺知章《奉和御制春台望》："尚有灵蛇下鄜畤，还征瑞宝入陈仓。"

【瑞露】 吉祥之露水。以其滋润嘉禾，故称。郑畋《麦穗两岐》："瑞露纵横滴，祥风左右吹。"

【瑞鶻】 对鸷鸟之美称。白居易《和春深二十首》之四："通犀排带胯，瑞鹘勘袍花。"此指袍上之鹘形图案。

【瑞靄】 祥瑞之云气。杨巨源《春日奉献圣寿无疆词》之四:“瑞靄方呈赏,暄风本配仁。”唐彦谦《春深独行马上有作》:“连天瑞靄千门远,夹道新阴九陌长。”

瑰 〔guī《广韵》公回切,平灰,見。又户恢切,平灰,匣。〕❶美石。或曰珠。李商隐《赠庾十二朱版》:“因漆投胶不可开,赠君珍重抵琼瑰。”❷大;魁伟。欧阳詹《答韩十八驽骥吟》:“楩柟十围瑰,松柏百尺坚。”❸珍奇;美丽。见“瑰奇”“瑰麗”。

【瑰奇】 瑰丽珍奇。无名氏《纪游东观山》(卷七八六):“瑰奇恣搜讨,贝阙青瑶房。”

【瑰詭】 瑰丽奇异。张九龄《彭蠡湖上》:“瑰诡良复多,感见良非一。”

【瑰寶】 珍异宝贵之物。白居易《郡斋暇日辱常州陈郎中水西馆书事诗十六韵见寄》:“鱼中获瑰宝,持玩何磊砢。”

【瑰麗】 奇丽。亦特指文辞奇丽。韦应物《送云阳邹儒立少府侍奉还京师》:“为文颇瑰丽,秉度自贞醇。”武少仪《和权载之离合诗》:“恩顾各飞翔,因诗睹瑰丽。”

瑀 〔yǔ《广韵》王矩切,上麌,雲。〕石之次玉者。一说古代杂佩中组所贯大珠名瑀。常为人名用字。张祜《投陈许崔尚书二十韵》:“大幕宾名瑀,长裾客姓冯。”

瑜 〔yú《广韵》羊朱切,平虞,以。〕❶美玉。见“瑜珮”。❷玉之光泽。常喻指人之优点、才华等。皎然《赠李中丞洪》:“见说金被铄,终期玉有瑜。”罗立言《赋得沽美玉》:“采斫资良匠,无令瑕掩瑜。”温庭筠《病中书怀呈友人》:“积毁方销骨,微瑕惧掩瑜。”

【瑜珮】 玉佩。借指戴玉佩之人。裴守真《奉和太子纳妃太平公主出降三首》之一:“瑜佩开青殿,秾华降紫微。”

【瑜璉】 玉制之宗庙礼器。喻指才德兼优之人。元稹《代曲江老人百韵》:“羽翼皆随风,瑜琏肯杂珉。”

瑠 同“璁”。

【瑠瓏】 同“璁瓏”。杜牧《街西长句》:“银鞦騕袅嘶宛马,绣鞅瑠珑走钿车。”

瑗 〔yuàn《广韵》玉眷切,去線,雲。〕见“瑗公”。

【瑗公】 衡岳僧人。王维有《同崔兴宗送衡岳瑗公南归》,序云:“衡岳瑗上人者,尝学道于五峰,荫松栖云,与虎狼杂处,得无所得矣。天宝癸巳岁,始游于长安,手提瓶笠,至自万里,燕居吐论,缁属高之。”崔兴宗有《同王右丞送瑗公南归》。

瑳 〔cuō《广韵》七何切,平歌,清。又千可切,上哿,清。〕❶玉色莹洁貌。引申指巧笑粲然貌。沈亚之《文祝延二阕》之二:“态修邃兮佻眇,调丹含琼兮瑳佳笑。”❷通“磋”。见“瑳切”。

【瑳切】 磋切。相擦相撞。瑳,通“磋”。李绅《悲善材》:“抽弦度曲新声发,金铃玉珮相瑳切。”

瑕 〔xiá《广韵》胡加切,平麻,匣。〕❶玉上之斑点、裂痕。韦应物《悲故交》:“白璧众求瑕,素丝易成污。”严维《奉试水精环》:“无瑕胜玉美,至洁过冰清。”浩虚舟《赋得琢人玉成器》:“玷灭随心正,瑕消夺眼明。”温庭筠《留别裴秀才》:“三献无功玉有瑕,更携书剑客天涯。”亦泛指纯净光洁物体上之污点。元稹《感石榴二十韵》:“委作金炉焰,飘成玉砌瑕。”❷喻指缺点或污点。李华《寄赵七侍御》:“天波洗其瑕,朱衣备朝容。”窦常《奉送职方崔员外摄中丞新罗册使》:“慰安皆喻旨,忠信自无瑕。”白居易《续古诗十首》之七:“但信言有玷,不察心无瑕。”李群玉《感兴四首》之一:“一睹美新作,斯瑕安可除。”❸指摘毛病。见“瑕疵❸”。

【瑕丘】 县名。本春秋鲁地,汉置县,唐属河南道兖州,故址在今山东滋阳县西。苏颋有《春晚送瑕丘田少府还任因寄洛中镜上人》。李白有《赠瑕丘王少府》。

【瑕玼】 同“瑕疵”。王建《求友》:“不求立名声,所贵去瑕玼。”贾岛《辩士》:“善哉君子人,扬光掩瑕玼。”

【瑕垢】 污点;耻辱。杜甫《上水遣怀》:“庶与达者论,吞声混瑕垢。”又《入衡州》:“君臣忍瑕垢,河岳空金汤。”韩愈《县斋有怀》:“惟思涤瑕垢,长去事桑柘。”

【瑕玷】 ❶玉上之疵斑。孟浩然《陪张丞相登荆城楼因寄蓟州张使君》:“白璧无瑕玷,青松有岁寒。”徐夤《尚书命题瓦砚》:“洗处无瑕玷,添时识满盈。”辛宏《白珪无玷》:“皎皎无瑕玷,锵锵有珮声。”❷喻缺点、污点。韩愈《陪杜侍御游湘西两寺独宿献杨常侍》:“翻飞乏羽翼,指摘困瑕玷。”

【瑕疵】 ❶玉上之斑点或裂痕。黄滔《喜翁文尧员外病起》:“青桂任霜霰,尽璧无瑕疵。”亦泛指纯净光洁物体上之斑痕。韩愈《郑群赠簟》:“体坚色净又藏节,尽眼凝滑无瑕疵。”舒元舆《坊州按狱苏氏庄记室一贤自鄜州相访因成诗寄之》:“长河卷云色,凝碧无瑕疵。”❷喻指缺点、过失。高适《同颜六少府旅宦秋中之作》:“不是鬼神无正直,从来州县有瑕疵。”韦应物《秋集罢还途中作谨献寿春公黎公》:“君侯枉高鉴,举善掩瑕疵。”张籍《离妇》:“十载来妇家,闺门无瑕疵。”陆龟蒙《袭美先辈以龟蒙所献五百言见和再抒鄙怀用伸酬谢》：“向非笔削功，未必无瑕疵。”❸指摘缺点、过失。韩愈《寄崔二十六立之》：“佳句喧众口，考官敢瑕疵。”刘禹锡《口兵戒》：“玉椟不启，焉能瑕疵？”

【瑕累】 犹瑕疵。玉上之斑痕。元稹《出门行》：“白珩无颜色，垂棘有瑕累。”

【瑕痕】 玉上之斑点裂痕。喻指缺点。陆龟蒙《读阴符经寄鹿门子》：“未能穷意义，岂敢求瑕痕。”

【瑕棄】 犹抛弃。谓有瑕疵而弃之。卢仝《感古四首》之二：“昨日盈尺璧，今朝尽瑕弃。”崔藩《暗投明珠》：“有泪甘瑕弃，无媒自暗投。”

【瑕瑜】 玉之斑痕与光彩。比喻缺点与优点。武翊黄《瑕瑜不相掩》：“泾渭流终异，瑕瑜自不同。”陈中师《瑕瑜不相掩》：“出石温然玉，瑕瑜素在中。”

【瑕摘】 犹瑕疵。缺点，过失。皎然《苕溪草堂自大历三年夏新营因纪其事》：“吾高鸱夷子，身退无瑕摘。”

【瑕翳】 玉之斑痕、污点。拾得《诗》之二八：“一颗水晶绝瑕翳，光明透满出人天。”

瑙 〔nǎo《集韵》乃老切，上皓，泥。〕见“瑪瑙”。

十 画

瑪 〔mǎ《集韵》母下切，上馬。明。〕见“瑪瑙”。

【瑪瑙】 美石名。质坚色艳，古代多用为贵重装饰品。欧阳詹《智达上人水精念珠歌》：“穷川极陆难为宝，孰说砗磲将玛瑙。”太宗《题龟蒙山》：“天开云现琉璃碧，日落霞明玛瑙红。”

【瑪瑙杯】 用玛瑙制成之酒杯。毛文锡《月宫春》词：“红芳金蕊绣重台，低倾玛瑙杯。”

【瑪瑙函】 饰有玛瑙之匣。章孝标《题东林寺寄江州李员外》：“象牙床坐莲花佛，玛瑙函盛贝叶经。”

【瑪瑙罍】 饰有玛瑙之酒器。白居易《奉和思黯相公以李苏州所寄太湖石题二十韵见示兼呈梦得》：“尖削琅玕笋，窪剜玛瑙罍。”

瑱 〔zhèn《广韵》陟刃切，去震，知。〕瑱圭。即镇圭，“六瑞”之一，为古代帝王受诸侯朝见时执，象征安定天下四方之意。杜牧《题池州弄月亭》：“农时贵伏腊，簪瑱事礼赂。”

瑣 〔suǒ《广韵》蘇果切，上果，心。〕❶细小之玉声。见“瑣瑣❷”。❷琐碎；细小。见“瑣力”“瑣才”。❸连琐形之图案。见“瑣窗”“瑣闈”。

【瑣力】 微小之力。韩愈《答张彻》：“微诚慕横草，琐力摧撞筳。”

【瑣才】 平庸之才。周墀《酬李常侍立秋日奉诏祭岳见寄》：“岂是琐才能祀事，洪农太守主张来。”

【瑣文】 连环形之花纹。李绅《灵蛇见少林寺》：“琐文结绶灵蛇降，蝼屈螭盘顾视间。”

【瑣琣】 寄居蟹名。也写作“璅蛣”。皮日休《病中有人惠海蟹转寄鲁望》：“族类分明连琐琣，形容好个似蟛琪。”

【瑣屑】 ❶琐细零碎；繁多。亦指琐碎、繁多之事务。岑参《佐郡思旧游》序：“悲州县琐屑，思掖垣清闲。”柳宗元《游朝阳岩遂登西亭二十韵》：“薄躯信无庸，琐屑剧斗筲。”韩愈《送灵师》：“纵横杂谣俗，琐屑咸罗穿。”郑嵎《津阳门诗》：“青钱琐屑安足数，白醪软美甘如饴。”❷猥琐；凡庸。顾云《池阳醉歌赠匡庐处士姚岩杰》：“呵叱潘陆鄙琐屑，提挈杨孟归孔门。”

【瑣窗】 窗棂镂刻连环图案之窗。独孤及《和赠远》：“忆得去年春风至，中道桃李映琐窗。”刘禹锡《和李相公平泉潭上喜见初月》：“会向琐窗望，追思伊洛溪。”杜牧《林舍燕》：“汉宫一百四十五，多下窗帘闭琐窗。”刘沧《登龙门敬善寺阁》：“琐窗朱槛同仙界，半夜缑山有鹤声。”

【瑣細】 ❶琐碎细小。杜甫《太子张舍人遗织成褥段》：“逶迤罗水族，琐细不足名。”又《北征》：“山果多琐细，罗生杂橡栗。”权德舆《奉和圣制丰年多庆九日示怀》：“琐细何以报，翾飞淳化中。”❷凡庸渺小，不足称道。任华《寄李白》：“班张所作琐细不入耳，未知卿云得在嗤笑限。”王周《巫庙》：“城狐与社鼠，琐细何是听。”

【瑣碎】 细小；零碎。韩愈、孟郊《城南联句》：“竹影金琐碎，泉音玉淙琤。”白居易《新乐府·蛮子朝》：“六诏星居初琐碎，合为一诏渐强大。”亦指文章琐细，不能从大处着眼。清昼、汤衡《讲古久联句》：“二杜繁俗，三刘琐碎。”

【瑣瑣】 ❶细微；渺小。指事物琐细不足道。李白《鲁郡尧祠送窦明府薄华还西京》：“高阳小饮真琐琐，山公酩酊何如我。”韩愈《石鼎联句》：“区区徒自效，琐琐不足呈。”苏拯《断火谣》：“鄙哉前朝翊赞臣，讦谟之规何琐琐。”❷指声音微小、细碎。杜牧《送刘三复郎中赴阙》：“玉珂声琐琐，锦帐梦悠悠。”

【瑣質】 凡庸之资质。常用以谦称自身。权德舆《送别沆泚》：“伊予谅无取，琐质荷洪慈。”

【瑣闈】 镂刻连环形图案之宫门。亦借指皇宫。王湾《丽正殿赐宴同勒天前烟年四韵应制》:"鼎罗仙掖里,觞拜琐闱前。"耿沣《早朝》:"清漏闻驰道,轻霞映琐闱。"权德舆《奉和陈阁老寒食初假当直寄张蒋二阁老》:"昼漏沈沈倦琐闱,西垣东观阅芳菲。"郑谷《献制诰杨舍人》:"为郡东吴只饮冰,琐闱频降凤书征。"

【瑣闥】 镂刻连环图案之宫廷小门。亦借指宫廷。储光羲《京口留别徐丈补阙赵二零陵》:"近臣朝琐闼,词客向文园。"权德舆《奉和许阁老酬淮南崔十七端公见寄》:"炉烟霏琐闼,宫漏滴铜壶。"李商隐《自桂林奉使江陵途中感怀寄献尚书》:"迎来新琐闼,从到碧瑶岑。"《郊庙歌辞·汉宗庙乐舞辞·章庆舞》:"雾集瑶阶琐闼,香生绮席华茵。"

琿 〔bì《广韵》卑吉切,入質,幫。〕佩刀刀鞘上之饰物。上饰为琫,下饰为珌。见"琿琫"。

【琿琫】 珌与琫。佩刀鞘之上饰与下饰。亦借指佩刀。柳宗元《同刘二十八院长述旧言怀之作因其韵增至八十通赠二君子》:"礼容垂珌琫,戍备响铚锟。"

瑤 〔yáo《广韵》餘昭切,平宵,以。〕❶似玉之美石。亦泛指玉石。见"瑤瓊"。❷用为珍美之物之美称。见"瑤扎""瑤音"。❹通"䔄"。见"瑤草"。

【瑤山】 ❶玉山;仙人所居之山。李沇《梦仙谣》:"裁纱剪罗贴丹凤,腻霞远闭瑶山梦。"❷对人死后世界之美称。权德舆《赠文敬太子挽歌词二首》之一:"盘石公封重,瑶山赠礼尊。"❸喻指宫廷、朝廷。虞世南《和銮舆顿戏下》:"瑶山盛风乐,抽简荐徒瑶。"韦承庆《寒食应制》:"蔼蔼瑶山满,仙歌始乐风。"❹喻文苑。卢照邻《酬张少府柬之》:"价重瑶山曲,词惊丹凤林。"又《同崔录事哭郑员外》:"楚席光文雅,瑶山侍讨论。"

【瑤井】 即玉井。星座名。在参宿下方,共四星,形如井,故名。顾况《悲歌》之五:"愁人夜永不得眠,瑶井玉绳相对晓。"

【瑤水】 ❶传说中仙境之瑶池水。李白《古风》之四三:"北宫邀上元,瑶水闻遗歌。"鲍溶《怀仙二首》之二:"阆峰绮阁几千丈,瑶水西流十二城。"《嫁女诗》(卷八六二):"一曲笙歌瑶水滨,曾留逸足驻征轮。"❷泛指清澈明洁之水。许浑《玩残雪寄江南尹刘大夫》:"素质添瑶水,清光散玉峰。"

【瑤水宴】 传说中仙人西王母瑶池之宴。传西王母曾宴周穆王于瑶池之上。见《穆天子小传》卷三。后因以"瑶池宴""瑶水宴"指仙人之宴会。亦用为皇宫饮宴之美称。杜正伦《玄武门侍宴》:"谬陪瑶水宴,仍厕柏梁篇。"

【瑤月】 对月亮之美称。以其明洁如玉,故称。皮日休《夜看樱桃花》:"纤枝瑶月弄圆霜,半入邻家半入墙。"

【瑤玉】 美玉。喻莹洁如玉之月光。舒元舆《坊州按狱苏氏庄记室二贤自鄜州走马相访因成诗寄之》:"卷帘引瑶玉,灭烛临霜墀。"

【瑤札】 对他人书札之敬称。宇文融《奉和命宴都堂赐诗》:"飞文瑶札降,赐酒玉杯传。"

【瑤田】 玉田。生长仙草之仙境田园。鲍溶《与峨嵋山道士期尽日不至》:"瑶田有灵芝,眼见不得尝。"

【瑤卮】 玉杯。亦为酒杯之美称。刘兼《宴游池馆》:"绮筵金碧照芳菲,酒满瑶卮水满池。"

【瑤句】 对人诗文佳句之美称。谭用之《寄许下前管记王侍御》:"蚁泛羽觞蛮酒腻,凤衔瑶句蜀笺新。"

【瑤光】 ❶星名。指北斗七星中之第七星。古代以为吉祥之星。骆宾王《秋晨同毛司马秋九咏·秋云》:"泛斗瑶光动,临阳瑞色明。"李商隐《南朝》:"地险悠悠天险长,金陵王气应瑶光。"❷楼名。见"瑤光樓"。

【瑤光樓】 即瑶光殿,在唐长安宫城内九洲池之洲上。隋造。郑嵎《津阳门诗》:"瑶光楼南皆紫禁,梨园仙宴临花枝。"自注:"瑶光楼即飞霜殿之南门。"

【瑤朵】 对白色花朵之美称。陆龟蒙《幽居有白菊一丛因而成咏呈知己》:"还是延年一种材,即将瑶朵冒霜开。"

【瑤池】 ❶神话中西王母所居昆仑山上之仙池。传西王母曾于此宴周穆王。后常以借指仙境。姚崇《奉和圣制夏日游石淙山》:"周王久谢瑶池赏,汉主悬惭玉树宫。"杜甫《秋兴八首》之五:"西望瑶池降王母,东来紫气满函关。"戴叔伦《汉宫人入道》:"瑶池醉月劳仙梦,玉辇乘春却帝思。"李九龄《鹤》:"天上瑶池覆五云,玉麟金凤好为群。"❷对水池之美称。叶季良《赋得月照冰池》:"圆光生碧海,素色满瑶池。"陆扆《禁林闻晓莺》:"绣户惊残梦,瑶池啭好音。"

【瑤池宴】 见"瑤池飲"。

【瑤池會】 传说西王母曾会周穆王于瑶池,后因以"瑶池会"指仙人之会。罗虬《比红儿诗》:"若使红儿风帽戴,直使瑶池会上看。"

【瑤池飲】 传说中西王母于瑶池接待周穆王之宴饮。后亦为饮宴之美称。杜甫《同诸公登慈恩寺塔》:"惜哉瑶池饮,日晏昆仑丘。"亦作"瑶池宴"。李白《上之回》:"但慕瑶池宴,归来乐未穷。"

【瑤匣】 玉匣或玉饰之匣。鲍溶《旧镜》:"瑶匣若浮云，冥冥藏玉水。”李群玉《古镜》：“瑶匣开旭日，白电走孤影。”

【瑶岑】 ❶玉岑。对小山之美称。李商隐《自桂林奉使江陵途中感旧寄献尚书》：“迎来新琐闼，从到碧瑶岑。”❷指积雪之山峰。上官昭容《游长宁公主流杯池二十五首》之二五：“余雪依林成玉树，残霙点岫即瑶岑。”

【瑶花】 ❶玉花。传说中仙境之花。曹唐《小游仙诗九十八首》之六一：“细腰侍女瑶花外，争向红房报玉妃。”亦用为玉蕊花等珍异白色花朵之美称。白居易《惜玉蕊花有怀集贤王校书起》：“集贤雠校无闲日，落尽瑶花君不知。”齐己《送林上人归永嘉旧居》：“时寻谢公迹，春草有瑶花。”❷喻指雪花。刘叉《雪车》：“天不恤吾氓，如何连夜瑶花乱。”

【瑶芳】 传说中之玉花。徐彦伯《淮亭吟》：“撷瑶芳兮吊楚水，弄琪树兮歌越岑。”

【瑶林】 ❶仙树。仙境之林木。韦应物《雨夜宿清都观》：“灵飙动阊阖，微雨洒瑶林。”李德裕《春暮思平泉杂咏二十首・红桂树》：“欲求尘外物，此树是瑶林。”❷对石林之美称。韦庄《和薛先辈见寄初秋寓怀即事之作》：“采珠逢宝窟，阅石见瑶林。”❸喻风姿俊爽、才德出众之人。耿湋《陪宴湖州公堂》：“谢公为楚郡，坐客是瑶林。”

【瑶林瓊树】 玉树琼枝。喻指卓尔不凡之人。李商隐《安平公》：“其弟炳章犹两丱，瑶林琼树含奇花。”

【瑶杯】 玉酒杯。或为酒杯之美称。李咸用《富贵曲》：“雪暖瑶杯凤髓融，红拖象箸猩唇细。”

【瑶枝】 琼枝。传说中仙境玉树之枝。皮日休《奉和鲁望秋赋有期次韵》：“太微宫里环冈树，无限瑶枝待尔攀。”

【瑶枕】 玉枕。亦为枕头之美称。王翰《古蛾眉愁》：“灯前含笑更罗衣，帐里承恩荐瑶枕。”欧阳炯《浣溪沙》词：“独掩画屏愁不语，斜倚瑶枕髻鬟偏。”

【瑶空】 仙界之天空。宋之问《函谷关》：“欲访乘牛求宝箓，愿随鹤驾遍瑶空。”

【瑶房】 玉室；仙室。亦为华贵屋室之美称。崔颢《邯郸宫人怨》：“瑶房侍寝世莫知，金屋更衣人不见。”鲍溶《上阳宫月》：“受环花幌小开镜，移烛瑶房皆卷帘。”

【瑶函】 玉制之装书函套。保存珍贵典籍或佛、道经书、符箓均用之。司空图《月下留丹灶》：“瑶函真迹在，妖魄敢扬威。”

【瑶局】 玉石棋盘。亦为石棋盘之美称。李益《入华山访隐者比仙人石坛》：“仙人古石坛，苔绕青瑶局。”

【瑶英】 玉之精髓；玉之花。司马扎《山中晚兴寄裴侍御》：“安得蓬丘侣，提携采瑶英。”

【瑶砌】 ❶玉阶。玉砌之台阶。亦为台阶之美称。元稹《别李三》：“阶蓂附瑶砌，丛兰偶芳藿。”杜牧《华清宫三十韵》：“迸水倾瑶砌，疏风罅玉房。”冯延巳《醉花间》词：“白露下，苍苔芜，暗瑶砌，涩琼浦。”❷指积雪之台阶。黄滔《和吴学士对春雪献韦令公次韵》：“出户行瑶砌，开园见粉丛。”

【瑶泉】 玉泉；仙泉。李白《经乱离后天恩流夜郎忆旧游书怀赠江夏韦太守良宰》：“仆卧香炉顶，餐霞漱瑶泉。”

【瑶俎】 宗庙祭祀时用以盛牲之礼器。徐彦伯《仪坤庙乐章・金奏》：“瑶俎既列，雕桐发声。”

【瑶席】 ❶瑶玉之席。光洁滑润如玉之席簟。魏征《五郊乐章・青帝角音・肃和》：“瑶席降神，朱弦飨帝。”李希仲《东皇太一词》：“焚香布瑶席，鸣珮奠椒浆。”钱起《喜李侍御拜郎官入省》：“汉主前瑶席，穰侯许凤池。”李商隐《荷花》：“瑶席乘凉设，金羁落晚过。”❷珍贵华美之筵席。刘禹锡《酬严给事贺加五品》：“雕盘贺喜开瑶席，彩笔题诗出琐闱。”

【瑶音】 对他人诗文书函等之敬称。李骘《自惠山至吴下寄酬南徐从事》：“瑶音动清韵，兰思芬盈畹。”

【瑶室】 仙境玉宝。亦为石室之美称。皮日休《寄题罗浮轩辕先生所居》：“红翠数声瑶室响，真檀一炷石楼深。”

【瑶陛】 玉阶。玉石之台阶。亦特指皇宫之台阶。刘得仁《题从伯舍人道正里南园》：“直去亲瑶陛，朝回在竹林。”

【瑶珮】 ❶玉佩。张子容《春江花月夜二首》之二：“交甫怜瑶珮，仙妃难重期。”韦应物《萼绿华歌》：“仙容矫矫兮杂瑶佩，轻衣重重兮蒙绛纱。”❷喻指冰。杜牧《汴河阻冻》：“千里长河初冻时，玉珂瑶佩响参差。”

【瑶轩】 ❶玉饰之车。轩，曲辕有幡之车。崔涂《七夕》：“年年七夕渡瑶轩，谁道秋期有泪痕。”❷雕饰华丽之屋室。王勃《江南弄》：“瑶轩金谷上春时，玉童仙女无见期。”王湾《秋夜寓直即事怀赠萧令公裴侍郎》：“金省方秋作，瑶轩直夜凭。”

【瑶草】 蓄草。传说中之仙草。瑶，通“蓄”。储光羲《题辛道士房》：“门带江山静，房随瑶草幽。”吴筠《游庐山五老峰》：“玉膏正滴沥，瑶草多芊茸。”霍总《郡楼望九华歌》：“玉浆瑶草不可见，自有神仙风马来。”刘盛《赠道者》：“闲寻白鹿眠瑶草，暗摘红桃去洞天。”亦为芳草之美称。许康佐《日暮碧云合》：“余辉澹瑶草，浮影凝绮席。”

【瑤圃】 产玉之园圃。喻花圃或喻天上仙境。武元衡《和杨三舍人呈东省三给事之作》："瑶圃高秋会，金闺奉诏辰。"司马都《和鲁望白菊》："绕篱看见成瑶圃，泛酒须迷傍玉杯。"皮日休《杨州看辛夷花》："一枝拂地成瑶圃，数树参庭是蕊宫。"

【瑤芻】 珍贵之草料。亦为对喂牲口草料之美称。白居易《新乐府·驯犀》："秣以瑶刍锁以金，故乡迢递君门深。"

【瑤庭】 仙宫庭院。亦指皇宫，帝王所居之庭院。卢照邻《中和乐九章·歌储宫》："承规翠所，问寝瑶庭。"

【瑤袂】 玉袖。对衣袖之美称。徐彦伯《饯唐州高使君赴任》："情人指瑶袂，共惜此芳时。"

【瑤姬】 ❶传说中天帝之女。居于巫山。李贺《巫山高》："瑶姬一去一千年，丁香筇竹啼老猿。"李群玉《云安》："瑶姬不可见，行雨在高丘。"李沇《巫山高》："襄王端眸望不极，似睹瑶姬长叹息。"❷因瑶姬"精魂为草，实为灵芝"，故以之为花草之神。或以喻莹洁如玉之花。李商隐《木兰》："瑶姬与神女，长短定何如?"王周《大石岭驿梅花》："仙中姑射接瑶姬，成陈清香拥路岐。"

【瑤笙】 玉笙。玉饰之笙。戴叔伦《赠月溪羽士》："更弄瑶笙罢，秋空鹤又鸣。"

【瑤笥】 玉笥。对盛衣、食之竹编箱笥之美称。权德舆《晚秋陪崔阁老张秘监苗考功同游昊天观》："银钩三洞字，瑶笥六铢衣。"

【瑤琴】 玉饰之琴。亦为琴之美称。张九龄《奉和圣制瑞雪篇》："倚瑶琴兮或歌，续薰风兮瑞雪。"李白《金陵听韩侍御吹笛》："王子停凤管，师襄掩瑶琴。"雍裕之《听弹沈湘》："贾谊投文吊屈平，瑶琴能写此时情。"司马扎《夜听李山人弹琴》："瑶琴夜久弦秋清，楚客一奏湘烟生。"

【瑤瑟】 玉饰之瑟。亦为瑟之美称。高适《同韩四薛三东亭月》："树阴荡瑶瑟，月气延清尊。"魏璀《湘灵鼓瑟》："瑶瑟多哀怨，朱弦且莫听。"刘禹锡《清湘词二首》之二："楚客欲闻瑶瑟怨，潇湘深夜月明时。"刘仓《题书斋》："西斋瑶瑟自为侣，门掩半春苔藓生。"

【瑤琨】 瑶与琨。俱美玉名。亦泛指珍贵之玉石。郑余庆《享太庙乐章》："金枝翠叶，辉烛瑶琨。"唐求《送友人归邛州》："鹤鸣山下去，满箧荷瑶琨。"

【瑤華】 ❶玉花。亦喻指鲜洁如玉之花。李白《代寄情楚词体》："横流涕而长嗟，析芳洲之瑶华。"杨凝《唐昌观玉蕊花》："瑶华琼蕊种何年，萧史秦嬴向紫烟。"羊士谔《故萧尚书瘿柏斋前玉蕊树与王起居孟员外同赏》："柏寝闲何时，瑶华自满枝。"曹著《曲江亭望慈恩寺杏园花发》："照灼瑶华散，葳蕤玉露繁。"❷指雪、霜。张九龄《立春日晨起对积雪》："忽对林亭雪，瑶华处处开。"李嘉祐《和韩郎中杨子津玩雪寄严维》："粉暑生新兴，瑶华寄上才。"皮日休《夜会问答十》之九："霜中笛，落梅一曲瑶华滴。"❸美玉。钱起《重赠赵给事》："能迂驺驭寻蜗舍，不惜瑶华报木桃。"元稹《和东川李相公慈竹十二韵》："慈竹不外长，密比青瑶华。"亦指玉声。顾况《谢王郎中见赠琴鹤》："朱弦动瑶华，白羽飘玉京。"❹喻指珍美之诗文或书函。储光羲《酬李处士山中见赠》："引领迟芳信，果枉瑶华篇。"岑参《敬酬杜华琪上见赠灵呈熊曜》："赖蒙瑶华赠，讽咏慰怀抱。"王起《和李校书雨中自秘省见访不遏诗》："忆见青天霞未卷，吟玩瑶华不知晓。"张乔《赠河南诗友》："不把瑶华借风月，洛阳才子更何人。"

【瑤華曲】 对他人诗文之美称。耿沣《奉和第五相公登鄱阳郡城西楼》："属和瑶华曲，堪将系组纶。"

【瑤華音】 玉音。❶喻指珍贵之书翰、文词。李白《代别情人》："天天有度鸟，莫绝瑶华音。"钱起《裴侍郎湘川回以青竹筒相遗因而赠之》："唯将翰苑客，惜秘瑶华音。"❷高雅之音；世外仙境之音。武元衡《秋日台中寄怀简诸僚》："涤烦滞幽赏，永度瑶华音。"

【瑤華浦】 传说中仙人所居之处。元稹《会真诗三十韵》："言自瑶华浦，将朝碧帝宫。"

【瑤軸】 玉轴。指卷轴、诗卷。杜荀鹤《读友人诗卷》："冰齿味瑶轴，只应神鬼知。"

【瑤軫】 玉饰之琴轸。亦代指琴。李白《北山独酌寄韦六》："坐月观宝书，拂霜弄瑶轸。"皎然《送许丞还洛阳》："悲风不动罢瑶轸，忘却洛阳归客心。"刘禹锡《调瑟词》："美人爱高张，瑶轸再三促。"张乔《听琴》："清月转瑶轸，弄中湘水寒。"

【瑤筐】 玉制或玉饰之筐笼或匣奁。李百药《文德皇后挽歌》："玉辇终辞宴，瑶筐遂不开。"崔日用《奉和立春游苑迎春应制》："瑶筐彩燕先呈瑞，金缕晨鸡未学鸣。"

【瑤尊】 玉樽。玉制之酒器。赵光远《题妓莱儿壁》："不夜珠光连玉匣，辟寒钗影落瑶尊。"

【瑤窗】 玉饰之窗。亦为窗之美称。李商隐《圣女祠》："松篁台殿蕙香帏，龙护瑶窗凤掩扉。"

【瑤階】 玉阶。玉石砌成之台阶。亦为石阶之美称。李舜弦《蜀宫应制》："濛濛雨草瑶阶湿，钟晓愁吟独倚屏。"吕岩《七言》之三三："婴儿迤逦降瑶阶，手握玄珠直下来。"无名氏《秋》(卷七八五)："古苔凝紫贴瑶阶，露槿啼红堕江草。"

【瑤溪】 亦作"瑤谿"。产玉之溪。亦为溪之美称。牛凤及《奉和受图温洛应制》："八神扶玉辇，六羽警瑶谿。"储光羲《游茅山五首》之二："巾车云路入，理棹瑶溪行。"钱起《玛瑙杯歌》："瑶溪碧岸生奇宝，剖质披心出文藻。”

【瑶殿】 玉殿。指华丽之宫殿。杜甫《铜瓶》：“乱后碧井废，时清瑶殿深。”李贺《秦王饮酒》：“银云栉栉瑶殿明，宫门掌事扳一更。”南唐后主李煜《浪淘沙》词：“想得玉楼瑶殿影，空照秦淮。”

【瑶臺】 ❶传说昆仑山有仙人所居之瑶台十二，各广千步，皆五色玉为台基。见晋王嘉《拾遗记·昆仑山》。后因以借指仙境。陈子良《上之回》：“下辇便高宴，何如在瑶台。”王维《奉和圣制幸玉真公主山庄因题石壁十韵之作应制》：“碧落风烟外，瑶台道路赊。”韦渠牟《步虚词十九首》之四：“何须生羽翼，始得上瑶台？”韩偓《自负》：“人许风流自负才，偷桃三度到瑶台。”❷玉砌之台。多指皇宫，亦泛指华丽之楼台。李白《古风》之四六：“斗鸡金宫里，蹴踘瑶台边。”李远《长安即事寄友人》：“瑶台钟鼓长依旧，巫峡烟花自不同。”徐夤《献内翰杨侍郎》：“窗开青琐见瑶台，冷拂星辰逼上台。”❸指积雪之楼台。无可《雪》：“客醉瑶台曙，兵防玉塞寒。”

【瑶榭】 装饰精美之亭榭。陆龟蒙《奉和袭美太湖诗二十首·上真观》：“风余撼朱草，云破生瑶榭。”

【瑶碧】 瑶与碧。泛指美玉。杜甫《赠崔十三评事公辅》：“冰壶动瑶碧，野水失蛟螭。”

【瑶幣】 祭祀献礼用之玉帛。包佶《祀风师乐章·奠幣登歌》：“礼陈瑶幣，乐献金奏。”

【瑶圖】 ❶指国家之版图、皇室之疆土。储光羲《敬酬陈掾亲家翁秋夜有赠》：“武皇受瑶图，爵士封其新。”玄宗《巡省图次上党旧宫赋》序：“一挥宝剑，远履瑶图。”武元衡《德宗皇帝挽歌词三首》之二：“圣历囗勤政，瑶图庆运长。”❷对精美图像之美称。陈子昂《感遇三十八首》之一九：“云构山林尽，瑶图珠翠烦。”

【瑶筵】 光洁如玉之簟席。白居易《游悟真寺诗》：“上阶脱双履，敛足升净筵。”

【瑶箏】 风筝之美称。鲍溶《风筝》：“何响与天通，瑶筝挂望中。”

【瑶墀】 ❶玉墀，玉砌台阶。多借指朝廷。杜甫《追酬故高蜀州人日见寄》：“锦里春光空烂漫，瑶墀侍臣已冥冥。”刘禹锡《寄朗州温右史曹长》：“暂别瑶墀鸳鸯行，彩旗双引到沅湘。”无名氏《白雪歌》(卷七八五)：“五花马踏白云衢，七香车碾瑶墀月。”❷对石阶之美称。王昌龄《谒焦炼师》：“炉香净琴案，松影闲瑶墀。”

【瑶踏】 犹玉步。对舞步之美称。温庭筠《观舞妓》：“朔音悲嘒管，瑶踏动芳尘。”

【瑶盤】 玉盘。亦为盘之美称。刘商《姑苏怀古送秀才下第归江南》：“兴来下笔到奇景，瑶盘迸撒蛟人珠。”

【瑶漿】 玉液琼浆。鲍溶《忆郊天》：“浓暖气中生历草，是非烟里爱瑶浆。”吕岩《七言》之一〇三：“恰值嫦娥排宴会，瑶浆新熟味氤氲。”

【瑶緘】 ❶放置书函、典籍之箱箧。卢肇《喜杨舍人入翰林》：“御笔亲批翰长衔，夜开金殿送瑶缄。”温庭筠《老君庙》：“百二关山扶玉座，五千文字闷瑶缄。”❷对信函之美称。罗邺《献池州庾员外》：“曾降瑶缄荐姓名，攀云几合到蓬瀛。”罗隐《寄黔中王从事》：“贪将醉袖矜莺谷，不把瑶缄附鲤鱼。”薛昭蕴《女冠子》词：“正遇刘郎使，启瑶缄。”

【瑶壇】 玉坛。玉砌之神坛。多指仙人之居处。亦为道坛之美称。韩翃《题玉真观李秘书院》：“白云斜日影深松，玉宇瑶坛知几重。”羊士谔《上元日紫极宫门观州民然灯张乐》：“山郭通衢隘，瑶坛紫府神。”李群玉《玉真观》：“一自箫声飞去后，洞宫深掩碧瑶坛。”徐铉《留题仙观》：“瑶坛醮罢晚云开，羽客分飞俗士回。”

【瑶萼】 如玉般之花萼。对花萼之美称。李群玉《二辛夷》：“空庭向晚春雨微，却敛寒香抱瑶萼。”

【瑶樹】 ❶传说生于昆仑仙山上之一种玉树。陈子昂《感遇诗三十八首》之六：“昆仑有瑶树，安得采其英。”宋昱《题石窟寺》：“瑞莲生佛步，瑶树挂天衣。”❷指积雪之树。韦庄《对雪献薛常侍》：“琼树瑶树忽珊珊，急带西风下晚天。”❸喻指才德风姿出众之人。李群玉《哭郴州王使君》：“瑶树忽倾沧海里，醉乡翻在夜台中。”❹对树之美称。元稹《有鸟二十章》之五：“主人偏养怜整顿，玉粟充肠瑶树栖。”

【瑶檢】 玉检。玉制之牒书函套。鲍溶《闻国家将行封禅聊抒臣情》：“云雨由来随六龙，玉泥瑶检不干封。”罗隐《感别元帅尚父》：“玉函瑶检下台司，记得当时捧领时。”

【瑶徽】 玉制之琴徽。代指琴。鱼玄机《句》：“绮陌春望远，瑶徽春兴多。”

【瑶篚】 玉饰之筐。祭祀时盛供品用。《郊庙歌辞·褒德庙乐章·褒德》：“瑶篚既列，金县式展。”

【瑶爵】 玉爵。玉制之饮酒器。张说《凯安三首》之一：“瑟彼瑶爵，亚维上公。”

【瑶谿】 见“瑶溪”。

【瑶齋】 指宫中斋祀之所。许浑《赠萧炼师》：“曾试昭阳曲，瑶斋帝自临。”

【瑶瓊】 ❶瑶与琼。泛指美玉，亦指美石。李颀《送刘方平》：“童颜且白晰，佩德如瑶琼。”白居易《白牡丹》：“折来比颜色，一种如瑶琼。”刘禹锡《送李策秀才还湖南因寄幕中亲故》：“油幕侣昆丘，粲然叠瑶琼。”❷对他人诗文之美称。裴耀卿《敬酬张九龄当涂界留赠之作》：“徒然恨饥渴，况乃讽瑶琼。”刘威《欧阳未新诗因贻四韵》:"冲戛瑶琼得至音,数篇清越应南金。"

【瑤簪】 玉簪。温庭筠《过华清宫二十二韵》:"瑶簪遗翡翠,霜仗驻骅骝。"

【瑤簡】 ❶道家之玉简。书道家经文或符诰者。李商隐《戊辰会静中出贻同志》:"瑶简被灵诰,持扶开七门。"❷对他人信函之敬称。刘兼《寄滑州文秀大师》:"一封瑶简音初达,两处金沙色共圆。"

【瑤觴】 玉制酒杯。亦代指美酒。王翰《赠唐祖二子》:"瑶觞滋白露,宝瑟凝凉氛。"曹唐《玉女杜兰香下嫁于张硕》:"怨入清尘愁锦瑟,酒倾玄露醉瑶觞。"

【瑤闕】 ❶玉阙。仙境之宫阙。许浑《对雪》:"素娥冉冉拜瑶阙,皓鹤纷纷朝玉京。"许浑《升天行》:"瑶阙参差阿母家,楼台戏闭凝彤霞。"❷指皇宫。刘禹锡《武陵书怀五十韵》:"独立当瑶阙,传呵步紫垣。"

【瑤碧】 碧玉之色。杜甫《赠崔十三评事公辅》:"冰壶动瑶碧,野水失蛟螭。"

【瑤蟾】 指传说中月宫之蟾蜍。黄滔《寄罗郎中隐》:"瑶蟾若使知人事,仙桂应遭蠹却根。"

【瑤簴】 玉饰之悬钟磬木架。温庭筠《元日》:"威风跄瑶簴,升龙护璧门。"

瑠 同"琉"。

【瑠璃】 同"琉璃"。

【瑠璨】 同"琉璃"。玉石之一种。韦庄《秦妇吟》:"瑠璨阶上不闻行,翡翠帘间空见影。"曹松《水精念珠》:"几度夜深寻不着,瑠璨为殿月为灯。"

璃 〔lí《广韵》吕支切,平支,來。〕见"琉璃"。

璈 〔áo《集韵》牛刀切,平豪,疑。〕古乐器名。顾云《华清词》:"隔烟遥望见云水,弹璈吹凤清珑珑。"

十一画

瑾 〔jǐn《广韵》渠遴发,云震,群。〕美玉之一种。见"瑾瑜"。

【瑾瑜】 瑾与瑜。泛指美玉。亦喻指才德。刘允济《经庐岳回望江州想洛川有作》:"钟鼓旋惊鷁,瑾瑜俄抵鹊。"

璜 〔huāng《广韵》胡光切,平唐,匣。〕❶形如半璧之玉器。古代朝聘或祭祀时用为礼器。《郊庙歌辞·汉宗庙乐舞辞·灵长舞》:"建庙社,洁蒸尝,罗钟石,俨珩璜。"❷喻半月。高宗《七夕宴悬圃二首》之一:"璜亏夜月落,靥碎晓星残。"❸喻指他人之书翰或诗文。贾岛《双鱼谣》:"掌握尺余雪,劈开肠有璜。"❹指磻溪。孟郊《大隐坊·崔从事郧以直隳职》:"含意永不语,钓璜幽水滨。"李咸用《题友生丛竹》:"大则化龙骑,小可钓璜用。"方干《题玉笥山强处士》:"世人呼尔为钓叟,尔学钓璜非钓鱼。"见"璜溪"。

【璜溪】 即磻溪。在今陕西宝鸡东南。传周太公姜子牙于此钓得玉璜,故名。亦喻指一般溪水,用为咏贤人之典。苏颋《奉和幸韦嗣立山庄应制》:"石经喧朝履,璜溪拥钓舟。"杜甫《奉赠太常张卿二十韵》:"几时陪羽猎,应指钓璜溪。"

璊 〔mén《广韵》莫奔切,平魂,明。〕赤色之玉。陆龟蒙《奉和袭美太湖诗二十首·石板》:"欲从石公乞,莹理平如璊。"

璀 〔cuǐ《广韵》七罪切,上賄,清。〕玉名。引申指玉光彩绚丽。亦泛指光彩绚丽。见"璀璀""璀璨"。

【璀璀】 光彩明丽貌。独孤及《和题藤架》:"蓴蓴叶成幄,璀璀花落架。"杜牧《少年行》:"春风细走马去,珠落璀璀白罽袍。"

【璀錯】 ❶文采杂错貌。李绅《新楼诗二十首·琪树》序:"琪树垂条如弱柳,结子如碧珠……一年绿,二年碧,三年者红。缀于条上,璀错相间。"❷光彩闪耀貌。李白《拟古十二首》之七:"人非昆山玉,安得长璀错。"令狐楚《节度宣武酬乐天梦得》:"洛下相逢肯相寄,南金璀错玉凄凉。"

【璀璨】 ❶光彩灿烂、绚丽。权德舆《酬李二十二兄主簿马迹山见寄》:"新诗来起予,璀璨六义全。"白居易《偶以拙诗数首寄呈裴少尹侍郎蒙以盛制酬和美而谢之》:"报我之章何璀璨,累累四贯骊龙珠。"皮日休《二游诗·任诗》:"衮衣竟璀璨,鼓吹争鞈鞳。"❷指光彩交耀之物。逊逖《送周判官往台州》:"饮冰攀璀璨,驱传历莓苔。"

璁 〔cōng《类编》麁叢切。〕亦作"瑽"。似玉之美石。亦指玉石制品。宋齐丘《陪华林园试小妓羯鼓》:"掌底轻璁鹊噪,枝头干快乱蝉吟。"见"璁瓏"。

【璁瓏】 ❶明洁貌。王初《送叶秀才》:"快骑璁珑刻玉羁,河梁返照上征衣。"❷象声词。象玉珂碰击声。贯休《马上作》:"柳岸花堤夕照红,风清襟袖辔璁珑。"

璋 〔zhāng《广韵》諸良切,平陽,章。〕形如半圭之玉器。古代用为朝聘祭祀之礼器或治军之符信。白居易《渭村退居寄礼部崔侍郎翰林钱舍人诗一百韵》:“妆嫫徒费黛,磨甋讵成璋。”

璇 〔xuán《广韵》似宣切,平仙,邪。〕❶美玉名。亦指珠类。孟郊《济源者》:“玉鳞吞金钩,仙璇瑠璃开。”❷北斗七星中第二星名。见“璇璣”。

【璇花】 莹白如玉之花。喻指雪花。徐彦伯《游禁苑幸临谓亭遇雪应制》:“琼树留宸瞩,璇花入睿词。”

【璇穹】 玉一般明洁之天空。吴融《雪十韵》:“洒密散璇穹,霏霏杳莫穷。”

【璇宫】 玉饰之宫殿。多以称仙宫或皇宫。元万顷《奉和太子纳妃太平公主出降》:“象辂初乘雁,璇宫早结褵。”《郊庙歌辞·太清宫乐章·终上》:“金奏迎真,璇宫展盛。”

【璇娟】 花明洁鲜丽貌。徐彦伯《石淙》:“琪树璇娟花未落,银芝窋詫露初还。”

【璇淵】 玉渊;玉池。对渊池之美称。元稹《春六十韵》:“先到璇渊底,偷穿玳瑁栊。”

【璇階】 玉砌或玉饰之台阶。李康成《玉华仙子歌》:“璇阶霓绮阁,碧题霜罗幕。”

【璇臺】 玉台。玉石砌就之高台。亦泛指装饰华丽之台。张绍《冲佑观》:“珠宫宝殿,璇台玉堂。”

【璇圖】 帝王所有之版图、疆域。引申指帝祚国运。则天皇后《唐大飨拜洛乐章·归和》:“包涵动植兮顺荣枯,长贻宝贶兮赞璇图。”《郊庙歌辞·中宗祀昊天乐章·舒和》:“璇图宝历欣宁谧,晏俗淳风乐太平。”

【璇閨】 玉闺。对闺房之美称。沈佺期《古歌》:“璇闺窈窕秋夜长,绣户徘徊明月光。”毕曜《古意》:“璇闺绣户斜光入,千金女儿倚门立。”《凤皇台怪和歌四首》之三(卷八六七):“寂静璇闺度岁年,并头莲叶又如钱。”

【璇樞】 北斗之第一星称枢,第二星称璇。合而泛指北斗。亦喻指枢要,枢纽。许敬宗《奉和执契静三边应诏》:“乾灵振玉弩,神略运璇枢。”

【璇璣】 ❶北斗之前四星称“璇玑”。或称“魁”。亦泛指北斗星。陆龟蒙《奉和袭美公斋四咏次韵·新竹》:“恭闻禀璇玑,化质离青冥。”李郃《贺州思九疑作》:“璇玑盘胸次,灿烂皆文章。”❷喻指帝位、政权。太宗《执契静三边》:“无为宇宙清,有美璇玑政。”

【璇篚】 玉制或玉饰之圆筐。褚亮《明堂乐章·雍和》:“雾凝璇篚,风清金县。”

【璇題】 玉饰之椽头。袁朗《和洗掾登城南坂望京邑》:“金凤凌绮观,璇题敞兰宫。”包佶《奉和常阁老晚秋集贤院即事寄赠徐薛二侍郎》:“秋烟凝缥帙,晓色上璇题。”鲍溶《姑苏宫行》:“雕楹璇题斗皎洁,中有妖姬似明月。”紫宿《初日照华清宫》:“璇题生炯晃,珠缀引曈昽。”

瑩 〔yíng《广韵》永兵切,平庚,雲。又烏定切,去徑,影。〕❶光洁之美石。引申指玉之光泽。亦泛指光洁明净。寒山《诗三百三首》之二一〇:“水清澄澄莹,彻底自然净。”丘为《竹下残雪》:“晴光夜转莹,寒气晓仍深。”李绅《莺莺歌》:“铅华不顾欲藏艳,玉颜转莹如神仙。”李洞《宿叶公棋阁》:“带风棋阁竹相敲,局莹无尘拂树梢。”❷指心神纯净清朗。杜甫《寄李十四员外布十二韵》:“江清心可莹,竹冷发堪梳。”岑参《青龙招提归一上人远游吴楚别诗》:“了然莹心身,洁念乐空寂。”钱起《山斋独坐喜玄上人夕至》:“心莹红莲水,言忘绿茗杯。”唐彦谦《寄徐山人》:“一室清羸鹤体孤,气和神莹爽冰壶。”❸使鲜洁明净。许敬宗《奉和元日应制》:“霜空澄晓气,霞景莹芳春。”孟郊《石淙》之十:“冰条耸危虑,霜翠莹遐眄。”亦指使心神清爽纯净。李华《云母泉》诗:“琼浆驻容发,甘露莹心灵。”陆龟蒙《奉和袭美太湖诗二十首·明月湾》:“自然莹心骨,何用神仙为?”司空图《即事二首》之一:“茶爽添诗句,天清莹道心。”❹谓光映照、闪耀。韦应物《答徐秀才》:“清诗舞艳雪,孤抱莹玄冰。”又《酬张协律》:“公府适烦倦,开缄莹新篇。”吴商浩《湘云》:“□满湘江云莹空,纷纷长对水溶溶。”皮日休《五贶诗·太湖砚》:“中莹五寸剑,外差千叠莲。”❺磨磋。白居易《新乐府·百炼镜》:“琼粉金膏磨莹已,化为一片秋潭水。”徐铉《奉和宫傅相公怀旧见寄四十韵》:“已知瑕玷劳磨莹,又得官司重接连。”❻装饰;雕饰。杜甫《奉赠太常张卿二十韵》:“健笔凌鹦鹉,铦锋莹鹔鹴。”郑锡《度关山》:“象弭插文犀,鱼肠莹鹔鹴。”❼通“荧”。迷惑。韩愈《送文畅师北游》:“僧时不听莹,若饮水救喝。”

【瑩上人】 疑为理莹。李颀有《莹公禅院闻梵》。莹公,即理莹。寇埴有《题莹上人院》。李白有《秋夜宿龙门香山寺奉寄王方城十七丈奉国莹上人从弟幼成令问》,理莹当是东都修行坛奉国寺僧。

【瑩公】 理莹。玄宗时东都修行坊奉国寺僧人。李颀有《宿莹公禅房闻梵》。

【瑩目】 明目。多形容景色或物美丽出色,使见者眼睛为之发亮。上官昭容《游长宁公主流杯池二十五首》之一七:“岩壑恣登临,莹目复怡心。”

【瑩骨】 犹彻骨。韩愈《李花二首》之二:“清寒莹骨肝胆醒,一生思虑无由邪。”

【瑩神】 犹提神、爽神。孟郊《与王二十一员外涯游昭成寺》:“瑶策冰入手,粉壁画莹神。”

【瑩理】 美石之纹理。陆龟蒙《奉和袭美太湖诗二十首·石板》:“欲从石公乞,莹理平如璃。”

【瑩琇】　莹与琇。泛指美石。韩愈《南山诗》："参参削剑戟，焕焕衔莹琇。"亦喻指优美之诗文。陆龟蒙《读襄阳耆旧传因作诗五百言寄袭美》："凝融为滴滥，复结作莹琇。"

【瑩淨】　光洁明净。拾得《诗》之四一："圆晖挂太虚，莹净能萧洒。"姚合《对月》："银轮玉兔向东流，莹净三更正好游。"吕岩《沁园春》词："曲江上，看月华莹净，有个乌飞。"

【瑩然】　❶玉莹洁光鲜貌。亦泛指明洁貌。欧阳詹《同诸公过福先寺律院宣上人房》："寂尔方丈内，莹然虚白间。"❷形容面貌俊爽而光润。张祜《寄王尊师》："天台南洞一灵仙，骨耸冰棱貌莹然。"❸形容文词清峻优美。卢纶《酬崔侍御早秋卧病书情见寄》："掷地金声信有之，莹然冰玉见清词。"❹形容内心清澈、通透。韦应物《夏冰歌》："肥羊甘醴心闷闷，饮此莹然何所思。"刘禹锡《奉和裴晋公凉风亭睡觉》："方寸莹然无一事，水声来似玉琴声。"

【瑩魄】　指明洁之月。常建《第三峰》："莹魄澄玉虚，以求鸾鹤踪。"

【瑩質】　晶莹明洁之质。杨巨源《和人与人兮惠赐冰》："莹质方从纶阁内，凝辉更向画堂中。"王衍《妆镜词》："炼形神冶，莹质良工。"

【瑩澈】　晶莹明澈。韦庄《渔塘十六韵》："莹澈通三岛，岩梧积万层。"

【瑩鍔】　使剑刃明洁闪光。李绅《若耶溪》："凌波莫惜临妆面，莹锷当期出匣心。"

璆　〔qiú《广韵》巨鸠切，平尤，群。又渠幽切，平幽，群。〕❶美玉。因可制磬，故常代指玉磬。亦以喻贤材，贤佐。张登《冬至夜郡斋宴别前华阴卢主簿》："王俭花为府，卢谌幄内璆。"❷喻精美之诗文。元稹《酬孝甫见赠十首》之十："开拆新诗展大璆，明珠炫转玉音浮。"

【璆琳】　璆与琳。泛指美玉。喻指贤才。王昌龄《宿灞上寄侍御玙弟》："吾宗秉全璞，楚得璆琳最。"

【璆縣】　玉磬，悬磬。《郊庙歌辞·释奠文宣王乐章·雍和》："堂献瑶篚，庭敷璆县。"

璅　〔suǒ《集韵》损果切，上果，心。〕同"瑣"。见"璅窗"。

【璅窗】　同"瑣窗"。镂刻连琐花纹之窗。王棨《曲江春望》："宝塔摇铃铎，云楼辟璅窗。"

十二画

瑿　〔yī《集韵》煙溪切，平齊，影。〕黑色之琥珀。亦借指黑色。元稹《酬翰林白学士代书一百韵》："金攒嫩橙子，瑿泛远鸬鹚。"

璞　〔pú《广韵》匹角切，入覺，滂。〕未经琢磨的含玉之石。李白《杂言用投丹阳知己兼奉宣慰判官》："客从昆仑来，遗我双玉璞。"钱起《片玉篇》："至宝未为代所奇，韫灵示璞荆山陲。"孟郊《隐士》："宝玉忌出璞，出璞先为尘。"丁居晦《琢玉》："露璞方期辨，雕文幸既成。"

【璞玉】　包于石中未琢磨加工之玉。宇文鼎《惠泉》："璞玉耀荆山，山根窦玉泉。"

【璞玉渾金】　未凿之璞与未炼之金。喻浑朴自然而有才德之人。贯休《杜侯行》："林侯兄弟继之后，璞玉浑金美腾口。"

璠　〔fān《广韵》附袁切，平元，奉。〕❶美玉之一种。杜甫《赠蜀僧闾丘师兄》："斯文散都邑，高价越玙璠。"欧阳詹《李评事公进示文集因赠之》："泠泠中山醇，片片昆丘璠。"❷喻指美好之文词或优秀之人才。骆宾王《早秋出塞寄东台详正学士》："彯缨陪绂冕，载笔偶玙璠。"杜甫《览柏中允兼子侄数人除官制词因述父子兄弟四美载歌丝纶》："子弟先卒伍，芝兰叠玙璠。"韦应物《酬李儋》："缄情未及发，先此枉玙璠。"元稹《酬东川李相公十六韵》："存念岂虚设，并投琼与璠。"

【璠璵】　璠与玙。美玉之二种。泛指美玉，亦喻美好之才德。皇甫湜《出世篇》："四肢为琅玕，五脏为璠玙。"杨衡《寄赠田仓曹湾》："盼云高羽翼，待贾蕴璠玙。"

璘　〔lín《广韵》力真切，平真，來。〕玉之光彩。见"璘玢"。

【璘玢】　光彩闪耀貌。皎然《送穆寂赴举》："剑光既陆离，琼彩何璘玢。"元稹《代曲江老人百韵》："酹金光照耀，奠璧彩璘玢。"韦处厚《盛山十二诗·盘石磴》："缭绕缘云上，璘玢甃玉联。"

璚　〔qióng《广韵》渠營切，平清，群。〕同"瓊"。见"璚英""璚露"。

【璚英】　传说中之玉花、仙花。陆龟蒙《四明山诗·青欞子》："外形坚绿壳，中味敌璚英。"

【璚露】　琼露；玉露。亦喻指清水。皮日休《太湖诗·入林屋洞》："云浆湛不动，璚露涵而清。"

【璚窗】　玉窗。玉饰之窗。南唐后主李煜《谢新恩》词(外编下)："璚窗梦□留残日，当年得恨何长，碧阑干外映垂杨。"

璣 〔jī《广韵》居依切，平微，見。〕❶珠之不圆者。亦泛指珍珠或圆润如珠之物。太宗《咏雪》："集条分树玉，拂浪影泉玑。"韩愈《秋雨联句》："枣圃落青玑，瓜畦烂夕贝。"罗邺《长城》："珠玑旋见陪陵寝，社稷何曾保子孙。"罗虬《比红儿诗》之二一："虢国夫人照夜玑，若为求得与红儿？"❷北斗七星中之第三星名。柳宗元《夏夜苦热登西楼》："莫辩亭毒意，仰诉璿与玑。"

【璣貝】 珠贝。珍珠宝贝。亦喻指珍美之文辞。陆龟蒙《奉酬袭美先辈吴中苦雨一百韵》："开缄窥宝肆，玑贝光比栉。"

【璣珵】 玑与珵。泛指珠玉珍宝。韩愈、孟郊《城南联句》："蹙绳觐娥婺，斗草撷玑珵。"

十三画

璨 〔càn《广韵》苍案切，去翰，清。〕光明灿烂貌；光彩熠耀貌。王建《白纻歌二首》之一："天河漫漫北斗璨，宫中乌啼知夜半。"李商隐《戊辰会静中出贻同志二十韵》："蒨璨玉琳华，翱翔九真君。"

【璨然】 光明灿烂貌。元稹《和乐天赠樊著作》："璨然光扬者，皆以义烈闻。"

【璨師】 释恒璨。韦应物与其有交往。韦应物有《寄璨师》《寄恒璨》《简恒璨》。

【璨璨】 光明灿烂貌；光彩闪耀貌。息夫牧《冬夜宴萧十丈因饯殷郭二子西上》："闻诗闻礼，斐兮璨璨。"杨衡《登紫霄峰赠黄仙师》："璨璨真仙子，执旄为侍童。"杜牧《洛中送冀处士东游》："论今星璨璨，考古寒飕飕。"齐己《读李贺歌集》："玄珠与虹玉，璨璨李贺抱。"

【璨爛】 光彩明亮、鲜明。元稹《赠吴士矩》："萎蕤云幕翠，璨烂红茵艳。"

璩 〔qú《广韵》强魚切，平魚，群。〕❶玉名。常为人名用字。权德舆有子名璩。权有《南亭晓坐因以示璩》与《璩授京兆府参军戏书以示》。❷人名。权璩。《旧唐书·权德舆传》："子璩，中书舍人。"权德舆有《南亭晓坐因以示璩》和《璩授京北府参军戏书以示兼呈独孤郎》。

璫 〔dāng《广韵》都郎切，平唐，端。〕❶珠制之耳饰。刘昚虚《江南曲》："玉乎欲有赠，裴回双明珰。"李贺《大堤曲》："青云教绾头上髻，明月与作耳边珰。"裴思谦《及第后宿平康里》："银缸斜背解鸣珰，小语偷声贺玉郎。"韦庆《怨王孙》词："玉蝉金雀，宝髻花簇鸣珰。"❷冠饰。汉代宦官而充武职者所戴武弁大冠，以黄金铛、貂尾为饰。后亦泛指贵官之冠饰。王维《上张令公》："珥笔趋丹陛，垂珰上玉除。"张籍《少年行》："独树辇前射双虎，君王手赐黄金珰。"韦庄《和郑拾遗秋日感事一百韵》："望阙飞华盖，趋朝振玉珰。"❸瓦当。太宗《元日》："彤庭飞彩旆，翠幌曜明珰。"白居易《渭村退居寄礼部崔侍郎翰林钱舍人诗一百韵》："宿露凝金掌，晨晖上璧珰。"

【璫瑯】 象声词。象击鼓之声。卢仝《月蚀诗》："蚩尤簸旗弄旬朔，始搥天鼓鸣珰瑯。"

【璫璫】 象声词。象金玉等器物之碰击声。温庭筠《张静婉采莲歌》："麒麟公子朝天客，珂马珰珰度春陌。"

璐 〔lù《广韵》洛故切，去暮，來。〕美玉名。韦应物《夏冰歌》："碎如坠琼方截璐，粉壁生寒象筵布。"

環 〔huán《广韵》户關切，平刪，匣。〕❶圆圈状之玉制佩饰，形似璧而边窄小。王翰《古娥眉怨》："传声走马开金屋，夹路鸣环上玉墀。"韦应物《行路难》："荆山之白玉兮，良工雕琢双连环。"元稹《会真诗五十韵》："赠环明运合，留结表心田。"崔橹《春晓岳阳言怀二首》之二："翠烟如钿柳如环，晴倚南楼独看山。"❷泛指圆圈状物。刘长川《宝剑篇》："匣里星文动，环边月影残。"白居易《高亭》："好看落日斜衔处，一片春风映半环。"张祜《题重居寺》："重廊标板榜，高殿锁金环。"❸围绕。宋璟《奉和圣制答张说扈从南虫雀鼠谷》："征作宫常应，星环日每纡。"储光羲《仲夏入园中东陂》："环岸垂绿柳，盈泽发红蕖。"刘禹锡《裴祭酒尚书见示春归城南别墅寄王左丞之什命同作》："幽谷响樵斧，澄潭环钓矶。"刘象《早春池亭独游三首》之二："清流环绿篆，清景媚虹桥。"❹回旋；旋转。见"環行""環迴"。❺周回。循环往复。寒山《诗三百三首》之二一二："蚁巡环未息，六道乱纷纷。"李贺《秋凉诗寄正字十二兄》："长思剧寻环，乱忧抵覃菖。"❻犹曲、屈。李绅《灵蛇见少林寺》："鳞蹙翠光抽璀璨，腹连金彩动弯环。"❼谐"还"字音。双关指归还。王昌龄《从军行二首》之二："唯闻汉使还，独向刀环泣。"卢仝《自君之出矣》："环是妾之心，玉是君之德。"李群玉《将之京国赠薛员外》："行当赐环去，岂作遗贤羞。"

【環山】 环绕着山。吴融《和张舍人》："杏花向日红匀脸，云带环山白系腰。"

【環中】 （—zhōng）圆环之中心。《庄子·齐物论》："彼是莫得其偶，谓之道枢。枢始得其环中，以应无穷。"郭象注："夫是非反覆，相寻无穷，故谓之环。环中，空矣。今以是非为环而得其中者，无是无非也。"后因以"环中"指无是无非而顺应无穷之境。权德舆《奉和许阁老酬淮南崔十七端公见寄》："自得环中辨，偏推席上儒。”又《送黔中裴中丞阁老赴任》：“胜理环中得，殊琛徼外来。”白居易《和微之春日投简阳明洞天五十韵》：“髻里传僧宝，环中得道枢。”亦喻指超脱自如之境界。司空图《诗品二十四则·雄浑》：“超以象外，得其环中，持之匪强，来之无穷。”

【環文】 四周之图纹。窦庠《于阗钟歌送灵彻上人归越》：“东南之美天下传，环文万象无雕镌。”

【環合】 围绕；环闭。宋之问《巫山高》：“巫山峰十二，环合象昭回。”

【環立】 绕身而立；立于四周。韩愈《和侯协律咏笋》：“成行齐婢仆，环立比儿孙。”

【環列】 围绕布列。权德舆《从叔将军宅蔷薇花开太府韦卿有题壁长句因以和作》：“环列从容蹀躞归，光风骀荡发红薇。”

【環回】 见“環迴”。

【環行】 (—xíng)舞步之一种。指旋转着行进。李端《胡腾儿》：“环行急蹴皆应节，反手叉腰如却月。”

【環延】 环绕延展。张祜《题杭州灵隐寺》：“峰峦开一掌，朱槛几环延。”

【環坐】 环绕而坐。元稹《答姨兄胡灵芝见寄五十韵》：“环坐唯便草，投盘暂废觥。”

【環泛】 谓环绕某处泛舟。孟郊《游城南韩氏庄》：“何言数亩间，环泛路不穷。”

【環玦】 玉环与玉玦。亦谐“还”“绝”之音，古代用以表示官员之外贬与召还。刘禹锡《游桃源一百韵》：“王正降雪雨，环玦赐迁斥。”李德裕《夏晚有怀平泉林居》：“悽悽视环玦，恻恻步庭庑。”

【環周】 周回；循环。徐夤《长安即事三首》之一：“抛掷清溪旧钓钩，长安寒暑再环周。”

【環珂】 玉环与玉珂。以其相碰击时清脆有声，故以喻诗文之声韵铿锵。李商隐《安平公诗》：“清词孤韵有歌响，击触钟磬鸣环珂。”

【環封】 境域；四境。白居易《自到郡斋仅经旬日偷闲走笔题二十四韵仍呈吴中诸客》：“甲郡标天下，环封极海滨。”

【環垣】 环绕垣墙。司马扎《感萤》：“夜久独此心，环垣闭秋草。”

【環洲】 圆形之小洲。杜甫《大历三年春白帝城放船出瞿塘峡漂泊有诗凡四十韵》：“绝岛容烟雾，环洲纳晓浦。”

【環佩】 ❶亦作“環珮”。玉佩，佩带之玉饰。孟浩然《陪独孤使君同与萧员外证登万山亭》：“神女鸣佩环，仙郎接献酬。”杜甫《咏怀古迹五首》之三：“画图省识春风面，环佩空归月夜魂。”王建《七夕曲》：“流苏翠帐星渚间，环佩无声灯寂寂。”牛殳《方响歌》：“又似公卿入朝去，环珮鸣玉长街路。”亦指玉佩碰击之声。李季何《立春日晓望三素云》：“羽毛纷共远，环珮杳犹闻。”❷借指女子。张九宗《荣禄》：“牛羊衔草窥环佩，鸟雀离花听管弦。”陆龟蒙《巫峡》：“年年自云雨，环佩竟谁逢。”

【環素】 环绕之白练。喻指结了冰的环宫御沟水。李贺《河南府试十二月乐词·十一月》：“御沟泉合如环素，火井温泉在何处?”

【環酌】 围坐而饮。王瓒《冬日与郡公泛舟焦山》：“方舟大川上，环酌对落晖。”

【環迴】 亦作“環回”。❶回旋；曲折回环。韩愈《送灵师》：“环回势益急，仰见团团天。”白居易《舒员外游香山寺走笔题长句以赠之》：“香山石楼倚天开，翠屏壁立波环迴。”又《登城东古台》：“始见江山势，峰叠水环迴。”李渤《南溪诗》：“窈窕去未穷，环迴势难极。”❷犹徘徊、迟回。韩愈《感春五首》之五：“迎繁送谢别有意，谁肯留恋少环迴。”❸犹循环。周昙《咏史·六朝门·再吟梁武帝》：“兴亡何故遽环迴，汤纣身为事可哀。”

【環海】 犹言四海、天下。窦牟《元日喜闻大礼寄上翰林四学士中书六舍人二十韵》：“大哉环海晏，不竿子牟心。”

【環流】 围绕四周流动。皇甫冉《杂言月洲歌送赵冽还襄阳》：“汉之广矣中有洲，洲如月兮水环流。”

【環釧】 手镯。陆龟蒙《奉和袭美太湖诗二十首·太湖石》：“旁穿参洞穴，内窍均环钏。”

【環釵】 玉环与发钗。亦泛指女子之首饰。元稹《离思五首》之一：“自爱残妆晓镜中，环钗漫簪绿丝丛。”

【環堂】 绕堂。堂舍之四周。陈元光《落成会咏》：“环堂巍岳秀，带砺大江雄。”

【環混】 指水回旋激荡。韩愈《岳阳楼别窦司直》：“自古澄不清，环混无归向。”

【環堵】 四周各有一堵墙。指狭小之居室。堵，长、高各一丈之土墙。卢象《同王维过崔处士林亭》：“主人非病常高卧，环堵蒙笼一老儒。”杜甫《秋雨叹三首》之三：“长安布衣谁比数，反锁衡门守环堵。”元稹《谕宝二首》之二：“骥蹋环堵中，骨附筋入节。”徐夤《开窗》：“环堵岂惭蜗作舍，布衣宁假鹤为翎。”

【環階】 玉阶。高宗《太子纳妃太平公主出降》：“环阶凤乐陈，玳席珍羞荐。”

【環絙】 (—gēng)犹圆缺。指月亮周而复始地圆而又缺。絙，同弦。韩愈《送侯参谋赴河中幕》：“信知后会时，日月屡环絙。”

【環雉】 四周之城墙。雉，古代计算城墙面积之单位。长三丈高一丈为一雉。薛能《上盐铁尚书》：“南宫环雉隔嚣尘，况值清斋宿大臣。”

【環塗】 围绕四周之路。吴融《祝风三十二韵》："环涂为之区，积葑相连缅。"

【環溪亭】 亭名。在唐江南道睦州(今浙江建德)。方干有《题睦州环溪亭》。

【環衛】 指宫廷侍卫。崔融《哭蒋詹事俨》："钩陈侍卫扆，环卫奉旌麾。"窦常《哭张仓曹南史》："官临环卫小，身逐转蓬多。"戴叔伦《酬盩厔耿少府沣见寄》："家近小山当海畔，身留环卫荫墙东。"韩愈、孟郊《城南联句》："罢旄奉环卫，守封践忠贞。"

【環嶼】 岛屿之四周。严维《入唐溪》："环屿或明昧，远峰尚氛氲。"

【環環】 ❶圆貌。犹言圆圆。韩愈《题炭谷湫祠堂》："列峰若攒指，石盂仰环环。"又《峡石西泉》："居然鳞介不能容，石眼环环水一钟。"张祜《苦雨二十韵》："浅浅斟茶鼎，环环盈酒罍。"❷弯曲、曲折貌。元稹《通州丁溪馆夜别李景信三首》之二："水环环兮山簇簇，啼鸟声声妇人哭。"

【環轉】 回旋。李白《鲁郡尧祠送窦明府薄华还西京》："红泥亭子赤阑干，碧流环转青锦湍。"

【環瞻】 环顾，四顾。张祜《题重玄寺阁八韵》："朱阁鳞虚搆，环瞻极水乡。"

【環鎮】 指大山环立四方。镇，一方之主山。以其镇守一方，故称。韩愈《谒衡岳庙遂宿岳寺题门楼》："五岳祭秩皆三公，四方环镇嵩当中。"

【環璧】 玉环和玉璧。古代用为祭礼之礼器。赵居贞《云门山投龙诗》序："登云门山，投金龙环璧，奉为开元天地大宝圣文神武皇帝祈福也。"

璵 〔yǔ《广韵》以諸切，平魚，以。〕美玉。见"璵璠"。

【璵璠】 ❶美玉。李白《赠别从甥高五》："鱼目高泰山，不如一玙璠。"皎然《观裴秀才松石障歌》："荆门石状凌玙璠，蹙成数片倚松根。"白居易《游悟真寺诗》："温润发于外，其间韫玙璠。"李敬方《题黄山汤院》："御寒增帐幕，鸏影尽玙璠。"❷喻才德之士，亦喻精美之文词。骆宾王《早秋出塞寄东台详正学士》："彯缨陪绂冕，载笔偶玙璠。"杜甫《贻华阳柳少府》："文章一小技，于道未为尊。"韦应物《酬李儋》："缄情未及发，先此枉玙璠。"刘禹锡《武陵书怀五十韵》："鸾飞入鹰隼，鱼目俪玙璠。"

十四画

璧 〔bì《广韵》必益切，入昔，幫。〕❶玉器名。形扁平而圆，中有圆孔。古代用为朝聘或祭祀时之礼器。亦用为佩饰。杜审言《大酺》："紫宫初启坐，苍璧正临春。"高适《别韦参军》："白璧皆言赐近臣，布衣不得干明主。"卢仝《感古四首》之二："昨日盈尺璧，今朝尽瑕弃。"亦泛指美玉。见"璧宫""璧臺"。❷通"壁"。见"璧帶"。

【璧人】 玉人。形容风姿美好、仪容如玉之人。徐皓《晦日宴高氏林亭》："门多金埒骑，路引璧人车。"

【璧水】 ❶指太学。因古代太学壅水环绕如璧，故称。亦泛指读书学习之处。张鷟《游仙窟·手中扇赠文成》："合欢游璧水，同心侍华阙。"❷指石砚。以砚石似璧，又以贮水，故称。杨师道《咏砚》："圆池类璧水，轻翰染烟华。"

【璧月】 对月亮之美称。以其圆而莹洁如璧玉，故称。裴夷直《同乐无中秋夜洛河玩月二首》之一："清洛半秋悬璧月，彩船当夕泛银河。"王毂《玉树曲》："璧月夜满楼风轻，莲舌泠泠词调新。"韦庄《咸通》："诸郎宴罢银灯合，仙子游回璧月斜。"钱弘俶《陈国》："庭花春易尽，璧月夜难沉。"

【璧玉】 可制璧之玉。亦泛指美玉。顾况《酬房杭州》："满筐阅新作，璧玉诞清音。"

【璧州】 州名。唐置，属山南道。本汉宕渠县地。故地在今四川通平县治。元稹《刘二十八以文石枕见赠仍题绝句广为四韵》："枕截文琼珠缀篇，野人酬赠璧州鞭。"朱庆余有《送璧州刘使君》。

【璧池】 指古代学宫内半月形之水池。后亦以代指太学、学堂。张子容有《璧池望秋月》。储光羲《太学贻张筠》："璧池忝门子，俄倾变炎凉。"权德舆《国子柳博士兼太常博士辄中贺赠》："临风曲台净，对月璧池寒。"罗隐《暇日感怀因寄同院吴蜕拾遗》："璧池清秩访燕台，曾捧瀛洲札翰来。"

【璧沼】 同"璧池"。学宫中之半月形水池。亦代指学宫。骆宾王《帝京篇》："钩陈肃兰启，璧沼浮槐市。"韦抗《奉和圣制送张说上集贤学士赐宴》："广庭临璧沼，多士侍金闱。"

【璧房】 玉房。璧玉装饰之房。亦泛指装饰华贵之房。王勃《临高台》："紫阁丹楼纷照耀，璧房锦殿相玲珑。"徐彦伯《奉和幸新丰温泉宫应制》："仙石含珠液，温池孕璧房。"

【璧門】 宫门名。汉武帝时建，在建章宫南。《水经注·渭水三》引《汉武帝故事》云："南有璧门三层，高三十余丈，中殿十二间，阶陛咸以玉为之……楼屋上椽首，薄以玉璧。因曰璧玉门也。"后亦泛指宫门。杜牧《杜秋娘诗》："月上白璧门，桂影凉参差。"又《出宫人二首》之二："平阳拊背穿驰道，铜雀分香下璧门。"

【璧馬】 ❶璧玉与宝马。古代常以此二者为礼物。周昙《咏史诗·春秋战国门·宫之奇》："贪怜璧马迷香饵，肯信之奇谕齿謇。”见《左传·僖公二年》。❷传说中璧玉所化之神马。李商隐《拟意》：“璧马谁能带？金虫不复收。”

【璧帶】　即璧带。嵌于墙中之横木。璧，通“壁”。崔国辅《白纻辞二首》之二：“璧带金釭皆翡翠，一朝零落变成空。”

【璧宫】　玉饰之宫。亦泛指装饰华丽之宫殿。殷尧藩《汉宫词三首》之一：“成帝夫人泪满怀，璧宫相趁落空阶。”

【璧彩】　喻指月光。李林甫《秋夜望月忆韩席等诸侍郎因以投赠》：“桂华澄远近，璧彩散池塘。”李商隐《赋得月照冰池》：“金波双激射，璧彩两参差。”

【璧碎】　璧玉破碎。语本《史记·廉颇蔺相如列传》：“臣今头与璧俱碎于柱矣！”后亦以喻指雪。李商隐《残雪》：“珠还犹照魂，璧碎尚留秦。”

【璧暉】　喻指日光。虞世南《奉和咏日午》：“再中良表瑞，共仰璧晖赊。”

【璧殿】　饰以碧玉之宫殿。亦为华丽宫殿之美称。骆宾王《久戍边城有怀京邑》：“璧殿规宸象，金堤法斗枢。”

【璧臺】　玉砌之台。语本《穆天子传》卷六：“天子乃为之台，是曰重璧之台。”郭璞注：“言台状如垒璧。”白居易《新乐府·八骏图》：“璧台南与盛姬游，明堂不复朝诸侯。”后亦泛指装饰华丽之高台。上官仪《八咏应制二首》之一：“雪花飘玉辇，云光上璧台。”

【璧影】　玉璧之影。多以喻镜、月等圆而莹洁之物。徐敞《圆灵水镜》：“成轮轮疑璧影，初魄类弓形。”

【璧璫】　屋椽头之装饰，以璧为之，故称。白居易《渭村退居寄礼部崔侍郎翰林钱舍人诗一百韵》：“宿露凝金掌，晨晖上璧珰。”张绍《冲佑观》：“错落金璧，玲珑璧珰。”

【璧麗】　一双玉璧。喻指日月。卢照邻《中和乐九章·歌登封》：“金绳永结，璧丽长悬。”

瑌　〔ruān《集韵》而宣切，平僊，日。〕次于玉之美石。钱起《片玉篇》：“试作珪璋礼天地，何如瑌瑊在阶墀。”

璿　同“璇”。见“璿上人”。

【璿上人】　瓦棺寺僧人，与王维有交往。见《宋高僧传·唐金陵钟山元崇传》。王维有《谒璿上人》。

【璿上人】　禅宗北宗禅师普寂的弟子。开元末居于润州江宁县(今江苏南京市)瓦棺寺。王维有《谒璿上人》。

【璿樞】　北斗之第一星为枢，第二星为璿，合而泛指北斗星。权德舆《夏至日作》：“璿枢无停运，四序相错行。”张昭《汉宗庙乐舞辞》：“荐豆奉觞亲玉几，配天合祖耀璿枢。”

【璿閨】　亦作“璇闺”。对闺房之美称。鲍溶《李夫人歌》：“璿闺羽帐华烛陈，方土夜降夫人神。”

【璿衡】　❶北斗前四星璿玑与后三星玉衡之合称。亦泛指北斗七星。崔日用《奉和立春游苑迎春应制》：“乘时迎气正璿衡，灞浐烟氛向晚清。”刘禹锡《送李策秀才还湖南因寄幕中亲故》：“昼憩命金罍，宵谈转璿衡。”❷指观测天象之浑天仪。《书·舜典》有“在璿玑玉衡，以齐七政”语，后因以“璿玑”喻指朝政，政权。《郊庙歌辞·汉宗庙乐舞辞·积善舞》：“造我家邦，斡我璿衡。”

【璿璣】　亦作“璇玑”。星名。北斗之前四星称“璿玑”，或称“魁四星”。亦借指北斗星。李白《访道安陵遇盖寰为予造真箓临别留赠》：“三灾荡璿玑，蛟龙翼微躬。”元稹《月三十韵》：“如能付刀尺，别为创璿玑。”潘纬《中秋月》：“寻客徒留望，璿玑自有程。”员南溟《玉烛》：“历象璿玑正，休征玉烛明。”

瓊　〔qióng《广韵》渠营切，平清，群。〕❶美玉。韦应物《咏珊瑚》：“绛树无花叶，非石亦非琼。”刘禹锡《历阳书事七十韵》：“比琼虽碌碌，于铁尚铮铮。”元稹《刘二十八以文石枕见赠仍题绝句广为四韵》：“枕截文琼珠缀篇，野人酬赠壁州鞭。”林宽《曲江》：“琼镌狒狖绕觥舞，金蹙辟邪拏拨鸣。”❷指琼枝琳琅。传说天为凤凰生树，名曰琼枝，高百二十仞，以琳琅为实。张说《蜀路二首》之二：“鹰饥常啄腥，凤饥亦待琼。”❸喻莹洁如玉之物。元稹《和东川李相公慈竹十二韵》：“纤粉研腻质，细琼交翠柯。”此喻竹。毛文锡《赞浦子》词：“宋玉高唐意，裁琼欲赠君。”此喻信笺。无熙震《河满子》词：“相望只教添怅恨，整鬟时见纤琼。”此喻女子之手指。或以喻霜雪。见“瓊屑”。❹喻优美之诗文。皎然《酬薛员外谊苦热行见寄》：“省客当此时，忽贻怀中琼。”见“瓊瑰”“瓊瑶”。❺喻指风姿俊爽、才德出众之人。权德舆《酬陆三十二参浙东见寄》：“茫茫重江外，杳杳一枝琼。”元稹《江陵三梦》之二：“古原三丈穴，深葬一枝琼。”

【瓊人】　玉人。喻肌肤如玉之女子。李商隐《烧香曲》：“蜀殿琼人伴夜深，金銮不问残灯事。”

【瓊刃】　传说中之仙人许翙的小名。陆龟蒙《奉和袭美寄题罗浮轩辕先生所居》：“金公的的生炉际，琼刃时时到梦中。”见南朝梁陶弘景《真诰》卷二。

【瓊什】　对他人诗作之美称。皎然《答豆卢次方》：“有书遗琼什，以代貂襜褕。”白居易《得潮州杨相公书并诗以此寄之》：“初睹银钩还启齿，细吟琼什欲沾巾。”徐夤《和尚书咏烟》：“琼什捧来思旧隐，扑窗穿户晓溟濛。”李建勋《重戏和春雪寄沈员外》：“和来琼什虽无敌，且是侬家比兴残。”

【瓊文】 对道教经籍、符箓、诰命等之美称。皮日休《太湖诗·石板》：“琼文忽然下，石板谁能留?”又《寄题玉霄峰叶涵象尊师所居》：“晓案琼文光洞壑，夜坛香气惹杉松。”

【瓊户】 玉饰之门户。宋之问《明河篇》：“复道边甍共蔽云，画堂琼户特相宜。”孟昶《木兰花》词：“起来琼户启无声，时见疏星度河汉。”

【瓊尺】 玉尺。杜牧《赠张祜》：“粉毫唯画月，琼尺只裁云。”

【瓊玉】 ❶美玉。徐夤《寄卢端公同年仁炯时迁都洛阳新立幼主》：“昆岳有炎琼玉碎，洛川无竹凤皇饥。”朱景玄《溪东岑望天都山》：“风泉雪霜飞，云树琼玉林。”❷喻贤能之人才。窦庠《酬韩愈侍郎登岳阳楼见赠》：“座中琼玉润，名下茝兰馨。”卢纶《送史兵曹判官赴楼烦》：“敢谢亲贤得琼玉，仲宣能赋亦能诗。”武元衡《春暮寄杜嘉兴昆弟》：“数枝琼玉无由见，空掩柴扉度岁华。”

【瓊田】 传说能生琼芝之田。顾况《朝上清歌》：“琼田瑶草，寿无涯些。”亦借指仙境。婺州山中人《歌》：“尘世连仙界，琼田前路通。”

【瓊卮】 玉卮。玉制之酒杯。或为酒杯之美称。韦蟾《和柯古穷居苦日喜雨》：“王律诗调正，琼卮酒肠窄。”

【瓊妃】 玉妃。指仙女或美女。郑愔《奉和幸上官昭容院献诗四首》之二：“更觅琼妃伴，来过玉女泉。”郑璧《奉和陆鲁望白菊》：“琼妃若会宽剪裁，堪作蟾宫夜舞裙。”

【瓊州】 州名。唐贞观五年(631)置，隶属岭南道。领琼山、万安二县。贞元初，升为下都督府，辖境相当于今海南之海口、琼山、琼安、定安、澄迈、临高等市、县。皮日休有《寄琼州杨舍人》。无可有《送李使君赴琼州兼五州招讨使》。

【瓊池】 玉池。传说中仙境之水池。曹唐《小游仙诗九十八首》之五四：“碧海灵童夜到时，徒劳相映上琼池。”

【瓊羽】 洁白如玉之羽毛。指箭尾之白羽。杨巨源《赠邻家老将》：“箭飞琼羽合，旗动火云张。”

【瓊玖】 ❶琼与玖。泛指美玉。张九龄《与袁补阙寻蔡拾遗蔡有五韵诗见赠以此篇答焉》：“赠我如琼玖，将何报所亲。”元稹《说剑》：“剑可剸犀兕，剑可切琼玖。”徐夤《偶书》：“琼玖鬻来燕石贵，蓬蒿芳处楚兰衰。”❷喻珍美之诗文。吴筠《酬刘侍御过草堂》：“予惭乏琼玖，无以报兼金。”钱起《酬长孙绎兰溪寄杏》：“芳馨来满袖，琼玖愿酬篇。”畅当《天柱隐所重答江州应物》：“烦君琼玖赠，幽懒百无成。”汤悦《鼎臣学士楚金舍人以再伤庭梅诗同垂宠和因成四十字陈谢》：“连华得琼玖，合奏发埙篪。”

【瓊岑】 白玉山丘。喻白色之潮头、浪花。姚合《杭州观潮》：“坳如开玉穴，危似走琼岑。”

【瓊沙】 亦作“瓊砂”。白沙、沙滩之美称。刘禹锡《海阳十咏·棼丝瀑》：“却望琼沙际，逶迤见脉分。”又《浪淘沙九首》之二：“洛水桥边春日斜，碧流清浅见琼砂。”

【瓊花】 ❶花名。即玉蕊花，以色白似琼玉，故名。一说为玚花。李白《秦女休行》：“西门秦氏女，秀色如琼花。”❷传说中仙境之花。葛氏女《和潘雍》：“从此三山山上月，琼花开处照春风。”亦指玉树花。吴融《隋堤》：“曾笑陈家歌玉树，却随后主看琼花。”陈宫妃嫔《与颜濬冥会诗》：“清溪犹有当时月，应照琼花绽绮筵。”❸喻雪花。卢纶《孤松吟酬浑赞善》：“回首望君家，翠盖满琼花。”皮日休《奉和鲁望早春雪中作吴体见寄》：“威仰噤死不敢语，琼花雪魄清珊珊。”韦庄《冬日长安感志寄献虢州崔郎中二十韵》：“闲招好客斟香蚁，闷对琼花咏散盐。”❹喻水波、水花。元稹《早春寻李校书》：“梅含鸡舌兼红气，江弄琼花散绿绮。”

【瓊芳】 ❶对芳草香花之美称。孙逖《和韦兄春日南亭宴兄弟》：“忽闻歌棣萼，还比报琼芳。”韦应物《鼋头山神女歌》：“蕙兰琼芳积烟露，碧窗松月无冬春。”❷喻雪花。李贺《河南府试十二月乐词·十一月》：“宫城团回凛严光，白天碎碎堕琼芳。”❸犹玉露。卢照邻《中和乐九章·总歌》：“餐白玉兮饮琼芳，心思荃兮路阻长。”

【瓊林】 ❶玉树之林。借指仙境、宝地。吴筠《游仙二十四首》之十三：“琼林九霞上，金阁三天中。”亦用为对他人处身之地或家门之敬称。张荐《奉酬礼部阁老转韵离合见赠》：“植根琼林圃，直夜金闺步。”吕温《和李使君三郎早秋城北亭宴崔司士》：“为谢登临客，琼林寄一攀。”❷对树林之美称。吴融《宪丞裴公上洛退居有寄二首》之二：“目断琼林攀不得，一重丹水抵三湘。”毛文锡《恋情深》词：“真珠帘下晓光侵，莺语隔琼林。”❸喻指积雪之树林。许敬宗《奉和喜雪应制》：“忽若琼林曙，俄同李经春。”皎然《与王录事会张征君姊妹炼师院玩雪》：“瑶草三花发，琼林七叶连。”韦庄《对雪献薛常侍》：“琼林瑶树忽珊珊，急带西风下晚天。”❹喻风姿俊爽、才德出众之人。李白《春日陪杨江宁及诸官宴北湖感古作》：“英僚满四座，粲若琼林敷。”❺指琼林库。王建《宫词百首》之十九：“殿前明日中和节，连夜琼林散舞衣。”见“瓊林庫”。

【瓊林庫】 库名。唐德宗时于奉天(今陕西乾县)建琼林、大盈二库，用以贮藏贡物。白居易《新乐府·重赋》:“进入琼林库,岁久化为尘。”

【瓊枝】 ❶传说中之仙树,玉树。罗隐《粉》:“最好玉京仙署里,更和秋月照琼枝。”❷对嘉木之美称。窦常《陪韩院长韦河南寻刘师不遇》:“药畹琼枝秀,斋轩粉壁空。”陈标《秦王卷衣》:“秦王宫阙霭春烟,珠树琼枝近碧天。”李煜《破阵子》词:“凤阙龙楼连霄汉,玉树琼枝作烟萝,几曾识干戈。”❸喻积雪之树木。王涯《望禁门松雪》:“金阙晴光照,琼枝瑞色封。”灵一《江行寄张舍人》:“流荡此心难共说,千峰澄霁隔琼枝。”杜牧《奉和仆射相公嘉雪忽降即事书成四韵》:“飘来鸡树凤池边,渐压琼枝冻碧涟。”贯休《对雪寄新定冯使君二首》之一:“因思太守忧民切,吟对琼枝喜不胜。”❹喻瀑布。刘禹锡《海阳十咏·飞练瀑》:“琼枝曲不折,云片晴犹下。”❺喻有才德之人。刘长卿《吴中闻潼关失守因奉寄淮南萧判官》:“南楚有琼枝,相思怨瑶瑟。”李德裕《访韦楚老不遇》:“今来招隐士,恨不见琼枝。”亦喻指贤德人家之优秀子弟。薛能《舞者》:“为问倾城年几许,更胜琼树是琼枝。”❻喻精美之诗文。李群玉《寄长沙许侍御》:“今日秋风满湘浦,只应搔首咏琼枝。”

【瓊杯】 玉质酒杯。李白《忆旧游寄谯郡元参军》:“琼杯绮食青玉案,使我醉饱无归心。”元稹《春分投简阳明洞天作》:“琼杯传素液,金匕进雕胡。”郑畋《紫薇花》:“浴殿晴秋倘中谢,残英犹可醉琼杯。”徐夤《白酒两瓶送崔侍御》:“湖边送与崔夫子,谁见嵇山尽日颓。”

【瓊版】 对石碑之美称。陆龟蒙《袭美见题郊居十首因次韵酬之以伸荣谢》之五:“静思琼版字,闲洗铁筇衣。”

【瓊佩】 见“瓊珮”。

【瓊岳】 亦作“瓊嶽”。玉山,仙山。亦为大山之美称。张九龄《奉和圣制次琼岳韵》。李林甫《奉和圣制次琼岳应制》:“更看琼岳上,佳气接神台。”

【瓊府】 玉府。对道观之美称。李洞《上昭国水部从叔郎中》:“题诗在琼府,附舶出琼州。”

【瓊妝】 莹白如玉之妆。张泌《柳枝》词:“赋粉琼妆透碧纱,雪休夸。”

【瓊英】 ❶玉英。玉之精髓。一说指似玉之美石。白居易《江州赴忠州舟中示舍弟五十韵》:“脍长抽锦缕,藕脆削琼英。”李商隐《一片》:“一片琼英价动天,连城十二昔虚传。”皮日休《茶中杂咏·茶笋》:“圆如玉轴光,脆似琼英冻。”吕岩《七言》之六一:“时弄玉蟾驱鬼魅,夜煎金鼎煮琼英。”❷对花卉之美称。柳宗元《新植海石榴》:“粪埌擢珠树,莓苔插琼英。”李涉《春山三朅来》:“琼英动摇钟乳碧,丛丛高下随崖岭。”❸喻雪花。裴夷直《和周侍御洛城雪》:“天街飞辔踏琼英,四顾全疑在玉京。”❹喻精美之诗文。孟郊《同从叔简酬卢殷少府》:“羞将片石文,斗此双琼英。”刘禹锡《将赴苏州途出洛阳留守李相公宠行话旧形于篇章谨抒下情以申仰谢》:“越郎忧不浅,怀袖有琼英。”

【瓊柯】 ❶对树枝之美称。谓其鲜洁如玉。韦应物《题桐叶》:“参差剪绿绮,潇洒覆琼柯。”❷喻指贤能之人。护国《山中寄王员外》:“移居傥得地,长愿接琼柯。”

【瓊砂】 见“瓊沙”。

【瓊音】 玉音。常用为对他人言辞之美称。孟郊《上包祭酒》:“琼音独听时,尘韵固不同。”

【瓊姿】 玉姿。莹洁而美好如玉之姿容。李商隐《和郑愚赠汝阳王孙家筝妓二十韵》:“茜袖捧琼姿,皎日丹霞起。”

【瓊津】 ❶犹玉泉。喻清澄之流水。黄滔《壶公山》:“琼津流乳窦,春色驻芝田。”❷犹玉液。喻珍美之玉色浆液。徐夤《荔枝二首》之二:“灵鸦啄破琼津滴,宝器盛来蚌腹圆。”

【瓊室】 玉砌之屋室。《竹书纪年》卷上载,殷纣王曾“作琼室,立玉门”。后亦喻指积雪之房室。李绅《登禹庙回降雪五言十二韵》:“玉田千庙合,琼室万家开。”

【瓊珠】 玉珠。常以喻泪珠。储光羲《陆著作挽歌》之四:“何言鲁声伯,忽下琼珠泪。”

【瓊珮】 亦作“瓊佩”。即玉佩。韦应的《鼋头山神女歌》:“阴深灵气静凝美,的砾龙绡杂琼珮。”柳宗元《闻彻上人亡寄侍郎杨丈》:“东越高僧还姓汤,几时琼佩触鸣珰。”牟融《天台》:“此地不知何处去,暂留琼珮卧烟霞。”

【瓊草】 ❶琼芝;仙草。曹唐《小游仙诗九十八首》之八二:“青牛卧地吃琼草,知道先生朝来回。”❷青草之美称。徐彦伯《拟古三首》之一:“自伤琼草绿,讵惜铅粉红。”李白《同王昌龄送族弟襄归桂阳二首》之二:“春潭琼草绿可折,西寄长安明月楼。”张籍《灵都观李道士》:“仙观雨来静,绕房琼草春。”王季文《九华山谣》:“杉松一岁抽数尺,琼草夤缘秀层壁。”

【瓊茵】 指华美之坐垫。皎然《答裴集阳伯明二贤各垂赠二十韵今以一章用酬两作》:“坐石代琼茵,制荷捐艾绶。”

【瓊軒】 对长廊之美称。朱庆余《宫词》:“寂寂花时闭院门,美人相并立琼轩。”

【瓊砌】 玉砌。玉石台阶。或为台阶之美称。元稹《月三十韵》:“回照遍琼砌,余光借粉闱。”

【瓊圃】 传说中仙境之园圃。亦为园圃之美称。赵彦伯《苑中遇雪应制》:“即此神仙对琼圃,何烦辙迹向瑶池。”张祜《丹阳新居四十韵》:“雪旦飞琼圃,花时丽锦川。”白元鉴《药圃》：“仙翁曾播植，琼圃尚敷荣。”

【瓊峰】 ❶玉山。对山峰之美称。则天皇后《游九龙潭》：“山窗游玉女，涧户对琼峰。”王维《游化感寺》：“琼峰当户拆，金涧透林明。”❷喻积雪之山峰。皎然《晨登乐游原望终南积雪》：“琼峰埋积翠，玉嶂掩飞流。”

【瓊羞】 玉馔。珍馐美食。魏征《五郊乐章·雍和》：“琼羞溢俎，玉酹浮觞。”李峤《晚秋喜雨》：“御车迁玉殿，荐菲撤琼羞。”王湾《丽正殿赐宴同勒天前烟年四韵应制》：“金殿忝陪贤，琼羞忽降天。”

【瓊粉】 琼玉之粉末。亦为白色粉末之美称。韦应物《将往滁城恋新竹简崔都水示端》：“莫遣儿童触琼粉，留待幽人回日看。”白居易《新乐府·百炼镜》：“琼粉金膏磨莹已，化为一片秋潭水。”皮日休《咏白莲》：“腻于琼粉白于脂，京兆夫人未画眉。”

【瓊書】 指佛经或道书。亦为佛教徒诗文之美称。柳宗元《韩漳州书报彻上人亡因寄二绝》之二：“频把琼书出袖中，独吟遗句立秋风。”刘禹锡《送惟良上人》：“玄牝无关锁，琼书舍文字。”

【瓊屑】 喻雪、霜。白居易《对火玩雪》：“银盘堆柳絮，罗袖抟琼屑。”李衢《都堂试贡士日庆春雪》：“绕砌封琼屑，依阶喷玉尘。”徐夤《霜》：“露结芝兰琼屑厚，日干葵藿粉痕残。”

【瓊娥】 仙娥；美女。薛稷《奉和送金城公主适西蕃应制》：“月下琼娥去，星分宝婺行。”

【瓊莩】 对花萼之美称。李商隐《百果嘲樱桃》：“珠实虽先熟，琼莩纵早开。”

【瓊鈒】 用为仪仗之玉饰矛戟。袁朗《饮马长城窟行》：“山响传凤吹，霜华藻琼钑。”

【瓊彩】 ❶玉之光彩。皎然《送穆寂赴举》：“剑光既陆离，琼彩何璘玢。”亦喻指雪光。裴虔余《早春残雪》：“霁日凋琼彩，幽庭减夜寒。”❷喻诗文之文采。皎然《答郑方回》：“词贞思且逸，琼彩何晖映。”

【瓊章】 对他人诗文之美称。宋之问《奉和春日玩雪应制》：“北阙彤云掩曙霞，东风吹雪舞山家。”王光庭《奉和圣制送张说巡边》：“琼章九霄发，锡宴五衢通。”徐铉《步虚词五首》之一：“琼章开后学，稽首奉真经。”

【瓊液】 ❶传说中之玉液，道家谓服之可以长生。李白《早望海霞边》：“一餐咽琼液，五内发金沙。”于鹄《山中访道者》：“愿示不死方，何山有琼液。”赵嘏《答友人》：“罗浮道士分琼液，锦席佳人艳楚莲。”李群玉《将游罗浮登广陵楞伽台别羽客》：“揭来罗浮颠，披云炼琼液。”❷指美酒。皇甫冉《玄元观送李源李风还奉先华阴》：“莫辞别酒和琼液，乍唱离歌和凤箫。”温庭筠《兰塘词》：“东沟潏潏劳回首，欲寄一杯琼液酒。”张孜《雪诗》：“暖手调金丝，蘸甲斟琼液。”崔璐《醉中袭美先月中归》：“休文虽即逃琼液，阿鹜还须掩玉闺。”❸喻指甘美之果汁。权德舆《酬裴杰秀才新樱桃》：“新果真琼液，来应宴紫兰。”白居易《与沈杨的舍人同食敕赐樱桃因成十四韵》：“琼液酸甜足，金丸大小匀。”庄布《石榴歌》：“满口含尝琼液甘，一堂齿冷敲寒玉。”

【瓊琳】 美玉。李中《庐山》：“谷春攒锦绣，石润叠琼琳。”

【瓊琚】 ❶美玉雕制之玉佩。琚，佩玉之一种。褚遂良《安德山池宴集》：“良朋比兰蕙，雕藻迈琼琚。”权德舆《奉和圣制重阳日中外同欢以诗言志因示百僚》：“宸衷在化成，藻思焕琼琚。”❷喻珍美之诗文。韦应物《善福精舍答韩司录清都观会宴见忆》：“忽因西飞禽，赠我以琼琚。”白居易《岁暮枉衢州张使君书并诗因以长句报之》：“贫薄诗家无好物，反投桃李报琼琚。”李群玉《酬魏三十七》：“静里寒香触思初，开缄忽见二琼琚。”罗隐《寄杨秘书》：“湖水平来见鲤鱼，偶因烹处得琼琚。”

【瓊華】 ❶美玉、宝石等珍异饰物。张仲方《赠毛仙翁》：“紫霞妖女琼华飞，秘法虔心传付与。”鲍溶《萧史图歌》：“胡髯毵珊云髻光，翠蕤皎洁琼华凉。”❷传说中玉树之花。韦应物《清都观答幼遐》：“兴高清露没，渴饮琼华浆。”❸琼花。韩愈《春雪映早梅》：“未许琼华比，从将玉树亲。”

【瓊都】 玉京仙都。亦为京都之美称。李白《赠韦秘书子春》：“气同万里合，访我来琼都。”

【瓊蘇】 亦作“瓊酥”。传说中仙人所饮美酒名。《初学记·器物部·酒》引《南岳夫人传》曰：“夫人设王子乔琼苏绿酒。”李商隐《隋宫守岁》：“沉香甲煎为庭燎，玉液琼苏作寿杯。”顾云《苔歌》：“琼苏玉盐烂漫煮，咽入丹田续灵液。”唐彦谦《蟹》：“一斗擘开红玉满，双螯哕出琼酥香。”李郢《读汉武内传》：“青真小童捧诀箓，紫府道士携琼苏。”

【瓊斝】 玉制之酒器。《霅溪夜宴诗》之九：“雕盘玉斗兮罗珍羞，金卮琼斝兮方献酬。”

【瓊葩】 白花之美称。刘禹锡《游桃源一百韵》：“青囊既深味，琼葩亦屡摘。”

【瓊幃】 有玉饰之帷帐。亦为华丽帏帐之美称。皮日休《太湖诗·晓次神景宫》：“琼帏自迴旋，锦旌空粲错。”

【瓊尊】 见“瓊樽”。

【瓊窗】 玉饰之窗。亦为窗之美称。李暇《拟古东飞伯劳歌》：“琼窗半上金缕帱，轻罗掩面不遮羞。”李煜《采桑子》词：“琼窗春断双娥皱，回首边头，欲寄麟游。”

【瓊瑟】 饰玉之瑟。温庭筠《织锦词》:“丁东细漏侵琼瑟,影转高梧月初出。”

【瓊瑛】 美玉。刘禹锡《昏镜词》:“饰带以文绣,装匣以琼瑛。”

【瓊葉】 玉叶。对叶子之美称。王建《题东华观》:“鹤雏灵解语,琼叶软无声。”李德裕《比闻龙门敬善寺有红桂树因赋是诗兼赠陈侍御》:“琼叶润不凋,珠英粲如织。”

【瓊萼】 玉花之萼。喻指贤能出众之人。杨巨源《赠浑钜中允》:“一枝琼萼朝光好,彩服飘飘从冠军。”

【瓊輈】 玉饰之车。道家指仙人之车。辀,车辕,代指车。李商隐《和韩录事送宫人入道》:“星使追还不自由,双童捧上绿琼辀。”

【瓊筵】 珍美之宴席。陈希烈《奉和圣制三月三日》:“锦缆方舟渡,琼筵大乐张。”李嘉祐《夜闻江南人家赛神因题即事》:“枪枪铜鼓芦叶深,寂寂琼筵江水绿。”皇甫冉《杂言迎神词二首·迎神》:“目眇眇,心绵绵,因风托雨降琼筵。”王涣《惆怅诗十二首》之五:“七夕琼筵随事陈,兼花连蒂共伤神。”

【瓊鉤】 玉质或玉饰之帘钩。花蕊夫人徐氏《宫词》之三二:“一沟泛碧流春水,四面琼钩搭绮疏。”

【瓊瑤】 ❶美玉。岑参《和刑部成员外秋夜寓直》:“名香播兰蕙,重价蕴琼瑶。”耿湋《春日书情寄元校书伯和相国之子》:“卫玠琼瑶色,玄成鼎鼐姿。”叶季良《赋得琢玉成器》:“自与琼瑶比,方随掌握荣。”❷喻雪。白居易《西楼喜雪命宴》:“四郊铺缟素,万室甃琼瑶。”李郢《酬王舍人雪中见寄》:“今朝踏作琼瑶迹,为有诗从风沼来。”❸喻莹白如玉之花。白居易《东林寺白莲》:“我惭尘垢眼,见此琼瑶英。”徐夤《梅花》:“琼瑶初绽岭头葩,蕊粉新妆姹女家。”徐铉《和贾员外戬见赠玉蕊花栽》:“琼瑶一簇带花来,便劚苍苔手自栽。”❹喻指精美之诗文、信函。高适《奉酬睢阳路太守见赠之作》:“琼瑶生箧笥,光景借茅茨。”皎然《酬姚补阙南仲云溪馆中戏题随书见寄》:“忽枉缄中赠,琼瑶满于持。”武元衡《酬严维秋夜见寄》:“松柏应无变,琼瑶不可酬。”司空图《酬张芬赦后见寄》:“劳君故有诗相赠,欲报琼瑶愧不如。”

【瓊瑤音】 清越之玉音。喻指声韵铿锵之诗文。白居易《酬张太祝晚秋卧病见寄》:“一章锦绣段,八韵琼瑶音。”

【瓊瑤圃】 传说之仙境园圃。杨衡《登紫霄峰赠黄仙师》:“云飞琼瑶圃,龟息芝兰丛。”

【瓊瑤宫】 玉砌之宫。传说中之仙宫。亦以誉称道观。李商隐《李肱所遗画松诗书两纸得四十韵》:“千株尽若此,路入琼瑶宫。”

【瓊殿】 玉饰之宫殿。亦指华美之宫殿。郑愔《人日重宴大明宫恩赐彩缕人胜应制》:“琼殿含光映早轮,玉鸾严跸望初晨。”黄滔《御试二首》之一:“已表隋珠各自携,更从琼殿立丹梯。”

【瓊絲】 蛛丝等丝状物之美称。刘禹锡《和严给事闻唐昌观玉蕊花下有游仙》:“雪蕊琼丝满院春,衣轻步步不生尘。”

【瓊瑰】 ❶次玉之美石。亦泛指珠玉。韩愈《咏雪赠张籍》:“定非燖鹄鹭,真是屑琼瑰。”李德裕《重忆山居六首·漏潭石》:“美石劳相赠,琼瑰自不如。”李商隐《赠庾十二朱版》:“固膝投胶不可开,赠君珍重抵琼瑰。”吕岩《七言》之七:“黑虎行时倾雨露,赤龙耕处产琼瑰。”❷喻珍美之诗文。裴度、白居易《度自到洛中与乐天为文酒之会而梦得亦分司至止因为联句》:“奉觞承曲蘖,落笔捧琼瑰。”刘禹锡《洛中酬福建陈判官见赠》:“静对道流论药石,偶逢词客与琼瑰。”罗隐《县斋秋晚酬友人见寄》:“中和节后捧琼瑰,坐读行吟数月来。”❸喻贤才。贯休《蜀王入大慈寺听讲》:“驾驭英雄如赤子,雌黄贤哲贡琼瑰。”❹喻莹洁如玉之竹鞭。徐夤《荀鞭》:“筇竹岩边剔翠苔,锦江波冷洗琼瑰。”

【瓊碧】 碧玉。喻鱼目。皮日休《奉和鲁望渔具十五咏·叉鱼》:“中目碎琼碧,毁鳞殷组绣。”

【瓊臺】 ❶玉饰之楼台。亦泛指华丽之楼台。杜甫《冬到金华山观因得故拾遗陈公学营造迹》:“上有蔚蓝天,垂光抱琼台。”❷传说中仙境之玉砌楼台。赵嘏《山阳即席献裴中丞》:“琼台雪映迢迢鹤,蓬岛波横浩浩津。”吕岩《沁园春》词:“琳馆清标,琼台丽质,何年天上飞来。”许碏《梦入琼台》:“晓入琼台露气清,天风飞下步虚声。”❸峰名。在唐江南道台州(今浙江天台县)天台山西北。柳泌《琼台》:“崔壁盘空天路回,白云行尽见天台。”张祜《游天台山》:“琼台下昏侧,手足前采乳。”方平《因话天台胜异仍送罗道士》:“积翠千层一径开,遥盘山腹到琼台。”

【瓊酥】 对酥酒之美称。许浑《天竺寺题葛洪井》:“仍闻酿仙酒,此水过琼酥。”

【瓊管】 玉笛。刘允济《经庐岳回望江州想洛川有作》:“池榭宣琼管,风花乱珠箔。”

【瓊膏】 神话所说产于蓬莱仙山之玉膏。亦喻指雪水。包佶《宿庐山赠白鹤观刘尊师》:“春飞雪粉如毫润,晓漱琼膏冰齿寒。”

【瓊瑩】 似玉之石。韩愈、孟郊《城南联句》:“鲜意竦轻畅,连辉照琼莹。”

【瓊墀】 玉墀。玉砌之台阶。亦为石阶为美称。李涉《醉中赠崔膺》:“大道青楼夹醉烟,琼墀绣帐开明月。”

【瓊樓】 玉饰之楼。多指仙宫。亦泛指装饰华丽之楼。张子宏《送苏倩游天台》:“琪树尝仙果，琼楼试羽衣。”李白《少年子》:“金丸落飞鸟，夜入琼楼卧。”侯冽《花发上林》:“琼楼出高艳，玉辇驻浓阴。”黄孟良《九鲤湖》:“石遗丹灶潺湲里，云锁琼楼缥缈中。”

【瓊翰】 对他人书信或诗文之美称。元稹《酬乐天东南行一百韵》:“旧好飞琼翰，新诗灌玉壶。”

【瓊輪】 ❶对车轮之美称。借指车驾。孟郊《列仙文·清虚真人》:“琼轮暨晨抄，虎骑逐烟散。”孙光宪《河渎神》词:“四壁阴森排古画，依旧琼轮羽驾。”❷圆月之美称。吴筠《游仙二十四首》之十四:“飘飘琼轮举，晔晔金景散。”章碣《对月》:“琼轮正辗丹霞去，银箭休催皓露凝。”

【瓊敷】 玉质之饰品。徐彦伯《和李适答宋十一见赠》:“杂佩蕴孤袖，琼敷缀双襟。”

【瓊篇】 精美之诗文篇章。则天皇后《游石淙诗》序:“当使人题彩翰，各写琼篇，庶无滞于幽栖，冀不孤于泉石。”

【瓊漿】 ❶传说中仙人所饮之玉液。王勃《观内怀仙》:“琼浆优类乳，石髓尚如泥。”刘长卿《望龙山怀道士许法棱》:“中有一人披霓裳，诵经山顶飧琼浆。”韦应物《骊山行》:“三清小鸟传仙语，九华真人奉琼浆。”胡曾《咏史诗·瑶池》:“阿母瑶池宴穆王，九天仙乐送琼浆。”❷喻美酒。吕岩《赠刘方处士》:“瑶琴宝瑟与君弹，琼浆玉液劝我醉。”《郊庙歌辞·武后享清庙乐章·饮福》:“爰陈玉醴，式奠琼浆。”❸喻露水。和凝《宫词百首》之五五:“总上穿针楼上去，竞看银汉洒琼浆。”

【瓊蕤】 琼花;莹洁如玉之花。李白《书情寄从弟邠州长史昭》:“谁言贵此物，意愿重琼蕤。”

【瓊蕊】 ❶玉蕊。传说中之仙境玉花。李白《古风》之十七:“昆山采琼蕊，可以炼精魄。”皎然《饮茶歌诮崔石使君》:“素瓷雪色缥沫香，何似诸仙琼蕊浆。”李绅《新楼诗二十首·海棠》:“琼蕊藉中闻阆苑，紫芝图上见蓬莱。”❷喻积雪之花。李商隐《忆雪》:“庭树思琼蕊，妆楼认粉锦。”❸喻指玉蕊花。杨凝《唐昌观玉蕊花》:“瑶花琼蕊种何年，萧史素嬴向紫烟。”亦为白色诸花之美称。杜甫《夔州歌》之五:“背飞鹤子遗琼蕊，相趁凫雏入蒋牙。”❹犹琼浆。喻美酒。顾况《宫词五首》之三:“侍女先来荐琼蕊，露浆新下九霄盘。”

【瓊樹】 ❶玉树。传说中之仙树。李端《旅舍对雪赠考功王员外》:“欲将琼树比，不共玉人同。”杨衡《登紫霄峰赠黄仙师》:“下有琼树枝，上有翠发翁。”李远《赠咸阳李少府》:“鹏到碧天排雾去，凤游琼树拣枝栖。”❷喻积雪之树。徐彦伯《游禁苑幸临渭亭遇雪应制》:“琼树留宸瞩，璇花入睿词。”白居易《雪中即事答微之》:“越中地暖多成雨，还有瑶台琼树无?”李群玉《腊夜雪霁月采交光奉寄江陵副使杜中丞》:“竟夕吟琼树，川途恨阻修。”徐铉《进雪诗》:“近看琼树笼银阙，远想瑶池带玉关。”❸玉树。喻出色之子弟。语本南朝宋刘义庆《世说新语·言语》:“谢太傅问诸子侄:‘子弟亦何预人事，而正欲使其佳?’诸人莫有言者。车骑答曰:‘譬如芝兰玉树，欲使其生于阶庭耳。’”王昌龄《留别岑参兄弟》:“岑家双琼树，腾光难为俦。”卢纶《酬赵少尹戏示诸侄元阳等因以见赠》:“八龙三虎俨成行，琼树花开鹤翼张。”章孝标《赠刘宽夫昆季》:“雁行云掺参差翼，琼树风开次第花。”李商隐《安平公诗》:“其弟炳章犹两丱，瑶林琼树含奇花。”❹喻俊爽之风姿。亦喻指贤德不俗之人。刘长卿《见故人李均所借古镜恨其未获归府斯人已亡怆然有作》:“空怜琼树曾临匣，犹见菱花独映池。”韦应物《寄畅当》:“昔为琼树枝，今有风霜颜。”独孤及《癸卯岁赴南丰道中闻京师失守寄权士繇韩幼深》:“士繇松筠操，幼深琼树姿。”白居易《自到郡斋仅经旬日题二十四韵呈吴中诸客》:“铜符抛不得，琼树见无因。”❺对嘉树之美称。崔曙《奉酬中书相公至日圆丘摄事叙怀见寄之作》:“宿雾蒙琼树，余香覆玉墀。”许稷《赋得风动万年枝》:“琼树偏春早，光飞处处宜。”许浑《再游姑苏玉芝观》:“玉池露冷芙蓉浅，琼树风高薜荔疏。”王感化《奉元宗命咏苑中白野鹊》:“要识此来栖宿处，上林琼树一枝高。”

【瓊樽】 玉质酒杯。钱弘倧《禹庙》:“蟾殿夜寒笼翠幌，麝炉春暖酹琼樽。”亦作“瓊尊”。尊，同“樽”。卢纶《九日奉陪气公登白楼同咏菊》:“琼尊犹有菊，可以献留侯。”

【瓊醑】 指美酒。徐皓《晦日宴高氏林亭》:“绮筵乘暇景，琼醑对年华。”

【瓊嶽】 见“瓊岳”。

【瓊瓊】 光亮貌。顾况《朝上清歌》:“萧廖天清而灭云，目琼琼兮情感。”

【瓊璫】 玉制耳饰。张籍《寄远曲》:“兰舟桂楫常渡江，无因重寄双琼珰。”

【瓊輿】 玉饰之车舆。多指仙人之车驾。柳泌《玉清行》:“王母来瑶池，庆云拥琼舆。”陆龟蒙《奉和袭美太湖诗二十首·包山祠》:“真君具琼舆，仿佛来相从。”

【瓊觴】 玉制之酒杯。韦元旦《奉和立春游苑迎春应制》:“年年斗柄东无限，愿挹琼觞寿北辰。”钱起《玛瑙杯歌》:“含华炳丽金尊侧，翠斝琼觞忽无色。”李贺《啁少年》:“美人狭坐飞琼觞，贫人唤云天上郎。”韦庄《和郑拾遗秋日感事一百韵》:“晨趋鸣铁骑，夜舞挹琼觞。”

【瓊顔】　莹洁如玉之容颜。鲍溶《怀尹真人》：“羽人杏花发，倚树红琼颜。”

【瓊簫】　玉箫。韦元旦《奉和幸安乐公主山庄应制》：“琼箫暂下钧天乐，绮缀长悬明月珠。”李适《奉和送金城公主适西蕃应制》：“独有琼箫去，悠悠思锦轮。”王翰《飞燕篇》：“朝弄琼箫下彩云，夜踏金梯上明月。”鲍溶《弄玉祠二首》之二：“琼箫碧月唤朱雀，携手上谒玉晨君。”

【瓊韻】　玉韵。形容诗文之声韵铿锵，犹如击玉之声。鱼玄机《和人次韵》：“何事玉郎搜藻思，忽将琼韵扣柴关。”

【瓊瓌】　同“瓊瑰”。❶次于玉之美石。亦为石之美称。刘禹锡《白侍郎自河南寄示池北新葺水斋十四韵兼命同作》：“绿波穿户牖，碧甃叠琼瓌。”❷喻优美之诗文。杨师道《中书寓直咏两简褚起居上官学士》：“思君赠桃李，于此冀琼瓌。”高适《酬裴员外以诗代书》：“那能访遐僻，还复寄琼瓌。”白居易《看梦得题答李侍郎诗诗中有文星之句因戏和之》：“看题锦绣报琼瓌，俱是人天第一才。”罗隐《春日投钱塘元帅尚父二首》之一：“若比紫髯分鼎足，未闻余力有琼瓌。”

【瓊蘇】　见“瓊酥”。

【瓊藻】　对他人诗文或书函之美称。韦应物《答冯鲁秀才》：“晨坐枉琼藻，知子返中林。”

【瓊鍾瑶席】　琼玉之酒杯，瑶玉之坐席。形容宴席之豪华。李贺《瑶华乐》：“琼钟瑶席甘露文，玄霜绛雪何足云。”

【瓊露】　玉露。喻指水果中所含浆汁。曹松《南海陪郑司空游荔园》：“乱结罗纹照襟袖，别含琼露爽咽喉。”

【瓊籤】　美称漏壶有计时刻度之箭。温庭筠《湘东宴曲》：“重城漏断孤帆去，唯恐琼签报天曙。”

【瓊艷】　❶莹洁如玉之花。韦庄《对梨花赠皇甫秀才》：“林上梨花雪压枝，独攀琼艳不胜悲。”❷喻指娇艳之女子。《与薛昭合婚诗》之四（卷八六三）：“自疑飞到蓬莱顶，琼艳三枝半夜春。”《与何光远赠答诗》之二（卷八六四）：“澹荡春光物象饶，一枝琼艳不胜娇。”

【瓊爐】　玉制之香炉。杜牧《为人题赠二首》之一：“桂席尘瑶珮，琼炉烬水沉。”

十五画

璽　〔xǐ《广韵》斯氏切，上紙，心。〕印。秦以后专指皇帝之印。元稹《谕宝二首》之二：“璧充传国玺，圭用祈太折。”舒元舆《八月五日读唐历天宝已来追怆故事》：“神仙不可求，剑玺苔文积。”温庭筠《中书令裴公挽歌词二首》之二：“玉玺终无虑，金縢意不开。”贯休《上虞少卿觅千文》：“堪为圣君玺，堪为圣君案。”

【璽綬】　印玺及所系绶带。无名氏《挽歌五首》之四（外编上）：“玺绶传当璧，河山委大臣。”

【璽書】　皇帝之诏书。杜审言《和李大夫嗣真奉使存抚河东》：“玺书旁问俗，旌节近推贤。”高适《送虞城刘明府谒魏郡苗太守》：“肃肃领旧藩，皇皇降玺书。”皎然《奉送袁高使君诏征赴行在》：“玺书召幕牧，名在列岳仙。”白居易《新乐府·道州民》：“吾君感悟玺书下，岁贡矮奴宜悉罢。”

十六画

璺　〔wèn《广韵》亡運切，去問，微。〕裂纹。李贺《感讽五首》之五：“凄凉栀子落，山璺泣清漏。”贯休《刘相公见访》：“桃熟多红璺，茶香有碧筋。”

瓌　同“瑰❶”。

【瓌材】　出众之人材。骆宾王《和孙长史秋日卧病》：“金坛分上将，玉帐引瓌材。”

【瓌奇】　❶美好奇异。杨炯《西陵峡》：“及余践斯地，瓌奇信为美。”韩愈《郑群赠簟》：“蕲州笛竹天下知，郑君所宝尤瓌奇。”白居易《一字至七字诗》：“诗。绮美，瓌奇。”贯休《寄楚怀和尚二首》之一：“吾师师子儿，而复貌瓌奇。”❷美好奇异之物。吴筠《览古十四首》之三：“力役弊万人，瓌奇殚八方。”白居易《和微之春日投简阳明洞天五十韵》：“瓌奇填市井，佳丽溢闉阇。”

【瓌怪】　奇特怪异。陆龟蒙《纪事》：“把笔强题诗，粗言瓌怪状。”

【瓌姿】　美丽之姿容。陈陶《题僧院紫竹》：“美誉动丹青，瓌姿艳秦蜀。”

【瓌能】　奇特之才能。徐浩《宝林寺作》：“赖居兹寺中，法士多瓌能。”

【瓌朗】　奇伟豁朗。韦应物《赠别河南李功曹》：“故人方琢磨，瓌朗代所稀。”

【瓌瑋】　犹魁梧。谓身材高大美好。寒山《诗三百三首》之十九：“手笔太纵横，身材极瓌玮。”

【瓌麗】　绚丽；华丽。韦应物《送云阳邹儒立少府侍奉还京师》：“为文颇瓌丽，秉度自贞醇。”

【瓌藴】　指蕴藏瑰丽奇异之物。韩愈、孟郊《城南联句》：“皋区扶帝壤，瓌蕴郁天京。”

瓏 〔lóng《广韵》廬紅切，平東，來。〕❶金玉碰击之声。李颀《送綦毋三寺中赋纱灯》：“熠爚众星下，玲珑双塔前。”李贺《昌谷诗》：“鸿珑数铃响，羁臣发凉思。”❷明洁貌。见“瓏玲❷”。

【瓏玲】 击玉之声。亦以喻清越如击玉之声。韩愈《答张彻》：“紫树雕斐亹，碧流滴珑玲。”

【瓏璁】 亦作“瓏瑽”。❶金玉撞击之声。白居易《夜归》：“半醉闲行湖岸东，马鞭敲镫辔珑璁。”毛文锡《接贤宾》词：“少年公子能乘驭，金镳玉辔珑璁。”皮日休《正乐府十篇·路臣恨》：“行骄不动尘，满辔金珑璁。”❷光色朦胧貌。李贺《河南府试十二月乐词·九月》：“鸡人罢唱晓珑璁，鸦啼金井下疏桐。”❸发蓬松貌。尹鹗《江城子》词：“鬓云光，佛面珑璁，腻玉碎凝妆。”❹钗名。一说为睡梅。徐凝《白人》：“泥郎为插珑璁钗，争教一朵牙云落。”温庭筠《握柘词》：“绣衫金騕袅，花髻玉珑璁。”毛文锡《赞成功》词：“美人惊起，坐听晨钟，快教折取，戴玉珑璁。”

【瓏瓏】 ❶象声词。象清越之声。韩愈《感春三首》之一：“亹亹新叶大，珑珑晚花干。”顾云《华清词》：“隔烟遥望见云水，殚璈吹凤清珑珑。”❷明亮貌。曹邺《成名后献恩门》：“珑珑金锁甲，精精城乌绝。”

十七画

瓔 〔yīng《广韵》於盈切，平清，影。〕本指似玉之石。后亦指以珠玉穿成之璎珞。寒山《诗三百三首》之七七：“桃枝将辟秽，蒜壳取为璎。”韩愈、孟郊《城南联句》：“粉汗泽广额，金星堕连璎。”元稹《估客乐》：“鍮石打臂钏，糯米吹项璎。”

【瓔珞】 以珠玉串结而成之饰物。卢仝《观放鱼歌》：“天雨曼陀罗花深没膝，四十千真珠璎珞堆高楼。”刘禹锡《送景玄师东归》序：“且曰：‘……今无他请，唯久是求。’故赋一篇以代璎珞耳。”郑嵎《津阳门诗》：“人惜曲终更羽衣。”自注：“又令宫妓梳九骑仙髻，衣孔雀翠衣，佩七宝璎珞，为霓裳羽衣之类。”

瓓 〔lán《集韵》郎旰切，去换，來。〕见“瓓珊”。

【瓓珊】 衰落；消歇。王周《春答》：“花枝千万珍春开，三月瓓珊即自回。”

十九画

瓚 〔zàn《广韵》藏旱切，上旱，從。〕古代祭祀时所用灌酒玉勺。其口径八寸，受五升，以大圭为柄。尉迟汾《府尹王侍郎准制拜岳因状崇高灵胜寄呈三十韵》：“挹瓒椒桂馥，奏金岩壑空。”

【瓚祚】 对皇位之美称。《郊庙歌辞·后唐宗庙乐舞辞·永平舞》：“庆传瓒祚，位正瑶图。”

二十四画

瓗 〔líng〕同“玲”。

【瓗瓏】 同“玲瓏”。精巧貌；明彻通透貌。韩愈《春雪间早梅》：“玚珑开已遍，点缀坐来频。”元稹《泛江玩月十二韵》：“阛咽沙头市，玚珑竹岸窗。”吴融《雪十韵》：“月交都浩渺，日射更玚珑。”阎德隐《薛王花烛行》：“玉盘错落银灯照，珠帐玚珑宝扇开。”

【瓗瓗】 明洁貌。皮日休《九夏歌·齐夏》：“玚玚衡笄，翚翚褕翟。”

瓜 部

瓜 〔guā《广韵》古華切，平麻，見。〕❶植物名。葫芦科，种类众多。果实可作蔬菜或水果，有的还可以作蔬菜或饲料。亦指这种植物的果实。章怀太子《黄台瓜辞》："种瓜黄台下，瓜熟子离离。"白居易《秋游原上》："新枣未全赤，晚瓜有余馨。"韩愈、孟郊《城南联句》："如瓜煮大卵，比线茹芳菁。"温庭筠《赠郑处士》："醉收陶令菊，贫卖邵平瓜。"❷指瓜成熟。骆宾王《晚度天山有怀京邑》："旅思徒漂梗，归期未及瓜。"薛能《新雪八韵》："茶兴留诗客，瓜情想戍人。"

【瓜子】 指瓜子金，即形似瓜子的金粒。李贺《夜来乐》："重一篋，香十株，赤金瓜子兼杂麸。"

【瓜分】 （—fēn）如同切瓜一样地分割。张绍《冲佑观》："四海九州，瓜分幅裂。"

【瓜田】 种瓜的田地。刘言史《林中独醒》："未得浑无事，瓜田草正繁。"

【瓜戍】 语出《左传·庄公八年》：齐侯使连称、管至父戍葵丘。瓜时而往，曰："及瓜而代。"意为瓜熟时往边地戍守，后指官吏连任。薛能《彭门解嘲二首》之二："秦客莫嘲瓜戍远，水风潇洒是彭城。"

【瓜州】 见"瓜洲"。

【瓜字初分】 （分 fēn）古人将"瓜"字拆为"二""八"二字，隐二八一十六之意。特指女子十六岁。李群玉《醉后赠冯姬》："桂形浅拂梁家黛，瓜字初分碧玉年。"

【瓜豆】 瓜和豆子。张碧《山居雨霁即事》："篱崩瓜豆蔓，圃坏牛羊迹。"

【瓜李】 "瓜田李下"之缩语。《艺文类聚》卷四引三国魏曹植《君子行》："君子防未然，不处嫌疑间。瓜田不纳履，李下不整冠。"瓜田纳履，李下整冠，易为人怀疑盗瓜窃李，故以瓜田李下喻容易引起嫌疑的地方，简称"瓜李"。白居易《杂感》："嫌疑远瓜李，言动慎毫芒。"韩偓《八月六日作四首》之四："堤防瓜李能终始，免愧于心负此身。"

【瓜步】 地名。在今江苏南京六合区东南。其地有瓜步山，山下有瓜步镇。古时瓜步山南临大江，南北朝时屡为军事争夺要地。南朝宋元嘉二十七年(450)，北魏太武帝攻宋，率军至六合登瓜步山，凿山为盘道，设毡殿，隔江威胁建康（今南京市）。步，今写作"埠"。刘长卿《更被奏留淮南送从弟罢使江东》："寒潮落瓜步，秋色上芜城。"白居易《奉酬淮南牛相公思黯见寄二十四韵》："日落龙门外，潮生瓜步前。"杜牧《金陵》："瓜步逢潮信，台城过雁音。"罗隐《广陵秋夜读进士常修三篇因题》："剑关夜读相如听，瓜步秋吟炀帝悲。"

【瓜步山】 见"瓜步"。

【瓜步江】 指长江流经瓜步镇的一段江面。骆宾王有《渡瓜步江》。

【瓜洲】 亦作"瓜州"。镇名。在江苏扬州市邗江区南部、大运河分支入长江处。与镇江市斜对，为长江、南北水运交通要冲。白居易《长相思》词之一："汴水流，泗水流，流到瓜洲古渡头，吴山点点愁。"张祜《题金陵渡》："潮落夜江斜月里，两三星火是瓜州。"罗隐《薛阳陶觱篥歌》："邗沟仆射戎政闲，试渡瓜洲吐伊郁。"徐铉《回至瓜洲献侍中》："日暮瓜洲江北岸，两行清泪滴西风。"

【瓜時】 ❶瓜熟之时。指农历七月。羊士谔《贺州宴行营回将》："九剑盈庭酒满卮，戍人归日及瓜时。"刘禹锡《酬杨侍郎凭见寄》："看看瓜时欲到，故侯也好归来。"❷借指任职期满。杜甫《秋日夔府咏怀奉寄郑监李宾客一百韵》："瓜时犹旅寓，萍泛苦齑缘。"

【瓜割】 瓜分。周昙《咏史诗·晋门·贾后》："一从天下无真主，瓜割中原四百春。"

【瓜葛】 瓜与葛，均为蔓生植物。喻辗转相连的亲戚关系或社会关系。权德舆《奉和韦曲庄言怀贻东曲外族诸弟》："小生忝瓜葛，慕义斯无穷。"

【瓜園】 种瓜的园圃。李商隐《雨》："摵摵度瓜园，依依傍竹轩。"

【瓜巖村】 地名。在今河南洛阳市附近。张继有《清明日自西午桥至瓜岩村有怀》。

五 画

瓟 〔páo《广韵》薄交切，平肴，並。〕葫芦之实。干则中空，可为容器。皮日休《新秋言怀寄鲁望三十韵》："无限疏慵事，凭君解一瓟。"陆龟蒙《奉和袭美新秋言怀三十韵次韵》："勿谓江湖永，终浮一大瓟。"

六 画

瓞〔qià《广韵》恪八切，入黠，溪。〕见“瓡瓞”。

瓠¹〔hù《广韵》户誤切，去暮，匣。〕蔬类名，即瓠瓜。也称葫子、瓠子。果实圆长，首尾粗细略同，可食。汉张苍身长大，肥白如瓠。路德延《小儿诗》：“臂膊肥如瓠，肌肤软胜绵。”

瓠²〔hú《广韵》胡吴切，平模，畫。〕即葫芦。一年生攀援草本植物。夏秋季开白花。果实因品质不同而形状多样，小者可作玩具，大者可作盛器和水瓶。果实可食，果壳可入药，主治水肿腹胀等症。战国魏王给惠施大瓠之种，惠施种之而结成大葫芦，容量五石，而坚度与容量不成比例，因无所用而掊之。庄子说可以游泳。见《庄子・逍遥游》。储光羲《贻王侍御出台掾丹阳》：“南华在濠上，谁辩魏王瓠。”元稹《梦游春七十韵》：“乍可沉为香，不能浮作瓠。”

【瓠子】 古堤名。旧址在今河南濮阳县境。《史记・孝武本纪》：“还至瓠子，自临塞决河，留二日，沉祠而去。”裴骃集解：“服虔曰：‘瓠子，堤名。’苏林曰：‘在甄城以南，濮阳以北。’”见“瓠子歌”。

【瓠子歌】 乐府歌辞名。汉武帝作。黄河溃堤于瓠子，武帝令汲黯、郑当时率众堵塞之，但旋即复坏。元封二年(—109)，武帝亲临工地，悼复堤功之不成，乃作《瓠子歌》二章。见《史记・河渠书》。王维《鱼山神女祠歌》序：“按《十道志》云：渔山一名吾山，汉武帝过渔山作《瓠子歌》云‘吾山平兮巨野溢’，是也。”亦省作“瓠子”。高适《自淇涉黄河途中作十三首》之十一：“空传歌瓠子，感慨独愁人。”

【瓠葉】 瓠瓜的叶子。古人用为菜食和祭祀。钱起《赠柏岩老人》：“瓠叶覆荆扉，栗苞垂瓮牖。”贯休《甘雨应祈》：“柘系黄兮，瓠叶青兮。”又《春日许征君见访》：“厨香烹瓠叶，道友叩门声。”

【瓠犀】 瓠瓜的子。《诗・卫风・硕人》：“齿如瓠犀。”朱熹集传：“瓠犀，瓠中之子，方正洁白，而比次整齐也。”故多用以喻美人的牙齿。武平一《妾薄命》：“瓠犀发皓齿，双蛾颦翠眉。”权德舆《杂诗五首》之三：“一顾授横波，千金呈瓠犀。”又《杂兴五首》之四“新妆对镜知无比，微笑时时出瓠犀。”赵鸾鸾《檀口》：“曾见白家樊素口，瓠犀颗颗缀榴芳。”

八 画

瓡〔luǒ〕见“瓡瓞”。

【瓡瓞】 指瓜动貌。韩愈《征蜀联句》：“怒鬓犹鬡鬡，断臂仍瓡瓞。”

十一画

瓢〔piáo《广韵》符霄切，平宵，並。〕❶老熟的葫芦对半剖开后所制成的舀水器或盛酒器。张说《咏瓢》：“美酒酌悬瓢，真淳好相映。”韩愈《调张籍》：“刺手拔鲸牙，举瓢酌天浆。”周贺《赠王道士》：“石缝瓢探水，云根斧斫薪。”韦庄《中酒》：“南邻酒熟爱相招，蘸甲倾来绿满瓢。”❷量词。多用于量酒。韦应物《寄全椒山中道士》：“欲持一瓢酒，远慰风雨夕。”许浑《秋日赴阙题潼关驿楼》：“红叶晚萧萧，长亭酒一瓢。”赵牧《对酒》：“劝君朝饮一瓢，夜饮一壶。”罗隐《春居》：“春色常无处，林醪更一瓢。”

【瓢壶】 泛指酒器。李白《春日陪杨江宁及诸官宴北湖感古作》：“感此劝一觞，愿君覆瓢壶。”

【瓢飲】 语出《论语・雍也》：“一箪食，一瓢饮，在陋巷，人不堪其忧，回也不改其乐。”原谓以瓢饮水。后借指生活简朴贫困。杜甫《赠特进汝阳王二十韵》：“瓢饮唯三径，岩栖在百层。”刘言史《席上赠李尹》：“瓢饮不曾看酒肆，世人空笑亦何为。”张祜《所居即事六韵》：“南下丹阳一水湾，陋居瓢饮是希颜。”孙郃《古意二首》之一：“道废固命也，瓢饮亦贤哉。”

十四画

瓣〔bàn《广韵》蒲莧切，去裥，並。〕❶瓜中实。韩愈《崔十六少府摄伊阳以诗及书见投因酬三十韵》：“冬惟茹寒齑，秋始识瓜瓣。”❷果实分瓤者称瓣。元稹《贬江陵途中寄乐天杓直》：“紫芽嫩茗和枝采，朱橘香苞数瓣分。”❸花瓣。吕从庆《溪西村》：“红边花落瓣，绿际茗舒芽。”❹量词。用于花瓣、树叶等。岑参《优钵罗花歌》：“叶六瓣，花九房，夜掩朝开多异香。”

十七画

瓤〔ráng《广韵》汝陽切，平陽，日。又女良切，平陽，娘。〕瓜类的肉。白居易《题郡中荔枝诗十八韵兼寄万州杨八使君》：“紫罗裁衬壳，白玉裹填瓤。”

瓦　部

瓦[1]〔wǎ《广韵》五寡切，上馬，疑。〕❶古代陶制器物的总称。见“瓦缶”“瓦釜”“瓦瓶”。❷屋瓦。铺屋面的建筑材料，多以泥土烧制而成。张继《明德宫》：“碧瓦朱楹白昼闲，金衣宝扇晓风寒。”白居易《新乐府·骊宫高》：“翠华不来岁月久，墙有衣兮瓦有松。”沈亚之《送文颖上人游天台》：“露花浮翠瓦，鲜思起芳丛。”林宽《苦雨》：“斜飞穿裂瓦，迸落打空铛。”

瓦[2]〔wà《广韵》五化切，去禡，疑。〕盖瓦。元稹《茅舍》：“旗亭红粉泥，佛庙青鸳瓦。”

【瓦卜】（—bǔ）古代占卜方法之一。击瓦观其纹理分析，以定吉凶。杜甫《戏作俳体遣闷二首》之二：“瓦卜传神语，畬田费火声。”

【瓦子】碎瓦片。杨凝式《赠张全义》：“洛阳风景实堪哀，昔日曾为瓦子堆。”

【瓦石】瓦片石头。喻无用之物。李白《拟古十二首》之五：“愚夫同瓦石，有才知卷舒。”

【瓦缶】❶小口大腹的瓦器。李商隐《行次西郊作一百韵》：“浊酒盈瓦缶，烂谷堆荆囷。”❷陶土制的打击乐器。段成式《和周繇见嘲》序：“辄鸣瓦缶，方应金铙。”

【瓦花】即瓦松。皮日休《夏景冲澹偶然作二首》之一：“茗炉尽日烧松子，书案经时剥瓦花。”又《奉和鲁望秋赋有期次韵》：“应带瓦花经汴水，更携云实出包山。”

【瓦松】草名。生于屋瓦上或深山石罅中，叶厚，细长而尖，多数重叠，望之如松，故名。李晔《尚书都堂瓦松》：“华省秘仙踪，高堂露瓦松。”卢纶《客舍苦雨即事寄钱起郎士元二员外》：“绕池墙藓合，拥溜瓦松齐。”韩偓《睡起》：“睡起墙阴下药阑，瓦松花白闭柴关。”郑谷《菊》：“露湿秋香满池岸，由来不羡瓦松高。”

【瓦舍】瓦房。周贺《如空上人移居大云寺》：“瓦舍山情少，斋身疾色浓。”

【瓦沼】瓦盆般的水池。形容水池小而浅。韩愈《盆池五首》之三：“瓦沼晨朝水自清，小虫无数不知名。”

【瓦官阁】即瓦官寺，又名升元阁，故址在今江苏南京市，南朝梁所建，高二十四丈。李白《横江词六首》之一：“一风三日吹倒山，白浪高于瓦官阁。”又《登瓦官阁》：“晨登瓦官阁，极眺金陵城。”

【瓦苔】瓦衣。生长在屋瓦阴处的苔藓类植物。中医入药，称“房游”。吴融《燕雏》：“瓦苔难定立，檐雨忽喧归。”

【瓦盆】陶制敞口盛器。杜甫《少年行二首》之一：“莫笑田家老瓦盆，自从盛酒长儿孙。”

【瓦屋山】在今江苏溧阳县西北。山形连亘，两崖稍陡起，宛如屋状，故称。李白有《游溧阳北湖亭望瓦屋山怀古赠同旅》。

【瓦釜】陶制的炊具。亦用作简单的乐器。陆龟蒙《江南秋怀寄华阳山人》：“送神抱瓦釜，留客上瓷觥。”

【瓦瓶】陶制容器。张祜《戏赠林妇》：“二升酸醋瓦瓶盛，请得姑嫜十日程。”贾岛《题皇甫荀蓝田厅》：“竹笼拾山果，瓦瓶担石泉。”杜荀鹤《登灵山水阁贻钓者》：“瓦瓶盛酒瓷瓯酌，荻浦芦湾是要津。”

【瓦鼓】陶制乐器。李建勋《田家三首》之二：“木盘擎社酒，瓦鼓送神钱。”

【瓦棺寺】即瓦官寺。棺，为“官”之讹。韩翃《送客之江宁》：“楚云朝下石头城，江燕双飞瓦棺寺。”罗隐有《登瓦棺寺阁》。杜荀鹤有《题瓦棺寺真上人院矮桧》。见“瓦官寺”。

【瓦裂】瓦片之碎裂。卢仝《哭玉碑子》：“横文寻龟兆，直理任瓦裂。”

【瓦尊】陶制的注酒器。可作礼器。许浑《送客南归有怀》：“瓦尊迎海客，铜鼓赛江神。”

【瓦砚】以古宫殿瓦制作的砚。汉未央宫、魏铜雀台等诸殿瓦，瓦身如半筒，厚一寸弱，背平可研墨，唐宋人取以为砚。亦指陶制的砚。徐夤有《尚书命题瓦砚》。

【瓦钵】陶制容器，似盆而小。王梵志《诗》之九八：“白酒瓦钵藏，铛子两脚破。”

【瓦解】如瓦片之破碎。喻崩溃或分离。韩愈《南山诗》：“或散若瓦解，或赴若辐凑。”柳宗元《冉溪》：“风波一跌逝万里，壮心瓦解空缧囚。”陆龟蒙《战秋辞》：“瓦解冰碎，瓜分豆离。”胡曾《咏史诗·大泽》：“不是咸阳将瓦解，素灵那哭月明中。”

【瓦解冰消】如瓦器破碎，冰块消融。喻溃败或消亡。寒山《诗三百三首》之三八:“忽然富贵贪财色,瓦解冰消不可陈。”刘商《姑苏怀古送秀才下第归江南》:“瓦解冰销真可耻,凝艳妖芳安足恃。”

【瓦溝】 瓦楞之间的泄水沟。冯著《燕衔泥》:“尔不见东家黄縠鸣啧啧,蛇盘瓦沟鼠穿壁。”陈羽《喜雪上窦相公》:“千门万户雪花浮,点点无声落瓦沟。”白居易《宿东亭晓兴》:“雪依瓦沟白,草绕墙根绿。”姚合《酬任畴协律夏中苦雨见寄》:“丝网张空际,蛛绳续瓦沟。”

【瓦榼】 瓦制盛酒或贮水的器具。罗隐《第五将军于余杭天柱宫入道因题寄》:“瓦榼尚携京口酒,草堂应写颍阳书。”

【瓦影】 屋瓦的倒影。韩愈《奉和虢州刘给事使君三堂新题二十一咏·新亭》:“水文浮枕簟,瓦影荫龟鱼。”

【瓦甌】 陶制小盆。杜荀鹤《溪兴》:“山雨溪风卷钓丝,瓦瓯篷底独斟时。”崔道融《钓鱼》:“闲钓江鱼不钓名,瓦瓯斟酒暮山青。”

【瓦甒】 陶制容器。多以盛酒,可容五斗。李贺《箜篌引》:“陇亩油油黍与葫,瓦甒浊醪蚁浮浮。”

【瓦獸】 陶制的兽形物。常为屋饰。李贺《潞州张大宅病酒遇江使寄上十四兄》:“莎老沙鸡泣,松干瓦兽残。”

【瓦隴】 屋顶上用瓦铺成的凸凹相间的行列。韩愈《咏雪赠张籍》:“度前铺瓦陇,发本积墙隈。”

【瓦礫】 ❶破碎的砖头瓦片。亦以形容破败荒凉之景象。高适《酬裴员外以诗代书》:“纵横荆棘丛,但见瓦砾堆。”舒元舆《八月五日中部官舍读唐历天宝已来追怆故事》:“两河连烟尘,二京成瓦砾。”罗隐《谒文宣王庙》:“九仞萧墙堆瓦砾,三间茅殿走狐狸。”❷喻无价值之物。周匡物《及第后谢座主》:“试向昆山投瓦砾,便容灵沼濯埃尘。”贯休《砚瓦》:“应念研磨苦,无为瓦砾看。”又《别冯使君》:“瓦砾文章岂有媒,两三年只在金台。”

四　画

瓬 〔gāng《集韵》居郎切,平唐,見。〕缸;大瓮。《方言》第五:“瓬,罂也。”郭璞注:“今江东通名大瓮为瓬。”韩愈《泷吏》:“瓬大瓶罂小,所任自有宜。”

五　画

瓴 〔líng《广韵》郎丁切,平青,來。〕陶瓦制的容器,似瓶。《汉书·高帝纪下》:“其以下兵于诸侯,譬犹居高屋之上,建瓴水也。”颜师古注引如淳曰:“瓴,盛水瓶也。居高屋之上而幡瓴水,言其向下之势易也。”韩愈《答张彻》:“初味犹啖蔗,遂通斯建瓴。”李贺《荣华乐》:“气如虹霓,饮如建瓴,走马夜归叫严更。”

六　画

瓶 〔píng《广韵》薄經切,平青,並。〕❶陶制吸水器。马戴《赠禅僧》:“振锡摇江月,持瓶接瀑流。”李郢《晓井》:“越女携瓶下金索,晓天初发辘轳声。”曹邺《自退》:“况我不嫁容,甘为瓶堕井。”张蠙《赠栖白大师》:“扫叶寒烧鼎,融冰晓注瓶。”❷泛指腹大颈长的容器,用以盛酒等。岑参《虢州西亭陪端公宴集》:“开瓶酒色嫩,踏地叶声干。”刘禹锡《同乐天和微之深春二十首》之十三:“兴酣罇易罄,连泻酒瓶斜。”白居易《早饮湖州酒寄崔使君》:“瓶里有时尽,江边无处沽。”张祜《楚州韦中丞箜篌》:“千重钩锁撼金铃,万颗真珠泻玉瓶。”❸量词。白居易《冬夜对酒寄皇甫十》:“新开一瓶酒,那得不相思。”又《湖上招客送春泛舟》:“两瓶箬下新开得,一曲霓裳初教成。”姚合《游春十二首》之十二:“一瓶春酒色,数顷野花香。”

【瓶井】 谓瓶沉于井。喻消息渺茫。李峤《倡妇行》:“消息如瓶井,沉浮似路尘。”

【瓶冰知冬寒】 语出《吕氏春秋·察今》:有道之士,贵以近知远,以今知古,以益所见,知所不见。故审堂下之阴,而知日月之行、阴阳之变;见瓶水之冰,而知天下之寒、鱼鳖之藏也。后以“瓶冰知冬寒”表示见微知著或以近知远。李白《拟古十二首》之一:“瓶冰知冬寒,霜露欺远客。”

【瓶盂】 即瓶钵。周贺《寄新头陀》:“见说北京寻祖后,瓶盂自挈绕穷边。”

【瓶笠】 水瓶和斗笠。王维《同崔兴宗送衡岳瑗公南归》序:“天宝癸巳岁,始游于长安,手提瓶笠,至自万里。”

【瓶鉢】 ❶僧人出行所带的食具。瓶盛水,钵盛饭。刘长卿《送灵澈上人归嵩阳兰若》:“唯将旧瓶钵,却寄白云中。”卢纶《送少微上人游蜀》:“瓶钵绕禅衣,连宵宿翠微。”❷借指僧人。翁承赞《题景祥院》:“一溪拖碧绕崔嵬,瓶钵偏宜向此隈。”

【瓶履】 同“瓶屦”。姚合《赠少室山麻襦僧》:“泉近濆瓶履,山深少垢尘。”

【瓶錫】 僧人所用之瓶钵和锡杖。亦借指僧侣或僧侣生涯。温庭筠《宿一公精舍》:“夜阑黄叶寺,瓶钵两俱能。”灵一《送冽寺主之京迎禅和尚》:“上人知机士,瓶锡慰樊笼。”齐己《赠仰上人》:“寻应报休马,瓶锡向南携。”又《夏日荆渚书怀》:“中途息瓶锡,十载依公卿。"

【瓶屦】 僧人所用的瓶钵和草鞋。亦借指僧侣和僧侣生活。司空曙《寄天台秀师》:"永愿亲瓶屦,呈功得问疑。"温庭筠《赠楚云上人》:"烟波五湖远,瓶屦一身闲。"吴融《送僧南游》:"战鼙鸣未已,瓶屦抵何乡。"

【瓶甖】 见"瓶罂"。

【瓶罂】 亦作"瓶甖"。泛指小口大腹的陶瓷容器。杜牧《雨中作》:"浊醪气色严,皤腹瓶罂古。"又《池州送孟迟先辈》:"周鼎列瓶罂,荆璧横抛掷。"

【瓶罍】 泛指小口大腹的陶瓷容器。杜甫《回棹》:"巾拂那关眼,瓶罍易满船。"

瓷 〔cí《广韵》疾資切,平脂,從。〕古称陶器中较为精致者。《集韵·平脂》:"瓷,陶器之致坚者或从缶。"亦指烧制瓷器的质料。见"瓷椀""瓷觥""瓷瓯""瓷甖"。

【瓷椀】 陶瓷所制之碗。孟郊《济源寒食》之二:"逃蜂匿蝶踏地来,抛却斋糜一瓷碗。"

【瓷觥】 陶瓷酒器。陆龟蒙《江南秋怀寄华阳山人》:"送神枹瓦釜,留客上瓷觥。"

【瓷瓯】 陶瓷饮具。白居易《睡后茶兴忆杨同州》:"白瓷瓯甚洁,红炉炭方炽。"杜荀鹤《登灵山水阁贻钓者》:"瓦瓶盛酒瓷瓯酌,荻浦芦湾是要津。"

【瓷甖】 盛酒浆等用的陶瓷器皿。杜甫《进艇》:"茗饮蔗浆携所有,瓷罂无谢玉为缸。"贯休《樵叟》:"担头担个赤瓷罂,斜阳独立濛笼坞。"

八　画

瓿 〔bù《广韵》蒲口切,上厚,並,又防無切,平虞,並。〕古代容器。陶或青铜制。圆口、深腹、圈足,用以盛物。陆龟蒙《奉和袭美酒中十咏·酒垆》:"高低过反坫,大小随圆瓿。"又《京口与友生话别》:"蜀酒时倾瓿,吴虾遍发坩。"

九　画

甄 〔zhēn《广韵》職鄰切,平真,章。又居延切,平仙,見。〕❶制作陶器。引申为化育、造就。孟郊《奉报翰林张舍人见遗之诗》:"将期律万有,倾倒甄无垠。"见"甄陶"。❷鉴别;选拔。吴筠《览古十四首》之二:"忠诚及狙诈,淆混安可甄。"孟郊《石淙》之四:"具生此云遥,非德不可甄。"❸明,彰明。《郊庙歌辞·祀圜丘乐章·肃和》:"闾阳播气,甄曜垂明。"李瀚《蒙求》:"浩浩万古,不可备甄。"❹姓。见"甄妃"。

【甄后出拜】 三国时魏太子曹丕宴请文士,命夫人甄后出拜,众文士皆俯伏,刘桢独平视,为此受到曹操惩处。见《三国志·魏志·王粲传》。李瀚《蒙求》:"甄后出拜,刘桢平视。"

【甄妃】 魏文帝曹丕甄皇后先得宠,后被其他后妃排挤,失宠,有怨言,被赐死。见《三国志·魏志·后妃传》。王諲《后庭怨》:"甄妃为妒出层宫,班女因猜下长信。"

【甄别】 鉴别。汉末蔡邕避难会稽,宿于柯亭,仰观椽竹,知有奇响,因取为笛,遂为宝器。胡曾《咏史诗·柯亭》:"中郎在世无甄别,争得名垂尔许年。"

【甄陶】 制陶器。引申为化育、培养造就。张祜《又陪楚州韦舍人阊门游燕次韵北阊门》:"不当离急引,应获在甄陶。"

甃 〔zhòu《广韵》側求切,去宥,莊〕❶以砖瓦等砌的井壁。《庄子·秋水》:"吾乐与!出跳梁乎井干之上,入休乎缺甃之崖。"陆德明释文引李颐曰:"如阑。以砖为之,着井底阑也。"李白《姑孰十咏·桓公井》:"石甃冷苍苔,寒泉湛孤月。"耿湋《甘泉诗》:"修绠悬冰甃,新桐荫玉沙。"韦庄《天井关》:"短绠讵能垂玉甃,缭垣何用学金汤。"❷指井。杜甫《铜瓶》:"侧想美人意,应非寒甃沉。"李涉《六叹》:"迢迢碧甃千余尺,竟日倚阑空叹息。"陆龟蒙《奉和袭美太湖诗二十首·以毛公泉献大谏清河公》:"芜坛与古甃,隐轸清泠存。"吴融《古离别》:"赋情更有深缱绻,碧甃千寻尚为浅。"❸垒砌。白居易《西楼喜雪命宴》:"四郊铺缟素,万室甃琼瑶。"又《官舍内新凿小池》:"中底铺白沙,四隅甃青石。"又《朝课》:"平甃白石渠,静扫青苔院。"❹指砖。杨巨源《同太常尉迟博士阙下待漏》:"爽气晓来青玉甃,薰风宿在翠花旗。"白居易《答微之见寄》:"更对雪楼君爱否,红栏碧甃点银泥。"罗隐《仿玉台体》:"青楼枕路隅,壁甃复椒涂。"❺结。李贺《出城别张又新》:"光明霭不发,腰龟徒甃银。"

【甃玉】 垒砌美石。窦庠《金山行》:"龙泓彻底沙布金,鸟道插云梯甃玉。"陆畅《阶》:"甃玉编金次第平,花纹隐起踏无声。"亦指所垒砌的美石。韦处厚《盛山十二诗·盘石磴》:"缭绕缘云上,璘玢甃玉联。"

【甃石】 砌石;垒石为壁。张籍《山中赠日南僧》:"甃石新开井,穿林自种茶。"白居易《池上即事》:"行寻甃石引新泉,坐看修桥补钓船。"韦庄《同和薛先辈见寄初秋寓怀即事之作韵》:"甃石回泉脉,移棋就竹阴。"亦指所垒砌之石。薛能《秋题》:"磷磷甃石堪僧坐,一叶梧桐落半庭。"

【甃城】 筑城。杜荀鹤《旅泊遇郡中叛乱示同志》:"古寺拆为修寨木,荒坟掘作甃城砖。"

十 画

瓶 〔niè〕通"鯢"。不安。柳宗元《奉平淮夷雅表·方城》:"孰麵蔡初,胡瓶尔居?"

甍 〔méng《广韵》莫耕切,平耕,明。〕❶屋脊;屋栋。太宗《初春登楼即目观作述怀》:"连甍岂一拱,众干如千寻。"王维《登楼歌》:"聊上君兮高楼,飞甍鳞次兮在下。"杜甫《法镜寺》:"朱甍半光炯,户牖粲可数。"韩愈《和李司勋过连昌宫》:"夹道疏槐出老根,高甍巨桷压山原。"❷屋檐。《文选·鲍照〈咏史〉》:"京都十二衢,飞甍各鳞次。"李周翰注:"甍,屋檐也。"许敬宗《奉和圣制登三台言志应制》:"企翼抟禽萃,飞甍燕雀游。"虞世南《怨歌行》:"紫殿秋风冷,雕甍落日沉。"刘禹锡《始至云安寄兵部韩侍郎中书白舍人二公近曾远守有属焉》:"硖断见孤邑,江流照飞甍。"柳宗元《同刘二十八院长述旧言怀赠二君子》:"窗蠹惟潜蝎,甍涎竞缀蜗。"

十一画

甎 〔zhuān《广韵》職缘切,平仙,章。〕黏土烧成的建筑材料,多为长方形或方形。储光羲《题应圣观》:"合砖起花台,折草成玉节。"白居易《游悟真寺诗》:"又有一片石,大如方尺砖。"李咸用《谢僧寄茶》:"砖排古砌春苔干,殷勤寄我清明前。"贯休《和韦相公见示闲卧》:"蜩响初穿壁,兰芽半出砖。"

【甎瓦】 砖和瓦。均为建筑材料。李咸用《和友人喜相遇十首》之十:"命达夭殇同白首,价高砖瓦即黄金。"

【甎甓】 即砖。甓,砖。张仲方《赠毛仙翁》:"灵通指下砖甓化,瑞气炉中金玉流。"

甌[1] 〔ōu《广韵》烏侯切,平侯,影。〕❶盆盂一类的瓦器。《方言》第五:"自关而西谓之甂,其大者谓之瓯。"白居易《新沐浴》:"先进酒一杯,次举粥一瓯。"姚合《酬任畴协律夏中苦雨见寄》:"下床先仗屐,汲井恐飘瓯。"杜荀鹤《溪兴》:"山雨溪风卷钓丝,瓦瓯篷底独斟时。"❷杯、碗之类的饮具。亦用作量词。岑参《暮秋会严京兆后厅竹斋》:"瓯香茶色嫩,窗冷竹声干。"白居易《官舍》:"起尝一瓯茗,行读一卷书。"李群玉《龙山人惠石廪方及团茶》:"一瓯拂昏寐,襟鬲开烦拏。"韦庄《酒渴爱江清》:"泻瓯如练色,漱齿作泉声。"❸古代地区名。在今浙江温州一带,后为温州之别称。《山海经·海内南经》:"瓯居海中。"晋郭璞注:"今临海永宁县,即东瓯,在岐海中。"袁珂校注:"即今浙江省旧温州府地。"顾况《永嘉》:"东瓯传旧俗,风日江边好。"郑巢《送姚郎中罢郡游越》:"逍遥方罢郡,高兴接东瓯。"❹姓。见"甌冶"。

甌[2] 〔ǒu《集韵》於口切,上厚,影。〕古代部落名。《逸周书·王会》:"正南瓯、邓、桂国损子、产里、百濮、九菌。"孔晁注:"六者,南蛮之别名。"见"甌$_2$越""甌$_2$閩"。

【甌$_2$越】 亦作"甌粵"。百越的一支。分布在今浙江瓯江流域一带。主要由早已居住在瓯江流域并创造了印纹陶遗存的土著民发展形成。张子容《乐城岁日赠孟浩然》:"土地穷瓯越,风光肇建寅。"陆龟蒙《读襄阳耆旧传因作诗五百言寄皮袭美》:"持冠适瓯越,敢怨不得售。"又《奉酬袭美先辈吴中苦雨一百韵》:"江南多事鬼,巫觋连瓯粤。"贾驰《复睹三乡题处留赠》:"耿耿离幽谷,悠悠望瓯越。"

【甌$_2$粵】 见"甌$_2$越"。

【甌$_2$閩】 指古时瓯越和七闽等部族,今浙江和福建南部一带少数民族地区。孟浩然《除夜乐城逢张少府》:"云海泛瓯闽,风潮泊岛滨。"韩愈《送惠师》:"常闻禹穴奇,东去窥瓯闽。"薛能《送福建李大夫》:"洛州良牧帅瓯闽,曾是西垣作谏臣。"周朴《福州东禅寺》:"瓯闽在郊外,师院号东禅。"

【瓯犧】 杯勺类之用具。陆龟蒙《袭美先辈以龟蒙所献五百言用伸酬谢》:"抽书乱签帙,酌茗烦瓯犧。"

十二画

甒 〔wǔ《广韵》文甫切,上麌,微。〕陶制容器,多用以盛酒。《逸周书·器服》:"食器,甒迤胥侯屑。"朱右曾校释:"甒,酒器,中宽、下直、上锐、平底,陶瓦为之,容五斗。"李贺《箜篌引》:"陇亩油油黍与葫,瓦甒浊醪蚁浮浮。"

甑 〔zèng《广韵》子孕切,去證,精。〕蒸饭炊器,底有孔。古有陶制,殷商时代有以青铜制,后多用木制。杜甫《赠裴南部闻袁判官自来欲有按问》:"尘满莱芜甑,堂横单父琴。"韩愈《郑群赠簟》:"自从五月困暑湿,如坐深甑遭蒸炊。"李贺《始为奉礼忆昌谷山居》:"土甑封茶叶,山杯锁竹根。"韦庄《赠渔翁》:"芦刀夜鲙红鳞腻,水甑朝蒸紫芋香。"

【甑山】 在今湖北汉川市东南。山形如甑,故称。韩翃有《宿甑山》和《别甑山》。许浑《送前东阳于明府由鄂渚归故林》:"帆背夕阳湓水阔,棹经沧海甑山遥。"

【甑中屡生塵】《后汉书·独行·范冉传》:"所止单栖,有时绝粒,穷居自若,言貌无改。闾里歌之曰:'甑中生尘范史云,釜中生鱼范莱芜。'"范冉字史云,桓帝时为莱芜长。后以"甑中屡生塵"形容家贫断炊。寒山《诗三百三首》之一七三:"瓮里长无饭,甑中屡生尘。"

【甑生塵】谓家境贫困。用后汉范冉家贫断炊事。皇冉冉《寄郑二侍御归新郑无碍寺所居》:"谁当便静者,莫使甑生尘。"权德舆《戏和三韵》:"墨翟突不黔,范丹甑生尘。"刘禹锡《学阮公体三首》之三:"不学腰如磬,徒使甑生尘。"见"甑中屡生塵"。

【甑塵】谓家境贫困。用后汉范冉家贫断炊事。卢纶《送浑炼归觐却赴阙庭》:"甑尘方欲合,笼翮或将舒。"薛能《早春归山中旧居》:"猿迹破庭雪,鼠踪生甑尘。"徐夤《邑宰相访翼日有寄》:"渊明深念郤诜贫,踏破莓苔看甑尘。"李洞《闻杜鹃》:"声声犹得到君耳,不见千秋一甑尘。"见"甑中屡生塵"。

十三画

瓾〔dēng《广韵》都滕切,平登,端。〕盛祭品的陶器。韩愈《南山诗》:"或爨若盆罂,或揭若瓾豆。"

甔〔dān《广韵》丁含切,平覃,端。又都滥切,去阚,端。〕陶制罂类容器。亦用作量词。《史记·货殖列传》:"浆千甔。"裴骃集解引徐广曰:"大罂缶。"韩愈《秋怀诗十一首》之七:"岂必求赢余,所要石与甔。"皮日休《酒中十咏·酒篘》:"新从山下买,静向甔中试。"又《奉和鲁望秋日遣怀次韵》:"酒甔香竹院,鱼笼挂茅檐。"

甕〔wèng《广韵》烏貢切,去送,影。〕亦作"瓮"。❶陶制容器,小口大腹,用以汲水、盛水或盛酒等。寒山《诗三百三首》之一七三:"甕里长无饭,甑中屡生尘。"杜甫《雨》:"恨无抱甕力,庶减临江费。"皇甫曙《立春日呈宫傅侍郎》:"摩娑酒甕重封闭,待入新年共赏花。"无名氏《五言白话诗》之二六(外编下):"富者造山门,贫者如破瓮。"❷借指酒。皎然《和刑部端公登台春望句句有春字之什》:"春风正飘荡,春甕莫须倾。"杜牧《郡斋独酌》:"叔舅欲饮我,社甕尔来尝。"

【甕下眠】谓醉眠。李端《晚秋旅舍寄苗员外》:"吏部逢今日,还应瓮下眠。"见"甕眠"。

【甕口】酒坛之口。刘禹锡《有僧言罗浮事因为诗以写之》:"醯鸡仰瓮口,亦谓云汉津。"

【甕眠】晋毕卓嗜酒,常醉眠于瓮侧。事见《晋书》本传。后以"甕眠"称醉眠。元稹《饮致用神曲酒三十韵》:"瓮眠思毕卓,糟籍忆刘伶。"

【甕盎】陶制容器。韩愈《岳阳楼别窦司直》:"余澜怒不已,喧聒鸣瓮盎。"

【甕缾】泛称陶制容器。寒山《诗三百三首》之一四三:"欹斜有瓮瓶,振拨无簪笏。"

【甕間】(—jiān)犹瓮下。谓醉于酒瓮之下。韦应物《陪王郎中寻孔征君》:"瓮间聊共酌,莫使宦情阑。"戴叔伦《答崔载华》:"偷归瓮间卧,逢个楚狂来。"杜牧《雪中书怀》:"且想春候暖,瓮间倾一卮。"李商隐《咏怀寄秘阁旧僚二十六韵》:"瓮间眠太率,床下隐何卑。"

【甕間吏部】(間 jiān)晋毕卓性放达,泰兴末,为吏部郎,常饮酒废职。尝因醉夜至邻舍瓮间取酒饮。见《晋书·毕卓传》。后以瓮间吏部作为嗜酒之典。白居易《家园三绝》之二:"篱下先生时得醉,瓮间吏部暂偷闲。"

【甕榼】陶制酒器。贯休《上缙云段使君》:"术气芝香粘瓮榼,云痕翠点满旌旗。"

【甕牖】以破瓮为窗。谓家境贫寒。寒山《诗三百三首》之一〇七:"霜露入茅檐,月华明瓮牖。"杜甫《晦日寻崔戢李封》:"朝光入瓮牖,尸寝惊敞裘。"顾非熊《下第后寄高山人》:"人眠瓮牖月,鹿饮竹门泉。"韦庄《三用和薛先辈见寄初秋寓怀即事之作韵》:"固穷怜瓮牖,感旧惜蒿簪。"

【甕頭】❶酒瓮的口。岑参《喜韩樽相过》:"瓮头春酒黄花脂,禄米只充沽酒资。"窦牟《奉使至邢州赠李八使君》:"瓮头开绿蚁,砧下落红鱼。"白居易《蔷薇正开春酒初熟因招刘十九张大夫崔二十四同饮》:"瓮头竹叶经春熟,阶底蔷薇入夏开。"❷刚酿成的酒。孟浩然《戏题》:"已言鸡黍熟,复道瓮头清。"白居易《钱湖州以箬下酒李苏州以五酘酒相次寄到无因同饮聊咏所怀》:"铛脚三州何处会,瓮头一盏几时同。"又《尝黄醅新酎忆微之》:"元九计程殊未到,瓮头一盏共谁尝。"曹松《哭胡处士》:"无尔向潭上,为吾倾瓮头。"

【甕頭清】刚酿成的酒。无名氏《和渔父词》之十四(外编下):"舴艋为家无姓名,胡芦中有瓮头清。"

【甕醁】即瓮头清。初熟酒。陆龟蒙《奉酬袭美先辈初夏见寄次韵》:"畦蔬与瓮醁,便可相携迎。"

甓〔pì《广韵》扶歷切,入錫,並。《集韵》蒲歷切,入錫,並。〕砖。《诗·陈风·防有鹊巢》:"中唐有甓,邛有旨鹝。"马瑞辰通释:"甓为砖。"顾况《上古之什补亡训传十三章·筑城二章》之二:"咨尔寺兮,发郊外冢甓。"白居易《渭村退居寄礼部崔侍郎翰林钱舍人诗一百韵》:"眼为看书损,肱因运甓伤。"陆龟蒙《庆封宅古井行》:"古甓团团藓花碧,鼎渫寒泉深百尺。"

十四画

罌〔yīng《广韵》烏莖切，不耕，影。〕小口大腹之容器。多为陶制，亦有木制者。张说《素盘盂铭》序："国子祭酒韦公，好游山水，器珍雅素，因适汤泉，见梗梓松榆，良材满谷，乃命山土作为盘盂盎罌樽觯。"杜甫《江阁卧病走笔寄呈崔卢两侍御》："溜匙兼暖腹，谁欲致杯罌。"李贺《公莫舞歌》："方花古础排九楹，刺豹淋血盛银罌。"杜牧《雨中作》："浊醪气色严，皤腹瓶罌古。"

甘 部

甘 〔gān《广韵》古三切,平談,見。〕❶美味;美味的食物。《书·洪範》:“稼穡作甘。”孔安国传:“甘味生于百谷。”《郊庙歌辞·五郊乐章·黄郊迎神》:“厚以载物,甘以养人。”见“甘旨”“甘肥”。❷甜。王建《送严大夫赴桂州》:“辟邪犀角重,解酒荔枝甘。”姚合《新昌里》:“新屋新昌里,井泉清而甘。”郑嵎《津阳门诗》:“青钱琐屑安足数,白醪软美甘如饴。”任翻《葛仙井》:“味甘传邑内,脉冷应山心。”❸鲜美;可口。《说文·甘部》:“甘,美也。”段玉裁注:“五味之可口皆曰甘。”储光羲《猛虎词》:“人肉岂不甘,所恶伤明神。”❹以为甘美。翁承赞《晨兴》:“旅食甘藜藿,归心忆薛萝。”❺美好。柳宗元《种白蘘荷》:“言甘中必苦,何用知其真。”殷尧藩《送刘禹锡侍御出刺连州》:“家近似忘山路险,土甘殊觉瘴烟轻。”❻情愿;乐于;乐意。张九龄《酬周判官见贻之作兼呈耿广州》:“履险甘所受,劳贤悳相曳。”韦应物《京师叛乱寄诸弟》:“何当四海晏,甘与齐民耕。”白居易《渭村退居寄礼部崔侍郎翰林钱舍人诗一百韵》:“不才甘命舛,多幸遇时康。”王贞白《少年行二首》之一:“鲁儒甘被笑,对策鬓皤然。”❼果名。即柑子。杜甫《寒雨朝行视园树》:“柴门杂树向千株,丹橘黄甘此地无。”❽古州名。见“甘州”。❾姓。见“甘寧”。

【甘子】 柑树。亦指柑树的果实。杜甫《秋日夔州咏怀奉寄郑监李宾客一百韵》之四:“甘子阴凉叶,茅斋八九椽。”又《白露》:“白露团甘子,清晨散马蹄。”

【甘分】 (—fèn)甘愿。王建《原上新居十三首》:“甘分长如此,无名在圣朝。”元稹《纪怀赠李六户曹崔二十功曹五十韵》:“竦足良甘分,排衙苦未曾。”又《和李校书新题乐府十二首·阴山道》:“臣有一言昧死进,死生甘分答恩焘。”亦引申为自我满足。白居易《对镜吟》:“如今所得须甘分,腰佩银龟朱两轮。”

【甘心】 情愿;愿意。贺朝《从军行》:“直为甘心从苦节,陇头流水鸣呜咽。”郑锡《邯郸少年行》:“见说秦兵至,甘心赴国仇。”白居易《病假中庞少尹携鱼酒相过》:“被老相催虽白首,与春无分未甘心。”温庭筠《马嵬佛寺》:“才信倾城是真语,直教涂地始甘心。”

【甘瓜】 味道甘美的瓜。严维《忆长安·五月》:“进膳甘瓜朱李,续命芳兰彩丝。”萧祐《游石堂观》:“甘瓜剖绿出寒泉,碧瓯浮花酌春酪。”张籍《董公诗》:“甘瓜生场圃,一蒂实连中。”方干《题悬溜岩隐者居》:“却用水荷苞绿李,兼将寒井浸甘瓜。”

【甘旨】 《礼记·内则》:“由命士以上,父子皆异宫,昧爽而朝,慈以旨甘。日出而退,各从其事。日入而夕,慈以旨甘。”孔颖达疏:“此一经论命士以上事亲,异于命士以下之礼。”旨甘,即甘旨,指养亲的食物。韩愈《嗟哉董生行》:“入厨具甘旨,上堂问起居。”孟郊《送陆畅归湖州因凭题故人皎然塔陆羽坟》:“手自撷甘旨,供养欢冲融。”温庭筠《病中书怀呈友人》:“苦辛随艺殖,甘旨仰樵苏。”张乔《送友人进士许棠》:“何处营甘旨,潮涛浸薄田。”今指对双亲的奉养。李频《投京兆府试官任文学先辈》:“泽国违甘旨,渔舟积梦思。”

【甘休】 罢休。李咸用《和彭进士感怀》:“人生谁肯便甘休,遇酒逢花且共游。”文丙《罗浮山》:“未便甘休去,须栖老此身。”

【甘州】 ❶地名。汉张掖郡地,北魏始置甘州,以州东有甘峻山而得名。唐属河西道。今为甘肃张掖市。马云奇有《送游大德赴甘州口号》。❷羽调曲名。唐教坊舞曲,开元间人作。五言,四句,二十字,二平韵。传辞如五绝。《全唐诗》卷二七载无名氏《甘州》一首。薛能有《醉中闻甘州》。

【甘州子】 词牌名。即《甘州曲》。顾敻有《甘州子》词五首。

【甘州曲】 (曲 qǔ)唐教坊曲名,后为词牌。又名《甘州子》,“曲”“子”二字系互为省文。单调有两体,一体二十九字,一体三十三字,均为五平韵。《全唐诗》卷八八九载前蜀后主王衍《甘州曲》一首。

【甘州破】 唐时西凉所进乐曲名。本作《甘州》。唐宋大曲的第三段称“破”,故名。元稹《琵琶》:“学语胡儿撼玉玲,甘州破里最星星。”

【甘州歌】 唐乐曲名。商调,七言,四句,二十八字。传辞如七绝,首句如仄起。《全唐诗》卷四七二载符载《甘州歌》一首。

【甘谷】 水名。在东汉南阳郡穰县(今河南邓州市)地。晋葛洪《抱朴子·内篇·仙药》:“南阳郦县山中有甘谷水,谷水所以甘者,谷上左右皆生甘菊,菊花堕其中,历世弥久,故水味为变。其临此谷中居民,皆不穿井,悉食甘谷水,食者无不老寿,高者百四五十岁，下者不失八九十，无夭年人，得此菊力也。”权德舆《酬冯监拜昭陵回途中遇雨见示》：“甘谷行初尽，轩台去渐遥。”李德裕《思山居一十首·忆药苗》：“岂如甘谷士，只得香泉啜。”自注：“南阳甘谷有菊水，是胡广饮者。”

【甘言】　好听的话。郑嵎《津阳门诗》：“绣裀衣褓日屃赑，甘言狡计愈娇痴。”李群玉《感兴四首》之一：“婉娈猛虎口，甘言累其初。”《霅溪夜宴诗》之八（卷八六四）：“向使甘言盛行于曩昔，岂今日居君王之座头。”

【甘辛】　甜味和辣味。陈陶《草木言》：“甘辛各有荣，好丑不相妨。”亦指甜而微辣，谓酒味醇正。白居易《咏家酝十韵》：“瓮揭开时香酷烈，瓶封贮后味甘辛。”

【甘取】　甘受。项斯《归家山行》：“能知此意是，甘取众人非。”

【甘英】　东汉和帝时人。奉班超命出使大秦（罗马帝国）至条友的西海（波斯湾），为海所阻，乃还。此次出使虽未至大秦，但对中亚各国有所了解。杜牧《郡斋独酌》：“甘英穷西海，四万到洛阳。”

【甘林】　地名。在今四川奉节县。杜甫有《阻雨不得归瀼西甘林》。

【甘雨】　好雨；及时雨。李峤《奉和幸大荐福寺应制》：“甘雨苏焦泽，慈云动沛篇。”张聿《余瑞麦》：“仁风吹靡靡，甘雨长芊芊。”薛存诚《膏泽多丰年》：“八方甘雨布，四远报年丰。”徐铉《御筵送邓王》：“满座清风天子送，随车甘雨郡人迎。”

【甘雨随車】　《后汉书·郑弘传》注引《谢承书》：“弘消息繇赋，政不烦苛。行春天旱，随车致雨，白鹿方道，夹毂而行。弘怪问主簿黄国曰：‘鹿为吉为凶？’国拜贺曰：‘闻三公车轓画作鹿，明府必为宰相。’”后郑弘果然代邓彪而为太尉。此典入诗多称颂政治清明，常用于赠答太守。徐夤《烟》：“能滋甘雨随车润，不并行云逐梦踪。”

【甘休】　情愿罢休；罢手。李咸用《和彭进士感怀》：“人生谁肯便甘休，遇酒逢花且共游。”郑谷《巴赍旅寓寄朝中从叔》：“未便甘休去，吾宗尽见怜。”

【甘肴】　佳肴。海顺《三不为篇》之三：“箱盈绮服，厨富甘肴。”

【甘受】　心甘情愿地接受。杜甫《北征》：“翻思在贼愁，甘受杂乱聒。”白居易《寄唐生》：“未得天子知，甘受时人嗤。”钟辐《卜算子慢》词：“一点相思，万般自家甘受。”

【甘肥】　美味。白居易《新构亭台示诸弟侄》：“足以充饥渴，何必慕甘肥。”詹琲《追和秦隐君辞荐之韵上陈侯乞归凤山》：“谁言悦口是甘肥，独酌鹅儿啖翠微。”

【甘苦】　甜味和苦味。杜甫《北征》：“雨露之所濡，甘苦齐结实。”刘驾《苦寒吟》：“竹竿有甘苦，我爱抱苦节。”

【甘泉】　❶甜美的泉水。长孙翱《宫词》：“一道甘泉接御沟，上皇行处不曾秋。”殷尧藩《新昌井》：“辘轳千转劳筋力，待得甘泉渴杀人。”贾岛《朝饥》：“井底有甘泉，釜中仍空然。”❷指甘泉宫。许景先《奉和御制春台望》：“秦汉生人凋力役，阿房甘泉构云碧。”白居易《东墟晚歇》：“谁言渭浦栖迟客，曾作甘泉侍从臣。”李商隐《谢往桂林至彤庭窃咏》：“甘泉犹望幸，早晚冠呼韩。”徐铉《柳枝词十首》之十：“侍从甘泉与未央，移舟偏要近垂杨。”见“甘泉宫”。❸指《甘泉赋》。孟浩然《题长安主人壁》：“欲随平子去，犹未献甘泉。”皇甫冉《逢庄纳因赠》：“甘泉须早献，且莫叹飘蓬。”司空曙《过卢秦卿旧居》：“为问潜夫空著论，如何侍从赋甘泉。”权德舆《戏赠表兄崔秀才》：“明时早献甘泉去，若待公车却误人。”见“甘泉赋”。

【甘泉重相見】　（重 chóng）据《汉书·李夫人传》，李夫人病逝后，汉武帝思念不已，为再见李夫人一面，请来方士于甘泉宫设坛作法。武帝在帐帷里隐约看到一身影似李夫人，却不能上前细看，便凄然写下“是邪，非邪？立而望之，偏何姗姗其来迟！”后用以为典，以表示伤悼之情。温庭筠《马嵬驿》：“甘泉不复重相见，谁道文成是故侯。”

【甘泉宫】　汉宫殿名。在今陕西淳化县西北甘泉山。本秦离宫，武帝增置通天台及前殿，广诸宫室，在此朝诸侯王，飨外国宾客，夏日亦作避暑之地。诗词中亦借指唐宫。李峤《珠》：“甘泉宫起罢，花媚望风台。”王昌龄《塞下曲四首》之三：“奉诏甘泉宫，总征天下兵。”薛奇童《塞下曲》：“独召李将军，夜开甘泉宫。”刘湾《出塞曲》：“羽书如流星，飞入甘泉宫。”

【甘泉殿】　即甘泉宫。白居易《新乐府·李夫人》：“君恩不尽念未已，甘泉殿里令写真。”

【甘泉圖形】　指汉武帝图绘李夫人画像于甘泉宫事。张祜《李夫人词》：“争奈世间惆怅在，甘泉宫夜看图形。”见“甘泉殿”。

【甘泉賦】　赋名。汉扬雄撰。后以“甘泉赋”借指进献主上而受到赏识的文章。孟浩然《田园作》：“谁能为扬雄，一荐甘泉赋。”刘商《送李元规昆季赴举》：“见诵甘泉赋，心期折桂归。”武元衡《送李正字之蜀》：“已献甘泉赋，仍登片玉科。”张碧《答张郎中分寄翰林贡余笔歌》：“扬雄得之甘泉赋，胸中白凤无因飞。”

【甘洽】　唐初人。《全唐诗》卷八七一载其《与仙客互嘲》诗一首。

【甘津】 甘雨。韩愈《秋雨联句》:"甘津泽祥禾,伏润肥荒艾。"

【甘桃】 结香甜桃子的桃树。元康《与讲师互谑》:"甘桃不结实,苦李压低枝。"

【甘眠】 酣睡。白居易《偶吟》:"便得一年生计足,与君美食复甘眠。"

【甘脆】 美味的食物。孟浩然《书怀贻京邑同好》:"甘脆朝不足,箪瓢夕屡空。"

【甘貧】 安于贫穷。薛能《赠隐者》:"甘贫原是道,苦学不为名。"许棠《送王侍御赴宣城》:"时清难议隐,位重亦甘贫。"张乔《延福里秋怀》:"苦学犹难至,甘贫岂有成。"张蠙《长安春望》:"甘贫只拟长缄酒,忍病犹期强采花。"

【甘涼】 甜美清凉。张又新《谢庐山僧寄谷帘水》:"消渴茂陵客,甘凉庐阜泉。"

【甘猛虎】 东晋洛阳人郭文隐居余杭大辟山。十余年从未受到猛兽的伤害。事见《晋书·郭文传》。后用为咏隐士的典故。杜甫《贻阮隐居》:"更议居远村,避喧甘猛虎。"

【甘液】 甘雨。赵不为《句》:"晴晖疑兆梦,甘液类随车。"见"甘雨隨車"。

【甘陵】 地名。故址在今河北清河县。本秦厝县,属钜鹿郡。东汉安帝以孝德皇后葬于此,名甘陵,县亦改名甘陵。皇甫冉《送包佶赋得天津桥》:"巩树甘陵愁远道,他乡一望人堪老。"

【甘陵舊黨】 据《后汉书·党锢列传序》载,桓帝为蠡吾侯时受学于甘陵周福,及即帝位,擢福为尚书。时同郡河南尹房植有名当朝,乡人为之谣曰:"天下规矩房伯武,因师获印周仲进。"二家宾客,互相讥揣,遂各树朋徒,渐成尤隙。由是甘陵有南北部,党人之议,自此始矣。后遂成为士大夫朋党之典。刘禹锡《白舍人见酬拙诗因以寄谢》:"甘陵旧党凋零尽,魏阙新知礼数崇。"

【甘華】 指色味美好的食物。李贺《春归昌谷》:"逸目骈甘华,羁心如荼蓼。"

【甘菊】 菊之一种。菊有甘、苦两种,甘者可入药,苦者似菊而非,其名曰"薏"。杜甫《叹庭前甘菊花》:"檐前甘菊移时晚,青蕊重阳不堪摘。"

【甘爽】 甜美爽口。李绅《别石泉》序:"(泉)在惠山寺松竹之下,甘爽,乃人间灵液。"

【甘棠】 木名。即棠梨。《史记·燕召公世家》:"周武王之灭纣,封召公于北燕……召公巡行乡邑,有棠树,决狱政事其下,自侯伯至庶人各得其所,无失职者。召公卒,而民人思召公之政,怀棠树不敢伐,哥咏之,作《甘棠》之诗。"后遂以甘棠称颂循吏的美政和遗爱。张九龄《陪王司马登薛公逍遥台》:"无复甘棠在,空余蔓草深。"李白《题瓜州新河饯族叔舍人贲》:"爱此如甘棠,谁云敢攀折。"刘禹锡《同乐天送令狐相公赴东都留守》:"从发坡头向东望,春风处处有甘棠。"章碣《赠婺州苏员外》:"烟月一时搜古句,山川两地植甘棠。"

【甘棠城】 即唐寿安县城,在今河南宜阳县东南。此县本汉宜阳县地,北魏分新安置甘棠县,隋改名寿安县。许浑《听歌鹧鸪辞》:"甘棠城上客先醉,苦竹岭头人未归。"

【甘棠館】 驿馆名。在唐寿安县(故城在今河南宜阳县东南)。相传为周召伯听政之地。杜牧有《题寿安县甘棠馆御沟》。尚颜有《宿寿安甘棠馆》二首。

【甘滋】 甜美的水。孟郊《寄义兴小女子》:"我咏元鲁山,胸臆流甘滋。"又《吊元鲁山》之一〇:"心肠结苦诚,胸臆垂甘滋。"

【甘園】 即柑树园。杜甫有《甘园》。

【甘罪】 犹服罪。韩偓《感事三十四韵》:"恭显诚甘罪,韦平亦恃权。"

【甘滑】 指鲜美柔滑的食物。薛逢《邻相反行》:"生前不得供甘滑,殁后扬名徒尔为。"

【甘酸】 ❶酸甜。无名氏《石榴》(卷七八五):"萧娘初嫁嗜甘酸,嚼破水精千万粒。"❷借指各种美味。李华《杂诗六首》之三:"甘酸不私人,元和运五行。"

【甘寧】 三国时吴名将。字兴霸。巴郡临江(今四川忠县)人。初依附刘表,后归附孙权。曾从周瑜破曹操、攻曹仁,又从吕蒙拒关羽,以功拜西陵太守、折冲将军。见《三国志·吴志·甘宁传》。后遂因以借指州郡长官或统兵的将官。罗德《春日忆湖南旧游寄卢校书》:"旅榜前年过洞庭,曾提刀笔事甘宁。"唐彦谦《红叶》:"谢朓留霞绮,甘宁弃锦张。"

【甘寧奢侈】 三国吴甘宁,聚徒行侠,好奢华、讲排场,以奢侈闻于当时。见《三国志·吴志·甘宁传》裴松之注引《吴书》。李翰《蒙求》:"甘宁奢侈,陆凯贵盛。"

【甘寢】 静卧;安睡。宋之问《别之望后独宿蓝田山庄》:"愁至愿甘寝,其如乡梦何。"韩愈《郑群赠簟》:"倒身甘寝百疾愈,却愿天日恒炎曦。"白居易《春寝》:"缅思少健日,甘寝常自恣。"薛能《秋雨》:"境晦宜甘寝,风清□退居。"

【甘飯】 指可口的饭食。无名氏《五言诗》之二(外编下):"铁钵淹甘饭,同火共分诤。"

【甘意】 乐意。李频《及第后归》:"苦吟身得雪,甘意鬓成霜。"

【甘膏】 指甘雨。李商隐《所居永乐县久旱县宰祈祷得雨因赋》:"甘膏滴滴是精诚,昼夜如丝一尺盈。”

【甘實】 甜美的果实。白居易《叹鲁二首》之二：“荔枝非名花，牡丹无甘实。”

【甘蔗】 多年生草本植物，茎似竹，实心，多汁而甜，为制糖原料，亦可生食。李颀《送刘四赴夏县》：“扶南甘蔗甜如蜜，杂以荔枝龙州橘。”杜甫《遣兴五首》之五：“清江空旧鱼，春雨余甘蔗。”元稹《酬乐天江楼夜吟稹诗因成三十韵》：“甘蔗销残醉，醍醐醒早眠。”薛能《留题》：“压春甘蔗冷，喧雨荔枝深。”

【甘蓼】 谓甘于困苦，不易操守。语出《楚辞·东方朔〈七谏·怨世〉》：“桂蠹不知所淹留兮，蓼虫不知徙乎葵菜。”王逸注：“言蓼虫处辛烈，食苦恶，不能知徙于葵菜食甘美，终以困苦而癯瘦也。以喻己修洁白，不能变志易行以求禄位，亦将终身贫贱而困穷也。”陆龟蒙《江南秋怀寄华阳山人》：“几叹虫甘蓼，还思鹿美苹。”

【甘賤】 安于贫贱。杜牧《除官归京睦州雨霁》：“顾我能甘贱，无由得自强。”

【甘澤】 甘雨。杜甫《遣兴三首》之三：“丰年孰云迟，甘泽不在早。”又《喜晴》：“甘泽不犹愈，且耕今未赊。”李商隐《行次西郊作一百韵》：“尔来又三岁，甘泽不及春。”吴越王钱镠《秋景》：“天垂甘泽朝朝降，地秀佳苗处处香。”

【甘蕉】 香蕉的一种。司空曙《卫明府寄枇杷叶以诗答》：“全胜甘蕉赠，空投谢氏篇。”唐彦谦《汉代》：“联诗征弱絮，思友咏甘蕉。”

【甘樹】 即柑树。杜甫《树间》：“岑寂双甘树，婆娑一院香。”

【甘橙】 柑子和橙子。贯休《书陈处士屋壁二首》之二：“数载卖甘橙，山赀近云足。”

【甘霖】 甘雨。韩偓《大庆堂赐宴元珰而有诗呈吴越王》：“谷鸟乍啼声似涩，甘霖方霁景犹寒。”

【甘濃】 亦作“甘醲”。甘甜肥美的食物。韦应物《汉武帝杂歌三首》之二：“乃知甘酞皆是腐肠物，独有淡泊之水能益人。”白居易《题周皓大夫新亭子二十二韵》：“甘浓将奉客，稳暖不缘身。”《和答诗十首·和大觜乌》：“乌既饱膻腥，巫亦飨甘浓。”

【甘臨】 《易·临》：“甘临，无攸利。”宋祚胤考辨：“‘甘临’，是以临为甘，即认为周厉王的治理很不错。”后以“甘临”指以仁政治民。高适《淇上别刘少府子英》：“求仁见交态，于道喜甘临。”

【甘鲜】 甘甜新鲜。白居易《斋居偶作》：“甘鲜新饼果，稳暖旧衣裳。”

【甘醲】 见“甘濃”。

【甘羅】 战国时策士，楚国下蔡（今安徽凤台）人。秦相甘茂孙。十二岁做秦相吕不韦家臣。吕不韦企图联燕攻赵，以扩大河间郡，甘罗自请出使赵国，说服赵王割五城给秦，并攻取燕地分十一城给秦，因功任为上卿。见《史记·甘茂传》附《甘罗传》。韦应物《奉和张大夫戏示青山郎》：“荣禄何妨早，甘罗亦小儿。”杜牧《偶题》：“甘罗昔作秦丞相，子政曾为汉辇郎。”路德延《小儿诗》：“项橐称师日，甘罗作相年。”

【甘馨】 香甜。元稹《估客乐》：“颜色转光净，饮食亦甘馨。”白居易《蜀路石妇》：“药饵自调节，膳羞必甘馨。”

【甘露】 ❶甘美的露水。古人认为天降甘露，为太平瑞兆。郎士元《寄李袁州桑落酒》：“色比琼浆犹嫩，香同甘露仍春。”李贺《瑶华乐》：“琼钟瑶席甘露文，玄霜绛雪何足云。”殷尧藩《早朝》：“昨日钟山甘露降，玻璃满赐出宫瓢。”和凝《宫词百首》之三五：“昨夜盘中甘露满，婕妤争去奏官家。”❷佛家用以喻佛法、涅槃等。李白《登巴陵开元寺西阁赠衡岳僧方外》：“洒以甘露言，清凉润肌发。”钱起《酬苗发员外宿龙池寺见寄》：“郢曲传甘露，尘心洗几重。”权德舆《马上赠虚公》：“吾师有甘露，为洗此时心。”贯休《寄庐山大愿和尚》：“何时甘露偈，一寄剡山东。”

【甘露臺】 即北固山甘露寺台阁。刘言史有《登甘露台》。

【甘露寺】 寺名。❶在今江苏镇江市北固山上。相传为三国吴甘露年间建。唐李德裕加以增辟。张祜有《题润州甘露寺》。杜牧有《寄题甘露寺北轩》。陆龟蒙有《纪梦游甘露寺》。原题下注：“寺在京口北固山上。”曹松有《题甘露寺》。❷在今陕西华县东南少华峰之西。张乔有《游少华山甘露寺》。

【甘露門】 佛教语。喻超脱生死、引入涅槃的无上妙法。《法华经·化城喻品》：“普智天人尊，哀愍群萌类。能开甘露门，广度于一切。”王维《苦热》：“忽入甘露门，宛然清凉乐。”

【甘露津】 喻佛法。白居易《和微之诗二十三首·和晨霞》：“烛以智慧日，洒之甘露津。”

【甘露軒】 北固上甘露寺轩廊。罗隐《秋日酬张特玄》：“平生意气消磨尽，甘露轩前看水流。”

【甘露漿】 甘美的露水。杜甫《奉同郭给事汤东灵湫作》：“味如甘露浆，挥弄滑且柔。”见“甘露❶”。

【甘露閣】 即北固山甘露寺楼阁。徐铉《京口江际弄水》：“百尺翠屏甘露阁，数帆晴日海门船。”

四 画

甚[1] 〔shèn《广韵》时鸩切，去沁，禅。又常枕切，上寝，禅〕❶过分。牟融《题朱庆余闲居四首》之二：“近来疏懒甚，诗债后吟身。”李建勋《中酒寄刘行军》："甚矣频频醉，神昏体亦虚。"白居易《凶宅》："嗟嗟俗人心，甚矣其愚蒙。"❷超过；胜过。郭震《王昭君三首》之一："容颜日憔悴，有甚画图时。"武元衡《长安叙怀寄崔十五》："家甚长卿贫，身多公干病。"白居易《有木诗八首》之六："柔芳甚杨柳，早落先梧桐。"曹邺《奉命齐州推事毕寄本府尚书》："州民言刺史，蠹物甚于蝗。"❸厉害；严重。骆宾王《艳情代郭氏答卢照邻》："独坐伤孤枕，春来悲更甚。"杜甫《别蔡十四著作》："我虽消渴甚，敢忘帝力勤。"元稹《遣病十首》之十："落尽秋槿花，离人病犹甚。"李洞《登圭峰旧隐寄荐福栖白上人》："夜寒吟病甚，秋健讲声圆。"❹大；猛烈。刘禹锡《同乐天和微之深春二十首》之八："夜阑犹命乐，雨甚亦寻花。"❺多。黄滔《寄郑县李侍御》："静长如假日，贫更甚闲时。"❻很；极。王维《赠李颀》："闻君饵丹砂，甚有好颜色。"孟郊《罪松》："天令既不从，甚不敬天时。"白居易《偶作二首》之二："此理知甚易，此道行甚难。"郑谷《李夷遇侍御久滞水乡因抒寄怀》："簪豸年何久，悬帆兴甚长。"

甚[2] 〔shén〕何，什么。武三思《仙鹤篇》："琴中作曲从来易，鼓里传声有甚难。"《本草采萍时日歌》(卷八八〇)："选甚瘫风与缓风，些小微风都不算。"耿玉真《菩萨蛮》词："背灯唯暗泣，甚处砧声急。"

【甚$_2$人】 何人；什么人。吕岩《步蟾宫》词："待他问汝甚人传，但说道，先生姓吕。"

【甚$_2$麽】 什么。吕岩《赠江州太平观道士》："不知甚么汉，一任辈流嗤。"

六　画

甜 〔tián《广韵》徒兼切，平添，定。〕❶像糖或蜜的味道。岑参《尹相公京兆府中棠树降甘露诗》："团团甜如蜜，皛皛凝若脂。"杜甫《解闷十二首》之一〇："京中旧见无颜色，红颗酸甜只自知。"又《绝句漫兴九首》之八："人生几何春已夏，不放香醪如蜜甜。"❷喻幸福、快乐。罗隐《蜂》："采得百花成蜜后，为谁辛苦为谁甜。"

【甜雪】 甘甜的雪水。司空曙《送曲山人之衡州》："白石先生眉发光，已分甜雪饮红浆。"吕岩《七言》之十五："为讨石肝逢蜃海，因寻甜雪过瀛洲。"

【甜淡】 甜而味薄。徐铉《送元帅书记高郎中出为婺源建威军使》："惟有杯盘思上国，酒醪甜淡菜蔬甘。"

生　部

生〔shēng《广韵》所庚切，平庚，生。又所敬切，去映，生。〕❶生育。杜甫《兵车行》："信知生男恶，反是生女好。生女犹得嫁比邻，生男埋没随百草。"白居易《长恨歌》："遂令天下父母心，不重生男重生女。"亦指动物产幼子。韦应物《鹧鸪啼》："愿作城上乌，一年生九雏。"张南史《早春书事奉寄中书李舍人》："戎马生郊日，贤人避地初。"❷滋生；产生；出现。李白《感兴六首》之三："不惜他人开，但恐生是非。"权德舆《酬崔千牛四郎早秋见寄》："浩歌坐虚室，庭树生凉风。"白居易《和答诗十首·和大觜乌》："老巫生奸计，与乌意潜通。"李绅《早发》："沙洲月落宿禽惊，潮起风微晓雾生。"❸出生。引申为活动、生活等义。宇文融《奉和圣制左丞相上官命宴都堂赐诗》："申甫生周日，宣慈举舜年。"杨巨源《上刘侍中》："命代生申甫，承家翊禹汤。"白居易《读史五首》之一："士生一代间，谁不有浮沉。"孙郃《古意二首》之一："屈子生楚国，七雄知其材。"陆龟蒙《袭美先辈以龟蒙所献再抒鄙怀用伸酬谢》："余生落其下，亦值文明时。"❹生长。刘长卿《送子婿崔真甫李穆往扬州四首》之一："芜城春草生，君作扬州客。"韦应物《滁州西涧》："独怜幽草涧边生，上有黄鹂深树鸣。"崔峒《送韦员外还京》："前殿朝明主，应怜白发生。"牟融《写意二首》之二："萧萧华发满头生，深远蓬门倦送迎。"❺生存；活（与"死"相对）。王翰《古蛾眉怨》："情知白日不可私，一死一生何足算。"令狐楚《从军词五首》之五："可怜班定远，生入玉门关。"李绅《悲善才》："笼禽铩翮尚还飞，白首生从五岭归。"李商隐《送千牛李将军赴阙五十韵》："庾信生多感，杨朱死有情。"又《行次西郊作一百韵》："生为人所惮，死非人所怜。"❻生命；性命。李白《古风》之三四："千去不一回，投躯岂全生。"杜甫《春归》："世路虽多梗，吾生亦有涯。"窦群《晚自台中归永宁里南望山色怅然有怀呈上右司十一兄》："白发侵侵生有涯，青襟曾爱紫河车。"孟郊《游侠行》："壮士性刚决，火中见石裂。杀人不回头，轻生如暂别。"❼众生。崔颢《赠怀一上人》："观生尽入妄，悟有皆成空。"李端《赠衡岳隐禅师》："半偈传初尽，群生意未回。"❽衣、食、住、行等生活情况。杜甫《漫成二首》之一："只作披衣惯，常从漉酒生。"❾一辈子；一生。杜甫《寒硖》："此生免荷殳，未敢辞路难。"顾况《山僧兰若》："绝顶茅庵老此生，寒云孤木伴经行。"元稹《哭小女降真》："浮生未到无生地，暂到人间又一生。"李频《长安书怀投知己》："徒随众人后，拟老一生中。"❿世；人世。王维《奉和圣制重阳节宰臣及群官上寿应制》："百生无此日，万寿愿齐天。"杨巨源《奉和裴相公》："在生本要求知己，垂老应怜值相公。"张籍《哭山中友人》："人云遥便哭，山友隔今生。"⓫天生；生来。杜甫《寄题江外草堂》："我生性放诞，雅欲逃自然。"王维《戏赠张五弟諲三首》之三："吾生好清净，蔬食去情尘。"见"生平"。⓬俘虏。戎昱《从军行》："昔从李都尉，双鞬照马蹄。擒生黑山北，杀敌黄云西。"白居易《新乐府·缚戎人》："游骑不听能汉语，将军遂缚作蕃生。"⓭使柴、炭等燃烧。白居易《和梦得冬日晨兴》："照书灯未灭，暖酒火重生。"见"生火"。⓮涨。杜甫《登白马潭》："水生春缆没，日出野船开。"又《遣意二首》之一："一径野花落，孤村春水生。"⓯升起。元结《夜宴石鱼湖作》："如见海底日，曈曈始欲生。"刘沧《赠天台隐者》："天开宿雾海生日，水泛落花山有风。"黄滔《寄边上从事》："吟余多独坐，沙月对楼生。"⓰果实未成熟。张祜《江南杂题三十首》之八："早尝甘蔗淡，生摘琵琶酸。"⓱未煮过的。见"生酒""生絹"。⓲谓新伐之材湿而未干。见"生柴"。⓳指未驯服的。杜甫《戏赠友二首》之一："自夸足膂力，能骑生马驹。"又《画鹘行》："高堂见生鹘，飒爽动秋骨。"王建《赠索暹将军》："轮剑直冲生马队，抽旗旋踏死人堆。"张籍《老将》："不怕骑生马，犹能挽硬弓。"⓴生疏。王建《村居即事》："因寻寺里薰辛断，自别城中礼数生。"熊孺登《祗役遇风谢湘中春色》："水生风熟布帆新，只见公程不见春。"陆龟蒙《奉酬袭美秋晚见题二首》之一："图书看得熟，邻里见还生。"㉑生涩；不滑润。白居易《答苏庶子月夜闻家僮奏乐见赠》："不敢邀君无别意，弦生管涩未堪听。"㉒强壮。王建《谢田赞善见寄》："年少力生犹不敌，况加憔悴闷腾腾。"㉓"先生"的省称，指有才学的人。亦为读书人的通称。李白《送韩准裴政孔巢父还山》："韩生信英彦，裴子含清真。"杜甫《送高三十五书记》："高生跨鞍马，有似幽并儿。"白居易《送王处士》："王生独拂衣，遐举如云鹄。"孟简《咏欧阳行周事》序："席上有妓，北方之尤者，屡目于生，生感悦之。"㉔生徒；生员。杨巨源《重送胡大夫赴振武》："向年擢桂儒生业，今日分茅圣主恩。"元稹《阳城驿》："唯有太学生，各具粮与糇。"㉕副词。(1)偏；偏偏。韩愈《李花二首》之一："东风来吹不解颜，苍茫夜气生相遮。"(2)最。卢照邻《长安古意》："生憎帐额绣孤鸾，好取门帘帖双燕。"见"生憎"。(3)硬；硬是。罗虬《比红儿诗》之九八："还缘不及红儿貌，却得生教入楚宫。"㉖语助词。《诗·商颂·殷武》："寿考且宁，以保我后生。"马瑞辰通释："《南山有台》篇：'保艾有后。'《雍》之篇：'克开厥后。'皆止言'后'独此篇言'后生'，盖变文以为韵。'后生'与《伐木》篇'友生'同，皆以'生'为语助词。"虞世南《应诏嘲司花女》："学画鸦黄半未成，垂肩亸袖太憨生。"李白《戏赠杜甫》："借问别来太瘦生，总为从前作诗苦。"罗隐《晚眺》："云向岭头闲不彻，水流溪里太忙生。"

【生一】 即太一。北极神之别名。颜真卿《刻清远道士诗因而继作》："登坛仰生一，舍宅叹珣珉。"

【生人】 ❶人民，民众。刘宪《奉和幸大荐福寺应制》："甚欢延故吏，大觉拯生人。"元结《二风诗·乱风诗五篇·至乱》："生人冤怨，言何极之。"白居易《新乐府·新丰折臂翁》："边功未立生人怨，请问新丰折臂翁。"贯休《杜侯行》："但能致君活国济生人，亦何必须踏金梯。"❷活人。戎昱《苦哉行五首》之四："弯弓猎生人，百步牛羊膻。"又《苦哉行五首》之五："生人为死别，有去无时还。"汪遵《西河》："花貌年年溺水滨，俗传河伯娶生人。"❸犹言有历史。顾况《刘禅奴弹琵琶歌》："李陵寄书别苏武，自有生人无此苦。"

【生入玉門關】 汉西域都护班超，年老思归，上疏请归，称："臣不敢到酒泉郡，但愿生入玉门关。"见《后汉书·班超传》。后用作咏边将之典。戴叔伦《塞上曲二首》之二："愿得此身长报国，何须生入玉门关。"令狐楚《从军词五首》之五："可怜班定远，生入玉门关。"亦简称"生入塞""生入關"。骆宾王《行军行》："不求生入塞，唯当死报君。"李益《塞下曲》："伏波惟愿裹尸还，定远何须生入关。"

【生入塞】 见"生入玉門關"。

【生入關】 见"生入玉門關"。

【生才】 化育人才。褚亮《伤始平李少府正己》："迈德惟家宝，生才谅国珍。"张九龄《和裴侍中承恩拜扫旋辔途中有怀寄州县官僚乡国亲故》："生才作霖雨，继代有清通。"

【生小】 从小。元稹《旱灾自咎贻七县宰》："生小下里住，不曾州县门。"李商隐《行次西郊作一百韵》："生小太平年，不识夜闭门。"

【生女】 生女儿；生女孩。李商隐《行次西郊作一百韵》："生儿不远征，生女事四邻。"

【生子】 生育幼子；生儿子。杜甫《杜鹃行》："寄巢生子不自啄，群鸟至今与哺雏。"刘长卿《戏题赠二小男》："异乡流落频生子，几许悲欢并在身。"韩愈《琴操十首·别鹄操》："巢成不生子，大义当乖离。"杜牧《池州李使君没后十一日处州新命始到后见归妓感而成诗》："多少四年遗爱事，乡闾生子李为名。"

【生子李爲名】 东汉任延任九真太守，教民耕种和婚嫁之礼。百姓生子皆以"任"为名字，以示感恩。见《后汉书·任延传》。后因作称美州郡长官政绩的典故。杜牧《池州李使君没后十一日处州新命始到后见归妓感而成诗》："多少四年遗爱事，乡闾生子李为名。"

【生天】 佛家语。谓积善之人，死后可升天界。李绅《龟山寺鱼池》之二："汲水添池活白莲，十千鬐鬣尽生天。"

【生世】 身世。李白《效古二首》之一："光景不可留，生世如转蓬。"

【生不諧】 周泽，东汉人。为正清廉，敬奉宗庙。曾卧疾斋宫，其妻怜其老病，使得周泽大怒，认为妻子触犯斋禁规定，就收捕她送至牢狱以请罪。后用为妇女哀叹自己不幸之典。详见《后汉书·儒林下·周泽传》。储光羲《同王十三维偶然作十首》之六："弃置谁复道，但悲生不谐。"

【生日】 ❶出生之日。亦指每年满周岁之日。王建《宫词》之五九："圣人生日明朝是，私地教人属内监。"杜荀鹤《顾云侍御出二子请诗因遗一绝》："想得月中仙桂树，各从生日长新枝。"❷庆生之日。王建《老人歌》："白发老人垂泪行，上皇生日出京城。"❸出现太阳。白居易《晓上天津桥闲望偶逢卢郎中张员外携酒同倾》："星河隐映初生日，楼阁葱茏半出烟。"

【生分】 (—fēn)生离。生时与亲友难再见的分别。李商隐《行次西郊作一百韵》："生分作死誓，挥泪连秋云。"

【生公】 《全唐诗》卷四九二录殷尧藩《生公讲台》。按，此诗非殷所作，乃取明人史谨五律《游清凉寺》之一、二、七、八句拼凑而成。见《独醉亭集》卷上。(见《增订注释全唐诗》卷四八一《生公讲台》注)。

【生火】 取火；使柴、炭等燃烧起来。白居易《晚起》："暖炉生火早，寒镜裹头迟。"赵延寿《塞上》："占得高原肥草地，夜深生火折林梢。"

【生心】 怀有异心；产生疑心。王维《与胡居士皆病寄此诗兼示学人二首》之二："灭相成无记，生心坐有求。"白居易《新乐府·新丰折臂翁》："君不闻开元宰相宋开府，不赏边功防黩武。"自注："时宋璟为相，以天子年少好武，恐徼功者生心，痛抑其赏。"

【生平】 ❶平生；素来。岑参《西蜀旅舍春叹寄朝中故人呈狄评事》："生平未得意，览镜私自惜。"韦应物《送终》:"生平同此居,一旦异存亡。"❷指心性、心志。岑文本《冬日宴于庶子宅各赋一字得平》:"金兰笃惠好,尊酒畅生平。"陈子昂《题居延古城赠乔十二知之》:"无为空自老,含叹负生平。"

【生生】 ❶孳生不绝,繁衍不息。白居易《杏园中枣树》:"眼看欲合抱,得尽生生理。"吕岩《七言》之二九:"方知此是生生物,得在仁人始受传。"❷犹众生。拾得《诗》之三三:"生生勤苦学,必定睹天师。"卢照邻《赤谷安禅师塔》:"如如数冥昧,生生理氛氲。"❸活力。孟郊《杏殇》之七:"且无生生力,自有死死颜。"

【生生世世】 世世代代。吕岩《绝句》之二三:"生生世世常如此,争似留神养自身。"

【生生劫劫】 世世代代。白居易《画水月菩萨赞》:"生生劫劫,长为我师。"

【生生亭】 孟郊所置亭。在今河南洛阳市寒溪边。孟郊有《生生亭》。卢仝有《孟夫子生生亭赋》。

【生白】 生出光明。见《庄子·人世间》。吕温《同恭夏日题寻真观李宽中秀才书院》:"披卷最宜生白室,吟诗好就步虚坛。"白居易《奉和李大夫题新诗·忘筌亭》:"虚室闲生白,高情澹入玄。"一说,谓产生纯洁的道心。

【生民】 ❶人民。白居易《伤唐衢二首》之二:"是时兵革后,生民正憔悴。"姚合《和座主相公雨中作》:"萧萧下碧落,点点救生民。"张祜《又陪楚州韦舍人阊门游谳次韵北阊门》:"死士曾无悔,生民肯更逃?"王周《金盘草诗》:"天之产于此,意欲生民安。"❷犹言人类。语出《诗·大雅·生民》:"厥初生民,时维姜嫄。"李白《酬崔五郎中》:"崔公生民秀,缅邈青云姿。"❸《诗·大雅》篇名。诗追述周始祖后稷之事迹。李商隐《韩碑》:"点窜尧典舜典字,涂改清庙生民诗。"

【生民墜塗炭】 指百姓落入极为困难的境地。涂炭,谓烂泥和炭火。陆龟蒙《读阴符经寄鹿门子》:"生民坠涂炭,比屋为冤魂。"

【生老病死】 谓生存、衰老、疾病和死亡等。《裴度语》(卷八七六):"生老病死,时至则行。"

【生死】 ❶生和死;生或死。耿沣《送杨将军》:"生死酬恩宠,功名岂敢论。"白居易《哭孔戡》:"贤者为生民,生死悬在天。"李建勋《感故府二首》之一:"百年金石心,中路生死隔。"❷偏义复词。或偏指生,或偏指死。皎然《苕溪草堂四十三韵》:"形骸尔何有,生死谁所戚。"杨嗣复《赠毛仙翁》:"九转琅玕必有余,愿乞刀圭救生死。"曹邺《古相送》:"心如七夕女,生死难再匹。"邵谒《战城南》:"武皇重征伐,战士轻生死。"亦用以表示坚决。犹言死去。孟云卿《今别离》:"分明天上日,生死愿同欢。"孟简《咏欧阳行周事》:"生死不变易,中诚无间言。"❸佛教谓流转轮回。寒山《诗三百三首》之一〇〇:"冰水不相伤,生死还双美。"元稹《寄昙嵩寂三上人》:"今因为说无生死,无可对治心更闲。"

【生死别離】 犹言生离死别。难以再见和永久的别离。李洞《登楼》:"生死别离陌,朝昏云雨堆。"

【生死契】 (契 qì)谓可共生死的情谊。杨衡《夷陵郡内叙别》:"况蒙生死契,岂顾蓬蒿心。"

【生死海】 佛教语。谓众生轮回六道,生生死死,茫无涯际,有如大海。徐仲雅《赠齐己》:"一言悟得生死海,芙蓉吐出琉璃心。"

【生死輪】 即生死轮回。意谓车轮回旋不停,众生在三界六道的生死世界循环不已。白居易《自觉二首》之二:"斗擞垢秽衣,度脱生死轮。"

【生成】 ❶养育。韩愈《食曲河驿》:"杀身谅无补,何用答生成。"孙顾《清露被皋兰》:"为感生成惠,心同葵藿倾。"❷长成。王维《白鼋涡》:"王人之仁兮,不网不钓,得遂性以生成。"杜甫《屏迹三首》之一:"桑麻深雨露,燕雀半生成。"常衮《早秋望华清宫树因以成咏》:"雷雨生成早,樵苏禁令雄。"白居易《和答诗十首·答桐花》:"受君岁月功,不独资生成。"❸指生物。亦泛指物品。杜甫《早行》:"前王作网罟,设法害生成。"又《枯棕》:"嗟尔江汉人,生成复何有。"

【生年】 ❶出生;出生以来。李白《行行游且猎篇》:"边城儿,生年不读一字书。"❷年岁。李商隐《少年》:"外戚平羌第一功,生年二十有重封。"❸活着的时候。杜甫《耳聋》:"生年鹖冠子,叹世鹿皮翁。"

【生全】 保全生命、全身。王建《寄贺田侍中东平功成》:"营被数惊乘势破,将经频败遂生全。"又《送唐大夫罢节归山》:"年少平戎老学仙,表求骸骨乞生全。"

【生色】 鲜明的颜色。李贺《秦宫诗》:"桐英永巷骑新马,内屋深屏生色画。"

【生衣】 ❶指寄生于物体表面的菌藻类植物。杜甫《寄韦有夏郎中》:"归楫生衣卧,春鸥洗翅呼。"王嗣奭释:"楫生水衣,而犹卧波。"❷指水竹初生之笋衣。戎昱《骆家亭子纳凉》:"生衣宜水竹,小酒入诗篇。"❸夏衣。王建《秋日后》:"立秋日后无多热,渐觉生衣不著身。"白居易《残暑招客》:"却取生衣著,重拈竹簟开。"朱庆余《泛溪》:"曲渚回花舫,生衣卧向风。"花蕊夫人徐氏《宫词》之二九:"端午生衣进御床,赭黄罗帕覆金箱。"

【生辰】 生日。花蕊夫人徐氏《宫词》之二八:"内家宣锡生辰宴,隔夜诸宫进御花。"

【生别】 谓生死别离。宋之问《息夫人》:"情亲怨生别,一朝俱杀身。"沈佺期《拟古别离》:"奈何生别者,戚戚怀远游。"杜甫《梦李白二首》之一:"死别已吞声，生别常恻恻。”元稹《江陵三梦》之一：“今宵泪零落，半为生别滋。”

【生别離】 ❶《楚辞·九歌·小司命》：“悲莫悲兮生别离，乐莫乐兮新相知。”后以“生别离”咏伤别。孟云卿《今别离》：“结发生别离，相思复相保。”❷乐府杂曲歌辞。始作者为梁简文帝，唐孟云卿、白居易有此作，多言离别之情。

【生身】 ❶出生。韩愈《琴操十首·雉朝飞操》：“生身七十年，无一妾与妃。”李咸用《依韵修睦上人山居十首》之一：“生身便在乱离间，遇柳寻花作么看。”❷亲生。《示女诗》：“深宫富贵事风流，莫忘生身老骨头。”

【生長】 （一zhǎng）❶出生成长；长大。储光羲《同王十三维偶然作十首》之六：“妾本邯郸女，生长在丛台。”李涉《寄河阳从事杨潜》：“自言生长开元中，武皇恩化亲沾及。”❷犹言生活。王维《燕子龛禅师》：“上人无生缘，生长居紫阁。”韦应物《广德中洛阳作》：“生长太平日，不知太平欢。”耿湋《岐阳客舍呈张明府》：“星霜渐见侵华发，生长虚闻在圣朝。”花蕊夫人徐氏《宫词》之八六：“婕妤生长帝王家，常近龙颜逐翠华。”

【生芽】 发芽，长芽。杨嗣复《谢寄新茶》：“石上生芽二月中，蒙山顾渚莫争雄。”

【生花】 ❶开花。白居易《杏园中枣树》：“胡为不自知，生花此园里。”❷眼昏花。徐铉《亚元舍人不潜深知猥贻佳作因为长歌聊以为报未竟复得子乔校书示问故兼寄陈君庶资一笑耳》：“酒酣耳热眼生花，暂似京华欢会处。”

【生拍】 犹新摘。刘禹锡《尝茶》：“生拍芳丛鹰觜芽，老郎封寄谪仙家。”

【生事】 ❶生计。李颀《同张员外諲酬答之作》：“闻道郎官问生事，肯令鬓发老柴门。”杜甫《发秦州》：“我衰更懒拙，生事不自谋。”马戴《题镜湖野老所居》：“老年唯自适，生事任群儿。”❷惹事；生出事端。李商隐《寄太原卢司空三十韵》：“鸡塞谁生事，狼烟不暂停。”❸犹言世事。高适《留上李右相》：“壮心瞻落景，生事感浮萍。”韦应物《寓居沣上精舍寄于张二舍人》：“道心淡泊对流水，生事萧疏空掩门。”

【生物】 泛指自然界中一切有生命的物体。亦用以指众生，百姓。段文昌《享太庙乐章》：“生物咸遂，群盗灭息。”元稹《含风夕》：“生物固有涯，安能比金石。”张祜《途中逢李道实游蔡州》：“殷勤话新守，生物赖诸侯。”詹敦仁《柳堤诗》序：“夫柳之性，断根插地，遂有生意。越一二年，而笼晴蔽阴矣。予不知天地生物之心，且得以为负耒息耕之便焉。”

【生知】 谓不待学而知之。语本《论语·季氏》：“生而知之者上也。”严维《赠别至弘上人》：“年老从僧律，生知解佛书。”吴融《李周弹筝歌》：“闻君七岁八岁时，五音六律皆生知。”

【生具】 治生之具。指农具、渔具等。皮日休《添鱼具诗》序：“渔家生具，获足于吾属之文也。”

【生兒】 生儿子。刘禹锡《蜀先主庙》：“得相能开国，生儿不象贤。”李商隐《行次西郊作一百韵》：“生儿不远征，生女事邻四邻。”又《漫成五章》之三：“生儿古有孙征虏，嫁女今无王右军。”

【生兒古有孫征虜】 曹操曾夸赞孙权道：“生子当如孙仲谋。”后以此为典，美称他人佳子。李商隐《漫成五章》之三：“生儿古有孙征虏，嫁女今无王右军。”

【生金】 未经冶炼的丹砂、金砂。王建《寻李山人不遇》：“生金有气寻还远，仙药成窠见即移。”刘商《金井歌》：“薙草披沙石窦开，生金曜日明金井。”李商隐《撰彭阳公志文毕有感》：“待得生金后，川原亦几移。”

【生命】 生物所具有的活动能力。寒山《诗三百三首》之二三二：“饮酒食生命，谓言我富足。”白居易《寄卢少尹》：“生命既能保，死籍亦可逃。”

【生返】 生还。杜牧《杜秋娘诗》：“苏武却生返，邓通终死饥。”

【生育】 生；养育。刘商《胡笳十八拍·第一拍》：“哀哀父母生育我，见离乱兮当此辰。”白居易《赠友五首》之五：“嫁娶既不早，生育常苦迟。”李绅《闻里谣效古歌》：“东家父老为尔言，鼓腹那知生育恩。”

【生怕】 只怕；恐怕。曹唐《勖剑》：“生怕雷霆号涧底，长闻风雨在床头。”

【生空桑】 （空 kōng）北魏郦道元《水经注·伊水》：“昔有莘氏女采桑于伊川，得婴儿于空桑中，言其母孕于伊水之滨，梦神告之曰：‘臼水出而东走。’母明视而见臼水出焉，告其邻居而走，顾望其邑，咸为水矣。其母化为空桑，子在其中矣。莘女取而献之，命养于庖，长而有贤德，殷以为尹，曰伊尹也。”后以“生空桑”作为咏贤相之典。李白《纪南陵题五松山》：“伊尹生空桑，捐庖佐皇极。”

【生草】 青草；新生之草。李白《梁甫吟》：“猰貐磨牙竞人肉，驺虞不折生草茎。”李绅《寿阳罢郡日有诗十首与追怀不殊今编于后兼纪瑞物·虎不食人》：“尔效驺虞护生草，岂徒柔伏在淮淝。”

【生查子】 （查 zhā）唐教坊曲名。后用作词牌，又名《相和柳》《梅溪渡》等。《词谱》引《尊前集》入“双调”。词格常见者为四十字体，五言八句，前、后片各叶两仄韵，字句格律与仄韵五句相仿。《全唐诗》卷八九一载韩偓《生查子》词二首。

【生面】　如生之面目。杜甫《丹青引赠曹将军霸》："凌烟功臣少颜色，将军下笔开生面。"

【生俘】　俘虏。储光羲《观范阳递俘》："方思壮军实，远近递生俘。"

【生風】　产生风。张祜《江南杂题三十首》之二九："生风贝母叶，活艳鼠姑花。"

【生計】　❶赖以度生的产业或职业。亦指维持生活的办法。刘长卿《睢阳赠李司仓》："只为乏生计，尔来成远游。"张籍《送杨少尹赴凤翔》："今去岐州生计薄，移居偏近陇头寒。"白居易《与梦得沽酒闲饮且约后期》："少时犹不忧生计，老后谁能惜酒钱。"李郢《即目》："落拓无生计，伶俜恋酒乡。"❷保全生命的办法。陆龟蒙《渔具诗·簃》："寒鱼遂家此，自以为生计。"❸犹言生活。张籍《赠令狐博士》："头白新年六十余，近闻生计转空虚。"白居易《老来生计》："老来生计君看取，白日游行夜醉吟。"姚合《独居》："生计如云无定所，穷愁似影每相随。"罗隐《早发》："北去南来无定居，此生生计竟何如。"

【生祠】　为活人建立的祠庙。李颀《送刘四赴夏县》："闻道桐乡有遗老，邑中还欲置生祠。"张籍《送裴相公赴镇太原》："明年塞北清蕃落，应建生祠请立碑。"朱庆余《送邵州林使君》："想得化行风土变，州人应为立生祠。"杜荀鹤《和吴太守罢郡山村偶题二首》之二："相传终不忘，何必立生祠。"

【生前】　❶指死者未死尚在之时。杜甫《醉时歌》："不须闻此意惨怆，生前相遇且衔杯。"李绅《新楼诗二十首·龙宫寺》："定观玄度生前事，不道灵山别后期。"贾岛《哭宗密禅师》："几尘增灭后，树色改生前。"又《吊孟协律》："才行古人齐，生前品位低。"❷前生。寒山《诗三百三首》之四一："生前大愚痴，不为今日悟。"韦庄《奉和左司郎中春物暗度感而成章》："有时自患多情病，莫是生前宋玉身。"

【生前有限杯】　南朝宋刘义庆《世说新语·任诞》：张季鹰纵任不拘，时人号为江东步兵。或谓之曰："卿乃可纵适一时，独不为身后名邪？"答曰："使我有身后名，不如即时一杯酒。"后以"生前有限杯"作为咏旷达自适的典故。杜甫《绝句漫兴九首》之四："莫思身外无穷事，且尽生前有限杯。"

【生活】　❶家产，生计。陆龟蒙《奉酬袭美先辈吴中苦雨一百韵》："所贪既仁义，岂暇理生活。"❷活计。一钵和尚《一钵歌》："亦解剃头亦披褐，也学凡夫作生活。"

【生客】　指不相识的人。李绅《入扬州郭》："畏冲生客呼童仆，欲指潮痕问里闾。"

【生致】　活捉。卢纶《腊日观咸宁王部曲娑勒擒豹歌》："既苏复吼拗仍怒，果协英谋生致之。"

【生柴】　未干之柴。杜荀鹤《山中寡妇》："时挑野菜和根煮，旋斫生柴带叶烧。"

【生氣】　❶生机；活力。司空图《诗品二十四则·精神》："生气远出，不著死灰。"❷活人的气息、精气。孟郊《悼幼子》："生气散成风，枯骸化为地。"曹邺《过白起墓》："夷陵火焰灭，长平生气低。"

【生徒】　学生；门徒。包佶《酬兵部李侍郎晚过东厅之作》："圣位登堂静，生徒跪席寒。"元稹《奉和荥阳公离筵作》："南郡生徒辞绛帐，东山妓乐拥油旌。"杨汝士《宴杨仆射新昌里第》："再岁生徒陈贺宴，一时良史尽传馨。"齐己《送隆公上人》："未断生徒望，难教白日闲。"

【生殺】　❶指萌生凋落、昭苏伏蛰、阴阳消长等自然规律。白居易《桐花》："地气反寒暄，天时倒生杀。"又《和微之诗二十三首·和雨中花》："真宰倒持生杀柄，闲物命长人命短。"苏拯《西施》："变化本多途，生杀亦如此。"❷生与死；生或死。王建《东征行》："男儿生杀在手里，营门老将皆忧死。"❸指生杀之权。白居易《同微之赠别郭虚舟炼师五十韵》："君侍玉皇座，口含生杀机。"

【生唐兒】　《汉书·长沙定王刘发传》："长沙定王发，母唐姬，故程姬侍者。景帝召程姬，程姬有所避，不愿进，而饰侍者唐儿，使夜进。上醉，不知，以为程姬而幸之，遂有身。"生唐儿，指此。杜牧《杜秋娘诗》："光武绍高祖，本系生唐儿。"

【生芻】　亦作"生蒭"。❶鲜草。《诗·小鸦·白驹》："生刍一束，其人如玉。"陈奂传疏："刍所以萎白驹，托言礼所以养贤人。"后用以指代《诗·小雅·白驹》，以寄寓思友、思贤之心。权德舆《奉和许阁老酬淮南崔十七端公见寄》："断金挥丽藻，比玉咏生刍。"李群玉《将离澧浦置酒野屿奉怀沈正字昆弟三人联登高第》："停觞一摇笔，聊寄生刍吟。"❷据《后汉书·徐稚传》载，林宗有母忧，稚往吊之，置生刍一束于庐前而去。众怪，不知其故。林宗曰："此必南州高士徐孺子也。《诗》不云乎：'生刍一束，其人如玉。'吾无德以堪之。"后用作吊丧之典，也引申用来表示生死之交。褚亮《伤始平李少府正己》："禅草回中使，生刍引吊宾。"徐彦伯《题东山子李适碑阴二首》之二："何以赠下泉，生刍唯一束。"李绅《趋翰苑遭诬构四十六韵》："旧交封宿草，衰鬓重生刍。"温庭筠《病中书怀呈友人》："尚能甘半菽，非敢薄生刍。"❸旧题晋葛洪《西京杂记》卷五："公孙弘以元光五年为国士所推，上为贤良。国人邹长倩以其家贫，少自资致，乃解衣裳以衣之，释所着冠履以与之，又赠以刍一束，素丝一襚，扑满一枚，书题遗之曰：'夫人无幽显，道在则为尊。虽生刍之贱也，不能脱落君子，故赠君生刍一束。诗人所谓'生刍一束，其人如玉。'"后用以为典。郑蕡华《赋得生刍一束》："孙弘期射策，长倩赠生刍。"

【生病】 发生疾病。王维《与胡居士皆病寄此诗兼示学人二首》之二："因爱果生病，从贪始觉贫。"赵殿成注引《维摩诘经》："从痴有爱，则我病生。"朱庆余《与贾岛顾非熊无可上人宿万年姚少府宅》："役思因生病，当禅岂觉寒。"

【生酒】 未经煮过的酒。方干《秋晚林中寄宾幕》："杯盂未称尝生酒，砧杵先催试熟衣。"

【生書】 未读过的书。亦指新课。姚合《下第》："闭门辞杂客，开箧读生书。"杜荀鹤《秋日山中寄池州李常侍》："出为羁孤营粝食，归同弟侄读生书。"

【生降】 （一xiáng）投降。无名氏《纪信墓》（外编下）："纪信生降为沛公，草荒古冢卧秋风。"

【生紗】 未漂煮过的纱。王建《荆门行》："生纱帷疏薄如雾，隔衣噆肤耳边鸣。"

【生理】 ❶生长繁殖之理。李白《登梅冈望金陵赠族侄高座寺僧中孚》："冥居顺生理，草木不剪伐。"❷性命；生命。白居易《文柏床》："华彩诚可爱，生理苦已伤。"又《山中五绝句·林下樗》："香檀文桂苦雕镌，生理何曾得自全。"❸为人之道。杜甫《自京赴奉先县咏怀五百字》："以兹悟生理，独耻事干谒。"❹生计。徐浩《谒禹庙》："宦情同械系，生理任桴浮。"杜甫《春日江村五首》之一："艰难贱生理，飘泊到如今。"白居易《斋居偶作》："止足安生理，悠闲乐性场。"殷尧藩《郊居作》："生理何凭文是业，世情纵遣酒盈樽。"

【生梗】 谓桀骜不驯。韩愈《永贞行》："蛮俗生梗瘴疠烝，江氛岭祲昏若凝。"白居易《初到忠州赠李六》："吏人生梗都如鹿，市井疏芜只抵村。"

【生疾】 生病。元稹《哭子十首》之五："节量梨栗愁生疾，教示诗书望早成。"

【生情】 ❶萌生爱怜之情。司空图《歌者十二首》之九："白云深处寄生涯，岁暮生情赖此花。"❷世情。司空图《新岁对写真》："生情暗结千重恨，寒势常欺一半春。"

【生涯】 ❶原谓生命有边际、限度。后指生命、人生。语本《庄子·养生主》。郑蜀宾《别亲朋》："畏途方万里，生涯近百年。"杜甫《遣兴五首》之四："生涯能几何，常在羁旅中。"韩愈《答张十一功曹》："未报恩波知死所，莫令炎瘴送生涯。"白居易《食后》："无忧无乐者，长短任生涯。"刘沧《深愁喜友人至》："此身未遂归休计，一半生涯寄岳阳。"❷生活。寒山《诗三百三首》之一九七："不学白云岩下客，一条寒衲是生涯。"耿沣《雨中留别》："岁岁迷津路，生涯渐可悲。"白居易《偶吟二首》之二："老去生涯只如此，更无余事可劳心。"皮日休《奉和鲁望樵人十咏·樵家》："云萝共夙世，猿鸟同生涯。"❸生计。权德舆《甲子岁元日呈郑侍御明府》："世故看风叶，生涯寄海田。"白居易《夜宿江浦闻元八改官因寄此什》："若报生涯应笑杀，结茅栽芋种畬田。"姚合《春日即事》："春来眠不得，谁复念生涯。"朱庆余《镜湖西岛言事》："岁计有余添橡实，生涯一半在渔舟。"

【生喜】 产生喜悦的情绪；高兴。韦庄《秦妇吟》："凶徒马上暗吞声，女伴闺中潜生喜。"

【生植】 ❶生育繁殖。柳道伦《赋得春风扇微和》："愿逐仁风布，将俾生植功。"钱众仲《贡院楼北新栽小松》："幸因逢顾盼，生植及兹辰。"❷指生物。权德舆《侍从游后湖宴坐》："化工若有情，生植皆不如。"王士良《南至日隔霜仗望含元殿炉烟》："一阳今在历，生植仰陶甄。"郭求《日暖万年枝》："生植虽依地，光华只信天。"员南溟《禁中春松》："山苗荫不得，生植荷陶钧。"

【生稊】 草木再发新芽。李白《雉朝飞》："枯杨枯杨尔生稊，我独七十而孤栖。"

【生禽】 见"生擒"。

【生猱】 矫捷的猿猴。李贺《申胡子觱篥歌》："俊健如生猱，肯拾蓬中萤。"

【生踈】 见"生疏"。

【生疏】 亦作"生踈"。❶感情疏远，不亲近。杜荀鹤《下第寄池州郑员外》："省出蓬蒿修谒初，蒙知曾不见生疏。"又《秋日山中寄池州李常侍》："近来参谒陡生疏，因向云山僻处居。"又《喜从弟雪中远至有作》："便均情爱同诸弟，莫更生疏似外人。"❷不熟悉；不熟悉的。张祜《酬余姚郑摸明府见赠长句四韵》："生踈莫笑沧浪叟，白首直竿是直钩。"唐彦谦《寄蒋二十四》："禅门澹薄无心地，世事生疏欲面墙。"孙光宪《浣溪沙》词之九："将见客时微掩敛，得人怜处且生疏。"

【生犀】 ❶指活杀犀牛而取得的犀角。李颀《杂兴》："行人夜秉生犀烛，洞照洪深辟滂湃。"施肩吾《岛夷行》："黑皮年少学采珠，手把生犀照咸水。"皮日休《太湖诗·投龙潭》："生犀不敢烧，水怪恐摧捽。"❷借指劲兵。陆龟蒙《南征》："遥知贼胆纵横破，绕帐生犀一万株。"

【生犀照水】 据《晋书·温峤传》载，至牛渚矶，水深不可测，世云其下多怪物，温峤遂毁犀角而照之。须臾，见水族覆火，奇形异状，或乘马车着赤衣者。峤其夜梦人谓己曰："与君幽明道别，何意相照也？"施肩吾《岛夷行》："黑皮少年学采珠，手把生犀照咸水。"

【生蒭】 见"生刍"。

【生業】 职业；谋生之业。白居易《题裴晋公女几山刻石诗后》序："由是淮蔡迄今底宁，殆二十年，人安生业。”

【生路】 ❶人世。罗隐《赠无相禅师》:“惟有马当山上客,死门生路两相忘。”❷陌生路径。曹松《赠雷乡张明府》:“废田教种谷,生路遣寻薪。”

【生意】 ❶生机;生命力。张说《岳州宴别潭州王熊二首》之一:“古木无生意,寒云若死灰。”王昌龄《悲哉行》:“百年不容息,是处生意蔓。”杜甫《病橘》:“群橘少生意,虽多亦奚为。”韦皋《天池晚棹》:“雨霁天池生意足,花间谁咏采莲曲。”❷意态。皎然《郑容全成蛟形木机歌》:“苍山万重采一枝,形如器车生意奇。”❸境遇。杜甫《追酬故高蜀州人日见寄》序:“老病怀旧,生意可知。”

【生棄】 活活地丢弃。韦庄《秦妇吟》:“舞伎歌姬尽暗损,婴儿稚女皆生弃。”

【生資】 赖以生活的物资。元结《舂陵行》:“悉使索其家,而又无生资。”

【生滅】 ❶佛教语。依因缘和合而有,谓之“生”;依因缘离散而无,谓之“灭”。孙逖《和崔司马登称心山寺》:“生灭纷无象,窥临已得鱼。”王昌龄《素上人影塔》:“本来生灭尽,何者是虚无。”顾况《赠僧二首》之二:“更把浮荣喻生灭,世间无事不虚空。”姚合《佛舍见胡子有嘲》:“唯是真知性,不来生灭中。”❷犹生死。王维《胡居士卧病遗米因赠》:“有无断常见,生灭幻梦受。”❸或出现、或消失。李绅《过梅里七首家于无锡四十载今敝庐数堵犹存今列题于后·忆题惠山寺书堂》:“白云生灭依岩岫,青桂荣枯托薜萝。”

【生綃】 未漂煮过的丝织品。古时多用以作画,因以指画卷。韩愈《桃源图》:“流水盘回山百转,生绡数幅垂中堂。”

【生聚】 百姓;人民。郭周藩《谭子池》:“发掘散生聚,可以救贫羸。”

【生臺】 寺院施舍饭食供禽虫啄食的台案。李郢《酬友人暮春寄枳花茶》:“相如病渴今全校,不羡生台白颈鸦。”贯休《休粮僧》:“应器谁将去,生台蚁不游。”

【生裴秀】 据《晋书·裴秀传》载,裴秀少好学,有风操,八岁能属文。叔父徽有盛名,宾客甚众。秀年十余岁,有诣徽者,出则过秀。然秀母贱,嫡母宣氏不之礼,尝使进馔于客,见者皆为之起。秀母曰:“微贱如此,当应为小儿故也。”宣氏知之,后遂止。后以“生裴秀”作为母亲微贱而生佳儿之典。郑还古《赠柳氏妓》:“未拟生裴秀,如何乞郑玄。”

【生銅】 指剑。李贺《开愁歌》:“衣如飞鹑马如狗,临岐击剑生铜吼。”

【生塵】 沾上尘埃。刘长卿《酬滁州李十六使君见赠》:“但愁千骑至,石路却生尘。”又《朱放自杭州与故里相使君立碑因以奉简吏部杨侍郎制文》:“不堪相顾恨,文字日生尘。”李商隐《袜》:“尝闻宓妃袜,渡水欲生尘。”曹唐《升平词五首》之五:“文章惟返朴,戈甲尽生尘。”

【生疑】 产生怀疑。张蠙《云朔逢山友》:“会面却生疑,居然似梦归。”

【生翠】 翠色鲜明。李贺《昌谷诗》:“竹香满凄寂,粉节涂生翠。”

【生態】 生意;生气。杜甫《晓发公安》:“邻鸡野哭如昨日,物色生态能几时。”

【生擒】 亦作“生禽”。活捉。王昌龄《从军行七首》之五:“前军夜战洮河北,已报生擒吐谷浑。”李廓《猛士行》:“单于衣锦日行兵,阵头走马生擒得。”陈陶《陇西行四首》之四:“黠虏生擒未有涯,黑山营阵识龙蛇。”吕岩《七言》之一四:“活捉三尸焚鬼窟,生禽六贼破魔宫。”

【生慮】 虑生;顾惜生命。高适《哭裴少府》:“世人谁不死,嗟君非生虑。”

【生魄】 ❶指月未盛明时所发之光。李商隐《碧城三首》之三:“玉轮顾兔初生魄,铁网珊瑚未有枝。”❷旧谓活人之魂魄。《惆怅》:“身情长在暗相随,生魄随君君岂知。”

【生憎】 最恨;偏恨。骆宾王《代女道士王灵妃赠道士李荣》:“分念娇莺一种啼,生憎燕子千般语。”杜甫《送路六侍御入朝》:“不分桃花红胜锦,生憎柳絮白于绵。”刘采春《啰唝曲六首》之一:“不喜秦淮水,生憎江上船。”

【生縛】 活捉。王建《赠李愬仆射二首》之二:“每日城南空挑战,不知生缚入唐州。”

【生還】 活着回来。刘长卿《恩敕重推使牒追赴苏州次前溪馆作》:“天南一万里,谁料得生还。”韩愈《岳阳楼别窦司直》:“生还真可喜,克己自惩创。”刘得仁《马上别单于刘评事》:“庙谋宏远人难测,公主生还帝感深。”贯休《横吹曲辞·出塞曲》之一:“相逢唯死斗,岂易得生还。”

【生獰】 凶猛;凶恶。亦指凶恶之人或物。韩愈《赴江陵途中寄三学士》:“生狞多忿很,辞舌纷嘲啁。”李贺《猛虎行》:“乳孙哺子,教得生狞。”秦韬玉《紫骝马》:“生狞弄影风随步,踥蹀冲尘汗满沟。”齐己《猛虎行》:“横行不怕日月明,皇天产尔为生狞。”

【生離】 犹生别离。生时与亲友的难以再见的别离。储光羲《贻袁三拾遗谪作》:“知己怨生离,悠悠天一涯。”杜甫《赠别贺兰铦》:“生离与死别,自古鼻酸辛。”卢殷《七夕》:“全胜客子妇,十载泣生离。”李群玉《乌夜号》:“如闻生离哭,其声痛人心。”

【生澀】 ❶犹言干枯。李贺《洛阳城外别皇甫湜》："冬树束生涩，晚紫凝华天。"❷谓文字不流畅、不纯熟。刘叉《答孟东野》："生涩有百篇，谓是琼瑶辞。"

【生歸】 活着回来或回去。沈佺期《回波词》："回波尔时佺期，流向岭外生归。"戴叔伦《容州回逢陆三别》："西南积水远，老病喜生归。"白居易《和答诗十首·和阳城驿》："道州炎瘴地，身不得生归。"李商隐《因书》："生归话辛苦，别夜对凝缸。"

【生類】 泛指一切有生命之物。元结《补乐歌十首·九渊》："生类娭娭兮，孰知其然。"韩愈《苦寒》："芒砀大包内，生类恐尽歼。"贾岛《洛阳道中寄弟》："生类梗萍泛，悲无金石坚。"

【生藥】 简单加工而未精制的药物。亦指天然药材。周贺《上陕府姚中丞》："领郡只嫌生药少，在官长恨与山疏。"

【生醭】 长霉；生霉。醭，米酒、醋及他物因腐败或受潮所生之白霉。顾况《焙茶坞》："新茶已上焙，旧架忧生醭。"白居易《卧疾来早晚》："酒瓮全生醭，歌筵半委尘。"

【生羅】 薄罗。质地稀疏的丝织品。李贺《河南府试十二月乐词·六月》："裁生罗，伐湘竹，帔拂疏霜簟秋玉。"

【生籍】 传说中登记投生者的册子。李白《草创大还赠柳官迪》："北酆落死名，南斗上生籍。"

【生鐵】 即铸铁。喻刚强之人。《后唐军士谣》："除去菩萨，扶立生铁。"

【生靈】 百姓；人民。高适《留上李右相》："本枝连帝系，长策冠生灵。"李翱《赠毛仙翁》："紫霄仙客下三山，因救生灵到世间。"李绅《新楼诗二十首·龟山》："不学大蛟凭水怪，等闲雪雨害生灵。"杜荀鹤《再经胡城县》："今来县宰加朱绂，便是生灵血染成。"

六 画

産 〔chǎn《广韵》所簡切，上産，生。〕❶生；生育。储光羲有《饯张七琚宗城即环之季也同产八人俱以才名知》。韩愈《孟东野失子》序："东野连产三子，不数日，辄失之。"❷产生；生长；发生。孙昌胤《遇旅鹤》："灵鹤产绝境，昂昂无与俦。"韩愈《元和圣德诗》："饫沃膻芗，产祥降嘏。"吕从庆《德山老人送茶至》："数株香茗产松坡，野老新分半两多。"❸出产。杜甫《九成宫》："其阳产灵芝，其阴宿牛斗。"元结《演兴四首·闵岭中》："殊阏绝之极颠，上闻产乎翠茸。"❹家产；产生。李白《经下邳圯桥怀张子房》："子房未虎啸，破产不为家。"羊士谔《郡中即事三首》之一："青门远忆中人产，白首闲看太史书。"张籍《乌夜啼引》："吏人得罪囚在狱，倾家卖产将自赎。"李咸用《古意论交》："结交如乾银，产竭不成道。"

【産業】 ❶家业；私有财产。李白《赠从兄襄阳少府皓》："归来无产业，生事如转蓬。"高适《赠别王十七管记》："产业曾未言，衣裘与人敝。"岑参《衙郡守还》："所嗟无产业，妻子嫌不调。"雍陶《旅怀》："旧里已悲无产业，故山犹恋有烟霞。"❷生产事业。孟浩然《久滞越中贻谢南池会稽贺少府》："陈平无产业，尼父倦东西。"高适《酬裴秀才》："长卿无产业，季子惭妻嫂。"耿湋《路旁老人》："陌上归心无产业，城边战骨有亲知。"白居易《重题》之二："药圃茶园为产业，野麋林鹤是交游。"又《初授秘监拜赐金紫闲吟小酌偶写所怀》："子孙无可念，产业不能营。"

七 画

甥 〔shēng《广韵》所庚切，平庚，生。〕❶姊妹之子。《诗·大雅·韩奕》："韩侯娶妻，汾王之甥。"郑玄笺："姊妹之子为甥。"王维《送严秀才还蜀》："宁亲为令子，似舅即贤甥。"皎然《送简栖上人之建州觐使君舅》："释氏推真子，郗家许贵甥。"白居易《岁日家宴戏示弟侄等兼呈二十三兄》："弟妹妻孥小侄甥，娇痴弄我助欢情。"❷女儿之子。《诗·齐风·猗嗟》："不出正兮，展我甥兮。"毛传："外孙曰甥。"李白《赠别从甥高五》："贤甥即明月，声价动天门。"❸女婿。《孟子·万章下》："舜尚见帝，帝馆甥于贰室。"赵岐注："《礼》，谓妻父曰外舅，谓我舅者，吾谓之甥。尧以女妻舜，故谓舜甥。"张说《安乐郡主花烛行》："姬姜本来舅甥国，卜筮俱道凤凰飞。"杜甫《近闻》："似闻赞普更求亲，舅甥和好应难弃。"王建《荆南赠别李肇著作转韵诗》："孔门忝同辙，潘馆幸诸甥。"柳宗元《韦道安》："顿首愿归货，纳女称舅甥。"

【甥姪】 外甥和侄辈。元稹《遣病十首》之六："起居甥侄扶，药饵兄嫂看。"白居易《自咏老身示诸家属》："夫妻偕老日，甥侄聚居年。"又《达哉乐天行》："妻孥不悦甥侄闷，而我醉卧方陶然。"李商隐《骄儿诗》："青春妍和月，朋戏浑甥侄。"

【甥舅】 外甥和舅舅。亦指女婿和岳父。阎朝隐《奉和送金城公主适西蕃应制》："甥舅重亲地，君臣厚义乡。"杜甫《对雨》："西戎甥舅礼，未敢背恩私。"黄滔《塞上》："欲吊昭君倍惆怅，汉家甥舅竟相违。"

用　部

用〔yòng《广韵》餘颂切，去用，以。〕❶使用；任用。王珪《咏淮阴侯》："项羽不能用，脱身归汉王。"岑参《客舍悲秋有怀两省旧游呈幕中诸公》："莫言圣主长不用，其那苍生应未休。"张籍《赠殷山人》："才异时难用，情高道自全。"杜牧《正初奉酬歙州刺史邢群》："明时刀尺君须用，幽处田园我有涯。"❷享用。白居易《分司洛中醉后狂吟偶成十韵因招梦得宾客兼呈思黯奇章公》："随时来伴侣，逐日用风光。"❸花费；花销。崔国辅《杂诗》："与酤一斗酒，恰用十千钱。"李贺《秦宫诗》："开门烂用水衡钱，卷起黄河向身泻。"杨巨源《题清凉寺》："凭槛霏微松树烟，陶潜曾用道林钱。"❹功用；功益。李白《将进酒》："天生我材必有用，千金散尽还复来。"杜甫《遣兴五首》之三："漆有用而割，膏以明自煎。"白居易《镜换杯》："不似杜康神用速，十分一盏便开眉。"❺犹行动。杜甫《戏作花卿歌》："用如快鹘风火生，见贼唯多身始轻。"❻适宜。张渭《同王征君湘中有怀》："不用开书帙，偏宜上酒楼。"❼器物。褚载《移石》："不是不堪为器用，都缘良匠未留心。"❽副词。须；必。李白《古风》之四一："一餐历万岁，何用还故乡。"戎昱《赠别张驸马》："看君风骨殊未歇，不用愁来双泪垂。"孟郊《秋怀》之一五："言词岂用多，憔悴在一闻。"韦庄《对酒》："何用岩栖隐姓名，一壶春酎可忘形。"❾介词。以。魏征《享太庙乐章·永和》："用光武志，永固鸿基。"杜甫《义鹘》："聊为义鹘行，用激壮士肝。"白居易《和东川杨慕巢尚书府中独坐感戚在怀见寄十四韵》："老将荣补贴，愁用道销磨。"李商隐《井泥十四韵》："他日井甃毕，用土益作堤。"❿连词。因而；于是。陆敬《游隋故都》："正始淳风被，人劳用息肩。"柳宗元《贞符》序："然后强有力者出而治之，往往为曹于险阻。用号令起，而君臣什伍之法立。"

【用才】　使用人才。杜甫《送殿中杨监赴蜀见相公》："解榻再见今，用才复择谁。"刘长卿《集梁耿开元寺所居院》："岂得长高枕，中朝正用才。"

【用心】　❶费心力；用心思。杜甫《解闷十二首》之七："孰知二谢将能事，颇学阴何苦用心。"王涯《广宣上人以诗贺放榜和谢》："在冶只求金不耗，用心空学秤无私。"方干《赠山阴崔明府》："用心何况两衙间，退食孜孜亦不闻。"杜荀鹤《观棋》："对面不相见，用心同用兵。"❷犹用意、存心。张籍《节妇吟寄东平李司空师道》："知君用心如日月，事夫誓拟同生死。"杜荀鹤《自述》："用心常合道，出语或伤时。"

【用功】　用功夫；施展本领。方干《陆山人画水》："毫末用功成一水，水源山脉固难寻。"

【用世】　犹入世。与"遁世"相对。指见用于世。戴叔伦《寄孟郊》："用世空悲闻道浅，入山偏喜识僧多。"

【用兵】　使用兵力；指挥战争。亦指兴起战争。罗隐《秋日有寄姑苏曹使君》："早说用兵长暗合，近传观稼亦闲游。"又《题杜甫集》："忍交孙武重泉下，不见时人说用兵。"韩愈《古风》："今日曷不乐，幸时不用兵。"

【用壮】　逞其勇力。语本《易·大壮》："小人用壮，君子用罔。贞厉。"后亦泛指勇猛、强壮。杜甫《奉同郭给事汤东灵湫作》："初闻龙用壮，擘石摧林丘。"又《杨监又出画鹰十二扇》："当时无凡材，百中皆用壮。"

【用法】　❶犹执法。谓使用法律。薛能《汉南春望》："奸邪用法原非法，唱和求才不是才。"❷采用、实行某种方法。方干《袁明府以家醖寄余余以山梅答赠》："九度搅和谁用法，四边窥摘自攀枝。"此指酿酒之法。

【用武】　使用武力；动用兵力。苏颋《奉和圣制行次成皋途经先圣擒建德之所感而成诗应制》："用武三川震，归淳六代醨。"岑参《潼关镇国军句覆使院早春寄王同州》："圣朝正用武，诸将皆承恩。"李嘉祐《题灵台县东山村主人》："天子如今能用武，只应岁晚息兵机。"王周《志峡船具诗·戙》："有如用武人，森森矗戈戟。"

【用拙】　犹守拙。张九龄《出为豫章郡途次庐山东岩下》："栖闲义未果，用拙欢在今。"杜甫《屏迹三首》之一："用拙存吾道，幽居近物情。"羊士谔《晚夏郡中卧疾》："用拙怀归去，沉痾畏借留。"

【用事】　❶当权；管事。《斜封官语》（卷八七六）："太平用事，正不如邪。"❷当令。合于时令。杜甫《七月三日稳睡有诗因论壮年乐事戏呈元二十一曹长》："今兹商用事，余热亦已末。"

【用命】　效命。薛逢《送西川梁常侍之新筑龙山城并锡赉两州刺史》:“用命期开国,违天必衅磋。”

【用舍】 (—shě)亦作“用捨”。犹取舍、趋舍。赵冬曦《滍湖作》:“盈虚用舍轮舆旋,勿学灵均远问天。”杜甫《义鹘》:“功成失所往,用舍何其贤。”元稹《和乐天赠樊著作》:“况乃丈夫志,用舍贵当年。”《郊庙歌辞·享章怀太子庙乐章·送文舞迎武舞》:“用舍繇来其有致,壮志宜威乐太平。”

【用捨】 见“用舍”。

【用處】 (—chù)用途。白居易《集闲池答侍中问》:“池月幸闲无用处,今宵能借客游无。”曹邺《奉命齐州推事毕寄本府尚书》:“曲木用处多,不如直为梁。”皮日休《五贶诗·五泻舟》:“自知无用处,却寄五湖仙。”孔氏《赠夫诗三首》之二:“黄泉无用处,恨作冢中尘。”

【用筆】 运笔。指作书画时笔法之运用。李颀《同张员外諲酬答之作》:“清言只到卫家儿,用笔能夸钟太尉。”

【用置】 犹取舍。指任用与闲置。白居易《读汉书》:“小人与君子,用置各有宜。”

【用檝】 使用船桨。指划船。李端《送路司谏侍从叔赴洪州》:“村女解收渔,津童能用楫。”

【用鉞】 用斧钺。借指用兵、战乱。杜甫《草堂》:“到今用鉞地,风雨闻号呼。”

【用意】 ❶犹意图。指寓含之意愿。杜甫《别张十三建封》:“眼中万少年,用意尽崎岖。”李群玉《寄人》:“寄语双莲子,须知用意深。”曹松《书翠岩寺壁》:“时说南庐事,知师用意同。”❷犹经心、着意。韩愈《寄崔二十六立之》:“文如翻水成,初不用意为。”徐凝《题开元寺牡丹》:“此花南地知难种,惭愧僧闲用意栽。”郑谷《海棠》:“春风用意匀颜色,销得携觞与赋诗。”李中《赠朐山孙明府》:“买将病鹤劳心养,移得闲花用意栽。”

二 画

甫 〔fǔ《广韵》方矩切,上麌,幫。〕❶大。见“甫田”。❷才;始。王绩《薛记室收过庄见寻率题古意以赠》:“追念甫如昨,奄忽成空虚。”❸指甫侯。崔曙《宿大通和尚塔敬赠如上人兼呈常孙二山人》:“愿言出世尘,谢尔申及甫。”武元衡《奉酬中书李相公早朝于中书侯传点偶书所怀》:“忝陪申及甫,清净奉尧心。”贯休《送崔尚书朝觐》:“至理契穹旻,方生甫与申。”❹唐诗人杜甫之名。杜甫《北征》:“东胡反未已,臣甫愤所切。”杜甫《谒文公上方》:“甫也南北人,芜蔓少耘锄。”

【甫田】 大田。顾况《上古之什补亡训传·上古一章》:“句龙是生,乃有甫田。惟彼甫田,有万斯年。”

【甫申】 周代卿士甫侯与申伯之并称。代指贤者。语本《诗·大雅·崧高》。任希古《和左仆射燕公春日端居述怀》:“圣历开环象,昌年降甫申。”

甬 〔yǒng《广韵》余隴切,上腫,以。〕❶钟上之系钮。韩愈《会合联句》:“龙旆垂天卫,云韶凝禁甬。”❷巷道。见“甬道”。❸江名。在今浙江鄞县东北,为奉化江与慈溪江之合流。韦庄有《旅次甬西余因感之》。

【甬東】 春秋越地名。在海中,地当今浙江定海县。柳宗元《韩漳州书报彻上人亡因寄二绝》之一:“桂江日夜流千里,挥泪何时到甬东。”吕温《题梁宣帝陵二首》之一:“假号孤城里,何殊在甬东。”刘驾《姑苏台》:“难将甬东地,更学会稽栖。”

【甬東客】 指春秋吴王夫差。刘长卿《登吴古城歌》:“一朝空谢会稽人,万古犹伤甬东客。”见“甬东”。

【甬道】 两边筑有高墙之通道。李德裕《清冷池怀古》:“旌旗朝甬道,箫鼓燕平台。”

【甬橋】 桥名。亦名永济桥、符离桥。在唐河南道宿州(今安徽宿州)北汴水上。韦庄有《夏初与侯补阙江南有约庄自九驿路先至甬桥补阙由淮楚续至泗上遽闻捐馆因成长句》。

七 画

甯 同“寧”。

【甯₂子】 即甯武子。白居易《放言五首》之一:“但爱臧生能诈圣,可知宁子解佯愚?”见“甯武”。

【甯₂牛】 指宁戚饭牛。元稹《酬翰林白学士代书一百韵》:“宁牛终夜永,潘鬓去年衰。”见“甯戚歌”。

【甯₂生】 指战国卫人宁戚。姚光杰《报颜标》:“田子莫嫌弹铗恨,宁生休唱饭牛歌。”见“甯戚歌”。

【甯₂家】 魏晋时期的名臣魏舒少年因父母去世,依靠外祖家宁氏生活。后遂用“宁家”指舅家。卢纶《送从舅成都丞广归蜀》:“魏舒终有泪,还识宁家衣。”司空曙《哭苗员外呈张参军》:“思君宁家宅,久接竹林期。”

【甯₂戚歌】 春秋卫人宁戚所作之饭牛歌。传宁戚微时经商,宿于齐东门之外。齐桓公出,宁戚方饭牛,乃叩角而歌云:“南山矸,白石烂,生不遭尧与舜禅。短布单衣适至骭,从昏饭牛薄夜半,长夜曼曼何时旦?”齐公因用之为相,齐国遂大治。钱起《长安落茅作》:“不遇张华识,空悲甯戚歌。”亦作“寧歌”。许浑《送李文明下茅鄘州觐兄》:“宁歌还夜苦,宋赋更秋悲。”见“甯戚”。

田　部

田〔tián《广韵》徒年切,平先,定。〕❶耕种的土地。萧颖士《江有枫一篇十章》之五:“有田有庭,有朋有书。”周贺《送康绍归建业》:“帝业空城在,民田坏冢多。”刘沧《旅馆书怀》:“客计倦行分陕路,家贫休种汶阳田。”韦庄《洛北村居》:“十亩松篁百亩田,归来方属大兵年。”亦指田野、原野。李颀《达奚吏部夫人寇氏挽歌》:“存殁令名传,青青松柏田。”崔颢《邯郸宫人怨》:“宫车出葬茂陵田,贱妾独留长信殿。”权德舆《赠梁国惠康公主挽歌词二首》之二:“雾湿汤沐地,霜凝脂粉田。”❷耕种。王勃《倬彼我系》之三:“田彼河曲,家乎汾浦。”❸狩猎。《易·恒》:“田无禽。”王弼注:“田,猎也。”苏颋《奉和圣制登太行山中言志应制》:“晓岩中警柝,春事下搜田。”崔颢《雁门胡人歌》:“解放胡鹰逐塞鸟,能将代马猎秋田。”孟浩然《从张丞相游南纪城猎戏赠裴迪张参军》:“从禽非吾乐,不好云梦田。”李白《秋猎孟诸夜归置酒单父东楼观妓》:“邀庶相驰逐,遂出城东田。”❹姓。唐诗人有田章等。

【田九】　即田梁丘。杜甫有《赠田九判官》,题下自注:“梁丘,哥舒翰讨安禄山,以田梁丘为行军司马。”

【田土】　田地;土地。杜甫《岳麓山道林二寺行》:“桃源人家易制度,橘洲田土仍膏腴。”罗隐《塞外》:“汉王第宅秦田土,今日将军已自荣。”

【田大夫】　❶疑为田牟。会昌元年(841)八月和二年五月两在天德军使任。见《旧唐书·武宗纪》。疑田在任天德军使前曾守汾州。姚合有《谢汾州田大夫寄茸毡葡萄》。❷田颖。曾官宋州刺史、工部尚书。见《册府元龟》卷一二八和一三四。张祐有《观宋州田大夫打球》。又张祐有《听筝》。题下注:“一作《题宋州四大夫家乐丘家筝》。”

【田千秋】　汉人。即车千秋,曾为高寝郎。武帝时为戾太子辩冤,武帝省悟,拜大鸿胪,数月后任丞相,封富民侯。史称“一言悟主”。见《汉书·车千秋传》。李白《鞠歌行》:“又不见田千秋才智不出人,一朝富贵如有神。”

【田子方】　战国时人。学于孔子弟子子贡,与子夏、段干木同为魏文侯优礼相待。遇老马被弃,怜而赎之。见《韩诗外传》卷八。遂用作怜惜被弃之才的典故。李白《天马歌》:“愿逢田子方,恻然为我悲。”

【田夫】　农夫。卢纶《酬李端公野寺病居见寄》:“田夫就饷还依草,野雉惊飞不过林。”权德舆《拜昭陵过咸阳墅》:“田夫竞致辞,乡耋争来前。”白居易《寄内》:“不如村妇知时节,解为田夫秋捣衣。”王驾《夏雨》:“又作丰年望,田夫笑向人。”

【田太守】　田颖。曾官亳州和宋州刺史。见《册府元龟》卷一二八。张祐《王家五弦》:“唯羡风流田太守,小金铃子耳边鸣。”

【田少尹】　(少 shào)朱庆余有《发凤翔后途中怀田少府》。“少府”当为“少尹”之讹。田少尹,田肇。元和末、长庆初,田肇在凤翔少尹任上。见《全唐文》卷七三五沈亚之《送田令二子归宁序》。

【田少府】　(少 shào)田灵芝。灵芝曾任兖州瑕丘县尉、洛州肥乡县丞。见《大唐墓志汇编》开元一八四《大唐故肥乡县丞田府君墓志铭》。苏颋有《春晚送瑕丘田少府还任因寄洛中镜上人》。

【田中】　(—zhōng)指乡村,农村。韦应物《答畅校书当》:“偶然弃官去,投迹在田中。”

【田中丞】　(中 zhōng)❶田颖。长庆二年(822)八月,策勋拜宋州刺史。见《册府元龟》卷一三四。贾岛有《寄宋州田使君》。❷田群。田弘正子,会昌中官蔡州刺史。见《新唐书·田弦正传》。无可有《夏日送田中丞赴蔡州》。❸田早。田弘正子。大和六年(832)十一月,以少府少监田早守本官兼御史中丞,持节充入吐蕃答贺正使。见《册府元龟》卷九八〇。姚合有《送少府田中丞入西蕃》。无可有《送田中丞使西戎》。

【田毛】　本指农作物。借指农民。韩愈、孟郊《城南联句》:“蔬甲喜临社,田毛乐宽征。”

【田父】　(—fǔ)老农。王维《宿郑州》:“田父草际归,村童雨中牧。”杜甫《寒食》:“田父要皆去,邻家闹不违。”元结《将牛何处去二首》之一:“相伴有田父,相欢惟牧童。”于濆《寒食》:“田父引黄犬,寻狐上高冈。”

【田公】　农夫。《占辞·占年》:“正年三白,田公笑赫赫。”

【田文】　即孟尝君,战国时齐国贵族。袭其父田婴封爵,封于薛(今山东滕县东南),称滕公,号孟尝君。养食客数千人,饭食与食客相同。有客怀疑孟尝君饭食与己不同而罢食，孟尝君持己所食与他相比，客羞愧自杀。见《史记·孟尝君列传》。李端《送丁少府往唐上》："共食田文饭，先之梅福官。"

【田文有命】 田文初生时，其父田婴迷信五月五日生子不利于父母，不令成活。其母私下将其抚育成人。后田文针对其父"五月子者，长与户齐，将不利其父母"之邪说，谓人生受命于天，而非受命于户。见《史记·孟尝君列传》。李端《杂歌》："向栩非才徒隐灶，田文有命那关户。"

【田方简傲】 田方。即田子方。据传，田子方为魏文侯之师，路遇子击(即位后为武侯)，不予答理，并且发表了"贫贱骄人"的见解。见《史记·魏世家》。李瀚《蒙求》："陈逵豪爽，田方简傲。"

【田玉卿】 歌女名。曾与李涉同居长安里巷。李涉有《赠田玉卿》。

【田布】 唐人，田弘正之子。因平淮西功，拜左金吾大将军。长庆元年(821)春，移镇泾原，秋改镇魏博。二年(822)一月，因兵败，牙将史宪诚夺师，田布自杀。事见《旧唐书·田布传》。李涉有《哭田布》。

【田田】 ❶莲叶盛密貌。皎然《答张乌程》："前溪更有忘忧处，荷叶田田间白蘋。"白居易《新乐府·昆明春》："今来净绿水照天，游鱼鲅鲅莲田田。"李商隐《碧城三首》之二："对影闻声已可怜，玉池荷叶正田田。"徐铉《和门下殷侍郎新茶二十韵》："竹孤空冉冉，荷弱谩田田。"亦借指莲叶。齐己《湖上逸人》："澹荡光中翡翠飞，田田初出柳丝丝。"亦泛称其他植物的盛密貌。李郢《江亭春霁》："江蓠漠漠荇田田，江上云亭霁景鲜。"皮日休《青门闲泛》："醉来欲把田田叶，尽裹当时醒酒鲭。"❷碧绿貌。孟郊《送晓公归庭山》："云生高高步，泉洒田田衣。"❸浓郁。元稹《张旧蚊帱》："昔透香田田，今无魂恻恻。"

【田司空】 (—kōng)❶疑为田神功。神功曾官淄青节度使。见《新唐书·田神功传》。李端有《送陆郎中·回田司空幕》。诗云"东土""分野入青州"，与之身份相合，但神功未加司空。❷田弘正。本名兴，元和七年(812)十月为检校工部尚书兼魏州大都督府长史，充魏博节度使，赐名弘正。十三年(818)七月加检校司空。见《旧唐书·宪祖纪下》。张祜有《投魏博田司空二十韵》。

【田地】 ❶耕种用的土地。拾得《诗》之五一："吞并田地宅，准拟承后嗣。"元稹《景申秋八首》之六："经雨篱落坏，入秋田地荒。"白居易《东城桂三首》之三："月宫幸有闲田地，何不中央种两株。"❷地方；处所。陆龟蒙《奉酬袭美苦雨见寄》："不如驱入醉乡中，只恐醉乡田地窄。"

【田成子】 即陈恒，春秋时齐国大臣。恒，亦作"常"。鲁哀公十四年(前481)弑齐简公，并割地自为封邑。见《庄子·胠箧》"然而田成子一旦杀齐君而盗其国"晋郭象注。后为大臣杀君窃国的典故。李白《古风》之五二："果然田成子，一旦杀齐君。"

【田光】 郑谷有《送田光》。"田"当从校作"沈"。《文苑英华》卷二八二作"沈光"。《唐才子传》卷八："(沈)光，吴兴人，咸通七年礼部侍郎赵骘下进士。"

【田衣】 袈裟的别名。因其多方格形图案，类水田畦畔纵横，故名。白居易《从龙潭寺至少林寺题赠同游者》："山屐田衣六七贤，搴芳蹋翠弄潺湲。"段成式《书事联句》："锡杖已克锻，田衣从怀幐。"陆龟蒙《和袭美重送圆载上人归日本国》："晓梵阳乌当石磬，夜禅阴火照田衣。"

【田宅】 田地和房屋。张谓《代北州老翁答》："尽将田宅借邻伍，且复伶俜去乡土。"白居易《赠侯三郎中》："幸有琴书堪作伴，苦无田宅可为邻。"贯休《行路难》之五："父归坟兮未朝夕，已分黄金争田宅。"

【田安西】 田畹。或作田仁畹。曾官御史中丞，迁安西都护。见徐安贞《正议大夫使持节易州诸军事守易州刺史兼高阳军使……田公(畹)德政之碑》(《全唐文》卷三〇五)。高适有《东平留狄司马》，诗题下注："曾与田安西充判官。"

【田收】 指农作物收获之后。贾岛《送皇甫侍御》："舟泊湘江阔，田收楚泽遥。"温庭筠《秋日》："田收鸟雀喧，气肃龙蛇蛰。"

【田里】 故乡；乡里。王维《济上四贤咏·崔录事》："解印归田里，贤哉此丈夫。"韦应物《寄李儋元锡》："身多疾病思田里，邑有流亡愧俸钱。"孟郊《新卜清罗幽居奉献陆大夫》："翳翳桑柘墟，纷纷田里欢。"陆龟蒙《闲居杂题五首·野态真》："君如有意耽田里，予亦无机向艺能。"

【田事】 农事。薛能《和曹侍御除夜有怀》："田事终归彼，心情倦老於。"

【田侍中】 田弘正。元和十四年(819)八月，弘正进加检校司徒，兼侍中。见《旧唐书·田弘正传》。王建有《田侍中宴席》《寄贺田侍中东平功成》和《朝天词十首寄上魏博田侍中》。

【田舍】 ❶田地和房屋。杜甫《田舍》："田舍清江曲，柴门古道旁。"李郢《和湖州杜员外冬至日白蘋洲见忆》："多愧龙门重招引，即抛田舍棹舟行。"❷村舍，农舍。白居易《答刘和州禹锡》："我亦思归田舍下，君应厌卧郡斋中。"曹邺有《早秋宿田舍》。陆龟蒙《自遣诗三十首》序："《自遣诗》者，震泽别业之所作也。故疾未平，厌厌卧田舍中。"❸泛指农村或农家。寒山《诗三百三首》之五七："田舍多桑园，牛犊满厩辙。"韦应物《九日》："今朝把酒复惆怅，忆在杜陵田舍时。"张籍《寒食后》:"田舍清明日,家家出火迟。"白居易《村居二首》之一:"若问经过谈笑者,不过田舍白头翁。"❹指农人。语出南朝宋刘义庆《世说新语·豪爽》:"王大将军少时,尝有田舍名,语音亦楚。"王贞白《田舍曲》:"时官苟贪浊,田舍生忧煎。"

【田尚書】 ❶田神功。神功累迁检校工部尚书。见《旧唐书·田神功传》。张谓有《饯田尚书还兖州》。❷田弘正。原名田兴。元和七年(812)官检校工部尚书。见《旧唐书·宪宗纪》。王建有《留别田尚书》。杨巨源有《辞魏协田尚书出境后感恩恋德因登丛台》和《和裴舍人观田尚书出猎》。❸田牟。检校吏部尚书、灵州节度使。见《新唐书·田牟传》。薛逢《送灵州田尚书》。

【田使君】 田群。田弘正之子。会昌中为蔡州刺史。见《新唐书·田群传》。姚合有《送田使君赴蔡州》。马戴有《送田使君牧蔡州》。

【田舍人】 即田澄。澄曾任起居舍人。杜甫有《赠献纳使田舍人澄》。

【田舍兒】 农家子。有时含轻蔑意。李涉《木兰花》:"今朝绕郭花看遍,尽是深村田舍儿。"

【田舍客】 庄稼人。韦庄《仆者杨金》:"努力且为田舍客,他年为尔觅金鱼。"

【田舍翁】 老农夫。寒山《诗三百三首》之一六八:"不学田舍翁,广置牛庄宅。"杜甫《太子张舍人遗织成褥段》:"奈何田舍翁,受此厚贶情。"白居易《秦中吟十首·买花》:"有一田舍翁,偶来买花处。"李涉《山中》:"欲报田舍翁,更深不归屋。"

【田舍酒】 村酒;乡间的酒。张子容《送孟八浩然归襄阳二首》之二:"醉歌田舍酒,笑读古人书。"

【田舍娘】 农家女。元稹《估客乐》:"村中田舍娘,贵贱不敢争。"

【田舍婿】 农家夫婿。归处讷《代村妇咏边将》:"争似我家田舍婿,朝驱牛去暮还家。"

【田舍歌】 村歌。鲍溶《述德上太原严尚书绶》:"愿陈田舍歌,暂息四座喧。"

【田舍漢】 犹言乡巴佬。无名氏《五言诗》之五(外编下):"贫穷田舍汉,庵子极孤栖。"见"田舍兒"。

【田卒】 屯田戍边的士兵。李翰《朱都知嘉禾屯田纪绩诗》:"邱荒躔灾,田卒污莱。"

【田郎】 指田凤。杜甫《赠田九判官》:"陈留阮瑀谁争长,京兆田郎早见招。"钱起《和韦侍御寓直对雨》:"伫见田郎字,亲劳御笔题。"又《和王员外雪晴早朝》:"题柱盛名兼绝唱,风流谁继汉田郎。"见"田鳳"。

【田居】 乡间居室。李峤有《和同府李祭酒休沐田居》。

【田封】 田界;田地的边界。多置界石,以标志范围。陆龟蒙《自和次前韵》:"著签分水味,标石认田封。"

【田叟】 老农夫。苏味道《始背洛城秋郊瞩目奉怀台中诸侍御》:"野童来捃拾,田叟去讴吟。"李商隐有《赠田叟》。

【田洗馬】 田游岩。高宗幸嵩山,亲至其门。因敕游岩将家属乘传赴都,拜崇文馆学士。后进太子洗马。见《新唐书·田游岩传》。宋之问有《使至嵩山寻杜田不遇慨然复伤田洗马韩观主因以题壁赠杜侯杜四》。

【田祖】 传说中始耕田者。指神农氏。玄宗《千秋节宴》:"处处祠田祖,年年宴杖乡。"丁泽《良田无晚岁》:"何须祭田祖,讵要察农祥。"

【田神】 农神。王维《凉州郊外游望》:"婆娑依里社,箫鼓赛田神。"

【田逕】 田间小路。钱起《初黄绶赴蓝田县作》:"鹿聚入田径,鸡鸣隔岭村。"

【田圃】 田地和园圃。储光羲《田家杂兴八首》之一:"既念生子孙,方思广田圃。"

【田租】 田赋。李贺《章和二年中》:"殷勤为我下田租,百钱携偿丝桐客。"

【田倉曹】 田湾。唐人。《郎官石柱题名新著录》户部员外郎第十行有田湾,代、德朝任。据《唐刺史考全编》,广德二年(764)至大历十一年(776)田神功、田神玉相继为汴州刺史、汴州节度使,田仓曹则有可能为此二人之子侄。杨巨源有《寄赠田仓曹湾》。钱起有《送田仓曹归觐》。韩翃有《送田仓曹汴州觐省》和《田仓曹东亭夏夜饮得春字》。

【田畝】 ❶田地。白居易《夏旱》:"旱日与炎风,枯焦我田亩。"❷泛指农村。白居易《适意二首》之二:"自从返田亩,顿觉无忧愧。"

【田畔】 田边。李郢《山行》:"小田微雨稻苗香,田畔清溪潏潏凉。"

【田翁】 老农夫。杜甫《遭田父泥饮美严中丞》:"田翁逼社日,邀我尝春酒。"白居易《观稼》:"田翁逢我喜,默起具尊杓。"鲍溶《山行经樵翁》:"田翁樵采熟,男女讴吟喧。"杜荀鹤《题田翁家》:"田翁真快活,婚嫁不离村。"

【田家】 ❶农家。韦述《春日山庄》:"初岁开韶月,田家喜载阳。"司空曙《田家》:"田家喜雨足,邻老相招携。"白居易《观刈麦》:"田家少闲月,五月人倍忙。"贯休《秋晚野步》:"烧岳阴风起,田家浊酒香。"❷指农夫。李白《赠从弟冽》:"日出布谷鸣,田家拥锄犁。"

【田家子】 农家子。崔颢《结定襄郡狱效陶体》:"牵引肆中翁,追呼田家子。"

【田娥】 唐女诗人。《全唐计》卷八〇一录其《寄远》等诗三首。

【田桑】 种田和养蚕。泛指农事。吕从庆《幽居》:"侵晨课田桑,归来日华薄。"

【田野】 ❶田地。钱起《蓝溪休沐寄赵八给事》:"虫鸣归旧里,田野秋农闲。"白居易《羸骏》:"岁暮田野空,寒草不满腹。"曹邺《对酒》:"晚岁无此物,何由住田野。"❷农村。陆龟蒙《村夜二首》之一:"吾家在田野,家事苦辽敻。"见"田野人""田野翁"。

【田野人】 泛指农民。曹邺《战城南》:"杀尽田野人,将军犹爱武。"

【田野翁】 老农夫。白居易《贺雨》:"奔腾道路人,伛偻田野翁。"

【田著作】 据杜甫《赠田九判官梁丘》及仇兆鳌注,当为田梁丘。田为陇右节度使哥舒翰判官,曾引荐高适入哥舒翰幕府,充任掌书记。高适有《同吕员外酬田著作幕门军西宿盘山秋夜作》。

【田敏】 五代诗人,淄州邹平(今属山东)人。后梁贞明中登科,留为国子四门博士。后唐天成初,改为尚书博士,又为国子博士,转屯田员外郎,兼太常博士,改户部员外郎,清泰初,迁国子司业。后晋天福四年(939)授祭酒,检校工部尚书,兼户部侍郎。开运初,迁兵部侍郎,充弘文馆学士,改授检校右仆射复为祭酒。后汉乾祐中,拜尚书右丞,判国子监。后周广顺初,改左丞,遣使契丹。世宗即位,拜太常卿,检校左仆射,加司空。显德五年(958)上章请老,迁工部尚书,改太子少保致仕。恭帝即位,加少傅。开宝四年(971)卒,年九十二。《全唐诗补编》(下)收后周田敏所作宗庙乐舞辞《明德舞》。

【田假】 (—jià)唐时太学、国子学的一种假期。据《新唐书·选举志上》载,田假时间在每年五月。李峤有《田假率成短韵用写长怀赠杜幽素》。

【田章】 唐诗人,开成四年(839)进士。《全唐诗》卷五六四录其《和于中丞夏杪登越王楼望雪山见寄》一首。

【田産】 田地和产业。刘驾《边军过》:"官家自供给,畏我田产破。"

【田將軍】 (将 jiāng)田布。布曾官左金吾卫将军。见《旧唐书》本传。王建有《赠田将军》。

【田道者】 释常真。荆南人,姓田氏,人谓之田道者。十国吴乾贞二年(928)奠基庐山宝严寺。见《庐山记》卷二。修睦有《题田道者院》。

【田婦】 农妇。杜甫《秋雨叹三首》之二:"禾头生耳黍穗黑,农夫田妇无消息。"韦应物有《至西峰兰若受田妇馈》。

【田畯】 泛指农民。太宗《重幸武功》:"驻跸抚田畯,回舆访牧童。"

【田單】 战国时齐名将,临淄(今山东淄博)人。攻聊城一年余,城未克,鲁连以剑书攻心,一举攻下聊城。见《史记·鲁仲连列传》。

【田遊巖】 唐诗人,京兆三原(今属陕西)人。初补太学生,罢归,遍游山水。后入箕山,筑室许由庙东,自号"许由东邻"。调露中,高宗游嵩山,亲至其门,游岩山衣田冠出拜,帝令左右扶止之,谓曰:"先生养道山中,此得佳否?"对曰:"臣泉石膏肓,烟霞痼疾,既逢圣代,幸得逍遥。"敕乘传赴都,授崇文馆学士。文明元年(684),进太子洗马。垂拱中,坐与裴炎交结,特放还山。《全唐诗》卷六七录其诗一首。

【田間】 ❶田地里。王勃《陇西行》之三:"田间遭骂詈,低语示骖乘。"❷泛指农村,乡间。戴叔伦《送萧二》:"拟向田间老此身,寒郊怨别甚于春。"

【田業】 指田地、房屋等产业。于渍《田翁叹》:"富家田业广,用此买金章。"

【田園】 ❶田地和园圃。寒山《诗三百三首》之十五:"父母续经多,田园不羡他。"皎然《送唐赞善游越》:"田园临汉水,离乱寄随关。"杜牧《春迟途中》:"田园不事来游宦,故国谁教尔别离。"褚载《吊秦叟》:"市西楼店金千秤,渭北田园粟万钟。"❷泛指农村。萧颖士《山庄月夜作》:"献书嵯弃置,疲拙归田园。"杜甫《留别贾严二阁老两院补阙》:"田园须暂住,戎马惜离群。"沈千运《濮中言怀》:"不如守田园,岁晏望丰熟。"

【田農】 ❶农耕。白居易《和答诗十首·和大嘴乌》:"上以致寿考,下可宜田农。"❷农民。高适《苦雨寄房四昆季》:"惆怅悯田农,裴回伤里闾。"

【田鼠】 鼠之一种。主食草本植物的茎、叶和种子,对农作物有害。高适《李云南征蛮诗》:"野食掘田鼠,晡餐兼僰僮。"

【田塍】 即田埂。刘禹锡《插田歌》:"田塍望如线,白水光参差。"

【田歌】 农歌。温庭筠《寄河南杜少尹》:"夕阳亭畔山如画,应念田歌正寂寥。"

【田墅】 (—yě)田野。储光羲《田家杂兴八首》之一:"春至鸧鹒鸣,薄言向田墅。"

【田種】 (—zhòng)田地。元稹《春分投简阳明洞天作》:"舟船通海峤,田种绕城隅。"

【田僕射】 (—yè)田弘正。弘正曾官右仆射。见元稹《沂国公魏博德政碑》(《全唐文》卷六五四)。王建有《上田仆射》。杨巨源有《贺田仆射子弟荣拜金吾》。

【田鳳】 东汉人。字季宗。灵帝时为尚书郎,仪貌端正。入奏事,灵帝目送之,因题殿柱曰:"堂堂乎张，京兆田郎。”见汉赵岐《三辅决录·田凤》。后遂以为典，美称郎官、侍臣。韦庄《九江逢卢员外》：“陶潜岂是铜符吏，田凤终为锦帐郎。”

【田端公】　疑为田伯。裴度《刘太真神道碑》：“门生……在幕府者，侍御史田伯。”武元衡有《送田三端公还鄂州》。唐称侍御史为端公。

【田間】　田间；乡间。白居易《太和戊申岁大有年诏赐百寮出城观稼谨书盛事以俟采诗》：“清晨承诏命，丰岁阅田间。”

【田横】　秦末时齐国贵族，狄县（今山东高青东南）人。秦末，从其兄田儋起兵，重建齐国。楚汉战争中，汉军灭齐，他自立为王。失败后，投奔彭越。汉立，率党徒五百余人亡匿海岛。高祖命其至洛阳，田横因曾杀汉使怕遭报复，自杀，从其逃亡的五百余人也全部自杀以殉。见《史记·田儋列传》附《田横传》。李白《于五松山赠南陵常赞府》：“海上五百人，同日死田横。”杜甫《八哀诗·赠司空王公思礼》：“永系五湖舟，悲甚田横客。”李涉《哭田布》：“纵使将军能伏剑，何人岛上哭田横。”韦庄《赠云阳裴明府》：“已闻陈胜心降汉，谁为田横国号齐。”

【田鴉】　田野中的乌鸦。杜牧《初上船留寄》：“沙雁同船去，田鸦绕岸啼。”

【田熟】　农作物成熟。张籍《江村行》：“一年耕种长苦辛，田熟家家将赛神。”

【田澄】　唐诗人。天宝十三年（754）曾任献纳使、起居舍人。《全唐诗》卷二五五录其《成都为客作》一首。

【田駢天口】　田骈。也叫陈骈，战国时哲学家。彭蒙弟子，齐国（今山东）人。齐宣王时重视游说之士，他与年衎、淳于髡等七十六人皆为上大夫。《文选·任昉〈皇德皇后令〉》：“辩析天口，而似不能言。”李善注引刘歆《七略》：“齐田骈好谈论，故齐人为语曰：‘天口骈。’天口者，言田骈能言善辩，若事天。”李翰《蒙求》：“赵孟疵面，田骈天口。”

【田輸】　田赋。张说《奉和圣制爰因巡省途次旧居应制》：“三耆颁命服，五稔复田输。”

【田頭】　田边。韩愈《游城南十六首·赛神》：“麦苗含穟桑生葚，共向田头乐社神。”

【田興】　（—xīng）即田弘正。元和中为魏博节度使。杜牧《洛中送冀处士东游》：“刘济愿跪履，田兴请建筹。”

【田燒】　（—shào）田野中的野火。钱起《沭阳古渡作》：“牧牛避田烧，退鹢随潮风。”

【田澤】　田地沼泽。吕从庆《醉卧田间赖里人章氏子扶归作诗以谢之》：“荷锄田泽畔，垂手引模糊。”

【田燭】　古代郊祭时置于田头的火烛。《郊庙歌辞·祀圜丘乐章·雍和》：“始命田烛，爰启郊宫。”

【田豫儉素】　田豫，三国魏人，字国让，渔阳雍奴（治所在今天津武清县西北）人。正始初为并州刺史，清俭约素，赏赐皆散之将士。见《三国志·田豫传》。李翰《蒙求》：“田豫俭素，李恂清约。”

【田疇】　❶泛指田地、农田。王维《早入荥阳界》：“秋野田畴盛，朝光市井喧。”韦应物《襄武馆游眺》：“是时粳稻熟，西望尽田畴。”白居易《老热》：“农者劳田畴，何人不苦热。”和凝《宫词百首》之三三：“三农皆已辟田畴，又见金门出土牛。”❷指封地。元稹《阳城驿》：“我实唐士庶，食唐之田畴。”

【田蘇】　春秋时晋国贤人。《左传·襄公七年》：“无忌不才，让其可乎？请立起也！与田苏游，而曰好仁。”晋杜预注：“田苏，晋贤人。苏言起好仁。”（起，指韩起，即韩宣子）后借指知己之友。权德舆《奉和许阁老酬淮南崔十七端公见寄》：“分曹日相见，延首忆田苏。”

【田廬】　❶田中的庐舍。泛指农舍。薛存诚《膏泽多丰年》：“畎亩人无情，田庐岁不空。”❷田地和房屋。《汉书·疏广传》：“顾自有旧田庐，令子孙勤力其中，足以供衣食，与凡人齐。”胡曾《咏史诗·东门》：“何人知足反田庐，玉管东门饯二疏。”❸乡村；家乡。李白《游南阳白水登石激作》：“长歌尽落日，乘月归田庐。”韦应物《秋郊作》：“方愿沮溺耦，淡泊守田庐。”白居易《归田三首》之二：“卖马买犊使，徒步归田庐。”

【田贊善】　田弘正子。韩愈《答魏博田仆射书》（《全唐文》卷五五四）：“赞善十一郎行，已附状。伏计寻下达。”王建有《谢田赞善见寄》。弘正子已肇、布、牟、群、午、牟、早、章，不知任赞善者为谁。

【田竇】　汉田蚡与窦婴的合称。田为景帝皇后之胞弟，封武安侯。窦为文帝皇后从兄之子，封魏其侯，官至丞相。二人贵极一时，而又互相倾轧。曾借醉酒发生冲突。见《史记·魏其武安列传》。后遂以“田窦”代称贵戚。郑愔《少年行》：“田窦方贵幸，赵李新相知。”骆宾王《帝京篇》：“始见田窦相移夺，俄闻卫霍有功勋。”李白《古风》之五九：“田窦相倾夺，宾客互盈亏。”杜牧《少年行》：“田窦长留醉，苏辛曲让岐。”

【田鶴】　田中之鹤。权德舆《祗役江西路上以诗代书寄内》：“静闻田鹤起，远见沙鸨聚。”李德裕《思在山居日偶成此咏邀松阳子同作》：“露下叫田鹤，风来嘶晚蝉。”

【田鸛】　田中之鹳。鹳，状似白鹤，嘴长而直，羽毛灰色、白色或黑色。柳宗元《游石角过小岭至长乌村》：“旷望少行人，时闻田鹳鸣。”

一 画

甲 〔jiǎ《广韵》古狎切，入狎，见。〕❶植物某些部分的外层。见“甲拆”。❷植物的新叶。杜甫《有客》：“自锄稀菜甲，小摘为情亲。”元稹《田野狐兔行》：“禾苗豆甲，狐榾兔剪。”韩偓《再止庙居》：“菜甲未齐初出叶，树阴方合掩重门。”韦庄《和李秀才郊野早春吟兴十韵》：“绿摆杨枝嫩，红挑菜甲香。”❸某些动物身上的鳞片或硬壳。杜甫《秋兴八首》之七：“织女机丝虚月夜，石鲸鳞甲动秋风。”又《海棕行》：“龙鳞犀甲相错落，苍棱白皮十抱文。”❹带有甲壳的水族。陈至《赋得芙蓉出水》：“自当巢翠甲，非止戏赪鳞。”❺铠甲，用皮革、金属等制作的护身服。刘长卿《代边将有怀》：“暮笳吹塞月，晓甲带胡霜。”武元衡《出塞作》：“白羽矢飞先火炮，黄金甲耀夺朝暾。”叶季良《省试吴宫教美人战》：“挥戈罗袖卷，擐甲汗妆红。”姚合《剑器词三首》之二：“雪光偏著甲，风力不禁旗。”❻穿上战甲。王涯《从军词三首》之一：“戈甲从军久，风云识阵难。”❼战士；士兵。许天正《和陈元光平潮寇诗》：“长戈收百甲，聚骑破千重。”李益《从军夜次六胡北饮马磨剑石为祝殇辞》：“韩公三城断胡路，汉甲百万屯边秋。”杜牧《东兵长句十韵》：“羽林东下雷霆怒，楚甲南来组练明。”❽弹奏筝、琵琶等乐器时所用的套在手指上的一种假指甲。杜甫《陪郑广文游何将军山林十首》之五：“银甲弹筝用，金鱼换酒来。”李商隐《无题二首》之一：“十二学弹筝，银甲不曾卸。”又《送千牛李将军赴阙五十韵》：“弦危中妇瑟，甲冷想夫筝。”❾天干的第一位。用于纪年、纪月、纪日。顾况《燕于巢一章》：“甲兮乙兮，不宜有谬。”见“甲子”。❿六十甲子的省称。满六十称花甲。韩偓《春阴独酌寄同年虞部李郎中》：“闲嗤入甲奔竞态，醉唱落调渔樵歌。”⓫第一；名次在前面的。皮日休《二游诗·任诗》：“开溪未让丁，列第方称甲。”⓬指甲科。白居易《醉后走笔酬刘五主簿长句之赠兼简张大贾二十四先辈昆季》：“二张得隽名居甲，美退争雄重告捷。”黄滔《二月二日宴中贻同年封先辈渭》：“垂名入甲成龙去，列姓如丁作鹤来。”⓭代词。指代失传、虚构或不欲明言的人名。白居易《感逝寄远》：“昨日闻甲死，今朝闻乙死。”孟简《咏欧阳行周事》序：“命甲遣乘，密往迎妓，妓因积望成疾，不可为也。”

【甲乙】 ❶指春季。则天皇后《唐明堂乐章·角音》：“扇条风，乘甲乙。”❷连续。杨炯《奉和上元酺宴应诏》：“甲乙遇灾年，周隋送上弦。”❸科举考试甲、乙二科的合称。泛称科第。萧颖士《江有归舟三章》序：“今兹春连如甲乙，淑问休阐，为时之冠。”杨巨源《送陈判官罢举赴江外》：“莫将甲乙为前累，不废烟霄是此行。”李商隐《骄儿诗》：“儿慎勿学爷，读书求甲乙。”黄滔《寄同年卢员外》：“当年甲乙皆华显，应念槐宫今雪头。”❹甲帐、乙帐的并称。李峤《扈从还洛呈侍从群官》：“帐殿别阳秋，旌门临甲乙。”长列佐辅《古宫怨》：“草染文章衣下履，花粘甲乙床前帐。”花蕊夫人徐氏《宫词》之三四：“香销甲乙床前帐，宫锁玲珑闭殿门。”

【甲乙第】 ❶即甲乙科。白居易《垂钓》：“三登甲乙第，一入承明庐。”❷谓相连的大住宅。白居易《自题小园》：“回看甲乙第，列在都城内。”

【甲乙科】 科举考试中甲、乙二科的并称。泛称科第。萧颖士《送张翚下第归江东》：“地积东南美，朝遗甲乙科。”武元衡《长安秋夜怀陈京昆季》：“甲乙科攀桂，图书阁践蓬。”姚合《寄李频》：“珍重君名字，新登甲乙科。”

【甲士】 披甲的战士。泛指士兵。武元衡《幕中诸公有观猎之作因继之》：“刀州城北剑山东，甲士屯云骑散风。”张蠙《赠信安太守》：“甲士散教耕垄亩，书生闲许从旌旗。”

【甲子】 ❶甲，天干的首位；子，地支的首位。天干与地支相配，如甲子、乙丑、丙寅之类，统称“甲子”。从甲子起至癸亥止，共六十，故又称“六十甲子”。古用以纪日或纪年。储光羲《秦中守岁》：“愿以桑榆末，常逢甲子新。”李白《下途归石门旧居》：“数人不知几甲子，昨夜犹带冰霜颜。”张籍《闲居》：“唯教推甲子，不信守庚申。”许浑《送宋处士归山》：“世间甲子须臾事，逢着仙人莫看棋。”❷泛指岁月、光阴。杜甫《春归》：“别来频甲子，倏忽又春华。”白居易《岁暮寄微之三首》之一：“甲子百年过半后，光阴一岁欲终头。”又《戒药》：“以之资嗜欲，又望延甲子。”❸年岁；年龄。李颀《谒张果先生》：“先生谷神者，甲子焉能计。”刘禹锡《酬喜相遇同州与乐天替代》：“行年同甲子，筋力羡丁夫。”白居易《喜梦得自冯翊归洛兼呈令公》：“甲子等兴怜共老，文章敌手莫相猜。”又《新岁赠梦得》：“与君同甲子，岁酒合谁先。”❹季节；岁序。高适《同群公十月朝宴李太守宅》：“岁时当正月，甲子入初寒。”杜甫《重简王明府》：“甲子西南异，冬来只薄寒。”❺指日历。刘商《胡笳十八拍·第十一拍》：“汉家甲子有正朔，绝域三光空自悬。”

【甲子雨】 甲子日所下的雨。古以为可兆天时和人事。杜甫《雨》：“冥冥甲子雨，已度立春时。”

【甲仗】 武器。王昌龄《城旁□□》：“甲仗明寒川，霜□□□□。”张籍有《新城甲仗楼》。

【甲令】 朝廷颁发的重要的法令。韦应物《授衣还田里》：“公门悬甲令，浣濯遂其私。”李商隐《五言述德抒情诗一首四十韵献上杜七兄仆射相公》："旂常悬祖德，甲令著嘉声。"

【甲外】 军阵之外。杜甫《八哀诗·赠司空王公思礼》："马鞍悬将首，甲外控鸣镝。"

【甲光】 ❶指演奏者手指上戴的弦拨子。张祜《楚州韦中丞箜篌》："恰值满堂人欲醉，甲光才触一时醒。"❷铠甲的光亮。李贺《雁门太守行》："黑云压城城欲摧，甲光向日金鳞开。"

【甲宅】 (—zhái)大宅。李白《古风》之二四："中贵多黄金，连云开甲宅。"

【甲兵】 ❶铠甲和兵械。泛指兵器。玄宗《钱王唆巡边》："风扬旌旆远，雨洗甲兵初。"杜甫《蚕谷行》："天下郡国向万城，无有一城无甲兵。"❷披甲携兵的战士、士兵。亦指军队。刘希夷《将军行》："古来养甲兵，有事常讨袭。"岑参《青山峡口泊舟怀狄侍御》："把笔判甲兵，战士不敢骄。"白居易《放旅雁》："淮西有贼讨未平，百万甲兵久屯聚。"张祜《采桑》："自古多征战，由来尚甲兵。"❸战争；战乱。陈子昂《感遇诗三十八首》之二九："丁亥岁云暮，西山事甲兵。"杜甫《夜二首》之二："甲兵年数久，赋敛夜深归。"郎士元《赠韦司直》："烽火有时惊暂定，甲兵无处可安居。"李涉《寄河阳从事杨潜》："当时天下无甲兵，虽闻赋敛毫毛轻。"

【甲坼】 谓草木发芽时种子外皮裂开。杜甫《种莴苣》："两旬不甲坼，空惜埋泥滓。"徐铉《史馆庭梅见其毫末谨书献上伏惟垂览》："东观婆娑树，曾怜甲坼时。"

【甲拆】 义同"甲坼"。贯休《寿春节进大蜀皇帝五首》之四："春力遍时皆甲拆，王言闻者尽光辉。"

【甲夜】 初夜；初更时分。陈去疾《元夕京城和欧阳衮》："歌迎甲夜催银管，影动繁星缀玉台。"

【甲卒】 披甲的士卒。泛指士兵。储光羲《登戏马台作》："小会衣冠吕梁壑，大征甲卒碻磝口。"杜甫《大历三年春白帝城放船漂泊有诗凡四十韵》："甲卒身虽贵，书生道固殊。"

【甲門】 豪门。殷文圭《贺同年第三人刘先辈咸辟命》："甲门才子鼎科人，拂地蓝衫榜下新。"

【甲冑】 铠甲和头盔。赵嘏《华清宫和杜舍人》："举戎轻甲胄，余地复河湟。"

【甲科】 科举考试中的第一等。亦称"甲第"。《新唐书·选举志上》："凡进士，试时务策五道，帖一大经，经策全通，为甲第；策通四、帖过四以上，为乙第。"李颀《送崔侍御赴京》："一从登甲科，三拜皆宪司。"岑参《送许子擢第归江宁拜亲因寄王大昌龄》："青春登甲科，动地闻香名。"白居易《留别吴七正字》："成名共记甲科上，署吏同登芸阁间。"范质《诫儿侄八百字》："二十中甲科，赪尾化为虬。"自注："二十三进士及第，今举全数。"

【甲馬】 铠甲和战马。亦泛指军备或战争。杜甫《严氏溪放歌行》："天下甲马未尽销，岂免沟壑常漂漂。"鲍溶《述德上太原严尚书绶》："甲马不及汗，天骄自亡魂。"罗隐《酬章处士见寄》："中原甲马未曾安，今日逢君事万端。"无名氏《琵琶》(卷七八五)："千悲万恨四五弦，弦中甲马声骈阗。"

【甲郡】 重要的州郡。白居易《自到郡斋未及宴游偷闲走笔题二十四韵兼寄常州贾舍人湖州崔郎中仍呈吴中诸客》："甲郡标天下，环封极海滨。"

【甲帳】 汉武帝所造的帐幕。其数非一，以甲乙次序名之，故有"甲帐""乙帐"之称。亦泛称华丽的帐幕。丁泽《上元日梦王母献白玉环》："灵姿趋甲帐，悟道契玄关。"杨巨源《和吕舍人喜张员外自北番回至境上先寄二十韵》："毳庐同甲帐，韦橐比雕盘。"李商隐《昭肃皇帝挽歌辞三首》之三："莫验昭华琯，虚传甲帐神。"罗虬《比红儿诗》之一三："通宵甲帐散香尘，汉帝精神礼百神。"

【甲第】 达官贵人豪华的府第。《史记·孝皇本纪》："赐列侯甲第，僮千人。"裴骃集解引《汉书音义》："有甲乙次第，故曰第。"《文选·张衡〈西京赋〉》："北阙甲第，当道直启。"薛综注："第，馆也；甲言第一也。"王勃《临高台》："旗亭百隧开新市，甲第千甍分戚里。"杜甫《收京三首》之三："杂虏横戈数，功臣甲第高。"白居易《三谣·素屏谣》："尔不见当今甲第与王宫，织成步障银屏风。"司马扎《卖花者》："长安甲第多，处处花堪爱。"

【甲第朱門】 指贵族豪富之家。朱门，红漆大门，以示富贵。戎昱《赠别张驸马》："甲第朱门耸高戟，凤凰楼上伴吹箫。"

【甲族】 世家大族。薛能《送浙东王大夫》："远源过晋史，甲族本缑笙。"黄滔《成名后呈同年》："一字连镳巡甲族，千般唱罚赏皇都。"

【甲絲】 指穿结铠甲甲叶的绳子。李贺《摩多楼子》："天白水如练，甲丝双串断。"

【甲煎】 (—jiàn)香料名。以甲香和沉麝诸药花物制成，可作口脂及焚爇，亦可入药。李商隐《隋宫守岁》："沉香甲煎为庭燎，玉液琼苏作寿杯。"自注："煎，去声。"

【甲裳】 皮革制的战袍，腰以上谓之"甲衣"，腰以下谓之"甲裳"。黄滔《奉和翁文尧员外文秀光贤画锦之什》之三："君王面赐紫还乡，金紫中推是甲裳。"

【甲綴】 用皮革制成的战袍。陆龟蒙《战秋辞》："弓卷不刓，甲缀不离。"

【甲蔬】 指幼嫩的蔬菜。李贺《南园十三首》之四："三十未有二十余，白日长饥小甲蔬。"

【甲館】 本汉代楼观名，亦泛称高楼大厦。王无兢《君子有所思行》："左右罗将相，甲馆临康庄。"

【甲觀】 （—guàn）汉代楼观名。犹言第一观。为皇太子所居。后泛指太子宫。卢照邻《中和乐九章·歌储宫第六》："高禖诞圣，甲观升灵。"《郊庙歌辞·享懿德太子庙乐章·迎神》："甲观昭祥，画堂升位。"

申 〔shēn《广韵》失人切，平真，書。〕❶伸展，伸张。见"申眉"。❷施展；实现。李白《赠新平少年》："何时腾风云，搏击申所能。"孟郊《寿安西渡奉别郑相公》："零落景易入，郁抑抱难申。"白居易《赠樊著作》："虽有良史才，直笔无所申。"❸表明；表达；诉说。《文选·古诗〈今日良宴会〉》："齐心同所愿，含意俱未申。"李周翰注："谓未达也。"骆宾王《咏怀古意上裴侍郎》："穷经不沾用，弹铗欲谁申。"韦应物《寄令狐侍郎》："非将会面目，书札何由申。"孟郊《往河阳宿峡陵寄李侍御》："人生穷达感知己，明日投君申片言。"徐之才《下山逢故夫》："踟蹰下山妇，共申别离久。"吴筠《建业怀古》："徘徊江山暮，感激为谁申。"❹申雪；昭雪。李峤《晚秋喜雨》："望肃坛场祀，冤申囹圄囚。"王建《寄崔列中丞》："尚有忠义士，不得申其冤。"元稹《旱灾自咎贻七县宰同州时》："团团囹圄中，无乃冤不申。"❺重复。引申为沿袭。贺敳《奉和九月九日应制》："泽宫申旧典，相圃叶前模。"❻申诫；告诫。《书·多士》："今予惟不尔杀，予惟时命有申。"孔传："所以徙汝，是我不欲杀汝，故惟是教命申戒之。"见"申戒"。❼至；到。《文选·宋玉〈九辩〉》："独申旦而不寐兮，哀蟋蟀之宵征。"李周翰注："申，至。"见"申旦"。❽下对上行文。张籍《早春病中》："多申请假牒，只送贺官书。"❾进行；举行。亦特指进行与祭祀有关的活动。则天皇后《唐大飨拜洛乐章》："坎泽祠容备举，坤坛祭典爰申。"玄宗《过大哥宅探得歌字韵》："戚里申高宴，平台奏雅歌。"徐九皋《咏史》："已申黄石祭，方慕赤松仙。"陆龟蒙《奉和袭美太湖诗二十首·投龙潭》："君将接神物，聊用申祀事。"❿十二地支的第九位。古人用天干和地支相配合，用以纪日、纪月和纪年。《谶记·清泰三年歌》（卷八七五）："丙申年，数在五楼前。"⓫十二辰之一。指一日中的十五时至十七时。张籍《和左司元郎中秋居十首》之七："夜后开朝簿，申前发省符。"温庭筠《山中与诸道友夜坐闻边防不宁因示同志》："风卷蓬根屯戊己，月移松影守庚申。"徐铉《早春旬假独直寄江舍人》："咏诗前砌立，听漏向申归。"⓬古国名。周封伯夷之后于申，春秋时申灭于楚。其故城在河南省南阳市。《左传·隐公元年》："郑武公娶于申，曰武姜。"杨伯峻注："申，国名，伯夷之后，姜姓。"借指周之名臣申伯。见"申甫"。⓭姓。借指西汉经学家、今文《诗》学"鲁诗学"开创者申培。元稹《代曲江老人百韵》："书谬偏求伏，诗亡远听申。"⓮通"呻"。《淮南子·天文训》："申，呻之也。"引申为吟咏。李白《江夏赠韦南陵冰》："玉箫金管喧四筵，苦心不得申长句。"⓯姓。春秋楚有申包胥。见"申包"。

【申大】 疑为申堂构。堂构与储光羲均为延陵人，皆有诗名。殷璠汇次《丹杨集》，光羲与堂构诗收列其中。见《新唐书·艺文志四》。堂构曾任朝议郎、行陕郡平陆县尉。见《金石萃编》卷九〇《唐故内侍省内常侍孙君墓志铭》。储光羲有《秋次霸亭寄申大》。

【申王】 李㧑。睿宗第六子。睿宗立，封申王。见《新唐书·三宗诸子传》。张九龄有《三月三日申王园亭宴集》。

【申公】 西汉经学家。今文《诗》学"鲁诗学"开创者。称"申公"，也称"申培公"。鲁（今山东曲阜一带）人。文帝时为博士，历事高祖、文帝、景帝、武帝四君。皎然《同明府章送沈秀才还石门山读书》："肯谢申公辈，治诗事汉文。"

【申布】 重新表示。玄宗《首夏花萼楼观群臣宴宁王山亭回楼下又申之以赏乐赋诗》序："今年带闰，节候全晚，署气犹清，芳草未歇，申布雅意，复叙初筵。"

【申旦】 自夜达旦。柳宗元《法华寺石精舍三十韵》："微言信可传，申旦稽吾颡。"

【申包】 即申包胥，亦称"王孙包胥"。春秋时楚国贵族，与伍子胥为知交。楚昭王五十年（前506）吴国用伍子胥之计攻破楚国，他到秦国求救，在秦国朝堂痛哭七昼夜，秦哀公乃出师救楚。见《左传·定公四年》。李白《奔亡道中五首》之四："申包惟恸哭，七日鬓毛斑。"

【申州】 古地名。北周置申州，隋改为义阳郡。唐武德四年（621），复置申州，领义阳、钟山二县。八年又省南罗州，又以罗山来属。天宝元年（742），改为义阳郡。乾元元年（758），复为申州，领义阳、钟山、罗山三县。故治在今河南信阳市南。刘长卿有《奉使至申州伤经陷没》。杨巨源有《寄申州卢拱使君》。张祜《途中逢道实游蔡州》："野桥经亥市，山路过申州。"方干有《过申州作》。

【申甫】 《诗·大雅·嵩高》："维申及甫，维周之翰。"郑玄笺："申，申伯也，甫，甫侯也。皆为贤知入周之桢干之臣。"故后遂用以指贤相。权德舆《奉和张仆射朝天行》："周王致理称申甫，今日贤臣见明主。"杨巨源《上刘侍中》："命代生申甫，家承翊禹汤。"

【申戒】 告诫。韩愈、孟郊《雨中寄孟刑部几道联句》："愔愔抱所诺，翼翼自申戒。"

【申名】　申报姓名。韩愈《八月十五夜赠张功曹》:“州家申名使家抑,坎轲只得移荆蛮。”

【申酉】　指农历七月和八月。七月建申,八月建酉,故称。韩愈《陆浑山火和皇甫湜用其韵》:“视桃著花可小骞,月及申酉利复怨。”

【申命】　❶重申教命;再命。杜甫《往在》:“申命空山东,尽驱诣阙下。”❷授命;命令。陈子昂《送著作佐郎崔融等从梁王东征》序:“庙堂授钺,凿门申命,建梁国之旌旗,吟汉庭之箫鼓。”

【申威】　施展威力。李峤《弩》:“挺质本轩皇,申威振远方。”

【申施】　施展。张籍《祭退之》:“哀哉未申施,中年遽殂丧。”

【申恨】　叙说怨恨。杜甫《兵车行》:“长者虽有问,役夫敢申恨。”

【申祝】　祷祝。权德舆《贞元七年蒙恩除太常博士追计前事已二十三年于兹矣时郡君以疾羔续发因代书却寄》:“想君路经兹,还复申祝延。”

【申眉】　舒展眉头;扬眉。谓压抑的心情得到舒展而快活如意。李白《赠范金卿二首》之一:“摭拭欲赠之,申眉路无梯。”独孤及《癸卯岁寄权士繇韩幼深》:“别来平安否,何阶一申眉。”

【申破】　呈报事情的真相。白居易《新乐府·杜陵叟》:“长吏明知不申破,急敛暴征求考课。”

【申虔】　表示虔诚之心。褚亮《明堂乐章·肃和》:“严配申虔,宗禋展敬。”

【申時】　旧时十二辰之一,指下午三时至五时。刘禹锡《题王郎中宣义里新居》:“雨后退朝贪种树,申时出省趁看山。”

【申恩】　表示恩惠。李白《上崔相百忧章》:“屈法申恩,弃瑕取材。”窦常《奉送职方崔员外摄中丞新罗册使》:“册拜申恩重,留欢作限赊。”

【申冤】　洗雪冤屈。白居易《和梦游春诗一百韵》:“纠谬静东周,申冤动南蜀。”

【申堂構】　唐诗人。润州丹徒(今江苏丹徒)人。开元二十二年(734)进士。释褐除武进尉,后历任平陆尉、虞部员外郎。《全唐诗》卷七九五录其断句一联。

【申屠少府】　(少 shào)疑为申屠液。《金石萃编》卷七五《虢国公杨花台铭》:“判官亳州临涣县尉申屠液撰。”临涣县与谯县均属亳州。孟浩然有《适越留别谯县张主簿申屠少府》。

【申歌】　唱歌。李峤《扈从还洛呈侍从群官》:“申歌地庐骇,献寿衢尊溢。”

【申嘉私謁】　申嘉,即申屠嘉。西汉大臣,梁(今河南商丘)人。初从刘邦击项羽、英布,为都尉。文帝时任丞相,封故安侯。为人廉直,不受私谒。见《汉书·申屠嘉传》。李翰《蒙求》:“子翊绝书,申嘉私谒。”

【申稷】　虞部员外郎申堂构之子,大历中为建昌令。见《元和姓纂》卷三“丹阳申氏”和岑仲勉《四校记》。王建有《幽州送申稷评事归平卢》。

【申錫】　厚赐。《诗·商颂·烈祖》:“申锡无疆,及尔斯所。”毛传:“申,重也。”高亨注:“锡,赐。”魏征《享太庙乐章·长发舞》:“本枝百代,申锡无疆。”张九龄《奉和圣制幸晋阳宫》:“圣朝将申锡,王业成艰难。”

【申鐘】　申时,即下午三时至五时。无可《酬姚员外见过林下》:“扫苔迎五马,莳药过申钟。”

【申歡】　原名申宗,自称扶风(今陕西扶风县)人,生于北周时。《全唐诗》卷八六〇录其《兜玄国怀归诗》一首。

由　〔yóu《广韵》以周切,平尤,以。〕❶缘故;原由。韩愈《刘生诗》:“问胡不归良有由,美酒倾水炙肥牛。”元稹《卢头陀诗》:“卢师深话出家由,剃尽心花始剃头。”韦庄《东游远归》:“青云不识杨生面,天子何由问子虚。”许棠《汴河十二韵》:“昔年开汴水,元应别有由。”❷途径;办法。韩愈《洞庭湖阻风赠张十一署》:“清谈可以饱,梦想接无由。”杨衡《秋夜闲居即事寄庐山郑员外蜀郡符处士》:“忧思繁未整,良辰会无由。”司马扎《近别》:“君心与我心,脉脉无由知。”吕价《浊水出珠》:“不因今日取,泥滓出无由。”❸任用;使用。《左传·襄公三十年》:“以晋国之多虞,不能由吾子,使吾子辱在泥途久矣。武之罪也。”杜预注:“由,用也。”元结《二风诗·治风诗五篇·至慈》:“故莫由莫己,顺时而理。”又《补乐歌十首·咸池》:“至道泱泱兮,由之以全。”❹听凭;任凭。杜甫《有怀台州郑十八司户》:“性命由他人,悲辛但狂顾。”韩愈《八月十五夜赠张功曹》:“人生由命非由他,有酒不饮奈明何。”元稹《酬刘猛见送》:“六尺安敢主,方寸由自调。”白居易《赠悼怀太子挽歌辞二首》之一:“寿夭由天命,哀荣出圣慈。”❺经由;经过。吕温《成皋铭》:“出必由户,入皆同轨。”❻介词。(1)自;从。《礼记·内则》:“由命士以下皆漱澣。”郑玄注:“由,自也。”刘昚虚《阙题》:“道由白云尽,春与青溪长。”(2)由于;因为。王维《愚公谷三首》之二:“缘底名愚谷,都由愚所成。”玄宗《春日出苑游瞩》:“鸟飞直为惊风叶,鱼没都由怯岸人。”白居易《销暑》:“热散由心静,凉生为室空。”齐己《禅庭芦竹十二韵呈郑谷郎中》:“密谢编栏固,齐由灌溉平。”❼人名。(1)指许由,古时隐士。见“由巢”。(2)指仲由。字子路,孔子弟子。见“由之瑟”。❽通“犹”。(1)尚;尚且。韩愈《赠河阳李大夫》:“感恩由未报,惆怅空一来。”自注:“由、犹古字通。"陆龟蒙《自遣诗三十首》之二二:"水国君王又姓萧,风情由是冠南朝。"罗隐《夏州胡常侍》:"仍闻陇蜀由多事,深喜将军未白头。"(2)如同;好像。杜甫《八哀诗·赠司空王公思礼》:"贯穿百万众,出入由咫尺。"元稹《去杭州》:"君今取友由取士,得不别白清与浑。"❾通"游"。储光羲《升天行贻卢六健》:"上由玉华宫,下视首阳岑。"❿通"迪",道路。王建《酬柏侍御闻韦处士同游灵台寺见寄》:"古碑在云巅,备载置寺由。"

【由之瑟】《论语·先进》:"子曰:'由之瑟,奚为于丘之马?'门人不敬子路。子曰:'由也升堂矣,未入于室也。'"后遂用作自谦才学不够精深的典故。杨巨源《上刘侍中》:"敢衒由之瑟,甘循赐也墙。"也作"由也瑟"。窦庠《酬韩愈侍郎登岳阳楼见赠》:"自悲由也瑟,敢坠孔悝铭。"亦省作"由瑟"。窦牟《奉酬杨侍郎十兄见赠之作》:"自悲由瑟无弹处,今作关西门下人。"

【由己】 听凭自己。白居易《杂感》:"是非不由己,祸患安可防。"薛存诚《闻击壤》:"自谓欢由己,宁知德在君。"

【由也瑟】 见"由之瑟"。

【由此】 从此。张衮《梁郊祀乐章·庆肃》:"由此无疆,期乎永宁。"

【由自】 犹自;尚自。李商隐《望喜驿别嘉陵江水二绝》之二:"今朝相送东流后,犹自驱车更向南。"

【由旬】 梵语 yojana 的音译词。古印度计程单位。一由旬的长度,我国古代有八十里、六十里、四十里诸说。见宋法云《翻译名义集·数量》。白居易《春日题乾元寺上方最高峰亭》:"但觉虚空无障碍,不知高下几由旬。"

【由如】 犹如;如同。王梵志《诗》之五二:"喻若园中韭,由如得雨浇。"

【由身】 由自己做主。李白《山中孺子妾歌》:"一贵复一贱,关天岂由身。"亦指按自己意志办事。窦巩《新营别墅寄家兄》:"懒性如今成野人,行藏由兴不由身。"

【由來】 历来;从来。崔融《登东阳沈隐侯八咏楼》:"此地实东阳,由来山水乡。"韩愈《孟东野失子》:"天曰天地上,由来不相关。"白居易《寄隐者》:"由来君臣间,宠辱在朝暮。"周昙《咏史诗·春秋战国门·陈轸》:"丹青徒有逞喧哗,有足由来不是蛇。"

【由是】 ❶从此。李颀《放歌行答从弟墨卿》:"由是蹉跎一老夫,养鸡牧豕东城隅。"❷因此。独孤及《送陈兼应辟兼寄高适贾至》:"波流有同异,由是限别离。"白居易《不能忘情吟》序:"妓有樊素者,年二十余,绰绰有歌舞态,善唱柳枝,人多以曲名名之,由是名闻洛下,籍在经费中。"❸犹是;还是。陆龟蒙《自遣诗三十首》之二二:"水国君王又姓萧,风情犹是冠南朝。"

【由衷】 出自内心。周昙《咏史诗·三代门·夷齐》:"让国由衷义亦乖,不知天命匹夫才。"

【由拳】 旧县名。汉置由拳县,属会稽郡。吴改嘉兴,隋废。唐武德七年(624),复置,属苏州。八年(625),废入吴。贞观八年(634)复置,属苏州。故城在今浙江嘉兴市南。张祜《孟才人叹》序:"大中三年,遇高于由拳,哀话于余,聊为兴叹。"

【由基】 即养由基。春秋楚共王之将,善射,百步穿杨,百发百中。见《史记·周本纪》。罗隐《隐尝在江陵忝故中令白公叨蒙知遇遂成长句》:"才怜曼倩三冬后,艺评由基一箭中。"

【由然】 原委;缘由。张九龄《忝官二十年尽在内职因赋诗焉》:"圣达有由然,孰是无心者。"

【由瑟】 见"由之瑟"。

【由缘】 ❶机缘。独孤及《自东都还濠州奉酬五八谏议见赠》:"二华旧游如梦想,他时再会何由缘。"韩愈《谢自然诗》:"茫茫八纮大,影响无由缘。"孟郊《和宣州钱判官使院厅前石楠树》:"争芳无由缘。受气如郁纡。"❷遵循。萧颖士《仰答韦司业垂访五首》之一:"缅怀云岩路,欲往无由缘。"顾况《寄上兵部韩侍郎奉呈李户部卢刑部杜三侍郎》:"出门多岐路,命驾无由缘。"

二 画

町 〔tǐng,又读 tīng《广韵》他鼎切,上迥,透。又徒鼎切,上迥,定。又他丁切,平青,透。〕❶田界;田间小路。张说《侍宴武三思山第应制赋得风字》:"竹町罗千卫,兰筵降两宫。"见"町畦"。❷见"町畦❷"。❸见"町畦❸"。

【町畦】 ❶田界。杜甫《到村》:"蓄积思江汉,疏顽惑町畦。"❷界限。独孤及《雨晴后陪王员外泛后湖得溪字》:"沿溯任舟楫,欢言无町畦。"❸比喻拘束、仪节。权德舆《祗役江西路上以诗代书寄内》:"胸中无町畦,与物且多忤。"韩愈《南内朝贺归呈同官》:"文才不如人,行又无町畦。"

甸 〔diàn《广韵》堂練切,去霰,定。〕❶古代称都城郊外的地方。《左传·襄公二十一年》:"罪重于郊甸,无所伏窜,故布其死。"杜预注:"郭外曰郊,郊外曰甸。"殷寅《铨试后征山别业寄源侍御》:"别业在征山,登高望畿甸。"许棠《登渭南县楼》:"近甸名偏著,登城景又宽。"❷田野;原野。《文选·颜延之〈应诏讌曲水作诗〉》:"幕帷兰甸,画流高陛。"吕向注:"兰甸,谓田野有兰者。"灵一《再还宜丰寺》："野云阴远甸，秋雨涨前陂。"顾况《春游曲二首》之一："薄暮不同归，留情此芳甸。"张蠙《寄友人》："甸麦深藏雉，淮苔浅露鱼。"❸区域；流域。高适《酬裴员外以诗代书》："拥旄出淮甸，入幕征楚材。"武元衡《兵行褒斜谷作》："岷河源涉屡，蜀甸途行惯。"白居易《叙德书情四十韵上宣歙翟中丞》："廉察安江甸，澄清肃海夷。"韩琮《风》："凉飞玉管来秦甸，暗袅花枝入楚宫。"❹治理。《诗·小雅·信南山》："信彼南山，唯禹甸之。"毛传："甸，治也。"见"甸邑"。

【甸邑】 治理县邑。刘禹锡《酬郑州权舍人见寄十二韵》："甸邑叨前列，天台愧后行。"自注："鄙人离渭南主簿，舍人方尉此邑。"贾岛《送李傅侍郎剑南行营》："去年新甸邑，犹滞佐时才。"无名氏《谶记·清僧示赵宗儒》(卷八七五)："梨花发后杏花初，甸邑南来庆有余。"

【甸服】 古称离王城五百里的区域。后借以泛称京城附近的地区。韦应物《朝请后还邑寄诸友生》："宰邑分甸服，夙贺朝上京。"刘禹锡《送周鲁儒赴举诗》序："玠生于衡山，而生生于九疑，其似诚匹也。无乃蹑其武，升俊造，仕甸服，佐君藩，为御史乎?"许棠《宿同州厉评事旧业寄华下》："地近风沙处，城当甸服间。"张乔《华山》："澄凝临甸服，险固束神都。"

【甸侯】 本指封于甸服之内的诸侯。亦借指京畿之内的州县长官。柳宗元《同刘二十八院长寄澧州张使君八十韵》："继酬天禄署，俱尉甸侯家。"

男 〔nán《广韵》那含切，平覃，泥。〕❶男子；男性的人。卢照邻《咏史四首》之四："昔有平陵男，姓朱名阿游。"无名氏《五言白话诗》之五(外编下)："不要男为伴，心里恒攀慕。"见"男子❶""男女❷"。❷特指能从事劳动的青壮年男子。见"男耕女桑""男耕女織""男穀女絲"。❸儿子。裴迪《春日与王右丞过新昌里访吕逸人不遇》："陶令五男曾不有，蒋生三径枉相过。"杜甫《石壕吏》："听妇前致词：三男邺城戍。一男附书至，二男新战死。"于逖《野外行》："小弟发亦白，两男俱不强。"李郢《南池》："小男供饵妇搓丝，溢榼香醪倒接䍦。"❹夫婿。李商隐《拟意》："夫向羊车觅，男从凤穴求。"见"男兒❹"。

【男力】 男子的力气、精力。李咸用《春宫词》："男力百岁在，女色片时新。"

【男女】 ❶男人和女人。储光羲《敬酬陈掾亲家翁秋夜有赠》："惟贤惠重义，男女期嘉姻。"❷指儿女。杜甫《岁晏行》："况闻处处鬻男女，割慈忍爱还租庸。"白居易《见小侄龟儿咏灯诗并腊娘制衣因寄行简》："巧妇才人常薄命，莫教男女苦多能。"❸指男女情爱。孟简《咏欧阳行周事》序："呜呼！钟爱于男女，素期效死，夫亦不蔽也。"

【男子】 ❶男人；男性的成年人。李商隐《井泥四十韵》："武昌昔男子，老苦为人妻。"❷儿子。权德舆《哭李晦群崔季文二处士》："华封西祝尧，贵寿多男子。"❸犹言有作为的男子汉。顾非熊《出塞即事二首》之二："诸侯持节望吾土，男子生身负我唐。"陆龟蒙《江湖散人歌》："人间所谓好男子，我见妇女留须眉。"王贞白《塞上曲》："燕然山上字，男子见须羞。"

【男夫】 成年男子。寒山《诗三百三首》之七三："妇女慵经织，男夫懒耨田。"

【男呻女吟】 男男女女因忧劳痛苦而嗟叹。形容处境危苦。杜甫《乾元中寓居同谷县作歌七首》之二："此时与子空归来，男呻女吟四壁静。"

【男兒】 ❶男人；男子。吕岩《绝句》："茫茫宇宙人无数，几个男儿是丈夫。"史凤《八分羊》："万羊亦是男儿事，莫学狂夫取次尝。"黄崇嘏《辞蜀相妻女诗》："幕府若容为坦腹，愿天速变作男儿。"❷儿子。亦泛称男孩。白居易《晚起》："荣公三乐外，仍弄小男儿。"又《小岁日喜谈氏外孙女孩满月》："怀中有可抱，何必是男儿。"又《谈氏外孙生三日喜是男偶吟成篇兼戏呈梦得》："玉芽珠颗小男儿，罗荐兰汤浴罢时。"❸犹男子汉、大丈夫。孟浩然《送告八从军》："男儿一片气，何必五车书。"杜甫《后出塞五首》之一："男儿生世间，及壮当封侯。"李商隐《题汉祖庙》："乘运应须宅八荒，男儿安在恋池隍。"贯休《塞上曲二首》之二："男儿须展平生志，为国输忠合天地。"❹指夫婿。张籍《别离曲》："男儿生身自有役，那得误我少年时。"

【男耕女桑】 义同"男耕女織"。杜甫《忆昔二首》之二："齐纨鲁缟车班班，男耕女桑不相失。"

【男耕女織】 男的耕田，女的织布。谓农家男女分工辛勤劳动。李颀《送刘四赴夏县》："男耕女织蒙惠化，麦熟雉鸣长秋稼。"

【男婚女嫁】 指儿子娶妻，女儿出嫁。谓儿女成家。刘禹锡《哭吕衡州时予方谪居》："空怀济世安人略，不见男婚女嫁时。"

【男穀女絲】 义同"男耕女織"。杜甫《蚕谷行》："不劳烈士泪滂沱，男谷女丝行复歌。"

三　画

甽 同"畎"。

【甽澮】 见"畎澮❶"。

甿 〔méng《广韵》莫耕切，平耕，明。〕古称农民。《周礼·地官·遂人》："凡治野，以下剂致甿，以田里安甿，以乐昏扰甿，以土宜教甿。"

孙诒让正义:"甿,氓字通,并为田野农民之专称。"沈佺期《度安海入龙编》:"邑屋遗甿在,鱼盐旧产传。"袁高《茶山诗》:"甿辍耕农耒,采采实苦辛。"刘叉《雪车》:"天不恤吾甿,如何连夜瑶花乱。"罗隐《送王使君赴苏台》:"疲甿赋重全家尽,旧族兵侵太半无。"

【甿心】 农民之心。钱起《长安客舍赠李行父明府》:"凫为傍京苹,甿心悬灌坛。"

【甿思】 百姓的思念。杨汝士《和宗人尚书嗣复祠祭武侯毕题临淮公旧碑》:"敬名探国志,饰像慰甿思。"

【甿俗】 民俗;风尚。亦借指百姓。韦应物《送唐明府赴溧水》:"到此安甿俗,琴堂又晏然。"又《登重玄寺阁》:"于兹省甿俗,一用劝农桑。"韩愈《谢自然诗》:"里胥上其事,郡守惊且叹,驱车领官吏,甿俗争相先。"白居易《东坡种花二首》之二:"移此为郡政,庶几甿俗苏。"

【甿訟】 民间诉讼。韦应物《新理西斋》:"方将甿讼理,久翳西斋居。"

【甿庶】 百姓。李峤《晚秋喜雨》序:"爰降甘泽,大拯灾亢。朝廷公卿,相趋动色;里闬甿庶,讴吟成响。"

【甿畮】 田野之民。泛指百姓。韩愈《元和圣德诗》:"皇帝曰吁,伯父叔舅,各安尔位,训厥甿亩。"

【甿税】 农民的赋税。韦应物《答崔都水》:"甿税况重叠,公门极熬煎。"

【甿輩】 农民一类人,百姓。陆龟蒙《村夜二篇》之二:"若与甿辈量,饥寒殆相亚。"

【甿謠】 民谣。宋之问《送武进郑明府》:"甿谣岂云远,从此庆缁衣。"

【甿謳】 民歌;民谣。储光羲《送丘健至州敕放作时任下邽县》:"邦牧新下车,德礼彼甿讴。"

四 画

畊 "耕"的古字。李商隐《访白云山人》:"自言山底住,长向月中畊。"

畎 〔quǎn《广韵》姑泫切,上銑,見。〕亦作"甽"。❶田间小水沟。《书·益稷》:"濬畎浍距川。"孔安国传:"一亩之间,广尺深尺曰畎。"杜甫《临邑舍弟书至因寄此诗用宽其意》:"燕南吹畎亩,济上没蓬蒿。"李翰《朱都知嘉禾屯田纪绩诗》:"畎距于沟,沟达于川。"见"畎澮"。❷指田野。见"畎畝"。❸疏通;流注。王之涣《宴词》:"长堤春水绿悠悠,畎入漳河一道流。"李德裕《忆平泉杂咏·忆药栏》:"始畎春泉入,唯愁暮景斜。"

【畎畝】 亦作"畎畮"。田地;田野。引申为农事、农业。高适《酬庞十兵曹》:"托身从畎亩,浪迹初自得。"白居易《书绅》:"仕有职役劳,农有畎畮勤。"皮日休《三羞诗》之三:"家虽有畎亩,手不秉镃基。"唐彦谦《和陶渊明贫士诗七首》之五:"古人重畎亩,有禄不待干。"

【畎畮】 见"畎畝"。

【畎澮】 ❶田间水沟。泛指溪流。皎然《送顾处士歌》:"知君别业长洲外,欲行秋田循畎浍。"张祜《题丹阳永泰寺练湖亭》:"聊因当畎浍,披拂坐潺湲。"陆龟蒙《京口与友生话别》:"宗溟虽甽浍,成厦必楩楠。"李咸用《和殷衙推春霖即事》:"忽起江湖兴,疑邻畎浍流。"❷疏浚。韩愈《秋雨联句》:"忧鱼思舟楫,感禹勤畎浍。"❸喻平庸。元稹《荥阳郑公以稹寓居严茅有池塘之胜寄诗四首因有意献》:"自伤才畎浍,其奈赠珠何。"

畏 〔wèi《广韵》於胃切,去未,影。〕❶害怕;恐惧。骆宾王《夏日游德州赠高四》:"骄饵去易论,忌途良可畏。"杜甫《述怀一首》:"反畏消息来,寸心亦何有。"孟简《咏欧阳行周事》序:"妓请同行,生曰:'十目所视,不可不畏。'"许棠《过湍沟谷》:"虽随兵马至,未免畏豺狼。"❷使敬畏;使害怕。孙逖《送李补阙摄御史充河西节度判官》:"官序惭先达,才名畏后人。"❸担心;忧虑。李白《寄远十一首》之八:"坐思行叹成楚越,春风玉颜畏销歇。"张籍《听夜泉》:"还疑隔林远,复畏有风生。"李绅《滁阳春日怀果园闲宴》:"劝人莫折怜芳早,把烛频看畏晓催。"于濆《烧金曲》:"天寿畏不永,烧金希长年。"❹敬重;畏服。《礼记·曲礼上》:"贤者狎而敬之,畏而爱之。"郑玄注:"心服曰畏。"崔日用《奉和圣制送张说巡边》:"列将怀威抚,匈奴畏盛名。"韩愈《寄卢仝》:"先生固是余所畏,度量不敢窥涯涘。"❺回避;避开。杜甫《畏人》:"畏人成小筑,褊性合幽栖。"韦应物《鹧鸪啼》:"何意道辛苦,客子常畏人。"贯休《续姚梁公坐右铭》:"艳殃尔寿须戒,酒腐尔肠须畏。"❻通"围"。《吕氏春秋·劝学》:"孔子畏于匡。"陈奇猷校释:"畏乃'围'之假字,畏、围古音同部,自可假借……《淮南子·主术训》:'孔子围于匡',尤为畏、围通之明证。"白居易《杂感》:"阳货肆凶暴,仲尼畏于匡。"

【畏之】 即韩瞻,其字畏之。韩偓之父。李商隐有《韩冬郎即席为诗相送一座尽惊因成二绝寄酬兼呈畏之员外》和《赴职梓潼留别畏之员外同年》。

【畏日】 《左传·文公七年》:"赵衰,冬之日也;赵盾,夏之日也。"杜预注:"冬日可爱,夏日可畏。"故以"畏日"称夏天的太阳。杜甫《舟泛洞庭》:"破浪南风正,收帆畏日斜。"

【畏匡】《论语·子罕》:“子畏于匡。”邢昺疏:“子畏于匡者,谓匡人以兵围孔子。记者以众情言之,故云‘子畏于匡’。其实孔子无所畏也。”后以“畏匡”为遭困厄之典。畏,通“围”。柳宗元《弘农公复为大僚天监昭明人心感悦宗元窜伏湘浦拜贺末由谨献诗五十韵以毕微志》:“顾土虽怀赵,知天讵畏匡。”

【畏忌】畏惧顾忌。语出《诗·大雅·桑柔》。元稹《酬卢秘书》:“文工犹畏忌,朝士绝嫌猜。”

【畏服】因畏惧而服从。李兼《题洛阳县壁》:“猾吏畏服,县妖破胆。”

【畏後生】《论语·子罕》:“子曰:‘后生可畏,焉知来者不如今也?四十、五十而无闻焉,斯亦不足畏也已’。”后用作用赞誉青少年之典。李白《上李邕》:“宣父犹能畏后生,丈夫未可轻年少。”钱起《送郑巨及第后归觐》:“别赠难为此,衰年畏后生。”

【畏蚤虱】喻畏人嘲笑指摘。《南史·文学传》载,卞彬仕不遂,著蚤虱等赋,大有指斥。李商隐《骄儿诗》:“憔悴欲四十,无肉畏蚤虱。”

【畏盈】指担心官高而产生骄傲自满之心。语本《易·谦》。卢僎《送苏八给事出牧徐州用芳韵》:“畏盈聊出守,分命乃维良。”

【畏途】险路。艰险可怕的路途。语出《庄子·达生》。张说《和朱使欣二首》之一:“南土多为寇,西江尽畏途。”贾至《自蜀奉册命往朔方途中呈韦左相文部房尚书门下崔侍郎》:“策马出蜀山,畏途上缘云。”孟郊《下第东南行》:“失意容貌改,畏途性命轻。”温庭筠《病中书怀呈友人》:“事迫离幽墅,贫牵犯畏途。”亦指危险可怕之地。李德裕《夏晚有怀平泉林居》:“孟夏守畏途,舍舟在徂暑。”

【畏景】夏天的太阳。李峤《六月奉教作》:“养日暂裴回,畏景尚悠哉。”丘为《省试夏日可畏》:“火威驰迥野,畏景烁遥途。”刘言史《广州王园寺伏日即事寄北中亲友》:“曲池煎畏景,高阁绝微飙。”亦借指夏天。白居易《旱热二首》之二:“持此聊过日,焉知畏景长。”见“畏日”。

【畏嫂輕】战国苏秦说秦王,书十上而说不行。归至家,妻不下纴,嫂不为炊,父母不与言。见《战国策·秦策一》。后以“畏嫂轻”为典,表示不受重用,为人轻视。张祜《投陈许李司空三十韵》:“接坐羞人识,还家畏嫂轻。”

【畏豫且】《庄子·外物》载,渔者豫且网得神龟,神龟托梦于宋元君,但终于被杀。后以“畏豫且”作为咏龟之典。李群玉《龟》:“有志酬毛宝,无心畏豫且。”

【畏曉】担心天亮。姚合《过张云峰院宿》:“夜深唯畏晓,坐稳岂思眠。”

【畏簡書】《诗·小雅·出车》:“王事多艰,不遑启居。岂不怀归,畏此简书。”毛传:“简书,戒命也。邻国有急,以简书相告,则奔命救之。”后以“畏简书”为典,表示身负王命,不敢懈怠。皇甫冉《酬李司兵直夜见寄》:“见欲扁舟去,谁能畏简书。”李德裕《忆平泉山居赠沈吏部一首》:“岂不念归路,徘徊畏简书。”李商隐《筹笔驿》:“猿鸟犹疑畏简书,风云常为护储胥。”

界 〔jiè《广韵》古拜切,去怪,見。〕❶地界;边界。韩愈《将至韶州先寄张端公使君借图经》:“愿借图经将入界,每逢佳处便开看。”柴夔《望九华山》:“北截吴门疑地尽,南连楚界觉天低。”张蠙《边情》:“圣主尚嫌蕃界近,将军莫恨汉庭遥。”❷界限;范围。白居易《郡西亭偶咏》:“莫遣是非分作界,须教吏隐合为心。”张祜《题杭州灵隐寺》:“佛地花分界,僧房竹引泉。”薛能《望蜀亭》:“树簇烟迷蜀国深,岭头分界恋登临。”❸接界;接连。《战国策·齐策三》:“三国之与秦壤界而患急,齐不与秦壤界而患缓。”姚宏注:“界,比也。”陈子昂《度峡口赠乔补阙知之王二无竞》:“峡口大漠南,横绝界中国。”白居易《渭村退居寄礼部崔侍郎翰林钱舍人诗一百韵》:“禁闼青交琐,宫垣紫界墙。”欧阳衮《神光寺》:“香刹悬青磴,飞楼界碧空。”❹分划。韦庄《天仙子》词之四:“恨重重,泪界莲腮两线红。”见“界道❶”。❺隔开。吴越后王钱俶《宫中作》:“界开日影怜窗纸,穿破苔痕恶笋芽。”❻临。靠近;对着。孙光宪《清平乐》词之二:“尽日目断魂飞,晚窗斜界残晖。”❼称某一种特殊的境域、境界。杜甫《观薛稷少保书画壁》:“画藏青莲界,书入金榜悬。”韦应物《同德寺雨后寄元侍御李博士》:“岧峣青莲界,萧条孤兴发。”元稹《和乐天赠云寂僧》:“欲离烦恼三千界,不在禅门八万条。”白居易《和微之诗二十三首·和除夜作》:“一落老病界,难逃生死墟。”

【界天】接天。极言高峻。杜甫《怀锦水居止二首》之二:“雪岭界天白,锦城曛日黄。”

【界限】不同事物的分界、区分。韩愈《喜雪献裴尚书》:“地空迷界限,砌满接高卑。”

【界破】划破。徐凝《庐山瀑布》:“今古长如白练飞,一条界破青山色。”

【界道】❶划为一道界限。武三思《秋日于天中寺寻复礼上人》:“金绳先界道,玉柄即谈空。”❷界限。刘禹锡《历阳书事七十韵》:“中流为界道,隔岸数飞甍。”

畋 〔tián《广韵》徒年切,平先,定。又堂練切,去霰,定。〕打猎。《文选·司马相如〈子虚赋〉》:“楚使子虚使于齐,王悉发车骑,与使者出畋。”郭璞注引司马彪曰:“畋,猎也。”武平一《奉和幸韦嗣立山庄侍宴应制》:"地若游汾水,畋疑历渭滨。"于邵《释奠武成王乐章·迎神》:"卜畋不从,兆发非熊。"殷尧藩《郊行逢社日》:"妻孥亲稼穑,老稚效渔畋。"马戴《校猎曲》:"楚子畋郊野,布罟笼天涯。"

【畋遊】 畋猎游乐。姚合《腊日猎》:"蜡节畋游非为己,莫惊刺史夜深归。"罗隐《中元甲子以辛丑驾幸蜀四首》之一:"已闻旰食思真将,会待畋游致假王。"韦庄有《观浙西府相畋游》。黄滔《寄少常卢同年》:"清溪莫沉钓,王者或畋游。"

【畋漁】 打猎和捕鱼。储光羲《田家杂兴八首》之二:"我情既浩荡,所乐在畋渔。"

【畋獵】 打猎。杜甫《投赠哥舒开府二十韵》:"轩墀曾宠鹤,畋猎旧非熊。"高适《同群公秋出猎海上》:"畋猎自古昔,况伊心赏俱。"元稹《捉捕歌》:"然后巡野田,遍张畋猎具。"

昀 〔yún《广韵》羊倫切,平諄,以。又相綸切,平淳,心。又詳遵切,平諄,邪。〕平坦貌。《文选·左思〈魏都赋〉》:"原隰昀昀,坟衍斥斥。"吕向注:"昀昀,平坦貌。"亦指平坦之地。元稹《代曲江老人百韵》:"南郊礼天地,东野辟原昀。"

五 画

畢 〔bì《广韵》卑吉切,去質,幫。〕❶统统;全部。杜甫《泛溪》:"童戏左右岸,罟弋毕提携。"息夫牧《冬夜宴萧十丈因饯殷郭二子西上》序:"月落匝户,夜将向晨,座隅谦谦,则知孔门宴饯,异于他日。"见"畢陳""畢備"。❷完成;结束。杨续《安德山池宴集》:"酒阑高宴毕,自反山之幽。"高适《赠别晋三处士》:"手持道经注已毕,心知内篇口不言。"耿湋《澮公院怀旧》:"远公传教毕,身没向他方。"严维《留别邹绍刘长卿》:"待见干戈毕,何妨更采薇。"❸竭尽。源光裕《祭汾阴乐章》:"斋敬毕诚,陶匏贵质。"张籍《南归》:"世道多险薄,相劝毕中诚。"❹星名。二十八宿之一,白虎七星的第五星。有星八颗,分布呈古代田猎用的毕网状,故称。古以为此星主兵主雨。白居易《夏旱》:"太阴不离毕,太岁仍在午。"又《偶然二首》之一:"月离于毕合滂沱,有时不雨何能测。"又《酬郑侍御多雨春空过诗三十韵》:"月行离毕急,龙走召云忙。"❺地名。见"畢原"。❻姓。唐诗人有毕耀等。

【畢大】 毕构。曾任录事,与陈子昂为友。陈子昂《春台引》注:"寒食集毕录事宅。"其《喜马参军相遇醉歌》序:"毕大拾遗、陆六侍御、崔议司、崔兵曹、鲜于晋、崔湎子、怀一道人,当知吾此评是实录也。"

【畢夕】 整夜。贾岛《重酬姚少府》:"深斋竹木合,毕夕风雨急。"

【畢太祝】 即毕耀。曜或作"燿"。大理正、工部郎中毕栩之子,曾官御史。见《元和姓纂》卷一〇"东平毕氏"。孟浩然有《家园卧疾毕太祝耀见寻》。

【畢四】 即毕耀。杜甫有《秦州见敕目薛三璩授司议郎毕四曜除监察与二子有故远喜迁官兼述索居凡三十韵》。

【畢世】 毕生;终生。方干《哭王大夫》:"从此心丧应毕世,岂算前生与后生。"王贞白《忆张处士》:"毕世唯高卧,无人说是非。"

【畢功】 完毕其事;完成。则天皇后《唐大飨拜洛乐章·昭和》:"奉成先旨,明台毕功。"卢仝《寄男抱孙》:"尚书当毕功,礼记速须剖。"吴融《祝风三十二韵》:"虽然遣毕功,萎约都无几。"

【畢同】 全同。《郊庙歌辞·周朝享乐章·福顺》:"蛮觞共献,臣心毕同。"

【畢事】 完毕其事。韩愈《答张彻》:"毕事驱传马,安居守窗萤。"

【畢卓】 晋人。曾任吏部郎。性旷达,嗜酒。曾人邻舍郎瓮间偷饮被缚,被释后又与主人宴饮于瓮侧,致醉而去。见《晋书·毕卓传》。王绩《戏题卜铺壁》:"旦逐刘伶去,宵随毕卓眠。"白居易《和微之诗二十三首·和新楼北园偶集》:"卧瓮鄙毕卓,落帽嗤孟嘉。"方干《袁明府以家醖寄余余以山梅答赠》:"毕卓醉狂潘氏少,倾来掷去恰相宜。"

【畢侍御】 即毕耀。钱起有《送毕侍御谪居》和《再得毕侍御书闻巴中卧病》。

【畢命】 ❶尽忠效命。韩愈《奉和武相公镇蜀时咏使宅韦太尉所养孔雀》:"坐蒙恩顾重,毕命守阶墀。"❷结束生命;丧生。李颀《登首阳山谒夷齐庙》:"毕命无怨色,成仁其若何。"李德裕《东郡怀古二首·阳给事》:"毕命在旗下,僵尸横道周。"皮日休《公斋四咏·小松》:"一日造明堂,为君当毕命。"

【畢郎中】 ❶疑为毕绍颜。毕诚子,登进士第,曾官刑部员外郎和左司员外郎。见《旧唐书·毕诚传》和《旧唐书·僖宗纪》。李洞有《赠长安毕郎中》。❷刘商。商曾官虞部郎中,官终检校兵部郎中。见《唐才子传》卷四。《语·时人为刘毕语》注:"刘商官为郎中,爱画松石树木,格性高迈。"

【畢星】 即毕宿,二十八宿之一。古人认为此星主兵主雨,故亦借指雨师。皮日休《苦雨杂言寄鲁望》:"乃知苦雨不复侵,枉费毕星无限力。"

【畢昴】 毕星和昴星,十八宿中的两宿。此二星秋日之晨出现于东方。李益《从军夜次六胡北饮马磨剑石为祝殇辞》:"满营战马嘶欲尽,毕昴不见胡天阴。"

【畢原】 地名。在今陕西西安、咸阳附近渭水云南北。韩愈《南山诗》:“前寻径杜墅,岔蔽毕原陋。”

【畢逋】 ❶鸟尾摆动貌。语出《后汉书·五行志一》:“桓帝之初,京都童谣曰:‘城上乌,尾毕甫,公为吏,子为徒。’”骆宾王《久戍边城有怀京邑》:“海鹤声嘹唳,城乌尾毕逋。”❷借指乌鸦。顾况《乌啼曲二首》之一:“毕逋拨刺月衔城,八九雏飞其母惊。”

【畢員外】 毕诚。宣宗即位,诚入为户部员外郎,分司东都,历驾部员外郎、仓部郎中。见《旧唐书·毕诚传》。许浑有《和毕员外雪中见寄》。

【畢陳】 俱陈。全都陈列或表现出来。魏征《五郊乐章·黄帝宫音》:“毕陈万舞,乃荐斯牲。”刘晃《举汾阴乐章》:“斋戒既肃,馨香毕陈。”

【畢乾泰】 唐诗人。瀛州任丘(今属河北)人。中宗时曾任左补阙。《全唐诗》卷一〇五录其《奉和九月九日登慈恩寺浮图应制》一首。

【畢庶子】 毕宏。宏曾官左庶子。见《历代名画记》卷十。张继有《褚主簿宅会毕庶子钱员外郎使君》。《语·时人为刘毕语》:“刘郎中松树孤标,毕庶子松根绝妙。”

【畢竟】 终究;说到底。王维《哭殷遥》:“人生能几何,毕竟归无形。”元稹《酬乐天秋兴见赠》:“毕竟百年同是梦,长年何异少何为。”李商隐《早起》:“莺花啼又笑,毕竟是谁春。”齐己《渚宫自勉二首》之二:“毕竟拟何求,随缘去住休。”

【畢娶】 《后汉书·逸民·向长传》载,向长(嵇康《高士传》作“尚长”)字子平,通《老》《易》,性中和,隐居不仕,子女婚嫁既毕,便离家出游,不知所终。后以“毕娶”作为替子女办完婚事后便隐居避世的典故。杜甫《西阁二首》之二:“毕娶何时竟,消中得自由。”钱起《酬陶六辞秩归旧居见柬》:“毕娶愿已果,养恬志宁违。”李德裕《思山居十首·忆种苽时》:“尚平方毕娶,疏广念归期。”

【畢婚嫁】 犹毕娶。办完子女婚事。意谓了却俗务,无牵无挂。元结《招陶别驾家阳华作》:“无或毕婚嫁,竟为俗务牵。”韩愈《县斋有怀》:“如今便可尔,何用毕婚嫁。”见“畢娶”。

【畢婚娶】 犹毕娶。吴筠《高士咏·向子平》:“一朝毕婚娶,五岳遂长适。”见“畢娶”。

【畢景】 (—yǐng)❶日影已尽;日落。高适《睢阳酬别畅大判官》:“留欢惜别离,毕景驻行镳。”杜甫《陪章留后惠义寺饯嘉州崔都督赴州》:“出尘闷轨躅,毕景遗炎蒸。”亦喻指人之暮年。杜甫《寄司马山人十二韵》:“望云悲轗轲,毕景羡冲融。”❷竟日;整天。孟浩然《题终南翠微寺空上人房》:“两心相喜得,毕景共谈笑。”

【畢備】 全都具备;完备。则天皇后《唐大飨拜洛乐章·禋和》:“奠享咸周,威仪毕备。”

【畢業】 谓事情完成。郑薰《赠巩畴》序:“及到官舍,再说《易》,一说《老氏》,将儿侄辈执卷列坐而传之,《老氏》毕业,而寇难作,与巩各散去,不知其何如。”

【畢趣】 尽兴。特指尽隐逸之兴。孟浩然《彭蠡湖中望庐山》:“寄言岩栖者,毕趣当来同。”

【畢給事】 (給 jǐ)毕宏。大历二年(17)为给事中,后改京兆少尹,为右庶子见《历代名画记》卷十。皇甫冉有《同韩给事观毕给事画松石》。

【畢曜】 唐人。曾官御史。见《旧唐书·敬羽传》。杜甫有《秦州见敕目薛三璩授司议郎毕四曜除监察三十韵》。曜,或作“耀”。钱起《白石枕》序:“起与监察御史毕公耀交之厚矣。”

【畢耀】 唐诗人。耀,亦作“曜”。开元二十八年(740)为太常寺太祝,天宝十三载(754)为东宫司经局正字,乾元二年(759)为监察御史。史谓其为酷吏。后流黔中而卒。《全唐诗》卷二五五录其《古意》等诗三首。

畛 〔zhěn《广韵》章忍切,上轸,章。又側鄰切,平真,莊。〕❶田间分界的小路。《诗·周颂·载芟》:“千耦其耘,徂隰徂畛。”孔颖达疏:“畛是地畔道路之名。”李贺《新夏歌》:“野家麦畦上新垄,长畛徘徊桑柘重。”❷界限。见“畛域”。

【畛域】 界限。权德舆《小言》:“醯鸡伺晨驾蚊翼,毫端棘刺分畛域。”

【畛陌】 泛指田间的道路。宋璟《奉和圣制同二相已下群官乐游园宴》:“醉归填畛陌,荣耀接轩裘。”

留 〔liú《广韵》力求切,平尤,來。〕❶停留;滞留;不移动。杜甫《留花门》:“花门既须留,原野转萧瑟。”白居易《酬令狐相公春日寻花见寄六韵》:“老应随日至,春肯为人留。”刘沧《题桃源处士山居留寄》:“一洞晓烟留水上,满庭春露落花初。”喻坦之《留别友人书斋》:“相见不相睽,一留日已西。”❷使不离开;挽留。崔融《留别杜审言并呈洛中旧游》:“年年春不待,处处酒相留。”卢纶《郊居对雨寄赵涓给事包佶郎中》:“繁枝留宿鸟,碎浪出寒鱼。”周匡物《自题读书堂》:“黄昏不欲留人宿,云起风生龙虎醒。”李频《临岐留别相知》:“难为此时别,欲别愿人留。”特指扣留。见“留縶”。❸留存;保存;遗留。杜甫《三绝句》之一:“群盗相随剧虎狼,食人更肯留妻子。”岑参《冬夜宿仙游寺南凉堂呈谦道人》:“箫声不可闻,此地留遗踪。”灵澈《送道虔上人游方》:“贯花留净室,咒水度空山。”❹留传;流布。李颀《宴陈十六楼》:“石上题诗处,千年留至今。”李德裕《春暮思平泉杂咏二十首·瀑泉亭》:“不如羊叔子,名与岘山留。”韦庄《渔塘十六韵》："路熟云中客，名留域外僧。"❺收受。杜甫《太子张舍人遗织成褥段》："留之惧不祥，施之混柴荆。"❻赠与；赠给。李商隐《题二首后重有戏赠任秀才》："虚为错刀留远客，枉缘书札损文鳞。"见"留枕"。

【留文】 汉留侯张良与文终侯萧何的合称。他们都是辅佐刘邦开创帝业的功臣。后遂用作咏功臣的典故。翁承赞《文明殿受封闽王》："吟寄短篇追往事，留文功业不寻常。"

【留爪】 指燕子。李峤《燕》："勿惊留爪去，犹冀识吴宫。"自注："《吴地记》：'吴宫剪燕爪留之，以记更来。'"

【留井】 留下水井。杜甫《一室》："应同王粲宅，留井岘山前。"

【留中】 （—zhōng）❶指留在朝中任职。戴叔伦《奉天酬别郑谏议云逵卢拾遗景亮见别之作》："拜阙奏良图，留中沃圣谟。"❷指将臣下上的奏章留置宫禁之中，不交办理。苏颋《故右舒国公褚公挽词》："审谕留中密，开陈与上言。"

【留心】 留意；关心；关注。范传正《范成君击洞阴磬》："注目看无见，留心记未精。"白居易《闲咏》："悠然两事外，无处更留心。"朱庆余《送饶州张使君》："务退唯当吟咏苦，留心曾不在生涯。"褚载《移石》："不是不堪为器用，都缘良匠未留心。"

【留巧】 留下智巧。古代民俗：妇女于七月七日夜间，向织女星乞求智巧。此夕，陈瓜果于庭中，若有小蜘蛛结网于瓜上，且其网圆正，以为得巧。见南朝梁宗懔《荆楚岁时记》。宋之问《七夕》："停梭借蟋蟀，留巧付蜘蛛。"

【留司】 唐人谓分司东都洛阳者为留司。高适《同河南李少尹毕员外宅夜饮时洛阳告捷遂作春酒歌》："去年留司在东京，今年复拜二千石。"张籍《寄令狐宾客》："留司未到龙楼下，拜表长怀玉案前。"

【留本】 谓留下底稿。章碣《癸卯岁毗陵登高会中贻同志》："长杨羽猎须留本，开济重为阙下期。"

【留灰】 谓节候未变。古代将葭灰置于律管内测定节候，新节气至，灰则自行由相应律管内飞出。太宗《度秋》："夏律昨留灰，秋箭今移晷。"

【留年】 延年。施肩吾《修仙词》："丹田自种留年药，玄谷长生续命芝。"

【留舌】 据《史记·张仪列传》载，张仪已学而游说诸侯。尝从楚相饮，已而楚相亡璧，门下意张仪，曰："仪贫无行，必此盗相君之璧。"共执张仪，掠笞数百，不服，释之。其妻曰："子毋读书游说，安得此辱乎？"张仪谓其妻曰："视吾舌尚在不？"其妻笑曰："舌尚在。"仪曰："足矣。"后用以为典。李白《赠范金卿二首》之一："只应自索漠，留舌示山妻。"

【留名】 ❶留下名字。刘兼《蜀都道中》："千载龟城终失守，一堆鬼录漫留名。"❷留下美名。高适《赠任华》："君不见管仲与鲍叔，至今留名名不移。"

【留守】 官名。古代帝王巡幸、出征时，以亲王或重臣镇守京师，处理政务，称为"京城留守"。其他行部、陪都亦有常设或间设留守者，多以地方长官兼任。汉高祖刘邦巡幸关东，吕后在京留守；东汉和帝南巡，以太尉张禹为京城留守，但均非正式命官。至北魏始为正式命官。以后各代沿置。王维有《送韦大夫东京留守》。韩愈《寄卢仝》："劝参留守谒大尹，言语才及辄掩耳。"刘禹锡《令狐相公自天平移镇太原以诗申贺》："北都留守将天兵，出入香街宿禁肩。"

【留守府】 行都、陪部留守办公的官署。窦庠有《留守府酬皇甫曙侍御弹琴之什》。详见"留守"。

【留步】 停步。上官昭容《游长宁公主流杯池二十五首》之六："莫怪留步，因攀桂丛。"宋之问《使过襄阳登凤林寺阁》："幽寻不可再，留步惜芳菲。"羊士谔《故萧尚书瘿柏斋前玉蕊树与王起居吏部孟员外同赏》："留步苍苔暗，停觞白日迟。"李郢《春日题山家》："丁香政堪结，留步小庭隈。"

【留别】 多指以诗文赠给分别的人作为纪念。杜牧《赠张祜》："数篇留别我，羞杀李将军。"孙逖有《春日留别》。刘长卿有《和州留别穆郎中》。李频有《留别山家》。

【留言】 留下的言论。李郢《读汉武内传》："一辞仙姥常昏醉，方朔留言尽记无？"

【留取】 留存。取，语助词。白居易《送陕府王大夫》："他时万一为交代，留取甘棠三两枝。"钱珝《江行无题一百首》之六一："晚荷人不折，留取作秋香。"

【留杯】 停杯，谓暂停饮酒。钱起《和刘明府宴县前山亭》："翔鸾欲下舞，上客且留杯。"

【留枕】 赠枕。三国魏曹植渡洛水，相传洛水神为宓妃，感宋玉对楚王神女之事，因作《洛神赋》。唐李善编《文选》为此赋体题解称此赋是曹植为甄后而作。言曹植渡洛水，思甄后。忽见甄后至，自云："我本托心君王，其心不遂，此枕是我在家时从嫁前与五官中郎将，今与君王，遂用荐枕席。"见《文选·曹植〈洛神赋〉》李善题解。李商隐《无题四首》之二："贾氏窥帘韩掾少，宓妃留枕魏王才。"

【留事】 积压的事务。严维《题鲍行军小阁》："宇下无留事，经营意独新。"

【留命】 留住寿命；延年。李商隐《海上》："直遣麻姑与搔背，可能留命待桑田。"

【留念】 留下作为纪念。杨衡《夷陵郡内叙别》："留念同心带，赠远芙蓉簪。"

【留務】 指留守所司之事务。许棠《送李员外知扬子州留务》:“帝命分留务,东南向楚天。”

【留盼】 留心观看。司马逸客《雅琴篇》:“匠者果留盼,雕斫为雅琴。”

【留思】 留念;怀念。陆龟蒙《新秋杂题六首·倚》:“橘下凝情香染巾,竹边留思露摇身。”

【留後】 官名。唐中晚期,藩镇强大,朝廷不能控制。节度使遇有事故,往往以子侄或亲信将吏代行职务,称为“节度留后”或“观察留后”。亦有军士、叛将自立为留后者。杜甫有《桃竹杖引赠章留后》。韩愈《汴州乱二首》之一:“健儿争夸杀留后,连屋累栋烧成灰。”

【留怨】 留下怨恨。刘沧《边思》:“蛾眉一没空留怨,青冢月明啼夜乌。”

【留客】 挽留客或招待客人。刘长卿《晦日陪辛大夫宴南亭》:“早莺留客醉,春日为人迟。”刘禹锡《酬窦员外郡斋宴客偶命柘枝因见寄兼呈张十一院长元九侍御》:“彩笔谕戎矜倚马,华堂留客看惊鸿。”皮日休《夏景无事因怀章来二上人二首》之一:“更无一事唯留客,却被高僧怕不来。”崔涂《江雨望花》:“细雨满江春水涨,好风留客野梅香。”

【留神】 ❶注意;关心。杜牧《河湟》:“元载相公曾借箸,宪宗皇帝亦留神。”吕岩《绝句》之二三:“生生世世常如此,争似留神养自身。”❷谓留下神灵。皮日休《太湖诗·包山祠》:“留神千万祀,永福吴封疆。”

【留茶】 留客喝茶。项斯《早春题湖上顾氏新居二首》之一:“劝酒客初醉,留茶僧未来。”

【留酌】 谓停下饮酒。张九龄《三月三日申王园亭宴集》:“藉草人留酌,衔花鸟赴群。”

【留寄】 谓把诗文留下赠人。刘沧有《题桃源处士山居留寄》。

【留侯】 ❶汉高祖刘邦的谋臣张良以功封留侯。张九龄《奉和圣制送尚书燕国公赴朔方》:“山甫归应疾,留侯功复成。”李嘉祐《故燕国相公挽歌二首》之一:“文若为全德,留侯是重名。”权德舆《送张仆射朝见毕归镇》:“今日汉庭求上略,留侯自有一编书。”司空图《偶作》:“留侯万户虽无分,病骨应消一片山。”❷留从效。南唐清源节度使。见《十国春秋·南唐·元宗纪》。詹敦仁有《余迁泉山城留侯招游郡圃作此》和《留侯受南唐节度使知郡事辟予为属以诗谢之》。

【留侯疾】 汉留侯张良“性多病,即道引不食谷,杜门不出岁余”。见《史记·留侯世家》。后以留侯疾为典,用以咏宰相病休。李德裕《余所居平泉村舍近蒙韦常侍大尹特改嘉名因寄诗以谢》:“未谢留侯疾,常怀仲蔚园。”

【留徐劍】 春秋时,吴季札出使过徐君,心许返回时将其所佩宝剑送给徐。待其返回,徐君已死。季札解其宝剑系之徐君冢树而去。见《史记·吴太伯世家》。后以“留徐剑”作为哀悼亡友之典。杜甫《哭李尚书》:“欲挂留徐剑,犹回忆戴船。”

【留家樹】 春秋时,吴季札出使过徐君,徐君喜爱季札所佩之剑。季札心许返回时相赠。待季札返回时,徐君已死。季札乃解其宝剑,系之徐君冢树而去。见《史记·吴太伯世家》。后用作咏剑之典。窦群《题剑》:“心许留家树,辞直断佞臣。”家,亦作“冢”。

【留宴】 留人饮宴。贾至《送耿副使归长沙》:“画舸欲南归,江亭且留宴。”

【留被】 东汉人姜季为姜肱弟,以孝友著称,兄弟常共被而眠。见《后汉书·姜肱传》。后以留被作为咏兄弟友爱之典。窦蒙《题弟臮述书赋后》:“季江留被在,子敬与琴亡。”

【留連】 ❶滞留;停留。柳宗元《南省转牒欲具江国图令尽通风俗故事》:“椎髻老人难借问,黄茆深峒敢留连。”白居易《舒员外游香山寺数日不归走笔寄长句以赠之》:“轩骑逶迟棹容与,留连三日不能回。”罗隐《送陆郎中赴阙》:“幕下留连两月强,炉边侍史旧焚香。”贯休《闻赤松舒道士下世》:“伊昔相寻远,留连几尽欢。”❷留恋;依依不舍。张九龄《奉和圣制谒玄元皇帝庙斋》:“吾君乃尊祖,夙驾此留连。”高适《途中酬李少府赠别之作》:“故人今卧疾,欲别不留连。”白居易《玉泉寺南三里涧下多深红踯躅题诗以示游者》:“宁辞辛苦行三里,更与留连饮两杯。”刘公兴《望凌烟阁》:“望中空霁景,骧首几留连。”引申为同情。顾况《弃妇词》:“余生欲有寄,谁肯相留连。”❸绵延;连续不断。杜甫《又送》:“细草留连侵坐软,残花怅望近人开。”刘禹锡《鱼复江中》:“客情浩荡逢乡语,诗意留连重物华。”殷尧藩《访许浑》:“为言肯共留连饮,涧有青芹罟有鱼。”黄损《出山吟》:“远近留连分岳色,别离呜咽乱泉声。”亦指连在一起。温庭筠《相和歌辞·张静婉采莲曲》:“船头折藕丝暗牵,藕根莲子相留连。”❹挽留。李白《子夜吴歌·春歌》:“蚕饥妾欲去,五马莫留连。”白居易《草词毕遇芍药初开偶成十六韵》:“有意留连我,无言怨思谁。”

【留眼】 谓留待以后目睹。杜甫《渝州候严六侍御不到先下峡》:“船经一柱观,留眼共登临。”

【留停】 停留;停止。韩愈《岳阳楼别窦司直》:“杯行无留停,高柱送清唱。”杨奇鲲《途中诗》:“此际自然无限趣,王程不敢暂留停。”

【留得】 留有。李商隐《宿骆氏亭寄怀崔雍崔衮》:“秋阴不散霜飞晚,留得枯荷听雨声。”

【留從効】 五代人。南唐围福州,自领漳、泉二州,李璟授从效清源节度使。见《十国春秋》本传。詹敦仁有《复留侯从效问南汉刘岩改名龑字音义》。

【留情】　❶留意；关注。杜牧《寄题甘露寺北轩》："曾向蓬莱宫里行，北轩阑槛最留情。"❷倾心；留注情意。李白《于五松山赠南陵常赞府》："愿君同心人，于我少留情。"皮日休《太湖诗·圣姑庙》："云雨竟不生，留情在何处。"罗虬《比红儿诗》之十四："若教瞥见红儿貌，不肯留情付洛神。"徐铉《题画石山》："返驾归尘里，留情向此中。"

【留眷】　留恋；眷念。储光羲《苏十三瞻登玉泉寺峰入寺中见赠作》："恩心幸自忘，点翰仍留眷。"

【留淚】　长留的泪水。李商隐《景阳宫井双桐》："翠襦不禁绽，留泪啼天眼。"

【留宿】　(—sù)留下住宿或留人住宿。朱庆余《重过惟贞上人院》："香阁闲留宿，晴阶暖共行。"许浑《题邹处士隐居》："相逢亦留宿，还似识王孙。"贾岛《题青龙寺镜公房》："一夕曾留宿，终南摇落时。"王维有《喜祖三至留宿》。

【留髡】　用战国齐谋士淳于髡事。《史记·滑稽列传》载，淳于髡谓齐威王，饮一斗亦醉，饮一石亦醉。谓："日暮酒阑……主人留髡而送客。罗襦襟解，微闻芗泽，当此之时，髡心最欢，能饮一石。"后以"留髡"作为留客之典。裴度《度自到洛中与乐天为文酒之会联句》："忆戴何劳访，留髡不用猜。"自注："宴席上，老夫暂起，乐天密坐不动足。"刘禹锡《武陵书怀五十韵》："筑台先自隗，送岁独留髡。"陈陶《赠别离》："杨柳听歌莫向隅，鸡鸣一石留髡醉。"

【留棠】　棠即甘棠。《诗·召南》有《甘棠》篇。周武王时，召公姬奭为西伯，有善政。相传，他曾憩于甘棠树下，故诗人作《甘棠》以美之。见《诗·召南·甘棠序》和《左传·昭公二年》"遂赋《甘棠》"杜预注。后以"留棠"作为称颂善政之典。张九龄《酬宋使君见赠之作》："政有留棠旧，风因继组成。"

【留傳】　(—chuán)流布；传开。留，通"流"。白居易《送姚杭州赴任因思旧游二首》之二："故妓数人凭问讯，新诗两首倩留传。"孙偓《答门生王涣李德邻赵光胤王拯长句》："何事老夫犹赋咏，欲将酬和永留传。"

【留劍贈徐君】　谓春秋时吴季札留剑系于徐君冢树事。见《史记·吴太伯世家》。后用以作为哀悼亡友之典。刘长卿《哭魏兼遂》："泛舟悲向子，留剑赠徐君。"见"留家樹"。

【留意】　留心；关注。杜甫《寄司马山人十二韵》："道术曾留意，先生早击蒙。"白居易《和微之诗二十三首·和知非》："与君次第言，为我少留意。"又《与裴华州同过敷水戏赠》："每过桑间试留意，何妨后代有罗敷。"成文干《杨柳枝》："阳和若不先留意，这个柔条争奈何？"

【留臺】　帝王离京时奉命留守京师之官员及其官署。因古称禁城为台城，故称。唐时在陪都、行在所设留守之官，亦称"留台"。张说《酬崔光禄冬日述怀赠答》："留台少人务，方驾递寻追。"

【留語】　留下话语。李商隐《安平公诗》："华州留语晓至暮，高声喝吏放两衙。"

【留滯】　❶停留；羁留。王勃《别人四首》之四："客子常畏人，为何久留滞。"孟浩然《湖中旅泊寄阎九司户防》："长沙饶瘴疠，胡为苦留滞。"王建《荆门行》："壮年留滞尚思家，况复白头在天涯。"齐己《还族弟卷》："闲斋舒复卷，留滞忽经旬。"亦指水结冰而不流动。黄滔《和吴学士对春雪献韦令公次韵》："奔川半留滞，叠树互玲珑。"❷谓身处困境。孙逖《送苏郎中绾出佐荆州》："神仙久留滞，清切伫飞翻。"储光羲《田家杂兴八首》之五："去家行卖畚，留滞南阳郭。"杜甫《引水》："人生留滞生理难，斗水何直百忧宽。"

【留賓】　留客。汉陈尊豪饮好客，每逢大饮，必取客人车辖投置井中，使其不能中途离去。事见《史记·游侠列传》。杜审言《春日京中有怀》："公子南桥应尽兴，将军西第几留宾。"

【留賓驛】　《汉书·郑当时传》："每五日洗沐，常置驿马长安诸交，请谢宾客，夜以继日。"后以"留宾驿"作为好客之典。李商隐《过故崔兖海宅与崔明秀才话旧因寄旧僚杜赵李三掾》："共入留宾驿，俱分市骏金。"

【留醉】　谓留下饮酒。李白《流夜郎至江夏陪长史叔及薛明府宴兴德寺南阁》："恭陪竹林宴，留醉与陶公。"芮挺章《少年行》："建章明月好，留醉伴风烟。"

【留影】　留下影子或形迹。窦常《谒诸葛武侯庙》："人同过隙无留影，石在穷沙尚启行。"刘沧《题吴宫苑》："残春碧树自留影，半夜子规何处声。"

【留興】　(—xìng)留下兴趣。李嘉祐《同皇甫冉赴官留别灵一上人》："对物虽留兴，观空已悟身。"

【留題】　题咏以留别或留念。皮日休有《秋晚留题鲁望郊居二首》。伊用昌有《留题阁皂观》。

【留觴】　停下来饮酒。韦元旦《奉和圣制春日幸望春宫应制》："侍跸妍歌临灞涘，留觞艳舞出京华。"

【留礙】　阻碍。王昌龄《宿灞上寄侍御玙弟》："道契非物理，神交无留碍。"

【留贈】　留下物品或诗文赠人。裴耀卿有《敬酬张九龄当涂界留赠之作》。王昌龄《别陶副使归南海》："宝刀留赠长相忆，当取戈船万户侯。"李商隐有《留赠畏之》。无名氏有《留赠偃师主人》(卷七八五)诗。

【留辭】　谓留下诗文告别。许棠有《东归留辞沈侍郎》。

【留犢】　喻为官清廉。李绅《闻里谣效古歌》：

“春日迟迟驱五马，留犊投钱以为谢。”

【留繫】　拘押；拘留。刘长卿有《罪所留系寄张十四》。

【留鞾】　留下靴子。李商隐《安平公诗》：“长者子来辄献盖，辟支佛去空留靴。”

【留顧】　留盼，即留意观看。刘昚虚《积雪为小山》：“不随迟日尽，留顾岁华间。”

【留聽】　留心听取。白居易《和答诗十首·答箭镞》：“寄言控弦者，愿君少留听。”

【留歡】　留客欢宴。蔡希寂《登福先寺上方然公禅室》：“晚来恣偃俯，茶果仍留欢。”刘长卿《题冤句宋少府厅留别》：“留欢殊自惬，去念能为累。”白居易《和刘汝州酬侍中见寄长句因书集贤坊胜事戏而问之》：“朱门陪宴多投辖，青眼留欢任吐茵。”罗隐《寄前宣州窦常侍》：“往年西谒谢玄晖，樽酒留欢醉始归。”

【留戀】　依恋；恋恋不舍。韩愈《感春五首》之五：“迎繁送谢别有意，谁肯留恋少环回。”白居易《早春忆苏州寄梦得》：“诚知欢乐堪留恋，其奈离乡已四年。”徐铉《清日人清远峡作》：“殷勤清远峡，留恋北归人。”又《柳枝词十首》：“龙舟欲过偏留恋，万缕轻丝拂御桥。”

【留豔】　指留下艳丽的花。郑惟忠《送苏尚书》：“庭花如有意，留艳待人开。”

畝

〔mǔ《广韵》莫厚切，上厚，明。〕❶面积单位，市亩的通称。周六尺（或曰六尺四寸、八尺）为步，百步为亩。秦以五尺为步，二百四十步为亩。唐以广一步、长二百四十步为亩。王维《送丘为落第归江东》：“五湖三亩宅，万里一归人。”钱起《题樊川杜相公别业》：“数亩园林好，人知贤相家。”何扶《送阆州妓人归老》：“十亩稻香新绿野，一声歌断旧青楼。”张蠙《和崔监丞春游郑仆射东园》：“不离三亩地，似入万重山。”❷泛称农田、田地。张聿《余瑞麦》：“两岐分更合，异亩颖仍连。”广宣《寺中柿树一蒂四颗咏应制》：“珍木生奇亩，低枝拂梵宫。”陆龟蒙《五歌·刘获》：“自春徂秋天弗雨，廉廉早稻才遮亩。”韦庄《题汧阳县马跑泉李学士别业》：“西园夜雨红樱熟，南亩清风白稻肥。”

【畝澮】　田间小沟。泛指溪流。徐浩《谒禹庙》：“亩浍敷四海，川源涤九州。”

畜[1]

〔chù《广韵》許竹切，入屋，曉。又丑救切，去宥，徹。《集韵》勑六切，入屋，徹。〕人饲养的禽兽。《礼记·曲礼下》：“问庶人之富，数畜以对。”孔颖达疏：“数畜以对者，谓鸡豚之属。”见“畜類”。

畜[2]

〔xù《广韵》許竹切，入屋，曉。〕❶饲养。《易·离》：“亨，畜牝牛吉。”孔颖达疏：“畜养牝牛乃得其吉。”韦应物《述园鹿》：“野性本难畜，玩习亦逾年。”李德裕《惠泉》：“兹泉由太洁，终不畜纤鳞。”❷养育；抚养。《诗·豳风·日月》：“父兮母兮，畜我不卒。”朱熹集传：“畜，养……叹父母养我之不终。”无名氏《五言白话诗》之十六（外编下）：“狼多羊数少，莫畜恶儿子。”陆龟蒙《丁隐君歌》序：“隐君，姓丁氏，字翰之……别业在深山中，非得得行不可适。到其下，畜妻子，事耕稼，如常人。”❸积蓄；怀藏。赵冬曦《灉湖作》：“三湖返入两山间，畜作灉湖弯复弯。”王建《伤邻家鹦鹉词》：“舌关哑咽畜哀怨，开笼放飞离人眼。”尚能《中秋旅怀》：“所畜惟骚雅，兼之得固穷。”

【畜₂伏】　潜伏。卢仝《孟夫子生生亭赋》：“南国风涛，鱼龙畜伏。”

【畜₂私】　积存属于自己的钱物。王梵志《诗》之一：“财物同□□，口中莫畜私。”

【畜₂恨】　积恨。善生《旅中答喻军事向客情》：“畜恨霜侵鬓，搜诗病入神。”

【畜眼】　犹老眼。杜甫《遭田父泥饮美严中丞》：“酒酣夸新尹，畜眼未见有。”

【畜₂養】　抚养；养育。韩愈《元和圣德诗》：“天生皇帝，为天下主，并包畜养，无异细钜。”

【畜類】　禽兽之类。吕岩《敲爻歌》：“三清路上少人行，畜类门前争入去。”

畔

〔pàn《广韵》薄半切，去换，並。〕❶界限；边际。《国语·周语上》：“修其疆畔，日服其鎛，不解于时。”韦昭注：“畔，疆界也。”李绅《泛五湖》：“浴日荡层空，浮天淼无畔。”❷旁边；边侧。孟浩然《陪张丞相登荆城楼因寄蓟州张使君及浪泊戍主刘家》：“蓟门天北畔，铜柱日南端。”刘禹锡《酬乐天扬州初逢席上见赠》：“沉舟侧畔千帆过，病树前头万木春。”张萧远《观灯》：“星宿别从天畔出，莲花不向水中芳。”唐求《题友人寓居》：“何处一声金磬发，古松南畔有僧家。”❸通“叛”。离别。见“畔牢愁”。

【畔牢愁】　汉扬雄所作辞赋篇名，已佚。《汉书·扬雄传上》：“又旁《惜诵》以下至《怀沙》一卷，名曰《畔牢愁》。”颜师古注引李奇曰：“畔，离也。牢，聊也。与君相离，愁而无聊也。”后借指离愁之作。武元衡《闻相公三兄小园置宴以元衡寓直因寄上兼呈中书三兄》：“位高天禄阁，词异畔牢愁。”刘禹锡《和苏郎中寻丰安里旧居寄主客张郎中》：“旧隐来寻通德里，新篇写出畔牢愁。”李商隐《拟意》：“书成祓禊帖，唱杀畔牢愁。”

畚 〔běn《广韵》布忖切，上混，幫。〕❶畚箕。用草绳或竹篾编织的盛物器具。储光羲《田家杂兴八首》之五："去家行卖畚，留滞南阳郭。"王昌龄《咏史》："荷畚至洛阳，杖策游北门。"卢肇《汉堤诗》："则及乃身，具锸与畚。"苏拯《长城》："运畚力不禁，碎身砂碛里。"❷用畚箕装载。元结《演兴四首·讼木魅》："且欲畚三河之膏壤，裨济水之清涟。"见"畚土"。❸量词。用于可以畚计量之物。韩愈《嘲鼾睡》之二："何能堙其源，惟有土一畚。"

【畚土】 用畚箕搬装泥土。刘禹锡《庙庭偃松诗》序："公以遂物性为意，乃加怜焉，命畚土以壮其趾，使无攲。"

【畚插】 见"畚鍤"。

【畚築】 盛土和捣土的工具。高适《自淇涉黄河途中作十三首》之十："畚筑岂无谋，祈祷如有神。"

【畚鍤】 亦作"畚插"。畚，盛土器；锸，起土器。泛称挖运泥土的器具。亦指用畚和锸挖运泥土。亦借指土建之事。李端《赠康洽》："借问朦胧花树下，谁家畚插筑高台。"柳宗元《掩役夫张进骸》："畚锸载埋瘗，沟渎护其危。"李绅《禹庙》："削平水土穷沧海，畚锸东南尽会稽。"陆龟蒙《引泉诗》："呼童具畚锸，立凿莓苔穿。"

六 画

畦 〔qí《广韵》户圭切，平齊，匣。〕❶古地积单位。通常为五十亩。《庄子·天地》："〔子贡〕见丈人方将为圃畦。"释德明释文："李云：'埒中曰畦。'《说文》云：'五十亩曰畦。'"《史记·货殖列传》："若千亩卮茜，千畦姜韭，此其人皆与千户侯等。"司马贞索隐引刘熙曰："今俗以二十五亩为小畦，五十亩为大畦。"亦用作田地的量词，计算长条田块。高适《宋中遇林虑杨十七山人因而有别》："秋韭何青青，药苗数百畦。"秦系《耶溪书怀寄刘长卿员外》："云色卷舒前后岭，药苗新旧两三畦。"白居易《村居卧病三首》之三："种薤二十畦，秋来欲堪刈。"林宽《和周繇校书先辈省中寓直》："衰藓墙千堵，微阳菊半畦。"❷有一定界限的长条田块。亦泛称田地，田园。《楚辞·招魂》："倚沼畦瀛兮，遥望博。"王逸注："畦，犹区。"岑参《郡斋平望江山》："庭树纯栽橘，园畦半种茶。"李贺《新夏歌》："野家麦畦上新垄，长畛裴回桑柘重。"白居易《新构亭台示诸弟侄》："仰摘枝上果，俯折畦中葵。"韦庄《虢州涧东村居作》："试望家田还自适，满畦秋水稻苗平。"❸田界。见"畦畛"。❹分畦种植。《楚辞·离骚》："畦留夷与揭车兮，杂杜与芳芷。"朱熹集注："畦，陇种也。"杜甫《种莴苣》："堂下可以畦，呼童对经始。"

【畦丁】 园丁。杜甫《驱竖子摘苍耳》："畦丁告劳苦，无以供日夕。"又《园官送菜》："畦丁负笼至，感动百虑端。"

【畦封】 界限。引申为约束。司空图《诗品二十四则·高古》："虚伫神素，脱然畦封。"

【畦苗】 田中禾苗。杜牧《题池州弄水亭》："塍泉落环佩，畦苗差纂组。"

【畦畛】 田间的界道。引申为界限、隔阂。韩愈《赠崔立之评事》："高士例顺怜曲蘖，丈夫终莫生畦畛。"

【畦蔬】 园中蔬菜。杜甫《秋日阮隐居致薤三十束》："隐者柴门内，畦蔬绕舍秋。"又《园》："畦蔬绕茅屋，自足媚盘餐。"

【畦壠】 亦作"畦隴"。田垄，田地中成行种植的土埂。戴叔伦《女耕田行》："疏通畦陇防乱苗，整顿沟塍待时雨。"李玖《喷玉泉冥会诗八首·白衣叟喷玉泉感旧游书怀》："鼠穿月榭荆榛合，草掩花园畦垄平。"

【畦隴】 见"畦壠"。

畤 〔zhì《广韵》直里切，上止，澄。又諸市切，上止，章。又時止切，上止，禪。〕古时帝王祭祀天地五帝之所。储光羲《射雉词》："超遥下故墟，迢递回高畤。"耿湋《旅次汉故畤》："我行过汉畤，寥落见孤城。"《郊庙歌辞·明皇祀圆丘乐·寿和》："崇崇泰畤，肃肃严禋。"温庭筠《感旧陈情五十韵献淮南李仆射》："闲宵陪雍畤，清暑在甘泉。"

異 〔yì《广韵》羊吏切，去志，以。〕❶区别；分开。《礼记·乐记》："乐者为同，礼者为异。"郑玄注："异谓别贵贱。"李白《感兴六首》之六："农夫既不异，孤穗将安归。"❷不相同；不同于。李峤《熊》："莫言舒紫褥，犹异饮清泉。"戴叔伦《暮春感怀》之一："落花飞絮成春梦，剩水残山异昔游。"李涉《寄河阳从事杨潜》："鱼游鸟逝两虽异，彼此各有遂生心。"李郢《秋晚寄题陆勋校书义兴禅居时淮南从事》："禅居秋草晚，萧索异前时。"❸其他；别的。见"異族""異鄉""異縣"。❹背叛的；邪道的。见"異心""異端"。❺以往；以前。见"異日❶""異代❸"。❻以后；将来。见"異日❷""異代❶""異時❸"。❼惊异；诧异。曹邺《杏园即席上同年》："忽忽出九衢，僮仆颜色异。"❽奇特的；不寻常的。《诗·邶风·静女》："自牧归荑，洵美且异。"高亨注："异，出奇。"杜审言《登襄阳城》："习池风景异，归路满尘埃。"李益《罢秩后入华山采茯苓逢道者》："取之砂石间，异若龟鹤形。"白居易《与诸客空腹饮》："醉后歌尤异，狂来舞不难。"李德裕《洛中士君子多以平泉见呼奉寄刘宾客》："才异居东里，愚因在北山。"

【異人】 ❶不寻常的人；有异才的人。顾非熊《送内乡张主簿赴任》："混俗故来分利禄，不教长作异人看。"伍乔《送江少府授延陵后寄》："莫因官小慵之任，自古鸾栖有异人。"欧阳炯《题景焕画应天寺壁天王歌》："谁知未满三十载，或有异人来间生。"❷异乡之人。董初《昭君怨》："举眼无相识，路逢皆异人。"❸神异之人。李涉《与弟渤新罗剑歌》："我有神剑异人与，暗中往往精灵语。"萧祜《游石堂观》："荫松散发逢异人，寂寞旷然口不言。"杨发《南溪书院》："曾逢异人说，风景似桃源。"张乔《谷口作》："晴朝采药寻源去，必恐云深见异人。"

【異才】 特殊的才能。王湾《哭补阙亡友綦毋学士》："明代资多士，儒林得异才。"杜甫《别蔡十四著作》："异才复间出，周道日惟新。"陆龟蒙《补沈恭子诗》："异才偶绝境，佳藻穷冥搜。"

【異王】 谓非刘氏而王者。汉高祖定天下，功臣异姓而王者八国，史称"异姓王"。杜甫《八哀诗·故司徒李公光弼》："异王册崇勋，小敌信所怯。"自注："异王，异姓封王也。宝应元年五月，光弼进封临淮郡王。"

【異世】 不同的时代。白元鉴《书楼》："怀贤惊异世，抚事感流年。"

【異日】 ❶从前；往昔。刘禹锡《含辉洞述》："卒使兹境贵于异日，岂地爱其宝，有时而发耶？"❷来日；以后。皮日休《谏议以罢郡将归以六韵赐示因伫酬献》："空将千感泪，异日拜黄扉。"许彬《湘江》："异日谁为侣，逍遥耕钓群。"王仁裕《示诸门生》："衰翁渐老儿孙小，异日知谁略有情。"

【異方】 ❶异域；异国。亦指他乡、外地。杜审言《送高郎中北使》："马衔边地雪，衣染异方尘。"杜甫《江亭送眉州辛别驾升之》："异方惊会面，终宴惜征途。"孟郊《赠黔府王中丞楚》："我愿中国春，化从异方生。"李商隐《夜饮》："卜夜容衰鬓，开筵属异方。"❷不同地方。杜甫《遣兴五首》之三："我今日夜忧，诸弟各异方。"

【異心】 二心；叛离之心。李白《白头吟》："相如作赋得黄金，丈夫好新多异心。"沈彬《纪事》："九衢冠盖暗争路，四海干戈多异心。"

【異石】 奇石。杜甫《发秦州》："溪谷无异石，塞田始微收。"

【異代】 ❶后代，后世。杨汝士《和宗人尚书嗣复祠祭武侯毕题临淮公旧碑》："一过荣异代，三顾盛当时。"李频《赋得长城斑竹杖》："异代余根在，幽人得手持。"郑谷《闻进士许彬罢举归睦州怅然怀寄》："异代名方振，哀吟莫废初。"齐己《寄哭西川坛长广济大师》："有谁于异代，弹指礼遗尘。"亦指后代之人。李咸用《览文僧卷》："虽无先圣耳，异代得闻《韶》。"❷不同时代；不同世代。杜甫《咏怀古迹五首》之二："怅望千秋一洒泪，萧条异代不同时。"羊士谔《玩槿花》："风流感异代，窈窕比同车。"白居易《寄唐生》："唐生今亦哭，异代同其悲。"李商隐《过郑广文旧居》："可怜留著临江宅，异代应教庾信居。"❸前代；前世。周繇《经故宅有感》："异代图书藏几箧，倾城罗绮散谁家。"

【異地】 ❶他乡；异乡。马戴《岐阳逢曲阳故人话旧》："异地还相见，平生问可知。"李咸用《春日喜逢乡人刘松》："故人不见五春风，异地相逢岳影中。"❷别处；在不同的地方。卢殷《妾换马》："同年辞旧宠，异地受新恩。"

【異布】 奇异的布。指火浣布。据传周穆王征西戎，得火浣布，入火不化。见《列子·汤问》。元稹《酬刘猛见送》："神剑土不蚀，异布火不焦。"

【異同】 不同；不一致。韩愈《杏花》："二年流窜出岭外，所见草木多异同。"方干《哭江西处士陈陶》："南华至理须齐物，生死即应无异同。"罗隐《巫山高》："人生对面犹异同，况在千岩万壑中。"

【異名】 名称不同。韩愈《初南食贻元十八协律》："蛤即是虾蟆，同实浪异名。"白居易《寄唐生》："歌哭虽异名，所感则同归。"

【異更】 (—gēng)不同和改变。张籍《祭退之》："到今三十年，曾不少异更。"

【異花】 奇异的花。沈传师《赠毛仙翁》："更说桃源更深处，异花长占四时天。"赵嘏《咏端正春树》："一树繁阴先著名，异花奇叶俨天成。"林嵩《赠天台王处士》："映宇异花丛发好，穿松孤鹤一声幽。"孟贯《送人归别业》："门径掩芳草，园林落异花。"

【異花奇木】 奇异的花木。李九龄《题灵泉寺》："入谷先生一阵香，异花奇木簇禅堂。"

【異事】 ❶不平常的事。姚合《游春十二首》之五："疏顽无异事，随例但添年。"❷奇怪的事。皮日休《太湖诗·崦里》："洞庭取异事，包山极幽景。"王元《题邓真人遗址》："近代无人寻异事，野泉喷月泻秋池。"

【異奇】 特别。任华《寄杜拾遗》："昨日有人诵得数篇黄绢词，吾怪异奇特借问，果然称是杜二之所为。"

【異味】 异常的美味。杜甫《李监宅》："且食双鱼美，谁看异味重。"又《阌乡姜七少府设脍戏赠长歌》："新欢便饱姜侯德，清觞异味情屡极。"白居易《禽虫十二章》序："微之、梦得尝云：'此乃九奏中新声，八珍中异味也。有旨哉，有旨哉！"无名氏《分柑子歌示诸小》(外编下)："精衣粝食尽须一，何光异味兼时新。"

【異果】 奇异的果子。白居易《宿张云举院》："美酝香醪嫩，时新异果鲜。"皮日休《奉和鲁望四明山九题·青棂子》："山风熟异果，应是供真仙。"王毂《梦仙谣三首》之三："瑶台绛节游皆遍，异果奇花香扑面。"

【異物】 ❶奇怪的东西。杜甫《沙苑行》："岂知异物同精气，虽未成龙亦有神。"韩愈《送文畅师北游》："征租聚异物，诡制怛中袜。"❷指已死之人。孟浩然《过景空寺故融公兰若》："故人成异物，过客独潸然。"杜甫《北征》："遂令半秦民，残害为异物。"白居易《哭崔儿》："岂料汝先为异物，常忧吾不见成人。"贯休《古意九首》之八："贺老成异物，颠狂谁敢和。"

【異居】 分居；分家。王梵志《诗》之三："兄弟相怜爱，同生莫异居。"

【異狀】 ❶不同的形状或情态。皇甫冉《同韩给事观毕给事画松石》："千条万叶纷异状，虎伏螭盘争劲力。"杜甫《次晚洲》："晚洲适知名，秀色固异状。"杜牧《题池州弄水亭》："四时皆异状，终日为良遇。"❷奇异的形状。杜甫《石研诗》："巨璞禹凿余，异状君独见。"姚合《题贞女祠》："水石生异状，杉松无病枝。"

【異姓王】 非与皇室同姓而受封为王者。杜甫《承闻河北诸道节度入朝欢喜口号绝句十二首》之十二："神灵汉代中兴主，功业汾阳异姓王。"皎然《戏作》："乞我百万金，封我异姓王。"韦庄《和郑拾遗秋日感事一百韵》："遍命登坛将，巡封异姓王。"见"異王"。

【異政】 优异的政绩。姚合《送裴大夫赴亳州》："异政承殊泽，应为天下先。"

【異門】 门径不同。谓差别甚大。无名氏《海阳湖》(《全唐诗逸》卷下)："外望虽异门，中间不相隔。"

【異香】 ❶气味异常浓烈的香料。陆龟蒙《樵人十咏·樵火》："或似坐奇兽，或如焚异香。"❷异常的香味。张九龄《登南岳事毕谒司马道士》："绝迹寻一径，异香闻数里。"崔国辅《宿法华寺》："壁画感灵迹，龛经传异香。"曹著《曲江亭望慈恩寺香园花发》："异香飘九陌，丽色映千门。"王贞白《白牡丹》："异香开玉合，轻粉泥银盘。"

【異俗】 ❶风俗不同。孟郊《遣兴联句》："四方各异俗，适异非所将。"薛能《升平词十首》之五："车书无异俗，甲子并丰年。"❷异域；荒僻地区。杜甫《东屯北崦》："盗贼浮生困，诛求异俗贫。"皇甫冉《送归中丞使新罗》："异俗知文教，通儒有令名。"元稹《和李校书新题乐府十二首·骠国乐》："共矜异俗同声教，不念齐民方荐瘥。"顾非熊《送于中丞入回鹘》："朝衣惊异俗，牙帐见新正。"

【異風】 奇异的风。丁仙芝《剡溪馆闻笛》："虚然异风出，仿佛宿平阳。"

【異音】 不同的音乐。胡直钧《太常观阅骠国新乐》："异音来骠国，初被奉常人。"

【異客】 作客他乡的人。王维《九月九日忆山东兄弟》："独在异乡为异客，每逢佳节倍思亲。"

【異草奇花】 奇异的花草。智亮《戴云山吟》："异草奇花人不识，一池分作九条溪。"

【異茗】 奇异的茶。黄滔《宿李少府园林》："尝频异茗尘心净，议罢名山竹影移。"

【異時】 ❶不同时候。张九龄《九月九日登龙山》："夷险虽异时，古今岂殊状。"石贯《和主司王起》："绛帐青衿同日贵，春兰秋菊异时荣。"❷他时，以后。杜甫《春日江村五首》之五："异时怀二子，春日复含情。"

【異恩】 特别的恩宠。韩偓《锡宴日作》："才有异恩颁稷契，已将优礼及邹枚。"

【異骨】 不同于凡人的骨骼。多谓圣君贤相或神仙的形貌品格。杜甫《哭王彭州抡》："新文生沈谢，异骨降松乔。"

【異流】 ❶水分开流动。白居易《和答诗十首·和分水岭》："同出而异流，君看何所似。"❷异途；不同的道路。郑世翼《登北邙还望京洛》："胥徒各异流，文物纷殊状。"

【異能】 杰出的才能。林宽《送人宰浦城》："岁尽校殊最，方当见异能。"

【異域】 ❶他乡；外地。亦指边远之地。岑参《首秋轮台》："异域阴山外，孤城雪海边。"杜甫《寄贺兰铦》："勿云俱异域，饮啄几回同。"柳宗元《寄韦珩》："回眸炫晃别群玉，独赴异域穿蓬蒿。"顾非熊《出塞即事二首》之二："回望风光成异域，谁能献计复河湟。"❷外国或外族。刘长卿《同崔载华赠日本聘使》："怜君异域朝周远，积水连天何处通。"许棠《送徐侍御充南诏判官》："彤庭传圣旨，异域化戎情。"聂夷中《行路难》："谓言骨肉亲，中门如异域。"王卓《观北番谒庙》："圣恩覃布濩，异域献精诚。"❸谓相隔辽远的两地。宋之问《早发大庾岭》："兄弟远沦居，妻子成异域。"

【異教】 (—jiào)指佛教。韩愈《华山女》："华山女儿家奉道，欲驱异教归仙灵。"

【異常】 不同寻常。陈去疾《赋得骐骥长鸣》："骐骥忻知己，嘶鸣忽异常。"刘沧《秋日夜怀》："如何节候变容发，明镜一看愁异常。"孙鲂《又题牡丹上主人司空》："一年芳胜一年芳，爱重贤侯意异常。"

【異異】 大不相同。元稹《遣病》："为生信异异，之死同冥冥。"

【異國】 外地；他乡。钱起《江陵晦日陪诸官泛舟》："尊酒平生意，烟花异国春。"牟融《司马迁墓》："一代高风留异国，百年遗迹剩残碑。"于武陵《客中》：

"异国久为客，寒宵频梦归。"韦庄《遣兴》："异国清明节，空江寂寞春。"

【異術】 奇异的策略或办法。方干《越中言事二首》之一："异术闲和合圣明，湖光浩气共澄清。"杜荀鹤《送人宰吴县》："字人无异术，至论不如清。"郑谷《奔问三峰寓止近墅》："兵革未休无异术，不知何以受君恩。"

【異彩】 异常鲜艳的色彩。白居易《新乐府·缭绫》："异彩奇文相隐映，转侧看花花不定。"陈中师《瑕瑜不相掩》："妍媸因异彩，音韵信殊风。"

【異族】 族类不同。白居易《咏兴五首·四月池水满》："人鱼虽异族，其乐归于一。"

【異産】 非本国所产。卢征《天骥呈材》："异产应尧年，龙媒顺制牵。"

【異勝】 (—shèng)异常优美的山水或古迹。方干有《叙钱塘异胜》。

【異鄉】 他乡；外地。王维《九月九日忆山东兄弟》："独在异乡为异客，每逢佳节倍思亲。"刘禹锡《元日感怀》："异乡无旧识，车马到门稀。"张祜《题于越亭》："肠断中秋正圆月，夜来谁唱异乡歌。"崔涂《巴山道中除夜书怀》："乱山残雪夜，孤烛异乡春。"

【異瑞】 异常的吉兆。亦指象征吉利的珍物。杜甫《洗兵马》："寸地尺天皆入贡，奇祥异瑞争来送。"刘叉《冰柱》："不为醴泉与甘露，使名异瑞世俗夸。"

【異跡】 ❶不同的行为、行迹。玄宗《王屋山送道士司马承祯还天台》："江湖与城阙，异迹且殊伦。"严维《奉和独孤中丞游云门寺》："异迹焚香对，新诗酌茗论。"无名氏《永州舜庙诗》(卷七八六)："素风传旧俗，异迹闭荒林。"❷谓奇景。白居易《游悟真寺诗》："灵境与异迹，周览无不殚。"张蠙《送董卿赴台州》："开图见异迹，思上石桥行。"

【異路】 ❶所行路径不同。张九龄《和吏部李侍郎见示因命仆继作》："同时亦所见，异路无相招。"戴叔伦《送柳道时余北还》："征役各异路，烟波同旅愁。"赵嘏《汾上宴别》："云物如故乡，山川知异路。"❷谓交情断绝。皮日休《奉酬鲁望夏日四声四首·平去声》："吁嗟当今交，暂贵便异路。"

【異飯】 不同的食品、生活。韩愈《送湖南李正字归》："风土稍殊音，鱼虾日异饭。"

【異境】 ❶风景异常优美或奇异之处。许棠《宿华山》："异境良难测，非仙岂合游。"方干《尚书新创敌楼二首》之二："异境永为欢乐地，歌钟夜夜复年年。"郭周藩《谭子池》："异境流千古，终年福四维。"❷谓诗文中奇妙的意境。韩愈《桃源图》："文工画妙各臻极，异境恍惚移于斯。"

【異圖】 谋叛的意图。杜甫《草堂》："大将赴朝廷，群小起异图。"

【異端】 指不符合正统思想的主张或教义。古代儒家称其他学说、学派为异端。张籍《省试行不由径》："孰知求捷步，又恐异端成。"白居易《赠元稹》："所合在方寸，心源无异端。"

【異粻】 《礼记·王制》："五十异粻，六十宿肉。"孔颖达疏："'五十异粻'者，粻，粮也。五十始衰，粮宜自异，不可与少壮者同也。"异粻，谓所食粮食不同。亦借指五十岁。李商隐《赠送前刘五经映三十四韵》："感激殊非圣，栖迟到异粻。"

【異聞】 别有所闻。语出《论语·季氏》。张祜《送郑潜判官归冬宁》："异闻不暇陈亢问，尔德无非是孝恭。"

【異録】 杂录异闻的著作。元结《闵荒诗一首》序："故广其意，采其歌，为《闵荒诗》一篇。其余载于异录。"

【異趣】 ❶趋向不同。韩愈《送惠师》："去矣各异趣，何为浪沾巾。"杨嗣复《仪凤》："低昂多异趣，饮啄迥无邻。"杜牧《骕骦坂》："仰首望飞鸣，伊人何异趣。"❷不同的意趣。耿湋《连句多暇赠陆三山人》："闲喧悲异趣，语默取同年。"韩愈《感春四首》之四："干愁漫解坐自累，与众异趣谁相亲。"

【異賞】 指受到特别的赏识。战国赵平原君门人毛遂随平原君出使楚国，联楚抗秦。毛遂在此外交活动中，功勋卓越。归赵后，平原君曾说："毛先生一至楚，而使赵重于九鼎大吕。毛先生以三寸之舌强于百万之师。"见《史记·平原君列传》。李端《卧病闻吉中孚拜官寄元秘书昆季》："毛遂登门虽异赏，韩非入传滥齐名。"

【異儀】 特别的仪式。薛能《恭禧皇太后挽歌词三首》之一："八月曾殊选，三星固异仪。"

【異質】 指人特异的资质、禀赋。刘长卿《灞东晚晴简同行薛弃朱训》："一薰知异质，片玉谁齐价。"

【異蔬】 特异的蔬菜。陆龟蒙《病中秋怀寄袭美》："贪广异蔬行径窄，故求偏药出钱添。"

【異縣】 指异地、外地。杜甫《别赞上人》："异县逢旧友，初忻写胸臆。"李商隐《送千牛李将军赴阙五十韵》："异县期回雁，登时已饭鲭。"温庭筠《寄渚宫遗民弘里生》："异县鱼投浪，当年鸟共林。"贾宗《旅泊江津言怀》："异县心期阻，他乡风月同。"

【異器】 不同的器具。徐铉《以端溪砚酬张员外水精珠兼和来篇》："方圆虽异器，功用信俱呈。"

【異謀】 反叛的图谋。郑嵎《津阳门诗》："异谋潜炽促归去，临轩赐带盈十围。"

【異績】 卓异的政绩。权德舆《送安南裴都护》："暂叹同心阻，行看异绩闻。"

【異禮】 特别礼遇。张蠙《云朔逢山友》:“将军虽异礼,难便脱麻衣。”

【異藏】 (—cáng)奇异的藏物。贾岛《双鱼谣》:“一得诗古字,与玉含异藏。”

【異謨】 反叛的图谋。周昙《咏史诗·三代门·管蔡》:“伊商胡越尚同图,管蔡如何有异谟。”

【異獸】 珍奇的野兽。杜甫《久雨期王将军不至》:“异兽如飞星宿落,应弦不碍苍山高。”徐光溥《题黄居寀秋山图》:“珍禽异兽皆自驯,奇花怪木非因植。”

【異類】 ❶指禽兽神鬼之类。吕从庆《戏题金鳌山》:“闲花老树满馥郁,飞走异类争蹁跹。”白元鉴《驯虎岩》:“外身道不远,异类自能驯。”吴资《八公山》:“至今风雨夜,鬼器杂异类。”❷旧指外族。贾至《自蜀奉册命往朔方途中呈韦左相文部房尚书门下崔侍郎》:“皇风扇八极,异类怀深仁。”白居易《青冢》:“同侪倾宠幸,异类为配偶。”李商隐《送千牛李将军赴阙五十韵》:“素来矜异类,此去岂亲征。”

【異壤】 异域。张九龄《城南隅山池春中有此咏》:“异壤风烟绝,空山岩径迷。”

【異議】 不同的意见、观点。刘长卿《瓜洲驿奉饯张侍御公拜膳部郎中使之岭南时侍御先在淮南幕府》:“异议那容直,专权本畏弹。”

【異聽】 指别的声音。刘轲《玉声如乐》:“曲终无异听,响极有余情。”

略 〔lüè《广韵》離灼切,入藥,來。〕❶夺取;掳掠。胡皓《大漠行》:“单于犯蓟壖,虏骑略萧边。”李白《发白马》:“扬兵猎月窟,转战略朝那。”杜甫《北征》:“此举开青徐,旋瞻略恒碣。”又《赠李八秘书别三十韵》:“六龙瞻汉阙,万骑略姚墟。”❷行;经过。杜甫《过南岳入洞庭湖》:“悠悠回赤壁,浩浩略苍梧。”又《秋日荆南奉寄薛尚书颂德叙怀裴然之作三十韵》:“烟雨封巫峡,江淮略孟诸。”❸谋略;智谋。刘允济《经庐岳回望江州想洛川有作》:“稷契序揆图,良平公辅略。”权德舆《送张仆射朝见毕归镇》:“今日汉庭求上略,留侯自有一编书。”杜牧《和野人殷潜之题筹笔驿十四韵》:“慷慨匡时略,从容问罪师。”韦庄《闻官军继至未睹凯旋》:“已有孔明传将略,更闻王导得神机。”❹指大概的情况。刘禹锡《含辉洞述》:“忘归孔乐,请言其略。”❺副词。(1)全;皆。杜甫《戏题寄上汉中王三首》之三:“鲁卫弥尊重,徐陈略丧亡。”又《三绝句》之三:“殿前兵马虽骁雄,纵暴略与羌浑同。”司空曙《杜鹃行》:“声音咽咿若有谓,号啼略与婴儿同。”韩愈《南内朝贺归呈同官》:“问之朝廷事,略不知东西。”(2)稍微;略微。李益《大礼毕皇帝御丹凤门改元建中大赦》:“云亭之事略可记,七十二君宁独尊。”杜荀鹤《乱后逢村叟》:“还似平宁征赋税,未尝州县略安存。”黄滔《御试二首》之二:“御目四篇酬九百,敢从灯下略踌躇。”(3)暂且。吴融《浐水席上献座主侍郎》:“暖泉宫里告虔回,略避红尘小宴开。”

【略地】 ❶占领土地;侵占土地。刘长卿《至德三年春正月五十韵》:“略地侵中土,传烽到上京。”杜甫《投赠哥舒开府二十韵》:“先锋百胜在,略地两隅空。”李端《送彭将军云中觐兄》:“略地关山冷,防河雨雪稠。”❷谓掠过地面。杜甫《扬旗》:“材归俯身尽,妙取略地平。”戎昱《塞上曲》:“胡风略地烧连山,碎叶孤城未下关。”

【略有】 据有;拥有。杜甫《园官送菜》:“守者愆实数,略有其名存。”

【略同】 大致相同。杜甫《遣遇》:“闻见事略同,刻剥及锥刀。”南唐后主李煜《挽辞》之二:“艳质同芳树,浮危道略同。”

【略彴】 (—zhuó)小木桥。彴,独木桥。顾况《寄上兵部韩侍郎奉呈李户部卢刑部杜三侍郎》:“公登略彴桥,况榜龙舠船。”陆龟蒙《新夏东郊闲泛有怀袭美》:“经略彴时冠暂亚,佩笭箵后带频揞。”吴融《个人三十韵》:“袂柳阑干小,侵波略彴横。”

【略見】 稍见。杜牧《九华山》:“江山重来六七载,云间略见两三峰。”

【略略】 ❶微微。元稹《送友封》:“轻风略略柳欣欣,晴色空濛远似尘。”王周《游仙都观》:“冷杉枯柏路盘空,毛发生寒略略风。”❷犹稍微、稍稍。陈羽《古意》:“归来略略不相顾,却令侍婢生光辉。”❸古曲名。白居易《听琵琶妓人弹略略》:“腕软拨头轻,新教略略成。”

【略洗】 稍加砍除。王贞白《洗竹》:“道院竹繁教略洗,鸣琴酌酒看扶疏。”

【略無】 全无。张籍《祭退之》:“略无相知人,黯如雾中行。”裴说《重台芙蓉》:“略无幽鸟语,时有冻蜂过。”周昙《咏史诗·六朝门·宣帝》:“宣帝骄奢恣所为,后宫升降略无时。”孙元晏《咏史诗·齐·小儿执烛》:“执烛小儿浑放去,略无言语与君王。”

七 画

畮 同“畝”。见“畎畝”。

畬[1] 〔yú《广韵》以諸切,平魚,以。〕开垦过三年的田地;熟田。《诗·周颂·臣工》:“亦又何求,如何新畬。”毛传:“田,二岁曰新,三岁曰畬。”一说为开垦过二年的田地。后泛指田地。

白居易《归田三首》之二："迎春治耒耜，候雨辟菑畬。"

畬²

〔shē《广韵》式車切，平麻，書。〕❶烧荒种田，即焚烧田地里的草木，用草木灰做肥料的原始耕作方法。杜甫《秋日夔府咏怀奉寄郑监李宾客一百韵》："煮井为盐速，烧畬度地偏。"柳宗元《同刘二十八院长述旧言怀五十二韵之作因其韵增至八十通赠二君子》："货积舟难泊，人归山倍畬。"李商隐《赠田叟》："烧畬晓映远山色，伐树暝传深谷声。"温庭筠《题谷隐兰若》："半坡新路畬才了，一谷寒烟烧不成。"❷指粗放耕种的田地。刘长卿《赠元容州》："海徼长无戍，湘山独种畬。"元稹《南昌滩》："畬余宿麦黄山腹，日背残花白水湄。"白居易《和微之诗二十三首·和三月三十日四十韵》："水苗泥易耨，畬粟灰难锄。"薛能《西县途中二十韵》："气清岩下瀑，烟漫雨余畬。"

【畬₂刀】　火种刀耕时所用的刀具。亦指用火种刀耕的方法来耕种土地。元稹《酬乐天得微之诗知通州事因成四首》之一："沙含水弩多伤骨，田仰畬刀少用牛。"贯休《怀武夷红石子二首》之二："竹鞘畬刀缺，松枝猎箭牢。"

【畬₂火】　火耕时所放的火。刘禹锡《武陵书怀五十韵》："照山畬火动，踏月俚歌喧。"

【畬₂田】　❶采用刀耕火种的方法耕种的田地。杜甫《戏作俳谐体遣闷二首》之二："瓦卜传神语，畬田费火声。"白居易《赠友五首》之二："畬田既慵斫，稻田亦懒耘。"朱庆余《送刘思复南河从军》："蛮人独放畬田火，海兽群游落日波。"贯休《秋末入匡山船行八首》之八："野水畬田黑，荒汀独鸟痴。"❷用火耕种田。戴叔伦《暮春游长沙东湖赠辛兖州巢父二首》之二："古木畬田火，澄江荡桨人。"刘禹锡《畬田行》："何处好畬田，团团缦山腹。"

【畬₂煙】　田地中火耕时所出的烟。白居易《京使回累得南省诸公书因以长句寄谢》："禁月落时君待漏，畬烟深处我行春。"

番¹

〔fān《广韵》孚袁切，平元，敷。〕❶轮流更替。《列子·汤问》："帝恐流于西极，失群仙圣之所居，乃命禺强使巨鳌十五举首而戴之。迭为三番，六万岁一交焉。"殷敬顺释文："番音翻，更代也。"杜甫《遭田父泥饮美严中丞》："名在飞骑籍，长番岁时久。"皇浦湜《出世篇》："当御者几人，百千为番。"见"番次""番值"。❷旧称少数民族或外国。许浑《送友人罢举归东海》："舶主辞番远，棋僧入汉多。"见"番僧""番語"。❸量次。(1)回；次。徐凝《玩花五首》之五："一番弄色一番退，小妇轻妆大妇愁。"杜荀鹤《题瓦棺寺真上人院矮桧》："一自旧山来砌畔，几番凡木与云齐。"齐己《寄怀江西征岷二律师》："几番新弟子，一样旧威仪。"(2)朵；片；块。皮日休《习池晨起》："数声翡翠背人去，一番芙蓉含日开。"罗隐《寄程尊师》："三秀紫芝劳梦寐，一番红槿恨朝晡。"李建勋《采菊》："簇簇竟相鲜，一枝开几番。"尹鹗《临江仙》词之一："一番荷芰生池沼，槛前风送馨香。"

番²

〔pān《广韵》普官切，平桓，滂。〕地名用字。见"番❷禺"。

【番₂禺】　县名。秦置番禺县，以境内有番山、禺山得名。秦汉皆属南海郡。后汉置交州，领郡七。三国吴置广州，皆治番禺。唐属广州中都督府。今属广东。李颀《龙门送裴侍御监五岭选》："万里番禺地，官人继帝忧。"刘长卿《送张司直赴岭南谒张尚书》："番禺万里路，远客片帆过。"权德舆《奉和许阁老酬淮南崔十七端公见寄》："远猷来象魏，霈泽过番禺。"李绅《趋翰苑遭诬构四十六韵》："地嫌稀魍魉，海恨止番禺。"

【番₂禺侯】　胡证。宝历二年(826)，检校工部尚书、广州刺史，充岭南节度使。李商隐有《故番禺侯以赃罪致不辜事觉母者他日过其门》。

【番次】　依次。皮日休《奉酬鲁望惜春见寄》："病中无限花番次，为约东风且住开。"

【番情】　外国或少数民族政权的国情。许棠《塞下二首》之二："番情终未测，今昔谩言和。"

【番值】　值勤。令狐楚《南宫夜直宿见李给事封题其所下制敕知奏直在东省因以诗寄》："番直同遥夜，严扃限几重。"

【番番】　一次又一次。贯休《送吏部刘相公除东川》："渥泽番番降，壶浆处处陈。"

【番僧】　西番之僧。护国《访云母山僧》："森然古岩里，净行一番僧。"

【番語】　少数民族或外国的语言。白居易《听曹刚琵琶兼示重莲》："拨拨弦弦意不同，胡啼番语两玲珑。"许浑《伤虞将军》："巴童戍久能番语，胡马调多解汉行。"

【番毾】　少数民族地区出产的毡毯。无名氏《放榜诗》(卷八七二)："薛庶准前骑瘦马，范鄯依旧盖番毡。"

畫

〔huà《广韵》胡卦切，去卦，匣。又胡麥切，入麥，匣。〕❶划分。《左传·襄公四年》："芒芒禹迹，画为九州。"杜预注："画，分也。"孔颖达疏："言画地分之以为竟也。"韩愈《送李尚书赴襄阳八韵得长字》："壤画星摇动，旗分兽簸扬。"见"畫斷"。❷谋划；筹划。《文选·邹阳〈上吴王书〉》："然则计议不得，虽诸贲不能安其位亦明矣。故愿大王审画而已。"张铣注："画，谓画策。"岑参《送张秘书充刘相公通汴河判官便赴江外覲省》："既参幕中画，复展膝下欢。"杜甫《送从弟亚赴安西判官》："须存武威郡，为画长久利。"王建《荆南赠别李肇著作转韵诗》："欢逢通世友，简授画戎筹。"白居易《和答诗十首·答四皓庙》："心不画一计，口不吐一词。"❸谋略；计谋。李白《送张秀才谒高中丞》："采尔幕中画，戡难光殊勋。"权德舆《寄侍御从舅》："偶陈幕中画，未负林间期。"刘禹锡《游桃源一百韵》："自述希古心，忘恃干时画。"张碧《山居雨霁即事》："常黪腐儒操，谬习经邦画。"❹绘画；作图。杜甫《戏题画山水图歌》："十日画一水，五日画一石。"白居易《春老》："歌舞屏风花障上，几时曾画白头人？"姚合《题金州西园九首·药堂》："四壁画远水，堂前耸秋山。"周昙《咏史诗·前汉门·毛延寿》："能知货贿移妍丑，岂独丹青画美人。"❺描绘；描饰。岑参《夜过盘石隔河望永乐寄闺中效齐梁体》："月如眉已画，云似鬓新梳。"元稹《有所教》："莫画长眉画短眉，斜红伤竖莫伤垂。"见"畫眉"。❻图画。岑参《出关经华岳寺访法华云公》："长廊列古画，高殿悬孤灯。"高适《金城北楼》："北楼西望满晴空，积水连山胜画中。"司空图《南北史感遇十首》之一："雨淋麟阁名臣画，雪卧龙庭猛将碑。"韦庄《和友人》："静阅王维画，闲翻褚胤棋。"❼彩绘；装饰；画饰。《淮南子·主术训》："于是尧乃身服节俭衣行……大路不画，越席不缘。"高诱注："不画，不文饰也。"见"畫衣""畫杖""畫角""畫屏"。❽写字。杜甫《水宿遣兴奉呈群公》："耳聋须画字，发短不胜篦。"李商隐《韩碑》："愈拜稽首蹈且舞，金石刻画臣能为。"❾笔画。汉字的一笔称一画。韩愈《石鼓歌》："年深岂免有缺画，快剑斫断生蛟鼍。"又，书法横笔称为"画"。任华《怀素上人草书歌》："掷华山巨石以为点，掣衡山阵云以为画。"❿比画。用手、脚或器具做出某种动作。杜甫《送樊二十三侍御赴汉中判官》："生知七曜历，手画三军势。"张籍《题李山人幽居》："画苔藤杖细，踏石笋鞋轻。"⓫指手在琴弦上横扫过去。白居易《琵琶引》："曲终收拨当心画，四弦一声如裂帛。"李宣古《听蜀道士琴歌》："忽挥素爪画七弦，苍崖劈裂迸碎泉。"

【畫一法】　指全体遵行、无一例外的法令政策。《史记·曹相国世家》："参为相国，出入三年……百姓歌之曰：'萧何为法，顜若画一；曹参代之，守而勿失。载其清净，民以宁一。'"后以"画一法"指先贤所定的法律。杜牧《感怀诗一首》："因黪画一法，且逐随时利。"

【畫人】　❶犹画工、画师。徐凝《观钓台画图》："画人心到啼猿破，欲作三声出树难。"崔涂《过昭君故宅》："骨竟埋青冢，魂应怨画人。"杜荀鹤《登石壁禅师水阁有作》："画人画得从他画，六幅应输八句诗。"见"畫工"。❷指画眉人，即夫婿。徐安期《催妆》："不须面上浑妆却，留著双眉待画人。"见"畫眉"。

【畫工】　以绘画为职业的人。汉元帝后宫既多，不得常见，乃使画工图绘宫妃形貌，按图召幸。诸宫人皆贿赂画工毛延寿，唯王嫱不肯，遂不得见。会匈奴入朝，求美人为阏氏，元帝按图以王嫱行。及去，召见，美貌为后宫第一，善应对，举止娴雅。元帝悔之，怒杀画工毛延寿等。见《西京杂记》卷二。李如璧《明月》："昭君此时怨画工，可怜明月光朦胧。"白居易《青冢》："何乃明妃命，独悬画工手。"杜牧《奉陵宫人》："相如死后无词客，延寿亡来绝画工。"徐夤《明妃》："不用牵心恨画工，帝家无策及边戎。"

【畫井】　❶彩绘的井干。元稹《度门寺》："画井垂枯朽，穿池救噞喁。"❷饰以花纹图案状如覆井形的天花板。许浑《冬日宣城开元寺赠元孚上人》："绣梁交薜荔，画井倒芙蓉。"

【畫水】　以水为题材作画。方干《卢卓山人画水》："常闻画石不画水，画水至难君得名。"

【畫月】　❶彩绘月亮的图形。皇帝出行时旗队月旗中有此图形。崔融《嵩山石淙侍宴应制》："龙旗画月中天下，凤管披云此地迎。"❷指画眉。眉如初月，故云。骆宾王《咏美人在天津桥》："水下看妆影，眉头画月新。"杜牧《赠张祜》："粉毫唯画月，琼尺只裁云。"

【畫史】　犹画师。牟融《送范启东》："画史名当代，声华重两京。"

【畫手】　绘画的能手。杜甫《冬日洛城北谒玄元皇帝庙》："画手看前辈，吴生远擅场。"张祜《题山水障子》："一见秋山色，方怜画手稀。"曹松《桂江》："如飞似堕皆青壁，画手不强元化强。"崔橹《过南城县麻姑山》之二："诗手难题画手惭，浅青浓碧叠东南。"

【畫地】　❶以手或物画于地上。见"畫地成河""畫地成沼"。❷谓在地上画图，以说明地理形势。李峤《剑》："倚天持报国，画地取雄名。"岑参《送萧李二郎中兼中丞充京西京北覆粮使》："归来虏尘灭，画地奏明光。"杜甫《郑典设自施州归》："倒屣喜旋归，画地求所历。"戴叔伦《赠史开府》："早晚瑶阶归伏奏，独能画地取关西。"

【畫地成河】　旧题晋葛洪《西京杂记》卷三载，淮南王好方士，方士皆以术见。遂有画地成江河，撮土为山岩，嘘吸为寒暑，喷嗽为雨雾。后用以为典，表示某种意愿或夸大某种能力。雍裕之《大言》："挥汗曾成雨，画地亦成河。"亦作"畫地成沼"。秦韬玉《亭台》："意将画地成幽沼，势拟驱山近小台。"

【畫地成沼】　见"畫地成河"。

【畫地難入】　《汉书·司马迁传》："故士有画地

为牢势不入，削木为吏议不对，定计于鲜也。”意即正直之士，即使画地为牢，他也决不进入，决计在受辱之前自杀。后以“画地难入”作为咏囚系之辱的典故。骆宾王《畴昔篇》：“画地终难入，书空自不安。”

【畫灰】 亦作“畫寒灰”。用棍在灰中拨动。辅助思考或遣闷的一种动作。白居易《送兄弟回雪夜》：“对雪画寒灰，残灯明复灭。”方干《雪中寄薛郎中》：“深拥红炉听仙乐，忍教愁坐画寒灰。”贯休《秋寄李频使二首》之二：“留客朝尝酒，忧民夜画灰。”

【畫匠】 画工。张鷟《游仙窟・又赠十娘》：“巧儿旧来携未得，画匠迎生模不成。”韩偓《格卑》：“入意云山输画匠，动人风月羡琴僧。”

【畫肉】 指画马只画出马的肥大形体而显示不出马的风韵、精神。杜甫《丹青引赠曹将军霸》：“干惟画肉不画骨，忍使骅骝气凋丧。”见“畫骨”。

【畫舟】 画船。鲍溶《南塘二首》之二：“画舟兰棹欲破浪，恐畏惊动莲花心。”

【畫色】 图画上的墨色。杜甫《通泉县署屋壁后薛少保画鹤》：“画色久欲尽，苍然犹出尘。”

【畫衣】 彩绣的衣服。张若虚《代答闺梦还》：“燕入窥罗幕，蜂来上画衣。”曹唐《汉武帝思李夫人》：“迎风细荇传香粉，隔水残霞见画衣。”李贺《花游曲》：“烟湿愁车重，红油覆画衣。”

【畫杖】 饰有纹彩的球杖。似今之冰球杆，上有精美的纹彩。蔡孚《打球篇》：“奔星乱下花场里，初月飞来画杖头。”

【畫作】 犹画成。杜甫《画鹰》：“素练风霜起，苍鹰画作殊。”蒋冽《古意》：“画作同心鸟，衔花两相向。”

【畫身】 画像。王建《题柏岩禅师影堂》：“恨不生前识，今朝礼画身。”

【畫角】 古管乐器。呈竹筒状，本细末巨，以竹木或皮革制成，因表面有彩绘，故称。发声哀厉高亢，古时军中多用以警昏晓，振士气，肃军容。李白《出自蓟门北行》：“画角悲海月，征衣卷天霜。”杨凝《送客往鄜州》：“晓上关城吟画角，暗驰羌马发支兵。”贾岛《夏日寄高洗马》：“不缘马死西州去，画角堪听是晓吹。”曹松《题甘露寺》：“香门接巨垒，画角间清钟。”

【畫妝】 梳妆打扮。顾朝阳《昭君怨》：“一去边城路，何情更画妆。”

【畫卦】 画成八卦。詹敦仁《复留侯从效问南汉刘岩改名龑字音义》：“伏羲初画卦，苍氏乃制字。”

【畫虎】 ❶“画虎不成反类狗”的略语。喻好高骛远，终无成就，反贻笑柄。杜甫《奉赠太常张卿二十韵》：“谬知终画虎，微分是醯鸡。”李商隐《五言述德抒情诗一首四十韵献上杜七兄仆射相公》：“雕龙心已切，画虎意何成。”皮日休《宏词下第感恩献兵部侍郎》：“画虎已成翻类狗，登龙才变即为鱼。”❷指绣绘的虎形图像。韦庄《观浙西府相畋游》：“紫袍日照金鹅斗，红旆风吹画虎狞。”

【畫的】 （—dì）彩绘的箭靶。张说《玄武门侍射》：“雕弧月半上，画的晕重圆。”

【畫府】 藏画之所。谭用之《贻钓鱼李处士》：“何处邈将归画府，数茎红蓼一渔船。”

【畫空】 用手指在空中写画。李贺《唐儿歌》：“东家娇娘求对值，浓笑画空作唐字。”张祜《答僧赠柱杖》：“画空疑未决，卓地计初成。”

【畫衫】 彩衫。张祜《赠杭州柘枝》：“红罨画衫缠腕出，碧排方胯背腰来。”卢延让《句》：“臂鹰健卒悬毡帽，骑马佳人卷画衫。”

【畫弦】 有彩绘的弦乐器。李贺《神弦曲》：“画弦素管声浅繁，花裙綷縩步秋尘。”

【畫柳】 彩绘的棺饰。亦借指棺木。王维《达奚侍郎夫人寇氏挽词二首》之一：“金蚕将画柳，何处更知春。”窦叔向《贞懿皇后挽歌三首》之二：“后庭攀画柳，上陌咽清笳。”

【畫省】 指尚书省。汉尚书省以胡粉涂壁，紫素界之，画古烈士像，故称。岑参《送许员外江外置常平仓》：“诏置海陵仓，朝推画省郎。”杜甫《秋兴八首》之二：“画省香炉违伏枕，山楼粉堞隐悲笳。”清昼王遘《建安寺西院喜王郎中遘恩命初至联句》：“迹就空门退，官从画省迁。”权德舆《端午日礼部宿斋有衣服彩结之贶以诗还答》：“寂寥斋画省，款曲擘香笺。”

【畫省郎】 官名，即尚书郎。李憕《和户部杨员外伯成寓直》：“落日弥纶地，公才画省郎。”岑参《送许员外江外置常平仓》：“诏置海陵仓，朝推画省郎。”

【畫品】 品评画家及其作品的论著。欧阳炯《题景焕画应天寺壁天王歌》：“后来画品列名贤，唯此二人堪比肩。”

【畫竿】 雕绘的旗杆。鲍溶《郊天回》：“风前貔武回雕仗，云里神龙起画竿。”

【畫卷】 （—juàn）装裱后带轴的长幅绘画。喻优美的舞姿。吉师老《看蜀女转昭君变》：“翠眉颦处楚边月，画卷开时塞外云。”

【畫屋】 有彩绘的屋宇。杜牧《感怀诗一首》：“压阶螭斗角，画屋龙交尾。”

【畫眉】 ❶以黛描饰眉毛。杜甫《北征》：“移时施朱铅，狼藉画眉阔。”符载《甘州歌》：“月里嫦娥不画眉，只将云雾作罗衣。”秦韬玉《织锦妇》：“桃花日日觅新奇，有镜何曾及画眉。”❷《汉书・张敞传》：“敞无威仪……又为妇画眉，长安中传张京兆眉怃。有司以奏敞。上问之，对曰：‘臣闻闺房之内，夫妇之私，有过于画眉者。’上爱其能，弗备责也。”后用以为典，表示夫妻恩爱。杨志坚《送妻》:“荆钗任意撩新鬓,明镜从他别画眉。”岑参《韩员外夫人清河县君崔氏挽歌二首》之一:“仙郎看陇月,犹忆画眉时。”常浩《寄远》:“却念容华非昔好,画眉犹自待君来。”李瀚《蒙术》:“张敞画眉,谢鲲折齿。”❸描绘的眉毛。韩琮《晚春江晴寄友人》:“晚日低霞绮,晴山远画眉。”韦庄《谒巫山庙》:“惆怅庙前无限柳,春来空斗画眉长。”

【畫眉人】 指夫婿。王昌龄《朝来曲》:“盘龙玉台镜,唯待画眉人。”见“畫眉❷”。

【畫眉夫婿】 指丈夫。李频《春闺怨》:“红妆女儿灯下羞,画眉夫婿陇西头。”见“畫眉❷”。

【畫眉府】 借指京兆尹官署。汉宣帝时,有京兆尹张敞为妻画眉,故称。吴融《御沟十六韵》:“旁沾画眉府,斜入教箫楼。”

【畫屏】 ❶有画饰的屏风。唐代绘画盛行,名家辈出,屏风上多绘风景名胜。孟浩然《与王昌龄宴王道士房》:“书幌神仙箓,画屏山海图。”权德舆《玉台体十二首》之三:“相逢不肯语,微笑画屏前。”李商隐《柳枝五首》之五:“画屏绣步障,物物自成双。”刘瑶《暗别离》:“瑶草歇芳心耿耿,玉佩无声画屏冷。”❷喻美如画屏的事物。李白《与贾至舍人于龙兴寺剪落梧桐枝望㴩湖》:“水闲明镜转,云绕画屏移。”柳宗元《再至界围岩水帘遂宿岩下》:“幽岩画屏倚,新月玉钩吐。”温庭筠《赠郑征君家匡山首春与丞相赞皇公游止》:“每到朱门还怅望,故山多在画屏中。”牛峤《菩萨蛮》词之四:“画屏重叠巫阳翠,楚神尚有行云意。”

【畫神】 彩绘的神像。温庭筠《汉皇迎春词》:“猎猎东风焰赤旗,画神金甲葱龙网。”

【畫時】 顿时;立刻。张祜《送王昌涉侍御》:“画时安楚塞,刻日下齐城。”

【畫骨】 指画家画马时画出马的风韵、精神。杜甫《丹青引赠曹将军霸》:“干惟画肉不画骨,忍使骅骝气凋丧。”见“畫肉”。

【畫隼】 绘隼的彩旗。王贞白《远闻本郡行春到旧山二首》之二:“清风借响松筠外,画隼停晖水石间。”

【畫師】 画工;画家。杜甫《奉先刘少府新画山水障歌》:“画师亦无数,好手不可遇。”又《画鹘行》:“乃知画师妙,功刮造化窟。”窦群《观画鹤》:“怅望冲天羽,甘心任画师。”刘禹锡《答东阳于令寒碧图诗》:“落在寻常画师手,犹能三伏凛生秋。”

【畫舫】 画船。刘希夷《江南曲八首》之二:“画舫烟中浅,青阳日际微。”白居易《早春偶成十八韵寄微之》:“画舫牵徐转,银船酌慢巡。”鱼玄机《夏日山居》:“闲乘画舫吟明月,信任轻风吹却回。”

【畫旃】 见“畫旗”。

【畫家】 指风景如画的山村。谭用之《贻费道人》:“吟歌云鸟归樵谷,卧爱神仙入画家。”

【畫扇】 有画饰的扇子。杜甫《伤秋》:“高秋收画扇,久客掩荆扉。”李商隐《代董秀才却扇》:“莫将画扇出帷来,遮掩春山滞上才。”陆龟蒙《寄远》:“画扇红弦相掩映,独看斜月下帘衣。”

【畫真】 画像。玄宗有《题梅妃画真》。

【畫帳】 有画饰的帷帐。喻美如画帐的自然景物。徐资用《九鲤湖》:“画帐远开横晚岫,珠帘倒挂泻寒泉。”

【畫堂】 ❶古代宫中有彩绘的殿堂。《汉书·成帝纪》:“孝成皇帝,元帝太子也。母曰王皇后,元帝在太子宫生甲观画堂,为世嫡皇孙。”颜师古注:“画堂,但画饰耳……霍光止画室中,是则宫殿中通有彩画之堂室。”后以作为歌咏皇子之典。王维《恭懿太子挽歌五首》语:“金环如有验,还向画堂生。”杜牧《杜秋娘诗》:“画堂授傅姆,天人亲捧持。”❷泛指用彩色绘饰着梁柱藻井的房屋。多指内室。崔颢《王家少妇》:“十五嫁王昌,盈盈入画堂。”戎昱《古意》:“懒梳明镜下,羞到画堂前。”权德舆《相思曲》:“少小别潘郎,娇羞倚画堂。”欧阳澥《咏燕上主司郑愚》:“翩翩双燕画堂开,送古迎今几万回。”

【畫蛇】 指墙上的雕弓照在酒杯中所形成的弯曲的影子。因其似蛇,故称。后以“画蛇”作为卧疾之典。李端《酬秘书元丞郊园卧疾见寄》:“撤枕销行蚁,移杯失画蛇。”

【畫蛇著足】 喻做多余之事,有害无益。韩愈《感春四首》之四:“画蛇著足无处用,两鬓霜白趋埃尘。”

【畫刹】 (—chà)有彩绘装饰的佛寺。孙逖《酬万八贺九云门下归溪中作》:“稍觉清溪尽,回瞻画刹微。”

【畫舸】 画船。岑参《早春陪崔中丞同泛浣花溪宴》:“红亭移酒席,画舸逗江村。”刘方平《乌栖曲二首》之二:“画舸双艚锦为缆,芙蓉花发莲叶暗。”高骈《残春遣兴》:“画舸轻桡柳色新,摩诃池上醉青春。”

【畫船】 装饰华丽的游船。白居易《宿湖中》:“十只画船何处宿,洞庭山脚太湖心。”王周《淘金碛》:“画船晚过淘金碛,不见黄金惟见石。”花蕊夫人徐氏《宫词》之三:“长似江南好风景,画船来去碧波中。”又《宫词》之二七:“称与画船牵锦缆,暖风搓出彩丝绦。”

【畫梁】 有彩绘装饰的屋梁。李峤《梅》:“妆面回青镜,歌尘起画梁。”李白《秋日登扬州西灵塔》:“万象分空界,三天接画梁。”白居易《感苏州旧舫》:“画梁朽折红窗破,独立池边尽日看。”花蕊夫人徐氏《宫词》之一一三:“宫娥小小艳红妆,唱得歌声绕画梁。”

【畫袴】　有彩绘的裤子。王建《宫词一百首》之八九："金吾除夜进傩名，画袴朱衣四队行。"

【畫戟】　古兵器名。戟柄上绘以彩画或文饰，故称。唐制，官阶三品以上公府门前可列戟为仪饰，戟有定数，竖于木架之上；出行时以为仪仗。岑参《故河南尹岐国公赠工部尚书苏公挽歌二首》之一："一门传画戟，几世驾朱轮。"窦牟《史馆候别蒋拾遗不遇》："画戟晨光动，春松宿露低。"郑畋《金銮坡上南望》："玉晨钟韵上清虚，画戟祥烟拱帝居。"陈陶《赠容南韦中丞》："十二铜鱼尊画戟，三千犀甲拥朱轮。"

【畫戟門】　指显贵之家。杜牧《酬许十三秀才兼依来韵》："凭君把卷侵寒烛，丽句时传画戟门。"

【畫雲車】　绘饰云彩的车子。陈羽《步虚词二首》之一："汉武清斋读鼎书，太官扶上画云车。"刘禹锡《敬宗睿武昭愍孝皇帝挽歌三首》之一："玉轮今日动，不是画云车。"

【畫毬】　彩球。古代一种体育用具，供马球运动或其他球类游戏之用。沈佺期《幸梨园亭观打球应制》："宛转萦香骑，飘飖拂画球。"裴说《句》："画球轻蹴壶中地，彩索高飞掌上身。"

【畫策】　谋画策略。高适《东平路作三首》之二："明时好画策，动欲干王公。"

【畫象】　谓重视刑罚。李绅《趋翰苑遭诬构四十六韵》："画象垂新令，消兵易旧谟。"

【畫寒灰】　见"畫灰"。

【畫扉】　有彩绘的门扇。王建《题石瓮寺》："天子亲题诗总在，画扉长锁碧龛中。"

【畫裙】　有彩绘的裙子。施肩吾《代征妇怨》："画裙多泪鸳鸯湿，云鬓慵梳玳瑁垂。"杜牧《咏袜》："五陵年少欺他醉，笑把花前出画裙。"

【畫鼓】　有彩绘的鼓。白居易《想东游五十韵》："柘枝随画鼓，调笑从香球。"法振《句》："画鼓催来锦臂襄，小娥双起整霓裳。"李郢《画鼓》："尝闻画鼓动欢情，及送离人恨鼓声。"张祜《感王将军柘枝妓殁》："画鼓不闻招节拍，锦靴空想挫腰肢。"

【畫楹】　有彩绘的堂柱。裴大章《恩赐魏文贞公诸孙旧第以导直臣》："古甃开泉井，新禽绕画楹。"齐己《禅庭芦竹十二韵呈郑谷郎中》："映带兼苔石，参差近画楹。"吴融《和严谏议萧山庙十韵》："老狖寻危栋，秋蛇束画楹。"李洞《龙州韦郎中先梦六赤后因打叶子以诗上》："红蜡香烟扑画楹，梅花落尽庾楼清。"

【畫雉】　借指后妃。雉，野鸡。古代王后、夫人之服用缯刻画之，缀以为饰。温庭筠《鸡鸣埭曲》："绣龙画雉填宫井，野火风驱烧九鼎。"见"畫翚"。

【畫筵】　有彩绘的坐席。张荐《享文恭太子庙乐章》："风引仙管，堂虚画筵。"刘禹锡《和乐天柘枝》："画筵曲罢辞归去，便随王母上烟霞。"

【畫裳】　有彩绘的衣裳。薛克构《奉和展礼岱宗涂经濮济》："画裳晨应月，文戟曙分星。"

【畫圖】　❶绘图。高适《塞下曲》："画图麒麟阁，入朝明光宫。"刘长卿《瓜洲驿奉饯张侍御》："三军摇旆出，百越画图观。"卢纶《雪谤后书事上皇甫大夫》："画图规阵势，梦笔纪山行。"徐夤《自咏十韵》："拙赋偏闻镌印卖，恶诗亲见画图呈。"❷图画。张浑《七老会诗》："此席不烦铺锦帐，斯筵堪作画图看。"牟融《山寺律僧画兰竹图》："欲结岁寒盟不去，忘机相对画图中。"赵嘏《上令狐相公》："荣同伊陟传朱户，秀比王商入画图。"刘乙《题建造寺》："曾看画图劳健羡，如今亲见画犹粗。"❸特指画成的人像。杜甫《大历三年春四十韵》："喜近天皇寺，先披古画图。"自注："此寺有晋右军书、张僧繇画孔子洎颜子十哲形像。"李涉《寄荆娘写真》："画图封裹寄箱箧，洞房艳艳生光辉。"鲍溶《淮南卧病闻李相夷简移军山阳以靖东寇因抒长句》："鲁连未必蹈沧海，应见麒麟新画图。"薛媛《写真寄夫》："恐君浑忘却，时展画图看。"❹喻指如画般的美景。李白《上皇西巡南京歌十首》之二："九天开出一成都，万户千门入画图。"杜牧《池州送孟迟先辈》："溪山好画图，洞壑深闺闼。"赵嘏《十无诗寄桂府杨中丞》之三："遥闻桂水绕城隅，城上江山满画图。"方干《水墨松石》："兰堂坐久心弥惑，不道山川是画图。"

【畫像】　画人的肖像或动物的形象。李峤《麟》："画像临仙阁，藏书入帝台。"李白《司马将军歌》："功成献凯见明主，丹青画像麒麟台。"司空曙《商山二首》之一："清溪一路照羸身，不似云台画像人。"罗隐《秦望山僧院》："阴崖水赖松梢直，藓壁苔侵画像愁。"

【畫僧】　善绘画的僧人。王建《废寺》："空廊屋漏画僧尽，梁上犹书天宝年。"

【畫旗】　亦作"畫旂"。有画饰的旗。岑参《奉和杜相公初发京城作》："野鹊迎金印，郊云拂画旗。"戎昱《入剑门》："征战何年定，家家有画旗。"羊士谔《贺州宴行营回将》："元戎静镇无边事，遣向营中偃画旗。"孙魴《题梅岭泉》："画旗张赫奕，妖妓舞婵娟。"徐铉《抛球乐辞二首》之二："灼灼传花枝，纷纷度画旗。"

【畫閣】　彩绘华丽的楼阁。戴叔伦《酬骆侍御答诗》："风传画阁空知晓，雨湿江城不见春。"王建《宫词一百首》之九："少年天子重边功，亲到凌烟画阁中。"李频《黄雀行》："朱宫晚树侵莺语，画阁香帘夺燕窠。"刘公兴《望凌烟阁》："画图凌虚构，遥瞻在九天。"

【畫翟】　借指夫人。翟，古书上指长尾的野鸡。古代夫人之服用缯刻画之，缀以为饰，故称。王维《故西河郡杜太守挽歌三首》之二："卷衣悲画翟，持翣待鸣鸡。"

【畫翣】　棺饰，似扇，有彩绘，故称。古代出殡时用之。顾况《晋公魏国夫人柳氏挽歌》："画翣无留影，铭旌已度桥。"韩愈《大行皇太后挽歌词三首》之三："画翣登秋殿，容衣入夜台。"

【畫熊】　汉制，公与列侯之车以伏熊为轼。画熊，谓绘在车轼上的伏熊。后作为大官出访之典。王维《河南严尹弟见宿弊庐访别人赋十韵》："冠上方簪豸，车边已画熊。"杜甫《奉送蜀州柏二别驾将中丞命因示从弟行军司马佐》："中丞问俗画熊频，爱弟传书彩鹢新。"

【畫障】　❶画屏。有画饰的屏风。王勃《郊园即事》："断山疑画障，县溜泻鸣琴。"高适《同鲜于洛阳于毕员外宅观画马歌》："主人娱宾画障开，只言骐骥西极来。"郑嵎《津阳门诗》："禄山此时侍御侧，金鸡画障当罘罳。"❷喻指如画的美景。白居易《奉和思黯相公以李苏州所寄太湖石因题二十韵见示兼呈梦得》："海神移碣石，画障簇天台。"韦庄《送福州王先辈南归》："名标玉籍仙坛上，家寄闽山画障中。"徐铉《送龚员外赴江州幕》："元规楼迥清风满，匡俗山春画障开。"

【畫綬】　有彩绘的印绶。权德舆《赠文敬太子挽歌词二首》之二："清笳悲画绶，朱邸散长裾。"

【畫樓】　雕饰华丽的楼房。亦指富贵人家。牟融《送沈侯之京》："关河弱柳垂金缕，水驿青帘拂画楼。"李商隐《无题二首》之一："昨夜星辰昨夜风，画楼西畔桂堂东。"于濆《山村叟》："岁暮霜霰浓，画楼人饱暖。"花蕊夫人徐氏《宫词一百首》之七五："按罢霓裳归院里，画楼云阁总重修。"

【畫輪】　彩饰的车轮。亦指装饰华丽的车子。陆敬《七夕赋咏成篇》："五明霜纨开羽扇，百和香车动画轮。"王维《恭懿太子挽歌五首》之三："傅母悲香褓，君家拥画轮。"郑嵎《津阳门诗》："画轮宝轴从天来，云中笑语声融怡。"公乘亿《春风扇微和》："澹荡迎仙杖，霏微送画轮。"

【畫輪車】　古车名。轮毂有彩饰，故名。《晋书·舆服志》："画轮车，驾牛，以彩漆画轮毂，故名画轮车。"司空曙《送卢使君赴夔州》："政成知变俗，当应画轮车。"

【畫篋】　雕饰的妆奁。元稹《遣悲怀三首》之一："顾我无衣搜画箧，泥他沽酒拔金钗。"

【畫箭】　指古代计时工具漏壶中的漏箭。箭上刻文以指示时间，故称。冯延巳《菩萨蛮》词之五："锦壶催画箭，玉佩天涯远。"

【畫餅】　喻徒有虚名而无补实用。白居易《每见吕南二郎中新文辄窃有所叹惜因成长句以咏所怀》："望梅阁老无妨渴，画饼尚书不救饥。"

【畫槳】　有画饰的船桨。刘禹锡《乐天寄忆旧游因作报白君以答》："丫头小儿荡画桨，长袂女郎簪翠翘。"

【畫閫】　指谋画阃外之事，即边事或战争。语本《史记·张释之冯唐列传》。宋璟《奉和圣制送张说巡边》："画阃崇威信，分麾盛宠荣。"储光羲《哥舒大夫颂德》："画阃入受脤，凿门出扞城。"

【畫橈】　有彩绘的船桨。方干《采莲》："指剥春葱腕似雪，画桡轻拨蒲根月。"韦庄《河传》词之一："画桡金缕，翠旗高飐香风，水光融。"殷文圭《江南秋日》："青笠渔儿筒钓没，蒨衣菱女画桡轻。"

【畫橋】　雕饰华丽的桥梁。李峤《春日侍宴幸芙蓉园应制》："烟气笼青阁，流文荡画桥。"刘宪《侍宴长宁公主东庄》："画桥飞渡水，仙阁涌临虚。"崔橹《春日即事》："画桥春暖清歌夜，肯信愁肠日九回。"司空图《诗品二十四则·绮丽》："月明华屋，画桥碧阴。"

【畫龍】　❶龙的图像。李贺《平城下》："青帐吹短笛，烟雾湿画龙。"❷汉刘向《新序·杂事五》载，叶公子高好龙，钩以写龙，凿以写龙，屋室雕文以写龙。于是夫龙闻而下之，窥头于牖，拖尾于堂。叶公见之，弃而还走，失其魂魄，五色无主。是叶公非好龙也，好夫似龙非龙者也。后用"画龙"为典，喻表面上爱好某种事物，但实际上并非真正爱好它，甚至还惧怕它。高适《赠别王十七管记》："画龙俱在叶，宠鹤先居卫。"徐灵府《言志献浙东廉访辞召》："多愧书传鹤，深惭纸画龙。"

【畫壁】　绘有图画的墙壁。孙逖《宿云门寺阁》："画壁余鸿雁，纱窗宿斗牛。"李德裕《述梦诗四十韵》："画壁看飞鹤，仙图见巨鳌。"冯延巳《舞春风》词："严妆才罢怨春风，粉墙画壁宋家东。"

【畫鞞】　有画饰的小鼓。鞞，同"鼙"。温庭筠《湖阴词》："羽书如电入青琐，雪腕如槌催画鞞。"

【畫檣】　有画饰的桅干。亦借指画船。许浑《宴饯李员外》："云叶渐低朱阁掩，浪花初起画樯回。"

【畫檝】　有画饰的船桨。李群玉《竞渡时在湖外偶为成章》："雷奔电逝三千儿，彩舟画楫射初晖。"徐玄之《采莲》："越艳荆姝惯采莲，兰桡画楫满长川。"曹松《春日自吴门之阳羡道中书事》："千室绮罗浮画楫，两州丝竹会茶山。"

【畫檐】　亦作"畫簷"。有画饰的屋檐。郑嵎《津阳门诗》："象床尘凝罨飒被，画檐虫网颇梨碑。"李渥《秋日登越王楼献于中丞》："畫簷先弄朝阳色，朱槛低临众木秋。"卢绛《梦白衣妇人歌词》："玉京人去秋萧索，画簷鹊起梧桐落。"

【畫燭】　有彩绘的蜡烛。李峤《烛》："兔月清光隐，龙盘画烛新。"曹松《夜饮》："云带金龙衔画烛，星罗银凤泻琼浆。"廖融《退宫妓》："宝筝钿剥阴尘覆，锦帐香消画烛幽。”

【畫闌】 见“畫欄”。

【畫檻】 犹画栏。姚合《杭州官舍偶书》：“春尽酒杯花影在，潮回画槛水声微。”

【畫蟲】 绘画虫形。杜甫《往在》：“当宁陷玉座，白间剥画虫。”

【畫斷】 划分；断开。蜀后主王衍《过白卫岭和韩昭》：“先朝神武力开边，画断封疆四五千。”

【畫旛】 有画饰的旗幡。储光羲《昭圣观》：“扶檫尽蟠木，步檐多画幡。”

【畫羅】 有画饰的丝织品。温庭筠《和友人悼亡》：“玉貌潘郎泪满衣，画罗轻鬓雨霏微。”又《菩萨蛮》词之六：“画罗金翡翠，香烛销成泪。”顾敻《浣溪沙》词之六：“粉黛暗愁金带枕，鸳鸯空绕画罗衣。”

【畫簾】 有画饰的帘子。杜牧《怀钟陵旧游四首》之三：“一声明月采莲女，四面朱楼卷画帘。”吴越失姓名人《再和》：“我有嘉宾宴乍欢，画帘纹细凤双盘。”温庭筠《思帝乡》词：“花花，满枝红似霞，罗袖画帘肠断，卓香车。”张曙《浣溪沙》词：“天上人间何处去，旧欢新梦觉来时，黄昏微雨画帘垂。”

【畫麒麟】 刻画出来的假麒麟。喻虚有其表，有名无实。杜甫《赠二十四侍御契四十韵》：“要闻除猰貐，休作画麒麟。”

【畫藻】 彩绘藻井。李咸用《富贵曲》：“画藻雕山金碧彩，鸳鸯叠翠眠晴霭。”

【畫籌】 用筹码计算（射箭的成绩）。《晋书·魏舒传》载，魏舒累迁后将军钟毓长史，毓每与参射，舒常为筹画而已。后遇朋人不足，以舒满数。毓初不知善射。舒容范闲雅，发无不中，举坐愕然，莫有敌者。毓叹而谢曰：“吾之不足以尽卿才，有如此射矣，岂一事哉！”后作为身居闲职、未尽其才之典。唐彦谦《试夜题省廊桂》：“今日竟飞杨叶箭，魏舒休作画筹人。”

【畫鸞】 所画的鸾鸟。许浑《夏日戏题郭别驾东堂》：“微风起画鸾，金翠暗珊珊。”

【畫欄】 亦作“畫闌”。有画饰的栏杆。李贺《金铜仙人辞汉歌》：“画栏桂树悬秋香，三十六宫土花碧。”徐夤《蝴蝶三首》之二：“苒苒双双拂画栏，佳人偷眼再三看。”《又湘妃诗四首》之四（卷八六四）：“相约杏花坛上去，画阑红子斗摴蒱。”

【畫鷁】 《淮南子·本经训》：“龙舟鹢首，浮吹以娱。”高诱注：“鹢，大鸟也。画其像著船头。”后以画鹢为船的代称。李峤《舟》：“相乌风际转，画鹢浪前开。”张谓《早春陪崔中丞浣花溪宴得暄字》：“红亭移酒席，画鹢逗江村。”戴叔伦《答孙常州见忆》：“画鹢春风里，迢遥去若飞。”赵嘏《寄归》：“桃花坞接啼猿寺，野竹庭通画鹢津。”殷文圭《行朝早春侍师门宴西溪席上作》：“西溪水色净于苔，画鹢横风绛帐开。”

【畫籠】 有画饰的笼子。杜牧《寄远》：“只影随惊雁，单栖锁画笼。”

【畫讚】 以赞画像的人物为主旨的一种文体。刘禹锡《闻韩宾擢第归觐以诗美之兼贺韩十五曹长时韩牧永州》：“孝若归来成画赞，孟阳别后有山铭。”

【畫簷】 见“畫檐”。

八 画

畸 〔qí《集韵》渠羈切，平支，群。〕通“奇”。神奇，奇异。见“畸人”。

【畸人】 神奇之人；仙人。柳示元《种仙灵毗》：“我闻畸人术，一气中夜存。”司空图《诗品二十四则·高古》：“畸人乘真，手把芙蓉。”

當[1] 〔dāng《广韵》都郎切，平唐，端。〕❶对等；相当。《吕氏春秋·孟夏》：“行爵出禄，必当其位。”高诱注：“当，直也。”宋璟《奉和御制璟与张说源乾曜同日上官命宴都堂赐诗应制》：“老臣慵且惫，何德以当诸。”引申为匹敌。岑参《韦员外家花树歌》：“君家兄弟不可当，列卿御史尚书郎。”萧颖士《江有归舟三章》序：“其他自京畿太学，逾于淮泗，行束脩以上而未及门者，亦云倍之。余弗敏，曷云当乎？”❷对着；向着。岑参《题永乐韦少府厅壁》：“白鸟下公府，青山当县门。”白居易《新构亭台示诸弟侄》：“南檐当渭水，卧见云帆飞。”朱庆余《题青龙寺》：“青山当佛阁，红叶满僧廊。”韦庄《题姑苏凌处士庄》：“一簇林亭返照间，门当官道不曾关。”❸担任；充当。卢纶《送元昱尉义兴》：“风标当剧部，冠带称儒家。”畅当《南充谢郡客游澧州留赠宇文中丞》：“仆本濩落人，辱当州郡使。”韩愈《此日足可惜赠张籍》：“州家举进士，选试缪所当。”❹承受；承当。高适《燕歌行》：“身当恩遇恒轻敌，力尽关山未解围。”李益《从军有苦乐行》：“寄语丈夫雄，苦乐身自当。”❺抵挡；对付。王维《老将行》：“一身转战三千里，一剑曾当百万师。”杜甫《忆昔二首》之一：“我昔近侍叨奉引，出兵整肃不可当。”韦庄《和郑拾遗秋日感事一百韵》：“上略咸推妙，前锋讵可当。”周昙《咏史诗·前汉门·薛公》：“黥布称兵孰敢当，薛公三计为斟量。”❻遮蔽；阻挡。《韩非子·内储说上》：“夫日兼烛天下，一物不能当也。”陈奇猷集释引旧注：“言一物不能蔽日之光也。”白居易《宿灵岩寺上院》：“更无俗物当人眼，但有泉声洗我心。”❼经受。韦应物《夏至避暑北池》：“高居念田里，苦热安可当？”卢仝《小妇吟》：“门边两相见，笑乐不可当。”❽应该；应当。韦应物《幽居》：“自当安蹇劣，谁谓薄世荣。”元结《系乐府十二首·农臣怨》：“谣颂若采之，此言当可取。”皇甫湜《出世篇》：“生当为大丈夫，断羁罗，出泥涂。”白居易《云居寺孤桐》：“寄言立身者，孤直当如此。”❾可，可以。杜甫《前出塞九首》之三：“功名图骐驎，战骨当速朽。”钱起《玛瑙杯歌》：“宁及琢磨当妙用，燕歌楚舞长相随。”白居易《偶作二首》之二：“勿信人虚语，君当事上看。”❿值；遇上。李华《咏史十一首》之七：“何意李司隶，而当昏乱时。”王建《坏屋》：“官家有坏屋，居者愿离得……若当君子住，一日还修饰。”孟郊《送孟寂赴举》：“况当圣明主，岂乏证玉臣。”⓫当值；值班。见“當直”。⓬壮盛貌。见“當年❶”。⓭比喻；比拟。张籍《祭退之》：“由兹类朋党，骨肉无以当。”元稹《独游》：“花当西施面，泉胜卫玠清。”⓮本来。崔融《哭蒋詹事俨》：“汲黯言当直，陈平智本奇。”⓯副词。(1)相当于“尚”“还”。《列子·天瑞》：“贫者士之常也，死者人之终也，处常得终，当何忧哉?”杨伯峻集释：“当读为尚。《史记·魏公子列传》：‘使秦破大梁，而夷先王之宗庙，公子当何面目立天下乎?’当亦应读为尚。”韦应物《答令狐侍郎》：“明时重英才，当复列彤闱。”玄宗《经邹鲁祭孔子而叹之》：“今看两楹奠，当与梦时同。”姚系《野居池上看月》：“应门当未曙，歌吹满昭阳。”⓰介词。(1)相当于“在”。王维《送綦毋潜落第还乡》：“远树带行客，孤村当落晖。”权德舆《伏蒙十六叔寄示喜庆感怀三十韵因献之》：“种杏当暑热，烹茶含露新。”李绅《悲善才》：“紫髯供奉前屈膝，尽弹妙曲当春日。”黄滔《明月照高楼》：“佳人当此夕，多少别离情。”(2)对；向。窦庠《于阗钟歌送灵彻上人归越》：“高僧访古稽山曲，终日当之言不足。”⓱助词。相当于“着”。姚合《寄狄拾遗时为魏州从事》：“睡当一席宽，觉乃千里窄。”

當² 〔dàng《广韵》丁浪切，去宕，端。〕❶适当；合适。韩愈《重云李观疾赠之》：“此志诚足贵，惧非职所当。”姚合《从军行》：“丈夫生世间，职分贵所当。”陆龟蒙《顾道士亡弟子奉束帛乞铭于袭美因赋戏赠》：“比于黄绢词尤妙，酬以霜缣价未当。”❷当作；算是。杜甫《凤凰台》：“心以当竹实，炯然无外求。”白居易《和元八侍御升平新居四绝句·高亭》：“亭脊太高君莫拆，东家留取当西山。”贾岛《寄胡遇》：“落叶书胜纸，闲砧坐当床。”❸抵押。白居易《自咏老身示诸家属》：“走笔还诗债，抽衣当药钱。”雍陶《公子行》：“金鞭留当谁家酒，拂柳穿花信马归。”杜牧《代吴兴妓春初寄薛军事》：“金钗有几只，抽当酒家钱。”吕岩《七言》：“一领布裘权且当，九天回日却归还。”❹指事情发生的那个时候或地方，相当于“本”“此”。皎然《陪卢判官水堂夜宴》：“暑气当宵尽，裴回坐月前。”见“當₂身”“當₂世”“當₂時❷”。❺底，器物的底部。《韩非子·外储说右上》：“今有千金之玉卮，通而无当，可以盛水乎?”陈奇猷集释：“卮而无底，故曰通；当，丁浪反，底也。”元稹《赋得玉卮无当》：“共惜连城宝，翻成无当卮。”白居易《游悟真寺诗》：“至今铁钵在，当底手迹穿。”

【當一星】 谓地面某处与天上某一星宿对应。岑参《赠西岳山人李冈》：“君隐处，当一星，莲花峰头饭黄精。”

【當₂夕】 当天晚上。刘言史《苦妇词》：“独随军吏行，当夕余欲迁。”

【當天】 在天空。韩愈《奉和杜相公太清宫纪事陈诚上李相公十六韵》：“皎洁当天月，葳蕤捧日霞。”李商隐《无题四首》之四：“东家老女嫁不售，白日当天三月半。”吴融《赴阙次留献荆南成相公三十韵》：“拔地孤峰秀，当天一鹗雄。”杜光庭《初月》：“照物不能长似镜，当天多是曲如钩。”

【當世】 犹言当政。孟浩然《和卢明府送郑十三还京兼寄之什》：“寄语朝廷当世人，何时重见长安道。”

【當₂世】 (今读 dāng)当代；现世。王昌龄《郑县宿陶太公馆中赠冯六元二》：“儒有轻王侯，脱略当世务。”高适《赠别王十七管记》：“晚节踪曩贤，雄词冠当世。”白居易《三谣·素屏谣》：“当世岂无李阳冰之篆字，张旭之笔迹，边鸾之花鸟，张璪之松石?”韦庄《和陆谏议避地寄东阳进退未决见寄》：“入洛声华当世重，闵周章句满朝吟。”

【當日】 昔日。指过去发生某件事的时候。李商隐《华清宫》：“当日不来高处舞，可能天下有胡尘。”姚鹄《送刘耕归舒州》：“弃繻当日路，应竞看终军。”吉师老《看蜀女转昭君变》：“说尽绮罗当日恨，昭君传意向文君。”

【當₂日】 本日；同一天。杜甫《散愁二首》之二：“几时通蓟北，当日报关西。”无名氏《五言白话诗》之十(外编下)：“四面有贼功，当日即须行。”

【當中】 (—zhōng)中间。李贺《高轩过》：“二十八宿罗心胸，九精照耀贯当中。”僧鸾《苦热行》：“饮流夸父毙长途，如见当中印王字。”

【當午】 ❶正午；中午。白居易《续古诗十首》之十：“天地黯以晦，当午如昏时。”李绅《古风二首》之二：“锄禾日当午，汗滴禾下土。”王毂《苦热行》：“日轮当午凝不去，万国如在洪炉中。”❷指午夜。温庭筠《菩萨蛮》词之一二：“夜来皓月才当午，重帘悄悄无人语。”吴融《中秋陪熙用学士禁中玩月》：“未高知海阔，当午见宫深。”

【當仁】 犹言当之无愧。玄宗《送李邕之任滑台》：“课成应第一，良牧尔当仁。”皇甫冉《奉和独孤中丞游法华寺》:“访道三千界,当仁五百年。”

【當仁不讓】《论语·卫灵公》:“当仁不让于师。”朱熹集注:“当仁,以仁为己任也。虽师亦无所逊,言当勇往而必为也。”后用以指主动去做应做的事情。李商隐《韩碑》:“当仁自古有不让,言讫屡颔夫子颐。”

【當₂今】(今 dāng)现在;目前。任华《寄李白》:“我闻当今有李白,《大猎赋》,鸿猷文。”韩愈《杂诗》:“当今固殊古,谁与为欢劝。”白居易《三谣·素屏谣》:“尔不见当今甲第与王宫,织成步障银屏风。”周昙《咏史诗·闲吟》:“考摭妍媸用心破,剪裁千古献当今。”

【當户】对着门口。沈颂《旅次灞亭》:“圆月正当户,微风犹在林。”韦庄《题颍源庙》:“万木倚檐疏干直,群峰当户晓岚晴。”

【當心】指正中间。白居易《琵琶行》:“曲终收拨当心画,四弦一声如裂帛。”罗隐《牡丹》:“艳多烟重欲开难,红蕊当心一抹檀。”

【當心畫】用拨子在琵琶中部划过,为弹奏结束时经常用到右手手法。白居易《琵琶行》:“曲终收拨当心画,四弦一声如裂帛。”

【當₂代】(今读 dāng—)当前这个时代。李白《月下独酌四首》之四:“当代不乐饮,虚名安用哉。”杜甫《奉简高三十五使君》:“当代论才子,如公复几人?”薛能《升平词十首》之七:“他时应有寿,当代且无虞。”

【當₂句對】诗文对偶体式的一种,指一句中自成对偶。李商隐有《当句有对》。其诗颈联“但觉游蜂饶舞蝶,岂知孤凤忆离鸾”当句对最具典型。

【當年】❶犹云少年或壮年。李白《相逢行》:“当年失行乐,老去徒伤悲。”权德舆《放歌行》:“夕阳不驻东流急,荣名贵在当年立。”李商隐《送千牛李将军赴阙五十韵》:“照席琼枝秀,当年紫绶荣。”徐铉《宿茅山寄舍弟》:“当年各自勉,云洞镇长春。”❷往年。指过去发生某件事的时候。殷尧藩《宫人入道》:“绿鬟女伴含愁别,释尽当年妒宠私。”许浑《咸阳城东楼》:“行人莫问当年事,故国东来渭水流。”李昌符《绿珠咏》:“谁遣当年坠楼死,无人巧笑破孙家。”曹松《金谷园》:“当年歌舞时,不说草离离。”

【當合】应当;应该。元结《喻旧部曲》:“相逢是遗人,当合识荣辱。”

【當₂行】(當 dāng,行 háng)本行。王毂《玉树曲》:“当行狎客尽持禄,直谏犯颜无一人。”

【當州】州名。汉蚕陵县地,属蜀郡。唐贞观二十一年(647)割松州通轨县置当州,以土出当归为名。天宝元年(742)改为江源郡。乾元元年(758)复为当州,领通轨、和利、谷利三县,故治在今四川松潘县叠西营西北。柳宗元有《奉和周二十二丈酬郴州侍郎衡江夜泊得韶州书并附当州生黄茶一封率然而成篇代意之作》。

【當身】本人;自身。李白《少年行》:“遮莫姻亲连帝城,不如当身自簪缨。”

【當役】承当差役。袁高《茶山诗》:“一夫旦当役,尽室皆同臻。”

【當車泣】《晋书·成帝纪》:“(苏)峻逼迁天子于石头,帝哀泣升车,宫中恸哭。”后以“当车泣”作为权臣不轨、君王受辱之典。李商隐《有感二首》之一:“有甚当车泣,因劳下殿趋。”

【當初】起初;以前。刘禹锡《和令狐相公闻思帝乡有感》:“当初造曲者为谁,说得思乡恋阙时。”白居易《寄陈式五兄》:“惆怅料君应满鬓,当初是我十年兄。”郑嵎《津阳门诗》:“开元到今逾十纪,当初事迹皆残隳。”薛昭纬《谢银工》:“早知文字多辛苦,悔不当初学冶银。”

【當局】对局。喻身当其事。局,棋局。白居易《和梦游春诗一百韵》:“觉悟因傍喻,迷执由当局。”

【當昔】往昔;从前。孟浩然《高阳池送朱二》:“当昔襄阳雄盛时,山公常醉习家池。”高适《奉酬北海李太守丈人夏日平阴亭》:“当昔皇运否,人神俱未宁。”

【當杯】对着酒杯。谓饮酒。孟浩然《春中喜王九相寻》:“当杯已入手,歌妓莫停声。”钱起《送崔十三东游》:“当杯缓筝柱,倏忽催离宴。”张蠙《边游别友人》:“欲别不止泪,当杯难强歌。”

【當直】值班。王建《赠郭将军》:“承恩新拜上将军,当直巡更近五云。”李商隐《梦令狐学士》:“右银台路雪三尺,凤诏裁成当直归。”花蕊夫人徐氏《宫词》之一五四:“书破红蛮隔子上,旋推当直美人来。”

【當衙】❶对着天子所居的门庭。元稹《连昌宫词》:“蛇出燕巢盘斗栱,菌生香案正当衙。”❷主持衙门。无名氏《吾言白话诗》之十二(外编下):“长大人中官,当衙判曹事。”

【當夜】正值夜晚。皇甫冉《奉和对雪》:“春雪偏当夜,暄风却变寒。”

【當官】担任官职。刘长卿《江楼送太康郭主簿赴岭南》:“对酒怜君安可论,当官爱士如平原。”岑参《送永寿王赞府径归县》:“当官接闲暇,暂得归林泉。”李商隐《今月二日不自量度辄以诗干渎尊严咏叹不足之义也》:“乐道乾知退,当官蹇匪躬。”杜荀鹤《题汪明府山居》:“不似当官只似闲,野情终日不离山。”

【當空】(—kōng)在空中。元稹《清都春霁寄胡三吴十一》:“白日当空天气暖,好风飘树柳阴凉。”方干《中秋月》:“列野星辰正,当空鬼魅愁。”张蠙《盆池》："别疑天在地，长对月当空。"

【當門】 ❶挡着门；靠着门。朱庆余《夏日题武功姚主簿》："傍竹行寻巷，当门立看山。"潘图《末秋到家》："黄犬却有情，当门卧摇尾。"❷对着门；与门相对。元结《说洄溪招退者》："厝苏宜在水中石，洄溪一曲自当门。"陈羽《句》："秋山隔岸清猿叫，湖水当门白鸟飞。"郑巢《陈氏园林》："当门三四峰，高兴几人同。"齐己《题真州精舍》："碍目无高树，当门即远沙。"❸指挡门之物。李贺《许公子郑姬歌》："夜光玉枕栖凤凰，袷罗当门刺纯线。"

【當門户】 支撑门户；操持家务。杜甫《负薪行》："土风坐男使女立，应当门户女出入。"张籍《筑城词》："家家养男当门户，今日作君城下土。"

【當春】 ❶到了春天。杜甫《春夜喜雨》："好雨知时节，当春乃发生。"❷谓春闱发榜之时。曹邺《送厉图南下第归澧州》："当春人尽归，我独无归计。"

【當面】 ❶面对面；在面前。元稹《代九九》："别床铺枕席，当面指瑕疵。"杜牧《商山富水驿》："邪佞每思当面唾，清贫长欠一杯钱。"薛能《龙门八韵》："近身毛乍竖，当面语难通。"韩偓《复偶见三绝》之二："密迹未成当面笑，几回抬眼又低头。"❷遮盖脸面。李颀《双笋歌送李回兼呈刘四》："为君当面拂云日，孤生四远何足论。"李中《和易秀才春见寄》："小槛山当面，闲阶柳拂尘。"

【當風】 对着风。卢纶《赠李果毅》："向日磨金镞，当风著锦衣。"白居易《秦中吟十首·伤友》："蹇驴避路立，肥马当风嘶。"张碧《庐山瀑布》："参差碎碧落岩畔，梅花乱摆当风散。"

【當前】 在前面。韦应物《留别洛京亲友》："单车我当前，暮雪子独归。"姚合《题凤翔西郭新亭》："两面寒波涨，当前软柳垂。"

【當軒】 对着长廊或小室。杜审言《和韦承庆过义阳公主山池五首》之四："攒石当轩倚，悬泉度牖飞。"韦应物《五弦行》："中曲又不喧，徘徊夜长月当轩。"卢纶《同耿沣宿陆澧旅舍》："当轩云月开，清夜故人杯。"白居易《月夜登阁避暑》："开襟当轩坐，意泰神飘飘。"

【當時】 ❶昔时。指过去发生某件事的时候。李白《于五松山赠南陵常赞府》："当时不好贤，岂传千古名。"张继《春申君祠》："当时珠履三千客，赵使怀惭不敢言。"白居易《新乐府·草茫茫》："墓中下涸二重泉，当时自以为深固。"周昙《咏史诗·春秋战国门·祭足》："当时周郑谁为相，交质将何服远戎。"❷当今；当前。借指当前的人们。杜甫《独酌》："本无轩冕意，不是傲当时。"❸人名。即郑当时，字庄，西汉陈人。以任侠声闻梁楚间。景帝时为太子舍人。常置驿马四郊，存问故人，唯恐不遍，所交皆名士。杜甫《答郑十七郎一绝》："把文惊小陆，好客见当时。"徐锴《同家兄哭乔侍郎》："诸公长者郑当时，事事无心性坦夷。"

【當₂時】 ❶适时。方干《惜花》："可怜妍艳正当时，刚被狂风一夜吹。"黄滔《游南寓题》："天不当时命邹衍，亦将寒律入南吹。"❷就在那个时刻；即时。王昌龄《大梁途中作》："当时每酣醉，不觉行路难。"齐己《夏雨》："当时消酷毒，随处有清凉。"

【當時體】 那个时代的体裁。苑咸《酬王维》："为文已变当时体，入用还推间气贤。"杜甫《戏为六绝句》之二："杨王卢骆当时体，轻薄为文哂未休。"

【當胸】 胸前。陆龟蒙《鹤媒歌》："窥鳞啄藻乍低昂，立定当胸流一矢。"

【當家】 主持家务。无名氏《五言白话诗》之六（外编下）："用钱索新妇，当家有新故。"

【當₂家】 本家；同宗。白居易《赠楚州郭使君》："当家美事堆身上，何啻林宗与细侯。"高湘《句》："惟有高州是当家。"

【當₂處】 就在此处。王建《宫词一百首》之九三："却回龙武军前过，当处教开卧鸭池。"

【當國】 主持国政。储光羲《敬酬陈掾亲家翁秋夜有赠》："敬仲为齐卿，当国名益震。"白居易《寄隐者》："云是右丞相，当国握枢务。"

【當途】 见"當塗❶"。

【當流】 迎着水流。韩愈《山石》："当流赤足蹋涧石，水声激激风吹衣。"

【當窗】 对着窗户；在窗户边。卢象《同王维过崔处士林亭》："映竹时闻转辘轳，当窗只见网蜘蛛。"司空曙《雪二首》之二："半山槲叶当窗下，一夜曾闻雪打声。"李商隐《牡丹》："压径复缘沟，当窗又映楼。"

【當晝】 正当正午；白天。储光羲《吃茗粥作》："当昼暑气盛，鸟雀静不飞。"权德舆《石瓮寺》："厨烟半逐白云飞，当昼老僧来灌顶。"韩愈《庭楸》："当昼日在上，我在中央间。"赵嘏《南山道中》："当昼火云生不得，一溪萦作万重愁。"

【當₂場】 （今读 dāng）就在此地。姚合《剑器词三首》之一："今日当场舞，应知是战人。"

【當朝】 （—cháo）在朝廷中。亦指在朝中执政者。王湾《秋夜寓直即事怀赠萧令公诸友人》："旆隼当朝立，台骢发郡乘。"韩翃《赠别太常李博士兼寄两省旧游》："简异当朝执，香非寓直熏。"王建《东征行》："相国刻日波涛清，当朝自请东南征。"

【當軸】 喻掌握权柄。刘禹锡《奉和吏部杨尚书太常述怀赠答十韵》："当轴龙为友，临池凤不孤。"亦指当权者。陆龟蒙《江湖散人歌》："大君年小丞相少，当轴自请都旌旗。"

【當₂朝】（—cháo）本朝；当代。杜甫《投赠哥舒开府二十韵》："开府当朝杰，论兵迈古风。"韩翃《送张丞归使幕》："独受主恩归，当朝似者稀。"孟郊《寄陕府邓给事》："满座风无杂，当朝雅独全。"

【當街】❶临街。元稹《酬翰林白学士代书一百韵》："山岫当街翠，墙花拂面枝。"❷街当中；街上。顾况《公子行》："红肌拂拂酒光狞，当街背拉金吾行。"

【當御】谓充御用。杜甫《沙苑行》："骕骦一骨独当御，春秋二时归至尊。"

【當須】应当，必须。李贺《马诗二十三首》之八："赤兔无人用，当须吕布骑。"

【當陽】县名。战国时秦置，属南郡。唐武德四年(621)于县置平州，领当阳、临沮二县。六年，改属玉州。又省临沮入当阳，属荆州。今属湖北，由县改市，辖于宜昌市。元稹《三叹》之一："淬砺当阳铁，刻为干镆名。"齐己有《寄当阳张明府》。

【當路】❶挡路；阻碍通行。李商隐《五言述德抒情诗一首四十韵献上杜七兄仆射相公》："恶草虽当路，寒松实挺生。"罗隐《江夏酬高崇节》："群盗正当路，此游应隔生。"❷对着大路。曹邺《古莫买妾行》："千扉不当路，未似开一门。"❸路上。元稹《痁卧闻幕公征乐会饮因有戏呈三十韵》："坐隅甘对鹏，当路恐遭豺。"❹执政；当权。许棠《讲德陈情上淮南李仆射八首》之八："当路公卿谁见待，故乡亲爱自疑非。"❺当权者。孟浩然《留别王侍御维》："当路谁相假，知音世所稀。"牟融《送沈翔》："清朝尽道无遗逸，当路谁曾访少微。"陆龟蒙《袭美见题郊居十首因次韵酬之以伸荣谢》之四："故山空自掷，当路竟谁知。"曹松《书怀》："吟诗应有罪，当路却如仇。"

【當路子】当权者。杜甫《太子张舍人遗织成褥段》："叹息当路子，干戈尚纵横。"

【當路者】当权者。孟浩然《秦中苦雨思归赠袁左丞贺侍郎》："寄言当路者，去矣北上岑。"

【當道】挡路。唐彦谦《蟹》："无肠公子固称美，弗使当道禁横行。"

【當寧】❶处在门屏之间。宁，古代宫室门内屏外之地，君主在此接受诸侯朝见。后以"当宁"指天子听政。《郊庙歌辞·周朝享乐章·忠顺》："明君当宁，列辟奉觞。"❷借指天子。杜甫《往在》："当宁陷玉座，白间剥画虫。"

【當塗】❶亦作"當途"。谓执政、掌权。丘为《冬至下寄舍弟时应赴入京》："终日读书仍少孤，家贫兄弟未当途。"岑参《西蜀旅舍春叹寄朝中故人呈狄评事》："何负当途人，无心矜窘厄。"高适《效古赠崔二》："缅怀当塗者，济济居声位。"李商隐《井泥四十韵》："当塗佩国玺，本乃黄门携。"❷县名。汉丹阳县地，属丹阳郡。晋分丹阳置于湖县。成帝以江北当涂县流人寓居于湖，乃改为当涂县，属宣州。唐武德三年(620)，置南豫州，以县属。八年，省南豫州，县属宣州。今属安徽。裴耀卿有《敬酬张九龄当塗界留赠之作》。李白有《陪族叔当塗宰游化城寺升公清风亭》和《献从叔当塗宰阳冰》。韦庄《过当涂县》："客过当涂县，停车访旧游。"

【當歌】❶面对歌唱。卢象《乡试后自巩还田家因谢邻友见过之作》："置酒共君饮，当歌聊自宽。"李白《相逢行》："蹙入青绮门，当歌共衔杯。"独孤及《同徐侍郎五云溪新庭重阳宴集作》："骋望傲千古，当歌遗四愁。"司空图《有感二首》之二："从此当歌唯痛饮，不须经世为闲人。"❷谓当筵而歌。杜甫《陪李北海宴历下亭》："云山已发兴，玉佩仍当歌。"

【當歌對酒】饮酒听歌。"当""对"同义。李白《把酒问月》："唯愿当歌对酒时，月光长照金樽里。"

【當對】匹敌。韩愈《猛虎行》："自矜无当对，气性纵以乖。"

【當熊】《汉书·外戚传下·孝元冯昭仪传》载，建昭中，上幸虎牢斗兽，后宫皆坐。熊佚出圈，攀槛欲上殿。左右贵人傅昭仪皆惊走。冯婕妤直当熊而立，左右格杀熊。上问："人情惊惧，何故前当熊？"婕妤对曰："猛兽得人而止，妾恐熊当御坐，故以身当之。"元帝嗟叹，以此倍敬重焉。后用作称颂后妃临危不惧之典。贾至《咏冯昭仪当熊》："王孙莫谏猎，贱妾解当熊。"罗虬《比红儿诗》之八〇："冯媛须知住汉宫，将身只是解当熊。"李瀚《蒙求》："冯媛当熊，班女辞辇。"

【當熊讓輦】亦作"當熊辭輦"。用汉元帝冯昭仪事。见"當熊"。上官昭容、崔湜《景龙四年正月五日柏梁体联句》："当熊让辇愧前芳，再司铨筦恩可忘。"卢纶《天长久词》："辞辇复当熊，倾心奉六宫。"和凝《宫词百首》之七一："尽道君王修圣德，不劳辞辇与当熊。"

【當熊辭輦】见"當熊讓輦"。

【當頭】❶在头的上面。王建《寄分司张郎中》："青天白日当头上，会有求闲不得时。"❷正对面；迎头。王建《宫词一百首》之三二："红蛮杆拨贴胸前，移坐当头近御筵。"张祜《戏颜郎中猎》："倒把角弓呈一箭，满川狐兔当头行。"薛能《牡丹四首》之二："四面宜绨锦，当头称管弦。"吴融《李周弹筝歌》："当头独坐扨一声，满座好风生拂拂。"

【當禪】在坐禅之时。朱庆余《与贾岛顾非熊无可上人宿万年姚少府宅》："役思因生病，当禅岂觉寒。"项斯《送僧归南岳》："料得逢春住，当禅云满扉。"

【當應】（—yīng）应当。李绅《南梁行》："呜呜晓角霞辉粲，抚剑当应一长叹。"

【當歸】 ❶一种多年生草本植物。羽状复叶，夏秋间开小白花，伞形花序，茎叶皆有香味。根可入药，有镇静、补血、调经等作用。古诗文中常用以寓“应当归来”之意。杜正伦《冬日宴于庶子宅各赋一字得节》：“方欣投辖情，且驻当归别。”张说《代书寄吉十一》：“口衔离别字，远寄当归草。”

【當₂歸】 权当作归去。雍陶《喜梦归》：“觉来莫道还无益，未得归时且当归。”

【當壚】 ❶指卖酒。垆，放酒坛的土墩。李白《江夏行》：“正见当垆女，红妆二八年。”又《前有一樽酒行二首》之二：“胡姬貌如花，当垆笑春风。”杜牧《张好好诗》：“洛城重相见，婥婥为当垆。”又《郡斋独酌》：“旗亭雪中过，敢问当垆娘。”❷《史记·司马相如列传》：文君夜亡奔相如，相如乃与驰归成都。家居徒四壁……相如与俱之临邛，卖尽其车骑，买一酒舍酤酒，而令文君当垆。相如身自着犊鼻裈，与保庸杂作，涤器于市中。后用以为典，咏叹卖酒女子。元稹《和李校书新题乐府十二首·西凉伎》：“楼下当垆称卓女，楼头伴客名莫愁。”李商隐《杜工部蜀中离席》：“美酒成都堪送老，当垆仍是卓文君。”薛能《赠歌者》：“汉浦蔑闻虚解佩，临邛焉用枉当垆。”李瀚《蒙求》：“绿珠坠楼，文君当垆。”

【當關】 ❶门吏。刘禹锡《酬令狐相公寄贺迁拜之什》：“不见当关呼早起，曾无侍史与焚香。”李商隐《留赠畏之》之一：“清时无事奏明光，不遣当关报早霜。”又《富平少侯》：“当关不报侵晨客，新得佳人字莫愁。”❷守关。李白《蜀道难》：“剑阁峥嵘而崔嵬，一夫当关，万夫莫开。”

【當衢】 正对着大路。白居易《和春深二十首》之三：“诏借当衢宅，恩容上殿车。”

【當爐】 亦作“當鑪”。面对炉火取暖。杨巨源《奉酬窦郎中早入省苦寒见寄》：“谁家挟纩心，何地当炉热。”又《大堤曲》：“珍簟华灯夕阳后，当炉理瑟矜纤手。”

【當鑪】 见“當爐”。

畹 〔wǎn《广韵》於阮切，上阮，影。〕❶古代地积单位。有三十亩一畹、十二亩一畹、三十步一畹诸说。韩愈《合江亭》：“树兰盈九畹，栽竹逾万个。”❷泛指园圃。张说《扈从幸韦嗣立山庄应制》序：“岚气入野，榛烟出谷，鱼潭竹岸，松斋药畹。”窦牟《陪韩院长韦河南同寻刘师不遇》：“药畹琼枝秀，斋轩粉壁空。”韩愈《赠别元十八协律六首》之一：“何氏之从学，兰蕙已满畹。”温庭筠《余昔自西滨得兰数本遂寄情于此》：“幽丛霭绿畹，岂必怀归耕。”

【畹蘭】 园圃中兰草。李商隐《晓起》：“影响输双蝶，偏过旧畹兰。”李咸用《依韵修睦上人山居十首》之七：“畹兰未必因香折，湖象多应为齿焚。”吴融《玉堂种竹六韵》：“有韵和宫漏，无香杂畹兰。”

十 画

畿 〔jī《广韵》渠希切，平微，群。〕❶王都所辖千里之地。《周礼·地官·大司徒》：“乃建王国焉，制其畿方千里而封树之。”贾公彦疏：“王畿千里，以象日月之大，中置国城，面各五百里。”后多指京城管辖的地区。储光羲《望幸亭》：“五年一巡狩，西幸过东畿。”白居易《醉后走笔酬刘五主簿长句之赠兼简张大贾二十四先辈昆季》：“始辞秘阁吏王畿，遽列谏垣升禁闱。”张光朝《天门街西观荣王聘妃》：“郑国通梁苑，天津接帝畿。”顾非熊《送从叔尉渑池》：“同登科第皆清列，尚爱东畿一尉闲。”❷地界；疆界。《诗·商颂·玄鸟》：“邦畿千里，维民所止。”毛传：“畿，疆也。”宋之问《送李侍御》：“南登指吴服，北走出秦畿。”❸门槛。《诗·邶风·谷风》：“不远我伊，薄送我畿。”马瑞辰通释：“‘薄送我畿’，即送不过梱之谓。梱设于门中。”韩愈《谴疟鬼》：“清波为裳衣，白石为门畿。”

【畿甸】 指京城地区。王湾《晚夏马嵬卿叔池亭即事寄京都一二知己》：“忝职畿甸淹，滥陪时俊后。”殷寅《铨试后征山别业寄源侍御》：“别业在征山，登高望畿甸。”孟郊《春日同韦郎中使君送邹儒立少府扶侍赴云阳》：“侧闻畿甸秀，三振词策雄。”薛能《送浙东王大夫》：“佩刀畿甸色，歌吹馆桥声。”

【畿内】 王都及其周围千里以内的地区。李频《赠同官苏明府》：“山中畿内邑，别觉大夫清。”

【畿圻】 （—qí）京畿。亦指京城所领的地区。陆龟蒙《战秋辞》：“南北畿圻，盗兴五期。”

【畿寰】 畿县。京都近旁之县。黄滔《寄同年崔学士》：“毕使海涯能拔宅，三秦二十四畿寰。”

十四画

疇 〔chóu《广韵》直由切，平尤，澄。〕❶已耕作的田地。《孟子·尽心上》：“易其田畴，薄其亩敛，民可使富也。”孙奭疏：“《说文》（畴）为耕治之田也。”岑参《南溪别业》：“结宇依青嶂，开轩对翠畴。”韩愈《南溪始泛三首》之二：“幸有用余俸，置居在西畴。”孟郊《越中山水》：“菱湖有余翠，茗圃无荒畴。”蒋防《秋稼如云》：“葱茏初蔽野，散漫正盈畴。”❷种类；同类。后作“俦”。《书·洪范》：“鲧陻洪水，汩陈其五行，帝乃震怒，不畀洪范九畴，彝伦攸斁。”孔安国传：“畴，类也。”孔颖达疏：“不与鲧大法九类。”李峤

《书》："河图八卦出，洛范九畴初。"陆龟蒙《袭美先辈以龟蒙所献五百言用伸酬谢》："洪范分九畴，转成天下规。"见"疇類"。❸谁。《文选·司马相如〈封禅文〉》："罔若淑而不昌，畴逆失而能存？"李善注引应劭曰："畴，谁也。"见"疇能"。❹以往；从前。见"疇日""疇年""疇昔"。❺谓世代相传。见"疇人"。❻通"酬"。见"酬庸""酬勞"。

【疇人】　世代相传的执掌天文历算之人。亦指精通天文历算的学者。罗让《闰月定四时》："月闰随寒暑，畴人定职司。"

【疇日】　往日；从前。宋之问《发端州初入西江》："畴日三山意，于兹万绪睽。"卢象《赠张均员外》："承欢畴日顾，未纪后时伤。"唐尧客《大梁行》："雄哉魏公子，畴日好罗英。"

【疇年】　往年。李华《寄赵七侍御》序："自余干溪行，经弋阳至上饶。山川幽丽，思与云卿同游，邈不可得。因叙畴年之素，寄怀于篇云。"

【疇昔】　❶往日；从前。孔绍安《赠蔡君》："畴昔同幽谷，伊尔迁乔木。"孟浩然《岁除夜会乐城张少宅》："畴昔通家好，相知无间然。"沈千运《赠史修文》："畴昔皆少年，别来鬓如丝。"鲍溶《宿吴兴道中茗村》："畴昔此林下，归心巢顶禅。"❷指往日的事情或往日的情怀、情景。裴迪《辋川集二十首·孟城坳》："古城非畴昔，今人自来往。"杜甫《病后遇王倚饮赠歌》："且遇王生慰畴昔，素知贱子甘贫贱。"牟融《寄永平友人》之一："何日归来话畴昔，一樽重叙旧襟期。"

【疇咨】　《书·尧典》："帝曰：'畴咨若时登庸。'"孔安国传："畴，谁；庸，用也。谁能咸熙庶绩，顺是事者，将登用之。"后以"畴咨"作为访问、访求之意。独孤及《送陈兼应辟兼寄高适贾至》："料君能献可，努力副畴咨。"

【疇能】　谁能。杜甫《九日寄岑参》："安得诛云师，畴能补天漏。"又《送高司直寻封阆州》："伏枕闻别离，畴能忍漂寓。"

【疇庸】　酬报功劳。畴，通"酬"。萧昕《洛出书》："永赖至于今，畴庸未云毕。"

【疇勞】　酬劳，酬谢有功之人。畴，通"酬"。权德舆《建除诗》："成绩封千室，畴劳使五符。"

【疇類】　同辈。卢象《八月十五日象自江东止田归园移庄庆会赋是诗三首》之一："畴类皆长年，成人旧童子。"

【疇隴】　犹丘陇，指坟墓。李白《感兴六首》之六："常恐委畴陇，忽与秋蓬飞。"瞿蜕园等校注引萧士赟曰："'常恐委畴陇，忽与秋蓬飞'，喻在野之贤唯恐老之将至，与草木俱腐也。"

疆　〔jiāng《广韵》居良切，平陽，見。〕❶国界；边界。杜甫《前出塞九首》之五："杀人亦有限，列国自有疆。"柳宗元《奉平淮夷雅表·方城》："寇昏以狂，敢蹈憝疆。"顾非熊《山塞即事二首》之二："贺兰山便是戎疆，此去萧关路几荒。"杜荀鹤《送友游吴越》："去越从吴过，吴疆与越连。"❷疆域；疆土。元结《补乐歌十首·大夏》："国有安乂兮，野有封疆。"杨巨源《上刘侍中》："深入平夷落，横行辟汉疆。"白居易《新乐府·西凉伎》："平时安西万里疆，今日边防在凤翔。"杜牧《感怀诗一首》："合环千里疆，争为一家事。"亦泛称某一地方。韩愈、孟郊《城南联句》："是节饱颜色，兹疆称都城。"❸田界；田边。《文选·张衡〈东京赋〉》："兆民勤于疆场，感懋力以耘耔。"薛综注："疆，田畔也。"亦指田地。白居易《渭村退居寄礼部崔侍郎翰林钱舍人诗一百韵》："隙地治场圃，闲时粪土疆。"❹通"彊"。强大；强盛。高适《奉酬睢阳李太守》："本枝疆我李，盘石冠诸刘。"

【疆外】　域外。指中原地区以外的地方。韩愈《元和圣德诗》："疆外之险，莫过蜀土。"

【疆宇】　疆域；领土。韩愈《琴操十首·越裳操》："以有疆宇，私我后人。"吴越王钱镠《青史楼引宾从同登》："云阁霞轩别构雄，下窥疆宇壮吴宫。"

【疆畎】　田野；田地。权德舆《奉和韦曲庄言怀贻东曲外族诸弟》："疆畎分古渠，烟霞连灌丛。"

【疆界】　泛指界限；范围。元友让《复游浯溪》："田地潜更主，林园尽废荒。悲凉部耆耋，疆界指垂杨。"

【疆理】　疆域；国境。温庭筠《送渤海王子归本国》："疆理虽重海，车书本一家。"皮日休《补周礼九夏系·九夏歌九篇》："王有掌讶，侦尔疆理。"

【疆埸】　❶边界；边境。杜审言《送和西蕃使》："疆场及无事，雅歌而餐饭。"❷战场。高适《九曲词三首》之一："许国从来彻庙堂，连年不为在疆场。"耿湋《塞上曲》："懒说疆场曾大获，且悲年鬓老长征。"卢纶《代员将军罢战后归旧里赠朔北故人》："结发事疆场，全生俱到乡。"沈亚之《答殷尧藩赠罢泾源记室》："劳君辍雅语，听说事疆场。"

【疆境】　边界。张祜《戊午年感事书怀二百韵谨寄献李尚书》："百越邻疆境，三吴隘井鄽。"

十五画

副　〔pì《广韵》芳逼切，入職，滂。《集韵》拍逼切，入職，滂。〕剖开。王维《酬诸公见过》："箪食伊何，副瓜抓枣。"

十七画

疊〔dié《广韵》徒協切，入帖，定。〕❶重叠；累积。《文选·张衡〈西京赋〉》："神明崛其特起，井干叠而百增。"吕向注："叠，谓楼形重叠。"韦应物《授衣还田里》："山明始重叠，川浅更逶迤。"权德舆《和部门李尚书东亭诗》："云卷岩巘叠，雨余松桂鲜。"殷尧藩《送沈亚之尉南康》："对江翘首望，愁泪叠如波。"王贞白《金陵怀古》："御路叠民冢，台基聚牧童。"❷堆砌；叠砌。韦应物《游琅琊山寺》："填壑跻花界，叠石构云房。"白居易《游悟真寺诗》："危石叠四五，嵬嵬欹且刓。"崔公信《和太原张相公山亭怀古》："叠石状崖巘，翠含城上楼。"马戴《题庐山寺》："白茅为屋宇编荆，数处阶墀石叠成。"❸连续；连接。孟郊《石淙》之五："疾流脱鳞甲，叠岸冲风霆。"《郊庙歌辞·汉宗庙乐舞辞·章庆舞》："阿阁长栖彩凤，郊宫叠奏祥麟。"见"疊閣""疊漏❶"。❹折；折叠。白居易《燕子楼三首》之二："自从不舞霓裳曲，叠在空箱十一年。"李群玉《送郑子宽弃官东游便归女几》："九女叠云屏，于焉恣栖息。"见"疊紙"。❺轻击。见"疊鼓"。❻量词。(1)用于重叠、累积之物。张继《九日巴丘杨公台上宴集》："万叠银山寒浪起，一行斜字早鸿来。"姚合《送陟遐上人游天台》："万叠赤城路，终年游客稀。"许浑《岁暮自广江至新兴往复中题峡山寺四首》之二："水曲岩千叠，云重树百层。"徐夤《忆旧山》："龙争虎攫皆闲事，数叠山光在梦思。"(2)用于计算乐曲重奏。白居易《听歌六绝句·何满子》："一曲四调歌八叠，从头便是断肠声。"薛逢有《伊州歌入破第三叠》。❼通"慴"。恐惧。《诗·周颂·时迈》："薄言震之，莫不震叠。"高亨注："叠，通'慴'，恐惧。"孟郊《峡哀》之二："花木叠宿春，风飙凝古秋。"

【疊山】 叠成山峰。温庭筠《晓仙谣》："银河欲转星靥靥，碧浪叠山埋早红。"

【疊日】 靠近太阳。方干《寄台州孙从事百篇》："相思莫讶音书晚，鸟去犹须叠日飞。"张蠙《过黄牛峡》："黄牛来势泻巴川，叠日孤舟逐峡前。"

【疊玉】 犹言连璧。李贺《送韦仁实兄弟入关》："韦郎好兄弟，叠玉生文翰。"

【疊石灣】 地名，在唐郴州(今湖南郴县)。王昌龄有《出郴山口至叠石湾野人中室寄张十一》。

【疊光】 重叠的月光。刘得仁《和郑校书夏日游郑泉》："叠光轻吹动，彻底晓霞侵。"

【疊帆】 一只接着一只的船只。刘畋《晚泊汉江渡》："叠帆依岸尽，微照夹堤明。"

【疊壁】 指重叠的岩壁。杜甫《大历三年春有诗凡四十韵》："叠壁排霜剑，奔泉溅水珠。"

【疊坂】 重叠的斜坡。王建《公无渡河》："渡头恶天两岸远，波涛塞川如叠坂。"

【疊臥】 谓堆放。白居易《放鱼》："青青芹蕨下，叠卧双白鱼。"

【疊岫】 重叠的山峰。贾岛《寄刘侍御》："积泉留岱鸟，叠岫隔巴猿。"

【疊夜】 深夜。朱放《竹》："叠夜常栖露，清朝乍有蝉。"

【疊重】 (—chóng)重叠；一层层堆积。韩愈《南山诗》："参差相叠重，刚耿陵宇宙。"

【疊素】 折叠白色丝绢。杨子见歧路而哭之，为其可以南可以北；墨子见练丝而泣之，为其可以黄可以黑。见《淮南子·说林训》。李峤《墨》："悲丝光易染，叠素彩还沉。"

【疊栱】 叠置斗拱。钱弘倧《登蓬莱阁怀武肃王》："飞棉叠栱重装束，刻槛雕甍又葺成。"

【疊破】 乐曲开始叠奏。元稹《何满子歌》："缠绵叠破最殷勤，整顿衣裳颇闲散。"

【疊浪】 叠起的波浪。刘长卿《岳阳馆中望洞庭湖》："叠浪浮元气，中流没太阳。"周贺《寄韩司兵》："泗上旅帆侵叠浪，雪中归路踏荒坟。"高蟾《楚思》："叠浪与云急，翠兰和意香。"狄焕《送人游邵州》："渔家侵叠浪，岛树挂残晖。"

【疊紙】 折纸。卢仝《寄崔柳州》："使者立取书，叠纸生百忧。"白居易《微之重夸州居因嘲兹石聊以寄怀》："君问西州城下事，醉中叠纸为君书。"

【疊雪】 ❶重叠飞扬的雪花。韩愈《答张彻》："叠雪走商岭，飞波航洞庭。"欧阳炯《春光好》词之五："叠雪罗袍接武，团花骏马娇行。"❷形容轻柔。杜甫《端午日赐衣》："细葛含风软，香罗叠雪轻。"

【疊發】 连续发出。卢仝《听萧君姬人弹琴》："金尊湛湛夜沉沉，余音叠发清联绵。"

【疊鼓】 小击鼓；急击鼓。崔颢《江畔老人愁》："两朝出将复入相，五世叠鼓乘朱轮。"耿湋《和王怀州观西营秋射》："迎筹皆叠鼓，挥箭或移竿。"李德裕《寒食日三殿侍宴奉进诗一首》："鸣笳朱鹭起，叠鼓紫骍豪。"温庭筠《题翠微寺二十二韵》："叠鼓严灵仗，吹笙送夕阳。"亦指击鼓声。陆龟蒙《江南秋怀寄华阳山人》："戍风飘叠鼓，邻月动哀筝。"又《送宣武从事越中按狱》："木落孤帆迥，江寒叠鼓飘。"

【疊溜】 (—liù)不断奔泻的水流。戴叔伦《下鼻亭泷行八十里聊状艰险寄青苗郑副端朔阳》："盘涡几十处，叠溜皆千尺。"

【疊嶂】 亦作"疊障"。重叠的山峰。孟浩然《经七里滩》："叠障数百里，沿洄非一趣。"顾况《临海所居三首》之二:"不知叠嶂重霞里,更有何人度石桥。"李商隐《妓席暗记送同年独孤云之武昌》:"叠嶂千重叫恨猿,长江万里洗离魂。"林璠《季夏入北山》:"树绕圆潭密,云横叠障孤。"

【叠漏】 ❶连续的雨滴。姚合《夜宴太仆田卿宅》:"微风侵烛影,叠漏过林端。"张蠙《雨》:"细滴高槐底,繁声叠漏间。"❷连续的更漏声。李频《长安即事》:"中夜永怀听叠漏,先秋归梦涉层波。"

【叠閣】 一座接着一座的楼阁。李正封《禅门寺暮钟》:"游人忆到嵩山夜,叠阁连楼倚太空。"

【叠翠】 层叠的翠绿色。杜牧《湖南正初招李郢秀才》:"千里暮山重叠翠,一溪寒水浅深情。"马戴《送狄参军赴杭州》:"海门山叠翠,湖岸郡藏云。"许彬《同友人会裴明府县楼》:"湖山万叠翠,汀树一行春。"孙鲂《春苔》:"何时连夜雨,叠翠满松阴。"

【叠障】 见"叠嶂"。

【叠綺】 层叠罗绮。谓衣衫华丽,色彩缤纷。王维《送李睢阳》:"黄纸诏书出东厢,轻纨叠绮烂生光。"

【叠層】 重叠;一层接着一层。沈亚之《文祝延二阕》之一:"闽山之杭杭兮水堋堋,吞荒抱大兮香叠层。"

【叠練】 折叠白绢。侯氏《绣龟形诗》:"开箱叠练先垂泪,拂杵调砧更断肠。"见"叠素"。

【叠影】 重叠影子。亦指重叠的影子。陈希烈《省试白云起封中》:"冉冉排空上,依依叠影重。"陆龟蒙《奉和袭美开元寺客省早景即事次韵》:"日上罘罳叠影红,一声清梵万缘空。"

【叠穎】 重叠的草穗。李建勋《罢相进诗》:"叠颖弄芳秋气落,丛柯耸翠露华清。"

【叠聲】 连声,一声接一声。李贺《官不来题皇甫湜先辈厅》:"书司曹佐走如牛,叠声问佐官来不。"

【叠叠】 层层叠叠貌。拾得《诗》:"云山叠叠几千重,幽谷路深绝人踪。"刘言史《北原情三首》之三:"叠叠葬相续,土干草已绿。"郑谷《浯溪》:"湛湛清江叠叠山,白云白鸟在其间。"齐己《过商山》:"叠叠岚寒风,红尘翠里盘。"

【叠嶺】 重叠的山岭。李白《过汪氏别业二首》:"叠岭碍河汉,连峰横斗牛。"戴叔伦《奉天酬别郑谏议云逵卢拾遗景亮见别之作》:"重阴蔽芳月,叠岭明旧雪。"

【叠縠】 层叠的轻纱。李群玉《伤思》:"西风团叶下,叠縠参差起。"

【叠蹙】 重叠积聚。吴融《绵竹山四十韵》:"亦似蓬莱山,金银台叠蹙。"

【叠韻】 指两个字或几个字韵母相同。见"叠韻詩"。

【叠韻詩】 用叠韵词所作的诗。皮日休《杂体诗》序:"沈约云:'偏眠船舷边。'由是叠韵兴焉。"唐诗人温庭筠、皮日休、陆龟蒙等均有叠韵诗。温庭筠《题贺知故居叠韵作》:"废砌翳薜荔,枯湖无菰蒲。老媪饱藁草,愚儒输逋租。"陆龟蒙《叠韵山中吟》:"琼英轻明生,石脉滴沥碧。玄铅仙偏怜,白帻客亦惜。"皮日休有和作。

【叠瀾】 重叠的波澜。温庭筠《太液池歌》:"叠澜不定照天井,倒影荡摇晴翠长。"

【叠巘】 重叠的山峰。许彬《经李翰林庐山屏风叠所居》:"叠巘晴舒障,寒川暗动雷。"齐己《寄郑谷郎中》:"叠巘供秋望,无云到夕阳。"

【叠巘層峰】 层层重叠的山峰。伍乔《游西山龙泉禅寺》:"叠巘层峰坐可观,枕门流水更潺湲。"

疋 部

疋 〔pǐ《广韵》譬吉切，入質，滂。〕相配；匹偶。白居易《白羽扇》：“尘尾斑非疋，蒲葵陋不同。”

七 画

疏[1] 〔shū《广韵》所葅切，平魚，生。〕❶开浚，开通。见《国语·周语上》。又见《左传·成公十六年》。白居易《新构亭台示诸弟侄》：“东西疏二牖，南北开两扉。”见“疏决”“疏鑿”。❷疏远；不亲近。萧颖士《仰答韦司业垂访五首》之四：“举仇且不弃，何必论亲疏。”独孤及《客舍月下对酒醉后寄毕四耀》：“与物天亲疏，斗酒胜竹帛。”章孝标《上酬王尚书》：“诗景荒凉难道合，人情疏密分当同。”李涉《岳阳别张祜》：“巫峡洞庭千里余，蛮陬水国何亲疏。”❸稀疏；稀少。见《老子》。许敬宗《奉和执契静三边应昭》：“疏网妖鲵漏，盘薮怪禽逋。”骆宾王《幽絷书情通简知己》：“圆扉长寂寂，疏网尚恢恢。”王绩《在京思故园见乡人问》：“柳行疏密布，茅斋宽窄裁。”杜牧《雪中书怀》：“孤城大泽畔，人疏烟火微。”❹远亲。亦泛指关系疏远的人。韩愈《示儿》：“主妇治北堂，膳服适戚疏。”❺久，长远。骆宾王《和孙长史秋日卧病》：“霍第疏天府，潘园近帝台。”❻指窗户。骆宾王《同崔驸马晓初登楼思京》：“绮疏低晚魄，镂槛肃初寒。”王维《清如玉壶冰》：“未共销丹日，还同照绮疏。”钱起《宴曹王宅》：“仙鸡引敌穿红药，岩燕衔泥落绮疏。”韦庄《抚盈歌》：“凤縠兮鸳绡，霞疏兮绮寮。”❼通“梳”。梳子。骆宾王《游灵公观》：“断风疏晚竹，流水切危弦。”❽姓。见“疏廣”“疏受”。

疏[2] 〔shù《广韵》所去切，去御，生。〕❶奏章。杜甫《秋兴八首》之三：“匡衡抗疏功名薄，刘向传经心事违。”权德舆《奉送孔十兄宾客承恩致政归东都旧居》：“乞身已见抗疏频，伏礼新闻诏书许。”林宽《送惠补阙》：“长心抗疏日，便去作官心。”❷指书信。杜甫《潭州送韦员牧韵州》“洞庭无过雁，书疏莫相忘。”❸僧道拜忏时所焚化的祈祷文。贾岛《宿赟上人房》：“朱点草书疏，雪平麻履踪。”

【疏户】 窗户。韦应物《送中弟》：“秋风起疏户，离人起晨朝。”

【疏冗】 粗陋无用。韩愈、张籍等《会合联句》：“瘴衣常腥腻，蛮器多疏冗。”

【疏引】 断断续续地鸣叫。骆宾王《在狱咏蝉》序：“每至夕照低阴，秋蝉疏引，发声幽息，有切尝闻。”

【疏去】 指疏广去官。白居易《题崔常侍济上别墅》：“散员疏去未为贵，小邑陶休何足云。”见“疏廣”。

【疏决】 疏浚；开通。贾岛《郑尚书亲兵工涪江》之一：“梓匠主波溢，蓬仙畏水干。从今疏决后，任雨滞峰峦。”韩愈、孟郊等《秋雨联句》：“怀襄信可畏，疏决信有赖。”

【疏竹】 稀疏的竹子。刘长卿《惠福寺与陈留诸官茶会》：“疏竹映高枕，空花随杖藜。”权德舆《惠上人房宴别》：“逸民羽客期皆至，疏竹青苔景半斜。”李中《夏日书依上人壁》：“门外尘飞暑气凉，院中萧索似山中。最怜煮茗相留处，疏竹当轩一榻风。”

【疏狂】 豪放，不受拘束。白居易《代书诗一百韵寄微之》：“疏狂属年少，闲散为官卑。”姚合《游春十二首》之七：“亲故我相笑，疏狂似少年。”罗隐《雪溪晚泊寄裴庶子》：“杯酒疏狂非曩日，野花狼籍似当时。”孙光宪《清平乐》词：“终是疏狂留不住，花暗柳浓何处？”

【疏快】 畅快。杜甫《有客》：“患气经时久，临江卜宅新。喧卑方避俗，疏快颇宜人。”

【疏林】 稀疏的林木。上官仪《奉和山夜临秋》：“云飞送断雁，月上净疏林。”韦应物《滁州园池燕元氏亲属》：“日莫游清池，疏林罗高天。”卢纶《慈恩寺石磬歌》：“古廊灯下见行道，疏林池边闻诵经。”温庭筠《雪夜与友生同宿晓寄近邻》：“闭户群初息，积雪近疏林。”

【疏拙】 懒散笨拙。张籍《三原李氏园宴集》：“疏拙不偶俗，常喜形体闲。”姚合《寄贾岛》：“疏拙只如此，此身谁与同。”薛能《春早选寓长安二首》之一：“疏拙自沉昏，长安岂是村。”方干《出山寄苏从事》：“倚松长啸宜疏拙，拂石欹眠绝是非。”

【疏放】 放纵不受拘束。杜甫《狂夫》：“欲填沟壑唯疏放，自笑狂夫老更狂。”仇光鳌注：“向秀《思旧赋》：‘嵇康志远而疏，吕安心旷而放。’公诗每用疏放，本此。”又杜甫《八哀诗·故著作郎贬台州司户荥阳郑公虔》：“嗜酒益疏放，弹琴视天壤。”李益《自朔方还与郑式瞻崔称郑子周岑赞同会法云寺三门避暑》:“予本疏放士,朅来非外矫。”

【疏受】 西汉人,疏广侄,曾官太子少傅,与其叔太子太傅疏广同时称病辞官。见《汉书·疏广传》。李绅《初秋忽奉诏除浙东观察使检校右貂》:“疏受杜门期脱屣,买臣归邸忽乘轺。”

【疏星】 稀疏的星星。储光羲《泊舟贻潘少府》:“苍苍水雾起,落落疏星没。”李群玉《寄友人鹿胎冠子》:“数点疏星紫锦斑,仙家新样剪三山。”许彬《归山夜发湖中》:“疏星遥抵浪,远烧似迎船。”孟昶《避暑摩诃池作》:“起来琼户寂无声,时见疏星渡河汉。”

【疏音】 古朴的乐音。元稹《华原磬》:“泗滨浮石裁为磬,古乐疏音少人听。”

【疏索】 ❶分离;离散。骆宾王《畴昔篇》:“当时门客今何在?畴昔交朋已疏索。”❷疏远冷漠。高适《邯郸少年行》:“君不见今人交态薄,黄金用尽还疏索。”

【疏家父子】 指西汉疏广及其侄疏受。宣帝时二人分别为太子太傅和太子少傅,同时称病致仕。见《汉书·疏广传》。顾况《洛阳行送洛阳韦七明府》:“疏家父子错挂冠,梁鸿夫妻虚适越。”

【疏凉】 微凉;单薄凉爽。白居易《新构亭台示诸弟侄》:“清冷白石枕,疏凉黄葛衣。”又《池上早秋》:“淡白秋来日,疏凉雨后风。”

【疏$_2$通】 剖析诠释。杜甫《送从弟亚赴安西判官》:“应对如转丸,疏通略文字。”

【疏理】 修整。刘禹锡《令狐相公见示赠竹二十韵仍命继和》:“新青排故叶,馀纷笼疏理。”白居易《池畔二首》之一:“结构池西廊,疏理池东树。”

【疏勒】 古西域诸国之一。王莽时称世善,唐称佉沙。在今新疆维吾尔自治区喀什市一带。其治疏勒城,即今疏勒县。骆宾王《从军中行路难二首》之二:“陈云朝结晦天山,寒沙夕涨迷疏勒。”皇甫冉《和袁郎中破贼后剡中山水》:“节比金疏勒,功富雪会稽。”李端《雨雪曲》:“丁零苏武别,疏勒范羌归。”岑参《将发临洮将赴北亭留别》:“白草通疏勒,青山过武威。”

【疏勒出飛泉】 出《后汉书·耿弇传》附《耿恭传》。王维《老将行》:“暂令疏勒出飞泉,不使颖川空使酒。”

【疏野】 ❶旷野。李翱《戏赠诗》:“鄙性乐疏野,凿地便成沟。”张贲《奉和袭美题褚家林亭》:“疏野林亭震泽西,朗吟闲步喜相携。”❷放纵不受羁束。丘为《渡汉江》:“自顾疏野性,难忘鸥鸟情。”白居易《答裴相公乞鹤》:“不知疏野性,解爱凤池无。”姚合《春日同会卫尉崔少卿宅》:“疏野常如此,谁人信在诚。”徐夤《寄华山司空侍郎》:“莫言疏野全无事,明月清风肯放君。”

【疏率】 (—shuài)简单随便。唐彦谦《宿赵峄别业》:“摧藏名字在,疏率馔殽真。”

【疏麻】 ❶传说中的神麻,常折以赠别。见《楚辞·九歌·大司命》。骆宾王《夏日游德州赠高四》:“傥忆幽岩桂,犹冀折疏麻。”❷植物名。多指大麻。骆宾王《夏日夜忆张二》:“疏麻空有折,芳桂湛无斟。”又《晚憩田家》:“旅行悲泛梗,离赠折疏麻。”柳宗元《田家三首》之二:“庭际秋虫鸣,疏麻方寂历。”

【疏淡】 恬淡;淡泊。孟郊《答友人》:“道语必疏淡,儒风易凌迟。”皮日休《新秋言怀寄鲁望三十韵》:“新秋入破宅,疏淡若平郊。”

【疏密】 ❶稀疏与稠密。王绩《在京思故园见乡人问》:“柳行疏密布,茅斋宽窄裁。”霍总《郡楼望九华歌》:“楼上坐见九子峰,翠云赤日光溶溶。有时朝昏变疏密,八峰和烟一峰出。”❷疏远和亲密。章孝标《上西川王尚书》:“诗景荒凉难道合,客情疏密分当同。”

【疏陰】 稀疏的阴影。张九龄《杂诗五首》之一:“疏阴不自覆,修干欲何施。”韦应物《寄子西》:“乔树落疏阴,微风散烦燠。”皎然《惜暮景》:“疏阴花不动,片景松梢度。”唐彦谦《无题十首》之六:“漏滴铜龙夜已深,柳梢斜月弄疏阴。”

【疏越】 疏通瑟底之孔,使声音舒缓。见《礼记·乐记》。后以指乐声悠扬、隽永。白居易《五弦弹》:“正始之音其若何,朱弦疏越清庙歌。”郑薰《赠巩畴》:“疏越舍朱弦,哇淫鄙秦筝。”《郊庙歌辞·周宗庙乐舞辞·肃顺》:“朱弦疏越,羽舞回旋。”

【疏散】 (1)(—sǎn)❶闲散,狂放不受约束。张九龄《九月九日登龙山》:“自为本疏散,未始忘幽尚。”李后《翰林读书言怀呈集贤诸学士》:“本人疏散人,屡贻褊促诮。”元稹《酬哥舒大少府寄同年科第》:“赖得官闲且疏散,到君花下忆诸郎。”白居易《北亭招客》:“疏散郡丞同野客,幽闲官舍抵山家。”(2)(—sàn)❷分离;离散。骆宾王《畴药篇》:“宾阶客院常疏散,蓬径柴扉终寂寞。”李白《东武吟》:“宾客日疏散,玉樽亦已空。”❸疏落;稀疏。杜甫《太平寺泉眼》:“招提凭高冈,疏散连草莽。”崔涯《黄蜀葵》:“野栏秋景晚,疏散两三枝。”❹排遣;发散。杜甫《白沙渡》:“迥然洗愁辛,多病一疏散。”

【疏達】 敞亮;豁亮。陆龟蒙《奉和袭美太湖诗二十首·三宿神景宫》:“四轩尽疏达,一榻何清零。”

【疏傅】 西汉疏广及其倒疏受,分别为汉宣帝太子太傅、少府,于荣显中同时称病引退。见《汉书·疏广传》。后以为典,视疏傅为急流勇退的典型。钱起

《送严士良侍奉詹事南游》："疏傅独知止，曾参善爱亲。"白居易《春尽日天津桥醉吟偶呈李尹侍郎》："疏傅心情老，吴公政化新。"又《百日假满少傅官停自喜言怀》："疏傅不朝悬组绶，尚平无累毕婚姻。"李逢吉《酬致政杨祭酒见寄》："妄比鄭侯功蔑尔，每怀疏傅意悠悠。"

【疏傅揮金】 疏广归老时，宣帝赐金二十斤，太子赐金五十斤，疏广与其族人挥霍殆尽，不留给子孙，欲让其子孙勤劳耕作。见《汉书》本传。刘禹锡《酬杨侍郎凭见寄》："疏傅挥金忽相忆，远擎长句与招魂。"

【疏惰】 疏懒；懒散。姚合《闲居遣怀十首》之八："野性多疏惰，幽栖更称情。"

【疏疏】 ❶稀疏貌。贾岛《光州王建使君水亭作》："夕阳庭际眺，槐雨滴疏疏。"白居易《和微之诗二十三首·和自劝二首》之一："稀稀疏疏绕篱竹，窄窄狭狭向阳屋。"曹邺《早秋田家》："涧草疏疏萤火光，山月朗朗枫树长。"郑谷《江际》："杳杳渔舟破暝烟，疏疏芦苇旧江天。"❷朦胧貌。杜牧《栽竹》："历历羽林影，疏疏烟雾姿。"

【疏遠】 不亲近，关系感情有距离。白居易《咏怀》："今虽在疏远，竟岁无章役。"

【疏夢】 空虚的梦境。孟郊《秋怀》："疏梦不复远，弱心良易归。"

【疏節】 ❶舒缓的节拍。刘允齐《咏琴》："巴人缓疏节，楚客弄敏丝。"❷指植物的粗壮之节。陆龟蒙《奉和袭美公斋四韵·鹤屏》："丛毛练分彩，疏节筇相望。"

【疏頑】 懒散顽钝。韦应物《郊居言志》："交无是非责，且得任疏顽。"柳宗元《构法华寺西亭》："步登最高寺，萧散任疏顽。"姚合《游春十二首》之九："疏顽无异事，随例但添年。"唐彦谦《八月十六日夜月》："赖将吟咏别惆怅，早是疏顽耐别离。"

【疏愚】 懒散愚昧；粗疏笨拙。白居易《迂叟》："应须绳墨机关外，安置疏愚钝滞身。"姚合《省直书事》："孱弱难封诏，疏愚但掷觥。"赵嘏《十无诗寄桂府杨中丞》："一种吟诗号孔徒，沧江有客独疏愚。"方干《偶作》："若于岩洞求伦类，古今疏愚似我多。"

【疏隔】 疏远隔绝。沈千运《感怀弟妹》："骨肉能几人，年大自疏离。"

【疏語】 平庸的语言。孟郊《立德新居》之二："厚韵属疏语，薄名谢器闻。"

【疏廣】 西汉人，字仲翁，东海兰陵人，官至太子太傅，称病致仕。见《汉书》本传。李齐《门》："疏广遗荣去，于公待驷来。"权德舆《忆种瓜时》："尚平方毕娶，疏广及归期。"杨汝士《宴杨仆射新昌里第》："当时疏广虽云盛，讵有兹筵醉绿醽。"徐铉《奉和宫傅相公见寄四十韵》："却许丘明师纪传，更容疏广奉周旋。"

【疏慢】 谓放纵狂傲。王昌龄《独游》："放之清冷泉，因得省疏慢。"韦应物《野居》："结发屡辞秩，立身本疏慢。"皇甫冉《送魏六侍御》："招寻偏见矦，疏慢亦相容。"

【疏慵】 疏懒，懒散。孟郊《劝善吟》："顾余时时调，居止多疏慵。"白居易《晓寝》："莫强疏慵性，须安老大身。"李群玉《秋怨》："凝情耿不寐，揽涕起疏慵。"陆龟蒙《京口与友生话别》："绳检真难束，疏慵却易耽。"

【疏網】 稀疏的网。喻宽大的法律。语出《老子》："天网恢恢，疏而不失。"许敬宗《奉和执契静三边应诏》："疏网妖鲵漏，盘薮怪禽逋。"骆宾王《幽縶书情通简知己》："圆扉长寂寂，疏网尚恢恢。"舒元舆《坛州按狱》："恢恢布疏网，罪者何由逃。"杜牧《感怀诗一首》："坐幄无奇兵，吞舟漏疏网。"王仁裕《示诸门生》："何幸不才逢圣世，偶将疏网罩群英。"

【疏蕪】 ❶萧索荒芜。陶翰《经子谷》："疏芜尽荒草，寂历空寒烟。"杜甫《秋野五首》之一："秋野日疏芜，寒江动碧虚。"郎士元《赋得长洲苑送李惠》："散漫三秋雨，疏芜万里烟。"白居易《初到忠州赠李六》："吏人生梗都如鹿，市井疏芜只抵村。"❷浅陋杂芜。郑谷《卷末偶题三首》之一："一卷疏芜一百篇，名成未敢暂忘筌。"❸废弛。杜甫《别张十三建封》："宗臣则朝食，后祀何疏芜。"

【疏賤】 ❶指关系疏远、地位抵下之人。白居易《拣贡橘书情》："疏贱无由亲跪献，愿凭朱实表丹诚。"❷谓关系疏远、地位低下。耿湋《春日书情寄元校书伯和相国之子》："羁孤力行早，疏贱托身迟。"

【疏數】 （—shuò）犹远近。《穀梁传·隐公九年》："庚辰，大雨雪，志疏数也。"范宁注："谓灾害有远近。远者为疏，近者为数也。"亦指亲疏。元稹《病减逢春期白二十二辛大不至三十韵》："推迁悲往事，疏数辨交情。"

【疏影】 疏朗的影子。杜之松《和卫尉寺柳》："高枝拂远雁，疏影度遥星。"刘长卿《同郭参谋咏崔仆射淮南节使使厅前竹》："细音和角暮，疏影上门寒。"杜牧《长安夜月》："古槐疏影薄，仙桂动秋声。"罗隐《杜陵秋思》："岩畔早凉生紫桂，井边疏影落高梧。"

【疏篁】 稀疏的竹子。耿湋《春日题苗发竹亭》："闲咏疏篁近，高眠远岫微。"权德舆《郊居岁暮因书所怀》："独鸟带晴光，疏篁净翠寒。"雍陶《和刘补阙秋园寓兴六首》之四："疏篁出晚笋，幽药吐寒芽。"李中《春闺辞二首》之一："疏篁留鸟语，曲砌转花阴。"

【疏遲】 舒缓。白居易《弹秋思》："信意闲弹秋思时，词清声直韵疏迟。"

【疏磬】 疏朗的磬声。严维《奉和独孤中丞游云门寺》："乱泉观坐卧，疏磬发朝昏。"姚合《过稠上人院》："雪中疏磬度，林际晚风归。"刘沧《秋日山寺怀友人》："萧寺楼台对夕阳，淡烟疏磬散空林。"崔涂《秋夜兴上人别》："暗蛩侵语歇，疏磬入吟清。"

【疏薄】 疏远淡薄。骆宾王《秋晨同淄川毛司马秋九韵·秋月》："漏彩含疏薄，浮光漾急澜。"韦应物《闲居赠友》："夕气下遥阴，微风动疏薄。"

【疏親】 疏远与亲近。张绍《冲佑观》："上惟立德，下无疏亲。"

【疏牖】 格子稀疏的或破损的窗户。李峤《月》："皎洁临疏牖，玲珑鉴薄帷。"李益《喜入兰陵望紫阁峰呈宣上人》："紫阁当疏牖，青松入坏篱。"元稹《感石榴二十韵》："新帘裙透影，疏影烛笼妙。"贾岛《旅游》："空巢霜叶落，疏牖水萤穿。"

【疏豁】 ❶犹疏阔，久别。杜甫《戏寄崔评事表侄苏五表弟韦大少府诸侄》："高楼忆疏豁，秋兴坐氛氲。"❷犹排遣。杜甫《简吴郎司法》："古堂本买藉疏豁，借汝迁居停宴游。"

【疏闊】 ❶迂阔，不切实际。杜甫《赠蜀僧闾丘师兄》："小子思疏阔，岂能达词门。"又《八哀诗·故著作郎贬台州司户荥阳郑公虔》："词场竟疏阔，平昔滥吹奖。"郑谷《兵部卢郎中光济借示诗集以四韵谢之》："叶公好尚浑疏阔，忽见真龙几丧明。"❷粗略，不周密。徐铉《病题二首》之一："圣主优容恩未答，丹经疏阔病相陵。"❸豁达，胸襟开阔。杜甫《故武卫将军挽歌三首》之一："封侯意疏阔，编简为维青。"

【疏襟】 开朗的胸襟。杜甫《上后园山脚》："旷望延驻目，飘飘散疏襟。"温庭筠《谢公墅歌》："江南三气系疏襟，未许苻坚过淮水。"

【疏曠】 ❶豪放，豁达。岑参《郡斋闲坐》："平生好疏旷，何事就羁束。"刘长卿《夜宴洛阳程九主簿宅送杨三山人往天台寻隐居》："调啸寄疏旷，形骸如弃捐。"韩翃《送李湜下第归卫州便游河北》："旧竹青青常绕宅，到时疏旷应有适。"❷远离；疏隔。宋之问《寄天台司马道士》："旧游惜疏旷，微尚日磷缁。"刘长卿《九日岳阳待黄遂张涣》："季鹰久疏旷，叔度早畴昔。"崔曙《颍阳东溪怀古》："世人久疏旷，万物皆自闲。"❸孤单寂寞。刘长卿《自鄱阳还途中寄褚征君》："白首无子孙，一生自疏旷。"

【疏鐘】 疏朗的钟声。王维《归辋川作》："谷口疏钟动，渔樵稍欲稀。"刘长卿《栖霞寺东峰寻南齐明征君故居》："片云生断壁，万壑遍疏钟。"李嘉祐《远寺钟》："疏钟何处来，度竹兼拂水。"刘商《题禅居废寺》："青眼能留客，疏钟逼夜归。"

【疏懷】 开朗的襟怀。韦应物《送李十四山东游》："高论动侯伯，疏怀脱尘喧。"

【疏簾】 稀疏的竹织窗帘。骆宾王《月夜有怀简诸同病》："闲庭落景尽，疏帘夜月通。"刘长卿《留题李明府霅溪水堂》："晚竹疏帘影，春苔又履痕。"白居易《秋晚》："单幕疏帘贫寂寞，凉风冷露秋萧索。"李群玉《北亭》："斜雨飞丝织晓空，疏帘半卷野亭风。"

【疏韻】 ❶断续的声音。周彻《尚书郎上直闻春漏》："寒声临雁沼，疏韵应鸡人。"❷淡雅的韵致。白居易《新乐府·五弦弹》："第一第二弦索索，秋风拂松疏韵落。"又《诞松》："疏韵秋槭槭，凉阴夏凄凄。"刘沧《夏日登慈恩寺》："生机消尽话玄理，暮磬出林疏韵澄。"

【疏懶】 懒散。杜甫《西郊》："无人觉来往，疏懒意何长。"皇甫冉《曾东游以诗寄之》："顾予任疏懒，期尔振羽翮。"权德舆《病中寓直代书题寄》："寝兴劳善祝，疏懒愧良箴。"罗隐《湘中赠范郎》："丹桂无心彼此谙，二年疏懒共江潭。"

【疏糲】 粗糙的饭食。韩愈《山石》："铺床拂席置羹饭，疏粝亦足饱我屌。"

【疏鑿】 开凿。颜真卿《题杼山癸亭得暮字》："高贤能创物，疏凿皆有趣。"杜甫《禹庙》："早知乘四载，疏凿控三巴。"白居易《泛春池》："谁知始疏凿，几主相传授。"贾岛《寄河中杨少尹》："禹留疏凿迹，舜在寂寥祠。"

九　画

疑 〔yí《广韵》語其切，平之，疑。〕❶怀疑，不相信。元稹《筑城曲五解》之四："半疑兼半信，筑城犹嵯峨。"吕温《临洮送袁七书记归朝》："忆年十五在江滨，闻说平凉且半疑。"见"疑人""疑年"。❷迷惑；惑乱。见"疑事""疑惑"。❸犹豫，不果断。《逸周书·王佩》："见善而怠，时至而疑。"孔晁注："疑，犹豫不果也。"王建《赠侍御》："迟疑匪自崇，将显求贤名。"白居易《早饮醉中除河南尹敕到》："厚俸自来诚忝滥，老身欲起尚迟疑。"刘得仁《送车涛罢举归山》："怜君明此理，休去莫迟疑。"韩偓《再思》："暴殄犹来是片时，无人向此略迟疑。"❹疑忌，猜忌。见"疑心""疑畏"。❺畏惧，惊恐。《礼记·杂记下》："故有疾，饮酒食肉，五十不致毁，六十不毁，七十饮酒食肉，皆为疑死。"郑玄注："疑，犹恐也。"杜甫《赠十三评事公辅》："活国名公在，拜坛群寇疑。"仇兆鳌注："群寇惊疑，则国多全活矣。"权德舆《古离别》："入门复上堂，恍恍主惊疑。"白居易《哭王质夫》："惊疑心未信，欲哭复踟蹰。"皮日休《秋晚自洞庭别业寄穆秀才》："野猿偷栗重窥户，落雁疑人更饶塘。"❻猜度，估计。袁恕己《咏屏风》:“鸟惊疑欲曙,花笑不关春。”❼疑问。见“疑議”。❽怪异。引申为责怪。韦庄《与东吴生相遇》:“贫疑陋巷春偏少,贵想豪家月最明。”❾类似;好像。太宗《喜雪》:“光楼皎若粉,映幕集疑沙。”骆宾王《郊园即事》:“断山疑画障,悬溜泻鸣琴。”曹汾《早发灵芝望九华寄杜员外使君》:“奇状却疑人画出,岚光如为客添浓。”

【疑人】 怀疑别人。张蠙《赠道者》:“得道疑人识,都城独闭关。”

【疑心】 猜疑之心。崔峒《宿禅智寺上云演大师院》:“幸接无生法,疑心怯所从。”李宗闵《赠毛仙翁》:“俗眼暂惊相见日,疑心未测几时人。”李浩《大丹诗四首》之三:“百首荒辞义亦深,因传同道决疑心。”

【疑年】 怀疑他人的年龄。《左传·襄公三十年》载,晋悼夫人食舆人之城杞者,绛县人或年长矣,无子,而往与于食。同食者疑其年,使以实告。老者曰:“臣生之岁,正月甲子朔,四百有四十五甲子矣。其季于今三之一也。”师旷推断老人为七十三岁。史赵和士文伯测算日数为二万六千六百有六日。大夫赵武乃招老人而谢过,因授以田亩,任以为绛县师。后遂以“疑年”指有才德的民间老人。权德舆《酬冯绛州早秋烽台感怀见寄》:“武符颁美化,亥字访疑年。”

【疑似】 ❶类似;近似。韩愈《春雪间早梅》:“玲珑开已遍,点缀坐来频。即是俱疑似,须知两逼真。”张籍《送严大夫之桂州》:“所歌疑似曲,风俗自相谙。”曹邺《贵宅》:“玉箫声尚远,疑似人不在。”罗邺《白角簟》:“高价不唯标越绝,冷纹疑似卧萧湘。”❷指似是而非或是非不明。崔颢《结定襄郡狱效陶体》:“我来折止狱,五听辨疑似。”

【疑兵】 虚张声势以迷惑敌人的军队。虞世南《拟饮马长城窟》:“轻骑犹衔勒,疑兵尚解鞍。”

【疑事】 疑惑之事。难以辨别的事情。李白《留别广陵诸公》:“寸心无疑事,所向非徒然。”孙之宴《咏史诗·陈·姚察》:“曾佐徐陵向北游,剖除疑事动名流。”

【疑畏】 猜疑畏惧。吕温《衡州岁前游合江亭见山樱蕊未折因赋含彩吝惊春》:“似夺朝日照,疑畏暖风吹。”

【疑惑】 迷惑;不理解。杜甫《风疾舟中伏枕书怀三十韵奉呈湖南亲友》:“疑惑尊中弩,淹留冠上缨。”吕温《古兴》:“必能绝疑惑,然后论奇异。”杜牧《宫词二首》之一:“深宫锁闭犹疑惑,更取丹砂试辟宫。”

【疑詞】 指令人生疑的讼词。张说《相州冬日早衙》:“正色临厅事,疑词定笔端。”

【疑義】 ❶不了解或不理解的含义或道理,孟浩然《还山贻湛法师》:“朝来问疑义,夕话得清真。”方干《赠萧山彭兴府》:“尽拟勤求为弟子,皆将疑义问先生。”❷辨析疑义。窦巩《江陵遇元九李六二侍御纪事书情呈十二韵》:“蓬阁初疑义,霜台晚畏威。”《增订全唐诗》注:“疑义:辨析疑义。”

【疑誤】 ❶迷惑贻误。杜甫《早发》:“贱子欲适从,疑误此二柄。”卢仝《寄男抱孙》:“传读有疑误,辄告咨问取。”❷误解。李商隐《凉思》:“天涯占梦数,疑误有新知。”

【疑慮】 怀疑顾虑。张籍《学仙》:“勤劳不能成,疑虑积心肠。”

【疑懷】 疑虑的心情。孟郊《秋怀》之二:“疑怀无所凭,虚听多无端。”

【疑礙】 迟疑挂碍。白居易《卯时酒》:“是非莫分辨,行止无疑碍。”

【疑議】 有疑问而难以决定的争议。独孤及《太行苦热行》:“会同传檄至,疑义立谈决。”刘商《哭韩淮端公兼上崔中丞》:“千载有疑义,一言能否臧。”

【疑懼】 猜疑畏惧。温庭筠《病中书怀呈友人》:“激扬衔箭虎,疑惧听冰狐。”

疒 部

三 画

疚 〔jiù《广韵》居祐切，去宥，見。〕❶疾病。王昌龄《出郴山口至叠石湾野人室中寄张十一》："同疚来相依，脱身当有筹。"❷因有过失而感到惭愧痛苦。来鹄《圣政纪颂》："穆宗怃然，若疚若蓄。"❸劳苦；困苦。韩愈《山南郑相公樊员外酬答为诗依赋十四韵以献》："辞悭义卓阔，呀豁疚掊掘。"❹忧愁。唐彦谦《和陶渊明贫士诗七首》之四："微劳消厚疚，残辱胜深忧。"

【疚心】 负疚的心情。杜甫《往在》："疚心惜木主，一一灰悲风。"

四 画

疣 〔yóu《广韵》羽求切，平尤，雲。〕❶一种皮肤病，症状是皮肤上出现与正常的皮肤颜色相同或黄褐色的突起，表面干燥而粗糙，不疼不痒，多长在面部、头部或手背等处。见"疣瘡""疣贅。"❷喻多余无用之物。元稹《竞舟》："岳阳贤刺史，念此为俗疣。"

【疣瘡】 疣子。喻无用之物。白居易《和微之诗二十二首·和李势女》："忍将先人体，与主为疣疮。"

【疣贅】 本指皮肤上所生之肉瘤。喻多而无用之物。杜甫《草堂》："于时见疣赘，骨髓幸未枯。"

疥 〔jiè《广韵》古拜切，去怪，见〕疥疮。韩愈、孟郊《雨中寄孟刑部几道联句》："怯烦类决痈，惬兴剧爬疥。"皮日休《新秋言怀寄鲁望三十韵》："老柏浑如疥，阴苔忽似胶。"

【疥搔】 疥疮。李华《云母泉诗》序："乡人多寿考，无癖痼疥搔之疾。"

【疥癬】 疥与癣。两种传染性皮肤病。皮日休《虎丘寺殿前有古杉一本遂赋三百言以见志》："任苔为疥癣，从蠹作疮痍。"

疫 〔yì《广韵》營隻切，入昔，以。〕瘟疫。流行性急性传染病的通称。白居易《新乐府·黑潭龙》："丰凶水旱与疾疫，乡里皆言龙所为。"姚合《除夜二首》之二："傩声方去疫，酒色已迎春。"李损之《都堂试贡士日庆春雪》："息疫方殊庆，丰年已报祥。"

【疫氣】 疫病。李贺《仁和里杂叙皇甫湜》："归来骨薄面无膏，疫气冲头鬓茎少。"

【疫病】 泛指流行性传染病。李贺《昌谷诗》："邻凶不相杵，疫病无邪祀。"

【疫疹】 (—chèn)传染病。许棠《讲德陈情上淮南李仆射八首》之四："帝念淮壖疫疹频，牢笼山海委名臣。"

【疫疠】 瘟疫。杜甫《回棹》："衡岳江湖大，蒸地疫疠偏。"

疢 〔chèn《广韵》丑刃切，去震，徹。〕疾病。温庭筠《感旧陈情五十韵献淮南李仆射》："懒多成宿疢，愁甚似春眠。"

五 画

疴 〔kē《集韵》于何切，平歌，影。〕疾病。杜甫《大雨》："沉疴聚药饵，顿忘所进劳。"韦应物《郡斋雨中与诸文士燕集》："烦疴近消散，嘉宾复满堂。"孟郊《西斋养病夜怀多感因呈上从叔子云》："宁淡遗众俗，养疴念余生。"慧净《冬日普光寺卧疾值雪简诸旧游》："卧疴苦留滞，辟户望遥天。"

病 〔bìng《广韵》皮命切，去映，並。〕❶重病；伤痛严重。杜甫《复愁十二首》之十二："病减诗仍拙，吟多意有余。"王建《长门》："病卧玉窗秋雨下，遥闻别院唤人声。"白居易《寄上大兄》："秋鸿过尽无书信，病戴纱巾强出门。"李九龄《旅舍卧病》："病来旅馆谁相向，牢落闲庭一树蝉。"❷生病。杜甫《敬寄族弟唐十八使君》："归朝跼病肺，叙旧思重陈。"吕温《衡州早春二首》之二："病肺不饮酒，伤心不看花。"赵嘏《重阳日即事》："病酒坚辞绮席春，菊花空伴水边身。"

【病夫】 病人。卢纶《同畅当咏蒲团》："拥坐称儒褐，倚眠宜病夫。"白居易《病中对病鹤》："同病病夫怜病鹤，精神不损翅翎伤。"李绅《趋翰苑遭诬构四十六韵》："俯首安羸业，齐眉慰病夫。"唐求《题郑处士隐居》："酌尽一尊酒，病夫颜亦红。"

【病心】 指病中之心情。白居易《长斋满月携酒先与梦得对酌醉中同赴令公之宴戏赠梦得》:"病心汤沃寒灰活,老面花生朽木春。"韦庄《婺州屏居蒙右省王拾遗车枉降访病中延候不得因成寄谢》:"画角莫吹残月夜,病心方忆故园春。"

【病困】 为疾病所困扰。郑遨《题病僧寮》:"童子不知师病困,报风吹折好芭蕉。"无名氏《五言白话游》之二(外编下):"病困卧着床,悭心由不改。"

【病身】 有病之身体。李益《宣上人病中相寻联句》:"策杖迎诗客,归房理病身。"白居易《十二月二十三日作兼呈晦叔》:"病身不许依年老,拙宦虚教逐日忙。"刘信史《嘉兴社日》:"消渴天涯寄病身,临邛知我是何人。"郑谷《南游》:"故国经新岁,扁舟寄病身。"

【病苦】 ❶疾苦;痛苦。亦指疾苦之人。刘禹锡《早夏郡中书事》:"虚怀询病苦,怀律操剽轻。"❷为疾病所苦。白居易《狂言示诸侄》:"人老多病苦,我今幸无疾。"

【病客】 旅居在外的疲病之人。亦泛称有病之人。白居易《酬皇甫郎中对新菊花见忆》:"爱菊高人吟逸韵,悲秋病客感衰怀。"陆龟蒙《和袭美冬晓章上人院》:"病客功夫经未演,故人书信纳新磨。"

【病馬】 生病之马。孟郊《京山行》:"众虻聚病马,流血不得行。"贾岛《斋中》:"所餐类病马,动影似移岳。"司马扎《晓过伊水寄龙门僧》:"病马独嘶残夜月,行人欲渡满船霜。"

【病根】 疾病之源。张籍《和李仆射秋日病中作》:"由来病根浅,易见药功成。"白居易《病气》:"若问病根深与浅,此身应与病齐生。"皮日休《又寄次前韵》:"病根冬养得,春到一时生。"齐己《荆门病中雨后书怀寄幕中知己》:"病根翻作忆山劳,一雨聊堪浣郁陶。"

【病骨】 指病瘦的身躯。李贺《示弟》:"病骨犹能在,人间底事无。"皮日休《奉和鲁望樵人十咏·樵叟》:"至老未息肩,至今无病骨。"吴融《谷口寓居偶题》:"涝涝病骨怯朝天,谷口归来取性眠。"胡宿《次韵和朱况雨中之什》:"忧花惜月长如此,争得东阳病骨肥。"

【病香】 指欲残之花。崔橹《暮春对花》:"病香无力被风欺,多在青苔少在枝。"

【病酒】 指饮酒过量而生病。元稹《病醉》:"醉伴见侬因病酒,道侬无酒不相窥。"牟融《春日山亭》:"莫道愁多因病酒,只缘命薄不辞贫。"李商隐《寄罗劭兴》:"人闲微病酒,燕重远兼泥。"韦庄《春暮》:"一春春事好,病酒起常迟,"

【病容】 有病之面容。白居易《秋斋》:"晨起秋斋冷,萧条称病容。"姚合《喜马戴冬夜见过期无可上人不至》之一:"老渐多归思,贫惟长病容。"陆龟蒙《病中秋怀寄袭美》:"病容愁思苦相兼,清镜无形未我嫌。"徐铉《和张先辈见寄二首》之一:"去国离群掷岁华,病容憔悴愧丹砂。"

【病眼】 ❶眼睛有病。亦指有病之眼睛。温庭筠《雪二首》之一:"谢庄今病眼,无意坐通宵。"❷谓老眼昏花。白居易《哭崔常侍晦叔》:"唯将病眼泪,一洒秋风襟。"又《别行简》:"漠漠病眼花,星星愁鬓雪。"罗隐《汉江上作》:"汉江波浪渌于苔,每到江边病眼开。"韦庄《酬吴秀才霅川相送》:"离心不忍闻春鸟,病眼何堪送落晖。"

【病假】 (—jià)因病而请的假。白居易《病假中庞少尹携鱼相过》:"宦情牢落年将暮,病假联绵日渐深。"姚合《武功县中作三十首》之七:"爱闲求病假,因醉弃官方。"

【病痛】 ❶疾病。元稹《感梦》:"问我何病痛,又叹何栖栖。"《醉题东武》:"病痛梅天发,亲情海岸疏。"白居易《初夏闲吟兼呈韦宾客》:"体中无病痛,眼下未饥寒。"❷疾苦。白居易《伤唐衢二首》之二:"但伤民病痛,不识时忌讳。"

【病渴】 患消渴症,即今之糖尿病。杜甫《过南岳入洞庭湖》:"病渴身何去,春生力更无。"又《奉送魏六丈佑少府之交广》:"长卿久病渴,武帝元同时。"李商隐《寄成都高苗二从事》:"红莲幕下紫梨新,命断湘南病渴人。"李郢《酬友人春暮寄枳花茶》:"相如病渴今全校,不羡生台白颈鸦。"

【病醒】 病酒;醉酒。皮日休《酒病偶作》:"郁林步障昼遮明,一炷浓香养病醒。"

【病樹】 生病的树。刘禹锡《酬乐天扬州初逢席上见赠》:"沉舟侧畔千帆过,病树前头万木春。"陆龟蒙《袭美见题郊居十首因次韵酬之以伸荣谢》之二:"倩人医病树,看仆补衡茅。"

【病篠】 病竹。筱,小竹。皮日休《吴中苦雨因书一百韵寄鲁望》:"坏宅四五舍,病筱三两束。"

【病顔】 病容,病态的容颜。刘兼《登楼寓望》:"凭高多是偶汍澜,红叶何堪照病颜。"李嫔《题善权寺石壁》:"四周寒暑镇湖关,三卧漳滨带病颜。"

【病魔】 指魔鬼般的疾病。多指长期的重病。吴融《端居》:"病魔随暑退,诗思傍凉生。"

【病體】 有病之身体。张祜《苦旱》:"病体长兼虑,穷愁益自煎。"陆龟蒙《江南秋怀寄华阳山人》:"归心一夜极,病体九秋轻。"

【病驥】 有病之良马。姚鹄《书情献知己》:"众皆轻病骥,谁肯救焦桐。"

痁 〔shān《广韵》失廉切,平监,书。又都急切,去㮇,端。〕疟疾。《左传·昭公二十年》:"刘侯疥,遂痁。"杜预注:"痁,疟疾。"韩愈《忆昨行和张十一》："宿醒未解旧痁作，深室静卧闻风雷。"元稹有《痁卧幕中诸公征乐会饮因有戏呈十三韵》。温庭筠有《夏中病痁作》。

疽 〔jū《广韵》七余切，平魚，清。〕中医指局部皮肤肿胀坚硬的毒疮。见"疽疣。"

【疽疣】 毒疮和赘疣。白居易《自蜀江至洞庭湖口有感而作》："滞则为疽疣，治则在针石。"

【疽肠】 狠毒的心肠。元稹《有马二十章》之二："弱羽长忧俊鹘拳，疽肠暗著鸩雏啄。"

疻 〔zhí《广韵》章移切，平支，章。又旨夷切，平脂，章。《集韵》掌氏切，上紙，章。〕谓殴人致皮肤肿起而无创痕。朱骏声《说文通训定声·解部》："凡殴伤皮肤起青墨而无创瘢者为疻，有创瘢者曰痏。"泛指殴伤。段成式《句》："捽胡云彩落，疻面月痕消。"自注："光风亭夜宴，妓有醉殴者。"

疾 〔jí《广韵》秦悉切，入質，從。〕❶病；病痛。李颀《圣善阁送裴迪入京》："清吟可愈疾，携手暂同欢。"岑参《寄韩樽》："夫子素多疾，别来未得书。"白居易《狂言示诸侄》："人老多病苦，我今幸无疾。"周昙《咏史诗·春秋战国门·臧生》："季孙爱我如甘疾，疾足亡身药故宁。"亦指行为缺失、错误。周昙《咏史诗·春秋战国门·夫差》："信听谗言疾不除，忠臣须杀竟何如。"❷患病。杜甫《别李义》："长成忽会面，慰我久疾魂。"白居易《二月一日作赠韦七庶子》："尝闻圣贤语，所慎斋与疾。"又《思旧》："或疾或暴夭，悉不过中年。"❸痛。《左传·成公十二年》："诸侯备闻此言，斯是用痛心疾首，暱就寡人。"杜预注："疾，亦痛也。"宋之问《早发大庾岭》："适蛮悲疾首，怀巩泪沾臆。"❹憎恨；厌恶。张九龄《酬周判官巡至始兴兼呈耿广州》："义疾耻无勇，盗憎攻亦锐。"刘长卿《瓜洲驿奉饯张侍御公拜膳部郎中时侍御先在淮南幕府》："佐剧劳黄绶，提纲疾素餐。"白居易《东城桂三首》之二："霜雪厌多虽不死，荆榛长疾欲相埋。"陆龟蒙《杂讽九首》之四："诗人疾之甚，取俾投豺虎。"❺非难；毁谤。王昌龄《为张僨赠阎使臣》："犹畏谗口疾，弃之如埃尘。"❻快速；急速。崔曙《途中晓发》："云轻归海疾，月满下山迟。"岑参《万里桥》："沧江东流疾，帆去如鸟翅。"李绅《寿阳罢郡日有诗十首·入淮至盱眙》："寄谢云帆疾飞鸟，莫夸回雁卷轻毛。"韦庄《和侯秀才同友生泛舟溪中相招之作》："凭君不用回舟疾，今夜西江月正圆。"亦表示使快。韩愈《送陆歙州修》："无疾其驱，天子有诏。"❼急剧而猛烈。见"疾風""疾雷"。❽敏捷；敏锐。王维《观猎》："草枯鹰眼疾，雪尽马蹄轻。"顾况《李供奉弹箜篌歌》："手头疾，腕头软，来来去去如风卷。"孟郊《登科后》："春风得意马蹄疾，一日看尽长安花。"和凝《题鹰猎兔画》："君夸鹰眼疾，我悯兔心忙。"❾浓厚。储光羲《临江亭五咏》之三："南州王气疾，东国海风微。"❿激扬；宏大。李绅《过梅里七首·上家山》："竹洞磬声长，松楼钟韵疾。"

【疾心】 痛心。李白《送崔度还吴》："举手捧尔足，疾心若火焚。"

【疾走】 快步跑。孟郊《灞上轻薄行》："此中生白发，疾走亦未歇。"

【疾風】 急剧而猛烈之风。崔湜《塞垣行》："疾风卷溟海，万里扬砂砾。"独孤及《庚子岁避地至玉山酬韩司马所赠》："沧海疾风起，洪波骇恬鳞。"白居易《寓意诗五首》之一："疾风吹猛焰，从根烧到枝。"欧阳炯《题景焕画应天寺壁天王歌》："兴来便请泥高壁，乱抢笔头如疾风。"

【疾首】 头痛。指忧苦至极。《诗·小雅·小弁》："心之忧矣，疢如疾首。"孔颖达疏："疾首，谓头痛也。"宋之问《早发大庾岭》："适蛮悲疾首，怀巩泪沾臆。"皮日休《新秋言怀寄鲁望三十韵》："烦心入夜醒，疾首带凉抓。"

【疾苦】 人民生活中的困苦。徐安贞《送丹阳采访》："愿言除疾苦，天子听歌谣。"杜甫《秋日夔府咏怀奉寄郑监李宾客一百韵》："宵旰忧虞轸，黎元疾苦骈。"韩愈《赴江陵途中寄赠翰林三学士》："上陈人疾苦，无令绝其喉。"马戴《新春闻赦》："道在猜谗息，仁深疾苦除。"

【疾徐】 快慢。杜甫《赠李八秘书别三十韵》："去旆依颜色，沿流想疾徐。"韦应物《移疾会诗客无生与释子法朗因贻诸祠曹》："道同意暂遣，客散疾徐还。"

【疾疹】 （—chèn）疾病。刘长卿《北游酬孟元卿见寄》："慈母忧疾疹，室家念栖莱。"孟郊《乱离》："积怨成疾疹，积恨成狂痴。"张籍《学仙》："虚羸生疾疹，寿命多夭伤。"

【疾恙】 泛指疾病。权德舆《贞元七年蒙恩除太常博士追计前事已二十三年于兹吴时郡君以疾恙续发因代书却寄》："庶凭神明佑，得使疾恙蠲。"姚合《寄李余卧疾》："伊人婴疾恙，所对唯苦药。"

【疾速】 快速。寒山《诗三百三首》之二四一："不知有祸殃，前路何疾速。"白居易《自诲》："汝不思二十五六年来事，疾速倏忽如一寐。"

【疾患】 疾病。吕岩《七言》之三七："丹成只恐乾坤窄，饵了宁忧疾患侵。"

【疾病】 泛称病。杜甫《棕拂子》："吾老抱疾病，空贫卧炎蒸。"韦应物《寄李儋元锡》："身多疾病思田里，邑有流亡愧俸钱。"白居易《勉闲游》："不是尘埃便风雨，若非疾病即悲忧。"曹松《庐山访贾匡》："西城疾病日，此地少寻君。”

【疾恶】（—è）憎恨坏人坏事。杜甫《除草》：“芟夷不可阙，疾恶信如仇。”苏涣《变律》之二：“徒有疾恶心，奈何不知几。”白居易《和答诗十首·和阳城驿》：“疾恶若巷伯，好贤如缁衣。”李渤《喜弟淑再至为长歌》：“非论疾恶志如霜，更觉临泉心似铁。”

【疾惡如讎】（惡 è）痛恨坏人坏事如同痛恨仇敌。清昼、汤衡《讲德联句》：“疾恶如仇，闻善不惑。”

【疾舒】快慢。《郊庙歌辞·周宗庙乐舞辞·忠顺》：“缀兆疾舒皆应节，明明我祖乐无穷。”

【疾痛】疾病痛苦。张籍《怀友》：“穷贱无闲暇，疾痛多嗜欲。”

【疾雷】迅雷，急速发出的雷声。韩偓《老将》：“折枪黄马倦尘埃，掩耳凶徒怕疾雷。”

【疾瘼】病痛。方干《上杭州姚郎中》：“能除疾瘼似良医，一郡乡风当日移。”

疹1〔zhěn《广韵》章忍切，上轸，章。〕病名。病人皮肤起粟米状红色小点。郑仁表《赠妓仙哥》：“严吹如何下太清，玉肌无疹六铢轻。”

疹2〔chèn《集韵》丑刃切，去稕，徹。〕同“疢”。疾病。《文选·张衡〈思玄赋〉》：“毋绵挛以倖己兮，思百忧以自疹。”李善注：“疹，疾也。”张彪《北游还酬孟云卿》：“慈母忧疾疹，室家念栖哀。”元稹《贻蜀五首·卢评事子蒙》：“懒成积疹推难动，禅尽狂心炼到空。”马戴《寄远》：“积疹甘毁颜，沉忧更销骨。”

【疹₂疾】疾病。韩愈《寄崔二十六立之》：“况又婴疹疾，宁保躯不赀。”

疲〔pí《广韵》符羁切，平支，並。〕❶疲乏；困倦。韦应物《直中书省》：“萤光向日尽，蚊力负山疲。”戴权伦《宿灵岩寺》：“马疲盘道峻，投宿入招提。”白居易《悲哉行》：“悲哉为儒者，力学不知疲。”舒元舆《坊州按狱苏氏庄记室二贤自鄜州走马相访留连数日发后独坐寂寞因成诗寄之》：“谁知路非远，行者多云疲。”❷使衰弱；削弱。李华《咏史十一首》之十：“郑生为韩计，且欲疲秦人。”❸困苦穷乏。刘湾《云南曲》：“骚然疲中原，征战从此始。”杜甫《伤春五首》之一：“西京疲百战，北阙任群凶。”❹衰败；凋敝。杜甫《行次昭陵》：“旧俗疲庸主，群雄问独夫。”

【疲人】疲惫困顿之人。李白《登黄山凌歊台送族弟溧阳尉济充泛舟赴华阴》：“漕引救关辅，疲人免涂泥。”羊士谔《赴资阳经嶓冢山》：“宁辞旧路驾朱轓，重使疲人感汉恩。”白居易《新乐府·两朱阁》：“青苔明月多闲地，比屋疲人无处居。”姚合《送家兄赴昭义》：“黠吏先潜去，疲人相次迎。”

【疲兵】疲惫之兵卒。戎昱《塞下曲》之一：“将军领疲兵，却入古塞门。”章孝标《闻角》：“关头老马嘶看月，碛里疲兵泪湿衣。”

【疲老】疲惫衰老。亦指疲惫衰老之人或畜。李商隐《行次西郊作一百韵》：“少壮尽点行，疲老守空村。”

【疲朽】疲惫老朽。李百药《登叶县故城谒沈诸梁庙》：“伊我非真龙，勿惊疲朽质。”

【疲劣】衰弱恶劣。王湾《晚夏马嵬卿叔池亭即事寄京都一二知己》：“才轻策疲劣，势薄常驱走。”

【疲民】疲困的百姓。刘长卿《送青苗郑判官归江西》：“南楚凋残后，疲民赖尔怜。”白居易《自到郡斋题二十四韵兼寄常州贾舍人湖州崔郎中仍呈吴中诸客》：“敢辞称俗吏，且愿活疲民。”周朴《早春》：“韶光不偏党，积渐煦疲民。”刘兼《新回车院筵上作》：“回车院子未回车，三载疲民咏裤襦。”

【疲足】疲惫之足。张九龄《晨坐斋中偶而成咏》：“仰霄谢逸翰，临路嗟疲足。”

【疲拙】软弱无能。萧颖士《山庄月夜作》：“献书嗟弃置，疲拙归田园。”

【疲甿】见“疲氓”。

【疲卒】（—zú）疲惫之兵卒。刘湾《出塞曲》：“汗马牧秋月，疲卒卧霜风。”

【疲氓】（—méng）亦作“疲甿”。疲困之民。韦应物《游琅琊山寺》：“物累诚可遣，疲氓终未忘。”韩愈《晚秋郾城夜会联句》：“疲氓坠将拯，残虏狂可缚。”薛能《送浙东王大夫》：“众谈称重镇，公意念疲甿。”邵谒《送徐群宰望江》：“古人力文学，所务安疲甿。”

【疲苶】见“疲薾”。

【疲俗】衰败的风俗。郭周藩《谭子池》：“普遍拯疲俗，丁宁告亲知。”黄滔《寄湘中郑明府》：“莫耽云水兴，疲俗待君痊。”王仁裕《从蜀后主幸秦川上梓潼山》：“盛德安疲俗，仁风扇极边。”

【疲馬】疲惫之马。刘长卿《恩敕重推使牒追赴苏州次前溪馆作》：“乱鸦投落日，疲马向空山。”李贺《洛阳城外别皇甫湜》：“单身野霜上，疲马飞蓬间。”李绅《趋翰苑遭诬构四十六韵》：“疲马愁千里，孤鸿念五湖。”司马扎《自渭南晚次华州》：“我行伤去国，疲马屡回顾。”

【疲疴】见“疲痾”。

【疲病】疲惫病困。权德舆《酬崔千牛四郎早秋见寄》：“疲病多内愧，切磋常见同。”

【疲散】（—sǎn）疲惫懒散。亦指疲散之人。张说《行从方秀川与刘评事文同宿》：“捧日照恩华，攀云引疲散。”

【疲童】疲惫之童子。郑山禺《津阳门诗》：“泥寒款段蹶不进，疲童退向前何为。”

【疲劳】 劳苦困乏。杜甫《飞仙阁》：“往来杂坐卧，人马同疲劳。”白居易《观稼》：“筋力苦疲劳，衣食常单薄。”

【疲痾】 亦作“疲疴”。病而体弱。李百药《春眺》：“疲痾荷拙患，沦踬合幽襟。”李峤《田假限疾不获还庄载想赠杜幽素》：“疲痾旅城寺，延想属郊畿。”陈子昂《秋园卧病呈晖上人》：“疲疴澹无豫，独坐泛瑶瑟。”钱起《苦雨忆皇甫冉》：“疲痾苦昏垫，日夕开轩屏。”

【疲弊】 困苦穷乏。周昙《咏史诗·隋门·炀帝》：“兆人疲弊不堪命，天下嗷嗷新主资。”

【疲魂飢魄】 疲惫饥饿的魂魄。贯休《杞梁妻》：“疲魂饥魄相逐归，陌上少年莫相非。”

【疲駑】 衰老的劣等马。郑愔《贬降至汝州广城驿》：“疲驽劳垂耳，骞腾讵矫翰。”温庭筠《病中书怀呈友人》：“致身伤短翮，骧首顾疲驽。”

【疲殫】 疲劳至极。段成式、郑符等《游长安诸寺联句·崇仁坊资圣寺诸画联句》：“棱伽之力所疲殚，李真周昉优劣难。”

【疲瘵】 困乏疲弱。亦指困乏疲弱之人。薛能《春日重游平湖》：“官职已辜疲瘵望，诗名空被后生传。”许棠《讲德陈情上淮南李仆射八首》之四：“多年疲瘵全苏息，须到讴谣日满秦。”苏拯《药草》：“天子恤疲瘵，坤灵奉其职。”刘兼《去年今日》：“奸豪已息时将泰，疲瘵全苏岁又周。”

【疲癃】 曲腰高背之疾。借以泛称年老多病之人。卢肇《汉堤诗》：“疲癃鳏独，奋有筋膂。”

【疲蹇】 衰老的跛脚马。喻衰老无能。张九龄《临泛东湖》：“永念出笼絷，常思退疲蹇。”

【疲薾】 亦作“疲苶”“疲茶”。❶困惫；孱弱。陈子昂《东征答朝臣相送》：“平生白云意，疲薾愧为雄。”杜甫《八哀诗·故司徒李公光弼》：“疲苶竟何人，洒涕巴东峡。”又《咏怀二首》之一：“疲茶苟怀策，栖屑无所施。”卢纶《秋中野望寄舍弟绶兼令呈上西川尚书舅》：“骨肉暂分离，形神遂疲薾。”柳宗元《种术》：“东山幽且阻，疲茶烦经过。”❷不振作；无生气。皮日休《二游诗·徐诗》：“以斯为思虑，吾道宁疲薾。”

【疲羸】 困苦穷乏；困苦穷乏之民。权德舆《省中春晚忽忆江南旧居因寄两浙亲故杂言》：“疲羸只欲思三径，戆直那堪备七人。”柳宗元《哭连州凌员外司马》：“辎轩下东越，列郡苏疲羸。”许浑《汉水伤稼》序：“秋八月，天清日朗，汉水泛滥，人实为灾。轸念疲羸，固赋四韵。”周昙《咏史诗·六朝门·傅昭》：“为政残苛兽亦饥，除饥机在养疲羸。”

疼 〔téng《广韵》徒冬切，平冬，定。〕疾病创伤等引起的难受的感觉。白居易《新乐府·缭绫》：“丝细缲多女手疼，扎扎千声不盈尺。”姚全《从军乐二首》之一：“眼疼长不校，肺病且还无。”

【疼痛】 痛。白居易《家酿新熟每尝辄醉妻侄等劝令少饮因成长句以谕之》：“身上幸无疼痛处，瓮头正是撇尝时。”

六 画

痏 〔wěi《广韵》荣美切，上旨，雲。〕❶殴人皮破血流为“痏”。泛指殴伤、创伤。《急就篇》卷四：“疻痏保辜谑呼号。”颜师古注：“殴人皮肤肿起曰疻，殴伤曰痏。”朱骏声《说文通训定声·解部》：“凡殴伤及肤起青墨而无创瘢者为疻，有创瘢者曰痏。”白居易《代书诗一百韵寄微之》：“腾口因成痏，吹毛遂得疵。”❷疮。指痈疽之类。元稹《虫豸诗·蜘蛛》序：“巴蜘蛛大而毒……中人，疮痏集湿，且痛痒倍常。”又《虫豸诗·浮尘子》之一：“有毒能成痏，无声不见飞。”白居易《蚊蟆》：“如有肤受谮，久则疮痏成。”皮日休《鲁望昨以五百言见贻因成一千言迭和之微旨也》：“万象疮复痏，百灵痡且癠。”引申为祸害。元稹《连昌宫词》：“庙谟颠倒四海摇，五十年来作疮痏。”

痍 〔yí《广韵》以脂切，平脂，以。〕创伤。杜甫《北征》：“乾坤含疮痍，忧虞何时毕。”罗隐《送汝州李中丞十二韵》：“尘土周畿暗，疮痍汝水腥。”

疵 〔cī《广韵》疾移切，平支，從。〕❶小病。引伸为过失、缺点。张九龄《夏日奉使南海在道中作》：“飞走逃深林，流烁恐生疵。”杜甫《幽人》：“内惧非道流，幽人见瑕疵。”韦应物《秋集罢还途中作谨献寿春公黎公》：“君侯枉高鉴，举善掩瑕疵。”吴筠《览古十四首》之十一：“至人顺通塞，委命固无疵。”❷挑剔；非议。张九龄《在郡秋怀二首》之一：“五十而无闻，古人深所疵。”戴叔伦《抚州被推昭雪答陆太祝三首》之一：“求理由来许便宜，汉朝龚遂不为疵。”❸黑斑。王建《喻时》：“好闻苦不乐，好视忽生疵。”白居易《和答诗十首·和阳城驿》：“直谏从如流，佞臣恶如疵。”

【疵拙】 低劣笨拙。张九龄《初发道中赠王司马兼寄诸公》：“曾是安疵拙，诚非议卷舒。”

【疵面】 有疵斑的脸。指晋赵孟。孟善断事，因其脸有疵点，故称。李翰《蒙求》：“赵孟疵面，田骈天口。”

【疵瑕】 亦作“疵瘕”。指摘；指责。杜甫《喜晴》：“其人骨已朽，此道谁疵瑕？”李幼卿《前年春与独孤常州兄花时为别睹物增怀因之抒情聊以奉寄》:"缘君爱我疵瑕少,愿窃仁风寄老身。"柳宗元《同刘二十八院长述旧言怀感时书事奉寄澧州张员外使君五十二韵之作因其韵增至八十通赠二君子》:"敢辞亲耻污,唯恐长疵瘢。"

【疵瘢】 见"疵瑕"。

【疵賤】 ❶卑贱。王湾《秋夜寓直即事怀赠萧令公裴侍郎兼通简南省诸友人》:"林恋甘独往,疵贱苦相仍。"高适《酬别薛三蔡大留简韩十四主簿》:"纵诞非尔情,飘沦任疵贱。"耿沣《冬夜寻李永因书事赠之》:"栖遑偏降志,疵贱倍修身。"徐铉《右省仆射后湖亭闲宴铉以宿直先归赋诗留献》:"主人忘贵达,座客客疵贱。"❷卑贱之人。阎朝隐《侍从途中口号应制》:"疵贱出山东,忠贞任土风。"高适《酬庞十兵曹》:"世情恶疵贱,之子怜孤直。"又《宋中别李八》:"世情薄疵贱,夫子怀贤哲。"魏朋妻《赠朋诗》:"愿言敦畴昔,勿以弃疵贱。"

疭 〔xuǎn《龙龛手鉴》息浅切。〕同"癣"。《正字通·疒部》:"疭,同癣。"借指连续不断。皮日休《太湖诗·上真观》:"缡褷风声癣,跁跒地力瘫。"

痊 〔quán《广韵》此缘切,平仙,清。〕❶病愈。卢纶《秋暮中夜独坐迟明兼呈同院诸公》:"蹇辞惭自寡,渴病老难痊。"姚合《闲居晚夏》:"闲居无事扰,旧病亦多痊。"温庭筠《感旧陈情五十韵献淮南李仆射》:"稷下期方至,漳滨病未痊。"齐己《寄东林言之禅子》:"使我吟还废,闻君病未痊。"❷泛指事物向好的方面发展。高适《途中酬李少府赠别之作》:"日来知自强,风气殊未痊。"黄滔《寄湘中郑明府》:"莫耽云水兴,疲俗待君痊。"

瘫 〔tān《广韵》他干切,平寒,透。又託何切,平歌,透。又丁佐切,去箇,端。〕疲乏;劳累。皮日休《太湖诗·上真观》:"缡褷风声癣,跁跒地力瘫。"

痎 〔jiē《广韵》古諧切,平皆,見。〕隔日发作的疟疾。元稹《痁卧闻幕中诸公征乐会饮因有戏呈三十韵》:"毕竟图斟酌,先须遣疠痎。"

【痎瘧】 疟疾的通称。元稹《酬乐天寄生衣》:"秋茅处处流痎疟,夜鸟声声哭瘴云。"

痕 〔hén《广韵》户恩切,平痕,匣。〕❶疮伤痊愈后留下的疤。亦泛指事物留下的迹象。崔国辅《漂母岸》:"几年崩冢色,每日落潮痕。"杜甫《客居》:"葱青众木梢,邪竖杂石痕。"窦巩《放鱼》:"金钱赎得免刀痕,闻道禽鱼亦感恩。"白居易《东楼南望八韵》:"风涛生有信,天水合无痕。"❷量词。犹道、条。用于某些轻淡的东西。张祜《过石头城》:"唯是岁华流尽处,石头城下水千痕。"

【痕眉】 深眉;浓眉。南唐后主李煜《书灵筵手巾》:"汗手遗香渍,痕眉染黛烟。"

【痕跡】 事物留下的迹象。寒山《诗三百三首》之二〇三:"泯时万象无痕迹,舒处周流遍大千。"刘禹锡《翰林白二十二学士见寄诗一百篇因以答贶》:"郢人斤斫无痕迹,仙人衣裳弃刀尺。"

【痕皴】 痕迹和裂纹。无名氏《大力寺诗碣》(外编下):"风磨断础痕皴暗,雨剥残碑点画昏。"

【痕翳】 指遮蔽一部分。卢仝《月蚀诗》:"我爱明镜洁,尔乃痕翳之。"

七 画

痞 〔pǐ《广韵》符鄙切,上旨,並。又方美切,上旨,幫。又方久切,上有,幫〕胸腹郁结,阻滞不通。见"痞蹇"。

【痞蹇】 胸腹郁结,阻滞不通。皮日休《太湖诗·以毛公泉一瓶献上谏议因寄》:"饮之融痞蹇,濯之伸拘挛。"

痡 〔pū《广韵》普胡切,平模,滂。又芳無切,平虞,敷。〕危害;毒害。见"痡毒"。

【痡毒】 毒害;危害。元稹《有酒十章》之六:"夏龙痡毒雷雨多,蒲叶离披艳红死。"

痟 〔xiāo《广韵》相邀切,平宵,心。〕病名。消渴,即糖尿病。韩愈《纳凉联句》:"痟肌夏尤甚,疟渴秋更数。"李商隐《送从翁从东川弘农尚书幕》:"未至谁能赋,中干欲病痟。"唐彦谦《汉代》:"玄晏难瘳痹,临邛但发痟。"

痟 〔yuān《广韵》烏玄切,平先,影。〕❶酸痛。《素问·阴阳别论》:"三阳为病,发寒热,下为痈肿,及为痿厥腨痟。"王冰注:"痟,疫痛也。"权德舆《贞元七年蒙恩除太常博士郡君以疾恙续发因代书却寄》:"永怀心如惔,引望脰已痟。"❷忧郁。陆龟蒙《奉和袭美二游诗·徐诗》:"佳哉鹿门子,好问如除痟。"

痗 〔mèi《广韵》莫佩切,去隊,明。又荒内切,去隊,曉。〕忧伤。孟简《赋得亚父碎玉斗》:"献谋既我违,积愤从心痗。"

痾 〔ē《广韵》烏何切,平歌,影。〕❶疾病。庾抱《卧痾喜霁开扉望月简宫内知友》:"秋雨移弦望,疲痾倦苦辛。"韦应物《谢栎阳令归西郊赠别诸友生》:"独此抱微痾,颓然谢斯职。"元稹《和东川李相公慈竹十二韵》:"应怜孤生者,摧折成病痾。"李商隐《南潭上亭宴集以疾后至因而抒情》:"肯念沉痾士，俱期倒载还。”❷缺点；毛病。引申为祸害。刘禹锡《口兵戒》：“一言成痾，智不能明。”

【痾瘵】 痼疾。韦应物《闲居赠友》：“闲居养痾瘵，守素甘葵藿。”又《酬州张协律》：“感兹栖寓词，想复痾瘵缠。”李中《途中作》：“得信慈亲痾瘵减，当时宽勉采兰心。”

【痾恙】 疾病。权德舆《与道者同守庚申》：“伊予嗜欲寡，居常痾恙轻。”

痛 〔tòng《广韵》他貢切，去送，透。〕❶疼痛。因疾病、受伤等所引起的难受的感觉。杜甫《热三首》之三：“将衰骨尽痛，被褐味空频。”元稹《乐府古题·君莫非》：“惧聋摘耳，效痛嚬眉。”白居易《舟中读元九诗》：“眼痛灭灯犹暗坐，逆风吹浪打船声。”姚合《从军乐二首》：“朝朝十指痛，唯署点兵符。”❷悲痛；悲伤。骆宾王《幽絷书情简知己》：“自悯秦冤痛，谁怜楚奏哀。”孟浩然《自浔阳泛舟经明海》：“观涛壮枚发，吊屈痛沉湘。”杜甫《无家别》：“永痛长病母，五年委沟溪。”孙郃《哭方玄英先生》：“我心痛其语，泪落不能已。”❸痛苦。身体精神感到非常难受。王湾《哭补阙亡友綦毋学士》：“位联情易感，交密痛难裁。”元稹《奉和浙西大夫李德裕述梦四十韵》：“痛泪过江浪，冤声出海涛。”❹痛惜；怜惜。孟浩然《晓入南山》：“贾生曾吊屈，予亦痛斯文。”杜甫《舟中苦热遣怀奉呈阳中丞通简台省诸公》：“痛彼道边人，形骸改昏旦。”孟郊《古兴》：“痛玉不痛身，抱璞求所归。”李商隐《戏题枢言草阁三十二韵》：“歌声入青云，所痛无良媒。”❺尽力。吕岩《卜算子》词：“豆爆生莲火里时，痛拨寒灰冷。”

【痛苦】 身体或精神感到非常难受。戎昱《苦哉行五首》之三：“一生忽至此，万事痛苦业。”

【痛哭】 大声地哭泣。李绅《逾岭峤止荒陬抵高要》：“贾生谪去因前席，痛哭书成竟何益。”

【痛惜】 心痛惋惜。戎昱《送郑炼师贬辰州》：“谪去刑名枉，人间痛惜深。”刘商《胡笳十八拍·第十四拍》：“手中十指有长短，截之痛惜皆相似。”白居易《新乐府·西凉伎》：“天子每思长痛惜，将军欲说合惭羞。”

【痛飲】 尽情地喝酒。杜甫《醉时歌》：“忘形到尔汝，痛饮真吾师。”刘禹锡《赠乐天》：“痛饮连宵醉，狂吟满坐听。”殷尧藩《夜酌溪楼》：“得意引杯须痛饮，好怀那许负年华。”李瀚《蒙求》：“刘惔倾酿，孝伯痛饮。”

【痛楚】 痛苦。邵谒《春日有感》：“火未到身者，痛楚难共谙。”

【痛憤】 悲痛愤怒。杜甫《草堂》：“义士皆痛愤，纪纲乱相逾。”张祜《戊午年寓兴二十韵》：“朱云曾痛愤，刘向几吞声。”杜甫《义鹘》：“斯须领健鹘，痛愤寄所宣。”

八　画

瘃 〔zhú《广韵》陟玉切，入燭，知。〕冻疮，生冻疮。《汉书·赵充国传》：“将军士寒，手足皸瘃。”颜师古注引文颖曰：“瘃，寒创也。”皮日休《吴中苦雨因书一百韵寄鲁望》：“吟诗口吻喎，把笔指节瘃。”

痱 〔fèi《广韵》扶沸切，去未，奉。又蒲罪切，上賄，並。〕见“痱瘤”。

【痱瘤】 小肿。亦泛称疹状小粒块。唐玄应《一切经音义》卷三：“痱瘤，小肿也。”韩愈《嘲鼾睡》之一：“木枕十字裂，镜面生痱瘤。”

痹 〔bì《广韵》必至切，去至，幫。〕亦作“痺”。中医指风、寒、湿侵袭肌体导致肢节疼痛、麻木、屈伸不利的病症。杜甫《遣闷奉呈严公二十韵》：“老妻忧坐痹，幼女问头风。”韩愈、孟郊《城南联句》：“解魄不自主，痺肌坐空瞠。”白居易《病中宴坐》：“头眩罢垂钩，手痹休援琴。”李商隐《行次西郊作一百韵》：“筋体半痿痺，肘腋生臊膻。”

痼 〔gù《广韵》古暮切，去暮，見。〕积久难治之病。见“痼疾”。

【痼疾】 顽症，积久难治之病。李商隐《骄儿诗》：“诛赦两未成，将养如痼疾。”薛能《边城寓题》：“东风吹痼疾，暖日极青冥。”

痿 〔wěi《广韵》於爲切，平支，影。又人垂切，平支，日。〕❶身体某部分萎缩或失去机能的疾病。见“痿痹”。❷衰微。陆龟蒙《袭美先辈以蒙所献五百言用伸酬谢》：“十体免负赘，百家咸起痿。”

【痿者不忘起】 痿痹的人不忘起行。喻事情急切。语本《史记·韩信卢绾列传》：“仆之思归，如痿人不忘起，盲者不忘视也，势不可耳。”柳宗元《种仙灵毗》：“痿者不忘起，穷者宁复言。”

【痿痹】 麻痹，肢体不能动作或丧失感觉。李商隐《行次西郊作一百韵》：“筋体半痿痹，肘腋生臊膻。”

痺 同“痹”。

瘁 〔cuì《广韵》秦醉切，去至，從。〕❶寒噤；寒冷。《说文·疒部》：“瘁，寒病也。”桂馥义证：“‘寒病也’者徐锴引字书：瘁，寒噤也。”韩愈、孟郊《城南联句》:“瘁肌遭眊刺,啾耳闻鸡生。”又《斗鸡联句》:“磔毛各噤瘁,怒瘿争碨磊。”牛僧孺《李苏州遗太湖石奇状绝伦因题二十韵奉呈梦得乐天》:“噤瘁微寒早,轮囷数片横。”韩偓《日高》:“朦胧犹记管弦声,噤瘁余寒酒半醒。”❷劳累。刘禹锡《送鸿举游江西》序:“既讯已,探械中出前所与诗阅之,纸劳墨瘁,与我同来。”❸忧愁;忧惧。《文选·陆机〈叹逝赋〉》:“伤怀凄其多念,戚貌瘁而甚少欢。”李善注引《苍颉篇》:“瘁,忧也。”杜牧《和野人殷潜之题筹笔驿十四韵》:“何处躬耕者,犹题殄瘁诗。”周昙《咏史诗·春秋战国门·再吟》:“好龙天为降真龙,及见真龙瘁厥躬。”❹憔悴;枯槁。李峤《晚秋喜雨》:“晚穗萎还结,寒苗瘁复抽。”顾况《拟古三首》之二:“春葩妍既荣,秋叶瘁以飞。”❺谓声音清冷。李贺《假龙吟歌》:“石轧铜杯,吟歌橘瘁。”

【瘁瘁】 寒战貌。费冠卿《答萧建》:“入林寒瘁瘁,近瀑雨濛濛。”

【瘁索】 萧索。孟郊《秋怀》之九:“冷露多瘁索,枯风晓吹嘘。”

瘀 〔yū《广韵》依倨切,去御,影。〕❶血液凝积。白居易《和微之诗二十三首·和三月三十日四十韵》:“江南腊月半,水冻凝如瘀。”❷郁积。元结《演兴四首·闵岭中》:“独翳蔽于山颠,久低回而愠瘀。”

痰 〔tán《广韵》徒甘切,平談,定。〕肺泡、支气管和气管分泌出的黏液,正常情况下分泌量很少,肺部或呼吸道发生病变时增多,并含有某些病菌,为传播疾病的媒介物。元稹《感梦》:“答云痰滞久,与世复相暌。”白居易《病中早春》:“膻腻断来无气力,风痰恼得少心情。”又《自叹》:“春来痰气动,老去嗽声深。”又《病中书事》:“气嗽因寒发,风痰欲雨生。”

九 画

瘧 〔nüè《广韵》魚約切,入藥,疑。〕疟疾;发疟疾。韩愈、李正封《晚秋郾城夜会联句》:“人怨童聚谣,天殃鬼行疟。”白居易《东南行一百韵》:“去夏微之疟,八春席入殂。”李商隐《异俗二首》之一:“鬼疟朝朝避,春寒夜夜添。”皮日休《太湖诗·晓次神景宫》:“每嗟原宪瘇,常苦齐侯疟。”

【瘧疾】 以疟蚊为媒介,由疟原虫引起的周期性发作的急性传染病。杜甫《寄彭州高三十五使君适虢州岑二十七长使参三十韵》:“三年犹疟疾,一鬼不销亡。”

【瘧病】 疟疾。杜甫《哭台州郑司户苏少监》:“疟病餐巴水,疮痍老蜀都。”

【瘧鬼】 旧时迷信,谓疟疾为鬼作祟所致,称为“虐鬼”。韩愈《谴疟鬼》:“如何不肖子,尚奋疟鬼威。”

【瘧渴】 中医谓暑疟壮热烦渴。韩愈、孟郊《纳凉联句》:“痟肌夏尤甚,疟渴秋更数。”

【瘧癘】 疟疾;疟疫。杜甫《病后遇三倚饮赠歌》:“疟疠三秋孰可忍,寒热百日相交战。”又《寄薛三郎中》:“峡中一卧病,疟疠终冬春。”

【瘧瘴】 疟疾。沈佺期《赦到不得归题江上右》:“疟瘴因兹苦,穷愁益复迷。”

瘥[1] 〔cuó《广韵》昨何切,平歌,從。又子邪切,平麻,精〕病,疫病。《诗·小雅·节南山》:“天方荐瘥,丧乱弘多。”郑玄笺:“天气方今又重以疫病。”柳宗元《种术》:“爨竹如芳叶,宁虑瘵与瘥。”皮日休《三羞诗三首》之三:“岁虽有札瘥,庖不废晨炊。”

瘥[2] 〔chài《广韵》楚懈切,去卦,初。〕痊愈。白居易《眼病二首》之一:“两头治疗何曾瘥,药力微茫佛力赊。”

瘕 〔jiǎ《广韵》古疋切,上馬,見。又古訝切,去禡,見。又古牙切,平麻,見。〕见“疵瘕”。

瘇 〔zhǒng《广韵》蛙宂切,上腫,禪。〕❶足肿。《汉书·贾谊传》:“天下之势方病大瘇。”颜师古注引如淳曰:“肿足曰瘇。”元稹《和李校书新题乐府十二首·蛮子朝》:“椎头丑类除忧患,瘇足役夫劳汹涌。”❷泛称肌肉浮肿、肿胀。引申为一般疾病或事物之痈肿突起者。皮日休《太湖诗·晓次神景宫》:“每嗟原宪瘇,常苦齐侯疟。”又《虎丘寺殿前有古杉一本遂赋三百言以见志》:“朽痈难可吮,枯瘇不堪治。”

瘦 〔shòu《广韵》所祐切,去宥,生。〕❶瘦弱。肌肉不丰满,脂肪少。李白《戏赠杜甫》:“借问别来太瘦生,总为从前作诗苦。”白居易《羸骏》:“尽是凡人目,相马失于瘦。”李绅《移九江》:“体瘦寡行立,家肥安啜哺。”齐己《戊辰岁湘中寄郑谷郎中》:“瘦应成鹤骨,闲想似禅心。”❷细小;不茁壮。孟郊《秋怀》之七:“秋草瘦如发,贞芳缀疏金。”白居易《茅城驿》:“地薄桑麻瘦,村贫屋舍低。”张祜《越州怀古》:“荒林草木瘦,古树泉石冷。”韩屿《赠进士李守微》:“鸟曳鹤毛干鬅鬙,杖携笻节瘦槎牙。”❸消损;减少。杜甫《无家别》:“人行见空巷,日瘦气惨凄。”❹贫瘠;不肥沃。杜甫《秦州杂诗二十首》之十三:“瘦地翻宜粟,阳坡可种瓜。”戴叔伦《草尝一上人》:“地瘦无黄独,春来草更深。”皮日休《怀鹿门县名离合二首》之一:“山瘦更培秋后桂,溪澄闲数晚来鱼。”齐己《耕叟》:“田园高且瘦,赋税重复急。”❺形容削直、突兀。

皮日休《忆洞庭观步十韵》："岩根瘦似壳，杉破腹如腔。"唐彦谦《第三溪》："日晏霜浓十二月，林疏石瘦第三溪。"❻谓字体细而有力。见"瘦硬"。

【瘦人】 身体瘦弱之人。白居易《赠侯三郎中》："年丰最喜唯贫客，秋冷先知是瘦人。"薛能《晚春》："恶怜风景极交亲，每恨年年作瘦人。"又《自讽》："千题万咏过三旬，忘食贪魔作瘦人。"

【瘦小】 身体瘦，个子小。元稹《酬乐天得稹所寄纻丝布白轻庸制成衣服以诗报之》："腰带定知今瘦小，衣衫难作远裁缝。"

【瘦田】 瘠薄之田。孟郊《秋夕贫居述怀》："浅井不供饮，瘦田长废耕。"

【瘦仙】 清瘦的仙人。白居易《白发》："歌吟终日如狂叟，衰疾多时似瘦仙。"

【瘦地】 瘠薄的土地。杜甫《秦州杂诗二十首》之十三："瘦地翻宜粟，阳坡可种瓜。"白居易《劝酒十四首·不如来饮酒七首》之二："迎春犁瘦地，趁晚喂羸牛。"

【瘦竹】 即竹子。竹细长挺拔，故云。韩偓《归紫阁下》："瘦竹迸生僧坐石，野藤缠杀鹤翘松。"

【瘦形】 瘦弱的身体。周贺《赠胡僧》："瘦形无血色，草履著行穿。"

【瘦削】 瘦弱；细小。孟郊《石淙》之九："物色多瘦削，吟笑还孤永。"齐己《示诸侄》："形容浑瘦削，行止强牵拖。"

【瘦客】 身体瘦弱之人。白居易《酬思黯相公晚夏雨后感秋见赠》："夜长只合愁人觉，秋冷先应瘦客知。"

【瘦馬】 瘦弱的马。白居易《东坡秋意寄元八》："啼蛩隐红蓼，瘦马蹋青芜。"朱庆余《题王丘长史宅》："时见街中骑瘦马，低头只是为诗篇。"储嗣宗《送顾陶校书归钱塘》："清苦月偏知，南归瘦马迟。"蒋吉《寄进士贾希》："空囊与瘦马，羁绁意应深。"

【瘦骨】 ❶谓马的肢体强壮而不肥。杜甫《房兵曹胡马诗》："胡马大宛名，锋棱瘦骨成。"❷瘦而无肉之骨。亦指瘦弱的身躯。李商隐《海上谣》："海底觅仙人，香桃如瘦骨。"李群玉《北风》："瘦骨呻吟后，羸容几杖初。"陆龟蒙《记事》："瘦骨倍加寒，徒为厚缯纩。"

【瘦鬼】 身体瘦弱的鬼。指在傩礼上装扮傩神的身体瘦弱的人。孟郊《弦歌行》："驱傩击鼓吹长笛，瘦鬼染面惟齿白。"

【瘦容】 清瘦的容貌。殷尧藩《友人山中梅花》："南国看花动远情，沈郎诗苦瘦容生。"贾岛《山中道士》："头发梳千下，休粮带瘦容。"皮日休《怀华阳润卿博士三首》之三："风骨轻来称瘦容，华阳馆主未成翁。"

【瘦健】 修长而苍劲。李山甫《早秋山中作》："桧松瘦健滴秋露，户牖虚明生晚风。"

【瘦脛】 指瘦细的小腿。陆龟蒙《寒日逢僧》："瘦胫高褰梵屧轻，野塘风劲锡环鸣。"

【瘦硬】 谓字体细瘦而劲健。杜甫《李潮八分小篆歌》："苦县光和尚骨立，书贵瘦硬方通神。"

【瘦雲】 残云。唐彦谦《片石》："瘦云低作段，野浪冻成云。"

【瘦蛟】 即蛟，蛟龙。据传蛟似蛇而四脚，小头细颈，故云。李贺《李凭箜篌引》："梦入坤山教神妪，老鱼跳波瘦蛟舞。"

【瘦筇】 指手杖。筇竹，节高干细，可作手杖，故称。贾岛《延寿里精舍寓居》："双履与谁逐，一寻青瘦筇。"杜光庭《题龙鹄山》："抽得闲身伴瘦筇，乱敲青碧唤蛟龙。"

【瘦損】 消瘦。白居易《仲夏斋居偶题八韵寄微之及崔湖州》："肌肤虽瘦损，方寸任清虚。"

【瘦稜稜】 瘦弱貌。李建勋《赠送致仕郎中》："鹤立瘦棱棱，髭长白似银。"

【瘦煙】 残烟。齐己《题玉泉寺大师影堂》："洞壑藏诸怪，杉松列瘦烟。"

【瘦薄】 身体瘦弱。白居易《自咏》："形容瘦薄诗情苦，岂是人间有相人。"又《自咏》："未必得年非瘦薄，无妨长福是单贫。"

【瘦羸】 瘦弱。薛能《牡丹四首》之四："牡丹愁为牡丹饥，自惜多情欲瘦羸。"

【瘦巉巖】 瘦硬貌。吴融《赠䛒光上人草书歌》："有时瘦巉岩，百尺枯松露槎枿。"

【瘦鶴】 即鹤。因其嘴长直，脚细长，故称。欧阳炯《贯休应梦罗汉画歌》："形如瘦鹤精神健，顶似伏犀头骨粗。"

【瘦巖巖】 瘦弱貌。杜牧《吴姬十首》之一："夜锁重门昼亦监，眼波娇利瘦岩岩。"

瘉 〔yù《广韵》羊朱切，平虞，以。又以主切，上麌，以。〕病。引申为灾难。《诗·小雅·正月》："父母生我，胡俾我瘉。"毛传："瘉，病也。"高亨注："瘉，病也，指受灾难。"亦指危害。《诗·小雅·角弓》："不令兄弟，交相为瘉。"毛传："瘉，病也。"高亨注："瘉，病也。此句言兄弟相害。"柳宗元《敌戌》："废备自盈，秖益为瘉。"卢仝《月蚀诗》："灾沴无有小大愈，安得引衰周？"李绅《趋翰苑遭诬构四十韵》："谤兴金就铄，毁极玉生瘉。"

【瘉病】 疾病。韩愈、孟郊《会合联句》："嘉言马清越，愈病失肮肿。"

瘖 〔yīn《广韵》於金切，平侵，影。〕同"喑"。嗓子哑，不能说话。皮日休《二游诗·徐诗》："苟昧古与今，何殊瘖与瞶。"陆龟蒙《战秋辞》：

“如吹者瘖，如行者愓。”

【瘖聾】 哑和聋。亦指聋哑者。张籍《沈千运旧居》：“高议切星辰，余声激瘖聋。”

十 画

瘗 〔yì《广韵》於罽切，去祭，影。〕❶埋物祭地。《诗·大雅·云汉》：“早既大甚，蕴隆虫虫。不殄禋祀，自郊徂宫。上下奠瘗，靡神不宗。”高亨注：“把祭品埋在地下以祭地神为瘗。”于邵《释奠武成王乐章·送神》：“黝熏就瘗，豆笾告撤。”❷掩盖；埋葬。王维《宋进马哀词》：“忽思瘗兮城南，心瞀乱兮重昏。”杜甫《八哀诗·赠秘书监江夏李公邕》：“坡陀青州血，芜湖汶阳瘗。”元稹《虫豸诗·巴蛇》之一：“欲学叔敖瘗，其如多似麻。”李沇《醮词》：“乌轮不再中，黄沙瘗腥鬼。”

【瘗玉】 古代祭山礼仪，治礼埋玉于坑。岑文本《奉和正日临朝》：“方陪瘗玉礼，珥笔岱山隅。”李纾《唐德明兴圣庙乐章·亚献终献》：“瘗玉埋牲，礼神斯遍。”权德舆《顺宗至德大安孝皇帝挽歌三首》之一：“荐功期瘗玉，昭俭每捐金。”

【瘗地】 祭土地神。陈叔达《州城西园入斋祠社》：“瘗地尊余奠，人天庶有资。”

【瘗埋】 埋葬。于鹄《悼孩子》：“裸送不以衣，瘗埋于中衢。”白居易《新乐府·七德舞》：“亡卒遗骸散帛收，饥人卖子分金赎。”自注：“贞观初，诏收天下阵死骸骨，致祭而瘗埋之。”

瘡 〔chuāng《广韵》初良切，平陽，初。〕❶创伤；伤口。刘长卿《落第赠杨侍御兼拜员外赴范阳》：“泣连三献玉，疮惧再伤弓。”孟郊《寒溪》之八：“忽如剑疮尽，初起百战身。”白居易《答崔十八见寄》：“倚疮老马收蹄立，避箭高鸿尽翅飞。”李洞《赠永崇李将军充襄阳制置使》：“九城王气生旗队，万里寒风入箭疮。”❷疮疖；溃疡。杜甫《瘦马行》：“天寒远放雁为伴，日暮不收乌啄疮。”白居易《新乐府·太行路》：“人心好恶苦不常，好生毛羽恶生疮。”皮日休《鲁望昨以五百言见贻迭和之微旨也》：“万象疮复痏，百灵瘠且癯。”聂夷中《咏田家》：“医得眼前疮，剜却心头肉。”❸喻伤痛；痛苦。杜甫《壮游》：“上感九庙焚，下悯万民疮。”

【瘡疣】 机体表面上的赘生物。喻痛苦和祸害。韩愈《赴江陵途中寄赠三学士》：“酸寒何足道，随事生疮疣。”刘禹锡《将赴汝州途出浚下留辞李相公》：“夷门天下之咽喉，昔时往往生疮疣。”

【瘡疽】 毒疮。喻祸害。李商隐《行次西郊作一百韵》：“疮疽几十载，不敢扶其根。”

【瘡痏】 ❶疮疡；伤痕。元稹《虫豸诗·虻》之一：“汗粘疮痏痛，日曝苦辛行。”白居易《二月一日作赠韦七庶子》：“去冬病疮痏，将养遵医术。”❷祸害。元稹《连昌宫词》：“庙谟颠倒四海摇，五十年来作疮痏。”

【瘡痍】 ❶创伤。杜甫《此征》：“乾坤含疮痍，忧虞何时毕。”张祜《投魏博李相国三十二韵》：“咳唾收齐土，疮痍盲蔡甿。”郑嵎《津阳门诗》：“湟中土地昔湮没，昨夜收复无疮痍。”罗隐《送汝州李中丞十二韵》：“尘土周畿暗，疮痍汝水腥。”❷喻灾难困苦。杜甫《送卢十四弟侍御护韦尚书灵榇归上都二十韵》：“万姓疮痍合，群凶嗜欲肥。”孟郊《乱离》：“天下无义剑，中原多疮痍。”秦韬玉《读五侯传》：“朱紫盈门自称贵，可嗟区宇尽疮痍。”齐己《读岘山碑》：“那堪望黎庶，匝地是疮痍。”亦指困苦的百姓。杜甫《送韦讽上阆州录事参军》：“必若救疮痍，先应去蟊贼。”薛逢《禁火》：“岁月伤风迈，疮痍念苦辛。”❸指疮疡。杜甫《哭台州郑司户苏少监》：“疟病餐巴水，疮痍老蜀都。”韩愈《征蜀联句》：“剟肤浃疮痍，败面碎黥𪑲。”孟郊《秋怀》之十一：“语中失次第，身外生疮痍。”元稹《大觜乌》：“巢禽攫雏卵，厩马啄疮痍。”

【瘡疱】 创伤或溃疡愈后留下的疤痕。元稹《贻蜀五首·病马诗寄上李尚书》：“万里长鸣望蜀门，病身犹带旧疮痕。”又《寄乐天二首》之二：“羸骨欲销犹被刻，疮痕未没又遭弹。”

【瘡痛】 疮伤病痛。孟郊《访疾》：“冷气入疮痛，夜来痛如何。”

【瘡瘢】 创伤或疮疡的疤痕。寒山《诗三百三首》之一一三：“铨曹被拗折，洗垢觅疮瘢。”

【瘡瘤】 瘿瘤。皮日休《二游诗·徐诗》：“枕兼石锋刃，榻共松疮疖。”

【瘡藥】 医疮之药。王梵志《诗》之六十：“但惠封疮药，何愁不奉珠。”

瘢 〔bān《广韵》薄官切，平桓，並。〕创口或疮口愈合后留存的痕迹。王建《赠索暹将军》：“浑身著箭瘢犹在，万槊千刀总过来。”施肩吾《赠边将》：“轻生奉国不为难，战苦身多旧箭瘢。”贾岛《赠王将军》：“马曾金镞中，身有宝刀瘢。”卢汝弼《和李秀才边庭四时怨》之四：“朔风吹雪透刀瘢，饮马长城窟更寒。”

【瘢痕】 创口或疮口留下的痕迹。白居易《过昭君村》：“至今村女面，烧灼成瘢痕。”李涉《与弟渤新罗剑歌》：“刃边飒飒尘沙缺，瘢痕半是蛟龙血。”杜牧《昔事文皇帝三十二韵》：“周钟既窕槬，黥阵亦瘢痕。”

瘤 〔liú《广韵》力求切，平尤，來。又力救切，去宥，來。〕树木干、根外皮隆起的块状物。皮日休《二游诗·任诗》：“杯杓悉杉瘤，盘筵尽荷叶。"又《奉和鲁望独夜有怀吴体见寄》:"此时枉欠高散物,楠瘤作樽石作垆。"

瘠 〔jí《广韵》秦昔切,入昔,從。〕❶瘦弱。《左传·襄公二十一年》:"(申叔豫)遂以疾辞……楚子使医视之,复曰:'瘠则甚矣,而血气未勤。'"杜预注:"瘠,瘦也。"白居易《新乐府·缚戎人》:"身被金创面多瘠,扶病徒行日一驿。"韦蟾《和柯古穷居苦日喜雨》:"揽葛犹不畏,劳形同处瘠。"皮日休《鲁望昨以五百言见贻迭和之微旨也》:"万象疮复瘠,百灵瘠且癯。"引申为枯竭。唐彦谦《宿田家》:"民膏日已瘠,民力日愈弊。"❷硗薄;不肥沃。见"瘠土"。

【瘠土】 贫瘠不肥沃的土地。张九龄《酬周判官巡至始兴会改秘书少监见贻之作兼呈耿广州》:"瘠土资劳力,良书启蒙蔽。"无可《小雪》:"作膏凝瘠土,呈瑞下深宫。"喻坦之《陈情献中丞》:"贡乏雄文献,归无瘠土耕。"

瘽 〔qún《广韵》渠雲切,平文,群。又五還切,平删,疑。〕麻痹。《素问·五常政大论》:"皮肤内苛,筋脉不利。"张隐庵集注引中介宾曰:"瘽痹而重也。"柳宗元《酬韶州裴曹长使君寄道州吕八大使因以见示二十韵一首》:"夙志随忧尽,残肌触瘴瘽。"元稹《台中鞠狱忆开元观旧事呈损之兼赠周兄四十韵》:"愁吟心骨颤,寒卧支体瘽。"

瘼 〔mò《广韵》慕各切,入鐸,明。〕病痛。泛指疾苦,困苦。虞世南《奉和至寿春应令》:"如何事巡抚,民瘼谅斯求。"高适《淇上酬薛三据兼寄郭少府征》:"理道资任贤,安人在求瘼。"韩愈、李正封《晚秋郾城夜会联句》:"诘诛敬王怒,给复哀人瘼。"崔璞《蒙恩除替将还京洛偶叙所怀因成六韵呈军事院诸公郡中一二秀才》:"两载求人瘼,三春受代归。"

十一画

瘷 〔sè《广韵》山責切,入麥,生。〕寒貌。《广韵·入麥》:"瘷,瘆瘷,寒儿。"皮日休《太湖诗·初入太湖》:"枕下闻澎湃,肌上生瘆瘷。"

瘱 〔yì《集韵》壹計切,去霽,影。〕沉静;平静。《汉书·外戚传下·李平王皇后》:"为人婉瘱有节操。自刘氏废,常称疾不朝会。"颜师古注:"瘱,静。"元结《演兴四首·讼木魅》:"瘱吾心以冥想,终念此兮怡怡。"

瘵 〔zhài《广韵》侧界切,去怪,莊。〕❶病。《诗·大雅·瞻卬》:"邦靡有定,士民其瘵。"毛传:"瘵,病。"杜甫《同元使君春陵行》:"叹时药力薄,为客羸瘵成。"韦应物《移疾会诗客元生与释子法朗因贻诸祠曹》:"抱瘵知旷职,淹旬非乐闲。"孟郊《与王二十一员外涯游昭成寺》:"顾惭余眷下,衰瘵婴残身。"白居易《村居卧病三首》之三:"荒村百物无,待此养衰瘵。"亦指生病之人。施肩吾《相庐厅睹论事叟》:"扰扰厅前走羸瘵,中有老人扶杖拜。"❷灾苦;衰敝。杜甫《壮游》:"大军载草草,凋瘵满膏肓。"

【瘵疾】 疫病。沈佺期《被弹》:"是时盛夏中,蟆赫多瘵疾。"

【瘵瘼】 凋敝;衰败。陆龟蒙《奉和袭美初夏游楞伽精舍次韵》:"奇踪欲探讨,灵物先瘵瘼。"

瘴 〔zhàng《广韵》之亮切,去漾,章。〕❶瘴气。郎士元《送林宗配雷州》:"海雾多为瘴,山雷乍作邻。"李德裕《到恶溪夜泊芦岛》:"风雨瘴昏蛮日月,烟波魂断恶溪时。"许棠《送从弟归泉州》:"瘴杂春云重,星垂夜海空。"黄滔《广州试越台怀古》:"吹窗风杂瘴,沾槛雨经梅。"❷瘴疠。元稹有《予病瘴乐天寄通中散碧腴垂云膏因有酬答》。

【瘴土】 有瘴气之地。贾岛《送黄知新归安南》:"火山难下雪,瘴土不生茶。"刘昭禹《送人红花栽》:"艰难离瘴土,潇洒入朱门。"

【瘴日】 弥漫着瘴气的日光。郑谷《荔枝》:"晚夺红霞色,晴欺瘴日威。"

【瘴水】 即瘴江。李绅《红蕉花》:"红蕉花样炎方识,瘴水溪边色最深。"李频《送孙明秀才往潘州访韦卿》:"天涯浮瘴水,岭外问潘州。"

【瘴色】 ❶因瘴疠而患病的气色。韩愈《自袁州还京》:"面犹含瘴色,眼已见华风。"元稹《思归乐》:"肌肤无瘴色,饮食康且宁。"❷指南方瘴疠地的雾气。雍陶《入蛮界不许有悲泣之声》:"云南路出陷河西,毒草长青瘴色低。"曹松《南游》:"犀占花阴卧,波冲瘴色流。"

【瘴衣】 沾染瘴气的衣服。韩愈、张籍《会合联句》:"瘴衣常腥腻,蛮器多疏冗。"

【瘴江】 旧泛称岭南有瘴气的江河。宋之问《早发韶州》:"身经大火热,颜入瘴江消。"韩愈《左迁至蓝关示侄孙湘》:"知汝远来应有意,好收吾骨瘴江边。"李绅《江亭》:"瘴江昏雾连天合,欲作家书更断肠。"陆龟蒙《徐方平后闻赦因寄袭美》:"秦狱已收为厉气,瘴江初返未招魂。"

【瘴村】 散发着瘴气的村庄。沈彬《送人游南海》:"白烟和月藏峦洞,明月随潮入瘴村。"

【瘴花】 沾染了瘴气的花朵。李商隐《燕台四首·夏》:"蜀魂寂寞有伴未,几夜瘴花开木棉。"

【瘴雨】 指南方含有瘴气的烟雨。戎昱《辰州建中四年多怀》:"荒徼辰阳远,穷秋瘴雨深。"许浑《送杜秀才归桂林》："瘴雨欲来枫树黑，火云初起荔枝红。"许棠《寄建州姚员外》："岭堠蛮云积，闽空瘴雨垂。"齐己《潇湘二十韵》："势接湖烟涨，声和瘴雨喷。"

【瘴林】 散发瘴气的山林。张蠙《送人归南中》："为问南迁客，何人在瘴林。"

【瘴雨蠻煙】 指南方含有瘴气的烟雨。殷光蕃《九日》："瘴雨蛮烟朝暮景，平芜野草古今愁。"

【瘴氣】 指南部、西南部地区山林间湿热蒸发能致病之气。孟浩然《晓入南山》："瘴气晓氛氲，南山复水云。"白居易《送严大夫赴桂州》："桂林无瘴气，柏署有清风。"李商隐《和孙朴韦蟾孔雀咏》："瘴气笼飞远，蛮花向坐低。"

【瘴海】 ❶指岭南有瘴气的海域。韩愈《梨花下赠刘师命》："今日相逢瘴海头，共惊烂漫开正月。"白居易《得潮州杨相公继之书并诗以此寄之》："诗情书意两殷勤，来自天南瘴海滨。"裴夷直《崇山郡》："地尽炎荒瘴海头，圣朝今又放驩兜。"周朴《次梧州却寄永州使君》："潮添瘴海阔，烟拂粤山孤。"❷泛指南方有瘴气之地。严维《送少微上人东南游》："瘴海空山热，雷州白日昏。"卢纶《夜中得循州赵司马侍郎书因寄回使》："瘴海寄双鱼，中宵达我居。"白居易《夏日与闲禅师林下避暑》："每因毒暑悲亲故，多在炎方瘴海中。"韩偓《见别离者因赠之》："白髭兄弟中年后，瘴海程途万里长。"

【瘴國】 犹"瘴乡"。齐己《送人南游》："瘴国频闻说，边鸿亦不游。"

【瘴雲】 犹瘴气。杜甫《热三首》之二："瘴云终不灭，泸水复西来。"戎昱《哭黔中薛大夫》："亚相何年镇百蛮，生涯万事瘴云间。"熊孺登《寄安南马中丞》："龙韬能致虎符分，万里霜台压瘴云。"李昌符《秋中夜坐》："瘴云晴未散，戍客老将依。"

【瘴嵐】 山间瘴气。陈去疾《送人谪幽州》："莫言塞北春风少，还胜炎荒入瘴岚。"

【瘴鄉】 南方有瘴气的地方。白居易《京使回累得南省诸公书因以长句诗寄谢》："瘴乡得老犹为幸，岂敢伤嗟白发新。"

【瘴痾】 即瘴疠。柳宗元《读书》："瘴痾扰灵府，日与往昔殊。"见"瘴癘❶"。

【瘴煙】 即瘴气。于鹄《送迁客二首》之二："孤驿瘴烟重，行人巴草秋。"袁不约《送人至岭南》："瘴烟迷月色，巴路傍溪声。"陆龟蒙《秦和袭美病孔雀》："唯奈瘴烟笼饮啄，可堪春雨滞飞鸣。"徐铉《从兄龙武将军没于边戍过旧营宅作》："徼外瘴烟沉鼓角，山前秋日照铭旌。"

【瘴溪】 散发着瘴气的水溪。许浑《送从兄别驾归蜀》："家留秦塞曲，官谪瘴溪湄。"

【瘴塞】 (—sài)指散发着瘴气的南方边塞。杜牧《蛮中醉》："瘴塞蛮江入洞流，人家多在竹棚头。"

【瘴瘧】 指疟疾等传染病。白居易《得微之到官后书因成四章》之三："人稀地僻医巫少，夏旱秋霖瘴疟多。"见"瘴疠❷"。

【瘴嶺】 指南方弥漫瘴气的山岭。李绅《趋翰苑遭诬构四十六韵》："瘴岭冲蛇入，蒸池蹑虺趋。"马戴《送从叔赴南海幕》："炎州罗翠鸟，瘴岭控蛮军。"郑洪业《诏放云南子弟还国》："瘴岭蚕丛盛，巴江越嶲垠。"

【瘴霧】 即瘴气。韩愈《杏花》："浮花浪蕊镇长有，才开还落瘴雾中。"白居易《赠韦八》："岂料天南相见夜，哀猿瘴雾宿匡庐。"许浑《送黄隐居归南海》："瘴雾南边久寄家，海中来往信流槎。"李商隐《此禽》："为恋巴江好，无辞瘴雾蒸。"

【瘴癘】 ❶因感受瘴气而生的疟疾等疾病。张子容《乐城岁日赠孟浩然》："插桃销瘴疠，移竹近阶墀。"韩愈《赠别元十八协律六首》之四："药物防瘴疠，书劝养形神。"朱庆余《上江州李使君》："经年愁瘴疠，几处遇恩波。"张乔《送友人进士许棠》："干戈愁鬓改，瘴疠喜家全。"❷指瘴气。张九龄《酬周判官巡至始兴会改秘书少监见贻之作兼呈耿广州》："朝闻循诚节，夕饮蒙瘴疠。"杜甫《郑典设自施州归》："北风吹瘴疠，羸老思散策。"韩愈《永贞行》："湖波连天日相腾，蛮俗生梗瘴疠烝。"张祜《走笔赠许玖赴桂州命》："直气自消瘴，远心无暂灰。"项斯《寄卢式》："白身居瘴疠，谁不惜君才。"

癃 〔lóng《广韵》力中切，平東，來。〕指腿瘸之人。卢肇《汉堤诗》："骇汗霏雨，疲癃鳏独。"

瘳 〔chōu《广韵》丑鳩切，平尤，徹。〕❶病愈。杜甫《得舍弟观书赋诗即事情见乎词》："乱难生有别，聚集病应瘳。"韩愈《赴江陵途中寄赠翰林三学士》："疠疫忽潜遘，十家无一瘳。"姚合《寄主客刘员外》："同归方欲就，微恙几时瘳。"李建勋《病中书怀寄王二十六》："落叶满山州，闲眠病未瘳。"❷快乐。柳宗元《贞符》序："汉用大度，克怀于有氓，登贤庸能，濯痍煦寒，以瘳以熙，兹其为符也。"

瘆 〔shèn《广韵》踈錦，上寑，生。〕病而寒战。见"瘆痺"。

【瘆痺】 犹言鸡皮疙瘩。皮日休《太湖诗·初入太湖》："枕下闻澎湃，肌上生瘆痺。"

十二画

療〔liáo《广韵》力照切，去笑，來。〕❶医治；治疗。《周礼·天官·疡医》："凡疗疡以五毒攻之。"郑玄注："止病曰疗。"王建《求友》："鉴形须明镜，疗疾须良医。"韦庄《冬日长安感志寄献虢州崔郎中二十韵》："病如原宪谁能疗，蹇似刘桢岂用占。"徐夤《闭门》："闭却闲门卧小窗，更何人与疗膏肓。"周昙《咏史诗·春秋战国门·景公》："觉病当宜早问师，病深难疗恨难追。"❷止；解除。李白《天马歌》："虽有玉山禾，不能疗苦饥。"韦应物《题从侄成绪西林精舍书斋》："纻衣岂寒御，蔬食非饥疗。"白居易《官舍小亭闲望》："葛衣御时暑，蔬饭疗朝饥。"又《宿简寂观》："何以疗夜饥，一匙云母粉。"

【療風】　治疗风湿。杜甫《驱竖子摘苍耳》："卷耳况疗风，童儿且时摘。"

【療病】　治病。李敬云《题黄山汤院》："洁斋齐物主，疗病夺医门。"

【療飢】　解饥；充饥。白居易《早夏游平原回》："疗饥兼解渴，一盏冷之浆。"皮日休《谏议以罢郡将归以六韵赐示因伫酬献》："旧化堪治疾，余恩可疗饥。"

【療醫】　医疗；治疗。王梵志《诗》之十七："四大乘和起，诸方请疗医。"又《诗》之八一："见病须慈愍，诸方速疗医。"

癆　字未详。张籍《寒食》："唯有一年寒食日，女郎相唤摆阶癆。"摆阶癆，秋千戏名。

癘〔lì《广韵》力制切，去祭，來。〕疫病。杜甫《病后遇王倚饮赠歌》："疟疠三秋孰可忍，寒热百日相交战。"元稹《遣病十首》之一："服药备江瘴，四年方一疠。"张乔《送友人进士许棠》："干戈愁鬓改，瘴疠喜家全。"

【癘疫】　瘟疫。《左传·昭公元年》："山川之神，则水旱疠疫之灾，于是乎禜之。"孔颖达疏："疠疫谓害气流行，岁多疾病。"韩愈《赴江陵途中寄赠翰林三学士》："疠疫忽潜遘，十家无一瘳。"

【癘氣】　能致恶病的恶气。柳宗元《种仙灵毗》："穷陋阙自养，疠气剧嚣烦。"

【癘痎】　恶性疟疾。亦指患恶性疟疾之人。元稹《店卧闻幕中诸公征乐会饮因有戏呈三十韵》："毕竟图斟酌，先须遣疠痎。"

十三画

瘝〔guān《广韵》古還切，平删，見。〕疾苦；病痛。元稹《台中鞫狱忆开元观旧事呈损之兼赠周兄四十韵》："蛮民詀諵诉，啮指明痛瘝。"白居易《病中诗》序："余蒲柳之年六十有八……始得风痹之疾，体瘝目眩，左足不支。"

癖〔pǐ《广韵》普擊切，入錫，滂。又芳辟切，入昔，滂。〕❶嗜好。《晋书·杜预传》："预尝称济有马癖，峤有钱癖。帝闻之，谓预曰：'卿有何癖？'对曰：'臣有《左传》癖。'"蔡希寂《同家兄题渭南王公别业》："曾为诗书癖，宁惟耕稼任。"杜甫《骢马行》："邓公马癖人共知，初得花骢大宛种。"元稹《哭吕衡州六首》之六："杜预春秋癖，扬雄著述精。"许浑《疾后与郡中群公宴李秀才》："耳虚尽日疑琴癖，眼暗经秋觉镜昏。"齐己《寄怀江西征岷二律师》："共缘山水癖，久别共题诗。"❷孤僻。姚合《从军行》："性癖艺亦独，十年作诗章。"贯休《忆张为周朴》："张周二夫子，诗好人太癖。"

【癖性】　嗜好；癖好。无名氏《古砚》(卷七八六)："癖性爱古物，终岁求不得。"

【癖痼】　积久难治之病。李华《云母泉诗》序："乡人多寿考，无癖痼疥搔之疾。"

十四画

癡〔chī《广韵》丑之切，平之，徹。〕❶傻；愚笨。李白《公无渡河》："被发之叟狂而痴，清晨临流欲奚为。"韩愈《归彭城》："食芹虽云美，献御固已痴。"白居易《种荔枝》："红颗珍珠诚可爱，白须太守亦何痴。"李咸用《绯桃花》："痴蛾乱扑灯难灭，跃鲤傍惊电不收。"❷癫狂；神志不清。元稹《连昌宫词》："归来如梦复如痴，何暇备言宫里事。"李商隐《杨本胜说于长安见小男阿衮》："寄人龙种瘦，失母凤雏痴。"亦用以指颠狂之人。孟郊《戏赠无本》："可惜李杜死，不见此狂痴。"❸迷恋。裴谐《观修处士画桃花图歌》："燕支乍湿如含露，引得娇莺痴不去。"见"癡心""癡病"。❹呆滞；不灵活。韩愈《送侯参谋赴河中幕》："默坐念语笑，痴如遇寒蝇。"罗隐《寄韦瞻》："风催晓雁看看别，雨胁秋蝇渐渐痴。"裴说《冬日后作》："寂寞掩荆扉，昏昏坐欲痴。"张南容《静女歌》："端居愁若痴，谁复理容色。"❺幼稚；天真。杜甫《彭衙行》："痴女饥咬我，啼畏虎狼闻。"又《乾元中寓居同谷县作歌七首》之四："有妹有妹在钟离，良人早殁诸孤痴。"元稹《六年春遣怀八首》之四："婢仆晒君余服用，娇痴稚女绕床行。"❻佛教语。贪、嗔、痴"三毒"之一。梵语 moha，也译作"无用"。指愚昧无知，不明事理。王梵志《诗》七七："饮酒是痴报，如人落粪坑。"白居易

《渭村退居寄礼部崔侍郎翰林钱舍人诗一百韵》:“断痴求慧剑,济苦得慈航。”

【癡人】 愚昧无知之人。寒山《诗三百三首》之九四:“贤士不贪婪,痴人好炉冶。”白居易《对酒五首》之二:“随富随贫且欢乐,不开口笑是痴人。”又《春游》:“逢春不游乐,但恐是痴人。”蜀后主李衍《宫词》:“月华如水浸宫殿,有酒不醉真痴人。”

【癡兀兀】 呆痴貌。寒山《诗三百三首》之八九:“汝为埋头痴兀兀,爱向无明罗刹窟。”

【癡小】 幼稚;年幼无知。王建《送韦处士老舅》:“忆昨痴小年,不知有经籍。”白居易《新乐府·井底引银瓶》:“寄言痴小人家女,慎勿将身轻许人。”

【癡子】 愚昧而无理智之人。寒山《诗三百三首》之九十:“此等诸痴子,论情甚可伤。”拾得《诗》之七:“佛舍尊荣乐,为愍诸痴子。”

【癡心】 沉迷于某人或某事物的心思。寒山《诗三百三首》之二四九:“伸头临白刃,痴心为绿珠。”又《诗三百三首》之一三八:“痴心常愦愦,肉眼醉瞢瞢。”白居易《初罢中书舍人》:“自惭拙宦叨清贵,还有痴心怕素餐。”徐夤《梅花》:“举世更谁怜洁白,痴心皆尽爱繁华。”

【癡肉团】 喻动物。寒山《诗三百三首》之二二七:“递互相食啖,冗冗痴肉团。”

【癡肉臠】 犹言行尸走肉。喻徒具形骸、糊涂度日之人。寒山《诗三百三首》之二三九:“因循过时光,浑是痴肉脔。”

【癡男騃女】 指天真幼稚的小儿女。白居易《寒食夜》:“抱膝思量何事在,痴男骏女唤秋千。”无名氏《分柑子歌示诸小》(外编下):“痴男骏女愁杀人,偏呼小者大者嗔。”

【癡坐】 呆坐。孟郊《寒溪》之二:“痴坐直视听,戆行失踪蹊。”杜荀鹤《寄从叔》:“雁夜愁痴坐,渔乡老忆归。”

【癡狂】 因无知而纵情任性。元稹《六年春遣怀八首》之七:“童稚痴狂撩乱走,绣球花仗满堂前。”

【癡叔】 晋王湛深自韬晦,才不外露,人皆以为痴,晋武帝司马炎每见王湛之侄济,常以“痴叔”相戏。事见《世说新语·贾誉》及刘孝标注。后以“痴叔”作为怀才隐德之典。杜牧《使回枉唐州崔司马书兼寄四韵因和》:“痴叔去时还读易,仲容多兴索衔杯。”

【癡兒】 ❶天真无知的小孩。杜甫《百忧集行》:“痴儿未知父子礼,叫怒索饭啼门东。”❷李群玉之女。幼年夭折。李群玉有《哭小女痴儿》和《伤小女痴儿》。

【癡突】 谓勇猛。韩愈、孟郊《征蜀联句》:“生狞竞掣跌,痴突争填轧。”

【癡病】 多情善感至于痴心。韩偓《野寺》:“自怜痴病苦,犹共赏心违。”

【癡鈍】 愚昧迟钝。常用以表示韬晦藏拙。贯休《山居诗二十四首》之十五:“长忆南泉好言语,如斯痴钝者还稀。”自注:“南泉大师云,学道之人,痴钝者难得。”

【癡頑】 ❶谓藏拙,不合流俗。王建《昭应官舍》:“痴顽终日羡人闲,却喜因官得近山。”❷愚痴顽劣。王梵志《兀然无事》之二:“向外觅功夫,总是痴顽汉。”

【癡愚】 呆笨愚昧。无名氏《五言白话诗》之二(外编下):“今身不修福,痴愚脓血裁。”

【癡號】 (—hào)谦称自己的字号。皮日休《新秋即事三首》之一:“痴号多于顾恺之,更无余事可从知。”

【癡愛】 痴心地喜爱。寒山《诗三百三首》之一六九:“时人皆顾盼,痴爱染心意。”

【癡膜】 犹言无用的躯壳。段成式、张希复《光天帧赞联句》:“戾滓可汰,痴膜可蜕。”

【癡龍】 《法苑珠林》卷四一引南朝宋刘义庆《幽明录》称,洛中有大穴,有人误坠穴中,见有大羊,取髯下珠而食之,出而问张华。华谓:“羊为痴龙。其初一食之,与天地等寿。次者延年,后者充饥而已。”后用为典实。韩定辞《答马彧》:“崇霞台上神仙客,学辨痴龙艺最多。”

【癡騃】 愚蠢不慧。寒山《诗三百三首》之二二三:“聪明好短命,痴骏却长年。”

【癡癖】 愚昧怪癖。卢仝《萧宅二三子赠答诗二十首·客答石》:“遍索天地间,彼此最痴癖。”

【癡黠相兼】 (相 xiāng)谓表面愚痴而内心聪慧。语出《世说新语·文学》:“或问顾长康:‘君《筝赋》何如嵇康《琴赋》?’顾曰:‘不赏者,作后出相遗。深识者,亦以高奇见贵。”刘孝标注引刘或《文章志》:“桓温云:‘顾长康体中痴黠各半,合而论之,正平平耳。’”后以“痴黠相兼”作为称颂人内秀之典。韩偓《味道》:“如含瓦砾意何功,痴黠相兼似得中。”

癢 〔yǎng《广韵》餘兩切,上養,以。〕皮肤或黏膜受到刺激而引起想搔的感觉。元稹《生春二十首》之十八:“土膏蒸足肿,天暖痒头风。”白居易《向口阻风十日》:“鱼虾遇雨腥盈鼻,蚊蚋和烟痒满身。”舒元舆《坊州按狱》:“牧守苟怀仁,痒之时为搔。”薛能《春日使府寓怀二首》之二:“孤心好直迍犹强,病发慵梳痒更搔。”

【癢處】 (—chù)发痒的部位。杜牧《读韩杜集》:“杜诗韩集愁来读,似倩麻姑痒处抓。”

十五画

癥 〔zhēng《广韵》陟陵切，平蒸，知。〕腹中结块的病。亦喻事物疑难所在或难于解决的关键。元稹《纪怀赠李六户曹崔二十功曹五十韵》："语到磨圭角，疑消破弩症。"

十七画

癭 〔yǐng《广韵》於郢切，上静，影。〕❶囊状肿瘤。多生于颈部，包括甲状腺肿大等。韩愈《城南联句》："瘿颈闹鸠鸽，蜿垣乱蛷蝶。"又《斗鸡联句》："磔毛各嘌痒，怒瘿争碨磊。"❷虫瘿。树木外部隆起如瘤者。卢纶《萧常侍瘿柏亭歌》："攒甍斗拱无斤迹，根瘿联悬同素壁。"章孝标《题朱秀城南亭子》："瘿挂眼开欺鸲鸽，花缘网结妒蟏蛸。"陆龟蒙《太湖诗·明月湾》："松瘿忽似狖，石文或如戲。"吴融《太湖石歌》："又如成人枫，又如害瘿柏。"

【瘿山罍】 用树疙瘩做成的一种似壶的酒器，是一种手工艺精品。李益有《乞宽禅师瘿山罍呈宣供奉》。见"瘿木"。

【瘿木】 指楠树树根。可制器具。张籍《和左司元郎中秋居十首》之六："醉倚斑藤杖，闲眠瘿木床。"皮日休《奉和鲁望招润卿博士辞以道侣将至之作》："瘿木樽前地胏图，为君偏辍俗功夫。"又《初夏即事寄鲁望》："瘿木四五器，笻杖一两茎。"

【瘿床】 用瘿木做成的床。皮日休《病中美景颇阻追游因寄鲁望》："瘿床闲卧昼迢迢，唯把真如慰寂寥。"又《寂上人院联句》："瘿床空默坐，清景不知斜。"见"瘿木"。

【瘿尊】 即瘿山罍，用树疙瘩做成的一种似壶的酒器。李益、广宣《与宣供奉携瘿尊归杏溪园联句》："千畦抱瓮园，一酌瘿尊酒。"见"瘿木"。

【瘿節】 树节，有瘿节的短木。陆龟蒙《早春雪中作吴体寄袭美》："山炉瘿节万状火，黑突干衰孤穗烟。"

十八画

癯 〔qú《广韵》其俱切，平虞，羣。〕瘦；瘦瘠。权德舆《刘绍相访夜话因书即事》："但令静胜躁，自使癯者肥。"李贺《仁和里杂叙皇甫湜》："大人乞马癯乃寒，宗人贷宅荒厥垣。"

【癯瘦】 瘠瘦。亦形容削直、突兀。韩愈《南山诗》："秋霜喜刻轹，磔卓立癯瘦。"

【癯瘠】 瘦弱。皇甫湜《石佛谷》："鸟迹巧均分，龙骸极癯瘠。"

癰 〔yōng《广韵》於容切，平鍾，影。〕肿痛。皮肤和皮下组织化脓性的炎症，多发生在背部和颈部，常引起发烧、寒战等，严重时并发败血症。薛奇童《拟古》："吮痈世所薄，挟纩恩难顾。"韩愈、孟郊《雨中寄孟刑部几道联句》："祛烦类决痈，惬兴剧爬疥。"皮日休《虎丘寺殿前有古杉一本遂赋三百言以见志》："朽痈难可吮，枯瘇不堪治。"

十九画

癱 〔tān《字汇》他丹切。〕瘫痪。见"癱风"。

【癱风】 即风瘫。高供奉《本草采萍时日歌》："选甚瘫风与缓风，些小微风都不算。"

癲 〔diàn《广韵》都年切，平先，端。〕❶精神错乱。韩偓《感事三十四韵》："郁郁空狂叫，微微几病癫。"引申为癫狂，狂放不羁。元稹《遣兴十首》之八："里中无老少，唤作癫儿郎。"❷形容惊异、兴奋到了极点。杜甫《从人觅小胡孙许寄》："许求聪慧者，童稚捧应癫。"孟郊《济源春》："再游讵癫戆，一洗惊尘埃。"

【癫狂】 指玩世不恭，放荡不羁。元稹《厅前柏》："我本癫狂耽酒人，何事与君为对敌。"

二十五画

癵 〔luán《龙龛手鉴》吕圜切。〕❶病体拘曲。皮日休《鲁望昨以五百言见贻迭和之微旨也》："万象疮复痏，百灵瘠且癵。"❷生病。皮日休《初夏游楞伽精舍》："伊予惬斯志，有似劀癵瘼。"

癶 部

四 画

癸 〔guǐ《广韵》居誄切，上旨，見。〕天干的第十位。与地支配合，用以纪年、月、日。岑参《敬酬杜华淇上见赠兼呈熊曜》：“忆昨癸未岁，吾兄自江东。”窦常《之任武陵寒食日途次松滋渡先寄刘员外禹锡》：“看春又过清明节，算老重经癸巳年。”张祜《大唐圣功诗》：“三月后亲蚕，癸亥上亲耕。”庄韦《秦妇吟》：“中秋癸卯春三月，洛阳城外花如雪。”

【癸亭】 亭名。即三癸亭，在今浙江省湖州市吴兴区南杼山上。唐大历八年(773)，陆羽于乌程杼山皎然所居妙喜寺旁建亭，落成于癸丑岁、癸卯月、癸亥日，湖州刺史颜真卿题名为“三癸亭”，亦简称“癸亭”。颜真卿《题杼山癸亭得暮字》：“欻构三癸亭，实为陆生故。”

七 画

登 〔dēng《广韵》都滕切，平登，端。〕❶上；升。刘长卿《时平后送范伦归安州》：“与君携手姑苏台，望乡一日登几回。”周贺《送僧》：“草履初登南客船，铜瓶犹贮北山泉。”韦庄《渔塘十六韵》：“巢由应共到，刘阮想同登。”元凛《九日对酒》：“嘉辰复遇登高台，良朋笑语倾金罍。”❷进献；进入。魏征《享太庙乐章·肃和》：“嘉乐斯登，鸣球以咏。”李白《经乱离后书怀赠江夏韦太守良宰》：“君登凤池去，忽弃贾生才。”杜甫《冬狩行》：“肉味不足登鼎俎，何为见羁虞罗中。”严维《赠别刘长卿时赴河南严中丞幕府》：“早见登郎署，同时迹下僚。”❸书写；记载。岑参《南池宴饯辛子赋得蝌斗子》：“且愿充文字，登君尺素书。”杜甫《寄刘峡州伯华使君四十韵》：“白头遗恨在，青竹几人登。”❹成熟；丰收。李峤《春日游苑喜雨应诏》：“膏泽登千庾，欢情遍九围。”高适《武威同诸公过杨七山人得藤字》：“幕府日多暇，田家岁复登。”杜甫《自京赴奉先县咏怀五百字》：“岂知秋未登，贫窭有仓卒。”韦应物《假中对雨呈县中僚友》：“残莺知夏浅，社雨报年登。”❺选拔；进用。杨贲《时兴》：“及自登枢要，何曾问布衣。”韩愈《八月十五夜赠张功曹》：“昨者州前槌大鼓，嗣皇继圣登夔皋。”刘禹锡《李贾二大谏拜命后寄杨八寿州》：“谏省新登二直臣，万方惊喜捧丝纶。”吴涵虚《上升歌》：“玉皇有诏登仙职，龙吐云兮凤著力。”❻谓科举考试及第。李颀《送崔侍御赴京》：“一从登甲科，三拜皆宪司。”岑参《送许子擢第归江宁拜亲因呈王大昌龄》：“青春登甲科，动地闻香名。”又《送蒲秀才擢第归蜀》“新登郄诜第，更着老莱衣。”姚合《送李馀及第归蜀》：“春来登高科，升天得梯阶。”❼登时；立刻。见“登时”。❽达到。高适《留上李右相》：“风俗登淳古，君臣挹大庭。”刘长卿《至德三年五十韵》：“文物登前古，《箫韶》下太清。”白居易《寄卢少尹》：“肥醲不到口，年不登三十。”❾踏上。杜甫《石壕吏》：“天明登前途，独与老翁别。”又《奉赠韦左丞丈二十二韵》：“自谓颇挺出，立登要路津。”元稹《青云驿》：“愿登青云路，若望丹霞梯。”❿象声词。见“登丁”“登登”。

【登一命】 指选为最低官职。一命，最低的官阶。高适《登垄》：“浅才登一命，孤剑通万里。”

【登丁】 (—zhēng)象声词。状伐木声。韩愈、孟郊《城南联句》：“桑变忽芜蔓，樟裁浪登丁。”

【登刀】 上船。刀，船。刘长卿《送宣尊师醮毕归越》：“踏火能飞雪，登刀入白云。”

【登山】 ❶上山。白居易《游平原赠晦叔》：“照水容虽老，登山力未衰。”姚合《游春十二首》之一：“看水宁依路，登山欲到天。”储嗣宗《春游望仙谷》：“登山采樵路，临水浣纱人。”徐夤《赠东方道士》：“祭星秋卜日，采药晓登山。”❷指重阳登高。郑谷《重阳日访元秀上人》：“却嫌今日登山俗，且共高僧对榻眠。”

【登山吟】 谓登山而吟《招隐士》。《招隐士》，汉淮南小山所作，末两句为：“王孙归来兮，山中不可以久留。”曹邺《霁后作》：“无人可招隐，尽日登山吟。”

【登山屐】 南朝宋诗人谢灵运登山时穿的一种有齿的木屐。后常用“登山屐”作为登山探幽的典故。李白《送杨山人归天台》：“兴引登山屐，情催泛海船。”朱放《经故贺宾客镜湖道士观》：“雪里登山屐，林间漉酒巾。”刘禹锡《送僧仲剬东游兼寄呈灵澈上人》：“讲罢同寻相鹤经，闲来共蜡登山屐。”牟融《题孙君山亭》：“闲来欲着登山屐，醉里还披漉酒巾。”

【登山寻水】 登上高山，探求流水。谓在山水间盘桓。白居易《寄题庐山旧草堂兼呈二林寺道侣》:“登山寻水应无力,不似江州司马时。”

【登山履】 即登山屐。张为《秋醉歌》:“脱却登山履,赤脚翘青筇。”见“登山屐”。

【登山臨水】 登上高山,而临流水。谓在山水间盘桓。语出《楚辞·九辩》:“憭慄兮若在远行,登山临水兮送将归。”白居易《赠皇甫六张十五李二十三宾客》:“幸陪散秩闲居日,好是登山临水时。”又《将归渭村先寄舍弟》:“咏月嘲风先要减,登山临水亦宜稀。”又《病中诗十五首·七送嵩客》:“登山临水分无期,泉石烟霞今属谁。”吕岩《七言》之二:“讨论穷经莫深究,登山临水杳无看。”

【登天】 上天。喻极难。皮日休《正乐府十篇·哀陇民》:“蚩蚩陇之民,悬度如登天。”

【登仙】 ❶成仙。张蠙《自讽》:“同隐海山烧药伴,不求丹桂却登仙。”吕岩《七言》之四七:“盈箱贮积登仙录,满室收藏伏火砂。”《再赠》(卷八六三):“弄玉有夫皆得道,刘纲兼室尽登仙。”无名氏《望仙楼》(外编下):“奉使客来才十日,登仙人去已千秋。”❷东汉河南尹李膺有盛名,曾于洛阳送名士郭泰返里,二人“同舟而济,众宾望之,以为神仙”。后以“登仙”称誉人升迁高官或名声直上。李群玉《献王中丞》:“登仙望绝李膺舟,从此青蝇点遂稠。”

【登用】 进用。杜甫《上韦左相二十韵》:“才杰俱登用,愚蒙但隐沦。”

【登年】 ❶犹延年,多享年岁。柳宗元《游南亭夜还叙志七十韵》:“登年徒负版,兴役趁代馨。”❷丰年。薛能《华清宫和杜舍人》:“登年昔醻乐,讲武旧兵场。”《郊庙歌辞·中宗祀昊天乐章·告谢》:“登年庆栖亩,稔岁贺盈囷。”

【登舟】 乘船。李商隐《哭遂州萧侍郎二十四韵》:“登舟惭郭泰,解榻愧陈蕃。”杜荀鹤《过巢湖》:“男子登舟与登陆,把心何不一般行。”

【登名】 扬名。皎然《岘山送裴秀才赴举》:“天府登名后,回看楚水清。”韩愈《燕河南府秀才得生字》:“功曹上言公,是月当登名。”

【登州】 唐州名。汉东莱郡之黄县。唐如意元年(692),分置登州,领文登、军平、黄县三县,以军平为治所。神龙三年(707)改黄县为蓬莱县,移州治于蓬莱(今属山东)。大宝元年(742),以登州为东军郡,乾元元年(758)复为登州。高适有《送蔡少府赴登州推事》。

【登汎】 坐船游玩。白居易《裴侍中晋公以集贤林亭即事诗三十六韵见赠广为五百言以伸酬献》:“解缆始登泛,山游仍水嬉。”

【登車】 上车;乘车。包佶《顾著作宅赋诗》:“各在芸台阁里,烦君日日登车。”张乔《送友人及第归江南》:“登车思往事,回道勉诸生。”翁承赞《文明殿受册封闽王》:“鸣佩洞庭辞帝主,登车故里册闽王。”

【登車泣貴嬪】 东晋历阳内史苏峻起兵反叛朝廷,“逼迁天子于石头,帝哀泣登车,宫中恸哭”。后用作皇帝出奔之典。杜甫《伤春五首》之四:“夺马悲公主,登车泣贵嫔。”

【登位】 皇帝即位。姚合《敬宗皇帝挽词三首》之一:“汉昭登位少,周代卜年长。”

【登斧】 开斧砍伐。顾况《上古之什补亡训传十三章·十月之郊一章》:“登斧以时,泽梁蓁蓁。”

【登門】 ❶上门;到对方住处。张蠙《盆池》:“每使登门客,烟波入梦中。”徐铉《回至瓜洲献侍中》:“奉使谬持严助节,登门初识鲁王宫。”❷谓鱼登龙门。韩愈《叉鱼招张功曹》:“濡沫情虽密,登门事已辽。”项斯《鲤鱼》:“似龙鳞又足,只是欠登门。”见“登龍❶”。❸东汉司隶校尉李膺独持风裁,卓有名声,士人把受到他的接待喻为“登龙门”。亦简称“登门”。见《后汉书·李膺传》。李商隐《五言述德抒情诗一首四十韵献上杜七兄仆射相公》:“登门惭后至,置驿恐虚迎。”李中《海上太守新创东亭》:“偏宜下榻延徐孺,最称登门礼孔融。”见“登龍❷”。

【登岭】 登上山岭。刘长卿《送度支留后若侍御之歙州便赴信州省觐》:“林响朝登岭,江喧夜过滩。”

【登牀】 ❶入座。张九龄《登南岳事毕谒司马道士》:“入室希把袖,登床愿启齿。”❷犹登俎。杜甫《驱竖子摘苍耳》:“登床半生熟,下箸还小益。”❸登上板床。板床,为上马所置的木板台。杜甫《斗鸡》:“斗鸡初赐锦,舞马既登床。”

【登封】 ❶登山封禅。指古帝王登泰山祭祀天地。古时封禅一般在泰山举行,但也有在其他山举行的。张九龄《奉和圣制经孔子旧宅》:“孔门太山下,不见登封时。”钱起《过李侍御宅》:“马卿何早世,汉主欲登封。”贾岛《送蔡京》:“登封多泰岳,巡狩遍沧溟。”李琪《句》:“哀痛不下诏,登封谁上书。”❷县名。古阳城县地,隋置嵩阳县,唐登封元年(696)改为登封县。今属河南。唐诗人卢殷曾任登封县尉。孟郊《吊卢殷》之四:“登封草木深,登封道路微。”

【登封草】 即封禅书稿。汉司马相如病死茂陵,有遗札记载帝王封禅之事。见《史记·司马相如列传》。后以“登封草”泛指歌颂帝王功德的诗文。许敬宗《奉和执契静池应诏》:“欣逢德化流,思效登封草。”李益《中桥北送穆质兄弟应制戏赠萧二策》:“欲陈汉帝登封草,犹待萧郎寄内书。”陈陶《朝元引四首》之四:“近臣谁献登封草,五岳齐呼万岁声。”

【登封書】 关于登山封禅的文章。徐坚《奉和圣制送张说赴集贤院学士赐宴赋得虚字》："忝同文史地，愿草登封书。"

【登封禮】 古代帝王祭祀天地的大典。鲍溶《读淮南李相行营至楚州诗》："来年二月登封礼，去望台星扈日轮。"

【登相】 （—xiàng）进位宰相。李洞《出山睹春榜》："连席频登相，分廊尚祝尧。"

【登科】 科举时代应考人被录取。孟浩然《陪卢明府泛舟回作》："犹怜不才子，白首未登科。"李端《赠赵神童》："圣朝殊汉令，才子少登科。"白居易《赠元稹》："不为同登科，不为同署官。"郑谷《赠咸阳王主簿》："登科未足酬多学，执卷犹闻惜寸阴。"

【登俎】 放在食品盘里。杜甫《季秋江村》："登俎黄甘重，支床锦石圆。"见"登牀❷"。

【登科記】 科举时代及第士人的名录。详载乡、会试中考试人数、姓名籍贯、年岁以及考官以下官职姓名，并三场考试题目。唐称"登科记"，宋以后称"登科录"或"题名录"。清徐松著有《登科记考》三十卷，起于武德，迄于天祐，对唐代登第人物考证颇详。王建《赠胡汇将军》："书生难得是金吾，近日登科记总无。"张籍《赠贾岛》："姓名未上登科记，身屈唯应内史知。"姚合《送独孤焕评事赴丰州》："须凿燕然山上石，登科记里是闲名。"刘禹锡《赠致仕滕庶子先辈》："朝服归来昼锦荣，登科记上更无兄。"

【登降】 （—jiàng）❶上下。指从低处至高处，又从高处至低处。温庭筠《病中书怀呈友人》："鸣玉锵登降，衡牙响曳娄。"❷进退。指登阶下阶进退揖让之礼。韩愈《元和圣德诗》："躬执百礼，登降拜俯。"

【登班】 进入朝班的行列。司空图《少仪》："昨日登班缀柏台，更惭起草属微才。"

【登真】 ❶登仙；成仙。李白《赠别舍人弟台卿之江南》："入洞过天地，登真朝玉皇。"李商隐《戊辰会静中出贻同志二十韵》："大道谅无外，会越自登真。"胡曾《咏史诗·葛陂》："长房回到葛陂中，人已登真竹化龙。"❷称人死亡的婉词。曹唐《仙都即景》："黄帝登真处，青青不记年。"又《仙都即景》："蟠桃花老华阳东，轩后登真谢六宫。"

【登真子】 成仙之人。道家谓登仙亦云登真，意为登神仙之真境。欧阳炯《巫山一段云》词之一："绛阙登真子，飘飘御彩鸾。"

【登真洞】 山洞名。在今甘肃省两当县东。相传为张果登真处。《全唐诗》卷八六〇录有《题登真洞》。

【登時】 立时；立即。寒山《诗三百三首》之一："慳贪继日廉，谄曲登时正。"李商隐《送千牛李将军赴阙五十韵》："异县期回雁，登时已饭鲭。"

【登徒言】 《文选·宋玉〈登徒子好色赋序〉》："大夫登徒子侍于楚王，短宋玉曰：'玉为人体貌闲丽，口多微词，又性好色，愿王勿与出入后宫。'王以登徒子之言问宋玉，玉曰：'体貌闲丽，所受于天也；口多微词，所学于师也；至于好色，臣无有也。'"后以登徒言作为小人进谗的典故。李白《感遇四首》之四："一感登徒言，恩情遂中绝。"

【登危】 ❶登至高处。杜甫《负薪行》："筋力登危集市门，死生射利兼盐井。"又《三川观水涨二十韵》："恐泥窜蛟龙，登危聚麋鹿。"❷即重阳节登高。杜甫《云安九日郑十八携酒陪诸公宴》："地偏初衣夹，山拥更登危。"

【登高】 ❶登至高处。贾至《巴陵寄李二户部张十四礼部》："万里莺花不相见，登高一望泪沾巾。"长孙佐辅《楚州盐壒古墙望海》："我从西北来，登高望蓬丘。"曹邺《送厉图南下第归澧州》："伫立望不见，登高更流涕。"❷指农历九月九日重阳节登高的风俗。李迥秀《奉和九日幸临渭亭登高应制得风字》："重九临商节，登高出汉宫。"秦系《答泉州薛播使君重阳日赠酒》："欲强登高无力也，篱边黄菊为谁开。"郑絪《九日登高怀邵二》："十岁此辰同醉友，登高各处已三年。"王贞白《九日长安作》："无酒泛金菊，登高但忆秋。"❸指农历正月初七人日登高的风俗。南朝梁宗懔《荆楚岁时记》："正月七日为人日，以七种菜为羹，剪彩为人，登高赋诗。"李峤《人日侍宴大明宫恩赐采缕人胜应制》："愧奉登高摇彩翰，欣逢御气上丹霄。"韩愈有《人日城南登高》。

【登高會】 旧时重阳日登高同饮菊花酒的聚会。白居易《九日寄微之》："去秋共数登高会，又被今年减一场。"

【登席】 登上筵席。王维《晦日游大理韦卿城南别业四声依次用各六韵》："上卿始登席，故老前为寿。"

【登涉】 登山涉水。卢纶《秋中野望寄舍弟绶兼令呈上西川尚书舅》："红旌渭阳骑，几日劳登涉。"

【登陟】 登上。韦述《晚渡伊水》："登陟多异趣，往来见行役。"高适《东平旅游奉赠薛太守二十四韵》："高兴陪登陟，嘉言忝献酬。"孟郊《立德新居》之四："为于仁义得，未觉登陟劳。"顾在镕《宿麻平驿》："及到怡情处，暂忘登陟劳。"

【登堂】 升上厅堂。李贺《感讽五首》之一："县官踏飧去，簿吏复登堂。"

【登眺】 登高远望。孟浩然《伤岘山云表观主》："归来一登眺，陵谷尚依然。"窦常《北固晚眺》："年年此登眺，人事几销亡。"贾岛《送沈鹤》："芜城登眺作，才动广陵人。"李宾《登巴陵开元寺西阁赠衡岳僧方外》："登眺餐惠风，新花期启发。"

【登造】 ❶攀登。陆龟蒙《奉和袭美初夏游楞伽精舍次韵》："清晨欲登造，安得无自愕。"❷进用。韩愈《荐士》："圣皇索遗逸，髦士日登造。"李郃《贺州思九疑作》："有严淑多士，登造皆贤良。"

【登第】 科举考试及第。第，指科举考试录取列榜的甲乙次第。张籍《寄苏州白二十二使君》："登第早年同座主，题诗今日是州人。"厉玄《送顾非熊及第归茅山》："故山登第去，不似旧归难。"李频《喜友人厉图南及第》："承家吾子事，登第世人情。"黄滔《送人明经及第东归》："十问九通离义床，今时登第信非常。"

【登御】 ❶进献。褚亮《祈谷乐章·雍和》："八簋盈和，六瑚登御。"❷起用。韩愈《苦寒》："贤能日登御，黜彼傲与险。"

【登船】 上船。杜荀鹤《送宾贡登第后归海东》："归捷中华第，登船鬓未丝。"

【登庸】 ❶选拔任用。亦特指为相。萧嵩《奉和圣制左丞相说右丞相璟太子少傅乾曜同日上官命宴都堂赐诗》："登庸崇礼送，宠德耀宸章。"姚合《和厉玄侍御题户部李相公庐山西林草堂》："茅屋临江起，登庸复应期。"温庭筠《戏令狐相》："自从元老登庸后，天下诸胡悉带铃。"韩昭裔《与李专美》："昭裔登庸汝未登，风池鸡树冷如冰。"❷皇帝即位。苏颋《奉和圣制过晋阳宫应制》："立极万邦推，登庸四海尊。"

【登陸】 渡过江河，登上陆地。孙逖《送周判官往台州》："吾宗长作赋，登陆访天台。"项斯《黄州暮愁》："岂无登陆计，宜弃济川材。"杜荀鹤《题战岛僧居》："接船求化惯，登陆赴斋疏。"吴越后主钱弘俶《渔者》："贯酒方登陆，怜春亦种花。"

【登朝】 （—cháo）进用于朝廷。王翰《奉和圣制送张尚书巡边》："登朝身许国，出阃将辞家。"窦常《和裴端公枢芜城秋夕简远近亲知》："岁积登朝恋，秋加陋巷贫。"元稹《放言五首》之五："两回左降须知命，数度登朝何处荣。"姚合《武功县中作三十首》之三十："拜别登朝客，归依炼药翁。"

【登極】 君主即位。李咸《奉和九日幸临谓亭登高应制得直字》："日月数初并，乾坤圣登极。"钱起《归义寺题震上人壁》："尧皇未登极，此地曾隐雾。"

【登雲】 升于云端，谓成仙。顾况《上古之什补亡训传十三章·陵霜之华一章》："黄帝登云，尧年百余。"

【登望】 登高远望。王昌龄《万岁楼》："谁堪登望云烟里，向晚茫茫发旅愁。"

【登閎】 高大；高远。韩愈、孟郊《城南联句》："危望跨飞动，冥升蹑登闳。"

【登尋】 登山览胜。顾况《游子吟》："腰下是何物，牵缠旷登寻。"

【登登】 ❶象声词。状敲击声。顾况《上古之什补亡训传十三章·筑城二章》之一："筑城登登，于以作固。"鲍溶《塞下》："匈奴天未丧，战鼓长登登。"顾云《筑城篇》："役夫登登无倦色，馔饱觞酣方暂息。"❷众多貌。卢纶《山店》："登登山路行时尽，决决溪泉到处闻。"

【登登巃巃】 高大貌。卢肇《汉堤诗》："登登巃巃，周旋上下。"

【登塔】 谓登上慈恩寺塔题名。唐李肇《国史补》卷下："（进士）既捷，列书其姓名于慈恩塔，谓之题名会。"郑谷《贺进士骆用锡登第》："题名登塔喜，醵宴为花忙。"

【登楚】 谓登楚地当阳县城楼，即仲宣楼。杜甫《夔府书怀四十韵》："豺遘哀登楚，麟伤泣象尼。"自注："王粲《七哀诗》：'豺虎方构患。'又登荆州城楼作赋，故曰登楚。"

【登榻】 登上胡床。东汉陈蕃为豫章太守，特备一榻（又称胡床或交床，可折叠悬挂）以接待徐稚，徐走后便悬挂起来。见《后汉书·徐稚传》。后以"登榻"表示受人礼遇。司空曙《送柳震归蜀》："知从江仆射，登榻更何人。"

【登歲】 ❶丰年。太宗《咏雨》："对此欣登岁，披襟弄五弦。"❷升于岁首。魏征《五郊乐章·肃和》："玄鸟司春，苍龙登岁。"

【登路】 上路；启程。卢鸿一《嵩山十志十首·倒景台》序："登路有三处可憩，或曰三休台。"刘得仁《送鄂州崔大夫赴镇》："入山初有雪，登路正无尘。"

【登會】 犹集会、聚集。耿湋《与清江上人及诸公宿李八昆季宅》："远客还登会，秋怀欲忘归。"

【登筵】 登上筵席。武元衡《送魏正则擢第归江陵》："会府登筵君最少，江城秋至肯惊心。"章孝标《送进士陈峣往睦州谒冯郎中》："倚棹逢春老，登筵见月生。"

【登頓】 上下；行止。孟浩然《行出东山望汉川》："征马疲登顿，归帆爱渺茫。"高适《入昌松东界山行》："鸟道几登顿，马蹄无暂闲。"杜甫《郑典设自施州归》："攀援悬根木，登顿入天石。"孔德绍《送舍利宿定普岩》："栖息翠微岭，登顿白云峰。"

【登詣】 登上；到达。吴筠《秋日望倚帝山》："倏忽遗世间，宛如再登诣。"

【登殿】 登上殿堂。贾竦《谒华岳庙》："我行岁云暮，登殿拜瑶席。"

【登臺】 ❶登上高台。郭遵《赋得春风扇微和》："还似登台意，元和欲煦人。"穆寂《冬至日祥风应候》："独喜登台日，先知应候风。"❷汉称尚书、御史、谒者为“三台”，后亦称“三公”，后亦称登上三公之位为“登台”。亦泛称充任高级官吏。张嘉贞《奉和早登太行山中言志应制》：“徯后逢今圣，登台谢曩贤。”

【登歌】　❶升堂奏歌。古代举行祭典、大朝会时，乐师登堂而歌。李纾有《唐德明兴对庙乐章·登歌奠币》。《郊庙歌辞》有《享章怀太子庙乐章·登歌酌鬯》。❷指古代举行祭典、大朝会时，乐师登堂所奏之歌。褚亮《云祀乐章·舒和》：“凤曲登歌调令序，龙云集舞泛祥风。”白居易《新乐府·采诗官》：“郊庙登歌赞君美，乐府艳词悦君意。”《郊庙歌辞·享隐太子庙乐章·雍和》：“有来雍雍，登歌济济。”《郊庙歌辞·汉宗庙乐舞辞·显仁舞》：“诘旦备明祀，登歌答茂功。”

【登橋必題柱】　《艺文类聚》卷六三引《华阳国志》：蜀城十里有升仙桥、送客观。司马相如初入长安，题其门曰：“不乘赤车驷马，不过汝下！”后作为心存大志之典。杜甫《水宿遣兴奉呈群公》：“赠粟囷应指，登桥柱必题。”

【登遐】　谓登仙远去。《郊庙歌辞·享太庙乐章·景云舞》：“脱屣高天，登遐上玄。”

【登閣】　❶登上楼阁。王建《昭应官舍书事》：“两衙早被官拘束，登阁巡溪亦属忙。”张仲方《句》：“入门池色静，登阁雨声来。”❷谓进入尚书省任职。王湾《秋夜寓直即事怀赠萧令公裴侍郎兼通简南省诸友人》：“出车遥俗震，登阁满朝称。”

【登樓】　❶上楼；登上楼台。牟融《客中作》：“芳草傍人空对酒，流年多病倦登楼。”邵谒《望行人》：“登楼恐不高，及高君已远。”储嗣宗《送友人游吴》：“登楼旧国远，探穴九疑深。”孟贯《宿山寺》：“入院逢僧定，登楼见月生。”❷特指登庾公楼。晋人庾亮任江荆豫州刺史治武昌时曾出席部属南楼赏月之会。见《世说新语·容止》。戴叔伦《送万户曹之任扬州便归旧隐》：“倘有登楼望，还应伴庾公。”窦巩《忝职武昌献府主相公》：“时奉登楼宴，闲修上水船。”❸特指登仲宣楼。韦嗣立《奉和张岳州王潭州别诗二首》之一：“登楼正欲赋，复遇仲宣来。”杜甫《春日江村五首》之五：“登楼初有作，前席竟为荣。”又《长沙送李十一》：“远愧尚方曾赐履，竟非吾土倦登楼。”见“登楼赋”。❹指汉王粲《登楼赋》。章孝标《蜀中上王尚书》：“自古名高闲不得，肯容王粲赋登楼。”牟融《处厚游杭作诗寄之》：“浙水风烟思吊古，楚乡人物赋登楼。”见“登楼赋”。

【登樓作】　泛称一般登楼抒怀的诗作。高适《和崔二少府登楚丘城作》：“辛勤失路意，感叹登楼作。”刘开扬注：“此言崔二之登楚丘城诗。”

【登樓賦】　赋篇名。汉末王粲作。汉末动乱，王粲赴荆州，曾登城楼（一说当阳城，一说江陵城，一说麦城）作《登楼赋》抒发感时怀乡之情。赋见《文选》卷十一。后因作文人异地思乡、怀才不遇之典。独孤及《寒夜溪行舟中作》：“沉吟登楼赋，中夜起三复。”刘沧《汶阳客舍》：“思乡每读登楼赋，对月空吟叩角歌。”

【登賞】　登览游赏。卢纶《题苗员外竹间亭》：“还同内斋暇，登赏及诸姻。”许浑《秋霁寄远》：“初霁独登赏，西楼多远风。”钱弦倧《登蓬莱阁怀武肃王》：“从兹登赏云楼上，愿祝江南永宴清。”

【登踐】　登临。李德裕《早秋龙兴寺江亭闲眺忆龙门山居寄崔张旧从事》：“惆怅此生涯，无由共登践。”

【登儀】　进献礼物。《郊庙歌辞·明皇祀圜丘乐章·肃秋》：“止奏潜聆，登仪宿啭。”

【登壇】　❶登上坛场。古时会盟、祭祀、帝王即位、拜将，多设坛场，举行隆重的仪式。楚汉相争时，汉王刘邦接受萧何建议，“择良日，斋戒，设坛场，具礼”，重用韩信为大将。见《史记·淮阴侯列传》。后用作为荣任将帅的典故。张九龄《送赵都护赴安西》：“远图尝画地，超拜乃登坛。”岑参《陪狄员外早秋登府西楼因呈院中诸公》：“亚相自登坛，时危安此方。”刘禹锡《韩信庙》：“遂令后代登坛者，每一寻思怕立功。”李山甫《乱后途中》：“为问登坛者，何年答汉恩？”❷走上讲台。颜真卿《刻清远道士诗因而继作》：“登坛仰生一，舍宅叹珣珉。”周贺《赠僧》：“他年更息登坛计，应与云泉作四邻。”

【登歷】　登临游历。王维《蓝田山石门精舍》：“再寻畏迷误，明发更登历。”韦应物《东林精舍见故殿中郑侍御题诗因寄呈阎澧州冯少府》：“仲月景气佳，东林一登历。”刘太真《宣州东峰亭各赋一物得古壁苔》：“深浅松月间，幽人自登历。”白居易《过紫霞兰若》：“我爱此山头，及此三登历。”

【登嘯】　登高而啸吟。贾岛《卢秀才南台》：“新晴登啸处，惊起宿枝禽。”

【登龍】　❶喻指科举及第。钱起《长安落第作》：“刷羽思乔木，登龙恨失波。”李端《元丞宅送胡濬及第东归觐省》：“登龙兼折桂，归去当高车。”李群玉《送魏珪觐省》：“登龙屈指内，飞誉甚籍籍。”齐己《送相里秀才赴举》：“明年自此登龙后，回首荆门一路尘。”❷《后汉书·党锢·李膺传》：“膺独持风裁，以声名自高。士有被其容接者，名为登龙门。”李贤注：“以鱼为喻也。龙门，河水所下之口，在今绛州龙门县。辛氏《三秦记》曰‘河津，一名龙门，水险不通，鱼鳖之属莫能上，江海大鱼薄集龙门下数千，不得上，上则为龙也’。”后以登龙喻指得到有力者的援引而增加声誉。张九龄《和姚令公哭李尚书乂》：“忽叹登龙者，翻将吊鹤同。”杜甫《秋日夔府咏怀奉寄郑监李宾客一百韵》：“置驿常如此，登龙盖有焉。”孟郊《南阳公请东樱桃亭子春宴》：“方知戏马会，永谢登龙宾。”李中《暮春咏怀寄姚端先辈》：“何时得见登龙客，隔却千山万仞青。”❸乘龙。李白《箜篌谣》：“攀天莫登龙，走山莫骑虎。”卢士衡《寄天台道友》：“且住人间行圣教，莫思天路便登龙。”

【登龍門】 见“登龍❷”。储光羲《酬李处士山中见赠》：“永愿登龙门，相将持此节。”

【登瀛】 进入仙界瀛洲。瀛，瀛洲，传为海中三神山之一。殷尧藩《送白舍人渡江》：“晓发龙江第一程，诸公同济似登瀛。”

【登臨】 登山临水。杜审言《度石门山》：“有异登临赏，徒为造化功。”张正元《临川羡鱼》：“广川何渺漫，高岸几登临。”朱庆余《题青龙寺》：“寺好因冈势，登临值夕阳。”吴融《题越州法华寺》：“上方应见海，月出试登临。”

【登牆】 登上墙头。战国楚宋玉《登徒子好色赋》中记叙了其邻家之女登上墙头偷窥他的故事。后以“登墙”作为男女越礼相悦的典故。吴融《宋玉宅》：“穿径早曾闻客住，登墙岂复见人窥。”徐夤《和仆射二十四丈牡丹八韵》：“羞杀登墙女，饶将解佩人。”罗虬《比红儿诗》之十六：“红儿若在东家住，不得登墙尔许年。”

【登翼】 犹辅佐。《文选·班固〈封燕然山铭〉序》：“有汉元舅曰车骑将军窦宪，寅亮圣皇，登翼王室。”李善注：“登翼，谓登用辅翼。”贾至《自蜀奉册命往朔方途中呈韦左相文部房尚书门下崔侍郎》：“扈从出剑门，登翼岷江滨。”

【登攀】 攀援登高。李义府《招谕有怀赠同行人》：“临泛多苦怀，登攀寡欢趣。”李白《秋日登扬州西灵塔》：“宝塔凌苍苍，登攀览四荒。”卢纶《九日同司直九叔崔侍御登宝鸡南楼》：“竹林唯七友，何幸亦登攀。”杜牧《题吴兴消暑楼十二韵》：“晴日登攀好，危楼物象饶。”

【登隴】 ❶登上高地。赵嘏《昔昔盐二十首·织锦窦家妻》：“岂知登陇远，只恨下机迷。”❷登上陇山。陇山，在今陕西陇县。高适有《登垅》。《全唐诗·登垅》题下注：“应作陇，诗同。”

【登覽】 登高览胜。杨衡《游峡山寺》：“高居何重沓，登览自夷犹。”张乔《滕王阁》：“昔人登览处，遗阁大江隅。”

【登艫】 登舟。舻，船。李白《月夜江行寄崔员外宗之》：“登舻美清夜，挂席移轻舟。”

【登顯】 显扬。段文昌《享太庙乐章》：“肃肃清庙，登显至德。”

發[1] 〔fā《广韵》方伐切，入月，非。〕❶发射。孟云卿《行行且游猎篇》：“所发无不中，失之如我仇。”杜甫《七月三日戏呈元二十一曹长》：“鸣弦不虚发，长钺逐狡兔。”韩愈《雉带箭》：“将军欲以巧伏人，盘马弯弓惜不发。”白居易《杂兴三首》之一：“美人挟银镝，一发叠双飞。”❷出发；起程。宋之问《度大庾岭》：“城边问官使，早晚发西京。”杜甫《赤谷》：“晨发赤谷亭，险艰方自兹。”白居易《自秦望赴五松驿马上偶睡睡觉成吟》：“长途发已久，前馆行未至。”黄滔《别友人》：“雨夜扁舟发，花时别酒空。”❸繁育；生长。包佶《祀风师乐章·送神》：“气和草木发萌芽，德畅禽鱼遂翔泳。”严维《入唐溪》：“雨新翠叶发，夜早玄象分。”韩愈《次邓州界》：“早晚王师收海岳，普将雷雨发萌芽。”张蠙《边情》：“草枯朔野春难发，冰结河源夏半销。”❹发生；产生。王昌龄《万岁楼》：“谁堪登望云烟里，向晚茫茫发旅愁。”司空曙《和卢校书文若早入使院书事》：“苍然发高兴，相仰坐难陪。”杨巨源《辞魏博田尚书出境后感恩恋德因登丛台》：“怀仁泪空尽，感事情又发。”白居易《秋游平泉赠韦处士闲禅师》：“心兴遇境发，身力因行知。”❺激发；引起。王维《赠从弟司库员外绿》：“浩然出东林，发我遗世意。”卢纶《送杨皞东归》：“登楼掩泣话归期，楚树荆云发远思。”白居易《自咏》：“夜镜隐白发，朝酒发红颜。”谢邈《谢僧寄拄杖》：“感师千里寄来意，发我片云归去心。”❻发出；送出。戎昱《同辛兖州巢父虚副端岳相思献酬之作因纾归怀兼呈辛魏二院长杨长宁》：“暮角发高城，情人坐中起。”李端《胡腾儿》：“丝桐忽奏一曲终，呜呜画角城头发。”白居易《寄唐生》：“每见如此事，声发涕辄随。”陆龟蒙《和袭美江南书情二十韵次韵》：“染翰穷高致，怀贤发至诚。”❼开启。韦应物《悲纨扇》：“何言永不发，暗使销光彩。”韩愈《赠崔立之评事》：“深藏箧笥时一发，戢戢已多如束笋。”❽挖掘。顾况《上古之什补亡训传十三章·筑城二章》：“咨尔寺兮，发郊外冢墓。”❾显现；显露。储光羲《题眄上人禅居》：“秀色玄冬发，交枝白日阴。”杜甫《听杨氏歌》：“佳人绝代歌，独立发皓齿。”权德舆《南亭晓坐因以示璩》：“园庐含晓雾，草木发华姿。”刘禹锡《新秋对月寄乐天》：“月露发光彩，此时方见秋。”❿分发；发给。李颀《送李回》：“岁发金钱供御府，昼看仙液注离宫。”亦指赈济。李峤《晚秋喜雨》：“济窘邦储发，蠲穷井赋优。”⓫发现。权德舆《丰城剑池驿感题》：“龙剑昔未发，泥沙相晦藏。”刘禹锡《含辉洞述》：“先是斯境，翳于榛薄，天姿孤绝，凡目所忽，闷其清光，有待而发。”⓬发布。储光羲《晚霁中园喜赦作》：“涣汗发大号，坤元更资始。”李绛《省试恩赐耆老布帛》：“涣汗中天发，殊私海外存。”⓭散发；发出。徐夤《依韵和尚书再赠牡丹花》:“龙分夜雨资娇态,天与春风发好香。”李中《秋日登润州城楼》:“水接海门铺远色,稻连京口发秋香。”⑭派遣。杜审言《送高郎中北使》:“北狄愿和亲,东京发使臣。”杜甫《冬狩行》:“夜发猛士三千人,清晨合围步骤同。”戎昱《收襄阳城二首》之一:“暗发前军连夜战,平明旌旆入襄州。”⑮征调。李白《古风》之十四:“阳和变杀气,发卒骚中土。”⑯启发;开导。杜甫《游龙门奉先寺》:“欲觉闻晨钟,令人发深省。”⑰指示,导引。王昌龄《就道士问周易参同契》:“嗟余无道骨,发我入太行。”⑱花开放。李白《同王昌龄送族弟襄归桂阳二首》之二:“昨梦江花照江日,几枝正发东窗前。”窦庠《陪留守韩仆射巡内至上阳宫感兴二首》之二:“薄暮毁垣春雨里,残花犹发万年枝。”孟郊《旅行》:“野梅参差发,旅榜逍遥归。”刘言史《山寺看樱桃花题僧壁》:“老僧不语傍边坐,花发人来总不知。”⑲致;送达。李益《置酒行》:“明霞发金丹,阴洞潜水碧。”⑳揭发。元稹《台中鞫狱忆开元观旧事呈损之兼赠周兄十四韵》:“怜蛮不解语,为发昏帅奸。”㉑发源;发端。太宗《黄河》:“河源发昆仑,连乾复漫坤。”张蠙《野泉》:“温泉非尔数,源发在深空。”㉒歌唱;表演;演奏。韦应物《大梁亭会李四栖梧作》:“置酒发清弹,相与乐佳辰。”武元衡《旬假南亭寄熊郎中》:“行歌独谣酌,坐发朱丝弦。”温庭筠《春江花月夜词》:“珠翠丁星复明灭,龙头劈浪哀笳发。”沈徽《古兴二首》之二:“戚里笙歌发,禁门冠盖趋。”㉓鸣叫。卢纶《九日奉陪侍郎登白楼》:“碧霄孤鹤发清音,上宰因添望阙心。”韩愈《嘲鼾睡》:“雄哮乍咽绝,每发壮益倍。”白居易《闻新蝉赠刘二十八》:“蝉发一声时,槐花带两枝。”许崇《闻蝉十二韵》:“初离何处树,又发去年声。”㉔点燃。曹邺《续幽愤》:“繁霜作阴起,朱火乘夕发。”㉕撞击。卢纶《送静居法师》:“五色香幢重复重,宝舆升座发神钟。”㉖吐露;表达。韦应物《酬李儋》:“缄情未及发,先此枉玙璠。”

發²

〔bō《集韵》北末切,入末,幫。〕见“發₂ 發”。

【發口】 开口。郑世翼《见佳人负钱出路》:“只持难发口,经为几人开。”杜甫《百舌》:“过时如发口,君侧有谗人。”

【發引】 出殡。权德舆有《工部发引日属伤足卧疾不遂执绋》。

【發火】 生火;出现火。徐夤《温陵残腊书怀寄崔尚书》:“心学庭槐空发火,鬓同门柳即垂丝。”

【發心】 ❶发自内心。白居易《蜀路石妇》:“晨昏问起居,恭顺发心诚。”❷佛教语。谓发愿求无上菩提之心。亦泛指许下向善的心愿。刘长卿《秋夜有怀高三十五适兼呈空上人》:“吾师几度曾摩顶,高士何年遂发心。”项斯《题永忻寺影堂》:“发心依止后,借住有邻房。”

【發生】 ❶萌发;滋生。罗邺《春风》:“每岁东来助发生,舞空悠飏遍寰瀛。”❷指春天。皇甫曾《早朝日寄所知》:“共荷发生同雨露,不应黄叶久随风。”钱起《春郊》:“东风好作阳和使,逢草逢花报发生。”见“發生日”“發生辰”“發生風”。❸出现。杜甫《春夜喜雨》:“好雨知时节,当春乃发生。”孟郊《覆巢行》:“阳和发生均孕育,鸟兽有情知不足。”《郊庙歌辞·祭太社乐章·舒和》:“神道发生敷九稼,阴极乘仁畅八埏。”

【發生日】 春天。王毂《春草碧色》:“今当发生日,沥恳祝良辰。”

【發生辰】 春天。曹松《武德殿朝退望九衢春色》:“自兹怜万物,同入发生辰。”

【發生風】 春风。薛逢《送封尚书节制兴元》:“欲识真心报天子,满旗全是发生风。”

【發白馬】 乐府杂曲歌辞。李白有《发白马》。王琦题解:“题始于梁费昶,太白盖拟之。《乐府诗集》:‘《通典》曰:白马,春秋时卫国曹邑,有黎阳津,一曰白马津。郦生云守白马之津是也。发白马,言征戍而发兵于此也。’”

【發地】 自地面而起。王翰《赋得明星玉女坛送廉察尉华阴》:“洪河之南曰秦镇,发地削成五千仞。”杜甫《观薛稷少保书画壁》:“又挥西方变,发地扶屋椽。”李正封《禅门寺暮钟》:“簨簴高悬于阗钟,黄昏发地殷龙宫。”齐己《小松》:“发地才过膝,蟠根已有灵。”

【發色】 呈现色彩。李峤《汾阴行》:“金鼎发色正焜煌,灵祇炜烨摅景光。”李白《阳春歌》:“披香殿前花始红,流芳发色绣户中。”刘禹锡《春有情篇》:“雨频催发色,云轻不作阴。”

【發弄】 犹拨弄。杨师道《咏琴》:“齐娥初发弄,赵女正调声。”

【發匣】 打开盒匣。崔日用《奉和圣制龙池篇》:“操环昔闻迎夏启,发匣先来瑞有虞。”李群玉《宝剑》:“泥沙难掩冲天气,风雨终思发匣时。”

【發兵】 谓军队出发。李白有《登邯郸洪波台置酒观发兵》。

【發狂】 精神受到刺激而发生精神病的症状。喻做事出于常情之外。皮日休《太湖诗·包山祠》:“恭惟大司谏,悯此如发狂。”

【發言】 发表意见。元稹《阳城驿》:“发言当道理,不顾党与仇。”温庭筠《过孔北海墓二十韵》:“发言惊辨囿,抟翰动文星。”

【發花】 开花。王翰《春日思归》:“杨柳青青杏发花，年光误客转思家。”杨凌《阁前双槿》：“向晚争辞蕊，迎朝斗发花。”林宽《华清宫》：“香泉空浸宫前草，未到春时争发花。”

【發明】 ❶使明亮；磨亮。吕岩有《为贾师雄发明古铁镜》。❷建树，有所建树。姚合《寄杨茂卿校书》：“岂我愚暗身，终久不发明。”❸阐述；阐发。姚合《寄陕府内兄郭冏端公》：“缠绵意千里，骚雅文发明。”

【發迹】 见“發跡”。

【發性】 佛教语。谓使慧性、定性彰明。杜甫《大云寺赞公房四首》之一：“醍醐长发性，饮食过扶衰。”

【發函】 打开信函。权德舆《伏蒙十六叔寄示喜庆感怀三十韵因献之》：“发函捧新诗，慈诲情殷勤。”

【發軍亭】 亭名，在今四川乐山市。薛逢有《九日嘉州发军亭即事》。

【發起】 犹发挥。卢仝《寄赠含曦上人》：“化物自一心，三教齐发起。”

【發家】 自家里出发。岑参《送王著作赴淮西幕府》：“发家见春草，却去闻秋风。”

【發軔】 拿掉卡住车轮的木头，使车前进。借指出发、起程。杜甫《昔游》：“余时游名山，发轫在远壑。”李贺《春归昌谷》：“发轫东门外，天地皆浩浩。”

【發祥】 显现吉利的象征。《诗·商颂·长发》：“濬哲维商，长发其祥。”郑玄笺：“维商家之德也，久发现其祯祥矣。”裴度《享惠昭太子庙乐章》：“重轮始发祥，齿胄方兴学。冥然升紫府，铿尔荐清乐。”

【發書】 打开书本。谓看书。包佶《岭下卧疾寄刘长卿员外》：“丧马思开卦，占鹗懒发书。”

【發掘】 ❶挖掘，把埋藏的东西开掘出来。王昌龄《长歌行》：“宝玉频发掘，精灵其奈何。”郭周藩《谭子池》：“发掘散生聚，可以救贫羸。”❷揭发；揭露。元稹《酬翰林白学士代书一百韵》：“匿奸劳发掘，破党恶持疑。”

【發硎】 ❶谓刀新从磨刀石上磨出。语出《庄子·养生主》：“今臣之刀十九年矣，所解数千牛矣，而刀刃若新发于硎。”成玄英疏：“硎，砥砺石也……其刀锐利，犹若新磨者也。”元稹《箭镞》：“帅言发硎罪，不使刀稍刓。”❷喻初展的抱负或则显露出才干。杜甫《秦州见敕目薛三璩兼述索居凡三十韵》：“掘剑知埋狱，提刀见发硎。”又《桥陵诗三十韵因呈县内诸官》：“遣辞必中律，利物常发硎。”独孤及《代书寄上裴六冀刘二颖》：“畴昔切玉刃，应如新发硎。”窦庠《酬韩愈侍郎登岳阳楼见赠》：“雅论冰生水，雄材刃发硎。”

【發硎刀】 才经磨刀石磨出的刀。喻杰出的才干。独孤及《送虢州王录事之任》：“盘根倘相值，试用发硎刀。”见“發硎”。

【發船】 开船。杜甫《十二月一日三首》之二：“负盐出井此溪女，打鼓发船何郡郎。”

【發勞】 产生疲劳。张籍《咏怀》：“望月偏增思，寻山易发劳。”

【發越】 犹散发。韩愈《初南食贻元十八协律》：“腥臊始发越，咀吞面汗骍。”

【發棹】 开船。卢纶《皇帝感词》之一：“发棹鱼先跃，窥巢鸟不惊。”

【發揚】 ❶发展；提高。湛贲《伏览吕侍郎丘员外旧题十三代祖历山草堂诗因书记事》：“祖德今发扬，还同书史册。”陈陶《圣帝击壤歌四十声》：“大道重苏息，真风再发扬。”❷传播；宣扬。王建《寄李益少监兼送张实游幽州》：“箧中有素文，千里求发扬。”郑谷《蜀中赏海棠》：“浣花溪上堪惆怅，子美无心为发扬。”❸高昂；激扬。《郊庙歌辞·周郊祀乐章·忠顺乐》：“雷鼗鹭羽今休用，玉鏚相参正发扬。”❹犹得意。罗隐《萤》：“抱影何微细，乘时忽发扬。”

【發揮】 ❶阐发，把意思或道理充分表达出来。陈子昂《与东方左史虬修竹篇》序：“一昨于解三处，见明公《咏孤桐》篇，骨气端翔，音情顿挫，光英朗练，有金石声，遂用洗心饰视，发挥幽郁，不图正始之音，复睹于兹。”杜甫《哭李常侍峄二首》之二：“发挥王子表，不愧史臣词。”刘禹锡《国学新修五经壁歌》：“孰规摹之，孰发挥之。”吴筠《览古十四首》之十二：“京房洞幽赞，神奥咸发挥。”❷犹衬托。刘禹锡《杨柳枝词九首》之二：“桃红李白皆夸好，须得垂杨相发挥。”❸发扬。无可《送沅江宋明府即开府璟之孙》：“唯有传声政，家风重发挥。”❹引荐；援引。薛能《送判官赴京》：“青云若遇交亲话，白璧无心待发挥。”

【發詠】 吟诗。卢纶《送太常李主簿归觐省》：“定交分玉剑，发咏导冰壶。”白居易《偶吟》：“醉来狂发咏，邻女映篱听。”

【發詞】 吐词。谓所唱之歌词。白居易《夜闻歌者》：“邻船有歌者，发词堪愁绝。”

【發₂發】 （—bō）众多貌。亦说鱼跃声。《诗·卫风·硕人》：“施罛涉涉，鳣鲔发发。”毛传：“发发，盛貌。”陆德明释文引马融曰：“鱼著罔尾发发然。”杜甫《题张氏隐居二首》之二：“霁潭鳣发发，春草鹿呦呦。”

【發跡】 亦作“發迹”。❶由微贱而至显贵。权德舆《奉酬从兄南仲见示十九韵》：“圣朝辟四门，发迹贵名公。”张祜《梦李白》：“发迹恃文雄，一言可否由贺老。”温庭筠《送崔郎中赴幕》：“发迹岂劳天上桂，属词还得幕中莲。”罗隐《送魏校书兼呈曹使君》：“雠书发迹官虽屈，负米安亲路不赊。”❷起程；出发。庾抱《骢马》：“发迹来东道，长鸣起北风。”杨炯《紫骝马》：“发迹来南海，长鸣向北州。”韩愈《送惠师》：“发迹入四明，梯空上秋旻。”张祜《宋城道中逢王直方八韵》：“二年离子载，发迹自江南。”

【發號】 发出号令。张祜《投魏博李相国三十二韵》：“发号方回踵，归农务散兵。”

【發毀】 因挖掘而毁坏。鲍溶《倚瑟行》：“灞陵一代无发毁，俭风本是张廷尉。”

【發源】 河流开始发出。梁洽《观汉水》：“发源自嶓冢，东注经襄阳。”

【發蒙】 启蒙发昧。高适《观李九少府翥树宓子贱祠碑》：“我非王仲宣，去矣徒发蒙。”又《酬秘书弟兼寄幕下诸公》：“末路望绣衣，他时常发蒙。”刘长卿《禅智寺上方怀演和尚寺即和尚所创》：“飞锡今何在，苍生待发蒙。”李商隐《今月二日不自量度辄以诗咏叹不足之义也》：“早岁乖投刺，今晨幸发蒙。”

【發奩】 打开镜匣。刘禹锡《昏镜词》序：“镜之工列十镜于贾奁，发奁而视，其一皎如，其九雾如。”

【發遣】 ❶打发；使离去。顾况《柳宜城鹊巢歌》：“东家西家斫树枝，发遣野鹊巢何枝。”❷派遣；差遣。白居易《送萧炼师步虚词十首卷后以二绝继之》之二：“试呈王母如堪唱，发遣双成更取来。”孙元晏《咏史诗・晋・谢公赌墅》：“发遣将军欲去时，略无情挠只贪棋。”❸处理；安排。白居易《自问》：“老慵难发遣，春病易滋生。”

【發語】 说话。贾岛《颂德上贾常侍》：“边臣说使朝天子，发语轰然激夏雷。”

【發論】 发表意见、议论。孟浩然《襄阳公宅饮》：“谈笑光六义，发论明三倒。”刘禹锡《海门潮别浩初师》：“还知习居士，发论侍弥天。”来鹄《圣政纪颂》：“呜呼！贞观多吁，永徽多俞，廷日发论，殿日发谟。”

【發談】 发言；谈话。王建《荆南赠别肇著作转韵诗》：“醉笑或颠吟，发谈皆损益。”

【發憤】 ❶勤奋；决心努力。李白《白马篇》：“发愤去函谷，从军向临洮。”齐己《赠刘五经》：“往年长白山，发愤忍饥寒。”❷激于义愤。白居易《和答诗十首》序：“抑又不知足下是行也，天将屈足下之道，激足心之心，使感时发愤而臻于此耶？”❸含愤；含恨。杜甫《杜鹃行》：“尔岂摧残始发愤，羞带羽翮伤形愚。”

【發緘】 打开书札的封扣。白居易《和答诗十首》序：“及足下到江陵，寄在路所为诗十七章，凡五六千言，言有为，章有旨，迨于宫律体裁，皆得作者风，发缄开卷，且喜且怪。”

【發機】 ❶拨动弓弩的发矢机。孟迟《寄浙右旧幕僚》：“巨拳岂为鸡挥肋，强弩那因鼠发机。”引申为快速。韩愈《送区弘南归》：“人生此难余可祈，子去矣时若发机！”❷运用机谋。吕温《登少陵原望秦中诸川太原王至德妙用有水术因用感叹》：“发机回地势，运思与天通。”

【發興】 （—xìng）激起意兴。孟浩然《九日龙沙作寄刘大昚虚》：“风俗因时见，湖山发兴多。”杜甫《陪李北海宴历下亭》：“云山已发兴，玉佩仍当歌。”又《春日江村五首》之二：“客身逢故旧，发兴自林泉。”又《宴戎州杨使君东楼》：“胜绝惊身老，情忘发兴奇。”

【發廩】 打开粮仓。高适《单父逢邓司仓覆仓库因而有赠》：“校缗阅帑藏，发廪欣斯箱。”耿沣《喜侯十七校书见访》：“发廪因春黍，开畦复剪蔬。”

【發聲】 ❶发出声音。白居易《寄唐生》：“不能发声哭，转作乐府诗。”❷谓吹奏。白居易《小童薛阳陶吹觱栗歌》：“润州城高霜月明，吟霜思月欲发声。”

【發謨】 献出计谋。来鹄《圣政纪颂》：“呜呼！贞观多吁，永徽多俞，廷日发论，殿日发谟。”

【發糧】 散发粮食。张说有《送任御史江南发粮以赈河北百姓》。

【發難】 （—nàn）提出质问责难。《资治通鉴・汉明帝永平二年》：“诸生或避位发难。”王季友《酬李十六岐》：“千宾揖对若流水，五经发难如叩钟。”

【發難得巧】 （難 nán）谓击球时发球之难，得球之巧。韩愈《汴泗交流赠张仆射》：“发难得巧意气粗，欢声四合壮士呼。”

【發願】 发下誓愿。王建《送宫人入道》：“发愿蓬莱见王母，却归人世施仙方。”

【發響】 发出叫声。刘禹锡《和牛相公雨后寓怀见示》：“树上早蝉才发响，庭中百草已无光。”

白 部

白[1] 〔bái《广韵》傍陌切，入陌，並。〕❶像雪一样的颜色。宗楚客《正月晦日侍宴浐水应制赋得长字》："寒尽梅犹白，风迟柳未黄。"严维《送舍弟》："早称眉最白，何事绶仍黄。"白居易《新制布裘》："桂布白似雪，吴绵软于云。"皮日休《怀锡山药名离合二首》之二："晓景半和山气白，薇香清净杂纤云。"❷白色的东西。白居易《酬令狐相公春日寻花见寄六韵》："白飘僧院地，红落酒家楼。"❸汉民族传统丧服的颜色。《周礼·春官·保章氏》："以五云之物辨吉凶水旱降丰荒之祲象。"郑玄注引汉郑司农曰："青为虫，白为丧，赤为兵荒，黑为水，黄为丰。"见"白綳車""白輿素車"。❹变白；使白。李频《送友人往太原》："草白雁来尽，时清人去游。"殷益《看牡丹》："发从今日白，花是去年红。"李士元《登单于台》："残阳三会角，吹白旅人头。"❺明亮；光明。《礼记·曾子问》："凡殇与无后者，祭于宗子之家，当室之白，尊于东房，是谓阳厌。"郑玄注："当室之白，谓西北隅得户明也。"杜甫《寄韩谏议》："鸿飞冥冥日月白，青枫叶赤天雨霜。"白居易《东楼晓》："欲知山高低，不见东方白。"李频《山中夜坐》："月满方塘白，风依老树寒。"戴察《月夜梧桐叶上见寒露》："萧疏桐叶上，月白露初团。"❻陈述；禀告。楼颖《东郊纳凉忆左威卫李录事收昆季太原崔参军三首》之一："兴成只自适，欲白返忘言。"顾况《梁广画花歌》："心相许，为白阿娘从嫁与。"刘禹锡《城西行》："临刑与酒杯未覆，仇家白官先请肉。"❼上告；弹劾。见"白簡"。❽对人以白眼，以示轻蔑。杜甫《丹青引赠曹将军霸》："途穷反遭俗眼白，世上未有如公贫。"❾大。见"白梃"。❿指没有功名、没有官职。见"白丁❶""白衣❷"。⓫特指白发。刘猛《晓》："朝梳一把白，夜泪千滴雨。"王睿《秋》："欲知潘鬓愁多少，一夜新添白数茎。"⓬指诗人李白。杜甫《春日忆李白》："白也诗无敌，飘然思不群。"⓭姓。唐诗人有白居易、白敏中等。⓮副词。平白地；无端地。见"白地"。

白[2] 〔bó《集韵》博陌切，入陌，幫。〕通"帛"。丝织品的总称。见"白❷旆"。

【白二十二】 白居易。曾官刑部侍郎，行二十二。裴度有《白二十二侍郎有双鹤留在洛下予西园多野水长松可以栖息遂以诗请之》。刘禹锡有《叹水别白二十二》和《春日书怀寄东洛白二十二杨八二庶子》。

【白人】 玉人；皮肤白皙的女子。王涯《宫词三十首》之一："白人宜著紫衣裳，冠子梳头双眼长。"元稹《离思五首》之五："寻常百种花齐发，偏摘梨花与白人。"徐凝《白人》："暖风入烟花漠漠，白人梳洗寻常薄。"

【白丁】 ❶无功名者；平民。皮日休《吴中苦雨因书一百韵寄鲁望》："蹲前但相聒，似把白丁辱。"又《奉和鲁望读阴符经见寄》："舜为一鳏民，冗冗作什器，得之贼帝尧，白丁作天子。"又《太湖诗·太湖石》："白丁一云取，难甚网珊瑚。"❷无知识者；文盲。寒山《诗三百三首》之八十："洎老检黄籍，依前住白丁。"牟融《题朱庆余闲居四首》之一："白丁门外远，俗子眼前无。"❸旧时官府临时征集的壮丁。亦泛指武夫。韦应物《采玉行》："官府征白丁，言采蓝溪玉。"罗隐《中元甲子以辛丑驾幸蜀四首》之四："白丁攘臂犯长安，翠辇苍黄路屈盘。"

【白下】 古地名。在今江苏南京市北。唐移金陵县于此，并改名白下县。后人因此又以白下为南京市的别称。韩偓《倒押前韵》："白下同归路，乌衣枉作邻。"

【白下亭】 在今江苏南京市北金川门外。李白《献从叔当涂宰阳冰》："小子别金陵，来时白下亭。"又《留别金陵诸公》："五月金陵西，祖余白下亭。"李白又有《金陵酒肆留别》。

【白下驛】 即白下亭。王勃有《白下驿饯唐少府》。

【白小】 银鱼。杜甫《白小》："白小群分命，天然二寸鱼。"

【白山】 即天山。山上冬夏积雪，故名"白山"，又名"雪山"。岑参《优钵罗花歌》："白山南，赤山北，其间有花人不识，绿茎碧叶好颜色。"

【白刃】 ❶锋利的刀。辛常伯《军中行路难》："绛节红旗分日羽，丹心白刃酬明主。"刘长卿《送裴郎中贬吉州》："乱军交白刃，一骑出黄尘。"孟郊《汴州离乱后忆韩愈李翱》："忠直血白刃，道路声苍黄。"陆龟蒙《江湖散人歌》："金镳贝带未尝识，白刃杀我穷生为。”❷借指战争和军队。汪遵《破陈》：“猎猎朱旗映彩霞，纷纷白刃入陈家。”罗隐《即事中元甲子》：“田园已没红尘内，弟侄相逢白刃间。”胡曾《咏史诗·鸿沟》：“虎倦龙疲白刃秋，两分天下指鸿沟。”

【白天】 白昼，从黎明至天黑的一段时间。李商隐《烧香曲》：“白天月泽寒未冰，金虎含秋向东吐。”

【白元君】 指肺神，主呼吸保元和之气。伊用昌《湖南闯斋吟》：“谁人能识白元君，上士由来尽见闻。”

【白犬】 白狗。晋葛洪《抱朴子·内篇·仙药》：“欲求芝草，入名山，必以三月九月，此山开出神药之月也……带灵宝符，牵白犬，抱白鸡，以白盐一斗，及开山符檄，著大石上，执吴唐草一把以入山，山神喜，必得芝也。”后以“白犬”作为咏道术之士的典故。王绩《采药》：“青龙护道符，白犬游仙术。”于鹄《过凌霄洞天谒张先生祠》：“白犬舐客衣，惊走闻腥膻。”李群玉《送隐者归罗浮》：“春山杳杳日迟迟，路入云峰白犬随。”贾岛《送道者》：“此行无弟子，白犬自相随。”

【白太守】 白居易。刘禹锡有《白太守行》。白居易有《答刘禹锡白太守行》。张彤有《奉和白太守拣橘》。

【白太傅】 白居易。大和九年(835)，升任太子少傅。齐己有《登大林寺观白太傅题版》。

【白少傅】 (少 shào)白居易。大和九年(835)十月，以新授同州刺史白居易为太子少傅。见《旧唐书·文宗纪下》。刘禹锡有《和陈许王尚书酬白少傅侍郎长句因通简汝洛旧游之什》。姚合有《和李十二舍人裴四二舍人两阁老酬白少傅见寄》。

【白日】 ❶太阳；阳光。包佶《翻经台》：“破云开白日，穿水照芙蓉。”白居易《花下对酒二首》之二：“仰首看白日，白日走如箭。”张祜《戊午年感事书怀二百韵谨寄献太原裴令公淮南李相公汉南李仆射宣武李尚书》：“地峻清流急，天高白日悬。”刘元和《妾薄命》：“阳春白日照空暖，紫燕衔花向庭满。”❷喻指君王。武元衡《顺宗至德大圣皇帝挽歌词三首》之二：“昆浪黄河注，崦嵫白日颓。”薛存诚《东都父老望幸》：“龙颜觐白日，鹤发仰清风。”❸白昼；白天。杜甫《陪郑广文游何将军山林十首》之六：“野鹤清晨出，山精白日藏。”白居易《斋戒满夜戏招梦得》：“纱笼灯下道场前，白日持斋夜坐禅。”王周《道院》：“白日人稀到，帘垂道院深。”无名氏《晚秋》(外编上)：“白日欢情少，黄昏愁转多。”❹时间；光阴。李益《哭柏岩禅师》：“白日钟边晚，青苔钵上秋。”白居易《和微之春日投简阳明洞天五十韵》：“青阳行已半，白日坐将徂。”又《浩歌行》：“既无长绳系白日，又无大药驻朱颜。”❺人世；阳间。孟郊《悼幼子》：“一闭黄蒿门，不闻白日事。”杜牧《忍死留别献盐铁裴相公二十叔》：“青春辞白日，幽壤作黄泉。”

【白日上昇】 犹言白日升天。道家认为，服食仙药可以肉体成仙。淮南王刘安养方士数十人，多神仙秘法鸿宝之术。后又有八公来见，能炼金化丹，与刘安登山埋金，白日升天仙去，鸡犬舔其剩余药物，均得升天。见《水经注·肥水》。贾岛《赠丘先生》：“不遣髭须一茎白，拟为白日上升人。”

【白日上青天】 喻一朝腾达显贵。元和举子《丙申岁诗》：“袍似烂银文似锦，相将白日上青天。”

【白日升青天】 义同“白日上昇”。白居易《新乐府·海漫漫》：“不言药，不言仙，不言白日升青天。”

【白日青天】 白天。表示强调。白居易《叹鹤病》：“亦知白日青天好，未要高飞且养疮。”

【白日昇天】 义同“白日上昇”。贯休《赠方干》：“白日升天路，如君别有门。”成真人《题壁》：“本拟白日升天，且看黑龙饮渭。”

【白日宫】 唐宫名。在唐京城长安长乐坊。段成式、张希复《游长安诸寺联句·长乐坊安国寺·红楼联句》：“苔静金轮路，云轻白日宫。”自注：“元和中，帝幸此宫。”

【白日飛】 义同“白日上昇”。贯休《古意九首》之九：“别来六七年，只恐白日飞。”

【白日銘】 传说汉滕公灌婴驾出时，马立不行，刨地得石椁、铭石，其铭文曰：“佳城郁郁，三千年见白日。吁嗟公居此室。”滕公遂确定死后葬地。见旧题晋葛洪《西京杂记》卷四。后用“白日铭”作为墓葬的典故。李乂《哭仆射鄂公杨再思》：“白日铭安在，清风颂独留。”

【白日開】 义见“白日銘”。骆宾王《丹阳刺史挽词三首》之三：“此室玄扃掩，何年白日开。”

【白月】 明月；白色的月光。孟浩然《寻裴处士》：“远心寄白月，华发回青春。”刘禹锡《送僧仲剬东游兼寄灵澈上人》：“松间白月照宝书，竹下香泉洒瑶席。”白居易《初入香山院对月》：“老住香山初到夜，秋逢白月正圆时。”李群玉《湘中别成威阇黎》：“松声扫白月，霁夜来静域。”

【白水】 ❶《左传·僖公二十四年》：“所不与舅氏同心者，有如白水。”杨伯峻注：“‘有如白水’即‘有如河’，意谓河神鉴之，《晋世家》译作‘河伯誓之’是也。”后遂用作誓词，表示信守不移。白居易《寓意诗五首》之三：“何以示诚信，白水指为盟。”❷泛指清水。李颀《不调归东川别业》：“青郊香杜若，白水映茅茨。”白居易《又各令公新开龙泉晋水二池》：“旧有潢污泊，今为白水塘。”李绅《移九江》：“秋波入白水，帆去侵空小。”李群玉《骢马》：“青刍与白水，空笑驽骀肥。”霍总《楼望》：“古刹轩层檐，白水浮小艇。”❸指大河。杜甫

《新安吏》："白水暮东流，青山犹哭声。"❹水名。源出今湖北枣阳市东大阜山，相传汉光武帝旧宅在此。崔日用《奉和圣制龙池篇》："龙兴白水汉兴符，圣主时乘运斗枢。"李白《上云乐》："赤眉立盆子，白水兴汉光。"李白又有《游南阳白水登石激作》。❺县名。唐属同州，今并入陕西蒲城县。杜甫《沙苑行》："君不见左辅白沙如白水，缭以周墙百余里。"又《彭衙行》："夜深彭衙道，月照白水山。"杜甫又有《九日杨奉先会白水崔明府》。

【白水真人】 东汉光武帝刘秀起于南阳白水乡，谶称"白水真人"。李白《南都行》："白水真人居，万商罗鄽闠。"

【白水興漢光】 《文选·张衡〈东京赋〉》："我世祖忿之，乃龙飞白水，凤翔参墟。"薛综注："白水谓南阳白水县也，世祖所起之处也……龙飞凤翔，以喻圣人之兴也。"后以"白水興漢光"作为咏帝王兴国之典。李白《上云乐》："赤眉立盆子，白水兴汉光。"

【白水龍飛】 谓东汉光武帝刘秀起于白水。常作帝王兴国之典。韩愈《题广昌馆》："白水龙飞已几春，偶逢遗迹问耕人。"见"白水興漢光"。

【白牛】 ❶白色的牛。司空图《涔阳渡》："两岸芦花正萧飒，渚烟深处白牛归。"❷见"白牛車"。

【白牛車】 佛教语。喻佛法中之大乘。亦省作"白牛"。修雅《闻诵法华经歌》："师诵此经经一句，句句白牛亲动步。"贯休《和韦相公话婺州陈事》："昔事堪惆怅，谈玄爱白牛。"自注："《法华经》以牛喻大乘。"齐己《赠念法华经僧》："持经功力能如是，任驾白牛安稳行。"

【白毛】 ❶白色的羽毛。骆宾王《咏鹅》："白毛浮绿水，红掌拨清波。"❷白发。贾岛《送路》："叹命无知己，梳头落白毛。"

【白心】 指纯洁的心灵。张九龄《酬宋使君见诒》："但愿白心在，终然涅不淄。"

【白玉】 ❶白色的玉。崔湜《责躬诗》："顾无白玉玷，忽负苍蝇诗。"孟郊《喜符郎诗有天纵》："白玉抽一毫，绿珉已难排。"陆畅《坐障》："白玉为竿丁字成，黄金绣带短长轻。"于渍《拟古意》："白玉若无玷，花颜须及时。"❷谓人白艳如玉。见"白玉郎""白玉童"。❸喻雪。见"白玉塵"。

【白玉丹】 神话中用白玉膏制成的仙丹。《山海经·西山经》："峚山……丹水出焉，西流注于稷泽，其中多白玉，是有玉膏，其源沸沸汤汤，黄帝是食是飨。"晋郭璞注："《河图玉版》曰：'少室山，其上有白玉膏，一服即仙矣。'亦此类也。"韩愈《记梦》："我以指撮白玉丹，行且咀噍行诘盘。"

【白玉仙臺】 传为天帝所居之处。《汉书·礼乐志》："天马来，龙之媒，游阊阖，观玉台。"后用"白玉仙台"作为咏仙境的典故。陈子昂《春日登金华观》："白玉仙台古，丹丘别望遥。"

【白玉仙輿】 以白玉为饰的仙人所乘车子。亦为对华丽车子的美称。李峤《太平公主山亭侍宴应制》："黄金瑞榜绛河限，白玉仙舆紫禁来。"

【白玉卮】 白玉制的酒杯。白居易《北窗三友》："左掷白玉卮，右拂黄金徽。"又《镜换杯》："欲将珠匣青铜镜，换取金尊白玉卮。"

【白玉先生】 指道士。按，白玉先生疑为白石先生之误。《太平御览》引刘向《列仙传》："白石先生者，中黄道人弟子也。常煮白石为粮，因就白石山居，亦食脯饮酒食谷，日行三四百里，容貌不衰。"曹邺《偶题》："白玉先生多在市，青牛道士不居山。"

【白玉花】 喻白莲花。吴融《高侍御话及皮博士池中白莲因成一章寄博士兼奉呈》："白玉花开绿锦池，风流御史报人知。"

【白玉杯】 白玉制的酒杯。李商隐《戏题枢言草阁三十二韵》："君时卧枨触，劝客白玉杯。"赵嘏《秦中逢王处士》："春风正好分琼液，乞取当时白玉杯。"

【白玉京】 指天帝所居之处。李白《经乱离后天恩流夜郎忆旧游书怀赠江夏韦太守良宰》："天上白玉京，十二楼五城。"李商隐《五言述德抒情诗一首四十韵献上杜七兄仆射相公》："帝作黄金阙，仙开白玉京。"

【白玉牀】 白玉制的床。李白《口号吴王美人半醉》："西施醉舞妖无力，笑倚东窗白玉床。"

【白玉珂】 以白玉制作的马络头上的装饰物。亦用以指白马。白居易《和东川杨慕巢尚书府中独坐感戚在怀见寄十四韵》："紫绶黄金印，青幢白玉珂。"

【白玉砌】 宫殿前的玉石台阶。李郢《骊山怀古》之二："白玉砌寒苔自碧，真珠帘断月无光。"

【白玉堂】 ❶神仙居处。亦喻指富贵人家的住宅。李白《拟古十二首》之二："高楼入青天，下有白玉堂。"刘方平《乌栖曲二首》之一："银汉斜临白玉堂，芙蓉行障掩灯光。"李商隐《春日》："欲入卢家白玉堂，新春催破舞衣裳。"又《代应》："本来银汉是红墙，隔得卢家白玉堂。"亦指华丽的正屋。陈羽《古意》："朝参暮拜白玉堂，绣衣著尽黄金缕。"❷指翰林院。杜甫《八哀诗·故右仆射相国张公九龄》："上君白玉堂，倚君金华省。"

【白玉缸】 白玉制的盛物器皿。王棨《曲江春望》："游女红银碗，王孙白玉缸。"

【白玉首】 以白玉为饰的剑首。首，剑首，镶嵌在剑柄顶端的装饰品。李绅《奉酬乐天立秋夕有怀见寄》："龙泉白玉首，鱼服黄金装。"

【白玉郎】 对美貌男子的美称。韩翃《送苏州姚长史》:“舟领青丝缆,人歌白玉郎。”薛涛《上王尚书》:“碧玉双幢白玉郎,初辞天帝下扶桑。”

【白玉釵】 白玉做的钗子。曹邺《代班姬》:“常嫌鬓蝉重,乞人白玉钗。”

【白玉液】 对酒的美称。白居易《秋日与张宾客舒著作同游龙门醉中狂歌凡二百三十八字》:“家酝一壶白玉液,野花数把黄金英。”

【白玉棺】 据传东汉王乔有神术,为叶县令时,每月朔望,常自县诣台朝。后天堕玉棺于堂前,王乃沐浴服饰寝卧其中,棺盖立闭。县人为葬于城东,土自成坟。见《后汉书·王乔传》。后以用作成仙的典故。李白《赠王汉阳》:“天落白玉棺,王乔辞叶县。”戴叔伦《赠徐山人》:“汉陵帝子黄金碗,晋代神仙白玉棺。”

【白玉鉤】 白玉制的舀酒钩。李商隐《送崔珏往西川》:“浣花牋纸桃花色,好好题诗咏玉钩。”又《即日》:“金鞍忽散银壶漏,更醉谁家白玉钩?”

【白玉童】 ❶对仙童的美称。李白《古风》之七:“两两白玉童,双吹紫鸾笙。”❷谓美貌少女。李白《在水军宴韦司马楼船观妓》:“对舞青楼妓,双鬟白玉童。”

【白玉渠】 指唐皇城内水渠,因渠两岸用汉白玉砌成,故称。王建《宫词一百首》之四六:“御池水色春来好,处处分流白玉渠。”

【白玉筵】 指豪华的筵席。汤悦《奉和圣制送邓王牧宣城》:“曙烟已别黄金殿,晚照重登白玉筵。”

【白玉階】 宫殿前的玉石台阶。和凝《宫词百首》之五一:“白玉阶前菊蕊香,金杯仙酝赏重阳。”

【白玉臺】 ❶白玉制的镜台。李商隐《蝶三首》之二:“长眉画了绣帘开,碧玉行收白玉台。”❷白玉砌成的楼台。对华丽邸宅或楼观的美称。韩翃《送夏侯侍郎》:“前路应留白玉台,行人辄美黄金铬。”无名氏《谒见日将至双阙》(卷七八七):“迥出黄金殿,全分白玉台。”

【白玉塵】 喻雪。白居易《雪夜喜李郎中见访兼酬所赠》:“十分满盏黄金液,一尺中庭白玉尘。”

【白玉壶】 白玉制的酒壶。白居易《送陈许高仆射赴镇》:“花钿坐绕黄金印,丝管行随白玉壶。”

【白玉墀】 宫殿前的玉石台阶。白居易《同微之赠别郭虚舟炼师五十韵》:“官虽小大殊,同立白玉墀。”曹邺《将赴天平职书怀寄翰林从兄》:“吾宗处清切,立在白玉墀。”

【白玉篇】 篇名。三国魏曹植作。或谓《白马篇》之误。李商隐《行至金牛驿寄兴元渤海尚书》:“深惭走马金牛路,骤和陈王白玉篇。”

【白玉盤】 ❶白瓷盘的美称。李白《白胡桃》:“红罗袖里分明见,白玉盘中看却无。”杜甫《种莴苣》:“登于白玉盘,藉以如霞绮。”许浑《夏日戏题郭别驾东堂》:“犹恐何郎热,冰生白玉盘。”❷喻指圆月。李白《古朗月行》:“小时不识月,呼作白玉盘。”

【白玉燕釵】 白玉制的燕形钗子。旧题汉郭宪《洞冥记》:“元鼎元年,起招灵阁,有一神女,留一玉钗以与帝。帝以赐赵婕妤。至昭帝元凤中,宫中犹见此钗,共谋欲碎之,明视钗匣,唯见白燕直升天,后宫人作玉钗,因名玉燕钗。”李商隐《燕台四首·冬》:“破鬟矮堕凌朝寒,白玉燕钗黄金蝉。”

【白玉璫】 白玉制的耳饰。李郢《题水精钗》:“何年偶堕青丝发,问价应齐白玉珰。”

【白玉徽】 白玉制的琴徽。亦为琴的美称。唐彦谦《紫薇花》:“绮笔题难尽,烦君白玉徽。”

【白玉鞭】 白玉饰的马鞭。曹邺《赵城怀古》:“手挥白玉鞭,不避五侯车。”

【白玉觞】 白玉制的酒杯。鲍溶《暮秋与裴居晦宴因见采菊花之作》:“菊花低色过重阳,似忆王孙白玉觞。”

【白玉繩】 玉绳,星名。常泛指群星。白玉绳,犹言明亮的群星。李白《秋夜板桥浦泛月独酌怀谢朓》:“天上何所有,迢迢白玉绳。”

【白打】 古代蹴踘戏的一种,即两人对踢。《事物绀珠》:“踢踘:两人对踢名白打,三人角踢为官场,球会曰员社。”王建《宫词一百首》之八一:“寒食内人长白打,库中先散与金钱。”

【白打錢】 白打游戏中优胜者所得的赏钱。韦庄《长安清明》:“内官初赐清明火,上相闲分白打钱。”

【白石】 ❶白色的石头。王维《阙题二首》之一:“荆溪白石出,天寒红叶稀。”皇甫冉《送张道士归茅山谒李尊师》:“尝以素书传弟子,还因白石号先生。”白居易《答崔十八》:“我有商山君未见,清泉白石在胸中。”李商隐《重过圣女祠》:“白石岩扉碧藓滋,上清沦谪得归迟。”❷传说中的神仙的粮食。韦应物《寄全椒山中道士》:“涧底束荆薪,归来煮白石。”贾岛《题鱼尊师院》:“夜煎白石平明吃,不拟教人哭此身。”皮日休《怀华阳润卿博士三首》之三:“白石煮多熏屋黑,丹砂埋久染泉红。”张蠙《华阳道者》:“惟餐白石过白日,拟骑青竹上青冥。”❸指白石郎。李商隐《燕台四首·冬》:“青溪白石不相望,堂中远甚苍梧野。”见“白石郎”。

【白石先生】 传说中的古仙人。尝煮白石为粮,因就白石山居,故号白石先生。借指道士。司空曙《送曲山人之衡州》:“白石先生眉发光,已分甜雪饮红浆。”白居易《寻王道士药堂因有题赠》:“白石先生小有洞，黄芽姹女大还丹。”见“白石❷”。

【白石林】 白色的石林。石林，由水流沿石灰岩的垂直裂隙溶蚀而造成的一种地貌。齐己《寄酬秦府高推官辇》：“天台衡岳旧曾寻，闲忆留题白石林。”

【白石郎】 乐府《白石郎曲》：“积石如玉，列松如翠，郎艳独艳，世无其二。”白石郎谓白石棋子。李商隐《玄微先生》：“药裹丹山凤，棋函白石郎。”

【白石牀】 指白石堆砌而成的坟墓。储嗣宗《哭彭先生》：“空阶鹤恋丹青影，秋雨苔封白石床。”

【白石院】 寺名。在西岳华山。无可有《宿西岳白石院》。

【白石師】 居于白石谷中的僧人。姚合有《寄白石师》，自注：“师无名，常居白石谷中，因为号。”见“白石先生”。

【白石湫】 水池名。在今广西桂林市北七十里。俗名白石潭。李商隐《桂林》：“神护青枫岸，龙移白石湫。”

【白石僧】 居于白石谷的僧人。马戴有《寄西岳白石僧》。见“白石先生”“白石師”。

【白石嶺】 岭名。在今广东乐昌县北十五里。一名周山，又名宝山。沈佺期有《自昌乐郡溯流至白石岭下行入郴州》。

【白石爛】 古诗《饭牛歌》之歌辞中语。谓山石洁白耀眼。后用“白石烂”代称《饭牛歌》。李白《秋浦歌十七首》之七：“空吟白石烂，泪满黑貂裘。”又《南奔书怀》：“遥夜何漫漫，空歌白石烂。”谭用之《感怀呈所知》：“早晚休歌白石烂，放教归去卧群峰。”

【白石灘】 滩名。(1)在王维辋川别业附近，今陕西蓝田县辋谷川口。王维《辋川集·白石滩》：“清浅白石滩，绿蒲向堪把。”(2)在唐东都洛阳，今河南洛阳市。白居易《夏日与闲禅师林下避暑》：“绿萝潭上不见日，白石滩边有长风。”

【白布】 白色的布。白居易《重题香炉峰下新卜山居草堂初成偶题东壁》之二：“长松树下小溪头，班鹿胎中白布裘。”又《初冬早起寄梦得》：“起戴乌纱帽，行披白布裘。”贾岛《哭卢仝》：“平生四十年，唯著白布衣。”

【白田】 地名。即白田渡，在今江苏宝应县。李白有《白田马上闻莺》。李白又有《赠徐安宜》：“白田见楚老，歌咏徐安宜。”李嘉祐《送皇甫冉往安宜》：“江皋尽日唯烟水，君向白田何日归。”又有《白田西忆楚州使君弟》。

【白白】 ❶雪白；非常白。白居易《感白莲花》：“白白芙蓉花，本生吴江渍。”❷指众多白色的花。韩愈《感春三首》之三：“晨游百花林，朱朱兼白白。”

【白公】 白居易。徐凝有《答白公》和《别白公》。薛涛有《和白公》。

【白尹】 白居易。大和四年(830)十二月，以太子宾客分司白居易为河南尹。见《旧唐书·文宗纪下》。刘禹锡有《河南白尹有喜崔宾客归洛兼见怀长句因而继和》和《郡斋书怀寄江南白尹兼简分司崔宾客》。雍陶有《和河南白尹西池北新葺水斋招赏二十韵》。

【白司馬】 白居易。居易曾官江州司马，见《旧唐书》本传。杨巨源有《寄江州白司马》。徐凝有《寄白司马》。

【白刑部】 白居易。居易曾官刑部侍郎、刑部尚书。会昌二年(842)以刑部尚书致仕。见《旧唐书·白居易传》。刘禹锡有《答白刑部闻新蝉》。

【白圭】 亦作“白珪”。古代白玉制的礼器。亦用以喻洁白之身。陈子昂《座右铭》：“白珪玷可灭，黄金诺不轻。”钱起《白石枕》：“曾无白圭玷，不作浮磬鸣。”牟融《赠殷以道》：“肯信白圭终在璞，谁怜沧海竟遗珠。”程长文《狱中书情上使君》：“但看洗雪出圜扉，始信白圭无玷缺。”

【白老】 白居易自谓。白居易《奉酬淮南牛相公思黯见寄二十四韵》：“白老忘机客，牛公济世贤。”

【白地】 无端；平白地。李白《越女词五首》之四：“东阳素足女，会稽素舸郎。相看月未堕，白地断肝肠。”

【白艾】 植物名。叶背有白毛，可入药。杜牧《秋晚怀茅山石涵村舍》：“帘前白艾惊春燕，篱上青桑待晚蚕。”

【白耳龍】 传说中的白耳朵的神龙。陆龟蒙《奉和袭美开元寺佛钵诗》：“光寒好照金毛鹿，响静堪降白耳龙。”

【白光】 白色的光芒。白居易《李都尉古剑》：“白光纳日月，紫气排斗牛。”

【白朱砂】 亦作“白硃砂”。白色的丹砂。朱砂即丹砂，主要化学成分为硫化汞，烧后汞析出，故其色由朱变白。郑谷《宗人惠四药》：“爽得心神使骑鹤，何须烧得白朱砂。”韩湘《言志》：“琴弹碧玉调，炉炼白硃砂。”

【白行簡】 唐诗人。字知退，小字阿怜，祖籍太原(今山西太原市)，后迁居下邽(今陕西渭南县东北)。白居易弟。贞元末年(804)登进士第，授秘书省校书郎。元和九年(814)为剑南东川节度使卢坦掌书记。后解职，与居易同居谪所浔阳，又与居易同赴忠州。元和十五年入朝为左拾遗。累官司门员外郎，终官主客郎中。《全唐诗》卷四六六录其诗七首。

【白兆山】 山名。在唐安州安陆郡，今湖北安陆县下。上有仙人洞、桃花岩，并有李白读书堂。李白有《安陆白兆山桃花岩寄刘侍御绾》。

【白衣】 ❶白色的衣服。杜甫《奉送郭中丞兼太仆卿充陇右节度使三十韵》："内人红袖泣，王子白衣行。"又《可叹》："天上浮云如白衣，斯须改变如苍狗。"白居易《西楼独立》："身著白衣头似雪，时时醉立小楼中。"❷古代平民服。因即指平民，故亦指无功名或无官职的士人。王维《酬严少尹徐舍人见过不遇》："偶值乘篮舆，非关避白衣。"窦群《经潼关赠宇文十》："方同白衣见，不是弃繻人。"顾非熊《会中赋得新年》："那堪独惆怅，犹是白衣身。"李群玉《赠方处士兼以写别》："白衣四十秋，逍遥一何久。"❸给官府当差的小吏。特指送酒的吏人。李峤《菊》："黄花今日晚，无复白衣来。"高适《重阳》："岂有白衣来剥啄，一从乌帽自欹斜。"皇甫冉《重阳日酬李观》："不见白衣来送酒，但令黄菊自开花。"李郢《重阳日寄浙东诸从事》："愁里又闻清笛怨，望中难见白衣来。"见"白衣人"。❹佛教徒着缁衣，故称俗家为"白衣"。见"白衣居士❶"。

【白衣人】 南朝宋檀道鸾《续晋阳秋·恭帝》：王宏为江州刺史，陶潜九月九日无酒，于宅边东篱菊丛中摘盈把，坐其侧。未几，望见一白衣人至，乃刺史王宏送酒也。即便就酌而后归。后以"白衣人"为典，歌咏与重阳或饮酒有关的故实。李白《九日登山》："因招白衣人，笑酌黄花菊。"刘方平《寄陇右严判官》："一丛黄菊地，九日白衣人。"高骈《途次内黄马病寄僧舍呈诸友人》："红叶寺多诗景致，白衣人尽酒交游。"

【白衣士】 指尚未做官的读书人。韦应物《云阳馆怀谷》："念昔白衣士，结庐在石门。"见"白衣❷"。

【白衣尚書】 东汉郑均的称号。权德舆《太原郑尚书远寄新诗走笔酬赠因代书贺》："缁衣诸侯谅称美，白衣尚书何可比。"

【白衣居士】 ❶在家信佛的人。白居易《自咏》："白衣居士紫芝仙，半醉行歌半坐禅。"李商隐《自桂林奉使江陵途中感怀寄献尚书》："白衣居人访，乌帽逸人寻。"裴休《太平兴龙寺诗》："白衣居士轻班爵，败衲高僧薄世情。"❷指不当官者。白居易《香山居士写真诗》序："会昌二年，罢太子少傅，为白衣居士。"

【白衣酒】 指晋王宏派白衣人送给陶潜的酒。刘长卿《九日登李明府北楼》："无劳白衣酒，陶令自相携。"罗隐《菊》："千载白衣酒，一生青女霜。"见"白衣人"。

【白衣裳】 白色的衣服。张祜《谢高燕公惠生衣》："高公宠赐白衣裳，惊讶灾天雪满箱。"

【白羊】 ❶白色的羊。李白《送萧三十一之鲁中兼问稚子伯禽》："君行既识伯禽子，应驾小车骑白羊。"见"白羊車"。❷黄初平牧羊，历年不归。其兄初起往寻山中，但见白石而不见羊。初平曰："羊在耳。兄但自不见之。"初平叱石，白石皆变为羊数万头。见晋葛洪《神仙传》卷二。后用白羊作为咏仙家的典故。曹唐《皇初平将入金华山》："白羊成队难收拾，吃尽溪边巨胜花。"

【白羊車】 用白羊牵引的供儿童乘坐的小车。李绅《忆至巩县河宿待家累追怀》："闺信坐迟青玉案，弄儿闲望白羊车。"

【白州】 州名。隋合浦郡之合浦县地。唐武德四年(621)置南州，领博白、朗平等六县，六年改为白州，又改为南昌郡，寻复为白州。治所为今广西博白县。徐噩《绿珠渡》："日落白州城，草芳梁女墓。"

【白汗】 指马汗。语出《战国策·楚策四》。高适《卫节度赤骠马歌》："扬鞭骤急白汗流，弄影行骄碧蹄碎。"

【白江】 江名。即今川、甘两省交界处嘉陵江支流白龙江。元稹《遣行十首》之十："怜君闲闷极，只傍白江行。"

【白羽】 ❶白色的羽毛。高蟾《灞陵亭》："一条归梦朱弦直，一片离心白羽轻。"韦庄《桐庐县作》："白羽鸟飞严子濑，绿蓑人钓季鹰鱼。"亦指白鸟。皮日休《太湖诗·崦里》："青苗细腻卧，白羽悠溶静。"又《虎丘寺西小溪闲泛三绝》之二："绝壑只怜白羽傲，穷溪唯觉锦鳞痴。"❷古代军中主帅所执的指挥旗。亦泛指军旗。陈子昂《登蓟城西北楼送崔著作融入都》序："苍茫天兵之气，冥灭戎云之色，白羽一指，可扫九都。"李白《九日登巴陵置酒望洞庭水军》："白羽落酒樽，洞庭罗三军。"张巡《守睢阳作》："屡厌黄尘起，时将白羽挥。"皎然《从军行五首》之二："红尘驱卤簿，白羽拥嫖姚。"❸指羽箭。李白《胡无人》："流里白羽腰间插，剑花秋莲光出匣。"窦巩《赠阿史那都尉》："较猎燕山经几春，雕弓白羽不离身。"李绅《到宣武三十韵》："拥旄差白羽，分髻引红缨。"亦借指士兵。卢纶《冬日登城楼有怀因赠程腾》："君不见汉家边将在边庭，白羽三千出井陉。"法振《河源破贼后赠袁将军》："白羽三千驻，萧萧万里行。"❹指羽扇。骆宾王《宿温城望军营》："白羽摇如月，青山断若云。"羊士谔《晚夏郡中卧疾》："微风生白羽，畏日隔青油。"温庭筠《过孔北海墓二十韵》："白羽留谈柄，清风袭德馨。"陆龟蒙《秋热》："午气朱崖近，宵声白羽随。"❺羽书。又名羽檄。古代征调军队的文书，插鸟羽以示紧急，故名。窦巩《唐州东途作》："绿林兵起结愁云，白羽飞书未解纷。"❻古邑名。在今河南西峡县。王维《送李太宗赴上洛》："丹泉通虢略，白羽抵荆岑。"

【白羽扇】 ❶特指古代军中主将用来指挥作战的白色羽毛扇。杜甫《八哀诗·故司徒李公光弼》："平生白羽扇，零落蛟龙匣。"❷泛指白色的羽毛扇。

孟浩然《白云先生王迥见访》:“手持白羽扇,脚步青芒履。”李白《夏日山中》:“懒摇白羽扇,裸体青林中。”皎然《因游支硎寺寄邢端公》:“诗题白羽扇,酒挈绿油囊。”孟郊《塘下行》:“徒将白羽扇,调妾木兰花。”

【白羽箭】 尾部装置白翎的箭。李白《北风行》:“中有一双白羽箭,蜘蛛结网生尘埃。”王季友《古塞曲》:“骍马黄金勒,雕弓白羽箭。”

【白豕】 头为白色的猪。汉朱浮《为幽州牧与彭宠书》:“往时辽东有豕,生子白头,异而献之。行至河东,见群豕皆白,怀惭而还。”后以“白豕”喻见识不广。李白《赠范金卿二首》之一:“辽东惭白豕,楚客羞山鸡。”

【白足】 后秦鸠摩罗什弟子昙始,足白于面,虽跣足泥水,而不沾湿,人称白足和尚。见南梁梁慧皎《高僧传·神异下·昙始》。后用“白足”作为咏高僧的典故。李白《自梁园至敬亭山见会公谈陵阳山水兼期同游因有此赠》:“何当移白足,早晚凌苍山。”刘禹锡《海门潮别浩初师》:“都上礼白足,施者散金钱。”又《送僧元暠东游》:“宝书翻译学初成,振锡如飞白足轻。”李群玉《规公业在净名走笔此篇以屈瞻礼》:“今日净开方丈室,一飞白足至茅亭。”

【白足禪僧】 即白足和尚。李商隐《天平公座中呈令狐令公》:“白足禅僧思败道,青袍御史拟休官。”见“白足”。

【白虬】 传说中一种白色的龙。温庭筠《湖阴词》:“白虬天子金煌铓,高临帝座回龙章。”

【白牡丹】 白色的牡丹。观赏植物。根皮可入药。裴潾有《白牡丹》。吴融有《僧舍白牡丹二首》。王贞白《白牡丹》:“谷雨洗纤素,裁为白牡丹。”

【白身】 犹白衣,谓无出身者。高适《送桂阳孝廉》:“桂阳年少西入秦,数经甲科犹白身。”顾况《归阳萧寺有丁行者能修无生忍担水施僧况归命稽首作诗》:“九族无白身,百花动婵娟。”徐凝《自鄂渚至河南将归江外留辞侍郎》:“欲别朱门泪先尽,白头游子白身归。”项斯《寄卢式》:“白身居瘴疠,谁不惜君才。”

【白谷】 地名。当在夔州。或云即白帝城之谷。杜甫《课伐木》:“清晨饭其腹,持斧入白谷。”又《雨》:“白谷变气候,朱炎安在哉。”又《白帝城楼》:“翠屏宜晚对,白谷会深游。”又《南极》:“南极青山众,西江白谷分。”

【白角】 白色的牛角。磨光的牛角可制作生活用品。白居易《池上早春即事招梦得》:“白角三升榼,红茵六尺床。”

【白角冠】 (冠 guān)用白色的牛角制作的帽子。鲍溶有《和王璠侍御酬友人赠白角冠》。

【白角簟】 用白净的牛角制成的席子。韩翃《送王侍御赴江西兼寄李袁州》:“垂帘白角簟,下箸鲈鱼鲙。”罗邺有《白角簟》。

【白狄】 我国古代少数民族之一。分布在今陕西西安和山西汾州一带。刘禹锡《酬郑州权舍人见寄二十韵》:“尘满鸿沟道,沙惊白狄乡。”

【白沙】 ❶白色沙砾。王维《酬诸公见过》:“静观素鲔,俯映白沙。”李白《送萧三十一之鲁中兼问稚子伯禽》:“六月南风吹白沙,吴牛喘月气成霞。”❷指白沙洲。在今江苏仪征市南长江边。李白《南奔书怀》:“自来白沙上,鼓澡丹阳岸。”❸指沙苑。在今陕西大荔县南洛、渭二河之间,东西八十里,南北三十里。唐置牧监于此。杜甫《沙苑行》:“君不见左辅白沙如白水,缭以周墙百余里。”

【白沙口】 在今湖北武汉市江边。郑常有《谪居汉阳白沙口阻雨因题驿亭》。

【白沙堤】 又名十锦塘,在今浙江杭州市西城外,沿堤向西南行直通孤山。春来桃柳盈堤,景色妙丽。亦简称“白堤”。非白居易所筑,白为杭州刺史前已有之。白居易《钱塘湖春行》:“最爱湖东行不足,绿杨阴里白沙堤。”

【白沙渡】 ❶在今四川剑阁县北清水江上。杜甫有《白沙渡》。❷泛称遍布白沙的渡口。王建《调笑令》之四:“杨柳,杨柳,日暮白沙渡口。”

【白沙驛】 在今湖南湘阴县北湘江上。杜甫有《宿白沙驿》。

【白社】 ❶地名。(1)在今河南洛阳市东。西晋董京披发而行,逍遥吟咏,常宿于此。吴筠《高士咏·董威辇》:“董京依白社,散发咏玄风。”(2)在今湖北荆门市南。《清一统志·湖北·荆门州》:“白社在荆门州南一百三十里。《名胜志》:古隐士之居,以白茅为屋,因名。唐都官郑谷常居此。”郑谷《渚宫乱后作》:“白社已应无故老,清江依旧绕空城。”❷借指隐士或隐士所居之处。王维《辋川闲居》:“一从归白社,不复到青门。”窦庠《醉中赠符载》:“白社会中尝共醉,青云路上未相逢。”白居易《长安送柳大东归》:“白社羁游伴,青门远别离。”徐铉《印秀才至舒州见寻别后寄诗依韵和》:“羁游白社身虽屈,高步辞场道不卑。”❸白莲社的省称。贾岛《巴兴作》:“寒暑气均思白社,星辰位正忆皇都。”见“白蓮社❶”。

【白社人】 指隐士。李咸用《与刘三礼陈孝廉言志》:“皆期早蹑青云路,谁肯长为白社人。”

【白社客】 指隐士。陈子昂《卧病家园》:“宁知白社客,不厌青门瓜。”孟浩然《李氏园林卧疾》:“年年白社客,空滞洛阳城。”

【白社遊】 据《晋书·董京传》载,董京初到洛阳,被发而行,逍遥吟咏,常宿白社中,时乞于市。后以“白社游”为典，咏叹隐居和游历生涯。王绩《晚年叙志示翟处士》：“失路青门隐，藏名白社游。”高适《留别郑三韦九兼洛下诸公》：“羁旅虽同白社游，诗书已作青云料。”武元衡《西亭早秋送徐员外》：“有美皇华使，曾同白社游。”

【白妝】 淡妆。白居易《酬和元九东川路诗十二首·江岸梨花》：“最似孀闺少年妇，白妆素袖碧纱裙。”

【白武通】 即《白虎通》。书名。全称《白虎通义》，自晋以来省称《白虎通》。汉班固撰。记录汉章帝建初四年(79)在白虎观议五经同异的结果。唐避太祖李虎讳，作《白武通》。尉迟汾《府尹王侍郎准制拜岳因状嵩高灵胜寄呈三十韵》：“加高冠四方，视秩居三公。”自注：“《白武通》云：‘中央之岳，独加高字者何？中央居四方之中，可高，故曰嵩高。’”

【白芙蓉】 即白莲花。白居易《浔阳三题·东林寺白莲》：“中生白芙蓉，菡萏三百茎。”

【白芷】 香草名。夏季开伞形白花，果实长椭圆形，根可入药，有镇痛作用。古以其叶为香料。王维《寒食城东即事》：“清溪一道穿桃李，演漾绿蒲涵白芷。”钱起《送李评事赴潭州使幕》：“湖南远去有余情，蘋叶初齐白芷生。”李商隐《和郑愚赠汝阳王孙家筝妓二十韵》：“孤猿耿幽寂，西风吹白芷。”皮日休《药名联句》：“白芷寒犹采，青箱醉尚开。”

【白花】 ❶白色的花。李峤《竹》：“白花摇凤影，青节动龙文。”杜甫《题新津北桥楼》：“白花檐外朵，青柳槛前梢。”又《江畔独步寻花七绝句》之三：“江深竹静两三家，多事红花映白花。”张蠙《白菊》：“秋天木叶开，犹有白花残。”❷指浪花，水花。顾况《望简寂观》：“仙人住在最高处，向晚春泉流白花。”

【白花馬】 白中杂有其他毛色的马。李白《自广平乘醉走马六十里至邯郸登城楼览古书怀》：“醉骑白花马，西走邯郸城。”

【白芝】 蕈的一种，可入药。传说为神仙的饮饵。皮日休《太湖诗·上真观》：“衣巾紫华冷，食次白芝寒。”又《五贶诗·华顶杖》：“探洞求丹粟，挑云觅白芝。”陆龟蒙《奉和袭美太湖诗二十首·入林屋洞》：“尝闻白芝秀，状与琅花偶；又坐紫泉光，甘如酌天酒。”自注：“白芝、紫泉皆此洞所出，乃神仙之饮饵，非常人所能得。”

【白英】 白色花瓣。鲍溶《云溪竹园翁》：“苍松含古貌，秋桂俨白英。”

【白苧】 见“白紵”。

【白苧詞】 见“白紵詞”。

【白茅】 植物名。多年生草本，花穗上密生白色柔毛，故名。岑参《至大梁却寄匡城主人》：“长风吹白茅，野火烧枯桑。”鲍溶《云溪竹园翁》：“幽室结白茅，密叶罗众清。”李商隐《梦泽》：“梦泽悲风动白茅，楚王葬尽满城娇。”马戴《题庐山寺》：“白茅为屋宇编荆，数处阶墀石叠成。”

【白茅人】 指术士。汉武帝时，方士栾大诡称“黄金可成，河决可塞，不死之药可得，仙人可致。”武帝拜大为五利将军。又刻玉印曰“天道将军”，大衣羽衣立白茅上受印。后事泄被诛。见《史记·封禅书》。李商隐《李夫人三首》之一：“惭愧白茅人，月没教星替。”

【白雨】 暴雨。李白《宿鰕湖诗》：“白雨映寒山，森森似银竹。”杨巨源《送陈判官罢举赴江外》：“定爱红云燃楚色，应看白雨打江声。”张碧《鸿沟》：“星旗羽镞强者尊，黑风白雨东西屯。”姚偓《南源山》：“白雨鸣山麓，青灯语夜阑。”

【白板】 亦作“白版”。不施油漆的木板。王维《田家》：“雀乳青苔井，鸡鸣白板扉。”元稹《春分投简阳明洞天作》：“村扉以白板，赤壁耀赪糊。”白居易《渭村退居寄礼部崔侍郎翰林钱舍人诗一百韵》：“昼扉扃白版，夜碓扫黄粱。”

【白拂】 白色的拂尘。寒山《诗三百三首》之八三：“白拂栴檀柄，馨香竟日闻。”李白《自梁园至敬亭山见会公谈陵阳山水兼期同游因有此赠》：“开堂振白拂，高论横青云。”又《寻山僧不遇作》：“窥窗见白拂，挂壁生尘埃。”卢纶《和赵给事白蝇拂歌》：“华堂多众珍，白拂称殊异。”

【白事】 禀告公务。韦应物《答杨奉礼》：“白事廷吏简，闲居文墨亲。”

【白虎】 ❶西方七宿奎、娄、胃、昴、毕、觜、参的总称。许远《祭纛文》：“太一先锋，蚩尤后殿。苍龙持弓，白虎捧剑。”韦应物《寇季膺古刀歌》：“白虎司秋金气清，高天寥落云峥嵘。”李商隐《无愁果有愁曲北齐歌》：“东有青龙西白虎，中含福星包世度。”❷饰白虎图像的军旗。《礼记·曲礼上》：“行，前朱鸟而后玄武，左青龙而右白虎。”陈澔集说：“朱鸟、玄武、青龙、白虎，四方星宿名，以为旗章。”韦庄《秦妇吟》：“匣中秋水拔青蛇，旗上高风吹白虎。”❸汉宫殿名。故址在今陕西西安市。白居易《东南行一百韵》：“珍羞降御厨，议高通白虎。”见“白虎殿”。

【白虎車】 仙人所乘之车。葛洪《神仙传》：“载有沉羲乘白虎车升天之事。”李白《早望海霞边》：“举手何所待，青龙白虎车。”

【白虎殿】 汉宫殿名。即白虎观。亦借指唐宫殿。张九龄《故刑部李尚书挽词三首》之一：“论经白虎殿，献赋甘泉宫。”丁仙芝《赠朱中书》：“紫微侍郎白虎殿，出入通籍回天眷。”李颀《东京寄万楚》：“优游白虎殿，偃息青琐闱。”岑参《青龙招提归一上人远游吴楚别诗》：“朝从青莲宇，暮入白虎殿。”

【白尚書】　白居易。居易以刑部尚书致仕。见《旧唐书·白居易传》及《全唐文》卷七八〇李商隐《刑部尚书致仕白公墓志铭》。薛能《荔枝诗》序：“杜工部老居两蜀，不赋是诗。白尚书曾有是作，兴旨卑泥，与无诗同。”

【白版】　见“白板”。

【白金盂】　银制敞口器皿。白居易《问少年》：“千首诗堆青玉案，十分酒泻白金盂。”

【白侍郎】　白居易。居易于太和二年(829)转刑部侍郎。见《旧唐书》本传。裴度有《白二十二侍郎有双鹤留在洛下予西园多野水长松可以栖息遂以诗请之》。刘禹锡有《和裴相公寄白侍郎求双鹤》《送宗密归南山草堂寺因谒河南尹白侍郎》《和白侍郎送令狐相公镇太原》。刘禹锡有《白侍郎大尹自河南寄示池北新葺水斋即事招宾十四韵兼命同作》。

【白使君】　白居易，曾官杭州刺史。《唐摭言》卷二：“白乐天典杭州江东进士多奔杭取解……徐凝后至。”徐凝有《和白使君木兰花》。白居易有《戏题木兰花》。

【白舍人】　白居易。居易于长庆元年(821)转官中书舍人，见《旧唐书》本传。杨巨源有《送章孝标校书归杭州因寄白舍人》。居易于长庆二年除杭州刺史。刘禹锡有《白舍人自杭州寄新诗有柳色春藏苏小家之句因而戏酬兼寄浙东元相公》《白舍人见酬拙诗因以寄谢》和《和舍人曹长寄新诗有游宴之盛因以戏赠之》。张籍有《早朝寄白舍人严郎中》。雍陶有《再下第将归荆楚上白舍人》。徐夤《追和白舍人咏白牡丹》。

【白狐】　白色的狐。狐有黄、黑、白三种，白色者尤稀。杜甫《乾元中寓居同谷县作歌七首》之五：“黄蒿古城云不开，白狐跳梁黄狐立。”李贺《溪晚凉》：“白狐向月号山风，秋寒扫云留碧空。”

【白狗】　峡名。在今湖北秭归县。杜甫《独坐二首》之二：“白狗斜临北，黄牛更在东。”白居易《发白狗峡次黄牛峡登高寺却望忠州》：“白狗次黄牛，滩如竹节稠。”

【白狗崖】　崖名。在今湖北秭归县。白居易《十年三月三十日别微之于沣上十四年三月十一日夜遇微之因赋七言十七韵》：“黄牛渡北移征棹，白狗崖东卷别筵。”自注：“黄牛、白狗，皆峡中地名，即与微之遇别之所也。”见“白狗”。

【白兔】　❶白色的兔子。花蕊夫人徐氏《宫词》之一二八：“预排白兔兼苍狗，等候君王按鹘来。”❷月亮的代称。传说月中有白兔，故称。杜甫《八月十五夜月二首》之一：“此时瞻白兔，直欲数秋毫。”方干《岁晚苦寒》：“白兔没已久，晨鸡僵未知。”聂夷中《往京寄同志》：“白兔落天西，赤鸦飞海底。”李咸用《夜吟》：“白兔轮当午，儒家业敢慵。”❸相传为秦始皇的骏马名。鲍溶《经秦皇墓》：“珠华翔青鸟，玉影耀白兔。”

【白兔公】　“白兔公子”的省称。仙人名。相传为彭祖的弟子。韩翃《送齐山人归长白山》：“旧事仙人白兔公，掉头归去又乘风。”

【白兔赤烏】　月亮和太阳的代称。白居易《劝酒》：“天地迢遥自长久，白兔赤乌相趁走。”

【白兔宫】　月宫。徐夤《纸帐》：“误悬谢守澄江练，自宿嫦娥白兔宫。”

【白兔擣藥】　传说月中有白兔捣仙药。语首见于晋傅玄《拟天问》：“月中何有，白兔捣药。”李白《古朗月行》：“白兔捣药成，问言与谁餐。”又《把酒问月》：“白兔捣药秋复春，嫦娥孤栖与谁邻。”陆龟蒙《上云乐》：“青丝作筰桂为船，白兔捣药虾蟆丸。”

【白夜】　月夜；月光如昼的夜晚。杜甫《夜二首》之一：“白夜月休弦，灯花半委眠。”孟郊《赠别殷山人说易后归幽墅》：“秋月吐白夜，凉风韵清源。”

【白法】　佛教语。一切善法的总称。王维《黎拾遗昕裴秀才迪见过秋夜对雨之作》：“白法调狂象，玄言问老龙。”杨巨源《和郑少师相公题慈恩寺禅院》：“白法知深得，苍生要重论。”

【白河】　❶指天河。沈佺期《仙萼亭初成侍宴应制》：“无异登玄圃，东南望白河。”杜甫《送严侍郎到绵州同登杜使君江楼》：“不劳朱户闭，自待白河沉。”❷即古淯水。其源出自嵩县双鸡岭，东南流经南阳新野，俗名白河。李白《南都行》：“走马红阳城，呼鹰白河湾。”

【白波】　白色的波浪。李白《庐山谣寄卢侍御虚舟》：“黄云万里动风色，白波九道流雪山。”白居易《大水》：“风卷白波翻，日煎红浪沸。”许浑《姑苏怀古》：“可怜国破忠臣死，日日东流生白波。”齐己《登金山寺》：“四面白波声，中流翠峤横。”

【白衫】　❶唐宋时便服。皮日休《江南书情寄二同年》：“病久新乌帽，闲多著白衫。”❷犹白衣。古代平民服。李贺《酒罢张大彻索赠诗》：“太行青草上白衫，匣中章奏密如蚕。”齐己《送司空学士赴京》：“蓝绶乍称新学士，白衫初脱旧神仙。”

【白衫兒】　穿白衣者，即无官职者。于濆《恨从军》：“不嫁白衫儿，爱君新紫衣。”亦指小吏。白居易《新乐府·卖炭翁》：“翩翩两骑来是谁，黄衣使者白衫儿。”

【白空】　(—kōng)晴空；长空。李贺《平城下》：“塞长连白空，遥见汉旗红。”

【白衫舉子】 名不详。唐末至五代时人。《全唐诗》卷七八四录其《歌》一首，题下注：“《侯鲭录》：敬翔当权时，有一举子白衫，作舞歌。”

【白門】 ❶南朝宋都城建康(今江苏南京市)宣阳门的俗称。亦借指南京。李白《杨叛儿》：“何许最关人，乌啼白门柳。”又《金陵送张十一再游东吴》：“春光白门柳，霞色赤城天。”李商隐《景阳宫井双桐》：“徒经白门伴，不见丹山客。”又《和郑愚赠汝阳王孙家筝二十韵》：“风流大堤上，怅望白门里。”❷指白门楼。汉下邳县城楼名。故址在今江苏睢宁县西北。三国魏名将吕布曾登此楼。李商隐《春雨》：“怅卧新春白袷衣，白门寥落意多违。”❸在今云南宾川县金沙江东边。刘湾《云南曲》：“白门太和城，来往一万里。”

【白居易】 唐诗人。字乐天，晚年号香山居士。祖籍太原(今山西太原市)，后迁居下邽(今陕西渭南县东北)。居易生于郑州新郑(今河南新郑县)。少有诗名。二十九岁登进士第，后又应书判拔萃科，授校书郎。三十六岁为翰林学士。元和三年(808)，任左拾遗，累迁太子赞善大夫。元和十年，上书请严缉刺杀宰相武元衡之凶手，权贵恶其非谏官而先言事，贬为江州司马。后历任忠州刺史、主客郎中和知制诰、杭州刺史、苏州刺史、秘书监、刑部侍郎等职。太和三年(829)为太子宾客，分司东都。太和九年升任太子少傅，进封冯翊县侯。会昌二年(842)以刑部尚书致仕。他是中唐新乐府运动的主要倡导者，主张“文章合为时而著，诗歌合为事而作”。《全唐诗》录其诗三十九卷，近三千首，在唐代诗人中首屈一指。诗歌广泛而深刻地反映了中唐时期的社会矛盾，表达了对广大劳动人民的痛苦和不幸的深切同情。

【白居士】 白居易。会昌中，以刑部尚书致仕，与香山僧如满结香火社，每肩舆往来。白衣鸠杖，自号香山居士。见《旧唐书》本传。司空图《修史亭三首》之二：“不似香山白居士，晚将心地著禅魔。”

【白胡桃】 即白核桃。李白有《白胡桃》。

【白草】 ❶产于北方关外的一种牧草，干时呈白色，故名。李白《行行且游猎篇》：“胡马秋肥宜白草，骑来蹑影何矜骄。”顾况《刘禅奴弹琵琶歌》：“羁雁出塞绕黄云，边马仰天嘶白草。”李贺《王濬墓下作》：“白草侵烟死，秋梨绕地红。”马戴《易水怀古》：“落日萧条蓟城北，黄沙白草任风吹。”❷泛称白色的草。刘禹锡《送赵中丞自司金郎转官参山南令狐仆射幕府》：“驿门临白草，县道入黄花。”徐铉《吴王挽辞二首》之一：“青松洛陌陌，白草建康宫。”杨发《和李卫公漳浦驿留题》：“谁怜后夜思乡处，白草黄茅旧汉关。”❸地名。元稹《望云骓马歌》：“峥嵘白草眇难期，谼洞黄泉安可入。”自注：“白草、谼洞，并洛谷中地名。”

【白茫茫】 形容一片白色。张祜《信州水亭》：“南檐架短廊，沙路白茫茫。”唐彦谦《舟中望紫岩》：“我从云中来，回头白茫茫。”花蕊夫人徐氏《宫词》之九：“三面宫城尽夹墙，苑中池水白茫茫。”

【白拾遺】 白居易。元和二年(807)十一月，居易召入翰林为学士，三年五月，拜左拾遗。见《旧唐书》本传。张籍有《病中寄白学士拾遗》。

【白挺】 即白梃。大木棍。皇甫湜《佷石铭》：“白挺荆棘，指麾峭潼。”

【白相公】 白敏中。元和六年(811)以兵部侍郎同中书门下平章事。杜牧有《奉和白相公圣德和平致兹休运岁终功就合咏盛明呈上三相公长句四韵》。

【白相國】 (相 xiàng)白敏中。会昌六年(846)五月，翰林学士承旨、兵部郎中白敏中本官同中书门下平章事。见《新唐书·宰相表下》。杜牧有《奉和仆射相公春泽稍愆圣君轸虑嘉雪忽降品汇昭苏即事成四韵》，题下注：“白相国。”

【白骨】 枯骨；尸骨。王无竞《北使长城》：“死人如乱麻，白骨相撑委。”王翰《饮马长城窟行》：“归来饮马长城窟，长城道傍多白骨。”刘驾《战城南》：“白骨马蹄下，谁言皆有家。”颜胄《适思》：“行值古墓林，白骨下纵横。”

【白柰】 即茉莉花。韩偓《春闷偶成十二韵》：“素姿凌白柰，圆颊诮红梨。”

【白面】 白皙的脸。杜甫《暮秋枉裴道州手札率尔遣兴寄近呈苏涣侍御》：“忆子初尉永嘉去，红颜白面花映肉。”白居易《重过秘书旧房因题长句》：“昔为白面书郎去，今作苍须赞善来。”陆龟蒙《江湖散人歌》：“冰霜襦袴易反掌，白面诸郎殊不知。”

【白面山】 山名。在今安徽池州市境内。皇甫继勋《赠和龙妙空禅师》：“白面山南灵庆院，茅斋道者雪峰禅。”

【白面兒郎】 犹言白面郎。韩偓《避地》：“白面儿郎犹巧宦，不知谁与正乾坤。”见“白面郎”。

【白面郎】 指纨绔子弟。白居易《采地黄者》：“携来朱门家，卖与白面郎。”许浑《途经敷水》：“修蛾顰翠倚柔桑，遥谢春风白面郎。”皮日休《以纱巾寄鲁望因而有作》：“周家新样替三梁，裹发偏宜白面郎。”崔道融《春题二首》之一：“路逢白面郎，醉插花满头。”

【白虹】 日月周围的白色晕圈。骆宾王《边城落日》：“壮志凌苍兕，精诚贯白虹。”李白《将游衡岳过汉阳双松亭留别族弟浮屠谈皓》：“彤彩泻沧溟，精辉凌白虹。”陈昌言《赋得玉水记方流》：“白虹深不见，绿水折空流。”李群玉《中秋维舟君山看月二首》之二：“棹翻银浪急，林映白虹攒。”

【白虹貫日】 白色长虹穿日而过。此为一种罕见的日晕天象，古人认为人间的非常之事发生，就会出现这种天象变化。沈彬《结客少年场行》："重义轻生一剑知，白虹贯日报仇归。"

【白泉】 传说中的白色泉水。亦泛指清泉。南朝梁孙柔之《瑞应图·白泉》："泉色白，自出山泽。得礼制则泽谷之白泉出，饮之使人长寿。"皮日休《奉和鲁望四明山九题·云南》："墟里生红药，人家发白泉。"

【白庶子】 白居易。居易曾官太子左庶子，分司东都。见《旧唐书》本传。刘禹锡有《春日书怀寄东洛白二十二杨八二庶子》。

【白鹿洞】 在今江西星子县北庐山五老峰下。唐李渤与关涉读书庐山，常畜白鹿以自随。后渤为江州刺史，于故处建亭榭因以"白鹿"名洞。李程《赠毛仙翁》："闲指紫霄峰下路，却归白鹿洞中天。"白居易《题别遗爱草堂兼呈李十使君》："君家白鹿洞，闻道亦生苔。"李涉《杪春再游庐山》："白鹿旧洞门，五老东一枝。"

【白帝】 ❶古神话中五天帝之一，西方之神。储光羲《同诸公秋日游昆明池思古》："苍苍白帝郊，我将游灵池。"李白《西岳云台歌送丹丘子》："白帝金精运元气，石非莲花云作台。"高适《同群公秋登琴台》："万象归白帝，平川横赤霄。"杜甫《望岳》："稍待西风凉冷后，高寻白帝问真源。"❷"白帝子"的略语。李白《登广武古战场怀古》："赤精斩白帝，叱咤入关中。"鲍溶《读史》："赤龙吟大野，老母哭白帝。"见"白帝子"。❸即白帝城。李白《早发白帝城》："朝辞白帝彩云间，千里江陵一日还。"杜甫《暮秋将归秦留别湖南幕府亲友》："水阔苍梧野，天高白帝阴。"李商隐《摇落》："滩激黄牛暮，云屯白帝秋。"贯休《晚春寄张侍郎》："鸟听黄袍小，城临白帝寒。"

【白帝子】 传说汉高祖刘邦为赤帝子，秦统治者为白帝子。赤帝子斩杀白帝子，表明汉当灭秦。曹邺《秦后作》："谁将白帝子，践我礼义域。"

【白帝城】 古城名。在今重庆市奉节县东瞿塘峡口。李白《荆州歌》："白帝城边足风波，瞿塘五月谁敢过。"杜甫有《白帝城楼》《晚望白帝城盐山》和《白帝城最高楼》。刘禹锡《送鸿举游江西》："使君滩头拣石砚，白帝城边寻野蔬。"胡曾《咏史诗·白帝城》："蜀江一带向东倾，江上巍峨白帝城。"

【白帝樓】 白帝城城楼。杜甫有《白帝城楼》。

【白首】 白头；白发。表示年老。刘长卿《代边将有怀》："少年辞魏阙，白首向沙场。"白居易《陕府王大夫相迎偶赠》："紫微阁老自多情，白首园公岂要迎。"韦庄《与东吴生相遇》："十年身事各如萍，白首相逢泪满缨。"齐己《移竹》："白首来江国，黄金买岁寒。"

【白首同歸】 ❶指友谊坚贞，至老不变。语出晋潘岳《金谷集作诗》："投分寄石友，白首同所归。"李玖《喷玉泉冥会诗八首·四丈夫同赋》："青云自致惭天爵，白首同归感昔贤。"❷南朝宋刘义庆《世说新语·仇隙》："孙秀既恨石崇不与绿珠，又憾潘岳昔遇之不礼……后收石崇，欧阳坚石，同日收岳。石先送市，亦不相知。潘后至，石谓潘曰：'安仁，卿亦复尔耶？'潘曰：'可谓"白首同所归"。'潘岳《金谷集诗》云：'投分寄石友，白首同所归。'乃成其谶。"后用以为典，表示年龄皆老而同时死亡。白居易《九年十一月二十一日感事而作》："当君白首同归日，是我青山独往时。"

【白首郎】 冯唐以孝著，为郎中署长，事文帝。帝辇过，问其曰："父老何以为郎？"后用以为典，称年老为官。详见《汉书·冯唐传》。杜甫《元日示宗武》："训喻青衿子，名惭白首郎。"见"白首爲郎"。

【白首翁】 白发老人。白居易《答梦得八月十五日夜玩月见寄》："南国碧云客，东京白首翁。"许棠《成纪书事二首》之二："蹉跎远入犬羊中，荏苒将成白首翁。"

【白首爲郎】 （爲 wéi）《汉武故事》载，颜驷，汉文帝时为郎，至武帝尝辇过郎署，见驷龙眉皓发。武帝问曰："叟何时为郎，何其老也！"答曰："臣文帝时为郎，文帝好文而臣好武；至景帝好美而臣貌丑；陛下即位，好少而臣已老。是以三世不遇，故老于郎署。"武帝感其言，擢拜其会稽都尉。后以"白首为郎"慨叹虽有才能而至老不遇，多用以指年老郎官的失意。韦迢《早发湘潭寄杜员外院长》："故人湖外客，白首尚为郎。"牟融《送陈衡》："不必临风悲冷落，古来白首尚为郎。"杜牧《李侍郎于阳羡里富有泉石因献长句四韵》："紫绶公卿今放旷，白头郎吏尚留连。"见"白首郎"。

【白首窮經】 谓虽年老而仍钻研经籍。称颂人好学不倦。韩偓《赠易卜崔江处士》："白首穷经通秘义，青山养老度危时。"

【白室】 犹白屋。岑参《丘中春卧寄王子》："田中开白室，林下闭玄关。"

【白屋】 ❶指不施彩色、露出木材的房屋。为一般平民百姓所居。刘长卿《逢雪宿芙蓉山主人》："日暮苍山远，天寒白屋贫。"权德舆《酬蔡十二博士见寄四韵》："终岁白屋贫，独谣清酒圣。"白居易《自咏》："只合一生眠白屋，何因三度拥朱轮。"贾岛《雪晴晚望》："樵人归白屋，寒日下危峰。"❷谓出身平民。宋之问《伤王七秘书监寄呈扬州陆长史通简府僚广陵以广好事》："白屋藩魏主，苍生期谢公。"

【白屋人】 贫寒的士人。胡玢《石楠树》："青云士尽识珍木，白屋人多唤俗名。"

【白屋士】 贫寒的士人。皮日休《正乐府十篇·

卒妻怨》:"谁知白屋士,念此翻欻欻。"

【白眉】 ❶《三国志·蜀志·马良传》:马良,字季常,襄阳宜城人也。兄弟五人,并有才名,乡里为之谚曰:"马氏五常,白眉最良。"良眉中有白毛,故以称之。后用以为典,以喻兄弟或侪辈中的杰出者。沈佺期《答魑魅代书寄家人》:"音尘黄耳闻,梦想白眉良。"李白《泾川送族弟錞》:"置酒送惠连,吾家称白眉。"刘长卿《送薛据宰涉县》:"人许白眉长,天资青云器。"皇甫冉《送从弟豫贬远州》:"名嗟黄绶系,才是白眉良。"刘禹锡《早秋送台院杨侍御归朝》:"今朝丹阙下,更入白眉人。"原题下注:"兄弟四人,遍历诸科,二人同省。"❷喻一弯新月。元稹《月三十韵》:"白眉惊半隐,虹势讶全微。"

【白馬】 ❶白色的马。杜甫《至后》:"青袍白马有何意,金谷铜驼非故乡。"白居易《把酒思闲事二首》之二:"试鞍新白马,弄镜小青娥。"温庭筠《莲浦谣》:"白马金鞭大堤上,西江日夕多风浪。"韦庄《赠峨嵋山弹琴李处士》:"锦麟不动惟侧头,白马仰听空竖耳。"❷古代以乘白马表示有凶事。李白《古风》之三一:"白马华山君,相逢平原里。"郑愔《哭郎著作》:"白马宾徒散,青乌陇隧开。"见"白馬故人來"。❸指白马津。李白《发白马》:"将军发白马,旌节度黄河。"见"白馬津"。❹指白马江。李峤《江》:"湍似黄牛去,涛从白马来。"见"白馬江"。

【白馬小兒】 《隋书·五行志上》:大同中,童谣曰:"青丝白马寿阳来。"其后侯景破丹阳,乘白马,以青丝为羁勒。后以"白马小儿"指叛乱者。李白《金陵歌送别范宣》:"白马小儿谁家子,泰清之岁来关囚。"

【白馬公孫】 指战国赵公孙龙,名家代表人物。曾提出"白马非马"的命题,故称。他曾以此辩术为自己违禁乘白马过函谷关辩解。岑参《函谷关歌送刘评事使关西》:"白马公孙何处去,青牛老人更不还。"

【白馬生】 东武光武帝时,光禄勋张湛敢于直谏,因其常骑白马上朝,被光武帝称为"白马生"。见《后汉书·张湛传》。后遂用为称美直臣的典故。刘禹锡《寄杨八拾遗》:"闻君前日独庭争,汉帝偏知白马生。"皎然《送裴邕之上京》:"东观今多事,应高白马生。"

【白馬江】 江名。在今四川崇州市东北。杜甫《送韩十四江东觐省》:"黄牛峡静滩声转,白马江寒树影稀。"

【白馬寺】 佛寺名。在今河南洛阳市东十五公里。地当汉魏洛阳故城内。东汉明帝永平十一年(68)建,为佛教传入我国后兴建的第一座寺院。以白马驮经故事而命名。王昌龄有《东京府县诸公与綦毋潜李颀相送至白马寺宿》。张继有《宿白马寺》。许浑有《白马寺不出院僧》。

【白馬來】 见"白馬故人來"。

【白馬故人來】 东汉范式梦见至交张邵(字元伯)托梦,告以死期及下葬之日。届时邵果死,发丧时灵柩不肯进,待范式白马素车赶至送葬,灵柩才能移动。见《后汉书·独行·范式传》。后以"白馬故人來"作为哀挽亡友的典故。骆宾王《乐大夫挽词五首》之四:"青乌新兆去,白马故人来。"亦省作"白馬來"。王维《哭褚司马》:"尚忆青骡去,宁知白马来。"权德舆《工部发引日属伤足卧疾不遂执绋》:"元伯归全去,无由白马来。"

【白馬津】 古津渡名。在今河南滑县东北。位于古黄河南岸,与北岸的黎阳渡相对。高适《夜别韦司士得城字》:"黄河曲里沙为岸,白马津边柳向城。"刘禹锡《和滑州李尚书上巳忆江南禊事》:"白马津头春日迟,沙州归雁拂旌旗。"元稹《刘颇诗》:"傥使权由我,还君白马津。"司马扎有《白马津阻雨》。

【白馬高譚】 指战国末期赵人公孙龙"白马非马论"。王勃《散关晨度》:"白马高谭去,青牛真气来。"见"白馬先生"。

【白馬將】 (將 jiàng)见"白馬將軍"。

【白馬將軍】 (將 jiāng)《三国志·魏志·庞德传》载,庞德与关羽交战,射羽中额。时庞德乘白马,关羽兵卒称庞德为"白马将军",甚惧。后用"白马将军"称统军将领。王涯《从军词三首》之三:"白马将军频破敌,黄龙戍卒几时归?"白居易《河阳石尚书破回鹘绘画为图猥蒙见示称叹不足以诗美之》:"乌孙公主归秦地,白马将军入潞州。"亦省作"白馬將"。王维《故西河郡杜太守挽歌三首》之一:"生擒白马将,连破黑雕城。"李端《送彭将军云中觐兄》:"因令白马将,兼道觅封侯。"

【白馬湖】 湖名。在唐朗州即武陵郡(今湖南常德市)境。刘禹锡《采菱行》:"白马湖平秋日光,紫菱如锦彩鸳翔。"

【白馬馱經】 北魏杨衒之《洛阳伽蓝记》卷四:白马寺,汉明帝所立也,佛入中国之始……帝梦金神,长丈六,项背日月光明。金神,号曰"佛"。遣使向西域求之,乃得经像焉。时白马负经而来,因以为名。后以"白马驮经"作为咏白马寺的典故。张继《宿白马寺》:"白马驮经事已空,断碑残刹见遗踪。"

【白馬篇】 乐府杂曲歌辞名。唐吴兢《乐府古题要解》卷下:"曹植'白马饰金羁'、鲍照'白马骍角弓'、沈约'白马紫金鞍',皆言边塞征战之状。"李白所作《白马篇》亦写征战之事。诗见《全唐诗》卷二四和卷一六四。

【白馬潭】 潭名。在今湖南长沙市境。或说即今湖南岳阳市境之白马湖。杜甫有《登白马潭》。

【白馬横行】（行 xíng）用侯景之乱事。杜甫《八哀诗·赠左仆射郑国公严公武》："群乌自朝夕，白马休横行。"见"白馬小兒"。

【白馬磯】石矶名。在今湖南岳阳县境。李白《至鸭栏驿上白马矶赠裴侍御》："侧叠万古石，横为白马矶。"

【白馬驛】驿站名。在唐西县（今陕西勉县）境。元稹《使东川汉江上笛》序："二月十五日夜，于西县白马驿南楼闻笛怅然，忆得小年曾与从兄长楚写《汉江闻笛赋》而有怆耳。"薛逢有《题白马驿》。

【白珪】见"白圭"。

【白珠】白色的珠子。吴融《李周弹筝歌》："天颜开，圣心悦，紫金白珠沾赐物。"

【白珩】古代佩玉上部的横玉。形似磬，或似半环。刘禹锡《历阳书事七十韵》："心托秦明镜，才非楚白珩。"陆龟蒙《江南秋怀寄华阳山人》："未去师黄石，空能说白珩。"

【白起】也叫公孙起。战国名将。秦国郿（今陕西眉县）人。秦昭王时，从左庶长官至大良造。善用兵，屡至获胜，攻取韩、赵、魏、楚等国七十余城。秦昭王二十九年（前 278），克楚郢都，以功封武安君。长平之役大胜赵军，坑杀赵俘四十万。后攻赵都邯郸，因其与相国范睢意见不合，称病不起。后被昭襄王赐死。见《史记·白起列传》。诗中尝借指长于韬略的将领。李白《述德兼陈情上哥舒大夫》："卫青谩作大将军，白起真成一竖子。"又《送白利从金吾董将军西征》："西羌延国讨，白起佐军威。"杜甫《入衡州》："门阑苏生在，勇锐白起强。"李翰《蒙求》："娄敬和亲，白起坑降。"

【白起墓】白起，战国时秦名将，屡立战功，封为武安君。秦昭襄王五十年（前 257）被赐死，其墓在今陕西咸阳市附近。曹邺有《过白起墓》。

【白華】（—huā）❶《诗·小雅》有《白华》篇，据说诗咏孝子。已佚。佚篇《诗序》称："《白华》，孝子之洁白也。"故后以"白华"作为咏孝亲的典故。储光羲《秦中送人觐省》："知君梁苑去，日见白华新。"杜甫《送李校书二十六韵》："南登吟白华，已见楚山碧。"戎昱《闰春宴花溪严侍御庄》："彩缛承颜面，朝朝赋白华。"李群玉《送魏珪觐省》："猗欤白华秀，伤心倚门夕。"亦作"白華子"。钱起《送郑巨及第后归觐》："多才白华子，初擅桂枝名。"❷白色的花。皮日休《太湖诗·以毛公泉一瓶献上谏议因寄》："赤盐扑红雾，白华飞素烟。"

【白莧】蔬类植物。南朝梁蔡撙口不言钱，在吴兴为官，不饮郡井，斋前自种白苋紫茄以为常饵。见《南史·蔡撙传》。孙元晏《咏史诗·梁·蔡撙》："紫茄白苋以为珍，守任清真转更贫。"

【白峨峨】白而高貌。朱庆余《看涛》："不知来远近，但见白峨峨。"

【白氣】白色的云气。张祜《和岳州徐员外云梦新亭二十韵》："白气都为晓，清光别是秋。"又《秋日宿简寂观陆先生草堂》："白气夜生龙在水，碧云秋断鹤归天。"贾岛《积雪》："空中离白气，岛外下沧波。"

【白狼】❶山名。即今辽宁喀喇沁左翼蒙古族自治县东境白鹿山。许敬宗《幸和春日望海》："电野清玄菟，腾笳振白狼。"李义府《招谕有怀赠同行人》："白狼行欲静，骢马何尝驱。"杨巨源《上刘侍中》："城远迷玄兔，川明辩白狼。"❷水名。王昌龄《春怨》："音书杜绝白狼西，桃李无颜黄鸟啼。"见"白狼河"。

【白狼川】即白狼河。高适《信安王幕府诗》："倚弓玄兔月，饮马白狼川。"见"白狼河"。

【白狼水】即白狼河。张说《送李侍郎迥秀薛长史季昶赋得水字》："耩马黄花塞，蒐兵白狼水。"见"白狼河"。

【白狼河】水名。即今辽宁省的大凌河。沈佺期《古意呈补阙乔知之》："白狼河北音书断，丹凤城南秋夜长。"岑参《裴将军宅芦管歌》："白狼河北堪愁恨，玄兔城南皆断肠。"长孙佐辅《关山月》："始经玄菟塞，终绕白狼河。"

【白庭】匈奴单于之庭。高适《登百丈峰二首》之二："而今白庭路，犹对青阳门。"

【白旄】古代的一种军旗。竿头以牦牛尾为饰，用以指挥全军。亦用以指出师征伐。白居易《新乐府·七德舞》："太宗十八起义兵，白旄黄钺定两京。"胡曾《咏史诗·轵道》："汉祖西来秉白旄，子婴宗庙委波涛。"

【白旆】白色的旗帜。杨凭《早发湘中》："按节鸣笳中贵催，红旌白旆满船开。"

【白$_2$旆】古时旗末状如燕尾的绸制垂旒。白，通"帛"。《诗·小雅·六月》："织文鸟章，白旆央央。"孔颖达疏："言白旆者，谓绛帛。"杜牧《皇风》："何当提笔侍巡狩，前驱白旆即河湟。"

【白粉】刷墙的石灰。白居易《闻杨十二新拜省郎遥以诗贺》："文昌新入有光辉，紫界宫墙白粉闱。"又《府中夜赏》："白粉墙头花半出，绯纱烛下水平流。"

【白酒】古代酒分清酒、白酒两种。见《礼记·内则》。亦泛称美酒。李白《南陵别儿童入京》："白酒新熟山中归，黄鸡啄黍秋正肥。"贯休《闻征四处士》："白酒全倾瓮，蒲轮半载云。"李珣《渔父》词之二："倾白酒，对青山，笑指柴门待月还。"

【白浩浩】形容一大片白色。杜甫《送长孙九侍御赴武威判官》:"皇天悲送远,云雨白浩浩。"

【白浪】 白色的波涛。李白《司马将军歌》:"扬兵习战张虎旗,江中白浪如银屋。"张祜《苦雨二十韵》:"太陆青萍泛,曾崖白浪蹙。"许浑《郡斋夜坐寄旧乡二侄》:"楼侵白浪风来远,城抱丹岩日到迟。"刘沧《江行夜泊》:"白浪连空极渺漫,孤舟此夜泊中滩。"

【白家】 白居易家。白居易《招山僧》:"欲知住处东城下,绕竹泉声是白家。"又《盘石铭》:"便是白家,夏天床席。"

【白扇】 用白羽或素纸、素绢做的扇子。温庭筠《西陵道士茶歌》:"仙翁白扇霜鸟翎,拂坛夜读黄庭经。"詹敦仁《柳堤诗》序:"虽盛夏溽暑,白扇可置,风口是快,则是柳之繁茂,不谓无庇物之效也。"

【白袍】 指白色战衣、战袍。《南史·陈庆之传》:"庆之麾下尽著白袍,所向披靡。先是洛中谣曰:'名军大将莫自牢,千兵万马避白袍。'"杜甫《喜闻官军临贼境二十韵》:"帐殿多玄冕,辕门照白袍。"又《久雨期王将军不至》:"忆昔范增碎玉斗,未使吴兵著白袍。"

【白紙】 白色的纸。杜甫《阌乡姜七少府设脍戏赠长歌》:"落砧何曾白纸湿,放箸未觉金盘空。"白居易《耳元九诗书卷》:"红笺白纸两三束,半是君诗半是书。"

【白著】 正税以外横取于民的苛税。高亭《讥元载诗》:"上元官吏务剥削,江淮之人皆白著。"

【白菌】 白色的菌类植物。朱庆余《和刘补阙秋园寓兴之什十首》之二:"深篱藏白菌,荒蔓露青匏。"曹邺《翠孤至渚宫寄座主相公》:"白菌缘屋生,黄蒿拥篱倒。"韦庄《途中望雨怀归》:"谁家树压红榴折,几处篱悬白菌肥。"贯休《秋怀赤松道士》:"石罅青蛇湿,风梩白菌干。"

【白菊】 白色的菊花。为菊花的一种。刘禹锡有《酬令狐相公庭前白菊花谢偶书所怀见寄》和《和令狐相公玩白菊》。李商隐《九日》:"曾共山翁把酒时,霜天白菊绕阶墀。"陆龟蒙《奉酬袭美苦雨四声重寄三十二句·平入声》:"青莎看成狂,白菊即欲没。"

【白接羅】 以白鹭羽为饰的帽子。李颀《答高三十五留别便呈于十一》:"故园壁挂乌纱帽,官舍尘生白接羅。"李白《襄阳曲四首》之二:"头上白接羅,倒著还骑马。"杜甫《陪郑广文游何将军山林十首》之八:"醉抱青荷叶,狂遗白接羅。"严维《赠送朱放》:"生事曾无长,唯将白接羅。"

【白硃砂】 见"白朱砂"。

【白雪】 ❶白色的雪。岑参《热海行送崔侍御还京》:"岸傍青草常不歇,空中白雪遥旋灭。"杜甫《甘园》:"青云羞叶密,白雪避花繁。"又《赴青城县出成都寄陶王二少尹》:"东郭沧江合,西山白雪高。"朱放《留别刘员外》:"寥落穷秋九月天,风吹白雪起江边。"❷喻白色物。张鷟《游仙窟·咏崔五娘》:"黑云裁两鬓,白雪分双齿。"白居易《池鹤二首》之一:"低头乍恐丹砂落,晒翅常疑白雪消。"❸古琴曲名。传为春秋晋师旷所作。杜正伦《冬日宴于庶子宅各赋一字得节》:"清论畅玄言,雅琴飞白雪。"李白《酬裴侍御留岫师弹琴见寄》:"鼓琴乱白雪,秋变江上春。"又《月夜听卢子顺弹琴》:"白雪乱纤手,绿水清虚心。"杜甫《题柏大兄弟山居屋壁二首》之一:"哀弦绕白雪,未与俗人操。"❹喻指高雅的诗词。《白雪》《阳春》是战国时期楚国的两支艺术性较高、难度较大的歌曲。故后以"白雪"喻指高雅的诗词。寒山《诗三百三首》之一〇七:"巴歌唱者多,白雪无人和。"李白《感遇四首》之四:"巫山赋彩云,郢路歌白雪。"沈东美《奉和苑舍人宿直晓玩新池寄南省友》:"青云仰不逮,白雪和难牵。"李频《长安寓居寄柏侍郎》:"秦女红妆空觅伴,郢郎白雪少知音。"❺唐时戌名。李白《紫骝马》:"白雪关山远,黄云海戍迷。"

【白雪毛】 洁白如雪似的毛。杜甫《骢马行》:"赤汗微生白雪毛,银鞍却覆香罗帕。"又《千秋节有感二首》之二:"罗袜红蕖艳,金羁白雪毛。"

【白雪引】 古琴曲名。畅当《题沈八斋》:"绿绮琴弹白雪引,乌丝绢勒黄庭经。"见"白雪❸"。

【白雪曲】 指高雅的诗词。韦应物《简卢陟》:"可怜白雪曲,未遇知音人。"白居易《奉酬淮南牛相公思黯见寄二十四韵》:"惭无白雪曲,难答碧云篇。"见"白雪❹"。

【白雪唱】 指高雅的诗词。李绅《奉酬乐天立秋夕有怀见寄》:"吟君白雪唱,惭愧巴人肠。"见"白雪❹"。

【白雪詞】 指高雅的诗作。李骘《读惠山若冰师集因题故院三首》之一:"莫道声容远,长歌白雪词。"见"白雪❹"。

【白雪歌】 ❶指高雅的乐曲。刘禹锡《和浙西李大夫霜夜对月听小童吹觱篥歌依本韵》:"一奏荆人白雪歌,如闻雒客扶风邬。"亦指高雅的诗词。权德舆《奉和礼部尚书酬杨著作竹亭歌》:"常通内学青莲偈,更奏新声白雪歌。"见"白雪❹"。❷乐府琴曲歌辞。贯休有此作,载《全唐诗》卷二三。

【白雪樓】 古迹名。故址地今湖北钟祥市城西。许棠有《陪郢州张员外宴白雪楼》。

【白雪調】 (調 diào)指高雅的诗词。李群玉《始忝四座奏状闻荐蒙恩授官旋进歌诗延英宣赐言怀纪事呈同馆诸公二十四韵》:"庶期白雪调,一奏惊凡聋。"见"白雪❹"。

【白雀】 白色的雀。古以为祥瑞。贯休《上卢使君》:“嘉树白雀来,祥烟甘露坠。”

【白眼】 露出眼白。表示鄙薄或厌恶。语出《晋书·阮籍传》:“籍又能为青白眼,见礼俗之士,以白眼对之。”王维《与卢员外象过崔处士兴宗林亭》:“科头箕踞长松下,白眼看他世上人。”杜甫《饮中八仙》:“宗之潇洒美少年,举觞白眼望青天。”严维《赠万经》:“辄有时人至,窗前白眼看。”白居易《和春深二十首》之十一:“林间箕踞坐,白眼向人斜。”

【白趾】 白足;白脚。贯休《送僧入马头山》:“白趾碧目,数百潇洒。”

【白蛇】 白色的蛇。张碧《野田行》:“秦皇矻矻筑长城,汉祖区区白蛇死。”温庭筠《蒋侯神歌》:“南风刮水报西帝,庙前古树蟠白蛇。”

【白帢】 见“白祫”。

【白笴】 见“白笴陂”。

【白笴陂】 陂堰名。在今安徽池州市西南。李白《游秋浦白笴陂二首》之一:“何处夜行好,月明白笴陂。”亦省称“白笴”。李白《游秋浦白笴陂二首》之二:“白笴夜长啸,爽然溪谷寒。”

【白敏中】 唐诗人。字用晦,白居易从父弟。祖籍太原(今山西太原市),后迁居下邽(今陕西渭南市东北)。长庆二年(822)进士,累辟使府。开成元年(836)迁右拾遗。会昌二年(842)充翰林学士,三年加承旨,四年为兵部侍郎、承旨学士,六年以本官同中书门下平章事。大中五年(851)罢相,出为邠宁等州节度使。十三年征拜司徒、门下侍郎、平章事。咸通元年(860)加中书令。《全唐诗》卷四六六录其《春从何处来》等诗七首。

【白翎】 白色的羽毛。特指箭羽。李贺《长平箭头歌》:“白翎金簳雨中尽,直余三脊残狼牙。”

【白鳥】 ❶白色的鸟。如鹤、鹭之类。岑参《题永乐韦少府厅壁》:“白鸟下公府,青山当县门。”白居易《李卢二中丞各创山居偶题十五韵聊戏二君》:“绕砌紫鳞游,拂帘白鸟起。”武瓘《九日卫使君筵上作》:“千家门户笙歌发,十里江山白鸟翔。”齐己《远山》:“幽人当立久,白鸟背飞来。”❷喻白胖的小孩。贾岛《咏韩氏二子》:“清露堕桂花,白鸟舞虚碧。”❸喻贪夫、脏吏。杜甫《寄刘峡州白华使君四十韵》:“江湖多白鸟,天地有青蝇。”

【白魚】 ❶白色的鱼。《史记·周本纪》:“武王渡河,中流,白鱼跃入王舟中。”说者以此为瑞应,象征殷商将臣服于周。张易之《泛舟侍宴应制》:“白鱼臣作伴,相对舞王舟。”❷特指白鲦鱼。李贺《感讽六首》之六:“调歌送风转,杯池白鱼小。”❸指鱼形图案。李贺《莫愁曲》:“白鱼驾莲船,夜作十里游。”

【白毫】 白毛。皮日休《公斋四咏·小桂》:“叶彩碧髓融,花状白毫蕤。”

【白毫子】 隐居在安陆寿山之逸人。李白《白毫子歌》:“淮南小山白毫子,乃在淮南小山里。”

【白毫光】 指佛光。沈佺期《红楼院应制》:“红楼疑见白毫光,寺逼宸居福盛唐。”

【白庶子】 即白居易。居易于长庆四年(824)任太子左庶子,分司东都。白居易《远师》:“东宫白庶子,南寺远禅师。”

【白麻】 ❶植物名。即苘麻。齐己《赠曹松先辈》:“闲游向诸寺,却看白麻衣。”❷见“白麻紙”。

【白麻紙】 用苘麻制造的纸。唐制,中书省所用公文纸分黄白二种,纸的原料是麻,有关任命将相、赦宥、豁免等重要命令,照例均书于白麻纸。黄麻纸则用于书写一般诏令。因以指重要的诏书。白居易《新乐府·杜陵叟》:“白麻纸上书德音,京畿尽放今年税。”亦省作“白麻”。刘得仁《上翰林丁学士》:“直庐寒漏近,秋烛白麻成。”温庭筠《感旧陈情五十韵献淮南李仆射》:“白麻红烛夜,清漏紫微天。”徐夤《尚书新造花笺》:“使君即入金銮殿,夜直无非草白麻。”和凝《宫词百首》之八四:“白麻草了初呈进,称旨丝纶下九天。”

【白麻詔】 写在白麻纸上的诏书。张籍《沙堤行呈裴相公》:“白麻诏上移相印,新堤未成旧堤尽。”见“白麻纸”。

【白鹿】 白色的鹿。古代认为它是瑞兽。王昌龄《就道士问周易参同契》:“仙人骑白鹿,发短耳何长。”李白《至陵阳山登天柱石酬韩侍御见招隐黄山》:“韩众骑白鹿,西往华山中。”萧颖士《蒙山作》:“白鹿凡几游,黄精复奚似。”谭用之《寄左先辈》:“狂歌白鹿上青天,何似兰塘钓紫烟。”

【白鹿寺】 佛寺名。在今湖南益阳市白鹿山上。裴休有《白鹿寺释迦瑞相诗》。

【白鹿原】 一名霸陵原。在今陕西蓝田县西灞、浐二水间,南连秦岭,北止灞岸,东西十五里,南北四十里。李白《别韦少府》:“西出苍龙门,南登白鹿原。”白居易《渭村退居寄礼部崔侍郎翰林钱舍人诗一百韵》:“白鹿原东脚,青龙寺北廊。”又《城东闲游》:“独寻秋景城东去,白鹿原头信马行。”杜牧《长安杂题长句六首》之六:“白鹿原头回猎骑,紫云楼下醉江花。”

【白旌】 白旗。温庭筠《昆明池水战词》:“溟池海浦俱喧豗,青帜白旌相次来。”

【白渠】 汉代关中平原的人工灌溉渠道。汉白公所开,故名。在今陕西省境。王湾《晚夏马嵬卿叔池亭即事寄京都一二知己》:“竹绕清渭滨,泉流白渠口。”

【白袷】 ❶(—jiá)亦作“白帢”。白色夹衣。唐人以白衫为闲居便服。李商隐《春雨》:“怅卧新春白袷衣,白门寥落意多违。”皮日休《鲁望春日多寻野景因有是寄》:“乌纱任岸穿筋竹,白袷从披趁肉芝。”陆龟蒙《闺怨》:“白袷行人又远游,日斜空上映花楼。”韦庄《捣练篇》:“白袷丝光织鱼目,菱花绶带鸳鸯簇。”❷(—jié)白色圆领。亦指有白色圆领的外衣。李贺《染丝上春机》:“彩线结茸背复叠,白袷玉郎寄桃叶。”

【白晝】 白天。张九龄《江上遇疾风》:“白昼晦如夕,洪涛声若雷。”刘禹锡《观棋歌送儇师西游》:“山人无事秋日长,白昼懵懵眠匡床。”王初《书秋》:“人间玉岭清宵月,天上银河白昼风。”张令问《与杜光庭》:“一壶美酒一炉药,饱听松风白昼眠。”

【白紵】 亦作“白苧”。❶白色的苎麻。亦指白纻所织的夏布。柳宗元《同刘二十八院长述旧言怀感时书事之作因其韵增至八十通赠二君子》:“春衫裁白纻,朝帽挂乌纱。”雍陶《公子行》:“公子风流嫌锦绣,新裁白纻作春衣。”李咸用《谢僧寄茶》:“倾筐短甑蒸新鲜,白纻眼细匀于研。”孙光宪《谒金门》词:“白纻春衫如雪色,扬州初去日。”❷白纻布制作的衣衫。一种舞服。鲍溶《寒衣吟》:“白纻长袖歌闲闲,岂识苦寒损朱颜。”顾非熊《子夜夏秋二曲》之二:“露砌蛩吟切,那怜白苎凉。”❸白衣。古时士人未得功名时所服。范质《诫儿侄八百字》:“青袍青草色,白纻弃如仇。”❹乐府吴舞曲名。王维《同崔傅答贤弟》:“周郎陆弟为俦侣,对舞前溪歌白纻。”李白《陪族叔刑部侍郎晔及中书贾舍人至游洞庭五首》之四:“醉客满船歌白苎,不知霜露入秋衣。”岑参《秦筝歌送外甥萧正归京》:“红亭水木不知暑,忽弹黄钟和白纻。”卢殷《和李尚书命妓饯崔侍御》:“桃朵不辞歌白苎,耶溪暮雨起樵风。”

【白紵山】 亦作“白苧山”。山名,在今安徽当涂县。李白《书怀赠南陵常赞府》:“歌动白纻山,舞回天门月。”

【白紵曲】 (曲 qǔ)乐府吴舞曲名。郑还古《赠柳氏妓》:“词轻白纻曲,歌遏碧云天。”

【白紵行】 亦作“白苧行”。乐府吴舞曲名。皎然《酬元主簿子球别赠》:“出无黄金橐,空歌白苎行。”见“白紵歌”。

【白紵衣】 亦作“白苧衣”。白衣,古代无功名者所服。陆龟蒙《句》:“头方不会王门事,尘土空缁白苎衣。”见“白紵❸”。

【白紵詞】 亦作“白苧詞”“白紵辭”。乐府吴舞曲名。崔国辅有《白纻辞二首》。李白《赠丹阳横山周处士惟长》:“时作白纻词,放歌丹阳湖。”张籍《蓟北旅思》:“日日望乡国,空歌白苎词。”白居易《见于给事暇日上直寄南省诸郎官诗因以戏赠》:“黄麻敕胜长生箓,白纻詞嫌内景篇。”见“白紵歌”。

【白紵裙】 白纻布做的裙子。刘禹锡《插田歌》:“农妇白纻裙,农父绿蓑衣。”

【白紵歌】 乐府吴舞曲名。始于晋代的《白纻歌》。南朝梁沈约有《四时白纻歌》。王建有《白纻歌二首》。张籍、柳宗元有《白纻歌》。元稹有《各白纻歌》,均见《全唐诗》卷二二。李益《春行》:“落日青丝骑,春风白纻歌。”

【白紵舞】 盛行于晋、南朝各代的江南民间舞蹈。有独舞和群舞两种。舞者穿轻纱般的长袖白纻舞衣,故称。王建《白纻歌二首》之二:“城头乌栖休击鼓,青娥弹瑟《白纻舞》。

【白紵舞衣】 用白纻制作的舞服。王建《白纻歌二首》之一:“新缝白纻舞衣成,来迟邀得吴王迎。”见“白紵❹”“白紵舞”。

【白紵辭】 见“白紵詞”。

【白項烏】 白颈乌鸦。丁仙芝《余杭醉歌赠吴山人》:“晓幕红襟燕,春城白项乌。”

【白堠】 呈现为白色的瞭望敌情的土堡。张籍《送侯判官赴广州从军》:“驿舫过江分白堠,戍亭当岭见红幡。”

【白皙】 ❶肤色白净。李颀《送刘方平》:“童颜且白皙,佩德如瑶琼。”韩翃《送山阴姚丞携妓之任兼寄山阴苏少府》:“白皙吴王孙,青蛾柳家女。”权德舆《送崔端公郎君入京觐省》:“清秋上国路,白皙少年人。”霍总《关山月》:“珠珑翡翠床,白皙侍中郎。”❷洁白。皎然《陈氏童子草书歌》:“龙爪状奇鼠须锐,水笺白皙越人惠。”又《春夜赋得漉水囊歌送郑明府》:“吴缣楚练何白皙,居士持来遗禅客。”

【白梃】 大木棍。罗隐《塞外》:“碧幢未作朝廷计,白梃犹驱妇女行。”又《送汝州李中丞十二韵》:“黄巾攻郡邑,白梃掠生灵。”

【白棘】 灌木名。一名棘针。可入药。味辛寒,主治心腹痛、痈肿溃脓,止痛。陈子昂《观荆玉篇》序:“适有行人自谓能知药者,谓乔公曰:‘此白棘也。’”

【白雁】 候鸟。似鸿而小,色白,秋深乃来,来则霜降。李白《幽州胡马客歌》:“弯弓若转月,白雁落云端。”杜甫《九日五首》之一:“殊方日落玄猿哭,旧国霜前白雁来。”

【白雁潭】 潭名。在今浙江金华市境。许浑《送段觉归东阳兼寄窦使君》:“台倚乌龙岭,楼侵白雁潭。”自注:“乌龙岭、白雁潭在严州。沈约曾守婺,以比窦使君也。”

【白塔】 白色的佛塔。张乔《吊造微上人》:“白塔收真骨,青山闭影堂。”贾岛《赠智朗禅师》:“步随青山影,坐学白塔骨。”

【白塔寺】 佛寺名。在今江苏扬州市。顾况有《酬扬州白塔寺永上人》。

【白葛】 ❶白夏布。杜甫《送段功曹归广州》："交趾丹砂重，韶州白葛轻。"谭用之《贻费道人》："谁如南浦傲烟霞，白葛衣轻称帽纱。"❷蔓草。白兔藿的别名。曹唐《小游仙诗九十八首》之六三："不知谁唱春归曲，落尽溪头白葛花。"

【白雲】 ❶白色的云。苏颋《汾上惊秋》："北风吹白云，万里渡河汾。"杜牧《山行》："远上寒山石径斜，白云生处有人家。"赵嘏《李侍御归山同宿华严寺》："处处白云迷驻马，家家红树近流莺。"刘昭禹《括苍山》："白云随步起，危径极天盘。"❷南朝梁陶弘景《诏问山中何所有赋诗以答》："山中何所有，岭上多白云。"因陶为有名的隐士，而此诗有"岭上多白云"之语，故后来诗人喜用"白云"表示隐逸之趣或隐逸之所。钱起《赠东邻郑少府》："秩满归白云，期君访谷口。"白居易《送王处士》："宁归白云外，饮水卧空谷。"贾岛《易州过郝逸人居》："却笑巢由辈，何须隐白云。"张蠙《赠别山友》："年长惊黄叶，时清厌白云。"❸谓仙佛所居之所或有关的事物。刘长卿《寄龙山道士许法棱》："悠悠白云里，独住青山客。"皇甫冉《少室山韦炼师升仙歌》："忽从林下升天去，空使时人礼白云。"鲍溶《得僧书》："身归紫霄岭，书下白云来。"刘沧《游上方石窟寺》："一声疏磬过寒水，半壁危楼隐白云。"❹南朝齐谢朓《拜中军记室辞随王笺》诗有："白云在天，龙门不见"之句，故后以"白云"喻思亲。朱庆余《送罗先辈书记归后还闽中留别》："望岭又生红槿思，登车岂倦白云程。"刘沧《晚秋洛阳客舍》："未成归计关河阻，空望白云乡路赊。"李郢《送涧水陕东二十里自江南来作》："行客莫惊黄叶尽，家山只在白云中。"无名氏《思父台》(外编下)："驻马空山亲舍迷，不堪回首白云低。"❺指《白云谣》。古神话中西王母为周穆王所作之歌。《穆天子传》卷三："西王母为天子谣曰：'白云在天，山陵自出。道里悠远，山川间之。将子无死，尚能复来。"白居易《八骏图》："白云黄竹歌声动，一人荒乐万人愁。"李群玉《穆天子》："但听西王母，瑶池吟白云。"❻汉陆贾《新语·慎微篇》："邪臣之蔽贤，犹浮云之障日月也。"故后以"白云"喻小人。张九龄《感遇十二首》之十："白云在南山，日暮长太息。"❼指白色云彩图案。借指优美的诗作。徐仲雅《赠齐己》："意何新，织女星机挑白云。"❽亭名。见"白云亭❶"。

【白雲人】 指隐士。唐廪《冬日书黎少府山斋》："惜哉无别墅，共作白云人。"

【白雲士】 指道士。孟郊《同李益崔放送王炼师还楼观兼为群公先营山居》："十年白云士，一卷紫芝书。"黄滔《长安书事》："却是白云士，有时出中林。"

【白雲夫】 李商隐有《白云夫旧居》。冯浩注谓白云夫为令狐楚。《新唐书·艺文志四》："令狐楚《表奏集》十卷，自称《白云孺子表奏集》。"

【白雲心】 指归隐之心。刘长卿《罢摄官后将还旧居留辞李侍御》："白云心已负，黄绶计仍非。"钱起《蓝田溪与渔者宿》："一论白云心，千里沧州趣。"朱放《剡溪行却寄新别者》："唯有白云心，为向东山月。"许浑《寄袁校书》："犹乖清汉志，空负白云心。"

【白雲司】 刑部的别称。相传黄帝以云命官，秋官为白云。刑部属秋官，故称。亦指刑官。李嘉祐《和都官苗员外秋夜省直对雨简诸知己》："漏长丹凤阙，秋冷白云司。"严维《酬刘员外见寄》："苏耽佐郡时，近出白云司。"刘禹锡《和乐天送鹤上裴相公别鹤之作》："昨日看成送鹤诗，高笼提出白云司。"赵嘏《送李蕴赴郑州因献卢郎中俶》："几日赋诗秋水寺，经年草诏白云司。"

【白雲居】 指仙佛住所。陈子昂《酬晖上人夏日林泉》："闻道白云居，窈窕青莲宇。"亦指隐居者的住所。许浑《余谢病东归王秀才见寄今潘秀才南棹奉酬》："酷似牢之玉不如，落星山下白云居。"刘得仁《和厉玄侍御题户部相公庐山草堂》："白云居创毕，诏入凤池年。"

【白雲泉】 泉名。在今江苏苏州市西天平山。白居易《白云泉》："天平山上白云泉，云自无心水自闲。"

【白雲亭】 亭名。(1)在今江西余干县之南。刘长卿《登余干古县城》："孤城上与白云齐，万古荒凉楚水西。"(2)在今湖南道县境。元结有《登白云亭》。

【白雲扃】 指隐士所居。权德舆《送张詹事致政归嵩山旧隐》："闲思紫芝侣，归卧白云扃。"

【白雲峰】 ❶指白云环绕的山峰。徐铉《和张少监舟中望蒋山》："纷披红叶树，间断白云峰。"许坚《戢兵山》："石鼓高悬蕴大音，白云峰顶始铺金。"❷峰名。在今江西庐山。李中有《宿营庐山白云峰重道者院》。

【白雲唱】 本指西王母与穆天子所酬唱之诗。借指高雅的诗作。李白《金门答苏秀才》："屡忝白云唱，恭闻黄竹篇。"见"白雲❺"。

【白雲期】 与白云相约。亦指与白云的约定。谓归隐、学仙之类。李嘉祐《题游仙阁白公庙》："逐客自怜双鬓改，焚香多负白云期。"钱起《送张五员外东归楚州》："杳然黄鹄去，未负白云期。"白居易《白云期》："吾年幸当此，且与白云期。"张祜《江南杂题三十首》之十三："聊当事山履，远与白云期。"

【白雲鄉】 《庄子·天地》："乘彼白云，游于帝乡。"后以"白云乡"指仙乡或帝乡。韩王李元嘉《奉和同太子监守违恋》："地分丹鹫岭，途间白云乡。"杨巨源《和汴州令狐相公白菊》:"今来碧油下,知自白云乡。"李群玉《自澧浦东游江表途出巴丘投员外从公虔》:"何由首西路,目断白云乡。"曹唐《送刘尊师祇诏阙庭三首》之三:"仙老闲眠碧草堂,帝书征入白云乡。"

【白雲意】 指归隐之意。宋之问《嵩南山九里旧鹊村作》:"常恐白云意,溘尽黄埃涂。"韦应物《题郑拾遗草堂》:"子有白云意,构此想岩扉。"

【白雲歌】 晋隐士隐潜《和郭主簿》诗有"遥遥望白云"之语,故后以"白云歌"指有关隐士生活的诗作。李白《五松山送殷淑》:"载酒五松山,颓然白云歌。"李白又有《白云歌送刘十六归山》。见"白雲篇"。

【白雲篇】 ❶汉武帝《秋风辞》中有"秋风起兮白云飞",故后以"白云篇"称帝王的诗作。杜甫《赠献纳使起居田舍人》:"晓漏追飞青琐闼,晴窗点检白云篇。"李群玉《九日陪崔大夫宴清河亭》:"不知瑶水宴,谁和白云篇。"自注:"近见去年圣制《黄菊联句》。"❷晋隐士陶潜《和郭主簿》诗中有"遥遥望白云"之句,故后以"白云篇"借指隐士之诗。郎士元《冯翊西楼》:"陶令好文常对酒,相招一和白云篇。"

【白雲潭禪院】 (禪 chán)佛寺名。在今安徽宁国市白云山。许浑有《白云潭禅院》。原注:"在宁国白云山。"

【白雲謠】 指皇帝的诗作。徐铉《蒙恩赐酒旨令醉进诗以谢》:"蜡炬乍传丹凤诏,御题初认白云谣。"见"白雲篇❶"。

【白雲巖】 岩名。在今湖北安陆境。吕岩有《白云岩》。

【白雲巘】 指白云环绕的山峰。李鹭《自惠山至吴下寄酬南徐从事》:"犹及九峰春,归吟白云巘。"

【白雲衢】 喻指铺满白雪的大道。无名氏《白雪歌》(卷七八五):"五花骢踏白云衢,七香车碾瑶墀月。"

【白景】 指白日。李贺《古悠悠行》:"白景归西山,碧华上迢迢。"

【白帽】 白色的帽子。杜甫《别董颋》:"当念著白帽,采薇青云端。"

【白黑】 ❶黑色和白色。刘禹锡《国学新修五经壁歌》序:"笔削既成,校雠既精,黑白彬班,瞭然飞动。"❷喻是非、善恶、贤愚、清浊等相反的人或事物。杜甫《两当县吴十侍御江上宅》:"不忍杀无辜,所以分白黑。"韩愈《杂诗》:"惜哉抱所见,白黑未及分。"白居易《洛阳有愚叟》:"洛阳有愚叟,白黑无分别。"❸指围棋中的白子和黑子。李颀《弹棋歌》:"蓝田美玉清如砥,白黑相分十二子。"韩愈《送灵师》:"围棋斗白黑,生死随机权。"

【白筆】 ❶古代侍从官员用以记事或奏事的笔,常插于冠侧。唐制,诸文官七品以上朝服者簪白笔。韩翃《寄雍丘窦明府》:"时辈宁将白笔期,高流伫向丹霄见。"李贺《仁和里杂叙皇甫湜》:"还家白笔未上头,使我清声落人后。"周朴《客州赁居寄萧郎中》:"眼看白笔为霖雨,肯使红鳞便曝腮。"❷《太平御览》卷六八八引三国魏鱼豢《魏略》:"明帝时,尝大会,殿中御史簪白笔,侧阶而坐。上问左右:'此何官?'侍中辛毗对曰:'此谓御史,旧簪笔以奏不法,今但备官耳。'"后以白笔作为歌咏御史的典故。李白《赠潘侍御论钱少阳》:"绣衣柱史何昂藏,铁冠白笔横秋霜。"又《赠宣城赵太守悦》:"伊昔簪白笔,幽都逐游魂。"卢纶《陈翃郎中北亭送侯钊侍御赋得常冰流歌》:"主人有客簪白笔,玉壶贮水光如一。"徐夤《寄卢端公同年仁炯时迁都洛阳新立幼主》:"须簪白笔匡明主,莫许黄觚博少师。"

【白貂裘】 白貂皮袍。张为《渔阳将军》:"霜髭拥颔对穷秋,著白貂裘独上楼。"

【白湖寺】 佛寺名。在今湘江绍兴市云门山。常建有《白湖寺后溪宿云门》。

【白裌】 即白袷。李颀《送康洽入京进乐府歌》:"白夹春衫仙吏赠,乌皮隐几台郎与。"见"白袷❶"。

【白間】 (—jiān)窗。杜甫《往在》:"当宁陷玉座,白间剥画虫。"

【白犀】 白犀牛。李沇《梦仙谣》:"九炁真翁骑白犀,临池静听雌蛟啼。"亦指白犀图形。李商隐《和孙朴韦蟾孔雀咏》:"地锦排苍雁,帘钉镂白犀。"

【白登】 山名。在今山西大同市东北。西汉初年,高帝亲率大军北进,抗击匈奴南侵,被匈奴冒顿单于围困于此。陈子昂《答韩使同在边》:"虏入白登道,烽交紫塞途。"李白《关山月》:"汉下白登道,胡窥青海湾。"杜甫《送卢十四弟侍御护韦尚书灵榇归上都二十韵》:"动询黄阁老,肯虑白登围。"李益《五城道中》:"天寒白登道,塞浊阴山雾。"

【白絲】 ❶白色的茧丝。章孝标《织绫词》:"今年蚕好缲白丝,鸟鲜花活人不知。"❷喻白发。邵谒《览镜》:"昨日照红颜,今朝照白丝。"

【白蓋】 白茅覆顶的屋子。李贺《感讽六首》之四:"西山白盖下,贤俊寒萧萧。"

【白蒲】 白色的蒲草。可用于编织。刘章《咏蒲鞋》:"吴江浪浸白蒲春,越女初挑一样新。"

【白蒿】 草本植物名。一名艾蒿,俗名蓬蒿。高适《自武威赴临洮谒大夫不及因事即事案河西陇右幕下诸公》:"立马眺洪河,惊风吹白蒿。"刘言史《春过赵墟》:"白蒿微发紫槿新,行人感此复悲春。"

【白楊】 树名。俗名大叶杨,又名毛白杨。落叶乔木，幼树树皮光滑，青白色，老树树皮有裂沟，叶子卵形或三角状印形，边缘有波状的齿。古人于坟墓旁多种之。杜甫《壮游》："杜曲晚耆旧，四郊多白杨。"李益《野田行》："寒狐啸青冢，鬼火烧白杨。"白居易《览卢子蒙侍御旧诗因赠子蒙》："闻道咸阳坟上树，已抽三丈白杨枝。"李商隐《无愁果有愁曲北齐歌》："白杨别屋鬼迷人，空留暗记如蚕纸。"

【白楊刀】 刀名。李白《秦女休行》："手挥白杨刀，清昼杀仇家。"

【白楊十字巷】 道路名。在今南京市。李白《金陵白杨十字巷》："白杨十字巷，北夹湖沟道。"

【白榆】 ❶白皮的榆树。又名枌。岑参《轮台即事》："三月无青草，千家尽白榆。"韩濬《清明日赐百僚新火》："火随黄道见，烟绕白榆新。"韩愈《游城南十六首·题韦氏庄》："寂寥青草曲，散漫白榆风。"李商隐《圣女祠》："从骑裁寒竹，行车荫白榆。"❷《玉台新咏·古乐府·陇西行》："天上何有所，历历种白榆。"此将白榆星比作树，故后以"白榆"作咏星之典。权德舆《过隐者湖上所居》："兵法窥黄石，天官辨白榆。"卢殷《月夜》："难闻逆河浪，徒闻白榆星。"杨衡《他乡七夕》："不堪鸣杼日，空对白榆秋。"施肩吾《望晓词》："蟠桃树上日欲出，白榆枝畔星无多。"

【白裘】 白狐皮袍。白居易《新沐浴》："宽裁夹乌帽，厚絮长白裘。"

【白硾】 白色的硾纸。齐己《闻道林诸友尝茶因有寄》："高人梦惜藏岩里，白硾封题寄火前。"

【白電】 指闪电似的白光。李群玉《古镜》："瑶匣开旭日，白电走孤影。"

【白粲】 白米。杜甫《行官张望补稻畦水归》："秋菰成黑米，精凿传白粲。"

【白蛾】 白色的飞虫。韩愈、孟郊《城南联句》："白蛾飞舞地，幽蠹落书棚。"

【白蜀葵】 白色的蜀葵花。蜀葵，似葵，花如木槿，有红、紫、白等色。花供观赏，根可入药。武元衡有《宜阳所居白蜀葵答咏柬诸公》。

【白雉】 白色羽毛的野鸡。古人以为瑞禽。李白《雉朝飞》："麦陇青青三月时，白雉朝飞挟两雌。"又《放后遇恩不沾》："东风日本至，白雉越裳来。"

【白猿】 ❶白色的猿。李峤《军师凯旋自邕州顺流舟中》："弓鸣苍隼落，剑动白猿悲。"李白《秋浦歌十七首》之五："秋浦多白猿，超腾若飞雪。"顾况《郑女弹筝歌》："一声雍门泪承睫，两声赤鲤露鬐鬣，三声白猿臂拓颊。"曹松《李郎中林亭》："若许白猿垂近户，即无红果压低枝。"❷指白猿公，传说中古代一位善剑术的人。李白《中丞宋公以吴兵三千赴河南军次寻阳脱余之囚参谋幕府因赠之》："白猿惭剑术，黄石借兵符。"

【白猿翁】 传说越国有一处女，道逢一翁，自称袁公。袁公精剑术，用竹枝与越女比试之。越女举枝击之，"袁公即飞上树，化为白猿"。事见《吴越春秋·句践阴谋外传》。杜牧《题永崇西平王宅太尉愬院六韵》："授符黄石老，学剑白猿翁。"

【白鳳】 ❶传说中的神鸟。眉娘《和卓英英理笙》："他日丹霄骖白凤，何愁子晋不闻声。"❷喻指随从、妃嫔。李贺《堂堂》："华清源中礜石汤，裴回白凤随君王。"❸传说汉扬雄撰《太玄经》，梦吐白凤集《玄》之上。见《西京杂记》卷二。后用"白凤"作称美才华的典故。玄宗《鹡鸰颂》序："左清道率府长史魏光乘才雄白凤，辩壮碧鸡。"方干《送睦州侯郎中赴阙》："青云旧路归仙掖，白凤新词入圣聪。"贯休《避地毗陵寒月上孙徽使君兼寄东阳王使君三首》之二："文欺白凤真难及，药撚红蕖岂偶然。"张碧《答张郎中分寄翰林贡余笔歌》："扬雄得之甘泉赋，胸中白凤无因飞。"

【白鳳凰】 传说中的神鸟。曹唐《小游仙诗九十八首》之十七："不知今夕游何处，侍从皆骑白凤凰。"

【白鳩】 ❶鸟名。古人以为瑞禽。李白《白鸠辞》："白鸠之白谁与邻，霜衣雪襟诚可珍。"❷乐府舞曲名。李白《白鸠辞》："铿鸣钟，考朗鼓，歌白鸠，引拂舞。"

【白道】 大路。李白《洗脚亭》："白道向姑熟，洪亭临道傍。"李敬方《题黄山汤院》："披榛通白道，束马置朱幡。"李商隐《无题》："白道萦回入暮霞，斑骓嘶断七香车。"韦庄《赠武处士》："绿萝临水合，白道向村斜。"

【白煙】 白色的烟雾。张祜《江南杂题三十首》之二一："白烟生草末，黄粉露花心。"杜牧《寄东塔僧》："初月微明漏白烟，碧松梢外挂青天。"崔涂《晚次修路僧》："高鸟下残照，白烟生远林。"沈彬《送人游南海》："白烟和月藏峦洞，明月随潮入瘴村。"

【白絹斜封】 白绢，一种白色的薄型丝织品。"白绢斜封"谓用白绢在信函外横着缄封。卢仝《走笔谢孟谏议寄新茶》："日高丈五睡正浓，军将打门惊周公。口云谏议送书信，白绢斜封三道印。"

【白綃】 生丝织成白色薄纱、薄绢。陆龟蒙《和袭美酒病偶作次韵》："唯欠白绡笼解散，洛生闲咏两三声。"自注："解散，王俭髻名，时人皆慕之也。"

【白綃巾】 用白绡制作的头巾。白居易《游丰乐招提佛光三寺》："竹鞋葵扇白绡巾，林野为家云是身。"

【白幘】 白色的裹发巾。杜甫《北邻》："青钱买野竹，白帻岸江皋。"皮日休《临顿为吴中偏胜之地陆鲁望居之不出因成五言十首奉题屋壁》之六："知君秋晚事，白帻刈胡麻。"陆龟蒙《叠韵山中吟》："玄铅仙偏怜，白帻客亦惜。”

【白團】 指白团扇。王维《赠吴官》：“空摇白团其谛苦，欲向缥囊还归旅。”杜甫《湘江宴饯裴二端公赴道州》：“白团为我破，华烛蟠长烟。”

【白蜺】 白色的副虹。钱起《登覆釜山遇道人二首》之二：“欲骖白霓去，且为紫芝留。”

【白銅】 含镍量低于5%的铜镍合金。亦可加入锰、铁、锌或铝，成为特种白铜。李贺《恼公》：“井槛淋清漆，门铺缀白铜。”

【白銅堤】 古代襄阳境内汉水堤名。无名氏《春二首》之一（卷七八五）：“白铜堤下烟苍苍，林端细蕊参差香。”见“白銅鞮❷”。

【白銅鞮】 亦作“白銅蹄”。❶南朝梁歌谣名。李白《襄阳歌》：“襄阳小儿齐拍手，拦街争唱白铜鞮。”李涉《汉上偶题》：“今日汉江烟树尽，更无人唱白铜鞮。”❷即白铜堤。崔国辅《襄阳曲二首》之一：“城中美少年，相见白铜鞮。”李白《襄阳曲四首》之一：“襄阳行乐处，歌舞白铜鞮。”刘禹锡《故相国燕国公于司空挽歌二首》之二：“汉水晋山郭，襄阳白铜鞮。”韦庄《浣溪沙》词之四：“绿树藏莺莺正啼，柳丝斜拂白铜鞮。”见“白銅堤”。

【白銀】 即银。金属的一种。綦毋诚《同韦夏卿送顾况归茅山》：“白银双阙恋，青竹一龙骑。”徐铉《亚元舍人不替深知猥贻佳作因为长歌聊以为报》：“城中有客独登楼，遥望天边白银阙。”自注：“天帝以黄金白银为宫阙。”

【白銀花】 色如白银之花。花蕊夫人徐氏《宫词》之六五：“白藤花限白银花，阁子门当寝宫斜。”喻鲜鱼。花蕊夫人徐氏《宫词》之一一五：“预进活鱼供日料，满筐跳跃白银花。”

【白銀章】 银制官印。李白《寻阳送弟昌峒鄱阳司马作》：“朱绂白银章，上官佐鄱阳。”

【白鼻】 见“白鼻騧”。

【白鼻騧】 ❶古乐府名。《乐府诗集·横吹曲辞五·高阳乐人歌》郭茂倩题解引南朝陈智匠《古今乐录》：“魏高阳王乐人所作也。又有《白鼻騧》，盖出于此。”李白有此作，见《全唐诗》卷一六五。❷一种白鼻黑喙的黄马。李白《白鼻騧》：“银鞍白鼻騧，绿地障泥锦。”韩翃《赠张千牛》：“蓬莱阙下是天家，上路新回白鼻騧。”杜牧《偶见》：“朔风高紧掠河楼，白鼻騧郎白罽裘。”姚合《白鼻騧》：“为底胡姬酒，长来白鼻騧。”亦省称“白鼻”。韩翃《赠别崔司直赴江东兼简常州独孤使君》：“苏山逐青骢，江家驱白鼻。”唐求《题友人寓居》：“黄头卷席宾初散，白鼻嘶风日欲斜。”

【白領】 白色的领子。于鹄《送唐大夫让节归山》：“朱门鸳瓦为仙观，白领狐裘出帝城。”

【白賓客】 白居易。大和三年（829），居易称病东归，求为分司，寻除太子宾客，见《旧唐书》本传。刘禹锡有《刑部白侍郎谢病长告改宾客分司以诗赠》《和留守令狐相公答白宾客》和《遥贺白宾客分司东都初到洛中戏呈冯尹》。姚合有《和裴令公游南庄忆白二十韦七二宾宾》。

【白熊】 毛皮白色的熊。贯休《送僧入马头山》：“苦竹大于杉，白熊卧如马。”

【白膏】 白色的膏脂。吕岩《窑头坯歌》：“须臾六年肠不馁，血化白膏体难毁。”

【白旗】 古代作战主帅所用的旗。韦庄《喻东军》：“几时鸾凤归丹阙，到处乌鸢从白旗。”又《秦妇吟》：“适逢紫盖去蒙尘，已见白旗来匝地。”

【白漫漫】 形容一片白色。白居易《和微之诗二十三首·和望晓》：“南山青沉沉，东方白漫漫。”

【白蜜】 白色的蜂蜜。寒山《诗三百三首》之七六：“死恶黄连苦，生怜白蜜甜。”

【白閣】 终南山山峰名。在今陕西户县东南。杜甫《偶题》：“故山迷白阁，秋水隐黄陂。”李商隐《念远》：“苍桐应露下，白阁自云深。”贾岛《秋暮寄友人》：“清宵话白阁，已负十年栖。”方干《寒食宿先天寺无可上人房》：“同忆前年腊，师初白阁回。”

【白閣老】 指白居易。中书舍人年久者称“阁老”。居易长庆中曾为中书舍人。刘禹锡有《和令狐相公寻白阁老见留小饮因赠》。

【白翟】 ❶即白狄。我国古代少数民族名。散居在今陕西、山西西北一带。杜甫《夔府书怀四十韵》：“贼壕连白翟，战瓦落丹墀。”❷鸟名。白雉类。《山海经·西山经》：“其鸟多白雉、白翟。”郝懿行笺疏：“雉，翟，一物二种。”孙昌胤有《越裳献白翟》。

【白網車】 指覆盖有白网的丧车。刘言史《北原情三首》之一：“谁家白网车，送客入幽尘。”

【白綸】 白色粗丝。皎然《冬日遥和卢使君幼平綦毋居士游法华寺高顶临湖亭》：“寒芳艾绶满，空翠白纶浓。”皮日休《新秋即事三首》之三：“青桂巾箱时寄药，白纶卧具半抛书。”

【白綸巾】 （綸 guān）白色粗丝制的头巾。皮日休《润卿鲁望寒夜见访各惜其志遂成一绝》：“世外为交不是亲，醉吟俱岸白纶巾。”谭用之《别江上一二友生》：“白纶巾御苏门月，红锦衣裁御苑花。”

【白髮】 白头发。亦指老人。李白《秋浦歌十七首》之十五：“白发三千丈，缘愁似个长。”白居易《洛阳有愚叟》：“放眼看青山，任头生白发。”李商隐《春日寄怀》：“青袍似草年年定，白发如丝日日新。”曹邺《文宗陵》：“宫女衣不香，黄金赐白发。”

【白駒】 白色的骏马。孟郊《汝州陆中丞席喜张从事至同赋十韵》:"有客乘白驹,奉仪惬所适。"亦喻疾逝的时间、光阴。张说《喜度岭》:"道消黄鹤去,运启白驹留。"杜甫《秋日荆南述怀三十韵》:"星霜玄鸟变,身世白驹催。"李绅《移九江》:"隙光非白驹,悬磬我无虞。"许浑《赠李伊阙》:"贫笑白驹无去意,病惭黄鹄有归心。"

【白蓮】 ❶白色的莲花。白居易《忆洛中所居》:"厌绿栽黄竹,嫌红种白莲。"李绅《龟山寺鱼池》之一:"汲水添池活白莲,十千鬐鬣尽生天。"皮日休《夏景无事因怀章来二上人三首》之二:"幽鸟见贫留好语,白莲知卧送清香。"黄滔《游东林寺》:"翻译如曾见,白莲开旧池。"❷指白色的莲花灯。韦承贻《策试夜潜纪长句于都堂西南隅》之二:"白莲千朵照廊明,一片升平雅颂声。"❸指白莲社。齐己《寄怀江西栖公》:"不见来香社,相思绕白莲。"

【白蓮池】 栽种白莲的池塘。白居易有《白莲池泛舟》。李中《庐山》:"白莲池宛在,翠辇事难寻。"齐己《渚宫莫问诗一十五首》之一三:"六年沧海寺,一别白莲池。"

【白蓮社】 东晋释慧远于庐山东林寺同慧永、慧持和刘遗民、雷次宗等结社精修念佛三昧,誓愿往西方净土,又掘池种白莲,因称"白莲社"。见晋无名氏《莲社高贤传》。亦借指僧人集会。温庭筠《寄清源寺僧》:"白莲社里如相问,为说游人是姓雷。"裴说《寄贯休》:"他年白莲社,犹许重相期。"慈觉《书妙圆塔院张道者屋壁》:"张道者,不聚徒,甚脱洒,不结远公白莲社。"

【白蓮花亭】 唐宫中白莲花池中的亭榭。沈佺期有《白莲花亭侍宴应制》。

【白蓮客】 泛指僧人。温庭筠《赠越僧岳二首》之一:"应共白莲客,相期松桂前。"

【白蓮經】 佛书名。即《妙法莲华经》,简称《法华经》。后秦鸠摩罗什译。修雅《闻诵法华经歌》:"诵白莲经,从旦至夕。"

【白蕖】 即白莲花。白居易《题西亭》:"烟蔓袅青薜,水花披白蕖。"

【白蔣】 茭草的别名。杜甫《伤秋》:"白蒋风飙脆,殷柽晓夜稀。"陆龟蒙《和胥口即事》之一:"白蒋知秋露裛,青枫欲暮烟饶。"

【白樓】 ❶楼名。(1)在今山西永济市蒲州镇。一说即鹳雀楼。李益有《登白楼见白鸟席上命鹧鸪辞》。(2)在今陕西大荔县。元稹《寄乐天二首》之一:"山入白楼沙苑暮,潮生沧海野塘春。"郑谷《叙事感恩上狄右丞》:"白楼陪写望,青眼感遭逢。"❷亭名。见"白樓亭"。

【白樓亭】 古亭名。故址在今浙江绍兴市。李白《赠僧崖公》:"手秉玉麈尾,如登白楼亭。"亦省作"白楼"。李白《赠僧行融》:"待我适东越,相携上白楼。"

【白鴉】 白颈乌鸦。韩湘《言志》:"宝鼎存金虎,元田养白鸦。"

【白醅】 白酒。醅,未过滤的酒。陆龟蒙《忆袭美洞庭观步奉和次韵》:"仙谣珠树曲,村饷白醅缸。"

【白蝙蝠】 白色的蝙蝠。于鹄《秦越人洞中咏》:"时时白蝙蝠,飞入茅衣中。"

【白稻】 一种谷粒狭长的稻。韦庄《题汧阳县跑马泉李学士别业》:"西园夜雨红樱熟,南亩秋风白稻肥。"

【白皚皚】 形容非常洁白。岑参《终南云际精舍寻法澄上人不遇归高冠东潭石淙望秦岭微作贻友人》:"崖口悬瀑流,半空白皑皑。"李郢《酬王舍人雪中见寄》:"三日柴门拥不开,阶庭平满白皑皑。"

【白質】 白色的质地。高适《双六头赋送李参军》:"有物分四方故城,六面砥平,白质黑文,花攒星明。"

【白衛嶺】 在今四川广元市西南。蜀后主王衍有《过白卫岭和韩昭》。王仁裕有《和韩昭从驾过白卫岭》。

【白練】 ❶白色熟绢。张籍《凉州词三首》之五:"无数铃声遥过碛,应驮白练到安西。"徐凝《庐山瀑布》:"今古长如白练飞,一条界破青山色。"❷喻指像白绢一样的东西。韩愈、孟郊《秋雨联句》:"檐垂白练直,渠涨清湘大。"白居易《十年三月三十日别微之于沣上十四年三月十一日夜遇微之于峡中因赋七言十七韵以赠》:"万丈赤幢潭底白,一条白练峡中天。"庄南圭《雁门太守行》:"跨下嘶风白练狞,腰间切玉青蛇活。"曹唐《病马五首呈郑校书章三吴十五先辈》之二:"尾蟠夜雨红丝脆,头捽秋风白练低。"

【白練裙】 白绢制的裙子。南朝宋羊欣年十二作隶书,甚为王献之所爱重。羊欣夏月著新绢裙昼寝,献之书裙数幅而去。欣本工书法,加以临摹,从此书法更工。见《南史·羊欣传》。后以"白练裙"作为称颂书法的典故。陆龟蒙《怀杨台文杨鼎文二秀才》:"重思醉墨纵横甚,书破羊欣白练裙。"

【白毿毿】 形容白而细长。白居易《除夜寄微之》:"鬓毛不觉白毿毿,一事无成百不堪。"

【白髭】 白胡子。髭,嘴上边的胡子。喻凫《送友人罢举归蜀》:"卖琴红粟贵,看镜白髭新。"徐铉《春尽日游后湖赠刘起居》:"今朝湖上送春归,万顷澄波照白髭。"又《又题白鹭洲江鸥送陈君》:"天涯后会眇难期,从此又应添白髭。"

【白燕】 白尾的燕子。古人以为瑞禽。旧题南朝梁任昉《述异记》卷下：汉武帝元鼎元年，起招灵阁，有一神女，留一玉钗与帝，帝以赐赵婕妤。至昭帝元凤中，宫人见此钗，光莹甚异，共谋欲碎之。明视钗匣，唯见白燕，直升天。后宫人常作玉钗，因名“玉燕钗”。后用白燕指玉钗，并作为咏妇女头饰的典故。刘言史《赠成炼师四首》之四：“当时白燕无寻处，今日云鬟见玉钗。”李商隐《圣女祠》：“寄问钗头双白燕，每朝珠馆几时归。”薛逢《夜宴观妓》：“纤腰怕束金蝉断，鬓发宜簪白燕高。”张鹭《游仙窟·咏崔五娘》：“黄龙遂入黄金钏，白燕飞来白玉钗。”

【白燕瑞書】 旧题晋葛洪《西京杂记》卷四：元后在家，尝有白燕衔白石，大如指，坠后绩筐中。后取之，石自剖为二，其中有文曰“母天地”。后乃合之，遂复还合，乃宝录焉。后为皇后，常并置玺笥中，谓为天玺也。后以“白燕瑞书”作为咏皇后或太后的典故。权德舆《大行皇太后挽歌词三首》之三：“青乌灵兆久，白燕瑞书频。”

【白蕉衣】 亦作“白蕉衫”。白夏布做的短袖的单衣。白居易《时热少客因咏所怀》：“露床青篾簟，风架白蕉衣。”又《东城晚归》：“晚入东城谁识我，短靴低帽白蕉衫。”

【白蕉衫】 见“白蕉衣”。

【白蕣】 白色的木槿花。肃宗《延英殿玉灵芝诗三章八句》之二：“紫微间采，白蕣呈色。”

【白樸】 书名。白居易撰。元稹《酬乐天余思不尽加为六韵之作》：“元诗驳杂真难辨，白朴流传用转新。”自注：“乐天于翰林中书，取书诏批答词等，撰为《程式》。禁中号曰白朴。每有新入学士求访，宝重过于《六典》也。”

【白翰林】 白居易。居易元和初为翰林学士。元稹《桐孙诗》序：“元和五年，予贬掾江陵。三月二十四日宿曾峰馆，山月晓时，见桐花满天，因有八韵寄白翰林诗。”元稹八韵诗即其《三月二十四日宿曾峰馆夜对桐花寄乐天》。

【白頭】 ❶白发。借指年老。贾至《赠陕掾梁宏》：“白头仍作功曹掾，禄薄难供沽酒钱。”窦常《求自试》：“文墨悲无位，诗书误白头。”王播《题木兰院》之四：“如今再到经行处，树老无花僧白头。”温庭筠《题韦筹博士草堂》：“玄晏先生已白头，不随鹓鹭狎群鸥。”❷指某些事物头部或顶部呈现白色。裴夷直《酬唐仁烈相别后喜阻风未发见寄》：“离心一起泪双流，春浪无情也白头。”钱珝《江行无题一百首》之四九：“风晚冷飕飕，芦花已白头。”亦特指白色的浪花。李益《述怀寄衡州令狐相公》：“白头生远浪，丹叶下高枫。”

【白頭人】 白发老人。刘长卿《正朝览镜作》：“朝来明镜里，不忍白头人。”皎然《春夜与诸公同宴呈陆郎中》：“月惭红泪烛，花笑白头人。”李绅《过梅里七首·上家山》：“况复白头人，追怀空望望。”于武陵《赠王道士》：“不随丹灶客，终作白头人。”

【白頭吟】 ❶旧题晋葛洪《西京杂记》卷三：相如将聘茂陵人女为妾，卓文君作《白头吟》以自绝，相如乃止。据传《玉台新咏》卷一《古乐府·皑如山上雪》即为卓氏之《白头吟》。中有“闻君有两意，故来相诀绝”“愿得一心人，白头不相离”等语。后以“白头吟”作为咏弃妇的典故。李白《白头吟》：“一朝将聘茂陵女，文君因赠白头吟。”虞世南《怨歌行》：“谁言掩歌扇，翻作白头吟。”元稹《梦游春七十韵》：“卓女白头吟，阿娇金屋赋。”杜牧《为人题赠二首》之一：“文园终病渴，休咏白头吟。”❷乐府楚词曲名。据传始作于西汉卓文君。南北朝以来，多借此旧题抒发个人清直遭谤、沉抑下僚的哀怨。后多以“白头吟”表示有志难伸、处境艰难的典故。袁朗《秋夜独坐》：“如何悲此曲，坐作白头吟。”王昌龄《悲哉行》：“勿听白头吟，人间易忧怨。”耿湋《送王秘监江东》：“唯余江畔草，应见白头吟。”孔德绍《夜宿荒村》：“劳歌欲叙意，终是白头吟。”

【白頭波】 指白色的波浪。刘言史《夜泊润州江口》：“秋江欲起白头波，贾客瞻风无渡河。”见“白頭❷”。

【白頭叟】 白发老翁。刘秩《过芜湖》：“相逢白头叟，击壤颂唐尧。”

【白頭翁】 ❶白发老翁。白居易《九江北岸遇风雨》：“黄梅县边黄梅雨，白头浪里白头翁。”又《重阳席上赋白菊》：“还似今朝歌酒席，白头翁入少年场。”李敬方《遣兴》：“果窥丹灶鹤，莫羡白头翁。”张祜《穷居》：“竹下喜逢青眼士，草中甘作白头翁。”❷草名。李白《见野草中有曰白头翁者》：“如何青草里，亦有白头翁？”

【白頭新】 相识已久，却如同初识，谓交情不深。《文选·邹阳〈狱中上书自明〉》：“语曰：‘白头如新，倾盖如故。’何则？知与不知也。”李善注引《汉书音义》：“或初不相识相知，至白头不相知。”张祜《江南杂题三十首》之二二：“不逢青眼旧，争奈白头新。”刘威《赠欧阳秀才》：“永日空惊沧海阔，何年重见白头新。”

【白頭親】 白发双亲。高骈《留别彰德军从事范校书》：“无金寄与白头亲，节概犹夸似古人。”

【白頭鴉】 白颈乌鸦。李郢《酬友人春暮寄枳花茶》：“相如病渴今全校，不羡生台白颈鸦。”

【白磧】 沙漠。张籍《凉州词三首》之二：“古镇奇城门白碛开，胡兵往往傍沙堆。”

【白曉】 谓夜月如晓。李贺《感讽五首》之三：

"月午树无影，一山唯白晓。"

【白學士】 白居易。居易三十六岁为翰林学士。《重修承旨学士壁记》："白居易，元和二年十一月六日自周至县尉充。"刘禹锡有《翰林白二十二学士见寄诗一百篇因以答贶》。

【白龍】 ❶传说中白色的龙。李白《留别曹南群官之江南》："我昔钓白龙，放龙溪水傍。"于鹄《秦越人洞中咏》："年年山下人，长见骑白龙。"徐夤《和仆射二十四丈牡丹八韵》："蕊堪灵凤啄，香许白龙亲。"贯休《梦游仙四首》之三："森森椿树下，白龙来嗅人。"❷喻白龙状物。白居易《和集贤刘学士早朝作》："烟吐白龙头宛转，扇开青雉尾参差。"孟郊《寒溪》之五："一曲一直水，白龙何鳞鳞。"❸即白龙堆。东方虬《昭君怨三首》之二："掩泪辞丹凤，衔悲向白龙。"胡皓《大漠行》："近见行人畏白龙，遥闻公主愁黄鹤。"

【白龍堆】 亦作"白龙䨻"。沙漠名。在新疆天山南路。亦泛称沙漠。岑参《登北庭楼呈幕中诸公》："大荒无鸟飞，但见白龙䨻。"温庭筠《塞寒行》："一点黄尘起雁喧，白龙堆下千蹄马。"

【白龍䨻】 见"白龍堆"。

【白氈】 白羊毛压制成的厚呢。喻杨花。杜甫《绝句漫兴九首》之七："糁径杨花铺白毡，点溪荷叶叠青钱。"

【白環】 白玉环。杜甫《洗兵马》："不知何国致白环，复道诸山得银瓮。"曹邺《翠孤至渚宫寄座主相公》："古人于黄雀，岂望白环报。"

【白黿】 白色的大鳖。李白《赠裴十四》："身骑白鼋不敢度，金高南山买君顾。"韩翃《送故人归蜀》："古庙祠金乌，春江带白鼋。"

【白薤】 植物名。新鲜鳞茎可食，干燥鳞茎(薤白)可入药。李吉甫《九日小园独谣赠门下李相公》："受露红兰晚，迎霜白薤肥。"

【白薔薇】 白色的蔷薇花。皮日休《虎丘寺西小溪闲泛三绝》之三："高下不惊红翡翠，浅深还碍白蔷薇。"

【白檀】 木名。即檀香。齐己《不睡》："天明拂经案，一炷白檀灰。"又《东林作寄金陵知己》："泉滴胜清磬，松香掩白檀。"又《荆州新秋寺居写怀诗五首上南平王》之二："满印白檀灯一盏，可能酬谢得聪明。"

【白螺杯】 用白螺壳雕制的酒杯。张籍《和韦开州盛山十二首·流杯渠》："渌酒白螺杯，随流去复回。"

【白蠅拂】 白色的拂尘。可用为驱蝇。卢纶有《和赵给事白蝇拂歌》。

【白罽衫】 以白色毛织物为面料的衣衫。许浑《维舟秦淮过温州李给事宅》："蜡屐青筇杖，篮舆白罽衫。"

【白罽袍】 以白色毛织物为面料的裘袍。杜牧《少年行》之二："春风细雨走马去，珠落璀璀白罽袍。"

【白罽裘】 以白色毛织物为面料的皮衣。杜牧《偶见》："朔风高贤掠河楼，白鼻骃郎白罽裘。"陆龟蒙《奉和袭美送李明府之任南海》："之君不恋南枝久，抛却经冬白罽裘。"

【白點】 白色小点。白居易《看采菱》："菱池如镜净无波，白点花稀青角多。"

【白鵝峰】 峰名。在今安徽黄山。为黄山诸峰之一。李白有《送温处士归黄山白鹅峰旧居》。

【白矯矯】 形容白而矫健。白居易《池上作》："华亭双鹤白矫矫，太湖四石青岑岑。"

【白輿素車】 居丧或送丧时乘用的轿子和车子。白居易《劝酒》："游人驻马出不得，白舆素车争路行。"

【白鴿】 白色的鸽子。王昌龄《题净眼师房》："白鸽飞时日欲斜，禅房寂历饮香茶。"

【白龜】 白色的龟，古人以为瑞物。晋人毛宝成邾城，有军人买得一白龟子长四五寸，养之渐大，放诸江中。邾城之败，养龟人投水自杀，觉如堕一石上，视之，乃先所养之白龟，长五六尺，将其送至东岸，徐游而去。见晋陶潜《搜神后记》卷十。李白《九日登山》："赤鲕涌琴高，白龟道冯夷。"周朴《王霸坛》："皂树即须朽，白龟应亦全。"贯休《江边祠》："精灵应醉社日酒，白龟咬断菖蒲根。"

【白龜城】 古城名。故址在今安徽泾县境。左匡政有《白龟城》。

【白濤】 白色的浪涛。李贺《画角东城》："淡菜生寒日，鲕鱼濮白涛。"白居易《题海图屏风》："白涛与黑浪，呼吸绕咽喉。"

【白澤】 传说中的神兽名。《云笈七籤》卷一百："黄帝得白泽神兽，能言，达于万物之情。"亦指图绘而成的白泽图形。顾云《与罗隐互谑》："青蝇被扇扇离席，白泽遭钉钉在门。"

【白騎】 即白马。李贺《蝴蝶飞》："东家蝴蝶西家飞，白骑少年今日归。"杜牧《有怀重送斛斯判官》："将取离魂随白骑，三台星里拜文星。"

【白騎賊】 指叛乱者。韩翃《寄哥舒仆射》："高视黑头翁，遥吞白骑贼。"见"白孫兒"。

【白藏】 (—cáng)指秋天。秋于五色为白，序属归藏，故称。魏征《五郊乐章·白帝商音》："白藏应节，天高气清。"李峤《十月奉教作》："白藏初送节，玄律始迎冬。"

【白醪】 糯米甜酒。白居易《代书诗一百韵寄微之》："白醪充夜酌，红粟备晨炊。"张祜《又陪楚州韦舍人阎门游谯次韵北阊门》："彩柚撩青鬟，金舡泛白醪。”李群玉《七月十五夜看月》：“竟夕瞻光彩，昂头把白醪。”罗邺《冬日旅怀》：“闲思江市白醪满，静忆僧窗绿绮横。”

【白霧】　白色的雾。周朴《福州开元寺塔》：“唯堪片片紫霞映，不与濛濛白雾迷。”

【白題】　❶犹白头，白发。杜牧《书怀寄中朝往还》：“朱绂久惭官借与，白题还叹老将来。”❷古代匈奴部族名。杜甫《秦州杂诗二十首》之三：“马骄珠汗落，胡舞白蹄斜。”按《全唐诗》题，作“蹄”，误。宋张邦基《墨庄漫录》卷二：“白题乃胡人谓毡笠也。子美所谓‘胡舞白题斜’，胡人多为旋舞，笠之斜似乎谓此也。”

【白鵠】　白天鹅，全身羽毛雪白。杜甫《枯楠》：“白鹄遂不来，天鸡为愁思。”又《后苦寒行二首》之一：“玄猿口噤不能啸，白鹄翅垂眼流血。”李益《入华山访隐者经仙人石坛》：“竦身云遂起，仰见双白鹄。”

【白鵝嶺】　即白鹅峰。李白《送温处士归黄山白鹅峰旧居》：“归休白鹅岭，渴饮丹砂井。”

【白簟扇】　用白簟竹做的扇子。徐夤有《溪上要一只白簟扇遂成绝句》。

【白簡】　❶古代用竹片写字，称作简，后来虽改用纸张，仍用旧名。《晋书·傅玄传》：玄天性峻急，不能有所容；每有奏劾，或值日暮，捧白简，整簪带，竦踊不寐，坐而待旦。于是贵游慑伏，台阁生风。后代遂统称弹劾的章奏为“白简”。宋之问《和姚给事寓直之作》：“宠就黄扉日，威回白简霜。”蒋涣《故太常卿赠礼部尚书李公及夫人挽歌二首》之一：“白简尝持宪，黄图复尹京。”刘禹锡《和武中丞秋日寄怀简诸僚故》：“威生奉白简，道胜外华簪。”李商隐《偶成转韵七十二句赠四同舍》：“青袍白简风流极，碧沼红莲倾倒开。”亦泛称一般的奏章。孟浩然《同曹三御史行泛湖归越》：“白简徒推荐，沧州已拂衣。”刘长卿《哭张员外继》：“白简曾连拜，沧州每共思。”❷犹玉简。道教祭告神祇的文书。陆龟蒙《和袭美伤开元观顾道士》：“多应白简迎将去，即是朱陵炼更生。”

【白鯉魚】　白色的鲤鱼。古有仙人乘鲤之说。陆龟蒙《和袭美寄题镜岩周尊师所居》：“知君便入悬珠会，早晚东骑白鲤鱼。”

【白額】　猛虎。独孤及《和尚书画射虎图歌》：“时和年丰五兵已，白额未诛壮士耻。”李绅《虎不食人》：“南山白额同驯扰，亦变仁心去杀机。”杜牧《昔事文皇帝三十二韵》：“狐威假白额，枭啸得黄昏。”韦庄《虎迹》：“白额频频夜到门，水边踪迹渐成群。”

【白額虎】　猛虎。王维《老将行》：“射杀中山白额虎，肯数邺下黄须儿。”

【白額駒】　犹千里驹。喻英俊有为的年轻人。李白《送舍弟》：“吾家白额驹，远别临东道。”

【白麏】　即白獐。贯休《书匡山老僧庵》：“白麏作梦枕藤屦，东峰山媪贡瓜乳。”

【白璧】　平圆形而中有孔的白玉。李白《赠黄山胡公求白鹇》：“请以双白璧，买君双白鹇。”李商隐《和友人戏赠二首》之一：“明珠可贯须为佩，白璧堪裁且作环。”杜牧《往年随故府吴兴公夜泊芜湖口今赴官西去再宿芜湖感旧伤怀因成十六韵》：“郭隗黄金峻，虞卿白璧鲜。”温庭筠《过孔北海墓十二韵》：“钝工磨白璧，凡石砺青萍。”

【白璧青蠅】　谓青蝇玷污白璧。喻谗人陷害忠良。陈子昂《宴胡楚真禁所》：“青蝇一相点，白璧遂成冤。”李白《雪谗诗赠友人》：“白璧何辜，青蝇屡前。”

【白璧堂】　美称富贵人家的住房。胡宿《侯家》：“彩云按曲青岑醴，沉水薰衣白璧堂。”

【白璧無瑕玷】　白玉上没有一点斑点。喻事物完美无缺。孟浩然《陪张丞相登荆城楼因寄蓟州张使君及浪泊戍主刘家》：“白璧无瑕玷，青松有岁寒。”

【白璧瑕】　白璧微瑕。白玉上的小斑点。喻美中不足，有些微缺点。贾岛《寄令狐绹相公》：“岂有斯言玷，应无白璧瑕。”

【白鵲旗】　白鹊，即白羽鹊。古时以为瑞禽。白鹊旗，未详。李白《送外甥郑灌从军三首》之三：“斩胡血变黄河水，枭首当悬白鹊旗。”

【白藕】　莲的地下茎。白居易《白莲池泛舟》：“白藕新花照水开，红窗小舫信风回。”

【白蟻】　昆虫名。形似蚂蚁，有白翅。群居，善食木材，为大害虫。顾况《凉公洞庭橘歌》：“下生白蚁子，上生青雀雏。”

【白獸闥】　亦称“白兽门”。即白虎门。杜甫《北征》：“凄凉大同殿，寂寞白兽闼。”

【白犢】　白色的小牛。李白《田园言怀》：“牵如何白犊，饮水对青流。”张籍《牧童词》：“入陂草多牛散行，白犊时向芦中鸣。”

【白贊善】　白居易。元和三年(808)，居易任左拾遗，累迁太子左赞善大夫。元稹《酬卢秘书》序：“秘书郎卢拱作《喜遇白赞善学士》诗二十韵兼以见贻，白诗酬和先出，予草蹙未暇。”

【白鏃】　饰有白羽的箭。韩愈《雉带箭》：“冲人决起百余尺，红翎白镞相倾斜。”

【白雞】　白色的鸡。王维《和宋中丞夏日游福贤观天长寺寺即陈左相宅所施之作》：“积水浮香象，深山鸣白鸡。”顾况《望简寂观》：“青嶂青溪直复斜，白鸡白犬到人家。”杨衡《哭李象》：“白鸡黄犬不将去，寂寞空余葬时路。”

【白雞夢】　《晋书·谢安传》：(安)自以本志不

遂，深自慨失，因怅然谓所亲曰：“昔桓温在时，吾常惧不全。忽梦乘温舆行十六里，见一白鸡而止。乘桓舆者，代其位也。十六里，止今十六年矣。白鸡主酉，今太岁在酉，吾病殆不起乎！”……寻薨，时年六十六。后以“白鸡梦”泛称不祥之兆。李白《东山吟》：“白鸡梦后三百岁，洒酒浇君同所欣。”

【白獭】　白色的水獭。皮日休《奉酬鲁望见答鱼笺之什》：“毫端白獭脂犹湿，指下冰蚕子欲飞。”孙棨《题妓王福娘墙》之三：“寒肌不耐金如意，白獭为膏郎有无。”见“白獭髓”。

【白獭髓】　白獭的骨髓。一种珍贵的药物。皮日休《太湖诗·游毛公坛》：：“凝于白獭髓，湛似桐马乳。”

【白蘋】　水中浮草。李白《渌水曲》：“渌水明秋月，南湖采白蘋。”李贺《追和柳恽》：“汀州白蘋草，柳恽乘马归。”张祜《长安感怀》：“流光渐到华发，离恨萧萧生白蘋。”李中《维舟秋浦逢故人张矩同泊》：“卸帆清夜碧江滨，冉冉凉风动白蘋。”

【白蘋洲】　❶洲名。在今浙江湖州市吴兴区东南。白居易《白蘋洲五亭记》：“湖州城东南二百步，抵霅溪，连汀洲。洲一名白蘋，梁吴兴守柳恽于此赋诗云：‘汀洲采白蘋。’因以为名也。”张籍《霅溪西亭晚望》：“吴兴耆旧尽，空见白蘋洲。”白居易《得杨湖州书颇夸抚民接宾纵酒题诗因以绝句戏之》：“白蘋洲上春传语，柳使君输杨使君。”杜牧有《题白蘋洲》。皎然有《晦日陪颜使君白蘋洲集》。❷泛指长满白色萍花的沙洲。李益《柳杨送客》：“青枫江畔白蘋洲，楚客伤离不待秋。”张祜《江南逢故人》：“春风故人夜，又醉白蘋洲。”李中《思九江旧居三首》之三：“别后再游心未遂，设屏唯画白蘋洲。”徐铉《秋日泛舟赋蘋花》：“今朝流咏处，即是白蘋洲。”

【白礬】　白色的矾石。曹唐《小游仙诗九十八首》之八三：“白矾烟尽水银冷，不觉小龙床下眠。”

【白蘘荷】　（荷 hé）白色的蘘荷。蘘荷，多年生草本植物。根茎圆柱形，叶互生，椭圆状披针形。根入中药。柳宗元有《种白蘘荷》。

【白蘭】　山名。在今青海省西南。武平一《送金城公主适西番》：“圣念飞玄藻，仙仪下白兰。”

【白櫻桃】　白色的樱桃。韦庄有《白樱桃》。

【白露】　❶秋天的露水。张九龄《在郡秋怀二首》之二：“庭芜生白露，岁候感遐心。”韩愈《秋怀诗十一首》之二：“白露下百草，萧兰共雕悴。”白居易《新乐府·驯犀》：“驯犀生处南方热，秋无白露冬无雪。”姚合《秋夕遣怀》：“昨宵白露下，秋气满山城。”❷二十四节气之一。每年在阳历九月八日前后。杜审言《度石门山》：“未改朱明律，先含白露风。”韦应物《闲居寄诸弟》：“秋草生庭白露时，故园诸弟益相思。”刘长卿《睢阳赠李司仓》：“白露变时候，蛩声暮啾啾。”

【白酇】　（—cuó）即白醝。白酒，酇，借为“醝”。陆龟蒙《添酒中六咏·酒池》：“残霞入醍齐，远岸澄白酇。”

【白鐵】　指割草的刀。李贺《马诗二十三首》之十七：“白铁剉青禾，砧间落细莎。”

【白鶴】　白色的鹤。神仙家传说多与白鹤有关。李白《赠参寥子》：“白鹤飞天书，南荆访高士。”张继《秋日道中》：“道边白鹤来华表，陌上苍麟卧古丘。”杨嗣复《赠毛仙翁》：“天上玉郎骑白鹤，肘后金壶盛妙药。”李群玉《桃源》：“紫雪白鹤去不返，唯有桃花溪水流。”

【白鶴寺】　佛寺名。在唐乐城县，今河南光山县。沈佺期有《乐城白鹤寺》。

【白鶴翎】　白鹤的翎毛。亦泛指羽扇。高适《遇冲和先生》：“头戴鹖鸟冠，手摇白鹤翎。”

【白鶴观】　（观 guàn）神仙家传说多有关于白鹤者，故多以白鹤名观。❶在江西庐山。包佶有《宿庐山赠白鹤观刘尊师》。❷在今陕西终南山。张乔有《题终南山白鹤观》。郑谷有《终南山白云观》。❸在今广西梧州市。郑畋有《白鹤观水阁题诗》。

【白鷳】　鸟名。雄鸟背部白色，有黑色纹，腹部黑色；雌的全身棕绿色。为著名的观赏鸟。李白《赠黄山胡公求白鹇》：“请以双白璧，买君双白鹇。”柳宗元《酬韶州裴曹长使君寄道州吕八大使因以见示二十韵一首》：“远物裁青罽，时珍馔白鹇。”张籍《送郑尚书赴广州》：“白鹇飞绕迎官舫，红槿开当宴客亭。”元稹《有鸟二十章》之十三：“有鸟有鸟谓白鹇，雪毛皓白红觜殷。”

【白鬚】　白胡子。须，下巴上的胡子。白居易《洛下送牛相公出镇淮南》：“红旆拥双节，白须无一茎。”李商隐《即目》：“小鼎煎茶面曲池，白须道士竹间棋。”贾岛《崇圣寺斌公房》：“白须长更剃，青霭远还归。”刘兼《对镜》：“青镜重磨照白须，白须撚闲意何如。”

【白鷗】　水鸟名。《列子·黄帝》：海上之人有好沤鸟者，每旦之海上，从沤鸟游，沤鸟之至数百而不止。其父曰：“吾闻沤鸟皆从汝游，汝取来，吾玩之。”明日之海上，沤鸟舞而不下也。”沤鸟，即鸥鸟。海上之人以纯洁之心待鸥，鸥数百相就。海上之人一旦有捕鸥之意，鸥即飞舞不下。后用“白鸥”作为咏唱超逸出世生活情趣的典故。刘长卿《龙门八咏·福公塔》：“谁见白鸥鸟，无心洲渚间。”独孤及《雨晴后陪王员外泛后湖得溪字》：“酒酣相视笑，心与白鸥齐。”朱庆余《留别卢玄休归荆门》：“云开孤鸟出，浪起白鸥沉。”韦庄《婺州屏居蒙右省王拾遗车枉降访病中延候不得因成寄谢》:“怪得白鸥惊去尽,绿萝门外有朱轮。”

【白鷗兒】 即白鸥。顾况《访邱员外丹》:“池中数个白鸥儿,见人惯后痴不飞。”

【白巖禪師】 即僧怀晖,俗姓谢,曾居太行山百岩寺,因号百岩禅师(或作柏岩)。元和三年(808)诏入长安章敬寺毗卢遮那院。王鲁复有《故白岩禅师院》。

【白玃】 白猴。贯休《桐江闲居作十二首》之一〇:“白玃兼花鹿,多年不见渠。”

【白鱗】 ❶指鱼。韦应物《送刘评事》:“洞庭摘朱实,松江献白鳞。”白居易《风雨中寻李十一因题船上》:“小榼酤清醑,行厨煮白鳞。”又《饱食闲坐》:“红粒陆浑稻,白鳞伊水鲂。”韦庄《雨霁池上作呈侯学士》:“正是如今江上好,白鳞红稻紫莼羹。”❷指书信。李商隐《和郑愚赠汝阳王孙家筝妓二十韵》:“荒郊白鳞断,别浦晴霞委。”

【白麟】 白色麒麟。传说中的神兽。顾况《曲龙山歌》之一:“九仙傲倪折五芝,翠凤白麟回异道。”

【白鹽】 见“白鹽山”。

【白鹽山】 山名。在今四川奉节县东十七里。崖壁颜色炳耀若白盐,故名。刘禹锡《竹枝词九首》之一:“白帝城头春草生,白盐山下蜀江清。”刘隐辞有《咏白盐山》。亦省称“白鹽”。杜甫《夔州歌十绝句》之三:“赤甲白盐俱刺天,闾阎缭绕接山巅。”又《寄裴施州》:“几度寄书白盐北,苦寒赠我青羔裘。”

【白鹽峰】 即白盐山。唐求《舟行泊夔州》:“维舟镜面中,迴对白盐峰。”

【白鷺】 鹭的一种,羽毛白色,腿长,善涉水捕食鱼虾,亦称鹭鸶。王维《积雨辋川庄作》:“漠漠水田飞白鹭,阴阴夏木啭黄鹂。”顾况《送从兄使新罗》:“曙色黄金阙,寒声白鹭潮。”白居易《池上寓兴二绝》之二:“水浅鱼稀白鹭饥,劳心瞪目待鱼时。”韦庄《题吉涧卢拾遗庄》:“怪来马上诗情好,印破青山白鹭飞。”

【白鷺汀】 即白鹭洲。顾况有《白鹭汀》。见“白鹭洲”。

【白鷺洲】 在今江苏南京市西南。原为长江中沙洲,现已与大陆相接。李白《宿白鹭洲寄杨江宁》:“朝别朱雀门,暮栖白鹭洲。”又《送殷淑三首》之二:“白鹭洲前月,天明送客回。”又《登金陵凤凰台》:“三山半落青天外,二水中分白鹭洲。”徐铉《又题白鹭洲江鸥送陈君》:“白鹭洲边江路斜,轻鸥接翼满平沙。”

【白鷺鷥】 即白鹭。李白有《赋得白鹭鸶送宋少府入三峡》和《白鹭鸶》。

【白鷹】 白羽之鹰。古人认为是瑞禽。李白有《观放白鹰二首》。窦巩《新罗进白鹰》:“御马新骑禁苑秋,白鹰来自海东头。”

【白鸜鵒】 白色八哥鸟。韦应物有《宝观主白鸜鹆歌》。

【白鼉】 白色的鼍。李贺《黄家洞》:“山潭晚雾吟白鼍,竹蛇飞蠹射金沙。”张籍《白鼍鸣》:“天欲雨,有东风,南溪白鼍鸣窟中。”

【白鼉鳴】 乐府杂歌谣辞。张籍有此作,见《全唐诗》卷二九和卷三八二。

【白氎】 即白氎布。棉布。白居易《喜老自嘲》:“裘轻被白氎,靴暖蹋乌毡。”

【白氎巾】 棉布做的头巾,多为僧人所戴。杜甫《大云寺赞公房四首》之二:“细软青丝履,光明白氎巾。”

【白鸚鵡】 白色的鹦鹉,为鹦鹉的一种。李白《寄远十一首》之一〇:“鲁缟如玉霜,笔题月氏书。寄书白鹦鹉,西海慰离居。”

【白豔】 洁白美艳。郑璧《奉和陆鲁望白菊》:“白艳轻明带露痕,始知佳色重难群。”

【白鸞】 白色的鸾鸟。李贺《仙人》:“手持白鸾尾,夜扫南山云。”曹唐《小游仙诗九十八首》之七七:“因驾五龙看较艺,白鸾功用不如妻。”

【白鸞尾】 传说中仙人用的一种扫帚。李贺《仙人》:“手持白鸾尾,夜扫南云山。”

一 画

百 〔bǎi《广韵》博陌切,入陌,幫。〕❶数词。十的十倍。杜甫《楠树为风雨所拔叹》:“倚江楠树草堂前,故老相传二百年。”张继《郢城西楼吟》:“珠帘直下一百丈,日暖游鳞自相向。”李贺《啁少年》:“自说生来未为客,一身美妾过三百。”杜牧《送李群玉赴举》:“玉白花红三百首,五陵谁唱与春风。”❷概数。言其多。皎然《同李著作纵题尘外上人院》:“百缘唯有什公瓶,万法但看一字经。”韩愈《梨花下赠刘师命》:“洛阳城外清明节,百花寥落梨花发。”白居易《和微之诗二十三首·和除夜作》:“我统十郎官,君领百吏胥。”李绅《逾岭峤止荒陬抵高要》:“百处溪滩异雨晴,四时雷电迷昏旭。”❸凡;一切;完全。杜甫《徐卿二子歌》:“吾知徐公百不忧,积善衮衮生公侯。”

【百一】 ❶古代言灾变运数者,以阴阳代表对立面,阴为六,阳为一,互为消长。百一为阳数极点,百六为阴数极点。曹唐《小游仙诗九十八首》之七三:“未知百一穷阳数,略请先生止的看。”❷犹言百虑之一失。孟郊《冬日》:“老人行人事,百一不及周。”

【百二】 ❶以二敌百。一说百的一倍。语出《史记·高祖本纪》。后以喻山河险固之地。王维《游悟真寺》:"山河穷百二,世界接三千。"杜甫《诸将五首》之三:"洛阳宫殿化为烽,休道秦关百二重。"李远《赠潼关不下山僧》:"窗中遥指三千界,枕上斜看百二关。"❷犹言一百多。许浑《汴河亭》:"百二禁兵辞象阙,三千宫女下龙舟。"

【百二山河】 喻山河险固之地。刘禹锡《途次华州遂题此诗》:"百二山河雄上国,一双旌旆委名臣。"卢宗回《登长安慈恩寺塔》:"九重宫殿参差见,百二山河表里观。"胡曾《咏史诗·渑池》:"能令百二山河主,便作樽前击缶人。"

【百十】 表示多的概数。寒山《诗三百三首》之五八:"我见百十狗,个个毛狰狞。"韩愈《初南食贻元十八协律》:"蠔相黏为山,百十各自生。"

【百人】 满百人的概数。杜甫《题衡山县文宣王庙新学堂呈陆宰》:"下可容百人,墙隅亦深邃。"白居易《薛中丞》:"百人无一直,百直无一遇。"

【百人會】 指众多重臣被召的盛会。王维《不遇咏》:"百人会中身不预,五侯门前心不能。"戴叔伦《赠康老人洽》:"百人会中一身在,被褐饮瓢终不改。"

【百八真珠】 念珠。因其每串一百零八颗,故称。贾岛《赠圆上人》:"一双童子浇红药,百八真珠贯彩绳。"

【百工】 ❶各种工匠。杜牧《送沈处士赴苏州李中丞招以诗赠行》:"念君苞材能,百工在城垒。"❷百官。德宗《重阳日中外同欢以诗言志示群官》:"万实行就稔,百工欣所如。"权德舆《畿铭》:"下为人纪,百工咸秩。"刘斌《和许给事伤牛尚书》:"名臣不世出,百工之所求。"贯休《大蜀皇帝寿春节进尧铭舜颂二首·尧铭》:"叶叶枝枝,百工允釐。"

【百丈】 ❶极言高、深或远。丘为《对雨闻莺》:"垂柳街头百丈丝,杏花林外度黄鹂。"韩愈《次同冠峡》:"落英千尺堕,游丝百丈飘。"❷牵船的缆绳。杜甫《十二月一日三首》之一:"一声何处送书雁,百丈谁家上水船。"王周《自喻》:"群操百丈牵,临难无苟避。"又《志峡船具诗·百丈》:"百丈为前牵,万险即平砥。"

【百丈山】 山名。在今江西奉新县西。山有百丈寺,唐僧怀海所建。唐宣宗曾至此避暑。宣宗有《百丈山》。

【百丈崖】 山崖名。在今浙江天台县瀑布寺之侧。李白有《求崔山人百丈崖瀑布图》。

【百口】 犹云全家。王维《送丘为往唐州》:"四愁连汉水,百口寄随人。"刘禹锡《郡斋书怀寄江南白尹兼简分司崔宾客》:"一生不得文章力,百口空为饱暖家。"李绅《溯西江》:"一身累困怀千载,百口无虞贵万金。"

【百口累】 晋司空王导担心被杀,入朝前曾以全族家口托于护军将军周颉,对周颉说:"伯仁,以百口累卿!"见《晋书·周颉传》。后以"百口累"指以家事委托他人。独孤及《得李滁州书以玉潭庄见托因以诗代答》:"知同百口累,曷日办抽簪。"

【百千】 成百上千。言众多。孙逖《故右丞相赠太师燕文贞公挽词二首》之一:"空余掌纶地,传庆百千秋。"白居易《泛春池》:"霜竹百千竿,烟波六七亩。"段成式《观山灯献徐尚书》之二:"分明三五月,传照百千灯。"

【百川】 江河湖泽的总称。魏征《奉和正月临朝应诏》:"声教溢四海,朝宗引百川。"李白《金门答苏秀才》:"臣海纳百川,麟阁多才贤。"孟郊《寄崔纯亮》:"百川有余水,大海无满波。"赵嘏《献淮南李相公》:"万里有云归碧落,百川无浪到沧溟。"

【百川注海】 亦作"百川赴海"。众水奔流注入大海。喻分散的事物汇集到一处。卢仝《孟夫子生生亭赋》:"百川注海而心不写兮,落日千里凝寒精。"鲍溶《始见二毛》:"百川赴海返潮易,一叶报秋归树难。"

【百川赴海】 见"百川注海"。

【百子池】 汉宫殿中池名。亦借指一般的水池。张谔《百子池》:"旧闻百子汉家池,汉家渌水今逶迤。"王维《和尹谏议史馆山池》:"春池百子外,芳树万年余。"

【百子帳】 古代婚礼所用之帐。陆畅《云安公主下降奉诏作催妆诗》:"催铺百子帐,待障七香车。"

【百子鈴】 古之车上所系的一种成串的铃。司空曙《和耿拾遗元日观早朝》:"门响双鱼钥,车喧百子铃。"

【百子殿】 汉宫殿名。崔颢《相逢行》:"春生百子殿,花发五城楼。"

【百王】 ❶历代帝王。虞世南《奉和幸江都应诏》:"百王岂殊轨,千载协前谟。"太宗《句》:"雪耻酬百王,除凶报千古。"白居易《新乐府·百炼镜》:"四海安危居掌内,百王治乱悬心中。"李涉《怀古》:"至今百王则,孰不挹其源?"❷指仙界诸王。罗隐《献淮南崔相公》:"见说蓬莱百王发,玉皇吟出广陵城。"

【百井】 人口聚居地。岑参《陪狄员外早秋登府西楼因呈院中诸公》:"车马隘百井,里闬盘二江。"亦指广阔的田野。李贺《昌谷诗》:"芒麦平百井,闲乘列千肆。"

【百夫】 犹众人、多人。杜甫《遣兴五首》之五:"共指亲戚大,缌麻百夫行。"韩愈《孟生诗》:"一门百夫守,无籍不可寻。"白居易《新乐府·红线毯》:"百夫同担进宫中,线厚丝多卷不得。"刘言史《观绳伎》:"广场寒食风日好,百夫伐鼓锦臂新。"

【百夫長】 (長 zhǎng)统率百人的下级军官。杨炯《从军行》:“宁为百夫长,胜作一书生。”

【百世】 世世代代。指久远的岁月。皮日休《七爱诗·李太尉》:“百世必一乱,千年方一人。”陆龟蒙《奉和袭美寄题罗浮轩辕先生所居》:“鼎成仙驭入崆峒,百世犹传至道风。”赵光逢《郊庙歌辞·梁郊祀乐章·庆和》:“寿万年,祚百世。”

【百木】 一切树木。韩愈《南山诗》:“夏炎百木盛,荫郁增埋覆。”

【百日】 很多时日。韩愈《双鸟诗》:“两鸟忽相逢,百日鸣不休。”鲍溶《织妇词》:“百日织彩丝,一朝停杼机。”

【百日黄】 一种百日成熟的稻种。王绩《食后》:“菜剪三秋绿,飧炊百日黄。”

【百中】 (—zhòng)见“百發百中”。

【百牛】 众牛。喻巨大的力量。柳宗元《行路难三首》之二:“深林土剪十取一,百牛连鞅摧双辕。”

【百分】 (—fēn)形容杯中酒斟得很满的样子。唐宋俗语。杜牧《题禅院》:“觥船一棹百分空,十岁青春不负公。”曹唐《长安客舍叙邵陵旧宴寄永州萧使君五首》之四:“百分散打银船溢,十指宽催玉箸轻。”

【百氏】 指诸子百家。皎然《奉陪颜使君修韵海毕东溪泛舟饯诸文士》:“菁华兼百氏,缣素备三坟。”刘禹锡《游桃源一百韵》:“九流宗指归,百氏旁捃摭。”郑谷《寄赠杨夔处士》:“三江胜景遨游遍,百氏群书讲贯来。”刘兼《倦学》:“百氏典坟空自苦,一堆萤雪竟谁知。”

【百方】 用多种方法。王建《岁晚自感》:“一向破除愁不尽,百方回避老须来。”

【百尺】 十丈。喻高、长或深。王维《凉州赛神》:“凉州城外少行人,百尺峰头望虏尘。”白居易《和答诗十首·和松树》:“森耸上参天,柯条百尺长。”李商隐《韩碑》:“长绳百尺拽碑倒,粗砂大石相磨治。”李郢《晓井》:“桐阴覆井月斜明,百尺寒泉古甃清。”

【百尺竿】 ❶古代表演杂技用的长竿。见“百尺高竿頭”。❷高的旗杆。李商隐《咏史》:“北湖南埭水漫漫,一片降旗百尺竿”。

【百尺竿頭】 见“百尺高竿頭”。

【百尺高竿頭】 桅杆及杂技长竿的顶端。柳曾《险竿行》:“奈何平地不肯立,走上百尺高竿头。”亦省作“百尺竿頭。”吴融《商人》:“百尺竿头五两斜,此生何处不为家。”

【百尺臺】 指西受降城的烽火台。西受降城故址在今内蒙古杭锦后旗乌加河北岸。李益《夜上西城听梁州曲二首》之二:“金河戍客肠应断,更在秋风百尺台。”

【百尺樓】 泛指高楼。虞世南《奉和至寿县应令》:“路指八仙馆,途经百尺楼。”王昌龄《从军行七首》之一:“烽炎城西百尺楼,黄昏独上海风秋。”韩翃《赠张建》:“翠羽双鬟妾,珠帘百尺楼。”李商隐《霜月》:“初闻征雁已无蝉,百尺楼高水接天。”

【百末】 各种花草的粉末。亦借指百末美酒。李纾《唐德明兴圣庙乐章·兴圣酌献》:“泰奠始献,百末重觞。”

【百巧】 百般巧妙。司空图《力疾山下吴村看杏花十九首》之五:“才情百巧斗风光,却笑雕花刻叶忙。”

【百卉】 百草。后亦指百花。孟浩然《李氏园林卧疾》:“春雷百卉坼,寒食四邻清。”皎然《酬薛员外谊苦热行见寄》:“火德烧百卉,瑶草不及荣。”罗隐《春居》:“春风百卉摇,旧国路迢迢。”吴融《僧舍白牡丹二首》之二:“虽饶百卉争先发,还在三春向后残。”

【百匝】 百周;百转。韩愈《华山女》:“豪家少年岂知道,来绕百匝脚不停。”

【百匝千遭】 千百圈。李德裕《登崖州城作》:“青山似欲留人住,百匝千遭绕郡城。”

【百生】 犹言终身。李商隐《撰彭阳公志文毕有感》:“百生终莫报,九死谅难追。”

【百代】 很多的年代;很长的岁月。李白《赠张相镐二首》之一:“一生欲报主,百代思荣亲。”白居易《读张籍古乐府》:“愿藏中秘书,百代不湮沦。”陆龟蒙《奉和袭美酬前进士崔潞盛制见寄因赠至一百四十言》:“轲雄骨已朽,百代徒趦趄。”周昙《咏史诗·三代门·周公》:“文武传芳百代基,几多贤哲守成规。”

【百司】 即百官。太宗《幸武功庆善宫》:“端扆朝四岳,无为任百司。”又《咏司马彪续汉志》:“五胜竟无违,百司诚有庇。”白居易《新乐府·骊宫高》:“一人出兮不容易,六宫从兮百司备。”李咸用《煌煌京洛行》:“百司旧分当玉殿,太平官属无遗彦。”

【百民】 百姓。李翱《江州南湖堤铭》:“东南百民,城市所繇。”

【百回】 多次。王建《羽林行》:“百回杀人身合死,赦书尚有收城功。”

【百舌】 鸟名。见“百舌鳥”。郑愔《百舌》:“百舌鸣高树,弄音无常则。”梁锽《闻百舌鸟》:“百舌闻他郡,间关媚物华。”韩愈《双鸟诗》:“百舌旧饶声,从此恒低头。”陆希声《阳羡杂咏十九首·桃溪》:“也知百舌多言语,任向春风尽意啼。”

【百舌兒】 即百舌鸟。卢仝《悲新年》:“新年何事最堪悲,病客遥听百舌儿。”

【百舌鳥】 鸟名。益鸟。喙尖,毛色黑黄相杂,鸣声圆滑。王维有《听百舌鸟》。梁锽有《闻百舌鸟》。严郾有《赋百舌鸟》。见“百舌”。

【百年】 ❶指人寿百岁。韩愈《感春四首》之四："百年未满不得死，且可勤买抛青春。"元稹《思归乐》："况我三十二，百年未半程。"白居易《和微之诗二十三首·和新楼北园》："一岁春又尽，百年期不赊。"张祜《扬州法云寺双桧》："纵使百年为上寿，绿阴终借暂时行。"❷一百年。谓时间长久。无名氏《五言白话诗》之二十(外编下)："纵得百年活，还入土孔笼。"卢纶《王评事驸马花烛诗》之二："一人女婿万人怜，一夜调疏抵百年。"张祜《听薛阳陶吹芦管》："无奈一声天外绝，百年已死断肠刀。"❸终身；一生。杜甫《登高》："万里悲秋常作客，百年多病独登台。"司空曙《赠送郑钱二郎中》："百年飘若水，万绪尽归空。"白居易《新乐府·太行路》："人生莫作妇人身，百年苦乐由他人。"李远《题僧院》："百年如过鸟，万事尽浮沤。"

【百年心】 指相契终生的心愿。王昌龄《少年行二首》之二："夜阑须尽饮，莫负百年心。"唐暄《赠亡妻张氏》："如何宿昔内，空负百年心。"

【百年身】 ❶终身，一生。白居易《新乐府·井底引银瓶》："为君一日恩，误妾百年身。"❷犹言寄于百年人生的身躯。寒山《诗三百三首》之八四："贪爱有人求快活，不知祸在百年身。"杜甫《中夜》："长为万里客，有愧百年身。"李端《送黎少府赴阳翟》："不嫌鸣吠客，愿用百年身。"赵嘏《东归道中二首》之二："星星一镜发，草草百年身。"

【百年命】 百年的寿命，长寿。许浑《不寝》："多无百年命，长有万般愁。"

【百行】 ❶(—xíng)各种品行。魏氏《赠外》："所愿好九思，勿令亏百行。"吴筠《高士咏·柳下惠》："百行既无点，三黜道弥真。"❷(—háng)谓文字的近百的行数。杜甫《入衡州》："频繁命屡及，磊落字百行。"

【百邪】 各种邪恶。张蠙《赠郑司业》："晚学更求来世达，正怀非与百邪侵。"

【百步】 ❶一百步的距离或一百步见方的范围。戎昱《苦哉行五首》之四："弯弓猎生人，百步牛羊膻。"白居易《和刘郎中学士题集贤阁》："欲知丞相优贤意，百步新廊不蹋泥。"刘兼《万葛树》："叶如羽盖岂堪论，百步清阴锁绿云。"❷见"百步穿楊"。

【百步穿楊】 《史记·周本纪》："楚有养由基者，善射者也，去柳叶百步而射之，百发而中之。左右观者数千人，毕曰善射。"后以"百步穿杨"形容射术之精。李涉《看射柳枝》："万人齐看翻金勒，百步穿杨逐箭空。"周昙《咏史诗·春秋战国门·苏厉》："百步穿杨箭不移，养由堪教听弘规。"亦省作"百步"。薛存诚《御箭连中双兔》："三驱仍百步，一发遂双连。"

【百步楊】 见"百步穿楊"。周仆《赠李裕先辈》："晚擎弓箭入初场，一发曾穿百步杨。"

【百里】 ❶一百里。言距离遥远或面积广阔。元稹《酬乐天叹穷愁见寄》："病煎愁绪转纷纷，百里何由说向君。"李绅《寿阳罢郡日·初出淝口入淮》："东风百里雪初晴，淝口冰开好濯缨。"李商隐《西南行却寄相送者》："百里阴云覆雪泥，行人只在雪云西。"❷谓一县之境。李白《赠从孙义兴宰铭》："蠖屈虽百里，鹏骞望三台。"又《经乱离后天恩流夜郎忆旧游书怀赠江夏韦太守良宰》："百里独太古，陶然卧羲皇。"高适《过卢明府有赠》："登高见百里，桑野郁芊芊。"❸指县令。萧颖士《重阳日陪元鲁山德秀登北城瞩对新霁因以赠别》："何日谢百里，从君汉之滏。"见"百里才"。

【百里才】 亦作"百里材"。《三国志·蜀志·庞统传》：先主领荆州，统以从事守耒阳令，在县不治，免官。吴将鲁肃遗先主书曰："庞士元非百里才也，使处治中、别驾之任，始当展其骥足耳。"古时一县辖百里，故"百里才"指治理一县的人才。骆宾王《饯郑安阳入蜀》："地是三巴俗，人非百里材。"孟郊《赠万年陆郎中》："谁言百里才，终作横天梁。"

【百里材】 见"百里才"。

【百里君】 指县令。李白《赠张公洲革处士》："长揖二千石，远辞百里君。"王琦注："百里君，谓县令。"

【百里長】 (長 zhǎng)指县令。戴叔伦《送李明府之任》："身为百里长，家宠五诸侯。"徐铉《送王员外宰德安》："今为百里长，应好五峰游。"见"百里才"。

【百里宰】 指县令。杜甫《寄刘峡州伯华使君四十韵》："皆为百里宰，正似六安丞。"韦应物《送唐明府赴溧水》："三为百里宰，已过十余年。"见"百里才"。

【百身】 指佛像身上的各个部分。杜甫《山寺》："前佛不复辨，百身一莓苔。"

【百足】 虫名。即马陆。体长而稍扁，长寸余，由众多环节构成，各节有足一至二对。中断成两段，首尾仍能各自行走。故亦以喻故国、旧家或位势富厚之人。元稹《酬刘猛见送》："百足虽捷捷，商羊亦翘翘。"亦指此虫的众多的脚。皮日休《鲁望昨以五百言见贻因成一千言上述吾唐文物之盛次叙相得之欢选亦和之微旨也》："百足虽云众，不救杀马蚿。"

【百役】 ❶各种仆役。薛逢《六街尘》："百役并驱衣食内，四民长走路歧中。"❷各种劳役。杜甫《遣遇》："丈夫死百役，暮返空村号。"

【百谷】 指众谷之水。高适《和贺兰判官望北海作》："湛湛朝百谷，茫茫连九垓。"刘禹锡《重送浙西李相公新加旌旆》："城下清波含百谷，窗中远岫列三茅。"

【百谷王】 指江海。百谷之水必趋江海，故称。

李沛《海水不扬波》:"既合千年圣,能安百谷王。"水神《霅溪夜宴诗》之七(卷八六四):"自怜休退五湖客,何幸追陪百谷王。"

【百牢】 见"百牢關"。

【百牢關】 关名。在今陕西勉县西南。杜甫《夔州歌十绝句》之一:"白帝高为三峡镇,夔州险过百牢关。"白居易《酬和元九东川路诗十二首·夜深行》:"百牢关外夜行客,三殿角头宵直人。"于武陵《过百牢关贻舟中者》:"远为千里客,来度百牢关。"李商隐《饯席重送从叔余之梓州》:"武关犹怅望,何况百牢关。"亦省作"百牢"。李商隐《迎寄韩鲁州》:"寇盗缠三辅,莓苔滑百牢。"

【百祀】 泛指各种祭祀。杜甫《社日两篇》之一:"九农成德业,百祀发光辉。"

【百花】 各种花。刘长卿《铜雀台》:"漳河东流无复来,百花辇路为苍苔。"熊孺登《祇役遇风谢湘中春色》:"应被百花撩乱笑,比来天地一闲人。"赵嘏《花园即事呈常中丞》:"烟暖池塘柳覆台,百花园里看花来。"

【百花王】 美称花之优者。白居易《山石榴花十二韵》:"好差青鸟使,封作百花王。"

【百花仙醞】 以百花酿成的美酒。王昌龄《题朱炼师山房》:"百花仙酝能留客,一饭胡麻度几春。"

【百花亭】 ❶亭名。在今江西九江市东。南朝梁刺史邵陵王纶所建。白居易有《百花亭》,朱金城笺注引《清统志·九江府一》:"百花亭在府治东,梁刺史邵陵王纶建。"又白居易《百花亭晚望夜归》:"百花亭上晚裴回,云影阴晴掩复开。"朱庆余《陪江州李使君重阳宴百花亭》:"闲携九日酒,共到百花亭。"❷在唐都长安(今陕西西安)曲江池。花卉环周,烟水明媚,故称。储光羲《同诸公秋霁曲江俯见南山》:"阴阴豫章馆,宛宛百花亭。"❸在今湖北江陵县东。李颀《送皇甫曾游襄阳山水兼谒韦太守》:"百花亭漫漫,一柱观苍苍。"

【百花酒】 用多种花酿的酒。泛称美酒。钱起《落第刘拾遗相送东归》:"不醉百花酒,伤心千里归。"项斯《途中逢友人》:"烂醉百花酒,狂题几首诗。"

【百花毬】 图绘各种颜色的彩球,用于蹴鞠或马球游戏。张蠙《宫词》:"日透珠帘见冕旒,六宫争逐百花球。"

【百花潭】 潭名。在今四川成都市西郊。亦即浣花溪。潭北有杜甫草堂。杜甫《狂夫》:"万里桥西一草堂,百花潭水即沧浪。"又《怀锦水居止二首》之二:"万里桥南宅,百花潭北庄。"

【百枝】 形容灯烛繁多。张文恭《七夕》:"星桥百枝动,云路七香飞。"

【百兩】 (—liàng)古时车凡两轮,故以两计数。百两,即百辆车。特指结婚时所用的车辆。《诗·召南·鹊巢》:"之子于归,百两御之。"毛传:"百两,百乘也,诸侯之子嫁于诸侯,送御者皆百乘。"皇甫冉《赠恭顺皇后挽歌》:"虽殊百两迓,同是九泉归。"张光朝《天门街西观荣王聘妃》:"三周初展义,百两遂言归。"亦泛言车辆之众。杨巨源《和吕舍人喜张员外自北番回去至境上先寄二十韵》:"百两开戎垒,千蹄入御栏。"

【百果】 各种果实。白居易《杏园中枣树》:"人言百果中,唯枣凡且鄙。"李商隐有《百果嘲樱桃》。

【百事】 各种事情。韩愈《送侯参谋赴河中幕》:"尔时心气壮,百事谓已能。"白居易《答卜者》:"除却须衣食,平生百事休。"姚合《寄旧山隐者》:"朝朝恣行坐,百事都不闻。"黄滔《客舍秋晚夜怀故山》:"寥寥深巷客中居,况值穷秋百事疏。"

【百物】 万物;各种事物。韩愈《独钓四首》之四:"秋半百物变,溪鱼去不来。"白居易《晚题东林寺双池》:"向晚双池好,初晴百物新。"刘斌《和许给事伤牛尚书》:"经纶资百物,樽俎寄皇猷。"

【百和香】 由各种香料合成的香。杜甫《即事》:"雷声忽送千峰雨,花气浑如百和香。"权德舆《古乐府》:"绿窗珠箔绣鸳鸯,侍婢先焚百和香。"罗虬《比红儿诗》之十二:"金缕浓熏百和香,脸红眉黛入时妆。"亦省作"百和"。韩翃《送客还江东》:"一壶先醉桃枝簟,百和初薰苎布衣。"齐己《题东林白莲》:"色后群芳拆,香殊百和燃。"

【百舍】 百里一宿。谓长途跋涉。王维《送张舍人佐江州同薛璩十韵》:"逆旅到三湘,长途应百舍。"

【百金】 形容钱多。亦指昂贵的价值。李华《杂诗六首》之三:"嗜欲乘此炽,百金资一倾。"韩愈、孟郊《城南联句》:"一笑释仇恨,百金交弟兄。"

【百金一諾】 《史记·季布栾布列传》:楚人谚曰:"得黄金百斤,不如得季布一诺。"后以"百金一诺"指信誓可靠的诺言。卢照邻《咏史四首》之一:"百金孰云重,一诺良匪轻。"亦省作"百金諾"。高适《和崔二少府登楚丘城作》:"何意千里心,仍求百金诺。"

【百金諾】 见"百金一諾"。

【百刻】 古时用刻漏计时,一昼夜分为一百刻。李德裕《怀山居邀松阳子同作》:"昼夜百刻中,愁肠几回绝。"白居易《花前有感兼呈崔相公刘郎中》:"四时轮转春常少,百刻支分夜苦长。"

【百怪】 ❶多种鬼怪。陈元光《漳州新城秋宴》:"会知冥漠处,百怪恼精魂。"❷各种奇想。韩愈《调张籍》:"精诚忽交通,百怪入我肠。"

【百法】 佛教语。佛教唯识宗说明世间、出世间一切现象的总称。白居易《醉吟二首》之一:"空王百法学未得，姹女丹砂烧即飞。”方干《题龟山穆上人院》：“修持百法过半百，日往月来心更坚。”

【百泓】 百水。指各种水潭。杜甫《火》：“罗落沸百泓，根源皆万古。”

【百官】 古指公卿以下的众官。后泛称各级官吏。刘长卿有《送河南元判官赴河南勾当苗税充百官俸钱》。姚合《和刘禹锡主客冬初拜表怀上都故人》：“九陌喧喧骑吏催，百官拜表禁城开。”许浑《献韶阳相国崔公》：“万国已闻传玉玺，百官犹望启金縢。”贯休《送张拾遗赴施州司户》：“君不见顷者百官排闼赴延英，阳城不死存令名。”

【百姓】 民众；人民。顾况《书情上李苏州》：“手持国宪群僚畏，口喻天慈百姓安。”卢仝《萧宅二三子赠答诗二十首·客谢井》：“扬州恶百姓，疑我卷地皮。”白居易《秦中吟十首·立碑》：“身殁欲归葬，百姓遮路岐。”曹邺《捕渔谣》：“天子好征战，百姓不种桑。”

【百毒】 指各种药物。韩愈《谴疟鬼》：“医师加百毒，熏灌无停机。”

【百城】 各个城邑。借指各地的地方官。孟浩然《卢明府九日岘山宴袁使君张郎中崔员外》：“百城今刺史，华省旧郎官。”王维《送缙云苗太守》：“露冕见三吴，方知百城贵。”又《既蒙宥罪旋复拜官伏感圣恩窃书鄙意兼奉简新除使君等诸公》：“闻道百城新佩印，还来双阙共鸣珂。”

【百殃】 各种灾难。刘言史《苦妇词》：“哀哉苦妇身，夫死百殃缠。”

【百品】 指各种美味。魏征《五郊乐章·肃和》：“芬馥百品，铿锵三变。”

【百拜】 多次行礼。百，言其多。古人之拜，犹今之鞠躬。王卓《观北番谒庙》：“礼终齐百拜，心洁尽忠贞。”

【百秋】 犹百年。谓时间长久。贾岛《师郑从志》：“故人别二年，我意如百秋。”

【百重】 (—chóng)谓极多层次。太宗《饮马长城窟行》：“瀚海百重波，阴山千里雪。”王维《送梓州李使君》：“山中一夜雨，树杪百重泉。”张祜《从军行》：“一卷旌收千骑虏，万全身出百重围。”

【百竿】 百棵；百根。白居易《和汴州令狐相公新于郡内栽竹百竿拆壁开轩旦夕对玩偶题七言五韵》：“千亩荒凉寻未得，百竿青翠种新成。”

【百計】 想尽或用尽各种办法。韩偓《江楼二首》之二：“风光百计牵人老，争奈多情是病身。”褚载《投节度邢公》：“流年怕老看将老，百计求安未得安。”冯延巳《玉楼春》词：“尊前百计得春归，莫为伤春眉黛蹙。”

【百度】 ❶百事；各种制度。语出《书·旅獒》：“不役耳目，百度唯贞。”陆复礼《试中和节诏赐公卿尺诗》：“皇恩贞百度，宝尺赐群公。”权德舆《奉和圣制中和节赐百官宴集因示所怀》：“藻思贞百度，著明并三辰。”又《幾铭》：“无愆五事，无汩百度，”卢文纪《后唐宗庙乐舞辞》：“九成式叙，百度惟贞。”❷多次。拾得《诗》之二：“一度造天堂，百度造地狱。”元稹《追昔游》：“花园欲盛千场饮，水阁初成百度过。”贯休《蜀王登福感寺塔三首》之三：“一年一度常如此，愿见文翁百度来。”

【百恨】 众多的怨恨。韦庄《黄藤山下闻猿》：“入耳便能生百恨，断肠何必待三声。”

【百神】 各种神灵。苏味道《奉和受图温洛应制》：“陟配光三祖，怀柔洎百神。”温庭筠《病中书怀呈友人》：“百神歆仿佛，孤竹韵含胡。”罗虬《比红儿诗》之十三：“通宵甲帐散香尘，汉帝精神礼百神。”郑谷《丞相孟夏祗荐南郊一纪献十韵》：“奏歌三酒备，表敬百神柔。”

【百衲】 指僧衣。“衲”，言补缀；“百”，言其多。李端《秋日忆暕上人》：“雨前缝百衲，叶下闭重关。”法振《送无著禅师归新罗》：“寻山百衲弊，过海一杯轻。”白居易《戏赠萧处士清禅师》：“三杯嵬峨忘机客，百衲头陀任运僧。”徐涵《题灵泉寺》：“老曾被百衲，童子学三归。”

【百草】 各种草类。亦指各种花木。杜甫《自京赴奉先县咏怀五百字》：“岁暮百草零，疾风高冈裂。”载叔伦《边城曲》：“黄沙碛下八月时，霜风裂肤百草衰。”温庭筠《鄠郊别墅寄所知》：“南塘遇新雨，百草生容姿。”徐铉《柳枝词十首》之二：“百草千花共待春，绿杨颜色最惊人。”

【百家】 指学术上的各种派别。韩愈《此日足可惜赠张籍》：“纷纷百家起，诡怪相披猖。”皮日休《鲁望昨以五言见贻因成一千言上述吾唐文物之盛次叙相得之欢亦迭和之微旨也》：“百家嚣浮说，诸子率寓篇。”又《吴中苦雨因书一百韵寄鲁望》：“百家皆搜荡，六艺尽翻覆。”

【百家書】 指诸子百家之书。高适《闲居》：“方知一杯酒，犹胜百家书。”钱起《送集贤崔八叔承恩括图书》：“还劳五经笥，更访百家书。”

【百鬼】 各种鬼怪。韩愈《嘲鼾睡》之一：“马牛惊不食，百鬼聚相待。”

【百般】 各种各样；样样。寒山《诗三百三首》之五四：“春秋未三十，才艺百般能。”刘长卿《喜晴》：“湖天一种色，林鸟百般声。”白居易《惜花》：“今日流莺来旧处，百般言语泥空枝。”罗隐《投浙东王大夫二十韵》：“深惭百般病，今日问医王。”

【百畝】 一百亩土地。亦泛指广阔之地。刘禹锡《再游玄都观》:“百亩庭中半是苔,桃花净尽菜花开。”

【百病】 各种疾病。白居易《闲眠》:“暖床斜卧日曛腰,一觉闲眠百病销。”

【百疾】 各种疾病。白居易《病中诗十五首·初病风》:“六十八衰翁,乘衰百疾攻。”陆龟蒙《奉和袭美先辈吴中苦雨一百韵》:“既为霜露侵,一卧增百疾。”

【百宵】 很多个夜晚。谓很长的时间。孟郊《寿安西渡奉别郑相公》之一:“百宵华灯宴,一旦星散人。”

【百祥】 ❶各种吉利的事物。韦应物《骊山行》:“访道灵山降圣祖,沐浴华池集百祥。”杜甫《奉同郭给事汤东灵湫作》:“百祥奔盛明,古先莫能俦。”权德舆《奉和度支李侍郎早朝》:“献替均三壤,贞明集百祥。”❷各种神灵。李峤《汾阴行》:“回旌驻跸降灵场,焚香奠醑邀百祥。”

【百郡】 众多的州郡。蒋涣《故太常卿赠礼部尚书李公及夫人挽歌二首》之一:“能标百郡则,威肃一朝清。”

【百堵】 众多的墙。岑参《过梁州奉赠张尚书大夫公》:“百堵创里闾,千家恤茕嫠。”

【百執事】 百官。韩愈《东都遇春》:“在庭百执事,奉职各祗敬。”

【百捷】 百胜;百战百胜。秦韬玉《边将》:“剑光如电马如风,百捷长轻是掌中。”

【百頃】 一万亩。极言面积大或范围广。杜甫《天池》:“百顷青云杪,层波白石中。”又《陪郑广文游何将军山林十首》之二:“百顷风潭上,千重夏木清。”又《茅堂检校收稻二首》之一:“香稻三秋末,平田百顷间。”

【百逕】 多种途径。陆龟蒙《奉酬袭美先辈吴中苦雨一百韵》:“人皆机巧求,百径无一达。”

【百常】 一千六百尺。八尺为寻,倍寻为常。极言高。亦借指极高的楼阁。储光羲《贻刘高士别》:“壮哉丽百常,美矣崇两观。”

【百貨】 各种货物。薛逢《题剑门先寄上西蜀杜司徒》:“梯航百货通邦计,键闭诸蛮屏帝都。”

【百粵】 见“百越”。

【百禽】 各种禽鸟。徐夤《润屋》:“百禽罗得皆黄口,四皓山居始白头。”

【百鳥】 各种禽鸟。白居易《和柳公权登齐云楼》:“楼外春晴百鸟鸣,楼中春酒美人倾。”李商隐《越燕二首》之二:“记取丹山凤,今为百鸟尊。”温庭筠《太子西池二首》之二:“柳占三春色,莺偷百鸟声。”吴融《溪边》:“溪边花满枝,百鸟带香飞。”

【百斛】 泛指多斛。斛,量具名。古以十斗为斛,南宋末改为五斗。杜甫《暮秋枉裴道州手札率尔遣兴寄近呈苏涣侍御》:“拨弃潭州百斛酒,芜没潇岸千株菊。”李贺《江南弄》:“鲈鱼千头酒百斛,酒中倒卧南山绿。”李商隐《玉山》:“珠容百斛龙休睡,桐拂千寻凤要栖。”

【百情】 犹百事。白居易《老热》:“一饱百情足,一酣万事休。”

【百越】 亦作“百粤”。我国古代南方越人的总称。因其部落众多,故称。分布在今浙、闽、粤、桂等地。亦指百越所居之地。李华《咏史十一首》之四:“汉时征百粤,杨仆将楼船。”杜甫《奉酬寇十侍御锡见寄四韵复寄寇》:“南瞻按百越,黄帽待君偏。”柳宗元《登柳州城楼寄漳汀封连四州》:“共来百越文身地,犹自音书滞一乡。”温庭筠《感旧陈情五十韵献淮南李仆射》:“冰清临百粤,风靡化三川。”

【百葉】 ❶指花重瓣,物体重叠。曹松《江西逢僧省文》之二:“百叶岩前霜欲降,九枝松上鹤初归。”李洞《题晰上人贾岛诗卷》:“贾生诗卷惠休装,百叶莲花万里香。”❷桃花的一种。韩愈《题百叶桃花》:“百叶双桃晚更红,窥窗映竹见玲珑。”王建《调笑令》词二:“君前对舞春风,百叶桃花树红,红树,红树,燕语莺啼日暮。”张祜《江南杂题》:“碧瘦三棱草,红鲜百叶桃。”

【百葉髻】 古代妇女重叠型的发髻。元稹《梦游春七十韵》:“丛梳百叶髻,金蹙重台屦。”

【百壺】 极言酒多。杜甫《苏端薛复筵简薛华醉歌》:“千里犹残旧冰雪,百壶且试开怀抱。”杨凭《湘江泛舟》:“除却同倾百壶外,不愁谁奈两魂销。”曹唐《小游仙诗九十八首》之八九:“千树梨花百壶酒,共君论饮莫论诗。”

【百揆】 ❶总理国政之官。黄滔《贺清源仆射击新命》:“南史两荣唯百揆,东闽双拜有三台。”自注:“《南史》:袁宪兄弟同为仆射,当时荣之。”❷指各种政务。玄宗《左丞相说右丞相璟太子少傅乾曜同日上官命宴东堂赐诗》:“俾予成百揆,垂拱问彝伦。”徐铉《文献太子挽歌词五首》之三:“百揆方时叙,重离遂不融。”❸百官。徐彦伯《送特进李峤入都祔庙》:“特进三公下,台臣百揆先。”罗隐《酬丘光庭》:“朝廷济济百揆序,宁将对面容奸回。”

【百勝】 每战必胜,战无不胜。胡浩《大漠行》:“但得将军能百胜,不须天子筑长城。”

【百毳】 各种鸟兽所生之细毛。张谓《送僧》:“一身求清净,百毳纳袈裟。”

【百結】 ❶用碎布缀成衣的衣服。多形容衣多补缀。杜甫《北征》:“经年至茅屋,妻子衣百结。”又《投简成华两县诸子》:“饥卧动即向一旬,敝裘何啻联百结。”韩翃《送别郑明府》：“千金尽去无斗储，双袖破来空百结。”❷一种联叠成扣的织物。温庭筠《织锦词》：“锦中百结皆同心，蕊乱云盘相间深。”曾益等笺注上王子年《拾遗记》：“嶓支国有列堞锦，文似云霞，覆于日月，如城楼堞也。”❸指心中各种郁结。聂夷中《饮酒乐》：“一饮解百结，再饮破百忧。”

【百勞】❶即伯劳。鸟名。传为周宣王重臣尹吉甫长子伯奇冤魂所化。杜甫《风雨看舟前落花戏为新句》：“蜜蜂蝴蝶生情性，偷眼蜻蜓避百劳。”卢纶《春日忆司空文明》：“桃李风多日欲阴，百劳飞处落花深。”李贺《感春》：“上幕迎神燕，飞丝送百劳。”赵嘏《句》：“语风双燕立，袅树百劳飞。”❷《玉台新咏·古词〈东飞伯劳歌〉》：“东飞伯劳西飞燕，黄姑织女时相见。”后借指离别的亲人或朋友。岑参《送王著作赴淮西幕府》：“燕子与百劳，一西复一东。”薛涛《春郊游眺寄孙处士二首》之一：“何事碧溪孙处士，百劳东去燕西飞。”

【百尋】八百尺。极言其深或高。杜甫《中宵》：“西阁百寻余，中宵步绮疏。”任翻《葛仙井》：“古井碧沉沉，分明见百寻。”

【百發中】（中 zhòng）见“百發百中”。

【百發百中】（中 zhòng）形容射术高明，百不失一。亦喻做事有把握，成功率高。齐己《送刘蜕秀才赴举》：“百发百中□，□□□□年。”亦省作“百發中”和“百中”。韦应物《射雉》：“虽无百发中，聊取一笑妍。”耿湋《和王怀州观西营秋射》：“名借三军勇，功推百中难。”见“百步穿楊”。

【百媚】形容极其妩媚。白居易《长恨歌》：“回眸一笑百媚生，六宫粉黛无颜色。”李白《清平乐》词之二：“女伴莫话孤眠，六宫罗绮三千，一笑皆生百媚，宸衷教在谁边。”

【百載】（—zǎi）百年。杜甫《观薛稷少保书画壁》：“不知百载后，谁复来通泉。”

【百萬】形容数目极大。舒元舆《八月五日读唐历天宝已来追怆故事》：“燕戎伺其便，百万奋长戟。”罗虬《比红儿诗》之三：“陷却平阳为小怜，周师百万战长川。”徐夤《宋二首》之二“百万人甘一掷输，玄穹惟与道相符。”

【百萬化爲魚】（爲 wéi）谓许多人被水淹死。参见《后汉书·光武帝纪上》。杜甫《潼关吏》：“哀哉桃林战，百万化为鱼。”

【百萬家】形容人家极多。韩愈《出门》：“长安百万家，出门无所之。”李商隐《宋玉》：“何事荆台百万家，惟教宋玉擅才华。”贾岛《望山》：“长安百万家，家家张屏新。”

【百感】多种感慨。刘长卿《月下呈章秀才》：“向老三年谪，当秋百感多。”杜牧《登池州九峰楼寄张祜》：“百感中来不自由，角声孤起夕阳楼。”罗邺《蝉》：“才入新秋百感生，就中蝉噪最堪惊。”

【百歲】❶百年。多指人生百年，亦泛指长时间。韩愈、孟郊《遣兴联句》：“平生无百岁，岐路有四方。”白居易《寄太原李相公》：“世间大有虚荣贵，百岁无君一日欢。”鲍溶《长安言怀》：“二时昼夜等，百岁讵几何?”李商隐《戏题枢言草阁三十二韵》：“百岁本无业，阴阴仙李枝。”❷死之讳称。白居易《读张籍古乐府》：“恐君百岁后，灭没人不闻。”

【百雉】❶指城墙的长度达三百丈，为春秋战国国君的权力标志。雉，古代计算城墙面积的单位，一雉的面积为长三丈、高一丈。后亦指宫城围城长三百丈。太宗《帝京篇十首》之一：“绮殿千寻起，离宫百雉余。”❷借指城墙。李峤《奉使筑朔方六州城率尔而作》：“三旬无愆期，百雉郁相望。”韩翃《寄赠虢州张参军》：“百雉归云过，千峰宿雨收。”刘禹锡《武陵书怀五十韵》：“四封当列宿，百雉俯清源。”

【百愁】各种忧愁。张元正《临川羡鱼》：“有客百愁侵，求鱼正在今。”

【百端】❶各种各样。韦应物《登郡寄京师诸季淮南子弟》：“徒有盈樽酒，镇此百端忧。”❷百感；众多思绪。韩愈《此日足可惜赠张籍》：“思之不可见，百端在中肠。”贯休《闻赤松舒道士下世》：“倏忽成千古，飘零见百端。”

【百道】犹百般。极言其多。沈佺期《奉和春初幸太平公主南庄应制》：“云间树色千花满，竹里泉声百道飞。”

【百煉金】经过多次锻炼的金属。贯休《古镜词上刘侍郎》：“不是十二面，不是百炼金。若非八彩眉，不可辄照临。”

【百福】❶多福；众多的幸福。语出《诗·大雅·假乐》：“千禄百福，子孙千亿。”韩愈《忆昨行和张十一》：“殃消祸散百福并，从此直到耇与鲐。”❷唐宫殿名。王维《奉和圣制十五夜然灯继以酺宴应制》：“九衢陈广乐，百福透名香。”

【百禄】多福，众多的幸福。语出《诗·小雅·天保》：“罄无不宜，受天百禄。”魏征《享太庙·乐章·大明舞》：“克昌厥后，百禄是荷。”徐彦伯《仪坤庙乐章·永和》：“临兹孝享，百禄惟宁。”萧颖士《菊荣一篇五章》之一：“贻尔子孙，百禄萃之。”赵光逢《梁郊祀乐章·庆和》：“万灵感，百禄遒。”

【百辟】（—bì）百官。储光羲《贻王侍御出台掾丹阳》：“翔翼一如鹗，百辟莫不惧。”韩愈《奉和仆射裴相公感恩言志》：“文武功成后，居为百辟师。”温庭筠《鸿胪寺有开元中锡宴堂楼台池沼雅为胜绝荒凉遗址仅有存者偶成四十韵》:“群生到寿域,百辟趋明堂。”徐夤《寄卢端公同年仁炯时迁都洛阳新立幼主》:“上阳宫阙翠华归,百辟伤心序汉仪。”

【百罸】 多次受罚。多指罚酒。杜甫《乐游园歌》:“数茎白发那抛得,百罚深杯亦不辞。”

【百僚】 亦作“百寮”。百官。岑参《左仆射相国冀公东斋幽居》:“丞相百僚长,两朝居此官。”令狐楚《句》:“何日居三署,终年尾百僚。”曹唐《小游仙诗九十八首》之八四:“从此百寮俱拜后,走龙鞭虎下昆仑。”黄滔《省试内出白鹿宣示百官》:“推于五灵少,宣示百寮观。”

【百領】 犹百件。李贺《章和二年中》:“关中父老百领襦,关东吏人乏诟租。”

【百態】 各种形态,各种各样。韩愈、孟郊《城南联句》:“朝馔已百态,春醪又千名。”

【百緒】 各种思绪。方干《与长洲陈子美长官》:“枕上愁多百绪牵,常时睡觉在溪前。”

【百駟】 四百匹马或四百辆车。驷,古代计算车或马的单位。古代一车套四马,故称四马为“驷”,亦称一车为“驷”。后多用以指众多的车马。李乂《故赵王属赠黄门侍郎上官公挽词》:“骎骎百驷驰,悯悯群龙饯。”

【百穀】 谷类的总称。百,举成数而言,谓众多。褚亮《雩祀乐章·雍和》:“百谷斯登,万箱攸荐。”则天皇后《唐明堂乐章·商音》:“九秋是式,百谷斯盈。”白居易《贺雨》:“万心春熙熙,百谷青芃芃。”周昙《咏史诗·三代门·后稷》:“百谷且繁三曜在,牲牢郊祀信无穷。”

【百輪】 犹百只。崔液《上元夜六首》之二:“神灯佛火百轮张,刻像图形七宝装。”

【百醆】 见“百醆”。

【百慮】 各种思虑;众多想法。袁朗《秋夜独坐》:“新秋百虑净,独夜九愁深。”权德舆《秋疾初愈月夜咏左思招隐诗因而成咏》:“心畅百虑销,境闲万籁静。”杨衡《赋得夜雨滴空阶送魏秀才》:“百虑自萦心,况有人如玉。”唐彦谦《春阴》:“一寸回肠百虑侵,旅愁危涕两争禁。”

【百億】 极言数目之多。李商隐《送臻师二首》之二:“何当百亿莲花上,一一莲花见佛身。”

【百脈】 人身上的各条血脉。宋自然《遗诗》:“常将玉液溉灵台,流利斗之滋百脉。”

【百醆】 亦作“百醆”,即百盏。极言饮酒杯数之多。韩愈《送灵师》:“饮酒尽百盏,嘲谐思逾鲜。”罗隐《秋日禅智寺见裴郎中题名寄韦瞻》:“百盏浓醪成别梦,两行垂露浣羁愁。”

【百請】 多次乞求。韩愈《赴江陵途中寄赠三学士》:“悲啼乞就别,百请不颔头。”

【百廛】 指广大的土地。顾况《上古之什补亡训传十三章·上古一章》:“一廛亦官,百廛亦官。”

【百憂】 种种忧虑;各种忧愁。王维《观别者》:“不行无可养,行去百忧新。”白居易《久雨闲闷对酒偶吟》:“赖有杯中神圣物,百忧无奈十分何。”姚合《武功县作三十首》之二八:“今朝知县印,梦里百忧生。”薛逢《长安夜雨》:“滞雨通宵又彻明,百忧如草雨中生。”

【百寮】 见“百僚”。

【百層】 百重。重重叠叠,极言其高。杜甫《泊岳阳城下》:“江国逾千里,山城仅百层。”亦指极高之处。杜甫《赠特进汝阳王二十韵》:“瓢饮唯三径,岩栖在百层。”

【百嬌】 亦作“百驍”。古代投壶,矢从壶中跃出复还,称为“骁”。百骁,谓投壶发矢,百发百还。典出《西京杂记》卷五:“古之投壶,取中而不求还……郭舍人则激矢令还,一矢百余反,谓之为骁。”唐彦谦《汉代》:“饮酒阑三雅,投壶赛百娇。”

【百練】 众多的白熟绢。李绅《到宣武三十韵》:“龙节双油重,蛇矛百练明。”

【百翮】 百只翅膀。一鸡二翅,故指五十只鸡。杜甫《催文宗树鸡栅》:“自春生成者,随母向百翮。”

【百賦】 ❶很多篇赋。韩愈《赠崔立之评事》:“朝为百赋犹郁怒,暮作千诗转遒紧。”❷多种赋税。耿湋《奉和第五相公登鄱阳郡城西楼》:“封内群甿复,兵间百赋存。”

【百戰】 多次作战。许敬宗《奉和春日望海》:“长驱七萃卒,成功百战场。”刘长卿《穆陵关北逢人归渔阳》:“城池百战后,耆旧几家残。”钱起《寇中送张司马归洛》:“云愁百战地,树隔两乡天。”贯休《古塞上曲七首》之一:“幽并儿百万,百战未曾输。”

【百戰百勝】 每战必胜;战无不胜。贾至《燕歌行》:“五军精卒三十万,百战百胜擒单于。”杜牧《史将军二首》之一:“百战百胜价,河南河北闻。”

【百骸】 指人体的各种骨骸。亦指全身。白居易《咏怀》:“顾我信为幸,百骸且完全。”贾岛《老将》:“胆壮乱须白,金疮蠹百骸。”刘洞《句》:“百骸同草木,万象入心灵。”吕岩《勉牛生夏侯生》:“赤血换而白乳流,透九窍兮动百骸。”

【百罹】 各种灾难。韩愈《寄崔二十六立之》:“鲸以兴君身,失所逢百罹。”贯休《鼓腹曲》:“我昔不幸兮遭百罹,苍苍留我兮到好时。”

【百篇】 ❶极言诗篇之多。杜甫《饮中八仙歌》:“李白一斗诗百篇,长安市上酒家眠。”❷指百篇科。唐以百篇诗赋取士,称为“百篇科”。宋龚明之《吴中纪闻·孙百篇》:“吴士孙发尝举百篇科,皮日休赠以诗云:'百篇宫休喧金屋,一日官衔下玉除。'"皮诗见《全唐诗》卷六一三,题为《孙发百篇将游天台请诗赠行因以送之》。方干有《赠上虞胡少府百篇》。

【百煉】 ❶多次锻炼;久经磨炼。孟郊《古意赠梁肃补阙》:"不有百炼火,孰知寸金精。"李咸用《剑喻》:"愿将百炼身,助我王臣节。"❷宝刀名。晋崔豹《古今注·舆服》:"吴大帝有宝刀三……一曰百炼,二曰青犊,三曰漏影。"李峤《刀》:"莫惊开百炼,特拟定三边。"

【百煉刃】 精炼的钢刀。喻卓越的才干。张九龄《赠澧阳韦明府》:"君有百炼刃,堪断七重犀。"

【百煉鉛】 喻人久经磨练后更为柔顺的性格。李白《赠宣城宇文太守兼呈崔侍郎》:"昔攀六龙飞,今作百炼铅。"

【百煉鏡】 ❶晋王嘉《拾遗记·方丈山》:"有池方百里,水浅可涉,泥色若金而味辛……百炼可为金,色青,照鬼魅犹如石镜,魑魅不能藏形矣。"后因称精炼铜制镜为"百鍊镜"。白居易《新乐府·百炼镜》:"百炼镜,镕范非常规。"❷喻明月。卢仝《月蚀诗》:"百炼镜,照见胆,平地埋寒灰。"

【百錢卜】 晋皇甫谧《高士传·严遵》:严遵,字君平,蜀人也。隐居不仕,常卖卜于成都市,日得百钱以自给,卜讫,则闭肆下帘,以著书为事。后以"百钱卜"为典,泛称问卜。杜甫《公安送李二十九弟晋肃入蜀余下沔鄂》:"凭将百钱卜,飘泊问君平。"

【百隧】 纵横交错的市道。王勃《临高台》:"旗亭百隧开新市,甲第千甍分戚里。"此指摆摊卖货之处。

【百戲】 古代乐舞杂技的总称。崔国辅《奉和圣制上巳祓禊应制》:"鹓鹭千官列,鱼龙百戏浮。"王建《寻橦歌》:"人间百戏皆可学,寻橦不比诸余乐。"李商隐《谢往桂林至彤庭窃咏》:"鱼龙排百戏,剑佩俨千官。"花蕊夫人徐氏《宫词》之四九:"楼船百戏催宣赐,御辇今年不上池。"

【百禮】 各种礼仪。韩愈《元和圣德诗》:"正月元日,初见宗祖。躬执百礼,登降拜俯。"

【百鎰】 极言货币之多。镒,古代重量单位。通作"溢"。二十两为一镒,或说二十四两为一镒。孟浩然《秦中苦雨思归赠袁左丞贺侍郎》:"二毛催白发,百镒罄黄金。"李贺《荣华乐》:"绣段千寻贻皂隶,黄金百镒贶家臣。"

【百獸】 众兽。太宗《帝京篇十首》之八:"千钟合尧禹,百兽谐金石。"韩愈《猛虎行》:"猛虎虽云恶,亦各有匹侪。群行深谷间,百兽望风低。"

【百獸舞】 谓和谐之乐声感动群兽起舞。白居易《新乐府·立部伎》:"欲望凤来百兽舞,何异北辕将适楚。"

【百寶】 各种珍宝。杜甫《即事》:"百宝装腰带,真珍络臂鞲。"

【百關】 人体各个部位。吴筠《游仙二十四首》之三:"入夜饮黄月,百关弥调畅。"吕岩《敲爻歌》:"参同理,炼金丹,水火薰蒸透百关。"

【百齡】 百岁。指人的一生。高适《苦雪四首》之一:"寥落一室中,怅然惭百龄。"李益《置酒行》:"百龄非久长,五十将半百。"白居易《自秦望赴五松驿马上偶睡睡觉成吟》:"诚哉达人语,百龄同一寐。"李德裕《寄题惠林李侍郎旧馆》:"百龄惟待尽,一世乐长贫。"

【百囀】 婉转多变。贾至《早朝大明宫呈两省僚友》:"千条弱柳垂青琐,百啭流莺绕建章。"

【百籟】 从孔穴中发出的各种声音。亦指各种一般的声音。李峤《石淙》:"鸟和百籁疑调管,花发千岩似画屏。"

【百體】 指人体的各个部分。白居易《隐几》:"百体如槁木,兀然无所知。"

【百變千化】 形容变化多端。刘禹锡《观棋歌送儇师西游》:"前身后身付余习,百变千化无穷已。"

【百靈】 各种神灵。魏征《奉和正日临朝应诏》:"百灵侍轩后,万国会涂山。"杜甫《桥陵诗三十韵因呈县内诸官》:"先帝昔晏驾,兹山朝百灵。"李绅《过荆门》:"愚夫祸福自迷惑,魍魉凭何通百灵。"殷文圭《省试夜投献座主》:"辟开公道选时英,神镜高悬鉴百灵。"

【百蠻】 古代南方少数民族的总称。亦泛称四面八方的其他少数民族。太宗《正日临朝》:"百蛮奉遐赆,万国朝未央。"刘湾《云南曲》:"百蛮乱南方,群盗如猬起。"卢纶《腊日观咸宁王部曲娑勒擒豹歌》:"非熊之兆庆无极,愿纪雄名传百蛮。"贯休《寿春节进大蜀皇帝五首》之五:"九野黎民耕浩浩,百蛮朝骑日骎骎。"

二　画

皂 〔zào《广韵》昨早切,上晧,從。〕❶古代贱等人之称。后转称下吏或杂役。见"皂隶"。❷黑色。杜甫《复愁十二首》之五:"金丝镂箭镞,皂尾制旗竿。"见"皂白""皂蓋""皂雕"。❸牛马的食槽。亦泛指牲口栏棚。高适《奉寄平原颜太守》:"骅骝满长皂,弱翮依彫笼。"白行简《归马华山》:"驱驰休伏皂,饮龁任依山。"❹皂荚的省称。见"皂荚"。

【皂白】 ❶黑与白。多喻非与是。张祜《戊午年感事书怀二百韵》:"皂白金徒尔,苍黄古亦然。"❷晋时前秦君主苻坚从兄之子苻朗(亦作符朗)善于识味，食鹅肉可辨知其出自黑白毛之处。见《世说新语·排调》:“符郎初过江”。刘孝标注引裴景仁《秦书》。后用作精于识味的典故。李瀚《蒙求》:“符朗皂白，易牙淄渑。”

【皂江】 水名。在今四川新津县。杜甫有《陪李七司马皂江上观造竹桥聊题短作简李公二首》。杨鼎夫《记皂江堕水事》:“青城山峭皂江寒，欲度当时作等闲。”

【皂荚】 落叶乔木，枝干上有刺，花淡黄色，结荚果。荚果，扁平，褐色，可以用来洗衣物。荚果、刺和树皮均可入药，为祛痰剂。徐凝《回施先辈见寄新诗二首》之二:“紫河车里丹成也，皂荚枝头早晚飞。”

【皂荚桥】 地名。在今江苏南京市西南。韩翃《送丹阳刘太真》:“春衣晚入青杨巷，细马初过皂荚桥。”

【皂貂】 见“皂貂裘”。

【皂貂裘】 用黑貂皮制的皮袍。钱起《新丰主人》:“双垂素丝泪，几弊皂貂裘。”戎昱《桂州口号》:“谁道桂林风景暖，到来重著皂貂裘。”亦省作“皂貂”。武元衡《送张六谏议归朝》:“诏书前日下丹霄，头戴儒冠脱皂貂。”韦庄《宜君县比卜居不遂留题王秀才别墅二首》之二:“明月严霜扑皂貂，羡君高卧正逍遥。”

【皂裘】 黑色皮衣。张籍《送元宗简》:“貂帽垂肩窄皂裘，雪深骑马向西州。”

【皂蓋】 古代官员所用的黑色篷伞。张子容《玄阳驿陪崔使君邵道士夜宴》:“诸侯倾皂盖，仙客整黄冠。”杜甫《陪李北海宴历下亭》:“东藩驻皂蓋，北渚凌青荷。”白居易《送李滁州》:“白衣卧病嵩山下，皂盖行春楚水东。”户肇《将归宜春留题新安馆》:“犹张皂盖归蓬荜，直谓时无许子将。”

【皂雕】 一种黑色大型猛禽。《埤雅》:“鹰似雕而大，黑色，俗呼皂雕。”王昌龄《城傍曲》:“邯郸饮来酒未消，城北原平掣皂雕。”杜甫《赠陈二补阙》:“皂雕寒始急，天马老能行。”又《呀鹘行》:“强神迷复皂雕前，俊才早在苍鹰上。”

【皂隸】 古代贱役。亦指家臣、奴仆。李贺《荣华乐》:“绣段千寻贻皂隶，黄金百镒贶家臣。”陆龟蒙《江南秋怀寄华阳山人》:“髡钳为皂隶，谭笑得公卿。”

【皂羅】 一种色黑质薄的丝织品。喻黑云。姚合《对月》:“一片黑云何处起，皂罗笼却水精球。”

【皂鹏】 见“皂雕”。

【皂櫪】 马厩，养马之所。亦借指养马之事。元结《漫酬贾沔州》:“岂欲皂枥中，争食苋与蒉。”柳宗元《掩役夫张进骸》:“生平勤皂枥，剉秣不告疲。”

【皂櫪林】 地名。在古代齐地(今山东泰山以北黄河下游及胶东半岛地区)。杜甫《壮游》:“呼鹰皂枥林，逐兽云雪冈。”

【皂囊】 黑绸口袋。汉制，群臣上章奏，如事涉秘密，则以皂囊封之。杜牧《长安杂题长句六首》之四:“束带谬趋文石陛，有章曾拜皂囊封。”又《李给事中敏二首》之一:“一章缄拜皂囊中，懔懔朝廷有古风。”罗隐《郴江迁客》:“不是逢清世，何由见皂囊。”

三　画

的[1] 〔dì《广韵》都歷切，入錫，端。〕❶光亮、鲜明貌。刘希夷《代闺人春日》:“珠帘的晓光，玉颜艳春彩。”见“的皪❶”。❷白色。黄滔《送友人边游》:“亲咏关山月，归吟鬓的霜。”❸箭靶的中心。《文选·曹植〈白马篇〉》:“控弦破左的，右发摧月支。”李善注:“的，射质。”引申为目标、目的等。韦应物《始建射侯》:“星飞的屡破，鼓噪武更扬。”刘禹锡《游桃源一百韵》:“书府蚤怀铅，射宫曾发的。”元稹《献荥阳公诗五十韵》:“中的颜初启，抽毫踵未旋。”李咸用《赠陈望尧》:“鹄箭亲疏虽异的，桂花高下一般香。”❹马白额。见“的盧”。❺古代妇女用红色点于面部的装饰。杜牧《寄澧州张舍人笛》:“檀的染时痕半月，落梅飘处响穿云。”徐铉《梦游三首》之一:“檀的慢调银字管，云鬟低缀折枝花。”❻通“菂”。莲子。李商隐《李夫人三首》之二:“剩结茱萸枝，多擘秋莲的。”

的[2] 〔dí〕❶确实;准定。白居易《百日假满》:“但拂衣行莫回顾，的无官职趁人来。”徐凝《春陪相公看花宴会二首》之一:“百分春酒莫辞醉，明日的无今日红。”项斯《浊水求珠》:“如能在公掌，的不负明眸。”薛能《西县道中有短亭岩穴飞泉隔江洒至因成二首》之二:“谁能夜向山根宿，凉月初生的有仙。”❷到底。元稹《代九九》:“的成终世恨，焉用此宵为。”白居易《雪中晏起偶咏所怀兼呈张常侍韦庶子皇甫郎中》:“上无皋陶伯益廊庙材，的不能匡君辅国活生民。”

【的$_2$知】 确实了解;确知。戴叔伦《和崔法曹建溪闻猿》:“闻道建溪肠欲断，的知断著第三声。”王建《田家行》:“麦收上场绢在轴，的知输得官家足。”刘禹锡《答裴令公雪中讶白二十二与诸公不相访之什》:“玉树琼楼满眼新，的知开阁待诸宾。”罗隐《淮南送节度卢端公将命之汴州》:“到彼的知宣室语，几时征拜黑头公。”

【的的】 ❶分明貌。宋之问《景龙四年春祠海》:“的的波际禽，沄沄岛间树。”萧颖士《舟中遇陆棣兄西归数日得广陵二三子书知迟晚次沙埜西岸作》:“苍苍前洲日，的的回沙鹭。”杜牧《襄阳雪夜感怀》:“的的三年梦，迢迢一线緪。”赵嘏《题昭应王明府溪亭》：“晓渭度檐帆的的，晚原含雨树重重。”❷光亮、鲜明貌。宋之问《冬宵引赠司马承祯》：“明月的的寒潭中，青松幽幽吟劲风。”元稹《月三十韵》：“的的当歌扇，娟娟透舞衣。”韩琮《兴平县野中得落星石移置县斋》：“的的堕芊苍，茫茫不记年。”贯休《苦热寄赤松道者》：“高吟《招隐》倚碧壁，紫气红烟鲜的的。”❸深切貌；浓郁貌。苏颋《陈仓别陇州司户李维深》：“情言正的的，春物宛迟迟。”鲍溶《经隐叟》：“萝景深的的，蕙风闲薰薰。”杜牧《为人题赠二首》之一：“的的新添恨，迢迢绝好音。”齐己《寄谷山长老》：“肯将的的吾师意，拟付茫茫弟子心。”❹象声词。韩偓《夜坐》：“格格厌厌饶酒病，终须的的学渔歌。”

【的₂的】 确实。赵氏《夫下第》：“良人的的有奇才，何事年年被放回。”

【的₂定】 准是；一定。皮日休《友人以人参见惠因以诗谢之》：“开时的定涵云液，劚后还应带石花。”

【的₂是】 确是。周贺《送灵应禅师》：“巡礼何时住，相逢的是稀。”朱庆余《赠韩协律》：“亲知尽怪疏荣禄，的是将心暗学禅。”

【的₂信】 真实的消息。戴叔伦《送车参军江陵》：“海上旧山无的信，东门归路不堪行。”卢殷《遇边使》：“累年无的信，每夜望边城。”齐己《闻尚颜下世》：“岳僧传的信，闻在麓山亡。”

【的博】 山名。在今四川理县东南。李商隐《五言述德抒情诗献上杜七兄仆射相公》：“寄辞收的博，端坐扫欃枪。”

【的然】 鲜明貌。郑瀚《赠毛仙翁》：“皎皎明眸，瞭然如新。蔼蔼童颜，的然如春。”

【的₂當】 (—dàng)的确；确实。齐己《寄南岳诸道友》：“谩为楚客蹉跎过，却是边鸿的当来。”吕岩《七言》之二一：“的当南游归甚处，莫交鹤去上天寻。”

【的曆】 光亮、鲜明貌。虞世南《咏萤》：“的历流光小，飘飘弱翅轻。”阎朝隐《奉和圣制夏日游石淙山》：“花落风吹红的历，藤垂日晃绿葐蒀。”韦应物《横塘行》：“玉盘的历双白鱼，宝簟玲珑透象床。”刘禹锡《省试风光草际浮》：“的历乱相鲜，葳蕤互亏蔽。”

【的盧】 额上有白色斑点的马。胡曾《咏史诗·檀溪》：“的卢何处埋龙骨，流水依前绕大堤。”

【的₂應】 (—yìng)定当。元稹《和严给事闻唐昌观玉蕊花下有游仙》：“的应未有诸人觉，只是严郎不得知。”白居易《出斋日喜皇甫十早访》：“除却朗之携一榼，的应不是别人来。”李涉《题五松驿》：“云木苍苍数万株，此中言命的应无。”杜牧《别王十后遣京使累路附书》：“此信的应中路见，乱山何处拆书看。”

【的爍】 光亮、鲜明貌。引申为娇美。皎然《赋得吴王送女潮歌送李判官之河中府》：“灵涛旦暮自堪伤，的烁婵娟又争发。”见“的皪”。

【的礫】 义同“的皪”。韦应物《郡中对雨赠元锡兼简杨凌》：“萧条林表散，的砾荷上集。”见“的皪”。

【的皪】 光亮、鲜明貌。崔日用《奉和圣制龙池篇》：“岸上丰茸五花树，波中的皪千金珠。”皎然《奉陪陆使君长源裴端公枢春游东西武丘寺》：“瑶草自的皪，蕙楼争蔽亏。”张仲素《玉绳低建章》：“微明连粉堞，的皪映仙盘。”李商隐《赋得月照冰池》：“影占徘徊处，光含的皪时。”

四　画

皆 〔jiē《广韵》古諧切，平皆，見。〕全；都；普遍。吕牧《泾渭扬清浊》：“二渠通作润，万户映皆清。”白居易《和梦得夏至忆苏州呈卢宾客》：“每家皆有酒，无处不过船。”李商隐《陈后宫》：“从臣皆半醉，天子正无愁。”韦庄《耒阳县浮山神庙》：“一郡皆传此庙灵，庙前松桂古今青。”

皇 〔huáng《广韵》胡光切，平唐，匣。〕❶大。《诗·大雅·皇矣》：“皇矣上帝，临下有赫。”毛传：“皇，大。”魏征《享太庙乐章·大基舞》：“猗与祖业，皇矣帝先。”❷天帝。《周礼·春官·小宗伯》：“兆五帝于四郊。”郑玄注：“五帝，苍曰灵威仰，太昊食焉；赤曰赤熛怒，炎帝食焉；黄曰含枢纽，黄帝食焉；白曰白招拒，少昊食焉；黑曰汁光纪，颛顼食焉。”魏征《五郊乐章·雍和》：“崇荐斯在，惟皇是宾。”❸皇帝；君主。岑参《行军诗二首》之一：“我皇在行军，兵马日浩浩。”戎昱《秋望兴庆宫》：“先皇歌舞地，今日未游巡。”吕温《道州感兴》：“当代知文字，先皇记姓名。”陆龟蒙《奉和袭美太湖诗二十首·投龙潭》：“吾皇病秦汉，岂独探幽异。”亦指皇位。《郊庙歌辞·享太庙乐章·景云舞》：“惟睿作圣，惟圣登皇。”❹对封建王朝的尊称。见“皇唐”。❺四面无壁的室或堂。李商隐《春深脱衣》：“睥睨江鸦集，堂皇海燕过。”叶葱奇注：“《汉书·胡建传》：‘列坐堂皇上。’注：‘室无四壁曰皇。”❻鸟名。“凰”的古字。传说中的雌凤。杜甫《客居》：“凤随其皇去，篱雀暮喧繁。”张祜《司马相如琴歌》：“凤兮凤兮非无皇，山重水阔不可量。”❼通“惶”。见“皇皇❹”。❽通“遑”。闲暇；空闲。宋务光《海上作》：“海路行已殚，輶轩未皇息。”见“皇皇❺”。

【皇人】 道家称泰壹氏为皇人。宋罗泌《路史·前纪三，泰壹氏》：“泰壹氏，是为皇人，开图挺纪，执大同之制，调大鸿之气，正神明之位者也。”韦渠牟《步虚词十九首》之七：“应须绝岩内，委曲问皇人。”

【皇川】 皇城附近之水。借指京城近郊。岑参

《奉和春日幸望春宫应制》:“花笑莺歌迎帝辇,云披日霁俯皇川。”

【皇山】 山名。在今江苏无县梅村乡。又名皇山、吴王墩、皇陵。山上有泰伯墓和望虞亭。皮日休《望虞亭》:“盘回曲涧数峰青,云护皇山一古亭。”

【皇女】 皇帝之女。卢藏用《奉和幸安乐公主山庄应制》:“皇女琼台天汉浔,星桥月宇构山林。”

【皇尸】 对君尸的敬称。尸,古代祭祀时代表死者受祭的人。《礼记·祭统》:“率其群臣,以乐皇尸。”郑玄注:“皇,君也;言君尸之尊者。”《郊庙歌辞·周宗庙乐舞辞·章德舞》:“雅乐荐,礼器陈。俨皇尸,列虞宾。”

【皇子】 皇帝之子。杜牧《杜秋娘诗》:“燕禖得皇子,壮发绿緌緌。”李商隐《行次西郊作一百韵》:“皇子弃不乳,椒房抱羌浑。”李建勋《离阙下日感恩》:“即路敢期皇子送,出关犹有御书来。”

【皇子岸】 即皇子陂岸。刘得仁《游崔监丞城南别业》:“雪融皇子岸,春浥翠微峰。”见“皇子陂”。

【皇子陂】 地名。在今陕西长安县南。杜甫《重过何氏五首》之二:“云薄翠微寺,天清黄子陂。”白居易《代书诗一百韵寄微之》:“高上慈恩塔,幽寻皇子陂。”裴夷直有《病中知皇子陂荷花盛发寄王缋》。《题寺廊柱》(卷八六三):“皇子陂头好月明,忘却华筵到晓行。”亦简称“皇陂”。杜甫《题郑十八著作虔》:“第五桥东流恨水,皇陂岸北结愁亭。”罗隐《皇陂》:“皇陂潋滟深复深,陂西下马聊登临。”

【皇王】 指古圣王。后亦泛称皇帝。阎朝隐《鹦鹉猫儿篇》:“菲形陋质虽贱微,皇王顾遇长光辉。”元稹《醉乐天东南行诗一百韵》:“海岱词锋截,皇王笔阵驱。”杜牧《冬至日寄小侄阿宜诗》:“家集二百编,上下驰皇王。”徐夤《鸿门》:“皇王尚法三推礼,白社宁忘四体勤。”

【皇天】 对天及天神的尊称。杨炯《骢马》:“风霜但自保,穷达任皇天。”杜甫《闻惠二过东溪特一送》:“皇天无老眼,空谷滞斯人。”白居易《哭微之二首》之一:“妻孥朋友来相吊,唯道皇天无所知。”邵谒《岁丰》:“皇天降丰年,本忧贫士食。”

【皇太子】 ❶皇帝所选的继承皇位的皇子。一般为皇帝的嫡长子。张说有《奉和同皇太子过慈恩寺应制二首》。权龙褒有《皇太子夏日赐宴诗》。专指李隆基。景龙四年(710)七月册平王李隆基为皇太子。景云三年(712)八月,睿宗传位于皇太子。见《旧唐书·睿宗纪》。❷专指李裕。昭宗长子,乾宁四年(897)二月十四日册为皇太子,天祐元年薨。见《唐会要》卷四。殷文圭有《观贺皇太子册命》。

【皇太后】 ❶皇帝之母。刘长卿有《闻奉迎皇太后使沈判官至因有此作》。薛能有《恭禧皇太后挽歌词三首》。❷专指代宗沈皇后,德宗之母。天宝乱,贼囚后东掖庭,河南为史思明所没,遂失后所在。见《新唐书·后妃传下》。刘长卿有《闻奉迎皇太后使沈判官至因有此作》,序云:“太后,德宗皇帝母也。安史之乱,失于东都。帝即位,分命使臣周行天下,求访,终不得。”

【皇化】 皇帝的德政和教化。李白《感时留别从兄徐王延年从弟延陵》:“七叶运皇化,千龄光本枝。”

【皇心】 皇帝的心意。赵彦昭《奉和九月九日登慈恩寺浮屠应制》:“皇心满尘界,佛迹现虚空。”薛存诚《御制段太尉碑》:“宝思皆涵象,皇心永念勋。”

【皇考】 父祖的通称。苏颋《祭汾阴乐章》:“礼物斯具,乐章乃陈。谁其作主,皇考圣真。”

【皇休】 指皇帝的美德或洪福。刘昚虚《海上诗送薛文学归海东》:“离别惜吾道,风波敬皇休。”沈亚之《劝政楼下观百官献寿》:“年年歌舞夕,此地庆皇休。”

【皇后】 皇帝之正妻。李白《阳春曲》:“飞燕皇后轻身舞,紫宫夫人绝世歌。”戎昱《赠别张驸马》:“天子爱婿皇后弟,独步明时负权势。”殷尧藩《汉宫词三首》之二:“枉杀宫中许皇后,椒房恩泽是浮云。”贾岛《上杜驸马》:“鸳鸯殿里参皇后,龙凤堂前贺至尊。”

【皇后舞】 指汉代赵飞燕所跳之舞。李商隐《越燕二首》之一:“为矜皇后舞,犹著羽人衣。”

【皇后髮】 指东汉明德马皇后的头发。杜牧《鸦》:“毛欺皇后发,声感楚姬弦。”

【皇州】 帝都;京城。王维《青龙寺昙壁上人兄院集》序:“太虚寥廓,南山为之端倪;皇州苍茫,渭水贯于天地。”严维《余姚祗役奉简鲍参军》:“童年献赋在皇州,方寸思量君与侯。”李群玉《将之京国赠薛员外》:“所思杳何如,侧身仰皇州。”郑谷《丞相孟夏祗荐南郊纪献十韵》:“寿山横紫阁,瑞霭抱皇州。”

【皇宇】 犹皇州。指帝京,储光羲《贻丁主簿仙芝别》:“昭昭皇宇广,隐隐云门开。”

【皇妃】 皇帝之妾。袁不约《长安夜游》:“凤城连夜九门通,帝女皇妃出汉宫。”

【皇劫】 皇帝的年纪。宋之问《奉和幸大荐福寺》:“欲知皇劫远,初拂六铢衣。”

【皇甫十】 皇甫曙。白居易晚年诗中之皇甫郎中、皇甫朗之、皇甫十、皇甫泽州、皇甫少尹均为皇甫曙。(《唐诗人名汇考》卷四五二)白居易有《初冬即事忆皇甫十》和《九月八日酬皇甫十见赠》。

【皇甫七】 皇甫湜。白居易有《哭皇甫七郎中》。题下注:“湜。”白居易又有《寄皇甫七》和《访皇甫七》。

【皇甫大夫】 ❶皇甫温。温曾官浙东观察使,见

《旧唐书·代宗纪》。或在此任上带御史大夫衔。韩翃有《送皇甫大夫赴浙东》。见陶敏《全唐诗人名汇考》卷二四四韩翃此诗考。严维有《奉和皇甫大夫祈雨应时雨降》和《陪皇甫大夫谒禹庙》。卢纶有《雪谤后书事上皇甫大夫》。清江有《喜皇大夫同宿大梁军》。❷名不详。当于宣宗懿宗间任鄂岳观察使。《全唐诗》卷八七三录其《判道士黄山隐》诗一首，诗题后注："山隐以道服谒大夫，向竹而吟云：'古者有七贤，六个今何在？'意气甚傲。大夫试以钱绢投之。改儒服，陈谢甚卑。因判而刑之。"

【皇甫少尹】（少 shào）皇甫曙。字朗之，行十，官河南少尹、泽州和绛州二州刺史，屡见白居易诗。《全唐文》卷六八〇白居易《醉吟先生传》："与嵩山僧如满为空门友，平泉客事楚为山水友，彭城刘梦得为诗友，安定皇甫朗之为酒友。"刘禹锡有《送河南皇甫少尹赴绛州》和《酬皇甫十少尹暮秋久雨喜晴有怀见示》。

【皇甫中丞】 皇甫政。贞元三年（787）正月，由宣州刺史转越州刺史，见《旧唐书·德宗纪上》。秦系有《寄浙东皇甫中丞》。

【皇甫主簿】 皇甫荀。主簿掌印，称印曹。贾岛有《题皇甫荀蓝田厅》。知荀掌印，为主簿。贾岛有《皇甫主簿期游山不及赴》。

【皇甫冉】 唐诗人。字茂政，润州丹阳（今江苏丹阳市）人。郡望安定（今甘肃泾川县）。皇甫曾兄。天宝十五年（756）进士，释谒任无锡尉。后曾为左金吾卫曹参军。大历二年（767）为左拾遗，转左补阙。《全唐诗》录其诗二卷，二百余首。卷八八二补录《田家作》等诗七首。《全唐诗外编》（上）又补录其《金山》一首。

【皇甫孝廉】 皇甫温之子。名不详。皎然有《今上初登极岁送皇甫孝廉赴选》，自注："孝廉即故大夫之子。"皇甫温官浙东观察使，带御史大夫衔。

【皇甫松】 唐诗人。松，一作"嵩"。字子奇，自号檀栾子，睦州新安（今浙江淳安县）人。皇甫湜之子。累举不第，终身布衣。昭宗光化三年（900），韦庄奏请追赐李贺、陆龟蒙、皇甫松等进士及第。《全唐诗》卷三六九录其诗十三首，卷八九一录其词十八首。

【皇甫侍御】 皇甫曾。曾曾官殿中侍御史，见独孤及《唐故左补阙安定皇甫公（冉）集序》（《全唐文》卷三八八）。刘长卿有《碧涧别墅喜皇甫侍御相访》。皇甫曾有《过刘员外长卿别墅》。李嘉祐有《同皇甫侍御题荐福寺一公房》。李端有《同皇甫侍御题惟一上人房》。独孤及有《酬皇甫侍御望天潜山见示之作》。严维有《岁初喜皇甫侍御至》。皎然有《建元寺集皇甫侍御书阁》。

【皇甫郎中】 ❶皇甫曙。曾官侍御史、淮南使府行军司马、河南少尹，泽州、绛州刺史。与白居易有姻亲，交往甚密，曙之女嫁于居易弟行简之子龟郎。白居易有《和皇甫郎中秋晓同登天宫阁言怀六韵》和《闲吟赠皇甫郎中亲家翁》。❷皇甫湜。字持正，仕至工部郎中，辨急使酒，求分司东都，终官祠部郎中分司东都。见《旧唐书》本传和《全唐文》卷八〇七司空图《题柳柳州集后序》。白居易有《哭皇甫七郎中》。

【皇甫拾遺】 皇甫冉。冉于大历二年（767）迁右拾遗，转左补阙，见独孤及《唐故左补阙安定皇甫公（冉）集序》（《全唐文》卷三八八）。李嘉祐有《元日无衣冠入朝寄皇甫拾遗冉从弟补阙纾》。严维有《送皇甫拾遗归朝》。李端有《巫山高》，《全唐诗》校："一作《巫山高和皇甫拾遗》。"

【皇甫庶子】 皇甫镛。皇甫镈弟，曾官河南少尹，后求为分司，除右庶子。见《旧唐书·皇甫镈传》。白居易有《林下闲步寄皇甫庶子》和《酬皇甫庶子见寄》。陶敏《全唐诗人名汇考》："据志，皇甫镈乃镛仲弟，《旧传》云'镈弟镛'，误。"

【皇甫斌】 唐诗人。《全唐诗外编》（上）录其《登岐州城楼》一首。

【皇甫曾】 唐诗人。字孝常，润州丹阳（今江苏丹阳市）人。郡望安定（今甘肃泾川县）。皇甫冉弟。天宝十二载（753）进士。曾任殿中侍御史，后贬为舒州司马。大历后期曾任阳翟令。《全唐诗》录其诗一卷，近五十首。

【皇甫湜】 唐诗人。字持正，睦州新安（今浙江淳安县）人。元和元年（608）进士。释褐为陆浑尉，累迁工部郎中。恃才傲物，屡忤同僚，自请分司东都，东都留守裴度召为判官。尝师从韩愈学古文，为韩门大弟子、古文运动的积极参加者。《全唐诗》卷三六九录其诗三首，《全唐诗外编》（下）录其《佷石铭》一则。

【皇甫監】 皇甫镛。秘书监分司东都。见《全唐文》卷六七九白居易《唐银青光禄大夫太子少保安定皇甫公（镛）墓志铭》。白居易有《戏答皇甫监》。

【皇甫補闕】 皇甫冉。冉大历二年（767）迁左拾遗，转左补阙。见独孤及《唐故左补阙安定皇甫公（冉）集序》（《全唐文》卷三八八）。张继有《奉寄皇甫补阙》。皇甫冉有《酬张继》。

【皇甫賓客】 皇甫镛。历太子左右庶子并分司东都，俄又拜国子祭酒，未几谢病，改太子宾客，转秘书监分司。见《全唐文》卷六七九白居易《唐银光青禄大夫太子少保安定皇甫公（镛）墓志铭》。白居易有《寄皇甫宾客》和《拜表早出赠皇甫宾客》。

【皇甫徹】 唐诗人。徹原作澈，校云："一作激"，俱非。乐陵（今山东乐陵县西北）人。曾任仓部员外郎、蜀州刺史等职。《全唐诗》卷三一三录其《赋四相诗》四首。

【皇甫曙】 唐诗人。字朗之，郡望安定（今甘肃泾川）人。元和十一年(816)进士。曾任侍御史。宝历间崔从镇淮南，署为行军司马。大和九年(835)为泽州刺史。开成二年(837)任河南尹，五年转为绛州刺史。与白居易有姻亲，交往甚密。《全唐诗》卷四九〇录其《立春日呈宫傅侍郎》一首。

【皇甫謐】 晋人。字士安，自号玄晏先生，安定朝那（今甘肃平凉）人。家贫，博学，一生未仕，致力于医学，为针灸学专家。诗文中用以代称高士。罗隐《裴庶子除太仆卿因贺》："宫省旧推皇甫谧，寺曹今得夏侯婴。"

【皇甫澤州】 皇甫曙，曾官泽州刺史。《八琼室金石补正》卷四七《泽州刺史皇甫曙金刚经幢记》："开成元年岁次丙辰五月七日建，泽州刺史皇甫曙记。"白居易有《龙门送别皇甫泽州赴任韦山人南游》和《初冬月夜得皇甫泽州手札并诗偶题长句》。

【皇甫鏞】 唐诗人。字穌卿，安定期郡（今甘肃平凉）人。登进士第。曾任宣歙、凤翔使府判官，后入为殿中侍御史，转比部员外郎。元和中为河南少尹。其兄皇甫镈为相，聚敛苛剥，天下怨恨，镛屡劝不听，乃求分司为右庶子。开成初终太子少保。《全唐诗》卷三一八录其《和武相公闻莺》一首。

【皇甫繼勳】 唐诗人。江州节度使皇甫晖之子。幼以父荫为军校，累迁池州刺史，勤于吏事，入为诸军都虞侯。《全唐诗外编》（下）录其《赠妙空》断句一联。

【皇邑】 京城；帝京。德宗《七月十五日题章敬寺》："招提迩皇邑，复道连重城。"皎然《送梁拾遗肃归朝》："万里望皇邑，九重当曙空。"孟郊《初于洛中选》："终然恋皇邑，誓以结吾庐。"

【皇明】 皇帝的圣明。王维《既蒙宥罪旋复拜官伏感圣恩窃书鄙意兼奉简新除使君等诸公》："日比皇明犹自暗，天齐圣寿未云多。"陈季《鹤警露》："吾君开太液，愿得应皇明。"严武《题龙日寺西龛石壁》："圣泽久润物，皇明常烛幽。"焦郁《春雪》之一："小儒同品物，无以答皇明。"亦指英明的君上。杜审言《大酺》："圣后乘乾日，皇明御历辰。"

【皇服】 京城附近。李峤《晚秋喜雨》："炎威振皇服，歊景暴神州。"

【皇京】 帝京，帝都。褚亮《奉和禁苑饯别应令》："大藩初锡瑞，出牧迩皇京。"张说《奉和圣制途经华岳应制》："西岳镇皇京，中峰入太清。"

【皇穹】 犹皇天。李白《远别离》："我纵言之将何补，皇穹窃恐不照余之忠诚。"又《书情题蔡舍人雄》："皇穹雪冤枉，白日开氛昏。"《郊庙歌辞·祀圜丘乐章·雍和》："钦惟大帝，载仰皇穹。"无名氏《白雪歌》（卷七八五）："皇穹何处飞琼屑，散下人间作春雪。"

【皇居】 皇宫。亦指皇城。太宗《帝京篇十首》之一："秦川雄帝宅，函谷壮皇居。"李逢吉《酬致政杨祭酒见寄》："初还相印罢戎旃，获守皇居在紫烟。"李绅《拜三川首》："唯有从容期一德，使齐文教奉皇居。"曹唐《升平词五首》之一："瑞气绕宫楼，皇居上苑游。"

【皇城】 京城的内城。亦泛指京城。骆宾王《畴昔篇》："文昌隐隐皇城里，由来奕奕多才子。"白居易《集贤池答侍中问》："主人晚入皇城宿，问客裴回何所须。"韦庄《秦妇吟》："夜来探马入皇城，昨日官军收赤水。"贯休《过商山》："皇城宫阙回头尽，紫阁烟霞为我开。"

【皇威】 皇帝的威力。骆宾王《夏日游德州赠高四》："神光包四大，皇威震八区。"杜甫《洗兵马》："已喜皇威清海岱，常思仙仗过崆峒。"钱起《送王使君赴太原行营》："太白明无象，皇威未戢戈。"司空图《感时上卢相》："兵待皇威振，人随国步安。"

【皇皇】 ❶美盛貌；庄肃貌。张说《唐封泰山乐章·雍和》："皇皇我祖，来我思成。"杜甫《毒热寄简崔评事十六弟》："皇皇使臣体，信是德业优。"严维《书情上李苏州》："东土苗人尚有残，皇皇亚相出朝端。"尉迟汾《府尹王侍郎准制拜岳因状嵩高灵胜寄呈三十韵》："皇皇三川宁，馨德清明躬。"❷昭著貌。《郊庙歌辞·武后享清庙乐章十首·第七迎武舞》："赫赫玄功被穹壤，皇皇至德洽生灵。"❸宽广貌。鲍溶《秋思》："楚客秋更悲，皇皇无声地。"❹惶恐貌。皇，通"惶"。无名氏《五言诗》之二（外编下）："生受刀光苦，意里极皇皇。"❺匆忙貌。皇，通"遑"。孟浩然《自洛之越》："皇皇三十载，书剑两无成。"刘长卿《送邹判官赴河南》："看君发原隰，驷牡去皇皇。"鲍溶《会仙歌》："二子未及伸拜谢，苍苍上兮皇皇下。"

【皇風】 皇帝的教化。贺知章《奉和圣制送张说巡边》："恭闻咏方叔，千载舞皇风。"权德舆《奉送孔十兄宾客承恩致政归东都旧居》："能将此道助皇风，自可殊途并伊吕。"白敏中《至日上公献寿酒》："自欣朝玉座，宴此咏皇风。"汪遵《苍颉台》："观迹成文代结绳，皇风儒教浩然兴。"

【皇帝】 封建国家最高统治者的称号。始于秦始皇。杜甫《北征》："皇帝二载秋，闰八月初吉。"韩愈《元和圣德诗》："皇帝即阼，物无违拒。"姚合《寄裴起居》："彩笔专书皇帝语，书成几卷太平书。"赵嘏《画墁录》："太宗皇帝真长策，赚得英雄尽白头。"

【皇帝京】 皇都；帝京。贾岛《送陈商》："釜底绝烟火，晓行皇帝京。"

【皇宫】 皇帝所居之所。姚合《过天津桥晴望》："皇宫对嵩顶，清洛贯城心。"马戴《题石瓮寺》："僧室并皇宫，云门辇路同。”毛文锡《柳含烟》词之四：“栽培得地近皇宫，瑞烟浓。”

【皇扃】 宫门。借指皇恩。韩愈《和水部张员外宣政衙赐百官樱桃诗》：“食罢自知无所报，空然惭汗仰皇扃。”

【皇祖】 君主的祖父或远祖。张九龄《奉和圣制幸晋阳宫》：“皇祖称义旗，三灵皆获安。”郭子仪《郊庙歌辞·享太庙乐章·广运舞》：“于赫皇祖，昭明有融。”张衮《梁郊祀乐章·庆熙》：“皇祖以配，大孝以振。”

【皇怒】 皇帝的愤怒。语出《诗·大雅·皇矣》：“王赫斯怒，爰整其旅。”李郃《贺州思九疑作》：“维皇怒斯赫，投檄并炎荒。”

【皇軒】 皇帝的宫室。李岑《玄元皇帝应见贺圣祚无疆》：“祥光浮紫阁，喜气绕皇轩。”

【皇恩】 皇帝的恩德。宋鼎《赠张丞相》：“皇恩倪照亮，岂厌承明庐。”韦应物《郑都詹事》：“皇恩赐印绶，归为田里荣。”白居易《西湖留别》：“翠黛不须留五马，皇恩只许住三年。”司空图《狂题十八首》之一一：“三十年来辞病表，今朝卧病感皇恩。”

【皇唐】 对唐王朝的美称。清昼、潘述《讲德联句》：“赫矣皇唐，康哉立极。”

【皇家】 皇室。亦指朝廷、王朝。苏颋《奉和圣制春台望应制》：“即旧在皇家，维新具物华。”裴次元《南至日隔仗望含元殿香炉》：“为沐皇家庆，来瞻羽卫前。”李山甫《公子家二首》之一：“曾是皇家几世侯，入云高第照神州。”徐铉《又赋早春即事》：“苑里芳华早，皇家胜事多。”

【皇孫】 泛指皇帝的儿子或曾孙。王翰《飞燕篇》：“皇孙不死燕啄折，女弟一朝如火绝。”杜甫《赤霄行》：“皇孙犹曾莲勺困，卫庄见贬伤其足。”

【皇基】 帝王的基业。李益《北至太原》：“炎祚昔昏替，皇基此郁盘。”赵光逢《梁郊祀乐章·庆和》：“受景命，启皇基。”

【皇都】 帝都；京城。刘宪《奉和圣制登骊山高顶寓日应制》：“骊阜镇皇都，銮游眺八区。”李白《古风》之五六：“清辉照海月，美价倾皇都。”韩愈《县斋有怀》：“怀书出皇都，衔泪渡清灞。”司空图《淮西》：“鳌冠三山安海浪，龙盘九鼎镇皇都。”

【皇情】 皇帝的情意。陈希烈《奉和圣制三月三日》：“皇情被群物，中外洽恩光。”贾岛《送于中丞使回纥册立》：“渐通青冢乡山尽，欲达皇情译语初。”卢肇《风不鸣条》：“薰弦方在御，万国仰皇情。”《郊庙歌辞·梁太庙乐舞辞·开平舞》：“恭祀事，结皇情。”

【皇眷】 皇帝的眷顾。杜甫《奉赠鲜于京兆二十韵》：“献纳纡皇眷，中间谒紫宸。”

【皇華】 (—huā)《诗·小雅》篇名。序谓：“《皇皇者华》，君遣使臣也。送之以礼乐，言远而有光华也。”郑玄笺：“言臣出使能扬君之美，延其誉于四方，则为不辱命也。”后以“皇华”作为赞颂奉命出使或出使者的典故。徐安贞《送丹阳采访》：“郡县分南国，皇华出圣朝。”独孤及《奉和李大夫同吕评事太行苦热行兼寄院中诸公》：“明主命使臣，皇华得时杰。”刘商《泛舒城南溪赋得沙鹤歌奉饯张侍御赴河南元博士赴扬州拜觐仆射》：“皇华地仙如鹤驭，乘驾飘飘留不住。”见“皇華使”。

【皇華使】 (華 huā)皇帝的使臣。王维《送李判官赴东江》：“闻道皇华使，方随皂盖臣。”杜甫《寄韦有夏郎中》：“万里黄华使，为僚记腐儒。”刘长卿《洛阳主簿叔知和驿承恩赴选伏辞一首》：“憧憧洛阳道，日夕皇华使。”武元衡《西亭早秋送徐员外》：“有美皇华使，曾同白社游。”见“皇華”。

【皇極】 ❶皇帝治理天下的准则。即所谓大中至正之道。《书·洪范》：“五，皇极，皇建其有极。”孔颖达疏：“皇，大也；极，中也。施政教，治下民，当使大得其中，无有邪僻。”李白《酬坊州王司马与阎正字对雪见赠》：“风水如见资，投竿佐皇极。”又《纪南陵题五松山》：“伊尹生空桑，捐庖佐皇极。”元稹《代曲江老人百韵》：“百度依皇极，千门辟紫宸。”肃宗《延英殿玉灵芝诗三章章八句》之二：“载启瑞图，庶符皇极。”❷皇帝。杜甫《秋日荆南送石首薛明府辞满告别奉寄薛尚书颂德叙怀斐然之作三十韵》：“紫微临大角，皇极正乘舆。”❸皇宫。阎朝隐《奉和九日幸临渭亭登高应制得筵字》：“簪绂趋皇极，笙歌接御筵。”陈子昂《奉和皇帝上礼抚事述怀应制》：“轩宫帝图盛，皇极礼容申。”

【皇朝】 本朝；国朝。陆龟蒙《袭美先辈以龟蒙所献五百言既蒙见和复示荣唱再抒鄙怀用伸酬谢》：“邃古派泛滥，皇朝光赫曦。”吕岩《宋朝张天觉为相之日道人有何仙术答以能捏土为香》：“皇朝宰相张天觉，天下云游吕洞宾。”

【皇曾孫】 (曾 zēng)皇帝之曾孙。豆卢回《登乐游原怀古》：“缅惟汉宣帝，初谓皇曾孙。”

【皇渥】 皇恩。沈佺期《赦到不得归题江上石》：“弃市沾皇渥，投荒漏紫泥。”

【皇階】 犹皇位。卢僎《让帝挽歌词二首》之一：“地户迎天仗，皇阶失帝兄。”

【皇猷】 ❶帝王的教化。杨师道《奉和正日临朝应诏》：“皇猷被寰宇，端扆属元辰。”岑参《送颜平原》：“吾兄镇河朔，拜命宣皇猷。”李绅《吴门二十四韵》：“还持沧海诏，从此布皇猷。”郑谷《丞相孟夏祗荐纪献十韵》：“万方瞻辅翼，共贺赞皇猷。”❷犹大道。喻美好的政治。韩愈《赴江陵途中寄赠三学士》：“高议参造化，清文焕皇猷。”刘斌《和许给事伤牛尚书》：“经纶资百物，樽俎寄皇猷。”

【皇業】　帝王大业。张俨《贞元八年十二月谒先主庙绝句三首》之一：“仗顺继皇业，并吞势由己。”

【皇嗣】　皇子。则天皇后有《唐明堂乐章·皇嗣出入升降》。

【皇道】　❶上古帝王治国的法则。亦指后世帝王治国的法则。德宗《三日书怀因示百僚》：“天文信昭回，皇道颇敷陈。”❷犹大道。元结《引极三首·怀潜君》：“拜潜君兮索玄宝，佩元符兮轨皇道。”独孤及《得柳员外书封寄近诗书中兼报新主行营兵马因代书戏答》：“遥知抵掌论皇道，时复吟诗向白云。”秦韬玉《仙掌》：“何如捧日安皇道，莫把回山示世人。”

【皇慈】　皇帝的仁慈。借指皇帝。韩偓《侍宴》：“密旨不教江令醉，丽华微笑认皇慈。”

【皇運】　指享有皇位的气数。李益《登金陵谢安墩》：“皇运有返正，丑虏无遗魂。”高适《奉酬北海李太守丈人夏日平阴亭》：“当昔皇运否，人神俱未宁。”独孤及《委冬自嵩山赴洛道中作》：“皇运偶中变，长蛇食中土。”贾至《闲居秋怀寄阳翟陆赞府封丘高少府》：“忆昔皇运初，众宾俱龙骧。”

【皇圖】　封建王朝的版图。亦指封建王朝。李益《华阴东泉同张处士诣藏律师兼简县内同官因寄齐中书》：“高网弥八纮，皇图明四辟。”李贺《出城别又新酬李汉》：“皇图跨四海，百姓拖长绅。”李绅《寿阳罢郡日有诗十首·别连理树》：“十步兰茶同秀彩，万年枝叶表皇图。”陈陶《涂山怀古》：“皇图化鱼鳖，天道漂无踪。”

【皇墳】　❶帝王的坟墓。舒元舆《桥山怀古》：“却思皇坟立人极，车轮马迹无不周。”❷传说中三皇时代的典籍。韩愈《醉赠张秘书》：“险语破鬼胆，高词媲皇坟。”

【皇樹】　本指皇天覆盖之下的嘉树。因屈原曾作《橘颂》称美橘以自况，故后遂用作咏橘柑类树的典故。柳宗元《柳州西城北隅种柑树》：“方同楚客怜皇树，不学荆州利木奴。”

【皇儀】　皇帝的仪容。赵光逢《梁郊祀乐章·庆顺》：“乾乾睿目，穆穆皇仪。”

【皇編】　皇帝的诗作。辛替否《奉和九月九日登兹恩寺浮图应制》：“白云飞御藻，慧日暖皇编。”

【皇畿】　京畿，京城所辖之地区。高宗《谒慈恩寺题奘法师房》：“停轩观福殿，游目眺皇畿。”则天皇后《石淙》：“均露均霜标胜壤，交风交雨列皇畿。”

【皇澤】　皇帝的恩泽。杜荀鹤《乱后书事寄同志》：“皇泽正沾新将士，侯门不是旧公卿。”

【皇豫】　皇帝巡游。张九龄《奉和圣制早登太行率尔言志》：“动植希皇豫，高深奉睿情。”

【皇綱】　帝业的传统；朝廷的纲纪。杜甫《北征》：“胡命其能久？皇纲未宜绝。”岑参《玄元皇帝应见贺圣祚无疆》：“皇纲归有道，帝系祖玄元。”薛逢《题筹笔驿》：“赤伏运衰功莫就，皇纲力振命先徂。”唐颜谦《咸通中始闻褚河南归葬阳翟因成二十韵》：“册府藏余烈，皇纲正本朝。”

【皇輿】　皇帝所乘的高大车子。亦借指国君。李白《在水军宴赠幕府诸侍御》：“房箭雨宫阙，皇舆成播迁。”杜甫《楼上》：“皇舆三极北，身事五湖南。”柳宗元《闻籍田有感》：“天田不日降皇舆，留滞长沙岁又除。”

【皇儲】　皇太子。崔涂《读留侯传》：“翻把壮心轻尺组，却烦商皓正皇储。”周昙《咏史诗·后汉门·马后》：“再实伤根嫌贵宠，惠慈劳悴育皇储。”

【皇闈】　皇宫之门。亦指皇宫。张说《安乐郡主花烛行》：“青宫朱邸翊皇闱，玉叶琼蕤发紫微。”韦应物《燕李录事》：“与君十五侍皇闱，晓拂炉烟上赤墀。”李商隐《送千牛李将军赴阙五十韵》：“丹陛祥烟灭，皇闱杀气横。”

【皇鑒】　亦作“皇鑑”。❶皇帝的明察。沈佺期《陪幸韦嗣立山庄》：“皇鉴清居远，天文睿奖浓。”钱起《同程九早入中书》：“独惭皇鉴明如日，未厌春光向玉墀。”杨巨源《春日奉献圣寿无疆词十首》之七：“日轮重鉴远，天仗圣朝多。”❷皇帝的鉴赏和审察能力。杜审言《扈从出长安应制》：“抚迹地灵古，游情皇鉴新。”广宣《驾幸天长寺应制》：“观空复观俗，皇鉴此中闲。”

【皇鑑】　见“皇鑒”。

【皇靈】　指皇帝。储光羲《同诸公秋日游昆明池思古》：“皇灵恻群甿，神政张天维。”苏颋《人日重宴大明宫恩赐彩缕人胜应制》：“是日皇灵知窃幸，群心就捧大明来。”吴筠《又酬刘侍御过草堂》：“皇灵垂矜邱，正气澄心神。”柳宗元《游南亭夜还叙志七十韵》：“安得奉皇灵，在宥解天弢。”

【皇衢】　专供皇帝车马所行的道路。张昔《小苑春望宫池柳色》：“小苑春初至，皇衢日更清。”陈光《长安新柳》：“九陌云初霁，皇衢柳已新。”

皈

〔guī《字汇补》古奎切。〕归顺。见“皈依”。

【皈依】　佛教语。原指佛教的入教仪式。表示对佛、法（教义）、僧三者归顺依附，故亦称三皈依。后多指虔诚奉信佛教。李颀《宿莹公禅房闻梵》：“始觉浮生无住著，顿令心地欲皈依。”段成式《游长安诸寺联句·翊善坊保寿寺·光天帧赞联句》：“正念皈依，众青如彗。”

五 画

皋 〔gāo《广韵》古劳切，平豪，见。〕❶沼泽。《诗·小雅·鹤鸣》："鹤鸣于九皋，声闻于野。"毛传："皋，泽也。"张祜《忆游天台寄道流》："云龙出水风声过，海鹤鸣皋日色清。"吴融《御沟十六韵》："皋著通鸣鹤，津应接斗牛。"❷岸；水边。韦应物《城中卧疾知阎薛二子屡从邑令饮因以赠之》："秋风起汉皋，开户望平芜。"刘禹锡《河南观察使故相国袁公挽歌三首》之二："丹旐发江皋，人悲雁亦号。"张籍《思江南旧游》："江皋三月时，花发石楠枝。"李中《吉水县依韵酬华松秀才见寄》："诗情冷淡知音少，独喜江皋得见君。"❸水田。《文选·潘岳〈秋兴赋〉》："耕东皋之沃壤兮，输黍稷之余税。"李善注："水田曰皋。"王维《酬诸公见过》："晨往东皋，草露未晞。"又《赠裴十迪》："欣欣春还皋，淡淡水生陂。"又《送友人归山歌二首》之二："忽山西兮夕阳，见东皋兮远村。"❹泛称原野、旷野。玄宗《野次喜雪》："拂曙辟行宫，寒皋野望通。"羊士谔《登乐游原寄司封孟郎中卢补阙》："神皋值宿雨，曲水已增波。"舒元舆《坊州按狱》："饮冰不待夕，驱马凌晨皋。"❺指成皋。地名。今河南荥阳县西北汜水镇。韩愈《会合联句》："我家本瀍穀，有地介皋巩。"

【皋亭】 山名。在今浙江杭州市北郊。慧净有《自皋亭至吴门吊二大护法》。

【皋圃】 池沼和园圃。陆龟蒙《奉酬袭美先辈初夏见寄次韵》："积雨晦皋圃，门前烟水平。"

【皋原】 沼泽和原野。温庭筠《郊居秋日有怀一二知己》："皋原寂历垂禾穗，桑竹参差映豆花。"

【皋禽】 鹤的别称。刘兼《秋夕书事》："郢客岂能陪下里，皋禽争肯恋樊笼？"

【皋陆】 平原；平地，储光羲《射雉词》："原田遥一色，皋陆旷千里。"又《过新丰道中作》："太阴蔽皋陆，莫知晚与早。"

【皋橋】 桥名。在今江苏苏州阊门内。后汉皋伯通居此桥侧。梁鸿与妻孟光曾投伯通，居庑下，为人佣工舂米。见《后汉书·逸民·梁鸿传》。孟郊《送李翱习之》："皋桥路逶迤，碧水清风飘。"白居易《夜归》："皋桥夜沽酒，灯火是谁家。"皮日休《皋桥》："皋桥依旧绿杨中，闾里犹生隐士风。"沈彬《赠王定保》："皋桥已失齐眉愿，萧寺行逢落发师。"

【皋盧】 木名。叶似茶而大，味苦涩，可作饮料。皮日休《吴中苦雨因书一百韵寄鲁望》："十分煎皋卢，半榼挽醽醁。"陆龟蒙《奉和袭美茶具十咏·茶鼎》："且共荐皋卢，何劳倾斗酒。"自注："茶名。"

【皋壤】 泽边之地。郑谷《咸通十四年府试木向荣》："山川应物候，皋壤起农情。"陈陶《哭王赞府》："金玉埋皋壤，芝兰哭弟兄。"

【皋蘭】 ❶泽边兰草。孙顾有《清露被皋兰》。❷山名。在今甘肃兰州市南。卢照邻《紫骝马》："骝马照金鞍，转战入皋兰。"沈佺期《被试出塞》："辛苦皋兰北，胡霜损汉兵。"寇泚《度涂山》："行闻汉飞将，还向皋兰宿。"李益《来从窦车骑行》："自经皋兰战，又破楼烦地。"

【皋鶴】 泽中之鹤。钱起《送李兵曹赴河中》："骊珠难隐耀，皋鹤会长鸣。"张祜《奉和令狐相公送陈肱侍御》："清露府莲结，碧云皋鹤飞。"见"皋禽"。

六 画

皎 〔jiǎo《广韵》古了切，上篠，見。〕❶洁白。崔国辅《古意》："净扫黄金阶，飞霜皎如雪。"韦应物《感事》："霜雪皎素丝，何意坠墨池。"钱起《片玉篇》："美人之鉴明且彻，玉指提携叹奇绝。试劳香袖拂莓苔，不觉清心皎冰雪。"❷光亮；明亮；光明。张九龄《入庐山仰望瀑布水》："闪闪青崖落，鲜鲜白日皎。"李白《把酒问月》："皎如飞镜临丹阙，绿烟灭尽清辉发。"武元衡《单于晓角》："胡儿吹角汉城头，月皎霜寒大漠秋。"韦庄《抚盈歌》："愁瞳兮月皎，笑颊兮花娇。"❸光照耀。顾琼《木兰花》词之三："月皎露华窗影细，风送菊香黏绣袂。"

【皎日】 明亮的太阳。常用于誓词。鲍溶《古意》："皎日不留景，良辰如逝川。"李频《送薛能赴镇徐方》："皎日为明信，清风占早秋。"林宽《献同年孔郎中》："一顾深恩身未杀，争期皎日负吹嘘。"郑谷《谷比岁受同年丈人遂以章句自贻》："皎日还应知守道，平日自信解甘贫。"

【皎月】 明月。褚亮《奉和望月应魏王教》："层轩登皎月，流照满中天。"李德裕《峡山亭月夜独宿对樱桃花有怀伊川别墅》："皎月照芳树，鲜葩含素辉。"章孝标《省试骐骥长鸣》："皎月谁知种，浮云莫问程。"杨徽之《句》："新霜染枫叶，皎月借芦花。"

【皎白】 皓白，洁白。贯休《施万病丸》："我闻昔有海上翁，须眉皎白尘土中。"

【皎皎】 ❶洁白貌；清白貌。卢鸿一《嵩山十志十首·倒景台》："皎皎之子兮自独立，云可朋兮霞可吸，曾何荣辱之所及。"张籍《和裴司空以诗请刑部白侍郎双鹤》："皎皎仙家鹤，远留闲宅中。"白居易《代鹤》："洛阳寡族类，皎皎唯两翼。"刘驾《赠先达》："皎皎机上丝，尽作秦筝弦。"❷明亮貌。张若虚《春江花月夜》："江天一色无纤尘，皎皎空中孤月轮。"杜甫《暮归》："客子入门月皎皎，谁家捣练风凄凄？"施肩吾《海边远望》："扶桑枝边红皎皎，天鸡一声四溟晓。"莫宣卿《百官乘月早朝听残漏》："星河犹皎皎，银箭尚珊珊。"❸明白貌；分明貌。韩愈《感春四首》之四："数杯浇肠虽暂醉，皎皎万虑醒还新。"孟郊《秋怀》之六："单床寤皎皎，瘦卧心兢兢。"鲍溶《秋怀五首》之三："一念皎皎时，幽襟非所用。"

【皎晶】 皎洁明亮。卢照邻《狱中学骚体》："夫何秋夜之无情兮，皎晶悠悠而太长。"元稹《饮致用神曲酒三十韵》："蚌珠悬皎晶，桂魄倒瀴溟。"

【皎潔】 ❶明亮洁白。王维《早朝》："皎洁明星高，苍茫远天曙。"独孤良器《赋得沉珠于泉》："皎洁沉泉水，荧煌照乘珠。"白居易《亭西墙下伊渠水中置石激流潺湲成韵颇有幽趣以诗记之》："嵌巉嵩石峭，皎洁伊流清。"刘辟《登楼望月二首》之二："皎洁三秋月，巍峨百丈楼。"亦借指明亮洁白的水、月等。李群玉《大云池泛舟》："游鳞泳皎洁，洞见逍遥情。"罗邺《钓翁》："月浦扣船歌皎洁，雨蓬隈岸卧萧疏。"❷清白；光明磊落。李白《怨情》："花性飘扬不自持，玉心皎洁终不移。"顾况《悲歌三》："我心皎洁君不知，辘轳一转一惆怅。"韩愈《齪齪》："报国心皎洁，含时涕汍澜。"

【皎澈】 明亮清澈。亦指明亮清澈的光辉。刘禹锡《奉和中书崔舍人八月十五日夜玩月二十韵》："二仪含皎澈，万象共澄鲜。"崔藩《暗投明珠》："皎澈虚临夜，孤圆冷莹秋。"

【皎鏡】 ❶明镜。韦庄《云散》："已恨岁华添皎镜，更悲人事逐颓波。"又《岁晏同左生作》："不须临皎镜，年长易凄凄。"❷喻清澈的水面或皎洁的明月。刘长卿《湘中纪行十首·云母溪》："白发惭皎镜，清光媚奫沦。"李益《春日晋祠同声会集得疏字韵》："菱苕生皎镜，金碧照澄虚。"权德舆《贞元七年蒙恩除太常博士追计前事已二十三年于兹矣时郡君以疾恙续发因代书却寄》："离披夏云尽，皎镜秋月圆。"罗隐《姑苏真娘墓》："皎镜山泉冷，轻裾海雾秋。"

七　画

皓〔hào《集韵》下老切，上晧，匣。〕❶洁白；明亮。李白《秋夜宿龙门香山寺奉寄王方城十七丈奉国莹上人从弟幼成令问》："目皓沙上月，心清松下风。"刘长卿《弄白鸥歌》："泛泛江上鸥，毛衣皓如雪。"权德舆《临平湖夜泛》："素彩皓通津，孤舟入清旷。"鲍溶《古意》："翠袖皓珠粉，碧阶封绿钱。"❷借指老翁，白发老人。李白《赠潘侍御论钱少阳》："眉如松雪齐四皓，调笑可以安储皇。"白居易《长乐亭留别》："优诏幸分四皓秩，祖筵惭继二疏欢。"

【皓月】 明月。韦应物《月夜》："皓月流春城，华露积芳草。"权德舆《酬裴端公八月十五日夜对月见怀》："凉夜清秋半，空庭皓月圆。"李德裕《思山居一十首·初夏有怀山居》："翠岑当累榭，皓月入轻舟。"罗邺《秋夕寄友人》："想君怀抱哀吟夜，铜雀台前皓月多。"

【皓白】 洁白；纯白。崔颢《江畔老人愁》："青溪口边一老翁，鬓眉皓白已衰朽。"杜甫《别唐十五诫因寄礼部贾侍郎》："相视发皓白，况难驻羲和。"又《莫相疑行》："男儿生无所成头皓白，牙齿欲落真可惜。"元稹《有鸟二十章》之十三："有鸟有鸟谓白鹇，雪毛皓白红嘴殷。"

【皓色】 白色；洁白的颜色。张正一《和武相公中秋锦楼玩月得苍字》："高秋今夜月，皓色正苍苍。"白居易《八月十五日夜因怀禁中清景偶题是诗》："皓色分明双阙榜，清光深到九门关。"薛能《新雪》："天迷皓色风何乱，地湿春泥土半翻。"郑启《严塘塔经乱书事》之二："梁园皓色月如珪，清景伤时一惨凄。"

【皓首】 白发；白头。谓年老。杜甫《戏为双松图歌》："松根胡僧憩寂寞，庞眉皓首无住著。"孟郊《暮秋感思》之一："上有噪日蝉，催人成皓首。"黄滔《寓言》："流年五十后，日日侵皓首。"徐铉《闻查建州陷贼寄钟郎中》："皓首应全苏武节，故人谁得李陵书。"

【皓素】 洁白纯真。姚合《心怀霜》："皓素中方委，严凝得更深。"

【皓氣】 白气；白色的云气、水气等。孟彦深《元次山居武昌之樊山新春大雪以诗问之》："皓气凝书帐，清著钓鱼竿。"马戴《中秋月》："皓气笼诸夏，清光射万岑。"

【皓彩】 ❶洁白的光芒。赵蕃《荐冰》："寒姿分玉坐，皓彩发丹楹。"❷特指皎洁的月光。窦群《同王晦伯朱遐景宿慧山寺》："皓彩入幽抱，清气逼苍旻。"李德裕《潭上喜见新月》："皓彩松上见，寒光波际轻。"杜牧《长安夜月》："寒光垂静夜，皓彩满重城。"李群玉《腊夜雪霁奉寄江陵副使杜中丞》："月华临霁雪，皓彩射貂裘。"

【皓雪】 白雪。亦喻白毛。元稹《书异》："飘萧北风起，皓雪纷满庭。"李群玉《湖中古愁三首》之一："蘅兰委皓雪，百草一时死。"刘兼《酬勾评事》："鹭翘皓雪临汀岸，莲袅红香匝郡楼。"无名氏《至墨离海奉怀敦煌知己》(外编上)："千山空皓雪，万里尽黄沙。"

【皓腕】 洁白的手腕。权德舆《放歌行》："乍看皓腕映罗袖，微听清歌发杏梁。"白居易《柘枝词》："苍头铺锦褥，皓腕捧银杯。"张祜《筝》："绰绰下云烟，微收皓腕鲜。"韩琮《题商山店》："红锦机头抛皓腕，绿云鬟下送秋波。"

【皓皓】 ❶洁白貌。张九龄《奉和圣制瑞雪篇》："皓皓楼前月初白，纷纷陌上尘皆素。"李林甫《秋夜望月忆韩席等诸侍郎因以投赠》："皓皓庭际色，稍稍林下光。"王建《簇蚕辞》："蚕欲老，箔头作茧丝皓皓。"薛逢《镊白曲》："醉来便向樽前倒，风月满头丝皓皓。"❷盛大貌。王建《凉州行》："凉州四边沙皓皓，汉家无人开旧道。"许浑《早发寿安次永寿渡》："树凉风皓皓，滩浅石磷磷。"

【皓然】 洁白貌。玄宗《校猎义成喜逢大雪率题九韵以示群官》："皓然原隰同，不觉林野变。"岑参《敦煌太守后庭歌》："敦煌耆旧鬓皓然，愿留太守更五年。"

【皓蝶】 白色的蝴蝶。李商隐《柳》："絮飞藏皓蝶，带弱露黄鹂。"

【皓髮】 白发。谓年老。皎然《览史》："黄绮皆皓发，秦时隐商山。"

【皓齒】 ❶洁白的牙齿。李白《白纻辞三首》之一："扬清歌，发皓齿，北方佳人东邻子。"张祜《吴宫曲》："皓齿初含雪，柔枝欲断风。"温庭筠《金虎台》："皓齿芳尘起，纤腰玉树春。"孙光宪《更漏子》词之六："歌皓齿，舞红筹，花时醉上楼。"❷美女的代称。李白《于阗采花》："自古妒蛾眉，胡沙埋皓齿。"李贺《将进酒》："吹龙笛，击鼍鼓，皓齿歌，细腰舞。"张祜《歌》："皓齿娇微发，青蛾怨自生。"司马扎《筑台》："朝观细腰舞，夜听皓齿歌。"

【皓魄】 明月。亦指明亮的月光。权德舆《奉酬从兄南仲见示十九韵》："清光杳无际，皓魄流霜空。"栖白《八月十五夜玩月》："清光凝有露，皓魄爽无烟。"吕从庆《对月有感》："天开悬宝镜，皓魄满栏杆。"

【皓質】 ❶洁白的质地。李德裕《思平泉树石杂咏一十首·重台芙蓉》："玉女袭朱裳，重重映皓质。"❷洁白的本质。韦庄《旧居》："皓质留残雪，香魂逐断霞。"

【皓曜】 见"皓耀"。

【皓耀】 亦作"皓曜"。洁白光亮。韦应物《酬韩质舟行阻冻》："皓曜群玉发，凄清孤景凝。"许浑《春日郊园戏赠杨嘏评事》："门枕碧溪冰皓耀，槛齐青嶂雪嵯峨。"李群玉《中秋越台看月》："皓曜迷鲸目，晶荧失蚌胎。"

【皓露】 白色的露水或露珠。亦代指秋气。张九龄《感遇十二首》之十："紫兰秀空蹊，皓露夺幽色。"杨衡《旅次江亭》："扣舷不能寐，皓露清衣襟。"章碣《对月》："琼轮正碾丹霄去，银箭休催皓露凝。"

【皓鶴】 白鹤。李正封《咏露》："沾树急玄蝉，洒地栖皓鹤。"元稹《和李校书新题乐府十二首·五弦弹》："辞雄皓鹤警露啼，失子哀猿绕林啸。"许浑《对雪》："素娥冉冉拜瑶阙，皓鹤纷纷朝玉京。"王棨《山明松雪》："影杂青牛重，光迷皓鹤惊。"

皖 〔wǎn《集韵》胡官切，平桓，匣。〕地名用字。春秋时国名。又为山名和水名，见"皖公山""皖水"。

【皖水】 水名。今名皖河。源出安徽潜山县西北天堂山，东流经县东汇潜水，又南至怀宁县城石牌镇，与太湖县东渚水汇，又东南经怀宁县西，至皖口(今名山口镇)入江。李白《避地司空原言怀》："我则异于是，潜光皖水滨。"顾非熊《舒州酬别侍御》："乡心随皖水，客路过庐峰。"徐铉《送彭秀才》："贾生去国已三年，短褐闲行皖水边。"韦曾《谒天柱山真君祠》："潜岳高似掌，皖水遥疑带。"

【皖公山】 山名。又名潜山、天柱山，亦简称"皖山"，在今安徽省潜山县西北。传为周大夫皖伯封国于此，故名。汉武帝元封五年(前106)南巡，登此山，封为"南岳"。今祭台遗址尚存。李白《江上望皖公山》："清宴皖公山，巉绝称人意。"李家明《咏皖公山》："回首皖公山色翠，影斜不到寿杯中。"

【皖溪】 即皖水。马戴《过潜岳》："潜岳积苍翠，皖溪生素波。"见"皖水"。

八　画

皙 〔xī《广韵》先擊切，入錫，心。〕肤色白净。刘禹锡《游桃源一百韵》："霓裳何飘飖，童颜洁白皙。"

十　画

皚 〔ái《广韵》五來切，平咍，疑。〕雪白貌。见"皚皚"。

【皚皚】 雪白貌。储光羲《使过弹筝峡作》："皑皑坚冰白，漫漫阴云平。"杜甫《晚晴》："崖沉谷没白皑皑，江白缺裂青枫摧。"白居易《庭松》："岁暮大雪天，压枝玉皑皑。"贯休《游严陵钓台》："雪浪皑皑万古情，岸边古台子陵名。"

皛 〔xiǎo，又读 jiǎo《广韵》胡了切，上篠，匣。〕皎洁明亮貌。陈子昂《送著作佐郎崔融等从梁王东征》序："岁七月，军出国门，天皛无云，朔风清海。"元稹《饮致用神曲酒三十韵》："蚌珠悬皎皛，桂魄倒澄溟。"贾岛《上谷旅夜》："月到寒窗空皓皛，风翻落叶更飕飗。"

【皛明】 明净貌。储光羲《至闲居精舍呈正上人》："秋晏景气迴，皛明丹素功。"

【皛皛】　洁白明亮貌。张说《同赵侍御乾湖作》："秋月皛皛泛澄澜，冬景青青步纤草。"杜甫《即事》："暮春三月巫峡长，皛皛行云浮日光。"岑参《尹相公京兆府中棠树降甘露诗》："团团甜如蜜，皛皛凝若脂。"无名氏《白受采》："皛皛金方色，迁移妙不穷。"

皜　同"皓"。

【皜潔】　明亮洁白。徐彦伯《比干墓》："玉床逾皜洁，铜柱方歊爀。"

十一画

皠　〔cuǐ《广韵》七罪切，上賄，清。〕白貌。韩愈《斗鸡联句》："腷膊战声喧，缤翻落羽皠。"

十二画

皤　〔pó《广韵》薄波切，平戈，並。又博禾切，平戈，幫。〕❶白色。多指头发白。见"皤然""皤皤"。❷大肚皮。《左传·宣公二年》："睅其目，皤其腹，弃甲而复。"杜预注："皤，大腹。"见"皤腹"。❸指青蛙的白腹。韩愈《月蚀诗效玉川子作》："弊蛙拘送主府官，帝箸下腹尝其皤。"

【皤叟】　白发老翁。白居易《香山居士写真诗》："勿叹韶华子，俄成皤叟仙。"

【皤然】　白貌。多指须发。王维《酬诸公见过》："仰厕群贤，皤然一老。"权德舆《过隐者湖上所居》："蜗舍映平湖，皤然一鲁儒。"白居易《白发》："白发生来三十年，而今须鬓尽皤然。"王贞白《少年行二首》之一："鲁儒甘被笑，对策鬓皤然。"

【皤腹】　大肚子。杜牧《雨中作》："浊醪气色严，皤腹瓶罂古。"滕白《题文川村居》："皤腹老翁眉似雪，海棠花下戏儿孙。"

【皤皤】　白发貌。形容年老。张九龄《南洛山行怀古》："泌泉空活活，樵臾独皤皤。"高适《自淇涉黄河途中作十三首》之十三："皤皤河滨叟，相遇似有耻。"白居易《和答诗十首·答四皓庙》："皤皤四先生，高冠危映眉。"贯休《秋末入匡山船行八首》之四："谁如垂钓者，孤坐鬓皤皤。"

十三画

皦　〔jiǎo《广韵》古了切，上篠，見。〕❶光亮洁白。张九龄《武司功初有幽庭春暄见贻夏首获见以诗报焉》："迟日皦方照，高斋澹复虚。"见"皦日""皦鏡""皦皦"。❷清白。见"皦皦❷"。

【皦日】　明亮的太阳。严维《送丘为下第归苏州》："皦日媚春水，绿蘋香客船。"

【皦皦】　❶明亮洁白貌。韦应物《善福精舍答韩司录清都观会宴见寄》："皦皦仰时彦，闷闷独为愚。"❷清白；光明磊落。杜甫《咏怀二首》之二："皦皦幽旷心，拳拳异平素。"

【皦鏡】　明镜。喻平净的水面。贾言淑《五言夏日游神泉诗》："豁险洞深涧，皦镜疑无象。"

【皦繹】　形容音节分明、延续不断。语出《论语·八佾》："乐其可知也；始作，翕如也；从之，纯如也，皦如也，绎如也，以成。"权德舆《奉和崔评事之作》："藻思成采章，雅音闻皦绎。"

十四画

皪　〔lì《广韵》郎擊切，入錫，來。〕见"的皪"。

皮　部

皮　〔pí《广韵》符羈切，平友，並。〕❶兽皮。带毛为皮，去毛为革。引申指人的皮肤或动植物体表面的一层组织。杜甫《病橘》："纷然不适口，岂只存其皮。"李端《瘦马行》："眼中有泪皮有疮，骨毛焦瘦令人伤。"韩愈《和侯协律咏笋》："见角牛羊没，看皮虎豹存。"白居易《寓意诗五首》之五："借问虫何食，食心不食皮。"❷皮侯。用兽皮制的射靶。耿沣《和王怀州观西营秋射》："主皮山郡晚，饮算柳营寒。"

【皮日休】　唐诗人。字袭美，一字逸少，襄阳（今湖北襄樊市）人。自号鹿门子、醉吟先生等。性傲诞，隐居襄阳鹿门山。咸通八年（867）进士及第，十年任苏州刺史崔璞军事判官，与陆龟蒙酬唱往来，人称"皮陆"。乾符四年（877）入京任著作郎、太常博士等职。广明元年（880）赴毗陵副使任途中，参加黄巢起义军，任翰林学士三年余。义军失败后下落不明。《全唐诗》编其诗九卷。

【皮毛】　禽兽的皮和毛。顾云《苏君厅观韩干马障歌》："轻匀杏蕊糁皮毛，细捻银丝插鬃尾。"罗隐《野狐泉》："又应改换皮毛后，何处人间作好人。"

【皮存】　春秋时，秦要求从晋买粮，晋大夫庆郑主张不要得罪秦国。虢射反对，他认为在秦支持下即位的晋惠公，背弃了割让五城给秦国的要求，已经失去了取得秦国谅解的基础，他以"皮之不存，毛将焉附"为喻，认为允许秦在晋国购粮即如同无皮可附的毛，不足以缓和秦晋关系。见《左传·僖公十四年》。后遂以"皮存"为典，借毛与皮喻依附者和被依附者的关系。李端《下第上薛侍郎》："幸得皮存矣，须劳翼长之。"

【皮光業】　晚唐诗人皮日休之子，字文通，襄阳（今属湖北）人。吴越武肃王钱镠浙西节度推官。出使后梁，梁特赐其进士及第，授秘书郎。官终吴越国宰相。著有《皮氏见闻录》一三卷、《妖怪录》五卷，均佚，见《吴越备吏》卷三、《十国春秋》本传。《全唐诗》卷七九五录其残句二联。

【皮肉】　皮肤和肌肉。杜甫《乾元中寓居同谷县作歌七首》之一："中原无书归不得，手脚冻皴皮肉死。"

【皮先輩】　皮日休。崔璐有《览皮先辈盛制因作十韵以寄用伸款仰》。李縠有《浙东罢府西归酬别张广文皮先辈陆秀才》。崔璞有《奉酬皮先辈霜菊见赠》。

【皮冠】　（—guān）本指古代打猎时戴的帽子。加于礼冠之上，用以防尘，亦以御雨雪。亦指一般的兽皮帽。张籍《春日行》："头上皮冠未曾整，直入花间不寻径。"吕岩《七言》之二四："道袍薛带应慵挂，隐帽皮冠尚懒簪。"亦指植物表皮所制的帽子。陆龟蒙《奉酬袭美先辈初夏见寄次韵》："蟠木几甚曲，笋皮冠且轻。"

【皮骨】　皮和骨。形容身体瘦瘠，只存皮和骨。杜甫《将赴成都草堂先寄严郑公五首》之四："三年奔走空皮骨，信有人间行路难。"陆龟蒙《奉酬袭美先辈吴中苦雨一百韵》："永夜更呻吟，空床但皮骨。"

【皮席】　皮制坐席。戴叔伦《桂阳北岭偶过野人所居聊书即事呈王永州邕李道州圻》："内户均皮席，枯瓢沃野餐。"

【皮船】　川藏高原地带急流河道中用以树枝作骨架、外蒙牦牛皮的船。白居易《新乐府·蛮子朝》："蛮子朝，泛皮船兮渡绳桥，来自巂州道路遥。"

【皮裘】　毛皮的衣服。张南史《雪》："千门万户皆静，兽炭皮裘自热。"白居易《新乐府·缚戎人》："一落蕃中四十载，遣著皮裘系毛带。"无名氏《五言白话诗》之二十（外编下）："将板作皮裘，埋入深坑窟。"

【皮鞋】　用皮革制的鞋。寒山《诗三百三首》之一二四："浪行朱雀街，踏破皮鞋底。"

【皮膚】　人和高等动物包在肌肉外部的组织。由表皮、真皮和皮下组织三层组成，有保护身体、调节体温、排泄废物等作用。亦用以指植物的表皮。寒山《诗三百三首》之一五五："皮肤脱落尽，唯有贞实在。"李白《北上行》："尺布不掩体，皮肤剧枯桑。"皮日休《太湖诗·上真观》："皮肤坼甲胄，枝节擒貙犴。"杜荀鹤《送僧赴黄山沐汤泉兼参禅宗长老》："患身是幻逢禅主，水洗皮肤语洗心。"

【皮簳】　即簳，筋竹，中实劲强，可为矛。元结《演兴四首·闵岭中》："则必蒙皮簳以为矢，弦毋筱以为弧。"

【皮襲美】　皮日休。字袭美。陆龟蒙有《读襄阳耆旧传作诗五百言寄皮袭美》。

五 画

皰 〔pào《广韵》匹皃切，去效，滂。又防教切，去效，並。〕皮肤上长的像水泡的小疙瘩。《淮南子·说林训》："贵小皰而发痤皰。"高诱注："皰，面气也。"韩愈《答柳柳州食虾蟆》："虽然两股长，其奈脊皴皰。"

七 画

皴 〔cūn《广韵》七倫切，平諄，清。〕❶肌肤粗糙或受冻开裂。杜甫《乾元中寓居同谷县作歌七首》之一："中原无书归不得，手脚冻皴皮肉死。"卢仝《萧宅二三子赠答诗二十首·石答竹》："苔藓印我面，雨露皴我皮。"白居易《赠友五首》之二："手足尽皴胝，爱利不爱身。"❷物体表面有皱纹；毛糙。刘禹锡《碧涧寺见元九侍御和展上人诗有三生之句因以和》："廊下题诗满壁尘，塔前松树已皴鳞。"白居易《与沈杨二舍人阁老同食敕赐樱桃玩物感恩因成十四韵》："肉嫌卢橘厚，皮笑荔枝皴。"无可《松》："枝干怪鳞皴，烟梢出涧新。"李咸用《石版歌》："云根劈裂雷斧痕，龙泉切璞青皮皴。"❸物体表面的皱纹。张蠙《郑毂补阙山松》："影交新长叶，皴匝旧生枝。"又《和友人许棠题宣平里古藤》："翠老霜难蚀，皴多藓乍封。"

【皴皰】 粗糙而有疙瘩。韩愈《答柳柳州食虾蟆》："虽然两股长，其奈脊皴皰。"

【皴皵】 粗糙坼裂。李咸用《览友生古风》："皴皵老松根，晃朗骊龙窟。"

【皴節】 （—jié）打皱的竹节。顾况《露青竹杖歌》："亭亭笔直无皴节，磨捋形相一条铁。"

【皴皺】 皮肤起皱纹。薛逢《老去也》："朝中暮栉不自省，老皮皴皱文纵横。"

【皴劈】 （—pì）皮肤冻裂。张孜《雪诗》："岂知饥寒人，手脚生皴劈。"

【皴皵】 皮肤粗糙貌。孟郊《寄义兴小女子》："渔妾性崛强，耕童手皴皵。"

八 画

皵 〔què《广韵》七雀切，入藥，清。又七迹切，入昔，清。〕表皮粗糙皴裂。《尔雅·释木》："槐小叶曰榎；大而皵，楸；小而皵，榎。"郭璞注："老乃皮粗皵者为楸，小而皮粗者为榎。"李咸用《览友生古风》："皴皵老松根，晃朗骊龙窟。"

九 画

皷 同"鼓"。张祜《题李戡山居》："自从蛙声为皷乐，聊将草色当屏风。"又《赠杭州柘枝》："梁州唱罢皷殷雷，软骨纤娥起蹔回。"

皸 〔jūn《广韵》舉雲切，平文，見。又居運切，去問，見。〕皮肤受冻而拆裂。见"皸瘃"。

【皸瘃】 手足受冻拆裂，生冻疮。陆龟蒙《奉酬袭美先辈吴中苦雨一百韵》："加之被皸瘃，况复久藜粝。"

十 画

皺[1] 〔zhòu《广韵》側救則，去宥，莊。〕❶皮肤因松弛而起纹路。杜甫《病后遇王倚饮赠歌》："头白眼暗坐有胝，肉黄皮皱命如线。"李贺《嘲少年》："莫道韶华镇长在，发白面皱专相待。"亦指其他事物打皱，出现皱折。刘禹锡《历阳书事七十韵》："坐久罗衣皱，杯频粉面骍。"杨氏《硖石山》："丹水流衍曲如带，风皱罗纹听管弦。"❷收缩；紧蹙。曹唐《小游仙诗九十八首》之九三："九天王母皱蛾眉，惆怅无言倚桂枝。"南唐后主李煜《采桑子》词之一："琼窗春断双蛾皱，回首边头。"引申为郁积不舒。李贺《赠陈商》："黄昏访我来，苦节青阳皱。"李商隐《子初全溪作》："战蒲知雁唼，皱月觉鱼来。"陆龟蒙《读襄阳耆旧传因作诗五百言寄皮袭美》："又如晓江平，风死波不皱。"❸衣、物等经折叠而显出痕迹。韩愈《南山诗》："前低划开阔，烂漫堆众皱。"

皺[2] 〔zhōu《集韵》甾尤切，平尤，莊。〕栗蓬，包在栗子外面的多刺壳斗。杜甫《野望因过常少仙》："入村樵径引，尝果栗皱开。"贯休《湖头别墅三首》之一："饥鼠掀菱壳，新蝉避栗皱。"又《秋末长兴寺作》："栗不和皱落，僧多到骨贫。"无名氏《鸡头》（卷七八五）："淡黄根老栗皱圆，染青刺短金罂熟。"

【皺眉】 双眉攒聚不舒，表示忧虑或不悦。韩愈《辞唱歌》："复遣悭吝者，赠金不皱眉。"

【皺澀】 打皱而不光滑。韩偓《仙山》："一炷心香洞府开，偃松皱涩半莓苔。"

十一画

皻〔zhā《广韵》侧加切，平麻，莊。〕鼻部及其两侧所生的红色小疮粒。柳宗元《同刘二十八院长奉寄张员外赠二君子》："骤歌喉易嗄，饶醉鼻成皻。"

皿 部

皿 〔mǐn《广韵》武永切，上梗，明。《集韵》眉永切，上梗，明。〕盘、盂、碗、盏一类饮食盛器的总称。《左传·昭公元年》："于文，皿虫为蛊。"杜预注："皿，器也。"柳宗元《种白蘘荷》："皿蠱化为疠，夷俗多所神。"按，《全唐诗》"皿"作"血"，误。

三 画

盂 〔yú《广韵》羽俱切，平虞，雲。〕盛汤浆或饭食的圆口器皿。《汉书·东方朔传》："置守宫盂下。"颜师古注："盂，食器也。若盋而大，今之所谓盋盂也。"元稹《酬乐天东南行一百韵》："遂谪栖遑掾，还飞送别盂。"白居易《马上作》："高声咏篇什，大笑飞杯盂。"贾岛《送空公往金州》："松生师坐石，潭涤祖传盂。"贯休《道中逢乞食老僧》："时人只施盂中饭，心似白莲那得知。"

【盂安】《史记·滑稽列传》："圣帝在上，德流天下，诸侯宾服，威振四夷，连四海之外以为席，安于覆盂。"后以"盂安"喻国家太平。李商隐《大卤平后书怀十韵寄刘韦二前辈二公尝于此县寄居》："不忧悬磬乏，乍喜覆盂安。"

【盂蘭】旧传目连依照佛言，于农历七月十五日置百味五果，供养三宝，以解救其亡母在饿鬼道中所受倒悬之苦。见《盂兰盆经》。后来逐渐成为民间超度先人的节日。吕岩《登平都访仙》之一："盂兰清晓过平都，天下名山总不如。"

四 画

盃 〔bēi《广韵》布回切，平灰，幫。〕今作"杯"。❶饮器。刘禹锡《河南王少尹宅燕张常侍白舍人兼呈卢郎中李员外二副使》："事重各衔天子诏，礼成同把故人杯。"李廓《长安少年行》之四："乐奏曾无歇，杯巡不暂休。"顾非熊《斜谷邮亭玩海棠花》："驻骑忘山险，持杯任日斜。"章孝标《送进士陈峣往睦州谒冯郎中》："饮酣杯有浪，棋散漏无声。"亦借指饮酒、贪杯。❷量词。孟郊《吊卢殷》之二："幽荐一杯泣，泻之清洛滨。"杜牧《送张判官归兼谒鄂州大夫》："腹中书万卷，身外酒千杯。"徐铉《和张少监晚菊》："今朝旬假犹无事，更好登临泛一杯。"

【盃中物】指酒。典出陶潜《责子》诗："天运苟如此，且进杯中物。"羊士谔《腊夜对酒》："琥珀杯中物，琼枝席上人。"徐铉《送钟德林郎中学士赴东府诗·得酒》："酌此杯中物，茱萸满把秋。"

【盃盂】指酒杯。徐铉《亚元舍人贻佳作三篇兼寄陈君庶资一笑耳》："光阴暗度杯盂里，职业未妨谈笑间。"

【盃酒】一杯酒。借指饮酒。李廓《长安少年行》之五："杯酒逢花住，笙歌簇马吹。"

【盃盞】酒杯。借指酒。元稹《酬友封话旧叙怀十二韵》："身名判作梦，杯盏莫相违。"

【盃盤】杯子和盘子。亦借指酒肴。薛能《戏舸》："游人莫觅杯盘分，此地才应聚德星。"李建勋《醉中咏梅花》："北客见皆惊节气，郡僚痴欲望杯盘。"徐铉《赠浙西顾推官》："狼藉杯盘重会面，风流才调一如初。"

盆 〔pén《广韵》蒲奔切，平魂，並。〕❶一种较浅的口大底小的盛器。《急就篇》："甄、缶、盆、盎。"颜师古注："缶、盆、盎，一类耳。缶即盎也，大腹而敛口；盆则敛底而宽上。"杜甫《贻华阳柳少府》："醉从赵女舞，歌鼓秦人盆。"任华《怀素上人草书歌》："骏马迎来坐堂中，金盆盛酒竹叶香。"韩愈《和侯协律咏笋》："验长常携尺，愁干屡侧盆。"张乔《华山》："一夜盆倾雨，前湫起毒龙。"❷同"湓"。水名。见"盆浦"。

【盆下】覆盆之下。喻含冤负屈的处境。刘长卿《罪所上御史惟则》："斗间谁与看冤气，盆下无由见太阳。"

【盆水】即湓水。崔融《太平龙兴寺》："今来盆水曲，秋雁晚行飞。"详见"盆浦"。

【盆池】将盆埋于地引水灌注而形成的小池。可种植观赏植物。韩愈《盆池五首》之二："莫道盆池作不成，藕稍初种已齐生。"皮日休《寒日书斋即事三首》之二："盆池有鹭窥蘋沫，石版无人扫桂花。"齐己有《盆池》。可齐《咏萍》："盆池本不种青萍，春杪无根也自生。"

【盆城】即湓口城，位湓水入江处，今之江西九江市。韩愈《除官赴阙至江州寄鄂岳李大夫》："盆城去鄂渚，风便一日耳。”李绅《移西江》：“盆城依落日，盆浦看云眇。”

【盆盎】 盆和盎。亦指较大的盛器。韩愈《奉和钱七兄曹长盆池所植》：“但取主人知，谁言盆盎是。”陆龟蒙《记事》：“促使春酒材，呼儿具盆盎。”

【盆浦】 即湓河旁边。盆水，又名龙开河，源出今江西瑞昌县西南青盆县，东流至九江市入长江。相传有人洗铜盆，水涨失盆，投水觅取，见龙衔盆而出，因称盆水。李绅《趋翰苑遭诬构四十六韵》：“盆浦潮通楚，匡山地接吴。”盆，一作“湓”。又《移九江》：“盆城依落日，盆浦看云眇。”

【盆罂】 盆和罂，亦泛称大口容器。韩愈《南山诗》：“或累若盆罂，或揭若曝豆。”又韩愈、孟郊《城南联句》：“畦肥剪韭薤，陶固收盆罂。”

盈 〔yíng《广韵》以成切，平清，以。〕❶满；充满；布满。崔融《户部尚书崔公挽歌》：“八座图书委，三台章奏盈。”贾至《寓言二首》之二：“今来思君时，白露盈阶污。”白居易《余思未尽加为六韵重寄微之》：“走笔往来盈卷轴，除官递互掌丝纶。”李绅《渡西陵十六韵》：“爰景三辰朗，祥农万庾盈。”引申为添加。元结《二风诗·治风诗五篇·至劳》：“至哉勤绩，不盈不延。”❷圆满；无残缺。贺兰进明《行路难五首》之四：“君不见云中月，暂盈还复缺。”卢纶《清如玉壶冰》：“气若朝霜动，形随夜月盈。”李绅《新楼二十首·望海亭》：“乌盈兔缺天涯迥，鹤背松梢拂槛低。”李商隐《城外》：“未必明时胜蚌蛤，一生长共月亏盈。”❸多；频繁。胡浩《大漠行》：“汉将纷纭攻战盈，胡寇萧条幽朔清。”刘禹锡《秋晚题湖城驿池上亭》：“尘衣纷未解，幽思浩已盈。”朱庆余《行路难》：“德丧淳风尽，年荒蔓草盈。”邵士彦《秋闺》：“斜日空庭暮，幽闺积恨盈。”❹满溢；过度。杜审言《春日江津游望》：“谷王常不让，深可戒中盈。”杜甫《太子张舍人遗织成褥段》：“李鼎死岐阳，实以骄贵盈。”

【盈巾】 布满佩巾。杜甫《又呈吴郎》：“已诉征求贫到骨，正思戎马泪盈巾。”白居易《续古诗十首》之四：“可怜苦节士，感此涕盈巾。”又《苦热》：“头痛汗盈巾，连宵复达晨。”

【盈手】 ❶犹满把。白居易《红藤杖》：“粗细才盈手，高低仅过身。”李商隐《十一月中旬至扶风界见梅花》：“赠远虚盈手，伤离适断肠。”又《赋得月照水池》：“似镜将盈手，如霜恐透肌。”司空图《效陈拾遗子昂》：“邻女恃其姿，掇之不盈手。”❷满手；整个手上。姚合《游春十二首》之九：“摘花盈手露，折竹满庭烟。”李群玉《望月怀友》：“盈手水光寒不湿，流天素彩静无风。”

【盈月】 满月；圆月。吴越僧《武肃王有旨石桥设斋会进一诗共六首》之四：“都为王心标意切，满空盈月瑞分明。”

【盈斤】 满斤；达到一斤。白居易《秦中吟十首·重赋》：“织绢未成匹，缫丝未盈斤。”

【盈尺】 满尺。多谓雪厚一尺，古以为丰年之兆。孟浩然《寒夜张明府宅宴》：“瑞雪初盈尺，寒宵始半更。”韩愈《海水》：“我鳞不盈寸，我羽不盈尺。”白居易《对火玩雪》：“盈尺白盐寒，满炉红玉热。”喻凫《和段学士对雪》：“盈尺知丰稔，开窗对酒壶。”

【盈目】 满目；满眼。卢纶《与张擢对酌》：“张老闻此词，汪汪泪盈目。”

【盈耳】 满耳。李德裕《圣祖庙石磬铭》：“清越盈耳，和悦感心。”白居易《西楼喜雪命宴》：“歌乐虽盈耳，惭无五裤谣。”欧阳衮《听郢客歌阳春白雪》：“调雅偏盈耳，声长杳入神。”李咸用《送人》：“盈耳暮蝉催别骑，数杯浮蚁咽离肠。”

【盈衣】 满衣。李端《代村中老人答》：“时清应不见，言罢泪盈衣。”

【盈車】 指大鱼。典出《列子·汤问》：“詹何以独茧丝为纶，芒针为钩，荆篠为竿，剖粒为饵，引盈车之鱼。”张湛注：“《家语》曰：‘鲲鱼，其大盈车。’”韩愈《叉鱼招张功曹》：“盈车欺故事，饲犬验今朝。”

【盈把】 ❶满把。把，一手握取的数量。张九龄《忝官二十年尽在内职及为郡尝积恋因赋诗焉》：“愿言采芳泽，终朝不盈把。”杜甫《暮秋枉裴道州手札率尔遣兴寄近呈苏涣侍御》：“盈把那须沧海珠，入怀本倚昆山玉。”又《玉华宫》：“忧来藉草坐，浩歌泪盈把。”韦庄《秦妇吟》：“长戈拥得上戎车，回首香闺泪盈把。”❷《艺文类聚》卷八一引南朝宋檀道鸾《续晋阳秋》：陶潜无酒，坐宅边菊丛中，采摘盈把，望见王弘遣送酒，即便就酌。后以“盈把”作为采菊之典。王绩《九月九日赠崔使君善为》：“香气徒盈把，无人送酒来。”中宗《九月九日幸临渭亭登高得秋字》序：“陶潜盈把，既浮九酝之欢；毕卓持螯，须尽一生之兴。”

【盈步】 布满脚步。韦应物《乘月过西郊渡》：“行车俨未转，芳草空盈步。”

【盈身】 满身。刘言史《北原情三首》之一：“生人更多苦，入户事盈身。”

【盈皀】 (—mào)充满面部。皀，同“貌”。张祜《投陈许崔尚书二十韵》：“接物欢盈皀，安氏术在衷。”

【盈杯】 满杯。姚合《闲居遣怀十首》之九：“好酒盈杯酌，闲诗任笔酬。”鱼玄机《光威裒姊妹三人少孤而始妍乃有是作因次其韵》：“红芳满院参差折，绿醑盈杯次第衔。”

【盈枝】 满枝。杜甫《云安九日郑十八携酒陪诸公宴》：“寒花开已尽，菊蕊独盈枝。”

【盈抱】　满怀。张九龄《与生公寻幽居处》："疑人武陵源，如逢汉阴老。清谐欣有得，幽闲欻盈抱。"

【盈匊】　亦作"盈掬"。满捧。两手合捧曰匊。李白《寻阳紫极宫感秋作》："回薄万古心，揽之不盈掬。"杜甫《佳人》："摘花不插发，采柏动盈匊。"钱起《美杨侍御清文见示》："雾雪看满怀，兰荃坐盈掬。"唐尧臣《金陵怀古》："因依兰蕙丛，采撷不盈掬。"

【盈泛】　犹盛开。韦应物《九日沣上作寄崔主簿倬二李端系》："时菊乃盈泛，浊醪自为美。"

【盈門】　充满门庭。刘长卿《送元八游汝南》："破产供酒钱，盈门皆食客。"秦韬玉《读五侯传》："朱紫盈门自称贵，可嗟区宇尽疮痍。"

【盈拱】　满拱。拱，两手或两臂合围的径围。李绅有《新昌宅书堂前有药树一枝今已盈拱》。

【盈前】　陈列于面前。薛逢《九日雨中言怀》："糕果盈前益自愁，那堪风雨滞刀州。"

【盈袂】　满袖。李白《禅房怀友人岑伦》："离忧每醉心，别泪徒盈袂。"

【盈酌】　满杯。酌，酒杯。苏颋《闲园即事寄韦侍郎》："有酒空盈酌，高车不可攀。"

【盈缺】　❶盈亏变化。宋之问《冬霄引赠司马承祯》："独坐山中兮对松月，怀美人兮屡盈缺。"皎然《酬李司直纵诸公游妙喜寺题照昱二上人房寄长城潘丞述》："潘生独不见，清景屡盈缺。"❷《礼记·礼运》："播五行于四时，和而后月生也，是以三五而盈，三五而缺。"故后以"盈缺"指月。李峤《中秋月二首》之一："盈缺青冥外，东风万古吹。"王建《行见月》："行行一年十二月，强半马上看盈缺。"

【盈科】　水充满坑坎。朱休《春水绿波》："朝宗终到海，润下每盈科。"

【盈庭】　充满朝廷。杜甫《奉酬薛二十丈判官见赠》："文王日俭德，俊乂始盈庭。"

【盈袖】　满袖。赵嘏《昔昔盐二十首·蘼芜叶复齐》："掬翠香盈袖，看花忆故夫。"曹邺《长城下》："泣多盈袖血，吟苦满头霜。"

【盈盈】　❶仪态美好貌。"盈"通"嬴"。沈佺期《李员外秦援宅观妓》："盈盈粉署郎，五日宴春光。"李白《宫中行乐词八首》之一："小小生金屋，盈盈在紫微。"元稹《答姨兄胡灵之见寄五十韵》："对谈依赳赳，送客步盈盈。"许浑《寓怀》："南国浣纱伴，盈盈天下姝。"❷清澈貌；晶莹貌。宋之问《入泷州江》："孤舟泛盈盈，江流日纵横。"岑参《夜过盘石隔河望永乐寄闺中效齐梁体》："盈盈一水隔，寂寂二更初。"胡皓《奉使口府》："孤舟忽不见，垂泪坐盈盈。"吕从庆《阅田禾》："节弄暑风轻拂拂，尖悬晚露澹盈盈。"❸充积貌；充盈貌。张籍《野寺后池寄友》："独游自寂寞，况此恨盈盈。"吕从庆《又春日往栅山吟诗于驴子背上未即就误入侧径为丛莽所缚卒成之》："隔绝羊肠已数旬，到来春霭正盈盈。"牟融《题陈侯竹亭》："漠漠暝阴笼砌月，盈盈寒翠动湘云。"

【盈素】　满怀。韦应物《叹杨花》："旧赏逐流年，新愁忽盈素。"

【盈倉】　满仓。杜荀鹤《和舍弟题书堂》："团圆便是家肥事，何必盈仓与满箱。"

【盈紙】　满纸。长孙佐辅《答边信》："征人去年戍辽水，夜得边书字盈纸。"

【盈掬】　见"盈匊"。

【盈眼】　满眼；布满眼眶。姚鹄《将归蜀留献恩地仆射二首》之一："明日还家盈眼血，定应回首即沾襟。"

【盈貫】　满贯。谓积钱甚多。贯，串钱绳。语本《左传·宣公六年》："使疾其民，以盈其贯，将可殪也。"白居易《狂吟七言十四韵》："俸随日计钱盈贯，禄逐年支粟满囷。"

【盈握】　满把。握，指一手甩握持的数量。柳宗元《自衡阳移桂十余本植零陵所住精舍》："离披得幽桂，芳本欣盈握。"白居易《和答诗十首·答四皓庙》："卷之不盈握，舒之亘八陲。"

【盈虚】　❶盈满或虚空。谓事物发展变化。语出《易·丰》："日中则昃，月盈则食。"皇甫冉《和郑少尹祭中岳寺北访萧居士越上方》："一峰绵岁月，万性任盈虚。"白居易《垂钓》："浮生多变化，外事有盈虚。"韦庄《和人岁宴旅舍见寄》："莫言常郁郁，天道有盈虚。"吕岩《窑头坯歌》："弦而望，明而晦，消长盈虚相匹配。"❷兴衰；成败。杜审言《赠崔融二十韵》："人事盈虚改，交游宠辱妨。"赵冬曦《灉湖作》："盈虚用舍轮舆旋，勿学灵均远问天。"阎防《百丈溪新理茅茨读书》："开卦推盈虚，散帙攻节目。"柳宗元《龟背戏》："徒言万事有盈虚，终朝一掷知胜负。"❸特指月之圆缺。徐敞《圆灵水镜》："明灭沦江水，盈虚逐砌蓂。"张蠙《寄友人》："相思不我会，明月几盈虚。"

【盈筐】　满筐。白居易《采地黄者》："凌晨荷锄去，薄暮不盈筐。"陆龟蒙《奉酬袭美先辈吴中苦雨一百韵》："盈筐盛芡芰，满釜煮鲈鳜。"皮日休《鲁望以躬掇野蔬兼示雅什用以酬谢》："杖挃春烟暖向阳，烦君为我致盈筐。"

【盈尊】　见"盈樽"。

【盈尋】　达到八尺。古八尺为寻。吴融《三峰府内矮柏十韵》："周围虽合抱，直上岂盈寻。"

【盈斟】　满斟；倒得很满。则天皇后《唐享昊天乐章·第六》："兰羞委荐，桂醑盈斟。"杨衡《九日陪樊尚书龙山宴集》："黄花玩初馥，翠物喜盈斟。"

【盈樽】 亦作"盈尊""盈罇"。装满酒樽。樽，一种盛酒器具。韦应物《登郡寄京师诸季淮南子弟》："徒有盈樽酒，镇此百端忧。"白居易《续古诗十首》之八："岂无盈樽酒，非君谁与娱。"又《早寒》："迎冬兼送老，只仰酒盈尊。"沈彬《送人游南海》："更想临高见佳景，越王台上酒盈罇。"

【盈机】 堆满几案。机，通"几"。几案，小桌子。独孤及《诗一首》："簿领日盈机，知君傲烦嚣。"

【盈睫】 布满睫毛。戎昱《苦哉行五首》之二："登楼望天衢，目极泪盈睫。"李端《杂歌呈郑锡司空文明》："蓬莱有梯不可蹑，向海回头泪盈睫。"

【盈腸】 饱肚；充饥。韩愈《县斋有怀》："朝食不盈肠，冬衣才掩骼。"

【盈畹】 满畹。古称三十亩为一畹。李嘗《自惠山至吴下寄酬南徐从事》："瑶音动清韵，兰思芬盈畹。"

【盈溢】 布满。李颀《采莲》："襟袖既盈溢，馨香亦相传。"

【盈滿】 谓达到极限。皎然《兵后余不亭重送卢孟明游江西》："离言何所赠，盈满有亏缺。"徐夤《新葺茆堂》之一："只闻神鬼害盈满，不见古今争贱贫。"

【盈箱】 满箱。白居易《初授拾遗》："谏纸忽盈箱，对之终自愧。"

【盈篋】 满箱。卢纶《秋中野望寄舍弟绶兼令呈上西川尚书舅》："小生即何限，简诲偏盈箧。"皮日休《寒夜文宴得泉字》："盈箧共开华顶药，满瓶同坼惠山泉。"

【盈億】 满亿。极言其多。杜甫《沙苑行》："至尊内外马盈亿，伏枥在垌空大存。"

【盈蕩】 《左传·庄公四年》："（楚武王）伐隋，将齐，入告夫人邓曼曰：'余心荡。'邓曼叹曰：'王禄尽矣。盈而荡，天之道也。先君其知之矣。故临武事，将发大命，而荡王心矣。'"杜预注："武王始起其众，僭号称王，陈兵授师，志意盈满，临齐而散。"后以"盈荡"指自满。太宗《帝京篇十首》之一〇："人道恶高危，虚心戒盈荡。"

【盈擔】 满担。王季友《滑中赠崔高士瑾》："玄石采盈担，神方秘其肘。"

【盈頭】 满头。戴叔伦《从军行》："封侯属何人，蹉跎雪盈头。"

【盈積】 积聚；充塞。乔知之《定情篇》："以兹常惕惕，百虑恒盈积。"独孤及《送陈兼应辟兼寄高适贾至》："梦想浩盈积，物华愁变衰。"

【盈虧】 ❶语出《易·谦》："天道亏盈而益谦。"本谓自然道盈满者则亏减之。后以"盈亏"指增减；盈满或亏损。李白《古风》之五九："田窦相倾夺，宾客互盈亏。"❷指月之圆缺。杨凭《乐游园望月》："今古人同望，盈亏节暗移。"白居易《代书诗一百韵寄微之》："素书三往复，明月七盈亏。"田娥《携手曲》："凤笙龙管白日阴，盈亏自感青天月。"

【盈縮】 谓事物消长、进退、隆替，互相依存，又互相转化。王昌龄《出郴山口至叠石湾野人室中寄张十一》："盈缩理无余，今往何必忧。"张说《入海二首》之一："潮波自盈缩，安得会虚心。"徐至《闰月定四时》："分铢标斗建，盈缩正人时。"

【盈罇】 见"盈樽"。

【盈襟】 满襟。贾至《长沙别李六侍御》："此别盈襟泪，雍门不假弹。"

【盈顛】 满头。戴叔伦《寄禅师寺华山人次韵三首》之一："百年浑是客，白发总盈颠。"

【盈櫪】 充满马槽。元稹《戏酬副使中丞见示四韵》："五马虚盈枥，双蛾浪满船。"

【盈籠】 满笼。笼，竹制盛物器。齐己《谢中上人寄茶》："绿嫩难盈笼，清和易晚天。"

【盈矚】 满目；满眼。李华《春游吟》："初春遍芳甸，千里蔼盈瞩。"

五 画

盍 〔hé《广韵》胡臘切，入盍，匣。〕❶合。见"盍簪"。❷副词。表示反问。何不。骆宾王《初秋于窦六郎宅宴》序："虽忘筌戴笠，兴交态于灵台，而搦管操觚，叶神心于胜气，盍阵六义，诗赋一言。"鲍溶《子规》："盍分翡翠毛，使学鹦鹉慧。"沈亚之《梦挽秦弄玉》序："敝秦不足辱大夫，盍适大国乎？"

【盍各】 《论语·公冶长》："颜渊、季路侍。子曰：'盍各言尔志？'"后以"盍各"作言志之典。陈子昂《晦日宴高氏林亭》："岂可使晋京才子孤标洛下之游，魏室群公独擅邺中之会，盍各言志，以记芳游。"

【盍簪】 语出《易·豫》："勿疑，朋盍簪。"后指士人聚会。杜甫《杜位宅守岁》："盍簪喧枥马，列炬散林鸦。"权德舆《户部王曹长杨考功崔因书所怀且叙所知》："盍簪莲府宴，落帽龙沙醉。"又《奉和张监阁老过八陵院题赠杜卿崔员外》："与君跬步如同舍，终日相期此盍簪。"唐彦谦《留别》："西入潼关路，何时更盍簪。"

盎 〔àng《广韵》烏浪切，去宕，影。又烏朗切，上蕩，影。〕盆类盛器。《急就篇》卷三："甄、缶、盆、盎、瓮、罃、壶。"颜师古注："缶、盆、盎一类耳。缶即盎也，大腹而敛口，盆则敛底宽上。"韩愈《此日足可惜赠张籍》："箧中有余衣，盎中有余粮。"沈亚之《文祝延二阕》之二："爵盎无虚兮菓摭杂佑，秋云清醉兮流融光。"贾岛《冬夜》："羁旅复经冬，瓢空盎亦空。"陆龟蒙《奉和袭美酒中十咏·酒篘》："不待盎中满，旋供花下倾。"

盌 〔wǎn《广韵》烏管切，上緩，影。〕今作"碗"。❶一种敞口而深的食器。《急就篇》卷三："盌，似盂而深长，与小盂之义稍别。"王昌龄《送李王》："玉碗金罍倾送君，江西日入起黄云。"杜甫《喜闻盗贼蕃寇总退口号五首》之四："勃律天西采玉河，坚昆碧碗最来多。"戴叔伦《题横山寺》："老衲供茶碗，斜阳送客舟。"白居易《酒熟忆皇甫十》："疏索柳花碗，寂寥荷叶杯。"❷量词。白居易《山泉煎茶有怀》："无由持一碗，寄与爱茶人。"又《春尽日》："醉对数丛红芍药，渴尝一碗绿昌明。"

【盌脱】 碗坯。碗坯粗糙，且不坚牢，不堪使用，故用以喻滥用官吏。《谣·武后长寿元年民间谣》："欔椎侍御史，碗脱侍中郎。"

益 〔yì《广韵》伊昔切，入昔，影。〕❶增益；增加。《易·谦》："天道亏盈而益谦。"孔颖达疏："减损盈满而增益谦退。"董思恭《咏露》："晞阳一洒惠，方愿益沧溟。"杜甫《后出塞五首》之五："将骄益愁思，身贵不足论。"清江《早春书情寄河南崔少府》："病身空益老，愁鬓不知春。"元稹《寄吴士矩端公五十韵》："屡益兰膏灯，犹研兔枝墨。"引申为堆积。李商隐《井泥四十韵》："他日井甃毕，用土益作堤。"❷宜。杜甫《村雨》："世情只益睡，盗贼敢忘忧。"❸利益；好处；用处。苏晋《过贾六》："努力持所趣，空名定何益。"杜甫《叹庭前甘菊花》："明日萧条醉尽醒，残花烂熳开何益。"吕温《道州观野火》："乃悟焚如功，来岁终受益。"白居易《眼病二首》之二："人间方药应无益，争得金篦试刮看。"❹有益；得益。韦应物《汉武帝杂歌三首》之二："乃知甘酥皆是腐肠物，独有淡泊之水能益人。"于鹄《种树》："一树新栽益四邻，野夫如到旧山春。"❺指益友。《论语·季氏》："孔子曰：'益者三友，损者三友。友直，友谅，友多闻，益矣。'"骆宾王《伤祝阿王明府》序："诸君或缔交三益，列宰一司；或协契筌蹄，投心胶漆。"权德舆《奉和许阁老酬淮南崔十七端公见寄》："二贤欢最久，三益义非无。"刘禹锡《酬杨八庶子喜韩吴兴与余同迁见赠》："琢磨三益重，唱和五音调。"陆龟蒙《奉和袭美新秋言怀三十韵次韵》："旧友怀三益，关山阻二崤。"❻副词。(1)更；更加。孟浩然《秦中感秋寄远上人》："日夕凉风至，闻蝉但益悲。"耿湋《夜寻卢处士》："虚弃如吾者，逢君益自伤。"姚合《寄贾岛》："朝昏鼓不到，闲卧益相宜。"周昙《咏史诗·唐虞门·虞舜》："进善惩奸立帝功，功成揖让益温恭。"(2)逐渐。《礼记·坛记》："故乱益忘亡。"孔颖达疏："益，渐也。"韩愈《读皇甫湜公安园池诗书其二首》之二："我初往观之，其后益不观。观之乱我意，不如不观完。"❼卦名。六十四卦之一，卦形为䷩。《易·益》："益，利有攸往。"孔颖达疏："益者，增足之处，损上益下，故谓之益。"寒山《诗三百三首》之七九："益者益其精，可名为有益；易者易其形，是名为有易。"亦指益卦之理。王昌龄《岳阳别李十七越宾》："闭门观玄化，携手遗损益。"杜甫《两当县吴十侍御江上宅》："仲尼甘旅人，向子识损益。"❽人名。即伯益。传为尧舜时大臣。见"益稷"。❾州名。杜甫《送殿中杨监赴蜀见相公》："相公镇梁益，军事无孑遗。"《谚谜·盐铁谚》："扬一益二。"见"益州"。❿"溢"的古字。水从器中漫出。引申为水涨。储光羲《同诸公秋日游昆明池思古》："凄风披田原，横污益山陂。"

【益友】 有益的朋友。语本《论语·季氏》："益者三友。"孙逖《和左司张员外自洛使入京中路先赴长安逢立春日赠韦侍御等诸公》："此中睽益友，是日多诗兴。"清昼《乐意联句一首》："良朋益友自远来，万里乡树对酒开。"白居易《船夜援琴》："七弦为益友，两耳是知音。"贯休《少监三首》之二："益友相随益自强，趋庭问礼日昭彰。"

【益母】 即茺蔚，草药名。光威裒《联句》："百味炼来怜益母，千花开处斗宜男。"

【益州】 州名。汉武帝时置。三国蜀于益州分置梓、潼等五郡。三国魏至南齐皆分益州为梁、益二州。唐武德元年(618)改隋蜀郡为益州，置总管府，后又升为大都督府。天宝元年(742)改益州为蜀郡，依旧为大都督府。治所在成都。十五年玄宗幸蜀，驻跸成都。至德二年(757)十月，驾回西京改蜀郡为成都府，长史为尹。益州故地大部在今四川境内。杜甫《石笋行》："君不见益州城西门，陌上石笋双高蹲。"刘禹锡《西塞山怀古》："西晋楼船下益州，金陵王气黯然收。"李商隐《送崔珏往西川》："一条雪浪吼巫峡，千里火云烧益州。"薛能《嘉陵驿》："如此幸非名利切，益州来日合携僧。"

【益州牋】 纸名。亦称蜀笺。均以产地名之。自唐以来，蜀地所造笺纸即著盛名，有玉版、表光、贡余、经屑等名目。唐女诗人薛涛退隐于成都西郊浣花溪，曾创深红小笺，号薛涛笺，因其实用而又节省，甚为诗家所爱，风行千载。姚合《寄主客刘郎中》："清景早朝吟丽思，题诗应费益州笺。"

【益昌】 即唐利州，天宝元年(742)曾改利州为益昌郡，乾元元年(758)复为利州。治所在今四川广元市。又利州又辖益昌县，治所在今四川广元县昭化镇。岑参有《奉和相公发益昌》。郎士元有《奉和杜相公益昌路作》。欧阳詹《益昌行》："驱马至益昌，倍惊风俗和。”

【益府】 即成都府。卢照邻有《赠益府裴录事》和《赠益府群官》。见“益州”。

【益炬】 增添火把。王绩《田家三首》之三：“抽帘持益炬，拔箦更燃炉。”

【益郡刀】 亦作“益部刀”。《晋书·王濬传》：濬夜梦悬三刀于卧屋梁上，须臾又益一刀，濬惊觉，意甚恶之。主簿李毅再拜贺曰：“三刀为州字，又益一者，明府其临益州乎？”及贼张弘杀益州刺史皇甫晏，累迁濬为益州刺史。后作为咏叹益州或做梦的典故。刘兼《寄高书记》：“醉琴自寄陶家意，梦枕谁听益郡刀。”刘禹锡《浙西李大夫述梦四十韵并浙东之相公酬和斐然继声》：“兴发春塘草，魂交益部刀。”

【益部】 指益州剑南西川节使府。赵宗儒《和黄门武相公诏还题石门洞》：“益部恩辉降，同荣汉相还。”

【益部刀】 见“益郡刀”。

【益陽】 县名。汉县，属长沙国，以地处益水之阳而得名。唐属潭州，今属山东。故城在今县东。杜荀鹤有《寄益阳武灌明府》。

【益龄】 益寿；延长寿命。玄宗《幸凤泉汤》：“益龄仙井合，愈疾醴源通。”

【益竈】 增加炊灶。指增加兵力。卢纶《寄赠库部王郎中》：“五营俱益灶，千里不停轮。”

六 画

盛[1] 〔shèng《广韵》承正切，去劲，禅。〕❶旺盛；兴隆；茂盛。郭震《十月乐游诗》：“十月严阴盛，霜气下玉台。”孟浩然《晚春卧病寄张八》：“林园久不游，草木一何盛。”杜甫《忆昔二首》之二：“忆昔开元全盛日，小邑犹藏万家室。”侯冽《花发上林》：“花发三阳盛，香飘五柞深。”亦指使兴盛。常衮《晚秋集贤院即事寄徐薛二侍郎》：“北朝荣庾薛，西汉盛严徐。”❷众多；富有某种事物。太宗《正日临朝》：“赫奕俨冠盖，纷纶盛服章。”卢象《赠广川马先生》：“人归洙泗学，歌盛舞雩风。”李白《君子有所思》：“朝野盛文物，衣冠何翕赩。”杜甫《登舟将适汉阳》：“中原戎马盛，远道素书稀。”❸大；盛大。储光羲《陇头水送别》：“从来心胆盛，今日为君愁。”窦叔向《端午日恩赐百索》：“仙宫长命缕，端午降殊私。事盛蛟龙见，恩深犬马知。”吴融《赴阙次留献荆南成相公三十韵》：“只惭燕馆盛，宁觉阮途穷。”❹强盛；优胜。杜甫《复愁十二首》之六：“胡虏何曾盛，干戈不肯休。”皎然《九日同卢使君幼平吴兴郊外送李司仓赴选》：“几日登司会，扬才盛五都？”❺严肃；威严。包佶《祀风师乐章·送神》：“送迎灵驾神心飨，跪拜灵坛礼容盛。”黄滔《贺清源仆射新命》：“虚说古贤龙虎盛，谁攀荆树上金台？”❻盛行；广泛；传扬。魏征《奉和正日临朝应诏》：“庭实超王会，广乐盛钧天。”李峤《拟古东飞伯劳西飞燕》：“佳人二八盛舞歌，羞将百万呈双蛾。”杜甫《昔游》：“幽燕盛用武，供给亦劳哉。”曹松《上广州支使王拾遗》：“诗窗盛岛屿，檄盾照风雷。”❼华美。崔邠《礼部权侍郎阁老史馆张秘监阁老有离合酬赠之什宿直吟玩聊继此章》：“节苦文俱盛，即时人并命。”❽甚；很；极力。王维《别綦毋潜》：“盛得江左风，弥工建安体。”李颀《送刘方平》：“荀氏风流盛，胡家公子清。”白居易《新乐府·太行路》：“为君盛容饰，君看金翠无颜色。”❾姓。唐诗人有盛均。

盛[2] 〔chéng《广韵》是征切，平清，禅。〕❶以器装物。寒山《诗三百三首》之二〇八：“我见瞒人汉，如篮盛水走。”贺知章《答朝士》：“钑镂银盘盛哈蜊，镜湖莼菜乱如丝。”任华《怀素上人草书歌》：“骏马迎来坐堂中，金盆盛酒竹叶香。”白居易《独酌忆微之》：“惆怅银杯来处重，不曾盛酒劝闲人。”❷装起，藏起。寒山《诗三百三首》之三五：“罗袖盛梅子，金鎞挑笋芽。”屈同仙《乌江女》：“锦袖盛朱橘，银钩摘紫房。”❸祭祀时放在容器中的黍稷等祭品。《周礼·地官·闾师》：“不耕者，祭天盛。”郑玄注：“盛，黍稷也。”李纾《唐德明关圣庙乐章·迎俎》：“盛牲实俎，谓选休成。”

【盛才】 高才；大才。李白《送杨少府赴选》：“夫子有盛才，主司得球琳。”贾至《闲居秋怀寄阳翟陆赞府封丘高少府》：“盛才溢下位，蹇步徒猖狂。”权德舆《奉和张舍人阁老阁中直夜思闻雅琴因以书事通简僚友》：“盛才本殊伦，雅诰方在今。”梁陟《送孙舍人归湘州》：“盛才倾世重，清论满朝归。”

【盛世】 治世；兴盛的时代。羊士谔《乾元初赋诗十四韵刻于石壁》：“盛世当弘济，平生谅所钦。”牟融《赠浙西李相公》：“长庚烈烈独遥天，盛世应知降谪仙。”又《有感》：“盛世嗟沉伏，中情怏未舒。”

【盛句】 指优美诗文。韩愈《酬蓝田崔丞立之咏雪见寄》：“冰玉清颜隔，波涛盛句传。”

【盛年】 指青壮年。崔国辅《古意》：“悔不盛年时，嫁与青楼家。”贺兰进明《行路难五首》之二：“盛年夫婿长别离，岁莫相逢色已换。”独孤及《癸卯岁赴南丰道中闻京师失守寄权士繇韩幼深》：“努力爱华发，盛年振羽仪。”刘蜕《览陈拾遗文集》：“揖君盛年名，万钟何足禄。”

【盛行】 （—xíng）广泛流行。佚名《霅溪夜宴诗》之八（卷八六四）：“向使甘言盛行于曩昔，岂今日居君王之座头？”

【盛色】 美色;美好的容貌。李白《去妇词》:"幽闺多怨思,盛色无十年。"

【盛名】 很高的名望。崔日用《奉和圣制送张说巡边》:"列将怀威抚,匈奴畏盛名。"任华《寄李白》:"权臣妒盛名,群犬多吠声。"韩愈《此日足可惜赠张籍》:"之子去须臾,赫赫流盛名。"罗隐《投浙东王大夫二十韵》:"盛名韬不得,雄略晦弥彰。"

【盛事】 大事;美事。杜甫《送重表侄王砅评事使南海》:"至尊均嫂叔,盛事垂不朽。"刘禹锡《酬令狐留守巡内至集贤院见寄》:"仙院文房隔旧宫,当时盛事尽成空。"姚合《送崔郎中赴常州》:"人间盛事今全得,江上政声复欲归。"徐铉《陈侍郎宅观花烛》:"世间盛事君知否,朝下鸾台夕凤楼。"

【盛明】 ❶昌盛;昌明。张说《三月三日诏宴定昆池宫庄赋得筵字》:"旧识平阳佳丽地,今逢上巳盛明年。"韩愈《和裴仆射相公假山十一韵》:"乐我盛明朝,于焉傲今昔。"白居易《昔与微之在朝日同蓄休退之心迨今十年沦落老大追寻前约且结后期》:"皆逢盛明代,俱登清近司。"❷犹圣明。指圣明之人。耿沣《元日早朝》:"盛明多在位,谁得守蓬麻。"❸指月色。李益《溪中月下寄杨子尉封亮》:"清光液流波,盛明难再逢。"

【盛服】 ❶谓服饰整齐。表示严肃端庄。白居易《和微之诗二十三首·和栉沐寄道友》:"盛服去尚早,假寐须臾间。"❷华丽的服饰。权德舆《县君赴兴庆宫朝贺载之奉行册礼因书即事》:"顾我华簪鸣玉佩,看君盛服耀金钿。"

【盛府】 对地方军政长官衙署的尊称。苏味道《赠封御史入台》:"盛府持清橐,殊章动绣衣。"皇甫冉《送蒋评事往福州》:"还看复命处,盛府有光辉。"权德舆《送台州崔录事》:"盛府知音在,何时荐政成。"徐铉《赠浙西顾推官》:"盛府宾寮八十余,闭门高卧兴无如。"

【盛科】 犹高科。曹邺《送郑谷归宜春》:"莫便闲吟去,须期接盛科。"

【盛美】 美善。指美善之事或美善之人。皎然《奉和颜使君真卿修韵海华会诸文士东堂重校》:"曷由旌不朽,盛美流歌引。"颜真卿、颜岘《登岘山观李左相石尊联句》:"陪游追盛美,揆德欣讨论。"

【盛怒】 战国楚宋玉《风赋》:"盛怒于土囊之口。"故后以"盛怒"指风。杜甫《北风》:"今晨非盛怒,便道即长驱。"

【盛夏】 夏季最炎热之时。孟浩然《宴包二融宅》:"是时方盛夏,风物自潇洒。"杜甫《送从弟亚赴安西判官》:"盛夏鹰隼击,时危异人至。"白居易《赠友五首》之一:"盛夏兴土功,方春剿人命。"陆龟蒙《忆山泉》:"心期盛夏同过此,脱却荷衣石上眠。"

【盛烈】 盛大的功业。于邵《释奠武成王乐章·迎神》:"盛烈载垂,命祀维崇。"徐铉《文献太子挽歌词五首》之四:"盛烈传彝鼎,遗文被乐章。"无名氏《挽歌五首》之五(外编上):"万国靡南重,盛烈排轩后。"

【盛時】 ❶盛年。李白《送赵判官赴黔府中丞叔幕》:"蹭蹬鬓毛斑,盛时难再还。"韦应物《西郊宴集》:"盛时易徂谢,浩思坐飘飏。"白居易《除夜寄微之》:"共惜盛时辞阙下,同嗟除夜在江南。"亦指植物生长的兴盛时期。汤悦《再次前韵代梅答》:"托植经多稔,顷筐向盛时。"❷犹盛世。曹松《李郎中林亭》:"大才必拟逍遥去,更遣何人佐盛时。"

【盛氣】 ❶盛大的气势。李白《清平乐》词之五:"盛气光引炉烟,素草寒生玉佩。"元稹《献荥阳公诗五十韵》:"盛气河包济,贞姿岳柱天。"❷犹豪气。孟郊《同年春燕》:"盛气自中积,英名日四驰。"

【盛彩】 美丽的彩霞。陶拱《秋日悬清光》:"何当回盛彩,一为表精诚。"

【盛唐】 ❶传说中的唐尧盛世。借指昌盛之世。王绩《赠李征君大寿》:"去去相随去,披裘骄盛唐。"❷对唐王朝的尊称。沈佺期《红楼院应制》:"红楼疑见白毫光,寺逼宸居福盛唐。"王铎《谒梓潼张恶子庙》:"盛唐圣主解青萍,欲振新封济顺名。"

【盛衰】 兴盛和衰败。郑畋《落花》:"以此方人世,弥令感盛衰。"元稹《酬别致用》:"此交定生死,非为论盛衰。"杜牧《旅怀作》:"无情春色不长久,有限年光多盛衰。"刘山甫《题青草湖神祠》:"自是神明无感应,盛衰何得却由人。"

【盛容】 谓容仪威重。宋之问《送杨六望赴金水》:"勿以西南远,夷歌寝盛容。"

【盛族】 豪门大族。杜甫《奉送二十三舅录事之摄郴州》:"贤良归盛族,吾舅尽知名。"又《敬寄族弟唐十八使君》:"与君陶唐后,盛族多其人。"

【盛宴】 盛大的宴会。戎昱《观卫尚书九日对中使射破的》:"盛宴倾黄菊,殊私降紫泥。"

【盛₂貯】 收藏;存放。元稹《酬乐天东南行诗一百韵》:"薰莸任盛贮,稊稗莫超逾。"

【盛暑】 犹盛夏。岑参《范公丛竹歌》:"盛暑翛翛丛色寒,闲宵槭槭叶声干。"元结《说洄溪招退者》:"语溪石下多泉源,盛暑大寒冬大温。"张祜《投宛陵裴尚书二十韵》:"早凉生玉树,盛暑退冰壶。"方干《赠美人四首》之二:"严冬忽作看花日,盛暑翻为见雪诗。"

【盛發】 谓大量开花。赵嘏《千秋岭下》:"年年盛发无人见,三十六溪春水高。"

【盛業】 巨大的功业。钱起《故相国苗公挽歌》:"盛业留青史,浮荣逐逝波。"白居易《读汉书》:"优游两不断，盛业日已衰。”杜牧《奉和门下相公送西川相公兼领相印出镇全蜀诗十八韵》：“盛业冠伊唐，台阶翊戴光。”

【盛愛】 过分的宠爱。王无竞《君子有所思行》：“声侈遽衰歇，盛爱且离伤。”

【盛跡】 前人的盛大功业。太宗《咏司马彪续汉志》：“书言扬盛迹，补阙兴洪志。”

【盛幕】 幕府的美称。李商隐《送从翁从东川弘农尚书幕》：“盛幕开高宴，将军问故僚。”

【盛動】 大动。杜甫《暮冬送苏四郄徯兵曹适桂州》：“岁阳初盛动，王化久磷缁。”

【盛語】 犹美言。张籍《祭退之》：“北游偶逢公，盛语相称明。”

【盛榮】 昌盛荣华。《占辞·葬书语》：“朱雀和鸣，子孙盛荣。”

【盛遷】 很大的升迁。武少仪《和权载之离合诗》：“傅野绝遗贤，人希有盛迁。”

【盛儀】 隆重的仪式。王无竞《驾幸长安奉使先往检察》：“童幼闻明主，耆老感盛仪。”

【盛德】 ❶高尚的品德。宋鼎《赠张丞相》：“盛德继微渺，深衷能卷舒。”岑参《暮秋会严京兆后厅竹斋》：“盛德中朝贵，清风画省寒。”张籍《送裴相公赴镇太原》：“盛德雄名远近知，功高先乞守藩维。”方干《处州献卢员外》：“才下轺车即岁丰，方知盛德与天通。”❷敬称有高尚品德的人。王维《同卢拾遗过韦给事东山别业二十韵》：“盛德启前烈，大贤钟后昆。”皎然《答裴集阳伯明二贤各垂赠二十韵今以一章用酬两作》：“裴生清通嗣，阳子盛德后。”❸谓巨大的功业或恩德。韩休《奉和御制平胡》：“盛德陈清庙，神谟属大君。”则天皇后《唐明堂乐章·宫音》：“神功凉匪测，盛德实难名。”白居易《寄献北都留守裴令公》序：“司徒令公分守东洛，移镇北都，一心勤王，三月成政。形容盛德，实在歌诗。”徐元鼎《太常寺观舞圣寿乐》：“盛德流无外，明时乐未央。”

【盛論】 犹大谈。杜甫《西枝村寻置草堂地夜宿赞公土室二首》之一：“昨枉霞上作，盛论岩中趣。”

【盛勳】 巨大的功勋。温庭筠《送渤海王子归本国》：“盛勋归旧国，佳句在中华。”

【盛顔】 喻青年。杜甫《观公孙大娘弟子舞剑器行》序：“今兹弟子，亦匪盛颜。”

【盛禮】 盛大的礼仪。杜甫《与严二郎奉礼别》：“尚愧微躯在，遥闻盛礼新。”薛逢《宣政殿前陪位观册顺宗宪皇帝尊号》：“盛礼永尊徽号毕，圣慈南面不胜哀。”徐铉《又三绝》之三：“六衣盛礼如金屋，彩笔分题似柏梁。”

【盛藩】 强大的藩国。张大安《奉和别越王》：“盛藩资右戚，连萼重皇情。”

【盛觀】 （—guān）犹壮观。吴融《和集贤相公西溪侍宴观竞渡》：“都人同盛观，不觉在行朝。”

七 画

盗 〔dào《广韵》徒到切，去號，定。〕❶偷窃；劫掠。舒元舆《八月五日中部官舍读唐历天宝已来追怆故事》：“杨李盗吏权，贪残日狼籍。”薛能《桃花》：“西王潜爱惜，东朔盗过从。”温庭筠《题李卫公诗二首》之一：“蒿棘深春卫国门，九年于此盗乾坤。”吕岩《五言》之十一：“盗得乾坤祖，阴阳是本宗。”❷偷盗或抢劫之人。元稹《箭镞》：“为盗即当射，宁问私与官。”白居易《和答诗十首·答箭镞》：“一盗既流血，百犬同吠声。”鲍溶《经秦始皇墓》：“白昼盗开陵，玄冬火焚树。”韦庄《长年》：“大盗不将炉冶去，有心重筑太平基。”❸对反叛者的贬称。韩愈《元和圣德诗》：“维是元年，有盗在夏。”白居易《寄唐生》：“太尉击贼日，尚书叱盗时。”自注：“颜尚书叱李希烈。”

【盜心憎主人】 春秋晋大夫伯宗好直言，每上朝，其妻必戒之曰：“盗憎主人，民恶其上。子好直言，必及于难。”后伯宗果因直言而遇害。见《左传·成公五年》。后以“盗心憎主人”喻奸恶之人怨恨正直之人。白居易《和答诗十首·答箭镞》：“盗心憎主人，主人不知情。”亦省作“盗憎”。薛能《春日寓怀》：“盗憎犹念物，花尽不知春。”

【盜束兵纏】 谓匪盗与战争侵扰不已。陆龟蒙《伤越》：“越溪自古好风烟，盗束兵缠已半年。”

【盜泉】 古泉名。故址在今山东泗水县东北。旧时常喻不义之财。以不饮盗泉之水示品格高洁。卢照邻《赠益府群官》：“不息恶木枝，不饮盗泉水。”李白《赠宣城宇文太守兼呈崔侍御》：“回车避朝歌，掩口去盗泉。”白居易《感鹤》：“饥不啄腐鼠，渴不饮盗泉。”郑谷《前寄左省张起居一百言寻蒙唱酬见誉过实却用旧韵重答》：“鬓秃趋荣路，肠焦鄙盗泉。”

【盜息無鳴鼓】 谓盗贼平息，报警之鼓不鸣，天下太平。刘禹锡《同乐天和微之深春二十首》之七：“盗息无鸣鼓，朝回自走车。”

【盜國】 盗窃国家权柄。杜光庭《纪道德》：“有皓齿青娥者为伐命之斧，蕴奇谋广智者为盗国之贼。”

【盜視】 犹偷看。韩愈《昼月》：“嗟汝下民或敢侮，戏嘲盗视汝目瞽。”

【盜賊】 ❶劫夺和偷盗财物之人。今俗称强取曰盗，私偷曰贼。李白《登高丘而望远》：“盗贼劫宝玉，精灵竟何能。”韩愈《嘲鼾睡》之二：“盗贼虽狡狯，亡魂敢窥阃。”李商隐《行次西郊作一百韵》：“盗贼亭午起，问谁多穷民。”❷对反叛者的贬称。杜甫《铁堂峡》：“生涯抵弧矢，盗贼殊未灭。”周昙《咏史诗·秦门·再吟胡亥》：“盗贼纵横主恶闻，遂为流矢犯君轩。”

【盜道】《庄子·胠箧》：故跖之徒问于跖曰：“盗亦有道乎？”跖曰：“何适而无有道耶？夫妄意室中之藏，圣也；入先，勇也；出后，义也；知可否，知也；分均，仁也。五者不备，而能成大盗者，天下未之有也。”后以盗道作为咏强盗或国贼的典故。韩偓《八月六日作四首》之二：“图霸未能知盗道，饰非唯欲害仁人。”

【盜憎】见“盜心憎主人”。

【盜竊】劫掠；偷窃。陆龟蒙《奉酬袭美先辈吴中苦雨一百韵》：“兼之渎财贿，不止行盗窃。”

八　画

盞　〔zhǎn《广韵》阻限切，上産，莊。〕❶浅而小的杯子。戴叔伦《赴抚州对酬崔法曹夜雨滴空阶五首》之五：“纵酒常掷盏，狂歌时入室。”元稹《泛江玩月十二韵》：“已困连飞盏，犹催未倒缸。”白居易《酬微之夸镜湖》：“酒盏省陪波卷白，骰盘思共彩呼卢。”姚合《咏贵游》：“凤凰尊畔飞金盏，丝竹声中醉玉人。”❷量词。酒、茶或灯的计量单位。刘禹锡《送曹璩归越中旧隐诗》：“数间茅屋闲临水，一盏秋灯夜读书。”孟郊《小隐吟》：“酌溪四五盏，听弹两三弦。”薛能《汉庙祈雨回阳春亭有怀》：“欲召罗敷倾一盏，乘闲言语不容人。”韦庄《对酒赋友人》：“白雪篇篇丽，清酤盏盏深。”

【盞杓】盏子和杓子。白居易《小院酒醒》：“未收残盏杓，初换热衣裳。”

盟1　〔méng《广韵》武兵切，平庚，明。《集韵》眉兵切，平庚，明。〕❶古代诸侯为释疑取信而对神立誓缔约的一种礼仪。多杀牲歃血。《春秋·隐公元年》：“三月，公及邾仪父盟于蔑。”孔颖达疏：“天子不信诸侯，诸侯自不相信，则盟以要之。凡盟礼，杀牲歃血，告誓神明，若有违背，欲令神加殃咎，使如此牲也。”亦泛指发誓、起誓。陈元光《太母魏氏半径题石》：“昭题盟岳渎，展墓庆重熙。”元稹《分水岭》：“君看守心者，井水为君盟。”白居易《寓意诗五首》之三：“何以示诚信，白水指为盟。”见“盟歃”。❷结盟；结为盟友。殷尧藩《过友人幽居》：“石斋盟四友，年下顿生春。”❸依一定信约组成的密切的联合或组织。亦指这类团体的首领或主持人。杨巨源《赠从弟茂卿》：“海内方微风雅道，邺中更有文章盟。”白居易《江州赴忠州至江陵已来舟中示舍弟五十韵》：“早接文场战，曾争翰苑盟。”

盟2　〔mèng《广韵》莫更切，去映，明。〕见“盟₂津。”

【盟₂津】即孟津，古黄河津渡名，在今河南孟津县东北、孟县西南。相传周武王伐纣，与八百诸侯盟会于此，并由此而渡黄河，为历代会盟兴兵的军事要地。《郊庙歌辞·中宗祀昊天乐章·凯安》：“戎车盟津偃，玉帛涂山会。”岑参《送郭乂杂言》：“何时过东洛，早晚度盟津。”韩愈《此日足可惜赠张籍》：“假道经盟津，出入行涧冈。”张籍《祭退之》：“旧茔盟津北，野窆动鼓钲。”

【盟約】结盟时订立誓约。李主簿姬《寄诗》：“去时盟约与心违，秋日离家春不归。”

【盟歃】古代结盟时杀牲歃血向神立誓以表诚信。杜甫《草堂》：“中宵斩马白，盟歃气已粗。”权德舆《读穀梁传二首》之二：“群臣自盟歃，君政如赘旒。”

【盟會】犹会盟。指唐王朝与西方蕃酋的会盟。元稹《和李校书新题乐府十二首·缚戎人》：“五六十年消息绝，中间盟会又猖獗。”

【盟誓】结盟立约。李商隐《赠送前刘五经映三十四韵》：“草草临盟誓，区区务富强。”李洞《送友罢举赴边职》：“高谈阔略陈从事，盟誓边庭壮我军。”

【盟器】即明器。古代随葬品的统称。陈裕《咏浑家乐》之一：“著绿桃牌吹觱篥，赐绯盟器和梁州。”

盝　〔lù《广韵》盧谷切，入屋，來。〕盝子。古代小型妆具。白居易《宿杜曲花下》：“篮舆为卧舍，漆盝是行厨。”

九　画

監1　〔jiān《广韵》古銜切，平銜，見。〕❶察看；督察。薛能《吴姬十首》之一：“夜锁重门昼亦监，眼波娇利瘦岩岩。”见“監守”“監送”“監搜”。❷主管；掌管。李颀《送司农崔丞》：“维监太仓粟，常对府小史。”❸谓太子代掌朝政。见“監撫❷”。❹总领；率领。杜甫《魏将军歌》：“君门羽林万猛士，恶若哮虎子所监。”

監2　〔jiàn《广韵》格懺切，去鑑，見。〕❶古代官名。如内官和监察官等。刘禹锡《酬宣州崔大夫见寄》：“再入龙楼称绮季，应缘狗监说相如。”元稹《送崔侍御之岭南二十韵》：“汉法戎施幕，秦官郡置监。”王初《送叶秀才》：“汉庭狗监深知己，有日前驱负弩归。”❷古代官署名。其主官亦多称监或少监。唐国子监、少府监、少作监、军器监、都水监五监均是带有某种生产性质的机关，少府、将作二监长官为监，次官为少监。又秘书省长官称监等。王维有《和陈监四部秋雨中思从弟椽》。白居易《秘省后厅》:“尽日后厅无一事,白头老监枕书睡。”杜牧《少年行》:“官为骏马监,职帅羽林儿。”虚中有《经贺监宅旧居》。

【監寺】 佛寺中主持寺务之僧。齐己有《寄怀东林寺匡白监寺》。

【監州】 监察州县。薛能《荔枝诗》:“岁杪监州曾见树,时新入座久闻名。”

【監守】 监督看守;监临主守。韩王元嘉和薛元超均有《奉和同太子监守违恋》。

【監₂丞】 官名。唐代一些带有某些生产性质的官署如少府监、将作监等均设监丞,为长官监、次官少监以下之属官,从六品下。刘得仁有《游崔监丞城南别业》。冯道《放鱼鱼所钥户》:“高却垣墙钥却门,监丞从此罢垂纶。”

【監利】 县名。汉华容县地,三国吴置监利县,寻废置,属南郡。历代因之。唐属山南东道复州。今属湖北。齐己有《寄监利司空学士》。

【監牧】 监督放牧。杜甫《天育骠骑歌》:“伊昔太仆张景顺,监牧攻驹阅清峻。”

【監使】 管理后宫的宦官。白居易《新乐府·上阳白发人》:“绿衣监使守宫门,一闭上阳多少春。”

【監河】 《庄子·外物》:“庄周家贫,故往贷粟于监河侯。”后以“监河”泛指出贷钱物之人。杜甫《奉赠萧二十使君》:“监河受贷粟,一起辙中鳞。”

【監門】 ❶守门小吏。周昙《咏史诗·春秋战国门·侯嬴朱亥》:“屠肆监门一贱微,信陵交结国人非。”❷当指监门卫。唐代所置的禁卫之官,掌宫殿门禁及守卫事。王涯《宫词三十首》之四:“头白监门掌来去,问频多是最承恩。”见“監門衛”。

【監門衛】 官署名,亦官名。唐置左右监门卫,其长官亦曰监门卫,或称监门将军,正三品。掌宫殿门禁及守卫事。宋若华《嘲陆畅》:“双成走报监门卫,莫使吴歈入汉宫。”

【監軍】 监督军队。亦为官名。唐旧制,大军出战,朝廷则派御史监军。武则天废除监军制。至玄宗又恢复此制,并多用宦军充任监军。监军之权大于所在军队的将官。孙逖有《送赵评事摄御史监军岭南》。韩翃有《送监军李判官》。韩愈有《送汴州监军俱文珍》。白居易《新乐府·西凉伎》:“娱宾犒士宴监军,狮子胡儿长在目。”

【監祠】 监察祭祀。梁载言有《咏傅岩监祠》。

【監送】 监督护送。白居易《新乐府·陵园妾》:“老母啼呼趁车别,中官监送锁门回。”

【監搜】 监督搜查。元稹《句》:“松门待制应全远,药树监搜可得知。”

【監察】 监察御史的省称。刘长卿有《送史九赴任宁陵兼呈单父史八时监察五兄初入台》。元稹《寄隐客》:“监察官甚小,发言无所裨。”杜牧有《洛中监察病假满送韦楚老拾遗归朝》。曹邺有《寄监察从兄》。

【監察御史】 官名。始置于隋。唐御史台分三院,其中监察御史属察院,职掌分察百僚,巡按郡县,纠视刑狱,肃整朝仪,计十员,正八品上。岑参《优钵罗花歌》序:“天宝庚申岁,参忝大理评事,摄监察御史,颂伊西北庭度支副使。”高适《信安王幕府诗》序:“开元二十年,国家有事林胡,诏礼部尚书信安王总戎大举。时考功郎中王公……监察御史崔公咸在幕府,诗以颂美数公。”元结《与党侍御》序:“庚子中,元子次山为监察御史,党茂宗罢大理评事。”元稹有《陪张湖南宴望岳楼稹为监察御史张中丞知杂事》。

【監撫】 ❶监察按抚。源乾曜《奉和圣制送张尚书巡边》:“天子择英才,朝端出监抚。”❷指太子监国、监军。吕温《顺宗至德大圣大安孝皇帝挽歌词三首》之二:“监抚垂三纪,声徽洽万方。”

【監選】 监督铨选。唐代铨选制度,文、武选一般都在中央所在地长安和洛阳主持,东都洛阳的铨选称“东选”。岭南、黔中等地因路途遥远、土风不同等原因,称为“南选”;相对说来,长安和洛阳的铨选,亦称“北选”。綦毋潜有《送崔员外黔中监选》。

盡[1] 〔jìn《广韵》慈忍切,上轸,從。〕❶完;竭尽。裴迪《崔九欲往南山马上口号与别》:“归山深浅去,须尽丘壑美。”贾至《燕歌行》:“六军将士皆死尽,战马空鞍归故营。”李适《送徐州张建封还镇》:“欢宴不尽杯,车马当还期。”韩愈《秋怀诗十一首》之八:“退坐西壁下,读诗尽数编。”❷终止;结束。白居易《续古诗十首》之二:“茫茫绿野中,春尽孤客情。”又《燕诗示刘叟》:“雌雄空中鸣,声尽呼不归。”刘沧《经古行宫》:“蝴蝶翅翻残露滴,子规声尽野烟深。”黄滔《商山赠隐者》:“西窗昨夜鸣蛩尽,知梦芝翁起扣扉。”孙光宪《玉蝴蝶》词:“春欲尽,景仍长,满园花正黄。”❸死;死尽;杀光。杜甫《谒文公上方》:“王侯与蝼蚁,同尽随丘墟。”清江《早发陕州途中赠严秘书》:“未尽交河虏,犹屯细柳兵。”张随《河中献捷》:“寇尽条山下,兵回汉苑东。”❹全部使出或拿出;全部失去。李颀《塞下曲》:“膂力今应尽,将军犹未知。”戴叔伦《感怀二首》之二:“但当尽弘量,觞至无复辞。”白居易《观刈麦》:“力尽不知热,但惜夏日长。”梁琼《句》:“玉枕空流别后泪,罗衣已尽去时香。”❺达到极点;达到极限。《吕氏春秋·明理》:“五帝三皇之于乐,尽之矣。”高诱注:“尽,极。”高适《别冯判官》:“关山唯一道,雨雪尽三边。”李益《奉和武相公郊居寓目》:“独有月中高兴尽,雪峰明处见寒松。”李绅《新楼诗二十首·禹庙》:"削平水土穷沧海,畚锸东南尽会稽。"徐铉《送汪处士还黟歙》:"兴尽却归南国去,黄山何谢武陵春。"❻尽头。孙逖《和登会稽山》:"稽山碧湖上,势入东溟尽。"刘禹锡《再授连州至衡阳酬柳柳州赠别》:"归目并随回雁尽,愁肠正遇断猿时。"❼沉没。王之涣《登鹳雀楼》:"白日依山尽,黄河入海流。"刘长卿《晚次苦竹馆却忆干越旧游》:"遥看落日尽,独向远山迟。"❽整个;全部;都。太宗《帝京篇十首》之九:"建章欢赏夕,二八尽妖妍。"杜甫《发刘郎浦》:"舟中无日不沙尘,岸上空村尽豺虎。"韩愈《元和圣德诗》:"尽逐群奸,靡有遗侣。"赵嘏《句》:"太宗皇帝真长策,赚得英雄尽白头。"❾遍;普遍。裴夷直《夜意》:"萧疏尽地林无影,浩荡连天月有波。"黄滔《寄从兄璞》:"新诗说人尽,旧宅落花频。"❿通"燼"。白居易《小庭寒夜寄梦得》:"火将灯共尽,风与雪相和。"

盡2 〔jǐn《广韵》即忍切,上軫,精。〕同"儘"。任凭;听凭。杜甫《朱凤行》:"愿分竹实及蝼蚁,尽使鸱枭相怒号。"白居易《题山石榴花》:"争及此花檐户下,任人采弄尽人看。"又《行香归》:"鸾台龙尾道,合尽少年登。"司空图《有感》:"功臣尽遣词人赞,不省沧洲画鲁连。"和凝《杨柳枝》之二:"醉来咬损新花子,拽住仙郎尽放娇。"

【盡一哭】　犹同声一哭。杜甫《送远》:"亲朋尽一哭,鞍马去孤城。"

【盡力】　竭尽全力。玄宗《春中兴庆宫酺宴》序:"故以宵旰为怀,黎元在念。尽力沟洫,不知宫室之已卑;致敬鬼神,不知饮食之斯薄。"鲍溶《春日言怀》:"岁寒虚尽力,家外无强亲。"李频《勉力》:"尽力唯求己,公心任遇谁。"陆龟蒙《奉和袭美二游诗·徐诗》:"尽力取图籍,遂持天下权。"

【盡日】　终日;整日。韦应物《闲居寄诸弟》:"尽日高斋无一事,芭蕉叶上独题诗。"韩愈《奉和虢州刘给事使君三堂新题二十一咏·北楼》:"郡楼乘晓上,尽日不能回。"雍陶《贫居春怨》:"贫居尽日冷风烟,独向檐床看雨眠。"韦庄《题貂黄岭官车》:"斜风细雨江亭上,尽日凭栏忆楚乡。"

【盡心】　竭尽心力。钱起《叹毕少府以持法无隐见系》:"用法本禁邪,尽心翻自极。"南唐先主李昪《咏灯》:"主人若也勤挑拨,敢向尊前不尽心。"

【盡₂足】　听凭脚步。王建《过喜祥山馆》:"自离军马身轻健,得向溪边尽足行。"

【盡言】　直言。畅所欲言,毫不保留。白居易《再授宾客分司》:"吾欲更尽言,复恐人豪夺。"

【盡性】　儒家谓人、物之性均包含天理,唯至诚之人,方能发挥人和物的本性,使各得其所。吕温《同舍弟恭岁暮寄晋州李六协律三十韵》:"道因穷理悟,命以尽性知。"

【盡皆】　全部;完全。王贞白《昭阳落花》:"尽皆承雨露,争不惜芳菲。"

【盡是】　全是;都是。寒山《诗三百三首》之一九七:"世间何事最堪嗟,尽是三途造罪楂。"姚伦《过章秀才洛阳客舍》:"尽是忘言客,听君诵子虚。"白居易《羸骏》:"岂无市骏者,尽是凡人目。"

【盡信】　全信。袁郊《霜》:"古今何事不思量,尽信邹生感彼苍。"

【盡哀】　竭尽哀思。杜甫《承闻故房相公灵榇自阆州启殡归葬东都有作二首》之二:"尽哀知有处,为客恐长休。"

【盡美】　极美;完美。刘禹锡《叹水别白二十二》:"水,至清,尽美,从一勺,至千里,利人利物,时行时止。"孟郊《投所知》:"尽美固可扬,片善亦不遏。"

【盡室】　❶全家。杜甫《彭衙行》:"尽室久徒步,逢人多厚颜。"卢纶《江北忆崔汶》:"全身出部伍,尽室逐渔商。"权德舆《奉和许阁老酬淮南崔十七端公见寄》:"尽室扁舟客,还家万里途。"白居易《江州赴忠州至江陵已来舟中示舍弟五十韵》:"今来仍尽室,此去又专城。"❷全室。姚鹄《题终南山隐者居》:"尽室更何有,一琴兼一觞。"

【盡規】　竭力谋划。李德裕《述梦诗四十韵》:"尽规常謇謇,退食尚忉忉。"

【盡情】　从意所欲,不受拘束。韩愈《游城南十六首·赠同游》:"无心花鸟里,更与尽情啼。"李中《和浔阳宰感旧绝句五首》之五:"昔岁寻芳忻得侣,江堤物景尽情看。"

【盡善盡美】　《论语·八佾》:"子谓《韶》'尽美矣,又尽善也';谓《武》'尽美矣,未尽善也。'"后以"盡善盡美"指完美至极。《郊庙歌辞·享太庙乐章·景云舞》:"巍巍赫赫,尽善尽美。"

【盡節】　尽心竭力,保全节操。李白《驾去温泉后赠杨山人》:"待吾尽节报明主,然后相携卧白云。"玄宗《送张说巡边》:"尽节恢时佐,输诚御寇场。"王周《和程刑部三首·碧鲜亭》:"向高思尽节,从直美虚心。"

【盡意】　尽情。元稹《遣春三首》之一:"逢酒判身病,拈花尽意怜。"徐铉《离歌辞五首》之一:"莫折红芳树,但知尽意看。"

【盡瘁】　竭尽心力,不辞劳苦。《诗·小雅·北山》:"或燕燕居息,或尽瘁事国。"毛传:"尽力劳病,以从国事。"许敬宗《奉和圣制登三台言志应制》:"荷生无以谢,尽瘁竟何酬。"韩愈《和仆射相公朝回见寄》:"尽瘁年将久,公今始暂闲。"

【盡道】　都说。皮日休《汴河怀古二首》之二:

"尽道隋亡为此河，至今千里赖通波。"

【盡煩】 犹多劳。杜甫《诸将五首》之二："岂谓尽烦回纥马，翻然远救朔方兵。"

【盡説】 都说。张祜《投苏州卢中丞》："西来郡界逢乡老，尽说而今是坦途。"

【盡醉】 尽情醉酒。杜甫《雨过苏端》："浊醪必在眼，尽醉摅怀抱。"又《曲江二首》之二："朝回日日典春衣，每日江头尽醉归。"贾至《送李侍郎赴常州》："今日送君须尽醉，明朝相忆路漫漫。"

【盡敵】 全歼敌人。钱起《送张将军征西》："计日霜戈尽敌归，回首戎城空落晖。"武元衡《送崔判官使太原》："报主由来须尽敌，相期万里宝刀新。"

【盡窮】 穷尽；终结。戴叔伦《江馆会别》："莫以回车泣，前途不尽穷。"

【盡頭】 ❶到达终点。杜甫《绝句漫兴九首》之五："肠断春江欲尽头，杖藜徐步立芳洲。"❷终点。徐凝《过马当》："三月尽头云叶秀，小姑新着好衣裳。"

【盡興】 (—xìng)尽力使兴趣得到满足。贾岛《宿成湘林下》："今宵不尽兴，更有月明期。"曹松《南海陪郑司空游荔园》："荔枝时节出旌斿，南国名园尽兴游。"

【盡爵】 喝光酒。温庭筠《病中书怀呈友人》："垂橐羞尽爵，扬觯辱弯弧。"

【盡歡】 尽情欢乐。戴叔伦《送裴判官回湖南》："莫怕南风且尽欢，湘山多雨夏中寒。"张谓《湖上对酒行》："即今相对不尽欢，别后相思复何益。"

十　画

盤 〔pán《广韵》薄官切，平桓，並。〕❶一种器皿，用于沐浴盥洗或盛食承物。敞口，扁浅。李白《题东溪公幽居》："客到但知留一醉，盘中只有水晶盐。"杜甫《丽人行》："紫驼之峰出翠釜，水精之盘行素鳞。"白居易《宿紫阁山北村》："夺我席上酒，掣我盘中飧。"聂夷中《田家二首》之二："谁念盘中餐，粒粒皆辛苦。"❷指盘状物。韩愈《独钓四首》之一："曲树行藤角，平池散芡盘。"钱仲联集释引方世举注："芡叶似荷而大，其形如盘，故谓之芡盘。"李贺《河南府试十二月乐词·七月》："星依云渚冷，露滴盘中圆。"叶葱奇注："'盘'，指承露盘。"卢宗回《登长安慈恩寺塔》："东方晓日上翔鸾，西转苍龙拂露盘。"❸娱乐；欢乐。《书·无逸》："文王不敢盘于游田。"孔传："文王不敢乐于游逸田猎。"李白《君马黄》："共作游冶盘，双行洛阳陌。"引申为玩耍。吴融《赴阙次留献荆南成相公三十韵》："场广盘球子，池闲引钓筒。"❹盘绕；盘旋；盘曲。李白《北上行》："磴道盘且峻，巉岩凌穹苍。"严武《题巴州光福寺楠木》："临溪插石盘老根，苔色青苍山雨痕。"鲍溶《姑苏宫行》："西见洞庭秋镜开，水华百里盘宫来。"吴融《出迟》："麝想眉间印，鸦知顶上盘。"❺盘踞。皇甫冉《同韩给事观毕给事画松石》："千条万叶纷异状，虎伏螭盘争劲力。"元稹《连昌宫词》："蛇出燕巢盘斗栱，菌生香案正当衙。"缪岛云《白龙潭》："中有白龙盘，沦湫见说难。"皮日休《太湖诗·上真观》："大蟆腾共结，修蛇飞相盘。"❻用刀雕刻或用彩线镶绣成花纹。司空曙《长林令卫象饧丝结歌》："主人雕盘盘素丝，寒女眷眷墨子悲。"王建《宫词一百首》之二六："看着中元斋日到，自盘金线绣真容。"张祜《少年乐》："带盘红鼹鼠，袍砑紫犀牛。"陆龟蒙《奉和袭美太湖诗·圣姑庙》："蜀彩驳霞碎，吴绡盘雾匀。"❼广大貌。《文选·枚乘〈七发〉》："轧盘涌裔，原不可当。"李善注："盘谓盘礴，广大貌。"刘长卿《瓜州驿奉饯张侍御公拜膳部郎中却复宪台充贺兰大夫留后使之岭南时侍御光在淮南幕府》："太华高标峻，青阳淑气盘。"❽盘坐。李白《鸣皋歌送岑征君》："盘白石兮坐素月，琴松风兮寂万壑。"❾量词。魏征《五郊乐章·舒和》："陈觞荐俎歌三献，拊石拟金会七盘。"齐己《与聂尊师话道》："毕竟荒原上，一盘蒿陇平。"

【盤山】 ❶绕山而行。周繇《送人尉黔中》："盘山行几驿，水路复通巴。"❷山名。(1)亦称十八盘山，在今甘肃临洮县东南一百里，山势高峻，有石级十八盘，路通岷县，古有驿道。高适有《同吕员外酬田著作幕门军西宿盘山秋夜作》。一说盘山在今甘肃溥县西南，与十八盘山不是一个地方。(2)在今天津市蓟县。据传三国田畴隐于此，故名田盘山，省称盘山。或谓其山峻削，盘而登之，故名。无名氏有《盘山》诗(外编下)。

【盤弓】 弯弓。李贺《追赋画江潭苑四道》之二："角暖盘弓易，靴长上马难。"

【盤牙】 指盗贼或叛乱者。元稹《酬翰林白学士代书一百韵》："斧刃迎皆碎，盘牙老未萎。"

【盤石】 ❶即磐石、大石。李白《丁督护歌》："万人凿盘石，无由达江浒。"秦系《题赠张道士山居》："盘石垂萝即是家，回头犹看五枝花。"白居易《池上幽境》："平滑青盘石，低密绿阴树。"皮日休《太湖诗·销夏湾》："一坐盘石上，肃肃寒生肌。"❷指封藩宗室。高适《信安王幕府诗》："盘石藩维固，升坛礼乐先。"又《奉酬睢阳李太守》："本枝疆我李，盘石冠诸刘。"杜甫《秋日荆南述怀三十韵》："盘石圭多剪，凶门毂少推。"

【盤曲】 (—qū)曲折环绕。王维有《自大散以往深林密行磴道盘曲四五十里至黄牛岭见黄花川》。无名氏《圣寿寺》之三(外编下)："一丘盘曲处，中有老龙眠。"

【盤回】　亦作"盤迴"。盘旋回绕。韩愈《桃源图》:"流水盘回山百转,生绡数幅垂中堂。"雍陶《送客二首》之二:"行人立马强盘回,别字犹含未忍开。"皮日休《泰伯庙》:"盘迴曲涧数峰青,云护皇山一古亭。"方干《赠信州高员外》:"溪势盘回绕郡流,饶阳春色满溪楼。"

【盤坂】　亦作"盤阪"。❶盘曲的山坡。孟浩然《行出东山望汉川》:"平田出郭少,盘坂入云长。"❷即盘山。亦名十八盘山。高适《同吕员外酬田著作》:"上将顿盘阪,诸军遍泉井。"

【盤豆】　镇名。在今河南灵宝市。权德舆《盘豆驿》:"盘豆绿云上古驿,望思台下使人愁。"见"盤豆館。"

【盤豆館】　亦称盘豆驿,在今河南灵宝市盘豆镇。李商隐有《出关宿盘豆馆对丛芦有感》。叶葱奇注引《通典》:"三十里置一驿,其非通都大路曰馆。"又引道源注:"《甘棠志》:'盘豆馆在湖城县西二十里。'"按,湖城县即隋之阌乡县,今并入河南灵宝市。

【盤豆驛】　即盘豆馆。权德舆有《盘豆驿》。韦庄有《题盘豆驿水馆后轩》。见"盤豆館"。

【盤谷】　地名。在今河南济源县太行山之南。因其环两山之间,故曰盘谷。或曰此谷宅幽而势阻,隐者之所盘旋,故名。韩愈之友李愿隐居于此。韩愈《户郎中云夫寄示送盘谷子诗两章歌以和之》:"昔寻李愿向盘谷,正见高崖巨壁争开张。"

【盤阪】　见"盤坂"。

【盤花】　盘为花形的一种图案。太宗《守岁》:"阶馥舒梅素,盘花卷烛红。"

【盤盂】　圆盘与方盂的并称。均盛物器。古人常于其上刻文纪功或自勉。刘禹锡《口兵戒》:"口兵之起,由是知吾祖之言为急,作戒以书于盘盂。"孟郊《和宣州钱判官使院厅前石楠树》:"散彩饰机案,余辉盈盘盂。"温庭筠《病中书怀呈友人》:"功庸留剑舄,铭戒在盘盂。"罗隐《广陵李仆射借示近诗因投献》:"语继盘盂抛俗格,气兼河岳带商声。"

【盤金】　用金线在绣品图案上再加工。鲍溶《东邻女》:"双飞鹧鸪春影斜,美人盘金衣上花。"许浑《寓怀》:"盘金明绣带,动佩响罗襦。"

【盤泊】　徘徊;逗留。寒山《诗三百三首》之二六九:"下窥千尺崖,上有云盘泊。"引申为玩味。拾得《诗》之四三:"余住无方所,盘泊无为理。"

【盤空】　(—kōng)凌空;绕空。戎昱《开元观陪杜大夫中元日观乐》:"盘空双鹤惊几剑,洒砌三花度管弦。"张碧《惜花三首》之二:"老鸦拍翼盘空疾,准拟浮生如瞬息。"柳泌《琼台》:"崖壁盘空天路回,白云行尽见琼台。"许棠《过分水岭》:"陇山高共鸟行齐,瞰险盘空甚蹑梯。"

【盤屈】　盘曲。骆宾王《浮槎》序:"观其根柢盘屈,枝干扶疏,大则有栋梁舟楫之材,小则有轮辕榱角之用。"卢纶《割飞二刀子歌》:"南中匠人淳用钢,再令盘屈随手伤。"温庭筠《过潼关》:"地形盘屈带河流,景气澄明是胜游。"齐己《谢徽上人见惠二龙障子以短歌酬之》:"又闻蜀国玉局观有孙遇迹,盘屈身长八十尺。"

【盤陀】　❶石不平貌。寒山《诗三百三首》之二六五:"盘陀石上坐,溪涧冷凄凄。"又《诗三百三首》之一七五:"浪造山林中,独卧盘陀石。"修雅《闻诵法华经歌》:"空林之下,盘陀之石,石上有僧,结跏横膝。"顾云《苔歌》:"波回梳开孔雀尾,根细贴著盘陀石。"❷鞍垫。杜甫《魏将军歌》:"星躔宝校金盘陀,夜骑天驷超天河。"又《别唐十五诫因寄礼部贾侍郎》:"南宫吾故人,白马金盘陀。"

【盤陀嶺】　地名。在今福建漳浦县西南三十里梁山之西。李德裕有《盘陀岭驿楼》。

【盤珊】　见"蹣跚"。

【盤渦】　水旋流形成的深涡。李白《西岳云台歌送丹丘子》:"黄河万里触山动,盘涡毂转秦地雷。"杜甫《梅雨》:"竟日蛟龙喜,盘涡与岸回。"刘禹锡《送鸿举游江西》:"荆门峡断无盘涡,湘平汉阔清光多。"张蠙《过黄牛峡》:"盘涡逆入嵌空地,断壁高分缭绕天。"

【盤拏】　谓纡曲强劲。杜甫《李潮八分小篆歌》:"八分一字直百金,蛟龙盘拏肉屈强。"

【盤紆】　回绕曲折。房琯《题汉州西湖》:"举麾指极浦,欲极更盘纡。"岑参《酬成少尹骆谷行见呈》:"千崖信萦折,一径何盘纡。"白居易《和微之春日投简阳明洞天五十韵》:"耶溪岸回合,禹庙径盘纡。"温庭筠《雍台歌》:"盘纡阑楯临高台,帐殿临流鸾扇开。"

【盤馬】　骑马盘旋不进。段成式《和周繇见嘲》序:"成式未曾盘马,徒效执鞭。"

【盤馬彎弓】　谓驰马盘旋,张弓欲射。韩愈《雉带箭》:"将军欲以巧伏人,盘马弯弓惜不发。"

【盤桓髻】　即卧髻。将头发盘卷屈折而成的一种发式。吴融《个人三十韵》:"髻学盘桓绾,床依宛转成。"

【盤根】　❶谓树木等根株盘曲纠结。李峤《橘》:"万里盘根植,千秋布叶繁。"雍陶《武侯庙古柏》:"此中疑有精灵在,为见盘根似卧龙。"陆龟蒙《岛树》:"波涛漱苦盘根浅,风雨飘多著叶迟。"徐夤《蒲》:"濯秀盘根在碧流,紫茵含露向晴抽。"❷喻事情艰难复杂。独孤及《送虢州王录事之任》:"盘根倘相值,试用发硎刀。"

【盤根蹙節】 盘根错节。谓树木根株盘屈，枝节交错。卢仝《与马异结诗》："半折半残压山谷，盘根蹙节成蛟螭。"

【盤迴】 见"盘回"。

【盤桓】 徘徊；滞留。杜甫《垂老别》："何乡为乐土，安敢尚盘桓。"韦应物《上东门会送李幼举南游徐方》："济济都门宴，将去复盘桓。"牟融《送范启东还京》："重到京华旧游处，春风佳丽好盘桓。"李中《江边吟》："盘桓渔舍忘归去，云静高空月又明。"

【盤瓠】 神话传说中的犬名。传说高辛氏时，有戎吴作乱，帝乃召募天下有得戎吴将军首者，赐金千斤，分赏美女。群臣见房氏兵强马壮，不敢应命。此犬却衔房氏之头而归之。高辛氏乃封盘瓠为会稽侯，美女五人，食会稽郡一千户。后生三男三女。其男当生之时，虽似人形，犹有犬尾。其后子孙昌盛，号为犬戎之国。见晋干宝《搜神记》(《汉魏丛书》本)卷三。刘禹锡《蛮子歌》："熏狸掘沙鼠，时节祠盘瓠。"

【盤梯】 盘旋而上的阶梯。刘长卿《登扬州栖灵寺塔》："盘梯接元气，半壁栖夜魄。"

【盤途】 弯曲的道路。赵居贞《云门山投龙诗》："绝顶孤口耸，盘途几倾窄。"

【盤飣】 盘盛果品食物的统称。拾得《诗》之四："聚集会亲情，总来看盘饤。"

【盤旋】 ❶打转；旋转。顾况《险竿歌》："翻身挂影恣腾蹋，反绾头髻盘旋风。"伏牛上人《三伤颂》之三："驱驰如有索，盘旋若遭魅。"❷流连；盘桓。王建《送于丹移家洺州》："羸马不知去，过门常盘旋。"❸迂回。元稹《梦游春七十韵》："过尽万株桃，盘旋竹林路。"

【盤羞】 盘装的食品。韩愈《送区弘南归》："虽不敕还情庶几，朝暮盘羞恻庭闱。"

【盤飧】 盘盛的食物。杜甫《示从孙济》："所来为宗族，亦不为盘飧。"韩愈《和侯协律咏笋》："暂须回步履，要取助盘飧。"孟郊《往河阳宿峡陵寄李侍御》："鹎鸣犬吠霜烟昏，开囊拂巾对盘飧。"唐彦谦《游南明山》："行厨出盘飧，担瓮倒芳醑。"

【盤跚】 亦作"盘珊"。❶犹蹒跚。跛行貌，不正貌。李贺《瑶华乐》："舞霞垂尾长盘珊，江澄海净神母颜。"❷爬上爬下貌。无名氏《晚秋登城之作》之二(外编上)："谷口穹庐遥迺迤，溪边牛马暮盘跚。"❸婆娑貌。薛曜《舞马篇》："婉转盘跚殊未已，悬空步骤红尘起。"皮日休《公斋四咏·小桂》："劲挺隐珪质，盘珊缇油姿。"又《夏景无事因怀章来二上人二首》之二："佳树盘珊枕草堂，此中随分亦闲忙。"牛峤《菩萨蛮》词之五："钗重髻盘珊，一枝红牡丹。"

【盤雲】 ❶来回飞翔于云霄。李端《茂陵山行陪韦金部》："盘云双鹤下，隔水一蝉鸣。"❷指盘起的如云的秀发。温庭筠《张静婉采莲歌》："兰膏坠发红玉春，燕钗拖颈抛盘云。"

【盤殽】 盘中菜肴。殽，同"肴"。韩愈《纳凉联句》："筐实摘林珍，盘殽馈禽鷇。"

【盤結】 回环连接。李绅《赠毛仙翁》："百年命促奔马疾，愁肠盘结心摧崒。"

【盤遊】 亦作"盘游"。游乐。张说《行从方秀川与刘评事文同宿》："方秀美盘游，频年降天罕。"李白《送族弟凝至晏堌》："雪满原野白，戎装出盘游。"同谷子《五子之歌》之三："如今算得当时事，首为盘游乱纪纲。"

【盤道】 曲折盘旋的山路。戴叔伦《宿灵岩寺》："马疲盘道峻，投宿入招提。"

【盤筵】 犹筵席。韩愈《示爽》："念汝欲别我，解装具盘筵。"元稹《春六十韵》："盘筵饶异味，音乐斥庸工。"白居易《劝酒》："珠翠无非二八人，盘筵何啻三千客。"皮日休《二游诗·任诗》："杯杓悉杉瘤，盘筵尽荷叶。"

【盤踞】 盘结据守；占据。温庭筠《鸡鸣埭曲》："盘踞势穷三百年，朱方杀气成愁烟。"陆龟蒙《算山》："水绕苍山固护来，当时盘踞实雄才。"

【盤劍】 文理盘曲之剑。指鱼肠剑。李白《醉且赠从甥高镇》："匣中盘剑装䱜鱼，闲在腰间未用渠。"

【盤盤】 曲折回绕貌。李白《蜀道难》："青泥何盘盘，百步九折萦岩峦。"顾况《梅湾》："白石盘盘磴，清香树树梅。"张祜《贵池道中作》："羸骖驱野岸，山远路盘盘。"王周《巫山公署壁有无名氏戏书二韵》："南陵直上路盘盘，平地凌云势万端。"

【盤盞】 饭盘酒盏。韩愈《赠张籍》："留君住厅食，使立侍盘盏。"

【盤緣】 沿着盘转的道路行走。司空曙《送僧无言归山》："袈裟出尘外，山径几盘缘。"

【盤雕】 亦作"盘鹏"。盘旋于空的大雕。韦庄《清河县楼作》："盘雕迥印天心没，远水斜牵日脚流。"李洞《赠道微禅师》："猛虎降低鼠，盘雕望小蝇。"

【盤蔬】 盘中菜蔬。韩愈《人日城南登高》："盘蔬冬春杂，尊酒清浊共。"

【盤擗】 盘屈。齐己《灵松歌》："灵松灵松，是何根株。盘抳擗枝干，与群木殊。"

【盤鴉】 指妇女盘卷黑发而成的发髻。孟迟《莲塘》："脉脉低回殷袖遮，脸横秋水髻盘鸦。"

【盤餐】 盘盛的食物。杜甫《客至》："盘餐市远无兼味，樽酒家贫只旧醅。"姚合《寄王度居士》："茅屋随年借，盘餐逐日移。"皮日休《奉和鲁望樵人十咏·樵家》："衣服濯春泉，盘餐烹野花。"唐彦谦《索虾》：

“所以供盘餐，罗列同珍羞。”

【盤錯】 盘根错节。喻事情复杂。杜甫《奉寄河南韦尹丈人》：“盘错神明惧，讴歌德义丰。”

【盤龍】 ❶盘曲的龙的图像或雕纹。卢照邻《长安古意》：“妖童宝马铁连钱，娼妇盘龙金屈膝。”王昌龄《朝来曲》：“盘龙玉台镜，唯待画眉人。”无名氏《御题国子监》：“为著盘龙迹，能彰舞凤蹲。”❷形容卷曲如龙。李峤《帘》：“巧作盘龙势，长迎飞燕游。”

【盤龍鏡】 盘龙为饰的铜镜。孟浩然《同张明府清镜叹》：“妾有盘龙镜，清光常昼发。”

【盤薄】 见“盤礴”。

【盤磴】 盘曲而上的石级。王建《元太守同游七泉寺》：“盘磴回廊古塔深，紫芝红药入云寻。”亦指沿石级而上。杨夔《寻九华王山人》：“扪萝盘磴险，叠石渡溪危。”

【盤豁】 水名。又名畅谷水，在今陕西韩城市西。岑参《与独孤渐道别长句兼呈严八侍御》：“鱼龙川北盘溪雨，鸟鼠山西洮水云。”

【盤蹙】 卷曲。刘禹锡《庙庭偃松诗》序：“侍中后阁前有小松，不待年而偃。丞相晋公为赋诗，美其犹龙蛇。然植于高檐乔木间，上嵌旁轧，盘蹙倾亚，似不得天和者。”

【盤鵰】 见“盤雕”。

【盤饌】 盘盛肴馔的统称。韩愈《醉赠张秘书》：“长安众富儿，盘馔罗膻荤。”又《送刘师服》：“草草具盘馔，不待酒献酬。”吴融《平望蚊子二十六韵》：“衣巾秽且甚，盘馔腥有余。”贯休《和毛学士舍人早春》：“书斋山帚撅，盘馔药花甘。”

【盤礴】 亦作“盤薄”。❶广大；雄伟。李百药《赋礼记》：“盘薄依厚地，遥裔腾太清。”杨炯《西陵峡》：“盘薄荆之门，滔滔南国纪。”卢鸿一《嵩山十志十首·涤烦矶》：“灵矶盘礴兮溜奔错漱，泠风兮镇冥壑。”皎然《奉酬于中丞使君郡斋卧病见示一首》：“盘薄西山气，贮在君子衿。”❷盘曲牢固。白居易《有木诗八首》之四：“心蠹已空朽，根深尚盘薄。”

【盤囊】 系在腰间的皮制囊袋，用以装物。司空曙《送王使君赴太原拜节度副使》：“络脑青丝骑，盘囊锦带钩。”曹唐《小游仙诗九十八首》之二七：“欲将碧字相教示，自解盘囊出素书。”

【盤灘】 曲折不平的河滩。皮日休《添鱼具诗·钓矶》：“盘滩一片石，置我山居足。”

【盤鬱】 曲折幽深貌。宋之问《郡宅中斋》：“兹都信盘郁，英远常栖眄。”

十一画

盧

〔lú《广韵》落胡切，平模，來。〕❶黑色。汉扬雄《太玄·守》：“上九。与荼有守，辞于卢首不殆。”范望注：“荼，白也；卢，黑也；九，西方。故白守以类相求，故辞黑首也。”见“盧犬”。❷古时樗蒲戏彩名。掷五子全黑者称卢，得彩十六，为头彩。李白《少年行》：“呼卢百万终不惜，报仇千里如咫尺。”岑参《玉门关盖将军歌》：“玉盘纤手撒作卢，众中夸道不曾输。”赵嘏《赠薛勋下第》：“一掷虽然未得卢，惊人不用绕床呼。”黄滔《成名后呈同年》：“蒙楚数疑休下泣，师刘大喝已为卢。”❸姓。唐诗人有卢仝、卢象等。

【盧士玫】 唐诗人。《全唐诗》“玫”作“政”，误。元和二年(807)武元衡镇蜀，辟为西川观察推官。四年(809)升观察支使。后历任尚书郎、京兆少尹。长庆初为检校工部尚书，瀛莫节度使。终官太子宾客，分司东部。卒赠工部尚书。《全唐诗》卷三一八录其《奉陪武相公西亭夜宴郎中》一首。

【盧士衡】 五代诗人。后唐天成二年(927)进士。《全唐诗》卷七三七录其《灵溪老松歌》等诗七首，卷七八六录其《松》等诗二首；《全唐诗外编》(上)录其《望山》诗一首。

【盧女】 卢女为魏武帝宫人。七岁入汉宫，善鼓琴。至明帝崩后，出嫁为尹更生妻。唐诗中借以泛称乐妓。亦借指“盧女曲”。独孤及《东平蓬莱驿夜宴平户杨判官醉后赠别姚太守置酒留宴》：“木兰为樽金为杯，江南急管卢女弦。”皇甫冉《见诸姬学玉台体》：“艳唱召燕姬，清弦待卢女。”张子容《除夜乐城逢孟浩然》：“妙曲逢卢女，高才得孟嘉。”王维《奉和杨驸马六郎秋夜即事》：“对坐弹卢女，同看舞凤凰。”

【盧女曲】 (曲 qǔ)乐曲名。《乐府诗集·杂曲歌辞十三·卢女曲》宋郭茂倩题解：“卢女者，魏武帝时宫人也，故将军阴升之姊。七岁入汉宫，善鼓琴。至明帝崩后，出嫁为尹更生妻。梁简文帝《妾薄命》曰：‘卢姬嫁日晚，非复少年时。’盖伤其嫁迟也。”王维《扶南曲歌词五首》之二：“齐歌卢女曲，双舞洛阳人。”崔颢《杂曲歌辞·卢女曲》：“还将卢女曲，夜夜奉君王。”周万《送沈芳谒李观察求仕进》：“为贪卢女曲，用尽沈郎钱。”

【盧子發】 即卢肇。肇字子发。《全唐诗》卷七七〇误卢子发和卢肇为二人，录其《金钱花》诗一首。

【盧犬】 黑狗。无可《书事寄万年厉员外》：“不惊卢犬吠，渐见夏台空。”

【盧元輔】 唐诗人。字子望，渭州(治所今甘肃陇西县东南)人。卢杞子。少以清行闻名，擢进士，补崇文馆校书郎，尝守商都。德宗时，自河南令除杭州刺史，召授吏部郎中，终官华州刺史。《全唐诗外编》

(上)录其《游天竺寺》诗一首。

【盧文紀】　唐末五代诗人。字子持,京兆万年(今陕西西安市)人。唐末进士及第,曾任展中侍御史。唐亡,仕后梁、后唐,事后梁为集贤殿学士,后唐、末帝清泰之年(934)拜相。又仕后晋、后汉、后周,官终司空。《全唐诗》卷七三七录其《后唐宗庙乐舞辞》一首。

【盧江小吏】　《玉台新咏〈古诗为焦仲卿妻作〉序》:"汉末建安中,卢江府小吏焦仲妻刘氏,为仲卿母所遣,自誓不嫁,其家逼之,乃没水而死。仲卿闻之,亦自缢于庭树。时人伤之,为诗云尔。"温庭筠《懊恼曲》:"卢江小吏朱斑轮,柳缕吐芽香玉春。"

【盧仝】　唐诗人。河南济源(今属河南)人。初隐嵩山,自号玉川子。韩愈为河南令,爱其诗,礼之甚厚。一生未仕,生活寒苦。《全唐诗》录其诗三卷,近八十首。《全唐诗外编》(上)录其《月蚀》诗一首。

【盧汀】　唐人。字云夫。元和中累官至司门、虞部员外郎、库部郎中、中书舍人,谏议大夫、给事。姚合有《酬卢汀谏议》。

【盧幼平】　唐诗人。与清昼、陆羽等同时。《全唐诗》卷七九四录其与清昼等《重联句》一联。

【盧休】　唐末诗人。与罗隐相友善。《全唐诗》卷七九五录其《寒月》等诗断句四联。

【盧延讓】　唐诗人。字子善,范阳(今河北汤县)人。光化三年(900)年进士。武贞节度使雷满辟为从事。满卒,入蜀依王建。王建称帝,拜水部员外郎,累迁给事中,终官刑部侍郎。《全唐诗》录其诗一卷,十首,并断句数联。卷八七〇录其《哭亡将诗》一首,卷八八五录其《八月十六夜月》等诗三首。《全唐诗外编》(下)录其断句数联。

【盧并】　唐诗人。文宗朝曾任资州刺史。《全唐诗》七九五录其《等慈寺北岩》诗断句一联。

【盧汝弼】　唐诗人。字子谐,一作子浩。祖籍范阳(今河北汤县),后徙河中蒲州(今山西永济)。卢纶孙。景福中进士,历祠部员外郎、知制诰。后依附李克用,荐为河东节度副使,累迁户部侍郎。《全唐诗》卷六八八录其《薄命妾》等诗八首。

【盧求】　唐损子。范阳(今河北涿州)人。宰相卢携之父,李翱之婿。宝历二年(826)进士。累佐节度使幕。宣宗时,白敏中节度西川,辟为从事。终官郡守。《全唐诗》卷五一二录其《和于中丞登越王楼见寄》诗一首。

【盧言】　唐诗人。言,一作"颜"。玄宗时人。安禄山谋反,卢献《上安禄山》诗以谀之。诗见《全唐诗》八八七。

【盧汪】　原作"盧注",误。荆南(今湖北江陵)人。屡举进士不第。《全唐诗》卷四九〇录其《酒胡子》诗一首。

【盧茂卿】　唐诗人。《全唐诗外编》(上)录其《无题》诗一首。

【盧尚卿】　唐诗人。僖宗中和二年(882)登第于蜀。《全唐诗》卷六六七录其《东归诗》一首。

【盧尚書】　名未详。宣宗大中年间,曾赋诗悼李远。《全唐诗》七八三录其《哭李远》诗一首。

【盧侍御】　卢虚舟,字幼真,范阳(今河北省涿州)人。肃宗朝曾任殿中侍御史。李白有《庐山谣寄卢侍御虚舟》。

【盧放】　唐诗人。与武元衡、裴度等同时。《全唐诗》卷七八九录其与武元衡《中秋夜听歌联句》一联。

【盧注】　见"盧汪"。

【盧宗回】　唐诗人。字望渊,南海(今属广东)人。元和进士,任集贤校理。开成二年(837)任京兆府功曹。《全唐诗》卷七六八录其《登长安慈恩寺塔》诗一首。

【盧郎中】　卢幼平。曾官郎中,大历间为湖州刺史。清昼等有《秋日卢郎中幼平泛舟联句一首》。

【盧門】　春秋宋东城南门。《左传·昭公二十一年》:"华氏居卢门,以南里叛。"杜预注:"卢门,宋东城南门。"高适《途中酬李少府赠别之作》:"种瓜漆园里,凿井卢门边。"又《赠别晋三处士》:"卢门十年见秋草,此心惆怅谁能道。"又《宋中十首》之八:"唯见卢门外,萧条多转蓬。"李昂《睢阳送韦参军还汾上》:"竹抱卢门暗,山衔晋国深。"

【盧胡】　笑声在喉间。语出《后汉书·应劭传》:"宋愚夫亦宝燕石,缇绢十重。夫睹之者掩口卢胡而笑。"白居易《和微之春日投简阳明洞天五十韵》:"送觥歌宛转,嘲妓笑卢胡。"

【盧拱】　唐诗人。元和九年(814)曾任秘书郎,后官申州刺史。《全唐诗》卷四六三录其《江亭寓目》等诗二首。

【盧貞】　唐诗人。别号南郭子,郡望范阳(今河北省涿州市),居汝州梁县(今河南临汝)。宝历中任度支员外郎,大和初转户部郎中。开成元年(836),以太常卿分任诸道黜陟使,翌年为汝州刺史,四年为福建观察使,会昌年为河南尹。《全唐诗》卷四六三录其《和白尚书赋永丰柳》等诗二首。

【盧郢】　南唐诗人。金陵(江苏南京)人。好学有才艺,臂力过人,善吹铁笛。南唐后主时,试赋擢第一。后归宋,累官至南全守,有治绩。《全唐诗外编》(下)录其《黄鹤楼》诗一首。

【盧祕書】　即卢拱。拱曾任秘书郎,元稹有《酬卢秘书》。白居易有《酬卢秘书二十韵》。

【盧敖】 战国燕人，幼而好游，至长不渝，周行四极，秦始皇召以为博士，使求神仙，忘而不返。见《淮南子·道应训》及高诱注。遂借以为漫游或游仙的典故。李白《庐山谣卢侍御虚舟》："先期汗漫九垓上，愿接卢敖游太清。"

【盧耽鶴】 北魏郦道元《水经注·溳水》引邓德明《南康记》：昔有卢耽仕州为治中，少栖仙术，善解云飞，每夕辄陵虚归家，晓则还州，尝于元会至朝，不及朝列，化为白鹄至阙前，回翔欲下，威仪以石掷之，得一双履。耽惊还就列。内外左右，莫不骇异。后以"虚耽鹤"作为咏叹出行之典。李白《赠卢司户》："借问卢耽鹤，西飞几时还。"

【盧真】 唐诗人。字子蒙，郡望范阳（今河北蓟县）。元和九年(814)以大理评事为剑南西川节度使李夷简从事，后官侍御史、内供奉。晚居洛阳，与白居易结为"七老会""九老会"。《全唐诗》卷四六三录其《七老会诗》一首。

【盧栯】 唐诗人。一作"盧郁"。大中时弘文馆学士。《全唐诗》卷五六四录其《和于中丞登越王楼》诗一首。

【盧絛】 唐诗人。《全唐诗逸》卷中录其《早秋即事》和《逢友》二诗断句各一联。

【盧殷】 (746—810)唐诗人。殷，宋时避讳，改为"隐"。范阳（今河北省涿州市）人。元和初为登封尉，与孟郊、韩愈友善。《全唐诗》卷四七〇录其《妾换马》等诗十三首。

【盧部】 校书郎卢某。崔氏《述怀》："不怨卢部年纪大，不怨卢郎官职卑。"诗题下注："校书郎娶崔时，年已暮，崔微有愠色，赋诗述怀。"

【盧家少婦】 （少 shào）《乐府诗集》卷八五南朝梁武帝《河中之水歌》："十五嫁为卢家妇，十六生儿字阿侯。"后遂以"卢家少妇"为少妇的代称。沈佺期《古意呈补阙乔知之》："卢家少妇郁金堂，海燕双栖玳瑁梁。"

【盧姬篇】 乐府诗题名，属杂曲歌辞。崔颢有《卢姬篇》。见"盧女曲"。

【盧邕】 唐诗人。《全唐诗逸》卷中录《送江十二山人南游》诗断句一联。

【盧常侍】 卢铤。铤曾官散骑常侍。曹生有《献卢常侍》。

【盧崇道】 唐诗人。范阳（今河北省涿州市）人。睿宗朝为太常少卿，坐其婿崔湜谋反，流放岭南，后逃归洛阳。开元二年(714)，为其子娶崔氏女，有内给使来取充贵人，崇道从中予以贿赂，使别娶一崔氏女入内。事败，被杖至死。《全唐诗》卷一一三录其《新都南亭别郭大元振》诗一首。

【盧從愿】 唐诗人。字子龚，相州临漳（今属河北）人。弱冠举明经，又应制举。曾任夏县尉，召为右拾遗，累迁中书舍人。睿宗即位，迁吏部侍郎。开元四年(716)，左迁豫州制史，翌年召为工部侍郎，转尚书左丞，又迁中书侍郎。十一年，拜工部尚书。历刑部尚书、东都留守，绛州刺史、太子宾客，以吏部尚书致仕。《全唐诗》卷一一一录其《奉和圣制送张说巡边》等诗二首。

【盧載】 唐诗人。洛阳（今属河南）人。元和九年(814)前进士及第。历任山南东道节度从事、无平军巡官、校检协律郎等职，终官兵部尚书。《全唐诗》卷七九五录其《祝融峰》断句一联。

【盧植】 东汉人。字子干，涿郡（今河北省涿州市）人。曾官北中郎将。"身高八尺二寸，音声如钟"。见《后汉书》本传。李翰《蒙求》："姜维胆斗，卢植音钟。"

【盧景亮】 唐诗人。字长晦，幽州范阳（今河北省涿州市）人。少孤，力学，大历六年(771)进士及第，又登博学宏词科，授校书郎。建中元年(780)为右补阙，贞元初贬郎州司马，后为州别驾。元和元年(806)迁中书舍人。《全唐诗》卷四七三录其《寒夜闻霜钟》诗一首。

【盧鈞】 唐诗人。字子和，京兆蓝田（今属陕西）人。元和四年(809)进士，又中书判拔萃科，授秘书省正字，累迁使幕。大和五年(831)迁左补阙、历仓部员外郎、吏部郎中、常州刺史、给事中。开成间任岭南节度使。大中四年(850)入为户部尚书，改太子少师，出为河南东节度使。旋拜右仆射，复出镇山南西道，改东都留守。《全唐诗》卷四八八录其《荐冰》诗一首。

【盧順亡】 唐诗人。字子谟。滑州（今河南滑县）人。卢杞之孙。大中时为桂管从事。《全唐诗》卷五六三录其《重阳东观席上赠侍》诗一首。

【盧象】 唐诗人。字纬卿，行八。族望范阳（今河北省涿州市）。开元中，由前进士补秘书郎，转右卫仓曹椽。丞相张九龄深器之，擢左补阙，河南府司录，司勋员外郎。天宝四载(740)前后，贬齐州司马，又转汾、郑二州司马，后入为膳部员外郎。安史之乱，陷贼，受伪职，贬为果州长史、永州司户，后移吉州长史。宝应二年(763)，起为主客员外郎，道病卒。《全唐诗》录其诗一卷，二十五首。《全唐诗外编》(下)录其《马跑神泉》诗一首。

【盧渥】 唐诗人。字子章，范阳（今河北省涿州市）人。大中进士。历中书舍人，陕府观察使，终检校司徒。《全唐诗》卷五六六录其《赋得寿星见》等诗二首。

【盧绛】 南唐人。曾任宣州节度使。《全唐诗》卷八六八录其《梦白衣妇人歌词》一首。诗题后注："绛，后主末年为宣州节度。宋平金陵，绛杀歙州刺史龚慎仪，谋奔岭表不得，复降宋。慎仪侄颖诉之朝，坐斩。初绛未遇时，病痁且死。梦白衣妇人，颇有姿色，歌《菩萨蛮》劝绛酒，曰：'妾，玉真也。他日富贵，相见于固子坡。'至是临刑，有妇人姓耿名玉真者，坐淫乱与同斩。衣服姿貌，宛如前梦。其行刑地，即固子坡也。《南唐野史》《翰府名谈》云，所梦者是诗，行刑地名孟家坡，今并载。"

【盧照鄰】 唐诗人。字升之，自号幽求子，幽州范阳人(今河北省涿州市)人。十余岁从曹宪学习文字训诂学与经史，博学善文。初为邓王府典签，甚受爱重。后任新都县尉，因染风疾去官，居太白山中。曾拜名医孙思邈为师，求医病之法。因服丹中毒，病情加剧，手足残废。后徙居阳翟具茨山，著《释疾文》《五悲》自叙其苦，又预修坟墓，偃卧其中。终因病痛不堪，自沉颍水而死。工诗，尤擅长七言歌行，对推动七古的发展有所贡献。《全唐诗》录其诗二卷，近百首。又卷八八二录其《凌晨》诗一首。

【盧嗣立】 唐诗人。字敏绍，池州秋浦(今安徽贵池)人。会昌五年(845)进士。《全唐诗》卷五五七录其《望九华山》诗一首。

【盧嗣業】 唐诗人。字子通。祖籍范阳(今河北省涿州市)，后徙居蒲州(今山西永济)。卢纶孙。乾符五年(878)进士。广明初，以长安尉直昭文馆，累迁右补阙，后辟都统判官，检校礼部郎中。《全唐诗》卷六六七录其《题司空图壁》诗一首。

【盧嵩】 唐诗人。韦应物友人。韦应物《酬卢嵩秋夜见寄五韵》："何能待岁晏，携手当此时。"原注："卢诗云'岁晏以为期'之句。"

【盧鉟】 唐诗人。宣宗、懿宗咸通间，尝官户部外郎，历左司员外郎，出为户部员外郎、庐州刺史。终官散骑常侍。《全唐诗》卷七七一录其《勖曹生》诗一首。

【盧溵】 唐诗人。浙东处士。《全唐诗》卷五六三录其《金灯》等诗二首。

【盧群】 唐诗人。字载初，范阳(今河北省涿州市)。初为淮南节度使陈少游从事，后为江西节度使李翱判官。贞元六年，召为侍御史，累迁兵部郎中，十三年迁检校秘书监，十六年拜义成军节度使，卒赠工部尚书。《全唐诗》卷三一四录其《淮西席上醉歌》一首。

【盧群玉】 唐诗人。曾应进士试不第，遂浪迹江湖，纵情诗酒。《全唐诗》卷七七五录其《失题》等诗二首。

【盧溪】 亦作"盧谿"。指唐辰州卢溪郡，治沅陵，今湖南沅陵县。王昌龄《箜篌引》："卢溪郡南夜泊舟，夜闻两岸羌戎讴。"昌龄又有《卢溪别人》和《武陵田太守席送司马卢溪》。

【盧僎】 唐诗人。相州临漳(今河北临漳县西南)人。吏部尚书卢从愿之子。初为闻喜县尉，后入朝为学士，官终吏部员外郎。《全唐诗》卷九九录其《初出京邑有怀旧林》等诗十四首。

【盧誥】 唐末诗人。《全唐诗外编》(下)录其《寄弟诗》一首，诗题下注："唐末，卢拾遗议，与郑中舍延林作赘，三年不归陕下。其兄诰以诗让之，诗意甚乘昆仲之礼。卢义呈其太山中舍，并女遣之。"

【盧肇】 全唐诗人。字子发，袁州宜春(今属江西)人。会昌三年(843)进士，历游卢商、裴休、卢简求幕，后授潼关防御判官，除秘书省著作郎、仓部员外郎，充集贤院直学士。后贬连州。咸通初，出守歙州，历吉、池、万三州刺史。《全唐诗》录其诗一卷，近三十首，判句若干联。卷八七〇又录其《嘲游使君》诗一首。《全唐诗外编》(上)录其《耸翠峰题石》等诗四首，《全唐诗外编》(下)录其《绿阴亭》诗一首。

【盧綸】 唐诗人。字允言，祖籍范阳(今河北省涿州市)，后徙家蒲州(今山西永济)。曾任阌乡尉，迁集贤院学士、秘书省校书郎，后出为陕府户曹、密县令。建中初(780)，任昭应令。建中四年(783)，浑瑊任京城西面副元帅，辟纶为元帅府判官。后官至检校户部郎中。为大历十才子之一。《全唐诗》录其诗五卷，四百余首。

【盧綰】 汉人。丰(今江苏丰县)人。与汉高祖刘邦同日生，从刘邦起事，立为燕王。刘邦发现他与陈承希谋反有牵连，派樊哙征讨，卢绾亡命匈奴。见《汉书》本传。后遂借指叛逆者。杜甫《暮冬送苏四郎徯兵曹适桂州》："卢绾须征日，楼兰要斩时。"

【盧鄴】 唐诗人。字漳臣，大中四年(850)进士。历官秘书省校书郎，浙江观察使，金总郎史。《全唐诗》卷五六六录其《和李尚书命妓饯崔侍御》诗一首。

【盧駢】 唐诗人。咸通进士。曾官员外。《全唐诗》卷宗六〇〇录其《题青龙精舍》诗一首。

【盧橘】 金橘的别称。李白《宫中行乐词八首》之三："卢橘为秦树，蒲萄出汉宫。"钱起《送陆贽擢第还苏州》："思亲卢橘熟，带雨客帆轻。"白居易《西湖晚·归回望孤山寺赠诸客》："卢橘子低山雨重，棕榈叶战水风凉。"李商隐《九成宫》："荔枝卢橘沾恩幸，鸾鹊天书湿紫泥。"

【盧頻】 唐末诗人。张为《诗人主客图》将其列为"瑰奇美丽主"之升堂者。《全唐诗》卷七一九录其《蛱蝶行》等诗四首。

【盧儲】 唐诗人。元和十五年(820)进士。《全唐诗》卷三六九录其《催妆》等诗二首,《催妆》诗题下注:“李翱典郡江淮,储以进士投卷。翱置几案间,其女见之,谓小青衣曰:‘此人必为状头。’翱闻,选以为婿。明年,果第一人及第。”

【盧諶】 晋人。字子谅,范阳涿(今河北省涿州)人。名家子弟。曾授并州刺史刘琨。任主簿。刘琨曾喻之为握璧、荆璆。后为后赵石勒所得,官至中书监,长期沦落北方。见《晋书·卢钦传附卢谌传》。唐诗中用以借指参佐人员。张南史《送陈录事赴太原》:“卢谌即故吏,还复向并州。”李逢吉《和严揆省中宿斋遇令狐员外当直之作》:“致斋分直宿南宫,越石卢谌此夜同。”李德裕《送张中丞入台从事》:“自嗟文废久,此曲为卢谌。”李商隐《自桂林奉使江陵途中感怀寄献尚书》:“数须传庾翼,莫独与卢谌。”

【盧龍】 ❶山名。(1)自今河北围场县七老图岭起,蜿蜒于长城内外,东接山海关北之松岭,通称卢龙山脉。太宗《于北平作》:“翠野驻戎轩,卢龙转征旆。遥山丽如绮,长流萦似带。”(2)即今江苏南京市狮子山。李白《三山望金陵寄殷淑》:“卢龙霜气冷,鳷鹊月光寒。”李贺《追赋画江潭苑四首》之四:“练香熏宋鹊,寻箭踏卢龙。”❷唐方镇名。宝应元年(762)以幽州节度使兼卢龙节度使,治所在幽州(今南京市城区西南)。储光羲《次天元十载华阴发兵作时有郎官点发》:“鬼方生猃狁,时寇卢龙营。”李涉《与梧州刘中丞》:“三代卢龙将相家,五分符竹到天涯。”又《奉使京口》:“卢龙已复两河平,烽火楼边处处耕。”于濆《边游录戍卒言》:“二十属卢龙,三十防沙漠。”

【盧龍塞】 (塞 sài)地名。亦名卢龙道、长堑,在今河北喜峰口一带。地势险要,为兵家必争之地。杨师道《奉和圣制春日望海》:“回瞰卢龙塞,斜瞻肃慎乡。”高适《塞上》:“东出卢龙塞,浩然客思孤。”杨巨源《卢龙塞行送韦掌记二首》之一:“雨雪纷纷黑水外,行人共指卢龙塞。”卢汝碧《和李秀才边庭四时怨》之二:“卢龙塞外草初肥,雁乳平芜晓不飞。”

【盧藏用】 唐诗人。字子潜,幽州范阳(今河北省涿州)人。举进士,不调,隐居终南、少室二山。长安中,召授左拾遗。中宗朝,历中书舍人、黄门侍郎、修文馆学士。景龙三年(709)迁检校吏部侍郎。睿宗立,迁黄门侍郎,改工部侍郎,进尚书右丞。先天二年(713)。以附太平公主,流驩州。改昭州司户参军,迁黔州长史。《全唐诗》卷九三录其《九日幸临渭亭登高应制得开字》等诗八首。

【盧谿】 见“盧溪”。

【盧鴻一】 唐诗人。一作“盧鴻”。字浩然。祖籍范阳(今河北省涿州),徙客洛阳。少有才学,善书画,隐居嵩山。开元六年(718)召拜谏议大夫,固辞不就。玄宗听其还山,赐隐居服,官府为筑草堂。卒时,诏赐万钱营葬。《全唐诗》录其《嵩山十志十首》,编为一卷。

【盧鵲】 鸟名。李绅《闻里谣效古歌》:“莫令太守驰朱幡,悬鼓一鸣卢鹊喧。”

【盧藻】 唐诗人。与清昼、陆羽等同时。《全唐诗》卷七九四录其与清昼等《秋日卢郎中使君幼平泛舟联句》诗一联。

【盧獻卿】 唐诗人。字著名。与李商隐有交往。《全唐诗》卷八六八录其《梦中诗》一首,诗题后注:“献卿,范阳人。尝作《愍征赋》,时之以为庾子山《哀江南》之亚。大中时,连年不中第。游衡阳,至郴,梦人赠诗。旬日殁。郴守葬之近郊,果以夏初,皆符所梦者。”

【盧懷慎】 唐诗人。滑州灵昌(今河南滑县西南)。进士及第,曾官监察御史。后曾任侍御史、御史台中丞,黄门侍郎。开元元年(713)拜相,三年迁黄门监。与姚崇同掌大政,自以为才不及崇,每事推让,时称“伴食宰相”。四年,兼吏部尚书,卒谥文成。《全唐诗》卷一〇四录其《奉和九日幸临渭亭登高应制得还字》等诗三首。

【盧攜】 唐诗人。字子升,范阳(今河北省涿州)人。大中九年(855)进士,咸通中为右拾遗,迁殿中侍御史。咸通十四年(873)自谏议大夫充翰林承旨学士,翌年拜相。乾符五年(878),罢为太子宾客,翌年复拜相。广明元年(880),黄巢破潼关,罢携相为太子宾客,是夕仰药而死。《全唐诗》卷六六七录其《题司空图壁》诗一首。

盥

〔guàn《广韵》古玩切,去换,見。又古滿切,上緩,見。〕❶古代洗手之器皿。李纾《唐德明兴圣庙乐章·迎俎》:“鼎煁阳燧,玉盥阴精。”❷洗手。古人常以洁手表示敬重。杜甫《望兜率寺》:“时应清盥罢,随喜给孤园。”晁采《子夜歌十八首》之一二:“金盆盥素手,焚香诵普门。”司空曙《送僧无言归山》:“龛泉朝请盥,松籁夜和禅。”陆龟蒙《奉和袭美太湖诗二十首·入林屋洞》:“真君不可见,焚盥空迟久。”❸洗涤;盥洗。李贺《安乐宫》:“未盥邵陵瓜,瓶中弄长翠。”温庭筠《正见寺晓别生公》:“清晓盥秋水,高窗留夕阴。”

【盥手】 洗手。古人手洁表示敬重。马戴《霁后寄白阁僧》:“盥手水泉滴,燃灯夜烧残。”陆龟蒙《引泉诗》:“梦香礼真像,盥手披灵编。”

【盥漱】 洗手和漱口。亦泛称盥洗。韦应物《晓坐西斋》:“盥漱忻景清,焚香澄神虑。”白居易《饱食终日》:“扪腹起盥漱,下阶振衣裳。”马戴《赠别空公》:

"寂寥寒磬尽，盥漱瀑泉新。"贯休《寄杜使君》："清辰卷珠帘，盥漱香满室。"

【盥櫛】 谓梳洗整容。杜甫《早发》："仆夫问盥栉，暮颜靦青镜。"白居易《偶作二首》之二："日出起盥栉，振衣入道场。"又《懒放二首呈刘梦得吴方之》："青衣报平旦，呼我起盥栉。"又《二年三月五日斋毕开素当食偶吟赠妻弘农郡君》："二婢扶盥栉，双童舁簟床。"

【盥濯】 洗涤。权德舆《晓发武阳馆即事书情》："终当税尘驾，盥濯依春溪。"韩愈《元和圣德诗》："皇帝俭勤，盥濯陶瓦。"张籍《寄韩愈》："临溪一盥濯，清去肢体烦。"

十二画

盩 〔zhōu《广韵》張流切，平尤，知。〕山曲貌。见"盩厔"。

【盩厔】 县名。汉武帝时置，属右扶风。山曲曰盩，水曲曰厔。因山水曲折而得名。唐属京兆府。天宝元年(742)改为宜寿县，至德三年(758)复为盩厔。今属陕西，字今作"周至"。王昌龄有《旅次周至过韩士别业》。郎士元有《财至县郑义宅送钱大》。戴叔伦有《酬周至耿少府沣见寄》。薛能有《周至官佑新竹》。

十三画

盬 〔gǔ《广韵》公户切，上姥，見。又古胡切，平模，見。〕止息。《诗·唐风·鸨羽》："王事靡盬，不能艺稷黍。"王引之《经义述闻·毛诗上》："盬者，息也。王事靡盬者，王事靡有止息也。王事靡息，故不能艺稷黍也。"陈子昂《赠别冀侍御崔司议》序："吾欲不谢于崔冀二公矣，所恨酒未醒，琴方清，王事靡盬，驿骑遄速，不尽平原十日之饮。"徐铉《回至南康题紫极宫里道士房》："王事信靡盬，饮冰安足辞。"

十五画

盭 〔lì《广韵》郎計切，去霽，來。又練結切，入屑，來。〕通"綟"。原为草名，即莀草，可染绿，后因以指黄绿色。《后汉书·南匈奴传》："诏赐单于冠带、衣裳、黄金玺，盭緺绶，安东羽盖，华藻驾驷。"李贤注："盭音戾，草名。以戾草染绶，因以为名。"见"盭绶"。

【盭绶】 诸侯王佩的印绶。色黄而近绿，因以戾草染制，故名。昊兢《永泰公主挽歌二首》之二："盭绶哀荣备，游轩宠悼彰。"

目　部

目〔mù《广韵》莫六切，入屋，明。〕❶眼睛。钱起《寄袁州李嘉祐员外》："容辉常在目，离别任经年。"刘禹锡《赠眼医婆罗门僧》："两目今先暗，中年似老翁。"周贺《送韩评事》："嵩阳旧隐多时别，闭目闲吟忆翠微。"曹邺《奉命齐州推事毕寄本府尚书》："敲枷打锁声，终日在目旁。"❷目光；眼力。李百药《郢城怀古》："虽异三春望，终伤千里目。"王之涣《登鹳雀楼》："欲穷千里目，更上一层楼。"姚合《春日江次》："因凝千里目，落日尚徘徊。"❸观看；注视。韩愈、孟郊《纳凉联句》："目林恐焚烧，耳井忆瀺灂。"孟简《咏欧阳行周事》序："席上有妓，北方之尤者，屡目于生，生感悦之。"❹看待；视为。白居易《不出门》："不知天壤内，目我为何人。"❺孔眼。钱珝《江行无题一百首》之二九："不顾鱼多处，应防一目罗。"周昙《咏史诗·春秋战国门·再吟》："禽虽一目罗中得，岂可空张一目罗。"❻题目；目录。阎防《百丈溪新理茅茨读书》："开卦推盈虚，散帙攻节目。"❼取名。刘禹锡《伤愚溪三首》序："故人柳子厚之谪永州，得胜地，结茅树蔬，为沼沚，为台榭，目曰愚溪。"❽竹节。高适《咏马鞭》："龙竹养根凡几年，工人截之为长鞭，一节一目皆天然。"

【目下】　眼前。拾得《诗》之四："目下虽称心，罪簿先注定。"

【目成】　通过眉目传情来结成亲好。杜易简《湘川新曲二首》之一："本欲凌波去，翻为目成留。"李颀《绝缨歌》："玉颜艳艳空相向，满堂目成不得语。"皇甫冉《见诸姬学玉台体》："传杯见目成，结带明心许。"刘禹锡《伤秦姝行》："芳筵银烛一相见，浅笑低鬟初目成。"

【目色】　视力。李白《游溧阳北湖亭望瓦屋山怀古赠同旅》："目色送飞鸿，邈然不可攀。"

【目前】　眼前。郎士元《春宴张舍人宅》："地与东城接，春光醉目前。"白居易《思旧》："闲日一思旧，旧游如目前。"贾岛《题童真上人》："昨宵忽梦游沧海，万里波涛在目前。"唐彦谦《登庐山》："五老峰巅望，天涯在目前。"

【目送】　以目光相送。语本《左传·桓公元年》："目逆而送之。"王维《送钱少府还蓝田》："手持平子赋，目送老莱衣。"李颀《野老曝背》："有时扪虱独搔首，目送归鸿篱下眠。"任华《寄李白》："身骑天马多意气，目送飞鸿对豪贵。"权德舆《奉和礼部尚书酬杨著作竹亭歌》："风入松，云归栋，鸿飞灭处犹目送。"

【目眩】　眼花。杜甫《龙门阁》："目眩陨杂花，头风吹过雨。"白居易《病中诗十五首》序："开成己未岁，余蒲柳之年六十有八，冬十月甲寅旦始得风痹之疾，体瘵目眩，左足不支。"李绅《寿阳罢郡日有诗十首·入淮至盱眙》："岸惊目眩同奔马，浦溢心疑睹抃鳌。"

【目極】　用尽目力远望。王维《和使君五郎西楼望远思归》："高楼望所思，目极情未毕。"孟浩然《登望楚山最高顶》："晴明试登陟，目极无端倪。"又《宿扬子津寄润州长山刘隐士》："心驰茅山洞，目极枫树林。"徐铉《九月雨中》："目极暂登台上望，心遥长向梦中归。"

【目想】　闭目凝思。白居易《访陶公旧宅》："每读五柳传，目想心拳拳。"慧净《杂言》："旋绕经行砌，目想如神契。"

【目睛】　眼珠。亦泛称眼睛。李商隐《李肱所遗画松诗书两纸得四十韵》："视久眩目睛，倏忽变辉谷。"

【目精】　眼珠。亦泛指眼睛。元稹《山枇杷》："因风旋落裙片飞，带日斜看目精热。"

【目擊】　目睹；亲眼看见。杜甫《木皮岭》："忆观昆仑图，目击悬圃存。"又《最能行》："朝发白帝暮江陵，顷来目击信有征。"刘禹锡《游桃源一百韵》："列仙徒有名，世人非目击。"尚颜《送朴山人归新罗》："离心寄何处，目击曙霞东。"

【目擊道存】　形容人悟性好，眼光一接触，便知"道"之所在。卢仝《赠稚禅师》："我来契平生，目击道自存。"慧宣《秋日游东山寺寻殊昙二法师》："心欢即顶礼，道存仍目击。"

【目斷】　望断，一直望到看不见。杜甫《祠南夕望》："兴来犹杖屦，目断更云沙。"权德舆《杂诗五首》之二："魂交复目断，缥缈难比况。"裴夷直《秋日》："常记京关怨摇落，如今目断满林霜。"吴融《八月十五夜禁直寄同僚》："目断枚皋何处在，阑干十二忆登临。"

二 画

盯 〔chéng《广韵》直庚切，平庚，澄。又張梗切，上梗，知。〕见“盯矃”“矃盯”。

【盯矃】 直视貌。韩愈、孟郊《城南联句》：“鼻偷困淑郁，眼剽强盯矃。”

三 画

直 〔zhí《广韵》除力切，入職，澄。〕❶不弯曲。杜甫《石龛》：“苦云直竿尽，无以充提携。”戴叔伦《梧桐》：“亭亭南轩外，贞干修且直。”李绅《逾岭峤止荒陬抵高要》：“万壑奔伤溢作泷，湍飞浪激如绳直。”贯休《寄王滌》：“吟高好鸟觑，风静茶烟直。”❷正；不歪斜。王勃《赠李十四四首》之四：“直当花院里，书斋望晓开。”董思恭《昭君怨二首》之二：“汉月正南远，燕山直北寒。”储光羲《晦日任桥池亭》：“温泉作天邑，直北开新洲。”白居易《北楼送客归上都》：“京路人归天直北，江楼客散日平西。”❸纵；竖。与“横”相对。太宗《探得李》：“盘根直盈渚，交干横倚天。”李商隐《少年》：“直登宣室螭头上，横过甘泉豹尾中。”❹当；对着。权德舆《侍从游后湖宴坐》：“绝境殊不远，湖塘直吾庐。”❺公正；正直。崔融《哭蒋詹事俨》：“汲黯言当直，陈平智本奇。”李华《杂诗六首》之六：“结交得书生，书生钝且直。”白居易《贺雨》：“君以明为圣，臣以直为忠。”邵谒《送从弟长安下第南归觐亲》：“为文清益峻，为心直且安。”亦指正道。徐夤《辇下赠屯田何员外》：“封章频得帝咨嗟，报国唯将直破邪。”亦指正直之人。白居易《薛中丞》：“百人无一直，百直无一遇。”❻逢；遇。徐仲雅《东华观偃松》：“生逢尧雨露，老直汉风霜。”❼价值。杜甫《拨闷》：“已办青钱防雇直，当令美味入吾唇。”白居易《新乐府·卖炭翁》：“半匹红绡一丈绫，系向牛头充炭直。”❽当值；值勤。王维《春日直门下省早朝》：“骑省直明光，鸡鸣谒建章。”韦应物《秋夜一绝》：“忆在南宫直，夜长钟漏稀。”裴夷直《省中题新植双松》：“更堂寓直将谁语，自种双松伴夜吟。”和凝《宫词百首》之六七：“视草词臣直玉堂，对来新赐锦袍香。”❾抵。谓价值相当。孟浩然《送朱大入秦》：“游人武陵去，宝剑直千金。”李贺《冯小怜》：“破得春风恨，今朝直几钱。”白居易《新乐府·缭绫》：“昭阳舞人恩正深，春衣一对直千金。”徐夤《纸被》：“赤眉豪客见皆笑，却问儒生直几钱。”❿副词。(1)特；但；只不过。李白《塞下曲六首》之一：“愿将腰下剑，直为斩楼兰。”杜甫《早花》：“直苦风尘暗，谁忧容鬓催。”柳宗元《衡阳与梦得分路赠别》：“直以慵疏招物议，休将文字占时名。”杜牧《云梦泽》：“直是超然五湖客，未如终始郭汾阳。”(2)径直；直接。李白《行路难三首》之一：“长风破浪会有时，直挂云帆济沧海。”元稹《和李校书新题乐府十二首·上阳白发人》：“醉酣直入卿士家，闺闱不得偷回避。”张祜《听崔莒侍御叶家歌》：“一声唱断无人和，触破秋云直上天。”(3)一直。表示动作不间断或情况始终无变化。李白《赋得白鹭鸶送宋少府入三峡》：“人惊远飞去，直向使君滩。”又《入彭蠡经松门观石镜缅怀谢康乐题诗书游览之志》：“漾水向东去，漳流直南奔。”杨巨源《送人过卫州》：“纵横联句长侵晓，次第看花直到秋。”贾岛《投庞少尹》：“庞公相识元和岁，眷分依依直至今。”(4)真；简直。杜甫《八月十五夜月二首》之一：“此时瞻白兔，直欲数秋毫。”又《水宿遣兴奉呈群公》：“我行何到此，物理直难齐。”陆蒙龟《袭美先辈以龟蒙所献五百言既蒙见和复示荣唱用伸酬谢》：“作颂媲吉甫，直言过祖伊。”(5)即使。羊士谔《乱后曲江》：“游春人静空地在，直至春深不似春。”李商隐《海上》：“直遣麻姑与搔背，可能留命待桑田。”杜牧《池州送孟迟先辈》：“人生直作百岁翁，亦是万古一瞬中。”韩偓《南浦》：“直教笔底有文星，亦应难状分明苦。”陆龟蒙《袭美先辈以龟蒙所献五百言用伸酬谢》：“就彼六籍内，说诗直解颐。”(6)竟然；居然。杜甫《忆昔二首》之一：“犬戎直来坐御床，百官跣足随天王。”

【直士】 正直之人。白居易《李都尉古剑》：“愿快直士心，将断佞臣头。”

【直下】 ❶垂直向下；向下。包融《登翅头山题俨公石壁》：“却瞻迷向背，直下失城市。”李白《望庐山瀑布水二首》：“飞流直下三千尺，疑是银河落九天。”白居易《梦仙》：“半空直下视，人世尘冥冥。”❷下面；底下。白居易《新乐府·海漫漫》：“海漫漫，直下无底傍无边。”❸谓直系下传。欧阳詹《赋得秋河曙耿耿送郭秀才应举》：“并州细侯直下孙，才应秋赋怀金门。”又《许州送张中丞出临颍镇》：“孙吴去后无长策，谁敌留侯直下孙。”

【直上】 一直向上；向前。丘为《寻西山隐者不遇》：“绝顶一茅茨，直上三十里。”李颀《爱敬寺古藤歌》：“横空直上相陵突，丰茸离缅若无骨。”李绅《过荆门》：“纵为羽族莫栖息，直上青云呼帝阍。”

【直己】 谓自身守正不阿。李绅《过梅里七首·忆东郭居》：“忠诚贯白日，直己凭苍昊。”

【直日】 值日；当班。殷尧藩《汉宫词三首》之三：“承恩直日鸳鸯殿，一曲清歌在九天。”

【直内】 内廷值班之人。王建《鸡鸣曲》：“直内初烧玉案香，司更尚滴铜壶水。”

【直文】 指树木的直的纹理。白居易《栽松二首》之二:“爱君抱晚节,怜君含直文。”

【直方】 ❶谓地面平直方正。陆龟蒙《奉酬袭美先辈吴中苦雨一百韵》:“厚地虽直方,身能遍穿穴。”❷谓人品质公正端方。萧颖士《江有枫一篇十章》序:“《江有枫》,思陆郑二友、吴会旧游,且疾谗也。臣宦于尹府,以直方不偶,见逼谗佞。”韦应物《高陵书情寄三原卢少府》:“直方难为进,守此微贱班。”元结《演兴四首·闵岭中》:“惧大灵兮不知,以予心为永惟,若不可乎遂已,吾终保夫直方。”

【直心】 ❶正直坦荡之心。寒山《诗三百三首》之二三六:“心真出语直,直心无背面。”储光羲《游茅山五首》之三:“良以直心旷,兼之外视闲。”来鹄《圣政纪颂》:“伊尹直心,太甲须圣。”❷谓树木主干的中央部分直而不曲。白居易《有木诗八首》之八:“重任虽大过,直心终不曲。”

【直史】 正直的史官。张九龄《贺给事尝诣蔡起居郊馆有诗因命同作》:“记言闻直史,筑室面层阿。”

【直西】 正西。王建《田家留客》:“双冢直西有县路,我教丁男送君去。”

【直臣】 直言谏诤之臣。汉张禹因为是成帝的老师而封侯,朱云在朝臣前称:请皇帝赐我尚方剑,让我斩断佞臣张禹之头。成帝怒,下令处死朱云,朱云反抗,攀断殿上栏杆后为左将军辛庆忌所解救。后来要换栏杆,成帝说:“而易!因而辑之,以旌直臣。”见《汉书·朱云传》。杜甫《折槛行》:“娄公不语宋公语,尚忆先皇容直臣。”常沂《禁中春松》:“操将金石固,材与直臣同。”刘禹锡《李贾二大谏拜命后寄杨八寿州》:“谏省新登二直臣,万方惊喜捧丝纶。”杜荀鹤《送黄补阙南迁》:“自古有迁客,何朝无直臣。”

【直至】 直到。羊士谔《乱后曲江》:“游春人静空地在,直至春深不似春。”李涉《题武关》:“皆缘不得空门要,舜葬苍梧直到今。”许棠《送友人游蜀》:“自古西南路,艰难直至今。”孙元晏《咏史诗·齐·何氏小山》:“赚他谢胐出山去,赢得高名直至今。”

【直似】 简直如;真像。王维《过感化寺昙兴上人山院》:“夜坐空林寂,松风直似秋。”刘言史《竹里梅》:“风吹总向竹枝上,直似王家雪下时。”朱庆余《夏日访贞上人院》:“此时袪万虑,直似出尘笼。”

【直名】 正直的名声。白居易《和答诗十首·和思归乐》:“况始三十余,年少有直名。”

【直如弦】 像弓弦一样直。喻为人正直。语出《后汉书·五行志一》:“顺帝之末,京都童谣曰:‘直如弦,死道边。曲如钩,反封侯。’”杜淹《寄赠齐公》:“结交澹若水,履道直如弦。”岑参《送张秘书充刘相公通汴河判官便赴江外觐省》:“儒生直如弦,权贵不须干。”白居易《哭孔戡》:“拂衣向西来,其道直如弦。”顾云《天威行》:“车遥遥,马阗阗,平如砥,直如弦。”

【直言】 ❶正直、耿直的话。韩愈《送进士刘师服东归》:“公心有勇气,公口有直言。”贾岛《送沈秀才下第东归》:“直言好者谁,刺耳如长锥。”袁皓《重归宜春偶成十六韵寄朝中知己》:“直言干忌讳,权路耻依栖。”❷率直而言,不顾忌讳。任华《寄杜拾遗》:“只缘汲黯好直言,遂使安仁却为掾。”李益《过马嵬》:“汉将如云不直言,寇来翻罪绮罗恩。”顾云《苏君厅观韩干马障歌》:“直言弟子韩干马,画马无骨但有肉。”李翰《蒙求》:“董宣强项,翟璜直言。”❸只道是。崔颢《江畔老人愁》:“直言荣华未休歇,不觉山崩海将竭。”

【直事】 谓值班。宋之问《冬夜寓直麟阁》:“直事披三省,重关闭七门。”

【直到】 ❶径直抵达。张为《秋醉歌》:“皎然梦中路,直到瀛洲东。”❷到达某个时候。王建《霓裳词十首》之五:“伴教《霓裳》有贵妃,从初直到曲成时。”刘禹锡《观棋歌送儇师西游》:“自从仙人遇樵子,直到开元王长史。”杜牧《彭门偶题》:“直到春秋诸列国,拥旄才子也应无。”齐己《寄南徐刘员外二首》之一:“应讶嵩峰约,蹉跎直到今。”

【直使】 当值之使者。元稹《开元观闲居酬吴士矩侍御三十韵》:“冥搜呼直使,章奏役飞廉。”

【直夜】 夜间当值。王湾《秋夜寓直即事怀赠萧令公裴侍郎兼简通南省诸友人》:“金省方秋作,瑶轩直夜凭。”刘长卿《奉和赵给事使君留赠李婺州舍人兼谢舍人别驾之什》:“禁深分直夜,地远独行春。”权德舆《病中寓直代书题寄》:“寂寞闻宫漏,那堪直夜心。”

【直性】 正直的本性或性情。杜甫《早发》:“艰危作远客,干请伤直性。”郑董《赠巩畴》:“圆澈保直性,客尘排妄情。”方干《哭王大夫》:“为政旧规方利国,降生直性已归天。”

【直弦】 直的弓弦。喻为人耿直。樊铸《及第后读书院咏物十首上礼部李侍郎·箭括》:“有节通贞干,无邪抱直弦。”

【直城】 汉京都城门名。刘宪《奉和圣制登骊山高顶寓目应制》:“直城如斗柄,官树似星榆。”皎然《送严明府入关谒黎京兆》:“应思右内史,相见直城中。”白居易《早春独游曲江》:“朝从直城出,春傍曲江行。”裴夷直《春色满皇州》:“氛氲直城北,骀荡曲江头。”

【直指】 ❶笔直指向;直趋。元稹《指巡胡》:“挺身唯直指,无意独欺愚。”❷犹直立。王昌龄《宿灞上寄侍御玙弟》:“霜摇直指草,烛引明光佩。”❸谓直言指出,无所回避。苏味道《始背洛城秋郊瞩目奉怀台中诸侍御》:“薄游忝霜署,直指戒冰心。”李嘉祐《送元侍御还荆南幕府》:“自当行直指,应不为功勋。”

【直是】 即使是。皮日休《题包山》:“此中人若无租税,直是蓬瀛也不如。”李建勋《惜花》:“莫言风雨长相促,直是晴明得几时。”顾甄远《惆怅诗九首》之八:“如今两地心中事,直是瞿昙也不知。”

【直注】 谓直言无忌地说出。来鹄《圣政纪颂》:“执言直注,史文直敷。”

【直神】 指正直的山神。李德裕《尊师是桃源黄先生传法弟子今重赋此诗兼寄题黄先生旧馆》:“棋客留童子,山精避直神。”

【直校】 (一jiào)谓实事求是地校勘古籍。李端《酬前驾部员外郎苗发》:“马融方直校,阅简复持铅。”

【直氣】 正气。杜甫《过郭代公故宅》:“及夫登衮冕,直气森喷薄。”杨巨源《奉寄通州元九侍御》:“共说圣朝容直气,期君新岁奉恩光。”白居易《江西裴常侍以优礼遇待又蒙赠诗辄叙鄙诚用伸感谢》:“他日秉钧如见念,壮心直气未全销。”刘得仁《赠敬晊助教二首》之二:“清仪称是蓬瀛客,直气堪为谏诤臣。”

【直躬】 谓以直道立身。语出《论语·子路》:“吾党有直躬者,其父攘羊,而子证之。”钱起《长安旅宿》:“直躬邅世道,咫步隔天阙。”

【直欲】 简直能够;真想。杜甫《八月十五夜月二首》之一:“此时瞻白兔,直欲数秋毫。”白居易《秦中吟十首·伤宅》:“如何奉一身,直欲保千年。”

【直望】 ❶向前望。李白《冬夜醉宿龙门觉起言志》:“开轩聊直望,晓雪河冰壮。”徐九皋《关山月》:“遥心万余里,直望三边月。”❷一直向。齐己《谢丁秀才见示赋卷》:“乘秋好携去,直望九霄飞。”

【直宿】 (一sù)值夜。郭震《同徐员外除太子舍人寓直之作》:“除荣辞会府,直宿总书坊。”刘禹锡《和仆射牛相公寓言二首》之一:“御史定来休直宿,尚书依旧趁参衙。”王建《宫词一百首》之二七:“红烛睡里唤春云,云上三更直宿分。”白居易《初下汉江舟中作寄两省给舍》:“晨无朝谒劳,夜无直宿勤。”

【直視】 ❶一直向前看。韦应物《酒肆行》:“回瞻丹凤阙,直视乐游苑。”❷怒目正视。陆龟蒙《五歌·水鸟》:“则有嘴铍爪戟劲立直视者,击搏挽裂图膻腥。”

【直達】 直接到达;直通。《歌·沧州百姓歌》(卷八七四):“新河得通舟楫利,直达沧海鱼盐至。”

【直筆】 据事直书,无所顾忌。杜甫《八哀诗·故司徒李公光弼》:“直笔在史臣,将来洗箱箧。”权德舆《太原郑尚书远寄新诗走笔酬赠因代书贺》:“曲台分季奉斋祠,直笔系年陪侍从。”白居易《赠樊著作》:“虽有良史才,直笔无所申。”又《新乐府·紫毫笔》:“臣有奸邪正衙奏,君有动言直笔书。”

【直須】 应该;需要。韩愈《奉和虢州刘给事使君三堂新题二十一咏·月台》:“直须台上看,始奈月明何。”孟郊《伤时》:“劝人一种种桃李,种亦直须遍天地。”杜牧《杜秋娘诗》引杜秋娘《杂曲歌辞·金缕衣》:“花开堪折直须折,莫待无花空折枝。”

【直鈎】 相传姜太公出仕前钓于渭滨,所用钓钩是直的,且不施饵。故后用以借指隐逸生活。张祜《酬余杭郑摸明府见赠长句四韵》:“生疏莫笑沧浪叟,白首直竿是直钩。”方干《赠会稽杨长官》:“直钩终日竟无鱼,钟鼓声中与世疏。”罗隐《题磻溪垂钓图》:“吕望当年展庙谟,直钩钓国更谁如。”陈陶《避世翁》:“直钩不营鱼,蜗室无妻儿。”

【直詞】 亦作“直辭”。正直的言词。杜甫《行次昭陵》:“直词宁戮辱,贤路不崎岖。”戴叔伦《抚州被推昭雪答陆太祝三首》之二:“贫交相爱果无疑,共向人间听直词。”元稹《酬乐天余思不尽加为六韵之作》:“次韵千言曾报答,直词三道共经纶。”白居易《叙德书情四十韵上宣歙翟中丞》:“白玉惭温色,朱绳让直辞。”

【直疏】 公正的奏章。韩偓《同年前虞部李郎中自长沙赴行在余以紫石砚赠之赋诗代书》:“不向东垣修直疏,即须西掖草妍词。”

【直幹】 又作“直榦”。挺直的树干。杜甫《戏为双松图歌》:“已令拂拭光凌乱,请公放笔为直干。”聂夷中《题贾氏林泉》:“轻流逗密筱,直干入宽空。”

【直路】 直的路径。刘沧《秋日登醴泉县楼》:“人行直路入秦树,雁截斜阳背塞云。”司空图《丁巳元日》:“短辕收骥步,直路发鹏程。”钱珝《江行无题一百首》之九九:“可缘非直路,却有好风来。”

【直當】 (一dāng)正对着。王勃《赠李十四四首》之四:“直当花院里,书斋望晓开。”

【直置】 只如此;只是。杨炯《和刘长史答十九兄》:“居然混玉石,直置保松筠。”韩愈《寒食日出游》:“各言生死两追随,直置心亲无貌敬。”

【直節】 (一jiē)❶谓竹节直而不曲。徐夤《吊崔补阙》:“直节岩前竹,孤魂岭上云。”又《山阴故事》:“爱竹只应怜直节,书裙多是为奇童。”❷谓守正不阿的操守。李邕《铜雀妓》:“直节岂感激,荒淫乃凄其。”

【直腸】 喻人正直。亦指正直之人。韩偓《病中初闻复官二首》之二:“也知恩泽招谗口,还痛神祇误直肠。”

【直誠】 正直;真诚。陆龟蒙《奉和袭美寄琼州杨舍人》:“只以直诚天自信,不劳诗句咏贪泉。”

【直道】 ❶直的路径。李白《赠宣城宇文太守兼呈崔侍御》:“登龙有直道,倚玉阻芳筵。”又《嘲鲁儒》:“缓步从直道,未行先起尘。”可止《山居》:“果长纤枝曲,岩崩直道移。”❷正道。指确当的道理、准则。虞世南《门有车马客》:"如何守直道,翻使谷名愚。"刘长卿《负谪后登干越亭作》:"独醒空取笑,直道不容身。"许浑《重伤杨攀处士二首》之二:"从官任直道,几处脱长裾。"杜荀鹤《寄从叔》:"苦吟天与性,直道世将非。"❸直谓。杜甫《人日两篇》之二:"早春重引江湖兴,直道无忧行路难。"王嗣奭《杜臆》:"琴剑乃作客随行之物,时已早春,因拔剑弹琴,而重引江湖之兴,直说无忧行路之难。"❹即便说。李商隐《无题二首》之二:"直道相思了无益,未妨惆怅是清狂。"吴融《忘忧花》:"繁红落尽始凄凉,直道忘忧也未忘。"

【直敷】 据直而书。来鹄《圣政纪颂》:"执言直注,史文直敷。"

【直榦】 见"直幹"。

【直衝】 (—chōng)一直冲闯。白居易《府西池北新葺水斋即事招宾偶题十六韵》:"直冲行径断,平入卧斋流。"

【直錢】 值钱,价钱高。白居易《秦中吟十首·议婚》:"荆钗不直钱,衣上无真珠。"李商隐《一片》:"良工巧费真为累,楮叶成来不直钱。"崔橹《过蛮溪渡》:"身随远道徒悲哽,诗卖明时不直钱。"

【直諫】 直言规谏。杜审言《和李大夫嗣真奉使存抚河东》:"雄词执刀笔,直谏罢楼船。"崔峒《赠窦十九》:"幸得汉皇容直谏,怜君未遇觉人非。"白居易《和答诗十首·和阳城驿》:"直谏从如流,佞臣恶如疵。"储嗣宗《送顾陶校书归钱塘》:"圣朝思直谏,不是挂冠时。"

【直緣】 只因为。行因《偈》:"想见煮茶延远客,直缘生死不相关。"

【直聲】 正直的名声。刘禹锡《寄杨八拾遗》:"洛阳本自宜才子,海内而今有直声。"朱庆余《孔尚书致仕因而有寄赠》:"直声留阙下,生事在林间。"皮日休《七爱诗·白太傅》:"清望逸内署,直声惊谏垣。"裴大章《恩赐魏文贞公诸孙旧第以导直臣》:"迹往伤遗事,恩深感直声。"

【直辭】 见"直詞"。

【直廬】 旧时侍臣值宿之处。宋之问《和库部李员外秋夜寓直之作》:"起草徯仙阁,焚香卧直庐。"羊士谔《和窦吏部雪中寓直》:"金闺通籍恨,银烛直庐空。"姚合《西掖寓直春晓闻残漏》:"直庐仙掖近,春气曙犹寒。"郑谷《哭建州李员外频》:"独夜吟还泣,前年伴直庐。"

【直繩】 ❶正直如绳墨。杜甫《赠裴南部闻袁判官自来欲有按问》:"使君传旧德,已见直绳心。"亦指正直之人。卢纶《早春游樊川野居却寄李端校书兼呈崔峒补阙司空曙主簿耿沣拾遗》:"投足经危路,收才遇直绳。"❷喻法制。高适《饯宋八充彭中丞判官之岭南》:"翠羽干平法,黄金挠直绳。"蒋冽《台中书怀》:"直绳备豪右,正色清冠盖。"

【直饒】 纵使。李咸用《依韵修睦上人山居十首》之七:"兼济直饶同巨楫,自由何似学孤云。"

【直驅】 径直驱赶。李白《桃源》:"昔日狂秦事可嗟,直驱鸡犬入桃花。"

【直廳】 在府厅当值住宿。李商隐《偶成转韵七十二句赠四同舍》:"手封狴牢屯制囚,直厅印锁黄昏愁。"李洞《秋宿长安韦主簿厅》:"水木清凉夜直厅,愁人楼上唱寒更。"

【直戇】 憨直。元稹《酬乐天见忆兼伤仲远》:"与君皆直戇,须分老泥沙。"

盱 〔xū《广韵》况於切,平虞,曉。〕❶张目直视。见"盱衡"。❷见"盱眙"。

【盱眙】 (—yí)县名。西汉以盱台县改名,治所在今江苏盱眙县东北盱眙山侧。东汉复名盱台县。西晋改名盱眙县。东晋义熙中移治今盱眙县东北梁山东北麓。唐武德八年(625)又移治今盱眙县。骆宾王有《早发淮口望盱眙》。韦应物有《夕次盱眙县》。崔峒有《送陆明府之盱眙》。温庭筠有《旅次盱眙县》。

【盱衡】 扬眉举目。皮日休、陆龟蒙《北禅院避暑联句》:"一入承明庐,盱衡论今昔。"

盲 〔máng《广韵》武庚切,平庚,明。《集韵》眉庚切,平庚,明。〕眼睛失明。亦指眼睛昏暗不明。韩愈《琴操十首·拘幽操》:"目窈窈兮,其凝其盲。"卢仝《月蚀诗》:"又孔子师老子云,五色令人目盲。"姚合《寄陕府内兄郭冏端公》:"免同去年春,兀兀聋与盲。"修雅《闻诵法华经歌》:"世人之目非不明,目明特向经中盲。"

【盲人】 失去视力者。无名氏《五言白话诗》之一六(外编下):"魂魄游空虚,盲人入暗窟。"

【盲目】 双目失明。喻无见识、无目的。李商隐《行次西郊作一百韵》:"盲目把大旆,处此京西藩。"

【盲飆】 疾风。陈子昂《感遇诗三十八首》之三八:"盲飙忽号怒,万物相纷劘。"

【盲聾】 眼瞎耳聋。吕岩《窑头坯歌》:"君不见洛阳富郑公,说与金丹如盲聋。"

四 画

相[1] 〔xiāng《广韵》息良切,平陽,心。〕❶交互;互相;共同。李白《古风》之一:"龙虎相啖食,兵戈逮狂秦。"韩愈《听颖师弹琴》:"昵昵儿女语,恩怨相尔汝。"白居易《贺雨》:"欢呼相告报,感泣涕沾胸。"李郢《自水口入茶山》:"蒨蒨红裙好女儿，相偎相倚看人时。”❷递相；先后。李颀《送刘十一》：“诸兄相继掌青史，第五之名齐骠骑。”崔峒《奉和给事寓直》：“桂枝家共折，鸡树代相传。”司空图《上方》：“花落更同悲木落，莺声相续即蝉声。”徐铉《庐陵别朱观先辈》：“桂籍知名有几人，翻飞相续上青云。”❸表示一方对另一方面有所施为。皎然《答李季兰》：“天女来相试，将花欲染衣。”张南史《酬张二仓曹杨子闲居见寄兼呈韩郎中左补阙皇甫冉》：“渔父致词相借问，仙郎能赋许依投。”白居易《凶宅》：“四者如寇盗，日夜来相攻。”司马扎《蚕女》：“妾家非豪门，官赋日相追。”

相²〔xiàng《广韵》息亮切，去漾，心。〕❶看；观察。白居易《早春西湖闲游偶成十八韵寄微之》：“百吏瞻相面，千夫捧拥身。”曹唐《病马五首呈郑校书章三吴十五先辈》之四：“追电有心犹款段，逢人相骨强嘶号。”见“相₂天”“相₂马”。❷选择。张说《唐封泰山乐章·豫和六首》之三：“相百辟，贡八荒。”杜审言《泛舟送郑卿入京》：“相宅开基地，倾都送别人。”❸辅助；佑助。张籍《董公诗》：“相我明天子，政成如太宗。”卢仝《月蚀诗》：“请留北斗一星相北极，指麾万国悬中央。”❹舂谷时号子声。见“相舂”。❺官名。相为百官之长，后通称“宰相”。张子容《赠司勋萧郎中》：“作相开黄阁，为郎奏赤墀。”李白《自代内赠》：“妾家三作相，失势去西秦。”秦系《会稽山居寄薛播侍郎袁高给事高参舍人》：“稷契今为相，明君复为尧。”白居易《贺雨》：“冠佩何锵锵，将相及王公。”❻使为相。王维《和宋中丞夏日游福贤观天长寺寺即陈左相宅所施之作》：“已相殷王国，空余尚书溪。”李华《咏史十一首》之九：“蜀主相诸葛，功高名亦尊。”李商隐《哭刘司户蕡》：“空闻迁贾谊，不待相孙弘。”陆龟蒙《江南秋怀寄华阳山人》：“相秦犹几死，王汉尚当鲸。”❼形貌；形象。杜甫《丹青引赠曹将军霸》：“弟子韩干早入室，亦能画马穷殊相。”张籍《学仙》：“每占有仙相，然后传此方。”王涯《从军词三首》之二：“燕颔多奇相，狼头敢犯边。”白居易《自题写真》：“不惟非贵相，但恐生祸因。”❽星名。见“相₂星”。❾佛教语。谓一切事物的外观形状。白居易《读禅经》：“须知诸相皆非相，若往无余却有余。”张祜《题径山大觉禅师影堂》：“见相即非相，观身岂是身?”喻凫《题弘济寺不出院僧》：“色相栽花视，身心坐石修。”广宣《驾幸圣容院应制》：“却指容颜非我相，自言空色是吾真。”

【相干】　❶相联系；相干涉。姚合《闲居遣怀十首》之六：“青云非失路，白发未相干。”李商隐《北楼》：“春物岂相干，人生只强欢。”一钵和尚《一钵歌》(补编)：“无造作，独行独坐空索索；无涅槃，本来生死不相干。”❷相求。吴融《自讽》：“世路升沉合自安，故人何必苦相干。”

【相₂士】　鉴别人才。高适《自武威赴临洮谒大夫不及因事即事寄河西陇右幕下诸公》：“相士渐入幕，怀贤愿同袍。”

【相及】　相继。王昌龄《从军行二首》之二：“断蓬孤自转，寒雁飞相及。”

【相₂天】　看天。佚名《先天时京中语》：“姜师度一心看地，傅孝忠两眼相天。”

【相尤】　相恋。罗隐《春中湘中题岳麓寺僧舍》：“欲共高僧话心迹，野花芳草奈相尤。”

【相比】　相似。邓陟《珠还合浦》：“鱼目徒相比，骊龙乍可攀。”

【相仍】　❶相继；相续。杜甫《陪章留后惠义寺饯嘉州崔都督赴州》：“劳生共几何，离恨兼相仍。”阎宽《松滋江北阻风》：“江风久未歇，山雨复相仍。”张祜《忆江东旧游四十韵寄宣武李尚书》：“酒徒穷不破，诗债老相仍。”韦庄《渔塘十六韵》：“仙源终不测，胜概自相仍。”❷仍然。李白《赠新平少年》：“而我竟何为，寒苦坐相仍。”

【相分】　(—fèn)谓分担忧愁。元结《与瀼西邻里》：“我尝有匮乏，邻里能相分。”

【相₂公】　对宰相的尊称。杜甫《白水县崔少府十九翁高斋三十韵》：“知是相公军，铁马云雾积。”原注：“天宝十四载，禄山反，拜哥舒翰为兵马副元帅以讨禄山。明年正月，加同平章事。”韩愈《此日足可惜赠张籍》：“相公朝服立，工席歌鹿鸣。”元稹《连昌宫词》：“姚崇宋璟作相公，对谏上皇言语切。”杜牧《河湟》：“元载相公曾借箸，宪宗皇帝亦留神。”

【相弔】　祭奠死者或对遭丧事及不幸者给予慰问。王昌龄《塞下曲四首》之四：“部曲皆相吊，燕南代北闻。”王建《伤堕水乌》：“一乌堕水百乌啼，相吊相号绕故堤。”孟郊《峡哀》：“黄金买相吊，幽泣无余灌。”

【相引】　吸引；引导。李商隐《南潭上亭宴集以疾后至因而抒情》：“莺蝶如相引，烟萝不暇攀。”许棠《过洞庭湖》：“渔父闲相引，时歌浩渺间。”刘兼《秋夕书怀呈戎州郎中》之二：“霜砧月笛休相引，只有离襟泪两行。”

【相去】　相距；相差。张九龄《登南岳事毕谒司马道士》：“相去九牛毛，惭叹知何已。”贾至《巴陵早秋寄荆州崔司马吏部阎功曹舍人》：“相去虽地接，不得从之游。”刘禹锡《酬令狐相公新蝉见寄》：“相去三千里，闻蝉同此时。”丘光庭《补茅鸱》序：“《论语》曰：‘吾十有五而志于学’，则庆封奔鲁之日，与孔子就学之年，其间相去不远。”

【相目】　相视。李益《入华山访隐者经仙人石坛》："问我将致辞，笑之自相目。"

【相失】　❶谓错过机会。杜牧《泊松江》："南湖风雨一相失，夜泊横塘心渺然。"❷失散；离散。崔峒《春日忆姚氏外甥》："离乱人相失，春秋雁自飞。"元稹《酬乐天赴江州路上见寄三首》之三："如何远相失，各作万里云。"

【相命】　❶相互传令；命令。储光羲《贻丁主簿仙芝别》："兹年不得意，相命游灵台。"吕岩《七言》之四九："紫诏随鸾下玉京，元君相命会三清。"❷和鸣。杜甫《西阁二首》之一："百鸟各相命，孤云无自心。"

【相$_2$印】　宰相之印。白居易《偶作二首》之一："人间所重者，相印将军钺。"李逢吉《酬致政杨祭酒见寄》："初还相印罢戎旃，获守皇居在紫烟。"李商隐《韩碑》："腰悬相印作都统，阴风惨淡天王旗。"卢肇《和主司王起》："明日定知同相印，青衿新列柳间营。"

【相召】　召唤。徐铉《亚元舍人不替深知猥贻佳作三篇因为长歌以为报》："有时虚左来相召，举白飞觞任所为。"

【相共】　共同；一起。皮日休《鲁望昨以五百言见贻因成一千言上述吾唐文物之盛次叙相得之欢亦迭和之微旨也》："终抛岘山业，相共此留连。"冯延巳《抛球乐》词之三："且上高楼望，相共凭阑看月生。"

【相存】　❶存问；问候。王维《瓜园诗》："穷巷正传呼，故人傥相存。"元结《与瀼溪邻里》："我尝有不安，邻里能相存。"❷同在；同时存在。李白《送薛九被谗去鲁》："毛公一挺剑，楚赵两相存。"牛峤《评僧道二门论难》(外编)："鳌头宫殿波澜阔，鹫岭香花梦相存。"

【相同】　彼此无差异。李涉《寄荆娘写真》："召得丹青绝世工，写真与身真相同。"王周《自和》："烟霄半知足，吏陷少相同。"

【相因】　❶相袭；相承袭。杨炯《和刘长史答十九兄》："盛名恒不陨，历代几相因。"❷相接；一个接着一个。裴耀卿《酬张九龄使风见示》："惊飙翻是托，危浪亦相因。"胡皓《春悲行》："音容旷不接，景物徒相因。"王建《送张籍归江东》："出处两相因，如彼衣与裳。"

【相向】　相对；面对面。李白《姑孰十咏·牛渚矶》："绝壁临巨川，连峰势相向。"严维《送李端》："掩泣空相向，风尘何所期。"白居易《醉中酬殷协律》："醉袖放狂相向舞，愁眉和笑一时开。"韩偓《船头》："两岸绿芜齐似剪，掩映云山相向晚。"

【相似】　相类；相像。拾得《诗》之一一："世间亿万人，面孔不相似。"韩愈《秋怀诗十一首》之一："天明视颜色，与故不相似。"白居易《池鹤八绝句·鸢赠鹤》："更有与君相似处，饥来一种啄腥膻。"贯休《大蜀皇帝潜龙日述圣德诗五首》之三："虽然周孔心相似，其奈龚黄政不如。"

【相争】　彼此争斗。白居易《劝酒十四首·不如来饮酒七首》之七："相争两蜗角，所得一牛毛。"

【相交】　❶结交；相交往。王梵志《诗》之八〇(补编)："相交莫嫉妒，相劝莫蛆儜。"孟贯《赠隐者》："安情自得所，非道岂相交。"❷交叉。李商隐《偶题二首》之一："小亭闲眠微醉消，山榴海柏枝相交。"

【相并】　两相并立；在一起。白居易《赋得边城角》："望乡相并立，向月一时吹。"章孝标《览杨校书文卷》："谁有轩辕古铜片，为持相并照妖看。"

【相$_2$州】　北魏天兴四年(401)分冀州置，治所在邺县(今河北临漳县西南邺镇)。隋移治今河南安阳市，大业之初州废。唐武德元年(618)复置。张说有《相州冬日早衙》。杜甫《新安吏》："我军取相州，日夕望其平。"韦庄《过内黄县》："相州吹角欲斜阳，匹马摇鞭宿内黄。"

【相次】　次第；相继。王建《长安春游》："牡丹相次发，城里又须忙。"张籍《赠姚合》："丹凤城门向晓开，千官相次入朝来。"白居易《梦微之》："阿卫韩郎相次去，夜台茫昧得知不。"方干《漳州于使君罢郡如之任漳南去上国二十四州使君无非亲故》："漳南罢郡如之任，二十四州相次迎。"

【相守】　厮守。张籍《妾薄命》："与君一日为夫妇，千年万岁亦相守。"唐彦谦《夜坐》："十年穷父子，相守慰飘零。"

【相安】　慰问。许浑《赠隐者》："东皋亦自给，殊愧远相安。"

【相$_2$宅】　❶择地基建房。杜审言《泛舟送郑卿入京》："相宅开基地，倾都送别人。"❷旧时迷信，以观察地形判定住屋吉凶的一种方术。晋魏舒少时丧父，为外家宁氏所养。宁氏起宅，相宅者云："当出贵甥。"见《晋书·魏舒传》。后用以为典。严维《示外生》："相宅生应贵，逢时学可强。"权德舆《奉和崔评事寄外甥刘同州》："谢公尝乞墅，宁氏终相宅。"元稹《答姨兄胡灵之见寄五十韵》："理家烦伯舅，相宅尽吾兄。"

【相如】　❶相类；相同。韩愈《符读书城南》："两家各生子，孩提巧相如。"❷指汉司马相如。李白《相和歌辞·白头吟二首》之一："相如作赋得黄金，丈夫好新多异心。"

【相如臺】　汉司马相如之琴台，故址在今四川成都市。李白《淮南卧病寄蜀中赵征君蕤》："朝忆相如台，夜梦子云宅。"

【相$_2$好】　(—hǎo)佛教语。佛经称释迦牟尼佛有三十二种相，八十二种好。又称无量寿佛，有八万四千相，一一相中，各有八万四千随形好，一一好中，复有八万四千光明。亦用作佛像的敬称。皇甫湜《石佛谷》:“金仙琢灵象,相好倚北壁。”

【相形】 互相比较;对照。刘禹锡《重酬前寄》:“吴苑晋祠遥望处,可怜南北太相形。”孟郊《自叹》:“愁与发相形,一愁白数茎。”

【相$_2$形面勢】 观察地理形势。刘禹锡《和牛相公南溪醉歌见寄》:“相形面势默指画,言下变化随殒瞻。”

【相求】 互相寻求。韦应物《拟古诗十二首》之十二:“芳树自妍芳,春禽自相求。”李频《秋夜宿重本上人院》:“此来看月落,还似道相求。”

【相扶】 互相扶持。袁朗《和洗掾登城南坂望京邑》:“醒醉各相扶,讴歌从圣主。”花蕊夫人徐氏《宫词》之二:“会真广殿约宫墙,楼阁相扶倚太阳。”

【相投】 ❶彼此投合。唐彦谦《索虾》:“厌饮多美味,独此心相投。”❷投靠。窦常《求自试》:“希垂指拭惠,感激愿相投。”

【相見】 ❶彼此会面。白居易《裴令公席上见赠别梦得》:“年老官高多别离,转难相见转相思。”李商隐《无题》:“相见时难别亦难,东风无力百花残。”许棠《题张乔升平里居》:“匡庐曾共隐,相见自相亲。”徐铉《赠维扬故人》:“一事无成空放逐,故人相见重凄凉。”❷看望。司空曙《喜外弟卢纶见宿》:“以我独沉久,愧君相见频。”

【相里】 犹同乡。元结《漫问相里黄州》:“相里不相类,相友且相异。”

【相别】 (—bié)彼此分别。刘沧《与僧话旧》:“此时相见又相别,即是关河朔雁飞。”于溃《恨从军》:“早知遽相别,何用假光辉。”韦毂《送春》:“未办三杯相别酒,先吟一首送行诗。”徐铉《附书与钟郎中因寄京妓越宾》:“不道诸郎少欢笑,经年相别忆侬无。”

【相佑】 相互保护。韩愈《南山诗》:“或背若相恶,或向若相佑。”

【相伴】 陪伴;伴随。韩愈《双鸟诗》:“不得相伴鸣,尔来三千秋。”白居易《和微之春日投简阳明洞天五十韵》:“女浣纱相伴,儿烹鲤一呼。”李商隐《西亭》:“此夜西亭月正圆,疏帘相伴宿风烟。”

【相忘】 彼此忘却。羊士谔《南馆林塘》:“心期空岁晚,鱼意久相忘。”白居易《病中诗十五首·就暖偶酌戏诸诗酒旧侣》:“细酌徐吟犹得在,旧游未必便相忘。”韩琮《颍亭》:“知君久负巢由志,早晚相忘寂寞间。”皮日休《奉和鲁望同游北禅院》:“戚历杉阴入草堂,老僧相见似相忘。”

【相况】 对比。韩愈《岳阳楼别窦司直》:“泓澄湛凝绿,物影巧相况。”

【相沿】 即相沿。靠近……边。张祜《丹阳新居四十韵》(补编):“茅峰遥自对,练水曲相沿。”

【相$_2$君】 对宰相的尊称。郑谷《忝官谏垣明日转对》:“吾君英睿相君贤,其那寰区未晏然。”詹琲《诏福建置惠民仓呈陈守御史》:“我愿相君谨刑政,雨旸时若自平康。”徐夤《忆长安上省年》:“宗伯帐前曾献赋,相君门下再投书。”

【相妒】 相互妒忌。曹邺《四怨三愁五情诗十二首·二情》:“专房莫相妒,各自有颜色。”

【相招】 邀请。岑参《雪后与群公过慈恩寺》:“乘兴忽相招,僧房暮与朝。”温庭筠《南歌子》词之六:“花里暗相招,忆君肠欲断,恨春宵。”

【相拒】 相对峙。刘知几《决河神庙虞参军船光发余阻风不进寒夜旅泊》:“回首望归途,连山暖相拒。”

【相亞】 相类似;差不多。陆龟蒙《村夜二篇》之二:“若与甿辈量,饥寒殆相亚。”

【相$_2$星】 星名。汉甘德、石申《星经·相》:“相星在北极斗南,总领百司。”亦借指宰相。李德裕《郊坛回舆辄书是诗兼呈二相公》:“相星环日道,苍马近龙媒。”

【相易】 改易。沈千运《感怀弟妹》:“性情谁免此,与我不相易。”

【相呼】 呼唤;互相呼唤。崔珏《和友人鸳鸯之什》之二:“兰深芷密无人见,相逐相呼何处归。”牛殳《琵琶行》:“黄莺百舌正相呼,玉树后庭花带雨。”韦庄《秦妇吟》:“扶羸携幼竞相呼,上屋缘墙不知次。”王鼎《鸂鶒》:“晚来抹径微风起,何处相呼著对飞。”

【相$_2$門】 宰相之家。李白《送岑征君归鸣皋山》:“岑公相门子,雅望归安石。”刘禹锡《送李友路秀才赴举》:“谁怜相门子,不语望秋山。”姚合《送韦瑶校书赴越》:“相门宾益贵,水国事多闲。”陈陶《夜别温商梓州》:“客舍莫辞先买酒,相门曾忝旧登龙。”

【相$_2$門出相】 (相 xiàng)谓宰相后代会出宰相。李商隐《偶成转韵七十二句赠四同舍》:“收旗卧鼓相天子,相门出相光青史。”

【相非】 非难。贯休《杞梁妻》:“疲魂饥魄相逐归,陌上少年莫相非。”

【相乖】 相违;相背。岑参《西蜀旅舍春叹寄朝中故人呈狄评事》:“春与人相乖,柳青头转白。”

【相和】 ❶(—hé)相互谐调。杨衡《白纻歌》:“清声袅云繁思多,凝笳哀瑟时相和。”❷(—hè)此唱彼和。亦谓不同事物同时而至。卢纶《华清宫》:“见说只今生草处,禁泉荒石已相和。”韩愈《鸣雁》:“草长沙软无网罗,闲飞静集鸣相和。”项斯《子规》:“自有沾花血,相和泪滴新。”许棠《过穆陵关》:“东西方自感,雨雪更相和。”

【相知】　❶相互了解，知心。岑参《送王七录事赴虢州》："早岁即相知，嗟君最后时。"白居易《咏怀寄皇甫朗之》："与君别有相知分，同置身于木雁间。"李频《鄜州留别王从事》："相识未十日，相知如十年。"徐铉《南都遇前嘉鱼刘令言游闽岭作此与之》："两地山光成独赏，隔年乡思暗相知。"❷知心朋友。刘眘虚《九日送人》："同舟去未已，远送新相知。"司空曙《过胡居士睹王右丞遗文》："旧日相知尽，深居独一身。"薛能《秋日将离滑台酬所知二首》之一："相知莫话诗心苦，未似前贤取得名。"

【相依】　依靠；相互依存。刘长卿《酬张夏雪夜赴州访别途中苦寒作》："晚暮相依分，江潮欲别情。"戴叔伦《彭婆馆逢韦判官使还》："暮春愁见别，久客顺相依。"白居易《答崔十八见寄》："岂料洛阳风月夜，故人垂老得相依。"徐夤《燕》："雕鹗不容应不怪，栋梁相庇愿相依。"

【相近】　距离不远。项斯《早春题湖上顾氏新居二首》之二："几时同买宅，相近有柴扉。"吕岩《游显灵观》："素衣丹壑寄生涯，相近卫茅共几家？"

【相迎】　迎接；相互迎接。白居易《晚夏闲居绝无宾客欲寻梦得先寄此诗》："只应刘与白，二叟自相迎。"权澈《琵琶宏石壁诗刻》："琵琶翠宏湛且清，屏风画壁势相迎。"徐铉《送宣州丘判官》："相迎在春渚，暂别莫咨嗟。"

【相₂府】　❶宰相治事的官邸。泛称军政大员治事之官署。李颀《赠别高三十五》："能令相府重，且有函关期。"张籍《新除水曹郎答白舍人见贺》："黄纸开呈相府后，朱衣引入谢班中。"白居易《寄潮州杨继之》："相府潮阳俱梦中，梦中何者是穷通？"贾岛《送卢秀才游潞府》："过山干相府，临水宿僧家。"包佶《元日观百僚朝会》："花冠萧相府，绣服霍嫖姚。"❷借指宰相。包佶《元日观百僚朝会》："花冠萧相府，绣服霍嫖姚。"严维《送崔峒使往睦州兼寄薛司户》："如今相府用英髦，独往南州肯告劳。"白居易《分司初到洛中偶题六韵兼戏呈冯尹》："相府念多病，春宫容不才。"齐己《酬湘幕徐员外见寄》："珠履早曾从相府，玳簪今又别官筵。"

【相放】　饶恕，放过。杜甫《九日》："苦遭白发不相放，羞见黄花无数新。"

【相於】　相厚；相亲近。王绩《薛记室收过庄见寻率题古意以赠》："追道宿昔事，切切心相于。"元稹《贻蜀五首·张校书元夫》："未面西川张校书，书来稠叠颇相于。"贾岛《酬姚少府》："刊文非不朽，君子自相于。"罗隐《旧游》："今日空江畔，相于只酒樽。"

【相宜】　合适；合宜。张九龄《和崔黄门寓直夜听蝉之作》："思深秋欲近，声静夜相宜。"袁傪《东峰亭同刘太真各赋一物得垂涧藤》："迎风仍未定，拂水更相宜。"张籍《唐昌观看花》："新红旧紫不相宜，看觉从前两月迟。"方干《袁明府以家酝寄余余以山梅答赠非唯四韵兼亦双关》："毕卓醉狂潘氏少，倾来掷去恰相宜。"

【相肩】　犹言相提并论。张祜《戊午年感事书怀二百韵谨寄献太原裴令公淮南李尚书》："乱离中可惋，愚俊日相肩。"

【相侔】　相比；相提并论。刘兼《木芙蓉》："谁道金风能肃物，因何厚薄不相侔？"

【相承】　继承。张祜《忆江东旧梦四十韵寄宣武李尚书》："雄图翻自失，高躅鲜相承。"

【相纠】　相互检举、监察。白居易《劝酒十四首·不如来饮酒七首》之六："自贤夸智慧，相纠斗功能。"

【相持】　❶双方对立、争持。白居易《禽虫十二章》之八："蟰蛸网上罥蜉游，反覆相持死始休。"段成式《游长安诸寺联句·靖恭坊大兴善寺·蛤像联二十字绝句》："宁同蚌顽恶，但与鹬相持。"周昙《咏史诗·春秋战国门·王后》："两国相持兵不解，会应俱碎似连环。"❷相攻；交战。贯休《古塞下曲七首》之三："虏寇日相持，如龙马不肥。"韦庄《秦妇吟》："皆言博野日相持，尽道贼军来未及。"

【相要】　（—yāo）邀请。元稹《代九九》："自隐勤勤索，相要事事随。"

【相背】　相向；相反。司空曙《分流水》："与君相背飞，去去心如此。"白居易《题赠平泉韦征君拾遗》："躁静心相背，高低迹不同。"李商隐《十字水期韦潘侍御同年不至时韦寓居水次故郭汾宁宅》："伊水溅溅相背流，朱栏画阁几人游。"陆龟蒙《自和次前韵》："命既时相背，才非世所容。"

【相映】　互相映衬。韩愈《东都遇春》："行逢二三月，九州花相映。"白居易《刘苏州以华亭一鹤远寄以诗谢之》："松际雪相映，鸡群尘不侵。"陈子昂《入峭峡安居溪伐木溪源幽邃林岭相映有奇致焉》："岩潭相映媚，溪谷屡环周。"

【相思】　❶彼此思念。多指男女相悦而不能接近所引起的思念。卢照邻《江中望月》："延照相思夕，千里共沾裳。"李端《游终南山因寄苏奉礼士尊师苗员外》："风尘甘独老，山水但相思。"陈季卿《别妻》："明夜相思处，秋风吹半衾。"亦指思念之情。徐铉《谪居舒州累得韩高二舍人书作此寄之》："珍重韩君与高子，殷勤书札寄相思。"❷指相思树。李颀《临别送张諲入蜀》："木有相思号，猿多愁苦音。"陆龟蒙《和袭美虎丘寺西小溪闲泛三绝》之一："树号相思枝拂地，鸟语提壶声满溪。"见"相思树"。❸河名。在唐鄜州（治洛交县，今陕西富县）境。令狐挺《题鄜州相思铺》："谁把相思号此河，塞垣车马往来多。"

【相思千里至】 晋嵇康与吕安相好，每一相思，则千里命驾。一次吕访嵇康，值康不在，康兄嵇喜出迎，吕不入门，在门上题一"凤"字，视喜为"凡鸟"。见《世说新语·简傲》。后以"相思千里至"为典，表示朋友间的情义。虞世南《结客少年场行》："结交一言重，相思千里至。"

【相思木】 木名。唐李匡义《资暇集》卷下："豆有圆而红其首乌者，举世呼为相思子，即红豆之异名也。其木，斜斫之则有文，可为弹博局及琵琶槽。其树也，大株而白枝，叶似槐。其花与皂荚花无殊。其子若穞豆，处于甲子，通身皆红。李善云'其实赤如珊瑚'是也。"李贺《神弦》："相思木帖金舞鸾，攒蛾一啑重一弹。"

【相思寺】 寺名。当在今四川省境。贯休《秋过相思寺》："见说相思寺，今来似有期。"

【相思淚】 因思念亲人或朋友而伤心所流出的泪水。崔峒《送薛良史往越州谒从叔》："易得相思泪，难为欲别心。"鲍溶《过薛舍人旧隐》："徒引相思泪，涓涓东逝余。"陆龟蒙《和醉中袭美先起次韵》："他时若寄相思泪，红粉痕应伴紫泥。"又《自遣诗三十首》之十五："月娥如有相思泪，只待方诸寄两行。"

【相思樹】 传为战国宋康王舍人韩凭与其妻何氏精灵所化生。何氏貌美，康王夺之，并将韩凭囚禁。凭自杀，何氏投台而死，遗书愿以尸骨赐凭合葬。王怒，使里人埋之，两坟相望。不久坟生梓树，一夜之间枝叶相交，夫妻魂魄又化为鸳鸯，常栖树上，交颈悲鸣，声音感人。宋人哀之，遂号此梓树为"相思树"。见晋干宝《搜神记》卷一一。后用以象征忠贞不渝的爱情。许景光《折杨篇》："萦花始遍合欢枝，游丝半罥相思树。"权德舆《相思树》："空见相思树，不见相思人。"王初《即夕》："月明休近相思树，恐有韩凭一处栖。"陆龟蒙《齐梁怨别》："不知兰棹到何山，应倚相思树边泊。"

【相思嶺】 山岭名，当在今浙江兰溪市。贯休《陪冯使君游六首·过相思岭》："誉自馨香道自怡，相思岭上却无机。"

【相拜】 互相行拜礼。韩愈《此日足可惜赠张籍》："礼终乐亦阕，相拜送于庭。"

【相看】 观看；互相观看或注视。丘为《答韩丈》："行人辈，莫相催，相看日落何徘徊。"白居易《新乐府·蛮子朝》："移时到，不可得，大臣相看有羡色。"李商隐《房中曲》："愁到天池翻，相看不相识。"郑合《及第后宿平康里诗》："春来无处不闲行，楚润相看别有情。"

【相重】 （一zhòng）互相敬重。刘兼《江岸独步》："龟能顾印谁相重，鹤偶乘轩自可轻。"

【相促】 ❶催促。司马扎《锄草怨》："出门吏相促，邻家满仓谷。"❷急促。韦庄《秦妇吟》："北邻少妇行相促，旋拆云鬟拭眉绿。"

【相信】 相互诚信相待。郑谷《同志顾云下第出京偶有寄勉》："一般情绪应相信，门静莎深树影斜。"韩偓《春闷偶成十二韵》："相思不相信，幽恨更谁知。"

【相侵】 侵占；侵害。司空曙《寄卫明府常见短靴褐裘又务持诵是以有末句之赠》："翠竹黄花皆佛性，莫教尘境误相侵。"李频《长安寓居寄柏侍郎》："霜轻两鬓欲相侵，愁绪无端不可寻。"舒信道《甘蔗诗》："相如赋就空上林，倦游渴病长相侵。"

【相待】 对待；招待。李频《春日鄜州赠裴居言》："草色长相待，山情信不疏。"李郢《送涧水陕东二十里自江南来作》："过去多应不相待，殷勤重掬洒西风。"南唐后主李煜《无题》："空林有雪相待，野路无人自还。"

【相勉】 勉励。崔涂《春日郊居酬友人见贻》："丽句劳相勉，余非乐钓纶。"

【相$_2$風】 观测风向。亦以称观测风向的仪器。郑义真《奉和圣制过温汤》："漏鼓依岩畔，相风出树端。"韩翃《送客水路归陕》："相风竿影晓来斜，渭水东流去不赊。"李商隐《河阳诗》："百尺相风插重屋，侧近嫣红伴柔绿。"韩偓《苑中》："上苑离宫处处迷，相风高与露盘齐。"

【相差】 （一cī）参差。汉钟会《孔雀赋》有"五色点注，华羽参差"之语。韩愈《奉和武相公镇蜀时咏使宅韦太尉所养孔雀》："翠角高独耸，金华焕相差。"

【相負】 互相辜负。李白《白头吟》："古来得意不相负，只今惟见青陵台。"刘长卿《王昭君歌》："那知粉绘能相负，却使容华翻误身。"曹邺《怨歌行》："贫贱又相负，封侯意何如。"

【相約】 互相约定。高骈《写怀二首》之二："如今暗与心相约，不动征旗动酒旗。"皮日休《奉和鲁望樵人十咏·樵子》："相约晚樵去，跳踉上山路。"

【相$_2$馬】 指观察马的优劣。世传秦穆公之子伯乐善相马。高适《奉酬睢阳路太守见赠之作》："相马知何限，登龙反自疑。"白居易《羸骏》："相马失于瘦，遂遗千里足。"

【相喚】 相互呼唤。韦应物《听莺曲》："东方欲曙花冥冥，啼莺相唤亦可听。"毛文锡《喜迁莺》词："锦翼鲜，金毳软，百转千娇相唤。"

【相$_2$圃】 矍相圃的省称。孔子习射处。《礼记·射义》："孔子射于矍相之圃。"亦泛指习射处。贺敱《奉和九月九日应制》："泽宫申旧典，相圃叶前模。"

【相值】 相遇。李益《重赠邢校书》："断蓬与落叶，相值各因风。"韩愈《寄皇甫湜》："昏昏还就枕，惘惘梦相值。"许棠《江上遇友人》："江边相值夜，榆塞雁初来。"李郢《阳羡春歌》："溪头铙鼓狂杀侬，青盖红裙偶相值。"

【相倚】 ❶相依偎。李郢《自水口入茶山》："蒨蒨红裙好女儿，相偎相倚看人时。"❷相靠近。曹邺《吴宫宴》："吴宫城阙高，龙凤遥相倚。"王周《大石岭驿梅花》："半出驿墙谁画得，雪英相倚两三枝。"

【相倫】 相类似；相同。李商隐《赠荷花》："世间花叶不相伦，花入金盆叶作尘。"

【相師】 互相学习、效仿。李邕《铜雀妓》："扰扰多俗情，投迹互相师。"

【相$_2$師】 以相术供职或为业的人。卢肇《嘲游使君》："莫言世上无袁许，客子由来是相师。"

【相$_2$烏】 古代观测风向的仪器。李峤《舟》："相乌风际转，画鹢浪前开。"董思恭《咏风》："相乌正举翼，退鹢已惊飞。"

【相逢】 相遇；会面。崔惠童《宴城东庄》："一月主人笑几回，相逢相识且衔杯。"韩愈《送侯参谋赴河中幕》："相逢风尘中，相视迭嗟矜。"白居易《对酒五首》之四："相逢且莫推辞醉，听唱阳关第四声。"徐铉《送孟宾于员外还新淦》："野鹤乘轩云出岫，不知何日再相逢。"

【相留】 留；挽留。李商隐《访隐》："相留笑孙绰，空解赋天台。"杨徽之《留宿廖融山斋》："别有堪吟处，相留宿草堂。"

【相$_2$庭】 相府。白居易《奉和思黯相公以李苏州所寄太湖石奇状绝伦因题二十韵见示兼呈梦得》："拔从水府底，置向相庭隈。"姚合《送崔中丞赴郑州》："连枝相庭树，岁岁一家春。"郑谷《梁烛处士辞金陵相国杜公归旧山因以寄赠》："相庭留不得，江野有苔矶。"韩偓《及第过堂日作》："暗惊凡骨升仙籍，忽讶麻衣谒相庭。"

【相效】 仿效。司空曙《杜鹃行》："蜀人闻之皆起立，至今相效传遗风。"

【相兼】 相同。李商隐《蝶》："相兼惟柳絮，所得是花心。"

【相送】 送；送别。刘长卿《和州送人归复郢》："因家汉水曲，相送掩柴扉。"李德裕《南窜途中感愤》："十五余年车马客，无人相送到崖州。"司马扎《道中早发》："西峰带晓月，十里犹相送。"徐铉《离歌辞五首》之四："暂别劳相送，佳期愿莫违。"

【相容】 容纳；同时并存；互相包容。李白《箜篌谣》："周公称大圣，管蔡宁相容。"皇甫冉《送魏六侍御葬》："招寻偏见厚，疏慢亦相容。"皮日休《寄题玉霄峰叶涵象尊师所居》："子细扪心无偃骨，欲随师去肯相容。"杜荀鹤《寄舍弟》："弟兄皆向善，天地合相容。"

【相$_2$書】 察看物象的书，如《相鹤经》之类。刘禹锡《鹤叹二首》序："友人白乐天去年罢吴郡，挈双鹤雏以归。余相遇于扬子津，阅玩终日，翔舞调态，一符相书，信华亭之尤物也。"

【相$_2$舂】 舂谷时的送杵号子。语出《礼记·檀弓上》："邻有丧，舂不相。"相，谓送杵声。杜牧《题池州弄水亭》："邻丧不相舂，公租无诟负。"

【相接】 ❶相连；相继。白居易《同梦得暮春寄贺东西川二杨尚书》："龙节对持真可爱，雁行相接更堪夸。"施肩吾《西山即事奉寄故园徐处士》："诗篇忆昔欢相接，颜貌如今恨不同。"李郃《驾州思九疑作》："烟岚缈相接，午影常中堂。"李商隐《楚宫二首》之一："朝云暮雨长相接，犹自君王恨见稀。"❷迎接。齐己《送益公归旧居》："邻僧喜相接，扫径与开扉。"

【相連】 相接；相互连接。蒋冽《经埋轮地》："我闻太古水，上与天相连。"卢肇《耸翠峰题石》："巍巍直上插青天，远疑似与天相连。"

【相副】 相符合；相一致。李咸用《和友人喜相遇十首》之三："人生心口宜相副，莫使尧阶草势斜。"

【相問】 问候；问讯。项斯《留别张水部籍》："已念此行远，不应相问疏。"许棠《日暮江上》："渔父虽相问，那能话所从。"皮日休《孙发百篇将游天台请诗赠行因以送之》："因逢二老如相问，正滞江南为鮸鱼。"谭用之《秋宿湘江遇雨》："渔人相见不相问，长笛一声归岛门。"

【相$_2$國】 ❶古官名。春秋战国时，除楚国外，各国均设相，称为"相国""相邦"或"丞"，为百官之长。秦尊吕不韦为相国，汉初尊丞相萧何为相国，后作为宰相的尊称。李颀《放歌行答从弟墨卿》："空歌汉代萧相国，肯事霍家冯子都。"岑参《奉和相公发益昌》："相国临戎别帝京，拥麾持节远横行。"韩愈《晋公破贼回重拜台司以诗示幕中宾客愈奉和》："将军旧压三司贵，相国新兼五等崇。"吴融《绵竹山四十韵》："相国京兆公，九命来作牧。"❷辅佐国家。杜甫《季夏送乡弟韶陪黄门从叔朝谒》："比来相国兼安蜀，归赴朝廷已入秦。"

【相$_2$國寺】 我国著名的佛寺之一，在今河南开封市内。战国时为魏公子信陵君的故宅。北齐天保六年(555)于此创建建国寺，后毁于战火。唐睿宗旧封相王时重建，改名大相国寺，并御书题额。俗称"相国寺"。刘商有《登相国寺阁》。

【相偶】 在一起；团聚。杜甫《述怀一首》："几人全性命，尽室岂相偶。"韦应物《起度律师同居东斋院》："释子喜相偶，幽林俱避喧。"司空曙《秋思呈尹植裴说》："静向懒相偶，年将衰共催。"

【相假】 加以宽容。有别眼看待之意。李益《城傍少年》："名悬壮士籍，请君少相假。"

【相得】 相交；彼此投合。李白《酬岑勋见寻就元丹丘对酒相待以诗见招》："相知两相得，一顾轻千金。"清昼、户幼平《秋日卢郎中使君幼平泛舟联句一首》："悔使比来相得，如今欲别潸然。"李绅《忆西湖双鸂鶒》："戏绕莲丛回锦臆，照灼花丛两相得。"唐彦谦《紫薇花》："恍似新相得，怅如久未归。"

【相從】 跟随；在一起。李华《寄赵七侍御》："一别凡十年，岂期复相从。"皇甫冉《寄刘方平大谷田家》："故山闻独往，樵路忆相从。"皎然《奉和崔中丞使君论李侍御萼登烂柯山宿石桥寺效小谢体》："常爱谢公郡，幽期愿相从。"陆龟蒙《次追和清远道士诗韵》："庶或有神交，相从重兴赞。"

【相符】 相合；彼此一致。钱众仲《玉壶冰》："霜姿虽异禀，虹气亦相符。"

【相猜】 彼此猜疑；互相猜测。杜甫《三绝句》之二："门外鸬鹚去不来，沙头忽见眼相猜。"司空图《狂题十八首》之五："不劳世路更相猜，忍到须休惜得材。"

【相許】 ❶许以终身。顾况《梁广画花歌》："手把梁生画花看，凝嚬掩笑心相许。"❷同意；赞许。杜甫《秋雨叹三首》之二："城中斗米换衾裯，相许宁论两相直。"李廓《长安少年行》之七："时辈皆相许，平生不负身。"曹邺《东武吟》："夜宴李将军，欲望心相许。"张碧《答张郎中分寄翰林贡余笔歌》："梦中摆手不相许，怅望空乘碧云去。"

【相訪】 拜访；慰问。丁儒《归闲诗二十韵》："相访朝和夕，浑忘越与秦。"白居易《偶作寄朗之》："有雪先相访，无花不作期。"皮日休《鲁望以竹夹膝见寄因次韵酬谢》："从此角巾因尔戴，俗人相访若为通。"孙元晏《咏史诗・齐・王僧祐》："任他车骑来相访，箫鼓盈庭似不闻。"

【相望】 ❶望；眺望。李白《庐山谣寄卢侍御虚舟》："香炉瀑布遥相望，回崖沓嶂凌苍苍。"萧颖士《舟中遇陆棣兄西归晚次沙垫西岸作》："深期结晤语，竟夕恨相望。"白居易《江南喜逢萧九彻因话长安旧游戏赠五十韵》："车行遥寄语，马驻共相望。"储嗣宗《早春怀薛公裕》："相思复相望，春草满南湖。"❷互相看见。形容接连不断。极言其多。杜甫《有感五首》之二："诸侯春不贡，使者日相望。"萧颖士《江有归舟三章》序："且后进而余师者，自贾邕、卢冀之后，比岁举进士登科，名与实皆相望腾迁，凡数子。"李绅《却到浙西》序："八年，浙西六郡灾旱，百姓饥殍，道路相望，米价翔贵。"❸对峙；相对。朱存《石头城》："五城楼雉各相望，山水英灵宅帝王。"

【相率】 （—shuài）相继；一个接一个。杜甫《述古三首》之二："农夫望岁稔，相率除蓬蒿。"

【相視】 相对注视。韦夏卿《别张贾》："临归无限意，相视却忘言。"颜真卿、李崿《七言乐语联句》："苦河既济真僧喜，新知满座笑相视。"徐铉《棋赌赋诗输刘起居》："不如相视笑，高咏两三声。"

【相通】 相连接；相沟通。刘兼《春宵》："再取素琴聊假寐，南柯灵梦莫相通。"花蕊夫人徐氏《宫词》之三："龙池九曲远相通，杨柳丝牵两岸风。"

【相將】 （—jiāng）相共；相随；相偕。寒山《诗三百三首》之六一："春女衒容仪，相将南陌陲。"刘禹锡《竞渡曲》："沅江五月平堤流，邑人相将浮彩舟。"孟郊《晓鹤》："不如相将去，碧落窠巢深。"陆龟蒙《奉和袭美太湖诗二十首・毛公坛》："相将望瀛岛，浩荡凌沧溟。"

【相參】 ❶参加；加入其中。陆龟蒙《杂讽九首》之四："非是既相参，重瞳亦为瞽。"《郊庙歌辞・周郊祀乐章・忠顺乐》："雷鼗鹭羽今休用，玉戚相参正发扬。"❷相与；相友好。刘禹锡《插田歌》："一来长安道，眼大不相参。"

【相逐】 相随。司空曙《早春游望》："壮将欢共去，老与悲相逐。"又《寄胡居士》："伯劳相逐行人别，岐路空归野水流。"陈羽《伏翼西洞送夏方庆》："殷勤好去武陵客，莫引世人相逐来。"雍陶《送徐山人归睦州旧隐》："终日欲为相逐计，临岐空羡独行身。"

【相貳】 被猜疑；不被信任。元稹《楚歌十首》之三："子建犹相贰，伍奢安得存。"

【相聒】 ❶鸣叫。皮日休《吴中苦雨因书一百韵寄鲁望》："蹲前但相聒，似把白丁辱。"❷谈论。陆龟蒙《自遣诗三十首》序："农夫日以耒耜事相聒，每至夜分不睡。"

【相趁】 ❶相竞；相互竞赛。白居易《劝酒》："天地迢遥自长久，白兔赤乌相趁走。"杜牧《池州送孟迟先辈》："跳丸相趁走不住，尧舜禹汤文武周孔皆为灰。"❷相伴。毛文锡《醉花间》词之一："春水满塘生，鸂鶒还相趁。"

【相越】 相去，相差。李白《留别王司马嵩》："陶朱虽相越，本有五湖心。"

【相期】 期待；相约。李白《赠溧阳宋少府陟》："何日清中原，相期廓天步。"韩愈《出门》："开卷读且想，千载若相期。"李商隐《戊辰会静中出贻同志二十韵》："相期保妙命，腾景待帝宸。"曹松《七夕》："牛女相期七夕秋，相逢俱喜鹊横流。"

【相雄】 互相称雄。刘禹锡《贾客词》序："五方之贾，以财相雄，而盐贾尤炽。"

【相殘】 互相残害。韩愈、孟郊《城南联句》:“得隽蝇虎健,相残雀豹趟。”

【相距】 相隔。指时间上不连续。刘禹锡《吏隐亭述》:“元维假符,予维左迁,其间相距,五十余年。”

【相間】 (—jiàn)一个隔着一个。韩翃《赠别王侍御赴上都》:“青青树色傍行衣,乳燕流莺相间飞。”司空图《杨柳枝寿杯词十八首》之五:“何似浣纱溪畔住,绿阴相间两三家。”

【相循】 互相循环。褚亮《伤始平李少府正己》:“劳息本相循,悲欢理自均。”

【相就】 ❶主动靠近;主动亲近。韩愈《宿神龟招李二十八冯十七》:“夜宿驿亭愁不睡,幸来相就盖征衣。”元稹《虫豸诗·蟆子》之一:“将身远相就,不敢恨非辜。”❷会面。杜甫《九日寄岑参》:“寸步曲江头,难为一相就。”

【相棄】 厌弃,嫌弃。杜甫《巫山县汾州唐使君十八弟宴别兼诸公携酒乐相送率题小诗留于屋壁》:“诸公不相弃,拥别惜光辉。”

【相須】 彼此依存;互相配合。温庭筠《病中书怀呈友人》:“质文精等贯,琴筑韵相须。”王周《志峡船具诗·橹》:“此实为相须,相须航一叶。”

【相尋】 ❶寻找;寻访。张籍《寄紫阁隐者》:“有人时得见,无路可相寻。”贾岛《夏夜》:“寄宿山中鸟,相寻海畔僧。”公乘亿《赋得临江迟来客》:“向来殊未至,何处拟相寻。”徐铉《赠浙西顾推官》:“愿君百岁犹强健,他日相寻隐士庐。”❷相继。元稹《苦乐相倚曲》:“苦乐相寻昼夜间,灯光那有天明在。”

【相賀】 庆贺。李频《喜友人厉图南及第》:“相忧过己切,相贺似身荣。”于濆《塞下曲》:“战鼓声未齐,乌鸢已相贺。”

【相違】 ❶彼此违背。李郢《江南冬日喜故人》:“客舍无成重相见,雪天留宿可相违?”刘沧《送友人罢举赴蓟门从事》:“绿绶便当身是贵,青霄休怨志相违。”陈季卿《题潼关普通院门》:“计谋多不就,心口自相违。”❷分别。皮日休《吴中苦雨因书一百韵寄鲁望》:“相违始两日,忡忡想华缛。”

【相敬】 谓夫妻间相互敬重。后汉庞公居岘山,未尝入城府,夫妻相敬如宾。见《后汉书·逸·庞公传》。王维《故南阳夫人樊氏挽歌》:“将朝每赠言,入室还相敬。”

【相酬】 唱和;酬对。韩愈《双鸟诗》:“还当三千秋,更起鸣相酬。”

【相₂業】 宰相的功业。张九龄《故刑部李尚书挽词三首》之一:“仙宗出赵北,相业起山东。”

【相當】 (一)(—dāng)❶相对。王绩《古意六首》之五:“枝枝自相纠,叶叶还相当。”岑参《陪狄员外早秋登府西楼因呈院中诸公》:“常爱张仪楼,西山正相当。”张籍《楚宫行》:“千门万户开相当,烛笼左右列成行。”韩愈《奉酬卢给事云夫四兄曲江荷花行见寄并呈上钱七兄阁老张十八助教》:“我时相思不觉一回首,天门九扇相当开。”❷达到某种程度。杨巨源《上刘侍中》:“轩车纷自至,亭馆郁相当。”❸相似。吕从庆《赠野僧》:“有客逃禅住北冈,昔年支许意相当。”(二)(—dàng)相宜。丘为《答韩丈》:“官班服色不相当,拂衣还作捕鱼郎。”韩愈《赠郑兵曹》:“我材与世不相当,戢鳞委翅无复望。”姚合《武功县中作三十首》之十五:“人间长检束,与此岂相当。”

【相遇】 ❶相逢;相遭遇。戴叔伦《奉天酬别郑谏议云逵卢拾遗景亮见别之作》:“羁旅忽相遇,别离又兹夕。”白居易《和令狐相公等刘郎中兼示长句》:“酒军诗敌如相遇,临老犹能一据鞍。”牟融《题竹》:“柯亭丁相遇,惊听奏钧天。”楚儿《贻郑昌图》:“曲江昨日君相遇,当下遭他数十鞭。”❷相合;相投。白居易《读谢灵运诗》:“谢公才廓落,与世不相遇。”

【相過】 经过;过访。李白《过汪氏别业二首》之二:“恨不当此时,相过醉金罍。”刘昚虚《送韩平兼寄郭微》:“上客夜相过,小童能酤酒。”戴叔伦《听韩使君美人歌》:“嫁与将军天上住,人间可得再相过。”令狐楚《立春后言怀招汴州李匡衙推》:“海内故人君最老,花开鞭马更相过。”

【相傾】 ❶相互倾倒;佩服。李白《山人劝酒》:“浩歌望嵩岳,意气还相倾。”又《扶风豪士歌》:“扶风豪士天下奇,意气相倾山可移。”❷彼此相异,对立。元稹《三叹》之一:“颜色纵相类,利钝颇相倾。”

【相與】 ❶相处;相交往。张祜《贫居遣愤》:“苟利他相与,诛当我自求。”王周《题厅壁》:“谁知同寂寞,相与结知音。”❷指相知者。吴筠《元日言怀因以自励诒诸同志》:“孰能无相与,灭迹俱忘筌。”❸相约;共同。宇文融《奉和圣制左丞相说右丞相璟太子少傅乾曜同日上官命宴都堂赐诗》:“誓将同竭力,相与郊尘涓。”孟郊《吊元鲁山》之六:“竞来辟田土,相与耕嵚岑。”李商隐《李花》:“李径独来数,愁情相与悬。”黄滔《寄从兄璞》:“纵征终不起,相与避烟尘。”

【相傳】 (—chuán)❶相互传说。杜审言《南海乱石山作》:“相传称乱石,图典失其事。”杜甫《楠树为风雨所拔叹》:“倚江楠树草堂前,故老相传二百年。”元结《登九疑第二峰》:“相传羽化时,云鹤满峰峦。”杨衡《游陆先生故岩居》:“上有一岩屋,相传灵人宅。”❷传袭;继承。崔峒《奉和给事寓直》:“桂枝家共折,鸡树代相传。”❸流传。许棠《赠处士》:“却羡厉生勤苦志,集成佳句世相传。”

【相催】 ❶催促;相互催促。丘为《答韩丈》:“行人辈，莫相催，相看日暮何徘徊。”裴度、刘禹锡《蔷薇花联句》：“浅深皆有态，次第暗相催。”温庭皓《梅》：“春光先自暖，阳艳暗相催。”❷折磨；摧残。卢纶《将赴阌乡灞上留别钱起员外》：“从官竟何事，忧患已相催。”又《潞府崔功曹峒长林司空丞曙俱谪远方余以摇落之时对书增叹因呈河中郑仓曹畅参军昆季》：“鬓似衰蓬心似灰，惊悲相集老相催。”

【相$_2$鼠】《诗·鄘风》篇名。《诗》序谓：“《相鼠》，刺无礼也。”范质《诫儿侄八百字》：“相鼠与茅鸱，宜鉴诗人刺。”

【相爱】互相友爱。司空图《狂题十八首》之六：“由来相爱只诗僧，怪石长松自得朋。”张祜《所居即事六首》之一：“陶潜惠远如相爱，朝访遗民暮却还。”

【相煎】煎熬；折磨。孟郊《李少府厅吊李元宾遗字》：“一生能几时，百虑来相煎。”元稹《献荥阳公诗五十韵》：“老叹才渐少，闲苦病相煎。”张祜《戊午年感事书怀二百韵》：“苦眉虚更结，穷肺匆相煎。”马彦珪《因娉女自为内相醉酬新郎催妆之诗》：“莫飞篇翰苦相煎，款款容人帖翠钿。”

【相寬】宽慰。于邺《与僧话旧》：“草堂前有山，一见一相宽。”徐铉《送王四十五归东都》：“思忆看来信，相宽指后期。”

【相群】相匹，相敌。刘兼《万葛树》：“更有岁寒霜雪操，莫将樗栎拟相群。”

【相$_2$經】指《相鹤经》。传为淮南八公所撰。韩偓《失鹤》：“正怜标格出华亭，况是昂藏入相经。”

【相輕】看轻。杜甫《久客》：“衰颜聊自哂，小吏最相轻。”罗虬《比红儿诗》之六八：“今日雕阴有神艳，后来公子莫相轻。”王贞白《妾薄命》：“妾专修妇德，媒氏却相轻。”

【相構】构陷。张祜《梦李白》(外编)：“谗言密相构，送我千万里。”

【相對】❶面对面；相向。李白《望天门山》：“两岸青山相对出，孤帆一片日边来。”杜甫《羌村》之一：“夜阑更秉烛，相对如梦寐。”耿沣《宋中》：“唯余近山色，相对似依依。”赵嘏《下第后归永乐里自题二首》之一：“尊前尽日谁相对，唯有南山似故人。”❷相符；相称。韩愈《朝归》：“服章岂不好，不与德相对。”❸相异；相对立。贯休《古意九首》之五：“一荣与一辱，古今常相对。”

【相聞】❶听；听到。杨泰师《夜听捣衣诗》：“自从别后不相闻，今在他乡听相似。”❷互通信息。司空曙《送史泽之长沙》：“一杯从别后，风月不相闻。”

【相$_2$閣】西汉公孙弘为丞相，筑馆舍开东阁以招纳贤士。见《汉书·公孙弘传》。后以“相阁”指丞相府第。严维《题鲍行军小阁》：“文房已得地，相阁是推轮。”张祜《戊午年感事书怀》：“军庭深自诫，相阁肯虚延。”

【相稱】(—chèn)相符；相配。王建《谢田赞善见寄》：“五侯三任未相称，头白如丝作县丞。”刘禹锡《和州送钱侍御自宣州幕拜官便于华州觐省》：“五彩绣衣裳，当年正相称。”白居易《闲坐》：“人物何相称，居然田舍翁。”

【相$_2$貌】容貌。白居易《答裴相公乞鹤》：“警露声音好，冲天相貌殊。”

【相語】相互谈说。韩愈《此日足可惜赠张籍》：“舍酒去相语，共分一日光。”厉霆《送济翁邵明府远游》：“此会偏相语，孤游且未还。”

【相遠】相差甚远。白居易《分司洛中偶成十韵因招梦得宾客兼呈思黯奇章公》：“性与时相远，身将世两忘。”

【相疑】猜疑；互相猜疑。曹邺《弃妇》：“将欲告此意，四邻已相疑。”李频《朔中即事》：“自古边功何不立，汉家中外自相疑。”储嗣宗《和茅山高拾遗忆山中杂题五首·山邻》：“柱史从来非俗吏，青牛道士莫相疑。”郑钬《婕妤怨》：“不知飞燕意，何事苦相疑。”

【相$_2$輪】佛教语。塔刹的主要部分，贯串在刹杆上的圆环。周朴《福州神光寺塔》：“相轮顶上望浮世，尘里人心应总平。”

【相憂】担忧。白居易《病中诗十五首·病中五绝句》之五：“交亲不要苦相忧，亦拟时时强出游。”李频《喜友人厉图及第》：“相忧过已切，相贺似身荣。”

【相樛】相互缠结。杜甫《乾元中寓居同谷县作歌七首》之六：“南有龙兮在山湫，古木巃嵸枝相樛。”白居易《泛溢水》：“青萝与紫葛，枝蔓垂相樛。”

【相輝】楼名。在唐兴庆宫内。玄宗《游兴庆宫作》序：“暇日，与兄弟同游兴庆宫，登勤政、务本及华萼、相辉之楼，所以观风俗而劝人，崇友于而敦睦。”

【相敵】相匹敌，相当。陈羽《古意》：“繁华全盛两相敌，与郎年少为婚姻。”

【相憐】怜惜；互相爱怜。杨凭《边塞行》：“独许为儒老，相怜从骑行。”司空曙《江园书事寄卢纶》：“平生故交在，白首远相怜。”牛僧孺《李苏州遗太湖石奇状绝伦因题二十韵奉呈梦得乐天》：“珍重姑苏守，相怜懒漫情。”周朴《谢友人惠笺纸并笔》：“范阳从事独相怜，见惠霜毫与彩笺。”

【相慰】慰问；问候。徐铉《和张先辈见寄二首》之一：“故人书札频相慰，谁道西京道路赊。”又《奉和子龙大监与舍弟赠答之什》：“多少深情知不尽，好音相慰强成篇。”

【相聯】相连接。李商隐《行次西郊作一百韵》：“山东望河北，爨烟犹相联。”

【相遺】 遗弃。徐铉《亚元舍人不替深知猥贻佳作三篇因为长歌以为报》："醉后狂言何足奇，感君知己不相遗。"

【相踵】 足踵相接；一个接着一个。刘禹锡《秋日过鸿举法师寺院便送归江陵》序："故自近古而降，释子以诗闻于世者相踵焉。"

【相噬】 相互吞噬。陆龟蒙《短歌行》："只见古来心，奸雄暗相噬。"

【相錯】 交替；更替。权德舆《夏至日作》："璿枢无停运，四序相错行。"

【相親】 ❶互相亲近、亲爱。杜甫《江村》："自去自来堂上燕，相亲相近水中鸥。"白居易《雨后秋凉》："更添砧引思，难与簟相亲。"杜荀鹤《访道者不遇》："题诗留姓字，他由此相亲。"李中《思朐阳春游感旧寄柴司徒五首》之一："王孙昔日甚相亲，共赏西园正媚春。"❷指相亲爱者。皇甫曾、郑说《建元寺西院寄李员外纵联句》："盛名知独擅，良会忆相亲。"李伟《岳麓》："过眼无相亲，抱璞羞自献。"韦庄《送范评事入关》："寂寥门户寡相亲，日日频来只有君。"

【相憶】 相思；相念。戴叔伦《奉天酬别郑谏议云逵卢拾遗景亮见别之作》："一尊自共持，以慰长相忆。"李商隐《夜意》："如何为相忆，魂梦过潇湘。"曹邺《浐川寄进士刘驾》："自是相忆苦，忽如经年别。"徐铉《印秀才至舒州见寻别后寄诗依韵和》："今日溪边正相忆，雪晴山秀柳丝垂。"

【相隨】 跟随；伴随。刘长卿《送张十八归桐庐》："正落寒潮水，相随夜到门。"崔峒《江上书怀》："登高回首罢，形影自相随。"白居易《和答诗十首·答四皓庙》："先生相随去，商岭采紫芝。"李频《过长江伤贾岛》："到得长江闻杜宇，想君魂魄也相随。"

【相環】 相连；相接。元稹《乐府古题·董逃行》："董逃董逃人莫喜，胜负相环相枕倚。"

【相邀】 邀请。吕从庆《偶兴》："最佳猿共鹤，闲里日相邀。"

【相薄】 关系冷淡。陈子昂《感遇诗三十八首》之四："骨肉且相薄，他人安得忠。"于濆《思归引》："交亲日相薄，知己恩潜替。"

【相擊】 相撞击。王周《志峡船具诗·戙》："峡与水为隘，水与石相击。"

【相醢】 相互残杀。韩愈、孟郊《斗鸡联句》："妒肠务生敌，贼性专相醢。"

【相應】 （—yìng）❶互相呼应，应和。贾岛《让纠曹上乐使君》："戆愚兼抱疾，权纪不相应。"无名氏《采菱女》(外编下)："翠将眉比色，声与调相应。"❷相适宜。张蠙《白菊》："片苔相应绿，诸卉独宜寒。"

【相$_2$禮】 赞礼。《郊庙歌辞·享隐太子庙、乐章、雍和》："春伯联事，秋官相礼。"

【相難】 （—nàn）互相责难；辩驳。李商隐《如有》："如有瑶台客，相难复索归。"

【相關】 彼此关联；互相牵涉。刘长卿《送友人南游》："去程何用计，胜事且相关。"封敖《题西隐寺》："胜事倘能销岁月，已摒名利不相关。"许棠《贞女祠》："精灵应自在，云雨不相关。"贯休《题友人山居》："卜居邻坞寺，魂梦又相关。"

【相識】 ❶彼此认识；认识。寒山《诗三百三首》之三九："却归旧来巢，妻子不相识。"高适《自武威赴临洮谒大夫不及因事即事、案河西陇右幕下诸公》："主人未相识，客子心忉忉。"周贺《暮冬长安旅舍》："湖外谁相识，思归日日频。"李频《鄜州留别王从事》："相识未十日，相知如十年。"❷彼此相识之人。崔曙《送薛据之宋州》："君去问相识，几人今白头。"刘长卿《别严士元》："东道若逢相识问，青袍今日误儒生。"白居易《感旧》："岂无晚岁新相识？相识面亲心不亲。"杜荀鹤《辞九江李郎中入关》："帝里无相识，何门迹可亲。"

【相類】 相近似。李商隐《判春》："珠玉终相类，同名作夜光。"

【相勸】 ❶劝告。麹信陵《酬谈上人咏海石榴》："真僧相劝外浮华，万法无常可叹嗟。"❷特指劝酒。白居易《闻新蝉赠刘二十八》："白发生头速，青云入手迟。无过一杯酒，相劝数开眉。"

【相懸】 相差很大。刘兼《再见从弟舍人》："屈指依稀十五年，鸾台秘阁位相悬。"

【相競】 相互竞争。花蕊夫人徐氏《宫词》之一〇九："今夜圣人新殿宿，后宫相竞觅祗承。"

【相饒】 饶恕；宽容。袁晖《铜雀妓》："君爱本相饶，从来似舞腰。"牛峤《杨柳枝五首》之三："桥北桥南千万条，恨伊张绪不相饶。"

【相繼】 ❶一个接着一个；连续不断。李颀《送刘十一》："诸兄相继掌青史，第五之名齐骠骑。"韩愈《荐士》："后来相继生，异各臻阃奥。"丘上卿《和主司王起》："看着风池相继入，都堂那肯滞关营。"吕岩《雨中花》词："愿逢一粒，九霞光里，相继朝真。"❷继承。苏颋《奉和圣制登蒲州逍遥楼应制》："缅怀祖宗业，相继文武图。"

【相攜】 互相搀扶；相随。戴叔伦《女耕田行》："姊妹相携心正苦，不见路人唯见土。"白居易《游平泉宴浥涧宿香山石楼赠座客》："是夜勿言归，相携石楼宿。"李商隐《与同年李定言曲水闲话戏作》："相携花下非秦赘，对泣春天类楚囚。"薛能《郊居答客》："相携未尽语，川月照黄昏。"

【相顧】 ❶看；回头看。白居易《观刈麦》："听其相顾言，闻者为悲伤。"许棠《东归次采石江》："渔翁知未达，相顾不开颜。"❷相视；互看。李白《金陵送张十一再游东吴》："空余贾生泪，相顾共凄然。"刘长卿《朱放自杭州与故里相使君立碑回因以奉简吏部杨侍郎制文》："不堪相顾恨，文字日生尘。"曹邺《蓟北门行》："亲戚牵衣泣，悲号自相顾。"孟翱《言行相顾》："坐知清监下，相顾有人焉。"❸相互照顾。吴叔达《言行相顾》："相须宁得阙，相顾在无偏。"❹看望。杜甫《赠李白》："秋来相顾尚飘蓬，未就丹砂愧葛洪。"

【相屬】（—zhǔ）❶相互连接。李涉《寄河阳从事杨潜》："一自无名身事闲，五湖云月偏相属。"❷谓相互劝酒。韩愈《八月十五夜赠张功曹》："沙平水息声影绝，一杯相属君当歌。"

【相續】连接不断。指先后相续或前后相连。司空图《上方》："花落更同悲木落，莺声相续即蝉声。"姚氏月华《怨诗寄杨达》之一："春水悠悠春草绿，对此思君泪相续。"花蕊夫人徐氏《宫词》之一三九："内人相续报花开，准拟君王便看来。"卢士衡《望山》："乱山难问主，相续碧嶙嶙。"

【相鬥】相互竞争。孟郊《送淡公》之八："树石相斗生，红绿各异颜。"

【相戀】互相依恋。白居易《皇甫郎中亲家翁赴任绛州宴送出城赠别》："欲识离群相恋意，为君扶病出都城。"

【相歡】共欢乐；交欢。白居易《雪暮偶与梦得同致仕裴宾客王尚书饮》："黄昏惨惨雪霏霏，白首相欢醉不归。"李频《蜀中逢友人》："相欢犹陌上，一醉任天涯。"崔道融《元日有题》："十载元正酒，相欢意转深。"刘象《早春池亭独游三首》之二："倍忆同袍侣，相欢倒一瓢。"

【相讓】彼此谦让；互相让步。王梵志《诗》之四："好事须相让，恶事莫相推。"杜甫《剑门》："并吞与割据，极力不相让。"

眄

〔miǎn，又读 miàn《广韵》彌殄切，上铣，明。又莫甸切，去霰，明。〕❶斜视；不用正眼看。王昌龄《送刘昚虚归取宏词解》："太清闻海鹤，游子引乡眄。"刘禹锡《始闻秋风》："马思边草拳毛动，雕眄青云睡眼开。"又《秋日过鸿举法师寺院便送归江陵》序："初鸿举学诗于荆郢间，私试窃咏，发于余习，盖榛梏之翠羽，弋者未之眄焉。"❷看；望。杜甫《西枝村寻置草堂地夜宿赞公土室二首》之一："出郭眄细岑，披榛得微路。"元稹《松鹤》："无心眄乌鸢，有字悲城郭。"李治《感兴》："仰看明月翻含意，俯眄流波欲寄词。"郑仁表《赠妓命洛真》："时时欲得横波眄，又怕回筹错指人。"❸眼；目光。杜甫《晓发公安》："出门转眄已陈迹，药饵扶吾随所之。"元稹《和李校书新题乐府十二首・胡旋女》："是非好恶随君口，南北东西逐君眄。"❹眷顾。刘长卿《瓜洲驿奉饯张侍御公拜膳部郎中时侍御先在淮南幕府》："畴昔偏殊眄，屯蒙独永叹。"

【眄眄】斜视貌。鲍溶《湘妃列女操》："目眄眄兮意蹉跎，魂腾腾兮惊秋波。"

【眄眩】目昏晕。储光羲《苏十三瞻登玉泉寺峰入寺中见赠作》："是日既低迷，中宵方眄眩。"

【眄睞】❶盼顾。杜甫《八哀诗・赠秘书监江夏李公邕》："眄睐已皆虚，跋涉曾不泥。"柳宗元《种白蘘荷》："纷敷碧树阴，眄睐心所亲。"鲍溶《辞辇行》："朝停玉辇诏同载，三十六宫皆眄睐。"❷眷顾。刘长卿《早春赠别赵居士还江左时长卿下第归嵩阳旧居》："顾予尚羁束，何幸承眄睐。"

眇

〔miǎo《广韵》亡沼切，上小，明。《集韵》弭沼切，上小，明。〕❶长久；久远。孟浩然《和张判官登万山亭因赠洪府都督韩公》："耆旧眇不接，崔徐无处寻。"元结《演兴四首・招太灵》："祠之濑兮眇何年，木修修兮草鲜鲜。"韩愈《远游联句》："即路涉献岁，归期眇凉秋。"❷距离遥远。张说《别平一师》："王子不事俗，高驾眇难追。"孟浩然《题云门山寄越府包户曹徐起居》："故国眇天末，良朋在朝端。"白居易《秋日怀杓直》："风雨忽消散，江山眇回互。"李绅《移九江》："盆城依落日，贫浦看云眇。"❸思想、意趣深远。张九龄《登南岳事毕谒司马道士》："斯言眇霄汉，顾余婴纷滓。"骆宾王《寓居洛滨对雪忆谢二》："旅思眇难裁，冲飙恨易哀。"白居易《北园》："所思眇千里，谁劝我一杯。"❹微小。李贺《昌谷诗》："淡蛾流平碧，薄月眇阴悴。"杨衡《题玄和师仙药室》："却顾宦游子，眇如霜中萤。"❺稀少。杜甫《北征》："靡靡逾阡陌，人烟眇萧瑟。"

【眇小】微小。刘禹锡《和牛相公题姑苏所寄太湖石兼寄李苏州》："眇小欺湘燕，团圆笑落星。"

【眇芒】见"眇茫"。

【眇身】微贱之身。多用为谦词。王建《昭应官舍》："眇身多病唯亲药，空院无钱不要关。"

【眇眇】❶遥远；高远。韦应物《淮上即事寄广陵亲故》："前舟已眇眇，欲渡谁相待。"独孤及《题思禅寺上方》："眇眇于越路，茫茫春草青。"朱放《送温台》："眇眇天涯君去时，浮云流水自相随。"徐铉《题白鹤庙》："白鹤唳空晴眇眇，丹沙流涧暮潺潺。"❷飘动貌。杜甫《子规》："眇眇春风见，萧萧夜色凄。"刘长卿《题萧郎中开元寺新构幽寂亭》："沉沉众香积，眇眇诸天空。"❸眯眼远望貌。皇甫冉《杂言迎神词二首・迎神》："启庭户，列芳鲜，目眇眇，心绵绵。"❹美好貌。韦应物《王母歌》："玉颜眇眇何处寻，世上茫茫人自死。”❺孤独貌。杜甫《过津口》：“圣贤两寂寞，眇眇独开襟。”❻微小。白居易《贺雨》：“顾惟眇眇德，遽有巍巍功。”

【眇茫】 亦“眇芒”。遥远而模糊不清之貌。韩愈《感春三首》之三：“死者长眇芒，生者困乖隔。”又《卢郎中云夫寄示送盘谷子诗两章歌以和之》：“归来辛苦欲谁为，坐令再往之计堕眇芒。”亦指遥远之处。陈陶《蒲门戍观海作》：“惜哉千童子，葬骨于眇茫。”

【眇冥】 谓川流卑伏，幽暗难晓。杜甫《桥陵诗三十韵因呈县内诸官》：“永与奥区固，川原纷眇冥。”

【眇躬】 旧时帝后自谦之词。则天皇后《唐享昊天乐·第四》：“菲德承先顾，祯符萃眇躬。”

【眇视】 远望。刘禹锡《韩十八侍御见示岳阳楼别窦司直诗因令属和重以自述故足成六十二韵》：“行当白露时，眇视秋光里。”

【眇陰】 很少的薄云。李贺《昌谷诗》：“淡蛾流平碧，薄月眇阴悴。”

【眇然】 ❶遥远貌；高远貌；悠远貌。王勃《怀仙》：“常希披尘网，眇然登云车。”储光羲《贻丁主簿仙芝别》：“飞艎既眇然，洲渚徒亏蔽。”权德舆《酬冯绛州早秋绛台感怀见寄》：“良牧闲无事，层台思眇然。”白居易《酬集贤刘郎中对月见寄兼怀元浙东》：“眇然三处心，相去各千里。”❷昏暗貌。王昌龄《赠史昭》：“怀哉望南浦，眇然夜将半。”皎然《晚秋登佛川南峰怀裴例》：“登岭望落日，眇然伤别魂。”

【眇漫】 水盈溢貌。孟浩然《彭蠡湖中望庐山》：“挂席候明发，眇漫平湖中。”

【眇綿】 幽远貌。皎然《苕溪草堂四十三韵》：“眇绵云官世，梦幻羽陵籍。”

【眇緬】 幽远。苏源明《秋夜小洞庭离宴诗》序：“入小洞庭，迟夷彷徨，眇缅旷漾。”

【眇默】 悠远；空寂。张说《游洞庭湖湘》：“紫气徒想像，清潭长眇默。”顾况《游子吟》：“沉寥群动异，眇默诸境森。”孟郊《出东门》：“眇默荒草行，恐惧夜魄翻。”白居易《东南行一百韵》：“眇默思千古，苍茫想八区。”

【眇邈】 ❶高。魏求己《自御史左授山阳丞》：“风竿一眇邈，月树几裴回。”❷幽远。宋齐丘《陪游凤凰台献诗》：“不话兴亡事，举首思眇邈。”

省[1] 〔xǐng《广韵》息井切，上静，心。〕❶视察；察看。宋璟《蒲津迎驾》：“省方知化洽，察俗觉时清。”韦应物《登重玄寺阁》：“于兹省氓俗，一用劝农桑。”畅当《自平阳馆赴郡》：“奉恩谬符竹，伏轼省顽鄙。”陈羽《湘妃怨》：“舜欲省蛮陬，南巡非逸游。”❷观看；阅览。宋之问《幸未央宫应制》：“登高省时物，怀古发宸聪。”韦应物《寄柳州韩司户郎中》：“独闷终日眠，篇书不复省。”白居易《新乐府·蛮子朝》：“德宗省表知如此，笑令中使迎蛮子。”于濆《山村晓思》：“开门省禾黍，邻翁水头住。”❸检查；反省。杜甫《游龙门奉先寺》：“欲觉闻晨钟，令人发深省。”韩愈《双鸟诗》：“两鸟既别处，闭声省愆尤。”蒋吉《四老庙》：“自省此身非达者，今朝羞拜四先生。”❹看望；探视。张籍《赠别孟郊》：“才名振京国，归省东南行。”姚合《送韦瑶校书赴越》：“晨省高堂后，余欢杯酒间。”陆龟蒙《和过张祜处士丹阳故居》序：“虽朱轮尚乘，遗编尚吟，未尝一省其孤而恤其穷也。”❺懂得；知晓。拾得《诗》之八：“不省这个意，修行徒苦辛。”韩愈《听颖师弹琴》：“嗟余有两耳，未省听丝篁。”张籍《赠王司马》：“贮财不省关身用，行义唯愁被众知。”吕岩《又记》：“未省此中玄，常流容易测。”❻记得；记忆。亦指回忆。韦应物《雪中》：“此时骑马出，忽省京华年。”白居易《画竹歌》：“西丛七茎劲而健，省向天竺寺前石上见。”刘得仁《寄无可上人》：“省学为诗日，宵吟每达晨。”吕岩《卜算子》词：“供养及修行，旧话成重省。”

省[2] 〔shěng《广韵》所景切，上梗，生。〕❶简；少。皇甫冉《闲居作》：“性懒尤因疾，家贫自省营。”张籍《移居静安坊答元八郎中》：“初开井浅偏宜树，渐觉街闲省踏尘。”元稹《书异》：“仲冬雷雨苦，愿省蒙蔽刑。”姚合《寄不出院僧》：“朝昏常傍佛，起坐省逢人。”❷减少。杜甫《引水》：“云安酤水奴仆悲，鱼复移居心力省。”贾岛《送令狐绹相公》：“罢耕田料废，省钓岸应榛。”❸节约；省俭。杜甫《惜别行送刘仆射判官》：“襄阳幕府天下异，主将俭省忧艰虞。”❹休要。杜甫《闻斛斯六官未归》：“老罢休无赖，归来省醉眠。”❺皇宫禁地；禁中。张九龄《酬赵二侍御使西军赠两省旧僚之作》：“顾己尘华省，欣君震远戎。”杜甫《闻高常侍亡》：“虚历金华省，何殊地下郎。”张籍《和左司元郎中秋居十首》之一：“非因入朝省，过此出门稀。”贾岛《投元郎中》：“省宿有时闻急雨，朝回尽日伴禅师。”❻副词。尝；曾经。岑参《函谷关歌送刘评事使关西》：“野花不省见行人，山鸟何曾识关吏。”周贺《投江州张郎中》：“驿径曾冲雪，方泉省涤尘。”李商隐《评事翁寄赐饧粥走笔为答》：“粥香饧白杏花天，省对流莺坐绮筵。”贾岛《寄贺兰朋吉》：“会宿曾论道，登高省议文。”

【省己】 自我反省。宋之问《和库部李员外秋夜寓直之作》：“叨荣厕俦侣，省己恧空虚。”

【省$_2$中】 (—zhōng)宫禁之中。包何《和苗员外寓直中书》：“贞为台里柏，芳作省中兰。”秦系《山中奉寄钱起员外兼简苗发员外》：“借问省中何水部，今人几个属诗家。”朱庆余《贺张水部员外拜命》：“省中官最美，无似水曹郎。”

【省分】　(—fèn)自我反省。白居易《答故人》："省分辄自愧，岂为不遇耶。"徐铉《亚元舍人不替深知猥贻佳作三篇因为长歌庶资一笑耳》："闭门思过谢来客，知恩省分宽离忧。"

【省方】　省视、视察地方。《易·观》："先王以省方观民设教。"孔颖达疏："省视万方，观看民之风俗。"杜审言《扈从出长安应制》："省方称国阜，问道识风淳。"徐彦伯《奉和幸新丰温泉宫应制》："姬典歌时迈，虞篇记省方。"独孤及《季冬自嵩山赴洛道中作》："天子初受命，省方造区宇。"韩偓《病中初闻复官二首》之一："抽毫连夜侍明光，执靮三年从省方。"

【省方館】　天子巡视所到之处设立的馆舍。张说《奉和圣制太行山中言志应制》："既立省方馆，复建礼神坛。"

【省$_2$印】　官署之印。白居易《曲江亭晚望》："不被马前提省印，何人信道是郎官。"张蠙《贻曹郎中》："省印寻僧锁，书楼领鹤开。"

【省$_2$司】　中枢各省的有关官署。无名氏《诗》(外编下)："省司府局正绸缪，殷梦无知作解头。"

【省$_2$寺】　古代朝廷省、寺两类官署的并称。亦泛指中央政府官署。杜甫《送顾八分文学适洪吉州》："高歌卿相宅，文翰飞省寺。"

【省$_2$刑】　减少或减轻刑罚。司空曙《和耿拾遗元日观早朝》："积岁方编瑞，乘春即省刑。"

【省$_2$吏】　唐宋时在中央政府及三馆任职的官吏。白居易《新昌新居书事四十韵因寄元郎中张博士》："省吏嫌坊远，豪家笑地偏。"《全唐诗》"吏"作"史"，误。

【省私】　反省自己。张九龄《骊山下逍遥公旧居游集》："怊怅既怀远，沉吟亦省私。"

【省事】　晓事；明白事理。孟郊《寄洺州李大夫》："方知省事将，动必谢前群。"

【省$_2$事】　减少事务，免得麻烦。刘禹锡《闲坐忆乐天以诗问酒熟未》："减书存眼力，省事养心王。"白居易《履道春居》："不如陶省事，犹抱有弦琴。"杜牧《送赵十二赴举》："省事却因多事力，无心翻似有心来。"无名氏《五言诗》之五(外编下)："钱逸即独富，吾贫长省事。"

【省$_2$門】　❶宫门；禁门。刘禹锡《洛中初冬拜表有怀上京故人》："省门簪组初成列，云路鸳鸾想退朝。"❷指礼部衙门。亦指礼部试进士的场所。礼部隶尚书省，故称。韩愈《寄崔二十六立之》："下驴入省门，左右惊纷披。"刘禹锡《插田歌》："省门高轲峨，侬人无度数。"黄滔《酬俞钧》："乡书一忝荐延恩，二纪三朝泣省门。"

【省俗】　视察民俗。王光庭《奉和圣制答张说扈从南山雀鼠谷》："省俗恩将遍，巡方路稍回。"

【省風】　视察民风。戴叔伦《奉同汴州李相公勉送郭布殿中出巡》："省风传隐恤，持法去烦苛。"

【省$_2$郎】　指皇帝的侍从官。因居省禁中，故称。唐诗中多指尚书、中书、门下三省所属的中下级官员，如郎中、员外郎、著作郎、秘书郎等。杜甫《乘雨入行军六弟宅》："令弟雄军佐，凡才污省郎。"白居易《喜张十八博士除水部员外郎》："老何殁后吟声绝，虽有郎官不爱诗。"齐己《寄孙辟呈郑谷郎中》："衡岳去都忘，清吟恋省郎。"

【省躬】　反躬自省。沈佺期《自考功员外授给事中》："省躬知任重，宁止冒荣非。"权德舆《伏蒙十六叔寄示喜庆感怀三十韵因献之》："省躬日三复，拜首书诸绅。"杨于陵《郡斋有紫薇双本因诗纪述》："省躬既跼蹐，结思多烦纡。"白居易《和微之诗二十三首·和我年三首》之二："省躬私自愧，知我者微之。"

【省記】　记得。赵嘏《十无诗寄桂府杨中丞》之八："今日宾阶忘姓字，当时省记荐雄无。"

【省悟】　醒悟。马湘《又诗二首》之一："省悟前非一息间，更抛闲事弃尘寰。"

【省辜】　省察罪人。李绅《趋翰苑遭诬构四十六韵》："诏下因颁朔，恩移讵省辜。"

【省$_2$曹】　指中书、尚书、门下三省之宦署。周贺《寄姚合郎中》："转刺名山郡，连年别省曹。"

【省$_2$符】　尚书省下达的命令。张籍《和左司元郎中秋居十首》之七："夜后开朝簿，申前发省符。"

【省得】　记得。曹唐《小游仙诗九十八首》之三："省得壶中见天地，壶中天地不曾秋。"无名氏《听唱鹧鸪》(卷七八五)："夜来省得曾闻处，万里月明湘水流。"

【省$_2$得】　免得。王梵志《五言》之八："省得分田宅，无人横煎蹙。"

【省$_2$曾】　(—céng)曾经。省、曾重言而同义。韩愈《李花赠张十一署》："念昔少年著游燕，对花岂省曾辞杯。"元稹《得乐天书》："寻常不省曾如此，应是江州司马书。"朱庆余《省试晦日与同志昆明池泛舟》："自省曾追赏，无如此日情。"刘得仁《赠道人》："三山来往寻常事，不省曾惊市井人。"刘沧《题郑中丞东溪》："山霁月明常此醉，草芳花暗省曾迷。"

【省睡】　少睡。白居易《冬夜》："长年渐省睡，夜半起端坐。"

【省$_2$署】　指唐中央官署。韦应物《送云阳邹儒立少府侍奉还京师》："省署惭再入，江海绵十春。"薛据《句》："省署开文苑，沧浪学钓翁。"姚合《和膳部李郎中秋夕》："犹分省署直，何日是归休。"郑谷《投时相十韵》："省署随清品，渔舟爽素期。"

【省₂試】 唐宋时由尚书省礼部主持举行的考试。陈希烈有《省试白云起封中》。丘为有《省试夏日可畏》。李绛《省试恩赐耆老布帛》。姚合《寄杨茂卿校书》:"到京就省试,落籍先有名。"

【省₂臺】 朝廷诸省和御史台的并称。亦泛指中央政府。孟郊《秋怀》之一四:"一直不知疲,唯闻至省台。"

【省₂閣】 宫门。借指中枢机构。韦应物《自尚书郎出为滁州刺史》:"素惭省阁姿,况忝符竹荣。"张籍《赠殷山人》:"昔日交游盛,当时省阁贤。"周贺《留辞杭州姚合郎中》:"尚有重来约,知无省阁心。"郑谷《朝直》:"朝直叨居省阁间,由来疏退校安闲。"

【省察】 审察。韦应物《送郗詹事》:"书奏蒙省察,命驾乃东征。"

【省₂選】 指吏部的铨选。吏部属尚书省,故称。韩愈《答张彻》:"省选逮投足,乡宾尚摧翎。"

【省錄】 检点收拾。韩愈《李花二首》之一:"奈何趁酒不省录,不见玉枝攒霜葩。"

【省₂闈】 宫闱。岑参《左仆射相国冀公东斋幽居》:"幸得趋省闱,常欣在门阑。"

【省₂斂】 古代帝王巡视秋收。语出《孟子·梁惠王下》:"春省耕而补不足,秋省敛而助不给。"玄宗《幸凤泉汤》:"荐鲜知路近,省敛觉年丰。"

【省₂騎】 台省官员的骑从。孟郊《与王二十一员外涯游昭成寺》:"洛友寂寂约,省骑霏霏尘。"

【省覲】 探望父母。刘长卿有《送度支留后若侍御之歙州便赴信州省觐》。权德舆有《送卢评事婺州省觐》。

【省識】 认识。杜甫《咏怀古迹五首》之三:"画图省识春风面,环佩空归月夜魂。"韩愈《赴江陵途中寄赠三学士》:"汗漫不省识,恍如乘桴浮。"

【省₂闥】 宫中,禁中。古代中央政府设于禁中,故亦作中央政府之代称。皇甫冉《送袁郎中破贼北归》:"黄香省闼登朝去,杨仆楼船振旅归。"张籍《送白宾客分司东都》:"病辞省闼归闲地,恩许宫曹作上宾。"齐己《寄郑谷郎中》:"高名喧省闼,雅颂出吾唐。"

【省覺】 觉察。杜牧《李甘诗》:"吾君不省觉,二凶日威武。"

看[1] 〔kàn《广韵》苦旰切,去翰,溪。〕❶探望;问候。见"看望"。❷以视线接触人或事物。杜甫《苏端薛复筵简薛华醉歌》:"少年努力纵谈笑,看我形容已枯槁。"顾况《题卢道士房》:"上章尘世隔,看弈桐阴斜。"姚合《武功县作三十首》之十三:"月出方能起,庭前看种莎。"刘中《赠天台隐者》:"看书饮酒余无事,自乐樵渔狎钓翁。"❸观赏;赏玩。王建《醉后忆山中故人》:"遇晴须看月,斗健且登楼。"白居易《醉吟》:"临风朗咏从人听,看雪闲行任马迟。"朱庆余《将之上京别淮南书记李侍御》:"逢石自应坐,有花谁共看。"李中《寄庐山白大师》:"一秋同看月,无夜不论诗。"❹对待;看待。高适《咏史》:"不知天下士,犹作布衣看。"❺选择。王建《赠溪翁》:"看日和仙药,书符救病人。"❻听见;闻听。杜甫《西阁口号》:"看君话王室,感动几销忧。"❼取决。杜甫《入衡州》:"兵革自久远,兴衰看帝王。❽等待。杜甫《七月一日题终明府水楼二首》之一:"看君宜著王乔履,真赐还疑出尚方。"又《送鲜于万州迁巴州》:"看君妙为政,他日有殊恩。"又《从驿次草堂复至东屯二首》:"筑场看敛积,一学楚人为。"❾估量之词,意为看来、料想。岑参《送杨子》:"看君颖上去,新月到家圆。"陈铁民等注:"看:估量之词。"韦应物《三月三日寄诸弟兼怀崔都水》:"暮节看已谢,兹晨愈可惜。"韩翃《送孙泼赴云中》:"匈奴破尽人看归,金印酬功如斗大。"李德裕《怀伊川郊居》:"此生看白首,良愿已应违。"❿用在动词或动词结构后,表示尝试以观结果之意。窦牟《李舍人少尹惠家酝一小榼立书绝句》:"一瓢那可醉,应遣试尝看。"白居易《松下琴赠客》:"偶因群动息,试拨一声看。"又《眼病二首》之二:"人间方药应无益,争得金篦试刮看。"李商隐《咏三学山》:"更无鹦鹉因缘塔,八十山僧试说看。"⓫介词。任,随。杜甫《又示两儿》:"浮生看物变,为恨与年深。"

看[2] 〔kān《广韵》苦寒切,平寒,溪。〕看守;看护。杜甫《题郑十八著作虔》:"贾生对鹏伤王傅,苏武看羊陷贼庭。"又《三绝句》之三:"会须上番看成竹,客至从嗔不出迎。"又《空囊》:"囊空恐羞涩,留得一钱看。"

【看山臺】 即段氏中台,段家的一座台名。据诗意,台在长安城南曲江边。赵嘏《题段氏中台》:"看山台下水无尘,碧筱前头曲水春。"

【看月尋花】 探寻并观赏花、月。白居易《忆晦叔》:"游山弄水携诗卷,看月寻花把酒杯。"

【看火】 谓注视烽火。王昌龄《从军行七首》之七:"人依远戍须看火,马踏深山不见踪。"

【看竹】 《世说新语·简傲》:"王子猷尝行过吴中,见一士大夫家极有好竹。主已知子猷当往,乃洒扫施设,在厅事坐相待。王肩舆径造竹下,讽啸良久。主已失望,犹冀还当通,遂直欲出门。主人大不堪,便令左右闭门,不听出。王更以此赏主人,乃留坐,尽欢而去。"后以看竹作为名士不拘礼法的典故。王维《春日与裴迪过新昌里访吕逸人不遇》:"到门不敢题凡鸟,看竹何须问主人。"

【看成】 看。刘禹锡《和乐天送鹤上裴相公别鹤之作》:"昨日看成送鹤诗,高笼提出白云司。"李商隐

《朱槿花二首》之二："嗅自微微白，看成沓沓殷。"

【看₂守】 看护；管理。王建《送山人二首》之一："辛苦老师看守处，为悬秋药闭空房。"卢仝《寄男抱孙》："竹林吾最惜，新笋好看守。"

【看見】 犹眼见、看到。李贺《浩歌》："看见秋眉换新绿，二十男儿那刺促。"

【看即】 犹云随即。李贺《野歌》："寒风又变为春柳，条条看即烟濛濛。"陆龟蒙《奉和袭美吴中书事寄汉南裴尚书》："不用怀归忘此景，吴王看即奉弓招。"张蠙《送友人归武陵》："游秦未得意，看即更离家。"

【看取】 看。取，作助词，无义。李泌《长歌行》："请君看取百年事，业就扁舟泛五湖。"刘商《送豆卢郎赴海陵》："看取海头秋草色，一如江上别离心。"张籍《宴客词》："请君看取园中花，地上渐多枝上稀。"司空图《杨柳枝寿杯词十八首》之一〇："看取明年春意动，更于何处最先知。"

【看花】 ❶观赏花朵。李频《岐山逢陕下故人》："早晚期于此，看花听鸟啼。"陆龟蒙《奉酬袭美先辈吴中苦雨一百韵》："看花虽眼晕，见酒忘肺渴。"❷指唐时举进士及第者在长安赏花的风俗。刘禹锡《元和十一年自朗州召至京戏赠看花诸君子》："紫陌红尘拂面来，无人不道看花回。"

【看來】 表示经过观察而作出判断。项斯《苍梧云气》："亦有思归客，看来尽白头。"

【看承】 护持照顾。韩翃《送李明府赴连州》："看承雨露速，不待荔枝香。"

【看看】 估量时间之词。有渐渐、转眼间、眼看着等意思。崔国辅《古意二首》之二："比至狂夫还，看看几花发。"刘禹锡《酬杨侍郎凭见寄》："看看瓜时欲到，故侯也好归来。"陆龟蒙《蔷薇》："清香往往生遥吹，狂蔓看看及四邻。"徐铉《寄钟谟》："看看潘鬓二毛生，昨日林梢又转莺。"

【看待】 ❶服侍。王梵志《诗》之十六："晚夜专看待，仍须省睡眠。"❷招待；款待。李洞《山居喜友人见访》："看待诗人无别物，半潭秋水一房山。"

【看覓】 观看而寻觅。刘商《行营送人》："回来看觅莺飞处，即是将军细柳营。"

【看望】 观看。朱庆余《与龙复言携酒望洞庭》："尽日与君同看望，了然胜见画屏开。"

【看著】 眼看着。刘长卿《长门怨》："芳菲自恩幸，看着被风吹。"

【看覈】 披阅校核。太宗《咏司马彪续汉志》："讨论穷义府，看核披经笥。"

眊 〔mào《广韵》莫報切，去號，明。又莫角切，入覺，明。〕❶眼睛失神；视物不清。见"眊目"。❷用同"旄"。古代槊杆或旗杆上的毛饰。魏征《五郊乐章・舒和》："鸣鞞奏管芳羞荐，会舞安歌葆眊扬。"沈佺期《从幸香山寺应制》："旃檀晓阁金舆度，鹦鹉晴林采眊分。"

【眊目】 昏花的眼睛。卢仝《月蚀诗》："枉矢能蛇行，眊目森森张。"

盾 〔dùn《广韵》徒損切，上混，定。又食尹切，上準，船。〕古代作战时用以抵御敌方刀箭等的兵器。韩愈《元和圣德诗》："兽盾腾拏，圆坛帖妥。"曹松《上广州支使王拾遗》："诗窗盛岛屿，檄盾照风雷。"

盼 〔pàn《广韵》匹莧切，去襇滂。〕亦作"眄"。❶本形容眼睛黑白分明貌。《诗・卫风・硕人》："巧笑倩兮，美目盻兮。"毛传："盼，黑白分。"后多用作名词，表示目光、眼睛等义。崔颢《古游侠呈军中诸将》："腰间带两绶，转盼生光辉。"王昌龄《行路难》："宴罢调筝奏离鹤，回娇转盼泣君前。"武元衡《归燕》："主人能一顾，转眄自光辉。"❷看视；顾盼。李白《春日醉起言志》："觉来盼庭前，一鸟花间鸣。"文宗《题程修已竹障》："临窗忽睹繁阴合，再盼真假殊未分。"杨衡《寄赠田仓曹湾》："眄云高羽翼，待贾蕴璠玙。"温庭筠《昆明池水战词》："赤帝龙孙鳞甲怒，临流一盼生阴风。"❸盼望。韦应物《答长宁令杨辙》："欢盼良见属，素怀亦已披。"顾况《拟古三首》之二："幽居盼天造，胡息运行机。"

【盼眄】 盼望；顾盼。杜牧《杜秋娘诗》："联裾见天子，盼眄独依依。"又《寄李起居四韵》："南国剑眸能盼眄，侍臣香袖爱傲垂。"又《旧游》："盼眄回眸远，纤衫整髻迟。"又《代人作》："盼眄凝魂别，依稀梦雨来。"

【盼睐】 亦作"眄睐"。❶顾盼；观看。韦应物《鼋头山神女歌》："东晋永和今几代，云发素颜犹盼睐。"皎然《奉应颜尚书真卿观玄真子置酒张乐舞破阵画洞庭三山歌》："眄睐方知造境难，象忘神遇非笔端。"❷赏识；青睐。寥有方《题旅榇》："余元和乙未岁落第，西征适此，闻呻吟之声，潜听而微惋也。问其疾苦住止，对曰：'辛勤数举，未遇知音眄睐。'"

眄 同"盼"。

眨 〔zhǎ《广韵》側洽切，入洽，莊。〕眼睛迅速地一闭一开。卢仝《月蚀诗》："行赤口毒舌，毒虫头上吃却月，不啄杀，虚眨鬼眼明窦窬，鸟罪不可雪。"皮日休《二游诗・任诗》："沼似颇黎镜，当中见鱼眨。"

眈[1] 〔dān《广韵》丁含切，平覃，端。又徒含切，平覃，定。〕爱好。贾岛《斋中》：“眈静非谬为，本性实疏索。”

眈[2] 〔dān《集韵》都感切，上感，端。〕见“眈₂眈”。

【眈₂眈】 威视貌。储光羲《述韦昭应画犀牛》：“眈眈若有神，庶比来仪禽。”高适《酬秘书弟兼寄幕下诸公》：“眈眈天府间，偃仰谁敢同。”

眉 〔méi《广韵》武悲切，平脂，明。《集韵》旻悲切，平脂，明。〕❶眉毛。李白《初月》：“云畔风生爪，沙头水浸眉。”姚合《武功县中作三十首》之十六：“朝朝眉不展，多病怕逢迎。”许浑《下第贻友人》：“马氏识君眉最白，阮公留我眼长青。”韦庄《秦妇吟》：“东邻有女眉新画，倾国倾城不知价。”❷眉州之简称。《蜀选人嘲韩昭》：“嘉眉邛蜀，侍郎骨肉。”

【眉山】 指眉毛。用黛绿色涂描过的眉毛宛如山色，故称。《西京杂记》卷二谓“文君（卓文君）姣好，眉色如望远山”。韩偓《五更》：“绣被拥娇寒，眉山正愁绝。”孙光宪《酒泉子》词之三：“玉纤澹拂眉山小，镜中嗔共照。”

【眉毛】 眼眶上缘的毛。欧阳炯《贯休应梦罗汉画歌》：“硬竹节，矮松床，雪色眉毛一寸长。”

【眉月】 ❶如同新月的眉毛。褚亮《咏花烛》：“靥星临夜烛，眉月隐轻纱。”章碣《东都望幸》：“懒修珠翠上高台，眉月连娟恨不开。”❷指新月。白居易《天津桥》：“眉月晚生神女浦，脸波春傍窈娘堤。”

【眉心】 双眉之间。元稹《生春二十首》之九：“绿误眉心重，黄惊蜡泪融。”白居易《春词》：“低花树映小妆楼，春入眉心两点愁。”

【眉目】 眉毛和眼睛。亦泛称容貌。卢仝《感古四首》之四：“哀哉旧妇何眉目，新婿随行向天哭。”白居易《送王处士》：“不能随众人，敛手低眉目。”刘蜕《览陈拾遗文集》：“世路重富贵，婉妃好眉目。”

【眉州】 州名。西魏废帝三年（554）以青州改名，治所在齐通县（即今四川眉山市）。北周改为青州，又改为嘉州。隋大业初复改为眉州，寻废。唐武德二年（619）复置，天宝初改为通义郡，乾元初仍改为眉州，领通义、彭山等五县。张九龄有《眉州康司马挽歌词》。杜甫有《江亭送眉州辛别驾升之》。贾岛有《送穆少府知眉州》。李频有《眉州别李使君》。

【眉宇】 眉额之间。面有眉额，犹屋有檐宇，故称。亦泛指容貌。杜甫《八哀诗·赠太子太师汝阳郡王琎》：“汝阳让帝子，眉宇真天人。”杜牧《杜秋娘诗》：“眉宇俨图画，神秀射朝辉。”于濆《宫怨》：“西墙邻宋玉，窥见妾眉宇。”

【眉柳】 细长如柳叶的双眉。韩偓《席上有赠》：“小雁斜侵眉柳去，媚霞横接眼波来。”和凝《麦秀两岐》词：“脸莲红，眉柳绿，胸雪宜新浴。”

【眉首】 犹容颜。白居易《青冢》：“特报后来姝，不须倚眉首。”

【眉毫】 眉中长毛。亦泛指眉毛。李德裕《句》：“久闲生髀肉，多寿长眉毫。”贾岛《赠僧》：“常恐画工援笔写，身长七尺有眉毫。”陆龟蒙《和袭美题支山南峰僧次韵》：“眉毫霜细欲垂肩，自说初栖海岳年。”李洞《寄淮海惠泽上人》：“眉毫别后应盈尺，岩木居来定几围。”

【眉眼】 眉与眼。泛指容貌。韩愈《崔十六少府摄伊阳以诗及书见投因酬三十韵》：“娇儿好眉眼，袴脚冻两骭。”元稹《估客乐》：“越婢脂肉滑，奚僮眉眼明。”罗隐《酬丘光庭》：“故人情意未疏索，次第序述眉眼开。”

【眉葉】 如眉之柳叶。李郢《江边柳》：“东风晴色挂阑干，眉叶初晴畏晓寒。”

【眉睫】 眉毛和睫毛。泛指人的形貌。李白《游溧阳北湖亭望瓦屋山怀古赠同旅》：“游子托主人，仰观眉睫间。”刘禹锡《送李策秀才还湖南因寄幕中亲故兼简衡州吕八郎中》：“端志见眉睫，苦言发精诚。”舒元舆《坊州按狱因成诗寄之》：“眉睫无他人，与君闲解题。”张祜《途次扬州赠崔荆二十韵》：“赤柏看眉睫，生憎惜羽毛。”

【眉稜】 生长眉毛的略微高起之处。李贺《听颖师琴歌》：“竺僧前立当吾门，梵宫真相眉棱尊。”

【眉壽】 长寿。李华《云母泉诗》：“饮液尽眉寿，餐和皆体平。”

【眉語】 用眉的舒敛传情示意。李白《上元夫人》：“眉语两自笑，忽然随风飘。”温庭筠《和周繇》：“神交花冉冉，眉语柳毵毵。”

【眉頭】 眉尖。刘禹锡《途次大梁以申仰谢》：“纸尾得新什，眉头还暂开。”薛逢《追昔行》：“眉头薤叶同枯叶，琴上朱弦成断弦。”李廷璧《愁诗》：“潘岳愁丝生鬓里，婕妤悲色上眉头。”姚揆《颍川客舍》：“乡梦有时生枕上，客情终日在眉头。”

【眉黛】 ❶古代女子用黛画眉，因称眉为眉黛。孟浩然《美人分香》：“髻鬟垂欲解，眉黛拂能轻。”白居易《喜小楼西新柳抽条》：“须教碧玉羞眉黛，莫与红桃作麹尘。”李商隐《李肱所遗画松诗书两纸得四十韵》：“邹颠蓐发软，丽姬眉黛浓。”卢纶《梦白衣妇人歌词》之一：“眉黛小山攒，芭蕉生暮寒。”❷借指妇女。温庭筠《杨柳八首》之四：“金缕毵毵碧瓦沟，六宫眉黛惹春愁。”

【眉鬚】 眉毛和胡须。韩翃《又题张逸人园林》：

"时携幼稚诸峰上，闲濯眉须一水滨。"

十　画

眎　〔shì《广韵》常利切，去至，禪。又承矢切，上旨，禪。〕"视"的古字。视察。柳宗元《视民诗》："帝视民情，匪幽匪明。"

真　〔zhēn《广韵》職鄰切，平真，章。〕❶未经人为的东西。指本性，本源。王维《过太乙观贾生房》："迹峻不容俗，才多反累真。"杜甫《暇日小园散病将种秋菜督勒耕牛兼书触目》："不爱入州府，畏人嫌我真。"白居易《昭国闲居》："何以养吾真，官闲居处僻。"刘沧《赠颛顼山人》："浩气含真玉片辉，著书精义入玄微。"亦指道家所探究与追求的自然之道。刘叉《修养》："劝君修真复识真，世上道人多忤人。"贾岛《寓头》："真集道方至，貌殊妒还多。"❷率直自然，不事雕饰。李白《拟古十二首》之三："仙人殊恍惚，未若醉中真。"杜甫《丽人行》："态浓意远淑且真，肌理细腻骨肉匀。"韦庄《赠野童》："羡尔无知野性真，乱搔蓬发笑看人。"❸仙人；修道者。刘孝孙《游清都观寻沈道士得仙字》："寻真谒紫府，披雾觌青天。"朱湾《同达奚宰游子明仙坛》："今朝茂宰寻真处，暂驻双凫且莫归。"朱庆余《望九疑》："浮生犹役役，未得便寻真。"杜荀鹤《访道者不遇》："寂寂白云门，寻真不遇真。"❹真实。与假、伪相对。李白《酬王补阙惠翼庄庙宋丞泚赠别》："朴散不散古，时讹皆失真。"李频《送许棠及第归宣州》："秋归方觉好，旧梦始知真。"杜荀鹤《八骏图》："丹臒传真未得真，那知筋骨与精神。"亦指真实的东西。徐延寿《人日剪彩》："擎来问夫婿，何处不如真。"玄宗《傀儡吟》："刻木牵丝作老翁，鸡皮鹤发与真同。"亦为佛教观念，与"妄"相对。谓永恒存在的实体、实性，亦即宇宙万物的本体。王维《与胡居士皆病寄此诗兼示学人二首》之一："色声非彼妄，浮幻即吾真。"❺正。与"邪"相对。孟郊《献汉南樊尚书》："众木尽摇落，始见竹色真。"❻真切；清楚。王昌龄《送韦十二兵曹》："寒夜天光白，海净月色真。"元稹《代曲江老人百韵》："忽遇山光澈，遥瞻海气真。"姚合《和座主相公雨中作》："花低惊艳重，竹净觉声真。"❼副词。(1)实在；的确。卢象《追凉历下古城西北隅此地有清泉乔木》："前贤真可慕，衰病意空劳。"杜甫《题壁画马歌》："时危安得真致此，与人同生亦同死。"朱庆余《和刘补阙秋园寓兴之什十首》之一〇："无穷林下意，真得古人风。"韦庄《对雨独酌》："荷锸醉翁真达者，卧云逋客竟悠哉。"(2)正；正在。杜甫《玉华宫》："万籁真笙竽，秋色正萧洒。"又《长吟》："已拨形骸累，真为烂漫深。"潘孟阳《春日雪以回文绝句呈张荐权德舆》："真须尽兴饮，仁里愿同来。"王毂《赠苍溪王明府有文在手曰长生》："执手长生在，人皆号地仙。水云真遂性，龟鹤足齐年。"(3)竟；竟然。李商隐《览古》："空糊赪壤真何益，欲举黄旗竟未成。"❽身。《淮南子·本经训》："神明藏于无形，精神反于至真。"高诱注："真，身也。"韩愈《送文畅师北游》："挛拘屈吾真，戒辖思远发。"❾画像；容貌。杜甫《通泉县署屋壁后薛少保画鹤》："薛公十一鹤，皆写青田真。"白居易《自题写真》："我貌不自识，李放写我真。"薛能《许州旌节到作》："州人若忆将军面，写取雕堂报国真。"张乔《题兴善寺僧道深院》："院栽他国树，堂展祖师真。"❿实授官职。岑参《送郑少府赴滏阳》："子真河朔尉，邑里带清漳。"韦应物《赠丘员外二首》之一："未真南宫拜，聊偃东山居。"⓫汉字书体的一种，即楷书。或是隶书的别称，也称正书。见"真草"。

【真人】　❶道家称存养本性或修真得道之人。亦泛称"成仙"之人。太宗《入潼关》："别有真人气，安知名不名。"李白《送于十八应四子举落第还嵩山》："炎炎四真人，摛辩若涛波。"萧祜《游石堂观》："西山高高何所如，上有古昔真人居。"贾岛《送胡道士》："丹梯愿逐真人上，日夕归心白发催。"❷《史记·秦始皇本纪》："始皇曰：吾慕真人，自谓'真人'，不称朕。"后因以指统一天下的所谓真命天子。徐贤妃《秋风函谷应诏》："此时飘紫气，应验真人还。"

【真力】　指本原之力。司空图《诗品二十四则·豪放》："真力弥满，万象在旁。"

【真女】　仙女。元稹《哭女樊四十韵》："翠凤舆真女，红蕖捧化生。"

【真子】　❶佛教以信顺佛法、继承佛业者为真子。皎然《送简栖上人之建州觐使君舅》："释氏推真子，郗家许贵甥。"李益《入南山至全师兰若》："南行有真子，被褐息山阴。"齐己《怀金陵李推官僧自牧》："莲幕少年轻谢朓，雪山真子鄙汤休。"❷道教用以指真人。玄宗《送赵法师还蜀因名山奠简》："真子今将命，苍生福可传。"陆龟蒙《引泉诗》："必有学真子，鹿冠秋鹤颜。"

【真王】　❶指佛祖。储光羲《题眄上人禅居》："真王清净子，燕居复行心。"❷美称帝王。吴越后主钱俶《感皇子远降见迎》："千年遭遇觐真王，敢望青宫赐显扬。"

【真元】　❶玄妙。应物《题化城寺》："偶与游人论法要，真元浩浩理无穷。"❷指人的元气。元稹《韦氏馆与周隐客杜归和泛舟》："时物欣外奖，真元随内修。"吕岩《沁园春》词："是真元孕育，有仙风道骨，岂是凡胎。"❸即真玄。指与道教有关的事物。曹邺《寄嵩阳道人》："三山浮海倚蓬瀛，路入真元险尽平。"

【真文】 ❶佛道所指经文、符箓等。韦渠牟《步虚词十九首》之九："真文几时降，知在永和年。"孟郊《西上经灵宝观》："真文秘中顶，宝气浮四楹。"❷指真书。汉字书体之一种，即篆书。齐己《谢西川昙域大师玉箸篆书》："玉箸真文久不兴，李斯传到李阳冰。"

【真心】 ❶谓物体中心部坚实。骆宾王《浮槎》："真心凌晚桂，劲节掩寒松。"❷诚心实意。王勃《题九江英烈庙》："真心扶社稷，风雨应时来。"高知《闺情》："自从沦落到天涯，一片真心恋着□。"齐己《对菊》："莫嫌醒眼相看过，却是真心爱澹黄。"无名僧《禅诗》："清莲台上见天唐，众生真心礼肆芳。"❸佛教语。谓真实无妄之心。李白《庐山东林寺夜怀》："湛然冥真心，旷劫断出没。"又《莹禅师房观山海图》："杳与真心冥，遂谐静者玩。"

【真正】 端正。寒山《诗三百三首》之七四："不行真正道，随邪号行婆。"

【真玉】 美玉。韩偓《奉和峡州孙舍人肇荆南重围中寄诸朝士二篇皆有继和余久有是债今至南湖方暇牵课》之一："炽炭一炉真玉性，浓霜千涧老松心。"

【真仙】 仙人。李白《当涂赵炎少府粉图山水歌》："五色粉图安足珍，真仙可以全吾身。"皮日休《奉和鲁望四明山九题·青棂子》："山风熟异果，应是供真仙。"陆龟蒙《和袭美赠南阳润卿将归雷平》："真仙若降如相问，曾步星罡绕醮坛。"翁承赞《寄示儿孙》："力学烧丹二十年，辛勤方得遇真仙。"

【真老】 指老子。老子为万真之主，故称。卢照邻《登玉清》："裴回拜真老，万里见风烟。"

【真吏】 ❶真正的官吏。皮日休《七爱诗》序："镇浇俗者，必有真吏，以元鲁山为真吏焉。"❷非正式的职事官。唐自武德以后，"司马之事尽去，唯员与俸在。凡内外文武官右移者第居之"(白居易《江州司马厅记》)。柳宗元被贬出为外州司马，故云"非真吏"。柳宗元《韦使君黄溪祈雨见召从行至祠下口号》："俟罪非真吏，翻惭奉简书。"

【真匠】 指佛祖。慧净《杂言》："扰扰三界溺邪津，浑浑万品忘真匠。"

【真曲】 (—qǔ)仙曲。李白《凤吹笙曲》："重吟真曲和清吹，却奏仙歌响绿云。"

【真成】 真是；实是。李白《述德兼陈情上哥舒大夫》："卫青谩作大将军，白起真成一竖子。"高适《重阳》："真成独坐空搔首，门柳萧萧噪暮鸦。"杜甫《上牛头寺》："无复能拘碍，真成浪出游。"又《奉赠李八丈判官》："真成穷辙鲋，或似丧家狗。"

【真交】 真正的交情；至交。李昌符《与友人会》："真交无所隐，深语有余欢。"

【真州】 唐州名。天宝五载(746)分临翼郡之昭德、鸡川两县置昭德郡。乾元元年(758)，改为真州，取真符县为名。治所先在黎园(今陕西洋县北境)，后移治桑坪店(今洋县北华阳镇)，入宋又移治今洋县东真符村。齐己有《题真州精舍》。

【真宇】 指道观。储光羲《同诸公登慈恩寺塔》："金祠起真宇，直上青云垂。"玄宗《为赵法师别造精院过院赋诗》序："法师得玄元之法，养浩然之气，故法此仙家，特建真宇。"

【真如】 佛教语。谓永恒存在的实体，亦即宇宙万物的实体。王绩《薛记室收过庄见寻率题古意以赠》："赖有北山僧，教我以真如。"耿湋《题惟干上人房》："更悟真如性，尘心稍自宽。"白居易《赠僧五首·宗实上人》："荣华恩爱弃成唾，戒定真如和作香。"张乔《雨中宿僧院》："不是真如理，何门静此身。"

【真形】 本来的形象。王昌龄《武陵龙兴观黄道士房问易因题》："斋心问易太阳宫，八卦真形一气中。"刘禹锡《磨镜篇》："山神妖气沮，野魅真形出。"

【真汞】 纯水银。彭晓《参同契明镜图诀诗二首》之二："日爻阴耦生真汞，月卦阳奇产正金。"

【真身】 ❶佛教语。指为度脱众生而化现的世间色身，诸如佛、菩萨、罗汉等。姚合《送僧》之二："旧国门徒终日望，见时应是见真身。"张蠙《宿开照寺光泽上人院》："真身非有像，至理本无经。"钱弘佐《谒宝塔回赐僧录》："佛日辉光最有灵，真身宝塔镇吴城。"❷真容；实际容貌。罗虬《比红儿诗》之三八："倾国倾城总绝伦，红儿花下认真身。"

【真佛】 真正的佛。王梵志《兀然无事》之五："莫漫求真佛，真佛不可见。"寒山《诗三百三首》之二一六："真佛不肯认，置功枉受困。"

【真谷】 地名。在唐蔚州(治所在今河北蔚县)。雍陶有《自蔚州南入真谷有似剑门因有归思》。

【真言】 ❶指佛教经典的要言秘语。亦借指道家祖师的经典著作。张说《唐享太庙乐章·文舞》："圣谟九德，真言五千。"刘禹锡《赠长沙赞头陀》："外道邪山千万重，真言一发尽摧峰。"慧净《杂言》："龙宫秘典海中探，石室真言山处仰。"❷咒语。顾况《寄江南鹤林寺石冰上人》："定力超香象，真言摄毒龙。"

【真君】 道教对神仙的尊称。亦指修行得道者。顾况《金珰玉佩歌》："五岳真君之秘箓，九天丈人之宝书。"陆龟蒙《和袭美寄广文先生》："忽辞明主事真君，直取姜巴路入云。"马戴《过潜岳》："真君松庙近，公退为谁过？"徐铉《送德迈道人之豫章》："楼中西岭真君宅，门外南州处士家。"

【真妙】 玄妙。玄宗《端午三殿宴群臣探得神字》序："讽味黄老，致息心于真妙。"

【真事】 不假的事情。长孙佐辅《代别后梦别》：

“纵是非真事，何妨梦会时。”

【真門】 本谓阿弥陀佛第二十愿所成就的法门。泛指通过修习佛法获得佛果的法门。刘得仁《冬夜与蔡校书宿无可上人院》：“真门犹是幻，不用觉浮生。”亦借指道观佛寺。储光羲《奉真观》：“真门迥向北，驰道直向西。”包佶《翻经台》：“真门兼逸韵，两欲慕相如。”

【真果】 指佛教或道教的真谛。宋之问《送沙门泓景道俊玄奘还荆州应制》：“何日纡真果，还来入帝乡。”李端《旅次岐山得山友书却寄凤翔张尹》：“偶为名利引，久废论真果。”

【真味】 味道纯正的食品。蔡希寂《登福先寺上方然公禅室》：“真味杂饴露，众香唯茝兰。”

【真和】 (—hé)祭太清宫乐章之一。唐开元二十年(732)诏两京诸州置玄文庙，天宝二年(742)以西京玄元庙为太清宫。《真和》为送仙圣时所奏。《郊庙歌辞·太清宫乐章》有《真和》。

【真物】 实物。元稹《画松》：“乃悟埃尘心，难状烟霄质。我去淅阳山，深山看真物。”

【真侣】 指道士。骆宾王《代女道士王灵妃赠道士李荣》：“尽言真侣出遨游，传道风光无限极。”李栖筠《张公洞》：“稽首谢真侣，辞满归崆峒。”元稹《酬乐天叹损伤见寄》：“函关气索迷真侣，峡水波翻碍故乡。”韩偓《及第过堂日作》：“早随真侣集蓬瀛，阊阖门开尚见星。”

【真金】 纯金。贯休《古意九首》之六：“古交如真金，百炼色不回。”

【真命】 天命。储光羲《哥舒大夫颂德》：“天纪启真命，君生臣亦生。”

【真朋】 指仙友。吴筠《步虚词十首》之二：“真朋何森森，合景恣游宴。”

【真性】 ❶本性；天性。贺知章《奉和御制春台望》：“青阳布王道，玄览陶真性。”钱起《玉山东溪题李叟屋壁》：“偶此惬真性，令人轻宦游。”刘沧《赠隐者》：“谁识无机养真性，醉眠松石枕空杯。”顾云《池阳醉歌赠匡庐处士姚岩杰》：“许客酣歌露真性，春酎香浓枝盏黏。”❷佛教用以指人本具的不妄不变的心体。寒山《诗三百三首》之一六七：“不识本真性，与道转悬远。”皎然《秋宵书事寄吴凭处士》：“真性在方丈，寂寥无四邻。”司空曙《题暕上人院》：“身闲何处无真性，年老曾言隐故乡。”

【真府】 仙府。杨衡《送郑丞之罗浮中习业》：“何当真府内，重得款平生。”陆龟蒙《顾道士亡弟子奉束帛乞铭于袭美因赋戏赠》：“童初真府召为郎，君与抽毫刻便房。”

【真放】 真正的放逸者。皮日休《七爱诗》序：“负逸气者，必有真放，以李翰林为真放焉。”

【真宗】 释道两教谓所持的真正宗旨；正宗。孟郊《夏日谒智远禅师》：“抖擞尘埃衣，谒师见真宗。”白居易《感悟妄缘题如上人壁》：“有营非了义，无著是真宗。”元晦《越亭二十韵》：“一瞬契真宗，百年成妄故。”

【真定】 县名。汉高帝十一年(前196)以东垣县改名，治所在今河北正定县南。唐初移治今正定县，载初元年(689)改为中山县，神龙元年(705)复为真定县。高适有《真定即事奉赠韦使君二十八韵》。

【真官】 指仙人有官职者。亦指道士。皇甫冉《送陆潜夫往茅山赋得华阳洞》：“游仙洞兮访真官，奠瑶席兮礼石坛。”刘长卿《望龙山怀道士许法棱》：“空林闲坐独焚香，真官列侍俨成行。”皮日休《奉和鲁望四明山九题·云南》：“共作真官户，无由税石田。”李沇《醮词》：“请帝命真官，临云启金匮。”

【真空】 (—kōng)佛教语。谓超出一切色相意识界限的境界。张九龄《冬中至玉泉山寺属穷阴冰闭崖谷无色及仲春行县复往焉故有此作》：“真空本自寂，假有聊相宣。”戎昱《送僧法和》：“欲契真空义，先开智慧芽。”陆畅《下第后病中》：“献玉频年命未通，穷秋成病悟真空。”齐己《江寺春残寄幕中知己二首》之二：“闲忆遗民此心地，一般无染喻真空。”

【真函】 道教的典籍文书等。薛昭蕴《女冠子》词之二：“降真函，髻绾青丝发，冠抽碧玉篸。”

【真契】 (—qì)妙趣；真意。吴筠《缑山庙》：“况复清夙心，萧然叶真契。”

【真相】 (—xiàng)❶佛教语。谓实相、真容。王梵志《五言》之七：“端坐念真相，此便是如来。”郑常《送头陀上人赴庐山寺》：“得道非真相，头陀是苦心。”李绅《新楼诗二十首·龙宫寺》：“真相有无因色界，化城兴灭在莲基。”李贺《听颖师琴歌》：“竺僧前立当吾门，梵宫真相眉棱尊。”❷美称宰相，犹言真正的宰相。刘禹锡《奉和淮南李相公早秋即事寄成都武相公》：“远夷争慕化，真相故临边。”杜牧《感怀诗一首》：“伍旅拔雄儿，梦卜庸真相。”皮日休《七爱诗》序：“皮子之志，常以真纯自许，每谓立大化者，必有真相，以房杜为真相焉。”

【真要】 (—yào)真谛要义。谢勮《游烂柯山》：“仙僧会真要，应物常渊默。”

【真是】 确实。岑参《送李副使赴碛西官军》：“功名只向马上取，真是英雄一丈夫。”郑仁表《题沧浪峡榜》：“路傍著板沧浪峡，真是将闲搅撩忙。”

【真界】 指寺观。皎然《题余不溪废寺》：“武原离乱后，真界积尘埃。”武元衡《题故蔡国公主九华观上池院》：“秦楼今寂寞，真界竟何如。”徐夤《游灵隐天竺二寺》“丹井冷泉虚易到，两山真界实难名。”张祜

《早春钱塘湖晚眺》:"聊当问真界,昨夜西峦钟。"

【真修】 精诚修持。许棠《题郑侍郎岩隐十韵》:"朝退常归隐,真修大隐情。"张蠙《送南海僧游蜀》:"真修绝故乡,一衲度暄凉。"

【真皇】 道教对神仙的敬称。柳泌《玉清行》:"下看白日流,上造真皇居。"

【真叟】 旧谓修仙得道的老人。孟郊《怀南岳隐士》之二:"千峰映碧湘,真叟此中藏。"

【真風】 淳朴的风俗。亦指淳朴的风范。鲍溶《秋晚铜山道中宿隐者》:"野言得真风,山貌宜古服。"又《题吴征君岩居》:"真风存绵绵,常与达者期。"张乔《蓝溪夜坐》:"诗外真风远,人间静兴长。"齐己《送谭三藏入京》:"好进梵文沾帝泽,却归天策继真风。"

【真庭】 指佛国净土。韦庄《赠礼佛名者》:"何用辛勤礼佛名,我从无得到真庭。"

【真宫】 指道观。储光羲《昭圣观》:"未逐凤凰去,真宫在此原。"权德舆《和九华观见怀贡院八韵》:"真宫集女士,虚室涵春辉。"

【真客】 指修真得道之人。杜光庭《题鹤鸣山》:"五气云龙下泰清,三天真客已功成。"

【真珠】 ❶即珍珠。圆如豆,色乳白,有光泽,为某些软体动物(如蚌)壳内所产。为贵重装饰品,亦可入药。白居易《秦中吟十首・议婚》:"荆钗不直钱,衣上无真珠。"姚合《杨给事师皋哭亡爱姬英英窃闻诗人多赋因而继和》:"真珠为土玉为尘,未识遥闻鼻亦辛。"贾岛《赠圆上人》诗:"一双童子浇红药,百万真珠贯彩绳。"❷指帘子。杜牧《帘》:"谁见昭阳殿,真珠十二行。"罗隐《帘二首》之一:"会应得见神仙在,休下真珠十二行。"滕白《燕》:"短羽新来别海阳,真珠高卷语雕梁。"❸指酒。见"真珠紅"。❹指美人之泪。庄南杰《春草歌》:"离人不忍到此处,泪娥滴尽双真珠。"温庭筠《菩萨蛮》词之一五:"玉纤弹处真珠落,流多暗湿铅华薄。"❺指荔枝等珍珠状的果实。戴叔伦《荔枝》:"红颗真珠诚可爱,白须太守亦何痴。"卢延让《谢杨尚书惠樱桃》:"万颗真珠轻触破,一团甘露软含消。"无名氏《鸡头》:"紫罗小囊光紧蹙,一掬真珠藏猬腹。"❻露珠;水珠。成彦雄《露》:"疑是鲛人曾泣处,满池荷叶捧真珠。"❼人名。章仇和牛僧孺之歌妓中均有以"真珠"名者。范元凯有《章仇公席上咏真珠姬》。李绅有《忆被牛相留醉州中牛公夜出真珠辈数人》。

【真珠紅】 酒名。用小糟榨制的红酒,又名小糟红,为江南人所特制。李贺《将进酒》:"琉璃钟,琥珀浓,小槽酒滴真珠红。"

【真珍箔】 即真珠帘。顾况《李供奉弹箜篌歌》:"美女争窥玳瑁帘,圣人卷上真珠箔。"韩偓《秋雨内宴》:"一带清风入画堂,撼真珠箔碎玎珰。"

【真珠履】 用珍珠装饰的鞋。曹唐《奉送严大夫再领容府二首》之二:"无因得靸真珠履,亲从新侯定八蛮。"罗隐《暇日有寄姑苏曹使君兼呈张郎中郡中宾僚》:"珊瑚笔架真珠履,曾和陈王几首诗。"

【真珠簾】 用珍珠串成的帘子。元稹《月暗》:"真珠帘断蝙蝠飞,燕子巢空萤火入。"孙鲂《看牡丹二首》之一:"输我一枝和晓露,真珠帘外向人斜。"

【真珠櫳】 用珍珠为饰的窗棂。李商隐《李肱所遗画松诗书两纸得四十韵》:"报以漆鸣琴,悬之真珠栊。"

【真珠囊】 装珍珠的囊袋。牛殳《琵琶行》:"一弹决破真珠囊,迸落金盘声断续。"

【真素】 真率自然。亦指真率自然的境界。卢仝《哭玉碑子》:"敢问生物成,败为有真素。"李涉《题清溪鬼谷先生旧居》:"万虑随境生,何由返真素。"吴筠《高士咏・台佟管宁》:"风尘不可混,真素比松雪。"

【真草】 真书和草书。卢纶《敩颜鲁公送挺赟归翠微寺》:"挺赟惠学该儒释,袖有颜徐真草迹。"陆龟蒙《江湖散人歌》:"书散浑真草,酒散甘醇醨。"

【真真】 唐杜荀鹤《松窗杂记》:唐进士赵颜于画工处得一软幛,图一妇人甚丽,颜谓画工曰:"此世无其人也,如可令生,余愿纳为妻。"画工曰:"余神画也,此亦有名,曰真真,呼其名百日,昼夜不歇,即必应之,应则以百家彩灰酒灌之,必活。"颜如其言,遂呼之百日……果活,步下言笑如常。后常以"真真"指美女。孙光宪《浣溪沙》词之十一:"除却弄珠兼解佩,便随西子与东邻,是谁容易比真真。"

【真骨】 ❶仙骨。储光羲《题应圣观》:"皎皎河汉女,在兹养真骨。"张乔《吊造微上人》:"白塔收真骨,青山闭影堂。"李延陵《自紫阳观至华阳洞宿侯尊师草堂简同游》:"一从化真骨,万里乘飞电。"❷犹骏骨。借指良材。杜甫《杨监又出画鹰十二扇》:"干戈少暇日,真骨老崖嶂。"

【真秩】 正式官职。权德舆《戏和三韵》:"前诏许真秩,何如巾软轮?"原注:"君贞元十一年以隐君拜命,诏书令州府给传乘诣阙,到日授正官。"

【真乘】 (—chéng)佛家谓真实的教义。宋之问《游法华寺》:"高岫拟耆阁,真乘引妙车。"朱湾《同清江师月夜听坚正二上人为怀州转法华经歌》:"若耶溪畔云门僧,夜闲燕坐听真乘。"杜牧《怀政禅师院》:"山斋路几层,败衲学真乘。"许浑《游果昼二僧院》:"真乘不可到,云尽月明天。"

【真氣】 ❶人体的元气;生命活动的原动力。由先天之气和后天之气结合而成。道教谓"性命双修"所得之气。许敬宗《游清都观寻沈道士得清字》:"岂若逢真气,齐契体无名。"韦应物《郡中西斋》:"清觞养真气，玉书示道流。”李绅《上党奏庆云见》：“飞龙久驭宇，真气尚兴云。”皮日休《太湖诗·上真观》：“自觉有真气，恐随风力抟。”❷指帝王的气象。杜甫《送重表侄王砅评事使南海》：“秦王时在坐，真气惊户牖。”

【真師】　仙师。指道士。皇甫冉《酬崔侍御期籍道士不至兼寄》：“一心求妙道，几岁候真师。”

【真迹】　见“真跡”。

【真悟】　彻悟。綦毋潜《登天竺寺》：“因物成真悟，遗世在兹岑。”

【真容】　真实的容貌。亦指画像、塑像。王建《宫词一百首》之二六：“看着中元斋日到，自盘金线绣真容。”许棠《赠志空上人》：“行高无外染，骨瘦是真容。”赵铎《玄元皇帝应见贺圣祚无疆》：“咫尺真容近，巍峨大象悬。”

【真宰】　❶宇宙之主宰者。杜甫《遣兴五首》之一：“吞声勿复道，真宰意茫茫。”韩愈《嘲鼾睡》：“孰云天地仁，吾欲责真宰。”白居易《和微之诗二十三首·和雨中花》：“真宰倒持生杀柄，闲物命长人短命。”李咸用《与刘三礼陈孝廉言志》：“真宰无私造化均，年年分散月中春。”❷指自然之性。司空图《诗品二十四则·含蓄》：“是有真宰，与之沉浮。”❸谓君主。李咸用《富贵曲》：“冠峨剑重锵环佩，步入天门相真宰。”罗隐《献淮南崔相公》：“虎帐坐分真宰气，象筵吹出泰阶声。”

【真娥】　仙女。曹唐《小游仙诗九十八首》之八六：“太子真娥相领行，当天合曲玉箫清。”

【真純】　真诚纯洁。皮日休《七爱诗》序：“皮子之志，常以真纯自许。”

【真理】　最纯真的道理。佛教徒多借用指佛法。道教徒亦用以指玄道。赵中虚《游清都观寻沈道士得芳字》：“道存真理得，心灰俗累忘。”韩翃《题玉山观禅师兰若》：“掖垣挥翰君称美，远客陪游问真理。”张祜《送法镜上人归上元》：“莫言了悟为真理，不叹兴亡在眼前。”罗邺《题终南山僧堂》：“唯有吾师达真理，坐看霜树老云间。”

【真域】　指仙境。信安王李祎《石桥》：“粤因求瘼余，倏想寻真域。”

【真授】　真传，导师亲自传授。吴筠《高士咏·项橐》：“孔父惭至理，颜生赖真授。”

【真常】　道教用语。真实常住之意。吕岩《百字碑》：“真常须应物，应物要不迷。”

【真偈】　指佛家的偈颂。徐泳《题灵泉寺》：“稽首求真偈，观空悉众缘。”刘禹锡《宿诚禅师山房题赠二首》之二：“中宵问真偈，有住是吾忧。”

【真假】　真伪；真的和假的。吕岩《西江月》词之四：“真假两般之字，金公所料重迷。”慈觉《书妙圆塔院张道者屋壁》：“深知大藏是解粘，不把三乘定真假。”

【真途】　指通往佛寺的途径。卢照邻《游昌化山精舍》：“稍觉真途近，方知人事劳。”

【真符县】　唐天宝八年(749)以华阳县改名治所在黎园(今陕西洋县北境)，十一年(752)移治桑坪店(今洋县北华阳镇)。元稹《望云骓马歌》：“五六百里真符县，八十四盘青山驿。”

【真訣】　秘诀；妙法。李白《送贺监归四明应制》：“真诀自从茅氏得，恩波宁阻洞庭归。”韩愈《华山女》：“遂来升座演真诀，观门不许人开扃。”许浑《早发天台中岩寺度关岭次天姥岑》：“来往天台天姥间，欲求真诀驻衰颜。”唐求《题青城山范贤观》：“数里缘山不厌难，为寻真诀问黄冠。”

【真率】　(—shuài)纯真坦率。杜甫《乐游园歌》：“长生木瓢示真率，更调鞍马狂欢赏。”

【真情】　真实的情感。孙逖《送周判官往台州》：“日暮东郊别，真情去不回。”

【真寂寺】　当在今福建南安县。宣宗有《南安夕阳山真寂寺题诗》。

【真將】　(—jiàng)真正的大将。皮日休《七爱诗》序：“皮子之志，常以真纯自许……定大乱者，必有真将，以李太尉为真将焉。”

【真陰】　中医学名词。与“真阳”相对。吕岩《七言》之二八：“解匹真阴与正阳，三年功满结成霜。”见“真陽”。

【真雄】　真正的英雄。李山甫《送刘将军入关讨贼》：“世人多恃武，何者是真雄。”

【真景】　仙景。皮日休《太湖诗·上真观》：“双户启真景，斋心方可观。”鲁三江《张超谷》：“太华锁深谷，我来真景分。”

【真無】　佛教语。指事物的虚幻不实。王昌龄《香积寺礼拜万回平等二圣僧塔》：“真无御化来，借有乘化归。”

【真筌】　见“真詮”。

【真腊】　我国古籍中用以称吉蔑王国，位于今柬埔寨。其名始见于《隋书》。唐武德后屡与中国通使。沈佺期《答魑魅代书寄家人》：“涨海缘真腊，崇山压古棠。”

【真逸】　纯真超逸。吴筠《高士咏·楚狂接舆夫妻》：“接舆耽冲玄，伉俪亦真逸。”

【真童】　仙童。吴筠《游仙二十四首》之八：“真童已相迓，为我清宿雾。”

【真游】　指作道教胜地或道观之游。薛据《西陵口观海》：“岁晏访蓬瀛，真游非外奖。”

【真陽】　中医学名词。中医认为阴、阳相互对立，又相依存，互为因果。以人体脏器与功能言，阴指脏器实质，阳指脏器功能活动，二者亦相互依存，不可分离。真阳寓于命门之中，为先天之真火，是肾生理功能的动力，亦可说是人体热能的源泉。真阴则与真阳相对而言，指肾的阴液（包括肾所藏的精），是真阳功能活动的物质基础。吕岩《水龙吟》词："万事澄心定意，聚真阳、都归一处。"

【真塔】 佛塔。齐己有《吊双泉大师真塔》。

【真跡】 亦作"真迹"。❶出自书画作者本人的手笔。王颙《怀素上人草书歌》："二公绝艺人所惜，怀素传之得真迹。"姚合《秋夕遣怀》："临书爱真迹，避酒怕狂名。"司空图《月下留丹灶》："瑶函真迹在，妖魅敢扬威。"黄滔《寄同年封舍人谓》："八行真迹虽收拾，四户高扃奈隔悬。"❷真切的踪迹或表象。宣宗《百丈山》："大雄真迹枕危峦，梵宇层楼耸万般。"司空图《诗品二十四则·缜密》："是有真迹，如不可知。"

【真銓】 亦作"真筌"。真谛。杜甫《秋日夔府咏怀奉寄郑监李宾客一百韵》："落帆追宿昔，衣褐向真诠。"杜光庭《句》："返朴还淳皆至理，遗形忘性尽真铨。"

【真誠】 真实诚恳。王勃《□中□卧像》："净宇流金□，真诚翳宝床。"

【真意】 自然的意趣。张说《行从方秀川与刘评事文同宿》："寓言情思惬，适兴真意坦。"崔颂《和张荆州九龄晨出郡舍林下》："天云抗真意，郡阁晦高名。"李白《题嵩山逸人元丹丘山居》："偶与真意并，顿觉世情薄。"颜真卿《赠僧皎然》："倚石忘世情，援云得真意。"

【真游】 指游览道教圣地或道观。王勃《忽梦游仙》："浮识俄易归，真游邈难再。"李峤《闰九月九日幸总持寺登浮图应制》："闰节开重九，真游下大千。"储光羲《荐玄德公庙》："真游践王豫，永日迟云仙。"钱起《奉和圣制登会昌山应制》："睿想入希夷，真游到具茨。"

【真道】 真理。常用以指道教或其他宗教的教义。储光羲《题太玄观》："所喧既非我，真道其冥冥。"白居易《戒药》："域中有真道，所说不如此。"张祜《戊午年感事书怀二百韵谨寄献太原裴令公淮南李相公汉南李仆射宣武李尚书》："真道非无隘，空谈是信缘。"李商隐《赠送前刘五经映三十四韵》："式闾真道在，拥彗信谦光。"参见"真理"。

【真源】 ❶本源；本性。韦应物《酬李儋》："迈世超高躅，寻流得真源。"杨衡《赠庐山道士》："物像自随尘外灭，真源长向性中看。"赵璜《正月》："世网留三宿，真源寄一杯。"成崿《登圣善寺阁望龙门》："报慈弘孝理，行道得真源。"❷群仙所居之地。杜甫《望岳》："稍待西风凉冷后，高寻白帝问真源。"

【真經】 ❶道教的经书。王绩《游仙四首》之四："真经知那是，仙骨定何为。"钱起《东陵药堂寄张道士》："日夕开真经，言忘心更默。"皮日休《太湖诗·入林屋洞》："昔云夏后氏，于此藏真经。"张蠙《华阳道者》："华阳洞里持真经，心嫌来客风尘腥。"❷佛教的经典。薛能《赠普恭禅师》："南檐十月绳床暖，背卷真经向日看。"

【真境】 ❶道教之境。亦指仙境。王昌龄《武陵开云观黄炼师院三首》之三："暂因问俗到真境，便欲投诚依道源。"周繇《题东林寺虎掊泉》："转令栖遁者，真境逾难抛。"齐己《赠仰上人》："避地依真境，安闲似旧溪。"❷佛教用以称真理的境界。李绅《题法华寺五言二十韵》："住觉超真境，依游渡法船。"

【真圖】 道家谓仙图，仙家图籍。沈佺期《嵩山石淙侍宴应制》："自惜汾阳纡道驾，无如太室览真图。"

【真種】 （—zhǒng）指好的种马。杜甫《惜别行送刘仆射判官》："龙媒真种在帝都，子孙永落西南隅。"

【真僞】 真假。白居易《放言五首》之三："向使当初身便死，一生真伪复谁知。"又《有木诗八首》之三："物有似是者，真伪何由识。"黄滔《省试一一吹竽》："齐竽今历试，真伪不难知。"无名氏《题焚经台》（卷七八六）："确实是非凭烈焰，要分真伪筑高台。"

【真像】 真容；画像。郑畋《题缑山王子晋庙》："露坛装琬琰，真像写松乔。"陆龟蒙《引泉诗》："焚香礼真像，盥手披灵编。"杜荀鹤《题江寺禅和》："懒求施主修真像，翻说经文是妄言。"

【真僧】 持戒精严之僧。宋之问《雨从箕山来》："此时客精庐，幸蒙真僧顾。"司空曙《风筝》："坐与真僧听，支颐向寂寥。"清昼《与李司直令从荻塘联句》："画舸悠悠荻塘路，真僧与我相随去。"刘昭禹《冬日暮国清寺留题》："因共真僧话，心中万虑宁。"

【真箇】 真的；确实。王维《酬黎居士淅川作》："侬家真个去，公定随侬否。"吕岩《七言》之十："真个夫妻齐守志，立教牵惹在阴阳。"

【真語】 ❶佛教语。说真如一实之理之语，即不作曲示的实话。栖白《寄南山景禅师》："一度林前见远公，静闻真语世情空。"❷仙人话语，陆龟蒙《奉和袭美太湖诗二十首·三宿神景宫》："希微辨真语，若授虚皇命。"❸真话。温庭筠《马嵬佛寺》："才信倾城是真语，直教涂地是甘心。"

【真誥】 道家著作，南朝陶弘景撰。书中记载了道教上清派的历史、传记及方术等，内容庞杂。韦应物《休暇东斋》："怀仙阅真诰，贻友题幽素。"白居易

《味道》:“七篇真诰论仙事,一卷檀经说佛心。”李建勋《题魏坛二首》之一:“不遇至真传道要,曾看真浩亦何为。”吕岩《敲爻歌》:“仙童仙女彩云迎,五明宫内传真诰。”

【真精】 指阴阳精灵之气。吕岩《寄白龙洞刘道人》:“从此根芽渐长成,随时灌溉抱真精。”

【真粹】 真一精粹,指神。李贺《昌谷诗》:“雾衣夜披拂,眠坛梦真粹。”

【真實】 ❶不假;与事实相符。寒山《诗三百三首》之二二九:“三五痴后生,作事不真实。”白居易《九日宴集醉题郡楼兼呈周殷二判官》:“请君停杯听我语,此语真实非虚狂。”李商隐《题僧壁》:“若信贝多真实语,三生同听一楼钟。”❷佛教语。谓真实性。亦称真如,圆成实性三义之一。一钵和尚《一钵歌》:“若向尘中解真实,便是当来出世人。”

【真隱】 真正的隐者;真正地隐居。綦毋潜《宿太平观》:“明当访真隐,挥手入无倪。”孟浩然《寻香山湛上人》:“平生慕真隐,累日探奇异。”李商隐《别薛岩宾》:“桂树乖真隐,芸香是小惩。”方干《题桐庐谢逸人江居》:“由来朝市为真隐,可要栖身向薜萝。”皮日休《七爱诗》序:“傲大君者,必有真隐,以卢征君为真隐焉。”

【真慧寺】 佛教禅宗第五祖弘忍禅师道场,在今湖北黄梅县双峰山。裴度有《真慧寺》,题下注:“五祖道场。”

【真趣】 真正的意趣、旨趣。李白《日夕山中忽然有怀》:“素心自此得,真趣非外惜。”白居易《题杨颖士西亭》:“旷然宜真趣,道与心相逢。”刘沧《赠道者》:“真趣淡然居物外,忘机多是隐天台。”郑谷《华山》:“澹泊生真趣,逍遥息世机。”

【真影】 法身的影像。张乔《吊栖白上人》:“内殿留真影,闲房落贝多。”

【真賞】 ❶值得欣赏的景物。张九龄《初发江陵有怀》:“他日怀真赏,中年负俗纷。”钱起《登玉山诸峰偶至悟真寺》:“真赏无前程,奇观宁暂辍。”蔡文恭《奉和夏日游山应制》:“悠然动睿思,息驾寻真赏。”❷会心的欣赏。于頔《郡斋卧疾赠昼上人》:“众耳岂不聆,钟期有真赏。”皇甫冉《题高云客舍》:“唯将山与水,处处谐真赏。”

【真儀】 真容。徐夤《咏写真》:“借将前辈真仪比,未愧金銮李谪仙。”欧阳炯《贯休应梦罗汉画歌》:“忽然梦里见真仪,脱下袈裟点神笔。”

【真質】 指长生不老的体质。李贺《瑶华乐》:“铅华之水洗君骨,与君相对作真质。”

【真機】 玄妙之理;秘要。刘昚虚《登庐山峰顶寺》:“虽知真机静,尚与爱网并。”杜牧《逢故人》:“投人销壮志,徇俗变真机。”灵一《远公》:“真机久消歇,世教空拘束。”曹松《送德光禅师》:“有为嫌假佛,无境是真机。”

【真興】 (—xìng)学仙的兴趣。李深《游烂柯山四首》之二:“真兴得津梁,抽簪永游衍。”

【真錫】 美称锡杖。戴叔伦《赠慧上人》:“何日却飞真锡返,故人丘木翳寒藤。”

【真諦】 佛教语。谓真实无谬的道理。元稹《大云寺二十韵》:“真谛成知别,迷心尚有云。”白居易《新昌新居书事四十韵因寄元郎中张博士》:“浮荣水划字,真谛火生莲。”姚合《寄郁上人》:“谁为传真谛,唯应是上人。”

【真諦寺】 寺名。当在夔州(治所在今四川奉节县东白帝)境。杜甫有《谒真谛寺禅师》。

【真龍】 ❶龙。真,谓其非其他变种。李百药《登叶县故城谒沈诸梁庙》:“伊我非真龙,勿惊疲朽质。”戴叔伦《同赋龙沙墅》:“因君访遗迹,此日见真龙。”顾云《华清词》:“九色真龙上汉时,愿把霓幢引烟策。”赵抟《琴歌》:“真龙不圣土龙圣,凤凰哑舌鸱枭鸣。”❷喻骏马,亦喻杰出人才。杜甫《丹青引赠曹将军霸》:“斯须九重真龙出,一洗万古凡马空。”又《骢马行》:“卿家旧赐公取之,天厩真龙此其亚。”李频《贺同年翰林从叔舍人知制诰》:“仙禁何人蹑近踪,孔门先选得真龙。”❸喻皇帝。李商隐《井络》:“堪叹故君成杜宇,可能先主是真龙。”

【真禪】 指佛。张蠙《观江南牡丹》:“举世只将华胜实,真禅元喻色为空。”

【真趨】 真趣。陆龟蒙《纪梦游甘露寺》:“逍遥得真趋,逦迤寻常迹。”

【真聲】 道家谓仙声。李白《题随州紫阳光生壁》:“喘息餐妙气,步虚吟真声。”刘希夷《嵩岳闻笙》:“绛唇吸灵气,玉指调真声。”

【真檀】 木名。即檀香。皮日休《寄题罗浮轩辕先生所居》:“红翠数声瑶室响,真檀一炷石楼深。”

【真濫】 古乐和新声。韩愈《秋怀诗十一首》之七:“古声久埋灭,无由见真滥。”

【真贋】 真伪。韩愈。《崔十六少府摄伊阳以诗及书见投因酬三十韵》:“前计顿乖张,居然见真赝。”

【真籍】 传说真人或仙家人的名册。刘禹锡《游桃源一百韵》:“如今三山上,名字在真籍。”元稹《酬东川李相公十六韵》:“自从真籍除,弃置勿复论。”

【真籙】 指道教的符箓。李白有《访道安陵遇盖还为余造真箓临别留赠》。

【真鑒】 玉镜。吴筠《游仙二十四首》之一三:“峻朗妙门辟,澄微真鉴通。”

【真體】 率真朴实的诗体。司空图《诗品二十四则·雄浑》:"大用外腓,真体内充。"

【真靈】 道家谓真人、仙人。张贲《奉和袭美伤开元观顾道士》:"惆怅真灵又空返,玉书谁授紫微歌。"

眓 〔huò《广韵》呼括切,入末,曉。〕❶见"眓睼"。❷见"眓睢"。

【眓睼】 视高貌。贯休《观怀素草书歌》:"骇人心兮眓睼,顿人足兮神辟易。"

【眓睢】 象声词。沈亚之《文祝延二阕》之二:"兕载吹兮音呭呭,铜铙呶兮睋呼眓睢。"

眚 〔shěng《广韵》所景切,上梗,生。〕疾苦。李峤《晚秋喜雨》:"国惧流金眚,人深悬磬忧。"

眢 〔yuān《广韵》於袁切,平元,影。又一丸切,平桓,影。〕眼枯不明。引申为井枯无水。见"眢井"。泛指干枯无水。见"眢谷"。

【眢井】 废井;无水的井。语出《左传·宣公十二年》:"目于眢井而拯之。"刘禹锡《三阁辞四首》之四:"三人出眢井,一身登槛车。"

【眢谷】 干涸的溪谷。郑嵎《津阳门诗》:"奇松怪柏为樵苏,童山眢谷亡崄巇。"

眩 〔xuàn《广韵》黄練切,去霰,匣。又胡涓切,平先,匣。〕❶眼昏发花。张说《再使蜀道》:"古来风尘子,同眩望乡目。"杜甫《龙门阁》:"目眩陨杂花,头风吹过雨。"权德舆《多病戏书因示长孺》:"眼眩飞蝇影,耳厌远蝉声。"白居易《和微之诗二十三首·和寄乐天》:"宿酲和别思,目眩心忽忽。"❷晕;晕眩。白居易《病中宴坐》:"头眩罢垂钩,手痹休援琴。"❸迷惑;迷乱。引申为欺骗。刘禹锡《贾客词》:"眩俗杂良苦,乘时取重轻。"

【眩旋】 飘舞貌。陆龟蒙《吴俞儿舞歌·矛俞》:"缠肩绕脰,襂合眩旋。"

【眩轉】 旋转不定。元稹《有酒十章》之七:"声若雷砰目流电,醉舞翻环身眩转。"

眽 〔mà《广韵》莫八切,入黠,明。〕恶视。韩愈、孟郊《征蜀联句》:"强睛死不闭,犷眼困逾眽。"

眠 〔mián《广韵》莫賢切,平先,明。〕❶睡眠;睡觉。李白《山中与幽人对酌》:"我醉欲眠卿且去,明朝有意抱琴来。"戴叔伦《过友人隐居》:"地静留眠鹿,庭虚下饮猿。"白居易《新乐府·新丰折臂翁》:"至今风雨阴寒夜,直到天明痛不眠。"韦庄《建昌渡暝吟》:"市散渔翁醉,楼深贾客眠。"❷蚕蜕皮时不食不动的状态。王维《渭川田家》:"雉雊麦苗秀,蚕眠桑叶稀。"李白《寄东鲁二稚子》:"吴地桑叶绿,吴蚕已三眠。"高适《秋胡行》:"三月垂杨蚕未眠,携笼结侣南陌边。"戎昱《汉上题韦氏庄》:"调笑提筐妇,春来蚕几眠。"❸横卧;平放。司空图《诗品二十四则·典雅》:"眠琴绿阴,上有飞瀑。"见"眠桅"。

【眠卧】 上床睡觉。杜甫《夜归》:"夜来归来冲虎过,山黑家中已眠卧。"

【眠食】 睡眠和吃饭。杜牧《郡斋独酌》:"生人但眠食,寿域富农桑。"

【眠桅】 谓横倒桅杆。元稹《遭风二十韵》:"后侣逢滩方拽簉,前宗到浦已眠桅。"清翟灏《通俗编·器用》:"按舟人讳倒桅曰眠桅杆,今言免桅,讹也。"

【眠雲】 喻山居。山中多云,故云。鲍溶《长安旅社怀旧山》:"昨夜清凉梦本山,眠云唤鹤有惭颜。"朱庆余《登望云亭招友》:"共知亭下眠云远,解到上头能几人。"喻凫《龙翔寺言怀》:"眠云喜道存,读《易》过朝昏。"许棠《寄华阴刘拾遗》:"寄邑虽行化,眠云似去官。"

【眠夢】 睡梦。形容睡熟时的状态。李商隐《日高》:"水精眠梦是何人,栏药日高红髲鬊。"

【眠睡】 睡眠。白居易《张常侍池亭凉夜闲宴赠诸公》:"朝忙少游宴,夕困多眠睡。"

【眠飯】 睡眠和吃饭。杜牧《长安送友人游湖南》:"莫哭葬鱼人,酒醒且眠饭。"

【眠覺】 (—jiào)睡醒。薛能《折杨柳十首》之五:"青楼一树无人见,正是女郎眠觉时。"

眙[1] 〔chì《广韵》丑吏切,去志,徹。〕❶直视貌。见"眙眙"。❷惊讶貌。见"眙愕"。

眙[2] 〔yí《广韵》與之切,平之,似。〕地名用字。见"盱眙"。

【眙眙】 (—chì)直视貌。贯休《偶作五首》之二:"金乌饱,飞复飞,四天下人眼眙眙。"

【眙愕】 瞠目惊讶貌。贾岛《玩月》:"眙愕子细视,睛瞳桂枝劖。"

六　画

眦 同"眥"。

眥 〔zì《广韵》疾智切,去寘,從。又在詣切,去霽,從。〕亦作"眦"。❶上下眼睑的接合处。近鼻处为内眦,近鬓处为外眦,通称眼角。杜甫《望岳》:"荡胸生曾云,决眦入归鸟。"❷泛称眼睛。韩愈《答张彻》:"尘袪又一掺,泪眥还双荧。"元稹

《虫豸诗·蟆子》:"隼眦看无物,蛇躯庇有鳞。"

【眥血】 眼眶瞪裂而出的血。犹血泪。刘禹锡《和董庶中古散调词赠尹果毅》:"眦血下沾襟,天高问无期。"

【眥裂】 目眶瞪裂。形容盛怒。语本《史记·项羽本纪》:"〔樊哙〕瞋目视项王,头发上指,目眥尽裂。"柳宗元《韦道安》:"一闻激高义,眦裂肝胆横。"

【眥睚】 怒目而视。张祜《赠淮南将》:"年少好风情,垂鞭眦睚行。"

脈 〔mò《广韵》莫獲切,入麥,明。〕见"脈脈"。

【脈脈】 视貌。《楚辞·王逸〈九思·逢尤〉》:"魂茕茕兮不遑寐,目脈脈兮寤终朝。"旧注:"脈脈,视貌也。"李商隐《杏花》:"异乡今暂赏,脈脈岂无恩。"

眺 〔tiào《广韵》他弔切,去嘯,透。〕❶远望。太宗《春日望海》:"披襟眺沧海,凭轼玩春芳。"李嘉祐《晚发咸阳寄同院遗补》:"征战初休草又衰,咸阳晚眺泪堪垂。"白居易《北楼送客归上都》:"凭高眺远一凄凄,却下朱阑即解携。"田章《和于中丞夏杪登越王楼望雪山见寄》:"志乖多感物,临眺更增愁。"❷回顾。太宗《经破薛举战地》:"长想眺前踪,扶躬聊自适。"

【眺望】 ❶从高处远望。太宗《月晦》:"披襟欢眺望,极目畅春情。"崔湜《奉和春日幸望春宫》:"山河眺望云天外,台榭参差烟雾中。"杜甫《水槛遣心二首》之一:"去郭轩楹敞,无村眺望赊。"郭澹《喜陆侍御破石埭草寇东峰亭赋诗》:"迥夜昏氛灭,危亭眺望雄。"

【眺覽】 纵目观赏。胡皓《奉和圣制同二相以下群官乐游园宴》:"仙阜崇高异,神州眺览殊。"李贺《春归昌谷》:"驱趋委憔悴,眺览强容貌。"

【眺聽】 视听。谓耳目所及。太宗《帝京篇十首》之四:"鸣笳临乐馆,眺听欢芳节。"权德舆《奉和许阁老酬淮南崔十七端公见寄》:"瓜步经过惯,龙沙眺听殊。"温会《和段相公登武担寺西台》:"眺听逢秋兴,篇辞变国风。"李密《淮阳感怀》:"眺听良多感,徙倚独沾襟。"

【眺矚】 在高处远望。太宗《初春登楼即目观作述怀》:"凭轩俯兰阁,眺瞩散灵襟。"武三思《宴龙泓》:"登临开胜托,眺瞩尽良游。"

眴 〔shùn《广韵》舒閏切,去稕,書。〕看;看见。陈子昂《万州晓发放舟乘涨还寄蜀中亲朋》:"前瞻未能眴,坐望已相依。"

眵 〔chī《广韵》叱支切,平支,昌。又章移切,平支,章。〕眼屎,眼中分泌出的黄色液体。见"眵昏"。

【眵昏】 目多眵而昏花。韩愈《短灯檠歌》:"夜书细字缀语言,两目眵昏头雪白。"

眯 〔mǐ《广韵》莫禮切,上薺,明。〕杂物入目使视线不清。杜甫《狄明府》:"早归来,黄土泥衣眼易眯。"

【眯目】 杂物入目使视线不清。卢仝《月蚀诗》:"眯目衅成就,害我光明王。"佚名《续谣》(卷七八七):"糊心宣抚使,眯目圣神皇。"

【眯眼】 眯目,杂物入目使视线不清。王建《太和公主和蕃》:"塞黑云黄欲渡河,风沙眯眼雪相和。"

眷 〔juàn《广韵》居倦切,去線,見。〕亦作"睠"。❶回顾;看视。李益《秋晚溪中寄怀大理齐司直》:"振仪自西眷,东夏复分釐。"韦应物《登高望洛城作》:"圣主乃东眷,俾贤拯元元。"柳宗元《掩役夫张进骸》:"从者幸告余,眷之涓然悲。"❷恩遇;恩宠。张说《奉和圣制途次陕州应制》:"何如万乘眷,追赏二南篇。"杜甫《赠特进汝阳王二十韵》:"圣情常有眷,朝退若无凭。"任华《寄杜拾遗》:"英才特达承天眷,公卿无不相钦羡。"方干《寄灵武胡常寺》:"自从忠谠承天眷,更用文篇续国风。"❸顾念;关注。卢照邻《七日登乐游故墓》:"汉寝眷遗灵,秦江想余吊。"唐远悊《奉和金城公主适西蕃应制》:"皇恩眷下人,割爱远和亲。"❹依恋;留恋。李白《金门答苏秀才》:"采薇行笑歌,眷我情何已。"钱起《陪南省诸公宴殿中李监宅》:"壶觞开雅宴,鸳鹭眷相随。"韩偓《李太舍池上玩红薇醉题》:"酩酊不能羞白鬓,颠狂犹自眷红英。"亦指眷念之情。孙光宪《生查子》词之五:"眷方深,怜恰好,唯恐相逢少。"❺亲属;家眷。卢仝《感古四首》之三:"恩眷多弃故,物情尚逐新。"

【眷分】 (一fèn)眷念之情。贾岛《投庞少尹》:"庞公相识元和岁,眷分依依直至今。"

【眷言】 回顾;看视。言,词尾。虞世南《奉和至寿春应令》:"眷言昔游践,回驾且淹留。"孟浩然《卢明府早秋宴张郎中海园即事得秋字》:"眷言华省旧,暂拂海池游。"韦应物《西郊燕集》:"眷言同心友,兹游安可忘。"武元衡《酬李十一尚书西亭暇日书怀见寄十二韵之作》:"遐抱清净理,眷言兰杜幽。"

【眷命】 垂爱并赋以重任。《郊庙歌辞·祀圜丘乐章·豫和》:"上灵眷命膺会昌,盛德殷荐叶辰良。"张说《唐封泰山乐章·豫和六首》之四:"承眷命,牧苍生。"

【眷念】 怀念。许敬宗《奉和登陕州城楼应制》:"眷念三阶静,遥想二南风。"

【眷盼】 眷顾。元稹《酬翰林白学士代书一百韵》:"千官容眷盼,五色照离披。"

【眷眷】 依恋反顾貌。王维《鱼山神女祠歌·送神》："纷进舞兮堂前，目眷眷兮琼筵。"李白《感时留别从兄徐王延年从弟延陵》："泣别目眷眷，伤心步迟迟。"窦群《奉酬西川武相公晨兴赠友见示之作》："眷眷轸芳思，依依寄远方。"白居易《以诗代书酬慕巢尚书见寄》："每愧尚书情眷眷，自怜居士病绵绵。"

【眷然】　亦作"睠然"。依恋貌。骆宾王《途中有怀》："睠然怀楚奏，怅矣背秦关。"陈子昂《感遇诗三十八首》之三三："眷然顾幽褐，白云空涕洟。"柳宗元《首春逢耕者》："眷然抚耒耜，回首烟云横。"

【眷想】　怀念。钱起《贞懿皇后挽词》："通灵深眷想，青鸟独飞来。"

【眷愛】　爱念之情。白居易《奉和汴州令狐令公二十二韵》："眷爱人人遍，风情事事兼。"

【眷舊】　怀念故旧。沈传师《次潭州酬唐侍御姚员外游道林岳麓寺题示》："含香珥笔皆眷旧，谦抑自忘台省尊。"

【眷闕】　谓怀念朝廷。李德裕《夏晚有怀平泉林居》："眷阙悲子牟，班荆感椒举。"

【眷顧】　垂爱；关注。包佶《奉和常阁老晚秋集贤院即事寄赠徐薛二郎中》："九霄偏眷顾，三事早提携。"

【眷屬】　家属；亲属。寒山《诗三百三首》之一七一："荣华能几日，眷属片时亲。"皇甫冉《送志弥师往淮南》："眷属空相望，鸿飞已杳冥。"白居易《逸老》："眷属偶相依，一夕同栖鸟。"李商隐《奉寄安国大师兼简子蒙》："鱼山羡曹植，眷属有文星。"

【眷戀】　思慕；爱恋。寒山《诗三百三首》之二九二："玩之能不足，眷恋在龆年。"孟浩然《岘山送张去非游巴东》："蹉跎游子意，眷恋故人心。"姚合《和门下李相饯西蜀相公》："青城方眷恋，黄阁竟从容。"韩偓《荐福寺讲筵偶见又别》："两情含眷恋，一饷致辛酸。"

眼　(yǎn《广韵》五限切，上産，疑。)❶眼睛；视觉器官。杜甫《寄岳州贾司马六丈巴州严八使君两阁老五十韵》："旧好肠堪断，新愁眼欲穿。"权德舆《渡江愁怨二首》之一："万里情，相思远，人不见兮泪满眼。"许浑《下第贻友人》："马氏识君眉最白，阮公留我眼长青。"齐己《夏日梅雨中寄睦公》："琢句心无味，看经眼亦昏。"❷眼前；眼睛前面。钱起《经李蒙颍阳旧居》："旧游还在眼，神理更忘言。"戴叔伦《九日与敬处士左学士同赋采菊上东山便为首句》："江湖乍辽复，城郭亦在眼。"元稹《闲二首》之一："不堪堤上立，满眼是蚊虫。"曹邺《田家效陶》："大姑小叔常在眼，却笑长安在天外。"❸孔；洞穴。杜甫《石笋行》："古来相传是海眼，苔藓蚀尽波涛痕。"韩愈《峡石西泉》："居然鳞介不能容，石眼环环水一钟。"❹围棋术语。指成片的白子或黑子中间的空格，对手不能下子处。王绩《句》："双关防易断，只眼畏难全。"元稹《酬孝甫见赠十首》之一七："无事抛棋侵虎口，几时开眼复联行。"白居易《和春深二十首》之七："一先争破眼，六聚斗成花。"❺量词。多用以指泉。李颀《与诸公游济渎泛舟》："洑泉数眼沸，平地流清通。"顾况《送李山人还玉溪》："若为种得千竿竹，引取君家一眼泉。"白居易《题庐山山下汤泉》："一眼汤泉流向东，浸泥浇草暖无功。"

【眼力】　❶视力。刘禹锡《闲坐忆乐天以诗问酒熟未》："减书存眼力，省事养心王。"元稹《戏赠乐天复言》："眼力少将寻案牍，心情且强掷枭卢。"姚合《武功县中作三十首》之三："簿书销眼力，杯酒耗心神。"❷欣赏鉴别的能力。齐己《寄山中诸友》："岚光生眼力，泉滴爽吟魂。"

【眼下】　目前；目下。白居易《偶吟二首》之一："眼下有衣兼有食，心中无喜亦无忧。"又《答崔宾客晦叔十二月四日见寄》："尚不能忧眼下身，因何更算人间事。"又《日长》："幸无眼下病，且向樽前醉。"

【眼子】　眼睛。张鷟《游仙窟诗·又赠十娘》："婀娜腰支细细许，𥇖䀹眼子长长馨。"

【眼中】　(—zhōng)眼睛里；心目中。元稹《喜五兄自泗州至》："眼中三十年来泪，一望南云一度垂。"白居易《青冢》："遂使君眼中，西施作嫫母。"

【眼中刺】　(中 zhōng)犹眼中钉。喻最痛恨的人或事物。白居易《新乐府·母别子》："新人迎来旧人弃，掌上莲花眼中刺。"

【眼方】　治疗眼疾的药方。温庭筠《访知玄上人遇暴经因有赠》："惠能未肯传心法，张湛徒劳与眼方。"

【眼孔】　眼睛。张元一《又嘲》："未见桃花面皮，漫作杏子眼孔。"

【眼孔大】　形容眼界宽，看得多。郑嵎《津阳门诗》："大开内府恣供给，玉缶金筐银簸箕。"自注："时于亲仁二里南陌为禄山建中第，令中贵人督其事，仍谓之曰：'卿善为部署。禄山眼孔大，勿令笑我。'"

【眼光】　目光；视线。孟郊《忆江南弟》："眼光寄明星，起来东望空。"贾岛《送刘知新往襄阳》："眼光悬欲落，心绪乱难收。"曹邺《送进士李殷下第游汾河》："中有左记室，逢人眼光明。"李咸用《春宫词》："眼光滴滴心振振，重瞳不转忧生民。"

【眼色】　传情示意的目光。吴融《浙东筵上有寄》："襄王席上一神仙，眼色相当语不传。"南唐后主李煜《菩萨蛮》词之三："眼色暗相钩，秋波横欲流。"

【眼見】　眼看；目睹。杜甫《绝句漫兴九首》之一："眼见客愁愁不醒，无赖春色到江亭。"白居易《新乐府·司天台》："是时非无太史官，眼见心知不敢言。”

【眼冷】 目光冷峻。罗虬《比红儿诗》之三八：“十年东北看燕赵，眼冷何曾见一人。”

【眼尾】 眼角；眼梢。李贺《画角东城》之二：“腮花弄暗粉，眼尾泪侵寒。”

【眼花】 眼睛昏花。杜甫《饮中八仙歌》：“知章骑马似乘船，眼花落井水底眠。”

【眼花耳熱】 眼睛昏花，耳朵燥热。形容酒酣时的状态。李白《侠客行》：“眼花耳热后，意气素霓生。”

【眼青】 谓睁着眼睛看。齐己《荆门病中雨后书怀寄幕中知己》：“心白未能忘水月，眼青独得见秋毫。”

【眼明】 ❶视力好；看得很清楚。元稹《戏酬副使中丞见示四韵》：“眼明相见日，肺病欲秋天。”白居易《初除尚书郎脱刺史绯》：“头白喜抛黄草峡，眼明惊拆紫泥书。”温庭筠《病中书怀呈友人》：“眼明惊气象，心死伏规模。”❷喜见，看得很高兴。杜甫《春水生二绝》之一：“鸬鹚鸂鶒莫漫喜，吾与汝曹俱眼明。”

【眼底】 眼中；眼睛跟前。王建《贫居》：“眼底贫家计，多时总莫嫌。”白居易《自问行何迟》：“眼底一无事，心中百不知。”杜牧《大雨行》：“奔觥槌鼓助声势，眼底不顾纤腰娘。”刘建勋《春日尊前示从事》：“眼底好花浑似雪，瓮头春酒漫如油。”

【眼波】 流动如水波的目光。多用于女子。杜牧《宣州留赠》：“为报眼波须稳当，五陵游宕莫知闻。”薛能《吴姬十首》之一：“夜锁重门昼亦监，眼波娇利瘦岩岩。”韩偓《偶见背面是夕兼梦》：“眼波向我无端艳，心火因君特地然。”又《席上有赠》：“小雁斜侵眉柳去，媚霞横接眼波来。”

【眼枯】 泪水枯干。杜甫《新安吏》：“莫自使眼枯，收汝泪纵横。”

【眼界】 目力听及之范围。王维《青龙寺昙壁上人兄院集》：“眼界今无染，心空安可迷。”卢纶《宝泉寺送李益端公归邠宁幕》：“眼界尘虽染，心源蔽已通。”鲍溶《怀幽期》：“眼界行处不着我，天花下来惟有香。”方干《题报恩寺上方》：“来来先上上方看，眼界无穷世界宽。”亦指眼中。白居易《眼病二首》之一：“僧说客尘来眼界，医言风眩在肝家。”

【眼看】 ❶眼见；目睹。王绩《过酒家五首》之二：“眼看人尽醉，何忍独为醒。”❷看得见。有立即、很快之意。钱起《七盘岭阻寇闻李端公先到南楚》：“秦楚眼看成绝国，相思一寄白头吟。”白居易《寓意诗五首》之四：“眼看秋社至，两处俱难恋。”赵嘏《李侍御归山同宿华严寺》：“园林手植自含绿，霄汉眼看当去程。”

【眼泉】 指泪水。杜荀鹤《下第东归道中作》：“心火不销双鬓雪，眼泉难濯满衣尘。”

【眼前】 ❶眼睛面前，跟前。杜甫《草堂》：“眼前列杻械，背后吹笙竽。”钱起《酬长孙绎蓝溪寄杏》：“把玩情何极，云林若眼前。”白居易《销暑》：“眼前无长物，窗下有清风。”罗隐《乱后逢友人》：“梦里旧行处，眼前新贵人。”❷目下；现在。戎昱《感春》：“名位未沾身欲老，诗书宁救眼前贫。”白居易《足疾》：“幸有眼前衣食在，兼无身后子孙忧。”朱庆余《题开元寺》：“何必更将空理遣，眼前人事是浮生。”赵嘏《登安陆西楼》：“楼上华筵日日开，眼前人事只堪哀。”

【眼前瘡】 喻当前的困境。聂夷中《咏田家》：“医得眼前疮，剜却心头肉。”

【眼穿】 犹言望眼欲穿。形容殷切盼望。韩愈《酒中留上襄阳李相公》：“眼穿长讶双鱼断，耳热何辞数爵频。”元稹《酬卢秘书》：“北人肠断送，西日眼穿颓。”李商隐《落花》：“肠断未忍扫，眼穿仍欲归。”刘得仁《送新罗人归本国》：“眼穿乡井树，头白渺瀰程。”

【眼根】 佛教语。六根之一，指眼睛因接触客观事物而产生的视觉和认识。齐己《游道林寺四绝亭观宋杜诗版》：“高僧眼根静，应见客吟神。”

【眼淚】 泪液。李颀《古从军行》：“胡雁哀鸣夜夜飞，胡儿眼泪双双落。”白居易《哭崔常侍晦叔》：“唯将病眼泪，一洒秋风襟。”吕岩《沁园春》词：“人世风灯，草头珠露，我见伤心眼泪流。”

【眼睛】 眼的通称。韩愈《月蚀诗效玉川子作》：“念此日月者，为天之眼睛。”刘叉《塞上逢卢仝》：“上楼腰脚健，怀土眼睛穿。”李贺《龙夜吟》：“卷发胡儿眼睛绿，高楼夜静吹横竹。”慕幽《剑客》：“戟立嗔髭鬓，星流忿眼睛。”

【眼暈】 目昏眩。姚合《闲居》：“头风春饮苦，眼晕夜书多。”陆龟蒙《奉酬袭美先辈吴中苦雨一百韵》：“看花虽眼晕，见酒忘肺渴。”

【眼意心期】 谓双方意愿一致，心灵互相沟通。韩偓《青春》：“眼意心期卒未休，暗中终拟约秦楼。”

【眼塵】 眼中灰尘。喻微贱之物。白居易《感春》：“忧喜皆心火，荣枯是眼尘。”又《斋月静居》：“忽忽眼尘犹爱睡，些些口业尚夸诗。”又《秋池》：“眼尘心垢见皆尽，不是秋池是道场。”

【眼膜】 眼球内包围在晶状体、玻璃体等周围的薄皮。杜甫《谒文公上方》：“金篦刮眼膜，价重百车渠。”

眸 〔móu《广韵》莫浮切，平尤，明。〕眼珠。亦泛指眼睛。张说《岳州西城》：“九围观掌内，万象阅眸前。”杜甫《哀江头》：“明眸皓齿今何在，血污游魂归不得。”白居易《长恨歌》：“回眸一笑百媚生，六宫粉黛无颜色。”李商隐《过姚孝子庐偶书》：“两鬓蓬常乱，双眸血不开。”

【眸子】 眼珠。亦泛称眼睛。韩愈《荐士》:“孟轲分邪正,眸子看了眊。”又《游城南十六首·赠张十八助教》:“喜君眸子重清朗,携手城南历旧游。”李贺《金铜仙人辞汉歌》:“魏官牵车指千里,东关酸风射眸子。”温庭筠《遐水谣》:“杀气空高万里情,塞寒如箭伤眸子。”

【眸光】 目光。韩愈、孟郊《城南联句》:“貌鉴清溢匣,眸光寒发硎。”

眶 〔kuàng《广韵》去王切,平陽,溪。〕眼眶。见“眶睫”。

【眶睫間】 眼眶和眼睫毛之间。形容距离极近或时间极短。卢仝《月蚀诗》:“恐是眶睫间,掩塞所化成。”

七　画

晛 〔xiàn《广韵》胡典切,上銑,匣。〕见“晛睆”。

【晛睆】 形容鸟色彩美好或状鸟声音圆转。韩愈《赠张籍》:“喜气排寒冬,逼耳鸣晛睆。”徐夤《宫莺》:“晛睆只宜陪阁凤,间关多是问宫娃。”孙处《咏黄莺》:“晛睆度花红,间关乱晓空。”

睋 〔é《广韵》五何切,平歌,疑。〕见“睋呼”。

【睋呼】 象声词。沈亚之《文祝延二阕》之二:“兕载吹兮音咿咿,铜铙呶兮睋呼胐睢。”

睎 〔xī《广韵》香衣切,平微,曉。〕❶视;望。韩愈、孟郊《城南联句》:“奇虑恣回转,遐睎纵逢迎。”柳宗元《贞符》:“人乃漻然休然,相睎以生,相持以成,相弥以宁。”慧净《杂言》:“北睨舍城池尚在,南睎尊岭穴犹存。”❷通“睎”。映。韩愈《芍药歌》:“欲将双颊一睎红,绿窗磨遍青铜镜。”

睇 〔tī《广韵》土鷄切,平齊,秀。〕❶视;望。骆宾王《秋日山行简梁大官》:“乘马陟层阜,回首睇山川。”韦应物《西涧种柳》:“置锸息微倦,临流睇归云。”李德裕《述梦诗四十韵》:“目睇烟霄阔,心惊羽翼高。”温庭筠《塞寒行》:“燕弓弦劲霜封瓦,朴簌寒雕睇平野。”

【睇望】 望。左偃《郊原晚望李秘书》:“徒令睇望久,不复见王孙。”

睆 〔huǎn《广韵》户板切,上潸,匣。〕见“睆伯台”。

【睆伯台】 即皖伯台,在今安徽潜山县境。相传春秋时大夫皖伯封国于此。徐铉《移饶州别周使君》:“睆伯台前收别宴,乔公亭下舣行舟。”

八　画

睛 〔jīng《广韵》子盈切,平清,精。〕眼珠;眼球。韩愈、孟郊《城南联句》:“木腐或垂耳,草珠竞骈睛。”卢仝《月蚀诗》:“手操舂喉戈,去此睛上物。”李商隐《李肱所遗画松诗书两纸得四十韵》:“视久眩目睛,倏忽变辉容。”

【睛瞳】 眼珠。代指眼睛。贾岛《玩月》:“眙愕子细视,睛瞳桂枝劃。”

睹 〔dǔ《广韵》當古切,上姥,端。〕看见;观看,崔颢《江畔老人愁》:“君今少壮我已衰,我昔少年君不睹。”韦应物《山行积雨归途始霁》:“但见白云合,不睹岩中春。”又《伤逝》:“梦想忽如睹,惊起复徘徊。”元稹《古决绝词》之二:“感破镜之分明,睹泪痕之余血。”

睦 〔mù《广韵》莫六切,入屋,明。〕❶友善;和睦。刘长卿《故女道士婉仪太原郭氏挽歌词》:“作范宫闱睦,归真道艺超。”权德舆《奉和韦曲庄言怀贻东曲外族诸弟》:“公台睦中外,墅舍邻西东。”白居易《和梦游春诗一百韵》:“刘阮心渐忘,潘杨意方睦。”李商隐《寿安公主出降》:“事等和强虏,恩殊睦本枝。”❷古州名。见“睦州”。

【睦州】 唐州名。隋仁寿三年(603)置,治所在雉山县(今浙江淳安县西淳城镇西南)。大业初改为遂安郡。唐开德四年(621)复为睦州,万岁通天二年(697)移治建德县(今浙江建德县东北梅城镇),领建德、清溪、桐庐、寿昌等县。刘长卿有《送张栩扶侍之睦州》。严维有《送崔峒使往睦州兼寄薛司户》。韩愈《寄皇甫湜》:“敲门惊昼睡,问报睦州吏。”方干有《题睦州乌龙山禅居》。

【睦姻】 对宗族和睦,对外亲亲密。语出《周礼·地官·大司徒》:“二曰六行:孝、友、睦、姻、任、恤。”郑玄注:“睦,亲于九族;姻,亲于外亲。”元稹《代曲江老人百韵》:“光武休言战,唐尧念睦姻。”

【睦亲】 对宗族和睦,对外亲友好。泛指对人友善。张说《五君咏五首·李赵公峤》:“睦亲何用心,处贵不忘旧。”

睖 〔lèng《广韵》丑昇初,平蒸,撤。〕见“睖睖”。

【睖睖】 瞪眼直视貌。张祜《忆江东旧游四十韵寄宣武李尚书》:“豹文须蔚蔚,羊目漫睖睖。”

睫 〔jié《广韵》即葉切，入葉，精。〕❶睫毛；眼睑边缘的细毛。杨浚《广武怀古》："乡山遥可见，西顾泪盈睫。"戎昱《苦哉行五首》之三："登楼望天衢，目极泪盈睫。"元稹《虫豸诗·浮尘子》之二："乍可巢蚊睫，胡为附蟒鳞。"杜牧《登池州九峰楼寄张祜》："睫在眼前长不见，道非身外更何求。"❷借指眼睛。皮日休《追和幽独君诗次韵》之二："双睫不能濡，六藏无可摧。"

睚 〔yá《广韵》五懈切，去卦，疑。《集韵》宜佳切，平佳，疑。〕见"睚眦"。

【睚眦】 瞪眼睛。借指微小的怨恨。语出《史记·范雎蔡泽列传》："一饭之德必偿，睚眦之怨必报。"张说《邺都行》："君不见魏武草创争天禄，群雄睚眦相逐驱。"李绅《趋翰苑遭诬构四十六韵》："未平人睚眦，谁惧鬼揶揄。"张祜《庚子岁寓游扬州赠崔荆四十韵》："睚眦宁宜惯，趑趄苟未能。"亦指含怨抱恨。李益《从军有苦乐行》："山河起目前，睚眦死路傍。"

睐 〔lài《广韵》洛代切，去代，來。〕❶眺望。刘禹锡《昏镜词》引："今夫来市者，必历鉴周睐，求与己宜。"❷顾盼。温庭筠《和周繇》："珧篋方喜睐，金勒自趁趯。"见"眄睐"。

督 〔dū《广韵》冬毒切，入沃，端。〕❶观察；督看。舒元舆《坊州按狱》："及此督簿书，游词出狴牢。"❷督促；督责。杜甫《咏怀二首》之一："日给在军储，上官督有司。"见"督促""督责"。❸统领，统帅。见"督領"。

【督促】 督责；催促。杜甫有《秋行官张望督促东渚耗稻向毕清晨遣女奴阿稽昱子阿希往问》。

【督責】 督促；责备。柳宗元《田家三首》之二："各言官长峻，文字多督责。"

【督郵】 官名。汉各郡置此官，为郡守佐吏，掌管纠举所领县乡违法之事。宣达教令，兼讼狱捕亡等事，职权极重。每郡分三部到五部，每部置督邮一人。唐以后废。唐诗中所称督邮，只指长录事之类州郡僚佐。皇甫冉《送李录事赴饶州》："借问督邮才弱冠，府中年少不如君。"卢纶《送鲍中丞赴太原》："专幕临都护，分曹制督邮。"又《送邓州崔长史》："出山车骑次诸侯，坐领图书见督邮。"权德舆《寄临海郡崔稚璋》："赤城临海峤，君子今督邮。"

【督領】 监督统领。杜甫《秋行官张望督促东渚耗稻向毕清晨遣女奴阿稽竖子阿段往问》："督领不无人，提携颇在纲。"

【督護】 ❶武官名。晋置。为方面镇将的部将。李商隐《送千牛李将军赴阙五十韵》："官非督护贵，师以丈人贞。"❷指《督护歌》。温庭筠《病中书怀呈友人》："塞歌伤督护，边角思单于。"

【督護歌】 督护，武官名，为方面镇将的部将。晋置。督护歌，南朝宋吴声歌曲名。《宋书·乐志》："《督护歌》者，彭城内史徐逵之为鲁轨所杀，宋高祖使府内直督护丁旿收殓殡埋之。逵之妻，高祖长女也，呼旿至阁下，自问敛送之事，每问辄叹息，曰：'丁督护！'其声哀切，后人因其声，广为曲焉。"李白《丁督护歌》："一唱督护歌，心摧泪如雨。"

睗 〔shì《广韵》施隻切，入昔，書。〕见"睗睒"。

【睗睒】 疾视貌。权澈《琵琶泓石壁诗刻》(外编)："柽柏飕飗杂风雨，龟龙睗睒游虚明。"韩愈《永贞行》："狐鸣枭噪争署置，睗睒跳踉相妩媚。"

睡 〔shuì《广韵》是僞切，去寘，禪。〕❶睡觉。杜甫《彭衙行》："众雏烂熳睡，唤起沾盘餐。"李贺《恼公》："曲池眠乳鸭，小阁睡娃僮。"白居易《新秋喜凉因寄兵部杨侍郎》："睡足一屈伸，搔首摩挲面。"齐己《不睡》："永夜不欲睡，虚堂闭复开。"❷打瞌睡。王建《织锦曲》："窗中夜久睡髻偏，横钗欲堕垂着肩。"韩愈《陆浑山火和皇甫湜用其韵》："皇甫作诗止睡昏，辞夸出真遂上焚。"❸躺着。储光羲《同王十二维偶然作十首》之九："卧览床头书，睡看机中织。"

【睡雨】 宿雨；隔夜雨。杜牧《许七侍御弃官东归题诗寄赠十韵》："睡雨高梧密，棋灯小阁虚。"

【睡思】 睡意。郑遨《茶诗》："最是堪珍重，能令睡思清。"

【睡眠】 睡觉。王梵志《诗》之十六："晚夜专看待，仍顺省睡眠。"杜甫《茅屋为秋风所破歌》："自经丧乱少睡眠，长夜沾湿何由彻。"李咸用《谢僧寄茶》："空门少年初志坚，摘芳为药除睡眠。"

【睡神】 犹睡魔。李德裕《故人寄茶》："六腑睡神去，数朝诗思清。"

【睡眼】 初醒的尚带睡意的眼睛。刘禹锡《始闻秋风》："马思边草拳毛动，雕眄青云睡眼开。"罗隐《钱》："解释愁肠结，能分睡眼开。"

【睡眸】 睡眼。韩偓《效崔国辅体四首》之三："酒力滋睡眸，卤莽闻街鼓。"

【睡鴨】 古代的一种铜制香炉，状如卧鸭，故名。李商隐《促漏》："舞鸾镜匣收残黛，睡鸭香炉换夕熏。"

【睡髻】 刚睡醒后散乱的发髻。韩偓《信笔》："睡髻休频拢，春眉忍更长。"

【睡興】 (—xìng)睡眠的趣味。白居易《认春戏呈冯少尹李郎中陈主簿》："暗助醉欢寻绿酒，潜添睡兴著红楼。"

【睡臉】 醒后尚带睡意的脸庞。白居易《吴宫辞》："淡红花帔浅檀蛾，睡脸初开似剪波。"李商隐《定子》："檀槽一抹广陵春，定子初开睡脸新。"温庭筠《菩萨词》之十一："无言匀睡脸，枕上屏山掩。"亦喻柳叶。张又新《五月水边柳》："睡脸寒未开，懒腰晴更软。"

【睡覺】　(—jiào)进入睡眠状态。任华《寄李白》："而我有时白日忽欲睡，睡觉欻然起攘臂。"裴度《凉风亭睡觉》："饱食缓行新睡觉，一瓯新茗侍儿煎。"白居易《长恨歌》："云鬓半偏新睡觉，花冠不整下堂来。"姚合《庄居即事》："斜月照床新睡觉，西风半夜鹤来声。"

【睡魔】　催人睡眠之魔，喻睡意。吕岩《大云寺茶诗》："断送睡魔离几席，增添清气入肌肤。"

【睡響】　鼾声。杜易简《嘲格辅元》："眼瘦呈近店，睡响彻遥林。"

【睡魇】　睡眠时做梦。成彦雄《寒夜吟》："猧儿睡魇唤不醒，满窗扑落银蟾影。"

睢1　〔suī《广韵》息遗切，平脂，心。〕水名。韩愈《答张彻》："浚郊避兵乱，睢岸连门停。"见"睢水"。

睢2　〔huī《广韵》許維切，平脂，曉。又許規切，平支，曉。又香季切，去至，曉。〕❶见"睢₂盱。"❷欢乐自得貌。刘禹锡《竹枝词九首》引："歌者扬袂睢舞，以曲多为贤。"❸象声词。沈亚之《文祝延二阙》之二："兕载吹兮音咿咿，铜铙呶兮睋呼睋睢。"

【睢水】　水名。自今河南开封市祥符区东从古鸿沟东流，经今杞县、睢县、宁陵、商丘、夏邑、永城等县，复经安徽濉溪、宿县、灵璧诸县及江苏睢宁县，至宿迁县南注入古泗水。今上游仅睢县附近有一支流惠济河，余皆湮塞。李颀《赠别高三十五》："寄迹栖霞山，蓬头睢水湄。"高适《平台夜遇李景参有别》："孟诸薄暮凉风起，归客相逢渡睢水。"顾况《行路难三首》之三"睢水英雄多血刃，建章宫阙成煨烬。"韩愈《此日足可惜赠张籍》："仆射南阳公，宅我睢水阳。"

【睢₂盱】　❶睁眼仰视貌。李白《答杜秀才五松见赠》："陶公矍铄呵赤电，回禄睢盱扬紫烟。"韩愈《谒衡岳庙遂宿岳寺题门楼》："庙令老人识神意，睢盱侦伺能鞠躬。"柳宗元《唐铙歌鼓吹曲十二篇·东蛮》："睢盱万状乖，咿嗢九译重。"白居易《和微之春日投简阳明洞天五十韵》："船头龙夭矫，桥脚兽睢盱。"❷喜悦貌。岑参《杨雄草玄台》："精怪喜无人，睢盱藏老树。"白居易《东南行一百韵》："夷音语嘲哳，蛮态笑睢盱。"

【睢苑】　汉梁孝王刘武所造园林。在睢阳(今河南商丘东)，故称。后亦借指名园。张大安《奉和别越王》："离襟怆睢苑，分途指邺城。"张九龄《三月三日申王园亭宴集》："稽亭追往事，睢苑胜前闻。"

【睢陽】　地名。唐天宝元年(742)改宋州置，治所在宋城县(今河南商丘市南)，领宋城、襄邑等七县。王维《送魏郡李太守赴任》："企予悲送远，惆怅睢阳路。"高适有《酬鸿胪裴主簿雨后睢阳北楼见赠之作》。韦应物《寄大梁诸友》："昨日次睢阳，今夕宿符离。"李端《过宋州》："睢阳陷虏日，外绝救兵来。"

睥　〔pì《广韵》匹詣切，去霽，滂。〕斜视。岑参《虢州西亭陪端公宴集》："万岭窗前睥，千家肘底看。"

【睥睨】　❶本指斜视，引申为看。寒山《诗三百三首》之六十："髻高花匼匝，人见皆睥睨。"韩愈《读东方朔杂事》："向观睥睨处，事在不可赦。"白居易《洛中偶作》："裴回伊涧上，睥睨嵩少傍。"徐凝《题开元寺牡丹》："海燕解怜频睥睨，胡蜂未识更徘徊。"❷窥伺。詹敦仁《复留侯从效问南汉刘岩改名龑字音义》："吁嗟毒蛟辈，睥睨飞龙位。"❸城墙上锯齿形的短墙；女墙。杜甫《南极》："睥睨登哀柝，矛弧照夕曛。"卢纶《九日奉陪侍郎登白楼》："睥睨三层连步障，茱萸一朵映华簪。"李贺《画角东城》："河转曙萧萧，鸦飞睥睨高。"许浑《和崔大夫新广北楼登眺》："风卷浮云披睥睨，露凉明月坠阑干。"

睨　〔nì《广韵》五計切，去霽，凝。〕❶视；望。《楚辞·离骚》："陟升皇之赫戏兮，忽临睨夫旧乡。"王逸注："睨，视也。"上官昭容《游长宁公主流杯池二十五首》之十一："此真攀玩所，临睨赏光辉。"王湾《奉使登终南山》："渐平逢车骑，向晚睨城邑。"韩愈《答张彻》："倚岩睨海浪，引袖拂天星。"陆龟蒙《迎潮送潮辞·送潮》："大儿望兮微将晦翳，睨瀛溶兮敛然而退。"❷斜着眼看；斜视。杜甫《白水县崔少府十九翁高斋三十韵》："清晨陪跻攀，傲睨俯峭壁。"罗隐《送宣武徐巡官》："傲睨公卿二十年，东来西去只悠然。"❸回视。慧净《杂言》："北睨舍城池尚在，南睎尊岭穴犹存。"

睬　〔cǎi《字汇补》此宰切。〕答理；理睬。张氲《醉吟三首》之二："下调无人睬，高心又被瞋。"曹唐《羽林贾中丞》："胸中别有安边计，谁睬髭须白似银。"

睟　〔suì《广韵》雖遂切，去至，心。〕润泽貌。《孟子·尽心上》："君子所性，仁、义、礼、智根于心，其生色也，睟然见于面，盎于背，施于四体，四体不言而喻。"意谓仁义礼智根于心，清和润泽则现于面容以至肩背、四肢。故"睟"可引申为"温和慈祥"之意。见"睟容""睟影"。

【睟容】　❶温和慈祥的面容。储光羲《述华清宫五首》之四："穆穆睟容归，岂为明灯夜。"温庭筠《元日》："雨旸春令煦，裘冕睟容尊。"《郊庙歌辞·梁太庙乐舞辞·送神》："赫奕令德，仿佛睟容。"❷特指遗像。段成式、张希复《游长安诸寺联句·翊善坊保寿寺·光天帧赞联句》："稽首如空，睟容若睇。"

【睟影】 温和慈祥的形象。《郊庙歌辞·褒德庙乐章·彰德》："严祠已备，睟影方回。"

睒 〔shǎn《广韵》失冉切，上琰，書。〕光闪烁。李贺《唐儿歌》："竹马梢梢摇绿尾，银鸾睒光踏半臂。"王琦汇解："言半臂之上，以银泥画鸾鸟，光彩睒人之目也。"见"矐睒"。

【睒光】 闪光。李贺《唐儿歌》："竹马梢梢摇绿尾，银鸾睒光踏半臂。"

【睒睗】 光闪烁貌，韩愈《寄崔二十六立之》："雷电生睒睗，角鬣相撑披。"

【睒睒】 光闪烁貌，韩愈《陪杜侍御游湘西两寺独宿有题一首因献杨常侍》："展转岭猿鸣，曙灯青睒睒。"又《东方半明》："残月晖晖，太白睒睒。"

睠 同"眷"。

睩 〔lù《广韵》廬谷切，入屋，來。〕❶见"睩眄"。❷眼睛。常楚老《江上蚊子》："越女如花住江曲，嫦娥夜夜凝双睩。"

【睩眄】 视貌。张说《灉湖山寺》："扬袂指辟支，睩眄相斗阋。"

九　画

睿 〔ruì《广韵》以芮切，去祭，以。〕❶明智；通达。见"睿思""睿哲❶""睿奬"。❷臣下对君主、后妃等所用的敬词。见"睿文""睿什""睿藻"。

【睿才】 超群的才能。李憕《奉和圣制从蓬莱向兴庆阁道中留春雨中春望之作应制》："已知圣泽深无限，更喜年芳入睿才。"

【睿什】 敬称皇帝的诗作。王丘《奉和圣制送张尚书巡边》："赠行光睿什，宴别感宸衷。"

【睿文】 皇帝的文德。李林甫《送贺监归四明应制》："睿文含日月，宸翰动云烟。"武元衡《奉和圣制丰年多庆九日示怀》："睿文垂日月，永与天无穷。"白居易《德宗皇帝挽歌词四首》之三："睿文诗播乐，遗训史标言。"李商隐《昭肃皇帝挽歌辞三首》之一："九县怀雄武，三灵仰睿文。"

【睿札】 圣札；皇帝诏敕。席豫《奉和圣制送张说巡边》："朝荣承睿札，野饯转行旃。"

【睿曲】 （—qǔ）对皇帝之诗作的敬称，郑愔《奉和幸望春宫送朔方大总管张仁亶》："睿曲风云动，边威鼓吹喧。"

【睿旨】 皇帝的诏令。杜审言《和李大夫嗣真奉使永存抚河东》："雨霈鸿私涤，风行睿旨宣。"

【睿作】 皇帝的诗作。李义府《和边城秋气早》："睿作高紫宸，分明映玄阙。"宋之问《桂州三月三日》："千春万寿多行乐，柏梁和歌攀睿作。"杜审言《岁夜安乐公主满月侍宴应制》："睿作尧君宝，孙谋梁国珍。"

【睿幸】 皇帝所宠幸者。李适《侍宴长宁公主东庄应制》："凤楼纡睿幸，龙舸畅宸襟。"

【睿明】 圣明。王昌龄《驾幸河东》："睿明悬日月，千岁此时逢。"

【睿相】 （—xiàng）尊称皇帝的容姿形貌。赵光逢《梁郊祀乐章·庆顺》："乾乾睿相，穆穆皇仪。"

【睿思】 圣明的思虑。苏颋《奉和圣制登太行山中言志应制》："宸游铺令典，睿思起芳年。"蔡文恭《奉和夏日游山应制》："悠然动睿思，息驾寻真赏。"

【睿祖】 皇帝的先祖。殷寅《玄元皇帝应见贺圣祚无疆》："睿祖光元始，曾孙体又玄。"

【睿神】 皇帝的神思。刘宪《闰九月九日幸总持寺登浮图应制》："临睨光辉满，飞文动睿神。"

【睿哲】 ❶圣明；明智。李贺《感讽五首》之二："皇汉十二帝，唯帝称睿哲。"张绍《冲佑观》："睿哲英断，雄略神智。"亦指圣明之人。《郊庙歌辞·仪坤庙乐章·坤贞》："克生睿哲，祚我休明。"❷指圣明的君主。魏征《奉和正日临朝应诏》："岂如今睿哲，迈古独光前。"

【睿氣】 犹瑞气。孟郊《晚雪吟》："睿气流不尽，瑞仙何复寥。"

【睿孫】 皇孙。刘禹锡《平齐行二首》之二："当今睿孙承圣祖，岳神望幸河宗舞。"

【睿略】 圣明的谋略。顾非熊《武宗挽歌词二首》之一："睿略皇威远，英风帝业开。"

【睿情】 皇帝的情意。许敬宗《侍宴莎册宫应制得情字》："浙奏长安道，神皋动睿情。"张九龄《奉和圣制早登太行山率尔言志》："动植希皇豫，高深奉睿情。"李适《奉和幸望春宫送朔方军大总管张仁亶》："豹略恭宸旨，雄文动睿情。"源乾曜《奉和圣制送张说上集贤学士赐宴》："宠命垂天锡，崇恩发睿情。"

【睿詞】 指皇帝的诗作。上官昭容《九月九日上幸慈恩寺登浮图群臣上菊花寿酒》："睿词悬日月，长得仰昭回。"徐彦伯《游禁苑幸临渭亭遇雪应制》："琼树留宸瞩，璇花入睿词。"赵彦昭《奉和七夕两仪殿会宴应制》："河气通仙掖，天文入睿词。"权德舆《奉和圣制重阳日即事六韵》："天道光下济，睿词敷大中。"

【睿渥】 皇帝的恩泽。崔翘《奉和圣制答张说南出雀鼠谷》："共欣承睿渥，日月照天文。"权德舆《赠梁国惠康公主挽歌词二首》之一："外馆嫔仪贵，中参睿渥深。"

【睿想】 皇帝的思虑或思想。许敬宗《奉和仪鸾殿早秋应制》："睿想追嘉豫，临轩御早秋。"宋之问《奉和幸三会寺应制》："净心遥证果，睿想独超禅。"杜甫《投赠哥舒开府二十韵》："智谋垂睿想，出入冠诸公。"钱起《奉和圣制登会昌山应制》："睿想入希夷，真游到具茨。"

【睿感】 皇帝圣明的感应。李峤《晚秋喜雨》："睿感通三极，天诚贯六幽。"

【睿筭】 见"睿算"。

【睿算】 亦作"睿筭"。圣明的决策。中宗《石淙》："永愿乾坤符睿算，长居膝下属欢情。"《郊庙歌辞·晋昭德成功舞歌·武功舞歌二首》之二："睿算超前古，神功格上圆。"张祜《游蔚过昭陵十六韵》："睿筭天遗策，社功亦有权。"罗隐《中元甲子以辛丑驾幸蜀四首》之二："几时睿算歼张角，何处愚人戴隗嚣。"

【睿圖】 皇帝的谋划。玄宗《行次成皋途经先圣擒建德之所缅思功业感而赋诗》："克敌睿图就，擒俘帝道亨。"权德舆《顺宗至德大安孝皇帝挽歌三首》之二："睿图传上嗣，寿酒比家人。"李商隐《有感二首》之一："九服归元化，三灵叶睿图。"

【睿獎】 圣明的奖赏、勉励。沈佺期《陪幸韦嗣立山庄》："皇鉴清居远，天文睿奖浓。"薛逢《送西川梁常侍之新筑龙山城并锡赉两州刺史及部落酋长等》："回轩如睿奖，休作苦辛吟。"

【睿賞】 皇帝的鉴赏。杜正伦《玄武门侍宴》："大君端扆暇，睿赏狎林泉。"苏瓌《奉和九月九日幸临渭亭登高应制得晖字》："重阳早露晞，睿赏瞰秋矶。"苏味道《初春行宫侍宴应制》："簪裾承睿赏，花柳发韶年。"孔德绍《观太常奏新乐》："和云留睿赏，熏风悦圣情。"

【睿篇】 对皇帝之诗作的敬称。张九龄《奉和圣制经河上公庙》："道在纡宸眷，风行动睿篇。"

【睿德】 皇帝的恩德。许景先《奉和御制春台望》："睿德在青阳，高居视中县。"贯休《寿春节进大蜀皇帝五首》之二："今以谀才歌睿德，犹如饮海妙难论。"

【睿錫】 皇帝的恩赐。崔日用《奉和圣制送张说巡边》："睿锡承优旨，乾文复宠行。"

【睿謀】 皇帝的谋略。杜牧《今皇帝陛下一诏征兵臣获睹圣功辄献歌咏》："捷书皆应睿谋期，十万曾无一镞遗。"

【睿澤】 皇帝的恩泽。刘庭琦《奉和圣制瑞雪篇》："愿随睿泽流无限，长报丰年贵有余。"梁升卿《奉和圣制答张说扈从南出雀鼠谷》："幽林承睿泽，闲客见清光。"王绰《迎春东郊》："睿泽光时辈，恩辉及物新。"韦庄《和郑拾遗秋日感事一百韵》："皇恩思荡荡，睿泽转洋洋。"

【睿藻】 皇帝的诗作。宋之问《夏日仙萼亭应制》："睿藻光岩穴，宸襟洽薜萝。"武平一《奉和立春内出彩花树应制》："欣逢睿藻光韶律，更促霞觞畏景催。"赵良器《三月三日曲江侍宴》："睿藻天中降，恩波海外流。"杨臣源《春日奉献圣寿无疆词十首》之三："大明含睿藻，元气抱宸居。"

【睿覽】 御览；圣鉴。亦指帝王游览。王德真《奉和圣制过温汤》："停舆兴睿览，还举大风篇。"薛昚惑《奉和进船洛水应制》："禁园纡睿览，仙棹叶宸游。"张九龄《奉和圣制途经华山》："灵居虽窅密，睿览忽玄同。"郑愔《奉和幸三会寺应制》："睿览山川匝，宸心宇宙该。"

【睿顧】 皇帝的眷顾。则天皇后《唐大飨拜洛乐章·拜洛》："菲躬承睿顾，薄德忝坤仪。"

瞑 同"愕"。惊讶。贾岛《玩月》："眙愕子细视，睛瞳桂枝劚。"

暖 〔xuān《广韵》况袁切，平元，曉。又况晚切，上阮，曉。又胡管切，上緩，匣。〕目大。韩愈《陆浑山火和皇甫湜用其韵》："齿牙嚼啮舌愕反，电光䃶磹赪目暖。"

睽 〔kuí《广韵》苦圭切，平齊，溪。〕亦作"暌"。❶违离；分离。岑参《虢州郡斋南池幽兴因与阎二侍御道别》："中岁徇微官，遂令心赏睽。"白居易《秦中吟十首·伤友》："曩者胶漆契，迩来云雨睽。"❷反目。柳宗元《贞符》："交焉而争，睽焉而斗，力大者搏，齿利者啮，爪刚者决，群众者轧，兵良者杀。"

【睽别】 分别。徐玄有《文或少卿文山郎中交好交至二纪已余睽别数载留题此诗》。

【睽違】 ❶分离；离别。陈子昂《感遇诗三十八首》之三二："阳彩皆阴翳，亲友尽睽违。"❷差错；不顺。元稹《三月二十四日宿曾峰馆夜对桐花寄乐天》："但感事睽违，非言官好恶。"

【睽闊】 久别。刘得仁《冬夜寄白阁僧》："营营不自息，睽阔数年情。"

【睽離】 分离。李商隐《送千牛李将军赴阙五十韵》："披豁惭深眷，睽离动素诚。"徐铉《正初和鄂州边郎中见寄》："故友睽离久，音书问讯频。"

【睽攜】 乖离；分离。携，离。卢崇道《新都南亭别郭大元振》："佳辰改宿昔，胜寄在睽携。"张九龄《晨坐斋中偶尔成咏》："徂岁方睽携，归心亟踯躅。"武元衡《送韦侍御司议赴东都》："独有临风思，睽携不可闻。"元稹《醉行》："秋风方索漠，霜貌足睽携。"

瞀 〔mào《广韵》莫候切，去候，明。又莫角切，入覺，明。〕见“瞀乱”。

【瞀乱】 昏乱。王维《宋进马哀词》：“心瞀乱兮重昏，仰诉天之不仁兮。”

十画

瞌 〔kē《广韵》克盍切，入盍，溪。〕困倦思睡。见“瞌然”“瞌睡”。

【瞌然】 困倦欲睡貌。白居易《自秦望赴五松驿马上偶睡睡觉成吟》：“体倦目已昏，瞌然遂成睡。”

【瞌睡】 打盹。欧阳炯《贯休应梦罗汉画歌》：“看经弟子拟闻声，瞌睡山童疑有梦。”

瞢1 〔méng《广韵》莫中切，平東，明。又武登切，平登，明。〕❶晦暗无光貌。《周礼·春官·眡祲》：“掌十辉之法，以观妖祥，辨吉凶。一曰祲；二曰象；三曰鑴；四曰监；五曰暗；六曰瞢。”郑玄注引郑司农曰：“瞢，日月瞢瞢无光也。”柳宗元《唐铙歌鼓吹曲十二曲十二篇·战武牢》：“命之瞢，卑以斫。”❷懵懂；糊涂。见“瞢昧”“瞢瞢”。

瞢2 〔mèng《广韵》莫鳳切，去送，明。〕通“梦”。做梦。张祜《庚子岁寓游杨州赠崔荆四十韵》(外编)：“春天聊共赏，夏日几同瞢。”薛能《题逃户》：“几界瞢农桑，凶年竟失乡。”

【瞢昧】 糊涂；无知。陆龟蒙《奉酬袭美吴中苦雨一百韵》：“孱孙诚瞢昧，有志常搰搰。”

【瞢然】 懵懂貌。白居易《达理二首》之一：“懵然与化俱，混然与俗问。”

【瞢瞢】 糊涂；迷糊不清。岑参《寄青城龙溪奂道人》：“五岳之丈人，西望青瞢瞢。”韩愈《赠别元十八协律六首》之一：“瞢瞢莫訾省，默默但寝饭。”张祜《忆江不旧游四十韵寄定武李尚书》：“几时心豁豁，长日醉瞢瞢。”

瞋 〔chēn《广韵》昌真切，平真，昌。〕❶睁大眼睛。见“瞋目”。❷生气；恼火；怨恨。拾得《诗》之五〇：“见佛不解礼，睹僧倍生瞋。”杨凭《赠窦牟》：“直用天才众却瞋，应欺李杜久为尘。”白居易《新乐府·天可度》：“阴阳神变皆可测，不测人间笑是瞋。”薛能《吴姬十首》之五：“娇泪半垂珠不破，恨君瞋折后庭花。”

【瞋目】 睁大眼睛。刘禹锡《游桃源一百韵》：“适逢修蛇见，瞋目光激射。”

【瞋忿】 愤怒怨恨。寒山《诗三百三首》之一五二：“慈悲如野鹿，瞋忿似家狗。”

【瞋恨】 愤怒怨恨。寒山《诗三百三首》之二八八：“顺情生喜悦，逆意多瞋恨。”

【瞋眉怒目】 横眉怒目。陈裕《咏深沙》：“瞋眉努目强乾嗔，便作阎浮有力神。”

【瞋鹰】 突睛的鹰。无可《赠王将军》：“急兔投深草，瞋鹰下半天。”

瞜 〔lián《集韵》勒兼切，平沾，來。〕见“瞜睡”。

【瞜睡】 眼皮低垂貌。张鷟《游仙窟诗·又赠十娘》：“婀娜腰支细细许，瞜睡眼子长长馨。”

瞎 〔xiā《广韵》許鎋切，入鎋，曉。〕双目失明。孟郊《寄张籍》：“西明寺后穷瞎张太祝，纵尔有眼谁尔珍。”亦指弄瞎。卢仝《月蚀诗》：“人养虎，被虎啮；天媚蟆，被蟆瞎。”

瞑 〔míng《广韵》莫經切，平青，明。〕❶闭目。见“瞑目”。❷通“暝”。暮；黄昏。见“瞑氛”。

【瞑目】 ❶闭上眼睛。元稹《哭吕衡州六首》之三：“遥闻不瞑目，非是不怜吴。”无可《送清散游太白山》：“倚身松入汉，瞑目月离潭。”李郢《春山夜雨》：“诗成数盏兀忘恩，瞑目昏昏倒搔罱。”李中《宿山中寺》：“瞑目忘尘虑，谈空入上乘。”❷谓死。李白《雉朝飞》：“弹弦写恨意不尽，瞑目归黄泥。”

【瞑氛】 夜色。苏味道《咏霜》：“金祇暮律尽，玉女瞑氛归。”

【瞑眇】 空旷迷茫貌。苏源明《小洞庭洄源亭宴四郡太守诗》序：“自洄源，起广泊，左指蚕尾，右遵吾山，倒化岫由波际，指粱岑于林缺，移摇敞豁，瞑眇虚旷。”

十一画

瞞1 〔mán《广韵》母官切，平桓，明。〕隐瞒。杜荀鹤《将过湖南经马当山庙因书三绝》之三：“头上苍苍没瞒处，不如平取一生心。”见“瞞人漢”。

瞞2 〔mén《集韵》謨奔切，平魂，明。〕见“瞞2然”。

【瞞人漢】 隐瞒真情者。寒山《诗三百三首》之二〇八：“我见瞒人汉，如篮盛水走。”

【瞞2然】 惭愧貌。独孤及《酬皇甫侍御望天潜山见示之作》：“瞒然诵佳句，持此秋兰佩。”

瞠 〔chēng《广韵》丑庚切,平庚,徹。〕瞪目直视。韩愈、孟郊《城南联句》:"解魄不自主,痺肌坐空瞠。"见"瞠瞠"。

【瞠瞠】 张目直视貌。来鹄《圣政纪颂》:"瞠瞠而视,逶逶而窭。"

瞞 〔màn〕❶目光流盼。见"瞞睇""瞞睩"。❷细长柔婉。权德舆《杂诗五首》之四:"文袿映束素,香黛宜瞞绿。"

【瞞睇】 目光流盼。借指美目。权德舆《古意》:"瞞睇呈巧笑,惠音激凄清。"

【瞞睩】 美目。借指美女。张说《邺都引》:"邺傍高冢多贵臣,娥眉瞞睩共灰尘。"

瞰 〔kàn《广韵》苦濫切,去闞,溪。〕❶看。多指俯视。韦应物《移疾会诗客元生与释子法朗因贻诸祠曹》:"高窗瞰远郊,暮色起秋山。"柳宗元《游朝阳岩遂登西亭二十韵》:"高岩瞰清江,幽窟潜神蛟。"杨汉公《登郡中销暑楼东川汝士》:"岩峣下瞰霅溪流,极目烟波望梓州。"刘辟《登楼望月二首》之一:"下瞰千门静,旁观万象生。"❷望;远望。褚亮《临高台》:"回瞰周平野,开怀畅远襟。"李白《月夜江行寄崔员外宗之》:"岸曲迷后浦,沙明瞰前洲。"韩愈《秋怀诗十一首》之七:"寒鸡空在栖,缺月烦屡瞰。"许棠《送刘校书游东鲁》:"如经麟见处,驻马瞰荒丘。"❸窥视;侦伺。李华《咏史十一首》之九:"驱驰十万众,怒目瞰中原。"韩愈、孟郊《城南联句》:"顺居无鬼瞰,抑横免官评。"李商隐《李肱所遗画松诗书两纸得四十韵》:"一旦鬼瞰室,稠叠张羉罿。"

【瞰臨】 居高临下。韩愈《合江亭》:"瞰临眇空阔,绿净不可唾。"

瞥 〔piè《广韵》普蔑切,入屑,滂。又芳滅切,入薛,滂。〕❶视;目光掠过。韩愈、孟郊《斗鸡联句》:"俄膺忽尔低,植立瞥而改。"元稹《苦乐相倚曲》:"汉成眼瞥飞燕时,可怜班女恩已襄。"章孝标《鹰》:"星眸未放瞥秋毫,频掣金铃试雪毛。"陆龟蒙《五歌·水鸟》:"孤翘侧睨瞥灭没,未是即肯驯檐楹。"❷暂现;很快地出现一下。权德舆《古离别》:"人生天地间,瞥若六辔驰。"白居易《寓意诗五首》之二:"权势去尤速,瞥若石火光。"皮日休《正乐府十篇·路臣恨》:"日行六七邮,瞥若鹰无踪。"齐己《蝉八韵》:"静息深依竹,惊移瞥过楼。"❸突然;忽然。顾况《梁司马画马歌》:"画精神,画筋骨,一团旋风瞥灭没。"见"瞥忽""瞥然"。

【瞥地】 突然;迅速地。薛昭蕴《浣溪沙》词:"瞥地见时犹可可,却来闲处暗思量。"

【瞥見】 一眼看见;乍见。孟郊《秋怀》之八:"少年如饿花,瞥见不复明。"李商隐《七月二十八日夜与王郑二秀才听雨后梦作》:"瞥见冯夷殊怅望,鲛绡休卖海为田。"罗虬《比红儿诗》之十四:"若教瞥见红儿貌,不肯留情付洛神。"郑谷《下峡》:"波头未白人头白,瞥见春风滟滪堆。"

【瞥忽】 倏忽;迅疾。李绅《逾岭峤止荒陬抵高要》:"泷夫拟楫劈高浪,瞥忽浮沉如电随。"

【瞥映】 短时间照射。李德裕《南梁行》:"斜阳瞥映浅深树,云雨翻迷崖谷间。"

【瞥捩】 倏忽回折疾旋貌。杜甫《杜鹃行》:"跳枝窜叶树木中,抢佯瞥捩雌随雄。"

【瞥眼】 犹转眼。杜甫《解忧》:"呀坑瞥眼过,飞橹本无蒂。"

【瞥裂】 迅疾貌。柳宗元《行路难三首》之一:"披霄决汉出沆漭,瞥裂左右遗星辰。"

【瞥然】 忽然;迅速地。钱起《蓝田溪杂咏二十二首·衔鱼翠鸟》:"有意莲叶间,瞥然下高树。"元稹《竞渡》:"乘风瞥然去,万里黄河翻。"李群玉《饭僧》:"以静制猿心,将虞瞥然起。"李洞《维摩畅林居》:"从此西林老,瞥然三万朝。"

【瞥過】 迅速地穿过。刘言史《送人随姊夫任云安令》:"孤帆瞥过荆州岸,认得瞿塘急浪声。"唐彦谦《洛神》:"惊鸿瞥过游龙去,漫恼陈王一事无。"齐己《船窗》:"瞥过沙禽翠,斜分夕照光。"

【瞥聞】 忽闻。张易之《出塞》:"瞥闻传羽檄,驰突救边荒。"

【瞥瞥】 ❶迅速貌。顾况《李供奉弹箜篌歌》:"往往从空入户来,瞥瞥随风落春草。"白居易《南池早春有怀》:"莛莛鱼尾掉,瞥瞥鹅毛换。"❷飘忽浮动貌。沈佺期《入少密溪》:"游鱼瞥瞥双钓童,伐木丁丁一樵叟。"

十二画

瞭 〔liǎo《广韵》盧鳥切,上篠,來。又落蕭切,平蕭,來。〕见"瞭然"。

【瞭然】 ❶眼明貌。张仲方《赠毛仙翁》:"方口秀眉编贝齿,了然炅炅双瞳子。"❷清楚貌。刘禹锡《令狐相公见于赠竹二十韵仍命继和》:"曲直既了然,孤高何卓尔。"

瞷 〔jiàn〕窥视。许棠《题金山寺》:"上穷如出世,下瞷忽惊神。"

瞳 〔tóng《广韵》徒紅切,平東,定。〕瞳孔。眼球中的小孔,随光线强弱而缩小或扩大。李白《游泰山六首》之二:"山际逢羽人,方瞳好容颜。"杜甫《天育骠骑歌》:"毛为绿缥两耳黄,眼有紫焰双瞳方。"元稹《闺晚》:"素臆光如研,明瞳艳凝溢。"温庭筠《过华清宫二十二韵》:"重瞳分渭曲,纤手指神州。"

【瞳人】 瞳孔。因其中有看它的人的像,故称。亦泛指眼珠。李贺《唐儿歌》:"骨重神寒天庙器,一双瞳人剪秋水。"

【瞳子】 瞳人;瞳孔。亦借指眼睛。李端《杂歌呈郑锡司空文明》:"高冠长剑立石堂,鬓眉飒爽瞳子方。"卢仝《月蚀诗》:"何故瞳子上,坐受虫豸欺。"张仲方《赠毛仙翁》:"方口秀眉编贝齿,了然炅炅双瞳子。"陈陶《将进酒》:"麻姑爪秃瞳子昏,东皇肉角生鱼鳞。"

【瞳朦】 愚昧无知。引申为模糊不清。储光羲《登秦岭作时陷贼归国》:"九逵合苍芜,五陵遥瞳朦。"

瞵 〔lín《广韵》力珍切,平真,來。〕视貌。韩偓《秋千》:"五丝绳系出墙迟,力尽才瞵见邻圃。"

瞪 〔dèng《广韵》丈證切,去證,澄。又宅耕切,平耕,澄。又直陵切,平蒸,澄。〕❶睁大眼睛。刘禹锡《葡萄歌》:"有客汾阴至,临堂瞪双目。"沈亚之《文祝延二阙》之二:"巫裾旋兮觋袖翔,瞪虚凝兮览回杨。"皮日休《鲁望昨以五百言见贻因成一千言上述吾唐文物之盛次叙相得之欢亦迭和之微旨也》:"老牛瞪不行,力弱谁能鞭。"又《太湖诗·圣姑庙》:"目瞪如有待,魂断空无语。"❷见"瞪目❷"。

【瞪目】 ❶睁大眼睛。李颀《崔五六图屏风各赋一物得乌孙佩刀》:"回头瞪目时一看,使予心在江湖上。"独孤及《客舍月下对酒醉后寄毕四耀》:"视身兀如泥,瞪目傲今昔。"王损之《赋得浊水求珠》:"瞪目思清浅,褰裳恨暗投。"唐彦谦《秋晚高楼》:"高楼瞪目归鸿远,如信嵇康欲画难。"亦指睁开着的眼睛。温庭筠《夜宴谣》:"高楼客散杏花多,脉脉新蟾如瞪目。"❷睁眼愣视。刘言史《王中丞宅夜观舞胡腾》:"四座无言皆瞪目,横笛琵琶遍头促。"

【瞪视】 睁大眼睛看。权德舆《刘绍相访夜话因书即事》:"忘言我造适,瞪视君无违。"韩愈《新竹》:"何人可携玩,清景空瞪视。"刘禹锡《令狐相公见示赠竹二十韵仍命继和》:"兹辰去前蔽,永日劳瞪视。"

瞬 〔shùn《广韵》舒閏切,去稕,書。〕❶目动;眨眼。张建封《竞渡歌》:"鼓声渐急标将近,两龙望标目如瞬。"白居易《赠僧五首·钵塔院如大师》:"慈悲不瞬诸天眼,清净无尘几地心。"段成式、郑符《游长安诸寺联句·常乐坊赵景公寺·吴画联句》:"妙瞬乍疑生,参差夺人魄。"引申为闪烁。武元衡《安邑里中秋怀寄高员外》:"坠叶翻夕霜,高堂瞬华烛。"❷一眨眼工夫。柳宗元《法华寺石门精舍三十韵》:"小劫不逾瞬,大千若在掌。"刘禹锡《南海马大夫见惠著述三通诗以谢之》:"一瞬见前事,九流当抗行。"韩偓《厌花落》:"但得鸳鸯枕臂眠,也任时光都一瞬。"

【瞬目】 转眼。形容时间短促。吴融《赠䛒光上人草书歌》:"人家好壁试挥拂,瞬目已流三五行。"

【瞬息】 一眨眼的工夫。极言时间短促。张说《李工部挽歌三首》之一:"瞬息琴歌断,凄凉箫挽悲。"李白《咏槿》:"芳荣何夭促,零落在瞬息。"白居易《自咏五首》之一:"荣华瞬息间,求得将何用。"程长文《春闺怨》:"绮陌香飘柳如线,时光瞬息如流电。"

十三画

瞽 〔gǔ《广韵》公户切,上姥,見。〕目失明;眼瞎。韩愈《昼月》:"嗟汝下民或敢侮,戏嘲盗视汝目瞽。"卢仝《月蚀诗》:"愿天完两目,照下万方土,万古更不瞽。"张祜《游天台山》:"鸾鹤自相群,前人空若瞽。"修雅《闻诵法华经歌》:"何异聋,何异瞽,世人之耳非不聪,耳聪特向经中聋。"

【瞽夫】 盲人。皎然《寓兴》:"始知此道无所成,还如瞽夫学长生。"

【瞽者】 失明者。邵谒《送徐群宰望江》:"浊者必恶清,瞽者必恶明。"皎然《戏呈吴冯》:"还如瞽者望长安,长安在西向东笑。"

【瞽宗】 殷代学校名。后借指最高学府。刘禹锡《国学新修五经壁歌》记:"时余为礼部郎,凡瞽宗之事,得以关决。"

【瞽叟】 盲眼老头。传说舜父有目而不能辨好坏,因而被称为"瞽叟"。李商隐《井泥四十韵》:"喜得舜可禅,不以瞽瞍疑。"

瞻 〔zhān《广韵》職廉切,平鹽,章。〕❶看;望。苏味道《和武三思于天中寺寻复礼上人之作》:"企躅瞻飞盖,攀游想渡杯。"杨衡《九日陪樊尚书龙山宴集》:"都人瞻骑火,犹知隔寺深。"李群玉《七月十五夜看月》:"竟夕瞻光彩,昂头把白醪。"王镕《哭赵州和尚二首》之一:"纵是了然云外合,每瞻瓶几泪还流。"❷尊仰;敬视。李白《赠潘侍御论钱少阳》:"君能礼此最下士,九州拭目瞻清光。"窦牟《晚过敷水驿却寄华州使院张郑二侍御》:"回瞻二妙非吾侣,日对三峰自有期。"白居易《奉和汴州令狐令公二十二韵》:"福履千夫祝,形仪四座瞻。"齐己《送灵䛒上人游五台》:"此去清凉顶,期瞻大圣容。"❸观察;察看。见"瞻風"。

【瞻仰】 ❶仰望;敬视。上官昭容《驾幸三会寺应制》:"宸翰陪瞻仰,天杯接献酬。"薛戎《游烂柯山》之四:"便是不二门,自生瞻仰意。"子兰《夜直》:"万方瞻仰处，晨夕面吾皇。”❷仰慕；敬仰。王维《谒璿上人》：“夙承大导师，焚香此瞻仰。”海顺《三不为篇》之三：“四众瞻仰，三槐附交。”

【瞻弄】 赏玩。独孤及《垂花坞醉后戏题》序：“诸花倒垂，下拂杯案，紫葩缤纷，如钗如旒。众君子瞻弄之不足，故秉烛进酒，以继落日，欲称醉而不能也。”

【瞻言】 有远见的言论。语出《诗·大雅·桑柔》：“维此圣人，瞻言百里。”刘禹锡《和河南裴尹侍郎宿斋天平寺诣九龙祠祈雨二十韵》：“瞻言五灵瑞，能救百谷萎。”

【瞻玩】 观赏。赵存约《鸟散余花落》：“空阶瞻玩久，应共惜年华。”

【瞻相】 （—xiàng）❶看相，看人相貌以卜吉凶。薛能《戏瞻相》：“瞻相赵女休相拽，不及人前诈摆头。”❷察看。韩愈《读东方朔杂事》：“瞻相北斗柄，两手自相挼。”

【瞻思】 仰慕。中廇《赠王仙柯》：“瞻思不及望仙兄，早晚升霞入太清。”

【瞻風】 观察风向、风速等。李欣《送相里造入京》：“暖酒嫌衣薄，瞻风候雨晴。”刘言史《夜泊润州江口》：“秋江欲起白头波，贾客瞻风无渡河。”

【瞻前】 回顾往事。李德裕《忆平泉山居赠沈吏部一首》：“常恐似伯玉，瞻前惭魏舒。”

【瞻討】 观览探寻。闾丘均《临水亭》：“清朗悟心术，幽遐备瞻讨。”独孤及《早发若岘驿望庐山》：“谁谓峰顶远，跂予可瞻讨。”

【瞻望】 ❶远望；展望。刘禹锡《有僧言罗浮事因为诗以写之》：“夜宿最高峰，瞻望浩无邻。”白居易《夜雨》：“乡远去不得，无日不瞻望。”方干《江州送李侍御归东洛》：“道路空瞻望，轩车不敢攀。”灵一《送冽寺主之京迎禅和尚》：“禅门居此地，瞻望在虚空。”❷仰望；仰慕。高适《古乐府飞龙曲留上陈左相》：“风尘与霄汉，瞻望日悠悠。”

【瞻眺】 远望。韦续《郡治楼望黄山》：“莫怪寓名同岳号，暂图瞻眺近长安。”

【瞻覲】 敬望。齐己《渚宫莫问诗一十五首》序：“自是龙门墙仞，历稔不复瞻觊，况他家哉！”

【瞻瞻】 回首仰视貌。杜审言《和李大夫嗣真奉使存抚河东》：“隐隐帝乡远，瞻瞻肃命虔。”

【瞻聽】 视听。韩愈《答张彻》：“赖其饱山水，得以娱瞻听。”

【瞻戀】 仰慕；依恋。钱起《送王相公赴范阳》：“欲知瞻恋切，迟暮一书生。”薛存诚《谒见日将至双阙》：“雕虫竟何取，瞻恋不知回。”

【瞻禮】 瞻仰礼拜。曹松《书翠岩寺壁》：“何年话尊宿，瞻礼此堂中。”

【瞻矚】 观看。刘长卿《赠别于群投笔赴安西》：“元帅许提携，他人伫瞻瞩。”

瞷 〔měng《广韵》莫幸切，上梗，明。又武庚切，平庚，明。又莫耕切，平庚，明。〕见“瞷盯”。

【瞷盯】 直视貌。元稹《有酒十章》之二：“胡不日车杲杲昼夜行，胡为月轮灭缺星瞷盯。”

矇 〔méng《广韵》莫紅切，平東，明。〕见“矇瞀”。

【矇瞀】 目不明。韩愈《南山诗》：“时天晦大雪，泪目苦矇瞀。”

瞿 〔qú《广韵》其俱切，平虞，羣。〕❶见“瞿唐”。❷姓。李涉《却归巴陵途中走笔寄唐知言》：“余瞿二家同爱客，园蔬任遣奴才摘。”

【瞿唐】 亦作“瞿塘”。峡名，在今四川奉节县东，是长江三峡之一。两岸悬崖壁立，江水湍急，山势险峻，号称“西蜀门户”。杜甫《云》：“龙似瞿唐会，江依白帝深。”李益《江南词》：“嫁得瞿塘贾，朝朝误妾期。”白居易《登西楼忆行简》：“早晚东归来下峡，稳乘船舫过瞿唐。”李频《将赴黔州先寄本府中丞》：“八月瞿塘到底翻，孤舟上得已销魂。”

【瞿唐石城】 指夔州（今四川奉节县东白帝）。夔州近瞿塘峡，故称。杜甫《观公孙大娘弟子舞剑器行》：“金粟堆南木已拱，瞿唐石城草萧瑟。”

【瞿唐峽】 亦作“瞿塘峡”。峡名。李白《自巴东舟行经瞿唐峡登巫山最高峰晚还题壁》：“始经瞿塘峡，遂上巫山巅。”杜甫《秋兴八首》之六：“瞿唐峡口曲江头，万里风烟接素秋。”杜甫《月三首》之三：“万里瞿塘峡，春来六上弦。”见“瞿唐”。

【瞿然】 急遽貌。陆龟蒙《纪梦游甘露寺》：“岭高瞿然起，若自苍旻掷。”

【瞿塘】 见“瞿唐”。

【瞿塘峽】 见“瞿唐峡”。

【瞿塘賈】 （贾 gǔ）指泛长江入蜀的行商。李益《江南词》：“嫁得瞿塘贾，朝朝误妾妻。”

十四画

矉 〔pín《广韵》必鄰切，平真，幫。《集韵》毗賓切，平真，並。〕通“颦”。皱眉。《庄子·天运》：“故西施病心而矉其里，其里之丑从见而美之，归亦捧心而矉其里。”李白《效古二首》之二：“蛾眉不可妒，况乃效其矉。”

十五画

矍 〔jué《广韵》居縛切，入藥，見。〕❶见"矍鑠"。❷见"矍然"。

【矍鑠】 形容老年人目光炯炯、精神健旺。《后汉书·马援传》载，马援六十二岁请求出征。"援据鞍顾眄，以示可用。帝笑曰：'矍铄哉，是翁也！'"后诗文中多用以为典。李白《赠宣城宇文太守兼呈崔侍御》："据鞍空矍铄，壮志竟谁宣。"杨巨源《方城驿逢孟侍御》："走马温汤直隼飞，相逢矍铄理征衣。"刘禹锡《赠致仁滕庶子先辈》："矍铄据鞍时骋健，殷勤把酒尚多情。"白居易《老戒》："矍铄夸身健，周遮说话长。"

【矍鑠翁】 借指后汉马援。亦泛称年老而精神健旺的老人。李白《流夜郎半道承恩放还兼欣克复之美书怀示息秀才》："愧无秋毫力，谁念矍铄翁。"皎然《访朱放山人》："应非矍铄翁，或是沧浪客。"卢仝《月蚀诗》："荧惑矍铄翁，执法大不中。"许浑《登蒜山观发军》："定系猖狂虏，何烦矍铄翁。"

十六画

矐 〔huò《广韵》呵各切，入鐸，曉。〕见"矐睒"。

【矐睒】 闪电。顾况《险竿歌》："忽雷掣断流星尾，矐睒划破蚩尤旗。"

矑 〔lú《广韵》落明切，平模，來。〕瞳子；眼珠子。岑参《玉门关盖将军歌》："美人一双闲且都，朱唇翠眉映明眆。"

矗 〔chù《广韵》丑六切，入屋，徹。又初六切，入屋，初。〕❶直；笔直。张说《岳州行郡竹篱》："矗似长云亘，森如高戟耸。"❷高峻；高耸；向上直立。顾况《上古之什补亡训传十三章·十月之郊一章》："俯而望之，矗与云齐。"李绅《泛五湖》："风帆同巨鳌，云矗成高岸。"胡曾《叶县》："叶公丘墓已尘埃，云矗崇墉亦半摧。"陈陶《题僧院紫竹》："栖托讵星回，檀栾已云矗。"❸见"矗然"。❹见"矗矗"。

【矗然】 分明貌。元稹《竞渡》："一气忽为二，矗然画乾坤。"又《有酒十章》之一："胡为沉浊以升清，矗然分画高下程。"

【矗矗】 ❶高峻貌。齐己《苦寒行》："冰峰撑空寒矗矗，云凝水冻埋海陆。"❷重叠貌。裴廷裕《蜀中登第答李搏六韵》："蜀柳笼堤烟矗矗，海棠当户燕双双。"

二十一画

矚 〔zhǔ《广韵》之欲切，入燭，章。〕❶见；看见。储光羲《苏十三瞻登玉泉寺峰入寺中见赠作》："朝沿霸水穷，暮矚蓝田遍。"韦应物《寄中书刘舍人》："光辉恨未矚，归思坐难通。"皎然《奉和陆使君长源夏月游太湖》："峭蒨矚仙岭，超遥随明牧。"于頔《和丘员外题湛长史旧居》："依依矚烟霞，眷眷返墟里。"亦谓注视。见"矚目"。❷指目光，视线。李华《春游吟》："初春遍芳甸，千里蔼盈矚。"清昼、崔子向《泛长城东溪暝宿崇光寺寄处士陆羽联句》："萍解深可窥，林豁遥在矚。"

【矚目】 注视。苏味道有《始背洛城秋郊矚目奉怀台中诸侍御》。

【矚眺】 眺望。张说有《奉和圣制登骊山矚眺应制》。

【矚望】 ❶希望；期望。韩察《和张相公太原山亭怀古诗》："苍生方矚望，讵得赋归田。"谭铢《题九华山》："因兹契诚愿，矚望枕席前。"❷眺望。许敬宗《安德山池宴集》："戚里欢娱地，园林矚望新。"

矛　部

矛〔máo《广韵》莫浮切，平尤，明。〕我国古代的主要兵器。在长柄上装以矛头，用于刺杀。殷周时矛头用青铜制成，至汉代盛行铁矛。齐己《寄松江陆龟蒙处士》："中间欲相访，寻便阻戈矛。"见"矛弧""矛戟"。

【矛盾】 亦作"矛楯"。《韩非子·难一》："楚人有鬻楯与矛者，誉之曰：'吾楯之坚，物莫能陷也。'又誉其矛曰：'吾矛之利，于物无不陷也。'或曰：'以子之矛，陷子之楯，何如?'其人弗能应也。"后以"矛""盾"连举以喻言语或行为相互抵触、互不相容。杜甫《赠郑十八贲》："心虽在朝谒，力与愿矛盾。"韩愈《赠崔立之评事》："念昔尘埃两相逢，争名龃龉持矛楯。"

【矛戟】 矛和戟。亦泛称兵器。杜甫《赠崔十三评事公辅》："复进出矛戟，昭然开鼎彝。"元稹《酬乐天东南行诗一百韵》："判身入矛戟，轻敌比锱铢。"亦喻矛戟状物。皮日休《太湖诗·初入太湖》："疏岑七十二，巙巙露矛戟。"陆龟蒙《纪梦游甘露寺》："跳音簇鞞鼓，溅沫交矛戟。"

【矛楯】 见"矛盾"。

【矛弧】 矛和弧。泛指凶器。杜甫《南极》："睥睨登哀柝，矛弧照夕曛。"

【矛鋋】 矛和铤。泛称兵器。铤，铁把短矛。周昙《咏史诗·前汉门·条侯》："上将风戈赏罚明，矛铤严闭亚夫营。"

四　画

矜[1]〔jīn《广韵》居陵切，平蒸，見。〕❶自夸；自恃。《书·大禹谟》："汝惟不矜，天下莫与汝争能；汝惟不伐，天下莫与汝争功。"孔传："自贤曰矜，自功曰伐。"张九龄《剪彩》："姹女矜容色，为花不让春。"刘长卿《王昭君歌》："自矜娇艳色，不顾丹青人。"白居易《令狐尚书许过弊居先赠长句》："不矜轩冕爱林泉，许到池头一醉眠。"鲍溶《读史》："始矜山可拔，终叹骓不逝。"引申为夸赞白居易《新乐府·鸦九剑》："君勿矜我玉可切，君勿夸我钟可劓。"❷骄傲。《礼记·表记》："不矜而庄，不厉而威。"郑玄注："矜，谓自尊大也。"见"矜顧""矜驕"。❸谨守。李嘉祐《送从叔阳冰祇召赴都》："常时矜礼数，渐老荷优怜。"❹注重；崇尚。《汉书·贾谊传》："婴以廉耻，故人矜节行。"颜师古注："矜，尚也。"刘商《铜雀妓》："魏主矜蛾眉，美人美于玉。"❺怜悯；同情。寒山《诗三百三首》之一〇一："不觉大流落，皤皤谁见矜。"李白《赠新平少年》："故友不相恤，新交宁见矜。"岑参《西蜀旅舍春叹寄朝中故人呈狄评事》："何负当途人，无心矜窘厄。"徐夤《龙蛰二首》之二："逐日莫矜驽马步，司晨谁要牝鸡鸣。"

矜[2]〔qín《集韵》渠巾切，平真，群。又巨斤切，平欣，群。〕矛柄或戟柄。杜甫《寄刘峡州伯华使君四十韵》："炼骨调情性，张兵挠棘矜。"自注："《徐乐传》：'奋棘矜。'棘，即戟。矜，戟之把也。"

【矜功】 ❶居功；恃居。玄宗《经王濬墓》："居美未尽善，矜功徒自伤。"欧阳詹《东风二章》序："浚军自剿淮夷二孽，矜功多悖，师用匪律。"❷崇尚建立军功。李益《从军有苦行》："侠气五都少，矜功六郡良。"

【矜夸】 同"矜誇"。

【矜伐】 夸耀。皎然《妙喜寺四十二韵》："于交必倾写，立行岂矜伐。"

【矜名】 崇尚名声。皎然《观李中丞洪二美人唱歌轧筝歌》："美人矜名曲不误，蹙响时时如迸泉。"

【矜利】 夸耀剑利。李绅《登禹庙回降雪五言二十韵》："剑客休矜利，农师正念摧。"

【矜卹】 怜悯抚恤。吴筠《又酬刘侍御过草堂》："皇灵垂矜恤，正气登心神。"

【矜持】 矜庄自守。李贺《汉唐姬饮酒歌》："矜持昭阳意，不肯看南陌。"

【矜俞】 乐府舞曲歌辞。唐陆龟蒙作。见《全唐诗》卷二二。

【矜矜】 畏惧貌。张祜《苦旱》："忽忽嗟时难，矜矜畏序愆。"

【矜能】 夸耀自己的才能。白居易《筝》："倚丽精神定，矜能意态融。"

【矜飛】 以善飞而夸耀。卢纶《寄赠畅当山居》："虬龙宁守蛰，鸾鹤岂矜飞。"

【矜莊】 ❶矜持；过于持重。孟郊《严河南》："丈夫莫矜庄，矜庄不中看。"❷以身体强壮而自矜。柳宗元《敌戒》："惩病克寿，矜庄死暴。"

【矜奢】 骄矜奢侈。宋之问《浣纱篇赠陆上人》："自昔专娇爱，袭玩唯矜奢。"

【矜衒】 夸耀；炫耀。杨发《残花》："繁阴莫矜衒，终是共尘埃。"

【矜貧傲富】 同情贫穷者，傲视富贵者。张仲方《赠毛仙翁》："四海五山长独游，矜贫傲富欺王侯。"

【矜凌】 寒冷战慄貌。韩愈《酬蓝田崔丞立之咏雪见寄》："朝鼓矜凌起，山斋酩酊眠。"

【矜誇】 夸耀。杜甫《石犀行》："蜀人矜夸一千载，泛溢不近张仪楼。"韩愈《李花二首》之一："平旦入西园，梨花数株若矜夸。"孟郊《招文士饮》："退之如放逐，李白自矜夸。"许浑《赠郑处士》："道傍年少莫矜夸，心在重霄鬓未华。"

【矜慎】 持重谨慎。赵嘏《送沈单作尉江都》："少年作尉须矜慎，莫向楼前坠马鞭。"

【矜豪】 夸耀自己的豪壮。韩愈、孟郊《斗鸡联句》："高行若矜豪，侧睨如伺殆。"

【矜憐】 怜悯。元稹《献荥阳公诗五十韵》："张鳞定摧败，折角反矜怜。"白居易《新乐府·缚戎人》："天子矜怜不忍杀，诏徙东南吴与越。"

【矜嚴】 矜持严肃。韩偓《席上有赠》："矜严标格绝嫌猜，嗔怒虽逢笑靥开。"徐铉《和歙州陈使君见寄》："织络文章丽，矜严道义尊。"

【矜寵】 炫耀所受宠爱。杜甫《骢马行》："雄姿逸态何嶜崒，顾影骄嘶自矜宠。"

【矜驕】 自大倨傲。李白《行行且游猎篇》："胡马秋肥宜白草，骑来蹑影何矜骄。"贯休《大蜀皇帝寿春节进尧铭舜颂二首·尧铭》："承天眷命，罔厥矜骄。"

【矜顧】 骄矜顾盼。白居易《杂兴三首》之三："行动自矜顾，数步一裴回。"

七　画

矟〔shuò《广韵》所角切，入觉，生。〕古代兵器。长矛，槊。杜牧《奉送中丞姊夫俦自大理卿出镇江西叙事书怀因成十二韵》："红旓挂石壁，黑槊断云根。"亦喻矟状物。皮日休《忆洞庭观步十韵》："远树点黑槊，遥峰露碧幢。"

【矟門】 戟门。设戟于门。引申指显贵之家或显赫的官署。张说《城南亭作》："珂马朝归连万石，矟门洞启亲迎客。"

八　画

矠〔zé《广韵》士革切，入麦，崇。又楚革切，入麦，初。〕以矛叉刺取。陆龟蒙《渔具诗》序："筌之流曰筒曰车，横川曰梁，承虚曰笱，编而沉之曰箄，矛而卓之曰矠。"

十五画

矡〔bó《集韵》弼角切，入觉，並。〕见"矡矟"。

【矡矟】 古代仪仗的一种。宋吴自牧《梦粱录·驾诣景灵宫仪仗》："又有仪仗内名矡矟者，按《开元礼记》：'金吾将军执矡矟以察队伍，去其非违，形如剑而三刃，以虎豹皮为袋盛之，其制始于秦汉。'"杨巨源《贺田仆射子弟荣拜金吾》："五侯恩泽不同年，叔侄朱门矡矟连。"

矢 部

矢 〔shǐ《广韵》式视切，上旨，書。〕❶古代兵器。即箭，以木或竹制成。杜甫《留花门》："高秋马肥健，挟矢射汉月。"又《草堂》："弧矢暗江海，难为游五湖。"韦应物《汉武帝杂歌三首》之三："愕然观者千万众，举麾齐呼一矢中。"欧阳詹《送袁秀才下第归毗陵》："矢舍虽未中，璞全终待攻。"❷陈述；陈献。见"矢謨"。

【矢人】 造箭的工匠。白居易《和答诗十首·答箭镞》："矢人职司忧，为箭恐不精。"

【矢石】 (—shí)箭和垒石，古时守城的武器。亦泛称作战武器。太宗《春晚宴两相及礼官丽正殿学士采得风字》序："乃命将士擐介胄，砺矢石，审山川之向背，应岁月之孤虚，所以静边陲也。"高适《睢阳酬别畅大判官》："兜鍪冲矢石，铁甲生风飙。"亦喻指他人的攻击和暗算。韩愈《和仆射相公回朝见寄》："放意机衡外，收身矢石间。"

【矢魚】 射鱼；捕鱼。陆龟蒙《渔具诗》序："天随子渔于海山之颜有年矣，矢鱼之具，莫不穷极其趣。"

【矢箙】 箭袋。柳宗元《唐铙歌鼓吹曲十二篇·兽之穷》："甲之櫜弓，弭矢箙。"

【矢謨】 陈献计谋。储光羲《同诸公送李云南伐蛮》："囊括千万里，矢谟在庙堂。"元稹《后湖》："公乃署其地，为民先矢谟。"

二 画

矣 〔yǐ《广韵》於紀切，上止，雲。〕❶语气助词。(1)用于句末，表示事物的既成状态，相当于"了""啦"等。陈叔达《自君之出矣》之一："自君之出矣，红颜转憔悴。"杜甫《短歌行赠王郎司直》："青眼高歌望吾子，眼中之人吾老矣。"温庭筠《病中书怀呈友人》："至言今信矣，微尚亦悲夫。"罗隐《薛阳陶觱篥歌》："伊水林泉今已矣。因取遗编认前事。"(2)表示事物的将然状态，相当于"了""啊"等。王维《青溪》："请留盘石上，垂钓将已矣。"孟浩然《秦中苦雨思归赠袁左丞贺侍郎》："寄言当路者，去矣北山岑。"钱起《寇中送张司马归洛》："吾道将东矣，秋风更飒然。"(3)表示肯定或判断，与"也"相当。玄宗《鹡鸰颂》序："夫颂者，所以揄扬德业，褒赞成功，顾循虚昧，诚有负矣。"元稹《酬乐天东南行诗一百韵》："薄命知然也，深交有矣夫。"张祜《苦旱》："请祷褥诚明矣，焚巫策昧然。"(4)表示感叹，犹啊。刘宪《奉和幸大荐福寺应制》："佳哉藩邸旧，赫矣梵宫新。"韦应物《再游龙门怀旧侣》："邈矣二三子，兹焉屡游盘。"卢纶《陈翃中丞东斋赋白玉簪》："美矣新成太华峰，翠莲枝拆叶重重。"李群玉《将之京国赠薛员外》："翻然羡鱼鸟，畅矣山川游。"(5)表示停顿，以起下文。李白《鞠歌行》："夜光抱恨良叹悲，日月逝矣吾何之。"皇甫冉《杂言月洲歌送赵冽还襄阳》："汉之广矣中有洲，洲如月兮水环流。"❷代词。与"之"字相当。元结《二风诗·治风诗五篇·至劳》："谁能颂之，我请颂矣。"刘兼《从弟舍人惠茶》："老丞倦闷偏宜矣，旧客过从别有之。"

三 画

知[1] 〔zhī《广韵》陟離切，平支，知。〕❶知晓；了解。太宗《初晴落景》："寄言博通者，知予物外志。"窦庠《夜行古战场》："不知秦与汉，徒欲吊英灵。"白居易《伤唐衢二首》之二："惟有唐衢见，知我平生志。"张蠙《伤贾岛》："可是当时少知己，不知知己是何人。"❷知觉。陆龟蒙《奉酬袭美先辈吴中苦雨一百韵》："天地如有知，微妖岂逃杀。"❸见解；知识。见"知識"。❹主持；执掌。韦应物《送令狐岫宰恩阳》："从来知善政，离别慰友生。"陆龟蒙《和过张祜处士丹阳故居》序："从知南海间罢职，载罗浮石笋还。"❺知遇；知赏。钱起《同程九早入中书》："汉家贤相重英奇，蟠木何材也见知。"孙元晏《咏史诗·宋·羊玄保》："就中堪爱羊玄保，偏受君王分外知。"韦夏卿《和丘员外题湛长史旧居》："异时逢尔知，兹辰驻余旆。"❻结交；交游。《荀子·不苟》："君子易知，而难狎。"王先谦集解引俞樾曰："知者，接也……古谓相交接曰知。"张渐《朗月行》："去岁草始荣，与君新相知。"徐铉《翰林游舍人见过余明日亦入西省上直因寄游君》："禁林还视草，气味两相知。"❼知己者；知交。戴叔伦《新秋夜寄江右友人》："旧知亲友散，故园江海空。"刘禹锡《新秋对月寄乐天》："相知尽白首，清景复追游。"温庭筠《赚袁司录》："刘尹故人谙往事，谢郎诸弟得新知。"齐己《寄郑谷郎中》："觅句如探虎，逢知似得仙。”❽如；犹。高适《同诸公登慈恩寺浮图》：“盛时惭阮步，末宦知周防。”杜甫《寒雨朝行视园树》：“散骑未知云阁处，啼猿僻在楚山隅。”韩愈《寄随州周员外》：“金丹别后知传得，乞取刀圭救病身。”曹汾《去东林寺诗》：“尘网分明知束缚，更须骑马别林泉。”❾犹管；过问。王维《桃源行》：“坐看红树不知远，行尽青溪不见人。”杜甫《鹦鹉》：“翠衿浑短尽，红嘴漫多知。”白居易《寄生衣与微之》：“莫嫌轻薄但知著，犹恐通州热杀君。”又《别东坡花树》：“花林好住莫憔悴，春至但知依旧春。”

知² 〔zhì《集韵》知義切，去寘，知。〕“智”的古字。聪明；智慧。张说《岳州夜坐》：“息心观有欲，弃知返无名。”韩愈《此日足可惜赠张籍》：“众夫指之笑，谓我知不明。”刘禹锡《有僧言罗浮事因为诗以写之》：“知小天地大，安能识其真。”

【知人明】 识别人的品行和才能的眼力。白居易《寓意诗之首》之三：“乃知择交难，须有知人明。”

【知己】 ❶了解自己，赏识自己。张九龄《荆州作二首》之一：“士伸在知己，已况仕于君。”杜甫《赠李十五丈别》：“丈夫贵知己，欢罢念归旋。”湛贲《伏览吕侍郎丘员外旧题十三代祖历山草堂诗因书记事》：“名遂贵知己，道胜方晦迹。”刘沧《送友人罢举赴蓟门从事》：“人生行止在知己，远佐诸侯重所依。”❷谓彼此相知情谊深厚之人。虞世南《结客少年场行》：“轻生殉知己，非是为身谋。”高适《别董大二首》之一：“莫愁前路无知己，天下谁人不识君。”朱庆余《镜湖西岛言事》：“世人若便无知己，应向此溪成白头。”贯休《途中逢周朴》：“世浊无知己，子从何处来。”

【知友】 知己；知心朋友。长孙佐辅《秋月登山》：“明书问知友，兴咏将谁能。”储嗣宗有《春怀寄秣陵知友》。

【知止】 ❶指志在达到至善的境地。语本《礼记·大学》：“大学之道……在止于至善。知止而后有定，定而后能静。”柳宗元《酬娄秀才寓居开元寺早秋月夜病中见寄》：“味道怜知止，遗名得自求。”❷懂得适安而止；知足。韦应物《送郗詹事》：“君子独知止，悬车守国程。”钱起《送严士良侍奉詹事南游》：“疏傅独知止，曾参善爱亲。”羊士谔《闲斋示一二道者》：“知止惭先觉，归欤想故侯。”于頔《和丘员外题湛长史旧居》：“昔贤枕高躅，今彦仰知止。”

【知分】 （—fèn）自知本分，不存非分之想。白居易《和微之诗二十三首·和除夜作》：“所以自知分，欲先歌归欤。”

【知心】 ❶彼此契合，心腹相照。陆长源《酬孟十二新居见寄》：“达者贵知心，古人不愿余。”方干《别喻凫》：“知心似古人，岁久分弥亲。”❷懂得心里想什么。杜荀鹤《感寓》：“大海波涛浅，小人方寸深。海枯终见底，人死不知心。”❸知己；深交。李嘉祐《留别毗陵诸公》：“知心从此别，相忆鬓毛斑。”

【知白守黑】 《老子》：“知其白，守其黑，为天下式。”河上公注：“白，以喻昭昭；黑，以喻默默。人虽自知昭昭明白，当复守之以默默，如暗昧无所见，如是则可为天下法式。”后以“知白守黑”谓韬晦自处。杜光庭《纪道德》：“在洗心而息虑，亦知白而守黑。”

【知丘】 《孟子·滕文公下》：孟子曰：“世衰道微，邪说暴行有作，臣弑其君者有之，子弑其父者有之。孔子惧，作《春秋》。《春秋》，天子之事也。是故孔子曰：‘知我者其惟《春秋》乎?’”后以“知丘”作为表示对知友的诗文或为人深为理解的典故。白居易《哭刘尚书梦得二首》之一：“杯酒英雄君与操，文章微婉我知丘。”徐铉《张先辈见寄二首》之二：“两首新诗千里道，感君情分独知丘。”

【知印】 执掌印鉴。指当县主簿。姚合《武功县中作三十首》之八：“野客嫌知印，家人笑买琴。”见“知县印”。

【知名】 ❶出名，名声为世人所知。李峤《檄》：“曹风虽觉愈，陈草始知名。”高适《别从甥万盈》：“诸生曰万盈，四十乃知名。”戴叔伦《赚康老人洽》：“酒泉布衣旧才子，少小知名帝城里。”方干《重阳日送洛阳李丞之任》：“洛下知名早，腰边结绶新。”❷谓知其名声或名字。李涉《奉宣慰使鱼十四郎》：“年才二十众知名，孤鹤仪容彻骨清。”皮日休《奉和鲁望秋赋有期次韵》：“郡侯闻誉亲邀得，乡老知名不放还。”胡宿《淮南发运赵邢州被诏归阙》：“人在函关先望气，帝于京兆最知名。”

【知名自谢公】 《晋书·谢安传》：安少有盛名，时多爱慕，乡人有罢中宿县者，还诣安。安问其归资，答曰“有蒲葵扇五万。”安乃取其中者捉之，京师士庶竞市，价增数倍。后作为咏蒲葵扇的典故。雍裕之《题蒲葵扇》：“羡尔逢提握，知名自谢公。”

【知更】 （—gēng）值更；报更。王建《温泉宫行》：“夜开金殿看星河，宫女知更明月里。”

【知见】 知识；见解。寒山《诗三百三首》之一六七：“世有多事人，广学诸知见。”李白《栖贤寺》：“知见一何高，拭眼避天位。”

【知足】 自知满足，不作过分的企求。王绩《赠梁公》：“履霜成坚冰，知足胜不祥。”白居易《西掖早秋直夜书意》：“若无知足心，贪求何日了。”朱庆余《赠陈逸人》：“得闲多事处，知足少年中。”苏拯《雉兔者》：“飞走如未空，贪残岂知足。”

【知言】 ❶有见识的言论。钱起《南中春意》：“入仕无知言，游方随世道。”薛能《和友人寄怀》：“从来行乐近来希，蘧瑗知言与我违。”❷善于辨析他人之言辞。语出《论语·尧曰》：“不知言无以知人也。”陈子昂《与东方左史虬修竹篇》序：“解君云：‘张茂先、何敬祖，东方生，与其比肩。’仆亦以为知言也。”储光羲《奉和韦判官献侍郎叔除河东采访使》：“贱士敢知言，成颁文明代。”❸知音。储光羲《酬李处士山中见赠》：“含采共朝暮，知言同古先。”

【知者】 能了解的人。杜甫《同元使君春陵行》：“感彼危苦词，庶几知者听。”元稹《琵琶歌》：“曲名《无限》知者鲜，《霓裳羽衣》偏宛转。”

【知$_2$者】 有知慧的人。杜甫《贻华阳柳少府》：“郁陶抱长策，义仗知者论。”

【知來】 知道未来。李商隐《北禽》：“知来有乾鹊，何不向雕陵。”

【知非】 ❶五十岁的代称。《淮南子·原道训》：“故蘧伯玉年五十，而有四十九年非。”谓五十而知前四十九之过失。后以“知非”称五十岁。吴筠《元日言怀因以自励诒诸同志》：“知非慕伯玉，读《易》宗文宣。”司空图《乙巳岁愚春秋四十九辞疾拜章将免左掖重阳独登上方》：“雪鬓不禁镊，知非又此年。”又《光启三年人日逢鹿》：“知非今又过，蘧瑗最怜渠。”❷省悟以往的过失和错误。柳宗元《三赠刘员外》：“信书成自误，经事渐知非。”白居易《和微之诗二十三首·和知非》：“因君知非问，诠较天下事。”

【知非年】 指五十岁。白居易《自咏》：“诚知此事非，又过知非年。”见“知非❶”。

【知制誥】 掌管起草诰命，后用作官名。唐初以中书舍人为之，掌外制。其后亦有以他官代行该职者，则称某官知制诰。开元末，改翰林供奉为学士院，翰林入院一岁，则迁知制诰，专掌内命，典司诏诰。李频有《贺同年翰林从叔舍人知制诰》。

【知命】 ❶懂得事物生灭变化均由天命决定的道理。顾况《酬信州刘侍郎兄》：“刘兄本知命，屈伸不介怀。”元稹《遣悲怀三首》之三：“邓攸无子寻知命，潘岳悼亡犹费词。”白居易《病中诗十五首·枕上作》：“若问乐天忧病否，乐天知命了无忧。”周贺《暮冬长安旅舍》：“失计空知命，劳生耻为身。”❷《论语·为政》：“五十而知天命。”后以“知命”代称五十岁。杜牧《岁旦朝回口号》：“笑向春风初五十，敢言知命且知非。”陆希声《阳羡杂咏十九首·讲易台》：“年逾知命志尤坚，独向青山更绝编。”见“知命岁”。

【知命歲】 指五十岁。白居易《闻行简恩赐章服喜成长句寄之》：“齿发恰同知命岁，官衔俱是客曹郎。”原注：“予与行简俱年五十始著绯，皆是主客郎中。”齐己《渚宫莫问诗一十五首》之五：“已过知命岁，休把运行推。”见“知命❷”。

【知省】 （—xǐng）知晓；省悟。元稹《梦井》：“又恐前后魂，安能两知省？”

【知風】 指知风之所起。白居易《和答诗十首·和大觜乌》：“祥瑞来白日，神圣占知风。”

【知音】 ❶《吕氏春秋·本味》：“伯牙鼓琴，钟子期听之，方鼓琴而志在太山，钟子期曰：‘善哉乎鼓琴，巍巍乎若太山。’少选之间而志在流水，钟子期又曰：‘善哉乎鼓琴，汤汤乎若流水。’钟子期死，伯牙破琴绝弦，终身不复鼓琴，以为世无足复为鼓琴者。”又《文选·三国魏曹丕〈与吴质书〉》：“昔伯牙绝弦于钟期，仲尼覆醢于子路，痛知音之难遇，伤门人之莫逮。”后以“知音”指知己、同志。薛据《冬夜寓居寄储太祝》：“自为洛阳客，夫子吾知音。”白居易《送常秀才下第东归》：“东归多旅恨，西上少知音。”朱庆余《宿江馆》：“江馆迢遥处，知音信渐赊。”鱼玄机《感怀寄人》：“门前红叶地，不扫待知音。”❷指对作品能深刻理解、正确评价的人。寒山《诗三百三首》之三〇三：“不恨会人稀，只为知音寡。”韦应物《简户陟》：“可怜白雪曲，未遇知音人。”李中《吉水县依韵酬华松秀才见寄》：“诗情冷淡知音少，独喜江皋得见君。”

【知客】 执掌知事。指门吏。刘鲁风《江西投谒所知为典客所阻因赋》：“天钱乞与韩知客，名纸毛生不肯通。”

【知時鶴】 用以称颂进言而不为身谋的直臣。韩愈《杂诗四首》之四：“独有知时鹤，虽鸣不缘身。”

【知恩】 知道恩情。王梵志《诗》之六七：“知恩须报恩，有恩莫不更。”杜甫《杜鹃》：“行飞与跪乳，识序如知恩。”

【知常】 谓了解自然法则。《老子》：“知常曰明。不知常，妄作凶。”高亨正诂：“知常即知万物本性之自然也。”李咸用《吴处士寄香兼劝入道》：“空挂黄衣宁续寿，曾闻玄教在知常。”

【知得】 知晓。国邵南《梦崔椵妻诗》：“容华难久驻，知得几多年。”

【知羞】 知道羞耻。元稹《酬哥舒大少府寄同年科第》：“前年科第偏年少，未解知羞最爱狂。”

【知退】 知道谦逊退让。李商隐《今月二日不自量度辄以诗一首四十韵干渎尊严辄复五言四十韵诗献上亦诗人咏叹不足之义也》：“乐道乾知退，当官蹇匪躬。”

【知終】 犹言知止、知足。王昌龄《赵十四兄见访》：“嵇康殊寡识，张翰独知终。”

【知雄守雌】 道家提倡的一种韬晦自处的处世哲学。李阳冰《恶溪铭》：“知雄守雌，为天下溪。”

【知幾】 谓有预见，能看出事物发生变化的隐微征兆。《易·系辞下》：“知几其神乎。君子上交不谄，下交不渎，其知几乎？几者，动之微，吉之先见者也。”吴筠《览古十四首》之十二：“达者贵量力，至人尚知几。”

【知感】 知恩感德。朱庆余《酬萧员外见寄》：“九霄示路空知感，十上惊魂尚未回。”

【知遇】 ❶相交；相识。戴叔伦《孤鸿篇》：“共欣相知遇，毕志同栖迟。”❷知心好友。薛能《并州寓怀》：“人多知遇独难求，人负知音独爱酬。”

【知奥】 了解深奥的道理。李绅《过梅里七首·忆东郭居》：“昔余过稚齿，从师昧知奥。”

【知意】 了解心意。李商隐《碧瓦》：“他时未知意，重叠赠娇饶。”

【知道】 ❶谓通晓天地之道，深明人世之理。杜牧《贻隐者》：“求人颜色尽，知道性情宽。”许浑《卜居招书侣》：“忆昨未知道，临川每羡鱼。”褚载《句》：“狂歌放饮浑成性，知道逍遥出俗笼。”李伟《岳麓》：“陈公早知道，壮志钢百炼。”❷知晓，谓对事物有所了解、认识。王建《昭应官舍》：“绕厅春草合，知道县家闲。”杨汝士《建节后偶作》：“山僧见我衣裳窄，知道新从战地来。”卢肇《戏题》：“知道相公怜玉腕，强将纤手整金钗。”吴融《华清宫二首》之一：“绿树碧檐相掩映，无人知道外边寒。”❸认识道路。杜甫《观安西兵过赴关中待命二首》之一：“老马夜知道，苍鹰饥著人。”

【知寡】 谓隐名不为人所知。高适《苦雪四首》之四：“孰云久闲旷，本自保知寡。”

【知聞】 ❶知悉；知晓。吕岩《满庭芳》词：“大道渊源，高真隐秘，风流岂可知闻。”❷交结；交往。姚合《送宋慎言》：“童稚便知闻，如今只有君。”杜牧《宣州留赠》：“为报眼波须稳当，五陵游宕莫知闻。”李涉《井栏砂宿遇夜客》：“暮雨萧萧江上村，绿林豪客夜知闻。”❸朋友。王建《对酒》：“为病比来浑断绝，缘花不免却知闻。”白居易《黄石岩下作》：“教他远亲故，何处觅知闻。”又《老慵》：“近来渐喜知闻断，免恼嵇康索报书。”无名氏《感丛草初生》：“羁客绝知闻，急难阻投杖。”

【知奬】 知赏奖掖。郑谷有《谷初忝谏垣今宪长薛公方在西阁知奖隆异以四韵代述荣感》。

【知賞】 赏识。李山甫《刘员外寄移菊》：“深谢栽培与知赏，但惭终岁待重阳。”

【知縣印】 亦作“知印”。指充任县主簿。主簿为汉代以后中央和地方郡县官署主管文书簿籍和印鉴的官吏。姚合《武功县中作三十首》之二八：“今朝知县印，梦里百忧生。”

【知機】 指认识时势，趋向得宜。崔颢《古游侠呈军诸将》：“少年负胆气，好勇复知机。”杨巨源《述旧纪勋寄太原李光颜侍中二首》之二：“料敌知机在方寸，不劳心力讲阴符。”司空图《喜山鹊初归三首》之一：“翠衿红嘴便知机，久避重罗稳处飞。”吴融《南迁途中作七首·渡汉江初尝鳊鱼有作》“啸父知机先忆鱼，季鹰无事已思鲈。”

【知薦】 赏识并举荐。王建《寄上韩愈侍郎》：“见说云泉求住处，若无知荐一生休。”

【知舊】 知交故旧。张籍《祭退之》：“朝野良共哀，矧于知旧肠。”薛能《雨霁宿望喜驿》：“闲想更逢知旧否，馆前杨柳种初成。”齐己有《怀金陵知旧》。

【知歸】 欲求归依。杜甫《渼陂西南台》：“知归俗可忽，取适事莫并。”

【知識】 ❶相知者；朋友。韩愈《赠别元十八协律六首》之一：“知识久去眼，吾行其既远。”白居易《感逝寄远》：“知识三分中，二分化为鬼。”❷关于自然和社会的正确认识。韩愈《谢自然诗》：“人生处万类，知识最为贤。”陈陶《草木言》：“草木无知识，幸君同三光。”杨德辉《朝僧门祝辟友佛牙》：“纵饶黎庶无知识，不可王公尽信邪。”

【知讓】 知道谦恭退让。虞世南《奉和幸江都应诏》：“沐道咸知让，慕义久成都。”

四　画

敊 同“矧”。

矧 〔shěn《广韵》式忍切，上轸，書。〕亦作“敊”。❶况且；而况。张九龄《巡属县道中作》：“矧逢阳节献，默听时禽鸣。”沈颂《送人还吴》：“人心不忘乡，矧余客已久。”白居易《马上作》：“矧予东山人，自惟朴且疏。”李德裕《夏晚有怀平泉林居》：“矧余窜炎裔，且夕谁晤语。”❷又。徐彦伯《淮亭吟》：“矧鹤唳兮风晓，复猿鸣兮霜秋。”杜甫《八哀诗·赠太子太师汝阳郡王琎》：“竟无衔橛虞，圣聪矧多仁。”❸和乐貌。高适《双六头赋送李参军》：“李侯李侯保令名，无怨敊于垂成。”刘开扬注：“《玉篇》卷十七：‘敊，同矧、矤，侃也。’《率语·乡党》集解：‘孔曰，侃侃，和乐之貌。’”

【矧乃】 况且；而况。高适《同韩四薛三东亭玩月》：“阶墀近洲渚，户牖当郊原。矧乃穷周旋，游时怡讨论。”刘长卿《赠别于群投笔赴安西》：“出门寡俦侣，矧乃无僮仆。”张彪《杂诗》：“君子有褊性，矧乃寻常徒。”吴筠《览古十四首》之六：“矧乃恣所欲，荒淫伐灵根。”

矩 〔jǔ《广韵》俱雨切，上麌，見。〕❶画方形或直角的用具，即曲尺。《荀子·不苟》：“五寸之矩，尽天下之方也。”杨倞注：“矩，正方之器也。”白居易《同微之赠别郭虚舟炼师五十韵》：“泥坛方合矩，铸鼎圆中规。”❷方形。吴丹《赋得玉水记方流》：“润下宁逾矩，居方在上流。”❸法式；式范。裴潾《前相公赞皇公旋起赴诏命作镇浙右辄抒怀赋四言诗十四首奉寄》之五：“五彩含章，九苞合矩。”

【矩矱】 规矩法度。《楚辞·离骚》：“曰勉升降以下兮，求矩矱之所同。”王逸注：“矩，法也；矱，於缚切，度也。”韩愈《晚秋郾城夜会联句》：“告成上云亭，考古垂矩矱。”

七 画

短 〔duǎn《广韵》都管切，上緩，端。〕❶谓两端距离小。与“长”相对。(1)指空间。戴叔伦《感怀二首》之一：“水浅易成枯，帛短谁人收。”白居易《游坊口悬泉偶题石上》：“岩寒松柏短，石古莓苔厚。”李商隐《判春》：“敢言西子短，谁觉宓妃长。”齐己《寄钱塘罗给事》：“海树青丛短，湖山翠点疏。”(2)指时间。杜甫《夏夜叹》：“仲夏苦夜短，开轩纳微凉。”白居易《马上晚吟》：“如今不是闲行日，日短天阴坊曲遥。”裴夷直《席上夜别张主簿》：“不愁前路长，只畏今宵短。”徐铉《离歌辞五首》之五：“离嫌春夜短，匹似楚襄王。”❷缺点；过失。王维《献始兴公》：“任智诚则短，守任固其优。”窦巩《江陵遇元九李六二侍御纪事书情呈十二韵》：“好闲容问道，攻短每言非。”元稹《酬翰林白学士书一百韵》：“劳神甘戚戚，攻短过孜孜。”❸稀少；缺少。《吕氏春秋·观世》：“此治世〔有道之士〕之所以短，而乱世之所以长也。”高诱注：“短，少；长，多也。”高祖《嘲苏世长》：“名长意短，口正心邪。”李白《寄远十一首》之五：“不见眼中人，天长音信短。”杜甫《春望》：“白头搔更短，浑欲不胜簪。”白居易《和微之诗二十三首·和除夜作》：“头上毛发短，口中牙齿疏。”❹浅薄；谫陋。耿湋《陪宴湖州公堂》：“末至才仍短，难随白雪吟。”姚合《武功县中作三十首》之十二：“官卑食肉僭，才短事人非。”❺寿命不长。李白《月下独酌四首》之三：“穷通与修短，造化夙所禀。”❻不擅长。杜甫《秋野五首》之三：“礼乐攻吾短，山林引兴长。”仇兆鳌注：“首联总提，短长二字另读。掉头二句，言检身之疏，所谓短于礼乐也。风落四句，言野居之适，所谓山林兴长也。”❼通“斷”。见“短轅”。

【短刀】 兵器名，长度较短的刀。亦指持短刀者。光业《征李怀杲嘲道门》：“长榜数张悬市内，短刀一队送江头。”

【短才】 浅薄的才能；低下的才能。张九龄《巡属县道中作》：“短才滥符竹，弱岁起柴荆。”白居易《醉后走笔酬刘五主簿长句之赠兼简张大贾二十四先辈昆季》：“谁会茫茫天地意，短才获用长才弃。”雍陶《再经天涯地角山》：“每忆云山养短才，悔缘名利入尘埃。”徐铉《孟君别后相续寄书作此酬之》：“多病怯烦暑，短才忧近职。”

【短小】 身材矮小。杜甫《新安吏》：“中男绝短小，何以守王城。”

【短小精悍】 身材短小而精明强干。杜甫《八哀诗·赠司空王公思礼》：“短小精悍姿，屹然强寇敌。”

【短戈長戟】 借指战争。杜荀鹤《乱后书事寄同志》：“九土如今尽用兵，短戈长戟困书生。”

【短日】 指冬日。冬季昼短夜长，故称。杜甫《哭李常侍峄二首》之一：“短日行梅岭，寒山落桂林。”韩愈《燕河南府秀才》：“阴风搅短日，冷雨涩不晴。”李商隐《自桂林奉使江陵途中感怀寄献尚书》：“短日安能驻，低云只有阴。”

【短生】 短暂的生命。孟简《咏欧阳行周事》：“短生虽别离，长夜无阻难。”

【短伎】 浅薄的技艺。谓才能不高。萧颖士《重阳日陪元鲁山德秀登北城瞩对新霁因以赠别》：“明时当盛才，短伎安所设。”

【短行】 (—háng)指短篇诗文。李咸用《谢友生遗端溪砚瓦》：“宜从方袋挈，枉把短行批。”韩仪《记知闻近过关试》：“短行轴了付三铨，休把新衔恼必先。”

【短衣】 短装。古代为平民、士兵等所服。杜甫《曲江三章五句》之三：“短衣匹马随李广，看射猛虎终残年。”又《送舍弟频赴齐州三首》之三：“短衣防战地，匹马逐秋风。”又《夜》：“独坐亲雄剑，哀歌叹短衣。”张籍《筑城词》：“尽著短衣渴无水，力尽不得抛杵声。”

【短衣小冠】 (冠 guān)短装小帽。平民服装。借指平民百姓。李贺《绿章封事》：“虚空风气不清冷，短衣小冠作尘土。”

【短羽】 指短羽毛。李贺《潞州张大宅病酒遇江使寄上十四兄》：“系书随短羽，写恨破长笺。”

【短弄】 短的乐曲。李贺《送秦光禄北征》：“周处长桥役，侯调短弄哀。”

【短折】 短命；夭折。吴筠《览古十四首》之十四：“盗跖何延期，颜生乃短折。”

【短兵】 刀、剑等短武器。亦指持短兵器的士兵。刘希夷《谒汉世祖庙》：“长驱过北赵，短兵出南燕。”岑参《走马川行奉送出师西征》：“虏骑闻之应胆慑，料知短兵不敢接。”韦应物《弹棋歌》：“不见短兵反掌收已尽，唯有猛士守四方。”李频《送边将》：“遥领短兵登陇首，独横长剑向河源。”

【短兵接】　犹言短兵相接。即敌我逼近，用短兵器交战。刘长卿《奉和李大夫同吕评事太行苦热行兼寄院中诸公仍呈王员外》：“何劳短兵接，自有长缨缚。”

【短豆】　指豆秸。张怀《吴江别王长史》：“驽马虽然贪短豆，野麋终是忆长林。”

【短長】　（—cháng）❶短和长。谓长度不一或高低不平。杨希道《咏笙》：“短长插凤翼，洪细摹鸾音。”裴度《中和节诏赐公卿尺》：“短长思合制，远近贵攸同。”元稹《遣春十首》之二：“百草短长出，众禽高下鸣。”薛逢《咏柳》：“曾飘紫陌随高下，敢拂朱阑竞短长。”❷是非优劣；长处和短处。张鷟《游仙窟·答十娘射雉》：“心绪恰相当，谁能护短长？”卢纴《勖曹生》：“游蜂采掇何时已，只恐多言议短长。”❸批评指正。周昙《咏史诗·春秋战国门·再吟赵简子》：“一从忠谠无周舍，吾过何人为短长。”❹谓短命。褚亮《伤始平李少府正已》：“辅嗣俄长往，颜生即短长。”

【短長吟】　（長 cháng）长吟和短吟。吟，诗体名。借指作诗。杜甫《渝州候严六侍御不到先下峡》：“不知云雨散，虚费短长吟。”又《送严侍郎到绵州》：“穷途衰谢意，苦调短长吟。”

【短長亭】　（長 cháng）即短亭和长亭。王昌龄《少年行二首》之一：“西陵侠少年，送客短长亭。”见“短亭”。

【短命】　寿命短促。寒山《诗三百三首》之二二三：“聪明好短命，痴骇却长年。”义净《余以咸亨元年在西京聊题两绝》之二：“如论惜短命，何得满长祇。”白居易：《伤杨弘贞》：“颜子昔短命，仲尼惜其贤。“无名氏《五言诗》之四（外编下）：“广贪长命财，身当短命死。”

【短命鬼】　詈词。咒人寿命短。无名氏《五言白话诗》之三：“广贪长命财，缠绳短命鬼。”

【短封】　简短的书信。骆宾王《艳情代郭氏答卢照邻》：“无那短封即疏索，不在长情守期契。”

【短垣】　短墙；矮墙。韩愈《汴泗交流赠张仆射》：“短垣三面缭逶迤，击鼓腾腾树赤旗。”

【短促】　谓时间短暂。李白《来日大难》：“蟪蛄蒙恩，深愧短促。”杜甫《送高司直寻封阆州》：“良会苦短促，溪行水奔注。”又《客堂》：“死为殊方鬼，头白免短促。”朱子真《对赵颖歌》：“短促虽知有殊异，且须欢醉在生前。”

【短後衣】　一种前长后短、便于骑马的上衣。岑参《北庭西郊候封大夫受降回军献上》：“自逐定远侯，亦著短后衣。”

【短計】　浅陋的计谋。柳宗之《咏荆轲》：“千金奉短计，匕首荆卿趋。”

【短亭】　旧时城外大道旁，五里设短亭，十里设长亭，为送别及行人休息之处。李白《菩萨蛮》词：“何处是归程，长亭更短亭。”皇甫冉《送卢郎中使君赴京》：“曲盖遵长道，油幢憩短亭。”李商隐《韦蟾》：“却忆短亭回首处，夜来烟雨满池塘。”吴融《南迁途中作七首·途中偶怀》：“无路能酬国士恩，短亭寂寂到黄昏。”

【短窄】　短小；窄小。杜甫《醉时歌》：“杜陵野客人更嗤，被褐短窄鬓如丝。”王建《宋氏五女》：“素钗垂两髦，短窄古时衣。”

【短草】　矮草。杜甫《义鹘》：“高空得蹭蹬，短草辞蜿蜒。”又《雨不绝》：“阶前短草泥不乱，院里长条风乍稀。”

【短庭】　矮屋。贾岛《延寿里精舍寓居》：“短庭无繁植，珍果春亦浓。”

【短袖】　短的衣袖。韩偓《后魏时相州人作李波小妹歌疑其未备因补之》：“李波小妹字雍容，窄衣短袖蛮锦红。”

【短書】　简短的书信。李白《寄远十一首》之二：“念此送短书，愿因双飞鸿。”又《代赠远》：“织锦作短书，肠随回文结。”岑参《赠西岳山人李冈》：“袖中短书谁为达，华阴道士卖药还。”杜甫《雨四首》之三：“时危觉凋丧，故旧短书稀。”

【短莎】　（—suō）矮小的莎草。王周《富池口》：“短莎烟苒苒，惊浪雪漫漫。”

【短畦】　短小的田畦。杜甫《客居》：“短畦带碧草，怅望思王孙。”

【短笛】　古横吹管乐器，竹制。后泛指短小的笛子。刘兼《春晚闲望》：“立处晚楼横短笛，望中春草接平沙。”又《莲塘霁望》：“远岸牧童吹短笛，蓼花深处信牛行。”

【短艄】　小船。艄，船短而深者。皮日休《五晚诗》序：“江南秋风时，鲈肥而难钓，菰脆而易挽，不过乘短艄，载一酒，加以隐具，由五泻泾入震泽。”原注：“《方言》曰：‘船短而深者谓之艄。’”

【短船】　小船。赵嘏《赠曹处士幽居》：“何须更学鸱夷子，头白江湖一短船。”又《王先生不别而去》：“树树白云幽径绝，短船空倚武陵溪。”罗邺《南行》：“鱼市酒村相识遍，短船歌月醉方归。”

【短章】　指篇幅不长的诗文。杜甫《毒热寄简崔评事十六弟》：“短章达我心，理为识者筹。”元稹《元和五年因投五十韵》：“倾盖吟短章，书空忆难字。”皮日休《和张祜处士丹阳故居》序：“短章大篇，往往间出。”

【短淺】　短拙而浅薄。韩愈《酬司马门卢四兄云夫院长望秋作》：“自知短浅无所补，从事久此穿朝衫。”

【短貫】 短的穿钱绳。白居易《和微之春日投简阳明洞天五十韵》:“带辫长枝蕙,钱穿短贯榆。“

【短晷】 日影短。谓白昼短或将尽。晷,日影。李端《鲜于少府宅看花》:“春阴怜弱蔓,夏日同短晷。”

【短景】 ❶日影短。谓白昼不长或将尽。杜甫《阁夜》:“岁暮阴阳催短景,天涯霜雪霁寒宵。”又《龙门镇》:“不辞辛苦行,迫此短景急。”孟郊《冬日》:“短景仄飞过,午光不上头。”白居易《雪后早过天津桥偶呈诸客》:“悠扬短景凋年急,牢落衰情感事多。”温庭筠《题翠微寺二十二韵》:“短景催风驭,长星属羽觞。”❷喻指时日无多的暮年。李颀《放歌行答从弟墨卿》:“别离短景何萧索,佳句相思能间作。”李中《赠重安寂道者》:“白发只闻悲短景,红尘谁解信长生。”

【短程】 较短的行程。罗邺《行次》:“终日长程复短程,一山行尽一山青。”

【短短】 ❶时间短促。李白《短歌行》:“白日何短短,百年苦易满。”❷不长;不高。崔橹《岸梅》:“含情含怨一枝枝,斜压渔家短短篱。”曹邺《四怨三愁五情诗十二首·二愁》:“涧草短短青,山月朗朗明。”陆龟蒙《渔具诗·钓筒》:“短短截筠光,悠悠卧江色。”

【短策】 ❶短杖。戴叔伦《暮春感怀》:“短策看云松寺晚,疏帘听雨草堂春。”皮日休《太湖诗·销夏湾》:“小艖或可泛,短策或可支。”❷短的简册。李贺《送沈亚之歌》:“白藤交穿织书笈,短策齐裁如梵夹。”❸笨拙的策略。亦用为谦词。韩愈《归彭城》:“我欲进短策,无由至彤墀。”

【短牋】 指简短的书信。刘禹锡《送陆侍御归淮南使府五韵》:“曾忝扬州荐,因君达短笺。”

【短詠】 短小的歌诗。杜甫《狂歌行赠四兄》:“楼头吃酒楼下卧,长歌短咏还相酬。”

【短絲】 喻指小草。李贺《河南府试十二月乐词·正月》:“薄薄淡霭弄野姿,寒绿幽风生短丝。”李商隐《无愁果有愁曲北齐歌》:“日暮向风牵短丝,血凝血散今谁是。”

【短靴】 浅筒靴。白居易《东城晚归》:“晚入东城谁识我,短靴低帽白蕉衫。”

【短楫】 亦作“短檝”。短桨。亦借指小船。孟郊《送淡公》之四:“短楫画菰蒲,斗作豪横归。”钱珝《江行无题一百首》之八六:“短楫休敲桂,孤根自驻萍。”

【短艇】 小船。罗邺《流水》:“漾漾悠悠几派分,中浮短艇与鸥群。”

【短綆】 汲水用具的短绳。亦喻才识浅陋。《荀子·荣辱》:“短绠不可以汲深井之泉,知不几者不可与及圣人之言。”杨倞注:“绠,索也。”陆龟蒙《奉酬袭美苦雨四声重寄三十二句·平上声》:“桐阴无深泉,所以逞短绠。”韦庄《天井关》:“短绠讵能垂玉甃,缭垣何用学金汤。”

【短蓑】 短蓑衣。孟郊《送淡公》之四:“短蓑不怕雨,白鹭相争飞。”于濆《山村晓思》:“牧童披短蓑,腰笛期烟渚。”

【短椽】 短的屋椽。杜甫《回棹》:“几杖将衰齿,茅茨寄短椽。”

【短歌】 ❶很短的歌曲或诗篇。刘禹锡《乐天见示伤微之敦诗晦叔三君子皆有深分因成是诗以寄》:“吟君叹逝双绝句,使我伤怀奏短歌。”杜牧《张好好诗》:“洒尽满襟泪,短歌聊一书。”汪遵《铜雀台》:“铜雀台成玉座空,短歌长袖尽悲风。”罗隐》官池秋夕》:“池边月影闲婆娑,池上醉来成短歌。”❷即《短歌行》。郭震《子夜四时歌六首·冬歌》:“调丝竞短歌,指枕怜长夜。”戎昱《苦辛行》:“且莫奏短歌,听余苦辛词。”李贺《长歌复短歌》:“长歌破衣襟,短歌断白发。”白居易《短歌曲》:“从古无奈何,短歌听一曲。”

【短歌曲】 (曲 qǔ)即《短歌行》。白居易有《短歌曲》。

【短歌行】 (行 xíng)《乐府·相和歌·平词曲》的乐曲名,因其声调短促,故名。多为宴会上所唱的乐曲。内容多为咏人生短促,当及时自勉。骆宾王《在江南赠宋五之问》:“为听短歌行,当想长洲苑。”李白、顾况、王建、张籍、陆龟蒙等均有此作。

【短歌吟】 即《短歌行》。汪遵有《短歌吟》。

【短僮】 (—tóng)矮小的男孩。李咸用《访友人不遇》:“短僮应捧杖,稚女学擎茶。”

【短褐】 ❶粗布衣服。贱者所服。杜甫《桥陵诗三十韵因呈县内诸官》:“诸生旧短褐,旅泛一浮萍。”贾岛《送胡道士》:“短褐身披满渍苔,灵溪深处观开门。”郑谷《短褐》:“闲披短褐杖山藤,头不是僧心是僧。”徐铉《送彭秀才》:“贾生去国已三年,短褐闲行皖水边。”❷指贫贱位卑之人。杜甫《自京赴奉先县咏怀五百字》:“赐浴皆长缨,与宴非短褐。”李群玉《自澧浦东游江表途出巴丘投员外从公虞》:“朱门待媒势,短褐谁揄扬。”

【短綫】 短的缝衣线。孟郊《杂怨》:“暗蛩有虚织,短线无长缝。”

【短髮】 稀少的头发。指老年。杜甫《奉送郭中丞兼太仆卿充陇右节度使三十韵》:“随肩趋漏刻,短发寄簪缨。”张祜《丹阳新居四十韵》:“散襟梳短发,揭指上游纮。”韦庄《秦妇吟》:“还将短发戴华簪,不脱朝衣缠绣被。”

【短篇】 篇幅不大的作品。李群玉《旅泊》:“短篇才遣闷,小酿不供愁。”

【短劍】 短小的剑、匕首之类。李商隐《送千牛李将军赴阙五十韵》:"此时惟短剑,仍世尽双旌。"

【短調】 (一diào)诗体名。五言诗的别称。李贺《申胡子三觱篥歌》序:"溯客李氏丁自称学长调短调,久未知名。"

【短髻】 盘在头顶或脑后短的发髻。王建《寻橦歌》:"重梳短髻下金钿,红帽青巾各一边。"

【短墻】 见"短牆"。

【短翮】 短的羽茎。多用作自谦之词,喻指才力浅薄。宋之问《军中人日登高赠房明府》:"长安昨夜寄春衣,短翮登兹一望归。"韦应物《观早朝》:"愧无鸳鹭姿,短翮空飞还。"岑参《左仆射相国冀公东斋幽居》:"何当复持衡,短翮期风抟。"司空曙《杜鹃行》:"骧形不敢栖华屋,短翮唯愿巢深丛。"

【短簫】 吹奏乐器名。汉晋时多以鼓吹铙歌形式,用于郊、庙的军乐。后亦用于民间歌舞伴奏或独奏等。李峤《柳》:"短箫何以奏,攀折为思君。"褚遂良《奉和行经破薛举战地应诏》:"昔往摧勍寇,今巡奏短箫。"杜甫《城西陂泛舟》:"青蛾皓齿在楼船,横笛短箫悲远天。"李郢《阳羡春歌》:"葑草青青促归去,短箫横笛说明年。"

【短檠】 矮灯架。借指小灯。韩愈《短灯檠歌》:"长檠八尺空自长,短檠二尺便且光。"

【短櫼】 见"短楫"。

【短轅】 ❶指代牛车或粗陋小车。韦应物《期卢嵩枉书称日暮无马不赴以诗答》:"莫道无来驾,知君有短辕。"刘禹锡《发华州留别张侍御》:"束简下延阁,买符驱短辕。"李商隐《哭遂州萧侍郎二十四韵》:"啸傲张高盖,从容接短辕。"亦作"短轅車"。罗虬《比红儿诗》之七三:"王相不能探物理,可能虚上短辕车。❷折断的车辕木。杜甫《木皮岭》:"高有废阁道,摧折如短辕。"短,一本作"断"。蒋礼鸿《杜诗释词》:"作断者正字,短其通用字也。"

【短轅車】 见"短轅"。

【短壑】 短的山沟。杜甫《早秋苦热堆案相仍》:"南望青松架短壑,安得赤脚蹋层冰。"

【短牆】 亦作"短墻"。矮墙。杜甫《王十七侍御抡许携酒至草堂奉寄此诗便请邀高三十五使君同到》:"江鹳巧当幽径浴,邻鸡还过短墙来。"又《舍弟观赴蓝田取妻子到江陵喜寄三首》三:"短墙若在从残草,乔木如存可假花。"白居易《新乐府·井底引银瓶》:"妾弄青梅凭短墙,君骑白马傍垂杨。"张祜《晓别》:"翠羽朱冠碧树鸡,未鸣先下短墙啼。"

【短翼】 短翅膀。多用作自谦之词,谓自己才力浅薄。李商隐《杜司勋》:"高楼风雨感斯文,短翼差池不及群。"

【短櫂】 划船的小桨。阎选《定风波》词:"扁船短棹归兰浦,人去,萧萧竹径透青莎。"亦指小船。戴叔伦《泛舟》:"孤尊秋露滑,短棹晚烟迷。"

【短襟】 短小的衣襟。李商隐《河南诗二首》之一:"八桂林边九芝草,短襟小鬓相逢道。"

【短簷】 低短的屋檐。温庭筠《偶题》:"孔雀眠高阁,樱桃拂短檐。"

【短簿】 晋王珣为主簿,因其形体短小,人称"短主簿"。见南朝宋刘义庆《世说新语·宠礼》。后亦借指主簿。张蠙《刺贾岛》:"莫恨长江为短簿,可能胜得贾先生。"李瀚《蒙求》:"郗超髯参,王珣短簿。"

【短韻】 短小的诗文。亦作用谦词。李峤有《田假限疾不获还庄率成短韵用写长怀赠杜幽素》。韩愈、孟郊《斗鸡联句》:"君看斗鸡篇,短韵有可采。"徐铉《亚元舍人不替深知猥贻佳作三篇清绝不敢轻酬因为长句兼寄陈君庶资一笑耳》:"短韵三篇皆丽绝,小梅寄意情偏切。"

【短齡】 谓寿命短促。皎然《杂兴六首》之二:"短龄役长世,扰扰悟不早。"

【短顧】 谓暂加顾盼。李商隐《俳谐》:"短顾何由遂,迟光且莫惊。"

【短鬟】 短的环形发髻。曹邺《四怨三愁五情诗十二首·三怨》:"短鬟一如螓,长眉一如蛾。"

【短籬】 低矮的篱笆。吕从庆《菊》:"短篱偎曲径,风雨困秋曦。"

矬 〔cuó《广韵》昨禾切,平戈,從。〕❶身材短小。见"矬人"。❷高度较低。皮日休、崔起《报恩寺南池联句》:"跁跒松形矮,般跚桧樾矬。"

【矬人】 躯干短小之人。裴坦《酒令》:"矬人饶舌,破车饶楔。"

八 画

矮 〔ǎi《广韵》乌蟹切,上蟹,影。〕❶身材短。见"矮奴"。❷低;不高。元稹《酬翰林白学士代书一百韵》:"坳洼饶瓯矮,游惰压庸缁。"皮日休《新秋言怀寄鲁望三十韵》:"桧身浑个矮,石面得级颇。"

【矮奴】 为奴之侏儒。《旧唐书·隐逸·阳城传》:"道州土地产民多矮,每年常配乡户贡其男,号为'矮奴'。"白居易《新乐府·道州民》:"道州民,多侏儒,长者不过三尺余。市作矮奴年进送,号为道州任土贡。"

【矮馬】 形体不高的马。元稹《答姨兄胡灵之见寄五十韵》:"矮马驼鬃鬙,牦牛兽面缨。"

【矮墮】 （—duǒ）发髻堆覆貌。李商隐《深树见一颗樱桃尚在》："矮墮绿云髻，欹危红玉簪。"又《燕台四首·冬》："破鬟矮墮凌朝寒，白玉燕钗黄金蝉。"

十二画

矯 〔jiǎo《广韵》居夭切，上小，見。〕❶使曲的变直。《汉书·严安传》："今天下锻甲摩剑，矫箭控弦，转输军粮，未见休时，此天下所共忧也。"颜师古注："矫，正曲使直也。"见"矯枉"。❷匡正；纠正。亦引申为改变、变化。白居易《赠友五首》之四："科条日相矫，吏力亦已勤。"见"矯世""矯俗""矯時"。❸假托；诡称。《公羊传·僖公三十二年》："弦高者，郑商人，遇之殽，矫以郑伯之命而犒师焉。"何休注："诈称曰矫。"见"矯命""矯詔"。❹高举。《楚辞·九章·抽思》："结微情以陈词兮。矫以遗夫美人。"朱熹集注："矫，举也。"李益《入华山访隐者经仙人石坛》："平明矫轻策，扪石入空曲。"见"矯首""矯掌"。❺矫饰。谓造作夸饰，掩盖真相。皎然《偶然五首》之五："真隐须无矫，忘名要似愚。"柳宗元《同刘二十八院长之作因其韵增至八十通赠二君子》："肯随胡矫矫，方恶马融奢。"元稹《元和五年五十韵》："无端矫性情，漫学求科试。"白居易《有木诗八首》之三："中含害物意，外矫凌霜色。"引申为虚伪。见"矯詐""矯誣"。❻矫健；雄健。李白《送张秀才从军》："一朝长鸣去，矫若龙行云。"杜甫《观公孙大娘弟子舞剑器行》："㸌如羿射九日落，矫如群帝骖龙翔。"引申为强直。见"矯士"。❼飞，飞举。《文选·孙绰〈游天台山赋〉》："哂夏虫之疑冰，整轻翮而思矫。"李善注引《方言》："矫，飞也。"薛曜《舞马篇》："惊凫翔鹭不堪俦，矫凤回鸾那足拟。"杜甫《远游》："雁矫衔芦内，猿啼失木间。"白居易《和微之诗二十三首·〈和我年三首〉之三》："将枯鳞再跃，经铩翮重矫。"温庭筠《感旧陈情五十韵献淮南李仆射》："既矫排虚翅，将持造物权。"

【矯士】 刚强正直之人。李贺《春归昌谷》："天网信崇大，矫士常慅慅。"

【矯世】 矫正世俗。司空图《效陈拾遗子昂感遇二首》之一："乃知不平者，矫世道终孤。"

【矯枉】 矫正弯曲。喻纠正偏邪。元稹《寄吴士矩端公五十韵》："崎岖来掉荡，矫枉事沉默。"

【矯命】 假托受命以行事。特指假托君命。吴筠《高士咏·郑商人弦高》："卓哉弦高子，高隐独摽奇。效谋全郑国，矫命犒秦师。"

【矯俗】 矫正时俗。司空图《丁巳元日》："自乏匡时略，非沽矫俗名。"

【矯首】 昂首；抬头。李白《酬殷明佐见赠五云裘歌》："下窥夫子不可及，矫首相思空断肠。"杜甫《又上后园山脚》："穷秋立日观，矫首望八荒。"韩愈《南山诗》："茫如试矫首，堛塞生怐愗。"刘禹锡《送华阴尉张苕赴邕府使幕》："青袍仙掌下，矫首凌烟旻。"

【矯時】 矫正时俗。元结《与党侍御》："及吾污冠冕，茂宗方矫时。"

【矯掌】 高举手掌。韦应物《寄黄刘二尊师》："矫掌白云表，晞发阳和初。"李群玉《将之吴越留别坐中文酒诸侣》："早闻陆士龙，矫掌跨山川。"

【矯然】 ❶坚劲貌。玄宗《经河上公庙》："矫然翔寥廓，如何屈坚贞。"❷勇决貌。萧颖士《江有枫一篇十章》序："臣宦于尹府，以直方不偶，见逼谗佞。惟古之贤者，有避色避言之义，矫然去之。"

【矯詐】 虚伪诡诈。元结《寄源休》："时多尚矫诈，进退多欺贰。"

【矯跡】 ❶高卓的行迹。许景先《征君宅》："谬陪金门彦，矫迹侍紫宸。"❷犹矫情。吴筠《高士咏·高凤》："吾观时人趣，矫迹务驰声。"

【矯節】 犹矫情。李白《鸣皋歌送岑征君》："吾诚不能学二子沽名矫节以耀世兮，固将弃天地而遗身。"

【矯徵】 因诬陷而被征召。高适《三君咏·郭代公》："拥兵抗矫征，仗节归有德。"

【矯誣】 虚伪。李白《日出入行》："逆道违天，矫诬实多。"

【矯翰】 展翅。陆敬《游清都观寻沈道士得都字》："矫翰雷门鹤，飞来叶县凫。"骆宾王《夏日游德州赠高四》序："仆少负不羁，长逾虚诞，读书颇存涉猎，学剑不待穷工，进不能矫翰龙云，退不能栖神豹雾。"郑愔《贬降至汝州广城驿》："疲驽劳垂耳，骞腾讵矫翰。"

【矯翮】 展翅。李适《饯唐永昌赴任东都》："闻道飞凫向洛阳，翩翩矫翮度文昌。"韦应物《答韩库部》："矫翮方上征，顾我邈忡忡。"韩愈《送诸葛觉往随州读书》："入海观龙鱼，矫翮逐黄鹄。"

【矯矯】 ❶勇武貌。韩愈《赠别元十八协律六首》之四："嶷嶷桂林伯，矫矫义勇身。"杜牧《题永崇西平王宅太尉愬院六韵》："矫矫云长勇，恂恂郄縠风。"❷卓然不群貌。白居易《和答诗十首·答四皓庙》："矫矫四先生，同禀希世资。"❸桀骜不驯貌。杜甫《天育骠骑歌》："矫矫龙性合变化，卓立天骨森开张。"❹高耸貌。白居易《题东武丘寺六韵》："龙蟠松矫矫，玉立竹森森。"❺飞动貌。张九龄《感遇十二首》之四："矫矫珍木巅，得无金丸惧。"李益《置酒行》："西山鸾鹤群，矫矫烟雾翮。"李贺《昌谷诗》："丁丁幽钟远，矫矫单飞至。"白居易《寄庾侍郎》："巉巉苍玉峰，矫矫青云翮。”

【矯矯不群】 卓然出众。司空图《诗品二十四则·飘逸》：“落落欲往，矫矫不群。”

【矯翼】 ❶展翅。刘商《姑苏怀古送秀才下第归江南》：“大鹏矫翼翻云衢，嵩峰霁后凌天孤。”刘禹锡《秋江早发》：“渚鸿未矫翼，而我已遐征。”杜牧《别鹤》：“矫翼知何处，天涯不可穷。”❷喻施展才能。储光羲《敬酬陈掾亲家翁秋夜有赠》：“云汉一矫翼，天地三振鳞。”李白《赠任城卢主簿》：“临觞不能饮，矫翼思凌空。”杜甫《奉赠萧二十使君》：“鹏图仍矫翼，熊轼且移轮。”权德舆《祗命赴京途次淮口因书所怀》：“因风试矫翼，倦飞会归林。”

【矯躩】 飞腾跳跃。杜牧《大雨行》：“铮栈雷车轴辙壮，矫躩蛟龙爪尾长。”

矰 〔zēng《广韵》作滕切，平登，精。〕系有生丝绳以射飞鸟的箭。《吕氏春秋·直谏》：“荆文王得茹黄之狗，宛路之矰，以畋于云梦，三月不反。”高诱注：“矰，弋射短矢。”亦泛称短箭。玄宗《校猎义成喜逢大雪率题九韵以示群官：》：“月兔落高矰，星狼下急箭。”杜甫《寄刘峡州伯华使君四十韵》：“咄咄宁书字，冥冥欲避矰。”元稹《纪怀赠李六户曹崔二十功曹五十韵》：“共展排空翼，俱遭激远矰。”

【矰缴】 （—zhuó）系有丝绳以射飞鸟的短箭。储光羲《群鸦咏》：“高举摩太清，永绝矰缴惧。”杜甫《官池春雁二首》之二：“翅在云天终不远，力微矰缴绝须防。”权德舆《严陵钓台下作》：“矰缴鸿鹄远，雪霜松桂新。”陆希声《阳羡杂咏十九首·鸿盘》：“如今天路多矰缴，纵使衔芦去也难。”

十四画

矱 〔yuē《集韵》鬱縛切，入藥，影。〕尺度；法度。见“矩矱”。

石　部

石〔shí《广韵》常隻切，入昔，禪。〕❶山石；石头。杜甫《戏题画山水图歌》："十日画一水，五日画一石。"张籍《远别离》："谁言远别心不易，天星坠地能为石。"朱庆余《凤翔西池与贾岛纳凉》："拂石安茶器，移床选树阴。"张蠙《题嘉陵驿》："嘉陵路恶石和泥，行到长亭日已西。"❷乐器名。指石磬，古代八音之一。则天皇后《唐享昊天乐·第八》："奠璧郊坛昭大礼，锵金拊石表虔诚。"钱起《省试湘灵鼓瑟》："苦调凄金石，清音入杳冥。"《郊庙歌辞·周宗庙乐舞辞·咸顺》："贯珠一倡，击石九成。"❸砭石。古时治病用的石针。引申为针砭，用石针治病。韩愈《郓州溪堂诗》："箴之石之，膊而磔之。"❹《庄子·徐无鬼》中技艺高超的木匠。借指一般木匠。王绩《古意六首》之四："宁关匠石顾，岂为王孙折。"❺古西域国名。《新唐书·西域传下·康》："石，或曰柘枝，曰赭时，汉大宛北鄙也……王姓石，治柘折城，故康居小王窳匿城也。"刘言史《王中丞宅夜观舞胡腾》："石国胡儿人见少，蹲舞尊前急如鸟。"❻量词(今读 dàn)。作为容量、重量或官俸的计量单位。杜甫《今夕行》："君莫笑刘毅从来布衣愿，家无儋石输百万。"张谓《湖上对酒行》："主人有黍百余石，浊醪数斗应不惜。"白居易《初除户曹喜而言志》："廪禄二百石，岁可盈仓囷。"又《新乐府·官牛》："一石沙，几斤重，朝载暮载将何用。"❼姓。唐诗人有石惠泰等。

【石人】　石头人。韩愈《嘲鼾睡》之一："铁佛闻皱眉，石人战摇腿。"颜胄《适思》："石人徒瞑目，表柱烧无声。"贯休《蒿里》："折碑石人，莽秽榛没。"

【石几】　石制的几案。杨衡《题玄和师仙药室》："石几香未尽，水花风欲零。"

【石女】　阴道生理构造不完全的女人。齐己《寄文浩百法》："铁牛无用成真角，石女能生是圣胎。"

【石井】　穿石而成的井。白居易《府中夜赏》："樱桃厅院春偏好，石井栏堂夜更幽。"张乔《题诠律师院》："纱灯留火细，石井灌瓶清。"

【石尤】　见"石尤風"。

【石尤風】　逆风；顶头风。传说古有商人尤某娶石氏女，情感甚笃。尤远行不归，石氏女思念成疾，临死叹曰："吾恨不能阻其行，以至于此。今凡有商旅远行，吾当阻大风为天下妇人阻之。"见元伊世珍《琅環记》引《江湖记闻》。按，宋洪迈《容斋五笔》云："石尤风，不知其义，意为打头逆风也。《江湖纪闻》'石氏女嫁为尤郎妇'云云，似出后人附会之说，殊不足信。"陈子昂《初入峡苦风寄故乡亲友》："宁知巴峡路，辛苦石尤风。"戴叔伦《送裴明州效南朝体》："知郎未得去，惭愧石尤风。"司空曙《留卢秦卿》："无将故人酒，不及石尤风。"亦省作"石尤""石郵"。"郵"与"尤"通。元稹《遭风二十韵》："罔象睢盱频逞怪，石尤翻动忽成灾。"李商隐《拟意》："去梦随川后，来风贮石邮。"

【石友】　情谊坚如金石的朋友。杜牧《奉和门下相公送西川相公兼领相印出镇全蜀诗十八韵》："同心真石友，写恨蔑河梁。"

【石片】　片状石。白居易《罢府归旧居》："石片抬琴匣，松枝阁酒杯。"贯休《秋末入匡山船行八首》之七："霞根生石片，象迹坏沙汀。"

【石文】　石头斑纹。李绅《杭州天竺灵隐二寺追思为诗二首》之一："石文照日分霞壁，竹影侵云拂暮烟。"皮日休《太湖诗·明月湾》："松瘿忽似狖，石文或如虥。"

【石中書】　指西汉中书宦官石显，弄权干政，中垒校尉刘向等曾与之抗争。见《汉书·刘禹使》。杜牧《李给事中敏二首》之二："可怜刘校尉，曾讼石中书。"原注："给事因忤仇军容，充宦东归。"此"石中书"，借指宦官仇士良。

【石文德】　五代诗人。连州(今广东连州市)人。曾以诗干谒楚文昭王马希范，以貌寝不纳。希范夫人彭氏亡故，文德作诗挽之，授水部员外郎，为诸学士所妒，出为融州刺史。《全唐诗》卷十九五录其《挽马希范夫人》诗断句一联。

【石火】　❶击石而迸发出来的火。柳宗元《韦道安》："夜发敲石火，山林如昼明。"李贺《南园十三首》之十三："沙头敲石火，烧竹照渔船。"殷尧藩《暮春述怀》："邻屋有声敲石火，野禽无语避茶烟。"张乔《送新罗僧》："落帆敲石火，宿岛汲瓶泉。"❷喻时光短暂快速。亦指快速的时光。寒山《诗三百三首》之二九："徒闭蓬门坐，频经石火迁。"李白《拟古十二首》之三："石火无留光，还如世中人。"白居易《秋怀》："人生如石火，为乐长苦迟。"又《对酒五首》之二："蜗牛角上争何事，石火光中寄此身。"

【石火電光】 喻时光短促。吕岩《赠刘方处士》："浮世短景倏成空，石火电光看即逝。"

【石户】 石门。元晦《越亭二十韵》："孱颜石户启，杳霭溪云度。"

【石心】 石的中心。周繇《题东林寺虎掊泉》："爪抬山脉断，掌托石心拗。"

【石田】 ❶多石而不可耕之地。刘长卿《登吴古城歌》："越王尝胆安可敌，远取石田何所益。"寒山《诗三百三首》之六六："土牛耕石田，未有得稻日。"李贺《长平箭头歌》："我寻平原乘两马，驿东石田蒿坞下。"❷泛称贫瘠的田地。杜甫《醉时歌》："先生早赋归去来，石田茅屋荒苍苔。"又《寄赞上人》："亭午颇和暖，石田又足收。"殷尧藩《送刘禹锡侍御出刺连州》："此去定知偿隐趣，石田春雨读书耕。"张祜《题李山人园林》："唯道石田堪种黍，不将衰发羡华簪。"

【石穴】 石洞。马戴《寄广州杨参军》："采奇搜石穴，怀胜即枫林。"

【石召】 唐诗人。有集一卷，佚。《全唐诗》卷七七七录其《送人归山》等诗二首。

【石耳】 附着在石面的地衣植物，可作菜食。皮日休《过云居院玄福上人旧居》："龛上已生新石耳，壁间空带旧茶烟。"皮日休、陆龟蒙《药名联句》："石耳泉能洗，垣衣雨为裁。"

【石仲元】 五代末诗人，字庆孙，桂林（今属广西）七星山道士。以能诗名，有《桂华集》。《全唐诗外编》（下）录其《阳朔道中》诗一首。

【石帆】 珊瑚虫的一种。紫色，呈树枝状，骨骼为角质，着生于海底岩礁间。骨骼中之红色节片可为装饰品。李贺《月漉漉篇》："谁能看石帆，乘船镜中人。"皮日休《病中有人惠海蟹转寄鲁望》："离居定有石帆觉，失伴唯应海月知。"

【石帆山】 在今浙江绍兴市南。元稹《寄乐天》："灵汜桥前百里镜，石帆山崦五云溪。"又《春分投简阳明洞天作》："石帆何峭峣，龙瑞本萦纡。"

【石竹】 多年生草本植物，茎高尺余，叶细长而尖，对生。夏季开花，花有深红、淡红及白色数种。王绩有《石竹咏》。李白《宫中行乐词八首》之一："山花插宝髻，石竹绣罗衣。"杜甫《山寺》："麝香眠石竹，鹦鹉啄金桃。"白居易《裴常侍以题蔷薇架十八韵见示因广为三十韵以和之》："山榴何细碎，石竹苦寻常。"

【石臼山】 山名。在今河南灵宝市西北文乡。吴融《阌乡寓居十首・山僧》："石臼山头有一僧，朝无香积夜无灯。"

【石臼嶺】 地名。在今陕西西安市附近。欧阳詹有《自南山却赴京师口石臼岭头即事寄严仆射》。

【石色】 石头的颜色；如石色的颜色。贾竦《谒华岳庙》："斑驳石色重，阴深香烟碧。"贾岛《原居即事言怀赠孙员外》："出入土门偏，秋深石色泉。"

【石衣】 地衣。苔藻类植物。姚鹄《送僧归新罗》："雪入行砂屦，云生坐石衣。"皮日休《李处士郊居》："石衣如发，小溪清，溪上柴门架树成。"

【石羊】 ❶古代大臣、贵族墓前石兽的一种。薛蓬《醉春风》："君看野外孤坟下，石羊石马是谁家?"罗隐《钱塘遇默师忆润州旧游》："石羊妙善衔，甘露平泉碑。"❷牧羊少年黄初平，遇道士在金华山学仙得道。其兄四十年后见他，问其羊何在，初平呼唤山上白石，白石变羊数万头。见《太平广记》卷七引《神仙传》。后以"石羊"作为成仙得道之典。贯休《和杨使君游赤松山》："初平谢公道非远，黯然物外心相逢。石羊依稀龁瑶草，桃花仿佛开仙宫。"

【石州】 乐府商调曲名。《全唐诗・杂曲歌辞》有《石州》，中有"自从君去远循边，终日罗帏独自眠"，为戍妇思夫之作。施肩吾《望骑马郎》："赚杀唱歌楼上女，《伊州》误作《石州》声。"李商隐《代赠二首》之二："东南日出照高楼，楼上离人唱石州。"

【石州城】 在今山西离石县。武元衡有《石州城》。

【石汗】 因空气湿度大而凝聚在石头上的水珠。鲍溶《禅定寺经院》："石汗知天雨，金泥落圣言。"

【石池】 石砌的水池。许浑《游江令旧宅》："芹根生叶石池浅，桐树落花金井香。"刘沧《与僧话旧》："莎径晚烟凝竹坞，石池春色染苔衣。"

【石圻】 曲折的石岸。宋之问《早入清远峡》："寂历环沙浦，葱茏转石圻。"孙逖《江行有怀》："秋水明川路，轻舟转石圻。"

【石步港】 地名。疑即今江苏南京市东北石埠桥。北宋置石步寨巡检司治此。徐铉有《临石步港》。

【石邑山】 山名。在今河北石家庄市西南。李益有《宿石邑山中》。

【石兕臺】 台阁名。在今江苏宜兴市境。陆希声有《阳羡杂咏十九首・石兕台》。

【石佛閣】 佛阁名。在今山西阳城县境。李华有《题泽州石佛阁》。

【石肝】 矿石名。可作美容药服用。吕岩《七言》："为讨石肝逢蜃海，因寻甜雪过瀛洲。"

【石角】 ❶山头。杜甫《剑门》："连山抱西南，石角皆北向。"❷山名。在今湖南零陵县。柳宗元《游石角过小岭至长乌村》："石角恣幽步，长乌遂遐征。"

【石沙】 石中沙粒。贾岛《寄令狐绹相公》："澄彻霜江水，分明露石沙。"

【石盂】 石瓮。韩愈《题炭谷湫祠堂》："列峰若攒指，石盂仰环环。"

【石花】　茶名。皮日休《友人以人参见惠因以诗谢之》："开时的定涵云液，劚后还应带石花。"

【石林】　由水流沿石灰岩的垂直裂隙溶蚀而形成的一种地貌。多成一种优美的景观。李适《答宋十一崖口五渡见赠》："石林上攒丛，金涧下明灭。"皇甫冉《赋得越山三韵》："只应结茅宇，出入石林间。"杨衡《送郑丞之罗浮中习业》："云卧石林密，月窥花洞明。"崔涂《送僧归天竺》："遥思清兴惬，不厌石林幽。"

【石板】　亦作"石版"。❶片状的石头。孟郊《献襄阳于大夫》："风漪参差泛，石板重叠跻。"皮日休《寒日书斋即事三首》之二："盆池有鹭窥苹沫，石版无人扫桂花。"李咸用有《石版》诗和《石版歌》。❷地名。在今江苏太湖内。皮日休有《太湖诗・石板》。

【石矼】　(—gāng)石桥。皮日休《忆洞庭观步十韵》："上戍看绵蕝，登村度石矼。"

【石枕】　石制的枕头。皮日休《太湖诗・三宿神景宫》："石枕冷入脑，笋席寒侵肌。"李洞《赠入内供奉僧》："石枕纹含山里叶，铜瓶口塞井中柴。"

【石虎殿】　后赵石虎营建的宫殿。李白《对酒》："棘生石虎殿，鹿走姑苏台。"

【石秀武】　唐诗人。李愬部将。《全唐诗》卷八六九录其《梦中诗》一首。

【石岸】　石砌的水岸。白居易《寄题余杭郡楼兼呈裴使君》："北郭沙堤尾，西湖石岸头。"

【石季倫】　晋石崇，字季伦。元稹《代曲江老人百韵》："出入张公子，骄奢石季伦。"

【石侍御】　石抱忠。长安(今陕西西安市)人。弘文馆学士。曾任清道率府长史，为殿中侍御史。卢照邻有《和石侍御山庄》。

【石建】　万石君石奋子。继承其父孝谨家风。卢纶《送崔邠拾遗》："石建每闻宗谨孝，刘歆不敢衒师儒。"

【石門】　❶谓以石为门或两山对峙如门。李白《和卢侍御通塘曲》："石门中断平湖出，百丈金潭照云日。"杜甫《题张氏隐居二首》之一："涧道余寒历冰雪，石门斜日到林丘。"裴休《题铜官山庙》："树影入流水，石门当洞天。"徐资用《九鲤湖》："石门断处疑天地，洞府深中别有天。"❷山名。(1)在今浙江永嘉县北。南朝宋著名诗人谢灵运为永嘉太守时常于此游玩。李白《与周刚清溪玉镜潭宴别》："康乐上官去，永嘉石门游。"刘长卿《题独孤使君湖上林亭》："谢公何足比，来往石门难。"朱庆余《送僧游温州》："石门期独往，谢守有遗篇。"贾岛《送姚杭州》："诗异石门思，涛来向越迎。"(2)在今山东曲阜市东北。山不甚高，石峡对峙如门，故名。李白《鲁郡东石门送杜二甫》："何时石门别？重有金樽开。"(3)在今浙江青田县西。有石洞龙湫，山石峭立如门。谢灵运尝游此，有《登石门最高顶》和《宿石门》。杜审言《度石门山》："石门千仞断，迸水落遥空。"(4)在今湖北鄂城市东。马珦有《石门歌》。(5)在今安徽当涂县东六十里。李白《下途归石门旧居》："石门流水遍桃花，我亦曾到秦人家。"(6)在今湖南岳阳市境。张说有《岳阳石门墨山二山相连有禅堂观天下绝境》。李华《云母泉诗》序："自墨山西北至石门，东南至东陵，广轮二十里，尽生云母。"❸谷名。在今陕西蓝田山。王昌龄《郑县宿陶太公馆中赠冯六元二》："昨日辞石门，五年变秋露。"岑参《终南山双峰草堂作》："崖口上新月，石门破苍霭。"阎防《晚秋石门礼拜》："石门变暝色，谷口生人烟。"郑谷有《石门山泉》。❹镇名，即龙门镇。在今甘肃巩昌县。杜甫《龙门镇》："石门雪云隘，古镇压峰峦。"❺山洞名。见"石門洞"。❻涧名。在今江西庐山西。白居易《游石门涧》："石门无旧径，披榛访遗迹。"❼寺名。杨衡《广州石门寺重送李尚赴朝时兼宗正卿》："象阙趋云陛，龙宫憩石门。"见"石門寺"。

【石門寺】　在今广州市境。杨衡有《广州石门寺重送李尚赴朝时兼宗正卿》。

【石門洞】　当在今四川境。武元衡有《元和癸巳途经百牢关因题石门洞》。齐己《荆门病中寄怀贯微上人》："早晚东归去，同寻入石门。"自注："匡山远大师尝与诸贤游石门洞，玩锦绣谷。"

【石門精舍】　僧舍名。(1)在今湖南零陵县南三里华严寺。柳宗元有《法华寺石门精舍三十韵》。(2)在今陕西蓝田山。王维有《蓝田山石门精舍》。

【石門澗】　在今江西庐山西。白居易有《石门涧》。

【石門嶠】　即石门山，在浙江青田县。王昌龄《留别岑参兄弟》："日西石门峤，月吐金陵洲。"

【石版】　见"石板"。

【石郎】　见"石郎神"。

【石郎神】　民间所祀神名。司空曙《送流人》："山村枫子鬼，江庙石郎神。"亦简称"石郎"。《句》："不愿石郎戴笠，难甘玉女披衣。"

【石房】　石头砌成的房子。薛能《圣冈》："古迹是何王，平身入石房。"又《山下偶作》："横流巨石皆堪住，何事无僧有石房。"贾岛《送僧归太白山》："云塞石房路，峰明雨外巅。"孟贯《寄山中高逸人》："猿共摘山果，僧邻住石房。"

【石牀】　供人坐卧的石制用具。寒山《诗三百三首》之二二六："石床孤夜坐，圆月上寒山。"王维《过乘如禅师萧居士嵩丘兰若》："迸水定侵香案湿，雨花应共石床平。"孟郊《苏州昆山惠聚寺僧房》："昨日到上方，片云挂石床。"唐彦谦《咏竹》："醉卧凉阴沁骨清，石床冰簟梦难成。”

【石函】 石制盒匣。白居易《游悟真寺诗》：“颅骨今不见，石函尚存焉。”马戴《谒仙观二首》之一：“葛蔓没丹井，石函盛道书。”温庭筠《老君庙》：“自怜金骨无人识，知有飞龟在石函。”

【石苔】 附生于石上的苔藓。杜甫《雨四首》之四：“楚雨石苔滋，京华消息迟。”张祜《东山寺》：“寒色苍苍老柏风，石苔清滑露光融。”刘沧《秋日登醴泉县楼》：“渭水自流汀岛色，汉陵空长石苔纹。”

【石城】 ❶石垒的城墙。李翱《江州南湖堤铭》：“堤既成止，冈联突起，坚若石城，障为潴水。”❷古城名。(1)即石头城。杨炯《和刘长史答十九兄》：“石城俯天阙，钟阜对江津。”王贞白《金陵怀古》：“石城几换主，天堑谩连空。”刘洞《石城怀古》：“石城古岸头，一望思悠悠。”(2)在今湖北钟祥市。李商隐《石城》：“石城夸窈窕，花县更风流。”曹邺《代罗敷诮使君》：“朝来见人说，却知在石城。”韩偓《南浦》：“应是石城艇子来，两桨咿哑过花坞。”吴融《和人有感》：“莫愁家住石城西，月坠星沉客到迷。”(3)在今浙江绍兴市东北三十里石城山上。马戴《送春坊董正字浙右归觐》：“莎垂石城古，山阔海门空。”(4)指白帝城，在今四川奉节县东白帝山。杜甫《虎牙行》：“壁立石城横塞起，金错旌竿满云直。”又《写怀二首》之一：“编蓬石城东，采药山北谷。”(5)即石堡城，在今青海西宁市西南。高适《同李员外贺哥舒大夫破九曲之作》：“石城与岩险，铁骑皆云屯。”

【石城寺】 在今山东剡城县境。孟浩然有《腊月八日于剡县石城寺礼拜》。

【石垠】 山崖。吕岩《过水坪》：“白崖岭峻藏风洞，碧涧泉音露石垠。”

【石柱】 ❶华表。亦泛指石头柱子。唐时郎官(郎中、员外郎)镌名于石柱。杜甫《冬到金华山因得故拾遗陈公学堂遗迹》：“陈公读书堂，石柱仄青苔。”刘禹锡《白舍人见酬拙诗因以寄谢》：“名姓也曾镌石柱，诗篇未得上屏风。”郑谷《南宫寓直》：“粉廊曾试处，石柱昔贤名。”❷山名。在今安徽旌德县西六十里。李白《自梁园至敬亭山见会公谈陵阳山水兼期同游因有此赠》：“黄山望石柱，突兀谁开张。”

【石砌】 石级；石台阶。皮日休《太湖诗·明月湾》：“清泉出石砌，好树临柴关。”李山甫《题李员外厅》：“石砌蛩吟响，草堂人语稀。”

【石研】 (—yàn)即石砚。杜甫《石研诗》：“奉使三峡中，长啸得石研。”

【石炭】 即煤。李峤《墨》：“长安分石炭，上党结松心。”贯休《寄怀楚和尚二首》之一：“铁盂汤雪早，石炭煮茶迟。”

【石缸】 石制长颈容器。陆龟蒙《南阳广文欲于荆襄卜居袭美有赠代酬次韵》：“藓衔荒磴移桑屐，花浸春醪挹石缸。”

【石盆】 石制花盆。杜牧《石池》：“通竹引泉脉，泓澄深石盆。”又《川守大夫刘公有题壁十韵叹咏不足辄献此诗》：“炼药藏金鼎，疏泉陷石盆。”皮日休《重玄寺年逾八十好种名药余奇而访之因题二章》之二：“石盆换水捞松叶，竹径穿床避笋芽。”陆龟蒙《袭美见题郊居十首因次韵酬之以伸荣谢》之九：“迸鼠缘藤桁，饥乌立石盆。”

【石泉】 山石中的泉流。姚崇《奉和圣制夏日游石淙山》：“石泉石镜恒留月，山鸟山花竞逐风。”岑参《太白东溪张老舍即事寄舍弟侄等》：“石泉饭香粳，酒瓮开新槽。”姚合《亲仁里居》：“自别青山归未得，羡君长听石泉声。”孟贯《赠栖隐洞谭先生》：“石泉春酿酒，松火夜煎茶。”

【石泉蘭若】 寺院名。当在今四川北川羌族自治县境。段成式有《题石泉兰若》。

【石泉驛】 驿站名。当在今陕西石泉县境。李益有《赴渭北宿石泉驿南望黄堆烽》。

【石亭】 石造的亭子。白居易《寒亭留客》：“今朝闲坐石亭中，炉火销残尊又空。”

【石首城】 即石头城。徐铉《送礼部潘尚书致仕还建安》：“履声初下金华省，帆影看离石首城。”

【石恪】 五代诗人。字子专，成都郫(今四川郫县)人。后蜀画家。蜀亡后奉敕入汴京为相国寺画壁，卒于归道中。《全唐诗》卷八六五录其《赠雷殿直》诗一首，谓其死后鬼魂所作。

【石洞】 岩洞。任鹄《题君山》：“鱼跃晴波动，龙归石洞腥。”皮日休《奉和鲁望四明山九题·樊榭》：“石洞哄人笑，松声惊鹿眠。”丘希范《江门洞》：“金篓照石洞，木兰润仙衢。”曹唐《小游仙诗九十八首》之八三：“石洞沙溪二十年，向明杭日夜朝天。”

【石浮圖】 佛石；石雕佛象。李华《题泽州石佛阁》：“此情谁管领，分付石浮图。”

【石室】 ❶石头砌成的房子。亦指石洞。多为僧人或隐士所居。王昌龄《遇薛明府谒聪上人》：“石室无人到，绳床见虎眠。”鲍溶《送僧择栖游天台二首》之二：“可怜石室烧香夜，江月对心无是非。”刘得仁《冬夜寄白阁僧》：“石室焚香坐，悬知不为名。”韦庄《洛北村居》：“岩边石室低临水，云外岚峰半入天。”❷古代藏图书档案处。张九龄《酬周判官巡至始兴会改秘书少监见贻之作兼呈耿广州》：“一探石室文，再擢金门第。”王湾《哭补阙亡友綦毋学士》：“玄经贻石室，未绂耀泉台。”慧净《杂言》：“龙宫秘典海中探，石室真言山处仰。”

【石室山】 当为今浙江衢州市之烂柯山。烂柯山,一名石室山。秦系有《题石室山王宁所居》。

【石宫】 石室。元结《石宫四咏》之一:"石宫春云白,白云宜苍苔。"

【石屋】 石头砌成的房子。多为僧人或隐士所居。齐己《尝茶》:"石屋晚烟生,松窗铁碾声。"贯休《怀白阁道侣》:"寒思白阁层,石屋两三僧。"

【石屏】 ❶石制屏风。储嗣宗《圣女祠》:"石屏苔色凉,流水绕祠堂。"❷谓壁立如屏的山石。李白《游泰山六首》之一:"四月上泰山,石屏御道开。"李益《罢秩后入华山采茯苓逢道者》:"授我出云路,苍然凌石屏。"张祜《游仙》:"行折青桂枝,隔云敲石屏。"皮日休《奉和鲁望四明山九题·云北》:"野歇遇松盖,醉书逢石屏。"

【石屏風】 石制屏风。温庭筠《晚坐寄友人》:"晓梦未离金夹膝,早寒先到石屏风。"吕岩《题避二绝》之一:"卓笔醮干龙鼻水,等闲题破石屏风。"

【石級】 石砌台阶。韩愈《题炭谷湫祠堂》:"石级皆险滑,颠跻莫牵攀。"

【石馬】 石雕的马。多列于帝王或贵官墓前。唐太宗昭陵两庑有李世民在建唐过程中所骑六匹骑马的雕像。杜甫《玉华宫》:"当时侍金舆,故物独石马。"耿沣《路旁墓》:"石马双双当古树,不知何代公侯墓。"许浑《复京》:"天教李令心如日,可要昭陵石马来。"韦庄《闻再幸梁洋》:"兴庆玉龙寒自跃,昭陵石马夜空嘶。"

【石根】 山石的底部;山脚。杜甫《宿青溪驿奉怀张员外十五兄之绪》:"石根青枫林,猿鸟聚俦侣。"又《别李义》:"王子自爱惜,老夫困石根。"又《冬深》:"花叶随天意,江溪共石根。"杜牧《夜泊桐庐眠先寄苏台卢郎中》:"水槛桐庐馆,归舟系石根。"

【石桂】 生于山中的桂树。白居易《江亭玩春》:"日消石桂绿岚气,风坠木兰红露浆。"

【石破天驚】 形容乐声高亢激越,惊天动地。李贺《李凭箜篌引》:"女娲炼石补天处,石破天惊逗秋雨。"

【石盎僧舍】 在今安徽宣州市敬亭山旁。杜牧有《偶游石盎僧舍》。

【石峰】 山峰。许浑《和河南杨少尹奉陪薛司空石笋诗》:"云断石峰高并笋,日临山势远开莲。"

【石倚】 唐诗人。肃宗朝擢书判拔萃科。《全唐诗》卷七八一录其《舞干羽两阶》诗一首。

【石徑】 亦作"石逕"。山间石路。孟浩然《送辛大之鄂渚不及》:"蒲轮去渐遥,石径徒延伫。"钱起《同李五夕次香山精舍访宪上人》:"松门入幽映,石径趋迤逦。"李商隐《鱼龙山》:"石径阴且寒,磬响如远钟。"孟贯《酬东溪史处士》:"石径逢僧出,山床见鹤移。"

【石殷士】 唐诗人。进士。《全唐诗》录七七九录其《日华川上动》等诗二首。

【石脈】 ❶山石的脉络纹理。王昌龄《出郴山口至叠石湾野人室中寄张十一》:"石脉尽横亘,潜潭何时流。"韦应物《龙门游眺》:"花树发烟华,淙流散石脉。"章孝标《方山寺松下泉》:"石脉绽寒光,松根喷晓霜。"黄滔《寄罗浮山道者二首》之二:"楼开石脉千寻直,山拆鳌鳞一半膻。"❷石隙。于鹄《山中访道者》:"把藤借行势,侧足凭石脉。"李贺《南山田中行》:"石脉水流泉滴沙,鬼灯如漆点松花。"

【石席】 《诗·邶风·柏舟》:"我心匪石,不可转也;我心匪席,不可卷也。"郑玄笺:"言己心志坚平过于石席。"后用以为典,喻意志坚定。骆宾王《初秋于窦六郎宅宴》序:"物我双致,匪石席以言兰;心口两齐,混污隆而酌桂。"

【石凍】 酒名。段成式《怯酒赠周繇》:"大白东西飞正狂,新刍石冻杂梅香。"见"石凍春"。

【石凍春】 酒名。产于今陕西富平县。李肇《唐国史补》卷下:"酒则有荥阳之土窟春,富平之石冻春,剑南之烧春。"郑谷《赠富平李宰》:"易得连宵醉,千缸石冻春。"

【石家】 指晋石崇家。亦泛指富贵人家。李端《杂诗》:"主第辞高饮,石家赴宵会。"白居易《早春晚归》:"金谷风光依旧在,无人管领石家春。"李群玉《山榴》:"可怜夹水锦步障,羞数石家金谷园。"唐彦谦《咏葡萄》:"石家美人金谷游,罗帏翠幕珊瑚钩。"

【石家園】 晋石崇家有金谷园,以富丽著称。薛能《折杨柳十首》之十:"帐偃缨垂细复繁,令人心想石家园。"

【石窌】 (—liù)古邑名。春秋齐地。故址在今山东长清县东南。《左传·成公二年》:"齐侯以为有礼。既而问之,辟司徒之妻也,予之石窌。"后用以泛指封地。王维《故西河郡杜太守挽歌三首》之二:"返葬金符守,同归石窌妻。"又《故南阳夫人樊氏挽歌》:"石窌恩荣重,金吾车骑盛。"吴越后主《感降内夫人愚赐家室药物金器》:"锡宠便籓光石窌,内嫔迢递下金门。"

【石扇】 石门。李白《梦游天姥吟留别》:"洞天石扇,訇然中开。"又《游泰山六首》之一:"洞门闭石扇,地底兴云雷。"

【石能言】 《左传·昭公八年》:石言于晋魏榆。晋侯问于师旷曰:"石何故言?"对曰:"石不能言,或冯焉。"后用以指无人敢言,无人敢违抗。李商隐《明神》:"莫为无人欺一物,他时须虑石能言。"

【石脣】 石边。王维《酬黎使君五郎西楼望远思归》："松龛藏药裹，石唇安茶臼。"

【石莎】（—suō）石上所生之莎草。王建《南涧》："野桂香满溪，石莎寒覆水。"

【石菴】石砌的庵舍。贾岛《即事》："过声沙岛鹭，绝行石庵僧。"

【石梯】石级；石台阶。薛能《凌云寺》："像阁与山齐，何人致石梯。"温庭筠《清凉寺》："松飘晚吹摐金铎，竹荫寒苔上石梯。"李习《凌云寺》："古寺临江间碧波，石梯深入白云窠。"贾岛《寄武功姚主簿》："锄草留丛药，寻山上石梯。"

【石逕】见"石徑"。

【石堂】石室。王昌龄《谒焦炼师》："岂意石堂里，得逢焦炼师。"白居易《酬吴七见寄》："君本上清人，名在石堂间。"李群玉有《石堂》。

【石堂觀】（觀 guàn）道观名。在今江西南昌市西的西山上。萧祜有《游石堂观》。

【石眼】石缝；石上泉眼。韩愈《峡石西泉》："居然鳞介不能容，石眼环环水一钟。"李贺《昌谷北园新笋四首》之三："家泉石眼两三茎，晓看阴根紫脉生。"

【石蛣】一种介壳类动物，形如龟脚，得春雨则生花。王维《送元中丞转运江淮》："去问珠官俗，来经石蛣春。"

【石國】古西域国名。周朴《塞下曲》："石国胡儿向碛东，爱吹横笛引秋风。"见"石❺"。

【石崖】石壁。詹敦仁《遣子访刘乙》："石崖壁立题诗处，知是当年凤阁人。"李欣《登首阳山谒夷齐庙》："石崖向西豁，引领望黄河。"

【石郵】见"石尤風"。

【石脚】山脚。鲍溶《玉山谣奉送王隐者》："凤凰城南玉山高，石脚耸立争雄豪。"李群玉《宿鸟远峡化台遇风雨》："龙湫在石脚，引袂时一取。"

【石崇】西晋富豪。字季伦，小名齐奴。渤海南皮（今河北南皮东北）人。初为脩武令，累迁至侍中。永熙元年(290)出为荆州刺史，以劫掠客商成为巨富。宅邸富丽，仆役众多，生活极为奢侈。见《晋书·石苞传》附《石崇传》。刘禹锡《崔元受少府自贬所还遣山姜花以诗答之》："王济本尚味，石崇方斗奢。"皎然《观李中丞洪二美人唱歌轧筝歌》："每笑石崇无道情，轻身重色祸亦成。"李商隐《药转》："长筹未必输孙皓，香枣何劳问石崇。"按，石崇于厕所置枣，供入厕者塞鼻。

【石崇家】石崇是晋朝巨富。遂以"石崇家"借指权贵之家。崔知贤《晦日宴高氏林亭》："淹留洛城晚，歌吹石崇家。"高瑾《晦日宴高氏林亭》："试入山亭望，言是石崇家。"陈嘉言《晦日宴高氏林亭》："人是平阳客，地即石崇家。"张锡《晦日宴高文学林亭》："雪尽铜驼路，花照石崇家。"

【石魚湖】湖名。在今河南道县。元结《石鱼湖上作》："吾爱石鱼湖，石鱼在湖里。"又《石鱼湖上醉歌》："石鱼湖，似桐庭，夏水欲满君山青。"

【石魚巖】在骊山，今陕西临潼县东南。郑嵎《津阳门诗》："石鱼岩底百寻井，银床下卷红绠迟。"原注："石鱼岩下有天丝石，其形如瓮，以贮飞泉，故上以石瓮为寺名。"

【石渚】水中石质小洲。韩翃《送万巨》："高柳垂烟橘带霜，朝游石渚暮横塘。"

【石渠】❶石筑的水渠。孟浩然《疾愈过龙泉寺精舍呈易业二公》："石渠流雪水，金子耀霜橘。"李德裕《奉和韦侍御陪相公游开义五言六韵》："石渠清夏气，高树激鲜飙。"白居易《桥亭卯饮》："就荷叶上包鱼鲊，当石渠中浸酒瓶。"李洞《感知上刑部郑侍郎》："石渠流月断，画角截江吹。"❷指石渠阁，西汉皇室藏书之处，在长安未央宫殿北。苏颋《奉和圣制送张说上集贤学士赐宴得兹字》："锵锵石渠内，序拜亦同时。"刘禹锡《蒙恩转仪曹郎依前充集贤学士举韩潮州自代因寄七言》："翔鸾阙下谢恩初，通籍由来在石渠。"李德裕《南梁行》："青天诏下宠光至，颁籍金闺征石渠。"徐铉《奉和子龙大监与舍弟赠答之什》："石渠东观两优贤，明主知臣岂偶然。"

【石渠郎】指秘书郎。杨巨源《送裴中丞出使》："宣谕生灵真重任，回轩应问石渠郎。"

【石渠署】指秘书省或集贤书院。李颀《缓歌行》："小来托身攀贵游，倾财破产无所忧。暮拟经过石渠署，朝将出入铜龙楼。"刘禹锡《叹水别白二十二》："君游金谷堤上，我在石渠署里。"

【石淙】❶石上水流。贾岛《送乌行中石淙别业》："草通石淙脉，砚带海潮痕。"❷地名。(1)即石淙山。中宗、睿宗和李峤均有《石淙》，为则天皇后《石淙》之和作，分别见《全唐诗》卷二和卷六一。(2)在今陕西西安市高冠潭附近。岑参有《终南云际精舍寻法澄上人不遇归高冠东潭石淙望秦岭微雨作贻友人》。

【石淙山】在今河南登封县东南。峰峦叠耸，溪水绕流，为一邑奇观。唐武则天曾与群臣会饮于此，石刻尚存。则天作《石淙》，狄仁杰、姚崇等有和作。狄、姚之诗题均为《奉和圣制夏日游石淙山》，分别见《全唐诗》卷四六和卷六四。

【石梁】石桥；石建的桥梁。刘宪《奉和幸白鹿观应制》："石梁萦涧转，珠旆扫坛飞。"韩愈《答张彻》："石梁平侹侹，沙水光泠泠。"朱庆余《山居》："时复收新药，随云过石梁。"刘斌《咏山》："石梁高鸟路，瀑水近天河。"意特指浙江天台山之石桥。李白《送王屋山人魏万还王屋》："石梁横青天，侧足履半月。"徐凝《天台独夜》："银地秋月色，石梁夜溪声。"李涉《寄河阳从事杨潜》:“忆昨天台寻石梁,赤城枕下看扶桑。”张祜《游天台山》:“石梁屹横架,万仞青壁竖。”

【石涵】 石砌的蓄水池。杜牧《秋晚怀茅山石涵村舍》:“十亩山田近石涵,村居风俗旧曾谙。”

【石婦】 妇人石像。白居易《蜀路石妇》:“道傍一石妇,无记复无铭。”

【石貫】 唐诗人。字总之,湖州(今浙江吴兴)人。会昌三年(843)登进士第。大中四年(850)任太学博士。见《唐摭言》卷三、《唐诗纪事》卷五五等。《全唐诗》卷五五二录其《和主司王起》诗一首。

【石堤】 石筑的堤防。李白《东鲁门泛舟二首》之二:“水作青龙盘石堤,桃花夹岸鲁门西。”李商隐《安平公诗》:“三月石堤冻销释,东风开花满阳坡。”

【石埭】 县名。南朝梁大同二年(536)置,治所在今安徽石台县。隋废。唐永泰二年(766)复治,移治今安徽石台县东北广阳镇。袁傪有《喜陆侍御破石埭草寇东峰亭赋诗》。

【石葉】 香料名。段成式《戏高侍御七首》之四:“欲薰罗荐嫌龙脑,须为寻求石叶香。”

【石棧】 即栈道。山路险阻,凿石架木以通行的道路。李白《蜀道难》:“地崩山摧壮士死,然后天梯石栈相钩连。”权德舆《天竺寺》:“萧飒松阴静,攲危石栈通。”徐凝《杭州祝涛头二首》之一:“不道沙堤尽,犹欺石栈顽。”

【石硯】 石制的砚台。李白《草书歌行》:“笺麻素绢排数厢,宣州石砚墨色光。”刘禹锡《送鸿举游江西》:“使君滩头拣石砚,白帝城边寻野蔬。”又《唐秀才赠端州紫石砚以诗答之》:“端州石砚人间重,赠我因知正草玄。”安鸿渐《题杨少卿书后》:“端溪石砚宣城管,王屋松烟紫兔毫。”

【石雲】 山石间涌起的云气。李贺《黄头郎》:“玉瑟调青门,石云湿黄葛。”

【石惠泰】 唐诗人。玄宗时人。曾官岐王府参军。《全唐诗》卷八六九录其《与李全交诗》一首。

【石筵】 石制的几筵,用以安放灵座。孟浩然《过景空寺故融公兰若》:“既礼新松塔,还寻旧石筵。”陈去疾《忆山中》:“会可标真寄,焚香对石筵。”

【石筍】 挺直如竹笋的大石。李白《题楼山石笋》:“石笋如卓笔,悬之山之颠。”杜甫《石笋行》:“君不见益州城西门,陌上石笋双高蹲。”朱庆余《河亭》:“潮痕经雨在,石笋与杉齐。”张祜《忆游天台寄道流》:“石笋半山移步险,桂花当洞拂衣轻。”

【石筍溪】 在今山西永济县中条山北麓下。卢伦有《奉陪侍中石笋溪十二韵》。

【石堡】 城名。又称铁刃城。在今青海湟源市西南。唐开元十七年(729)信安王祎攻吐蕃石堡城,即此;同年改置振武军。李白《答王十二寒夜独酌有怀》:“君不能学哥舒横行青海夜带刀,西屠石堡取紫袍。”储光羲《哥舒大夫颂德》:“大非四决轧,石堡高峥嵘。”

【石傘峰】 山峰名。在今浙江省。顾况有《石伞铭》。

【石尊】 见“石樽”。

【石犀】 石刻的犀牛。古代迷信,以为置石犀于岸边可镇压水怪。岑参《石犀》:“向无尔石犀,安得有邑居。”

【石階】 石级。李郢《蝉》:“饮蝉惊雨落高槐,山蚁移将入石阶。”

【石鼓】 ❶一种鼓形的大石。旧时迷信说法,石鼓发出声响,是战争的征兆。岑参《终南云际精舍寻法澄上人不遇归高冠东潭石淙望秦岭微雨作》:“石鼓有时鸣,秦王安在哉?”❷东周初秦国刻石。形略像鼓,共有十个,上刻籀文四言诗。现藏北京故宫博物院。杜甫《李潮八分小篆歌》:“陈仓石鼓又已讹,大小二篆生八分。”韦应物《石鼓歌》:“周宣大猎兮岐之阳,刻石表功兮炜煌煌。石如鼓形数止十,风雨缺讹苔涩。”

【石鼓文】 东周初秦国刻石文字。在十块鼓形石上,用籀文分刻十首四言韵文,记叙秦国国君的游猎情况。唐初在天兴(今陕西宝鸡市)三畤原出土。现在一石字已磨灭,其余九石亦有残缺。韩愈《石鼓歌》:“张生手持石鼓文,劝我试作石鼓歌。”按,关于石鼓的年代,自唐至今,考订不一。近代金石家和当代考古学家一般都认为系东周初秦国刻石。

【石楠】 一种观赏植物,叶可入药。李白《秋浦歌十七首》之十:“千千石楠树,万万女贞林。”孟郊《思江南旧游》:“江皋三月时,花发石楠枝。”鲍溶《寄王璠侍御求蜀笺》:“野客思将池上学,石楠红叶不堪书。”司空图《浙上》之一:“丹桂石楠宜并长,秦云楚雨暗相和。”

【石奩】 喻状如镜匣的石潭。刘禹锡《海阳十咏·云英潭》:“芳幄覆云屏,石奁开碧镜。”

【石鼎】 陶制的烹茶用具。韩愈、侯喜有《石鼎联句》。皮日休《冬晓章上人院》:“松扉欲启如鸣鹤,石鼎初煎若聚蚊。”

【石照】 地名。在今湖北黄鹤楼附近。吕岩有《题黄鹤楼石照》。

【石路】 石砌的山路。王维《酬虞部苏员外过蓝田别业不见留之作》:“石路枉回驾,山家谁候门。”刘长卿《自道林寺西入石路至麓山寺过法崇禅师故居》:“山僧候谷口,石路拂莓苔。”杜牧《池州废林泉寺》:“石路寻僧去,此生应不逢。”温庭筠《送客偶作》:“石路荒凉接野蒿，西风吹马利如刀。”

【石稜】 (—léng)石头的棱角。也指多棱角的山石。岑参《寄青城龙溪奂道人》：“云开露崖峤，百里见石棱。”白居易《寄庾侍郎》：“庭霜对石棱，池雪印鹤迹。”郑巢《送琇上人》：“古殿焚香外，清羸坐石棱。”方干《自缙云赴郡叙事四韵寄献段郎中》：“仰瞻青壁开天罅，斗转寒湾避石棱。”

【石甃】 石砌的井壁。李白《姑孰十咏·桓公井》：“石甃冷苍苔，寒泉湛孤月。”常衮《晚秋集贤院即事寄徐薛二侍郎》：“金铺深内殿，石甃净寒渠。”武元衡《夏日陪冯许二侍郎与严秘书游昊天观览旧题寄同里杨华州中丞》：“石甃古苔冷，水筠凉簟翻。”刘禹锡《楚州开元寺北院枸杞临井繁茂可观群贤赋诗因以继和》：“翠黛叶生笼石甃，殷红子熟照铜瓶。”

【石鼠】 即鼫鼠，一种危害农作物的老鼠。形大如鼠，头似兔，尾有毛，青黄色。刘禹锡《罢郡姑苏北归渡扬子津》之二：“筑用金鎚刀，摧因石鼠窠。”

【石腳】 见“石脚”。

【石堠】 路旁记里的石堆。亦泛指用作标志的石堆。姚合《送少府田中丞入西蕃》：“萧关路绝久，石堠亦为尘。”

【石道】 石砌的山路。苏颋《夜发三泉即事》：“沙溪忽沸渭，石道乍明灭。”卢象《马跑神泉》：“松青离石道，云白介山田。”李白《赠别王山人归布山》：“林壑久已芜，石道生蔷薇。”

【石煙】 山石间的烟雾。鲍溶《忆旧游》：“日入濛汜宿，石烟抱山门。”又《巫山怀古》：“十二峰峦斗翠微，石烟花雾犯容辉。”

【石溝溪】 山溪名，在今陕西商洛市商州区商山旁。白居易有《题赠郑秘书征君石沟溪隐居》。

【石溪】 岩石间的溪流。王昌龄《送东林廉上人归庐山》：“石溪流已乱，苔径人渐微。”卢肇《竞渡诗》：“石溪久住思端午，馆驿楼前看发机。”贾岛《宿姚少府北斋》：“石溪同夜泛，复此北斋期。”方干《山中寄吴磻十韵》：“石溪鱼不大，月树鹊多惊。”

【石溜】 岩石间的水流。李峤《奉和初春幸太平公主南庄应制》：“还将石溜调琴曲，更取峰霞入酒杯。”元结《夜宴石鱼湖作》：“夜寒闭窗户，石溜何清泠。”李德裕《题柳郎中故居》：“下马荒阶日欲曛，潺潺石溜静中闻。”齐己《荆门送兴禅师》：“虎共松岩宿，猿和石溜闻。”

【石窟】 依山凿成的石室。刘长卿《夜宴洛阳程九主簿宅送杨三山人往天台寻智者禅师隐居》：“云龛闭遗影，石窟无人烟。”喻凫《送武珏之邠宁》：“燕拂沙河柳，鸦高石窟钟。”

【石窟寺】 寺庙名。(1)在今山西大同市武周山(又名云冈)。宋昱有《石窟寺》，题下原注：“魏孝文所置。”(2)在今北京市房山区西南上方山。刘沧有《游上方石窟寺》。

【石經】 ❶刻在石上的儒家经典。高适《同观陈十六史兴碑》：“则是刊石经，终然继梼杌。”杜甫《送顾八分文学适洪吉州》：“中郎石经后，八分盖憔悴。”冯涯有《太学创置石经》。❷刻于碑版上的佛经。皮日休、陆龟蒙《独在开元寺避暑颇怀鲁望因飞笔联句》：“石经森欲动，珠像俨将怡。”

【石臺】 ❶石桌；石凳。李颀《觉公院施鸟石台》：“石台置香饭，斋后施诸禽。”姚合《春日江次》：“野步出茆斋，闲行坐石台。”李涉《杪春再游庐山》：“南访靖(静)节居，石台有遗基。”❷石砌的高台。郑畋《初秋寓直三首》之二：“宿鸟翩翩落照微，石台楼阁锁重扉。”刘沧《经龙门废寺》：“山色不移楼殿尽，石台依旧水云空。”

【石墉】 石砌的城墙。崔融《登东阳沈隐侯八咏楼》：“旦登西北楼，楼峻石墉厚。”

【石櫠】 木名。子如芎䓖，皮可食。杜甫《上后园山脚》：“石櫠遍天下，水陆兼浮沉。”自注：“音原。其皮可疗饥。”

【石榻】 狭长而矮的石床。戴叔伦《寄赠翠岩奉上人》：“挂衲云林净，翻经石榻凉。”许浑《题灞西骆隐居》：“扫花眠石榻，捣药转溪轮。”皮日休《二游诗·任诗》：“请题在茅栋，留坐于石榻。”

【石榴】 ❶果树名。亦指此树之花、果。张谔《岐王山亭》：“石榴天上叶，椰子日南枝。”李白《过汪氏别业二首》之二：“数枝石榴发，一丈荷花开。”白居易《失题》：“石榴枝上花千朵，荷叶杯中酒十分。”张祜《樱桃》：“石榴未拆梅犹小，爱此山花四五株。”❷石榴酒。李郢《板桥重送》：“洛阳津畔逢送神女，莫坠金楼醉石榴。”

【石榴花】 ❶石榴树所开之花。王翰《奉和圣制送张尚书巡边》：“宁如凿空使，远致石榴花。”白居易《和春深二十首》之二〇：“眉欺杨柳叶，裙妒石榴花。”李商隐《游灵伽寺》：“尽日伤心人不见，石榴花满旧琴台。”花蕊夫人徐氏《宫词》之一三六：“树叶初成鸟护窠，石榴花里笑声多。”❷指石榴酒。李商隐《寄恼韩同年二首》之二：“我为伤春心自醉，不劳君劝石榴花。”

【石榴酒】 酒名。乔知之《倡女行》：“石榴酒，葡萄浆。”

【石榴裙】 朱红色的裙子。亦泛称妇女的裙子。亦借指着裙之女子。杜审言《戏赠赵使君美人》：“红粉青娥映楚云，桃花马上石榴裙。”韩翃《赠别太常李博士兼寄两省旧游》：“玉镫初回酸枣馆，金钿正舞石榴裙。"白居易《官宅》："移舟木兰棹，行酒石榴裙。"罗虬《比红儿诗》之六："青丝高绾石榴裙，肠断当筵酒半醺。"

【石匱】（—kuì）石制的柜子。皮日休《太湖诗·入林屋洞》："石匮一以出，左神俄不扃。"

【石閣】❶石砌的楼房。杜甫《昔游》："林昏罢幽磬，竟夜伏石阁。"白居易《菩提寺上方晚望香山寺寄舒员外》："石阁僧上来，云汀雁飞下。"❷指石渠阁。西汉皇家藏书之处，在长安未央宫北。《三辅黄图·阁》："石渠阁，萧何造。其下砻石为渠以导水，若今御沟，因为阁名。所藏入关所得秦之图籍。至于成帝，又于此藏秘书焉。"李贺《酒罢张大彻索赠诗》："金门石阁知卿有，豸角鸡香早晚含。"

【石圖】有图文的石头。古以其为祥瑞。王勃《秋日仙游观赠道士》："石图分帝宇，银牒洞灵宫。"

【石膏】含水的硫酸钙。缪岛云《游黄山怀古》："枯杉垅脑溢，阴洞石膏垂。"贯休《思匡山贾匡》："石膏粘木屐，崖蜜落冰池。"

【石膏枕】用石膏做的枕头。薛逢有《石膏枕》。

【石蜜】野蜂在岩石间所酿之蜜。亦指蜂蜜。寒山《诗三百三首》之二一："醍醐与石蜜，至死不能尝。"李贺《南园诗十三首》之一一："自履藤鞋收石蜜，手牵苔絮长莼花。"

【石緑】用孔雀石制成的绿色颜料。多用于国画。白居易《代书诗一百韵寄微之》："峰攒石绿点，柳宛曲尘丝。"

【石髮】生于水边石上的苔藻。韦应物《慈恩精舍南池作》："石发散清浅，林光动涟漪。"顾况《弋阳溪中望仙人城》："晚禽曝霜羽，寒鱼依石发。"李贺《假龙吟歌》："崖磴苍苔吊石发，江君掩帐筼筜折。"白居易《游悟真寺诗》："仰窥不见人，石发垂若鬟。"陆龟蒙《和袭美江南道中怀茅山广文南阳博士三首次韵》之一："天寒夜漱云牙净，雪坏晴梳石发香。"

【石蓮】❶莲形山石或山峰。骆宾王《秋日山行简梁大官》："香吹分岩桂，鲜云抱石莲。"❷"石莲子"的略语。乐府诗中谐音"实怜"。李贺《恼公》："鱼生玉藕下，人在石莲中。"

【石蓮花】景天科植物。全株光滑，无明显的茎。叶沿地面呈莲座状着生，花呈红色或淡红色。为观赏性植物。卢元辅《游天竺寺》："远客偏求月桂子，老人不记石莲花。"

【石僕射】（射 yè）石雄。会昌四年（844）为检校尚书左仆射、河阳节度使。张祜有《投河阳石仆射》。详见"石雄"。

【石樓】❶石筑的楼台。韦应物《至西峰兰若受田妇馈》："聊登石楼憩，下玩潭中鱼。"李绅《新楼诗二十首·寒林寺》："岩树桂花开月殿，石楼风铎绕金仙。"刘得仁《和段校书冬夕寄题庐山》："石楼霞耀壁，猿树鹤分枝。"陆龟蒙《奉和袭美夏景冲澹偶作次韵二首》之二："只于池曲象山幽，便是潇湘浸石楼。"❷指香山寺石楼。在今河南洛阳市。白居易《香山寺石楼潭夜浴》："清凉咏而归，归上石楼宿。"又《游平泉宴浥涧宿香山石楼赠座客》："是夜勿言归，相携石头宿。"又刘长卿《龙门八咏》中有《石楼》。

【石樓樹】木名。皮日休《腊后送内大德从勖游天台》："梦入琼楼寒有月，行过石树冻无烟。"自注："按消山有石楼树，吴大皇元年，郡吏伍曜于海际得之，枝茎紫色有光，南越渭之石连理也。"

【石槨】传说葬卫灵公时，于下葬处得石椁铭文，预言为灵公葬处。见《庄子·则阳》。后遂为咏丧葬的典故。骆宾王《帝京篇》："未厌金陵气，先开石椁文。"

【石齒】齿状的石头。孟郊《过分水岭》："山壮马力短，马行石齿中。"皮日休《奉和鲁望樵人十咏·樵径》："歇处遇松根，危中值石齿。"

【石墨】一种矿物质，灰黑色，可作墨。皮日休《以紫石砚寄鲁望兼酬见赠》："石墨一研为凤尾，寒泉半勺是龙睛。"

【石潭】岩石围成的深水。岑参《冬夜宿仙游寺南凉堂呈谦道人》："石潭积黛色，每岁投金龙。"无名氏《平盖山》（外编下）："洗墨池边丹灶冷，系龙岩畔石潭虚。"

【石層】重叠的石头；石级。卢纶《早春游樊川野居却寄李端校书兼呈崔峒补阙司空曙主簿耿沣拾遗》："斗鼠摇松影，游龟落石层。"皮日休《钓侣二章》之二："严陵滩势似云崩，钓具归来放石层。"韦庄《梁氏水斋》："看蚁移苔穴，闻蛙落石层。"

【石磎】即石路。李贺《高平县东私路》："石磎远荒涩，棠实悬辛苦。"

【石壇】❶石头筑的高台。许浑《洞灵观冬青》："霜霰不凋色，两株交石坛。"又《重游飞泉观题故梁道士宿龙池》："云开星月浮山殿，雨过风雷绕石坛。"吕岩《吕剑留泉》："五百年前此地来，碧桃移向石坛栽。"❷石制的台或墩。韩愈《记梦》："石坛坡陀可坐卧，我手承颏肘拄座。"

【石燕】亦作"石鷰"。❶似燕之石。卢照邻《失群雁》："欲随石燕沉湘水，试逐铜乌绕帝台。"李端《荆门歌送兄赴夔州》："自是湘州石燕飞，那关齐地商羊舞。"张祜《苦旱》："石鷰曾谁舞，泥龙愈自坚。"许浑《金陵怀古》："石燕拂云晴亦雨，江豚吹浪夜还风。"李凉《湘中纪行》："浅浪翻残雪，石鷰雨中飞。"

【石磬】石制的打击乐器。卢纶《慈恩寺石磬歌》："灵山石磬生海西，海涛平处与山齐。"张籍《赠阎少保》："竹树晴深寒院静，长悬石磬在虚廊。"贾岛《送贞空二上人》："石磬疏寒韵，铜瓶结夜澌。"陆龟蒙《和袭美重送圆载上人归日本国》："晓梵阳乌当石磬，夜禅阴火照田衣。"

【石樹】 ❶见"石樓樹"。❷指石上之树。杜甫《白露》："圃开连石树，船渡入江溪。"

【石橋】 石造的桥梁。马戴《送僧归闽中旧寺》："星月浮波岛，烟萝渡石桥。"赵嘏《寻僧二首》之二："溪户无人谷鸟飞，石桥横木挂禅衣。"谭用之《幽居寄李秘书》："昨夜前溪有龙斗，石桥风雨少人过。"意特指浙江天台山的名胜石梁。其状如横虹，高架两岸间，下临绝涧，险峻多苔，过者目眩心悸。孟浩然《舟中晓望》："问我今何去，天台访石桥。"顾况《临海所居三首》之二："不知叠嶂重霞里，更有何人度石桥。"郑畋《题缑山王子晋庙》："句曲觞金洞，天台啸石桥。"王贞白《寄天台叶尊师》："师住天台久，长闻过石桥。"

【石橋寺】 在今浙江衢州烂柯山。该山《通典》谓之石桥山。皎然有《奉和崔中丞使君论李侍御萼烂柯山宿石桥寺效小谢体》。

【石樽】 亦作"石尊"。石制的盛酒器。颜真卿等有《登岘山观李左相石尊联句》。元结《宴湖上亭作》："石尊能寒酒，寒水宜初涨。"白居易《池上篇》序："虽有宾朋，无琴酒不能娱也，乃作池西琴亭，加石樽也。"

【石頭】 ❶石；石块。寒山《诗三百三首》之一九二："饥餐一粒伽陀药，心地调和倚石头。"韦遵《题施璘画竹图》："枯荐危根缴石头，千竿交映近清流。"❷古地名。(1)在今江西南昌市北。见"石頭驛"。(2)即石头城。在今江苏南京市清凉山。高适《奉酬睢阳李太守》："郡邑连京口，山川望石头。"刘长卿《送姚八之句容旧任便归江南》："远戍看京口，空城问石头。"刘禹锡《西塞山怀古》："千寻铁锁沉江底，一片降旛出石头。"李商隐《重有感》："窦融表已来关右，陶侃军宜次石头。"

【石頭戍】 石头城中的军事营垒。钱起《江宁春夜裴使君席送萧员外》："行看石头戍，记得是南徐。"

【石頭城】 古城名。故址在今江苏南京市清凉山。又称石首城、石城。孙权移都建业，作石头城。城负山面江，南临秦淮河口，当交通要冲，六朝时为建康军事重镇。唐以后，城废。王维《同崔傅答贤弟》："夜火人归富春郭，秋风鹤唳石头城。"韩翃《送客之江陵》："楚云朝下石头城，江燕双飞瓦棺寺。"温庭筠《西州词》："艇子摇两桨，催过石头城。"齐己《怀金陵知旧》："石头城外青山叠，北固窗前白浪翻。"

【石头濑】 ❶当在江西南昌市境。崔国辅《石头滩作》："怅矣秋风时，余临石头濑。"❷当在今江苏南京市清凉山附近。刘长卿《早春赠别赵居士还江左时长卿下第归嵩阳旧居》："夜火金陵城，春烟石头濑。"

【石錢】 石上生出的形圆如钱的苔藓。李贺《昌谷诗》："石钱差复藉，厚叶皆蟠腻。"

【石篆】 石上篆刻。叶元良《御制段太尉碑》："园茔标石篆，雨露降天文。"

【石頭灘】 即石头濑。当在今江西南昌市境。崔国辅有《石头滩作》。灘，一作"濑"。

【石激】 名胜名。在今河南南阳市境。激为水堰之意。李白有《游南阳白水登石激作》。

【石壁】 ❶陡峻如壁的山岩。孟浩然《腊月八日于剡县石城寺》："石壁开金像，香山倚铁围。"李白《夏日山中》："脱巾挂石壁，露顶洒松风。"白居易《香山下卜居》："乱藤遮石壁，绝涧护云林。"王周《西塞山二首》之一："千寻铁锁无由问，石壁空存道者形。"❷石墙或供某种特用的土石建筑的墙形物。王维《蓝田山石门精舍》："涧芳袭人衣，山月映石壁。"湛贲《伏览吕侍郎丘员外旧题十三代祖历山草堂诗因书记事》："高居葺莲宫，遗文焕石壁。"薛存诚《太学创置石经》："银钩互交映，石壁靡尘翳。"陆龟蒙《补沈恭子诗》："落日倚石壁，天寒登古丘。"

【石壕】 ❶山沟。喻凫《答刘录事夜月怀湘西友人见寄》："竟夕空凭阁，长河淼石壕。"❷镇名。在今河南陕县东七十里。杜甫《石壕吏》："暮投石壕村，有吏夜捉人。"

【石澗】 山石间的水沟。贾岛《送僧归天台》："石涧双流水，山门九里松。"

【石磴】 石级；石台阶。李白《观博平王志安少府山水粉图》："松溪石磴带秋色，愁客思归坐晓寒。"皇甫冉《杂言无锡惠山寺流泉歌》："处处萦回石磴喧，朝朝盥漱山僧老。"王季文《九华山谣》："云梯石磴入杳冥，俯看四极如中庭。"李中《贻庐山清溪观王尊师》："松轩睡觉冷云起，石磴坐来春日西。"

【石磯】 水边突出的巨大岩石。张旭《桃花溪》："隐隐飞桥隔野烟，石矶西畔问渔船。"钱起《登秦岭半岩遇雨》："震电闪云径，奔流翻石矶。"崔涂《牛渚夜泊》："烟老石矶平，袁郎夜泛情。"

【石壑】 山间石谷。刘禹锡《吏隐亭述》："石壑不老，水流不腐。"

【石甖】 见"石甑"。

【石罅】 石头的缝隙。韦应物《同元锡题琅琊寺》："山中清景多，石罅寒泉洁。"张蠙《华山孤松》："石罅引根非土力，冒寒犹助岳莲光。"吴融《李周弹筝歌》："又如石罅堆叶下，泠泠沥沥苍崖泉。"

【石黛】 即石墨，一种青黑色颜料。古代女子用以画眉，故俗称“画眉石”。李白《求崔山人百丈崖瀑布图》：“石黛刷幽草，曾青泽古苔。”杜甫《阆水歌》：“嘉陵江色何所似，石黛碧玉相因依。”刘长卿《扬州雨中张十宅观妓》：“残妆添石黛，艳舞落金钿。”亦指美人。李益《府试古镜》：“石黛曾留殿，朱光适在宫。”

【石廩】　山峰名，衡山五峰之一。因其形似仓廪，故名。韩愈《谒衡岳庙遂宿岳寺题门楼》：“紫盖连延接天柱，石廪腾掷堆祝融。”自注：“衡山有五峰，紫盖、天柱、石廪、祝融、芙蓉。”李群玉《龙山人惠石廪方及团茶》：“客有衡岳隐，遗余石廪茶。”

【石甕寺】　在骊山华清宫，今陕西省西安市临潼区东南。白居易《江南遇天宝乐叟》：“金钿照耀石瓮寺，兰麝熏煮温汤源。”郑嵎《津阳门诗》：“庆山污潴石瓮毁，红楼绿阁皆支离。”自注：“石瓮寺，开元中以创造华清宫余材修缮，佛殿中玉石像，皆幽州进来，与朝元阁道像同日而至，精妙无比，叩之如磬。”马戴有《题石瓮寺》。贾岛有《寻石瓮寺上方》。

【石甕僧院】　即石瓮寺。郑嵎《津阳门诗》序：“开成中，嵎常得群书，下帷于石瓮僧院。”

【石縫】　石头缝隙。郑巢《题崔行先生石室别墅》：“桂阴生野菌，石缝结寒澌。”

【石櫃閣】　阁名。在今四川广元区境。杜甫有《石柜阁》，题下自注：“石栏桥在绵谷县北一里，自城北至大安军界营阑桥阁，共一万五千三百一十六间，最著者石柜、龙门。”

【石奮】　即汉万石君。历事汉高祖、文帝、景帝三朝，以恭谨受人称道。后遂作居官谨慎的典故。白居易《谓村退居寄礼部崔侍郎翰林钱舍人诗一百韵》：“慎微参石奋，决密与张汤。”

【石闕】　石筑的阙。多立于宫庙陵墓之前，铭记官爵、功勋，或用作装饰。司空图《题裴晋公华岳庙题名》：“石阙莫教苔藓上，分明认取晋公题。”

【石鯽】　鲫鱼的一种，味美。李群玉有《石门韦明府为致东阳潭石鲫鲙》。

【石瀨】　石制泄水门。皎然《酬秦山人赠别二首》之二：“对此留君还欲别，应思石瀨访春泉。”又《奉陪陆使君长源诸公游支硎寺》：“琼葩洒巾舄，石瀨清心胸。”

【石瀦】　石砌水池。李群玉有《石潴》。

【石罎】　石制的口小肚大的圆形容器。陆龟蒙《谢山泉》：“决决春泉出洞霞，石坛封寄野人家。”

【石叢】　石堆。郑巢《陈氏园林》：“多喜陪幽赏，清吟绕石丛。”

【石關】　石门。邢巨《游春》：“弱蔓环沙屿，飞花点石关。”孟浩然《游景空寺兰若》：“龙象经行处，山腰度石关。”

【石獸】　兽形石雕。立于帝王官僚墓前。其种类和多寡决定于墓主的身份地位。陆龟蒙《丹阳道中寄友生》：“地废金牛暗，陵荒石兽稀。”

【石鏡】　如镜的山石。李峤《刘侍读见和山邸十篇重申此赠》：“檐迥松萝映，窗高石镜临。”李白《上皇西巡南京歌十首》之五：“石镜更明天上月，后宫亲得照娥眉。”李贺《勉爱行二首送小季之庐山》之一：“长船倚云泊，石镜秋凉夜。”薛涛《段相国游武担寺病不能从题寄》：“依心犹道青春在，羞看飞蓬石镜中。”

【石鏡山】　在今浙江杭州市境。吴越王钱镠有《石镜山》。

【石鏡山精】　《全汉文》卷五三扬雄《蜀王本纪》：武都丈夫化为女子，颜色美好，盖山之精也。蜀王娶以为妻，不习水土……无几物故。蜀王发卒之武都担土，于成都郭中葬之。盖地三亩，高七丈，号曰武担，以石作镜一枚，表其墓，径一丈，高五尺。诗人咏其事。孟浩然《夜泊庐江闻故人在东寺以诗寄之》：“石镜山精怯，禅枝怖鸽栖。”中宗《石淙》：“水炫珠光遇泉客，岩悬石镜厌山精。”

【石鏡寺】　在今四川成都北角。卢照邻有《石镜寺》。

【石嚴】　唐诗人。《全唐诗逸》卷中录其《苦热》诗断句一联。

【石蟹】　山蟹。唐彦谦《蟹》：“蟛蜞石蟹已曾食，使我一见惊非常。”

【石鯨】　石雕的鲸鱼。储光羲《同诸公秋日游昆明池思古》：“石鲸既蹭蹬，女牛亦流离。”朱庆余《省试晦日与同志昆明池泛舟》：“戏鸟随兰棹，空波荡石鲸。”温庭筠《昆明池水战词》：“雷吼涛惊白石山，石鲸眼裂蟠蛟死。”

【石瀨】　水为石激形成的急流。陈子昂《同王员外雨后登开元寺南楼因酬晖上人独坐山亭有赠》：“岩庭交杂树，石濑泻鸣泉。”刘长卿《酬李员外从崔录事载华宿三河戍先见寄》：“寒江鸣石濑，归客夜初分。”李德裕《春暮思平泉杂咏二十首·西园》：“石濑流清浅，风岑澹翠微。”

【石鐘】　指击之声如洪钟的石头。《全唐诗外编》（下）收有无名氏《题仙人洞石钟》。

【石竇】　石洞。李华《云母泉诗》：“山门开古寺，石窦含纯精。”钱起《过瑞龙观道士》：“石窦采云母，霞堂陪列仙。”周贺《赠道人》：“布褐高眠石窦春，迸泉多溅黑纱巾。”刘得仁《寻陈处士山堂》：“片云生石窦，浅水卧枯松。”

【石蘚】　石上所生之苔藓。皎然《酬秦山人系题赠》：“思山石藓净，款客露葵肥。”李商隐《赠从兄阆之》：“荻花村里鱼标在，石藓庭中鹿迹微。”黄滔《题友人山居》："新泉浮石藓，崩壁露松根。"

【石欄】 石制栏杆。姚系《荆山独往》："秋水石栏深，潺湲如喷玉。"

【石甖】 亦作"石罂"。口小腹大的陶制茶具。陆龟蒙《江南秋怀寄华阳山人》："炼药传丹鼎，尝茶试石甖。"

【石巖】 岩石。孟浩然《宿立公房》："何如石岩趣，自入户庭间。"马戴《长安寓居寄赠贾岛》："何如随野鹿，栖止石岩中。"于武陵《友人亭松》："相将归未得，各占石岩东。"

【石龕】 供奉神像或神主的小石阁。司空曙《雪二首》之二："王屋南崖见洛城，石龛松寺上方平。"齐己《新秋霁后晚眺怀先公》："孤峰磬声绝，一点石龛灯。"

【石蘿】 附生石上的女萝。李白《游水西简郑明府》："石萝引古蔓，岸笋开新箨。"杜甫《奉观严郑公厅事岷山沱江画图十韵》："霏红洲蕊乱，拂黛石萝长。"

【石髓】 即石钟乳。古人用于服食，亦可入药。王维《奉和圣制幸玉真公主山庄因题石壁十韵之作应制》："御羹和石髓，香饭进胡麻。"梁锽《省试方士进恒春草》："金膏徒骋妙，石髓莫矜良。"元稹《饮致用神曲酒三十韵》："翻陋琼浆浊，唯闻石髓馨。"马戴《题女道士居》："杏花虚结子，石髓任成泥。"

【石麟】 即石麒麟，古代帝王陵墓前的石雕的麒麟。亦泛指墓前麒麟。刘禹锡《汉寿城春望》："田中牧竖烧刍狗，陌上行人看石麟。"温庭筠《过陈琳墓》："石麟埋没藏春草，铜雀荒凉对墓云。"又《金虎台》："碧草连金虎，青苔蔽石麟。"韦庄《上元县》："止竟霸图何物在，石麟无主卧秋风。"

【石鹽】 即岩盐。王梵志《诗》之九九："鹿脯三四条，石盐五六课。"

【石鷰】 见"石燕"。

三 画

矼 〔gāng《广韵》古雙切，平江，見。〕石桥。皮日休《忆洞庭观步十韵》："上戍看绵蕝，登村度石矼。"陆龟蒙《忆袭美洞庭观步奉和次韵》："竹伞遮云径，藤鞋踏藓矼。"

矹 〔wù《广韵》五忽切，入没，疑。〕❶见"矹矹"。❷见"硉矹"。

【矹矹】 高耸貌。寒山《诗三百三首》之二六二："远远望何极，矹矹势相迎。"

矻[1] 〔kū《广韵》苦骨切，入没，溪。〕见"矻矻"。

矻[2] 〔qià《集韵》丘八切，入黠，溪。〕高耸貌。刘禹锡《踏潮歌》："轰如鞭石矻且摇，亘空欲驾鼋鼍桥。"姚合《天竺寺殿前立石》："秋至莫言长矻立，春来自有薜萝交。"

【矻矻】 (一kū)勤苦不懈貌。高适《同观陈十六史兴碑》："永怀掩风骚，千载尚矻矻。"权德舆《浩歌》："胡为苦此生，矻矻徒自强。"白居易《张常侍池凉夜闲宴赠诸公》："回看市朝客，矻矻趋名利。"陈陶《续古二十九首》之五："矻矻蓬舍下，慕君麒麟阁。"

【矻矻孳孳】 勤苦貌。贯休《续姚梁公坐右铭》："古圣著书，矻矻孳孳。"

四 画

砉 〔xū又读huā《广韵》呼狊切，入锡，曉。又虎伯切，入陌，曉。〕❶象声词。见"砉然""砉騞"。❷迅捷貌。卢纶《和赵给事白蝇拂歌》："砉如寒隼惊暮禽，飒若繁埃得轻雨。"李郢《茶山贡焙歌》："万人争啖春山摧，驿骑鞭声砉流电。"

【砉然】 象声词。状羽翮劈剪荆棘声。柳宗元《笼鹰词》："砉然劲翮剪荆棘，下攫狐兔腾苍茫。"

【砉劃】 象声词。状箭破空声。刘禹锡《飞鸢操》："旗尾飘扬势渐高，箭头砉划声相似。"

【砉騞】 象声词。状箭破空声。元稹《小胡笳引》："潺湲疑是雁鹂鹈，砉騞如闻发鸣镝。"又《琵琶歌》："幽关鸦轧胡雁悲，断弦砉騞层冰裂。"

研[1] 〔yán《广韵》五堅切，平先，疑。〕❶穷究；精研。韩愈《雨中寄孟刑部几道联句》："研文较幽玄，呼博骋雄快。"皮日休《二游诗》序："其居有深林曲沼，危亭幽砌，余并次以见之，或退公之暇，必造以息焉。林泉隐事，恣用研咏。"司空图《狂题十八首》之九："何如神爽骑星去，犹自研几助玉皇。"❷研磨；磨细。元稹《寄吴士矩端公五十韵》："屡益兰膏灯，犹研兔枝墨。"温庭筠《感旧陈情五十韵献淮南李仆射》："涩剑犹堪淬，余朱或可研。"李洞《终南山二十韵》："叠石移临砌，研胶泼上屏。"齐己《咏茶十二韵》："研通天柱响，摘绕蜀山明。"

研[2] 〔yàn《广韵》吾甸切，去霰，疑。〕❶通"砚"。砚台。皮日休《紫石砚寄鲁望兼酬见赠》："石墨一研为凤尾，寒泉半勺是龙睛。"皮日休、陆龟蒙《开元寺楼看雨联句》："接思强挥毫，窥词几焚研。"❷滑石。《文选·郭璞〈江赋〉》："紫菜荧晔以丛披，绿苔鬖髿乎研上。"李善注引《说文》："研，滑石也。研，与砚同。”卢鸿一《嵩山十志十首·涤烦矶》：“研苔滋兮泉珠洁，一饮一憩兮气想灭。”

【研₂水】 砚池中用以磨墨的水。耿湋《连句多暇赠陆三山人》：“黑池流研水，径石涩苔钱。”

【研考】 研究考查。齐己《览延栖上人卷》：“今体雕镂妙，古风研考精。”

【研朱】 磨研朱砂。元稹《酬乐东南行诗一百韵》：“是非浑并漆，词讼敢研朱。”高骈《步虚词》：“洞门深锁碧窗寒，滴露研朱点周易。”

【研究】 钻研；探索。李山甫《古石砚》：“凭君更研究，何啻直千金。”吕岩《窑头坯歌》：“学人学人细寻觅，且须研究古金碧。”

【研幾】 穷究精微之理。语出《易·系辞上》：“夫易，之所以极深也研几也。”元稹《酬别致用》：“研几未淳熟，与世忽参差。”司空图《狂题十八首》之九：“何如神爽骑星去，犹自研几助玉皇。”

【研臺】 砚台。皮日休《药名联句》：“鼺鼠啼书户，蜗牛上研台。”

【研精】 穷究精义。独孤及《奉和中书常舍人晚秋集贤院即事寄赠徐薛二侍御》：“阴阴万年树，肃肃五经堂。挥翰忘朝食，研精待夕阳。”皎然《奉陪颜使君修韵海毕东溪泛舟饯诸文士》：“研精业已就，欢宴惜应分。”

【研墨】 磨墨。岑参《观楚国寺璋上人写一切经院南有曲池深竹》：“挥毫散林鹊，研墨惊池鱼。”

【研磨】 ❶研究琢磨。贾岛《送僧归天台》：“妙宇研磨讲，应齐智者踪。”❷细磨使粉碎或光滑。贯休《砚瓦》：“应念研磨苦，无为瓦砾看。”齐己《谢人惠端溪砚》：“砻琢已曾经敏手，研磨终见透坚心。”

【研鍊】 研磨锤炼。方干《方著作画竹》：“流传千古誉，研炼十年情。”

【研覈】 研究考察。卢仝《月蚀诗》：“安得引衰周，研核其可否。”

砄 同“玦”。似玉之石。顾况《上古之什补亡训传十三章·十月之郊一章》：“啸砄碱砄，藻井旋题。”见“碱砄”。

砑 〔yà《广韵》吾駕切，去禡，疑。〕❶碾磨物体，使紧密光亮。元稹《闺晚》：“素臆光如砑，明瞳艳凝溢。”张祜《庚子岁寓游扬州赠崔荆四十韵》：“被裁新蜀锦，乏砑小吴绫。”韩偓《余作探使以缭绫手帛子寄贺因而有诗》：“缠处直应心共紧，砑时兼恐汗先融。”薛昭蕴《醉公子》词：“慢绾青丝发，光砑吴绫袜。”❷光滑貌。韩偓《半睡》：“四体著人娇欲泣，自家揉损砑缭绫。”

【砑光】 用光石碾磨纸张、皮革、布帛等，使平整光亮。亦指砑磨出来的色彩、光亮。韩偓《信笔》：“绣叠昏金色，罗揉损砑光。”又《无题》之二：“锦囊霞彩烂，罗袜砑光匀。”

【砑裙】 唐时有砑光罗、砑光绫、砑绢等，用这些丝织品制成的长裙，即砑裙。或亦名砑罗裙。王建《宫词一百首》之八四：“青楼小妇砑裙长，总被抄名入教坊。”罗虬《比红儿诗》之九五：“君看红儿学醉妆，夸裁宫襭砑裙长。”

【砑羅裙】 一种砑光的丝织品。即砑裙。崔怀宝《忆江南》：“砑罗裙上放娇声，便死也为荣。”

砌 〔qì《广韵》七計切，去霽，清。〕台阶；台阶边缘。颜真卿《赠僧皎然》：“俯砌披水容，逼天扫峰翠。”韦应物《沣上西斋寄诸友》：“俯砌视归翼，开襟纳远飙。”杜牧《初冬夜饮》：“砌下梨花一堆雪，明年谁此凭阑干。”喻坦之《长安雪后》：“宿片攀檐取，凝花就砌窥。”

【砌水】 台阶下的水流。白居易《题别遗爱草堂兼呈李使君》：“砌水亲开决，池荷手自栽。”

【砌石】 阶石。钱起《李士曹厅对雨》：“湿鸟压花枝，新苔宜砌石。”又《禁闱玩雪寄薛左丞》：“怒涛堆砌石，新月孕帘钩。”

【砌臺】 古代王侯家用以登临观赏之台。白居易《宴周皓大夫光福宅》：“何处风光最可怜，妓堂阶下砌台前。”张仲素《春游曲三首》之二：“骋望登香阁，争高下砌台。”杨汝士《建节后偶作》：“抛却弓刀上砌台，上方台榭与云开。”

【砌蓂】 台阶上的蓂荚。蓂荚，古代传说中的一种瑞草。它每月从初一至十五，每日结一荚；从十六至月终，每日落一荚。故从荚数多少，可推算日期。宋之问《上阳宫侍宴应制得林字》：“砌蓂霜月尽，庭树雪云深。”

砂 〔shā《广韵》所加切，平麻，生。〕❶细碎的石粒。寒山《诗三百三首》之九六：“似聚砂一处，成团也大难。”李白《塞下曲六首》之四：“白马黄金塞，云砂绕梦思。”姚合《杏溪十首·石濑》：“散漫复潺湲，半砂半和石。”李商隐《韩碑》：“长绳百尺拽碑倒，粗砂大石相磨治。”❷朱砂的简称。柳宗元《同刘二十八院长述旧言怀赠二君子》：“染毫东国素，濡印锦溪砂。”王安国笺释引《新唐书·地理志五》：“江南道锦州土贡：光明丹砂，犀角。”

【砂城】 碎石垒成的城墙。黄滔《送友人游边》：“砂城经雨坏，虏骑入秋狂。”

【砂泉】 从砂矿中流出的泉水。卢纶《送饯从叔辞丰州幕归嵩阳旧居》：“砂泉丹井非同味，桂树榆林不并枝。”方干《侯郎中新置西湖》：“砂泉绕石通山脉，岸木黏萍是浪痕。”

【砂瓶】 陶罐。唐彦谦《梅亭》：“丁宁速赊酒，煮栗试砂瓶。”

【砂鼎】　陶制鼎器，用作炊器。寒山《诗三百三首》之一九三：“石室地炉砂鼎沸，松黄柏茗乳香瓯。”

【砂路】　石子路。刘长卿《酬张夏雪夜赴州访别途中苦寒作》：“水声冰下咽，砂路雪中平。”

【砂碛】　沙漠。陈羽《冬晚送友人使西蕃》：“玉关晴有雪，砂碛雨无泥。”

【砂礫】　细碎的石子。杜甫《遣兴五首》之一：“朔风飘胡雁，惨澹带砂砾。”戎昱《塞下曲》之四：“傍岸砂砾堆，半和战兵骨。”

砭　〔biān《广韵》府廉切，平鹽，幫。又方驗切，去豔，非。《集韵》悲廉切，平鹽，帮。〕用石针刺穴治病。引申为刺。顾况《从军行二首》之一：“风寒欲砭肌，争奈裘袄轻。”韩愈《喜侯喜至赠张籍张彻》：“又如心中疾，针石非所砭。”

五　画

砢　〔luǒ《广韵》來可切，上哿，來。〕见“砢砢”。

【砢砢】　象声词。状车鸣声。顾云《天威行》：“轰轰砢砢雷车转，霹雳一声天地战。”

砰　〔pēng《广韵》普耕切，平耕，滂。〕象声词。状雷声、鼓声等。元稹《有酒十章》之七：“声若雷砰目流电，醉舞翻环身眩转。”见“砰砰”“砰訇”“砰駖”“砰轟”。

【砰訇】　象声词。状雷声。李白《梁甫吟》：“我欲攀龙见明主，雷公砰訇震天鼓。”

【砰砰】　象声词。状鼓声。顾况《丘小府小鼓歌》：“地盘山鸡犹可像，坎坎砰砰随手长。”

【砰駖】　象声词。状疾雷声。沈佺期《霹雳引》：“始戛羽以騞砉，终扣宫而砰骍。”

【砰轟】　象声词。状鼓声。元稹《答姨兄胡灵之见寄五十韵》：“春郊才烂熳，夕鼓已砰轰。”

砧　〔zhēn《广韵》知林切，平侵，知。〕亦作“碪”。❶捣衣石。张若虚《春江花月夜》：“玉户帘中卷不去，捣衣砧上拂还来。”杜甫《捣衣》：“亦知戍不返，秋至试清砧。”牟融《秋夜醉归有感而赋》：“竹窗凉雨鸣秋籁，江郭清砧捣夜寒。”裴说《闻砧》：“只知抱杵捣秋砧，不觉高楼已无月。”❷捣衣声。李白《赠崔侍郎》：“谁怜明月夜，肠断听秋砧。”郑絪《寒夜闻霜钟》：“月下和虚籁，风前间远砧。”姚合《喜雍陶秋夜访宿》：“清漏和砧叠，栖禽与叶连。”钱珝《江行无题一百首》之七：“夜凉无远梦，不为偶闻砧。”❸砧板。岑参《送李翥游江外》：“砧牵红鲙落，袖香朱橘团。”卢延让《句》：“饿猫临鼠穴，馋犬舐鱼砧。”❹古代刑具。见“砧斧”。

【砧杵】　捣衣石和棒槌。亦指捣衣。储光羲《田家杂兴八首》之一：“百草被霜露，秋山响砧杵。”韦应物《登楼寄王卿》：“数家砧杵秋山下，一郡荆榛寒雨中。”张祜《晚秋江上作》：“那堪正砧杵，幽思想寒衣。”刘威《早秋归》：“茫茫归路在何处，砧杵一声心已摧。”

【砧斧】　砧板与斧钺。古代刑具。韩愈《元和圣德诗》：“解脱挛索，夹以砧斧。”

【砧聲】　捣衣声。韩翃《同题仙游观》：“山色遥连秦树晚，砧声近报汉宫秋。”吕温《闻砧有感》：“秋月三五夜，砧声满长安。”顾非熊《秋月夜》：“砧声鸣夜永，江上几多家。”郑准《代寄边人》：“凉风当为我，一一送砧声。”

砯　〔pīng《广韵》披冰切，平蒸，滂。〕象声词。状水激岩石声。李白《蜀道难》：“飞湍瀑流争喧豗，砯厓转石万壑雷。”见“砯砰”“砯衝”。

【砯砰】　象声词。状因辗压等所产生的声音。韩愈、孟郊《城南联句》：“驰门填偪仄，竞墅辗砯砰。”

【砯衝】　象声词。状水冲击声。李白《流夜郎至西塞驿寄裴隐》：“砯冲万壑会，震沓百川满。”

砥　〔dǐ《广韵》職雉切，上旨，章。又諸氏切，上紙，章。又旨夷切，平脂，章。《集韵》典禮切，上薺，端。〕❶质地较细的磨刀石。李颀《弹棋歌》：“蓝田美玉青如砥，白黑相分十二子。”窦巩《送刘禹锡》：“今日太行平似砥，九霄初倚入云梯。”杨巨源《观打球有作》：“亲扫球场如砥平，龙骧骤马晓光晴。”顾云《天威行》：“车遥遥，马阗阗，平如砥，直如弦。”❷砥砺；修养。见“砥行”。❸平直；平坦。见“砥平❷”。❹平定。见“砥平❷”。

【砥平】　❶平直；平坦。卢从愿《祭汾阴乐章》：“列俎棋布，方坛砥平。”高适《双六头赋送李参军》：“有物兮四方故城，六面砥平，白质黑文，花攒星明。”封孟绅《赋得行不由径》：“欲速意何成，康庄欲砥平。”❷平定。陆龟蒙《江南秋怀寄华阳山人》：“帝道将云辟，浇波渐砥平。”

【砥行】　（—xíng）砥砺品行。孟郊《答友人》：“砥行碧山石，结交青松枝。”

【砥柱】　山名。在今河南三门峡市，当黄河中流。以山在激流中矗立如柱，故名。今已炸毁。杨炯《巫峡》：“可以涉砥柱，可以浮吕梁。”韦应物《赠卢嵩》：“奈何疾风怒，忽若砥柱倾。”李商隐《玄微先生》：“弄河移砥柱，吞日倚扶桑。”徐夤《河流》：“洪流盘砥柱，淮济不同波。”

【砥路】　平坦的道路。苗晋卿《奉和圣制早登太行山中言志》：“砥路方南绝，重岩始北征。”

【砥礪】 磨刀石。细为砥，粗为砺。卢纶《书情上大尹十兄》："磨铅惭砥砺，挥策愧驽骀。"

砲 〔pào《集韵》披教切，去效，滂。〕亦作"礮"。砲石；石弹。陆龟蒙《奉和袭美太湖诗二十首·太湖石》："或将破仇敌，百炮资苦战。"贯休《晋光大师草书歌》："江楼曾见落星石，几回试发将军炮。"

破 〔pò《广韵》普過切，去過，滂。〕❶破坏；损坏；使破裂。韩愈《潭州泊船呈诸公》："暗浪舂楼堞，惊风破竹篙。"钱起《酬赵给事相寻不遇留赠》："谁忆颜生穷巷里，能劳马迹破春苔。"李商隐《异俗二首》之一："未惊雷破柱，不报水齐檐。"皮日休《南阳》："废路塌平残瓦砾，破坟耕出烂图书。"❷破裂；碎裂。杜甫《送陵州路使君赴任》："战伐乾坤破，疮痍府库贫。"又《暮春题瀼西新赁草屋五首》之四："丧乱丹心破，王臣未一家。"韩愈《醉赠张秘书》："险语破鬼胆，高词媲皇坟。"白居易《池上》："兰衰花始白，荷破叶犹青。"❸击溃；攻破。许天正《和陈之光平潮寇诗》："长戈收百甲，聚骑破千重。"岑参《使交河郡献封大夫》："昨者新破胡，安西兵马回。"李益《从军夜次六胡北饮马磨剑石为祝殇词》："圣君破胡为六州，六州又尽为胡兵。"韦庄《闻官军继未睹凯旋》："嫖姚何日破重围，秋草深来战马肥。"❹破除；排除。杜甫《雨》："清凉破炎毒，衰意欲登台。"权德舆《送宇文文府赴行在》："送君当岁暮，斟酒破离颜。"章碣《春日经湖上友人别业》："何处狂歌破积愁，携觞共下木兰舟。"郑谷《中年》："情多最恨花无语，愁破方知酒有权。"❺破亡；衰败；毁灭。戎昱《闻颜尚书陷贼中》："国破无家信，天秋有雁群。"白居易《和微之诗二十三首·和李势女》："自言重不幸，家破身未亡。"罗虬《比红儿诗》之四："若教比并红儿貌，枉破当年国与家。"裴瑶《阖闾城怀古》："五湖春水接遥天，国破君亡不记年。"❻破烂；残缺。孟郊《叹命》："影孤别离月，衣破道路风。"鲍溶《湖上望月》："几见金波满还破，草虫声畔露沾衣。"皮日休《苦雨杂言寄鲁望》："儿饥仆病漏空厨，无人肯典破衣裾。"韦庄《赠姬人》："莫恨红裙破，休嫌白屋低。"❼花费；消耗。韩愈《岳阳楼别窦司直》："屠龙破千金，为艺亦云亢。"❽点破；揭穿。白居易《新乐府·杜陵叟》："长吏明知不申破，急敛暴征求考课。"项斯《忆朝阳峰前居》："健羡机能破，安危道不逢。"❾剖析；分析解释。李白《赠别王山人归布山》："王子析道论，微言破秋毫。"李颀《送刘四》："听讼破秋毫，应物利干将。"❿剖开；冲开；分开。杜甫《赠翰林张四学士》："翰林逼华盖，鲸力破沧溟。"白居易《题文集柜》："破柏作书柜，柜牢柏复坚。"李绅《新楼诗二十首·海榴亭》："海榴亭早开繁蕊，光照晴霞破碧烟。"⓫绽开；开放。韩愈《荐士》："霜风破佳菊，嘉节迫吹帽。"元稹《代九九》："回脸莲初破，低蛾柳并垂。"⓬革除；驱除。薛能《春日使府寓怀二首》之一："谁怜合负清朝力，独把风骚破郑声。"⓭融化；融解。韩愈《早春与张十八博士籍游杨尚书林亭寄第三阁老兼日呈冯二阁老》："墙下春渠入禁沟，渠冰初破满渠浮。"李咸用《春雨》："大帝闲吹破冻风，青云融液流长空。"⓮射中。韦应物《始建射侯》："星飞的屡破，鼓噪武更扬。"戎昱《观卫尚书九日对中使射破的》："腕回金镞满，的破绿弦低。"⓯突破；超出。见"破例"。⓰使用；安排。卢仝《寄男抱孙》："两手莫破拳，一吻莫饮酒。"李商隐《春日》："欲入卢家白玉堂，新春催破舞衣裳。"⓱过；过去。沈佺期《度安海入龙编》："别离频破月，容鬓骤催年。"杜甫《绝句漫兴九首》之四："二月已破三月来，渐老逢春能几回。"李商隐《和友人戏赠二首》之二："子夜休歌团扇掩，新正未破剪刀闲。"徐夤《恨》："燕国飞霜将破夏，汉宫纨扇岂禁秋。"⓲尽；遍。杜甫《奉赠韦左丞丈二十二韵》："读书破万卷，下笔如有神。"岑参《北庭贻宗学士道别》："读书破万卷，何事来从戎？"姚合《闲居遣兴》："文字非经济，空虚用破心。"⓳唐宋舞曲第三段。其乐歌舞并作，繁声促节，破其悠长，转入繁碎，故名。岑参《田使君美人舞如莲花北铤歌》："翻身入破如有神，前见后见回回新。"元稹《琵琶歌》："月寒一声深殿磬，骤弹曲破音繁并。"白居易《卧听法曲霓裳》："朦胧闲梦初成后，宛转柔声入破时。"韩偓《横塘》："风飘乱点更筹转，拍送繁弦曲破长。"⓴助词。(1)相当于"着""了"。李商隐《即目》："何人书破蒲葵扇，记著南塘移树时。"温庭筠《织锦词》："为君裁破合欢被，星斗迢迢共千里。"曹松《长安春日》："御柳舞着水，野莺啼破春。"(2)相当于"得"。皮日休《鲁望戏题书印囊奉和次韵》："不知夫子将心印，印破人间万卷书。"

【破山】 山名。在今江苏常熟市虞山北岭下。顾况有《上湖至破山赠文周萧元植》。

【破山寺】 即兴福寺。在今江苏常熟市虞山北麓。常建有《题破山寺后禅院》。吴融有《送僧归破山寺》。

【破月】 犹残月。杨凝《行思》："破月衔高岳，流星拂晓空。"李贺《南园诗十三首》之十三："古刹疏钟度，遥岚破月悬。"刘得仁《宿僧院》："破月斜天半，高河下露微。"

【破甘】 谓剖瓜果而尝之。杜甫《孟冬》："破甘霜落爪，尝稻雪翻匙。"

【破瓜】 指女子十六岁。"瓜"字拆分为两个八字，示二八之年，故称。罗虬《比红儿诗》之二三："明媚何曾让玉环，破瓜年几百花颜。"韦庄《伤灼灼》："尝闻灼灼丽于花，云髻盘时未破瓜。”孙棨《赠妓人王福娘》：“彩翠仙衣红玉夫，轻盈年在破瓜初。”和凝《何满子》词之一：“正是破瓜年几，含情惯得人饶。”

【破瓜年】 指女子十六岁。李德裕《鸳鸯篇》：“亦有少妇破瓜年，春闺无伴独婵娟。”见“破瓜”。

【破竹】 ❶劈竹子。亦指伐竹。元结《宿丹崖翁宅》：“丹崖之亭当石颠，破竹半山引寒泉。”李嘉祐《和袁郎中破贼后经剡县山水上太尉》：“破竹清闽岭，看花入剡溪。”亦喻乘势而下，顺利无阻。杜甫《寄岳州贾司马六丈巴州严八使君两阁老五十韵》：“乱麻尸积卫，破竹势临燕。”刘长卿《至德三年因书事寄上浙西节度李侍郎中丞行营五十韵》：“自将行破竹，谁学去吹笙。”殷尧藩《李节度平虏诗》：“元勋未论封茅异，捷势应知破竹然。”❷喻迅速破亡的形势。杜甫《洗兵马》：“河广传闻一苇过，胡危命在破竹中。”许浑《登蒜山观发军》：“犬羊忧破竹，貔虎极飞蓬。”

【破妄】 破除妄念。武元衡《夏日游昊天观览旧题寄同里杨华州中丞》：“莫将真破妄，聊用静持喧。”

【破村】 破敝的村庄。白居易《秦中吟十首·重赋》：“岁暮天地闭，阴风生破村。”长孙佐辅《山行书事》：“行行近破村，一径欹还坳。”杜荀鹤《时世吟》：“八十衰翁住破村，村中牢落不堪沧。”

【破戒】 指受戒僧道违反本教戒律。王梵志《诗》之七八：“莫知己有罪，莫破戒持斋。”寒山《三百三首》之二三〇：“心中无惭愧，破戒违律文。”贯休《再游东林寺作五首》之四：“买酒过溪皆破戒，斯何人斯师如斯。”

【破邪】 破除邪恶。徐夤《辇下赠屯田何员外》：“封章频得帝咨嗟，报国唯将直破邪。”栖白《送僧归旧山》：“谈空与破邪，献寿复荣家。”

【破拍】 乐曲名。唐宋大曲的第三段。歌舞并作，以舞为主，节拍急促。王建《宫词一百首》之五三：“忽觉管弦偷破拍，急翻罗袖不教知。”一说破拍，即出拍，不合拍。见吴企明《唐音质疑录·王建〈宫词〉札迻》。

【破門】 破旧的门。许棠《题李昌符丰乐幽居》：“破门韦曲对，浅岸御沟通。”方干《题故人废宅二首》之一：“举目凄凉入破门，鲛人一饭尚知恩。”

【破例】 突破常例。司空图《戏题试衫》：“从此玉皇须破例，染霞裁赐地仙衣。”

【破的】 (—dì)❶箭射中靶子。戎昱有《观卫尚书九日对中使射破的》。张建封《酬韩校书愈打球歌》：“齐观百步透短门，谁羡养由遥破的。”❷喻发言正中要害。李颀《放歌行答从兄墨卿》：“吾家令弟才不羁，五言破的人共推。”杜甫《敬赠郑谏议十韵》：“破的由来事，先锋孰敢争。”元稹《酬翰林白学士代书一百韵》：“输赢论破的，点窜肯容丝。”韩偓《送人弃官入道》：“侧身期破的，缩手待呼卢。”

【破券】 破费；花钱。温庭筠《苏小小歌》：“买莲莫破券，买酒莫解金。”

【破空】 (—kōng)划破长空。王周《早春西园》：“静意崖穿溜，孤愁笛破空。

【破息】 攻破息国。息国，西周封置，在今河南息县西南。公元前680年为楚所灭。宋之问《息夫人》：“可怜楚破息，肠断息夫人。”

【破拳】 挥拳。卢仝《寄男抱孙》：“两手莫破拳，一吻莫饮酒。”

【破凍】 解冻。李咸用《春雨》：“大帝闲吹破冻风，青云融液流长空。”

【破迷】 解除迷惑。方干《书法华寺上方禅壁》：“是非生死多忧恼，此日蒙师为破迷。”吕岩《寄白龙洞刘道人》：“岂不见阴君破迷歌里说，太乙含真法最强。”

【破浪】 ❶谓船冲开波浪前进。杜甫《舟泛洞庭》：“破浪南风正，收帆畏日斜。”杜牧《怀钟陵旧游四首》之二：“垂楼万幕青云合，破浪千帆阵马来。”陆龟蒙《和袭美醉中即席赠润卿博士次韵》：“登山凡著几緉屐，破浪欲乘千里船。”喻志向远大，奋勇向前。钱珝《江行无题一百首》之八三：“敢言终破浪，惟愿稳乘流。”❷触浪。李群玉《长沙九日登东楼观舞》之二：“低回莲破浪，凌乱雪萦风。”

【破涕】 停止流泪。王绩《在京思故园见乡人问》：“敛眉俱握手，破涕共衔杯。”杨炯《送梓州周司功》：“举杯聊劝酒，破涕暂为欢。”骆宾王《秋日送别》：“当歌应破涕，哀命返穷愁。”

【破家】 毁灭家庭。王梵志《诗》之五六：“乡里人儜恶，差科必破家。”罗隐《故都》：“至竟不如隋炀帝，破家犹得到扬州。”

【破家亡國】 家庭毁灭，国家灭亡。李商隐《定子》：“却笑吃虚隋炀帝，破家亡国为何人。”

【破冢】 掘开坟冢。《庄子·外物》：“儒以诗礼发冢。”李商隐《赠送前刘五经映三十四韵》：“诗书资破冢，法制困探囊。”

【破袍】 破旧的棉袍。白居易《三月晦日晚闻鸟声》：“遗脱破袍劳报暖，催沽美酒敢辞贫。”

【破陣】 攻破敌阵。元稹《和李校书书新题乐府十二首·法曲》：“汉祖过沛亦有歌，秦王破阵非无作。”

【破除】 ❶除去；消除。王建《岁晚自感》：“一向破除愁不尽，百方回避老须来。”陆龟蒙《和袭美新秋即事次韵三首》之三：“声利从来解破除，秋滩唯忆下桐庐。”方干《感时三首》之一：“破除生死须齐物，谁向穹苍问事由。”李山甫《上元怀古二首》之一：“总是战争收拾得，却因歌舞破除休。”❷花费；用尽。王建《寄杜侍御》：“破除心力缘书癖，伤瘦花枝为酒颠。”

【破眼】　围棋术语，即点眼。当对方的棋块已被包围，如眼形未整，或未及时做眼，即在其中心要害处投子，使之做眼不成或仅成独眼，称作“点眼”。白居易《和春深二十首》之一七：“一先争破眼，六聚斗成花。”

【破國】　❶使国家灭亡。李绅《遥知元九送王行周游越》：“莫倚西施旧苔石，由来破国是神仙。”❷攻破敌国。岑参《献封大夫破播仙凯歌六首》之三：“鸣笳叠鼓拥回军，破国平蕃昔未闻。”

【破國亡家】　国家灭亡，家庭毁灭。周昙《咏史诗·三代门·又吟太公》：“千妖万态呈妍姿，破国亡家更是谁。”

【破産】　丧失全部财产。李颀《缓歌行》：“小来托身攀贵游，倾财破产无所忧。”李白《经下邳圯桥怀张子房》：“子房未虎啸，破产不为家。”刘长卿《送元八游汝南》：“破产供酒钱，盈门皆食客。”韦庄《咸通》：“破产竞留天上乐，铸山争买洞中花。”

【破訥沙】　沙漠名。即今内蒙古自治区的库布齐沙漠。李益《度破讷沙二首》之二：“破讷沙头雁正飞，鸊鹈泉上战初归。”

【破散】　（—sàn）破败丧失。杜牧《冬至日寄小侄阿宜诗》：“堆钱一百屋，破散何披猖。”

【破暑】　驱除炎暑。耿湋《甘泉诗》：“气寒堪破暑，源净自蠲邪。”

【破悶】　排除烦闷。白居易《和微之诗二十三首·和新楼北园偶集》：“销愁若沃雪，破闷如割瓜。”

【破結】　❶解结。元稹《山枇杷》：“紧搏红袖欲支颐，慢解绛囊初破结。”❷破除结念。独孤及《题思禅寺上方》：“暯然诸根空，破结如破瓶。”

【破瑟】　《史记·封禅书》：“太帝使素女鼓五十弦瑟，悲，帝禁不止，故破其瑟为二十五弦。”后以“破瑟”形容悲怆的曲调。李益《古瑟怨》：“破瑟悲秋已减弦，湘灵沉怨不知年。”

【破塊】　❶谓暴雨毁坏农田。李峤《雨》：“十旬无破块，九土信康哉。”❷敲碎土块。指锄土。杜甫《种莴苣》：“破块数席间，荷锄功易止。”

【破落】　残破；破敝衰落。皮日休《古函关》：“破落古关城，犹能扼帝京。”韦庄《秦妇吟》：“破落田园但有蒿，摧（催）残竹树皆无主。”李士元《登阁》：“破落侯家通永巷，萧条宫树接疏林。”李花开《孔庙口号》：“破落三间屋，萧条一旅人。”

【破損】　破裂。陆龟蒙《奉酬袭美先辈初夏见寄次韵》：“昨日云破损，晚林先觉晴。”

【破碎】　❶毁坏；破损碎裂。皮日休《吴中苦雨因书一百韵寄鲁望》：“破碎旧鹤笼，狼籍晚蚕蔟。”陆龟蒙《奉和袭美二游诗·徐诗》：“兵威忽破碎，焚爇无遗篇。”齐己《谢王先辈寄毡》：“他年从破碎，担去卧孤峰。”段觳《市中狂吟》：“一间茅屋，尚自修治。任狂风吹，连檐破碎。科栱斜欹，看著倒也。”❷毁灭；破灭。韩愈《忆昨行和张十一》：“近者三奸悉破碎，羽窟无底幽黄能。”白居易《卯时酒》：“一性既完全，万机皆破碎。”殷尧藩《馆娃宫》：“夫差旧国久破碎，红燕自归花自开。”❸破成碎片。杜甫《陪王侍御同登东山最高顶宴姚通泉晚携酒泛江》：“满空星河光破碎，四座宾客色不动。”韩愈《南山诗》：“惊呼惜破碎，仰喜呀不仆。”孟郊《吊卢殷》之三：“棘针风相号，破碎诸苦哀。”

【破虜】　击溃敌虏。钱起《送崔校书从军》：“闻道轻生能击虏，何嗟少壮不封侯。”司空曙《送王使君赴太原拜节度副使》：“剑锋将破虏，函道罢登楼。”赵嘏《经汾阳旧宅》：“门前不改旧山河，破虏曾轻马伏波。”郑谷《送人游边》：“将军方破虏，莫惜献良筹。”

【破虜將軍】　（將 jiāng）汉代武官名。借指唐军将士。王维《出塞》：“护羌校尉朝乘障，破虏将军夜渡辽。”

【破滅】　消失。白居易《题座隅》：“平生荣利心，破灭无遗余。”

【破夢】　惊破睡梦。李商隐《回中牡丹为雨所败二首》之二：“玉盘迸泪伤心数，锦瑟惊弦破梦频。”

【破鼻】　扑鼻。赵嘏《花园即事呈常中丞》：“烧衣焰席三千树，破鼻醒愁一万杯。”温庭筠《春江花月夜词》：“千里涵空澄水魂，万枝破鼻飘香雪。”罗隐《芳树》：“细蕚慢逐风，暖香闲破鼻。”郑谷《次韵酬张补阙因寒食见寄之什》：“开缄虽睹新篇丽，破鼻须闻冷酒香。”

【破漏】　破裂漏水。白居晚《过元家履信宅》：“风荡宴船初破漏，雨林歌阁欲倾欹。”

【破撥】　琵琶的弹奏方法。刘禹锡《泰娘歌》：“低鬟缓视抱明月，纤指破拨生胡风。”羊士谔《夜听琵琶三首》之三：“破拨声繁恨已长，低鬟敛黛更摧藏。”

【破影】　不完整的影子。向晚月落，山衔其中，故称。王昌龄《东溪玩月》：“澄清入幽梦，破影抱空峦。”

【破質】　破坏质体。孟郊《上张徐州》：“一不改方圆，破质为琢磨。”

【破敵】　击败敌军。韦应物《寄畅当》：“丈夫当为国，破敌如摧山。”王涯《从军词三首》之三：“白马将军频破敌，黄龙戍卒几时归?”姚合《剑器词三首》之一：“圣朝能用将，破敌速如神。”周昙《咏史诗·隋门·贺若弼》：“破敌将军意气豪，请除倾国斩妖娆。”

【破環】 击碎玉连环。战国时齐国派使者送玉连环给齐国王后，让齐国人解开，齐无人能解，齐后引椎，椎破之，谢秦使曰："谨以解矣！"见《战国策·齐策六》。李翰《蒙求》："齐后破环，谢女解围。"

【破膽】 因恐惧而破了胆。形容恐怖之至。王昌龄《从军行》："三面黄金甲，单于破胆还。"杜甫《奉赠鲜于京兆二十韵》："破胆遭前政，阴谋独秉钧。"陆龟蒙《奉和袭美寄滑州李副使员外》："檄下连营皆破胆，剑离孤匣欲吹毛。"罗隐《送汝州李中丞十二韵》："破胆期来复，迷魂想待醒。"

【破齋】 佛教语。八斋戒以不过中食的斋法为主，若受戒后复违犯，名为破斋。白居易《问远师》："笑问东林老，诗应不破斋。"又《酬皇甫十早春对雪见赠》："忍心三两日，莫作破斋人。"

【破氈】 破旧毡子。王梵志《诗》之九八："草屋足风尘，床无破毡卧。"无名氏《五言白话诗》之二二："中心禳破毡，还将布作里。"

【破顔】 ❶露出笑颜；笑。宋之问《发端州初入西江》："破颜看鹊喜，拭泪听猿啼。"卢纶《落第后归终南别业》："落羽羞言命，逢人强破颜。"白居易《天寒晚起引酌咏怀寄许州王尚书汝州李常侍》："相思莫忘樱桃会，一放狂歌一破颜。"吕岩《七言》之五三："无语下窥黄谷子，破颜平揖紫霞君。"❷喻果实成熟。鲍防《杂感》："五月荔枝初破颜，朝离象郡夕函关。"

【破璧】 击碎玉璧。卢仝《月蚀诗》："摧环破璧眼看尽，当天一搭如煤炱。"李咸用《轻薄怨》："西母青禽轻飘飘，分环破璧来往劳。"

【破壞】 ❶摧毁；毁坏。元稹《哭女樊四十韵》："败槿萧疏馆，衰杨破坏城。"白居易《思旧》："随日合破坏，至今粗完全。"❷破除。朱昼《喜陈懿老示新制》："忧愁方破坏，欢喜重补塞。"

【破鏡】 ❶《太平御览》卷七一七引汉东方朔《神异经》："昔有夫妇将别，破镜，人执半以为信。"后遂以喻夫妇分离。王昌龄《送裴图南》："漫道闺中飞破镜，犹看陌上别行人。"元稹《古决绝词》："感破镜之分明，睹泪痕之余血。"罗虬《比红儿诗》之五八："红儿若向隋朝见，破镜无因更重寻。"韦縠《杂诗》之二："折钗破镜两无缘，鱼在深潭月在天。"❷喻残月。《玉台新咏·古绝句》："何当大刀头？破镜飞上天。"李白《答裴侍御先行至石头驿以书见招期月满泛洞庭》："今来何所似，破镜悬清秋。"钱起《送夏侯审校书东归》："破镜催归客，残阳见旧山。"赵嘏《洞庭寄所思》："书中自报刀头约，天上三看破镜飞。"陈陶《海昌望月》："谁无破镜期，繋我信虚舟。"

【破竈】 破旧的炊灶。韩愈、孟郊《城南联句》："暮堂蝙蝠沸，破灶伊威盈。"

【破囊】 破旧的诗囊。喻凫《送潘咸》："时时赍破囊，访我息闲坊。"

【破體】 指书法结构的变体。唐张怀瓘《书断》："王献之变右军行书，号曰破体书。"戴叔伦《怀素上人草书歌》："始从破体变风姿，一一花开春景迟。"韩偓《无题》之二："书密偷看数，情通破体新。"

六　画

硎 〔xíng《广韵》户經切，平青，匣。〕磨刀石。杜甫《奉酬薛十二丈判官见赠》："清文动哀玉，见道发新硎。"韩愈《答张彻》："鱼鬣欲脱背，虬光先照硎。"裴夷直《观淬龙泉剑》："发硎思剑玉，投水化为龙。"陆龟蒙《江南秋怀寄华阳山人》："手戟非吾事，腰镰且发硎。"

砦 〔zhài《广韵》犲夬切，去夬，祟。〕村寨。由营垒发展而成的居民点。元稹《和乐天送客游岭南二十韵》："舶主腰藏宝，黄家砦起尘。"

硉 〔lù《广韵》勒没切，入没，來。〕见"硉矹"。

【硉兀】 见"硉矹"。

【硉矹】 亦作"硉兀"。❶高耸；突出。杜甫《瘦马行》："东郊瘦马使我伤，骨骼硉兀如堵墙。"陆龟蒙《和袭美古杉三十韵》："橘天形硉兀，当殿势俯危。"吴融《太湖石歌》："今来硉矹林庭上，长恐忽然生白浪。"引申为委屈不平。韩愈《送进士刘师服东归》："低头受侮笑，隐忍硉兀冤。"❷严峻。韩愈《雪后寄崔二十六丞公》："几欲犯严出荐口，气象硉兀未可攀。"❸豪放；高亢。韩愈《咏雪赠张籍》："狂教诗硉矹，兴与酒陪鳃。"

硇 〔qìng〕见"硇硇"。

【硇硇】 有光泽貌。元结《丹崖翁宅铭》："怪石临渊，硇硇石巅。"

七　画

硩 〔chè《广韵》丑列切，入薛，徹。又他曆切，入錫，透。〕毁，捣毁。见"硩蔟"。

【硩蔟】 硩蔟氏的省称。官名。《周礼·秋官·硩蔟氏》："硩蔟氏掌覆妖鸟之巢。"陆龟蒙《孤雁》："硩蔟书尚存，宁容恣妖幻。"

硬 〔yìng《广韵》五争切，去諍，疑。〕❶坚硬。姚合《闲居遣怀十首》之八："懒拜腰肢硬，慵趋礼乐生。"白居易《新乐府·红线毯》："太原毯涩毳缕硬，蜀都褥薄锦花冷。"贯休《桐江闲居作十二首》之一二："村童顽似铁，山菜硬如莎。"皮日休《嘲归仁绍龟诗》："硬骨残形如几秋，尸骸终是不风流。"❷强硬。陆余庆子《嘲父》："陆余庆，笔头无力嘴头硬。"

【硬弓】 强弓。张籍《老将》："不怕骑生马，犹能挽硬弓。"

【硬語】 刚劲的语言。韩愈《荐士》："横空盘硬语，妥贴力排奡。"

硖 〔xiá《广韵》侯夾切，入洽，匣。〕同"峡"。萧颖士《早春过七岭寄题硖石裴丞厅壁》："出硖寄趣少，晚行偏忆君。"刘禹锡《始至云安寄兵部韩侍郎中书白舍人二公近曾远守故有属焉》："硖断见孤邑，江流照飞甍。"元稹《哭女樊四十韵》："四年巴养育，万里硖回萦。"

【硖石】 县名。唐贞观十四年(640)改崤县置，治所在硖石坞(今河南陕县东南硖石镇)。宋废。岑参有《送张卿郎君赴硖石尉》。韩愈有《次硖石》。杜荀鹤有《伤硖石县病叟》。韩偓有《出官经硖石县》。

【硖石山】 在今安徽凤台县西南。杨氏有《硖石山》(外编上)。

【硖流】 山峡中的水流。卢纶《重同畅当类公院闻琴》："漾漾硖流吹不尽，月华如在白波中。"

【硖路】 山峡中的狭路。崔翘《奉和圣制答张说南出雀鼠谷》："硖路绕河汾，晴光拂曙氛。"薛能《西县途中二十韵》："硖路商逢使，山邮雀啅蛇。"

砚 〔yàn《广韵》吾甸切，去霰，疑。〕砚台。孟浩然《还山贻湛法师》："平石藉琴砚，落泉洒衣巾。"常衮《晚秋集贤院即事寄徐薛二侍郎》："缀帘金翡翠，赐砚玉蟾蜍。"姚合《拾得古砚》："昨朝得古砚，黄河滩之侧。"张乔《隐岩陪郑少师夜坐》："砚磨清涧石，厨爨白云樵。"

【砚瓦】 即瓦砚。旧常取古宫殿之瓦为砚，故名。后为砚之通称。李咸用有《谢友生遗端溪砚瓦》。

【砚水】 砚池中用以磨墨的水。岑参《走马川行奉送出师西征》："马毛带雪汗气蒸，五花连钱旋作冰，幕中草檄砚水凝。"崔元翰《雨中对后檐丛竹》："含风摇砚水，带雨拂墙衣。"白居易《和春深二十首》之三："凤池添砚水，鸡树落衣花。"温庭筠《雪二首》之一："砚水池先冻，窗风酒易消。"

【砚石山】 山名。在今江苏苏州市。刘禹锡有《馆娃宫在旧郡西南砚石山前信为绝境因赋二章》。

【砚冰】 砚水所结之冰。周贺《冬日山居思乡》："背日收窗雪，开炉释砚冰。"贾岛《重与彭兵曹》："砚冰催腊日，山雀到贫居。"吴融《和诸学士秋夕禁直偶雪》："砚冰忧诏急，灯烬惜更残。"

【砚池】 凹形的砚。杜荀鹤《题弟侄书堂》："窗竹影摇书案上，野泉声入砚池中。"

【砚匣】 收藏砚台的盒子。柳宗元《柳州寄丈人周韶州》："印文生绿经旬合，砚匣留尘尽日封。"

【砚沼】 即研沼，研石山的池沼。春秋时吴王夫差筑馆娃宫于研石山以馆西施。遗址在今江苏省苏州市灵岩山。皮日休《馆娃宫怀古》："砚沼只留溪鸟浴，屟廊空信野花埋。"

【砚席】 ❶砚台与坐席。借指学习。刘禹锡《谢柳子厚寄叠石砚》："常时同砚席，寄砚感离群。"❷借指学习或写作之处。刘得仁《答韦先辈春雨后见寄》："轩窗透初日，砚席绝纤尘。"李中《吉水春暮访蔡文庆处士留题》："溟濛雨过池塘暖，狼藉花飞砚席香。"

【砚筆】 砚和笔。谓笔墨生涯。李洞《送郤先辈归觐华阴》："休停砚笔吟荒庙，永别灯笼赴锁闱。"

【砚臺】 磨墨的文具，多以石制成。司空图《偶诗五首》之一："夕阳照个新红叶，似要题诗落砚台。"

【砚滴】 滴水入砚的文具。也称水注。皎然《送裴秀才往会稽山读书》："砚滴穿池小，书衣种楮多。"

确 〔què《广韵》胡覺切，入覺，匣。《集韵》克覺切，入覺，溪。〕见"确确"。

【确确】 坚硬貌。戴叔伦《屯田词》："麦苗渐长天苦晴，土干确确锄不得。"元稹《田家词》："牛吒吒，田确确，旱块敲牛蹄趵趵。"

硠 〔láng《广韵》鲁當切，平唐，來。〕见"硠硠"。

【硠硠】 石相击声。鲍溶《云溪竹园翁》："硠硠云溪里，翠竹和云生。"

硝 〔xiāo《广韵》相邀切，平宵，心。〕矿物名。有芒硝、硝石、朴硝多种。李贺《南园十三首》之十二："松溪黑水新龙卵，桂洞生硝旧马牙。"叶葱奇注引《本草》："朴硝生于盐卤之地，状似末盐，煎煮入盆，凝结在下，粗朴者为朴硝，在上有芒者为芒硝，有牙者为马牙硝。"庄布《石榴歌》："玳瑁壳皴枝婀娜，马牙硝骨绵敷裹。"

八 画

碔 〔wǔ《广韵》文甫切，上麌，微。〕见"碔砆"。

【砥砆】　似玉之石。顾况《上古之什补亡训传十三章·十月之郊一章》:"啸砆砥砆,藻井旋题。"温庭筠《病中书怀呈友人》:"岂意观文物,保劳琢砥砆。"《雪溪夜宴诗》之八(卷八六四):"玉温温以呈器兮,因砥砆之争辉。"

碁　〔qí《广韵》渠之切,平之,群。〕围棋。张祜《送刘韶秀才江陵归宁》:"樽酒惜离文举坐,郡斋谁覆仲宣碁?"

【碁布】　如棋盘上的棋子一样密布。白居易《九日宴集醉题郡楼兼呈周殷二判官》:"水道脉分棹鳞次,里闾棋布城册方。"李翰《朱都知嘉禾屯田纪绩诗》:"天位碁布,沟封绮储。"

【碁僧】　善下围棋的僧人。许浑《送友人罢举归东海》:"舶主辞蕃远,棋僧入汉多。"

【碁路】　下棋的路数。张祜《江南杂题三十首》之十二:"酒肠婴女笑,棋路老僧谙。"

碏　〔què《广韵》七雀切,入藥,清。〕石杂色。褚载《移石》:"浪浸多年苔色在,洗来今日碏痕深。"

稜　〔léng《集韵》盧登切,平登,來。〕见"稜磳"。

【稜磳】　石不平貌。孟郊《寒江吟》:"荻洲素浩渺,碕岸澌崚嶒。"

碕[1]　〔qí《广韵》渠羈切,平支,群。又渠希切,平微,群。〕弯曲。见"碕岸"。

碕[2]　〔qǐ《广韵》墟彼切,上紙,溪。〕见"碕礒"。

【碕岸】　曲折的河岸。孟郊《寒江吟》:"荻洲素浩渺,碕岸澌崚嶒。"白居易《画竹歌》:"野塘水边碕岸侧,森森两丛十五茎。"王鉴《赋得玉水记方流》:"玉润在中洲,光临碕岸幽。"

【碕₂礒】　山石不平貌。徐彦伯《淮亭吟》:"山碕礒兮隈曲,水涓涟兮洞汩。"

碮　〔gǔn《广韵》古本切,上混,見。〕滚动。于鹄《早上凌霄第六峰入紫溪礼白鹤观祠》:"放石试浅深,碮壁蛇鸟惊。"

磵　同"硇"。见"磵砂"。

【磵砂】　矿物名,即硇砂。由火山喷出的氯化氨气体凝结而成。卢延让《哭亡将诗》:"自是硇砂发,非干骇石伤。"

碢　〔tuó《广韵》徒和切,平伐,定。〕碾轮石,即石砘子。杜荀鹤《友人赠舍弟依韵戏和》:"及见和诗诗自好,碢公不到更何时。"自注:"徒和切,碾轮石也。"

碰　〔zhuì《广韵》馳僞切,去寘,澄。〕❶垂;挂。杜荀鹤《赠友人罢举赴交趾辟命》:"舶载海奴镮碰耳,象驼蛮女彩缠身。"齐己《寄敬亭清越》:"鼎尝天柱茗,诗碰剡溪笺。"❷通"捶"。舂;捣。薛能《送浙东王大夫》:"越台随厚俸,剡碰得尤名。"原注:"近相传捣熟纸名碰。"徐夤《钓车》:"荻湾渔客巧妆成,碰铸银星一点轻。"

碓　〔duì《广韵》都隊切,去隊,端。〕舂米的工具。用柱架起一根杠,杠端系石头,用脚踏另一端,则系石一头悬起,连续起落,脱去下面臼中谷粒的皮。后出现以畜力、水力代替人力的碓,用途更广。岑参《春半与群公同游元处士别业》:"山厨竹里爨,野碓藤间舂。"杜甫《雨四首》之一:"柴扉临野碓,半得捣香粳。"顾况《归阳萧寺有丁行者能修无生忍担水施僧况归命稽首作诗》:"曹溪第六祖,踏碓逾三年。"张祜《读曲歌五首》之二:"碓上米不舂,窗中丝罢络。"

【碓桯】　支碓的木架。李建勋《田家三首》之一:"犬吠隈篱落,鸡飞上碓桯。"

【碓磑】　舂米和磨粉工具。贯休《东西二林寺流水》:"数家舂碓硙,几处浴猿猴。"

碑　〔bēi《广韵》彼爲切,平支,幫。〕❶书刻图案或文字,记死者生平功德,作为纪念物或标记的石头。亦用以刻文告。秦称"刻石",汉以后称"碑"。李白《姑熟十咏·陵歊台》:"欲览碑上文,苔侵岂堪读。"贾躭《赋虞书歌》:"须知孔子庙堂碑,便是青箱中至宝。"杨嗣复《丁巳岁八月祭武侯祠堂因题临淮公旧碑》:"况是平津客,碑前泪满巾。"李洞《送行脚僧》:"夜观入枯树,野眠逢断碑。"❷碑文,文体之一种。见"碑铭"。

【碑文】　刻于碑上的文字。徐凝《游安禅寺》:"伤嗟置寺碑文碎,不见梁朝施主名。"薛逢《君不见》:"碑文半缺碑堂摧,祁连冢象系兔开。"贾岛《经苏秦墓》:"沙埋古篆折碑文,六国兴亡事击君。"刘骘《和熊渠虞庙怀古作》:"石老碑文古,庭荒蚁穴深。"

【碑石】　作碑之石。亦指刻有文字的碑碣。孙魴《芳草》:"南朝古城里,碑石又应沉。"

【碑字】　墓碑上的文字。可止《哭贾岛》:"墓雨滴碑字,年年添藓痕。"

【碑表】　墓表。灵澈《伤古墓》:"古墓碑表折,荒垄松柏稀。"

【碑板】　见"碑版"。

【碑版】 亦作“碑板”。❶碑碣上所刻的志传文字。杜甫《八哀诗·赠秘书监江夏李公邕》：“干谒走其门，碑版照四裔。”元稹《代曲江老人百韵》：“乐章轻鲍照，碑板笑颜竣。”❷泛称碑碣。张说《韦谯公挽歌二首》之二：“安知杜陵下，碑版已相望。”李白《自广平至邯郸登城楼览古书怀》：“诸贤没此地，碑版有残铭。”

【碑記】 碑上所刻的记事文章。张说《过汉南城叹古坟》：“松柏剪无余，碑记灭罔传。”

【碑陰】 碑的背面。徐彦伯有《题东山李适碑阴二首》。司空图《寓居有感三首》之一：“只待东封沾庆赐，碑阴别刻老臣名。”

【碑堂】 即碑亭，护碑的建筑物。元稹《哭吕衡州六首》之四：“儿童喧巷市，羸老哭碑堂。”薛逢《君不见》：“碑文半缺碑堂摧，祁连冢象狐兔开。”

【碑碣】 ❶石碑方首者称“碑”，圆首者称“碣”。后渐不分，以之为碑刻的统称。杜甫《赠蜀僧闾丘师兄》：“青荧雪岭东，碑碣旧制存。”胡曾《题周瑜将军庙》：“功勋碑碣今何在，不得当时一字看。”❷特指墓前所立的石刻。薛稷《四言诗》：“不睹碑碣，空悼风烟。”白居易《秦中吟十首·立碑》：“无人立碑碣，唯有邑人知。”殷尧藩《寒食城南即事因访蓝田韦明府》：“青松古墓伤碑碣，红杏春园羡管弦。”唐彦谦《过浩然先生墓》：“犹胜黄金买碑碣，百年名字已烟埃。”

【碑銘】 碑文和铭文。罗隐《圌城偶作》：“自从郭泰碑铭后，只见黄金不见文。”齐己《寄哭西川坛长广济大师》：“文集编金在，碑铭刻玉新。”

硼 〔pēng《集韵》披耕切，平耕，滂。〕见“硼磕”。

【硼磕】 象声词。状雷声。储光羲《同诸公送李云南伐蛮》：“雷霆随神兵，硼磕动穹苍。”

碎 〔suì《广韵》蘇内切，去隊，心。〕❶碎裂；完整物破成零片、零块。李白《从军行》：“百战沙场碎铁衣，城南已合数重围。”戎昱《湖南春日二首》之二：“羁客春来心欲碎，东风莫遣柳条青。”裴次元《赋得五父碎玉斗》：“倏尔霜刀挥，飒然春冰碎。”李建勋《蔷薇二首》之一：“锦江风撼云霞碎，仙子衣飘黼黻香。”❷琐细；繁杂。吴丹《赋得玉水记方流》：“影碎疑冲斗，光清耐触舟。”温庭筠《三洲词》：“月随波动碎潾潾，雪似梅花不堪折。”杜荀鹤《春宫怨》：“风暖鸟声碎，日高花影重。”❸小，细小。牛殳《方响歌》：“高楼漏滴金壶水，碎电打著山寺钟。”见“碎石”“碎霜”。

【碎月】 细碎的月光。李白《兴唐诗》：“槛外一条溪，几回流碎月。”王建《唐昌观玉蕊花》：“女冠夜觅香来处，唯见阶前碎月明。”崔道融《寒食夜》：“满地梨花白，风吹碎月明。”

【碎玉】 细碎的玉片。牛僧孺《李苏州遗太湖石奇状绝伦因题二十韵奉呈梦得乐天》：“带雨新水静，轻敲碎玉鸣。”刘兼《西斋》：“西斋新竹两三茎，也有风敲碎玉声。”

【碎石】 细碎的石头。岑参《初过陇山途中呈宇文判官》：“马走碎石中，四蹄皆血流。”

【碎身】 身体粉碎。指死亡。苏拯《长城》：“运畚力不禁，碎身砂碛里。”

【碎金】 ❶喻碎月。刘兼《新竹》：“影镂碎金初透月，声敲寒玉乍摇风。”❷喻精美简短的诗文。韦庄《和薛先辈见寄初秋寓怀即事之作二十韵》：“鲁殿铿寒玉，苔山激碎金。”

【碎首】 碎裂头颅。韩愈、孟郊《斗鸡联句》：“恻心我以仁，碎首尔何罪。”何儒亮《亚父碎玉斗》：“破关既定秦，碎首闻献玉。”

【碎紅】 指零落的红霜叶。顾在镕《题光福上方塔》：“烟凝远岫列寒翠，霜染疏林堕碎红。”翁洮《秋》：“云闲日月浮虚白，木落山川叠碎红。”

【碎黄】 指细碎木屑。李贺《堂堂》：“十年粉蠹生画梁，饥虫不食推碎黄。”

【碎葉】 城名。故城在今吉尔吉斯斯坦北部托马克附近，唐时属安西都护府。王维《从军行七首》之六：“胡瓶落膊紫薄汗，碎叶城西秋月团。”戎昱《塞上曲》：“胡风略地烧连山，碎叶孤城未下关。”张籍《征西将》：“几道征西将，同收碎叶城。”张乔《赠边将》：“翻师平碎叶，掠地取交河。”

【碎碎】 细细；零星。王维《送李睢阳》：“南淮夷，东齐儿，碎碎织练与素丝。”李贺《河南府试十二月乐词·十一月》：“宫城团回凛严光，白天碎碎堕琼芳。”又《上云乐》：“天江碎碎银沙路，嬴女机中断烟素。”

【碎煙】 片断的云烟。李白《对雨》：“古岫藏云毳，空庭织碎烟。”

【碎滴】 细小的水珠。姚合《送别友人》：“泉落林梢多碎滴，松生石底足旁枝。”方干《石门瀑布》：“直是银河分派落，兼闻碎滴溅天台。”

【碎影】 细碎的日影或月影。王维《赋得秋日悬清光》：“圆光含万象，碎影入闲流。”太宗《谒并州大兴国寺诗》：“圆光低月殿，碎影乱风筠。”

【碎霜】 微霜。李贺《河南府试十二月乐词·十月》：“碎霜斜舞上罗幕，烛龙两行照飞阁。”

【碎霞】 片断的云霞。无名氏《红蔷薇》(卷七八五)：“九天碎霞明泽国，造化工夫潜剪刻。”

【碎蟻】 新酒面上的浮沫。李贺《送秦光禄北征》："清苏和碎蚁，紫腻卷浮杯。"王琦汇解："碎蚁，酒初开时，面有浮花，状若蚁然。"

碇 〔dìng《广韵》丁定切，去徑，端。〕亦作"矴"。停船时沉入水底用以稳定船身的石块或系船的石墩。权德舆《祗役江西路上以诗代书寄内》："下碇夜已深，上碕波不驻。"

碌 〔lù《广韵》盧谷切，入屋，來。〕❶见"碌碌"。❷见"碌碡"。

【碌碌】 ❶玉石美好貌。韦应物《杂体五首》之五："碌碌荆山璞，卞和献君门。"刘禹锡《历阳书事七十韵》："比琼虽碌碌，于铁尚铮铮。"温庭筠《过孔北海墓二十韵》："碌碌迷藏器，规规守挈瓶。"庄布《石榴歌》："美人擎在金盘腹，错认海螺斑碌碌。"❷勤苦貌。张说《时乐鸟篇》："人见嘤嘤报恩鸟，多惭碌碌具官臣。"岑参《郡斋闲坐》："佐郡竟何成，自悲徒碌碌。"牟融《游报本寺》之二："自笑微躯长碌碌，几时来此学无还。"白居易《送王处士》："望尘而拜者，朝夕走碌碌。"❸随从附和貌。李建勋《寄魏郎中》："碌碌但随群，蕙兰任不分。"❹车轮转动声。贾岛《古意》："碌碌复碌碌，百年双转毂。"

【碌碡】 碾压用的农具。用牲畜或人力牵引来压平田地，或碾脱谷粒等。薛能《嘉陵驿》："蚕月缲丝路，农时碌碡村。"

九 画

碧 〔bì《广韵》彼役切，入昔，幫。〕❶青绿色。太宗《执契静三边》："烟波澄旧碧，尘火息前红。"刘长卿《桃源》："洛阳遥想桃源隔，野水闲流春自碧。"湛贲《伏览吕侍郎丘员外旧题十三代祖历山草堂诗因书记事》："桑田代已变，池草春犹碧。"韦庄《桐庐县作》："钱塘江尽到桐庐，水碧山青画不如。"❷青白色。太宗《帝京篇十首》之七："长烟散初碧，皎月澄轻素。"窦庠《酬韩愈侍郎登岳阳楼见赠》："山晚云常碧，湖春草遍青。"许康佐《日暮碧云合》："日际愁阴生，天涯暮云碧。"❸借指绿水。皮日休《夜会问答十》之八(日休问龟蒙)："有时日暮碧将合，还被鱼舟来触分。"

【碧山】 ❶青山。李白《永王东巡歌十一首》之六："千岩烽火连沧海，两岸旌旗绕碧山。"刘希夷《北邙篇》："碧山明月徒自晓，黄居暗室不知晨。"许浑《闻州中有宴寄崔大夫兼简邢群评事》："颜子巷深青草遍，庾君楼迥碧山多。"冯延巳《酒泉子》词之二："芳草长川，柳映危桥桥下路，归鸿飞，行人去，碧山边。"❷山名。在今湖北安陆市境。李白《山中问答》："问余何意栖碧山，笑而不答心自闲。"

【碧井】 深井。杜甫《铜瓶》："乱后碧井废，时清瑶殿深。"

【碧天】 青天；蓝色的天空。白居易《和皇甫郎中秋晓同登天宫阁言怀六韵》："碧天忽已高，白日犹未短。"许浑《送李定言南游》："簟凉清露夜，琴响碧天秋。"韦庄《访含弘山僧不遇留题精舍》："人间不自寻行迹，一片孤云在碧天。"周岳秀《君山祠》："万顷湖波浸碧天，旌封香火几千年。"

【碧瓦】 青绿色的琉璃瓦。王勃《题九江英烈庙》："碧瓦烟笼翠，朱门映日开。"杜甫《冬日洛城北谒玄元皇帝庙》："碧瓦初寒外，金茎一气旁。"杜牧《帘》："下渍金阶露，斜分碧瓦霜。"吴融《风雨吟》："姑苏碧瓦十万户，中有楼台与歌舞。"

【碧牙籌】 用象牙或骨、角等制的计数筹码，如博筹。李贞白《咏罂粟子》："倒排双陆子，希插碧牙筹。"

【碧水】 绿水。李白《早春寄王汉阳》："碧水浩浩云茫茫，美人不来空断肠。"杨衡《宿陟岵寺云律师院》："碧水洒尘缨，凉扇当夏日。"赵嘏《广陵答崔琛》："朱楼映日重重晚，碧水含光滟滟长。"刘沧《过铸鼎原》："唯留古迹寒原在，碧水苍苍空寂寥。"

【碧月】 清澈的月亮。张又新《青障山》："一派远光澄碧月，万株耸翠猎金飙。"

【碧文圆顶】 指有碧色花纹的圆形帐顶。李商隐《无题二首》之一："凤尾香罗薄几重，碧文圆顶夜深缝。"

【碧火】 碧色的火。李贺《神弦曲》："百年老鸮成木魅，笑声碧火巢中起。"

【碧玉】 ❶矿物名。含铁的石英石，呈红色、褐色或绿色。杜甫《阆水歌》："嘉陵江色何所似，石黛碧玉相因依。"独孤及《题玉潭》："碧玉徒强名，冰壶难比德。"陆龟蒙《京口与友生话别》："碧玉雕琴荐，黄金饰剑镡。"吴融《绵竹山四十韵》："披海出珊瑚，贴天堆碧玉。"❷人名。为南朝宋汝南王妾名。按，晋汝南王有美妾名碧玉，汝南王宠爱之，为她作《碧玉歌》，歌中有"碧玉小家女"之语。后因以"碧玉"指年轻貌美的小家女，亦用以指年轻美貌的婢妾。王维《洛阳女儿行》："自怜碧玉亲教舞，不惜珊瑚持与人。"司空曙《秋园》："伤秋不是惜年华，别忆春风碧玉家。"白居易《喜小楼西新柳抽条》："须教碧玉羞眉黛，莫与红桃作曲尘。"李商隐《蝶三首》之二："长眉画了绣帘开，碧玉行收白玉台。"❸喻澄净、青绿色的自然景物。贺知章《咏柳》："碧玉妆成一树高，万条垂下绿丝绦。"李白《魏郡别苏明府因北游》："淇水流碧玉，舟车日奔冲。"李涉《春山三朅来》之一："野竹初栽碧玉长，澄潭欲下青丝短。”刘兼《新回车院筵上作》：“黄金蜀柳笼朱户，碧玉湘筠映绮疏。”

【碧玉歌】 南朝乐府《吴声歌曲》名，属《清商曲》。李暇有《碧玉歌》。吴融《月夕追事》：“曾听豪家碧玉歌，云床冰簟落秋河。”

【碧玉年】 妙年。多指女子十六岁时。李群玉《醉后赠冯姬》：“桂形浅拂梁家黛，瓜字初分碧玉年。”

【碧玉花】 神话中称仙人食用的花。曹唐《穆王宴王母于九光流霞馆》：“不知白马红缰解，偷吃东田碧玉花。”

【碧玉階】 用碧玉砌成的石阶。卢肇《戏题》：“神女初离碧玉阶，彤云犹拥牡丹鞋。”王炎《葬西施挽歌》：“满地红心草，三层碧玉阶。”

【碧玉潭】 在今浙江德县境。无名氏有《碧玉潭》诗(外编下)。

【碧玉蹄】 形容马蹄之美。李白《紫骝马》：“紫骝行且嘶，双翻碧玉蹄。”

【碧玉篸】 用碧玉制成的簪。亦喻苍翠挺拔的山峰。韩愈《送桂州严大夫》：“江作青罗带，山如碧玉篸。”薛昭蕴《女冠子》词之二：“髻绾青丝发，冠抽碧玉篸。”

【碧玉簫】 ❶碧玉制的箫。鲍溶《东高峰》：“画里青鸾客，云中碧玉箫。”❷指南朝宋刘碧玉之箫。用作箫的美称。温庭筠《经旧游》：“香灯怅望飞琼鬓，凉月殷勤碧玉箫。”

【碧石】 矿物名。即碧玉。李端《题元注林园》：“谢家门馆似山林，碧石青苔满树阴。”

【碧光】 翠绿色的光芒。张祜《题濠州钟离寺》：“远岫碧光合，长淮清派连。”

【碧竹】 青绿的竹子。李商隐《李肱所遗画松诗书两纸得四十韵》：“香兰愧伤暮，碧竹惭空中。”

【碧色】 碧绿的颜色。贾至《寓言二首》之一：“春草纷碧色，佳人旷无期。”张仲方《赋得竹箭有筠》：“碧色乍葱茏，清光常蒨练。”雍陶《晴诗》：“新水乱侵青草路，残烟犹傍绿杨村。”

【碧江】 水流澄碧的江。张祜《梦江南》：“尽日碧江梦，江南红树春。”李商隐《无题》：“碧江地没元相引，黄鹤沙边亦少留。”李咸用《庐陵九日》：“菊花山在碧江东，冷酒清吟兴莫穷。”谭用之《忆南中》：“碧江头与白云门，别后秋霜点鬓根。”

【碧池】 清澄的池塘。李适《帝幸兴庆池戏竞渡应制》：“拂露金舆丹旆转，凌晨黼帐碧池开。”贾岛《虎丘千人坐》：“碧池藏宝剑，寒涧宿潜龙。”温庭筠《织锦词》：“象尺熏炉未觉秋，碧池已有新莲子。”刘沧《夏日登慈恩寺》：“碧池静照寒松影，清昼深悬古殿灯。”

【碧李】 青色李子。杜甫《解闷十二首》之一一：“翠瓜碧李沉玉甃，赤梨葡萄寒露成。”

【碧岑】 青山。杜甫《上后园山脚》：“自我登陇首，十年经碧岑。”刘沧《宿苍溪馆》：“孤馆门开对碧岑，竹窗灯下听猿吟。”归仁《悼罗隐》：“长安冠盖皆涂地，仍喜先生葬碧岑。”

【碧岑岑】 翠绿而高峻貌。孟郊《连州吟》：“连山何连连，连天碧岑岑。”

【碧冷】 清冷。张祜《游仙》：“空岩响深彻，台观凝碧冷。”又《处士隐居》：“清香芙蓉水，碧冷琅玕风。”

【碧沙】 ❶绿色的沙粒。曹唐《刘阮洞中遇仙子》：“碧沙洞里乾坤别，红树枝前日月长。”❷绿色的沙滩。杜审言《和韦承庆过义阳公主山池五首》之三：“携琴绕碧沙，摇笔弄青霞。”李德裕《思平泉树石杂咏一十首·白鹭鹚》：“碧沙常独立，清景自忘归。”唐绩《灵岩寺呈锐公禅师》：“一水穿崖走碧沙，沿溪樛木卧龙蛇。”

【碧沈】 (—chén)指深绿的水。刘沧《洛神怨》：“心寄碧沉空婉恋，梦残春色自悠扬。”

【碧芙蓉】 绿荷。司空图《送道者二首》之一：“峰顶他时教我认，相招须把碧芙蓉。”

【碧林】 绿色的森林。赵嘏《题开元寺水阁》：“朱槛夜飞溪路雪，碧林晴隔马蹄尘。”马戴《春思》：“幽怨贮瑶瑟，韵光凝碧林。”

【碧松】 翠绿的松树。裴度、刘禹锡《度自到洛中与乐天为文酒之会因为联句》：“红药多迟发，碧松宜乱栽。”李商隐《送阿龟归华》：“因汝华阳求药物，碧松根下茯苓多。”

【碧松煙】 制墨用的松木烟灰。亦指墨。李白《酬张司马赠墨》：“上党碧松烟，夷陵丹砂末。”

【碧芳】 ❶指绿叶。白居易《秋题牡丹丛》：“红色久已歇，碧芳今亦销。”❷喻青春、韶光。孟郊《靖安寄居》：“碧芳既似水，日日咏归欤。”

【碧氛】 亦作“碧雰”。青色的云雾。裴逵《南至日太史登台书云物》：“应念怀铅客，终朝望碧雰。”张祜《题池州杜员外弄水新亭》：“晚槛余清景，凉轩启碧氛。”

【碧油】 ❶青绿色油漆。元稹《梦游春七十韵》：“隔子碧油糊，驼钩紫金镀。”❷见“碧油幢❶”。❸见“碧油幢❷”。❹喻绿水。李益《送襄阳李尚书》：“树暖然红烛，江清展碧油。”❺喻绿叶。张祜《樱桃》：“斜日庭前风袅袅，碧油千片漏红珠。”

【碧油幢】 ❶青绿色的油布车帷。南齐时公主所用，唐以后御史及其他大臣多用之。白居易《奉酬李相公见示绝句》：“碧油幢下捧新诗，荣贱虽殊共一悲。”许浑《留别赵端公》：“却愿烟波阻风雪，侍君同拜碧油幢。”方干《上越州杨严中丞》：“试把十年辛苦志，问津求拜碧油幢。”亦简称“碧油”。欧阳詹《咏德上太原李尚书》:“九重帝宅司丹地,十万兵枢拥碧油。”许浑《和淮南王相公与宾僚同游瓜洲别业题旧书斋》:“碧油红旆想青衿,积雪窗前尽日吟。”又《中秋夕寄大梁刘尚书》:“汴人迎拜洛人留,虎豹旌旗拥碧油。”崔道融《献浙东柳大夫》:“俗眼不知青琐贵,江头争看碧油新。”❷青绿色的军帐。张仲素《塞下曲五首》之二:“猎马千行雁几双,燕然山下碧油幢。”亦省称“碧油”。杨巨源《和汴州令狐相公白菊》:“今来碧油下,知自白云乡。”薛涛《摩诃池赠萧中丞》:“昔以多能佐碧油,今朝同泛旧仙舟。”

【碧波】　清澄碧绿的水波。陈元光《漳州新城秋宴》:“鸿飞青嶂杳,鹭点碧波真。”沈传师《次潭州酬唐侍御姚员外游道林岳麓寺题示》:“碧波回屿三山转,丹槛缭郭千艘屯。”李绅《忆万岁楼望金山》:“长对碧波临古渡,几经风月与悲欢。”周昙《咏史诗·春秋战国门·智伯》:“三国连兵敌就擒,晋阳城下碧波深。”

【碧波亭】　在今浙江杭州市。《酒令·吴越王与陶穀酒令》:“白玉石,碧波亭上迎仙客。”

【碧泱泱】　水流深广澄绿貌。杜牧《郡斋独坐》:“后岭翠扑扑,前溪碧泱泱。”

【碧沼】　碧绿的池沼。李商隐《偶成转韵七十二句赠四同舍》:“青袍白简风流极,碧沼红莲倾倒开。”白元鉴《新池》:“何人凿碧池,待我照衰容。”

【碧空】　青天;碧蓝的天空。李赤《姑熟杂咏·望夫山》:“颙望临碧空,怨情感离别。”姚合《八月十五夜看月》:“惆怅逡巡别,谁能看碧空。”许浑《陪越中使院诸公镜波馆饯明台裴郑二使君》:“舞移清夜月,歌断碧空云。”司空图《游仙二首》之二:“月姊殷勤留不住,碧空遗下水精钗。”

【碧城】　《太平御览》卷六七四引《上清经》:“元始居紫云之阙,碧霞为城。”后因以“碧城”为仙人所居之处。李商隐《河内诗二首》之一:“碧城冷落空蒙烟,帘轻幕重金钩栏。”又《碧城三首》之一:“碧城十二曲阑干,犀辟尘埃玉辟寒。”

【碧香】　美酒名。皮日休《夜会问答十》之七:“锦鲸荐,碧香红腻承君宴。”

【碧泉】　清澈的泉水。施肩吾《惜花词》:“千树繁红绕碧泉,正宜尊酒对芳年。”姚合《和李补阙曲江看莲花》:“秾彩烧晴雾,殷姿缬碧泉。”

【碧彩】　青绿色。徐彦伯《和李适答宋十一入崖口五渡见赠》:“琪树环碧彩,金潭生翠阴。”

【碧洞】　指道观。钱起《仲春晚寻覆釜山》:“碧洞志忘归,紫芝行可搴。”李九龄《赠马道士》:“寻野鹤来空碧洞,覔琴僧去渡重湖。”吕岩《七言》之二二:“簪冷夜龙穿碧洞,枕寒晨虎卧银城。”

【碧珠】　青绿色玉珠。李绅《新楼诗二十首·琪树》序:“琪树垂条如弱柳,结子如碧珠。”

【碧埃】　青色的烟尘。皮日休《太湖诗·桃花坞》:“微风吹重岚,碧埃轻勃勃。”

【碧茸】　指碧绿松软的草茵。韩翃《奉和元相公家园即事寄王相公》:“回车青阁晚,解带碧茸深。”

【碧草】　青草。贾至《君山》:“湘中老人读黄老,手援紫藟坐碧草。”白居易《和春深二十首》之一六:“碧草追游骑,红尘拜扫车。”李商隐《过华清内厩门》:“华清别馆闭黄昏,碧草悠悠内厩门。”吕岩《炼丹台》:“空余遗址在人世,满目青山碧草寒。”

【碧桐】　绿色的梧桐树。陆龟蒙《井上桐》:“独立傍银床,碧桐风袅袅。”

【碧桃】　❶桃树的一种。花重瓣,不结实,供观赏和药用。一名千叶桃。郎士元《听邻家吹笙》:“重门深锁无寻处,疑有碧桃千树花。”鲍溶《怀仙二首》之一:“曾见周灵王太子,碧桃花下自吹笙。”罗虬《比红儿诗》之八:“匼匝千山与万山,碧桃花下景长闲。”吕岩《归鹤峰》:“开遍碧桃春不老,千岩万壑锁苍烟。”❷桃实的一种,色碧。古诗文中特指传说中西王母给汉武帝的仙桃。许浑《故洛城》:“可怜缑岭登仙子,犹自吹笙醉碧桃。”又《骊山》:“闻说先皇醉碧桃,日华浮动郁金袍。”韩偓《荔枝三首》之一:“汉武碧桃争比得,枉令方朔号偷儿。”

【碧原】　绿色的原野。太宗《春日登陕州城楼俯眺原野》:“碧原开雾隰,绮岭峻霞城。”

【碧峭】　苍翠陡峭。孟郊《巫山曲》:“巴江上峡重复重,阳台碧峭十二峰。”

【碧峰】　碧绿的山峰。王维《新晴野望》:“白水明田外,碧峰出山后。”李益《登天坛夜见海》:“朝游碧峰三十六,夜上天坛月边宿。”白居易《折剑头》:“一握青蛇尾,数寸碧峰头。”徐知证《东林寺天祚二年联句》:“古殿巍峨镇碧峰,晋朝灵应显神踪。”

【碧氣】　青色的烟霭。常建《白湖寺后溪宿云门》:“乱花覆东郭,碧气销长林。”

【碧條】　指春柳。元稹《西归绝句十二首》之一二:“寒花带雪满山腰,著柳冰珠满碧条。”

【碧海】　❶传说中的海名。《海内十洲记》:“扶桑在东海之东岸。岸直,陆行登岸一万里,东复有碧海,海广狭浩汗,与东海等。水既不咸苦,正作碧色,甘香味美。”李白《有所思》:“我思仙人乃在碧海之东隅。”李德裕《重忆山居六首·罗浮山》:“飞来碧海畔,遂与三山隔。”❷蓝色的海洋。张祜《叙诗》:“波澜到李杜,碧海东渺渺。”李商隐《李肱所遗画松诗书两纸得四十韵》:“生如碧海月,死践霜郊蓬。”李商隐《常娥》:“常娥应悔偷灵药,碧海青天夜夜心。”左偃《句》:

“日华离碧海，云影散青霄。”

【碧盌】 琉璃碗。杜甫《喜闻盗贼蕃寇总退口号五首》之四：“勃律天西采玉河，坚昆碧碗最来多。”唐彦谦《叙别》：“翠盘擘脯胭脂香，碧碗敲冰分蔗浆。”

【碧酒】 清澄的美酒；清酒。杜甫《送率府程录事还乡》：“素丝挈长鱼，碧酒随玉粒。”薛曜《奉和圣制夏日游石淙山》：“此中碧酒恒参圣，浪道昆山别有仙。”

【碧紗】 绿纱。亦特借绿色窗纱。于鹄《宿西山修下元斋咏》：“碧纱笼寒灯，长幡缀金铃。”权德舆《薄命篇》：“青楼碧纱大道边，绿杨日暮风袅袅。”袁不约《长安夜游》：“千乘宝莲珠箔卷，万条银烛碧纱笼。”

【碧紗亭】 装有绿纱的亭阁。王建《上李益庶子》：“紫烟楼阁碧纱亭，上界诗仙独自行。”

【碧紗窗】 装有绿色薄纱的窗子。徐凝《莫愁曲》：“玳瑁床头刺战袍，碧纱窗外叶骚骚。”李珣《酒泉子》词之四：“秋月婵娟，皎洁碧纱窗外，照花穿竹冷沉沉。”

【碧紗㡡】 一种纱橱。木架，顶及四周蒙以绿纱，可以折叠。夏令张之，以避蚊蝇。王建《赠王处士》：“松树当轩雪满地，青山掩障碧纱㡡。”

【碧紗籠】 绿纱灯罩。齐己《灯》：“红烬自凝清夜朵，赤心长谢碧纱笼。”

【碧流】 绿水。白居易《何处堪避暑》：“眼明见青山，耳醒闻碧流。”李绅《却望无锡芙蓉湖》之二：“丹橘村边独火微，碧流明处雁初飞。”杜牧《后池泛舟送王十秀才》：“城日晚悠悠，弦歌在碧流。”徐铉《秋日泛舟赋蘋花》：“素艳拥行舟，清香覆碧流。”

【碧浪】 清澄绿色的波浪。温庭筠《晓仙谣》：“银河欲转星靥靥，碧浪叠山埋早红。”

【碧琉璃】 亦作“碧瑠璃”。碧绿色的琉璃。李益《避暑女冠》：“雾袖烟裾云母冠，碧琉璃簟井冰寒。”李涉《题水月台》：“水似晴天天似水，两重星点碧琉璃。”徐凝《九锁山》：“只被白云生不断，无端点破碧瑠璃。”李商隐《五月六日夜忆往岁秋与彻师同宿》：“炎方忆初地，频梦碧琉璃。”

【碧荷】 碧莲；绿荷。李白《古风》之二六：“碧荷生幽泉，朝日艳且鲜。”李群玉《晚莲》：“露冷芳意尽，稀疏空碧荷。”

【碧梧】 绿色的梧桐树。杜甫《秋兴八首》之八：“稻香啄余鹦鹉粒，碧梧栖老凤凰枝。”

【碧帶】 碧玉带。章碣《寄江东道友》：“碧带黄麻呈缥缈，短竿长线弄因循。”

【碧眼胡】 古代指西北少数民族。寒山《诗三百三首》之二四四：“大有碧眼胡，密拟买将去。”

【碧眼胡僧】 泛称西域、北地或外来的僧人。玄宗《佛教梵文唵字唐玄宗书并读》：“儒门弟子应难识，碧眼胡僧笑点头。”

【碧虛】 ❶碧空；青天。徐坚《奉和圣制送张说赴集贤院学士赐宴赋得虚字》：“翠叶浓丹苑，晴空卷碧虚。”权德舆《赠文敬太子挽歌词二首》之二：“还似缑山驾，飘飘向碧虚。”刘禹锡《两如何诗谢裴令公赠别二首》之二：“终期大冶再熔炼，愿托扶摇翔碧虚。”赵嘏《寄前黄州窦使君》：“池上笙歌寂不闻，楼中愁杀碧虚云。”❷指绿水。张九龄《送宛句赵少府》：“修竹含清景，华池淡碧虚。”杜甫《秋野五首》之一：“秋野日疏芜，寒江动碧虚。”李贺《钓鱼诗》：“斜竹垂清沼，长纶贯碧虚。”

【碧堂】 ❶金碧辉煌的堂屋。崔日用《夜宴安乐公主宅》：“银烛金屏坐碧堂，只言河汉动神光。”陈子昂《春台引》：“朱宫碧堂生青苔，白云兮归来。”❷指道观。亦泛指仙人居处。钱起《夕游覆釜山道士观因登玄元庙》：“霁月悬琪树，明星映碧堂。”吴筠《游仙二十四首》之二十：“天人何济济，高会碧堂中。”

【碧野雞】 泛称野鸡。《史记·封禅书》：“作鄜畤后九年，文公获若石云，于陈仓北阪城祠之。其神或岁不至，或岁数来，来也常以夜，光辉若流星，从东南来集于祠城，则若雄鸡，其声殷云，野鸡夜雊。以一牢祠，命曰陈宝。”又《水经注·渭水一》：“县有陈仓山，山上有陈宝鸡鸣祠。昔秦文公感伯阳之言，游猎于陈仓，遇之于此坂，得若石焉，其色如肝，归而宝祠之，故曰‘陈宝’。其来也，自东南晖晖声若雷，野鸡皆名，故曰‘鸡鸣神’也。”诗人用以为典。李商隐《西南行却寄相送者》：“明朝惊破还乡梦，定是陈仓碧野鸡。”又《和孙朴韦蟾孔雀咏》：“可在青鹦鹉，非关碧野鸡。”韩偓《从猎三首》之三：“蹀躞巴陵骏，毰毸碧野鸡。”

【碧淚】 犹血泪。曹唐《小游仙诗九十八首》之二九：“周王不信长生话，空使苌弘碧泪垂。”

【碧窗】 装有绿色窗纱的窗。韦应物《对残灯》：“独照碧窗人，欲随寒尽灭。”鲍溶《归雁》：“啼余碧窗梦，望断阴山行。”陆龟蒙《开元杂题七首·绣岭宫》：“绣岭花残翠倚空，碧窗瑶砌旧行宫。”高骈《步虚词》：“洞门深锁碧窗寒，滴露研朱点周易。”

【碧眼】 绿色的眼睛。李咸用《临川逢陈百年》：“麻姑山下逢真士，玄肤碧眼方瞳子。”

【碧琳侯】 青铜镜的别名。陆龟蒙《奉和袭美夏景冲淡偶作次韵二首》之二：“莫道仙家无好爵，方诸还拜碧琳侯。”

【碧湍】 碧绿的急流。孙魴《庐山瀑布》：“却羡为猿鹤，飞鸣近碧湍。”

【碧華】 皎洁的月亮。李贺《古悠悠行》：“白景归西山，碧华上迢迢。”

【碧雲】 ❶青云；碧空中的云。喻远方或天边。多用以表达离情别绪。李白《秋思》：“海上碧云断，单于秋色来。”钱起《送田仓曹归觐》：“别筵寒日晚，归路碧云生。”鲍溶《吴中夜别》：“楚客秋思著黄叶，吴姬夜歌停碧云。”杜牧《寄宣州郑谏议》：“文石陛前辞圣主，碧云天外作冥鸿。”❷南朝宋江淹模拟诗僧汤惠休《别怨》，其中有“日暮碧云合，佳人殊未来”之句，见《文选》卷三十一。故后常用“碧云”比拟诗僧的作品，或与僧人有关的心绪。韦应物《寄皎然上人》：“愿以碧云思，方君《怨别》余。”白居易《题道宗上人十韵》：“不似休上人，空多碧云思。”张祜《听简上人吹芦管三首》之二：“吹到耳边声尽处，一条丝断碧云心。”韦庄《题许浑诗卷》：“十斛明珠量不尽，惠休虚作碧云词。”❸称颂高雅的诗作或杰出的诗才。白居易《奉酬淮南牛相公思黯见寄二十四韵》：“惭无白雪曲，难答碧云篇。”韦庄《含香》：“遇物旋添芳草句，逢春宁滞碧云才。”何仲举《句》：“碧云章句才离手，紫府神仙尽点头。”

【碧雰】 见“碧氛”。

【碧滋】 形容草木翠绿而润泽。李白《酬殷明佐见赠五云裘歌》：“轻如松花落金粉，浓似苔锦含碧滋。”又《与贾至舍人于龙兴寺剪落梧桐枝望浥湖》：“雨洗秋山净，林光澹碧滋。”钱起《秋馆言怀》：“蟋蟀已秋思，蕙兰仍碧滋。”白居易《秋怀》：“桐柳减绿阴，蕙兰消碧滋。”

【碧疏】 绿窗。韦应物《酒肆行》：“碧疏玲珑含春风，银题彩织邀上客。”

【碧絲】 染成青绿色的蚕丝。喻初生细草。李白《春思》：“燕草如碧丝，秦桑低绿枝。”

【碧落】 道教语。指天空、青天。崔国辅《奉和华清宫观行香应制》：“天子蕊珠宫，楼台碧落通。”刘禹锡《和南海马大夫闻杨侍郎出守郴州因有寄上之作》：“碧落仙来虽暂谪，赤泉侯在是深恩。”李绅《忆夜直金銮殿承旨》：“月当银汉玉绳低，深听箫韶碧落齐。”齐己《登祝融峰》：“四边空碧落，绝顶正清秋。”

【碧落書】 指道家典籍。陆龟蒙《和袭美寄题镜岩周尊师所居》：“清晨自削灵香柹，独夜空吟碧落书。”

【碧落觀】 （觀 guàn）在今浙江德清县。胡传美有《武康碧落观》。

【碧碗】 见“碧盌”。

【碧嵩】 翠绿的嵩山。白居易《送河南尹冯学士赴任》：“清洛饮冰添苦节，碧嵩看雪助高情。”韦庄《北原闲眺》：“千年王气浮清洛，万古坤灵镇碧嵩。”

【碧團團】 碧绿而呈圆状。韦庄《登汉高庙闲眺》：“天畔晚峰青簇簇，槛前春树碧团团。”

【碧甃】 青绿色的井壁。亦借指井。方干《书吴道隐林亭》“橘枝亚路黄苞重，井脉牵湖碧甃深。”徐铉《忆新淦觞池寄孟宾于员外》：“自有溪光还碧甃，不劳人力递金船。”

【碧鳳】 指凤型的高髻。李贺《恼公》：“陂陀梳碧凤，腰褭带金虫。”

【碧煙】 青色的烟雾。严武《题龙日寺西龛石壁》：“碧烟曳篁径，白日悬沙洲。”李绅《新楼诗二十首·海榴亭》：“海榴亭早开繁蕊，光照晴霞破碧烟。”张祜《听崔莒侍御叶家歌》：“宛罗重縠起歌筵，活凤生花动碧烟。”李昭象《招西涧道者》：“危峰抹黛夹晴川，树簇红英草碧烟。”

【碧溪】 绿色的溪流。杜甫《园》：“碧溪摇艇阔，朱果烂枝繁。”牟融《天台》：“碧溪流水泛桃花，树绕天台迥不赊。”张祜《奉和池州杜员外南亭惜春》：“碧溪潮涨碁侵夜，红树花深醉度春。”汤洙《登云梯》：“谢客常游处，层峦枕碧溪。”

【碧溜】 （—liù）清澈的水流。武平一《奉和幸新丰温泉宫应制》：“绝壁苍苔古，灵泉碧溜温。”

【碧殿】 金碧辉煌的堂殿。李适《人日宴大明宫恩赐彩缕人胜应制》：“朱城待凤韶年至，碧殿疏龙淑气来。”沈佺期《游少林寺》：“绀园澄夕霁，碧殿下秋阴。”杨巨源《早朝》：“朝时但向丹墀拜，仗下方从碧殿回。”崔橹《华清宫三首》之一：“草遮回磴绝鸣銮，云树深深碧殿寒。”

【碧瑠璃】 见“碧琉璃”。

【碧瑶樹】 玉树。喻美风姿、多才艺之人。李白《自溧水道哭王炎三首》之三：“王家碧瑶树，一树忽先摧。”

【碧幕】 青绿色的帷幕。喻绿水。鲍溶《宿水亭》：“雕楹彩槛压通波，鱼鳞碧幕衔曲玉。”

【碧照】 碧绿闪烁的波光。孟郊《游枋口》之一：“太行青巅高，枋口碧照浮。”

【碧榮】 繁茂的绿叶。乔知之《定情篇》：“碧荣始芬敷，黄叶已淅沥。”

【碧漢】 银汉；银河。亦指青天。宣宗《幸华严寺》：“帐殿出空登碧汉，遐川俯望色蓝笼。”王初《即夕》：“榆叶飘零碧汉流，玉蟾珠露两清秋。”徐夤《鹊》：“香闺报喜行人至，碧汉填河织女回。”

【碧漣】 绿水；清澈的水波。杜牧《奉和仆射相公即事书成四韵》：“飘来鸡树凤池边，渐压琼枝冻碧涟。”

【碧嶂】 青绿色如屏障的山峰。太宗《望终南山》：“重峦俯渭水，碧嶂插遥天。”李白《忆襄阳旧游赠马少府巨》：“开窗碧嶂满，拂镜沧江流。”李绅《新楼诗二十首·东武亭》："绿波春水湖光满，丹槛连楹碧嶂遥。"李商隐《和郑愚赠汝阳王孙家筝妓二十韵》："碧嶂愁不行，浓翠遥相倚。"

【碧漪】 清澈的水波。李贺《河南府应试十二月乐词·四月》："金塘闲水摇碧漪，老景沉重无惊飞，堕红残萼暗参差。"

【碧實】 碧青的果实。韩愈《李花二首》之一："冰盘夏荐碧实脆，斥去不御惭其花。"李绅《新楼诗二十首·琪树》："冰叶万条垂碧实，玉珠千日保青春。"

【碧寥】 青天。温宪《杏花》："团雪上晴梢，红明映碧寥。"

【碧绿】 青绿色。借指青绿色的柳条。张碧《游春引三首》之三："千条碧绿轻拖水，金毛泣怕春江死。"

【碧墀】 青石台阶。刘禹锡《葡萄歌》："移来碧墀下，张王日日高。"亦指殿堂的玉石台阶。元稹《酬翰林白学士代书一百韵》："出入称金籍，东西侍碧墀。"

【碧蓮】 ❶绿荷。吕岩《洞庭湖君山颂》："午夜君山玩月回，西邻小圃碧莲开。"❷喻苍翠挺拔的山峰。元稹《奉和窦容州》："斑竹初成二妃庙，碧莲遥耸九疑峰。"司空图《雨中》："檐外莲峰阶下菊，碧莲黄菊是吾家。"

【碧蓮峰】 山峰名。在今广西阳朔县。沈彬有《阳朔碧莲峰》。

【碧蔦】 绿色的茑木。茑，常绿寄生灌木。李涉《杪春再游庐山》："红葩列涧艳，碧茑悬林丝。"

【碧樓】 楼阁的美称。赵嘏《经王先生故居》："弄玉已归萧史去，碧楼红树倚斜阳。"

【碧霄】 青天。李白《焦山望寥山》："石壁望松寥，宛然在碧霄。"李端《白鹭咏》："犹有幽人兴，相逢到碧霄。"张祜《瓜洲闻晓角》："寒耿稀星照碧霄，月楼吹角夜江遥。"袁郊《露》："湛湛腾空下碧霄，地卑湿处更偏饶。"

【碧霄路】 喻飞黄腾达的仕途。贾岛《寓兴》："莫趋碧霄路，容飞不容步。"

【碧影】 ❶绿色之物的影子。刘沧《夏日登西林白上人楼》："寒光远动天边水，碧影出空烟外山。"吕从庆《阅田禾》："村南村北稻花明，碧影清光夹望平。"❷借指树叶。李贺《开愁歌》："秋风吹地百草干，华容碧影生晚寒。"

【碧幢】 隋唐以后，高级官员舟车上张挂的涂以青油漆的帷幔。元稹《赠柔之》："碧幢还照耀，红粉莫咨嗟。"白居易《过温尚书旧庄》："白石清泉抛济口，碧幢红旆照河阳。"崔涂《泛楚江》："金印碧幢如见问，一生安稳是长闲。"韦庄《题淮阴侯庙》："满把椒浆奠楚祠，碧幢黄钺旧英威。"

【碧嶙嶙】 翠绿而高峻貌。卢士衡《望山》："乱山难问主，相续碧嶙嶙。"

【碧潭】 碧绿的池潭。宋鼎《酬故人还山》："碧潭宵见月，红树晚开花。"刘禹锡《瀑布泉》："翠巘绝高尖插汉，碧潭无底搅辍雷。"李德裕《早春至言禅公法堂忆平泉别业》："人依红桂静，鸟傍碧潭闲。"徐铉《题碧岩亭赠孙尊师》："仙去留虚室，龙归涨碧潭。"

【碧澗】 碧绿的山间流水。王梵志《兀然无事》之一〇："青松蔽日，碧涧常秋。"狄仁杰《奉和圣制夏日游石淙山》："宸晖降望金舆转，仙路峥嵘碧涧幽。"

【碧潺潺】 澄澈而流动貌。赵嘏《宛陵寓居上沈大夫二首》之一："晓色入楼红蔼蔼，夜声寻砌碧潺潺。"

【碧樹】 ❶绿色的树木。杨衡《十字水期韦潘侍御同年不至时韦寓居水次故郭汾宁宅》："西园碧树今谁主，与近高窗卧听秋。"温庭筠《湘东宴曲》："万户沉沉碧树圆，云飞雨散知何处。"储嗣宗《和顾非熊先生题茅山处士闲居》："鸟啼碧树闲临水，花满青山静掩门。"王毂《暑日题道边树》："赢童走马喘不进，忽逢碧树含清风。"❷玉树。卢照邻《长安古意》："啼花戏蝶千门侧，碧树银台万种色。"韩愈《石鼓歌》："鸾翔凤翥众仙下，珊瑚碧树交枝柯。"杨衡《赠罗浮易炼师》："碧树来户阴，丹霞照窗明。"项斯《梦游仙》："丹霞不是人间晓，碧树仍逢岫外秋。"

【碧霓】 青白色的云彩。王初《送陈校勘入宿》："日落风回卷碧霓，芳蓬一夜拆龙泥。"

【碧蹄】 言马蹄如颜色极美之青石。岑参《卫节度赤骠马歌》："扬鞭骤急白汗流，弄影行骄碧蹄碎。"施肩吾《夏日过从叔幽居》："碧蹄骏马衔刍细，红粉佳人挈榼香。"刘言史《乐府二首》之二："弄影便从天禁出，碧蹄声碎五门桥。"张仲素《天马辞二首》之二："来时欲尽金河道，猎猎轻风在碧蹄。"

【碧篠】 绿竹。武元衡《题故蔡国公九华观上池院》："曙烟深碧筱，香露湿红蕖。"李贺《啁少年》："别起高楼临碧筱，丝曳红鳞出深沼。"

【碧霞】 青色的云霞。多用以指隐士或神仙所居之处。李白《题元丹丘山居》："羡君无纷喧，高枕碧霞里。"曹唐《小游仙诗九十八首》之六三："方士飞轩驻碧霞，酒寒风冷月初斜。"

【碧霞客】 指仙人。蒋防《至上无梦》："倏然碧霞客，那比漆园人。"

【碧霧】 青色的云雾。高宗《过温汤》："暖溜惊湍驶，寒空碧雾轻。"

【碧鮮鮮】 青绿鲜润貌。白居易《七月一日作》："桥竹碧鲜鲜，岸莎青靡靡。"

【碧濤】 绿色的波涛。李咸用《赠友弟》:“谁能终岁摇赪尾,唯唯洋洋向碧涛。”殷文圭《送道者朝见后归山》:“天马难将朱索绊,海鳌宁觉碧涛宽。”

【碧陰】 青绿阴凉。殷尧藩《竹》:“窗户尽萧条,空阶凝碧阴。”司空图《诗品二十四则·绮丽》:“月明华屋,画桥碧阴。”

【碧罌】 绿色的罂瓶。杜甫《荆南兵马使太常卿赵公大食刀歌》:“镌错碧罂鸊鹈膏,铓锷已莹虚秋涛。”

【碧簟】 青色竹席。白居易《小曲新词二首》之二:“红裾明月夜,碧簟早秋时。”郑谷《蜀中三首》之三:“渚远江清碧簟纹,小桃花绕薛涛坟。”

【碧簡】 ❶玉简。指珍贵的佛、道经书。孟郊《送李尊师玄》:“口诵碧简文,身是青霞君。”陆龟蒙《奉和袭美谢友人惠人参》:“品第已闻升碧简,携持应合重黄金。”❷指简牍。竹简色青,故称。陆龟蒙《袭美以紫石砚见赠以诗迎之》:“最称风亭批碧简,好将云窦渍寒流。”

【碧雞】 ❶传说中的神物。崔国辅《襄阳曲二首》之一:“蕙草娇红萼,时光舞碧鸡。”韩翃《赠别成明府赴剑南》:“雩水远映西川时,闲望碧鸡飞古祠。”张籍《送蜀客》:“蜀客南行祭碧鸡,木绵花发锦江西。”亦泛称家鸡或野鸡。刘禹锡《吐绶鸟词》:“不学碧鸡依井络,愿随青鸟向层城。”温庭筠《鸿年胪寺偶成四十韵》:“毰毸碧鸡斗,茏葱翠雉场。”❷山名。在今四川西昌市。杨巨源《秋夜闲居寄庐山郑员外蜀郡符处士》:“怅怀石门咏,缅慕碧鸡游。”刘禹锡《洛中送杨处厚入关便游蜀》:“王城晓入窥丹凤,蜀路晴来见碧鸡。”许浑《送段觉之西蜀结婚》:“秋浪远侵黄鹤岭,暮云遥断碧鸡山。”❸汉王褒所著《碧鸡颂》之省称。是篇以雄辩见称。太宗《鹡鸰颂》序:“才雄白凤,辩壮碧鸡。”

【碧雞坊】 街巷名。在今四川成都市。杜甫《西郊》:“时出碧鸡坊,西郊向草堂。”

【碧雞使】 西汉谏大夫王褒曾奉诏赴益州祀金马碧鸡神。见《汉书·郊祀志下》。后因以“碧鸡使”指赴蜀使臣。杜甫《阆州奉送二十四舅使自京赴任青城》:“如何碧鸡使,把诏紫微天。”

【碧潯】 绿水边。杨师道《咏饮马应诏》:“躞蹀依春涧,联翩度碧浔。”陈子昂《南山家园十韵》:“蛱蝶怜红药,蜻蜓爱碧浔。”鲍溶《南塘二首》之二:“塘东白日驻红雾,早鱼翻光落碧浔,”温庭筠《洞户二十二韵》:“洞户连珠网,方疏隐碧浔。”

【碧潯亭】 在今广西桂林市。韦瓘有《留题桂州碧浔亭》。

【碧羅】 青色绫罗。杜牧《残春独来南亭因寄张祜》:“一岭桃花红锦黦,半溪山水碧罗新。”又《早春赠军事薛判官》:“晴梅朱粉艳,嫩水碧罗光。”崔珏《道林寺》:“远公池上种何物,碧罗扇底红鳞鱼。”

【碧羅天】 碧绿澄净的天空。刘禹锡《春日书怀寄东洛白二十二杨八二庶子》:“野草芳菲红锦地,游丝撩乱碧罗天。”

【碧簫】 碧玉制的箫。温庭筠《晓仙谣》:“碧箫曲尽彩霞动,下视九州皆悄然。”

【碧簷】 绿色的房檐。多指用琉璃瓦建筑的房檐。杜牧《华清宫三十韵》:“碧檐斜送日,殷叶半凋霜。”吴融《华清宫二首》之一:“绿树碧檐相掩映,无人知道外边寒。”

【碧瀨】 清澈湍急的水流。孟郊《和皇甫判官游琅琊溪》:“碧濑漱白石,翠烟含青蜺。”

【碧蘚】 ❶青苔。李商隐《重过圣女祠》:“白石岩扉碧藓滋,上清沦谪得归迟。”刘兼《郡斋寓兴》:“秋庭碧藓铺云锦,晚阁红蕖簇水仙。”白元鉴《天坛》:“碧藓遗踪古,青松白日闲。”❷喻霉斑。杜甫《八哀诗·故秘书少监武功苏公源明》:“夜字照爇薪,垢衣生碧藓。”

【碧髓】 形容碧绿油润的颜色。皮日休《公斋四咏·小桂》:“叶彩碧髓融,花状白毫蕤。”

【碧籌】 绿色酒筹。白居易《与诸客空腹饮》:“碧筹攒米碗,红袖拂骰盘。”黄滔《江州夜宴献陈员外》:“清管彻时斟玉醑,碧筹回处掷金船。”

【碧瀲】 湛蓝的水波。孟郊《寒溪》之四:“碧潋卷已尽,彩缕飞飘零。”

【碧灘】 水清流急而多石之处。吴融《阌乡寓居十首·钓竿》:“曾抛钓渚入秦关,今却持竿傍碧滩。”

【碧蘿】 女萝。一种绿色的寄生攀援植物。杜甫《秋日夔府咏怀奉寄郑监李宾客一百韵》:“碧萝长似带,锦石小如钱。”殷尧藩《李舍人席上感遇》:“窗户长含碧萝色,溪流时带蛟龙腥。”

【碧灣】 碧绿的水湾。欧阳蟆《幽轩》:“眷恋青春色,含毫俯碧湾。”

碡 〔zhóu《广韵》直六切,入屋,澄。又徒谷切,入屋,定。又徒沃切,入屋,定。〕见“石泉碡”。

碪 〔zhēn《广韵》知林切,平侵,知。〕同“砧”。

碩[1] 〔shuò《广韵》常隻切,入昔,禅。〕❶大。于邵《释奠武成王乐章·迎俎酌献》:“五齐洁,九牢硕。”顾况《上古之什补亡训传十三章·左车章》:“左车有赫,万人毒螫。曷可去之,于党孔硕。”见“硕鼠”“硕儒”。❷学识渊博;德高望重。见

“碩人”“碩學”“碩儒”。❸远大。见“碩畫”。

碩²〔shí《广韵》常隻切，入昔，禪。〕通“石”（今读 dàn）。容量单位。王梵志《诗》之七一：“贷人五斗米，送还一硕粟。”

【碩人】 贤德之人。张九龄《商洛山行怀古》：“硕人久沦谢，乔木自森罗。”刘禹锡《含辉洞述》：“前此二千石御史中执法河南元次山、谏议大夫北平阳亢宗、司刑大夫东平吕和叔，皆硕人也。”

【碩畫】 远大的谋略。岑参《入剑门作寄杜杨二郎中时二公并为杜元帅判官》：“良筹佐戎律，精理皆硕画。”

【碩碩】 广博；伟大。皮日休《补周礼九夏系文·九夏歌九篇》：“我牢不愆，我货不匮。硕硕其才，有乐而止。”

【碩鼠】 大鼠。白居易《卜居》：“长羡蜗牛犹有舍，不如硕鼠解藏身。”

【碩賢】 大贤人。皎然《奉陪杨使君顼送段校书赴南海幕》：“硕贤静广州，信为天下贞。”

【碩儒】 大儒。李元纮《奉和圣制送张说上集贤学士赐宴》：“硕儒延凤沼，金马被鸿私。”杜甫《哭台州郑司户苏少监》：“得罪台州去，时危弃硕儒。”皎然《奉和颜使君真卿修韵海毕会诸文士东堂重校》：“外学宗硕儒，游焉从后进。”卢纶《秋夜宴集美校书郎张正元归乡》：“硕儒欢颇至，名士礼能周。”

【碩學】 博学。高适《酬秘书弟兼寄幕下诸公》：“多才陆平原，硕学郑司农。”《语·选人语》：“硕学师刘子，儒生用与言。”

碭〔dàng《广韵》徒浪切，去宕，定。又徒郎切，平唐，定。〕山名，李百药《谒汉高祖庙》：“瑞气朝浮砀，祥符夜告丰。”见“碭山”“碭瑞”。

【碭山】 山名。在今安徽省砀山县东南。钱起《归义寺题震上人壁》：“白水入禅境，砀山通觉路。”见“碭瑞”。

【碭瑞】 《史记·高祖本纪》：“秦始皇帝常曰：‘东方有天子气。’于是因东游以厌之。高祖即自疑，亡匿，隐于芒砀山泽岩石之间。吕后与人俱求，常得之。高祖怪问之，吕后曰：‘季所居上常有云气，故从往得季。’”后以“砀瑞”指祥云。骆宾王《咏云酒》：“色泛临砀瑞，香流赴蜀仙。”

碣〔jié《广韵》其謁切，入月，群。又渠列切，入薛，群。〕❶圆顶石碑。方者谓之碑，圆者谓之碣。骆宾王《边夜有怀》：“城荒犹筑怨，碣毁尚铭功。”刘禹锡《宜城歌》：“荒台侧生树，石碣阳镌额。”元稹《楚歌十首》之七：“碑碣高临路，松枝半作樵。”贯休《读顾况歌行》：“忆昔鄱阳寺中见一碣，逋翁词兮逋翁札。”❷指碣石山。褚遂良《春日侍宴望海应诏》：“之罘初播雨，辽碣始分光。”太宗《辽城望月》：“玄兔月初明，澄辉照辽碣。”杜甫《北征》：“此举开青徐，旋瞻略恒碣。”

【碣石】 ❶山名。在河北省昌黎县北。碣石山余脉的柱状石亦称碣石。该石自汉末起已逐渐沉没海中。陈子昂《蓟丘览古赠卢居士藏用七首·燕昭王》：“南登碣石坂，遥望黄金台。”杜甫《临邑舍弟书至因寄此诗用宽其意》：“徐关深水府，碣石小秋毫。”韦应物《弹棋歌》：“岂如昆明与碣石，一箭飞中隔远天。”白居易《奉和思黯相公以李苏州所寄太湖石奇状绝伦因题二十韵见示兼呈梦得》：“海神移碣石，画障簇天台。”❷指墓碑。司空图《偶诗五首》之三：“一掬信陵坟上土，便如碣石累千金。”

【碣石宫】 战国时燕昭王为齐邹衍所建的宫馆，因地近碣石，故名。李商隐《今月二日不自量度辄以诗一首四十韵干渎尊严辄复五言四十韵诗献上亦诗人咏叹不足之义也》：“感激淮山馆，优游碣石宫。”

【碣石館】 即碣石宫。高适《酬裴员外以诗代书》：“题诗碣石馆，纵酒燕王台。”李商隐《戏题枢言草阁三十二韵》：“夜归碣石馆，朝上黄金台。”见“碣石宫”。

【碣館】 即碣石宫。李峤《夏晚九成宫呈同僚》：“碣馆分襄野，平台架射峰。”陈子昂《登蓟城西北楼送崔著作融入都》序：“燕山北望，辽海东浮，云台与碣馆天殊，亭障共衣冠地隔。”玄宗《石桥铭》：“梁园胜躅，碣馆佳游。”见“碣石宫”。

碨〔wěi《广韵》烏賄切，上賄，影。又乙乖切，平皆，影。〕见“碨磊”。

【碨礌】 见“碨磊”。

【碨磊】 亦作“碨礧”“碨礌”。高低不平貌；突起貌。杜甫《骢马行》：“隅目青荧夹镜悬，肉骏碨礌连钱动。”韩愈、孟郊《斗鸡联句》：“磔毛各噤痒，怒瘿争碨磊。”张祜《丹阳新居四十韵》：“峻面嶙峋甃，崇台碨礧填。”皮日休《虎丘寺殿前有古杉一本遂赋三百言以见志》：“碨礧还无极，伶俜又莫持。”

【碨礧】 见“碨磊”。

磈¹〔wěi《广韵》於鬼切，上尾，影。〕见“磈砢”。

磈²〔kuǐ《广韵》口猥切，上賄，溪。〕见“礧磈”。

【磈砢】 高大貌。唐彦谦《和陶渊明贫士诗七首》之三：“旦起绕其树，磈砢不计寻。”

磓[1]

〔duī《广韵》都回切，平灰，端。〕坠；往下垂。李白《上崔相百忧章》："火焚昆山，玉石相磓。"

磓[2]

同"硾"。捣；击。孟郊《寒溪》之四："篙工磓玉星，一路随迸萤。"李贺《官街鼓》："磓发千年日长白，孝武秦王听不得。"碎，《全诗》作"发"，误。

磁

〔cí《集韵》牆之切，平之，從。〕见"磁缸"。

【磁缸】　一种陶瓷器皿。蒋贻恭《咏安仁宰捣蒜》："半破磁缸成醋酒，死牛肠肚作馒头。"

磋

〔cuō《广韵》七何切，平歌，清。又七過切，去過，清。〕磨治象牙。《诗·卫风·澳淇》："如切如磋，如琢如磨。"毛传："治骨曰切，象曰磋，玉曰琢，石曰磨。"沈亚之《酒令》之二："如切如磋，如琢如磨。"

碚

〔hóng，又读 qióng《广韵》户冬切，平冬，匣。又乎宋切，去宋，匣。《集韵》酷攻切，平冬，溪。〕见"碚礲"。

【碚礲】　象声词。状石落声、叩击声等。韩愈《征蜀联句》："投奅闹碚礲，填隍傶傱俻。"皮日休《太湖诗·缥缈峰》："翠壁内有室，叩之虚碚礲。"

十　画

碼

〔mǎ《广韵》莫下切，上馬，明。〕见"碼碯"。

【碼碯】　即玛瑙，一种似玉而次于玉的宝石。孟浩然《襄阳公宅饮》："绮席卷龙须，香杯浮码碯。"

礅

〔qiāo《集韵》丘交切，平爻，溪。〕见"礄礅"。

磕

〔kē《广韵》苦盍切，入盍，溪。又苦曷切，入曷，溪。又苦蓋切，去泰，溪。〕❶大声。韩愈《秋雨联句》："阴旌时摎流，帝鼓镇訇磕。"❷敲击；碰撞。杜牧《大雨行》："云缠风束乱敲磕，黄帝未胜蚩尤强。"见"磕敲"。

【磕匝】　围；环绕。阎立本《巫山高》："君不见巫山磕匝翠屏开，湘江碧水绕山来。"韩愈《月蚀诗效玉川子作》："后时食月罪当死，天罗磕匝何处逃汝刑。"

【磕敲】　敲击；碰撞。姚合《天竺寺殿前立石》："苔黏月眼风挑剔，尘结云头雨磕敲。"

磊

〔lěi《广韵》落猥切，上賄，來。〕亦作"礧"。❶众多委积貌。见"磊磊"。❷俊伟貌。见"磊落❷"。❸竹木多节貌。施肩吾《壮士行》："一斗之胆撑脏腑，如礧之筋碍臂骨。"

【磊砢】　亦作"礧砢"。❶众多委积貌。韩愈《元和圣德诗》："庐幕周施，开揭磊砢。"❷奇特不凡。白居易《郡斋暇日辱常州陈郎中使君早春晚坐水西馆书事诗十六韵见寄亦以十六韵酬之》："鱼中获瑰宝，持玩何磊砢。"❸高耸貌。陈陶《巫山高》："花宫磊砢楚宫外，列仙八面星斗垂。"皮日休《七爱诗·李翰林》："礧砢千丈林，澄澈万寻碧。"又《公斋四咏·小松》："礧砢不难遇，在保晚成性。"

【磊落】　❶众多委积貌。杜甫《韦讽录事宅观曹将军画马图》："腾骧磊落三万匹，皆与此图筋骨同。"又《奉赠萧二十使君》："磊落衣冠地，苍茫土木身。"韩愈《永贞行》："公然白日受贿赂，火齐磊落堆金盘。"刘商《梨树阴》："磊落紫香香亚树，清阴满地昼当轩。"❷壮伟貌；俊伟貌。杜甫《越王楼歌》："绵州州府何磊落，显庆年中越王作。"又《通泉县署屋壁后薛少保画鹤》："低昂各有意，磊落如长人。"裴度、张籍《宴兴化池亭送白二十二东归联句》："虽有逍遥志，其如磊落才。"❸形容胸怀坦荡。杜甫《短歌行赠王郎司直》："王郎酒酣拔剑斫地歌莫哀，我能拔尔抑塞磊落之奇才。"韩愈《读皇甫湜公安园池诗书其后二首》之一："《尔雅》注虫鱼，定非磊落人。"白居易《和微之诗二十三首·和除夜作》："磊落尝许君，跼促应笑予。"陈陶《赠江西周大夫》："渊伦照三古，磊落涵泾渭。"❹明亮貌；错落分明貌。杜甫《发秦州》："磊落星月高，苍茫云雾浮。"苏源明《秋夜小洞庭离宴诗》："月澄凝兮明空波，星磊落兮耿秋河。"刘禹锡《观棋歌送儇师西游》："初疑磊落曙天星，次见搏击三秋兵。"引申为清楚明白，历历可见。杜甫《奉送魏六丈佑少府之交广》："磊落贞观事，致君朴直词。"❺圆转貌。罗隐《梅》："天赐胭脂一抹腮，盘中磊落笛中哀。"

【磊嵬】　高险貌。韩愈《记梦》："隆楼杰阁磊嵬高，天风飘飘吹我过。"

【磊磊】　众多委积貌。寒山《诗三百三首》之二八："溪长石磊磊，涧阔草濛濛。"张籍《新桃行》："明年结其实，磊磊充汝家。"姚合《杏溪十首·溪路》："路边何所有，磊磊青渌石。"陈陶《谪仙词》："人间磊磊浮沤客，鸾鹭蜻蜓飞自隔。"

【磊磊落落】　众多委积貌。王建《两头纤纤》："逼逼仆仆春冰裂，磊磊落落桃花结。"雍裕之《两头纤纤》："腷腷膊膊晓禽飞，磊磊落落秋果垂。"

磑　〔wèi《广韵》五對切，去隊，疑。又五灰切，平灰，疑。〕石磨。张乔《送友人往宜春》："野桥喧硙水，山郭入楼云。"罗隐《升平公主旧第》："两轮水硙光明照，百尺鲛绡换好诗。"

【磑牛】　拉磨的牛。白居易《移家入新宅》："硙牛封两目，昏闭何人知。"

磐　〔pán《广韵》薄官切，平桓，並。〕见"磐石"。

【磐石】　❶厚而大的石头。王绩《晚年叙志示翟处士》："古岸多磐石，春泉足细流。"皇甫冉《屏风上各赋一物得携琴客》："不是向空林，应当就磬石。"王武陵《宿慧山寺》序："逍遥于长松之下，偃息于磐石之上。"白居易《七月一日作》："苍然古磐石，清浅平流水。"❷喻分封的宗亲。杜甫《秋日荆南述怀三十韵》："盘石圭多剪，凶门毂少推。"❸喻负重任的人才。皎然《兵后西日溪行》："数片昔贤磐石在，几回并坐戴纶巾。"韦庄《江南送李明府入关》："正是中兴磐石重，莫将憔悴入都门。"

【磐豆】　即盘豆，地名。在今河南灵宝市西盘豆镇，位于黄河南岸，与黄河北岸之永乐相对。岑参有《夜过磐豆隔河望永乐寄闺中效齐梁体》，《全唐诗》磐豆作"盘石"，误。

【磐礴】　雄壮。吴筠《游倚帝山二首》之一："绝地穷峆岈，造天究磐礴。"

磔　〔zhé《广韵》陟格切，入陌，知。〕❶古代的一种酷刑，以车分裂人体。韩愈《月蚀诗效玉川子作》："尽释众罪，以蛙磔死。"❷截断。陆龟蒙《战秋辞》："如矛者折，如常者拆，如矢者仆，如弦者磔。"❸张开。李颀《古意》："杀人莫敢前，须如猬毛磔。"李端《晚春过夏侯校书值其沉醉戏赠》："卧龙髯乍磔，栖蝶腹何便。"韩愈《郓州溪堂诗》："箴之石之，膊而磔之。"又韩愈、孟郊《斗鸡联句》："磔毛各噤痒，怒瘿争碨磊。"

【磔卓】　陡峭高耸貌。韩愈《南山诗》："秋霜喜刻轹，磔卓立癯瘦。"

【磔索】　象声词。陆龟蒙《奉和袭美古杉三十韵》："磔索珊瑚涌，森严獬豸窥。"

【磔裂】　古代酷刑之一，即车裂人体。后亦指凌迟处死。元稹《苦雨》："安得飞廉车，磔裂云将躯?"

【磔磔】　特出耸起貌。皮日休《奉和鲁望渔具十五咏・沪》："波中植甚固，磔磔如虾须。"齐己《送僧归南岳》："逆风眉磔磔，冲雪锡珊珊。"

碻　〔qiāo〕见"碻磝"。

【碻磝】　城名。在今山东茌平县西南。晋时为后魏所据。储光羲《登戏马台作》："小会衣冠吕梁壑，大征甲卒碻磝口。"

磎　〔qī《广韵》苦奚切，平齊，溪。〕山间小水沟。杜甫《青阳峡》："磎西五里石，奋怒向我落。"

磅　〔páng〕见"磅礴"。

【磅礴】　❶广大无边貌。陆龟蒙《二遗诗》序："东阳多名山，就中金华为最。枝峰蔓壑，秀气磅礴者数百里。"❷气势盛大貌。沈佺期《辛丑岁十月上幸长安时扈从出西岳作》："磅礴压洪源，巍峨壮清昊。"萧祜《游石堂观》："嵌崖巨石自成室，其下磅礴含清虚。"刘禹锡《望衡山》："青冥结精气，磅礴宣地脉。"

確　〔què《广韵》苦角切，入覺，溪。〕❶坚定；坚决。白居易《新乐府・青石》："义心如石屹不转，死节如石确不移。"见"確乎""確然""確爾"。❷正确；恰当。见"確論"。

【確乎】　坚定貌。孟郊《送黄构擢第后归江南》："至矣小宗伯，确乎心不回。"

【確然】　坚定貌。韦应物《学仙二首》之一："昔有道士求神仙，灵真下试心确然。"

【確爾】　坚固貌。卢肇《汉堤诗》："确尔山固，屹如云横。"

【確論】　精当确切的言论。徐夤《吊崔补阙》："缙绅传确论，丞相取遗文。"

磧　〔jí〕瘠薄。韦应物《答侗奴重阳二甥》："山涧依硗瘠，竹树荫清源。"

碾　〔niǎn《广韵》女箭切，去線，娘。又《集韵》尼展切，上獮，娘。〕❶把东西轧碎或压平的器具。杜甫《陪郑广文游何将军山林十首》之四："碾涡深没马，藤蔓曲藏蛇。"仇兆鳌注："此言碾辙底陷处，水漩成涡。"❷碾压；碾轧。窦庠《酬韩愈侍郎登岳阳楼见赠》："月车才碾浪，日御已翻溟。"白居易《浔阳春三首・春来》："金谷踏花香骑入，曲江碾草钿车行。"薛能《新雪八韵》："鼎消微是滓，车碾半和尘。"于邺《路傍草》："春至始青青，香车碾已平。"亦指滚动。杜甫《雷》："却碾空山过，深蟠绝壁来。"❸研磨；粉碎。白居易《游宝称寺》："酒嫩倾金液，茶新碾玉尘。"张祜《闲居作五首》之四："旋碾新茶试，生开嫩酒尝。"李群玉《龙山人惠石廪方及团茶》："碾成黄金粉，轻嫩如松花。"司空图《暮春对柳二首》之二："正是阶前开远信，小娥旋拂碾新茶。"❹雕琢。元稹《一字至七字诗・茶》："茶，香叶，嫩芽。慕诗客，爱僧家。碾雕白玉，罗织红纱。”陆龟蒙《开元杂题七首·玉龙子》：“何代奇工碾玉英，细髯纤角尽雕成。”

【碾玉】 打磨得十分光滑的玉制首饰。李贺《春怀引》：“蟾蜍碾玉挂明弓，捍拨装金打仙凤。”元稹《酬东川李相公十六韵》：“碾玉无俗色，蕊珠非世言。”又《酬乐天寄蕲州簟》：“碾玉连心润，编牙小片珍。”和凝《宫词百首》之八三：“结金冠子学梳蝉，碾玉蜻蜓缀鬓偏。”

【碾茶】 研磨茶叶。唐宋人采茶先制为饼，饮用之前，以碾研碎，入水煎之。白居易《酬梦得秋夕不寐见寄》：“病闻和药气，渴听碾茶声。”

十一画

碛 〔qì《广韵》七迹切，入昔，清。〕❶水中沙石堆。岑参《偃师东与韩樽同诣景云晖上人即事》：“尚书碛上黄昏钟，别驾渡头一归鸟。”陈铁民等注：“碛：水中沙石堆。”❷沙漠。王昌龄《宿灞上寄侍御玙弟》：“羸卒不可兴，碛地无足爱。”李益《从军北征》：“碛里征人三十万，一时回向月明看。”张籍《凉州词》：“无数铃声遥过碛，应驮白练到安西。”张蠙《蓟北书事》：“度碛如经海，茫然但见空。”

【碛日】 照在沙漠上的太阳。贾岛《送陈判官赴绥德》：“身暖蕉衣窄，天寒碛日斜。”曹松《送进士喻坦之游太原》：“逗野河流浊，离云碛日明。”

【碛石】 沙石。李洞《冬日送凉州刺史》：“猎近昆仑兽，吟招碛石僧。”

【碛西】 ❶沙碛之西。唐时出玉门关至伊州（今新疆哈密）、西州（今新疆吐鲁番盆地一带）均有沙碛。岑参有《碛西头送李判官入京》。杨巨源《赠史开封》：“曾从伏波征绝域，碛西蕃部怯金鞍。”刘言史《送婆罗门归本国》：“出漠独行人绝处，碛西天漏雨丝丝。”❷指安西节度。唐置安西大都督府，统龟兹、毗沙、疏勒、焉耆四镇，或称“碛西节度”，或称“安西四镇节度”。岑参有《武威送刘判官赴碛西行军》和《送李副使赴碛西官军》。

【碛邑】 沙漠中的城邑。王贞白《度关山》：“只领千余骑，长驱碛邑间。”

【碛沙】 沙漠之沙。于濆《戍卒伤春》：“晚风吹碛沙，夜泪啼乡月。”

【碛砂】 指沙漠。无可《送田中丞使西戎》：“碛砂行几月，戎帐到何时。”

【碛鸟】 沙漠中之鸟。许棠《隗嚣宫晚望》：“碛鸟多依地，胡云不满天。”

【碛雁】 沙漠中之鸿雁。贾岛《雨夜同厉玄怀皇甫荀》：“碛雁来期近，秋钟到梦迟。”曹松《都门送许棠东归》：“去愁分碛雁，行计逐乡僧。”李洞《寄太白隐者》：“高遮辞碛雁，寒噤入川人。”

【碛路】 多沙石的道路。高适《同吕员外酬田著作幕门军西宿备盘山秋夜作》：“碛路天早秋，边城夜应永。”许棠《银州北书事》：“碛路虽多险，江人不废吟。”贾岛《送李骑曹》：“萧关分碛路，嘶马背寒鸿。”

【碛鸿】 沙漠中的鸿雁。李频《送友人游塞北》：“朔野正秋风，前程见碛鸿。”顾非熊《经河中》：“思起怀吴客，行斜向碛鸿。”许棠《送杜仓曹往沧州觐叔常侍》：“碛鸿来每后，朝日见常先。”

【碛礰】 泛指沙漠地区。刘禹锡《伤我马词》：“生于碛砺善驰走，万里南来困丘阜。”

磬 〔qìng《广韵》苦定切，去径，溪。〕❶古代打击乐器。状如曲尺。用玉石或金属制成。悬挂于架，击之而鸣。王昌龄《击磬老人》：“双峰褐衣久，一磬白眉长。”张仲素《上元日听太清宫步虚》：“磬杂音徐彻，风飘响更清。”元稹《代曲江老人百韵》：“集灵撞玉磬，和鼓奏金錞。”杜牧《题张处士山庄一绝》：“好鸟疑敲磬，风蝉认轧筝。”亦指磬声。张祜《观宋州于使君家乐琵琶》：“玉盘飞夜雹，金磬入秋云。”❷佛寺中敲击以集僧的鸣器，状如云板。又寺中铜制钵形乐器也叫磬，礼佛时则击之。王维《燕子龛禅师》：“六时自搥磬，一饮常带索。”卢纶《慈恩寺石磬歌》：“灵山石磬生海西，海涛平处与山齐。”姚合《寄元绪上人》：“闲云春影薄，孤磬夜声长。”姚合《赠常州院僧》：“古磬声难尽，秋灯色更鲜。”

【磬人】 负责治磬的官员。白居易《新乐府·华原磬》序：“天宝中，始废泗滨磬，用华原石代之。询诸磬人，则曰：‘故老云，泗滨磬下，调之不能和，得华原石考之乃和。”

【磬折】 ❶弯腰。表示谦虚。杜甫《遣遇》：“磬折辞主人，开帆驾洪涛。”❷泛称物体曲折如磬。杜元颖《赋得玉水记方流》：“斗回虹气见，磬折紫光浮。”

【磬音】 磬声。孟郊《宿空侄院寄澹公》：“磬音多风飔，声韵闻江楚。”杜牧《题茶山》：“磬音藏叶鸟，雪艳照潭梅。”

【磬筦】 即磬、管，两种古乐器名。李德裕《奉和圣制南郊礼毕诗》：“磬筦歌大吕，冕裘旅天神。”

【磬钹】 两种古乐器名。钹，打击乐器。铜制，圆形。杨德辉《嘲僧门祝辟支佛牙》：“手软阿师持磬钹，面甜童子执幡花。”

【磬襄】 古人名。掌教击磬、钟等乐器。相传名襄，故称。因避世而隐居海边。白居易《新乐府·华原磬》：“磬襄入海去不归，长安市儿为乐师。”

【磬聲】 击磬的声音。李端《夜投丰德寺谒海上人》：“半夜中峰有磬声，偶寻樵者问山名。”刘商《题禅居废寺》："鹤巢松影薄，僧少磬声稀。"朱庆余《题毗陵上人院》："映松山色远，隔水磬声通。"赵嘏《宿僧舍》："何处相逢话心地，月明身在磬声中。"

【磬鍾】　两种古乐器名。鍾，通"鐘"，指佛寺所悬挂的钟。张乔《书梅福殿壁二首》之二："雅韵磬钟远，真风楼殿清。"

【磬蟲】　虫名。其声清越如击磬，故名。李郢《秋晚寄题陆勋校书义兴禅居时淮南从事》："谷寒霜狖静，林晚磬虫悲。"

磥　〔lěi〕亦作"磊"。

【磥砢】　见"磊砢"。

磚　〔zhuān〕用黏土烧制成的建筑材料。多为长方形或方形。戎昱《苦哉行五首》之一："膻腥逼绮罗，砖瓦杂珠玉。"李翱《戏赠诗》："所尚既不同，砖凿可自修。"路德延《小儿诗》："险砌高台石，危跳峻塔砖。"吕岩《窑头坯歌》："窑头坏，随雨破，只是未曾经水火；若经水火烧成砖，留向世间住万年。"

【磚渠】　砖砌的水渠。李翱《戏赠诗》："县君好砖渠，绕水恣行游。"

【磚塔】　以砖为主要建筑材料的佛塔。王建《题柏岩禅师影堂》："山中砖塔闭，松下影堂新。"

硻　〔kēng〕同"硁"。固执貌。见"硻硻"。

【硻硻】　固执貌。韩愈、孟郊《城南联句》："毕景任诗趣，焉能守硻硻。"

瑿　〔yī《广韵》烏奚切，平齊，影。〕黑色美石。李咸用《谢友生遗端溪砚瓦》："连澌光比镜，囚墨腻于瑿。"

礲　〔lóng《广韵》力冬切，平冬，來。〕见"碚礲"。

磨[1]　〔mó《广韵》莫婆切，平戈，明。〕❶磨治；摩擦。岑参《登千福寺楚金禅师法华院多宝塔》："千家献黄金，万匠磨琉璃。"卢纶《割飞二刀子歌》："日试曾磨汉水边，掌中恬栗声冷然。"孟郊《答韩愈李观别因献张徐州》："懒磨旧铜镜，畏见新白发。"韦庄《赠戍兵》："夜指碧天占晋分，晓磨孤剑望秦云。"❷磨刀石。《文选·枚乘〈上书谏吴王〉》："磨砻砥砺，不见其损，有时而尽。"李周翰注："磨砻砥砺，皆磨。"见"磨礱"。❸研讨。见"磨揣"。❹磨炼。见"磨琢""磨礪❷"。❺救治；纠正。孙樵《文贞公笏铭》："噫，谏舌切切，上磨帝缺。"❻磨去；磨损。陆龟蒙《江南秋怀寄华阳山人》："砺缺知矛利，磨瑕见璧瑛。"无名氏《大力寺诗碣》(外编下)："风磨断础痕皱暗，雨剥残碑点画昏。"❼纠缠。杜荀鹤《泗上客思》："此心闲未得，到处被诗磨。"❽通"摩"。(1)接触；迫近。韩愈《刘生诗》："青鲸高磨波山浮，怪魅炫曜堆蛟虬。"孟郊《送郑仆射出节南山》："顾顾磨无路，袅袅镜下颜。"(2)抚弄。韩愈《郑群赠簟》："手磨袖拂心语口，慢肤多汗真相宜。"

磨[2]　〔mò《广韵》摸卧切，去過，明。〕摇；挥动。韩愈《陪杜侍御游湘西两寺独宿有题一首因献杨常侍》："夜风一何喧，杉桧屡磨飐。"薛能《秋日将离滑台酬所知二首》之一："僮汲野泉兼土味，马磨霜树作秋声。"

【磨刀】　磨治刀使利。杜甫《前出塞九首》之三："磨刀呜咽水，水赤刃伤手。"又《阌乡姜七少府设脍戏赠长歌》："饔人受鱼鲛人手，洗鱼磨刀鱼眼红。"

【磨牙】　磨利牙齿，伺机攫食。李白《梁甫吟》："猰貐磨牙竞人肉，驺虞不折生草茎。"孟郊《济源寒食》之七："蜜蜂为主各磨牙，咬尽村中万木花。"

【磨牙吮血】　磨利牙齿，吸吮鲜血。李白《蜀道难》："磨牙吮血，杀人如麻。"

【磨丹】　研磨朱砂。韩愈《答张彻》："渍墨窜旧史，磨丹注前经。"

【磨石】　磨刀石。寒山《诗三百三首》之一一六："长存磨石下，时哭路边隅。"

【磨折】　折磨。白居易《自咏》："唯是无儿头早白，被天磨折恰平均。"又《酬微之》："由来才命相磨折，天遣无儿欲怨谁?"

【磨拂】　磨治拂试。刘禹锡《磨镜篇》"门前负局人，为我一磨拂。"

【磨治】　打磨治理。李商隐《韩碑》："长绳百尺拽碑倒，粗砂大石相磨治。"

【磨拭】　❶琢磨。欧阳詹《智达上人水精念珠歌》："良工磨拭成贯珠，泓澄洞澈看如无。"❷打磨平。孟郊《结交》："铸镜须青铜，青铜易磨拭。"白居易《叹老三首》之二："自从头白来，不欲明磨拭。"❸擦拭。姚合《拾得古砚》："置之洁净室，一日三磨拭。"罗邺《镜》："昔岁相知别有情，几回磨拭始将行。"

【磨研】　细磨。韩愈《送灵师》："材调真可惜，朱丹在磨研。"齐己《谢人墨》："只应真典诰，消得苦磨研。"

【磨洗】　摩擦冲洗。李商隐《赤壁》："折戟沉沙铁未销，自将磨洗认前朝。"

【磨戛】　摩擦撞击。陆龟蒙《奉酬袭美先辈吴中苦韵一百韵》："抽毫更唱和，剑戟相磨戛。"

【磨耗】　消磨。张祜《句》："磨耗传兹日，纵横道未宣。”

【磨笄】 山名。在今河北张家口市东南。传说春秋末，赵襄子姊因国亡夫死磨笄自杀于此，故名。张柬之《出塞》：“转战磨笄俗，横行戴斗乡。”白居易《和答诗十首·和雉媒》：“至今不善名，高于磨笄山。”

【磨淬】 磨砺；锻炼。韩愈《南内朝贺归呈同官》：“法吏多少年，磨淬出角圭。”

【磨琢】 琢磨。喻指对道德、文章的磨砺修饰。白居易《新乐府·青石》：“工人磨琢欲何用，石不能言我代言。”刘损《愤惋诗三首》之二：“已休磨琢投泥玉，懒更经营买笑金。”王涣《上裴侍郎》：“玉经磨琢多成器，剑拔沉埋更倚天。”陈政《赠窦蔡二记室入蜀》：“英华虽外发，磨琢终内朗。”

【磨揩】 研磨。孟郊《喜符郎诗有天纵》：“偷笔作文章，乞墨潜磨揩。”

【磨損】 摩擦损耗。刘叉《偶书》：“野夫怒见不平处，磨损胸中万古刀。”

【磨鉛】 谦词。铅，指铅刀，钝而不利。喻才能低劣。卢纶《书情上大尹十兄》：“磨铅惭砥砺，挥策愧驽骀。”权德舆《奉和张仆射朝天行》：“见公帛匣百炼光，试欲磨铅谅无助。”杜牧《早春寄岳州李使君》：“拂匣调珠柱，磨铅勘玉杯。”

【磨滅】 ❶消失；湮灭。陈子昂《感遇诗三十八首》之三五：“谁言未忘祸，磨灭成尘埃。”刘禹锡《洛中寺北楼见贺监草书题诗》：“唯恐尘埃转磨灭，再三珍重嘱山僧。”李绅《皋桥》：“犹有余风未磨灭，至今乡里重和鸣。”《霅溪夜宴诗》之八：“是知贪名徇禄而随世磨灭者，虽正寝之死乎无得与吾侪。”❷消磨。杜甫《秋日寄题郑监湖上亭三首》之一：“磨灭余篇翰，平生一钓舟。”

【磨墨】 研墨。韩翃《寄哥舒仆射》：“郡公楯鼻好磨墨，走马为君飞羽书。”孟郊《寄陕府邓给事》：“磨墨零落泪，楷字贡仁贤。”可止《雪十二韵》：“煮茶融破练，磨墨染成黳。”可朋《观梦龟草书》：“先教侍者浓磨墨，不揖傍人欻便书。”

【磨劍泉】 泉名。在今四川南充市境。程太虚有《磨剑泉》。

【磨瑩】 磨治光亮。韦应物《杂体五首》之一：“自非磨莹工，日日空叹息。”白居易《新乐府·百炼镜》：“琼粉金膏磨莹已，化为一片秋潭水。”

【磨槍礪劍】 磨砺枪剑。张巡《铁笔歌》：“月正明兮磨枪砺剑，星未落兮击鼓掀旗。”

【磨鏡】 磨治铜镜。王维《郑果州相过》：“床前磨镜客，树下灌园人。”刘得仁《赠道人》：“长在城中无定业，卖丹磨镜两途贫。”

【磨鐫】 磨治雕刻。吕岩《窑头坯歌》：“棱角坚完不复坏，扣之声韵堪磨镌。”

【磨礪】 ❶在磨刀石上擦磨。韩愈《南溪始泛三首》之一：“石粗肆磨砺，波恶厌牵挽。”❷磨炼，砥砺。杜甫《别崔潩因寄薛据孟云卿》：“如何久磨砺，但取不磷缁。”

【磨礱】 亦作“磨礲”。❶磨石。黄滔《书怀寄友人》：“不及如顽石，非与磨砻近。”❷磨治。元稹《酬卢秘书》：“磨砻刮骨刃，翻掷委心灰。”陈中师《瑕瑜不相掩》：“光华开缜密，清润仰磨砻。”武翊黄《瑕瑜不相掩》：“贞姿偏特达，微玷遇磨砻。”贯休《秋夜玩月怀玉霄道士》：“光异磨砻出，轮非雕斫成。”❸磨炼；切磋。刘禹锡《酬湖州崔郎中见寄》：“磨砻老益智，吟咏闲弥精。”李商隐《今月二日不自量度辄以诗一首四十韵干渎尊严辄复五言四十韵诗献上亦诗人咏叹不足之义也》：“终须烦刻画，聊拟更磨砻。”

【磨礲】 见“磨礱”。

磣 〔chěn《广韵》初朕切，上寝，初。〕混入沙土等异物。元稹《送岭南崔侍御》：“桄榔面磣槟榔涩，海气常昏海日微。”

十二画

磽 〔qiāo《广韵》口交切，平肴，溪。〕❶土质坚硬瘠薄。柳宗元《游朝阳岩遂登西亭二十韵》：“故墅即沣川，数亩均肥硗。”❷坚硬。舒元舆《坊州按狱》：“风冷木长瘦，石硗人亦劳。”

【磽田】 瘦田。钱起《赠柏岩老人》：“硗田隔云溪，多雨长稂莠。”李贺《送韦仁实兄弟入关》：“我在山上舍，一亩蒿硗田。”

【磽確】 土地坚硬瘠薄。孟郊《秋怀》之十：“南逸浩淼际，北贫硗确中。”

【磽瘠】 坚硬瘠薄的土地。韦应物《答僩倣重阳二甥》：“山涧依硗瘠，竹树荫清源。”

【磽磽】 坚硬貌。李贺《唐儿歌》：“头玉硗硗眉刷翠，杜郎生得真男子！”

磹 〔diàn《广韵》徒念切，去栎，定。〕❶见“礠磹”。❷垫。张籍《赠箕山僧》：“蒲团借客坐，石磹甃人行。”

磵 〔jiàn《玉篇》古晏切。〕同“澗”。山间水沟。皎然《晚春寻桃源观》：“细草拥坛人迹绝，落花沉涧水流香。”柳宗元《南涧中题》：“秋气集南涧，独游亭午时。”刘得仁《中秋宿邓逸人居》：“涧木如竿耸，窗云作片生。”司空图《诗品二十四则·实境》：“晴涧之曲，碧松之阴。”

【磵户】 山谷中住屋。常用以指隐士居处。王勃《咏风》：“驱烟寻涧户，卷雾出山楹。”司空图《涧户》："涧户芳烟接水村，乱来归得道仍存。"

【磵澌】 山沟解冻时的流水。孟郊《奉报翰林张舍人见遗之诗》："岩霰不知午，涧澌镇含曛。"

【磵壑】 山沟。柳宗元《行路难三首》之二："遗余毫末不见保，躏跞涧壑何当存。"

磻 〔pán《广韵》薄官切，平桓，並。〕❶水名。见"磻溪"。❷用同"磐"。见"磻石"。

【磻石】 磐石；大石。武平一《奉和幸韦嗣立山庄侍宴应制》："筑岩思感梦，磻石想垂纶。"钱起《天门谷题孙逸人石壁》："主人卧磻石，心耳涤清晖。"又《过鸣皋隐者》："磻石老红鲜，征君卧几年。"李咸用《夏日别余秀才》："敢待傅岩成好梦，任从磻石挂纤钩。"

【磻溪】 亦作"磻谿"。水名，在今陕西宝鸡市东南。相传周吕尚于此垂钓遇文王，故亦借指隐逸处。李白《赠从弟冽》："他年尔相访，知我在磻溪。"岑参《暮春虢州东亭送李司马归扶风别庐》："到来函谷愁中月，归去磻谿梦里山。"李涉《寄赵准乞湘川山居》："知君不用磻溪石，乞取终年独钓鱼。"陈陶《续古诗二十九首》之一五："虽然五湖去，终愧磻溪云。"

【磻谿】 见"磻溪"。

磷1 〔lín《广韵》力珍切，平真，來。〕见"磷磷"。

磷2 〔lìn《广韵》良刃切，去震，來。〕❶薄；减损。李白《郢门秋怀》："清旷谐宿好，缁磷及此年。"韦应物《寄令狐侍郎》："宠辱良未定，君子岂缁磷。"权德舆《徐孺亭马上口号》序："亭址圮坏，苔篆磷趺。"郑澣《赠毛仙翁》："写此仙骨，久而不磷。"❷瑕疵。孟郊《同年春燕》："明鉴有皎洁，澄玉无磷缁。"

磷3 〔líng《广韵》力耕切，平耕，來。〕❶见"磷❸磷"。❷见"磷硐"。

【磷$_3$硐】 突兀重叠貌。宋之问《嵩山天门歌》："登天门兮，坐盘石之磷硐。"褚载《移石》："磷硐一片溪中石，恰称幽人弹素琴。"

【磷缁】 喻受外界条件的影响而起变化。语出《论语·阳货》："不曰坚乎？磨而不磷；不曰白乎？涅而不缁。"磷，谓因磨而薄；缁，谓因染而黑。宋之问《寄天台司马道士》："旧游惜疏旷，微尚日磷缁。"韦应物《秋集罢还途中谨献寿春黎公》："何以酬明德，岁晏不磷缁。"武元衡《秋日对酒》："波澜暗超忽，坚白亦磷缁。"白居易《和答诗十首·答四皓庙》："随时有显晦，秉道无磷缁。"亦用以瑕疵。孟郊《同年春燕》："明鉴有皎洁，澄玉无磷缁。"

【磷磷】 清澈明净貌。张九龄《自豫章南还江上作》："归去南江水，磷磷见底清。"孟郊《与王二十一员外涯游枋口柳溪》："万株古柳根，拏此磷磷溪。"白居易《题牛相公归仁里宅新成小滩》："深处碧磷磷，浅处清溅溅。"许浑《赠闲师》："秋江莫惜题佳句，正是磷磷见底时。"

【磷$_2$磷】 （一lìn）形容玉石色彩鲜明。席豫《江行纪事二首》之一："树深烟幂幂，滩浅石磷磷。"皎然《消士和别》："君怜溪上去来云，我羡磷磷水中石。"白居易《南侍御以石相赠助成水声因以绝句谢之》："泉石磷磷声似琴，闲眠静听洗尘心。"齐己《道林寺居寄岳麓禅师二首》之二："两处烟霞门寂寂，一般苔藓石磷磷。"

【磷$_3$磷】 （一lìng）形容物体有棱角。白居易《奉和思黯相公以李苏州所寄太湖石奇状绝伦因题二十韵见示兼呈梦得》："隐起磷磷状，凝成瑟瑟胚。"

磴 〔dèng《广韵》都鄧切，去嶝，端。〕❶石级；石台阶。李峤《王屋山第之侧杂构小亭暇日与群公同游》："引泉聊涨沼，凿磴且通蹊。"韩愈《答张彻》："磴藓澾拳跼，梯飚飐伶俜。"李敬方《题黄山汤院》："谢屐缘危磴，戎装逗远村。"唐彦谦《游南明山》："石磴千叠斜，峭壁半空起。"❷石桥。《文选·孙绰〈游天台山赋〉》："跨穹隆之悬磴，临万丈之绝冥。"李善注："悬磴，石桥也。"白居易《游悟真寺诗》："侧身入其中，悬磴尤险艰。"陆龟蒙《引泉诗》："势束三峡挂，泻危孤磴悬。"

【磴石】 石级。孟浩然《题云门山寄越府包户曹徐起居》："台岭践磴石，耶溪溯林湍。"

【磴栈】 在山岩上用木架成的路。韩愈《崔十六少府摄伊阳以诗及书见投因酬三十韵》："岁穷寒气骄，冰雪滑磴栈。"

【磴道】 登山的石径；有斜坡的石路。王绩《缋溪岭》："磴道险如过栈道，丛关高似度丞关。"岑参《与高适薛据登慈恩寺浮图》："登临出世界，磴道虚盘空。"蒋涣《登栖霞寺塔》："三休寻磴道，九折步云霓。"陆龟蒙《奉和袭美太湖诗二十首·缥缈峰》："清晨跻磴道，便是孱颜始。"

【磴阁】 石砌的台阁。韦应物《春月观省属城始憩东西林精舍》："殿宇余丹绀，磴阁峭欹悬。"

磯 〔jī《广韵》居依切，平微，見。〕水中石滩或突出的岩石。李白《至鸭栏驿上白马矶赠裴侍郎》："侧叠万古石，横为白马矶。"元稹《月三十韵》："老将占天阵，幽人钓石矶。"顾非熊《送喻凫春归江南》："唯我门前浦，苔应满钓矶。"齐己《鹭鸶二首》之一："残阳苇花畔，双下钓鱼矶。"

【磯頭】 矶上或矶的前端。常建《戏题湖上》：

“湖上老人坐矶头，湖里桃花水却流。”

十三画

礎 〔chǔ《广韵》創舉切，上語，初。〕❶柱下基石。岑参《敬酬李判官使院即事见呈》：“草根侵柱础，苔色上门关。”李贺《公莫舞歌》：“方花古础排九楹，刺豹淋血盛银罂。”白居易《和韩侍郎苦雨》：“润气凝柱础，繁声注瓦沟。”李咸用《谢友生遗端溪砚瓦》：“呵云润柱础，笔彩饮虹霓。”❷用作基石。皇甫湜《𥓓石铭》：“发石此山，言础于坟。”韦处厚《盛山十二诗·绣衣石榻》：“勿为枕苍山，还当础清庙。”

礌 同“礧”。

礐 〔què《广韵》苦角切，入覺，溪。又胡谷切，入屋，匣。又力摘切，入麥，來。〕大石。元稹《有鸟二十章》之三：“有鸟有鸟如鹳雀，食蛇抱岩天姿恶。”

礜 〔yù《广韵》羊洳切，去御，以。〕礜石。见“礜石”。

【礜石】　一种性热含毒的矿石。即硫砒铁矿，也叫毒砂。贾岛《纪汤泉》：“气殊礜石厉，脉有灵砂滋。”《全唐诗》礜作“礐”，误。

【礜石湯】　指温泉。李贺《堂堂》：“华清源中礜石汤，裴回白凤随君王。”

十四画

礪 〔lì《广韵》力制切，去祭，來。〕❶砺石。陈元光《落成会咏一首》：“环堂巍岳秀，带砺大江雄。”李峤《奉和幸大荐福寺应制》：“独惭贤作砺，空喜福成田。”赵冬曦《奉和圣制答张说扈从南出雀鼠谷》：“道合殷为砺，时行楚有材。”白居易《太湖石》：“磨刀不如砺，捣帛不如砧。”❷磨；磨治。储光羲《樵父词》：“诘朝砺斧寻，视暮行歌归。”韩愈《石鼓歌》：“牧童敲火牛砺角，谁复著手为摩挲。”温庭筠《过孔北海墓二十韵》：“钝工磨白璧，凡石砺青萍。”韩琮《秋晚信州推院亲友或责无书即事寄答》：“洁水空澄鉴，持铅亦砺锋。”

【礪吻】　磨砺嘴或嘴唇。刘禹锡《飞鸢操》：“腾音砺吻相喧呼，仰天大吓疑鹓鸰。”李绅《趋翰院遭诬构四十六韵》：“砺吻矜先搏，张罗骋疾驱。”章孝标《饥鹰词》：“遥想平原兔正肥，千回砺吻振毛衣。”

礦 〔kuàng《广韵》古猛切，上梗，見。〕❶矿石。李贺《送沈亚之歌》：“雄光宝矿献春卿，烟底蓦波乘一叶。”王琦汇解：“宝矿金银璞石也。”❷矿床。杜甫《八哀诗·故右仆射相国曲江张公九龄》：“相国生南纪，金璞无留矿。”

礙 〔ài《广韵》五溉切，去代，疑。〕❶阻挡。张碧《秋日登岳阳楼晴望》：“天高云卷绿罗低，一点君山碍人眼。”雍陶《句》：“投村碍野水，问店隔荒山。”吴商浩《长安春赠友人》：“繁华堪泣帝城春，粉堞青楼势碍云。”❷妨碍；影响。储光羲《渔父词》：“乱荇时碍楫，新芦复隐舟。”秦系《题章野人山居》：“闲花散落填书帙，戏鸟低飞碍柳条。”李端《江上逢柳中庸》：“弱竹万株频碍帻，新泉数步一褰衣。”徐夤《尚书会仙亭咏蔷薇夤坐因成一篇》：“丛高恐碍含泥燕，架隐宜栖报曙莺。”❸障碍。杜甫《万丈潭》：“闭藏修鳞蛰，出入巨石碍。”孟郊《赠别崔纯亮》：“出门即有碍，谁谓天地宽。”齐己《船窗》：“举头还有碍，低眼即无妨。”❹遮蔽。岑参《酬成少尹骆谷行见呈》：“层冰滑征轮，密竹碍隼旟。”杜甫《见王监兵马使说近山有白黑二鹰》之一：“鹏碍九天须却避，兔藏三穴莫深忧。”李端《奉赠苗员外》：“朱户敞高扉，青槐碍落晖。”白居易《登西楼忆行简》：“碍日暮山青簇簇，漫天秋水白茫茫。”

【礙目】　满眼；目光所及。韩愈《喜侯喜至赠张籍张彻》：“碍目不忍窥，忽忽坐昏垫。”齐己《题真州精舍》：“碍目无高树，当门即远沙。”

【礙夜】　深夜。白居易《雪中晏起偶咏所怀兼呈张常侍韦庶子皇甫郎中》：“东家典钱归碍夜，南家贯米出凌晨。”

【礙眼】　满眼；目光所及。杜牧《送沈处士赴苏州李中丞招以诗赠行》：“譬如匠见木，碍眼皆不弃。”

十五画

礬 〔fán《广韵》附袁切，平元，奉。〕矾石。某些金属硫酸盐的含水结晶，可入药。有白、青、黄、黑、绛五种。白色者俗称“白矾”。曹唐《小游仙诗九十八首》之八三：“白矾烟尽水银冷，不觉小龙床下眠。”

礧 〔lěi《广韵》落猥切，上賄，來。〕亦作“礌”。参❶见“礧磈❶”。❷见“礧磈❷”“硍磊”。

【礧傀】　见“礧磈”。

【礧磊】　众多委积貌。陆龟蒙《江南秋怀寄华阳山人》：“枝压离披瓠，檐垂礧磊橙。”

【礧磈】　亦作“礧傀”。❶石块。杜甫《三川观水涨二十韵》："枯查卷拔树，礧磈共充塞。"❷高低不平貌。卢仝《月蚀诗》："撑肠挂肚礧傀如山丘，自可饱死更不偷。"

【礧礧】（—lěi）石众多堆积貌。杜甫《白沙渡》："水清石礧礧，沙白滩漫漫。"

礫1 〔lì《广韵》郎擊切，入錫，來。〕小石；碎石。杜甫《遣兴五首》之一："朔风飘胡雁，惨澹带砂砾。"柳宗元《游南亭夜还叙志七十韵》："丛林留冲飙，石砾迎飞涛。"周匡物《及第后谢座主》："试向昆山投瓦砾，便容灵沼濯埃尘。"罗隐《谒文宣王庙》："九仞萧墙堆瓦砾，三间茅殿走狐狸。"

礫2 〔luò《集韵》力角切，入覺，來。〕光彩鲜明貌。见"礫礫"。

【礫石】小石块；砂石。元稹《后湖》："壮者负砾石，老亦捽茅刍。"又《赋得玉卮无当》："可怜殊砾石，何计辨糟醨。"

【礫洲】沙洲。太宗《冬狩》："兽忙投密树，鸿惊起砾洲。"

【礫琇】碎石与美石。喻丑或美的人或事物。皮日休《鲁望读襄阳耆旧传见赠五百言次韵》："寂寞数百年，质唯包砾琇。"

【礫礫】（—luò）光彩鲜明貌。万齐融《三日绿潭篇》："素影沉沉对蝶飞，金砂砾砾窥鱼泳。"

十六画

礮 同"砲"。

礲 同"礱"。

礱 〔lóng《广韵》盧紅切，平東，來。又盧貢切，去送，來。〕亦作"礲"。❶磨。喻刻苦锻炼。刘禹锡《酬湖中崔郎中见寄》："磨砻老益智，吟咏闲弥精。"李商隐《今月二日不自量度辄以诗一首四十韵干渎尊严辄复五言四十韵诗献上亦诗人咏叹不足之义也》："终须烦刻画，聊拟更磨砻。"曹松《赠镜湖处士方干二首》之二："磨砻清浊人难会，织络虚无帝亦闻。"❷磨石。《文选·枚乘〈上书谏吴王〉》："磨砻砥砺，不见其损，有时而尽。"李周翰注："磨砻砥砺，皆磨石。"黄滔《书怀寄友人》："不及如顽石，非与磨砻近。"

【礱淬】磨炼刀刃。喻刻苦锻炼。贯休《上孙使君》："嵇松领岁寒，庄剑无砻淬。"

【礱琢】磨琢。齐己《谢人惠端溪砚》："砻琢已曾经敏手，研磨终见透坚心。"

【礱斲】琢磨；切磋。韩愈、孟郊《纳凉联句》："殷勤相劝勉，左右加砻斫。"

【礱鑄】磨治铸造。元稹《梦游春七十韵》："徒谓自坚贞，安知受砻铸。"

十七画

礹 〔xiàn《广韵》先念切，去㮇，心。〕见"礹磹"。

【礹磹】电光。韩愈《陆浑山火和皇甫湜用其韵》："电光礹磹赪目暖，顼冥收威避玄根。"钱仲联集释引慧琳《一切经音义》："含吴名电礹磹，音息念、大念反。"皮日休《吴中苦雨因书一百韵寄鲁望》："雷公恣其志，礹磹裂电目。"

示　部

示

〔shì《广韵》神至切，去至，船。〕❶显示；表示。崔漼《奉和御制旋师喜捷》："殊类骄无长，王师示有征。"杜甫《送韦十六评事充同谷郡防御判官》："府中韦使君，道足示怀柔。"顾况《乐府》："亲祀先崇典，躬推示劝耕。"白居易《寓意诗五首》之三："何以示诚信，白水指为盟。"❷把事物摆出来或指出来给人看。韦应物《寄黄刘二尊师》："高斋遥致敬，愿示一编书。"韩愈《送无本师归范阳》："吾尝示之难，勇往无不敢。"白居易《和答诗十首》序："仆思牛僧孺戒，不能示他人，惟与杓直、拒非及樊宗师辈三四人，时一吟读，心甚贵重。"贯休《送智光禅伯》："终希重一见，示我祖师心。"亦引申为预示。玄宗《野次喜雪》："为知勤恤意，先此示年丰。"

【示化】　启示化导。元稹《大云寺二十韵》："示化维摩疾，降魔力士勋。"

【示刑】　显示刑威。王光庭《奉和圣制送张说巡边》："示刑夷夏变，流惠鬼方同。"

【示武】　显示武力。《郊庙歌辞·周宗庙乐舞辞·忠顺》："称文既表温柔德，示武须成蹈厉容。"

【示法】　显示法力。綦毋潜《过方尊师院》："养神宗示法，得道不知心。"

【示威】　显示威力。苏颋《奉和圣制途次旧居应制》："示威宁校猎，崇让不陈鱼。"韦应物《汉武帝杂歌三首》之三："何为临深亲射蛟，示威以夺诸侯魄。"

【示後】　留传后世。李商隐《韩碑》："公之斯文不示后，曷与三五相攀追。"

【示恥】　示以耻辱。李白《赠清漳明府侄聿》："蒲鞭挂檐枝，示耻无扑抶。"

【示路】　指示道路。朱庆余《酬萧员外见寄》："九霄示路空知感，十上惊魂尚未回。"

【示滅】　佛教语。谓佛菩萨及高僧坐化身死。郎士元《双林寺谒傅大士》："此方今示灭，何国更分身。"刘禹锡《送慧则法师归上都因呈广宣上人》序："佛示灭后，大弟子演圣言而成经，传心印曰法，承法而能专曰宗，由宗而分教曰支。"

【示意】　表示意思；暗示意图。特指用表情、动作、含蓄的话或图形表示意思。李昌符《下第后蒙侍郎示意指于新光辈宣恩感谢》。

二　画

祁

〔qí《广韵》渠脂切，平脂，羣。〕❶大；盛。《诗·小雅·吉日》："瞻彼中原，其祁孔有。"毛传："祁，大也。"见"祁寒"。❷见"祁祁❷"。

【祁祁】　❶众多貌。储光羲《晚次东亭献郑州宋使君文》："籍籍歌五袴，祁祁颂千箱。"刘禹锡《泽宫诗》："秩秩泽宫，有的维鹄。祁祁庶士，于以干禄。"❷和顺貌。刘禹锡《国学新修五经壁歌》："俾我学徒，弦歌以时。切切祁祁，不敖不嬉。"

【祁連】　山名。广义的祁连山是甘肃省西部和青海省乐北部边境山地的总称，绵延八百余公里。狭义的祁连山系指最北的一支。岑参《过酒泉忆杜陵别业》："昨夜宿祁连，今朝过酒泉。"马戴《送和北虏使》："穹庐移斥候，烽火绝祁连。汉将行持节，胡儿坐控弦。"吴融《彭门用兵后经汴路三首》之一："细柳旧营犹锁月，祁连新冢已封苔。"卢羽客《结客少年场行》："轻生辞凤阙，挥袂上祁连。"

【祁寒】　酷寒。杜甫《木皮岭》："汗流被我体，祁寒为之暄。"

三　画

社

〔shè《广韵》常者切，上馬，禪。〕❶土地神。《国语·鲁语上》："共工氏之伯九有也，其子曰后土，能平九土，故祀以为社。"韦昭注："社，后土之神也。"元稹《古社》："古社基址在，人散社不神。"❷社坛。古封土为社，各栽种其土所宜之树，以为祀社神之所。杜审言《和李大夫嗣真奉使存抚河东》："井邑枌榆社，陵园松柏田。"李端《题觉公新兰若》："鬼因巫祝传移社，神见天人请施山。"引申为社稷、国家。李绅《趋翰苑遭诬构四十六韵》："诳天犹指鹿，依社尚凭狐。"❸谓祭土地神。《礼记·月令》："〔仲春三月〕择元日，命民社。"郑玄注："社，后土也，使民祀焉。"引申为祀社神的节日，即社日。后亦沿用为时令名。一年有两社日，即春社和秋社。韦应物《社日寄崔都水及诸弟群属》："山郡多暇日，社时放吏归。"柳宗元《奉平淮夷雅表·皇武》："既祃既类，于社是宜。”裴夷直《将发循州社日于所居馆宴送》：“浪花如雪叠江风，社过高秋万恨中。”韦庄《纪村事》：“酿酒迎新社，遥砧送暮晖。”❹古代地区单位，二十五家为一社。《晏子春秋·杂下十六》：“景公禄晏子以平阴与禀邑，反市者十一社。”张纯一校注：“二十五家为一社。”李白《行路难三首》之二：“羞逐长安社中儿，赤鸡白狗赌梨栗。”柳宗元《奉平淮夷雅表》：“怀印曳绂，有社有人。”罗衮《清明赤水寺居》：“蓑衣毳衲诚吾党，自结村园一社贫。”❺某种团体、社团等集体性组织。司空曙《岁暮怀崔峒耿沣》：“洛阳旧社各东西，楚国游人不相识。”李涉《游西林寺》：“如今再结林中社，可羡当年会里人。”李商隐《自桂林奉使江陵途中感怀寄献尚书》：“社内容周续，乡中保展禽。”韦蟾《岳麓道林寺》：“何时得与刘遗民，同入东林远公社。”

【社天】 社日。章孝标《题朱秀城南亭子》：“土木欲知精洁处，社天归燕怯安巢。”

【社友】 同一团体或组织的朋友。牟融《游报本寺》：“山房寂寂荜门开，此日相期社友来。”见“社中人”。

【社日】 古时祭祀土神的日子。有春社和秋社两种，春社一般为立春后的第五个戊日，约在秋分前后；秋日一般在立秋后第五个戊日，约在春分前后。汉以前只有春社而无秋社，汉以后始有春秋二社。社日兼有祭神和乡邻会聚宴饮的性质，古人颇为重视。杜甫《遭田父泥饮美严中丞》：“田翁逼社日，邀我尝春酒。”刘禹锡《秋日送客至潜水驿》：“枫林社日鼓，茅屋午时鸡。”杜牧《江楼晚望》：“初语燕雏知社日，习飞鹰隼识秋风。”贯休《江边祠》：“精灵应醉社日酒，白龟咬断菖蒲根。”

【社日停針綫】 社日妇女停止女红。唐宋以前的一种风俗。张籍《吴楚歌词》：“今朝社日停针线，起向朱樱树下行。”

【社中人】 (中 zhōng)白莲社中人。晋庐山东林寺高僧慧远，与僧俗十八人结社念佛。因寺池有白莲，故称白莲社。见《莲社高贤传·慧远法师》。后用作咏僧人或尊佛文人的典故。周贺《投江州张郎中》：“使君匡岳近，终作社中人。”

【社公】 ❶指土地神。元稹《古社》：“社公千万岁，永保村中民。”❷五代李涛的小字。宋叶梦得《石林诗话》卷上：“世言社日饮酒治聋，不知其何据。五代李涛有《春社从李昉求酒》诗云：‘社公今日没心情，为乞治聋酒一瓶。恼乱玉堂将欲遍，依稀巡到第三厅。’昉时为翰林学士，有月给内库酒，故涛从而乞之，则其传亦已久矣。社公，涛，小字也，唐人在庆侍下，虽达官高年，皆称字。涛性疏达不羁，善谐谑，与朝士言，亦多以社翁自名，闻者无不以为笑。”涛诗见《全唐诗》卷七三七。

【社肉】 社日祭神之牲肉。张祜《庚子岁寓游扬州赠崔荆四十韵》：“讵忆园蔬灌，唯希社肉秤。”又《忆江东旧游四十韵寄宣武李尚书》：“岁储虽自乏，社肉必均秤。”见“社肉分平”。

【社肉分平】 汉曲逆侯陈平有平分社肉的故实。《史记·陈丞相世家》：“里中社，平为宰，分社肉甚均。父老曰：‘善，陈孺子之为宰！’平曰：‘嗟乎，使平得宰天下，亦如是肉矣！’”周昙《咏史诗·前汉门·曲逆侯》：“社肉分平未足奇，须观大用展无私。”

【社里】 居里；所居之地。李嘉祐《故吏部郎中赠给事中韦公挽歌二首》之二：“社里东城接，松阡北地开。”

【社伯】 社公。元稹《春分投简阳明洞天平》：“地侯鞭社伯，海若跨天吴。”见“社公❶”。

【社長】 (—zhǎng)一社之长。社为古代地方基层组织，选年长晓农事者为社长。顾况《田家》：“县帖取社长，嗔怪见官迟。”

【社首】 山名。在今山东泰安市西南。上有社首坛。周成王四年封禅于此。唐玄宗开元十三年(725)曾到此封禅。《全唐诗》卷十二载有《郊庙歌辞·禅社首乐章》。

【社宫】 祭祀土神的堂殿。李华《咏史十一首》之九：“社宫久芜没，白雁犹飞翻。”

【社客】 指白莲社中人。李渤《喜弟淑再至为长歌》：“自负心机四十年，羞闻社客山中篇。”齐己《送东林寺睦公往吴国》：“社客无宗炳，诗家有鲍昭。”见“社中人”。

【社翁雨】 同“社雨”。社日所降之雨。陆龟蒙《句》：“几点社翁雨，一番花信风。”

【社鬼】 即社公。陆龟蒙《杂讽九首》：“社鬼苟有灵，谁能遏秋恸。”

【社酒】 用于社日祭祀土神和宴聚的酒。白居易《观稼》：“敛手笑相延，社酒有残酌。”又《令公南庄花柳正盛欲偷一赏先寄二篇》之一：“拟提社酒携村妓，擅入朱门莫怪无。”李商隐《归墅》：“渠浊村春急，旗高社酒香。”李建勋《田家三首》之二：“木槃擎社酒，瓦鼓送神钱。”

【社榆】 村社边的榆树。卢纶《寄赠畅当山居》：“山雪厚三尺，社榆粗十围。”见“社樹”。

【社鼠】 栖身于社庙中的老鼠。喻有所依恃的小人。典出《韩非子·外储说右上》。曹邺《奉命齐州推事毕寄本府尚书》：“社鼠不可灌，城狐不易防。”周昙《咏史诗·春秋战国门·再吟》：“社鼠穿墙巧庇身，何由攻灌若为熏。”王周《自喻》：“城狐与社鼠，巧佞谁从庇。”徐铉《寄蕲州高郎中》：“直道未能胜社鼠，孤飞徒自叹冥鸿。”

【社會】　社日迎赛土神的集会。春社迎赛土神以祈农事；秋社迎赛土神，敬谢土神赐以年丰。杨汝士《戏柳棠》：“今日梓州张社会，应须遭这老尚书。”柳棠《答杨尚书》：“未向燕台逢厚礼，幸因社会接余欢。”

【社蓮】　寺池白莲。借指寺院。刘兼《寄滑州文秀大师》：“分飞屈指十三年，菡萏峰前别社莲。”又《送文英大师》：“屈指平阳别社莲，蟾光一百度曾圆。”见“社中人”。

【社舞村歌】　村社里的歌舞。罗隐《寄池州郑员外》：“陵阳百姓将何福，社舞村歌又一年。”

【社稷】　古代帝王、诸侯所祭祀的土神和谷神。社，土神；稷，谷神。后作为国家或政权的代称。王勃《春中喜王九相寻》：“真心扶社稷，风雨应时来。”戎昱《咏史》：“社稷依明主，安危托妇人。”杨巨源《上刘侍中》：“一言弘社稷，九命备珪璋。”周昙《咏史诗·后汉门·废帝》：“乱兵如猬走王师，社稷颠危孰为持？”

【社稷臣】　关系国家安危的重臣。杜审言《泛舟送郑卿入京》：“帝坐蓬莱殿，恩追社稷臣。”张籍《送李司空赴镇襄阳》：“中外兼权社稷臣，千官齐出拜行尘。”白居易《裴侍中晋公以集贤林亭即事诗三十六韵见赠辄广为五百言以伸酬献》：“维云社稷臣，赫赫文武姿。”韦庄《赠野童》：“闲冲暮雨骑牛去，肯问中兴社稷臣。”

【社壇】　祭祀土神的土坛。白居易《和答诗十首·和古社》：“风拔树根出，雷劈社坛开。”又《有木诗八首》之四：“为长社坛下，无人敢芟斫。”又《叹鲁二首》之一：“彘肥因粪壤，鼠隐依社坛。”

【社燕】　燕子。燕子来去，适逢春秋二社，故称。羊士谔《郡楼晴望二首》之一：“地远秦人望，天晴社燕飞。”薛能《桃花》：“风光新社燕，时节旧春农。”韩偓《玩水禽》：“依倚雕梁轻社燕，抑扬金距笑晨鸡。”和凝《宫词百首》之五二：“天籁吟风社燕归，渚莲香老碧苔肥。”

【社樹】　古代封土为社，各随其宜而植树。所植之树称“社树”。元稹《古社》：“农收村落盛，社树新团圆。”白居易《和答诗十首·和古社》：“妖狐变美女，社树成楼台。”亦借指故乡。韩愈《奉酬振武胡十二丈大夫》：“戎旆暂停辞社树，里门先下敬乡人。”

【社錢】　举行社事所需之钱款。卢纶《村南逢病叟》：“卧驱鸟雀惜禾黍，犹恐诸孙无社钱。”

【社甕】　指社酒。杜牧《郡斋独酌》：“叔舅欲饮我，社瓮尔来尝。”

【社櫟】　社坛旁的栎木。喻不堪任用的人才。典语《庄子·人间世》：“匠石之齐，至乎曲辕，见栎社树。其大蔽牛，絜之百围，其高临山十仞而后有枝，其可以为舟者旁十数……散木也，以为舟则沉，以为棺椁则速腐，以为器则速毁，以为门户则液樠，以为柱则蠹。是不材之木也，故能若是之寿。”徐铉《奉和宫傅相公怀旧见寄四十韵》：“云龙得路须腾跃，社栎非材合弃捐。”

祀　〔sì《广韵》詳裹切，上止，邪。〕❶古代对神鬼、祖先所举行的祭礼。《书·洪范》：“八政：一曰食，二曰货，三曰祀。”孔传：“敬鬼神以成教。”钱起《贞懿皇后挽词》：“有恩加象服，无日祀高禖。”刘禹锡《武陵书怀五十韵》：“俗尚东皇祀，谣传义帝冤。”元稹《人道短》：“人解和曲蘖，充礿祀烝尝。”鲍溶《沛中怀古》：“我为异代臣，酌水祀先王。”❷年；岁。李华《咏史十一首》之三：“绵邈数千祀，丘中谁隐沦。”孟郊《旅次湘沅有怀灵均》：“相传历千祀，哀悼延八区。”姚合《赠任士曹》：“宪皇十一祀，共得春闱书。”皮日休《奉和鲁望读阴符经见寄》：“我欲贼其名，垂之千万祀。”

【祀舍】　祭祀用的房屋、庙宇。翁承赞《题莒潭安闽院》：“祧宗营祀舍，幽异胜珠林。”

【祀事】　祭祀之事。张九龄《南郊文武出入舒和之乐》：“祀事孔明，祚流万叶。”杜甫《往在》：“前春礼郊庙，祀事亲圣躬。”归登《享惠昭太子庙乐章》：“嘉荐既陈，祀事孔明。”陆龟蒙《奉和袭美太湖诗二十首·投龙潭》：“君将接神物，聊用申祀事。”

【祀典】　❶记载有关祭祀仪礼斋的典籍。白居易《酬郑侍御多雨春空过三十韵》：“祀典修咸秩，农书振满床。”❷祭祀的礼仪。李颀《与诸公游济渎泛舟》：“皇帝崇祀典，诏书视三公。”杜甫《望岳》：“邦家用祀典，在德非馨香。”姚合《送杨尚书祭西岳》：“报功严祀典，宠诏下明庭。”李群玉《凉公从叔春祭广利王庙》：“阴灵向作南溟王，祀典高齐五岳肩。”

【祀竈】　祭祀灶神。古代五祀之一。上古祀灶在夏日。后相传汉宣帝时有阴子方，于腊日晨炊，见灶神出现，以黄羊祭祀而获巨富，因以腊日为祀灶日，事见《后汉书·阴兴传》。李瀚《蒙求》：“庞俭凿井，阴方祀灶。”

礿　〔yuè《广韵》以灼切，入藥，以。〕古代宗庙时祭名。《礼记·王制》：“天子诸侯宗庙之祭，春曰礿，夏曰禘，秋曰尝，冬曰烝。”郑玄注：“此盖夏殷之祭名，周则改之，春曰祠，夏曰礿。”陈浩集说：“礿，薄也。春物未成，祭品鲜薄也。”元稹《人道短》：“人解和曲蘖，充礿祀烝尝。”亦借指祭坛。元结《演兴四首·初祀》：“涂木兰兮莳糅蓠，被弱草兮禘礿联。”

四 画

祉 〔zhǐ《广韵》敕里切，上止，徹。〕福。《易·泰》："帝乙归妹，以祉元吉。"李鼎祚集解引虞翻曰："福也。"魏征《享太庙乐章·雍和》："笾豆撤荐，人祇介祉。"徐彦伯《仪坤庙乐章·金奏》："阴灵效祉，轩曜降精。"包佶《祀雨师乐章·送神》："整驾升车望寥廓，乘阴荐祉荡昏氛。"卢渥《赋得寿星见》："无如此嘉祉，率士荷秋成。"

【祉福】 幸福。《后汉书·明帝纪》："咏祉福，舞功德。"李贤注："祉，亦福也。"宋若宪《奉和御制麟德殿宴百僚应制》："愿齐山岳寿，祉福永无疆。"

祆 〔yào《广韵》於喬切，平宵，影。〕古称反常怪异的事物。耿沣《送叶尊师归处州》："群祆离分野，五岳拜旌幢。"元稹《桐花》："羽以类万物，祆物神不歆。"

【祆星】 旧谓凶星。多指彗星。韩休《奉和御制平胡》："祆星乘夜落，害气入朝分。"杜甫《奉送郭中丞兼太仆卿充陇右节度使三十韵》："宸极祆星动，园陵杀气平。"

【祆氣】 凶邪之气。亦喻凶灾、祸乱。杜甫《北征》："仰观天色改，坐觉祆气豁。"周昙《咏史诗·唐虞门·唐尧》："祆氛不起瑞烟轻，端拱垂衣日月明。"吴筠《游仙二十四首》之十八："遂使区宇中，祆气永沦灭。"

【祆鳥】 怪鸟，不祥之鸟。韦应物《杂体五首》之二："古宅集祆鸟，群号枯树枝。"

【祆祲】 不祥之气。喻寇乱。玄宗《饯王晙巡边》："坐见台阶谧，行闻祆祲除。"

祈 〔qí《广韵》渠希切，平微，羣。〕❶向天或神求祷。魏征《五郊乐章·赤帝徵音》："青阳告谢，朱明戒序。咸长是祈，敬陈椒醑。"李白《古风》之四一："飘飘入无倪，稽首祈上皇。"皇甫冉《杂言迎神词二首·迎神》："纷下拜，屡加笾，人心望岁祈丰年。"陆龟蒙《奉和袭美太湖诗二十首·包山祠》："将命礼且洁，所祈年不凶。"❷请求；希望。王维《同卢拾遗过韦给事东山别业二十韵》："万乘驻山外，顺风祈一言。"顾况《塞上曲》："酣战祈成功，于焉罢边衅。"韩愈《送区弘南归》："人生此难余可祈，子去矣时若发机。"殷尧藩《端午日》："不效艾符趋习俗，但祈蒲酒话升平。"

【祈天】 向天求祷。元稹《痁卧闻幕中诸公征东会饮因有戏呈三十韵》："布卦求无妄，祈天愿孔皆。"

【祈田】 祈祷田地丰收。元结《演兴四首》序："商余山有太灵古祠。传云：豢龙氏祠大帝所立。祠在少余西乳之下，邑人修之以祈田。"

【祈仙】 祈求仙人或仙道。崔湜《寄天台司马先生》："闻有三元客，祈仙九转成。"

【祈仙臺】 台名。在今陕西黄陵县西南。李钦止有《汉武帝祈仙台》。

【祈年】 ❶祈祷年丰。陈叔达《州城西园入斋祠社》："祈年服垂冕，告币动褰帷。"储光羲《荐玄德公庙》："表微在营道，明祀将祈年。"窦叔向《青阳馆望九子山》："武帝南游曾驻跸，始皇东幸亦祈年。"罗隐《歧王宅》："云低雍畤祈年去，雨细长杨从猎归。"❷宫名。秦穆公时所造，故址在今陕西凤翔县南。皎然《薛卿教长行歌》："扈游长乐与祈年，人望青云白日边。"

【祈求】 诚恳请求。王建《早春病中》："健羡人家多力子，祈求道士有神符。"李复《恒岳晨望有怀》："他乡饶感激，归望切祈求。"

【祈雨】 求神降雨。孟浩然《韩大使东斋会岳上人诸学士》："山川祈雨毕，云物喜晴开。"李约有《观祈雨》。薛能有《汉庙祈雨回阳春亭有怀》。

【祈祉】 祈求幸福。段成式《观山灯献徐尚书》序："尚书东苑公镇襄之三年，四维具举，而仍岁谷熟。及上元日，百姓请事山灯，以报穰祈祉也。"

【祈祐】 祈福。赵居贞《云门山投龙诗》序："以为圣上祈祐，宜牧守躬亲，吏辄代，非礼也。"

【祈恩】 祈求恩惠。岑参《龙女祠》："蜀人竞祈恩，捧酒仍击鼓。"

【祈農】 祈求年丰。褚亮《享先农乐章·舒和》："望岁祈农神所听，延祥介福岂云虚。"薛能《汉庙祈雨回阳春亭有怀》："南荣轩槛接城闉，适罢祈农此访春。"

【祈福】 求福。赵居贞《云门山投龙诗》："沛恩惟圣主，祈福在方伯。"武元衡《德宗皇帝挽歌词三首》之一："为人祈福处，台树与天通。"来鹄《圣政纪颂》："祈福去邪，绝防无碍。"

【祈穀】 祈求谷物丰收的祭礼。李德裕《奉和圣制南郊礼毕诗》："烧萧辟阊阖，祈谷为蒸人。"

【祈請】 祷告请求。杜甫《牵牛织女》："世人亦为尔，祈请走儿童。"

【祈勳】 希望建立军勋。卢纶《送刘判官赴丰州》："余亦祈勋者，如何别左车。"

【祈賽】 谢神佑助的祭典。孙光宪《菩萨蛮》词之五："铜鼓与蛮歌，南人祈赛多。"

【祈禱】 向神祝告求福。高适《自淇涉黄河途中作十三首》之十："畚筑岂无谋，祈祷如有神。"白居易《新乐府·海漫漫》："徐福文成多诳诞，上元太一虚祈祷。"潘滔《文斤山》："征飆骚屑摇篆丛，邑人祈祷清庙中。"

祇[1] 〔qí《广韵》巨支切，平支，羣。〕地神，字本作“示”。《说文·示部》：“祇，地祇，提出万物者也。”桂馥义证：“《史记索隐》云，凡《史记》作示者，示即《周礼》古本，地神曰祇，皆作示字。”亦泛称神灵。贺知章《唐禅社首乐章·肃和》：“黄祇是祇，我其夙夜。”王维《华岳》：“人祇望幸久，何独禅云亭。”韦应物《寄黄尊师》：“灵祇不许世人到，忽作雷风登岭难。”皇甫冉《祭张公洞二首》之一：“风雨神祇应，笙镛诏命传。”

祇[2] 〔zhī《集韵》章移切，平支，章。〕❶但；只。魏奉古《长门怨》：“黄金买得长门赋，祇为寒床夜夜空。”郑锬《婕妤怨》：“那能妒褒姒，只爱笑唐儿。”朱存《金陵怀古·乌衣巷》：“旧时帘幕无从觅，祇有年年社燕归。”

【祇山】 指祇园。借指佛寺所在之山。慧净《杂言》：“观化祇山顶，流睇古王城。”

【祇今】 如今。王贞白《送建昌冯明府》：“祇今建昌民，方话大冯君。”

【祇陀】 相传为舍卫国波斯匿王太名子。梵文 Jeta 的音译。意译为“胜”。唐慧林《一切经音义》卷十：“正梵音云‘誓多’。此译为胜。波斯匿王所治城也。太子亦名胜。”借指佛寺。慧净《杂言》：“扬锡指山阿，携步上祇陀。”

【祇苑】 即祇园。指寺院。沈佺期《从幸香山寺应制》：“愿以醍醐参圣酒，还将祇苑当秋分。”见“祇園”。

【祇園】 “祇树给孤独园”的简称，梵文 Jetavanavihara 的意译。印度佛教圣地之一。其地大约相当于现在的塞特马赫特。相传释迦牟尼成道后，㤭萨罗国给孤独长者用重金购买波斯匿太子祇陀在舍卫城南的花园，建筑精舍，供释迦说法。祇陀太子仅出卖花园地面，而将其园中树木奉献给释迦。因以二人之名命名此精舍，称为“祇树给孤独园”，简称“祇园”。释迦牟尼在此居住说法二十五年。唐玄奘去印度时，精舍已毁。后作为佛寺的代称。刘孝标《游灵山寺》：“吾王游胜地，骖驾历祇园。”慧净《和琳法师初春法集之作》：“鹫岭光前选，祇园表昔恭。”元稹《奉和浙西大夫李德裕述梦四十韵次本韵》：“祇园一林杏，仙洞万株桃。”白居易《题东武丘寺六韵》：“香刹看非远，祇园入始深。”

【祇園寺】 即唐都长安慈恩寺，在今陕西西安市城南。綦毋潜有《祇园寺》。

【祇樹】 祇园林。借指寺院。陈子昂《夏日晖上人房别李参军崇嗣》序：“思道林而不见，怅若有亡；诣祇树而从游，□然旧款。”李迥秀《奉和九月九日登慈恩寺浮图应制》：“言从祇树赏，行玩菊丛秋。”杜牧《题龙兴寺》：“像开祇树岭，人施蜀城香。”解彦融《雁塔》：“南山缭上苑，祇树连岩翠。”见“祇園”。

【祇樹園】 即祇园。借指寺院。杜甫《赠蜀僧闾丘师兄》：“我住锦官城，兄居祇树园。”见“祇園”。

【祇₂應】 （一yìng）只应，只能是。李商隐《和人题真娘墓》：“一自香魂招不得，祇应江上独婵娟。”

祊 〔bēng《广韵》甫盲切，平庚，幫。〕祭名。指正祭毕于次日举行的绎祭。《礼记·礼器》：“设祭于堂，为祊乎外。”郑玄注：“祊祭，明日之绎祭也。谓之祊者，于庙门之旁，因名焉。”陈皓集说：“祊，祭之明日绎祭也。庙门谓之祊，设祭在庙门外之西旁，故因名为祊也。”韩愈、孟郊《城南联句》：“利养积余健，孝思事严祊。”

五　画

祛 〔qū《集韵》丘於切，平魚，溪。〕除去；消除。王绩《薛记室收过庄见寻率题古意以赠》：“使我视听遣，自觉尘累祛。”包佶《抱疾谢李吏部赠诃黎勒叶》：“幸蒙祛老疾，深愿驻韶华。”皎然《饮茶歌送郑容》：“赏君此茶祛我疾，使人胸中荡忧栗。”陆龟蒙《奉和袭美太湖诗二十首·以毛公泉献大谏清河公》：“向来探幽人，酌罢祛蒙昏。”

【祛災】 消除灾害。陈元光《示珦》：“祛灾剿猛虎，溥德翊飞龙。”

祜 〔hù《广韵》侯古切，上姥，匣〕❶福；大福。则天皇后《唐大飨拜洛乐章·归和》：“腾绛霄兮垂景祜，翘丹恳兮荷休征。”❷福佑。李嘉祐《夜闻江南人家赛神因题即事》：“月隐回塘犹自舞，一门依倚神之祜。”元稹《华之巫》：“我欲见神诛尔巫，岂是因巫假神祜。”皮日休《九夏歌九篇·肆夏之歌》：“我尸入矣，得神之祜。”

祐 〔yòu《广韵》于救切，去宥，雲。〕❶神明保佑。清昼、汤衡《讲德联句》：“明德惟馨，自天祐之。”苏拯《贾客》：“不谓天不祐，自是人苟患。”吴筠《览古十四首》之十四：“天道殃顽凶，神明祐懿哲。”❷福。于邵《释奠武成王乐章·亚献终献》：“时维降祐，永绝兴戎。”

祓 〔fú《广韵》敷勿切，入物，敷。又方肺切，去廢，非。〕古代为弥灾除邪而举行的祭礼。《左传·僖公六年》：“昔武王克殷，微子启如是，武王亲释其缚，受其璧而祓之。”杜预注：“祓，除凶之礼。”徐彦伯《上巳日祓禊渭滨应制》：“晴风丽日满芳洲，柳色春筵祓锦流。”见“祓除”“祓禊”。

【祓宴】 祓禊日的宴集。陈子昂《于长史山池三日曲水宴》：“摘兰藉芳月，祓宴坐回汀。”

【祓除】　除灾去邪之祭。张九龄《三月三日登龙山》:“伊川与灞津,今日祓除人。”沈佺期《晦日浐水应制》:“素浐接宸居,青门盛祓除。”杜甫《清明》:“逢迎少壮非吾道,况乃今朝更祓除。”权德舆《上巳日贡院考杂文不遂赴九华观祓禊之会以二绝句申赠》:“同心齐体如身到,临水烦君便祓除。”

【祓禊】　犹祓除。古祭名。源于古代“除恶之祭”,或濯于水滨(薛君《韩诗章句》),或秉火求福(杜笃《祓禊赋》)。三国魏以前多在三月上巳日举行,魏以后改在三月三日。亦有秋季举行者。后成为春游的节日。王维《奉和圣制上巳于望春亭观禊饮应制》:“君王来祓禊,灞浐亦朝宗。”李德裕《上巳日忆江南禊事》:“黄河西绕郡城流,上巳应无祓禊游。”薛能《晚春》:“画出鹢舟宜祓禊,镂成鸡卵有秋千。”司空图《歌者十二首》之一:“风霜一夜燕鸿断,唱作江南祓禊天。”

【祓禳】　除凶之祭。《左传·昭公十八年》:“祓禳于四方,振除火灾,礼也。”孔颖达疏:“祓禳皆除凶之祭。”张登《上巳泛舟得迟字》:“初筵临泛地,旧俗祓禳时。”

祖　〔zǔ《广韵》则古切,上姥,精。〕❶宗庙。《周礼·考工记·匠人》:“左祖右社。”郑玄注:“祖,宗庙。”见“祖祢”。❷自祖父以上各辈尊长。《诗·大雅·生民序》:“《生民》,尊祖也。”孔颖达疏:“祖之定名,父之父耳。但祖者,始也,己所从始也。自父之父以上皆得称焉。此后稷之于成王乃十七世祖也。”杜甫《惜别行送向卿进奉端午御衣之上都》:“尚书勋业超千古,雄镇荆州继吾祖。”坎曼尔《忆学》:“吾祖学字十余载,吾父学字十二载。”丘丹《奉使过石门观瀑》:“吾祖昔登临,谢公亦游衍。”齐己《读贾岛集》:“还似长沙祖,唯余赋鹏言。”❸对开创基业有功君主的尊称。韩愈《琴操十首·越裳操》:“我祖在上,四方在下。”❹祖师。包佶《双山过信公所居》:“人间第四祖,云里一双峰。”顾况《归阳萧寺有丁行者能修无生忍担水施僧况归命稽首作诗》:“曹溪第六祖,踏碓逾三年。”周贺《寄新头陀》:“见说北京寻祖后,瓶盂自挈绕穷边。”贯休《书匡山老僧庵》:“篔筜红实好鸟语,银髯瘦僧貌如祖。”❺效法;承袭。陶翰《晚出伊阙寄河南裴中丞》:“秉志师禽尚,微言祖庄易。”元稹《琵琶歌》:“努力铁山勤学取,莫遣后来无所祖。”见“祖舜宗尧”。❻古人出行时祭祀路神。引申为饯行或送行。宋璟《奉和圣制送张说巡边》:“聚观方结辙,出祖遂倾城。”岑参《送费子归武昌》:“高秋八月归南楚,东门一壶聊出祖。”顾况《寄上丘部韩侍郎奉呈李户部卢刑部杜三侍郎》:“诸子纷出祖,中宵久留连。”李端《送义兴元少府》:“已得群公祖,终妨太傅讥。”❼死者将葬时之祭。见“祖載”。❽姓。晋有祖逖。见“祖鞭”。唐诗人有祖咏。

【祖三】　即祖咏。王维有《赠祖三咏》。储光羲有《华阳作贻祖三咏》。

【祖父】　父之父。亦泛称老翁。陈陶《题僧院紫竹》:“岂念葛陂荣,幸无祖父辱。”

【祖六】　祖自虚。有才学,十八岁亡故,王维作《哭祖六自虚》诗以哭之。

【祖生】　指祖逖。李白《赠宣城宇文太守兼呈崔侍御》:“多逢剿绝儿,先著祖生鞭。”

【祖寺】　佛教指祖师所居的佛寺。常达《山居八咏》之一:“身闲依祖寺,志僻性多慵。”

【祖考】　祖先。张说《唐享太庙乐章·永和三首》之一:“信工祝,永颂声,来祖考,听和平。”

【祖先】　上代先辈。《郊庙歌辞·周宗庙乐舞辞·肃顺》:“我后至孝,祗谒祖先。”

【祖州】　传说中的东方海上仙山。旧题东方朔《海内十洲记》:“祖洲,近在东海之中,地方五百里,去西岸七万里,上有不死之草。”李昌符《送人入新罗使》:“春生阳气早,天接祖州遥。”

【祖武】　追随祖先的足迹,继承祖先的传统。卢照邻《中和乐九章·歌登封第一》:“祖武类帝,宗文配天。”

【祖性】　祖先留传的品性。吕岩《敲爻歌》:“只修祖性不修丹,万劫阴灵难入圣。”

【祖宗】　❶祖先。唐诗中多指帝王之祖先。苏颋《奉和圣制登蒲州逍遥楼应制》:“缅怀祖宗业,相继文武图。”白居易《贺雨》:“帝曰予一人,继天承祖宗。”周昙《咏史诗·三代门·管蔡》:“不念祖宗危社稷,强于仁圣遣行诛。”《郊庙歌辞·周郊祀乐章·昭顺乐》:“既祀天地,克配祖宗。”❷犹言宗师。元稹《人道短》:“傅说说命三四纸,有能师者称祖宗。”

【祖述】　效法;仿效。杜甫《戏为六绝句》之六:“未及前贤更勿疑,递相祖述复先谁。”

【祖風】　祖辈的风范;祖辈的遗风。陈元化《示珣》:“载笔沿儒习,持弓缵祖风。”顾云《苏君厅观韩干马障歌》:“乃孙屈迹宁百里,好奇学古有祖风。”徐铉《送许郎中歙州判官兼黟县》:“遗爱非遥应卧理,祖风犹在好寻仙。”

【祖送】　祖饯送行。孟郊《同溧阳宰送孙秀才》:“讼闲每往招,祖送奈若何。”

【祖烈】　祖宗的功业。韩愈《燕河南府秀才得生字》:“吾皇绍祖烈,天下再太平。”

【祖師】　佛道二教中创立宗派的人。皎然《奉酬于中丞使君郡斋卧病见示一首》:“宿昔祖师教,了空无不可。”李涉《双峰寺得舍弟书》:“暂入松门拜祖师,殷勤再读塔前碑。"韩偓《游江南水陆院》:"除却祖师心法外,浮生何处不堪愁。"贯休《送智光禅伯》:"终希重一见,示我祖师心。"

【祖亭】　饯别的亭子。胡皓《奉天田明府席饯别》:"雁归寒塞近,客散祖亭空。"卢鉟《勖曹生》:"桑扈交飞百舌忙,祖亭闻乐倍思乡。"

【祖逖】　东晋名将。字士稚,范阳遒县(今河北涞水北)人。少与刘琨为友,均存大志,中夜闻鸡鸣起舞。元稹《献荥阳公诗五十韵》:"戴冯遥避席,祖逖后施鞭。"

【祖席】　饯行的宴席。王维《奉和圣制暮春送朝集使归郡应制》:"祖席倾三省,褰帷向九州。"杜甫《送许八拾遗归江宁觐省》:"圣朝新孝理,祖席倍辉光。"姚合《送韩湘赴江西从事》:"行装有兵器,祖席尽诗人。"韩偓《离家》:"祖席诸宾散,空郊匹马行。"

【祖庭】　语出《礼记·檀弓上》:"小敛于户内,大敛于阼,殡于客位,祖于庭,葬于墓。"本谓祭奠于祖庙之中庭,后用"祖庭"犹言祖奠,谓送殡前祭行的祭典。李端《代宗挽歌》:"祖庭三献罢,严卫百灵朝。"

【祖宴】　亦作"祖讌"。饯别的宴会。韩休《奉和圣制送张说巡边》:"祖宴初留赏,宸章更宠行。"袁晖《奉和圣制送张尚书巡边》:"离章宸翰发,祖宴国门开。"

【祖祖】　历代祖师。李咸用《和彭进士秋日游靖居山寺》:"问著尽能言祖祖,见时应不是真真。"常达《山居八咏》之八:"祖祖唯心旨,春融日正长。"

【祖衲】　僧衣。齐己《与崔校书静话言怀》:"我性已甘披祖衲,君心犹待脱蓝袍。"

【祖约好财】　(好 hào)晋人祖约性好财,偶尔被来客撞见料理财物,急于将宝藏于身后,意未能平。见《晋书·阮籍传》附《阮孚传》。李翰《蒙求》:"阮孚蜡屐,祖约好财。"

【祖納椎】　晋人祖纳谈锋犀利,被喻为神椎。见《晋书·祖逖传》附《祖纳传》。后用以称美健谈,也用以咏椎。陆龟蒙《奉和袭美古杉三十韵》:"挺若苻坚棰,浮于祖纳椎。"

【祖帳】　设于郊外路旁为远行人饯别的帷帐。亦指送行的酒席。张九龄《饯王尚书出边》:"祖帐倾朝列,军麾驻道傍。"戎昱《抚州处士湖泛舟送北回两指此南昌县查溪兰若别》:"移樽铺山曲,祖帐查溪阴。"刘禹锡《将之官留辞裴令公留守》:"祖帐临伊水,前旌指渭河。"鲍溶《羽林行》:"煌煌都门外,祖帐光七贵。"

【祖堂】　佛教祭祖师之堂。齐己《寄武陵微上人》:"善卷台边寺,松筠绕祖堂。"

【祖舜宗堯】　效法尧舜。胡曾《咏史诗·长城》:"祖舜宗尧自太平,秦皇何事苦苍生。"

【祖詠】　唐诗人。洛阳(今河南洛阳市)人。开元十二年(724)进士。曾在齐州(今山东济南)以东任过地方官,后贬谪至东南一带。后弃官隐居,以渔樵自终。《全唐诗》录其诗一卷,三十余首。

【祖業】　❶祖先的功业。常指帝王祖先的功业。魏征《享太庙乐章·大基舞》:"猗与祖业,皇矣帝先。"李商隐《寄太原卢司空三十韵》:"祖业隆盘古,孙谋复大庭。"❷祖传的家业。贯休《渔父》:"陆应无祖业,香必是伊腥。"

【祖筵】　饯别的酒筵。张谔《送李著作倅杭州》:"祖筵开霁景,征陌直朝光。"高适《送蔡少府赴登州推事》:"祖筵方卜昼,王事急侵星。"孟郊《送黄构擢第后归江南》:"却忆江南道,祖筵花里开。"白居易《长乐亭留别》:"优诏幸分四皓秩,祖筵惭继二疏欢。"

【祖傳】　(—chuán)谓祖师所传。贾岛《送空公往金州》:"松生师坐石,潭涤祖传盂。"

【祖載】　(—zài)将葬之际,以柩载车上行祖祭之礼。韦应物《送终》:"萧萧车马悲,祖载发中堂。"

【祖意】　祖师的心意。李山甫《迁居清溪和刘书记见示》:"祖意岂从年腊得,松枝肯为雪霜低。"又《赋得寒月寄齐己》:"高谢万缘消祖意,朗吟千首亦师心。"

【祖道】　为远行者祭祀路神,并饮宴送行。孟浩然《岘山饯房琯崔宗之》:"祖道衣冠列,分亭驿骑催。"李白《经乱离后天恩流夜郎忆旧游书怀赠江夏韦太守良宰》:"祖道拥万人,供帐遥相望。"

【祖德】　祖宗的功德。李峤《诗》:"《缁衣》久擅美,祖德信悠哉。"湛贲《伏览吕侍郎丘员外旧题十三代祖历山草堂诗因书记事》:"祖德今发扬,还同书史册。"李商隐《五言述德抒情诗一首四十韵献上杜七兄仆射相公》:"旂常悬祖德,甲令著嘉声。"司马都《送羊振文先辈往桂阳归觐》:"君家祖德唯清苦,却笑当时向绢心。"

【祖廟】　供祭祀先祖的宫庙。沈亚之《西蕃请谒庙》:"肃肃层城里,巍巍祖庙清。"

【祖餞】　饯行。孙逖《送赵大夫护边》:"百壶开祖饯,驷牡戒戎装。"李白《闻李太尉大举秦兵百万懦夫请缨冀申一割之用半道病还留别金陵崔侍御十九韵》:"群公咸祖饯,四座罗朝英。"

【祖龍】　《史记·秦始皇本纪》:有人持璧遮使者曰:"为吾遗滈池君。"因言:"今年祖龙死。"裴骃《史记集解》引苏林曰:"祖,始也。龙,人君象。谓始皇也。"后遂以"祖龙"代称秦始皇。古之奇《秦人谣》:"微生祖龙代,却思尧舜道。"温庭筠《湖阴词》:"祖龙黄须珊瑚鞭,铁骢金面青连钱。"司马扎《感古》:"祖龙已深感，汉氏远徇欲。”邵谒《学仙词》：“祖龙好仙术，烧却黄金精。”

【祖鞭】　喻大志。吴融《登鹳雀楼》：“祖鞭掉折徒为尔，赢得云溪负钓竿。”见“祖逖”。

【祖禰】　祖庙与父庙。陈叔达《太庙祼地歌辞》：“大哉孝思，严恭祖祢。”

【祖讌】　见参“祖宴”。

神[1]　〔shén《广韵》食鄰切，平真，船。〕❶神仙；神灵。魏征《五郊乐章·肃和》：“瑶席降神，朱弦飨帝。”杜甫《奉赠韦左丞二十二韵》：“读书破万卷，下笔如有神。”李商隐《韩碑》：“帝得圣相相曰度，贼斫不死神扶持。”韦庄《晚春》：“峨峨秦氏髻，皎皎洛川神。”亦指人死后的魂灵。齐己有《寄西山郑谷神》。❷神奇；神异。李白《上云乐》：“不睹诡谲貌，岂知造化神。”元结《引极三首·怀潜君》：“彼潜君兮圣且神，思一见兮藐无因。”白居易《新乐府·黑潭龙》：“潭上架屋官立祠，龙不能神人神之。”皮日休《苦雨杂言寄鲁望》：“知君志气如铁石，瓯冶虽神销不得。”❸精神；心神。李华《杂诗六首》之三：“正销神耗衰，邪胜体充盈。”于逖《忆舍弟》：“饥寒各流浪，感念伤我神。”白居易《胡吉郑刘卢张等六贤皆多年寿因成七言六韵以纪之传好事者》：“诗吟两句神还王，酒饮三杯气尚粗。”李宣古《听蜀道士琴歌》：“吹我神飞碧霄里，牵我心灵入秋水。”❹神态；神情。孟浩然《户明府九日岘山宴袁使君张郎中崔员外》：“叔子神如在，山公兴未阑。”杜甫《逼仄行赠毕曜》：“焉能终日心拳拳，忆君诵诗神凛然。”杜牧《大雨行》：“太和六年亦如此，我时壮气神洋洋。”李郢《秋晚寄题陆勋校书义兴禅居时淮南从事》：“骨清须贵达，神重有威仪。”❺灵验。窦巩《题任处士幽居》：“采掇山无主，扶持药有神。”韩愈《三星行》：“嗟汝牛与斗，汝独不能神。”元稹《古社》：“古社基址在，人散社不神。”汪遵《西河》：“自从明宰投巫后，直至如今鬼不神。”❻神品；神奇的境界。褚亮《伤始平李少府正己》：“述作纷无已，言谈妙入神。”刘晏《咏王大娘戴竿》：“楼前百戏竞争新，唯有长竿妙入神。”李白《王右军》：“扫素写道经，笔精妙入神。”韦庄《听赵秀才弹琴》：“满匣冰泉咽又鸣，玉音闲淡入神清。”❼一种渔具。陆龟蒙《渔具诗》序：“置而守之曰神。”自注：“鲤鱼满三百六十岁，蛟龙辄率而飞去，置一神守之，则不能去矣。神，龟也。”

神[2]　〔shēn《字汇》昇人切。〕见“神₂荼”。

【神人】　犹神仙。传说中修真得道而长生不死的人。杜甫《遣兴五首》之一：“顿辔海徒涌，神人身更长。”罗虬《比红儿诗》之七四：“争知昼卧纱窗里，不见神人覆玉衣。”贯休《洛阳尘》：“真珠帘中，姑射神人。”张绍《冲佑观》：“拱揖高让，神人乐推。”

【神人身更長】　（更 gèng 長 cháng）旧题汉东方朔《神异经·西北荒经》：“西北海外有人焉，长二千里，两脚中间相去千里，腹围一千六百里，但日饮天酒五斗，不食五谷鱼肉……与天地同生，名曰无路之人。一名仁，一名信，一名神。”杜甫《遣兴五首》之一：“顿辔海徒诵，神人身更长。”

【神儿】　见“神機”。

【神力】　神奇之力。贯休《古意九首》之七：“常思谢康乐，文章有神力。”

【神工】　❶神奇的造诣。段成式、张希复《蛤像联二十字绝句》：“纵有天中匠，神工讵可成。”❷技艺高超的工匠。齐己《和翁员外题马太傅宅贾相公井》：“神工旧制泓澄在，天泽时加潋滟寒。”❸神仙。潘滔《文斤山》：“邑人祈祷情庙中，神工应化天不通。”

【神山】　仙山。窦巩《游仙词》：“海上神山绿，溪过杏树红。”白居易《新乐府·海漫漫》：“云涛烟浪最深处，人传中有三神山。”

【神女】　❶指巫山神女。孟浩然《送王七尉松滋得阳台云》：“君不见巫山神女作行云，霏红沓翠晓氛氲。”蒋冽《巫山之阳香溪之阴明妃神女旧迹存焉》：“神女归巫峡，明妃入汉宫。”张祜《陪杭州郡使君谯西湖亭》：“归去不须愁暮雨，高唐神女属仙坛。”李频《过巫峡》：“一闻神女去，风竹扫空坛。”❷谓洛神宓妃。王泠然《寒食篇》：“来疑神女从云下，却似恒娥到月边。”徐凝《牡丹》：“疑是洛川神女作，千娇万态破朝霞。”李郢《板桥重送李商隐侍御奉使入关》：“洛阳津畔送神女，莫坠金楼醉石榴。”刘沧《洛神怨》：“子建东归恨思长，飘飘神女步池塘。”❸泛称仙女。王勃《杂曲》：“智琼神女，来访文君。”韦应物《马明生遇神女歌》：“学仙贵功亦贵精，神女变化感马生。”李绅《悲善才》：“秋吹动摇神女佩，月珠敲击水晶盘。”吴融《红树》：“一声南雁已先红，神女霜飞叶叶同。”亦借指美女。徐安贞《从驾温泉宫》：“神女调温液，年年待圣人。”❹谓妓女。因宋玉《高唐赋》中有“妾，巫山之女也，为高唐之客，闻君游高唐，愿荐枕席”之语，故借指妓女。白居易《醉后题李马二妓》：“疑是两般心未决，雨中神女月中仙。”又《卢侍御小妓乞诗座上留赠》：“好似文君还对酒，胜于神女不归云。”卢肇《戏题》：“神女初离碧玉阶，彤云犹拥牡丹鞋。”连花妓《献陈陶处士》：“处士不生巫峡梦，虚劳神女下阳台。”

【神女祠】　❶即巫山神女庙。李涉《竹枝词》之二：“巫峡云开神女祠，绿潭红树影参差。”❷指鱼山神女庙，在今山东阿县南。为祀神女成公智琼所建。王维有《鱼山神女祠歌》。

【神女峽】　即长江中的巫峡。朱庆余《成庞复言携酒望洞庭》："帆自巴陵山下过，雨从神女峡过来。"齐己《送人入蜀》："两面碧悬神女峡，几重青出丈人山。"

【神女峰】　山峰名，巫山十二峰之最高峰。杜甫《大历三年春白帝城放船出瞿塘峡有诗凡四十韵》："神女峰娟妙，昭君宅有无。"

【神女浦】　即洛浦，当在今河南洛阳市附近洛水滨。相传三国魏曹植于此遇洛神宓妃。白居易《天津桥》："眉月晚生神女浦，脸波春傍窈娘堤。"

【神女臺】　即神女庙。白居易《十年三月三十日别微之于沣上十四年三月十一日夜遇微之于峡中因赋七言十七韵以赠》："神女台云闲缭绕，使君滩水急潺湲。"

【神女賦】　赋名。晋张华撰。叙魏济北从事弦超夜遇神女成公智琼事。王维《鱼山神女祠歌》引此赋序。

【神女廟】　庙名。在今重庆市巫山县巫山飞凤峰麓。为巫山神女所立。罗隐《渚宫秋思》："襄王台下水无赖，神女庙前云有心。"慕幽《山峡闻猿》："瘴雨晚藏神女庙，蛮烟寒锁夜郎城。"

【神女館】　即神女庙。沈佺期《十三四时尝从巫峡过他日偶然有思》："使君滩上草，神女馆前云。"杜甫《遣愁》："江通神女馆，地隔望乡台。"皇甫冉《巫山峡》："云藏神女馆，雨到楚王宫。"

【神王】　❶(—wàng)谓精神旺盛。王，通"旺"。语出《庄子·养生主》："泽雉一步一啄，百步一饮，不蕲畜乎樊中，神虽王不善也。"吴筠《游仙二十四首》之二二："寥寥唯玄虚，至乐在神王。"❷(—wáng)佛教指护法神。元稹《度门寺》："太子知栽植，神王守要冲。"

【神丹】　道教所炼成的灵药，谓服之能成仙。法振《送褚先生海上寻封炼师》："华盖芝童引，神丹桂女收。"刘沧《经麻姑山》："麻姑此地炼神丹，寂寞烟霞古灶残。"陆龟蒙《和袭美怀锡山药名离合二首》之二："佳句成来谁不伏，神丹偷去亦须防。"

【神方】　仙方。王季友《滑中赠崔高士瑾》："玄石采盈担，神方秘其肘。"张籍《和左司元郎中秋居十首》之二："古镜铭文浅，神方谜语多。"李商隐《药转》："郁金堂北画楼东，换骨神方上药通。"方干《题龙瑞观兼呈徐尊师》："世人莫识神方字，仙鸟偏栖药树枝。"

【神心】　犹圣心，谓天子之心。李峤《奉和杜员外扈从教阅》："神心体殷祝，灵兆叶姬祥。"苏颋《奉和圣制途经华岳应制》："朝望莲华狱，神心就日来。"

【神功】　❶神一般的功绩。多用作对帝王的颂词。刘长卿《至德三年正月闻王师收二京因书事寄上浙西节度李侍郎中丞行营五十韵》："区宇神功立，讴歌帝业成。"殷寅《玄元黄帝应见贺圣祚无疆》："昔赞神功启，今符圣祚延。"李绅《趋翰苑遭诬构四十六韵》："大乐调元气，神功运化炉。"薛能《升平词十首》之七："品物尽昭苏，神功复帝谟。"❷神灵的功力。李适《奉和九日登慈恩寺浮图应制》："塔似神功造，龛疑佛影留。"韩愈《醉赠张秘书》："至宝不雕琢，神功谢锄耘。"韦庄《秦妇吟》："诛锄窃盗若神功，惠爱生灵如赤子。"李復《恒岳晨望有怀》："灵造良难测，神功匪易酬。"

【神水】　❶指有神奇功效的灵水。韦庄《秦妇吟》："一从狂寇陷中国，天地晦冥风雨黑；案前神水呪不成，壁上阴兵驱不得。"❷唾液的别称。吕岩《七言》之三一："谁知神水玉华池，中有长生性命基。"李浩《大丹诗四首》之三："华池本是真神水，神水原来是白金。"

【神化】　❶造物、造化。刘乙《晓望》："地祇逃秀境，神化或殷雷。"司空图《诗品二十则·劲健》："天地与立，神化攸同。"❷神灵的变化。张说《一柱观》："旧说江陵观，初疑神化来。"孟简《嘉禾合颖》："表稔由神化，为祥识气和。"鲍溶《游山》："神化万灵集，心期一朝契。"❸圣人或帝王的教化。卢照邻《至望喜瞩目言怀贻剑外知己》："圣图夷九折，神化掩三分。"张绍《冲佑观》："肇有神化，初生蒸民。"

【神禾】　嘉禾。李商隐《寓怀》："搴树无劳援，神禾岂用耘。"

【神仙】　亦作"神僊"。❶神话中所说的有超人的智慧和能力，可以超脱尘世、长生不老的人物。李白《月下独酌四首》之二："贤圣既已饮，何必求神仙。"韩愈《谢自然诗》："童騃无所识，但闻有神仙。"李频《避暑》："神仙傥有术，引我出幽岑。"缪岛云《仙桥》："月中才有仙人过，山下应闻笙磬音。"❷谓美女、妓女。言其貌美如仙。张鷟《游仙窟·舞词》："从来巡绕四边，忽逢两个神仙。"杜甫《自京赴奉先县咏怀五百字》："中堂舞神仙，烟雾散玉质。"张祜《纵游淮南》："十里长街市井连，明月桥上看神仙。"韦庄《喜迁莺》词之二："一夜满城车马，家家楼上簇神仙，争看鹤冲天。"❸特指县尉。高适《钜鹿赠李少府》："即此遇神仙，吾欣知损益。"

【神仙女】　指巫山神女。美称人妻。孟浩然《送桓子之郢成礼》："今夜神仙女，应来感梦情。"

【神仙中人】　(中 zhōng)谓神采、仪态、服饰、举不同凡俗之人。杜甫《醉歌行赠公安颜少府请顾八题壁》："神仙中人不易得，颜氏之子才孤标。"

【神仙手】　技艺高超出众的能手。齐己《谢高辇先辈寄新唱和集》："敢谓神仙手，多怀老比丘。"

【神仙丹】　道家所炼成的仙丹。王周《金盘草》：

"寄言好生者，休说神仙丹。"

【神仙友】 东汉河南尹李膺有盛名，曾于洛阳送名士郭太返里，衣冠诸儒送至河上，车数千辆，唯郭太与李膺同舟而济，众宾望之，以为神仙。见《后汉书·郭太传》。后以神仙友作为伴名流泛舟的典故。陈子昂《江上暂别萧四刘三旋欣接遇》："终愧神仙友，来接野人舟。"

【神仙主】 指道教创始人李耳。李绅《赠毛仙翁》："忆昔我祖神仙主，玄元皇帝周柱史。"

【神仙吏】 义同"神仙尉"。喻凫《龙翔寺阁夜怀渭南张少府》："况是神仙吏，仍非尘土居。"

【神仙宅】 仙人住宅。皎然《赋得吴王送女潮歌送李判官之河中府》："平波忽起二三尺，此上疑与神仙宅。"皮日休《太湖诗·初入太湖》："愿风与良便，吹入神仙宅。"李洞《终南山二十韵》："踏著神仙宅，敲开洞府扃。"王周《巫庙》："神仙宅幽邃，庙貌横杳冥。"

【神仙府】 仙人洞府。皮日休《太湖诗·游毛公坛》："喷散日月精，射破神仙府。"

【神仙洞】 仙人洞府。张祜《寓居临平山下三首》之一："人间谩说多歧路，咫尺神仙洞却迷。"

【神仙宫】 仙宫；神仙住所。潘滔《文斤山》："飞丹固济冰雪溶，道成羽化神仙宫。"

【神仙客】 犹言神仙中人。李山甫《代张孜幻梦李白歌》："巍峨宛似神仙客，一段风雷扶气魄。"卿云《长安言怀寄沈彬侍郎》："堪羡神仙客，青云早致家。"

【神仙界】 神仙住处。韦庄《伤灼灼》："多情不住神仙界，薄命曾嫌富贵家。"

【神仙術】 神仙法术。李端《书志赠畅当》："少喜神仙术，未去已蹉跎。"

【神仙訣】 神仙秘诀。徐光溥《题黄居寀秋山图》："运思潜通造化工，挥毫定得神仙诀。"

【神仙尉】 《汉书·梅福传》：梅福，字子真，九江寿春人也。少学长安，明《尚书》《穀梁春秋》，为郡文学，补南昌尉。后去官归寿春，数因县道上言变本。……至元台中，王莽颛政，福一朝弃妻子，去九江，至今传以为仙。后以"神仙尉"作为咏县尉的典故。陈子昂《同旻上人伤寿安傅少府》："闻道神仙尉，怀德遂为邻。"蔡希寂《赠张敬微》："不知君作神仙尉，特讶行来云雾深。"李嘉祐《春日长安送从弟尉吴县》："好是神仙尉，前贤亦未过。"常建《送李十一尉临溪》："以言神仙尉，因致瑶华音。"

【神仙署】 即控鹤府，亦称"奉宸府"，唐宿卫近侍官置名。武后时置。亦作官署之美称。卢照邻《行路难》："寄言坐客神仙署，一生一死交情处。"宋之问《景龙四年春祠海》："三入文史林，两拜神仙署。"徐铉《和集贤钟郎中》："石渠册府神仙署，当用明朝第一人。"

【神仙傳】 （傳 zhuàn）书名。晋葛洪撰。十卷，录八十四人成仙事迹。其中除容成公、彭祖二条与旧题汉刘向《刘仙传》重出，余皆为《刘仙传》所未载。所记老子、彭祖、壶公、麻姑等事迹，可供神话研究参考。许浑《赠萧炼师》："暗记神仙传，潜封女史箴。"

【神仙道】 神仙道术。钱起《送陆三出尉》："且乐神仙道，终随鸳鸯群。"施肩吾《西山即事奉寄故园徐处士》："唯余独慕神仙道，芥子虽穷寿不穷。"

【神仙窟】 神仙居处。亦喻隐居处或逍遥自在的处所。皮日休《太湖诗·入林屋洞》："对彼神仙窟，自厌浊俗形。"又《鲁望示广文先生吴门二章次韵属和》之二："终古神仙窟，穷年麋鹿群。"翁承赞《句》："烟萝况逼神仙窟，丹灶还应许独寻。"吕岩《七言》之十九："一点刀圭五彩生，飞丹走入神仙窟。"

【神仙簿】 记载仙人名籍的簿箓。黄滔《酬杨学士》："神仙簿上愧非夫，诏作疑丹两入炉。"

【神仙籙】 指道教秘文或仙人名籍。李华《仙游寺》："早窥神仙箓，愿结芝术友。"孟浩然《与王昌龄宴王道士房》："书幌神仙箓，画屏山海图。"

【神用】 ❶神明的作用。陈子昂《赠赵六贞固二首》之二："道心固微密，神用无留连。"则天皇后《唐明堂乐章·外办将出》："宏规则天地，神用叶陶钧。"❷神奇的功效。白居易《镜换杯》："不似杜康神用速，十分一盏便开眉。"

【神主】 指受人祭之神。王建《神树词》："老身长健树婆娑，万岁千年作神主。"

【神母】 ❶指汉高祖刘邦斩白蛇传说中神人所化成的老妪。见"神母夜哭"。❷指西王母。李贺《瑶华乐》："舞霞垂尾长盘珊，江澄海净神母颜。"

【神母夜哭】 《史记·高祖本纪》载，高祖酒醉，夜行泽中，有白蛇当道，拔剑斩之。后人来至蛇所，有一老妪夜哭，曰："吾子，白帝子也，化为蛇，当道，今为赤帝子斩之，故哭。"《郊庙歌辞·汉宗庙乐舞辞·武德舞》："神母夜哭，彤云昼兴。"

【神光】 神异的灵光。传说汉武帝和汉宣帝时都曾有神光显灵，皇帝率先礼拜。见《汉书·武帝纪》和《汉书·郊祀志下》。李适《汾阴后土祠作》："神光终冥漠，鼎气独氛氲。"杜甫《覆舟二首》之二："姹女临波日，神光照夜年。"朱景玄《华山南望春》："皓气澄野水，神光秘琼宫。"曹唐《劚剑》："古物神光雪见羞，未能擎出恐泉流。"

【神光寺】 寺庙名。故址在今福建福州市。欧阳衮有《神光寺》。周朴《福州神光寺塔》："良匠用材为塔了，神光寺更得高名。"

【神休】 神明赐予的福祥。赵光逢《梁郊祀乐章·庆和》:"膺天命,拥神休,万灵感,百禄遒。"

【神血未凝】　精神和血肉未聚合。李贺《浩歌》:"筝人劝我金屈卮,神血未凝身问谁。"

【神色】　神情面色。储光羲《刘先生闲居》:"但见神色闲,中心如虚空。"韩愈《泷吏》:"胡为此水边,神色久恍慌。"

【神交】　❶谓心意投合,相知极深。亦指相知极深的朋友。骆宾王《秋日送房尹大赴京》序:"虽道术相望,协神交于灵府,而风烟悬隔,贵申心于翰林。"王昌龄《宿灞上寄侍御玙弟》:"道契非物理,神交无留碍。"刘禹锡《和西川李尚书汉州微月游太尉西湖》:"目极想前事,神交如共游。"李频《喜友人厉图南及第》:"心达无前后,神交共死生。"❷谓未谋面而精神上的交往。多指对前人的敬慕。杜甫《过郭代公故宅》:"高咏宝剑篇,神交付冥漠。"又《云山》:"神交作赋客,力尽望乡台。"陆龟蒙《次追和清远道士诗韵》:"庶或有神交,相从重兴赞。"❸谓情意交会。温庭筠《和周繇》:"神交花冉冉,眉语柳毵毵。"周繇《嘲段成式》:"色授应难夺,神交愿莫辞。"

【神羊】　獬豸的别称。传说是一种能以其独角辨别邪佞的神兽。《太平御览》卷八九〇引汉王充《论衡》:"獬豸者一角之羊,性识有罪,皋繇治狱,有罪者令羊触之。皋繇敬羊,跪坐事之。"又《后汉书·舆服志下》:"獬豸神羊,能别曲直,楚王尝获之,故以为冠。"后因以指獬豸冠和执法官。苏味道《使岭南闻崔马二御史并拜台郎》:"冠去神羊影,车迎瑞雉群。"常衮《奉和圣制麟德殿燕百僚应制》:"玉阑丰瑞草,金陛立神羊。"元稹《答姨兄胡灵之见寄五十韵》:"始效神羊触,俄随旅雁征。"又《直台》:"麋入神羊队,鸟惊海鹭眠。"

【神州】　❶指中原地区。韦应物《拟古诗十二首》之八:"神州高爽地,遐瞰靡不通。"李频《送凤翔范书记》:"江山通蜀国,日月近神州。"吴融《御沟十六韵》:"不劳夸大汉,清渭贯神州。"❷指京都。钱起《禁闱玩雪寄薛左丞》:"玄云低禁苑,飞雪满神州。"刘禹锡《酬皇甫十少尹暮秋久雨喜晴有怀见示》:"何况菊香新酒熟,神州司马好狂时。"牟融《楼城叙别》:"故人为客上神州,倾盖相逢感昔游。"和凝《宫词百首》之二:"北阙晴分五凤楼,嵩山秀色护神州。"❸中国的别称。亦指全国。赵嘏《送令狐郎中赴郢州》:"佐幕才多始拜侯,一门清贵动神州。"刘禹锡《早秋集贤院即事》:"商飙从朔塞,爽气入神州。"陈璀《风光草际浮》:"春风泛摇草,旭日遍神州。"❹即神洲,古代传说中的神仙处所。储光羲《升天行贻卢六健》:"神州亦清净,要自有浮沉。"

【神池】　神灵之地。美称帝王居处的池沼。李百药《和许侍郎游昆明池》:"神池望不极,沧波接远天。"张嘉贞《恩敕尚书省僚宴昆明池应制》:"灵沼初开汉,神池旧浴尧。"

【神宇】　庙宇。贾岛《留题南赵古庙》:"鳞皴老树铁生斑,神宇荒凉野瓮闲。"

【神志】　指神的意志。皮日休《太湖诗·包山祠》:"公心与神志,相向如玄黄。"

【神車】　指帝王车驾。刘庭琦《奉和圣制瑞雪篇》:"姑射山中符圣寿,芙蓉阙下降神车。"

【神助】　谓神灵从中相助。杜甫《游修觉寺》:"诗应有神助,吾得及春游。"李洞《观水墨障子》:"若非神助笔,砚水恐藏龙。"

【神秀】　❶神奇秀美。杜甫《望岳》:"造化钟神秀,阴阳割昏晓。"徐夤《西华》:"五千仞有余神秀,一一排云上泬寥。"❷聪明俊秀。杜甫《和江陵宋大少府暮春雨后同诸公及舍弟宴书斋》:"才士得神秀,书斋闻尔为。"亦指神采秀发。杜牧《杜秋娘》:"眉宇俨图画,神秀射朝辉。"

【神兵】　❶犹天兵。意谓禀承天意有天神相助之兵。多指王师。太宗《还陕述怀》:"登山麾武节,背水纵神兵。"徐坚《奉和圣制送张说巡边》:"至德抚遐荒,神兵赴朔方。"李益《夜发军中》:"中坚分暗阵,太乙起神兵。"韩偓《漫作二首》之二:"岳灵分正气,仙卫借神兵。"❷神奇的兵器。白居易《李都尉古剑》:"劝君慎所用,无作神兵羞。"

【神位】　指神的处所。苏拯《明禁忌》:"神在虚无间,土中非神位。"

【神佛】　神和佛。寒山《诗三百三首》之七四:"口惭神佛少,心怀嫉妒多。"

【神完】　精神饱满。韩愈《记梦》:"我亦平行蹋𫐐𨌸,神完骨蹻脚不掉。"

【神君】　神仙;神灵。孙逖《春初送吕补阙往西岳勒碑得云字》:"箧中缄圣札,岩下揖神君。"储光羲《述华清宫五首》之五:"上林神君宫,此地即明庭。"李贺《苦昼短》:"神君何在,太一安有。"

【神妙】　神奇巧妙。杜甫《韦讽录事宅观曹将军画马图》:"国初已来画鞍马,神妙独数江都王。"又《戏为双松图歌》:"绝笔长风起纤末,满堂动色嗟神妙。"又《送许八拾遗归江宁觐省甫昔时尝客游此县于许生处乞瓦棺寺维摩图样志诸篇末》:"虎头金粟影,神妙独难忘。"

【神武】　原谓以吉凶祸福威服天下而不用刑杀。后沿用为英明威武之意,多用以称颂帝王将相。魏征《享太庙乐章·大明舞》:"神武命代,灵眷是膺。"白居易《新乐府·七德舞》:"岂徒耀神武,岂徒夸圣文。"魏扶《和白敏中圣德和平致兹休运岁终功就合咏盛明呈上》:"穹庐远戍烟尘灭,神武光扬竹帛传。"李商隐《韩碑》:"元和天子神武姿,彼何人哉轩与羲。"

【神林】 对树林的敬称,言其有灵异。元稹《有鸟二十章》之一〇:"主人烦惑罢擒取,许占神林为妖物。"白居易《江州赴忠州至江陵已来舟中示舍弟五十韵》:"亥市鱼盐聚,神林鼓笛鸣。"

【神雨】 灵异之雨。张说《送王晙自羽林赴永昌令》:"将星移北洛,神雨避东京。"

【神奇】 神妙奇特。柳宗元《唐铙歌鼓吹曲十二篇》序:"今臣窃取晋魏义,用汉篇数,为唐铙歌鼓吹曲十二篇,纪高祖、太宗功能之神奇。"郑嵎《津阳门诗》:"都卢寻橦诚龌龊,公孙剑伎方神奇。"

【神明】 ❶天地间一切神灵的总称。李颀《听董大弹胡笳声兼寄语弄房给事》:"董夫子,通神明,深山窃听来妖精。"刘商《同诸子哭张无易》:"盛德高名总是空,神明福善大朦胧。"张祜《忧旱吟》:"浃旬竟弗验,神明果茫茫。"李中《江行值暴风雨》:"风狂雨暗舟人惧,自委神明志不邪。"❷明智;英明。李颀《寄韩鹏》:"寄书河上神明宰,羡尔城头姑射山。"玄宗《赐崔日知往潞州》:"礼乐中朝贵,神明列郡钦。"李白《经乱离后天恩流夜郎忆旧游书怀赠江夏韦太守良宰》:"良牧称神明,深仁恤交通。"❸神圣;高超。徐夤《上卢三拾遗以言见黜》:"疾危必厌神明药,心惑多嫌正直言。"❹汉武帝所建台名,在建章宫内,为祀仙人处。储光羲《献王威仪》:"但有华清宫,不用神明台。"

【神物】 神灵怪异之物。李白《梁甫吟》:"张公两龙剑,神物合有时。"杜甫《万丈潭》"青溪合冥莫,神物有显晦。"白居易《游小洞庭》:"若非神物多灵迹,争得长年冬不枯。"皮日休《太湖诗·入林屋洞》:"自非心至诚,必被神物烹。"亦指神仙。张九龄《杂诗五首》之四:"神物亦岂孤,佳期竟何许。"

【神岳】 亦作"神嶽"。对山岳的敬称,言其具有灵异。李峤《刘侍读见和山邸十篇重申此赠》:"神嶽瑶池圃,仙宫玉树林。"唐彦谦《望岳时贼据华夏》:"长路风埃隔楚氛,忽惊神岳映朝曛。"

【神侣】 仙侣;神仙伴侣。皮日休《太湖诗·圣姑庙》:"常云三五夕,尽会妍神侣。"

【神京】 对京都的敬称。朱子奢《文德皇后挽歌》:"神京背紫陌,缟驷结行辀。"徐坚《饯许州宋司马赴任》:"旧许星车转,神京祖帐开。"白居易《江上对酒二首》之一:"家乡安处是,那独在神京。"和凝《宫词百首》之五:"风吹鸾歌晓日明,丰年观稼出神京。"

【神府】 神仙洞府。骆宾王《游灵公观》:"灵峰标胜境,神府枕通川。"

【神効】 神奇的效验。吕岩有《渔父词一十八首·神效》。

【神沼】 对帝王居处池沼的美称。温庭筠《走马楼三更曲》:"春姿暖气昏神沼,李树拳枝紫芽小。"

【神官】 仙官。韩愈《记梦》:"夜梦神官与我言,罗缕道妙角与根。"

【神祇】 ❶天神与地神。玄宗《春晚宴两相及礼官丽正殿学士探得风字》序:"乃命礼官,考制度,稽典则,序文昭武穆,享天地神祇,所以申严洁也。"《郊庙歌辞·明皇祀圜丘乐章·太和》:"神祇毕降,行止重旋。"白居易《新乐府·立部伎》:"圆丘后土郊祀时,言将此乐感神祇。"❷谓司中、司命、风师、雨师。李峤《晚秋喜雨》序:"咸亨元年,自四月不雨至九月,王畿之内,嘉穀不滋,君子小人惶惶如也。'天子虑深求瘼,念在责躬,避寝损膳,录冤弛役,牲币之礼,遍于神祇,钟庾之贷,周于穷乏。至诚斯感,灵眷有融,爰降甘泽,大拯灾亢。"皇甫冉《祭张公洞二首》之一:"风雨神祇应,笙镛诏命传。"❸泛称神灵。李白《酬崔五郎中》:"制作参造化,托讽含神祇。"权德舆《仲秋朝拜昭陵》:"神祇戴元圣,君父纳大麓。"白居易《读史五首》之四:"明则有刑辟,幽则有神祇。"韩偓《病中初闻复官二首》之一:"也知恩泽招谗口,还痛神祇误直肠。"

【神居】 指神庙。裴谞《储潭庙》:"高垣墉兮大其门,洒扫丹雘壮神居。"

【神弦曲】 (曲 qǔ)即神弦歌。乐府《清谪曲》的一部。南朝时祭祀民间杂神所用的乐曲。李贺有《神弦曲》。王琦题解:"《神弦别曲》者,乃祭祀神祇弦歌以娱神之曲也。"

【神契】 ❶谓与神灵相合。杨巨源《春日奉献圣寿无疆词十首》之六:"造化膺神契,阳和沃圣思。"❷神交;心灵交契。慧净《杂言》:"旋绕经行砌,目想如神契。"

【神政】 指高明的政治措施。储光羲《同诸公秋日游昆明池》:"皇灵恻群甿,神政张天维。"来鹄《圣政纪颂》:"孰示来朝,以光神政。"

【神思】 心神;精神。白居易《赠写真者》:"无劳役神思,更画病容仪。"李群玉《湘西寺霁夜》:"境寂凉夜深,神思空飞越。"

【神香】 供神时所用的熏香。李山甫《雨后过华岳庙》:"雨淋鬼火灭不灭,风送神香来不来。"

【神皇】 帝王。储光羲《同诸公送李云南伐蛮》:"京观在七德,休哉我神皇。"又《述降圣观》:"神皇作桂馆,此意与天通。"

【神泉】 灵异之泉。多指温泉。姜晞《龙池篇》:"始见龙台升凤阙,应如霄汉起神泉。"韦元旦《五言夏日游神泉诗》序:"姜原县东北隅神泉者,虽无树石森深之致,而有溪险清冷之异。"

【神泉宫】 即华清宫。唐天宣六年(747)冬十月，玄宗如骊山温泉宫，名其宫曰“华清”。储光羲《述华清宫五首》之三：“今我神泉宫，独在骊山陬。”

【神禹碑】　碑名。即禹碑，在湖南衡山云密峰。据传夏禹治水曾登南岳衡山而祭之，并刻石书衡山之高，故名。韩愈《岣嵝山》：“岣嵝山尖神禹碑，字青石赤形模奇。”

【神俊】　雄健英武。杜甫《天育骠骑歌》：“遂令大奴守天育，别养骥子怜神俊。”又《画鹘行》：“写此神俊姿，充君眼中物。”

【神室】　神殿；神宫。陆龟蒙《和袭美寒日书斋即事三首每篇各用一韵》之二：“静对真图呼绿齿，偶开神室问黄芽。”吕岩《五言》之八：“九重神室内，虎啸与龙吟。”

【神祠】　祭礼的祠堂。高适有《观李九少府翥树宓子贱神词碑》。朱庆余《送李余及第归蜀》：“剑路红蕉明栈阁，巴村绿树荫神祠。”

【神馬】　指神异祥端之马。张说《舞马词六首》之六：“圣君出震应箓，神马浮河献图。”蔡孚《奉和圣制龙池篇》：“帝宅王家大道边，神马潜龙涌圣泉。”罗隐《寄虔州薛大夫》：“海鹏终负日，神马背眠槽。”

【神珠】　❶犹明珠。喻优异诗作。廖融《谢翁宏以诗百篇见示》：“神珠迷罔象，端玉匪雕镌。”❷指唐代蹴球戏中的皮质圆球。韩愈《汴泗交流赠张仆射》：“侧身转臂著马腹，霹雳应手神珠驰。”

【神素】　指古代朴质无华的精神。司空图《诗品二十四则·高古》：“虚伫神素，脱然畦封。”

【神草】　人参的别名。皮日休《友人以人参见惠因以诗谢之》：“神草延年出道家，是谁披露记三桠。”

【神骨】　神韵风骨。李端《送吉中孚拜官归楚州》：“才子神骨清，虚竦眉眼明。”元稹《画松》：“张璪画古松，往往得神骨。”白居易《寄崔少监》：“人秋神骨爽，琴晓丝桐清。”郑薰《赠巩畴》序：“明日，讲肇论。阶前多偃松高桂，冰冻堕落，有琴瑟金石声，理致明妙，神骨超爽。”

【神皋】　❶指京畿。袁朗《和洗掾登城南坂望京邑》：“神皋多瑞迹，列代有兴王。”王勃《春日宴乐游园赋韵得接字》：“帝里寒光尽，神皋春望浃。”贺知章《奉和御制春台望》：“神皋类观赏，帝里如悬镜。”❷肥沃的土地。温庭筠《秋日》：“爽气变昏旦，神皋遍原隰。”

【神皋亭】　亭名。在唐京城长安（今陕西西安市）。宋之问有《奉和幸神皋亭应制》。

【神鬼】　神灵和鬼怪。白居易《微之重夸州居因嘲兹石聊以寄怀》：“神鬼曾鞭犹不动，波涛虽打欲何如。”李商隐《送千牛李将军赴阙五十韵》：“神鬼收昏黑，奸凶首满盈。”罗隐《汴河》：“应笑秦皇用心错，谩驱神鬼海东头。”徐夤《西寨寓居》：“鸱鸢啄腐疑雏凤，神鬼欺贫笑伯龙。”

【神宫】　指道观。陆龟蒙《奉和袭美太湖诗二十首·三宿神景宫》：“过此即神宫，虚堂惬云性。”

【神氣】　❶道家称存养于人体内的精纯之气。白居易《和微之诗二十三首·和知非》：“儒教重礼法，道家养神气。”王縠《梦仙谣二首》之二：“青童递酒金觞疾，列坐红霞神气逸。”吕岩《窑头坯歌》：“又不见九江张尚书，服药失明神气枯。”❷精神气息。刘禹锡《昼居池上亭独吟》：“法酒调神气，清琴入性灵。”❸神情；神态。寒山《诗三百三首》之一〇五：“神气卓然异，精彩超众群。”刘禹锡《送僧仲剬东游兼寄呈灵澈上人》：“释子道成神气闲，住持曾上清凉山。”白居易《和答诗十首·和思归乐》：“因听思归鸟，神气独安宁。”

【神疲】　精神疲惫。章碣《旅舍早起》：“迹暗心多感，神疲梦不游。”

【神孫】　皇孙。张祜《游蔚过昭陵十六韵》：“太祖恩尧禅，神孙受禹传。”原注：“武德末，天下既平，高祖致政；贞观既终，高宗嗣位。”亦泛称后嗣。韩偓《八月六日作四首》之一：“丹笔不知谁定罪，莫留遗迹怨神孙。”

【神桑】　神异的桑木。王建《簇蚕辞》：“神蚕急作莫悠扬，年来为尔祭神桑。”

【神理】　天道；神道。谓冥冥之中具有无上威力，能显示灵异、赐福降灾的神灵之道。储光羲《狱中贻姚张薛李郑柳诸公》：“哀哀害神理，恻恻伤慈母。”钱起《经李蒙颍阳旧居》：“旧游还在眼，神理更忘言。”李商隐《哭虔州杨侍郎》：“流亡诚不吊，神理若为诬。”张乔《哭陈陶》：“神理今难问，予将叫帝关。”

【神都】　神京；京城。杜甫《赠李八秘书别三十韵》：“玄朔回天步，神都忆帝车。”武元衡《奉和圣制丰年多庆九日示怀》：“令节寰宇泰，神都佳气浓。”张乔《华山》：“澄凝临甸服，险固束神都。”张昭《汉宗庙乐舞辞》：“高庙明灵再启图，金根玉辂幸神都。”

【神教】　（—jiào）指教化。刘禹锡《武陵书怀五十韵》：“繇文光夏启，神教畏轩辕。”

【神速】　快得出奇。杜甫《故武卫将军挽歌三首》之二：“横行沙漠外，神速至今称。”又《醉歌行》：“总角草书又神速，世上儿子徒纷纷。”白居易《劝酒寄元九》：“俗号销愁药，神速无以加。”又《新乐府·七德舞》：“功成理定何神速，速在推心置人腹。”

【神授】　谓神明所授予。岑参《过梁州奉赠张尚书大夫公》：“英雄若神授，大材济时危。”陆龟蒙《奉和袭美卧疾感春见寄次韵》：“须知日富为神授，只有家贫免盗憎。”

【神堂】　供神的处所。白居易《新乐府·草茫茫》:"一朝盗掘坟陵破,龙椁神堂三月火。"韩偓《村居》:"日照神堂闻啄木,风含社树叫提壶。"

【神異】　神奇;神灵奇异。皮日休《鲁望昨以五百言见贻因成一千言上述吾唐文物之盛次叙相得之欢亦迭和之微旨也》:"披揭覆载枢,捭阖神异键。"吕岩《七言》之四六:"八仙炼后钟神异,四海磨成照胆寒。"

【神略】　神奇的谋略。许敬宗《奉和执契静三边应诏》:"乾灵振玉弩,神略运璇枢。"张祜《大唐圣功诗》:"神略在一断,解围当未萌。"

【神蛇】　具有灵性的蛇。古代神话传说中称蛇有灵性,能断而复续,且能兴云致雨,故称。李咸用《西门行》:"汉高偶试神蛇验,武王龟筮惊人险。"

【神造】　神灵的造作。张九龄《与生公寻幽居处》:"兹焉求卜筑,所过皆神造。"

【神敏】　神悟聪明。张说《五君咏五首·李赵公峤》:"李公实神敏,才华乃天授。"

【神符】　符箓。王建《早春病中》:"健羡人家多力子,祈求道士有神符。"吕岩《绝句》之三:"白虎神符潜姹女,灵元镇在七元君。"

【神彩】　神韵风采。元稹《塞马》:"塞马倦江渚,今朝神彩生。"又《三叹》之一:"孤剑锋刀涩,犹能神彩生。"温庭筠《秘书省有贺监知章草题诗拂尘寻玩因有此作》:"李白死来无醉客,可怜神彩吊残阳。"

【神烏】　即乌鸦。熊孺登《董监庙》:"神乌惯得商人食,飞趁征帆过蠡湖。"

【神魚】　象征吉神的鱼。李白《拟古十二首》之五:"吹箫舞彩凤,酌醴鲙神鱼。"杜甫《秦州杂诗二十首》之十四:"万古仇池穴,潜通小有天。神鱼人不见,福地语真传。"

【神情】　指精神情绪。陆龟蒙《奉和袭美添渔具五篇·钓矶》:"即此放神情,何劳适吴越。"李克恭《吊贾岛》:"一一玄微缥缈成,尽吟方便爽神情。"

【神訣】　神妙的方术。李颀《送王道士还山》:"自言神诀不可求,我师闻之玄圃游。"

【神清】　心神清朗。张南史《早春书事奉寄中书李舍人》:"神清王子敬,气逐马相如。"姚合《武功县中作三十首》之一八:"腥膻都不食,稍稍觉神清。"王毂《梦仙谣三首》之三:"松窗梦觉却神清,残月林前三两斤。"贯休《怀武昌栖一二首》之一:"病愈囊空后,神清木落初。"

【神通】　❶佛教语。谓佛、菩萨、阿罗汉等通过修持禅定所得到的神秘法力。李白《赠僧崖公》:"揽彼造化力,持为我神通。"❷神奇高超的本领。庞蕴《杂诗》之五:"神通并妙用,运水及搬柴。"《题南岳招仙观壁上》:"妖精鬼魅斗神通,只自干邪不干正。"无名氏《府试古镜》:"应祥知道泰,监物觉神通。"

【神通力】　神异超常的力量。韦庄《秦妇吟》:"闲日徒歆奠飨思,危时不助神通力。"

【神堯】　对唐高祖李渊的尊称。杜甫《别李义》:"神尧十八子,十七王其门。"

【神超】　精神飞逸。王昌龄《独游》:"神超物无违,岂系名与宦。"陆龟蒙《和袭美伤开元观顾道士》:"何事神超入杳冥,不骑孤鹤上三清。"

【神逵】　神道。冥冥之中显示灵异赐福降灾的神灵之道。贾竦《谒华岳庙》:"天命几微茫,神逵徒悚惕。"

【神期】　谓精神上会晤。崔融《登东阳沈隐侯八咏楼》:"怅不见夫子,神期遥相望。"皎然《兵后早春登故郢南楼望昆山寺白鹤观示清道人并沈道士》:"缅想山人,神期如会面。"

【神智】　❶精神智慧。贯休《大蜀皇帝潜龙日述圣德诗五首》之二:"神智发中真莫测,贡输天下学应难。"❷卓越英明。张绍《冲佑观》:"睿哲英断,雄略神智。"

【神筆】　❶神妙之笔。李商隐《筹笔驿》:"徒令上将挥神笔,终见降王走传车。"温庭筠《感旧陈情五十韵献淮南李仆射》:"雷电随神笔,鱼龙落彩笺。"❷神助之笔。多用作对人书法或绘画的赞颂。欧阳炯《贯休应梦罗汉画歌》:"忽然梦里见真仪,脱下袈裟点神笔。"

【神策軍】　唐禁军名之一。详见《旧唐书·职官志三》。白居易《宿紫阁山北村》:"口称采造家,身属神策军。"

【神景宫】　宫观名。唐乾符二年(875)建,在今江苏太湖洞庭西山。北宋改名"灵祐观"。皮日休有《太湖诗·晓次神景宫》。陆龟蒙《奉和袭美太湖诗二十首·晓次神景宫》:"晓帆逗碕岸,高步入神景。"

【神蛟】　传说中的能兴风作浪的蛟龙。柳宗元《游朝阳岩遂登西亭二十韵》:"高岩瞰清江,幽窟潜神蛟。"

【神奥】　指神秘深奥、不易窥见的事物。吴筠《览古十四首》之十二:"京房洞幽赞,神奥咸发挥。"

【神童】　❶指特别聪明的小孩。颜萱《过张祜处士丹阳故居》序:"萱与故张处士祜世家通旧,尚忆孩稚之岁,与伯氏尝承处士抚抱之仁,目管辂为神童,期孔融于伟器。"❷仙童。徐铉《步虚词五首》之三:"五千宗物母,七字秘神童。"❸唐宋时所设童子科举的别称。李昉《赠贾黄中》:"七岁神童古所难,贾家门户有衣冠。"原题下注:"贾以七岁应童子举。"

【神勞】　精神疲惫。姚合《答李频秀才》:"思归知病长,失寝觉神劳。"方干《书桃花坞周处士壁》:"醉吟雪月思深苦,思苦神劳华发生。"

【神游】 见"神遊"。

【神寒】 谓神气沉静。李贺《唐儿歌》:"骨重神寒天庙器,一双瞳人剪秋水。"王琦汇解:"神寒,言其不躁而静也。"

【神畫】 神妙的绘画。皎然《送顾处士歌》:"醉书在箧称绝伦,神画开厨怕飞出。"

【神馳】 心神向往。谓思念殷切。王湾《晚春诣苏州敬赠武员外》:"神驰劳旧国,颜展别殊方。"

【神聖】 ❶崇高尊贵,庄严而不可侵犯。韩愈《元和圣德诗》:"皇帝神圣,通达古今。"元稹《人道短》:"尧舜留得神圣事,百代天子有典章。"陆龟蒙《奉酬袭美先辈吴中苦雨一百韵》:"吾皇自神圣,执事皆间杰。"陈陶《圣帝击壤歌四十声》:"芟夷逾旧迹,神圣掩前王。"❷对帝王的尊称。柳宗元《唐铙歌鼓吹曲十二篇·靖邦本》:"守臣不任,勩,劳也。谓劳太宗自平之也。"❸泛称天神、神灵。徐夤《病中春日即事寄主人尚书二首》之一:"庾楼恩化通神圣,何计能教掷得卢。"❹灵异;灵验。王建《镜听词》:"回身不遣别人知,人意丁宁镜神圣。"白居易《和答诗十首·和大嘴乌》:"祥瑞来白日,神圣占知风。"见"神聖藥"。

【神聖杯】 指酒。白居易《啄木曲》:"不如饮此神圣杯,万念千忧一时歇。"见"神聖物"。

【神聖物】 指酒。三国魏以隐语称酒,称白酒为"贤人",清酒为"圣人"。白居易《久雨闲闷对酒偶吟》:"赖有杯中神圣物,百忧无奈十分何。"

【神聖藥】 神异灵验的仙药。贯休《寒月送玄士入天台》:"若得神圣之药,即莫忘远相寄。"吕岩《七言》之三七:"炼出一炉神圣药,五云归去路分明。"

【神感】 心神感应。孟郊《赠别殷山人说易后归幽墅》:"旁通忽已远,神感寂不喧。"

【神鼎】 ❶鼎的美称。上古帝王建立王朝时必铸新鼎作为立国的重器。后亦用喻指皇位。柳宗元《贞符》序:"而其妄臣乃下取虺蛇,上引天光,推类号休,用夸诬于无知氓,增以驺虞神鼎,胁驱纵臾,俾东之泰山、石闾,作大号,谓之封禅,皆《尚书》所无有。"杜牧《道一大尹存之庭美二学士简于圣明自致霄汉皆与舍弟昔年还往因成长句四韵呈上三君子》:"九金神鼎重丘山,五玉诸侯杂佩环。"❷指道教炼丹药的鼎器。李颀《题卢道士房》:"空坛静白日,神鼎飞丹砂。"

【神遇】 指从精神上去感知事物或事理。语出《庄子·养生主》:"臣以神遇,而不以目视。"陆德明释文引向秀曰:"暗与理会谓之神遇。"温庭筠《过孔北海墓二十韵》:"抚事如神遇,临风独涕零。"

【神蛾】 对蚕蛾的美称。李咸用《春雨》:"湿尘轻舞唐唐春,神娥无迹莓苔新。"

【神筵】 祭神的筵席。尚颜《赠村公》:"醉舞神筵随鼓笛,闲歌圣代和儿孙。"

【神遊】 亦作"神游"。❶谓形体不动而心神向往,如亲临其境。卢鸿一《嵩山十志十首·枕烟庭》序:"枕烟庭者,盖特峰秀起,意若枕烟,秘庭凝虚,窅若仙会,即扬雄所谓爰静神游之庭也。"储光羲《樵父词》:"荡漾与神游,莫知是与非。"陆龟蒙《奉和袭美太湖诗二十首·上真观》:"只恐暂神游,又疑新羽化。"❷犹言仙逝。人死的讳称。权德舆《仲秋朝拜昭陵》:"仙驭凌紫氛,神游弃黄屋。"

【神意】 神态意气。白居易《饱食闲坐》:"衣食虽充给,神意不扬扬。"

【神道】 神明之道。谓鬼神赐福降灾神妙莫测之道。张九龄《酬周判官巡至始兴会改秘书少监见贻之作兼呈耿广州》:"所仗有神道,况承明主惠。"顾况《上古之什补亡训传十三章·团一章》:"神道无知,彼受其福。"韩愈《丰陵行》:"臣闻神道尚清净,三代旧制存诸书。"白居易《效陶潜体十六首》之一六:"物理不可测,神道亦难量。"

【神道碣】 立于墓道前刻有死者事迹的碑石。白居易《新乐府·青石》:"不愿作人家墓前神道碣,坟土未干名已灭。"

【神煙】 供神的熏香所散出的烟。张说《唐封泰山乐章·肃和》:"华日裴回,神烟容裔。"

【神運】 古谓王朝兴替的气运。王维《送韦大夫东京留守》:"上德抚神运,冲和穆宸襟。"

【神運寺】 寺名。在今湖北当阳市境。齐己《寄当阳张明府》:"玉泉神运寺,寒磬彻琴堂。有境灵如此,为官兴亦长。"

【神蓋】 神舆上的覆盖。张绍《冲佑观》:"八景灵舆,九华神盖。"

【神境】 神仙境界。元稹《酬乐天劝醉》:"沉机造神境,不必悟楞伽。"

【神魂】 灵魂;心灵。白居易《春眠》:"新浴肢体畅,独寝神魂安。"虚中《听轩辕先生琴》:"坐客神魂凝,巢禽耳目倾。"

【神算】 神妙的计谋。李德裕《寒食日三殿侍宴奉进诗一首》:"英威扬绝漠,神算尽临洮。"马植《奉和白敏中圣道和平致兹休运岁终功就合咏盛明呈上》:"指挥貔武皆神算,恢拓乾坤是圣功。"李商隐《送千牛李将军赴阙五十韵》:"且欲凭神算,无因计力争。"

【神語】 神的语言。杜甫《戏作俳谐体遣闷二首》之二:"瓦卜传神语,畬田费火声。"

【神旗】 帅旗。张祜《观濠州田中丞出猎》:"东城晓出静尘埃,紫画神旗向日开。"

【神蔡】 大龟的美称。元稹《芳树》:"清池养神蔡，已复长虾蟆。”

【神魄】 心魄。武元衡《秋日对酒》：“事往怜神魄，感深滋涕洟。”牛峤《登陈拾遗书台览杜工部留题慨然成咏》：“辞高谢康乐，吟久惊神魄。”

【神嫗】 指神仙樊道基之妪成夫人。李贺《李凭箜篌引》：“梦入坤山教神妪，老鱼跳波瘦蛟舞。”

【神鴉】 指乌鸦。杜甫《过洞庭湖》：“护江盘古木，迎棹舞神鸦。”元稹《放言五首》之二：“酒熟餔糟学渔父，饭来开口似神鸦。”孙光宪《竹枝词二首》之一：“商女经过江欲暮，散抛残食饲神鸦。”

【神慮】 精神；心神。韦应物《晓坐西斋》：“盥漱欣景清，焚香澄神虑。”元稹《有酒十章》之一：“有酒有酒鸡初鸣，夜长睡足神虑清。”元晦《越亭二十韵》：“临高神虑寂，远眺川原布。”陆翱《闲居即事》：“沉忧损神虑，萱草自开花。”

【神影】 神像。孙元晏《咏史诗·梁·楚祠》：“曾与萧侯醉玉杯，此时神影尽倾颓。”

【神鋩】 神剑的锋芒。韦庄《和郑拾遗秋日感事一百韵》：“戕亏挥劲镞，匣剑淬神铓。”

【神儀】 神的仪容。指神像。刘希夷《谒汉世祖庙》：“至德刑四海，神仪翳九泉。”许孟容《享文恭太子庙乐章》：“祝道寅恭，神仪昭晰。”

【神鋒】 指剑。极言其锋利。陆龟蒙《江湖散人歌》：“神锋悉出羽林仗，缋画日月蟠龙螭。”

【神劍】 神奇的宝剑。李涉《与弟渤新罗剑歌》：“我有神剑异人与，暗中往往精灵语。”李商隐《利州江潭作》：“神剑飞来不易销，碧潭珍重驻兰桡。”又《李肱所遗画松诗书两纸得四十韵》：“我闻照妖镜，及与神剑锋。”黄滔《浙幕李端公泛建溪》：“更爱延平津上过，一双神剑是龙鳞。”

【神廟】 帝王的宗庙。李商隐《南朝》：“敌国军营漂木柿，前朝神庙锁烟煤。”

【神瑩】 心地明彻。唐彦谦《寄徐山人》：“一室清羸鹤体孤，气和神莹爽冰壶。”

【神漿】 指新鲜荔枝果肉。此果肉新鲜时半透明凝脂状，多汁，味甘美，有方香，故称。韩偓《荔枝三首》之三：“巧裁霞片裹神浆，崖蜜天然有异香。”

【神機】 亦作“神幾”。❶犹机运、时机。李山甫《代张孜幻梦李白歌》(补编)：“神机圣法说略尽，造化与我新精神。”《郊庙歌辞·释奠文宣王乐章·诚和》：“圣道日用，神几不测。”❷心神；精神。王昌龄《洛阳尉刘宴与府掾诸公茶集天宫寺岸道上人房》：“削去府县理，豁然神机空。”刘禹锡《酬湖州崔郎中见寄》：“岂非山水乡，荡漾神机清。”徐铉《右省仆射相公垂览和诗复贻长句辄次来韵》：“铺陈政事留黄阁，偃息神机在素琴。”❸神异的禀赋。鲁收《怀素上人草书歌》：“有时兴酣发神机，抽毫点墨纵横挥。”❹神奇的计谋。刘禹锡《观八阵图》：“轩皇传上略，蜀相运神机。”韦庄《闻官军继至未睹凯旋》：“已有孔明传将略，更闻王导得神机。”李中《读蜀志》：“任贤无间忌，报国尽神机。”

【神謀】 神妙的计谋。崔禹锡《奉和圣制送张说巡边》：“炎景宁云惮，神谋肃所将。”钱起《归义寺题震上人壁》：“秘谶得神谋，因高思虎踞。”

【神龍】 ❶龙。传说龙变化莫测，故称。张祜《苦雨二十韵》：“神龙曾未失，蝼蚁莫相裁。”程太虚《清心泉》：“飞泉触石玉玎珰，中隐神龙岁月长。”❷谓骏马。杜甫《李鄠县丈人胡马行》：“始知神龙别有种，不比俗马空多肉。”顾云《苏君厅观韩干马障歌》：“屹然六幅古屏上，欻见胡人牵入天厩之神龙。”❸以龙形为饰之烛。水神《霅溪夜宴诗》之九：“灵鼍振冬冬，神龙耀煌煌。”❹唐中宗李显年号。公元705年—707年。沈佺期有《神龙初废逐南荒途出郴口北望苏耽山》。杜甫《过郭代公故宅》：“定策神龙后，宫中翕清廓。”

【神縣】 中国的别称。战国时齐人邹衍称华夏之地为“赤县神州”，见《史记·孟子荀卿列传》。褚亮《祭神州乐章·肃和》：“大矣坤仪，至哉神县。”

【神器】 代表国家政权的实物，如宝玺、宝鼎之类。借指帝位、政权。杜甫《送从弟亚赴安西判官》：“经纶皆新语，足以正神器。”窦常《项亭怀古》：“汉家神器在，须废拔山功。”曹邺《秦后作》：“徒流杀人血，神器终不忒。”詹敦仁《复留侯从效问南汉刘岩改名龑字音义》：“大唐有天下，武后拥神器。”

【神燈】 神佛前所供的灯火。崔液《上元夜六首》之二：“神灯佛火百轮张，刻像图形七宝装。”杜光庭《题北平沼》：“天柱一峰凝碧玉，神灯千点散红蕖。”

【神駿】 ❶良马。皎然《翔隼歌送王端公》：“古人赏神骏，何如秋隼击。”皮日休《重玄寺二章》之二：“支公謾道怜神骏，不及今朝种一麻。”❷形容良马、猛禽等姿态矫健。杜甫《画鹘行》：“写作神骏姿，充君眼中物。”又《韦讽录事宅观曹将军画马图》：“可怜九马争神骏，顾视清高气深稳。”

【神檉】 河柳的美称。元结《演兴四首·讼木魅》：“祈有德而来归，辅神柽与坚香。”

【神霞】 指五色云，即五色云彩。古人以为祥瑞。温庭筠《鸿胪寺有开元中锡宴堂偶成四十韵》：“神霞凌云阁，春水骊山阳。”亦以喻花。皮日休《奉和鲁望蔷薇次韵》：“只应是董双成戏，剪得神霞寸寸新。”

【神嶽】 见“神岳”。

【神龜】 传说中有灵异的龟。萧颖士《仰答韦司业垂访五首》之二：“神龟在南国，缅邈湘川阴。”薛能

《升平词十首》之八："君看圣明验，只此是神龟。"陆龟蒙《袭美先辈以龟蒙所献五百言用伸酬谢》："谁能钓抃鳌，谁能灼神龟。"吕岩《七言》之二八："神龟出入庚辛位，丹凤翱翔甲乙方。"

【神谿】 神奇的溪水。王泠然《夜光篇》："初谓炼丹仙灶里，还疑铸剑神溪中。"

【神燭】 供神的烛火。陆龟蒙《怀仙三首》之三："神烛光华丽，灵祛羽翼生。"

【神績】 神圣的功业。来鹄《圣政纪颂》序："岂有以一己之细，一性之忌，于黍晷圭景之间，苟嗜急须，回天遮上，使圣绪神绩，嘉扬善讽，罔得闻于千万年。"

【神蹤】 神迹；神异的踪迹。徐知澄《东林寺天祚二年联句》："古殿巍峨镇碧峰，晋朝灵应显神踪。"欧阳炯《题景焕画应天寺壁天王歌》："奇哉妙手传孙公，能如此地留神踪。"

【神謨】 犹神谋。韩休《奉和御制平胡》："盛德陈清庙，神谟属大君。"

【神醫】 医术高超之人。元稹《阳城驿》："神医不言术，人瘼曾暗瘳。"

【神雞枕】 绣有鸡形图案的枕头。史凤有《神鸡枕》。

【神襟】 胸怀；襟怀。褚亮《奉和禁苑饯别应令》："禁籞芳嘉节，神襟饯送情。"吴筠《秋日望倚帝山》："远峰列在目，杳与神襟契。"亦指心力、精神。吴筠《高士咏·南郭子綦》："是非不足辩，安用劳神襟。"

【神斷】 神明所裁断。柳宗元《奉平淮夷雅表》："伏惟睿圣文武皇帝陛下，天造神断。"

【神麴】 极好的酒母。曲，本用于造酒，后医家亦用以入药。王绩《看酿酒》："六月调神曲，正朝汲美泉。"元稹《饮致用神曲酒三十韵》："七月调神曲，三月酿绿醽。"

【神麴酒】 用极好的酒母酿制的酒。元稹有《饮致用神曲酒三十韵》。

【神藻】 ❶帝王的诗作。张说《奉和圣制同玉真公主游大哥山池题石壁》："神藻飞为鹡鸰赋，仙声飏出凤凰台。"❷神仙的诗作。皮日休《追和虎丘寺清远道士诗》序："自兹已后，人伦不修，神藻益炽。在君人者，悟之则为瑞，逆之则为妖。"

【神藏鬼伏】 （藏 cáng）喻变化莫测。司空图《漫书五首》之四："神藏鬼伏能千变，亦胜忘机避要津。"

【神櫬】 灵柩。贯休有《春送赵文观送故合州座主神榇归洛》。

【神耀】 指阳光。温庭筠《元日》："神耀破氛昏，新阳入晏温。"

【神籌】 神策；英明的谋略。萧遘《和王侍中谒张恶子庙》："郑侯为国亲箫鼓，堂上神筹更布兵。"

【神識】 神志；精神意识。庞蕴《杂诗》之四："神识苟能无挂碍，廓周法界等虚空。"

【神瀵】 传说中水名。徐彦伯《奉和幸新丰温泉宫应制》："涌疑神瀵溢，澄若帝台浆。"

【神飆】 疾风。言其疾速如神，故称。李群玉《始忝四座奏状闻荐蒙恩授官言怀纪事呈同馆诸公二十四韵》："神飙泛钟漏，佳气浮筠松。"

【神鑒】 指神明。则天皇后《唐明堂乐章·徵音》："冀延神鉴俯兰尊，式表虔襟陈桂俎。"

【神驗】 灵验。沈佺期《七夕》："来时不可觉，神验有光辉。"僧鸾《苦热行》："旱苗原上枯成焰，岳灵徒祝无神验。"

【神體】 心神与肉体。长孙佐辅《山居》："神体自和适，不是离人寰。"

【神變】 神奇的变化。白居易《新乐府·天可度》："阴阳神变皆可测，不测人间笑是瞋。"

【神鼇】 海中大龟。古代神话谓渤海之东，不知几亿万里，有无底深谷，中有岱舆等五山，而五山之根无所连著，常随波上下往还。天帝命禹强使巨鳌十五举首而戴之，五山始峙而不动。见《列子·汤问》。刘禹锡《吏隐亭述》："疑昔神鳌，负山而抃，摧其别岛，置此高岸。"

【神鷰】 对燕子的美称。司空曙《酬卫长林岁日见呈》："今朝彩盘上，神燕不须雷。"

【神靈】 ❶神之总称。杜甫《渼陂行》："咫尺但愁雷雨至，苍茫不晓神灵意。"杜牧《感怀诗一首》："九庙仗神灵，四海为输委。"❷神异。韩愈《三星行》："箕独有神灵，无时停簸扬。"白居易《和答诗十首·答桐花》："老龟被刳肠，不如无神灵。"李商隐《晋元帝庙》："弓剑神灵定何处，年年春绿上麒麟。"

【神蠶】 蚕神。据传黄帝元妃嫘祖为第一个发明养蚕取丝的人，民间奉之为蚕神。王建《簇蚕辞》："神蚕急作莫悠扬，年来为尔祭神桑。"

【神鷹】 对鹰的美称。李白《独漉篇》："神鹰梦泽，不顾鸱鸢，为君一击，鹏抟九天。"温庭筠《洞户二十二韵》："神鹰参翰苑，天马破蹄涔。"顾云《池阳醉歌赠匡庐处士姚岩杰》："銮驾何当猎左冯，神鹰一掷望千里。"

【神驥】 良马。李贺《吕将军歌》："西郊寒蓬叶如刺，皇天新栽养神骥。"

【神豔】 神采美艳。孟简《咏欧阳行周事》："太原有佳人，神艳照行云。"温庭筠《鸿胪寺有开元中锡宴堂偶成四十韵》："婵娟得神艳，郁烈闻国香。"罗虬《比红儿诗》之六八："今日雕阴有神艳，后来公子莫相轻。"

【神爨】 社灶。玄宗《幸凤泉汤》:"阴谷含神爨,汤泉养圣功。"

祝〔zhù《广韵》之六切,入屋,章。〕❶祭祀时司礼仪的人。《礼记·曾子问》:"祫祭于祖,则祝迎四庙之主。"郑玄注:"祝,接神者也。"李绅《灵蛇见少林寺》序:"因令祝以箱奁引之,遂逶迤就器,送寺外,倏忽如失之。"《郊庙歌辞·周宗庙乐舞辞·善庆舞》:"祝敢告,寿无疆。"又《郊庙歌辞·周朝飨乐章·福顺》:"声齐嵩岳,祝比华封。"❷祝祷。《公羊传·襄公二十九年》:"诸为君者皆轻死为勇,饮食必祝曰:'天苟有吴国,尚速有悔于予身。'"何休注:"祝,因祭祝也。"元稹《有酒十章》之十:"有酒有酒兮再祝,祝予心兮何欲?"白居易《和微之诗二十三首·和祝苍华》:"苍华何用祝,苦辞亦休吐。"杜牧《题木兰庙》:"几度思归还把酒,拂云堆上祝明妃。"皮日休《太湖诗·包山祠》:"一奠若肸蠁,再祝如激扬。"❸祝颂;祝愿。《左传·哀公二十五年》:"公宴于五梧,武伯为祝。"杜预注:"祝,上寿酒。"吕温《喜俭北至送宗礼南行》:"惝恍看残景,殷勤祝此杯。"元稹《酬复言长庆四年元日郡斋感怀见寄》:"富贵祝来何所遂,聪明鞭得转无机。"杜牧《冬至日寄小侄阿宜诗》:"祝尔愿尔贵,仍且寿命长。"和凝《宫词百首》之五一:"层台云集梨园乐,献寿声声祝万康。"❹通"劚"。断截,断。李绅《过荆门》:"我听此鸟祝我魂,魂死莫学声衔冤。"❺姓。唐诗人有祝元膺等。

【祝元膺】 唐诗人。句曲(今江苏句容)人,道教信徒,与段成式同时。《全唐诗》卷五四六录其《送高遂赴举》等诗三首,《全唐诗选》卷上录其断句三联。

【祝文】 古代祭祀神鬼或祖先的文辞。元稹《除夜》:"今宵祝文上,重叠叙新年。"

【祝史】 ❶祝官、史官的合称。张九龄《南郊文武出入舒和之乐》:"祝史辞正,人神庆叶。"吕温《奉敕祭南岳十四韵》:"赞道仪匪繁,祝史词甚直。"《郊庙歌辞·明皇祀圜丘乐章·舒和》:"祝史正辞,人神叶庆。"又《郊庙歌辞·梁太庙乐舞辞·撤豆》:"明星有烂,祝史下堂。"❷司祭祀之官。李颀《与诸公游济渎泛舟》:"玄冥掌阴事,祝史告年丰。"耿湋《岳祠送薛近贬官》:"迁客无辜祝史告,神明有喜女巫知。"卢纶《奉陪侍中春日过武安君庙》:"元臣达幽契,祝史告明征。"

【祝延】 祝人长寿。沈亚之《文祝延二阕》序:"且以古之得人者皆祝延之,今复用言,命为篇目。"权德舆《贞元七年蒙恩除太常博士自江东来朝时与郡君同行西岳庙祝谒因代书却寄》:"想君路经兹,还复申祝延。"

【祝阿】 (—ē)旧县名。西汉置,治所在今山东省济南市历城区西南。北魏移治今山东禹城县西南。唐天宝元年(742)改名禹城县。骆宾王有《伤祝阿王明府》。

【祝栗】 古籍中所称北方极远之国。《尔雅·释地》:"东至于泰远,西至于邠国,南至于濮铅,北至于祝栗,谓之四极。"郭璞注:"四极,皆四方极远之国。"柳宗元《贞符》:"濮沿于北,祝栗于南。"

【祝鳥】 喻指帝王仁惠。李峤《扈从还洛呈侍从群官》:"祝鸟既开罗,调人更张瑟。"见"祝網"。

【祝堯】 对尧的祝愿。苗晋卿《奉和圣制早登太行山中言志》:"祝尧三老至,会禹百神迎。"权德舆《哭李晦群崔季文二处士》:"华封西祝尧,贵寿多男子。"

【祝欽明】 唐诗人。字文思,京兆始平(今陕西兴平)人。举明经,为东台典仪,后又登制科,拜著作郎。长安元年(701),迁太子率更令。中宗在东宫,钦明充侍读,兼弘文馆学士,迁太子少保。中宗复位,擢国子祭酒、同中书门下三品。历刑部、吏部尚书,知政事,封鲁国公。后曾申州、绕州等州刺史、洪州都督等。《全唐诗》卷九四录其《仪坤庙乐章》一首。

【祝詞】 亦作"祝辭"。古代祭祀神鬼或祖光的文词。崔玄童《祭汾阴乐章》:"祝词以信,明德惟聪。"李绅《渡西陵十六韵》序:"余至驿,命押衙裴行宗先斋祝辞,东望拜大禹庙。"

【祝壽】 祝愿人长寿;祝贺生辰。杜牧《春日言怀寄虢州李常侍十韵》:"无计披清裁,唯持祝寿觞。"薛能《除夜作》:"祝寿思明圣,驱傩看鬼神。"周昙《咏史诗·春秋战国门·鲍叔》:"忠臣祝寿吐嘉词,鲍叔临轩酒一卮。"贯休《寿春节进》:"祝寿乾文动,郊天太一随。"

【祝噎】 "祝哽祝噎"之省。古代帝王接养三老、五更,以示仁惠。进餐时,使人在旁祝祷他们不要哽噎。孟郊《赠别崔纯亮》:"一饭九祝噎,一嗟十断肠。"

【祝嘏】 祭祀时致祝祷之词和传达神言的执事人。魏征《享太庙乐章·永和》:"雍歌撤俎,祝嘏陈辞。"亦指祭祀时祝祷和所表达的言辞。魏征《五郊乐章·肃和》:"诚备祝嘏,礼殚珪币。"

【祝網】 《史记·殷本纪》:"汤出,见野张网四面,祝曰:'自天下四方,皆入吾网。'汤曰:'嘻,尽之矣!'乃去其三面,祝曰:'欲左,左(欲右,右)不用命,乃入吾网。'"后以"祝網"作为帝王施行仁政的典故。杜甫《秋日荆南述怀三十韵》:"垂旒资穆穆,祝网但恢恢。"

【祝網人】 指成汤。胡曾《咏史诗·商郊》:"谁知继桀为天子,便是当初祝网人。"见"祝網"。

【祝融】 ❶神名。帝喾时火官。后尊为火神。亦作为火或火灾的代称。杜甫《前苦寒行二首》之一:

"玄冥祝融气或交，手持白羽未敢释。"韩愈《苦寒》："炎帝持祝融，呵嘘不相炎。"杨巨源《夏日苦热同长孙主簿过仁寿寺纳凉》："思减祝融权，期匡诸子宅。"刘禹锡《武陵观火诗》："楚乡祝融分，炎火常为虞。"❷即祝融峰。王昌龄《奉酬张荆州》："祝融之峰紫云衔，翠如何其雪崭岩。"杜甫《咏怀二首》之二："南为祝融客，勉强亲杖屦。"李商隐《失猿》："祝融南去万重云，清啸无因更一闻。"卢肇《登祝融寺兰若》："祝融绝顶万余层，策杖攀萝步步登。"见"祝融峰"。

【祝融峰】　山峰名。衡山七十二峰之最高峰。传说中古帝祝融葬于衡山之阳，故名之。崔兴宗《同王右丞送瑗公南归》："铜瓶与竹杖，来自祝融峰。"杨凭《赠马炼师》："行雨若迷归处路，近南惟见祝融峰。"孟郊《怀南岳隐士》："见说祝融峰，擎天势似腾。"廖匡图《九日陪董内召登高》："祝融峰下逢嘉节，相对那能不怆神。"

【祝謁】　祭拜。权德舆有《贞元七年蒙恩除太常博士自江东来朝时与郡君同行西岳庙祝谒因代书却寄》。

【祝雞翁】　古代神话中一位极善于养鸡的人。杜甫《奉寄河南韦尹丈人》："尸乡余土室，难说祝鸡翁。"刘禹锡《重寄表臣二首》之二："早晚同归洛阳陌，卜邻须近祝鸡翁。"

【祝禱】　祝告神明以祈福消灾。贯休《上顾大夫》："至化无经纶，至神无祝祷。"

【祝願】　本谓向神祷告，以乞求实现自己的愿望。后用以表示良好的愿望。白居易《予与微之老而无子今年冬各有一子戏作二什一以相贺一以自嘲》之二："持杯祝愿无他语，慎勿顽愚似汝爷。"

【祝辭】　见"祝詞"。

【祝纛】　祭旗。戎昱《泾州观元戎出师》："吹笳覆楼雪，祝纛满旗风。"

祟　〔suì《广韵》雖遂切，去至，心。〕鬼神为害。古人相信有鬼神，以为它们常出而祸人。《战国策·东周策》："及王病，使卜之。太卜谴之曰：'周之祭地为祟'。"鲍彪注："神祸也。"贺兰进明《古意二首》之一："为祟非泾水，人君道自穷。"杜甫《送顾八分文学适洪吉州》："舟楫无根蒂，蛟鼍好为祟。"薛逢《灵台家兄古镜歌》："耕夫不解珍灵异，翻惧赫连神作祟。"苏拯《水旱祷》："病生心腹不自医，古屋澄潭何神祟。"

祚　〔zuò《广韵》昨誤切，去暮，從。〕❶福；福运。李贺《白虎行》："天授秦封祚未移，衮龙衣点荆卿血。"《郊庙歌辞·祀圜丘乐章·雍和》："神其介祀，景祚斯融。"❷君位；皇统；国统。杜甫《述古三首》之三："汉光得天下，祚永固有开。"李益《北至太原》："炎祚昔昏替，皇基此郁盘。"李商隐《今月二日辄复五言四十韵诗献上亦诗人咏叹不足之义也》："待公三入相，丕祚始无穷。"韦庄《谒蒋帝庙》："江声似激秦军破，山势如匡晋祚危。"❸佑助；赐福。魏征《五郊乐章·肃和》："祚我明德，时雍道泰。"张说《唐享太庙乐章·大成舞》："肃雍孝享，祚我万方。"周昙《咏史诗·春秋战国门·王孙满》："九牧金熔物像成，辞昏去乱祚休明。"贯休《杜侯行》"人之戴兮天笔注，国之福兮天固祚。"

祔　〔fù《广韵》符遇切，去遇，泰。〕祭名。原指古代帝王在宗庙内将后死者神位附于先祖旁而祭祀。《左传·僖公三十三年》："凡君薨，卒哭而祔。"杜预注："以新死者之神祔之于祖。"亦泛指配享，附祭。权德舆《昭德皇后挽歌词》："往年求故剑，今夕祔初陵。"薛能《恭禧皇太后挽歌词三首》之一："祔陵经灞浐，归赗杂华夷。"见"祔廟""祔葬"。

【祔葬】　合葬。亦指葬于先坟之旁的坟墓。唐彦谦《长陵》："长安高阙此安刘，祔葬累累尽列侯。"

【祔廟】　祔祭后死者于先祖之庙。徐彦伯有《送特进李峤入都祔庙》。

祠　〔cí《广韵》似兹切，平之，邪。〕❶祭名。春祭。《诗·小雅·天保》："禴祠烝尝。"毛传："春曰祠，夏曰禴，秋曰尝，冬曰烝。"韦应物《白沙亭逢吴叟歌》："冬狩春祠无一事，欢游洽宴多颁赐。"❷祭祀。王维《与胡居士皆病寄此诗兼示学人二首》之二："植福祠迦叶，求仁笑孔丘。"韩翃《陪孟都督祭岳途中有赠》："拥节祠太山，寒天霜草白。"刘禹锡《酬令狐相公季冬南郊宿斋见寄》："斋心祠上帝，高步领名卿。"皮日休《泰伯庙》："一庙争祠两让君，几千年后转清芬。"❸祠堂；庙。张九龄《奉和圣制谒玄元皇帝庙斋》："兴运昔有感，建祠山北巅。"李嘉祐《题游仙阁白公庙》："仙冠轻举竟何之，薜荔缘阶竹映祠。"白居易《新乐府·黑潭龙》："潭上架屋官立祠，龙不能神人神之。"许棠《贞女祠》："何穴藏贞骨，荒祠见旧颜。"

【祠主】　犹庙祝。徐彦伯《送特进李峤入都祔庙》："孝图开寝石，祠主卜牲筵。"

【祠宇】　祠堂，神庙。玄宗《经河上公庙》："玄玄妙门启，肃肃祠宇清。"郎士元《关羽祠送高员外还荆州》："离筵对祠宇，洒酒暮天碧。"李敬方《题黄山汤院》："破险更祠宇，凭高易庙垣。"贾岛《北岳庙》："人来不敢入，祠宇白日黑。"

【祠官】　掌管祭祀之官。杜甫《桥陵诗三十韵因呈县内诸官》："宫女晚知曙，祠官朝见星。"又《往在》："故老复涕泗，祠官树椅桐。"韩愈《南山诗》："尝闻于祠官，芬苾降歆嗅。"

【祠神】　祭神。司空曙《送柳震归蜀》："桐花能乳鸟，竹节竞祠神。”

【祠宫】　祠堂；庙观。李季华《题季子庙》：“宁知千载后，蘋藻冷祠宫。”徐铉《题紫阳观》：“丹井自深桐暗老，祠宫长在鹤频来。”

【祠容】　祭祀时的仪容。则天皇后《唐大飨拜洛乐·咸和》：“坎泽祠容备举，神坛祭典爰申。”《郊庙歌辞·享太庙乐章·通和》：“祠容既华，仙座爰兴。”

【祠曹】　祠部机构。唐属礼部。亦称掌管祀事之官。韦应物有《移疾会诗客元生与释子法朗因贻诸祠曹》。

【祠堂】　旧时祭神祇、祖先或先贤的庙堂。杜甫《蜀相》：“丞相祠堂何处寻，锦官城外柏森森。”韩愈《题炭谷湫祠堂》：“祠堂像侔真，擢玉纡烟鬟。”刘三复《送黄明府晔赴岳州湘阴任》：“遥知布惠苏民后，应向祠堂吊汨罗。”储嗣宗《圣女祠》：“石屏苔色凉，流水绕祠堂。”

【祠部】　唐礼部四司之一。掌祠祀、天文、卜祝、医药等事。有郎中一员，从五品上；员外郎一员，从六品上。岑参有《和祠部王员外雪后早朝即事》。郑谷有《送祠部曹郎中郯出守洋州》。

【祠廟】　祠堂；庙堂。杜甫《谒先主庙》：“旧俗存祠庙，空山立鬼神。”又《登楼》：“可怜后主还祠庙，日暮聊为梁甫吟。”李商隐《筹笔驿》：“他年锦里经祠庙，《梁父吟》成恨有余。”

【祠壇】　祭场。王翰《赋得明星玉女坛送廉察尉华阴》：“上有明星玉女祠，祠坛高眇路逶迤。”

【祠禮】　祭礼；祭祀之礼。严巨川《仲秋太常寺观公卿辂车拜陵》：“士庶观祠礼，公卿习旧章。”

【祠禱】　祭神祈福。王周《巫庙》：“悉窣垂肸蠁，祠祷希安宁。”

祗〔zhī《广韵》旨夷切，平脂，章。〕❶敬；恭敬。贺知章《唐禅社首乐章·肃和》：“黄祇是祇，我其夙夜。”武元衡《奉酬中书相公至日圜丘行事合于中书宿斋移止于集贤院叙情见寄之什》：“郊庙祗严祀，斋庄觌上玄。”见“祗事”“祗承”“祗候”。❷恭敬奉行。韦应物《使云阳寄府曹》：“夙驾祗府命，冒炎不遑息。”皎然《送崔判官还扬子》：“轻传祗远役，依依下姑亭。”❸同“祇₂”。《全唐诗》多作“祇”。(1)只；仅。杜甫《洗兵马》：“祗残邺城不日得，独任朔方无限功。”白居易《戊申岁暮书怀三首》之二：“唯生一女才十二，祗欠三年未六旬。”姚合《赏春》：“闲人祗是爱春光，迎得春来喜欲狂。”钱珝《客舍寓怀》：“野云行止谁相待，明月襟怀祗自知。”(2)竟；竟然。姚合《寄贾岛》：“疏拙祗如此，此身谁与同。”皮日休《病后春思》：“牢愁有度应如月，春梦无心祗似云。”钱珝《江行无题一百韵》之二九：“祗如秦塞远，格磔鹧鸪啼。”又《江行无题一百首》之六八：“祗疑云雾窟，犹有六朝僧。”(3)简直。萧颖士《答邹象先》：“回首无津梁，祗令二毛变。”陆龟蒙《奉酬袭美先辈吴中苦雨一百韵》：“不足谢徽音，祗令凋鬓发。”(4)正。戴叔伦《北山游亭》：“自从春草长，遥见祗青青。”(5)此。李贺《春归昌谷》：“心曲语形影，祗身焉足乐。”(6)何，怎么。李商隐《所居永乐县久旱县宰祈祷得雨因赋诗》：“祗怪闾阎喧鼓吹，邑人同报束长生。”

【祗今】　如今。祗，同“祇₂”。高适《闺情》之三：“祗今桃李正堪攀，所恨枝高引手难。”岑参《还高冠潭口留别舍弟》：“昨日山有信，祗今耕种时。”韩愈《李花赠张十一署》：“祗今四十已如此，后日更老谁论哉！”杜荀鹤《伤病马》：“祗今筋骨浑全在，春暖莎青放未迟。”

【祗召】　奉召；被召。崔融《和梁王众传张光禄是王子晋后身》：“祗召趋龙阙，承恩拜虎闱。”刘禹锡有《送分司陈郎中祗召直史馆重修三圣实录》。

【祗有】　只有；仅有。祗，同“祇₂”。裴谈《回波乐》：“外边祗有裴谈，内里无过李老。”

【祗役】　奉命任职。张九龄《南山下旧居闲放》：“祗役已云久，乘闲返服初。”韦应物《西郊游宴寄赠邑僚李巽》：“羁旅念越疆，领徒方祗役。”独孤及《三月三日自京到华阴于水亭独酌寄裴六薛八》：“祗役匪遑息，经时客三秦。”李逢吉《望京楼上寄令狐华州》：“祗役滞南服，颓思属暮年。”

【祗事】　恭敬地事奉。裴度《奉酬中书相公至日圆丘叙怀见寄之作》：“致斋移秘府，祗事见冲襟。”杜牧《牧陪昭应卢郎中在江西宣州佐今吏部沈公幕叙旧成二十二韵用以投寄》：“谬陪吾益友，祗事我贤侯。”皮日休《太湖诗·包山祠》：“命予传明祷，祗事实不遑。”

【祗命】　奉命。李峤《奉教追赴九成宫途中口号》：“委质承仙翰，祗命遄遥策。”韩愈《早赴街西行香赠卢李二中舍人》：“天街东西异，祗命遂成游。”权德舆有《祗命赴京途次淮口因书所怀》。

【祗承】　敬奉；恭承。韦应物《送阎寀赴东川辟》：“祗承简书命，俯仰豸角冠。”杨巨源《酬崔博士》：“长被有情邀唱和，近来无力更祗承。”沈亚之《梦挽秦弄玉》序：“其日，有黄衣中贵骑疾马来延亚之入。宫阙甚严，呼公主出，鬒发，著偏袖衣，芳姝明媚。侍女祗承，分立左右者数百人。”

【祗是】　只是。祗，同“祇₂”。杜甫《奉赠韦左丞丈二十二韵》：“焉能心怏怏，祗是走踆踆。”白居易《咏兴五首·四月池水满》：“假如云雨来，祗是池中物。”

【祗待】　恭候。李绅有《寿阳罢郡日·肥河维舟阻冻祗待敕命》。

【祇恐】 唯恐；只怕。祇，同“衹₂”。陆龟蒙《奉和袭美太湖诗二十首·上真观》：“祇恐暂神游，又疑新羽化。”又《题杜秀才水亭》：“晓和风露立晴烟，祇恐腥魂涴洞天。”李洞《闻杜鹃》：“长疑啄破青山色，祇恐啼穿白日轮。”冯少吉《山寺见杨少卿书壁因题其尾》：“少卿真迹满僧居，祇涧恐钟王也不如。”

【祇候】 恭候。白居易《令狐尚书许过弊居先赠长句》：“祇候高情无别物，苍苔石笋白花莲。”花蕊夫人徐氏《宫词》之六：“每日日高祇候处，满堤红艳立春风。”

【祇荷】 (—hè)恭承。则天皇后《唐大飨拜洛乐章·九和》：“祇荷坤德，钦若乾灵。”

【祇爲】 (—wèi)只是因为；只是为了。祇，同“衹₂”。上官昭容《游长宁公主流杯池二十五首》之十三：“莫怪人题树，祇为赏幽栖。”韦应物《将发楚州经宝应县访李二忽于州馆相遇月夜书事因简李宝应》：“孤舟欲夜发，祇为访情人。”周昙《咏史诗·春秋战国门·武公》：“猛兽来兵祇为文，岂宜凉德拟图尊。”又《咏史诗·后汉门·献帝》：“祇为曹侯数贵人，普天黔首尽黄巾。”

【祇敬】 恭敬。李纾《让皇帝庙乐章·迎俎》：“捧撤祇敬，击拊和鸣。”韩愈《东都遇春》：“在庭百执事，奉职各祇敬。”柳宗元《贞符》序：“恺悌祇敬，用底于理。”

【祇謁】 恭敬地进见。《郊庙歌辞·周宗庙乐舞辞·肃顺》：“我后至孝，祇谒祖先。”

【祇緣】 只是因为。祇，同“衹₂”。杜甫《又呈吴郎》：“不为困穷宁有此，祇缘恐惧转须亲。”崔峒《春日忆姚氏外甥》：“祇缘行路远，未必寄书稀。”

【祇應】 (—yīng)只应；只能是。祇，同“衹”。孟浩然《留别王侍御维》：“祇应守索寞，还掩故园扉。”独孤及《和赠远》：“借问离居恨深浅，祇应独有庭花知。”严维《送舍弟》：“祇应宵梦里，诗兴属池塘。”姚合《奉和前司封苏郎中喜严常侍肃给事见访惊斑鬓之什》：“祇应为酒微微变，不是因年渐渐生。”

【祇薦】 恭敬地祭祀。郑谷有《丞相孟夏祇荐南郊纪献十韵》。

【祇膺】 恭承。玄宗《春晚宴两相及礼官丽正殿学士探得风字》：“朕以薄德，祇膺历数。”

祕〔mì《广韵》兵媚切，去至，幫。〕❶秘密；不公开。韩愈《岣嵝山》：“事严迹秘鬼莫窥，道人独上偶见之。”司马扎《赠王道士》：“青篆秘不闻，黄鹤去不止。”唐彦谦《咸通中始闻褚河南归葬阳翟追叙风概因成二十韵》：“穆卜缄滕秘，金根辙迹遥。”❷隐藏；保守秘密。虞世南《奉和幸江都应诏》：“南国行周化，稽山秘夏图。”李白《历阳壮士勤将军名思齐歌》：“江山犹郁盘，龙虎秘光彩。”白居易《梦仙》：“秘之不敢泄，誓志居岩扃。”李德裕《惠泉》：“明玑难秘彩，美玉讵潜珍。”❸神秘；珍奇而不常见。杜甫《殿中杨监见示张旭草书图》：“斯人已云亡，草圣秘难得。”元稹《奉和浙西大夫李德裕述梦四十韵次本韵》：“庄蝶玄言秘，罗禽藻思高。”徐铉《赠王贞素先生》：“道秘未传鸿宝术，院深时听步虚声。”亦指胜境。张九龄《与生公游石窟山》：“探秘孰云远，忘怀复尔同。”❹深；深邃。卢鸿一《嵩山十志十首·洞元室》：“蕙帐萝筵兮洞元室，秘而幽兮真可吉。”见“祕宇”。❺与皇帝有关的。见“祕色”。❻声音滞涩。章孝标《玄都观栽桃十韵》：“棋局阴长合，箫声秘不通。”

【祕文】 秘籍；难见之书。李绅《新楼诗二十首·禹庙》：“秘文镂石藏青壁，宝检封云化紫泥。”

【祕色】 古代越州官窑所产磁器的颜色。因为帝王所专用，故云。陆龟蒙有《秘色越器》。徐夤有《贡余秘色茶盏》。

【祕典】 含义深奥的典籍。慧净《杂言》：“龙宫秘典海中探，石室真言山处仰。”

【祕府】 禁中藏书秘记之所。多指秘书省或集贤院。褚亮《伤始平李少府正己》：“同游秘府日，方驾直城闉。”韦应物《送雷监赴阙庭》：“雄藩精理行，秘府擢文儒。”窦牟《故秘监丹阳郡公延陵包公挽歌》：“德音冥秘府，风韵散清朝。”裴度《奉酬中书相公至日摄事合于中书后阁宿斋移止于集贤院叙怀见寄之作》：“致斋移秘府，祇事见冲襟。”

【祕法】 犹秘术。秘密的法术。张仲方《赠毛仙翁》：“紫霞妖女琼华飞，秘法虔心传付与。”

【祕要】 指奥旨精义。吕岩《西江月》词之一：“秘要俱皆览过，神仙奥旨重吟。”

【祕省】 (—shěng)秘书省的省称。岑参有《送秘省虞校书赴虞乡丞》。李嘉祐《奉酬路五郎中院长新除工部员外见简》：“一门同秘省，万里作长城。”贾岛《送裴校书》：“拜官从秘省，署职在藩维。”张乔有《秘省伴直》。

【祕思】 深邃的思绪。语本南朝宋谢惠连《雪赋》：“授简于司马大夫曰：‘抽子秘思，骋子妍辞，侔色揣称，为寡人赋之。’”裴夷直《和周侍御洛城雪》：“一种相如抽秘思，兔园那比凤凰城。”

【祕重】 (—zhòng)珍视宝重。白居易《画竹歌》序：“协律郎萧悦善画竹，举时无伦。萧亦甚自秘重，有终岁求其一竿一枝而不得者。”

【祕計】 神奇的计谋。段成式、张希复《游长安诸寺联句·平康坊菩萨寺·书事联句》：“咒中陈秘计，论处正先登。”

【祕洞】 深洞。裴潾《前相国赞皇公作镇浙右辄抒怀赋四言诗十四首奉寄》之六:“下有秘洞,豁起石门。”

【祕室】 指内宫。《郊庙歌辞·周郊祀乐章·福顺东》:“卿云秘室,甘泉宝台。”

【祕祝】 本秦代司祈祝之官。有灾异命祝官祠祭,移其咎于众官及百姓,国家讳之,故名。亦指暗中祝祷。元稹《哭女樊四十韵》:“秘祝休巫觋,安眠放使令。”

【祕校】 (—jiào)官名。秘书省校书郎。武元衡有《经严秘校维故宅》。

【祕秬】 珍异的嘉谷。秬,黑黍,古视为嘉谷,象征祥瑞。李义府《在嶲州遥叙封禅》:“金坛映黼帷,仙阶溢秘秬。”

【祕庭】 深邃的庭院。卢鸿一《嵩山十志十首·枕烟庭》序:“枕烟庭者,盖特峰秀起,意若枕烟。秘庭凝虚,窅若仙会,即扬雄所谓爰静神游之庭是也。”

【祕書】 ❶宫禁秘藏之书。李洞《吊曹监》:“甘露施衣封泪点,秘书取集印苔痕。”❷指秘书省或秘书省之属官秘书监、秘书少监、秘书丞、秘书郎等。杜甫《八哀诗·故秘书少监武功苏公源明》:“秘书茂松意,溟涨本末浅。”高适《酬秘书弟兼寄幕下诸公》:“秘书即吾门,虚白无不通。”白居易有《和张十八秘书谢裴相公寄马》。贾岛有《答王建秘书》。

【祕書少監】 (少 shào 監 jiàn)官名。属秘书省。唐秘书省置少监二人,从四品上,曾一度改称秘书侍郎。方干有《哭秘书姚少监》。

【祕書省】 (省 shěng)官署名。东汉始置秘书监一官,典司图籍。南北朝以后始置秘书省,职掌经籍、图书、著作等事。唐秘书省置监、少监、丞、秘书郎、校书郎、正字等官。白居易有《秘书省中忆旧山》。温庭筠有《秘书省有贺监知章草题诗因有此作》。

【祕書郎】 官名。魏晋时置,属秘书省,掌管图书经籍。唐秘书省置秘书郎三人,从六品上,曾一度改名为兰台郎。张籍《题杨秘书新居》:“卷里诗过一千首,白头新受秘书郎。”

【祕書監】 (監 jiàn)官名。东汉桓帝时设置,南北朝末期以后为秘书省之长官,掌邦国经籍、图书、著作等事。唐秘书省置监一人,从三品,王维有《送秘书晁监还日本国》。刘禹锡《鹤叹二首》序:“今年春,乐天为秘书监。”路应有《仙岩四瀑布即事寄上秘书包监十四韵》。

【祕略】 深藏的谋略。沈佺期《塞北二首》之二:“秘略三军动,妖氛百战摧。”

【祕術】 秘密的方法或法术。杨于陵《赠毛仙翁》:“千年犹孺质,秘术救尘寰。”辨才《设缸面酒款萧翼探得来字》:“非君有秘术,谁照不然灰。”

【祕密】 隐蔽,不让人知道。王梵志《诗》之三七:“但能依此语,秘密立身方。”

【祕訣】 隐秘而不公开的方法;奇妙的诀窍。李白《至陵阳山登天柱石酬韩侍御见招隐黄山》:“见我传秘诀,精诚与天通。”杨嗣复《赠毛仙翁》:“王母亲缝紫锦囊,令向怀中藏秘诀。”邵谒《学仙词》:“上仙传秘诀,澹薄与无营。”李中《寄杨先生》:“莫把壶中秘诀,轻传尘里游人。”

【祕殿】 深邃的宫殿。包佶《奉和常阁老晚秋集贤院即事寄赠徐薛二侍郎》:“秘殿掖垣西,书楼苑树齐。”皇甫冉《华清宫》:“凿山开秘殿,隐雾闭仙宫。”李商隐《寄令狐学士》:“秘殿崔嵬拂彩霓,曹司今在殿东西。”郑谷《入阁》:“秘殿临轩日,和銮返正年。”

【祕監】 (—jiàn)即秘书监。杜甫《赠虞十五司马》:“远师虞秘监,今喜识玄孙。”武元衡有《和杨三舍人晚秋与崔二舍人张秘监苗考功同游昊天观时中书寓直不得》。白居易《临都驿答梦得六言二首》之二:“谢守归为秘监,冯公老作郎官。”姚鹄有《奉和秘监从翁夏日陕州河亭晚望》。

【祕圖】 神秘的图谶。元稹《代曲江老人百韵》:“秘图推废主,后圣合经纶。”

【祕閣】 古代宫中收藏珍贵图书之处。借指秘书省。元稹《和乐天过秘阁书省旧厅》:“闻君西省重徘徊,秘阁书房次第开。”白居易《醉后走笔酬刘五主簿长句之赠兼简张大贾二十四先辈昆季》:“始辞秘阁吏王畿,遽列谏垣升禁闱。”又《和张十八秘书谢裴相公寄马》:“齿齐膘足毛头腻,秘阁张郎叱拨驹。”郑谷《秘阁伴直》:“秘阁锁书深,墙南列晚岑。”

【祕器】 棺材。王维《故西河郡杜太守挽歌三首》之三:“途刍去国门,秘器出东园。”刘禹锡《德宗神武孝文皇帝挽歌二首》之二:“汉仪陈秘器,楚挽咽繁声。”

【祕邃】 深邃。陆龟蒙《奉和袭美太湖诗二十首·投龙潭》:“名山潭洞中,自古多秘邃。”

【祕樂】 (—yuè)稀有而不为外人所知的乐曲。郑嵎《津阳门诗》:“月中秘乐天半间,丁珰玉石和埙篪。”

【祕藏】 ❶(—zàng)隐藏或珍藏之物。喻深奥的道理。皮日休、张贲《寒夜文宴联句》:“理穷倾秘藏,论猛折玄关。”❷(—cáng)深藏。刘叉《雪车》:“载载欲何之,秘藏深宫以御炎酷。”

【祕賾】 指隐秘幽深之道。皎然《苕溪草堂自大历三年夏新营泊秋及春弥觉境胜因纪其事简潘丞述汤评事衡四十三韵》:“潘生入空门,祖师传秘赜。”

【祕鎖】 隐秘的锁键。喻奥秘之处。李洞《秋日同觉公上人眺慈恩塔六韵》:“谒师开秘锁,尘日闭虚空。”

【祕寶】 珍异的宝物。特指宝贵的典籍。韩愈《答张彻》：“义苑手秘宝，文堂耳惊霆。”皮日休《二游诗·徐诗》：“引之看秘宝，任得穷披阅。”

【祕籙】 道教神秘的文书。陈子昂《洛城观酺应制》：“苍极神功被，青云秘箓开。”顾况《金珰玉佩歌》：“五岳真君之秘箓，九天丈人之宝书。”殷尧恭《府试中元观道流步虚》：“玄都开秘箓，白石礼先生。”

【祕讖】 记述神秘事物之书。多指谶纬之书。钱起《归义寺题震上人壁》：“秘谶得神谋，因高思虎踞。”

六　画

祧 〔tiāo《广韵》吐彫切，平萧，透。〕❶祖庙；祠堂。翁承赞《题莒潭安闽院》：“祧宗营祀舍，幽异胜珠林。”❷承继为后嗣。徐铉《文献太子挽歌词五首》之一：“国有承祧重，人知秉哲尊。”

祥 〔xiáng《广韵》似羊切，平陽，邪。〕❶善；吉利。《书·伊训》：“作善，降之百祥；作不善，降之百殃。”孔传：“祥，善也。”李颀《杂兴》：“青青兰艾本殊香，察见泉鱼固不祥。”包佶《祀风师乐章·迎俎酌献》：“神歆入律，恩降百祥。”杜甫《太子张舍人遗织成褥段》：“留之惧不祥，施之混柴荆。”韦表微《池州夫子庙麟台》：“孔不自圣，麟不自祥。”❷吉凶之兆。《左传·僖公十六年》：“周内史叔兴聘于宋，宋襄公问焉，曰：‘是何祥也？’”杜预注：“祥，吉凶之先见者。”后多指吉兆。钱起《京兆尹厅前甘棠树降甘露》：“气和祥则降，孰谓天难知。”韩愈《嗟哉董生行》：“惟有天翁知，生祥下瑞无时期。”白居易《新乐府·牡丹芳》：“元和天子忧农桑，恤下动天天降祥。”罗隐《甘露寺看雪上周相公》：“一种为祥君看取，半禳灾沴半年丰。”❸神；神灵。李峤《汾阴行》：“回旌驻跸降灵场，焚香奠醑邀百祥。”包佶《祀风师乐章·奠币登歌》：“仰瞻肸蠁，群祥来凑。”❹安详。韩愈《元和圣德诗》：“皇帝大孝，慈祥悌友。”❺亲丧的祭名。古代居父母、亲人之丧，满一年或二年而祭的统称。陈元光《太母魏氏半径题石》：“忧阕情犹结，祥回禫届冥。”

【祥石】 能预言吉凶之石。典出《左传·昭公八年》：“春，石言于晋魏榆，晋侯问师旷曰：‘石何故言?’对曰：‘石不能言，或冯焉。’”骆宾王《过故宋》：“绮琴朝化洽，祥石夜论空。”

【祥禾】 嘉禾。韩愈、孟郊《秋雨联句》：“甘津泽祥禾，伏润肥荒艾。”

【祥光】 祥瑞之光。象征吉祥。阎朝隐《奉和圣制春日幸望春宫应制》：“宫梅间雪祥光遍，城柳含烟淑气浓。”岑参《送许子擢第归江宁拜亲因寄王大昌龄》：“喜气薄太阳，祥光彻窅冥。”权德舆《朔旦冬至摄职南郊因书即事》：“星辰列位祥光满，金石交音晓奏清。”温庭皓《观山灯献徐尚书》之三：“丽景饶红焰，祥光出翠微。”

【祥色】 吉祥之色。韩愈、孟郊《城南联句》：“祥色被文彦，良才插杉柽。”

【祥花】 吉祥之花。无名氏《嘉禾合颖》(卷七八七)：“薰风浮合颖，湛露净祥花。”

【祥英】 吉祥的雪花。赵彦伯《苑中遇雪应制》：“千钟圣酒御筵披，六出祥英乱绕枝。”

【祥芝】 吉祥的灵芝。李义府《在嶲州遥叙封神》：“仙阶溢秘秬，灵检耀祥芝。”

【祥氛】 吉祥的气氛。张景源《奉和九月九日登慈恩寺浮图应制》：“祥氛与佳色，相伴杂炉烟。”

【祥河】 吉祥的河。语出佛经。骆宾王《和王记室从赵王春日游陀山寺》：“祥河疏叠涧，慧日皎重轮。”

【祥風】 ❶即景风，夏至后和暖的风。八种季候风之一。韩愈《岐山下二首》之二：“窅窕相飘扬，和声随祥风。”❷吉祥之风。古人认为王者德及皇天则祥风起。苗晋卿《奉和圣制早登太行山中言志》：“喜气回舆合，祥风入旆轻。”严武《题龙日寺西龛石壁》：“恩从祥风起，德与和气游。”许浑《正元》：“高揭鸡竿辟帝阍，祥风微暖瑞云屯。”贯休《酷吏词》：“所以祥风不来，和气不复。”

【祥鳥】 吉祥之鸟。皇甫冉《奉和独孤中丞游法华寺》：“香象随僧久，祥鸟报客先。”窦叔向《春日早朝应制》：“乳燕翻珠缀，祥鸟集露盘。”

【祥莢】 蓂荚。传为唐尧时瑞草名。据传它每月从初一至十五，每日结一荚；从十六至月终，每日落一荚。故从荚数多寡，便可知为何日，因亦名历荚。郑愔《中宗降诞日长宁公主满月侍宴应制》：“月满增祥荚，天长发瑞灵。”

【祥符】 吉祥的征兆。崔玄童《祭汾阴乐章》：“祥符宝鼎，礼备黄琮。”

【祥雲】 庆云，吉祥的云彩。李峤《游苑遇雪应制》：“散漫祥云逐圣回，飘飖瑞雪绕天来。”潘孟阳《元日和布泽》：“北阙祥云回，东方嘉气繁。”李绅《山出云》：“杳霭祥云起，飘飏翠岭新。”《长安杂题长句六首》之五：“祥云辉映汉宫紫，春光绣画秦川明。”

【祥雲瑞日】 吉祥的云彩和日光。徐夤《李翰林》：“遗编往简应飞去，散入祥云瑞日间。”

【祥雲瑞露】 吉祥的云彩和露水。裴说《终南山》：“谁与群峰并，祥云瑞露频。”

【祥禽】 吉祥的鸟。刘禹锡《游桃源一百韵》：

"祥禽舞葱茏,珠树摇玓瓅。"

【祥瑞】 吉祥之兆。王建《上崔相公》:"开阁覆看祥瑞历,封名直进薛萝人。"白居易《新乐府·采诗官》:"夕郎所贺皆德音,春官每奏唯祥瑞。"李绅《华山庆云见》:"苍生欣有望,祥瑞在吾君。"顾复《感秃鹙潜吟》:"昔日曾看瑞应图,万般祥瑞不如无。"

【祥暉】 吉祥的日光。《郊庙歌辞·中宗祀昊天乐章·凯安》:"舜日启祥晖,尧云卷征旆。"

【祥鳳】 凤凰,传说中的瑞禽。韩愈《雨中寄孟刑部几道联句》:"祥凤遗蒿鷃,云韶掩夷靺。"李群玉《别狄佩》:"圣人奏云韶,祥凤一来仪。"杜荀鹤《清溪来明府出二子请诗因遗一绝》:"若向吾唐作双瑞,便向祥凤与祥麟。"

【祥煙】 祥瑞的烟气。姚崇《奉和圣制夏日游石淙山》:"别有祥烟伴佳气,能随轻辇共葱葱。"杨凌《春霁花萼楼南闻宫莺》:"祥烟瑞气晓来轻,柳变花开共作晴。"滕迈《春色满皇州》:"暖带祥烟起,清添瑞景浮。"皮日休《太湖诗·游毛公坛》:"时时仙禽来,忽忽祥烟聚。"亦特指宫中铜炉中燃烧香料而出现的香烟。李商隐《行次西郊作一百韵》:"彩旂转初旭,玉座当祥烟。"又《送千牛将军赴阙五十韵》:"丹陛祥烟灭,皇闱杀气横。"

【祥圖】 祥瑞的图籍。苏颋《奉和圣制人日清晖阁宴群臣遇雪应制》:"七日祥图启,千春御赏多。"

【祥輪】 指太阳。骆宾王《咏雪》:"含辉明素篆,隐迹表祥轮。"

【祥輝】 吉祥的光彩。于季子《咏云》:"瑞云千里映,祥辉四望新。"

【祥徽】 吉祥的乐声。高宗《太子纳妃太平公主出降》:"王庭浮瑞色,银榜藻祥徽。"

【祥鵬】 吉祥的神鸟。鹏,鷫鹏,传说中的神鸟。韩愈、孟郊《城南联句》:"荫庾森岭桧,啄场翙祥鹏。"

【祥飆】 瑞风。黄颇《风不鸣条》:"五纬起祥飙,无声瑞圣朝。"

【祥麟】 传说中的瑞兽麒麟。李昭象《寄献山中顾公员外》:"祥麟避网虽山野,丹凤衔书即薛萝。"杜荀鹤《清溪来明府出二子请诗因遗一绝》:"若向吾唐作双瑞,便同祥凤与祥麟。"《郊庙歌辞·汉宗庙乐舞辞·章庆舞》:"阿阁长栖彩凤,郊宫叠奏祥麟。"

【祥鱣】 (一shàn)《后汉书·杨震传》:后有冠雀衔三鳝鱼,飞集讲堂前。都讲取鱼进曰:"蛇鳝者,卿大夫服之象也,数三公,法三治也。先生自此升矣。'"后以"祥鳣"为称颂杨姓仕宦者之典。钱起《过杨驸马亭子》:"彩凤翻箫曲,祥鳝入馆名。"白居易《和杨郎中贺杨仆射致仕后杨侍郎门生合宴席上作》:"祥鳝降伴趋庭鲤,贺燕飞和出谷莺。"

【祥鸞】 即祥凤。王建《和少府崔卿微雪早期》:"已傍祥鸾迷殿角,还穿瑞草入袍襕。"白居易《见李苏州示男阿武诗自感成咏》:"遥羡青云里,祥鸾正引雏。"牛峤《登陈拾遗书台览杜工部留题慨然成咏》:"逸足拟追风,祥鸾已镞翮。"

【祥鸞威鳳】 吉祥的鸾凤。鸾,凤属,一说凤有五,多青色者为鸾。和凝《宫词百首》之四三:"三殿香浓晓色来,祥鸾威凤待门开。"

祭 〔jì《广韵》子例切,去祭,精。〕❶祭祀。陈物供奉神鬼祖先。徐九皋《咏史》:"己申黄石祭,方慕赤松仙。"张籍《江南春》:"向晚青山下,谁家祭水神。"李频《送友人游蜀》:"鼓吹青林下,时闻祭武侯。"杜荀鹤《题历山舜祠》:"世人那肯祭,大圣不兴妖。"❷祭奠。以仪式追悼死者。贾岛《哭胡遇》:"祭回收朔雪,吊后折寒花。"韦庄《哭同舍崔员外》:"祭罢泉声急,斋余磬韵长。"亦指祭品。李洞《吊膳曹从叔郎中》:"华省支残俸,寒蔬办祭稀。"❸杀。《逸周书·时训》:"霜降之日,豺乃祭兽。"朱右曾校释:"豺似狗,高前广后,黄色群行,其牙如锥,杀兽而陈之若祭。"魏征《五郊乐章·肃和》:"豺祭隼击,潦收川镜。"

【祭天】 祭祀天神。李峤《金》:"祭天封汉岭,掷地警孙声。"

【祭文】 文体名。祭祀或祭奠时表示哀悼或祷祝的文章。刘禹锡《乐天见示伤微之敦诗晦叔三君子皆有深分因成是诗以寄》:"世上空惊故人少,集中惟觉祭文多。"

【祭祀】 祀神供祖的仪式。杜甫《咏怀古迹五首》之四"武侯祠屋常邻近,一体君臣祭祀同。"韩愈《寄卢仝》:"俸钱供给公私余,时致薄少助祭祀。"

【祭雨】 祈雨,祀天以求雨。李峤《茅》:"尧帝成茨罢,殷汤祭雨旋。"

【祭典】 祀典。祭祀的礼仪法度。则天皇后《唐大飨拜洛乐章·咸和》:"坎泽祠容备举,坤坛祭典爰申。"

【祭星】 古代重要祭祀之一。每年春至,天子出东郊设坛而祭星辰。项斯《古观》:"坛边见灰火,几烧祭星文。"

【祭秩】 祭祀的级别。《礼记·王制》:"天子祭天下名山大川,五岳视三公,四渎视三公。"韩愈《谒衡岳庙遂宿岳寺题门楼》:"五岳祭秩皆三公,四方环镇嵩当中。"

【祭酒】 ❶指出行的饯别酒。李贺《出城别张又新酬李汉》:"今将下东道,祭酒而别秦。"❷汉魏以后官名。汉代有博士祭酒,为博士之首。西晋改国子祭酒,隋唐以后称国子监祭酒,为国子监的主管官。李峤有《和同府李祭酒休沐田居》。权德舆有《和王祭酒太社宿斋不得赴李尚书宅会戏书见寄》。韩愈《石鼓歌》:“濯冠沐浴告祭酒,如此至宝存岂多。”刘禹锡《国学新修五经壁歌》:“孰规摹之?孰发挥之?祭酒维齐,博士维韦。”

【祭鳥】　谓鹰杀鸟而不即食,陈之若祭。丘光庭《茅鸱四章章八句》之四:“愿弹去汝,来彼苍鹰。来彼苍鹰,祭鸟是征。”

【祭魚】　犹獭祭。孟浩然《早发渔浦潭》:“饮水畏惊猿,祭鱼时见獭。”

【祭器】　祭祀所用的器具。刘希夷《谒汉世祖庙》:“祠庭巢鸟啄,祭器网虫缘。”

七　画

祲　〔jìn《广韵》子鸩切,去沁,精。又子心切,平侵,精。〕日旁云气。古时迷信,认为此由阴阳二气相互作用而发生,能预示吉凶。常指妖气、邪恶之气。李峤《奉和幸望春宫送朔方总管张仁亶》:“方销塞北祲,还靖漠南尘。”杜甫《久雨期王将军不至》:“昏昏阊阖闭氛祲,十月荆南雷怒号。”元稹《桐花》:“枭音亦云革,安得沴与祲?”韩偓《暴雨》:“气凉氛祲消,暑退松篁健。”

【祲沴】　犹祲氛。邪恶之气。杜甫《览柏中允除宫制词》:“方当节钺用,必绝祲沴根。”

八　画

祺　〔qí《广韵》渠之切,平之,羣。〕幸福。《汉书·礼乐志》:“众庶熙熙,施及夭胎,群生啿啿,惟春之祺。”颜师古注引如淳曰:“祺,福也。”见“祺祥”。

【祺祥】　幸福吉祥。《郊庙歌辞·后唐宗庙乐舞辞·昭德舞》:“道符休泰,运叶祺祥。”

禮　〔zhà《广韵》鉏駕切,去禡,崇。〕古代年终祭祀名。与“蜡”同。《广雅·释天》:“禮,祭也。”又:“腊,索也。夏曰清祀,殷曰嘉平,周曰大禮,秦曰腊。”韩愈《县斋有怀》:“捐躯辰在丁,铩翮时方禮。”

禁[1]　〔jìn《广韵》居蔭切,去沁,見。〕❶禁止;制止。李华《咏史十一首》之七:“况不禁樵采,茅莎无孑遗。”孟郊《连州吟》:“试为连州吟,泪下不可禁。”白居易《新乐府·胡旋女》:“从兹地轴天维转,五十年来制不禁。”唐彦谦《蟹》:“无肠公子固称美,弗使当道禁横行。”❷含有禁戒性的条规或法令。白居易《赠友五首》之一:“百里不同禁,四时自为政。”❸忌讳。见“禁忌”。❹监禁;拘禁。见“禁所”。❺帝王宫殿。刘长卿《奉和赵给事使君留赠李婺州舍人兼谢舍人别驾之什》:“禁深分直夜,地远独行春。”常衮《早秋望华清宫树因以成咏》:“可怜云木丛,满禁碧濛濛。”郑絪《奉和武相公省中宿斋酬李相公见寄》:“禁静疏钟彻,庭开爽韵虚。”赵嘏《华清宫和杜舍人》:“禁清余风吹,池冷睡龙光。”❻御用的,属于帝王的。见“禁苑”“禁林”“禁園”。❼禁咒。见“禁術”。

禁[2]　〔jīn《广韵》居吟切,平侵,見。〕❶胜任;忍受。白居易《杨柳枝词八首》之七:“小树不禁攀折苦,乞君留取两三条。”胡曾《咏史诗·居延》:“停骖一顾犹魂断,苏武争禁十九年。”徐夤《菊花》:“消灾辟恶君须采,冷露寒霜我自禁。”南唐后主李煜《病中书事》:“庸医懒听词何取,小婢将行力未禁。”❷耐;经得起。元稹《感小株夜合》:“不禁风苦动,偏受露先萎。”白居易《答苏庶子》:“病来从断酒,老去可禁愁。”唐彦谦《寄蒋二十四》:“大知高士禁愁寂,试倚阑干莫断肠。”孙光宪《菩萨蛮》词之三:“争奈别离心,近来尤不禁。”❸可能。韩偓《厌落花》:“半醉狂心忍不禁,分明一任傍人见。”❹相当;抵得上。杜甫《大历二年九月三十日》:“草敌虚岚翠,花禁冷叶红。”又《杨监又出画鹰十二扇》:“疾禁千里马,气敌万人将。”❺牵缠。李涉《柳枝词》:“不必如丝千万缕,只禁离恨两三条。”❻自持;控制。杜甫《舍弟观赴蓝田取妻子到江陵喜寄三首》之二:“巡檐索共梅花笑,冷蕊疏枝半不禁。”权德舆《薄命篇》:“镜里红颜不自禁,陌头香骑动春心。”无名氏《明月湖醉后蔷薇花歌》:“西施醉后情不禁,侍儿扶下蕊珠阁。”❼整治;处理。杜甫《草堂即事》:“蜀酒禁愁得,无钱何处赊。”

【禁山】　封山。禁止入山砍伐、放牧等。刘禹锡《游桃源一百韵》:“禁山开秘宇,复户洁灵宅。”

【禁止】　❶以禁令加以制止。韩愈《寄卢仝》:“凭依婚媾欺官吏,不信令行能禁止。”王毂《玉树曲》:“圣唐御宇三百祀,濮上桑间宜禁止。”❷犹约束。孟郊《喜符郎诗有天纵》:“幸当禁止之,勿使恣狂怀。”

【禁中】　(—zhōng)帝王所居之宫内。褚亮《和御史韦大夫喜霁之作》:“白简光朝幌,彤驺出禁中。”常沂《禁中春松》:“映殿松偏好,森森列禁中。”孟迟《兰昌宫》:“谁见当时禁中事,阿娇解佩与何人。”黄滔《奉和翁文尧员外文秀光贤昼锦之什》之二:“休说迟回未能去,夜来新梦禁中泉。”

【禁水】　禁苑中的水流。杜荀鹤《御沟柳》:“细笼穿禁水,轻拂入朝人。”

【禁火】　❶指寒食日停炊。韦应物《寒食寄京师诸弟》:“雨中禁火空斋冷,江上流莺独坐听。”卢纶《舟中寒食》："斗鸡沙鸟异，禁火岸花然。"温庭筠《长安春晚二首》之二："四方无事太平年，万象鲜明禁火前。"曹松《寒食日题杜鹃花》："谁家不禁火，总在此花枝。"❷皇宫中的烟火。曹唐《三年冬大礼五首》之四："禁火曙然烟焰袅，宫衣寒拂雪花轻。"

【禁火天】 指寒食节。皎然《寒食日同陆处士行报德寺宿解公房》："寂寂传灯地，寥寥禁火天。"殷尧藩《寒食城南即事因访蓝田韦明府》："闲出城南禁火天，路傍骑马独摇鞭。"

【禁火日】 指寒食节。张说《奉和圣制寒食作应制》："从来禁火日，会接清明朝。"

【禁火辰】 指寒食节。李绅《建元寺》："江城物候伤心地，远寺经过禁火辰。"薛逢《禁火》："日日冒烟尘，忽忽禁火辰。"

【禁仗】 皇帝仪杖。韦应物《骊山行》："禁仗围山晓霜切，离宫积翠夜漏长。"李德裕《述梦诗四十韵》："夕阅梨园骑，宵闻禁仗䅗。"郑嵎《津阳门诗》："其年十月移禁仗，山下栉比罗百司。"

【禁令】 禁止具体事某项活动的法令或命令。李峤《扈从还洛呈侍从群官》："辉光射东井，禁令横西秩。"卢纶《早秋望华清宫中树因以成咏》："雷雨生成早，樵苏禁令雄。"

【禁寺】 犹省寺，指公卿官署，如中书省、门下省、太常寺、鸿胪寺等。杨巨源《送定法归蜀》："凤城初日照红楼，禁寺公卿识惠休。"

【禁曲】 （一qǔ）宫廷乐曲。卢纶《宴席赋得姚美人拍筝歌》："遥知禁曲难翻处，犹是君王说小名。"王涯《宫词三十首》之六："筝翻禁曲觉声难，玉柱皆非旧处安。"刘禹锡《同乐天和微之深春二十首》之十五："能偷新禁曲，自剪入时花。"薛逢《听曹刚弹琵琶》："禁曲新翻下玉都，四弦枨触五音殊。"

【禁池】 宫苑中的池塘。贾岛《酬慈恩寺文郁上人》："袈裟影入禁池清，犹忆乡山近赤城。"喻坦之《长安雪后》："野渡滋寒麦，高泉涨禁池。"

【禁宇】 禁中之地。韦承庆《直中书省》："禁宇庭除阔，闲宵钟箭移。"

【禁邪】 禁治邪恶。钱起《叹毕少府以持法无隐见系》："用法本禁邪，尽心翻自极。"

【禁足】 禁止外出。指佛教僧尼坐夏，避免灾祸或因过失受罚而不得外出。李远《赠潼关不下山僧》："禁足已教修雁塔，终身不拟下鸡山。"

【禁利】 禁止人们求利。白居易《新乐府·昆明春》："天涯地角无禁利，熙熙同似昆明春。"

【禁兵】 禁军。宋之问《扈从登封告成颂》："复道开行殿，钩陈列禁兵。"顾况《赠韦清将军》："身执金吾主禁兵，腰间宝剑重横行。"许浑《汴河亭》："百二禁兵辞象阙，三千宫女下龙舟。"罗隐《寄金吾李荪常侍》："西班掌禁兵，兰锜最分明。"

【禁忌】 忌讳。苏拯《明禁忌》："阴阳家有书，卜筑多禁忌。"

【禁甬】 帝王宫中的悬钟。韩愈《会合联句》："龙旆垂天卫，云韶凝禁甬。"

【禁花】 宫苑之花。王涯《宫词三十首》之十："寒食禁花开满树，玉堂终日闭时多。"公乘亿《春风扇微和》："绿摇宫柳散，红待禁花新。"尹鹗《满宫花》词："风流帝子不归来，满地禁花慵扫。"

【禁直】 在宫廷官署中值班。郑畋有《五月一日紫宸候对时属禁直穿内而行因书六韵》。韩偓有《中秋禁直》。吴融有《禁直偶书》和《八月十五夜禁直寄同僚》。

【禁林】 ❶皇家园林。虞世南《侍宴应诏赋韵得前字》："芬芳禁林晚，容与桂舟前。"钱起《和范郎中宿直中书晓玩清池赠南省同僚两垣遗补》："青琐留才子，春池静禁林。"王涯《思君恩》："鸡鸣天汉晓，莺语禁林春。"吴融《中秋陪熙用学士禁中玩月》："此夕无纤霭，同君宿禁林。"❷翰林院的别称。元稹《寄浙西李大夫四首》之三："禁林同直话交情，无夜无曾不到明。"

【禁所】 关押囚犯的处所。骆宾王《在狱咏蝉》序："余禁所禁垣西，是法厅事也。"陈子昂有《宴胡楚真禁所》。

【禁夜】 禁止夜行。苏味道《正月十五夜》："金吾不禁夜，玉漏莫相催。"

【禁門】 宫门。张文琮《同潘屯田冬日早期》："通晨禁门启，冠盖趋朝谒。"韦应物《送李十四山东游》："权豪非所便，书奏寝禁门。"王涯《宫词三十首》之十八："禁门烟起紫沉沉，楼阁当中复道深。"韦庄《不寐》："马嘶朝客过，知是禁门开。"

【禁$_2$春】 消受春光；流连春景。杜甫《奉陪郑驸马韦曲二首》之一："绿尊虽尽日，白发好禁春。"白居易《感春》："老思不禁春，风光照眼新。"

【禁垣】 皇宫城墙。亦指宫中。韦应物《答史馆张学士段柳庶子学士集贤院看花见寄兼呈柳学士》："南宫有芳树，不并禁垣春。"刘禹锡《唐侍御寄游道林岳麓二寺诗并沈中丞姚员外所和见征继作》："星使双飞出禁垣，元侯饯之游石门。"孟球《和主司王起》："仙籍共知推丽藻，禁垣同得荐嘉名。"唐彦谦《贺李昌时禁苑新命》："玉简金文直上清，禁垣丹地闭严扃。"

【禁城】 宫城。祖咏《宴吴王宅》："吴王承国宠，列第禁城东。"陈羽《长安卧病秋夜言怀》："九重门锁禁城秋，月过南宫渐映楼。"姚合《和刘禹锡主客冬初拜表怀上都故人》："九陌喧喧骑吏催，百官拜表禁城开。”韦庄《睹军回戈》：“御苑绿莎嘶战马，禁城寒月捣征衣。”

【禁苑】　帝王的园囿。太宗《帝京篇十首》之五：“芳辰追逸趣，禁苑信多奇。”薛奇童《楚宫词二首》之一：“禁苑春风起，流莺绕合欢。”白居易《残春曲》：“禁苑残莺三四声，景迟风慢暮春情。”亦指宫廷。吴融《和杨侍郎》：“目极家山远，身拘禁苑深。”

【禁柳】　宫中或禁苑中的柳树。顾况《宫词五首》之一：“禁柳烟中闻晓乌，风吹玉漏尽铜壶。”刘遵古《御沟新柳》：“韶光先禁柳，几处覆沟新。”后唐庄宗李存勖《歌头》词：“灵和殿，禁柳千行斜，金丝络。”

【禁省】　(—shěng)禁中；省中。指皇宫。皇甫曾《和谢舍人雪夜寓直》：“禁省夜沉沉，春风雪满林。”独孤及《奉和中书常舍人晚秋集贤院即事寄赠徐薛二侍御》：“禁省一分袂，昊天三雨霜。”杨凝有《和直禁省》。徐铉《太傅相公深感庭梅再成绝唱谨用旧韵攀和》：“禁省繁华地，含芳自一时。”

【禁$_2$秋】　经受秋天的凄凉。韦庄《避地越中作》：“伤心潘骑省，华发不禁秋。”齐己《白发》：“白虽无耐药，黑也不禁秋。”

【禁風】　禁苑之风。许棠《冬夜与友人会宿》：“禁风吹漏出，原树映星沉。”

【禁$_2$風】　经受风的摧残。杜甫《江雨有怀郑典设》：“乱波分披已打岸，弱云狼藉不禁风。”窦巩《悼妓东东》：“芳菲美艳不禁风，未到春残已坠红。”刘禹锡《赠眼医婆罗门僧》：“看朱渐成碧，羞日不禁风。”

【禁宫】　宫禁。帝王所居之所。陆畅《扇》：“宝扇持来入禁宫，本教花下动香风。”花蕊夫人徐氏《宫词》之三六：“漏永禁宫三十六，燕回争踏月轮归。”

【禁軍】　保卫京城或宫廷的军队。薛能《升平词十首》之四：“曙质绝埃氛，彤庭列禁军。”陆龟蒙《江湖散人歌》：“禁军近自肃宗置，抑遏辅国争雄雌。”

【禁馬】　御厩所养的马。郑谷《驻跸华下同年司封员外从翁许共游西溪久违前契戏成寄赠》：“指期乘禁马，无暇狎沙鸥。”

【禁庭】　宫廷。李白《清平乐》词：“禁庭春昼，莺羽披新绣。”郑嵎《津阳门诗》：“禁庭术士多幻化，上前较胜纷相持。”

【禁旅】　禁军。韦应物《观早朝》：“禁旅下成列，炉香起中天。”

【禁扃】　禁门，宫廷门户。韩愈《和崔舍人咏月二十韵》：“右掖连台座，重门限禁扃。”亦指宫内。刘禹锡《令狐相公自天平移镇太原以诗申贺》：“北都留守将天兵，出入香街宿禁扃。”郑颢《续梦中十韵》：“间岁流虹节，归轩出禁扃。”

【禁院】　宫中庭院。李贺《堂堂》：“蕙花已老桃叶长，禁院悬帘隔御光。”

【禁掖】　宫中旁舍。亦指宫廷。杜甫《奉留赠集贤院崔于二学士》：“欲整还乡旆，长怀禁掖垣。”权德舆《奉和许阁老酬淮南崔十七端公见寄》：“子将陪禁掖，亭伯限江湖。”白居易《西掖早秋直夜书意》：“凉风起禁掖，新月生宫沼。”贯休《大蜀皇帝潜龙日述圣德诗五首》之三：“浩浩歌谣闻禁掖，重重襦袴满樵渔。”

【禁術】　禁气术；禁咒术。元稹《虫豸诗・巴蛇》序：“巴之蛇百类……验方云：攻巨蟒用雄黄，烟被其脑则裂，而鷤鸟能食其小者。巴无是物，其民常用禁术制之，尤效。”

【禁街】　京城街道。武元衡《崔敷叹春物将谢恨不同览时余方为事牵束及往寻不遇题之留赠》：“九陌迟迟丽景斜，禁街西访隐沦赊。”罗邺《公子行》：“半醉五侯门里出，月高犹在禁街行。”

【禁訶】　呵喝制止。韩愈《读东方朔杂事》：“方朔乃竖子，骄不加禁诃。”

【禁扉】　宫内之门。郑畋《五月一日紫宸侯对时属禁直穿内而行因书六韵》：“禁扉犹锁钥，宫妓已妆梳。”

【禁$_2$寒】　耐寒，经受寒冷。戎昱《早春雪中》：“为报春风休下雪，柳条初放不禁寒。”

【禁園】　帝王的园林。薛昚惑《奉和进船洛水应制》：“禁园纡睿览，仙棹叶宸游。”张谓《玉清公主挽歌》：“秋风何太早，吹落禁园花。”陆扆《禁林闻晓莺》：“语当温树近，飞觉禁园深。”和凝《宫词百首》之四五：“都是九重和暖地，东风先报禁园春。”

【禁號】　(—hào)禁军的警戒口令。郑畋《闻号》：“陛兵偏近羽林营，夜静仍传禁号声。”

【禁路】　宫禁中的道路。卢纶《酬包佶郎中览拙卷后见寄》：“禁路看山歌自缓，云司玩月漏应疏。”吴融《长安里中闻猿》：“无因永夜闻清啸，禁路人归月自沉。”

【禁署】　宫中近侍官署。权德舆《酬主客仲员外见贺正除》：“禁署独闻清漏晓，命书惭对紫泥新。”白居易《早入皇城赠王留守仆射》：“津桥残月晓沉沉，风露凄清禁署深。”刘得仁有《禁署早春晴望》。郑畋《中秋月直禁苑》：“禁署方怀忝，纶闱已再加。”

【禁$_2$愁】　忍受愁苦。杜甫《暮秋将归秦留别湖南幕府亲友》：“途穷那免哭，身老不禁愁。”张籍《寄昭应王中丞》：“长贫唯要健，渐老不禁愁。”白居易《且游》：“春应唯仰醉，老更不禁愁。”

【禁裏】　宫内。王维《酬郭给事》：“禁里疏钟官舍晚，省中啼鸟吏人稀。”姚合《西掖寓直春晓闻残漏》：“静宜来禁里，清是下云端。”

【禁煙】　❶犹禁火。和凝《宫词百首》之二六：

“司膳厨中也禁烟，春宫相对画秋千。”崇圣寺鬼《题壁》之一(卷八六六)：“禁烟佳节同游此，正值酴醾夹岸香。”❷禁中烟雾。张昔《小苑春望宫池柳色》：“影宜宫雪曙，色带禁烟晴。”李远《赠弘文杜校书》：“漠漠禁烟笼远树，泠泠宫漏响前除。”钟辐《卜算子慢》词：“桃花院落，烟重露寒，寂寞禁烟晴昼。”

【禁溝】　御沟。宫中或流经宫中的沟渠。韩愈《早春与张十八博士籍游杨尚书林亭寄第三阁老兼呈冯二阁老》：“墙下春渠入禁沟，渠冰初破满渠浮。”

【禁槍】　禁兵手持之枪。王建《和胡将军寓直》：“宫鸦栖定禁枪攒，楼殿深严月色寒。”

【禁₂當】　承受；担当。杜甫《春水生二绝》之二：“一夜水高二尺强，数日不可更禁当。”

【禁漏】　宫中计时漏划。亦指漏刻所发出的声响。白居易《禁中晓卧因怀王起居》：“迟迟禁漏尽，悄悄暝鸦喧。”章孝标《赠茅山高拾遗蔓》：“梦觉幽泉滴，应疑禁漏声。”罗隐《病骢马》：“曾听禁漏惊街鼓，惯踏康庄怕小桥。”冯延巳《采桑子》词之六：“画堂灯暖帘栊卷，禁漏丁丁，雨罢寒生，一夜西窗梦不成。”

【禁闈】　宫中小门。指宫内。刘长卿《张送七判官还京觐省》：“春色长安道，相随入禁闱。”

【禁₂熱】　耐热；经受炎热。白居易《旱热二首》之二：“肥者不禁热，喘急汗如浆。”

【禁樓】　宫苑中的楼台。王湾《秋夜寓直即事怀赠萧令公裴侍郎兼通简南省诸友人》：“月深宫树转，河近禁楼冰。”姚合《和卢给事酬裴员外》：“夕郎夜直吟仙掖，天乐和声下禁楼。”顾夐《甘州子》词：“屏掩映，烛荧煌，禁楼刁头喜初长，罗荐绣鸳鸯。”

【禁暴】　制止强暴。《郊庙歌辞・祀圜丘乐章・凯安》：“大赉下周车，禁暴开殷网。”裴漼《奉和御制平胡》：“直将威禁暴，非用武为雄。”

【禁衛】　指禁卫军。保卫帝王或帝城的军队。李中《海上和柴军使清明书事》：“捧日即应还禁卫，当春何惜醉朐阳。”

【禁樂】　(一yuè)禁止音乐活动。姚合《军城夜会》：“军城夜禁乐，饮酒每题诗。”

【禁樹】　禁苑中的树木。姚合《省直书事》：“禁树霏烟覆，宫墙瑞草生。”郑师贞《日暖万年枝》：“禁树敷荣早，偏将丽日宜。”

【禁禦】　❶制止；抵御。韩愈《元和圣德诗》：“爰命崇文，分卒禁御。”❷同“禁籞”。杜甫《冬日洛城北谒玄元皇帝庙》：“配极玄都阏，凭虚禁御长。”

【禁營】　禁军营盘。宗楚客《奉和幸安乐公主山庄应制》：“玉楼银榜枕严城，翠盖红旂列禁营。”王建《赠田将军》：“回残匹帛归天库，分好旌旗入禁营。”姚合《赠卢大夫将军》：“酿酒邀闲客，吟诗直禁营。”马戴《送武陵王将军》：“晓仗亲云陛，寒宵突禁营。”

【禁₂霜】　经受寒霜。皇甫曾《玉山岭上作》：“秋花偏似雪，枫叶不禁霜。”

【禁牆】　禁垣。指皇宫。郑谷《长门怨二首》之一：“春来却羡庭花落，得逐晴风出禁墙。”

【禁闈】　宫廷门户。指宫内或朝廷。岑参《和祠部王员外雪后早朝即事》：“西山落月临天仗，北阙晴云捧禁闱。”韩愈《和虞部卢四酬翰林钱七赤藤杖歌》：“南宫清深禁闱密，唱和有类吹埙篪。”白居易《醉后走笔酬刘五主簿长句之赠兼简张大贾二十四先辈昆季》：“始辞秘阁吏王畿，遽列谏垣升禁闱。”唐彦谦《贺李昌时禁苑新命》：“振鹭翔鸾集禁闱，玉堂珠树莹风仪。”

【禁锺】　见“禁鐘”。

【禁鐘】　又作“禁锺”。宫禁中的钟。韦应物《送汾城王主簿》：“禁钟春雨细，宫树野烟和。”令狐楚《南宫夜直宿见李给事封题其所下制敕知奏直在东省因以诗寄》：“炫眼凝仙烛，驰心袅禁钟。”高蟾《华清宫》：“重门深锁禁钟后，月满骊山宫树秋。”吴融《闻李翰林游池上有寄》：“不为禁钟催入宿，前峰月上未回舟。”

【禁闥】　宫廷门户。亦指宫廷、朝廷。王翰《古蛾眉怨》：“琳琅禁闼遥相忆，紫翠岩房昼不开。”杜甫《奉答岑参补阙见赠》：“窈窕清禁闼，罢朝归不同。”

【禁籞】　禁苑周围的藩篱。指禁苑。杜正伦《玄武门侍宴》：“开轩临禁籞，藉野列芳筵。”源乾曜《奉和圣制送张说上集贤学士赐宴》：“熏风清禁籞，文殿述皇明。”皇甫冉《登玄元庙》：“古庙川原迥，重门禁籞连。”侯冽《花发上林》：“鲜芳盈禁籞，布泽荷天心。”

【禁臠】　《晋书・谢混传》：孝武帝为晋陵公主求婿……珣对曰：“谢混虽不及真长，不减子敬。”帝曰：“如此便足。”未几帝崩，袁山松欲以女妻之。珣曰：“卿莫近禁脔。”初，元帝始镇建业，公私窘罄，每得一豘以为珍膳，项上一脔尤美，辄以荐帝，群下未尝敢食，于时呼为“禁脔”，故珣以为戏。后以“禁脔”为典，称帝婿，亦泛称贵婿。杜甫《送大理封主簿五郎亲事不合却赴通州主簿》：“禁脔去东床，趋庭赴北堂。”李商隐《韩同年新居饯韩西迎家室戏赠》：“南朝禁脔无人近，瘦尽琼枝咏四愁。”孙元晏《咏史诗・晋・谢混》：“可怜谢混风华在，千古翻传禁脔名。”

【禁臠婿】　帝王女婿。李颀《赠别张兵曹》：“君为禁脔婿，争看玉人游。”

祼　〔guàn《广韵》古玩切，去换，见。〕祭名。以香酒灌地而求神。《书・洛诰》：“王入太室祼。”孔颖达疏：“王以圭瓒酌郁鬯之酒以献尸，尸受祭而灌于地，因奠不饮，谓之祼。”陈叔达《太庙祼地歌辞》：“清庙既祼，郁鬯推礼。”李纾《唐德明兴圣庙乐章·德明酌献》:“白水方祼,黄流在中。”

【祼地】 以香酒灌地而求神。陈叔达有《太庙祼地歌辞》。

【祼鬯】 古代祭祀仪式,以香酒灌地而告神。《郊庙歌辞·太清宫乐章·冲和》:“礼殊祼鬯,义感昭临。”又《郊庙歌辞·梁太庙乐舞辞·带盥》:“祼鬯严洁,穆穆雍雍。”

【祼奠】 以酒灌地而求神。张说《唐享太庙乐章·永和》:“声明备,祼奠临。”

禍 〔huò《广韵》胡果切,上果,匣。〕❶灾害;灾殃。指一切有害之事。李白《酬裴侍御对雨感时见赠》:“祸连积怨生,事及徂川往。”长孙佐辅《闻韦驸马使君迁拜台州》:“德胜祸先戢,情闲思自流。”元晦《越亭二十韵》:“福盈祸之倚,权胜道所恶。”陈璠《临刑诗》:“积玉堆金官又崇,祸来倏忽变成空。”❷危害;损害。元稹《赛神》:“邑吏齐进说,幸勿祸乡原。”又《旱灾自咎贻七县宰》:“胡为旱一州,祸此千万人。”

【禍門】 祸害之地。李商隐《明神》:“明神司过岂令宽,暗室由来有祸门。”

【禍殃】 祸害;灾殃。寒山《诗三百三首》之二四一:“不知有祸殃,前路何疾速。”王绩《赠梁公》:“位大招讥嫌,禄极生祸殃。”无名氏《听谗诗》(外编下):“谗言谨莫听,听之祝殃结。”

【禍胎】 犹祸根。语出汉枚乘《上书谏吴王》:“福生有基,祸生有胎,纳其基,绝其胎,祸何自来?”李白《上崔相百忧章》:“鱼龙陷人,成此祸胎。”雍陶《蜀中战后感事》:“已谓无妖土,那知有祸胎。”李商隐《汉南书事》:“几时拓土成王道,从古穷兵是祸胎。”罗隐《言》:“须信祸胎生利口,莫将讥思呈悬河。”

【禍首】 犹罪魁。杜甫《写怀二首》之二:“祸首燧人氏,厉阶董狐笔。”

【禍根】 祸患之根。吴筠《览古十四首》之十:“主父食五鼎,昭昭成祸根。”

【禍害】 祸殃;灾难。卢仝《月蚀诗》:“土星与土性相背,反养福德生祸害。”

【禍起蕭牆】 谓祸患起于内部。萧墙,照壁,古代宫室内当门的小墙,喻内部。王翰《饮马长城窟行》:“一朝祸起萧墙内,渭水咸阳不复都。”胡曾《咏史诗·长城》:“不知祸起萧墙内,虚筑防胡万里城。”无名氏《秦家行》:“祸起萧墙不知戢,羽书催筑长城急。”亦作“禍稔蕭牆”。稔,喻积久。储嗣宗《长安怀古》:“祸稔萧墙终不知,生人力屈尽边陲。”

【禍基】 祸根。周昙《咏史诗·隋门·炀帝》:“拒谏劳兵作祸基,穷奢极武向戎夷。”

【禍梯】 祸阶。谓祸之所由来。司空图《漫书二首》之二:“远教群雀见,宁悟祸梯高。”

【禍患】 祸害。白居易《读史五首》之二:“祸患如棼丝,其来无端绪。”又《杂感》:“是非不由己,祸患安可防。”

【禍階】 犹祸梯。谓祸之所由来。阶,阶梯,喻凭借或途径。杜甫《八哀诗·赠秘书监江夏李公邕》:“祸阶初负谤,易力何深哜。”李绅《州中小饮便别牛相》:“耻矜学步贻身患,岂慕醒狂蹑祸阶。”

【禍稔蕭牆】 见“禍起蕭牆”。

【禍福】 祸与福,灾殃与幸福。韩愈《归彭城》:“上天不虚应,祸福各有随。”白居易《咏史》:“去者逍遥来者死,乃知祸福非天为。”李绅《过荆门》:“愚夫祸福自迷惑,魍魉凭何通百灵。”贯休《续姚梁公坐右铭》:“祸福必可转,莫悫言前定。”

【禍福之門】 谓祸与福之所从出。语出《吕氏春秋·慎势》:“故大小、轻重、多少、治乱,不可不察,此祸福之门。”张说《赠别杨盈川炯箴》:“勒铭其口,祸福之门。”

【禍愆】 祸害,祸罪。李华《咏史十一首》之一:“乱代乃潜伏,纵人为祸愆。”

【禍亂】 祸害变乱。杜甫《徒步归行》:“国之社稷今若是,武定祸乱非公谁。”权德舆《读穀梁传二首》之一:“吾嘉徙薪智,祸乱何由生。”张祜《华清宫和杜舍人》:“祸乱根潜结,升平意遽忘。”韦庄《和郑拾遗秋日感事一百韵》:“祸乱天心厌,流离客思伤。”

【禍樞】 犹祸机。杜甫《麂》:“乱世轻全物,微声及祸枢。”萧涤非注:“祸枢,犹祸机。”

【禍機】 指隐伏待发之祸患。皇甫冉《太常魏博士远出贼庭江外相逢因叙其事》:“多士从芳饵,唯君识祸机。”权德舆《书绅诗》:“祸机生隐微,智者鉴未形。”白居易《读汉书》:“痛矣萧京辈,终令陷祸机。”皮日休《奉和鲁望渔十五咏·簃》:“一旦悬鼎镬,祸机真自取。”

【禍謨】 谋祸害。元结《二风诗·乱风诗五篇·至惑》:“废嫡立庶,忍为祸谟。”

【禍羅】 犹法网。杜甫《前出塞九首》之一:“公家有程期,亡命婴祸罗。”

禄 〔lù《广韵》盧谷切,入屋,來。〕❶俸给;俸禄。古代制禄之法,或赐或颁无定;或田邑或粟米或钱物历代差等不一。王维《宿郑州》:“此去欲何言,穷边徇微禄。”白居易《秋居书怀》:“况无治道术,坐受官家禄。”陆龟蒙《自和次前韵》:“此地家三户,何人禄万钟。”❷禄位。泛称官位,官职。贾岛《逢博陵故人彭兵曹》:“偶逢日者教求禄,终傍泉声拟置家。”温庭筠《病中书怀呈友人》:“奕世参周禄,承家学鲁儒。”邵谒《赠郑殷处士》:“颜子不得禄,谁谓天道平。”唐彦谦《和陶渊明贫士诗七首》之五：“古人重畎亩，有禄不待干。德成禄自至，释耒列王官。”

【禄仕】 本指为俸禄而居官。亦泛指居官食禄。语出《诗·王风·君子阳阳序》：“君子遭乱，相招为禄仕，全身远害而已。”白居易《同崔十八寄元浙东王陕州》：“未能同隐云林下，且复相招禄仕间。”又《把酒》：“勿言未富贵，久忝居禄仕。”又《逸老》：“况加禄仕后，衣食常温饱。”亦指居官食禄之人。皮日休《正乐府十篇·贪官怨》：“所以用此徒，令之充禄仕。”

【禄米】 用作俸给的粟米。古时官吏的俸禄常以米计算，故称。岑参《喜韩樽相过》：“瓮头春酒黄花脂，禄米只充沽酒资。”杜甫《酬高使君相赠》：“故人供禄米，邻舍与园蔬。”白居易《官舍闲题》：“禄米獐牙稻，园蔬鸭脚葵。”徐铉《送许郎中歙州判官兼黟县》：“朝衣旧识熏香史，禄米初营种秫田。”

【禄利】 爵禄之利。顾非熊《送皇甫司录赴黔南幕》：“黔南从事客，禄利先来饶。”章孝标《赠茅山高拾遗蔓》：“人皆贪禄利，白首更营营。”司空图《寄怀元秀上人》：“悠悠干禄利，草草废渔樵。”

【禄位】 俸给与爵次。泛指官位俸禄。寒山《诗三百三首》之五：“琴书须自随，禄位用何为。”杜甫《八哀诗·赠司空王公思礼》：“恐惧禄位高，怅望王土窄。”白居易《咏怀》：“鸿虽脱罗弋，鹤尚居禄位。”方干《送缙陵王少府赴举》：“珍重郄家好兄弟，明年禄位在何方。”

【禄食】 俸禄。白居易《伤唐衢二首》之一：“五十著青衫，试官无禄食。”又《衰病》：“禄食分供鹤，朝衣减施僧。”皮日休《三羞诗三首》之一：“未为禄食仕，俯不愧粱粝。”郑谷《送吏部曹郎中免官南归》：“桑麻胜禄食，节序免乡愁。”

【禄俸】 俸给。白居易《昭国闲居》：“勿嫌禄俸薄，厚即多忧责。”又《寒食》：“有官供禄俸，无事劳心力。”又《闲适》：“禄俸优饶官不卑，就中闲适是分司。”方干《茅山赠洪拾遗》：“但爱身闲辞禄俸，那嫌岁计在桑麻。”

【禄秩】 指俸禄。杜甫《忆昔二首》之二：“小臣鲁钝无所能，朝廷记识蒙禄秩。”韩翃《陪孟都督祭岳途中有赠》：“封疆七百里，禄秩二千石。”吴筠《高士咏·楚狂接舆夫妻》：“傲然辞征聘，耕绩代禄秩。”徐铉《寄歙州吕判官》：“风光适意须留恋，禄秩资贫且喜欢。”

【禄料】 犹料钱。为唐宋间官吏除岁禄、月俸外的一种食料津贴，多折钱发给。白居易《咏所乐》：“官优有禄料，职散无羁縻。”

【禄養】 以官俸养亲。古人认为官俸本为养亲，不可荣华其身以居禄位。白居易《初除户曹喜而言志》：“感恩非为己，禄养及吾亲。”

九　画

禊　〔xì《广韵》胡計切，去霽，匣。〕祭名。古人祓除不祥之祭。常于春、秋二季于水滨举行。农历三月上巳行春禊（三国魏以后固定为三月初三），七月十四日行秋禊。春禊历代不衰，逐渐成为人们春日到水边宴饮游玩的节日。白居易《渭村退居寄礼部崔侍郎翰林钱舍人诗一百韵》：“赐禊东城下，颁酺曲水傍。”又《三月三日祓禊洛滨》序：“开成二年三月三日，河南尹李待价以人和岁稔，将禊于洛滨。”李商隐《向晚》：“北土秋千罢，南朝祓禊归。”和凝《宫词百首》之五十：“宫娥解禊艳阳时，鹢舸兰桡满凤池。”见“祓禊”。

【禊堂】 修禊事之堂。沈佺期《三日独坐驩州思忆旧游》：“禊堂通汉苑，解席绕秦楼。”又《三日梨园侍宴》：“九重驰道出，三巳禊堂开。”

【禊事】 禊祭之事。指三月上巳临水洗濯、祓除不祥的祭祀活动。白居易《三月三日祓禊洛滨》：“禊事修初半，游人到欲齐。”鲍溶《上巳日寄樊瓘樊宗宪兼呈上浙东孟中丞简》：“世间禊事风流处，镜里云山若画屏。”王棨《上巳日曲江锡安群臣》：“禊事辉朝曲，欢声彻帝门。”

【禊杯】 上巳日禊饮之酒杯。人们于环曲的水流旁宴集，在水的上流放置酒杯，任其顺流而下，杯停在谁的面前，谁就取饮。孟郊《济源春》：“千家门前饮，一道传禊杯。”

【禊飲】 禊祭日的宴聚。张九龄《三月三日登龙山》：“禊饮岂吾事，聊将偶俗尘。”权德舆《上巳日赴九华观祓禊之会以二绝句申赠》之二：“禊饮寻春兴有余，深情婉婉见双鱼。”刘言史《奉酬》：“闰余春早景沉沉，禊饮风亭恣赏心。”司空图《杨柳枝寿杯词十八首》之四：“台城细仗晓初移，诏赐千官禊饮时。”

【禊潭】 禊池。修禊事活动所濒临的水流。张说《三月三日定昆池奉和萧令得潭字韵》：“暮春三月日重三，春水桃花满禊潭。”

禖　〔méi《广韵》莫懷切，平灰，明。〕古人求子之祭。亦指求子所祭之神。《汉书·戾太子刘据传》：“初，上年二十九乃得太子，甚喜，为立禖。”颜师古注：“禖，求子之神也。”李商隐《谢往桂林至彤庭窃咏》：“共贺高禖应，将陈寿酒欢。”

福　〔fú《广韵》方六切，入屋，非。〕❶幸福；福气。凡富贵寿考、康健安宁、吉庆如意、全备圆满皆谓之福。杜甫《戏赠友二首》之二：“劝君休叹恨，未必不为福。”白居易《归田三首》之三：“幸得且归农，安知不为福。"沈亚之《文祝延二阕》之一："神有泽兮宜荫沃，脱侯之恙兮归侯之多福。"元晦《越亭二十韵》："福盈祸之倚，权胜道所恶。"❷赐福；保佑；造福。张九龄《奉和圣制谒玄元皇帝庙斋》："曾是福黎庶，岂唯味虚玄。"皇甫冉《杂言迎神词二首》之二："来无声，去无迹，神心降和福远客。"白居易《郊陶潜体诗十六首》之一六："谓神福善人，孔圣竟栖遑。"皮日休《太湖诗·包山祠》："留神千万祀，永福吴封疆。"

【福田】 佛教语。佛教认为供养布施、行善修德，能受福报，如同播种田亩，有秋收之利。《无量寿经·净影疏》："生世福善，如田生物，故名福田。"王梵志《兀然无事》之三："我不乐生天，亦不爱福田。"苏颋《武担山寺》："松柏衔哀处，幡花种福田。"吴越王钱镠《石镜山》："三吴百粤兴金地，永与军民作福田。"

【福田衣】 袈裟之别称。姚合《送清敬阇黎归浙西》："自翻贝叶偈，人施福田衣。"

【福地】 指神仙居住之地。道教有七十二福地之说。亦指幸福安乐之地。旧时常称道观寺庙。中宗《立春日游苑迎春》："神皋福地三秦邑，玉台金阙九仙家。"杜甫《玄都坛歌寄元逸人》："铁锁高垂不可攀，致身福地何萧爽。"皮日休《太湖诗·晓次神景宫》："福地七十二，兹焉永堪托。"麻温其《登岳阳楼》："仙侣缑生留福地，湘娥帝子寄哀弦。"

【福先寺】 寺名。在今河南洛阳市内。皇甫冉有《福先寺寻湛然寺主不见》。欧阳詹有《同诸公过福先寺律院宣上人房》。刘禹锡有《福先寺雪中酬别乐在》。白居易《福先寺雪中饯刘苏州》，朱金城笺校："福先寺，在洛阳长夏门之东第三街。见《两京城坊考》卷五。"

【福州】 州名。隋建安郡之闽县。唐贞观间置泉州，景云二年(711)改为闽州，置都督府。开元十三年(725)改为福州，治所在闽县(今福建福州市)。天宝元年(742)改为长乐郡，乾元元年(758)复为福州。刘长卿有《送秦侍御外甥张篆之福州谒鲍大夫》。皇甫冉有《酬李郎中侍御秋夜登福州城楼见寄》。欧阳詹有《福州送郑楚材赴京时监察刘公亮有感激郑意》。周朴有《登福州南涧寺》。

【福昌】 旧县名。隋宜阳县，唐武德二年(619)改宜阳县置福昌县，属河南府，治所在今河南宜阳县西。五代唐改名福庆县。杜荀鹤有《送福昌周繇少府归宁兼谋隐》。

【福命】 福气；命运。吕岩《七言》之五二："自是凡流福命薄，忍教微妙略轻传。"

【福柄】 指作威作福的权力。吴筠《览古十四首》之十四："楚穆肆巨逆，福柄奚赫烈。"

【福星】 指木星。木星古称岁星，古人认为它是人主之象，又主福，故称。李商隐《无愁果有愁曲北齐歌》："东有青龙西白虎，中含福星包世度。"罗隐《寄酬邺王罗令公五首》之四："水云开霁立高亭，依约黎阳对福星。"张蠙《赠信安太守》："三衢正对福星时，喜得君侯妙抚绥。"贯休《别卢使君归东阳二首》之一："从兹还似归回首，唯祝台星与福星。"

【福祚】 福禄；福分。白居易《新乐府·隋堤柳》："炀天子，自言福祚长无穷。"

【福庭】 幸福之处。常指神佛所居之地。孟浩然《越中逢天台太乙子》："福庭长自然，华顶旧称最。"刘商《梨树阴》："福庭人静少攀援，雨露偏滋影易繁。"卢肇《题甘露寺》："福庭增气象，仙磬落昭回。"温庭筠《秘书省有贺监知章草题诗因有此作》："荣路脱身终自得，福庭回首莫相忘。"

【福禄】 幸福与爵禄。肃宗《梦丹书》："上天所保，福禄不亏。"白居易《哭皇甫七郎中》："多才非福禄，薄命是聪明。"又《谕亲友》："烦闹荣华犹易过，优闲福禄更难销。"李翰《朱都知嘉禾屯田纪绩诗》："何以况之，福禄如茨。"

【福善】 赐福给善良之人。张九龄《酬宋使君见贻》："才明应主诒，福善岂神欺。"王维《哭祖六自虚》："福善闻前录，歼良昧上玄。"杜甫《入衡州》："福善理颠倒，明征天莽茫。"刘商《同诸子哭张元易》："盛德高名总是空，神明福善大朦胧。"

【福鄉】 福地；吉祥之地。皮日休《南阳广文欲于荆襄卜居因而有赠》："地脉从来是福乡，广文高致更无双。"

【福感寺】 寺庙名。当在今四川成都市。贯休有《蜀王登福感寺塔三首》。

【福源】 幸福之源。段成式、郑符《游长安诸寺联句·翊善坊保寿寺·光天帧赞联句》："众象参罗，福源田田。"

【福禍】 幸福与灾殃。韩愈《元和圣德诗》："军其城下，告以福祸。"白居易《闲坐看书贻诸少年》："书中见往事，历历知福祸，多取终厚亡，疾驱必先堕。"

【福壽】 幸福和年寿。广宣《早秋降诞日献寿二首应制》之二："磐地山河壮，弥天福寿长。"

【福履】 犹福禄。白居易《奉和汴州令狐令公二十二韵》："福履千夫祝，形仪四座瞻。"阎德隐《薛王花烛行》："一朝福履盛王门，百代光辉增帝室。"《郊庙歌辞·朝日乐章·雍和》："福履攸假，于昭允王。"

【福釐】 (—xī)幸福。韩休《祭汾阴乐章》："神之听之，用受福釐。"

禋 〔yīn《广韵》於真切，平真，影。〕祭名。升烟祭天以求福。亦泛称祭祀。张说《唐享太庙乐章·光大舞》："肇禋九庙，四海来尊。"李纾

《唐德明兴圣庙乐章·登歌奠币》："尊祖奉宗，严禋大帝。"白居易《和答诗十首·和大嘴乌》："杀鸡荐其肉，敬若禋六宗。"赵光逢《梁郊祀乐章·庆和》："秉兹一德，禋于六宗。"

【禋祀】 古代祭天的一种礼。先燔柴升烟，再加牲体或玉帛于柴上焚烧。亦泛称祭祀。卢从愿《祭汾阴乐章》："神歆禋祀，后德惟明。"玄宗《春晚宴两相及礼官丽正殿学士探得风字》序："神祇歆其禋祀，庠序阐其经术。"

【禋宗】 祀六亲。崔玄童《祭汾阴乐章》："聿修严配，展事禋宗。"何鸾《祭汾阴乐章》："禋宗于地，昭假于天。"

【禋祠】 祭祀。李复《恒岳晨望有怀》："禋祠彰旧典，坛庙列平畤。"

【禋祭】 泛称祭祀。宋之问《桂州黄潭舜祠》："禋祭忽群望，丹青图二妃。"

禎

〔zhēn《广韵》陟盈切，平清，知。〕吉祥。萧颖士《菊荣一篇五章》之二："彼美淑人，应家之祯。"韦应物《酬郑户曹骊山感怀》："朝燕咏无事，时丰贺国祯。"《郊庙歌辞·祀圜丘乐章·肃和》："聿遵乾享，式降鸿祯。"

【禎祥】 ❶吉兆。杜审言《望春亭侍游应诏》："万寿祯祥献，三春景物滋。"姚合《咏南池嘉莲》："自知政术无他异，纵是祯祥亦偶然。"薛能《除夜作》："祯祥应北极，调燮验平津。"贯休《贺郑使君》："人和美叶祯祥出，阵善深为典教推。"❷吉祥。则天皇后《唐大飨拜洛乐章·致和》："天符既出兮帝业昌，愿临明祀降祯祥。"

【禎祺】 吉祥。源乾曜《禅社首乐章》："愿明德，吐正词，烂遗光，流祯祺。"

【禎符】 祥瑞；吉兆。李峤《晚秋喜雨》："穴蚁祯符应，山蛇毒影收。"杜审言《和李大夫嗣真奉使存抚河东》："祯符龙马出，宝箓凤凰传。"则天皇后《唐大飨拜洛乐章·显和》："顾德有惭虚菲，明祇屡降祯符。"崔璐《览皮先辈盛制因作十韵以寄用伸款仰》："在人为英杰，与国作祯符。"

【禎瑞】 祥瑞。岑参《尹相公京兆府中棠树降甘露诗》："君臣日同德，祯瑞方潜施。"

禔

〔zhí《广韵》章移切，平支，章。又杜奚切，平齊，定。又是支切，平支，禅。〕安宁；安享。汉扬雄《法言·孝至》："或问'君'，曰：'明光。'问'臣'，曰：'若禔。'"李轨注："禔，安也。"褚亮《祈谷乐章·舒和》："庶俾亿龄禔景福，长欣万宇洽时邕。"《郊庙歌辞·享太庙乐章·崇德舞》："翔泳归仁，中外禔福。"

禗

〔sī《广韵》息兹切，平之，心。〕见"禗禗"。

【禗禗】 不安貌。源乾曜《禅社首乐章》："灵具醉，杳熙熙。灵将往，眇禗禗。"

禘

〔dì《广韵》特計切，去霽，定。〕古代帝王、诸侯举行各种大祭的总名。元结《演兴四首·初祀》："涂木兰兮莳糅蕙，被弱草兮禘礿联。"见"礿"。

十　画

禡

〔mà《广韵》莫駕切，去禡，明。〕古代在军队驻地举行的祭礼。《诗·大雅·皇矣》："是类是祃。"《礼记·王制》："天子你将出征……祃于所征之地。"郑玄注："祃，师祭也，为兵祷。"顾况《上古之什补亡训传十三章·燕于巢一章》："君子授律，是祃是禷。"柳宗元《奉平淮夷雅表·皇武》："既祃既类，于社是宜。"

禜

〔yǒng《广韵》为命切，去映，雲。又永兵切，平庚，雲。〕古代禳灾之祭。为禳风雨、雪霜、水旱、疠疫而祭日月星辰、山川之神。《周礼·地官·党正》："春秋祭禜，亦如之。"郑玄注："禜，谓雩禜水旱之神。盖亦为坛位，如祭社稷云。"元稹《出门行》："雩夏钟鼓繁，禜秋玉帛积。"

十一画

禩

同"祀"。年。《郊庙歌辞·蜡百神乐章·肃和》："百禩垂裕，万灵荐祉。"

十二画

禧

〔xǐ 又读 xī《广韵》許其切，平支，曉。〕吉祥；幸福。引申为祝福、福佑等。元结《演兴四首·招太灵》："禧太灵兮端清，予愿致夫精诚。"聂文郁注："禧，祝福。"殷尧藩《金陵上李公垂侍郎》："愿从吾道禧文运，再使河清俗化淳。"

禫

〔dàn《广韵》徒感切，上感定。〕除丧服的祭祀。《仪礼·士虞礼》："中月而禫。"郑玄注："中，犹间也；禫，祭名也，与大祥间一月。自丧至此，凡二十七月。"陈元光《太母魏氏半径题石》："忧闵情犹结，祥回禫届期。"

禪^1 〔shàn《广韵》時戰切，去線，禪。〕❶古代帝王祭祀土地山川。苏颋《奉和圣制登太行山中言志应制》："愿以封书奏，回銮禅肃然。"源乾曜有《禅社首乐章》。李商隐《韩碑》："传之七十有二代，以为封禅玉检明堂基。"❷以帝位让人。沈佺期《从驩州廨宅移住山间水亭赠苏使君》："古来尧禅舜，何必罪驩兜。"李白《远别离》："云凭凭兮欲吼怒，尧舜当之亦禅禹。"韩愈《永贞行》："膺图受禅登明堂，共流幽州鲧死羽。"项斯《舜城怀古》："禅禹逊尧聪，巍巍盛此中。"亦泛指把方便或好处给别人。韩愈《嘲鲁连子》："高拱禅鸿声，若辍一杯水。"❸传；传承。李商隐《赠送前刘五经映三十四韵》："周礼仍存鲁，隋师果禅唐。"

禪$_2$ 〔chán《广韵》市連切，平仙，禪。〕❶佛教语。梵语"禅那"(dhyāna)之略，原指心注一境、正审思虑和静坐默念等。引申为禅理、禅法、禅学等。杜甫《宿赞公房》："放逐宁违性，虚空不离禅。"刘禹锡《送鸿举游江西》："禅客学禅兼学文，出山初似无心云。"元稹《酬窦校二十韵》："渐轻身外役，浑证饮中禅。"贾岛《送贺兰上人》："无师禅自解，有格句堪夸。"❷表示与佛教有关的事物。见"禪$_2$林""禪$_2$侣""禪$_2$袍"。❸指佛教禅宗。杜甫《秋日夔府咏怀寄郑监李宾客一百韵》："身许双峰寺，门求七祖禅。"原注："禅门南能、北秀分列二宗，弟子各立其师为六祖，北宗遂立秀之弟子普寂为七祖，能后无闻焉。甫归心南宗，故曰身许双峰，欲求七祖也。"❹参禅，佛教禅宗的修炼方法。通过打坐、冥想等方式以参悟禅理。顾况《宿山中僧》："尝想同夜禅，风堕松顶雪。"李端《赠衡岳隐禅师》："夜禅山雪下，朝汲竹门开。"权德舆《早夏青龙寺致斋凭眺感物因书十四韵》："虚室僧正禅，危梁燕初乳。"周繇《登甘露寺》："殿锁南朝像，龛禅外国僧。"❺禅房；僧院。孟浩然《陪李侍御访聪上人禅居》："欣逢柏台友，共谒聪公禅。"孟郊《送淡公》之九："橙橘金盖槛，竹蕉绿凝禅。"刘沧《留别复本修古二上人》："绿芜风晚水边寺，清磬月高林下禅。"崔涂《秋夜僧舍闻猿》："哀猿听未休，禅景夜方幽。"

【禪$_2$人】　泛指修持佛学、皈依佛法之人。齐己《送李评事往宜春》："别有官荣身外趣，月江松径访禅人。"

【禪$_2$士】　禅人。贾岛《送陈商》："足踏圣人路，貌端禅士形。"

【禪$_2$子】　信佛者；僧人。皎然《奉和陆使君长源水堂纳凉效曹刘体》："禅子顾惠休，逸民重刘黎。"鲍溶《送僧文江》："吴王剑池上，禅子石房深。"贾岛《僻居无可上相访》："野客将禅子，依依偏往还。"廖融《赠天台逸人》："移桧托禅子，携家上赤城。"

【禪$_2$公】　指僧人。韦应物《夜偶诗客操公作》："尘襟一潇洒，清夜得禅公。"

【禪$_2$心】　佛教语。谓清静寂定的心境。李颀《题璿公山池》："片石孤峰窥色相，清池皓月照禅心。"吕温《戏赠灵澈上人》："僧家亦有芳春兴，自是禅心无滞境。"张祜《题画僧二首》之二："终年不语看如意，似证禅心入大乘。"李频《鄂州头陀寺上方》："感时叹物寻僧话，惟向禅心得寂寥。"

【禪$_2$户】　庙门。李颀《无尽上人东林禅居》："禅户积朝雪，花龛来暮猿。"

【禪$_2$石】　坐禅之石。齐己《寄江居耿处士》："红霞禅石上，明月钓船中。"

【禪$_2$生】　犹禅人。方干《山中寄吴磻十韵》："禅生知见理，妻子笑无名。"

【禪$_2$老】　年老的僧人，老禅师。皎然《南湖春泛有客自北至说友人岑元和见怀因叙相思之志以寄焉》："别年谒禅老，更添石室筹。"方干《题宝林寺禅院》："我来可要归禅老，一寸寒灰已达玄。"李中有《访章禅老》。

【禪$_2$舟】　僧人所乘之船。皇甫冉《庐山歌送至弘法师兼呈薛江州》："释子去兮访名山，禅舟容与兮住仍前。"贾岛《赠僧》："从来多是游山水，省泊禅舟月下涛。"

【禪$_2$衣】　僧衣。孙逖《送新罗法师还国》："上卿挥别藻，中禁下禅衣。"李端《送少微上人入蜀》："松风开法席，江月濯禅衣。"元稹《智度师二首》之一："四十年前马上飞，功名藏尽拥禅衣。"杜荀鹤《题觉禅和》："禅衣衲后云藏线，夏腊高来雪印眉。"

【禪$_2$身】　坐禅习静之身。周贺《赠僧》："松吹入堂资讲力，野蔬供饭爽禅身。"

【禪$_2$伯】　对有道僧人的尊称。李白《答族侄僧中孚赠玉泉仙人掌茶》："宗英乃禅伯，投赠有佳篇。"张继《安公房问法》："试向东林问禅伯，遣将心地学琉璃。"孟郊《酬友人见寄新文》："安闲赖禅伯，复得疏尘蒙。"许坚《游溧阳下山寺》："竹林晴见雁塔高，石室曾栖几禅伯。"

【禪$_2$位】　坐禅的位子。指禅床。皎然《和李侍御萼岁初夜集处士书阁》："为我留禅位，来逢此会疏。"

【禪$_2$坐】　谓僧侣端坐静修。孟浩然《游明禅师西山兰若》："吾师住其下，禅坐证无生。"王维《过福禅师兰若》："欲知禅坐久，行路长春芳。"钱起《宿远上人兰若》："梵筵清水月，禅坐冷山阴。"亦指端坐列修之处。周朴《灵岩广化寺》："碧峰顶上开禅生，纵目聊穷宇宙间。"

【禪$_2$弟子】　佛门弟子。李孟《哭柏岩禅师》："天涯禅弟子，空到柏岩游。"

【禪₂那】　佛教语。梵语 hyāna 的音译。简称“禅”。意译为“静虑”“思维修”“弃恶”“功德丛德”等。六度之一。白居易《三适赠道友》:“禅那不动处,混沌未凿时。”

【禪₂林】　寺庙禅堂周围的树林。亦指寺庙。孟浩然《来阇黎新亭作》:“八解禅林秀,三明给苑才。”严维《哭灵一上人》:“禅林枝干折,法宇栋梁倾。”马戴《送僧归金山寺》:“遥想禅林下,炉香带月焚。”翁承赞《华下霁后晓眺》:“结茅幽寂近禅林,霁景烟光著柳阴。”

【禪₂枝】　寺庙禅堂周围的树木。武三思《秋日于天中寺寻复礼上人》:“定沼寒光素,禅枝暝色葱。”孟浩然《夜泊庐江闻故人在东寺以诗寄之》:“石镜山精怯,禅枝怖鸽栖。”刘长卿《戏赠干越尼子歌》:“亭亭独立青莲下,忍草禅枝绕精舍。”杜甫《游修觉寺》:“禅枝宿从鸟,漂转暮归愁。”

【禪₂味】　指入于禅定时安稳寂静的妙趣。喻凫《冬日题无可上人院》:“诗言与禅味,语默此皆清。”温庭筠《题僧泰恭院二首》之一:“忧患慕禅味,寂寥遗世情。”

【禪₂侣】　僧侣;僧中之友。颜真卿《赠僧皎然》:“嘉林幸勿剪,禅侣欣可庇。”杨巨源《题贾巡官林亭》:“许询本爱交禅侣,陈寔由来是好儿。”欧阳衮《南涧寺》:“为耽寂乐亲禅侣,莫怪闲行费马蹄。”李昌符《赠供奉僧玄观》:“已降禅侣久,兼作帝师难。”

【禪₂舍】　僧舍。皎然《奉酬颜使君真卿见过郭中寺寺无山水之实故予述其意以答焉》:“州西柳家寺,禅舍隐人间。”

【禪₂刹】　(—chà)佛寺。贯休《寄高员外》:“惟应将寄蕊珠宫,禅刹云深一来否。”

【禪₂念】　指寂静之念。皎然《晚冬废溪东寺怀李司直纵》:“禅念破离梦,吾师诫援琴。”

【禪₂性】　犹佛性。皎然《送清励上人游福建》:“禅子自矜禅性成,将来拟照建溪清。”

【禪₂宗】　佛教宗派。因主张用禅定概括佛教的全部修习而得名。以印度菩提摩为初祖,下传慧可、僧璨、道信,至五祖弘忍而分成北宗神秀、南宗慧能,时称“南能北秀”。北宗强调渐悟,南宗力主顿悟。中唐以后,经慧能弟子神会等人提倡,南宗成为禅宗正统,受唐王室重视,对士大夫及劳动群众都有较大影响。亦指禅宗信徒。裴休《太平兴龙寺诗》:“麟台朝士辞书府,凤阙禅宗出帝京。”

【禪₂定】　佛教禅宗修行方法之一。一心审考为禅,息虑疑心为定。佛教修行者以静坐敛心,专注一境,久之达到身心安稳、观照明净的境地,即为禅定。中国禅宗重在“修心”“见性”,不再限于静坐凝心专注观境的形式。亦谓坐禅习定。钱起《杪秋南山西峰题准上人兰若》:“客到两忘言,猿心与禅定。”于鹄《题柏台山僧》:“上方唯一室,禅定对山容。”白居易《和微之诗二十三首·和知非》:“不如学禅定,中有甚深味。”朱庆余《送品上人入秦》:“心知禅定处,石室对芭蕉。”

【禪₂房】　僧人习静之所。亦指寺院。李颀《题神力师院》:“大师神杰貌,五岳森禅房。”刘长卿《题灵祐和尚故居》:“叹逝翻悲有此身,禅房寂寞见流尘。”戴叔伦《赠慧上人》:“云霞色酽禅房衲,星月光涵古殿灯。”唐彦谦《游南明山》:“屈曲到禅房,上人喜延伫。”

【禪₂牀】　坐禅之床。姚合《送僧贞实归杭州天竺》:“林外猿声连院磬,月中潮色到禅床。”许浑《洛东兰若夜归》:“一衲老禅床,吾生半异乡。”赵嘏《寄山僧》:“云里幽僧不置房,橡花藤叶盖禅床。”张乔《宿齐山僧舍》:“若言不得南宗要,长在禅床事更多。”

【禪₂門】　❶犹佛门。指佛教。元稹《和乐天赠云寂僧》:“欲离烦恼三千界,不在禅门八万条。”白居易《送李滁州》:“君于觉路深留意,我亦禅门薄致功。”杜牧《赠终南兰若僧》:“休公都不知名姓,始觉禅门气味长。”唐彦谦《寄蒋二十四》:“禅门澹薄无心地,世事生疏欲面墙。”❷佛教语。即丛林,僧侣群聚的寺院。《释氏要览·躁静》:“禅门,别称丛林。”孙逖《奉和崔司马游云门寺》:“系马清溪树,禅门春气浓。”刘长卿《赠微上人》:“禅门来往翠微间,万里千峰在剡山。”朱庆余《赠至寂禅师》:“处世唯据衲,禅门几岁寒。”灵一《送冽寺主之京迎禅和尚》:“禅门居此地,瞻望在虚空。”❸禅宗法门。灵澈《句》:“禅门至六祖,衣钵无人得。”

【禪₂居】　僧人之所居。指寺院。苏味道《和武三思于天中寺寻复礼上人之作》:“藩戚三雍暇,禅居二室限。”李白《与元丹丘方城寺谈玄作》:“幸逢禅居人,酌玉坐相召。”李绅《忆登栖霞寺峰》:“纱灯耿晨焰,释子安禅居。”薛涛《宣上人见示与诸公唱和》:“可怜谯记室,流水满禅居。”

【禪₂思】　犹禅心。杨巨源《僧院听琴》:“禅思何妨在玉琴,真僧不见听时心。”薛能《寄题巨源禅师》:“风雨禅思外,应残木槿花。”李咸用《酬蕴微》:“得句禅思外,论交野步间。”

【禪₂律】　禅宗和律宗的并称。杜荀鹤《空闲二公递以禅律鄙因而解之》:“一教谁云辟二途,律禅禅律智归愚。”

【禪₂室】　禅房。僧徒习静之所。李颀《送綦毋三寺中赋得纱灯》:“禅室吐香烬,轻纱笼翠烟。”吕温《终南精舍月中闻磬声诗》:“月峰禅室掩,幽磬静昏氛。”温庭筠《宿松门寺》:“林间禅室春深雪,潭上龙堂夜半云。”陆龟蒙《奉和袭美添渔具五篇·渔庵》:“岂谓钓家流，忽同禅室号。”

【禪₂家】 修持禅定者。亦泛称佛家。皎然《酬李侍御萼题看心道场赋以眉毛肠心牙等五字》：“子空如藏史，始肯会禅家。”陆龟蒙《奉和袭美开元寺客省早景即事次韵》：“灵香散尽禅家接，谁共殷源小品同。”自注：“《辩正论》亦有九流，一曰禅家者流，殷浩读《小品经》，下二百签疑义，以问支道林。”方干有《题法华寺绝顶禅家壁》。齐己《登大林寺观白太傅题版》：“九叠苍崖里，禅家凿翠开。”

【禪₂宫】 僧人住房；寺院。王维《夏日过青龙寺谒操禅师》：“龙钟一老翁，徐步谒禅宫。”李端《慈恩寺怀旧》：“伊昔会禅宫，容辉在眼中。”刘禹锡《送僧方及南谒柳员外》：“远郡多暇日，有诗访禅宫。”贾彦璋《晚霁登汝南大云阁》：“禅宫新歇雨，香阁晚登临。”

【禪₂客】 泛称参禅的僧人，僧人。刘长卿《云门寺访灵一上人》：“禅客知何在，春山到处回。”白居易《自思益寺次楞伽寺作》：“行逢禅客多相问，坐倚渔舟一自思。”赵嘏《僧舍二首》之一：“禅客不归车马去，晚檐山色为谁多。”李洞《雪》：“禅客呵金锡，征人擘冻旗。”

【禪₂扃】 佛寺之门。亦指佛寺。韦应物《四禅精舍登览悲旧寄朝宗巨川兄弟》：“跻阁谒金像，攀云造禅扃。”刘禹锡《赠别约师》：“师逢吴兴守，相伴住禅扃。”许浑《闻释子栖玄欲奉道因寄》：“欲求真诀恋禅扃，羽帔方袍尽有情。”张蠙《赠栖白大师》：“长因内斋出，多客叩禅扃。”

【禪₂衲】 僧衣。唐彦谦《游清凉寺》：“竹院逢僧旧曾识，旋披禅衲为相迎。”杜荀鹤《空闲二公递以禅律相鄙因而解之》：“念珠在手隳禅衲，禅衲披肩坏念珠。”

【禪草】 指汉司马相如的《封禅文》。相如擅辞赋，家居病笃，武帝遣使欲取其所著之书。使至而相如已死，相如妻曰：“‘长卿未死时，为一卷书，曰有使者来求书，奏之。无他书。’其遗札书言封禅事。”见《史记·司马相如列传》。后亦借指优美的诗文。褚亮《伤始平李少府正己》：“禅草回中使，生刍引吊宾。”

【禪₂庭】 禅院。孟浩然《腊月八日于剡县石城寺礼拜》：“竹柏禅庭古，楼台世界稀。”武元衡《资圣寺贲法师晚春茶会》：“禅庭一雨后，莲界万花中。”贾岛《题竹谷上人院》：“禅庭高鸟道，回望极川原。”陆龟蒙《和袭美为新罗弘惠上人撰灵鹫山周禅师碑送归诗》：“已得雄词封静检，却怀孤影在禅庭。”

【禪₂師】 原为对有道高僧之尊称，指和尚中能得禅定波罗蜜者。南朝陈宣帝称南岳慧思和尚为大禅师，唐中宗赐神秀和尚以大通禅师之号，皆寓非常尊重之意。后用为一般和尚的尊称。韦丹《答澈公》：“白发渐多身未退，依依常在永禅师。”张南史《秋夜闻雁寄南十五兼呈空和尚》：“禅师几度曾摩顶，高士何年更发心。”白居易《朝归书寄元八》：“禅师与诗客，次第来相看。”卢延让《赠僧》：“禅师莫问求名苦，滋味过于食蓼虫。”

【禪₂流】 犹禅河。禅河本古印度之河名。佛经中传说佛在涅槃前曾入此河沐浴。后因以谓修习禅法的境界。郑愔《奉和幸大荐福寺》：“紫云成宝界，白水作禅流。”郑巢《哭虚海上人》：“一化西风外，禅流稍稍分。”

【禪₂袍】 僧衣。李山甫《病中答刘书记见赠》：“病来双树下，云脚上禅袍。”贯休《山居诗二十四首》之二十：“闲担茶器缘青障，静衲禅袍坐绿崖。”

【禪₂院】 佛寺，佛殿。常建有《题破山寺后禅院》。杨巨源有《和郑少师相公题慈恩寺禅院》。杜牧有《题禅院》。

【禪₂理】 佛学之义理。苑成《酬王维》序：“然王兄当代诗匠，又精禅理，枉采知音，形于雅什，辄走笔以酬焉。”杜鸿渐《句》：“常愿追禅理，安能挹化源。”许浑《春醉》：“何以参禅理，荣枯尽不闻。”薛能《蒙恩除侍御史行次华州寄蒋相》：“荀家位极兼禅理，应笑埋轮著所操。”

【禪₂堂】 禅房；僧堂。僧徒打坐习静之所。萧至忠《荐福寺应制》：“香塔鱼山下，禅堂雁水滨。”王鲁复《故白岩禅师院》：“能师还世名还在，空闭禅堂满院苔。”廖匡图《赠泉陵上人》：“暂把枯藤倚碧根，禅堂初创楚江渍。”

【禪₂庵】 禅房；佛寺。白居易《题清头陀》：“头陀独宿寺西峰，百尺神庵半夜钟。”温庭筠《赠越僧岳云二首》之一：“禅庵过微雪，乡寺隔寒烟。”司马扎《晓过伊水寄龙门僧》：“山下禅庵老师在，愿将形役问空王。”罗隐《寄洪正师》：“会应谋避地，依约近禅庵。”

【禪₂情】 禅心；禅思。周朴《赠无了禅师》：“惮情岂堪问，问答更无穷。”

【禪₂寂】 佛家谓思虑寂静。亦指坐禅习定。王维《偶然作六首》之三：“爱染日已薄，禅寂日已固。”杜甫《夜听许十损诵诗爱而有作》：“余亦师粲可，身犹缚禅寂。”贾岛《赠智朗禅师》：“浠辞孔颜庙，笑访禅寂室。”韩偓《永明禅师房》：“支公禅寂处，时有鹤来巢。”

【禪₂窗】 禅房的窗户。贾岛《升道精舍南台对月寄姚合》：“冷露常时有，禅窗此夜虚。”

【禪₂棲】 谓出家隐居。朱庆余《送僧》：“野望携金策，禅栖寄石楼。”赵嘏《送僧归庐山》：“禅栖忽忆五峰游，去著方袍谢列侯。”崔涂《题兴善寺隋松院与人期不至》：“不及禅栖者，相看老此中。”杜荀鹤《题护国大师塔》：“莫认双林是佛林，禅栖无地亦无金。”亦指出家隐居之地，张乔《赠初上人》："竹色覆禅栖，幽禽绕院啼。"

【禪₂棲客】 禅客，出家修佛法之人。杨衡《山斋独宿赠晏上人》："何以禅栖客，灰心在沃州。"

【禪₂智】 ❶佛之智慧。杨巨源《赠从弟茂卿》："扣寂由来在渊思，搜奇本自通禅智。"❷指禅智寺。张祜《纵游淮南》："人生只合扬州死，禅智山光好墓田。"罗隐《寄韦赡》："禅智阑干市桥酒，纵然相见只相悲。"见"禪₂智寺"。

【禪₂智寺】 寺名。在今江苏扬州市东北。崔峒有《宿禅智寺上方演大师院》。张祜有《禅智寺》。徐玄《亚元舍人不替深知猥贻佳作兼寄陈君庶资一笑耳》："禅智寺，山光桥，风瑟瑟兮雨萧萧。"

【禪₂扉】 佛寺之门。亦指禅房或佛寺。刘长卿《齐一和尚影堂》："昔余精念访神扉，常接微言清道机。"戴叔伦《越溪村居》："年来桡客寄禅扉，多话贫居在翠微。"李绅《姑苏台杂句》："灵岩香径掩禅扉，秋草荒凉遍落晖。"皮日休《送圆载上人归日本国》："讲殿谈余著赐衣，椰帆却返旧禅扉。"

【禪₂想】 指僧人抑制内心中的俗念妄想，使内心平静，以集中心力去思考，从而达到佛家的智慧境地。钱起《同王錥起居程浩郎中韩翃舍人题安国寺用上人院》："香缘不绝簪裾会，禅想宁妨藻思通。"

【禪₂意】 犹禅心。刘长卿《寻南溪常山道人隐居》："溪花与禅意，相对亦忘言。"清江《送赞律师归嵩山》："禅意归心急，山深定易安。"杨氏《硖石山》："莺啼花开入禅意，掷笔台前梵呗宜。"

【禪₂窟】 禅门，僧人聚集习禅之所。张籍《游襄阳山寺》："薜荔侵禅窟，虾蟆占浴池。"

【禪₂經】 佛经。白居易有《读禅经》。灵一《远公》："禅经初纂定，佛语新名目。"

【禪₂榻】 禅床。牟融《游报本寺》之一："茶烟袅袅笼禅榻，竹影萧萧扫径苔。"杜牧《题禅院》："今日鬓丝禅榻畔，茶烟轻飏落花风。"

【禪₂僧】 和尚。白居易《与僧智如夜话》："门闲无谒客，室静有禅僧。"郑畋《初秋寓直三首》之三："幽阁焚香万虑凝，下帘胎息过禅僧。"黄滔《题东林寺元祐上人院》："半生随计吏，一日对禅僧。"唐廪《云盖山泉》："净影不关秋赋客，清音时警夜禅僧。"

【禪₂誦】 坐禅诵经。王维《山中寄诸弟妹》："山中多法侣，禅诵自为群。"卢纶《春日陪李庶子遵善寺东院晓望》："由来禅诵地，多有谢公文。"欧阳詹《送少微上人归德峰》："孤云与禅诵，到后在何峰。"司空图《牛头寺》："终南最佳处，禅诵出青霄。"

【禪₂閣】 禅房；僧徒打坐习静之所。皎然《奉酬袁使君送陆灞却回期道寺院》："更人莫报夜，禅阁本无关。"郑谷《重访黄神谷策禅者》："初尘芸阁辞禅阁，却访支郎是老郎。"

【禪₂境】 禅寂的境界。杨巨源《送澹公归嵩山龙潭寺葬本师》："野烟秋水苍茫远，禅境真机去住闲。"

【禪₂影】 佛像。王勃《游梵宇三觉寺》："萝幌栖禅影，松门听梵音。"

【禪₂機】 ❶禅宗和尚说法时，用言行或事物来暗示教义的诀窍。魏璞《寻鸟窠迹》："道法传驯鹊，禅机显化螺。"❷禅法机要。牟融《题山房壁》："玄奥凝神久，禅机入妙深。"清江《春游司直城西鸬鹚溪别业》："禅机空寂寞，雅趣赖招携。"韩偓《病忆》："曾把禅机销此病，破除才尽又重生。"李中《访章禅老》："比寻禅客叩禅机，澄却心如月在池。"

【禪₂魔】 谓迷禅若魔。司空图《修史亭三首》之二："不似香山白居士，晚将心地著禅魔。"

【禪₂燈】 寺院灯火。贾岛《送慈恩寺霄韵法师谒太原李司空》："清磬先寒角，禅灯彻晓烽。"

【禪₂齋】 禅室；禅房。殷尧藩《上巳日赠都上人》："无心修禊事，独步到禅斋。"许浑《岁首怀甘露寺自省上人》："客棹春潮急，禅斋暮雪高。"罗邺《秋日留别义初上人》："每嗟尘世长多事，重到禅斋是几时。"和凝《醴泉院》："万山岚霭簇洋城，数处禅斋尽有名。"

【禪₂隱】 出家隐居。孟郊《赠道月上人》："欲知禅隐高，缉薜为袈裟。"

【禪₂懷】 禅心。齐己《游三觉寺》："世论随时变，禅怀历劫同。"

【禪₂關】 ❶寺门。李白《同族侄评事黯游昌禅师山池二首》之一："远公爱康乐，为我开禅关。"郎士元《题精舍寺》："石林精舍武溪东，夜扣禅关谒远公。"杜牧《将赴京留赠僧院》："谢却从前受恩地，归来依止叩禅关。"温庭筠《赠楚云上人》："松根满苔石，尽日闭禅关。"❷指寺庙或寺庙中的禅房。戎昱《寂上人禅房》："俗尘浮垢闭禅关，百岁身心几日闲。"贾岛《宿慈恩寺郁公房》："竹阴移冷月，荷气带禅关。"曹松《慈恩寺贻楚霄上人》："在秦生楚思，波浪接禅关。"

【禪₂龕】 佛堂。杜甫《谒文公上方》："长者自布金，禅龛只晏如。"

【禪₂觀】 ❶（—guān）依佛理参究修行。元稹《〈悟禅三首〉寄胡果》之三："莫惊头欲白，禅观老弥深。"白居易《病中诗十五首》序："余早栖心释梵，浪迹老庄，因疾观身，果有所得。何则？外形骸而内忘忧恚，先禅观而后顺医治。"姚合《闲居》："何当学禅观，依止古先生。"又《过无可僧院》："终拟修禅观，窗间卷欲烧。"❷（—guàn）寺院。钱起《送僧归日本》："水月通禅观，鱼龙听梵声。"

禦 〔yù《集韵》牛倨切，去禦，疑。〕❶抗拒；抵挡。杜甫《有怀台州郑十八司户》："从来御魑魅，多为才名误。"韩愈《初南食贻元十八协律》："我来御魑魅，自宜味南烹。"❷防备。韦应物《题从侄成绪西林精舍书斋》："纻衣岂寒御，蔬食非饥疗。"顾况《上古之什补亡训传十三章·十月之郊一章》："公室既成，御燥湿风日。"柳宗元《柳州峒氓》："鹅毛御腊缝山罽，鸡骨占年拜水神。"白居易《官舍小亭闲望》："葛衣御时暑，蔬饭疗朝饥。"

【禦雨】　防雨。杜甫《彭衙行》："既无御雨备，径滑衣又寒。"白居易《青毡帐二十韵》："汰风吹不动，御雨湿弥坚。"

【禦暑】　防暑。钱起《赠汉阳隐者》："桂棹为渔暇，荷衣御暑新。"

【禦寒】　防寒。韩愈《江汉答孟郊》："凄风结冲波，狐裘能御寒。"白居易《赠内》："缯絮足御寒，何必锦绣文。"杜荀鹤《喜从弟雪中远至有作》："无酒御寒虽寡况，有书供读且资身。"史凤《鲛红被》："肱被当年仅御寒，青楼惯染血猩纨。"

【禦熱】　防热。李峤《扇》："御热含风细，临秋带月明。"白居易《偶咏》："御热蕉衣健，扶羸竹杖轻。"

【禦敵】　防御敌人。韦庄《和郑拾遗秋日感事一百韵》："出师威似虎，御敌狠如羊。"吴越后主钱俶《陈国》："批破《陈书》后，都无御敌心。"

禨 〔jī《广韵》居依切，平微，見。〕祭鬼神以求福祥。亦泛称福祥。韩愈《送区弘南归》："况今天子铺德威，蔽能者诛荐受禨。"

十二画

禮 〔lǐ《广韵》盧啓切，上薺切，來。〕❶敬神。谓事神致福。储光羲《述华清宫五首》之一："朝朝礼玄阁，日日闻体轻。"刘禹锡《和令狐相公送赵常盈炼师与中贵人同拜岳及天台投龙毕却赴京》："元君伏奏归中禁，武帝亲斋礼上清。"顾非熊《寄紫阁无名新罗头陀僧》："紫阁人来礼，无名便是名。"孙咸《题九天使者庙》："独入玄宫礼至真，焚香不为贫贱身。"❷社会生活中由于风俗习惯而形成的行为准则、道德规范和各种礼节。太宗《咏司马彪续汉志》："观仪不失序，遵礼方由事。"窦常《谒三闾庙》："君非三谏寤，礼许一身逃。"孟郊《抒情因上郎中二十二叔监察十五叔兼呈李益端公柳缜评事》："自悲何以然，在礼阙晨昏。"朱庆余《鄂渚送白舍人赴杭州》："从此不同诸客礼，故乡西与郡城邻。"❸礼遇；厚待。杜甫《杜鹃》："仍为喂其子，礼若奉至尊。"刘禹锡《送湘阳熊判官孺登府罢归钟陵因寄呈江西裴中丞二十三兄》："何武劾腐儒，陈蕃礼高士。"孙郃《古意二首》之二："魏礼段干木，秦王乃止戈。"柳棠《答杨尚书》："未向燕台逢厚礼，幸因社会接余欢。"❹庄严；有威仪。李峤《奉和杜员外扈从教阅》："礼振军容肃，威宣武节扬。"❺较隆重的仪式、典礼。魏征《五郊乐章·肃和》："诚备祝嘏，礼殚珪币。"韩愈《此日足可惜赠张籍》："礼终乐亦阕，相拜送于庭。"吕温《奉敕祭南岳十四韵》："礼成谢邑吏，驾言归郡职。"李绅《庆云见》："礼成中岳陈金册，祥报卿云冠玉峰。"❻记载礼仪规范的著作。孟浩然《送莫甥兼诸昆弟从韩司马入西军》："念尔习诗礼，未曾违户庭。"杜甫《别李义》："尔克富诗礼，骨清虑不喧。"韩愈《招杨之罘》："礼称独学陋，易贵不远复。"温庭筠《病中书怀呈友人》："风华飘领袖，诗礼拜衾绣。"❼佛教用语。指读佛经、游佛山等，以示恭敬、虔诚。王建《七泉寺上方》："扫石礼新经，悬幡上高峰。"刘禹锡《赠日本僧智藏》："浮杯万里过沧溟，遍礼名山适性灵。"张籍《赠华严院僧》："遍礼《华严经》里字，不曾行到寺门前。"韦庄《赠礼佛名者》："何用辛勤礼佛名，我从无得到真庭。"

【禮士】　礼遇士人。汪遵《燕台》："礼士招贤万古名，高台依旧对燕城。"

【禮分】　(—fèn)谓礼仪之分限。李商隐《华州周在夫宴席》："若共门人推礼分，戴崇争得及彭宣。"又《偶成转韵七十二句赠四同舍》："借酒祝公千万年，吾徒礼分常周旋。"

【禮月】　拜月；礼拜月神。牛峤《感恩多》词之二："礼月求天，愿君知我心。"

【禮文】　指礼乐仪制。杜牧《感怀诗一首》："法制自作为，礼文争僭拟。"

【禮玄】　谓崇信道教。张籍《赠殷山人》："贤者闻知命，吾生复礼玄。"

【禮寺】　指太常寺。张濛《晓过南宫闻太常清乐》："玉珂经礼寺，金奏过南宫。"张籍《赠太常王建藤杖笋鞋》："称与诗人用，堪随礼寺斋。"白居易《酬张太祝晚秋卧病见寄》："高才淹礼寺，短羽翔禁林。"

【禮成】　仪式完毕。窦牟《元日喜闻大礼寄上翰林四学士中书六舍人二十韵》："礼成戎器下，恩彻鬼方沉。"刘禹锡《河南王少尹宅燕张常侍白舍人兼呈卢郎中李员外二副使》："事重各衔天子诏，礼成同把故人杯。"鲍溶《怀仙二首》之一："虞宫礼成后，回驾仙风顺。"

【禮司】　指太常寺。张籍《送从弟删东归》："诗价已高犹失意，礼司曾赏会成名。"

【禮物】　❶典礼文物。张说《唐享太庙乐章·大和舞》："礼物还旧，朝章中兴。"源乾曜《奉和圣制送张尚书巡边》："礼物生光辉，宸章备恩诩。"韦庄《和郑拾遗秋日感事一百韵》："文风销剑楯，礼物换旂裳。"❷指祭品。苏颋《祭汾阴乐章》："礼物斯具，乐章乃陈。"《郊庙歌辞·享节愍太子庙乐章·迎神》："煌煌而来，礼物攸设。"

【禮佛】 拜佛。寒山《诗三百三首》之一三八："见佛不礼佛，逢僧不施僧。"姚合《访僧法通不遇》："访师师不遇，礼佛佛无言。"

【禮命】 ❶指国家的礼籍和君王的策命。武元衡《甲午岁相国李公以广遗韵云》："礼命公台重，烟霜陇树繁。"权德舆《昭德皇后挽歌词》："淮水源流远，涂山礼命升。"❷指礼聘与任命。耿湋《送归中丞使新罗》："他时礼命毕，归路勿迷津。"

【禮法】 礼仪法度。杜甫《奉酬严公寄题野亭之作》："谢安不倦登临费，阮籍焉知礼法疏。"白居易《和微之诗二十三首·和知非》："儒教重礼法，道家养神气。"方干《送永嘉王令之任二首》之二："礼法未闻离汉制，土宜多说似吴风。"亦指有关礼法的典籍制度。白居易《秦中吟十首·不致仕》："七十而致仕，礼法有明文。"

【禮官】 掌礼仪教化之官。玄宗《春晚宴两相及礼官丽正殿学士探得风字》："乃命礼官，考制度，稽典则，序文昭武穆，享天地神祇，所以申严洁也。"权德舆《贞元七年蒙恩除太常博士因代书却寄》："尽室赴礼官，脂车杂辎軿。"

【禮則】 礼节法则。则天皇后《唐大飨拜洛乐章·九和》："恭崇礼则，肃奉仪形。"

【禮拜】 ❶古代礼节。对人施礼祝拜以示敬。据称，殷人先稽首后拜手，周人先拜手后稽首。王梵志《诗》之八八："逢师颁礼拜，过道向前行。"亦指对所崇拜之物施礼示敬。元稹《望云骓马歌》："路旁垂白天宝民，望骓礼拜见骓哭。"❷致敬于神祇。王建《贻小尼师》："身轻礼拜稳，心慢记经迟。"刘禹锡《送僧仲剬东游兼寄呈灵澈上人》："晴空礼拜见真像，金毛五髻卿云间。"张籍《弱柏院僧影堂》："影堂香火长相续，应得人来礼拜多。"项斯《题永忻寺影堂》："不遇修寺日，无钱入影堂。故来空礼拜，临去重添香。"

【禮俗】 礼仪与习俗。李商隐《咏怀寄秘阁旧僚二十六韵》："礼俗拘嵇喜，侯王忻戴逵。"

【禮度】 （—dù）❶礼仪法度。丘光庭《补茅鸱》序："《茅鸱》，刺食禄而无礼也。在位之人，有重禄而无法度，君子以为茅鸱之不若，作诗以刺之。"❷彬彬有礼的仪表风度。胡元范《奉和太子纳妃太平公主出降三首》之一："帝子威仪绝，储妃礼度优。"

【禮神】 祭神。李峤《汾阴行》："埋玉陈牲礼神毕，举麾上马乘舆出。"权德舆《伏蒙十六叔寄示喜庆感怀三十韵因献之》："司理因旷职，曲台仍礼神。"《郊庙歌辞·汉宗庙乐舞辞·显仁舞》："礼神鄜畤馆，布政未央宫。"

【禮秩】 指礼仪等第和爵禄品级。则天皇后《唐享昊天乐·第十》："肃肃祀典，邕邕礼秩。"皎然《同诸公奉侍祭岳渎期过故林不至》："礼秩加新命，朝章笃理刑。"李商隐《哭虔州杨侍郎》："在昔恩知忝，诸生礼秩殊。"

【禮酒】 天子所赐之酒。皮日休《补周礼九夏系文·九夏歌九篇·裓夏》："礼酒既酌，嘉宾既厚，牍为之奏。"

【禮容】 礼制仪容。陈子昂《奉和皇帝上礼抚事述怀应制》："轩宫帝图盛，皇极礼容申。"窦牟《缑氏拜陵回道中呈李舍人少尹》："礼容皆若旧，名籍自凭虚。"鲍溶《会仙歌》："冠剑低昂蹈舞频，礼容尽若君臣事。"赵光逢《梁郊祀乐章·庆和》："钦奫宝命，恭肃礼容。"

【禮教】 （—jiào）礼仪教化。崔灌《奉和圣制送张说上集贤学士赐宴》："问道图书盛，尊儒礼教兴。"卢仝《常州孟谏议座上闻韩员外职方贬国子博士有感五首》之五："功名生地狱，礼教死天囚。"白居易《和微之听妻弹别鹤操因为解释其义依韵加四句》："商陵追礼教，妇出不能止。"贯休《上孙使君》："奸回改精魄，礼教书绅带。"

【禮異】 特殊礼遇。杜甫《八哀诗·赠太子太师汝阳郡王琎》："出入独非时，礼异见群臣。"

【禮章】 礼仪典章。何鸾《祭汾阴乐章》："乐奏云阕，礼章载虔。"韦应物《伤逝》："柔素亮为表，礼章夙所该。"

【禮部】 官署名。北周始置。由西汉尚书的客曹发展而来。隋为尚书省六部之一，称祠部。唐改为礼部，主管典章法度、典礼、祭祀、学校、科举和接待四方宾客等事务，长官为礼部尚书，副长官为侍郎。下设礼部、祠部、膳部、主客四司。刘长卿有《杂咏八首上礼部李侍郎·幽琴》。任华《怀素上人草书歌》："不因礼部张公将尔来，如何得声名，一旦喧九垓。"崔峒有《寄上礼部李侍郎》。

【禮部尚書】 礼部长官。正三品。高适《信安王幕府诗》序："开元二十年，国家有事林胡，诏礼部尚书信安王总戎大举。"皇甫澈有《赋四相诗·礼部尚书门下侍郎平事章李岘》。权德舆有《奉和礼部尚书酬杨著作竹亭歌》。

【禮部侍郎】 礼部副长官。正四品下。刘长卿有《杂咏八首上礼部李侍郎·幽琴》。崔峒有《寄上礼部李侍郎》。

【禮部郎】 指礼部郎中。礼部头司礼部司长官，从五品上；其副长官为员外郎，从六品上。刘禹锡《国学新修五经壁歌》序："时余为礼部郎，凡瞽宗之事，得以关决。"

【禮部闈】　指礼部试进士之所。贾岛《送沈秀才下第东归》："毁出疾夫口，腾入礼部闱。"见"禮闈"。

【禮象】　拜佛。释迦牟尼离世，诸大弟子想慕不已，刻木为佛，以形象教人，故佛教又称"象教"。见宋胡继安《书言故事四·释教·象教》。张祜《游天台山》："行寻白云叟，礼象登峻宇。"

【禮聘】　以礼征聘。吴筠《高士咏·郑子真张仲蔚》："礼聘终不屈，清贫长晏如。"

【禮聖】　礼拜圣人。吕炅《贡举人谒先师闻雅乐》："礼圣来群彦，观光在此时。"

【禮塔】　拜塔。严维《奉和皇甫大夫夏日游花严寺》："到宫龙节驻，礼塔雁行成。"

【禮敬】　以合乎礼仪的举动表示尊敬。李绅《过吴门二十四韵》："问吏儿孙隔，呼名礼敬修。"

【禮賂】　以财物行贿。杜牧《题池州弄水亭》："农时贵伏腊，簪瑱事礼赂。"

【禮遇】　以礼相待。方干《送睦州侯郎中赴阙》："郡人难议酬恩德，遍在三年礼遇中。"

【禮節】　礼仪规矩。苏颋《奉和圣制至长春宫登楼望稼穑之作》："礼节家安外，和平俗在中。"李贺《赠陈商》："礼节乃相去，憔悴如刍狗。"

【禮鼠】　黄鼠。韩愈、孟郊《城南联句》："礼鼠拱而立，骇牛蹋且鸣。"

【禮義】　礼法道义。礼，谓人所履；义，谓事之宜。白居易《朱陈村》："我生礼义乡，少小孤且贫。"曹邺《秦后作》："谁将白帝子，践我礼义域。"方干《同萧山陈长官县楼登望》："坐看南北与西东，远近无非礼义中。"唐彦谦《六月十三日上陈微博士》之一："平生官田粟，长此礼义躯。"

【禮經】　古代讲礼节的经典，常指《仪礼》。王建《赠王侍御》："衣食有亲疏，但恐逾礼经。"张籍《赠别孟郊》："君生衰俗间，立身如礼经。"白居易《蜀路石妇》："其妇执妇道，一一如礼经。"又《高仆射》："富贵人所爱，圣人去其泰。所以致仕年，著在礼经内。"

【禮貌】　以恭顺之仪容表示敬意。杨乘《甲子岁书事》："礼貌忽骄狂，疏奏遂指斥。"

【禮僧】　拜僧。刘长卿《题萧郎中开元寺新构幽寂亭》："候客石苔上，礼僧云树中。"

【禮賓】　礼敬宾客。张祜《献太原裴相公三十韵》："礼宾青眼色，忧国白髭须。"

【禮賢】　礼遇贤者。韦应物《答裴处士》："礼贤方化俗，闻风自款关。"韩愈《陪杜侍御游湘西两寺独宿有题一首因献杨常侍》："礼贤道何优，奉己事苦俭。"刘得仁《送王书记归邠州》："从事公刘地，元戎旧礼贤。"吴融《赴阙次留献荆南成相公三十韵》："礼贤金璧贱，煦物雪霜融。"

【禮數】　（一shù）❶古代按名位而分的礼仪等级制度。张谓《西亭子言怀》："官属不令拘礼数，时时缓步一相寻。"王建《荆南赠别李肇著作转韵诗》："主人开宴席，礼数无形迹。"韩愈《桃源图》："争持酒食来相馈，礼数不同樽俎异。"李商隐《行次西郊作一百韵》："礼数异君父，羁縻如羌零。"❷礼节。杜甫《哭韦大夫之晋》："丈人叨礼数，文律早周旋。"白居易《江上对酒二首》之二："客来存礼数，始著白纶巾。"又《戏和微之答窦七行军之作》："旌钺从櫜鞬，宾僚礼数全。"杜牧《送王侍御赴夏口座主幕》："礼数全优知隗始，讨论常见念回愚。"

【禮儀】　礼节和仪式。寒山《诗三百三首》之二五："徐动合礼仪，和鸣中音律。"王梵志《诗》之二三："纵使无姿首，终成有礼仪。"刘商《胡笳十八拍·第十八拍》："载持巾栉礼仪好，一弄丝桐生死足。"亦借指礼部。王昌龄《送刘昚虚取宏词角》："迁飞在礼仪，岂复泪如霰。"

【禮樂】　（一yuè）礼节和音乐。古代统治者常以礼乐作为调剂人际关系的手段，以达到尊卑有序远近和合的目的。王梵志《诗》之四一："且能行礼乐，乡里自称人。"高适《题李别驾壁》："礼乐遥传鲁伯禽，宾客争过魏公子。"殷尧藩《帝京二首》之二："礼乐日稽三代盛，梯航岁贡万方同。"张蠙《赠九江太守》："笙歌不似经荒后，礼乐犹如未战前。"

【禮器】　祭器。《郊庙歌辞·周宗庙乐舞辞·章德舞》："雅乐荐，礼器陈。"

【禮謁】　以礼谒见。高适《同群公题中山寺》："名僧既礼谒，高阁复登临。"张籍《送稽亭山寺僧》："名岳寻游今已遍，家城礼谒便应回。"贾岛《寄毗陵彻公》："已有南游约，谁言礼谒难。"

【禮禪】　（一chán）拜佛。李郢《清明日题一公禅室》："此日何穷礼禅客，归心谁是恋禅人。"

【禮闈】　❶汉代官署，即尚书，因在建礼门内，又近禁闱，故称之为"礼闱"。任希古《和左仆射燕公春日端居述怀》："礼闱通政本，文昌总国均。"段成式《题商山庙》："偶出云泉谒礼闱，篇章曾沐汉皇知。"❷指古代科举考试之会试，因为是礼部主办，故称"礼闱"。杜甫《哭长孙侍御》："礼闱曾擢桂，宪府旧乘骢。"刘禹锡《宣上人远寄和礼部王侍郎放榜后诗因而继和》："礼闱新榜动长安，九陌人人走马看。"李涉《送孙尧夫赴举》："却教孙子藏兵法，空把文章向礼闱。"裴皞《示门生马侍郎胤孙》："三主礼闱年八十，门生门下见门生。"

【禮羅】　以礼罗致。戴叔伦《寄禅师寺华上人次韵三首》之三："礼罗加璧至，荐鹗与云连。"

【禮儀】　佛教语。即拜懺，指以拜佛念经来忏悔自己所造的罪孽。王梵志《诗》之八六："六时长礼忏，日暮长烧香。"

【禮讓】　守礼谦让。元结《系乐府十二首·陇上叹》："圣贤礼让风，何不遍西夏。"韦应物《襄武馆游眺》："州民知礼让，讼简得遨游。"钱起《李四劝为尉氏尉李七勉为开封尉》："自理尧唐俗，唯将礼让传。"元稹《送林复梦赴韦令辟》："相门多礼让，前后莫相逾。"

禬　〔guì《广韵》古外切，去泰，見。又黄外切，去泰，匣。〕消除灾病。亦指为消除灾病而举行的祭祀。《周礼·春官·大祝》："掌六祈以同鬼神示。一曰类，二曰造，三曰禬，四曰灾，五曰攻，六曰说。"郑玄注引郑司农曰："类、造、灾、攻、说，皆祭名也。"柳宗元《种白蘘荷》："遮氏有嘉草，攻禬事久泯。"

十四画

禱　〔dǎo《广韵》都晧切，是晧，端。又都導切，去號，端。〕❶向神祝告祈求福寿。李颀《与诸公游济渎泛舟》："分官祷灵庙，奠璧沉河宫。"杜甫《白水明府舅宅喜雨》："精祷既不昧，欢娱将谓何。"元稹《华之巫》："尔巫尔巫且相保，吾民自有丘之祷。"张蠙《送薛郎中赴江州》："正面传天旨，悬心祷岳神。"❷请求；期望。韩愈《荐士》："上言愧无路，日夜惟心祷。"

【禱祈】　祈祷。祷告而祈求。罗隐《冬暮寄裴郎中》："仙郎旧有黄金约，沥胆隳肝更祷祈。"钱弘佐《谒宝塔回赐僧录》："祷诉只愿苍生泰，吏杖高僧法供精。"苏拯《水旱祷》："祷祈勿告天，酒浆勿浇地。"吕岩《七言》之三四："祷祈天地开金鼎，收拾阴阳锁玉壶。"

【禱神】　向神祝告祈求福寿。杜荀鹤《送僧赴黄山沐汤泉兼参禅宗长老》："野老祷神鸦噪庙，猎人冲雪鹿惊林。"

【禱祝】　祷告祝福。元稹《旱灾自咎贻七县宰》："区区昧陋积，祷祝非不勤。"郑谷《寄同年礼部赵郎中》："自怜孤宦谁相念，祷祝空吟一首诗。"孙元晏《咏史诗·梁·八关斋》："内殿设斋申祷祝，岂无功德及台城。"贯休《寿春节进大蜀皇帝五首》之四："为报蜀皇勤祷祝，圣明天子古今稀。"

【禱請】　祈祷。严维《奉和皇甫大夫祈雨应时雨降》："伯禹明灵降，元戎祷请来。"

禰　〔nǐ《广韵》奴禮切，上薺，泥。〕❶亲庙；父庙。《周礼·春官·甸祝》："舍奠于祖庙，祢亦如之。"郑玄注引郑司农曰："祢，尔庙。"孙诒让正义引《左传·襄公十三年》孔疏曰：'祢，近也，于诸庙，父最为近也。"《郊庙歌辞·褒德庙乐章·武舞作》："万石覃贻厥，分珪崇祖祢。"❷姓。后汉有禰衡。

【禰正平】　后汉祢衡字。李商隐《听鼓》："欲问渔阳掺，时无祢正平。"

【禰生】　指后汉祢衡。许浑《途经李翰林墓》："祢生狂善赋，陶令醉能诗。"罗隐《西京道中》："祢生词赋抛江夏，汉祖精神忆沛中。"

【禰生投刺】　后汉祢衡恃才骄傲，怀名刺交游，终无称意之人，名刺无处投递，至于名刺上字迹磨灭。见《后汉书·祢衡传》。孟郊《答韩愈、李观别，因献张徐州》："祢生投刺游，王粲吟诗谒。"

【禰生刺】　祢衡之名刺。司空曙《送卢堪》："莫使祢生刺，空留怀袖中。"见"禰生投刺"。

【禰先生】　指后汉祢衡。罗隐《途中寄怀》："试哭军门看谁问，旧来还似祢先生。"又《安陆赠徐砺》："一榻偶依陈太守，三年深忆祢先生。"见"禰衡"。

【禰處士】　指后汉祢衡。衡所撰书记，轻重疏密，各得体宜。黄祖曾持其手曰："处士，此正得祖意，如祖腹中所欲言也。"见《后汉书·祢衡传》。李白《经乱离后天恩流夜郎忆旧游赠江夏韦太守良宰》："顾惭祢处士，虚对鹦鹉洲。"岑参《送宏文李校书往汉南拜亲》："如逢祢处士，似见鲍参军。"见"禰衡"。

【禰筆】　后汉黄祖之子黄射大会宾客，有人献鹦鹉，射令祢衡赋之，衡揽笔而作，文不加点，辞采甚丽。见《后汉书·祢衡传》。祢笔，指祢衡的文笔。罗邺《鹦鹉咏》："应向郄堂夸饮啄，还应祢笔发光辉。"

【禰衡】　东汉著名才子，辞赋家。平原郡（今山东德州市）人。字正平。少有才辩，受知于孔融，后事曹操、刘表、黄祖，终因恃才傲物，被黄祖杀死，年仅二十六岁。见《后汉书》本传。白居易《哭皇甫七郎中》："志业过玄晏，词华似祢衡。"李群玉《汉阳春晚》："遐思祢衡才，令人怨黄祖。"方干《赠许牍山人》："王粲实可重，祢衡争不狂。"罗隐《湖州裴郎中赴阙后投简寄友生》："祢衡酒醒春瓶倒，柳恽诗成海月圆。"

【禰衡一鶚】　东汉末，孔融赏识祢衡，上表加以举荐，表中有"鸷鸟累伯，不如一鹗。使衡立朝，必有可观"之语，称颂祢衡过人之才。见《后汉书·祢衡传》。李翰《蒙术》："慈明八龙，祢衡一鹗。"

【禰衡裸】　后汉祢衡看不起曹操，衡善击鼓，曹操想侮辱他，令他换鼓吏之服击鼓，他脱衣裸体而立，无羞愧之色。曹操笑曰："本欲辱衡，衡反辱孤。"见《后汉书·祢衡传》。韩偓《赠吴颠尊师》："狗窦号光逸，渔阳裸祢衡。"

【禰衡撾】　曹操令祢衡击鼓，祢衡为《渔阳》掺挝，声节悲壮，听者莫不感慨。见《后汉书·祢衡传》。

张祜《题僧壁》:“棋因王粲覆,鼓是祢衡挝。”李商隐《病中闻河东公乐营置酒口占寄上》:“必投潘岳果,谁掺祢衡挝。”

【禰廟】 父庙。或称考庙。丘光庭《补新宫》序:“成三年,‘新宫灾’,祢庙之宫也。”见“禰。”

十七画

禴 〔yuè《集韵》弋灼切,入藥,以。〕同“礿”。古代祭名。见“禴祭”。

【禴祭】 古代祭名。指夏祭或春祭。周昙《咏史诗·三代门·文王》:“昭然明德报天休,礿祭惟馨胜杀牛。”

禳 〔ráng《广韵》汝陽切,平陽,日。〕祭名。古代除邪消灾的祭祀。亦指除去邪恶或灾异。韩愈《忆昨行和张十一》:“无勿之忧妄药喜,一善自足禳千灾。”柳宗元《弘农公以硕德伟材屈于诬枉左官三岁复为大僚谨献诗五十韵以毕微志》:“福为深仁集,妖从盛德禳。”白居易《酬郑侍御多雨春空过诗三十韵》:“已望东溟祷,仍封北户禳。”苏拯《雉兔者》:“和济俱不闻,曷所禳颠覆。”

【禳厭】 消除邪恶灾祸。姚合《酬任畴协律夏中苦雨见寄》:“灰人漫禳厌,水马姿沉浮。”

十九画

禷 〔lèi《广韵》力遂切,去至,來。〕祭名。征战出师时祭天。顾况《上古之什补亡训传十三章·燕于巢一章》:“君子授律,是祃是禷。”

禾　部

禾〔hé《广韵》户戈切，平戈，匣。〕❶小米之植株。郭震《朱囊花》："却笑野田禾与黍，不闻弦管过青春。"白居易《夏旱》："况兹禾与黍，瞀瞀万族中。"李建勋《田家三首》之三："霜落牛归屋，禾收雀满田。"亦指粟之实粒，即小米。刘长卿《登吴古城歌》："白扬萧萧悲故析，黄雀啾啾争晚禾。"❷泛指田禾、庄稼。戴叔伦《屯田词》："新禾未熟飞蝗至，青苗食尽余枯茎。"白居易《采地黄者》："麦死春不雨，禾损秋早霜。"齐己《村居寄怀》："前溪久不过，忽觉早禾香。"❸指稻。聂夷中《田家二首》之一："六月禾未秀，官家已修仓。"❹指神话传说中的木禾。《文选·张协〈七命〉》："琼山之禾。"李善注引《山海经》曰："昆仑之上有木禾，长五寻，大五围。"韩愈《驽骥》："饥食玉山禾，渴饮醴泉流。"

【禾生耳】　见"禾頭生耳"。

【禾苗】　庄稼的幼苗。贾岛《送崔约秀才》："野鼠独偷高树果，前山渐见短禾苗。"朱庆余《送元处士游天台》："空山雉雊禾苗短，野馆风来竹气清。"

【禾麥】　粟与麦。亦泛指庄稼。韩愈《县斋有怀》："禾麦种满地，梨枣栽绕舍。"白居易《自蜀江至洞庭湖口有感而作》："龙宫变闾里，水府生禾麦。"

【禾麻】　禾与麻。两种农作物。唐彦谦《毗陵道中》："禾麻地废生边气，草木春寒起战声。"

【禾堂】　舂谷时用以舂谷之木槽。许浑《岁暮自广江至新兴题峡山寺四首》之四："蓝坞寒先烧，禾堂晚并舂。"自注："人以木槽舂禾，谓之禾堂。"

【禾菽】　谷子与豆子。泛指粮食作物。白居易《喜雨》："圃旱忧葵堇，农旱忧禾菽。"

【禾黍】　❶禾与黍。多以泛指谷物粮食。王维《宿郑州》："虫思机杼悲，雀喧禾黍熟。"杜甫《羌村》之二："赖知禾黍收，已觉糟床注。"张碧《农父》："到头禾黍属他人，不知何处抛妻子。"薛能《将赴镇过太康县有题》："晴村透日桑榆影，晓露湿秋禾黍香。"❷《诗·王风·黍离序》："《黍离》，闵宗周也。周大夫行役至于宗周，过故宗庙宫室，尽为禾黍。闵宗周之颠覆，彷徨不忍去而作是诗也。"后遂以"禾黍"为咏故国沦亡荒废之典。高适《古大梁行》："魏王宫观尽禾黍，信陵宾客随灰尘。"许浑《金陵怀古》："松楸远近千官冢，禾黍高低六代宫。"齐己《送东林寺睦公往吴国》："烟霞经北固，禾黍过南朝。"

【禾稼】　统指黍稷稻麦等粮食作物。元稹《赛神》："庙中再三拜，愿得禾稼存。"白居易《诏下》："但喜今年饱饭吃，洛阳禾稼如秋云。"李群玉《送崔使君萧山祷雨甘泽遽降》："预听禾稼如云语，应有空濛似雾时。"贯休《夏雨登于霄亭上宋使君二首》之二："邹鲁封疆禾稼浓，清吟孤坐思重重。"

【禾頭生耳】　谓久雨致禾头长出耳状芽蘖。旧谚云"秋雨甲子，禾头生耳"，兆示年成不好。杜甫《秋雨叹三首》之二："禾头生耳黍穗黑，农夫田妇无消息。"亦作"禾生耳。"李建勋《闲出书怀》："溪田雨涨禾生耳，原野莺啼黍熟时。"

【禾穎】　即谷穗。因穗有芒颖，故称。太宗《幸武功庆善宫》："芸黄遍原隰，禾颖积京畿。"

【禾穗】　谷穗。泛指粟稷稻麦等谷物之穗。顾况《田家》："带水摘禾穗，夜捣具晨炊。"白居易《新乐府·杜陵叟》："九月降霜秋早寒，禾穗未熟皆青干。"温庭筠《郊居秋日有怀一二知己》："皋原寂历垂禾穗，桑竹参差映豆花。"

二　画

秃〔tū《广韵》他谷切，入屋，透。〕❶头上无发或发稀。韩愈《感春》："冠欹感发秃，语误悲齿堕。"元稹《三兄以白角巾寄遗发不胜冠冠因有感叹》："病瘴年深浑秃尽，那能胜置角头巾。"白居易《因沐感发寄朗上人二首》之一："沐稀发苦落，一沐仍半秃。"❷山无草木。舒元舆《坊州按狱》："山秃逾高采，水穷益深捞。"亦指树无枝叶。皮日休《虎丘寺殿前有古杉一本遂赋三百言以见志》："槎头秃似刷，枿嘴利于锥。"❸指皮毛等脱落。寒山《诗三百三首》之十："年多心尚劲，日久皮渐秃。"❹光着。指不着鞋或帽。温庭筠《醉歌》："洛阳卢仝称文房，妻子脚秃舂黄粮。"❺谓尖形物磨掉了尖嘴，变得钝而不锐。韩愈、孟郊《城南联句》："束枯樵指秃，刈熟担肩赪。"元稹《有鸟二十章》之八："偏啄邓林求一虫，虫孔未穿长嘴秃。"❻指毛笔用久而笔毛脱落。杜牧《寄唐书李玭尚书》："书功笔秃三千管，领节门排十六双。"亦指使毛笔用坏。长孙佐辅《古宫怨》："看笼不记熏龙脑，咏扇空曾秃鼠须。”❼光头。常用为指称僧侣之詈词。寒山《诗三百三首》之二三一：“福田一个无，虚设一群秃。”

【秃友】 对用久而脱毛之毛笔的戏称。《瘗笔砖文》(《外编》下)：“秃友退锋郎，功成鬓发伤。”

【秃尾】 对鲢鱼、鳙鱼的俗称。杜甫《观打鱼歌》：“徐州秃尾不足忆，汉阴槎头远遁逃。”陆龟蒙《秋思三首》之二：“至今思秃尾，无以代寒菹。”

【秃衿小袖】 短袖无领之衣衫。李贺《秦宫诗》：“秃衿小袖调鹦鹉，紫绣麻鞮踏哮虎。”

【秃節】 旄毛脱落之节。节，使臣出使时所持之凭信物，状如杖，上有旄毛。杜甫《郑驸马池台喜遇郑广文同饮》：“燃脐郿坞败，秃节汉臣回。”

【秃頭】 无头发之光头。白居易《池上逐凉二首》之二：“棹遣秃头奴子拨，茶教纤手侍儿煎。”

【秃鶖】 水鸟名。状如鹤而大，色苍灰，喜啄蛇。因头顶无毛，故名。杜甫《天边行》：“洪涛滔天风拔木，前飞秃鹙后鸿鹄。”顾夏有《感秃鹙潜吟》。

秀〔xiù《广韵》息救切，去宥，心。〕❶谓谷类作物开花抽穗。王维《渭川田家》：“雉雊麦苗秀，蚕眠桑叶稀。”刘禹锡《荆门道怀古》：“马嘶古道行人歇，麦秀空城野雉飞。”聂夷中《田家二首》之一：“六月禾未秀，官家已修仓。”亦泛指植物开花抽穗。李义府《宣正殿芝草》：“明王敦孝感，宝殿秀灵芝。”权德舆《杂言同用离骚体送张评事襄阳觐省》：“远水霁兮微明，杜蘅秀兮白芷生。”元稹《赋得春雪映早梅》：“一枝方渐秀，六出已同开。”❷指谷类作物的花。孟简《嘉禾合颖》：“共秀芳何远，连茎瑞且多。”亦泛指植物之花。席夔《霜菊》：“可怜后时秀，当此凛风肃。”亦特指灵芝。李白《送王屋山人魏万还王屋》：“采秀卧王屋，因窥洞天门。”❸高出；耸起。卢鸿一《嵩山十志十首·枕烟庭》序：“枕烟庭者，盖特峰秀起，意若枕烟，祕庭凝虚，窗若仙台。”常沂《禁中春松》：“翠影宜青琐，苍枝秀碧空。”吴融《赴阙次留献荆南成相公三十韵》：“拔地孤峰秀，当天一鹗雄。”黄滔《贺清源仆射新命》：“虽言嵩岳秀崔嵬，少降连枝命世才。”❹优异；杰出。刘长卿《哭魏兼遂》：“艰危贫且共，少小秀而文。”杜荀鹤《顾云侍御出二子请诗因遗一绝》：“二雏毛骨秀仍奇，小小能吟大大诗。”亦指优秀杰出之人才。岑参《送祁乐归河东》：“祁乐后来秀，挺身出河东。”理莹《送戴三征君还谷口旧居》：“岩穴多遗秀，弓车屡远招。”李群玉《送处士自番禺东游便归苏台别业》：“二陆文苑秀，岧峣怀所钦。”❺谓草木荣盛繁茂。太宗《元日》：“草秀故春色，梅艳昔年妆。”杜甫《九日寄岑参》：“是节东篱菊，纷披为谁秀。”李白《姑孰杂咏·牛渚矶》：“但惊群木秀，莫测精灵状。”周朴《早春》：“秀树因馨雨，融冰雨泛蘋。”❻秀丽；美丽。寒山《诗三百三首》之一〇六：“层层山水秀，烟霞锁翠微。”刘长卿《关门望华山》：“爱此众客秀，能令西望偏。”卢仝《秋梦行》：“长眉入鬓何连娟，肌肤白玉秀且鲜。”李郢《友人适越路过桐庐寄题江驿》：“莫言独有山川秀，过日仍闻官长清。”❼露出；显露。张仲方《赋得竹箭有筠》：“偏宜林表秀，多向岁寒见。”李宾《登巴陵开元寺西阁赠衡岳僧方外》：“衡岳有开士，五峰秀贞骨。”

【秀士】 才德出众之人。李元操《和从叔禄愔元日早朝》：“冠冕多秀士，簪裾饶上才。”高适《宋中遇刘书记有别》：“何代无秀士，高门生此才。”韩愈《送陆畅归江南》：“迎妇丞相府，夸映秀士群。”唐尧客《大梁行》：“秀士三千人，煌煌列众星。”

【秀才】 本泛指颖秀之才。汉时为举士之科名，唐初亦与明经、进士并为举士科名，旋废。后则用为对应举者之通称。储光羲《贻丁主簿仙芝别》：“赫赫明天子，翘翘群秀才。”岑参《梁州对雨怀麹二秀才便呈麹大判官》：“兄弟早有名，甲科皆秀才。”马异《送皇甫湜赴举》：“借问去是谁，秀才皇甫湜。”陈裕《有一秀才忽赎酒家青衣为妇因嘲之》：“秀才何事太匆匆，琴瑟无媒便自通？”

【秀上人】 即诗僧文秀。《唐诗纪事》卷七四：“文秀，唐末诗僧也。”“秀，南僧也，而居长安，以文章应制。”郑谷有《喜秀上人相访》《次韵和秀上人游南五台》和《次韵和秀上人长安寺居言怀寄渚宫禅者》。

【秀木】 ❶高出林表之树木。李白《赠崔侍郎》：“高风摧秀木，虚弹落惊禽。”沈徽《古兴二首》之一：“如何摧秀木，正为余波漂。”❷秀美之树木。李德裕《山信至说平泉别墅草木滋长怅然思归复此作》：“幽径芳兰密，闲庭秀木深。”

【秀公】 诗僧文秀。郑谷有《寄诗僧秀公》。见“秀上人”。

【秀出】 ❶犹特出。多形容山或树木等突兀高耸。孟浩然《游明禅师西山兰若》：“西山多奇状，秀出倚前楹。”李白《庐山谣寄卢侍御虚舟》：“庐山秀出南斗傍，屏风九叠云锦张。”张祜《九华山》：“却忆谪仙诗格俊，解吟秀出九芙蓉。”❷形容人优秀杰出。李白《送韩准裴政孔巢父还山》：“孔侯复秀出，俱与云霞亲。”

【秀句】 美好秀丽的文句。李白《献从叔当涂宰阳冰》：“秀句满江国，高才掞天庭。”杜甫《送韦十六评事充同谷郡防御判官》：“题诗得秀句，札翰时相投。”陈裕《过旧居》：“不闻吟秀句，只见鳙油麻。”

【秀色】 ❶指秀丽的自然景色。钱起《锄药咏》：“莳药穿林复在巘，浓香秀色深能浅。”戴叔伦《游清溪兰若》：“西看叠嶂几千重，秀色孤标此一峰。”元稹《山枇杷》：“秾姿秀色人皆爱，怨媚羞容我偏别。”吕敞《潘安仁戴星看河阳花发》：“秀色沾轻露，鲜辉丽早阳。”

❷指女子之美丽容貌。李白《古风》之二六："秀色空绝世，馨香竟谁传。"陈陶《续古二十九首》之二三："魏宫薛家女，秀色倾三殿。"

【秀色堪餐】　形容容色美丽诱人。白居易《和梦游春诗一百韵》："秀色似堪餐，秾华如可掬。"

【秀拔】　俊秀挺拔。韩翃《经月岩山》序："山名仙人城，下有月岩山，其状秀拔。"

【秀草】　生长茂盛之草。张祜《题池州杜员外弄水新亭》："露洒新篁滴，风含秀草薰。"

【秀骨】　俊逸脱俗的骨相、气质。杜甫《八哀诗·赠左仆射郑国公严公武》："嶷然大贤后，复见秀骨清。"亦指气质不凡的人。权德舆《桃源篇》："庞眉秀骨争迎客，凿井耕田人世隔。"

【秀彦】　才俊之士。张祜《又陪楚州韦舍人阊门游谯次韵北阊门》："三千蘩秀彦，百万举名豪。"

【秀眉】　寿眉。老人眉中之长毛。语出《诗·小雅·南山有台》："乐只君子，遐不眉寿。"毛传："眉寿，秀眉也。"张仲方《赠毛仙翁》："方口秀眉编贝齿，了然炅炅双瞳子。"杜牧《商山麻涧》："秀眉老父对樽酒，蒨袖女儿簪野花。"

【秀氣】　灵秀之气。旧谓人杰则地灵，有才士之处，则上有秀气。李白《过崔八丈水亭》："高阁横秀气，清幽并在君。"白居易《游襄阳怀孟浩然》："秀气结成象，孟氏之文章。"李郢《赠刘郎中》："东南秀气动文星，天子应教扫内庭。"黄滔《辄吟七言四韵攀寄翁文尧拾遗》："甄山秀气旷千古，风阙华恩钟二人。"

【秀朗】　秀美清朗。韩愈《寄崔二十六立之》："诸男皆秀朗，几能守家规。"

【秀師】　疑即神秀，禅宗北宗创始者。学法于蕲州东山寺弘忍大师，弘忍卒，往荆州当阳玉泉寺。神龙二年(706)卒。事见《旧唐书·方伎·神秀》、张说《唐玉泉寺大通禅师碑》。张祜有《题秀师影堂》。

【秀異】　❶优秀异常。白居易《浔阳三题》序："庐山多桂树，湓浦多修竹，东林寺有白莲花，皆植物之贞劲秀异者。"❷指优秀杰出之人才。孟郊《寄院中诸公》："戎府多秀异，谢公期相携。"

【秀媚】　秀丽妩媚。元稹《赠刘采春》："言辞雅措风流足，举止低回秀媚多。"李咸用《和殷衙推春霖即事》："山川藏秀媚，草木逞调柔。"

【秀發】　❶指植物滋荣繁茂。杜甫《四松》："幽色幸秀发，疏柯亦昂藏。"又《木皮岭》："西崖特秀发，焕若灵芝繁。"❷指人秀美有神采。罗虬《比红儿诗》之五一："红儿秀发君知否，倚槛繁花带露开。"❸指诗文秀逸清俊。杜甫《石研诗》："平公今诗伯，秀发吾所羡。"清昼、汤衡《讲古文联句》："谢朓秀发，词理翩翩；孤标爽迈，深造精研。"

【秀絶】　谓秀美之极。方干《盐官王长官新创瑞隐亭》："指画便分元化力，周回秀绝自清机。"

【秀傑】　优秀杰出。皎然《妙喜寺达公禅斋寄李司直四十二韵》："四子遭明盛，裒然皆秀杰。"

【秀質】　秀美之质地。陈中师《瑕瑜不相掩》："秀质非攘善，贞姿肯废忠。"

【秀黛】　女子之黛眉。李贺《夜来乐》："新客下马故客去，绿蝉秀黛重拂梳。"

【秀麗】　俊秀美丽。骆宾王《畴昔篇》："华阳旧地标神制，石镜蛾眉真秀丽。"程杰《芙蓉峰》："谁把芙蓉云外裁，亭亭秀丽少时开。"

【秀靨】　美丽的面饰。靨，女子面部妆饰之一种，系在额或颊部涂以朱或黄色，亦有剪彩纸贴之者。李贺《恼公》："晓奁妆秀靨，夜帐减香筒。"

私　〔sī《广韵》息夷切，平脂，心。〕❶个人的；一己的。与"公"相对。储光羲《上长史王公责躬》："惕惕愧不已，岂敢论其私。"杜甫《雨》："郊扉及我私，我圃日苍翠。"韦应物《授衣还田里》："公门悬甲令，浣濯遂其私。"亦指私心、私利、私情等。王维《重酬苑郎中》："仙郎有意怜同舍，丞相无私断扫门。"独孤及《和李尚书画射虎图歌》："居然画中见真态，若务除恶不顾私。"朱庆余《送浙东陆中丞》："公务肯容私暂入，丰年长与德相随。"吴融《和皮博士赠威仪尊师兼见寄》："精诚有为天应感，章奏无私鬼怕闻。"❷据为己有；私占。元稹《有酒十章》之三："踵夏荣嗣，私其公耶。"唐彦谦《六月十三日上陈微博士》之三："穷居无公忧，私此长夏日。"❸私有；独自。王维有《菩提寺禁裴迪来相看私成口号诵示裴迪》。王建《朝天词十首寄上魏博田侍中》之六："私从班里来长跪，捧上金杯便合仪。"张籍《春江曲》："欲辞舅姑先问人，私向江头祭水神。"❹偏爱；宠爱。李华《杂诗六首》之三："甘酸不私人，元和运五行。"卢纶《东潭宴饯河南赵少府》："松篁难晦节，雨露不私恩。"白居易《和答诗十首·答四皓庙》："汉高之季年，嬖宠钟所私。"曹松《中秋对月》："直到天头天尽处，不曾私照一人家。"亦指吝惜，爱惜。岑参《行军诗二首》之二："平生抱忠义，不敢私微躯。"卢纶《新移北厅因贻同院诸公兼呈畅博士》："终乃愧吾友，无容私此身。"❺犹恩宠、恩惠。岑参《春日醴泉杜明府宴席上赋诗》："凫舄旧称仙，鸿私降自天。"耿湋《得替后书怀上第五项公》："谁语恓惶客，偏承顾盼私。"韩愈《猛虎行》："故当结以信，亲当结以私。"亦指施恩惠，惠及。韩愈《琴操十首·越裳操》："自周之先，其艰其勤，以有疆宇，私我后人。"❻暗中；私下。岑参《西蜀旅舍春叹呈狄评事》："生平未得意，览镜私自惜。"元稹《有鸟二十章》之十八："主人曾问私所闻，因说妖姬暗欺主。"白居易

《雪中晏起偶咏所怀兼呈张常侍》:"不知张韦与皇甫,私唤我作何如人。"陆希声《阳羡杂咏十九首·弄云亭》:"已共此山私断当,不须转辙重移文。"

【私心】 个人之内心;暗中之心意。刘长卿《题冤句宋少府厅留别》:"开口即有求,私心岂无愧。"韩愈《赴江陵途中寄赠三学士》:"前日遇恩赦,私心喜还忧。"陆龟蒙《杂讽九首》之六:"遂得保天年,私心未为耻。"孙鲂《主人司空后亭牡丹》:"私心期一日,许近看逡巡。"

【私田】 私人所有之田地。相对于公田或官田而言。张祜《苦旱》:"敢忘沾霈泽,何幸及私田!"李翰《朱都知嘉禾屯田纪绩诗》:"公田翼翼,私田嶷嶷。不侵其畔,不犯其穑。"

【私地】 私下;暗地。王建《贻小尼师》:"春晴阶下立,私地弄花枝。"元稹《筝》:"莫愁私地爱王昌,夜夜筝声怨隔墙。"曹唐《小游仙诗九十八首》之三三:"玉童私地夸书札,偷写云谣暗赠人。"

【私制】 私人制作。詹敦仁《复留侯从效问南汉刘岩改名龑字音义》:"私制迄无取,古音实相类。"

【私服】 服丧时所穿之丧服。令狐楚《立秋日悲怀》:"更伤春月过,私服示无缞。"

【私門】 犹家门。李复《恒岳晨望有怀》:"景福如光愿,私门当复侯。"

【私庭】 犹私家。储光羲《同张侍御鼎和京兆萧兵曹华岁晚南园》:"公府传休沐,私庭效陆沉。"亦指个人之居处。孙元晏《咏史诗·郁林王·齐林五》:"强哀强惨亦从伊,归到私庭喜可知。"

【私恨】 私下之暗恨。孟郊《访疾》:"疮从公怒生,岂以私恨多。"

【私室】 ❶私人之家;自家。韩愈《从仕》:"黄昏归私室,惆怅起叹音。"皮日休《正乐府十首·橡媪叹》:"持之纳于官,私室无仓箱。"又《三羞诗三首》序:"持法吏不容一息留私室。"周昙《咏史诗·晋门·晋武帝》:"晋武鬻官私室富,是知犹不及桓灵。"❷指偏房,即妾。李白《相和歌辞·白头吟二首》之二:"相如不忆贫贱日,官高金多聘私室。"

【私酌】 独自饮酒。张祜《江南杂题三十首》之四:"何妨人不到,私酌是侯芭。"

【私躬】 自身。孟郊《奉同朝贤送新罗使》:"既兹吟仗信,亦以难私躬。"

【私家】 私人家;百姓家。与官家或皇家相对。刘商《胡家十八拍·第八拍》:"忆昔私家恣娇小,远取珍禽学驯扰。"白居易《赠友五首》之三:"私家无钱炉,平地无铜山。"

【私理】 偏私之理。张碧《游春引三首》之三:"万汇俱含造化恩,见我春工无私理。"

【私戚】 个人的忧戚。韦应物《赠别河南李功曹》:"耿耿抱私戚,寥寥独掩扉。"

【私第】 私人之府第。张九龄《酬周判官巡至始兴会改秘书少监见贻之作》:"揽辔但荒服,循陔便私第。"贾岛《酬姚合校书》:"公堂朝共到,私第夜相留。"卢延让《寄友》句:"每过私第邀看鹤,长著公裳送上驴。"

【私税】 非官府所征收的租税。张祜《忧旱吟》:"公租与私税,焉得俱无伤。"

【私船】 私人之船。与官船相对。朱庆余《送张景宣下第东归》:"春雨连淮暗,私船过马迟。"

【私路】 私人所修造之小路。李贺《高平县东私路》:"古者定幽寻,呼君作私路。"

【私債】 私人所放之高利贷。皮日休《正乐府十篇·橡媪叹》:"农时作私债,农毕归官仓。"

【私試】 应举进士的一种非正式考试。白居易《靖安北街赠李二十》:"还似往年安福寺,共君私试却回时。"参阅宋赵升《朝野类要·举业》。

【私意】 个人的意兴。贺朝清《赋得游人久不归》:"稍觉私意尽,行看鬘鬓稀。"

【私愛】 指个人爱宠之人。张九龄《通化门外送别》:"义将私爱隔,情与故人归。"李涉《六叹》之三:"但将钟鼓悦私爱,肯以犬羊为国羞。"

【私語】 避着人暗自说话。白居易《江南喜逢萧九彻因话长安旧游戏赠五十韵》:"暗娇妆靥笑,私语口脂香。"张祜《庚子岁寓游扬州赠崔荆四十韵》:"暗归逃酒席,私语结钩朋。"方干《赠美人四首》之二:"年几未多犹怯在,些些私语怕人疑。"王涣《惆怅诗十二首》之五:"蜀王殿里三更月,不见骊山私语人。"

【私燕】 私宴。私人之宴会。韦应物《冬至夜寄京师诸弟兼怀崔都水》:"私燕席云罢,还斋夜方阑。"又《池上怀王卿》:"私燕阻外好,临欢一停觞。"

【私謚】 由亲友门生等私人为死者所拟之谥号。如孟郊死后,韩愈、张籍私谥曰"贞曜先生"。唐彦谦《吊方干处士二首》之二:"相看莫浪哭,私谥有前闻。"

【私親】 偏私亲近之人。吕岩《答僧见》:"积德求师何患少,由来天地不私亲。"

【私儲】 个人之积蓄。孟郊《立德新居》之三:"宾秩已觉厚,私储常恐多。"

【私齋】 私人之房室。李涉《六叹》序:"录之私斋,以示同道。格韵枯缺,多惭见知。"

【私懷】 个人之衷怀、情怀。韦应物《休沐东还胄贵里示端》:"存没恻私怀,迁变伤里闾。"

【私黨】 私人之党羽。韩愈《永贞行》:"一朝夺印付私党,懔懔朝士何能为。"

【私屬】 私人之家奴。刘禹锡《含辉洞述》:"匠生于心，随指如化。开山剪木，役以私属。”

【私覿】 私见。非因公务而会见。储光羲《尚书省受誓诫贻太庙裴丞》：“裴回念私觌，怅望临清汜。”

【私鑄】 私自铸造钱币。杜甫《岁晏行》：“往日用钱捉私铸，今许铅锡和青铜。”

【私讎】 个人的冤仇。陈子昂《感遇诗三十八首》之三四：“赤丸杀公吏，白刃报私仇。”

【私讖】 暗悔；私下忏悔。谶，同“忏”。李商隐《拟意》：“曾来十九首，私谶咏牵牛。”

三 画

秉 〔bǐng《广韵》兵永切，上梗，幫。〕❶本义指一把稻禾。引申为量词，十六斛为一秉。《仪礼·聘礼》：“十斗曰斛，十六斗曰籔，十籔曰秉。”杨发《小园秋兴》：“相惭五秉粟，尚癖一车书。”❷握持；执。李颀《杂兴》：“行人夜秉生犀烛，洞照洪深辟滂湃。”皎然《春夜赋得漉水囊歌送郑明府》：“禅客能裁漉水囊，不用衣工秉刀尺。”白居易《观刈麦》：“右手秉遗穗，左臂悬敝筐。”赵光逢《梁郊祀乐章·庆和》：“秉黄钺，建朱旗，震八表，消二仪。”❸守持；持有。张九龄《郡舍南有园畦杂树聊以永日》：“苟能秉素节，安用叨华簪。”韦应物《酬卢嵩秋夜见寄五韵》：“素秉栖遁志，况贻招隐诗。”白居易《酬张十八访宿见赠》：“况君秉高义，富贵视如云。”孟郊《上达奚舍人》：“大贤秉高鉴，公烛无私光。”❹掌握；掌管。高适《信安王幕府诗》：“并秉韬钤术，兼该翰墨筵。”殷寅《铨试后征山别业寄源侍御》：“畴昔相知者，今兹秉天宪。”刘禹锡《送李庚先辈赴选》：“一家何啻十朱轮，诸父双飞秉大钧。”黄滔《奉和翁文尧员外文秀先贤昼锦之什》之二：“山简兼槐诸郡命，郑玄惭秉六经权。”

【秉心】 持心。谓心所执持。王湾《晚夏马嵬卿叔池亭即事寄京都一二知己》：“牵役劳风尘，秉心在岩薮。”萧颖士《有竹一篇七章》之一：“君子秉心，惟其贞坚兮。”岑参《河西太守杜公挽歌四首》之四：“秉心常匪席，行义每挥金。”皎然《送杨遂初赴选》：“秉心凌竹柏，仗信越波澜。”

【秉正】 主持公道。无名氏《五言诗》之六（《外编》下）：“秋即被人言，御史秉正断。”

【秉耒】 亦作“秉耒耜”。执耒。指从事农耕。刘禹锡《武夫词》：“昔为编户人，秉耒甘哺糠。”詹敦仁《柳堤诗》序：“于是秉耒就耕，书横牛角，锄且带经。”寒山《诗三百三首》之一二九：“未能得官职，不解秉耒耜。”

【秉耒耜】 见“秉耒”。

【秉志】 犹守志。谓坚持志向。寒山《诗三百三首》之一七五：“秉志不可卷，须知我匪席。”

【秉持】 执持。白居易《赠僧五首·钵塔院如大师》：“若不秉持僧行苦，将何报答佛恩深。”

【秉哲】 谓富有才智。杜甫《赠比部萧郎中十兄》：“蕴藉为郎久，魁梧秉哲尊。”徐铉《文献太子挽歌词五首》之一：“国有承祧重，人知秉哲尊。”

【秉笏】 执笏。指为官。笏，玉石或竹木所制之手板，古代大臣面君或相会时所执。韦应物《自尚书郎出为滁州刺史》：“少年不远仕，秉笏东西京。”

【秉旄】 执持饰以旄牛尾之军旗。指执掌兵权。储光羲《同诸公秋日游昆明池思古》：“伐棘开洪渊，秉旄训我师。”李白《经乱离后流夜郎书怀赠江夏韦太守良宰》：“帝子许专征，秉旄控强楚。”

【秉旄鉞】 犹秉旄。指执掌兵权。钺，斧状兵器，古代常用为兵权的象征。李白《南奔书怀》：“天人秉旄钺，虎竹光藩翰。”

【秉筆】 执笔。徐彦伯《拟古三首》之二：“束身趋建礼，秉笔坐承明。”李益《从军有苦乐行》：“秉笔参帷帟，从军至朔方。”杨巨源《和令狐郎中》：“题诗一代占清机，秉笔三年直紫微。”来鹄《圣政纪颂》：“秉笔如今，随班不进。”

【秉鈞】 喻指执掌政权。钧，制陶器时所用之转轮。王湾《秋夜寓直即事怀赠萧令公裴侍郎》：“秉钧调造化，宣绰慰黎烝。”杜甫《奉赠鲜于京兆二十韵》：“破胆遭前政，阴谋独秉钧。”白居易《江西裴常侍以优礼见待用伸感谢》：“他日秉钧如见念，壮心直气未全消。”徐夤《忆荐福寺南院》：“啼猿溪上将归去，合问升平诣秉钧。”

【秉節】 守持节操。皇甫冉《太常魏博士远出贼庭因叙其事》：“秉节自常苦，求仁志不违。”《南唐江州风坠诗》：“由来秉节世无双，独守孤城死不降。”

【秉道】 守持正道。白居易《和答诗十首·答四皓庙》：“随时有显晦，秉道无磷缁。”

【秉鉞】 执持斧钺。指执掌兵权。李白《宣城送刘副使入秦》：“秉钺有季公，凛然负英姿。”高适《酬河南节度使贺兰大夫见赠之作》：“秉钺知恩重，临戎觉命轻。”独孤及《和李尚书画射虎图歌》：“方叔秉钺受命新，丹青起予气益振。”卢渥《题嘉祥驿》：“交亲荣饯洛城空，秉钺戎装上将同。”

【秉意】 犹执意。谓坚持其意。张九龄《题画山水障》：“尘事固已矣，秉意终不迁。”

【秉箕帚】 执畚箕扫帚洒扫。借指做人妻妾。苏拯《思妇吟》：“一从秉箕帚，十载孤怀抱。”

【秉綸】 掌起草诏书之事。指中书舍人之职事。纶，丝纶，指诏书。韦应物《寄中书刘舍人》：“忽睹九天诏，秉纶归国工。”

【秉德】 守持美德。李白《陈情赠友人》："舒文振颓波，秉德冠彝伦。"杜甫《桥陵诗三十韵因呈县内诸官》："侧闻鲁恭化，秉德崔瑗铭。"

【秉操】 操守。所守持之德操。萧颖士《有竹一篇七章》之二："君子秉操，惟其正直兮。"白居易《和答诗十首・和松树》："彼如君子心，秉操贯冰霜。"

【秉燭】 ❶谓燃烛持以照明。杜甫《羌村》之一："夜阑更秉烛，相对如梦寐。"戴叔伦《白苎词》："吴王扶头酒初醒，秉烛张筵乐清景。"白居易《夜游西武丘寺八韵》："鱼跳惊秉烛，猿觑怪鸣珂。"黄滔《放榜日》："白马嘶风三十辔，朱门秉烛一千家。"❷指夜游或夜宴。孟浩然《初春汉中漾舟》："良会难再逢，日入须秉烛。"李白《古风》之二三："三万六千日，夜夜当秉烛。"张渭《早春陪崔中丞浣花溪宴》："花间催秉烛，川上欲黄昏。"戎昱《冬夜宴梁十三厅》："故人能爱客，秉烛会吾曹。"见"秉燭遊"。

【秉燭遊】 谓夜晚燃烛以宴游。语出《古诗十九首》之十五："生年不满百，常怀千岁忧。昼短苦夜长，何不秉烛游?"李白《对雪醉后赠王历阳》："君家有酒我何愁，客多乐酣秉烛游。"白居易《城上夜宴》："留春不住登城望，惜夜相将秉烛游。"鲍溶《秋暮山中怀李端公益》："日尽秉烛游，千年不能忘。"许浑《秋晚云阳驿西亭莲池》："心忆莲池秉烛游，叶残花败尚维舟。"

【秉彝】 守持常道。语出《诗・大雅・烝民》："民之秉彝，好是懿德。"毛传："彝，常。"张九龄《骊山下逍遥公旧居游集》："明德有自来，奕世皆秉彝。"

【秉願】 执守自己的意愿。宋之问《温泉庄卧病寄杨七炯》："秉愿守樊圃，归闲欣艺牧。"又《绿竹引》："妙年秉愿逃俗纷，归卧嵩丘弄白云。"

【秉籌】 持计。所持之筹计。陆龟蒙《送宣武从事越中按狱》："秉筹先独立，持法称高标。"

四画

秬 〔jù《广韵》其吕切，上語，羣。〕谷名。黑黍。李义府《在巂州遥叙封禅》："仙阶溢秘秬，灵检耀祥芝。"韩愈、孟郊《城南联句》："玄祇祉兆姓，黑秬饛丰盛。"《郊庙歌辞・仪坤庙乐章・坤贞》："缩茅以献，絜秬惟馨。

【秬鬯】 以黑黍与郁金香草酿制之美酒。陆景初《奉和九日幸临渭亭登高应制得臣字》："菊花浮秬鬯，萸房插缙绅。"

秕 〔bǐ《广韵》卑履切，上旨，幫。〕空瘪不实之谷粒。见"秕稗"。

【秕稗】 秕子与稗子。常混杂于黍稻中，加工时需予剔出。陆龟蒙《奉酬袭美先辈吴中苦雨一百韵》："解衣换仓粟，秕稗犹未脱。"

秭 〔zǐ《广韵》將几切，上旨，精。〕通"姊"。见"秭歸"。

【秭歸】 汉代县名。即今湖北省秭归。为屈原故里。传屈原既被流放，忽然暂归，其姊亦来，故名。秭，同"姊"。见《水经注・江水》与《后汉书・和帝纪》。韦应物《送别覃孝廉》："秭归通远徼，巫峡注惊波。"李绅《南梁行》："秭归山路烟岚隔，山木幽深晚花拆。"

秔 〔jīng《广韵》古行切，平庚，見。〕一种黏性较小之稻。李嘉祐《南浦渡口》："东风潮信满，时雨稻粳齐。"皇甫冉《题高云客舍》："清秋香粳获，白露寒菜长。"亦指粳米。张籍《祭退之》："踏莎掇水蔬，树下烝新粳。"许浑《村舍》："野碓舂粳滑，山厨焙茗香。"

【秔稻】 稻之一种。秋熟。其黏性次于糯稻。李邕《登历下古城员外孙新亭》："负郭喜粳稻，安时歌吉祥。"韦应物《襄武馆游眺》："是时粳稻熟，西望尽田畴。"卢纶《送从叔牧永州》："郡斋无事好闲眠，粳稻油油绿满川。"李德裕《早秋龙兴寺闲眺寄崔张旧从事》："粳稻秀晚川，杉松郁晴巘。"

秋 〔qiū《广韵》七由切，平尤，清。〕❶禾谷熟。引申指各种作物成熟。王昌龄《九日登高》："雨歇亭皋仙菊润，霜飞天苑御梨秋。"沈佺期《夏日梁王席送张岐州》："芃芃秋麦盛，苒苒夏条垂。"❷破败；萧条。胡曾《咏史诗・鸿沟》："虎倦龙疲白刃秋，两分天下指鸿沟。"❸秋季。杜甫《沙苑行》："骕骦一骨独当御，春秋二时归至尊。"刘长卿《长沙过贾宅》："秋草独寻人去后，寒林空见日斜时。"韩愈《酬马侍郎寄酒》："秋到无诗酒，其如月色何。"杜牧《念昔游三首》之一："秋山春雨闲吟处，倚遍江南寺寺楼。"❹指一年的时间。卢照邻《登封大酺歌四首》之三："借问乾封何所乐，人皆寿命得千秋。"杜甫《寄李白二首》之二："千秋万岁名，寂寞身后事。"柳宗元《长沙驿前南楼感旧》："海鹤一为别，存亡三十秋。"❺指某一时期或某一时刻。韩愈《赴江陵途中寄三学士》："适会除御史，诚当得言秋。"❻古以五色、五行配四时，金为秋，其色白，故指白色。见"秋眉""秋鬢"。❼见"秋千"。

【秋千】 民间体育游戏用具。以双绳系横板悬于架上。玩时人握双绳立横板上，以足蹬之，使前后摆动，荡向高处。王维《寒食城东即事》："蹴踘屡过飞鸟上，秋千竞出垂杨里。"王建《秋千词》："少年儿女重秋千，盘巾结带分两边。"

【秋井】 指陵墓。杜甫《苏端薛复筵简薛华醉歌》："忽忆雨时秋井塌，古人白骨生青苔。"

【秋天】 ❶秋季之天空。徐如仁《奉和圣制送张说巡边》："耀威当夏日，杀气指秋天。"白居易《秋日与张宾客舒著作同游龙门》："秋天高高秋光清，秋风袅袅秋出虫鸣。"李群玉《秋登涔阳城二首》之二："斜笛夜深吹不落，一条银汉挂秋天。"❷秋季。卢肇《别宜春赴举》："秋天草木正萧疏，西望秦关别旧居。"李频《述怀》："望月疑无得桂缘，春天又待到秋天。"张蠙《白菊》："秋天木叶干，犹有白花残。"

【秋日】 ❶秋季。王维《出塞》："暮云空碛时驱马，秋日平原好射雕。"李宣远《并州路》："秋日并州路，黄榆落故关。"❷秋天之太阳。杜甫《雨四首》之一："秋日新沾影，寒江旧落声。"李商隐《华师》："院门昼锁回廊静，秋日当阶柿叶阴。"❸秋季之白昼。韩愈《秋怀十一首》之七："秋夜不可晨，秋日苦易暗。"

【秋水】 ❶秋季之河湖水面。刘长卿《送方外上人之常州依萧使君》："夕阳孤艇去，秋水两溪分。"贾至《初至巴陵与李十二白裴九同泛洞庭三首》之二："枫岸纷纷落叶多，洞庭秋水晚来波。"许浑《颍州从事西湖亭宴饯》："城带夕阳闻鼓角，寺临秋水见楼台。"亦泛指秋天之水。白居易《道场独坐》："整顿衣巾拂净床，一瓶秋水一炉香。"❷喻指清澈明亮的眼睛、眼神。白居易《如梦令》词之二："鬓鬓辫轻松，凝了一双秋水。"崔珏《美人尝茶行》："明眸渐开横秋水，手拨丝簧醉心起。"吴融《个人三十韵》："脸横秋水溢，眉拂远山晴。"❸喻指铮亮明净的器物。鲍溶《古鉴》："曾向春窗分绰约，误回秋水照蹉跎。"此指明镜。李郢《题水精钗》："脉脉两条秋水色，农夫贱卖古城旁。"此指钗。韦庄《秦妇吟》："匣中秋水拔青蛇，旗上高风吹白虎。"此指剑。❹以喻清朗脱俗的气质。杜甫《徐卿二子歌》："大儿九龄色清澈，秋水为神玉为骨。"亦以喻诗文作品清朗俊逸。唐彦谦《樊登见寄四首》之一："新辞剪秋水，洗我胸中尘。"

【秋分】 (—fēn)二十四节气之一。在白露后第十五天。正当秋季过半之日。此日昼夜等长。赵蕃《老人星》："大史占南极，秋分见寿星。"姚合《赠供奉僧次融》："热时吟一句，凉冷胜秋分。"贾岛《夜喜贺兰三见访》："漏钟仍夜浅，时节欲秋分。"李频《中秋对月》："秋分一夜停，阴魄最晶荧。"

【秋火】 秋季之大火星。柳宗元《鸿胪宅闻歌效白纻》："下沉秋火激太清，天高地迥凝日晶。"

【秋玉】 喻指竹簟，以其光洁寒冻似秋日之玉。李贺《河南府试十二月乐词·六月》："裁生罗，伐湘竹，帔拂疏霜簟秋玉。"李沇《方响歌》："梦入仙楼戛残曲，飞霜棱棱上秋玉。"

【秋石】 道家所炼丹石之一种。白居易《思旧》："微之炼秋石，未老身溘然，"又《戒药》："朝吞太阳精，夕吸秋石髓。"陆龟蒙《四月十五日道室书事寄袭美》："一掬阳泉堪作雨，数铢秋石欲成霜。"

【秋田】 ❶秋日畋猎之处。李嘉祐《晚发咸阳寄同院遗补》："去路全无千里客，秋田不见五陵儿。"❷秋日之田园。王建《寄贾岛》："僮眠冷榻朝犹卧，驴放秋田夜不归。"费冠卿《九华山谢雨诗》："一声露雾惊风雨，万顷秋田水溢塍。"

【秋半】 指阴历八月。因其为秋季过半之时，故称。韩愈《独钓四首》之四："秋半百物变，溪鱼去不来。"姚合《酬李廓精舍南台望月见寄》："远色当秋半，清光胜夜初。"杜牧《早雁》："金河秋半虏弦开，云外惊飞四散哀。"

【秋灰】 古代候气之法。以葭莩灰置十二律管中，置管于密室内。谓每一节气至，则相应之律管内灰动。秋灰即指夷则律管内气动而飞出之灰。表示秋令已至。刘允济《经庐岳回望江州想洛川有作》："夜琴清玉柱，秋灰变缇幕。"韩愈《游青龙寺寄崔大补阙》："秋灰初吹季月管，日出卯南晖景短。"

【秋光】 ❶秋日之阳光。李嘉祐《句容县东青阳馆作》："夕照留山馆，秋光落草田。"李商隐《商於》："商於朝雨霁，归路有秋光。"刘沧《经过建业》："楚塞秋光晴入树，浙江残雨晚生霞。"徐铉《中书相公溪亭闲宴依韵》："雨霁秋光晚，亭虚野兴回。"❷秋天之风光。张九龄《临泛东湖》："晚秀复芬敷，秋光更遥衍。"李德裕《雨后净望河西连山怆然成咏》："宿雨初收晚吹繁，秋光极目自销魂。"李涉《秋日过员太祝林园》："秋光何处堪消日，玄晏先生满架书。"宋雍《失题》："荷花开尽秋光晚，零落残红绿沼中。"

【秋成】 ❶秋收；秋季庄稼成熟。刘长卿《送营田判官郑侍御赴上都》："晓奏趋双阙，秋成报万箱。"杜牧《八月十二日得替后移居雪溪馆因题长句》："万家相庆喜秋成，处处楼台歌板声。"卢渥《赋得寿星见》："无如此嘉祉，率土荷秋成。"员南溟《玉烛》："年和知岁稔，道泰喜秋成。"❷秋季成熟的庄稼。崔颂《和张荆州九龄晨出郡舍林下》："优闲表政清，林薄赏秋成。"

【秋伏】 即末伏。"三伏"之一。因立秋后第一个庚日，故称。曹松《夏日东斋》："三庚到秋伏，偶来松槛立。"

【秋色】 秋天的景色、气象。多指萧瑟凄清之景象。太宗《山阁晚秋》："山亭秋色满，岩牖凉风度。"戎昱《晚次荆江》："秋色湖上山，归心日边树。"朱庆余《自萧关望临洮》："日暮独吟秋色里，平原一望戍楼高。"杨微之《宿东林》句："开尽菊花秋色志，落残桐叶雨声寒。”

【秋收】 秋季收获成熟的庄稼。皮日休《苦雨中又作四声诗寄鲁望·平声》：“秋收吾无望，悲之真徒然。”

【秋芸】 秋季之芸草叶，可置书中防蠹虫。李贺《自昌谷到洛后门》：“缃缥两行字，蛰虫蠹秋芸。”

【秋吹】 秋风。刘宪《奉和七夕宴两仪殿应制》：“秋吹过双阙，星仙动二灵。”李绅《悲善才》：“秋吹动摇神女佩，月珠敲击水晶盘。”杨衡《九日陪樊尚书龙山宴集》：“旆摇秋吹急，筵卷夕光沉。”

【秋作】 从事秋季之农耕诸事。李白《宿五松山下荀媪家》：“田家秋作苦，邻女夜春寒。”

【秋角】 秋日之号角声。郑巢《送魏校书赴夏口》：“夜灯分楚塞，秋角满湘船。”马戴《汧上劝旧友》：“斜阳高垒闭，秋角暮山空。”

【秋序】 秋季。李嘉祐《至七里滩作》：“万木迎秋序，千峰驻晚晖。”卢拱《中元日观法事》：“四孟逢秋序，三元得气中。”

【秋社】 秋季祭土神之日。古代以近秋分之戊日为秋社日，宋以后定为立秋后第五个戊日。苏颋有《秋社日》。元稹《有鸟二十章》之一一：“春风吹送廊庑间，秋社驱将嵌孔里。”白居易《寓意诗五首》之四：“眼看秋社至，两处俱难恋。”韩偓《不见》：“此身愿作君家燕，秋社归时也不归。”

【秋杪】 秋末。孟浩然《夜登孔伯昭南楼时沈太清朱升在座》：“再来值秋杪，高阁夜无喧。”刘长卿有《秋杪江亭有作》。唐彦谦《初秋到慈州冬首换绛牧》：“秋杪方攀玉树枝，隔年无计待春晖。”

【秋芳】 开于秋季之花。李群玉《醒起独酌怀友》：“摘花把酒弄秋芳，吴云楚水愁茫茫。”

【秋旻】 秋日之天空。李白《古风》之一：“文质相炳焕，众星罗秋旻。”贾至《自蜀奉册命往朔方途中呈韦左相》：“铁骑照白日，旄头拂秋旻。”钱珝《江行无题一百首》之三：“浦烟含夜色，冷日转秋旻。”权德舆《严陵钓台下作》：“江流去不穷，山色凌秋旻。”

【秋事】 秋收之事；秋季之农事。唐彦谦《和陶渊明贫士》之七：“去年秋事荒，贩籴仰邻州。”徐铉《奉和右省仆射西亭高卧作》：“赋诗贻座客，秋事尔何悲？”

【秋帛】 供做秋衣之丝帛。于鹄《寄卢俨员外秋衣词》：“箧中有秋帛，裁作远客衣。”

【秋卷】 （—juàn）举子应试落第后过夏肄习，所作诗文称为“秋卷”，亦称“夏课”。张籍《赠贾岛》：“蹇驴放饱骑将出，秋卷装成寄与谁。”姚合《送崔约下第归扬州》：“春风下第时称屈，秋卷呈亲自束归。”又《寄张徯》：“秋卷多唯好，时名屈更肥。”

【秋河】 银河。韩翃《宿石邑山中》：“晓月暂飞高树里，秋河隔在数峰西。”苏源明《秋夜小洞庭离宴诗》：“月澄凝兮明空波，星磊落兮耿秋河。”李商隐《河内诗二首》之一：“常娥衣薄不禁寒，蟾蜍夜艳秋河月。”

【秋波】 ❶秋水。李绅《早渡扬子江》：“日冲海浪翻银屋，江转秋波走雪山。”温庭筠《苏武庙》：“茂陵不见封侯印，空向秋波哭逝川。”李频《黄雀行》：“欲窃高仓集御河，翩翩疑渡畏秋波。”❷喻指女子清明的目光或流盼的眼神。张碧《鸿沟》：“吴娃捧酒横秋波，霜天月照空城垒。”鲍溶《湘妃列女操》：“目眄眄兮意蹉跎，魂腾腾兮惊秋波。”李商隐《天津西望》：“天津西望肠真断，满眼秋波出苑墙。”李煜《菩萨蛮》词之三：“眼色暗相钩，秋波横欲流。”

【秋官】 《周记·秋官·司寇》：“乃立秋官司寇，使帅其属而掌邦禁，以佐王刑邦国。”后因以“秋官”为掌刑法官员之通称。唐代则以指大理寺卿。白居易《秦中吟十首·歌舞》：“秋官为主人，廷尉居上头。”又《和微之诗二十三首·和自劝二首》之一：“秋官月俸八九万，岂徒遣尔身温足。”

【秋門】 喻指对峙而多树木之秋山。李贺《自昌谷到洛后门》：“九月大野白，苍岑竦秋门。”

【秋畋】 帝王之秋季畋猎。钱起《校猎曲》：“长杨杀气连云飞，汉主秋畋正掩围。”

【秋思】 感秋之情思。白居易《梦得相过援琴命酒偶咏所怀》：“我正风前弄秋思，君应天上听云韶。”庄南杰《雁门太守行》：“九泉寂寞葬秋虫，湿云荒草啼秋思。”温庭筠《游南塘寄王知白》：“楚水晚凉催客早，杜陵秋思傍蝉多。”周朴《宿玉泉寺》：“夜听猿不睡，秋思客先知。”

【秋骨】 遒劲之身骨。杜甫《画鹘行》：“高堂见生鹘，飒爽动秋骨。”李绅《赠毛仙翁》：“今朝稽首拜仙兄，愿赠丹砂化秋骨。”

【秋香】 开于秋季之花。李贺《金铜仙人辞汉歌》：“画栏桂树悬秋香，三十六宫土花碧。”此指桂花。牟融《重赠张籍》：“人生随处堪为乐，管甚秋香满鬓边。”郑谷《菊》：“露湿秋香满池岸，由来不羡瓦松高。”又《十日菊》：“自缘今日人心别，未必秋香一夜衰。”此指菊花。钱珝《江行无题一百首》之六一：“晚荷人不折，留取作秋香。”此指荷花。

【秋缸】 借指秋季酿成之酒。缸，盛酒器。李质《宿日观东房诗》：“自吟空向寂，谁共倒秋缸。”

【秋候】 （—hòu）秋之季候。白居易《新秋喜凉因寄兵部杨侍郎》：“老夫纳秋候，心体殊安便。”

【秋律】 指秋季。因古人以律管候气，并以十二月与十二律相配。如孟秋之月，律中夷则，仲秋之月，律中南吕，季秋之月，律中无射。故称秋季为秋律。

孟郊《奉报翰林张舍人见遗》:“百虫笑秋律,清削月夜闻。”李贺《送沈亚之歌》:“请君待旦事长鞭,他日还辕及秋律。”刘禹锡《捣衣曲》:“爽砧应秋律,繁杵含凄风。”

【秋姿】 犹老态。李贺《伤心行》:“秋姿白发生,木叶啼风雨。”

【秋室】 犹寒室、陋室。李贺《绿章封事》:“金家香巷千轮鸣,扬雄秋室无俗声。”

【秋祠】 秋季之祭祀。李景让《寄华州周侍郎立秋日奉诏祭岳诗》:“关河豁静晓云开,承诏秋祠太守来。”周墀《酬李常侍立秋日奉诏祭岳见寄》:“秋祠灵岳奉尊罍,风过深林古柏开。”

【秋眉】 因年老而稀疏变白的眉毛。古以五行、五金与四时相配,秋为金,其色白,故称。李贺《浩歌》:“看见秋眉变新绿,二十男儿那刺促。”

【秋貢】 ❶秋季进贡。皮日休《正乐府十篇·惜义鸟》:“商人每秋贡,所贡复何如。”❷指州试。即州府为选拔进京应进士试人员的考试。因于秋季举行,故称。喻凫《送友人下第归宁》:“旋应赴秋贡,讵得久承欢。”齐己《寄栖白上人》:“常因秋贡客,少得掩禅关。”

【秋荼】 喻刑法繁苛。语本汉桓宽《盐铁论·弄德》:“昔秦法繁于秋荼。”因荼至秋则繁密,故云。温庭筠《病中书怀呈友人》:“威容尊大树,刑法避秋荼。”

【秋砧】 秋日于砧上捣衣之声。刘方平《寄严八判官》:“洛阳新月动秋砧,瀚海沙场天半阴。”卢纶《慈恩寺石磬歌》:“山精木魅不可听,落叶秋砧一时起。”许浑《祗命许昌寄茅山高拾遗》:“潮寒水国秋砧早,月暗山城夜漏稀。”亦借指秋季。韩愈《孟生诗》:“卞和试三献,期子在秋砧。”

【秋原】 秋日之原野。贾岛《寄顾非熊》:“独立生遥思,秋原日渐低。”张祜《观楚州韦舍人新筑河堤兼建两闸门》:“宴宾容易小筵成,隼击秋原助放情。”赵嘏《别牛郎中门馆》:“招得片魂骑匹马,西风斜日入秋原。”

【秋氣】 指秋季肃杀、清寒之气。刘长卿《秋杪江亭有作》:“寂寞江亭下,江枫秋气斑。”元结《石宫四咏》之三:“石宫秋气清,清气宜山谷。”崔涯《竹》:“幽院独惊秋气早,小门深向绿阴开。”李咸用《悲哉行》:“云色阴沉异秋气,落叶高枝恨深窣。”

【秋卿】 指掌管司法刑狱之官员。刘禹锡《答白刑部闻新蝉》:“何事秋卿咏,逢时亦悄然。”见“秋官”。

【秋浦】 ❶唐代县名。隋置,唐因之,隶江南西道池州,为州治所在。后隶宣州。即今安徽池州。县因西南有秋浦水得名,故亦以指秋浦水。李白《答杜秀才五松见赠》:“千峰夹水向秋浦,五松名山当夏寒。”耿湋《雪后宿王纯池州草堂》:“夜雪入秋浦,孤城连贵池。”赵嘏《池州送孟迟先辈》:“秋浦倚吴江,去樯飞青鹘。”杜荀鹤《赠秋浦张明府》:“君为秋浦三年宰,万虑关心两鬓知。”❷泛指秋时之水滨。张九龄《别乡人南还》:“东南行舫远,秋浦念猿吟。”李贺《蜀国弦》:“凉月生秋浦,玉沙粼粼光。”齐己《还人卷》:“闻君收在芙蓉江,日斗鲛人织秋浦。”

【秋海】 喻指秋气所至广阔领域。李白《秋夕旅怀》:“凉风度秋海,吹我乡思飞。”郑锡《千里思》:“帛书秋海断,锦字夜机闲。”

【秋浪】 ❶秋季之水浪。刘禹锡《和窦中丞晚上容江作》:“桂水步秋浪,火山凌雾朝。”陆龟蒙《松江秋书》:“风度野烟侵醉帽,雨来秋浪溅吟衣。”❷楚方言。指积柴。皎然《劳劳山居寄呈吴处士》:“寒园扫绽栗,秋浪拾干薪。”自注:“楚人呼养柴为秋浪。”

【秋容】 ❶犹秋色。李贺《追和何谢铜雀妓》:“佳人一壶酒,秋容满千里。”❷犹衰容。指衰老之容颜。白居易《对镜》:“三分鬓发二分丝,晓镜秋容相对时。”

【秋扇】 ❶汉班婕妤《怨歌行》:“新裂齐纨素,皎洁如霜雪。裁为合欢扇,团团似明月。出入君怀袖,动摇微风发。常恐秋节至,凉风夺炎热。弃捐箧笥中,恩情中道绝。”后遂以“秋扇”喻女子色衰被弃。王昌龄《西宫秋怨》:“谁分含啼掩秋扇,空悬明月待君王。”李咸用《婕妤怨》:“不得团圆长近君,珪月钝时泣秋扇。”李如宾《落韵诗》之二:“想君应有语,弃我如秋扇。”❷秋时之团扇。褚亮《奉和望月应魏王教》:“落影临秋扇,虚轮入夜弦。”张祜《江南杂题三十首》之一四:“月回秋扇影,营落夜琴微。”

【秋娥】 满面衰容之宫娥。李商隐《无愁果有愁曲北齐歌》:“秋娥点滴不成泪,十二玉楼无故钉。”

【秋娘】 唐时歌伎之通称。白居易《琵琶引》:“曲罢曾教善才伏,妆成每被秋娘妒。”又《江南喜逢萧九彻因话长安旧游》:“名情推阿轨,巧语许秋娘。”又《和元九与吕二同宿话旧感赠》:“闻道秋娘犹且在,至今时复问微之。”元稹《赠吕三校书》:“共占花园争赵辟,竞添钱贯定秋娘。”一说为当时长安名伎。见陈寅恪《元和诗笺证稿》第二章。

【秋黄】 秋季之枯叶。孟郊《上达奚舍人》:“常恐众毁至,春叶成秋黄。”

【秋曹】 指刑部。郑谷有《从叔郎中诚辍自秋曹分符安陆城池失守例削退居荆汉之间》。张蠙《赠水军都将》:“平生为有安邦术,便别秋曹最上阶。”见“秋官”“秋卿”。

【秋堂】 秋时之厅堂。钱起《罢官后酬元校书见赠》:“秋堂入闲夜,云月思离居。”权德舆《奉和圣制九月十八日赐百寮追赏因书所怀》："秋堂丝管动，水榭烟霞生。"白居易《题香山新经堂招僧》："烟满秋堂月满庭，香花漠漠磬泠泠。"刘沧《旅馆书怀》："落叶虫丝满窗户，秋堂独坐思悠然。"

【秋眸】 清似秋水之明眸。李商隐《河阳诗》："可惜秋眸一脔光，汉陵走马黄尘起。"

【秋毫】 ❶鸟兽秋季新生之细毛。喻指极微小之事物。李颀《送刘四》："听颂破秋毫，应物利干将。"李白《流夜郎半道承恩放还书怀示息秀才》："愧无秋毫力，谁念矍铄翁。"刘禹锡《贾客词》："心计折秋毫，摇钩侔悬衡。"陈陶《涂山怀古》："十载有区宇，秋毫皆帝功。"❷借指毛笔。朱逵《怀素上人草书歌》："转腕摧锋增崛崎，秋毫茧纸常相随。"陆龟蒙《村夜二篇》之一："开瓶浮蚁绿，试笔秋毫劲。"徐夤《咏笔二首》之二："君子三归擅一名，秋毫虽细握非轻。"亦指毛笔笔头之兽毛。齐己《送胎发笔寄仁公》："内唯胎发外秋毫，绿玉新栽管束牢。"

【秋毫不犯】 对百姓财物丝毫不侵占。形容军队纪律严明。李白《永王东巡歌十一》之三："秋毫不犯三吴悦，春日遥看五色光。"

【秋毫末】 秋天鸟兽新生细毛之尖端，喻指极细小之物。杜甫《奉先刘少府新画山水障歌》："沧浪水深青溟阔，欹岸侧岛秋毫末。"

【秋蓂】 秋日之蓂荚。蓂，传说中可据其荚之生枯计日的瑞草。广宣《早秋降诞日献寿二首应制》之一："秋蓂开六叶，元圣诞千年。"

【秋陰】 秋日之阴霾天气。贾至《答严大夫》："思君独步华亭月，旧馆秋阴生绿苔。"韩愈《龊龊》："秋阴欺白日，泥潦不少干。"李商隐《宿骆氏亭寄怀崔雍崔衮》："秋阴不散霜飞晚，留得枯荷听雨声。"孙顾《清露被皋兰》："稍与秋阴合，还将晓色并。"

【秋期】 ❶《诗·卫风·氓》："将子无怒，秋以为期。"后因以"秋期"指男女约定聚会之期。赵嘏《代人赠杜牧侍御》："高阙如天萦晓梦，华筵似水隔秋期。"❷指七夕牛郎织女聚会之期。沈佺期《牛女》："粉席秋期缓，针楼别怨多。"白居易《七夕》："烟霄微月澹长空，银汉秋期万古同。"崔涂《七夕》："年年七夕渡瑶轩，谁道秋期有泪痕。"❸泛指约定聚会之期。白居易《对琴待月》："共琴为老伴，与月有秋期。"刘沧《江城晓望》："秋期又涉潼关路，不得年年向此居。"皮日休《新秋即事三首》之二："秋期净扫云根瘦，山信回缄乳管粗。"

【秋蛩】 秋日之蟋蟀。孟郊《西斋养病夜怀多感因呈上从叔子云》："一床空月色，四壁秋蛩声。"张蠙《和友人许裳题宣平里古藤》："嫩条悬野鼠，枯节叫秋蛩。"

【秋雁】 秋季南归之大雁。李峤《汾阴行》："不见只今汾水上，惟有年年秋雁飞。"贾至《送王道士还京》："一片仙云入帝乡，数声秋雁至衡阳。"郎士元《送李敖湖南书记》："莫信衡湘书不到，年年秋雁过巴东。"韦庄《章台夜思》："乡书不可寄，秋雁又南回。"

【秋暑】 指初秋处暑时节。李商隐《无题二首》之二："幽人不倦赏，秋暑贵招邀。"

【秋嵐】 秋季山林之雾霭。岑参《六月三十日水亭送华阴王少府还县》："残云收夏暑，新雨带秋岚。"罗邺《嘉陵江》："嘉陵南岸雨初收，江似秋岚不煞流。"

【秋溟】 秋水；秋日之山涧。唐彦谦《游南明山》："石梁卧秋溟，风铃作檐语。"

【秋閏】 秋季之闰月。李商隐《壬申闰秋题赠乌鹊》："几年始得逢秋闰，两度填河莫告劳。"此指闰七月。

【秋登】 ❶秋季谷物成熟。薛稷《九日幸临渭亭登高应制得历字》："秋登华实满，气严鹰隼击。"❷秋日登高。杜荀鹤《献郑给事》："秋登岳寺云随步，夜宴江楼月满身。"

【秋蓬】 秋日之蓬草。因其秋枯根拔，常随风飞旋，故常以喻漂泊不定。李白《感兴六首》之六："常恐委畴陇，忽与秋蓬飞。"韩愈《赠族侄》："作书献云阙，辞家逐秋蓬。"李贺《高轩过》："庞眉书客感秋蓬，谁知死草生华风。"白居易《萧相公宅遇自远禅师有感而赠》："转似秋蓬无定处，长于春梦几多时。"

【秋暉】 秋日之阳光。刘禹锡《观云篇》："葱茏含晚景，洁白凝秋晖。"卫叶《晚投南村》："客行逢日暮，原野散秋晖。"

【秋節】 秋令；秋季。韦安石《奉和九日幸临渭亭登高应制》："重九开秋节，得一动宸仪。"韦应物《悲纨扇》："非关秋节至，讵是恩情改。"项斯《古扇》："昨日裁成夺夏威，忽逢秋节便相违。"于武陵《长信宫二首》之二："君心似秋节，不使草长春。"

【秋意】 秋日之寂寥凄清景象或气象。颜真卿《赠僧皎然》："秋意西山多，别岑萦左次。"于濆《旅馆秋思》："何事觉归晚，黄花秋意深。"

【秋煙】 秋日之雾霭。卢照邻《宴梓州南亭得池字》："长薄秋烟起，飞梁古蔓垂。"李绅《宿扬州水馆》："轻楫过时摇水月，远灯繁处隔秋烟。"韦庄《自孟津舟西上雨中作》："秋烟漠漠雨濛濛，不卷征帆任晚风。"王周《公居》："山共秋烟紫，霜并夜月清。"

【秋殿】 秋日之冷寂殿堂。李华《长门怨》："鸦鸣秋殿晓，人静禁门深。"李商隐《晋元帝庙》："夜台无月照珠户，秋殿有风开玉扆。"韦庄《尹喜宅》："荒原秋殿柏萧萧，何代风烟占寂寥。"

【秋漢】 秋空之银河。亦代指秋日之天空。李峤《饯骆四二首》之一："星月悬秋汉，风霜入曙钟。"钱起《效古秋夜长》："秋汉飞玉霜，北风扫荷香。"杨衡《登紫霄峰赠黄仙师》："鸡鸣秋汉侧，日出红霞中。"廖融《古桧》："声高秋汉迥，影倒月潭虚。"

【秋漲】　秋日涨水之湖海水面。温庭筠《送渤海王子归本国》："定界分秋涨，开帆到曙霞。"

【秋閨】　秋日冷寂之闺房。贾至《寓言二首》之二："凛凛秋闺夕，绮罗早知寒。"

【秋蜩】　秋蝉。高适《同群公秋登琴台》："四时何倏忽，六月鸣秋蜩。"

【秋髮】　白发；衰发。李白《古风》之一一："春容舍我去，秋发已衰改。"陆龟蒙《和袭美寄题镜岩周尊师所居》："十洞飞精应遍吸，一篸秋发未曾梳。"

【秋霖】　秋日之连阴雨。王维《宿郑州》："宛洛望不见，秋霖晦平陆。"孟浩然《秦中苦雨思归赠袁左丞贺侍郎》："用贤遭圣日，羁旅属秋霖。"司空曙《送卢堪》："旅舍秋霖叶，行人寒草风。"翁承皆《对雨述怀示弟承检》："淋淋雺雺结秋霖，欲使秦城叹陆沈。"

【秋標】　秋初。标，始。杜牧《早秋》："疏雨洗空旷，秋标惊意新。"

【秋蕪】　指秋草。孟郊《哀孟云卿嵩阳荒居》："秋芜上空堂，寒槿落枯渠。"亦指以秋草缚成之扫帚。李贺《恼公》："腊泪垂兰烬，秋芜扫绮栊。"曹邺《登岳阳楼有怀寄座主相公》："白社愁成空，秋芜待谁扫？"

【秋賦】　秋贡。唐制诸州每年秋举行考试，取其合格者于十月随物入贡。岑参《送杜佐下第归陆浑别业》："还须及秋赋，莫即隐嵩莱。"姚合《题永城驿》："秋赋春还计尽违，自知身是拙求知。"许棠《陈情献江西李常侍五首》之四："春闱久已滞，秋赋又逢停。"唐廪《云盖水泉》："净影不关秋赋客，清音时警夜禅僧。"

【秋稼】　秋季之庄稼。刘禹锡《太和戊申岁大有年诏赐百僚出城观秋稼》："长安铜雀鸣，秋稼与云平。"杜荀鹤《江岸秋思》："秋稼缘长道，寒云约古城。"

【秋箭】　指秋日漏壶上计时之箭。太宗《度秋》："夏律昨留灰，秋箭今移晷。"

【秋皛】　指秋日晴明的天空。沈佺期《饯远》："秋皛澄回壑，霁色肃明林。"

【秋膠】　《周记·考工记·弓人》："凡为弓，冬析干而春液角，夏治筋，秋合三材。"郑玄注："三材：胶、丝、漆。"贾公彦疏："干、角、筋须三材乃合，则秋是作弓之时。"后因以"秋胶"指射艺。郑损《艺堂》："堂开冻石千年翠，艺讲秋胶百步威。"

【秋潦】　（—lǎo）秋雨形成之积水。韩愈《雨中寄孟刑部几道联句》："秋潦淹辙迹，高居限参拜。"

【秋課】　即秋卷。唐代举子落第后居京师过夏课所读之诗文。因至秋始成，故称。贯休《送友人之岭外》："一囊秋课苦，万里瘴云开。"

【秋駕】　原指御马使飞驰之术。《汉书·礼乐志》："飞龙秋游上天"颜师古注云："《庄子》有秋驾之法者，亦驾马腾骧秋秋然也。"后亦以专指帝王之车驾。太宗《执契静三边》："秋驾转兢怀，春冰弥轸虑。"参阅陈奇猷《吕氏春秋·博志》："夜梦受秋驾于其师"校释。

【秋聲】　表现出秋之凄清的风、雨、虫、雁等自然界声音。崔曙《颍阳东溪怀古》："空色不映水，秋声多在山。"皇甫曾《送郑秀才贡举》："晚色寒芜远，秋声候雁多。"朱庆余《题胡氏溪亭》："雨足秋声后，山沉夜色中。"秦韬玉《桧树》："唯堆寒色资琴兴，不放秋声染俗尘。"

【秋薦】　秋日之祭祀。戎昱《辰州闻大驾还宫》："宁知陇水烟销日，再有园林秋荐时。"

【秋翰】　秋日之鹰鹯。骆宾王《畴昔篇》："炎威资夏景，平曲况秋翰。"

【秋興】　（—xìng）因秋而生之意兴或感怀。郭震《同徐员外除太子舍人寓直之作》："遥闻秋兴作，言是吾中郎。"孟浩然《奉先张明府休沐还乡海亭宴集》："何以发秋兴，阴虫鸣夜阶。"牟融《山中有怀李十二》："客边秋兴悲张翰，病里春情笑沈郎。"李九龄《登昭福寺楼》："旅怀秋兴正无涯，独倚危楼四望赊。"

【秋瘴】　南方秋日之瘴气。张九龄《夏日奉使南海在道中作》："秋瘴宁我毒，夏水胡不夷。"刘长卿《赴巴南书情寄故人》："谪居秋瘴里，归处夕阳边。"

【秋憲】　指大理寺、刑部及御使台等司法监察部门。孙逖《赠韦待御等诸公》："秋宪府中高唱入，春卿署里和歌来。"

【秋藍】　秋日之蓼蓝草。李贺《河阳歌》："染罗衣，秋蓝难著色。"

【秋醪】　秋季酿成之酒。杜牧《醉眠》："秋醪雨中熟，寒斋落叶中。"

【秋霜】　❶秋日之白霜。岑参《陪狄员外早秋登府西楼因呈院中诸公》："旌节罗广庭，戈铤凛秋霜。"李商隐《燕台四首·春》："衣带无情有宽窄，春烟自碧秋霜白。"❷喻指白发。李白《秋浦歌十七首》之一五："不知明镜里，何处得秋霜。"谭用之《忆南中》："碧江头与白云门，别后秋霜点鬓根。"❸喻高节之志尚。程长久《狱中书情上使君》："我心匪石情难转，志夺秋霜意不移。"

【秋點】　秋日报更之声。李郢《宿杭州虚白堂》："江风彻晓不得睡，二十五声秋点长。"

【秋館】　秋日之馆舍。杨巨源《题贾巡官林亭》："明月出云秋馆思，远泉经雨夜窗知。"

【秋賽】　秋季祭祀酬神之活动。赛，酬神之称。

韩翃《祭岳回重赠孟都督》:"鲁公秋赛毕,晓日回高驾。"

【秋獲】 秋收。张九龄《奉和圣制送十道采访使及朝集史》:"行矣当自强,春耕庶秋获。"

【秋羅】 一种稀疏而半透明的丝织品。温庭筠《张静婉采莲歌》:"麝脐龙髓怜娇娆,秋罗拂水碎光动。"

【秋顔】 衰老之容颜。李白《秋日炼药院镊白发赠元六兄林宗》:"秋颜入晓镜,壮发凋危冠。"又《春日独酌二首》之二:"但恐光景晚,宿昔成秋颜。"

【秋醮】 秋日之斋祭。贾岛《送胡道士》:"临水古坛秋醮罢,宿杉幽鸟夜飞迴。"

【秋霽】 秋季之雨后晴天。储光羲《新丰作贻殷四校书》:"鸡犬暮声合,城池秋霁空。"白居易《天宫阁秋晴晚望》:"洛城秋霁后,梵阁暮登时。"无可《赠王将军》:"搜书秋霁阁,走马夕阳田。"刘沧《江行夜泊》:"岳阳秋霁寺钟远,渡口月明渔火残。"

【秋蟾】 指秋天的月亮。因传说月中有蟾蜍,故称。姚合《秋夜月中登天坛》:"秋蟾流异彩,斋洁上坛行。"张祜《谢高燕公惠生衣》:"谁家织素秋蟾色,何处丝抽嫩异香。"

【秋曦】 秋天之日光。韩愈《南内朝贺归呈同官》:"薄云蔽秋曦,清雨不成泥。"吕从庆《菊》:"短篱偎曲径,风雨困秋曦。"

【秋懷】 感秋之情怀。韩愈有《秋怀诗十一首》。皮日休《临顿为吴中偏胜之地陆鲁望居之因成五言十首》之七:"寂历秋怀动,萧条夏思残。"陆龟蒙《风人诗四首》之三:"丹青传四渎,难写是秋怀。"

【秋籟】 秋声。秋季大自然之声。牟融《秋夜醉归有感而赋》:"竹窗凉雨鸣秋籁,江郭清砧捣夜寒。"

【秋鬢】 霜鬓;斑白之鬓发。戎昱《上桂州李大夫》:"晚镜伤秋鬓,晴寒切病躯。"刘禹锡《闻董评事疾因以书赠》:"欹枕昼眠静,折巾秋鬓疏。"白居易《酬皇甫庶子见寄》:"春坊潇洒优闲地,秋鬓苍浪老大时。"

科 〔kē《广韵》苦禾切,平戈,溪。〕❶衡量物体之标准、准尺。王季友《皇帝移晦日为中和节》:"湔裙移旧俗,赐尺下新科。"❷种类。李白《日出行》:"吾将囊括大块,浩然与溟涬同科。"杜甫《甘林》:"喧静不同科,出处各天机。"韩愈《八月十五夜赠张功曹》:"君歌且休听我歌,我歌今与君殊科。"元稹《有鸟二十章》之四:"鹘缘暖足怜不吃,鹞为同科曾共游。"❸条目;款项。吕岩《七言》之八八:"仙经已读三千卷,古法曾持十二科。"❹法规。太宗《帝京篇十首》之十:"纳善察忠谏,明科慎刑赏。"❺断理狱讼;依律治罪。韩愈《读东方朔杂事》:"群仙急乃言,百犯庸不科。"亦泛指责罚。韩愈《月蚀诗效玉川子作》:"此外内外官,琐细不足科。"❻指科举考试。孟浩然《陪卢明府泛舟回作》:"犹怜不才子,白首未登科。"刘三复《送黄明府晔赴岳州湘阴任》:"拟占名场第一科,龙门十上困风波。"罗隐《寄渭北徐从事》:"科随鹄箭频曾中,礼向侯弓以重招。"张蠙《哭建州李员外》:"捷到重科早,官终一郡卑。"亦指选士之考试科目。萧颖士《送张翚下第归江东》:"地积东南美,朝遗甲乙科。"❼官府征发赋税、徭役。杜甫《遭田父泥饮美严中丞》:"差科死则已,誓不举家走。"❽秃;裸。见"科頭。"❾式样;形状。李贺《王濬墓下作》:"耕势鱼鳞起,坟科马鬣封。"❿斩伐、芟刈草木之枝叶。元稹《竹部》:"科首霜断蓬,枯形烧余木。"薛能《寄终南隐者》:"扫坛花入慧,科竹露沾衣。"齐己《和孙支使惠示院中庭竹之什》:"剪黄憎旧本,科绿惜新生。"无可《题崔驸马林亭》:"宫花野药半相和,藤蔓参差惜不科。"⓫凹坑。李乂《兴庆池侍宴应制》:"神池泛滥水盈科,仙跸纡徐步辇过。"⓬植物分蘖聚生之丛株。李贺《感讽六首》之六:"水宴截香腴,菱科映青罩。"罗隐《南园题》:"叶长春松阔,科圆早薤齐。"亦指植物分蘖。白居易《和微之春日投简阳明洞天五十韵》:"绿科秧早稻,紫笋折新芦。"⓭指科斗文。韩愈《石鼓歌》:"辞严义密读难晓,字体不类隶与科。"⓮量词。一丛谓之一科。李白《访道安陵遇盖还为余造真箓临别留赠》:"昔日万乘坟,今成一科蓬。"又,犹"棵"。谭用之《山中春晚寄贾员外》:"高添雅兴松千尺,暗养清音竹数科。"

【科文】 指知贡举,即主持科举考试。孟守《和主司王起》:"科文又主守初时,光显门生济会期。"

【科斗】 ❶蝌蚪。蛙之幼体。李白《邯郸南亭观妓》:"平原君安在,科斗生古池。"刘禹锡《和苏郎中寻丰安里旧居寄主客张郎中》:"池看科斗成文字,鸟听提壶忆献酬。"包佶《翻经台》:"科斗频更改,庵园几遍锄。"白居易《禽虫十二章》之一:"水中科斗长成蛙,林下桑虫老作蛾。"❷指科斗文。古文字之一种,因形似蝌蚪,故名。刘言史《放萤怨》:"架中科斗万余卷,一字千回重照见。"李德裕《雨中自秘书省访王三侍御》:"青编尽以汲冢来,科斗皆从鲁室至。"李衢《都堂试贡士日庆春雪》:"蜉蝣吟更古,科斗映还新。"陆龟蒙《寄怀华阳道士》:"为分科斗亲铅椠,与说蜉蝣坐竹梘。"❸指形状似蝌蚪之营帐。崔湜《大漠行》:"科斗连营太原道,鱼丽合阵武威川。"

【科斗子】 即青蛙所产之小科斗。岑参有《南池宴饯辛子赋得科斗子》。

【科斗書】 科斗文字。古代字体之一。以其笔画头圆尾细,状如蝌蚪,故名。秦系《秋日过僧惟则故院》:"科斗书空古,栴檀钵自香。"

【科目】 指唐代科举考试之名目。如明经、进士之类。亦泛指科举考试。元稹《台中鞫狱忆开元观旧事呈损之》:"驱令选科目,若在阛与阓。"

【科名】 通过科举考试获得功名。张籍《送施肩吾东归》:"早闻诗名传人遍,新得科名到处闲。"朱庆余《送长安罗少府》:"科名再得年犹少,今日休官更觉贤。"方干《寄台州孙从事百篇》:"圣世科名酬志业,仙州秀色助神机。"徐夤《昔游》:"岁计悬僧债,科名负国恩。"

【科决】 依律判决。罗绍威《碾驴鞍判》:"领鞴驴汉子科决,待驾车汉子喜欢。"

【科車】 裸露无盖之车。元稹《春分投简阳明洞天作》:"骑吏裙皆紫,科车幰尽朱。"李商隐《戊辰会静中出贻同志二十韵》:"科车遏故气,侍香传灵氛。"

【科秧】 因蘖生而成丛之植物秧苗。白居易《谓村退居寄礼部崔侍郎翰林钱舍人诗一百韵》:"枳篱编刺夹,薤垄擘科秧。"

【科第】 ❶科举考试。韩愈《寄崔二十六立之》:"连年收科第,若摘颔底髭。"姚合《送陆侗赴江陵从事》:"才子何须藉科第,男儿终久要功勋。"章孝标《送金可纪归新罗》:"登唐科第语唐音,望日初生忆故林。"皮日休《二游诗·徐诗》:"强学取科第,名声尽孤揭。"❷科举考试及第。元稹《酬寄舒大少府寄同年科第》:"前年科第偏年少,未解知羞灵爱狂。"刘禹锡《早秋送台院杨侍御归朝》:"一门科第足,五府辟书频。"白居易《得湖州崔十八使君书因成长句代贺》:"三郡何因此结缘,贞元科第忝同年。"罗隐《裴庶子除太仆卿因贺》:"秩随科第临时贵,官逐簪裾到处清。"

【科條】 政令法规。白居易《赠友五首》之四:"科条日相矫,吏力亦已勤。"又《自到郡斋仅经旬日偷闲走笔题二十四韵仍呈吴宾客》:"削使科条简,摊令赋役均。"

【科禁】 禁令。皮日休《登第后寒食杏园有宴因寄录事宋垂文同年》:"科禁惟忧犯列仙,当醉不知开火日。"

【科試】 科举考试。元稹《元和五年予官不了罚俸西归思怆囊游因投五十韵》:"无端矫情性,漫学求科试。"又《酬乐天东南行诗一百韵》:"科试铨衡局,衙参典校厨。"

【科儀】 法式。宗教仪式。薛逢《社日游开元观》:"浪渍法堂余像设,水存虚殿半科仪。"

【科頭】 不带巾冠,裸露头部。王维《与卢员外象过崔处士兴宗林亭》:"科头箕踞长松下,白眼看他世上人。"欧阳炯《题景焕画应天寺壁天王歌》:"科头巨卒欲生鬼,半面女郎安小儿。"

五　画

秦〔qín《广韵》匠鄰切,平真,從。〕❶周朝之国名。嬴姓。其先祖非子传为伯益之后,为周孝王封于秦邑。至秦襄公始立国,战国时为七雄之一,奄有关中地带。李白《古风》之一:"龙虎相啖食,兵戈逮狂秦。"白居易《凶宅》:"周秦宅殽函,其宅非不同。"李商隐《人欲》:"秦中已久乌头白,却是君王未备知。"沈亚之《秦梦诗》:"春景似伤秦丧主,落花如雨泪胭脂。"❷朝代名。秦始皇于公元前 221 年尽灭六国后建立。历二世十五年,于前 206 年为汉刘邦所灭。王珪《咏汉高祖》:"手奋三尺剑,西灭无道秦。"秦系《山中赠耿拾遗沣兼两省故人》:"如今非是秦时世,更隐桃花亦笑人。"白居易《咏史》:"秦磨利刀斩李斯,齐烧沸鼎烹郦其。"徐夤《读汉纪》:"楚国八千秦百万,豁开胸臆一时吞。"亦以借指唐。李商隐《哭刘司户二首》之二:"已为秦逐客,复作楚冤魂。"❸指前秦。东晋十六国时之国名。公元 350 年氐族苻洪建。都长安,史称前春秦。394 年亡。吴筠《建业怀古》:"谢公佐王室,仗节扫伪秦。"❹地域名。指关中。因其地原为秦之旧城,故称。崔颢《邯郸宫人怨》:"自言乡里本燕赵,少小随家西入秦。"杜甫《兵车行》:"况复秦兵耐苦战,被驱不异犬与鸡。"耿沣《送夏侯审游蜀》:"暮峰和玉垒,回望不通秦。"许棠《陈情献江西李常侍五首》之一:"二十二三年,游秦复滞燕。"❺姓。唐诗人有秦系、秦韬玉等。亦指秦国著名歌者秦青。吴融《和韩致光侍郎无题三首》之三:"解织宜名蕙,能歌合姓秦。"❻指杨贵妃姊秦国夫人。《旧唐书·杨贵妃传》:"(贵妃)有姊三人,皆有才貌,玄宗并封国夫人之号;长曰大姨,封韩国;三姨封虢国;八姨封秦国。"杜甫《丽人行》:"就中云幕椒房亲,赐名大国虢与秦。"郑嵎《津阳门诗》:"相君侈拟纵骄横,日从秦虢多游嬉。"❼香草名。见"秦蘅"。

【秦十四校書】 (校 jiào)秦系。系曾任校书郎。韦应物有《答秦十四校书》。秦系有《即事奉呈郎中韦使君》。

【秦人】 ❶战国时之秦国人。李华《咏史十一首》之十:"郑生为韩计,且欲疲秦人。"周昙《咏史诗·春秋战国门·韩惠王》:"韩惠开渠上暴秦,营田万顷饱秦人。"❷秦朝人。高适《自武威赴临洮因书即事寄河西陇右墓下诸公》:"汉将乃儿戏,秦人空自劳。"李商隐《和郑愚赠汝阳王孙家筝妓》:"秦人昔富家,绿窗闻妙旨。"❸隐居于桃花源之秦朝人。亦代指隐居之人。刘长卿《寻龙井杨老》:"泉咽恐劳经陇底,山深不觉有秦人。"戎昱《寄果淑》:"悔学秦人南避地,武陵原上又征师。”李延陵《自紫阳观至华阳洞宿侯尊师草堂简同游》：“千载空桃花，秦人深不见。”李宏皋《题桃源》：“山翠参差水渺茫，秦人昔在楚封疆。”❹唐指关中之人。因长安一带旧为秦地，故称。刘长卿《送郑司直归上都》：“宦游成楚老，乡思逐秦人。”清江《登楼望月寄凤翔李少尹》：“心送秦人趋凤阙，月随阳雁极烟霄。”李绅《移九江》：“楚客喜风水，秦人悲异乡。”李频《长安即事》：“秦人纵相识，多少别离情。”

【秦人洞】　即桃源洞。传为秦人避乱所居，在今湖南桃源。吕岩《秦人洞》：“欲向山中询甲子，秦人尽日不相逢。”

【秦人盆】　《汉书·杨恽传》：“家本秦也，能为秦声……奴婢歌者数人，酒后耳热，仰天拊缶而呼乌乌。”后因以“秦人盆”为咏欢歌秦乐之典。杜甫《贻华阳柳少府》：“醉从赵女舞，歌鼓秦人盆。”

【秦人策】　《左传·文公十三年》：（士会）乃行，绕朝赠之以策，曰：“子无谓秦无人，吾谋适不用也。”后因以“秦人策”借指马鞭。杜甫《别苏徯》：“赠尔秦人策，莫鞭辕下驹。”

【秦山】　即秦岭。岑参《登千福寺金禅师法华院多宝塔》：“即空秦山木，亦罄天府赀。”白居易《京路》：“西来为看秦山雪，东去缘寻洛苑春。”曹松《慈恩寺东楼》：“野火流穿苑，秦山叠入巴。”

【秦山人】　秦系。皎然有《酬秦山人系题赠》《酬秦山人赠别二首》《酬秦山人出山见呈》等诗。

【秦川】　❶泛指今陕西、甘肃之秦岭以北平原地带，因其地春秋战国时属秦国，故名。崔涤《望韩公堆》：“韩公堆上望秦川，渺渺关山西接连。”孟浩然《送新安张少府归秦中》：“试登秦岭望秦川，遥忆青门春可怜。”韦应物《骊山行》：“秦川八水长缭绕，汉氏五陵空崔嵬。”韩琮《骆谷晚望》：“秦川如画渭如丝，去国还家一望时。”❷指樊川附近之平原。杜甫《乐游园歌》：“公子华筵势最高，秦川对酒平如掌。”

【秦川女】　指晋窦滔妻苏若兰。滔原为秦州刺史，后被徙流沙，若兰即织锦为回文诗赠之以寄情思。因若兰为始平人，地属秦川，故称。事见《晋书·列女传·窦滔妻苏氏》。李白《乌夜啼》：“机中织锦秦川女，碧纱如烟隔窗语。”

【秦女】　❶指秦穆公女弄玉。旧题汉刘向《列仙传·萧史》：“萧史者，秦穆公时人也，善吹箫，能致孔雀白鹤于庭。穆公有女字弄玉，好之，公遂以女妻焉。日教弄玉作凤鸣。居数年，吹似凤声，凤凰来止其屋。公为作凤台，夫妇止其上，不下数年，一旦偕随凤凰飞去。”后因以“秦女”为咏公主或善歌乐者之典。岑参《崔驸马山池重送宇文明府》：“不逢秦女在，何处听吹箫？”元稹《何满子歌》：“湘妃宝瑟水上来，秦女玉箫空外满。”鲍溶《霓裳羽衣歌》：“此衣春日赐何人，秦女腰肢轻若燕。”王棨《寒梧凤栖》：“秦女含吹管，周王罢剪珪。”亦用为咏仙人之典。❷泛指秦地之女子。窦常《花发上林》：“艳回秦女目，愁处越人心。”白居易《寄微之》：“秦女笑歌春不见，巴猿啼哭夜常闻。”李频《长安寓居寄柏侍郎》：“秦女红妆空觅伴，郢郎白雪少知音。”

【秦女休行】　乐府杂曲歌辞名。三国魏左延年创制。内容为燕王妻秦女休，为宗族报仇，杀人于都市，虽被囚系，而临刑终遇赦。晋傅玄有拟作。李白有《秦女休行》(《全唐诗》卷一六四)。

【秦女峰】　山名。在陕西渭南市龙尾坡西。岑参《首看秦渭西郊行呈蓝田张主簿》：“秦女峰头雪未尽，胡公陂上日初低。”

【秦王】　李从荣。后唐明宗第二子，好为诗，判河南府。出入门下者若张杭、高文蔚、何仲举之徒，莫不分庭抗礼，更唱迭和。见《旧五代史》本传和《五代史补》卷二。何仲举有《献秦王》诗(断句)。

【秦王女】　指秦穆公女弄玉。李华《仙游寺》：“昔时秦王女，羽化年代久。”岑参《冬夜宿仙游寺呈谦道人》：“昔来唯有秦王女，独自吹箫乘白云。”见“秦女”。

【秦王卷衣】　乐府杂曲歌辞名。宋郭茂倩《乐府诗集》卷七三《秦王卷衣》题注云：“《乐府解题》曰：‘《秦王卷衣》言咸阳春景及宫阙之美，秦王卷衣以赠所欢也。’”南朝梁吴均作。李白有《秦王卷衣》(卷一六四)拟作，而辞旨有异。

【秦王破陣樂】　(樂 yuè)唐乐舞名。亦名《七德舞》。太宗为秦王时，破刘武周，军中作此以歌功。及即位后，宴享皆奏之。当时曾远传至日本及印度。白居易《新乐府·七德舞》序：“武德中，天子始作《秦王破陈乐以歌太宗之功业》。”参阅任半塘《教坊记笺订》。

【秦中】　(—zhōng)古地区名。指关中，即今陕西省中部渭水平原。玄宗《早度蒲津关》：“鸣銮下蒲坂，飞旆入秦中。”白居易《秦中吟十首·歌舞》：“秦中岁云暮，大雪满皇州。”贾至《巴陵寄李二户部张十四礼部》：“秦中杨柳也应新，转忆秦中相忆人。”武元衡《长安城中寄题江南所居茱萸树》：“今来独向秦中见，攀折无时不断肠。”

【秦分】　(—fèn)秦之分野、地域。分，与星次相对应之分野。贾岛《晚晴见终南诸峰》：“秦分积多峰，连巴势不穷。”李商隐《幽人》：“星斗同秦分，人烟接汉陵。”

【秦公子】　指东汉王粲。杜甫《地隅》：“丧乱秦公子，悲凉楚大夫。”

【秦氏女】 亦作“秦家女”。指秦罗敷。亦以喻指美女。权德舆《薄命篇》：“丽质全胜秦氏女，藁砧宁用专城居。”参阅《乐府诗集·相和歌辞·相和曲下·陌上桑》题注。

【秦氏藥】 秦医缓之药。借指良药。韦庄《寄潮州舍弟》：“多病似逢秦氏药，久贫如得顾家金。”

【秦氏髻】 乐府古辞《陌上桑》：“秦氏有好女，自名为罗敷……头上倭堕髻，耳后明月珠。”后因以“秦氏髻”为咏美女发髻之典。韦庄《晚春》：“峨峨秦氏髻，皎皎洛川神。”

【秦火】 指秦始皇焚书之事。孟郊《秋怀诗》之一一：“秦火不热舌，秦火空热文。”陆龟蒙《奉和袭美二游诗·徐诗》：“自从秦火来，历代逢迍邅。”亦借指秦之暴力。李商隐《楚宫》：“歌成犹未唱，秦火入夷陵。”

【秦玉】 指弄玉。秦穆公之女。郑愔《侍宴长宁公主车庄应制》：“公门袭汉环，主第称秦玉。”见“秦女”。

【秦正】 (—zhēng)秦历之正月。秦以夏历十月为正月。李颀《送相里造入京》：“子月过秦正，寒云覆洛城。”裴次元《律中应钟》：“伶管灰先动，秦正节已逢。”

【秦市】 秦代。聂夷中《住京寄同志》：“役役大块上，周朝复秦市。”

【秦妃】 指弄玉。李贺《天上谣》：“秦妃卷帘北窗晓，窗前植桐青凤小。”见“秦女”。

【秦吉了】 鸟名。通称吉了或结连鸟。因产于秦中，故名秦吉了。色绀黑，夹脑有黄肉，冠似人耳。能效人言。李白《自代内赠》：“安得秦吉了，为人道寸心。”张籍《昆仑儿》：“言语解教秦吉了，波涛初过郁林州。”白居易《新乐府·秦吉了》：“秦吉了，出南中，彩毛青黑花颈红。”

【秦地】 战国秦国之所辖地域，即关中一带。刘长卿《送蔡侍御赴上都》：“秦地看春色，南枝不可忘。”雍裕之《农家望晴》：“尝闻秦地西风雨，为问西风早晚回。”张祜《经咸阳城》：“秦地起为千载业，楚后焚作一堆灰。”杜荀鹤《关试后筵上别同人》：“日午离筵到夕阳，明朝秦地与吴乡。”

【秦灰】 秦掠地烧城之灰烬。刘禹锡《松滋渡望峡中》：“梦渚草长迷楚望，夷陵土黑有秦灰。”

【秦州】 唐代州名。本秦之陇西郡，汉改置天水郡。三国魏始分陇右为秦州，隋大业三年又改为天水郡。唐武德二年，复为秦州，属陇右道，下辖上邽、伏羌、陇城、清水、成纪五县。治上邽，即今甘肃天水。王建《秋夜曲二首》之一：“城乌作营啼野月，秦州少妇生离别。”李景《除夜长安作》：“却羡秦州雁，逢春尽北飞。”

【秦坑】 ❶指战国秦与赵相距长平，赵以赵括代廉颇将，兵败破，降卒四十余万被秦坑杀事。事见《史记·赵世家》与《廉颇蔺相如列传》。杜牧《东兵长句十韵》：“上党争为天下脊，邯郸见十万秦坑。”❷指秦始皇焚书坑儒事。玄宗《春晚宴两相及礼官丽正殿学士》序：“乃命学者，缮洛简，缉遗编，纂鲁壁文章。缀秦坑之煨烬。”

【秦兵】 ❶战国秦国之兵。李涉《竹枝词》：“细柳争舞君沉醉，白日秦兵天下来。”汪遵《细腰宫》：“争奈君王正沉醉，秦兵江上促征桡。”❷关中之兵。因其地为秦之旧域，故称。杜甫《兵车行》：“况复秦兵耐苦战，被驱不异犬与鸡。”

【秦谷口】 汉隐士郑璞，字子真。躬耕于谷口。事见《汉书·王贡丙袭鲍传序》与皇甫谧《高士传》。后因以“秦谷”为咏高士之典。谷口，汉县名，在今陕西礼泉县东，因其地属秦中，故称为“秦谷口”。张籍《赠殷山人》：“郑逃秦谷口，严爱越溪边。”

【秦吴】 春秋时之秦吴两国旧地。借指相隔极远之两地。韩愈《孟生诗》：“秦吴修且阻，两地无数金。”欧阳詹《有所恨二章》序：“生胜紫罗半臂，曰：‘即日相去秦吴，聊以为忆。’”温庭筠《病中书怀呈友人》：“是非迷觉梦，行役议秦吴。”黄滔《寄同年卢员外》：“听尽莺声出雍州，秦吴烟月十经秋。”

【秦系】 唐诗人。字公绪，自号东海钓客，会稽(今浙江绍兴市)人。大历五年(770)相卫节度使薛嵩奏为右卫率府仓曹参军，称病辞免。大历十年(775)至十四年，两任浙东观察使皇甫温和崔昭先后招之，均不就。至贞元六年(790)或七年，张建封荐其为校书郎。与鲍防、钱起、苗发、耿沣等相友善。《全唐诗》录其诗一卷，四十首许。

【秦甸】 指长安周围地带。李商隐《念远》：“日月淹秦甸，江湖动越吟。”韩琮《风》：“凉飞玉管来秦甸，暗袅花枝入楚宫。”郑谷《游蜀》：“云横新塞遮秦甸，花落空山入阆州。”李洞《雪》：“正繁秦甸暖，渐厚楚宫饥。”

【秦牢】 指韩非在秦陷狱中事。骆宾王《早秋出塞寄东台详正学士》：“汲冢宁详蠹，秦牢讵辩冤。”

【秦尚運】 当作秦南运。南唐诗人。官至尚书郎。《清异录》卷下：“舒雅作青纱连二枕，满贮酴醾、木犀、瑞香散蕊，甚益鼻根。尚书郎秦南运见之，留诗曰……”。《全唐诗》卷七七〇录其诗《题钟雅青纱枕》。

【秦居士】 秦系。戴叔伦有《张评事涉秦居士系见访郡斋郎同赋中字》。

【秦弦】 指秦筝。李白《古风》之五五：“齐瑟弹东吟，秦弦弄西音。”

【秦季】 秦朝末年。汪遵《淮阴》：“秦季贤愚混不分，只应漂母识王孙。”

【秦京】 指唐都长安。宋之问《早发韶州》：“绿树秦京道，青云洛水桥。”王维《华岳》：“遂为西峙岳，雄雄镇秦京。”柳宗元《衡阳与梦得分路赠别》：“十年憔悴到秦京，谁料翻为岭外行。”项斯《长安退将》：“塞晚冲沙损眼明，归来养病住秦京。”

【秦法】 秦朝之法律。因以繁苛严酷著称，故亦以代指严酷之法律。许浑《题四皓庙》：“秦法欲兴鸿已去，汉储将废凤还来。”皮日休《鲁望昨以五百言见贻因成一千言》：“于焉周道反，由是秦法峻。”周昙《咏史诗·秦门·陈涉》：“秦法烦苛霸业隳，一夫攘臂万夫随。”

【秦官】 指松树。秦始皇封禅泰山，骤遇风雨，避于五棵松树下。因封此树为“五大夫”，故称。见《史记·秦始皇本纪》与汉应劭《汉官仪》。王维《酬比部杨员外暮宿琴台率尔见赠之作》：“桃源迷汉姓，松树有秦官。”元稹《与杨十二巨源卢十九经济同游大安亭》：“蜀客君当问，秦官我旧封。”

【秦門】 指唐都长安之城门。李贺《吕将军歌》：“吕将军，骑赤兔，独携大胆出秦门，金粟堆边哭陵树。”

【秦限】 秦地与外界之阻障。武元衡《送魏正则擢第归江陵》：“关国通秦限，波涛隔汉川。”

【秦封】 指秦始皇封禅巡游时加予山川树木等之封号。如封泰山松为“五大夫”之类。韦表微《池州夫子庙麟台》：“楚国浸广，秦封益侈。”白行简《贡院楼北新栽小松》：“山苗不可荫，孤直俟秦封。”

【秦城】 指长安。孟浩然《长乐宫》：“秦城旧来称窈窕，汉家更衣应不少。”颜真卿《送耿沣拾遗联句》：“楚国千山道，秦城万里人。”李涉《寄河阳从事杨潜》：“洛邑秦城少年别，两都陈事空闻说。”张蠙《长安春望》：“明时不敢卧烟霞，又见秦城换物华。”

【秦相】 (—xiàng)指秦丞相李斯。贾岛《蒋亭和蔡湘州》：“潭连秦相井，松老汉朝根。”韦庄《题李斯传》：“蜀魄湘魂万古悲，未悲秦相死秦时。”

【秦苑】 秦都咸阳之宫苑。或指唐咸阳之秦宫苑旧址。许浑《咸阳城东楼》：“鸟下绿芜秦苑夕，蝉鸣黄叶汉宫秋。”陈上美《咸阳有怀》：“秦苑有花空笑日，汉陵无主自侵云。”韦庄《咸阳怀古》：“山色不知秦苑废，水声空傍汉宫流。”因长安为秦城，且有宜春苑等秦之宫苑旧址，故亦以指唐长安之宫苑。郎士元《送粲上人兼寄梁镇员外》：“连空朔气横秦苑，满目寒云隔灞陵。”常沂《禁中青松》：“晚色连秦苑，春香满汉宫。”韦庄《灞陵道中作》：“秦苑落花零露湿，灞陵新酒拨醅浓。”

【秦柱】 指秦之弦乐器，如秦筝之类。柱，系弦之物，可旋转以调节弦之松紧。唐彦谦《汉代》：“别随秦柱促，愁为蜀弦么。”

【秦律】 秦朝之法律。李益《送人流贬》：“汉章虽约法，秦律已除名。”此处以“秦律”借指唐之法律。

【秦風】 《诗经》国风之一类，计收秦地之诗歌十篇。李郢《终南山》：“汉史烟霞通楚塞，《秦风》章句有条梅。”按，此指秦风中之《终南》篇，因诗中有“终南何有？有条有梅”句，故云。

【秦亭】 亭名。在唐河南道郓州东平县(今山东东平)境。高适《东平旅游奉赠薛太守二十四韵》：“汶上春帆渡，秦亭晚日愁。”韩昭《从幸秦川过白卫献诗》：“吾王巡狩为安边，此去秦庭尚数千。”一论，为秦先祖非子之封邑，在今甘肃张家川东。

【秦庭哭】 《左传·定公四年》载：伍子胥引吴兵攻楚，“申包胥如秦乞师……立依于庭墙而哭，日夜不绝声，勺饮不入口，七日，秦师乃出。”后遂以“秦庭哭”为咏为国乞救之典。李百药《郢城怀古》：“莫救夷陵火，无复秦庭哭。”李白《流夜郎半道承恩放还书怀示息秀才》：“悲作楚地囚，何日秦庭哭。”马戴《句》：“申胥任向秦庭哭，靳尚终贻楚国忧。”

【秦宫】 ❶秦朝之宫殿。刘禹锡《昏镜词》：“秦宫岂不重！非适乃为轻。”鲍溶《萧史图歌》：“露痕烟迹渍红貌，疑别秦宫初断肠。”李群玉《升仙操》：“嬴女去秦宫，琼笙飞碧空。”亦借指唐朝宫殿。李白《流夜郎赠辛判官》：“函谷忽惊胡马来，秦宫桃李向明开。”❷东汉大将军梁冀之嬖奴名。李商隐《可叹》：“梁家宅里秦宫入，赵后楼中赤凤来。”

【秦客】 ❶指秦弄玉之夫萧史。李商隐《和孙朴韦蟾孔雀咏》：“西施因网得，秦客被花迷。”见“秦女❷”。❷指避乱隐居桃花源之秦人。韩愈《同窦牟韦执中寻刘尊师不遇》：“秦客何年驻，仙源此地深。”❸指唐关中之人。薛能《彭门解嘲二首》之二：“秦客莫嘲瓜戍远，水风潇洒是彭城。”

【秦素】 秦地之白雪。素即白丝，喻指雪。李贺《嘲雪》：“龙沙湿汉旗，凤扇迎秦素。”

【秦原】 ❶犹秦地。指关中地带。李峤《鹿》：“涿鹿闻中冀，秦原辟帝畿。”皎然《送赟上人还京》：“秦原山色近，楚寺磬声微。”柳宗元《零陵早春》：“问春从此去，几日到秦原。”罗隐《送朗州张员外》：“肠断秦原二三月，好花全为使君开。”❷关中之郊原。原，高平之地。马戴《白鹿原晚望》：“浐曲雁飞下，秦原人葬回。”刘沧《望未央宫》：“西上秦原见未央，山岚川色晚苍苍。”韩偓《乱后却至近甸有感》：“堪恨无情清渭水，渺茫依旧绕秦原。”

【秦晉】 ❶春秋时之秦晋二国。因两国世为婚姻,故常以指两姓联姻。卢照邻《哭明堂裴主簿》:“潘杨称代穆,秦晋忝姻连。”杜甫《送大理封主簿五郎》:“颇谓秦晋匹,从来王谢郎。”卢储《催妆》:“今日幸为秦晋会,早教鸾凤下妆楼。”❷道家炼丹术指阴阳会合。希道《授炙毂子歌二首》之一,“坎离运行宽无成,金木有数秦晋合。”

【秦時客】 指秦徐福。秦始皇曾派徐福率童男女数千人入海求仙。见《史记·秦始皇本纪》。李建勋《送喻炼师归茅山》:“莫学秦时客,音书便不通。”

【秦時鏡】 传说秦咸阳宫之宝镜,能照人心胆。无名氏《府城古镜》:“旧是秦时镜,今来古匣中。”见“秦臺鏡”。

【秦師】 秦国之军队。韩愈《征蜀联句》:“蜀险豁关防,秦师纵横猾。”汪遵《夷门》:“晋鄙兵回为重难,秦师收旆亦西还。”

【秦海】 指大秦国,即古罗马帝国。骆宾王《久戍边城有怀京邑》:“灞池遥夏国,秦海望阳纡。”按,此处以“秦海”代指极遥远之地。

【秦家】 ❶指秦朝。李嘉祐《晚发咸阳寄同院遗补》:“秦家故事随流水,汉代高坟对石碑。”李白《战城南》:“秦家筑城避胡处,汉家还有烽火然。”韦应物《石鼓歌》:“秦家祖龙还刻石,碣石之罘李斯迹。”无名氏《黄金台》:“秦家烧书杀儒客,肘腋之间千里隔。”❷指古乐府《陌上桑》所写之秦罗敷,用以代指绝世佳人。王维《杂诗》:“楚国无如妾,秦家自有夫。”杨凝《春情》:“赵瑟多愁曲,秦家足艳妆。”

【秦家女】 同“秦氏女”。刘长卿《过李将军南郊林园观妓》:“小妇秦家女,将军天上人。”

【秦鹿】 喻指秦王朝之帝位。李白《登广武古战场怀古》:“秦鹿奔野草,逐之若飞蓬。”

【秦陵】 秦始皇陵墓。在今陕西临潼东。王建《外按》:“日暮秦陵尘土起,从东外按使初回。”吴融《华清宫二首》之二:“无奈逝川东去急,秦陵松柏满残阳。”亦泛指唐长安之历代陵园。杜牧《长安雪后》:“秦陵汉苑参差雪,北阙南山次第春。”吴融《赴职西川过便桥书怀寄同年》:“秦陵无树烟犹锁,汉苑空墙浪欲吹。”

【秦娥】 ❶秦地之少女。韩琮《春愁》:“秦娥十六语如弦,未解贪花惜杨柳。”曹邺《赵城怀古》:“一笑千万金,醉中赠秦娥。”王贞白《妾薄命》:“秦娥未十五,昨夜事公卿。”❷指秦穆公女弄玉。徐夤《东》:“鳌山海上秦娥去,鲈脍江边齐掾还。”

【秦桑】 关中之桑树。李白《春思》:“燕草如碧丝,秦桑低绿枝。”

【秦野】 秦川之原野。吕牧《泾渭扬清浊》:“泾渭横秦野,逶迤近帝城。”

【秦國】 ❶指战国之秦。因其地处关中,故常以指关中。王维《崔濮阳兄季重前山兴》:“嵯峨对秦国,合沓藏荆关。”孟浩然《送卢少府使入秦》:“楚关望秦国,相去千里余。”刘威《秋日寄陈景孚秀才》:“心随秦国远,梦到楚山迷。”❷指秦始皇建立之秦王朝。曹邺《始皇陵下作》:“若使山可移,应将秦国去。”崔涂《东晋》:“秦国金陵王气全,一龙正道始东迁。”按,此指秦始皇凿山以图断金陵王之气事。

【秦釵】 汉秦嘉曾赠妻宝钗一双,谓“宝钗可以耀首”,其妻徐淑答云:“未奉光仪,则宝钗不列也。”事见《艺文类聚》卷三二引秦嘉《重板妻书》。后因以“秦钗”为咏宝钗之典。韩偓《寄恨》:“秦钗枉断长条玉,蜀纸虚留小字红。”

【秦烏】 佚名《燕丹子》载:燕太子丹留质于秦,求归。秦曰:“乌头白,马生角,乃许身。”丹乃仰天叹,乌头即白,马亦生角。后因称乌鸦为“秦乌”。张籍《乌夜啼引》:“秦乌啼哑哑,夜啼长安吏人家。”

【秦商】 指秦岭与商山。商山在今陕西省商洛市商州区东。此处以二山代指关中。韩愈《过南阳》:“秦商邈既远,湖海浩将经。”

【秦痔】 《庄子·列御寇》:“秦王有病召医,破痈溃痤者得车一乘,舐痔者得车五乘,所治愈下,得车愈多。”后因以“秦痔”指痔漏病。李商隐《自桂林奉使江陵途中感怀寄献尚书》:“尚怜秦痔苦,不遣楚醪沉。”

【秦望山】 山名。在今浙江杭州西南。传秦始皇南巡曾登此山以望海,故名。马湘有《登杭州秦望山》诗云:“秦皇谩作驱山计,沧海茫茫转更深。”亦省作“秦望”。韦述《广陵送别宋员外佐越郑舍人还京》:“朱绂临秦望,皇华赴洛桥。”张万顷《登天目山下作》:“去岁离秦望,今冬使楚关。”罗隐《酬丘光庭》:“柳吟秦望咫尺地,鲤鱼何处闲裴回。”

【秦淮】 河名。源出江苏溧水,西北流经南京市入长江。传秦始皇南巡至此,凿方山、断长垄为渎入江,以泄金陵王气,故名。岑参《送许子擢茅归江宁因寄王大昌龄》:“君家临秦淮,傍对石头城。”魏万《金陵酬李翰林谪仙子》:“同舟入秦淮,建业龙盘处。”刘禹锡《江令宅》:“南朝词臣北朝客,归来唯见秦淮碧。”杜牧《泊秦淮》:“烟笼寒水月笼沙,夜泊秦淮近酒家。”

【秦越】 春秋时之秦国与越国。两地一居西北,一居东南,相距极远,后因以指相隔极远之处。黄滔《归思》:“寒为旅雁暖还去,秦越离家可十年。”

【秦棧】 秦入蜀之栈道。李白《送友人入蜀》:“芳树笼秦栈,春流绕蜀城。”

【秦朝】 朝代名。公元前221年秦王政统一中原后建。都咸阳。疆域东、南至海,北至阴山,西至甘肃、四川、云南。历二世十五年，前206年为刘邦所灭。李建勋《送八分书与友人继以诗》："仙翁拍手应相笑，得似秦朝次仲无。"

【秦箏】　古弦乐器之一种。似琴瑟，初为五弦，传由秦蒙恬改为十二弦，流行于秦，故名。至隋唐，复增为十三弦。徐安贞《闻邻家理筝》："忽闻画阁秦筝逸，知是邻家赵女弹。"岑参《秦筝歌送外甥萧正归京》："汝不闻秦筝声最苦，五色缠弦十三柱。"柳中庸《听筝》："抽弦促柱听秦筝，无限秦人悲怨声。"郑薰《赠巩畴》："疏越舍朱弦，哇淫鄙秦筝。"

【秦貂没】　《战国策·秦策一》："苏秦始将连横说秦惠王"，"书十上而说不行，黑貂之裘敝，黄金百斤尽，资用乏绝，去秦而归。"后因以"秦貂没"为咏干谒受阻、处境困顿之典。罗隐《秋日怀孟夷庚》："知己秦貂没，流年贾鹏悲。"

【秦盜】　《左传·宣公十六年》：士会将中军，且为太傅，于是晋国之盗逃于秦。后因以"秦盗"为颂扬官员肃清一方之政绩的典故。李商隐《今月二日以诗一首于渎尊严优蒙披览辄复五言四十韵诗献上》："下令销秦盗，高谈破宋聋。"

【秦絲】　秦地之弦乐器。多指秦筝。李商隐《和郑愚赠汝阳王孙家筝妓二十韵》："冰雾怨何穷，秦丝娇未已。"又《河内诗二首》之一："鼍鼓沉沉虬水咽，秦丝不上蛮弦绝。"

【秦歲初】　指夏历十月。秦以十月为岁初。钱起《送沈仲》："考室晋山下，归田秦岁初。"

【秦楚】　秋战国时之秦国与楚国。岑羲《黄金台》："兵行旬日入临淄，秦楚诸君咸碎易。"因两国地域一南一北，故亦以代指南北异地。郑谷《阙下春日》："秦楚年年有离别，扬鞭挥袖灞陵桥。"

【秦裘】　指破败之皮裘。骆宾王《宿山庄》："拾青非汉策，化缁类秦裘。"欧阳衮《秦原道中》："缁化秦裘敝，尘惊汉策残。"见"秦貂"。

【秦園】　❶秦地之园林。朱庆余《送品上人入秦》："江雪沾新草，秦园发故条。"❷喻指秦王朝。见"秦園走鹿"。

【秦園走鹿】　喻指秦王朝失去帝位、政权。语本《史记·淮阴侯列传》："秦失其鹿，天下共逐之。"张碧《鸿沟》："秦园走鹿无藏处，纷纷争处蜂成群。"

【秦塞】　秦地之关塞。李白《蜀道难》："尔来四万八千岁，不与秦塞通人烟。"李宣远《近无西耗》："烽堠惊秦塞，囚居困越吟。"许浑《长安岁暮》："花暗楚城春醉少，月凉秦塞夜愁多。"温庭筠《送洛南李主簿》："想君秦塞外，因见楚山青。"

【秦臺】　❶指秦穆公为其女弄玉所建之凤凰台。上官昭容《游长宁公主流杯池二十五首》之二："游鲁馆，陟秦台。污山壁，愧琼瑰。"李商隐《相思》："肠断秦台吹管客，日西春尽到来迟。"又《又效江南曲》："莫以采菱唱，欲羡秦台箫。"吴融《戏作》："秦台非久计，早晚降霓幢。"见"秦女❷"。❷"秦臺鏡"之省称。刘长卿《负谪后登干越亭作》："秦台悲白首，楚泽怨青蘋。"杜牧《池州送孟迟先辈》："秦台破心胆，黥阵惊毛发。"李商隐《破镜》："秦台一照山鸡后，便是孤鸾罢舞时。"见"秦鏡"。❸指秦宫。刘长卿《杂咏八首上礼部李侍郎·春镜》："独悬秦台上，万象清光里。"❹代指秦原、秦地。刘长卿《至德三年春闻王师收二京因书事》："巴曲谁堪听，秦台自有情。"李贺《自昌谷到洛后门》："为探秦台意，岂命余负薪。"李频《秦原早望》："年光逐渭水，春色上秦台。"翁承赞《晓望》："独上秦台最高处，旧山依约在东南。"

【秦臺粉】　《中华古今注》载，自三代以铅为粉，秦穆公女弄玉有容德，感仙人萧史，为烧水银作粉与涂，亦名飞云丹。后因以"秦臺粉"为咏粉之典。李商隐《蝶》："重傅秦台粉，轻涂汉殿金。"按此处指蝶粉。

【秦臺鏡】　汉刘歆《西京杂记》卷三载：秦始皇咸阳宫"有方镜，广四尺，高四尺五，表里有明。人直来照照，影则倒见；以手扪心而来，则见肠胃五脏，历然无碍；人有疾病在内，则掩心而照之，则知病之所在。又女子有邪心，则胆张心动。秦始皇帝以照宫人，胆张心动者则杀之。"后因以"秦台镜"为咏镜或咏官员明察之典。杜甫《赠裴南部》："梁狱书因上，秦台镜欲临。"钱起《送钟评事应宏词下第东归》："蛾眉不入秦台镜，鹢羽还惊宋国风。"

【秦碑】　指秦始皇登峄山所刻石碑。杜甫《登兖州城楼》："孤嶂秦碑在，荒城鲁殿余。"

【秦鳳】　❶指萧史、弄玉吹萧声似鸣凤事。许敬宗《奉和圣制登三台言志应制》："妙管含秦凤，仙姿丽斗牛。"见"秦女"。❷《国语·周语上》："周之兴也，鸑鷟鸣于岐山。"韦昭注："鸑鷟，凤凰之别名也。"岐山在陕西扶风，属秦地。后因以"秦凤"为咏岐山之典。吴融《岐下闻杜鹃》："怨已惊秦凤，灵应识汉鸡。"

【秦獄】　秦始皇时常囚系无辜，制造冤狱，故后以"秦狱"指冤狱。陆龟蒙《送宣武从事岳中按狱》："坐想休秦狱，春应到柳条。"又《徐方平后闻赦因寄袭美》："秦狱已收为厉气，瘴江初返未招魂。"见"秦冤"。

【秦漢】　秦代与汉代之并称。刘长卿《奉陪郑中丞与诸侄宴余干后溪》："何劳问秦汉，更入武陵溪。"卢仝《感古四首》之一："秦汉事谗巧，魏晋忘机钧。"赵嘏《送从翁中丞奉使黠戛斯六首》之五："山川险易接胡尘，秦汉图来或未真。"

【秦樓】　❶秦穆公为女弄玉所作之凤台亦称秦楼。常用为咏凤或咏吹箫之典。太宗《三层阁上置音声》："不似秦楼上，吹箫空学仙。"李峤《凤》："屡向秦楼侧，频过洛水阳。"张祜《箫》："清籁远愔愔，秦楼夜思深。"亦用为咏公主之典。武元衡《题故蔡国公主九华观上池院》："秦楼今寂寞，真界竟何如。"权德舆《赠魏国宪穆公主挽歌词二首》之二："秦楼晓月残，卤簿列材官。"❷古乐府《日出东隅行》："日出东南隅，照我秦氏楼。秦氏有好女，自名为罗敷。"后因以"秦楼"指秦罗敷所居之楼，亦代指美人所居楼。李白《日出东南隅行》："秦楼出佳丽，正值朝日光。"权德舆《敷水驿》："空见水名敷，秦楼昔事无。"李商隐《东南》："且向秦楼棠树下，每朝先觅照罗敷。"❸秦宫之楼，或泛指宫苑之楼。李商隐《当句有对》："密迩平阳接上兰，秦楼鸳瓦汉宫盘。"无名氏《王昭君》："寄信秦楼下，因书秋雁归。"此指汉宫楼。亦指秦地即关中之楼。长孙佐辅《关山月》："忽忆秦楼妇，流光应共有。"许浑《送王总下第归丹阳》："秦楼心断楚江湄，系马春风酒一卮。"李频《哭贾岛》："秦楼吟苦夜，南望只悲君。"秦韬玉《鹦鹉》："云漫陇树魂应断，歌接秦楼梦不成。"

【秦樓鏡】 指秦始皇咸阳宫之方镜。李白《白头吟》之二："妾有秦楼镜，照心胜照井。"武元衡《八月十五夜与诸公锦楼望月得中字》："相向秦楼镜，分飞碣石鸿。"见"秦臺鏡"。

【秦稽】 秦望山与会稽山之并称。二山均在唐之越州，因以代指越州(今浙江一带)。孟浩然《久滞越中贻谢南池会稽贺少府》："未能忘魏阙，空此滞秦稽。"

【秦徵君】 秦系。刘长卿有《苕溪酬梁耿别后见寄》。自注："一作《答秦征君徐少府春日见集苕溪酬梁耿别后见寄六言》"。戴叔伦有《张评事涉秦居士系见访郡斋即同赋中言》。韦应物有《酬秦征君徐少府春日见寄》，原校："一作《奉酬秦征君系春日抚州西亭野望兼寄徐少府》"。

【秦餘】 秦代之遗变。杨思玄《奉和圣制过温汤》："丰城观汉迹，温谷幸秦余。"孙逖《和崔司马登称心山寺》："岩空迷禹迹，海静望秦余。"亦指避秦末乱而隐居桃花源之遗民。孟浩然《宿武阳即事》："鸡鸣问何处，人物是秦余。"

【秦隱君】 秦系。《旧唐书》本传："秦系字公绪。"权德舆《秦征君校书与刘随州唱和诗序》(《全唐文》卷四九〇)："儒有秦公绪者……秦君'丽句'，创里亭之名。"戴叔伦有《题秦隐君丽句亭》。詹珪有《追和秦隐君辞荐之韵上陈侯乞归凤山》。详见《全唐诗人名汇考》卷二六〇秦系《献薛仆射》诗考。

【秦畿】 秦之王畿。即咸阳四周之广大地区。宋之问《送李侍御》："南登指吴服，北走出秦畿。"

【秦樹嵩雲】 秦地之树与嵩山之云。代指相隔遥远之两地。李商隐《及第东归次灞上却寄同年》："江鱼朔雁长相忆，秦树嵩云自不知。"

【秦橋】 秦始皇所筑青城山桥。李贺《古悠悠行》："海沙变成石，鱼沫吹秦桥。"

【秦儒】 秦代之儒生。秦始皇三十五年曾坑杀儒生四百余人。司空图《铭秦坑》："秦儒既坑，厥祀随覆；天复儒仇，儒祀而家。"

【秦聲】 ❶秦地之音乐。李白《观胡人吹笛》："胡人吹玉笛，一半是秦声。"白居易《筝》："楚艳为门阀，秦声是女工。"❷《史记·张仪列传》载：陈轸与张仪俱事楚，后陈奔楚，楚使使于秦。"(秦)惠王曰：'子去寡人之楚，亦思寡人不？'……(陈轸)曰：'今臣虽弃逐之楚，岂能无秦声哉！'"后因以"秦声"为咏怀旧思乡之典。骆宾王《在江南赠宋五之问》："寂寥伤楚奏，凄断泣秦声。秦声怀旧里，楚奏悲无已。"

【秦贅】 《汉书·贾谊传》："故秦人家富子壮则出分，家贫子壮则出赘。"后因称赘婿为"秦赘"。杜甫《遣闷》："倚著如秦赘，过逢类楚狂。"李商隐《与同年李定言曲水闲话戏作》："相携花下非秦赘，对泣春天类楚囚。"

【秦嶺】 山名。❶秦岭的山脉。指西起今甘肃青海边境，沿渭河南岸直至河南陕县之诸山。狭义之秦岭，则多指其间之终南山、华山、商山等位于陕西中部之诸山。宋之问《过中书元舍人山斋》："秦岭似云横，周原如黛饰。"张继《华清宫》："朝元阁峻临秦岭，羯鼓楼高俯渭河。"韩愈《左迁至蓝关示侄孙湘》："云横秦岭家何在，雪拥蓝关马不前。"杜牧《池州送孟迟先辈》："秦岭望樊川，只得回头别。"❷指秦望山。在杭州。孟浩然《送新安张少府归秦中》："试登秦岭望秦川，遥忆青门春可怜。"按此诗题一作"越中送人归秦中"，"秦岭"一本作"秦望"。

【秦醫】 指代良医。罗隐《投所思》："雕琢只应劳郢匠，膏肓终恐误秦医。"韦庄《贼中与萧韦二秀才同卧重疾》："纵有秦医在，怀乡亦泪流。"亦作"秦醫緩"。周昙《咏史诗·春秋战国门·景公》："晋侯徒有秦医缓，疾在膏肓救已迟。"

【秦醫緩】 见"秦醫"。

【秦蘅】 香草名。李贺《牧丹种曲》："莲枝未长秦蘅老，走马驮金劚春草。"

【秦壘】 亦称"秦长垒""秦壁"。战国秦所筑之作战戍垒。亦以借指唐之防禦工事。许浑《破北虏太和公主归宫阙》："匈奴北走荒秦垒，贵主西还盛汉宫。"

【秦璧】 即和氏璧。因秦曾欲以十五城易之，故称。韦嗣立《酬崔光禄冬日述怀赠答》：："魏珠能烛乘，秦璧许连城。"参阅《史记·廉颇蔺相如列传》。

【秦隴】　秦山与陇山之并称。亦代指今陕西、甘肃之地。皎然《陇头水二首》之二："秦陇逼氐氏羌，征人去未央。"王建《闲说》："秦陇州缘鹦鹉贵，王侯家为牡丹贫。"张籍《送李仆射愬赴镇凤翔》："天子新收秦陇池，故教移镇古扶风。"

【秦鏡】　同"秦臺鏡"。刘长卿《温汤客舍》："且喜礼闱秦镜在，还将妍丑付春官。"元稹《谕宝二者》之二："秦镜无人拭，一片埋雾月。"蒯希逸《和主司五起》："一振声华入紫薇，三开秦镜照春闱。"张南容《静女歌》："河水自浊济自清，仙台蛾眉秦镜明。"

【秦關】　秦地之关塞。秦东有函谷、蒲津，西有陇山、大震，南有武、峣等关，俱为秦关。而通常以指函谷关居多。亦以泛指关内。蔡希寂《陕中作》："西别秦关近，东行陕服长。"贾至《江南送李卿》："双鹤南飞度楚山，楚南相见忆秦关。"卢纶《长安春望》："谁念为儒逢世难，独将衰鬓客秦关。"卢肇《别宜春赴举》："秋天草木正萧疏，西望秦关别旧居。"

【秦韜玉】　唐诗人。字仲明，京兆（今陕西西安）人。屡举不第，后投靠宦官田令孜，官至丞郎，判盐铁。广明中为神策判官。中和二年(882)，特敕进士及第。四年，为工部尚书，判度支。《全唐诗》录其诗一卷，三十六首。《全唐诗外编(下)》录其断句一联。

【秦鷄】　《史记·封禅书》："作鄜畤后九年，（秦）文公获若石云，于陈仓北阪城祠之。其神或岁不至，或岁数来，来也常以夜，光辉若流星，从东南来集于祠城，则若雄鸡，其声殷云，野鸡夜雊。"陈仓在岐州，后因以"秦鸡"为咏岐州之典。沈佺期《夏日梁王席送张岐州》："秦鸡常下雍，周凤昔鸣岐。"

【秦繫】　秦多冤狱，民常无辜被囚系，后因以"秦系"指含冤被囚之人。崔湜《责躬诗》："楚冈应积口，秦系亦衔悲。"见"秦冤"。

【秦簫】　指秦弄玉与萧史吹箫引凤终双双成仙飞去事。陈元光《漳州新城秋宴》："秦箫吹引凤，邹律奏生春。"张易之《侍从过公主南宅侍宴探得风字应制》："坐客无劳起，秦箫曲未终。"杜甫《郑驸马池台喜遇郑广文同饮》："重对秦箫发，俱过阮宅来。"郑损《玉声亭》："汉佩琮琤寒溜雨，秦箫缥缈夜敲风。"见"秦女"。

秣

〔mò《广韵》莫撥切，入末，明。〕❶饲料。杜甫《敬简王明府》："骥病思偏秣，鹰愁怕苦笼。"孟郊《鸦路溪行是呈陆中丞》："疲马恋旧秣，羁禽思故栖。"张籍《西州》："良马不念秣，烈士不苟营。"❷喂养饲料。顾况《露青竹杖歌》："飞龙闲厩马数千，朝饮吴江夕秣燕。"韩愈《赠别元十八协律六首》之六："寄书龙城守，君骥何时秣。"李贺《崇义里滞雨》："瘦马秣败草，雨沫飘寒沟。"白居易《新乐府·驯犀》："秣以瑶刍锁以金，故乡迢递君门深。"亦指嚼食饲料。顾况《梁司马画马歌》："仰秣如上贺兰山，低头欲饮长城窟。"

【秣馬】　以饲料喂马。张九龄《酬赵二侍御使西军赠两省旧僚之作》："忽枉兼金讯，非徒秣马功。"王昌龄《留别岑参兄弟》："长安故人宅，秣马经前秋。"岑参《献封大夫破播仙凯歌六首》之四："洗兵鱼海云迎阵，秣马龙堆月照营。"

【秣陵】　指今江苏南京。其地秦与晋均曾建秣陵县，后常袭用旧称。李嘉祐《早秋京口旅泊章侍御寄书相问因以赠之》："吴越征徭非旧日，秣陵凋弊不宜秋。"刘禹锡《经檀道济故垒》："秣陵多士女，犹唱白符鸠。"殷尧藩《金陵怀古》："黄道天清拥佩珂，东南王气秣陵多。"韦庄《自孟津舟西上雨中作》："却到故园翻似客，归心迢递秣陵东。"

【秣飼】　以饲料喂养。曹唐《病马》："一朝千里心犹在，争肯潜忘秣饲恩。"

秫

〔shú《广韵》食聿切，入術，船。〕黍稷之性黏者，即黏高粱。《说文·禾部》："秫，稷之粘者。"一说即糯米。北魏贾思勰《齐民要术·水稻》："有秫稻。秫稻米，一名糯米。"又，粟米之黏者亦称"秫"，见明李时珍《本草纲目·谷二·秫》。杜牧《许七侍御弃官东归高秋企望寄赠十韵》："冻醪元亮秫，寒鲙季鹰鱼。"

【秫田】　种秫之田。《晋书·陶潜传》载：陶渊明为彭泽令，"在县公田悉令种秫谷，曰：'令吾常醉于酒足矣'"。后因用为咏爱酒之典。李端《晚春过夏侯校书值其沉醉戏赠》："阮籍供琴韵，陶潜余秫田。"方干《与桐庐郑明府》："莫道耕田全种秫，兼闻退食亦逢星。"徐铉《送许郎十歙州判官兼黟县》："朝衣旧识熏香史，禄米初营种秫田。"

【秫酒】　以秫酿制之酒。丁儒《归闲诗二十韵》："俚歌声靡曼，秫酒味温醇。"见"秫"。

【秫甕】　盛秫酒之坛。罗隐《寄杨秘书》："会待与君开秫瓮，满船般载镜中行。"

秤[1]

〔chèng《广韵》昌孕切，去證，昌。〕❶称量物体重量之器物。由秤杆、秤砣与秤钩组成。杆上嵌星以定斤两。乔备《杂诗》："楚借金鎚秤，衔涕诉恩波。"包何《赋得评送孟孺卿》："愿以金秤锤，因君赠别离。"杜牧《早秋》："铢秤与缕雪，谁觉老陈陈。"郑薰《赠巩畴 》："镜照分妍丑，秤称分重轻。"❷量词。古十五斤为一秤。《孔丛子·衡》："斤十谓之衡，衡有半谓之秤，秤二谓之钧。"褚载《吊秦叟》："市西楼店金千秤，渭北田园粟万钟。"

秤²〔chēng《广韵》處陵切，平蒸，昌。〕❶以秤称量物之轻重。张祜《庚子岁寓游扬州赠崔荆四十韵》："讵忆园蔬灌，唯希社肉秤。"贾岛《赠牛山人》："凿石养蜂休买蜜，坐山秤药不争星。"李洞《送龙州田使君旧诗家》："锁库休秤药，开楼又见诗。"❷喻指衡量、衡。张碧《鸿沟》："星曹定秤秤王孙，项籍骨轻迷精魂。"

【秤₂象】传曹操获巨象，欲称其轻重，其子曹冲曰："致象大船之上，而刻其水痕所至，称物以载之，则校可知矣。"事见《三国志·魏志·邓哀王冲传》。后因以"秤象"为咏太子聪慧之典。王维《恭懿太子挽歌三首》之三："射熊今梦帝，秤象问何人。"

【秤頭】犹言秤杆上。归处讷《咏奸汉》："秤头不放分毫过，对面常如割骨贫。"

【秤鎚】秤砣。悬于秤杆以确定称物重量之金属体。寒山《诗三百三首》之一三五："秤锤落东海，到底始知休。"

租〔zū《广韵》则吾切，平模，精。〕❶田租。国家按受田所课之粮赋。高适《东平路中遇大水》："仓廪终尔给，田租应罢收。"羊士谔《郡斋读经》："翳桑俄有绩，宿麦复盈租。"白居易《赠友五首》之三："庸必算丁口，租必计桑田。"温庭筠《病中书怀呈友人》："泮水思芹味，琅琊得稻租。"❷泛指各种赋税。杜甫《兵车行》："县官急索租，租税从何出。"韩愈《送文畅师北游》："征租聚异物，诡制怛巾袜。"❸租赁。韦应物《寓居永定精舍》："聊租二顷田，方课子弟耕。"白居易《问诸亲友》："占花租野寺，定酒典朝衣。"

【租田】❶租赁他人之田地。周贺《送韩评事》："罢官余俸租田种，送客回舟载石归。"❷泛指田地。因所种田均须交租，故称。李洞《投献吏部张侍郎十韵》："隐岫侵巴叠，租田带渭平。"

【租地】租赁自他人之土地。李洞《废寺闲居寄怀一二罢举知已》："税房兼得调猿石，租地仍分浴鹤泉。"

【租船】运送租粮之船。张籍《促促词》："今年为人送租船，去年捕鱼在江边。"

【租庸】指官家规定的租税赋役。杜甫《岁晏行》："况闻处处鬻男女，割慈忍爱还租庸。"张籍《董公诗》："轻刑宽其政，薄赋弛租庸。"见"租庸法"。

【租庸法】初唐、盛唐所用赋役制度。源于北魏至隋代之租庸调制。其法至安史乱后为两税法取代。白居易《赠友五首》之二："谁能革此弊，待君秉利权，复彼租庸法，令如贞观年。"参《旧唐书·食货志上》与《旧唐书·职官志二》。

【租税】❶官家征收之田租赋税。李嘉祐《南浦渡口》："寡妇共租税，渔人逐鼓鼙。"杜甫《兵车行》："县官急索租，租税从何出？"白居易《新乐府·杜陵叟》："十家租税九家毕，虚受吾君蠲免恩。"皮日休《题包山》："此中人若无租税，直是蓬瀛也不如。"❷犹租赁。李白《留别广陵诸公》："卧海不关人，租税辽东田。"

【租賦】泛指田租赋税。韩愈《感春四首》之四："我恨不如江头人，长网横江遮紫鳞。独宿荒陂射凫雁，卖纳租赋官不嗔。"

【租調】（—diào）租赋。向官府纳粮谓"租"，交绢帛或以银代之谓"调"。寒山《诗三百三首》之七一："朝朝为衣食，岁岁愁租调。"无名氏《五言诗》之五："租调无处出，还须里政倍。"见"租庸法"。

【租錢】交纳租税之钱。陆龟蒙《江湖散人歌》："归来辄拟荷锄笠，诟吏已责租钱迟。"

【租簿】犹租赋。韩愈《元和圣德诗》："经战伐地，宽免租簿。"

秞〔yóu《广韵》以周切，平尤，以。〕禾盛貌。见"秞秞"。

【秞秞】禾盛貌。元结《补乐歌十首·五茎》："其生如何兮秞秞，天下皆自我兮化成。"

秧〔yāng《广韵》於良切，平陽，影。又於兩切，上養，影。〕❶稻之幼苗。杜甫《行官张望补稻畦水归》："插秧适云已，引溜加溉灌。"张籍《江村行》："江南热旱天气毒，雨中移秧颜色鲜。"元稹《春分投简阳明洞天作》："薅馀秧渐长，烧后葑犹枯。"萧结《批州符》："秧开五叶，蚕长三眠。"❷栽插秧苗。白居易《和微之春日投简阳明洞天五十韵》："绿科秧早稻，紫笋折新芦。"

【秧稻】育秧。白居易《题施山人野居》："春泥秧稻暖，夜火焙茶香。"

秩〔zhì《广韵》直一切，入質，澄。〕❶次序。《郊庙歌辞·隐太子庙乐章·迎神》："享灵有秩，奉乐以迎。"亦指安排次序，使井然有序。陈叔达《州城西园入斋祠社》："农教先八政，阳和秩四时。"萧昕《洛出书》："大哉明德盛，远矣彝伦秩。"杜甫《同李太守登历下古城员外新亭》："主称寿尊客，筵秩宴北林。"白居易《酬郑侍御多雨春空过诗》："祀典修咸秩，农书振满床。"❷俸禄。引申指职位。杜审言《和李大夫嗣真奉使存抚河东》："秩比司空位，官临御史员。"皎然《奉同颜使君真卿清风楼赋得洞庭歌》："中山炼师栖白云，道成仙秩号元君。"柳宗元《唐铙歌鼓吹曲·兽之穷》："屈暴猛，虞慄慄，縻以尺组，啖以秩。"王贞白《送马明府归山》："辞秩入匡庐，重修靖节居。"❸十岁为一秩。白居易《思旧》："已开第七秩，饱食仍安眠。"又《喜老自嘲》："行开第八秩，可谓尽天年。"自注："时俗谓七十已上为开第八秩。"❹同"帙"。

书套。崔备《使院忆山中道侣兼怀李约》:"旧秩芸香在,空夜药气余。"权德舆《和张秘监阁老献岁过蒋大拾遗因呈两省诸公并见示》:"焚草淹轻秩,藏书厌旧编。"

【秩位】 犹官位。李端《慈恩寺怀旧》序:"观者必不以秩位不侔,则契分曾厚,词理不至,则悲哀在中。"

【秩秩】 肃敬而有序貌。顾况《上古之什补亡训传十三章·十月之郊一章》:"绘事告毕,宾筵秩秩,乃命旨酒琴瑟。"冯伉《享文恭太子庙乐章》:"礼容秩秩,羽舞煌煌。"刘禹锡《泽宫诗》:"秩秩泽宫,有的维鹄。"

【秩滿】 谓官员任职期满。颜真卿《使过瑶台寺有怀圆寂上人》序:"真卿昔以天宝元年尉醴泉亟过瑶台寺圆寂上人院。秩满,迁监察御史,巡覆诸陵,而上人已去此寺。"孟浩然《同张明府碧溪赠答》:"秩满休闲日,春余景气和。"李白《经乱离后流夜郎书怀赠江夏韦太守良宰》:"欢娱未终朝,秩满归咸阳。"钱起《赠东邻郑少府》:"秩满归白云,期君访谷口。"

【秩禮】 长幼尊卑有序之礼。中宗、薛稷《十月诞辰内殿宴群臣效柏梁体联句》:"宗伯秩礼天地开,帝歌难续仰昭回。"杜甫《望岳》:"南岳配朱鸟,秩礼自百王。"李纾《让皇帝庙乐章·亚献终献》:"秩礼有序,和音既同。"

秖 〔zhī《广韵》丁尼切,平脂,知。〕同"祇"。助词。只,仅。玄宗《幸蜀回居南内梦中见妃子作诗遗之》:"当时苦恨银屏影,遮隔仙姬秖听声。"张祜《投陈许李司空二十韵》:"道秖萧何直,功唯范蠡成。"

秘 〔mì《集韵》兵媚切,去至,幫。〕❶秘密不外泄的;奥秘难测的。则天皇后《游仙篇》:"口储本性谅难求,圣迹奇术秘元猷。"高适《玉真公主歌》之二:"仙宫仙府有真仙,天宝天仙秘莫传。"元稹《春月》:"口中秘丹诀,肘后悬青囊。"❷"秘书省"之省称。见"秘文"。

【秘文】 指秘书省之图书。李商隐《送王十三校书分司》:"多少分曹掌秘文,洛阳花雪梦随君。"

【秘苑】 宫禁之苑囿。宋之问《三阳宫侍宴应制》:"离宫秘苑胜瀛洲,别有仙人洞壑幽。"

【秘草】 指草拟诏书。宋之问《范阳王挽词二首》之二:"赠秩徽章洽,求书秘草成。"

【秘要】 秘密机要。玄宗《送贺知章归四明》:"寰中得秘要,方外散幽襟。"

【秘省】 秘书省之略称。秘书省别称"兰台""麟台"。掌国家之图书秘记。负责官员称秘书监。下有少监,丞及秘书郎、校书郎,正字若干员。又领著作,太史二局。李频有《冬夜和范秘书宿秘省中作》诗(卷五八八)。

【秘書】 ❶指秘书省。白居易《常乐里闲居偶题十六韵兼寄刘十五公舆》:"小才难大用,典校在秘书。"王起《和李校书雨中自秘省见访》:"若闻三入承明庐,今日重入中秘书。"段成式《游长安诸寺联句》序:"武宗癸亥三年夏,予与张君希复善继同官秘书。"❷指秘书省之官员。李白有《赠韦秘书子春》。按,韦曾为秘书省下著作局之著作郎。

【秘奥】 秘密奥妙。杜仁杰《至真观》:"矧玄元,语秘奥。挥愈远,理益耀。"

【秘象】 神秘之征象。则天皇后《唐大飨拜洛乐章·显和》:"氾水初呈秘象,温洛荐表昌图。"

【秘義】 深奥难测之意义。韩偓《赠易卜崔江处士》:"白首穷经通秘义,青山养老度危时。"

【秘語】 秘不外宣之语。吴融《寄杨侍郎》:"奇义已刻金书券,秘语看镌玉检封。"

【秘監】 秘书省长官秘书监或秘书少监之省称。方干《送叶秀才赴举兼呈吕少监》:"与午相逢终不远,昨闻秘监在台墀。"

六　画

秸 〔jiē《广韵》古黠切,入黠,見。〕秫麦豆麻等高杆农作物之茎杆。韩愈《剥啄行》:"空堂幽幽,有秸有莞。"

秳 〔kuò《集韵》苔活切,入末,溪。〕粟米之皮壳。韩愈《征蜀联句》:"休输任讹寝,报力厚麸秳。"

移 〔yí《广韵》弋支切,平支,以。〕❶迁徙;移居。包佶《答窦拾遗卧病见寄》:"今春扶病移沧海,几度承恩对白花。"亦指使迁徙。高适《奉酬睢阳李太守》:"先移白额横,更息赭衣偷。"见"移家"。❷指官吏调动、改换任职地。岑参《何西太守杜公挽歌四首》之三:"剖符移北地,授钺领西门。"刘长卿《奉饯郑中丞罢浙西节度还京》:"天上移将星,元戎罢龙节。"韩愈《八月十五夜赠张功曹》:"州家申名使家抑,坎坷只得移荆蛮。"❸移动;挪动。李峤《槐》:"暮律移寒火,春宫长旧栽。"韩翃《送南少府归寿春》:"淮风生竹簟,楚雨移茶灶。"羊士谔《泛舟入后溪》:"东风朝日破轻岚,仙棹初移酒未酣。"方干《谢王大夫奏表》:"非唯言下变荣衰,大海可倾山可移。"亦指摇动。太宗《帝京篇十首》之九:"佩移星正动,扇掩月初圆。"❹指时间推移。韩翃《题玉山观禅师兰若》:"玉山宴坐移年月,锡杖承恩诣丹阙。"白居易《和令狐仆射小饮听阮咸》:"时移音律改,岂是昔时声?"鲍溶《寄峨嵋山杨炼师》:"夜移经尽人上鹤,仙风吹入秋冥冥。"严巨川《太清宫闻滴漏》:"玉漏移中禁,齐车入太清。”❺指情感、恩宠等转移。虞世南《怨歌行》:“宠移恩稍薄,情疏恨转深。”杜审言《赋得妾薄命》:“宠移新爱夺,泪落故情留。”白居易《秋池二首》之二:“一旦恩势移,相随共憔悴。”❻改变,变化。李白《怨情》:“花性飘扬不自持,玉心皎洁终不移。”戎昱《赠宜阳张使君》:“政移千里俗,人戴两重天。”杨凭《乐游园望月》:“今古人同望,盈亏节暗移。”周昙《咏史诗·前汉门·毛延寿》:“能知货贿移妍丑,岂独丹青画美人。”❼古代文体之一种。与“檄”同类,用于文事,亦用以指发移文。李嘉祐《宋州东登望题武陵驿》:“明主频移虎符守,几时行县向黔黎。”或泛指发送书函诗文。刘禹锡《国学新修五经壁歌》序:“故书之以移史官,宜附于《艺文志》云。”

【移山】　❶移走大山。喻难以完成之事。韦应物《难言》:“掬土移山望山尽,投石填海望海满。”❷搬运假山以点缀园林。姚合《武功县中作三十首》之二一:“移山入县宅,种竹上城墙。”

【移山志】　《列子·汤问》载有愚公志欲率家人移太行、王屋二山之寓言,后因以“移山志”指欲完成极艰巨伟业之大志。许浑《送岭南卢判官罢职归华阴山居》:“东堂旧屈移山志,南国新留煮海功。”罗隐《投浙东王大夫》:“题柱心犹壮,移山志不忘。”

【移天】　指女子出嫁。旧礼法谓女子在家以父为天,出嫁则以夫为天,故曰“移天”。鲍溶《古意》:“三五定君婚,结发早移天。”李白《去妇词》:“十五许嫁君,二十移所天。”

【移屯】　指军队转移屯驻之地。戴叔伦《屯田词》:“十月移屯来向城,官教去伐南山木。”

【移日】　谓日影移动。指经过较长时间。韩愈、李正封《晚秋郾城夜会联句》:“取欢移日饮,求胜通宵博。”

【移文】　❶指南朝齐孔稚圭所作之《北山移文》。常用为咏归隐或出仕之典。杜甫《覃山人隐居》:“南极老人自有星,北山移文谁勒铭。”卢纶《送耿拾遗沣充括图书使往江淮》:“如逢北山隐,一为谢移文。”杜牧《出关》:“汉囿猎稀慵献赋,楚山耕早任移文。”陆希声《阳羡杂咏十九首·弄云亭》:“已共此山私断当,不须转辙重移文。”见“移文誚”。❷文体之一种。上下级官署间正式行文外之文书。亦指发移文。郑嵎《津阳门诗》:“移文泣祭先臣墓,度曲悲歌秋雁辞。”自注:“贺至蜀,诏中贵人驰祭张曲江墓。”

【移文誚】　《文选·南朝齐孔德璋(稚珪)北山移文》吕向注:“钟山在都北。其先,周彦伦(周颙)隐于此山,后应诏出为海盐令,欲过此山,孔先乃假山灵之意移之,使不许得至。”后因以“移文诮”为讥诮隐士出仕之典。韦应物《题从侄成绪西林精舍书斋》:“欲同朱轮载,勿惮移文诮。”薛能《西县途中》:“移文莫有诮,必不滞天涯。”

【移火德】　古代以五行附会王朝命运,唐推土德,武周火德,故以“移火德”指武则天以周代唐。杜审言《和李大夫嗣真奉使存抚河东》:“讴歌移火德,图谶在金天。”

【移仙仗】　谓天子车驾出动。韩翃《汉宫曲二首》之二:“君王昨日移仙仗,玉辇迎将入汉宫。”

【移主】　谓更换主人。白居易《新乐府·杏为梁》:“碧砌红轩色未干,去年身殁今移主。”

【移舟】　谓使船移位。许棠《题汧湖二首》之一:“边声风下雁,楚思浪移舟。”又《宿华山》:“星辰方满岳,风雨忽移舟。”

【移色】　使改变颜色。鲍溶《白露》:“清蝉暂休响,丰露还移色。”此指秋改变大地之颜色

【移巡】　指饮酒进入新的一巡。表示酒兴好而继续畅饮。司空图《丙午岁旦》:“梅花浮寿酒,莫笑又移巡。”又《新岁对写真》:“得见明时下寿身,须甘岁酒更移巡。”

【移步】　犹迈步。挪动脚步。太宗《帝京篇十首》之三:“移步出词林,停舆欣武宴。”刘长卿《奉陪萧使君入鲍达洞寻灵山寺》:“任情趣逾远,移步奇屡易。”张祜《忆游天台寄道流》:“石笋半山移步险,桂花当洞拂衣轻。”江为《观山水障歌》:“垂柳风吹不动条,樵人负重难移步。”

【移改】　犹改易、改变。寒山《诗三百三首》之五五:“朝朝花迁落,岁岁人移改。”李端《赠康洽》:“自言万物有移改,始信桑田变成海。”杜牧《商山富水驿》:“驿名不合轻移改,留警朝天者惕然。”孙元晏《咏史诗·晋·郭璞脱襦》:“到头分命难移改,解脱青襦与别人。”

【移幸】　指帝王移车驾出京临某地。司空图《丁巳元日》:“星变当移幸,人心喜奉迎。”

【移取】　犹移得、移来。孟迟《新安故关》:“如今更有将军否,移取潼关向北来。”司空图《力疾山下吴村看杏花十九首》之三:“移取扶桑阶下种,年年看长碍金乌。”

【移杯失蛇】　喻疑虑自扰。李端《酬秘书元丞郊园卧疾见寄》:“撤枕销行蚁,移杯失画蛇。”

【移尚禽】　谓召请东汉隐士尚子平与禽庆。《后汉书·逸民传》:“向长,字子平,河内朝歌人也。隐居不仕,性尚中和,好通《老》《易》……与同好北海禽庆俱游五岳名山,意不知所终。”李贤注:“《高士传》‘向’字作‘尚’。”后因以“移尚禽”指召请隐逸高士。包融《酬忠公林亭》:“安得山中信,致书移尚禽。”

【移易】　❶改变;变化。吴融《题画柏》:“未知陵上柏,一定不移易。”❷转移;变换。李商隐《别智玄法

师》:"云鬓无端怨别离,十年移易住山期。"

【移岸】 ❶谓船离岸驶发。贾岛《郑尚书新开涪江二首》之二:"涪水方移岸,浔阳有到舟。"❷谓河岸变迁。韦庄《和元秀才别业书事》:"浪过河移岸,雏成鸟别林。"

【移刻】 ❶不多时;片刻。谓时间短暂。张少博《尚书郎上直闻春漏》:"催筹当五夜,移刻及三春。"❷好一阵工夫。指时间不短。花蕊夫人徐氏《宫词》之三七:"何人奏对偏移刻,御史天香隔绣衣。"

【移性】 改变性情、品性。戎昱《上湖南崔中丞》:"千金未必能移性,一诺从来许杀身。"

【移官】 改换官职;调任。张九龄《送苏主簿赴偃师》:"激节轻华冕,移官殉彩衣。"杜甫《哭台州郑司户苏少监》:"移官蓬阁后,谷贵没潜夫。"韩愈《从潮州量移袁州张韶州以诗相贺因酬之》:"明时远逐事如何,遇赦移官罪未除。"皮日休《奉献致政裴秘监》:"移官在书府,方乐鸳池贵。"

【移居】 迁移住处。法振《丹阳浦送客之海上》:"不到终南向几秋,移居更欲近沧洲。"刘驾《出门》:"生计逐羸马,每出似移居。"李洞《迁村居二首》之一:"移居入村宇,树阙见城隍。"罗万象《白云亭》:"刚被世人知住处,不如依旧再移居。"

【移封】 改换封地。杜甫《饮中八仙歌》:"汝阳三斗始朝天,道逢曲车口流涎,恨不移封向酒泉。"韩愈《梁国惠康公主挽歌二首》之一:"定谥芳声远,移封大国新。"

【移柳】 北周庾信《哀江南赋》:"钓台移柳,非乡关之可望。"意为异乡见移植之柳,引起思念故乡之情。后因以"移柳"为咏乡思之典。杜甫《春日梓州登楼二首》之二:"战场今始定,移柳更能存。"

【移候】 改换节侯。韦庄《和薛先辈见寄初秋寓怀即事之作二十韵》:"玉律初移候,清风乍远襟。"

【移律】 改变时令节候。律,候气之律管。刘长卿《瓜洲驿奉饯张侍御》:"江国伤移律,家山忆考槃。"王绰《迎春东郊》:"玉管潜移律,东郊始报春。"柳宗元《酬娄秀才将之淮南见赠之什》:"晼晚惊移律,睽携忽此辰。"

【移風】 改变风气。李百药《奉和正日临朝应制》:"献寿符万岁,移风韵九成。"羊士谔《郡斋读经》:"偃草怀君子,移风念啬夫。"

【移栽】 移植。易地栽植。胡玢《石楠树》:"本自清江石上生,移栽此处称闲情。"

【移時】 ❶片刻。指不长时间。王毂《暑日题道边树》:"清风留我移时住,满地浓阴懒前去。"❷犹言好一阵工夫。指不短时间。杜甫《北征》:"移时施朱铅,狼藉画眉阔。"白居易《新乐府·蛮子朝》:"冕旒不垂亲劳倈,赐衣赐食移时对。移时对,不可得,大臣相看有羡色。"李商隐《重过圣女祠》:"萼绿华来无定所,杜兰香去未移时。"孙鲂《甘露寺紫薇花》:"牵吟过夏惟忧尽,立看移时亦忘回。"

【移恩】 转移恩爱之情。戴叔伦《长门怨》:"移恩向他处,暂妒不容收。"

【移疾】 移书告病休假。宋之问《温泉庄卧病寄杨七炯》:"移疾卧兹岭,寥寥倦幽独。"钱起《崔十四宅问侯》:"微官同寄傲,移疾阻招携。"权德舆《自杨子归丹阳初遂闲居聊呈惠公》:"移疾喜无事,卷帘松竹寒。"薛能《蒙恩除侍御史行次华州寄蒋相》:"林下天书起遁逃,不堪移疾入尘劳。"

【移病】 同"移疾"。司空曙《过钱员外》:"移病居荒宅,安贫着败衣。"

【移案】 搬移几案。裴夷直《晚凉》:"山客野僧归去后,晚凉移案独临书。"

【移書】 迁居。李嘉祐《早秋京口旅泊章侍御寄书相问因以赠之》:"移家避寇逐行舟,厌见南徐江水流。"戴叔伦《送汶水王明府》:"亲族移家尽,闾阎百战场。"周贺《寄韩司兵》:"已知罢秩辞泷水,相劝移家近岳云。"许浑《陵阳春日》:"百年身世似飘蓬,泽国移家叠嶂中。"

【移家】 犹发信,致函。皎然《酬薛员外谊见戏》:"频有移书让,多惭系组迟。"韩翃《送夏侯侍郎》:"移书或问岛边人,立仗时呼铃下吏。"

【移國】 指国都沦丧、王室迁移。郑谷《叙事感恩上狄右丞》:"寇难旋移国,漂离几听蛩。"黄滔《壬癸岁书情》:"谒帝逢移国,投文值用兵。"按,二例皆指乾宁间李茂贞兵逼京师,昭宗出逃华州事。

【移帳】 迁移营帐。指军队转移驻防。李益《暖川》:"塞外征行无尽日,年年移帐雪中天。"许棠《边城晚望》:"逼晓人移帐,当川树列风。"陈陶《水调词十首》之一〇:"万里轮台音信稀,传闻移帐护金微。"

【移陰】 迁移树阴。借指移树。李商隐《巴江柳》:"好向金銮殿,移阴入绮窗。"

【移階】 指月影在台阶上移动。张祜《题曾氏园林》:"醉眠风卷簟,棋罢月移阶。"

【移琯】 改换时令、节气。琯,玉琯,古人用以候气。元稹《赋得九月尽》:"半夜灰移琯,明朝帝御裘。"

【移棹】 犹移舟。许浑《送陆拾遗东归》:"秋寺卧云移棹晚,暮江乘月落帆迟。"又《宿开元寺楼》:"日出应移棹,三湘万里愁。"

【移植】 移于他处栽种。白居易《白牡丹》:"众嫌我独赏,移植在中庭。"李德裕《戏赠慎微寺主道安上座三僧正》:"甘露洒空惟一味,旃檀移植自成薰。"崔涂《题兴善寺隋松园与人期不至》:"青青伊涧松,移植在莲宫。"

【移晷】 日影移动。谓时光流转。太宗《度秋》:"夏律昨留灰,秋箭今移晷。"孟简《惜分阴》:"对景嗟移晷,窥园讵改阴。"

【移發】 启程;出发。黄滔《送林宽下第东归》:"积雪未开移发日,鸣蝉初急说来程。"

【移蒔】 移栽。韦应物《种药》:"持缣购山客,移莳罗众英。"

【移鼎】 谓使丧失政权,改朝换代。李商隐《送千牛李将军赴阙》:"纵未移周鼎,何辞免赵坑。"韦庄《喻东军》:"五运未教移汉鼎,六韬何必待秦师。"

【移暄】 犹送暖,给予温暖。罗隐《孙员外赴阙后重到三衢》:"地寒谩忆移暄手,时急方须济世才。"

【移幕】 改换幕府。即离开某节度使府到另一处任幕职。郑锡《陇头别》:"秋尽初移幕,沾裳一送君。"

【移榻】 搬移床榻;挪动床位。杨凝《晚夏逢友人》:"微凉堪话旧,移榻晚风前。"方干《湖北有茅斋湖西有松岛因成四韵》:"暑天移榻就深竹,月夜乘舟归浅山。"

【移奪】 犹改变、变化。骆宾王《帝京篇》:"始见田窦相移夺,俄闻卫霍有功勋。"此指汉田蚡、窦婴之荣利盛衰变化。

【移種】 (zhòng)移植。白居易《有木诗八首》之五:"主人不知名,移种近轩闼。"

【移輪】 谓车前行。杜甫《奉赠萧二十使君》:"鹏图仍矫翼,熊轼且移轮。"《郊庙歌辞·祀九宫贵神乐章·豫和》:"摄提运衡,招摇移轮。"因传说月亮有望舒为之御车,故亦以指月行于天。张南史《月》:"散彩无际,移轮不歇。"

【移鋒】 犹挥剑。锋,剑锋。太宗《经破薛举战地》:"移锋惊电起,转战长河决。"

【移廚】 谓在外设宴。郑谷《所知从事近藩偶有怀寄》:"酒醒草檄闻残漏,花落移厨送晚春。"韩偓《边上看猎赠元戎》:"绣帘临晓觉新霜,便遣移厨较猎场。"

【移罇】 搬运酒器。指设酒宴。戴叔伦《抚州处士胡泛见送至查溪兰若别》:"移樽铺山曲,祖帐查溪阴。"

【移興】 (xìng)将兴趣转移向某方向。刘禹锡《答乐天见忆》:"偏伤朋友尽,移兴子孙间。"

【移檄】 古代两种官府文书之并称。文事称"移",武事称"檄"。亦指发布文书。张九龄《巡按自漓水南行》:"纷吾谬执简,行郡将移檄。"

【移職】 改换任职。孟浩然《闻裴侍御朏自襄州司户除豫州司户因以投寄》:"移职自樊衍,芳声闻帝畿。"

【移轉】 转移。白居易《庭松》:"一家二十口,移转就松来。"

【移叢】 指竹根于地下延伸而生出新丛竹。李端《慈恩寺怀旧》:"遗文一书壁,新竹再移丛。"

【移鎮】 指节度使等地方军政长官改换镇守之地。张籍《送李仆射愬赴镇凤翔》:"天子新收秦陇地,故教移镇古扶风。"元稹《思归乐》:"交州又累岁,移镇广与荆。"徐铉有《得浙西郝判官书未及报闻燕王移镇京口》。

【移觴】 举杯饮酒或劝饮。曹邺《送进士下第归南海》:"数片红霞映夕阳,揽君衣袂更移觞。"

【移關】 迁移关隘地址。李商隐《荆山》:"杨仆移关三百里,可能全是为荆山。"薛能《新平词十首》之七:"赐历通遐俗,移关入半胡。"

【移變】 改易;变化。方干《赠诗僧怀静》:"心地不移变,徒云寒暑侵。"

七 画

稉 〔jīng《广韵》古行切,平庚,見。〕同"粳"。见"稉稻"。

【稉稻】 本为早中晚稻之总名。与有黏性之糯稻相对。见明李时珍《本草纲目·谷·粳》。亦特指一种介于粳、糯之间的有黏性的晚稻。李颀《寄綦毋四》:"南川稉稻花侵县,西岭云霞色满堂。"杜甫《后出塞五首》之三:"云帆转辽海,稉稻来东吴。"又《赠蜀僧闾丘师兄》:"天涯歇滞雨,稉稻卧不翻。"

嵇 〔jī《广韵》胡雞切,平齊,匣。〕姓。见"嵇山""嵇康""嵇劉"。

【嵇山】 三国魏嵇康与山涛之并称。裴潾《前相国赞皇公早葺平泉山居辄抒怀赋四言诗十四首》之一三:"山嵇之旧,刘卢之恩,举世莫尚,惟公是敦。"

【嵇中散】 指三国魏嵇康。康正始六年(245)迁中散大夫。刘禹锡《偶作二首》之一:"寄谢嵇中散,予无甚不堪。"元稹《病减逢春期白二十二辛大不至十韵》:"琴待嵇中散,杯思阮步兵。"陆龟蒙《秘色越器》:"好向中宵盛沆瀣,共嵇中散斗遗杯。"

【嵇氏】 三国魏嵇康。李商隐《王十二兄与畏之员外相访见招小饮时予以悼亡日近不去因寄》:"嵇氏幼男犹可悯,左家娇女岂能忘。"按,"幼男"指嵇绍。

【嵇心懶】 同"嵇康懒"。杜牧《中秋日拜起居表晨渡天津桥即事十六韵献居守相国崔公兼呈工部刘公》:"分薄嵇心懒,哀多庾鬓班。"

【嵇生】 指三国魏嵇康。胡曾《咏史诗·葛陂》："莫道神仙难顿学，嵇生自是不遭逢。"

【嵇生駕】 指三国魏嵇康每一思念好友吕安，即千里命驾之事。见南朝宋刘义庆《世说新语·简傲》。后因指友人过访。崔兴宗《酬王维卢象见过林亭》："今朝忽枉嵇生驾，倒屣开门遥解颜。"

【嵇向】 三国魏嵇康、向秀之连称。二人为好友，均为"竹林七贤"中人。钱起《客舍赠郑贲》："嵇向林庐接，携手行将归。"

【嵇吕】 三国魏嵇康、吕安之连称。二人为好友。褚亮《伤始平李少府正己》："风期嵇吕好，存殁范张亲。"

【嵇延祖】 即晋嵇绍。绍字延祖。李商隐《赠宇文中丞》："人间只有嵇延祖，最望山公启事来。"

【嵇阮】 三国魏嵇康、阮籍之连称。二人疏旷放达，均为"竹林七贤"中人。杜甫《哭台州郑司户苏少监》："班杨名甚盛，嵇阮逸相须。"皎然、汤衡《讲古文联句》："左张精奥，嵇阮高寡。"许浑《哭杨攀处士》："嵇阮没来无酒客，应刘亡后少诗人。"李郢《奉陪裴相公重阳日游安乐池亭》："绛霄轻霭翊三台，稽阮襟怀管乐才。"

【嵇君懶書札】 同"嵇康懶寄書"。鱼玄机《寄飞卿》："嵇君懒书札，底物慰秋情。"

【嵇叔夜】 即三国魏嵇康。康字叔夜。杜甫《入衡州》："我师嵇叔夜，世贤张子房。"钱起《仲春晚寻覆釜山》："应嗤嵇叔夜，林卧方沉湎。"布燮《听妓洞云歌》："嵇叔夜，鼓琴饮酒无闲暇。"

【嵇家】 指三国魏嵇康家。李贺《南园十三首》之一一："长峦谷口倚嵇家，白昼千峰老翠华。"

【嵇康】 字叔夜。三国魏人。事迹见《三国志·魏志》及《晋书》本传。王绩《田家三首》之一："阮籍生涯懒，嵇康意气疏。"杜甫《遣兴五首》之一："嵇康不得死，孔明有知音。"卢纶《落第后归山下旧居留别刘起居昆季》："潘岳方称老，嵇康本厌喧。"李群玉《言怀》："白鹤高飞不逐群，嵇康琴酒鲍昭文。"

【嵇康命奇】 指三国魏嵇康命运不好。见《晋书·嵇康传》。王绩《游仙四首》之四："许迈心长切，嵇康命似奇。"

【嵇康養生】 指三国魏嵇康常修养性服食而作《养生论》之事。见《晋书·嵇康传》，又见《三国志·魏志·嵇康传》。杜甫《醉为马坠诸公携酒相看》："何必走马来为问，君不见嵇康养生遭杀戮！"

【嵇康鍛】 指三国魏嵇康性喜锻铁之事。见《晋书·嵇康传》。白居易《洛下闲居寄山南令狐相公》："不锻嵇康弥懒静，无金疏傅更贫闲。"

【嵇康懶】 指三国魏嵇康生性疏懒之事。见嵇康《与山巨源绝交书》。王维《山中示弟》："莫学嵇康懒，且安原宪贫。"李端《山中期张芬不至》："谁道嵇康懒，山中自掩扉。"曹邺《从天平节度使游平流园》："翻愁此兴多，引得嵇康懒。"

【嵇康慵】 同"嵇康懶"。李山甫《下第卧疾卢员外召游曲江》："珍重列星相借问，嵇康慵病也天真。"贯休《山居诗十四首》之七："慵甚嵇康竟不回，何妨方寸似寒灰。"

【嵇康寡識】 指三国魏时隐者孙登谓嵇康无远见多识之事。见《三国志·魏志·嵇康传》。又见《太平广记》卷九引《神仙传》。王昌龄《赵十四兄见访》："嵇康殊寡识，张翰独知终。"

【嵇康懶修書】 见"嵇康懶寄書"。

【嵇康懶寄書】 指三国魏嵇康不喜写书信之事。见嵇康《与山巨源绝交书》。皇甫冉《送元晟归潜山所居》："别后空相忆，嵇康懒寄书。"亦作"嵇康懶修書"。徐铉《寄江都路员外》："知道故人相忆否，嵇康不得懒修书。"

【嵇紹】 字延祖。晋人，其先姓奚，会稽上虞（今属浙江）人。徙居谯郡铚（今安徽宿县西南）。康之子。事迹见《晋书·嵇绍传》。李端《送诸暨裴少府》："山公访嵇绍，赵武见韩侯。"温庭筠《感旧陈情五十韵献淮南李仆射》："嵇绍垂髫日，山涛筮仕年。"

【嵇紹不孤】 指嵇康遇害时，拟托其子绍于山涛之事。见《晋书·山涛传》。杜甫《别张十三建封》："范云堪晚友，嵇绍自不孤。"李瀚《蒙求》："伯道无儿，嵇绍不孤。"

【嵇紹血】 见"嵇紹濺血"。

【嵇紹濺血】 指晋嵇绍为保护惠帝而自己被飞箭射死，血溅御服之事。见《晋书·嵇绍传》。韩偓《感事三十四韵》："溅血惭嵇绍，迟行笑褚渊。"亦作"嵇紹血"。杜甫《伤春五首》之四："岂无嵇绍血，沾洒属车尘？"

【嵇喜】 字公穆，晋人，嵇康之兄。事迹略见《三国志·魏志·嵇康传》裴松之注引《嵇氏谱》及《世说新语·简傲》刘孝标注引《晋百官名》。魏甘露三年（258），阮籍母丧，喜往吊之，籍作白眼，喜不怿而退。见《晋书·阮籍传》。李商隐《咏怀寄秘阁旧僚二十六韵》："礼俗拘嵇喜，侯王忻戴逵。"

【嵇懶】 同"嵇康懶"。齐己《拟嵇康绝交寄湘中贯微》："何处同嵇懒，吾徒道异诸。"

【嵇鶴】 即晋嵇绍气宇轩昂，在众人中如野鹤之立鸡群。见南朝宋刘义庆《世说新语·容止》。李商隐《病中闻河东公乐营置酒口占寄上》："嵇鹤元无对，荀龙不在夸。"

稍〔shāo《广韵》所教切，去效，生。〕❶禾稼之末梢。亦泛指末梢。韩愈《盆池五首》之二：“莫道盆池作不成，藕稍初种已齐生。”孟郊《离思》：“不寐亦不语，片月秋稍举。”此指秋日林木之梢。喻凫《游云际寺》：“鸟啄林稍果，鼯跳竹里苔。”❷小；微。常建有《闲斋卧病行药至山馆稍次湖亭》。韦应物《赋得鼎门送卢耿赴任》：“稍开芳野静，欲掩暮钟闲。”裴说《冬日作》：“稍寒人却健，太饱事多慵。”❸渐。王维《归辋川作》：“谷口疏钟动，渔樵稍欲稀。”刘长卿《登扬州栖灵寺塔》：“稍登诸劫尽，若骋排霄翮。”钱起《送韦信爱子归觐》：“稍闻江树啼猿近，转觉山林过客稀。”张轸《舟行旦发》：“稍分扬子岸，不辨越王台。”❹颇；甚。李白《前有一樽酒行》：“落花纷纷稍觉多，美人欲醉朱颜酡。”杜甫《诸将五首》之三：“稍喜临边王相国，肯销金甲事春农。”令狐楚《省中直夜对雪寄李师素侍郎》：“稍封黄竹亚，先集紫兰摧。”李德裕《思平泉树石杂咏一十首・海上石笋》：“忽逢海峤石，稍慰平生忆。”❺初；才。司空曙《残莺百啭歌同王员外等游慈恩各赋一物》：“始辨下将高，稍分长复促。”德宗《中和节赐群臣宴赋七韵》：“曲沼水新碧，华林桃稍芳。”柳宗元《法华寺石门精舍》：“稍疑地脉断，悠若天梯往。”刘禹锡《酬留守牛相公宫城早秋寓言见寄》：“凉风稍动叶，宿露未生尘。”❻顿然。王绩《初春》：“稍觉池亭好，偏宜酒瓮香。”姚系《秋夕会友》：“忽然一夕间，稍慰阖家贫。”窦庠《酬韩愈侍郎登岳阳楼见赠》：“稍分巴子国，欲近老人星。”❼正，恰。韦应物《夏至避暑北池》：“公门日多暇，是月农稍忙。”耿沣《新蝉》：“微风方满树，落日稍沉城。”白居易《洛阳春赠刘李二宾客》：“淑景方霭霭，游人稍喧喧。”徐夤《蒲》：“疏叶稍为投饵阁钓，密丛还碍采莲舟。”❽既，已。贺朝《赋得游人久不归》：“稍觉出意尽，行看蓬鬓稀。”韦应物《休沐东还胄贵里示端》：“竹木稍摧翳，园场亦荒芜。”柳宗元《觉衰》：“今年宜未衰，稍已来相寻。”韩愈《秋雨联句》：“氛醨稍疏映，雺乱还拥荟。”❾暂且。杜易简《湘川新曲二首》之一：“愿君稍弭楫，无令贱妾羞。”孟浩然《与崔二十一游镜湖寺寄包贺二公》：“将探夏禹穴，稍背越王城。”李白《送杨燕之东鲁》：“君坐稍解颜，为君歌此篇。”❿旋；还。宋之问《鲁忠王挽词三首》之一：“稍看朱鹭转，尚识紫骝骄。”韦应物《叹杨花》：“才萦下苑曲，稍满东城路。”戎昱《中秋夜登楼望月寄人》：“初惊桂子从天落，稍误芦花带雪平。”李商隐《蝶三首》之一：“初来小苑中，稍与琐闱通。”⓫只；唯。宋之问《奉和幸大荐福寺》：“稍迷新草木，遍识旧庭闱。”杜甫《别蔡十四著作》：“稍令社稷安，自契鱼水亲。”又《望岳》：“稍待西风凉冷后，高寻白帝问真源。”李贺《河南府试十二月乐词・七月》：“仅厌舞衫薄，稍知花簟寒。”⓬略微。褚亮《奉和咏日午》：“草萎看稍靡，叶燥望疑稀。”杜甫《送覃二判官》：“肺肝若稍愈，亦上赤霄行。”元稹《箭镞》：“帅言发硎罚，不使刃稍刓。”

【稍雲】　谓竹梢高接云天。稍，同“梢”。王睿《竹》：“此君引凤为龙日，耸节稍云直上看。”

【稍稍】　❶树木萧森貌。张九龄《祠紫盖山经玉泉山寺》：“稍稍松篁入，泠泠涧谷深。”储光羲《秋庭贻马九》：“稍稍寒木直，彩彩阳华新。”韦应物《答崔主簿问兼简温上人》：“靡靡芳草积，稍稍新篁抽。”顾云《华清词》：“祥云皓鹤盘碧空，乔松稍稍韵微风。”❷众多貌。犹纷纷。孟云卿《伤怀赠故人》：“稍稍晨鸟翔，淅淅草上霜。”韦应物《晓坐西斋》：“冬冬城鼓动，稍稍林鸦去。”薛能《圣灯》：“莽莽空中稍稍灯，坐看迷浊变清澄。”❸犹萧萧。形容风雨之声。杜甫《秋苗》：“不见秋云动，悲风稍稍飞。”柳宗元《初秋夜坐赠吴武陵》：“稍稍雨侵竹，翻翻鹊惊丛。”❹颇，甚。姚合《武功县中作三十首》之一九：“腥膻都不食，稍稍觉神清。”❺旋，随即。王昌龄《初日》：“斜光入罗幕，稍稍亲丝管。”李白《送王屋山人魏万还王屋》：“稍稍来吴都，裴回上姑苏。”郑巢《哭虚海上人》：“一化西风外，禅流稍稍分。”曹邺《成名后献恩门》：“珑珑金锁甲，稍稍城乌绝。”❻渐渐。高适《同群公题中山寺》：“平原十里外，稍稍云岩深。”权德舆《晓》：“稍稍曙光开，片帆在空碧。”白居易《和答诗十首・和大觜乌》：“日日营巢窟，稍稍近房栊。”皮日休《太湖诗・入林屋洞》：“匍匐一百步，稍稍策可横。”❼略微；稍许。杜甫《赠王二十四侍御契》：“区区甘累趼，稍稍息劳筋。”又《遣闷奉呈严公》：“周防期稍稍，太简遂匆匆。”韩愈《答柳柳州食虾蟆》：“余初不下喉，近亦能稍稍。”❽只；仅仅。顾况《李供奉弹箜篌歌》：“李供奉，仪容质，身才稍稍六尺一。”❾微微；徐徐。楼颖《东郊纳凉忆左威卫李录事收昆季等三首》之三：“稍稍斜回楫，时时一度桥。”白居易《微雨夜行》：“漠漠秋云起，稍稍夜寒生。”李商隐《细雨成咏献尚书河东公》：“稍稍落蝶粉，班班融燕泥。”陈祐《风光草际浮》：“稍稍移蘋末，微微转蕙丛。”❿隐约不分明貌。李林甫《秋夜望月忆韩席等诸侍郎因以投赠》：“皓皓庭际色，稍稍林下光。”杜甫《送严侍郎到绵州同登杜使君江楼》：“稍稍烟集渚，微微风动襟。”张祜《晚下彭泽》：“依依戍前鼓，稍稍村外笛。”

程〔chéng《广韵》直貞切，平清，澄。〕❶本为度量衡之总称。亦特指量物之尺。裴度《中和节诏赐公卿尺》：“作程施有政，垂范播无穷。”❷规定；法规。杜甫《送长孙九侍御赴武威判官》：“天子忧凉州，严程到须早。”又《盐井》：“官作既有程，煮盐烟在川。”柳宗元《同刘二十八院长述旧言怀之作因其韵增至八十通赠二君子》:“令肃军无扰,程悬市禁贯。”李贺《猛虎行》:“官家有程,吏不敢听。”❸程式;典范。吴筠《高士咏·周丰》:“一言达至义,千载良为程。”张籍《祭退之》:“令我署其末,以为后事程。”❹衡量路程长短的量词。两驿亭或两止息食宿点之间为一程。窦常《之任武陵途次松滋渡先寄刘员外禹锡》:“江转数程淹驿骑,楚曾三户少人烟。”白居易《从陕至东京》:“风光四百里,车马十三程。”姚合《题永城驿》:“连浦一程兼汴宋,夹堤千柳杂唐隋。”杜牧《罢钟陵幕吏十三年来泊湓浦感旧为诗》:“摇摇远堤柳,暗暗十程烟。”❺路程;行程。沈颂《早发西山》:“前程数千里,乘夜连轻驭。”皇甫曾《张芬见访郊居作》:“君若罢官携手日,寻山莫算白云程。”杨凝《夜泊渭津》:“渐觉家山小,残程尚几年。”刘沧《下第东归途中书事》:“峡路谁知倦此情,往来多是半年程。”❻时间;期限。杨发《玩残花》:“十日浓芳一岁程,东风初急眼偏明。”吴融《赠广利大师歌》:“化人可以程限之,自化元须有其志。”陶拱《秋日悬清光》:“鉴下应无极,升高自有程。”《僧缄示王处厚》(卷八七五):“王居一焉,百日为程。”❼犹等级、类别。元稹《有酒十章》之一:“胡为沉浊以升清,矗然分画高下程。”❽姓。唐诗人有程序、程行谌等。

【程太虚】　唐诗人。西充(今四川西充县)人。生于隋。自幼学道,精修勤苦。《全唐诗外编》(下)录其《磨剑录》等诗四首。

【程式】　法式;规章。清昼《讲德联句》:“暨于嬴刘,乃创程式。”

【程行諶】　唐诗人。名则,以字行。进士及第,拜潞城尉。《全唐诗》卷一八录其《奉和圣制送张说上集贤学士赐宴》诗一首。

【程序】　唐诗人。字古伦,广平(县治在今北京市西)人。《全唐诗外篇》(上)录其《题灵泉寺》诗一首。

【程長文】　(长 cháng)唐女诗人。鄱阳(今江西波阳)人。《全唐诗》卷七九九录其《狱中书情上使君》等诗三首。

【程修己】　冀州人,字景立。宝历中明经擢第。文宗时为集贤殿直院官,大历初为翰林待诏,任宫廷画家近四十年。精于山水、竹石、花鸟、人物等,于时。尝画竹障于文思殿,文宗赐以诗,朝士皆奉诏继和。文宗有《题程修己竹障》。

【程洛賓】　唐女诗人。长水(今河南洛宁西)人。《全唐诗》卷八〇〇录其《归李江州后寄别王氏》诗一首。

【程途】　❶路程。崔颢《维杨送友还苏州》:“长安南下几程途,得到邗沟吊绿芜。”韩偓《见别离者因赠之》:“白髭兄弟中年后,瘴海程途万里长。”❷路途;道路。许彬《送新罗客归》:“风土难知教,程途自致贫。”石恪《赠雷殿直》:“衡阳去此正三年,一路程途甚坦然。”

【程處士】　指程嗣。《全唐文》卷一三一王绩《重答杜使君书》有“往于处士程融处曾见此本”之语。王绩有《晚年叙志示翟处士》。五卷本《王元功文集》卷二有《过程处士饮率尔成咏》。

【程將軍】　(將 jiāng)程伯献。程知节子。开元中官左金吾大将军。见《旧唐书·程知节传》。孙逖有《故程将军南阳郡夫人樊氏挽歌》。

【程將軍夫人】　(將 jiāng)程伯献妻樊周。见《唐代墓志铭汇编》开元四八《唐故镇军大将赠卢部尚书广平公墓志铭并序》。徐安贞有《程将军夫人挽诗》。孙逖有《故程将军妻南阳郡夫人樊氏挽歌》。

【程期】　规定的期限。杜甫《前出塞九首》之一:“戚戚去故里,悠悠赴交河。公家有程期,亡命婴祸罗。”亦指固定的时日。韩愈《赠别元十八协律六首》之二:“风波无程期,所忧动不测。”

【程紫霄】　唐诗人。唐末道士。后唐同光初曾召入内殿讲论。《全唐诗》卷八五五录其《示守庚申众》诗一首。卷八七一录其《与释惠江互谑》诗一句。

【程傑】　唐诗人。无考。《全唐诗外编》(上)录其《芙蓉峰》诗一首。

【程皓】　永泰元年(765)官太常博士。见《新唐书·韦陟传》。又据《封氏闻见记》卷八、《唐语林》卷一知,程皓曾官刑部郎中。岑参有《醴泉东溪送程皓元镜微入蜀》。

【程賀】　唐诗人。大历年间,为眉州刺史崔亚厅仆。得崔奖掖,参加科考。凡二十五举,至中和二年(882)登第。《全唐诗》卷六六七录其《君山》诗一首。

【程路】　路程。萧颖士《舟中遇陆棣兄西归晚次涉埜西岸作》:“但见土音异,始知程路长。”

【程德林】　徐锴有《送程德林郎中学士》。“程”为“钟”之讹。钟德林,即钟蒨,蒨字德林。仕南唐为员外郎,集贤殿学士。保大九年(951)为东都少尹。徐铉有《赋石奉钟德林少尹员外》和《送钟德林郎中赴东府诗·得酒》。

【程彌綸】　唐诗人。开元、天宝间进士。《全唐诗》卷二三录其《怀鲁》诗一首。

稊　〔yǒu《龙龛手鉴》音酉。〕同“莠”。禾田中之杂草。顾况《上古之什补亡训传·上古》:“啬夫咨咨,稊盛苗衰。”

稀　〔xī《广韵》香衣切,平微,晓。〕❶少;不多。杜甫《曲江二首》之二:“酒债寻常行处有,人生七十古来稀。”王之涣《九日送别》:“蓟庭萧瑟故人稀，何处登高且送归。”白居易《小岁日喜谈氏外孙女孩满月》：“物以稀为贵，情因老更慈。”鱼玄机《闺怨》：“春来秋去相思在，秋去春来信息稀。”❷疏；不密。则天皇后《早春夜宴》：“送酒惟须满，流杯不用稀。”孟郊《巫山曲》：“轻红流烟湿艳姿，行云飞去明星稀。”贺朝清《赋得游人久不归》：“稍觉私意尽，行看鬘鬓稀。”❸轻淡；不浓重。崔仲容《赠歌姬》：“潇湘夜瑟怨犹在，巫峡晓云愁不稀。”❹珍稀；稀罕。孙逖《和咏廨署有樱桃》：“切将稀取贵，羞与众同荣。”李白《咏邻女东窗海石榴》：“鲁女东窗下，海榴世所稀。”杜甫《阆水歌》：“阆中胜事可肠断，阆州城南天下稀。”韩愈《山石》：“僧言古壁佛画好，以火来照所见稀。”❺同“晞”。干。韦应物《答长安丞裴说》：“临流意已凄，采菊露未稀。”李得《赋得垣衣》：“掩蔼青春去，苍茫白露稀。”

【稀少】 极少；不多。杜甫《寄韩谏议》：“星宫之君醉琼浆，羽人稀少不在旁。”元稹《过东都别乐天二首》之一：“白头徒侣渐稀少，明日恐君无此欢。”

【稀古】 谓稀见于古代。韦庄《同旧韵》：“美价方稀古，清名已绝今。”

【稀星】 寥落稀疏之星星。杜甫《倦夜》：“重露成涓滴，稀星乍有无。”白居易《待漏入阁书事奉赠元九学士阁老》：“稀星点银砾，残月堕金环。”

【稀凋】 稀疏凋零。许棠《题甘露寺》：“中霄霞始散，经腊木稀凋。”

【稀疏】 ❶稀少；不多。张籍《寄陆浑赵明府》：“公事稀疏来客少，无妨著屐独闲行。”赵嘏《遣兴二首》之二：“溪花入夏渐稀疏，雨气如秋麦熟初。”❷萧疏。不密。无可《小雪》：“委积休闻竹，稀疏渐见鸿。”李建勋《游栖霞寺》：“琅琊冷落存遗迹，篱舍稀疏带旧村。”子兰《赠行脚僧》：“片断云随体，稀疏雪满头。”齐己《寒节日寄乡友》：“原野稀疏雨，江天冷澹霞。”

【稀稠】 疏与密。王维《与胡居士皆病寄此诗兼示学人二首》之二：“空虚花聚散，烦恼树稀稠。”白居易《元家花》：“稀稠与颜色，一似去年时。”

【稀微】 犹细微，微小。岑参《自潘陵尖还少室居止秋夕凭眺》：“稀微了自释，出处乃不同。”

税1 〔shuì《广韵》舒芮切，去祭，書。〕❶官家征收之租赋。包括钱款与粮帛等。李嘉祐《题灵台县东山村主人》：“贫妻白发输残税，余寇黄河未解围。”杜甫《送樊二十三侍御赴汉中判官》：“萧索汉水清，缅通淮湖税。”殷尧藩《赠龙阳尉马戴》：“自输官税后，常卧晚云边。”杜光庭《富贵曲》：“岂知两片云，戴却数乡税。”❷征收赋税。刘长卿《归弋阳山居留别卢邵二侍御》：“久依鄱水住，频税越人田。”王建《汴路即事》：“草市迎江货，津桥税海商。”张籍《洛阳行》：“御门空锁五十年，税彼农夫修玉殿。”皮日休《奉和鲁望四明山九题·云南》：“共作真官户，无由税石田。”亦指纳税。王建《题柱国寺》：“松柏自穿应空地少，川原不税小僧闲。”❸租赁。见“税屋”。❹指停息，休止车驾。张九龄《南还以诗代书赠京师旧僚》：“征鞍税北渚，归帆指南垂。”李白《酬裴侍御对雨感时见赠》：“渺然一水隔，何由税归鞅。”权德舆《晓发武阳馆即事书情》：“终当税尘驾，盥濯依春溪。”刘禹锡《游桃源一百韵》：“羽人顾我笑，劝我税归轭。”

税2 〔tuō《集韵》他括切，入末，透。〕通“挩”“脱”。解开，脱去。杜甫《八哀诗·赠秘书监江夏李公邕》：“荣枯走不暇，星驾无安税。”严维《送丘为下第》：“国门税征驾，旅食谋归旋。”李绅《寿阳罢郡日有诗十首·肥河维舟阻冻》之二：“疲骖岂念前程税，倦鸟安能待暮还。”见“税$_2$驾”。

【税人場】 地名。在唐邓州南阳县（今河南南阳）。意为“送命场”。其地有恶虎伤人，故名。韦庄《南阳小将张彦硖口镇税人场射虎歌》：“关东驿路多丘荒，行人最忌税人场。”

【税户】 纳税之户。王建《送吴谏议上饶州》：“养生自有年支药，税户应停月进银。”元稹《和李校书新题乐府十二首·阴山道》：“税户逋逃例摊配，官司折纳仍贪冒。”

【税地】 征收田赋。卢纶《送盐铁裴判官入蜀》：“榷商蛮客富，税地芋田肥。”

【税車】 停息车马。张登《冬至夜郡斋宴别前华阴卢主簿》序：“范阳卢君，道漳以适越。越人悦之，税车休徒，三旬之间，然后饬行李之命。”

【税房】 租赁房屋。李洞《废寺闲居寄怀一二罢举知已》：“税房兼得调猿石，租地仍分浴鹤泉。”

【税屋椽】 指收房屋税。唐制两架为间，征间架税。李商隐《行次西郊作一百韵》：“行人榷行资，居者税屋椽。”

【税馬】 歇马；放马。李百药《和许侍郎游昆明湖》：“税马金堤外，横舟石岸前。”

【税租】 田租税赋。张籍《西川》：“山东收税租，养我防塞兵。”

【税畝】 按田亩数征收赋税。权德舆《送袁太祝衢婺巡覆》：“校缗税亩不妨闲，清兴自随鱼鸟间。”

【税斂】 税收。杜甫《雷》：“吁嗟公私病，税敛缺不补。”

【税$_2$駕】 ❶解下驾车之马。税通“脱”。指停车歇息。马戴《寄广州杨参军》：“税驾楚山广，扬帆湘水深。”吴融《和严谏议萧山庙十韵》：“路长资税驾，岁俭绝丰盛。”❷《史记·李斯列传》载，李斯曾感说：“当今人臣之位无居臣上者，可谓富贵极矣。物极则衰，吾未知所税驾也！”后因以“税驾”指中道退出仕途。李白《行路难三首》之三："陆机雄才岂自保，李斯税驾苦不早。"杜甫《别张十三建封》："旧丘岂税驾，大厦倾宜扶。"刘长卿《寄会稽公徐侍郎》："圣朝难税驾，惆怅白云深。"刘禹锡《题欹器图》："秦国功成思税驾，晋臣名遂叹危机。"❸喻指去世。刘斌《和许给事伤牛尚书》："高衢翻税驾，阅水遽迁舟。"

【税錢】 纳税之钱款。张籍《促促词》："家中姑老子复小，自执吴绡输税钱。"杜牧《冬至日寄小侄阿宜诗》："税钱未输足，得米不敢尝。"

【税額】 额定的纳税款数。杜荀鹤《题所居村舍》："家随兵尽屋空存，税额宁容减一分。"

稊 〔tí《广韵》杜奚切，平齊，定。〕❶草名。茎叶籽粒皆似稗。见"稊稗"。❷杨柳初生之叶芽。李白《雉朝飞》："枯杨枯杨尔生稊，我独七十而孤栖。"崔珏《门前柳》："如今宛转稊著地，常向绿阴劳梦思。"

【稊米】 稊草之籽实，圆小似稗粒。因《庄子·秋水》有"计中国之在海内，不似稊米之在太仓乎"句，后遂以"稊米"喻微小。元稹《春分投简阳明洞天作》："稊米休言圣，醯鸡益伏愚。"白居易《登灵应台北望》："回首却归朝市去，一稊米落太仓中。"又《无可奈何歌》："又如太仓之稊米，委一粒于万钟。"

【稊稗】 稊草与稗草。均为恶草。元稹《酬乐天东南行诗一百韵》："薰莸任盛贮，稊稗莫超逾。"又《酬翰林白学士代书一百韵》："度梅衣色渍，食稗马蹄羸。"自注："马食菰蒋，盖北地稊稗之属。"

稂 〔láng《广韵》鲁當切，平唐，來。〕杂草名。见"稂莠"。

【稂莠】 稂与莠。稂，一名童梁；莠，形似禾苗。均为为害禾苗之草。常以喻指为害公众之人。钱起《赠柏岩老人》："硗田隔云溪，多雨长稂莠。"鲍溶《冬夜答客》："学耕不逢年，稂莠败黍禾。"皮日休《吴中苦雨因书一百韵寄鲁望》："三秀间稂莠，九成杂巴濮。"贯休《偶作》："稂莠蚀田髓，积阴成冬雷。"

八　画

稑 〔lù《广韵》力竹切，入屋，來。〕晚种而早熟之谷物。陆龟蒙《村夜二篇》之二："专专望穜稑，搰搰条桑柘。"

稜[1] 〔léng《广韵》鲁登切，平登，來。〕❶物体表面之条状突起或尖角。杜甫《寄刘峡州伯华使君》："凭久乌皮折，簪稀白帽稜。"于鹄《过凌霄洞天谒张先生祠》："面壁攀石稜，养力方敢前。"陆龟蒙《早秋吴体寄袭美》："短烛初添蕙幌影，微风渐折蕉衣稜。"韩偓《半睡》："眉山暗淡向残灯，一半云鬟坠枕稜。"亦指山脊。韩愈《秋怀诗十一首》之四："清晓卷书坐，南山见高稜。"❷衣褶或纸褶。王建《新授戒尼师》："新短方裙叠作稜，听钟洗钵绕青蝇。"薛能《夏日蒲津寺居二首》之二："宿寝书稜叠，行吟杖迹稠。"齐己《静坐》："砚满尘埃点，衣多坐卧稜。"❸犹边；隅。周贺《寄金陵僧》："行登总到诸山寺，坐听蝉声满四稜。"❹突出；高起。韩偓《永明禅师房》："蔓草稜山径，晴云拂树梢。"❺谓威势显扬。张说《奉和圣制爰因巡省途次旧居应制》："武威稜外域，文教靡中区。"

稜[2] 〔lèng《正字通》鲁鄧切。〕田垄。田间区分田界的高埂。杜甫《秋日夔府咏怀奉寄郑监李宾客一百韵》："堑抵公畦稜，村依野庙壖。"亦用为称田亩之量词。两稜之间田地称一稜。陆龟蒙《奉酬袭美苦雨见寄》："我本曾无一稜田，平生啸傲空渔船。"

【稜角】 物体之边棱与尖角。卢仝《哭玉碑子》："颜色九秋天，稜角四面起。"韩愈《南山诗》："晴明出稜角，缕脉碎分绣。"刘禹锡《九华山歌》："君不见敬亭之山黄索漠，兀如断岸无稜角。"吕岩《窑头坯歌》："稜角坚实不复坏，扣之声韵堪磨镌。"

【稜威】 犹严威。胡皓《奉和圣制送张尚书巡边》："稜威方逐逐，谈笑坐怡怡。"

【稜殺】 凶猛地扑杀。李浩弼《从幸秦川赋鸷兽》："长途莫怪无人迹，尽被山王稜杀他。"

【稜郭】 犹轮廓。王建《和少府崔卿微雪早朝》："粉画南山稜郭出，初晴一半隔云看。"来鹄《金钱花》："也无稜郭也无神，露洗还同铸出新。"

【稜稜】 ❶严寒貌。王昌龄《大梁途中作》："郊原欲下雪，天地稜稜寒。"白居易《浦中夜旧》："暗上江堤还独立，水风霜气夜稜稜。"卢钧《荐冰》："皎皎盘盂侧，稜稜严气生。"❷寒光熠射貌。许浑《献韶阳相国崔公》："一匮为功极九层，康庄犹自剑稜稜。"李沇《方响歌》："梦入仙楼戛残曲，飞霜稜稜上秋玉。"亦指光彩照人貌。李白《天马歌》："逸气稜稜凌九区，白璧如山谁敢沽。"卢纶《送道士郄彝素归内道场》："羽衣风渐渐，仙貌玉稜稜。"❸严厉、疾厉貌。元希声《赠皇甫侍御赴都八首》之四："稜稜直指，烈烈方书。"无名氏《霜隼下晴皋》："稜稜方厉疾，肃肃自纵横。"❹高耸貌。李颀《龙门送裴侍御监五岭选》："稜稜静疏木，濞濞响寒流。"❺石之峭刻耸峙貌。灵澈《远公墓》："古墓石稜稜，寒云晚景凝。"孟郊《石淙》之五："淙淙豗厚轴，稜稜攒高冥。"白居易《酬微之开拆新楼初毕相报之作》："海山郁郁石稜稜，新豁高居正好登。"韩偓《南亭》："松瘦石稜稜，山光溪淀淀。"❻清癯瘦削貌。寒山《诗三百三首》之五四："可怜好丈夫，身体极棱棱。"李白《僧伽歌》："意清净，貌棱棱。亦不减，亦不增。"李建勋《赠送致仕郎中》："鹤立瘦棱棱，髭长白似银。"

【稜節】　物体的棱角与竹木之节。因其坚硬而突出，故以喻指事物之坚硬刚强。白居易《小童薛阳陶吹觱栗歌》："有时婉软无筋骨，有时钝挫生棱节。"此指音乐之强而钝挫有力。

【稜層】　❶高低不齐，错出层叠貌。宋之问《嵩山天门歌》："纷窈窕兮岩倚披以鹏翅，洞胶葛兮峰棱层以龙鳞。"李贺《瑶华乐》："高门左右日月环，四方错镂棱层殷。"杜荀鹤《怀庐岳旧隐》："一别三年长在梦，梦中时蹑石棱层。"亦指浓淡参差貌。元稹《纪怀赠李六户曹崔二十功曹》："角声悲掉荡，城影暗棱层。"❷高耸貌。岑参《出关经华岳寺访法华云公》："开门对西岳，石壁青棱层。"章孝标《题东林寺寄江州李员外》："山势棱层入杳冥，寺形高下趁山行。"皮日休《公斋四咏·小桂》："棱层立翠节，偃蹇樛青螭。"

稏　〔yà《广韵》衣嫁切，去祃，影。〕稻名。韦庄《稻田》："绿波春浪满前陂，极目连云罢亚肥。"见"䆉稏"。

稙　〔zhī《广韵》竹力切，入職，知。〕先种之谷物称"稙"。见"稙穉"。

【稙穉】　早种与晚种之谷物。《诗·鲁颂·闷宫》："稙穉菽麦。"毛传："先种曰稙，后种曰穉。"元稹《出门行》："善贾识贪廉，良田无稙穉。"

稚　〔zhì《广韵》直利切，去至，澄。〕❶同"穉"。晚熟作物。见"稚田"。❷幼小；幼稚。见"稚桑""稚態"。❸孩童；幼儿。司空曙《寄卫明府》："柴桑官舍近东林，儿稚初髫即道心。"殷尧藩《郊行逢社日》："妻孥亲稼穑，老稚效渔畋。"陆龟蒙《丹阳道中寄友生》："短蓑携稚去，孤艇载鱼归。"

【稚川術】　犹仙术。稚川，传说之仙都名。见唐张读《宣室志》卷一。元稹《和乐天送客游岭南》："能传稚川术，何患隐之贫？"

【稚女】　幼女；小女儿。司空曙《拟百劳歌》："谁家稚女著罗裳，红粉青眉娇暮妆。"元稹《六年春遣怀八首》之四："婢仆晒君余服用，娇痴稚女绕床行。"李群玉《哭小女痴儿》："平生未省梦熊罴，稚女如花坠晓枝。"郑谷《旅寓洛南村舍》："村落清明近，秋千稚女夸。"

【稚子】　❶幼子；小儿。丘为《泛若耶溪》："日暮鸟雀稀，稚子呼牛归。"孟浩然《裴司士员司户见寻》："厨人具鸡黍，稚子摘杨梅。"陈羽《句》："稚子新能编笋笠，山妻旧解补荷衣。"罗隐《清明日曲江怀友》："寡妻稚子应寒食，遥望江陵一泪流。"❷小兽。张籍《樵客吟》："村西地暗狐兔行，稚子叫时相应声。"白居易《和微之春日投简阳明洞天五十韵》："山魈啼稚子，林狖挂山都。"❸指竹笋。杜甫《绝句漫兴九首》之七："笋根稚子无人见，沙上凫雏傍母眠。"

【稚子斑】　乐府鼓吹曲辞名。见郭茂倩《乐府诗集·鼓吹曲辞·汉铙歌下》。李白有同题拟作，字作"雉子斑"。因古辞系鸟幼雉高飞，故后亦用为咏孝亲之典。钱起《送李栖桐道举擢第还乡省侍》："欲见宁亲孝，儒衣稚子斑。"

【稚田】　栽有晚熟作物之农田。司空图《虞乡北原》："泽北村贫烟火狞，稚田冬旱倩牛耕。"

【稚年】　幼稚之年。包括幼年、少年。刘长卿《别李氏女子》："念尔嫁犹近，稚年那别亲。"

【稚容】　稚气之容貌；少年之面容。独孤及《自东都还濠州奉酬王八谏议见赠》："关西仕时俱稚容，彪彪之鬓始相逢。"

【稚桑】　幼小之桑树。杜牧《题村舍》："三树稚桑春未到，扶床乳女午啼饥。"

【稚態】　幼稚天真之态。沈亚之《湘中怨》："见稚态之韶羞兮，蒙长霭以为帏。"

【稚齒】　年幼，年少；幼年，少年。王维《哭祖六自虚》："悯凶才稚齿，羸疾主中年。"刘长卿《送子婿崔真父归长城》："心怜稚齿鸣环去，身愧衰颜对玉难。"白居易《小兰薛阳陶吹觱栗歌》："嗟尔阳陶方稚齿，下手发声已如此。"张祜《哭京兆庞尹》："向壁愁眉无复画，扶床稚齿已能啼。"

【稚孺】　幼儿，孺子。李绅《过梅里七首·上家山》："笑歌怜稚孺，弦竹纵吹弹。"

【稚顔】　童颜。年少时之容颜。孟郊《路病》："稚颜能几日，壮志忽已残。"

【稚龍】　喻竹笋。陆龟蒙《奉和袭美公斋四咏次韵·新竹》："徐观稚龙出，更赋锦苞零。"

【稚戲】　儿童之游戏。元稹《生春二十首》之一三："何处生春早，春生稚戏中。"

稗　〔bài《广韵》傍封切，去卦，並。〕❶稗草。为田中之害草，茎叶似禾稻，籽粒细小似粟米。李颀《送王昌龄》："前望数千里，中无蒲稗生。"萧颖士《口口赵载同游焦湖夜归作》："兰口烟霞里，延缘蒲稗生。"元稹《酬翰林白学士代书一百韵》："度梅衣色渍，食稗马蹄羸。"许浑《凌歊台送韦秀才》："野蚕成茧桑柘尽，溪鸟引雏蒲稗深。"❷喻微小、卑微。见"稗稊"。

【稗花】　稗草之花。田中之稗，多早除而不及开花。故多以"稗花"形容田之荒芜。皮日休《鲁望悯承吉之孤为诗序邀予属和》："儿过旧宅啼枫影，姬绕荒田泣稗花。"

【稗秕】 稗子与秕子。稗似禾而害禾,秕似谷而中空,故以喻指伪滥恶劣之事物。陆龟蒙《杂讽九首》之五:"流堪洒菁英,风足去稗秕。"

【稗稊】 稗子与稊米。喻指微小,卑微。韩愈《南内朝贺归呈同官》:"君恩太山重,不见酬稗稊。"元稹《青云驿》:"道胜即为乐,何惭居稗稊。"

稔 〔rěn《广韵》如甚切,上寝,日。〕❶庄稼成熟。苏颋《秋社日崇让园宴得新字》:"鸣爵三农稔,句龙百代神。"杜甫《述古三首》之二:"农人望岁稔,相率除蓬蒿。"员南溟《玉烛》:"年和知岁稔,道泰喜秋成。"或指成熟之庄稼。张聿《余瑞麦》:"圣德应多稔,皇家配有年。"亦泛指收获丰盛。卢纶《送王尊师》:"种玉非求稔,烧金不为贫。"❷年。李频《寄辛明府》:"别业空经稔,归田独未甘。"汤悦《再次前韵代梅答》:"托植经多稔,顷筐向盛时。"李瀚《蒙求》:"淮南食时,左思十稔。"❸积久。储嗣宗《长安怀古》:"祸稔萧墙终不知,生人力屈尽边陲。"

【稔年】 丰收年。贾岛《偶作》:"稔年时雨足,闰月暮蝉稀。"陆龟蒙《小雪后书事》:"邻翁意绪相安慰,多说明年是稔年。"李咸用《和吴处士题村叟壁》:"椎髻担铺饷,庞眉识稔年。"钱珝《江行无题一百首》之三一:"岸草连荒色,村声乐稔年。"

【稔恶】 (一è)犹积恶,长期作恶。李商隐《送从翁东川弘农尚书幕》:"降灾虽代有,稔恶不无因。"

【稔禍】 犹酿祸。张绍《冲佑观》:"稔祸陬隅,阻兵瓯越。"

【稔禍胎】 犹言酿成祸根。司空图《狂题》之一六:"不平便激风波险,莫向安时稔祸胎。"

【稔歲】 稔年;丰年。则天皇后《唐明堂乐章·羽音》:"黄钟既陈玉烛,红粒方殷稔岁。"包佶《祀雨师乐章·奠币登歌》:"膏泽之庆,期于稔岁。"耿湋《东郊别业》:"晚雷期稔岁,重雾报晴天。"权德舆《送王炼师赴王屋洞》:"稔岁在芝田,归程入洞天。"

稠 〔chóu《广韵》直由切,平尤,澄。〕❶多。杜甫《发秦州》:"此邦俯要冲,实恐人事稠。"孟郊《游枋口》:"和友莺相绕,言语亦以稠。"长孙佐辅《闻韦驸马使君迁拜台州》:"蚕殷桑柘空,廪实雀鼠稠。"张祜《途中逢李道实游蔡州》:"僻地人行涩,荒林虎迹稠。"❷密。韦应物《游灵岩寺》:"地疏泉谷狭,春深草木稠。"张籍《牧童词》:"远牧牛,绕村四面禾黍稠。"姚合《客舍有怀》:"逢酒嫌杯浅,寻书怕字稠。"李洞《送舍弟之山南》:"下马云未尽,听猿星正稠。"

【稠直】 密而直。白居易《叹老三首》之二:"我有一握发,梳理何稠直。"李商隐《李肱所遗画松诗书两纸得四十韵》:"竦削正稠直,婀娜旋敷峰。"

【稠桑驛】 唐驿站名。在河南道陕州灵宝(今陕西灵宝市)西十里。见《元和郡县志》卷六。岑参有《稠桑驿喜逢严河南中丞便别》。白居易《有小白马乘驭多时奉使东行至稠桑驿溘然而毙》:"稠桑驿门外,吟罢涕双垂。"

【稠疊】 多、密而层叠。王勃《采莲曲》:"莲花复莲花,花叶何稠叠。"李白《自梁园至敬亭山见会公因有此赠》:"稠叠千万峰,相连入云去。"李端《过谷口元赞善所居》:"故交一不见,素发何稠叠。"李商隐《李肱所遗画松诗书两纸得四十韵》:"一旦鬼瞰室,稠叠张羉罿。"

稟 〔bǐng《广韵》筆錦切,上寝,幫。〕❶赋予;给予。李白《月下独酌四首》之三:"穷通与修短,造化夙所禀。"韩愈《寄崔二十六立之》:"陷身泥沟间,谁复禀指㧑?"❷承受。多指承受自然造化之所赋。阎朝隐《鹦鹉猫儿篇》:"鹦鹉鸟,同禀阴阳兮异埏埴。"韦应物《赠李判官》:"决狱兴邦颂,高文禀天机。"韦纾《赋得风动万年枝》:"气禀祯祥异,荣沾雨露同。"孟翱《言行相顾》:"跬步非全进,吹嘘禀自然。"❸遵照;奉行。张九龄《奉和圣制赐诸州刺史以题座右》:"肃肃禀玄猷,煌煌戒朱轩。"骆宾王《畴昔篇》:"果乘骢马发嚣书,复道郎官禀纶诰。"郭周藩《谭子池》:"寻禀神仙诫,彻庙剾开窥。"无名氏《水香功盏嘲扈载》(《外编》下):"解禀香三令,能遵水五申。"

【稟化】 禀承天地之化育。吴筠《步虚词十首》之四:"禀化凝正气,炼形为真仙。"

【稟生】 犹禀性、生性。韩愈《山南郑相公樊员外酬答为诗依赋十四韵以献》:"禀生肖剿刚,难谐在民物。"刘禹锡《游桃源一百韵》:"禀生非悬解,对镜方感激。"

【稟和】 指禀持冲和之性。卢照邻《中和乐九章·歌中宫》:"居中履正,禀和体微。"

【稟命】 禀受自天之生命与命运。卢纶《纶与吉中孚等风尘追游向三十载畅博士当感怀前踪有五十韵见寄辄有所酬》:"禀命孤且贱,少为病所婴。"

【稟受】 指对大自然所赋天性之承受。韩愈《秋怀诗十一首》之二:"运行无穷期,禀受气苦异。"

【稟性】 指受之于天地造化之天性。李咸用《物情》:"谁分万类二仪间,禀性高卑各自然。"

【稟度】 由承教而获得之气质、风度。韦应物《送云阳邹儒立少府侍奉还京师》:"为文颇瓌丽,禀度自贞醇。"

【稟華】 禀受先天之精华。李商隐《戊辰会静中出贻同志二十韵》:"我本玄元胄,禀华由上津。"

【稟氣】 天授之气质性态。杨巨源《送司徒童子》:"两经在口知名小,百拜垂髫禀气殊。"刘禹锡《和仆射牛相公追感韦裴六相登庸皆未五十薨殁率然成篇见寄之作》:“用才同践钧衡地,禀气终分大小年。”张仲方《赠毛仙翁》:“芝椿禀气本坚强,龟鹤计年应不死。”

【禀訓】 承受训诲。张九龄《酬宋使君见诒》:“陟邻初禀训,献策幸逢时。”

【禀朔】 指诸侯邦国接受天子所颁之朔政。喻指四方归化、天下一统。《周礼·春官·太史》:“颁告朔于邦国。”郑玄注:“天子颁朔于诸侯,诸侯藏之祖庙。至朔,朝于庙,安而受行之。”贾公彦疏:“言朔者,以十二月历及政令,若《月会》之书,但以受行,号之为朔。”司空图《丁巳元日》:“禀朔华夷会,开春气象生。”

【禀質】 天然生就之体质。白居易《和微之诗二十三首·和祝苍华》:“禀质本羸劣,养生仍莽卤。”

九 画

稬 同“糯”。李郢《阳羡春歌》:“祝陵有酒清若空,煮稬蒸鱼作寒食。”

稭 〔jiē《广韵》古諧切,平皆,見。又古黠切,入黠,見。〕农作物茎秆。去其皮以为席,亦称稭。韩愈《征蜀联句》:“台图焕丹玄,郊告俨匏稭。”

種[1] 〔zhǒng《广韵》之隴切,上腫,章。〕❶植物之种子。曹邺《寄阳朔友人》:“我到月中收得种,为君移向故园栽。”方干《题盛令新亭》:“偶尝嘉果求枝去,因问名花寄种来。”韩偓《偶见》:“仙树有花难问种,御香闻气不知名。”❷指宗族之血缘传袭。骆宾王《艳情代郭氏答卢照邻》:“莫言贫贱无人重,莫言富贵应须种。”刘禹锡《武夫词》:“犹思风尘起,无种取侯王。”亦指种族之后代。元稹《和李校书新题乐府十二首·蛮子朝》:“西南六诏有遗种,僻在荒陬路寻壅。”❸动物之族类、品种。杜甫《李鄠县丈人胡马行》:“始知神龙别有种,不比俗马空多肉。”白居易《和答诗十首·和大觜乌》:“乌者种有二,名同性不同。”李商隐《鄠杜马上念汉书》:“世上苍龙种,人间武帝孙。”❹量词。表类别。犹种,样。阎朝隐《奉和圣制夏日游石淙山》:“千种冈峦千种树,一重岩壑一重云。”张说《奉和圣制观拔河俗戏应制》:“春来百种戏,天意在宜秋。”张籍《晚秋闲居》:“万种尽闲事,一生能几时。”罗隐《江北》:“一种风流一种死,朝歌争得似扬州。”❺头发短稀貌。柳宗元《觉衰》:“齿发疏就种,奔走力不任。”

種[2] 〔zhòng《广韵》之用切,去用,章。〕❶种植植物。崔国辅《古意二首》之二:“种棘遮蘼芜,畏人来采杀。”孟云卿《田园观雨兼晴后作》:“贫贱少情欲,借荒种南陂。”魏信陵《酬谈上人咏海石榴》:“但试寻思阶下树,何人种此我看花。”翁承赞《题景祥院》:“松多往日门人种,路是前朝释子开。”❷养育,繁殖。皮日休《南阳润卿将归雷平因而有赠》:“绛树实多分紫鹿,丹沙泉浅种红鱼。”见“種₂鱼”。❸犹培养。指平时预为养以促成善果。裴休《白鹿寺释迦瑞相诗》:“无相无亏有相圆,多生檀越种因缘。”

【種子】 ❶佛家语。梵文 Bija 之意译。指能产生世界万象的潜在因素。唯识学派与法相宗认为:“八识”中的“阿赖耶识”(即第八识)中藏有能产生世界一切现象的精神因素,就像植物种子能产生相应结果一样,故称之为“种子”。其下又分“本有”与“新薰”两种种子。前者指先天具有的,未被烦恼所污的种子;后者指由后天薰习而成,已被烦恼所污的种子。皎然《酬李侍御萼题看心道场赋以眉毛肠心牙等五字》:“三尘观种子,一雨发萌牙。”

【種₂子】 布种;下种。贾岛《山中道士》:“养雏成大鹤,种子作高松。”

【種₂玉】 亦作“种玉田”。晋干宝《搜神记》卷一一载:洛阳杨柏雍,因父母葬无终山,遂家焉。日作义浆于坂头以供行者。“三年,有一人就饮,以一斗石子与之,使至高平好地有石处种之,云:‘玉当生其中。’”后杨闻徐氏之女甚有行,乃往求婚,“徐氏笑以为狂,乃戏云:‘得白璧一双来,当听为婚。’公至所种玉田中,得白璧五双,以聘。徐氏大惊,遂以女妻公。”后因以“种玉”或“种玉田”为咏仙迹之典。钱起《题嵩岳焦道士石壁》:“彩云不散烧丹灶,白鹿时藏种玉田。”卢纶《酬畅当寻嵩阳麻道士见寄》:“开云种玉嫌山浅,渡海传书怪鹤迟。”高骈《和王昭符进士赠洞庭赵先生》:“自要乘风随羽客,谁同种玉验仙经。”亦以形容雪景。刘庭琦《奉和圣制瑞雪篇》:“何处田中非种玉,谁家院里不生梅。”

【種₂玉田】 见“種₂玉”。

【種₂田】 耕种田地。刘长卿《赴南中题褚少府湖上亭子》:“种田东郭傍春陂,万事无情把钓丝。”杜甫《天边行》:“陇右河源不种田,胡骑羌兵入巴蜀。”沈千运《古歌》:“北邙不种田,但种松与柏。”杜荀鹤《田翁》:“白发星星筋力衰,种田犹自伴孙儿。”

【種₂瓜】 《史记·萧相国世家》:“召(邵)平者,故秦东陵侯。秦破,为布衣。贫,种瓜于长安城东。瓜美,故世俗谓之‘东陵瓜’。”后因以“种瓜”为咏归隐之典。王无竞《君子有所思行》:“独有东陵子,种瓜青门旁。”杜甫《曲江陪郑八丈南史饮》:“丈人文力犹强健,岂傍青门学种瓜。”卢纶《秋中野望寄舍弟绶》:“因求种瓜利,自喜归耕捷。”胡曾《咏史诗·青门》:“唯有东陵守高节,青门甘作种瓜人。”

【種₂瓜侯】 指汉邵平。因邵本秦东陵侯，秦破后种瓜青门，故称。司空图《休休亭》："可怜藜杖者，真个种瓜侯。"见"種₂瓜"。

【種₂杏】 亦作"種杏田"。晋葛洪《神仙传·董奉》载：三国吴人董奉，居庐山下，日为人治病，使愈者种杏为酬。数年得十余万株，乃于林中作草仓，使人自行以谷易杏。"常有人置谷来少而取杏去多者，林中群虎出吼逐之……每年货杏得谷，旋以赈救贫乏"。"奉在人间三百余年乃去，颜状如三十时人也"。后因以"种杏"或"种杏田"为咏隐士或有道术者之典。李白《送二季之江东》："禹穴藏书地，匡山种杏田。"钱起《过瑞龙观道士》："鹤待成丹日，人寻种杏田。"

【種₂杏田】 见"種₂杏"。

【種₂桃核】 《汉武帝内经》载：汉武帝至王母处，王母以仙桃飨之。"桃味甘美，口有盈味。帝食则收其核，王母问帝，帝曰：'欲种之。'母曰：'此桃三千一生实，中夏地薄，种之不生。'帝乃止"。后因以"种桃核"为咏仙境之典。皇甫冉《祭张公洞二首》之二："何时种桃核，几度看桑田。"

【種₂柳人】 指晋陶潜。因陶种柳门前，自称"五柳先生"，故谓。孟郊《过彭泽》："不见种柳人，霜风空寂历。"

【種₂柳營中】 《晋书·陶侃传》载：晋陶侃镇守武昌时，"尝课诸营种柳。都尉夏施盗官柳植之于己门，侃后见，驻车问曰：'此是武昌西门前柳，何因盗来此种？'施惶怖谢罪"。后遂用为咏军营之典。李贺《梁公子》："种柳营中暗，题书赐馆娃。"

【種₂秫】 见"種₂黍"。

【種₂魚】 养鱼。陆龟蒙有《渔具诗·种鱼》云："凿池收赪鳞，疏疏置云屿。"

【種落】 种族部落。杜审言《送和西番使》："种落逾青羌，关山度赤坂。"李白《出自蓟北门行》："单于一平荡，种落自奔亡。"许浑《破北虏太和公主归宫阙》："定是庙谟倾种落，必知边寇畏骁雄。"

【種₂植】 栽种培植。元稹《江边四十韵》："本图闲种植，那要择肥硗。"翁洮《苇丛》："得地自成丛，那因种植功。"亦指植物。萧颖士《游马耳山》："乾坤正含养，种植总滋荣。"刘禹锡《和乐天洛城春齐梁体八韵》："潘园观种植，谢墅阅池塘。"

【種₂黍】 亦作"种秫"。《宋书·陶潜传》载：晋陶潜为彭泽令时，因嗜酒，"公田悉令吏种秫稻，妻子固请，乃使二顷五十亩种秫，五十亩种粳"。后因以"种黍"或"种秫"为咏嗜酒之典。刘商《重阳日寄上饶李明府》："来岁公田多种黍，莫教黄菊笑杨朱。"刘驾《效陶》："如求神仙药，阶下亦种黍。"方干《与桐庐郑明府》："莫道耕田全种秫，兼闻退食亦逢星。"亦泛指归耕。钱起《谷口新居寄同省朋故》："种黍傍烟溪，榛芜兼沮洳。"

【種畬】 (shē)粗耕之田。刘长卿《赠元容州》："海徼长无戍，湘山独种畬。"

【種₂蒔】 种植。刘禹锡《同乐天和微之深春二十首》之十九："何处深春好，春深种莳家。"

【種₂瑶草】 《海内十洲记》云，方大洲在东海中心，"群仙不欲升天者，皆往来此洲，受太玄生箓，仙家数十万，耕田种芝草，课计顷亩，如人间种稻状"。后因用为咏仙境之典。李贺《天上谣》："王子吹笙鹅管长，呼龙耕烟种瑶草。"瑶草，即指"芝草"。

【種種】 ❶犹言各种各样。白居易《闲吟》："自从苦学空门法，销尽平生种种心。"❷头发稀短貌。形容衰老。语出《左传·昭公三年》："余发如此种种，余奚能为？"李白《留别西河刘少府》："秋发已种种，所为竟无成。"白居易《和微之诗二十三首·和祝苍华》："遂令头上发，种种无尺五。"

【種₂漆成器】 《后汉书·樊宏传》："〔樊重〕尝欲作器物，先种梓漆，时人嗤之，然积以岁月，皆得其用，向之笑者咸求假焉。"后因用为咏种植漆树之典。柳宗元《冉溪》："却学寿张樊敬侯，种漆南园待成器。"

【種₂德】 犹言布施恩德。王贞白《金陵怀古》："恃险不种德，兴亡叹数穷。"

【種₂樹書】 农书，有关种植的书。树，种植。韩愈《送石洪处士赴河阳幕》："长把种树书，人云避世士。"

【種雞】 用于繁殖之鸡。唐彦谦《宿田家》："东邻借种鸡，西舍觅芳醑。"

【種類】 品种之类别。元稹《望云骓马歌》："望云骓，尔之种类世世奇。"

稱[1] 〔chēng《广韵》處陵切，平蒸，昌。〕❶衡量物之轻重。郑薰《赠巩畴》："镜照分妍丑，秤称分重轻。"❷名称；称名。刘禹锡《送鸿举游江西》引："时而言，有初中后之分；日而言，有今昨明之称。"杜牧《为人题赠二首》之一："我乏青云称，君无买笑金。"陆龟蒙《奉和袭美太湖诗二十首·缥缈峰》："因思缥缈称，乃在虚无里。"❸称为；叫作。亦指被称为、被叫作。田游岩《弘农清岩曲有磐石宋十一每拂拭待余》："信彼称灵石，居然狎遁栖。"王维《送丘为落第归江东》："知尔不能荐，羞称献纳臣。"李端《襄阳曲》："贾生十八称才子，空得门前一断肠。"韩仪《记知闻近过关试》："今日便称前进士，好留春色与明年。"❹声言；称说。徐安贞《奉和圣制早度蒲津关》："路得津门要，时称古戍闲。"杜甫《同李太守登历下古城员外新亭》："主称寿尊客，筵秩宴北林。"韩愈《赠崔立之评事》："知音自古称难遇，世俗乍见那妨哂。"白居易《宿紫阁山北村》:“口称采造家,身属神策军。”❺堪称。用为称誉之辞。崔国辅《丽人曲》:“红颜称绝代,欲并真无侣。”孟浩然《还山贻湛法师》:“墨妙称古绝,词华惊世人。”王建《送薛蔓应举》:“四海重贡献,珠赆称至珍。”皮日休《鲁望昨以五百言见贻因成一千言》:“尔来五寒暑,试艺称精专。”亦指首推或以某事著称。赵嘏《送张又新》:“东晋江山称永嘉,莫辞红旆向天涯。”孟浩然《长乐宫》:“秦城旧来称窈窕,汉家更衣应不少。”刘长卿《奉和李大夫同吕评事太行苦热行》:“迢递太行路,自古称险恶。”齐己《寄明月山僧》:“山称明月好,月出遍山明。”❻称颂;赞许。王湾《秋夜寓直即事怀赠萧令公裴侍郎》:“出车遥俗震,登阁满朝称。”高适《饯宋八充彭中丞判官之岭南》:“长策竟不用,高才徒见称。”权德舆《酬穆七侍郎早登使院西楼感怀》:“岂唯十六族,今古称其贤。”李商隐《赠别前蔚州契苾使君》:“何年部落到阴陵,奕世勤王国史称。”❼声誉。张蠙《逢漳州崔使君北归》:“在郡多殊称,无人不望回。”❽犹显示、表示。李峤《弓》:“桃文称辟恶,桑质表初生。”《郊庙歌辞·周宗庙乐舞辞·忠顺》:“称文既表温柔德,示武须成蹈厉容。”❾举起。张九龄《奉和圣制幸晋阳宫》:“皇祖称义旗,三灵皆获安。”苏颋《送贾起居奉使入洛取图书因便拜觐》:“传发关门候,觞称邑里欢。”❿举办;兴,发。李颀《龙门送裴侍御监五岭选》:“举善必称最,持奸当去尤。”《郊庙歌辞·仪坤庙乐章·雍和》:“称歌进彻,尽敬繇衷。”

稱² 〔chèn《广韵》昌孕切,去證,昌。〕相合,适合。张纮《行路难》:“春风吹尽燕初至,此时自为称君意。”严维《相里使君宅听澄上人吹小管》:“秦僧吹竹闭秋城,早在梨园称主情。”刘商《合肥至日愁中寄郑明府》:“众口诚难称,长川却易防。”褚载《移石》:“嶙峋一片溪中石,恰称幽人弹素琴。”

【稱₂力】 尽其力;与其力相称。李绛《和裴相国答张秘书赠马诗》:“纵横逸气宁称力,驰骋长途定出群。”

【稱文作藝】 述作文艺。欧阳詹《及第后酬故园亲故》:“称文作艺方惭德,相贺投篇料愧词。”

【稱心】 ❶遂心如愿;合人心意。拾得《诗》之四:“目下虽称心,罪簿先注定。”李白《送纪秀才游越》:“海水不满眼,观涛难称心。”姚合《寄旧山隐者》:“纵然自称心,又不合众人。”刘损《愤惋诗三首》之二:“鸾辞旧伴知何止,凤得新梧想称心。”❷指称心寺。骆宾王《称心寺》:“征帆恣远寻,逶迤过称心。”见“稱心寺”。

【稱心山寺】 见“稱心寺”。

【稱心寺】 唐佛寺名。在越州(今浙江绍兴)。宋之问有《游称心寺》。骆宾王有《称心寺》。亦称“称心山寺”。孙狄有《和崔司马登称心山寺》。

【稱功】 犹建功。苏颋《奉和圣制至长春宫登楼望稼穑之作》:“敬时尧务作,尽力禹称功。”

【稱臣】 ❶向他国君王自称臣下。多指臣服或国破被虏。许浑《登尉佗楼》:“南来作尉任嚣力,北向称臣陆贾功。”蒲禹卿《题驿门》:“我王衔璧远称臣,何事全家并杀身。”❷指入仕途为官。杜甫《闻惠二过东溪特一送》:“柴门了无事,黄绮未称臣。”

【稱名】 ❶举述其名称。包何《同李郎中净律院梡椀子树》:“叶殊经写字,子为佛称名。”❷称说其名字。李益《喜见外弟又言别》:“问姓惊初见,称名忆旧容。”吴融《个人三十韵》:“见人还道姓,羞客不称名。”亦指取名。姚合《武功县中作三十首》之一九:“守官常卧病,学道别称名。”

【稱多量少】 衡量多寡。喻权衡利弊得失。韩愈《雪后寄崔二十六丞公》:“称多量少鉴裁密,岂念幽桂遗榛菅。”

【稱₂旨】 符合帝王心意。白居易《长庆二年七月自中书舍人出守杭州路次蓝溪作》:“伏阁三上章,戆愚不称旨。”王贞白《送韩从事归本道》:“论边多称旨,许国誓亡身。”

【稱好】 说好。李瀚《蒙求》:“东平为善,司马称好。”

【稱兵】 犹举兵,兴兵。吴筠《经羊角哀墓作》:“神道不相得,称兵解其纷。”周昙《咏史诗·前汉门·薛公》:“黥布称兵孰敢当,薛公三计为斟量。”

【稱₂身】 与身体相称。指衣着服饰合身得体。杜甫《丽人行》:“背后何所见,珠压腰衱稳称身。”司空曙《观猎骑》:“缠臂绣纶巾,貂裘窄称身。”罗虬《比红儿诗》之五一:“魏帝休夸薛夜来,雾绡云縠称身裁。”张蠙《过萧关》:“出得萧关北,儒衣不称身。”

【稱取】 犹称量。乔备《杂诗》:“君情将妾怨,称取谓谁多。”

【稱紀】 犹记述。窦牟《元日喜闻大礼寄上翰林四学士》:“麟爵来称纪,官师退绝箴。”

【稱₂時】 入时;合乎时尚。张籍《古钗叹》:“凤凰宛转有古仪,欲为首饰不称时。”姚合《寄王度居士》:“惟悴王居士,颠狂不称时。”李山甫《山中答刘书记寓怀》:“高古不称时,沉默岂相竞。”

【稱病】 假称生病。白居易《酬皇甫宾客》:“性慵无病常称病,心足虽贫不道贫。”

【稱疾】 称病。假称有病。窦常《奉贺太保岐公承恩致政》:“山泉遂性休称疾,子弟能官各受词。”司空曙《深上人见访忆李端》:“避事多称疾,留僧独闭关。”

【稱₂家】 根据家中之财力、情况而行事。杜甫《牵牛织女》：“称家随丰俭，白屋达公宫。”白居易《闲居贫活计》：“称家开户牖，量力置园林。”

【稱₂紐】 系秤砣之细绳。拾得《诗》之二六：“银星钉称衡，绿丝作称纽，买人推向前，卖人推向后。”

【稱從】 谓叙从亲。即叙堂兄弟等之亲戚关系。卢纶《喜从弟激初至》：“叙年惭已长，称从意何疏。”

【稱₂情】 犹称心。李白《行路难三首》之二：“弹剑作歌奏苦声，曳裾王门不称情。”姚合《闲居遣怀十首》之八：“野性多疏惰，幽栖更称情。”薛涛《十离诗·笔离手》：“越管宣毫始称情，红笺纸上撒花琼。”

【稱揚】 称道赞扬。刘得仁《寄谢观》：“得失天难问，称扬鬼亦闻。”

【稱嗟】 称赞嗟叹。宋之问《浣纱篇赠陆上人》：“钦子秉幽意，世人共称嗟。”韩愈《奉和杜相公太清宫纪事》：“唱妍酬亦丽，俯仰但称嗟。”刘禹锡《和令狐相公谢太原李侍中寄蒲桃》：“咀嚼停金盏，称嗟响画堂。”

【稱傑】 称为豪杰。欧阳詹《述德上兴元严仆射》：“非熊德愧当周辅，称杰叨惭首汉臣。”

【稱象】 称量大象之重量。《三国志·魏志·武文世王公传》：邓哀王冲字苍舒，少聪察岐疑……时孙权曾致巨象，太祖欲知其斤重，访之群下，咸莫能出其理。冲曰：“置象大船之上，而刻其水痕所至，称物以载之，则校可知矣。”后因用为咏少年聪慧之典。李瀚《蒙求》：“管仲随马，苍舒称象。”

【稱賀】 道贺。表示庆贺。权德舆《朔旦冬至摄职南郊因书即事》：“更有观台称贺处，黄云捧日瑞升平。”

【稱瑞】 称颂祥瑞。司空曙《御制雨后出城观览敕朝臣以下属和》：“史官何所录，称瑞满天京。”

【稱₂意】 称心如意；符合心意。高适《题李别驾壁》：“一生称意能几人，今日从君问终始。”权德舆《放歌行》：“男儿称意须及时，闭门下帷人不知。”杜荀鹤《秋日闲居寄先达》：“乍可百年无称意，难教一日不吟诗。”齐己《送欧阳秀才赴举》：“称意东归后，交亲那喜何。”

【稱尊】 自居最尊贵之位。齐己《短歌寄鼓山长志》：“于中一子最雄猛，称尊独踞鼓山顶。”

【稱壽】 犹祝寿。祝颂人长寿。薛奇童《云中行》：“举杯称寿永相保，日夕歌钟彻清昊。”韩翃《宴吴王宅》：“称寿争离席，留欢辄上关。”牟融《赠浙西李相公》：“尊酒与君称寿毕，春风入醉绮罗筵。”

【稱歎】 称美赞叹。韦应物《送郗詹事》：“朝野同称叹，园绮郁齐名。”又《答贡士黎逢》：“鄙人徒区区，称叹亦何为。”

【稱說】 称道述说。韩愈《寄崔二十六立之》：“童稚见称说，祝身得如斯。”

【稱榮】 犹显荣。卢纶《送丹阳赵少府》：“遥想从公后，称荣在上堂。”

【稱₂衡】 秤星。嵌于秤杆上以定斤两之小星。拾得《诗》之二六：“银星钉称衡，绿丝作称纽。”

【稱價】 犹言价、论价。刘长卿《瓜洲驿奉饯张侍御使之岭南》：“属辞倾渤澥，称价掩琅玕。”

【稱德】 布德；施行德教。许景先《奉和圣制送张尚书巡边》：“训旅方称德，安人更克贞。”

【稱慶】 道贺；表示庆贺。玄宗《春晚宴两相及礼官丽正殿学士》序：“举杯称庆，何乐如之?”李商隐《赠孙绮新及第》：“长乐遥听上苑钟，彩衣称庆桂香浓。”厉玄《元日观朝》：“天颜不敢视，称庆拜空频。”王贞白《赠刘凝评事》：“即膺新宠命，称庆向庭闱。”

【稱₂職】 谓才德与其职位相称。裴贽《答门生王涣等长句》：“昔岁策名皆健笔，今朝称职并同年。”

【稱觴】 举杯祝酒。许敬宗《奉和喜雪应制》：“伏槛观花瑞，称觞庆冬积。”萧颖士《江有归舟三章》之二：“兄矣弟矣，孝斯践矣，称觞燕喜，于岵于屺。”欧阳詹《元日陪早朝》：“仪篇不唯丹穴鸟，称觞半是越裳人。”温庭筠《和段少常柯古》：“称觞惭座客，怀刺即门人。”

【稱霸】 居霸主地位。张立《句》：“朝廷不用忧巴蜀，称霸何曾是蜀人。”

穊 〔jì《广韵》幾利切，去至，見。〕稠密。孟浩然《夏日辨玉法师茅斋》：“竹林深笋穊，藤架引梢长。”杜甫《秋行官张望督促东渚耗稻向毕遣竖子阶段往问》：“丰苗亦已穊，云水照方塘。”

十　画

穀 〔gǔ《广韵》古禄切，入屋，見。〕❶泛指田野之粮食作物。杜甫《忆昔二首》之二：“岂闻一绢直万钱，有田种谷今流血。”戴叔伦《女耕田行》：“乳燕入巢笋成竹，谁家二女种新谷。”殷尧藩《和赵相公登鹳雀楼》：“晴峰耸日当周道，秋谷垂花满舜田。”亦指五谷食粮。杜甫《东屯月夜》：“抱疾漂萍老，防边旧谷屯。”张继《山家》：“莫嗔焙茶烟暗，却喜晒谷天晴。”曹邺《四怨三愁五情诗·四怨》：“未曾分得谷，空得老农名。”❷犹言供谷粮，供食。李颀《春送从叔游襄阳》：“同人应馆谷，刺史在郊迎。”

【穀水】 水名。源出河南陕县崤山谷阳谷，东流合水渑水，又合涧水至洛阳入洛水。太宗《咏司马彪续汉志》：“梅山未觉朽，谷水谁云异。”

【穀弁】 农夫之巾帽。司空曙《奉和张大夫酬高山人》："豸冠亲谷弁，龟印识荷衣。"

【穀米】 泛指稻谷粮食。白居易《杂兴三首》之三："古称国之宝，谷米与贤才。"佚名《五言白话诗》之三(补编)："不见好出生，衣食谷米费。"

【穀芽】 禾谷之芽。一说茶名。李咸用《同友生春夜闻雨》："此时童叟浑无梦，为喜流膏润谷芽。"

【穀苗】 禾黍等作物之幼苗。白居易《得袁相书》："谷苗深处一农夫，面黑头斑手把锄。"

【穀雨】 二十四节气之一。指立夏前十五天时间，而以其首日为节名。孟浩然《与崔二十一游镜湖寄包贺二公》："帆得樵风送，春逢谷雨晴。"德宗《送徐州张建封还镇》："谷雨将应候，行春犹未迟。"陆希声《阳羡杂咏十九首·茗坡》："二月山家谷雨天，半坡芳茗露华鲜。"王贞白《芍药》："麦秋能几日，谷雨只微寒。"❷谷雨时节之雨。崔国辅《奉和圣制上巳祓禊应制》："桃花春欲尽，谷雨夜来收。"薛能《老圃堂》："邵平瓜地接吾庐，谷雨干时手自锄。"王贞白《白牡丹》："谷雨洗纤素，裁为白牡丹。"齐己《闻道林诸友尝茶因有寄》："枪旗冉冉绿丛园，谷雨初晴叫杜鹃。"

【穀雨萍】 谷雨时节之浮萍，亦指初生之浮萍。语本《逸周书·时训》："谷雨之日，萍始生。"崔护《三月五日陪裴大夫泛长沙东湖》："鸟弄桐花日，鱼翻谷雨萍。"

【穀帛】 粮食与布帛。泛指衣食必需品。元稹《茅舍》："号呼怜谷帛，奔走伐桑柘。"

【穀城】 地名。❶春秋齐谷邑，秦称谷城，汉于此置县，故址在今山东东阿县境。见"穀城文"。❷古穀伯国，汉置筑阳县。唐因之属襄州。即今湖北谷城。戴叔伦《谷城逢杨评事》："远自五陵独窜身，筑阳山中归路新。"

【穀城文】 《史记·留侯世家》载：张良游下邳圯上，有老父堕其履，令良为取履履之，后遂以太公兵法授之，曰："后十年兴。十三年，孺子见我济北谷城山下，黄石即我矣。"后因以"谷城文"代指石头。骆宾王《赋得白云抱幽石》："讵知吴会影，长抱谷城文。"

【穀根】 禾谷之根。杜甫《喜雨》："谷根小苏息，沴气终不灭。"

【穀粟】 泛指五谷粮食。贯休《秋末怀旧山》："侵云收谷粟，引蚁上柑橙。"

【穀梁】 《春秋穀梁传》之省称。刘太冲《送萧颖士赴东府》序："昔左氏失于烦，穀梁失于短，公羊失于俗，而夫子为其折衷。"见"穀梁傳"。

【穀梁傳】 (傳 zhuàn)十三经之一。全名《春秋穀梁传》，与《春秋左氏传》《春秋公羊传》并称为"《春秋》三传"，作者穀梁赤(一名俶)传为子夏弟子。是书本口头传述，至西汉始著竹帛成书。权德舆有《读穀梁传二首》。

【穀穀】 象声词。象雨打花落声。卢士衡《花落》："迎风啸未已，和雨落谷谷。"

【穀價】 粮食之价格。皇甫冉《闲居作》："种苗虽尚短，谷价幸全轻。"

【穀糧】 五谷食粮。张籍《学仙》："楼观开朱门，树木连房廊，中有学仙人，少年休谷粮。"

稽[1]

〔jī《广韵》古奚切，平齊，見。〕❶考查。玄宗《春晚宴两相及礼官丽正殿学士》序："乃命礼官，考制度，稽典则。"吴筠《览古十四首》之六："尝稽真仙道，清寂祛众烦。"杜甫《奉赠太常张卿二十韵》："伶官诗必诵，夔乐典犹稽。"❷停留；滞。元稹《青云驿》："怀此青云望，安能复久稽。"引申指积久。杜荀鹤《和吴太守罢郡山村偶题二首》之二："纵饶稽岁月，犹说向孙儿。"❸迟延；延误。姚系《杨参军庄送宇文邈》："爱此田舍事，稽君车马尘。"李商隐《城上》："边遽稽天讨，军须竭地征。"徐铉《谢文靖墓下作》："越徼稽天讨，周京乱虏程。"❹及；至。殷尧藩《帝京二首》之二："礼乐日稽三代盛，梯航岁贡万方同。"见"稽天"。

稽[2]

〔qǐ《广韵》康禮切，上薺，溪。〕叩头至地。见"稽道""稽₂顙"。

【稽山】 会稽山之省称。虞世南《奉和幸江都应诏》："南国行周化，稽山秘夏图。"贺知章《采莲曲》："稽山罢雾郁嵯峨，镜水无风也自波。"窦庠《于阗钟歌送灵彻上人归越》："高僧访古稽山曲，终日当之言不足。"吴融《赠䛒光上人草书歌》："稽山贺老昔所传，又闻能者惟张颠。"

【稽天】 犹言连天、及天。杜审言《南海乱石山作》："涨海积稽天，群山高嶪地。"

【稽古】 考察古代史实。李适《汾阴后土祠作》："武皇实稽古，建兹百代勋。"杜甫《雷》："暴尪或前闻，鞭巫非稽古。"钱起《重赠赵给事》："久飞鸳掖出时髦，耻负平生稽古劳。"杜荀鹤《书斋即事》："乡里老农多见笑，不知稽古胜耕锄。"

【稽江】 指唐代之越州，因其州治在会稽(今浙江绍兴)，又以浙江为州界，故称。孟郊《送淡公》之一："嵩洛兴不薄，稽江事难同。"

【稽阜】 指会稽山。在今浙江绍兴。骆宾王《夏日游德州赠高四》："日观邻全赵，星临俯旧吴。鬲津开巨浸，稽阜镇名都。"

【稽城】 会稽(今浙江绍兴)之省称。白居易《秋寄微之十二韵》："娃馆松江北，稽城浙水东。"又《和微之春日投简阳明洞天五十韵》："越国强仍大，稽城高且孤。”

【稽亭】 地名。在今江西九江东。张九龄《三月三日申王园亭宴集》:“稽亭追往事,睢园胜前闻。”刘禹锡《送元上人归稽亭》:“重叠稽亭路,山僧归独行。”

【稽亭山】 山名。在今安徽宣城东南。张籍有《送稽亭山寺僧》。

【稽₂首】 古代最重的一种跪拜礼。其式叩头至地,且停留多时。寒山《诗三百三首》之一五九:“我今稽首礼,无上法中王。”李白《古风》之四一:“飘飘入无倪,稽首祈上皇。”郎士元《题尹真人祠》:“我来始悟丹青妙,稽首如逢冰雪颜。”和凝《宫词百首》之三:“百辟虔心齐稽首,卷帘遥见御衣红。”

【稽洛川】 水名。唐代羁縻州有羁洛州,因稽洛山而名。在今内蒙古乌拉特旗境。李昂《从军行》:“稽洛川边胡骑来,渔阳戍里烽烟起。”

【稽逋】 查究迁延迟误之罪责。无名氏《五言诗》之六:“衙日唱稽逋,佐吏打脊烂。”韩愈《东都遇春》:“转输非不勤,稽逋有军令。”

【稽峰】 会稽山之山峰。元稹《春游》:“镜水波犹冷,稽峰雪尚残。”亦以代指越中,即唐代之越州,因其治在会稽(今浙江绍兴),辖浙东地域,故以代指。路贯《和元常侍除浙东留题》:“犹辍佩环归凤阙,且将仁政到稽峰。”殷文圭《初秋留别越中幕客》:“鹤禁有知须强进,稽峰无事莫相留。”

【稽留】 延迟;滞留。杜甫《咏怀二首》之二:“拥滞僮仆慵,稽留篙师怒。”又《老病》:“老病巫山里,稽留楚客中。”

【稽揆】 考察揣度。柳宗元《贞符》序:“稽揆《典》《誓》,贞哉惟兹德,实受命之符,以奠永祀。”

【稽誅】 迁延对有罪者之讨伐。许敬宗《奉和执契静三边》:“鬒飞尚假息,乳视暂稽诛。”白居易《东南行一百韵寄通州元九侍御窦七校书》:“江关未撤警,淮寇尚稽诛。”

【稽經】 考查经书。韩愈《郓州溪堂诗》:“公暨宾赞,稽经诹律。”

【稽嶺】 会稽山之省称。徐浩《宝林寺作》:“一弃沧海曲,六年稽岭隈。”刘禹锡《送元简上人适越》:“浙江涛惊狮子吼,稽岭峰疑灵鹫飞。”喻凫《送越州高录事》:“笋成稽岭岸,莲发镜湖香。”章碣《陪浙西王侍郎夜宴》:“稽岭好风吹玉佩,镜湖残月照楼台。”

【稽₂顙】 犹稽首。古代一种跪拜叩首之礼。王维《送秘书晁监还日本国》序:“况乎戴发含齿,得不稽颡屈膝?”顾况《露青竹杖歌》:“蛟龙稽颡河伯虔,拓羯胡雏脚手鲜。”贯休《寿春节进》:“八蛮须稽颡,四海仰昌期。”吴越王钱镠《秋景》:“率土吾民成富庶,虔诚稽颡荷穹苍。”

【稽巘】 同“稽嶺”。会稽山之省称。贯休《送越将归会稽》:“冉冉春光方婉娩,黯然别我归稽巘。”

稷 〔jì《广韵》子力切,入職,精。〕❶黍类粮食作物之一种。即高粱。常与黍连称,泛指五谷。张说《唐享太庙乐章·登歌》:“喜黍稷,屡丰年。”杜甫《喜晴》:“力难及黍稷,得种菜与麻。”刘眘虚《浔阳陶氏别业》:“愿守黍稷税,归耕东山田。”皎然《武源行赠丘卿岑》:“齐人亦戴蜂虿毒,美稷化为荆棘丛。”❷传说中之周始祖名。魏征《享太庙乐章·大基舞》:“在姬犹稷,方晋逾宣。”杜甫《自京赴奉先县咏怀五百字》:“许身一何愚,窃比稷与契。”

【稷下】 指战国齐都临淄西门稷门附近之地,因齐威王、宣王于该处建学宫,成为游学之士讲学议论之活动中心,后遂以代指文士荟萃之所,或以指会试之所。温庭筠《感旧陈情五十韵献淮南李仆射》:“稷下期方至,漳滨病未痊。”自注:“一年抱疾,不赴乡荐。”亦作“稷下亭”。卢照邻《文翁讲堂》:“锦里淹中馆,岷山稷下亭。”

【稷下亭】 见“稷下”。

【稷山】 唐代县名。隶唐河中府河东郡。即今山西省稷山县。因传为周后稷教民稼穑处,故名。李商隐有《戏题赠稷山驿吏王全》。

【稷契】 后稷与契之并称。传说后稷为周之始祖,弃为商之始祖。二人皆尧舜时之贤臣,后因以代指贤臣。杜甫《客居》:“稷契易为力,犬戎何足吞。”秦系《会稽山居寄薛播侍郎高参舍人》:“稷契今为相,明君复为尧。”

【稷皋】 稷与皋陶二人之合称。传说二人均为虞舜之贤臣,后因以代指贤臣。韩愈《县斋有怀》:“事业窥皋稷,文章蔑曹谢。”

【稷黍】 高粱与黍子。二者皆黍类作物,后者亦称黄半子,性黏。亦以泛指五谷。魏征《五郊乐章·赤帝徵音》:“庶尽肃恭,非馨稷黍。”

【稷嗣】 汉叔孙通之封号。叔孙通曾为汉王刘邦制礼,共起朝仪。权德舆《韦宾客宅与诸博士宴集》:“宾筵征稷嗣,家法自扶阳。”

稻 〔dào《广韵》徒皓切,上晧,定。〕粮食作物名。禾本科,一年生草本。有水稻、旱稻或籼稻、粳稻等种类。其谷粒脱壳后称“大米”。为我国南方主要粮食作物。储光羲《采菱词》:“饭稻以终日,羹莼将永年。”耿湋《送姚校书因归河中》:“委弃秋来稻,彫疏采后桑。”白居易《饱食闲坐》:“红粒陆浑稻,白鳞伊水鲂。”吴融《南迁途中作七首·溪翁》:“饭稻羹菰晓复昏,碧滩声里长诸孙。”

【稻田】 种稻之田。刘禹锡《麻姑山》:“人到便须抛世事,稻田还拟种灵芝。”白居易《赠友五首》之二："畬田既慵斫，稻田亦懒耘。"温庭筠《郊居秋日有怀一二知己》："稻田凫雁满晴沙，钓渚归来一径斜。"刘驾《江村》："江水灌稻田，饥年稻亦熟。"

【稻米】　稻之籽实；米粒。杜甫《忆昔二首》之二："稻米流脂粟米白，公私仓廪俱丰实。"

【稻花】　稻之花。刘长卿《送度支留后若侍御之歙州》："即山榆荚变，降雨稻花残。"殷尧藩《送客游吴》："衣逢梅雨渍，船入稻花香。"许浑《晚自朝台津至韦隐居郊园》："村径绕山松叶暗，野门临水稻花香。"韦庄《鄠杜旧居二首》之二："一径寻村渡碧溪，稻花香泽水千畦。"

【稻苗】　秧苗；稻之幼苗。元结《说洄溪招退者》："松膏乳水田肥良，稻苗如蒲米粒长。"王建《水运行》："去年六月无稻苗，已说水乡人饿死。"朱庆余《送淮阴丁明府》："岛声淮浪静，雨色稻苗深。"杜荀鹤《题汪明府山居》："牛笛漫吹烟雨里，稻苗平入水云间。"

【稻泥】　犹稻田。因稻生于水田，故称。郑谷《访题表兄王藻渭上别业》："桑林摇落渭川西，蓼水涨涨接稻泥。"

【稻草】　收割脱粒后的稻茎。旧常用以覆盖屋顶。元稹《酬乐天东南行诗一百韵》："短檐苫稻草，微俸封渔租。"

【稻秔】　稻与粳。稻米有秈、粳二种。秔，指粳稻。李嘉祐《南浦渡口》："东风潮信满，时雨稻粳齐。"

【稻租】　种稻之田租。温庭筠《病中书怀呈友人》："泮水思芹味，琅琊得稻租。"

【稻畦】　❶犹稻田。羊士谔《郡中即事三首》之三："惟有楼中好山色，稻畦残水入秋池。"许浑《重游飞泉观题故梁道士宿龙池》："仙客不归龙亦去，稻畦长满此池干。"方干《东山瀑布》："挂岩远势穿松岛，击石残声注稻畦。"❷指稻畦帔，袈裟之别名。王维《与苏卢二员外期游方丈寺而苏不至因有是作》："手巾花氎净，香帔稻畦成。"明王志坚《表异录・佛乘》云："袈裟名水田衣，又名稻畦帔。"

【稻飯】　即米饭。李珣《渔歌子》词："水为乡，蓬作舍，鱼羹稻饭常餐也。"

【稻粱】　稻与粱（粟米）。亦泛指五谷。卢照邻《赠益府群官》："常思稻粱遇，愿栖梧桐树。"孙昌胤《遇旅鹤》："希君惠稻粱，欲并离丹丘。"吕温《道州北池放鹅》："能自远飞去，无念稻粱为。"李群玉《池州封员外双鹤》："顾慕稻粱惠，超遥江海情。"

【稻粱謀】　本谓禽鸟觅食，后多以喻指人谋求糊口养生之计。杜甫《同诸公登慈恩寺塔》："君看随阳雁，各有稻粱谋。"

【稻實】　稻粒。亦指挂满稻粒之稻穗。元稹《消卢戡与予数约游三寺戡独沉醉而不行》："素帚茅花乱，圆珠稻实齐。"

【稻澤】　水稻田。韦庄《官庄》："桑田稻泽今无主，新犯香醪没入官。"

【稻穗】　稻之结聚籽实的长穗。李群玉《早鸿》："野水莲茎折，寒泥稻穗空。"张贲《奉和袭美题褚家林亭》："时时风折芦花乱，处处霜摧稻穗低。"罗隐《姑苏城南湖陪曹使君游》："水蓼花红稻穗黄，使君兰棹泛回塘。"徐铉《赋得秋江晚照》："罾网鱼梁静，笞篓稻穗收。"

【稻糧】　泛指五谷粮食。袁皓《重归宜春偶成十六韵寄朝中知己》："稻粮饶燕雀，江海溢凫鹭。"

【稻隴】　稻田。元稹《酬郑从事宴望海亭次用旧韵》："雪花布遍稻陇白，日脚插入秋波红。"

【稻疇】　大片的稻田。张籍《祭退之》："北台临稻畴，茂柳多阴凉。"

【稻穈】　稻与穄。合而泛指五谷。穈，穄子，黍之不黏者。贯休《寿春节进》："境静消锋镝，田香熟稻穈。"

稾　〔gǎo《广韵》古老切，上皓，見。〕亦写作"藁"。❶禾类植物之茎秆。见"稾秸"。❷文字作品之草稿、底本。印粲《赠徐鼎臣常侍》(补编)："谏书未上先焚稾，御笔曾传立草麻。"

【稾砧】　以铁制成的铡草所用之砧板。因"铁"与"夫"谐音，后亦代指夫君。徐彦伯《芳树》："藁砧刀头未有时，攀条拭泪坐相思。"李白《代美人愁镜二首》之二："稿砧一别若箭弦，去有日，来无年。"

【稾秸】　禾稻之茎杆，即稻草禾秸之类。皮日休《鲁望昨以五百言见贻因成一千言》："明水在稾秸，太羹临豆笾。"

稿　同"稾"。稻禾之秸秆。多指稻草。见"稿薦"。

【稿薦】　稻草编成之坐垫。王梵志《诗》之九八："客来且唤入，地铺稿荐坐。"

稼　〔jià《广韵》古訝切，去禡，見。〕❶耕种。沈千运《濮中言怀》："童儿新学稼，少女未能织。"韩愈《县斋有怀》："犹嫌子夏儒，肯学樊迟稼。"鲍溶《述德上太原严尚书绶》："终古鞭血地，到今耕稼繁。"贯休《田家作》："我闻此语心自悲，世上悠悠岂得知，稼而不穑徒尔为。"❷庄稼；作物。李颀《送刘四赴夏县》："男耕女织蒙惠化，麦熟雉鸣长秋稼。"韦应物《登西南冈遇雨寻竹浪至沣壖》："适自恋佳赏，复兹稼盈畴。"费冠卿《秋日与冷然上人寺庄观稼》："村桥出秋稼，空翠落澄湾。"吴融《祝风三十二韵》："他稼已如云，我田方欲莳。"

【稼穡】　❶耕种与收获。泛指农事。虞世南《发营逢雨应诏》："稼穑良所重，方复悦丰年。"许景先《奉和御制春台望》："昆虫不夭在春蒐，稼穑常艰重农术。"殷尧藩《郊行逢社日》："妻孥亲稼穑，老稚效渔畋。"贯休《少年行》："稼穑艰难总不知，五帝三皇是何物。"❷指庄稼。储光羲《同王十三维偶然作十首》之九："我念天时好，东田有稼穑。"高适《东平路中遇大水》："稼穑随波澜，西成不可求。"白居易《喜雨》："顿疏万物焦枯意，定看秋郊稼穑丰。"杜荀鹤《献新安于尚书》："田野绿云笼稼穑，千山明月静干戈。"

十一画

積〔jī《广韵》資昔切，入昔，精。又子智切，去寘，精。〕❶积聚。杜甫《病橘》："玄冬霜雪积，况乃回风吹。"又《送李校书二十六韵》："蔼蔼咸阳都，冠盖日云积。"❷堆积。李白《送外甥郑灌从军三首》之二："破胡必用龙韬策，积甲应将熊耳齐。"杜甫《垂老别》："积尸草木腥，流血川原丹。"李商隐《随师东》："可惜前朝玄菟郡，积骸成莽阵云深。"❸积累；积蓄。韩愈、李正封《晚秋郾城夜会联句》："烧陂除积聚，灌垒失依托。"方干《送弟子伍秀才赴举》："天遣相门延积庆，今同太庙荐嘉宾。"❹长久。杜审言《旅寓安南》："积雨生昏雾，轻霜下震雷。"周贺《京口赠崔固》："积雨晴时近，西风叶满泉。"章碣《春日经湖上友人别业》："何处狂歌破积愁，携觞共下木兰舟。"❺增加；累增。祖咏《送齐高邮棁使入都》："常闻积归思，昨夜又兼秋。"窦常《和裴端公枢芜城秋夕简远近亲知》："岁积登朝恋，秋加陋巷贫。"沈亚之《曲江亭望慈恩杏花发》："芳景偏堪赏，其如积岁华。"郑准《寄进士崔鲁范》："洛阳才子旧交知，别后干戈积咏思。"❻厚；深。杜甫《铁堂峡》："峡形藏堂隍，壁色立积铁。"张祜《登乐游原》："几年诗酒滞江干，水积云重思万端。"❼犹历，经历。李元嘉《奉和同太子监守违恋》："储诚虔晓夕，宸爱积炎凉。"❽郁积。王勃《山亭夜宴》："桂宇幽襟积，山亭凉夜永。"

【積日】　累日；多日。王昌龄《代扶风主人答》："连年不解甲，积日无所餐。"戴叔伦《秋中雨田园即事》："为霖淹古道，积日满荒陂。"陆龟蒙《袭美先辈以龟蒙所献五百言见和再抒鄙怀》："穷年只败袍，积日无晨炊。"

【積水】　❶指江河，亦指湖海。苏颋《奉和圣制春台望应制》："三月沧池摇积水，万年青树缀新花。"王维《送秘书晁监还日本国》："积水不可极，安知沧海东。"杨凭《早发湘中》："迎愁溢浦登城望，西见荆门积水来。"赵嘏《岁暮江轩寄卢端公》："积水生高浪，长风自北时。"亦泛指深积之水。吴融《中秋陪熙用学士禁中玩月》："衣似繁霜透，身疑积水沉。"❷谓贮满水。李峤《晚秋喜雨》："旱陂仍积水，涸沼更通流。"

【積火】　积久燃烧之火。韩愈、孟郊《赠剑客李园联句》："筑炉地区外，积火烧氛氲。"杜牧《昔事文皇帝》："昆圉恰积火，河汉注清源。"

【積火焚心】　道家炼内丹之术语。谓以身为炉灶，运神修炼，以使精气凝而不散，即为炼成内丹。曹邺《寄嵩阳道人》："将龙逐虎神初王，积火焚心气渐清。"

【積功】　指积聚修炼之功夫。白居易《寄卢少尹》："补养在积功，如裘集众毛。"

【積世】　累世；世代。孟郊《列仙文・清虚真人》："遗我积世忧，释此千载叹。"

【積石】　❶指唐积石军之积石山。为唐西部边塞要地。黄河流经山下，称"积石峡"。刘孝孙《早发成皋望河》："鸿流遵积石，惊浪下龙门。"骆宾王《边城落日》："河流控积石，山路远崆峒。"❷代指黄河。因旧谓黄河源出积石山，故以代指。许棠《汴河二十韵》："直断平芜色，横分积石流。"❸泛指堆积之石。韦庄《李氏小池亭十二韵》："积石乱巉巉，庭莎绿不芟。"

【積石山】　山名。有二：大积石山亦名大雪山，在今青海东南部；小积石山亦名唐述山，在其东南之黄河积石峡边。温庭筠《鸿胪寺有开元中锡宴堂偶成四十韵》："西覃积石山，北至穷发乡。"按此指大积石山。

【積石河】　指黄河流至廓州积石峡之一段。其上游属吐蕃地域。赵彦昭《奉和送金城公主适西蕃应制》："俗化乌孙垒，春生积石河。"见"積石軍"。

【積石軍】　军，唐节度使下辖之军队防守区域名。积石军属陇石节度使，管兵七千人，在唐廓州达化县（今青海循撒拉县）西。因其地有小积石山，故名。高适有《同吕判官从哥舒大夫破洪济城回登积石军多福七级浮屠》。参阅《旧唐书・地理志一》。见"積石山"。

【積甲】　堆积兵器铠甲。李白《送外甥郑灌从军三首》之二："破胡必用龙韬策，积甲应将熊耳齐。"按此句用《后汉书・刘盆子传》："积兵甲宜阳城西，与熊耳山齐"事。

【積年】　经年；多年。杜甫《远怀舍弟颖观等》："积年仍远别，多难不安居。"韩愈《元和圣德诗》序："东定青齐积年之叛，海内怖骇，不敢违越。"张籍《沈千运旧居》："嗟其未积年，已为荒林丛。"

【積行】　（—xíng）积累善行。谓坚持行善。陆龟蒙《京口与友生话别》："积行依颜子，和光则老聃。"

【積劫】　积多次劫波。指极长久之岁月。佛家以天地之一生一灭为一劫，故称。贯休《寿春节进大蜀皇帝五首》之五："积劫修来似炼金，为皇为帝万灵钦。"

【積芳】　丛聚之草木花卉。孟郊《别妻家》："私情讵消铄，积芳在春丛。"

【積雨】　积久连下之雨。杜审言《旅寓安南》："积雨生昏雾，轻霜下震雷。"王维《积雨辋川庄作》："积雨空林烟火迟，蒸藜炊黍饷东菑。"周贺《京口赠崔固》："积雨晴时近，西风叶满泉。"司空图《寄怀元秀上人》："高秋期步野，积雨放趋朝。"

【積金堆玉】　谓金玉堆积。形容豪富。陈璠《临刑诗》："积玉堆金官又崇，祸来倏忽变成空。"

【積帙】　积久收藏之书籍。帙，布书套，代指书。皮日休《读书》："家资是何物，积帙列梁梠。"

【積帛】　聚积绸缎。指聚敛财富。杜荀鹤《自遣》："粝食粗衣随分过，堆金积帛欲如何。"

【積金】　堆集金钱。皇甫松《登郭隗台》："燕相谋在兹，积金黄巍巍。"张籍《春日行》："不用积金著青天，不用服药求神仙。"

【積炎】　久暑而积聚之炎热。陈元光《落成会咏二首》之一："胜日当佳庆，清风去积炎。"

【積阻】　谓山势连绵而形成阻碍。亦指重山叠峰。胡皓《奉和圣制送张尚书巡边》："金山无积阻，玉树有华滋。"王维《燕子龛禅师》："周商倦积阻，蜀物多淹泊。"杜甫《寒峡》："云门转绝岸，积阻霾天寒。"卢纶《太白西峰偶宿车祝二尊师石室》："积阻关河固，绵联烽戍稠。"

【積思】　持续深久之沉思或思念。张正一《和武相公中秋锦楼玩月》："旅人方积思，繁宿稍沉光。"

【積草嶺】　山名。在唐山南道成州同谷县（今甘肃成县）境。杜甫《积草岭》："山分积草岭，路异明水县。"

【積俗】　积久而成之习俗。韦应物《夏日》："积俗易为侵，愁来复难整。"

【積怨】　积累已久之怨恨。李白《酬裴侍御对雨感时见赠》："祸连积怨生，事及徂川往。"

【積恨】　积久之憾恨。姚鹄《送人归吴》："到此一长望，知君积恨销。"韦庄《悼亡姬》："竹叶岂能消积恨，丁香空解结同心。"

【積素】　❶指积雪。钱起《和王员外雪晴早朝》："独看积素凝清禁，已觉轻寒让太阳。"王邵《冬晚对雪忆胡处士》："洒空深巷静，积素广庭闲。"亦指冰凌。赵蕃《荐冰》："积素因风壮，虚空向日明。"❷喻白色之雾霭。李白《早过漆林渡寄万巨》："水色倒空青，林烟横积素。"❸喻指丛聚之白花。羊士谔《故萧尚书瘿柏斋前玉蕊树》："天清凝积素，风暖动芬丝。"

【積涷】　指檐冰。韦庄《冬日长安感志寄献虢前崔郎中二十韵》："积冻慢封寒溜细，暮云高拔远峰尖。"

【積病】　犹沉疴。积久之病。包佶《立春后休沐》："积病攻难愈，衔恩报转微。"

【積疹】　犹沉疴。积久之病。马戴《寄远》："积疹甘毁颜，沉忧更销骨。"

【積流】　指大海。太宗《春日望海》："积流横地纪，疏派引天潢。"亦指河湖。杜甫《覆舟二首》之一："羁使空斜影，龙宫阈积流。"张乔《渔家》："拥棹思悠悠，更深泛积流。"

【積浪】　积叠之大浪。耿湋《陪宴湖州公堂》："文府重门奥，儒源积浪深。"许棠《江上行》："片席随高鸟，连天积浪间。"

【積陰】　❶指积久之阴气、寒气。刘禹锡《武陵书怀五十韵》："积阴春暗度，将霁雾先昏。"韩偓《火蛾》："阳光不照临，积阴生此类。"❷指水雾或阴云。杜甫《飞仙阁》："万壑欹疏林，积阴带奔涛。"马戴《浙江夜宿》："积阴开片月，爽气集高秋。"亦指云天，神灵所居之处。则天皇后《唐大飨拜洛乐章·通和》："暂动凝质，还归积阴。"

【積喧】　谓长期为喧闹声困扰。韦应物《慈恩精舍南池作》："积喧忻物旷，耽玩觉景驰。"

【積雪】　积久未化之雪。王维《华岳》："西岳出浮云，积雪在太清。"牟融《闽中回》："千山积雪凝寒碧，梦入枫宸绕御床。"或以喻指莹白如雪之物。崔珏《水晶枕》："千年积雪万年冰，掌上初擎力不胜。"

【積雲】　犹浓云。项斯《汉南遇友人》："积云开去路，曙雪叠前峰。"

【積善】　累积行善之功德。太宗《赋尚书》："灭身资累恶，成名由积善。"杜甫《徐卿二子歌》："吾知徐公百不忧，积善衮衮生公侯。"李咸用《悼范摅处士》："到头积善成何事，天地茫茫秋又春。"

【積善有餘慶】　亦作"積善忻餘慶"。谓行善积德之人家必有善报。语本《易·坤》："积善之家，必有余庆；积不善之家，必有余殃。"太宗《重幸武功》："积喜忻余庆，畅武悦成功。"范质《诫儿侄八百字》："积善有余庆，清白为贻谋。"

【積善坊】　里坊名。在唐东都洛阳定鼎门街西第一街。见《唐两京城坊考》卷四。元稹《醉醒》："积善坊中前度饮，谢家诸婢笑扶行。"

【積善忻餘慶】　见"積善有餘慶"。

【積愁】　积结之愁闷。章碣《春日经湖上友人别业》："何处狂歌破积愁，携觞共下木兰舟。"

【積閏】　为了与一回归年的时间相符，阳历、农历分别在历法上加上若干天，加在一月或一年中，称为"积闰"。旧历多用十九年七闰法。许稷《闰月定四时》:"玉律穷三纪,推为积闰期。"

【積陽】　本谓阳气聚集,亦以指太阳。张九龄《和崔尚书喜雨》:"积阳虽有晦,经月未为灾。"李峤《晚秋喜雨》:"积阳躔首夏,隆旱届徂秋。"

【積蓄】　聚敛累积财物。白居易《秋居书怀》:"何须广居处,不用多积蓄。"

【積感】　厚积之恩。吴融《赴阙次留献荆南成相公三十韵》:"积感深于海,衔恩重极嵩。"

【積歲】　犹积年。项斯《巴中逢故人》:"劳思空积岁,偶会更无由。"

【積稔】　犹积年;经年。司空图《月下留丹灶》序:"邵阳某县人,或闻其山实异,斋祷积稔,果有蹈空而至者。"

【積甃】　叠砌而成之井壁。喻指陡悬的深谷。韩愈《南山诗》:"攀缘脱手足,蹭蹬抵积甃。"

【積毁】　不断增累的毁谤。张九龄《荆州作二首》之二:"内讼已惭沮,积毁今摧残。"温庭筠《病中书怀呈友人》:"积毁方销骨,微瑕惧掩瑜。"吴融《祝风三十二韵》:"肠回为多别,骨瘦因积毁。"林氏《送男左贬诗》:"有辞期不罚,积毁竟相仍。"

【積毁銷金】　累增之毁谤,可销蚀金石之坚。形容谗言之可畏。李白《雪谗诗赠友人》:"人生实难,逢此织罗。积毁销金,沉忧作歌。"

【積誠】　凝聚诚心。孟郊《酬李侍御秋夕雨中病假见寄》:"重兹阻良夕,孤坐唯积诚。"

【積算】　累积计算。罗让《闰月定四时》:"余分将考日,积算自成时。"

【積膏】　累聚之松脂。元稹《与扬十二巨源等同游大安亭各赋二物探得松石》:"积膏当琥珀,新劫长芙蓉。"

【積漸】　犹言逐渐。谓积渐进之过程而至。王建《和少府崔卿微雪早朝》:"无多白玉阶前湿,积渐青松叶上干。"吕温《顺宗至德大圣大安孝皇帝挽歌词三首》之二:"积渐承鸿业,从容守太康。"白居易《戏和贾常州醉中二绝句》之一:"闻道毗陵诗酒兴,近来积渐学姑苏。"周朴《早春》:"韶光不偏党,积渐煦疲民。"

【積漲】　(zhǎng)谓水汇积高涨。刘禹锡《韩十八侍御见示岳阳楼别窦司直诗足成六十二韵》:"积涨在三秋,混成非一水。"

【積翠】　❶积叠翠色。钱起《赋得寒云轻重色送子恂入京》:"积翠全低岭,虚明半出林。"韦应物《骊山行》:"禁仗围山晓霜切,离宫积翠夜漏长。"任华《寄杜拾遗》:"积翠扈游花匼匝,披香寓直月团乐。"顾况《同裴观察东湖望山歌》:"浴鲜积翠栖灵异,石洞花宫绕半空。"❷草木层叠之翠色。许敬宗《送刘散员同赋得陈思王诗山树郁苍苍》:"乔木托危岫,积翠横连岗。"李白《酬殷明佐见赠五云裘歌》:"远山积翠横海岛,残霞飞丹映江草。"崔绩《小苑春望宫池柳色》:"积翠连驰道,飘花出禁城。"薛逢《送刘郎中牧杭州》:"一州横制浙江湾,台榭参差积翠间。"❸苍翠之山色或山。陈叔达《春首》:"翔禽遥出没,积翠远参差。"李憕《奉和圣制从蓬莱向兴庆阁道中春望之作应制》:"云飞北阙轻阴散,雨歇南山积翠来。"权德舆《早夏青龙寺凭眺感物因书十四韵》:"中南横峻极,积翠泄云雨。"蜀太后徐氏《丈人观谒先帝御容》:"日照堆岚回,云横积翠间。"

【積聚】　犹积蓄,指屯聚积累之粮草。韩愈、李正封《晚秋郾城夜会联句》:"烧陂除积聚,灌垒失依托。"

【積骸】　堆积之骸骨。李商隐《随师东》:"河惜前朝玄菟郡,积骸成莽阵云深。"

【積德】　累积善行功德。褚亮《宗庙九德之歌辞》:"积德斯远,茂攸绪先。"白居易《新乐府·法曲》:"法曲法曲歌大定,积德重熙有庆。"夏侯孜《享太庙乐章》:"俗尚素扑,人皆乐康,积德可报,流庆无疆。"

【積慶】　谓累积善行而获福祉。萧颖士《有竹》:"彼美公之姓兮,那欤应积庆兮。"钱起《陪郭常侍会公东亭宴集》:"不愁欢乐尽,积庆在和羹。"刘禹锡《奉和吏部杨尚书太常李卿二相公策免后即述怀》:"余芳在公论,积庆是神扶。"方干《送弟子伍秀才赴举》:"天遣相门延积庆,今同太庙荐嘉宾。"

【積潦】　(—lǎo)水涝。成灾之积水。张祜《丹阳新居四十韵》:"四隅疏积潦,万顷控平田。"

【積潤】　积久湿气、水气。李峤《砚》:"积润循毫里,开池小学前。"骆宾王《在江南赠宋五之问》:"浮光凝折水,积润疏圆沚。"温庭筠《和道溪君别业》:"积润初销碧草新,凤阳晴日带雕轮。"杜牧《偶游石僧精舍》:"潋绿古津远,积润苔基释。"亦指雨水。羊士谔《城隍庙赛雨二首》之二:"积润通千里,推诚奠一卮。"

【積薪】　堆积柴火。❶《史记·汲黯列传》载:汉右内史汲黯为昔日小吏公孙弘、张汤等位居己上不平,言于汉武帝曰:"陛下用群臣如积薪耳,后来者居上。"后遂以"积薪"为咏仕途沉滞之典。权德舆《酬崔舍人阁老冬至日宿直省中奉简两掖阁老并见示》:"左掖期连茹,南宫愧积薪。"杜牧《春日言怀寄虢州李常侍十韵》:"且嫌游昼短,莫问积薪长。"❷贾谊《新书·数宁》:"夫抱火措之积薪之下,而寝其上,火未及燃,因谓之安,偷安者也。方今之势,何以异此?"后因以"积薪"喻潜伏之隐患。韩偓《感事三十四韵》:"畏闻巢幕险,宁寤积薪然?"❸《后汉书·戴封传》载:戴封任西华令,遇大旱,"乃积薪坐其上以自焚,火起而大雨暴至，于是远近叹服。”后因用为颂地方官舍身为民求雨之典。李瀚《蒙求》：“戴封积薪，耿恭拜井。”

【積霖】　犹积雨。久下不止之雨。周贺《留辞杭州姚合郎中》：“会宿逢高士，辞归值积霖。”

【積學】　❶积累学识；积累学力。卢纶《和李中丞酬万年房署少府过汾州景云观因以寄上》：“积学早成道，感恩难遂初。”杜牧《川守大夫刘公早岁寓居敦行里今之置第乃获旧居辄献此诗》：“积学萤尝聚，微词凤早吞。”❷犹饱学。孟郊《济源春》：“治生鲜惰夫，积学多深材。”亦指积有深厚学力者。徐铉《玉笥山留题》：“九仙皆积学，洞壑多遗迹。”

【積濤】　层叠之浪涛。无可《送吕郎中赴沧州》：“何人共东望，日向积涛生。”

【積穢】　积存之污秽。吕温《道州观野火》：“积秽皆荡除，和气始融液。”

【積壤】　厚土。指田野。张祜《江南杂题三十首》之八：“积壤连泾脉，高林上简竿。”

【積疊】　层层累叠。李频《蜀中逢友人》：“积叠山藏蜀，潺湲水绕巴。”王贞白《书陶潜醉石》：“积叠莓苔色，交加薜荔根。”

【積戀】　积久思恋。张九龄有《忝官二十年尽在内职及为郡尝积恋因赋诗焉》。

【積靄】　厚积之雾霭。刘长卿《赴楚州次自田途中阻浅问张南史》：“楚城今近远，积霭寒塘暮。”

穎〔yǐng《广韵》餘頃切，上静，以。〕❶禾穗之尖端。亦代指禾穗。张聿《余瑞麦》：“雨岐分更合，异亩颖仍连。”孟简《嘉禾合颖》：“颖低甘露滴，影乱惠风过。”蒋防《秋稼如云》：“紫芒分幂幂，青颖澹油油。”❷植物新绽之叶芽或花芽。韦应物《种药》：“阴颖夕房敛，阳条夏花明。”李建勋《谢赐待诏御苑》：“叠颖弄芳秋气落，丛柯耸翠露华清。”❸喻才能。刘禹锡《罢郡归洛阳寄友人》：“颖微囊未出，寒甚谷难吹。”

【穎悟】　聪明悟性高。徐夤《读史》：“喜愠子文何颖悟，卷藏蘧瑗甚分明。”

【穎脫】　❶“脱颖而出”之略语。谓锥尖露出囊外，形容人突然展现才能，崭露头角。李白《自广平乘醉走马六十里至邯郸登城楼览古书怀》：“毛君能颖脱，二国且同盟。”杜甫《遣闷》：“气冲看剑匣，颖脱抚锥囊。”

【穎脫手】　可以脱颖而出之高明手法。杜甫《上水遣怀》：“善知应触类，各藉颖脱手。”

【穎陽】　地名。“颍阳”之讹。储先羲有《奉和中书徐侍郎中书省玩白云寄颖阳赵大》。

【穎精】　秀出之精华。孟郊《列仙文·金母飞空歌》：“南岳挺直干，玉英曜颖精。”

【穎銳】　锋芒锐利。形容才华脱颖而出。杜甫《八哀诗·赠司空王公思礼》：“追随燕蓟儿，颖锐物不隔。”

穆〔mù《广韵》莫六切，入屋，明。〕❶和。和洽，和畅。太宗《元日》：“穆矣熏风茂，康哉帝道昌。”丘丹《经湛长史草堂》序：“仰览遗韵，若穆清风。”唐尧臣《金陵怀古》：“多士春林秀，作颂清风穆。”《郊庙歌辞·祀圜丘乐章·豫和》：“景福降兮圣德远，玄化穆兮天历长。”❷美；美好；美善。魏征《享太庙乐章·永和》：“于穆烈祖，弘此丕基。”刘希夷《谒汉世祖庙》：“君容穆而圣，臣像俨犹贤。”柳宗元《贞符》：“于穆敬德，黎人皇之。”❸纯正。魏征《享太庙乐章·大明舞》：“偃伯灵台，九官允穆。”王湾《秋夜寓直即事怀萧令公裴侍郎》：“三杰贤更穆，百僚欢且兢。”❹虔敬；恭敬。李希仲《东皇太一词》：“吉日初齐戒，灵巫穆上皇。”白居易《寄献此都留守裴令公》：“为穆先陈醴，招刘共藉糟。”按，此特指斋戒时敬神。❺古代宗庙排序，父为昭；子为穆。又，左为昭，右为穆；南面为昭，北面为穆。玄宗《春晚宴两相及礼官丽正殿学士》序：“乃命礼官，考制度、稽典则，序文昭武穆，享天地神祇，所以申严洁也。”❻周穆王之简称。韩愈《送区弘南归》：“穆昔南征军不归，虫沙猿鹤伏以飞。”❼姓。唐诗人有穆寂。

【穆七】　指穆赏。贞元元年(785)至六年，李兼为江西观察使时，穆赏曾为幕宾，带殿中侍御史衔。见《全唐文》卷六九。符载《杜佑鸟真赞》称部从事殿中侍御史穆赏。“侍郎”似应为“侍御”之误。权德舆有《酬穆七侍郎早登使院西楼感怀》。

【穆天子】　即周穆王满。昭王之子。传说他曾乘八骏远游，会见西王母于瑶池。苏颋《春日芙蓉园侍宴应制》：“宁知穆天子，空赋白云秋。”李欣《谒张果先生》：“尝闻穆天子，更忆汉皇帝。”

【穆元林】　当即穆元休。“林”乃“休”之讹。曾为安阳令和偃师丞见《元和姓纂》卷一〇“河南穆氏”和《南部新书》两卷。李颀有《赠别穆元林》。

【穆中丞】　穆栖梧。曾官抚州刺史、泗州刺史兼中丞，见《江西通志》卷八、《元和姓纂》卷一〇河南穆氏。罗隐有《临川投穆中丞》。

【穆公】　穆质。曾官给事中，见《资治通鉴》卷二三八。刘禹锡《送湘阳熊判官孺登府罢归钟陵因寄江西裴中丞二十三兄》诗自注：“初，中丞自尚书屯田员外郎出守，踵其武者，今给事中穆公。”

【穆若】　肃穆清静貌。刘兼《送文英大师》：“山郡披风方穆若，花时分袂更凄然。”

【穆宗】　宪子李恒庙号。杜牧《杜秋娘诗》序：“穆宗即位，命秋为皇子傅姆。”

【穆郎中】 穆宁。宁曾官检校司封郎中、和州刺史。见《旧唐书·穆宁传》。刘长卿有《和州留别穆郎中》。

【穆寂】 唐诗人。河南(今河南洛阳)人。贞元九年(793)进士。贞元末应科目及第。元和五年(610)官监察御史,入湖南幕府,迁著作郎。《全唐诗》卷七七九录其诗二首,其中《冬至日祥风应侯》,一作鲍防诗。

【穆陵】 穆陵关之省称。刘长卿《穆陵关北逢人归渔阳》:"逢君穆陵路,匹马向桑干。"陈存《穆陵路》:"歇马上秋草,逢人问故关。"崔涂《申州道中》:"那堪独驰马,江树穆陵西。"王贞白《随计》:"何堪穆陵路,霜叶更潇潇。"

【穆陵關】 关名。在唐淮南道黄州麻城县,即今湖北省麻城市北。王昌龄《送薛大赴安陆》:"遥送扁舟安陆郡,天边何处穆陵关。"刘长卿《使次安陆寄友人》:"暮雨不知涢口处,春风只到穆陵西。"郎士元《送别》:"穆陵关上秋云起,安陆城边远行子。"刘禹锡《平蔡州三首》之三:"南峰无火楚泽间,夜行不锁穆陵关。"

【穆清】 ❶指上天。亦以代指朝廷。韦应物《奉和圣制重阳日赐宴》:"圣心忧万国,端居在穆清。"李益《大礼毕皇帝御丹凤门改元建中大赦》:"宸居穆清受天历,建中甲子合上元。"白居易《和答诗十首·答桐花》:"云待我成器,荐之于穆清。"李群玉《始忝四座奏状闻荐蒙恩授官言怀纪事》:"天子栖穆清,三台付夔龙。"❷太平祥和。李华《咏史十一首》之二:"久物此朝盛,君臣何穆清。"❸清静;清和。窦牟《天津晓望因寄呈分司一二省郎》:"散郎无所属,聊事穆清居。"

【穆清風】 "穆如清风"之略语。语本《诗·大雅·烝民》:"吉甫作诵,穆如清风。"意为和煦如清风可化育万物。后多用为赞颂德业之词。李白《春日陪杨江宁及诸官宴北湖感古作》:"杨宰穆清风,芳声腾海隅。"

【穆满】 指周穆王。韦应物《汉武帝杂歆三首》之一:"可怜穆满瑶池燕,正值花开不得荐。"元稹《八骏图诗》:"穆满志空阔,将行九州野。"温庭筠《马嵬驿》:"穆满曾为物外游,元龙经此暂淹留。"

【穆質】 唐名臣穆宁子。贞元元年(785)九月贤良方正能言极谏科及第,官太子左庶子、连州司马、开州刺史。见《旧唐书·穆质传》《唐会要》卷六六、穆员《尊胜幢记》(《全唐文》卷七八三)。窦庠有《太原送穆质南游》。李益有《中桥北送穆质兄弟应制戏赠萧二策》。

【穆穆】 ❶和美貌。储光羲《同诸公秋日游昆明池思古》:"穆穆轩辕朝,耀德守方陲。"卢纶《秋幕中夜独坐呈同院诸公》:"熙熙造化功,穆穆唐尧年。"韩愈《奉和武相公镇蜀时咏使宅韦太尉所养孔雀》:"穆穆鸾凤友,何年来止兹。"贯休《大蜀高祖潜龙日献陈情偈颂》:"穆穆蜀俗,整整师律。"❷宽和仁慈貌。储光羲《述华清宫五首》之四:"穆穆睟容归,岂为明灯夜。"杜甫《秋日荆南述怀三十韵》:"垂旒资穆穆,祝网但恢恢。"元稹《桐花》:"天子既穆穆,群林亦森森。"❸隆盛貌。魏征《享太庙乐章·大成舞》:"明明盛德,穆穆齐芬。"储光羲《奉别长史庾公太守徐公应召》:"煌煌逾涿鹿,穆穆更坤元。"❹端敬貌;恭肃貌。韦应物《送郗詹事》:"圣朝列群彦,穆穆佐休明。"灵澈《奉和郎中题仙岩瀑布十四韵》:"穆穆早朝人,英英丹陛贤。"赵光逢《梁郊祀乐章·庆顺》:"乾乾睿相,穆穆皇仪。"❺宁静安谧貌。常衮《晚秋集贤院即事寄徐薛二侍郎》:"穆穆上清居,沈沈中秘书。"胡宿《天街晓望》:"金波穆穆沙堤月,玉树琤铮上苑风。"

【穆護砂】 乐府曲名。一作"穆护子"。明杨慎《词品·穆护砂》云:为隋朝曲,"皆隋开汴河时辞人所制劳歌也"。宋洪迈《容斋四笔·穆护歌》云"穆护"乃"木瓠",歌舞时用以击节之器。张祜有《穆护砂》。

【穆諭德】 穆宁。宁曾官右谕德,见《旧唐书·穆宁传》。刘长卿有《新安奉送穆谕德·归朝赋得行字》。

十二画

穗 〔suì《广韵》徐醉切,去至,邪。〕❶稻麦等禾本科植物之花或籽实聚生于茎之顶端,称穗。李峤《晚秋喜雨》:"晚穗萎还结,寒苗瘁复抽。"张渭《别睢阳故人》:"夏雨桑条绿,秋风麦穗黄。"雍陶《永乐殷尧藩明府县池嘉莲咏》:"同心栀子徒夸艳,合穗嘉禾岂解香。"陆龟蒙《五歌·刈获》:"平明抱杖入田中,十穗萧条九穗空。"❷其他植物的穗状花实。李颀《魏仓曹东堂柽树》:"攒青蓄翠阴满屋,紫穗红英曾断目。"颜真卿《赠僧皎然》:"诛榛养翘楚,鞭草理芳穗。"令狐楚《远别离二首》之一:"杨柳黄金穗,梧桐碧玉枝。"吴融《秋池》:"香啼蓼穗娟娟露,干动芝莲茎淅淅风。"❸穗状之物。白居易《江州雪》:"城柳方缀花,檐冰才结穗。"温庭筠《更漏漏》词:"香作穗,蜡成泪,还似两人心意。"韦庄《对雪献薛常侍》:"松装粉穗临窗亚,水结冰锥簇溜悬。"❹量词。用以计圆柱状如穗之物。卢纶《同王员外雨后登开元寺南楼因寄西岩警上人》:"数穗远烟凝垄上,一枝繁果忆山中。"吴融《赠詈光上人草书歌》:"有时软萦盈,一穗秋云曳空阔;有时瘦逸岩,百尺枯松露槎枿。"

穞 〔lǚ《广韵》力举切,上語,來。〕植物野生者称穞。见"穞葵""穞穀"。

【穞葵】　野生之葵菜。李白《代秋情》:“几日相别离,门前生穞葵。”

【穞穀】　自落自生之野谷。刘禹锡《登司马错古城》:“废井抽寒菜,毁台生鲁谷。”

穜　〔tóng《广韵》徒紅切,平東,定。又直容切,平鐘,澄。〕先种后熟的谷类。费冠卿《答萧建》:“搜泥时和面,拾橡半添穜。”见“穜稑”。

【穜稑】　先种后熟之谷类为穜,后种先熟者为稑。合而泛禾谷庄稼。陆龟蒙《村夜二篇》之一:“专专望穜稑,搰搰条桑柘。”

穟　〔suì《广韵》徐醉切,去至,邪。〕通“穗”。❶稻麦等谷物茎端之实。韩愈《游城南十六首·赛神》:“麦苗含穟桑生葚,共向田头乐社神。”李贺《艾如张》:“陇东卧穟满风雨,莫信龙媒陇西去。”张祜《忧旱吟》:“嘉禾穟为实,灌注期穰穰。”徐铉《九日落星山登高》:“秋暮天高稻穟成,落星山上会诸宾。”❷其他植物之穗状花实。周思钧《晦日宴高氏林亭》:“早春惊柳穟,初晦掩蓂华。”朱庆余《和刘补阙秋园寓兴之什十首》之一:“雨余槐穟重,霜近药苗衰。”段成式《折杨柳七首》之七:“黄金穟短人多折,已恨东风不展眉。”按此指柳穗。❸穗子。丝绦等扎成之穗状饰物。杜甫《王兵马使二角鹰》:“二鹰猛脑徐侯穟,目如愁胡视天地。”

穉　同“稚”。❶晚种之谷类作物。元稹《出门行》:“善贾识贪廉,良田无稙穉。”❷幼小的。见“穉子”“穉女”。❸幼儿;小孩。杜甫《北征》:“生还对童穉,似欲忘渴饥。”韩愈、孟郊《城南联句》:“灵麻撮狗虱,村穉啼禽猩。”杜牧《秋岸》:“船上听呼穉,堤南趁漉鱼。”亦指少女。温庭筠《照影曲》:“黄印额山轻为尘,翠鳞红穉俱合啰。”❹喻指竹笋、新竹。见“穉龍”。

【穉女】　幼女。白居易《官舍》:“穉女弄庭果,嬉戏牵人裾。”又《答骑马入空台》:“鳏夫仍系职,穉女未胜哀。”

【穉子】　幼子;儿童。杜甫《秋雨叹三首》之三:“老夫不出长蓬蒿,穉子无忧走风雨。”李观《宿裴友书斋》:“穉子不待晓,花间出柴门。”张祜《闲居》:“井栏防穉子,盆水试鹅儿。”胡令能《小儿垂钓》:“蓬头穉子学垂纶,侧坐莓苔草映身。”

【穉杉】　幼小之杉树。吴融《送弟东归》:“祖竹定欺檐雪折,穉杉应拂栋云齐。”

【穉姪】　幼姪。白居易《效陶潜体诗十六首》之九:“穉侄初学步,牵衣戏我前。”

【穉龍】　喻指竹笋。陆龟蒙《新竹》:“若非抱苦节,何以偶惟馨。徐观穉龙出,更赋锦苞零。”

十三画

穫　〔huò《广韵》胡郭切,入鐸,匣。〕❶收割庄稼。皇甫冉《题高云客舍》:“清秋香粳获,白露寒菜长。”耿沣《秋中雨田园即事》:“五稼何时获,孤村几户炊。”白居易《观稼》:“停杯问生事,夫种妻儿获。”薛逢《邻相反行》:“我今躬耕奉所天,耕锄刈获当少年。”❷收获;收成。韦应物《赠李判官》:“始耕已见获,衫絺今授衣。”

【穫稻】　收割稻。杜甫《暂住白帝复还东屯》:“复作归田去,犹残获稻功。”独孤及《送陈兼应辟兼寄高适贾至》:“罢官梁山外,获稻楚水湄。”钱珝《江行无题一百首》之三一:“晚晴初获稻,闲即采莲船。”

穡　〔sè《广韵》所力切,入職,生。〕❶收获谷物。贯休《田家作》:“世上悠悠岂得知,稼而不穑徒尔为。”亦泛指耕耘收获等农事。范质《诫儿姪八百字》:“不蚕复不穑,未尝勤四体。”❷指谷物庄稼。杜甫《九日寄岑参》:“吁嗟呼苍生,稼穑不可救。”

【穡人】　农夫。柳宗元《首春逢耕者》:“缀景未及郊,穑人先耦耕。”

【穡力】　从事耕获之体力。白居易《渭村退居寄礼部崔侍郎翰林钱舍人诗一百韵》:“穑力嫌身病,农心愿岁穰。”

穢　〔huì《广韵》於廢切,去廢,影。〕❶杂草丛生;荒芜。李峤《田假限疾不获还庄或成短韵赠杜幽素》:“绿畴良已秽,清濠旷不追。”杜甫《投简成华两县诸子》:“南山豆苗早荒秽,青门瓜地新冻裂。”亦指杂草乱木。元稹《遣兴十首》之三:“严霜荡群秽,蓬断麻亦折。”❷脏污;污浊杂乱之物。元稹《江边四十韵》:“濩落贫甘守,荒凉秽尽包。”李敬方《题黄山汤院》:“形秽忻除垢,神嚣喜破昏。”吴融《平望蚊子二十六韵》:“衣巾秽且甚,盘馔腥有余。”张蠙《宿开照寺光泽上人院》:“不教人触秽,偏说此山灵。”❸使污;染污。李白《古风》之三七:“群沙秽明珠,众草凌孤芳。”薛逢《灵台家兄古镜歌》:“兴云致雨会有时,莫遣红妆秽灵迹。”李群玉《别尹炼师》:“城市不可留,尘埃秽仙骨。”范质《诫儿侄八百字》:“南朝称八达,千载秽青史。”❹犹丑陋。李端《病后游青龙寺》:“病来形貌秽,斋沐入东林。”❺鄙陋;卑污。吕岩《三字诀》:“大关键,在颠倒。莫厌秽,莫计较。”❻污辱;羞辱。唐彦谦《和陶渊明贫士诗七首》之四:“中年涉事熟,欲学唾而妻,逡巡避少年,赴秽不敢酬。”

【穢仙】　污秽之仙;杂仙。皎然《答韦山人隐起龙文药瓢歌》:“世人强知金丹道,默仙不成秽仙老。”

【穢污】　肮脏污浊。卢仝《哭玉碑子》:“为禀灵异气，不得受秽污。”元稹《捉捕歌》：“在海尚幽遐，在怀交秽污。”亦指使脏污，弄污。薛涛《十离诗·燕离巢》：“衔泥秽污珊瑚枕，不得梁间更垒巢。”

【穢莽】　荒草；杂草。齐己《荆楚病中因思匡庐遂成三百字寄梁先辈》：“幽香发兰蕙，秽莽摧丘墟。”

【穢草】　恶草；杂草。韦应物《新理西斋》：“养条刊朽枿，护药锄秽芜。”

【穢濁】　污浊之水。杜甫《三川观水涨二十韵》：“应沉数州没，如听万室哭。秽浊殊未清，风涛怒犹蓄。”

穠〔nóng《广韵》女容切，平鍾，娘。又而容切，平鍾，日。〕❶花木繁茂浓密貌。温庭筠《晚归曲》：“莲塘艇子归不得，柳暗桑秾闻布谷。”张蠙《和友人许裳题宣平里古藤》：“迸根通井润，交叶覆庭秾。”❷花丰润美艳貌。武元衡《春晚奉陪武相公西亭宴集》：“玉颜秾处并，银烛焰中看。”白居易《裴常侍以题蔷薇架十八韵见示因以和之》：“秾因天与色，丽共日争先。”李绅《新楼诗二十首·重台莲》：“自含秋露贞洁姿，不竞春妖冶态秾。”❸形容女子体态丰盈。岑参《田使君美人舞如莲花北铤歌》：“慢脸娇娥纤复秾，轻罗金缕花葱茏。”

【穠李】　华美的李花。宋之问《芳树》：“夭桃色若绶，秾李光如练。”武元衡《摩河池宴》：“秾李雪开歌扇掩，绿杨风动舞腰回。”羊士谔《南池荷花》：“朝朝只自赏，秾李亦何言。”亦代指李花般的莹白之色。王宏《从军行》：“儿生三日掌上珠，燕颔猿肱秾李肤。”苏味道《正月十五夜》：“游伎皆秾李，行歌尽落梅。”

【穠芳】　浓香之花或花木。柳宗元《湘岸木芙蓉植龙兴精舍》：“丽影别寒水，秾芳委前轩。”白敏中《桃花》：“千朵秾芳倚树斜，一枝枝缀乱云霞。”陆希声《阳羡杂咏十九首·李径》：“一径秾芳万蕊攒，风吹雨打未摧残。”冯延巳《莫思归》词：“花满名园酒满觞，且开笑口对秾芳。”

【穠英】　繁密之花朵。王毂《刺桐花》：“秾英斗火欺朱槿，栖鹤惊飞翅忧烬。”

【穠枝】　繁密之树枝。王储《赋得花发上林》：“秾枝藏宿马，香蕊拂行车。”

【穠姿】　艳丽的姿容。元万顷《奉和太子纳妃太平公主出降》：“鸣瑜合清响，冠玉丽秾姿。”杨巨源《赠阵判官求子花诗》：“能生丽思千花外，善点秾姿五彩中。”元稹《山枇杷》：“秾姿秀色人皆爱，怨媚羞容我偏别。”李商隐《临发崇让宅紫薇》：“一树浓姿独看来，秋庭暮雨类轻埃。”

【穠紅】　浓艳的红花。张碧《惜花三首》之三：“留取秾红伴醉吟，莫教少女来吹扫。”

【穠眉】　浓黑而美丽的眉。李贺《兰香神女庙》：“团鬓分蛛巢，秾眉笼小唇。”

【穠華】　❶盛开的花；浓艳的花。李峤《桃》：“独有成蹊处，秾华发井傍。”张祜《观山海图二首》之一：“隐竹才分翠，秾华欲堕香。”陆龟蒙《和袭美重题蔷薇》：“秾华自古不得久，况是倚春春已空。”亦指花的美艳。吴融《杨花》：“不斗秾华不占红，自飞晴野雪濛濛。”❷喻女子之如花的青春。吴兢《永泰公主挽歌二首》之一：“秾华从妇道，釐降适诸侯。”

【穠桃】　艳美的桃花。刘祎之《奉和太子纳妃太平公主出降》：“梦梓光青陛，秾桃蔼紫宫。”杜牧《怀钟陵旧游四首》之四：“昔年行乐秾桃畔，醉与龙沙揀蜀罗。”

【穠彩】　明艳的彩色。姚合《和李补阙曲江看莲花》：“秾彩烧晴雾，殷姿缬碧泉。”

【穠雲】　浓密的乌云。喻指女子之秀发。罗虬《比红儿诗》之五九：“行绾秾云立暗轩，我来犹爱不成冤。”

【穠煙】　浓密的烟。喻指茂密的柳树，犹言柳烟。成彦雄《柳枝辞九首》之五：“绿杨移傍小亭栽，便拥秾烟拨不开。”

【穠翠】　明艳的翠绿之色。成彦雄《柳枝辞九首》之八：“怪得美人争斗乞，要他秾翠染罗衣。”

【穠麗】　繁茂艳丽。郑谷《海棠》：“秾丽最宜新著雨，娇娆全在欲开时。”亦指艳丽姣好的容貌。李煜《挽辞》之二：“秾丽今何在，沉沉无问处。”

【穠豔】　❶指花或花木繁茂艳丽。孟郊《南阳公请东樱桃亭子春宴》：“碧玉妆粉比，飞琼秾艳均。”侯冽《金谷园花发怀古》：“红芳徒笑日，秾艳尚迎轩。”亦指繁茂艳丽的花木。司空图《效陈拾遗子昂感遇二首》之二：“北里秘秾艳，东园锁名花。”又《力疾山下吴村杏花十九首》：“秾艳三千临粉镜，独悲掩面李夫人。”徐夤《蝴蝶二首》之一：“一枝秾艳留教住，几处春风借与飞。”

十四画

穩〔wěn《广韵》烏木切，上混，影。〕❶平稳；安稳。杜甫《冬深》：“风涛暮不稳，舍棹宿谁门。”韩愈《嘲鼾睡》之二：“澹公坐卧时，长睡无不稳。”元稹《酬卢秘书》：“未容荣路稳，先踏祸机开。”和凝《宫词百首》之六十：“昂头步步金鞍稳，掌扇花前御路中。”❷妥帖；妥当。杜甫《丽人行》：“背后何所见，珠压腰衱稳称身。”权德舆《杂兴五首》之五：“巫山云雨洛川神，珠襻香腰稳称身。”白居易《刘苏州寄酿酒糯米李浙东寄杨柳枝舞衫寄谢之》：“金屑醅浓吴米酿，银泥衫稳越娃裁。”姚合《成名后留别从兄》：“为客衣裳多不稳，和人诗句固难精。”亦指稳妥地。杜荀鹤《春来燕》:“我屋汝嫌低不住,雕梁画阁也知宽。大须稳择安巢处,莫道巢成却不安。”

【穩平】 平稳;不颠簸倾侧。白居易《陕府王大夫相迎偶赠》:“纶巾发少浑攲仄,篮舆肩齐甚稳平。”

【穩快】 安稳轻快。白居易《秋日与张宾容舒著作同游龙门醉中狂歌》:“不寒不热好时节,鞍马稳快衣衫轻。”

【穩枝】 可安稳栖息的树枝。白居易《玩半开花赠皇甫郎中》:“蝶戏争香朵,莺啼选稳枝。”又《代鹤答》:“何如敛翅水边立,飞上云松栖稳枝。”

【穩帖】 稳当妥帖。陆龟蒙《和袭美馆娃宫怀古五绝》之四:“波神自厌荒淫主,句践楼船稳帖来。”

【穩馬】 行步平稳的马。白居易《闲出》:“春寒游正好,稳马薄绵衣。”

【穩當】 (—dàng)安稳,稳定。杜牧《宣州留赠》:“为报眼波须稳当,五陵游宕莫知闻。”

【穩睡】 安稳的睡眠。白居易《想东游五十韵》:“饱餐为日计,稳睡是身谋。”

【穩暖】 安稳暖和。谓身体安泰。白居易《晏起》:“神安体稳暖,此味何人知。”又《题周皓大夫新亭子二十二韵》:“甘浓将奉客,稳暖不缘身。”

【穩路】 安稳无险的路途。白居易《九江北岸遇风雨》:“人间稳路应无限,何事抛身在此中。”

【穩夢】 平和之梦。崔橹《过南城县麻姑山》之二:“尘愁世界忙心在,霞伴神仙稳梦酣。”李咸用《和修睦上人所猿》:“禅客闻犹苦,是声应是啼。自然无稳梦,何必到巴溪。”

【穩穩】 安稳地;稳稳当当地。李商隐《和孙朴韦蟾孔雀咏》:“红楼三十级,稳稳上丹梯。”张文伕《苍岭》:“稳稳须教著步行,前途荆棘胡从生。”

十五画

䆉 〔bà《集韵》步化切,去禡,並。〕见“䆉稏”。

【䆉稏】 亦作“罢亚”。水稻之别名。韦庄《稻田》:“绿波春浪满前陂,极目连云罢亚肥。”

十七画

穱 〔zhuō《广韵》侧角切,入覺,莊。〕早熟之谷物,如稻麦等。韩愈、孟郊《纳凉联句》:“扫宽延鲜飙,汲冷渍香穱。”

穰[1] 〔ráng《广韵》汝陽切,平陽,日。〕❶庄稼丰收。白居易《渭村退居寄礼部崔侍郎翰林钱舍人诗一百韵》:“穑力嫌身病,农心愿岁穰。”温庭筠《秋日》:“佳节足丰穰,良朋阻游集。”❷秸杆之芯,引申指瓜果皮壳内之肉实。杜甫《秋日夔府咏怀奉寄郑监李宾客一百韵》:“色好梨胜颊,穰多栗过拳。”

穰[2] 〔rǎng《广韵》如兩切,上養,日。〕众多貌。见“穰₂穰”。

【穰縣】 唐代县名。属山南东道邓州。因秦穰侯魏冉封于此,汉于此始置穰县。旧址在今河南邓县东南。孟浩然有《和张二自穰县还途中遇雪》。

【穰穰】 庄稼丰收。周昙《咏史诗·春秋战国门·淳于髡》:“穰穰何祷手何赍,一呷村浆与只鸡。”田敏《郊庙歌辞·周宗庙乐舞辞·明德舞》:“新庙奕奕,丰年穰穰。”

【穰₂穰】 (—rǎng)❶众多貌。张九龄《南郊太尉酌献武舞作凯安之乐》:“介福何穰穰,精诚格穹昊。”杜甫《建都十二韵》:“衣冠空穰穰,关辅久昏昏。”韩愈《丰陵行》:“群臣杂沓驰后先,宫官穰穰来不已。”杜牧《感怀诗》:“凶门瓜牙辈,穰穰如儿戏。”❷纷乱貌。温庭筠《寒食节日寄楚望二首》之二:“飕飕杨柳风,穰穰樱桃雨。”

穴　部

穴〔xué《广韵》胡决切，入屑，匣。〕❶洞穴；洞孔。岑参《与鲜于庶子自梓州成都少尹自褒城同行至利州道中作》："深林怯魑魅，洞穴防龙蛇。"韩察《和张相公太原山亭怀古诗》："为山想岩穴，引水听潺湲。"牛僧孺《李苏州遗太湖石奇状绝伦因题二十韵奉呈梦得乐天》："通水鳞甲隐，透穴洞天明。"张祜《题李渎山居玉潭》："上穴青冥小，中连碧海深。"❷坑；坑穴。李商隐《井泥四十韵》："下去冥寞穴，上承雨露滋。"于渍《古征战》："高峰凌青冥，深穴万丈坑。"❸墓塘；墓坑。孟云卿《古挽歌》："临穴频抚棺，至哀反无泪。"蒋涣《故太常卿赠礼部尚书李公及夫人挽歌二首》之二："封树遵同穴，生平此共归。"白居易《和微之听妻弹别鹤操因为解释其义依韵加四句》："誓将死同穴，其奈生无子。"张祜《题苏小小墓》："不知谁共穴，徒愿结同心。"❹土室。骆宾王《夏日游德州赠高四》："积水带吴门，通波连禹穴。"刘禹锡《酬浙东李侍郎越州春晚即事长句》："越中蔼蔼繁华地，秦望峰前禹穴西。"贾岛《冬月长安雨中见终南雪》："气侵瀑布水，冻著白云穴。"李洞《题南鉴公山房》："石磬敲来穴，不知何代僧。"❺第宅。孟浩然《宴荣二山池》："甲第开金穴，荣期乐自多。"杜牧《华清宫三十韵》："雨露偏金穴，乾坤入醉乡。"❻虫蚁鸟兽等动物的巢穴。杜甫《北征》："鸱鸟鸣黄桑，野鼠拱乱穴。"韦应物《同元锡题琊琊寺》："嵚骇风雨区，寒知龙蛇穴。"元稹《兔丝》："下有狐兔穴，奔走亦纵横。"韦庄《宿山家》："草动蛇寻穴，枝摇鼠上藤。"❼喻敌人、坏人盘踞的巢穴。杜甫《忆昔二首》之二："洛阳宫殿烧焚尽，宗庙新除狐兔穴。"裴潾《前相国赞皇公早葺平泉山居暂还憩旋起赴诏命作镇浙右辄抒怀赋四言诗十四首奉寄》之三："彼狐彼鼠，窒穴扫踪。"杜牧《皇风》："远蹊巢穴尽窒塞，礼乐刑政皆弛张。"❽穴居。张谓《读后汉逸人传二首》之二："鹳鹊巢茂林，鼋鼍穴深水。"薛能《送人归上党》："燕台基坏穴狐蛇，计拙因循岁月赊。"皮日休《伤史拱山人》："峰头孤冢为云穴，松下灵筵是石床。"无名氏《敦煌廿咏·李庙咏》（补编上）："牧童歌冢上，狐兔穴坟傍。"❾洞穿；凿穿。王建《东征行》："玉阶舞蹈谢旌节，生死向前山可穴。"元稹《赛神》："狐狸得蹊径，潜穴主人园。"李绅《新楼诗二十首·禹庙》："山拥翠屏朝玉帛，穴通金阙架云霓。"李远《咏壁鱼》："潜穴河图内，吞钩乙字边。"❿水道。杜甫《三川观水涨二十韵》："不有万穴归，何以尊四渎。"⓫瘢痕。韦应物《寇季膺古刀歌》："求之时代不可知，千痕万穴如星离。"⓬指传说中的仙山丹穴山。骆宾王《幽縶书情通简知己》："穴疑丹凤起，场似白驹来。"见"丹穴"。⓭人体上针灸所刺的穴位。曹邺《入关》："灸病不得穴，徒为采艾人。"

【穴中】 山洞之中。韩愈《苦寒》："虎豹僵穴中，蛟螭死幽潜。"

【穴枕】 一种有孔穴通风的枕头。玄宗《端午三殿宴群臣探得神字》："穴枕通灵气，长丝续命人。"

【穴居】 居住山洞。吴筠《高士咏·孙公和》："孙登好淳古，卉服从穴居。"

【穴處】 居于洞穴。殷尧藩《闲居》："虚游心在鸿濛外，穴处身疑培塿中。"

【穴鳯】 丹穴之凤凰。丹穴，传说的仙山名。陆龟蒙《袭美先辈以龟蒙所献五百言既蒙见和复示荣唱再抒鄙怀用伸酬谢》："皆能取穴凤，尽拟乘云螭。"谭用之《寄友人》："穴凤瑞时来却易，人龙别后见何难。"见"丹穴"。

【穴蟻】 ❶洞穴中的蚂蚁。李峤《晚秋喜雨》："穴蚁祯符应，山蛇毒影收。"高适《东平路中遇大水》："仍怜穴蚁漂，益羡云禽游。"贾岛《寄无可上人》："穴蚁苔痕静，藏蝉柏叶稠。"李洞《和刘驾博士赠庄严律禅师》："松根穴蚁通山远，塔顶巢禽见海微。"❷喻困于巢穴的敌人。杜甫《喜闻官军已临贼境二十韵》："鼎鱼犹假息，穴蚁欲何逃。"

二　画

究〔jiū《广韵》居祐切，去宥，见。〕❶学习；探求。李嘉祐《送王正字山寺读书》："欲究先儒教，还过支遁居。"李华《云母泉诗》序："愿饵药扶寿，以究无生之学。"皇甫澈《赋四相诗·门下侍郎平章事王缙》："服膺究儒业，屈指取高位。"韩愈《寄卢仝》："春秋三传束高阁，独抱遗经究终始。"❷追究；追问。吴筠《高士咏·项橐》："太项冥虚极，微远不可究。"权德舆《奉和郑宾客相公摄官丰陵扈从之作》："莫究希夷理，空怀涣汗恩。"韩愈《别赵子》："欲一穷究之，时岁屡谢除。”陆龟蒙《读襄阳耆旧传因作诗五百言寄皮袭美》：“暴秦之前人，灰灭不可究。”❸清楚；明白。韩愈《南山诗》：“东西两际海，巨细难悉究。”❹终究；结果。见“究竟❶”。❺到底；毕竟。见“究竟❷”。❻见“究究”。

【究究】 犹眷眷。情不止貌。陈陶《海昌望月》：“究究如情人，盗者即仇雠。”

【究空】 指研究佛理。韦应物《秋夕西斋与僧神静游》：“究空自为理，况与释子群。”

【究竟】 ❶终究；结果。王梵志《七言》：“欺诳得钱君莫羡，究竟还是输他便。”韩愈《与张十八同效阮步兵一日复一夕》：“未知所究竟，且作新诗谣。”一钵和尚《一钵歌》：“枉却一生头戛戛，究竟不能知本末。”❷到底；毕竟。权德舆《惠上人房宴别》：“究竟相依何处好，匡山古社足烟霞。”韩愈《东都遇春》：“为诗告友生，负愧终究竟。”一钵和尚《一钵歌》：“究竟从来是寄居，他方处处无缠缚。”

三 画

空[1] 〔kōng《广韵》苦紅切，平東，溪。〕❶空虚；一无所有。太宗《仪鸾殿早秋》：“欲知凉气早，巢空燕不窥。”独孤及《送相里郎中赴江西》：“三秦千仓空，战卒如饿狼。”戴叔伦《女耕田行》：“去年灾疫牛囤空，截绢买刀都市中。”白居易《自题酒库》：“此翁何处当，酒库不曾空。”❷无；没有。崔国辅《白纻辞二首》之二：“璧带金釭皆翡翠，一朝零落变成空。”李白《赠别从甥高五》：“枥中骏马空，堂上醉人喧。”郑丹《明皇帝挽歌》：“山河万古壮，今夕尽归空。”刘禹锡《酬令狐留守巡内至集贤院见寄》：“仙院文房隔旧宫，当时盛事尽成空。”❸空无。指穷困。张九龄《和黄门卢监望秦始皇陵》：“一闻过秦论，载怀空杼轴。”孟浩然《书怀贻京邑同好》：“甘脆朝不足，箪瓢夕屡空。”杜甫《郑典设自施州归》：“旅兹殊俗远，竟以屡空迫。”黄滔《书事》：“千家数人在，一税十年空。”❹空中；天空。太宗《执契静三边》之一：“钱缀榆天合，新城柳塞空。”孟浩然《秋宵月下有怀》：“秋空明月悬，光彩露沾湿。”刘禹锡《飞鸢操》：“长空悠悠霁日悬，六翮不动凝风烟。”杜牧《登东游原》：“长空澹澹孤鸟没，万古销沉向此中。”❺如天色之澄清。骆宾王《月夜有怀简诸同病》：“山灵响似应，水净望如空。”李白《江夏别宋之悌》：“楚水清若空，遥将碧海通。”韩愈《答张十一功曹》：“山净江空水见沙，哀猿啼处两三家。”刘禹锡《海阳十咏·切云亭》：“迥破林烟出，俯窥石潭空。”❻空旷；广阔。王维《奉寄韦太守陟》：“荒城自萧索，万里山河空。”白居易《羸骏》：“岁暮田野空，寒草不满腹。”李频《送友人游塞北》：“树隔高关断，沙连大漠空。”王贞白《胡笳曲》：“一轮霜月落，万里塞天空。”❼寂静；幽静。杨炯《巫峡》：“山空夜猿啸，征客泪沾裳。”王维《皇甫岳云溪杂题五首·鸟鸣涧》：“人闲桂花落，夜静春山空。”岑参《冬夜宿仙游寺南凉堂呈谦道人》：“夜来闻清磬，月出苍山空。”常衮《早秋望华清宫中树因以成咏》：“燕拂宜秋霁，蝉鸣觉昼空。”亦指平静、清静。高适《奉寄平原颜太守》：“虽无汗马劳，且喜沙塞空。”常建《题破山寺后禅院》：“山光悦鸟性，潭影空人心。”❽荒凉；冷寂。杜甫《上白帝城二首》之二：“白帝空祠庙，孤云自往来。”韦应物《温泉行》：“今来萧瑟万井空，唯见苍山起烟雾。”皇甫冉《与张补阙王炼师自徐方清路同舟南下同赋杂题一首》：“钟声野寺迥，草色故城空。”韩愈《赠徐州族侄》：“萧条资用尽，濩落门巷空。”❾穿；通透。《史记·大宛列传》：“张骞凿空。”裴骃集解引苏林曰：“凿，开也；空，通也。”骆宾王《边城落日》：“候月恒持满，寻源屡凿空。”❿道家词。道家谓虚无、虚静为“空”。《文选·贾谊〈鹏鸟赋〉》：“不以生故自宝兮，养空而浮。”李善注引郑玄曰：“道家养空，虚若浮舟也。”王维《赠焦道士》：“天老能行气，吾师不养空。”⓫佛教词。指事物与现象之虚幻不实；或指佛教真谛之空寂明净。孟浩然《陪姚使君题惠上人房》：“会理知无我，观空厌有形。”皇甫曾《赠沛禅师》：“观空色不染，对境心自惬。”戴叔伦《晖上人独坐亭》：“性空长入定，心悟自通玄。”广宣《驾幸天长寺应制》：“观空复观俗，皇鉴此中闲。”⓬指佛理、佛教。高适《周群公宿开善寺赠陈十六所居》：“谈空忘外物，持诫破诸邪。”韦应物《夏日》：“悟澹将遣虑，学空庶遗境。”刘禹锡《送慧则法师归上都因呈广宣上人》引：“佛示灭后，大弟子演圣言而成经，传心印曰法，承法而能专曰宗，由宗而分教曰支。坐而摄化者，胜义皆空之宗也。”贾岛《就峰公宿》：“上人坐不倚，共我论量空。”⓭副词。徒然；白白地。孟浩然《晚春卧病寄张八》：“贾谊才空逸，安仁鬓欲丝。”韦应物《骊山行》：“秦川八水长缭绕，汉氏五陵空崔嵬。”皇甫冉《福先寺寻湛然寺主不见》：“寂然空伫立，往往报疏钟。”韩愈《秋怀诗十一首》之三：“犀首空好饮，廉颇尚能饭。”⓮副词。只；独；仅。韦承庆《直中书省》：“九思空自勉，五字本无施。”王维《桃源行》：“峡里谁知有人事，世中遥望空云山。”杜甫《塞芦子》：“边兵尽东征，城内空荆杞。”庄南杰《伤歌行》：“车驰马走咸阳道，石家旧宅空荒草。”

空[2] 〔kǒng《集韵》苦動切，上董，溪。〕孔；隙。刘禹锡《和牛相公题姑苏所寄太湖石兼寄李苏州》：“垂钩入空隙，隔浪动晶荧。”

空[3] 〔kòng《广韵》苦貢切，去送，溪。〕❶缺少；空缺。白居易《春忆二林寺旧游因寄朗满晦三上人》："最惭僧社题桥处，十八人名空一人。"❷空隙；间隔。白居易《宿池上》："竹密无空岸，松长可绊舟。"❸多余；空着；闲着。王建《过赵居士拟置草堂处所》："休师竹林北，空可两三间。"皮日休《添鱼具诗·鱼庵》："枕上悉渔经，门前空钓具。"

【空了】 佛教词。即空空，一切皆空。崔颢《游天竺寺》："洗意归清净，澄心悟空了。"

【空土】 荒土。韩愈《题杜工部坟》："一堆空土烟芜里，虚使诗人叹悲起。"

【空上人】 不空。刘长卿有《秋夜有怀高三十五适兼呈空上人》。见"空和尚"。

【空口】 指嘴。李益、广宣《与宣供奉携瘿尊归杏溪园联句》："追欢君适性，独饮我空口。"

【空川】 寂静的川流。令狐挺《题鄜州相思铺》："只应自古征人泪，洒向空川作逝波。"

【空山】 ❶幽静的深山。杜甫《武侯庙》："遗庙丹青落，空山草木长。"刘长卿《陪元侍御游支硎山寺》："古木闭空山，苍然暮相对。"司马扎《山中晚兴寄裴侍御》："雷息疏雨散，空山夏云晴。"储嗣宗《早春》："野树花初发，空山独见时。"❷指秋冬木叶凋落的深山。王维《山居秋暝》："空山新雨后，天气晚来秋。"祖咏《赠苗发员外》："宿雨朝来歇，空山天气清。"韦应物《寄全椒山中道士》："落叶满空山，何处寻行迹。"刘沧《旅馆书怀》："云低远塞鸣寒雁，雨歇空山噪暮蝉。"

【空亡】 古代用干支纪日，十干配十二支。所余二支，谓之"空亡"。亦称"孤虚"。旧谓为凶辰。刘禹锡《燕尔馆破屏风所画至精人多叹赏题之》："画时应遇空亡日，卖处难逢识别人。"

【空王】 ❶佛教词。对佛的尊称。白居易《和微之诗二十三首·和知非》："坐成真谛乐，如受空王赐。"段成式、张希复《游长安诸寺联句·光宅坊光宅寺·中禅师影堂联句》："洞达见空王，圆融入佛地。"孙元晏《咏史诗·梁·八关斋》："依凭金地甚虔诚，忍溺空王为圣明。"❷泛指佛教。皎然《因游支硎寺寄邢端公》："外心亲地主，内学事空王。"白居易《宿香山寺酬广陵牛相公见寄》："君臣圣主方行道，我事空王正坐禅。"修雅《闻诵法华经歌》："大矣哉，甚奇特，空王要使君生得。"罗隐《赠无相禅师》："人人尽道事空王，心里忙于市井忙。"

【空王宅】 佛的住宅。指寺庙。陆龟蒙《纪梦游甘露寺》："披裘忽生梦，似到空王宅。"

【空王室】 佛的居室。喻指佛教真谛。皎然《奉酬于中丞使君郡斋卧病见示一首》："论入空王室，明月开心胸。"

【空井】 即井。一钵和尚《一钵歌》："真顽省，莫谩将身入空井。"

【空天】 天空。孙逖《山行遇雨》："骤雨昼氤氲，空天望不分。暗山唯觉电，穷海但生云。"

【空木】 树叶落尽之木。元稹《通州丁溪馆夜别李景信三首》之二："山深虎横馆无门，夜集巴儿扣空木。"陆龟蒙《子夜四时歌·冬》："南云走冷圭，北籁号空木。"

【空切】 徒然、迫切。黄滔《书事》："望岁心空切，耕夫尽把弓。"

【空中】 （一zhōng）❶天空。岑参《热海行送崔侍御还京》："岸傍青草常不歇，空中白雪遥旋灭。"白居易《燕诗示刘叟》："雌雄空中鸣，声尽呼不归。"姚合《文宗皇帝挽词三首》之二："金茎难复见，寒露落空中。"吕岩《空心杉》："古木槎牙树底空，学仙游子坐空中。"❷中间空虚。李商隐《李肱所遗画松诗书两纸得四十韵》："香兰愧伤暮，碧竹惭空中。"

【空中書】 （中 zhōng）指神仙之书信。杜甫《送孔巢父谢病归游江东兼呈李白》："罢琴惆怅月照席，几岁寄我空中书。"

【空中樓】 （中 zhōng）高耸云霄的楼阁。杜甫《奉同郭给事汤东灵湫作》："有时浴赤日，光抱空中楼。"

【空水】 ❶寂静的水流。张九龄《晚憩王少府东阁》："空水秋弥净，林烟晚更浓。"王丘《咏史》："云岩响金奏，空水滟朱颜。"温庭筠《利州南渡》："澹然空水对斜晖，曲岛苍茫接翠微。"贾岛《送安南惟鉴法师》："空水既如彼，往来消息稀。"❷天空与水色。刘长卿《晚次湖口有怀》："霭然空水合，目极平江暮。"无名氏有《空水共澄鲜》。

【空手】 ❶徒手；赤手。不携带任何东西。李廓《猛士行》："幽并少年不敢轻，虎狼窟里空手行。"无名氏《五言白话诗》之一（外编下）："后衙空手去，定是搦你勒。"齐己《送欧阳秀才赴举》："莫疑空手去，无援取高科。"❷指一无所有。徐铉《避难东归依韵和黄秀才见寄》："时危道丧无才术，空手徘徊不忍归。"吕岩《朗州戏笔》之二："千金公子皆空手，三岁孩儿尽白头。"

【空月】 空中的月亮。项斯《小古镜》："鸾翅巢空月，菱花遍小天。"许浑《梦入琼台》："尘心未尽俗缘在，十里下山空月明。"

【空心】 ❶指物体内部中空。韩愈《枯树》："犹堪持改火，未肯但空心。"孙魴《老松》："空心应有□，老叶不知霜。"吕岩有《空心杉》，见《全唐诗》外编下。❷犹赤心、丹心。卢僎《十月梅花书赠》："却想华年故国时，唯余一片空心在。"❸指空心的虎枕。张祜《酬凌秀才惠枕》："空心想此缘成梦，拔剑灯前一夜行。"

❹佛教词。谓清净无染的禅心。刘禹锡《磨镜篇》："白日照空心，圆光走幽室。"刘言史《赠童尼》："旧时艳质如明玉，今日空心是冷灰。"

【空文】 ❶不切实际的空泛文辞、作品。韩愈《谢自然诗》："来者犹可诫，余言岂空文。"白居易《读张籍古乐府》："风雅比兴外，未尝著空文。"又《寄唐生》："篇篇无空文，句句必尽规。"❷流传后世的文章。李群玉《穆天子》："寂寥崦嵫幽，绝迹留空文。"

【空古】 高古；前所未有。秦系《秋日过僧惟则故院》："科斗书空古，栴檀钵自香。"

【空四壁】 谓家境贫寒，一无所有。岑参《送费子归武昌》："平生有钱将与人，江上故园空四壁。"

【空白】 ❶指天。李贺《李凭箜篌引》："吴丝蜀桐张高秋，空白凝云颓不流。"❷犹白茫茫。李群玉《将游罗浮登广陵楞伽台别羽客》："百越落掌中，十洲点空白。"

【空令】 只叫；只令。秦系《寄浙东皇甫中丞》："注书不向时流说，种药空令道者知。"杜甫《去秋行》："战场冤魂每夜哭，空令野营猛士悲。"

【空外】 天外。极言其高远。杜甫《独立》："空外一鸷鸟，河间双白鸥。"又《捣衣》："用尽闺中力，君听空外音。"杜荀鹤《空闲二公递以禅律相鄙因而解之》："象外空分空外象，无中有作有中无。"韦庄《夏日行寄婺州诸弟》："谁道我随张博望，悠悠空外泛仙槎。"

【空玄】 指佛理与玄学。徐铉《奉和宫傅相公怀旧见寄四十韵》："密疏尚应劳献替，清淡唯见论空玄。"

【空穴來風】 《文选·宋玉〈风赋〉》："枳句来巢，空穴来风。"李周翰注："空穴，谓门户之穴。言木之句曲者，其多巢鸟；门户之穴，风多从也。"后或以"空穴来风"喻年老体衰，疾病容易乘虚而人。白居易《病中诗十五首·初病风》："朽株难免蠹，空穴易来风。"

【空老】 徒然衰老。骆宾王《咏怀古意上裴侍郎》："徒歌易水客，空老渭川人。"李吉甫《癸巳岁吉甫圜丘摄事合于中书后阁宿斋常负忝愧移止于集贤院会门下相公以七言垂寄因叙所怀奉寄相公兼呈集贤院诸学士》："蓬发颜空老，松心契独全。"白居易《偶题邓公》："翁居山下年空老，我得人间事校多。"薛涛《酬杜舍人》："唱到白蘋洲畔曲，芙蓉空老蜀江花。"

【空$_3$地】 空闲之地；荒地。李颀《题卢五旧居》："窗前绿竹生空地，门外青山如旧时。"刘长卿《清明后登城眺望》："草色无空地，江流合远天。"李咸用《同友生题僧院杜鹃花》："鹤林太盛今空地，莫放枝条出四邻。"

【空朽】 ❶犹腐朽。刘禹锡《伤我马词》："金台已平骨空朽，投之龙渊从尔友。"❷谓树木空心腐朽。白居易《有木诗八首》之四："心蠹已空朽，根深尚盘薄。"

【空有】 ❶徒有；只有。白居易《蜀路石妇》："不比山头石，空有望夫名。"徐牧《省试临渊羡鱼》："惭无下钓处，空有羡鱼心。"赵嘏《李先辈擢第东归有赠送》："茂陵自笑犹多病，空有书斋在翠微。"李九龄《登昭福寺楼》："谷变陵迁何处问，满川空有旧烟霞。"❷佛教词。佛教认为诸法(一切事物)皆空，又谓空非虚无，称为"假有"。若谓一切法实有或一切法虚无(否认"假有")，皆为偏执。必不空不有，始为真谛。苏味道《和武三思于天中寺寻复礼上人之作》："是非宁滞者，空有掠嫌猜。"李白《僧伽歌》："嗟予落魄江淮久，罕遇真僧说空有。"

【空此】 ❶徒然。孟浩然《久滞越中贻谢南池会稽贺少府》："未能忘魏阙，空此滞秦稽。"李商隐《四年冬以退居蒲之永乐渴然有农夫望岁之志遂作忆雪又作残雪诗各一百言以寄情于旧游·残雪》："莫能知帝力，空此荷平均。"❷只得。寇坦《同张少府和厍狄员外夏晚初霁南省寓直时兼充节度判官之作》："贞标不可仰，空此乐樵渔。"

【空光】 日光；阳光。李贺《古悠悠行》："空光远流浪，铜柱从年消。"

【空旨】 佛教词。谓现实间一切事物与现象皆为虚幻的真谛。李山甫《寄卫别驾》："知君超达悟空旨，三径闲行抱素琴。"

【空曲】 (一qū)❶空旷曲折之处。宋之问《景龙四年春祠海》："筵端接空曲，目外唯雰雾。"王维《辋川集·斤竹岭》："檀栾映空曲，青翠漾涟漪。"杜甫《三川观水涨二十韵》："蓊匒川气黄，群流会空曲。"❷山峰偏僻之处。杜甫《重经昭陵》："陵寝盘空曲，熊罴守翠微。"又《瞿唐怀古》："削成当白帝，空曲隐阳台。"李益《入华山访隐者经仙人石坛》："平明矫轻策，扪石入空曲。"

【空自】 ❶徒然；白白地。陈子昂《题居延古城赠乔十二知之》："无为空自老，含叹负生平。"孟浩然《留别王侍御维》："寂寂竟何待，朝朝空自归。"高适《自武威赴临洮谒大夫不及因事即事案河西陇右幕下诸公》："汉将乃儿戏，秦人空自劳。"韩愈《和席八十二韵》："坐惭空自老，江海未还身。"❷独自。王勃《滕王阁》："阁中帝子今何在，槛外长江空自流。"王维《终南别业》："兴来每独往，胜事空自知。"崔翘《送友人使夷陵》："独有幽庭桂，年年空自芳。"戴叔伦《彭婆馆逢韦判官使还》："寂寞伊川上，杨花空自飞。"

【空名】 虚名。李白《经乱离后天恩流夜郎忆旧游书怀赠江夏韦太守良宰》："空名适自误，迫胁上楼船。”皎然《答李侍御问》：“身外空名何足问，吾心已出第三禅。”独孤及《登后湖伤春怀京师故旧》：“世事空名束，生涯素发知。”黄滔《广州试越台怀古》：“壮气曾难揖，空名信可哀。”

【空色】 ❶天空之色；碧蓝的天空。高适《和窦侍御登凉州七级浮图之作》：“空色在轩户，边声连鼓鼙。”崔曙《颍阳东溪怀古》：“空色不映水，秋声多在山。”皇甫冉《齐郎中筵赋得的的帆向浦留别》：“浦迥摇空色，汀回见落晖。”姚合《郡中对雪》：“远近如空色，飘飏无落声。”❷佛教词。空，虚幻不实；色，物质。佛教认为一切事物都是虚幻不实的。陈子昂《感遇诗三十八首》之八：“空色皆寂灭，缘业定何成？”广宣《驾幸圣容院应制》：“却指容颜非我相，自言空色是吾真。”皎然《寄报德寺从上人》：“空色清凉寺，秋声鼓吹山。”朱庆余《题开元寺》：“何必更将空色遣，眼前人事是浮生。”

【空江】 寂静的江面。刘长卿《夏口送徐郎中归朝》：“棹发空江响，城孤落日晖。”周贺《湘汉旅怀翁杰》：“一宿空江听急流，仍同贾客坐归舟。”刘沧《江行书事》：“空江独树楚山背，暮雨一舟吴苑来。”许棠《洞庭湖》：“空江浩荡景萧然，尽日菰蒲泊钓船。”

【空衣】 指死者之衣。借指灵柩。徐铉《光穆皇后挽歌三首》之二：“返虞严吉仗，复土掩空衣。”

【空宇】 空寂的居室。韦应物《宴别幼遐与君贶兄弟》：“况自守空宇，日夕但彷徨。”刘禹锡《酬杨八庶子喜韩吴兴与余同迁见赠》：“其如草玄客，空宇久寥寥。”

【空花】 ❶指树上之花。李端《宴伊东岸》：“空花对酒落，小翠隔林新。”❷佛教词。佛教认为现实的一切都虚幻不实，犹如虚幻中之花。《楞严经》卷四：“亦如翳人，见空中花；翳病若除，花于空灭。”顾况《酬扬州白塔寺永上人》：“浮草经行遍，空花义趣圆。”

【空村】 荒凉的村庄。杜甫《后出塞五首》之五：“中夜间道归，故里但空村。”又《东屯北崦》：“空村惟见鸟，落日未逢人。”李商隐《行次西郊作一百韵》：“少壮尽点行，疲老守空村。”唐彦谦《感物二首》之二：“鱼目出泥沙，空村百金珍。”

【空见】 ❶只见。骆宾王《送郭少府探得忧字》：“还望青门外，空见白云浮。”岑参《阻戎泸间群盗》：“唯有白鸟飞，空见秋月圆。”朱庆余《登玄都阁》：“豪家旧宅无人住，空见朱门锁牡丹。”无名氏《登山奉怀知己》：“黯然乡国处，空见路茫茫。”❷徒然见到。崔曙《登水门楼见亡友张贞期题望黄河诗因以感兴》：“已孤苍生望，空见黄河流。”叶季良《赋得月照冰池》：“天迥轮空见，波凝影讵窥。”❸只听见。无名氏《春宵有怀》：“踌躇不觉三更尽，空见豺狼数遍号。”

【空吟】 ❶徒然吟诵。骆宾王《咏云酒》：“无复中山赏，空吟吴会篇。”孟浩然《江上寄山阴崔少府国辅》：“不及兰亭会，空吟祓禊诗。”❷独自吟诵。刘禹锡《酬乐天扬州初逢席上见赠》：“怀旧空吟闻笛赋，到乡翻似烂柯人。”陆龟蒙《和袭美寄题镜岩周尊师所居》：“清晨自削灵香柹，独夜空吟碧落书。”

【空身】 佛教词。谓四大（地、水、火、风）假合虚幻不实的肉身。白居易《闲居》：“是非爱恶销停尽，唯寄空身在世间。”

【空谷】 ❶空旷幽深的山谷。岑参《缑山西峰草堂作》：“日色隐空谷，蝉声喧暮村。”鲍溶《山中冬思二首》之二：“唤人空谷应，开火寒猿至。”许棠《隗嚣宫晚望》：“水随空谷转，山向夕阳偏。”陆龟蒙《江湖散人歌》：“语散空谷应，笑散春云披。”❷《诗·小雅·白驹》：“皎皎白驹，在彼空谷。”孔颖达疏：“贤者隐居，必当潜处山谷。”后遂成为咏贤者隐居之地的典实。卢照邻《酬杨比部员外暮宿琴堂朝跻书阁率尔见赠之作》：“空谷归人少，青山背日寒。”钱起《过山人所居因寄诸遗补》：“空谷春云满，愚公晦迹深。”白居易《送王处士》：“宁归白云外，饮水卧空谷。”鲍溶《秋晚铜山道中宿隐者》：“主人逃名子，鹤发卧空谷。”❸指函谷。地名。岑参《函谷关歌送刘评事使关西》：“树根草蔓遮古道，空谷千年长不改。”

【空言】 ❶虚语；空话。储光羲《同王十三维哭殷遥》：“处顺与安时，及此乃空言。”李商隐《无题四首》之一：“来是空言去绝踪，月斜楼上五更钟。”❷不切实际的言论。张祜《寓言》：“道门演空言，未必死录除。”❸指流传后世的文章。陆龟蒙《袭美先辈以龟蒙所献五百言既蒙见和复示荣唱再抒鄙怀用伸酬谢》：“始嗟吾道穷，竟使空言垂。”

【空陂】 干涸的池塘。杜甫《南池》：“不应空陂上，缥缈亲酒食。”韩愈《归彭城》：“乘闲辄骑马，茫茫诣空陂。”

【空青】 青绿色。杜甫《不离西阁二首》之二：“江云飘素练，石壁断空青。”李商隐《河阳诗》：“晓帘串断蜻蜓翼，罗屏但有空青色。”

【空林】 ❶树叶落尽的山林。王维《过乘如禅师萧居士嵩丘兰若》：“食随鸣磬巢乌下，行踏空林落叶声。”杜甫《一室》：“一室他乡远，空林暮景悬。”张继《归山》：“空林有雪相待，古道无人独还。”孙頠《宿烟含白露》：“迥野遥凝素，空林望已秋。”❷空寂的山林。孟浩然《题大禹寺义公禅房》：“义公习禅处，结构依空林。”刘长卿《过前安宜张明府郊居》：“终日空林下，何人识此情。”白行简《夫子鼓琴得其人》：“泠泠传妙手，摵摵振空林。”刘沧《秋日山寺怀友人》：“萧寺楼台对夕阴，淡烟疏磬散空林。”❸指建筑于山林的佛寺或住宅。皇甫曾、郑说《建元寺西院寄李员外纵联句》："要路推高足，空林寄一身。"项斯《送僧》："有时过静界，在处想空林。"齐己《山中答人》："故人怜拙朴，时复寄空林。"

【空枝】　花果谢落的枝条。王建《山中惜花》："游丝缠故蕊，宿夜守空枝。"白居易《惜花》："今日流莺来旧处，百般言语泥空枝。"郑谷《摇落》："夜来摇落悲，桑枣半空枝。"孟贯《酬东溪史处士》："泉声迷夜雨，花片落空枝。"

【空明】　❶明澈澄净。刘沧《邺都怀古》："一望青山便惆怅，西陵无主月空明。"又《题王母庙》："武帝无名在仙籍，玉坛星月夜空明。"❷指空明洞。杜光庭《题空明洞》："欲问空明奇胜处，地藏方石恰如金。"

【空明洞】　相传神仙居住的洞府。明陶宗仪《辍耕录·委羽山》："山旁广而中深，青树翠蔓，阴翳蓊郁，幽泉琮琤……中藏洞穴，仙家所谓空明洞天者是也。"杜光庭有《题空明洞》。

【空知】　只知。王维《酬张少府》："自顾无长策，空知返旧林。"刘长卿《江州重别薛六柳八二员外》："生涯岂料承优诏，世事空知学醉歌。"皇甫冉《酬李郎中侍御秋夜登福州城楼见寄》："遥寄登楼作，空知行路难。"无名氏《有恨久囚》："空知泣山月，宁觉鬓苍斑。"

【空和尚】　不空和尚。事迹见《宋高僧传》卷一《唐京北大兴善寺不空传》。皇甫冉有《秋夜有怀高三十五兼呈空和尚》。

【空侄】　悟空，孟郊从侄。孟郊有《宿空侄院寄澹公》和《上昭成阁不得于从侄悟空院叹嗟》。

【空侗】　蒙昧无知貌。柳宗元《贞符》序："孰称古初，朴蒙空侗而无争？厥流以讹，越乃奋敚，斗怒振动，专肆为淫威。"

【空忝】　谦词。犹言愧于相比。骆宾王《望月有所思》："自绕南飞羽，空忝北堂才。"杜甫《巳上人茅斋》："空忝许询辈，难酬支遁词。"

【空夜】　寂静之夜。刘昚虚《寄阎防》："深林度空夜，烟月资清真。"

【空性】　佛教词。"真如"的异名。义为绝对不变的"永恒真理"或本体。真如的本质就是"本无"，认为一切事物都属虚幻。王维《谒璿上人》："浮名寄缨佩，空性无羁鞅。"李端《寄庐山真上人》："月明潭色澄空性，夜静猿声证道心。"杨巨源《和权相公南园闲涉寄广宣上人》："问师登几地，空性奈诗何。"翁承赞《访建阳马驿僧亚齐》："吟魂惜向江村老，空性元知世路迷。"

【空波】　澄澈的水波。丁仙芝《渡扬子江》："桂楫中流望，空波两畔明。"刘长卿《七里滩重送》："秋江渺渺水空波，越客孤舟欲榜歌。"皎然《古别离》："月荡漾兮空波，云离离兮北断。"

【空泫】　空流。太宗《望送魏征葬》："望望情何极，浪浪泪空泫。"

【空空】　❶佛教词。指佛教所主张的一切都属空无的理论。卢鸿一《嵩山十志十首·洞元室》："披蕙帐兮促萝筵，谈空空兮覈元元。"李咸用《赠山僧》："岂住空空里，空空亦是尘。"杜荀鹤《题著禅师》："说空空说得，空得到维摩。"曹松《题昭州山寺常寂上人水阁》："常寂常居常寂里，年年月月是空空。"❷佛教词。一切皆空。寒山《诗三百三首》之三〇一："寂寂好安居，空空离讥诮。"张瀛《赠琴棋僧歌》："河沙世界尽空空，一寸寒灰冷灯畔。"齐己《寄江居耿处士》："相思何以寄，吾道本空空。"

【空房】　❶寂静无人的房间。杜甫《酬高使君相赠》："古寺僧牢落，空房客寓居。"周朴《宿玉泉寺》："野寺度残夏，空房欲暮时。"❷多指妻子独守闺房。骆宾王《艳情代郭氏答卢照邻》："抱膝当窗看夕兔，侧耳空房听晓鸣。"胡曾《车遥遥》："自从车马出门朝，便入空房守寂寥。"韩偓《寄远》："空房展转怀悲酸，铜壶漏尽闻金鸾。"常理《古别离》："小胆空房怯，长眉满镜愁。"

【空門】　❶指佛教。佛教认为诸法（一切事物）皆空，以"悟空"为入道之门，故称。包佶《近获风痹之疾题寄所怀》："久来从吏道，常欲奉空门。"戎昱《题云公山房》："试问空门清净心，莲花不著秋潭水。"刘禹锡《春日书怀寄东洛白二十二杨八二庶子》："曾向空门学坐禅，如今万事尽忘筌。"唐彦谦《题虔僧室》："何缘春恨贮离忧，欲入空门万事休。"❷指佛寺精舍。戴叔伦《精舍对雨》："空门寂寂澹吾身，溪雨微微洗客尘。"李绅《建元寺》："紫荆繁艳空门昼，红药深开古殿春。"姚合《酬李廓精舍南台望月见寄》："看月空门里，诗家境有余。"张碧《答友人新栽松》："三十年来遮火云，凉风五月生空门。"❸空寂的门庭。陶翰《燕歌行》："雄剑委尘匣，空门垂雀罗。"李愿《望仙门》："楼影空门里，门开望众仙。"杜荀鹤《题会上人院》："破衲新添线，空门夜不关。"

【空門士】　僧人。郑良士《寄富洋院禅者》："谁能学得空门士，冷却心灰守寂寥。"

【空門子】　僧人。白居易《客路感秋寄明准上人》："借问空门子，何法易修行。"张祜《题灵隐寺师一上人十韵》："八十空门子，深山土木骸。"

【空門法】　佛教词。指释迦牟尼等佛教理论家所述的佛教理论。白居易《早梳头》："不学空门法，老病何由了。"又《闲吟》："自从苦学空门法，销尽平生种种心。"

【空門客】　僧人。李建勋《夏日酬祥松二公见访》:"多谢空门客,时时出草堂。"

【空門學】　指佛学。研究佛教理论的学问。羊士谔《闲斋示一二道者》:"唯有空门学,相期老一丘。"

【空居】　幽居。王维《登辨觉寺》:"空居法云外,观世得无生。"

【空牀】　❶无人卧宿之床。杜甫《毒热寄简崔评事十六弟》:"蝮蛇暮偃蹇,空床难暗投。"刘言史《题王况故居》:"尘满空床屋见天,独作驴鸣一声去。"❷指无偶独居。孟浩然《赋得盈盈楼上女》:"空床难独守,谁为报金徽。"李商隐《端居》:"远书归梦两悠悠,只有空床敌素秋。"曹邺《长相思》:"遣妾空床梦,夜夜随车轮。"韩偓《春闺二首》之二:"长吁解罗带,怯见上空床。"

【空垣】　犹颓垣。李商隐《行次西郊作一百韵》:"因今左藏库,摧毁惟空垣。"

【空城】　❶荒凉的城市。杜甫《城上》:"草满巴西绿,空城白日长。"王建《空城雀》:"空城雀,何不飞来人家住。空城无人种禾黍,土间生子草间长。"刘禹锡《荆门道怀古》:"马嘶古道行人歇,麦秀空城野雉飞。"聂夷中《空城雀》:"饮啄要自然,何必空城里。"❷多指夜深静寂的城市。魏奉古《长门怨》:"长安桂殿倚空城,每至黄昏愁转盈。"韩翃《酬程延秋夜即事见赠》:"长簟迎风早,空城澹月华。"

【空城雀】　乐府杂曲歌辞名。唐代诗人李白、王建、李郢、聂夷中、刘驾等均有《空城雀》之作,多以"空城雀"比喻乱世灾民。李白《空城雀》:"嗷嗷空城雀,身计何戚促。"王建《空城雀》:"空城雀,何不飞来人家住。"李咸用《空城雀》:"啾啾空城雀,一啄数跳跃。"

【空巷】　指荒寂的村落里巷。杜甫《无家别》:"人行见空巷,日瘦气惨悽。"

【空荒】　荒野。杜甫《课伐木》:"空荒咆熊罴,乳兽待人肉。"

【空相】　假相;幻相。吕岩《印山亭即事》:"鱼游过影知空相,人到惊云动远眸。"

【空界】　❶佛教词。指无边之虚空。皎然《奉和崔中丞使君论李侍御萼登烂柯山宿石桥寺效小谢体》:"蕙楼耸空界,莲宇开中峰。"广宣《降诞日内庭献寿应制》:"法筵花散后,空界满香风。"刘沧《游上方石窟寺》:"苔径萦回景渐分,翛然空界静埃氛。"❷佛教词。六界(地、水、火、风、空、色)之一。指"内外窍隙",如门、窗、口、鼻等,为现象生成的必要条件之一。皎然《答俞校书冬夜》:"夜闲禅用精,空界亦清迥。"

【空界色】　同"空界❷"。皎然《遥酬袁使君高春暮行县过报德寺见怀》:"咫尺空界色,天人花落时。"

【空思】　❶独思;只思念。刘沧《匡城寻薛闵秀才不遇》:"音容一别近三年,往事空思意浩然。"又《宿苍溪馆》:"空思知己隔云岭,乡路独归春草深。"❷徒然思念。卢照邻《晚渡渭桥寄示京邑游好》:"一赴清泥道,空思玄灞游。"

【空拳】　❶无箭的弓。李商隐《送千牛李将军赴阙五十韵》:"空拳转斗地,数板不沉城。"❷泛指武器、武力。皮日休《鲁望昨以五百言见贻过有褒美内揣庸陋弥增愧悚因成一千言》:"纵有命世才,不如一空拳。"

【空庭】　寂静的庭院。李白《秋日与张少府楚城韦公藏书高斋作》:"日下空庭暮,城荒古迹余。"崔宗之《赠李十二白》:"凉风八九月,白露满空庭。"杨衡《春梦》:"空庭日照花如锦,红妆美人当昼寝。"李商隐《题白石莲花寄楚公》:"空庭苔藓饶霜露,时梦西山老病僧。"

【空洞】　❶犹空阔。刘禹锡《含辉洞述》:"伸脰掉臂,空洞无阻。"❷道教词。指太虚之境。吴筠《游仙二十四首》之一六:"休混希微广,神凝空洞深。"❸象声词。曹唐《小游仙诗九十八首》之三七:"谁游八海门前过,空洞一声风雨中。"

【空净】　天空澄净。成崿《登圣善寺阁望龙门》:"空净祥烟霁,时光受日温。"

【空洲】　寂静的小洲。岑参《东归晚次潼关怀古》:"川上多往事,凄凉满空洲。"刘长卿《题大理黄主簿湖上高斋》:"多雨茅檐夜,空洲草径春。"又《江中对月》:"空洲夕烟敛,望月秋江里。"

【空室】　寂静之室。韩愈《谢自然诗》:"一朝坐空室,云雾生其间。"

【空宫】　空寂的宫中,冷宫。王维《菩提寺禁裴迪来相看说逆贼等凝碧池上作音乐供奉人等举声便一时泪下私成口号诵示裴迪》:"秋槐叶落空宫里,凝碧池头奏管弦。"

【空院】　寂静冷落的庭院。岑参《故河南尹岐国公赠工部尚书苏公挽歌二首》之二:"旧堂阶草长,空院砌花开。"张祜《题杭州孤山寺》:"断桥荒藓涩,空院落花深。"

【空屋】　空寂无人之屋。皮日休《三羞诗三首》之三:"荒村墓鸟树,空屋野花篱。"

【空條】　叶子尽去的树枝。李频《鄂州头陀寺上方》:"沙渚渔归多湿网,桑林蚕后尽空条。"

【空峡】　寂静的峡谷。杜甫《秋野五首》之五:"大江秋易盛,空峡夜多闻。"

【空病空】　佛教词。即空空,一切皆空。王维《夏日过青龙寺谒操禅师》:"欲问义心义,遥知空病空。"

【空拳】　空着拳头;空手。张祜《戊午年感事书怀二百韵》："涧游提破屦，楼卧枕空拳。"李咸用《西门行》："尔奋空拳彼击剑，水纵长澜火飞焰。"

【空酒】 指空酒杯。白居易《福先寺雪中饯刘苏州》："却笑召邹兼访戴，只持空酒驾空船。"

【空海】 日本名僧。有《遍照发挥性灵集》十卷。日本学者将其汇编成《弘法大师全集》。《全唐诗外编》上录其《伤渤海国大使王孝廉中途物故》遗句一联。

【空陰】 阴凉；清凉。王昌龄《裴六书堂》："闲堂闭空阴，竹林但清响。"

【空桑】 ❶空心桑树。相传商汤之贤相伊尹生于空桑之中。李白《纪南陵题五松山》："伊尹生空桑，捐庖佐皇极。"❷《后汉书·襄楷传》："或言老子入夷狄为浮屠。浮屠不三宿桑下，不欲久生恩爱，精之至也。天神遣以好女，浮屠曰：'此但革囊盛血。'遂不眄之。其守一如此，乃能成道。"李善注："言浮屠之人寄桑下者，不经三宿便即移去，示无爱恋之心也。"后遂用为典实。李郃《贺州思九疑作》："少怀不羁思，那能系空桑。"

【空桑弦】 古代传说中的琴瑟名。孟郊《上张徐州》："愿鼓空桑弦，永使万物和。"

【空理】 佛理。张祜《开圣寺》："何必更将空理遣，眼前人事已浮生。"

【空堂】 ❶空寂的厅堂、堂屋。孟浩然《清明即事》："空堂坐相忆，酌茗聊代醉。"耿湋《秋晚卧疾寄司空拾遗曙卢少府纶》："寒几坐空堂，疏髯似积霜。"皎然《述祖德赠湖上诸沈》："岁晚高歌悲苦寒，空堂危坐百忧攒。"杜牧《行经庐山东林寺》："方趋上国期干禄，未得空堂学坐禅。"❷指主人死后的厅堂、堂屋。钱起《哭曹钧》："一声邻笛残阳里，酹酒空堂泪满衣。"刘禹锡《金陵五题·生公讲堂》："生公说法鬼神听，身后空堂夜不扃。"

【空野】 荒野。刘禹锡《武陵书怀五十韵》："虎咆空野震，鼍作满川浑。"

【空帷】 ❶空室之帘帷。李商隐《向晚》："当风横去幰，临水卷空帷。"❷借指空闺。王涯《秋思赠远二首》之一："当年只自守空帷，梦里关山觉别离。"

【空舲峡】 又名空泠峡。在湖北秭归县东南。陈子昂有《宿空舲峡青树村浦》，见《全唐诗》卷八四。

【空船】 孤寂之船。白居易《福先寺雪中饯刘苏州》："却笑召邹兼访戴，只持空酒驾空船。"又《琵琶行》："去来江口守空船，绕船月明江水寒。"

【空廊】 寂静的廊庑。刘禹锡《夔州窦员外使君见示悼妓诗顾余尝识之因命同作》："空廊月照常行地，后院花开旧折枝。"

【空寂】 ❶幽静冷寂。吕温《风咏》："悠然返空寂，晏海通舟航。"慧宣《秋日游东山寺寻殊昙二法师》："行行极幽邃，去去逾空寂。"牛峤《登陈拾遗书台览杜工部留题慨然成咏》："羽帔请焚脩，霜钟扣空寂。"❷佛教词。"空"，指事物之虚幻不实；"寂"，指寂灭，"涅槃"。佛教认为现实世界的一切。本性皆为"苦"。"苦"的根源是烦恼，灭寂一切烦恼，即可进入涅槃境界。宋之问《浣纱篇赠陆上人》："达本知空寂，弃彼犹泥沙。"陆龟蒙《奉和袭美太湖诗二十首·雨中游包山精舍》："此时空寂心，可以遗智识。"❸指佛教的空无理论。岑参《青龙招提归一上人远游吴楚别诗》："了然莹心身，洁念乐空寂。"

【空寂舍】 指寺庙。王缙《同王昌龄裴迪游青龙寺昙壁上人兄院集和兄维》："林中空寂舍，阶下终南山。"畅当《宿报恩寺精舍》："杳杳空寂舍，濛濛莲桂香。"

【空渚】 冷落的洲渚。刘长卿《送子婿崔真甫李穆往扬州四首》之三："雁还空渚在，人去落潮翻。"

【空凉】 空寂清凉。韩愈《和崔舍人咏月二十韵》："清洁云间路，空凉水上亭。"又《陪杜侍御游湘西两寺独宿有题一首因献杨常侍》："客堂喜空凉，华榻有清簟。"

【空梁】 寂静的房梁。卢照邻《文翁讲堂》："空梁无燕雀，古壁有丹青。"杜甫《桥陵诗三十韵因呈县内诸官》："空梁簇画戟，阴井敲铜瓶。"

【空望】 ❶徒然眺望。岑参《送许子擢第归江宁拜亲因寄王大昌龄》："相思不可见，空望牛女星。"刘沧《晚秋洛阳客舍》："未成归计关河阻，空望白云乡路赊。"❷眺望。徐锴《送程德琳郎中学士》："终朝空望极，今日送君行。"

【空階】 寂静的庭阶。皇甫冉《夜集张諲所居》："虚室寒灯静，空阶落叶飘。"戴叔伦《赴抚州对酬崔法曹夜雨滴空阶五首》之一："空阶夜滴繁，相乱应到晓。"姚合《哭贾岛二首》之二："新墓松三尺，空阶月二更。"齐己《小松》："后夜萧骚动，空阶蟋蟀听。"

【空悲】 ❶空自悲伤；徒然悲伤。王维《辋川集·孟城坳》："来者复为谁，空悲昔人有。"陈润《赋得池塘生春草》："今日青青意，空悲行路人。"张祜《隋堤怀古》："那堪重问江都事，回望空悲绿树烟。"❷独悲；只悲。岑参《苗侍中挽歌二首》之一："空悲渭桥路，谁对汉皇言。"刘禹锡《许给事见示哭工部刘尚书诗因命同作》："未遂挥金乐，空悲撤瑟晨。"张祜《洛阳春望》："世事空悲衰复荣，凭高一望更添情。"❸指忧伤的情怀。韩愈《秋怀诗十一首》之五："离离挂空悲，戚戚抱虚警。"

【空虚】 ❶空；无。王绩《田家三首》之一："回头寻仙事，并是一空虚。"元稹《乐府古题·捉捕歌》："梁栋尽空虚，攻穿痕不露。”姚合《庄居野行》：“我仓常空虚，我田生蒺藜。”潘佑《独坐》：“凝神入混茫，万象成空虚。”亦指生活贫困、困乏。张籍《赠令狐博士》：“头白新年六十余，近闻生计转空虚。”李钦止《汉武帝祈仙台》：“四方祸结与兵连，海内空虚在末年。”❷犹空疏。多指才疏学浅。宋之问《和库部李员外秋夜寓直之作》：“叨荣厕俦侣，省己恧空虚。”张九龄《初发道中赠王司马兼寄诸公》：“湛恩均大造，弱植愧空虚。”韦应物《张彭州前与缑氏冯少府各惠寄一篇多故未答张已云没因追哀叙事兼远简冯生》：“余时忝南省，接宴愧空虚。”白居易《想东游五十韵》：“名愧空虚得，官知止足休。”❸天空；空中。杜甫《谒文公上方》：“大珠脱玷翳，白月当空虚。”刘长卿《登扬州栖灵寺塔》：“北塔凌空虚，雄观压川泽。”卢肇《别宜春赴举》：“长短九霄飞直上，不教毛羽落空虚。”张蠙《逢道者》：“纵意出山无远近，还如孤鹤在空虚。”亦比喻朝廷。刘禹锡《送前进士蔡京赴学究科》：“幸遇天官旧丞相，知君无翼上空虚。”❹空空地；白白地。姚合《闲居遣兴》：“文字非经济，空虚用破心。”❺喻指白色的素绢。吴融《赠广利大师歌》：“崩云落日千万状，随手变化生空虚。”❻佛教词。佛教认为现实世界的一切皆虚幻不实，故曰“空虚”。王维《饭覆釜山僧》：“思归何必深，身世犹空虚。”韦应物《休沐东还胄贵里示端》：“世道良自退，荣名亦空虚。”白居易《即事寄微之》：“饱暖饥寒何足道，此身长短是空虚。”

【空虚花】　佛教词。喻现实的一切都属虚而不实。王维《与胡居士皆病寄此诗兼示学人二首》之二：“空虚花聚散，烦恼树稀稠。”

【空景】　空中的太阳。景，同“影”。泛指白天的时间。鲍溶《秋晚铜山道中宿隐者》：“我乡山川遥，秋晚空景促。天明共云散，日落依鸟宿。”

【空然】　❶空无貌。贾岛《朝饥》：“井底有甘泉，釜中乃空然。”❷清净貌。白居易《不出门》：“方寸方丈室，空然两无尘。”齐己《山中寄凝密大师兄弟》：“一炉薪尽室空然，万象何妨在眼前。”❸徒然。杜甫《送王侍御往东川放生池祖席》：“况复传宗近，空然惜别离。”韩愈《和水部张员外宣政衙赐百官樱桃诗》：“食罢自知无所报，空然惭汗仰皇扃。”

【空羡】　徒然羡慕。刘沧《怀汶阳兄弟》：“终日路岐归未得，秋来空羡雁成行。”

【空勞】　徒劳。王维《慕容承携素馔见过》：“空劳酒食馔，持底解人颐。”刘沧《怀江南友人》：“空劳两地望明月，多感断蓬千里身。”

【空間】　空中；天空。宋之问《早春泛镜湖》：“归雁空间尽，流莺花际失。”

【空$_3$閒】　亦作“空闲”。❶闲暇；悠闲。皎然《答孟秀才》：“羸疾依小院，空闲趣自深。”白居易《春日题乾元寺上方最高峰亭》：“始知天造空闲境，不为忙人富贵人。”❷闲置。齐己《清夜作》：“兴寝无诸病，空闲有一床。”无名氏《五言白话诗》之一九：“身卧空堂内，独坐令人怕。我今避头去，抛却空闲舍。”

【空疎】　散漫放纵。张祜《江南杂题三十首》之二二(补编)：“空疏更谁问，赖与酒家邻。”又《旅次岳州呈徐员外》：“于狂是空疏，于仙是遐谪。”

【空蒙】　❶同“空濛❶”。杜甫《渼陂西南台》：“仿像识鲛人，空蒙辨鱼艇。”李商隐《河内诗二首》之一：“碧城冷落空蒙烟，帘轻幕重金钩栏。”❷同“空濛❸”。韦应物《叹杨花》：“空蒙不自定，况值暄风度。”

【空想】　幻想。李郢《骊山怀古》之四：“不闻缑岭仙成日，空想钩天梦尽时。”康翊仁《鲛人潜织》：“无因听札札，空想濯纤纤。”唐暄《还渭南感旧二首》之二：“清夜妆台月，空想画眉愁。”

【空雷】　无雨之雷。杜甫《热三首》之二：“峡中都似火，江上只空雷。”

【空園】　荒寂的庭园或田园。王勃《郊兴》：“空园歌独酌，春日赋闲居。”颜真卿、韦介《竹山连句题潘氏书堂》：“空园种桃李，远墅下牛羊。”韩愈《晚春》：“榆荚只能随柳絮，等闲撩乱走空园。”李商隐《即目》：“空园兼树废，败港拥花流。”

【空照】　照射；映照。骆宾王《送吴七游蜀》：“唯有当秋月，空照野人园。”刘眘虚《寄阎防》：“松色空照水，经声时有人。”于武陵《赠王隐者山居》：“寒山满西日，空照雁成群。”

【空置】　犹言留下。王鋋《登越王楼见乔公诗偶题》：“越王空置千年迹，丞相兼扬万古名。”

【空腸】　犹饥肠。徐铉《陪郑王相公赋筵前垂冰应教依韵》：“晨餐堪醒曹参酒，自恨空肠病不能。”

【空腹】　犹饥腹。寒山《诗三百三首》之一五三：“空腹不得走，枕头须莫眠。”白居易《闲乐》：“空腹三杯卯后酒，曲肱一觉醉中眠。”

【空遥】　遥远。贯休《秋晚泊石头驿有寄》：“北风人独立，南国信空遥。”

【空裏】　空中。张若虚《春江花月夜》：“空里流霜不觉飞，汀上白沙看不见。”王维《赠东岳焦炼师》：“竦身空里语，明目夜中书。”杜甫《送卢十四弟侍御护韦尚书灵榇归上都二十韵》：“空里愁书字，山中疾采薇。”

【空愧】　犹惭愧。王维《黎拾遗昕裴秀才迪见过秋夜对雨之作》：“何人顾蓬径，空愧求羊踪。”刘长卿《月下呈章秀才》：“家贫惟好月，空愧子猷过。”韩愈《广宣上人频见过》：“久惭朝士无裨补，空愧高僧数往来。”温庭筠《感旧陈情五十韵献淮南李仆射》：“未知鱼跃地，空愧鹿鸣篇。”

【空煙】 犹云霄。苏颋《奉和圣制经河上公庙应制》：“下疑成洞穴，高若在空烟。”

【空滅】 佛教词。指现实世界的一切事物与现象都虚幻不实，皆是因缘所生，刹那生灭，没有质的规定性和独立实体。顾况《归阳萧寺有丁行者能修无生忍担水施僧况归命稽首作诗》：“万法常空灭，无生因忍全。”

【空塞】 ❶（—sāi）形容山势雄伟，高入云霄。刘沧《访友人郊居》：“空塞山当清昼晚，古槐人继绿阴余。”又《秋日过昭陵》：“原分山势入空塞，地匝松阴出晚寒。”❷（—sài）荒凉辽阔的边塞。高适《蓟门行五首》之五：“古树满空塞，黄云愁杀人。”

【空碧】 ❶清澄碧蓝的山水之色。权德舆《杂言同用离骚体送张评事襄阳觐省》：“波沄沄兮烟幂幂，凝暮色于空碧。”白居易《池上作》：“丛翠万竿湘岸色，空碧一泊松江心。”又《西湖晚归回望孤山寺赠诸客》：“烟波澹荡摇空碧，楼殿参差倚夕阳。”李商隐《崇让宅东亭醉后沔然有作》：“万古山空碧，无人鬓免黄。”司空图《诗品二十四则·清奇》：“可人如玉，步屧寻幽。载行载止，空碧悠悠。”❷碧空；青天。李群玉《送魏珪觐省》：“送君飞一叶，鸟逝入空碧。”无可《中秋台看月》：“海雨洗烟埃，月从空碧来。”邵谒《紫阁峰》：“壮国山河倚空碧，迥拔烟霞侵太白。”陆龟蒙《和袭美为新罗弘惠上人撰灵鹫山周禅师碑送归诗》：“遥想勒成新塔下，尽望空碧礼文星。”贯休《江边祠》：“天符早晚下空碧，昨夜前村行霹雳。”

【空説】 ❶只说。杜牧《送容州唐中丞赴镇》：“莫教铜柱北，空说马将军。”❷犹言身后之语。孔绍安《伤顾学士》：“陈根非席卉，德帐异书帷。与善成空说，歼良信在兹。”

【空端】 虚而不实之处。王维《送韦大夫东京留守》：“人外遗世虑，空端结遐心。”

【空獄】 监狱空，无犯人。谓政治清明，刑狱简省。皮日休《吴中苦雨因书一百韵寄鲁望》：“梅润侵来杖，和气生空狱。”

【空塵】 浮尘。澹交《写真》：“水花凝幻质，墨彩染空尘。”司空图《诗品二十四则·含蓄》：“悠悠空尘，忽忽海沤。浅深聚散，万取一收。”

【空慚】 犹惭愧。韦应物《答刘西曹》：“空惭文璧赠，日夕不能酬。”皮日休《宏词下第感恩献兵部侍郎》：“空惭季布千金诺，但负刘弘一纸书。”

【空閨】 妻子独居的闺房。宋之问《和赵员外桂阳桥遇佳人》：“荡舟为乐非吾事，自叹空闺梦寐频。”高适《塞下曲》：“荡子从军事征战，蛾眉婵娟守空闺。”张籍《别离曲》：“不如逐君征战死，谁能独老空闺里。”刘元叔《妾薄命》：“自从离别守空闺，遥闻征战赴云梯。”

【空翠】 ❶青翠的草木之色。孟浩然《题大禹寺义公禅房》：“夕阳连雨足，空翠落庭阴。”顾况《送从兄使新罗》：“独岛缘空翠，孤霞上泬寥。”武元衡《甫构西亭偶题因呈监军及幕中诸公》：“暗香兰露滴，空翠蕙楼深。”唐彦谦《夏日访友》：“堤树生昼凉，浓阴扑空翠。”❷青翠的山色。孟浩然《寻香山湛上人》：“朝游访名山，山远在空翠。”李白《当涂赵炎少府粉图山水歌》：“满堂空翠如可扫，赤城霞气苍梧烟。”刘长卿《陪元侍御游支硎山寺》：“香气空翠中，猿声暮云外。”费冠卿《秋日与冷然上人寺庄观稼》：“村桥出秋稼，空翠落澄湾。”❸深山雾霭。王维《阙题二首》之一：“山路元无雨，空翠湿人衣。”杜甫《大历三年春白帝城放船出瞿塘峡久居夔府将适江陵漂泊有诗凡四十韵》：“石苔凌几杖，空翠扑肌肤。”❹澄碧的水色。杜甫《渼陂行》：“凫鹥散乱棹讴发，丝管啁啾空翠来。”皇甫冉《归渡洛水》：“渚烟空翠合，滩月碎光流。”❺碧空；青天。白居易《大水》：“苍茫生海色，渺漫连空翠。”周贺《杪秋登江楼》：“空翠隐高鸟，夕阳归远山。”刘长卿《登扬州栖灵寺塔》：“江流入空翠，海峤现微碧。”

【空緑】 ❶指青天。李贺《河南府试十二月乐词·五月》：“回雪舞凉殿，甘露洗空绿。”❷空明澄碧。杨衡《经赵处士居》：“有地水空绿，无人山自青。”

【空際】 天边；空中。姚合《酬任畴协律夏中苦雨见寄》：“丝网张空际，蛛绳续瓦沟。”

【空墩】 荒芜的土堆。李商隐《行次西郊作一百韵》：“农具弃道旁，饥牛死空墩。”

【空餘】 徒留；空留。李白《宣城哭蒋征君华》：“安得相如草，空余封禅文。”耿湋《秋中雨田园即事》：“空余去年菊，花发在东篱。”戴叔伦《容州回逢陆三别》：“此地故人别，空余泪满衣。”李商隐《闻著明凶问哭寄飞卿》：“空余双玉剑，无复一壶冰。”

【空論】 只讨论；只谈论。无可《秋暮与诸文士集宿姚端公所居》：“独寡区中学，空论树下禅。”

【空談】 闲谈。徐铉《送德迈道人之豫章》：“莫道空谈便无事，碧云诗思更无涯。”又《题碧岩亭赠孙尊师》：“终须脱羁鞅，来此会空谈。”

【空潭】 寂静的池潭。王维《过香积寺》：“薄暮空潭曲，安禅制毒龙。”司空图《诗品二十四则·洗炼》：“空潭泻春，古镜照神。”

【空壇】 寂静的花坛。皎然《送关小师还金陵》：“蕉花铺净地，桂子落空坛。”

【空樹】 花叶凋零尽的树木。王贞白《昭阳落花》：“空树落花时，宫嫔泣暮晖。”

【空磧】 广阔的沙漠地。宋程大昌《北边备对·

大漠》曰:“汉以后,史家指‘漠’称为“碛”。碛者沙积也,其义一也。”王维《出塞》:“暮云空碛时驱马,秋日平原好射雕。”皇甫曾《送和西蕃使》:“暮天沙漠漠,空碛马萧萧。”李益《从军夜次六胡北饮马磨剑石为祝殇辞》:“我行空碛,见沙之磷磷。”

【空還】　空手而回。司空曙《送郑况往淮南》:“陈公有贤榻,君去岂空还。”姚合《武功县中作三十首》之五:“读书多旋忘,赊酒数空还。”

【空戰】　即战空。喻指奋力喝尽尊中之酒。杜荀鹤《李昭象云与二三同人见访有寄》:“贫舍款宾无别物,止于空战大尊罍。”

【空館】　空寂的馆舍。王维《酬诸公见过》:“雀噪荒村,鸡鸣空馆。”又《游化感寺》:“绕篱生野蕨,空馆发山樱。”李群玉《将之京国赠薛员外》:“黄叶下空馆,寂寥寒雨愁。”

【空濛】　❶迷茫貌。上官仪《奉和山夜临秋》:“滴沥露枝响,空濛烟壑深。”陈子昂《万州晓发放舟乘涨还寄蜀中亲朋》:“空濛岩雨霁,烂熳晓云归。”武元衡《题嘉陵驿》:“悠悠风旆绕山川,山驿空濛雨似烟。”焦郁《春雪》之二:“春雪空濛帘外斜,霏微半入野人家。”❷指迷茫的雾霭。李白《送王屋山人魏万还王屋》:“喷壁洒素雪,空濛生昼寒。”刘禹锡《送僧方及南谒柳员外》:“石门耸峭绝,竹院含空濛。”权德舆《桃源篇》:“渐入空濛迷鸟道,宁知掩映有人家。”杜牧《江上雨寄崔碣》:“暗澹遮山远,空濛著柳多。”❸缥缈貌;飘浮貌。白居易、刘禹锡《秋霖即事联句三十韵》:“散漫疏还密,空濛断复连。”

【空蹊】　寂静的小路。张九龄《感遇十二首》之一〇:“紫兰秀空蹊,皓露夺幽色。”

【空齋】　寂寥的斋室。岑参《高冠谷口招郑鄠》:“谷口来相访,空斋不见君。”耿湋《岐阳客舍呈张明府》:“凉叶下时心悄悄,空斋梦里雨萧萧。”刘禹锡《秋斋独坐寄乐天兼呈吴方之大夫》:“空斋寂寂不生尘,药物方书绕病身。”张祜《所居即事六首》之二:“日暮空斋对小溪,远村归岸醉如泥。”

【空闃】　犹空寂。刘禹锡《游桃源一百韵》:“幽寻如梦想,绵思属空阒。”

【空闊】　❶空旷阔大。裴迪《辋川集二十首·欹湖》:“空阔湖水广,青荧天色同。”白居易《九日登西原宴望》:“酒酣四向望,六合何空阔。”韦庄《尹喜宅》:“欲问灵踪无处所,十洲空阔阆山遥。”裴说《塞上曲》:“极目望空阔,马羸程又赊。”❷旷远。韦庄《赠渔翁》:“曾向五湖期范蠡,尔来空阔久相忘。”亦指志向远大。元稹《八骏图诗》:“穆满志空阔,将行九州野。”❸辽阔的天空。李商隐《谢往桂林至彤庭窃咏》:“王母来空阔,羲和上屈盘。”吴融《赠𧦬光上人草书歌》:“有时软萦盈,一穗秋云曳空阔。”崔涂《题绝岛山寺》:“骇浪摇空阔,灵山厌渺漫。”

【空縱】　谓凌空飞渡。司空图《诗品二十四则·高古》:“畸人乘真,手把芙蓉。泛彼浩劫,窅然空纵。”孙联奎《诗品臆说》:“泛彼浩劫,即仙人修炼,几历劫灰。窅然空纵,即修炼既成,始得凌虚蹑景,轻身飞渡之类。”

【空牆】　❶空空的墙壁。形容家境贫困。杜甫《投简成华两县诸子》:“君不见空墙日色晚,此老无声泪垂血。”见“空四壁”。❷形容祠殿荒凉。杜甫《湘夫人祠》:“肃肃湘妃庙,空墙碧水春。”

【空曠】　❶空寂平阔。孟郊《立德新居》之五:“空旷伊洛视,仿佛潇湘心。”鲍溶《沙上月》:“水文不上烟不荡,平平玉田冷空旷。”杜牧《早秋》:“疏雨洗空旷,秋标惊意新。”贯休《经古战场》:“今人何不绳其塍,植其食,而使空旷年年,常贮愁烟。”❷指空旷之地。韩愈《岳阳楼别窦司直》:“犹疑帝轩辕,张乐就空旷。”柳宗元《湘口馆潇湘二水所会》:“会合属空旷,泓澄停风雷。”

【空壘】　荒垒。刘禹锡《赠澧州高大夫司马霞寓》:“残兵疑鹤唳,空垒辩乌声。”

【空簾】　指空床。李白《劳劳亭歌》:“苦竹寒声动秋月,独宿空帘归梦长。”

【空臘】　指腊月。农历十二月。戴叔伦《题黄司直园》:“门前空腊尽,浑未有花开。”

【空朧】　空明貌。刘希夷《秋日题汝阳潭壁》:“错落非一文,空胧几千尺。”

【空聽】　只听见。无名氏《冬夜非所》(外编上):“不闻村犬吠,空听虎狼声。”

【空囊】　空空的钱袋。贾岛《下第》:“下第只空囊,如何住帝乡。”刘驾《送友下第游雁门》:“况复挈空囊,求人悲路岐。”蒋吉《寄进士贾希》:“空囊与瘦马,羁绁意应深。”卞震《句》:“空囊万里客,斜月一床寒。”

【空灘】　荒冷的水滩。李商隐《潭州》:“陶公战舰空滩雨,贾傅承尘破庙风。”

【空巒】　凌空的山峦。王维《东溪玩月》:“清灯入幽梦,破影抱空峦。”

【空靈】　即空泠峡。杜甫《次空灵岸》:“空灵霞石峻,枫栝隐奔峭。”又《宿花石戍》:“午辞空灵岑,夕得花石戍。”见“空靈岸”。

【空靈岸】　地名。即空泠峡之岸。在今湖南湘潭市西湘江畔。《水经注·湘水》:“湘水又北经建宁县,而傍湘水,县北有空泠峡,惊浪雷奔,濬同三峡。”杜甫有《次空灵岸》。

【空衢】　寂静的大道。借指旷野。韩愈《送无本师归范阳》:“狞飙搅空衢,天地与顿撼。”

帘 “簾”的异体。刘禹锡《鱼复江中》：“风樯好住贪程去，斜日青帘背酒家。”

穹 〔qióng《广韵》去宫切，平東，溪。〕❶中间隆起而四周下垂貌。刘禹锡《含辉洞述》：“吾得异境于近郊，自城西门并南山俯江水，有石穹然如夏屋，其左右前后又加回廊曲房，藻绣雕形之象。”❷天；天空。李白《登广武古战场怀古》：“战争有古迹，壁垒颓层穹。”高适《酬秘书弟兼寄幕下诸公》：“高纵激颓波，逸翮驰苍穹。”岑参《与高适薛据登慈恩寺浮图》：“四角碍白日，七层摩苍穹。”李商隐《今月二日不自量度辄复五言四十韵诗献上》：“将星临迥夜，卿月丽层穹。”❸穹庐；毡帐。李如璧《明月》：“昭君失宠辞上宫，蛾眉婵娟卧毡穹。”

【穹天】 天；上天。蜀太后徐氏《玄都观》：“莫道穹天无路到，此山便是碧云梯。”无名氏《除夜》(《全唐诗》外编上)：“为恨漂零无计力，空知日夕仰穹天。”

【穹石】 大岩石。李白《望庐山瀑布水二首》之一：“飞珠散轻霞，流沫沸穹石。”又《自巴东舟行经瞿唐峡登巫山最高峰晚还题壁》：“日边攀垂萝，霞外倚穹石。”

【穹旻】 ❶苍天。薛能《除夜诈》：“和吹度穹旻，虚徐接建寅。”贯休《送崔尚书朝觐》：“至理契穹旻，方生甫与申。”❷借指朝廷，天子。徐夤《依御史温飞卿华清宫二十二韵》：“穹旻当有辅，帷幄岂无筹。”

【穹昊】 苍天。张九龄《南郊太尉酌献武舞作凯安之乐》：“介福何穰穰，精诚格穹昊。”杜甫《送长孙九侍御赴武威判官》：“西极柱亦倾，如何正穹昊。”无名氏《秋》：“月色驱秋下穹昊，梁间燕语辞巢早。”

【穹穹】 深邃深远貌。樊宗师《蜀绵州越王楼诗》：“石濑薄溅溅，上山杳穹穹。”

【穹冥】 苍天。贯休《山居诗二十四首》之一六：“一庵冥目在穹冥，菌枕松床藓阵青。”

【穹帐】 即穹庐。岑参《北庭西郊候封大夫受降回军献上》：“橐驼何连连，穹帐亦累累。”薛能《送友人出塞》：“人归穹帐外，鸟乱废营间。”无名氏《秋日非所书情》(外编上)：“山河远近多穹帐，戎俗迢观少物华。”

【穹崇】 ❶高峻貌。宋之问《嵩山天门歌》：“天门兮穹崇，回合兮攒丛。”吴筠《秋日彭蠡湖中观庐山》：“穹崇石梁引，岈豁天门开。”杨衡《登紫霄峰赠黄仙师》：“紫霄不可涉，灵峰信穹崇。”薛能《国学试风化下》：“霁阙露穹崇，含生仰圣聪。”❷指高山。孟郊《送任载齐古二秀才自洞庭游宣城》：“扣奇知浩淼，采异访穹崇。”亦指山高。刘禹锡《送僧方及南谒柳员外》：“抢榆念陵厉，覆篑图穹崇。”庄南杰《古松歌》：“深碧麈尾扫冥濛，浅黄龙腹盘穹崇。”❸借指名位显赫。刘禹锡《酬太原狄尚书见寄》：“家声烜赫冠前贤，时望穹崇镇北边。”吴融《赴阙次留献荆南成相公三十韵》：“俭常资澹静，贵绝恃穹崇。”

【穹嵌】 岩穴；洞穴。王昌龄《奉赠张荆州》：“邑西有路缘石壁，我欲从之卧穹嵌。”

【穹苍】 苍天。李白《出自蓟北门行》：“兵威冲绝幕，杀气凌穹苍。”孟郊《哭李观》：“沉痛此丈夫，惊呼彼穹苍。”陈去疾《赋得骐骥长鸣》：“积悲摅怨抑，一举彻穹苍。”方干《感时三首》之一：“破除生死须齐物，谁向穹苍问事由。”

【穹跨】 犹横跨。王翰《春女行》：“紫台穹跨连绿波，红轩铪匝垂纤罗。”李白《望黄鹤楼》：“岩峦行穹跨，峰嶂亦冥密。”

【穹碧】 碧空；苍天。卢仝《月蚀诗》：“腹肚复脱落，依旧挂穹碧。”

【穹賧】 地名。在今云南省保山市境。《高黎贡山谣》(外编下)：“秋夏欲归来，无那穹賧热。”

【穹窿】 ❶中间隆起四周下垂貌。借指天；上苍。卢鸿一《嵩山十志十首·期仙磴》序：“期仙磴者，盖危磴穹窿，迥接云路，灵仙仿佛，若可期及。”《广陵古冢石刻》：“山川秀兮碧穹窿，崇夫人墓兮直其中。”❷中间隆起两边下垂貌。形容桥的形状。李翱《赵州石桥铭》：“九津九星横河中，天下有道津梁通，石穹窿兮与天终。”❸广大貌。贯休《大蜀皇帝潜龙日述圣德诗五首》之一：“已闻图上凌烟阁，宠渥穹窿玉不名。”

【穹廬】 ❶古代游牧民族居住的一种毡做的尖顶圆帐篷。李颀《崔五六图屏风各赋一物得乌孙佩刀》：“握中枕宿穹庐室，马上割飞翳螉塞。”皇甫冉《怨回纥歌二首》之一：“毳布腥膻久，穹庐岁月多。”薛能《送李溟出塞》：“甚险穹庐宿，无为过代州。”无名氏《晚秋登城之作》之二：“谷口穹庐遥逦迤，溪边牛马暮盘跚。”❷借指西北少数民族。崔融《从军行》：“穹庐杂种乱金方，武将神兵下玉堂。”王维《李陵咏》：“既失大军援，遂婴穹庐耻。”魏扶《和白敏中圣德和平致兹休运岁终功就合咏盛明呈上》：“穹庐远戍烟尘灭，神武光扬竹帛传。”马戴《送和北虏使》：“穹庐移斥候，烽火绝祁连。”

【穹廬氈帳】 同“穹廬❶”。戎昱《听杜山人弹胡笳》：“更闻出塞入塞声，穹庐毡帐难为情。”

【穹壤】 指天地。《郊庙歌辞·武后享清庙乐章十首·第七迎武舞》：“赫赫玄功被穹壤，皇皇至德洽生灵。”

【穹籠】 即熏笼。李商隐《李肱所遗画松诗书两纸得四十韵》：“又如洞房冷，翠被张穹笼。”

穸 〔xī《广韵》祥易切，入昔，邪。〕墓穴。杜甫《八哀诗·赠司空王公思礼》："不得见清时，呜呼就窀穸。"

【穸臺】 坟墓。王勃《伤裴录事丧子》："兰阶霜候早，松露穸台深。"

四 画

穽 〔jǐng《广韵》疾郢切，上静，從。〕❶捕捉野兽的陷坑。元稹《乐府古题·捉捕歌》："豺狼不陷阱，蝼蚁潜幽蠹。"李商隐《自喜》："虎过遥知阱，鱼来且佐庖。"又《商於新开路》："蜂房春欲暮，虎阱日初曛。"❷深坑；深洞。徐夤《忆潼关》："洞壑双扉入到初，似从深阱睹高墟。"❸拘禁牲畜野兽的地方。韩愈《送进士刘师服东归》："猛虎落槛阱，坐食如孤豚。"❹陷阱。谓被人陷害。韩愈《东都遇春》："幸蒙东都官，获离机与阱。"又《秋怀诗十一首》之十："诘屈避语阱，冥茫触心兵。"卢仝《常州孟谏议座上闻韩员外职方贬国子博士有感五首》之四："禄位埋坑阱，康庄垒剑棱。"❺监狱。骆宾王《幽絷书情通简知己》："入阱先摇尾，迷津正曝腮。"储光羲《狱中贻姚张薛李郑柳诸公》："眷言出深阱，永日常携手。"

突 〔tū《广韵》陀骨切，入没，定。〕❶猝然闯进。钱起《玉山东溪题李叟屋壁》："麏麚突荒院，鸬鹊步闲畴。"❷冲撞；奔突；奔驰。孟浩然《大堤行寄万七》："大堤行乐处，车马相驰突。"李白《少年子》："鞍马四边开，突如流星过。"杜甫《巴山》："盗贼还奔突，乘舆恐未回。"元稹《相和歌辞·估客乐》："一身偃市利，突若截海鲸。"❸指冲出包围。崔融《塞垣行》："精骑突晓围，奇兵袭暗壁。"刘长卿《从军六首》之一："手中无尺铁，徒欲突重围。"亦指冲锋。许浑《题卫将军庙》序："洎擒窦建德，逖时挟枪剑，前突后翼，太宗顾而奇之。"❹伸出。皮日休《太湖诗·包山祠》："篱筳突古砌，薜荔绷颓墙。"吴融《绵竹山四十韵》："横来突若奔，直上森如束。"见"突鬓"。❺烟囱。杜甫《发同谷县》："贤有不黔突，圣有不暖席。"杜牧《李给事中敏二首》之一："曲突徙薪人不会，海边今作钓鱼翁。"李商隐《五言述德抒情诗一首四十韵献上杜七兄仆射相公》："岂有曾黔突，徒劳不倚衡。"

【突兀】 ❶高耸貌。岑参《灭胡曲》："萧条虏尘净，突兀天山孤。"章八元《题慈恩寺塔》："十层突兀在虚空，四十门开面面风。"韩愈《谒衡岳庙遂宿岳庙寺题门楼》："须臾静扫众峰出，仰见突兀撑青空。"贾岛《上杜驸马》："玉山突兀压乾坤，出得朱门入戟门。"❷高大貌；大貌。杜甫《茅屋为秋风所破歌》："安得广厦千万间，大庇天下寒士俱欢颜，风雨不动安如山。呜呼何时眼前突兀见此屋，吾庐独破受冻死亦足。"任华《怀素上人草书歌》："时复枯燥何褵褷，忽觉阴山突兀横翠微。"白居易《题海图屏风》："突兀海底鳌，首冠三神丘。"杨嗣复《赠毛仙翁》："日月宫中便是家，下视昆仑何突兀。"❸涌起貌；多貌。张祜《涢川寺路》："日沉西涧阴，远驱愁突兀。"❹孤特貌。李白《早过漆林渡寄万巨》："峣岩注公栅，突兀陈焦基。"杜甫《画鹘行》："初惊无拘挛，何得立突兀。"李端《折杨柳》："突兀临荒渡，婆娑出旧营。"薛能《怀汾上旧居》："山头鼓笛阴沉庙，陌上薪蒸突兀车。"❺特出。元稹《和李校书新题乐府十二首·缚戎人》："乌鸢满野尸狼藉，楼榭成灰墙突兀。"张碧《题祖山人池上怪石》："寒姿数片奇突兀，曾作秋江秋水骨。"施肩吾《壮士行》："有时误入千人丛，自觉一身横突兀。"缪岛云《朱砂石》："丹霞迥烁嵌空片，红日斜分突兀堆。"❻怪异；奇特。元稹《书异》："跳趫井蛙喜，突兀水怪形。"又《酬郑从事四年九月宴望海亭次用旧韵》："嵌空古墓失文种，突兀怪石疑防风。"皮日休《虎丘寺殿前有古杉一本形状丑怪图之不尽况百卉竞媚若妬若娼唯此杉死抱奇节皭然闯然遂赋三百言以见志》："突兀方相胫，鳞皴夏氏胝。"❼端坐貌。杜甫《八哀诗·故著作郎贬台州司户荥阳郑公虔》："未曾寄官曹，突兀倚书幌。"❽明亮；耀眼。陆龟蒙《杂讽九首》之八："吴兵甚犀利，太白光突兀。"❾突然；出乎意料。卢仝《萧宅二三子赠答诗二十首·石答竹》："此故不嫌我，突兀蒙相知。"

【突不黔】 突，烟囱。黔，指举炊时烟囱被熏黑。不黔，谓不能举炊。用作形容生活困窘。杜甫《送率府程录事还乡》："内愧突不黔，庶羞以赒给。"权德舆《戏和三韵》："墨翟突不黔，范丹甑生尘。"雍裕之《四色》之四："已见池尽墨，谁言突不黔。"

【突出】 ❶突然出现。白居易《琵琶引》："银瓶乍破水浆迸，铁骑突出刀枪鸣。"贾岛《携新文诣张籍韩愈途中成》："地只闻此语，突出惊我倒。"❷高耸；高出。林滋《望九华山》："兹山突出何怪奇，上有万状无凡姿。"孟郊《立德新居》之七："突出万家表，独治二亩蔬。"❸冲出。齐己《善哉行》："大鹏刷翮谢溟渤，青云万层高突出。"

【突屼】 孤特貌；高貌。吕岩《鄂渚悟道歌》："恍惚之中见有物，状如日轮明突屼。"

【突羽】 飞箭。杜甫《七月三日亭午已后较热退晚加小凉稳睡有诗因论壮年乐事戏呈元二十一曹长》："长钍逐狡兔，突羽当满月。"

【突金】 指凸出的金色花纹。李贺《石城晓》："春帐依微蝉翼罗，横茵突金隐体花。"

【突起】 ❶高耸。韩愈《南山诗》："西南雄太白，突起莫间簉。"李翱《江州南湖堤铭》："堤既成止，罔联突起。坚若石城，障为潴水。”❷突然起来。李商隐《井泥四十韵》：“屠狗与贩缯，突起定倾危。”

【突過】 ❶超越；高出。杜甫《苏大侍御访江浦赋八韵记异》：“再闻诵新作，突过黄初诗。”元稹《望云骓马歌》：“掣开流电有辉光，突过浮云无朕迹。”❷犹出来。杜甫《催宗文树鸡栅》：“织笼曹其内，令人不得掷。稀间可突过，觜爪还污席。”

【突將】 骁勇之将领。杜甫《送蔡希曾都尉还陇右因寄高三十五书记》：“上公犹宠锡，突将且前驱。”

【突無黔】 同“突不黔”。元稹《开元观闲居酬吴士矩侍御三十韵》：“所希颜颇练，谁恨突无黔。”

【突圍】 冲出包围。顾况《从军行二首》之一：“单于近突围，烽燧屡夜惊。”元稹《智度师二首》之二：“三陷思明三突围，铁衣抛尽衲禅衣。”张祜《投陈许李司空二十韵》：“突围亲斩首，开道看擒生。”贯休《古塞下曲七首》之三：“突围金甲破，趁贼铁枪飞。”

【突煙】 炊烟。刘禹锡《武陵观火诗》：“是时直突烟，发自晨炊徒。”

【突誖】 凶暴；凶猛。元稹《有鸟二十章》之一二：“有鸟有鸟名老乌，贪痴突悖天下无。”

【突險】 险怪貌。郑损《星精石》：“突险呀空龙虎蹲，由来英气蓄寒根。”

【突營】 攻击敌营。李白《从军行》：“突营射杀呼延将，独领残兵千骑归。”

【突騎】 用以冲突敌阵的精锐骑兵。玄宗《平胡》：“蒙轮皆突骑，按剑尽鹰扬。”杜甫《久雨期王将军不至》：“安得突骑只五千，崒然眉骨皆尔曹。”韩翃《寄雍丘窦明府》：“何事翻飞不及群，虎班突骑来纷纷。”王贞白《少年行二首》之二：“常闻为突骑，天子赐长戈。”

【突獸】 奔突之兽。杜甫《荆南兵马使太常卿赵公大食刀歌》：“牧出令奔飞百艘，猛蛟突兽纷腾逃。”

【突鬢】 鬓毛突出、翘起。陈子昂《送著作佐郎崔融等从梁王东征》序：“蜺旄羽骑之殷，戈落翻日；突鬓蒙轮之勇，剑决浮云。”

穿 〔chān《广韵》昌缘切，平仙，昌。又尺絹切，去線，昌。〕❶穿孔。韩愈、刘师服《石鼎联句》：“旁有双耳穿，上有孤髻撑。”白居易、刘禹锡《秋霖即事联句三十韵》：“近井桐先落，当檐石欲穿。”白居易《啄木曲》：“我有双泪珠，知君穿不得。”罗隐《七夕》：“香帐簇成排窈窕，金针穿罢拜婵娟。”❷挖；凿。王泠然《汴堤柳》：“穿地凿山开御路，鸣笳叠鼓泛清流。”颜真卿《刻清远道士诗因而继作》：“剑池穿万仞，盘石坐千人。”司空曙《杜鹃行》：“穿皮啄朽觜欲秃，苦饥始得食一虫。”❸穿通；打通。白居易《凶宅》：“风雨坏檐隙，蛇鼠穿墙墉。”庄南杰《黄雀行》：“穿屋穿墙不知止，争树争巢入营死。”皮日休《秋晚访李处士所居》：“书阁鼠穿厨簏破，竹园霜后橘槔闲。”殷文圭《玉仙道中》：“古陂狐兔穿蛮冢，破寺荆榛拥佛幢。”❹通过；穿过。孟浩然《冬至后过吴张二子檀溪别业》：“卜筑因自然，檀溪不更穿。”钱起《锄药咏》：“莳药穿林复在巘，浓香秀色深能浅。”刘禹锡《唐侍御寄游道林岳麓二寺诗并沈中丞姚员外所和见征继作》：“回廊架险高且曲，新径穿林明复昏。”李群玉《九子坡闻鹧鸪》：“正穿诘曲崎岖路，更听钩辀格磔声。”❺流过；流经。王维《寒食城东即事》：“清溪一道穿桃李，演漾绿蒲涵白芷。”杜甫《秦州杂诗二十首》之一三：“对门藤盖瓦，映竹水穿沙。”赵嘏《题开元寺水阁》：“波穿十里桥连寺，絮压千家柳送春。”周繇《送边上从事》：“黄河穿汉界，青冢出胡沙。”❻洞；孔。寒山《诗三百三首》之一四三：“冢破压黄肠，棺穿露白骨。”白居易《履道新居二十韵》：“果穿闻鸟啄，萍破见鱼游。”李德裕《思山居一十首·忆葛胜木禅床》：“管宁穿亦坐，徐孺去常悬。”❼洞穿；破蔽。杜甫《春日江村五首》之二：“过懒从衣结，频游任履穿。”岑参《送孟孺卿落第归济阳》：“献赋头欲白，还家衣已穿。”王建《精卫词》：“口穿岂为空衔石，山中草木无全枝。”唐怡《咏破扇》：“轮如明月尽，罗似薄云穿。”❽穿上衣、帽、鞋、袜等物。王建《送韦处士老舅》：“照水学梳头，应门未穿帻。”又《和少府崔卿微雪早朝》：“已傍祥鸾迷殿角，还穿瑞草入袍襕。”韩愈《酬司门卢四兄云夫院长望秋作》：“自知短浅无所补，从事久此穿朝衫。”张保胤《又留别同院》：“布袍破后思宫内，锦袴穿时忆御衣。”❾与“眼”配合，形容心情殷切。杜甫《喜达行在所三首》之一：“眼穿当落日，心死著寒灰。”韩愈《酒中留上襄阳李相公》：“眼穿长讶双鱼断，耳热何辞数爵频。”白居易《新乐府·海漫漫》：“海漫漫，风浩浩，眼穿不见蓬莱岛。”李商隐《落花》：“肠断未忍扫，眼穿仍欲归。”❿照射；映照。太宗《春日望海》：“拂潮云布色，穿浪日舒光。”又《经破薛举战地》：“浪霞穿水净，峰雾抱莲昏。”白居易《望亭驿酬别周判官》：“灯火穿村市，笙歌上驿楼。”⓫传。刘禹锡《夏日寄宣武令狐相公》：“境入篇章高韵发，风穿号令众心和。”

【穿墉】 在墙上凿洞。元稹《有鸟二十章》之九：“穿墉伺隙善潜身，昼伏宵飞恶明烛。”

【穿鼻】 在鼻中隔穿上绳索或金属环。比喻操纵、控制。罗隐《薛阳陶觱篥歌》：“扫除桀黠似提帚，制压群豪若穿鼻。”

【穿鄰舍壁】 同“穿壁”。岑参《秋夕读书幽兴献兵部李侍郎》：“览卷试穿邻舍壁，明灯何惜借余光。”

【穿履】 有破洞的鞋。岑参《送二十二兄北游寻罗中》：“夜雪入穿履，朝霜凝敝裘。”

【穿線月】 指七夕之月亮。李贺《七夕》:“鹊辞穿线月,花入曝衣楼。”

【穿築】 挖掘(水池),建筑(假山亭阁)。张九龄《林亭咏》:“穿筑非求丽,幽闲欲寄情。”

【穿壁】 ❶晋葛洪《西京杂记》卷二:匡衡字稚圭,勤学而无烛,邻舍有烛而不逮,衡乃穿壁引其光。以书映光而读之。后遂用为咏灯、咏勤苦夜读的典故。慕幽《灯》:“忽尔思多穿壁处,偶然心尽断缨时。”❷凿通墙壁。杜甫《绝句六首》之五:“舍下笋穿壁,庭中藤刺檐。”韩愈《和侯协律咏笋》:“纵横公占地,罗列暗连根。狂剧时穿壁,横强几触藩。”

【穿壙】 挖凿墓穴。亦借指死亡。李商隐《哭遂州萧侍郎二十四韵》:“不成穿圹入,终拟上书论。”

【穿額】 比喻科举考试多次失败。黄滔《成名后呈同年》:“虽惭锦鲤成穿额,忝获骊龙不寐珠。”

【穿鑿】 ❶挖掘;开凿。卢照邻《宿晋安亭》:“闻有弦歌地,穿凿本多奇。”李群玉《石潴》:“地形穿凿势,恐到祝融坟。”陆龟蒙《江湖散人歌》:“无端后圣穿凿破,一派前导千流随。”方干《路支使小池》:“儿童戏穿凿,咫尺见津涯。”❷犹牵强附会。齐己《寄谢高先辈见寄二首》之一:“穿凿堪伤骨,风骚久痛心。”

窀 〔zhūn《广韵》陟綸切,平諄,知。〕见“窀穸”。

【窀穸】 ❶《左传·襄公十三年》:“楚王疾,告大夫曰:‘……若以大夫之灵,获保首领以殁于地,唯是春秋窀穸之事,所以从先君于称庙者,请为‘灵’若‘厉’。大夫择焉。’”杜预注:“窀,厚也。穸,夜也。厚夜,犹长夜。春秋,谓祭祀。长夜,谓葬埋。”后以“窀穸”代指丧葬。白居易《赠悼怀太子挽歌辞二首》之一:“永言窀穸事,全用少阳仪。”❷指坟墓。杜甫《八哀诗·赠司空王公思礼》:“不得见清时,呜呼就窀穸。”

窔 〔yào《集韵》一叫切,去嘯,影。〕室中西南隅,多喻指幽深之处。见“窔奥”。

【窔奥】 室中东南与西南二隅,喻幽深之处。后引申指高深之境界。杜甫《秦州见敕目薛三据授司议郎毕四曜除监察远喜迁官兼述索居凡三十韵》:“文章开窔奥,迁擢润朝廷。”元稹《献荥阳公诗五十韵》:“清机登窔奥,流韵溢山川。”刘禹锡《赠别君素上人诗》引:“是余知窔奥于《中庸》,启键关于内典,会而归之,犹初心也。”

窆 〔biǎn《广韵》方驗切,去豔,幫。《集韵》悲檢切,上儼,幫。〕❶将棺木葬入圹穴。后泛指埋葬。张籍《祭退之》:“旧茔盟津北,野窆动鼓钲。”❷墓穴。陆龟蒙《次幽独君韵二首》之一:“如何孤窆里,犹自读三坟。”

窫 〔yuè《广韵》於決切,入屑,影。《集韵》古穴切,入屑,見。〕见“窫窬”。

【窫窬】 孔穴深邃貌。卢仝《月蚀诗》:“虚眨鬼眼明窫窬,乌罪不可雪。”

五 画

窅 〔yǎo《广韵》烏皎切,上篠,影。又於交切,平肴,影。〕❶幽深。张说《岳阳石门墨山二山相连有禅堂观天下绝境》:“竹径入阴窅,松萝上空蒨。”又《唐享太庙乐章·登歌》:“廓无响,窅入玄。”裴士淹《游石门洞》:“药房森自闲,苔径窅谁遇。”郑薰《赠巩畴》:“洪远包乾坤,幽窅潜沉冥。”亦指深远。杜甫《秋日荆南述怀三十韵》:“群公纷戮力,圣虑窅裴回。”❷昏暗;幽暗。李群玉《长沙紫极宫雨夜愁坐》:“独坐高斋寒拥衾,洞宫台殿窅沉沉。”无名氏《题仙人洞石钟》:“石洞窅且深,花落无人扫。”❸寂静貌。李白《送李青归南叶阳川》:“化心养精魄,隐几窅天真。”❹远;遥远。李百药《郢城怀古》:“林泽窅芊绵,山川郁重复。”李峤《田假限疾不获还庄载想田园兼思亲友率成短韵用写长怀赠杜幽素》:“茂陵窅难即,灵台暂可依。”又《送光禄刘主簿之洛》:“仙舟窅将隔,芳罪暂云同。”顾况《苦雨》:“佳人窅何许,中夜心寂寞。”❺望;远望。杨炯《巫峡》:“重岩窅不极,叠嶂凌苍苍。”贾至《巴陵早秋寄荆州崔司马吏部阎功曹舍人》:“旷如临渤澥,窅疑造瀛洲。”

【窅作】 指诗作之精深。崔国辅《奉和圣制上巳祓禊应制》:“逸诗何足对,窅作掩东周。”

【窅杳】 幽深貌。鲍溶《苦哉远征人》:“李陵死别处,窅杳玄冥乡。”

【窅映】 谓远远相互映照。王昌龄《过华阴》:“羁人感幽栖,窅映转奇绝。”

【窅窅】 ❶幽暗貌。白居易《哭刘尚书梦得二首》之二:“窅窅穷泉埋宝玉,骎骎落景挂桑榆。”无名氏《五言白话诗》之二四:“窅窅黑暗眠,永别明灯烛。”❷深邃貌。孟郊《哭李观》:“神理本窅窅,今来更茫茫。”韩愈《剥啄行》:“窅窅深堑,其墉甚完。”❸悠远貌。张宣明《使至三姓咽面》:“东都日窅窅,西海此悠悠。”王昌龄《送刘十五之郡》:“扁舟事洛阳,窅窅含楚月。”郎士元《题伊真人祠》:“窅窅云旗去不还,阴阴祠宇闭空山。”顾况《送别日晚歌》:“日窅窅兮下山,望佳人兮不还。”❹漫长貌。白居易《和钱员外禁中夙兴见示》:“窅窅钟漏尽,曈曈霞景初。”❺象声词。状琴瑟幽幽之音声。韩愈《远游联句》:"灵瑟时窅窅,雾猿夜啾啾。"

【窅冥】 ❶幽暗貌。孟云卿《汴河阻风》:"大河喷东注,群动皆窅冥。"元稹《遣悲怀三首》之三:"同穴窅冥何所望,他生缘会更难期。"❷深远幽微貌。李白《商山四皓》:"窅冥合元化,茫昧信难测。"高适《留上李右相》:"独立调元气,清心豁窅冥。"❸天空;远空。綦毋潜《宿太平观》:"夕到玉京寝,窅冥云汉低。"岑参《送许子擢第归江宁拜亲因寄王大昌龄》:"喜气薄太阳,祥光彻窅冥。"贾至《西亭春望》:"日长风暖柳青青,北雁归飞入窅冥。"薛涛《斛石山晓望寄吕侍御》:"曦轮初转照仙扃,旋擘烟岚上窅冥。"

【窅窕】 ❶幽深貌。杜甫《客堂》:"忆昨离少城,而今异楚蜀。舍舟复深山,窅窕一林麓。"❷宛转曲折;宛转。杜甫《谒文公上方》:"窈窕入风磴,长芦纷卷舒。"韩愈《岐山下二首》之二:"和声随祥风,窅窕相飘扬。"❸美好貌。韦庄《抚盈歌》:"铅华窅窕兮秾姿,棠公肸蚃兮靡依。"

【窅密】 幽秘貌。张九龄《奉和圣制途经华山》:"灵居虽窅密,睿览忽玄同。"

【窅然】 ❶幽深貌。张九龄《与生公寻幽居处》:"及此云山去,窅然岩径好。"司空图《诗品二十四则·高古》:"泛彼浩劫,窅然空纵。"❷昏暗貌。权德舆《与道者同守庚申》:"窅然深夜中,若与元气并。"❸寂静貌。苏颋《祭汾阴乐章》:"窅然汾上,厚泽如春。"❹遥远貌。李白《山中问答》:"桃花流水窅然去,别有天地非人间。"杨巨源《别鹤词送令狐校书之桂府》:"海鹤一为别,高程方窅然。"❺犹悠然。陈子昂《感遇诗三十八首》之五:"窅然遗天地,乘化入无穷。"徐安贞《奉和圣制答二相出雀鼠谷》:"还望汾阳近,宸游自窅然。"钱起《柏崖老人号无名先生男削发女黄冠自以云泉独乐命予赋诗》:"窅然高象外,宁不傲羲皇。"柳宗元《巽公院五咏·禅堂》:"万籁俱缘生,窅然喧中寂。"❻犹怅然。解彦融《雁塔》:"窅然丧五蕴,蠢尔怀万类。"

【窅默】 精微深奥。李白《送岑征君归鸣皋山》:"探元入窅默,观化游无垠。"韩愈《孟生诗》:"作诗三百首,窅默咸池音。"

【窅霭】 幽暗貌。李颀《湘夫人》:"窅霭罗袂色,潺湲江水流。"储光羲《舟中别武金坛》:"萧条风雨散,窅霭江湖昏。"

窅

〔yǎo《集韵》伊鳥切,上筱,影。〕见"窅窱"。

【窅窱】 ❶幽深貌;幽静貌。薛据《泊震泽口》:"洄沿值渔翁,窅窱逢樵子。"陆龟蒙《京口与友生话别》:"竹窗深窅窱,苔洞绿龛龛。"亦指幽深的溪谷。宋之问《奉和幸韦嗣立山庄侍宴应制》:"旌门临窅窱,辇道属扶疏。"❷宛转曲折貌。张说《游洞庭湖湘》:"窅窱入云步,崎岖倚松息。"柳宗元《法华寺石门精舍三十韵》:"松溪窅窱入,石栈夤缘上。"白居易《题西亭》:"直廊抵曲房,窅窱深且虚。"❸高貌;高耸貌。武平一《奉和幸新丰温泉宫应制》:"参差开水殿,窅窱敞岩轩。"贺知章《奉和御制春台望》:"层栏窅窱下龙舆,清管逶迤半绮疏。"韦应物《登高望洛城作》:"葱茏瑶台榭,窅窱双阙门。"❹形容音声宛转优美。郑嵎《津阳门诗》:"迎娘歌喉玉窅窱,蛮儿舞带金葳蕤。"皮日休《太湖诗·桃花坞》:"闲禽啼窅窱,险狖眠硉矹。"

窄

〔zhǎi《广韵》側伯切,入陌,莊。〕❶狭小;狭窄。与"宽"相对。杜甫《飞仙阁》:"土门山行窄,微径缘秋毫。"白居易《无长物》:"莫讶家居窄,无嫌活计贫。"杨汝士《建节后偶作》:"山僧见我衣裳窄,知道新从战地来。"贯休《送颢雅禅师》:"春光主,芙蓉堂窄堆花乳。"❷指心胸狭小。杜甫《最能行》:"此乡之人气量窄,误竞南风疏北客。"孟郊《劝善吟》:"劝我少吟诗,俗窄难尔容。"皮日休《七爱诗·李翰林》:"权臣妒逸才,心如斗筲窄。"❸不舒坦。李贺《酒罢张大彻索赠诗》:"陇西长吉摧颓客,酒阑感觉中区窄。"❹小;短缺。杜甫《驱竖子摘苍耳》:"乱世诛求急,黎民糠籺窄。"姚合《寄狄拾遗时为魏州从事》:"睡当一席宽,觉乃千里窄。"特指酒量小。韦蟾《和柯古穷居苦日喜雨》:"玉律诗调正,琼卮酒肠窄。"

【窄小】 狭小。白居易《重戏赠》:"往往归来嫌窄小,年年为主莫无情。"

【窄地】 狭窄之地。白居易《题卢秘书夏日新栽竹二十韵》:"炎天闻觉冷,窄地见疑宽。"

【窄衣裳】 紧身之衣裳。唐代一种流行的服装。白居易《新乐府·上阳白发人》:"小头鞋履窄衣裳,青黛点眉眉细长。"韩偓《袅娜》:"袅娜腰肢澹薄妆,六朝宫样窄衣裳。"

【窄衣短袖】 南北朝时北方少数民族的一种服装,衣袖狭短。韩偓《后魏时相州人作李波小妹歌疑其未备因补之》:"李波小妹字雍容,窄衣短袖蛮锦红。"

【窄狭】 狭隘;狭小。杜甫《潼关吏》:"丈人视要处,窄狭容单车。"白居易《放鱼》:"水小池窄狭,动尾触四隅。"

【窄窄】 狭小;狭窄。杜甫《秋日夔府咏怀奉寄郑监李宾客一百韵》:"缚柴门窄窄,通竹溜涓涓。"李商隐《效长吉》:"长长汉殿眉,窄窄楚宫衣。"

【窄窄弓弓】 小而弯曲貌。玄宗《又作妃子所遗罗袜铭》:"琼钩窄窄弓弓,手中弄新月。"

【窄窄狭狭】 狭小貌。白居易《和微之诗二十三首·和自劝二首》之一："稀稀疏疏绕篱竹，窄窄狭狭向阳屋。"

窊 〔wā《广韵》烏瓜切，平麻，影。又烏吴切，去禡，影。〕低凹；凹下。见"窊石""窊尊"。

【窊石】 中间凹下的岩石。元结《窊尊诗》："窊石堪为樽，状类不可名。"

【窊亭】 建筑在窊石的小亭阁。故址在道州（今湖南道县西）境内。元结《窊尊诗》："巉巉小山石，数峰对窊亭。"

【窊尊】 中间凹下状如酒樽的岩石。元结有《窊尊诗》，见《全唐诗》卷二四一。

窋 〔zhú《广韵》竹律切，入術，知。〕见"窋詫""窋窡"。

【窋詫】 物在穴中貌。徐彦伯《石淙》："琪树璿娟花未落，银芝窋咤露初还。"

【窋窡】 物在穴中欲出貌。韩愈孟郊《征蜀联句》："跧梁排郁缩，闯窦猰窋窡。"钱仲联集释引祝充注："《说文》：'窋，物在穴中。''窡，穴中见也。'"

窈 〔yǎo《广韵》烏皎切，上篠，影。〕❶幽深；深远。刘禹锡《吏隐亭述》："溪山风物，城池为伍。却倚佛寺，左联仙府。势拱台殿，光含厢庑。窈如壶中，别见天宇。"❷暗；昏暗。卢照邻《七日登乐游故墓》："兰游澹未归，倾光下岩窈。"吕从庆《溪西村》："深壑和烟窈，清溪避石斜。"❸美好。见"窈窕"。

【窈眇】 美好貌。刘复《游仙》："王母何窈眇，玉质清且柔。"柳宗元《零陵赠李卿元侍御简吴武陵》："惜无协律者，窈眇弦吾诗。"刘禹锡《窦夔州见寄寒食日忆故姬小红吹笙因和之》："鸾声窈眇管参差，清韵初调众乐随。"

【窈映】 清幽明亮。顾况《从剡溪至赤城》："灵溪宿处接灵山，窈映高楼向月闲。"

【窈窈冥冥】 渺茫貌。皮日休《补周礼九夏系文》序："颂之亡者，俾千古之下。郑卫之内，窈窈冥冥，不独有大卷之音者乎！"

【窈冥】 ❶微妙精深貌。陈子昂《感遇诗三十八首》之八："仲尼推太极，老聃贵窈冥。"❷指远天、苍穹。李白《西岳云台歌送丹丘子》："云台阁道连窈冥，中有不死丹丘生。"

【窈窈】 幽暗貌。韩愈《琴操十首·拘幽操》："目窈窈兮，其凝其盲。"温庭筠《洞户二十二韵》："醉乡高窈窈，棋阵静愔愔。"

【窈娘】 唐武则天时左司郎中乔知之之婢妾。雍陶《洛中感事》："行到窈娘身没处，水边愁见亚枝花。"杜牧《偶呈郑先辈》："西京才子旁看取，何似乔家那窈娘。"罗虬《比红儿诗》之一二："当时便向乔家见，未敢将心在窈娘。"又《比红儿诗》之五七："昔年黄阁识奇章，爱说真珠似窈娘。"

【窈娘堤】 东都洛阳天津桥附近的洛水堤名。元稹《送友封》："心断洛阳三两处，窈娘堤抱古天津。"白居易《天津桥》："眉月晚生神女浦，脸波春傍窈娘堤。"

【窈窕章】 《诗·周南·关雎》："窈窕淑女，君子好逑。"毛传："言后妃有关雎之穗，是幽闲贞专之善女，宜为君子之好匹。"后以"窈窕章"指后妃优美的诗作。白居易《昭德皇后挽歌词》："仙去逍遥境，诗留窈窕章。"

【窈窕】 ❶美好貌。沈佺期《岳馆》："空濛朝气合，窈窕夕阳开。"孟浩然《襄阳公宅饮》："窈窕夕阳佳，丰茸春色好。"杜甫《喜晴》："青荧陵陂麦，窈窕桃李花。"柳宗元《戏题阶前芍药》："欹红醉浓露，窈窕留余春。"❷姿容秀美貌；娴静貌。贺知章《奉和御制春台望》："广画蝶蛾夸窈窕，罗生玳瑁象昆仑。"李白《经乱离后天恩流夜郎忆旧游书怀赠江夏韦太守良宰》："吴娃与越艳，窈窕夸铅红。"白居易《续古诗十首》之五："窈窕双鬟女，容德俱如玉。"韩愈《送区弘南归》："处子窈窕王所妃，苟有令德隐不腓。"❸指美女。王勔《咏妓》："妖姬饰靓妆，窈窕出兰房。"羊士谔《玩槿花》："风流感异代，窈窕比同车。"陆龟蒙《婕妤怨》："后宫多窈窕，日日学新声。"❹幽静貌。杜甫《奉答岑参补阙见赠》："窈窕清禁闼，罢朝归不同。"又《古柏行》："崔嵬枝干郊原古，窈窕丹青户牖空。"元稹《春六十韵》："洞房闲窈窕，庭院独葱茏。"鲍溶《汉宫词二首》之一："柏梁宸居清窈窕，东方先生夜待诏。"❺幽深貌；深邃貌。骆宾王《帝京篇》："桂殿嵚岑对玉楼，椒房窈窕连金屋。"无名氏《题仙人洞石钟》(外编下)："石洞何窈窕，云是仙人庭。"张九龄《入庐山仰望瀑布水》："雷吼何喷薄，箭驰入窈窕。"李渤《南溪诗》："窈窕去未穷，环回势难极。"❻昏暗杳冥貌。亦指遥远的天空。杜甫《柴门》："长影没窈窕，余光散唅呀。"韦应物《答崔主簿倬》："窈窕云雁没，苍茫河汉横。"❼婉转曲折貌。张九龄《浈阳峡》："行舟傍越岑，窈窕越溪深。"李白《游泰山六首》之三："黄河从西来，窈窕入远山。"杜甫《虎牙行》："巫峡阴岑朔漠气，峰峦窈窕溪谷黑。"李栖筠《张公洞》："一径深窈窕，上升翠微中。"❽袅娜貌，袅袅貌。鲍溶《山居》："窈窕垂涧萝，蒙茸黄葛花。"又《玉山谣奉送王隐者》："万古分明对眼开，五烟窈窕呈祥近。"杜牧《长安杂题长句六首》之二："烟生窈窕深东第，轮撼流苏下北宫。"李商隐《西溪》："色染妖韶柳，光含窈窕萝。”❾形容音声优美婉转。岑参《裴将军宅芦管歌》：“弄调啾飕胜洞箫，发声窈窕欺横笛。”王建《白纻歌二首》之一：“月明灯光两相照，后庭歌声更窈窕。”❿高耸貌。宗楚客《奉和人日清晖阁宴群臣遇雪应制》：“窈窕神仙阁，参差云汉间。”

【窈袅】 体态苗条美好貌。杜牧《杜秋娘诗》：“低鬟认新宠，窈袅复融怡。”

六　画

窒 〔zhì《广韵》陟栗切，入質，知。又丁結切，入屑，端。〕❶堵塞。《诗·豳风·七月》：“穹窒熏鼠，塞向墐户。”毛传：“窒，塞也。”裴潾《前相国赞皇公早葺平泉山居赋四言诗十四首奉寄》之三：“建储固本，树屏息戎。彼狐彼鼠，窒穴扫踪。”❷阻遏。白居易《和微之诗二十三首·和晨兴因报问龟儿》：“喉燥声气窒，经年无报辞。”

【窒塞】 堵塞。杜牧《皇风》：“远蹊巢穴尽窒塞，礼乐刑政皆弛张。”

诧 〔zhà《集韵》陟嫁切，去禡，知。〕见“窋诧”。

窕 〔tiǎo《广韵》徒了切，上篠，定。〕❶见“窈窕”。❷间隙；隔离。见“窕窕”。

【窕窕】 分离貌。元稹《忆云之》：“人生既相合，不复论窕窕。”

七　画

窙 〔xiāo《广韵》許交切，平肴，曉。〕见“窙豁”。

【窙豁】 开阔貌。韩愈《送文畅师北游》：“下开迷惑胸，窙豁劚株橛。”

窖 〔jiào《广韵》古孝切，去效，見。〕❶地窖。贮藏物品的地洞。贯休《怀武夷红石子二首》之二：“烧侵姜芋窖，僧与水云袍。”无名氏《五言诗》之五：“窖内多埋谷，寻常愿米贵。”❷坑；穴。罗隐《焚书坑》：“千载遗踪一窖尘，路傍耕者亦伤神。❸量词。喻愁之深与多。张碧《惜花三首》之一：“一窖闲愁驱不去，殷勤对尔酌金杯。”

窗[1] 〔chuāng《集韵》初江切，平江，初。〕设在屋顶或墙壁之上用以通风透光的洞口。骆宾王《艳情代郭氏答卢照邻》：“抱膝当窗看夕兔，侧耳空房听晓鸡。”严维《九日登高》：“汉浦浪花摇素壁，西陵树色入秋窗。”杨巨源《大堤曲》：“月落星微五鼓声，春风摇荡窗前柳。”李商隐《因书》：“猿声连月槛，鸟影落天窗。”

窗[2] 〔cōng《集韵》麤叢切，平東，清。〕烟囱。《篇海·囱部》：“窗，灶突也。”崔涯《嘲李端端》之一：“黄昏不语不知行，鼻似烟窗耳似铛。”

【窗中】 （—zhōng）窗内；窗里。王维《和使君五郎西楼望远思归》：“枕上见千里，窗中窥万室。”岑参《寻巩县南李处士别业》：“有时著书暇，尽日窗中眠。”吕温《题从叔园林》：“阮宅闲园暮，窗中见树阴。”李商隐《曼倩辞》：“如何汉殿穿针夜，又向窗中觑阿环。”

【窗文】 窗上雕刻或绘饰的花纹。骆宾王《冬日过故人任处士书斋》：“网积窗文乱，苔深履迹残。”

【窗户】 ❶窗。王维《哭褚司马》：“山川秋树苦，窗户夜泉哀。”元结《夜宴石鱼湖作》：“夜寒闭窗户，石溜何清泠。”段文昌《晚夏登张仪楼呈院中诸公》：“重楼窗户开，四望敛烟埃。”徐夤《赠月君》：“鸣梭轧轧纤纤手，窗户流光织女星。”❷指窗纱之上。赵嘏《答友人》：“窗户动摇三岛树，琴尊安稳五湖船。”

【窗油】 窗上的油漆。李商隐《赠子直花下》：“屏缘蝶留粉，窗油蜂印黄。”又《拟意》：“象床穿幰网，犀帖钉窗油。”

【窗書】 指窗下桌上之书。高适《同熊少府题卢主簿茅斋》：“阶树时攀折，窗书任讨论。”

【窗紗】 蒙在窗上的纱。刘方平《夜月》：“今夜偏知春气暖，虫声新透绿窗纱。”白居易《三月三日》：“画堂三月初三日，絮扑窗纱燕拂檐。”陆龟蒙《忆白菊》：“月明阶下窗纱薄，多少清香透入来。”詹敦仁《介庵赠古墨梅酬以一篇》：“墨散余香点酥萼，月留残影照窗纱。”

【窗紙】 糊在窗上的薄纸。白居易《和微之诗二十三首·和自劝二首》之二：“微酣静坐未能眠，风霰萧萧打窗纸。”

【窗虛】 谓窗内窗外空虚幽静。孟浩然《岁暮归南山》：“永怀愁不寐，松月夜窗虚。”杜牧《旅情》：“窗虚枕簟凉，寝倦忆潇湘。”李商隐《和友人戏赠二首》之一：“仙人掌冷三霄露，玉女窗虚五夜风。”又《病中闻河东公乐营置酒口占寄上》：“楼迥波窥锦，窗虚日弄纱。”

【窗眼】 窗格的孔。钱俶《宫中作》：“界开日影怜窗纸，穿破苔痕恶笋芽。”

【窗窗户户】 指各个门窗。王建《宫词一百首》之八七：“窗窗户户院相当，总有珠帘玳瑁床。”

【窗扉】 窗扇。亦泛指窗。温庭筠《休浣日西掖谒所知》：“赤墀高阁自从容，玉女窗扉报曙钟。”

【窗绡】 蒙在窗上的薄绡。亦泛指窗中、窗内。韩愈孟郊《城南联句》:“窗绡疑闷艳,妆烛已销檠。”

【窗阁】 窗户。刘长卿《奉酬辛大夫喜湖南腊月连日降雪见示之作》:“初开窗阁寒光满,欲掩军城暮色迟。”

【窗绮】 指窗帷。钱惟治《春日登大悲阁回文》之一:“映云窗绮暖,笼月箔花重。”

【窗網】 窗纱。李商隐《正月崇让宅》:“蝙拂帘旌终展转,鼠翻窗网小惊猜。”又《骄儿诗》:“曲躬牵窗网,衉唾拭琴漆。”

【窗影】 映照在窗纱上的树影、山影等。岑参《题山寺僧房》:“窗影摇群木,墙阴载一峰。”刘沧《晚春宿僧院》:“碧空云尽磬声远,清夜月高窗影斜。”

【窗牖】 窗户。李白《春日独坐寄郑明府》:“我在河南别离久,那堪坐此对窗牖。”徐敞《圆灵水镜》:“练色临窗牖,蟾光霭户庭。”柳宗元《独觉》:“觉来窗牖空,寥落雨声晓。”李赤《姑孰杂咏·凌歊台》:“白云入窗牖,野翠生松竹。”

【窗燈】 窗下之灯。李商隐《别薛岩宾》:“还将两袖泪,同向一窗灯。”

【窗櫺】 窗上的格子,用以糊纸或蒙纱。皮日休《太湖诗·三宿神景宫》:“窗棂带乳藓,壁缝含云蕤。”曹松《山中言事》:“岚霭润窗棂,吟诗得冷症。”史凤《鲛红被》:“牙床舒卷鹓鸾共,正值窗棂月一团。”

窘 〔jiǒng《广韵》渠陨切,上轸,群。〕❶困厄;困迫。柳宗元《奉平淮夷雅表·皇武》之八:“蔡凶伊窘,悉起来聚。”姚合《寄贾岛浪仙》:“悄悄掩门扉,穷窘自维絷。”杜牧《自遣》:“四十已云老,况逢忧窘余。”陆龟蒙《读襄阳耆旧传因作诗五百言寄皮袭美》:“窘若晒沙鱼,悲如哭霜狖。”❷急迫;难堪。韩愈《元和圣德诗》:“辟穷见窘,无地自处。”杜牧《长安杂题长句六首》之四:“期严无奈睡留癖,势窘犹为酒泥慵。”❸穷尽;贫乏。韩愈《赠崔立之评事》:“时命虽乖心转壮,技能虚富家逾窘。”❹拘束。司空图《狂题十八首》之一五:“六龙飞辔长相窘,更忍乘危自著鞭。”❺占;据。崔湜《杂诗》:“鹊巢恶木巅,常窘一枝息。”

【窘厄】 困窘;困厄。岑参《西蜀旅舍春叹寄朝中故人呈狄评事》:“何负当途人,无心矜窘厄。”

【窘束】 拘束;束缚。张九龄《九月九日登龙山》:“郡庭常窘束,凉野求昭旷。”白居易《赎鸡》:“飞鸣彼何乐,窘束此何冤。”

【窘步】 缓步;慢步。张说《出湖寄赵冬曦》:“窘步同行乐,遒文互屡看。”

【窘迫】 ❶谓处境困窘。刘长卿《湖上遇郑田》:“故人青云器,何意常窘迫。”又《送贾三北游》:“贾生未达犹窘迫,身驰匹马邯郸陌。”❷谓时间紧迫。韦应物《种瓜》:“直以春窘迫,过时不得锄。”

【窘然】 ❶困窘貌。权德舆《夜泊有怀》:“窘然风水上,寝食疲朝晡。”❷拘束貌。白居易《归田三首》之三:“何必守一方,窘然自牵束。”

【窘窘】 拘窘貌;窘态。阎朝隐《鹦鹉猫儿篇》:“彼何为兮,窘窘蠢蠢;此何为兮,好貌好音。”

【窘饑】 谓穷乏缺粮。周昙《咏史诗·三国门·鲁肃》:“公瑾窘饥求子敬,一言才起数船归。”

八 画

窠 〔kē《广韵》苦禾切,平戈,溪。〕❶动物的巢穴。孟浩然《夏日辨玉法师茅斋》:“燕觅巢窠处,蜂来造蜜房。”王昌龄《长歌行》:“下有枯树根,上有鼯鼠窠。”苏涣《变律》之二:“毒蜂成一窠,高挂恶木枝。”韩愈《射训狐》:“慈母抱儿怕入席,那暇更护鸡窠雏。”亦指做窠。见“窠窟”。❷居室。见“窠居”。❸物聚集或团成族。唐求《赠行如上人》:“衲补云千片,香烧印一窠。”李习《凌云寺》:“古寺临江间碧波,石梯深入白云窠。”❹即团花。衣物上织绣的一种花纹样式。岑参《玉门关盖将军歌》:“野草绣窠紫罗襦,红牙缕马对樗蒱。”李贺《梁公子》:“御笺银沫冷,长簟凤窠斜。”雍裕之《五杂组》:“五杂组,刺绣窠,往复还,织锦梭。”陆畅《蔷薇花》:“锦窠花朵灯丛醉,翠叶眉稠裛露垂。”韦庄《清平乐》词之五:“空把金针独坐,鸳鸯愁绣双窠。”❺书写大字时划分的界略。《通雅·器用·书法》:“擘窠,言擘书窠分也。”卢肇《金钱花》:“轮郭休夸四字书,红窠写出对庭除。”❻指印文空白处。李贺《沙路曲》:“独垂重印押千官,金窠篆字红屈盘。”王琦注:“银窠金印者,是以金为印,而印文空白之处,以银为之也。金窠则以纯金为印。红屈盘谓印文。”❼孔穴;坑。岑参《送李卿赋得孤岛石》:“绿窠攒剥藓,尖硕坐鸬鹚。”❽摘。张祜《途次扬州赠崔荆二十韵》:“拣花偷芍药,和叶窠樱桃。”❾用同“科”。指官,官职。郑谷《锦二首》之二:“礼部郎官人所重,省中别占好窠名。”❿量词。用同“窝”。陈裕《咏浑家乐》之一:“晨起梳头午不休,一窠精魅闹啾啾。”亦用于一穴同生的植物。王建《荒园》:“扫掠黄叶中,时时一窠薤。”⓫量词。用同“棵”。王梵志《诗》之九三:“青松四五树,绿豆两三窠。”元稹《春六十韵》:“药溉分窠数,篱栽备幼冲。”陈标《蜀葵》:“眼前无奈蜀葵何,浅紫深红数百窠。”贾岛《王侍御南原庄》:“买得足云地,新栽药数窠。”⓬量词。用同“颗”。黄滔《翁文尧员外拥册礼之归一路有诗名昼锦集先将寄示因书五十六字》:“六窠只佩诸侯印,争比从天拥册归。”

【窠居】 居室。孙偓《赠南岳僧全玼》：“窠居过后更何人，传得如来法印真。”

【窠巢】 筑巢；做窠。孟郊《晓鹤》：“不如相将去，碧落窠巢深。”伏牛上人《三伤颂·其三》：“蹭蹬遇丝罗，飘零喂蝼蚁。才能翅翼成，方始窠巢备。”

【窠窟】 谓筑巢穴。元稹《乐府古题·君莫非》：“各自窠窟，人不能移。”

【窠窠】 聚集貌。犹簇簇、团团。陈翥《金钱花》之一：“袅露牵风夹瘦莎，一星星火遍窠窠。”尹鹗《拨棹子》词之二：“窠窠绣，鸾凤衣裳香窣地。”

窞 〔dàn《广韵》徒感切，上感，定。〕小而深的坑。韩愈《送无本师归范阳》：“众鬼囚大幽，下觑袭玄窞。”李贺《假龙吟歌》：“窞中跳汰截清涎，隈壖卧水埋金爪。”

窣 〔sū《广韵》蘇骨切，入没，心。〕❶拂。曹唐《长安客舍叙邵陵旧宴寄永州萧使君五首》之三：“粉堞彤轩画障西，水云红树窣璇题。”杜荀鹤《赠元上人》：“垂露竹沾蝉落壳，窣云松载鹤栖巢。”韩王李从善《蔷薇诗一首十八韵呈东海侍郎徐铉》：“嫩刺牵衣细，新条窣草垂。”孙魴《柳》之一〇：“小池前后碧江滨，窣翠抛青烂熳春。”❷下垂；触及。和凝《采桑子》词：“丛头鞋子红编细，裙窣金丝。”❸象声词。形容细小的摩擦声。韩愈《送无本师归范阳》：“鲸鹏相摩窣，两举快一啖。”李贺《南园十三首》之二：“宫北田塍晓气酣，黄桑饮露窣宫帘。”

【窣地】 拂地；垂地。玄宗《初入秦川路逢寒食》：“洛阳芳树映天津，灞岸垂杨窣地新。”岑参《卫节度赤骠马歌》：“请君鞴出看君骑，尾长窣地如红丝。”和凝《宫词百首》之五四：“氅画披袍从窣地，更寻宫柳看鸣蝉。”毛文锡《恋情深》词之二：“罗裾窣地缕黄金，奏清音。”

【窣堵】 梵语 Stupa 音译，即佛塔。朱存《金陵览古·阿育王塔》：“窣堵凝然镇梵宫，举头层级在云中。”

【窣雲】 浮云。韩偓《登楼有题》：“窣云朱槛好，终睹凤来巢。”杜荀鹤《乱后逢李昭象叙别》：“李生李生何所之，家山窣云胡不归。”赵抟《琴歌》：“一生从事不因人，健步窣云皆自致。”

【窣窣】 象声词。形容细小的摩擦声。沈亚之《文祝延二阕》之二：“肴盘列兮答神，神摆渔篁兮降拂窣窣。”杜荀鹤《寄温州崔博士》：“怀君劳我写诗情，窣窣阴风有鬼听。”李建勋《迎神》：“阴风窣窣吹纸钱，妖巫瞑目传神言。”

窟 〔kū《广韵》苦骨切，入没，溪。〕❶洞；穴。皮日休《新秋言怀寄鲁望三十韵》：“户牖深如窟，诗书乱似巢。”钱珝《江行无题一百首》之六八：“只疑云雾窟，犹有六朝僧。”韩湘《言志》：“青山云水窟，此地是吾家。”❷动物栖止的巢穴。杜甫《寄题江外草堂》：“蛟龙无定窟，黄鹄摩苍天。”张籍《猛虎行》：“谷中近窟有山村，长向村家取黄犊。”汪万於《晚眺》：“静对豺狼窟，幽观鹿豕群。”周繇《白石潭秋霁作》：“崖鼞盘涡翻蜃窟，滩吹白石上渔矶。”❸土室；居室。刘景复《梦为吴泰伯作胜儿歌》：“我闻天宝十年前，凉州未作西戎窟。”温庭筠《病中书怀呈友人》：“处己将营窟，论心若合符。”❹人或物的汇集处。杜甫《鹿头山》：“纡余脂膏地，惨澹豪侠窟。”刘禹锡《和董庶中古散调词赠尹果毅》：“借名游侠窟，结客幽并儿。”皮日休《鲁望示广文先生吴门二章因追想山中风度次韵属和存于诗编》之二：“终古神仙窟，穷年麋鹿群。”韦庄《陪金陵府相中堂夜宴》：“因知海上神仙窟，只似人间富贵家。”❺居住。元稹《和李校书新题乐府十二首·缚戎人》：“中有一人能汉语，自言家本长城窟。”张祜《游天台山》：“傍洞窟神仙，中岩宅龙虎。”❻穴居。韩愈《月蚀诗效玉川子作》：“月蚀汝不知，安用为龙窟天河。”

【窟穴】 ❶动物栖止的洞穴。杜甫《又观打鱼》：“日暮蛟龙改窟穴，山根鳣鲔随云雷。”孟郊《峡哀》之二：“幽怪窟穴语，飞闻肸蚃流。”元稹《虫豸诗·蛒蜂》之一：“巴蛇蟠窟穴，穴下有巢蜂。”白居易《自蜀江至洞庭湖口有感而作》：“水族窟穴多，农人土地窄。”❷指盗贼盘踞之处。皎然《武源行赠丘卿岑》：“汹汹四顾多窟穴，浮云白波名不同。”

【窟宅】 ❶动物栖止的洞穴。杜甫《瞿塘两崖》：“猱玃须髯古，蛟龙窟宅尊。”又《奉同郭给事汤东灵湫作》：“中夜窟宅改，移因风雨秋。”陈乘《游九鲤湖》：“窟宅分三岛，烟霞接五城。”❷指敌人的盘踞之处。柳宗元《唐铙歌鼓吹曲十二篇·铁山碎》：“天子命元帅，奋其雄图。破定襄，降魁渠，穷竟窟宅，斥余吾。”❸住处；居室。独孤均《题含虚洞二首》之二：“泉石膏肓传亦久，神仙窟宅到何迟。”❹居住。杜甫《白水县崔少府十九翁高斋三十韵》：“吏隐道性情，兹焉其窟宅。”

【窟郎】 人名。江西观察使李兼之子的乳名。杜牧《冬至日寄小侄阿宜诗》：“崔昭生崔芸，李兼生窟郎。”

窡 〔zhuó《广韵》丁滑切，入黠，知。又丁括切，入鎋，知。〕❶见“窋窡”。❷橹上的浅孔。俗称橹脐。元稹《南昌滩》：“橹窡动摇妨作梦，巴童指点笑吟诗。”

九　画

窬　〔yú《广韵》羊朱切，平虞，以。又度侯切，平侯，定。又徒候切，去侯，定。〕通“覦”。见“窺窬”。

窪　〔wā《广韵》烏瓜切，平麻，影。〕❶低凹。元稹《酬翰林白学士代书一百韵》：“坳洼饶凧矮，游惰压庸缁。”薛能《西县途中二十韵》：“食久庭阴转，行多屐齿窪。”皮日休《添鱼具诗·钓矶》：“洼处著筣笓，窍中维舴艋。”❷小坑；坑。皮日休《茶中杂咏·茶坞》：“石洼泉似掬，岩罅云如缕。”亦指水坑、水池。韦处厚《盛山十二诗·胡卢沼》：“疏凿徒为巧，圆洼自可澄。”❸深。白居易《奉和思黯相公以李苏州所寄太湖石奇状绝伦因题二十韵见示》：“尖削琅玕笋，洼剜玛瑙罍。”

【窪石】　凹形的巨石。白居易《香山寺石楼潭夜浴》：“平石为浴床，洼石为浴斛。”

【窪坳】　低凹之地。白居易《湖亭晚望残水》：“流注随地势，洼坳无定质。”

【窪尊】　亦作“窪樽”。唐开元中李适之登岘山，以山上有石窦如酒樽，可注斗酒，因建亭于其上，曰“窪罇”。颜真卿、刘全白《登岘山观李左相石尊联句》：“李公登饮处，因石为洼尊。人事岁年改，岘山今古存。”后因称形状凹陷可注斗酒的山石为“窪樽”。白居易《双石》：“洼樽酌未空，玉山颓已久。”

【窪銀】　唐代官服带上一种以银为饰的牌饰。牌缀于带上，以金属或玉为之，上或铸镂空纹样。用金者称“金带”，用银者称“银带”，用玉者称“玉带”。白居易《渭村退居寄礼部崔侍郎翰林钱舍人诗一百韵》：“洼银中贵带，昂黛内人妆。”

【窪樽】　见“窪尊”。

十　画

窱　〔tiáo《广韵》土了切，上篠，透。又他弔切，去嘯，透。〕❶幽深。萧颖士《蒙山作》：“微明绿林际，杳窱丹洞里。”❷曲折宛转。见“窱窱”。

【窱窱】　形容歌声优美宛转。李贺《洛姝真珠》：“玉喉窱窱排空光，牵云曳雪留陆郎。”

窮　〔qióng《广韵》渠弓切，平東，群。〕❶尽；完。卢照邻《入秦川界》：“陇阪长无极，苍山望不穷。”孟浩然《登鹿门山》：“探讨意未穷，回艇夕阳晚。”皇甫冉《寄权器》：“露湿青芜时欲晚，水流黄叶意无穷。”权德舆《严陵钓台下作》：“江流去不穷，山色凌秋旻。”❷终止；终极。司空曙《杜鹃行》：“乃知变化不可穷，岂知昔日居深宫。”权德舆《栖霞寺云居室》：“一径萦纡至此穷，山僧盥漱白云中。”刘禹锡《重寄表臣二首》之二：“世间人事有何穷，过后思量尽是空。”杜牧《江南怀古》：“车书混一业无穷，井邑山川今古同。”❸极尽；极。陈子昂《感遇诗三十八首》之一九：“奈何穷金玉，雕刻以为尊。”李白《酬崔五郎中》：“因得穷欢情，赠我以新诗。”韦应物《秋景诣瑯琊精舍》：“屡访尘外迹，未穷幽赏情。”李商隐《奉同诸公题河中任中丞新创河亭四韵之作》：“左右名山穷远目，东西大道锁轻舟。”❹穷尽。杜甫《丹青引赠曹将军霸》：“弟子韩干早入室，亦能画马穷殊相。”陆龟蒙《和袭美江南书情二十韵同年次韵》：“染翰穷高致，怀贤发至诚。”张蠙《赠闻一上人》：“玄谈穷释旨，清思掩诗流。”何敬《题吉州龙溪》：“四时佳境不可穷，仿佛直与桃源通。”❺穷究；深入研究。李白《古风》之一三：“观变穷太易，探元化群生。”高适《塞下曲》：“大笑向文士，一经何足穷。”皇甫冉《送陆鸿渐赴越》序：“究孔释之名理，穷歌诗之丽则。”卢纶《冬日登城楼有怀因赠程腾》：“当风看猎拥珠翠，岂在终年穷一经。”❻深知；精通。李白《经乱离后天恩流夜郎忆旧游书怀赠江夏韦太守良宰》：“误逐世间乐，颇穷理乱情。”刘长卿《灞东晚晴简同行薛弃朱训》：“高贤幸兹偶，英达穷王霸。”韦应物《送李侍御益赴幽州幕》：“二十挥篇翰，三十穷典坟。”白行简《夫子鼓琴得其人》：“宣父穷玄奥，师襄授素琴。”张蠙《赠丘衙推》：“诗逸不拘凡对属，易穷皆达圣玄微。”❼不得志；失意。李白《答王十二寒夜独酌有怀》：“达亦不足贵，穷亦不足悲。”孟郊《叹命》：“本望文字达，今因文字穷。”贾岛《喜雍陶至》：“且莫孤此兴，勿论穷与通。”❽困窘；困厄。杜甫《送率府程录事还乡》：“途穷见交态，世梗悲路涩。”张良璞《览史》：“享年八十已，历数穷苍生。”朱湾《平陵寓居再逢寒食》：“几回江上泣途穷，每遇良辰叹转蓬。”韩愈《元和圣德诗》：“辟穷见窘，无地自处。”❾贫困。孟浩然《书怀贻京邑同好》：“感激遂弹冠，安能守固穷。”卢纶《早春游樊川野居却寄李端校书》：“守农穷自固，行乐病何能。”白居易《贺雨》：“乃命罢进献，乃命赈饥穷。”杜牧《杜秋娘诗》序：“予过金陵，感其穷且老，为之赋诗。”❿遍。高适《同群公出猎海上》：“层阴涨溟海，杀气穷幽都。”杜甫《秦州见敕目薛三璩授司议郎毕四曜除监察与二子有故远喜迁官兼述索居凡三十韵》：“旅泊穷清渭，长吟望浊泾。”路德延《小儿诗》：“寻蛛穷屋瓦，探雀遍楼椽。”黄滔《送僧归北岩寺》：“旋为俭府招，未得穷野步。”⓫至；到。杜甫《壮游》：“到今有遗恨，不得穷扶桑。”高适《送郭处士往来莱芜兼寄苟山人》：“云卧临峄阳，山行穷日观。”韩愈《谒衡岳庙遂宿岳寺题门楼》：“喷云泄雾藏半腹，虽有绝顶谁能穷。"白居易《长恨歌》:"上穷碧落下黄泉，两处茫茫皆不见。"⑫浅;小。刘禹锡《游桃源一百韵》:"崖转对翠屏，水穷留画鹢。"舒元舆《坊州按狱》:"山秃逾高采，水穷益深捞。"⑬无;空。姚康《和段相公登武担寺西台》:"疏树山根净，深云鸟迹穷。"李益《溪中月下寄杨子尉封亮》:"尝恐河汉远，坐窥烟景穷。"黄滔《秋晚山居》:"山寂樵声出，露凉蝉思穷。"⑭追究;查办。舒元舆《坊州按狱》:"分明举公法，为我缓穷骚。"⑮荒僻;边远。许棠《投徐端公》:"穷吴迷钓业，大汉事贫游。"

【穷人】 穷苦的百姓。王维《送韦大夫东京留守》:"穷人业已宁，逆虏遗之擒。"

【穷工】 穷极工巧，极其工巧。骆宾王《夏日游德州赠高四》序:"读书颇存涉猎，学剑不待穷工。"

【穷士】 穷困的士人;寒士。白居易《赠内》:"黔娄固穷士，妻贤忘其贫。"

【穷山】 ❶深山。严武《题巴州光福寺楠木》:"看君幽霭几千丈，寂寞穷山今遇赏。"韩愈《谁氏子》:"圣君贤相安可欺，干死穷山竟何俟。"❷谓伐尽山林。陆龟蒙《奉和袭美太湖诗二十首·孤园寺》:"穷山林干尽，竭海珠玑聚。"

【穷已】 止境;尽头。张若虚《春江花月夜》:"人生代代无穷已，江月年年只相似。"刘庭琦《奉和圣制瑞雪篇》:"埋云翳景无穷已，因风落地吹还起。"岑参《青龙招提归一上人远游吴楚别诗》:"相思眇天末，南望无穷已。"白居易《早秋曲江感怀》:"朱颜易销歇，白日无穷已。"

【穷子】 穷困之子。杜甫《山寺》:"穷子失净处，高人忧祸胎。"

【穷木】 叶落尽之木。钱起《适楚次徐城》:"穷木对秋馆，寒鸦愁古城。"

【穷厄】 贫穷、困窘。亦指贫穷困窘之人。刘长卿《送元八游汝南》:"世情薄恩义，俗态轻穷厄。"

【穷水】 犹浅波。钱起《秋夜作》:"寒云度穷水，别业绕垂幔。"见"穷波"。

【穷乏】 困穷匮乏。亦指贫穷之人。李峤《晚秋喜雨》序:"钟庾之贷，周于穷乏。"

【穷石】 古代传说中的地名。胡皓《奉和圣制送张尚书巡边》:"塞沙制长策，穷石卷摇旗。"

【穷北】 极北之地。赵嘏《送从翁中丞奉使黠戛斯六首》之三:"虽言穷北海云中，属国当时事不同。"

【穷目】 谓穷尽目力眺望。吕岩《印山亭即事》:"江天寂寞难穷目，烟火渔灯乱客愁。"

【穷生】 穷人;贫民。陆龟蒙《江湖散人歌》:"静则守桑柘，乱则逃妻儿。金镳贝带未尝识，白刃杀我穷生为。"

【穷玄】 指深奥玄妙之境。张蠙《下第述怀》:"名从近事方知险，诗到穷玄更觉难。"

【穷冬】 隆冬;深冬。杜甫《别董颋》:"穷冬急风水，逆浪开帆难。"元结《招孟武昌》:"穷冬涸江海，杯湖澄清漪。"韩愈《天星送杨凝郎中贺正》:"正当穷冬寒未已，借问君子行安之。"张蠙《喜友人日南回》:"白日雾昏张夜烛，穷冬气暖著春衣。"

【穷穴】 深邃的山洞。李洞《终南山二十韵》:"穷穴何山出，遮蛮上国宁。"

【穷民】 指鳏、寡、孤、独等无依无靠之人。后多泛指穷苦百姓。白居易《赠樊著作》:"其心如肺石，动必达穷民。"李商隐《行次西郊作一百韵》:"盗贼亭午起，问谁多穷民。"

【穷老】 ❶贫穷的老人。储光羲《野田黄雀行》:"穷老一颓舍，枣多桑树稀。"杜甫《发同谷县》:"交情无旧深，穷老多惨戚。"李绅《趋翰苑遭诬构四十六韵》:"穷老乡关远，羁愁骨肉无。"❷终老;到老。杜甫《后出塞五首》之五:"恶名幸脱免，穷老无儿孙。"

【穷年】 ❶终年;一年到头。杜甫《夏夜叹》:"念彼荷戈士，穷年守边疆。"刘长卿《入白沙渚夤缘二十五里至石窟山下怀天台陆山人》:"穷年卧海峤，永望愁天涯。"权德舆《嘉兴九日寄丹阳亲故》:"穷年路岐客，西望思茫茫。"陆龟蒙《袭美先辈以龟蒙所献五百言既蒙见和复示荣唱再抒鄙怀用伸酬谢》:"穷年只败袍，积日无晨炊。"❷终身;毕生。王维《投道一师兰若宿》:"岂唯暂留宿，服事将穷年。"刘长卿《云门寺访灵一上人》:"请近东林寺，穷年事远公。"韩愈《广宣上人频见过》:"学道穷年何所得，吟诗竟日未能回。"白居易《重修香山寺毕题二十二韵以纪之》:"便合穷年住，何言竟日游。"❸尽期;尽头。韩愈《秋怀诗十一首》之八:"丈夫属有念，事业无穷年。"

【穷行】 (—háng)偏僻的小路。姚合《和太仆田卿酬殷尧藩侍御见寄》:"携手宜相访，穷行少路尘。"

【穷危】 极其高峻。皮日休《正乐府十篇·哀陇民》:"穷危又极崄，其山犹不全。"

【穷色】 荒凉的景象。骆宾王《久戍边城有怀京邑》:"层阴笼古木，穷色变寒芜。"

【穷交】 患难之交。王勃《白下驿饯唐少府》:"下驿穷交日，昌亭旅食年。"

【穷百姓】 穷苦的人民。杜牧《过骊山作》:"削平天下实辛勤，却为道旁穷百姓。"

【穷花】 败落之花。丁仙芝《句》:"穷花常闭户，秋城闻捣衣。"

【穷辰】 尽日;整天。韩愈《酬裴十六功曹巡府西驿途中见寄》:"持竿洛水侧，孤坐屡穷辰。"

【穷困】 贫穷;困难。元结《与瀼溪邻里》序:"又知瀼溪之人，日转穷困，故作诗与之。”贯休《晉光大师草书歌》：“雪压千峰横枕上，穷困虽多还激壮。”

【窮邑】　贫穷的城乡。韩愈《刘生诗》：“阳山穷邑惟猿猴，手持钓竿远相投。”

【窮兵】　❶滥用武力。张祜《隋堤怀古》：“隋季穷兵复濬川，自为猛虎可周旋。”李商隐《汉南书事》：“几时拓土成王道，从古穷兵是祸胎。”❷用尽所有的兵力。薛逢《题上皇观》：“狂寇穷兵犯帝畿，上皇曾此振戎衣。”

【窮兵黷武】　滥用武力，好战不止。贾至《燕歌行》：“君不见隋家昔为天下宰，穷兵黩武征辽海。”李白《登高丘而望远》：“穷兵黩武今如此，鼎湖飞龙安可乘。”

【窮谷】　深谷；幽谷。郑愔《人日重宴大明宫恩赐彩缕人胜应制》：“良时荷泽皆迎胜，穷谷晞阳犹未春。”岑参《优钵罗花歌》：“何不为人之所赏兮，深山穷谷委严霜。”杜甫《三川观水涨二十韵》：“北上唯土山，连山走穷谷。”许棠《过分水岭》：“此去秦川无别路，隔崖穷谷却难迷。”

【窮沙】　荒凉的沙漠。窦常《谒诸葛武侯庙》：“人同过隙无留影，石在穷沙尚启行。”赵嘏《平戎》：“冰横晓渡胡兵合，雪满穷沙汉骑迷。”又《送从翁中丞奉使黠戛斯六首》之二：“旌旗杳杳雁萧萧，春尽穷沙雪未消。”

【窮究】　深入研究。韩愈《别赵子》：“欲一穷究之，时岁屡谢除。”

【窮武】　滥用武力。贺知章《奉和御制春台望》：“自昔秦奢汉穷武，后庭万余宫百数。”

【窮苦】　贫穷困苦。王维《偶然作六首》之五：“被服圣人教，一生自穷苦。”白居易《花楼望雪命宴赋诗》：“别有故情偏忆得，曾经穷苦照书来。”

【窮拙】　犹困窘。李贺《赠陈商》：“人生有穷拙，日暮聊饮酒。”

【窮岫】　深山之洞穴。陈子昂《感遇诗三十八首》之二九：“严冬阴风劲，穷岫泄云生。”亦指深山。杜甫《三川观水涨二十韵》：“自多穷岫雨，行潦相豗蹙。”

【窮迫】　困穷窘迫。杜甫《上水遣怀》：“穷迫挫曩怀，常如中风走。”沈千运《濮中言怀》：“栖栖去人世，屯踬日穷迫。”

【窮郊】　荒僻的郊野。于逖《野外行》：“穷郊日萧索，生意已苍黄。”温庭筠《病中书怀呈友人》：“逸足皆先路，穷郊独向隅。”唐彦谦《韦曲》：“穷郊二月初离别，独傍寒村嗅野梅。”

【窮波】　浅水。张贲《奉和袭美醉中即席见赠次韵》：“文阵已推忠信甲，穷波犹认孝廉船。”

【窮居】　隐居；闲居。张九龄《酬王履震游园林见贻》：“独善心俱闭，穷居道共尊。”窦牟《秋夕闲居对雨赠别卢七侍御坦》：“燕燕辞巢蝉蜕枝，穷居积雨坏藩篱。”李涉《六叹》序：“穷居岁阴，偶怀无悰。因追感闻见，成文六篇，目曰六叹。”姚合《喜胡遇至》：“穷居稀出入，门户满尘埃。”李郢《雨夜》：“正当孤枕鸿初过，况复穷居叶尽凋。”

【窮陋】　贫瘠闭塞。柳宗元《种仙灵毗》：“穷陋阙自养，疠气剧嚣烦。”

【窮毒】　谓使人穷困痛苦。王无竞《北使长城》：“殚弊未云悟，穷毒岂知止。”

【窮巷】　❶冷僻的小巷；穷人聚居的小巷。杜审言《赠崔融二十韵》：“草深穷巷毁，竹尽故园荒。”李颀《行路难》：“一朝谢病还乡里，穷巷苍苔绝知己。”张祜《寓言》：“江海一遗叟，块然穷巷居。”林宽《苦雨》：“霪霖翳日月，穷巷变沟坑。”❷犹贫居。指生活贫寒。韩翃《送郑员外》：“要路眼青知己在，不应穷巷久低眉。”崔峒《扬州选蒙相公赏判雪后呈上》：“穷巷殷忧日，芜城雨雪天。”姚合《街西居三首》之二：“日出穷巷喜，温然胜重衣。”❸谦词。犹言寒舍。王维《同卢拾遗过韦给事东山别业二十韵》：“蹇步守穷巷，高驾难攀援。”韦应物《送阎寀赴东川辟》：“当念反穷巷，登朝成慨叹。”耿沣《春日即事二首》之一：“浅谋堪自笑，穷巷谁忆过。”白居易《酬思黯相公见过弊居戏赠》：“访我入穷巷，引君登小台。”❹指贫民、穷人。黄滔《秋夕贫居》：“豪门腐粱肉，穷巷思糠秕。”

【窮荒絶漠】　荒凉的边远沙漠之地。岑参《与独孤渐道别长句兼呈严八侍御》：“穷荒绝漠鸟不飞，万碛千山梦犹懒。”

【窮相】　（—xiàng）吝啬。唐彦谦《见炀帝宝帐》：“汉文穷相作前王，悭惜明珠不斗量。”

【窮查】　穷小子；穷光蛋。查，放荡。王梵志《诗》之三六：“但看此等色，不久作穷查。”

【窮研】　深入研究。陆龟蒙《奉和袭美二游诗·徐诗》：“人间盛传写，海内奔穷研。”

【窮幽】　探寻幽奥。霍总《九华楼》：“主人金闺彦，高兴思穷幽。”

【窮秋】　深秋。阴历九月。苏颋《夜发三泉即事》：“暗发三泉山，穷秋听骚屑。”李颀《百花原》：“穷秋旷野行人绝，马首东来知是谁。”朱放《留别刘员外》：“寥落穷秋九月天，风吹白雪起江边。”姚合《题金州西园九首·垣竹》：“穷秋雨萧条，但见墙垣长。”赵嘏《经无锡县醉后吟》：“穷秋南国泪，残日故乡心。”

【窮秋氣】　深秋的气象、景象。韦应物《善福阁对雨寄李儋幼遐》：“感此穷秋气，沉郁命友生。”

【窮律】　即律穷。谓岁暮。太宗《首春》：“寒随穷律变，春逐鸟声开。”张汇《观藏冰》：“寒气方穷律，阴精正结冰。”杜牧《寄李起居四韵》：“自怜穷律穷途客，正怯孤灯一局棋。”

【穷泉】 ❶犹九泉，地下。骆宾王《过张平子墓》：“惟叹穷泉下，终郁羡鱼心。”刘长卿《双峰下哭故人李宥》：“怜君孤垄寄双峰，埋骨穷泉复几重。”顾况《鄜公合祔挽歌》：“清镜无双影，穷泉有几重。”权德舆《周平西墓》：“穷泉那复晓，乔木不知秋。”❷坟墓；墓中。宋之问《故赵王属赠黄门侍郎上官公挽词二首》之二：“一厝穷泉闭，双鸾遂不飞。”白居易《李白墓》：“可怜荒垄穷泉骨，曾有惊天动地文。”李群玉《伤友》：“玉棺来九天，凫舄掩穷泉。”❸借指死者。孟简《咏欧阳行周事》：“封来赠君子，愿言慰穷泉。”

【穷泉路】 九泉之路。指地下。杜牧《青冢》：“蛾眉一坠穷泉路，夜夜孤魂月下愁。”

【穷紀】 为农历十二月的代称。李峤《奉和杜员外扈从教阅》：“杪冬严杀气，穷纪送颓光。”

【穷埃】 同“穷塵”。韦应物《冬夜》：“平生虽恩重，迁去托穷埃。”

【穷荒】 ❶指荒凉边远之地。戎昱《谪官辰州冬至日有怀》：“梦随行伍朝天去，身寄穷荒报国难。”杜牧《见宋拾遗题名处感而成诗》：“窜逐穷荒与死期，饿唯蒿藿病无医。”王元《登祝融峰》：“晴空聊纵目，杳杳极穷荒。”张蠙《边情》：“穷荒始得静天骄，又说天兵拟渡辽。”❷贫穷萧条。杜甫《雨》：“穷荒益自卑，飘泊欲谁诉。”❸萧条荒凉。朱庆余《旅中过重阳》：“登高思旧友，满目是穷荒。”

【穷辱】 穷困屈辱。司空图《争名》：“穷辱未甘英气阻，乖疏还有正人知。”

【穷峡】 深山之峡谷。卢僎《十月梅花书赠》：“故园风花虚洛汭，穷峡凝云度岁华。”

【穷鬼】 ❶古代传说使人贫穷的鬼。相传高辛氏(一说高阳氏)有一子，不喜好衣好食，喜欢敝衣粥糜，宫中号为“穷子”，死于阴历正月晦日。后来民间于此日将敝衣与粥糜陈于门外以祭，号为送穷。称“穷子”为“穷鬼”。见《月令辑要》卷五“日次”。张鷟《游仙窟·赠崔十娘》：“诚知肠欲断，穷鬼故调人。”❷《南史·刘损传》：损同郡宗人有刘伯龙者，少而贫薄，及长，历任尚书左丞、少府、武陵太守，贫窭尤甚。常在家慨然，召左右将营十一之方，忽见一鬼在旁抚掌大笑。伯龙叹曰：“贫穷固有命，乃复为鬼所笑也?”遂止。孙元晏《咏史诗·宋·刘伯龙》：“固知生计还须有，穷鬼临时也笑人。”

【穷途】 ❶形容仕途困厄。骆宾王《畴昔篇》：“穷途行泣玉，愤路未藏金。”岑参《敬酬杜华淇上见赠兼呈熊曜》：“共论穷途事，不觉泪满面。”刘禹锡《韩十八侍御见示岳阳楼别窦司直诗因令属和重以自述故足成六十二韵》：“幸逢万物泰，独处穷途否。”张祜《伤迁客殁南中》：“远地身狼狈，穷途事果然。”见“穷途哭”。❷形容羁旅坎坷。骆宾王《早发诸暨》：“独掩穷途泪，长歌行路难。”杜甫《地隅》：“年年非故物，处处是穷途。”钱起《七盘岭阻寇闻李端公先到南楚》：“日暮穷途泪满襟，云天南望羡飞禽。”戴叔伦《行路难》：“淮阴不免恶少辱，阮生亦作穷途悲。”❸长路；远路。褚亮《晚别乐记室彦》：“穷途属岁晚，临水忽分悲。”王勃《送卢主簿》：“穷途非所恨，虚室自相依。”白居易《新沐浴》：“穷途绝粮客，寒狱无灯囚。”

【穷途泣】 同“穷途哭”。陈子良《送别》：“以我穷途泣，沾君出塞衣。”

【穷途阮籍】 义同“穷途哭”。杜甫《即事》：“多病马卿无日起，穷途阮籍几时醒。”

【穷途客】 仕途困窘之人。杜牧《寄李起居四韵》：“自怜穷律穷途客，正怯孤灯一局棋。”

【穷途哭】 《三国志·魏书·王粲传》：“(阮)瑀之子籍，才藻艳逸。”裴松之注引《魏氏春秋》曰：“(阮)籍旷达不羁，不拘礼俗。”“尝登广武，观楚、汉战处，乃叹曰：‘时无英才，使竖子成名乎!’时率意独驾，不由径路，车迹所穷，辄恸哭而反。”后多用为感叹仕途困窘、羁旅坎坷等的典故。杜甫《暮秋枉裴道州手札率尔遣兴寄近呈苏涣侍御》：“齿落未是无心人，舌存耻作穷途哭。”元稹《饮致用神曲酒三十韵》：“每耻穷途哭，今那客泪零。”

【穷途慟】 同“穷途哭”。鲍溶《寓兴》：“那言阮家子，更作穷途恸。”

【穷討】 ❶深入研究。张祜《寓居临平山下三首》之二：“诗句近吟知律变，易书穷讨知才难。”❷探寻。孟浩然《宿天台桐柏观》：“扪萝亦践苔，辍棹恣探讨。”

【穷討赜】 探索幽深奥妙之理。岑参《入剑门作寄杜杨二郎中》：“高文出诗骚，奥学穷讨赜。”

【穷高】 到达高峰。元结《系乐府十二首·陇上叹》：“援车登陇坂，穷高遂停驾。”

【穷朔】 荒凉的北地。张说《幽州送随军入秦》：“雁知穷朔苦，人羡长安乐。”

【穷海】 僻远的海边。亦泛指大海。孙逖《山行遇雨》：“暗山唯觉电，穷海但生云。”张子容《贬乐城尉日作》：“窜谪边穷海，川原近恶溪。”刘长卿《送耿拾遗归上都》：“穷海别离无限路，隔河征战几归人。”李端《送友人》：“穷海人还去，孤城雁与过。”

【穷海甸】 僻远的海边。丘丹《奉使过石门观瀑布》：“灵奇既天造，惜处穷海甸。”

【穷家】 穷苦人家。孟郊《秋怀》之一五：“声如穷家犬，吠窦何闾闾。”

【窮家子】 贫寒人家的子弟。王绩《赠梁公》：“我今穷家子，自言此见长。”

【窮陰】 ❶阴沉沉的天气。孟浩然《赴京途中遇雪》：“穷阴连晦朔，积雪满山川。”高适《苦雨寄房四昆季》：“茫茫十月交，穷阴千里余。”刘长卿《冬夜宿扬州开元寺烈公房送李侍御之江东》：“迁客投百越，穷阴淮海凝。”柳中庸《凉州曲二首》之二：“高槛连天望武威，穷阴拂地戍金微。”❷冬季；岁暮。崔曙《早发交崖山还太室作》：“独往路难尽，穷阴人易伤。”杨巨源《和汴州令狐相公白菊》：“直似穷阴雪，全轻向晓霜。”白居易《岁暮》：“穷阴急景坐相催，壮齿韶颜去不回。”又《清调吟》：“芳节变穷阴，朝光成夕照。”

【窮通】 困厄与显达。李白《月下独酌四首》之三：“穷通与修短，造化夙所禀。”窦巩《早春松江野望》：“何事胜无事，穷通任此身。”刘禹锡《酬马大夫以愚献通草茇葜酒感通拔二字因而寄别之作》：“泥沙难振拔，谁复问穷通。”周贺《重阳》：“古来醉乐皆难得，留取穷通委上天。”翁洮《夏》：“触目皆因长养功，浮生何处问穷通。”

【窮通命】 困厄与显达之命运。白居易《问皇甫十》：“苦乐心由我，穷通命任他。”

【窮通理】 指仕途的困顿与显达之事。王维《酬张少府》：“君问穷通理，渔歌入浦深。”耿湋《赠严维》：“世上穷通理，谁人奈此心。”

【窮理】 穷究事物之理。吕温《同舍弟恭岁暮寄晋州李六协律三十韵》：“道因穷理悟，命以尽性知。”温庭筠《感旧陈情五十韵献淮南李仆射》：“从师当鼓箧，穷理久忘筌。”李山甫《夜吟》：“穷理多瞑目，含毫静倚松。”

【窮探極覽】 谓广泛浏览，深入探讨。韩愈《卢郎中云夫寄示送盘谷子诗两章歌以和之》：“穷探极览颇恣横，物外日月本不忙。”

【窮奢】 穷极奢侈。薛能《和杨中丞早春即事》：“新题好不极，珠府未穷奢。”

【窮奢極武】 形容极其奢侈和滥用武力。周昙《咏史诗·隋门·炀帝》：“拒谏劳兵作祸基，穷奢极武向戎夷。”

【窮奢極侈】 形容奢侈到了极点。郑嵎《津阳门诗》：“四方节制倾附媚，穷奢极侈沽恩私。”

【窮區】 穷困之区域。韩愈《征蜀联句》：“穷区指清夷，凶部坐雕铩。”

【窮處】 ❶尽头。王维《终南别业》：“行到水穷处，坐看云起时。”孟归唐《句》：“练色有穷处，寒声无断时。”❷谓身居困穷。白居易《读史五首》之二：“寄谢伐檀人，慎勿嗟穷处。”

【窮野】 僻远的田野。马戴《楚江怀古三首》之二：“列宿分穷野，空流注大荒。”

【窮崖】 高峻的山崖。韩愈《陆浑山火和皇甫湜用其韵》：“天跳地踔颠乾坤，赫赫上照穷崖垠。”又《送惠师》：“日携青云客，探胜穷崖滨。”

【窮偏】 指僻远之地。李白《安州应城玉女汤作》：“可以奉巡幸，奈何隔穷偏。”

【窮鳥】 处境窘急的鸟。汉赵壹《穷鸟赋》：“有一穷鸟，戢翼原野。罼网加上，机穽在下，前见苍隼，后见驱者。”后遂以“穷鸟”喻指处境困窘的人。张说《伯奴边见归田赋因投赵侍御》：“尔家叹穷鸟，吾族赋归田。莫道荣枯异，同嗟世网牵。”高适《留上李右相》：“江海呼穷鸟，诗书问聚萤。”

【窮鳥客】 同“穷鳥”。骆宾王《幽縶书情通简知己》：“汉阳穷鸟客，梁甫卧龙才。”

【窮魚】 失水之鱼。喻指身处困境之人。李白《古风》之三四：“困兽当猛虎，穷鱼饵奔鲸。”又《古风》之五九：“众鸟集荣柯，穷鱼守枯池。”

【窮悴】 困穷憔悴。白居易《哭刘敦质》：“如何天不吊，穷悴至终身。”杜牧有《道一大尹存之庭美二学士简于圣明自致霄汉皆与舍弟昔年还往牧支离穷悴窃于一麾书美歌诗因成长句呈上三君子》，见《全唐诗》卷五二一。

【窮涸鮒】 同“窮轍鮒”。沈佺期《赦到不得归题江上石》：“少宽穷涸鲋，犹憨触藩羝。”

【窮寇】 陷于绝境的敌人。王季友《古塞曲》：“进军飞狐北，穷寇势将变。”

【窮寂】 贫穷寂寞。徐夤《逐臭苍蝇》：“穷寂不妨延寿考，贪狂总待算毫厘。”

【窮達】 困顿与显达。杨炯《骢马》：“风霜但自保，穷达任皇天。”高适《郊古赠崔二》：“穷达自有时，夫子莫下泪。”卢纶《冬日登城楼有怀因赠程腾》：“穷达皆为身外名，公侯可废刀头取。”李群玉《长沙紫极宫雨夜愁坐》：“穷达未知他日事，是非皆到此时心。”

【窮搜】 犹冥搜。深思冥想。多指诗歌写作。李山甫《山中答刘书记寓怀》：“穷搜万籁息，危坐千峰静。”

【窮棲】 犹贫居。杜甫《无家别》：“宿鸟念本枝，安辞且穷栖。”

【窮極】 穷尽。骆宾王《从军中行路难二首》之二：“连营去去无穷极，拥旆遥遥过绝国。”乔知之《羸骏篇》：“玉勒金鞍荷装饰，路傍观者无穷极。”韩愈《赠别元十八协律六首》之二：“子行诚艰难，我去未穷极。”李郢《燕蓊花》：“黄花扑地无穷极，愁杀江南去住人。”

【窮景】 指季冬之日。韩愈《寄崔二十六立之》：

"属我感穷景，抱华不能摘。"见"窮紀"。

【窮路】 远路；长途。王勃《别薛华》："送送多穷路，遑遑独问津。"

【窮愁】 ❶穷困愁苦。张九龄《南还以诗代书赠京师旧僚》："穷愁年貌改，寂历尔胡为。"杜甫《冬至》："年年至日长为客，忽忽穷愁泥杀人。"李嘉祐《早秋京口旅泊章侍御寄书相问因以赠之时七夕》："只有同时骢马客，偏宜尺牍问穷愁。"钱起《闲居酬张起居见赠》："弱羽谢风水，穷愁依典坟。"❷深愁；苦闷。李白《月下独酌四首》之四："穷愁千万端，美酒三百杯。"刘长卿《送贾三北游》："把袂相看衣共缁，穷愁只是惜良时。"崔峒《送陆明府之盱眙》："陶令之官去，穷愁惨别魂。"章碣《变体诗》："东南路尽吴江畔，正是穷愁暮雨天。"

【窮奧】 幽奥；深奥。王武陵《宿慧山寺》序："夕阳西归，皓月东出。群动皆息，视身如空。立言妙论，以极穷奥。"

【窮節】 隆冬季节。宋之问《初到陆浑山庄》："授衣感穷节，策马凌伊关。"柳宗元《红蕉》："晚英值穷节，绿润含朱光。"

【窮猿】 失木之猿。杜甫《入奏行赠西山检察使窦侍御》："运粮绳桥壮士喜，斩木火井穷猿呼。"或喻人流离失所。杜甫《有叹》："穷猿号雨雪，老马怯关山。"

【窮猿失木】 猿被迫离开山林。喻人漂泊流离，无家可归。杜甫《寄杜位》："寒日经檐短，穷猿失木悲。"

【窮源】 水流的源头，发源处。李涉《赠龙泉洞尘上人》："八十山僧眼未昏，独寻流水到穷源。"薛能《黄河》："人间无博望，谁复到穷源。"

【窮塗】 同"窮途客"。李密《淮阳感怀》："此夕穷涂士，郁陶伤寸心。"

【窮溟】 即溟海。古代传说中的大海。徐夤《北》："穷溟驾浪鹍鹏化，极海寄书鸿雁迟。"

【窮塞】 (—sài)荒远的边塞。任华《怀素上人草书歌》："飞沙走石满穷塞，万里飕飕西北风。"

【窮寒鬼】 詈词。笑人贫穷。张祜《感归》："乡人笑我穷寒鬼，还似襄阳孟浩然。"

【窮經】 穷究经籍。骆宾王《咏怀古意上裴侍郎》："穷经不沾用，弹铗欲谁申。"许棠《寄庐山贾处士》："穷经休望辟，饵术止期仙。"许彬《酬简寂熊尊师以赵员外庐山草堂见借》："顾己恩难答，穷经业未慵。"郑谷《赠咸阳王主簿》："可爱咸阳王主簿，穷经尽到昔贤心。"

【窮匱】 贫穷匮乏。刘长卿《题冤句宋少府厅留别》："顾予倦栖托，终日忧穷匮。"

【窮歲】 终年。姚合《寄永乐长宫殷尧藩》："此宵欢不接，穷岁信空还。"

【窮塵】 犹黄泉、地下。褚亮《伤始平李少府正己》："声华满昭代，形影委穷尘。"徐彦伯《题东山子李适碑阴二首》之二："夜台沦清镜，穷尘埋结绿。"元稹《梦游春七十韵》："尽委穷尘骨，皆随流波注。"

【窮漢】 贫穷的男子。无名氏《五言诗》之五(外编下)："如此更穷汉，村村一两枚。"

【窮盡】 止境；尽头。翁承赞《柳》之三："长条细叶无穷尽，管领春风不计年。"

【窮髮】 北方边远不毛之地。李白《同友人舟行游台越作》："蹇予访前迹，独往造穷发。"贾至《燕歌行》："匈奴慑窜穷发北，大荒万里无尘飞。"独孤及《海上寄萧立》："远海人大荒，平芜际穷发。"温庭筠《鸿胪寺有开元中锡宴堂楼台池沼雅为胜绝荒凉遗址仅有存者偶成四十韵》："西覃积石山，北至穷发乡。"

【窮憂】 困穷忧愁。郑谷《寄南浦谪官》："多才翻得罪，天末抱穷忧。"

【窮賤】 贫穷卑贱。白居易《悲哉行》："可怜少壮日，适在穷贱时。"又《秦中吟十首・伤宅》："岂无穷贱者，忍不救饥寒。"张祜《庚子岁寓游扬州赠崔荆四十韵》："穷贱正相仍，逢君又广陵。"

【窮餓】 ❶贫穷饥饿。白居易《丘中有一士二首》之一："终岁守穷饿，而无嗟叹声。"又《咏怀》："亦有爱闲人，又为穷饿逼。"❷贫穷饥饿之人。韩愈《合江亭》："中丞黜凶邪，天子闵穷饿。"皮日休《正乐府十篇・卒妻怨》："岂无黔敖恩，救此穷饿骸。"

【窮磧】 荒凉的沙漠。李昂《从军行》："塞沙飞淅沥，遥裔连穷碛。"

【窮儒】 困穷的儒生。石贯《和主司王起》："孔门弟子皆贤哲，谁料穷儒忝一名。"

【窮徼】 穷边。荒远的边地。胡皓《大漠行》："穷徼出幽陵，吁嗟倦寝兴。"

【窮獨】 困穷孤独；孤独无依。韩愈《送僧澄观》："洛阳穷秋厌穷独，丁丁啄门疑啄木。"白居易《南宾郡斋即事寄杨万州》："中有穷独人，强名为刺史。"

【窮獨叟】 孤独无依的老人。杜甫《述怀一首》："沉思欢会处，恐作穷独叟。"

【窮櫓】 破旧简陋的房舍。韩愈《孟生诗》："顾我多慷慨，穷檐时见临。"

【窮壘】 荒凉的营垒。杜牧《东兵长句十韵》："渐见长围云欲合，可怜穷垒带犹萦。"

【窮邊】 ❶荒远的边地。戎昱《听杜山人弹胡笳》："座中为我奏此曲，满堂萧瑟如穷边。"周贺《寄新头陀》："见说北京寻祖后，瓶盂自挈绕穷边。"许棠《塞外书事》："征路出穷边，孤吟傍戍烟。"黄滔《塞下》：

"匹马萧萧去不前，平芜千里见穷边。"❷指奔赴穷边。王维《宿郑州》："此去欲何言，穷边徇微禄。"

【穷斷】 犹穷尽，寻找到事物的尽头、源头。《雪溪夜宴诗》（《全唐诗》卷八六四）："愿持精卫衔石心，穷断河源塞泉脉。"

【穷轍】 ❶同"穷轍鲋"。欧阳詹《除夜长安客舍》："谁应问穷辙，泣尽更潸然。"唐彦谦《送樊琯司业归朝》："贱子悲穷辙，当年亦擅场。"❷困顿途穷。王维《哭祖六自虚》："不恨依穷辙，终期济巨川。"韦应物《答崔都水》："勿厌守穷辙，慎为名所牵。"

【穷轍鲋】 比喻人身处困窘之境。详见《庄子·外物》。杜甫《奉赠李八丈判官》："真成穷辙鲋，或似丧家狗。"

【穷臘】 指农历十二月。腊，古代年终祭众神之名，后通指农历十二月。杨凌《钟陵雪夜酬友人》："穷腊催年急，阳春怯和歌。"

【穷廬】 贫舍。牟融《寄周韶州》："十年学道困穷庐，空有长才重老儒。"

【穷騷】 困穷忧愁。亦指困穷忧愁的人。舒元舆《坊州按狱》："分明举公法，为我缓穷骚。"

【穷覽】 浏览；遍观。刘希夷《蜀城怀古》："穷览通表里，气色何苍苍。"元季川《登云中》："穷览颇有适，不极趣无幽。"李频《江上送从兄群玉校书东游》："坟籍因穷览，江湖却纵游。"

【穷巖】 高耸的山岩。李白《邹衍谷》："燕谷无暖气，穷岩闭严阴。"

【穷鳞】 同"穷轍鲋"。张说《喜度岭》："弃杖枯还植，穷鳞涸更浮。"刘长卿《负谪后登干越亭作》："青山数行泪，沧海一穷鳞。"独孤及《丙戌岁正月出洛阳书怀》："穷鳞遂蹭蹬，夙昔事罕存。"柳宗元《酬娄秀才将之淮南见赠之什》："好音怜铩羽，濡沫慰穷鳞。"

窳 〔yǔ《广韵》以主切，上麌，以。〕粗劣。皮日休《奉和添酒中六咏·酒瓮》："坚净不苦窳，陶于醉封疆。"

窑 〔yáo《广韵》餘昭切，平宵，以。〕亦作"窯"。❶烧制砖瓦、陶器、瓷器或锻石炭的灶。韩愈、孟郊《城南联句》："窑烟幂疏岛，沙篆印回平。"卢仝《月蚀诗》："六合烘为窑，尧心增百忧。"唐彦谦《岁除》："残林生猎迹，归鸟避窑烟。"❷造纸的场所。杜荀鹤《送友人宰浔阳》："钓艇满江鱼贱菜，纸窑连岳楮多桑。"

窯 同"窑"。

十一画

窺[1] 〔kuī《广韵》去隨切，平支，溪。〕❶暗中偷看。杜甫《入宅三首》之一："花亚欲移竹，鸟窥新卷帘。"晁采《子夜歌十八首》之十："手自施屏障，恐有女伴窥。"段成式《戏高侍御七首》之三："花恨红腰柳妒眉，东邻墙短不曾窥。"李商隐《高花》："宋玉临江宅，墙低不碍窥。"❷看；观看。慧宣《秋日游东山寺寻殊昙二法师》："万丈窥深涧，千寻仰绝壁。"岑参《稠桑驿喜逢严河南中丞便别》："驷马映花枝，人人夹路窥。"刘长卿《赠湘南渔父》："日落江清桂楫迟，纤鳞百尺深可窥。"白居易《想东游五十韵》："静阅天工妙，闲窥物状幽。"❸观察。白居易《和答诗十首·答四皓庙》："由来圣人道，无朕不可窥。"刘言史《广州王园寺伏日即事寄北中亲友》："望霖窥润础，思吹候生条。"王仁裕《遇放猿再作》："渐来子细窥行客，认得依稀是野宾。"❹阅；阅读。崔融《哭蒋詹事俨》："遗爱犹如在，残编尚可窥。"李白《寄远十一首》之八："空留锦字表心素，至今缄愁不忍窥。"岑参《佐郡思旧游》："史笔从推直，谏书人莫窥。"权德舆《过隐者湖上所居》："兵法窥黄石，天官辨白榆。"❺觊觎。苏颋《饯赵尚书摄御史大夫赴朔方军》："劲虏欲南窥，扬兵护朔陲。"李白《赠张相镐二首》之一："神器难窃弄，天狼窥紫宸。"岑参《过梁州奉赠张尚书大夫公》："浮客相与来，群盗不敢窥。"刘长卿《旅次丹阳郡遇康侍御宣慰召募兼别岑单父》："羁人怀上国，骄虏窥中原。"❻希冀；企求。钱起《初黄绶赴蓝田县作》："忽忝英达顾，宁窥造化恩。"韩愈《县斋有怀》："事业窥皋稷，文章蔑曹谢。"刘禹锡《和董庶中古散调词赠尹果毅》："上将赐甲第，门戟不可窥。"李涉《却归巴陵途中走笔寄唐知言》："后辈无劳续出头，坳塘不合窥溟渤。"❼照；照射。骆宾王《艳情代郭氏答卢照邻》："妾向双流窥石镜，君住三川守玉人。"窦常《立春后言怀招汴州李匡衙推》："每听寒笳离梦断，时窥清鉴旅愁多。"戎昱《闺情》："宝镜窥妆影，红衫裛泪痕。"杨衡《送郑丞之罗浮中习业》："云卧石林密，月窥花洞明。"

窺[2] 〔kuǐ《集韵》犬繠切，上紙，溪。〕通"跬"。半步。谓举足。《汉书·息夫躬传》："未有能窥左足而先应者也。"颜师古注："苏林曰：'窥，音跬。'师古曰：'跬，半步也。言一举足也。'"高适《宴韦司户山亭院》："苔径试窥践，石屏可攀倚。"

【窺天】 观察天空。虞世南《侍宴应召赋韵得前字》："滥陪终宴赏，握管类窥天。"见"窥管"。杜牧《昔事文皇帝三十二韵》："照胆常悬镜，窥天自戴盆。"见"戴盆"。

【窺玉匣】　同“窺鏡❶”。赵嘏《昔昔盐二十首·蟠龙随镜隐》：“今朝窥玉匣，双泪落阑干。”

【窺古鏡】　同“窺鏡❶”。许棠《新年呈友》：“清晨窥古镜，旅貌近衰翁。”

【窺池】　谓临池自照。张谔《百子池》：“宫女厌镜笑窥池，身前影后不相见。”

【窺宋】　《文选·宋玉·登徒子好色赋》中记述了一女子登墙窥视的故事。后遂以“窥宋”用为咏美女或爱情的典故。罗隐《粉》：“郎若姓何应解傅，女能窥宋不劳施。”吴融《即席十韵》：“住处方窥宋，平生未嫁卢。”和凝《春光好》词：“窥宋深心无限事，小眉弯。”

【窺宋玉】　同“窺宋”。鱼玄机《赠邻女》：“自能窥宋玉，何必恨王昌。”

【窺宋鄰】　同“窺宋”。段成式、郑符《游长安诸寺联句·道政坊宝应寺·小小写真联句》：“不遣游张巷，岂教窥宋邻。”

【窺伺】　偷看；觊觎。元稹《酬乐天东南行诗一百韵》：“陋室鸮窥伺，衰形蟒觊觎。”来鹄《圣政纪颂》序：“自永徽之后，宰执不正，窥伺是忌。”

【窺紅】　谓照镜看红妆。王勃《临高台》：“歌屏朝掩翠，妆镜晚窥红。”

【窺家】　谓回家探望。李白《公无渡河》：“大禹理百川，儿啼不窥家。”

【窺野】　《孟子·万章上》：“伊尹耕于有莘之野。”赵岐注：“有莘，国民。伊尹初隐之时，耕于有莘之国。”（伊尹后为商汤之贤相）后遂成为求贤的典故。太宗《春日登陕州城楼俯眺原野聊以命篇》：“迹岩劳傅想，窥野访莘情。”

【窺測】　窥看探测。牟融《题山房壁》：“参同大块理，窥测至人心。”

【窺覘】　偷看。韩愈《苦寒》：“羲和送日出，恇怯频窥觇。”

【窺窗】　❶向窗内探看。李白《寻山僧不遇作》：“窥窗见白拂，挂壁生尘埃。”❷指光线照进窗内。骆宾王《代女道士王灵妃赠道士李荣》：“轻花委砌惹裾香，残月窥窗觇幌色。”韩愈《题百叶桃花》：“百叶双桃晚更红，窥窗映竹见玲珑。”

【窺園】　《史记·儒林列传·董仲舒》：董仲舒，广川人也。少治《春秋》，孝景时为博士。下帷讲颂，弟子传以次相受业，或莫见其面，盖三年不窥园，其精如此。后以窥园形容人专心治学。孟简《惜分阴》：“对景嗟移晷，窥园讵改阴。”

【窺管】　喻见识短浅。李商隐《寄太原卢司空三十韵》：“自顷徒窥管，于今愧挈瓶。”

【窺窬】　亦作“窺覦”。❶觊觎；偷看。卢仝《出山作》：“当时只有鸟窥窬，更亦无人得知处。”❷希求。陈子昂《宿空舲峡青树村浦》：“委别高堂爱，窥觎明主恩。”

【窺潘掾】　潘掾，即晋文学家潘岳。因其曾为荀顗司空掾，后又在贾充府为掾，故称。南朝宋刘义庆《世说新语·容止》：潘岳妙有姿容，好神情。少时挟弹出洛阳道，妇人遇者，莫不连手共萦之。后遂用为咏女子爱慕美男子的典故。陈嘉言《上元夜效小庾体》：“连手窥潘掾，分头看洛神。”

【窺闐】　向门内偷看。韩愈《嘲鼾睡》：“盗贼虽狡狯，亡魂敢窥阗。”

【窺牖】　向窗内探看。喻目光狭小。刘禹锡《和浙西李大夫晚下北固山偶题临江亭》：“用材当构厦，知道宁窥牖。”

【窺鄰】　同“窺宋”。李白《赠裴司马》：“愁苦不窥邻，泣上流黄机。”

【窺頻】　谓多次临镜自照。贾岛《新年》：“石门思隐久，铜镜强窥频。”

【窺窺】　仰视。寒山《诗三百三首》之六七：“此有沉迷客，窥窥不见天。”

【窺覦】　见“窺窬”。

【窺臨】　❶登临眺望。张九龄《始兴南山下有林泉尝卜居焉荆州卧病有怀此地》：“但忆旧栖息，愿言遂窥临。”孙逖《和崔司马登称心山寺》：“生灭纷无象，窥临已得鱼。”颜真卿《刻清远道士诗因而继作》：“窥临江海接，崇饰四时新。”白居易《新构亭台示诸弟侄》：“啸傲颇有趣，窥临不知疲。”❷眺望；观察。马吉甫《秋晴过李三山池》：“窥临苔壁古，歌啸竹亭曛。”白居易《池上作》：“浦派萦回误远近，桥岛向背迷窥临。”戴察《月夜梧桐叶上见寒露》：“莫厌窥临倦，将晞聚更难。”❸探视；偷看。陆龟蒙《奉酬袭美先辈吴中苦雨一百韵》：“饥鸟屡窥临，泥僮苦春峠。”

【窺膽】　相传秦镜能照见人胆。晋葛洪《西京杂记》卷三：高祖初入咸阳宫，周行库府，金玉珍宝，不可称言。其尤惊异者，……有方镜，广四尺，高五尺九寸，表里有明，人直来照之，影则倒见。以手扪心而来，则见肠胃五脏，历然无硋。人有疾病在内，则掩心而照之，则知病之所在。又女子有邪心，则胆张心动。秦始皇常以照宫人，胆张心动者则杀之。仲子陵《秦镜》：“但见人窥胆，全胜响应声。”

【窺覷】　观看；偷看。刘禹锡《马嵬行》：“属车尘已远，里巷来窥觑。”

【窺簾】　南朝宋刘义庆《世说新语·惑溺》：韩寿美姿容，贾充辟以为掾。充每聚会，贾女于青璅中看，见寿，悦之，恒怀存想，发于吟咏。后婢往寿家，具述如此，并言女光丽。寿闻之心动，遂遣婢潜修音问，及期往宿。寿蹻捷绝人，逾墙而入，家中莫知。后因以

"窺簾"为咏爱情的典故。李商隐《无题四首》之二："贾氏窺帘韩掾少，宓妃留枕魏王才。"见"偷香""竊香"。

【窺鏡】 ❶照镜。温庭筠《过华清宫二十二韵》："卷衣轻鬓懒，窥镜澹蛾羞。"❷对着月亮。镜，喻月。无名氏《月映清淮流》(卷七八七)："桂花窥镜发，蟾影映波生。"

【窺鵬】 希求、仿效鲲鹏。谓希冀前程远大。语本《庄子·逍遥游》。元稹《秋堂夕》："蜉蝣不信鹤，蜩鷃肯窥鹏。"

【窺闞】 观看。韩愈《寄卢仝》："每骑屋山下窥阚，浑舍惊怕走折趾。"

【窺觀】 观察。李商隐《骄儿诗》："交朋颇窥观，谓是丹穴物。"

窶 〔jù《广韵》其矩切，上麌，群。〕贫穷；贫窘。耿湋《喜侯十七校书见访》："许酣令乞酒，辞窭任无鱼。"韩愈《元和圣德诗》："亿载万年，有富无窭。"颜萱《过张祜处士丹阳故居》序："横塘之西，有故田数百亩，力既贫窭，十年不耕。"

窸 〔xī《广韵》息七切，入質，心。〕见"窸窣"。

【窸窣】 象声词。形容轻微细碎之声。杜甫《自京赴奉先县咏怀五百字》："河梁幸未坼，枝撑声窸窣。"李贺《神弦》："海神山鬼来座中，纸钱窸窣鸣旋风。"王琦注："窸窣，音悉速。"宋齐丘《陪游凤凰台献诗》："夜半鼠窸窣，天阴鬼敲啄。"欧阳炯《贯休应梦罗汉画歌》："高握节腕当空掷，窸窣毫端任狂逸。"刘景复《梦为吴泰伯作胜儿歌》："小弦切切怨飕飕，鬼哭神悲秋窸窣。"

窿 〔lóng《广韵》力中切，平東，來。〕❶指天；上苍。见"穹窿❶"。❷中间隆起，两端下垂貌。形容桥的形状。见"穹窿❷"。

十二画

窾 〔kuǎn《广韵》苦管切，上緩，溪。〕亦作"窽"。洞穴；空隙。韩愈《游青龙寺赠崔大补阙》："南山逼冬转清瘦，刻画圭角出崖窾。"

【窾木】 ❶中间挖空的木头。皇甫湜《俍石铭》："后圣有作，缘情不忍，为之棺椁。其在唐虞，则维窾木。"❷有洞穴的树木。亦指树干上的洞穴。陆龟蒙《杂讽九首》之四："长风吹窾木，始有音韵吐。"

竁 〔cuì《广韵》此芮切，去祭，清。又楚税切，去祭，初。又尺絹切，去線，昌。〕洞穴。杜甫《寄刘峡州伯华使君四十韵》："近有风流作，聊从月继征。"皮日休《公斋四咏·小桂》："吾祖在月竁，孤贞能见怡。"

十三画

竅 〔qiào《广韵》苦弔切，去嘯，溪。〕❶孔；洞穴。皇甫曾《遇风雨作》："万窍相怒号，百泉暗奔瀑。"韩愈《岳阳楼别窦司直》："时当冬之孟，隙窍缩寒涨。"皮日休《添鱼具诗·钓矶》："窟处著筣篼，窍中维艒艄。"陆龟蒙《杂讽九首》之七："天之发遐籁，大小随万窍。"❷凹处。薛能《西县道中有短亭岩穴飞泉隔江洒至因成二首》之一："风凉津湿共微微，隔岸泉冲石窍飞。"❸七窍，指眼、耳、口、鼻等器官。韩愈《嘲鼾睡》之二："南帝初奋槌，凿窍泄混沌。"❹指心眼儿。施肩吾《观叶生画花》："心窍玲珑貌亦奇，荣枯只在手中移。"李商隐《赠前刘五经映三十四韵》："尽欲心无窍，皆如面正墙。"

【竅景】 洞中的景物。孟郊《石淙》之七："穴流恣回转，窍景忘东西。"

竄 〔cuàn《广韵》七亂切，去換，清。〕❶伏匿；隐藏。常衮《和考功员外杪秋忆终南旧宅之作》："涧鼠喧藤蔓，山禽窜石丛。"亦指隐居。皮日休《追和虎丘寺清远道士诗》："荆杞虽云梗，烟霞尚容窜。"❷奔跑；逃匿。高适《同群公出猎海上》："豺狼窜榛莽，麋鹿罹艰虞。"杜甫《哀王孙》："已经百日窜荆棘，身上无有完肌肤。"❸奔窜；窜进。杜甫《三川观水涨二十韵》："恐泥窜蛟龙，登危聚麋鹿。"张祜《题圣女庙》："蚁行蝉壳上，蛇窜雀巢中。"❹穿行；跳；跃。杜甫《玉华宫》："溪回松风长，苍鼠窜古瓦。"司空曙《杜鹃行》："跳枝窜叶树木中，抢翔瞥捩雌随雄。"韩愈《征蜀联句》："浑奔肆狂勦，捷窜脱趫黠。"❺放逐。亦指贬谪到边远之地。宋之问《自衡阳至韶州谒能禅师》："谪居窜炎壑，孤帆淼不系。"李白《流夜郎半道承恩放还兼欣克复之美书怀示息秀才》："去国愁夜郎，投身窜荒谷。"元稹《酬别致用》："昨来窜荆蛮，分与平生隳。"韩愈《送文畅师北游》："三年窜荒岭，守县坐深樾。"❻改易；更动。韩愈《答张彻》："渍墨窜旧史，磨丹注前经。"李商隐《韩碑》："点窜尧典舜典字，涂改清庙生民诗。"❼骚扰。李频《浙东献郑大夫》："遥想万家开户外，近闻群盗窜诸邻。"❽参与其间。见"竄言"。

【竄伏】 ❶隐藏。杜甫《杜鹃行》："业工窜伏深树里，四月五月偏号呼。"僧鸾《赠李粲秀才》："狐狸窜伏不敢动，却下双鸣当迅飙。"❷放逐贬谪。柳宗元《奉平淮夷雅表》："臣宗元言，臣负罪窜伏，违尚书笺奏十有四年。"

【竄身】 藏身。李白《猛虎行》："有策不敢犯龙鳞，窜身南国避胡尘。"杜甫《赠郑十八贲》："遭乱意不归，窜身迹非隐。"张南史《早春书事奉寄中书李舍人》："窜身初浩荡，投迹岂踌躇。"戴叔伦《谷城逢杨评事》："远自五陵独窜身，筑阳山中归路新。"

【竄言】 参与议论。刘禹锡《送周鲁儒赴举诗》引："由是始列于宾籍，临觞而司斟，观博而窜言，有日矣。"

【竄苗】 指边远之地的苗族部落。许敬宗《奉和执契静三边应诏》："窜苗犹有孽，戮负自贻辜。"

【竄官】 贬谪放逐的官吏。孟郊《峡哀》之九："峡旅多窜官，峡氓多非良。"

【竄逐】 放逐，或指贬谪到边远之地。张九龄《陪王司马登薛公逍遥台》："窜逐留遗迹，悲凉见此心。"李白《赠别郑判官》："窜逐勿复哀，惭君问寒灰。"韩愈《谒衡岳庙遂宿岳寺题门楼》："窜逐蛮荒幸不死，衣食才足甘长终。"杜牧《见宋拾遗题名处感而成诗》："窜逐穷荒与死期，饿唯蒿藿病无医。"

【竄流】 贬谪；流放。韩愈《泷吏》："潮州底处所，有罪乃窜流。"

【竄跡】 藏身；遁迹。司空图《避乱》："离乱身偶在，窜迹任浮沉。"黄滔《省试一一吹竽》："凡音皆窜迹，至艺始呈奇。"

【竄謫】 贬谪，放逐。张子容《贬乐城尉日作》："窜谪边穷海，川原近恶溪。"

十五画

竇 〔dòu《广韵》徒候切，去候，定。〕❶孔穴。杜甫《万丈潭》："远川曲通流，嵌窦潜泄濑。"刘商《金井歌》："薤草披沙石窦开，生金曜日明金井。"韩愈《射训狐》："枭惊堕梁蛇走窦，一夫斩颈群雏枯。"皮日休《怀锡山药名离合二首》之一："暗窦养泉容决决，明园护桂放亭亭。"❷洞穴。李颀《答高三十五留别便呈于十一》："韩康虽复在人间，王霸终思隐岩窦。"李白《北山独酌寄韦六》："屏高而在云，窦深莫能准。"权德舆《玉山岭上作》："晚翠深云窦，寒苔净石梁。"刘得仁《寻陈处士山堂》："片云生石窦，浅水卧枯松。"❸门旁小户。后多指简陋的门户。元稹《青云驿》："延我开荜户，凿窦宛如圭。"韦庄《宿山家》："山行侵夜到，云窦一星灯。"❹姓。唐诗人有窦威、窦叔向等。

【竇十】 窦禹钧。蓟州渔阳（今天津市蓟县）人。唐末为幽州掾。历仕五代，后周显德（954—959）以太常少卿、右谏议大夫致仕。五子仪、俨、侃、偁、僖相终登，时称"窦氏五龙"。见《宋史·窦仪传》。冯道《赠窦十》："燕山窦十郎，教子有义方。"

【竇十九】 窦叔向。曾官判官。皇甫冉有《送窦十九叔向赴京》。张继有《送窦十九判官使江南》。崔峒有《赠窦十九》。

【竇三】 窦群。曾官侍御史，见《旧唐书》本传。吕温有《青海西寄窦三端公》和《二月一日是贞元旧节有感绝句寄黔南窦三洛阳卢七》。

【竇大】 窦常。窦常有《奉寄辰州房使君郎中》。房孺复有《酬窦大闲居见寄》。

【竇七行軍】 窦巩。曾为武昌节度使元稹之副使兼行军司马。白居易有《戏和微之答窦七行军之作》。

【竇五判官】 窦庠。韦渠牟有《赠窦五判官》。窦庠有《酬谢韦卿二十五兄俯赠辄敢书情》。按，韦渠年行二十四，此作"二十五"，误。

【竇中丞】 ❶窦群。元和三年（808）十月，以御使中丞窦群为湖南观察使，既行，改为黔中观察使。见《旧唐书·宪宗纪上》。武元衡有《窦三中丞去岁有台中五言四韵未及酬报今领黔南途经蜀门因追曩篇持以赠之》。羊士谔有《寄黔府窦中丞》。刘禹锡有《和窦中丞晚入容江作》。熊孺登有《曲江陪宴即事上窦中丞》。❷窦巩。检校秘书少监兼中丞，加金紫，见《窦氏联珠集》褚藏言《窦巩诗序》。令狐楚有《和寄窦七中丞》。

【竇公】 ❶窦薄华，任城县令。李白《对雪奉饯任城六父秩满归京》："窦公敞华筵，墨客尽来臻。"李白又有《鲁郡尧祠送窦明府薄华还西京》。❷窦衡。河南府进士，户部员外郎，见《太平广记》卷二二二引《定命录》和《郎官石柱题名新著录》户部员外郎第十三行。李白有《早秋单父南楼酬窦公衡》。

【竇司直】 窦庠。韩愈有《岳阳楼别窦司直》。钱仲联集释："魏本引《集注》窦司直，名庠，字胄卿。韩皋出镇武昌，辟为幕府。陟大理司直，权守岳州刺史。"

【窦申】 唐诗人。曾官司勋员外郎，长安县令。见陆贽《忧恤畿内百姓并除十县令诏》（《全唐文》卷四六三）。顾况有《长安窦明府后亭》。

【竇弘餘】 唐诗人。窦常之子，官至台州刺史。《全唐诗》卷八九〇录其《广谪仙怨》诗一首。

【竇圭】 简陋的门户。元稹《感梦》："气填暮不食，早早掩窦圭。"

【竇吏部】 窦群。群曾官吏部郎中，见《旧唐书》本传。羊士谔有《和窦吏部雪中寓直》。

【竇牟】 唐诗人。字贻周，叔向之次子。贞元二年（786）登进士第。事迹见韩愈《国子司业窦公墓志铭》《祭窦司业文》、褚藏言《窦牟传》、两《唐书·杜群传》附传、《唐诗纪事》卷三一、《唐才子传》卷四，其诗赖《窦氏联珠集》而传，《全唐诗》卷二七一录其诗二十一首。

【竇車騎】 指后汉窦宪。宪任车骑将军，北征匈奴，立功勒铭而还。见《后汉书·窦融传》附《窦宪传》。李益《来从窦车骑行》："遂别鲁诸生，来从窦车骑。"刘长卿《赋得》："为问元戎窦车骑，何时返旆勒燕然。"

【竇希介】 唐诗人。扶风平陵（今陕西兴平）人。世为外戚，贵盛莫比。少袭爵莘国公，中宗时为礼部尚书。《旧唐书》卷六一有其传。《全唐诗》卷一〇四录其《奉和九九日幸临渭亭登高应制得明字》。

【竇武】 东汉灵帝时，宦官擅权，大将军窦武与太傅陈蕃等合谋诛杀宦官，事败，武自杀。见《后汉书》本传。吴融《风雨吟》："李膺勾，党即罹患，窦武忠谋又未行。"

【竇叔向】 唐诗人。字道直，扶风平陵（今陕西咸阳西北）人。大历初中进士，历官国子博士、转运判官、江阴县令。《全唐诗》卷二七一录其诗八首，遗句一联。

【竇尚書】 窦潏。曾观宣州观察使、池州刺史、散骑常侍等。见《资治通鉴》卷二五五、《十国春秋·罗隐传》等。罗隐《得宣州窦尚书书因投寄二首》和《金陵寄窦尚书》。

【竇明府】 ❶窦薄华，任城县令，李白友人。李白《对雪奉饯任城六父秩满归京》："窦公敞华筵，墨客尽来臻。"窦公，即指窦明府。李白又有《鲁郡尧祠送窦明府薄华还西京》。

【竇昉】 初唐诗人。事迹见《太平广记》卷二五四引《启颜录》。《全唐诗》卷八六九录其《嘲许子儒》，诗题后注："子儒旧任奉礼郎。永徽中，造国子学。子儒径祀，当设有阶级，后不得阶。窦昉咏之云云。"按，"纪祀"原作"经纪"，据《广记》改。"设有"之"设"原缺，据《广记》补。

【竇使君】 ❶窦常。《旧唐书》本传："出为朗州刺史，历固陵、浔阳、临川三郡守。"固陵，即夔州。《刘宾客嘉话录》："予与窦丈及王承昇同在朗州，日共欢宴，后三人相代为夔州，亦异也。"窦丈即窦常。刘禹锡有《夔州窦员外使君见示悼妓诗因命同作》。❷窦群。元和六年(811)九月，由黔中观察使贬开州刺史。见《旧唐书·宪宗纪上》。武元衡有《晨兴寄赠窦使君》。❸窦庠。曾官汝州防御判官，后官信州、婺州刺史。见《窦氏联珠集》褚藏言《窦庠诗序》。白居易有《宿窦使君庄水亭》。许浑有《送段觉归东阳兼寄窦使君》。❹窦弘余。窦常之子，官至台州刺史，《全唐文》卷七四八有杜牧《窦弘余加官依前台州刺史……等制》。康骈《广谪仙怨》序："窦使君序《谪仙怨》云，刘随州之辞，未知本事。"

【竇郎中】 窦群。曾官吏部郎中，见《旧唐书》本传。羊士谔有《小园春至偶呈吏部窦郎中》和《酬吏部窦郎中直夜见寄》。杨巨源有《奉酬窦郎中早入省苦寒见寄》。

【竇拾遺】 窦叔向。叔向曾任左拾遗。韩愈《国子司业窦公(牟)墓志铭》(《全唐文》卷五六三)："皇考讳叔向，官至左拾遗、溧水令，赠工部尚书。"李嘉祐《送窦拾遗赴朝因寄中书十七弟》，自注："窦拾遗，叔向。其弟，窦舒也。"包佶有《答窦拾遗卧病见寄》。皇甫曾有《酬窦拾遗秋日见呈》。

【竇相公】 (相 xiàng)窦参。贞元五年(789)二月，御史大夫窦参为中书侍郎，同中书门下平章事，事迹见《旧唐书·宰相表中》。陈羽有《喜雪上窦相公》。

【竇威】 初唐诗人。字文蔚，扶风平陵（今陕西咸阳西北）人。仕隋，为秘书郎，累迁内史舍人，转考功郎中。入唐，为高祖丞相府司录参军。武德元年(618)拜内史令。卒，赠同州刺史，追封延安郡公，谥曰靖。事迹见两《唐书》本传。著《窦威集》十卷，已佚。《全唐诗》卷十八录其《横吹曲辞·出塞曲》一诗。

【竇庠】 唐诗人。字胄卿，窦叔向子，窦群弟。贞元中曾任商州从事。贞元二十一年(805)任武昌军节度副使，元和三年(808)改镇海军节度副使，六年任泽州刺史。事迹见诸藏方《窦庠传》、两《唐书·窦群传》附传、《唐诗纪事》卷三一、《唐才子传》卷四。《窦氏联珠集》收其诗一卷。《全唐诗》卷二七一录其诗二十一首。

【竇詢直】 唐诗人。京北始平（今陕西兴平）人。长庆元年(821)进士及第。开成三年(838)任右拾遗。事迹见《旧唐书·陈夷行传》《新唐书·宰相世系表下》《唐尚书省郎官石柱题名考》卷一一及卷二二。《全唐诗》卷五〇八录其《鸟散余花落》诗一首。

【竇校書】 (校 jiào)窦巩。《窦氏联珠集》褚藏言《窦巩诗序》："故相淮阳公镇滑台，辟为从事，释褐授秘校。"元稹《酬乐天东南行诗一百韵》注："本题云《寄澧州李十一舍人窦七校书兼投吊席八舍人》。"元稹又有《酬窦校书二十韵》。

【竇員外】 ❶窦常。元和六年(811)自湖南判官入为侍御史，转水部员外郎，出为朗州刺史，见《旧唐书》本传。刘禹锡有《朗州窦员外见示与澧州元郎中郡斋赠答长句二篇因以继和》。❷窦巩。《窦氏联珠集》褚藏言《窦巩诗序》："除侍御史，转司勋员外郎，迁刑部郎中……告终于崇德里之私第。"刘禹锡有《秋日题窦员外崇德里新居》。

【竇容州】 窦群。元和六年(811)九月，贬开州刺史。在郡二年改容州刺史、容管经略观察使，见《旧唐书·窦群传》。元稹有《奉和窦容州》。

【竇朗州】 窦常。曾官朗州刺史。刘禹锡《窦朗州见示与澧州元郎中早秋赠答命同作》。见“窦員外”。

【竇常】 唐诗人。字中行，叔向之长子。大历四年(779)登进士第。事迹见褚藏言《窦常传》、韩愈《国子司业窦公墓志铭》、两《唐书·窦群传》附传、《唐诗纪事》卷三一、《唐才子传》卷四。常曾编《南熏集》三卷，收大历诗人作品。《新唐书·艺文志四》著录《窦常集》十八卷，已佚。褚藏言辑窦氏兄弟五人诗《窦氏联珠集》五卷，今传。《全唐诗》卷二七一录其二十六首。

【竇從一】 中宗时人。曾官御史大夫。景龙四年(710)正月五日参与有中宗参加的柏梁体联句，甚得中宗好评。此联句诗见《全唐诗》卷二。

【竇梁賓】 唐女诗人。生卒年不详。汴州(今河南开封)人，进士卢车表之妾。有姿容，善诗。《全唐诗》卷七九九录其《喜卢郎及第》等诗二首。

【竇参】 唐诗人。字时中，岐州(今陕西凤翔)人。事迹见两《唐书》本传、《旧唐书·德宗纪》《资治通鉴》卷二三四、《唐诗纪事》卷四三。《全唐诗》卷三一四录其《湖上闲居》等诗三首。

【竇蒙】 唐诗人。字子全，河南洛阳人。事迹见《书苑菁华》卷十窦臮(jì)、《述书赋》窦蒙《述书赋语例字格》《元和姓纂》卷九、《新唐书·宰相世系表一下》《历代名画记》卷二及卷三。《全唐诗》卷二六一录其《题弟臮述书赋后》诗一首。

【竇雲】 屯聚山洞口的云雾。齐己《题终南山隐者室》：“风吹窗树老，日晒窦云干。”

【竇裕】 唐诗人。大历中进士。《全唐诗》卷八六五录其《洋州馆夜吟》。

【竇給事】 (給 jǐ)窦易直。元和八年(813)改给事中，九月出为陕虢都防御史，入为京兆尹，事迹见《旧唐书》本传。白居易《惜牡丹花二首》题下注：“一首翰林院北厅花下作，一首新昌窦给事宅南亭花下作。”孟郊有《寄陕府邓给事》，“邓”字下自注：“一作‘窦’。”

【竇滔】 前秦时秦州刺史，被徙流沙；其妻苏蕙，字若兰。见《晋书·列女传·窦滔妻苏氏》。李频《古意》：“虽非窦滔妇，锦字已成章。”见“竇錦”。

【竇滔婦】 指窦滔妻苏蕙。李频《古意》：“虽非窦滔妇，锦字已成章。”见“竇錦”。

【竇群】 唐诗人。字丹列，叔向第三子。事迹见褚藏言《窦群传》《旧唐书·宪宗纪》、两《唐书·窦群传》《唐诗纪事》卷三一、《唐才子传》卷四。《窦晚期联珠集》录其诗一卷。《全唐诗》卷二七一录其诗二十三首。

【竇端公】 窦群。曾官侍御史，见《旧唐书》本传。唐人称侍御史为端公。吕温有《青海西寄窦三端公》。

【竇閨織婦】 指窦滔妻苏蕙。李绅《新楼诗二十首·城上蔷薇》：“窦闺织妇惭诗句，南国佳人怨锦衾。”见“竇錦”。

【竇鞏】 (772－831)唐诗人。字友封，叔向子，行七。事迹见褚藏言《窦巩传》、两《唐书·窦群传》附传、《唐诗纪事》卷三一、《唐才子传》卷四。《窦氏联珠集》录其诗一卷。《全唐诗》卷二七一录其诗三十九首。

【竇錦】 指优美的诗歌。《晋书·列女传·窦滔妻苏氏传》：窦滔妻苏氏，始平人也，名蕙，字若兰。喜属文。滔，苻坚时为秦州刺史，被徙流沙，苏氏思之，织锦为回文旋图诗以赠滔。宛转循环以读之，其词凄婉，凡八百四十字。一说，窦滔被徙流沙，临去别妻，誓不再娶，至沙漠，便娶妇。苏氏织锦，作此回文诗以赠之。见《文选·江淹〈别赋〉》李善注。后遂用为咏妻子致书丈夫的典故。鲍溶《赠远》：“欲和古诗成窦锦，倍悲秋扇捐齐纨。”

【竇冀】 唐诗人。代宗大历时曾官御史，见怀素《自叙帖》。《全唐诗》卷二〇四录其《怀素上人草书歌》一首。

【竇融】 东汉初将领，字周公。扶风平陵(今陕西咸阳西北)人，累世为河西官吏。事迹见《后汉书》本传。蔡孚《打球篇》：“窦融一家三尚主，梁冀频封万户侯。”

【竇憲】 东汉重臣。扶风平陵(今陕西咸阳西北)人。事迹见《后汉书·窦融传》附《窦宪传》。耿沣《送王将军出塞》：“汉家边事重，窦宪出临戎。”李昂《从军行》：“田畴不卖卢龙策，窦宪思勒燕然石。”

十六画

竈 〔zào《广韵》则到切，去號，精。〕❶以砖石泥土砌成的用以烹饪的设备。贺朝《从军行》：“烽沉灶减静边亭，海晏山空肃已宁。”王建《原上新居十三首》之一：“厨舍近泥灶，家人初饱薇。”钱起《题吴通微主人》：“朝烟不起灶，寒叶欲连阶。”刘驾《送人登第东归》：“所居似清明，冷灶起新烟。”❷供炼丹用的灶。则天皇后《赠胡天师》：“碧岫窥玄洞，玉灶炼丹砂。”戎昱《赠韦况征君》：“回看药灶封题密，强入蒲轮引步迟。”白居易《同微之赠别郭虚舟炼师五十韵》：“药灶今夕罢，诏书明日追。”李商隐《幽人》：“丹灶三年火，苍崖万岁藤。”❸灶神。韩愈《荐士》：“行身践规矩，甘辱耻媚灶。”

【竈王】　灶神的别称。李廓《镜听词》：“匣中取镜辞灶王，罗衣掩尽明月光。”

【竈鬼】　即灶神。古代供于灶上的神。传说农历十二月二十三日（一说二十四日），灶神即上天奏告人家善恶，俗谓“送灶”。除夕迎灶神回人间。见汉应劭《风俗通·礼典·灶神》。元稹《春分投简阳明洞天作》：“雾喷雷公怒，烟扬灶鬼趋。”又《开元观闲居酬吴士矩侍御三十韵》：“禹步星纲动，焚符灶鬼詹。”

【竈煙】　炊烟。姚合《武功县中作三十首》之二八：“垒阶溪石净，烧竹灶烟轻。”

【竈額】　灶上的烟囱。姚合《酬任畴协律夏中苦雨见寄》：“湿烟凝灶额，荒草覆墙头。”又《寄贾岛》：“瓮头寒绝酒，灶额晓无烟。”

十七画

竊〔qiè《广韵》千结切，入屑，清。〕❶偷盗；盗窃。权德舆《酬裴杰秀才新樱桃》：“圆疑窃龙颔，色已夺鸡冠。”元稹《有鸟二十章》之一：“朝偷暮窃恣昏饱，后顾前瞻高树枝。”李商隐《赠送前刘五经映三十四韵》：“惊疑豹文鼠，贪窃虎皮羊。”皮日休《太湖诗·入林屋洞》：“焉得彼丈人，窃之不加刑。”❷不当有而有之。多用作谦词。李白《经乱离后天恩流夜郎忆旧游书怀赠江夏韦太守良宰》：“剑非万人敌，文窃四海声。”高适《留上李右相》：“有窃丘山惠，无时枕席宁。”杜甫《长沙送李十一》：“李杜齐名真忝窃，朔云寒菊倍离忧。”亦指占有。谦词。萧颖士《江有归舟三章》序：“问而教，教而从，从而达，欲辞师也得乎！孔门四科，吾是以窃其一矣。”❸非法占据。玄宗《平胡》序：“戎羯不虔，窃我荒服。命偏师之俘剪，彼应期而咸殄。”❹私下；私自。谦词。王维《偶然作六首》之四：“中心窃自思，傥有人送否？”贾至《闲居秋怀寄阳翟陆赞府封丘高少府》：“我生属圣明，感激窃自强。”元结《与党评事》：“跼身班次中，常窃愧耻焉。”白居易《代书诗一百韵寄微之》：“光景嗟虚掷，云霄窃暗窥。”❺男女私通。韦应物《逢杨开府》：“朝持樗蒲局，暮窃东邻姬。”❻近；最近。苏颋《奉和七夕宴两仪殿应制》：“窃观栖鸟至，疑向鹊桥回。”元稹《酬胡三凭人问牡丹》：“窃见胡三问牡丹，为言依旧满西栏。”❼副词。暗地里；偷偷地。杜甫《哀王孙》：“窃闻天子已传位，圣德北服南单于。”岑参《阻戎泸间群盗》：“吾窃悲尔徒，此生安得全。”韩愈《此日足可惜赠张籍》：“窃喜复窃叹，谅知有所成。”刘禹锡《白太守行》：“夸者窃所怪，贤者默思齐。”

【竊不死藥】　同“竊藥❶”。李群玉《感兴四首》之二：“昔窃不死药，奔空有嫦娥。”

【竊比】　私自比拟。杜甫《自京赴奉先县咏怀五百字》：“许身一何愚，窃比稷与契。”权德舆《奉和圣制中春麟德殿会百寮观新乐》：“赓歌仰昭回，窃比华封人。”

【竊自】　暗自。白居易《南实郡斋即事寄杨万州》：“时时窃自哂，刺史岂如是。”温庭筠《感旧陈情五十韵献淮南李仆射》：“有客将谁托，无媒窃自怜。”

【竊次】　窃占居住。卢鸿一《嵩山十志十首·洞元室》序：“及邪者居之，则假容窃次，妄作虚诞。”

【竊弄】　窃取；盗用。李白《赠张相镐二首》之一：“神器难窃弄，天狼窥紫宸。”又《司马将军歌》：“狂风吹古月，窃弄章华台。”

【竊抃】　谦词。谓私下鼓掌。极言欢欣。崔日用《奉和人日重宴大明宫恩赐彩缕人胜应制》：“宸极此时飞圣藻，微臣窃抃预闻韶。”张锡《奉和九月九日登慈恩寺浮图应制》：“天文丽辰象，窃抃仰层穹。”窦牟《元日喜闻大礼寄上翰林四学士中书六舍人二十韵》：“窃抃闻韶濩，观光想袜任。”殷寅《玄元皇帝应见贺圣祚无疆》：“无由同拜庆，窃抃贺陶甄。”刘禹锡《奉和淮南李相公早秋即事寄成都武相公》：“聆音还窃抃，不觉抚幺弦。”

【竊吹】　谦称自己的诗作。李峤《刘侍读见和山邸十篇重申此赠》：“寓言摅宿志，窃吹简知音。”蔡文恭《奉和夏日游山应制》：“窃吹等齐竽，何用承恩奖。”

【竊位】　❶谓辱占名位。谦词。张九龄《荆州作二首》之二：“遇恩一时来，窃位三岁寒。”源乾曜《奉和御制乾曜与张说宋璟同日上官命宴都堂赐诗》：“窃位思官谤，凋容谢木春。”姚合《陕城即事》：“何功来此地，窃位已经年。”徐铉《奉和子龙大监与舍弟赠答之什》：“怀恩未遂林泉约，窃位空惭组绶悬。”❷篡夺君位。李白《古风》之五三：“奸臣欲窃位，树党自相群。”❸窃取名位。张祜《戊午年感事书怀二百韵谨寄献李尚书》：“窃位崇奸力，沽荣渎货权。”

【竊和】　（—hè）谦词。指自己的酬和诗作。吕温《奉和李相公早朝于中书候传点偶书所怀奉呈门下武相公中书郑相公》：“雅韵人间满，多惭窃和难。”

【竊香】　南朝宋刘义庆《世说新语·惑溺》：“韩寿美姿容，贾充辟以为掾。充每聚会，贾女于青璅中看，见寿，说之。恒怀存想，发于吟咏。后婢往寿家，具述如此，并言女光丽。寿闻之心动，遂请婢潜修音问。及期往宿。寿跻捷绝人，逾墙而入，家中莫知。自是充觉女盛自拂拭，说畅有异于常。后会诸吏，闻寿有异香之气，是外国所贡，一箸人，则历月不歇。充计武帝唯赐己及陈骞，余家无此香，疑寿与女通，而垣墙重密，门阁急峻，何由得尔？乃托言有盗，令人修墙。使反曰：'其余无异，唯东北角如有人迹。而墙高，非人所逾。'充乃取女左右婢考问，即从状对。充秘之，以女妻寿。"后遂以"竊香"用为咏男女私情的典故。薛能《赠解诗歌人》："朝天御史非韩寿，莫窃香来带累人。"毛熙震《更漏子》词之二："思梦不成难晓，长忆得，与郎期，窃香私语时。"李瀚《蒙求》："韩寿窃香，王濛市帽。"

【竊恐】　恐怕；唯恐。谦词。李景伯《回波辞》："待宴既过三爵，喧哗窃恐非仪。"李白《远别离》："我纵言之将何补，皇穹窃恐不照余之忠诚。"

【竊桃】　汉班固《汉武故事》：东郡送一短人，长五寸，衣冠具足。上疑其精，召东方朔至，朔呼短人曰："巨灵，阿母还来否？"短人不对，因指谓上："王母种桃，三千年一结子，此人不良，已三过偷之，失王母意，故被谪来此。"（据《历代小史》本）后遂用为咏仙道的典故。韩愈《同窦韦寻刘尊师不遇》："犹疑隐形坐，敢起窃桃心。"

【竊料】　私自预料。韩愈《赠崔立之评事》："窃料二途必处一，岂比恒人长蠢蠢。"

【竊笑】　暗笑；暗地讥笑。李白《赠崔司户文昆季》："路傍已窃笑，天路将何因。"又《赠僧朝美》："谁人识此宝，窃笑有狂夫。"

【竊効】　私下仿效。谦词。杜甫《奉赠韦左丞丈二十二韵》："窃效贡公喜，难甘原宪贫。"独孤及《和张大夫秋日有怀呈院中诸公》："窃效泉鱼跃，因闻郢曲妍。"

【竊符】　战国魏安釐王二十年，秦昭王进兵围赵都邯郸，赵请救于魏，魏王命晋鄙领兵十万以救赵。然畏秦，遂令晋鄙留军壁邺以观望之。赵平原君遣使者信陵君，信陵君用侯生计，求于魏王宠姬如姬，如姬果盗兵符。信陵君得兵符，至邺，矫魏王令以取代晋鄙。晋鄙合符，疑之，力士朱亥椎杀晋鄙。信陵君乃领兵击秦，秦军退，遂解邯郸之围。事见《史记·魏公子列传》。后遂用为咏少年游侠见义勇为的典故。虞羽客《结客少年场行》："幽并侠少年，金络控连钱。窃符方救赵，击筑正怀燕。"

【竊盗】　盗贼；敌寇。韦庄《秦妇吟》："诛锄窃盗若神功，惠爱生灵如赤子。"

【竊詠】　❶私下作诗。刘禹锡《秋日过鸿举法师寺院便送归江陵》引："初鸿举学诗于荆郢间，私试窃咏，发于余习。"❷谦称自己的诗作。李商隐有《谢往桂林至彤庭窃咏》。

【竊禄】　谓尸位素餐。杜荀鹤《自叙》："宁为宇宙闲吟客，怕作乾坤窃禄人。"

【竊慕】　❶私自羡慕。孟浩然《冬至后过吴张二子檀溪别业》："余亦幽栖者，经过窃慕焉。"白居易《效陶潜体诗十六首》之一二："我从老大来，窃慕其为人。"吴筠《翰林院望终南山》之一："窃慕隐沦道，所欢岩穴居。"❷希望。白居易《和微之诗二十三首·和我年三首》之二："因读管萧书，窃慕大有为。"

【竊語】　窃窃私语；私下小声说话。韦庄《秦妇吟》："一朝五鼓人惊起，呼啸喧争如窃语。"

【竊價】　谓不当受而受之地位声誉。刘允济《经庐岳回望江州想洛川有作》："窃价惭庸怠，叨声逾寂莫。"

【竊窺】　暗地察看。杜甫《送重表侄王砅评事使南海》："向窃窥数公，经纶亦俱有。"

【竊據】　非法占据。贾至《燕歌行》："萧条魏晋为横流，鲜卑窃据朝五州。"刘长卿《吴中闻潼关失守因奉寄淮南萧判官》："关中因窃据，天下共忧栗。"

【竊聽】　偷听。李颀《听董大弹胡笳声兼寄语弄房给事》："董夫子，通神明，深山窃听来妖精，言迟更速皆应手，将往复旋如有情。"

【竊藥】　❶《淮南子·览冥训》："羿请不死之药于西王母，姮娥窃以奔月。"后成为咏月或咏美女、仙女的典故。李白《感遇四首》之三："昔余闻姮娥，窃药驻云发。"李商隐《月夜重寄宋华阳姊妹》："偷桃窃药事难兼，十二城中锁彩蟾。"袁郊《月》："嫦娥窃药出人间，藏在蟾宫不放还。"❷盗窃药材。姚合《题金州西园九首·药堂》："时闻有仙鼠，窃药檐隙间。"

立 部

立 〔lì《广韵》力人切，入缉，來。〕❶站立。杜甫《奉先刘少府新画山水障歌》："野亭春还杂花远，渔翁暝踢孤舟立。"韦应物《马明生遇神女歌》："立之一隅不与言，玉体安隐三日眠。"白居易《和答诗十首·答桐花》："手攀花枝立，足踏花影行。"刘沧《游上方石窟寺》："几来吟啸立朱槛，风起天香处处闻。"❷停留；停止。刘长卿《送蔡侍御赴上都》："迟迟立驷马，久客恋潇湘。"刘禹锡《答表臣赠别二首》之二："嘶马立未还，行舟路将转。"白居易《新丰路逢故人》："相逢立马语，尽日此桥头。"张祜《公子行》："锦堂昼永绣帘垂，立却花骢待出时。"❸竖起。白居易《秦中吟十首·立碑》："但见山中石，立作路旁碑。"张蠙《赠信安太守》："昨日中官说天意，即飞丹诏立新碑。"见"立木"。亦形容耸立。陆龟蒙《纪梦游甘露寺》："峨天一峰立，栏楯横半壁。"❹确定；决定。程行谌《奉和圣制送张说上集贤学士赐宴》："相因归梦立，殿以集贤开。"见"立庶""立嗣"。❺立身；立足。刘昚虚《寄阎防》："应以修往业，亦惟立此身。"白居易《赠樊著作》："元稹为御史，以直立其身。"路德延《感旧诗》："国境未安身未立，至今颜巷守箪瓢。"❻登位；即位。李商隐《井泥四十韵》："禹竟代舜立，其父吁咈哉。"❼扶立。高适《题尉池将军新庙》："周室既板荡，贼臣立婴儿。"❽建树；成就。王湾《秋夜寓直即事怀赠萧令公裴侍郎兼通简南省诸友人》："忠梗大勋立，寰瀛堕业惩。"王建《求友》："不求立名声，听贵去瑕疵。"独孤良弼《上巳接清明游宴》："吁嗟名未立，空咏宴游诗。"许棠《春日乌延道中》："虚负男儿志，无因立战功。"❾成立；成功。陈子昂《蓟丘览古赠卢居士藏用七首·燕太子》："其事虽不立，千载为伤心。"李白《结客少年场行》："燕丹事不立，虚没秦帝宫。"又《东海有勇妇》："岂如东海妇，事立独扬名。"皎然《赠李中丞洪一首》："政用仁恕立，恩由赏罚明。"❿立刻；立即。李白《中丞宋公以吴兵三千赴河南军次寻阳脱余之囚参谋幕府因赠之》："戎虏行当剪，鲸鲵立可诛。"杜甫《奉赠韦左丞丈二十二韵》："自谓颇挺出，立登要路津。"白居易《早春西湖闲游偶成十八韵寄微之》："立换登山屐，行携漉酒巾。"杜牧《送沈处士赴苏州李中丞招以诗赠行》："忽然竖明堂，一挥立能致。"

【立木】 竖木于地，以为标志。李频《送德清喻明府》："水栅横舟闭，湖田立木分。"

【立功】 建立功劳。韦应物《送崔押衙相州》："望阙应怀恋，遭时贵立功。"王涯《从军词三首》之二："寄言班定远，正是立功年。"张蠙《送徐州薛尚书》："上将出儒中，论诗拟立功。"

【立仗】 设立仪仗。亦指仪仗。韩翃《送夏侯侍郎》："移书或问岛边人，立仗时呼铃下吏。"卢延让《观新岁朝贺》："龙墀初立仗，鸳鹭列班行。"白居易《新乐府·骠国乐》："德宗立仗御紫庭，黈纩不塞为尔听。"

【立地】 ❶站立。王建《霓裳词十首》之三："一时跪拜霓裳彻，立地阶前赐紫衣。"元稹《句》："髻鬟峨峨高一尺，门前立地看春风。"❷立即；立刻。苏拯《西施》："君王政不修，立地生西子。"吕岩《五言》之十："耄年服一粒，立地变冲童。"

【立名】 树立名声。刘沧《下第后怀旧居》："几到青门未立名，芳时多负故乡情。"黄滔《酬俞钧》："虽忝立名经圣鉴，敢期兴咏叠嘉言。"

【立志】 树立志向。吴叔达《言行相顾》："立志言为本，修身行乃先。"

【立位】 站立的位置。薛能《升平词十首》之二："寥泬敞延英，朝班立位横。"

【立身】 ❶处世、为人。李颀《缓歌行》："男儿立身须自强，十年闭户颍水阳。"岑参《武威送刘单判官赴安西行营便呈高开府》："功业须及时，立身有行藏。"白居易《有木诗八首》之七："寄言立身者，勿学柔弱苗。"范质《诫儿侄八百字》："戒尔学立身，莫若先孝悌。"❷立足；安身。顾况《游子吟》："立身计几误，道险无容针。"鲍溶《秋思三首》之二："立身多门户，何必燕山铭。"翁承赞《寄示儿孙》："得路自能酬造化，立身何必恋林泉。"冯道《偶作》："但教方寸无诸恶，狼虎丛中也立身。"

【立言】 指著书立说。亦泛指说话、为文。李颀《送刘四》："辞满如脱屣，立言无否臧。"萧颖士《仰答韦司业垂访五首》之三："立言寄青史，将以赞王道。"韩愈《寄卢仝》："假如不在陈力列，立言垂范亦足恃。"李中《献中书潘舍人》："立言成雅诰，正意叙彝伦。"

【立事】 建立功业。羊士谔《永宁里园亭休沐怅然成咏》："劳形非立事，潇洒愧头簪。"韩愈《送侯参谋赴河中幕》："男儿贵立事，流景不可乘。"姚鹄《襄州献卢尚书》:“立事成功尽远图,一方独与万方殊。”

【立制】 确立制度。李涉《感兴》:“搜奇竭四海,立制谋千年。”

【立命】 谓修身养性以奉天命。李群玉《洞庭驿楼雪后宴集奉赠前湘州张员外》:“方穷立命说,战胜心悠悠。”

【立孤】 指恢复赵武田邑事,春秋时晋国权臣屠岸贾处死赵盾全家,并搜捕孤儿赵武,赵家门客程婴与公孙杵臼设计救出孤儿,由程婴抚养孤儿成长,报仇雪恨。见《史记·赵世家》。李白《自广平乘醉走马六十里至邯郸登城楼览古书怀》:“立孤就白刃,必死耀丹诚。”

【立春】 二十四节气之一。在阳历二月三、四或五日。岑参《题苜蓿峰寄家人》:“苜蓿峰边逢立春,胡芦河上泪沾巾。”杜甫《雨》:“冥冥甲子雨,已度立春时。”顾况《山径柳》:“年年立春后,即被啼莺占。”白居易《六年立春日人日作》:“二日立春人七日,盘蔬饼饵逐时新。”

【立春日】 见“立春”。中宗有《立春日游苑迎春》。李峤有《立春日侍宴内殿出剪彩花应制》。花蕊夫人徐氏《宫词》之八:“立春日进内园花,红蕊轻轻嫩浅霞。”

【立政】 处理政事。曹操任洛阳北部尉时,门悬五色棒以明法纪,对犯禁者,不避豪强,皆棒杀之。见《三国志·魏志·武帝纪》。韦应物《示从子河南尉班》:“立政思悬棒,谋身类触藩。”

【立秋】 二十四节气之一。在阳历八月七、八或九日。寒山《诗三百三首》之六七:“草生芒种后,叶落立秋前。”吴融《祝风三十二韵》:“是时立秋后,烟露浩凄矣。”齐己《新秋》:“始惊三伏尽,又遇立秋时。”又《城中晚夏思山》:“苦热恨无行脚处,微凉喜到立秋时。”

【立班】 上朝时依品秩站立。白居易《待漏入阁书事奉赠元九学士阁老》:“彩笔停书命,花砖趁立班。”

【立馬】 驻马。韦应物《送章八元秀才擢第往上都应制》:“立马欲从何处别,都门杨柳正毵毵。”白居易《建昌江》:“建昌江水县门前,立马教人唤渡船。”雍陶《送客二首》之二:“行人立马强盘回,别字犹含未忍开。”贾岛《二月晦日留别鄠中友人》:“立马柳花里,别君当酒酣。”

【立夏】 二十四节气之一。在阳历五月五、六或七日。韦应物有《立夏日忆京师诸弟》。韦縠《宫词》之二:“落絮濛濛立夏天,楼前槐树影初圆。”

【立教】 (—jiào)树立教化。姚合《赠卢沙弥小师》:“我师文宣王,立教垂书诗。”

【立國】 建国。汪遵《梁寺》:“立国从来为战功,一朝何事却谈空。”

【立庶】 谓立庶子为太子。周幽王宠褒姒,生伯服。废太子宜臼及宜臼母申后,立伯服为太子,褒姒为后。见《史记·周本纪》。元结《二风诗·乱风诗五篇·至惑》:“废嫡立庶,忍为祸谟。”

【立部】 即“立部伎”。白居易《新乐府·立部伎》:“堂上坐部笙歌清,堂下立部鼓笛鸣。”

【立部伎】 唐代宫廷燕乐之一。与“坐部伎”相对。白居易《新乐府·立部伎》:“立部贱,坐部贵,坐部退为立部伎。”

【立朝】 (—cháo)指在朝廷为官。姚合《省直书事》:“立朝班近殿,奏直上知名。”

【立極】 ❶登上王位。苏颋《奉和圣制过晋阳宫应制》:“立极万邦推,登庸四海尊。”❷树立最高准则。《郊庙歌辞·梁太庙乐舞辞·登歌》:“于赫我皇,建中立极。”

【立戟門】 古代礼制,凡官、阶、勋三品以上者得于邸院站门前立戟。司空图《涧户》:“数竿新竹当轩上,不羡侯家立戟门。”

【立象】 取法万物形象。刘禹锡《送惟良上人》序:“立象以推策,既成而遗之。”

【立碑】 树立碑石,记死者生平功德。刘长卿有《朱放自杭州与故里相使君立碑回因以奉简吏部杨侍郎制文》。朱庆余《哭胡遇》:“不应随分空营奠,终拟求人与立碑。”

【立嗣】 谓无子而以同宗之子承继。颜胄《适思》:“宠终禁樵采,立嗣修坟茔。”

【立節】 树立节操。聂夷中《胡无人行》:“男儿徇大义,立节不沽名。”贯休《续姚梁公坐右铭》:“亲仁下问,立节求己。”

【立脚】 根基。李贺《杨生青花紫石砚歌》:“干腻薄重立脚匀,数寸光秋无日昏。”

【立誠】 指作文能表现自己的真实意图,不作虚饰浮言。语出《易乾》:“修辞立其诚,所以居业也。”张祜《寓言》:“屏迹岂无素,立诚非甚疏。”

【立意】 ❶用意,持念。戎昱《苦辛行》:“贵人立意不可测,等闲桃李成荆棘。”韩偓《招隐》:“立意忘机机已生,可能朝市污高情。”❷确立艺术作品的主题。杜甫《奉和严中丞西城晚眺十韵》:“政简移风速,诗清立意新。”郑薰《赠巩畴》:“立意加玄虚,析理分纵横。”方干《于秀才小池》:“才见规模识方寸,知君立意象沧溟。”又《陈式水墨山水》:“立意雪髯出,支颐烟汗干。”

【立義】 奉行大义。清昼、崔子向《泛长城东溪寄处士陆羽联句》:“说诗整颓波,立义激浮俗。”

【立誓】 发誓。李宏皋《铜柱辞》:“溪人畏威思纳质，弃污归明求立誓。”

【立德】 树立德业。李白《南陵五松山别荀七》：“俄成万里别，立德贵清真。”王贞白《短歌》：“不如早立德，万古有其名。”

【立談】 站着谈话。比喻时间短暂。王维《田园乐七首》之二：“再见封侯万户，立谈赐璧一双。”李白《酬崔五郎中》：“杖策寻英豪，立谈乃知我。”高适《饯宋八充彭中丞判官之岭南》：“立谈多感激，行李即严凝。”独孤及《奉和李大夫同吕评事太行苦热行兼寄院中诸公》：“会同传檄至，疑议立谈决。”

【立勳】 建立功勋。马戴《失意书怀呈知己》：“微生不学刘琨辈，剑刃相交拟立勋。”又《陇上独望》：“谁为立勋者，可惜宝刀闲。”

【立績】 建立功绩。张祜《投苏州卢郎中》：“世重才人皆立绩，客依公子尽推心。”

五　画

竚 〔zhù《广韵》直吕切，上語，澄。〕久立；等待。骆宾王《秋日送尹大赴京》：“素书如可嗣，幽谷伫宾行。”卢鸿一《嵩山十志十首·期仙磴》：“想像闻此兮欲井烟，铸月炼液伫还年。”张祜《肃》：“还将九成意，高阁竚芳音。”陆龟蒙《村夜二篇》之二：“堂上考华钟，门前伫高驾。”

【竚望】 久立凝望。朱庆余《望早日》：“此时堪伫望，万象豁尘襟。”

六　画

章 〔zhāng《广韵》諸良切，平陽，章。〕❶典章制度。玄宗《千秋节宴》：“献遗成新俗，朝仪入旧章。”钱起《津梁寺寻李侍御》：“霄汉期鸳鹭，狐狸避宪章。”《郊庙歌辞·周宗庙乐舞辞·善庆舞》：“修明祀，从旧章。”《郊庙歌辞·五郊乐章·送神》：“送礼有章，惟神还轼。”❷章法。《诗·小雅·都人士》：“其容不改，出言有章。”郑玄笺：“其动作容貌既有常，吐口言语又有法度文章。”柳宗元《咏三良》：“魏氏言有章，从邪陷厥父。”❸彩色；花纹。李商隐《行至金牛驿寄兴元渤海尚书》：“楼上春云水底天，五云章色破巴笺。”丘光庭《新宫三章·补茅鸱》：“来彼凤凰，其仪有章。”权德舆《唐开州文编远寄新赋走笔代书聊书还答》：“复有金玉音，焕如龙凤章。”又《从事淮南府过亡友杨校书旧厅感念愀然》：“炯如冰玉姿，粲若鸾凤章。”❹诗歌或乐曲的段落。亦借指篇章。任华《寄李白》：“今朝忽遇东飞翼，寄此一章表胸臆。”刘禹锡《送王司马之陕州》：“案牍来时唯署字，风烟入兴便成章。”白居易《偶作二首》之二：“或饮茶一盏，或吟诗一章。”郑仁表《赠妓命洛真》：“巧制新章拍拍新，金罍巡举助精神。”❺奏本；奏章。李白《东海有勇妇》：“北海李使君，飞章奏天庭。”韩愈《元和圣德诗》：“上章请讨，俟命起坐。”杜牧《长安杂题长句六首》之四：“束带谬趋文石陛，有章曾拜皂囊封。”❻印章。刘长卿《登迁仁楼酬子婿李穆》：“归路空回首，新章已在腰。”白居易《元微之除浙东观察使喜得杭越邻州先赠长句》：“稽山镜水欢游地，犀带金章荣贵身。”又《寓意诗五首》之二：“貂冠水苍玉，紫绶黄金章。”又《九日宴集醉题郡楼兼呈周殷二判官》：“郊无戎马郡无事，门有棨戟腰有章。”❼姓。唐诗人有章孝标、章碣等。

【章八元】 唐诗人。睦州桐庐（今属浙江）人。大历六年（771）进士。又应制举，落第。十一、十二年间归睦州。大历末建中初居长安，与严维、清江过往唱酬。贞元中曾任句容县主簿。《全唐诗》卷二八一录其诗六首。张继有《赠章八元》。

【章水】 水名。发源于江西崇义县，至赣县和发源于福建长汀县的贡水合流，汇成赣水。经南昌，北流入波阳湖。故诗文中“章水”“章江”多借指赣江。韦庄《南昌晚眺》：“南昌城郭枕江烟，章水悠悠浪拍天。”齐己有《酬章水知己》。

【章正字】 章孝标。《直斋书录解题》卷一九：“《章孝标集》一卷，唐秘书省正字章孝标撰。”朱庆余有《题章正字道正新居》。无可有《送章正字秩满东归》。

【章仇兼瓊】 开元二十七年（739）至天宝五年（746）为益州刺史、剑南节度使，后经杨国忠举荐为户部尚书兼御史大夫。事迹见《旧唐书·玄宗本纪》《杨国忠传》和《吐蕃传》。顾况《露青竹杖歌》：“鲜于仲通正当年，章仇兼琼在蜀川。”

【章仇將軍】 （将 jiāng）章仇良。孟郊有《赠章仇将军》和《大隐坊·章仇将良弃功守贫》。

【章句】 ❶划分章节句读并加以分析解释。本汉儒治经之法，亦借指经书。王昌龄《从军行二首》之一：“早知行路难，悔不理章句。”高适《淇上酬薛三据兼寄郭少府微》：“十年守章句，万事空寥落。”孟郊《与王二十一员外涯游枋口柳溪》：“小儒峭章句，大贤嘉提携。”方干《王将军》：“大志无心守章句，继怀上略致殊功。”❷指文章、诗词。韩愈《此日足可惜赠张籍》：“驰辞对我策，章句何炜煌。”喻凫《赠李商隐》：“徒嗟好章句，无力致前途。”张祜《即席为诗献徐州节度使王智兴》：“王氏柱天勋业外，李陵章句右军书。”杜荀鹤《读张仆射诗》：“双美总输张太守，二南章句六钧弓。”

【章玄同】 唐诗人。武后时人。大足元年（701）

宰相张锡坐知选，泄密流循州，玄同作诗送之。事迹见《资治通鉴》卷二〇七。《全唐诗》卷九九录其《流所赠张锡》诗一首。

【章江】 即章水。杜牧《张好好诗》："高阁倚天半，章江联碧虚。"又《奉送中姊夫俦自大理卿出镇江西叙事书怀因成十二韵》："滕阁丹霄倚，章江碧玉奔。"又《牧陪昭应卢郎中在江西宣州佐今吏部沈公幕叙旧成二十二韵用以投寄》："宛水环朱槛，章江敞碧流。"钱珝《江行无题一百首》之九〇："身到章江日，应犹未得闲。"

【章江書生】 南唐诗人。南唐中宗显德年间人。《全唐诗》卷八六二录其《吟》诗一首。

【章甫】 ❶殷代冠名。传留于宋人。《庄子·逍遥游》：宋人资章甫而适诸越，越人断发文身，无所用之。后因用来比喻不合时宜或无人赏识。宋之问《玩郡斋海榴》："越俗鄙章甫，扪心空自怜。"韩愈《赠别元十八协律六首》之一："何人识章甫，而知骏蹄踠。"柳宗元《柳州峒氓》："愁向公庭问重译，欲投章甫作文身。"薛能《寄吉谏议》："闻说旧交贤且达，欲弹章甫自羞贫。"❷指仕宦。包佶《酬于侍郎湖南见寄十四韵》："章甫经殊俗，离骚继雅风。"

【章甫西東】 孔子曾戴章甫冠，并自称为"东西南北之人"。故后以"章甫东西"喻儒者奔波于道路。杜甫《奉寄河南韦尹丈人》："青囊仍隐逸，章甫尚西东。"

【章秀才】 章八元。刘长卿有《月下呈章秀才》。章八元有《酬刘员外月下见寄》。

【章表】 奏章；奏表。张籍《洛阳行》："百官月月拜章表，驿使相续长安道。"

【章和】 汉章帝刘炟年号。章和二年即公元88年。李贺有《章和二年中》。

【章使君】 章彝。杜甫有《将适吴楚留别章使君留后兼幕府诸公得柳字》。见"章留後"。

【章服】 古代礼服。绣有日月、星辰等图案。每图为一章，天子十二章，群臣按品级以九、七、五、三章递降。刘长卿有《同诸公袁郎中宴筵喜加章服》。韩翃《送王侍御赴江西兼寄李袁州》："中朝理章服，南国随旌旆。"刘方平《寄陇右严判官》："忠贞期报主，章服岂荣身。"朱庆余《送邵州林使君》："水边花气熏章服，岭上岚光照画旗。"

【章奏】 臣僚呈报皇帝的文书。沈佺期《和中书侍郎杨再思春夜宿直》："烟光章奏里，纷向夕郎飞。"韩愈《送张道士》："或是章奏繁，裁择未及斯。"孟郊《酬李侍御书记秋夕雨中病假见寄》："未觉衾枕倦，久为章奏婴。"李逢吉《和严揆省中宿斋遇令狐员外当直之作》："位极班行犹念旧，名题章奏亦从公。"

【章亭】 亭名。在今浙江杭州市境。姚合《杭州观潮》："楼有章亭号，涛来自古今。"

【章草】 草书的一种。笔画有隶书波折，每字独立，不连写。形成于汉代，最初只是隶书的快写。"章"有章程、法式等意思，章草的得名或许就因为它的书法比后来形成的今草规矩而来。李都《戏答朝士》："华缄千里到荆门，章草纵横任意论。"

【章記】 奏章；公牍。张籍《寄韩愈》："戎府草章记，阻我此游盘。"

【章留後】 章彝。杜甫《冬狩行》自注："时梓州刺史章彝兼侍御史留后东川。"杜甫《山寺》诗原注："章留后同游。"杜甫又有《陪章留后惠义寺饯嘉州崔都督赴州》和《桃竹杖引赠章留后》。

【章書】 章草。刘禹锡《海阳湖别浩初师》："前年，省柳仪曹于龙城，又为赋三篇，皆草书。"

【章陵】 汉光武帝刘秀祖考陵，在今湖北枣阳县东。孟浩然《夕次蔡阳馆》："鲁堰田畴广，章陵气色微。"皮日休《鲁望读襄阳耆旧传见赠五百言次韵》："重闻章陵幸，再见岐阳狩。"

【章梓州】 章彝。彝曾官梓州刺史，见《旧唐书·严武传》。杜甫有《章梓州水亭》和《章梓州橘亭饯成都窦少尹》。

【章紱】 标志官品等级的彩色绶带等饰物。杜甫《客堂》："居然绾章绂，受性本幽独。"

【章華】 即章华台。李百药《郢城怀古》："大蒐云梦掩，壮观章华筑。"李白《荆州贼平临洞庭言怀作》："郢路方丘墟，章华亦倾倒。"白居易《杂兴三首》之一："云梦春仍猎，章华夜不归。"罗虬《比红儿诗》之八四："毕竟章华会中客，冠缨虚绝为何人。"

【章華宫】 即章华台。刘长卿《南楚怀古》："君看章华宫，处处生蓬蒿。"张籍《楚宫行》："章华宫中九月时，桂花半落红橘垂。"鲍溶有《章华宫行》。

【章華殿】 即章华台。张籍《楚妃叹》："章华殿前朝万国，君心独自无终极。"

【章華臺】 楚离宫名。故址有四：(1)在今湖北监利县西北，晋杜预以为春秋时楚灵王所建者即此。台高十丈，基广十五丈。称"华容之章华"。(2)在今安徽亳州市东南。一说楚灵王所建即此。清杨守敬以为楚灵王先建于华容，后因乐乾溪风物而筑此，仍袭用旧名。即"城父之章华"。(3)在今河南汝南都，战国楚襄王为秦将白起所逼，北保于陈时所建，并袭用旧名。即"汝阳之章华"。(4)在今湖北沙市。建者不详。后人附会由灵王所筑，即豫章台。唐诗中多指"华容之章台"。苏颋《饯郢州李使君》："楚有章华台，遥遥云梦泽。"李颀《绝缨歌》："楚王宴客章华台，章华美人善歌舞。"李白《赠别郑判官》："浮云本无意，吹落章华台。”韦庄《楚行吟》：“章华台下草如烟，故郢城头月似弦。”

【章華樓】　即章华台。李群玉有《登章华楼》。

【章疏】　臣下向君主进呈的文书。陆龟蒙《严子重以诗游于名胜间旧矣余晚于江南相遇甚乐不幸且没余因息悲而为之和》：“只有汀洲连旧业，岂无章疏动遗文。”郑遨《哭张道古》：“曾陈章疏忤昭皇，扑落西南事可伤。”

【章彙】　文采。韩愈《山南郑相公樊员外酬答为诗愈依赋十四韵以献》：“诚既富而美，章汇霍炳蔚。”

【章煌】　色彩斑斓貌。皮日休《奉和鲁望闲居杂题五首·寺钟暝》：“百缘斗薮无尘土，寸地章煌欲布金。”

【章溝】　御沟。贾稜《御沟新柳》：“御苑阳和早，章沟柳色新。”

【章溪】　即章水。耿湋《晚登虔州即事寄李侍御》：“章溪与贡水，何事会波澜。”

【章臺】　❶章华台。春秋时楚国离宫。陈子昂《度荆门望楚》：“遥遥去巫峡，望望下章台。”元稹《酬翰林白学士代书一百韵》：“草没章台阯，堤横楚泽湄。”❷汉长安街名。《汉书·张敞传》：“敞无威仪，时罢朝会，过走马章台街，使御史驱，自以使面拊马。”颜师古注：“孟康曰：‘在长安中。’臣瓒曰：‘在章台下街也。’”后常用作娼楼妓馆或游乐场所的代称。卢照邻《还赴蜀中贻示京邑游好》：“籞宿花初满，章台柳向飞。”李白《流夜郎赠辛判官》：“夫子红颜我年少，章台走马著金鞭。”李贺《马诗二十三首》之十九：“空知有善相，不解走章台。”李商隐《临发崇让宅紫薇》：“桃绥含情依露井，柳绵相忆隔章台。”罗虬《比红儿诗》之七一：“若教得似红儿貌，走马章台任道迟。”

【章臺柳】　称唐韩翃妾柳氏。以美貌著称。韩获选上第归家省亲；柳氏留居长安，安史乱起，出家为尼。后韩为平卢节度使侯希逸书记，曾使人寄诗曰：“章台柳，章台柳，颜色青青今在否？纵使长条似旧垂，也应攀折他人手。”柳为蕃将沙吒利所劫，侯希逸部将许俊以计夺取柳氏归韩。事见唐许尧佐《柳氏传》。韩翃《寄柳氏》诗载《全唐诗》卷二四五。

【章臺街】　汉长安街名。李商隐《对雪二首》之一：“梅花大庾岭头发，柳絮章台街里飞。”又《回中牡丹为雨所败二首》之一：“章台街里芳菲伴，且问宫腰损几枝。”

【章碣】　唐诗人。原籍桐庐（今属浙江），后迁居钱塘（今浙江杭州）。《全唐诗》谓章孝标之子。咸通末，以诗著称，然累试不第。乾符末始登进士第，后流落不知所终。《全唐诗》卷六六九录其诗一卷，二十余首。

【章慶舞】　后汉宗庙乐舞词。祭礼时用于显祖室。《郊庙歌辞·汉宗庙乐舞辞·章庆舞》。

【章綬】　官印和系官印的丝带。张九龄《当涂界寄裴宣州》：“章绶胡为者，形骸非自然。”李栖筠《张公洞》：“迟回将不还，章绶系我躬。”白居易《喜刘苏州恩赐金紫遥想贺宴以诗庆之》：“海内姑苏太守贤，恩加章绶岂徒然。”

【章篇】　篇章。薛昭纬《华州榜寄诸门生》：“机云笔舌临文健，沈宋章篇发咏清。”

【章嶰】　唐诗人。文宗、武崇间进士。日僧圆仁大宗元年携日书中有《进士章嶰集》一卷。《全唐诗选》卷中录其断句一联。

【章魯封】　疑章碣写鲁封。章碣，钱塘（今浙江杭州）人，与罗隐友善，罗隐有《送章碣赴举》。贯休有《怀钱唐罗隐章鲁封》。

【章舉】　即章鱼。韩愈《初南食贻元十八协律》：“章举马甲柱，斗以怪自呈。”

【章禪老】　即归章上人。李中有《访庐山归章禅伯》和《访章禅老》。

【章醮】　拜表设祭。道教的一种祈祷形式。赵居贞《云门山投龙诗》：“三元章醮升，五域口口觌。”

【章彝】　代宗时人。曾官判官、梓州刺史。见《册府元龟》卷四四八。綦毋潜有《送章彝下第》。

【章懷太子】　唐诗人。名李贤，字明允。高宗第六子，始封之路王，后改封沛王。又徙封雍王。上元二年（675）立为太子。令其监国。调露二年（680），武则天以明崇俨为盗所杀，疑出太子之谋，将其废为庶人，后迁巴州。至武后临朝，又逼令自杀，景云元年（710）追谥为章怀太子。尝诏集张大安、刘讷言等诸儒注《后汉书》。撰有《列藩正论》《春官要录》等，俱佚。《全唐诗》卷六录其《黄台瓜辞》一首。沈佺期有《章怀太子靖妃挽词》。

竟　〔jìng《广韵》居慶切，去映，見。〕❶奏乐完毕。乔知之《拟古赠陈子昂》：“送君竟此曲，从兹长绝弦。”白居易《池上篇》：“曲未竟而乐天陶然，已醉睡于石上矣。”❷完毕；结束。柳宗元《田家三首》之三：“是时收获竟，落日多樵牧。”白居易《何处堪避暑》：“日高饥始食，食竟饱还游。”张又新《郡斋三月下旬作》：“谋春未及竟，夏初遽见侵。”❸遍；满。王维《奉和圣制登降圣观与宰臣等同望应制》：“山川八校满，井邑三农竟。”李益《和丘员外题湛长史旧居》：“青松掩落晖，白云竟空谷。”刘禹锡《和董庶中古散调词赠尹果毅》：“介马晨萧萧，阵云竟天涯。”孟郊《献襄阳于大夫》：“还耕竟原野，归老相扶携。”❹始终；自始至终。崔融《塞垣行》：“仰望不见天，昏昏竟朝夕。”韦应物《题石桥》：“自与幽人期，逍遥竟朝夕。”刘长卿

《奉和李大夫同吕评事太行苦热行兼寄院中诸公仍呈王员外》："清风竟不至，赤日方煎铄。"无可《吊从兄岛》："诗名从盖代，谪宦竟终身。"❺终于；到底；究竟。李白《对酒行》："此人古之仙，羽化竟何在？"李益《喜邢校书远至对雨同赋返五韵》："旅宦竟何如，劳飞思自返。"杜牧《长安杂题长句六首》之二："自笑苦无楼护智，可怜铅椠竟何功。"刘沧《经炀帝行宫》："此地曾经翠辇过，浮云流水竟如何。"❻竟然；却。李白《春日独坐寄郑明府》："情人道来竟不来，何人共醉新丰酒。"韦夏卿《和丘员外题湛长史旧居》："徒有昔王过，竟遗青史载。"白居易《叹鲁二首》之二："展禽胡为者，直道竟三黜。"又《和答诗十首·和大觜乌》："胡然大嘴乌，竟得天年终。"

【竟夕】 终夜；通宵。张九龄《望月怀远》："情人怨遥夜，竟夕起相思。"刘商《胡笳十八拍·第七拍》："竟夕无云月上天，故乡应得重相见。"白居易《引泉》："竟夕舟中坐，有时桥上眠。"于武陵《夜泊湘江》："凉天生片月，竟夕伴孤舟。"

【竟久】 时间长久。孟郊《寄卢虔使君》："有鹤冰在翅，竟久力难飞。"

【竟天】 整天。崔备《和武相公中秋锦楼玩月》之二："竟天多雁过，通夕少人眠。"

【竟日】 整天。寒山《诗三百三首》之四八："竟日常如醉，流年不暂停。"郎士元《题精舍寺》："秋山竟日闻猿啸，落木寒泉听不穷。"朱庆余《塞下感怀》："竟日风沙急，临秋草木残。"韦庄《秦妇吟》："妾闻此父伤心语，竟日阑干泪如雨。"

【竟旬】 整旬。一旬十天。玄宗《鹡鸰颂》序："秋九月辛酉，有鹡鸰千数，栖集于麟德殿之庭树，竟旬焉。"

【竟夜】 整夜。杜甫《昔游》："林昏罢幽磬，竟夜伏石阁。"王建《冬夜感怀》："竟夜不闻语，空房唯有灯。"

【竟牀】 满床。元稹《月三十韵》："卞疑雕璧碎，潘感竟床稀。"李商隐《王十二兄与畏之员外相访见招小饮予以悼亡日近不去因寄》："更无人处帘垂地，欲拂尘时簟竟床。"

【竟野】 整个原野。虞世南《奉和幽山雨后应令》："雨歇连峰翠，烟开竟野通。"

【竟歲】 整年。李白《感兴六首》之三："眷眷待远信，竟岁无人来。"韩愈《寄崔二十六立之》："每旬遗我书，竟岁无差池。"白居易《咏怀》："今虽在疏远，竟岁无牵役。"又《郡斋暇日寄二林僧社三十韵多叙贬官已来出处之意》："竟岁何曾闷，终身不拟忙。"

【竟陵】 郡名。晋元康九年(299)置，治所在石城(今湖北钟祥县)。后治所常迁。北周武帝改名石城郡。隋开皇初废；大业及唐天宝、至德间又分别改郢州，复州为竟陵郡。孟郊《自商行谒复州卢使君虔》："仲宣荆州客，今余竟陵宾。"又《赠竟陵卢使君虔别》："赖得竟陵守，时闻建安吟。"李端《送客赴江陵寄郢州郎士元》："竟陵明月夜，为上庾公楼。"许浑《送卢先辈自衡岳赴复州嘉礼二首》之二："万重岭峤辞衡岳，千里山陂问竟陵。"

七 画

竦 〔sǒng《广韵》息拱切，上腫，心。〕❶企立。元稹《纪怀赠李六户曹崔二十功曹五十韵》："竦足良甘分，排衙苦未曾。"裴潾《前相国赞皇公早葺平泉山居抒怀赋四言诗十四首奉寄》之七："南溪回舟，西岭望竦。"❷高耸。李白《泾溪南蓝山下有落星潭寄何判官昌浩》："蓝岑竦天壁，突兀如鲸额。"权德舆《唐开州文编远寄新赋聊书还答》："风雨竦庭柯，端忧坐空堂。"李贺《自昌谷到洛后门》："九月大野白，苍岑竦秋门。"白居易《和微之诗二十三首·和酬郑侍御东阳春闷放怀追越游见寄》："劲气森爽竹竿竦，妍文焕烂芙蓉披。"❸严肃；恭肃。杜甫《骢马地》："夙昔传闻思一见，牵来左右神皆竦。"韩愈《斗鸡联句》："大鸡昂然来，小鸡竦而待。"❹振奋。张说《唐封泰山乐章·豫和六首》之一："竦皇心，荐乐声。"❺通"悚"。恐惧。温庭筠《病中书怀呈友人》："兕觥增恐竦，杯水失锱铢。"❻通"耸"。往上跳。见"竦身"。

【竦秀】 挺拔秀丽。王周《赠怤师》："庭前有孤柏，竦秀岁寒期。"

【竦身】 耸身；纵身向上跳。竦，通"耸"。王维《赠东岳焦炼师》："竦身空里语，明目夜中书。"李白《古风》之五："铭骨传其语，竦身已电灭。"李益《登天坛夜见海》："竦身别我期丹宫，空山处处遗清风。"又《入华山访隐者经仙人石坛》："竦身云遂起，仰见双白鹄。"

【竦削】 直立貌。李商隐《李肱所遗画松诗书两纸得四十韵》："竦削正稠直，婀娜旋敷峰。"

【竦處】 (—chǔ)最高处。杜甫《望岳》："西岳崚嶒竦处尊，诸峰罗立如儿孙。"

【竦竦】 高耸貌。韩愈《答张彻》："缘云竹竦竦，失路麻冥冥。"韩愈《纳凉联句》："熙熙炎光流，竦竦高云擢。"鲍溶《云溪竹园翁》："古泉积涧深，竦竦如刻成。"

【竦劍】 持剑。李贺《荣华乐》："峨峨虎冠上切云，竦剑晨趋凌紫氛。"温庭筠《病中书怀呈友人》："凤阙分班立，鹓行竦剑趋。"

【竦壁】 指高耸的山崖。杜甫《柴门》："下冲割坤轴，竦壁攒镆铘。”

童〔tóng《广韵》徒紅切，平東，定。〕❶僮仆；奴仆。《汉书·货殖传》：“童手指千。”颜师古注引孟康曰：“童，奴婢也。”李白《南陵别儿童入京》：“呼童烹鸡酌白酒，儿女嬉笑牵人衣。”柳宗元《构法华寺西亭》：“命童恣披剪，葺宇横断山。”杨嗣复《赠毛仙翁》：“羽衣茸茸轻似雪，云上双童持绛节。”韩愈《和武相公早春闻莺》：“春风红树惊眠处，似妒歌童作艳声。”❷儿童；小孩。韩愈《晚秋郾城夜会联句》：“人怨童聚谣，天殃鬼行疟。”王起《赠毛仙翁》：“冰霜肌骨称童年，羽驾何由到俗间。”张仲方《赠毛仙翁》：“毛仙翁，毛仙翁，容貌常如二八童。”❸未成年。见“童孩”“童孙”。❹面色红润貌。见“童颜”。❺牛羊无角或未生角。见“童牛”。❻山岭、土地无草木。见“童山”。❼头秃，无头发。见“童頂”。❽姓。唐诗人有童翰卿。

【童山】　无草木的山。郑嵎《津阳门诗》：“奇松怪柏为樵苏，童山眢谷亡险巘。”

【童女童男】　女孩和男孩。熊皦《祖龙词》：“平吞六国更何求，童女童男问十洲。”

【童子】　❶儿童；未成年的男子。王建《送于丹移家洺州》：“忆昔门馆前，君当童子年。”宣宗《吊白居易》：“童子解吟长恨曲，胡儿能唱琵琶篇。”舒元舆《桥山怀古》：“襄城迷路问童子，帝乡归去无人留。”灵澈《答徐广叔四问》：“童子出家无第行，随师乞食遣称名。”❷少年男仆。李益《寻纪道士偶会诸叟》：“侍坐双童子，陪游五老人。”韩愈《秋怀诗十一首》之八：“童子自外至，吹灯当我前。”白居易《斋居偶作》：“童子装炉火，行添一炷香。”杜荀鹤《赠元上人》：“煮茶童子闲胜我，犹得依时把磬敲。”❸东汉人鲁恭任中军令，以德化治县，至使雉不畏人，童子有仁爱之心。一次有雉止于恭座傍，童子以“雉方将雏”而不捕捉。见《东观汉记·鲁恭传》。遂以“童子”为典，以咏雉或咏善政。李峤《雉》：“童子怀仁至，中郎作赋成。”张说《送乔安邑备》：“老人骖驭往，童子狎雏嬉。”

【童子爭迎郭細侯】　见“童兒待郭伋”。刘禹锡《奉送浙西李仆射相公赴镇》：“郡人重得黄丞相，童子争迎郭细侯。”

【童子郎】　汉魏时授予通晓儒经的年幼者的称号。《后汉书·臧洪传》：“洪年十五，以父功拜童子郎，知名太学。”李贤注：“汉法，孝廉试经者为郎。洪以年幼才俊，故拜童子郎也。”后借以指聪慧知书的少年或童子科中式者。李颀《送刘四》：“奉诏赤墀下，拜为童子郎。”王维《送李员外贤郎》：“借问阿戎父，知为童子郎。”

【童子騎青竹】　见“童兒待郭伋。”杜甫《李司马桥了承高使君自成都回》：“已传童子骑青竹，总拟桥东待使君。”

【童牛】　无角之牛，即小牛。耿湋《奉和第五相公登鄱阳郡城西楼》：“童牛耕废亩，壕木绕新村。”

【童心】　孩子气；孩子般的心绪。李端《归山与酒徒别》：“童心久已尽，岂为艳歌留。”

【童奴】　奴仆。韩愈《石鼎联句》序：“及觉，日已上，惊顾，觅道士不见，即问童奴。”

【童幼】　小孩；儿童。王无竞《驾幸长安奉使先往检察》：“童幼闻明主，耆老感盛仪。”皮日休《鲁望读襄阳耆旧传见赠五百言次韵》：“俯视三事者，骙骙若童幼。”

【童丱】　童年；童子。丱，丱角，儿童发式。杜甫《别张十三建封》：“乃吾故人子，童丱联居诸。”陆龟蒙《南泾渔父》：“我初簕鱼鳖，童丱至于耄。”

【童年】　儿童时期。王维《济上四贤咏·郑霍二山人》：“童年且未学，肉食骛华轩。”戎昱《赠岑郎中》：“童年未解读书时，诵得郎中数首诗。”许浑《送从兄别驾归蜀》：“闻与湘南令，童年侍玉墀。”范质《诫儿侄八百字》：“童年志于学，不堕为箕裘。”

【童男】　❶男孩。白居易《新乐府·海漫漫》：“不见蓬莱不敢归，童男丱女舟中老。”熊皦《祖龙词》：“平吞六国更何求，童女童男问十洲。”❷指没有性交经历的男子。吕岩《七言》之五四：“武氏死时应室女，陈王没后是童男。”

【童兒】　儿童。苏颋《奉和圣制过晋阳宫应制》：“款曲童儿佐，依迟故老言。”沈千运《濮中言怀》：“童儿新学稼，少女未能织。”李绅《新楼诗二十首·南庭竹》：“莫令戏马童儿见，试引为龙道士看。”齐己《假山》：“经营惭培塿，尝玩愧童儿。”

【童兒待郭伋】　亦作“童子爭迎郭細侯”“童子騎青竹”。后汉人郭伋，字细侯。为并州牧，到任视察属县，至西河美稷，有童儿数百，各骑竹马，道次欢迎。见《后汉书·郭伋传》。此典多用于酬赠刺史，并寓颂扬美政之意。李群玉《洞庭驿楼雪夜宴集奉赠前湘州张员外》：“童儿待郭伋，竹马空迟留。”

【童昧】　愚昧。元稹《和乐天赠吴丹》：“伊予固童昧，希真亦云早。”

【童叟】　小孩和老人。李咸用《同友生春夜闻雨》：“此时童叟浑无梦，为喜流膏润谷芽。”

【童姿玉貌】　红润如儿童般的姿容，美玉般的容貌。杨嗣复《赠毛仙翁》：“童姿玉貌谁方比，玄发绿髯光弥弥。”

【童孩】　幼小。苏颋《蜀城哭台州乐安少府》：“师儒昔训奖，仲季时童孩。”

【童孫】　幼小的孙子。李商隐《行次西郊作一百韵》:"健儿庇旁妇,衰翁舐童孙。"

【童頂】 秃顶。杜牧《洛中送冀处士东游》:"却于童顶上,萧萧玄发抽。"

【童童】 茂盛貌;重叠貌。杜甫《楠树为风雨所拔叹》:"沧波老树性所爱,浦上童童一青盖。"韩愈《游城南十六首·楸树》:"青幢紫盖立童童,细雨浮烟作彩笼。"张籍《云童行》:"云童童,白龙之尾垂江中。"陈陶《涂山怀古》:"当时执圭处,佳气仍童童。"

【童蒙】 ❶幼稚愚昧。陈子昂《感遇诗三十八首》之五:"市人矜巧智,于道若童蒙。"白居易《和答诗十首·和大嘴乌》:"主人富家子,身老心童蒙。"❷无知的儿童。元稹《江边四十韵》:"散诞都由习,童蒙剩懒教。"许棠《陈情献江西李常侍五首》之三:"童蒙即苦辛,未识杏园春。"郑谷《谷比岁受同年丈人故川守李侍郎教谕遂以童句自贻》:"多感京河李丈人,童蒙受教便书绅。"

【童稚】 亦作"童穉"。儿童,小孩。宋之问《高山引》:"况满室兮童稚,攒众虑于心胸。"杜甫《赤谷》:"山深苦多风,落日童穉饥。"姚合《送宋慎言》:"童穉便知闻,如今只有君。"张蠙《赠丘衙推》:"偶携童穉离青嶂,便被君侯换白衣。"

【童歌】 儿歌。刘猛《苦雨》:"古老传童歌,连淫亦兵象。"

【童僕】 少年男仆。亦泛称奴仆。钱起《过沈氏山居》:"泉声冷尊俎,荷 气香童仆。"韩愈《秋雨联句》:"吾人犹在陈,僮仆诚自郄。"李绅《入扬州郭》:"畏冲生客呼童仆,欲指潮痕问里闾。"朱庆余《送陈摽》:"满酌劝童仆,好随郎马蹄。"

【童翰卿】 唐诗人。大中、咸通间人。张为《诗人主客图》称其为"广大教化主"之及门者。《全唐诗》卷六〇七录其《昆明池织女石》等诗二首。《全唐诗外编》(下)作"童汉卿"录其断句一联。

【童騃】 年幼无知。韩愈《谢自然诗》:"童骇无所识,但闻有神仙。"白居易《观儿戏》:"童骇饶戏乐,老大多忧悲。"

【童嬰】 婴儿,小孩。李翱《江州南湖提铭》:"童婴涕堕,老妇号愁。"吴筠《游仙二十四首》之四:"一朝出天地,亿载犹童婴。"

【童謡】 儿童传唱的歌谣。古时认为童谣能预示世运或人事。王绩《绩溪岭》:"观风欲问苍生事,旋采童谣取次删。"

【童麋】 幼麋。即幼小的四不像。陆龟蒙《杂讽九首》之二:"童麋来触犀,德力不相及。"

【童孺】 儿童;幼年。张说《岳州别子均》:"念汝犹童孺,嗟予隔远藩。"储光羲《贻王侍御出台掾丹阳》:"纷吾家延州,结友在童孺。"权德舆《祗役江西路上以诗代书寄内》:"北窗留琴书,无乃委童孺。"白居易《重到渭上旧居》:"因惊成人者,尽是旧童孺。"

【童穉】 见"童稚"。

【童顔】 儿童的容颜。亦谓红润如儿童的容颜。李颀《送刘方平》:"童颜且白皙,佩德如瑶琼。"孟浩然《清明日宴梅道士房》:"童颜若可驻,何惜醉流霞。"郑澣《赠毛仙翁》:"蔼蔼童颜,的然如春。"吴筠《游仙二十四首》之十八:"羽服参烟霄,童颜皎冰雪。"

竢

〔sì《广韵》牀史切,上止,祟。〕等待。韩愈《送张道士》:"宁当不俟报,归袖风披披。"

竣

〔jùn《广韵》七倫切,平諄,清。〕见"竣宇"。

【竣宇】 谓建造房屋。王梵志《诗》之一〇〇:"雕墙竣宇无歇时,几日能为宅中客?"

八　画

竫

〔jìng《广韵》疾郢切,上静,從。〕见"竫人"。

【竫人】 古代传说中的一种矮人。柳宗元《行路难三首》之一:"北方竫人长九寸,开口抵掌更笑喧。"

九　画

竭

〔jié《广韵》其謁切,入月,羣。又渠列切,入薛,羣。〕❶干涸。太宗《过旧宅二首》之二:"叶铺荒草蔓,流竭半池空。"独孤及《奉和李大夫同吕评事太行苦热行兼寄院中诸公》:"炎云如烟火,溪谷将恐竭。"孟郊《路病》:"欲饮井泉竭,欲医囊用单。"贯休《经旷禅师院》:"再来寻师已蝉蜕,薝卜枝枯醴泉竭。"❷穷尽,竭尽。太宗《帝京篇十首》之十:"奉天竭诚敬,临民思惠养。"柳宗元《田家三首》之一:"竭兹筋力事,持用穷岁年。"李商隐《行次西郊一百韵》:"重赐竭中国,强兵临北边。"李咸用《古意论交》:"结交如乾银,产竭不成道。"

【竭力】 竭尽全力。宇文融《奉和圣制左丞相说右丞相璟太子少傅乾曜同日上官命宴都堂赐诗》:"誓将同竭力,相与郊尘涓。"杜甫《牵牛织女》:"防身动如律,竭力机杼中。"白居易《新乐府·红线毯》:"宣城太守加样织,自谓为臣能竭力。"姚鹄《及第后上主司王起》:"三年竭力向春闱,塞断浮华众路岐。"

【竭涸】 干涸。王维《苦热》:"草木尽焦卷,川泽皆竭涸。"

【竭節】 尽忠；坚持操守。李峤《屏》："俻身兼竭节，谁识作铭才。"卢仝《感古四首》之二："竭节遇刀割，输忠遭祸缠。"

【竭澤】 戽干池水捕鱼。《吕氏春秋·义赏》："竭泽而渔，岂不获得，而明年无鱼。"喻只见眼前利害，不作长远打算。柳宗元《同刘二十八院长五十二韵之作赠二君子》："不应虞竭泽，宁复叹栖苴。"皮日休《奉和鲁望渔具十五咏·药鱼》："吾无竭泽心，何用药鱼药。"陆龟蒙《渔具诗·药鱼》："苟负竭泽心，其他尽如此。"

端 〔duān《广韵》多官切，平桓，端。〕❶正，偏斜；直，不弯曲。寒山《诗三百首》之一二二："未能端似箭，且莫曲如钩。"张祜《江南杂题三十首》之八："村桥路不端，数里就回湍。"李洞《题竹溪禅院》："风摇瓶影碎，沙陷履痕端。"❷整理。高适《秋胡行》："日暮蚕饥相命归，携笼端饰来庭闱。"❸使端正。李华《杂诗六首》之二："圣人端其源，上下皆有则。"贾岛《送陈商》："足踏圣人路，貌端禅士形。"❹顶部；尖端；末梢。萧祜《奉陪武相公西亭夜宴陆郎中》："舒黛凝歌思，求音足笔端。"韩愈《杂诗》："下视禹九州，一尘集豪端。"欧阳詹《早秋登慈恩寺塔》："毫端分马颊，墨点辨蛾眉。"刘禹锡《百舌吟》："天生羽族尔何微，舌端万变乘春晖。"❺表示边、头、上、面、旁等方位意义。李白《送窦司马贬宜春》："斗鸡金宫里，射雁碧云端。"韦应物《对雪赠徐秀才》："晨起望南端，千林散春雪。"段文昌《晚夏登张仪楼呈院中诸公》："远岫林端出，清波城下回。"白居易《哭孔戡》："人言明明代，合置在朝端。"❻开始；源头。李白《送王屋山人魏万还王屋》："瀑布挂北斗，莫穷此水端。"韩愈《南内朝贺归呈同官》："况于经籍深，岂究端与倪。"❼头绪。孟郊《古怨别》："心曲千万端，悲来却难说。"白居易《偶然二首》之一："人事多端何足怪，天文至信犹差忒。"齐己《经吴平观》："谁见长生路，人间事万端。"❽涯涘；边际。李白《古风》之三九："白日掩徂辉，浮云无定端。"王昌龄《大梁途中作》："怏怏步长道，客行渺无端。"孟郊《路病》："愁环在我肠，宛转终无端。"❾方面；种类。李峤《琵琶》："朱丝闻岱谷，铄质本多端。"李白《月下独酌四首》之四："穷愁千万端，美酒三百杯。"杜甫《雷》："二者存一端，愆阳不犹愈。"孟郊《石淙》之十："物诱信多端，荒寻谅难遍。"❿理由；道理；原因。王昌龄《段宥厅孤桐》："虚心谁能见，直影非无端。"韦应物《再游龙门怀旧侣》："遇物岂殊昔，慨伤自有端。"李商隐《锦瑟》："锦瑟无端五十弦，一弦一柱思华年。"蒋吉《四老庙》："无端舍钓学干名，不得溪山养性情。"⓫心绪；思绪。王昌龄《代扶风主人答》："少年与运会，何事发悲端？"杜甫《自京赴奉先县咏怀五百字》："忧端齐终南，澒洞不可掇。"白居易《伤唐衢二首》之一："悲端从东来，触我心恻恻。"唐彦谦《春风四首》之一："春风吹愁端，散漫不可收。"⓬双手平举捧物。赵居贞《云门山投龙诗》："祝起鸣天鼓，拜传端素册。"见"端笏""端簡"。⓭古代礼服。见"端服""端冕"。⓮古代量词。帛类的长度单位。李贺《许公子郑姬歌》："许史世家外亲贵，宫锦千端买沉醉。"元稹《和李校书新题乐府十二首·阴山道》："越縠缭绫织一端，十匹素缣功未到。"⓯副词。(1)全；都。韦应物《答冯鲁秀才》："顾我腰间绶，端为华发侵。"(2)竟然。韦应物《春宵燕万年吉少府中孚南馆》："欲去返郊扉，端为一欢滞。"(3)才；方才。张说《破陈乐词二首》之一："正属四方朝贺，端知万舞皇威。"唐彦谦《闻应德茂先离棠溪》："端知弃城市，经席许频温。"(4)确实。韩愈《答柳柳州食虾蟆》："端能败笙磬，仍工乱学校。"

【端士】 正直之人。黄滔《省试内出白鹿宣示百官》："戴豸惭端士，抽毫跃史官。"范质《诫汇侄八百字》："戒尔勿放旷，放旷非端士。"

【端木】 复姓。孔子弟子子贡，姓端木，名赐，字子贡。后常以"端木"称子贡。周昙《咏史诗·春秋战国门·子贡》："吴王必定由端木，鲁亦宜其运不长。"李翰《蒙求》："端木辞金，钟离委珠。"

【端日】 元日，农历正月初一。温庭筠《元日》："绪风调玉吹，端日应铜浑。"

【端午】 指农历五月五日。我国传统的民间节日。关于此节起源的传说很多，一般认为是为了纪念相传于是日自沉汨罗江的战国时楚国爱国诗人屈原。有吃粽子和赛龙舟等风俗。详见南朝梁吴均《续齐谐证·五花丝粽》和宗懔《荆楚岁时记》。唐宋以后，端午成为盛大节日，朝廷常给百官以赏赐。玄宗《端午》："端午临中夏，时清日复长。"窦叔向《端午日恩赐百索》："仙宫长命缕，端午降殊私。"褚朝阳《五丝》："但夸端午节，谁荐屈原祠。"文秀《端午》："节分端午自谁言，万古传闻为屈原。"

【端公】 唐代对侍御史的别称。宋王谠《唐语林》卷八："御史台三院。一曰台院，其僚曰侍御史，众呼为端公。"岑参有《虢州西亭陪端公宴集》和《虢州西山亭子送范端公》。卢纶有《途中遇雨马上口号留别张刘二端公》。权德舆有《奉和许阁老酬淮南崔十七端公见寄》。许棠有《投徐端公》。

【端月】 农历正月。刘禹锡《和汴州令狐相公到镇改月偶书所怀》："端月当中气，东风应远占。"

【端心】 正直之心。王炎《赋得行不由径》："邪径趋时捷，端心恶此名。"

【端正】 ❶整齐匀称。多谓容貌美丽。寒山《诗三百三首》之一六九："逢见一群女，端正容貌美。"顾况《梁广画花歌》："上元夫人最小女，头面端正能言语。"徐凝《八月十五夜》："皎皎秋空八月圆，常娥端正挂枝鲜。"刘景复《梦为吴泰伯作胜儿歌》："汉妃徒得端正名，秦女虚夸有仙骨。"❷正直无邪。亦指正直无邪的品质。王梵志《诗》之八四："忍辱生端正，多嗔作毒蛇。"韦应物《复理西斋寄丘员外》："端正良难久，芜秽易为功。"白居易《和答诗十首·和阳城驿》："宰相闻此章，政柄端正持。"

【端正月】　指农历八月十五日的月亮。此夜月亮最圆，故称。韩愈《和崔舍人咏月二十韵》："三秋端正月，今夜出东溟。"无名氏《中秋诗》(外编下)："端正月临端正树，韵香人在韵香楼。"

【端正樓】　骊山华清宫楼名。元稹《连昌宫词》："寝殿相连端正楼，太真梳洗楼上头。"

【端正樹】　树名。贞元文士有《题端正树》，诗题下注："《酉阳杂俎》云，长安西端正树，去马嵬一舍之程，乃德宗皇帝幸奉天，睹其蔽芾，锡以美名。"无名氏《中秋诗》(外编下)："端正月临端正树，韵香人在韵香楼。"

【端弁】　礼服和礼帽。卢纶《和常舍人晚秋集贤院即事十二韵寄赠江南徐薛二侍郎》："摇珰陪羽扇，端弁入炉烟。"

【端耳抗目】　竖起耳朵，睁大眼睛。来鹄《圣政纪颂》："史题笔来，叱建而入，端耳抗目，不抝不挹。"

【端衣】　古代一种礼服。张祜《游仙》："端衣礼真儿，心目明耿耿。"

【端州】　州名。隋开皇九年(589)置，治所在高要县(今属广东)。后改信安郡。唐武德无元年(618)复名端州。宋之问有《发端州初入西江》。韩翃有《送端州冯使君》。李贺《杨生青花紫石砚歌》："端州石工巧如神，踏天磨刀割紫云。"李绅《至潭州闻猿》："昔陪天上三清客，今作端州万里人。"又《闻猿》："端州江口连云处，始信哀猿伤客心。"

【端伫】　直立。薛能《失鹤二首》之一："偶背雕笼与我违，四方端伫竟忘归。"

【端志】　正直的志趣。刘禹锡《送李策秀才还湖南》："端志见眉睫，芳言发精诚。"

【端坐】　安坐；正坐。寒山《诗三百三首》之二五："焉能拱口手，端坐鬓纷纷。"王维《游化感寺》："誓陪清梵末，端坐学无生。"白居易《冬夜》："长年渐省眠，夜半起端坐。"姚合《答韩湘》："我无数子明，端坐空叹息。"

【端直】　直，不弯曲。刘禹锡《酬元九侍御赠璧竹鞭长句》："多节本怀端直性，露青犹有岁寒心。"

【端拙】　正直而迂拙。李山甫《下第献所知三首》之二："不识人间巧路岐，只将端拙泥神祇。"

【端來】　一定来。韩愈《题张十八所居》："端来问奇字，为我讲声形。"

【端和】　端庄祥和。元结《闵荒诗一首》："慈惠恐不足，端和忘所求。"

【端的】　(—dí)真实；确实。李中《送绍明上人之毗陵》："回期端的否，千里路悠悠。"吕岩《七言》之二四："须是坎男端的物，取他离女自然珍。"又《满庭芳》词："君知否，尘寰走遍，端的少知音。"

【端服】　礼服。韦应物《寄职方刘郎中》："端服光朝次，群烈慕英声。"

【端居】　指平常居处。孟浩然《望洞庭湖赠张丞相》："欲济无舟楫，端居耻圣明。"岑参《春遇南史贻赵知音》："端居春心醉，襟背思树萱。"张祜《江南杂题三十首》之十二："端居无外事，长日卧烟岚。"贯休《题淮南惠照寺律师院》："仪冠凝寒玉，端居似沃州。"

【端門】　宫殿的正南门。温庭筠《寒食节日寄楚望二首》之二："青葱建杨宅，隐辚端门鼓。"

【端拱】　❶正身拱手。谓恭敬有礼。李颀《王母歌》："武皇斋戒承华殿，端拱须臾王母见。"❷指帝王庄严临朝，清简为政。太宗《重幸武功》："垂衣天下治，端拱车书同。"王维《奉和圣制登降圣观与宰臣等同望应制》："端拱能任贤，弥彰圣君圣。"殷尧藩《金陵怀古》："华夷混一归真主，端拱无为乐太和。"罗隐《江南》："垂衣端拱浑闲事，忍把江山乞与人。"

【端貞】　正直坚贞。贯休《避地毗陵上王慥使君》："辛苦苏氓俗，端贞答盛朝。"

【端倪】　❶语出《庄子·太宗师》。迹象、头绪、微始。王维《青龙寺昙壁上人兄院集》序："太虚寥廓，南山为之端倪；皇州苍茫，渭水贯于天地。"高适《和窦侍御登凉州七级浮图之作》："清兴揖才彦，峻风和端倪。"杜甫《奉赠太常张卿二十韵》："友于皆挺拔，公望各端倪。"❷边际；涯际。孟浩然《登望楚山最高顶》："晴明试登陟，目极无端倪。"岑参《西亭子送李司马》："坐来一望无端倪，红花绿柳莺乱啼。"韦应物《答库部韩郎中》："逍遥观运流，谁复识端倪。"孟郊《与王二十一员外涯游枋口柳溪》："野榜多屈曲，仙浔无端倪。"

【端笏】　用双手拿着上朝的手板。王维《别綦毋潜》："端笏明光宫，历稔朝云陛。"岑参《东归发犍为至泥溪舟中作》："日出朝圣人，端笏陪群公。"又《西掖省即事》："平明端笏陪鹓列，薄暮垂鞭信马归。"韩翃《赠王逖》："端笏事龙楼，思闲辄告休。"

【端扆】　指皇帝端坐扆座。太宗《幸武功庆善宫》："端扆朝四岳，无为任百司。"又《冬宵各为四韵》："琐除任多士，端扆竟何忧。"杨师道《奉和正日临朝应诏》："皇猷被寰宇，端扆属元辰。"张九龄《奉和圣制登封礼毕洛城酺宴》："大君毕能事，端扆乐成功。"

【端眸】　犹言睁大眼睛。李沇《巫山高》："襄王端眸望不极，似睹瑶姬长叹息。"

【端冕】　玄衣和大冠。帝王和贵族的礼服。杨巨源《元日呈李逢吉舍人》："称觞山色和元气，端冕炉香叠瑞烟。"亦指在朝显贵。李嘉祐《送许评事十九叔入奏》："北阙见端冕，南台当绣衣。"

【端清】　端正清明。元结《演兴四首·招太灵》："禧太灵兮端清，予愿致夫精诚。"

【端莊】　端正庄重。李绅《渡西陵十六韵》："恺悌思陈力，端庄冀表诚。"

【端揆】　指相位。宰相居百官之首，总揽国政，为万邦之式，故称。裴光庭《奉和御制左丞相说右丞相璟太子少傅乾曜同日上官命宴都堂赐诗》："端揆升元老，师谋择累仁。"宇文融《奉和圣制左丞相说右丞相璟太子少傅乾曜同日上官命宴都堂赐诗》："宠获元良密，荣瞻端揆迁。"

【端硯】　即端溪砚。以广东高要县东南端溪所产石制成的砚台，为砚中上品。齐己《谢人墨》："正色浮端砚，精光动蜀笺。"

【端雅】　端庄文雅。杜甫《哭韦大夫之晋》："尊荣真不忝，端雅独翛然。"

【端然】　❶正直貌。陆龟蒙《素丝》："端然洁白心，可与神明通。"❷果然；真的。刘叉《雪车》："天子端然少旁求，股肱耳目皆奸慝。"白居易《招萧处士》："寝食起居外，端然无所为。"张祜《题山水障子》："端然是渔叟，相向日依依。"❸忽然。陆龟蒙《奉和袭美太湖诗二十首·太湖石》："端然遇良工，坐使天质变。"

【端翔】　刚直而高贵。陈子昂《与东方左史虬修竹篇》序："一昨于解三处见明公《咏孤桐篇》，骨气端翔，音情顿挫，光英朗练，有金石声。"

【端弼】　指英明正直的宰相。杨巨源《和卢谏议朝回书情即事寄两省阁老兼呈二起居谏院诸院长》："端弼缉元化，至音生太虚。"

【端陽】　即端午。殷尧藩《同州端午》："鹤发垂肩尺许长，离家三十五端阳。"

【端溪】　亦作"端谿"。溪名。在今广东高要县东南。以产砚石著称。故亦以"端溪"称端砚。制成者称端溪砚或端砚，为砚中上品。杨衡《游峡山寺》："端溪弥漫驶，曲涧潺湲流。"李咸用《谢友生遗端溪砚瓦》："寻常濡翰次，恨不到端溪。"徐铉《以端溪砚酬张员外水精珠兼和来篇》："请以端溪润，酬君水玉明。"安鸿渐《题杨少卿书后》："端溪石砚宣城管，王屋松烟紫兔毫。"

【端溪硯】　亦作"端谿砚"。以广东高要县东南端溪所产石制成的砚台为砚中上品。徐铉有《以端溪砚酬张员外水精珠兼和来篇》。齐己有《谢人惠端溪砚》。

【端端正正】　不偏不斜。罗隐《仿玉台体又一首》："唯有桃花古时月，端端正正照啼痕。"

【端涯】　边际。萧颖士《□□□赵载同游焦湖夜归作》："浩叹无端涯，孰知蕴虚变。"

【端緒】　头绪。骆宾王《代女道士王灵妃赠道士李荣》："春时物色无端绪，双枕孤眠谁分许。"白居易《读史五首》之二："祸患如棼丝，其来无端绪。"

【端標】　挺直的树梢。白居易《栽杉》："劲叶森利剑，孤茎挺端标。"

【端憂】　闲愁；深忧。杜甫《遣闷》："余力浮于海，端忧问彼苍。"韦应物《郡中对雨赠元锡兼简杨凌》："遇兹端忧日，赖与嘉宾接。"白居易《渭村退居寄礼部崔侍郎翰林钱舍人诗一百韵》："少睡知年长，端忧觉夜长。"司空图《岁尽二首》之一："明日添一岁，端忧奈尔何。"

【端審】　严肃慎重。张祜《元和直言诗》："用材苟端审，帝道即羲轩。"

【端操】　端正自己的操守。骆宾王《在江南赠宋五之问》："怀德践遗芳，端操惭谋己。"

【端默】　庄重沉默。白居易《新乐府·采诗官》："一人负扆常端默，百辟入门两自媚。"

【端谿】　见"端溪"。

【端谿硯】　见"端溪砚"。

【端簡】　正笏。谓两手平捧着手板。鱼玄机《句》："焚香登玉坛，端简礼金阙。"皮日休《奉和鲁望上元日道室焚修》："端简不知清景暮，灵芜香烬落金坛。"郑谷《寄左韦事起居序》："端简炉香里，濡毫洞案边。"

【端闈】　后宫的正门。杨巨源《奉酬窦郎中早入省苦寒见寄》："端闱仙阶邃，广陌冻桥滑。"

【端嚴】　庄严。皮日休《太湖诗·投龙潭》："端严持碧简，斋戒挥紫笔。"

十五画

競　〔jìng《广韵》渠敬切，去映，群。〕❶竞争；角逐；比赛。杜审言《和李大夫嗣真奉使存抚河东》："拥传咸翘首，称觞竞比肩。"皇甫冉《赋得檐燕》："拂水竞何忙，傍檐如有意。"郑还古《吉州道中》："自惭多白发，争敢竞朱颜。"高骈《送春》："水浅鱼争跃，花深鸟竞啼。"❷强盛；强劲。《左传·襄公十八年》："晋人闻有楚师，师旷曰：'不害，吾骤歌北风，又歌南风，南风不竞，多死声，楚必无功。'"杜预注："歌者吹律以应成风，南风音微，故曰不竞也。"李白《避地司空原言怀》:“南风昔不竞,豪圣思经纶。”贾至《燕歌行》:“南风不竞多死声,鼓卧旗折黄云横。”元稹《桐花》:“南风苟不竞,无往遗之擒。”白居易《赠友五首》之一:“周汉德下衰,王风始不竞。”❸副词。争着;争相。元结《舂陵行》:“有司临郡县,刑法竞欲施。”顾非熊《崔卿双白鹭》:“刷羽竞生堪画势,依泉各有取鱼心。”司马扎《卖花者》:“良金不惜费,竞取园中最。”韦庄《咸通》:“破产竞留天上乐,铸山争买洞中花。”

【競舟】　划船比赛,即竞渡。元稹《竞渡》:“吾观竞舟子,因测大竞源。”

【競走】　争先行走。皎然《效古》:“夸父亦何愚,竞走先自疲。”

【競爭】　相互争夺。孟郊《吊国殇》:“天地莫生金,生金人竞争。”

【競傳】　(—chuán)相互传颂。吕从庆《马蹄痕》:“父老竞传遗亦在,不知仙客是何名。”

【競渡】　划船比赛。一般认为起源于纪念屈原的活动。相传战国楚屈原于农历五月五日投汨罗江以死,民俗因于是日举行龙舟竞渡,以示纪念。此外,尚有多种说法。唐时竞渡民间亦有在春日进行的,宫廷中春秋均可举行。徐彦伯有《奉和兴庆池戏竞渡应制》。张说有《岳州观竞渡》。王建《宫词一百首》之二五:“竞渡船头掉采旗,两边溅水湿罗衣。”白居易《竞渡》:“竞渡相传为汨罗,不能止遏意无他。”

【競媚】　争竞妩媚。皮日休有《虎丘寺前有古杉一本形状丑怪图之不尽况有百卉竞媚若妬若娼唯此杉死奇节遂赋三百言以见志》。

【競發】　争先开放。刘湾《即席赋露中菊》:“众芳春竞发,寒菊露偏滋。”刘禹锡《和浑州令狐相公春晚对花》:“含芳朝竞发,凝艳晚相宜。”司空图《莲峰前轩》:“看著四邻花竞发,高楼从此莫垂帘。”

【競競】　小心谨慎貌。张祜《忆江东旧游四十韵寄宣武李尚书》:“当知在尘上,言直更竞竞。”

部首目录

国家出版基金项目
NATIONAL PUBLICATION FOUNDATION

全唐诗词语通释

第六卷

《全唐诗词语通释》编纂组 编著

北京师范大学出版集团
BEIJING NORMAL UNIVERSITY PUBLISHING GROUP
安徽大学出版社

第六卷　部首表

第六卷 部首检字表

4611 金部

4914 青部

4948 非部

4951 面部

4953 革部

4960 韋部

4976 韭部

4977 音部

4981 頁部

5109
骨部

5113
高部

5131
髟部

5137
鬥部

5139
鬯部

5142
鬲部

5143
鬼部

5152
魚部

5172 鳥部

5219 鹵部

5221 鹿部

5229 麥部

5232 麻部

5234 黄部

5252 黍部

5255 黑部

5266 黹部

5267 黽部

5269 鼎部

5272 鼓部

5276 鼠部

5278 鼻部

5279 齊部

5286 齒部

5289 龍部

5307 龜部

5310 龠部

第六卷　金部

金〔jīn《广韵》居吟切，平侵，見。〕❶一种贵金属。色赤黄，质柔软，延展性强，化学性质稳定。常用来制造货币、制作装饰品等。通称金子或黄金。李白《别内赴征三首》之三："翡翠为楼金作梯，谁人独宿倚门啼。"白居易《赠友五首》之二："银生楚山曲，金生鄱溪滨。"李绅《答章孝标》："假金方用真金镀，若是真金不镀金。"韦庄《题安定张使君》："成丹始见金无滓，冲斗方知剑有神。"❷金属的总称。多指铜。见《汉书·食货志》。齐己《谢人惠药》："五金元造化，九炼更精新。"参见"金人""金狄"。❸比喻坚固。见"金湯"。❹用青铜或纯铜铸成的钟鼎等。韩愈、张籍《会合联句》："坚如撞群金，眇若抽独蛹。"❺指军中作信号用的乐器钲。高适《燕歌行》："摐金伐鼓下榆关，旌旗逶迤碣石间。"又《信安王幕府诗》："振玉登辽甸，摐金历蓟壖。"陆龟蒙《战秋辞》："若革进而金止，固违阴而就阳。"❻金印。见"金紫❶"。❼金制饰物。王翰《春女行》："中有一人金作面，隔幌玲珑遥可见。"张碧《游春引三首》之二："酌桂鸣金玩物华，星蹄绣毂填香陌。"和凝《山花子》词之二："玉腕重，金扼臂，淡梳妆。"❽镶嵌黄金的腰带。韩愈《忆昨行和张十一》："腰金首翠光照耀，丝竹迴发清以哀。"见《旧唐书·舆服志》。❾金丝线。顾敻《酒泉子》词之二："罗带缕金，兰麝烟凝魂断。"魏承班《满宫花》词之一："少年何事负初心，泪滴缕金双衽。"❿钱财，货币。李白《赠友人三首》之二："人生贵相知，何必金与钱。"刘长卿《送元八游汝南》："四海金虽多，其如向人惜。"⓫像金子的颜色。司空图《虞乡北原》："老人惆怅逢人诉，开尽黄花麦未金。"参见"金瓜""金芝""金花❶"。⓬喻贵重之物。骆宾王《帝京篇》："平台戚里带崇墉，炊金馔玉待鸣钟。"和凝《天仙子》词之二："懒烧金，慵篆玉，流水桃花空断续。"⓭八音之一。白居易《和答诗十首·和阳城驿》："诗成寄与我，锵若金和丝。"亦指钟镈类乐器发出的乐声。张乔《宴边将》："一曲梁州金石清，边风萧飒动江城。"⓮五行之一。五行学说谓西方、秋天为金。敬括《省试七月流火》："变节金初至，分寒火正流。"皎然《酬薛员外谊苦热行见寄》："六月金数伏，兹辰日在庚。"韩愈、孟郊《纳凉联句》："金柔气尚低，火老候愈浊。"⓯姓。唐诗人有金昌绪、金厚载等。

【金人】　❶铜铸的人像。李白《古风》之三："收兵铸金人，函谷正东开。"温庭筠《鸡鸣埭曲》："殿巢江燕砌生蒿，十二金人霜炯炯。"❷指佛像。亦借指佛。陈子昂《答韩使同在边》："当取金人祭，还歌凯入都。"顾况《刻纸歌》："欲写金人金口经，寄与山阴山里僧。"杨衡《游峡山寺》："照曜芙蓉壶，金人居上头。"李绅《新楼诗二十首·龙宫寺》："好令沧海龙宫子，长护金人旧浴池。"皮日休《开元寺佛钵诗》："帝青石作绿冰姿，曾得金人手自持。"自注："《佛律》云：此钵，帝青玉石也，四天王所献也。"❸指以金箔或彩纸刻剪成的人。德宗《三日书怀因示百僚》："流觞想兰亭，捧剑得金人。"王维《奉和圣制与太子诸王三月三日龙池春禊应制》："金人来捧剑，画鹢去回舟。"

【金人岸】　指灞水之岸。张谓《玉清公主挽歌》："地接金人岸，山通玉女家。"

【金人偈】　（偈 jì）谓佛偈。佛经中的唱词。韩翃《同中书刘舍人题青龙上房》："笑说金人偈，闲听宝月诗。"

【金刀】　❶金和刀。古代货币。孟郊《投所知》："且将食檗劳，酬之作金刀。"❷"劉"字由卯、金、刀三字构成，故用以代称刘姓。李商隐《武侯庙古柏》："玉垒经纶远，金刀历数终。"❸剪子。王涯《宫词三十首》之五："夜久盘中蜡滴稀，金刀剪起尽霏霏。"白居易《吹笙内人出家》："金刀已剃头然发，玉管休吹肠断声。"皮日休《酬鲁望见迎绿罽次韵》："轻裁鸭绿任金刀，不怕西风断野蒿。"韦庄《乞彩笺歌》："手把金刀擘彩云，有时剪破秋天碧。"❹指刀剑。王昌龄《出塞二首》之二："城头铁鼓声犹震，匣里金刀血未干。"钱起《同王员外陇城绝句》："三军版筑脱金刀，黎庶翻惭将士劳。"

【金刀使】　即汉之使臣。刘字繁体由卯、金、刀组成，故亦以金刀代称刘姓汉代。李峤《安辑岭表事平罢归》："不学金刀使，空持宝剑还。"

【金口】　❶对他人开口讲话的尊称。杜牧《送刘秀才归江陵》："谁人世上为金口，借取明时一荐雄。"刘得仁《句》："犹祈启金口，一为动文权。"李洞《感知上刑部郑侍郎》："数联金口出，死免愧丘为。"❷佛家谓如来口舌为金口。崔液《上元夜六首》之二："影里如闻金口说，空中似散玉毫光。"孟浩然《与张折冲游耆阇寺》:“贝叶传金口,山楼作赋开。”牛峤《评僧道二门论难》:“金口说经十二部,玉皇留教五千言。”

【金口三緘】 谓人慎于言。徐夤《上卢三拾遗以言见黜》:“因思周庙当时诫,金口三缄示后昆。”

【金口經】 佛经。顾况《刻纸歌》:“欲写金人金口经,寄与山阴山里僧。”

【金山】 ❶在今江苏镇江市西北。窦庠《金山行》:“曾到金山处处行,梦魂长羡金山客。”孙魴《题金山寺》:“万古波心寺,金山名目新。”❷在今江苏吴县西。皮日休《友人以人参见惠因以诗谢之》:“从今汤剂如相续,不用金山焙上茶。”❸即阿尔泰山。蒙古语谓金为阿尔坦,泰即坦音之转。岑参《轮台歌奉送封大夫出师西征》:“羽书昨夜过渠黎,单于已在金山西。”

【金山寺】 在今江苏镇江市西北金山上。李翱、徐道晖均有《金山寺》,许浑有《送僧归金山寺》。李群玉《登宜春醉宿景星寺寄郑判官兼简空上人》:“晓发碧水阳,暝宿金山寺。”

【金丸】 金制的弹丸。骆宾王《畴昔篇》:“且知无玉馔,谁肯逐金丸。”李白《少年子》:“金丸落飞鸟,夜入琼楼卧。”杜牧《长安杂题长句六首》之二:“韩嫣金丸莎覆绿,许公鞯汗杏沾红。”温庭筠《春野行〈杂言〉》:“东城年少气堂堂,金丸惊起双鸳鸯。”

【金女】 指神话传说中的西王母。吕岩《七言》之十:“坎男会遇逢金女,离女交腾嫁木郎。”

【金子】 金黄色的果实。崔湜《唐都尉山池》:“金子悬湘柚,珠房折海榴。”孟浩然《疾愈过龙泉寺精舍呈易业二公》:“石渠流雪水,金子耀霜橘。”

【金井】 有雕饰井栏的井。一般用来称宫廷园林里的水井。一说,金井,即石井。李白《答王十二寒夜独酌有怀》:“怀余对酒夜霜白,玉床金井水峥嵘。”李贺《河南府试十二月乐词·九月》:“鸡人罢唱晓珑璁,鸦啼金井下疏桐。”李涉《寄荆娘写真》:“愿分精魄定形影,永似银壶挂金井。”曹邺《金井怨》:“西风吹急景,美人照金井。”

【金天】 ❶谓西方之天。李白《上云乐》:“金天之西,白日所没。”❷秋天,秋日的天空。陈子昂《送著作佐郎崔融等从梁王东征》:“金天方肃杀,白露始专征。”王维《奉和圣制天长节赐宰臣歌应制》:“金天净兮丽三光,彤庭曙兮延八荒。”李白《秋浦感主人归燕寄内》:“寥寥金天廓,婉婉绿红潜。”杜甫《赠虞十五司马》:“爽气金天豁,清谈玉露繁。”❸华岳神名。唐玄宗先天二年封华岳神为金天王。王维《华岳》:“上帝伫昭告,金天思奉迎。”刘长卿《关门望华山》:“金天有青庙,松柏隐苍然。”徐夤《西华》:“拜祝金天乞阴德,为民求主降神尧。”

【金天神】 华岳神。韦庄《秦妇吟》:“路旁试问金天神,金天无语愁于人。”

【金天廟】 即华岳神庙。张籍《华山庙》:“金天庙下西京道,巫女纷纷走似烟。”

【金支】 乐器上的黄金饰物。杜甫《渼陂行》:“湘妃汉女出歌舞,金支翠旗光有无。”

【金友】 良友。李端《酬丘拱外甥览余旧文见寄》:“礼将金友等,情向玉人偏。”

【金戈】 对戈的美称。李白《杂曲歌辞·发白马》:“一扫清大漠,包虎戢金戈。”

【金牛】 古川陕间栈道名。蜀道之南栈,因位于金牛峡,故自陕西沔县西至四川剑阁县之剑门关口,被称为金牛道。李白《上皇西巡南京歌十首》之八:“秦开蜀道置金牛,汉水元通星汉流。”杜甫《李鄠县丈人胡马行》:“丈人骏马名胡骝,前年避胡过金牛。”刘禹锡《令狐相公见示辄成和章》:“金牛蜀路远,玉树帝城春。”李商隐《行至金牛驿寄兴元渤海尚书》:“深惭走马金牛路,骤和陈王白玉篇。”

【金毛】 佛教所称文殊世尊所乘的金毛狮子。刘禹锡《送僧仲剬东游兼寄呈灵澈上人》:“晴空礼拜见真像,金毛五髻卿云间。”

【金毛鹿】 毛色金黄的鹿。陆龟蒙《奉和袭美开元寺佛钵诗》:“光寒好照金毛鹿,响静堪降白耳龙。”

【金爪】 金色的脚爪。对禽鸟脚爪的美称。王建《宫词一百首》之二四:“直上碧云还却下,一双金爪掬花毛。”

【金爪鏑】 金爪般的箭头。杜甫《遣兴五首》之二:“骍弓金爪镝,白马蹴微雪。”

【金丹】 仙丹。古代方士炼金石以成丹药,认为服之可求长生。李白《登敬亭山南望怀古赠窦主簿》:“愿随子明去,炼火烧金丹。”韦应物《送宫人入道》:“金丹拟驻千年貌,宝镜休匀八字眉。”温庭筠《感旧陈情五十韵献淮南李仆射》:“玉籍标人瑞,金丹化地仙。”徐铉《春尽日游后湖赠刘起居》:“笑折残花劝君酒,金丹成熟是何时。”

【金文】 ❶指佛经、诏书等重要文书上的文字。包佶《翻经台》:“金文翻古偈,汉字变胡书。”唐彦谦《贺李昌时禁苑新命》:“玉简金文直上清,禁垣丹地闭严扃。”❷金黄色的文采。鲍溶《和淮南李相公夷简喜平淄青回军之作》:“天际兽旗摇火焰,日前鱼甲动金文。”

【金方】 西方。崔融《从军行》:“穹庐杂种乱金方,武将神兵下玉堂。”张说《送郭大夫元振再使吐蕃》:“武库兵犹动,金方事未息。”钱起《送张将军征西》:“玉笛声悲离酌晚,金方路极行人远。”王棨《咏白》:“非青玄赤黄,正色配金方。”

【金斗】 ❶熨斗。白居易《新乐府·缭绫》："广裁衫袖长制裙，金斗熨波刀剪纹。"李商隐《拟沈下贤》："带火遗金斗，兼珠碎玉盘。"❷金印。李贺《送秦光禄北征》："呵臂悬金斗，当唇注玉罍。"

【金玉】 ❶黄金与珠玉。珍宝的通称。杜甫《黄河二首》之二："愿驱众庶戴君王，混一车书弃金玉。"李渤《喜弟淑再至为长歌》："下看金玉不如泥，肯道王侯身可贵。"皮日休《三羞诗三首》之二："军庸满天下，战将多金玉。"唐求《客行》："世人重金玉，无金徒远游。"❷喻事物珍贵美好。韦应物《张彭州前与缑氏冯少府各惠寄一篇因追哀叙事兼远简冯生》："金玉蒙远贶，篇咏见吹嘘。"白居易《和微之诗二十三首·和寄问刘白》："爱君金玉句，举世谁人有。"皮日休《馆娃宫怀古五绝》之五："响屧廊中金玉步，采蘋山上绮罗身。"张贲《和皮陆酒病偶作》："难继二贤金玉唱，可怜空作断猿声。"

【金玉满堂】 言金玉之多。白居易《读道德经》："金玉满堂非己物，子孙委蜕是他人。"

【金玉聲】 喻歌声或诗文优美动人。钱起《送李四擢第归觐省》："齐唱阳春曲，唯君金玉声。"韦应物《答河南李士巽题香山寺》："远蒙恻怆篇，中有金玉声。"白居易《题故元少尹集后二首》之二："遗文三十轴，轴轴金玉声。"

【金可紀】 又作金可记。新罗人。入唐登进士第，曾归国，复来唐归隐终南山。大中十二年(858)卒。《全唐诗逸》卷中录其断句一联。

【金叵羅】 即金酒杯。李白《对酒》："金叵罗，吴姬十五细马驮。"唐彦谦《送许户曹》："白虹走香倾翠壶，劝饮花前金叵罗。"

【金石】 ❶泛指金与美石。常用以喻心志的坚定忠贞、事物的坚固刚强。杜甫《雷》："上天铄金石，群盗乱豺虎。"白居易《夏旱》："金石欲销铄，况兹禾与黍。"张祜《赠薛鼎臣侍御》："已知金石终无变，应蓄归休在智囊。"贾岛《洛阳道中寄弟》："生类梗萍泛，悲无金石坚。"❷钟磬一类乐器。金，钟；石，磬。太宗《帝京篇十首》之八："千钟合尧禹，百兽谐金石。"元结《补乐歌十首·六英》："我有金石兮，击考崇崇。"权德舆《朔旦冬至摄职南郊因书即事》："星辰列位祥光满，金石交音晓奏清。"张衮《梁郊祀乐章·庆肃》："金石匏革，以和以平。"❸泛指镌刻文字、颂功纪事的钟、鼎、碑、碣。刘禹锡《送工部张侍郎入蕃吊祭》："归来赐金石，荣耀自编年。"元稹《楚歌十首》之四："盛德留金石，清风鉴薄帷。"李商隐《韩碑》："愈拜稽首蹈且舞，金石刻画臣能为。"❹指丹药。白居易《十二年冬因题此诗》："欲将何药防春瘴，只有元家金石棱。"

【金石友】 友谊坚如金石的朋友。戎昱《寄郑炼师》："平生金石友，沦落向辰州。"

【金石分】 (分 fèn)坚如金石的情分。窦群《东山月下怀友人》："彼美金石分，春言兰桂芳。"

【金石性】 坚如金石的情谊。陆龟蒙《美人》："谅非金石性，安得宛如昨。"

【金石契】 喻坚贞不渝的友情。孟郊、韩愈《遣兴联句》："常恐金石契，断为相思肠。"

【金石軀】 宝贵的身体。白居易《寄元九》："各保金石躯，以慰长相忆。"

【金石韻】 犹言金石声。喻文辞优美动人。张籍《哭于鹄》："徒保金石韵，千载人所闻。"

【金甲】 金饰的铠甲。李白《相和歌辞·胡无人行》："天兵照雪下玉关，虏箭如沙射金甲。"杜甫《题衡山县文宣王庙新学堂呈陆宰》："金甲相排荡，青衿一憔悴。"马戴《关山曲二首》之一："金甲耀兜鍪，黄金拂紫骝。"贯休《古塞下曲七首》之三："突围金甲破，趁贼铁枪飞。"

【金田】 佛教指菩萨所居之地。亦借指佛寺。宋之问《奉和九月九日登慈恩寺浮屠应制》："散花多宝塔，张乐布金田。"白居易《福先寺雪中饯刘苏州》："庾岭梅花落歌管，谢家柳絮扑金田。"灵澈《奉和郎中题仙岩瀑布十四韵》："永愿酬国恩，自将布金田。"

【金仙】 谓佛。李白《与元丹丘方城寺谈玄作》："朗悟前后际，始知金仙妙。"阎防《晚秋石门礼拜》："轻策临绝壁，招提谒金仙。"李群玉《饭僧》："向为情爱缚，未尽金仙旨。"陆龟蒙《奉和袭美初夏游楞伽精舍次韵》："金仙著书日，世界名极乐。"亦指佛像。李绅《新楼诗二十首·寒林寺》："岩树桂花开月殿，石楼风铎绕金仙。"

【金仙子】 谓佛。陈子昂《感遇诗三十八首》之八："西方金仙子，崇义乃无明。"

【金仙觀】 (觀 guàng)道观名。位于长安辅兴坊，为睿宗第八女金仙公主的道观。王建《宫词一百首》之五四："私缝黄帔舍钗梳，欲得金仙观里居。"

【金印】 帝王或高级官员的印玺。王维《故西河郡杜太守挽歌三首》之三："太守留金印，夫人罢锦轩。"岑参《左仆射相国冀公东斋幽居》："玉珮罥女萝，金印耀牡丹。"白居易《和微之诗二十三首·和除夜作》："俱已佩金印，尝同趋玉除。"翁承赞《御命归乡蒙赐锦衣》："德音耳聆君恩重，金印腰悬己力微。"亦借指官职。杜甫《陪四使君登惠义寺》："谁能解金印，潇洒共安禅。"窦群《雪中遇直》："恍疑白云上，乍觉金印非。"

【金册】 金箔制的册封诏书。陈子昂《洛城观酺应制》："垂衣受金册，张乐宴瑶台。"李绅《庆云见》："礼成中岳陈金册，祥报卿云冠玉峰。"马戴《送册东夷王使》:"越海传金册,华夷礼命行。"黄滔《奉酬翁文尧员外驻南台见寄之什》:"花迎金册非时拆,月对琼杯此夜圆。"

【金市】 指大城市里金银店集中的街市。亦指繁华的街市。陈子昂《晦日宴高氏林亭》序:"出金市而连镳,入铜街而结驷。"崔颢《杂曲歌辞·渭城少年行》:"双双挟弹来金市,两两鸣鞭上渭桥。"李白《少年行二首》之二:"五陵年少金市东,银鞍白马度春风。"郑嵎《津阳门诗》:"空闻玉碗入金市,但见铜壶飘翠帷。"

【金立之】 新罗人。宝历元年(825)随新罗王子金昕入唐,归国后任新罗秋城郡太守。《全唐诗逸》卷中录其断句一联。

【金穴】 藏金之窟。喻指富贵人家。杜牧《华清宫三十韵》:"雨露偏金穴,乾坤入醉乡。"陆龟蒙《自和次前韵》:"草堂聊当贵,金穴任轻农。"

【金地】 ❶对土地的美称。于鹄《古词三首》之一:"素丝带金地,窗间掬飞尘。"❷佛教谓菩萨居处以金铺地,故称寺院为金地。许敬宗《奉和过慈恩寺应制》:"凤阙邻金地,龙旗拂宝台。"张说《岳阳石门墨山二山相连有禅堂观天下绝境》:"清都西渊绝,金地东敞宴。"陈翥《曲江亭望慈恩寺杏园花发》:"十亩开金地,千林发杏花。"

【金地藏】 指新罗国王子。俗姓金。《全唐诗》卷八〇八录其《送童子下山》,《全唐诗外编》下录其《酬惠米诗》。

【金字】 ❶皇帝所写的文字。王建《题应圣观》:"赐额御书金字贵,行香天乐羽衣新。"❷指用金水写的经文,佛教经典。钱起《献川雪后送僧粲临还京时避世卧疾》:"斋到盂空餐雪麦,经传金字坐云松。"

【金字經】 指佛教经典。元稹《清都夜境》:"闲开蕊珠殿,暗阅金字经。"

【金母】 ❶神话传说中的仙女西王母。韦渠牟《步虚词十九首》之十五。"西海辞金母,东方拜木公。"陆龟蒙《句》:"谈仙忽似朝金母,说艳浑如见玉儿。"吕岩《七言》之五三:"拟登瑶殿参金母,回访瀛洲看日轮。"❷道教语。投金于鼎,以炼真丹,其金曰金母。

【金芝】 金色芝草。古代传说的仙药。皮日休《奉和鲁望四明山九题·鹿亭》:"经时掊玉涧,尽日嗅金芝。"

【金光】 ❶金黄色的光辉。徐彦伯《题东山李适碑阴二首》之一:"陇嶂萦紫气,金光赫氛氲。"储光羲《同诸公秋日游昆明池思古》:"仆人理车骑,西出金光逵。"毛文锡《西溪子》:"昨夜西溪游赏,芳树奇花千样,锁金光,金尊满。"❷指神佛之光。喻神道佛法的力量。贾岛《送谭远上人》:"金光明本行,同侍出峨嵋。"

【金光門】 唐长安京城外西面有三门,中曰金光门。杜甫有《至德二载甫自金光门出有悲往事》。张籍《寺宿斋》:"晚到金光门外寺,寺中新竹隔帘多。"白居易《醉中归盩厔》:"金光门外昆明路,半醉腾腾信马回。"

【金曲卮】 见"金屈卮"。

【金缶魅】 金制缶器化作的讨人喜欢的鬼。金缶魅现形并吟诗,见《太平广记》卷四〇引《宣室志》。《全唐诗》卷八六七录此诗,诗题后注:"河东李员,居长安延寿里。元和初,室西隅有声若韵金石。俄有歌者,音清越,久不已,凡数夕闻焉。后至秋始六日,夜雨颓堂北垣。明月,得一缶,仅尺余,制用金,形状奇古,盖千百年之器。"

【金伏】 金气伏藏。指伏天。我国农历,从夏至后第三个庚日为初伏,第四个庚日为中伏,立秋后第一个庚日为末伏。而庚,五行属金,金畏火而金气伏藏,故称。包佶《同李吏部伏日口号呈元庶子路中丞》:"火炎逢六月,金伏过三庚。"

【金行】 (一xíng)❶指晋朝。五行学说认为晋以金德王,故称。刘禹锡《游桃源一百韵》:"金行太元岁,渔者偶探赜。"❷指秋季。《郊庙歌辞·五郊乐章·肃和》:"金行在节,素灵居正。"

【金衣】 ❶缕金之衣。张继《明德宫》:"碧瓦朱楹白昼闲,金衣宝扇晓风寒。"❷黄色羽毛。吴融《鸳鸯》:"翠翘红颈覆金衣,滩上双双去又归。"

【金如意】 金制的如意。孙棨《题妓王福娘墙》之三:"寒肌不耐金如意,白獭为膏郎有无。"

【金汞】 道教所炼丹药之一种。戎昱《送吉州阎使君入道二首》之一:"金汞封仙骨,灵津咽玉池。"

【金芙蓉】 对荷花的美称。李商隐《李肱所遗画松诗书两纸得四十韵》:"口咏玄云歌,手把金芙蓉。"亦指荷花状物。李白《登庐山五老峰》:"庐山东南五老峰,青天削出金芙蓉。"

【金花】 ❶金黄艳丽的花。柳公绰《和武相锦楼玩月得浓字》:"万井金花肃,千林玉露浓。"❷指在器物上雕刻、在衣履上刺绣的花饰。杜甫《陪柏中丞观宴将士二首》之二:"绣段装檐额,金花帖鼓腰。"又《人日两篇》之二:"尊前柏叶休随酒,胜里金花巧耐寒。"❸指孔雀尾上的金黄色羽毛。杜甫《赤霄行》:"赤霄悬圃须往来,翠尾金花不辞辱。"❹指金花笺,一种洒有泥金的纸笺。王建《宫词一百首》之五九:"自写金花红榜子,前头先进凤皇衫。"

【金花酒】 即菊花酒。卢照邻《九月九日登玄武山》:"他乡共酌金花酒,万里同悲鸿雁天。"

【金花紅膀子】 用金花纸作面制成的匾额或姓名榜。王建《宫词一百首》之五九:“自写金花红榜子,前头先进凤皇衫。”

【金車】 用铜装饰的车子。鲍溶《章华宫行》:“十二巫峰仰天绿,金车何处邀云宿。”卢肇《和主司王起》:“褒衣已换金章贵,禁掖曾随玉树荣。”薛逢《开元后乐》:“邠王玉笛三更咽,虢国金车十里香。”花蕊夫人徐氏《宫词》之二八:“后殿未闻宫主入,东门先报下金车。”

【金匣】 金属制的剑匣。李白《古风》之十六:“一去别金匣,飞沉失相从。”张碧《鸿沟》:“三尺霜鸣金匣里,神光一掉八千里。”

【金吾】 官名。负责皇帝及大臣警卫、仪仗以及守卫京师、掌管治安的武职官员。其名称、体制、权限历代多有不同。王维《故南阳夫人樊氏挽歌》:“石窌恩荣重,金吾车骑盛。”苗晋卿《奉和圣制早登太行山中言志》:“金吾戒道清,羽骑动天声。”李绅《赠韦金吾》:“自报金吾主禁兵,腰间宝剑重横行。”和凝《宫词百首》之六一:“金吾细仗俨威仪,圣旨凝旒对远夷。”

【金吾子】 对金吾官员表示尊敬的泛称。王维《杂诗》:“持谢金吾子,烦君提玉壶。”陆龟蒙《乐府杂咏六首·金吾子》:“嫁得金吾子,常闻轻薄名。”

【金吾衛】 掌握皇帝禁卫、扈从等事的亲军。王建《杂歌谣辞·鸡鸣曲》:“金吾卫里直郎妻,到明不睡听晨鸡。”

【金夾膝】 一种金属制的消暑器,笼状,暑时置床席间,以憩手足。温庭筠《晚坐寄友人》:“晓梦未离金夹膝,早寒先到石屏风。”常理《古别离》:“粟钿金夹膝,花错玉搔头。”

【金虬】 见“金蚪”。

【金吹】 (—chuì)秋风。乔知之《相和歌辞·从军行》:“玉霜冻珠履,金吹薄罗衣。”

【金身】 以金装饰的佛像。司空曙《题凌云寺》:“百丈金身开翠壁,万龛灯焰隔烟萝。”裴说《鹿门寺》:“鸟过惊石磬,日出碍金身。”

【金谷】 古地名。在今河南洛阳市西北。晋石崇于金谷涧筑有园馆,名金谷园。李白《宴陶家亭子》:“若闻弦管妙,金谷不能夸。”杜甫《至后》:“青袍白马有何意,金谷铜驼非故乡。”权德舆《八音诗》:“金谷盛繁华,凉台列簪组。”侯冽《金谷园花发怀古》:“金谷千年后,春花发满园。”

【金谷友】 指富有才华的至交。晋惠帝时石崇、欧阳建、陆机、陆云等二十四人以文才出众而屈节出入于秘书监贾谧之门,号为二十四友。李玖《四丈夫同赋》:“珍重昔年金谷友,共来泉际话幽魂。”

【金谷苑】 即金谷园。泛指富贵人家的豪华园林。虞世南《相和歌辞·门有车马客行》:“日斜青锁第,尘飞金谷苑。”

【金谷妓】 晋石崇家伎绿珠。后亦用为对擅长奏乐之家伎的美称。李德裕《峡山亭月夜独宿对樱桃花有怀伊川别墅》:“恨无金谷妓,为我奏思归。”王翰《观蛮童为伎之作》:“共惜不成金谷妓,虚令看杀玉车人。”

【金谷墜樓人】 晋石崇家妓绿珠,美艳,善吹笛。孙秀欲夺之,绿珠坠楼而死。后代指美女。杜牧《题桃花夫人庙》:“至竟息亡缘底事,可怜金谷坠楼人。”

【金谷園】 指晋石崇于金谷涧中所筑的园馆。韦应物《金谷园歌》:“石氏灭,金谷园中流水绝。”蒋洌《经埋轮地》:“时人欣绿珠,诗满金谷园。”白居易《和友人洛中春感》:“莫悲金谷园中月,莫叹天津桥上春。”邵谒《金谷园怀古》:“如何金谷园,郁郁椒兰房。”

【金狄】 即铜人。铜铸的人像。汉武帝建有铜仙人承露盘。汉亡后,魏明帝曹睿曾拆迁铜仙人置于灞城。王绩《过汉故城》:“金狄移灞岸,铜盘向洛阳。”上官仪《酬薛舍人万年宫晚景寓直怀友》:“金狄掩通门,雕鞍归骑喧。”李商隐《石城》:“玉童收夜钥,金狄守更筹。”

【金角】 对号角的美称。司空曙《杂兴》:“月没辽城暗出师,双龙金角晓天悲。”

【金沙】 亦作“金砂”。❶含有金子的沙砾。刘希夷《秋日题汝阳潭壁》:“回流清见底,金沙覆银砾。”杜甫《陪王使君晦日泛江就黄家亭子二首》之二:“有径金沙软,无人碧草芳。”张祜《题陆墉金沙洞居》:“决水金沙静,梯云石壁虚。”一钵和尚《一钵歌》:“恰似黄金在矿中,炼去金砂金体净。”❷即金砂。道家以金石炼成的丹药。李白《早望海霞边》:“一餐咽琼液,五内发金沙。”陆龟蒙《奉和袭美太湖诗二十首·以毛公泉献大谏清河公》:“除非紫水脉,即是金沙源。”❸井名。李商隐《昭州》:“绳烂金沙井,松干乳洞梯。”

【金尾】 谓孔雀的金色尾羽。温庭筠《偶游》:“红珠斗帐樱桃熟,金尾屏风孔雀闲。”

【金妝】 见“金装”。

【金玦】 有缺口的青铜环。张说《节义太子杨妃挽歌二首》之一:“玉环初受庆,金玦反逢灾。”

【金英】 ❶黄花,黄色的花。特指菊花。白居易《玩迎春花赠杨郎中》:“金英翠萼带春寒,黄色花中有几般。”裴夷直《奉和大梁相公重九日军中宴会之什》:“酒泛金英丽,诗通玉律清。”元晦《越亭二十韵》:“环流驰羽觞,金英妒妆嫮。”司马都《和陆鲁望白菊》:“耻共金英一例开,素芳须待早霜催。”❷指菊花酒。方干《漳州阳亭言事寄于使君》:“谢守登城对远峰,金英泛泛满金钟。”❸金属之精华。储光羲《终南幽居献苏侍郎三首时拜太祝未上》之一："灵阶曝仙书，深室炼金英。"

【金杯】 泛称精美的杯子。张碧《惜花三首》之一："一窖闲愁驱不去，殷勤对尔酌金杯。"李绅《新楼诗二十首·海棠》："寄语春园百花道，莫争颜色泛金杯。"陆龟蒙《醉中戏赠袭美》："病来犹伴金杯满，欲得人呼小褚公。"秦韬玉《咏手》："金杯有喜轻轻点，银鸭无香旋旋添。"

【金枝玉葉】 花、树的美好枝叶。王建《调笑令》之二："胡蝶，胡蝶，飞上金枝玉叶。"

【金杵】 佛教所称的一种降魔兵器。齐己《赠智满三藏》："金杵力摧魔界黑，水精光透夜灯红。"

【金板】 见"金版"。

【金板書】 见"金版書"。

【金虎】 ❶西方七宿的通称。亦指金星和昴星。古人以为金星与昴星相近系兵乱之象。张祜《润州杨别驾宅送蒋侍御收兵归扬州》："冷气清金虎，兵威壮铁冠。"李商隐《烧香曲》："白天月泽寒未冰，金虎含秋向东吐。"❷指太阳。谭用之《江边秋夕》："吟期汗漫驱金虎，坐约丹青跨玉鱼。"❸喻国君所亲厚的佞臣。杜牧《昔事文皇帝三十二韵》："金虎知难动，毛釐亦耻言。"❹器物上的虎形装饰。韩湘《言志》："宝鼎存金虎，元田养白鸦。"❺见"金虎臺"。

【金虎臺】 台名。三国魏曹操建。故址在今河北临漳县西南故邺城西北隅。亦省称"金虎"。王维《送熊九赴任安阳》："阡陌铜台下，闾阎金虎中。"原注："金虎台在邺镇。"温庭筠《金虎台》："碧草连金虎，青苔蔽石麟。"

【金呿嗟】 亦作"金呿嵯"。金饰的皮韦。元稹《和李校书新题乐府十二首·蛮子朝》："清平官系金呿嵯，求天叩地持双珙。"白居易《新乐府·蛮子朝》："清平官持赤藤杖，大将军系金呿嗟。"

【金呿嵯】 见"金呿嗟"。

【金昆玉季】 谓才德兼备之弟兄。贯休《杜侯行》："金昆玉季轻三鼓，煮海悬鱼臣节苦。"

【金明枝】 指柳枝。崔颢《杂曲歌辞·行路难》："君不见建章宫中金明枝，万万长条拂地垂。"

【金虬】 亦作"金虯"。即金龙。温庭筠《郭处士击瓯歌》："佶栗金虯石潭古，勺陂潋滟幽修语。"陆龟蒙《奉和袭美太湖诗二十首·孤园寺》："幡条玉龙扣，殿角金虬舞。"

【金昌緒】 诗人。玄宗时余杭(今属浙江)人。《全唐诗》卷七六八录其《春怨》。

【金岫】 即金山，亦即今阿尔泰山。卢照邻《横吹曲辞·关山月》："影移金岫北，光断玉门前。"

【金版】 亦作"金板"。❶镂刻道家典籍、名箓的金属版。明皇《赐道士邓紫阳》："下传金版术，上刻玉清书。"鲍溶《游山》："不见金板书，谁知阮家裔。"❷对拍板(一种打击乐器)的美称。花蕊夫人徐氏《宫词》之十："离宫别院绕宫城，金版轻敲合凤笙。"

【金帛】 黄金和丝绸。泛指钱物。司空图《冯燕歌》："白马贤侯贾相公，长悬金帛募才雄。"王贞白《长安道》："梯航万国来，争先贡金帛。"

【金刹】 (—chà)❶宝塔。北魏杨衒之《〈洛阳伽蓝记〉序》："金刹与灵台比高，广殿共阿房等壮。"李白《秋日登扬州西灵塔》："水摇金刹影，日动火珠光。"杜甫《舟月对驿近寺》："金刹青枫外，朱楼白水边。"李涉《早春霁后发头陀寺寄院中》："红楼金刹倚晴冈，雨雪初收望汉阳。"皮日休《惠山听松庵》："千叶莲花旧有香，半山金刹照方塘。"❷寺院。白居易《重修香山寺毕题二十二韵以纪之》："再莹新金刹，重装旧石楼。"张祜《奉和湖州苏员外题游杯池》："旧胜因金刹，新迁就水堂。"

【金舠】 对一种大酒器的美称。李德裕《述梦诗四十韵》："无聊燃蜜炬，谁复劝金舠。"自注："余自到此，绝无夜宴。酒器中大者呼为舠，宾僚顾形迹，未曾以此相劝。"

【金兔】 对月的别称。传说月中有玉兔，故称。卢仝《月蚀诗》："朱弦初罢弹，金兔正奇绝。"

【金河】 河名。现名大黑河。河中之泥色紫，故名。在今内蒙古自治区境内，古为北方交通要道，亦常为用兵之处。上官仪《相和歌辞·王昭君》："玉关春色晚，金河路几千。"王维《相和歌辞·从军行》："笳鸣马嘶乱，争渡金河水。"李益《夜上西城听梁州曲二首》之二："金河戍客肠应断，更在秋风百尺台。"许浑《登蒜山观发军》："去想金河远，行知玉塞空。"

【金波】 ❶月，月光。李白《赠宣城宇文太守兼呈崔侍御》："危苦惜颓光，金波忽三圆。"独孤及《寒夜溪行舟中作》："月轮大如盘，金波入空谷。"权德舆《刘绍相访夜话因书即事》："清露泫珠莹，金波流玉徽。"李群玉《感兴四首》之二："盈盈天上艳，孤洁栖金波。"❷反射着耀眼光芒的水波。李商隐《赋得月照冰池》："金波双激射，璧彩两参差。"❸酒名。泛称酒。许浑《闻州中有谦寄崔大夫兼简邢群评事》："箫管筵间列翠蛾，玉杯金液耀金波。"

【金泥】 ❶以水银和金粉为泥，作封印之用。张嗣初《赋得白云起封中》："金泥光乍掩，玉检气潜通。"李贺《咏怀二首》之一："惟留一简书，金泥泰山顶。"❷用以饰物的金屑。孟浩然《宴张记室宅》："玉指调筝柱，金泥饰舞罗。"鲍溶《赠远》："金泥舞虎精神暗，银缕交龙气色寒。"

【金門】 ❶金马门。汉代宫门，学士待诏之处。

孟浩然《送洗然弟进士举》:"献策金门去,承欢彩服违。"卢纶《寄赠库部王郎中》:"未远金门籍,旋清玉塞尘。"姚合《偶然书怀》:"十年通籍入金门,自愧名微枉搢绅。"徐夤《钓台》:"金门谁奉诏,碧岸独垂钩。"❷金明门。唐宫门,金明门内为翰林院所在。李白《走笔赠独孤驸马》:"是时仆在金门里,待诏公车谒天子。"❸借指京城或朝廷。崔信明《送金竟陵入蜀》:"金门去蜀道,玉垒望长安。"李夷邺《献诗》:"赋诗饮酒平生事,肠断金门愿再亲。"郑洪业《诏放云南子弟还国》:"雕题辞凤阙,丹服出金门。"杜甫《甘园》:"后于桃李熟,终得献金门。"

【金門步】　谓出入金马门。指担任官职。张九龄《奉和吏部崔尚书雨后大明朝堂望南山》:"济济金门步,洋洋玉树篇。"韩翃《送韦秀才》:"好忆金门步,功名自有期。"张南史《早春书事奉寄中书李舍人》:"铜漏时常静,金门步转徐。"

【金門詔】　义同金马诏。孟浩然《自浔阳泛舟经明海》:"魏阙心恒在,金门诏不忘。"钱起《客舍赠郑贲》:"一望金门诏,三看黄鸟飞。"徐夤《长安即事三首》之一:"明时则待金门诏,肯羡班超万户侯。"

【金門策】　汉金马门为学士待诏之处。金门策,指待诏学士的对策。高适《真定即事奉赠韦使君二十八韵》:"诏宠金门策,官荣叶县凫。"皇甫冉《曾东游以诗寄之》:"沧洲未可行,须售金门策。"李昌符《秋中夜坐》:"为应金门策,多应说战机。"

【金屈戌】　饰金铰链。李商隐《魏侯第东北楼堂郢叔言别聊用书所见成篇》:"锁香金屈戌,殢酒玉昆仑。"

【金屈卮】　亦作"金曲卮"。酒器。孟郊《劝酒》:"劝君金曲卮,勿谓朱颜酡。"李贺《浩歌》:"筝人劝我金屈卮,神血未凝身问谁。"于武陵《劝酒》:"劝君金屈卮,满酌不须辞。"

【金屈膝】　饰金铰链。卢照邻《长安古意》:"妖童宝马铁连钱,娼妇盘龙金屈膝。"

【金奏】　❶敲击钟镈以奏乐。包佶《祀风师乐章·奠币登歌》:"礼陈瑶币,乐献金奏。"亦用以指庙堂音乐。张濛《晓过南宫闻太常清乐》:"玉珂经礼寺,金奏过南宫。"❷泛指韵或乐声。许敬宗《奉和守岁应制》:"玉琯移玄序,金奏赏彤闱。"陈子昂《与东方左史虬修竹篇》:"哀响激金奏,密色滋玉英。"亦借指优美的诗作。武元衡《八月十五酬从兄常望月有怀》:"地远惊金奏,天高失雁行。"

【金珂】　马勒上的金属饰物。李元纮《绿墀怨》:"征马噪金珂,嫖姚向北河。"亦借指马。韩愈《奉酬振武胡十二丈大夫》:"横飞玉盏家山晓,远蹀金珂塞草春。"

【金珍】　黄金和宝玉。喻贵重之物。于濆《秦富人》:"粪土视金珍,犹嫌未奢侈。"

【金均两弟】　指张九龄两个弟弟,荆州刺史张九皋和均州刺史张九章。张九龄有《初秋忆金均两弟》。

【金城】　长城。杜甫《桥陵诗三十韵因呈县内诸官》:"金城蓄峻址,沙苑交回汀。"张良璞《览史》:"建都用鹑宿,设险因金城。"❷京城。李白《相和歌辞·东武吟》:"乘舆拥翠盖,扈从金城东。"又《送程刘二侍郎兼独孤判官赴安西幕府》:"朝辞明主出紫宫,银鞍送别金城空。"徐铉《柳枝词十首》之七:"醉折垂杨唱柳枝,金城三月走金羁。"亦指金殿。王昌龄《长信秋词五首》之二:"银灯青琐裁缝歇,还向金城明主看。"❸县名。杜甫《病后遇王倚饮赠歌》:"长安冬菹酸且绿,金城土酥静如练。"

【金城公主】　雍王守礼之女。景龙三年(707)四月册封金城公主,许嫁吐蕃。景龙四年(710)正月,中宗幸始平县,送公主入蕃。崔日用有《奉和送金城公主适西蕃》。崔湜、李峤、阎朝隐均有《奉和送金城公主适西蕃应制》。

【金城尉叔卿】　李万。工部侍郎李适子。曾官鹿邑、虞乡、金城尉。李白有《同族弟金城尉叔卿烛照山水壁画歌》。

【金革】　❶指刀剑、铠甲之属。顾况《塞上曲》:"金革卧不暖,起舞霜月冷。"❷借指战争。岑参《入剑门作寄杜杨二郎中时二公并为杜元帅判官》:"相公总师旅,远近罢金革。"明皇《春中兴庆宫酺宴》序:"是故外无金革之虞,朝有搢绅之盛。"

【金柯】　对树枝的美称。李绅《华山庆云见》:"金柯初缭绕,玉叶渐氛氲。"

【金相】　(—xiàng)❶喻文章的完美形式。崔融《哭蒋詹事俨》:"逸翰金相发,清谈玉柄挥。"❷指贴金的佛像。钱元瓘《题得铜香炉》:"三天瑞气标金相,五色龙光俨圣容。"

【金柝】　刁斗。为古代军中夜间报更用器。上官仪《奉和颍川公秋夜》:"峻雉聆金柝,层台切银箭。"孙逖《夜到润州》:"城郭传金柝,闾阎闭绿洲。"

【金威】　秋季的威力。刘威《旅中早秋》:"金威生止水,爽气遍遥空。"

【金厚載】　诗人。字光化,会昌三年(843)进士。《全唐诗》卷五五二录其诗二首。

【金砌】　对台阶的美称。王建《宫词一百首》之二七:"金砌雨来行步滑,两人抬起隐花裙。"卢纶《纶与吉侍郎中孚司空曙苗员外寄夏侯侍御审侯仓曹钊》:"夜雨滴金砌,阴风吹玉楹。"武元衡《归燕》:"衔泥傍金砌,拾蕊到荆扉。"

【金砂】　见"金沙"。

【金函】 金制的匣子。卢纶《栖岩寺隋文帝马脑盏歌》:“天宫宝器隋朝物,锁在金函比金骨。”姚合《和刘禹锡主客冬初拜表怀上都故人》:“玉佩声微班始定,金函光动按初来。”又《送源中丞赴新罗》:“玉节在船清海怪,金函开诏拜夷王。”

【金星】 ❶太阳系八大行星之一,我国古代称太白金星,晨现于东谓启明,晚现于西称长庚。李商隐《谢往桂林至彤庭窃咏》:“金星压芒角,银汉转波澜。”❷指琴上的金色轸。程长文《铜雀台怨》:“雄剑无威光彩沉,宝琴零落金星灭。”❸闪光的火花。李端《度关山》:“拂剑金星出,弯弧玉羽鸣。”韦庄《秦妇吟》:“火迸金星上九天,十二官街烟烘炯。”

【金骨】 仙骨。綦毋潜《茅山洞口》:“未果变金骨,归来兹路难。”李白《天台晓望》:“攀条摘朱实,服药炼金骨。”白居易《梦仙》:“苟无金骨相,不列丹台名。”温庭筠《赠张炼师》:“丹溪药尽变金骨,清洛月寒吹玉笙。”

【金科】 法律。则天皇后《唐明堂乐章·皇帝行》:“化光玉镜,讼息金科。”

【金泉】 对泉水的美称。徐铉《和门下殷侍郎新茶二十韵》:“正当钻柳火,遥想涌金泉。”原注:“阳羡茶山有金沙泉,修贡时出。”

【金盆】 ❶铜盆。用于盥洗,亦供他用。张谔《三日岐王宅》:“金盆浴未了,绷子绣初成。”王建《宫词一百首》之四五:“丛丛洗手绕金盆,旋拭红巾入殿门。”项斯《鲤鱼》:“乞锄防蚁穴,望水写金盆。”李洞《龙州韦郎中先梦六赤后因打叶子以诗上》:“宝帖牵来狮子镇,金盆引出凤凰倾。”❷喻月亮。花蕊夫人徐氏《宫词》:“天外明河翻玉浪,楼西凉月涌金盆。”

【金風】 秋风。太宗《秋日二首》之一:“菊散金风起,荷疏玉露圆。”李白《赠张相镐二首》之二:“世传崆峒勇,气激金风壮。”裴夷直《奉和大梁相公同张员外重九日宴集》:“酒清欺玉露,菊盛愧金风。”韩偓《宫柳》:“幸当玉辇经过处,不怕金风浩荡时。”

【金庭】 ❶山名。在今浙江嵊县,道教称之为福地。为三十六小洞天之一。罗隐《寄剡县主簿》:“金庭养真地,珠篆会稽官。”❷金庭观。参见“金庭觀”。❸传说中天上神仙所居之处。陈子昂《题李三书斋》:“愿与金庭会,将待玉书征。”张祜《游天台山》:“金庭路非远,徒步将欲举。”皮日休《五贶诗·华顶杖》:“金庭仙树枝,道客自携持。”陆龟蒙《和袭美送孙发百篇游天台》:“闲窥碧落怀烟雾,暂向金庭隐姓名。”

【金庭洞】 在浙江嵊县东七十里。旧名桐柏山,上有金庭洞,道教以为第二十七洞天。裴通《金庭洞》:“寂寂金庭洞,清香发桂枝。”

【金庭觀】 (一觀 guàn)观名。在今浙江嵊县东南。小白《宿金庭观》:“羽客相留宿上方,金庭风月冷如霜。”原题下注:“在嵊县东南七十二里。”

【金洞】 神仙洞府。刘威《送元秀才入道》:“只携仙籍还金洞,便与时流隔翠微。”

【金宫】 华美的宫室。李白《古风》之四六:“斗鸡金宫里,蹴踘瑶台边。”又《送窦司马贬宜春》:“斗鸡金宫里,射雁碧云端。”又《侍从宜春苑奉诏赋龙池柳色初青听新莺百啭歌》:“五云垂晖耀紫清,仗出金宫随日转。”鲍溶《归雁》:“不及瑶台燕,寄身金宫楹。”

【金神】 ❶西方之神,秋之神。韩愈《丰陵行》:“是时新秋七月初,金神按节炎气除。”又《答张彻》:“日驾此回辖,金神所司刑。”❷指太白星。李绅《到宣武三十韵》之五:“路转金神并,川开铁马横。”

【金屋】 华美之屋。汉武帝幼时曾言:“若得阿娇,当以金屋贮之。”李白《宫中行乐词八首》之一:“小小生金屋,盈盈在紫微。”皇甫冉《见诸姬学玉台体》:“宁辞玉辇迎,自堪金屋贮。”白居易《长恨歌》:“金屋妆成娇侍夜,玉楼宴罢醉和春。”李商隐《茂陵》:“玉桃偷得怜方朔,金屋修成贮阿娇。”

【金屋貴】 居住在华美住房里的贵人。宋之问《谒二妃庙》:“还以金屋贵,留兹宝席尊。”

【金屏】 对屏风的美称。李适《人日宴大明宫恩赐彩缕人胜应制》:“宝帐金屏人已帖,图花学鸟胜初裁。”刘商《姑苏怀古送秀才下第归江南》:“城乌啼尽海霞销,深掩金屏日高睡。”

【金陛】 对台阶的美称。常衮《奉和圣制麟德殿燕百僚应制》:“玉阑丰瑞草,金陛立神羊。”

【金馬】 ❶指金马门。汉代常征召才能优异之士,让其待诏金马门。钱起《送褚大落第东归》:“玉堂金马隔青云,墨客儒生皆白首。”李绅《忆春日太液池亭候对》:“簪笔此时方侍从,却思金马笑邹枚。”姚鹄《及第后上主司王起》:“莫道只陪金马贵,相期更在凤皇池。”❷指朝廷或帝都。张祜《送韦正字枅贯赴制举》:“木鸡方备德,金马正求贤。”❸借指翰林院。徐铉《柳枝词十首》之一:“金马辞臣赋小诗,梨园弟子唱新词。”

【金馬門】 汉代宫门名。学士待诏之处。孟浩然《田园作》:“望断金马门,劳歌采樵路。”白居易《和钱员外早冬玩禁中新菊》:“金马门内花,玉山峰下客。”韦庄《宿泊孟津寄三堂友人》:“鸿胪陌上归耕晚,金马门前献赋迟。”徐铉《病题二首》之二:“金马门前君识否,东方曼倩是前身。”

【金馬客】 谓翰林学士。亦泛称才德优异者。孟浩然《夏日与崔二十一同集卫明府宅》:“喜逢金马客,同饮玉人杯。”钱起《送丁著作佐台郡》:“多年金马客,名遂动归轮。”刘禹锡《分司东都蒙襄阳李司徒相公书问因以奉寄》："早忝金马客，晚为商洛翁。"陆希声《山居即事二首》之一："为问前时金马客，此焉还作少微星。"

【金馬詔】　汉金马门为学士待诏之处。故以金马诏指受到皇帝看重。权德舆《奉和李大夫题郑评事江楼》："何时金马诏，早岁建安作。"白居易《别李十一后重寄》："平生同道术，俱承金马诏。"马戴《过故人所迁新居》："金马诏何晚，茂陵居近修。"

【金埒】　用钱币筑成的界垣。后亦借指豪华的骑射场。李百药《安德山池宴集》："细草开金埒，流霞泛羽觞。"李端《赠郭驸马》之二："新开金埒看调马，旧赐铜山许铸钱。"许浑《寄献三川守刘公》之一："休闭玉笼留鹙鹭，早开金埒纵麒麟。"翁绶《白马》："金埒乍调光照地，玉关初别远嘶风。"亦借指名贵的马。司空曙《观猎骑》："金埒争开道，香车为驻轮。"

【金埒馬】　名贵的马。孟浩然《长安早春》："草迎金埒马，花伴玉楼人。"

【金華】　❶华美的光采。太宗《执契静三边》："玉彩辉关烛，金华流日镜。"❷金华山。山有金华洞，道家称之为第三十六洞天。据传黄初平于金华山金华洞得道成仙，故亦借指仙人黄初平。吕岩《赠刘方处士》："受得金华出世术，期于紫府驾云游。"❸见"金華省"。

【金華山】　在今浙江金华市北。为道教的第三十六洞天，据传赤松子(黄初平，号赤松子)于此得道成仙。袁吉《金华山》："金华山色与天齐，一径盘纡尽石梯。"亦省称"金華"。李白《对酒行》："松子栖金华，安期入蓬海。"刘禹锡《含辉洞述》："东探禹穴，历四明、句曲、金华、阳羡。"鲍溶《秋暮送裴垍员外刺婺州》："婺女星边气不秋，金华山水似瀛州。"李商隐《赠华阳真人兼寄清都刘先生》："玉检赐书迷凤篆，金华归驾冷龙鳞。"

【金華牧羊兒】　指传说中的仙人黄初平。亦即赤松子。传其在牧羊时遇仙而出世修炼得道，故称。李白《古风》之十七："金华牧羊儿，乃是紫烟客。"

【金華省】　指门下省。李白《朝下过卢郎中叙旧游》："君登金华省，我入银台门。"杜甫《闻高常侍亡》："虚历金华省，何殊地下郎。"又《八哀诗·故右仆射相国张公九龄》："上君白玉堂，倚君金华省。"徐铉《送礼部潘尚书致仕还建安》："履声初下金华省，帆影看离石首城。"亦省称"金華"。王维《宋进马哀词》："连金华与玉堂兮，宫阁郁其沉沉。"杨巨源《奉酬窦郎中早入省苦寒见寄》："题诗金华彦，接武丹霄烈。"

【金華渡】　津渡名。在今浙江金华市境。李白《见京兆韦参军量移东阳二首》之二："闻说金华渡，东连五百滩。"

【金華殿】　古殿名。在未央宫内。西汉中常侍班伯曾于此受业。后借指内庭。李白《送杨燕之东鲁》："一辞金华殿，蹭蹬长江边。"羊士谔《郡中端居有怀袁州王员外使君》："珥笔金华殿，三朝玉玺书。"

【金莖】　❶用以擎承露盘的铜柱。杜甫《秋兴八首》之五："蓬莱宫阙对南山，承露金茎霄汉间。"杨巨源《春日奉献圣寿无疆词十首》之五："珠缀留晴景，金茎直晓空。"李商隐《令狐舍人说昨夜西掖玩月因戏赠》："凉波冲碧瓦，晓晕落金茎。"又《昭肃皇帝挽歌辞三首》之一："玉律朝惊露，金茎夜切云。"❷指峭直的山峰。林滋《望九华山》："玉柱金茎相拄枝，干空逾碧势参差。"

【金莖露】　承露盘中的露。据传将此露和以玉屑，服之可得仙道。李商隐《汉宫词》："侍臣最有相如渴，不赐金茎露一杯。"

【金根】　❶金根车。以黄金为饰的根车。根车为帝王所乘。顾况《哭从兄苌》："从驾至梁汉，金根复京师。"唐彦谦《咸通中二十韵》之七："穆卜缄縢秘，金根辙迹遥。"韦庄《和郑拾遗秋日感事一百韵》："凤引金根疾，兵环玉弩强。"张昭《郊庙歌辞·汉宗庙乐舞辞》："高庙明灵再启图，金根玉辂幸神都。"❷道经名。皮日休《奉和鲁望四月十五日道室书事》："望朝斋戒是寻常，静启金根第几章。"自注："金根，经名。"

【金桃】　桃的一种。杜甫《山寺》："麝香眠石竹，鹦鹉啄金桃。"颜萱《送圆载上人》："禅林几结金桃重，梵室重修铁瓦轻。"自注："日本金桃，一实重一斤。"贯休《送道士归天台》："它日如相忆，金桃一为分。"齐己《闲居》："前溪泛红片，何处落金桃。"

【金真德】　新罗国人。新罗王金真平之女。贞观二十一年(647)继新罗王位，加授柱国，封乐浪郡王。曾遣其弟侄来唐。《全唐诗》卷七九七录其《太平诗》一首。

【金翅鳥】　佛教语。梵名迦楼罗，居须弥山下，取龙为食，佛教以为天龙八部之一。顾况《归阳萧寺有丁行者能修无生忍担水施僧况归命稽首作诗》："乃致金翅鸟，吞龙护洪渊。"

【金剛】　❶即金刚石。因其极坚利，佛家视之为稀世之宝。寒山《诗三百三首》之一五九："众生作依怙，智慧身金刚。"元稹《奉和浙西大夫李德裕述梦四十韵次本韵》："金刚锥透玉，镔铁剑吹毛。"❷指金刚力士。佛之侍从力士。手执金刚杵。李璀《赏花短歌》："长生白，久视黄，共拜金刚不坏王。"自注："谓菊花也。"

【金剛堅】　佛教语，言诸佛菩萨之心坚如金刚，能降伏众魔。又佛教五大明王之一金刚夜叉明王，手执金刚杵以伏恶魔，谓之金刚藏王。顾况《归阳萧寺有丁行者能修无生忍担水施僧况归命稽首作诗》："天魔波旬等，降伏金刚坚。"

【金剛鎖】 佛教语，即金刚锁法，为金刚锁菩萨之修汉，谓以大悲之锁，系留众生于法界，使其皈依佛法。亦以金刚锁喻心地之坚实。顾况《赠别崔十三长官》："复如金刚锁，无有功不御。"

【金員外】 指金仁圭。新罗国人，入唐，官检校仓部员外郎，守翰林郎等。崔致远有《和金员外赠巉山清上人》。

【金氣】 秋气。李白《古风》之三二："蓐收肃金气，西陆弦海月。"颜真卿《刻清远道士诗因而继作》："金气腾为虎，琴台化若神。"权德舆《仲秋朝拜昭陵》："金气爽林峦，乾冈走崖谷。"薛逢《九日郡斋有感》："霞泛水文沉暮色，树凌金气发秋光。"

【金條脱】 金手镯。李商隐《中元作》："羊权须得金条脱，温峤终虚玉镜台。"

【金烏】 太阳。传说日中有三足乌，故名。蔡允恭《奉和出颍至淮应令》："稍觉金乌转，渐见锦帆稀。"刘禹锡《淮阴行五首》之二："今日转船头，金乌指西北。"元稹《留呈梦得子厚致用》："暗落金乌山渐黑，深埋粉堠路浑迷。"韩琮《春愁》："金乌长飞玉兔走，青鬓长青古无有。"

【金針】 对针的美称。用以缝补刺绣。鲍溶《霓裳羽衣歌》："遂令武帝厌云韶，金针天丝缀飘飘。"罗隐《七夕》："香帐簇成排窈窕，金针穿罢拜婵娟。"晁采《子夜歌十八首》之十四："感郎金针赠，欲报物俱轻。"

【金卿】 指金思兰。新罗人，开元二十一年(733)入唐留京师，拜为太仆员外卿。陶翰有《送金卿归新罗》。

【金庫】 储金的库房。张蠙《赠李司徒》："金库夜开龙甲冷，玉堂秋闭凤笙低。"

【金部郎中】 金部首长。从五品上。龙朔为司珍大夫，咸亨复旧名，掌判天下库藏钱币之事。卢照邻有《哭金部韦郎中》。

【金瓶】 ❶泛称精美的盆状酒器。元稹《奉和浙西大夫李德裕述梦四十韵次本韵》："冰井分珍果，金瓶贮御醪。"❷对花盆的美称。花蕊夫人徐氏《宫词》之八九："一枝插向金瓶里，捧进君王玉殿来。"

【金瓶落井】 犹言石沉大海。语本南朝齐宝月《估客乐》诗之二："莫作瓶落井，一去无消息。"李白《寄远十一首》之八："金瓶落井无消息，令人行叹复坐思。"

【金粉】 ❶黄金的粉末或金黄色的粉末。景审《题所书黄庭经后》："金粉为书重莫过，黄庭旧许右军多。"❷黄色的花粉。李白《酬殷明佐见赠五云裘歌》："轻如松花落金粉，浓似苔锦含碧滋。"韩琮《牡丹》："嫩蕊包金粉，重葩结绣囊。"李群玉《伤思》："红枯金粉堕，寥落寒塘水。"又《醒起独酌怀友》："西风静夜吹莲塘，芙蓉破红金粉香。"

【金流】 形容酷热。齐己《苦热》："云势崄于峰，金流断竹风。"

【金家】 指新罗金氏。窦常《奉送职方崔员外摄中丞新罗册使》："辨方知木德，开国有金家。"

【金容】 金光明亮的佛像面容。唐求《古寺》："路傍古时寺，寥落藏金容。"钱镠《隐岳洞》："百尺金容连翠岳，三层宝阁倚青霄。"

【金書】 ❶用金简刻写或金泥书写的简册。贾岛《送于中丞使回纥册立》："君立天骄发使车，册文字字著金书。"❷指佛、道典籍。杨巨源《句》："空门水定埃尘远，真偈金书世界稀。"韦渠牟《杂歌谣辞·步虚词十九首》之一："玉简真人降，金书道箓通。"李商隐《寓怀》："金书惟是见，玉管不胜闻。"

【金屑】 ❶黄金的粉末、碎末。于鹄《早上凌霄第六峰入紫溪礼白鹤观祠》："青童撞金屑，杵臼声丁丁。"姚合《省直书事》："蜀笺金屑腻，月兔笔毫精。"❷黄色花纹。孟浩然《凉州词》之一："浑成紫檀金屑文，作得琵琶声入云。"白居易《送春》："银花凿落从君劝，金屑琵琶为我弹。"张祜《王家琵琶》："金屑檀槽玉腕明，子弦轻撚为多情。"❸金屑酒。古代帝王赐死之酒。刘禹锡《马嵬行》："贵人饮金屑，倏忽舜英暮。"

【金陵】 ❶古邑名。今南京市别称。战国楚威王七年灭越后在今南京市清凉山（石城山）设金陵邑。李白《金陵歌送别范宣》："金陵昔时何壮哉，席卷英豪天下来。"令狐楚《宫中乐五首》之一："楚塞金陵靖，巴山玉垒空。"刘长卿《孙权故城下怀古兼送友人归建业》："烟际指金陵，潮时过滥口。"徐铉《将过江题白沙馆》："金陵佳丽地，不道少风光。"❷中晚唐人常称润州（今江苏扬州市）为金陵。李绅《宿扬州》："江横渡阔烟波晚，潮过金陵落叶秋。"又《宿瓜州》："烟昏水郭津亭晚，回望金陵若动摇。"杜牧《杜秋娘》序："杜秋，金陵女也。"

【金陵王氣】 谓帝都金陵的祥瑞之气。亦指他处帝都祥瑞之气。今之南京，战国时楚威王埋金以镇王气，故曰金陵。后三国吴、东晋、宋、齐、梁、陈六朝皆都于此，故有王气之说。刘禹锡《西塞山怀古》："西晋楼船下益州，金陵王气黯然收。"李商隐《南朝》："地险悠悠天险长，金陵王气应瑶光。"崔涂《东晋》之二："秦国金陵王气全，一龙正道始东迁。"亦省作"金陵氣"。骆宾王《帝京篇》："未厌金陵气，先开石椁文。"

【金陵春】 酒名。李白《寄韦南陵冰余江上乘兴访之遇寻颜尚书笑有此赠》："堂上三千珠履客，瓮中百斛金陵春。"

【金陵氣】　见“金陵王氣”。

【金陵城】　即今江苏南京市。李宾《登瓦官寺阁》：“晨登瓦官阁，极眺金陵城。”花蕊夫人徐氏《宫词》之一〇四：“金陵城共滕王阁，画向丹青也含羞。”

【金娥】　月里嫦娥。亦借指月亮。许敬宗《奉和喜雪应制》：“腾华承玉宇，凝照混金娥。”

【金琅璫】　❶亦作“金鋃鐺”。金铎，风铃。杜甫《大云寺赞公房四首》之三：“夜深殿突兀，风动金锒铛。”吴融《赠李长史歌》：“碧珊瑚碎震泽中，金银铛撼龟山下。”❷喻指葡萄。唐彦谦《咏葡萄》：“满架高撑紫络索，一枝斜䡇金琅珰。”

【金勒】　❶金饰带嚼口之马络头。白居易《洛桥寒食日作十韵》：“连钱嚼金勒，凿落写银罂。”❷借指马。韩翃《送田仓曹汴州觐省》：“玉杯分湛露，金勒借追风。”李涉《看射柳枝》：“万人齐看翻金勒，百步穿杨逐箭空。”李商隐《酬崔八早梅有赠兼示之作》：“知访寒梅过野塘，久留金勒为回肠。”温庭筠《和周繇》：“玳筵方喜睐，金勒自趁趯。”

【金菊】　金黄色菊花。杜甫《佐还山后寄三首》之二：“味岂同金菊，香宜配绿葵。”喻凫《绝句》：“银地无尘金菊开，紫梨红枣堕莓苔。”王贞白《九日长安作》：“无酒泛金菊，登高但忆秋。”

【金菊酒】　菊花酒，一种用菊花杂黍米酿制的酒。陆畅《句》：“满手香传金菊酒，漏声遥滴上阳宫。”

【金桴】　对鼓槌的美称。贯休《送颢雅禅师》：“春光主，芙蓉堂窄堆花乳，手提金桴打金鼓。”

【金梭】　对梭的美称。刘言史《七夕歌》：“寂寞低容入旧机，歇着金梭思往夕。”温庭筠《织锦词》：“簇簌金梭万缕红，鸳鸯艳锦初成匹。”吴融《李周弹筝歌》：“鸿门玉斗初向地，织女金梭飞上天。”

【金曹】　金部。户部下属机关，掌管天下库藏钱币出纳之事。卢照邻《哭金部韦郎中》：“金曹初受拜，玉地始含香。”

【金帶】　以金装饰的腰带。古代帝王、后妃、文武百官所服腰带，有革、金、玉、银之别。白居易《春尽日宴罢感事独吟》：“金带縋腰衫委地，年年衰瘦不胜衣。”马戴《出塞词》：“金带连环束战袍，马头冲雪度临洮。”归处讷《代村妇咏边将》：“紫袍金带不须夸，动便经年镇海涯。”孙光宪《杨柳枝词四首》之三：“毵毵金带谁堪比，还共黄莺不较多。”

【金梯】　华美的阶梯、台阶。李颀《杂歌谣辞·郑樱桃歌》：“凤阳重门如意馆，百尺金梯倚银汉。”王翰《飞燕篇》：“朝弄琼箫下彩云，夜踏金梯上明月。”陆龟蒙《洞房怨》：“玉镕朝扶鬓，金梯晚下台。”

【金匏】　金和匏均为古代八音之一，金指钟、铃等，匏指竽、笙等，故以金匏泛称乐器。《郊庙歌辞·明皇祀圜丘乐章·凯安》：“玉鍼初蹈历，金匏既静好。”

【金麥穗】　古时系帐用的麦穗状金黄色绳子。花蕊夫人徐氏《宫词》之四一：“纱幔薄垂金麦穗，帘钩纤挂玉葱条。”

【金偈】　（—jì）佛所说的韵语。李群玉《饭僧》：“焚香面金偈，一室唯巾水。”陆龟蒙《寒夜同袭美访北禅院寂上人》：“自是海边鸥伴侣，不劳金偈更降心。”

【金雀】　钗名。妇女首饰。王建《宫词一百首》之六二：“玉蝉金雀三层插，翠髻高丛绿鬓虚。”白居易《长恨歌》：“花钿委地无人收，翠翘金雀玉搔头。”施肩吾《效古兴》：“金雀无旧钗，缃绮无旧裾。”李绅《莺莺歌》：“绿窗娇女字莺莺，金雀娅鬟年十七。”

【金界】　佛地，佛寺。李华《云母泉诗》：“洞彻净金界，夤缘流玉英。”高适《和窦侍御登凉州七级浮图之作》：“铁冠雄赏眺，金界宠招携。”独孤及《题思禅寺上方》：“攀云到金界，合掌开禅扃。”刘沧《夏日登慈恩寺》：“金界时来一访僧，天香飘翠琐窗凝。”

【金堂】　❶金饰的房屋。指神仙居处。皮日休《太湖诗·入林屋洞》：“金堂似镌出，玉座如琢成。”❷华美的房屋。储光羲《陆著作挽歌》之四：“金堂策令名，仙掖居清位。”李商隐《楚宫二首》：“王昌且在墙头住，未必金堂得免嫌。”

【金堂玉闕】　金饰的宫阙。指神仙居处。孟云卿《行路难》：“金堂玉阙朝群仙，拍手东海成桑田。”

【金眸】　明亮如金的眼珠。杜甫《见王监兵马使说近山有白黑二鹰》之二：“万里寒空只一日，金眸玉爪不凡材。”

【金距】　装在斗鸡后爪上的金属假距。距，雄鸡后爪。李白《答王十二寒夜独酌有怀》：“君不能狸膏金距学斗鸡，坐令鼻息吹虹霓。”李端《赠郭驸马》：“金距斗鸡过上苑，玉鞭骑马出长楸。”亦泛称鸡距。白居易《赎鸡》：“足伤金距踠，头抢花冠翻。”

【金蛇】　比喻像以金制成的蛇一样的雷电之光。顾云《天威行》：“金蛇飞状霍闪过，白日倒挂银绳长。”皮日休、陆龟蒙《寂上人院联句》：“石形蹲玉虎，池影闪金蛇。”

【金釭】　❶古代宫饰壁带上环状金属饰物。崔国辅《舞曲歌辞·白纻辞二首》之二：“壁带金釭皆翡翠，一朝零落变成空。”按，璧，当作壁。❷金质的灯盏、烛台。李商隐《夜思》：“银箭耿寒漏，金釭凝夜光。”温庭筠《咏寒宵》：“委坠金釭烬，阑珊玉局棋。”李群玉《感兴四首》之三：“洞房三五夕，金釭凝焰灭。”

【金釧】　金制的臂镯。徐贤妃《赋得北方有佳人》：“腕摇金钏响，步转玉环鸣。”

【金符】　古代帝王授予臣子的信物，如铜虎符、竹使符、金鱼符之属。王维《故西河郡杜太守挽歌三首》之二:“返葬金符守,同归石窌妻。”

【金笳】 对胡笳的美称。为古代北方部族常见的一种管乐器。李颀《塞下曲》:“金笳吹朔雪,铁马嘶云水。”武元衡《汴河闻笳》:“何处金笳月里悲,悠悠边客梦先知。”温庭筠《杂歌谣辞·邯郸郭公词》:“金笳悲故曲,玉座积深尘。”

【金彩】 ❶金黄色斑纹。李绅《灵蛇见少林寺》:“鳞蹙翠光抽璀璨,腹连金彩动弯环。”❷光彩。徐铉《北苑侍宴杂咏诗·菊》:“细丽披金彩,氛氲散远馨。”

【金船】 金质盛酒器。张祜《杂曲歌辞·少年乐》:“醉把金船掷,闲敲玉镫游。”韦庄《绛州过夏留献郑尚书》:“朝朝沉醉引金船,不觉西风满树蝉。”黄滔《江州夜宴献陈员外》:“清管彻时斟玉醑,碧筹回处掷金船。”徐铉《忆新淦觞池寄孟宾于员外》:“自有溪光还碧甃,不劳人力递金船。”

【金釵】 ❶妇女插于发髻中的金制首饰,由两股合成。寒山《诗三百三首》之五三:“玉带暂时华,金钗非久饰。”张继《人日代客子是日立春》:“遥知双彩胜,并在一金钗。”温庭筠《懊恼曲》:“两股金钗已相许,不令独作空成尘。”罗虬《比红儿诗》之三十:“照耀金钗簇腻鬟,见时直向画屏间。”❷借指美女。参见“金釵十二行”。

【金釵十二行】 (行 háng)南朝梁《河中之水歌》:“头上金钗十二行,足下丝履五文章。”后用以喻姬妾甚多。白居易《酬思黯戏赠同用狂字》:“钟乳三千两,金钗十二行。”自注:“思黯自夸前后服钟乳三千两,甚得力,而歌舞之妓颇多。”

【金釵子】 即金钗。花蕊夫人徐氏《宫词》之一三七:“众中遗却金钗子,拾得从他要赎么。”

【金魚】 ❶指金鱼符。金质的鱼符。唐代亲王及三品以上官员佩戴,有时四品、五品官员亦佩戴,用以表示品级、身份。元稹《自责》:“犀带金鱼束紫袍,不能将命报分毫。”❷指金鱼袋。鱼袋的一种,金饰,用以盛放金鱼。唐制,三品官员佩戴。杜甫《陪郑广文游何将军山林十首》之五:“银甲弹筝用,金鱼换酒来。”韦庄《仆者杨金》:“努力且为田舍客,他年为尔觅金鱼。”又《秦妇吟》:“翻持象笏作三公,倒佩金鱼为两史。”徐铉《奉酬度支陈员外》:“幸遇汉文皇,握兰佩金鱼。”❸鱼形锁。李商隐《和友人戏赠二首》之一:“殷勤莫使清香透,牢合金鱼锁桂丛。”又《燕台四首·右秋》:“金鱼锁断红桂春,古时尘满鸳鸯茵。”

【金魚公子】 指贵族子弟。李贺《酬答二首》之一:“金鱼公子夹衫长,密装腰鞓割玉方。”

【金象】 见“金像”。

【金猊】 指狻猊状的香炉。花蕊夫人徐氏《宫词》之五二:“夜色楼台月数层,金猊烟穗绕觚棱。”

【金痍】 金疮,金属利器对人体所造成的创伤。孟郊《戏赠无本》之一:“瘦僧卧冰凌,嘲咏含金痍。”

【金章】 金质的官印。一说铜印。杜甫《陪柏中丞观宴将士二首》之一:“无私齐绮馔,久坐密金章。”权德舆《赠别表兄韦卿》:“新读兵书事护羌,腰间宝剑映金章。”白居易《自咏》:“金章未佩虽非贵,银榼常携亦不贫。”贯休《白雪曲》:“列鼎佩金章,泪眼看风枝。”亦指高级官员的官服。代指高级官员。任希古《和左仆射燕公春日端居述怀》:“玉鼎升黄阁,金章谒紫宸。”

【金章玉節】 金质的印章和玉制的符节。权德舆《送张阁老中丞持节册吊回鹘》:“金章玉节鸣驺远,白草黄云出塞寒。”

【金章紫綬】 黄金印章和系印的紫色绶带。古代相国、丞相、太尉、大司空、太傅、太师、太保、前后左右将军及六宫后妃所掌。亦为表示品级之服饰。后用以代指高官显爵。李白《驾去温泉后赠杨山人》:“王公大人借颜色,金璋紫绶来相趋。”璋,当作章。白居易《新昌闲居招杨郎中兄弟》:“金章紫绶堪如梦,皂盖朱轮别似空。”黄滔《奉和翁文尧员外经过七林书堂见寄之什》:“驷马宝车行锡礼,金章紫绶带天香。”花蕊夫人徐氏《宫词》之一三二:“金章紫绶选高班,每每东头近圣颜。”

【金商】 秋气。高宗《九月九日》:“端居临玉扆,初律启金商。”唐彦谦《秋霁夜吟寄友人》:“槐柳萧疏溽暑收,金商频伏火西流。”

【金液】 ❶古代方士炼出的一种丹药。据说服之可以成仙。李白《题随州紫阳先生壁》:“终愿惠金液,提携凌太清。”卢纶《和裴延龄尚书寄题果州谢舍人仙居》:“歌此因思捧金液,露盘长庆汉皇宫。”皮日休《华山李炼师所居》:“瑞气染衣金液启,香烟映面紫文开。”吕岩《七言》之三九:“金液变来成雨露,玉都归去老松杉。”❷美酒。白居易《游宝称寺》:“酒嫩倾金液,茶新碾玉尘。”许浑《闻州中有宴寄崔大夫兼简邢群评事》:“箫管筵间列翠蛾,玉杯金液耀金波。”

【金張】 汉金日磾、张安世二人的并称。此二氏子孙相继,七世荣显。后因以代称显宦。孟浩然《从张丞相游南纪城猎戏赠裴迪张参军》:“世禄金张贵,官曹幕府贤。”白居易《新乐府·涧底松》:“金张世禄原宪贫,牛衣寒贱貂蝉贵。”杜牧《长安杂题长句六首》之六:“丰貂长组金张辈,驷马文衣许史家。”司马札《猎客》:“自言家咸京,世族如金张。”

【金張宅】 汉金日磾、张安世的居所。借指显贵之家。于濆《古宴曲》:“重门集嘶马,言宴金张宅。”

【金張門】 汉代金日磾、张安世二显贵的家门。

泛称显贵之家。王维《济上四贤咏·郑霍二山人》:“翩翩繁华子,多出金张门。”李白《咏桂》:“世人种桃李,皆在金张门。”唐彦谦《春风四首》之二:“昔日金张门,狼籍余废宅。”

【金張許史】 汉时金日磾、张安世并为显贵。许广汉为宣帝许皇后之父。史指史恭及其长子史高。恭为宣帝祖母史良娣之兄。宣帝即位,恭已死,封其子史高为乐陵侯。许史两家皆为宠贵。后以此四姓并称,借指权贵之家。李益《汉宫少年行》:“金张许史伺颜色,王侯将相莫敢论。”韦庄《咸通》:“咸通时代物情奢,欢杀金张许史家。”

【金張館】 汉显贵金日磾、张安世的馆舍。常用泛称权贵馆舍。孟浩然《宴张记室宅》:“甲第金张馆,门庭车骑多。”李白《玉真公主别馆苦雨赠卫尉张卿二首》之一:“秋坐金张馆,繁阴昼不开。”

【金隄】 见“金堤”。

【金階】 ❶帝王宫室的台阶。因装饰华丽,故名。王建《宫词一百首》之四:“殿头传语金阶远,只进词来谢圣人。”刘言史《乐府杂词三首》之二:“月光如雪金阶上,迸却颇梨义甲声。”杜牧《杜秋娘诗》:“金阶露新重,闲捻紫箫吹。”徐铉《陪郑王相公赋筵前垂冰应教依韵》:“玉指乍拈簪尚愧,金阶时坠磬难胜。”❷代指朝廷。李远《赠殷山人》:“谁能将此妙,一为奏金阶。”

【金鄉】 指仙境。张说《韦谯公挽歌二首》之二:“将星连相位,玉树伴金乡。”

【金組】 金印紫绶。王维《送韦大夫东京留守》:“逆虏遗之擒,然后解金组。”

【金堤】 亦作“金隄”。坚固的堤坝。后作对堤坝的美称。王维《听百舌鸟》:“亦有相随过御苑,不知若个向金堤。”刘禹锡《杂曲歌辞·杨柳枝》:“杨子江头烟景迷,隋家宫树拂金堤。”白居易《有木诗八首》之一:“可惜金堤地,栽之徒尔为。”赵嘏《昔昔盐二十首·垂柳覆金堤》:“因风飘玉户,向日映金隄。”亦指马场周围短堤。李百药《和许侍郎游昆明池》:“税马金堤外,横舟石岸前。”

【金壺】 ❶对铜壶的美称。李端《长门怨》:“金壶漏尽禁门开,飞燕昭阳侍寝回。”王棨《晓日禁林闻清漏》:“露碎金壶滴,风和玉佩振。”温庭筠《鸿胪寺四十韵》:“玉砌露盘纡,金壶漏丁当。”❷对酒壶的美称。韩翃《田仓曹东亭夏夜饮得春字》:“玉佩迎初夜,金壶醉老春。”殷文圭《贺同年第三人刘先辈咸辟命》:“金壶借草溪亭晚,玉勒穿花野寺春。”❸指仙人壶公所持之壶。徐铉《步虚词五首》之三:“世上金壶远,人间玉籥空。”

【金博山】 以金装饰的博山豆形香炉。刘复《夏日》:“银瓶绠转桐花井,沉水烟销金博山。”

【金葉蓮花】 用黄金雕琢出来的莲叶和莲花。喻美女。萧宝卷凿金为莲,让潘妃步行其上,曰:“此步步生莲华也。”罗虬《比红儿诗》之七:“当时若遇东昏主,金叶莲花是此人。”

【金葩】 金黄色的花。韩愈《奉和杜相公太清宫纪事陈诚上李相公十六韵》:“殿阶铺水碧,庭炬坼金葩。”

【金戟】 金饰之戟。李白《在水军宴赠幕府诸侍御》:“云旗卷海雪,金戟罗江烟。”杜甫《醉为马坠诸公携酒相看》:“甫也诸侯老宾客,罢酒酣歌拓金戟。”

【金植】 仙骨。孙思邈《四言诗》:“骨变金植,颜驻玉泽。”

【金棺】 金饰的棺木。李白《古风》之三:“但见三泉下,金棺葬寒灰。”朱存《阿育王塔》:“金棺舍利藏何处,铎绕危檐声撼风。”

【金索】 对井绳的美称。温庭筠《生禖屏风歌》:“玉墀暗接昆仑井,井上无人金索冷。”李郢《晓井》:“越女携瓶下金索,晓天初放辘轳声。”

【金粟】 ❶金黄的粟粒。亦喻美好的粟状物。李端《听筝》:“鸣筝金粟柱,素手玉房前。”刘禹锡《武陵书怀五十韵》:“披沙金粟见,拾羽翠翘翻。”❷为“金粟如来”的简称。翁承赞《题景祥院》:“三卷贝多金粟语,可能心炼得成灰。”贯休《和韦相公见示闲卧》:“堂悬金粟像,门枕御沟泉。”❸喻灯花、灯烛。韩愈《咏灯花同侯十一》:“黄里排金粟,钗头缀玉虫。”白居易《和微之诗二十三首·和栉沐寄道友》:“高星粲金粟,落月沉玉环。”❹首饰名。温庭筠《归国遥》词之一:“钿筐交胜金粟,越罗春水绿。”罗虬《比红儿诗》之九四:“金粟妆成扼臂环,舞腰轻薄瑞云间。”❺山名。在今陕西蒲县东北,唐玄宗泰陵在此。见“金粟堆”。

【金粟尺】 即钿尺。尺上的星点用金粟嵌成。为富家之物。杜甫《白丝行》:“缫丝须长不须白,越罗蜀锦金粟尺。”

【金粟如来】 佛名,即维摩诘大士。维摩,意译净名或无垢称。李白《答湖州迦叶司马问白是何人》:“湖州司马何须问,金粟如来是后身。”白居易《内道场永讙上人就郡见访因以此赠》:“正传金粟如来偈,何用钱唐太守诗。”

【金粟堆】 指陕西蒲城东北金粟山唐玄宗的陵墓。杜甫《韦讽录事宅观曹将军画马图歌》:“君不见金粟堆前松柏里,龙媒去尽鸟呼风。”又《观公孙大娘弟子舞剑器行》:“金粟堆南木已拱,瞿唐石城草萧瑟。”李贺《吕将军歌》:“独携大胆出秦门,金粟堆边哭陵树。”

【金雲卿】 新罗人。仕唐,会昌元年(841)官淄州长史。《全唐诗逸》卷中录其断句一联。

【金粟影】 佛像,即维摩诘像。晋顾恺之字长康,小字虎头,尝于瓦官寺北殿画维摩诘像。佛家谓维摩诘之前身乃金粟如来。杜甫《送许八拾遗归江宁觐省》:“虎头金粟影,神妙独难忘。”

【金紫】 ❶金印紫绶。王勃《陇西行》之五:“门第倚崆峒,家世垂金紫。”李白《与诸公送陈郎将归衡阳》:“气清岳秀有如此,郎将一家拖金紫。”韩愈《送进士刘师服东归》:“勉来取金紫,勿久休中园。”白居易《闲居》:“君看裴相国,金紫光照地。”❷金鱼袋及紫衣。唐时官服和佩饰。因亦用以指代贵官。白居易《喜刘苏州恩赐金紫遥想贺宴以诗庆之》:“莫嫌鬓上些些白,金紫由来称长年。”韩偓《与吴子华侍郎同年玉堂同直怀恩叙恳因成长句四韵兼呈诸同年》:“声名烜赫文章士,金紫雍容富贵身。”萧项《赠翁承赞漆林书堂诗》:“手植松筠同茂盛,身荣金紫倍光辉。”徐铉《送萧尚书致仕归庐陵》:“金紫满身皆外物,雪霜垂领便离群。”

【金掌】 ❶铜制的仙人手掌。汉武帝作承露盘,盘下承以铜制仙人巨掌,故曰金掌。岑参《尹相公京兆府中棠树降甘露诗》:“魏宫铜盘贮,汉帝金掌持。”武元衡《顺宗至德大圣皇帝挽歌词三首》之一:“鼎湖仙已去,金掌露宁干。”李商隐《寄令狐学士》:“晓饮岂知金掌迥,夜吟应讶玉绳低。”崔涂《读侯道华真人传》:“茂陵春竟绿,金掌曙空寒。”❷喻获得帝王提拔。杜甫《暮春江陵送马大卿公恩命追赴阙下》:“卿月升金掌,王春度玉墀。”

【金鼎】 ❶金制炊具。亦作对鼎类炊具的美称。卢纶《送李尚书郎君昆季侍从归觐滑州》:“金鼎对筵调野膳,玉鞭齐骑引行轩。”又《新茶咏寄上西川相公二十三舅大夫二十舅》:“三献蓬莱始一尝,日调金鼎阅芳香。”韩濬《清明人赐百僚新火》:“更调金鼎膳,还暖玉堂人。”李商隐《骄儿诗》:“绕堂复穿林,沸若金鼎溢。”❷炼丹炉,道士用以炼丹。陈子昂《感遇诗三十八首》之三三:“金鼎合神丹,世人将见欺。”李白《过四皓墓》:“伊昔炼金鼎,何年闭玉泉。”李绅《赠毛仙翁》:“金鼎作丹丹化碧,三万六千神入宅。”罗隐《寄程尊师》:“玉书分薄花生眼,金鼎功迟雪满须。”❸指九鼎。亦用金鼎喻指国家宰辅大臣。权德舆《酬崔千牛四郎早秋见寄》:“少年才藻新,金鼎世业崇。”李商隐《寄太原卢司空三十韵》:“禹贡思金鼎,尧图忆土铏。”罗隐《寄酬邺王罗令公五首》之一:“坐调金鼎尊明主,横把雕戈拜列侯。”

【金晰】 金色的亮光。李德裕《春暮思平泉杂咏二十首·金松》:“照日含金晰,笼烟淡翠滋。”

【金晶】 道家用金炼成的丹药。吕岩《绝句》之一:“捉得金晶固命基,日魂东畔月华西。”又《赠乔二郎》:“金晶飞到上宫里,上宫下宫通光明。”

【金晖】 金色的光辉。储光羲《同诸公秋日游昆明池思古》:“回塘清沧流,大曜悬金晖。”

【金斝】 对斝的美称。斝,酒器,似爵而大。韩偓《又和》:“蝶下粉墙梅乍坼,蚁浮金斝酒难干。”

【金毳】 金色的细毛。毛文锡《喜迁莺》词:“锦翼鲜,金毳软,百转千娇相唤。”

【金牓】 见“金榜”。

【金筐】 金制的箩筐。郑嵎《津阳门诗》:“大开内府恣供给,玉缶金筐银簸箕。”

【金策】 ❶金简。用于记载大事或帝王诏书。皇甫冉《赠恭顺皇后挽歌》:“诏使归金策,神人送玉衣。”亦指道教仙简。皇甫冉《祭张公洞二首》之一:“拂雾陈金策,焚香拜玉筵。”❷禅杖。皇甫曾《锡杖歌送明楚上人归佛川》:“口翻贝叶古字经,手持金策声泠泠。”刘长卿《送惠法师游天台因怀智大师故居》:“落日独摇金策去,深山谁向石桥逢。”陆畅《送深上人归江南》:“留得莲花偈付谁,独携金策欲归时。”

【金笺】 洒金纸。王涯《宫词三十首》之八:“传索金笺题宠号,镫前御笔与亲书。”

【金筈】 金属箭头。钟元章《句》:“金筈离弦三尺电,星髇破的一声雷。”

【金筋】 坚韧的肌腱。吕岩《窑头坯歌》:“饵之千日功便成,金筋玉骨身已轻。”

【金鉤】 ❶钓钩。陆龟蒙《顷自桐江得一钓车因出以为玩俄辱三篇复抒酬答》之一:“旋屈金钩劈翠筠,手中盘作钓鱼轮。”又《奉和袭美送李明府之任南海》:“赍税尽应输紫贝,蛮童多学佩金钩。”李舜弦《钓鱼不得》:“依稀纵有寻香饵,知是金钩不肯吞。”❷驿站名。陆畅《送崔员外使回入京金钩驿逢因赠》:“六星宫里一星归,行到金钩近紫微。”

【金鉤驛】 驿站名。当在今陕西西安市附近。陆畅《送崔员外使回入京金钩驿逢因赠》:“六星宫里一星归,行到金钩近紫微。”

【金貂】 ❶皇帝左右侍臣的冠饰。始于汉,侍中、中常侍之冠于武冠上加黄金珰,附蝉为文,貂尾为饰。王维《奉和圣制上巳于望春亭观禊饮应制》:“金貂列上公,清歌邀落日。”皇甫冉《送常大夫加散骑常侍赴朔方》:“金貂宠汉将,玉节度萧关。”卢纶《萧常侍瘿柏亭歌》:“金貂主人汉三老,构此穷年下朝早。”白居易《西省北院与常侍隔窗小饮各题四韵》:“金貂醉看好,回首紫垣东。”❷借指侍从贵臣。武元衡《酬严司空荆南见寄》:“金貂再领三公府,玉帐连封万户侯。”白居易《江西裴常侍以优礼见待又蒙赠诗辄叙鄙诚用伸感谢》:“一从簪笏事金貂,每借温颜放折腰。”

❸表示狂放。温庭筠《寄卢生》:“他年犹拟金貂换,寄语黄公旧酒垆。”陆龟蒙《再和次韵》:“寒蔬卖却还沽吃,可有金貂换得来。”

【金勝】 用金箔剪成的彩花。戴叔伦《和汴州李相公勉人日喜春》:“独献菜羹怜应节,遍传金胜喜逢人。”

【金童】 道家称仙人的侍童。徐彦伯《幸白鹿观应制》:“金童擎紫药,玉女献青莲。”

【金尊】 见“金樽”。

【金湯】 金城汤池。金属造的城,沸水流淌的护城河。形容城池险固。孔绍安《别徐永元秀才》:“金汤既失险,玉石乃同焚。”杜甫《有感五首》之三:“莫取金汤固,长令宇宙新。”白居易《和渭北刘大夫借便秋遮虏寄朝中亲友》:“豹虎关西卒,金汤渭北城。”李商隐《览古》:“莫恃金汤忽太平,草间霜露古今情。”

【金扉】 华贵的门户。温庭筠《投翰林萧舍人》:“人间鹓鹭杳难从,独恨金扉直九重。”毛文锡《纱窗恨》词:“后园里看百花发,香飘拂、绣户金扉。”韦庄《放榜日作》:“一声开鼓辟金扉,三十仙材上翠微。”

【金絡】 ❶即“金絡頭”。虞世南《结客少年场行》:“绿沉明月弦,金络浮云辔。”李白《相和歌辞·陌上桑》:“五马如飞龙,青丝结金络。”韩翃《鲁中送鲁使君归郑州》:“城中金络骑,出饯沈东阳。”胡曾《咏史诗·寒食都门作》:“金络马衔原上草,玉颜人折路傍花。”❷借指骑马的人。杜牧《扬州三首》之二:“金络擎雕去,鸾环拾翠来。”

【金絡頭】 金饰的马笼头。元稹《哀病骢呈致用》:“金络头衔光未灭,玉花衫色瘦来燋。”

【金絡腦】 即“金絡頭”。褚载《句》:“躞蹀马摇金络脑,婵娟人坠玉搔头。”

【金絲】 ❶金制的线。和凝《采桑子》词:“丛头鞋子红编细,裙窣金丝。”❷乐器的金属弦。权德舆《奉和圣制重阳日即事六韵》:“金丝响仙乐,剑舄罗宗公。”张孜《雪诗》:“暖手调金丝,蘸甲斟琼液。”亦指弦乐声。李郢《春晚思江上旧游寄城中知己》:“紫云楼畔金丝发,红杏园中玉辇香。”陆龟蒙《送宣武从事越中按狱》:“旌旆临危堞,金丝发丽谯。”❸喻柳条。李绅《柳二首》之二:“千条垂柳拂金丝,日暖牵风叶学眉。”欧阳炯《杨柳枝》:“青青自是风流主,慢飒金丝待洛神。”张祜《忆江东旧游四十韵寄宣武李尚书》:“金丝援嫩柳,玉片犯残冰。”

【金絲手】 谓弹琴的手。鲍溶《劝酒行》:“莫闲金丝手,月在西南楼。”

【金鼓】 四金和六鼓。四金指錞、镯、铙、铎,六鼓指雷鼓、灵鼓、路鼓、鼖鼓、鼛鼓、晋鼓。金鼓用以节声乐,和军旅,正田役。亦泛指金属乐器和鼓。崔颢《辽西作》:“沙虚金鼓鸣,寒衣着已尽。”李华《奉使朔方赠郭都护》:“铁衣山月冷,金鼓朔风悲。”杜甫《秋兴八首》之四:“直北关山金鼓振,征西车马羽书迟。”亦指金饰的鼓。贯休《送颢雅禅师》:“春光主,芙蓉堂窄堆花乳,手提金桴打金鼓。”

【金塘】 ❶坚固的塘。骆宾王《秋晨同淄川毛司马秋九咏·秋露》:“玉关寒气早,金塘秋色归。”刘希夷《饯李秀才赴举》:“朝鸣集银树,暝宿下金塘。”吕温《风咏》:“微风生青蘋,习习出金塘。”李贺《河南府试十二月乐词·四月》:“金塘闲水摇碧漪,老景沉重无惊飞。”❷坚固的堤坝。虞世南《侍宴归雁堂》:“歌堂面渌水,舞馆接金塘。”温庭筠《罩鱼歌》:“楚岸有花花盖屋,金塘柳色前溪曲。”王毂《春草碧色》:“金塘明夕照,辇路惹芳尘。”

【金蓮】 ❶金制的莲花。称美女人的步态。李商隐《南朝》:“谁言琼树朝朝见,不及金莲步步来。”又《隋宫守岁》:“昭阳第一倾城客,不踏金莲不肯来。”毛熙震《临江仙》词之一:“纵态迷欢心不足,风流可惜当年。纤腰婉约步金莲。妖君倾国,犹自至今传。”❷指女子的纤足。李商隐《齐宫词》:“永寿兵来夜不扃,金莲无复印中庭。”吴融《和韩致光侍郎无题三首十四韵》之二:“玉箸和妆裛,金莲逐步新。”孙元晏《咏史诗·齐·潘妃》:“曾步金莲宠绝伦,岂甘今日委埃尘。”❸谓仙家莲花座。吕岩《七言》之九:“水中白雪微微结,火里金莲渐渐生。”又《沁园春》词:“把珊瑚砍倒,栽吾琪树,天河放浅,种我金莲。”❹金饰莲花形灯烛。史凤《锁莲灯》:“残灰剔罢携纤手,也胜金莲送辙回。”

【金蓮花】 金制的莲花。借指女子纤足。李群玉《赠回雪》:“安得金莲花,步步承罗袜。”参见“金莲❶”“金莲❷”。

【金蓮炬】 金饰莲花形灯炬。程太虚《醮坛峰》:“高烧华岳金莲炬,齐到黄冈玉笋班。”

【金槌】 金椎。李白《侠客行》:“救赵挥金槌,邯郸先震惊。”吕岩《七言》之二八:“金槌袖里居元宅,玉户星官降上玄。”

【金椀】 ❶金制的碗。王维《过崔驸马山池》:“画楼吹笛妓,金椀酒家胡。”张祜《悖拏儿舞》:“揭手便拈金椀舞,上皇惊笑悖拏儿。”❷借指殉葬的器物。杜甫《奉送郭中丞兼太仆卿充陇右节度使三十韵》:“空余金椀出,无复繐帷轻。”

【金楹】 金色华丽的屋柱。徐源《题灵泉寺》:“焚香流玉户,听鸟度金楹。”

【金輅】 (—lù)天子所乘的饰金之车。贾曾《奉和春日出苑瞩目应令》:“铜龙晓辟问安回,金辂春游博望开。”亦指仙人所乘之车。曹松《七夕》:“彤云缥緲回金辂，明月婵娟挂玉钩。”亦借指天子。窦弘余《广谪仙怨》：“胡尘犯阙冲关，金辂提携玉颜。”

【金盞】　对酒杯的美称。杜甫《江畔独步寻花七绝句》之四：“谁能载酒开金盏，唤取佳人舞绣筵。”张碧《秋日登岳阳楼晴望》：“三秋倚练飞金盏，洞庭波定平如刬。”黄损《公子行》：“打鹊抛金盏，招人举玉鞭。”毛文锡《酒泉子》词：“柳丝无力袅烟空，金盏不辞须满酌。”

【金園】　寺中园圃。李白《安州般若寺水阁纳凉喜遇薛员外乂》：“翛然金园赏，远近含晴光。”张谓《长沙失火后戏题莲花寺》：“金园宝刹半长沙，烧劫旁延一万家。”储光羲《荥阳马氏二子》：“待至金园侧，相将居一廛。”

【金幌】　饰金之罗帷。孟浩然《崔明府宅夜观妓》：“画堂初点烛，金幌半垂罗。”

【金蛺蝶】　金色的蝴蝶。亦指金色蝴蝶状的衣绣。寒山《诗三百三首》之六二：“缀裙金蛱蝶，插髻玉鸳鸯。”

【金節】　❶诸侯使臣的符节。王维《奉和圣制暮春送朝集使归郡应制》：“玉乘迎大客，金节送诸侯。”❷古代殿廷的仪仗。王维《恭懿太子挽歌五首》之三：“凯容金节护，册命玉符新。”刘长卿《奉饯郎中四兄罢余杭太守承恩加侍御史充行军司马赴汝南行营》：“权分金节重，恩借铁冠雄。”又《罢摄官后将还旧居留辞李侍御》：“忆昨趋金节，临时废玉徽。”

【金像】　亦作“金象”。金身佛像。孟浩然《腊月八日于剡县石城寺礼拜》：“石壁开金像，香山倚铁围。”韦应物《四禅精舍登览悲旧寄朝宗巨川兄弟》：“跻阁谒金像，攀云造禅扃。”李绅《新楼诗二十首·晏安寺》：“绛纱凝焰开金像，清梵销声闭竹房。”唐彦谦《西明寺威公盆池新稻》：“得地又生金象界，结根仍对水田衣。”

【金鉦】　古乐器。镯、铙之属。骆宾王《从军中行路难二首》之二：“七德龙韬开玉帐，千里鼍鼓叠金钲。”太宗《饮马长城窟行》：“胡尘清玉塞，羌笛韵金钲。”陆龟蒙《渔具诗·鸣根》：“铿如木铎音，势若金钲急。”

【金鉞】　古代作仪仗用的金色大斧。李白《赠张相镐二首》之一：“拥旄秉金钺，伐鼓乘朱轮。”卢纶《九日奉陪侍中宴白楼》：“玉筵秋令节，金钺汉元勋。”高骈《言怀》：“手持金钺冷，身挂铁衣寒。”

【金鈿】　❶（—tián）嵌有金花的妇人首饰。卢象《马跑神泉》：“吴歈催玉斝，赵舞落金钿。”权德舆《奉和圣制中春麟德殿会百僚观新乐》：“玉俎映朝服，金钿明舞茵。”白居易《九日宴集醉题郡楼兼呈周殷二判官》：“笙歌一曲思凝绝，金钿再拜光低昂。”韦庄《叹落花》：“西子去时遗笑靥，谢娥行处落金钿。”❷（—diàn）用金镶嵌。温庭筠《鸿胪寺四十韵》：“艳带画银络，宝梳金钿筐。”

【金鈴】　金属制成的铃。于鹄《宿西山修下元斋咏》：“碧纱笼寒灯，长幡缀金铃。”张祜《观杭州柘枝》：“旁收拍拍金铃摆，却踏声声锦袎摧。”陆龟蒙《五歌·水鸟》：“为人罗绊取材力，韦鞲彩绶悬金铃。”韦庄《贵公子》：“金铃犬吠梧桐月，朱鬣马嘶杨柳风。”

【金鉉】　举鼎具。贯穿鼎上两耳的金属横杆，用以提鼎。亦喻三公之位。裴度、刘禹锡《喜遇刘二十八偶书两韵联句》：“高位当金铉，虚怀似布衣。”

【金鉉鼎】　金鼎。铉为贯穿鼎上两耳的金属横杆，用以提鼎。鼎乃国家重器，故亦指三公之类的重臣。刘禹锡《浙西李大夫述梦四十韵并浙东元相公酬和斐然继声》：“门承金铉鼎，家有玉璜韬。”

【金微】　山名。地当在今蒙古人民共和国肯特省境。唐于此置金微都督府。一说，金微山，即阿尔泰山。卢照邻《昭君怨》：“肝肠辞玉辇，形影向金微。”杜甫《秦州杂诗二十首》之六：“防河赴沧海，奉诏发金微。”柳公权《应制贺边军支春衣》之二：“从今貔武士，不惮戍金微。”赵嘏《降虏》：“广武溪头降虏稀，一声寒角怨金微。”

【金箸】　金饰筷子。刘言史《长门怨》：“手持金箸垂红泪，乱拨寒灰不举头。”

【金觥】　对酒杯的美称。刘禹锡《牛相公见示新什谨依本韵次用以抒下情》：“玉柱琤瑽韵，金觥雹凸棱。”韦庄《边上逢薛秀才话旧》：“也有绛唇歌白雪，更怜红袖夺金觥。“

【金鳧】　金铸之凫。帝王墓中陪葬品。张祜《吴中怀古十六韵》：“堕钗残玉燕，穿墓得金凫。”

【金溝】　❶宫中沟渠。贺敳《奉和九月九日应制》：“玉砌分雕戟，金沟转镂衢。”司空图《杨柳枝寿杯词十八首》之十五：“锦城分得映金沟，两岸年年引胜游。”❷犹金埒。温庭筠《赠李将军》：“金沟故事春长在，玉轴遗文火半焚。”参见“金埒”。

【金裝】　亦作“金妆”。❶黄金装饰。李廓《送振武将军》：“金装腰带重，铁缝耳衣寒。”❷美装，盛装。李白《洗脚亭》：“樵女洗素足，行人歇金装。”包佶《送日本国聘贺使晁巨卿东归》：“锦帆乘风转，金装照地新。”王涯《塞下曲二首》之二：“年少辞家从冠军，金妆宝剑去邀勋。”

【金障】　金色障扇。帝王出巡或临朝时的仪仗。卢照邻《赠许左丞从驾万年宫》：“曳日朱旗卷，参云金障开。”李商隐《行次西郊作一百韵》：“金障既特设，珠帘亦高褰。”

【金經】　佛道经典。陈子昂《酬田逸人游岩见寻不遇题隐居里壁》：“石髓空盈握，金经秘不开。”杨衡

《宿陟岵寺云律师院》:“玉炉扬翠烟,金经开缥帙。”清昼、潘述《还丹可成诗联句》:“金经启灵秘,玉液流至精。”

【金琐碎】　透过植物叶丛的光线。韩愈、孟郊《城南联句》:“竹影金琐碎,泉音玉淙琤。”

【金碧】　❶金和玉。刘言史《买花谣》:“每至南山草木春,即向侯家取金碧。”❷金黄碧绿的颜色。崔湜《九龙潭作》:“透迤环汀屿,熠爚洞金碧。”裴迪《辋川集二十首·金屑泉》:“萦渟澹不流,金碧如可拾。”杜牧《自宣州赴官入京路逢裴坦判官归宣州因题赠》:“城高跨楼满金碧,下听一溪寒水声。”罗邺《上阳宫》:“深锁笙歌巢燕听,遥瞻金碧路人愁。”亦指金碧辉煌的建筑物。权德舆《广陵诗》:“层台出重霄,金碧摩颢清。”❸即“金碧洞”。杜牧《游池州林泉寺金碧洞》:“携茶腊月游金碧,合有文章病茂陵。”参见“金碧洞”。

【金碧洞】　洞名。遗址在今安徽贵池市。杜牧有《游池州林泉寺金碧洞》。

【金墟福地】　对村落的美称。陆龟蒙《奉和袭美怀华阳润卿博士三首》之一:“金墟福地能容否,愿作冈前蒋负刍。”

【金臺】　❶金银台,传为神仙所居。陈子昂《夏日晖上人房别李参军崇嗣》:“金台可攀陟,宝界绝将迎。”则天皇后《游石淙诗》序:“若夫圆峤方壶,涉沧波而靡际,金台玉阙,陟玄圃而无阶。”独孤及《观海》:“超遥蓬莱峰,想像金台存。”钱元瓘《题得铜香炉》:“仙冠羽服声清曲,共引金台入九重。”❷黄金台。战国燕昭王筑黄金台以招贤。借指延揽士人或士人展露才华之处。刘禹锡《伤我马词》:“金台已平骨空朽,投之龙渊从尔友。”杜牧《池州送孟迟先辈》:“我虽在金台,头角长垂折。”罗隐《春日投钱塘元帅尚父二首》之一:“正忧衰老辱金台,敢望昭王顾问来。”

【金墉】　❶西方的城。杨炯《途中》:“悠悠辞鼎邑,去去指金墉。”❷古城名。三国时魏明帝筑,为当时洛阳城(今河南洛阳市东)西北角一个小城。唐贞观后废。为帝后贬所的代称。罗虬《比红儿诗》之六九:“几抛云髻恨金墉,泪洗花颜百战中。”

【金榜】　亦作“金牓”。❶金色的匾额或排名榜。唐远悊《奉和送金城公主适西蕃应制》:“龙笛迎金榜,骊歌送锦轮。”杜甫《岳麓山道林二寺行》:“莲花交响共命鸟,金榜双回三足乌。”卢纶《学颜鲁公送挺赟归翠微寺》:“寺悬金榜半山隅,石路荒凉松树枯。”欧阳炯《春光好》词之五:“玉兔宫前金牓出,列仙名。”❷科举时代殿试揭晓的榜。刘禹锡《送裴处士应制举诗》:“彤庭翠松迎晓日,凤衔金榜云间出。”薛逢《李先辈擢第东归有赠送》:“金榜前头无是非,平人分得一枝归。”袁皓《及第后作》:“金榜高悬姓字真,分明折得一枝春。”郑谷《赠杨夔二首》之二:“看取年年金榜上,几人才气似扬雄。”

【金匱】　铜制的柜。用以收藏文献或文物。李白《在水军宴赠幕府诸侍御》:“愿与四座公,静谈金匮篇。”刘禹锡《南海马大夫见惠著述三通诗以谢之》:“青箱传学远,金匮纳书成。”李沇《醮词》:“请帝命真官,临云启金匮。”

【金翡翠】　❶金色的翡翠鸟。韦庄《归国遥》词之二:“金翡翠,为我南飞传我意。”❷有翡翠图样的帷帐或罗罩。李商隐《无题四首》之一:“蜡照半笼金翡翠,麝熏微度绣芙蓉。”常衮《晚秋集贤院即事寄徐薛二侍郎》:“缀帘金翡翠,赐砚玉蟾蜍。”温庭筠《菩萨蛮》词之六:“画罗金翡翠,香烛销成泪。”❸即金翠。以黄金和翠玉制成的首饰。毛熙震《浣溪沙》词之七:“慵整落钗金翡翠,象梳攲鬓月生云。”顾敻《酒泉子》词之四:“小鸳鸯,金翡翠,称人心。”

【金僕姑】　箭矢名。卢纶《和张仆射塞下曲》之一:“鹫翎金仆姑,燕尾绣蝥弧。”杜牧《池州送孟池先辈》之二:“手撚金仆姑,腰悬玉辘轳。”

【金魄】　满月,圆满的月亮。沈佺期《和元舍人万顷临池玩月》:“玉流含吹动,金魄度云来。”李白《古风》之二:“圆光亏中天,金魄遂沦没。”白居易《游悟真寺诗》:“宝堂豁三门,金魄当其前。”又《池西亭》:“朱栏映晚树,金魄落秋池。”

【金銘】　金属器具上的铭文。杜审言《赠崔融二十韵》:“玉振先推美,金铭旧所防。”

【金銀】　金和银。张籍《送邵州林使君》:“郭外相连排殿阁,市中多半用金银。”白居易《感事》:“唯知趁杯酒,不解炼金银。”唐彦谦《游南明山》:“金银拱梵刹,丹青照廓宇。”归处讷《咏奸汉》:“更有一般奸太瞰,聚钱唯趁买金银。”

【金銀臺】　传为仙人所居之台榭,用黄金、白银构筑而成。李白《游泰山六首》之一:“登高望蓬瀛,想象金银台。”萧祜《游石堂观》:“一丘人境尚堪恋,何况海上金银台。”

【金管】　金属制的箫笛等吹奏乐器。李白《江上吟》:“木兰之枻沙棠舟,玉箫金管坐两头。”韩翃《送中兄典邵州》:“玉颜送酒铜鞮歌,金管留人石头宿。”白居易《泛太湖书事寄微之》:“玉杯浅酌巡初匝,金管徐吹曲未终。”韦庄《江皋赠别》:“金管多情恨解携,一声歌罢客如泥。”

【金銜】　金属马勒口。亦借指马。白居易《对酒吟》:“金衔嘶五马,钿带舞双姝。”皮日休《洛中寒食二首》之一:“千门万户掩斜晖,绣帐金衔晚未归。”徐铉《和太常萧少卿近郊马上偶吟》之二:“抱瓮何人灌药畦,金衔为尔驻平堤。”

【金餌】　谓鲜美的钓饵。韩愈、孟郊《城南联句》："修箭裒金饵，群鲜沸池羹。"

【金餅】　对茶叶饼的美称。李郢《酬友人春暮寄枳茶花》："金饼拍成和雨露，玉尘煎出照烟霞。"皮日休《茶中杂咏·茶焙》："初能燥金饼，渐见干琼液。"

【金鳳】　❶见"金凤凰❶"。❷见"金凤凰❷"。❸台名。即铜雀台。王勃《铜雀妓二首》之一："金凤邻铜雀，漳河望邺城。"❹琴、筝、琵琶之属。因其弦柱上端刻凤为饰，故称。牛峤《西溪子》词："捍拨双盘金凤，蝉鬓玉钗摇动。"魏承班《菩萨蛮》词之一："翠翘云鬟动，敛态弹金凤。"

【金鳳凰】　❶金制的凤凰形首饰。曹唐《玉女杜兰香下嫁于张硕》："遗情更说何珍重，擘破云鬟金凤皇。"亦省作"金鳳"。温庭筠《思帝乡》词："回面共人闲语，战篦金凤斜。"❷织物上金色凤形图案。温庭筠《菩萨蛮》词之十四："山枕隐浓妆，绿檀金凤凰。"亦省作"金鳳"。王建《宫词一百首》之十七："罗衫叶叶绣重重，金凤银鹅各一丛。"李贺《河南府试十二月乐词·十月》："金凤刺衣着体寒，长眉对月斗弯环。"

【金膏】　❶道教所称之仙药。王昌龄《放歌行》："若得金膏遂，飞云亦可俦。"梁锽《省试方士进恒春草》："金膏徒骋妙，石髓莫矜良。"则天皇后《游仙篇》："金浆既取玉杯斟，玉酒还用金膏酿。"皎然《哭吴县房耸明府》："金膏果不就，玉佩长此捐。"❷指磨镜用膏。白居易《新乐府·百炼镜》："琼粉金膏磨莹已，化为一片秋潭水。"

【金精】　仙药名。王绩《游仙四首》之一："金精飞欲尽，石髓溜应坚。"李白《西岳云台歌送丹丘子》："白帝金精运元气，石作莲花云作台。"又《入彭蠡经松门观石镜缅怀谢康乐题诗书游览之志》："水碧或可采，金精秘莫论。"

【金實】　金色的果实。钱起《九日宴浙江西亭》："木奴向熟悬金实，桑落新开泻玉缸。"

【金閨】　❶金马门。代称朝廷。李白《登黄山凌歊台送族弟溧阳尉济充泛舟赴华阴》："静者伏草间，群才满金闺。"窦牟《史馆候蒋别拾遗不遇》："主文亲玉扆，通籍入金闺。"羊士谔《酬彭州萧使君秋中言怀》："离居同舍恋，宿昔奉金闺。"李绅《南梁行》："青天诏下宠光至，颁籍金闺征石渠。"❷对闺阁的美称。刘宪《横吹曲辞·折杨柳》："沙塞三河道，金闺二月春。"王昌龄《初日》："初日净金闺，先照床前暖。"又《从军行七首》之一："更吹羌笛关山月，无那金闺万里愁。"高蟾《偶作二首》之一："丁当玉佩三更雨，平帖金闺一觉云。"❸指仙、佛之境。陆龟蒙《和醉中袭美先起次韵》："莫唱艳歌凝翠黛，已通仙籍在金闺。"参见"金閨籍❷"。

【金閨子】　对闺阁女子的美称。卢纶《七夕》："何事金闺子，空传得网丝。"

【金閨彦】　朝中杰出的才士。杜甫《赠李白》："李侯金闺彦，脱身事幽讨。"霍总《九华楼》："主人金闺彦，高兴思穷幽。"

【金閨籍】　❶金门所悬之名牒，牒上有名者方可入金门。后用以指入朝为官者。张九龄《初发江陵有怀》："复想金闺籍，何如梦渚云。"李白《效古二首》之一："谬题金闺籍，得与银台通。"权德舆《奉和许阁老慈恩寺杏园看花同用花字口号》："独限金闺籍，支颐啜茗花。"韦应物《答韩库部》："名列金闺籍，心与素士同。❷借指佛牒。陆龟蒙《纪梦游甘露寺》："奈何有名氏，未列金闺籍。"

【金閣】　饰金的阁。亦作为对阁的美称。许浑《郑侍御厅玩鹤》："碧天飞舞下晴莎，金阁瑶池绝网罗。"齐己《送灵聻上人游五台》："想登金阁望，东北极兵锋。"

【金翠】　❶金黄、翠绿之色。李郢《孔雀》："一身金翠画不得，万里山川来者稀。"崔涂《放鹧鸪》："满身金翠画不得，无限烟波何处归。"❷用黄金和翠玉制成的饰物。李华《杂诗六首》之二："女奴厌金翠，倾海未满臆。"白居易《新乐府·太行路》："为君盛容饰，君看金翠无颜色。"温庭筠《和道溪君别业》："屏上楼台陈后主，镜中金翠李夫人。"亦借称美女。蜀太后徐氏《题天回驿》："所恨风光看未足，却驱金翠入龟城。"

【金翠花】　即金翠。以黄金和翠玉制成的饰物。孟浩然《襄阳公宅饮》："手拨金翠花，心迷玉红草。"

【金綫】　见"金線"。

【金蕊】　金色花蕊。元稹《红芍药》："繁丝蹙金蕊，高焰当炉火。"秦韬玉《牡丹》："压枝金蕊香如扑，逐朵檀心巧胜裁。"郑谷《槐花》："毵毵金蕊扑晴空，举子魂惊落照中。"毛文锡《月宫春》词："红芳金蕊绣重台，低倾玛瑙杯。"

【金蕣】　草名。丘希范《江门洞》："金蕣照石洞，木兰润仙衢。"

【金鞍】　❶金饰的马鞍。崔颢《渭城少年行》："渭城桥头酒新熟，金鞍白马谁家宿。"❷借指马。太宗《望送魏征葬》："阊阖总金鞍，上林移玉辇。"又《冬狩》："金鞍移上苑，玉勒骋平畴。"李商隐《河内诗二首》之二："低楼小径城南道，犹自金鞍对芳草。"又《即日》："金鞍忽散银壶漏，更醉谁家白玉钩。"

【金槽】　指金饰的琵琶槽。李贺《秦王饮酒》："龙头泻酒邀酒星，金槽琵琶夜枨枨。"

【金樓】　华丽的楼房。李郢《板桥重送》："洛阳浸畔逢神女，莫坠金楼醉石榴。"韦庄《上春词》："金楼美人花屏开，晨妆未罢车声催。"

【金輪】 ❶佛教语。轮，梵语，为古印度一种战具。传说古印度征服四方的转轮王出生时，空中出现此轮宝，兆示他将来有无与匹敌的力量。轮宝有金、银、铜、铁四种，获得金轮宝者为金轮王，乃四轮之首，领东南西北四大洲。故金轮即指金轮王。一钵和尚《一钵歌》："万代金轮圣王子，只这真如灵觉是。"❷金饰之车轮。亦代称车。则天皇后《从驾幸少林寺》："金轮转金地，香阁曳香衣。"广宣《驾幸圣容院应制》："深殿虔心随宝辇，广庭徐步引金轮。"杨德麟《题奉慈寺》："日月金轮动，旃檀碧树秋。"薛昭蕴《浣溪沙》词之三："记得去年寒食日，延秋门外卓金轮，日斜人散暗销魂。"❸指武则天。《唐音统籤》引《蜀志》："则天父士彟，泊舟江潭。后母感龙交娠后。"又见《旧唐书·则天皇后本纪》。后人称武则天为金轮或金轮皇帝。李商隐《利州江潭作》诗自注："感孕金轮所。"

【金輪閣】 指佛寺。鱼玄机《题任处士创资福寺》："百尺金轮阁，当川豁眼明。"

【金甌】 ❶金制的盆、盂等。李商隐《拟意》："鱼儿悬宝剑，燕子合金瓯。"❷喻指国土。司空图《南北史感遇十首》之五："兵围梁殿金瓯破，火发陈宫玉树摧。"

【金醅】 美酒。皮日休《酒中十咏·酒篘》："轻可网金醅，疏能容玉蚁。"

【金齒屐】 钉有金饰齿钉的木屐。李白《浣纱石上女》："一双金齿屐，两足白如霜。"

【金數】 秋令，秋季。刘禹锡《早秋集贤院即事》："金数已三伏，火星正西流。"

【金蝦蟆】 金背虾蟆。杜甫《奉同郭给事汤东灵湫作》："坡陀金虾蟆，出见盖有由。"一说，即金色虾蟆。

【金盤】 ❶金属制的餐盘。王维《洛阳女儿行》："良人玉勒乘骢马，侍女金盘脍鲤鱼。"韩翃《送蓚县刘主簿楚》："金盘晓鲙朱衣鲋，玉簟宵迎翠羽人。"许浑《喜远书》："此日南来使，金盘鱼一双。"李商隐《射鱼曲》："含冰汉语远于天，何由回作金盘死。"❷承露盘。杜牧《杜秋娘诗》："虎睛珠络褓，金盘犀镇帷。"韩偓《中秋禁直》："露和玉屑金盘冷，月射珠光贝阙寒。"韦庄《杂体联锦》："真珠缀秋露，秋露沾金盘。"又《白樱桃》："只应汉武金盘上，泻得珊珊白露珠。"❸以金属制成的烛盘。岑参《陪群公龙冈寺泛舟》："紫鳞掣芳饵，红烛然金盘。"❹古代一种博具。李白《送外甥郑灌从军三首》之一："六博争雄好彩来，金盘一掷万人开。"

【金盤陀】 以金属制成的马鞍。杜甫《魏将军歌》："星躔宝校金盘陀，夜骑天驷超天河。"自注："马装也。"

【金鋪】 ❶金饰铺首，为兽形，附着于门上，用以固定门环，多以铜为之。顾况《上古之什补亡训传十三章·十月之郊一章》："金铺烂若，不集于鸟雀。"常衮《晚秋集贤院即事寄徐薛二侍郎》："金铺深内殿，石甃净寒渠。"李贺《河南府试十二月乐词·九月》："月缀金铺光脉脉，凉苑虚庭空澹白。"温庭筠《病中书怀呈友人》："豸冠簪铁柱，螭首对金铺。"❷对门户的美称。包佶《朝拜元陵》："宫前石马对中峰，云里金铺闭几重。"温庭筠《题翠微寺二十二韵》："岚湿金铺外，溪鸣锦幄傍。"魏承班《木兰花》词："闭宝匣，掩金铺，倚屏拖袖愁如醉。"❸指浴池中的华贵铺设。白居易《题庐山山下汤泉》："骊山温水因何事，流入金铺玉甃中。"

【金鋄】 马首饰物。殷文圭《和友人送衡尚书赴池阳副车》："躞蹀行牵金鋄重，婵娟立唱翠娥愁。"

【金鋃鐺】 见"金琅璫"。

【金劍】 对剑的美称。许浑《题卫将军庙》："坟穿大泽埋金剑，庙枕长溪挂铁衣。"

【金箱】 金制的箱子。用以珍藏贵重物品。花蕊夫人徐氏《宫词》之二九："端午生衣进御床，赭黄罗帕覆金箱。"

【金瘡】 金属利器对人体造成的创伤。杨巨源《赠邻家老将》："十年依蓐食，万里带金疮。"卢仝《逢病军人》："蓬鬓哀吟古城下，不堪秋气入金疮。"许浑《征西旧卒》："自说轻生处，金疮有旧痕。"贯休《古塞下曲七首》之五："雨曾淋火阵，箭又中金疮。"

【金潭】 对池塘的美称。徐彦伯《和李适答宋十一入崖口五渡见赠》："琪树环碧彩，金潭生翠阴。"李白《和卢侍御通塘曲》："石门中断平湖出，百丈金潭照云日。"

【金澗】 对山间水沟的美称。王昌龄《留别武陵袁丞》："桃花遗古岸，金涧流春水。"李适《答宋十一崖口五渡见赠》："石林上攒丛，金涧下明灭。"王维《游化感寺》："琼峰当户拆，金涧透林明。"严维《入唐溪》："金涧流不尽，入山深更闻。"

【金彈】 （—dàn）金制的弹丸。李商隐《富平少侯》："不收金弹抛林外，却惜银床在井头。"

【金漿】 道家所称仙药名。则天皇后《游仙篇》："金浆既取玉杯斟，玉酒还用金膏酿。"

【金駕】 皇帝的车驾。王维《上张令公》："伏奏回金驾，横经重石渠。"褚遂良《春日侍宴望海应诏》："天吴静无际，金驾俨成行。"

【金線】 亦作"金綫"。❶金丝线。王建《宫词一百首》之二六："看着中元斋日到，自盘金线绣真容。"于濆《越溪女》："嫁尽绿窗人，独自盘金线。"秦韬玉《贫女》："苦恨年年压金线，为他人作嫁衣裳。"欧阳炯

《贺明朝》词之一："轻转石榴裙带，故将纤纤玉指，偷撚双凤金缐。"❷喻指金丝线状物。施肩吾《禁中新柳》："万条金缐带春烟，深染青丝不直钱。"温庭筠《杨柳八首》之三："苏小门前柳万条，毵毵金缐拂平桥。"徐铉《柳枝词十首》之三："长爱龙池二月时，毵毵金缐弄春姿。"孙光宪《八拍蛮》："孔雀尾拖金缐长，怕人飞起入丁香。"

【金線柳】 喻指初生的柳条。温庭筠《题城南杜邠公林亭》："卓氏垆前金缐柳，隋家堤畔锦帆风。"韦庄《杂体联锦》："携手重携手，夹江金缐柳。"

【金编】 用金线连缀的简册。指道教典籍。张九龄《登城楼望西山作》："金编莫我授，羽驾亦难攀。"

【金璞】 喻纯美的本质。杜牧《酬许十三秀才兼依来韵》："篇成敢道怀金璞，吟苦唯应似岭猿。"

【金壇】 ❶道教礼仙的坛。李义府《在巂州遥叙封禅》："石閭环藻卫，金坛映黼帷。"❷拜将坛。骆宾王《从军中行路难二首》之一："玉玺分兵征恶少，金坛受律动将军。"❸句曲山山洞，道家所称洞天福地之一。在今江苏金坛县。皮日休《临顿为吴中偏胜之地因成五言十首奉题屋壁》之七："梦魂无俗事，夜夜到金坛。"又《江南道中怀茅山广文南阳博士三首》之三："如何世外无交者，一卧金坛只有君。"❹县名。唐垂拱四年(688)以金山县改名，治所在今江苏金坛县。李颀有《送刘主簿归金坛》。

【金磬】 用金属制成的磬。打击乐器。李端《题觉公新兰若》："猛虎听经金磬动，猕猴献蜜雪窗闲。"亦借指磬声。李颀《圣善阁送裴迪入京》："坠叶和金磬，饥乌鸣露盘。"顾在镕《题光福上方塔》："六时金磬落何处，偏傍芦苇惊钓翁。"

【金薤】 对倒薤书的美称。倒薤，一种篆书书体名。金薤，喻文字之美。韩愈《调张籍》："平生千万篇，金薤垂琳琅。"

【金檠】 装饰华丽的灯架。张仲素《秋思赠远》："博山沉燎绝余香，兰烬金檠怨夜长。"

【金燕】 指燕形金钗。毛熙震《酒泉子》词之二："晓花微敛轻呵展，袅钗金燕软。"

【金橋】 地名。在今山西长治市。李商隐《昭肃皇帝挽歌辞三首》之二："玉塞惊宵柝，金桥罢举烽。"

【金樽】 亦作"金尊"。对酒杯的美称。李白《将进酒》："人生得意须尽欢，莫使金樽空对月。"李益《杂曲歌辞·轻薄篇》："归来青楼曲未半，美人玉色当金尊。"李绅《忆春日曲江宴后许至芙蓉园》："香径草中回玉勒，凤皇池畔泛金樽。"陆龟蒙《奉酬袭美苦雨四声重寄三十二句·平入声》："吴王荒金尊，越妾挟玉瑟。"

【金機】 弩牙，即弩上钩弓弦的金属机栝。郑损《艺堂》："风波险似金机骇，日月忙如雪羽飞。"

【金槖】 钱袋。杜牧《寄内兄和州崔员外十二韵》："金槖宁回顾，珠簟肯一枨。"

【金縣】 见"金懸"。

【金鴨】 镀金的或金属制的鸭形香炉。戴叔伦《春怨》："金鸭香消欲断魂，梨花春雨掩重门。"李贺《兰香神女庙》："深帏金鸭冷，奁镜幽凤尘。"唐彦谦《汉代》："钿蝉新翅重，金鸭旧香焦。"

【金螭】 金色的螭形花饰，用于建筑物和日常生活用品。螭，若龙而黄。李绅《苏州不住遥望武丘报恩两寺》："塔分朱雁余霞外，刹对金螭落照中。"吴融《个人三十韵》："匣镜金螭怒，帘旌绣兽狞。"

【金髆】 见"金髇"。

【金篦術】 医治眼疾的医术。刘禹锡《赠眼医婆罗门僧》："师有金篦术，如何为发蒙。"

【金錯】 ❶器物上的花纹装饰。杜甫《虎牙行》："壁立石城横塞起，金错旌竿满云直。"❷刀剪之属。宋之问《剪彩》："驻想持金错，居然作管灰。"孟浩然《岘潭作》："美人骋金错，纤手脍红鲜。"

【金錯刀】 ❶古代钱币名。王莽摄政时铸造，以黄金错镂其文。后亦泛称钱财。马戴《赠别北客》："饮尽玉壶酒，赠留金错刀。"❷刀剪之属。韦庄《杂体联绵》："袍缝紫鹅湿，重持金错刀。"贯休《夜夜曲》："孤灯耿耿征妇劳，更深扑落金错刀。"

【金錯盤】 一种镀金盘子。岑参《与独孤渐道别长句兼呈严八侍御》："冰片高堆金错盘，满堂凛凛五月寒。"

【金錯囊】 钱袋。杜甫《对雪》："金错囊从罄，银壶酒易赊。"

【金錢】 ❶用金属铸造的钱币。后泛称货币。李颀《送李回》："岁发金钱供御府，昼看仙液注离宫。"顾况《宫词五首》之四："嘈嘈一声钟鼓歇，万人楼下拾金钱。"李商隐《行次西郊作一百韵》："万国困杼轴，内库无金钱。"皮日休《金钱花》："阴阳为炭地为炉，铸出金钱不用模。"亦指铜钱状物。李商隐《鸾凤》："金钱饶孔雀，锦段落山鸡。"❷指金钱花。白居易《牡丹芳》："石竹金钱何细碎，芙蓉芍药苦寻常。"

【金錢花】 草名。即旋覆草。六月开花，花状如菊花，大小如铜钱，深黄色。皮日休、吴仁璧和陈翥均有《金钱花》。

【金錢會】 唐代宫中一种撒钱游戏。杜甫《曲江对雨》："何时诏此金钱会，暂醉佳人锦瑟旁。"见《旧唐书》。

【金錫】 锡杖。僧人用的禅杖。刘言史《送僧归山》："夜行独自寒山寺，雪径泠泠金锡声。"唐求《送僧讲罢归山》："共看玉蟾三皎洁，独悬金锡一玲珑。"

【金縢】 指收藏书契的柜。许浑《献韶阳相国崔公》:“万国已闻传玉玺,百官犹望启金縢。”温庭筠《中书令裴公挽歌词二首》之二:“玉玺终无虑,金縢意不开。”

【金縢議】 指所上愿代君王而死的奏议。曹唐《三年冬大礼五首》之四:“千官不起金縢议,万国空瞻玉藻声。”

【金龍】 ❶用金属制的龙形酒器。陆龟蒙《添酒中六咏·酒龙》:“铜雀羽仪丽,金龙光彩奇。”❷龙形饰物。和凝《宫词百首》之六八:“玉殿朦胧散晓光,金龙高喷九天香。”❸指秋季。陈子昂《秋日遇荆州府崔兵曹使宴》序:“属乎金龙掌气,石雁惊秋。”❹用铜制的龙。道教用作祭祀。岑参《冬夜宿仙游寺南凉堂呈谦道人》:“石潭积黛色,每岁投金龙。”赵居贞《云门山投龙诗》序:“登云门山。投金龙环璧,奉为开元天地大宝圣文神武皇帝祈福也。”李商隐《郑州献从叔舍人褒》:“蓬岛烟霞阆苑钟,三官笺奏附金龙。”

【金螢】 萤火虫。骆宾王《秋晨同淄川毛司马秋九咏·秋萤》:“玉虬分静夜,金萤照晚凉。”

【金環】 亦作“金鐶”。❶指剑环。郭震《古剑篇》:“琉璃玉匣吐莲花,错镂金環映明月。”❷耳坠。张籍《昆仑儿》:“金環欲落曾穿耳,螺髻长卷不裹头。”刘言史《送婆罗门归本国》:“行多耳断金環落,冉冉悠悠不停脚。”❸指环。刘禹锡《和西川李尚书伤孔雀及薛涛之什》:“玉儿已逐金鐶葬,翠羽先随秋草萎。”自注:“后魏元树,南阳王禧之子。南阳到建业,数年后北归,爱姬朱玉儿脱金指鐶为赠。树至魏,却以指鐶寄玉儿,示有还意。”❹据传晋羊祜得金环于桑树中,而此环乃邻李氏亡儿所失。时人异之,谓李氏子乃羊祜之前身。后以金环为典,用于儿童之事。王维《恭懿太子挽歌五首》之五:“金環如有验,还向画堂生。”元稹《赠严童子》:“解拈玉叶排新句,认得金環识旧身。”

【金聲】 ❶谓美妙的雅乐。则天皇后《唐太飨拜洛乐章·昭和》:“虹开玉照,凤引金声。”❷钟声。沈佺期《同李舍人冬日集安乐公主山池》:“兴尽方投辖,金声还复传。”亦指金石声。唐彦谦《乱后经表兄琼华观旧居》:“醉中篇什金声在,别后音书锦字空。”❸喻美好的声誉。卢纶《送黎燧尉阳翟》:“玉貌承严训,金声称上才。”

【金鞞】 金鼓,金属制乐器。陆龟蒙《开元杂诗七首·舞马》:“月窟龙孙四百蹄,骄骧轻步应金鞞。”

【金霞】 ❶金色的霞光。常建《湖中晚霁》:“踟蹰金霞白,波上日初丽。”刘禹锡《八月十五日夜桃源玩月》:“金霞昕昕渐东上,轮欹影促犹频望。”马戴《落照》:“金霞与云气,散漫复相和。”❷额黄。温庭筠《南歌子》词之四:“脸上金霞细,眉间翠钿深。”

【金顆】 指柑橘。柑橘熟时呈金黄色,故名。罗隐《秋日富春江行》:“紫鳞仙客驭,金颗李衡奴。”

【金螺】 即以螺壳制成的精致酒杯。谭用之《河桥楼赋得群公夜谯》:“杯粘紫酒金螺重,谈转琱珰玉麈空。”

【金穗】 ❶喻柳丝。杜牧《新柳》:“绿阴未覆长堤水,金穗先迎上苑春。”温庭筠《题柳》:“杨柳千条拂面丝,绿烟金穗不胜吹。”❷烛花。韩偓《生查子》:“时复见残灯,和烟坠金穗。”

【金簧】 指吹笙、竽等发出的乐声。秦韬玉《吹笙歌》:“银锁金簧不得听,空劳翠辇冲泥雨。”和凝《宫词百首》之十三:“金簧如语莺声滑,可使云和独得名。”

【金輿】 ❶帝王所乘之车轿。李适《奉和春日幸望春宫应制》:“玉辇金舆天上来,花园四望锦屏开。”王维《班婕妤三首》之二:“那堪闻凤吹,门外度金舆。”李嘉祐《古兴》:“自从得向蓬莱里,出入金舆乘玉趾。”鲍溶《倚瑟行》:“金舆传惊灞浐水,龙旗参天行殿巍。”❷借指帝王。杜甫《玉华宫》:“当时侍金舆,故物独石马。”王建《宫词一百首》之九三:“忽地金舆向月陂,内人接着便相随。”张祜《邠王小管》:“金舆远幸无人见,偷把邠王小管吹。”李商隐《骊山有感》:“平明每幸长生殿,不从金舆惟寿王。”

【金徽】 ❶琴上系弦的丝绳。孟浩然《赠道士参寥》:“丝脆弦将断,金徽色尚荣。”裴夷直《赠美人琴弦》:“应从玉指到金徽,万态千情料可知。”罗隐《送丁明府赴紫溪任》:“金徽玉轸肯踌躇,偶滞良途半月余。”❷借指琴。李白《拟古十二首》之一:“乘月托宵梦,因之寄金徽。”陆畅《赠贺若少府》:“十日广陵城里住,听君花下抚金徽。”李商隐《寄蜀客》:“金徽却是无情物,不许文君忆故夫。”黄滔《塞上》:“金徽互呜咽,玉笛自凄清。”

【金徽琴】 即琴。元稹《小胡笳引》:“雷氏金徽琴,王君宝重轻千金。”

【金鐘】 以金属制成的盛酒器,酒杯。高骈《边方春兴》:“草色青青柳色浓,玉壶倾酒满金钟。”可朋《观梦龟草书》:“欲尽金钟数斗余,从容攘臂立踟蹰。”吕岩《七言》之四九:“雨雪霏霏天已暮,金钟满劝抚焦桐。”

【金鎚】 ❶铜锤。古兵器之一,顶端有金属球形重物,用以打击。骆宾王《咏怀》:“宝剑思存楚,金锤许报韩。”张巡《铁笔歌》:“为厉鬼兮身被铁甲,为明神兮手执金锤。”薛逢《镊白曲》:“金锤锤碎黄金镊,更唱樽前老去歌。”❷榔头。白居易、王起《喜晴联句》:“屋穿添碧瓦,墙缺召金锤。”

【金龜】 ❶黄金铸的龟钮官印。卢照邻《失群雁》:“金龟全写中牟印,玉鹄当变莱芜釜。”❷唐代官员的一种佩饰。唐初内外五品官员以上,皆佩鱼袋。武后天授元年,改内外官佩鱼为佩龟。三品以上用金饰,四品用银饰,五品用铜饰。中宗初罢龟袋,复佩鱼。权德舆《奉送孔十兄宾客承恩致政归东都旧居》:“角巾华发忽自遂,命服金龟君更与。”韦庄《三堂早春》:“主人年少多情味,笑换金龟解珥貂。”❸指所佩带杂玩之物。李白《对酒忆贺监二首》序:“太子宾客贺公,于长安紫极宫一见余,呼余为谪仙人,因解金龟换酒为乐。”

【金龜婿】 谓身任高官之女婿。李商隐《为有》:“无端嫁得金龟婿,辜负香衾事早朝。”

【金甕】 用金制的盛酒器。韩翃《宴杨驸马山池》:“鲙下玉盘红缕细,酒开金瓮绿醅浓。”

【金燭】 金灯,用金属制成的灯。韩翃《赠别华阴道士》:“昼洒瑶台五云湿,夜行金烛七星齐。”

【金殿】 华丽的宫殿。高适《遇冲和先生》:“三命谒金殿,一言拜银青。”顾况《送使君》:“拂雾趋金殿,焚香入琐闱。”卢肇《喜杨舍人入翰林》:“御笔亲批翰长衔,夜开金殿送瑶缄。”李洞《冬日送凉州刺史》:“未辞金殿日,已梦雪山灯。”

【金縷】 ❶金线。徐彦伯《乐府杂曲·鼓吹曲辞·芳树》:“玉花珍簟上,金缕画屏开。”李白《代美人愁镜二首》之二:“美人赠此盘龙之宝镜,烛我金缕之罗衣。”白居易《秦中吟十首·议婚》:“红楼富家女,金缕绣罗襦。”杨衡《仙女词》:“玉京初侍紫皇君,金缕鸳鸯满绛裙。”❷指金缕衣。罗虬《比红儿诗》之十二:“金缕浓薰百和香,脸红眉黛入时妆。”韦庄《清平乐》词之三:“云解有情花解语,窣地绣罗金缕。”李洞《赠庞炼师》:“睡融春日柔金缕,妆发秋霞战翠翘。”和凝《宫词百首》之三六:“才人侍立持团扇,金缕双龙贴碧藤。”❸曲调《金缕曲》、《金缕衣》的省称。罗隐《金陵思古》:“绮筵金缕无消息,一阵征帆过海门。”❹喻指柳条。牟融《送沈侯之京》:“关河弱柳垂金缕,水驿青帘拂画楼。”戴叔伦《赋得长亭柳》:“雨搓金缕细,烟袅翠丝柔。”温庭筠《杨柳八首》之四:“金缕毵毵碧瓦沟,六宫眉黛惹春愁。”司空图《杨柳枝寿杯词十八首》之六:“恰值小娥初学舞,拟偷金缕押春衫。”

【金縷衣】 ❶用金丝编织成的衣服。裴虔余《柳枝词咏篙水溅妓衣》:“半额微黄金缕衣,玉搔头袅凤双飞。”欧阳炯《题景焕画应天寺壁天王歌》:“地神对出宝瓶子,天女倒披金缕衣。”❷曲调名。《乐府诗集》归于近代曲调。杜牧《杜秋娘诗》:“秋持玉斝醉,与唱金缕衣。”自注:“劝君莫惜金缕衣,劝君须惜少年时。花开堪折直须折,莫待无花空折枝。李锜长唱此辞。”

【金縷枕】 用金线刺绣的枕头。李商隐《可叹》:“冰簟且眠金镂枕,琼筵不醉玉交杯。”

【金瓊】 黄金和美玉。借指珍贵物品。卢纶《上巳日陪齐相公花楼宴》:“晨霞耀中轩,满席罗金琼。”韩愈、孟郊《城南联句》:“酣欢杂弁珥,繁价流金琼。”

【金翹】 ❶黄色菊花瓣。亦借指黄色菊花。骆宾王《初秋登王司马楼宴得同字》序:“于是肴开玉馔,交杂佩而薰兰;酒泛金翘,映清尊而湛菊。”❷一种形如鸟尾长羽的金制首饰。李贺《河南府试十二月乐词·二月》:“金翘峨髻愁暮云,沓飒起舞真珠裙。”后唐庄宗李存勖《阳台梦》词:“笑迎移步小兰丛,亸金翘玉凤。”

【金鞭】 对马鞭的美称。卢照邻《长安古意》:“玉辇纵横过主第,金鞭络绎向侯家。”高适《送李侍御赴安西》:“行子对飞蓬,金鞭指铁骢。”章碣《观锡宴》:“日暮骅骝相拥去,几人沉醉失金鞭。”吕岩《七言》之二〇:“何时再控青丝辔,又掉金鞭入紫微。”

【金藥】 道家所谓金丹。李白《题嵩山逸人元丹丘山居》:“提携访神仙,从此炼金药。”

【金檻】 雕饰华美的栏杆。崔珏《道林寺》:“金槛僧回步步影,石盆水溅联联珠。”

【金轆轤】 用金属制的用于井上汲水的起重装置。鲍溶《隋家井》:“玉钩栏下寒泉水,金辘轳边影照人。”

【金蟲】 用黄金制成的虫形首饰。李贺《恼公》:“陂陀梳碧凤,腰袅带金虫。”一说,昆虫名。虫可用作首饰。李商隐《拟意》:“璧马谁能带,金虫不复收。”

【金蟬】 ❶汉侍中、中常侍冠饰。金取坚刚意,蝉取居高饮洁意。魏征《奉和正日临朝应诏》:“锵洋鸣玉佩,灼烁耀金蝉。”温庭筠《谢公墅歌》:“四座无喧梧竹静,金蝉玉柄俱持颐。”❷钗头作蝉形的金钗。李贺《屏风曲》:“团回六曲抱膏兰,将鬟镜上掷金蝉。”薛逢《夜宴观妓》:“纤腰怕束金蝉断,鬓发宜簪白燕高。”薛昭蕴《小重山》词之二:“金蝉坠、鸾镜掩休妆。”

【金鵝】 指金色鹅形饰品。李贺《洛姝真珠》:“金鹅屏风蜀山梦,鸾裾凤带行烟重。”韦庄《观浙西府相畋游》:“紫袍日照金鹅斗,红旆风吹画虎狞。”

【金鵝蕊】 桂花。李白《赠嵩山焦炼师》:“时餐金鹅蕊,屡读青苔篇。”

【金簡】 金质简册。多指道教仙简。王维《送秘书晁监还日本国》序:“金简玉子,传道经于绝域之人;方鼎彝樽,致分器于异姓之国。”殷寅《玄元皇帝应见贺圣祚无疆》:“已题金简字,仍访玉堂仙。”施肩吾《仙女词》:“手题金简非凡笔,道是天边玉兔毛。”曹邺《寄嵩阳道人》:“见说嵩阳有仙客,欲持金简问长生。”

【金鎖】 以金属制成的锁。许浑《放猿》:“殷勤解金锁，昨夜雨凄凄。”杜牧《宫词二首》之二：“银钥却收金锁合，月明花落又黄昏。”崔橹《华清宫三首》之三：“门横金锁悄无人，落日秋声渭水滨。”韦庄《题许仙师院》：“院开金锁涩，门映绿篁深。”

【金鐃】 ❶铜铙。铙如无舌之铃，摇柄而鸣，古代军中用以统一号令。李益《五城道中》：“金铙随玉节，落日河边路。”卢纶《送抚州周使君》：“龙节随云水，金铙动里闾。”刘禹锡《寄唐州杨八归厚》：“淮安古地拥州师，画角金铙旦夕吹。”❷即铙钹。一种打击乐器。窦庠《东都嘉量亭献留守韩仆射》：“玉斝飞无算，金铙奏未终。”

【金鎖甲】 用金线连缀甲片而成的锁子甲。崔颢《杂曲歌辞·游侠篇》：“错落金锁甲，蒙茸貂鼠衣。”杜甫《重过何氏五首》之四：“雨抛金锁甲，苔卧绿沈枪。”曹邺《成名后献恩门》：“珑珑金锁甲，稍稍城乌绝。”

【金鎧】 金属铠甲。李德裕《寒食日三殿侍宴奉进诗一首》：“象舞严金铠，丰歌耀宝刀。”

【金鎞】 亦作“金篦”。❶金质首饰。兼可梳发。寒山《诗三百三首》之三五：“罗袖盛梅子，金鎞挑笋芽。”❷一种治眼病的工具，形如箭头，用以刮眼膜，据说可使盲者复明。杜甫《秋日夔府咏怀一百韵》：“金篦空刮眼，镜象未离铨。”

【金雞】 ❶传说中的神鸡。吕从庆《过金鸡石》：“金鸡自天来，桑麻列青眼。”罗隐《金鸡石》：“草堂不见娄罗汉，金鸡不向五更啼。”后亦用作对雄鸡的美称。韩愈《桃源图》：“夜半金鸡啁哳鸣，火轮飞出客心惊。”司空图《力疾山下吴村看杏花十九首》之八：“若道折多还有罪，只应莺啭是金鸡。”❷一种用黄金制成的鸡形首饰。古代大赦时所用的一种仪仗。李白《杂曲歌辞·秦女休行》：“金鸡忽放赦，大辟得宽赊。”又《流夜郎赠辛判官》：“我愁远谪夜郎去，何日金鸡放赦回。”和凝《宫词百首》之一：“千声鼓定将宣赦，竿上金鸡翅欲飞。”

【金雞石】 岩石名。当在今安徽东至县。罗隐有《金鸡石》，题序云：“在东流县南二十五里，相传罗隐道经其地，题云云。石遂迸裂，鸡飞鸣而去。”吕从庆有《过金鸡石》。

【金雞竿】 古代大赦时竖立的顶端缚有金鸡的高杆。杨巨源《元日含元殿下立仗丹凤楼门下宣赦相公称贺二首》之一：“金鸡竿下鼓千声，衣冠南面薰风动。”

【金雞距】 装在斗鸡距上的金属假距。距，雄鸡后爪。齐己《寄黄晖处士》：“锋芒妙夺金鸡距，纤利精分玉兔毫。”参见“金距”。

【金雞畫障】 见“金雞障”。

【金雞障】 画金鸡为饰的坐障。白居易《新乐府·胡旋女》：“梨花园中册作妃，金鸡障下养为儿。”亦作“金雞畫障”。郑嵎《津阳门诗》：“禄山此时侍御侧，金鸡画障当罘罳。”自注：“上每坐及宴会，必令禄山坐于御座侧，而以金鸡障隔之。”

【金觴】 金制的酒杯。王毂《梦仙谣三首》之二：“青童递酒金觞疾，列坐红霞神气逸。”

【金額】 金饰的匾额。韦庄《清平乐》词之一：“细雨霏霏梨花白，燕拂画帘金额。”

【金闕】 ❶道家谓天上有黄金阙，为天帝或仙人居所。骆宾王《代女道士王灵妃赠道士李荣》：“别有仙居对三市，金阙银宫相向起。”顾况《奉酬茅山赠赐并简綦毋正字》：“玉帝居金阙，灵山几处朝。”司空曙《送王尊师归湖州》：“金阙乍看迎日丽，玉箫遥听隔花微。”李绅《禹庙》：“山拥翠屏朝玉帛，穴通金阙架云霓。”❷帝王所居之地。李白《金门答苏秀才》：“献书入金阙，酌醴奉琼筵。”岑参《奉和中书舍人贾至早朝大明宫》：“金阙晓钟开万户，玉阶仙仗拥千官。”王涯《望禁门松雪》：“金阙晴光照，琼枝瑞色封。”李洞《龙州送人赴举》：“踏月趋金阙，拂云看御题。”

【金燼】 灯烛的灰烬。刘禹锡《扬州春夜余偶独醒因题诗于段君枕上以志其事》：“寂寂独看金烬落，纷纷只见玉山颓。”李商隐《无题二首》之一：“曾是寂寥金烬暗，断无消息石榴红。”韦庄《谒金门》词之二：“春漏促，金烬暗挑残烛。”

【金鵲】 对鹊的美称。李白《代美人愁镜二首》之二：“影中金鹊飞不灭，台下青鸾思独绝。”

【金鵲鏡】 背面雕刻有鹊形的铜镜。喻夫妻离别。见《太平御览》卷七一七引《神异经》。李白《代美人愁镜二首》之一：“明明金鹊镜，了了玉台前。”

【金礦】 含有金的矿石。张祜《题岳州徐员外云梦新亭十韵》：“阳精动金矿，暗魄孕珠胎。”

【金蟾】 ❶金色的蟾蜍。杜光庭《题北平沼》：“宝芝常在知谁得，好驾金蟾入太虚。”❷蟾蜍形的金属香器的鼻钮。亦借指香器。李商隐《无题四首》之二：“金蟾啮锁烧香入，玉虎牵丝汲井回。”❸月亮。神话传说谓月中有蟾蜍，故称。令狐楚《八月十七日夜书怀》：“金蟾着未出，玉树悲稍破。”

【金獸】 ❶金色虎形铺首。张祜《投魏博李相国三十二韵》：“木鱼连钥动，金兽齿环狞。”薛逢《宫词》：“锁衔金兽连环冷，水滴铜龙昼漏长。”❷金属制某种兽形物，用以避邪。皮日休《太湖诗·入林屋洞》：“腰下佩金兽，手中持火铃。”

【金鏑】 亦作“金髆”。以金属制成的箭。温庭筠《病中书怀呈友人》：“粉垛收丹采，金鏑隐仆姑。”皮日休《太湖诗·缥缈峰》：“磬磬雨点大，金鏑轰下空。”

又《新秋言怀寄鲁望三十韵》:“鹤鸣转清角,鹘下扑金髀。”

【金犢】 对牛犊的美称。温庭筠《春晓曲》:“油壁车轻金犊肥,流苏帐晓春鸡早。”又《寒食节日寄楚望二首》之二:“金犊近兰汀,铜龙接花坞。”

【金犢車】 对牛车的美称。犊车,牛车。汉诸侯贫者乘之,后转为贵者乘用。韦庄《延兴门外作》:“芳草五陵道,美人金犊车。”李廓《长安少年行》之三:“倒插银鱼袋,行随金犊车。”

【金簳】 坚固结实的箭杆。李贺《长平箭头歌》:“白翎金簳雨中尽,直余三脊残狼牙。”

【金簴】 装饰华美的钟架。借指钟。宋之问《咏钟》:“岂惟恒待扣,金簴有余清。”

【金鏃】 金属制的箭头。刘长卿《疲兵篇》:“只恨汉家多苦战,徒遗金镞满长城。”卢纶《赠李果毅》:“向日磨金镞,当风着锦衣。”马戴《边将》:“红缰跑骏马,金镞掣秋鹰。”徐铉《寄抚州钟郎中》:“都护空遗镞,明君欲舞干。”

【金鏃箭】 装以金属箭头之箭。常用为信契。《周书·异域传下·突厥》:“其征兵发马,科税杂畜,辄刻木为数,并一金镞箭,蜡封印之,以为信契。”温庭筠《蕃女怨》词之二:“玉连环,金镞箭,年年征战。”

【金鏡】 ❶铜镜。许浑《送卢先辈自衡岳赴复州嘉礼二首》之二:“秋水静磨金镜土,夜风寒结玉壶冰。”朱琳《开缄怨》:“玉琴知别日,金镜识愁容。”❷比喻月亮。朱华《海上生明月》:“影开金镜满,轮抱玉壶清。”元稹《泛江玩月十二韵》:“远树悬金镜,深潭倒玉幢。”杜牧《寄沈褒秀才》:“仙桂茂时金镜晓,洛波飞处玉容高。”❸比喻明显的正道。李白《商山四皓》:“秦人失金镜,汉祖升紫极。”又《献从叔当涂宰阳冰》:“金镜霾六国,亡新乱天经。”白居易《赠友五首》之一:“君出臣奉行,谓之握金镜。”

【金鏑】 金属箭头。马戴《酬李景章先辈》:“金镝自宜先中鹄,铅刀甘且学雕虫。”

【金繡】 金丝刺绣。欧阳炯《贺明朝》词之二:“碧罗衣上蹙金绣。睹对对鸳鸯,空裛泪痕透。”

【金繩】 ❶以金属制成的绳索。韩愈《石鼓歌》:“金绳铁索锁纽壮,古鼎跃水龙腾梭。”❷佛经谓离垢国用以分别界限的金制绳索。李白《春日归山寄孟浩然》:“金绳开觉路,宝筏度迷川。”❸借指地平线。刘长卿《龙门八咏·远公龛》:“闲云随锡杖,落日低金绳。”

【金騮】 骏马。韦庄《抚州江口雨中作》:“金骝掉尾横鞭望,犹指庐陵半日程。”

【金蘭】 深交,契合的友情。岑文本《冬日宴于庶子宅各赋一字得平》:“金兰笃惠好,尊酒畅生平。”徐铉《奉和子龙大监与舍弟赠答之什》:“鸳鹭分行皆接武,金兰同好共忘年。”

【金蘭友】 挚友,意气相投的朋友。南朝梁刘孝标《广绝交论》:“自昔把臂之英,金兰之友。”李咸用《秋日访同人》:“忽忆金兰友,携琴去自由。”

【金蘭契】 至友,深厚的交情。白居易《代书诗一百韵寄微之》:“分定金兰契,言通药石规。”范质《诫儿侄八百字》:“举世重交游,拟结金兰契。”

【金醴】 美酒。皮日休《太湖诗·晓次神景宫》:“金醴可酣畅,玉豉堪咀嚼。”陆龟蒙《和袭美江南道中怀茅山广文南阳博士三首次韵》之三:“良常应不动移文,金醴从酸亦自醺。”

【金懸】 亦作“金縣”。金鼓之乐。魏征《五郊乐章·雍和》:“金悬夕肆,玉俎朝陈。”褚亮《明堂乐章·雍和》:“雾凝璇篚,风清金县。”

【金籍】 ❶悬籍金马门。犹言金榜。元稹《酬翰林白学士代书一百韵》:“出入称金籍,东西侍碧墀。”温庭筠《酬友人》:“宁复思金籍,独此卧烟林。”❷道家仙籍。元稹《予病瘴因有酬答》:“金籍真人天上合,盐车病骥轭前惊。”殷文圭《经李翰林墓》:“身谪蓬莱金籍外,宝装方丈玉堂前。”

【金簪】 金制簪子。韦庄《闺怨》:“良人去淄右,镜破金簪折。”

【金鐙】 以金属制的高灯。古代照明用具。皎然《酬乌程杨明府华将赴渭北对月见怀》:“边尘昏玉帐,杀气凝金镫。”

【金鐍】 金属锁。卢纶《送史寀滑州谒贾仆射》:“朱门洞启俨行车,金鐍装囊半是书。”

【金爐】 亦作“金鑪”。❶金属香炉。赵谦光《答贺遂涉》:“锦帐随情设,金炉任意熏。”王昌龄《李四仓曹宅夜饮》:“霜天留后故情欢,银烛金炉夜不寒。”张碧《幽思》:“金炉烟霭微,银釭残影灭。”徐铉《又三绝》之二:“银烛金炉禁漏移,月轮初照万年枝。”❷炉子。供冶炼、取暖等用的金属盛火器具。宋之问《嵩南山九里旧鹊林作》:“饮惠可冥分,归事烧金炉。”萧颖士《有竹一篇七章》之四:“冬之宵,霰雪斯漉。我有金鈩,熹其以歊。”白居易《李夫人》:“又令方士合灵药,玉釜煎炼金鈩焚。”

【金竈】 方士炼丹的灶。王勃《秋日仙游观赠道士》:“雾浓金灶静,云暗玉坛空。”李白《望黄鹤楼》:“金灶生烟埃,玉潭秘清谧。”

【金鰲】 ❶神话中海中金色巨龟。王建《宫词一百首》之一:“蓬莱正殿压金鳌,红日初生碧海涛。”❷神话中仙山名。吕从庆《戏题金鳌山》:“金鳌腾腾高百丈,昔者曾游东海浪。”

【金飆】 秋日急风。张又新《青障山》:“一派远光澄碧月，万株耸翠猎金飙。”王仁裕《题斗山观》：“为有故林苍柏健，露华凉叶锁金飙。”

【金罍】　饰金的大型酒器。亦泛称酒杯。李白《襄阳歌》：“咸阳市中叹黄犬，何如月下倾金罍。”卢纶《奉陪浑侍中上巳日泛渭河》：“晚莺和玉笛，春浪动金罍。”白居易《不能忘情吟》：“我姑酌彼金罍，我与尔归醉乡去来。”郑仁表《赠妓命洛真》：“巧制新章拍拍新，金罍巡举助精神。”

【金鎕】　(—táng)铜鼓。徐铉《奉和七夕应令》：“谁见宣猷堂上宴，一篇清韵振金铛。”

【金鐶】　见“金環”。

【金鐸】　檐铃，风铃。一般为金属制品，故名。章孝标《登总持寺塔》：“玉轮低月中天晓，金铎纵风上界秋。”温庭筠《清凉寺》：“松飘晚吹摐金铎，竹荫寒苔上石梯。”皮日休《开元寺客省早景即事》：“铜池数滴桂上雨，金铎一声松杪风。”钱弘佐《谒宝塔回赐僧录》：“几曲朱栏瞻海浪，长时金铎振风声。”

【金囊】　放置黄金的袋子。宋之问《桂州三月三日》：“不求汉使金囊赠，愿得佳人锦字书。”李白《禅房怀友人岑伦》：“宝剑终难托，金囊非易求。”

【金體】　仙体，成仙的身体。一钵和尚《一钵歌》：“人人总有真如性，恰似黄金在矿中，炼去金砂金体净。”

【金籠】　对鸟笼的美称。徐凝《奉和鹦鹉》：“任饶长被金笼阖，也免栖飞雨雪难。”李商隐《鸳鸯》：“不须长结风波愿，锁向金笼始两全。”赵嘏《旅馆闻雁别友人》：“行衣湿尽千山雪，肠断金笼好羽毛。”黄滔《钟陵故人》：“唯爱金笼贮鹦鹉，谁论铁柱锁蛟龙。”

【金籙】　❶道家谓天帝的诏书。马戴《宿王屋天坛》：“未知谁与传金箓，独向仙祠拜老君。”陆龟蒙《王先辈草堂》：“金箓渐加新品秩，玉皇偏赐羽衣霓。”❷道场的名称。斋醮科仪之一。王维《奉和圣制庆玄元皇帝玉像之作应制》：“玉京移大像，金箓会群仙。”皇甫冉《宿洞灵观》：“明日开金箓，焚香更沐兰。”李端《雪夜寻太白道士》：“再拜开金箓，焚香使玉童。”张仲素《上元日听太清宫步虚》：“仙客开金箓，元辰会玉京。”❸神话中谓神仙所用的簿册。皎然《和李舍人使君纾题云明府道室》：“金箓时教弟子检，砂床不遣世人闻。”鲍溶《杨真人箓中像》：“应见茅盈哀老弟，为持金箓救生人。”

【金鼇】　见“金鳌”。

【金靨】　古代妇女在颊上点染的一种金黄色妆饰。皮日休《奉和鲁望白菊》：“蕊香亦似浮金靥，花样还如镂玉钱。”毛熙震《后庭花》词之二：“时将纤手匀红脸，笑拈金靥。”孙光宪《浣溪沙》词之三：“腻粉半粘金靥子，残香犹暖绣薰笼。”

【金鑣】　金饰的马嚼子。李百药《少年行》：“少年飞翠盖，上路动金镳。”陆龟蒙《江湖散人歌》：“金镳贝带未尝识，白刃杀我穷生为。”

【金鱗】　金色的鱼鳞。借指鱼。李绅《寿阳罢郡日有诗十首·忆东湖》：“鱼惊翠羽金鳞跃，莲脱红衣紫菂摧。”温庭筠《罩鱼歌》：“持罩入深水，金鳞大如手。”又《照影曲》：“桥上衣多抱彩云，金鳞不动春塘满。”

【金羈】　❶金饰马络头。钱起《送河南陆少府》：“云间陆生美且奇，银章朱绶映金羁。”韩翃《别孟都督》：“连呼宝剑锐头儿，少驻金羁大头马。”白居易《不能忘情吟》：“骝骆马兮放杨柳枝，掩翠黛兮顿金羁。”牛峤《杨柳枝五首》之三：“金羁白马临风望，认得羊家静婉腰。”❷借指马。任希古《和长孙秘监伏日苦热》：“玉署三时晓，金羁五日归。”韩翃《送戴迪赴凤翔幕府》：“上路金羁出，中人玉箸齐。”白居易《叙德书情四十韵上宣歙翟中丞》：“回塘排玉棹，归路拥金羁。”徐铉《柳枝词十首》之七：“醉折垂杨唱柳枝，金城三月走金羁。”

【金鑪】　见“金爐”。

【金鑰】　金锁。杜甫《春宿左省》：“不寝听金钥，因风想玉珂。”

【金蠶】　金铸的蚕。为皇家和权贵的殉葬物。王维《达奚侍郎夫人寇氏挽词二首》之一：“金蚕将画柳，何处更知春。”许浑《懿安皇太后挽歌词》：“未信金蚕老，先惊玉燕空。”

【金籯】　储存黄金的竹器。韩愈、孟郊《城南联句》：“积照涵德镜，传经俪金籯。”

【金鑷】　织机上用以提花的金制部件。王建《宫词一百首》之九二：“画作天河刻作牛，玉梭金镊采桥头。”

【金鑾】　❶帝王车马的装饰物。用金属铸成鸾鸟形，口中含铃。代称帝王车驾。毛文锡《柳含烟》词之四：“昨日金銮巡上苑，风亚舞腰纤软。”❷见“金鑾殿”。❸白居易女儿的名字。白居易《金銮子晬日》：“行年欲四十，有女曰金銮。”

【金鑾殿】　亦作“金鸞殿”。唐宫殿名。大明宫紫宸殿北为蓬莱殿，其西曰还周殿。还周殿西北曰金銮殿，殿旁坡曰金銮坡。殿与翰林院相接，故召见学士常在此殿。李白《赠从弟南平太守之遥二首》之一：“承恩初入银台门，著书独在金銮殿。”王建《上杜元颖相公》：“学士金銮殿后居，天中行坐侍龙舆。”白居易《山中与元九书因题书后》：“忆昔封书与君夜，金銮殿后欲明天。”李商隐《赠庾十二朱版》：“君王晓坐金銮殿，只待相如草诏来。”亦省作“金鑾”。白居易《重赠李大夫》：“早接清班登玉陛，同承别诏直金銮。”李商隐《巴江柳》:"好向金鸾殿,移阴入绮窗。"李群玉《送秦炼师归岑公山》:"紫泥飞诏下金銮,列象分明世仰观。"韦庄《含香》:"却去金銮为近侍,便辞鸥鸟不归来。"

【金鸚鵡】 酒杯名。李商隐《菊》:"愿泛金鹦鹉,升君白玉堂。"温庭筠《南歌子》词之一:"手里金鹦鹉,胸前绣凤凰。"

【金鸞】 金属制作的或刺绣的金色鸾鸟。曹唐《小游仙诗九十八首》之五〇:"手抬玉策红于火,敲断金鸾使唱歌。"阎选《临江仙》词之二:"欲问楚王何处去,翠屏犹掩金鸾。"

二 画

針 〔zhēn《广韵》職深切,平侵,章。又之任切,去沁,章。〕❶用以缝纫或刺绣的一种金属细长工具,一端尖锐,另一端有眼用以穿线。孟浩然《他乡七夕》:"不见穿针妇,空怀故国楼。"顾况《游子吟》:"立身计几误,道险无容针。"李商隐《曼倩辞》:"如何汉殿穿针夜,又向窗中觑阿环。"朱绛《春女怨》:"欲知无限伤春意,尽在停针不语时。"❷针状物。孟郊《寒地百姓吟》:"冷箭何处来,棘针风骚劳。"特指中医用以刺穴位以治病之针状器械。见"針石"。❸用针或针状物刺。特指中医以针刺穴位以治疗。徐夤《闭门》:"骨冷欲针先觉痛,肉顽频灸不成疮。"参见"針藥""針醫"。

【針石】 用砭石制成的石针。古代针灸用石针,后世用金针。韩愈《喜侯喜至赠张籍张彻》:"又如心中疾,针石非所砭。"白居易《自蜀江至洞庭湖口有感而作》:"滞则为疽疣,治之在针石。"

【針灸】 中医针法和灸法的合称。针法是把毫针按一定穴位刺入患者体内,用捻、提等手法来治疗疾病;灸法是把燃烧着的艾绒按一定穴位靠近皮肤或放在皮表,利用热刺激来治病。为我国医学的宝贵遗产。杜甫《咏怀二首》之二:"羸瘠且如何,魄夺针灸屡。"又《雨》:"针灸阻朋曹,糠籺对童孺。"

【針指】 拿针的手指。周贺《重阳》:"霜报征衣冷针指,雁惊幽隐泣云泉。"

【針眼】 针鼻。施肩吾《乞巧词》:"不嫌针眼小,只道月明多。"

【針棘】 针与荆棘。喻坏人。来鹄《圣政纪颂》序:"自永徽之后,宰执不正,窥伺是忌,针棘前后,阻越对敭。"

【針樓】 乞巧的彩楼。李峤《同赋山居七夕》:"花庭开粉席,云岫敞针楼。"苏颋《奉和七夕宴两仪殿应制》:"机石天文写,针楼御赏开。"沈佺期《牛女》:"粉席秋期缓,针楼别怨多。"

【針鋒】 针尖。喻细小的事物。李商隐《题僧壁》:"大去便应欺粟颗,小来兼可隐针锋。"

【針線】 ❶针和线。崔颢《七夕》:"长安城中月如练,家家此夜持针线。"杜甫《白丝行》:"美人细意熨帖平,裁缝灭尽针线迹。"❷指缝纫刺绣工作。孟郊《古意》:"启贴理针线,非独学裁缝。"张籍《吴楚歌词》:"今朝社日停针线,起向朱樱树下行。"白居易《秋霁》:"独对多病妻,不能理针线。"韩偓《联缀体》:"陇头针线年年事,不喜寒砧捣断肠。"❸指缝纫刺绣的成品。元稹《遣悲怀三首》之二:"衣裳已施行看尽,针线犹存未忍开。"

【針頭】 针尖。借指绣针。白居易《绣妇叹》:"针头不解愁眉结,线缕难穿泪脸珠。"

【針氈】 置针于其中的毡。坐于其上,疼痛令人不安。李贞白《咏刺猬》:"行似针毡动,卧若栗毬圆。"

【針藥】 施针用药。王建《求友》:"针药及病源,以石投深池。"

【針醫】 施针医疗。吕岩《七言》之三八:"貌相本来犹自可,针医偏更效无多。"

【針縷】 针线。指缝纫刺绣。元稹《君莫非》:"妇好针缕,夫读书诗。"

釘[1] 〔dīng《广韵》當經切,平青,端。〕❶钉子。用以贯物使坚固,多以金属为之,亦有用竹木者。李商隐《无愁果有愁曲北齐歌》:"秋娥点滴不成泪,十二玉楼无故钉。"顾云《与罗隐互谑》:"青蝇被扇扇离席,白泽遭钉钉在门。"❷盯。专注地看,注视。太宗《秋日翠微宫》:"侧阵移鸿影,圆花钉菊丛。"李涉《岳阳别张祜》:"新钉张生一首诗,自余吟著皆无味。"

釘[2] 〔dìng《广韵》丁定切,去徑,端。〕❶以钉钉物。李贺《追赋画江潭苑四首》之三:"鞦垂妆钿粟,箭箙钉文牙。"伊用昌《望江南词咏鼓》:"钉着不知侵骨髓,打来只是没心肝。"顾云《与罗隐互谑》:"青蝇被扇扇离席,白泽遭钉钉在门。"亦泛指嵌入、深入。柳公权《砥柱》:"孤峰浮水面,一柱钉波心。"柳宗元《寄韦珩》:"奇疮钉骨状如箭,鬼手脱命争纤毫。"❷装饰。白居易《和春深二十首》之二十:"兰麝熏行被,金铜钉坐车。"❸压。李贺《恼公》:"玳瑁钉帘薄,琉璃叠扇烘。"❹通"釘[1]"。见"釘明釭"。

【釘明釭】 犹张灯。韩愈《病中赠张十八》:"玄帷隔雪风,照炉钉明釭。"

【釘鈴】 象声词。状马铃声。李贺《沙路曲》:"柳脸半眠丞相树,佩马钉铃踏沙路。"

釜 〔fǔ《广韵》扶雨切，上麌，奉。〕古炊器。斂口，圆底，或有两耳。置于灶口，上盖甑以蒸饭。贾岛《朝饥》："井底有甘泉，釜中乃空然。"又《送陈商》："釜底绝烟火，晓行皇帝京。"善生《赠卢逸人》："引泉鱼落釜，攀果露沾冠。"

【釜魚】 釜中之鱼。釜中已出鱼来。形容生活贫困，断炊已久。冯涓《苦雨》："釜鱼化作池中物，木履浮为天际船。"

【釜竈】 锅灶。寒山《诗三百三首》之一五六："住不安釜灶，行不赍衣裓。"曹唐《赠南岳冯处士二首》之二："夜静着灰封釜灶，自添文武养丹砂。"无名氏《五言白话诗》之十二："生时愁衣食，死鬼无釜灶。"

三　画

釭 〔gāng，又读 gōng《广韵》古雙切，平江，見。又古紅切，平東，見，又古冬切，平冬，見。〕❶宫室壁带上的环形金属饰物。崔国辅《白纻辞二首》之二："璧带金釭皆翡翠，一朝零落变成空。"（按：璧，当作壁）❷灯。李白《杂曲歌辞·夜坐吟》："冰合井泉月入闺，青釭青凝照悲啼。"羊士谔《句》："银釭倦秋馆，绮瑟瞻永路。"元稹《泛江玩月十二韵》："委波添净练，洞照灭凝釭。"李商隐《因书》："生归话辛苦，别夜对凝釭。"

【釭花】 灯花。李贺《河南府试十二月乐词·十月》："玉壶银箭稍难倾，釭花夜笑凝幽明。"

釱[1] 〔dì《广韵》特計切，去霽，定。又徒蓋切，去泰，定。〕脚镣类刑具，用以钳足趾。杜牧《秋思》："热去解钳釱，飘萧秋半时。"

釱[2] 〔dài《广韵》徒蓋切，去泰，定。〕通軑。车辖。见《汉书·扬雄传上》。李颀《杂歌谣辞·郑樱桃歌》："鸣鞞走马接飞鸟，铜釱琴瑟随去尘。"

釦 〔kòu《广韵》苦后切，上厚，溪。〕以金玉等缘饰器物。李商隐《和孙朴韦蟾孔雀咏》："屏风临烛釦，捍拨倚香脐。"见《说文》。

釧 〔chuàn《广韵》尺絹切，去線，昌。〕臂镯。虞世南《相和歌辞·中妇织流黄》："衣香逐举袖，钏动应鸣梭。"杜甫《喜闻官军已临贼境二十韵》："家家卖钗钏，只待献春醪。"刘禹锡《贾客词》："妻约雕金钏，女垂贯珠缨。"白居易《新乐府·盐商妇》："绿鬟富去金钗多，皓腕肥来银钏窄。"

釤[1] 〔shān《广韵》所鑑切，去鑑，生。〕大镰。元结《闵荒诗一首》："人将引天钐，人将持天锼。"

釤[2] 〔xiān《集韵》思廉切，平鹽，心。〕锋利。见"釤₂利"。

【釤₂利】 锐利，锋利，敏锐。杜牧《自宣州赴官入京路逢裴坦判官归宣州因题赠》："我初到此未三十，头脑钐利筋骨轻。"皮日休《公斋四咏·新竹》："圆紧珊瑚节，钐利翡翠翎。"

釣 〔diào《广韵》多嘯切，去嘯，端。〕❶以钓具获取鱼或其他水生动物。王维《白鼋涡》："王人之仁兮，不网不钓，得遂性以生成。"张谓《读后汉逸人传二首》之一："钓时如有待，钓罢应忘筌。"柳宗元《江雪》："孤舟蓑笠翁，独钓寒江雪。"李舜弦《钓鱼不得》："尽日池边钓锦鳞，芰荷香里暗消魂。"❷钓竿。李白《相和歌辞·梁甫吟》："广张三千六百钓，风期暗与文王亲。"翁洮《渔者》："只贪浊水张罗众，却笑清流把钓稀。"❸鱼钩。窦巩《题任处士幽居》："水清鱼识钓，林静犬随人。"韩愈《题秀禅师房》："暂拳一手支头卧，还把鱼竿下钓沙。"郑损《钓阁》："钓直鱼应笑，身闲乐自深。"❹以不正当手段谋取。陈子昂《座右铭》："幸能修实操，何俟钓虚名。"亦指一般获取。刘禹锡《和牛相公南溪醉歌见寄》："怪石钓出太湖底，珠树移自天台尖。"❺刺，穿。胡令能《王昭君》："胡风似剑锼人骨，汉月如钩钓胃肠。"

【釣人】 钓鱼的人。白居易《霖雨苦多江湖暴涨块然独望因题北亭》："篱根舟子语，巷口钓人歌。"吴融《题延寿坊东南角古池》："雨细几逢耕犊去，日斜时见钓人回。"鱼玄机《赋得江边柳》："影铺秋水面，花落钓人头。"韦庄《途中望雨怀归》："对此不堪乡外思，荷蓑遥羡钓人归。"

【釣公】 钓翁，钓叟。皮日休《奉和鲁望谢惠巨鱼之半》："钓公来信自松江，三尺春鱼拨剌霜。"

【釣月】 钓于月下。指隐逸生活。朱可名《应举日寄兄弟》："不是烧金手，徒抛钓月船。"汪遵《桐江》："严陵何事轻轩冕，独向桐江钓月明。"

【釣水】 钓于水，指钓鱼。李白《赠临洺县令皓弟》："钓水路非远，连鳌意何深。"

【釣户】 渔家。王建《寄旧山僧》："猎人箭底求伤雁，钓户竿头乞活鱼。"

【釣玉】 喻选拔优异人才。沈佺期《钓竿篇》："钓玉君徒尚，征金我未贤。"蔡希寂《同家兄题渭南王公别业》："川涘将钓玉，乡亭期散金。"方干《献王大夫二首》之一："锵金五字能援笔，钓玉三年信直钩。"

【釣石】 钓鱼时站立的石头。张继《题严陵钓台》："客星沉夜壑，钓石俯春流。"温庭筠《病中书怀呈友人》："钓石封苍藓，芳蹊艳绛跗。"孟宾于《碣溪怀古》："钓石千年在，春风一水流。"詹琲《承清隐命访刘处士已殁因吊以诗》:“凤髻山前凤阁郎,耕云钓石久荒凉。”

【釣侣】　钓鱼的朋友。皮日休有《钓侣二章》。韦庄《和薛先辈见寄初秋寓怀即事之作三用韵》之三:“潇湘期钓侣,鄠杜别家林。”

【釣舟】　钓鱼船。李涉《硖石遇赦》:“荷蓑不是人间事,归去沧江有钓舟。”许浑《与侯春时同年南池夜话》:“芦苇暮修修,溪禽上钓舟。”许棠《汴河十二韵》:“路要多行客,鱼稀少钓舟。”欧阳宾《訾家洲》:“春风日暮江头立,不及渔人有钓舟。”

【釣名】　作伪以求取虚假名声。骆宾王《叙寄员半千》:“钓名劳拾紫,隐迹自谈玄。”陆龟蒙《江南秋怀寄华阳山人》:“揲策空占命,持竿不钓名。”韩偓《招隐》:“时人未会严陵志,不钓鲈鱼只钓名。”崔道融《钓鱼》:“闲钓江鱼不钓名,瓦瓯斟酒暮山青。”

【釣車】　见“釣魚車”。

【釣車子】　即钓车。张志和《渔父》词之五:“钓车子,橛头船,乐在风波不用仙。”参见“釣魚車”。

【釣伴】　钓鱼的伴侣。陈羽《送友人及第归江东》:“家住洞庭多钓伴,因来相贺话相思。”陆龟蒙《奉和袭美添渔具五篇·背蓬》:“沙禽固不知,钓伴犹初觉。”又《南阳广文欲于荆襄卜居袭美有赠代酬次韵》:“莫惜查头容钓伴,也应东印有余江。”

【釣具】　捕鱼或钓鱼的用具。皮日休《添鱼具诗·鱼庵》:“枕上悉渔经,门前空钓具。”又《钓侣二章》之二:“严陵滩势似云崩,钓具归来放石层。”

【釣查】　(—chá)钓船,钓舟。查,通“槎”。韦庄《赠武处士》:“卖药归来醉,吟诗倚钓查。”

【釣竿】　❶钓鱼竿。王维《沈十四拾遗新竹生读经处同诸公之作》:“乐府裁龙笛,渔家伐钓竿。”郎士元《长安逢故人》:“莫问生涯事,只应持钓竿。”白居易《晚池泛舟遇景成咏赠吕处士》:“唯怜吕叟时相伴,同把磻溪旧钓竿。”曹松《友人池上咏芦》:“此物生苍岛,令人忆钓竿。”❷古曲名。《全唐诗·乐府杂曲·鼓吹曲辞》有沈佺期《钓竿篇》。

【釣竿手】　钓者。借指隐居者。杜牧《途中一绝》:“惆怅江湖钓竿手,却遮西日向长安。”

【釣舡】　钓船。舡,同船。张祜《戊午年感事书怀二百韵》:“醉卧扪云扃,狂歌上钓舡。”

【釣叟】　钓叟,渔翁。李白《杂曲歌辞·沐浴子》:“沧浪有钓叟,吾与尔同归。”李商隐《井泥四十韵》:“磻溪老钓叟,坐为周之师。”林宽《哭造微禅师》:“虚堂散钓叟,怪木哭山精。”王贞白《芦苇》:“穿花思钓叟,吹叶少羌雏。”

【釣津】　可供垂钓的津口处。黄滔《赠宿松杨明府》:“宦游兼得逍遥趣,休忆三吴旧钓津。”

【釣客】　垂钓者。储光羲《酬綦毋校书梦耶溪见赠之作》:“山人松下饭,钓客芦中吟。”薛能《边城寓题》:“蚕市归农醉,渔舟钓客醒。”又《题褒城驿池》:“钓客坐风临岛屿,牧牛当雨食菰蒲。”

【釣師】　渔人。郑谷《试笔偶书》:“华省惭公器,沧江负钓师。”齐己《湖上逸人》:“七泽钓师应识我,中原逐鹿不知谁。”

【釣徒】　渔人,钓者。郑谷《偶怀寄台院孙端公棨》:“才拙道仍孤,无何舍钓徒。”

【釣翁】　渔翁。高适《奉寄平原颜太守》:“散发对浮云,浩歌追钓翁。”元结《漫问相里黄州》:“漫问轩裳客,何如耕钓翁。”白居易《凭李睦州访徐凝山人》:“郡守轻诗客,乡人薄钓翁。”韦庄《将卜兰芷村居留别郡中在仕》:“从今隐去应难觅,深入芦花作钓翁。”

【釣浦】　可供垂钓的水边。方干《送江阴霍明府之任》:“树列巢滩鹤,乡多钓浦人。”

【釣家】　渔家,以捕鱼为业者。杜牧《正初奉酬歙州刺史邢群》:“翠岩千尺倚溪斜,曾得严光作钓家。”陆龟蒙《奉和袭美添渔具五篇·渔庵》:“岂谓钓家流,忽同禅室号。”李咸用《江行》:“共说干戈苦,汀洲减钓家。”

【釣國】　谋求国君对自己加以任用。储光羲《游茅山五首》之四:“垂纶非钓国,好学异希颜。”罗隐《题磻溪垂钓图》:“吕望当年展庙谟,直钩钓国更谁如。”

【釣船】　用以钓鱼或捕鱼的船。白居易《池上即事》:“行寻甃石引新泉,坐看修桥补钓船。”李商隐《江东》:“惊鱼拨剌燕翩翾,独自江东上钓船。”崔橹《过蛮溪渡》:“归去楚台还有计,钓船春雨日高眠。”杜荀鹤《钓叟》:“茅屋深湾里,钓船横竹门。”

【釣魚】　用钓竿钓取鱼。李白《泾溪东亭寄郑少府谔》:“杜鹃花开春已阑,归向陵阳钓鱼晚。”徐凝《避暑二首》之一:“避暑临溪坐,何妨直钓鱼。”贾岛《昆明池泛舟》:“不见钓鱼人,渐入秋塘水。”李咸用《题刘处士居》:“干戈谩道因天意,渭水高人自钓鱼。”

【釣魚舟】　即钓鱼船。韦庄《润州显济阁晓望》:“一篷何处客,吟凭钓鱼舟。”廖融《句》:“云穿捣药屋,雪压钓鱼舟。”

【釣魚車】　钓具。上有轮子缠络的丝,既可放远,亦可收回。谭用之《贻费道人》:“碧玉蜉蝣迎客酒,黄金毂辘钓鱼车。”亦省作“釣車”。元结《宿丹崖翁宅》:“儿孙棹船抱酒瓮,醉里长歌挥钓车。”张籍《祭退之》:“钓车掷长线,有获齐欢惊。”李商隐《怀求古翁》:“欲收棋子醉,竟把钓车眠。”皮日休《夏初访鲁望偶题小斋》:“林间度宿抛棋局,壁上经旬挂钓车。”

【釣魚郎】　渔人。杜牧《郡斋独酌》:“谁将国伐叛,话与钓鱼郎?”又《题横江馆》:“至竟江山谁是主,苔矶空属钓鱼郎。”

【釣魚竿】 钓鱼用的竿子，一端系线，线端有钩。孟彦深《元次山居武昌之樊山新春大雪以诗问之》：“皓气凝书帐，清着钓鱼竿。”

【釣魚師】 渔人。杜荀鹤《出关投孙侍御》：“不为感恩酬未得，五湖闲作钓鱼师。”

【釣魚船】 用作钓鱼或捕鱼的船。杜牧《怀归》：“争得便归湘浦去，却持竿上钓鱼船。”许浑《湖上》：“钓鱼船上一尊酒，月出渡头零落云。”罗隐《中元甲子以辛丑驾幸蜀四首》之四：“不将不侯何计是，钓鱼船上泪阑干。”齐己《自勉》：“闲吟见秋水，数只钓鱼船。”

【釣魚臺】 可供垂钓的水边之台。汉严子陵垂钓处遗址在今浙江桐庐县富春山。下瞰富春渚，有东西二台，各高数十丈。诗中多指此。胡曾《咏史诗·七里滩》：“钓鱼台上无丝竹，不是高人谁解登。”郑谷《寄赠杨夔处士》：“结茅只约钓鱼台，溅水鸬鹚去又回。”翁承赞《甲子岁衔命到家至榕城册封次日闽王降旌旗于新丰市堤饯别》：“争得长房犹在世，缩教地近钓鱼台。”徐夤《赠杨著》：“钓鱼台上频相访，共说长安泪满襟。”

【釣魚輪】 即钓鱼车。陆龟蒙《顷自桐江得一钓车以袭美乐烟波之思因出以为玩俄辱三篇复抒酬答》之一：“旋屈金钩劈翠筠，手中盘作钓鱼轮。”

【釣魚磯】 钓鱼时坐的岩石。戴叔伦《越溪村居》：“负米到家春未尽，风萝闲扫钓鱼矶。”

【釣渚】 可供垂钓的水边。李峤《王屋山第之侧杂构小亭暇日与群公同游》：“弋林开曙景，钓渚发晴霓。”颜真卿、潘述《水堂送诸文士戏赠潘丞联句》：“文场苦叨窃，钓渚甘漂泊。”方干《寄李频》：“思苦文星动，乡遥钓渚闲。”

【釣鄉】 渔村。亦指家乡。杜荀鹤《下第投所知》：“御苑早莺啼暖树，钓乡春水浸贫居。”伍乔《闻杜牧赴阙》：“他时得意交知仰，莫忘裁诗寄钓乡。”

【釣艇】 钓鱼船。皇甫冉《曾东游以诗寄之》：“钓艇或相逢，江蓠又堪摘。”白居易《奉酬淮南牛相公思黯见寄二十四韵》：“竹篙撑钓艇，金甲拥楼船。”赵嘏《虎丘寺赠渔处士》：“唯思闲胜我，钓艇在烟波。”张乔《秦原春望》：“荏苒文明代，难归钓艇身。”

【釣鈎】 亦作“釣鉤”。钓鱼的钩子。杜甫《江村》：“老妻画纸为棋局，稚子敲针作钓钩。”权德舆《渭水》：“吕叟年八十，皤然持钓钩。”司空图《携仙箓九首》之三：“渔翁亦被机心误，眼暗汀边结钓钩。”刘隐辞《咏滟滪堆》：“都缘不似磻溪石，难使渔翁下钓钩。”

【釣筒】 插在水里捕鱼的竹器。许浑《泛五云溪》：“急濑鸣车轴，微波漾钓筒。”皮日休《褚家林亭》：“萧疏桂影移茶具，狼籍蘋花上钓筒。”吴融《赴阙次留献荆南成相公三十韵》：“场广盘球子，池闲引钓筒。”贯休《上冯使君五首》之二：“眠在绿苇边，不知钓筒发。”

【釣渭】 垂钓于渭河。指周吕尚于渭水垂钓时遇文王事。韩愈《叉鱼招张功曹(署)》：“如棠名既误，钓渭日徒消。”

【釣渭濱】 义同“钓渭”。李白《相和歌辞·梁甫吟》：“君不见朝歌屠叟辞棘津，八十西来钓渭滨。”

【釣童】 钓鱼的儿童。许浑《祗命许昌自郊居移就公馆秋日寄茅山高拾遗》：“岩响远闻樵客过，浦深遥送钓童归。”

【釣絲】 钓竿上的垂线。岑参《与鲜于庶子泛汉江》：“日影浮归棹，芦花罥钓丝。”秦系《赠乌程杨苹明府》：“策杖政成时，清溪弄钓丝。”牛僧孺《李苏州遗太湖石因题二十韵奉呈梦得乐天》：“搀叉锋刃簇，缕络钓丝萦。”李频《自遣》：“永拟东归把钓丝，将行忽起半心疑。”

【釣蓑】 钓鱼时穿的蓑衣。韩偓《夜坐》：“无名无位堪休去，犹拟朝衣换钓蓑。”李昭象《寄献山中顾公员外》：“抽却朝簪着钓蓑，近来声迹转巍峨。”

【釣楫】 钓舟。郑绍《游越溪》：“渔潭逢钓楫，月浦值孤舟。”

【釣槎】 渔船，钓舟。章孝标《归海上旧居》：“草没题诗石，潮摧坐钓槎。”

【釣業】 钓隐生涯。许棠《投徐端公》：“穷吴迷钓业，大漠事贫游。”

【釣瀨】 水边垂钓之地。后汉严光，耕钓于富春山，后人名其钓处为严陵濑。后以钓濑指严光钓处。亦借指隐士隐居处。杜甫《夔府书怀四十韵》：“钓濑疏坟籍，耕岩进弈棋。”又《寄岳州贾司马六丈巴州严八使君两阁老五十韵》：“长沙才子远，钓濑客星悬。”

【釣罩】 捕鱼用的钓钩和竹罩。韩愈《答柳柳州食虾蟆》：“居然当鼎味，岂不辱钓罩。”

【釣鉤】 见“釣鈎”。

【釣詩鈎】 对虾的戏称。唐彦谦《索虾》：“既名钓诗钓，又作钩诗钩。”

【釣臺】 ❶钓鱼台。元结《漫歌八曲·小回中》：“丛石横大江，人言是钓台。”张乔《宿江叟岛居》：“了得平生志，还归筑钓台。”❷指东汉严子陵垂钓处。故地在今浙江桐庐城西十五公里的富春山上。东汉严光，字子陵，曾隐于此垂钓。刘长卿《奉使新安自桐庐县经严陵钓台宿七里滩下寄使院诸公》：“悠然钓台下，怀古时一望。”杜牧《睦州四韵》：“州在钓台边，溪山实可怜。”罗隐《严陵滩》：“世祖升遐夫子死，原陵不及钓台高。”贯休《苔藓》：“严子钓台边不少，谢公山屐上无多。”❸台名。在今安徽黟县南。李白有《钓滩》。

灘，一作台。

【釣榭】 可供垂钓的台榭。陆龟蒙《夏日闲居作四声诗寄袭美·平去声》："书签风摇闻，钓榭雾破见。"

【釣歌】 渔歌。杜牧《润州二首》之二："画角爱飘江北去，钓歌长向月中闻。"马戴《赠别江客》："应使同渔者，生涯许钓歌。"钱珝《江行无题一百首》之五十："钓歌无远近，应喜罢艨艟。"

【釣綸】 钓竿上的线。方干《上郑员外》："潜夫岂合干旌旆，甘棹渔舟下钓纶。"崔涂《春日郊居酬友人见贻》："丽句劳相勉，余非乐钓纶。"

【釣餌】 引鱼上钩的食物。无名氏《河鲤登龙门》："泥沙宁不阻，钓饵莫相逢。"

【釣漁翁】 钓翁，渔翁。刘长卿《避地江东留别淮南使院诸公》："此去行持一竿竹，等闲将狎钓渔翁。"

【釣閣】 可供垂钓的亭阁。郑损有《钓阁》。

【釣璜】 垂钓而得玉璜。喻臣遇明主，君得贤相。刘禹锡《和重题》："一泛钓璜处，再吟锵玉声。"李咸用《题友生丛竹》："大则化龙骑，小可钓璜用。"方干《题玉笥山强处士》："世人呼尔为渔叟，尔学钓璜非钓鱼。"唐彦谦《送樊琯司业归朝》："折树休盘槊，沉钩且钓璜。"

【釣璜老】 指周吕尚。陆龟蒙《奉酬袭美先辈初夏见寄次韵》："唯思钓璜老，遂得持竿情。"

【釣璜溪】 指渭河。相传周吕尚曾垂钓于渭水，故名。苏颋《扈从温泉同紫微黄门群公泛渭川得齐字》："近临钓石地，遥指钓璜溪。"杜甫《奉赠太常张卿二十韵》："几时陪羽猎，应指钓璜溪。"李德裕《奉送相公十八丈镇扬州》："取履桥边啼鸟换，钓璜溪畔落花初。"

【釣璜鉤】 钓鱼钩。殷文圭《和友人送衡尚书赴池阳副车》："况是昭明食鱼郡，不妨闲掷钓璜钩。"

【釣輪】 钓鱼车上的轮子。上缠钓丝，既可放远，亦可迅速收回。李商隐《赠郑谠处士》："寒归山观随棋局，暖入汀洲逐钓轮。"温庭筠《寄湘阴阎少府乞钓轮子》："钓轮形与月轮同，独茧和烟影似空。"陆龟蒙《奉和袭美新秋言怀三十韵次韵》："道随书簏古，时共钓轮抛。"

【釣線】 钓竿上的线。杜荀鹤《戏赠渔家》："养一箔蚕供钓线，种千茎竹作渔竿。"

【釣緡】 垂钓。杜甫《谒先主庙》："迟暮堪帷幄，飘零且钓缗。"

【釣壇】 可供垂钓的土石台。皮日休《太湖诗·明月湾》："钓坛两三处，苔老腥斒斑。"

【釣檝】 钓鱼船。方干《陆处士别业》："夜深回钓檝，月影出书床。"

【釣築】 钓钩和版筑。并用吕尚垂钓磻溪遇文王和傅说举于版筑二事，以为君臣遇合相得之典。杜牧《华清宫三十韵》："钓筑乘时用，芝兰在处芳。"

【釣篷】 钓船。郑损《星精亭》："钓篷和雨看，樵斧带霜闻。"

【釣龍】 ❶谓仙人琴高取龙子乘赤鲤成仙事。鲍溶《思琴高》："琴仙人，得仙去，万古钓龙空有处，我持曲钩思白鱼。"参见"釣鯉"。❷喻招揽贤才。李家明《元宗钓鱼无获进诗》："凡鳞不敢吞香饵，知是君王合钓龙。"

【釣隱】 渔钓隐居。喻凫《见张为主客图》："沧洲迷钓隐，紫阁负僧期。"

【釣聲】 以作伪谋取美誉。姚合《送狄兼谟下第归故山》："赁舍应无直，居山岂钓声。"

【釣磯】 钓鱼时所坐的岩石。高适《渔父歌》："笋皮笠子荷叶衣，心无所营守钓矶。"刘长卿《送李二十四移家之江州》："别后难相访，全家隐钓矶。"郎士元《送孙愿》："若访新安路，严陵有钓矶。"赵嘏《曲江春望怀江南故人》："此时愁望情多少，万里春流绕钓矶。"

【釣罾】 网鱼的罾。贯休有《陪冯使君游六首·钓罾潭》。

【釣鯉】 为成仙之典。丘希范《江门洞》："琴君入钓鲤，叶令去飞凫。"

【釣鰲】 见"釣鼇"。

【釣鼇】 亦作"釣鰲"。喻志向高远或性格豪迈。孟浩然《与杭州薛司户登樟亭楼作》："今日观溟涨，垂纶学钓鳌。"李白《赠薛校书》："未夸观涛作，空郁钓鳌心。"翁洮《赠方干先生》："独向若耶溪上住，谁知不是钓鳌人。"陈陶《渡浙江》："静寇思投笔，伤时欲钓鳌。"

鈒 〔sà《广韵》蘇合切，入合，心。又色立切，入緝，生。〕❶短矛。《急就篇》卷三："钑戟铍镕剑镡锲。"袁朗《相和歌辞·饮马长城窟行》："山响传风吹，霜华藻琼钑。"❷用金银等在器物上嵌饰图案和文字。见"鈒鏤"。

【鈒鏤】 用金银等在器物上嵌饰图案和文字。贺知章《答朝士》："钑镂银盘盛蛤蜊，镜湖莼菜乱如丝。"

釰 〔jiàn《集韵》居欠切，去驗，見。〕同剑。张祜《戊午年感事书怀二百韵》："洪炉当钊戟，大匠主陶甄。"

釵 〔chāi《广韵》楚佳切，平佳，初。〕❶钗子。李白《春感诗》："尘萦游子面，蝶弄美人钗。"王建《失钗怨》："贫女铜钗惜于玉，失却来寻一日哭。"张祜《洞房燕》："乍疑钗上动，轻似掌中回。"李郢《张郎中宅戏赠二首》之一："薄雪燕蓊紫燕钗，钗垂簏簌抱香怀。"❷指妇女。白居易《酬思黯戏赠》："钟乳三千两，金钗十二行。"自注："思黯自夸前后服钟乳三千两，甚得力，而歌舞之妓颇多。"

【釵股】 谓钗歧出如股。顾况《宜城放琴客歌》："不知谁家更张设，丝履墙偏钗股折。"白居易《和微之诗二十三首·和祝苍华》："根稀比黍苗，梢细同钗股。"

【釵茸】 头部镶有茸花的钗子。李商隐《无题》："裙衩芙蓉小，钗茸翡翠轻。"

【釵釧】 头钗与臂镯。泛指妇人饰物。杜甫《喜闻官军已临贼境二十韵》："家家卖钗钏，只待献春醪。"又《秋日夔府咏怀奉寄郑监李宾客一百韵》："囊虚把钗钏，米尽坼花钿。"

【釵魚】 钗上鱼形之饰物。据传佩之吉祥。韩偓《无题》之一："照兽金涂爪，钗鱼玉镂鳞。"吴融《和韩致光侍郎无题三首十四韵》："篦凤金雕翼，钗鱼玉镂鳞。"

【釵梁】 钗的主干。借指钗子。韩偓《无题》之一："香辣更衣后，钗梁拢鬓新。"

【釵篦】 钗子和篦子。陈陶《西川座山听金五云唱歌》："旧样钗篦浅澹衣，元和梳洗青黛眉。"

【釵頭】 钗的顶端。借指钗子。王建《留别田尚书》："不看匣里钗头古，犹恋机中锦样新。"韩愈《咏灯花同侯十一》："黄里排金粟，钗头缀玉虫。"陆龟蒙《袭美以紫石砚见赠以诗迎之》："霞骨坚来玉自愁，琢成飞燕古钗头。"

四 画

鈇

〔fū《广韵》甫無切，平虞，非。〕斩人的刑具。见"鈇鉞❶""鈇鑕❶"。

【鈇鉞】 ❶斫刀和大斧。用以腰斩和砍头的两种刑具。亦泛指刑罚。韩愈、李正封《晚秋郾城夜会联句》："藁街陈铁钺，桃塞兴钱镈。"亦泛称刑罚。皮日休《三羞诗三首》之一："入门疑储宫，抚己思铁钺。"❷借指将军幕府。喻凫《秋日将归长安留别王尚书》："清晨铁钺内，只献白云吟。"

【鈇鑕】 ❶斩人的刑具。借指腰斩之罪。锧，垫在下面的砧板。泛指杀戮。杜牧《李给事中敏二首》之一："纷纭白昼惊千古，铁锧朱殷几一空。"亦泛称刑罚。韩愈、李正封《晚秋郾城夜会联句》："余虽司斧锧，情本尚丘壑。"❷星名。储光羲《同诸公送李云南伐蛮》："天星耀铁锧，吊彼西南方。"

鈜

〔hóng《广韵》户萌切，平耕，匣。〕见"鏗鈜"。

鉅

〔jù《广韵》其吕切，上語，羣。〕巨大，大。韩愈《陆浑山火和皇甫湜用其韵（湜时为陆浑尉）》："㿻池波风肉陵屯，谽呀钜壑颇黎盆。"亦指巨大的事物。韩愈《元和圣德诗》："天锡皇帝，为天下主。并包畜养，无异细钜。"

【鉅公】 ❶指皇帝。温庭筠《汉皇迎春词》："钜公步辇迎句芒，复道扫尘燕彗长。"❷犹宗师、巨匠。李贺《高轩过》："云是东京才子，文章钜公。"题下注："韩员外愈、皇甫侍御湜见过，因而命作。"

【鉅野】 泽名，在山东菏泽。李乔《菱》："钜野韶光暮，东平春溜通。"高适《东平路中遇大水》："傍沿钜野泽，大水纵横流。"

【鉅鹿】 ❶县名。秦置，治所即今河北平乡县西南平乡，为钜鹿郡治。东汉移郡治瘿陶县，钜鹿县仍属钜鹿郡。北魏景明二年（501）移县治于今平乡县东南。隋开皇六年（586）又移治于今河北巨鹿县西北。唐时属河北道邢州，治所即今河北巨鹿县。高适有《钜鹿赠李少府》。❷郡名。秦始皇二十五年（前222）置，治所在钜鹿县（今河北邢台市）。东汉移治瘿陶县（今河北宁晋县西南）。唐天宝、至德时又曾改邢州（治龙冈县，今河北邢台市）为钜鹿郡。其地约当今河北省南自平乡、住县至晋县、藁城一带地区。韩愈《送石洪处士赴河阳幕得起字》："钜鹿师欲老，常山险犹恃。"

【鉅儒】 大儒，儒家大学者。权德舆《醉后戏赠苏九翛》："白首书窗成钜儒，不知簪组遍屠沽。"

鈍

〔dùn《广韵》徒困切，去慁，定。〕❶器械不锋利。韦应物《答徐秀才》："铅钝谢贞器，时秀猥见称。"卢纶《割飞二刀子歌》："裁罗裁绮无钝时，用来三年一股折。"亦指钝器。白居易《渭村退居寄礼部崔侍郎翰林钱舍人诗一百韵》："沾枯发枝叶，磨钝起锋芒。"❷言论、文笔不尖锐。刘禹锡《酬乐天斋满日裴令公置宴席上戏赠》："酒力半酣愁已散，文锋未钝老犹争。"❸笨拙，迟钝。韦应物《答长安丞裴说》："爰以林壑趣，遂成顽钝姿。"白居易《与僧智如夜话》："懒钝尤知命，幽栖渐得朋。"贾岛《赠胡禅归》："自是根机钝，非关夏腊深。"喻坦之《陈情献中丞》："取进心甘钝，伤嗟骨每惊。"亦指迟钝者。韩愈《南山诗》："先强势已出，后钝嗔逗譳。"钱仲联集释："此句谓后钝见嗔，不能言也。"

【鈍人】 愚蠢者。白居易《自喜》："忙驱能者去，闲逐钝人来。"

【鈍直】 耿直而不合时宜。李华《杂诗六首》之六："勿嫌书生直，钝直深可忆。"

【鈍拙】　迟钝，笨拙。白居易《醉后狂言酬赠萧殷二协律》："刀尺钝拙制未毕，出亦不独裹一身。"李绅《七年初到洛阳而四老俱在洛中分司》："惟有门人怜钝拙，劝教沉醉洛阳春。"徐铉《驿中七夕》："今年不乞巧，钝拙转堪嗟。"亦指迟钝、笨拙者。周昙《咏史诗·春秋战国门·公子无忌》："能怜钝拙诛豪俊，悯弱摧强真丈夫。"

【鈍物】　蠢汉。物，指人。寒山《诗三百三首》之二二三："钝物丰财宝，醒醒汉无钱。"

【鈍暗】　愚蠢而不明事理。寒山《诗三百三首》之二四二："下士钝暗痴，顽皮最难裂。"

【鈍頑】　迟钝顽劣。白居易《题新昌所居》："宅小人烦闷，泥深马钝顽。"

【鈍滯】　迟钝呆滞。白居易《迂叟》："应须绳墨机关外，安置疏愚钝滞身。"

【鈍僕】　笨拙的仆人。张祜《庚子岁寓游扬州赠崔荆四十韵》："钝仆常差使，羸骖半醉乘。"

【鈍漢】　笨拙之人。卢仝《扬州送伯龄过江》："不唧溜钝汉，何由通姓名。"

【鈍質】　鲁钝的品质。卢纶《卧病寓居因题四十韵寄冯生并赠高尊师》："弱荑轻采拾，钝质称归休。"

【鈍騃】　愚笨无知。韩愈《游青龙寺赠崔大补阙》："由来钝骙寡参寻，况是儒官饱闲散。"

鈔　〔chāo《广韵》楚交切，平肴，初。又初教切，去效，初。〕抄写，誊写。杜甫《赠李八秘书别三十韵》："乞米烦佳客，钞诗听小胥。"韩偓《思录旧诗于卷上凄然有感因成一章》："缉缀小诗钞卷里，寻思闲事到心头。"

鈐　〔qián《广韵》巨淹切，平鹽，群。〕❶锁。引申为关键、要领。见"鈐鍵"。❷古代兵书有《玉钤篇》和《玄女六韫要诀》，讲用兵方法和谋略，故钤亦指此。高适《信安王幕府诗》："并秉韬钤术，兼该翰墨筵。"杜甫《八哀诗·赠左仆射郑国公严公武》："记室得何逊，韬钤延子荆。"张祜《送周尚书赴滑台》："昆河已在兵钤内，堂柳空留鹤岭前。"杨夔《送张相公出征》："儒德尼丘降，兵钤太白传。"❸缄禁。见"鈐口"。❹节制管束。见"鈐轄"。

【鈐口】　缄口不言。张祜《庚子岁寓游扬州赠崔荆四十韵》："善恶都钤口，存亡只抚膺。"

【鈐鍵】　锁钥。引申为事物的核心或关键。张彧《赵郡南石桥铭》："谓之钤键，撮我宇宙。"

【鈐轄】　节制管辖。来鹄《早春》："偏憎杨柳难钤辖，又惹东风意绪来。"

鈞　〔jūn《广韵》居匀切，平諄，見。〕❶古代重量单位。一钧为三十斤。李白《杂曲歌辞·悲歌》："琴鸣酒乐两相得，一杯不啻千钧金。"韦应物《学仙二首》之一："千钧巨石一发悬，卧之石下十三年。"崔元翰《奉和登玄武楼观射即事书怀赐孟涉应制》："饮羽连百中，控弦逾六钧。"吴融《赴阙次留献荆南成相公三十韵》："云生五色笔，月吐六钧弓。"❷制陶器所用的转轮。喻造就。窦庠《敕目至家兄蒙淮南仆射杜公奏授秘校兼节度参谋同书寄上》："烟霄定从此，非假问陶钧。"李商隐《行次西郊作一百韵》："例以贤牧伯，征入司陶钧。"参见"鈞軸"。❸喻国政，国家权柄。明皇《左丞相说右丞相璟太子少傅乾曜同日上官命宴东堂赐诗》："由来丞相重，分掌国之钧。"李白《书怀赠南陵常赞府》："赖得契宰衡，持钧慰风俗。"杜甫《奉赠李八丈判官》："入幕未展材，秉钧孰为偶。"❹乐调。借指音乐。见《国语·周语下》。张说《恩赐乐游园宴》："馔玉颁王篚，纵金下帝钧。"❺通均。平，平分。见"鈞天❶"。

【鈞天】　❶天的中央。古代神话传说中天帝所居之处。李商隐《钧天》："上帝钧天会众灵，昔人因梦到青冥。"皮日休《公斋四咏·新竹》："如神语钧天，似乐奏洞庭。"孔德绍《观太常奏新乐》："钧天金石响，洞庭弦管清。"❷为"鈞天廣樂"之省。张说《奉和圣制暇日与兄弟同游兴庆宫作应制》："献图开益地，张乐奏钧天。"牟融《题竹》："柯亭丁相遇，惊听奏钧天。"李商隐《寄令狐学士》："钧天虽许人间听，阊阖门多梦自迷。"毛文锡《月宫春》词："遥听钧天九奏，玉皇亲看来。"

【鈞天曲】　指"鈞天廣樂"。鲍溶《琴曲歌辞·湘妃列女操》："云和经奏钧天曲，乍听宝琴遥嗣续。"

【鈞天夢】　谓梦闻的钧天广乐。郑畋《五月一日紫宸候对因书六韵》："紫府游应似，钧天梦不如。"李郢《骊山怀古》之四："不闻缑岭仙成日，空想钧天梦尽时。"崔涂《续纪汉武》："分明三鸟下储胥，一觉钧天梦不如。"

【鈞天樂】　（樂 yuè）为"鈞天廣樂"之省。韦元旦《奉和幸安乐公主山庄应制》："琼箫暂下钧天乐，绮缀长悬明月珠。"李白《流夜郎闻酺不预》："汉酺闻奏钧天乐，愿得风吹到夜郎。"薛能《偶题》："无端梦得钧天乐，尽觉宫商不是音。"陈陶《飞龙引》："鸿胧九阙相玉皇，钧天乐引金华郎。"参见"鈞樂"。

【鈞石】　钧和石。古代两种重量单位。三十斤为一钧，四钧为一石。故连用以指两种事物相较悬殊。刘禹锡《送鸿举游江西》序："然而视予之文，昔与今有莛楹之别；视予之书，昔与今有钧石之悬。"

【鈞軸】　钧和轴。钧以制陶，轴以转车。樊铸

《井辘轳》:“已承钧轴力,不虑坠诸泉。”亦用以喻国事重任。韩愈《酒中留上襄阳李相公》:“知公不久归钧轴,应许闲官寄病身。”亦指担当国家政务重任的人。白居易《和梦游春诗一百韵》:“危言诋阍寺,直气忤钧轴。”

【鈞樞】 指国事重任。韩愈《示儿》:“凡此座中人,十九持钧枢。”

【鈞樂】 (—yuè)为“鈞天廣樂”之省。见《史记·赵世家》。指上天的音乐、仙乐。亦指美妙的音乐。白居易《江楼夜吟元九律诗成三十韵》:“醴泉流出地,钧乐下从天。”又《和微之诗二十三首·和送刘道士游天台》:“阆宫缥缈间,钧乐依稀闻。”王涯《汉苑行》:“二月春风遍柳条,九天仙乐奏云韶。”

【鈞衡】 ❶喻国事重任。窦牟《元日喜闻大礼寄上翰林四学士中书六舍人二十韵》:“扆扆亲唯敬,钧衡近匪侵。”刘禹锡《和仆射牛相公见寄之作》:“用才同践钧衡地,禀气终分大小年。”翁承赞《天祐元年以右拾遗使册闽王而作》:“萧何相印钧衡重,韩信斋坛雨露新。”亦指担负重任之人。许棠《题郑侍郎岩隐十韵》:“终难依此境,坐卧避钧衡。”罗隐《赠先辈令狐补阙》:“中间声迹早薰然,阻避钧衡过十年。”❷谓平衡公正。高适《留上李右相》:“钧衡持国柄,柱石总朝经。”无可《送沅江宋明府》:“一遂钧衡荐,今为长吏归。”

鉤 见“鉤”。

鈌 〔jué《广韵》古穴切,入屑,見。〕同“缺”。李绅《过梅里七首·上家山》:“苔阶泉溜鈌,石甃青莎密。”

鈚 〔pī《广韵》匹迷切,平齊,滂。又房脂切,平脂,並。〕鈚箭。箭之一种。杜甫《七月三日亭午有诗因论壮年乐事戏呈元二十一曹长》:“长鈚逐狡兔,突羽当满月。”

鈋 〔é《广韵》五禾切,平戈,疑。〕由不圆变化为圆。见《说文·金部》。李商隐《镜槛》:“骑襜侵鞯卷,车帷约幰鈋。”李咸用《使仔怨》:“不得团圆长近君,珪月鈋时泣秋扇。”

五　画

鉦 〔zhēng《广韵》諸盈切,平清,章。〕古代乐器。似钟而长,铜制,有柄,击之发声。行军时用以节止步伐。贺知章《奉和圣制送张说巡边》:“帐宿伊川右,钲传晋苑东。”刘禹锡《连州腊日观莫徭猎西山》:“围合繁钲息,禽兴大旆摇。”张籍《祭退之》:“旧茔盟津北,野窆动鼓钲。”陆龟蒙《江南秋怀寄华阳山人》:“举檝挥青剑,鸣榔扣远钲。”

【鉦鼓】 钲和鼓。古代行军或歌舞时用以指挥进退、动静的两种乐器。刘长卿《春望寄王涔阳》:“依微水戍闻钲鼓,掩映沙村见酒旗。”权德舆《奉使丰陵职司卤簿通宵涉路因寄内》:“殳铤方启路,钲鼓正交音。”

鉗 〔qián《广韵》巨淹切,平鹽,羣。〕❶古代刑具。束颈的铁圈。见《语·罗吉口号》。见“鉗鈦”。❷古代刑罚。以铁圈钳束人的颈项。见顾况《上古之什补亡训传十三章·团一章》。杜牧《重送》:“爬头峰北正好去,系取可汗钳作奴。”❸缄禁。刘得仁《陈情上李景让大夫》:“待时钳定口,经事压低心。”

【鉗口】 闭口不言。韩偓《感事三十四韵》:“谅直寻钳口,奸纤益比肩。”

【鉗奴】 髡钳为奴者。李商隐《哭虔州杨侍郎》:“入韩非剑客,过赵受钳奴。”

【鉗舌】 闭口不言。张祜《元和直言诗》:“明时便钳舌,切恐负乾坤。”

【鉗鈦】 钳和钛,古代两种刑具。钳以束颈,钛以箍足。杜牧《秋思》:“热去解钳钛,飘萧秋半时。”陆龟蒙《袭美先辈以龟蒙所献五百言既蒙见和复示荣唱再抒鄙怀用伸酬谢》:“轻若脱钳钛,豁如抽扊扅。”亦指钳钛状物。皮日休《太湖诗·上真观》:“根上露钳钛,空中狂波澜。”

鉢 〔bō《广韵》北末切,入末,幫。〕梵语“钵多罗”的省称。僧人食具。底平,口略小,形圆稍扁。泥制或铁制。王维《同崔兴宗送衡岳瑗公南归》:“绽衣秋日里,洗钵古松间。”戴叔伦《草堂一上人》:“一公持一钵,相复度遥岑。”章孝标《西山广福院》:“卷帘沧海近,洗钵白云飞。”翁承赞《题景祥院》:“一溪拖碧绕崔嵬,瓶钵偏宜向此隈。”

【鉢盂】 僧人的食器。岑参《太白胡僧歌》:“窗边锡杖解两虎,床下钵盂藏一龙。”

【鉢帽】 钵和僧帽。丘丹《经湛长史草堂》序:“时有释若冰者,踪迹兹山。修念之余,凿嵌注壑……钵帽之资,悉偿工费。”灵一《远公》:“钵帽绝朝宗,簪裾翻拜伏。”

【鉢盤】 钵和盘子。无名氏《鸡头》:“湖浪参差叠寒玉,水仙晓展钵盘绿。”

【鉢頭】 唐代乐舞节目。传自西域。张祜《容儿钵头》:“两边角子羊门里,犹学容儿弄钵头。”参见“撥頭”。

【鉢闡布】 人名。吐蕃宰相。城盐州时,钵阐布为蕃东节度。白居易《新乐府·城盐州》:“蕃东节度钵阐布，忽见新城当要路。"

【鉢囊】 僧人放置钵盂的袋子。陆龟蒙《同袭美游北禅院》："清尊林下看香印，远岫窗中挂钵囊。"

鉏[1] 〔chú《广韵》士魚切，平魚，切。〕❶松土和锄草的农具。杜甫《晚晴吴郎见过北舍》："圃畦新雨润，愧子废钽来。"顾况《酬信州刘侍郎兄》："愿为南州民，输税事钽犁。"❷用锄头铲土除草。杜甫《课小竖锄斫舍北果林三首》之一："病枕依茅栋，荒钽净果林。"白居易《得微之到官后有感因成四章》之二："衣斑梅雨长须熨，米涩畲田不解钽。"殷尧藩《寄许浑秀才》："兴来钽晓月，倦后卧斜阳。"齐己《荆渚病中寄梁先辈》："道种将闲养，情田把药钽。"

鉏[2] 〔xú《集韵》詳余切，平魚，邪，〕姓。见"鉏麑"。

【鉏夫】 锄草的人，农人。苏拯《凡草诫》："钽夫耘药栏，根不留其一。"

【鉏耕】 锄地耕田。借指耕作。韩愈、孟郊《城南联句》："五方乱风土，百种分钽耕。"

【鉏犁】 锄和犁。借指耕种。顾况《酬信州刘侍郎兄》："愿为南州民，输税事钽犁。"

【鉏₂麑】 春秋时晋国力士。李瀚《蒙求》："豫让吞炭，钽麑触槐。"

鉞 〔yuè《广韵》王伐切，入月，云。〕古之兵器。似斧而大。圆刃，青铜制。亦有玉石制者，多用于礼仪。杜甫《鹿头山》："仗钺非老臣，宣风岂专达。"白居易《偶作二首》之二："人间所重者，相印将军钺。"李绅《到宣武三十韵》："授钺惭分阃，登坛荷列城。"刘威《尉迟将军》："天仗拥门希授钺，重臣入梦岂安金。"

【鉞斧】 圆刃大斧。贾岛《赠李文通》："天子手擎新钺斧，谏官请赠李文通。"

鈿[1] 〔tián《广韵》徒年切，平先，定。〕用金、银、玉、贝等制成的花朵状的首饰。长孙无忌《新曲二首》之一："玉佩金钿随步远，云罗雾縠逐风轻。"戎昱《送零陵妓》："宝钿香蛾翡翠裙，装成掩泣欲行云。"施肩吾《少女词二首》之二："娇羞不肯点新黄，踏过金钿出绣床。"徐夤《蔷薇》："朝露洒时如濯锦，晚风飘处似遗钿。"

鈿[2] 〔diàn《广韵》堂練切，去霰，定。〕以金、银、玉、贝等镶嵌器物。常理《古别离》："粟钿金夹膝，花错玉搔头。"见"鈿₂尺""鈿₂合""鈿₂軸"。

【鈿₂尺】 镶嵌金粟的尺。杜牧《咏袜》："钿尺裁量减四分，纤纤玉笋裹轻云。"

【鈿₂合】 镶嵌金花的盒子。李贺《春怀引》："宝枕垂云选春梦，钿合碧寒龙脑冻。"

【鈿₂合金釵】 镶嵌金花的盒子和金制的钗子。传唐玄宗以此作为与杨贵妃的定情信物。白居易《长恨歌》："唯将旧物表深情，钿合金钗寄将去。"

【鈿朵】 用金、银、贝、玉等做成的花朵状装饰物。元稹《六年春遣怀八首》之四："玉梳钿朵香胶解，尽日风吹玳瑁筝。"又《送王十一郎游剡中》："百里油盆镜湖水，千峰钿朵会稽山。"杜牧《长安杂题长句六首》之五："草妒佳人钿朵色，风回公子玉衔声。"

【鈿₂車】 用金玉镶嵌的车子。刘禹锡《同乐天和微之深春二十首》之十三："饮馔开华幄，笙歌出钿车。"杜牧《街西长句》："银鞦騕褭嘶宛马，绣鞅璁珑走钿车。"吴融《春词》："金市旧居近，钿车新造宽。"牛峤《酒泉子》词："钿车纤手卷帘望，眉学春山样。"

【鈿₂匣】 镶嵌金、银、玉、贝等物的盒匣。齐己《谢人惠端溪砚》："保重更求装钿匣，闲将濡染寄知音。"毛熙震《酒泉子》词之二："钿匣舞鸾，隐映艳红修碧。"

【鈿波】 金光闪闪的水波。皮日休《重题后池》："细雨阑珊眠鹭觉，钿波悠漾并鸳娇。"

【鈿₂砌】 用金、银、玉、贝等物砌叠。白居易《池上即事》："钿砌池心绿蘋合，粉开花面白莲多。"

【鈿帶】 镶嵌金玉等物的衣带。白居易《对酒吟》："金衔嘶五马，钿带舞双姝。"张祜《感王将军柘枝妓殁》："鸳鸯钿带抛何处，孔雀罗衫付阿谁？"张祜《池州周员外出柘枝》："纤纤玉笋罗衫撮，戢戢金星钿带回。"温庭筠《湘东宴曲》："玉管将吹插钿带，锦囊斜拂双麒麟。"

【鈿₂扇】 镶嵌金、银、玉、贝等物的团扇。喻指荷叶。白居易《六年秋重题白莲》："素房含露玉冠鲜，绀叶摇风钿扇圆。"

【鈿₂雀】 镶嵌金、银、玉、贝等物的雀形首饰。温庭筠《菩萨蛮》词之十："宝函钿雀金鸂鶒，沉香阁上吴山碧。"欧阳炯《西江月》词之二："钿雀稳簪云髻，含羞时想佳期。"按，钿，《全唐诗》作细，误。

【鈿₂鳥】 镶嵌金、银、玉、贝等物的鸟形首饰。段成式《柔卿解籍戏呈飞卿三首》之三："出意挑鬟一尺长，金为钿鸟簇钗梁。"

【鈿₂軸】 ❶镶嵌金、银、玉、贝等物的卷轴。吕温《上官昭容书楼歌》："水精编帙绿钿轴，云母捣纸黄金书。"白居易《妻初授邑号告身》："弘农旧县授新封，钿轴金泥诰一通。"❷镶嵌金、银、玉、贝等物的车子。韦庄《杂体联锦》："玉簪声断续，钿轴鸣双毂。"

【鈿₂粟】 镶嵌于器物上的金、银、玉、贝等物的细粒。李贺《追赋画江潭苑四首》之三："鞦垂妆钿粟，箭箙钉文牙。"

【鈿₂筐】　镶嵌金、银、玉、贝等物的小簪。温庭筠《归国遥》词之一："香玉。翠凤宝钗垂录敕，钿筐交胜金粟。"

【鈿₂箏】　镶嵌金、玉等装饰物的筝。卢纶《宴席赋得姚美人拍筝歌》："出帘仍有钿筝随，见罢翻令恨识迟。"张祜《赠淮南将》："拣匠装银镫，堆钱买钿筝。"温庭筠《和友人悼亡》："宝镜尘昏鸾影在，钿筝弦断雁行稀。"张泌《春晚谣》："钿筝斜倚画屏曲，零落几行金雁飞。"

【鈿裝】　镶嵌金钿等以为装饰。李峤《筝》："钿装模六律，柱列配三才。"阎选《谒金门》词："雅态芳姿闲淑，雪映钿装金斛。"

【鈿篦】　亦作"鈿鎞"。金篦。皮日休《鸳鸯二首》之二："钿鎞雕镂费深功，舞妓衣边绣莫穷。"顾敻《虞美人》词之六："莲冠稳篸钿篦横，飘飘罗袖碧云轻。"

【鈿₂轂】　镶嵌金、银、玉、贝等物的车子。张泌《浣溪沙》词之一："钿毂香车过柳堤，桦烟分处马频嘶。"

【鈿頭】　花钿。元稹《杂忆五首》之五："忆得双文衫子薄，钿头云映褪红酥。"

【鈿₂頭】　喻华丽的镶绣。元稹《梦游春七十韵》："纰软钿头裙，玲珑合欢袴。"

【鈿頭雲篦】　一种用黄金、珠宝镶嵌的云形发卡。白居易《琵琶引》："钿头云篦击节碎，血色罗裙翻酒污。"

【鈿₂轅】　镶嵌金、银、玉、贝等物的车子。李商隐《碧瓦》："钿辕开道入，金管隔邻调。"

【鈿₂蟬】　❶筝饰。亦借指筝。温庭筠《弹筝人》："钿蝉金雁今零落，一曲伊州泪万行。"又《蕃女怨》词之一："钿蝉筝，金雀扇，画梁相见。"❷镶嵌金、银、玉、贝等物的蝉形发饰。皮日休《偶成小酌招鲁望不至以诗为解因次韵酬之》："金凤欲为莺引去，钿蝉疑被蝶勾将。"唐彦谦《汉代》："钿蝉新翅重，金鸭旧香焦。"

【鈿鏡】　嵌金丝作飞鹊的镜子。李贺《恼公》："钿镜飞孤鹊，江图画水葓。"温庭筠《女冠子》词之二："霞帔云发，钿镜仙容似雪。"

【鈿瓔】　以黄金装嵌的璎珞。白居易《霓裳羽衣歌》："虹裳霞帔步摇冠，钿璎累累佩珊珊。"

【鈿₂籠】　镶嵌金、银、玉、贝等物的帘笼。张泌《满宫花》词："钿笼金锁睡鸳鸯，帘冷露华珠翠。"

【鈿鎞】　见"鈿篦"。

鉎　〔shēng《广韵》所庚切，平庚，生。又桑經切，平青，心。〕金属所生的锈。亦指金属生锈。皮日休《追和虎丘寺清远道士诗》："石涩古铁鉎，岚重轻埃漫。"

【鉎澀】　锈斑。薛逢《灵台家兄古镜歌》："金膏洗拭鉎涩尽，黑云吐出新蟾蜍。"

鈴　〔líng《广韵》郎丁切，平青，來。〕金属制的响器，球形而下开一口，内置金属丸。亦有钟形而内悬金属小锤或金属片者。也是一种打击乐器。顾况《李供奉弹箜篌歌》："罗绮屏，一弦一弦如撼铃。"雍陶《少年行》："戴铃健鹘随声下，撼佩骄骢弄影行。"温庭筠《郭处士击瓯歌》："湘君宝马上神云，碎佩丛铃满烟雨。"韦庄《观猎》："鹘翻锦翅云中落，犬带金铃草上飞。"

【鈴下】　铃阁之下。指州刺史官署之下。岑参《喜华阴王少府使到南池宴集》："有客至铃下，自言身姓梅。"

【鈴下吏】　铃阁之吏。指州郡属吏。韩翃《送夏侯侍郎》："移书或问岛边人，立仗时呼铃下吏。"

【鈴子】　铃铛。元稹《有鸟诗二十章》之十七："有鸟有鸟名鹞雏，铃子眼睛苍锦襦。"

【鈴索】　系铃的绳子。韩偓《雨后月中玉堂闲坐》："夜久忽闻铃索动，玉堂西畔响丁东。"自注："禁署严密，非本院人，虽有公事，不敢遽入。至于内夫人宣事，亦先引铃。每有文书即，内臣立于门外，铃声动，本院小判官出受，受讫，授院使，院使授学士。"

【鈴縧】　系铃的绳子。元稹《奉和浙西大夫李德裕述梦四十韵次本韵》："吏传开锁契，神撼引铃绦。"亦借指铃。郑畋《夜景又作》："铃绦无响闭珠宫，小阁凉添玉蕊风。"

【鈴閣】　指翰林院和将帅或州郡长官办事之处。多指郡守办事之处。独孤及《和大夫秋夜书情即事》："铃阁风传漏，书窗月满山。"羊士谔《郡斋感物寄长安亲友》："闲吟铃阁巴歌里，回首神皋瑞气中。"刘禹锡《送卢处士归嵩山别业》："送君从此去，铃阁少谈宾。"徐铉《陶使君挽歌二首》之二："铃阁朝犹闭，风亭日已荒。"

【鈴齋】　郡斋，州郡长官办事之处。韩翃《赠郓州马使君》："他日铃斋内，知君亦赋诗。"

【鈴鐸】　风铃。王棨《曲江春望》："宝塔摇铃铎，云楼辟锁窗。"

鉤　〔gōu《广韵》古侯切，平侯，見。〕❶亦作"鈎"。钩子。悬挂或探取东西的用具。(1)钓钩。杜甫《咏怀二首》之二："潜鱼不衔钩，走鹿无反顾。"韩愈《赴江陵途中赠三学士》："归舍不能食，有如鱼中钩。"孟郊《济源春》："玉鳞吞金钩，仙璇瑠璃开。"李远《咏壁鱼》："潜穴河图内，吞钩乙字边。"(2)挂钩。岑参《过王判官西津所居》："沙鸟上笔床，溪花彗帘钩。"窦巩《登玉钩亭奉献淮南李相公》："西南城上高高处，望月分明似玉钩。"张祜《病宫人》："佳人卧病动经秋，帘幕缬缕不挂钩。”南唐嗣主李璟《摊破浣溪沙》词之二：“手卷真珠上玉钩，依前春恨锁重楼。”(3)带钩，即束腰革带上的钩，多错以金银为饰。司空曙《送王使君赴太原拜节度副使》：“络脑青丝骑，盘囊锦带钩。”❷弯曲。见“鉤月”“鉤曲”“鉤欄”。❸喻新人。新月弯曲如钩，故称。李白《挂席江上待月有怀》：“倏忽城西郭，青天悬玉钩。”❹钩取，钩往。杜甫《奉陪郑驸马韦曲二首》之一：“石角钩衣破，藤枝刺眼新。”孟郊《宇文秀才斋中海柳咏》：“忽惊明月钩，钩出珊瑚枝。”韦庄《句》：“印将金锁锁，帘用玉钩钩。”❺钩挂。张祜《和杜使君九华楼见寄》：“孤城高柳晓鸣鸦，风帘半钩清露华。”毛熙震《木兰花》词：“掩朱扉，钩翠箔，满院莺声春寂寞。”❻诱致，勾引。庄南杰《红蔷薇》：“翠叶长眉约细枝，殷红短刺钩春色。”南唐后主李煜《菩萨蛮》词之三：“眼色暗相钩，秋波横欲流。”❼钩连，牵连。张籍《城南》：“曝鳖乱自坠，阴藤斜相钩。”❽兵器名。岑参《送人赴安西》：“上马带胡钩，翩翩度陇头。”陆龟蒙《奉和袭美太湖诗二十首·练渎》：“至今钩镞残，尚与泥沙俱。”❾书法术语。汉字的一种笔画，附在横、竖等笔画的末端，呈钩形。吴融《赠𧴦光上人草书歌》：“摘如钩，挑如拨，斜如掌，回如斡。”❿藏钩的游戏。岑参《燉煌太守后庭歌》：“醉坐藏钩红烛前，不知钩在若个边。”李商隐《无题二首》之一：“隔坐送钩春酒暖，分曹射覆蜡灯红。”又《即日》：“金鞍忽散银壶漏，更醉谁家白玉钩。”路德延《小儿诗》：“抛果忙开口，藏钩乱出拳。”⓫量词。元稹《夜闲》：“风帘半钩落，秋月满床明。”

【鉤刀】 一种镰刀。鲍溶《采葛行》：“蛮女不惜手足损，钩刀一一牵柔长。”

【鉤弋】 亦作“鉤翼”。指钩弋夫人，汉武帝宠妃赵氏的称号，昭帝之母。韦蟾《襄阳风光亭夜宴有妓醉殴赋》：“争挥钩弋手，竞耸踏摇身。”

【鉤爪鋸牙】 指鸟兽尖曲、锋利的爪、牙。谓其爪如钩戟、牙如刀锯。喻凶恶残暴之人。阎朝隐《鹦鹉猫儿篇》：“爰有兽也……钩爪锯牙也，宵行昼伏无以当。”白居易《新乐府·杜陵叟》：“虐人害物即豺狼，何必钩爪锯牙食人肉。”

【鉤月】 弯曲如钩之月。元稹《开元观闲居酬吴士矩侍御三十韵》：“露盘朝滴滴，钩月夜纤纤。”

【鉤引】 引出。薛昭蕴《离别难》词：“红蜡烛，青丝曲，偏能钩引泪阑干。”

【鉤盾】 古代官署名，亦为职官名。汉钩盾令属少府，掌园苑游观事宜。隋唐有钩盾署，隶属于司农寺，掌薪炭、鹅鸭、薮泽之物，以供祭。刘禹锡《敬宗睿武昭愍孝皇帝挽歌三首》之三：“讲学金华殿，新耕钩盾田。”

【鉤車】 攻城的战车。上设钩梯，用于侦察。杜牧《郡斋独酌》：“岂知三载几百战，钩车不得望其墙。”

【鉤連】 亦作“鉤聯”。勾通连接。李白《相和歌辞·蜀道难》：“地崩山摧壮士死，然后天梯石栈方钩连。”韩愈《庭楸》：“各有藤绕之，上各相钩联。”公乘亿《赋得郎官上应列宿》：“纬结三台侧，钩连四辅傍。”

【鉤陳】 ❶星宿名。在紫微垣内。李峤《奉和拜洛应制》：“日暮钩陈转，清歌上帝台。”杜甫《伤春五首》之三：“大角缠兵气，钩陈出帝畿。”❷指后宫。《星经》：“钩陈六星，在五帝下，为后宫大帝正妃。”亦指后宫。王绩《过汉故城》：“钩陈被兰锜，乐府奏芝房。”杜审言《扈从出长安应制》：“龙旗萦漏夕，凤辇拂钩陈。”崔国辅《九日侍宴应制》：“尧樽列钟鼓，汉阙辟钩陈。”杜牧《华清宫三十韵》：“钩陈裹岩谷，文陛压青苍。”❸用于防卫的仪仗、宿卫。宋之问《扈从登封告成颂》：“复道开行殿，钩陈列禁兵。”武平一《奉和幸韦嗣立山庄侍宴应制》：“三光回斗极，万骑肃钩陈。”杜甫《秋日荆南送石首薛明府辞满告别三十韵》：“钩陈摧徼道，枪槊失储胥。”权德舆《奉和圣制中春麟德殿会百寮观新乐》：“森森列干戚，济济趋钩陈。”

【鉤深】 探索深奥的意蕴。杜甫《送顾八分文学适洪吉州》：“分日示诸王，钩深法更秘。”

【鉤戟】 大拇指。《招手令》：“亚其虎膺，曲其松根。以蹲鸱间虎膺之下，以钩戟差玉柱之旁。”自注：“钩戟，头指；玉柱，中指也。”

【鉤輈】 象声词。状鹧鸪鸣声。韩愈《杏花》：“鹧鸪钩辀猿叫歇，杳杳深谷攒青枫。”亦喻像鹧鸪鸣声似的说话声。刘禹锡《蛮子歌》：“蛮语钩辀音，蛮衣斑斓布。”

【鉤輈格磔】 象声词。状鹧鸪鸣声。李群玉《九子坡闻鹧鸪》：“正穿诘曲崎岖路，更听钩辀格磔声。”

【鉤距】 ❶古代的一种兵器。白居易《七年春题府厅》：“推诚废钩距，示耻用蒲鞭。”❷辗转推究，务得实情。寒山《诗三百三首》之三七：“转怀钩距意，买绢先拣绫。”李瀚《蒙求》：“广汉钩距，弘羊心计。”❸指钓钩。元稹《相和歌辞·估客乐》：“钩距不敢下，下则牙齿横。”

【鉤楯】 弯曲如钩的栏杆。皮日休《酒中十咏·酒楼》：“钩楯跨通衢，喧闹当九市。”

【鉤詩鉤】 对虾的戏称。唐彦谦《索虾》：“既名钓诗钓，又名钩诗钩。”

【鉤餌】 ❶钓钩和鱼饵。杜牧《题池州弄水亭》：“玄丝落钩饵，冰鳞看吞吐。”❷即钓饵。海顺《三不为篇》之二：“笼餐讵贵，钩饵难尝。”

【鉤聯】 见“鉤連”。

【鉤縚】 系帐钩的绳子。李贺《恼公》：“褥缝篸双线，钩绦辫五总。”

【鉤闌】 见“鉤欄❶”。

【鉤鎖】 ❶曲弯的锁链。皮日休《太湖诗·太湖石》：“连络若钩锁，重叠如萼跗。”❷勾通连接。苏涣《赠零陵僧》：“钩锁相连势不绝，倔强毒蛇争屈铁。”

【鉤簾】 ❶打起窗帘。杜甫《水阁朝霁奉简严云安》：“钩帘宿鹭起，丸药流莺啭。”又《舟月对驿近寺》：“皓首江湖客，钩帘独未眠。”牟融《题陈侯竹亭》：“丹山凤泣钩帘听，沧海龙吟对酒闻。”❷即帘子，窗帘。白居易《草词毕偶成十六韵》：“坐对钩帘久，行观步履迟。”

【鉤黨】 谓钓者。皮日休《奉和鲁望渔具十五咏·鸣桹》：“尽水无所逃，川中有钩党。”

【鉤欄】 亦作“鉤闌”。❶曲折的栏杆。李颀《圣善阁送裴迪入京》：“云华满高阁，苔色上钩栏。”王建《宫词一百首》之五八：“风帘水阁压芙蓉，四面钩栏在水中。”李贺《宫娃歌》：“啼蛄吊月钩栏下，屈膝铜铺锁阿甄。”和凝《宫词百首》之十一：“绕殿钩阑压玉阶，内人轻语凭葱苔。”❷指帘钩。李商隐《河内诗二首》之一：“碧城冷落空蒙烟，帘轻幕重金钩栏。”

鉛 〔qiān《广韵》與專切，平仙，以。〕❶金属之一种。古代道家用为炼丹原料，古代妇女用铅粉搽脸。李白《古风》之四：“药物秘海岳，采铅青溪滨。”又《宿虾湖》：“提携采铅客，结荷水边沐。”白居易《思旧》：“但耽荤与血，不识汞与铅。”司空图《诗品二十四则·洗》：“犹矿出金，如铅出银。”❷指铅粉。孙光宪《临江仙》词之一：“薄铅残黛称花冠，含情无语，延伫倚阑干。”参见“铅黄”“铅黛”。❸铅粉笔。古时用以点校书文或绘画。皮日休《鲁望昨以五百言见贻亦迭和之微旨也》：“乃将耒与耜，并换椠与铅。”参见“鉛槧”。❹指铅刀。喻才志微薄。钱起《县内水亭晨兴听讼》：“磨铅辱利用，策蹇愁前程。”韦应物《答徐秀才》：“铅钝谢贞器，时秀猥见称。”白居易《叙德书情十韵上宣歙翟中丞》：“磨铅重刿割，策蹇再奔驰。”

【鉛刀】 铅制的刀。铅性柔轻，作刀不锋利，故喻无用的人和物。白居易《喜与韦左丞同入南省因叙旧以赠之》：“金剑淬来长透匣，铅刀磨尽不成锋。”杨乘《甲子岁书事》：“腐儒一铅刀，投笔时感激。”马戴《酬李景章先辈》：“金镝自宜先中鹄，铅刀甘且学雕虫。”韦庄《冬日长安感志寄献虢州崔郎中二十韵》：“未知匣剑何时跃，但恐铅刀不再铦。”

【鉛山】 县名，亦山名。五代南唐升元四年(940)置铅山场，旋即升为县。治所即今江西铅山县东南永平镇。山在县西四里，又名桂阳山，山出铅。曹松有《铅山写怀》。

【鉛水】 喻晶莹凝聚的泪水。李贺《金铜仙人辞汉歌》：“空将汉月出宫门，忆君清泪如铅水。”

【鉛母】 指银。吕岩《七言》之四六：“喜遇汞珠凝正午，幸逢铅母结重玄。”

【鉛汞】 铅和汞是道家炼丹的两种原料，故亦借指炼丹。白居易《同微之赠别郭虚舟炼师五十韵》：“专心在铅汞，余力工琴棋。”

【鉛花】 见“鉛華”。

【鉛妝】 粉妆。宋之问《邓国太夫人挽歌》：“鸾死铅妆歇，人亡锦字空。”

【鉛紅】 铅粉和胭脂，可用于妇女化妆。李白《经乱离后天恩流放夜郎忆旧游书怀赠江夏韦太守良宰》：“吴娃与越艳，窈窕夸铅红。”

【鉛華】 (—huā)亦作“鉛花”。❶妇女搽脸的铅粉。明皇《题梅妃画真》：“忆昔娇妃在紫宸，铅华不御得天真。”刘长卿《戏赠干越尼子歌》：“北客相逢疑姓秦，铅花抛却仍青春。”李贺《夜坐吟》：“西风罗幕生翠波，铅华笑妾颦青蛾。”李商隐《杏花》：“镜拂铅华腻，炉藏桂烬温。”❷借指妇女的美貌和青春年华。韦庄《抚盈歌》：“铅华窅窕兮秾姿，棠公肸蠁兮靡依。”❸指美女。卢纶《七夕诗》：“铅华潜惊曙，机杼暗传秋。”权德舆《宫人斜绝句》：“铅华新旧共冥寞，日暮愁鸱飞野田。”

【鉛華水】 ❶指用铅丹调和的仙水。李贺《瑶华乐》：“铅华之水洗君骨，与君相对作真质。”❷深碧有光华的水。李贺《河南府试十二月乐词·五月》：“井汲铅华水，扇织鸳鸯纹。”

【鉛粉】 ❶一种无机化合物，白色粉末，有毒，溶于酸类而不溶于水。徐伯彦《拟古三首》之一：“自伤琼草绿，讵惜铅粉红。”顾朝阳《王昭君》：“莫将铅粉匣，不用镜花光。”刘禹锡《和令狐相公谢太原李侍中寄蒲桃》：“染指铅粉腻，满喉甘露香。”薛能《吴姬十首》之九：“冠剪黄绡帔紫罗，薄施铅粉画青娥。”❷指女子的青春年华。李白《代美人愁镜二首》之一：“铅粉坐相误，照来空凄然。”

【鉛黄】 铅粉和雌黄。❶用于妇女化妆。卢纶《皇帝感词》之四：“铅黄艳河汉，笑语合笙镛。”❷古人常用铅粉和雌黄点校书籍，故铅黄亦指校勘之事。元稹《酬翰林白学士代书一百韵》：“鱼鲁非难识，铅黄自懒持。”白居易《酬卢秘书二十韵》：“笔尽铅黄点，诗成锦绣堆。”李远《赠弘文杜校书》：“晓随鹓鹭排金锁，静对铅黄校玉书。”

【鉛鼎】 炼丹炉。铅乃炼丹的主要原料，故名。吕岩《沁园春》词：“正一阳初动，中宵漏永，温温铅鼎，光透帘帏。”

【鉛槧】 ❶古人书写文字的工具。铅，铅粉笔；椠，木板片。皎然《奉和颜使君真卿修〈韵海〉毕会诸文士东堂重校》:“错简记铅椠,阅书移玉镇。”❷泛称校勘、写作。韩愈《送无本师归范阳》:“老懒无斗心,久不事铅椠。”杜牧《长安杂题长句六首》之二:“自笑苦无楼护智,可怜铅椠竟何功。”殷文圭《边将别》:“地角天涯倍苦辛,十年铅椠未酬身。”

【鉛粉】 古代妇女用以搽脸和描眉。白居易《代书诗一百韵寄微之》:“铅粉凝春态,金钿耀水嬉。”

【鉛鍔】 铅刀之刃。借指铅刀。喻指才力微薄。李峤《刘侍读见和山邸十篇重申此赠》:“顾己惭铅锷,叨名齿玳簪。”

【鉛簡】 铅粉和简牍。谓点校书文。王湾《晚春诣苏州敬赠武员外》:“陋学叨铅简,弱龄许翰场。”

【鉛礦】 含铅的矿石。寒山《诗三百三首》之一一八:“铅矿入炉冶,方知金不知。”

鉋 〔bào《广韵》防教切,去效,並。〕木工刨木材的用具。今作刨。亦指用刨子刨平木料。元稹《江边四十韵》:“方础荆山采,修掾郢匠铇。”

鈹 〔pī《广韵》敷羈切,平支,滂。〕兵器。形状如刀,有边有刃。见《文选·左思〈吴都赋〉》。吴筠《览古十四首》之五:“子胥烹吴鼎,文种断越铍。”

鉉 〔xuàn《广韵》胡畎切,上銑,匣。〕❶举鼎的器具。金属制作,贯穿鼎上两耳的横杆,用以提鼎。刘长卿《瓜洲驿奉饯张侍御公拜膳部郎中却复宪台充贺兰大夫留后》:“伫将调玉铉,翻自落金丸。”❷喻三公之类重臣。见《文选·任昉〈王文宪集序〉》。刘禹锡《三月三日与乐天及河南尹奉陪裴令公泛洛禊饮各赋十二韵》:“盛筵陪玉铉,通籍尽金闺。”

【鉉府】 三公之家。宋之问《送合宫苏明府颋》:“铉府诞英规,公才天下知。”

六 画

鉶 〔xíng《广韵》户經切,平青,匣。〕盛菜羹的器皿。见《礼义·公食大夫礼》。李商隐《寄太原卢司空三十韵》:“禹贡思金鼎,尧图忆土铏。”

【鉶羹】 古代祭祀时盛在铏器中的调以五味的羹。《郊庙歌辞·周宗庙乐舞词·禋顺》:“振其鼗鼓,洁以铏羹。”

鋩 〔máng《广韵》武方切,平陽,微。〕❶刀、剑等的尖锋。亦借指刀、剑等。韩愈《送汴州监军俱文珍》:“冲天鹏翅阔,极国剑铓寒。”杜牧《分司东都寓居履道叨承川尹刘侍郎大夫恩知上四十韵》:“雅韵凭开匣,雄铓待发硎。”曹汾《早发灵芝望九华寄杜员外使君》:“嵯嵯玉剑寒铓利,袅袅青莲翠叶重。”韦庄《和郑拾遗秋日感事一百韵》:“弢弓挥劲镞,匣剑淬神铓。”❷光芒。柳宗元《弘农公以硕德伟才屈于诬枉献诗五十韵以毕微志》:“宪府初腾价,神州转耀铓。”温庭筠《题翠微寺二十二韵》:“乾符初得位,天弩夜收铓。”又《湖阴词》:“白虬天子金煌铓,高临帝座回龙章。”

【鋩刃】 ❶锋尖,刃口。韩愈《苦寒》:“凶飚搅宇宙,铓刃甚割砭。”❷喻杰出的才华。刘禹锡《浙西李丈夫述梦四十韵并浙东元相公酬斐然继声》:“羽仪呈鸑鷟,铓刃试豪曹。”

【鋩輝】 刀、剑尖端,刃口的光辉。张说《羽林恩召观御书王太尉碑》:“鱼龙生意态,钩剑动铓辉。”

【鋩鍔】 刀、箭等的尖端。杜甫《荆南兵马使太常卿赵公大食刀歌》:“铓锷已莹虚秋涛,鬼物撇捩辞坑壕。”

鋣 〔yé《集韵》余遮切,平麻,以。〕见“鏌鋣”。

銍 〔zhì《广韵》之日切,入質,章。又陟粟切,入質,知。〕短镰。亦指用镰刀割。钱起《观村人牧山田》:“秋来积霖雨,霜降方铚获。”

銅 〔tóng《广韵》徒紅切,平東,定。〕❶金属的一种。淡紫红色,延展性、导电性和导热性强。古谓之赤金。王翰《相和歌辞·蛾眉怨》:“黄金作盘铜作茎,晴天白露掌中擎。”白居易《和答诗十首·和大觜乌》:“弦续会稽竹,丸铸荆山铜。”❷铜质器物。孟郊《君子勿郁郁士有谤毁者作诗以赠之》之二:“玄发不知白,晓人寒铜觉。”黄滔《御试二首》之二:“词臣假寐题黄绢,宫女敲铜奏子虚。”

【銅人】 铜铸的人像。韩翃《送王侍御赴江西兼寄李袁州》:“井上铜人行见无,湖中石燕飞应尽。”

【銅山】 ❶蕴藏、出产铜矿的山。李端《赠郭驸马》之二:“新开金埒看调马,旧赐铜山许铸钱。”元稹《代曲江老人百韵》:“铜山供横赐,金屋贮宜嚬。”白居易《赠友五首》之三:“私家无钱炉,平地无铜山。”李瀚《蒙求》:“邓通铜山,郭况金穴。”❷县名。唐调露元年(679)置,治所在今四川中江县东南。鲍溶有《秋晚铜山道中宿隐者》。

【銅井】 山名。在今安徽南陵县西。李白《答杜秀才五松见赠》:“铜井炎炉歊九天,赫如铸鼎荆山前。”

【銅牙】 见“銅牙弩”。

【銅牙弩】 用铜制机椐发箭的弓。杜甫《复愁十二首》之七:“贞观铜牙弩,开元锦兽张。”亦省作“銅牙”。温庭筠《雉场歌》：“绿场红迹未相接，箭发铜牙伤彩毛。”

【銅斗】　❶盛酒食的器具。铜制，方形，有柄。孟郊《送淡公》之三：“铜斗饮江酒，手拍铜斗歌。”❷刁斗。古代军中值宿巡更时敲击的铜器，白天用来煮饭。韦镒《经望湖驿》：“岂不固金汤，终闻击铜斗。”

【銅史】　指汉张衡所制漏刻仪上的铜制仙人像。亦借指漏刻铜壶。李峤《十二月奉教作》：“玉烛年行尽，铜史漏犹长。”王维《春日直门下省早朝》：“玉漏随铜史，天书拜夕郎。”周彻《尚书郎上直闻春漏》：“静闻铜史漏，暗识桂宫春。”

【銅印】　铜制的官印。李颀《送崔婴赴汉阳》：“才年三十佩铜印，知尔弦歌汉水清。”韦应物《紫阁东林居士叔缄赐松英丸献诗代启》：“一望岚峰拜还使，腰间铜印与心违。”

【銅竹】　即铜符。古代地方官所佩之物。裴度《送刘》：“不归丹掖去，铜竹漫云云。”

【銅衣】　铜锈，铜绿。张祜《古镜歌》：“小儿行把街中剧，千年祥斗铜衣碧。”

【銅羽】　即铜马。骆宾王《帝京篇》：“铜羽应风回，金茎承露起。”

【銅花】　铜锈，铜绿。李贺《长平箭头歌》：“漆灰骨末丹水沙，凄凄古血生铜花。”

【銅虎】　见“銅虎符”。

【銅虎符】　汉代发兵所用的铜制虎形兵符。后亦借指官印。岑参《过梁州奉赠张尚书大夫公》：“手把铜虎符，身总丈人师。”元结《游㶇泉示泉上学者》：“此中若可安，不服铜虎符。”亦省称“銅虎”。薛逢《送衢州崔员外》：“笑分铜虎别京师，岭下山川想到时。”罗隐《送霅川郑员外》：“铜虎贵提天子印，银鱼荣傍老莱衣。”

【銅官山】　山名。在今安徽铜陵市南。产铜。李白《铜官山醉后绝句》：“我爱铜官乐，千年未拟还。”裴休有《题铜官山庙》。

【銅官渚】　地名。在今湖南长沙市北。杜甫有《铜官渚守风》。

【銅柱】　❶铜制界桩，以作为边界的标志。李峤《安辑岭表事平罢归》：“境遥铜柱出，山险石门开。”杜甫《诸将五首》之四：“回首扶桑铜柱标，冥冥氛祲未全销。”李绅《逾岭峤止荒陬抵高要》：“南标铜柱限荒徼，五岭从兹穷险艰。”齐己《送迁客》：“瘴昏铜柱黑，草赤火山秋。”❷指仙人承露盘。李贺《古悠悠行》：“空光远流浪，铜柱从年消。”❸商纣王炮烙之刑所用的铜制柱子。徐彦伯《比干墓》：“玉床逾皜洁，铜柱方歊焮。”❹延载元年武则天所立自纪功德的柱子。《旧唐书·则天皇后纪》：“梁王武三思率诸蕃酋长奏请大征敛东都铜铁，造天枢于端门之外，立颂以纪上之功业。”李休烈有《咏铜柱》，自注：“长寿三年，武后建铜柱，谓之天枢。开元中诏毁。”

【銅律】　铜制的定音、候气的仪器。韦庄《冬日长安感志寄献虢州崔郎中二十韵》：“才惊素节移铜律，又见玄冥变玉签。”

【銅音】　铜器的响声。谓声音洪亮。李德裕《圣祖院石磬铭》：“有美浮石，凄若铜音。”

【銅馬】　铜马军。指新莽末年河北的农民起义军。周昙《咏史诗·前汉门·又吟》：“铜马朱眉满四方，总缘居摄乱天常。”

【銅臭】　铜钱的臭气。齐己《荆州新秋病起杂题一十五首·病起见苔钱》：“虚教作铜臭，空使外人传。”李瀚《蒙求》：“鲁褒钱神，崔烈铜臭。”

【銅烏】　铜制乌形测风仪器。卢照邻《失群雁》：“欲随石燕沉湘水，试逐铜乌绕帝台。”骆宾王《咏雪》：“影乱铜乌吹，光销玉马津。”王涯《宫词三十首》之十四：“风来竞看铜乌转，遥指朱干在半天。”韩偓《又和》：“樱桃花下会亲贤，风远铜乌转露盘。”

【銅瓶】　亦作“銅缾”。汲水器或贮水器。铜制。崔兴宗《同王右丞送瑗公南归》：“铜瓶与竹杖，来自祝融峰。”杜甫《桥陵诗三十韵因呈县内诸官》：“空梁簇画戟，阴井敲铜瓶。”白居易《新秋早起有怀元少尹》：“漆匣镜明头尽白，铜缾水冷齿先知。”李洞《赠道微禅师》：“铜缾涩泻水，出碛蹑莲层。”

【銅雀】　❶铜制的鸟雀。刘禹锡《太和戊申岁大有年诏赐百僚以俟采诗者》：“长安铜雀鸣，秋稼与云平。”❷铜雀台。王无竞《铜雀台》：“北登铜雀上，西望青松郭。”王勃《临高台》：“君看旧日高台处，柏梁铜雀生黄尘。”高适《铜雀妓》：“日暮铜雀迥，秋深玉座清。”刘禹锡《秋萤引》：“铜雀人归自入帘，长门帐开来照泪。”杜牧《赤壁》：“东风不与周郎便，铜雀春深锁二乔。”

【銅雀分香】　三国魏曹操临终遗令，要他的嫔妃时时登铜雀台，望其西陵墓田，余香可分与诸夫人。后用为人死前对妻妾恋念之典。杜牧《杜秋娘诗》：“咸池升日庆，铜雀分香悲。”

【銅雀妓】　❶指三国曹魏的歌伎。白居易《和答诗十首·和思归乐》：“魏武铜雀妓，日与欢乐并。”朱光弼《铜雀妓》：“魏武铜雀妓，日暮管弦清。”❷乐府曲调名。又名《铜雀台》。王勃、沈佺期、乔知之、刘商、李贺等均有此作。见“銅雀臺❷”。

【銅雀臺】　❶汉末建安十五年冬曹操所建。周围殿屋一百二十间，台高十丈，侵彻云汉，于楼顶铸有大孔雀，势若飞动，故名。为曹操暮年乐享之处。故址今河北临漳县西南古邺城西北隅，与金虎、冰井合称三台。崔国辅《魏宫词》:“朝日照红妆,拟上铜雀台。”李白《鲁郡尧祠送窦明府薄华还西京》:“生前一笑轻九鼎,魏武何悲铜雀台。”薛能《铜雀台》:“魏帝当时铜雀台,黄花深映棘丛开。”刘沧《秋日望西阳》:“太行山下黄河水,铜雀台西武帝陵。”❷乐府平调曲名。又名《铜雀妓》。王无竞、郑愔、刘长卿、贾至、罗隐等均有此作。

【銅釵】 铜制发钗。张籍《寒食后》:“纱带生难结,铜钗重易垂。”

【銅符】 铜鱼符的简称。刘禹锡《始至云安寄兵部韩侍郎中书白舍人》:“铜符一以合,文墨纷来萦。”白居易《自到郡斋偷闲走笔题二十四韵仍呈吴中诸客》:“铜符抛不得,琼树见无因。”又《初除官蒙裴常侍因谢惠贶兼抒离情》:“新授铜符未着绯,因君装束始光辉。”

【銅符吏】 指郡县长官。韦庄《九江逢卢员外》:“陶潜岂是铜符吏,田凤终为锦帐郎。”

【銅魚】 铜鱼符。铜制的鱼形符信。古代官员用以证明身份和征调兵将的凭证。唐武德初,改太守为刺史,加号为使持节,颁铜鱼符。柳宗元《酬韶州裴曹长使君寄道州吕八大使因以见示二十韵一首》:“金马尝齐入,铜鱼亦共颁。”白居易《送苏州李使君赴郡二绝句》之一:“今日贺君兼自喜,八回看换旧铜鱼。”自注:“予自罢苏州及兹,换八刺史也。”杜牧《春末题池州弄水亭》:“使君四十四,两佩左铜鱼。”马戴《赠前蔚州崔使君》:“战回脱剑绾铜鱼,塞雁迎风避隼旟。”亦借指刺史之职。李嘉祐《酬皇甫十六侍御曾见寄》:“自顾衰容累玉除,忽承优诏赴铜鱼。”

【銅魚使】 指刺史。柳宗元《铜鱼使赴都寄亲友》:“附庸唯有铜鱼使,此后无因寄远书。”

【銅章】 铜制官印。郡县长官或相当于郡县长官者所佩。岑参《送李明府赴睦州便拜觐太夫人》:“手把铜章望海云,夫人江上泣罗裙。”戴叔伦《送汶水王明府》:“何时别故乡,归去佩铜章。”湛贲《题历山司徒右长史祖宅》:“从事叨承乏,铜章愧在腰。”袁求贤《早春送郎官出宰》:“粉署时回首,铜章已在身。”

【銅梁】 ❶产铜的山。陈陶《旅次铜山途中先寄温州韩使君》:“束马过铜梁,苕华坐堪老。”❷山名。有二:一在今四川合川县。山有石梁横亘,色如铜,故名;一在今四川铜梁县西北七十里,今名小铜梁山。王维《送李员外贤郎》:“少年何处去,负米上铜梁。”杜甫《广州段功曹到得杨五长史谭书功曹却归聊寄此诗》:“铜梁书远及,珠浦使将旋。”以上均指铜梁县之小铜梁山。韦庄《送崔郎中往使西川行在》:“一身朝玉陛,几日过铜梁。”唐求《伤张玖秀才》:“铜梁剑阁几区区,十上探珠不见珠。”以上当指合川县之铜梁山。❸县名。汉垫江县地。西魏石镜县地。唐武则天长安四年(704)置铜梁县,取县内小铜梁山为名,治所在今四川铜梁县北。开元三年(715)移治涪江南岸,十六年(728)复东南移,仍在今铜梁县西北。杜甫《哭李常侍峄二首》之二:“青琐陪双入,铜梁阻一辞。”

【銅壺】 古代铜制壶形的计时器。铜壶以贮水,滴漏以计时,故亦称铜漏。顾况《宫词五首》之一:“禁柳烟中闻晓乌,风吹玉漏尽铜壶。”权德舆《大行皇太后挽歌词三首》之二:“晓漏铜壶涩,秋风羽翣轻。”李绅《奉酬乐天立秋夕有怀见寄》:“冰兔半升魄,铜壶微滴长。”韩偓《寄远》:“空房展转怀悲酸,铜壶漏尽闻金鸾。”

【銅壺滴漏】 亦作“銅壺漏滴”。古代的一种计时方法。铜壶以盛水,滴漏以计时。权德舆《中书宿斋有寄》:“铜壶漏滴斗阑干,泛滟金波照露盘。”冯延巳《早朝》词:“铜壶滴漏初昼,高阁鸡鸣半空。”

【銅壺漏滴】 见“銅壺滴漏”。

【銅缾】 见“銅瓶”。

【銅牌】 ❶铜制的牌子。郑嵎《津阳门诗》:“雪衣女失玉笼在,长生鹿瘦铜牌垂。”自注:“上常于芙蓉园中获白鹿,惟山人王旻识之。曰:‘此汉时鹿也。’上异之,令左右周视之,乃于角际雪毛中得铜牌子,刻之曰‘宜春苑中白鹿’。”❷与官印配合使用的铜铸符契。张祜《投陈许李司空二十韵》:“曙阁铜牌入,昏堂蜡烛明。”

【銅墨】 铜印墨绶。县令所佩。卢照邻《三月曲水宴得尊字》:“由来弃铜墨,本自重琴尊。”刘长卿《同诸公登楼》:“今君佩铜墨,还有越乡情。”刘三复《送黄晔明府岳州湘阴赴任》:“花县到时铜墨贵,叶舟行处水云和。”徐铉《送高起居之泾县》:“胡为佩铜墨,去此白玉墀。”

【銅鋪】 (—pù)铜质铺首。李贺《宫娃歌》:“啼蛄吊月钩栏下,屈膝铜铺锁阿甄。”

【銅儀】 铜制的候风地动仪。杨收《咏蛙》:“兔边分玉树,龙底耀铜仪。”韦庄《铜仪》:“铜仪一夜变葭灰,暖律还吹岭上梅。”

【銅盤】 ❶铜制的盘子。特指承露铜盘。王绩《过汉故城》:“金狄移灞岸,铜盘向洛阳。”岑参《尹相公京兆府中棠树降甘露诗》:“魏宫铜盘贮,汉帝金掌持。”徐敞《赋得金茎露》:“铜盘贮珠露,仙掌抗金茎。”徐夤《病中春日即事寄主人尚书二首》之二:“玄穹若假年龄在,愿捧铜盘为国贤。”❷烛台。杜甫《相逢歌赠严二别驾》:“铜盘烧蜡光吐日,夜如何其初促膝。”李贺《秦宫诗》:“飞窗复道传筹饮,十夜铜盘腻烛黄。”

【銅照】 铜镜。李商隐《烧香曲》:“玉佩呵光铜照昏,帘波日暮冲斜门。”

【銅臺】　铜雀台的省称。李峤《井》:“玉甃谈仙客,铜台赏魏君。”岑参《送郑少府赴滏阳》:“若到铜台上,应怜魏寝荒。”李商隐《闻歌》:“铜台罢望归何处,玉辇忘还事几多。”李中《落花》:“半落铜台月晓,乱飘金谷风多。”

【銅漏】　铜壶。张南史《早春书事奉寄中书李舍人》:“铜漏时常静,金门步转徐。”顾夐《献忠心》词:“银釭背,铜漏永,阻佳期。”

【銅綬】　铜印墨绶。李贺《赠陈商》:“风雪直斋坛,墨组贯铜绶。”

【銅駝】　铜铸的骆驼。多置于宫门寝殿之前。今河南洛阳市故洛阳城道旁有汉铸铜驼两两相对,故此处被称为铜驼街。诗中铜驼多指此。张锡《晦日宴高文学林亭》:“雪尽铜驼路,花照石崇家。”杜甫《至后》:“青袍白马有何意,金谷铜驼非故乡。”白居易《久雨闲闷对酒偶吟》:“凄凄苦雨暗铜驼,袅袅凉风起漕河。”司马扎《送孔恂入洛》:“前朝冠带掩金谷,旧游花月经铜驼。”

【銅駝陌】　铜驼街。在今河南洛阳市故洛阳城中。以道旁有汉铜驼两枚相对而得名。刘禹锡《忆春草》:“金谷园中见日迟,铜驼陌上迎风早。”又《为郎分司寄上都同舍》:“籍通金马门,家在铜驼陌。”又《杂曲歌辞·杨柳枝》之四:“金谷园中莺乱飞,铜驼陌上好风吹。”

【銅街】　为洛阳铜驼街的省称。借指闹市。周彦晖《晦日重宴》“置驿铜街右,开筵玉浦陲。”武平一《饯唐永昌》:“寄谢铜街攀柳日,无忘粉署握兰时。”李贺《恼公》:“玉漏三星曙,铜街五马逢。”张野人《句》:“铜街陌柳条条翠,金谷园花片片燃。”

【銅渾】　铜浑仪。即浑天仪。我国古代观测天体位置的仪器。骆宾王《秋晨同淄川毛司马秋九咏·秋云》:“南陆铜浑改,西郊玉叶轻。”顾况《送从兄使新罗》:“六气铜浑转,三光玉律调。”温庭筠《元日》:“绪风调玉吹,端日应铜浑。”李山甫《司天台》:“拂云朱槛捧昭回,静对铜浑水镜开。”

【銅鼓】　古代西南地区部族乐器。筒状,底中空。有的鼓面上铸日光、青蛙、牛、马等形象,鼓身全部饰有几何形和人与动物的写生图像。为节日和宗教活动中的重要乐器。李嘉祐《夜闻江南人家赛神因题即事》:“铊铊铜鼓芦叶深,寂寂琼筵江水绿。”陈羽《犍为城下夜泊闻夷歌》:“此夜可怜江上月,夷歌铜鼓不胜愁。”温庭筠《河渎神》词之三:“铜鼓赛神来,满庭幡盖裴回。”孙光宪《菩萨蛮》词之五:“铜鼓与蛮歌,南人祈赛多。”

【銅器】　铜制器具。刘禹锡《句》:“飞文斗疾敲铜器,陪宴会欢吐锦茵。”《得体歌》:“潭里船车闹,扬州铜器多。”

【銅錢】　古代铜制辅币。圆形,中有方孔,价值最小。传说以青蚨血涂钱,可以引钱使归。殷尧藩《寒食城南即事因访蓝田韦明府》:“徒说鹔鹈賫玉剑,漫夸蚨血点铜钱。”

【銅龍】　❶铜制的龙形装饰物。(1)装饰品。参见“銅龍門”“銅龍樓”。(2)喷水器。李绅《题法华寺五言二十韵》:“龙喷疑通海,鲸吞想漏川。”自注:“寺内有梁朝铜龙吐泉,铜鲸饮水,以注诸院。”(3)漏器的吐水龙头。亦借指漏壶。李商隐《深宫》:“金殿销香闭绮栊,玉壶传点咽铜龙。”薛逢《宫词》:“锁衔金兽连环冷,水滴铜龙昼漏长。”唐彦谦《无题十首》之六:“漏滴铜龙夜已深,柳梢斜月弄疏阴。”徐夤《晓》:“水尽铜龙滴渐微,景阳钟动梦魂飞。”(4)铜池。檐下承接雨水的铜槽。温庭筠《观棋》:“他时谒帝铜龙水,便赌宣城太宗无?”❷铜龙门。参见“銅龍門”。

【銅龍門】　汉太子宫门名。门楼上饰铜龙。亦指帝王宫阙。王维《寓言二首》之一:“骊驹从白马,出入铜龙门。”李益《汉宫少年行》:“玉阶霜仗拥未合,少年排入铜龙门。”亦省作“銅龍”。贾曾《奉和春日出苑瞩目应令》:“铜龙晓辟问安回,金辂春游博望开。”徐彦伯《同韦舍人元旦早朝》:“逶迤纶禁客,假寐守铜龙。”温庭筠《和太常杜少卿东都修行里有嘉莲》:“春秋罢注直铜龙,旧宅嘉莲照水红。”又《寒食节日寄楚望二首》之二:“金筷近兰汀,铜龙接花坞。”

【銅龍樓】　饰有铜龙的门楼。借指太子宫室。亦借指帝王宫阙。李颀《杂曲歌辞·缓歌行》:“暮拟经过石渠署,朝将出入铜龙楼。”李白《酬坊州王司马与阎正字对雪见赠》:“价重铜龙楼,声高重门侧。”亦省作“銅樓”。卢僎《上幸皇太子新院应制》:“视膳铜楼下,吹笙玉座中。”《郊庙歌辞·享懿德太子庙乐章·登歌酌鬯》:“玉裕虽晦,铜楼可想。”亦借指太子。独孤及《送李宾客荆南迎亲》:“毛节精诚著,铜楼羽翼施。”白居易《将至东都先寄令狐留守》:“惜逢金谷三春尽,恨拜铜楼一月迟。”参见“銅龍門”。

【銅聲】　敲击铜器发出的声音。引申指洪亮的声音。李贺《马诗二十三首》之四:“向前敲瘦骨,犹自带铜声。”

【銅輦】　太子所乘之车。《文选·陆机〈赴洛诗〉之二》:“抚剑遵铜辇,振缨尽祗肃。”亦借指太子。李贺《还自会稽歌》:“台城应教人,秋衾梦铜辇。”

【銅樓】　见“銅龍樓”。

【銅牆】　神话中指铜制的墙。语本《神异经·中荒经》:“西南裔外老寿山,以黄铜为墙。”陆龟蒙《四明山诗》序:“虽铜墙鬼炊,虎狱剑饵,无不窥也。”

【銅簧】　乐器中的薄叶,用铜片制作,吹之能发声。南唐后主李煜《菩萨蛮》词之三:“铜簧韵脆锵寒竹,新声慢奏移纤玉。”

【銅澤王】　李端有《送铜泽王归城》。“銅”乃“嗣”之形讹。嗣泽王,李溓,高宗第三子泽王李金之后。

【銅鞮】　❶春秋晋邑名。在今山西沁县南。晋平公筑铜鞮宫于此。汉置县,治所在今山西沁县南。骆宾王《从军中行路难二首》之二:“君不见玉关尘色暗边庭,铜鞮杂虏寇长城。”❷春秋晋离宫名。储光羲《同王十三维偶然作十首》之八:“耽耽铜鞮宫,遥望长数里。”❸指湖北襄阳。古代襄阳境内汉水堤名金铜堤,亦作白铜鞮,故铜鞮亦借指襄阳。李端《代弃妇答贾客》:“玉垒城边争走马,铜鞮市里共乘舟。”皮日休《鲁望昨以五百言见贻迭和之微旨也》:“玉垒李太白,铜堤孟浩然。”❹铜鞮曲。即《白铜鞮歌》,亦作《白铜蹄》。南朝梁歌谣名。徐凝《白铜鞮》:“留欢住不住,素齿白铜鞮。”李涉《汉上偶题》:“今日汉江烟树尽,更无人唱白铜鞮。”

【銅鞮歌】　即铜鞮曲。亦即《白铜鞮歌》。韩翃《送中兄典邵州》:“玉颜送酒铜鞮歌,金管留人石头宿。”参见“铜鞮❸”。

【銅闕】　喻青铜色的双峰。陆龟蒙《奉和袭美太湖诗二十首·初入太湖》:“巉巉见铜阙,左右皆辅弼。”

【銅鏡】　铜制照面镜。正面磨光发亮,用以照面,背面常铸花纹。孟郊《答韩愈李观别因献张徐州》:“懒磨旧铜镜,畏见新白发。”贾岛《新年》:“石门思隐久,铜镜强窥频。”贯休《古意代友人投所知》:“客从远方来,遗我古铜镜。”

【銅鯨】　铜制的鲸形贮水器。李绅《题法华寺五言二十韵》:“龙喷疑通海,鲸吞想漏川。”自注:“寺内有梁朝铜龙吐泉,铜鲸饮水,以注诸院。”

【銅爐】　铜制香炉。白居易《晚起闲行》:“静对铜炉香,暖漱银瓶水。”

【銅鐶】　铜制环状物。刘禹锡《淮阴行五首》之三:“船头大铜镮,摩挲光阵阵。”

【銅鐺】　一种铜制温水器。用以烧茶温酒。张又新《谢庐山僧寄谷帘水》:“竹枢新茶出,铜铛活火煎。”

銖

〔zhū《广韵》市朱切,平虞,禅。〕❶古代衡制中的重量单位。一两的二十四分之一。白居易《和微之春日投简阳明洞天五十韵》:“重士过三哺,轻财抵一铢。”梁铉《天门街西观荣王聘妃》:“灯攒九华扇,帐撒五铢钱。”崔涂《过陶征君隐居》:“田园三亩绿,轩冕一铢轻。”吕岩《五言》之九:“水中铅一两,火内汞三铢。”❷比喻精细、微小。皮日休《鲁望昨以五百言见贻迭和之微旨也》:“粤从有文字,精气铢于绵。”

【銖衣】　六铢衣的省称。古代计量,一铢为一两的二十四分之一,衣重六铢,极言其轻薄。故传说中称神佛穿的衣服为六铢衣,简称铢衣。亦用以形容极轻的衣服,如舞衫之类。卢照邻《石镜寺》:“铢衣千古佛,宝月两重圆。”曲瞻《奉和九月九日登慈恩寺浮图应制》:“似迈铢衣劫,将同羽化飞。”贾至《赠薛瑶英》:“舞怯铢衣重,笑疑桃脸开。”后唐庄宗李存勖《阳台梦》词:“薄罗衫子金泥缝,困纤腰怯铢衣重。”

【銖兩】　一铢一两。引申为分量轻微。比喻微小。刘禹锡《含辉洞述》:“天下山水之籍,在乎胸中,第其高下,铢两不失。”郑薰《赠巩畴》:“颜容宁入鉴,铢两岂关衡。”

【銖錙】　一铢一锱。比喻微小。韩偓《寄禅师》:“劫灰聚散铢锱黑,日御奔驰茧栗红。”

鋌

〔dìng《广韵》徒鼎切,上迥,定。〕❶未经加工成品的铜、铁。李贺《吕将军歌》:“赤山秀铤御时英,绿眼将军会天意。”❷通“莛”。箭头后部插入箭杆部分。也指剑身后部连接剑柄的部分。借指剑。史凤《传香枕》:“休疑粉黛加铤刃,玉女旃檀侍佛前。”

銛

〔xiān《广韵》息廉切,平鹽,心。〕锋利。卢纶《难绾刀子歌》:“黄金鞘里青芦叶,丽若剪成铦且婴。”刘禹锡《和牛相公南溪醉歌见寄》:“渚蒲抽芽剑脊动,岸荻迸笋锥头铦。”李商隐《异俗二首》之一:“虎箭侵肤毒,鱼钩刺骨铦。”韦庄《冬日长安感志寄献虢州崔郎中二十韵》:“未知匣剑何时跃,但恐铅刀不再铦。”

【銛刃】　快刀,锋利的刀。苏源明《小洞庭洄源亭讌四郡太守诗》序:“李下雕笼,冰之以寒水;爪割铦刃,巾之以疏纮。”李郢《郢自街西醉归辄抒短章仰酬珍锡》:“铦刃剪裁多鹊媚,细鞘挥拂带龙腥。”

【銛鉤】　锋利的钓钩。李群玉《放鱼》:“须知香饵下,触口是铦钩。”

【銛鋩】　锐利的锋芒。徐夤《剪刀》:“欲制缊袍先把看,质非纨绮愧铦铓。”

【銛鋒】　锐利的锋芒。杜甫《奉赠太常张卿二十韵》:“健笔凌鹦鹉,铦锋莹鹈鹕。”

【銛錐】　锋利的锥子。借指毛笔笔尖。柳宗元《杨尚书寄郴笔辄献长句》:“截玉铦锥作妙形,贮云含雾到南溟。”

【銛磨】　磨砺使锐利。僧鸾《赠李粲秀才》:“笔下铦磨巨阙锋,胸中静滟西江水。”

鋋 〔chán 又读 yán《广韵》市連切，平仙，禪。又以然切，平仙，以。〕铁柄小矛。岑参《陪狄员外早秋登府西楼因呈院中诸公》："旌节罗广庭，戈鋋凛秋霜。"李商隐《行次西郊作一百韵》："中间遂作梗，狼籍用戈鋋。"罗隐《感旧》："剑佩孙弘阁，戈鋋太尉营。"张蠙《赠九江太守》："二邑旋添新户口，四营渐废旧戈鋋。"

銜 〔xián《广韵》户監切，平銜，匣。〕❶马嚼子。用青铜或铁制，置于马口内以勒马，控制其行止。杜甫《魏将军歌》："将军昔着从事衫，铁马驰突重两銜。"引申为约束。见"銜羈"。❷借指马。白居易《对酒吟》："金銜嘶五马，钿带舞双姝。"温庭筠《春洲曲》："紫骝蹀躞金銜嘶，岸上扬鞭烟草迷。"徐铉《又和》："抱瓮何人灌药畦，金銜为尔驻平堤。"❸含在嘴里，用嘴咬住。寒山《诗三百三首》之三九："白鹤銜苦桃，千里作一息。"元稹《酬乐天东南行诗一百韵》："始悟摧林秀，因銜避缴芦。"郑畋《题缑山王子晋庙》："鹤驭争銜箭，龙妃合献绡。"韦庄《乞彩笺歌》："孔雀銜来向日飞，翩翩压折黄金翼。"❹喝，饮。杜甫《千秋节有感二首》之二："舞阶銜寿酒，走索背秋毫。"窦常《晚次方山精舍却寄张荐员外》："犹銜步兵酒，宿醉在除东。"孟郊《答李员外小榼味》："试啜月入骨，再銜愁尽醒。"❺心中怀着。杜审言《奉和七夕侍宴两仪殿应制》："一年銜别怨，七夕始言归。"郭震《王昭君三首》之一："自嫁单于国，长銜汉掖悲。"舒元舆《坊州按狱因成诗寄之》："我銜凤阙恩，按狱桥山陲。"柳宗元《种白蘘荷》："銜猜每腊毒，谋富不为仁。"❻感念。陈元光《示珦》："恩銜枫陛渥，策向桂渊弘。"许浑《正元》："千官共削奸臣迹，万国初銜圣主恩。"参见"銜恩"。❼镶嵌。鲍溶《宿水亭》："雕楹彩槛压通波，鱼鳞碧幕銜曲玉。"❽銜接，相连。孟郊《吊卢殷》之八："后贤试銜之，哀至无不深。"参见"銜肩"。❾遵奉，领受。杜审言《赠崔融二十韵》："抚躬銜道义，携手恋辉光。"高适《封丘作》："梦想旧山安在哉，为銜君命且迟回。"韩愈、孟郊《会合联句》："忽尔銜远命，归欤舞新宠。"❿笼罩；照耀。包融《登翅头山题俨公石壁》："暾日銜东郊，朝光生邑里。"孟郊《石淙》之九："颓阳落何处，升魄銜疏岭。"李商隐《即日》："山色正来銜小苑，春阴只欲傍高楼。"南唐后主李煜《阮郎归》词："东风吹水日銜山，春来长是闲。"⓫官銜，官阶。皇甫冉《送处州裴使君赴京》："新銜趋建礼，旧位识文昌。"杨嗣复《谢寄新茶》："封题寄与杨司马，应为前銜是相公。"姚合《及第后夜中书事》："新銜添一字，旧友逊前途。"李商隐《咏怀寄秘阁旧僚二十六韵》："官銜同画饼，面貌乏凝脂。"

【銜刀】 持刀。明皇《饯王晙巡边》："免胄三方外，銜刀万里余。"

【銜土】 同"銜泥"。袁瓘《惠文太子挽歌》："空余燕銜土，朝夕向陵飞。"

【銜木】 叼树枝。李白《寓言三首》之二："区区精卫鸟，銜木空哀吟。"参见"銜石"。

【銜木鳥】 本指精卫鸟。后亦泛称海燕。陶翰《送金卿归新罗》："拂波銜木鸟，偶宿泣珠人。"

【銜石】 喻不怕困难、坚忍不拔地为既定目标而奋斗。顾况《送从兄使新罗》："帝女飞銜石，鲛人卖泪绡。"王建《精卫词》："口穿岂为空銜石，山中草木无全枝。"王睿《公无渡河》："愿持精卫銜石心，穷取河源塞泉脉。"

【銜花】 叼取花朵。王翰《相和歌辞·蛾眉怨》："忽闻天子忆蛾眉，宝凤銜花揲两螭。"蒋洌《古意》："画作同心鸟，銜花两相向。"元稹《有鸟二十章》之十四："古来妄说銜花报，纵解銜花何所为。"李绅《悲善才》："銜花金凤当承拨，转腕拢弦促挥抹。"

【銜尾】 谓前后相接。薛能《嘉陵驿》："江涛千叠阁千层，銜尾相随尽室登。"

【銜泥】 燕子用嘴銜取泥土作窝。张鷟《咏燕》："变石身犹重，銜泥力尚微。"白居易《燕诗示刘叟》："銜泥两椽间，一巢生四儿。"张祜《题程氏书斋》："雨燕銜泥近，风鱼咂网迟。"李郢《春日题山家》："燕静銜泥起，峰暄抱蕊回。"

【銜杯】 口含酒杯。谓饮酒。杜甫《醉时歌》："不须闻此意惨怆，生前相遇且銜杯。"卢纶《送刘判官赴丰州》："銜杯吹急管，满眼起风砂。"殷尧藩《登凤凰台二首》之二："莫问人间兴废事，百年相遇且銜杯。"李中《思旧游有感》："长忆銜杯处，酕醄尚未阑。"

【銜枚】 ❶横銜枚于口中，以防喧哗和叫唤。枚，筷状物，两端有带，可系于颈。杜甫《征夫》："漂梗无安地，銜枚有荷戈。"柳宗元《乐府杂曲·鼓吹铙歌·吐谷浑》："王旅千万人，銜枚默无哗。"刘沧《边思》："偷号甲兵冲塞色，銜枚战马踏寒芜。"❷缄口不语。卢纶《书情上大尹十兄》："应怜费思者，銜泪亦銜枚。"刘禹锡《竞渡曲》："先鸣余勇争鼓舞，未至銜枚颜色沮。"

【銜知】 感念知遇之恩。温庭筠《寓怀》："銜知有贞爵，处实非厚颜。"

【銜命】 接受使命。王昌龄《送郑判官》："东楚吴山驿树微，轺车銜命奉恩辉。"韩翃《送康洗马归滑州》："腰佩雕弓汉射声，东归銜命见双旌。"朱庆余《送于中丞入蕃册立》："双旌銜命重，空碛去程遥。"和凝《宫词百首》之七八："近臣銜命离丹禁，高捧恩波洒万方。"

【銜肩】 并肩，摩肩。贾岛《重酬姚少府》："仆本胡为者，銜肩贡客集。”

【銜草】 口中含草。刘禹锡《谢宣州崔相公赐马》：“銜草如怀恋，嘶风尚意频。”白居易《自咏》：“马从銜草展，鸡任啄笼飞。”

【銜思】 心中思念。李益《溪中月下寄杨子尉封亮》：“蘅若夺幽色，銜思恍无悰。”

【銜恤】 心怀哀怨。薛逢《邻相反行》：“纵令得官身须老，銜恤终天向谁道。”

【銜恨】 心怀怨恨。韦应物《往富平伤怀》：“銜恨已酸骨，何况苦寒时。”杜牧《猿》：“月白烟青水暗流，孤猿銜恨叫中秋。”杜荀鹤《哭刘德仁》：“多应銜恨骨，千古不为尘。”

【銜珠】 为报恩之典。张说《端午三殿侍宴应制探得鱼字》：“今日伤蛇意，銜珠遂阙如。”李绅《灵蛇见少林寺》：“已应蜕骨风雷后，岂效銜珠草莽间。”

【銜恩】 受恩，感恩。苏颋《昆明池晏坐答王兵部珣三韵见示》：“独有銜恩处，明珠在钓矶。”岑参《奉和杜相公初发京城作》：“銜恩期报主，授律远行师。”薛逢《送司徒相公赴阙》：“丞相銜恩赴阙时，锦城寒菊始离披。”李频《送鄂渚韦尚书赴镇》：“执宪倾民望，銜恩赴主忧。”

【銜恩佩德】 犹感恩戴德。则天皇后《唐大飨拜洛乐章·通和》：“銜恩佩德，耸志翘襟。”

【銜涕】 含泪。乔备《杂诗》：“暂借金锤秤，銜涕诉恩波。”

【銜冤】 含冤。谓冤屈无从申诉。李华《咏史十一首》之七：“一忤中常侍，銜冤谁见知。”元稹《酬乐天闻李尚书拜相以诗见贺》：“尚书入用虽旬月，司马銜冤已十年。”李商隐《有感二首》之二：“谁瞑銜冤目，宁吞欲绝声。”汪遵《息国》：“銜冤只合甘先死，何待花间不肯言。”

【銜書】 谓鸟雀銜来书信。表祥瑞。李峤《雀》：“銜书表周瑞，入幕应王祥。”李白《古风》之四：“銜书且虚归，空入周与秦。”杜甫《送高司直寻封阆州》：“丹雀銜书来，暮栖何乡书。”李昭象《寄献山中顾公员外》：“祥麟避网虽山野，丹凤銜书即薜萝。”

【銜勒】 马嚼口和马络头。虞世南《相和歌辞·饮马长城窟行》：“轻骑犹銜勒，疑兵尚解鞍。”孟郊《石淙》之三：“驿骥苦銜勒，笼禽恨摧颓。”

【銜淒】 含悲。来济《出玉关》：“敛辔遵龙汉，銜凄渡玉关。”徐坚《送考功武员外学士使嵩山置舍利塔歌》：“共握手而相顾，各銜凄而黯然。”

【銜悲】 含悲，心怀悲愤。苏颋《奉和送金城公主适西蕃应制》：“奏曲风嘶马，銜悲月伴人。”骆宾王《畴昔篇》：“邹衍銜悲系燕狱，李斯抱怨拘秦桎。”郎士元《关羽祠送高员外还荆州》：“去去勿复言，銜悲向陈迹。”权德舆《放歌行》：“青春虚度无所成，白首銜悲亦何及。”

【銜啼】 忍住哭泣，含着眼泪。魏氏《赠外》：“讵怜愁思人，銜啼嗟薄命。”

【銜訴】 含冤。孟郊《峡哀》之六：“銜诉何时明，抱痛已不禁。”亦指诉冤。孟郊《杏殇》之七：“灵凤不銜诉，谁为扣天关。”

【銜詞】 谓传递音讯。黄滔《东山之游未遂渐逼行期作四十字奉寄翁文尧员外》：“绿苔劳扫径，丹凤欲銜词。”

【銜煙】 云气笼罩。陆龟蒙《寄怀华阳道士》：“銜烟细草无端绿，冒雨闲花作意馨。”

【銜圖】 銜环图报。薛曜《舞马篇》：“一朝逢遇升平代，伏皂銜图事帝王。”

【銜箝】 指受马嚼子约束。形容嘴皮麻木，开合困难。韩愈《苦寒》：“浊醪沸入喉，口角如銜箝。”

【銜頭】 马嚼口。秦韬玉《紫骝马》：“膘大宜悬银压胯，力浑欺着玉銜头。”罗隐《病骢马》：“金络銜头光未灭，玉花毛色瘦来焦。”毛文锡《甘州遍》词之二：“花蔽膝，玉銜头。寻芳逐胜欢宴，丝竹不曾休。”

【銜環】 为报恩之典。王缙《青雀歌》：“莫言不解銜環报，但问君恩今若为。”韦应物《宝观主白鸜鹆歌》：“日夕依仁全羽翼，空欲銜環非报德。”杨发《檐雀》：“銜環唯报德，贺厦本知归。”杨知至《覆落后呈同年》：“此时泣玉情虽异，他日銜環事亦同。”

【銜燭】 谓口含火炬。李峤《龙》：“銜烛耀幽都，含章拟凤雏。”吴融《绵竹山四十韵》：“初疑昆仑下，夭矫龙銜烛。”

【銜觴】 含杯。谓饮酒。李白《叙旧赠江阳宰陆调》：“但苦隔远道，无由共銜觞。”又《留别曹南群官之江南》：“愁为万里别，复此一銜觞。”

【銜璧】 口銜玉璧。谓国君投降。吴筠《建业怀古》：“銜璧入洛阳，委躬为晋臣。”周昙《咏史诗·前汉门·刘圣公》：“不纳良谋刘缤言，胡为銜璧向崇宣。”蒲禹卿《题驿门》：“我王銜璧远称臣，何事全家并杀身。”王承昌《咏后主出降》：“蜀朝昏主出降时，銜璧牵羊倒系旗。”

【銜哀】 含悲。罗隐《暇日感怀因寄同院吴蜕拾遗》：“犹幸小兰同舍在，每因相见即銜哀。”

【銜蘆】 口含芦草。为雁的一种自卫本能。虞世南《奉和幸江都应诏》：“冬律初飞管，阳鸟正銜芦。”杜甫《续得观书迎就当阳居止正月中旬定出三峡》：“飞鸣还接翅，行序密銜芦。”武元衡《幕中诸公有观猎之作因继之》：“銜芦远雁愁萦缴，绕树啼猿怯避弓。”杜牧《雁》：“万里銜芦别故乡，云飞雨宿向潇湘。”

【銜辭】 口中含语未吐。李商隐《江亭散席循柳路吟》:"春咏敢轻裁,銜辞入半杯。"

【銜齧】 用嘴咬。喻指陷害。李贺《公无出门》:"天畏遭銜啮,所以致之然。"

【銜歡】 心怀欢乐。岑羲《夜宴安乐公主新宅》:"銜欢不觉银河曙,尽醉那知玉漏稀。"

【銜鐵】 口含马嚼子。于濆《沙场夜》:"耕牛朝挽甲,战马夜銜铁。"

【銜羈】 马嚼子和马缰绳。引申为约束、节制。韩愈《寄崔二十六立之》:"夫子固吾党,新恩释銜羁。"

銘 〔míng《广韵》莫經切,平青,明。〕❶镂刻,记载。苏颋《奉和圣制途次旧居应制》:"盛业铭汾鼎,昌期应洛书。"杜甫《秋日荆南述怀三十韵》:"数见铭钟鼎,真宜法斗魁。"白居易《紫藤》:"愿以藤为戒,铭之于座隅。"罗隐《寄酬邺王罗令公五首》之四:"早缘入梦金方砺,晚为传家鼎始铭。"❷刻写在钟、鼎等器物或碑石上的文字。李白《自广平乘醉走马六十里至邯郸登城楼览古书怀》:"诸贤没此地,碑版有残铭。"独孤及《代书寄上裴六冀刘二颖》:"及时当树勋,高悬景钟铭。"许浑《题义女亭》:"至今乡里风犹在,借问谁传义女铭。"吴融《绵竹山四十韵》:"勒铭燕然山,万代垂芬郁。"❸文体之一种。常刻于碑版或器物上,或以称功德,或用以自警。李德裕有《剑门铭》《鹿迹山铭》《圣祖院石磬铭》。权德舆有《几铭》。白居易有《盘石铭》和《续座右铭》。❹铭记,永志不忘。明皇《途经华岳》:"终当铭岁月,从此记灵仙。"孟郊《生生亭》:"拔意千余丈,浩言永堪铭。"参见"銘心""銘骨"。

【銘山】 铭刻山石以纪功。高适《奉寄平原颜太守》:"屡陪投醪醉,窃贺铭山功。"韩愈、李正封《晚秋郾城夜会联句》:"铭山子所工,插羽余何怍。"

【銘心】 铭记于心,永志不忘。权德舆《郊居岁暮因书所怀》:"就学缉韦编,铭心对欹器。"元稹《出门行》:"铭心有所待,视足无所愧。"杜牧《牧陪昭应卢郎中叙旧成二十二韵用以投寄》:"铭心徒历历,屈指尽悠悠。"

【銘文】 刻写在金石上的文辞。张籍《和左司元郎中秋居十首》之二:"古镜铭文浅,神方谜语多。"

【銘石】 谓刻石以纪功。许景先《奉和圣制送张尚书巡边》:"伫看铭石罢,同听凯歌声。"亦指刻有纪功文字的碑铭。卢象《马跑神泉》:"阅世无铭石,兹游匪慕天。"

【銘功】 刻写文辞于金石,以纪功德。骆宾王《边夜有怀》:"城荒犹筑怨,碣毁尚铭功。"宋之问《送朔方何侍郎》:"拜职尝随骠,铭功不让班。"李白《古风》之三:"铭功会稽岭,骋望瑯琊台。"羊士谔《送张郎中副使自南省赴凤翔府幕》:"当奋燕然笔,铭功向陇头。"

【銘肌】 铭刻于肌肤之上。谓永志不忘。李端《下第上薛侍郎》:"铭肌非厚答,肉骨是前期。"

【銘戒】 刻写在器物上的警戒性文辞。温庭筠《病中书怀呈友人》:"功庸留剑舄,铭戒在盘盂。"

【銘述】 记叙。戴叔伦《吊畅当》:"玉堂知己能铭述,犹得精魂慰所依。"

【銘佩】 刻写于器物、书之于绅带以佩戴。谓铭记不忘。李白《酬王补阙惠翼庄庙宋丞泚赠别》:"酬赠非炯诫,永言铭佩绅。"杜甫《送重表侄王砅评事使南海》:"苟活到今日,寸心铭佩牢。"

【銘骨】 铭刻于骨。谓永志不忘。李白《古风》之五:"铭骨传其语,竦身已电灭。"又《赠嵩山焦炼师》:"紫书傥可传,铭骨誓相学。"

【銘座】 将警语格言刻写在座位旁。赵嘏《泗上奉送相公》:"语堪铭座默含春,西汉公卿绝比伦。"

【銘書】 在器物上刻写的文辞。骆宾王《四月八日题七级》:"铭书非晋代,壁画是梁年。"

【銘旌】 古代丧具之一,即竖在灵柩前标志死者官职和姓名的旗幡。多以绛帛粉书。品官则借銜题写曰某官某公之柩,士或平民则称显考、显妣。另纸书题粘于旌下。大敛后,以竹杠悬之依灵右。葬时取下加于柩上。李颀《达奚吏部夫人寇氏挽歌》:"露湿铭旌重,风吹卤簿前。"顾况《晋公魏国夫人柳氏挽歌》:"画翣无留影,铭旌已度桥。"刘禹锡《德宗神武孝文皇帝挽歌二首》之二:"凤翣拥铭旌,威迟异吉行。"杜牧《池州李使君没后十一日处州新命始到后见归妓感而成诗》:"黄壤不知新雨露,粉书空换旧铭旌。"

【銘鼎】 本指刻铸文辞的钟鼎,用以纪祖先之功德。后亦泛称建功立业留传后世。陈子昂《同宋参军之问梦赵六赠卢陈二子之作》:"铭鼎功未立,山林事亦微。"李白《金门答苏秀才》:"铭鼎倘云遂,扁舟方渺然。"羊士谔《西川独孤侍御见寄七言四韵一首逮此酬答诚乖拙速》:"文章立事须铭鼎,谈笑论功耻据鞍。"

【銘勳】 铭功。张九龄《奉和圣制途经华山》:"撰物知幽赞,铭勋表圣衷。"权德舆《拜昭陵过咸阳墅》:"顷岁辱明命,铭勋镂贞坚。"叶元良《御制段太尉碑》:"国人皆堕泪,王府已铭勋。"白居易《秦中吟十首·立碑》:"铭勋悉太公,叙德皆仲尼。"

鉸 〔jiǎo《广韵》古巧切,上巧,见。又古肴切,平肴,見。又古孝切,去效,見。〕剪刀。《广韵·上巧》:"铰,剪刀。"见"鉸刀"。

【鉸刀】 剪刀。李贺《五粒小松歌》:"绿波浸叶满浓光,细束龙髯铰刀剪。"曹唐《病马五首呈郑校书章三吴十五先辈》之四:"欲将鬐鬣重裁剪,乞借新成利铰刀。"

鈚 〔pī《广韵》普擊切，入錫，滂。〕栽截。见“鈚掜”。

【鈚掜】 意为栽截矫正。陆龟蒙《袭美先辈见和再抒鄙怀用伸酬谢》：“及汉文景后，鸿生方鈚掜。”

銓 〔quán《广韵》此缘切，平仙，清。〕❶衡量轻重的器具。即秤。引申为衡量、鉴别。杜甫《秋日夔府咏怀一百韵》：“金篦空刮眼，镜象未离铨。”❷对官吏的选授考课。韩仪《记知闻近过关试》：“短行轴了付三铨，休把新衔恼必先。”参见“銓材”“銓管”“銓衡”。

【銓材】 选拔人才。刘禹锡《奉和吏部杨尚书太常李卿二相公策免后即事述怀赠答十韵》：“铨材秉秦镜，典乐去齐竽。”

【銓注】 谓对官吏的考核、登录。李洞《送卢少府之任巩洛》：“从知东甸尉，铨注似恩除。”

【銓曹】 主管选拔官员的部门。寒山《诗三百三首》之一一三：“铨曹被拗折，洗垢觅疮瘢。”

【銓筦】 见“銓管”。

【銓管】 亦作“銓筦”。对人才进行品评和管理。中宗、赵皇后等《景龙四年正月五日移仗蓬莱宫因重为柏梁体联句》：“当熊让辇愧前芳，再司铨筦恩可忘。”又中宗、郑愔《十月诞辰内殿宴群臣效柏梁体联句》：“两司谬忝谢钟裴，礼乐铨管效涓埃。”

【銓衡】 衡量轻重的器具。引申为考核、选拔人才。元稹《酬乐天东南行诗一百韵》：“科试铨衡局，衙参典校厨。”刘斌《和许给事伤牛尚书》：“符彩照千里，铨衡综九流。”

【銓闈】 古代政府设置的选拔官吏的场所。刘长卿《洛阳主簿叔知和驿承恩赴选伏辞一首》：“天府留香名，铨闱就明试。”

鉿 〔kē〕见“鉿匝”。

【鉿匝】 环绕，围绕。王翰《春女行》：“紫台穹跨连绿波，红轩铪匝垂纤罗。”

銚 〔yáo，又读 diào《广韵》餘昭切，平宵，以。又徒即切，去嘯，定。〕一种带柄有嘴的小锅。韩愈、刘师服等《石鼎联句》：“或讶短尾铫，又似无足铛。”元稹《一字至七字诗·茶》：“铫煎黄蕊色，碗转曲尘花。”白居易《村居寄张殷衡》：“药铫夜倾残酒暖，竹床寒取旧毡铺。”

銀 〔yín《广韵》語巾切，平真，疑。〕❶金属之一种，色白质软，延伸性强，导电导热性能好。通称银子或白银。杜甫《观打鱼歌》：“绵州江水之东津，鲂鱼鲅鲅色胜银。”白居易《赠友五首》之二：“银生楚山曲，金生鄱溪滨。”贯休《读离骚经》：“湘江滨，湘江滨，兰红芷白波如银。”亦指银状物。姚康《礼部试早春残雪》：“银铺光渐湿，珪破色仍寒。”❷银质或银饰器的省称。参见“銀青”“銀黄”。❸银质或银饰的。参见“銀刀”“銀杯”“銀河”。❹像银子一样的白色。参见“銀竹”“銀波”“銀髯”。❺金钱，钱币。王梵志《诗》之三四：“但得身超后，银财惣莫论。”白居易《和春深二十首》之一：“罗绮驱论队，金银用断车。”

【銀刀】 银质的刀。张籍《贺秘书王丞南郊摄将军》：“斜带银刀入黄道，先随玉辂到青城。”

【銀工】 制作银器的工匠。薛昭纬有《谢银工》。

【銀山】 ❶山名。此山当在今江西金溪县东。唐时在此凿山采银。贯休有《避寇入银山》。❷银作的山。喻洪涛巨浪。张继《九日巴丘杨公台上宴集》：“万叠银山寒浪起，一行斜字早鸿来。”

【銀山磧】 地名。在今新疆吐鲁番西南的库木什附近。又称银山。岑参有《银山碛西馆》。

【銀川】 郡名。唐天宝元年(742)以银州改置，治所在儒林县(今陕西横山县东党岔)。乾元元年(758)复为银州。杜牧《夏州崔常侍自少常亚列出领麾幢十韵》：“榆塞孤烟媚，银川绿草明。”

【銀水】 谓白酒。徐夤《白酒两瓶送崔侍御》：“几夕露珠寒贝齿，一泓银水冷琼杯。”

【銀艾】 银印和绿绶。汉制，吏秩比二千石以上皆银印绿绶。皮日休《鲁望戏题书印囊奉和次韵》：“金篆方圆一寸余，可怜银艾未思渠。”

【銀甲】 银制的假指甲，套于指上，用以弹筝或琵琶等弦乐器。杜甫《陪郑广文游何将军山林十首》之五：“银甲弹筝用，金鱼换酒来。”刘禹锡《伤秦姝行》：“侍儿掩泣收银甲，鹦鹉不言愁玉笼。”李商隐《无题二首》之一：“十二学弹筝，银甲不曾卸。”唐彦谦《无题十首》之二：“锦筝银甲响鹍弦，勾引春声上绮筵。”

【銀瓜】 瓜之美称。花蕊夫人徐氏《宫词》之八五：“帘畔玉盆盛净水，内人手里剖银瓜。”

【銀印】 银质官印。李嘉祐《送崔十一弟归北京》：“潘郎美貌谢公诗，银印花骢年少时。”杜甫《奉酬薛十二丈判官见赠》：“我叹黑头白，君看银印青。”白居易《初着刺史绯答友人见赠》：“银印可怜将底用，只堪归舍吓妻儿。”公乘亿《赋得郎官上应列宿》：“紫泥乘帝泽，银印佩天光。”

【銀地】 ❶佛寺。佛教谓菩萨所居处为琉璃铺地，故名。李绅《新楼诗二十首·龙宫寺》：“银地溪边遇衲师，笑将花宇指潜知。”喻凫《绝句》：“银地无尘金菊开，紫梨红枣堕莓苔。”❷天台山中佛家胜境。贯休《寒月送玄士入天台》：“送君丁宁有深旨，好寻佛窟游银地。”自注：“佛窟、银地，皆天台云境也。”

【銀竹】 银白色的竹子。李白《宿虾湖》:“白雨映寒山,森森似银竹。”

【銀字】 ❶以银粉书写的文字。熊孺登《雪中答僧书》:“八行银字非常草,六出天花尽是梅。”❷笙、笛类管乐器上标有银字,以表示音调的高低,故亦借指乐器。白居易《南园试小乐》:“高调管色吹银字,慢拽歌词唱渭城。”杜牧《寄珉笛与宇文舍人》:“调高银字声还侧,物比柯亭韵校奇。”吴融《和韩致光侍郎无题三首十四韵》之一:“管纤银字咽,梭密锦书匀。”

【銀字笙】 古笙的一种。笙管上标有表示音调高低的银字。和凝《山花子》词之二:“银字笙寒调正长,水文簟冷画屏凉。”

【銀字管】 即银字笙。徐铉《梦游三首》之一:“檀的慢调银字管,云鬟低缀折枝花。”

【銀坑】 产银的矿坑。章孝标《送张使君赴饶州》:“日暖提筐依茗树,天阴把酒入银坑。”

【銀花】 ❶镂银作的白花。白居易《题周皓大夫新亭子二十二韵》:“锦额帘高卷,银花盏慢巡。”参见“銀花鑿落”。❷喻波浪。李绅《寿阳罢郡日有诗十首·入淮至盱眙》:“山凝翠黛孤峰迥,淮起银花五两高。”❸喻白色的毛。白居易《公垂尚书以白马见寄以诗谢之》:“翩翩白马称金羁,领缀银花尾曳丝。”❹银花榜。以银镂花装饰的匾额。李德裕《题学士院》:“银花悬院榜,神撼引铃绦。”

【銀花珠樹】 形容为雪所覆盖的花木。王初《望雪》:“银花珠树晓来看,宿醉初醒一倍寒。”

【銀花鑿落】 (鑿 zú)以镌镂金银为饰的酒盏。白居易《送春》:“银花凿落从君劝,金屑琵琶为我弹。”

【銀杏葉】 谓白马。杏叶鞍,其形如杏叶,故称,借指备有杏叶鞍的马。元稹《奉和浙西大夫李德裕四十韵次本韵》:“借骑银杏叶,横赐锦垂萄。”自注:“学士初入,例借飞龙马。”

【銀角桃枝杖】 装有银饰柄头的手杖。桃枝,竹之一种,可为手杖。韩翃《送道士侄归池阳》:“银角桃枝杖,东门赠别初。”

【銀沙】 亦作“银砂”。❶银白色的沙粒。李贺《上云乐》:“天江碎碎银沙路,嬴女机中断烟素。”❷喻雪。韦庄《夜雪泛舟游南溪》:“两岸严风吹玉树,一滩明月晒银砂。”

【銀盂】 一种银质饮酒器具。白居易《早饮湖州酒寄崔使君》:“十分蘸甲酌,潋艳满银盂。”

【銀青】 银印青绶。高适《遇冲和先生》:“三命谒金殿,一言拜银青。”

【銀青綬】 银印青绶。白居易《对酒吟》:“未换银青绶,唯添雪白须。”

【銀杯】 银质酒杯。刘禹锡《竹枝词九首》之五:“两岸山花似雪开,家家春酒满银杯。”白居易《春池闲泛》:“花助银杯气,松添玉轸声。”韩偓《恩赐樱桃分寄朝士》:“蔗浆自透银杯冷,朱实相辉玉碗红。”

【銀兔】 银质兔形香炉。皮日休《醉中先起李縠戏赠走笔奉酬》:“麝烟苒苒生银兔,蜡泪涟涟滴绣闺。”

【銀沫】 犹银屑。李贺《梁公子》:“御笺银沫冷,长簟凤窠斜。”

【銀河】 指银河系。李白《拟古十二首》之一:“银河无鹊桥,非时将安适。”王建《题台州隐静寺》:“五峰直上插银河,一涧当空泻寥廓。”温庭筠《鸡鸣埭曲》:“南朝天子射雉时,银河耿耿星参差。”李洞《赠庞炼师》:“若能携手随仙令,皎皎银河渡鹊桥。”

【銀泥】 ❶一种用银粉调制的颜料,可用以涂饰衣物、面部或建筑物。花蕊夫人徐氏《宫词》之一五二:“归到院中重洗面,金花盆里泼银泥。”白居易《答微之见寄》:“更对雪楼君爱否,红栏碧甃点银泥。”和凝《宫词百首》之四六:“银泥殿里嫌红烛,教近龙床着火珠。”❷涂银泥的衣衫。参见“銀泥裙”。

【銀泥衫】 用银泥涂饰的衣衫。白居易《看常州柘枝赠贾使君》:“料君即却归朝去,不见银泥衫故时。”又《刘苏州寄酿酒糯米李浙东寄杨柳枝舞衫辄成长句寄谢之》:“金屑醅浓吴米酿,银泥衫稳越娃裁。”

【銀泥裙】 用银泥涂饰的裙子。张籍《苏州江岸留别乐天》:“银泥裙映锦障泥,画舸停桡马簇蹄。”亦省作“銀泥”。李贺《月漉漉篇》:“挽菱隔歌袖,绿刺罥银泥。”和凝《山花子》词之一:“星靥笑偎霞脸畔,蹙金开襜衬银泥。”

【銀牀】 ❶井栏。一说辘轳架。当以后说为是。骆宾王《久戍边城有怀京邑》:“宝帐垂连理,银床转辘轳。”杜甫《冬日洛城北谒玄元皇帝庙》:“风筝吹玉柱,露井冻银床。”李商隐《富平少侯》:“不收金弹抛林外,却惜银床在井头。”郑嵎《津阳门诗》:“石鱼岩底百寻井,银床下卷红绠迟。”自注:“石鱼岩下有天丝石,其形如瓮,以贮飞泉,故上以石瓮为寺名。寺僧于上层飞楼中悬辘轳,叙引修绠长二百余尺以汲。”❷银饰之床。令狐楚《闺人赠远二首》之一:“玉箸千行落,银床一半空。”温庭筠《瑶瑟怨》:“冰簟银床梦不成,碧天如水夜云轻。”唐彦谦《咏葡萄》:“笑呼明镜上遥天,醉倚银床弄秋影。”顾甄远《惆怅诗九首》之四:“鉴鸾钗燕恨何穷,忍向银床空抱影。”

【銀函】 存放佛道经典的银匣。刘长卿《自紫阳观至华阳洞宿侯尊师草堂简同游李延年》:“银函竟谁发,金液徒堪荐。”

【銀珂】 马勒上银制饰物。于鹄《长安游》:“绣帘朱毂逢花住,锦幨银珂触雨游。”

【銀砂】 见“銀沙”。

【銀星】 以银粉点制而成的秤星。拾得《诗》之二六：“银星钉称衡，绿丝作称纽。”

【銀缸】 亦作“銀釭”。银灯。古代用油点灯照明。贵族大家灯台用银制，故称。白居易《卧听法曲霓裳》：“起尝残酌听余曲，斜背银缸半下帷。”张碧《幽思》：“金炉烟霭微，银釭残影灭。”裴思谦《及第后宿平康里》：“银缸斜背解鸣珰，小语偷声贺玉郎。”成彦雄《夜夜曲》：“欹枕对银缸，秦筝绿窗下。”

【銀宫】 仙宫。李峤《桂》：“未殖银宫里，宁移玉殿幽。”骆宾王《代女道士王灵妃赠道士李荣》：“别有仙居对三市，金阙银宫相向起。”吕温《回风有怀》：“银宫翠岛烟霏霏，珠树玲珑朝日晖。”薛曜《登绵州富乐山别李道士策》：“珠阙昆山远，银宫涨海悬。”

【銀屋】 银饰的房屋。李绅《早渡扬子江》：“日冲海浪翻银屋，江转秋波走雪山。”钱珝《江行无题一百首》之八七：“高浪如银屋，江风一发时。”

【銀屏】 镶银的屏风。白居易《长恨歌》：“揽衣推枕起裴回，珠箔银屏逦迤开。”平曾《谒李相不遇》：“老夫三日门前立，珠箔银屏昼不开。”温庭筠《湘东宴曲》：“欲上香车俱脉脉，清歌响断银屏隔。”徐夤《赠月君》：“懿德好书添女诫，素容堪画上银屏。”

【銀珠】 银制的缀珠耳饰。路德延《小儿诗》：“锡镜当胸挂，银珠对耳悬。”

【銀蚪】 银白色的虬龙。亦借指漏壶底部的银质流水龙头。王维《送张舍人佐江州同薛璩十韵》：“清晨听银蚪，薄暮辞金马。”

【銀蛇】 蛇之一种，色白。喻雪裹的蛇状物。无名氏《白雪歌》：“苏岩乳洞拥山家，洞藤古栗盘银蛇。”

【銀針】 银质的或银白色的缝纫针。裴说《闻砧》：“愁捻银针信手缝，惆怅无人试宽窄。”

【銀瓶】 亦作“銀缾”。❶银饰的汲水器。唐时常用喻男女情事。王昌龄《行路难》：“双丝作绠系银瓶，百尺寒泉辘轳上。”武元衡《行路难》：“几度美人来照影，濯纤笑引银瓶绠。”白居易《新乐府·井底引银缾》：“井底引银缾，银缾欲上丝绳绝。”陆龟蒙《野井》：“寒泉未必能如此，奈有银缾素绠何。”❷银制的酒瓶。杜甫《少年行》：“不通姓字粗豪甚，指点银瓶索酒尝。”

【銀粉】 银的粉末。亦指铅粉、铝粉。陆畅《云安公主出降杂咏催妆二首》之一：“少妆银粉饰金钿，端正天花贵自然。”

【銀浦】 银河。李贺《天上谣》：“天河夜转漂回星，银浦流云学水声。”

【銀海】 ❶银色的海洋。泛指水面。成彦雄《句》：“纹鳞引子跳银海，紫燕呼雏语画梁。”❷古代帝王陵墓中灌注水银制造的人工湖。杜甫《骊山》：“鼎湖龙去远，银海雁飞深。”

【銀浪】 银白色的波浪。李群玉《中秋维舟君山看月二首》之二：“棹翻银浪急，林映白虹攒。”又《中秋夜南楼寄友人》：“海月出银浪，湖光射高楼。”

【銀書】 银字。以银粉书写的文字。岑文本《奉述飞白书势》：“六文开玉篆，八体曜银书。”虞世南《和銮舆顿戏下》：“银书含晓色，金辂转晨飙。”

【銀黄】 银印黄绶。或谓银印和金印。李颀《行路难》：“父子兄弟绾银黄，跃马鸣珂朝建章。”皮日休《七爱诗·卢征君(鸿)》：“银黄不妨悬，赤绂不妨被。”

【銀勒】 带嚼口的银饰马络头。白居易《武丘寺路》：“银勒牵骄马，花船载丽人。”

【銀梭】 银质布梭。用以喻梭形鱼。南唐嗣主李璟《游后湖赏莲花》：“蓼花蘸水火不灭，水鸟惊鱼银梭投。”

【銀匙】 银制羹匙。白居易《路上寄银匙与阿龟》：“银匙封寄汝，忆我即加餐。”

【銀笙】 嵌有银字之笙。李群玉《腊夜命家仆吹笙数曲独引一壶奉寄江陵副使杜中丞》：“桂酒寒无醉，银笙冻不流。”花蕊夫人徐氏《宫词》之九六：“旋炙银笙先按拍，海棠花下合梁州。”

【銀釭】 见“銀缸”。

【銀釧】 银质臂镯。裴诚《南歌子词三首》之一：“井边银钏落，展转恨还深。”

【銀船】 船形银质酒杯。白居易《早春西湖闲游偶成十八韵寄微之》：“画舫牵徐转，银船酌慢巡。”曹唐《长安客舍叙邵陵旧宴寄永州萧使君五首》之四：“百分散打银船溢，十指宽催玉箸轻。”

【銀魚】 指银鱼符。银质的鱼符。唐代授予五品以上官员，用以表示品级身份，亦作为发兵及出入宫门、城门的凭证。杜甫《柏学士茅屋》：“碧山学士焚银鱼，白马却走身岩居。”刘禹锡《酬严给事贺加五品兼简同制水部李郎中》：“初佩银鱼随仗入，宜乘白马退朝归。”李群玉《留别马使君》：“俱来海上叹烟波，君佩银鱼我触罗。”罗隐《送霅川郑员外》：“铜虎贵提天子印，银鱼荣傍老莱衣。”

【銀章】 银印。其文曰章。李白《赠刘都使》：“一鸣即朱绂，五十佩银章。”韩翃《赠别王侍御赴上都》：“翩翩马上郎，执简佩银章。”白居易《又答贺客》：“银章暂假为专城，贺客来多懒起迎。”李群玉《哭郴州王使君》：“银章朱绂照云骢，六换鱼书惠化崇。”

【銀液】 水银。李贺《恼公》：“犀株防胆怯，银液镇心忪。”

【銀壶】 ❶银饰的漏壶。崔液《上元夜六首》之一：“玉漏银壶且莫催，铁关金锁彻明开。”李商隐《即日》：“金鞍忽散银壶漏，更醉谁家白玉钩。”❷银质酒壶。李群玉《洞庭驿楼雪夜宴集奉赠前湘州张员外》："银壶傲海雪，青管罗名讴。"❸银饰的箭壶。李贺《送秦光禄北征》："宝玦麒麟起，银壶狒狖啼。"❹银饰的汲水器，即银瓶。李涉《寄荆娘写真》："愿分精魄定形影，永似银壶挂金井。"

【銀椀】　银质的碗。白居易《杨六尚书新授东川节度使代妻戏贺兄嫂二绝》之二："金花银椀饶君用，罨画罗衣尽嫂裁。"

【銀雲】　银灰色的云。李贺《秦王饮酒》："银云栉栉瑶殿明，宫门掌事报一更。"

【銀箏】　用银装饰的筝。或谓用银字标记音调高低的筝。戴叔伦《白苎词》："回鸾转凤意自娇，银筝锦瑟声相调。"王涯《秋夜曲》："银筝夜久殷勤弄，心怯空房不忍归。"刘禹锡《伤秦姝行》："长安二月花满城，插花女儿弹银筝。"毛熙震《何满子》词之一："曲槛丝垂金柳，小窗弦断银筝。"

【銀筵】　竹席的美称。杜牧《朱坡》："蜗壁斓斑藓，银筵豆蔻泥。"

【銀牌】　银质名牌。唐官妓所佩，刻其名于上。李贺《河阳歌》："今日见银牌，今夜鸣玉宴。"

【銀詔】　对帝王诏书的美称。卢纶《送浑炼归觐却赴阙庭》："彩衣人竞看，银诏帝亲书。"

【銀塘】　清澈明净的池塘。徐仲雅《句》："藕梢逆入银塘里，蘋迹潜来玉井中。"齐己《鹭鸶二首》之一："晚立银塘阔，秋栖玉露微。"毛文锡《虞美人》词之一："鸳鸯对浴银塘暖，水面蒲梢短。"

【銀牒】　指佛道典籍。王勃《秋日仙游观赠道士》："石图分帝宇，银牒洞灵宫。"

【銀觥】　银质酒杯。白居易《病中辱崔宣城长句见寄兼有觥绮之赠因以四韵总而酬之》："信题霞绮缄情重，酒试银觥表分深。"

【銀鉤】　❶银质或银色的钩子。太宗《赋帘》："竹影乱清风，彩散银钩上。"屈同仙《乌江女》："锦袖盛朱橘，银钩摘紫房。"张仲素《汉苑行二首》之二："千步回廊闻凤吹，珠帘处处上银钩。"罗隐《帘二首》之一："叠影重纹映画堂，玉钩银烛共荧煌。"❷一种银质的妇女饰物。徐坚《棹歌行》："棹女饰银钩，新妆下翠楼。"李端《春游乐》："柘弹连钱马，银钩妥堕鬟。"❸喻书法笔力遒劲。李峤《武三思挽歌》："玉匣金为镂，银钩石作铭。"皇甫冉《送邹判官赴河南》："早晚裁书寄，银钩伫八行。"白居易《写新诗寄微之偶题卷后》："写了吟看满卷愁，浅红笺纸小银钩。"范尧佐《一字至七字诗·书》："银钩屈曲索靖，题桥司马相如。"

【銀殿】　华丽的宫殿。贯休《还举人歌行卷》："佩入龙宫步迟迟，绣帘银殿何参差。"

【銀臺】　❶神话传说中王母所居处。李白《登高丘而望远》："银台金阙如梦中，秦皇汉武空相待。"王初《即夕》："仙家若有单栖恨，莫向银台半夜游。"❷宫门名。见"銀臺門"。❸银质或银色的烛台。李白《清平乐》词之四："鸾衾凤褥，夜夜常孤宿，更被银台红蜡烛，学妾泪珠相续。"段怀然《挽涌泉寺僧怀玉》："唯有门前古槐树，枝低只为挂银台。"刘侍读《生查子》词："深秋更漏长，滴尽银台烛。"

【銀榼】　银质盛酒器。白居易《自咏》："金章未佩虽非贵，银榼常携亦不贫。"又《自宾客迁太子少傅分司》："何言家尚贫，银榼提绿醪。"

【銀榜】　亦作"銀牓"。宫殿门端所悬的金碧辉煌的匾额。宗楚客《奉和幸安乐公主山庄应制》："玉楼银榜枕严城，翠盖红旗列禁营。"杜甫《乐游园歌》："阊阖晴开昳荡荡，曲江翠幕排银榜。"李贺《贝宫夫人》："六宫不语一生闲，高悬银牓照青山。"

【銀臺門】　宫门名。唐时翰林院、学士院都在银台门附近，故后多以银台门指翰林院。李白《朝下过卢郎中叙旧游》："君登金华省，我入银台门。"又《赠从弟南平太守之遥二首》之一："承恩初入银台门，著书独在金銮殿。"令狐楚《宫中乐五首》之四："银台门已闭，仙漏夜沉沉。"白居易《早朝贺雪寄陈山人》："将赴银台门，始出新昌里。"亦省作"銀臺"。李白《相逢行》："朝骑五花马，谒帝出银台。"元稹《寄浙西李大夫四首》之一："金陵太守曾相伴，共蹋银台一路尘。"王初《送陈校勘入宿》："银台级级连清汉，桂子香浓月杵低。"韩偓《雨后月中玉堂闲坐》："银台直北金銮外，暑雨初晴皓月中。"

【銀銜】　银饰的马嚼子。白居易《赠杨使君》："银衔叱拨欺风雪，金屑琵琶费酒浆。"

【銀牓】　见"銀榜"。

【銀管】　❶指银饰的毛笔管或白色的笔管。韩定辞《答马彧》："盛德好将银管述，丽词堪与雪儿歌。"❷指以银作字标记音调高低的管乐器。陈去疾《元夕京城和欧阳衮》："歌迎甲夜催银管，影动繁星缀玉台。"

【銀銀】　波光闪闪貌。周贺《赠王道士》："关西来往路，谁得水银银。"

【銀漢】　天河，银河。李邕《奉和初春幸太平公主南庄应制》："传闻银汉支机石，复见金舆出紫微。"李白《自巴东舟行经瞿唐峡登巫山最高峰晚还题壁》："青天若可扪，银汉去安在。"刘禹锡《观云篇》："夜深度银汉，漠漠仙人衣。"姚合《酬任畴协律夏中苦雨见寄》："银汉波澜溢，经旬雨未休。"

【銀漢女】　织女。神话传说，牵牛织女七月七日渡天河相会，届时有乌鹊填河成桥。袁晖《七月闺情》："不如银汉女，岁岁鹊成桥。"

【銀閤】 见“銀閣”。

【銀閣】 亦作“銀閤”。银宫，神仙居地。李峤《奉和幸大荐福寺应制》：“半空银阁断，分砌宝绳连。”李适《游禁苑幸临渭亭遇雪应制》：“花从银阁度，絮绕玉窗飞。”

【銀綬】 银印青绶。高适《东平留赠狄司马》：“入幕绾银绶，乘轺兼铁冠。”

【銀髯】 对白胡须的美称。贯休《书匡山老僧庵》：“篔筜红实好鸟语，银髯瘦僧貌如祖。”

【銀鞍】 银饰的马鞍。亦借指马。李白《鲁郡尧祠送窦明府薄华还西京》：“银鞍绣毂往复回，簸林蹶石鸣风雷。”严维《奉和刘祭酒伤白马》：“练影依云没，银鞍向月空。”张祜《观濠州田中丞出猎》：“锦袖半攘争捧碆，银鞍不下小传杯。”高蟾《秋日寄华阳山人》：“银鞍公子魂俱断，玉弩将军涕自零。”

【銀輪】 ❶银饰的轩舆。贯休《寿春节进》：“银轮随宝马，玉沼见金龟。”❷喻圆月。姚合《对月》：“银轮玉兔向东流，莹净三更正好游。”贯休《长安道》：“紫气银轮兮常覆金阙，仙掌捧日兮浊河澄澈。”

【銀甌】 银质的杯、碗类饮具。徐夤《牡丹花二首》之二：“万万花中第一流，浅霞轻染嫩银瓯。”

【銀箭】 银饰的漏箭。其上标记时刻以计时。武平一《夜宴安乐公主宅》：“遽惜琼筵欢正洽，唯愁银箭晓相催。”顾况《乌啼曲二首》之一：“玉房掣锁声翻叶，银箭添泉绕霜堞。”鲍溶《巫山怀古》：“银箭暗凋歌夜烛，珠泉频点舞时衣。”章碣《对月》：“琼轮正辗丹霄去，银箭休催皓露凝。”

【銀盤】 ❶银质或银色的盘子。韩愈《和水部张员外宣政衙赐百官樱桃诗》：“香随翠笼擎初到，色映银盘写未停。”王贞白《白牡丹》：“异香开玉合，轻粉泥银盘。”❷比喻月亮。卢仝《月蚀诗》：“烂银盘从海底出，出来照我草屋东。”

【銀翰】 对他人诗文的美称。元稹《痁卧闻幕中诸公征乐会饮因有戏呈三十韵》：“钿车迎妓乐，银翰屈朋侪。”又《酬乐天江楼夜吟稹诗因成三十韵》：“昔凭银翰写，今赖玉音宣。”

【銀樹】 布满雪的树木。秦韬玉《奉和春日玩雪》：“琼章定少千人和，银树先开六出花。”亦作为对树木的美称。沈佺期《九日临渭亭侍宴应制得长字》：“秋变铜池色，晴添银树光。”刘希夷《饯李秀才赴举》：“朝鸣集银树，暝宿下金塘。”

【銀鴨】 涂银的铜质鸭形香炉。温庭筠《生禖屏风歌》：“绣屏银鸭香蓊濛，天上梦归花绕丛。”秦韬玉《咏手》：“金杯有喜轻轻点，银鸭无香旋旋添。”韦检亡姬《梦后自题》：“始皇陵上千年树，银鸭金凫也变灰。”

【銀蹄】 白色的马蹄。李贺《马诗二十三首》之一：“龙脊贴连钱，银蹄白踏烟。”

【銀篦】 古代妇女的一种银质首饰，亦可以用之梳发。白居易《同诸客嘲雪中马上妓》：“银篦稳篸乌罗帽，花襜宜乘叱拨驹。”

【銀燈】 银质或银饰的照面器具。李白《清平乐》词之二：“玉帐鸳鸯喷兰麝，时落银灯香灺。”钱起《画鹤篇》：“炉气朝成缑岭云，银灯夜作华亭月。”韦庄《咸通》：“诸郎宴罢银灯合，仙子游回璧月斜。”又《南邻公子》：“南邻公子夜归声，数炬银灯隔竹明。”

【銀龍】 银质或银饰的龙形器具。李群玉《王内人琵琶引》：“银龙吐酒菊花香，皓魄翻□□□□。”按，原文此四字缺。萧儆《冬夜对妓》：“银龙衔烛烬，金凤起炉烟。”

【銀環】 银质的圆圈形装饰品。白居易《杨柳枝词八首》之六：“剥条盘作银环样，卷叶吹为玉笛声。”

【銀璫】 本为汉代中常侍的冠饰。后用以指宦官。刘禹锡《和令狐相公送赵常盈炼师投龙毕却赴京》：“银珰谒者引蜺旌，霞帔仙官到赤城。”

【銀罌】 见“銀罂”。

【銀燭】 银质的烛台。亦指蜡烛或蜡烛的光焰。崔日用《夜宴安乐公主宅》：“银烛金屏坐碧堂，只言河汉动神光。”岑参《和祠部王员外雪后早朝即事》：“色借玉珂迷晓骑，光添银烛晃朝衣。”郑嵎《津阳门诗》：“堂中特设夜明枕，银烛不张光鉴帷。”布燮《思乡作》：“坐久销银烛，愁多减玉颜。”

【銀燭臺】 银质的插蜡烛的器具。李群玉《醉后赠冯姬》：“黄昏歌舞促琼筵，银烛台西见小莲。”

【銀龜】 指有龟钮的银印。李贺《吕将军歌》：“榼榼银龟摇白马，傅粉女郎火旗下。”白居易《对镜吟》：“如今所得须甘分，腰佩银龟朱两轮。”秦韬玉《贵公子行》：“阶前莎球绿不卷，银龟喷香挽不断。”

【銀甕】 银质盛酒器。古以为祥瑞之物。杜甫《洗兵马》：“不知何国致白环，复道诸山得银瓮。”

【銀縷】 银丝。鲍溶《赠远》：“金泥舞虎精神暗，银缕交龙气色寒。”

【銀霰】 谓雪珠。张九龄《和姚令公从幸温汤喜雪》：“正逢银霰积，如向玉京游。”

【銀蟬】 银色蝉形饰物。韩琮《公子行》：“紫袖长衫色，银蝉半臂花。”

【銀鎖】 银质的锁。徐安贞《闻邻家理筝》：“银锁重关听未辟，不如眠去梦中看。”

【銀簟】 对竹席的美称。王涯《宫词三十首(存二十七首)》之十九：“向晚移镫上银簟，丛丛绿鬓坐弹棋。”

【銀闕】 道家谓仙人或天帝所居之处。亦指金碧辉煌的楼阁。李白《登巴陵开元寺西阁赠衡岳僧方外》:“明湖落天镜,香阁凌银阙。”杜牧《奉和仆射相公即事书成四韵》:“银阙双高银汉里,玉山横列玉墀前。”徐铉《亚元舍人不替深知庶资一笑耳》:“城中有客独登楼,遥望天边白银阙。”自注:“天帝之黄金白银为宫阙。”又《进雪诗》:“近看琼树笼银阙,远想瑶池带玉关。”

【銀礫】 ❶含银的小颗粒。刘希夷《秋日题汝阳潭壁》:“回流清见底,金沙覆银砾。”❷喻银粒状物。白居易《待漏入阁书事奉赠元九学士阁老》:“稀星点银砾,残月堕金环。”李商隐《闻著明凶问哭寄飞卿》:“江势翻银砾,天文露玉绳。”

【銀蟾】 月亮的别称。传说中谓月中有蟾蜍,故称。白居易《中秋月》:“照他几许人肠断,玉兔银蟾远不知。”徐夤《寺中偶题》:“银蟾未出金乌在,更上层楼眺海涛。”成彦雄《寒夜吟》:“猧儿睡魇唤不醒,满窗扑落银蟾影。”齐己《中秋十四日夜对月上南平主人》:“玉兔银蟾似多意,乍临棠树影裴回。”

【銀鏑】 银制的箭或装有金镞的箭。白居易《杂兴三首》之一:“美人挟银镝,一发叠双飞。”

【銀簫】 以银作字标记音调高低的箫。王翰《赋得明星玉女坛送廉察尉华阴》:“江妃玉佩留为念,嬴女银箫空自怜。”

【銀罌】 亦作“銀甖”。银饰或银质的贮存液体的器皿。杨巨源《石水词二首》之一:“银罂深锁贮清光,无限来人不得尝。”李贺《公莫舞歌》:“方花古础排九楹,刺豹淋血盛银甖。”白居易《洛桥寒食日作十韵》:“连钱嚼金勒,凿落写银罂。”又《池上清晨候皇甫郎中》:“玉柄鹤翎扇,银甖云母浆。”

【銀鑪】 银质香炉。李乂《高安公主挽歌二首》之一:“银铲称贵幸,玉辇盛过逢。”

【銀瀾】 白浪。郑璧《和袭美伤顾道士》:“斜汉银澜一夜东,飘飘何处五云中。”

【銀囊】 ❶白色的口袋。喻白色花苞。白居易《浔阳三题·东林寺白莲》:“泄香银囊破,泻露玉盘倾。”❷可以悬挂在帐中的银质香炉。白居易《青毡帐二十韵》:“铁檠移灯背,银囊带火悬。”

【銀鐺】 (一dāng)银质的女子耳饰。贯休《善哉行》:“欲赠之以紫玉尺,白银铛。”

【銀鞦】 对秋千的美称。杜牧《街西长句》:“银鞦騕褭嘶宛马,绣鞅璁珑走钿车。”

【銀鷗】 一种旅鸟或冬候鸟。栖于我国南北沿海和江河流域一带。其毛色白,故名。李绅《寿阳罢郡日·忆东湖》:“菱歌罢唱鹢舟回,雪鹭银鸥左右来。”

【銀籠】 对竹编盛物器具的美称。温庭筠《自有扈至京师已后朱樱之期》:“露圆霞赤数千枝,银笼谁家寄所思。”

【銀鱠】 美称经切割加工过的白色鱼片。唐彦谦《夏日访友》:“春盘擘紫虾,冰鲤斫银鲙。”

【銀鑰】 银质钥匙。白居易《广宣上人以应制诗见示因以赠之》:“红楼许住请银钥,翠辇陪行蹋玉墀。”杜牧《宫词二首》之二:“银钥却收金锁合,月明花落又黄昏。”

【銀灣】 银河。李贺《溪晚凉》:“玉烟青湿白如幢,银湾晓转流天东。”

【銀鸞】 用银泥画的鸾鸟。用作服饰。李贺《唐儿歌》:“竹马梢梢摇绿尾,银鸾睒光踏半臂。”李远《观廉女真葬》:“玉窗抛翠管,轻袖掩银鸾。”

七 画

鋪[1] 〔pū《广韵》普胡切,平模,滂。又芳無切,平虞,敷。〕❶把东西展开或摊开。韩翃《赠兖州孟都督》:“卷帘满地铺氍毹,吹角鸣弦开玉壶。”元稹《暮秋》:“栖乌满树声声绝,小玉上床铺夜衾。”朱庆余《题王丘长史宅》:“玉琴闲把看山坐,筒簟长铺与客眠。”吴融《赴阙次留献荆南成相公三十韵》:“似平铺掌上,疑涌出壶中。”❷覆盖。李嘉祐《送樊兵曹潭州谒韦大夫》:“江花铺浅水,山木暗残春。”韩愈《咏雪赠张籍》:“度前铺瓦陇,发本积墙隈。”李绅《登禹庙回降雪五言二十韵》:“着水鹅毛失,铺林鹤羽摧。”韦庄《三堂东湖作》:“景动新桥横蝃蝀,岸铺芳草睡鸡鶄。”❸笼罩。皎然《送裴参军还下邳旧居》:“北望烟铺骠骑营,虏烽无火楚天晴。”鱼玄机《赋得江边柳》:“影铺秋水面,花落钓人头。”❹安排,设置。刘禹锡《哭庞京兆》:“今朝繐帐哭君处,前日见铺歌舞筵。”陆畅《云安公主下降奉诏作催妆诗》:“催铺百子帐,待障七香车。”杜牧《张好好诗》:“此地试君唱,特使华筵铺。”李商隐《公子》:“春场铺艾帐,下马雉媒娇。”❺披挂。吕岩《七言》之四十:“闲铺羽服居仙窟,自着金莲造化功。”❻铺设。白居易《和李相公留守题漕上新桥六韵》:“选石铺新路,安桥压古堤。”❼铺叙。宋璟《奉和圣制答张说扈从南出雀鼠谷》:“四时宗伯叙,六义宰臣铺。”❽宣扬。苏颋《奉和圣制登太行山中言志应制》:“宸游铺令典,睿思起芳年。”陈陶《圣帝击壤歌四十声》:“扫原铺一德,驱祲立三光。”❾指铺榻等。白居易《题庐山山下汤泉》:“骊山温水因何事,流入金铺玉甃中。”欧阳炯《浣溪沙》词之三:“相见休言有泪珠,酒阑重得叙欢娱,凤屏鸳枕宿金铺。”❿铺首。置于门上的衔环虫兽面。李贺《杂曲歌辞·十二月乐辞·九月》:“月缀金铺光脉脉,凉苑虚庭空澹白。”又《宫娃歌》:“啼蛄吊月钩栏下,屈膝铜铺锁阿甄。”⓫指门、门户。包佶《朝拜元陵》:“宫前石马对中峰,云里金铺闭几重。"常衮《晚秋集贤院即事寄徐薛二侍郎》:"金铺深内殿,石甃净寒渠。"杨巨源《月宫词》:"昭阳昨夜秋风来,绮阁金铺情影开。"魏承班《木兰花》词:"闭宝匣,掩金铺,倚屏拖袖愁如醉。"

鋪2 〔pù《广韵》普故切,去暮,滂〕卧具,床铺。白居易《东南行一百韵寄窦七校书》:"夜船论铺赁,春酒断瓶酤。"

【鋪牀】 整理床铺,折叠被褥。韩愈《山石》:"铺床拂席置羹饭,疏粝亦足饱我饥。"

【鋪首】 门上的衔环虫兽面,一般用铜等金属制成虎、螭、龟、蛇等形状。见《汉书·哀帝纪》。温庭筠《雍台歌》:"黄金铺首画钩陈,羽葆停幢拂交戟。"

【鋪施】 指挥,布置。柳宗元《唐铙歌鼓吹曲十二篇·战武牢》:"铺施芟夷,二主缚。"

【鋪設】 ❶设置,安排。王建《题元郎中新宅》:"铺设暖房迎道士,支分闲院着医人。"花蕊夫人徐氏《宫词》之一四六:"殿前铺设两边楼,寒食宫人步打球。"❷铺陈叙述。元稹《和乐天赠樊著作》:"煌煌二帝道,铺设在典坟。"

【鋪陳】 陈述,铺叙。元稹《献荥阳公诗五十韵》:"驱驾雷霆走,铺陈锦绣鲜。"白居易《读张籍古乐府》:"为诗意如何?六义互铺陈。"徐铉《右省仆射相公垂览和诗复贻长句辄次来韵》:"铺陈政事留黄阁,偃息神机在素琴。"

【鋪筵】 铺设筵席。白居易、王起等《会昌春连宴即事》:"松声添奏乐,草色助铺筵。"

【鋪席】 铺设筵席。包佶《秋日过徐氏园林》:"扫竹催铺席,垂萝待系船。"

鋏 〔jiá《广韵》古協切,入帖,見。〕剑。一说剑把。齐冯谖客孟尝君,因孟尝君贱之,食以草具,出无车马,老母未得奉养,曾叹曰:"长铗归来乎,食无鱼。""长铗归来乎,出无车。""长铗归来乎,无以为家。"骆宾王《寒夜独坐游子多怀简知己》:"富钩徒有想,贫铗为谁弹。"李贺《客游》:"旅歌屡弹铗,归问时裂帛。"

銷 〔xiāo《广韵》相邀切,平宵,心。〕❶通过加热,使金属熔化。杜甫《诸将五首》之三:"稍喜临边王相国,肯销金甲事春农?"张祜《悲纳铁》:"谁谓今来正耕垦,却销农器作戈矛。"见"銷兵❶"。亦泛称使其他物体变成液态。韩愈《酒中留上襄阳李相公》:"银烛未销窗送曙,金钗半醉座添春。"权德舆《杂言和常州李员外副使春日戏题十首》之八:"绿窗销暗烛,兰径扫清尘。"温庭筠《菩萨蛮》词之六:"画罗金翡翠,香烛销成泪。"布燮《思乡作》:"坐久销银烛,愁多减玉颜。"❷溶化,消融。曲信陵《过真律师旧院》:"坚冰销尽还成水,本自无形何足伤。"李贺《河南府试十二月乐词·十二月》:"日脚淡光红洒洒,薄霜不销桂枝下。"白居易《白羽扇》:"盛夏不销雪,终年无尽风。"杜牧《早春阁下寓直萧九舍人亦直内署因寄书怀四韵》:"御水初销冻,宫花尚怯寒。"❸消耗,耗费。戎昱《冬夜宴梁十三厅》:"夜寒销腊酒,霜冷重绨袍。"周弘亮《故乡除夜》:"何处夜歌销腊酒,谁家高烛候春风。"姚合《武功县中作三十首》之四:"簿书多不会,薄俸亦难销。"❹消除,消弭。王维《自大散以往四五十里至黄牛岭见黄花川》:"曾是厌蒙密,旷然销人忧。"杜甫《严氏溪放歌行》:"天下甲马未尽销,岂免沟壑常漂漂。"白居易《天竺寺七叶堂避暑》:"清宵一觉睡,可以销百疾。"李九龄《夜与张舒话别》:"如何销得凄凉思,更劝灯前酒一卮。"❺消散,消失。虞世南《相和歌辞·怨歌行》:"香销翠羽帐,弦断凤凰琴。"窦巩《襄阳寒食寄宇文籍》:"烟水初销见万家,东风吹柳万条斜。"姚合《寄题蔡州蒋亭兼简田使君》:"几岁乱军里,蒋亭名不销。"刘沧《题秦女楼》:"珠翠香销鸳瓦堕,神仙曾向此中游。"❻度过岁月。多指虚度。窦牟《晚过敷水驿却寄华州使院张郑二侍御》:"几许岁华销道路,无穷王事系戎师。"白居易《懒放二首呈刘梦得吴方之》之一:"又无宾客至,何以销闲日。"姚合《闲居遣怀十首》之二:"闲卧销长日,亲朋笑我疏。"李洞《颜上人房》:"松下度三伏,磬中销五更。"❼使意志、精力逐渐消失。马戴《长安书怀》:"年年销壮志,空作献书人。"齐己《经贾岛旧居》:"地宁销志气,天忍罪清才。"❽销蚀,腐蚀。杜牧《赤壁》:"折戟沉沙铁未销,自将磨洗认前朝。"皮日休《新秋言怀寄鲁望三十韵》:"欲销毁后骨,空转坐来胞。"顾甄远《惆怅诗九首》之六:"役尽心神销尽骨,恩情未断忽分离。"❾衰残,凋残。司空曙《拟百劳歌》:"红销月落不复见,可惜当时谁拂面。"无名氏《冬》:"泽国龙蛇冻不伸,南山瘦柏销残翠。"❿磨灭。顾况《经废寺》:"数卷残经在,多年字欲销。"⓫值得,配得上。齐己《寄贯休》:"是何多胜地,销得二公心。"⓬需要。冯延巳《金错刀》词之一:"只销几觉懵腾睡,身外功名任有无。"

【銷人】 消磨人生。李贺《日出行》:"奈何铄石,胡为销人。"

【銷年】 消磨光阴。司空曙《送严使君游山》:"酒杯同寄世,客棹任销年。"

【銷金紙】 一种敷洒金粉的纸张。花蕊夫人徐氏《宫词》之四四:"擘开五色销金纸,碧锁窗前学草书。"

【銷洗】 洗除。韩愈、孟郊《征蜀联句》:"战血时销洗,霜剑夜清刮。"

【銷亡】 ❶消失,死亡。骆宾王《帝京篇》:"桂枝芳气已销亡,柏梁高宴今何在。"权德舆《从事淮南府过亡友杨校书旧厅感念愀然》:“松竹逾映蔚,芝兰自销亡。”❷变迁。窦常《北固晚眺》:“年年此登眺,人事几销亡。”

【銷日】 消磨时日。白居易《咏闲》:“但有闲销日,都无事系怀。”又《不出门》:“不出门来又数旬,将何销日与谁亲。”施肩吾《寄王少府》:“采松仙子徒销日,吃菜山僧枉过生。”来鹄《洞庭隐》:“莫嫌无事闲销日,有事始怜无事人。”

【銷化】 消散泯化,消亡。孟郊《悼亡》:“泉下双龙无再期,金蚕玉燕空销化。”白居易《谕友》:“平生青云心,销化成死灰。”

【銷失】 消失。逐渐减少以至全无。白居易《效陶潜体诗十六首》之十:“千岁不肯散,一沃亦销失。”

【銷朽】 消散泯灭。白居易《青冢》:“郁郁如苦雾,不随骨销朽。”胡曾《咏史诗·望夫山》:“古来节妇皆销朽,独尔不为泉下尘。”

【銷兵】 ❶销毁兵器。李华《咏史十一首》之二:“单于骤款塞,武库欲销兵。”杜甫《奉酬薛十二丈判官见赠》:“销兵铸农器,今古岁方宁。”白居易《太平乐词二首》之一:“岁丰仍节俭,时泰更销兵。”❷消弭战争。李山甫《兵后寻边三首》之三:“胸中纵有销兵术,欲向何门说是非。”

【銷沈】 消失,消逝。白居易《东城寻春》:“但恐如此兴,亦随日销沉。”又《曲江感秋二首》之一:“销沉昔意气,改换旧容质。”杜牧《登乐游原》:“长空澹澹孤岛没,万古销沉向此中。”陆龟蒙《句曲山朝真词二首·送真》:“万象销沉一瞬间,空余月外闻残佩。”

【銷骨】 ❶销蚀身体。元稹《虫豸诗·浮尘子三首》之三:“暗啮堪销骨,潜飞有祸胎。”杜荀鹤《经青山吊李翰林》:“天地空销骨,声名不傍身。”❷灭绝骨肉之亲。形容诽谤言论害人之深。李商隐《闻着明凶问哭寄飞卿》:“昔叹谗销骨,今伤泪满膺。”温庭筠《病中书怀呈友人》:“积毁方销骨,微瑕惧掩瑜。”❸犹销魂。形容极度哀伤。沈佺期《答魑魅代书寄家人》:“剑外悬销骨,荆南预断肠。”孟郊《答韩愈李观别因献张徐州》:“富别愁在颜,贫别愁销骨。”元稹《别李十一五绝》之五:“闻君欲去潜销骨,一夜暗添新白头。”韩偓《咏灯》:“古来幽怨皆销骨,休向长门背雨窗。”

【銷夏灣】 地名。在今江苏吴县西南太湖中洞庭西山之麓。水色澄澈,寒光逼人。旧传为吴王避暑处,故名。皮日休《太湖诗·销夏湾》:“号为销夏湾,此名无所私。”陆龟蒙《奉和袭美太湖诗二十首·销夏湾》:“萧条千里湾,独自清如秋。”

【銷耗】 消耗,受损。张祜《太真香囊子》:“蹙金妃子小花囊,销耗胸前结旧香。”陆龟蒙《江湖散人歌》:“圣人事业转销耗,尚有渔者存熙熙。”齐己《惊秋》:“破除闲事浑归道,销耗劳生旋逐空。”

【銷散】 (一sàn)❶消散。卢纶《太白西峰偶宿晨登前巘凭眺书怀即事寄呈凤翔齐员外张侍御》:“白云消散尽,陇塞俨然秋。”❷融化。张籍《泗水行》:“春冰销散日华满,行舟往来浮桥断。”

【銷落】 花木凋谢。柳宗元《早梅》:“寒英坐销落,何用慰远客。”白居易《山石榴寄元九》:“忆君不见坐销落,日西风起红纷纷。”

【銷暑】 去暑,消解暑气。白居易《江楼夕望招客》:“能就江楼销暑否,比君茅舍较清凉。”朱庆余《林下招胡长官》:“销暑近来无别物,桂阴当午满绳床。”杨汉公《登郡中销暑楼寄东川汝士》:“虽有清风当夏景,只能销暑不销忧。”

【銷暑樓】 楼名。在今浙江湖州市境。杨汉公有《登郡中销暑楼寄东川汝士》。

【銷除】 消除苦难。齐己《荆渚病中因思匡庐遂成三百字寄梁先辈》:“应当入寂灭,乃得长销除。”

【銷停】 消除、止息。白居易《闲居》:“是非爱恶销停尽,唯寄空身在世间。”

【銷腸酒】 即消肠酒。古代一种烈性醇酒。亦称九醖酒。郑谷《咏怀》:“险事销肠酒,清欢敌手棋。”

【銷愁】 销去哀愁。包佶《答窦拾遗卧病见寄》:“送客屡闻帘外鹊,销愁已辨酒中蛇。”白居易《酬思黯戏赠同用狂字》:“慰老资歌笑,销愁仰酒浆。”李商隐《风雨》:“心断新丰酒,销愁斗几千。”薛蒙《和绵州于中丞登越王楼作》:“左绵江上楼,五马此销愁。”

【銷愁藥】 指酒。意谓酒能消除忧愁。白居易《劝酒寄元九》:“俗号销愁药,神速无以加。”愁,一本作忧。

【銷魂】 ❶谓灵魂离开肉体。形容极度哀伤。语出南朝梁江淹《别赋》:“黯然销魂者,唯别而已矣。”宋之问《渡吴江别王长史》:“倚棹望兹川,销魂独黯然。”钱起《送傅管记赴蜀军》:“日暮黄云千里昏,壮心轻别不销魂。”柳宗元《酬娄秀才将之淮南见赠之什》:“海上销魂别,天边吊影身。”汪遵《斑竹祠》:“九处烟霞九处昏,一回延首一销魂。”❷形容极度恐慌。杜甫《入衡州》:“销魂避飞镝,累足穿豺狼。”

【銷毁】 谓消逝。李白《拟古十二首》之八:“日月终销毁,天地同枯槁。”

【銷歇】 ❶消失。李白《寄远十一首》之八:“坐思行叹成楚越,春风玉颜畏销歇。”元稹《有酒十章》之六:“笋牙成竹冒霜雪,榴花落地还销歇。”白居易《续古诗十首》之七:“容光未销歇,欢爱忽蹉跎。”又《高仆射》:“清风久销歇,迨此向千载。”❷零落,衰败。陈子昂《魏氏园林人赋一物得秋亭萱草》:“今来玉墀上,销歇畏秋风。”耿沣《废庆宝寺》:“禅宫亦销歇,尘世转堪哀。"鱼玄机《寄子安》:"蕙兰销歇归春圃,杨柳东西绊客舟。"齐己《蔷薇》:"牡丹先几日,销歇向尘埃。"

【銷煩】 销去烦闷。李咸用《庐山》:"醉吟长易醒,梦去亦销烦。"

【銷瘦】 消瘦。张祜《病宫人》:"惆怅近来销瘦尽,泪珠时傍枕函流。"崔莺莺《寄诗》:"自从销瘦减容光,万转千回懒下床。"无名氏《晚秋羁情》:"自怜销瘦衣渐宽,谁念恓惶心转窄。"

【銷憂】 销去忧愁。崔曙《登水门楼见亡友张贞期题望黄河诗因以感兴》:"清风初作颂,暇日复销忧。"杜甫《发秦州》:"应接非本性,登临未销忧。"杨汉公《登郡中销暑楼寄东川汝士》:"虽有清风当夏景,只能销暑不销忧。"胡曾《咏史诗·赠渔者》:"自为钓竿能遣闷,不因萱草解销忧。"

【銷蕩】 消除干净。韩愈《郴州祈雨》:"旱气期销荡,阴官想骏奔。"

【銷盡】 ❶全部消失或离去。钱珝《春恨三首》之二:"久戍临洮报未归,箧香销尽别时衣。"又《春恨三首》之一:"高台爱妾魂销尽,始得丘迟为一招。"❷全部熔化。元稹《酬乐天书怀见寄》:"持谢众人口,销尽犹是金。"

【銷磨】 ❶消耗,磨灭。贺知章《回乡偶书二首》之二:"离别家乡岁月多,近来人事半销磨。"王建《题酸枣县蔡郎中碑》:"苍苔满字土埋龟,风雨销磨绝妙词。"白居易《微之就拜尚书居易续除刑部因书贺意兼咏离怀》:"簪缨假合虚名在,筋力销磨实事空。"南唐后主李煜《破阵子》词:"一旦归为臣虏,沈腰潘鬓销磨。"❷消遣。白居易《喜入新年自咏》:"销磨岁月成高位,比类时流是幸人。"

【銷聲】 ❶默不作声。韩翃《送巴州杨使君》:"使者下车忧疾苦,豪吏销声出公府。"❷声响止息。李绅《新楼诗二十首·晏安寺》:"绛纱凝焰开金像,清梵销声闭竹房。"

【銷擲】 销磨,虚度。白居易《每见吕南二郎中新文辄窃有所叹惜因成长句以咏所怀》:"壮年可惜虚销掷,遣把闲杯吟咏诗。"

【銷鎔】 熔化。郑嵎《津阳门诗》:"昔年光彩夺天月,昨日销熔当路岐。"

【銷靡】 消失。畅当《南充谢郡客游澧州留赠宇文中丞》:"萧萧若凌虚,襟带顷销靡。"

【銷釋】 融化,消融。韩愈《苦寒》:"雪霜顿销释,土脉膏且黏。"

【銷鑠】 ❶熔化。宋之问《自洪府舟行直书其事》:"黄金忽销铄,素业坐沦毁。"李白《长歌行》:"金石犹销铄,风霜无久质。"白居易《夏旱》:"金石欲销铄,况兹禾与黍。"❷消损,减少。孟郊《送卢汀侍御归天德幕》:"古雪无销铄,新冰有堆填。"❸憔悴,枯槁。李如璧《明月》:"已悲芳岁徒沦落,复恐红颜坐销铄。"白居易《惜栯李花》:"由来好颜色,常苦易销铄。"❹消失,消逝。张谓《邵陵作》:"昔时文武皆销铄,今日精灵常寂寞。"孟郊《别妻家》:"私情讵销铄,积芳在春丛。"❺消除。韩愈、孟郊《会合联句》:"国仇未销铄,我志荡邛陇。"❻离散。李白《拟古十二首》之七:"旷野多白骨,幽魂共销铄。"

鋤 〔chú《广韵》士魚切,平魚,崇。〕❶锄头,松土和锄草用的农具。杜甫《无家别》:"方春独荷锄,日暮还灌畦。"马异《答卢仝结交诗》:"抱锄劚地芸芝术,偃盖参天旧有松。"贾岛《寄令狐绹相公》:"官高频敕授,老免把犁锄。"李咸用《和吴处士题村叟壁》:"器以锄为利,家惟竹直钱。"❷用锄头松土除草。寒山《诗三百三首》之一一一:"少小带经锄,本将兄共居。"刘长卿《过鹦鹉洲王处士别业》:"古柳依沙发,春苗带雨锄。"白居易《问友》:"锄艾恐伤兰,溉兰恐滋艾。"李绅《闻里谣效古歌》:"冬有褴襦夏有绨,兄锄弟耨妻在机。"❸铲平,铲除,消灭。韩愈《游青龙寺赠崔大补阙》:"惟君与我同怀抱,锄去陵谷置平坦。"张乔《题贾岛吟诗台》:"愿得生禾黍,锄平恨即休。"张蠙《赠南昌宰》:"每锄奸弊同荆棘,唯抚孤惸似子孙。"

【鋤禾】 锄去田中杂草。李绅《古风二首》之二:"锄禾日当午,汗滴禾下土。"

【鋤瓜】 锄地种瓜。王维《瓜园诗》:"余适欲锄瓜,倚锄听叩门。"白居易《读史五首》之三:"秦时故列侯,老作锄瓜士。"

【鋤治】 耕锄整治。孟郊《立德新居》之八:"锄治苟惬适,心形俱逍遥。"

【鋤草】 锄去田间杂草。贾岛《寄武功姚主簿》:"锄草留丛药,寻山上石梯。"司马扎有《锄草怨》。

【鋤荒】 锄地开荒。孟郊《新卜清罗幽居奉献陆大夫》:"此外有余暇,锄荒出幽兰。"

【鋤食】 靠耕种为食。孟郊《秋怀》之十:"锄食难满腹,叶衣多丑躬。"

【鋤耘】 锄地除草。亦喻修饰、斟酌(文字)。韩愈《醉赠张秘书》:"至宝不雕琢,神功谢锄耘。"

【鋤理】 耕锄整治。韦应物《晚归沣川》:"野庐不锄理,翳翳起荒烟。"王建《励学》:"良田少锄理,兰焦香亦薄。"

【鋤犁】 锄和犁。泛指农具。李白《赠从弟冽》:"日出布谷鸣,田家拥锄犁。"杜甫《兵车行》:"纵有健妇把锄犁,禾生陇亩无东西。"姚合《庄居野行》:"如今千万家,无一把锄犁。"刘驾《唐乐府十首·田西边》:"刀剑作锄犁,耕田古城下。"

【鋤耨】 锄土薅草。韦应物《答冯鲁秀才》:"薄田失锄耨,生苗安可任。"亦指锄耨后的土块。韩愈《南山诗》:"或浮若波涛,或碎若锄耨。"

【鋤耰】 锄和耰。一说锄柄。韩愈《刘生诗》:"我为罗列陈前修,芟蒿斩蓬利锄耰。"

鋗 〔xuān《广韵》火玄切,平先,曉。〕梅铜,人名,秦末人。见《史记·项羽本纪》。罗隐《吴门晚泊寄句曲道友》:"十万梅铜空寸土,三分孙策竟荒丘。"

銼 〔cuò《广韵》麤卧切,去過,清。又昨禾切,平戈,從。又昨木切,入屋,從。〕❶炊具。锅属。杜甫《闻斛斯六官未归》:"荆扉深蔓草,土锉冷疏烟。"❷锉刀。亦指用锉刀磋磨。吕岩《敲爻歌》:"且饶帝子共王孙,须去繁华锉锐分。"

鋒 〔fēng《广韵》敷容切,平鍾,敷。〕❶刀、剑等有刃的兵器的尖端或锐利部分。亦指刀、剑等兵器。徐彦伯《比干墓》:"锋剑剿遗孽,报复一何迅。"李益《五城道中》:"来远赏不行,锋交勋乃茂。"白居易《喜与韦左丞同入南省因叙旧以赠之》:"金剑淬来长透匣,铅刀磨尽不成锋。"韩琮《秋晚信州推院亲友或责无书即事寄答》:"洁水空澄鉴,持铅亦砺锋。"❷毛笔的尖端。独孤贞节《瘗笔砖文》:"秃友退锋郎,功成鬓发伤。"方干《卢卓山人画水》:"海色未将蓝汁染,笔锋犹傍墨花行。"亦借指毛笔。柳宗元《弘农公复为大僚献诗五十韵以毕微志》:"足逸诗书囿,锋摇翰墨场。"❸诗文书画所表露的气势、锋芒。李白《草书歌行》:"墨池飞出北溟鱼,笔锋杀尽中山兔。"韩愈《寒食日出游》:"饮酒宁嫌盏底深,题诗尚倚笔锋劲。"❹笔画的锋芒。耿沣《咏宣州笔》:"影端缘守直,心劲懒藏锋。"

【鋒刃】 ❶刀、剑的尖端或刃口。借指兵器和战争。崔颢《江畔老人愁》:"衣冠士子陷锋刃,良将名臣尽埋没。"韦应物《睢阳感怀》:"甘从锋刃毙,莫夺坚贞志。"韩愈、孟郊《城南联句》:"喘觑锋刃点,困冲株枿盲。"皮日休《正乐府十篇·卒妻怨》:"其夫死锋刃,其室委尘埃。"❷指物体的边角锐利部分。白居易《奉和思黯相公因题二十韵见示兼呈梦得》:"廉棱露锋刃,清越扣琼瑰。"❸喻犀利的言辞。韩偓《赠湖南李思齐处士》:"燕侠冰霜难狎近,楚狂锋刃触凡愚。"

【鋒鈚】 锋刃和箭镞。喻指事物的尖端或突起部分。柳公权《砥柱》:"禹凿锋钍后,巍峨直至今。"

【鋒鋩】 亦作"锋芒"。❶刀锋的尖端。亦借指刀剑。刘长卿《酬张夏雪夜赴州访别途中苦寒作》:"旧剑锋铓尽,应嫌赠脱轻。"刘商《胡笳十八拍·第十五拍》:"不知愁怨情若何,似有锋铓扰方寸。"白居易《渭村退居寄礼部崔侍郎翰林钱舍人诗一百韵》:"沾枯发枝叶,磨钝起锋铓。"陆龟蒙《庆封宅古井行》:"一朝云梦围兵至,胸陷锋铓脑涂地。"❷指人或事物中的突出者。刘长卿《送元八游汝南》:"刀笔素推高,锋铓久无敌。"又《瓜洲驿奉饯张侍御公拜膳部郎中》:"骨鲠知难屈,锋铓岂易干。"齐己《赠李明府》:"名家宰名邑,将谓屈锋铓。"亦谓人的聪明才智。韩愈、孟郊《遣兴联句》:"慨慷丈夫志,可以曜锋铓。"❸指书画的笔锋。窦冀《怀素上人草书歌》:"龙虎惭因点画生,雷霆却避锋铓疾。"任华《怀素上人草书歌》:"锋芒利如欧冶剑,劲直浑是并州铁。"贯休《观怀素草书歌》:"势崩腾兮不可止,天机暗转锋铓里。"❹谓言辞犀利。夏鸿《和赠和龙妙空禅师》:"身同莹澈尼珠净,语并锋铓慧剑坚。"

【鋒銛】 谓笔锋犀利。徐夤《咏笔二首》之二:"势健岂饶淝水阵,锋铦还学历山耕。"

【鋒蝟】 刺猬。比喻全副武装的兵士。柳宗元《奉平淮夷雅表·皇武》:"哀凶鞠顽,锋猬斧螗。"

【鋒穎】 ❶尖细。刘禹锡《和郴州杨侍郎玩郡斋紫薇花十四韵》:"紫茸垂组缕,金缕攒锋颖。"❷聪颖机警。李瀚《蒙求》:"虞骈才望,戴渊锋颖。"

【鋒鏑】 ❶刀刃和箭镞。借指兵器。李峤《奉使筑朔方六州城率尔而作》:"马牛被路隅,锋镝销战场。"杜甫《秋日荆南述怀三十韵》:"愿闻锋镝铸,莫使栋梁摧。"白居易《和答诗十首·答箭镞》:"精在利其镞,错磨锋镝成。"罗虬《比红儿诗》:"锋镝纵横不敢看,泪垂玉箸正汍澜。"❷借指战争。李白《赠张相镐二首》之二:"衣冠陷锋镝,戎虏盈朝市。"

鋭 〔ruì《广韵》以芮切,去祭,以。〕❶锋利,锐利。杜甫《承闻河北诸道节度入朝欢喜口号绝句十二首》之四:"拥兵相学干戈锐,使者徒劳百万回。"皎然《陈氏童子草书歌》:"龙爪状奇鼠须锐,水笺白皙越人惠。"❷锐利的武器。杜甫《魏将军歌》:"披坚执锐略西极,昆仑月窟东崭岩。"❸旺盛。韩愈《赠侯喜》:"叔已君今气方锐,我言至切君勿嗤。"刘禹锡《途中早发》:"行人朝气锐,宿鸟相辞去。"白居易《新秋喜凉因寄兵部杨侍郎》:"外强火未退,中锐金方战。"❹凶猛,勇猛。张九龄《酬周判官见贻之作兼呈耿广州》:"义疾耻无勇,盗憎攻亦锐。"柳宗元《咏荆轲》:"造端何其锐,临事竟趦趄。"❺快速。郭周藩《谭子池》:"十五锐行走,快马不能追。"❻坚决,坚定。冯涯《太学创置石经》:"儒林道益广,学者心弥锐。"

【鋭士】 精锐的士卒。储光羲《哥舒大夫颂德》:"韩魏多锐士,蹶张在幕庭。"又《同诸公秋日游昆明池思古》:"锐士千万人,猛气如熊罴。"

【鋭公】 宋人。唐绩有《灵岩寺呈锐公禅师》。陈尚君《读全唐诗补遗六种札记》:"唐绩,明廖道南

《楚记》四三载:‘绩字公懋,零陵人,举宋元符三年进士,为衡山令,通判鼎州,迁福建运判。’”据此,此诗当为宋诗。

【鋭耳】　尖耳。杜甫《李鄠县丈人胡马行》:“头上锐耳批秋竹,脚下高蹄削寒玉。”

【鋭卒】　精锐的士卒。太宗《出猎》:“三驱陈锐卒,七萃列材雄。”李商隐《今月二日不自量四十韵诗献上亦诗人咏叹不足之义也》:“锐卒鱼悬饵,豪胥鸟在笼。”

【鋭師】　精锐部队。白居易《叙德书情四十韵上宣歙翟中丞》:“盛幕招贤士,连营训锐师。”李商隐《寿安公主出降》:“沩水闻贞媛,常山索锐师。”

【鋭筆】　犀利的文笔。李峤《送骆奉礼从军》:“羽书资锐笔,戎幕引英宾。”

【鋭頭】　尖削的脑袋。指秦晋后起。借指勇武之人。杜甫《遣兴五首》之二:“长陵锐头儿,出猎待明发。”韩翃《别孟都督》:“连呼宝剑锐头儿,少壮金羁大头马。”亦形容人的性格刚毅。杜甫《久雨期王将军不至》:“锐头将军来何迟,令我心中苦不足。”

鋞　〔xíng《广韵》户經切,平青,匣。〕一种温器。《急就篇》卷三:“铜钟鼎铚铜铫。”见“鋞程”。

【鋞程】　一种温酒器。陆龟蒙《奉酬袭美先辈初夏见寄次韵》:“村旆诧酒美,赊来满铚程。”

鋃　〔láng《广韵》鲁當切,平唐,來。〕见“鋃鐺”。

【鋃鐺】　悬铃。亦泛称铃。杜甫《大云寺赞公房四首》之三:“夜深殿突兀,风动金银铛。”吴融《赠李长史歌》:“碧珊瑚碎震泽中,金银铛撼龟山下。”

八　画

錯　〔cuò《广韵》倉各切,入鐸,清。〕❶琢玉石用的砺石,磨石。亦指打磨、磨擦。见“錯磨”。❷以金银嵌饰,涂金。见《国语·晋语八》。岑参《与独孤渐道别长句兼呈严八侍御》:“冰片高堆金错盘,满堂凛凛五月寒。”司马逸客《雅琴篇》:“文以楚山玉,错以昆吾金。”雍裕之《豪家夏冰咏》:“金错银盘贮赐冰,清光如耸玉山棱。”卢纶《割飞二刀子歌》:“两条神物秋冰薄,刃淬初蟾鞘金错。”亦泛称镶嵌或绣绘。韩愈《山南郑相公樊员外酬答为诗依赋十四韵以献》:“日延讲大训,龟判错衮黻。”白居易《想东游五十韵》:“鳞差渔户舍,绮错稻田沟。”❸交错,交叉。见《诗·小雅·楚茨》。刘允济《经庐岳回望江州想洛川有作》:“九江杳无际,七泽纷相错。”韩愈《南山诗》:“或错若绘画,或缭若篆籀。”陆龟蒙《江南秋怀寄华阳山人》:“地与膏腴错,人多富寿并。”❹错乱,杂乱。见《书·微子》。王建《励学》:“勿以听者迷,故使宫徵错。”白居易《送客春游岭南二十韵》:“阴晴变寒暑,昏晓错星辰。”陆龟蒙《奉和袭美初夏游楞伽精舍次韵》:“讵宠生灭词,肯教夷夏错。”❺参差不齐。见“錯落❸”。❻繁多。见《书·禹贡》。李纾《让皇帝庙乐章·酌献》:“兰肴重错,椒醑飘散。”韩愈、孟郊《城南联句》:“海岳错口腹,赵燕锡媌娙。”陆龟蒙《奉酬袭美苦雨见寄》:“愁霖愁霖尔何错,灭顶于余奚所作。”❼废弃。岑参《送王伯伦应制授正字归》:“科斗皆成字,无令错古文。”❽恐惧貌。杜甫《呀鹘行》:“清秋落日已侧身,过雁归鸦错回首。”吕岩《绝句》之二八:“先生先生貌狞恶,拔剑当空气云错。”❾错误,不正确。王梵志《诗》之一〇八:“梵志翻着袜,人皆道是错。”王建《舞曲歌辞·霓裳辞十首》之五:“日长耳里闻声熟,拍数分毫错总知。”元稹《六年春遣怀八首》之五:“怪来醒后傍人泣,醉里时时错问君。”郑谷《辇下冬暮咏怀》:“失路渐惊前计错,逢僧更念此生劳。”

【錯刀】　❶王莽当政时制造的一种货币。刀形,以黄金错币文——一刀值五千。后泛指钱币。韩愈《潭州泊船呈诸公》:“闻道松醪贱,何须吝错刀。”李商隐《题二首后重有戏赠任秀才》:“虚为错刀留远客,枉缘书札损文鳞。”马戴《赠别北客》:“饮尽玉壶酒,赠留金错刀。”❷刀名。即金错刀。独孤及《送陈兼应辟兼寄高适贾至》:“因君附错刀,送远益凄其。”❸谓毛笔。张碧《答张郎中分寄翰林贡余笔歌》:“圆金五寸轻错刀,天人摘落霜兔毛。”

【錯迕】　错杂交迕。杜甫《新婚别》:“人事多错迕,与君永相望。”又《石笋行》:“政化错迕失大体,坐看倾危受厚恩。”

【錯峙】　错杂峙立。吕温《成皋铭》:“茫茫大野,万邦错峙。”

【錯莫】　❶(—mò)寂寞冷落。参见“錯漠”。❷(—mù)纷乱昏暗。杜甫《远怀舍弟颖观等》:“云天犹错莫,花萼尚萧疏。”

【錯陳】　错杂陈列。韩愈《陆浑山火和皇甫湜用其韵》:“错陈齐玫辟华园,芙蓉披猖塞鲜繁。”

【錯落】　❶分布、排列不整齐、不规则。韩愈《元和圣德诗》:“群星从坐,错落侈哆。”❷交错,纵横相连。萧颖士《仰答韦司业垂访五首》之二:“错落负奇文,荧煌耀丹金。”岑参《过梁州奉赠张尚书大夫公》:“错落北斗星,照耀黑水湄。”杜甫《海棕行》:“龙鳞犀甲相错落,苍棱白皮十抱文。”任华《怀素上人草书歌》:“中有枯松错落一万丈,倒挂绝壁蹙枯枝。”❸参差不齐貌。白居易《闲居偶吟招郑庶子皇甫郎中》:“古石苍错落,新泉碧萦纡。”陈陶《和西江李助副使早登开元寺阁》："拂檐皇姑舍，错落白榆秀。"❹交乱纷乱貌。李白《别鲁颂》："错落石上松，无为秋霜折。"岑参《武威送刘单判官赴安西行营便呈高开府》："甲兵二百万，错落黄金光。"❺闪烁，闪耀。窦庠《东都嘉量亭献留守韩仆射》："曙霞晴错落，夕霭湿葱茏。"李贺《春归昌谷》："宫台光错落，装尽偏峰峤。"❻点缀。李商隐《富平少侯》："彩树转灯珠错落，绣檀回枕玉雕锼。"❼错杂，间杂。张绍《冲佑观》："错落金碧，玲珑璧珰。"❽一种饰以镌镂金银的酒器。韦庄《病中闻相府夜宴戏赠集贤卢学士》："花里乱飞金错落，月中争认绣连乾。"

【錯幹】 虬结盘错的树干。李贺《官不来题皇甫湜先辈厅》："官不来，官庭秋，老桐错干青龙愁。"

【錯亂】 杂乱失序。杜甫《种莴苣》："阴阳一错乱，骄蹇不复理。"陆龟蒙《江湖散人歌》序："散人曰：'天地，大者也，在太虚中一物耳，劳乎覆载，劳乎运行，差之晷度，寒暑错乱。"

【錯漠】 亦作"錯莫"。寂寞冷落。杜甫《瘦马行》："见人惨澹若哀诉，失主错莫无晶光。"韦应物《出还》："咨嗟日复老，错莫身如寄。"卢仝《听萧君姬人弹琴》："关山险隔一万里，颜色错漠生风烟。"刘言史《北原情三首》之一："错莫天色愁，挽歌出重闉。"

【錯誤】 不正确。卢仝《哭玉碑子》："驴罪真不厚，驴生亦错误。"皮日休《襄州春游》："映柳认人多错误，透花窥鸟最分明。"亦指错误的行为、认识。李白《古风》之五十："流俗多错误，岂知玉与珉。"

【錯盤】 盘结交错。韦应物《信州录事参军常曾古鼎歌》："雕螭刻篆相错盘，地中岁久青苔寒。"

【錯認】 错误地分辨、认识。韦澳《句》："莫将韦监同殷监，错认容身是保身。"

【錯錯】 纷繁错杂。齐己《禅庭芦竹十二韵呈郑谷郎中》："错错在禅庭，高宜与竹名。"

【錯磨】 琢磨，磨擦。见晋束晳《补亡诗·白华》。杜甫《渼陂西南台》："错磨终南翠，颠倒白阁影。"白居易《和答诗十首·答箭镞》："精在利其镞，错磨锋镝成。"

【錯簡】 本指简册错乱，后指文字次序错乱。皎然《奉和颜使君真卿修韵海毕会诸文士东堂重校》："错简记铅椠，阅书移玉镇。"

【錯雜】 交错混杂。白居易《琵琶引》："嘈嘈切切错杂弹，大珠小珠落玉盘。"黄滔《省试一一吹竽》："后先无错杂，能否立参差。"

【錯謬】 错误之处。陆龟蒙《读襄阳耆旧传因作诗五百言寄皮袭美》："或耨锄翳荟，或整理错谬。"

【錯鏤】 镶嵌，雕刻。郭震《古剑篇》："琉璃玉匣吐莲花，错镂金环映明月。"李贺《瑶华乐》："高门左右日月环，四方错镂棱层殷。"

【錯繡】 色彩错杂的锦绣。元稹《酬翰林白学士代书一百韵》："匡床铺错绣，几案踊灵芝。"

鎁 〔yé《广韵》以遮切，平麻，以。〕见"鏌鎁"。

錞 〔chún《广韵》常倫切，平諄，禪。〕❶即錞于。古代乐器。见《周礼·地官·鼓人》。元稹《代曲江老人百韵》："集灵撞玉磬，和鼓奏金錞。"❷李錞，李白族弟。李白有《泾川送族弟錞》。

錢 〔qián《广韵》昨仙切，平仙，從。〕❶钱币。亦泛称钱财、货币。贺知章《题袁氏别业》："莫谩愁沽酒，囊中自有钱。"杜甫《戏简郑广文虔兼呈苏司业源明》："赖有苏司业，时时与酒钱。"白居易《狂吟七言十四韵》："俸随日计钱盈贯，禄逐年支粟满囷。"成辅端《戏语》："一顷麦苗硕伍米，三间堂屋二千钱。"❷铜钱状物。李白《春感诗》："榆荚钱生树，杨花玉糁街。"朱放《竹》："箨卷初呈粉，苔侵乱上钱。"张仲素《春游曲三首》之一："烟柳飞轻絮，风榆落小钱。"陈标《江南行》："水光春色满江天，蘋叶风吹荷叶钱。"❸连钱。一种马饰。骆宾王《代女道士王灵妃赠道士李荣》："宝骑连花铁作钱，香轮骛水珠为网。"❹谓马身上相连的铜钱般的花纹。李贺《浩歌》："青毛骢马参差钱，娇春杨柳含细烟。"❺姓。唐诗人有钱起、钱珝等。

【錢刀】 一种刀形钱币。后泛称钱币、金钱。韩翃《东城水亭宴李侍御副使》："东门留客处，沽酒用钱刀。"元稹《估客乐》："尔又生两子，钱刀何岁平。"姚合《和郑相演杨尚书蜀中唱和诗》："四方虽纸贵，谁怕费钱刀。"陆龟蒙《奉酬袭美先辈吴中苦雨一百韵》："盝斝既屡倾，钱刀亦随爇。"

【錢力】 金钱的力量。白居易《赠友五首》之三："钱力日已重，农力日已殚。"

【錢大夫】 指钱徽。曾官华州刺史，尚书左丞。刘禹锡有《途次华州陪钱大夫登城北楼春望遂题此诗》。

【錢大郎中】 指钱起。起终官考功郎中。刘湾有《对雨愁闷寄钱大郎中》。钱起大中末与刘湾唱和，有《酬刘起居卧病见寄》。郎士元有《送彭偃房由赴朝因寄钱大郎中李十七舍人》。

【錢七兄】 指钱徽。韩愈有《奉和钱七兄曹长盆池所植》，"兄"下注："徽。"王建有《和钱舍人水植诗》。

【錢元瓘】 字明宝，初名传瓘，即位后改今名。武肃王钱镠第五子。有《锦楼集》十卷，已佚。《全唐诗外编》下录其诗二首。

【錢可復】 吴兴(今浙江吴兴县)人。钱起孙。

《全唐诗》卷五四六录其《莺出谷》。

【錢少府】 (少 shào)指钱起。钱起于乾元二年(759)前后任蓝田县尉。王维有《送钱少府还蓝田》,钱起有《晚归蓝田酬王维给事赠别》。

【錢左丞】 指钱徽。累官华州刺史,文宗即位,拜尚书左丞。白居易《题道宗上人十韵》序:“普济寺律大德宗上人法堂中,有故相国郑司徒、归尚书、陆刑部、元少尹及今吏部郑相、中书韦相、钱左丞诗。”白居易又有《喜钱左丞再除华州以诗伸贺》。

【錢弘佐】 字元祐,吴越文穆王钱元瓘第六子。初授镇海、镇东节度副使,检校太傅。天福六年(941)即吴越王位,诸将欺其幼,弘佐初尚优容,后则以法治之,由是诸将皆畏服。在位七年,后晋开运四年(947)卒,赐谥忠献。《全唐诗外编》下录其诗二首。

【錢弘倧】 字隆道,吴越文穆王钱元瓘第七子。《全唐诗外编》下录其诗四首。

【錢弘偡】 字惠达。吴越文穆王钱元瓘第八子。《全唐诗外编》下录其断句一联。

【錢武肅】 钱镠。长兴三年(933)三月薨,谥曰武肃。吴仁璧有《投谢钱武肃》。投献之作绝无称人谥号之理,题乃后人误拟。《全唐诗》中此类现象尚多。

【錢尚書】 ❶指钱徽。曾官尚书左丞。白居易《和微之诗二十三首·和自劝二首》之二:“请看韦孔与钱崔,半月之间四人死。”自注:“韦中书、孔京兆、钱尚书、崔华州,十五日间相次而逝。”❷钱镠。《旧五代史·钱徽传》:“梁祖革命,以镠为尚父、吴越国王。”罗隐有《钱尚父生日》。

【錢侍郎】 指钱徽。钱徽于穆宗朝曾官礼部侍郎,长庆元年(821)四月贬为江州刺史。令狐楚有《秋怀寄钱侍郎》。

【錢侍御】 指钱可复。钱徽子,曾官监察御史、礼部郎中。刘禹锡有《和州送钱侍御自宣州幕拜官便于华州觐省》。

【錢使君】 指钱徽。长庆元年(821)四月,钱徽由礼部侍郎贬为江州刺史。白居易有《钱侍郎使君以题庐山草堂诗见寄因酬之》。

【錢舍人】 指钱徽。钱徽于元和九年(814)拜中书舍人。王建有《和钱舍人水植诗》。白居易有《答崔侍郎钱舍人书问因继以诗》《得钱舍人书问眼疾》《渭村退居寄礼部崔侍郎翰林钱舍人诗一百韵》等。

【錢物】 钱财与货物。陈裕《咏浑家乐》之二:“囊中钱物衣装少,袋里燕脂胡粉多。”宋元素《刺左臂膊诗》:“昔日已前家未贫,苦将钱物结交亲。”

【錢帛】 金钱和缣帛。韩愈《赠崔立之评事》:“墙根菊花好沽酒,钱帛纵空衣可准。”

【錢郎中】 指钱起。钱起终考功郎中。卢纶有《同钱郎中晚春过慈恩寺》,法照有《寄钱郎中》。

【錢拾遺】 疑为钱起。钱起与郎士元并称,起自蓝田尉官至尚书郎,其间或可能历拾遗一职。郎士元有《送钱拾遗归兼寄刘校书》。

【錢信】 五代吴越诗人。字诚允,杭州临安(今浙江临安)人。吴越王钱元瓘第十四子。本名弘信,后去弘字,单名信。于吴越国曾官镇东军安抚副使、宣德军安抚使、湖州刺史。入宋后曾官随州观察使,改金州,后出刺和州。《全唐诗》卷八八七录其《平望蚊》。

【錢神】 ❶晋鲁褒伤元康之后,纲纪大坏,贪鄙成风,乃隐姓名著《钱神论》以刺之。谓钱为神物。“无德而尊,无势而热,排金门而入紫闼。危可使安,死可使活,贵可使贱,生可使杀。”后遂以钱神泛指万能的金钱,或金钱的神力。白居易《江南谪居十韵》:“忧方知酒圣,贫始觉钱神。”杜牧《题桐叶》:“钱神任尔知无敌,酒圣于吾亦庶几。”韦庄《遣兴》:“乱来知酒圣,贫去觉钱神。”李瀚《蒙求》:“鲁褒钱神,崔烈铜臭。”❷铜钱,表面常生铜绿,因借绿色。黄滔《钟陵故人》:“荆榛翠是钱神染,河岳期须国士钟。”

【錢珝】 诗人。钱起曾孙,字瑞文,吴兴(今浙江吴兴县)人。广明元年(800)擢进士。《全唐诗》编其诗一卷(卷七一二)百余首,《江行无题一百首》亦在其内。

【錢起】 诗人。字仲文、吴兴(今浙江吴兴县)人。《全唐诗》编其诗为四卷(卷二三六至二三九)百余首。其中《江行无题一百首》当为钱珝诗。

【錢華州】 指钱徽。大和元年(827)十二月,再拜华州刺史。白居易有《和钱华州题少华清光绝句》。

【錢財】 金钱财物。王梵志《五言诗》之六:“宅舍不许坐,钱财即分散。”寒山《诗三百三首》之一八三:“一日有钱财,浮图顶上立。”元稹《遣悲怀三首》之二:“尚想旧情怜婢仆,也曾因梦送钱财。”徐夤《自咏十韵》:“钱财尽是侯王惠,骨肉偕承里巷荣。”

【錢員外】 ❶指钱起。大历中起曾官祠部员外郎和司勋员外郎。《郎官石柱题名新著录》司勋员外郎第十行、祠部员外郎第七行均有钱起。李嘉祐有《过乌公山寄钱起员外》,耿湋有《夏夜西亭即事寄钱员外》,李端有《野亭三韵送钱员外》,司空曙有《送钱员外》。❷指钱徽。元和初入朝,三迁祠部员外郎,召充翰林学士。白居易有《冬夜与钱员外同直禁中》和《和钱员外禁中夙兴见示》。

【錢俶】 字文德,初名弘俶,吴越文穆王钱元瓘第九子。有《政本集》十卷,已佚。《全唐文》存其文六篇。《全唐诗外编》下录其诗十五首。

【錢卿】 指钱朗。字内光，洪州南昌(今属江西)人。开成初，为安南都护副使，后为光禄卿，归隐庐山。章孝标有《次韵和光禄钱卿二首》和《赠庐山钱卿》。

【錢唐】 见“錢塘”。

【錢唐湖】 见“錢塘湖”。

【錢贯】 穿钱的绳子。亦指成串的铜钱。元稹《赠吕三校书》：“共占花园争赵辟，竞添钱贯定秋娘。”

【錢惟治】 字和世。五代吴越废王钱倧长子。忠懿王钱俶收为养子。入宋，领镇国军节度使、左骁卫上将军，卒，追封彭城郡王。生平慕皮陆为诗。《全唐诗外编》上录其诗二首。

【錢湖】 见“錢塘湖”。

【錢庶子】 钱徽。《韩吕黎集》卷三八《举钱徽自代状》：“朝散大夫、守太子右庶子、飞骑尉钱徽。”贾岛有《寄钱庶子》。

【錢湖州】 钱徽。长庆元年(821)自江州刺史迁湖州刺史。白居易有《初到郡斋寄钱湖州李苏州》。

【錢聖】 谓金钱的神圣。姚合《客舍有怀》：“贫来许钱圣，梦觉见身愁。”参见“錢神”。

【錢塘】 亦作“錢唐”。❶县名，亦郡名，县，置于秦，名钱唐，东汉改名钱塘，治所在今浙江杭州市西灵隐山下。郡，置于南朝陈祯明元年(587)，治所在钱塘县(今浙江杭州市)。隋开皇中废。柳中庸《幽院早春》：“欲寻苏小小，何处觅钱塘。”白居易《夜泊旅望》：“烟波三十宿，犹未到钱唐。”李绅《真娘墓》：“还似钱塘苏小小，只应回首是卿卿。”徐夤《寄两浙罗书记》：“进即湮沉退却升，钱塘风月过金陵。”❷见“錢塘江”。❸名妓苏小小为钱塘人，故亦借钱塘指苏小小。白居易《杂曲歌辞・杨柳枝》之五：“苏州杨柳任君夸，更入钱塘胜馆娃。”

【錢塘江】 水名。自浙江东北流至浙江杭州市东南之闸口以下，称钱塘江。入海口呈喇叭形，江口大而江身小，起潮时，海水从宽达100公里的江口涌入，受两旁渐狭的江岸约束，形成涌潮。涌潮又受江口拦门沙坎的阻拦、波涛的推阻，涨成壁立江面的一道水岭。此即有名的钱塘江潮。王昌龄《浣纱女》：“钱塘江畔是谁家，江上女儿全胜花。”韦庄《桐庐县作》：“钱塘江尽到桐庐，水碧山青画不如。”黄滔《寄罗郎中隐》：“休向中兴雪至冤，钱塘江上看涛翻。”贯休有《秋过钱塘江》。亦省称“錢塘”。牟融《闽中回》：“帆影随风过富阳，橹声摇月下钱塘。”李珣《渔父歌三首》之三：“终日醉，绝尘劳，曾见钱塘八月涛。”

【錢塘寺】 指杭州开元寺。张祜《杭州开元寺牡丹》：“风流却是钱塘寺，不踏红尘见牡丹。”

【錢塘湖】 亦作“錢唐湖”。即今杭州西湖。白居易《舟中晚起》：“且向钱唐湖上去，冷吟闲醉二三年。”白居易又有《钱唐湖春行》。元稹《酬乐天雪中见寄》：“钱塘湖上蘋先合，梳洗楼前粉暗铺。”亦省称“錢湖”。白居易《答微之见寄》：“禹庙未胜天竺寺，钱湖不羡若耶溪。”

【錢鄭二郎中】 钱郎中，钱起。钱起曾官考功郎中。郑郎中，疑为郑叔则。郑叔则曾检校吏部员外郎、刑部郎中。司空曙有《赠送郑钱二郎中》。

【錢戣】 《全唐诗》卷七七〇录钱戣《清溪馆作》诗首，卷一一四重作谈戣诗，卷三一一又重作陈存诗。《增订注释全唐诗》定为谈戣作。谈戣，润州曲阿(今江苏丹阳)人，开元二十五年(737)中进士第，曾任长洲(治所今江苏苏州)尉。清溪馆，在今安徽含山县。

【錢學士】 指钱徽。钱徽于元和三年(808)八月入翰林院为翰林学士，见《重修承旨学士壁记》。

【錢虢州】 指钱徽。曾为虢州刺史，入为礼部侍郎。白居易有《钱虢州以三堂绝句见寄因以本韵和之》。

【錢爐】 铸钱的炉子。白居易《赠友五首》之三：“私家无钱炉，平地无铜山。”

【錢穀】 钱币和谷物。常用以指赋税。刘长卿《送度支留后若侍御之歙州便赴信州省觐》：“国用忧钱谷，朝推此任难。”

【錢鏐】 字具美，小字婆留。杭州临安(今浙江杭州)人。有《武肃王集》传世。《全唐文》存其文二十一篇。《全唐诗》卷八录其二首，断句三联；《全唐诗外编》上补残诗一首，《外编》下录其诗十五首。

錫 〔xī《广韵》先繫切，入錫，心。〕❶金属之一种。银白色，富有延展性，在空气中不易起变化。❷锡杖。孟浩然《陪张丞相祠紫盖山途经玉泉寺》：“皂盖依松憩，缁徒拥锡迎。”刘昚虚《登庐山峰顶寺》：“山门二缁叟，振锡闻幽声。”张籍《送安法师》：“原色不分路，锡声遥隔尘。”姚合《送元绪上人游商山》：“溪寂钟还度，林昏锡独鸣。”❸借指僧人。刘昚虚《寄阎防》：“青冥南山口，君与缁锡邻。”❹赐予。张嘉贞《奉和圣制送张说巡边》：“天锡我宗盟，元戎付夏卿。”李白《感时留别从兄徐王延年从弟延陵》：“哲兄锡茅土，圣代罗荣滋。”刘禹锡《游桃源一百韵》：“皇家感至道，圣祚自天锡。”张衮《梁郊祀乐章・庆熙》：“宜锡景福，永休下民。”❺象声词。见“錫錫”。

【錫山】 山名。在今江苏无锡市境。皮日休有《怀锡山药名离合二首》。陆龟蒙有《和袭美怀锡山药名离合二首》。

【錫名】 锡予道号。殷尧藩《宫人入道》：“锡名近奉君王旨，佩箓新参老氏师。”

【錫杖】 禅杖。佛教用具。梵文意译。亦名声杖、鸣杖，取锡锡作声为义。杖高与眉齐，头有锡环，原为僧人行路与乞食时，振环作声，并用以扣门，兼防牛犬之用。后来成为佛教的一种法器。刘长卿《龙门八咏·远公龛》："闲云随锡杖，落日低金绳。"元稹《春月》："锡杖虽独振，刀圭期共尝。"姚合《送文著上人游越》："夜禅月下袈裟湿，晓上山巅锡杖鸣。"李郢《送僧之台州》："寒潭盥漱铜瓶洁，野店安禅锡杖斜。"亦借指僧人。杜甫《寄赞上人》："一昨陪锡杖，卜邻南山幽。"杜荀鹤《赠祖肩和尚》："才闻锡杖离三楚，又说随缘向五台。"

【錫社】 赐土封国。王勃《倬彼我系》之一："分疆锡社，派别支流。"

【錫命】 皇帝有所赐予的诏命。李颀《赠别张兵曹》："勋业河山重，丹青锡命优。"赵良器《三月三日曲江侍宴》："一人光锡命，万国荷时休。"权德舆《送韦中丞奉使新罗》："计书重译至，锡命双旌往。"刘禹锡《送工部张侍郎入蕃吊祭》："饰终邻好重，锡命礼容全。"

【錫祚】 锡予福运。《郊庙歌辞·享太庙乐章·雍和》："神维格思，锡祚不已。"

【錫飛】 飞锡。谓僧人执锡杖飞空。《文选·孙绰〈游天台山赋〉》："王乔控鹤以冲天，应真飞锡以蹑虚。"杜甫《题玄武禅师屋壁》："锡飞常近鹤，杯度不惊鸥。"

【錫珪】 帝王封爵授土时，赐珪作为信物。后泛指授以高官重爵。耿湋《奉送蒋尚书兼御史大夫东都留守》："锡珪仍拜下，分命遂居东。"

【錫宴】 亦作"錫讌"。君命臣下共宴。王光庭《奉和圣制送张说巡边》："琼章九霄发，锡宴五衢通。"韦应物《奉和圣制重阳日赐宴》："玄功致海晏，锡讌表文明。"李岑《玄元皇帝应见贺圣祚无疆》："锡宴云天接，飞声雷地喧。"权德舆《奉和圣制九月十八日赐百僚追赏因书所怀》："锡宴朝野洽，追欢尧舜情。"

【錫詔】 下诏书。蔡希周《奉和扈从温泉宫承恩赐浴》："天行云从指骊宫，浴日余波锡诏同。"

【錫賚】 赏赐。薛逢有《送西川梁常侍之新筑龙山城并锡赉两州刺史及部落酋长等》。陆龟蒙《和袭美寒日书斋即事三首每篇各用一韵》之二："方诸更是怜才子，锡赉于君合有差。"

【錫錫】 象声词。状拨弦乐器演奏时的声响。顾况《李供奉弹箜篌歌》："珊瑚席，一声一声鸣锡锡。"

【錫瑞】 ❶天呈祥瑞。李峤《洛》："神龟方锡瑞，绿字重来臻。"李衢《都堂试贡士日庆春雪》："锡瑞来丰岁，旌贤入贡辰。"❷天子颁赐瑞珪，以为凭信。褚亮《奉和禁苑饯别应令》："大藩初锡瑞，出牧迩皇京。"

【錫環】 锡杖杖首之圆环。摇杖震环以发声。陆龟蒙《和访寂上人不遇》："经抄未成抛素几，锡环应撼过寒塘。"又《寒日逢僧》："瘦胫高褰梵屧轻，野塘风劲锡环鸣。"

【錫類】 ❶谓施善及于众人。独孤及《酬梁二十宋中所赠兼留别梁少府》："奕赫连丝衣，荣养能锡类。"❷谓知交。李商隐《哭遂州萧侍郎二十四韵》："分以忘年契，情犹锡类敦。"

【錫鏡】 即青铜镜。路德延《小儿诗》："锡镜当胸挂，银珠对耳悬。"

【錫讌】 见"錫宴"。

錮

〔gù《广韵》古暮切，去暮，見。〕❶禁止参加政治活动或出任官职。见"錮黨❷"。❷束缚，限制。元稹《梦游春七十韵》："物外各迢迢，谁能远相锢。"白居易《自诲》："物有万类，锢人如锁。"❸通"固"，坚固。贯休《闻前王使君在泽潞居》："不幸大寇崩腾来，孤城势孤固难锢。"

【錮身鎖】 套在身体上的枷锁。古代的一种刑具。白居易《闲坐看书贻诸少年》："劝君少干名，名为锢身锁。"

【錮黨】 ❶指遭禁锢之朋党中人。杜牧《李甘诗》："指名为锢党，状迹谁告诉？"❷指东汉党锢事。杜牧《故洛阳城有感》："锢党岂能留汉鼎，清谈空解识胡儿。"

鍋

〔guō《广韵》古禾切，平戈，見。〕炊事用具。圆形中凹，多用铁制。陆龟蒙《奉和袭美茶具十咏·茶灶》："盈锅玉泉沸，满甑云芽熟。"陈陶《海昌望月》："疑抛云上锅，欲搂天边球。"

錘

〔chuí《广韵》直垂切，平支，澄。又馳僞切，去寘，澄。〕亦作"鎚"。❶秤砣。寒山《诗三百三首》之一三五："秤锤落东海，到底始知休。"包何《赋得秤送孟孺卿》："愿以金秤锤，因君赠别离。"❷锤子，榔头。韦应物《温泉行》："出身天宝今年几，顽钝如锤命如纸。"白居易《开龙门八节石滩诗二首》之一："铁凿金锤殷若雷，八滩九石剑棱摧。"❸古兵器之一，顶端有金属球形重物，用以打击。骆宾王《咏怀》："宝剑思存楚，金锤许报韩。"蔡孚《打球篇》："金锤玉蓥千金地，宝杖雕文七宝球。"杜牧《少年行》："猎敲白玉镫，怒袖紫金锤。"吕岩《七言》之三六："金锤灼灼舞天阶，独自骑龙去又来。"❹锥子。缝纫用具。伊用昌《题茶陵县门》："夜后不闻更漏鼓，只听锤芒织草鞋。"❺锤形物。陆龟蒙《顷自桐江得一钓车以为玩俄辱三篇复抒酬答》之二："曾招渔侣下清浔，独茧初随一锤深。"❻锤击，敲击。薛逢《镊白曲》："金锤锤碎黄金镊，更唱樽前老去歌。"吴融《赠䛒光上人草书歌》："又如朱亥锤晋鄙，袖中抬起腕欲脱。"❼通"垂"。下垂，挂。陆龟蒙《奉和袭美新秋言怀三十韵次韵》："渔情随锤网，猎兴起鸣髇。"

【錘鍛】 锻造，锤击。白居易《东南行一百韵》："漂流随大海，锤锻任洪炉。"

錐 〔zhuī《广韵》職追切，平脂，章。〕❶锥子。李白《笑歌行》："猛虎不看几上肉，洪炉不铸囊中锥。"王建《宫词一百首》之三四："粟金腰带象牙锥，散插红翎玉突枝。"元稹《大觜乌》："有力强如鹘，有爪利如锥。"皮日休《虎丘寺殿前有古杉一本遂赋三百言以见志》："槎头秃似刷，枿觜利于锥。"❷锥状物。元稹《生春二十首》之六："芦笋锥犹短，凌澌玉渐融。"又《寄乐天》："冰销田地芦锥短，春入枝条柳眼低。"韦庄《对雪献薛常侍》："松装粉穗临窗亚，水结冰锥簇溜悬。"❸用锥子刺、戳。张籍《杂曲歌辞·筑城曲》："重重土坚试行锥，军吏执鞭催作迟。"

【錐刀】 ❶小刀。元稹《虫豸诗·虻》之一："众噬锥刀毒，群飞风雨声。"❷喻微薄、微细。特指微利。岑参《巩北秋兴寄崔明允》："所适在鱼鸟，焉能徇锥刀。"杜甫《遣遇》："闻见事略同，刻剥及锥刀。"阎防《夕次鹿门山作》："安能徇机巧，争夺锥刀间。"白居易《读史五首》之五："又令下人力，各竞锥刀利。"

【錐鋒】 锥子的锋尖。李咸用《赠陈望尧》："明时公道还堪信，莫遣锥锋久在囊。"参见"錐囊"。

【錐頭】 ❶锥状物的顶端。刘禹锡《和牛相公南溪醉歌见寄》："渚蒲抽芽剑脊动，岸荻迸笋锥头铦。"❷喻微小、细微。元稹《望云骓马歌》："橐它山上斧刃堆，望秦岭下锥头石。"白居易《卜居》："且求容立锥头地，免似漂流木偶人。"

【錐囊】 喻有才智者终能显露头角。杜甫《遣闷》："气冲看剑匣，颖脱抚锥囊。"

錏 〔yā《广韵》於加切，平麻，影。〕见"錏鍜"。

【錏鍜】 颈甲。一种防身用品。韩翃《送刘将军》："明光细甲照铔锻，昨日承恩拜虎牙。"柳宗元《同刘二十八院长述旧言怀感时书事赠二君子》："礼容垂琫珒，戎备响铔锻。"自注："头铠也。音鸦瑕。"按：韩诗"锻"，《全唐诗》作锻，误。

錦 〔jǐn《广韵》居飲切，上寑，見。〕❶有色彩花纹的丝织品。颜真卿《三言拟五杂组二首》之一："五杂组，绣与锦。"卢纶《和徐法曹赠崔洛阳斑竹杖以诗见答》："玉干一寻余，苔花锦不如。"李远《赠咸阳李少府》："金刀片片裁新锦，玉步重重上旧梯。"刘兼《蜀都春晚感怀》："可惜锦江无锦濯，海棠花下杜鹃啼。"亦指锦制的衣服。引申为奖赏。戎昱《赠别张驸马》："从奴斜抱敕赐锦，双双蹙出金麒麟。"白居易《读史五首》之五："一朝黄金多，佩印衣锦归。"❷喻美好的事物或形容事物之美好。卢纶《宴赵氏昆季书院因与会文并率尔投赠》："花攒骐骥枥，锦绚凤凰窠。"韩愈《叉鱼招张功曹》："中鳞怜锦碎，当目讶珠销。"又《和崔舍人咏月二十韵》之十六："属思摛霞锦，追欢罄缥瓶。"刘禹锡《游桃源一百韵》："巧言忽成锦，苦志徒食蘖。"❸色彩鲜艳华美。李白《秋浦歌十七首》之三："秋浦锦驼鸟，人间天上稀。"参见"錦堂""錦鱗"。

【錦川】 即锦江。姚康《和段相公登武担寺西台》："江平沙岸白，日下锦川红。"齐己《谢人惠十色花笺并棋子》："陵州棋子浣花笺，深愧携来自锦川。"张仁宝《题芭蕉叶上》："如今空有孤魂梦，半在嘉陵半锦川。"

【錦水】 即锦江。杜甫《短歌行赠王郎司直》："且脱佩剑休裴回，西得诸侯棹锦水。"李贺《蜀国弦》："枫香晚花静，锦水南山影。"温庭筠《赠蜀府将》："十年分散剑关秋，万事皆随锦水流。"齐己《酬西川楚峦上人卷》："玉垒峨嵋秀，岷江锦水清。"参见"錦江"。

【錦中書】 即"錦字書"。耿湋《古意》："叶下绮窗银烛冷，含啼自草锦中书。"

【錦毛】 美丽的羽衣。李绅《过梅里·忆西湖双鸂鶒》："双鸂鶒，锦毛斓斑长比翼。"

【錦片】 锦的碎片。亦喻指锦片状物。庄南杰《寄郑碏叠石砚歌》："娲皇补天残锦片，飞落人间为石砚。"

【錦文】 美丽的花纹。李绅《华山庆云见》："万树流光影，千潭写锦文。"雍陶《卢岳闲居十韵》："锦文苔点点，钱样菊斑斑。"李峤《云》："锦文触石来，盖影凌天发。"

【錦石】 有花纹的石头。王维《过崔驸马山池》："锦石称贞女，青松学大夫。"杜甫《季秋江村》："登俎黄甘重，支床锦石圆。"又《发阆中》："女病妻忧归意速，秋花锦石谁复数。"杨巨源《山中主人》："若为说得溪中事，锦石和烟四面花。"

【錦字】 指锦字书。刘远济《相和歌辞·怨诗》："玉关芳信断，兰闺锦字新。"李嘉祐《送郑正则汉阳迎妇》："锦字相催鸟急飞，郎君暂脱老莱衣。"赵嘏《昔昔盐二十首·织锦窦家妻》："锦字行行苦，罗帏日日啼。"温庭筠《咏寒宵》："上郡归来梦，那知锦字诗。"

【錦字書】 指前秦苏蕙寄给丈夫窦滔的织锦回文诗。后多以锦字书指妻子给丈夫表达情思的书信。宋之问《桂州三月三日》："不求汉使金囊赠，愿得佳人锦字书。"李白《久别离》："况有锦字书，开缄使人嗟。"牛峤《女冠子》词之四："锦字书封了，银河雁过迟。"

【錦地】 铺设华美的地面。皮日休《洛中寒食二首》之一："击鞠王孙如锦地，斗鸡公子似花衣。"

【錦衣】 锦缎制的衣衫。亦泛指精美华丽的衣衫。王维《故南阳夫人樊氏挽歌》:“锦衣余翟茀,绣毂罢鱼轩。”卢纶《赠李果毅》:“向日磨金镞,当风着锦衣。”雍陶《苦寒》:“应是渐为贫客久,锦衣着尽布衣单。”翁承赞《御命归乡蒙赐锦衣》:“九重宣旨下丹墀,面对天颜赐锦衣。”

【錦州】 州名。唐属江南西道,故治在今湖南麻阳县西。柳宗元《柳州寄京中亲故》:“劳君远问龙城地,正北三千到锦州。”张籍有《同锦州胡郎中清明日对雨西亭宴》。曹松《南海陪郑司空游荔园》:“叶中新火欺寒食,树上丹砂胜锦州。”

【錦江】 一名濯锦江,岷江分支之一,在今四川成都平原。传说蜀人于此以水濯锦,锦色鲜艳胜于他水。杜甫《登楼》:“锦江春色来天地,玉垒浮云变古今。”元稹《寄赠薛涛》:“锦江滑腻蛾眉秀,幻出文君与薛涛。”施肩吾《吴中代蜀客吟》:“峨眉风景无主人,锦江悠悠为谁绿。”刘兼《蜀都春晚感怀》:“可惜锦江无锦濯,海棠花下杜鹃啼。”参见“錦水”。

【錦池】 对池塘的美称。杜牧《齐安郡后池绝句》:“菱透浮萍绿锦池,夏莺千啭弄蔷薇。”

【錦花】 ❶美丽的花。卢伦《送从叔程归西川幕》:“千山冰雪晴,山静锦花明。”❷谓有花纹的锦缎地毯。白居易《新乐府·红线毯》:“太原毯涩毳缕硬,蜀都褥薄锦花冷。”温庭筠《敕勒歌塞北》:“羌儿吹玉管,胡姬踏锦花。”殷尧藩《宫词》:“天远难通青鸟信,风寒欲动锦花茵。”

【錦車】 用锦帷装饰的华丽的车子。徐彦伯《胡无人行》:“云摇锦车节,海照角瑞弓。”钱起《送屈突司马充安西书记》:“海月低云旆,江霞入锦车。”郎士元《送杨中丞和蕃》:“锦车登陇日,边草正萋萋。”刘方平《新春》:“眠罢梳云髻,妆成上锦车。”

【錦車使】 指使者。虞世南《相和歌辞·饮马长城窟行》:“前逢锦车使,都护在楼兰。”

【錦步障】 锦制的屏障,用以遮挡风尘或阻挡视线。李商隐《朱槿花二首》之一:“不卷锦步障,未登油壁车。”又《代赠》:“虽同锦步障,独映钿箜篌。”吴融《咏柳》:“好拂锦步障,莫遮铜雀台。”

【錦里】 成都之地名。亦名锦官城。亦借指成都。卢照邻《十五夜观灯》:“锦里开芳宴,兰缸艳早年。”杜甫《为农》:“锦里烟尘外,江村八九家。”李商隐《筹笔驿》:“他年锦里经祠庙,梁父吟成恨有余。”陆龟蒙《奉和袭美酒中十咏·酒垆》:“锦里多佳人,当垆自沽酒。”

【錦谷】 花木繁盛的山谷。武元衡《夕次潘山下》:“锦谷岚烟里,刀州晚照西。”

【錦沙村】 村名。地在今浙江淳安县,唐属清溪县。景色甚美,为该县有名的胜迹。崔颢有《发锦沙村》。

【錦陂】 美丽的堤岸。苏颋《奉和晦日幸昆明池应制》:“雾色清珍宇,年芳入锦陂。”

【錦陌】 铺满鲜花的道路。柳中庸《春思赠人》:“绮罗回锦陌,弦管入花江。”

【錦苑】 美丽的苑圃。丁儒《归闲诗二十韵》:“锦苑来丹荔,清波出素鳞。”

【錦帙】 锦制的书套。杜牧《许七侍御弃官东归寄赠十韵》:“锦帙开诗轴,青囊结道书。”

【錦府】 即“錦官城”。齐己《送吴守明先辈游蜀》:“未应过锦府,且合上峨嵋。”

【錦兒】 人名。韩偓歌伎。韩偓有《别锦儿》。

【錦帛】 锦和帛。泛指丝织品。李颀《谒张果先生》:“车徒遍草木,锦帛招谈说。”

【錦官城】 城名,故址在今四川成都南。成都之少城古为掌管织锦官员之官置,故名。杜甫《春夜喜雨》:“晓看红湿处,花重锦官城。”

【錦城】 即“錦官城”。借指成都。王维《送严秀才还蜀》:“别路经花县,还乡入锦城。”李白《答杜秀才五松见赠》:“闻君往年游锦城,章仇尚书倒屣迎。”张祜《送人归蜀》:“锦城春色溯江源,三峡经过几夜猿。”喻坦之《送友人游蜀》:“春尽离丹阙,花繁到锦城。”参见“錦官城”。

【錦茵】 ❶锦制的垫褥、地毯之属。杜甫《杂曲歌辞·丽人行》:“后来鞍马何逡巡,当轩下马入锦茵。”刘禹锡《泰娘歌》:“长鬟如云衣似雾,锦茵罗荐承轻步。”施肩吾《春日餐霞阁》:“山花四面风吹入,为我铺床作锦茵。”曹松《碧角簟》:“细皮重叠织霜纹,滑腻铺床胜锦茵。”❷喻指如茵的芳草。刘长卿《题灵祐上人法华院木兰花》:“映日成华盖,摇风散锦茵。”白居易《南阳小将张彦射虎歌》:“草际旋看委锦茵,腰间不更抽白羽。”

【錦香囊】 即石榴。庄布《石榴歌》:“霜风击破锦香囊,鹦鹉啄残红豆颗。”

【錦科】 即锦窠。锦上的界格花纹。唐代对礼部员外郎或礼部郎中的称呼。郑谷《春夕伴同年礼部赵员外省直》:“锦帐名郎重锦科,清宵寓直纵吟哦。”参见“錦窠”。

【錦段】 即锦缎。一种丝织品,表面有彩色花纹,用作衣服或装饰。李商隐《酬别令狐补阙》:“锦段知无报,青萍肯见疑。”又《鸾风》:“金钱饶孔雀,锦段落山鸡。”温庭筠《偶题》:“欲将红锦段,因梦寄江淹。”徐夤《依御史温飞卿华清宫二十二韵》:“宫词裁锦段,御笔落银钩。”

【錦亭】 即成都锦江亭。杜甫《古柏行》:“忆昨路绕锦亭东,先主武侯同閟宫。”

【錦洞】 美丽的洞府。李群玉《送秦炼师》:“锦洞桃花远,青山竹叶深。”

【錦屏】 ❶锦绣的屏风。李白《杂曲歌辞·长干行二首》之二:“鸳鸯绿浦上,翡翠锦屏中。”雍陶《和河南白尹西池北新葺水斋招赏十二韵》:“藤架如纱帐,苔墙似锦屏。”魏承班《玉楼春》词之一:“愁倚锦屏低雪面,泪滴绣罗金缕线。”亦指锦屏状物。钱起《赋得青城山歌送杨杜二郎中赴蜀军》:“锦屏云起易成霞,玉洞花明不知夕。”司空曙《和李员外与舍人咏玫瑰花寄徐侍郎》:“蒙茏珠树合,焕烂锦屏张。”❷借指妇女居处、闺阁。徐彦伯《孤烛叹》:“相思咽不语,回向锦屏眠。”李愿《思妇》:“良人久不至,惟恨锦屏孤。”赵嘏《昔昔盐二十首·前年过代北》:“铁马喧鼙鼓,蛾眉怨锦屏。”牛峤《菩萨蛮》词之一:“何处是辽阳,锦屏春昼长。”

【錦姝繡妾】 穿着华丽的妻妾、美女。贯休《洛阳尘》:“乐如天乐日夜闻,锦姝绣妾何纷纷。”

【錦都】 锦城。借指成都。薛能《西县作》:“从此渐知光景异,锦都回首尽愁吟。”

【錦軒】 锦车,以锦为饰的车子。王维《故西河郡杜太守挽歌三首》之三:“太守留金印,夫人罢锦轩。”徐坚《奉和送金城公主适西蕃应制》:“关塞移朱帐,风尘暗锦轩。”

【錦衾】 锦缎制的被褥。徐彦伯《拟古三首》之一:“红泪掩促柱,锦衾罗薰笼。”李白《寄远十一首》之十一:“朝共琅玕之绮食,夜同鸳鸯之锦衾。”李绅《新楼诗二十首·城上蔷薇》:“窦闺织妇惭诗句,南国佳人怨锦衾。”赵嘏《洞庭寄所思》:“目断兰台空望归,锦衾香冷梦来稀。”

【錦帆】 锦制的船帆。亦指挂有锦制船帆的船。杜甫《渼陂行》:“主人锦帆相为开,舟子喜甚无氛埃。”朱庆余《送唐中丞开淘西湖夏日游泛因书示郡人》:“红旆路幽山翠湿,锦帆风起浪花飘。”汪遵《汴河》:“还待春风锦帆暖,柳阴相送到迷楼。”毛文锡《柳含烟》词:“隋堤柳,汴河旁,夹岸绿阴千里。龙舟凤舸木兰香,锦帆张。”

【錦笈】 锦饰的书箱。罗隐《寄酬邺王罗令公五首》之五:“锦笈朱囊连复连,紫鸾飞下浙江边。”

【錦浦】 锦江之滨。薛涛《送扶炼师》:“锦浦归舟巫峡云,绿波迢递雨纷纷。”郑谷《锦浦》:“流落夜凄凄,春寒锦浦西。”韦庄《河传》词之三:“锦浦,春女,绣衣金缕。”

【錦流】 对流水的美称。徐彦伯《上巳日祓禊渭滨应制》:“晴风丽日满芳洲,柳色春筵祓锦流。”

【錦浪】 对波浪的美称。李峤《江》:“霞津锦浪动,月浦练花开。”阎选《虞美人》词之一:“偷期锦浪荷深处,一梦云兼雨。”

【錦袪】 锦制的衣袖。李贺《荣华乐》:“口吟舌话称女郎,锦袪绣面汉帝旁。”

【錦袖】 锦制衣袖。张祜《观濠州田中丞出猎》:“锦袖半攘争捧箸,银鞍不下小传杯。”又《陪楚州韦舍人北间游宴》:“丝纶初变体,锦袖旋挥毫。”程长文《狱中书情上使君》:“血溅罗衣终不恨,疮粘锦袖亦何辞。”

【錦袍】 锦制的袍子。常作皇帝赏赐臣下之物。李白《历阳壮士勤将军名思齐歌》序:“历阳壮士勤将军,神力出于百夫。则天太后召见,奇之,授游击将军,赐锦袍玉带。”牟融《春游》:“锦袍日暖耀冰蚕,上客陪游酒半酣。”温庭筠《醉歌》:“锦袍公子陈杯觞,拨醅百瓮春酒香。”吴越王钱镠《九日同群僚登高》:“锦袍分赐功臣后,因向龙山醉羽觞。”

【錦書】 即“錦字書”。彭伉《寄妻》:“莫讶相如献赋迟,锦书谁道泪沾衣。”吴融《和韩致光侍郎无题三首十四韵》之一:“管纤银字咽,梭密锦书匀。”刘兼《征妇怨》:“曾寄锦书无限意,塞鸿何事不归来。”徐铉《梦游三首》之二:“锦书若要知名字,满县花开不姓潘。”

【錦紋】 ❶指锦字。李峤《诗》:“扇中纨素制,机上锦纹回。”谭用之《宿西溪隐士》:“织槛锦纹苔乍结,堕书花印菊初残。”❷美丽的花纹。杜牧《斑竹筒簟》:“血染斑斑成锦纹,昔年遗恨至今存。”

【錦帶】 ❶锦制的带子。王维《燕支行》:“麒麟锦带佩吴钩,飒沓青骊跃紫骝。”杨凝《送客往鄜州》:“新参将相事营平,锦带骍弓结束轻。”王建《镜听词》:“怀中收拾双锦带,恐畏街头见惊怪。”李贺《奉和二兄罢使遣马归延州》:“锦带休惊雁,罗衣尚斗鸡。”❷即莼菜。杜甫《江阁卧病走笔寄呈崔卢两侍御》:“滑忆雕胡饭,香闻锦带羹。”

【錦梭】 织锦的梭子。张祜《读朝文公集十韵》:“文雕玉玺重,诗织锦梭轻。”

【錦堂】 华丽的厅堂。张祜《公子行》:“锦堂昼永绣帘垂,立却花骢待出时。”

【錦堂春】 词牌名。亦名《乌夜啼》《圣无忧》。双调,四十七字,四平韵。南唐后主李煜有《锦堂春》词。

【錦帳】 ❶锦制的帷帐。亦泛称华丽的帷帐。张继《金谷园》:“彩楼歌馆正融融,一骑星飞锦帐空。”卢仝《楼上女儿曲》:“相忆柳条绿,相思锦帐寒。”韦庄《立春》:“罽袍公子樽前觉,锦帐佳人梦里知。”廖融《退宫妓》:“宝筝钿剥阴尘覆,锦帐香消画烛幽。”❷借指郎官职位。刘禹锡《武陵书怀五十韵》:“直庐辞锦帐,远守愧朱幡。”杜牧《新转南曹未叙朝散出守吴兴书此篇以自见志》："喜抛新锦帐，荣借旧朱衣。"又《送刘三复郎中赴阙》："玉珂声琐琐，锦帐梦悠悠。"许浑《和人贺杨仆射致政》："锦帐丽词推北巷，画堂清乐掩南邻。"

【錦帳郎】 郎官之属。李白《寄王汉阳》："锦帐郎官醉，罗衣舞女娇。"卢纶《和王员外冬夜寓直》："高步长裾锦帐郎，居然自是汉贤良。"杜牧《除官归京睦州雨霁》："岂意笼飞鸟，还为锦帐郎。"韦庄《九江逢卢员外》："陶潜岂是铜符吏，田凤终为锦帐郎。"

【錦帷】 亦作"錦幃"。华丽的帏帐。李商隐《牡丹》："锦帏初卷卫夫人，绣被犹堆越鄂君。"黄滔《去扇》："城上风生蜡炬寒，锦帷开处露翔鸾。"又《闺怨》："寸心杳与马蹄随，如蜕形容在锦帷。"徐夤《李夫人二首》之一："不望金舆到锦帷，人间乐极即须悲。"

【錦袋】 锦制的囊袋。张祜《杂曲歌辞·少年乐》："锦袋归调箭，罗鞋起拨球。"

【錦翎】 美丽的羽毛。崔护《山鸡舞石镜》："景当烟雾歇，心喜锦翎齐。"

【錦彩】 亦作"錦綵"。色彩鲜艳的丝织品。韩愈、孟郊《斗鸡联句》："头垂碎丹砂，翼拓拖锦綵。"王毂《红蔷薇歌》："晚日春风夺眼明，蜀机锦彩浑疑黦。"

【錦魚】 对鱼的美称。齐己《荆渚病中因思匡庐遂成三百字寄梁先辈》："古桧鸣玄鹤，凉泉跃锦鱼。"

【錦章】 ❶锦上花纹。杨炯《巫峡》："绝壁横天险，莓苔烂锦章。"❷对官印的美称。黄滔《赠旌德吕明府》："须信隔帘看刺史，锦章朱绂已葳蕤。"

【錦裀】 锦茵，锦褥。刘沧《代友人悼姬》："罗帐香微冷锦裀，歌声永绝想梁尘。"徐商《贺襄阳副使节判同加章绶》："同年坐上联宾榻，宗姓亭中布锦裀。"马异《暮春醉中寄李干秀才》："折草为筹箸，铺花作锦裀。"

【錦袷】 (—jiá)锦制的夹衣。贯休《塞上曲二首》之一："锦袷胡儿墨如漆，骑羊上冰如箭疾。"

【錦筰】 丝制的缆绳。郑愔《采莲曲》："锦筰沙棠舰，罗带石榴裙。"

【錦壺】 对漏壶的美称。冯延巳《菩萨蛮》词之五："锦壶催画箭，玉佩天涯远。"

【錦軸】 以锦装裱的卷轴。储光羲《晚次东亭献郑州宋使君文》："铁柱励风威，锦轴含光辉。"

【錦幃】 见"锦帷"。

【錦筵】 华丽的宴席。郑愔《春怨》："试出褰罗幌，还来着锦筵。"岑参《与独孤渐道别长句兼呈严八侍御》："军中置酒夜挝鼓，锦筵红烛月未午。"元稹《和李校书新题乐府十二首·立部伎》："胡部新声锦筵坐，中庭汉振高音播。"皇甫松《摘得新》词："酌一卮，须教玉笛吹，锦筵红蜡烛，莫来迟。"

【錦旌】 锦旗。皮日休《太湖诗·晓次神景宫》："琼帏自回旋，锦旌空粲错。"

【錦殿】 华丽的宫殿。王勃《乐府杂曲·鼓吹曲辞·临高台》："紫阁丹楼纷照曜，璧房锦殿相玲珑。"

【錦瑟】 绘有美丽如锦花纹的瑟。鲍溶《风筝》："彩弦非触指，锦瑟忽闻风。"李商隐《锦瑟》："锦瑟无端五十弦，一弦一柱思华年。"又《回中牡丹为雨所败二首》之二："玉盘迸泪伤心数，锦瑟惊弦破梦频。"无名氏《杂诗》之十八："洛阳才子邻箫恨，湘水佳人锦瑟愁。"

【錦靴】 华丽的皮靴。张祜《寿州裴中丞出柘枝》："罗带却翻柔紫袖，锦靴前踏没红茵。"又《池州周员外出柘枝》："珠帽着听歌遍匝，锦靴行踏鼓声来。"

【錦幕】 锦制的帐幕。钱起《效古秋夜长》："谁家少妇事鸳机，锦幕云屏深掩扉。"杜牧《杜秋娘诗》："椒壁悬锦幕，镜奁蟠蛟螭。"司空图《牡丹》："主人犹自惜，锦幕护春霜。"韩偓《咏灯》："高在酒楼明锦幕，远随渔艇泊烟江。"

【錦裘】 用锦缝制的皮袄。马迁《部落曲》："老将垂金甲，阏支着锦裘。"韩翃《送监军李判官》："踏水回金勒，看风试锦裘。"

【錦路】 铺满鲜花的道路。贾曾《和宋之问下山歌》："良游畹晚兮月呈光，锦路逶迤兮山路长。"

【錦雉】 雉的一种。即锦鸡。杜牧《长安杂题长句六首》之三："南苑草芳眠锦雉，夹城云暖下霓旄。"

【錦節】 美好的节操。徐彦伯《送特进李峤入都祔庙》："庙堂须鲠议，锦节伫来旋。"

【錦溪砂】 锦州(治所在今湖南麻阳县西南锦和西)所产之丹砂。柳宗元《同刘二十八院长五十二韵之作因其韵增八十通赠二君子》："染毫东国素，濡印锦溪砂。"

【錦窠】 ❶锦上的界格花纹。亦用以喻指华美之物。元稹《早春登龙山静胜寺因赠幕中诸公》："山茗粉含鹰觜嫩，海榴红绽锦窠匀。"❷即瑞锦窠。唐代对礼部员外郎或礼部郎中的称呼。司空图《少仪》："锦窠不是寻常锦，兼向丘迟夺得来。"参见"錦科"。

【錦幌】 锦制的帘幔。成彦雄《夜夜曲》："自从君去夜，锦幌孤兰麝。"

【錦障】 即"錦步障"。刘长卿《奉饯郎中四兄赴汝南行营》："残春锦障外，初日羽旗东。"姚合《咏贵游》："红杏花开连锦障，绿杨阴合拂朱轮。"李咸用《富贵曲》："红锦障收，珊瑚树碎，至今笑石崇王恺。"李瀚《蒙求》："季伦锦障，春申珠履。"

【錦障泥】 锦饰的障泥。障泥，马鞯两端下垂的部分，用于遮蔽尘土，故名。《西京杂记》："武帝得贰师天马，以绿地五色锦为蔽泥。""錦障泥"或本于此。

李白《横吹曲辞·紫骝马》:"临流不肯渡,似惜锦障泥。"亦借指马。刘复《春雨》:"晓听钟鼓动,早送锦障泥。"

【錦袎】 锦靴。张祜《观杭州柘枝》:"旁收拍拍金铃摆,脚踏声声锦袎摧。"

【錦幛】 ❶锦制的帷幛。王建《新嫁娘词三首》之二:"锦幛两边横,遮掩侍娘行。"❷锦步幛。杜牧《蔷薇花》:"石家锦幛依然在,闲倚狂风夜不收。"

【錦鳳】 传说中的神鸟名。陆龟蒙《庆封宅古井行》:"泽车豪马驰似水,锦凤玉龙森若墙。"

【錦綵】 见"錦彩"。

【錦綺】 锦和绮。均为有花纹的丝织品。亦喻美丽如锦绮的彩云。李峤《纸》:"云飞锦绮落,花发缥红披。"戴叔伦《赠康老人洽》:"不脱弊裘轻锦绮,长吟佳句掩笙歌。"白居易《秋日与张宾客舒著作同游龙门醉中狂歌凡二百三十八字》:"嵩峰余霞锦绮卷,伊水细浪鳞甲生。"亦喻指华美的诗文。杨巨源《和吕舍人喜张员外自北番回至境上先寄二十韵》:"丽词传锦绮,珍价掩琅玕。"卢仝《感古四首》之二:"苍蝇点垂棘,巧舌成锦绮。"

【錦標】 锦制的旗帜。古代常用以赠给竞渡中的优胜者。白居易《和春深二十首》之十五:"齐桡争渡处,一匹锦标斜。"卢肇《竞渡诗》:"向道是龙刚不信,果然夺得锦标归。"花蕊夫人徐氏《宫词》之五一:"第一锦标谁夺得,右军输却小龙船。"

【錦輪】 锦车,装饰华美的车。唐远悊《奉和送金城公主适西蕃应制》:"龙笛迎金榜,骊歌送锦轮。"

【錦鋪】 (—pù)铺锦的卧具。韦应物《横吹曲辞·长安道》:"下有锦铺翠被之粲烂,博山吐香五云散。"

【錦質】 锦绣一般的质地。李绅《南梁行》:"山鸡锦质矜毛羽,透竹穿萝命俦侣。"

【錦褥】 锦制的坐垫。白居易《柘枝词》:"苍头铺锦褥,皓腕捧银杯。"薛蕴《赠郑女郎》:"堂前锦褥红地炉,绿沉香榼倾屠苏。"

【錦緞】 表面有彩色花纹的丝织品,用以制衣或装饰。项斯《欲别》:"锦缎裁衣赠,麒麟落剪刀。"

【錦薦】 以锦缘饰的座席。亦泛称华美的座席。储光羲《夜观妓》:"娇童携锦荐,侍女整罗衣。"温庭筠《常林欢歌》:"锦荐金炉梦正长,东家咿喔鸡鸣早。"张泌《南歌子》词之三:"锦荐红鸂鶒,罗衣绣凤皇。"

【錦翰】 犹锦笔。对人诗文的美称。郑愔《奉和幸上官昭容院献诗四首》之四:"愿奉舆图泰,长开锦翰裁。"

【錦機】 织锦的织机。施肩吾《惜花》:"今朝芳径里,惆怅锦机空。"杜牧《鸳鸯》:"锦机争织样,歌曲爱呼名。"罗邺《春闺》:"梨花满院东风急,惆怅无言倚锦机。"郑谷《贫女吟》:"尘压鸳鸯废锦机,满头空插丽春枝。"

【錦幪】 亦作"錦驝"。覆盖在马背上的锦巾。杜甫《遣闷奉呈严公二十韵》:"乌鹊愁银汉,驽骀怕锦幪。"亦借指马。杜甫《往在》:"合昏排铁骑,清旭散锦驝。"《全唐诗》本作"驝"。自注:"《广韵》:驴子曰驝 。禄山陷两京,以橐驼运御府珍宝,故云。一作幪。"

【錦檀】 美丽的檀妆。毛熙震《酒泉子》之一:"锦檀偏,翘股重,翠云敧。"

【錦霞】 色彩鲜艳、如同锦缎的云霞。韦渠牟《杂歌谣辞·步虚词》之十六:"雾縠笼绡带,云屏列锦霞。"缪岛云《汤泉》:"紫气晓笼烟色淡,锦霞明照火光浮。"又《仙桥》:"丹灶路穿瑶草湿,朱砂泉迸锦霞深。"

【錦輿】 锦车。元稹《陪韦尚书丈归履信宅因赠韦氏兄弟》:"紫垣驺骑入华居,公子文衣护锦舆。"

【錦臆】 谓禽类彩色斑斓之胸部。李绅《过梅里七首·忆西湖双鸂鶒》:"戏绕莲丛回锦臆,照灼花丛两相得。"

【錦臂】 以锦装饰的胳臂。孟郊《杂曲歌辞·羽林行》:"翩翩羽林儿,锦臂飞苍鹰。"张祜《投魏博田司空二下韵》:"列座花茵展,鸣鼍锦臂攘。"

【錦翼】 美丽如锦的翅膀。毛文锡《喜迁莺》词:"锦翼鲜,金毳软,百转千娇相唤。"

【錦雞】 鸟的一种。形如雉,雄性有金色冠衣,长尾,颈橙色黄,背暗绿色,杂以紫色。雌性羽毛暗褐色。缪岛云《登天都峰》:"欲下前峰暝,岩间宿锦鸡。"杜牧《朱坡》:"迥野翘霜鹤,澄潭舞锦鸡。"韦庄《望远行》:"谢家庭树锦鸡鸣,残月落边城。"

【錦鯉】 ❶鳞光闪闪的鲤鱼。陆龟蒙《丹阳道中寄友生》:"锦鲤冲风掷,丝禽掠浪飞。"又《奉酬袭美苦雨四声重寄三十二句·平上声》:"丝禽藏荷香,锦鲤绕岛影。"❷指传说中跳龙门的鲤鱼。喻指科举及第。黄滔《成名后呈同年》:"虽惭锦鲤成穿额,忝获骊龙不寐珠。"

【錦額簾】 上端饰锦的窗帘。白居易《题周皓大夫新亭子二十二韵》:"锦额帘高卷,银花盏慢巡。"

【錦襜】 华丽的垫子。于鹄《长安游》:"绣帘朱毂逢花住,锦幨银珂触雨游。"翁绶《白马》:"花明锦襜垂杨下,露湿朱缨细草中。"毛文锡《甘州遍》词之一:"金鞍白马,雕弓宝剑,红缨锦襜出长楸。"

【錦續】 色彩鲜艳的织锦。宋之问《初至崖口》:"锦缋织苔藓,丹青画松石。"

【錦獸】 指锦饰的射堠。杜甫《复愁十二首》之七:"贞观铜牙弩,开元锦兽张。"

【錦鯨】 有鲸鱼图案的锦缎。杜甫《太子张舍人遗织成褥段》:"锦鲸卷还客,始觉心和平。"

【錦韝】 锦饰的臂套。臂套用皮制成,射箭、架鹰时缚于两臂束住衣袖,以便动作。白居易《杂兴三首》之一:"锦韝臂花隼,罗袂控金羁。"薛逢《侠少年》:"绿眼胡鹰踏锦韝,五花骢马白貂裘。"

【錦繡】 ❶花纹色彩精美鲜艳的丝织品。李白《张相公出镇荆州赠余诗余答以此诗》:"惭君锦绣段,赠我慰相思。"褚朝阳《五丝》:"锦绣侔新段,羔羊寝旧诗。"常衮《晚秋集贤院即事寄徐薛二侍郎》:"缥囊披锦绣,翠轴卷琼琚。"司空图《南北史感遇十首》之九:"景阳楼下花钿镜,玄武湖边锦绣旗。"❷喻美丽或美好之物。多指诗文作品。岑文本《奉述飞白书势》:"飞毫列锦绣,拂素起龙鱼。"刘禹锡《酬乐天见贻贺金紫之什》:"珍重贺诗呈锦绣,愿言归计并园庐。"蒯希逸《和主司王起》:"恩感风雷宜变化,诗裁锦绣借光辉。"李郢《和湖州杜员外冬至日白蘋州见忆》:"白蘋亭上一阳生,谢朓新裁锦绣成。"

【錦繡衣】 用有花纹的丝织品制成的衣服。卢纶《和陈翃郎中拜本府少尹呈同院诸公》:"三千士里文章伯,四十年来锦绣衣。"殷尧藩《宫人入道》:"卸却宫妆锦绣衣,黄冠素服制相宜。"和凝《宫词百首》之四四:"两番供奉打球时,鸾凤分厢锦绣衣。"

【錦繡谷】 庐山山谷名。此谷三四月间,红紫匝地,如披锦绣,故名。贯休《将入匡山别芳昼二公二首》之二:"世情世界愁杀人,锦绣谷中归舍去。"又《寄匡山纪公》:"锦绣谷中人,相思入梦频。"

【錦繡堆】 谓锦衣、锦被之属。亦喻花丛、诗文等美好之物。施肩吾《冬词》:"锦绣堆中卧初起,芙蓉面上粉犹残。"白居易《酬卢秘书二十韵》:"笔尽铅黄点,诗成锦绣堆。"罗邺《春日偶题城南韦曲》:"韦曲城南锦绣堆,千金不惜买花栽。"

【錦繡帷】 对善为诗文者的美称。徐夤《伤进士谢庭皓》序:"大顺中以词赋著名,与夤不相上下,时号锦绣帷。"

【錦礫】 美丽的小石。贾岛《莲峰歌》:"锦砾潺湲玉溪水,晓来微雨藤花紫。"

【錦纈】 印有花纹的丝织品。亦喻繁花。韩愈《送无本师归范阳》:"蜂蝉碎锦缬,绿地披菡萏。"

【錦籜】 对笋衣的美称。王贞白《洗竹》:"锦箨裁冠添散逸,玉芽修馔称清虚。"殷文圭《题友人庭竹》:"钿竿离立霜文静,锦箨飘零粉节深。"齐己《移竹》:"会得承春力,新抽锦箨看。"

【錦纏頭】 古代歌舞者表演结束,观众赠以罗锦,置之头上,谓锦缠头。杜甫《即事》:"笑时花近眼,舞罢锦缠头。"李益《夜宴观石将军舞》:"微月东南上戍楼,琵琶起舞锦缠头。"

【錦幪】 见"錦幪"。

【錦鱗】 ❶对鱼的美称。许敬宗《奉和登陕州城楼应制》:"锦鳞文碧浪,绣羽绚青空。"李贺《竹》:"织可承香汗,裁堪钓锦鳞。"方干《湖上言事寄长城喻明府》:"吹箭落翠羽,垂丝牵锦鳞。"李舜弦《钓鱼不得》:"尽日池边钓锦鳞,芰荷香里暗消魂。"❷见"錦鱗書"。

【錦鱗書】 语本《乐府诗集·相和歌辞十三·饮马长城窟》:"客从远方来,遗我双鲤鱼。呼儿烹鲤鱼,中有素尺书。"后用以指远方之书信。杜牧《春思》:"绵羽啼来久,锦鳞书未传。"亦称"錦鱗"。温庭筠《寄湘阴阎少府乞钓轮子》:"终日垂钩还有意,尺书多在锦鳞中。"顾敻《酒泉子》词之四:"锦鳞无处传幽意,海燕兰堂春又去。"韩偓《无题》:"致意通绵竹,精诚托锦鳞。"

【錦韉】 锦制的马鞍下的垫子。张祜《戊午年感事书怀二百韵》:"卧犬偎鞯毯,鸣驺跃锦鞯。"

【錦纜】 对缆的美称。陈希烈《奉和圣制三月三日》:"锦缆方舟渡,琼筵大乐张。"杜甫《城西陂泛舟》:"春风自信牙樯动,迟日徐看锦缆牵。"花蕊夫人徐氏《宫词》之二七:"称与画船牵锦缆,暖风搓出彩丝绦。"朱千乘《句》:"锦缆扁舟花岸静,玉壶春酒管弦清。"

鍵

〔jiàn《广韵》其偃切,上阮,羣;又其輦切,上獮,羣。又渠焉切,平仙,羣。〕❶门闩。杜甫《八哀诗·赠秘书监江夏李公邕》:"争名古岂然,键捷欻不闭。"❷锁簧。亦借指锁。李贺《昌谷诗》:"阴藤束朱键,龙帐着魈魅。"引申为关闭、封锁。见"鍵閉"。

【鍵閉】 封锁。薛逢《题剑门先寄上西蜀杜司徒》:"梯航百货通邦计,键闭诸蛮屏帝都。"

【鍵關】 喻入门的途径。刘禹锡《赠别君素上人诗》序:"是余知突奥于中庸,启键关于内典,会而归之,犹初心也。"

錄

〔lù《广韵》力玉切,入燭,來。〕❶记录,记载。李嶷《读前汉外戚传》:"人录尚书事,家临御路傍。"皎然《武源行赠丘卿岑》:"如何弃置功不录,通籍无名滞江曲。"司空曙《御制雨后出城观览敕朝臣已下属和》:"史官何所录,称瑞满天京。"李商隐《行次西郊作一百韵》:"晋公忌此事,多录边将勋。"❷登记以便存查。白居易《不能忘情吟》序:"乐天既老,又病风,乃录家事,会经费,去长物。"❸抄写,誊录。白居易《和答诗十首·和阳城驿》:"但于国史上,全录元稹诗。"李涉《六叹》序:"穷居岁阴,偶怀无悰,因追感闻见,成文六篇,目曰《六叹》……录之私斋,以示同道。"项斯《哭南流人》:"知名人尚少,谁为录遗文。"韩偓《朝退书怀》:"粉壁不题新拙恶,小屏唯录古篇章。"❹籍册。特指仙人名籍。元稹《奉和浙西大夫李德裕述梦四十韵次本韵》："近酬新乐录，仍寄续离骚。"自注："近蒙大夫寄《籌策歌》：酬和才华，此篇续至。"皮日休《奉和鲁望药名离合夏月即事三首》之三："连云更入幽深池，骨录闲携相猎郎。"陆龟蒙《润卿遣青饳饭兼之一绝聊用答谢》："自笑镜中无骨录，可能飞上紫雪端。"❺察看，注意。韩愈《李花二首》之一："奈何趁酒不省录，不见玉枝攒霜葩。"❻录用，任用。韦应物《始除尚书郎别善福精舍》："愧忝郎署迹，谬蒙君子录。"皇甫冉《上礼部杨侍郎》："末学惭邹鲁，深仁录弟兄。"韩愈《送诸葛觉往随州读书》："屡为丞相言，虽恳不见录。"❼通箓。道教秘文。陆敬《游清都观寻沈道士得都字》："缥帙桐君录，朱书王母符。"

【錄用】　收录使用。许浑《题勤尊师历阳山居》序："师即思齐之孙，顷为故相国萧公录用。"

【錄事】　❶职官名。晋置录事参军，本为公府官，非州郡职。掌总录众曹语言簿，举善弹恶。其后刺史领军而开府者亦置，职任甚为亲重，省称为录事。隋初以录事参军为郡官，相当于汉时州郡主簿之职。唐因之。在京府则改称司录参军。王勃有《伤裴录事丧子》。杜甫《寄邛州崔录事》："邛州崔录事，闻在果园坊。"权德舆有《送岳州温录事赴任》。❷唐代曲江宴上进士所推举的督酒人。后泛称会饮时执掌酒令的人。黄滔《断酒》："免遭拽盏郎君谑，还被簪花录事憎。"花蕊夫人徐氏《宫词》之六七："倚赖识书为录事，灯前时复错瞒人。"

【錄事參軍】　义同"錄事❶"。李嘉祐有《送从弟永任饶州录事参军》。

【錄冤】　犹言录囚、虑囚，讯视记录冤狱囚徒的罪状。李峤《晚秋喜雨》序："天子虑深求瘼，念在责躬，避寝损膳，录冤弛役。"

【錄續】　即陆续。连接不断。元稹《连昌宫词》："逡巡大遍凉州彻，色色龟兹轰录续。"

鋸　〔jù《广韵》居御切，去御，見。〕❶剖开木料、石料、钢材等的工具，主要部分是具有许多尖齿的薄钢长片。韩愈《题木居士二首》之二："朽蠹不胜刀锯力，匠人虽巧欲何如。"白居易《和微之诗二十三首·和三月三十日四十韵》："女墙城似灶，雁齿桥如锯。"温庭筠《拂舞词》："下有狂蛟锯为尾，裂帆截棹磨霜齿。"❷以锯断物。李贺《马诗二十三首》之六："鬣焦朱色落，发断锯长麻。"

【鋸牙】　如锯齿一般的锐牙。元稹《遣兴十首》之六："买马买锯牙，买犊买破车。"又《望云骓马歌》："君王试遣回胸臆，撮骨锯牙骈两肋。"水神《霅溪夜宴诗》之一："誓将柔荑抉锯牙之喙，空水府而藏其腥涎。"

錙　〔zī《广韵》侧持切，平之，莊。〕古代重量单位。其说不一，或谓六铢，或谓八铢，或谓六两，或谓八两。《说文》谓六铢，即一两的四分之一。引申为少数、细微。见"錙銖"。

【錙銖】　锱和铢。比喻微小的数量，亦喻微利、极少的钱。包何《赋得秤送孟孺卿》："掌握须平执，锱铢必尽知。"元稹《酬乐天东南行诗一百韵》："判身入矛戟，轻敌比锱铢。"白居易《东南行一百韵》："时情变寒暑，世利算锱铢。"温庭筠《病中书怀呈友人》："兕觥增恐竦，杯水失锱铢。"

錚　〔zhēng《广韵》楚耕切，平耕，初。〕象声词。见"錚錚""錚鏦"。

【錚錚】　❶象声词。状乐器演奏声、铃声、金属物的撞击声等。白居易《梦仙》："羽衣忽飘飘，玉鸾俄铮铮。"又《新乐府·五弦弹》："五弦并奏君试听，凄凄切切复铮铮。"吴融《风雨吟》："岂忧天下有大憝，四郊刁斗常铮铮。"齐己《古剑歌》："一弹一抚闻铮铮，老龙影夺秋灯明。"❷浓厚貌。庄南杰《湘弦曲》："楚云铮铮戛秋露，巫云峡雨飞朝暮。"❸明亮貌。李商隐《河阳诗》："湿银注镜井口平，鸾钗映月寒铮铮。"❹出众貌。刘禹锡《历阳书事七十韵》："比琼虽碌碌，于铁尚铮铮。"❺喻坚贞、刚强。陆龟蒙《江南秋怀寄华阳山人》："谅难求摽摽，聊欲取铮铮。"

【錚摐】　见"錚鏦"。

【錚鏦】　亦作"錚摐"。象声词。多状乐器演奏声、流水声。刘禹锡《伤秦姝行》："蜀弦铮摐指如玉，皇帝弟子韦家曲。"白居易《九日宴集醉题郡楼兼呈周殷二判官》："胡琴铮鏦指拨刺，吴娃美丽眉眼长。"皮日休《忆洞庭观步十韵》："前时登观步，暑雨正铮摐。"韦庄《三用韵》："铮鏦闻郢唱，次第发巴音。"

九　画

鎡　〔zī《广韵》子之切，平之，精。〕锄田农具。又称"鎡基"。见"鎡基"。

【鎡基】　❶亦作"鎡錤"。农具名。大锄。权德舆《送别沅泛》："千里起足下，丰年系镃錤。"又《丙庚岁苦贫戏题》："吴门与南亩，颇亦持镃基。"皮日休《三羞诗三首》之三："家虽有畎亩，手不秉镃基。"❷谓才华，才略。温庭筠《简同志》："开济由来变盛衰，五车才得号镃基。"

【鎡錤】　见"镃基"。

鍍　〔dù《广韵》徒故切，去暮，定。又同都切，平模，定。〕使一种金属附着在别的金属或物体表面，形成一种保护性或装饰性层面。白居易《新乐府·西凉伎》："刻木为头丝作尾，金镀眼睛银帖齿。"李绅《答章孝标》："假金方用真金镀，若是真金不镀金。"章孝标《及第后寄广陵故人》："及第全胜十政官，金鞍镀了出长安。"

【鍍金】　在别的金属或器物表面涂附上一层薄金。李绅《答章孝标》："假金方用真金镀，若是真金不镀金。"归处讷《咏咆汉》："更有一般堪笑处，镀金牙齿咬银匙。"

【鍍鐶】　镀金的门环。李商隐《日高》："镀镮故锦縻轻拖，玉笢不动便门锁。"

鍱　〔yè《广韵》舆涉切，入葉，以。〕用金属片包裹。张说《奉和石桥铭》："石边河上，镤锻河中。"

鎝　〔dā〕翻土农具。《正字通·金部》："旧注音撒，锬也。按今俗称铁锴，发土具。铁锴头广一尺，功用胜于耜。"见"鎝頭"。

【鎝頭】　乐工的一种服饰。顾况《李供奉弹箜篌歌》："国府乐手弹箜篌，赤黄绦索金锴头。"

鍊　〔liàn《广韵》郎甸切，去霰，來。〕❶冶炼，用加热的方法使物质熔化而变得纯净或坚韧。李赤《姑熟杂咏·灵墟山》："伏炼九丹成，方随五云去。"孟郊《求友》："欲知求友心，先把黄金炼。"沈亚之《别庞子肃》："自为应仙才，丹砂炼几回。"刘沧《经麻姑山》："麻姑此地炼神丹，寂寞烟霞古灶残。"❷锤炼和推敲文句。张继《送窦十九判官使江南》："游客淹星纪，裁诗炼土风。"项斯《寄坐夏僧》："还应炼诗句，借卧石池傍。"王建《维扬冬末寄幕中二从事》："典尽客衣三尺雪，炼精诗句一头霜。"❸修炼，陶冶。白居易《夜雨有念》："炼成不二性，消尽千万缘。"陆龟蒙《奉和袭美太湖诗二十首·以毛公泉献大谏清河公》："先生炼飞精，羽化成翩翻。"

【鍊丹】　道家法术之一。源于古代方术，指置朱砂于炉中炼制。其法有内丹、外丹之分。以气功修炼人体精气神谓之内丹，以炉火烧炼药石谓之外丹。道家丹鼎派以金液还丹为学仙修道的第一要求，力倡金丹服食，影响很大。但由于外丹烧炼，既费钱财，又不见奇效，服食金丹多致横死，因而令人生疑而走向衰落，渐被内丹修炼所代替。李白《留别广陵诸公》："炼丹费火石，采药穷山川。"韦应物《信州录事参军常曾古鼎歌》："持示世人不知宝，劝君炼丹永寿考。"王季友《酬李十六岐》："炼丹文武火未成，卖药贩履俱逃名。"周朴《送梁道士》："应有同溪客，相寻学炼丹。"

【鍊火】　用炼炭烧的火。李白《登敬亭山南望怀古赠窦主簿》："愿随子明去，炼火烧金丹。"

【鍊丹井】　炼丹取水的井。许浑《天竺寺题葛洪井》："羽客炼丹井，井留人已无。"皮日休《太湖诗·游毛公坛》："次到炼丹井，井干翳宿莽。"

【鍊玉】　见"鍊玉液"。

【鍊玉液】　道家谓炼制仙液。李白《游泰山六首》之五："终当遇安期，于此炼玉液。"亦省称炼玉。李白《送温处士归黄山白鹅峰旧居》："仙人炼玉处，羽化留余踪。"元结《宿无为观》："如今道士三四人，茹芝炼玉学轻身。"

【鍊石燒金】　谓道家以金石药物当原料炼丹。杜光庭《怀古今》："谁能绝圣韬贤餐芝饵术，谁能含光遁世炼石烧金。"

【鍊石補天】　古代神话传说女娲炼五色石以补天。后用以指以强大势力辅弼社稷。李白《窜夜郎于乌江留别宗十六璟》："斩鳌翼娲皇，炼石补天维。"

【鍊句】　锤炼和推敲文句。周贺《投江州张郎中》："炼句贻箱箧，悬图见蜀岷。"贻，一作盈。杜荀鹤《闲居书事》："鬓白只应秋炼句，眼昏多为夜抄书。"李中《清溪逢张惟贞秀才》："昔年同炼句，几夜共听猿。"

【鍊形】　道教徒谓修炼自身形体。吴筠《步虚词十首》之四："禀化凝正气，炼形为真仙。"顾况《大茅岭东新居忆亡子从真》："其夭非不幸，炼形由太阴。"刘得仁《山中寻道人不遇》："年过弱冠风尘里，常拟随师学炼形。"皮日休《奉和鲁望白菊》："玩影冯妃堪比艳，炼形萧史好争妍。"

【鍊金】　冶炼金属。杜甫《同豆卢峰知字韵》："炼金欧冶子，喷玉大宛儿。"

【鍊金客】　指炼金丹以求长生的人，即道士。王维《李处士山居》："方随炼金客，林上家绝巘。"岑参《寻少室张山人闻与偃师周明府同入都》："中峰炼金客，昨日游人间。"孟郊《寻裴处士》："悠哉炼金客，独与烟霞亲。"

【鍊金骨】　义同炼骨。李白《天台晓望》："攀条摘朱实，服药炼金骨。"又《忆秋浦桃花旧游时窜夜郎》："三载夜郎还，于兹炼金骨。"又《感兴六首》之四："西山玉童子，使我炼金骨。"又《感遇四首》之三："不自娇玉颜，方希炼金骨。"

【鍊性】　道家谓修炼心性。孟郊《小隐吟》："炼性静栖白，洗情深寄玄。"

【鍊骨】　指道家修炼肌骨，使身体轻盈不朽。杜甫《寄刘峡州伯华使君四十韵》："炼骨调情性，张兵挠棘矜。"严维、谢良弼《中元日鲍端公宅遇吴天师联句》："养形奔二景，炼骨度千年。"曹唐《小游仙诗九十八首》之六八："金鳌头上蓬莱殿，唯有人间炼骨人。"

【鍊思】　诗思，文思。诗句、文句须反复推敲和锤炼才臻于优美，故称。韩翃《送山阴姚丞携妓之任兼寄山阴苏少府》："知君炼思本清新，季子如今德有邻。"

【鍊真】 修炼元气。吴筠《高士咏·樊先生》："炼真自轻举，浮世何足遗。"

【鍊氣】 道家指通过吐纳、导引等以求长生的一种养生法。李白《相和歌辞·凤吹笙曲》："始闻炼气餐金液，复道朝天赴玉京。"

【鍊師】 本指德高思精的道士，后亦指一般道士。王昌龄《谒焦炼师》："岂意石堂里，得逢焦炼师。"王维有《赠东岳焦炼师》。杜甫《忆昔行》："更讨衡阳董炼师，南浮早鼓潇湘柁。"权德舆有《送王炼师赴王屋洞》。

【鍊液】 炼取丹液。道教称丹液为长生不老之药。李白《下途归石门旧居》："隐居山，陶公炼液栖其间。"

【鍊魄】 指道家修炼。李颀《王母歌》："若能炼魄去三尸，后当见我天皇所。"李白《赠嵩山焦炼师》："潜光隐嵩岳，炼魄栖云幄。"李益《罢秩后入华山采茯苓逢道者》："始疑有仙骨，炼魄可永宁。"皎然《咏数探得七》："求真初作传，炼魂已成仙。"

【鍊蜜】 熬炼蜂蜜。于鹄《过凌霄洞天谒张先生祠》："炼蜜敲石炭，洗澡乘瀑泉。"

【鍊質】 冶炼出的形质。裴夷直《观淬龙泉剑》："炼质才三尺，吹毛过百重。"

【鍊藥】 炼制丹药。张九龄《登南岳事毕谒司马道士》："吸精反自然，炼药求不死。"薛据《出青门往南山下别业》："弱年好栖隐，炼药在岩窟。"姚合《武功县中作三十首》之三十："拜别登朝客，归依炼药翁。"陆龟蒙《江南秋怀寄华阳山人》："炼药传丹鼎，尝茶试石甑。"

鍔 〔è《广韵》五各切，入鐸，疑。〕刀剑的刃。李峤《剑》："锷上芙蓉动，匣中霜雪明。"杜甫《荆南兵马使太常卿赵公大食刀歌》："镌错碧罂鸊鹈膏，铓锷已莹虚秋涛。"李贺《吕将军歌》："将军振袖挥剑锷，玉阙朱城有门阁。"皮日休《初夏游楞伽精舍》："薛厚滑似漦，峰尖利如锷。"亦指锋刃状物。陆龟蒙《奉和袭美初夏游楞伽精舍次韵》："苔蔽石髓根，蒲差水心锷。"

鍼 〔zhēn《广韵》職深切，平侵，章。〕同"針"。❶缝纫工具，细长而小，金属制，一端有孔，用以穿线。白居易《简简吟》："十一把镜学点妆，十二抽针能绣裳。"❷劝谕，规劝。元稹《桐花》："非琴独能尔，事有谕因针。"

【鍼女】 缝纫女工。白居易《醉后狂言酬赠萧殷二协律》："因命染人与针女，先制两裘赠二君。"

【鍼石】 用砭石制成的石针。古用以针灸。白居易《自蜀江至洞庭湖口有感而作》："滞则为疽疣，治之在针石。"

【鍼線】 针和线。指女红。白居易《秋霁》："独对多病妻，不能理针线。"

鍬 〔qiāo《字汇》此遥切。〕铁锹，一种掘土工具。亦指用锹掘土铲物。引申为摧残。见"锹翮"。

【鍬翮】 犹铩翮。摧落羽毛。喻不得志。许景先《征君宅》："奈何灵仙骨，锹翮瑶池津。"

鍾 〔zhōng《广韵》職容切，平鐘，章。〕❶饮酒器。酒杯。亦用作量词，用于量酒。高适《营州歌》："虏酒千锺不醉人，胡儿十岁能骑马。"杜甫《奉送魏六丈佑少府之交广》："掌中琥珀锺，行酒双逶迤。"温庭筠《夜宴谣》："虬须公子五侯客，一饮千锺如建瓴。"张乔《赠边将》："对酒擎锺饮，临风拔剑歌。"❷古容量单位。春秋时齐国公室的公量，合六斛四斗。后亦有合八斛及十斛之制。肃宗、益王《赐梨李泌与诸王联句》："不食千锺粟，唯餐两颗梨。"白居易《赠友五首》之五："惜哉万锺粟，多用饱妻儿。"褚载《吊秦叟》："市西楼店金千秤，渭北田园粟万锺。"❸集中，汇集。岑参《陪狄员外早秋登府西楼因呈院中诸公》："威声振蛮貊，惠化锺华阳。"权德舆《寓兴》："弱冠无所就，百忧锺一身。"白居易《和答诗十首·答四皓庙》："汉高之季年，嬖宠锺所私。"许棠《写怀》："汩没与辛勤，全锺在此身。"❹遭逢。白居易《凶宅》："连延四五主，殃祸继相锺。"贯休《赠抱麻刘舍人》："得罪锺多故，投荒岂是迍。"❺通"鐘"。古代礼乐器。独孤及《初晴抱琴登马退山对酒望远醉后作》："微风度竹来，韵我号锺弦。"参见"鍾室"。❻姓。徐铉有《送锺德林郎中学士赴东府诗·得酒》。

【鍾山】 山名。即紫金山。在今江苏南京市东北。王昌龄《宿灞上寄侍御玙弟》："不应百尺松，空老锺山靄。"李白《金陵歌送别范宣》："锺山龙盘走势来，秀色横分历阳树。"李商隐《咏史》："三百年间同晓梦，锺山何处有龙盘。"李宾《登瓦官寺阁》："锺山对北户，淮水入南荣。"

【鍾王】 指钟传。僖宗朝官江西团练使、镇南节度使、检校太保、中书令，爵颍川郡王。后徙南平。耿章有《辞南平锺王召》。

【鍾久章】 五代南汉诗人。其先邕州（今广西南宁）人，后徙家番禺（今广东广州）。《全唐诗》卷七九六录其断句一联，题名钟元章，误。

【鍾石】 ❶（—dàn）容量单位。一钟受六斛四斗，一石受十斗。韦安石《梁王宅侍宴应制同用风字》："九醖倾锺石，百兽协丝桐。"李颀《送綦毋三谒房给事》："夫子大名下，家无锺石储。"❷(一shí)钟磬。《郊庙歌辞·享太庙乐章·歆和》："洁诚斯展，锺石方遒。"

【鍾吕】 乐律，声律。李峤《麟》："奇音中锺吕，成角喻英才。"

【鍾秀】 聚集灵秀之气。贯休《杜侯行》："德门锺秀光盛时，三虎八龙皆世瑞。"徐铉《和门下殷侍郎新茶二十韵》："孕灵资雨露，锺秀自山川。"

【鍾尚書】 疑为钟季文。季文据明州，朝廷被迫授刺史。唐末刺史则往往检校尚书。杜荀鹤有《别四明锺尚书》。罗隐有《春晚寄锺尚书》。

【鍾阜】 即钟山。杨炯《和刘长史答十九兄》："石城俯天阙，锺阜对江津。"唐彦谦《金陵九日》："九重天近瞻锺阜，五色云中望建章。"吴融《太湖石歌》："小山丛桂且为伴，锺阜白云长自归。"又《望嵩山》："不觉衡阳遮雁过，如何锺阜斗龙盘。"

【鍾乳】 钟乳石。石灰岩洞中悬挂在洞顶上的像冰锥的物体。其状如钟乳(古钟面隆起的饰物)，故名。王建《温门山》："似见丹砂光，亦闻锺乳滴。"元稹《饮致用神曲酒三十韵》："琉璃惊太白，锺乳讶微青。"李涉《春山三朅来》之二："琼英动摇锺乳碧，丛丛高下随崖岭。"章孝标《上太皇先生》："露凝锺乳冷，风定玉箫清。"

【鍾郎中】 指钟谟。曾官吏部郎中。徐铉有《正初答锺郎中见招》《附书与锺郎中因寄京妓越宾》和《闻查建州陷贼寄锺郎中》。

【鍾律】 音律。杜甫《八哀诗·赠秘书监江夏李公邕》："锺律俨高悬，鲲鲸喷迢递。"元稹《和李校书新题乐府十二首·华原磬》："正声不屈古调高，锺律参差管弦病。"

【鍾室】 悬钟之室。特指汉长乐宫悬钟之室。韩信被杀于此。《史记·淮阴侯列传》："吕后使武士缚信，斩之长乐锺室。"刘禹锡《韩信庙》："将略兵机命世雄，苍黄锺室叹良弓。"

【鍾員外】 指钟蒨。仕南唐，为员外郎、翰林学士。萧彧、孙岘、谢仲宣均有《送锺员外》。参见"鍾蒨"。

【鍾陵】 县名。宝庆元年(762)以南昌县改置。治所即今江西南昌市。贞元中改为南昌县。刘长卿《负谪后登干越亭作》："杳杳锺陵暮，悠悠鄱水春。"耿湋《春日洪州即事》："锺陵春日好，春水满南塘。"罗邺有《锺陵崔大夫罢镇攀随再经匡庐寺宿》。尚颜《与陈陶处士》："锺陵城外住，喻似玉沉泥。"

【鍾陵鐵柱】 古迹名。故址在今江西南昌市。相传晋许逊为旌阳令，时江西有蛟为害，许逊与其徒仗剑杀之，并作大铁柱以镇压。后世建立宫观以祀许逊。唐咸通中额题铁柱。卢士衡有《锺陵铁柱》。

【鍾情】 感情专注。李群玉《哭小女痴儿》："方同王衍锺情切，犹念商瞿有庆迟。"

【鍾陽】 旧镇名。亦名皂角铺。在今四川绵阳县西南三十里。卢照邻有《奉使益州至长安发锺阳驿》。

【鍾愛】 特别喜爱。孟简《咏欧阳行周事》序："呜呼：锺爱于男女，素期效死，夫亦不蔽也。"施肩吾《效古词》："姊妹无多兄弟少，举家锺爱年最小。"

【鍾雅】 秦尚运有《题锺雅青纱枕》。钟雅乃舒雅之讹。舒雅，宣城(今安徽宣州市)人。南唐进士，入宋官至刑部郎中。

【鍾蒨】 字德林。豫章(今江西南昌)人，仕南唐，为员外郎、集贤殿学士。保大九年(951)为东都少尹。十五年(957)夏，自郎中、学士摄东都尹。交泰中为抚州观察判官、检校屯田郎中。后主时为勤政殿学士。《全唐诗》卷七五七录其诗一首。

【鍾輅】 诗人。大和二年(828)登进士第，官崇馆校书郎。见《前定录序》《登科记考》卷二〇。《全唐诗》卷五一六录其《缑山月夜闻王子晋吹笙》。

【鍾鼎】 ❶钟和鼎。杜甫《秋日荆南述怀三十韵》："数见铭锺鼎，真宜法斗魁。"张祜《隋堤怀古》："本欲山河传百二，谁知锺鼎已三千。"❷喻富贵荣华。张贾《和太原山亭怀古诗》："岂不贵锺鼎，至怀在希夷。"寒山《诗三百三首》之二："寄语锺鼎家，虚名定无益。"

【鍾漏】 钟和漏刻。借指时间、时候。刘商《秋夜听严绅巴童唱竹枝歌》："天晴露白锺漏迟，泪痕满面看竹枝。"

【鍾磬】 佛教法器。李绅《杭州天竺灵隐二寺顷岁亦布衣一游因追思为诗二首》之一："时有猿猱扰锺磬，老僧无复得安禅。"

【鍾德林】 钟蒨，字德林。仕南唐，为员外郎、集贤殿学士。保大九年(951)为东都少尹。徐铉有《赋石奉送锺德林少尹员外》和《送锺德林郎中学士赴东都府诗·得酒》，徐锴有《送程德琳郎中学士》。程为钟之误。

【鍾輻】 诗人。江南人。咸通末，以广文生为苏州院巡。《全唐诗》卷八九一录其《卜算子慢》词一首。

【鍾謨】 南唐诗人。字仲益，其先会稽(今浙江绍兴市)人，后徙闽之崇安(治所在今福建崇安县)，已而乔居金陵(今江苏南京市)。李升时，曾累官吏部郎中。李璟时，为翰林学士，进礼部侍郎，判尚书事。《全唐诗》卷七五七录其诗三首。

【鍾離】 古县名。秦置，治所在今安徽凤阳县东北临淮关。东汉改为侯国。三国魏废。西晋太康二年(281)复置。东晋安帝时改为燕县。北齐复为钟离县。隋初为濠州,炀帝为钟离郡。唐武德三年(620)置濠州,皆治于此。杜甫《元日寄韦氏妹》:"近闻韦氏妹,迎在汉锺离。"又《乾元中寓居同谷县作歌七首》之四:"有妹有妹在锺离,良人早殁诸孤痴。"

【鍾離寺】 寺名。在今安徽凤阳县临淮关西。张祜有《题濠州锺离寺》。

【鍾離權】 字云层,号正阳子。汉咸阳(今陕西咸阳市)人。师事东华子,隐于正阳洞,修炼登仙。自称都散汉钟离,为道教北宗第一组,道称正阳帝君,俗称八仙之一汉钟离祖师。吕洞宾曾对之执弟子礼。《全唐诗》录其诗四首。

鍤 〔chā《广韵》楚洽切,入洽,初。又丑輒切,入葉,徹。〕❶锹。李华《云母泉诗》:"愿言构蓬荜,荷锸引泠泠。"白居易《洛阳有愚叟》:"抱琴荣启乐,荷锸刘伶达。"章孝标《和顾校书新开井》:"霜锸破桐阴,青丝试浅深。"李洞《题咸阳楼》:"标衣多吕裔,荷锸或刘孙。"❷指簪子。陆龟蒙《洞房怨》:"玉锸朝扶鬓,金梯晚下台。"

鍑 〔fù《广韵》方副切,去宥,非。又方六切,入屋,非。〕广口釜。皮日休《吴中苦雨因书一百韵寄鲁望》:"蝛蝓将入甑,鼃蜞已临鍑。"自注:"音复。《说文》云:'如釜而口大。'"

鍛 〔duàn《广韵》丁貫切,去换,端。〕❶打铁,铸造。卢纶《割飞二刀子歌》:"改锻割飞二刀子,色迎霁雪锋含霜。"陆龟蒙《江南秋怀寄华阳山人》:"但从垆冶锻,莫受罻罗婴。"❷编织。郑钖《婕妤怨》:"宝叶随云髻,珠丝锻履綦。"❸见"鍛鍊"。

【鍛鍊】 ❶冶炼铸造。郭震《古剑篇》:"良工锻炼凡几年,铸得宝剑名龙泉。"❷喻锤炼和推敲文辞。方干《赠邻居袁明府》:"文章锻炼犹相似,年齿参差不校多。"❸在艰难困苦中磨炼,以增长才干。杜甫《奉赠太常张卿二十韵》:"顾深惭锻炼,才小辱提携。"

【鍛鐵】 打铁。白居易《咏慵》:"弹琴复锻铁,比我未为慵。"

【鍛爐】 打铁用的炉子。亦泛称打铁的场所。三国魏嵇康对司马氏执政不满,隐于山林,寄情诗琴。"性绝巧而好锻。宅中有柳树甚茂,乃激水圜之,每夏月,居其下以锻。"杜甫《过南岳入洞庭湖》:"才淑随厮养,名贤隐锻炉。"

鍠 〔huáng《广韵》户盲切,平庚,匣。《集韵》胡光切,平唐,匣。〕象声词。多形容金属打击乐器的响声。韩愈、孟郊《城南联句》:"泥象对骋怪,铁钟孤舂锽。"

【鍠鍠】 象声词。状钟鼓之声。金真德《太平诗》:"幡旗既赫赫,钲鼓何锽锽。"

鎚 同"錘"。

鍮 〔tōu《广韵》託侯切,平侯,透。〕铜与炉甘石共炼而成的黄铜。见"鍮石"。

【鍮石】 铜与炉甘石(菱锌矿)共炼而成的黄铜。元稹《相和歌辞·估客乐》:"鍮石打臂钏,糯米炊项璎。"

鍰 〔huán《广韵》户關切,平删,匣。〕古代重量单位。一般认为锾重六两。亦代指钱币。见《书·吕刑》。元稹《台中鞫狱忆开元观旧事呈损之兼赠周兄四十韵》:"哀哉剧部职,唯数赃罪锾。"柳宗元《酬韶州裴曹长使君寄道州吕八大使因以见示二十韵一首》:"圣理高悬象,爰书降罚锾。"

鍧 〔hōng《广韵》呼宏切,平耕,晓。〕象声词。形容敲击钟鼓和金属物发出的声响。元稹《献荥阳公诗五十韵》:"卫磬琤锢极,齐竽僭滥偏。"又《内状诗寄杨白二员外》:"天门暗辟玉琤锢,昼送中枢晓禁清。"

鎪 〔sōu《集韵》先侯切,平矦,心。〕❶镂刻。李商隐《富平少侯》:"彩树转灯珠错落,绣檀回枕玉雕锼。"亦指挖空。白居易《想东游五十韵》:"橘苞从自结,藕孔是谁锼。"❷蚀,侵削。李贺《昌谷诗》:"攒虫锼古柳,蝉子鸣高邃。"胡能令《王昭君》:"胡风似剑锼人骨,汉月如钩钓胃肠。"❸一种农具兼兵器。元结《闵荒诗》:"人将引天钐,人将持天锼。"

十 画

鏌 〔mò《广韵》慕各切,入鐸,明。〕见"鏌鋣"。

【鏌鋣】 亦作"鏌鎁"。古之良剑名。后泛称良剑。高适《送张瑶贬五溪尉》:"他日维桢干,明时悬镆铘。"刘长卿《奉送从兄罢官之淮南》:"何事浮溟渤,元戎弃镆铘。"薛能《西县途中二十韵》:"野客误桑麻,从军带镆铘。"胡曾《咏史诗·泜水》:"韩信经营按镆铘,临戎叱咤有谁加。"

【鏌鎁】 见"鏌鋣"。

【鏌鋣劍】 良剑名。白居易《新乐府·鸦九剑》:"金铁腾精火翻焰,踊跃求为镆铘剑。"张祜《书愤》:"平生镆铘剑,不报小人仇。"

鎮 〔zhèn《广韵》陟刃切，去震，知。又陟隣切，平真，知。〕❶用重物压在上面，向下加重量。杜牧《杜秋娘诗》："虎睛珠络褓，金盘犀镇帷。"顾敻《甘州子》词之四："月色照衣襟，山枕上，翠钿镇眉心。"❷压制，抑止。韦应物《登郡寄京师诸季淮南子弟》："徒有盈樽酒，镇此百端忧。"韩愈《荐士》："杳然粹而清，可以镇浮躁。"❸威服，威慑。刘宪《奉和圣制登骊山高顶寓目应制》："骊阜镇皇都，銮游眺八区。"李白《登瓦官阁》："灵光何足贵，长此镇吴京。"耿沣《登鹳雀楼》："黄河经海内，华岳镇关西。"汪遵《昭君》："汉家天子镇寰瀛，塞北羌胡未罢兵。"❹安抚，安定。李洞《感恩书事寄上集义司徒相公》："镇时贤相回人镜，报德慈亲点佛灯。"❺压倒，超出。寒山《诗三百三首》之二六五："雄雄镇世界，天台名独超。"骆宾王《夏日游德州赠高四》："鬲津开巨浸，稽阜镇名都。"许玫《题雁塔》："北岭风烟开魏阙，南轩气象镇商山。"❻喻中坚人物。徐彦伯《比干墓》："大位天下宝，维贤国之镇。"❼重地，险要处。储光羲《临江亭五咏》之一："晋家南作帝，京镇北为关。"❽镇守，防守。李白《送赵判官赴黔府中丞叔幕》："风霜推独坐，旌节镇雄藩。"钱起《送王相公赴范阳》："去镇关河静，归看日月明。"白居易《微之就拜尚书因书贺意兼咏离怀》："我为宪部入南宫，君作尚书镇浙东。"李商隐《安平公诗》："公时受诏镇东鲁，遣我草诏随车牙。"❾古谓一地内之名山、主山。见《周礼·夏官·职方氏》。崔融《登东阳沈隐侯八咏楼》："左右会稽镇，出入具区薮。"韩愈《谒衡遂宿岳寺题门楼》："五岳祭秩皆三公，四方环镇嵩当中。"❿市镇，集镇。杜甫《寄张十二山人彪三十韵》："官场罗镇碛，贼火近洮岷。"羊士谔《资阳郡中咏怀》："江清牛渚镇，酒熟步兵厨。"张籍《酬杭州白使君兼寄浙东元大夫》："相印暂离临远镇，掖垣出守复同时。"项斯《边游》："古镇门前去，长安路在东。"⓫常常，长久。太宗《咏烛二首》："镇下千行泪，非是为思人。"李贺《有所思》："君心未肯镇如石，妾颜不久如花红。"薛能《赠源寂禅师》："瓶钵镇随腰，怡然处寂寥。"顾敻《木兰花》词之四："镇长独立到黄昏，却怕良宵频梦见。"

【鎮日】　整日，整天。魏璞《陪皮袭美陆鲁望重过鸟窠迹》："螺池水色经年静，仙岭松声镇日闲。"

【鎮西】　即安西大都护府。至德元年(756)更名镇西。岑参有《醉里送裴子赴镇西》。《杂曲歌辞·镇西》："天边物色更无春，只有羊群与马群。"

【鎮戍】　镇守，戍守。刘禹锡《武昌老人说笛歌》："往年镇戍到蕲州，楚山萧萧笛竹秋。"

【鎮州】　州名。唐元和十五年(820)改恒州置，治所在真定县(今河北正定县)。韩愈有《镇州路上谨酬裴司空相公重见寄》和《镇州初归》，张祜有《送魏尚书赴镇州行营》。

【鎮守】　守护。无名氏《塞姑》："昨日卢梅塞口，整见诸人镇守。"

【鎮長】　(—cháng)常常，经常。韩愈《杏花》："浮花浪蕊镇长有，才开还落瘴雾中。"李群玉《龙安寺佳人阿最歌八首》之八："好鱼输獭尽，白鹭镇长饥。"

【鎮南勳】　指巨大的功勋。李商隐《自南山北归经分水岭》："犹余遗意在，许刻镇南勋。"

【鎮國】　❶使国家稳固安定。崔融《哭蒋詹事俨》："镇国山基毁，中天柱石颓。"❷唐方镇名。治所在华州(今陕西华县)。岑参有《潼关镇国军句覆使院早春寄王同州》。

【鎮静】　持重，沉静。宋之问《饯湖州薛司马》："镇静移吴俗，风流在汉京。"杜甫《又作此奉卫王》："推毂几年唯镇静，曳裾终日盛文儒。"又《奉送郭中丞兼太仆卿充陇右节度使三十韵》："古来于异域，镇静示专征。"

【鎮撫】　镇守和安抚。姚鹄《赠边将》："三边近日往来通，尽是将军镇抚功。"刘禹锡《平蔡州三首》之一："相公从容来镇抚，常侍郊迎负文弩。"

【鎮壓】　镇守。刘禹锡《将赴汝州途出浚下留辞李相公》："联翩旧相来镇压，四海吐纳皆通流。"又《和浙西李大夫伊川卜居》："飞鸣天上路，镇压海西门。"

鎛 〔bó《广韵》補各切，入鐸，幫。〕古代乐器，钟形，铜制。薛曜《舞马篇》："钩陈周卫俨旌旄，钟镈陶匏声殷地。"

鎘 〔lì《广韵》郎擊切，入錫，來。〕同鬲。古代炊器，有三空心足，最初为陶制，后为青铜制。亦泛指锅。王维《胡居士卧病遗米因赠》："床上无毡卧，镉中有粥否。"

鎩 〔shā《广韵》所八切，入黠，生。又所例切，去祭，生。又所拜切，去怪，生。〕摧落禽类羽毛，折断禽类翅膀。王维《哭祖六自虚》："何辜铩鸾翮，底事碎龙泉。"李白《酬王补阙惠翼庄庙宋丞泚赠别》："鸾翮我先铩，龙性君莫驯。"顾况《哭从兄苌》："黄鹄铩飞翅，青云叹沉姿。"韩愈、孟郊《雨中寄孟刑部几道联句》："今君轺方驰，伊我羽已铩。"

【鎩羽】　摧落羽毛。亦指羽毛摧落之鸟。常喻不得志，处境不幸。张九龄《江上遇疾风》："投林鸟铩羽，入浦鱼曝鳃。"柳宗元《零陵赠李卿元侍御简吴武陵》："铩羽集枯干，低昂互鸣悲。"又《酬娄秀才将之淮南见赠之什》："好音怜铩羽，濡沫慰穷鳞。"

【鎩翮】　摧落羽毛。常喻不得志。骆宾王《早秋出塞寄东台详正学士》："南图终铩翮，北上遽催辕。"杜甫《敬寄族弟唐十八使君》："鸾凤有铩翮，先儒曾抱麟。"元稹《纪怀赠李六户曹崔二十功曹五十韵》:"铩翮鸾栖棘,藏锋箭在弸。"李绅《悲善才》:"笼禽铩翮尚还飞,白首生从五岭归。"亦指被摧毁的毛羽,喻受挫的境遇。刘禹锡《酬郑州权舍人见寄二十韵》:"铩翮方抬举,危根易损伤。"

【錣翼】 折断翅膀。喻人受挫折、摧残。钱起《叹毕少府以持法无隐见系》:"翠凤呈其瑞,虞罗寄铩翼。"

鎗1 〔chēng《广韵》楚庚切,平庚,初。〕❶(又读qiāng)象声词。本状钟声,后亦状各种响亮、清脆之声。韩愈、孟郊《城南联句》:"宝唾拾未尽,玉啼堕犹铨。"参见"鎗然"。❷铛,鼎。李贺《始为奉礼忆昌谷山居》:"长铨江米熟,小树枣花春。"

鎗2 〔qiāng《集韵》千羊切,平陽,清。〕❶一种兵器,有长柄,头尖,用于刺击。岑参《东归留题太常徐卿草堂》:"顷曾策匹马,独出持两铨。"张祜《投魏博田司空二十韵》:"夜栅回千马,昏鼙亚万铨。"许浑《题卫将军庙》序:"逖时挟铨剑,前突后翼。"无际《咏走灯诗》:"除却心中三昧火,铨刀人马一齐休。"❷茶叶的嫩尖。吕岩《大云寺茶诗》:"玉蕊一铨称绝品,僧家造法极功夫。"

【鎗然】 形容金属器物等响亮、清脆的声音。韦应物《信州录事参军常曾古鼎歌》:"葛仙埋之何不还,耕者铨然得其间。"

【鎗摐】 见"鎗鏦"。

【鎗旗】 茶叶嫩尖。齐己《谢人惠扇子及茶》:"铨旗封蜀茗,圆洁制鲛绡。"

【鎗₂鎗】 (—qiāng)象声词。状金属撞击等响亮、清脆之声。李白《赠宣城宇文太守兼呈崔侍御》:"铨铨突云将,却掩我之妍。"李嘉祐《夜闻江南人家赛神因题即事》:"铨铨铜鼓芦叶深,寂寂琼筵江水绿。"

【鎗鏦】 亦作"鎗摐",象声词。状清脆响亮的声音。白居易《将发洛中枉令狐相公手札兼辱二篇宠行以长句答之》:"八行落泊飞云雨,五字铨锹动珮环。"又《青毡帐二十韵》:"软暖围毡毯,铨摐束管弦。"

鎖 〔suǒ《广韵》蘇果切,上果,心。〕❶链子,由金属环相连而成。刘禹锡《西塞山怀古》:"千寻铁锁沉江底,一片降幡出石头。"❷安装在门上、箱箧、抽屉等的开合处或铁链的环孔中,需要用钥匙才能打开的金属器具。元稹《为乐天自勘诗集即事成篇》:"今宵不寐到明读,风雨晓闻开锁声。"沈亚之《五月六日发石头城步望前船示舍弟兼寄侯郎》:"水关开夜锁,雾棹起晨凉。"张祜《正月十五夜灯》:"千门开锁万灯明,正月中旬动帝京。"贾岛《处州李使君改任遂州因寄赠》:"钥开原上高楼锁,瓶汲池东古井泉。"亦指锁状物。李商隐《无题四首》之二:"金蟾啮锁烧香入,玉虎牵丝汲井回。"❸用锁锁住。刘长卿《过白鹤观寻岑秀才不遇》:"不知方外客,何事锁空房。"陈羽《长安疾后首秋夜即事》:"九重深锁禁城秋,月过南宫渐映楼。"杜牧《赤壁》:"东风不与周郎便,铜雀春深锁二乔。"韦庄《句》:"印将金锁锁,帘用玉钩钩。"❹关闭,封闭。刘禹锡《平蔡州三首》之三:"南峰无火楚泽间,夜行不锁穆陵关。"朱庆余《登玄都阁》:"豪家旧宅无人住,空见朱门锁牡丹。"皮日休《鸳鸯二首》之二:"应笑豪家鹦鹉伴,年年徒被锁金笼。"❺遮蔽,荫蔽。周贺《宿李主簿》:"独树倚亭新月入,城墙四面锁山多。"李商隐《南朝》:"敌国军营漂木柿,前朝神庙锁烟煤。"温庭筠《清平乐》词之一:"凤帐鸳被徒熏,寂寞花锁千门。"可止《雪十二韵》:"凌云花顶腻,锁径竹梢低。"徐夤《题僧壁》:"香厨流瀑布,独院锁孤峰。"❻笼罩。白居易《题洛中第宅》:"春榭笼烟暖,秋庭锁月寒。"章孝标《上太皇先生》:"应怜市朝客,开眼锁浮荣。"高骈《马嵬驿》:"玉颜虽掩马嵬尘,冤气和烟锁渭津。"李九龄《上清辞五首》之二:"楼锁彤霞地绝尘,碧桃花发九天春。"❼幽闭。李贺《宫娃歌》:"啼蛄吊月钩栏下,屈膝铜铺锁阿甄。"黄滔《司马长卿》:"汉宫不锁陈皇后,谁肯量金买赋来。"❽皱眉。蜀太后徐氏《题金华宫》:"云披分景象,黛锁显楼台。"

【鎖子甲】 铠甲之一种。其甲五环相衔,一环受镞,诸环共护,故箭不能入。亦泛称精良的铠甲。贯休《战城南三首》之二:"黄金锁子甲,风吹色如铁。"

【鎖甲】 即"鎖子甲"。杜甫《虎牙行》:"渔阳突骑猎青丘,犬戎锁甲闻丹极。"又《重过何氏五首》之四:"雨抛金锁甲,苔卧绿沉枪。"

【鎖印】 封印。古谓年终封印停止办公。权德舆《春送十四叔赴任渝州录事绝句》:"巴城锁印六联静,尽日闲谣廨署中。"朱庆余《杭州卢录事山亭》:"静中看锁印,高处见迎潮。"贾岛《寄武功姚主簿》:"卷帘黄叶落,锁印子规啼。"

【鎖門】 用锁将门锁住。白居易《新乐府·陵园妾》:"老母啼呼趁车别,中官监送锁门回。"吴融《废宅》:"风飘碧瓦雨摧垣,却有邻人与锁门。"

【鎖骨】 胸腔前上部呈S型的骨头,左右各一块,内端与胸骨相连,外端与肩胛骨相连。亦泛称骨头。韩偓《感旧》:"时昏却笑朱弦直,事过方闻锁骨香。"

【鎖閉】 关闭。白居易《题文集柜》:"自开自锁闭,置在书帷前。"杜牧《宫词二首》之一:"深宫锁闭犹疑惑,更取丹沙试辟宫。"

【鎖闈】 科举考试时,考生入场后即封锁院门,以防范舞弊。后因借指考试。刘禹锡《酬严给事贺加五品兼简同制水部李郎中》:“雕盘贺喜开瑶席,彩笔题诗出锁闱。”姚合《暮春书事》:“宿愿眠云峤,浮名系锁闱。”

【鎖鑰】 即锁。用以扃固门户或箱匣。韩愈《奉和虢州刘给事使君三堂新题二十一咏·竹洞》:“洞门无锁钥,俗客不曾来。”亦用以指关闭。郑畋《五月一日紫宸候对时属禁直穿内而行因书六韵》:“禁扉犹锁钥,宫妓已妆梳。”

鎬 〔hào《广韵》胡老切,上晧,匣。〕镐京,西周国都。故址在今陕西西安市西南沣水东岸。见《诗·小雅·鱼藻》。后亦借以泛称国都。李峤《皇帝上礼抚事述怀》:“凯乐深居镐,传歌盛饮丰。”王维《大同殿柱产玉芝赐宴乐敢书即事》:“欲笑周文歌宴镐,遥轻汉武乐横汾。”储光羲《效古二首》之一:“大军北集燕,天子西居镐。”姚合《过天津桥晴望》:“自从王在镐,天宝至如今。”

【鎬池】 古池名。在西周都城镐京,今陕西西安丰镐村西北洼地一带。池水经由滈水进入渭水。汉武帝在池南凿昆明池。唐贞观中,引沣、滈二水入昆明池。唐以后湮废。独孤及《送陈兼应辟兼寄高适贾至》:“汉塞隔陇底,秦川连镐池。”

【鎬池君】 水神名。一说指周武王。李白《古风》之三一:“璧遗镐池君,明年祖龙死。”

【鎬京】 古都名。西周国都。故址在今陕西西安市西南沣水东岸。后多借以泛称国都。张说《奉和圣制春中兴庆宫酺宴应制》:“镐京陪乐饮,柏殿奉文飞。”李白《侍从宜春苑奉诏赋龙池柳色初青听新莺百啭歌》:“千门万户皆春声,是时君王在镐京。”李咸用《送谭孝廉赴举》:“鼓鼙声里寻诗礼,戈戟林间入镐京。”

【鎬宴】 谓天下太平,君臣同乐。崔湜《奉和春日幸望春宫》:“即此欢娱齐镐宴,唯应率舞乐薰风。”参见“鎬飲”。

【鎬飲】 谓天下太平,君臣同乐。宋之问《奉和晦日幸昆明池应制》:“镐饮周文乐,汾歌汉武才。”

鎰 〔yì《广韵》夷質切,入質,以。〕古代重量单位。或谓二十四两,或谓二十两。孟浩然《秦中苦雨思归赠袁左丞贺侍郎》:“二毛催白发,百镒罄黄金。”李白《魏郡别苏明府因北游》:“黄金数百镒,白璧有几双。”李贺《荣华乐》:“绣段千寻贻皂隶,黄金百镒贶家臣。”李咸用《轻薄怨》:“黄金千镒新一宵,少年心事风中毛。”

鎌 同“鐮”。

鎣 〔yīng《广韵》烏定切,去徑,影。《集韵》於莖切,平耕,影。〕古代一种长颈瓶。短足,似盉。蔡孚《打毬篇》:“金锤玉蓥千金地,宝杖雕文七宝毬。”

鎔 〔róng《广韵》餘封切,平鍾,以。〕❶熔铸金属的模具。借喻培育人才。白行简有《金在镕》。白居易《喜遇韦左丞同入南省因叙旧以赠之》:“早年同遇陶钧主,利钝精粗共在镕。”自注:“宪宗朝与韦同入翰林。”❷给金、石等加热将其变成液态。罗隐《淮南送李司空朝觐》:“九州似鼎终须负,万物为铜只待镕。”引申为融化。齐己《短歌寄鼓山长老》:“六月赤日烧不镕,飞禽瞥见人难通。”❸消失,使消失。许天正《和陈元光平潮寇诗》:“飞絮随风散,余氛向日镕。”刘禹锡《赠别君素上人诗》序:“晚读佛书,见大雄念佛之普级宝山而梯之,高揭慧火,巧镕恶见。”❹熔铸。韩愈《奉和虢州刘给事使君三堂新题二十一咏·镜潭》:“非铸复非镕,泓澄忽此逢。”❺造就。张说《奉和御制与宋璟源乾曜同日上官命宴东堂赐诗应制》:“大块镕群品,经生偶圣时。”

【鎔金】 熔化金属。刘禹锡《洞庭秋月行》:“洞庭秋月生湖心,层波万顷似镕金。”李德裕《重忆山居六首·泰山石》:“沧海似镕金,众山如点黛。”赵嘏《献淮南李相公》:“闻道国人思再入,镕金新铸鹤仪形。”陆龟蒙《奉和袭美太湖诗二十首·投龙潭》:“镕金象牙角,尺木无不备。”

【鎔造】 熔化铸造。喻培养造就。陆龟蒙《谨和谏议罢郡叙怀六韵》:“待升镕造日,江海问渔扉。”

【鎔範】 熔铸的模具。亦指熔铸、锻铸。白居易《新乐府·百炼镜》:“百炼镜,镕范非常规。”薛逢《题剑门先寄上西蜀杜司徒》:“千年管钥谁镕范,只自先天造化炉。”

【鎔鍊】 熔化冶炼。喻对人才的培养。张说《奉和圣制赐诸州刺史应制以题坐右》:“朝廷多秀士,镕炼比精金。”刘禹锡《两如何诗谢裴令公赠别二首》之二:“终期大冶再镕炼,愿托扶摇翔碧虚。”

十一画

鏗 〔kēng《广韵》口莖切,平耕,溪。〕❶象声词。形容金玉或乐器等所发出的洪亮声音。杜甫《桃竹杖引赠章留后》:“怜我老病赠两茎,出入爪甲铿有声。”李益《华阴东泉同张处士诣藏律师兼简县内同官因寄齐中书》:“美质简琼瑶,英声铿金石。”贾岛《寄李辀侍郎》:“亦冀铿珉珮,终当直石渠。”韦庄《和薛先辈见寄初秋寓怀即事之作二十韵》:“鲁殿铿寒玉,苔山激碎金。”❷撞碰,敲击。李白《舞曲歌辞·白鸠辞》:“铿鸣钟,考朗鼓。”白居易《六年春赠分司东都诸公》:“卢女铿瑶瑟,黛惨歌思深。”曹邺《吴宫宴》:“四面铿鼓钟,中央列罗绮。”李咸用《短歌行》:“坎鼓铿钟杀愁贼,挼碎是非佯不识。”❸形容诗文音节流畅,语言有力。孟郊《送淡公》之一:“翰苑钱舍人,诗韵铿雷公。”❹特指创作。孟郊《忽不贫喜卢仝书归洛》:“琪琚铿好词,鸟鹊跃庭除。”又《吊卢殷》之十:“为君铿好辞,永传作谧宁。”又《寄陕府邓给事》:“候谒随芳语,铿词芬蜀笺。”❺坚实。见“鏗然❷”。

【鏗訇】 亦作“鏗鍧”“鏗訩”。❶形容声音洪亮。刘禹锡《韩十八侍御见示诗因令属和重以自述故足成六十二韵》:“怒激鼓铿訇,蹙成山岿硊。”裴度《厅事之西即事寄言而赋斯什》:“鼓鼙时铿訩,吏卒亦喧呼。”皮日休《吴中苦雨因书一百韵寄鲁望》:“狂发铿訇音,不得懈怠僇。”吴融《赠李长史歌》:“铿訇揭调初惊人,幽咽细声还感神。”❷形容文词铿锵有力。柳宗元《奉平淮夷雅表》:“伏见周宣王时称中兴,其道彰大,于后罕及。然征于《诗·大小雅》,其选徒出狩,则《车攻》《吉日》……平淮夷则《江汉》《常武》。铿鍧炳耀,荡人耳目。”

【鏗鈜】 声音大而洪亮。薛曜《舞马篇》:“承云嘈嚈骇日灵,调露铿鈜动天驷。”

【鏗然】 ❶声音响亮貌。皎然《花石长枕歌答章居士赠》:“试叩铿然应清律,纤尘不留蝇敢拂。”亦形容语言响亮有力。白居易《和思黯居守独饮偶醉见示六韵因添两韵继而美之》:“铿然双雅音,金石相磨戛。”又《三月三日祓禊洛滨》序:“晋公首赋一章,铿然玉振。”❷充实貌,坚实貌。皮日休《太湖诗·以毛公泉一瓶献上谏议因寄》:“五色既炼矣,一勺方铿然。”黄崇嘏《辞蜀相妻女诗》:“立身卓尔青松操,挺志铿然白璧姿。”

【鏗爾】 象声词。形容金玉或乐器等所发出的洪亮声音。裴度《享惠昭太子庙乐章》:“冥然升紫府,铿尔荐清乐。”

【鏗錚】 象声词。状金石、琴瑟等清脆之声。白居易《霓裳羽衣歌》:“繁音急节十二遍,跳珠撼玉何铿铮。”

【鏗揭】 象声词。形容声音洪亮。陆龟蒙《奉酬袭美先辈吴中苦雨一百韵》:“朗咏冲乐悬,陶匏响铿揭。”

【鏗鍠】 象声词。状洪亮的音乐声。崔日用《奉和人日重宴大明宫恩赐彩缕人胜应制》:“新年宴乐坐东朝,钟鼓铿锽大乐调。”皎然《戛铜碗为龙吟歌》:“今日铿锽江上闻,蛟螭奔飞如得群。”《郊庙歌辞·祀九宫贵神乐章·豫和》:“铿锽大乐,振动心兮。”

【鏗訩】 见“鏗鍧”。

【鏗鍧】 见“鏗訇”。

【鏗鏗】 形容声音洪亮。孟郊《答昼上人止谗作》:“烈烈鸑鷟吟,铿铿琅玕音。”又《读经》:“驿驿不开手,铿铿闻异铃。”韩愈、刘师服等《石鼎联句》:“回旋但兀兀,开阖惟铿铿。”

【鏗鏗鏜鏜】 象声词。状打击乐器声。牛殳《方响歌》:“铿铿铛铛寒重重,盘涡蹙派鸣蛟龙。”

【鏗鏘】 ❶形容金玉或乐器等发出的声音洪亮。李泌《奉和圣制中和节曲江宴百僚》:“金石何铿锵,簪缨亦纷纶。”韦应物《杂体五首》之四:“铿锵发宫徵,和乐变其哀。”皎然《南湖春泛因叙相思之志以寄焉》:“铿锵佩苍玉,躞蹀驱绛驺。”陆龟蒙《奉和袭美二游诗·徐诗》:“风吹签牌声,满室铿锵然。”❷形容诗文作品音节流畅,语言干脆有力。孟郊《答卢仝》:“君文真凤声,宣隘满铿锵。”

【鏗轟】 形容声音洪亮。徐浩《宝林寺作》:“照耀珠吐月,铿轰钟隐雷。”亦借指洪亮的声音。韩愈《燕河南府秀才得生字》:“怒起簸羽翮,引吭吐铿轰。”

鏚 〔qī《广韵》倉歷切,入錫,清。〕斧子。兵器,亦用为仪仗。魏征《五郊乐章·舒和》:“执籥持羽初终曲,朱干玉鏚始分行。”张九龄《南郊太尉酌献武舞作凯安之乐》:“玉鏚初蹈厉,金匏既静好。”

鏜 〔tāng《广韵》吐郎切,平唐,透。〕本指钟鼓声。亦指敲击钟鼓。陈子昂《送著作佐郎崔融等从梁王东征》序:“镗金铙,戛瑶琴。”

【鏜鎝】 象声词。状音乐声。徐浩《谒禹庙》:“婆娑非舞羽,镗鎝异鸣球。”

【鏜鏜】 象声词。状洪钟般的说话声。来鹄《圣政纪颂》:“磊磊其事,镗镗其声。”

鏤 〔lòu《广韵》盧候切,去候,來。〕❶雕刻。郭震《古剑篇》:“琉璃玉匣吐莲花,错镂金环映明月。”李白《白鸠辞》:“天子刻玉杖,镂形赐耆人。”薛涛《赋凌云寺二首》之二:“有时锁得嫦娥镜,镂出瑶台五色霞。”皮日休《奉和鲁望白菊》:“蕊香亦似浮金靥,花样还如镂玉钱。”❷雕镂为饰。韦庄《上行杯》词之一:“今日送君千万,红缕玉盘金镂盏。”亦泛指使物变空。刘禹锡《顺阳歌》:“野水啮荒坟,秋虫镂宫树。”❸铭记。权德舆《拜昭陵过咸阳墅》:“顷岁辱明命,铭勋镂贞坚。”

【鏤月】 雕刻月亮。喻技艺精巧。李义府《杂曲歌辞·堂堂》之一:“镂月成歌扇,裁云作舞衣。”张怀庆《窃李义府诗》:“生情镂月为歌扇,出性裁云作舞衣。”

【鏤冰】 雕刻冰块。亦指雕刻的冰块。鲍溶《和王璠侍御酬友人赠白角冠》:“芙蓉寒艳镂冰姿,天朗灯深拔豸时。”李商隐《楚宫》：“扇薄常规月，钗斜只镂冰。”张贲《和皮陆酒病偶作》：“白编椰席镂冰明，应助杨青解宿醒。”

【鏤羽】 美如雕绘的羽毛。皮日休《奉和鲁望玩金瀏鶒戏赠》：“镂羽雕毛迥出群，温馨飘出麝脐熏。”陆龟蒙《玩金瀏鶒戏赠袭美》：“不知镂羽凝香雾，堪与鸳鸯觉后闻。”

【鏤金】 指雕刻金附薄片成人形。见南朝梁宗懔《荆楚岁时记》。李商隐《人日即事》：“镂金作胜传荆俗，剪彩为人起晋风。”

【鏤骨】 镂刻于骨。喻深刻难忘。杜甫《奉赠萧二十使君》：“食恩惭卤莽，镂骨抱酸辛。”

【鏤象】 指用牙雕装饰的车辆。韩琮《公子行》：“控罗青袅辔，镂象碧熏葩。”

【鏤畫】 雕刻。王建《老妇叹镜》：“嫁时明镜老犹在，黄金镂画双凤背。”

【鏤楣】 雕镂的门楣。陆龟蒙《奉和袭美馆娃宫怀古次韵》：“镂楣消落濯春雨，苍翠无言空断崖。”

【鏤管】 雕花的笔管。罗隐《寄酬邺王罗令公五首》之四：“只见篇章矜镂管，不知勋业柱青冥。”又《送陆郎中赴阙》：“少瑜镂管丘迟锦，从此西垣使凤凰。”

【鏤鍚】 马额上刻金为饰的装饰物。温庭筠《鸿胪寺偶成四十韵》：“仗官绣蔽膝，宝马金镂锡。”

【鏤檻】 雕绘的栏杆。许敬宗《奉和初春登楼即目应诏》：“文波浮镂槛，摛景焕雕楹。”太宗《置酒坐飞阁》：“余花攒镂槛，残柳散雕栊。”骆宾王《同崔驸马晓初登楼思京》：“绮疏低晚魄，镂槛肃初寒。”

【鏤雞子】 刻画花纹的鸡蛋。亦指在鸡蛋上刻画花纹。此为古代一种风俗，流行于六朝至唐代寒食节时。骆宾王有《镂鸡子》。白居易《和春深二十首》之十六：“玲珑镂鸡子，宛转彩毬花。”

【鏤襜】 绣花的垫褥。毛文锡《接贤宾》词：“香鞯镂襜五色骢，值春景初融。”

【鏤瓊】 雕镂的琼玉。元稹《生春二十首》之十二：“镂琼冰陷日，文縠水回风。”

【鏤衢】 马鞍名。陆龟蒙《大堤》：“大堤春日暮，骢马解镂衢。”亦借指马。贺敳《奉和九月九日应制》：“玉砌分雕戟，金沟转镂衢。”

鏃 〔zú《广韵》作木切，入屋，精。〕箭头。杜甫《复愁十二首》之五：“金丝镂箭镞，皂尾制旗竿。”元稹《箭镞》：“箭镞本求利，淬砺良甚难。”司空图《狂题十八首》之十四：“闻道虎疮仍带镞，吼来和痛亦横行。”韦庄《和郑拾遗秋日感事一百韵》：“弢弓挥劲镞，匣剑淬神铓。”

【鏃羽】 即羽镞，箭。因尾部缀鸟羽，故名。息夫牧《冬夜宴萧十丈因饯殷郭二子西上》序：“今殷、郭二子，天资才干，而加之镞羽，观光王庭，俯拾地芥，其谁曰不然？”

【鏃鏃】 突出貌。王建《荆门行》：“岘亭西南路多曲，栎林深深石镞镞。”

鏖 〔áo《广韵》於刀切，平豪，影。〕❶激战。见“鏖兵”“鏖剪”。❷击灭。柳宗元《游南亭夜还叙志七十韵》：“岷凶既云捕，吴虏亦已鏖。”自注：“李锜伏诛。”

【鏖兵】 激烈地战斗。杜牧《送国棋王逢》：“守道还如周柱史，鏖兵不羡霍嫖姚。”韦庄《闻回戈军》：“上将鏖兵又欲旋，翠华巡幸已三年。”

【鏖剪】 经过激战而予以剪除。陆龟蒙《战秋辞》：“曾忘鏖剪，自意澄宁。”

鏇 〔xuàn《广韵》辞戀切，去線，邪。〕转轴。杜甫《画鹰》：“绦鏇光堪擿，轩楹势可呼。”李贺《追赋画江潭苑四首》之三：“剪翅小鹰斜，绦根玉鏇花。”

鏞 〔yōng《广韵》餘封切，平鍾，以。〕大钟。见《诗·大雅·灵台》。魏征《五郊乐章·赤帝徵音》：“博硕斯荐，笙镛备举。”杜甫《寄裴施州》：“金钟大镛在东序，冰壶玉衡悬清秋。”耿湋《贺李观察祷河神降雨》：“玉帛才敷云淡淡，笙镛未撤雨霏霏。”刘言史《上巳日陪襄阳李尚书宴光风亭》：“碧池萍嫩柳垂波，绮席丝镛舞翠娥。”

鏡 〔jìng《广韵》居慶切，去映，見。〕❶镜子。用以照面饰容。刘长卿《赴巴南书情寄故人》：“直道天何在，愁容镜亦怜。”白居易《关老》：“早世身如风里烛，暮年发似镜中丝。”李商隐《效长吉》：“镜好鸾空舞，帘疏燕误飞。”李绅《趋翰苑遭诬构四十六韵》：“望天收雪涕，看镜揽霜须。”❷平面明净之物，如水面、圆月等。卢照邻《江中望月》：“镜圆珠溜彻，弦满箭波长。”韩愈《奉酬卢给事并呈上钱七兄阁老张十八助教》：“曲江千顷秋波净，平铺红云盖明镜。”岑参《成王挽歌》：“地底孤灯冷，泉中一镜寒。”许浑《村舍二首》之一：“鱼下碧潭当镜跃，鸟还青幛拂屏飞。”❸明净，光亮。太宗《登三台言志》：“镜池波太液，庄苑丽宜春。”元稹《病马诗寄上李尚书》：“尚有高悬双镜眼，何由并驾两朱轓。”李绅《寿阳罢郡日有诗十首·忆东湖》：“霞散浦边云锦截，月升湖面镜波开。”裴夷直《奉和大梁相公送人二首》之一：“想到越中秋已尽，镜河应羡月团圆。”❹映，照。孟郊《吊元鲁山》之八：“元后得贤相，冰心镜衰古。”李商隐《无题》：“晓镜但愁云鬓改，夜吟应觉月光寒。”殷文圭《八月十五夜》：“万里无云镜九州，最团圆夜是中秋。”❺借鉴，鉴戒。岑参《暮秋会严京兆后厅竹斋》：“能将吏部镜，照取寸心看。”张祜《洛阳感寓》：“须知此事堪为镜，莫遣黄金漫作堆。”白居易《新乐府·百炼镜》：“太宗常以人为镜，鉴古鉴今不鉴容。”

【鏡天】 明净如镜的天空。杜牧《长安秋望》：“楼倚霜树外，镜天无一毫。”

【鏡中】 ❶镜子之中。白居易《戏答思黯》：“愿得金波明似镜，镜中照出月中仙。”又《夭老》：“早世身如风里烛，暮年发似镜中丝。”❷平静如镜的水面。虞世南《赋得吴都》：“吴趋自有乐，还似镜中游。”明皇《赋得临池柳》：“还将眉里翠，来就镜中舒。”皎然《送维谅上人归洞庭》：“孤月空天见心地，寥寥一水镜中山。”韦庄《和侯秀才同友生泛舟溪中相招之作》：“雨外鸟归吴苑树，镜中人入洞庭烟。”❸镜湖中。罗隐《寄杨秘书》：“会待与君开秫瓮，满船般载镜中行。”方干《思越中旧游寄友》：“镜中叠浪摇星斗，城上繁花咽鼓鼙。”

【鏡中鸞】 镜中的鸾鸟。李贺《贝宫夫人》：“长眉凝绿几千年，清凉堪老镜中鸾。”李商隐《无题四首》之三：“多羞钗上燕，真愧镜中鸾。”

【鏡水】 ❶平静如镜的水。温庭筠《荷叶杯》词之二：“镜水夜来秋月，如雪。采莲时，小娘红粉对寒浪。”❷镜湖，在今浙江绍兴市会稽山北麓。贺知章《相和歌辞·采莲曲》：“稽山罢雾郁嵯峨，镜水无风也自波。”刘长卿《送严维赴河南充严中丞幕府》：“暮情辞镜水，秋梦识云门。”白居易《元微之除浙东观察使喜得杭越邻州先赠长句》：“稽山镜水欢游地，犀带金章荣贵身。”方干《越中逢孙百篇》：“镜水周回千万顷，波澜倒泻入君心。”

【鏡心】 ❶镜湖中心。张籍《酬朱庆余》：“越女新妆出镜心，自知明艳更沉吟。”方干《镜中别业二首》：“寒山压镜心，此处是家林。”❷泛称明洁物体的中心。韦应物《杂曲歌辞·行路难》：“荆山之白玉兮，良工雕琢双环连，月蚀中央镜心穿。”方干《山井》：“不知测穴通潮信，却讶轻涟动镜心。”刘兼《梦归故园》之二：“白鹭独飘山面雪，红蕖全谢镜心香。”

【鏡石】 晶莹的石头。苏颋《武担山寺》：“讵知留镜石，长与法轮圆。”

【鏡目】 明亮锐利的目光。孟郊《寄陕府邓给事》：“从来镜目下，见尽道心前。”

【鏡光】 镜子的光。借指明亮的光。刘长卿《龙门八咏·水西渡》：“伊水摇镜光，纤鳞如不隔。”杜牧《西江怀古》：“上吞巴汉控潇湘，怒似连山净镜光。”许浑《鹤林寺中秋夜玩月》：“轮彩渐移金殿外，镜光犹挂玉楼前。”广宣《贺幸普济寺应制》：“寺压山河天宇静，楼悬日月镜光新。”

【鏡花】 亦作“鏡華”。指菱花镜。杨濬《送刘散员赋得陈思王诗明月照高楼》：“镜华当牖照，钩影隔帘生。”顾朝阳《昭君怨》：“莫将铅粉匣，不用镜花光。”

【鏡匣】 ❶放置镜子等梳妆用品的盒子。李商隐《促漏》：“舞鸾镜匣收残黛，睡鸭香炉换夕熏。”❷借指镜子。喻月光。顾况《义川公主挽词》：“夜台飞镜匣，偏共掩蛾眉。”

【鏡妝】 镜中的妆粉、面容。储嗣宗《圣女祠》：“巢鹊疑天汉，潭花似镜妆。”

【鏡波館】 馆驿名。当在今浙江绍兴市境。许浑有《陪越中使院诸公镜波馆饯明台裴郑二使君》。

【鏡面】 镜子的表面。韩愈《嘲鼾睡》之一：“木枕十字裂，镜面生痱瘟。”韩愈、侯喜《石鼎联句》：“上比香炉尖，下与镜面平。”张祜《投太原李司空》：“促座杯心亚，开场镜面平。”罗隐《晚眺》：“天如镜面都来静，地似人心总不平。”

【鏡亭】 指镜湖南亭。白居易《酬集贤刘郎中对月见寄兼怀元浙东》：“思远镜亭上，光深书殿里。”

【鏡華】 （—huā）见“鏡花”。

【鏡容】 镜中的容貌。韩琮《秋晚信州推院亲友或责无书即事寄答》：“商吹移砧调，春华改镜容。”

【鏡清】 ❶镜面清洁。温庭筠《寄渚宫遗民弘里生》：“镜清花并蒂，床冷簟连心。”❷清澈如镜面。李绅《拜宣武军节度使》：“伊洛镜清回首处，是非纷杂任尘埃。”韦庄《三堂东湖作》：“满塘秋水碧泓澄，十亩菱花晚镜清。”

【鏡象】 镜中的物象。杜甫《秋日夔府咏怀奉寄郑监李宾客一百韵》：“金篦空刮眼，镜象未离铨。”

【鏡湖】 湖名。在今浙江绍兴市会稽山北麓。东汉时会稽太守马臻主持修建。为古代江南大型农田水利工程之一。以其水面如镜，故名。贺知章《回乡偶书二首》之二：“唯有门前镜湖水，春风不改旧时波。”李白《梦游天姥吟留别》：“我欲因之梦吴越，一夜飞度镜湖月。”白居易《代诸妓赠送周判官》：“妓筵今夜别姑苏，客棹明朝向镜湖。”罗隐《初夏寄顾绍宗》：“郢浦雁寻过，镜湖蝉又鸣。”

【鏡殿】 墙壁上嵌有镜子的宫殿。刘宪《奉和幸大荐福寺应制》：“珠幡映白日，镜殿写青春。”

【鏡臺】 装有镜子的梳妆台。郑愔《春怨》：“春朝物候妍，愁妇镜台前。”梁锽《狷氏子》：“忆事临妆笑，春娇满镜台。”权德舆《玉台体十二首》之十二：“双眉灯下扫，不待镜台前。”赵嘏《昔昔盐二十首·恒敛千金笑》：“玉颜恒自敛，羞出镜台前。”

【鏡奩】 亦作“鏡匳”。镜匣。崔融《则天皇后挽歌二首》之一：“镜匳长不启，圣主泪沾巾。”刘禹锡《伤秦姝行》：“博山炉中香自灭，镜奁尘暗同心结。”杜牧《杜秋娘诗》：“椒壁悬锦幕，镜奁蟠蛟螭。”孙光宪《临江仙》词之一：“镜奁长掩，无意对孤鸾。”

【鏡輪】 ❶镜子。陈素风《句》:"白宝镜轮金翡翠,五云丝网玉蜘蛛。"❷喻明月。骆宾王《秋晨同淄州毛司马秋九咏・秋月》:"云披玉绳净,月满镜轮圆。"

【鏡匳】 见"鏡奩"。

【鏡徹】 清晰透彻。李白《赠僧崖公》:"大地了镜彻,回旋寄轮风。"

【鏡潭】 清澈如镜之水潭。夏鸿《和赠和龙妙空禅师》:"翰林遗迹镜潭前,孤峭高僧此处禅。"

【鏡檻】 镜台。李商隐《镜槛》:"镜槛芙蓉入,香台翡翠过。"

【鏡聽】 古卜法之一。古谓之响卜。怀镜于通衢间,听往来之言以占休咎。王建《镜听词》:"重重摩挲嫁时镜,夫婿远行凭镜听。"李廓有《镜听词》,自注:"古之镜听,犹今之瓢卦也。"

【鏡巖】 地名。在今浙江缙云县之仙都山。皮日休《寄题镜岩周尊师所居》序:"处州仙都山,山之半有洞口,下望之如鉴,目之曰镜岩。"陆龟蒙有《和袭美寄题镜岩周尊师所居》。

【鏡鑷】 镜子和镊子。镜以照面容,镊以去白发。查文徽《寄麻姑仙坛道士》:"白发只应悲镜镊,丹砂犹待寄刀圭。"

【鏡鸞】 喻分离的夫妻。王涣《惆怅诗十二首》之四:"诀别徐郎泪如雨,镜鸾分后属何人。"

鏟 〔chǎn《广韵》初限切,上産,初,又初鴈切,去諫,切。〕❶铲除。杜甫《剑门》:"意欲铲叠嶂,恐此复偶然。"元稹《生春二十首》之十七:"独眠傍妒物,偷铲合欢丛。"吴融《赴阙次留献荆南成相公三十韵》:"铲土楼台构,连江雉堞笼。"❷消除。孟郊《求仙曲》:"铲惑有灵药,饵真成本源。"

鏑 〔dí《广韵》都歷切,入錫,端。〕箭头,亦指箭。杜甫《秋日荆南述怀三十韵》:"愿闻锋镝铸,莫使栋梁摧。"又《夜听许十损诵诗爱而有作》:"应手看捶钩,清心听鸣镝。"又《入衡州》:"销魂避飞镝,累足穿豺狼。"李贺《感讽六首》之三:"恂恂乡门老,昨夜试锋镝。"

鏘 〔qiāng《广韵》七羊切,平陽,清。〕形容金、玉等硬物的撞击声。亦指发出响亮清越的优美之声。杜审言《七夕》:"袨服锵环珮,香筵拂绮罗。"顾况《游子吟》:"层城登云韶,王府锵球琳。"李群玉《送魏珪覲省》:"烟萝拂行舟,玉濑锵枕席。"韦庄《村笛》:"箫韶九奏韵凄锵,曲度虽高调不伤。"

【鏘玉】 玉撞击声。苏颋《寒食宴于中舍别驾兄弟宅》:"始睹元昆锵玉至,旋闻季子佩刀回。"钱起《送李九归河北》:"伫闻收组练,锵玉会承明。"欧阳詹《咏德上太原李尚书》:"锵玉半为趋閤吏,腰金皆是走庭流。"白居易《感悟妄缘题如上人壁》:"弄沙成佛塔,锵玉谒王宫。"

【鏘金】 ❶撞击金属器物而发声。则天皇后《唐享昊天乐・第八》:"奠璧郊坛昭大礼,锵金拊石表虔诚。"杜甫《承闻河北诸道节度入朝欢喜口号绝句十二首》之五:"鸣玉锵金尽正臣,修文偃武不无人。"刘商《山中寄元二侍御二首》之二:"拖紫锵金济世才,知君倚玉望三台。"吴融《李周弹筝歌》:"一字雁行斜御筵,锵金戛羽凌非烟。"❷喻诗文音节响亮,文句优美。沈传师《次潭州酬唐侍御姚员外游道林岳麓寺题示》:"锵金七言凌老杜,入木八法蟠高轩。"方干《献王大夫二首》之一:"锵金五字能援笔,钓玉三年信直钩。"齐己《寄答武陵幕中何支使二首》之一:"骚雅锵金掷,风流醉玉颓。"

【鏘金鳴玉】 金玉相撞击而发声。喻诗文音节响亮,文句优美。骆宾王《帝京篇》:"绣柱璇题粉壁映,锵金鸣玉王侯盛。"皇甫冉《杂言无锡惠山寺流泉歌》:"寺有泉兮泉在山,锵金鸣玉兮长潺潺。"亦作"鏘金鏗玉"。齐己《读李白集》:"锵金铿玉千余篇,脍吞炙嚼人口传。"亦省作"鏘金玉"。李峤《和同府李祭酒休沐田居》:"胜情狎兰杜,雅韵锵金玉。"

【鏘金鏗玉】 见"鏘金鳴玉"。

【鏘洋】 金石撞击发声。魏征《奉和正日临朝应诏》:"锵洋鸣玉珮,灼烁耀金蝉。"薛元超《奉和同太子监守违恋》:"欲应重轮曲,锵洋韵九韶。"亦状水声。王棨《咏清》:"洁澈浮天色,锵洋入乐声。"

【鏘珮】 佩环撞击声。储光羲《秦中初霁献给事二首》之一:"锵珮出中台,彯缨入仙掖。"权德舆《奉和许阁老酬淮南崔十七端公见寄》:"密侍仝锵珮,雄才本弃繻。"陆龟蒙《奉和袭美太湖诗二十首・上真观》:"锵珮引凉姿,焚香礼遥夜。"

【鏘鏘】 ❶象声词。(1)金石撞击声。王琚《美女篇》:"遥闻行佩音锵锵,含娇欲笑出洞房。"杜甫《殿中杨监见示张旭草书图》:"锵锵鸣玉动,落落群松直。"张籍《学仙》:"六时朝上清,佩玉纷锵锵。"许浑《秋日早朝》:"宵衣应待绝更筹,环佩锵锵月下楼。"(2)音乐声。宋若宪《奉和御制麟德殿宴百官》:"命筵多济济,盛乐复锵锵。"德宗《重阳日中外同欢以诗言志因示群官》:"锵锵间丝竹,济济罗簪裾。"顾况《李供奉弹箜篌歌》:"初调锵锵似鸳鸯水上弄新声,入深似太清仙鹤游秘馆。"❷整齐有序貌。苏颋《奉和圣制送张说上集贤学士赐宴得兹字》:"锵锵石渠内,序拜亦同时。"刘禹锡《伤秦姝行》:"八鸾锵锵渡银汉,九雏威凤鸣朝阳。"❸美善貌。宋之问《松山岭应制》:"翼翼高旌转,锵锵凤辇飞。"王孝廉《出云州书情寄两敕使》:"赖有锵锵双凤伴,莫愁多日住边亭。"李郢《元日作》："锵锵华驷客，门馆贺新正。"❹盛多貌。程行谌《奉和圣制送张说上集贤学士赐宴》："圣主崇文化，锵锵得盛才。"温庭筠《雉场歌》："彩仗锵锵已合围，绣翎白颈遥相妒。"

【鏘鏘濟濟】（濟 qí）庄重敬慎貌。和凝《宫词百首》之五九："锵锵济济赴延英，渐近重瞳目转明。"

鏐 〔liú《广韵》力求切，平尤，來。又力幽切，平幽，來。〕纯美的黄金，借指金属发出的光芒。李德裕《追和太师颜公同清远道士游虎丘寺》："镠腾昔虎踞，剑没尝龙焕。"

鏁 〔suǒ《集韵》损果切，上果，心。〕同"鎖"。关锁，遮蔽。远公《伤悼前蜀废国》："丹禁夜凉空鏁月，后庭春老漫开花。"钱弘倧《禹庙》："尘埃共鏁梁犹在，星斗俱昏剑独存。"

十二画

鐃 〔náo《广韵》女交切，平肴，娘。〕一种打击乐器。铜制，圆形，以两片为一副，相击发声，形似钹，所发声较钹低而悠长。刘长卿《题独孤使君湖上林亭》："出树倚朱阑，吹铙引上官。"窦庠《东都嘉量亭献留守韩仆射》："玉斝飞无算，金铙奏未终。"戎昱《泾州观元戎出师》："金铙肃天外，玉帐静霜中。"沈亚之《文祝延二阙》之二："兕载吹兮音咿咿，铜铙呶兮睋呼眈睢。"亦指铙歌。杨衡《广州石门寺重送李尚赴朝时兼宗正卿》："清铙犹启路，黄发重攀辕。"元稹《江边四十韵》："近浦闻归楫，遥城罢晓铙。"

【鐃吹】 即铙歌。王维《送邢桂州》："铙吹喧京口，风波下洞庭。"又《送宇文太守赴宣城》："铙吹发西江，秋空多清响。"元稹《哭吕衡州六首》之五："铙吹临江返，城池隔雾开。"又《乐府古题序》："除铙吹、横吹郊祀、清商等词在乐志者，其余木兰、仲卿、四愁、七哀之辈，亦未必尽播于管弦明矣。"

【鐃鼓】 ❶乐器中鼓的一种。《文献通考·乐九》引《唐六典》："凡军鼓之制有三：一曰铜鼓，二曰战鼓，三曰铙鼓。"柳宗元《乐府杂曲·鼓吹铙歌·东蛮》："歌诗铙鼓间，以壮我元戎。"❷铙和鼓。泛称打击乐器。李郢《阳羡春歌》："溪头铙鼓狂杀侬，青盖红裙偶相值。"

【鐃管】 鼓吹中的横笛。借指鼓吹曲。刘驾《送卢使君赴夔州》："铙管随征旆，高秋上远巴。"

【鐃歌】 乐府《鼓吹曲》之一部。用于激励士气及宴享功臣。传说始作于黄帝、岐伯。李白《入朝曲》："铙歌列骑吹，飒沓引公卿。"柳宗元有《唐铙歌鼓吹曲十二篇》。郭茂倩《乐府诗集》卷二二："唐《鼓吹歌》十二曲，柳宗元作以纪高祖、太宗功德征伐勤之事……按此诸曲，史书不载，疑宗元和作而未尝奏或虽奏而未尝用，故不被于歌，如何承天之造宋曲云。"皮日休《杂体诗》序："在汉代李延年为协律，造新声，雅道虽缺，乐府乃盛。铙歌鼓吹，拂舞予俞，因斯而兴。"

【鐃聲】 即"鐃歌"。皇甫冉《同樊润州游郡东山》："铙声发大道，草色引行驺。"

鐙[1] 〔dēng《集韵》都腾切，平登，端。〕灯，油灯。王涯《宫词三十首》之八："传索金笺题宠号，镫前御笔与亲书。"黄损《句》："金镫冷光风宛转，锦袍红润雨霏微。"

鐙[2] 〔dèng《广韵》都鄧切，去嶝，端。〕挂在马鞍旁的脚踏。李白《赠从弟南平太守之遥二首》之一："龙钩雕镫白玉鞍，象床绮席黄金盘。"杜甫《清明》："金镫下山红粉晚，牙樯捩柁青楼远。"刘禹锡《酬元九侍御赠璧竹鞭长句》："何时策马同归去，关树扶疏敲镫吟。"章孝标《送陈校书赴蔡州幕》："青草袍襟翻日脚，黄金马镫照旄头。"

【鐙花】 灯花。灯心燃烧时所结成的花状物。刘禹锡《秋萤引》："纷纶晖映互明灭，金炉星喷镫花发。"

鐔 〔xín《广韵》徐林切，平侵，邪。又徒含切，平覃，定。又餘針切，平侵，以。〕剑鼻，即剑的柄端。李商隐《自桂林奉使江陵途中感怀寄献尚书》："假寐凭书簏，哀吟叩剑镡。"陆龟蒙《京口与友生话别》："碧玉雕琴荐，黄金饰剑镡。"

鐐 〔liáo《广韵》落蕭切，平蕭，來。又力弔切，去嘯，來。〕见"鐐跳"。

【鐐跳】 当作"鐐銚"。即铜钹。陆龟蒙《奉和袭美太湖诗二十首·明月湾》："初闻锵镣跳，积渐调参差。"跳，一作"銚"。

鐘 〔zhōng《广韵》職容切，平鐘，章。〕❶古代乐器。青铜制，中空，用木槌击之发声。用于祭祀或宴享。单独悬挂者称特钟，大小相次成组悬挂者称编钟。魏征《享太庙乐章·大成舞》："铿锵镛石，载纪鸿勋。"太宗《正日临朝》："羽旄飞驰道，镛鼓震岩廊。"卢仝《寄赠含曦上人》："随镛嚼宫商，满口文字美。"❷梵文 *Ghanta* 的意译。佛寺悬挂的钟，击之以报时、报警等。亦指寺中钟声。李白《庐山东林寺夜怀》："霜清东林镛，水白虎溪月。"韩愈《谒衡岳庙遂宿岳寺题门楼》："猿鸣镛动不知曙，杲杲寒日生于东。"刘沧《江行夜泊》："岳阳秋霁寺镛远，渡口月明渔火残。"韦庄《颍阳县》："雪多庭有鹿，县僻寺无镛。"❸道家举行法事时所用乐器。亦指此乐器声。张九龄《奉和圣制谒玄元皇帝庙斋》："乐动人神会，镛成律度圆。"郑启《邓表山》："松花落尽无消息，半夜疏鐘彻翠微。"李白《访戴天山道士不遇》："树深时见鹿，溪午不闻鐘。"❹泛指击以报时的钟。李德裕《南梁行》："行尽杳冥青嶂外，九重鐘漏紫云间。"李商隐《览古》："长乐瓦飞随水逝，景阳鐘堕失天明。"又《深宫》："斑竹岭边无限泪，景阳宫里及时鐘。"❺鸣钟，敲钟。卢纶《和常舍人晚秋集贤院即事十二韵寄赠江南徐薛二侍郎》："霜满朝容备，鐘余漏唱传。"张祜《早春钱塘湖晚眺》："聊当问真界，昨夜西峦鐘。"

【鐘石】 钟和磬。古代乐器。魏征《享太庙乐章·大成舞》："铿锵鐘石，载纪鸿勋。"

【鐘角】 钟和角。古代乐器。借指音乐。方干《镜中别业二首》之一："犹自闻鐘角，栖身可在深。"

【鐘乳洞】 有钟乳石的石灰岩洞。吴融《绵竹山四十韵》："又如鐘乳洞，电雷开岩谷。"

【鐘呗】 佛事活动中的撞钟声和诵经声。陆龟蒙《次追和清远道士诗韵》："啸初风雨来，吟余鐘呗乱。"

【鐘梵】 ❶寺院钟声和诵经声。孙逖《立秋日题安昌寺北山亭》："更闻金刹下，鐘梵晚萧萧。"耿沣《宿万固寺因寄严补阙》："鐘梵已休初入定，有无皆离本难名。"畅当《宿报恩寺精舍》："鐘梵送沉景，星多露渐光。"严武《题巴州光福寺楠木》："亦知鐘梵报黄昏，犹卧禅床恋奇响。❷借指寺院。孟郊《和皇甫判官游琅琊溪》："树杪灯火夕，云端鐘梵齐。"皮日休《太湖诗·孤园寺》："鐘梵在水魄，楼台入云肆。"陆龟蒙《奉和袭美太湖诗二十首·雨中游包山精舍》："及栖鐘梵侣，又是清凉域。"

【鐘鼎】 ❶钟和鼎。其上多刻表功之文字，故借指高官重任。陈子昂《喜遇冀侍御珪崔司议泰之二使》序："山林幽寂，鐘鼎旧游，语默谭咏，今复一得。"钱起《送李兵曹赴河中》："能荷鐘鼎业，不矜纨绮荣。"杨巨源《上刘侍中》："鐘鼎勋庸大，山河诫誓长。"❷指富贵之家。古代富贵人家吃饭鸣钟列鼎，故称。王昌龄《留别岑参兄弟》："何必念鐘鼎，所在烹肥牛。"李白《答王十二寒夜独酌有怀》："少年早欲五湖去，见此弥将鐘鼎疏。"杜甫《清明二首》之一："鐘鼎山林各天性，浊醪粗饭任吾年。"

【鐘鼓】 钟和鼓。❶古代礼乐器。耿沣《早朝》："鐘鼓余声里，千官向紫微。"韩愈《奉和仆射裴相公感恩言志》："林园穷胜事，鐘鼓乐清时。"李商隐《赠送前刘五经映三十四韵》："海鸟悲鐘鼓，狙公畏服裳。"司马扎《观郊礼》："鐘鼓旌旗引六飞，玉皇初着画龙衣。"❷借以泛称音乐。戴叔伦《清明日送邓芮二子还乡》："鐘鼓喧离日，车徒促夜装。"白居易《咏兴五首·小庭亦有月》："但问乐不乐，岂在鐘鼓多。"李涉《六叹》之六："但将鐘鼓悦私爱，肯以犬羊为国羞。"温庭筠《更漏子》词之二："星斗稀，鐘鼓歇，帘外晓莺残月。"❸古代亦作为报时器。击之以报时。杜甫《院中晚晴怀西郭茅舍》："复有楼台衔暮景，不劳鐘鼓报新晴。"白居易《长恨歌》："迟迟鐘鼓初长夜，耿耿星河欲曙天。"❹佛教法器。韦庄《嘉会里闲居》："寂寂无鐘鼓，槐行接紫宸。"张泌《题华严寺木塔》："回首汉宫楼阁暮，数声鐘鼓自微茫。"

【鐘鼓馔玉】 指富贵生活。古时富贵人家吃饭时鸣钟鼓，饮食精美。李白《将进酒》："鐘鼓馔玉不足贵，但愿长醉不复醒。"

【鐘管】 钟和管乐器。泛称音乐。杨衡《送郑丞之罗浮中习业》："鐘管促离觞，烟霞随去程。"

【鐘漏】 ❶钟和漏刻。古用以计时、报时。故亦借指时辰、时间。张九龄《和许给事中直夜简诸公》："未央鐘漏晚，仙宇蔼沉沉。"韦应物《秋夜一绝》："忆在南宫直，夜长鐘漏稀。"钱起《夜雨寄寇校书》："秋馆烟雨合，重城鐘漏深。"白居易《和钱员外禁中夙兴见示》："窅窅鐘漏尽，曈曈霞景初。"❷指报时的钟声。李吉甫《癸巳岁因叙所怀奉寄相公兼呈集贤院诸学士》："岁时忧里换，鐘漏静中传。"张籍《赠别王侍御赴任陕州司马》："同趋阙下听鐘漏，独向军前闻鼓鼙。"罗隐《别夜》："秋入江天河汉清，迢迢鐘漏出孤城。"魏承班《渔歌子词》："梦魂惊，鐘漏歇，窗外晓莺残月。"

【鐘箭】 古代置于漏壶中用以标记时刻的箭状浮标。韦承庆《直中书省》："禁宇庭除阔，闲宵鐘箭移。"

【鐘磬】 钟和磬。❶古代礼乐器。张莒《元日望含元殿御扇开合》："冕旒开处见，鐘磬合时闻。"李胄《文宣王庙古松》："每愧闻鐘磬，多惭接豆笾。"亦泛称音乐。李昂《赋戚夫人楚舞歌》："珠帘夕殿闻鐘磬，白日秋天忆鼓鼙。"❷佛家法器。寺院中诵经、斋供时，发动用钟，止歇用磬。亦指钟磬声。常建《题破寺后禅院》："万籁此都寂，但余鐘磬音。"权德舆《戏赠天竺灵隐二寺寺主》："石路泉流两寺分，寻常鐘磬隔山闻。"郑巢《宿天竺寺》："鐘磬遥连树，星河半隔山。"李山甫《赋得寒月寄齐己》："松下清风吹我襟，上方鐘磬夜沉沉。"亦借指敲击钟磬。李绅《忆登栖霞寺峰》："香印烟火息，法堂鐘磬余。"张籍《野寺后池寄友》："伴僧鐘磬罢，月来池上明。"

【鐘聲】 敲击钟而发出的声音。刘长卿《送灵澈上人》："苍苍竹林寺，杳杳鐘声晚。"牟融《访清上人》："曲径绕丛林，鐘声杂梵音。"赵嘏《晓发》："月影缘山尽，鐘声隔浦微。"齐己《夏日草堂作》："谁住原西寺，鐘声送夕阳。"

鐓　〔duì《广韵》徒對切，去隊，定。〕同"錞"，矛戟一类兵器的平底柄尾。韩愈、孟郊《斗鸡联句》："既取冠为胄，复以距为镦。"

鏹　〔qiǎng《广韵》居兩切，上養，見。〕钱贯，成串的钱。刘禹锡《相和歌辞·贾客词》："趋时鸷鸟思，藏镪盘龙形。"白居易《赎鸡》："与尔镪三百，小惠何足论。"《王法曹歌》："见钱满面喜，无镪从头喝。"

鐍　〔jué《广韵》古穴切，入屑，見。〕上锁。张祜《琴曲歌辞·思归引》："重重作闺清旦鐍，两耳深声长不彻。"

鐫　〔juān《广韵》子泉切，平仙，精。〕❶雕刻，凿。杜甫《秋日夔府咏怀奉寄郑监李宾客一百韵》："顾凯丹青列，头陀琬琰镌。"白居易《新乐府·青石》："不愿作官家道旁德政碑，不镌实录镌虚辞。"李敬方《题黄山汤院》："已镌东壁石，名姓寄无垠。"皮日休《太湖诗·入林屋洞》："金堂似镌出，玉座如琢成。"❷指刻板印刷。徐夤《自咏十韵》："拙赋偏闻镌印卖，恶诗亲见画图呈。"吴融《寄杨侍郎》："奇文已刻金书券，秘语看镌玉检封。"❸铭记。李频《辞夏口崔尚书》："终期身可报，不拟骨空镌。"翁承赞《蒙闽王改赐乡里》："自从受赐身无力，向未酬恩骨肯镌。"

【鐫功】　刻石以纪功。韩愈《石鼓歌》："镌功勒成告万世，凿石作鼓隳嵯峨。"

【鐫勒】　在金石上雕刻文字。罗邺《吴王古宫井二首》之一："拾得玉钗镌敕字，当时恩泽赐谁来。"

【鐫錯】　雕刻磨错。杜甫《荆南兵马使太常卿赵公大食刀歌》："镌错碧罂鸊鹈膏，铓锷已莹虚秋涛。"

【鐫經】　刻写佛经。熊孺登《送准上人归石经院》："旃檀刻像今犹少，白石镌经古未曾。"

【鐫銘】　铭记，铭刻。韩愈《答张彻》："悔狂已咋指，垂诫仍镌铭。"

【鐫題】　在金石器物上镌刻文字。白居易《读僧灵澈诗》："东林寺里西廊下，石片镌题数首诗。"

【鐫劖】　刻画，描绘。韩愈《酬司门卢四兄云夫院长望秋作》："若使乘酣骋雄怪，造化何以当镌劖。"

十三画

鐵　〔tiě《广韵》他結切，入屑，透。〕❶一种黑色金属。明皇《首夏花萼楼观群臣宴宁王山亭回楼下又申之以赏乐赋诗》序："万物莫不气兆乎上，而形视乎下，铁石异品，云蒸并湿，草木无心，春来咸喜。"白居易《答友问》："置铁在洪炉，铁消易如雪。"罗虬《比红儿诗》之六十："任伊孙武心如铁，不办军前杀此人。"贯休《桐江闲居作十二首》之十二："村童顽似铁，山菜硬如莎。"❷铁制品。多指剑。白居易《和答诗十首·答箭镞》："勿言分寸铁，为用乃长兵。"牟融《谢惠剑》："感君三尺铁，挥擢鬼神惊。"杜牧《赤壁》："折戟沉沙铁未销，自将磨洗认前朝。"贾岛《代边将》："三尺握中铁，气冲星斗牛。"亦指铁甲。李昂《从军行》："戎衣不脱随霜雪，汗马趁𧽚长被铁。"❸如铁之黑色。见"鐵驪"。❹坚强刚劲。参见"鐵騎❷"。❺坚定不移。参见"鐵心❶""鐵石心"。

【鐵山】　在今内蒙阴山北。柳宗元《唐铙歌鼓吹曲十二篇·铁山碎》："铁山碎，大漠舒。"

【鐵瓦】　铁制的瓦。颜萱《送圆载上人》："禅林几结金桃重，梵室重修铁瓦轻。"自注："以铁为瓦，轻于陶者。"

【鐵牛】　铁铸的牛。古人治河或建桥时铸铁为牛形，置于堤下或桥垸，用以镇水。寒山《诗三百三首》之六三："蚊子叮铁牛，无渠下觜处。"白居易《送陕州王司马建赴任》："自有铁牛无咏者，料君投刃必应虚。"吕岩《七言》之五十："铁牛耕地种金钱，刻石时童把贯穿。"无可《送姚中丞赴陕州》："河流银汉水，城赛铁牛神。"

【鐵牛城】　指陕州（治所在今河南三门峡市西阳陕县）。白居易《送陕府王大夫》："金马门前回剑珮，铁牛城下拥旌旗。"

【鐵片】　乐器名。月牙状铁制薄片，大小十六枚，厚薄不一，分两排悬于架上。方干《新安殷明府家乐方响》："葛溪铁片梨园调，耳底丁东十六声。"

【鐵心】　❶喻坚定的意志、品格。殷尧藩《友人山中梅花》："铁心自儗山中赋，玉笛谁将月下横。"❷谓铁石心肠。颜胄《适思》："即此丘垅坏，铁心为沾缨。"

【鐵石】　铁和石。喻坚硬之物和坚定不移。戎昱《赋得铁马鞭》："未入英髦用，空存铁石坚。"皮日休《苦雨杂言寄鲁望》："知君志气如铁石，瓯冶虽神销不得。"王周《巫庙》："铁石砺觜爪，金碧辉光翎。"

【鐵石心】　坚定的意志。寒山《诗三百三首》之一六一："劲挺铁石心，直取菩提路。"

【鐵甲】　古代用铁片连缀成的战衣。高适《睢阳酬别畅大判官》："兜鍪冲矢石，铁甲生风飙。"杜甫《惜别行送刘仆射判官》："只收壮健胜铁甲，岂因格斗求龙驹。"亦指身着铁甲。罗隐《献尚父大王》："数年铁甲定东瓯，夜渡江山瞻斗牛。"

【鐵丘】　地名。在今河南濮阳县北。岑参《至大梁却寄匡城主人》："平明辞铁丘，薄暮游大梁。"

【鐵色】　像铁一样的颜色，黑紫色。唐彦谦《蟹》："纵横连爪一尺长，秀凝铁色含湖光。"

【鐵衣】　❶用铁片缀成的战衣，如铠甲。张祜

《杂曲歌辞·破阵乐词二首》之一："汉兵出顿金微，照日明光铁衣。"岑参《白雪歌送武判官归京》："将军角弓不得控，都护铁衣冷难着。"武元衡《塞下曲》："白露湿铁衣，半夜待攻击。"高骈《言怀》："手持金钺冷，身挂铁衣寒。"亦指身着铁衣。高适《相和歌辞·燕歌行》："铁衣远戍辛勤久，玉箸应啼别离后。"❷铁锈。刘长卿《杂咏八首上礼部李侍郎·古剑》："铁衣今正涩，宝刃犹可试。"

【鐵如意】 铁制的爪杖，可以搔痒或作指划和防身用。杜甫《奉送魏六丈佑少府之交广》："错挥铁如意，莫避珊瑚枝。"

【鐵冶】 冶铁。郭震《古剑篇》："君不见昆吾铁冶飞炎烟，红光紫气俱赫然。"

【鐵券】 铁契。古代朝廷优礼功臣之信物。始创于汉高祖刘邦。其法是在铁制的契券上用丹砂书写誓词，从中剖开，朝廷和受赐者各持一半。唐以后不用丹书，而是嵌金，券文上刻有免死等特权的文字。王昌龄《箜篌引》："家藏铁券特承优，黄金千斤不称求。"楚儿《贻郑昌图》："只拟吓人传铁券，未应教我踏青莲。"

【鐵門】 铁制的门。贯休《遇五天僧入五台五首》之一："一月行沙碛，三更到铁门。"

【鐵盂】 即铁钵。僧徒食器，铁制。贯休《寄怀楚和尚二首》之一："铁盂汤雪早，石炭煮茶迟。"

【鐵門關】 关名。在今新疆吐鲁番西南。岑参《银山碛西馆》："银山碛口风似箭，铁门关西月如练。"岑参又有《题铁门关楼》。亦省称"鐵關"。李白《相和歌辞·从军行二首》："愿斩单于首，长驱静铁关。"张宣明《使至三姓咽面》："玉塞已遐廓，铁关方阻修。"岑参《宿铁关西馆》："那知故园月，也到铁关西。"又《天山雪歌送萧治归京》："能兼汉月照银山，复逐胡风过铁关。"

【鐵牀】 铁板床。古亦用作刑具，烧红令犯人卧其上。拾得《诗》二七："纵不入镬汤，亦须卧铁床。"

【鐵柱】 ❶铁铸的柱子。黄滔《钟陵故人》："唯爱金笼贮鹦鹉，谁论铁柱锁蛟龙。"齐己《怀东湖寺》："铁柱东湖寺，寺高人亦闲。"参见"鐘陵鐵柱"。❷即柱卷。法冠后部上端卷曲的两根铁柱。储光羲《晚次东亭献郑州宋使君文》："铁柱励风威，锦轴含光辉。"温庭筠《病中书怀呈友人》："豸冠簪铁柱，螭首对金铺。"

【鐵冠】 即法冠。一名獬豸冠。以铁为冠柱，故称。李白《赠潘侍御论钱少阳》："绣衣柱史何昂藏，铁冠白笔横秋霜。"岑参《送魏升卿擢第归东都因怀魏校书陆浑乔潭》："将军金印亸紫绶，御史铁冠重绣衣。"刘长卿《奉使鄂渚至乌江道中作》："沧洲不复恋鱼竿，白发那堪戴铁冠。"许浑《秋日早朝》："虚戴铁冠无一事，沧江归去老渔舟。"亦借指御史。张说《送王尚一严嶷二侍御赴司马都督军》："将行司马令，助以铁冠威。"戴叔伦《抚州被推昭雪答陆太祝三首》之三："已对铁冠穷事本，不知廷尉念冤无。"权德舆《埇桥达奚四于十九陈大三侍御夜宴叙各赋二韵》："满树铁冠琼树枝，樽前烛下心相知。"李商隐《偶成转韵七十二句赠四同舍》："公事武皇为铁冠，历厅请我相所难。"

【鐵室】 指遮蔽全身的铁衣。自手至足，无不有铁。皮日休《虎丘寺殿前有古杉一本遂赋三百言以见志》："漆书明古本，铁室抗全师。"

【鐵連錢】 青色有圆钱斑纹的马。卢照邻《长安古意》："妖童宝马铁连钱，娼妇盘龙金屈膝。"

【鐵馬】 穿铁甲的马。钱起《赋得寒云轻重色送子恂入京》："帝乡遥在目，铁马又骎骎。"白居易《和东川杨慕巢尚书府中独坐感戚在怀见寄十四韵》："将军驰铁马，少傅步铜驼。"赵嘏《降虏》："铁马半嘶边草去，狼烟高映塞鸿飞。"高骈《寓怀》："关山万里恨难销，铁马金鞭出塞遥。"亦借指有战斗力的部队。温庭筠《山中与诸道友夜坐闻边防不宁因示同志》："龙砂铁马犯烟尘，迹近群鸥意倍亲。"赵嘏《昔昔盐二十首·前年过代北》："铁马喧鼙鼓，蛾眉怨锦屏。"齐己《荆渚病中因思匡庐遂成三百字寄梁先辈》："海内竞铁马，箧中藏纸驴。"

【鐵馬鞭】 铁制的马鞭。形如竹节。戎昱有《赋得铁马鞭》。李昌符《咏铁马鞭》序："铁马鞭，长庆二年义成军节度使曹华进献。且曰，得之汴水，有字刻云'贞观四年尉迟敬德'，字尚在。"

【鐵蔆】 一种菱角状的尖锐武器。铁蒺藜之属。乔知之《羸骏篇》："摇珂啮勒金羁尽，争锋足顿铁菱伤。"陆龟蒙《奉和袭美古杉三十韵》："下连金粟固，高用铁菱披。"

【鐵索】 粗大的铁链。韩愈《石鼓歌》："金绳铁索锁纽壮，古鼎跃水龙腾梭。"吴融《太湖石歌》："铁索千寻取得来，奇形怪状谁能识。"

【鐵蛇】 喻指铁鞭。元稹《杂曲歌辞·侠客行》："侠客有谋人不测，三尺铁蛇延二国。"

【鐵堂峽】 山峡名。杜甫有《铁堂峡》。

【鐵楗】 铁制的门闩。李贺《公莫舞歌》："铁枢铁楗重束关，大旗五丈撞双环。"参见"鐵樞"。

【鐵舳船】 铁甲船，战舰。舳，通艫。杜牧《中丞业深韬略志在功名再奉长句一篇兼有咨劝》："滕王阁上柘枝鼓，徐孺亭西铁轴船。"

【鐵圍】 ❶即"鐵圍山"。孟浩然《腊月八日于剡县石城寺礼拜》："石壁开金像，香山倚铁围。"宋昱《题石窟寺》："梵宇开金地，香龛凿铁围。"❷佛教指铁栅为围的地狱。拾得《诗》之三六："将钱作梦事，梦事成铁围。"❸坚固的围墙。元稹《有碧涧穿注两廊诗中喷字以平声韵》："空阔长江碍铁围，高低行树倚岩扉。"

【鐵圍山】　佛经言南赡部洲等四大部洲之外有铁围山，其中心为须弥山，外有七山八海，铁围山围绕其外，故名。贯休《还举人歌行卷》："厚于铁围山上铁，薄似双成仙体缬。"

【鐵鼓】　战鼓。王昌龄《出塞二首》之二："城头铁鼓声犹振，匣里金刀血未干。"

【鐵鉢】　佛门弟子所用的铁制钵盂，用为食器。戴叔伦《赠行脚僧》："木杯能渡水，铁钵肯降龙。"白居易《游悟真寺诗》："至今铁钵在，当底手迹穿。"

【鐵網】　铁丝编织成的网。古人用以搜取珊瑚。李商隐《碧城三首》之三："玉轮顾兔初生魄，铁网珊瑚未有枝。"又《燕台四首·右春》："愁将铁网罥珊瑚，海阔天翻迷所处。"

【鐵槍】　古代铁制的刺击兵器。贯休《古塞下曲七首》之三："突围金甲破，趁贼铁枪飞。"

【鐵錚錚】　坚强不屈貌。周昙《咏史诗·前汉门·樊崇徐宣》："庸中佼佼铁铮铮，百分长驱入帝京。"

【鐵鳳】　古代屋脊上铁制凤形装饰物，下有转轴，可随风转向。杜甫《大云寺赞公房四首》之三："玉绳回断绝，铁凤森翱翔。"

【鐵樞】　铁制的门臼。李贺《公莫舞歌》："铁枢铁楗重束关，大旗五丈撞双环。"

【鐵劍】　即剑。刘长卿《贾侍郎自会稽使回因书数事率成十韵》："报恩看铁剑，衔命出金闺。"曹邺《吴宫宴》："江头铁剑鸣，玉座成荒垒。"

【鐵髮】　喻指坚硬的头发状物。孟郊《石淙》之四："黑草濯铁发，白苔浮冰钱。"

【鐵橋】　指今广东增城县东罗浮山中的石梁。曹唐《送羽人王锡归罗浮》："石磴倚天行带月，铁桥通海入无尘。"无名氏《有道士自罗浮之增城口占三绝寄家》之一："铁桥风景胜天台，千树万树梅花开。"

【鐵錫】　指锡杖。贾岛《赠僧》："铁锡挂临海，石楼闻异香。"贯休《观怀素草书歌》："又似深山朽石上，古病松枝挂铁锡。"齐己《渚宫自勉二首》之一："必谢金台去，还携铁锡将。"

【鐵嶺】　西北地区边塞山名。或泛称西北地区山岭。高适《九曲词三首》之三："铁骑横行铁岭头，西看逻逤取封侯。"常衮《代员将军罢战后归故里》："连云防铁岭，同日破渔阳。"贯休《古塞下曲七首》之五："铁岭全无土，豺群亦有狼。"

【鐵甕】　❶坚固的瓮城。喻强盛的国家实力。顾云《筑城篇》："画阁团团真铁瓮，堵阔巉岩齐石壁。"秦韬玉《陈宫》："金城暗逐歌声碎，铁瓮潜随舞势休。"❷指铁瓮城。江苏镇江古城名，为三国吴孙权所筑。刘禹锡《浙西李大夫述梦四十韵并浙东元相公酬和斐然继声》："土山京口峻，铁瓮郡城牢。"杜牧《润州二首》之二："城高铁瓮横强弩，柳暗朱楼多梦云。"罗隐《秋日有寄》："曾临铁瓮虽分职，近得金陵亦偶游。"又《京口见李侍郎》："傞傞江柳欲矜春，铁瓮城边见故人。"

【鐵騎】　❶披挂铁甲的战马。戎昱《相和歌辞·从军行》："半醉秋风起，铁骑门前嘶。"陈去疾《送韩将军之雁门》："破围铁骑长驱疾，饮血将军转战危。"韦庄《和郑拾遗秋日感事一百韵》："晨趋鸣铁骑，夜舞挹琼觞。"❷指精壮的骑兵。杨炯《从军行》："牙璋辞凤阙，铁骑绕龙城。"钱起《送张将军征西》："沙场烽火隔天山，铁骑征西几岁还。"白居易《琵琶引》："银瓶乍破水浆迸，铁骑突出刀枪鸣。"李咸用《送边将》："天骄频犯塞，铁骑又征西。"

【鐵鞭】　即铁马鞭。李昌符《咏铁马鞭》："汉将临流得铁鞭，鄂侯名字旧雕镌。"张祜《投陈许李司空二十韵》："束衣金甲冷，挥箭铁鞭鸣。"参见"鐵馬鞭"。

【鐵鎖】　❶铁锁链。由铁环连串而成。东吴曾用铁链在长江险要处修筑拦江工事，阻拦晋军船只，但被王濬水师用火炬烧毁，沉入江底。刘禹锡《西塞山怀古》："千寻铁锁沉江底，一片降幡出石头。"胡曾《咏史诗·武昌》："思量铁锁真儿戏，谁为吴王画此筹。"韩偓《吴郡怀古》："徒劳铁锁长千尺，不觉楼船下晋兵。"王周《西塞山二首》之二："千寻铁锁无由问，石壁空存道者形。"❷铁制的锁。苏味道《正月十五夜》："火树银花合，星桥铁锁开。"

【鐵驄】　见"鐵驄"。

【鐵關】　❶宫禁的城门。崔液《上元夜六首》之一："玉漏银壶且莫催，铁关金锁彻明开。"❷坚固的关口。乔知之《羸骏篇》："万里铁关行入贡，九重金阙为君开。"❸见"鐵門關"。

【鐵驄】　亦作"鐵驄"。青黑毛相杂之马。高适《送李侍御赴安西》："行子对飞蓬，金鞭指铁骢。"亦泛指骏马。王昌龄《观猎》："角鹰初下秋草稀，铁骢抛鞚去如飞。"杜牧《闻庆州赵纵使君与党项战中箭身死辄书长句》："将军独乘铁骢马，榆溪战中金仆姑。"温庭筠《湖阴词》："祖龙黄须珊瑚鞭，铁骢金面青连钱。"

【鐵籠】　铁制的笼子。用以作刑具。韩偓《北齐二首》之二："周朝将相还无礼，宁死何须入铁笼。"

【鐵驪】　黑色的马。杜甫《泥功山》："白马为铁骊，小儿成老翁。"

鑊 〔huò《广韵》胡郭切，入鐸，匣。〕无足鼎。烹饪器，亦作为烹人的刑器。高适《淇上酬薛三据兼寄郭少府微》："永愿拯刍荛，孰云干鼎镬。"司空图《华下》："天地沸一镬，竟自烹妖孽。"贯休《偶作五首》之二："机生机，巧生巧，心镬烘烘日煎炒。"

【鑊子】 锅。拾得《诗》之二："炉子边向火，镬子里澡浴。"

【鑊湯】 佛教所说十八地狱之一。用以烹人。顾况《归阳萧寺有丁行者能修无生忍担水施僧况归命稽首作诗》："此辈之死后，镬汤所熬煎。"拾得《诗》之二七："纵不入镬汤，亦须卧铁床。"

鐺[1] 〔chēng《广韵》楚庚切，平庚，初。〕❶古代的锅。有耳和足。用于烧饭。林宽《苦雨》："斜飞穿裂瓦，迸落打空铛。"又《朱坡》："夜吟禅子室，晓爨猎人铛。"❷古代三足温器，用以温热酒、茶等。李白《杂歌谣辞·襄阳歌》："舒州杓，力士铛，李白与尔同死生。"皎然《对陆迅饮天目山茶因寄元居士晟》："投铛涌作沫，着碗聚生花。"姚合《题崔驸马宅》："洞中见凿寻仙路，月里犹烧煮药铛。"李建勋《宿友人山居寄司徒相公》之一："隔纸烘茶蕊，移铛剥芋衣。"

【鐺子】 古代三足温器，用以温热酒、茶。王梵志《诗》之九八："白酒瓦钵藏，铛子两脚跛。"

【鐺腳三州】 谓三州刺史。即湖州刺史钱徽、苏州刺史李谅和杭州刺史白居易。白居易《钱湖州以箬下酒李苏州以五酘酒相次寄到无因同饮聊咏所怀》："铛脚三州何处会，瓮头一盏几时同。"参见"鐺腳政"。

【鐺腳政】 指德政。唐薛大鼎、郑德本和贾敦颐同为刺史，分刺三州，皆有政绩，时称铛脚刺史。因铛有三足，故以为喻。白居易《自到郡斋题二十四韵兼寄常州贾舍人湖州崔郎中仍呈吴中诸客》："愧无铛脚政，徒忝犬牙邻。"

鐺[2] 〔dāng《广韵》都郎切，平唐，端。〕❶见"鋃鐺"。❷见"鐺₂鐺"。

【鐺₂鐺】 （—dāng）象声词，状金属撞击声。元稹《西州院》："吟罢终不寝，冬冬复铛铛。"

鐶 〔huán《广韵》户關切，平刪，匣。〕金属制环。亦泛称圆圈形物。李颀《崔五六图屏风各赋一物得乌孙佩刀》："主人屏风写奇状，铁鞘金镮俨相向。"刘禹锡《和汴州令狐相公到镇改月偶书所怀》："映镮窥艳艳，隔袖见纤纤。"李贺《公莫舞歌》："铁枢铁楗重束关，大旗五丈撞双镮。"杜荀鹤《赠友人罢举赴交趾辟命》："舶载海奴镮硾耳，象驼蛮女彩缠身。"

鐸 〔duó《广韵》徒落切，入鐸，定。〕❶古代乐器。大铃的一种。有木铎和金铎之别。木铎舌以木制，金铎舌以金属制。用于宣布政教法令或战事。见《周礼·天官·小宰》。元稹《和李校书新题乐府十二首·骠国乐》："又遣遒人持木铎，遍采讴谣天下过。"❷喻指宣扬教化人和教化。见《论语·八佾》。李商隐《送从翁从东川弘农尚书幕》："岂意闻周铎，翻然慕舜韶。"贯休《上杜使君》："右听青女镜，左听宣尼铎。"❸檐铃，风铃。白居易《游悟真寺诗》："前对多宝塔，风铎鸣四端。"杜牧《宿长庆寺》："高铎数声秋撼玉，霁河千里晓横银。"薛能《相国陇西公南征能以留务独宿府城作》："高墉撼铎思巴栈，老木嗥风念野营。"罗隐《登瓦棺寺阁》："烟中树老重江晚，铎外风轻四境秋。"❹泛称一般铃铛。球形或扁圆形，下开一口，内置金属丸或石子。用于牛马佩挂等。韦应物《杂体五首》之四："谁知贾人铎，能使大乐谐。"窦巩《悼妓东东》："惟有侧轮车上铎，耳边长似叫东东。"卢延让《蜀路》："云间闹铎骡驼至，雪里残骸虎拽来。"牛殳《琵琶行》："又似贾客蜀道间，千铎万磬鸣空山。"

【鐸鈴】 檐铃，风铃。金属制，悬于屋檐，风吹作响。孟郊《寒溪》之四："冰齿相磨啮，风音酸铎铃。"

【鐸語】 演奏铎舞时的击铎之声。铎舞，汉代舞曲名。舞者持铎随曲而舞。隋时舞犹存，舞者不执铎。唐代将铎舞列入清商曲中。温庭筠《蒋侯神歌》："巫娥传意托悲丝，铎语琅琅理双鬟。"

鐓 同"鎩"。牛峤《登陈拾遗书台览杜工部留题慨然成咏》："逸足拟追风，祥鸾已镦翮。"

鐮 〔lián《广韵》力鹽切，平監，來。〕镰刀。农具。李白《鲁东门观刈蒲》："挥镰若转月，拂水生连珠。"杜甫《大麦行》："东至集壁西梁洋，问谁腰镰胡与羌。"韩愈《苦寒》："肌肤生鳞甲，衣被如刀镰。"

【鐮柯】 镰刀的柄。《神龙后乌鹊窠谣》："镰柯不凿孔，斧子不施柯。"

鏽 〔xiù《集韵》息救切，去宥，心。〕同"銹"。金属表面在潮湿空气中形成的物质。李白《酬张卿夜宿南陵见赠》："宝刀隐玉匣，锈涩空莓苔。"

十四画

鑄 〔zhù《广韵》之戍切，去遇，章。〕❶熔炼金属以制器。郭震《古剑篇》："良工锻炼凡几年，铸得宝剑名龙泉。"韦应物《信州录事参军常曾古鼎歌》："江南铸器多铸银，罢官无物唯古鼎。"赵暇《献淮南李相公》:“闻道国人思再入,镕金新铸鹤仪形。”司空图《南北史感遇十首》之一:“不用黄金铸侯印,尽输公子买蛾眉。”❷喻指对人才的培养和造就。许敬宗《奉和行经破薛举战地应制》:“垂衣凝庶绩,端拱铸群生。”李商隐《喜舍弟羲叟及第上礼部魏公》:“宁同鲁司寇,惟铸一颜回。”

【鑄山】 开采山中铜矿以铸造钱币。韦庄《咸通》:“破产竞留天上乐,铸山争买洞中花。”

【鑄甲】 销熔铠甲。杜甫《蚕谷行》:“焉得铸甲作农器,一寸荒田牛得耕。”

【鑄兵】 谓销熔兵器。崔涂《夏日书怀寄道友》:“十年惟悟吟诗句,待得中原欲铸兵。”

【鑄印】 铸造官印。李群玉《龟》:“冠山期不小,铸印事宁虚。”

【鑄冶】 冶炼和铸造。李白《相和歌辞·上云乐》:“云见日月初生时,铸冶火精与水银。”

【鑄金】 ❶铸造铜像。范蠡退隐后,越王勾践铸范蠡铜像一座,置于座侧,以为纪念。后以铸金为典,咏范蠡事迹,并用以称颂贤臣。窦常《奉贺太保岐公承恩致政》:“不学铸金思范蠡,乞言犹许上丹墀。”方干《上张舍人》:“他年莫学鸱夷子,远泛扁舟用铸金。”罗隐《雒城作》:“早得铸金夸范蠡,旋闻垂钓哭平津。”❷铸造出来的铜器。寒山《诗三百三首》之一八七:“一瓶铸金成,一瓶埏泥出。”❸谓熔金以铸剑。章孝标《丰城剑池即事》:“吾皇别有剑,何必铸金为。”

【鑄鼎】 指黄帝铸鼎乘龙的神话传说。李白《飞龙引二首》之一:“黄帝铸鼎于荆山,炼丹砂,丹砂成黄金,骑龙飞上太清家。”白居易《德宗皇帝挽歌词四首》之二:“初辞铸鼎地,已闭望仙宫。”舒元舆《桥山怀古》:“崆峒求道失遗迹,荆山铸鼎余荒丘。”陈元政《半径寻真》:“铸鼎龙归洞,惊旗虎负丘。”

【鑄劍】 铸造宝剑。樊铸《及第后读书院咏物十首上礼部李侍郎》之十:“铸剑本来杀仇人,怀珠本来报国士。”李贺《白虎行》:“烧书灭国无暇日,铸剑佩玦惟将军。”白居易《新乐府·鸦九剑》:“鸦九铸剑吴山中,天与日时神借功。”

【鑄錢】 铸造钱币。李瑞《赠郭驸马》之二:“新开金埒看调马,旧赐铜山许铸钱。”元稹《春六十韵》:“偏沾打球彩,频得铸钱铜。”

【鑄顏】 谓孔子对其弟子颜渊的培养和造就。亦泛称对人才的培养和造就。杜牧《道一大尹存之庭美兼自言志因成长句四韵呈上三君子》:“斗间紫气龙埋狱,天上洪炉帝铸颜。”刘耕《和主司王起》:“孔门频建铸颜功,紫绶青衿感激同。”陆龟蒙《奉和袭美酬前进士崔潞盛制见寄因赠至一百四十言》:“孔圣铸颜事,垂之千载余。”黄滔《寄同年崔学士》:“半因同醉杏花园,尘忝鸿炉与铸颜。”

【鑄鏡】 铸造铜镜。韦应物《感镜》:“铸镜广陵市,菱花匣中发。”孟郊《结交》:“铸镜须青铜,青铜易磨拭。”周匡物《古镜歌》:“轩辕铸镜谁将去,曾被良工泻金取。”

鑛

〔kuàng《广韵》古猛切,上梗,見。〕同“礦”。矿石、矿床的统称。卢仝《与马异结交诗》:“白玉璞里斫出相思心,黄金钜里铸出相思泪。”司空图《诗品二十四则·洗炼》:“犹钜出金,如铅出银。”

鑌

〔bīn《广韵》必鄰切,平真,幫。〕精铁。见“鑌鐵”。

【鑌鐵】 精铁。元稹《奉和浙西大夫李德裕四十韵次本韵》:“金刚锥透玉,镔铁剑吹毛。”

鑑

〔jiàn《广韵》格懺切,去鑑,見。又古銜切,平銜,見。〕亦作“鑒”。❶古器皿,形似盆,有耳。青铜制,盛行于东周。用以盛水,或盛冰。陈至《荐冰》:“借茅心共结,出鉴水渐明。”❷镜子,古为青铜制。李峤《鉴》:“明鉴掩尘埃,含情照魏台。”鲍溶《采莲曲二首》之二:“采莲朅来水无风,莲潭如鉴松如龙。”裴说《闻砧》:“深闺乍冷鉴开篋,玉筋微微湿红颊。”❸照,映照。孟郊《结交》:“铸镜图鉴微,结交图相依。”皎然《渡前溪》:“清清鉴不足,非是深难度。”吕岩《敲爻歌》:“达命宗,迷祖性,恰似鉴容无宝镜。”❹光,光泽。韩愈、孟郊《城南联句》:“貌鉴清溢匣,眸光寒发硎。”❺喻明洁如鉴之水面。杜牧《金陵》:“风清舟在鉴,日落水浮金。”❻审察,洞察。权德舆《书绅诗》:“祸机生隐微,智者鉴未形。”李峤《鉴》:“方知乐彦辅,自有鉴人才。”戎昱《赠岑郎中》:“天下无人鉴诗句,不寻诗伯重寻谁。”。❼作为经验、教训接受。白居易《读汉书》:“寄言为臣者,可以鉴于斯。”又《新乐府·隋堤柳》:“后王何以鉴前王,请看隋堤亡国树。”

【鑑湖】 即镜湖,在今浙江绍兴市西南,为该市名胜。杜甫《壮游》:“越女天下白,鉴湖五月凉。”方干有《鉴湖西岛言事》。

【鑑識】 审察辨识。张籍《喜王起侍郎放牒》:“共贺春司能鉴识,今年定合有公卿。”

【鑑鸞】 即镜鸾。后以鉴鸾指分离的夫妻。顾甄远《惆怅诗九首》之四:“鉴鸾钗燕恨何穷,忍向银床空抱影。”

鑒

同“鑑”。

【鑒禪師】 日僧,留华不归,生平不详。郑谷有

《赠日东鉴禅师》。

【鑒裁】 审察识别人、物的才能。亦指审察人、物的优劣。韩愈《雪后寄崔二十六丞公》："称多量少鉴裁密，岂念幽桂遗榛菅。"

【鑒戒】 指引为教训、使人警惕的事情。皮日休《鲁望昨以五百言见贻叙相得之欢亦迭和之微旨也》："其中有鉴戒，一一堪雕镌。"

【鑒知】 明察洞悉。张籍《祭退之》："明灵庶鉴知，仿佛斯来飨。"

【鑒察】 鉴别，察看。元结《二风诗·乱风诗五篇·至惑》："贤圣为上兮，必俭约戒身，鉴察化人。"

十五画

鑕 〔zhì《广韵》之日切，入質，章。〕古代腰斩人时用的砧板。杜甫《李给事中敏二首》之一："纷纭白昼惊千古，铁锧朱殷几一空。"参见"鈇鑕"。

鑣 〔biāo《广韵》甫嬌切，平宵，幫。《集韵》悲嬌切，平宵，幫。〕❶马嚼子。毛文锡《接贤宾》词："少年公子能乘驭，金镳玉辔珑璁。"李咸用《轻薄怨》："碧蹄偃蹇连金镳，狂情十里飞相烧。"❷借指马。许敬宗《奉和圣制送来济应制》："万乘腾镳警岐路，百壶供帐饯离宫。"杜甫《夔府书怀四十韵》："扬镳惊主辱，拔剑拨年衰。"沈传师《次潭州酬唐侍御姚员外游道林岳麓寺题示》："华镳躞蹀绚砂步，大旆彩错辉松门。"白居易《渭村退居寄礼部崔侍郎翰林钱舍人诗一百韵》："崔阁连镳骛，钱兄接翼翔。"

鑠1 〔shuò《广韵》書藥切，入藥，書。〕❶熔化，销铄。杜甫《雷》："上天铄金石，群盗乱豺虎。"元稹《分水岭》："五月金石铄，既寒亦既清。"孟郊《连州吟》之二："孤怀吐明月，众毁铄黄金。"施肩吾《效古兴》："只言众口铄千金，谁信独愁销片玉。"❷损耗，削弱。李白《拟古十二首》之七："旷野多白骨，幽魂共销铄。"韩愈《石鼓歌》："日销月铄就埋没，六年西顾空吟哦。"杜牧《题村舍》："潜销暗铄归何处，万指侯家自不知。"❸透入，渗入。刘禹锡《武陵观火诗》："众烬合星罗，游氛铄人肤。"❹美，盛美。见《诗·周颂·酌》。萧仿《享太庙乐章》："于铄丕嗣，惟帝之光。"

鑠2 〔yuè《集韵》弋灼切，入藥，以。〕灼烧，烧烤。权德舆《送从弟广东归绝句》："夏云如火铄晨辉，款段羸车整素衣。"杨於陵《郡斋有紫薇双本因诗纪述》："炎沴昼方铄，幽姿闲且都。"张籍《夏日可畏》："火威驰迥野，畏景铄遥途。"孟郊、韩愈《赠剑客李园联句》："照海铄幽怪，满空歊异氛。"

【鑠石】 熔化山石。李贺《相和歌辞·日出行》："奈何铄石，胡为销人。"韦蟾《和柯古穷居苦日喜雨》："方欣见润础，那虞悲铄石。"韩偓《再思》："流金铄石玉长润，败柳凋花松不知。"

【鑠金】 熔化金属。亦指熔化的金属。喻伤人的谗言或遭受谗言。司空图《狂题十八首》之三："交疏自古戒言深，肝胆徒倾致铄金。"罗隐《寄无相禅师》："烂椹作袍名复利，铄金为讲爱兼憎。"韩偓《病中初闻复官二首》之一："烧玉谩劳曾历试，铄金宁为欠周防。"

【鑠質】 美质。李峤《琵琶》："朱丝闻岱谷，铄质本多端。"

【鑠鑠】 光芒闪耀貌。韩愈《苦寒》："日萼行铄铄，风条坐襜襜。"

十六画

鑮 〔bó《广韵》補各切，入鐸，幫。又傍各切，入鐸，並。〕古乐器。似钟而大。韩愈、李正封《晚秋郾城夜会联句》："殁庙配尊斝，生堂合磬镈。"

鑪 〔lú《广韵》落胡切，平模，來。〕❶金属制炉子。用于冶炼、取暖、烹饪的器具。高适《效古赠崔二》："金铲陈兽炭，谈笑正得意。"孟郊《古意赠梁肃补阙》："金铅正同铲，愿分精与粗。"陆龟蒙《樵人十咏·樵叟》："所图山褐厚，所爱山铲热。"黄滔《冬暮山舍喜标上人见访》："茗汲冰销溜，铲烧鹊去巢。"亦指香炉。马戴《送僧归金山寺》："遥想禅林下，铲香带月焚。"❷酒店前放置酒坛的炉形土台。亦借指酒店。王绩《过酒家五首》之四："倚铲便得睡，横瓮足堪眠。"

【鑪子】 金属制炉子。取暖器。拾得《诗》之二："铲子边向火，镬子里澡浴。"

【鑪冶】 炉中冶炼。喻精心筹划。寒山《诗三百三首》之九四："贤士不贪婪，痴人好铲冶。"又《诗三百三首》之二四一："学业攻铲冶，炼尽三山铁。"

【鑪氣】 炉中烟气。钱起《画鹤篇》："铲气朝成缑岭云，银灯夜作华亭月。"又《题礼上人壁画山水》："坐来铲气萦空散，共指晴云向岭归。"

【鑪峰】 炉峰。指今江西庐山香炉峰。刘长卿《送孙逸归庐山》："铲峰绝顶楚云衔，楚客东归栖此岩。"李贺《勉爱行二首送小季之庐山》之一："小雁过铲峰，影落楚水下。"白居易《寄题庐山旧草堂兼呈二林寺道侣》："君行过到铲峰下，为报东林长老知。"姚鹄《送黄颇归袁》："铲峰若上应相忆，不得同过惠远房。"

【鑪煙】 炉中烟气。钱珝《江行无题一百首》之九七："若使铲煙在，犹应为上公。"穆寂《冬至日祥风应候》："更绕铲煙起，殷勤报岁功。"

【鑪錘】 炉与锤。谓冶炼锻造。喻文艺创作中构思熔铸的能力。杜甫《送顾八分文学适洪吉州》："顾侯运铲锤，笔力破余地。"

【鑪鞴】 火炉鼓风的皮囊。亦用以借指熔炉。施肩吾《早春游曲江》："羲和若拟动铲鞴，先铸曲江千树红。"

十七画

鑰 〔yuè，又读 yào《广韵》以灼切，入藥，以。〕❶锁，用以锁门户、箱箧等。杜甫《春宿左省》："不寝听金钥，因风想玉珂。"张祜《投魏博李相国三十二韵》："木鱼连钥动，金兽齿环狞。"王维《奉和圣制十五夜然灯继以酺宴应制》："鱼钥通翔凤，龙舆出建章。"王沈《婕妤怨》："长信梨花暗欲栖，应门上钥草萋萋。"❷上锁，锁住。郑畋《五月一日紫宸候对时属禁直穿内而行因书六韵》："禁扉犹锁钥，官妓已妆梳。"冯道《放鱼书所钥户》："高却垣墙钥却门，监丞从此罢垂纶。"吕岩《题四明金鹅寺壁》："方丈有门出不钥，见个山童露双脚。"❸钥匙。贾岛《处州李使君改任遂州因寄赠》："钥开原上高楼锁，瓶汲池东古井泉。"

【鑰匙】 开锁器。樊铸有《及第后读书院咏物十首上礼部李侍郎·钥匙》。

鑱 〔chán《广韵》锄衔切，平衔，崇。又士懺切，去鑑，崇。〕❶古代掘土器。装有弯曲的长柄，用以掘土。杜甫《乾元中寓居同谷县作歌七首》之二："长镵长镵白木柄，我生托子以为命。"白居易《和微之诗二十三首》序："夫劚石破山，先观镵迹。"❷刺，刺入。见"镵天"。

【鑱天】 刺向天空。韩愈《送区弘南归》："汹汹洞庭莽翠微，九疑镵天荒是非。"

十八画

鑷 〔niè《广韵》尼輒切，入葉，娘。〕❶镊子。用以拔除毛发或夹取东西。杜牧《醉题》："金镊洗霜鬓，银觥敌露桃。"陆龟蒙《奉和袭美太湖诗二十首·晓次神景宫》："翠镊有寒锵，碧花无定影。"❷用镊子拔除毛发。韦应物《送秦系赴润州》："近作新婚镊白髯，长怀旧卷映蓝衫。"刘禹锡《鱼复江中》："扁舟尽室贫相逐，白发藏冠镊更加。"姚合《从军乐二首》之二："谁道从军乐，年来镊白须。"齐己《白发》："莫染亦莫镊，任从伊满头。"

【鑷白】 用镊子拔除白发或白须。李白《秋日炼药院镊白发赠元六兄林宗》："长吁望青云，镊白坐相看。"杜甫《西阁二首》之二："不道含香贱，其如镊白休。"

【鑷捋】 用镊子拔除。贾岛《原居即事言怀赠孙员外》："镊捋白发断，兵阻尺书传。"

【鑷鬚】 拔除白须。韩翃《家兄自山南罢归献诗叙事》："空嗟镊鬚日，犹是屈腰年。"

【鑷鬢】 拔除鬓角上的白发。司空图《寓笔》："年年镊鬓到花飘，依旧花繁鬓易凋。"

鑹 〔cuàn《广韵》七亂切，去换，清。〕一种兵器。小稍短矛。元稹《送岭南崔侍御》："黄家贼用镩刀利，白水郎行旱地稀。"又《酬乐天东南行诗一百韵》："椎髻抛巾帼，镩刀代䥽铲。"

十九画

鑽[1] 〔zuàn《广韵》子算切，去换，精。〕穿孔的工具。钻子。章孝标《道者与金丹开合已失因为二首再有投掷》之一："木钻钻盘石，辛勤四十年。"

鑽[2] 〔zuān《广韵》借官切，平桓，精。〕❶穿孔，打眼。章孝标《道者与金丹开合已失因为二首再有投掷》之一："木钻钻盘石，辛勤四十年。"❷穿过，进入。拾得《诗》之七："不能得衣食，头钻入于寺。"薛涛《十离诗·竹离亭》："为缘春笋钻墙破，不得垂阴覆玉堂。"杨收《笔》："虽匪囊中物，何坚不可钻。"吴融《绵竹山四十韵》："方者露圭角，尖者钻箭簇。"❸钻刺龟甲并以火灼以卜吉凶。卢仝《观放鱼歌》："圣神七十钻，不及泥中鳅。"白居易《偶然二首》之二："六十四卦七十钻，毕竟不能知所以。"

【鑽$_2$火】 ❶钻木取火。亦泛称生火。周昙《咏史诗·春秋战国门·孙膑》："曾嫌胜己害贤人，钻火明知速自焚。"❷为钻燧取火的省称。古人钻木取火，因季节不同而用木材各异，春取榆柳，夏取枣杏，季夏取桑柘；秋取柞楢，冬取槐檀。一年之中，钻火各异，故曰钻燧取火。后仅于寒食后二日为之，并相沿成俗。杜甫《清明二首》之二："旅雁上云归紫塞，家人钻火用青枫。"崔元翰《清明节赋得十韵兼呈马十八郎丞公》："钻火见樵人，饮泉逢野兽。"

【鑽$_2$灼】 古占卜法。钻龟甲，然后烧荆焞以灼所钻处，使兆坼现于表面，据此以定凶吉。卢仝《月蚀诗》："唯堪支床脚，不堪钻灼与天卜。"

【鑽$_2$刺】 钻入刺取。元稹《芳树》："游蜂竞钻刺，斗雀亦纷拏。"

【鑽燧】 钻木取火。李华《杂诗六首》之三："圣人不能绝，钻燧与炮烹。"

【鑽龜】　占卜术之一种。钻龟壳后视其裂纹以卜凶吉。刘禹锡《畬田行》："钻龟得雨卦，上山烧卧木。"白居易《放言五首》之三："赠君一法决狐疑，不用钻龟与祝蓍。"

【鑽鑿】　钻孔凿洞。寒山《诗三百三首》之七一："遭得谁钻凿，因兹立九窍。"

鑾　〔luán《广韵》落官切，平桓，來。〕❶装于轭首或车衡上的铃。上部为扁圆形的铃，下部为座。铃内的丸，车行时则摇动发声，声如鸾鸣。或谓安装在马嚼子两端的铃。见"鑾駕"。❷皇帝的车驾。苏味道《嵩山石淙侍宴应制》："天洛宸襟有余兴，裴回周晒驻归銮。"徐彦伯《侍宴韦嗣立山庄应制》："移銮明月沼，张组白云岑。"韦庄《谒蒋帝庙》："金陵客路方流落，空祝回銮奠酒卮。"

【鑾刀】　环上有小铃的刀。杜甫《杂曲歌辞·丽人行》："犀箸厌饫久未下，銮刀缕切空纷纶。"

【鑾輅】　犹銮驾。天子车驾。武平一《奉和立春内出彩花树应制》："銮辂青旂下帝台，东郊上苑望春来。"李远《过马嵬山》："浓香犹自飘銮辂，恨魄无因离马嵬。"吴融《华清宫四首》之三："上皇銮辂重巡游，雨泪无言独倚楼。"贯休《闻友人驾前及第》："早随銮辂转，莫恋蜀山多。"

【鑾殿】　金銮殿的省称。李中《献中书汤舍人》："銮殿对时亲舜日，鲤庭过处着莱衣。"萧意《长门失宠》："自从别銮殿，长门几度春。"

【鑾輿】　❶天子车驾。王维《奉和圣制从蓬莱向兴庆阁道中留春雨中春望之作应制》："銮舆迥出千门柳，阁道回看上苑花。"戎昱《辰州闻大驾还宫》："闻道銮舆归魏阙，望云西拜喜成悲。"张碧《古意》："銮舆不碾香尘灭，更残三十六宫月。"胡曾《咏史诗·细柳营》："文帝銮舆劳北征，条侯此地整严兵。"❷借指天子。王勃《陇西行》之四："入被銮舆宠，出视辕门勇。"贾至《自蜀奉册命往朔方途中呈韦左相文部房尚书门下崔侍郎》："胡羯乱中夏，銮舆忽南巡。"罗隐《帝幸蜀》："马嵬山色翠依依，又见銮舆幸蜀归。"和凝《宫词百首》之三一："銮舆观稼晚方归，日月旗中见御衣。"

【鑾蹕】　銮驾。天子车驾。方壶居士《隋堤词》："尝忆江都大业秋，曾随銮跸戏龙舟。"亦借指天子。王景《奉和九月九日登慈恩寺浮图应制》："无因銮跸暇，俱舞鹤林前。"

【鑾駕】　亦作"鸞駕"。天子车驾。因其配有銮铃，故名。王维《奉和圣制幸玉真公主山庄因题石壁十韵之作应制》："此地回鸾驾，缘溪转翠华。"高骈《马嵬驿》："蝉鬓不随銮驾去，至今空感往来人。"亦借指天子。于邺《洛中有怀》："銮驾久不幸，洛阳春草多。"广宣《安国寺随驾幸兴唐观应制》："两地尽修天上事，共瞻銮驾重来巡。"高骈《蜀路感怀》："蜀山苍翠陇云愁，銮驾西巡陷几州。"

二十画

鑿1　〔záo《广韵》在各切，入鐸，從。〕❶凿子。木匠用以打孔、挖槽的工具。韦应物《任洛阳丞请告一首》："方凿不受圆，直木不为轮。"白居易《开龙门八节石滩诗二首》之一："铁凿金锤殷若雷，入滩九石剑棱摧。"❷挖掘，开凿。刘允济《经庐岳回望江州想洛川有作》："龟山帝始营，龙门禹初凿。"李白《题瓜州新河饯族叔舍人贲》："齐公凿新河，万古流不绝。"白居易《秋池二首》之二："凿池贮秋水，中有蘋与芰。"皮日休《初夏游楞伽精舍》："穴恐水君开，龛如鬼工凿。"❸指凿井而饮。赵冬曦《陪张燕公行郡竹篱》："所赖中和作，优游凿与耕。"

鑿2　〔zào《集韵》七到切，去号，從。〕今读 záo。榫眼。见"鑿₂枘"。

鑿3　〔zuò《广韵》则落切，入鐸，精。〕❶鲜明貌。见"鑿₃鑿"。❷通"糳"，舂成精米。亦指精米。杜甫《行官张望补稻畦水归》："秋菰成黑米，精凿传白粲。"

鑿4　〔zú《广韵》昨木切，入屋，從。〕雕镂，镌刻。见"鑿₄落"。

【鑿孔】　打孔眼。《神龙后乌鹊窠谣》："镰柯不凿孔，斧子不施柯。"

【鑿井】　掘井，挖井。岑参《宿东溪王屋李隐者》："山店不凿井，百家同一泉。"杜甫《绝句六首》之三："凿井交棕叶，开渠断竹根。"姚合《街西居三首》之一："独我恶水浊，凿井庭之陲。"李洞《题薛少府庄》："何须凿井饮，门占古溪居。"

【鑿石浦】　地名，在今湖南湘潭市西。杜甫有《宿凿石浦》，自注："浦在湘潭县西。"

【鑿坏】　谓隐居不仕。坏，亦作"坯""培"，三字义同。为屋后墙。骆宾王《同辛簿简仰酬思玄上人林泉四首》之三："今日徒招隐，终知异凿坏。"吴筠《高士咏·颜阖》："逃聘鄙束帛，凿坏欣茅茨。"

【鑿₂枘】　卯眼和榫头。凿枘相应，故常以喻彼此相合。元稹《献荥阳公诗五十韵》："轮辕呈曲直，凿枘取方圆。"

【鑿空】　(—kōng)开通道路。骆宾王《边城落日》："候月恒持满，寻源屡凿空。"徐彦伯《胡无人行》："十月繁霜下，征人远凿空。"袁朗《赋饮马长城窟》：

"鸟庭已向内，龙荒更凿空。"王翰《奉和圣制送张尚书巡边》："宁如凿空使，远致石榴花。"亦借边远之地。马云奇《被蕃军中拘系之作》："何事逐漂蓬，悠悠过凿空。"

【鑿門】 ❶谓凿凶门。古代将军出征，凿一北向门而出，以示誓死求胜之决心。太宗《伤辽东战亡》："凿门初奉律，仗战始临戎。"陈子昂《送著作佐郎崔融等从梁王东征》序："庙堂授钺，凿门申命。"储光羲《哥舒大夫颂德》："画阃入受脤，凿门出扞城。"汤悦《奉和圣制送邓王牧宣城》："千里陵阳同陕服，凿门胙土寄亲贤。"❷指龙门山。在今河南洛阳市南，即伊阙。据传，大禹治水，凿龙门以导疏，故称。许浑《晚登龙门驿楼》："鱼龙多处凿门开，万古人知夏禹材。"

【鑿$_4$落】 ❶以镌镂金银为饰的酒器。取意于工巧文光错落。韩愈、李正封《晚秋郾城夜会联句》："泽发解兜鍪，酡颜倾凿落。"白居易《送春》："银花凿落从君劝，金屑琵琶为我弹。"又《酬周协律》："凿落愁须饮，琵琶闷遣弹。"雍陶《酬李绀岁除送酒》："一夜四乘倾凿落，五更三点把屠苏。"罗隐《暇日投钱尚父》："醴设斗倾金凿落，马归争撼玉连环。"❷引申为空旷。元结《引极三首·望仙府》："山凿落兮眇嵚岑，云溶溶兮木棽棽。"

【鑿飲】 凿冰而饮。韦应物《酬韩质舟行阻冻》："方舟未得行，凿饮空兢兢。"

【鑿齒】 古代传说中野人。一说为兽名。后以喻恶人。李白《相和歌辞·北上行》："奔鲸夹黄河，凿齿屯洛阳。"

【鑿蹄】 谓钉马掌。杜甫《送长孙九侍御赴武威判官》："骢马新凿蹄，银鞍被来好。"

【鑿照】 谓凿壁借光映照。王泠然《夜光篇》："两京贫病若为居，四壁皆成凿照余。"参见"鑿壁"。

【鑿龍】 ❶开凿龙门。古代传说，大禹治水时，凿龙门以导流。杜牧《洛阳长句二首》之二："月锁名园孤鹤唳，川酣秋梦凿龙声。"❷指龙门山。在今河南洛阳市南，又名伊阙。宋之问《龙门应制》："天子乘春幸凿龙，凿龙近出王城外。"窦牟《天津晓望因寄呈分司一二省郎》："凿龙横碧落，提象出华胥。"刘禹锡《和李相公初归平泉过龙门南岭遥望山居即事》："曾为鹏鸟赋，喜过凿龙山。"李逢吉《奉送李相公重镇襄阳》："终期谢戎务，同隐凿龙山。"

【鑿顏坯】 谓隐居不仕。杜甫《秋日荆南述怀三十韵》："贤非梦傅野，隐类凿颜坯。"

【鑿壁】 用为刻苦攻读之典。杨衡《送陈房谒抚州周使君》："凿壁年虽异，穿杨志幸同。"王仁裕《示诸门生》："掷金换得天边桂，凿壁偷将榜上名。"李瀚《蒙求》："匡衡凿壁，孙敬闭户。"

【鑿$_3$鑿】 (—zuò)❶鲜明貌。白居易《香炉峰下新置草堂即事咏怀题于石上》："白石何凿凿，清流亦潺潺。"❷形容水声。白居易《李卢二中丞各创山居偶题十五韵聊戏二君》："凿凿复溅溅，昼夜流不已。"

長 部

長[1] 〔cháng《广韵》直良切，平陽，澄。〕❶指在空间的两端之间距离大。(1)同短相对。太宗《帝京篇十首》之六："桂楫满中川，弦歌振长屿。"孙逖《送魏骑曹充宇文侍御判官分按山南》："楼迥吟黄鹤，江长望白蘋。"孟郊《杂怨》之三："暗蛩有虚织，短线无长缝。"武元衡《奉酬淮南中书相公见寄》："江长梅笛怨，天远桂轮孤。"亦指长度。任华《怀素上人草书歌》："挥毫倏忽千万字，有时一字两字长丈二。"(2)高。顾况《弃妇词》："今日君弃妾，小姑如妾长。"李商隐《木兰》："瑶姬与神女，长短定何如?"(3)远，不近。颜真卿《登平望桥下作》："登桥试长望，望极与天平。"关盼盼《燕子楼诗三首》之一："相思一夜情多少，地角天涯不是长。"见"長風❶""長眺"。(4)指诗文的篇幅大。见"長謠❷"。❷指时间相隔长久。刘长卿《江州留别薛六柳八二员外》："江海相逢少，东南别处长。"白居易《观刈麦》："力尽不知热，但惜夏日长。"卢纶《酬李端公野寺病居见寄》："寂寞日长谁问疾，料君惟取古方寻。"皎然《妙喜寺达公院赋得夜磬送吕评事》："在夜吟更长，停空韵难绝。"❸长久，永久。刘长卿《集梁耿开元寺所居院》："岂得长高枕，中朝正用才。"崔峒《江南回逢赵曜因送任十一赴交城主簿》："江上长相忆，因高北望看。"白居易《赠王山人》："容颜尽怪长如故，名姓多疑不是真。"温庭筠《惜春词》："愿君留得长妖韶，莫逐东风还荡摇。"❹经常，常常。贾至《自蜀奉册命往朔方途中呈韦左相文部房尚书门下崔侍郎》："古来有屯难，否泰长相因。"于鹄《秦越人洞中咏》："年年山下人，长见骑白龙。"贾岛《落第东归逢僧伯阳》："晓至长侵月，思乡动隔春。"李频《春闺怨》："自怨愁容长照镜，悔教征戍觅封侯。"❺引长，延长。王昌龄《诸官游招隐寺》："凿井长幽泉，白云今如古。"见"長言"。❻深，多。于逖《野外行》："老病无乐事，岁秋悲更长。"卢纶《罪所送苗员外上都》："祸近防难及，愁长事未分。"羊士谔《夜听琵琶三首》之三："破拨声繁恨已长，低鬟敛黛更摧藏。"❼长处，特长。严维《赠送朱放》："生事曾无长，惟将白接䍦。"刘禹锡《奉和司空裴相公中书即事通简旧僚之作》："谈笑在岩廊，人人尽所长。"❽大。表示程度。韦应物《张彭州前与缑氏冯少府各惠寄一篇因追哀叙事兼远简冯生》："秋风吹寝门，长恸涕涟如。"白居易《伤唐衢二首》之一："常排伤心事，不为长叹息。"❾正确，高明。王绩《赠梁公》："我今穷家子，自言此见长。"

長[2] 〔zhǎng《广韵》知丈切，上養，知。〕❶相比之下年纪大。见《论语·先进》。骆宾王《夏日游德州赠高四》序："仆少负不羁，长逾虚诞。"孟浩然《送洗然弟进士举》："以吾一日长，念尔聚星稀。"李白《送二季之江东》："多惭一日长，不及二龙贤。"卢纶《喜从弟激初至》："叙年惭已长，称从意何疏。"亦指年岁较大者。魏万《金陵酬李翰林谪仙子》："一长复一少，相看如弟兄。"❷年高，年老。独孤及《初晴抱琴登马退山对酒望远醉后作》："年长心易感，况为忧患缠。"张籍《春日李舍人宅见两省诸公唱和因书情即事》："官闲人事少，年长道情多。"韦庄《岁晏同左生作》："不须临皎镜，年长易凄凄。"张蠙《赠别山友》："年长惊黄叶，时清厌白云。"❸排行最大。李商隐《送千牛李将军赴阙五十韵》："庆流归嫡长，贻厥在名卿。"见"長₂女""長₂男。"❹首长，领导人物。岑参《左仆射相国冀公东斋幽居》："丞相百僚长，两朝居此官。"严维《送薛尚书入蜀》："列郡诸侯长，登朝八座尊。"张籍《寄陆浑赵明府》："新作陆浑山县长，早知三礼甲科名。"徐铉《使浙西先寄献燕王侍中》："五年不见鸾台长，明日将陪兔苑游。"❺成长，生长。李白《金陵歌送别范宣》："此地伤心不能道，目下离离长春草。"戴叔伦《屯田词》："麦苗渐长天苦晴，土干确确锄不得。"白居易《舒员外游香山寺走笔题长句以赠之》："岂无池塘长秋草，亦有丝竹生尘埃。"元稹《乐府杂曲·鼓吹曲辞·芳树》："清池养神蔡，已复长虾蟆。"❻抚养，培育。杜甫《杂曲歌辞·少年行三首》之一："莫笑田家老瓦盆，自从盛酒长儿孙。"见"長₂育。"❼增长，助长。耿沣《酬李文》："初飞万木叶，又长一年人。"刘禹锡《酬乐天扬州初逢席上赠》："今日听君歌一曲，暂凭杯酒长精神。"❽上涨。张谓《寄李侍御》："价似吹嘘长，恩从顾盼深。"

長[3] 〔zhàng《广韵》直亮切，去漾，澄。〕多，多余。见"長₃錢"。

【長刀】 长的刀。李商隐《送千牛李将军赴阙五十韵》："长刀悬月魄，快马骇星精。"又《江上忆严五广休》："征南幕下带长刀，梦笔深藏五色毫。"

【長干】 古建康里巷名，故址在今江苏南京市南，靠长江。崔颢《杂曲歌辞·长干曲四首》之二："同是长干人，生小不相识。"李白《长干行》之一："同居长干里，两小无嫌猜。"李益《长干行》："嫁与长干人，沙头候风色。"元稹《送王协律游杭越十韵》："长干迎客闹，小市隔烟迷。"

【長干曲】 (曲 qǔ)乐府《杂曲歌辞》名。长干，为古建康里巷名，在今江苏南京市南，靠近长江。歌辞内容描写长干里一带江边妇女的生活和情感。古乐府词有《长干曲》。崔颢有《长干曲四首》。

【長干行】 (行 xíng)乐府《杂曲歌辞》名，即《长干曲》。李白有《长干行二首》。李益有《长干行》。

【長干塘】 塘名，疑在长干，今江苏南京市南。韦庄有《长干塘别徐茂才》。

【長才】 优异的才能。亦指才能优异者。杜甫《述古三首》之三："经纶中兴业，何代无长才。"白居易《醉后走笔酬刘五主簿长句之赠兼简张大贾二十四先辈昆季》："谁会茫茫天地意，短才获用长才弃。"方干《送王霖赴举》："须凭吉梦为先兆，必恐长才偶盛时。"

【長$_2$大】 ❶成长为大人。窦叔向《夏夜宿表兄话旧》："去日儿童皆长大，昔年亲友半凋零。"白居易《赠友五首》之五："凡人贵达日，多在长大时。"项斯《途中逢友人》："长大有南北，山川各所之。"无名氏《五言白话诗》之十二："长大人中官，当衙判曹事。"❷增长，变大。白居易《问友》："香茎与臭叶，日夜俱长大。"

【長$_2$上】 长官。元稹《酬翰林白学士代书一百韵》："密携长上乐，偷宿静坊姬。"

【長山】 ❶连绵的山。韦述《晚度伊水》："回瞻洛阳苑，遽有长山隔。"❷山名，在今江苏丹徒县南。孟浩然有《宿扬子津寄润州长山刘隐士》。

【長川】 流程长的河流。贾岛《马嵬》："长川几处树青青，孤驿危楼对翠屏。"罗虬《比红儿诗》之三："陷却平阳为小怜，周师百万战长川。"吴融《富春》："长川不是春来绿，千峰倒影落其间。"徐玄之《采莲》："越艳荆姝惯采莲，兰桡画楫满长川。"

【長久】 持久，时间很长。元结《二风诗·乱风诗五篇·至惑》："黜奸佞之臣，所以长久也。"卢仝《冬行三首》之二："长年爱伊洛，决计卜长久。"姚合《武功县中作三十首》之二六："须为长久事，归去自耕锄。"于溃《宫怨》："谓言入汉宫，富贵可长久。"

【長久宴】 指重阳节宴。重阳，又称长久日。赵彦昭《奉和九日幸临渭亭登高应制》："须陪长久宴，岁岁奉吹花。"

【長弓射】 喻遭人暗算。杜甫《光禄坂行》："马惊不忧深谷坠，草动只怕长弓射。"

【長$_2$女】 排行最大的女儿。李端《闲园即事赠考功王员外》："幸接上宾登郑驿，羞为长女似黄家。"曹唐《小游仙诗九十八首》之七十："东皇长女没多年，从洗金芝到水边。"

【長$_2$子縣】 隋开皇十八年(598)以寄氏县改名。唐属潞州，治所即今山西长子县。权德舆有《送从翁赴任长子县令》。

【長天】 辽阔的天空。杨炯《送丰城王少府》："愁结乱如麻，长天照落霞。"焦郁《春雪》之二："长天远树山山白，不辨梅花与柳花。"刘沧《题古寺》："长天月影高窗过，疏树寒鸦半夜啼。"郑谷《夕阳》："极浦明残雨，长天急远鸿。"

【長戈】 装有长柄的戈。古代兵器。李商隐《韩碑》："不据山河据平地，长戈利矛日可麾。"王贞白《少年行二首》之二："常闻为突骑，天子赐长戈。"亦借指军队。许天正《和陈元光平潮寇诗》："长戈收百甲，聚骑破千重。"

【長牙】 锯牙。马有锯牙者易怒。李贺《马诗二十三首》之十七："世人怜小颈，金埒畏长牙。"

【長日】 ❶漫长的白天。李远《唐语林》："青山不厌三杯酒，长日惟消一局棋。"郑谷《自遣》："朝回何处消长日，紫阁峰南有旧村。"❷犹言整天、整日。张祜《江南杂题三十首》之十二："端居无外事，长日卧烟岚。"❸平时，经常。杜甫《泛江》："长日容杯酒，深江净绮罗。"张祜《题苏州思益寺》："会当来结社，长日为僧吟。"

【長水】 唐县名。隋时为长泽县。义宁元年更名为长水。属河南府。岑参有《使君席夜送严河南赴长水》。白居易《吟四虽》："命虽薄，犹胜于郑长水。"自注："同年郑俞始受长水县令。"又《早春雪后赠洛阳李长官长水郑明府二同年》。

【長$_2$公主】 皇帝的姊妹称长公主。李颀《送康洽入京进乐府歌》："西上虽因长公主，终须一见曲陵侯。"

【長火】 指火炬。温庭筠《走马楼三更曲》："玉皇夜入未央宫，长火千条照栖鸟。"

【長平】 古城名。故址在今山西高平县西北。秦将白起战胜赵将赵括后，大批坑杀赵卒于此。陈子昂《登泽州城北楼宴》："武安君何在，长平事已空。"李白《系寻阳上崔相涣三首》之一："邯郸四十万，同日陷长平。"李益《从军夜次六胡北饮马磨剑石为祝殇辞》："东征曾吊长平苦，往往晴明独风雨。"胡曾《咏史诗·长平》："长平瓦震武安初，赵卒俄成戏鼎鱼。"

【長$_2$史】 官名。秦始置，李斯入秦后曾任此职。西汉时丞相下有长史，其职务相当于丞相府中的秘书長。东汉的太尉、司徒、司空三公府亦设长史，为三公辅佐。三国、魏、晋、南北朝沿置不改。唐州郡长史有两种，大都督府之长史为三品官；州刺史下之长史为从五品官。储光羲有《奉别长史庾公太守徐公应召》。李白有《宣州长史弟昭赠余琴溪中双舞鹤诗以见志》。石抱忠《始平谐诗》："略彴桥头逢长史，棂星门外揖司兵。"皎然有《裴端公使君清席赋得青桂歌送徐长史》。

【長世】 谓无垠宇宙。皎然《杂兴六首》之二："短龄役长世，扰扰悟不早。"

【長$_2$兄】 兄弟中排行最大者。李白《相和歌辞·湖边采莲妇》："长兄行不在，莫使外人逢。"李渤《喜弟淑再至为长歌》："长兄年少曾落托，拔剑沙场随卫霍。"

【長生】 ❶永久存在或生存，寿命很长。寒山《诗三百三首》之七七："终归不免死，浪自觅长生。"李白《相和歌辞·来日大难》："蝉翼九五，以求长生。"王贞白《送芮尊师》："石上菖蒲节节灵，先生服食得长生。"胡宿《淮南王》："长生不待炉中药，鸿宝谁收箧里书。"亦指道家求长生的法术。李白《题随州紫阳先生壁》："神农好长生，风俗久已成。"殷尧藩《游王羽士山房》："道人应识我，未肯说长生。"姚合《赠丘郎中》："万事将身求总易，学君难得是长生。"赵嘏《赠道者》："应怜有客外妻子，思在长生一顾中。"❷指唐华清宫殿名，即集灵台。姚合《晓望华清宫》："武帝自知身不死，教修玉殿号长生。"见"長生殿"。

【長生木瓢】 用长生木做的酒瓢。杜甫《乐游园歌》："长生木瓢示真率，更调鞍马狂欢赏。"晋稽含有《长生木赋》。

【長生法】 道家所称长生的法术。李颀《送王道士还山》："双峰树下曾受业，应传肘后长生法。"王翰《赋得明星玉女坛送廉察尉华阴》："欲求玉女长生法，日夜烧香应自还。"

【長生玉殿】 指华清宫长生殿。窦巩《过骊山》："有人说得当时事，曾见长生玉殿开。"

【長生訣】 道家所称长生的秘诀。皎然《南湖春泛因叙相思之志以寄焉》："资予长生诀，希彼高山俦。"

【長生秘殿】 指华清宫长生殿。吴融《华清宫二首》之二："长生秘殿倚青苍，拟敌金庭不死乡。"

【長生術】 道家所称的长生法术。张又新《青障山》："陶仙谩学长生术，暑往寒来更寂寞。"姚合《寄山中友人》："闻有长生术，将求未有因。"刘威《赠道者》："儒生也爱长生术，不见人间大笑人。"徐夤《霞》："劳生愿学长生术，餐尽红桃上汉飞。"

【長生道】 道家所称长生的道术。孟浩然《宿天台桐柏观》："纷吾远游意，学彼长生道。"

【長生殿】 华清宫殿名。元稹《和李校书新题乐府十二首·胡旋女》："旋得明王不觉迷，妖胡奄到长生殿。"白居易《长恨歌》："七月七日长生殿，夜半无人私语时。"李商隐《骊山有感》："平明每幸长生殿，不从金舆惟寿王。"郑嵎《津阳门诗》："金沙洞口长生殿，玉蕊峰头王母祠。"

【長生藥】 道家所称服之可以长生的仙药。宋自然《遗诗》："世人不会长生药，炼石烧丹劳尔形。"

【長生籍】 长生者的名籍，仙人名册。曹唐《送刘尊师祗诏阙庭三首》之三："龟台欲署长生籍，鸾殿还论不死方。"

【長生籙】 道家之符箓。白居易《见于给事暇日上直寄南省诸郎官诗因以戏赠》："黄麻敕胜长生箓，白纻词嫌内景篇。"

【長白】 山名。在於陵县（今山东邹平县东南）城西三里。陈仲子夫妇隐于此。张说《古泉驿》："长白临河上，於陵入济东。"

【長白山】 在今吉林省东部。韩翃有《送齐山人归长白山》。齐己《赠刘五经》："往年长白山，发愤忍饥寒。"

【長句】 指七言古诗。后亦兼指七言律诗。李白《江夏赠韦南陵冰》："玉箫金管喧四筵，苦心不得申长句。"刘禹锡《酬太原狄尚书见寄》："仍把天兵书号笔，远题长句寄山川。"又《酬杨侍郎凭见寄》："疏傅挥金忽相忆，远擎长句与招魂。"亦指较长的诗篇。王周《齿落词》："开尊复开怀，引笔作长句。"白居易《琵琶引》序："予出官二年，恬然自安。感斯人言，是夕始觉有迁谪意，因为长句歌以赠之。"

【長汀】 水边长条形的平地。许棠《汴河十二韵》："浪倒长汀柳，风欹远岸楼。"孟贯《春江送人》："春江多去情，相去枕长汀。"徐光溥《题黄居寀秋山图》："曲沼芙蓉香馥郁，长汀芦荻花毂蔌。"

【長$_2$幼】 年长者和年幼者。王湾《秋夜寓直即事怀赠萧令公裴侍郎兼通简南省诸友人》："还家新长幼，巡垄旧沟塍。"窦冀《怀素上人草书歌》："长幼集，贤豪至，枕糟借曲犹半醉。"钱起《送严士良侍奉詹事南游》："江山侍行迈，长幼出嚣尘。"白居易《三年除夜》："堂上书帐前，长幼合成行。"

【長吉】 唐诗人李贺字。戴叔伦有《冬日有怀李贺长吉》。李贺《酒罢张大彻索赠诗》："陇西长吉摧颓客，酒阑感觉中区窄。"李商隐有《效长吉》。齐己《谢荆幕孙郎中见示乐府歌集二十八字》："长吉才狂太白颠，二公文阵势横前。"

【長$_2$老】 ❶年长者，老年人。杜甫《狄明府》："禁中决册请房陵，前朝长老皆流涕。"张彪《神仙》："长老思养寿，后生笑寂寞。"韩愈《此日足可惜赠张籍》："长老守所闻，后生习为常。”李贺《南园十三首》之四：“桥头长老相哀念，因遗戎韬一卷书。”❷对住持僧的尊称。亦用为对一般僧人敬称。皇甫冉《酬裴补阙吴寺见寻》：“每与君携手，多烦长老迎。”权德舆《待漏假寐梦归江东旧居》：“南宗长老知心法，东郭先生识化源。”白居易《闲意》：“北省朋僚音信断，东林长老往还频。”薛能《北都题崇福寺》：“长老多相识，旬休暂一来。”

【長₂吏】 旧称地位较低的官员。王维《送缙云苗太守》：“手疏谢明主，腰章为长吏。”杜甫《送顾八分文学适洪吉州》：“崩腾戎马际，往往杀长吏。”元结《喻常吾直》：“近年更长吏，数月未为速。”白居易《秋寄微之十二韵》：“屈君为长吏，伴我作衰翁。”

【長在】 长存。裴夷直《遗意》：“不是世间长在物，暂分贞脆竟何殊。”赵嘏《宛陵寓居上沈大夫二首》之一：“人情已觉春长在，溪户仍将水共闲。”

【長存】 ❶长生，不死。寒山《诗三百三首》之二八〇：“自古诸哲人，不见有长存。”❷指事物长期存在。于武陵《洛中晴望》：“古今人不断，南北路长存。”圆观《竹枝词》之一：“惭愧情人远相访，此生虽异性长存。”雍陶《题等界寺二首》之一：“吴蜀千年等界村，英雄无主岂长存。”

【長至】 夏至日白天最长，冬至日黑夜最长，此二日均称长至。唐诗中多指冬至日。张叔良和李竦均有《长至日上公献寿》。戎昱《谪官辰州冬至日有怀》：“去年长至在长安，策杖曾簪獬豸冠。”白居易《冬至宿杨梅馆》：“十一月中长至夜，三千里外远行人。”

【長此】 长久如此。杜审言《蓬莱三殿侍宴奉敕咏终南山应制》：“小臣持献寿，长此戴尧天。”卢纶《酬人失题》：“何幸晚飞者，清音长此闻。”

【長吁】 长叹。李白《秋日炼药院镊白发赠元六兄林宗》：“长吁望青云，镊白坐相看。”白居易《重感》：“停骖歇路隅，重感一长吁。”韩偓《春闺二首》之二：“长吁解罗带，怯见上空床。”贯休《闻王慥常侍卒三首》之二：“受恩酬未得，不觉祗长吁。”

【長年】 ❶整年，长期。许景先《奉和御制春台望》：“汾祠雍畤望通天，玉堂宣室坐长年。”缪岛云《石人峰》：“绝顶长年相对坐，九天何日却同归。”杨夔《题宣州延庆寺益公院》：“长年门外无尘客，时见元戎驻旆旌。”❷长寿。寒山《诗三百三首》之二二三：“聪明好短命，痴騃却长年。”于濆《烧金曲》：“天寿畏不永，烧金希长年。”

【長₂年】 ❶年长，年岁大。刘商《送刘南史往杭州拜觐别驾叔》：“兄弟飘零自长年，见君眉白转相怜。”白居易《岁暮道情二首》之一：“壮日苦曾惊岁月，长年都不惜光阴。”徐铉《和明上人除夜见寄》：“长年逢岁暮，多病见兵兴。”❷老年。无可《新年》：“燃灯朝复夕，渐作长年身。”

【長₃年】 ❶老年。牟融《赠殷以道》：“世路红尘懒步趋，长年结屋傍岩隅。”姚合《送陆畅侍御归扬州》：“归去知何日，相逢各长年。”无可《新年》：“燃灯朝复夕，渐作长年身。”韦庄《长年》：“长年方悟少年非，人道新诗胜旧诗。”❷船工。杜甫《最能行》：“瞿塘漫天虎须怒，归州长年行最能。”自注：“蜀中呼柁师为长年三老。”又《敬寄族弟唐十八使君》：“长年已省柁，慰此贞良臣。”

【長₂年三老】 古代川陕一带对舵手、篙师的敬称。杜甫《拨闷》：“长年三老遥怜汝，棙柁开头捷有神。”

【長年藥】 所谓延年不死的仙药。王昌龄《谒焦炼师》：“拜受长年药，翩翻西海期。”

【長延】 绵长久远。韩愈《谢自然诗》：“莫能尽性命，安得更长延。”

【長行】 （—xíng）即“长行局”。古代的一种博戏，盛行于唐。赵抟有《废长行》，题下注：“辨其惑于无益之戏而不务恤民也。”亦指进行长行局博戏。温庭筠《添声杨柳枝辞》：“井底点灯深烛伊，共郎长行莫围棋。”

【長杓】 长木。用以渡河。李商隐《和郑愚赠汝阳王孙家筝妓二十韵》：“长杓压河心，白道连地尾。”

【長₂成】 长大成人。卢象《八月十五日赋是诗三首》之二：“两妹日长成，双鬟将及人。”白居易《长恨歌》：“杨家有女初长成，养在深闺人未识。”

【長名】 放长名榜的略语。长名榜是吏部拟定的按资历、考绩依次铨补的官员名单。

【長江】 ❶原泛指长的江流。后成为专名。李白《黄鹤楼送孟浩然之广陵》：“孤帆远影碧山尽，唯见长江天际流。”刘长卿《雨中过员稷巴陵山居赠别》：“积雨悲幽独，长江对别离。”黄滔《过长江》：“若把长江比湘浦，离骚不合自灵均。”崔道融《寄人二首》之二：“澹澹长江水，悠悠远客情。”❷古县名。西魏恭帝以巴兴县改名，治所在今四川蓬溪县附近。唐上元二年(675)移治今蓬溪县。贾岛曾为长江主簿，故人称贾长江。贾岛《寄令狐绹相公》：“一主长江印，三封东省书。”崔涂有《过长江贾岛主簿旧厅》，郑谷有《长江县经贾岛墓》。

【長安】 ❶古都城名。今陕西西安市。汉高祖七年(前200)定都于此。此后东汉献帝初、西晋愍帝，前赵、前秦、后秦、西魏、北周、隋、唐等朝均定都于此。西汉末绿林、赤眉，唐末黄巢领导的农民赵义军也曾建都于此。故城有二：汉城筑于惠帝时，在今西安市西北。隋城筑于文帝时，号大兴城，故址包括今西安城和城东、南、西一带。唐就旧城北部改筑新城，即今西安城。李涛《送凌处士赴涟州》："连山群书至，策马出长安。"宣宗《题泾县水西寺》："长安若问江南事，说道风光在水西。"齐己《乱中闻郑谷吴延保下世》："长安已涂炭，追想更凄然。"❷县名。西汉高帝五年(前202)置，治所在陕西西安市西北。隋开皇三年(583)移置今西安市。刘行敏《嘲李叔慎贺兰僧伽杜善贤》："唤取长安令，共猎北山熊。"❸借指京城。李白《金陵三首》之一："晋家南渡日，此地旧长安。"

【長安日】 用作歌咏帝王或京都之典。李峤《扈从还洛呈侍从群官》："将交洛城雨，稍远长安日。"张说《幽州新岁作》："遥遥西向长安日，愿上南山寿一杯。"杜甫《建都十二韵》："愿枉长安日，光辉照北原。"

【長安少年行】 (少 shào)乐府旧题。属杂曲歌辞。多写富家少年的豪侈游乐。李廓有《长安少年行》。皎然有《长安少年行》。

【長安府君】 指权同光。曾官长安丞。权德舆《伏蒙十六叔寄示喜庆感怀三十韵因献之》注："曾王父成都府君、曾祖叔梓州府君、长安府君，同以进士居甲科，载在《登科记》之内也。"

【長安故城】 汉惠帝时筑，在今陕西西安市西北。李峤和宋之问均有《奉和幸长安故城未央宫应制》。

【長安道】 ❶通往京城长安的大道。许敬宗《侍宴莎册宫应制得情字》："渐奏长安道，神皋动睿情。"李如实《落韵诗》之一："耕却春秋田，驾连长安道。"❷乐府《横吹曲》名。内容多写长安道上的景物和道上客子的感受。唐诗人崔颢、韦应物、顾况、白居易、薛能等均有此曲。

【長阡】 大道，大路。张祜《戊午年感事书怀二百韵》："朝帆入大浦，暝鞚逸长阡。"

【長坂】 高坡。杜淹《寄赠齐公》："佩兰长坂上，攀桂小山前。"岑参《成王挽歌》："幽山悲旧桂，长坂怆余兰。"高适《入昌松东界山行》："崎岖出长坂，合沓犹前山。"唐彦谦《留别四首》之四："盐车淹素志，长坂入青云。"

【長材】 ❶优质木材。杜荀鹤《题瓦棺寺真上人院矮桧》："天生仙桧是长材，栽桧希逢此最低。"❷喻优秀人才。元希声《赠皇甫侍御赴都八首》之二："利器长材，温仪峻峙。"方干《许员外新阳别业》："莫恣高情求逸思，须防急诏用长材。"

【長更】 (—gēng)长夜。更，夜里的计时单位。冯延巳《菩萨蛮》词之四："鹦鹉怨长更，碧笼金锁横。"

【長₂男】 长子，排行最大的儿子。元结《说洄溪招退者》："溪边老翁年几许，长男头白孙嫁女。"无名氏《闻城哭声有作》："昔别长男居异域，今殇小子瘗泉台。"

【長别】 ❶久别。杜甫《捣衣》："已近苦寒月，况经长别心。"❷永别。褚亮《在陇头哭潘学士》："陇底嗟长别，流襟一恸君。"

【長吟】 ❶哀愁怨慕时发出长而缓的声音。皇甫冉《秋夜有怀高三十五兼呈空和尚》："不见支公与玄度，相思拥膝坐长吟。"白居易《续古诗十首》之八："念此令人老，抱膝坐长吟。"徐铉《赋得有所思》："衰草满庭空伫立，清风吹袂更长吟。"❷诵读，吟诵。元结《酬孟武昌苦雪》："长吟未及终，不觉为凄然。"杜甫《解闷十二首》之七："陶冶性灵在底物，新诗改罢自长吟。"胡杲《七老会诗》："搜神得句题红叶，望景长吟对白云。"张祜《酬武蕴之乙丑之岁始见华发余自悲遂成继和》："怜君成苦调，感我独长吟。"

【長岐】 长路。吴越后王钱俶《路次再感圣恩》："惭愧圣恩优渥异，不教炎暑冒长岐。"

【長岑】 古县名，其地在辽东，即今辽宁沈阳市东。刘禹锡《游桃源一百韵》："北渚吊灵均，长岑思亭伯。"

【長岑長】 (長 zhǎng)长岑县令。汉和帝时，崔骃为车骑大将军窦宪府掾，因屡有进谏，为窦所不容，出为长岑长。后遂以长岑长借指贬官。储光羲《贻王侍御出台掾丹阳》："惆怅长岑长，寂寞梁王傅。"

【長告】 旧时官吏告请长假。白居易《和答诗十首·百日假满》："长告初从百日满，故乡元约一年回。"赵嘏《抒怀上歙州卢中丞宣州杜侍郎》："竹马迎呼逢稚子，柏台长告见男儿。"

【長兵】 长兵器。白居易《答箭镞》："勿言分寸铁，为用乃长兵。"

【長返】 谓归隐不仕。曹邺《从天平节度使游平流园》："明公有高思，到此遂长返。"

【長言】 引长声音吟唱。苏源明《秋夜小洞庭离讌诗》序："迟夷徬徨，眇缅旷样，流商杂徵，与长言者啾焉合引。"

【長沙】 地名。秦置长沙郡。汉为长沙国，治临湘县。唐为潭州属县。今为湖南长沙市。汉太中大夫贾谊以贤才遭忌，被汉文帝贬为长沙太傅，居长沙三年，见鵩自伤，曾撰《鹏鸟赋》。唐诗中多用以抒写仕途不顺或贬谪心情。张说《巴丘春作》："自怜心问景，三岁客长沙。"刘长卿《得遇入京》："为君一话此中事，白首长沙知不知。"白居易《不准拟二首》之二："多于贾谊长沙苦，小校潘安白发生。"徐铉《还过东都留守周公筵上赠座客》："贾生三载在长沙，故友相思道路赊。"

【長沙客】 指西汉贾谊。借指被贬之官。李白《留别贾舍人至二首》之二："君为长沙客，我独之夜郎。”杜甫《两当县吴十侍御江上宅》：“借问持斧翁，几年长沙客。”

【長沙祖】　指西汉贾谊。齐己《读贾岛集》：“还似长沙祖，唯余赋鹏言。”

【長沙事】　指西汉贾谊贬为长沙太傅之事。李益《送人流贬》：“畴昔长沙事，三年召贾生。”姚合《寄贾岛时任普州司仓》：“长沙事可悲，普掾罪谁知。”

【長沙桓王】　指三国时吴孙策。孙权称帝，追谥孙策为长沙桓王。孙策墓在苏州盘门外二里。刘长卿有《长沙桓王墓下别李纾张南史》。

【長沙浦】　指由长沙而入洞庭湖的湘水。李白《秋登巴陵望洞庭》：“风清长沙浦，山空云梦田。”

【長沙傅】　指西汉贾谊。汉文帝时贾谊被贬谪为长沙王太傅，故称。宋之问《新年作》：“已似长沙傅，从今又几年。”张九龄《咏史》：“轻既长沙傅，重亦边郡徙。”李涉《送杨敬之倅湖南》：“闻君却作长沙傅，便逐秋风过洞庭。”

【長沙賦】　指西汉贾谊所撰《鹏鸟赋》。徐铉《奉酬度支陈员外》：“俯视长沙赋，凄凄将焉如。”

【長沙館】　即长沙驿。刘长卿有《长沙馆中与郭夏对雨》。

【長沙謫】　指西汉贾谊被贬长沙事。借指官吏受贬。刘长卿《巡去岳阳却归鄂州留别郑洵侍御先曾谪居此州》：“何事长沙谪，相逢楚水秋。”又《听笛歌》：“旧游怜我长沙谪，载酒沙头送迁客。”又《苕溪酬梁耿别后见寄》：“惆怅长沙谪去，江潭芳草萋萋。”

【長沙鵩】　即西汉贾谊《鹏鸟赋》中之鹏鸟，似鸮，被视为不祥鸟。白居易《和梦游春诗一百韵》：“时伤大野麟，命问长沙鹏。”

【長沙驛】　驿站名。在潭州，今湖南长沙市。柳宗元有《长沙驿前南楼感旧》。

【長社】　古县名。始置于西汉，治所在河南长葛县东北。东魏武定七年(549)徙置颍阴县(今河南许昌市)。北齐改颍阴县为长社县。隋开皇初改名颍川县。唐复名长社县。属许州。李益有《长社窦明府宅夜送王屋道士常究子》。

【長青】　常黑。多形容鬓发。韩琮《春愁》：“金乌长飞玉兔走，青鬓长青古无有。”

【長長】　(—cháng)❶很长。骆宾王《代女道士王灵妃赠道士李荣》：“落花泛泛浮灵沼，垂柳长长拂御沟。”李商隐《效长吉》：“长长汉殿眉，窄窄楚宫衣。”❷经常，常常。智远《律僧》：“滤水与龛灯，长长护有情。”❸长久。张籍《晚春过崔驸马东园》：“早早诗名远，长长酒性同。”

【長$_2$者】　❶旧时对男子的尊称。杜甫《兵车行》：“长者虽有问，役夫敢申恨。”❷指显贵者。孟浩然《宴包二融宅》：“门庭无杂宾，车辙多长者。”杨巨源《题贾巡官林亭》：“门前长者无虚辙，一片寒光动水池。”见“長者辙”。❸指年高或德高望重者。欧阳詹《和太原郑中丞登龙兴寺阁》：“独恨侍游违长者，不知高意是谁陪。”柳宗元《同刘二十八院长述旧言怀感时书事通赠二君子》：“名劳长者记，文许后生夸。”杜牧《池州送孟迟先辈》：“慵忧长者来，病怯长街喝。”刘得仁《通济里居酬卢肇见寻不遇》：“偶赴高僧约，旋知长者来。”❹佛经称具备十德者为长者。十德，谓姓贵、位高、大富、威猛、智浑、年耆、行净、礼备、上叹、下归。杜甫《谒文公上方》：“长者自布金，禅龛只晏如。”李商隐《安平公诗》：“长者子来辄献盖，辟支佛去空留靴。”贯休《送僧入石霜》：“苔侵长者论，岚蚀祖师图。”修雅《闻诵法华经歌》：“长者扬声唤不回，何异聋，何异瞽。”

【長$_2$者車】　显贵者所乘之车辆。西汉陈平贫居陋巷，却常有显贵驱车来访。后遂用作称颂来访者的典实。张九龄《送宛句赵少府》：“林下纷相送，多逢长者车。”杜甫《对雨书怀走邀许十一簿公》：“座对贤人酒，门听长者车。”王缙《与卢员外象过崔处士兴宗林亭》：“林中独酌邻家酒，门外时闻长者车。”刘长卿《客舍喜郑三见寄》：“北中分与故交疏，何幸仍回长者车。”参见“長$_2$者轍”。

【長$_2$者轍】　显贵者所乘车辆之行迹。用作称颂来访者的典故。李峤《宅》：“屡逢长者辙，时引故人车。”杜甫《酬韦韶州见寄》：“深惭长者辙，重得故人书。”权德舆《奉和崔评事寄外甥刘同州之作》：“多逢长者辙，不屑诸公辟。”参见“長$_2$者車”。

【長武】　地名，长武城。故址在今陕西长武县西北。贾岛有《寄长武朱尚书》。

【長直夫】　犹言男子汉。韩愈《辞唱歌》：“岂有长直夫，喉中声雌雌。”

【長林】　❶高大的树木。杜甫《茅屋为秋风所破歌》：“高者挂罥长林梢，下者飘转沉塘坳。”❷喻隐逸者的居处。吴筠《高士咏·长沮桀溺》：“耦耕长林下，甘与鸟雀群。”❸古县名，隋开皇十八年(598)改长宁县置，治所在今湖北荆门县西北。卢纶有《送张调参军侍从归觐荆南因寄长林司空十四曙》。司空曙有《长林令卫象饧丝结歌》。杜荀鹤有《长林山中闻贼退寄孟明府》。

【長松】　高大的松树。孟贯《山中访人不遇》：“长松寒倚谷，细草暗连溪。”杜甫《白水县崔少府十九翁高斋三十韵》：“杖藜长松阴，作尉穷谷僻。”又《九成宫》：“纷披长松倒，揭巘怪石走。”

【長明】　昼夜明亮。齐己《书古寺僧房》：“绿树深深处，长明焰焰灯。”

【長明燈】 昼夜不熄的油灯。多用于供佛或敬神。刘禹锡《谢寺双桧》:“长明灯是前朝焰,曾照青青年少时。”罗隐《长明灯》:“破暗长明世代深,烟和香气两沉沉。”

【長$_3$物】 多余之物。白居易《寄张十八》:“此外无长物,于我有若亡。”又《狂吟七言十四韵》:“但恐人间为长物,不如林下作遗民。”又《无长物》:“只缘无长物,始得作闲人。”又《不能忘情吟》序:“乐天既老,又病风,乃录家事,会经费,去长物。”

【長命】 长寿。王梵志《诗》之七三:“欲得身长命,无过点续朋。”白居易《偶吟自慰兼呈梦得》:“已为海内有名客,又占世间长命人。”无名氏《五言诗》之四:“长命得八十,渐渐无意智。”

【長命女】 唐教坊舞名。唐初人作。长命为颂祝语,与薄命义反。别名《西河长命女》《长命西河女》《长命西河》。羽调曲,五言,四句,二十字,二平韵。传辞如五绝,首句以仄起,四句作两对。《全唐诗》卷二七录乐府杂曲歌辞《长命女》:“云送关西雨,风传渭北秋。孤灯然客梦,寒杵捣乡愁。”此诗又为岑参《宿关西客舍寄东山严许二山人》诗之头四句。任半塘《唐声诗》下篇第一径标岑参《长命女》。

【長命杯】 谓举杯祝长寿。丁仙芝《余杭醉歌》:“十千兑得余杭酒,二月春城长命杯。”

【長命綹】 即“長命縷”。沈佺期《七夕曝衣篇》:“上有仙人长命绺,中看玉女迎欢绣。”

【長命縷】 ❶旧俗端午时系于臂上以祈福免灾的五彩丝。张说《端午三殿侍宴探得鱼字》:“愿赍长命缕,来续大恩余。”❷当为曲调名。司空图《南至四首》之三:“犹有玉真长命缕,樽前时唱缓羁情。”又《长命缕》:“此去知名长命缕,殷勤为我唱花前。”

【長征】 远地征戍、征伐。李颀《古意》:“男儿事长征,少小幽燕客。”朱庆余《塞下曲》:“万里去长征,连年惯野营。”苏拯《邹律》:“边苦有长征,尔律莫能息。”李中《春闺辞二首》之一:“寄语长征客,流年不易禁。”

【長往】 ❶去而不返。李秘《禁中送任山人》:“子去非长往,君恩取大还。”张祜《题丘山寺》:“故国人长往,空门事可知。”❷死亡的婉词。褚亮《伤始平李少府正己》:“辅嗣俄长往,颜生即短辰。”

【長肱】 长臂。段成式、张希复《书事联句》:“占床暂一胁,卷箔赖长肱。”

【長夜】 ❶漫长的夜。张鷟《游仙窟・相思枕留赠十娘》:“聊将代左腕,长夜枕渠头。”杜甫《茅屋为秋风所破歌》:“自经丧乱少睡眠,长夜沾湿何由彻。”无名氏《冬夜非所》:“长夜闭荒城,更深恨转盈。”❷谓坟墓。人死后埋于地下,永处黑暗之中,故称。亦指死亡。杜甫《存殁口号二首》之二:“郑公粉绘随长夜,曹霸丹青已白头。”白居易《微之敦诗晦叔相次长逝岿然自伤因成二绝》之二:“长夜君先去,残年我几何。”又《过颜处士墓》:“长夜肯教黄壤晓,悲风不许白杨春。”

【長夜臺】 指坟墓。虎丘山石壁鬼《诗二首》之一:“白日徒昭昭,不照长夜台。”

【長庚】 古时指傍晚出现在西方天空的金星。李白《答王十二寒夜独酌有怀》:“孤月沧浪河汉清,北斗错落长庚明。”牟融《赠浙西李相公》:“长庚烈烈独遥天,盛世应知降谪仙。”李沇《醮词》:“长庚冷有芒,文曲淡无气。”徐夤《西》:“宁惟东岳凌天秀,更有长庚瞰曙流。”

【長郊】 广阔的郊野。聂通志《经故宫女坟有感》之二:“长郊烟淡月华清,因醉荒坟半夜醒。”

【長育】 养育。王建《留别舍弟》:“孤贱相长育,未曾为远游。”

【長河】 ❶流程很长的河流。太宗《咏雨》:“罩云飘远岫,喷雨泛长河。”阎丘均《风名》:“野气含空谷,美色满长河。”❷指天河、银河。陈子昂《春夜别友人二首》:“明月隐高树,长河没晓天。”李贺《有所思》:“夜残高碧横长河,河上无梁空白波。”❸指黄河。韩休《奉和御制平胡》:“南牧正纷纷,长河起塞氛。”王维《使至塞上》:“大漠孤烟直,长河落日圆。”曹邺《荆北门行》:“长河冻如石,征人夜中戍。”

【長沮】 春秋时隐士。王维《赠东岳焦炼师》:“不能师孔墨,何事问长沮。”耿沣《赠兴平郑明府》:“明主知封事,长沮笑问津。”

【長波】 连绵波浪。李益《送归中丞使新罗册立吊祭》:“长波静云月,孤岛宿旌旗。”马云奇《诸公破落官番中制作》:“别来心事几悠悠,恨续长波晓夜流。”白居易《裴侍中晋公以诗三十六韵见赠猥蒙征和才拙词繁辄广为五百言以伸酬献》:“南溪修且直,长波碧逶迤。”

【長空】 (—kōng)天空。天空辽阔无垠,故称。陈之光《晓发佛潭桥》:“去雁长空没,飞花曲径深。”玄览《题竹》:“大海从鱼跃,长空任鸟飞。”许棠《题金山寺》:“刹碍长空鸟,船通外国人。”徐铉《侍宴赋得归雁》:“何处云同宿,长空雪共飞。”

【長$_2$官】 ❶上司,上级官员。韩愈《送侯喜》:“如今便别长官去,直到新年衙日来。”按,当时韩愈为国子监祭酒,侯喜任主簿,故称。❷泛称官吏。元稹《连昌宫词》:“长官清平太守好,拣选皆言由相公。”

【長房】 指费长房。东汉方士。传说曾向仙人壶公学道,尝乘竹飞行,能以符驱鬼,分身千里。岑参《阻戎泸间群盗》:“何当遇长房,缩地到京关。”曹唐《小游仙诗九十八首》之五二:“长房自贵解飞翻,五色云中独闭门。”胡曾《咏史诗·葛陂》：“长房回到葛陂中，人已登真竹化龙。”翁承赞《甲子岁衔命到家于新丰市堤饯别》：“争得长房犹在世，缩教地近钓鱼台。”

【長房萸】　即茱萸。俗谓重阳日佩茱萸可以祛邪避灾。其说源自费长房故事。中宗《九月九日幸临渭亭登高得秋字》：“长房萸早熟，彭泽菊初收。”

【長門】　汉宫名。在长安城东。武帝皇后陈阿娇失宠后所居之处。后因以长门宫指冷宫。杜审言《赋得妾薄命》：“草绿长门掩，苔青永巷幽。”李白《妾薄命》：“长门一步地，不敢暂回车。”李益《宫怨》：“似将海水添宫漏，共滴长门一夜长。”杜牧《长安夜月》：“独有长门里，蛾眉对晓晴。”杜牧《月》：“唯应独伴陈皇后，照见长门望幸心。”

【長門宫】　汉宫名，在长安城东。李白《古风》之二：“萧萧长门宫，昔是今已非。”戴叔伦《后宫曲》：“初入长门宫，谓言君戏妾。”参见“長門”。

【長門怨】　乐府《相和歌辞》楚调曲名。富嘉谟、崔颢、梁锽、刘媛等均有《长门怨》拟作。

【長門殿】　即长门宫。沈佺期《芳树》：“何地早芳菲，宛在长门殿。”

【長門赋】　汉司马相如撰。序称武帝皇后陈阿娇失宠，请相如作解悲愁之词，相如为此赋以悟主上，陈皇后复得亲幸。魏万《金陵酬李翰林谪仙子》：“宫买长门赋，天迎驷马车。”李商隐《戏题友人壁》：“相如解作长门赋，却用文君取酒金。”韩偓《中秋禁直》：“长卿只为长门赋，未识君臣际会难。”张窈窕《寄故人》：“无金可买长门赋，有恨空吟团扇诗。”

【長春】　❶长青。于武陵《长信宫二首》之二：“君心似秋节，不使草长春。”❷谓青春常驻。曹邺《长相思》：“郎车不暂停，妾貌宁长春。”吕岩《七言》之二四：“九转九还功若就，定将衰老返长春。”❸唐行宫名。故址在今陕西大荔县境内。杜甫《题郑县亭子》：“云断岳莲临大路，天晴宫柳暗长春。”❹五代时后蜀太祖孟知祥生日。《谶记·孟蜀桃符诗》：“新年纳余庆，嘉节号长春。”诗序云：“幸寅逊仕伪蜀孟昶为学士，王师将致讨之前，岁除，昶令作诗两名写桃符上，寅逊题云云。明年，蜀亡。吕余庆以参知政事知益州，长春乃太祖诞圣节名也。”

【長春宫】　唐行宫名，在唐同州朝邑县(今陕西大荔县东)。《元和郡县志》卷二：“〔朝邑县〕长春宫，后周武帝置。大业十三年，高祖起义兵，自太原舍于此宫。休甲养士而定京邑。”卢纶有《同赵进马元阳春日登长春宫古城望河中因寄郑损仓曹》。

【長春殿】　当为前蜀王建都成都之宫殿名。花蕊夫人徐氏《宫词》之四一：“楼西别起长春殿，香碧红泥透蜀椒。”

【長城】　❶供防御用的绵亘不绝的城墙。春秋战国时各国出于防御目的，各于边境形势险要处修筑长城。秦灭六国实现统一后，为防御北方匈奴的南侵，将秦、赵、燕三国的北边长城加以修缮，连贯为一。长城西起临洮(今甘肃岷县)，北傍阴山，东至辽东，即所称万里长城，今尚有遗迹残存。至汉、魏、北齐、北周、隋各代都曾在北边与游牧民族接境地带修筑过长城。长城为世界历史上伟大工程之一。王无竞《北使长城》：“秦世筑长城，长城无极已。”张碧《野田行》：“秦皇矻矻筑长城，汉祖区区白蛇死。”许棠《失题》：“独夜长城下，孤吟近北辰。”贯休《杞梁妻》：“秦之无道兮四海枯，筑长城兮遮北胡。”❷喻可以倚重的人或坚不可摧的力量。王维《燕支行》：“誓辞甲第金门里，身作长城玉塞中。”皎然《奉送袁高使君诏征赴行在效曹刘体》：“国难倚长城，庙谋资大贤。”杜牧《咏歌圣德远怀天宝因题关亭长句四韵》：“广德者强朝万国，用贤无敌是长城。”

【長城窟】　长城边有水的坑穴。《乐府诗集》卷三十八《饮马长城窟行》序：“长城，秦筑以备胡者。其下有泉窟，可以饮马。”王翰《饮马长城窟行》：“归来饮马长城窟，长城道傍多白骨。”王建《饮马长城窟》：“长城窟，长城窟边多马骨。”长孙佐辅《相和歌辞·陇西行》：“朝来羽书急，夜救长城窟。”卢汝弼《和李秀才边庭四时怨》之四：“朔风吹雪透刀瘢，饮马长城窟更寒。”

【長相思】　(相 xiāng)❶乐府《杂曲歌辞》旧题。多写男女或朋友久别留恋之情。苏颋和张继各有《长相思》一首，李白有《杂曲歌辞·长相思》三首，令狐楚有《长相思》二首。❷词牌名。唐教坊曲名。后用为词牌。词分小令与长调两类，小令又名《双红豆》《忆多娇》《相思令》等。小令为双调三十六字，前后片各三平韵又一迭韵。南唐后主李煜有《长相思》词。

【長星】　巨星。温庭筠《题翠微寺二十二韵》：“短景催风驭，长星属羽觞。”胡曾《咏史诗·五丈原》：“长星不为英雄住，半夜流光落九垓。”韦庄《题淮阴侯庙》：“如何不借平齐策，空看长星落贼围。”

【長思】　❶经常想到。白居易《赠郑尹》：“府池东北旧亭台，久别长思醉一回。”❷长久思念。李贺《秋凉诗寄正字十二兄》：“长思剧寻环，乱忧抵覃葛。”宋迪《龙池春草》：“已胜生金埒，长思借玉轮。”

【長虹】　❶指虹彩。相传，战国末，荆轲应燕田丹之请前往刺秦始皇，天有白虹贯日之象。柳宗元《咏荆轲》：“长虹吐白日，仓卒反受诛。”❷喻长拱桥。白居易《仆射来示有三春向晚四者难并之说》：“桥转长虹曲，舟回小鹢轻。”

【長竿】　❶指钓竿。王贞白《洗竹》：“不图结实来双凤，且要长竿钓巨鱼。”❷唐散乐中百戏名。又称竿木。缘长竹竿而上，在竿上做倒立等动作。顾况《险竿歌》：“宛陵女儿擘飞手，长竿横空上下走。”张祜《千秋乐》：“倾城人看长竿出，一伎初成赵解愁。”

【長信】 指长信宫。崔颢《七夕》：“长信深阴夜转幽，瑶阶金阁数萤流。”于武陵《长信宫二首》之二：“长信翠蛾老，昭阳红粉新。”翁绶《婕妤怨》：“花落昭阳谁共辇，月明长信独登楼。”温庭筠《木兰花》词：“家临长信往来道，乳燕双双拂烟草。”

【長信怨】 乐府旧题，属相和歌辞楚调曲。汉成帝时班婕妤失宠，要求入长信宫侍奉太后。词多写班婕妤失宠后的愁苦心情。王諲有此曲。李白有《长信宫》词，全诗校：“一作《长信怨》。”

【長信宫】 汉宫名。在长乐宫之内。秦时即开始建造，是西汉太后所居之地。汉成帝时班婕妤失宠，要求入长信宫侍奉太后。她在长信宫中作了《自悼赋》《捣练赋》等，抒写自己在宫中的苦闷生活。后亦泛指帝后所居之处。乔知之有《长信宫中树》。高适《闺情》之四：“自处长信宫，每向孤灯泣。”孟迟有《长信宫》，高蟾有《长信宫二首》。

【長信殿】 即长信宫。崔颢《邯郸宫人怨》：“宫车出葬茂陵田，贱妾独留长信殿。”

【長衍】 狭长的低平之地。皇甫冉《江草歌送卢判官》：“被遥隰兮经长衍，雨中深兮烟中浅。”

【長風】 ❶远风。杜甫《龙门阁》：“长风驾高浪，浩浩自太古。”❷大风，暴风。李白《赠何七判官昌浩》：“心随长风去，吹散万里云。”韦应物《易言》：“长风如刀剪枯叶，大河似箭浮轻舟。”司空图《诗品二十四则·雄浑》：“荒荒油云，寥寥长风。”陆龟蒙《杂讽九首》之四：“长风吹窽木，始有音韵吐。”

【長風沙】 地名。在今安徽安庆市东长江边上。李白《杂曲歌辞·长干行二首》之一：“相迎不道远，直至长风沙。”又《江上赠窦长史》：“万里南迁夜郎国，三年归及长风沙。”

【長風破浪】 称颂宏图大志。李白《杂曲歌辞·行路难三首》之一：“长风破浪会有时，直挂云帆济沧海。”亦作“長風萬里”。李群玉《广州陪凉公从叔越台宴集》：“高鸟散飞惊大旆，长风万里卷秋鼙。”

【長風萬里】 见“長風破浪”。

【長亭】 古时于道路每隔十里设长亭，五里设短亭，供行人休息。近城的十里长亭常为送别之所。武元衡《送李秀才赴滑州》：“长亭叫月新秋雁，官渡含风古树蝉。”李频《送僧入天台》：“长亭旧别路，落日独行僧。”司马扎《送归客》：“寂寞长亭外，依然空落晖。”齐己《秋日钱塘作》：“秋光明水国，游子倚长亭。”

【長恨】 ❶经常怨恨。周贺《上陕府姚中丞》：“领郡只嫌生药少，在官长恨与山疏。”❷犹言遗恨千古。韩愈《感春四首》之一：“三杯取醉不复论，一生长恨奈何许。”❸对白居易《长恨歌》的略称。白居易《编集拙诗戏赠元九李二十》：“一篇长恨有风情，十首秦吟近正声。”

【長洲】 ❶唐县名。万岁通天元年(696)置，治所即今江苏苏州市。刘长卿有《罪所留系每夜闻长洲军笛声》，韩翃有《赠长洲何主簿》。《吴人歌》：“朝判长洲暮判吴，道不拾遗人不孤。”❷古苑名。即长洲苑。杜甫《壮游》：“剑池石壁仄，长洲荷芰香。”李绅《过吴门二十四韵》：“水光摇极浦，草色辨长洲。”又《姑苏台杂句》：“云木梦回多感叹，不惟惆怅至长洲。”孙光宪《思越人》词之二：“渚莲枯，宫树老，长洲废苑萧条。”

【長洲苑】 古苑名，为春秋时吴王阖闾游猎处。故址在今江苏苏州市西南、太湖北。骆宾王《在江南赠宋五之问》：“为听短歌行，当想长洲苑。”李德裕《鸳鸯篇》：“宿莫近天泉池，飞莫近长洲苑。”郭良骥《自苏州至望亭驿有作》：“那堪回首长洲苑，烽火年年报虏尘。”吴融《风雨吟》：“风骚骚，雨涔涔，长洲苑外荒居深。”

【長洲城】 指苏州。长洲县，治所在今江苏苏州市。白居易《立秋夕有怀梦得》：“所思渺千里，云外长洲城。”

【長津】 流程长的河流。太宗《赋得樱桃》：“朱颜含远日，翠色影长津。”白居易《北楼送客归上都》：“长津欲度回渡尾，残酒重倾簇马蹄。”喻凫《浴马》：“解控复收鞭，长津动细涟。”

【長屋】 日本人。天武天皇之孙，高市皇子之子。曾任中纳言、大纳言、右大臣。公元729年去职后自杀。明皇时，长屋曾造千袈裟，绣谒于衣缘，来施中华，真公(鉴真)因泛海至日本传法。《全唐诗》卷七三二录其《绣袈裟衣缘》偈一首，题下注：“明皇时，长屋尝造千袈裟，绣偈于衣缘，来施中华。真公因泛海至彼国传法焉。”

【長眉】 纤长的眉毛。许浑《神女祠》：“长眉留桂绿，丹脸寄莲红。”李商隐《蝶三首》之二：“长眉画了绣帘开，碧玉行收白玉台。”郑嵎《津阳门诗》：“长眉鬓发作凝血，空有君王潜涕洟。”陆龟蒙《陌上桑》：“皓齿还如贝色含，长眉亦似烟华贴。”亦借指美女。李贺《湖中曲》：“长眉越沙采兰若，桂叶水葓春漠漠。”又《许公子郑姬歌》：“自从小靥来东道，曲里长眉少见人。”

【長紅】 指较大的红花。李贺《南园十三首》之一：“花枝草蔓眼中开，小白长红越女腮。”

【長逝】 谓死亡。郑谷《吊故礼部韦员外序》：

"高情唯怕酒不满,长逝可悲花正开。"

【長夏】 指夏日。夏日昼长,故名。沈佺期《杂曲歌辞·鼓吹曲辞·有所思》:"坐看长夏晚,秋月生罗帏。"

【長原】 高原。王昌龄《从军行二首》之一:"虏骑猎长原,翩翩傍河去。"杜甫《园官送菜》:"呜呼战伐久,荆棘暗长原。"

【長眠】 长时间的睡眠。张祜《钟陵旅泊》:"渔市月中人静过,酒家灯下犬长眠。"

【長倩】 指邹长倩,西汉人。曾赠公孙弘生刍一束,以为勉励。郑繻华《赋得生刍一束》:"孙弘期射策,长倩赠生刍。"

【長條】 长的枝条。多指柳枝。李商隐《及第东归次灞上却寄同年》:"灞陵柳色无离恨,莫枉长条赠所思。"韩琮《杨柳枝词》:"霸陵原上多离别,少有长条拂地垂。"卢肇《杨柳枝》:"归来若得长条赠,不惮风霜与苦辛。"韩溉《柳》:"如凭细叶留春色,须把长条系落晖。"

【長修】 长期修炼。陆龟蒙《头陀僧》:"万峰围绕一峰深,向此长修苦行心。"

【長途】 远程。李昂《从军行》:"长途羽檄何相望,天子按剑思北方。"李廷璧《愁诗》:"长途诗尽空骑马,远雁声初独倚楼。"

【長卿】 汉辞赋家司马相如的字。司马相如未遇时家徒四壁,后为武帝赏识,以辞赋名世。唐诗中常用以为典。王维《送严秀才还蜀》:"献赋何时至,明君忆长卿。"钱起《和万年成少府寓直》:"明朝紫书下,应问长卿才。"武元衡《长安叙怀寄崔十五》:"家甚长卿贫,身多公干病。"韩偓《中秋禁直》:"长卿只为长门赋,未识君臣际会难。"

【長卿山】 山名,在今四川梓潼县。《太平寰宇记》:"长卿山在梓潼县治南,旧名神山。唐明皇幸蜀,见有司马相如读书之窟,因改名。"李商隐《梓潼望长卿山至巴西复怀谯秀》。

【長卿病】 亦作"長卿疾"。汉辞赋家司马相如,字长卿,患消渴病。后常以指疾病。杜甫《同元使君舂陵行》:"我多长卿病,日夕思朝廷。"又《奉赠萧二十使君》:"不达长卿病,从来原宪贫。"皇甫冉《送魏六侍御葬》:"谁知长卿疾,歌赋不还邛。"

【長卿疾】 见"長卿病"。

【長卿書】 指司马相如所撰《封禅书》。汉武帝派使臣往茂陵司马相如家取其所著书,相如已死,只有遗书一卷,言封禅事,谓之《封禅书》。罗隐《封禅寺居》:"周南太史泪,蛮徼长卿书。"

【長卿駟馬】 汉司马相如。曾建节,驰四乘之传,出使西夷,并还乡探视。后用以为典,称颂他人风采。黄滔《喜翁文尧员外病起》:"卫玠羊车悬,长卿驷马姿。"

【長浦】 长条形的水渠。王勃《相和歌辞·采莲归》:"秋风起浪凫雁飞,桂棹兰桡下长浦。"

【長流】 长长的水流。杜甫《白帝城最高楼》:"扶桑西枝对断石,弱水东影随长流。"

【長宵】 长夜。后唐庄宗《歌头》词:"且且须呼宾友,西园长宵。"

【長袖】 ❶长的衣袖。多指舞衣。羊士谔《郡中即事三首》之二:"越女含情已无限,莫教长袖倚阑干。"刘禹锡、白居易《乐天是月长斋因以寄怀遂为联句》:"酡颜舞长袖,密坐接华簪。"白居易《和杨同州寒食乾坑会后闻杨工部欲到知予与工部有宿酲》:"拂枕青长袖,欹簪白接䍦。"❷指歌伎。卢照邻《益州城西张超亭观妓》:"高车勿遽返,长袖欲相亲。"孟浩然《崔明府宅夜观妓》:"长袖平阳曲,新声子夜歌。"钱起《江陵晦日陪诸官泛舟》:"城南无夜月,长袖莫留宾。"又《过杨驸马亭子》:"长袖留嘉客,栖乌下禁城。"

【長桑】 长桑君的省称。长桑君,战国时的神医。传说扁鹊与之交往甚厚,事之唯谨,乃以禁方传扁鹊,又出药让扁鹊饮服,忽然不见。于是扁鹊视病尽见五脏症结,遂以精通医术闻名当世。后借指良医。李白《送方士赵叟之东平》:"长桑晓洞视,五藏无全牛。"

【長$_2$孫正隱】 诗人。原名贞隐,宋人讳贞改为正隐。河南洛阳(今河南洛阳市)人,高宗朝曾为太常博士,与陈子昂、崔知贤等友善。调露二年(680)上元之夜,与陈子昂、崔知贤等六人观灯,赋诗纪游,正隐为之作序。后又与陈子昂、崔知贤等二十一人参与晦日高氏林亭之宴,赋诗纪事。陈子昂为之作序。《全唐诗》卷七二录其诗二首。

【長$_2$孫司戶】 疑为长孙铉。白居易有《春听琵琶简长孙司户》。

【長$_2$孫佐輔】 诗人,朔方(今内蒙古西部及宁夏一带)人。《全唐诗》卷四六九录其诗十七首。

【長$_2$孫佐輔妻】 女诗人。名不详。《全唐诗》卷八〇一录其《答外》,题下注:"佐转戍边不归,寄书与妻,作诗答之。"

【長$_2$孫秘監】 长孙冲。长孙无忌子,官秘书监、驸马都尉。任希古有《和长孙秘监伏日苦热》和《和长孙秘监七夕》。

【長$_2$孫家】 即长孙无忌家。韩琮有《题圭峰下长孙家林亭》。

【長$_2$孫無忌】 诗人。唐初重臣。字辅机。河南洛阳人。先世为北魏皇族。唐太宗长孙皇后之兄,勤奋好学,博涉经史。武德九年决策发动玄武之变,助李世民夺取帝位，擢为尚书右仆射、司空、司徒等职，封赵国公。后迁太子太师，奉命与房玄龄等修订唐律。高宗时，任太尉，同中书门下三品。悉心料理国事，以天下安危为己任，助太宗成贞观之治。又与律学之士对唐律逐条解释，成《唐律疏义》三十卷。后因反对高宗立武则天为后，被逐黔州，自缢死。《全唐诗》卷三十录其诗四首，卷八六九录其诗一首。

【長$_2$孫翱】 诗人，与朱庆余同时。善作宫词。《全唐诗》卷五一二录其《宫词》一首。

【長$_2$孫鎰】 诗人。与钱起有交往。钱起有《酬长孙镒蓝溪寄杏》。《全唐诗逸》录其《浙江逢楚老》断句一联。

【長$_2$孫鑄】 诗人。河南洛阳(今河南洛阳市)人，师萧颖士。天宝十二年(753)进士及第，官至仓部员外郎。《全唐诗》卷二〇九录其《送萧颖士赴东府得离字》。全诗校，萧颖士，“一作夫子”。

【長逵】 大路，大道。常建《太公哀晚遇》：“王侯拥朱门，轩盖曜长逵。”

【長戟】 长柄戟，古代的一种兵器。《吴子·图国》：“为长戟二丈四尺，短戟一丈二尺。”杜甫《潼关吏》：“艰难奋长戟，万古用一夫。”司空曙《送人归黔府》：“伏波箫鼓水云中，长戟如霜大旆红。”亦借指持此种兵器者和战乱。李白《经乱离后书怀赠江夏韦太守良宰》：“长戟三十万，开门纳凶渠。”杜甫《两当县吴十侍御江上宅》：“天子犹蒙尘，东郊暗长戟。”

【長戟八十斤】 形容勇武无敌。杜牧《史将军二首》之二：“弯弧五百步，长戟八十斤。”

【長眺】 远望。张九龄《秋晚登楼望南江入始兴郡路》：“伏槛一长眺，津途多远情。”杜甫《昔游》：“隔河忆长眺，青岁已摧颓。”

【長蛇】 ❶古代传说中的一种蛇名。亦泛指大蛇。韩愈《咏雪赠张籍》：“岸类长蛇搅，陵犹巨象豗。”❷喻指凶恶之敌。独孤及《奉和李大夫同吕评事太行苦热行兼寄院中诸公》：“长蛇稽天讨，上将方北伐。”又《季冬自嵩山赴洛道中作》：“皇运偶中变，长蛇食中土。”❸指灵蛇珠，亦即隋侯珠。孙纬《中秋夜思郑延美有作》：“顾兔云初蔽，长蛇谁与勍。”

【長筇】 长竹杖。张蠙《赠段逸人》：“长筇自担药兼琴，话着名山即拟寻。”

【長笛】 古管乐器名。长一尺四寸。孟郊《弦歌行》：“驱傩击鼓吹长笛，瘦鬼染面惟齿白。”庄南杰《雁门太守行》：“旌旗闪闪摇天末，长笛横吹虏尘阔。”薛逢《送剡客》：“扁舟几处逢溪雪，长笛何人怨柳花。”方干《胡中丞早梅》：“谢公吟赏愁飘落，可得更拈长笛吹。”

【長笛鄰家】 为怀旧之典。杜甫《追酬故高蜀州人日见寄》：“长笛邻家乱愁思，昭州词翰与招魂。”

【長斜】 古代弹棋的一种技法。白居易《和春深二十首》之十七：“弹棋局上事，最妙是长斜。”

【長烏】 村名。在今湖南零陵县东北。柳宗元《游石角过小岭至长乌村》：“石角恣幽步，长乌遂遐征。”

【長魚】 大鱼。杜甫《送率府程录事还乡》：“素丝挈长鱼，碧酒随玉粒。”

【長毫】 细长的毛。岑参《太白东溪张老舍即事寄舍弟侄等》：“主人东溪老，两耳生长毫。”

【長廊】 长的廊屋。贾至《咏冯昭仪当熊》：“逐兽长廊静，呼鹰御苑空。”白居易《柘枝词》：“柳暗长廊合，花深小院开。”唐彦谦《游清凉寺》：“白云红树路纡萦，古殿长廊次第行。”卢汝弼《秋夕寓居精舍书事》：“觉来独步长廊下，半夜西风吹月明。”

【長康】 晋顾恺之的字。李颀《同张员外諲酬答之作》：“王湛床头见周易，长康传里好丹青。”李嘉祐《访韩司空不遇》：“图画风流似长康，文词体格效陈王。”

【長望】 远望。韦应物《西楼》：“高阁一长望，故园何日归。”颜真卿《登平望桥下作》：“登桥试长望，望极与天平。”顾况《登楼》：“高阁成长望，江流雁叫哀。”张又新《中界山》：“愁人到此劳长望，何处烟波是祖州。”

【長情】 长久的情谊。骆宾王《艳情代郭氏答卢照邻》：“无那短封即疏索，不在长情守期契。”

【長湯池】 唐华清宫中央的大型温泉浴池，专供嫔妃洗浴。郑嵎《津阳门诗》：“暖山度腊东风微，宫娃赐浴长汤池。”

【長渠】 长的水渠。专指战国秦为引蛮水灌鄢城而开凿的渠道。胡曾《咏史诗·故宜城》：“谁谓长渠千载后，水流犹入故宜城。”

【長淮】 指淮河。王维《送方城韦明府》：“高鸟长淮水，平芜故郢城。”薛逢《李先辈擢第东归有赠送》：“门掩长淮心更远，渡连芳草马如飞。”崔涂《东晋》之二：“兴亡竟不关人事，虚倚长淮五百年。”罗邺《流水》：“隋家柳畔偏堪恨，东入长淮日又曛。”

【長陵】 汉高祖陵。汉时徙关东豪族以奉陵寝，遂为县，故城在今陕西咸阳市东北。亦借指其他皇陵。崔融《则天皇后挽歌二首》之二：“前殿临朝罢，长陵合葬归。”按，此指乾陵。杜牧《闺情》：“还向长陵去，今宵归不归。”又《旧游》：“小市长陵住，非郎谁得知。”唐彦谦《仲山》：“长陵亦是闲丘陇，异日谁知与仲多。”

【長陵小市】 地名。在今陕西咸阳市东。韩翃《汉宫曲二首》之二：“家在长陵小市中，珠帘绣户对春风。”罗虬《比红儿诗》之七六：“从道长陵小市东，巧将花貌占春风。”

【長組】 长的绶带。杜牧《长安杂题长句六首》之六：“丰貂长组金张辈，驷马文衣许史家。”

【長終】 谓死亡。韩愈《谒衡岳庙遂宿岳寺题门楼》：“窜逐蛮荒幸不死，衣食才足甘长终。”

【長堤】 ❶亦称隋堤。隋时开通济渠，自荥阳(今属河南)至开封一段为古汴水。隋堤即通济渠沿河所筑之堤。李益《汴河曲》：“行人莫上长堤望，风起杨花愁杀人。”❷指江州(治所在今江西九江市)南湖堤，长庆十二年(822)江州刺史李渤之率民修筑。李翱《江州南湖堤铭》：“乃筑长堤，距江之濒。”

【長葛】 县名。隋开皇六年(586)置，治所在今河南长葛县东北。唐属许州。杜甫《又示两儿》：“长葛书难得，江州涕不禁。”

【長揖】 拱手高举，自上而下行礼。孟浩然《自洛之越》：“扁舟泛湖海，长揖谢公卿。”张谓《饯田尚书还兖州》：“明朝郭门外，长揖大将军。”杜甫《垂老别》：“男儿既介胄，长揖别上官。”白居易《和答诗十首·和思归乐》：“再拜辞阙下，长揖别公卿。”李瀚《蒙求》：“伊籍一拜，郦生长揖。”

【長雲】 连绵的云彩。王昌龄《从军行七首》之四：“青海长云暗雪山，孤城遥望玉门关。”耿湋《之江淮留别京中亲故》：“长云迷一雁，渐远向南声。”法振《月夜泛舟》：“西塞长云尽，南湖片月斜。”

【長景】 指不落的太阳。蓝采和《踏歌》：“长景明晖在空际，金银宫阙高嵯峨。”张祜《奉和浙西卢大夫题假山》：“好是怡情处，西楼长景真。”

【長蛟】 蛟龙。李商隐《楚宫》：“但使故乡三户在，彩丝谁惜惧长蛟。”

【長嗟】 长叹。杜甫《祠南夕望》：“湖南清绝地，万古一长嗟。”曹邺《翠孤至渚宫寄座主相公》：“对此起长嗟，芳年亦须老。”

【長短】 ❶指距离、时间等长和短。白居易《薛中丞》：“况闻善人命，长短系运数。”李群玉《赠花》：“纵非乘露折，长短尽随风。”陆龟蒙《乐府杂咏六首·双吹管》：“长短裁浮筠，参差作飞凤。”吴融《鸳鸯》：“长短死生无两处，可怜黄鹄爱分飞。”❷犹言是非、优劣。李商隐《追代卢家人嘲堂内》：“只应同楚水，长短入淮流。”李咸用《短歌行》：“长短高卑不可求，莫叹人生头雪色。”裴说《湖外送何崇入阁》：“长短逢公道，清名振帝都。”❸犹言老少。薛能《留别关东旧游》：“他时住得君应老，长短看花心不同。”❹犹言反正、总之。司空图《狂题二首》之二：“长短此身长是客，黄花更助白头催。”

【長短句】 句子有长有短的诗歌。吕岩有《长短句》。

【長短歌】 指诗句长短不一的诗歌。戴叔伦《寄万德躬故居》：“何时醉把黄花酒，听尔南征长短歌。”

【長稍弓】 即长弰弓，指长的弓箭。稍，通弰，弓的末梢。顾况《险竿歌》：“宛陵将士天下雄，一下定却长稍弓。”

【長策】 ❶长的鞭，常比喻威势。李白《送张秀才从军》：“长策扫河洛，宁亲归汝坟。”高适《送董判官》：“长策须当用，男儿莫顾身。”卢纶《雪谤后书事上皇甫大夫》：“长策威殊俗，嘉谋翊圣明。”❷良策，妙计。岑参《行军诗二首》之一：“儒生有长策，无处豁怀抱。”高适《留上李右相》：“本枝连帝系，长策冠生灵。”罗隐《陇头水》：“自古无长策，况我非深智。”徐夤《吴》：“不迎曹操真长策，终谢张昭见硕贤。”

【長筵】 宽长的竹席。多指排成长列的宴饮席位。王勃《三月曲水宴得烟字》：“田园归旧国，诗酒间长筵。”苏颋《寒食宴于中舍别驾兄弟宅》：“自有长筵欢不极，还将彩服咏南陔。”孟浩然《岁除夜会乐城张少府宅》：“续明催画烛，守岁接长筵。”

【長鈚】 长箭。杜甫《七月三日论壮年乐事戏呈元二十一曹长》：“长鈚逐狡兔，突羽当满月。”

【長街】 大街。杜牧《池州送孟迟先辈》：“慵忧长者来，病怯长街喝。”

【長番】 长期服役。唐代府兵制，军队分六番，按期先后更换新兵。长番是长期服役，不轮番更替。杜甫《遭田父泥饮美严中丞》：“名在飞骑籍，长番岁时久。”

【長詠】 长声吟诵。杜牧《杜秋娘诗》：“愁来独长咏，聊可以自怡。”

【長道】 大道，远道。刘禹锡《登陕州北楼却忆京师亲友》：“尘息长道白，林清宿烟收。”李商隐《燕台四首·右秋》：“堪悲小苑作长道，玉树未怜亡国人。”无名氏《秋》：“越客羁魂挂长道，西风欲揭南山倒。”

【長裾】 ❶长衣。张祜《投陈许崔尚书二十韵》：“大幕宾名瑀，长裾客姓冯。”李山甫《代张孜幻梦李白歌》：“瑞光闪烁天关开，五云着地长裾来。”❷长袖。白居易《想东游五十韵》：“圆盏飞莲子，长裾曳石榴。”徐铉《得浙西郝判官书因寄此诗问方判官田书记消息》：“今日京吴建朱邸，问君谁共曳长裾。”

【長畫】❶长远的谋划。姚合《送任畹评事赴沂海》：“必当展长画，逆波斩鲸鳌。”❷深远的谋划。杨乘《甲子岁书事》：“帝阍不敢干，恓恓坐长画。”

【長發舞】 雅乐名。《郊庙歌辞·享太庙乐章·长发舞》全唐诗题下注：“《唐会要》曰：‘贞观十四年，诏用颜师古、许敬宗议，皇祖、宣简公、懿王庙并奏《长发之舞》，取《诗》云：濬哲惟商，长发其祥也。’”

【長閑】 长时间闲暇。白居易《和裴相公傍水闲行绝句》:"为报野僧岩客道,偷闲气味胜长闲。"郑巢《赠丘先生》:"原僧招过宿,沙鸟伴长闲。"徐铉《自题山亭三首》之二:"退公聊自足,争敢望长闲。"

【長圍】 环绕一城一地的较长工事,用于围攻或防守。周昙《咏史诗·六朝门·齐废帝东昏侯》:"长围既合刀临项,犹惜金钱对落晖。"

【長絲】 指旧俗端午节系于手臂以祈福免灾的五彩丝。明皇《端午三殿宴群臣探得神字》:"穴枕通灵气,长丝续命人。"

【長遠】 辽远。王贞白《冯氏书斋小松二首》之二:"野鹤望长远,庭花笑不群。"

【長想】 追想,遐想。王绩《晚年叙志示翟处士》:"晚岁聊长想,生涯太若浮。"陆敬《游隋故都》:"洛城聊顾步,长想遂留连。"

【長楊】 ❶长杨宫的省称。韦应物《逢杨开府》:"骊山风雪夜,长杨羽猎时。"李益《从军有苦乐行》:"时逢汉帝出,谏猎至长杨。"刘禹锡《敬宗睿武昭愍孝皇帝挽歌三首》之二:"长杨收羽骑,太液泊龙舟。"杜牧《杜秋娘诗》:"长杨射熊罴,武帐弄哑咿。"❷指连绵的杨柳。温庭筠《太子西池二首》之二:"薄暮香尘起,长杨落照明。"❸为汉扬雄所撰《长杨赋》的省称。羊士谔《春日朝罢呈台中僚友》:"时清执法惭无事,未有长杨汉主知。"李颀《寄司勋卢员外》:"早晚荐雄文似者,故人今已赋长杨。"罗隐《送臧濆下第谒窦鄜州》:"赋得长杨不直钱,却来京口看莺迁。"

【長楊苑】 汉宫苑名。即长杨宫。在今陕西周至县东南。李白《温泉侍从归逢故人》:"汉帝长杨苑,夸胡羽猎归。"耿湋《酬李文》:"落照长杨苑,秋天渭水滨。"卢纶《皇帝感词》之三:"校猎长杨苑,屯军细柳营。"令狐楚《宫中乐五首》之二:"雪霁长杨苑,冰开太液池。"

【長楊賦】 汉成帝刘骜为夸耀内地野兽种类之多,命百姓入山捕捉,将捕捉到的放入长杨射熊馆。扬雄撰《长杨赋》对此举加以讽谏。后遂以借指进献皇帝的诗文。李白《忆旧游寄谯郡元参军》:"此时行乐难再遇,西游因献长杨赋。"白居易《重题》:"谩献长杨赋,虚抛薜荔衣。"胡曾《咏史诗·射熊馆》:"子云徒献长杨赋,肯念高皇沐雨秋。"罗隐《寄制诰李舍人》:"一首长杨赋,应嫌索价高。"

【長楊辭】 指汉扬雄所撰《长杨赋》。李白《古风》之八:"子云不晓事,晚献长杨辞。"

【長楸】 高大的楸树。古代常植于路旁,故亦借指大道。李颀《放歌行答从弟墨卿》:"柏梁赋诗不及宴,长楸走马谁相数。"杜甫《玉腕骝》:"顿骖飘赤汗,跼蹐顾长楸。"李端《赠郭驸马》之一:"金距斗鸡过上苑,玉鞭骑马出长楸。"李商隐《访人不遇留别馆》:"卿卿不惜锁窗春,去作长楸走马身。"

【長榆】 塞名。故址在今内蒙古托克托县至陕西榆林县北一带。汉代广植榆林为塞,故名。明皇《登蒲州逍遥楼》:"长榆息烽火,高柳静风尘。"崔融《拟古》:"拔剑斩长榆,弯弓射小棘。"

【長路】 ❶远路。杜甫《野老》:"长路关心悲剑阁,片云何意傍琴台。"又《送卢十四弟侍御护韦尚书灵榇归上都二十韵》:"长路更执绋,此心犹倒衣。"唐彦谦《新丰》:"惆怅故园前事远,晓风长路起埃尘。"❷谓死亡之路。意谓人走此路,一去而不返。无名氏《五言白话诗》之十三:"死者归长路,生者暂时行。"

【長跪】 直身而跪。古人席地而坐,坐时两膝据地,以臀部着足跟。跪则伸直腰,以示庄敬。李白《忆旧游寄谯郡元参军》:"呼儿长跪缄此辞,寄君千里遥相忆。"元结《贫妇词》:"何时见府主,长跪向之啼。"白居易《不能忘情吟》:"马不能言兮长鸣而却顾,杨柳枝再拜长跪而致辞。"张籍《离妇》:"堂上谢姑嫜,长跪请离辞。"

【長號】 (—háo)大声哭号。李白《赠友人三首》之二:"长号易水上,为我扬波澜。"又《古风》之三四:"长号别严亲,日明惨光晶。"吴融《南迁途中作七首·登七盘岭二首》之二:"七盘岭上一长号,将谓青天鉴郁陶。"

【長圓】 指圆月。温庭筠《觱篥歌》:"不尽长圆叠翠愁,柳风吹破澄潭月。"

【長鋏】 古代兵器之一。剑属,长形,两刃。杜牧《史将军二首》之一:"长铗周都尉,闲如秋岭云。"

【長鋏都尉】 汉官名。周竈以长铗都尉随刘邦攻打项羽,以功封侯。杜牧《史将军二首》之一:"长铗周都尉,闲如秋岭云。"

【長語】 多说话。杜甫《哀王孙》:"不敢长语临交衢,且为王孙立斯须。"

【長新】 经常更新。花蕊夫人徐氏《宫词》之一:"五云楼阁凤城间,花木长新日月闲。"

【長道】 大路。张籍《赠故人马子乔六首》之一:"夕风吹野箨,飞尘被长道。"

【長煙】 弥漫在空气中的雾气。太宗《出猎》:"长烟晦落景,灌木振严风。"杜甫《义鹘》:"其父从西归,翻身入长烟。"又《湘江宴饯裴二端公赴道州》:"白团为我破,华烛蟠长烟。"

【長源】 指郑长源。韦应物友人。韦应物有《同长源归南徐寄子西子烈有道》和《送郑长源》。

【長溪】 长的水溪。罗隐《金鸡山》:"青山隐隐望长溪,独墩无伴只孤栖。"

【長壽】 ❶高寿。亦指高寿者。杜审言《重九日宴江阴》："高兴要长寿，卑栖隔近臣。"❷指长寿寺。白居易《赠僧五首·清闲上人》："梓潼眷属何年别，长寿坛场近日开。"

【長壽方】 长生的仙方。陈陶《蒲门戍观海作》："即此聘牛女，曰祈长寿方。"

【長壽寺】 寺名，在洛阳嘉善坊。唐长寿元年(692)，武后称齿生长变，大赦改元，置长寿寺。李颀有《长寿寺粲公院新甃井》。白居易《赠僧五首·清闲上人》诗序："自蜀入洛，于长寿寺说法度人。"含曦《酬卢仝见访不遇题壁》："长寿寺石壁，卢公一首诗。"

【長暮】 犹大暮，指地下，婉言死。韦应物《悲故交》："万里颠沛还，高堂已长暮。"

【長歌】 ❶放声高歌。杜甫《曲江三章章五句》之二："即事非今亦非古，长歌激越梢林莽。"李贺《长歌续短歌》："长歌破衣襟，短歌断白发。"白居易《闲吟二首》之二："长歌时独酌，饱食后安眠。"李骘《读惠山若冰师集因题故院三首》之一："莫道声容远，长歌白雪词。"❷长诗，较长的篇什。白居易《霓裳羽衣歌》："唯寄长歌与我来，题作霓裳羽衣谱。"司空图《冯燕歌》："为感词人沉下贤，长歌更与分明说。"韦庄《秦妇吟》："愿君举棹东复东，咏此长歌献相公。"徐光溥《题黄居寀秋山图》："微臣稽首贡长歌，丹青景化同天和。"

【長歌行】 （行 xíng）乐府旧题，属《相和歌辞·平调曲》。多写人生短促，当尽力为乐。李泌、王昌龄、李白、刘复等均拟作。

【長嘆】 见"長歎"。

【長鳴】 ❶长声鸣叫。白居易《不能忘情吟》："马不能言兮长鸣而却顾，杨柳枝再拜长跪而致辞。"徐仁嗣《天骥呈材》："盐车虽不驾，今日亦长鸣。"无名氏《鹤鸣九皋》："胎化呈仙质，长鸣在九皋。"❷喻士人有志难酬。李洞《述怀二十韵献覃怀相公》："知音初相国，从此免长鸣。"

【長箋】 长的信笺或诗笺。李贺《潞州张大宅病酒遇江使寄上十四兄》："系书随短羽，写恨破长笺。"

【長箔】 长的窗帘。皇甫冉《和朝郎中扬子玩雪寄山阴严维》："凝阴晦长箔，积雪满通川。"欧阳詹《晚泊漳州营头亭》："日暮华轩卷长箔，太清云上对蓬壶。"

【長$_2$貌】 年老貌。白居易《秋晚》："长貌随年改，衰情与物同。"

【長$_2$養】 养育。权德舆《送安南裴都护》："怀来通北户，长养洽南薰。"翁洮《夏》："触目皆因长养功，浮生何处问穷通。"

【長$_2$養節】 指夏季。万物生于春，长于夏，故称。韩愈《寄卢仝》："况又时当长养节，都邑未可猛政理。"

【長慟】 极度悲痛。郑谷《东蜀春晚》："如此浮生更别离，可堪长恸送春归。"

【長漢】 长长的银河。亦借指辽阔的天空。虞世南《奉和咏日午》："高天净秋色，长汉转曦车。"董思恭《咏虹》："横彩分长汉，倒色媚清渠。"

【長寧】 古县名。唐上元时置，属荆州，治所在今湖北江陵县西。韦应物《答长宁令杨辙》，刘长卿有《夏口送长宁杨明府归荆南因寄幕府诸公》，李嘉祐有《送房明府罢长宁令湖州客舍》。戴叔伦有《同辛兖州巢父卢副端岳相思献酬之作因抒归怀兼呈辛魏二院长杨长宁》。

【長寧公主】 中宗女，韦后生。始嫁杨慎交，后嫁苏彦伯。李峤有《侍宴长宁公主东庄应制》自注："《纪事》云：长宁公主，韦庶人所生，降杨慎交。造第东都，府财几竭。又取西京高士廉第、左金吾卫废营，合为宅。作三重楼，筑山浚池，帝及后数临幸，置酒赋诗，峤等属和，即东庄也。"上官昭容有《游长宁公主流杯池二十五首》。崔湜有《侍宴长宁公主东庄应制》，景龙文馆士有《长宁公主宅流杯》。

【長翠】 指瓶中新汲的清水。李贺《安乐宫》："未盥邵陵瓜，瓶中弄长翠。"

【長綸】 指长的钓丝。李贺《钓鱼诗》："斜竹垂清沼，长纶贯碧虚。"

【長歎】 亦作"長嘆"。深长的叹息。李白《江上秋怀》："蘅兰方萧瑟，长叹令人愁。"白居易《出使在途偶咏旅怀寄太原李相公》："驿路崎岖泥雪寒，欲登篮舆一长歎。"李德裕《南梁行》："呜呜晓角霞辉粲，抚剑当楹一长歎。"贯休《闻赤松舒道士下世》："无弦亦须绝，回首一长歎。"

【長醉】 酣醉不醒。李白《将进酒》："钟鼓馔玉不足贵，但愿长醉不愿醒。"戴叔伦《江上别张欢》："长醉非关酒，多愁不为贫。"白居易《咏家酝十韵》："独醒从古笑灵均，长醉如今敩伯伦。"

【長霄】 长空。孙逖《立秋日题安昌寺北山亭》："楼观倚长霄，登攀及霁朝。"储光羲《重寄虬上人》："青山隔远路，明月空长霄。"李群玉《感兴四首》之二："织女了无语，长宵隔银河。"

【長嘶】 长声鸣叫。李群玉《骢马》："长嘶清海风，蹀躞振云丝。"

【長踦】 蟏蛸的别名。元稹《虫豸诗·蜘蛛》："缝隙容长踦，虚空织横罗。"

【長價】 提高身价。李白《赠从弟南平太守之遥二首》之一："梦得池塘生春草，使我长价登楼诗。"

【長鋏】 长剑。铗，剑把，借指剑。以长铗为典，表示自己不安于失意或希求他人援助。李白《于五松山赠南陵常赞府》:“长铗归来乎,秋风思归客。”刘禹锡《送韦秀才道冲赴制举》:“因居暇时游,长铗不复弹。”柳宗元《酬娄秀才将之淮南见赠之什》:“高冠余肯赋,长铗子忘贫。”亦作“長劍”。刘长卿《送李七之筰水谒张相公》:“后时长剑涩,斜日片帆孤。”李白《赠友人三首》之三:“弊裘耻妻嫂,长剑托交亲。”参见“長劍❷”。

【長鋏歸來】 喻因怀才不遇而思归。李白《于五松山赠南陵常赞府》:“长铗归来乎,秋风思归客。”

【長劍】 ❶锋刃较长的剑。李白《答王十二寒夜独酌有怀》:“严陵高揖汉天子,何必长剑拄颐事。”许浑《赠河东虞押衙二首》之一:“长剑高歌换素衣,君恩未报不言归。”❷喻怀才不遇。用战国冯谖弹铗故事。李白《赠友人三首》之三:“弊裘耻妻嫂,长剑托交亲。”又《闻丹丘子于城北营石门幽居》:“长剑复归来,相逢洛阳陌。”高适《自蓟北归》:“谁怜不得意,长剑独归来。”刘长卿《送李七之筰水谒张相公》:“后时长剑涩,斜日片帆孤。”

【長調】 (—diào)能配声歌唱的七言诗。李贺《申胡子觱篥歌》序:“〔申胡子〕自称学长调、短调,久未知名……因谓吾曰:‘李长吉尔徒能长调,不能作五字歌诗。’”

【長麾】 指高大的旌旗。岑参《过梁州奉赠张尚书大夫公》:“春景透高戟,江云簪长麾。”

【長慶】 ❶永久吉昌,长福。严维《奉试水精环》:“王室符长庆,环中得水精。”❷唐穆宗年号(821—824)。元稹《题长庆四年历日尾》:“定知新岁御楼后,从此不名长庆年。”白居易《勤政楼西老柳》:“开元一株柳,长庆二年春。”金厚载《和主司王起》:“长庆曾收间世英,果居台阁冠公卿。”

【長樂】 ❶指长乐宫。王绩《过汉故城》:“群后崇长乐,中朝增建章。”崔颢《代闺人答轻薄少年》:“平明挟弹入新丰,日晚挥鞭出长乐。”唐诗中多用以指兴庆宫等宫殿。王昌龄《夏月花萼楼酺宴应制》:“汾阴备冬礼,长乐应和风。”白居易《行简初授拾遗同早朝入阁因示十二韵》:“听钟出长乐,传鼓到新昌。”❷指长乐坡。白居易《长乐坡送人赋得愁字》:“终日坡前恨离别,谩名长乐是长愁。”

【長樂坂】 即长乐坡。储光羲《过新丰道中》:“西下长乐坂,东入新丰道。”

【長樂花】 花名。亦名紫花、月月红。晋傅玄《紫华赋》序:“紫华,一名长乐花。旧于生蜀,其东界特饶。”李益《江南曲》:“长乐花枝雨点销,江城日暮好相邀。”

【長樂坡】 地名,在今陕西西安市郊。白居易《长乐坡送人赋得愁字》:“终日坡前恨离别,谩名长乐是长愁。”又《劝酒十四首·何处难忘酒七首》之六:“烟树灞陵岸,风尘长乐坡。”胡宿《古别》:“至今长乐坡前水,不啻秦人怨陇头。”

【長樂亭】 亭名。在长安东长乐坡附近。白居易有《长乐亭留别》。

【長樂宫】 汉宫殿名。西汉高帝时,就秦兴乐宫改建,为西汉主要宫殿之一。汉初皇帝在此视朝。惠帝后为太后居地。故址在今陕西西安市西北郊长安故城东南隅。唐诗中亦借指唐宫。储光羲《新丰作贻殷四校书》:“南出华阳路,西分长乐宫。”刘长卿《闻奉迎皇太后使沈判官至因有此作》:“长乐宫人扫落花,君王正候五云车。”孟浩然《长乐宫》:“长乐宫中钟暗来,可怜歌舞惯相催。”

【長樂殿】 即长乐宫。岑参《送王著作赴淮西幕府》:“承恩长乐殿,醉出明光宫。”温庭筠《马嵬驿》:“香辇却归长乐殿,晓钟还下景阳楼。”广宣《降诞日内庭献寿应制》:“修斋长乐殿,讲道大明宫。”见“長樂宫”。

【長樂鐘】 长乐宫的钟声。长乐宫有钟室,韩信被斩于此。借指唐宫钟声。王维《韦侍郎山居》:“讵枉青门道,胡闻长乐钟。”韦应物《相和歌辞·相逢行》:“忽闻长乐钟,走马东西去。”钱起《过李侍御宅》:“不见承明客,愁闻长乐钟。”赵嘏《题昭应王明府溪亭》:“轩车过尽无公事,枕上一声长乐钟。”

【長樂驛】 驿站名。在长安城东长乐坡下。祖咏有《长乐驿留别卢象裴总》,韦蟾有《长乐驿谑李汤给事题名》,无名氏有《题长乐驿壁》。

【長樂觀】 (觀 guàn)即长乐宫。王勃《临高台》:“东弥长乐观,西指未央宫。”武平一《奉和幸新丰温泉宫应制》:“回舆长乐观,校猎上林园。”钱起《汉武出猎》:“薄暮方归长乐观,垂杨几处绿烟浓。”

【長選】 即常选。停任后在京师吏部候选补的官吏称吏部常选。姚合《送贾谟赴共城营田》:“上国羞长选,戎装贵所从。”

【長薄】 绵延的草木丛。丛木为林,草木交错曰薄。卢照邻《宴梓州南亭得池字》:“长薄秋烟起,飞梁古蔓垂。”王维《归嵩山作》:“清川带长薄,车马去闲闲。”刘长卿《奉和李大夫同吕评事太行苦热行》:“汗马卧高原,危旌倚长薄。”

【長橋】 ❶长的桥。宋璟《蒲津迎驾》:“防拒连山险,长桥压水平。”❷桥名,在江苏宜兴市,建于东汉。传为晋周处斩蛟处,故又名蛟桥。桥跨荆溪,故又名荆溪桥。严维《荆溪馆呈丘义兴》:“长桥今夜月,阳羡古时州。”李贺《送秦光禄北征》:“周处长桥役,侯调短弄哀。”罗隐《夜泊义兴戏呈邑宰》:“长桥可避南山远,却恐难防是最灵。”

【長頭】 犹言经常、常常。无名氏《五言诗》之二:"只愿长头醉,作伴唤刘伶。"又同诗:"长头饥欲旺,口似砍穷坑。"樊铸《诗》:"物情翻覆难可论,莫言权势长头存。"

【長₂頭】 ❶指领先的人。王建《织锦曲》:"长头起样呈作官,闻道官家中苦难。"❷长出头发。路德延《小儿诗》:"长头才覆额,分角渐垂肩。"

【長曆】 依历法推算列出千百年间年月朔闰的历书。徐至《闰月定四时》:"寸阴宁越度,长历信无欺。"羊士谔有《巴南郡斋雨中偶看长历是日小雪有怀昔年朝谒因成八韵》。罗隐《早秋宿叶堕所居》:"池荷叶正圆,长历报时殚。"

【長頻】 经常。刘禹锡《寄湖州韩中丞》:"终日相思不相见,长频相见是何人。"

【長嘯】 ❶撮口作声。晋孙登,隐士,喜长啸,以抒发情怀。作咏隐士高雅情怀的典故。张昌宗《奉和圣制夏日游石淙山》:"叔夜弹琴歌白雪,孙登长啸韵清风。"王维《辋川集·竹里馆》:"独坐幽篁里,弹琴复长啸。"朱湾《七贤庙》:"长啸或可拟,幽琴再难听。"白居易《秋池独泛》:"严子垂钓日,苏门长啸时。"❷大声呼叫。诸葛亮入仕之前,常抱膝长啸,借以抒发自己俟时用世的理想。后用为表现用世之志的典故。杜甫《公安县怀古》:"维舟倚前浦,长啸一含情。"钱起《题吴通微主人》:"长啸秋光晚,谁知志士怀。"独孤及《代书寄上裴六冀刘二颖》:"长啸林木动,高歌唾壶缺。"贯休《赠钟陵陈处士》:"高吟千首精怪动,长啸一声天地开。"

【長嘯臺】 指晋高士孙登长啸处,故址在今河南辉县西北苏门山。王维《偶然作六首》之三:"孙登长啸台,松竹有遗处。"

【長興宅】 (興 xīng)指唐京城长安长兴坊的宅第。代宗朝宰相杜鸿渐有宅于此。李嘉祐有《奉和杜相公长兴新宅即事呈元相公》。皇甫曾有《春和杜相公移入长兴宅奉呈诸宰执》。

【長興里】 (興 xīng)指唐京城长安长兴坊。郑颢《续梦中十韵》序:"去年寿昌节,赴德麟殿上寿回,憩于长兴里第,昏然昼寝。"杜牧有《长兴里夏日寄南邻避暑》。

【長₃錢】 多余的钱。段成式《柔卿解籍戏呈飞卿三首》之二:"未有长钱求邺锦,且令裁取一团娇。"

【長憶】 经常想到,时时想到。李白《金陵城西楼月下吟》:"解道澄江净如练,令人长忆谢玄晖。"

【長轅】 长车,行远途的车子。元结《与党侍御》:"长辕有修辙,驭者令尔驰。"

【長霞】 连绵的云霞。林琨《晚望》:"远与天水合,长霞生夕林。"

【長謠】 ❶放声高歌。李白《送当涂赵少府赴长芦》:"前途倘相思,登岳一长谣。"秦系《春日闲居三首》之二:"长谣朝复暝,幽独几人知。"陈孙《移耶溪旧居呈陈元初校书》:"鸡犬渔舟里,长谣任兴行。"权德舆《伏蒙十六叔寄示喜庆感怀三十韵因献之》:"清论坐虚室,长谣宜幅巾。"❷谓长诗。沈佺期《登瀛州南城楼寄远》:"离居欲有赠,春草寄长谣。"

【長齋】 谓佛教徒长期坚持过午不食。后多指长期素食。王梵志《诗》之八七:"持戒须含忍,长斋不得嗔。"杜甫《饮中八仙歌》:"苏晋长斋绣佛前,醉中往往爱逃禅。"张祜《题灵隐寺师一上人十韵》:"片衣闲自衲,单食老长斋。"白居易《早春持斋答皇甫十见赠》:"帝城花笑长斋客,三十年来负早春。"

【長臂】 指善射者。史称汉李广善射,长臂如猿。李商隐《行次西郊作一百韵》:"控弦二十万,长臂皆如猿。"

【長孺】 ❶西汉汲黯字。汉武帝时为东海太守,大治,迁主爵都尉。张九龄《临泛东湖》:"梁公世不容,长孺心亦褊。"张说《岳州赠广平公宋大夫》:"朝推长孺直,野慕隐之清。"❷西汉韩安国字。骆宾王《畴昔篇》:"冶长非罪曾缧绁,长孺然灰也经溺。"李德裕《清冷池怀古》:"袁丝徒伏剑,长孺欲成灰。"李瀚《蒙求》:"季珪士首,长孺国器。"❸指权长孺。长孺,字直卿,权德舆同高祖兄弟。权德舆有《多病戏书因示长孺》。

【長歸】 谓离别长久后归来。白居易《归履道宅》:"往时多暂住,今日是长归。"韦庄《渔塘十六韵》:"欲别诚堪恋,长归又未能。"

【長鎗】 (—zhēng)即长铛,一种有脚有耳的平底锅。李贺《始为奉礼忆昌谷山居》:"长铛江米熟,小树枣花春。"一说,即长腰米,稻米的品种。

【長離】 ❶灵鸟名。即凤凰。喻贤士。崔融《哭蒋詹事俨》:"江上有长离,从容盛羽仪。"长孙铸《送萧颖士赴东府得离字》:"大德讵可拟,高梧有长离。"❷琴名。贯休《送杨秀才》:"抚长离,坎答鼓。"

【長懷】 ❶遐想。李商隐《自桂林奉使江陵途中感怀寄献尚书》:"长怀五羖赎,终着九州箴。"❷悠深的情怀。李峤有《田假限疾不获还庄率成短韵用写长怀赠杜幽素》。

【長蘆】 古县名。北周大象二年(580)置,治所在今河北沧州市西。唐开元十六年(728)移治今沧州市。李白有《送当涂赵少府赴长芦》。

【長辭】 永远辞别。谓死亡。白居易《有小白马乘驭多时溘然而毙足可惊伤不能忘情题二十韵》:"卧槽应不起,顾主遂长辞。"

【長鯨】 ❶大鲸。白居易《和答诗十首·答箭簇》："何不向东射，东海有长鲸。"陆龟蒙《江南秋怀寄华阳山人》："吾当营巨黍，东去射长鲸。"又《自遣诗三十首》之四："长鲸好鲙无因得，乞取艅艎作钓舟。"罗隐《中元夜看月》："下射长鲸眼，遥分玉兔毫。"❷喻巨敌。李白《经乱离后天恩流夜郎忆旧游书怀赠江夏韦太守良宰》："君王弃北海，扫地借长鲸。"李绅《到宣武三十韵》："惟看波海动，天外斩长鲸。"

【長鯨吸百川】 形容豪饮。杜甫《饮中八仙歌》："饮如长鲸吸百川，衔杯乐圣称世贤。"

【長繩】 长的绳子。吕从庆《忆弟从善》："大被身分寝，长绳足共羁。"李商隐《谒山》："从来系日乏长绳，水去云回恨不胜。"贾岛《送乌行中石淙别业》："寒水长绳汲，丁泠数滴翻。"司空图《与伏牛长老偈二首》之二："长绳不见系空虚，半偈传心亦未疏。"

【長繩縶日】 (縶 jì)用绳子拴系太阳，使不落山。喻珍惜时光。语本晋傅玄《九曲歌》："岁莫景迈群光绝，安得长绳系白日。"阎朝隐《奉和立春游苑迎春应制》："愿得长绳系取日，光临天子万年春。"张说《奉和圣制观拔河俗戏应制》："长绳系日住，贯索挽河流。"李贺《梁台古愁》："朝朝暮暮愁海翻，长绳系日乐当年。"赵牧《对酒》："长绳系日未是愚，有翁临镜捋白须。"罗隐《酬黄从事怀旧见寄》："长绳系日虽难绊，辨口谈天不易穷。"

【長籌】 良策，长远之计。舒元舆《桥山怀古》："知勇神天不自大，风后力牧输长筹。"李咸用《和彭进士感怀》："四海英雄多独断，不知何者是长筹。"

【長鐙】 长的马镫。张祜《又陪楚州韦舍人阊门游宴次韵北阊门》："劲竿红旆展，长镫紫囊韬。"

【長瀾】 连绵的波澜。李咸用《西门行》："尔奋空拳彼击剑，水纵长澜火飞焰。"

【長鬚】 指男仆。韩愈《寄卢仝》："先生又遣长鬚来，如此处置非所喜。"

【長鬚國】 指虾国。《全唐诗》卷八六七载《长鬚国驸马咏妻》。

【長驅】 向前奔驰，长途向前驱驰。许敬宗《奉和春日望海》："长驱七萃卒，成功百战场。"刘长卿《至德三年春五十韵》："薄伐征貔虎，长驱拥旆旌。"李商隐《送从翁东川弘农尚书幕》："忘战追无及，长驱气益振。"王贞白《度关山》："只领千余骑，长驱碛邑间。"

【長飆】 大风，远风。上官仪《奉和颍川公秋夜》："涸浦落遵鸿，长飙送巢燕。"李颀《听安万善吹觱篥歌》："世人解听不解赏，长飙风中自来往。"曹邺《贺雪寄本府尚书》："长飙卷白云，散落群峰外。"

【長顧】 长久地回头看。杜甫《朱凤行》："侧身长顾求其群，翅垂口噤心甚劳。"

【長灘】 长的水滩。元稹《长滩梦李绅》："惭愧梦魂无远近，不辞风雨到长滩。"钱珝《江行无题一百首》之一百："仍愁系舟处，惊梦近长滩。"

【長鬟】 高耸并呈环形的发髻。刘禹锡《相和歌辞·采菱行》："长鬟弱袂动参差，钗影钏文浮荡漾。"

【長纓】 ❶古时系帽的长丝带。借指达官贵人。杜甫《自京赴奉先县咏怀五百字》："赐浴皆长缨，与宴非短褐。"又《同元使君春陵行》："乃知正人意，不苟飞长缨。"❷指驾车时套在马颈上的长革带。杜甫《述古三首》之一："赤骥顿长缨，非无万里姿。"❸指缚敌之长绳。柳宗元《唐铙歌鼓吹曲十二篇·李靖灭高昌为高昌第十一》："臣靖执长缨，智勇伏囚拘。"白居易《元和十二年淮寇未平诏停岁仗愤然有感率尔成章》："愚计忽思飞短檄，狂心便欲请长缨。"无可《送薛秀才游河中兼投任郎中留后》："孤吟临寇境，莫问请长缨。"马戴《送武陵王将军》："为儒多不达，见学请长缨。"

【長衢】 大道。杜甫《草堂》："谈笑行杀戮，溅血满长衢。"韦应物《送郗詹事》："长衢轩盖集，饮饯出西京。"俞简《行不由径》："捷径虽云易，长衢岂不平。"王炎《赋得行不由径》："长衢贵高步，大路自规行。"

【長鬣】 长须。古人以须长为美。李贺《酒罢张大彻索赠诗》："长鬣张郎三十八，天遣裁诗花作骨。"

【長鑱】 种田农具。类似于锄头，装有长柄。杜甫《乾元中寓居同谷县作歌七首》之二："长镵长镵白木柄，我生托子以为命。"

門　部

門〔mén《广韵》莫奔切，平魂，明。〕❶房屋、院墙等的出入口。岑参《江上春叹》："终日不如意，出门何所之。"白居易《宿紫阁出北村》："举杯未及饮，暴卒来入门。"姚合《种苇》："欲种数茎苇，出门来往频。"李叔卿《芳树》："门深重暗叶，墙近度飞花。"❷门扉，门扇。王维《戏赠张五弟諲三首》之二："闭门二室下，隐居十年余。"高适《杂曲歌辞·行路难二首》之一："东邻少年安所如，席门穷巷出无车。"韩愈《寄皇甫湜》："敲门惊昼睡，问报睦州吏。"李商隐《华师》："院门昼锁回廊静，秋日当阶柿叶阴。"刘沧《题书斋》："西斋瑶瑟自为侣，门掩半春苔藓生。"❸门前，门口。骆宾王《幽絷书情通简知己》："地幽蚕室闭，门静雀罗开。"刘长卿《送张十八归桐庐》："正落寒潮水，相随夜到门。"白居易《读张籍古乐府》："病眼街西住，无人行到门。"李商隐《骄儿诗》："门有长者来，造次请先出。"❹水路、陆路必经的出入口。杜甫《长江二首》之一："众水会涪万，瞿塘争一门。"韩愈《陆浑山火和皇甫湜用其韵》："截然高周烧四垣，神焦鬼烂无逃门。"刘禹锡《平齐行二首》之一："胡尘昔起蓟北门，河南地属平卢军。"❺形状或作用像门的。李白《望天门山》："天门中断楚江开，碧水东流至此回。"杜甫《望岳》："车箱入谷无归路，箭筈通天有一门。"刘禹锡《含辉洞述》："有石如门，又如垣墉。"杜牧《山寺》："峭壁引行径，截溪开石门。"❻门径，途径。杜甫《赠蜀僧闾丘师兄》："小子思疏阔，岂能达词门。"又《送韦讽上阆州录事参军》："诛求何多门，贤者贵为德。"韩愈《送进士刘师服东归》："丈夫在富贵，岂必守一门。"李频《旅怀》："奉亲无别业，谒帝有何门。"❼根源，关键。陈子昂《感遇诗三十八首》之三一："朅来豪游子，势利祸之门。"孟郊《求仙曲》："仙教生为门，仙宗静为根。"李商隐《明神》："明神司过岂令冤，暗室由来有祸门。"❽家庭，家族。李白《万愤词投魏郎中》："一门骨肉散百草，遇难不复相提携。"崔膺《感兴》："古来忠烈士，多出贫贱门。"孟郊《题韦承总吴王故城下幽居》："才饱身自贵，巷荒门岂贫。"刘禹锡《早秋送台院杨侍御归朝》："一门科第足，五府辟书频。"亦谓门下。李商隐《喜舍弟羲叟及第上礼部魏公》："朝满迁莺侣，门多吐凤才。"❾门第。李白《宴陶家亭子》："曲巷幽人宅，高门大士家。"高适《宋中遇刘书记有别》："何代无秀士，高门生此才。"岑参《韩员外夫人清河县君崔氏挽歌二首》之一："令德当时重，高门举世推。"刘禹锡《浙西李大夫述梦四十韵并浙东元相公酬和斐然继声》："门承金铉鼎，家有玉璜韬。"李商隐《五言述德抒情诗一首四十韵献上杜七兄仆射相公》："弱植叨华族，衰门倚外兄。"❿学派，宗派。孟浩然《题终南翠微寺空上人房》："儒道虽异门，去林颇同调。"王维《沈十四拾遗新竹生读经处同诸公之作》："何如道门里，青翠拂仙坛。"杜甫《秋日夔府咏怀奉寄郑监李宾客一百韵》："身许双峰寺，门求七祖禅。"自注："禅门南能、北秀，分列二宗，弟子各立其师为六祖，北宗遂立秀之弟子普寂为七祖，能后无闻焉。甫归心南宗，故曰身许双峰，欲求七祖也。"杜牧《赠终南兰若僧》："休公都不知名姓，始觉禅门气味长。"齐己《荆门寄怀章供奉兼呈幕中知己》："事佛门相似，朝天路不同。"⓫师门。李白《题金陵王处士水亭》："王子耽玄言，贤豪多在门。"刘长卿《献淮宁军节度使李相公》："渔阳老将多回席，鲁国诸生半在门。"郚载《送萧颖士赴东府得君字》："迩来及门者，半已升青云。"刘禹锡《许给事见示哭工部刘尚书诗因命同作》："汉室贤王后，孔门高第人。"⓬类别。孟郊《吊比干墓》："乾刚既一断，贤愚无二门。"按：谓贤愚不分。李涛《题僧院》："世间颠倒事，八万四千门。"

【門人】　❶门生，学生。贾邕《送萧颖士赴东府得路字》："子欲适东周，门人盈岐路。"息夫牧《冬夜宴萧十丈因饯殷郭二子西上》序："小子不敏，忝居门人之末，敢不敬书其事。"李端《慈恩寺怀旧》："鲤庭埋玉树，那忍见门人。"李商隐《华州周大夫宴席》："若共门人推礼分，戴崇争得及彭宣。"储嗣宗《哭彭先生》："门人远赴心丧夜，月满千山旧草堂。"❷佛家或道家弟子。刘长卿《齐一和尚影堂》："今来寂寞无所得，唯共门人泪满衣。"秦系《秋日过僧惟则故院》："门人失谭柄，野鸟上禅床。"皮日休《顾道士亡弟子以束帛乞铭于余鲁望因赋戏赠日休奉和》："师去东华却炼形，门人求我志金庭。"郑璧《和袭美伤顾道士》："门人不睹飞升去，犹与浮生哭恨同。"❸门客，幕僚。李绅《七年初到洛阳寓居宣教里时已春暮而四老俱在洛中分司》："惟有门人怜钝拙，劝教沉酣洛阳春。"温庭筠《和段少常柯古》："称觞惭座客，怀刺即门人。"韦庄《过旧宅》:"华轩不见马萧萧,廷尉门人久寂寥。"李洞《寄东蜀幕中友》:"为话门人吟太苦,风摧兰秀一枝残。"❹特指侍卫之士。周昙《咏史诗·春秋战国门·赵宣子》:"门人曾不有提弥,连嗾呀呀孰敢支。"

【門下】 ❶门庭之下。多指门生弟子。刘长卿《送郑说之歙州谒薛侍郎》:"尝闻马南郡,门下有康成。"戎昱《上李常侍》:"桃李不须令更种,早知门下旧成蹊。"温庭筠《寄崔先生》:"菰黍正肥鱼正美,五侯门下负平生。"裴皞《示门生马侍郎胤孙》:"三主礼闱年八十,门生门下见门生。"❷门客,食客。刘长卿《送刘萱之道州谒崔大夫》:"信陵门下三千客,君到长沙见几人。"韩翃《送高别驾归汴州》:"信陵门下识君偏,骏马轻裘正少年。"周昙《咏史诗·春秋战国门·毛遂》:"平原门下三千客,得力何曾是素知。"❸即门下省。王建《寄贺田侍中东平功成》:"府中独拜将军贵,门下兼分宰相权。"姚合有《和门下李相饯西蜀相公》。

【門下人】 ❶门生,门客。韩翃《田仓曹东亭夏夜饮得春字》:"薛公门下人,公子又相亲。"窦牟《奉酬杨侍郎十兄见赠之作》:"自悲由瑟无弹处,今作关西门下人。"❷佛门弟子。贯休《寄大愿和尚》:"微人昔为门下人,扣玄佩惠无边垠。"

【門下士】 门客,幕僚。韩愈《送陆畅归江南》:"我实门下士,力薄蚋与蚊。"诗题下注:"畅娶董溪女。溪,丞相晋第二子。愈尝为晋从事,故云门下士。"

【門下生】 门生,门客。韦应物《送冯著受李广州署为录事》:"子为门下生,终始岂见遗。"孟郊《送郑仆射出节山南》:"再招门下生,结束余病孱。"

【門下侍郎】 门下省副长官。正四品上,大历二年(767)升为正三品。其职掌侍从,署奏抄,驳正违失,通判省事。若侍中缺,则监封题,给驿卷。唐大历以后,门下侍中基本停止单授,门下长官实际为门下侍郎。门下侍郎多加平章事衔,参议军国政事,为真宰相,故称门下相公。皇甫澈有《赋四相诗·礼部尚书门下侍郎平章事李岘》。武元衡《奉酬淮南中书相公见寄》序:"冬十月,诏授检校吏部尚书兼门下侍郎。"

【門下相公】 (相 xiàng)❶指门下侍郎。李吉甫有《癸巳岁吉甫圜丘摄事合于中书奉寄相公兼呈集贤院诸学士》。刘禹锡有《门下相公荣加册命天下同欢忝沐眷私辄感申贺》。杜牧有《奉和门下相公送西川相公兼领相印出镇全蜀诗十八韵》。李频有《感怀献门下相公》。参见"門下侍郎"。❷专指武元衡。元衡曾官检校吏部尚书,兼门下侍郎、同平章事。权德舆有《奉和李相公早朝于中书候传点偶书所怀奉呈门下相公中书相公》。

【門下省】 官署名。始置于东汉,名侍中寺,为皇帝侍从机构。晋始称门下省。南北朝时逐渐成为中枢机构的重心,隋唐五代因之。与中书省、尚书省共秉军国大政,专掌封驳制诏章表。杜甫《野人送朱樱》:"忆昨赐沾门下省,退朝擎出大明宫。"王维有《春日直门下省早朝》。

【門下客】 ❶门生,幕僚。郑愔《哭郎著作》:"空怜门下客,怀旧几迟回。"岑参《苗侍中挽歌二首》之二:"平生门下客,继美庙堂中。"王建《田侍中宴席》:"虽是沂公门下客,争将肉眼看云天。"裴夷直《奉和大梁相公同张员外重九日宴集》:"更将门下客,酬和管弦中。"❷同"门客❷"。皎然《咏史》:"田氏门下客,冯公众中贱。"

【門子】 门生、门客。储光羲《太学贻张筠》:"璧池忝门子,俄顷变炎凉。"

【門户】 ❶门,门扇。王建《田家留客》:"不嫌田家破门户,蚕房新泥无风土。"李绅《移九江》:"津桥归候吏,竹巷开门户。"白居易《雪中即事答微之》:"谁家高士关门户,何处行人失道途。"姚合《喜胡遇至》:"穷居稀出入,门户满尘埃。"孟贯《山中夏日》:"深山宜避暑,门户映岚光。"❷房屋院墙的出入处。杜甫《遣兴五首》之二:"归来悬两狼,门户有旌节。"章孝标《归燕词辞工部侍郎》:"连云大厦无栖处,更望谁家门户飞。"亦喻出入之口。寒山《诗三百三首》之一六〇:"觅他不可见,出入无门户。"❸指关键之处。韩愈《元和圣德诗》:"荆并洎梁,在国门户。"❹途径,门径。王建《别李赞侍御》:"讲易工夫寻已圣,说诗门户别来情。"鲍溶《秋思三首》之二:"立身多门户,何必燕山铭。"陈陶《答莲花妓》:"已向升天得门户,锦衾深愧卓文君。"❺喻指科目、名目。杜甫《遣遇》:"索钱多门户,丧乱纷嗷嗷。"❻家门,门庭。刘长卿《戏题赠二小男》:"未知门户谁堪主,且免琴书别与人。"姚合《闲居遣兴》:"终年城里住,门户似山林。"唐求《友人见访不值因寄》:"门户寒江近,篱墙野树深。"李昉《赠贾黄中》:"七岁神童古所难,贾家门户有衣冠。"亦指人家、家庭。韩愈《送文畅师北游》:"长安多门户,吊庆少休歇。"❼指家庭内外事务。王勃《陇西行》之十:"门户尔能持,归来笑投策。"杜甫《水槛》:"游子久在外,门户无人持。"又《负薪行》:"土风坐男使女立,男当门户女出入。"张籍《筑城词》:"家家养男当门户,今日作君城下土。"

【門生】 ❶弟子,学生。钱起《登刘宾客高斋》:"日陪鲤也趋文苑,谁道门生隔绛纱。"顾况《寄上兵部韩侍郎奉呈李户部卢刑部杜三侍郎》:"故吏已重叠,门生从联翩。"姚合《寄陕府内兄郭冏端公》:"薄艺不退辱,特列为门生。"王仁裕《示诸门生》:"二百一十四门生,春风初长羽毛成。"又《与诸门生春日会饮繁台赋》:"柳阴如雾絮成堆,又引门生饮古台。"❷唐代科举考试及第者对主考官自称门生。白居易《病中辱崔宣城长句见寄兼有觥绮之赠因以四韵总而酬之》："科第门生满霄汉，岁寒少得似君心。"丁棱《和主司王起》："兰署门生皆入室，莲峰太守别知音。"李瀚《留题座主和凝旧阁》："座主登庸归凤阙，门生批诏立鳌头。"裴皞《示门生马侍郎胤孙》："三主礼闱年八十，门生门下见门生。"❸门客，幕僚。刘禹锡《送赵中丞自司金郎转官参山南令狐仆射幕府》："相府开油幕，门生逐绛纱。"诗题下注："赵氏兄弟皆仆射门客。"李玖《噴玉泉冥会诗八首·白衣叟述甘棠馆西楹诗》："白昼叫阍无近戚，缟衣饮气只门生。"❹门下侍从之人。储光羲《答王十三维》："门生故来往，知欲命浮觞。"

【門生故吏】 门生弟子与往日部属。《又号牛李》："门生故吏，不牛则李。"按：牛谓牛僧孺，李谓李宗闵。

【門仗】 排列于宫门的仪卫。张籍《送令狐尚书赴东都留守》："每领群臣拜章庆，半开门仗日曈曈。"

【門外事】 指世事、人间事。韦庄《秦妇吟》："妆成只对镜中春，年幼不知门外事。"

【門地】 犹门第。李群玉《登宜春醉宿景星寺寄郑判官兼简空上人》："涨海豁心源，冰壶见门地。"韦庄《寄薛先辈》："不说文章与门地，自然毛骨是公卿。"范质《诫儿侄八百字》："吾家本寒素，门地寡公侯。"

【門吏】 即门下之吏。部下，部属。王湾《哭补阙亡友綦毋学士》："葬田门吏给，坟木路人栽。"徐夤《贺清源太保王延彬》之一："应笑清溪旧门吏，年年扶病掩柴关。"

【門有車馬客行】 乐府歌辞名。属《相和歌辞·瑟调曲》。《全唐诗》卷二十收有虞世南、李白《相和歌辞·门有车马客行》各一篇。

【門匠】 引导舟船进入三门峡的水手。《三门谚》："古无门匠墓。"题下原注："唐时漕经底柱人三门，每雇平陆人为门匠，执标指麾。一舟百日乃能上，覆者几半。故谚云云，谓皆溺死也。"

【門門】 家家，户户。孟郊《终南山下作》："家家梯碧峰，门门锁青烟。"子兰《长安早秋》："门门走马征兵急，公子笙歌醉玉楼。"

【門弟子】 及门弟子，学生。储光羲《至岳寺即大通大照禅塔上温上人》："悲哉门弟子，要自知心长。"息夫牧《冬夜宴萧十丈因饯殷郭二子西上》序："夫子以家居政事，百里无事，命门弟子赋诗鸣琴，亦以释仳离之怨焉。"元稹《阳城驿》："唯余门弟子，列树松与楸。"杨嗣复《赠毛仙翁》："满朝将相门弟子，随师尽愿抛尘滓。"

【門限】 门槛。王梵志《诗》之一〇三："打铁作门限，鬼见拍手笑。"韩愈《赠张籍》："君来好呼出，踉跄越门限。"

【門巷】 门庭里巷。杜甫《昼梦》："故乡门巷荆棘底，中原君臣豺虎边。"钱起《苦雨忆皇甫冉》："凉雨门巷深，穷居成习静。"李远《赠友人》："今日重来门巷改，出墙桐树绿婆娑。"薛逢《送韩绛归淮南寄韩绰先辈》："门巷草生车辙在，朝廷恩及雁行联。"

【門風】 犹家风。❶指家庭传统的道德风尚。刘禹锡《和浙西李大夫晚下北固山喜径松成阴怅然怀古偶题临江亭并浙东元相公所和依本韵》："八元邦族盛，万石门风厚。"护国《许州郑使君孩子》："国器嗟犹小，门风望益清。"无可《寄羽林卢大夫将军》："门风荀氏敌，剑艺霍家推。"贯休《赠抱麻刘舍人》："郡政今良吏，门风古缙绅。"张辞《上盐城令述德诗》："门风常有蕙兰馨，鼎族家传霸国名。"❷指家庭崇尚文学艺术的传统。杜荀鹤《投从叔补阙》："吾宗不谒谒诗宗，常仰门风继国风。"

【門庭】 ❶门前，门前空阔之地。孟浩然《题李十四庄兼赠綦毋校书》："左右瀍涧水，门庭缑氏山。"杜甫《秋清》："药饵憎加减，门庭闷扫除。"白居易《题新居寄宣州崔相公》："门庭有水巷无尘，好称闲官作主人。"韩偓《访同年虞部李郎中》："门庭野水褵褷鹭，邻里短墙咿喔鸡。"❷犹言家门。孟浩然《宴包二融宅》："门庭无杂宾，车辙多长者。"刘禹锡《哭王仆射相公》："门庭怆已变，风物澹无辉。"李商隐《王十二兄与畏之员外相访见招小饮时予以悼亡日近不去因寄》："谢傅门庭旧末行，今朝歌管属檀郎。"❸犹门第、门品。孙元晏《咏史诗·晋·王郎》："太尉门庭亦甚高，王郎名重礼相饶。"❹门径，方法。吕岩《寄白龙洞刘道人》："却云服气与休粮，别有门庭道路长。"

【門客】 ❶古代贵族门下之食客。骆宾王《畴昔篇》："当时门客今何在，畴昔交朋已疏索。"周昙《咏史诗·春秋战国门·豫让》："门客家臣义莫俦，漆身吞炭不能休。"罗虬《比红儿诗》："陌上行人歌黍离，三千门客欲何之。"❷部属，幕僚。沈佺期《秦州薛都督挽词》："碑传门客建，剑是故人留。"刘长卿《过萧尚书故居见李花感而成咏》："空怜旧阴在，门客共沾衣。"皎然《同诸公奉侍祭岳渎使大理卢幼平自会稽回经平望将赴于朝廷期过故林不至》："清风门客仰，佳颂国人听。"周朴《喜贺拔先辈衡阳除正字》："李膺门客为闲客，梅福官衔改旧衔。"

【門屏】 门与屏风之间。指门庭。刘禹锡《马嵬行》："群吏伏门屏，贵人牵帝衣。"许浑《赠桐庐房明府先辈》："自笑小儒非一鹗，亦趋门屏冀相怜。"

【門逕】 同"門徑"。杜甫《畏人》："门迳从榛草，无心走马蹄。"杜荀鹤《喜从弟雪中远至有作》："深山大雪懒开门，门迳行踪自尔新。"

【門徒】 弟子。多指佛门弟子。杜甫《大觉高僧兰若》:“飞锡去年啼邑子,献花何日许门徒。”刘禹锡《送僧仲剬东游兼寄呈灵澈上人》:“高筵谈柄一麈拂,讲下门徒如醉醒。”姚合《送僧》之二:“旧国门徒终日望,见时应是见真身。”

【門徑】 通向大门的道路。岑参《高冠谷口招郑鄠》:“门径稀人迹,檐峰下鹿群。”方干《再题路支使南亭》:“行处避松兼碍石,即须门径落斜开。”孟贯《送人归别业》:“门径掩芳草,园林落异花。”

【門師】 佛门高僧。欧阳炯《题景焕画应天寺壁天王歌》:“昔年长老遇奇踪,今日门师识景公。”

【門第】 指家庭在社会上的地位、等第。王勃《陇西行》之五:“门第倚崆峒,家世垂金紫。”

【門戟】 古代天子宫殿、宗庙、官府及达官显宦之家门前所列之戟。见《唐会要》卷三二。刘禹锡《和董庶中古散调词赠尹果毅》:“上将赐甲第,门戟不可窥。”白居易《寄微之》:“外物竟关身底事,谩排门戟系腰章。”

【門扉】 门,门扇。綦毋潜《送平判官入秦》:“同心愿执手,驿骑到门扉。”孟郊《秋怀》之四:“秋至老更贫,破屋无门扉。”李商隐《喜雪》:“寂寞门扉掩,依稀履迹斜。”

【門楣】 ❶门框上端的横梁。白居易《和答诗十首・和阳城驿》:“改为避贤驿,大署于门楣。”❷借指门庭、门第。陈元光《太母魏氏半径题石》:“清贞蜚简籍,规范肃门楣。”❸借指能光耀门庭的女子。《杨氏谣》:“男不封侯女作妃,君看女却是门楣。”

【門路】 通向门庭的路。李群玉《龙安寺佳人阿最歌八首》之四:“门路穿茶焙,房门映竹烟。”刘沧《留别山中友人》:“别后寂寥无限意,野花门路草虫吟。”

【門鈴】 安装在门内用以传达通报的铃。张籍《和左司元郎中秋居十首》之九:“初当授衣假,无吏挽门铃。”

【門端】 门口,门前。张籍《羁旅行》:“远客出门行路难,停车敛策在门端。”

【門旗】 皇帝或将帅的仪仗之一。王建《送严大夫赴桂州》:“水驿门旗出,山峦洞主参。”

【門閭】 犹门庭。杨炯《和刘长史答十九兄》:“街巷涂山曲,门闾洛水滨。”又《和酬虢州李司法》:“风霜下刀笔,轩盖拥门闾。”耿湋《赠田家翁》:“门闾新薙草,蹊径旧谙山。”白居易《新昌新居书事四十韵因寄元郎中张博士》:“门闾堪驻盖,堂室可铺筵。”

【門閭望】 为父母思子的典故。杜甫《别董颋》:“已结门闾望,无令霜雪残。”

【門閥】 ❶门第,家世。白居易《筝》:“楚艳为门阀,秦声是女工。”❷官宦之家门前题记功业的柱子。杜甫《奉赠卢五丈参谋》:“丈人借才地,门阀冠云霄。”

【門閤】 亦作“門閣”。❶阁楼。杜荀鹤有《题开元寺门阁》。❷古代官署。韦应物《三台二首》之二:“朝来门阁无事,晚下高斋有情。”❸古代官署之门。韦应物《寄杨协律》:“吏散门阁掩,鸟鸣山郡中。”

【門緒】 家门的世系。张九龄《故荥阳君苏氏挽歌词三首》之一:“门绪公侯列,嫔风诗礼行。”

【門牖】 门窗。元稹《梦游春七十韵》:“长廊抱小楼,门牖相回互。”

【門鋪】 (—pù)即铺首。古代门上衔住门环的底盘,多用铜制成,作狮、虎、龟、蛇等形。李贺《恼公》:“井槛淋清漆,门铺缀白铜。”

【門樓】 城门或寺庙等上面的楼。韩愈有《谒衡岳庙遂宿岳寺题门楼》。

【門閫】 门槛。贯休《怀智体道人》:“云水淹门阃,春雷在树枝。”

【門衡】 门上横木。韩愈、孟郊《城南联句》:“红皱晒檐瓦,黄团系门衡。”

【門畿】 门槛。韩愈《遣疟鬼》:“清波为裳衣,白石为门畿。”

【門嶮】 指黄河最险峻之处龙门,又名禹门口,在今山西河津县西北黄河两岸。徐夤《河流》:“大禹成门崄,为龙始得过。”

【門館】 ❶招待门客、宾客的馆舍。李端《赠康洽》:“后辈轻肥贱衰朽,五侯门馆许因依。”白居易《续古诗十首》之六:“幸随人宾末,得厕门馆间。”刘言史《江陵客舍留别樊尚书》:“信陵门馆下,多病有归思。”❷门庭,门前。高适《效古赠崔二》:“周旋多燕乐,门馆列车骑。”钱起《赠李十六》:“自尔宴言后,至今门馆清。”陈羽《古意》:“车马骈阗贺门馆,自然不失为公卿。”姚合《和李绅助教不赴看花》:“笑辞聘礼深坊住,门馆长闲似退居。”周贺《赠姚合郎中》:“两衙向后长无事,门馆多逢请益人。”❸指住宅。白居易《自题小园》:“不斗门馆华,不斗林园大。”王周《公居》:“公居门馆静,旅寄万州城。”❹犹言师门。白居易《重题》之四:“还有一条遗恨事,高家门馆未酬恩。”又《重到城七绝句・高相宅》:“涕泪虽多无哭处,永宁门馆属他人。”丘上卿《和主司王起》:“簪裾尽过前贤贵,门馆仍叨旧学荣。”杜荀鹤《辞座主侍郎》:“只恐兵戈隔,再趋门馆迟。”❺官署。薛能《献仆射相公》:“朝廷有道青春好,门馆无私白日闲。”

【門禪】 犹禅门。谓修行佛法。薛能《赠源寂禅师》:“门禅从北祖,僧格似南朝。”

【門牆】 犹门庭。舒元舆《坊州按狱》:“门墙见狼狈,案牍闻腥臊。”唐彦谦《夏日访友》:“童子立门墙,问我向何处。”赵嘏《杜陵贻杜牧侍御》:“唯君怀抱安如水，他日门墙许醉吟。”

【門闌】 ❶门框。亦指门、门上。钱起《咏门上画松上元王杜三相公》：“岂能裨栋宇，且欲出门阑。”❷犹门庭。杜甫《李监宅》：“门阑多喜色，女婿近乘龙。”司空曙《哭王注》：“异才伤促短，诸友哭门阑。”张祜《投滑州卢尚书》：“门阑尽是云霄客，应念於陵独灌园。”朱庆余《上张水部》：“出入门阑久，儿童亦有情。”❸犹门下。岑参《左仆射相国冀公东斋幽居》：“幸得趋省闱，常欣在门阑。”杜甫《入衡州》：“门阑苏生在，勇锐白起强。”顾况《寄上兵部韩侍郎奉呈李户部卢刑部杜三侍郎》：“道路五千里，门阑三十年。”白居易《和答诗十首·和雉媒》：“主人宾客去，独住在门阑。”高退之《和主司王起》：“叨陪鸳鹭朝天客，共作门阑出谷莺。”

【門闑】 古代城门中央所竖立的短木。皮日休《二游诗·徐诗》：“转徙入吴都，纵横碍门闑。”

【門關】 门，门扇。岑参《敬酬李判官使院即事见呈》：“草根侵柱础，苔色上门关。”

【門籍】 古代出入宫门的凭证。为二尺长竹牒，上写官员的姓名、年龄、身份、形貌等。后来改竹牒为簿册，凭簿册上的姓名方可出入。亦用以指官籍、官职。唐制，在京诸司应入宫殿门者，流内官由本司记其官爵姓名，流外官兼记其年龄、状貌。白居易《东南行一百韵》：“博望移门籍，浔阳佐郡符。”

【門欄】 ❶门框，门栅栏。刘言史《初下东周赠孟郊》：“断蓬在门栏，岂当桃李荣。”❷犹门庭。独孤及《代书寄上李广州》：“门栏关山阻，岐路天地阔。”李端《慈恩寺怀旧》：“错莫过门栏，分明识行路。”皎然、李恂等《秋日卢郎中使君幼平泛舟联句一首》：“空怀鄠杜心醉，永望门栏脰捐。”❸犹门下。李缜《奉和郎中游仙岩四瀑布十四韵》：“惭非御徒者，还得依门栏。”

二　画

閃〔shǎn《广韵》失冉切，上琰，書。又舒赡切，上豔。書。〕❶闪电。钱起《登秦岭半岩遇雨》：“震电闪云径，奔流翻石矶。”皮日休《太湖诗·缥缈峰》：“暴光隔云闪，仿佛亘天龙。”❷闪耀。杜甫《忆昔行》：“落日初霞闪余映，倏忽东西无不可。”刘禹锡《七夕二首》之二：“余霞张锦幛，轻电闪红绡。”吴融《和集贤相公西溪侍宴观竞渡》：“昼花铺广宴，晴电闪飞桡。”齐己《剃发》：“金刀闪冷光，一剃一清凉。”孙光宪《浣溪沙》词之一：“蓼岸风多橘柚香，江边一望楚天长，片帆烟际闪孤光。”亦指照射。韩愈《游青龙寺赠崔大补阙》：“光华闪壁见神鬼，赫赫炎官张火伞。”❸闪动，晃动。元稹《秋堂夕》：“萧条帘外雨，倏闪案前灯。”刘禹锡《酬乐天小亭寒夜有怀》：“斜风闪灯影，迸雪打窗声。”李咸用《秋望》：“风闪雁行疏又密，地回江势急还迟。”❹飘动。李商隐《河内诗二首》之二：“后溪暗起鲤鱼风，船旗闪断芙蓉干。”李洞《送知己赴濮州》：“剑摇林狖落，旗闪岳禽高。”❺骤然一现。孟郊《吊卢殷》之五：“可惜千首文，闪如一朝花。”又《峡哀》：“齑粉一闪间，春涛百丈雷。”按：齑粉，谓粉身碎骨。韩愈《南山诗》：“峥嵘跻冢顶，倏闪杂鼯鼬。”又《喜侯喜至赠张籍张彻》：“荒花穷漫乱，幽兽工腾闪。”❻或隐或现。孟郊《送任载齐古二秀才自洞庭游宣城》：“闪怪如可惧，在诚无不通。”❼指眼睛开合闪动。孟郊《生生亭》：“一日数开扉，仙闪目不停。”

【閃灼】 形容光芒闪耀。吕岩《绝句》之五：“闪灼虎龙神剑飞，好凭身事莫相违。”

【閃屍】 或隐或现貌。任华《怀素上人草书歌》：“千魑魅兮万魍魉，欲出不可何闪尸。”

【閃紅】 指闪电。韩愈、孟郊《纳凉联句》：“闪红惊蚴虬，凝赤耸山岳。”

【閃閃】 ❶光芒闪耀貌。元稹《感梦》：“闪闪灯背壁，胶胶鸡去埘。”薛能《戏题》：“闪闪动鸣珰，初来烛影傍。”李咸用《轻薄怨》：“捻笙软玉开素苞，画楼闪闪红裾摇。”吴融《中夜闻啼禽》：“此时归梦随肠断，半壁残灯闪闪明。”齐己《夏云曲》：“爞爞万里压天堑，扬雷电光空闪闪。”❷特指水光闪耀。张九龄《入庐山仰望瀑布水》：“闪闪青崖落，鲜鲜白日皎。”杜甫《望兜率寺》：“霏霏云气重，闪闪浪花翻。”亦指目光闪烁。元结《演兴四首·闵岭中》：“常闪闪而伺人，又如何兮不苦。”❸闪烁不定貌。孟郊《吊卢殷》之三：“梦世浮闪闪，泪波深洄洄。”❹闪动貌，飘动貌。庄南杰《雁门太守行》：“旌旗闪闪摇天末，长笛横吹虏尘阔。”韩偓《边上看猎赠元戎》：“搜山闪闪旗头远，出树斑斑豹尾长。”李中《江边吟》：“闪闪酒帘招醉客，深深绿树隐啼莺。”孙光宪《河传》词之四：“团荷闪闪，珠倾露点。”❺飞动貌。唐彦谦《长溪秋望》：“寒鸦闪闪前山去，杜曲黄昏独自愁。”

【閃睒】 睁眼。韩愈、孟郊《城南联句》：“里儒拳足拜，土怪闪睒侦。”

【閃異】 忽隐忽现的怪异景象。孟郊《游枋口》之二：“澄幽出所怪，闪异坐微烟。”

【閃倏】 忽隐忽现貌。宋之问《游陆浑南山自歇马岭到枫香林以诗代书答李舍人适》：“太和亦崔嵬，石扇横闪倏。”白居易《和梦游春诗一百韵》：“请思游春梦，此梦何闪倏。”

【閃然】 骤然一现貌。孟郊《峡哀》之三：“奠泪吊波灵，波灵将闪然。”刘言史《观绳伎》：“闪然欲落却收得，万人肉上寒毛生。”

【閃電】 电闪。云与云或云与地之间的放电现象。梁宝、赵神德《与赵神德互嘲》：“赵神德，天上既无云，闪电何以无准则。”

【閃旗】 飘动的旗旆。刘禹锡《和白侍郎送令狐相公镇太原》：“叠鼓蹙成汾水浪，闪旗惊断塞鸿飞。”

【閃爍】 光芒闪耀。杜甫《遣兴五首》之四：“忽看皮寝处，无复睛闪烁。”施肩吾《及第后过扬子江》：“鱼龙互闪烁，黑浪高于天。”李山甫《代张孜幻梦李白歌》：“瑞光闪烁天关开，五云着地长裾来。”

三 画

閈〔hàn《广韵》侯旰切，去翰，匣。〕❶里巷之门。白居易《和微之诗二十三首·和栉沐寄道友》：“始出里北闬，稍转市西阛。”又《池上篇》序：“东南之胜，在履道里。里之胜在西北隅，西闬北垣第一第，即白氏叟乐天退老之地。”❷里巷。岑参《陪狄员外早秋登府西楼因呈院中诸公》：“车马隘百井，里闬盘二江。”

【閈垣】 里巷的墙垣。刘禹锡《武陵观火诗》：“闬垣适未立，苫盖自相娱。”

【閈閎】 里巷。卢肇《汉堤诗》：“洪溃既涸，闬闳其虚。”

閉〔bì《广韵》博計切，去，霽，幫。又方結切，入屑，非。〕❶关闭门户。王勃《相和歌辞·铜雀妓》之一：“妾本深宫妓，层城闭九重。”元结《夜宴石鱼湖作》：“夜寒闭窗户，石溜何清泠。”长孙佐辅《古宫怨》：“院深独开还独闭，鹦鹉惊飞苔覆地。”刘沧《题巫山庙》：“十二岚峰挂夕晖，庙门深闭雾烟微。”❷闭合，闭塞。王勃《倬彼我系》之二：“礼丧贤隐，时屯道闭。”李白《拟古十二首》之六：“运速天地闭，胡风结飞霜。”卢象《竹里馆》：“江南冰不闭，山泽气潜通。”王季友《别李季友》：“闭匣二十年，皎洁常独明。”欧阳炯《贯休应梦罗汉画歌》：“时捎大绢泥高壁，闭目焚香坐禅室。”❸幽禁，关。岑参《相和歌辞·长门怨》：“君王嫌妾妒，闭妾在长门。”苏郁《鹦鹉词》：“莫把金笼闭鹦鹉，个个分明解人语。”白居易《禽虫十二章》之五：“如何闭向深笼里，一种摧颓触四隅。”又《新乐府·上阳白发人》：“绿衣监使守宫门，一闭上阳多少春。”❹埋没，隐藏。李白《相和歌辞·对酒二首》之二：“自古帝王宅，城阙闭黄埃。”高适《赠别王十七管记》：“沙深泠陉断，雪暗辽阳闭。”❺埋。指把死人埋入土中。岑参《河西太守杜公挽歌四首》之二：“蒿里埋双剑，松门闭万春。”刘长卿《双峰下哭故人李宥》：“白露空沾九原草，青山犹闭数株松。”韩愈《丰陵行》：“哭声訇天百鸟噪，幽坎昼闭空灵舆。”刘禹锡《途次敷水驿伏睹华州舅氏昔日行县题诗处潸然有感》：“蔓草佳城闭，故林棠树秋。”❻笼罩，遮蔽。李白《邹衍谷》：“燕谷无暖气，穷岩闭严阴。”岑参《至大梁却寄匡城主人》：“四郊阴气闭，万里无晶光。”韩愈《重云李观疾赠之》：“重云闭白日，炎燠成寒凉。”权德舆《观葬者》：“笳箫出古陌，烟雨闭寒原。”李涉《寄河阳从事杨潜》：“汉家天子不东游，古木行宫闭烟月。”蜀太后徐氏《玄都观》：“步粘苔藓龙桥滑，日闭烟罗鸟径迷。”❼弥漫。岑参《送狄员外巡按西山军》：“八州崖谷深，千里云雪闭。”韦应物《送令狐岫宰恩阳》：“大雪天地闭，群山夜来晴。”韦建《河中晚霁》：“杳杳涯欲斑，濛濛云复闭。”❽昏暗。胡皓《大漠行》：“云沙泱漭天光闭，河塞阴沉海色凝。”白居易《秦中吟十首·重赋》：“岁暮天地闭，阴风生破村。”❾指二十四节气中的立秋、立冬。严维《题鲍行军小阁》：“虚明先旦暮，启闭异冬春。”范传质《荐冰》：“乘春方启闭，羞献有常程。”

【閉口】 ❶闭住口。韩愈《双鸟诗》：“两鸟各闭口，万象衔口头。”❷缄默不语。岑参《潼关镇国军句覆使院早春寄王同州》：“儒生有长策，闭口不敢言。”韩愈《崔十六少府摄伊阳以诗及书见投因酬三十韵》：“白头趋走里，闭口绝谤讪。”

【閉户】 关门。王维《送高适弟耽归临淮作》：“自尔厌游侠，闭户方垂帷。”司空曙《宿青龙寺故昙上人院》：“闭户临寒竹，无人有夜钟。”姚合《庄居野行》：“客行野田间，比屋皆闭户。”韦庄《春早》：“闻莺才觉晓，闭户已知晴。”

【閉户著書】 指不参预外事，勤奋著书。王维《春日与裴迪过新昌里访吕逸人不遇》：“闭户著书多岁月，种松皆老作龙鳞。”见《后汉书》。

【閉門】 义同闭门居。李群玉《移松竹》：“待取满庭苍翠合，酒尊书案闭门休。”韦庄《和友人》：“闭门同隐士，不出动经时。”

【閉門居】 闭门而居，洁身自保。白居易《池上闲吟二首》之二：“非道非僧非俗吏，褐裘乌帽闭门居。”

【閉門思過】 关起门来自我反省。徐铉《亚元舍人不替深知寄陈君庶资一笑耳》：“闭门思过谢来客，知恩省分宽离忧。”

【閉門高卧】 犹闭门居。徐铉《赠浙西顾推官》：“盛府宾寮八十余，闭门高卧兴无如。”

【閉門羹】 谓仅以羹待客，而不与相见。《全唐诗》卷八〇二收有史凤《闭门羹》。

【閉骨】 谓人死后埋入土中。李白《自溧水道哭王炎三首》之一：“故人万化尽，闭骨茅山冈。”岑参《骊姬墓下作》：“骊姬北原上，闭骨已千秋。”

【閉隔】 禁闭阻隔。朱景玄《溪东岑望天都山》："大道非闭隔，无路不可寻。"

【閉閤】 见"閉閣"。

【閉閣】 ❶亦作"閉閤"。谓政务清简。阁，州郡、官置。张九龄《登郡城南楼》："闭阁幸无事，登楼聊永日。"白居易《留题郡斋》："春为醉眼多闭阁，秋因晴望暂褰帷。"❷用为称颂州郡长官以身表率施行教化的典故。王维《送李睢阳》："五谷前熟方可为，下车闭阁君当思。"

【閉錮】 禁闭，封闭。吕岩《步蟾宫》词："捉得金精牢闭锢，炼甲庚，要生龙虎。"

【閉聲】 谓缄默不言。韩愈《双鸟诗》："两鸟既别处，闭声省愆尤。"

【閉藏】 藏伏，隐匿。杜甫《万丈潭》："闭藏修鳞蛰，出入巨石碍。"

【閉關】 ❶关闭关门，闭关自守。独孤及《和大夫秋夜书情即事》："上略当分阃，高情善闭关。"韩昭《和题剑门》："闭关防老寇，孰敢振威棱。"❷闭门。王维《冬晚对雪忆胡处士家》："借问袁安舍，翛然尚闭关。"刘长卿《送灵澈上人还越中》："那堪别后长相忆，云木苍苍但闭关。"于武陵《夜寻僧不遇》："石路几回雪，竹房犹闭关。"孟贯《早秋吟眺》："从有西征思，园林懒闭关。"❸闭门不出，谢绝人事。张九龄《登城楼望西山作》："勿复尘埃事，归来且闭关。"李白《驾去温泉后赠杨山人》："自言管葛竟谁许，长吁莫错还闭关。"裴夷直《寄杭州崔使君》："朝下归来只闭关，羡君高步出人寰。"张蠙《赠道者》："得道疑人识，都城独闭关。"韦庄《铜仪》："谁念闭关张仲蔚，满庭春雨长蒿莱。"❹指僧人独居一室，静修佛法。卢纶《大梵山寺院奉呈趣上人赵中丞》："渐欲休人事，僧房学闭关。"❺谓为著书而闭门。李白《古风》之四六："独有杨执戟，闭关草太玄。"

四　画

閏 〔rùn《广韵》如顺切，去稕，日。〕历法术语。一回归年的时间为 365 天 5 时 48 分 46 秒，农历一年为 365(或 364)天，农历把所余的时间约三年积累成一个月，加在一年里，在历法上称为闰。杜甫《北征》："皇帝二载秋，闰八月初吉。"周贺《投江州张郎中》："借山年涉闰，寝郡月逾旬。"李商隐《壬申闰秋题赠乌鹊》："几年始得逢秋闰，两度填河莫告劳。"喻坦之《送友人游东川》："春兼三月闰，人拟半年游。"黄滔《闰八月》："无人不爱今年闰，月看中秋两度圆。"见"閏月"。

【閏月】 农历一年与回归年相较差 10 日 21 时，故三年须置闰一月，称闰月。五年须闰两个月，十九年须闰七个月。商代闰月放在岁末，称闰月，后加某月之后，称闰某月。宋之问《奉和圣制闰九月九日登庄严总持二寺阁》："闰月再重阳，仙舆历宝坊。"钱起《题郎士元半日吴村别业兼呈李长官》："愁人昨夜相思苦，闰月今年春意赊。"戎昱《闰春宴花溪严侍御庄》："山带新晴雨，溪留闰月花。"严维《九月十日即事》："菊度重阳少，林经闰月寒。"贾岛《偶作》："稔年时雨足，闰月暮蝉稀。"

【閏冬】 指闰十二月。司空图《率题》："一林高竹长遮日，四壁寒山更闰冬。"参见"閏月"。

【閏年】 指农历中有闰月的年份。独孤良弼《上巳接清明游宴》："闰年侵旧历，令节并芳时。"李商隐《河内诗二首》之一："入门暗数一千春，愿去闰年留月小。"齐己《山寺喜道者至》："闰年春过后，山寺始花开。"参见"閏月"。

【閏序】 置闰的规律次序。刘宪《闰九月九日幸总持寺登浮图应制》："重阳登闰序，上界叶时巡。"参见"閏月"。

【閏春】 指闰三月。戎昱有《闰春宴花溪严侍御庄》。参见"閏月"。

【閏秋】 指闰九月。白居易《闰九月九日独饮》："偶遇闰秋重九日，东篱独酌一陶然。"参见"閏月"。

【閏歲】 即闰年。皇甫冉《寄刘八山中》："闰岁风霜晚，山田收获迟。"卢纶《七夕诗》："良宵惊曙早，闰岁怨秋迟。"

【閏當餘】 犹乱世。指历数运转到不正常的时世。王绩《薛记室收过庄见寻率题古意以赠》："伊昔逢丧乱，历数闰当馀。"

【閏餘】 ❶农历一年和一回归年相比所多余的时日。《原陵老翁吟》之四："五行七曜，成此闰馀。"❷指闰月。刘言史《奉酬》："闰馀春早景沉沉，禊饮风亭恣赏心。"参见"閏月"。

開 〔kāi《广韵》苦哀切，平咍，溪。〕❶开门。高适《宓公琴台诗三首》之三："开门无犬吠，早卧常晏起。"韩愈《汴州乱二首》之一："汴州城门朝不开，天狗堕地声如雷。"杜牧《过华清宫绝句三首》之一："长安回望绣成堆，同顶千门次第开。"❷打开，拆开。孟浩然《裴司士员司户见寻》："府僚能枉驾，家酝复新开。"岑参《送郭乂杂言》："到家速觅长安使，待汝书封我自开。"刘禹锡《酬乐天偶题酒瓮见寄》："门外红尘人自走，瓮头清酒我初开。"❸张开，展开。骆宾王《幽絷书情通简知己》："地幽蚕室闭，门静雀罗开。"王维《送崔五太守》："剑门忽断蜀川开，万井双流满眼来。"李白《登黄山凌歊台送族弟溧阳尉济充泛舟赴华阴》："开帆散长风，舒卷与云齐。"韩愈《送张道士》："开口论利害，剑锋白差差。"❹裂开，分开。张子容《长安早春》："雪尽黄山树，冰开黑水津。"杜甫《雨》："牛马行无色，蛟龙斗不开。"刘禹锡《忆春草》："馆娃宫外姑苏台，郁郁芊芊拨不开。"李商隐《赠庾十二朱版》："固漆投胶不可开，赠君珍重抵琼瑰。"❺花朵开放。王勃《郊园即事》："草遍南亭合，花开北院深。"李白《泾溪东亭寄郑少府谔》："杜鹃花开春已阑，归向陵阳钓鱼晚。"韩愈《感春四首》之一："春风吹园杂花开，朝日照屋百鸟语。"李商隐《寄恼韩同年二首》之一："帘外辛夷定已开，开时莫放艳阳回。"❻开拓，开辟。骆宾王《饯郑安阳入蜀》："剑门千仞起，石路五丁开。"岑参《东归晚次潼关怀古》："自从巨灵开，流血千万秋。"李白《上皇西巡南京歌十首》之八："秦开蜀道置金牛，汉水元通星汉流。"❼开掘，开凿。孟浩然《入峡寄弟》："往来行旅弊，开凿禹功存。"又《腊月八日于剡县石城寺礼拜》："石壁开金像，香山倚铁围。"岑参《入剑门作寄杜杨二郎中》："不知造化初，此山谁开拆。"❽开创，创立。张子容《长安早春》："开国维东井，城池起北辰。"李白《蜀道难》："蚕丛及鱼凫，开国何茫然。"杜甫《行次昭陵》："寂寥开国日，流恨满山隅。"❾开动，发动。杜甫《登白马潭》："水生春缆没，日出野船开。"韩愈《桃源图》："船开棹进一回顾，万里苍苍烟水暮。"杜牧《送卢秀才一绝》："春濑与烟远，送君孤棹开。"❿开始。王勃《别人四首》之三："桂轺虽不驻，兰筵幸未开。"孟浩然《溯江至武昌》："残冻因风解，新正度腊开。"王昌龄《九江口作》："漭漭江势阔，雨开浔阳秋。"杜甫《柳边》："枝枝总到地，叶叶自开春。"⓫开朗，明朗。孟浩然《韩大使东斋会岳上人诸学士》："山川祈雨毕，云物喜晴开。"李白《金陵凤凰台置酒》："长波写万古，心与云俱开。"高适《自蓟北归》："苍茫远山口，豁达胡天开。"岑参《登总持阁》："晴开万井树，愁看五陵烟。"⓬舒展。李白《梦游天姥吟留别》："安能摧眉折腰事权贵，使我不得开心颜。"韩愈《忆昨行和张十一》："眼中了了见乡国，知有归日眉方开。"刘禹锡《途次大梁雪中奉天平令狐相公书问》："纸尾得新什，眉头还暂开。"杜牧《寄远》："两叶愁眉愁不开，独含惆怅上层台。"⓭消散，消融。卢照邻《横吹曲辞·梅花落》："梅岭花初发，天山雪未开。"骆宾王《畴昔篇》："川平烟雾开，游戏锦城隈。"岑参《寄青城龙溪奂道人》："云开露崖峤，百里见石棱。"刘禹锡《浪淘沙九首》之六："日照澄洲江雾开，淘金女伴满江隈。"⓮排遣，解除。李白《洞庭醉后送绛州吕使君果流澧州》："洞庭破秋月，纵酒开愁容。"杜甫《春日戏题恼郝使君兄》："通泉百里近梓州，请公一来开我愁。"刘禹锡《西山兰若试茶歌》："悠扬喷鼻宿酲散，清峭彻骨烦襟开。"杜牧《使回枉唐州崔司马书兼寄四韵因和》："清晨候吏把书来，十载离忧得暂开。"⓯开导，启发。刘禹锡《送慧则法师归上都因呈广宣上人》序："开彼群迷，以为尽妙理者莫如法门；变凡夫者，莫如佛土。"⓰建立，建筑。李白《杂曲歌辞·出自蓟北门行》："列卒赤山下，开营紫塞傍。"岑参《丘中春卧寄王子》："田中开白室，林下闭玄关。"韩愈《桃源图》："架岩凿谷开宫室，接屋连墙千万日。"⓱开设，设置。王勃《乐府杂曲·鼓吹曲辞·临高台》："旗亭百队开新市，甲第千甍分戚里。"杜甫《广州段功曹到得杨五长史谭书功曹却归聊寄此诗》："卫青开幕府，杨仆将楼船。"刘禹锡《同乐天送令狐相公赴东都留守》："衙门晓辟分天仗，宾幕初开辟省郎。"李商隐《戏题枢言草阁三十二韵》："尚书文与武，战罢幕府开。"⓲举行，举办。卢照邻《十五夜观灯》："锦里开芳宴，兰缸艳早年。"王维《奉和圣制赐史供奉曲江宴应制》："侍从有邹枚，琼筵就水开。"刘禹锡《酬严给事贺加五品兼简同制水部李郎中》："雕盘贺喜开瑶席，彩笔题诗出锁闱。"杜牧《兵部尚书席上作》："华堂今日绮筵开，谁唤分司御史来。"⓳排立，座列。孟浩然《同卢明府饯张郎中除义王府司马海园作》："上国山河列，贤王邸第开。"李白《古风》之二四："中贵多黄金，连云开甲宅。"又《白毫子歌》："小山连绵向江开，碧峰巉岩绿水回。"岑参《浐水东店送唐子归嵩阳》："山开灞水北，雨过杜陵西。"杜牧《长安晴望》："翠屏山对凤城开，碧落摇光霁后来。"⓴唐代州名。武德元年(618)置，治盛山(今四川开县)。天宝元年(742)改为盛山郡。乾元元年(758)复为开州。韩愈《送灵师》："开忠二州牧，诗赋时多传。"

【開三面】 义同开三面网。张嘉贞《奉和早登太行山中言志应制》："罗网开三面，闾阎问百年。"

【開三面網】 歌咏帝王宽大仁爱之德政。窦巩《唐州东途作》："天子欲开三面网，莫将弓箭射官军。"

【開三徑】 借指隐居。王勃《赠李十四四首》之三："乱竹开三径，飞花满四邻。"李益《喜入兰陵望紫阁呈宣上人》："薙草开三径，巢林喜一枝。"陈翊《寄邵校书楚苌》："云际开三径，烟中挂一帆。"许浑《送岭南卢判官罢职归华阴山居》："还挂一帆青海上，更开三径碧莲中。"贾岛《清明日园林寄友人》："杜草开三径，文章忆二贤。"

【開士】 佛教语，开悟之士，即菩萨。以其能自开悟，又能开悟他人产生信心，故称。后用为对僧人的敬称。宋之问《见南山夕阳召监师不至》："此中意无限，要与开士说。"李颀《题璿公山池》："远公遁迹庐山岑，开士幽居只树林。"顾况《归阳萧寺有丁行者能修无生忍担水施僧况归命稽首作诗》："开士行何苦，双瓶胝两肩。"齐己《寄无愿上人》："开士安能穷好恶，故人堪忆旧经过。”

【開口】 ❶指说话。杜甫《述怀一首》：“柴门虽得去，未忍即开口。”元稹《说剑》：“俗耳惊大言，逢人少开口。”杜荀鹤《送黄补阙南迁》：“一心贪谏主，开口不防人。”郑谷《寄左省张起居》：“开口人皆信，凄凉是谢毡。”❷张开嘴。贾岛《客喜》：“开口吐愁声，还却入耳来。”曹邺《将赴天平职书怀寄翰林从兄》：“开口啖酒肉，将何报相知。”又《成名后献恩门》：“沉埋若九泉，谁肯开口说。”❸笑。吕岩《赠刘方处士》：“尘世相逢开口希，共论太古同流志。”

【開口笑】 形容难得一笑的欢乐心情。杜甫《醉为马坠诸公携酒相看》：“语尽还成开口笑，提携别扫清溪曲。”岑参《喜韩樽相过》：“长安城中足年少，独共韩侯开口笑。”独孤及《登后湖伤春怀京师故旧》：“几经开口笑，复及看花时。”白居易《送蕲春李十九使君赴郡》：“唯共交亲开口笑，知君不及洛阳时。”杜牧《九日齐安登高》：“尘世难逢开口笑，菊花须插满头归。”

【開山】 开垦山地。姚合《赠张籍太祝》：“野客开山借，邻僧与米炊。”许棠《送李员外知扬子州留务》：“冶例开山铸，民多酌海煎。”

【開元】 ❶犹言创始、创业。顾云《池阳醉歌赠匡庐处士姚岩杰》：“时时说及开元理，家风飒飒吹人耳。”❷开始的新纪元。褚亮《祭方丘乐章·肃和》：“开元统纽，合大承规。”❸玄宗年号(713—741)。杜甫《忆昔二首》之二：“忆昔开元全盛日，小邑犹藏万家室。”韦应物《骊山行》：“君不见开元至化垂衣裳，厌坐明堂朝万方。”李涉《寄河阳从事杨潜》：“自言生长开元中，武皇恩化亲沾及。”杜牧《洛阳》：“文争武战就神功，时似开元天宝中。”❹指开元寺。许浑有《南亭夜坐贻开元禅定二道者》。

【開元太平曲】 (曲 qǔ)即开元风。李洞《绣岭宫词》：“绣岭宫前鹤发翁，犹唱开元太平曲。”徐铉《又听霓裳羽衣曲送陈君》：“此是开元太平曲，莫教偏作别离声。”

【開元日】 玄宗开元时期，社会经济呈现出空前繁荣的局面，出现了开元之治的盛世，因以开元日指太平盛世。韦应物《奉和圣制重阳日赐宴》：“复睹开元日，臣愚献颂声。”薛能《寄符郎中》：“我身若在开元日，争遣名为李翰林。”

【開元曲】 (曲 qǔ)指玄宗开元年间在宫中梨园所教的乐曲。杜甫《秋日夔府咏怀奉寄郑监李宾客一百韵》：“南内开元曲，常时弟子传。”

【開元寺】 ❶长安佛寺名。故址在今陕西西安市。张乔《宿昭应》：“夜忆开元寺，凄凉里巷间。”❷佛寺名。在苏州(今江苏苏州市)。皎然有《杼山上峰和颜使君真卿袁侍御五韵赋得印字仍期明日登开元寺楼之会》，白居易有《开元寺东池早春》，皮日休有《开元寺客省早景即事》。❸佛寺名。在扬州(今江苏扬州市)。卢纶有《同王员外雨后登开元寺南楼因寄西岩警上人》，罗隐有《广陵开元寺阁上作》。❹佛寺名。在宣州(今安徽宣州市)。许浑《访别韦隐居不值》序：“余行至双岩溪访韦隐居，已榜舟诣开元寺水阁见送，棹回已晚。”杜牧有《题宣州开元寺水阁阁下宛溪夹溪居人》。❺佛寺名。在杭州(今浙江杭州市)。张祜有《杭州开元寺牡丹》。❻佛寺名。在岳州(今湖南岳阳市)。李白有《登巴陵开元寺西阁赠衡岳僧方外》，修睦有《宿岳阳开元寺》。❼佛寺名。在潭州(今湖南长沙市)。李群玉有《长沙开元寺昔与故长林许侍御题松竹联句》。❽佛寺名。在福州(今福建福州市)。周朴《福州开元寺塔》：“开元寺里七重塔，遥对方山影拟齐。”❾佛寺名。在楚州(今江苏淮安县)。刘禹锡有《楚州开元寺北院枸杞临井繁茂可观群贤赋诗因以继和》。❿佛寺名。在忠州(今四川忠县)。白居易有《留题开元寺上方》。⓫佛寺名。在阆州(今四川阆中县)。元稹有《阆州开元寺壁题乐天诗》。⓬佛寺名。在永州(今湖南零陵县)。柳宗元有《酬娄秀才寓居开元寺早秋月夜病中见寄》。按：《唐会要》卷四八：“天授元年十月二十九日，两京及天下诸州，各置大云寺一所。至开元二十六年六月一日，并改为开元寺。”

【開元觀】 (觀 guàn)❶道观名，在京师长安(今陕西西安市)道德坊。韦应物《开元观怀旧寄李二韩二裴四兼呈崔郎中严家令》，戎昱有《开元观陪杜大夫中元日观乐》，钱起有《开元观遇张侍御》，元稹有《开元观闲居酬吴士矩侍御》，白居易有《首夏同诸校正游开元观因宿玩月》。❷道观名，在武陵(今湖南常德市)。王昌龄有《武陵开元观黄炼师院三首》。

【開平】 五代后梁太祖朱温之年号(907—911)。齐己《寄尚颜》：“满身光化年前宠，几轴开平岁里诗。”

【開田】 开垦田地。刘长卿《东湖送朱逸人归》：“莫道野人无外事，开田凿井白云中。”张籍《送友人归山》：“开田留杏树，分洞与僧居。”

【開化寺】 ❶佛寺名。故址在今陕西西安市。崔元翰有《清明节郭侍御偶与李侍御孔校书王秀才游开化寺卧病不得同游赋得十韵》。❷寺名。故址在今山西太原市西北。吴少微有《和崔侍御日用游开化寺阁》。

【開化】 开展教化。司空图《杂题九首》之七：“太平当共贺，开化喝来声。”

【開火】 点火，燃起火焰。孟浩然《清明日宴梅道士房》：“丹灶初开火，仙桃正落花。”

【開户】 开门。薛存诚《暮春自南台丞再除给事中》：“拂尘惊物在，开户似僧归。”李商隐《水斋》：“卷帘飞燕还拂水，开户暗虫犹打窗。”曹邺《翠孤至渚宫寄座主相公》：“开户山鼠惊，虫声乱秋草。”韦庄《梁氏水斋》：“卷帘山对客，开户犬迎僧。”

【開心寫意】 心情欢快、舒畅。李白《扶风豪士歌》：“原尝春陵六国时，开心写意君听知。”

【開正】 (—zhēng)指农历正月初一。丁仙芝《京中守岁》：“开正献岁酒，千里间庭闱。”

【開目】 睁开眼睛。贾岛《寓兴》：“莫居暗室中，开目闭目同。”

【開成】 文宗李昂年号(836—840)。白居易《开成大行皇帝挽歌词四首奉敕撰进》之一：“开成与贞观，实录事多同。”又《对酒劝令公开春游宴》：“宜须数数谋欢会，好作开成第二春。”温庭筠《病中书怀呈友人》序：“开成五年秋，以抱疾郊野，不得与乡计偕至王府。”

【開帆】 张开船帆，开船。李白《登黄山凌歊台送族弟溧阳尉济充泛舟赴华阴》：“开帆散长风，舒卷与云齐。”又《下寻阳城泛彭蠡寄黄判官》：“开帆入天镜，直向彭湖东。”杜甫《遣遇》：“磬折辞主人，开帆驾洪涛。”又《舍弟观归蓝田迎新妇送示两篇》之二：“满峡重江水，开帆八月舟。”

【開年】 ❶一年的开始。万齐融《赠别江头》：“计程频破月，数别屡开年。”❷明年。李商隐《宋玉》：“落日渚宫供观阁，开年云梦送烟花。”

【開先】 开始，开端。李商隐《僧院牡丹》：“开先如避客，色浅为依僧。”

【開合】 ❶或开或合。长孙佐辅《楚州盐壒古墙望海》：“阴晴乍开合，天地相沉浮。”韦庄《桐庐县作》：“潭心倒影时开合，谷口闲云自卷舒。”❷开与闭。李商隐《赠荷花》：“惟有绿荷红菡萏，卷舒开合任天真。”

【開州】 武德元年(618)以万州改名。治所在盛山县(广德后改名开江县，即今四川开县)。杜甫《三绝句》之一：“前年渝州杀刺史，今年开州杀刺史。”又《寄常征君》：“开州入夏知凉冷，不似云安毒热新。”张籍《答开州韦使君寄车前子》：“开州午日车前子，作药人皆道有神。”

【開宇】 开拓疆土。王勃《倬彼我系》之三：“自东施西，择木开宇。”

【開花】 花朵开放。孟浩然《题梧州陈司马山斋》：“青林暗换叶，红蕊亦开花。”白居易《有木诗八首》之七：“托根附树身，开花寄树梢。”李商隐《安平公诗》：“三月石堤冻销释，东风开花满阳坡。”

【開秀】 开花。白居易、刘禹锡《秋霖即事联句三十韵》：“篱菊潜开秀，园蔬已罢鲜。”

【開決】 开掘缺口。白居易《题别遗爱草堂兼呈李十使君》：“砌水亲开决，池荷手自栽。”方干《东山瀑布》：“不缘真宰能开决，应向前山杂淤泥。”

【開卦】 占卦，问卦。王维《故人张諲工诗善易卜兼能丹青草隶顷以诗见赠聊获酬之》：“蜀中夫子时开卦，洛下书生解咏诗。”包佶《岭下卧疾寄刘长卿员外》：“丧马思开卦，占鹗懒发书。”阎防《百丈溪新理茅茨读书》：“开卦推盈虚，散帙攻节目。”白居易《喜老自嘲》：“周易休开卦，陶琴不上弦。”

【開拆】 ❶开放，绽开。杜甫《陪郑广文游何将军山林十首》之三：“露翻兼雨打，开拆日离披。”韩愈、孟郊《城南联句》：“脱实自开拆，牵柔谁绕萦。”(按：实，谓果；柔，谓蔓。)李商隐《木兰》：“二月二十二，木兰开拆初。”❷断裂，断开。韩愈《和裴仆射相公假山十一韵》：“当轩乍骈罗，随势忽开拆。”❸开辟。岑参《入剑门作寄杜杨二郎中时二公并为杜元帅判官》：“不知造化初，此山谁开拆。”

【開拓】 谓开辟扩展疆土。高适《蓟门行五首》之二：“汉家能用武，开拓穷异域。”韩愈等《晚秋郾城夜会联句》：“江淮永清晏，宇宙重开拓。”

【開拆】 ❶开放。李华《仙游寺》：“开拆秋天光，崩腾夏雷吼。”周朴《春日游北园寄韩侍郎》：“仙桃不肯全开拆，应借余芳待使君。”❷开裂。王维《华岳》：“天地忽开拆，大河注东溟。”又《渡河到清河作》：“天波忽开拆，郡邑千万家。”❸拆开。李绅《端州江亭得家书二首》之一：“开拆远书何事喜，数行家信抵千金。”❹犹言展现。李华《寄赵七侍御》：“君阳青嵯峨，开拆混元中。”

【開東閣】 义同开阁。韩偓《隰州新驿赠刺史》：“却笑昔贤交易极，一开东阁便垂名。”

【開府】 官名。为“開府仪同三司”的省称。三司，指司徒、太尉、司空三司。汉制：三公得开幕府辟僚属。至东汉，大将军、骠骑将军、车骑将军亦多得开府如三公之制。魏晋以后，遂名加衔，凡百官如刺史、郡守等加将军号者，皆得开府置僚佐，都督军事。至唐，为从一品文散官。不带职事官者，朝参禄俸并同职事官。朝廷往往以此授重臣，以示殊宠。杜甫《投赠哥舒开府二十韵》：“开府当朝杰，论兵迈古风。”元稹《和李校书新题乐府十二首·西凉伎》：“哥舒开府设高宴，八珍九酝当前头。”白居易《新乐府·杏为梁》：“开府之堂将军宅，造未成时头已白。”贾岛《老将》：“自夸勋业重，开府是官阶。”

【開卷】 ❶打开诗卷。韦庄《乞彩笺歌》：“开卷长疑雷电惊，挥毫只怕龙蛇走。”皮日休《鲁望昨以五百言见贻过有褒美内揣庸陋弥增愧悚因成一千言》：“开卷读数行，为之加敬虔。”❷指读书。权德舆《郊居岁暮因书所怀》：“清言核名理，开卷穷精义。”舒元舆《八月五日中部官舍读唐历天宝已来追怆故事》：“八月日之五，开卷忽感激。”温庭筠《赠僧云栖》：“开卷喜先悟，漱瓶知早寒。”詹敦仁《柳堤诗》序：“或偃息乎繁阴之下，开卷自得，悠然而乐。”

【開河】　开凿运河。隋炀帝遣民挖凿运河，造龙舟，以游江都。罗邺《汴河》：“炀帝开河鬼亦悲，生民不独力空疲。”秦韬玉《隋堤》：“种柳开河为胜游，堤前常使路人愁。”

【開門】　打开门户。岑参《出关经华岳寺访法华云公》：“开门对西岳，石壁青棱层。”皇甫曾等《建元寺昼公与崔秀才见过联句与郑奉礼说同作》：“荷策知君待，开门笑我迟。”杜牧《石池》：“谁家洗秋药，来往自开门。”陆龟蒙《子夜变歌三首》之一：“三更开门去，始知子夜变。”

【開春】　初春；春天开始。多指农历正月初一。杜甫《柳边》：“枝枝总到地，叶叶自开春。”司空图《丁巳元日》：“禀朔华夷会，开春气象生。”

【開封】　❶拆开封口。张籍《秋思》：“忽恐匆匆说不尽，行人临发又开封。”白居易《咏慵》：“亲朋寄书至，欲读慵开封。”姚合《喜马戴冬夜见过期无可上人不至》之一：“客来初夜里，药酒自开封。”又《武功县中作三十首》之二十：“宦名浑不计，酒熟且开封。”❷唐县名。治所在今河南开封市。韦应物有《送开封卢少府》。

【開封公】　指郑亚。郑氏在汉代居荥阳，开封晋置荥阳郡，遂为郡人。李商隐有《献寄旧府开封公》，全诗注以开封公为令狐楚，当误。

【開忠二州牧】　开州牧唐次，忠州牧李吉甫。韩愈《送灵师》：“开忠二州牧，诗赋时多传。”

【開眉】　开颜，开心。白居易《夜招周协律兼答所赠》：“满眼虽多客，开眉复向谁。”崔玄亮《和白乐天》：“病余归到洛阳头，拭目开眉见白侯。”贾岛《落第东归逢僧伯阳》：“老病难为乐，开眉赖故人。”李中《海上和郎戬员外赴倅职》：“宋玉逢秋何起悲，新恩委寄好开眉。”

【開紅】　开花。卢照邻《乐府杂曲·鼓吹曲辞·芳树》：“结翠成新幄，开红满故枝。”

【開泰】　顺畅安泰。谓国泰民安。钱起《广德初銮驾出关后登高愁望二首》之二：“周德更休明，天衢伫开泰。”德宗《麟德殿宴百僚》：“忧勤承圣绪，开泰喜时康。”舒元舆《八月五日中部官舍读唐历天宝已来追怆故事》：“天地方开泰，铸鼎成继述。”李商隐《送从翁东川弘农尚书幕》：“浮生见开泰，独得咏汀蘋。”

【開軒】　开窗，开门。太宗《帝京篇十首》之七：“搴幌玩琴书，开轩引云雾。”陈元光《落成会咏一首》：“设醴延张老，开轩礼吕蒙。”孟浩然《寻张五回夜园作》：“挂席樵风便，开轩琴月孤。”戴叔伦《喜雨》：“闲居倦时燠，开轩俯平林。”

【開酌】　❶酌酒，饮酒。李白《送于十八应四子举落第还嵩山》：“劝君还嵩丘，开酌盼庭柯。”❷摆设宴席。高适《宴韦司户山亭院》：“汲流涨华池，开酌宴君子。”

【開徑】　❶开辟路径。孟浩然《南山下与老圃期种瓜》：“邵平能就我，开径剪蓬麻。”❷谓开门迎接高士。李益《喜邢校书远至对雨同赋远晚饭阮返五韵》：“开径说逢康，临觞方接阮。”参见“開三徑”。

【開宴】　摆开宴席。李白《在水军宴赠幕府诸侍御》：“绣服开宴语，天人借楼船。”白居易《琵琶引》：“移船相近邀相见，添酒回灯重开宴。”许棠《送龙州樊使君》：“政成开宴日，谁伴使君吟。”

【開袪】　敞开。韩愈《赠张籍》：“开袪露毫末，自得高蹇峥。”

【開書】　拆开书信。韩愈《送区弘南归》：“母附书至妻寄衣，开书拆衣泪痕晞。”

【開展】　❶开放。孟郊《戏赠陆大夫十二丈》之三：“春水徒荡漾，荷花未开展。”❷展开。韩愈《寄崔二十六立之》：“开展放我侧，方餐涕垂匙。”徐夤《画松》：“涧底阴森验笔精，笔闲开展觉神清。”

【開屏】　打开屏风。李贺《恼公》：“龟甲开屏涩，鹅毛渗墨浓。”李贺《江楼曲》：“眼前便有千里愁，小玉开屏见山色。”

【開陳】　开诚，推诚。苏颋《故右散骑常侍舒国公褚公挽词》：“审谕留中密，开陈与上言。”

【開教】　谓施行教化。王绩《赠李征君大寿》：“看书惟道德，开教止农桑。”

【開基】　开创基业。《郊庙歌辞·武后享清庙乐章十首·第七迎武舞》：“开基拨乱妖氛廓，佐命宣威海内清。”杜审言《泛舟送郑卿入京》：“相宅开基地，倾都送别人。”王毂《鸿门宴》：“四百年汉欲开基，项庄一剑何虚舞。”

【開眼】　❶睁眼。杜甫《湖城东遇孟云卿复归刘颢宅宿宴饮散因为醉歌》：“湖城城南一开眼，驻马偶识云卿面。”姚合《武功县中作三十首》之四：“醉卧慵开眼，闲行懒系腰。”❷放开眼，眺望。卢纶《贼中与严越卿曲江看花》：“会待长风吹落尽，始能开眼向青山。”❸谓观赏。元稹《生春二十首》之十九：“未知开眼日，空绕未开丛。”❹谓活在人世。罗隐《经张舍人旧居》：“一榻已无开眼处，九泉应有爱才人。”❺自比鳏鱼，即自誓终鳏。传说鳏鱼眼睛终夜不闭。元稹《遣悲怀三首》之三：“唯将终夜长开眼，报答平生未展眉。”❻指柳叶舒展。孙鲂《柳》之十：“不是和风为抬举，可能开眼向行人。”参见“柳眼”。

【開堂】　佛教用词。高僧升坛，开讲佛法。李白

《自梁园至敬亭山见会公谈陵阳山水兼期同游因有此赠》:"开堂振白拂,高论横青云。"

【開國】 建立国家。李白《蜀道难》:"蚕丛及鱼凫,开国何茫然。"刘禹锡《蜀先主庙》:"得相能开国,生儿不象贤。"白居易《冀城北原作》:"何代此开国,封疆百里余。"张乔《送友人游蜀》:"巴山开国远,剑道入天微。"

【開落】 花的开放与凋落。戴叔伦《花》:"因风任开落,向日无先后。"徐夤《和仆射二十四丈牡丹八韵》:"光阴嫌太促,开落一何频。"

【開善寺】 ❶佛寺名。建于北魏,故址在今河南洛阳市。高适有《同群公宿开善寺赠陈十六所居》。❷佛寺名。故址在今江苏南京市东北紫金山南麓。南朝陈铿有《开善寺》。崔峒有《登蒋山开善寺》。

【開尊】 饮酒。亦作"開樽"。孟浩然《春中喜王九相寻》:"酒伴来相命,开尊共解酲。"刘禹锡《和郴州杨侍郎玩郡斋紫薇花十四韵》:"开尊好凝睇,倚瑟仍回颈。"李商隐《乐游原》:"拂砚轻冰散,开尊绿酎浓。"李颀《送顾朝阳还吴》:"开樽洛水上,怨别柳花新。"杜甫《独酌》:"步履深林晚,开樽独酌迟。"

【開閉】 开合,开与合。杜牧《李甘诗》:"操持北斗柄,开闭天门路。"李商隐《流莺》:"风朝露夜阴晴里,万户千门开闭时。"

【開張】 ❶展开,张开。韩愈《卢郎中云夫寄示送盘谷子诗两章歌以和之》:"昔寻李愿向盘谷,正见高崖巨壁争开张。"白居易《游悟真寺诗》:"衣服似羽翮,开张欲飞骞。"黄滔《寄同年李侍郎龟正》:"昆璞要疑方卓绝,大鹏须息始开张。"李山甫《下第献所知三首》之三:"四海风云难际会,一生肝胆易开张。"❷开,打开。李白《相和歌辞·上云乐》:"举足蹋紫微,天关自开张。"韩愈《送文畅归北游》:"开张箧中宝,自可得津筏。"元稹《酬友封话旧叙怀十二韵》:"开张图卷轴,颠倒醉衫衣。"杜牧《大雨行》:"百川气势苦豪俊,坤关密锁愁开张。"亦指开放。元稹《红芍药》:"剪刻彤云片,开张赤霞裹。"❸开辟。韩愈《南山诗》:"厥初孰开张,黾勉谁劝侑。"❹生长,成长。杜牧《冬至日寄小侄阿宜诗》:"排阴出九地,万物随开张。"❺扩张;猖狂。杜牧《感怀诗一首》:"夷狄日开张,黎元愈憔悴。"

【開揭】 高举貌。韩愈《元和圣德诗》:"庐幕周施,开揭磊砢。"

【開創】 开拓,创业。殷潜之《题筹笔驿》:"艰难推旧姓,开创极初基。"

【開湯罟】 义同开三面网。杜牧《李甘诗》:"其冬二凶败,涣汗开汤罟。"

【開湯網】 义同开三面网。李群玉《湘阴县送迁客北归》:"今日开汤网,冥飞亦未迟。"

【開道】 打通道路,开路。元稹《和李校书新题乐府十二首·蛮子朝》:"为蛮开道引蛮朝,迎蛮送蛮常继踵。"李商隐《碧瓦》:"钿辕开道入,金管隔邻调。"

【開運】 分开运转。张绍《冲佑观》:"上下开运,乾坤定位。"

【開聖寺】 佛寺名。在荆州(今湖北江陵市)四望山,南朝后梁时所建。元稹《楚歌十首》之七:"唯余开圣寺,犹学武皇妖。"李涉、张祜、温庭筠均有《开圣寺》。

【開幕府】 开设幕府。辟置僚属。杜甫《广州段功曹到得杨五长史谭书功曹却归聊寄此诗》:"卫青开幕府,杨仆将楼船。"又《偶题》:"两都开幕府,万宇插军麾。"参见"開府"。

【開幕】 义同开幕府。刘禹锡《和东川王相公新涨驿池八韵》:"泛觞惊翠羽,开幕对红莲。"朱庆余《上宣州沈大夫》:"登朝旧友常思见,开幕贤人并望归。"无可《送姚中丞赴陕州》:"门阑开幕重,枪甲下天新。"

【開照寺】 佛寺名。故址在今四川金堂县东北。薛能有《三学山开照寺》,张蠙有《宿开照寺光泽上人院》。

【開路】 ❶开辟道路。李商隐有《商於新开路》,于濆有《赠太行开路者》。❷让路。张祜《杂曲歌辞·大酺乐》之二:"紫陌酺归日欲斜,红尘开路薛王家。"韩偓《及第过堂日作》:"百辟敛容开路看,片时辉赫胜图形。"

【開筵】 摆设宴席。孟浩然《送贾升主簿之荆府》:"送别登何处,开筵旧岘山。"李白《经乱离后天恩流夜郎忆旧游书怀赠江夏韦太守良宰》:"征乐昌乐馆,开筵列壶觞。"朱庆余《送李余及第归蜀》:"发时谁不开筵送,到处人争与马骑。"武瓘《九日卫使君筵上作》:"佳晨登赏喜还乡,谢宇开筵晚兴长。"

【開意】 心情舒畅。刘禹锡《吴方之见示独酌小醉首篇乐天续有酬答两篇之中并蒙见属辄呈滥吹益美来章》:"尘世欢娱开意少,醉乡风景独游多。"

【開源】 谓开始出现的源头。张绍《冲佑观》:"开源嗜欲,浇漓俗盛。"

【開塞】 开通阻塞,使道路畅通。杜审言《度石门山》:"开塞随行变,高深触望同。"

【開圖】 展开画卷。李商隐《李肱所遗画松诗书两纸得四十韵》:"万草已凉露,开图披古松。"张蠙《送董卿赴台州》:"开图见异迹,思上石桥行。"韦庄《渔塘十六韵》:"对景思任父,开图想不兴。"

【開誘】 开悟,诱导。耿湋《诣顺公问道》:"方便如开诱,南宗与北宗。"

【開端】 开头,开始。韩愈《嘲鲁连子》:"开端要惊人,雄跨吾厌矣。"

【開閤】 ❶亦作“開閣”。为咏宰相招揽贤人的典故。孙逖《奉和李右相赏会昌林亭》：“作京雄近县，开阁宠平津。”刘长卿《和袁郎中破贼后军行过剡中山水谨上太尉》：“已闻开阁待，谁许卧东溪。”钱起《乐游原晴望上中书李侍郎》：“遥想青云丞相府，何时开阁引书生。”刘禹锡《答裴令公雪中讶白二十二与诸公不相访之什》：“玉树琼楼满眼新，的知开阁待诸宾。”王韫秀《喻夫阻客》：“公孙开阁招嘉宾，知道浮荣不久长。”❷开官署之门。谓处理政事。杜牧《牧陪昭应卢郎中在江西宣州佐令吏部沈公幕罢府周岁公宰昭应牧在淮南縻职叙旧用以投寄》：“政简稀开阁，功成每运筹。”参见“閉閣”。

【開閣】 见“開閤”。

【開獎】 开导奖掖。韦应物《晦日处士叔园林燕集》：“樽酒遗形迹，道言屡开奖。”

【開廚】 形容绘画的精妙。王维《春过贺遂员外药园》：“画畏开厨走，来蒙倒屣迎。”

【開緘】 ❶拆开封口。李白《答裴侍御先行至石头驿以书见招期月满泛洞庭》：“开缄识远意，速此南行舟。”权德舆《奉和崔评事寄外甥刘同州并呈杜宾客许给事王侍郎昆弟杨少尹李侍御并见寄之作》：“芳讯来江湖，开缄粲瑶碧。”韩愈《卢郎中云夫寄示送盘谷子诗两章歌以和之》：“开缄忽睹送归作，字向纸上皆轩昂。”韩偓《玉合》：“开缄不见新书迹，带粉犹残旧泪痕。”❷拆开，打开。杜甫《太子张舍人遗织成褥段》：“开缄风涛涌，中有掉尾鲸。”白居易《庾顺之以紫霞绮远赠以诗答之》：“开缄日映晚霞色，满幅风生秋水纹。”陆龟蒙《奉酬袭美先辈吴中苦雨一百韵》：“开缄窥宝肆，玑贝光比栉。”

【開樽】 打开酒樽。犹言举杯饮酒。杜甫《独酌》：“步屧深林晚，开樽独酌迟。”刘禹锡《酬乐天请裴令公开春加宴》：“弦管常调客常满，但逢花处即开樽。”杜牧《夜泊桐庐先寄苏台卢郎中》：“苏台菊花节，何处与开樽。”

【開頭】 谓开船。唐代蜀地方言。杜甫《拨闷》：“长年三老遥怜汝，棙柁开头捷有神。”按：古代蜀地大船远行开船前，需要杀鸡杀猪祭神。

【開學】 开设学校。元稹《献荥阳公诗五十韵》：“文翁开学日，正礼骋途年。”

【開館】 开设招待宾客的馆舍。岑参《敬酬杜华淇上见赠兼呈熊曜》：“熊生尉淇上，开馆常待客。”又《送费子归武昌》：“知君开馆常爱客，樗蒲百金每一掷。”

【開營】 布列兵营。李白《杂曲歌辞·出自蓟北门行》：“列卒赤山下，开营紫塞傍。”又《杂歌谣辞·司马将军歌》：“细柳开营揖天子，始知灞上为婴孩。”

【開講】 宣讲。多指僧人宣讲佛经。张籍《送律师归婺州》：“京中开讲已多时，曾作坛头证戒师。”姚合《赠常州院僧》：“仍闻开讲日，湖上少鱼船。”李洞《题新安国寺》：“开讲宫娃听，抛生禁鸟餐。”

【開講席】 义同开讲。刘禹锡《游桃源一百韵》：“买山构精舍，领徒开讲席。”

【開濟策】 辅国济民之策。岑参《西蜀旅舍春叹寄朝中故人呈狄评事》：“却为文章累，幸有开济策。”又《入剑门作寄杜杨二郎中时二公并为杜元帅判官》：“暂回丹青虑，少用开济策。

【開豁】 谓开怀、畅快。李白《赠别从甥高五》：“蓄积万古愤，向谁得开豁。”陆龟蒙《奉酬袭美先辈吴中苦雨一百韵》：“平生所韬蓄，到死不开豁。”

【開闊】 空阔，宽广。韩愈《南山诗》：“前低划开阔，烂漫堆众皱。”自注：“言豁然见前山之低。虽有高陵深谷，但如皱物，微有蹙折之文耳。”

【開曠】 ❶开阔。柳宗元《游朝阳岩遂登西亭二十韵》：“开旷延阳景，回薄攒林梢。”❷形容心情开朗，胸襟开阔。权德舆《侍从游后湖宴坐》：“心灵一开旷，机巧眇已疏。”

【開邊】 开拓疆土。杜甫《兵马行》：“边亭流血成海水，武皇开边意未已。”张籍《送防秋将》：“逐虏招降远，开边旧垒移。”鲍溶《羽林行》：“君王重年少，深纳开边利。”马戴《关山曲二首》之二：“犹闻汉皇怒，按剑待开边。”

【開顏】 高兴，欢笑。李白《酬岑勋见寻就元丹丘对酒相待以诗见招》：“开颜酌美酒，乐极忽成醉。”卢纶《酬苗员外仲夏归郊居遇雨见寄》：“因兹屏埃雾，一咏一开颜。”李德裕《盘陀岭驿楼》：“嵩少心期杳莫攀，好山聊复一开颜。”薛能《献仆射相公》：“强虏外闻应丧胆，平人相见尽开颜。”李咸用《酬蕴微》：“白衣经乱世，相遇一开颜。”

【開襟】 ❶敞开衣襟。杜甫《秋日夔府咏怀奉寄郑监李宾客一百韵》：“开襟驱瘴疠，明目扫云烟。”白居易《闲卧有所思二首》之一：“向夕搴帘卧枕琴，微凉入户起开襟。”杨发《秋晴独立南亭》：“开襟自向清风笑，无限秋光为解颜。”韦庄《夏夜》：“傍水迁书榻，开襟纳夜凉。”杨夔《送邹尊师归洞庭》：“遥知明月夜，坐石自开襟。”❷犹披襟。谓畅谈衷曲。王勃《送卢主簿》：“开襟方未已，分袂忽多违。”杜甫《毒热寄简崔评事十六弟》：“开襟仰内弟，执热露白头。”权德舆《省中春晚忽忆江南旧居戏书所怀因寄两浙亲故杂言》：“庾楼柳寺共开襟，枫岸烟塘几携手。”白居易《残春咏怀赠杨慕巢侍郎》：“静话开襟久，闲吟放醆迟。”李咸用《寄所知》：“从道趣时身计拙，如非所好肯开襟。”❸胸怀阔大，心胸开阔。李白《流夜郎半道承恩放还兼欣克复之美书怀示息秀才》：“扬袂正北辰，开襟揽群雄。”又《赠从孙义兴宰铭》：“独坐伤激扬，神融一开襟。”权德舆《酬冯绛州早秋绛台感怀见寄》：“洗嫃讴谣合，开襟眺听偏。”

【開闔】 开与合。韩愈、刘师服等《石鼎联句》：“回旋但兀兀，开阖惟铿铿。”

【開闔堂】 裴度在东都集贤坊宅第之园林中的堂屋名。白居易《裴侍中晋公以集贤林亭即事诗三十六韵见赠猥蒙征和辄广为五百言以伸酬献》：“后有开阖堂，寒温变天时。”

【開簾】 ❶卷起窗帘。孟浩然《闲园怀苏子》：“向夕开帘坐，庭阴落景微。”李白《赠秋浦柳少府》：“摇笔望白云，开帘当翠微。”颜真卿、裴幼清《与耿沣水亭咏风联句》：“动树蝉争噪，开帘客罢愁。”❷掀开门帘。王勃《关西行》之十：“少妇经年别，开帘知礼客。”

【開鏡】 照镜。李商隐《陈后宫》：“侵夜鸾开镜，迎冬雉献裘。”

【開懷】 ❶敞开衣襟，敞开胸怀。褚亮《乐府杂曲·鼓吹曲辞·临高台》：“迥瞰周平野，开怀畅远襟。”陆龟蒙《奉和袭美二游诗·徐诗》：“开怀展橱簏，唯有性所便。”王周《齿落词》：“开尊复开怀，引笔作长句。”王霞卿《题唐安寺阁壁》：“正好开怀对烟月，双眉不觉自如钩。”❷胸怀畅快。权德舆《早春南亭即事》：“独有开怀处，孙孩戏目前。”元稹《张旧蚊帱》：“达理强开怀，梦啼还过臆。”喻凫《得子侄书》：“无复琴杯兴，开怀向尔同。”贾岛《老将》：“旌旗犹入梦，歌舞不开怀。”郑谷《送祠部曹郎中郫出守洋州》：“开怀江稻熟，寄信露橙香。”❸谓推诚相待。杜甫《园人送瓜》：“落刃嚼冰霜，开怀慰枯槁。”韩愈《此日足可惜赠张籍》：“开怀听其说，往往副所望。”

【開竈】 点起灶火。灶，指古代边防一种以烽烟报告敌情的军事设施。郑锡《陇头别》：“据鞍窥古堠，开灶爇寒云。”

【開關】 开门。李白《忆东山二首》之二：“欲报东山客，开关扫白云。”白居易《天寒晚起引酌咏怀寄许州王尚书汝州李常侍》：“叶覆冰池雪满山，日高慵起未开关。”许浑《访别韦隐居不值》：“犬吠双岩碧树间，主人朝出半开关。”姚鹄《和峡州参军李通微首夏书怀呈同寮张裳段群二先辈》：“满院落花从覆地，半檐初日未开关。”

【開疆】 开拓疆域。张绍《冲佑观》：“拓土开疆，经天纬地。”

【開闢】 指开天辟地。古代传说盘古氏开天辟地创造了世界。孟浩然《卢明府九日岘山宴袁使君张郎中崔员外》：“宇宙谁开辟，江山此郁盘。”杜甫《天池》：“鱼龙开辟有，菱芡古今同。”寒山《诗三百三首》之二五一：“二仪既开辟，人乃居其中。”刘禹锡《九华山歌》：“奇峰一见惊魂魄，意想洪垆始开辟。”李洞《寄太白隐者》：“开辟已来雪，为山长欠春。”

【開靨】 （—yè）犹开颜。靥，指面颊上的酒窝。段成式《嘲飞卿七首》之三：“愁生半额不开靥，只为多情团扇郎。”

【開霽】 天晴，放晴。高适《古乐府飞龙曲留上陈左相》：“豁达云开霁，清明月映秋。”韩愈《洞庭湖阻风赠张十一署》：“能令暂开霁，过是吾无求。”

【開讌】 义同开宴。钱弘佐《佳辰小讌寄越州七弟湖州八弟》：“角黍佳辰社稷宁，灵和开讌乐群英。”

【開豔】 开放艳丽的花。杜牧《东都送郑处诲校书归上都》：“槿堕初开艳，蝉闻第一声。”

【開鑿】 ❶挖掘凿通。刘禹锡《和浙西李大夫伊川卜居》：“开凿随人化，幽阴为律暄。”白居易《开龙门八节石滩诗二首》序：“会昌四年，有悲智僧道遇，适同发心，经营开凿，贫者出力，仁者施财。”薛令之《太姥山》：“鬼斧巧开凿，仙踪常往还。”❷谓开辟新途。韩愈《病中赠张十八》：“半途喜开凿，派别失大江。”

閑[1]

同“閒[1]”。清闲。韩愈《招杨之罘》：“嚣哗所不及，何异山中閑。”

閑[2]

〔xián《广韵》户閒切，平山，匣。〕通娴。❶熟习。李白《相和歌辞·豫章行》：“本为休明人，斩虏素不閑。”又《游泰山六首》之二：“其字乃上古，读之了不閑。”顾况《山居即事》：“杨君閑上法，司命驻流年。”❷娴雅。岑参《玉门关盖将军歌》：“美人一双閑且都，朱唇翠眉映明胪。”杨于陵《郡斋有紫薇双本自朱明接于徂暑其花芳馥数旬犹茂庭宇之内予嘉其美而能久因诗纪述》：“炎沴昼方铄，幽姿閑且都。”杜牧《山石榴》：“似火山榴映小山，繁中能薄艳中閑。”

【閑人】 同“閒人❶”。赵嘏《寄归》：“早晚相酬身事了，水边归去一閑人。”

【閑上人】 同“閒上人”。杜荀鹤有《赠题兜率寺閑上人院》。

【閑日】 同“閒日”。韦庄《秦妇吟》：“閑日徒歆奠飨思，危时不助神通力。”

【閑田】 ❶古代指未被天子封赐于人的田地。韩愈、李正封《晚秋郾城夜会联句》：“汉刑支郡黜，周制閑田削。”❷无人耕种的荒田。张蠙《送友人归武陵》：“别岛垂橙实，閑田长荻芽。”

【閑行】 （—xíng）同“閒行”。郑合《及第后宿平康里诗》：“春来无处不閑行，楚润相看别有情。”

【閑花】 ❶同“閒花”❶。方干《睦州吕郎中郡中环溪亭》：“閑花半落犹迷蝶，白鸟双飞不避人。”❷同

"閒花❷"。张祜《题海陵监李端公后亭十韵》:"暗草通溪远,閑花落院深。"

【閑吟】 同"閒吟"。权德舆《秋疾初愈月夜咏左思招隐诗因而成咏》:"閑吟理轻步,不厌凉夜咏。"张祜《丹阳新居四十韵》:"閑吟招隐咏,静赋笃终篇。"

【閑秀】 秀丽。法振《陈九溪中草堂》:"曙花閑秀色,三十六峰前。"

【閑事】 ❶同"閒事❶"。张祜《旅次岳州呈徐员外》:"浮名乃閑事,且作山水客。"❷同"閒事❷"。张祜《题天竺寺》:"唯思閑事了,长此卧烟霄。"一钵和尚《一钵歌》:"閑事到头须结撮,火落身上当头拨。"

【閑物】 无用之物。亦指无用之人。张祜《戊午感事书怀二百韵》:"失路为閑物,无官人长钱。"又《庚子岁寓游扬州赠崔荆四十韵》:"冤仇閑物在,知己大官薨。"

【閑房】 同"閒房"。李郢《春夜》:"人回野寺昏昏醉,月照閑房悄悄明。"

【閑居】 同"閒居"。胡杲《七老会诗》:"閑居同会在三春,大抵愚年最出群。"白居易《送沈仓曹赴江西》:"洛下閑居住,城东醉伴稀。"延寿《闲居》:"閑居谁似我,退迹理难过。"

【閑亭】 寂静之亭。钱惟治《春日登大悲阁回文》之二:"夕烟侵冷箔,明月敛閑亭。"

【閑思】 静思。李德裕《思山居十一首·忆村中老人春酒》:"閑思春谷事,转觉宦途劳。"

【閑庭】 同"閒庭"。李昉《仙客》:"因加美号为仙客,称向閑庭伴野夫。"张氏女《梦王尚书口授吟》:"鬟梳闹扫学宫妆,独立閑庭纳夜凉。"

【閑客】 同"閒客"。张祜《池州周员出柘枝》:"长恐周瑜一私顾,不教閑客望瑶台。"

【閑時】 闲暇之时。张祜《陪楚州韦舍人北阊门游宴》:"异日知司兖,閑时解梦刀。"

【閑息】 休闲,休息。宋之问《过中书元舍人山斋》:"移疾多暇豫,孤斋恣閑息。"

【閑師】 即僧清闲。许浑《赠闲师》:"近日高僧更有谁,宛陵山下遇闲师。"张籍有《送闲师归江南》。参见"清閑"。

【閑寂寂】 寂静貌。白居易《奉和裴令公三月上巳日游太原龙泉忆去岁禊洛见示之作》:"风光閑寂寂,旌旆远悠悠。"

【閑散】 同"閒散"。陈抟《赠张乖厓》:"乞得金陵养閑散,也须多谢鬓边疮。"

【閑雅】 同"閒雅"。姚合《寄国子杨巨源祭酒》:"清高疑对竹,閑雅胜闻琴。"

【閑遊】 同"閒遊"。张登《醉题》:"閑遊灵沼送春回,关吏何须苦见猜。"

【閑窗】 同"閒窗"。于敖《闻莺》:"能将百啭清心骨,宁止閑窗梦不成。"

【閑閑】 ❶从容不迫貌。王维《归嵩山作》:"清川带长薄,车马去閑閑。"程弥纶《怀鲁》:"何为今兮学且难,负星明而东游閑閑。"鲍溶《寒夜吟》:"白纻长袖歌閑閑,岂识苦寒损朱颜。"❷寂静,清静。刘言史《登甘露台》:"偶至无尘空翠间,雨花甘露境閑閑。"吕岩《七言》之四五:"春尽閑閑过落花,一回舞剑一吁嗟。"❸悠闲貌。秦系《山中崔大夫有书相问》:"客在烟霞里,閑閑逐狎鸥。"灵澈《西林寄杨公》:"日日爱山归已迟,閑閑空度少年时。"白居易《池上篇》:"妻孥熙熙,鸡犬閑閑。"鲍溶《寄张十七校书李仁行秀才》:"去年八月此佳辰,池上閑閑四五人。"李中《题徐五教池亭》:"泛泛容渔艇,閑閑载酒壶。"

【閑想】 静思。刘隐辞《咏僧道二门论难》:"閑想边庭荷戈将,功成犹自不封侯。"

【閑暇】 同"閒暇"。白居易《池上寓兴二绝》之二:"外容閑暇中心苦,似是而非谁得知。"陆龟蒙《白鸥诗》序:"且羽族丽于水者多矣,独鸥为閑暇,其致不高耶!"李山甫《代张牧幻梦李白歌》:"自言天府偶閑暇,与我握手论高丈。"

【閑愁】 同"閒愁"。韩愈《题杜工部坟》:"我常爱慕如饥渴,不见其面生閑愁。"张碧《惜花三首》之一:"一窖閑愁驱不去,殷勤对尔酌金杯。"

【閑豔】 闲静艳丽。祖咏《古意二首》之二:"閑艳绝世姿,令人气力微。"

閎 〔hóng《广韵》平萌切,来耕,匣。〕❶巷门。卢肇《汉堤诗》:"洪溃既涸,闬闳其虚。"亦泛指门。韦瓘《留题桂州碧浔亭》:"轮奂未成绳墨在,规模已壮闶闳高。"❷大,宏大。韩愈等《城南联句》:"危望跨飞动,冥升蹑登闳。"

【閎闊】 宏伟壮阔。柳宗元《卢符》序:"臣为尚书郎时,尝著《贞符》,言唐家正德受命于生人之意,累积厚久,宜享无极之义,本末闳阔。"

間[1] 〔jiàn《广韵》古莧切,去裥,見。〕❶空隙,缝隙。引申为小。杜甫《喜达行在所三首》之二:"生还今日事,间道暂时人。"又《八哀诗·赠司空王公思礼》:"际会清河公,间道传玉册。"❷隔阂,嫌隙。刘叉《冰柱》:"特禀朝澈气,洁然自许靡间其遐尔。"❸阻隔,隔。丁仙芝《京中守岁》:"开正献岁酒,千里间庭闱。"杜甫《哭李尚书》:"相知成白首,此别间黄泉。"韦应物《郡斋感秋寄诸弟》:"一旦居远郡,山川间音形。"薛据《初去郡斋书怀》:"回首望城邑,迢迢间云烟。"刘禹锡《酬令狐相公岁暮远怀见寄》:"容光一以间,梦想是耶非。"❹差别,异。明皇《巡省途次上党旧宫赋》序:"山川宛然,人事无间。"宣宗《百丈山》:"仙峰不间三春秀,灵境何时六月寒。"❺间杂,夹杂。太宗《春池柳》:"萦雪临春岸,参差间早梅。"岑参《送严黄门拜御史大夫再镇蜀川兼觐省》:"春草连青绶,晴花间赤旗。"杜甫《成都府》:"喧然名都会,吹箫间笙簧。"白居易《和钱员外早冬玩禁中新菊》:"新黄间繁绿,烂若金照碧。"吴融《湖州晚望》:"鼓角迎秋晚韵长,断虹疏雨间微阳。"❻秘密侦察,窥伺。见"間諜"。❼引申为瞰、俯视。李习《凌云寺》:"古寺临江间碧波,石梯深入白云窠。"❽异议,非议。见"間言""間然❶"。❾痊愈。独孤及《夏中酬于逖毕耀问病见赠》:"把手贺疾间,举杯欣酒浓。"❿间或。见"間作""間出"。韩垂《题金山》:"雷霆常间作,风雨时往还。"⓫乘、趁(机会、时间)。王建《相和歌辞·短歌行》:"有歌有舞间早为,昨日健于今日时。"韩愈《喜侯喜至赠张籍张彻》:"杂作承间骋,交惊舌互䶬。"⓬置放。《招手令》:"以蹲鸱间虎膺之下,以钩戟差玉柱之旁。"⓭加上。元稹《有酒十章》之六:"樱桃桃李相续开,间以木兰之秀香裴回。"

間²

〔jiān《广韵》古閑切,平山,見。〕❶之间,中间,内。杜甫《咏怀古迹五首》之五:"伯仲之间见伊吕,指挥若定失萧曹。"戴叔伦《感怀二首》之一:"人生取舍间,趋竞固非优。"司空曙《深上人见访忆李端》:"心归尘俗外,道胜有无间。"孟郊《题从叔述灵岩山壁》:"远念尘末宗,未疏俗间名。"白居易《送姚杭州赴任因思旧游二首》之一:"笙歌缥缈虚空里,风月依稀梦想间。"❷一定的空间。太宗《帝京篇十首》之六:"萍间日彩乱,荷处香风举。"贾至《自蜀奉册命往朔方途中呈韦左相文部房尚书门下崔侍郎》:"饮啄丛篁间,栖息虎豹群。"颜真卿《题杼山癸亭得暮字》:"不越方丈间,居然云霄遇。"权德舆《春日同诸公过兵部王尚书林园》:"花间留客久,台上见春多。"刘禹锡《酬乐天闲卧见寄》:"风碎竹间日,露明池底天。"❸一定的时间。李白《赠闾丘宿松》:"剖竹十日间,一朝风化清。"韩愈《孟东野失子》:"此独何罪辜,生死旬日间。"刘禹锡《送从弟郎中赴浙西》引:"从弟三复,十余年间凡三为浙右从事。"白居易《赠内》:"人生未死间,不能忘其身。"李商隐《咏史》:"三百年间同晓梦,钟山何处有龙盘。"❹量词。(1)房室单位。杜甫《茅屋为秋风所破歌》:"安得广厦千万间,大庇天下寒士俱欢颜。"王建《过赵居士拟置草堂处所》:"休师竹林北,空可两三间。"刘禹锡《送曹璩归越中旧隐诗》:"数间茅屋闲临水,一盏秋灯夜读书。"李廓《赠商山东于岭僧》:"商岭东西路欲分,两间茅屋一溪云。"成辅端《戏语》:"一顷麦苗硕伍米,三间堂屋二千钱。"(2)指动作的次数。卢仝《寄萧二十三庆中》:"我忆君心千百间,千百间君何时还,使我夜夜劳魂魄。"

間³

〔jiǎn《集韵》賈限切,上產,見。〕通"簡"。简选。姚合《答韩湘》:"难为间其辞,益贵我纸墨。"李曜《赠吴圆》:"经年理郡少欢娱,为习干戈间饮徒。"

間⁴

〔xián《集韵》何閒切,平山,匣。〕同"閒"。

【間世】 隔代。指年代相隔久远。后多以间世而生形容旷代之异才的出现。刘长卿《奉和杜相公新移长兴宅呈元相公》:"间世生贤宰,同心奉至尊。"杨巨源《述旧纪勋寄太原李光颜侍中二首》之一:"弟兄间世真飞将,貔虎归时似故乡。"杜牧《昔事文皇帝三十二韵》:"间世英明主,中兴道德尊。"金厚载《和主司王起》:"长庆曾收间世英,果居台阁冠公卿。"牛峤《登陈拾遗书台览杜工部留题慨然成咏》:"二贤间世生,垂名空烜赫。"

【間生】 谓间气所钟而生。罗隐《文选阁》:"间生元子出萧梁,作选为书化万邦。"参见"間世"、"間气"。

【間代】 义同"間世"。徐夤《龙蛰二首》之二:"休说雄才间代生,到头难与运相争。"

【間出】 ❶间世而出。杜甫《奉赠鲜于京兆二十韵》:"异才应间出,爽气必殊伦。"又《别蔡十四著作》:"异才复间出,周道日惟新。"参见"間世"。❷不时而出。陆龟蒙《和过张祜处士丹阳故居》序:"及老大,稍窥建安风格,诵乐府录,知作者本意,短章大篇,往往间出,谏讽怨谲,时与六义相左右。"

【間年】 隔年。许浑《赠柳璟冯陶二校书》:"桂堂同日盛,芸阁间年荣。"

【間别】 差别。谓搬弄是非。元稹《江陵三梦》:"他人生间别,婢仆多谩欺。"

【間作】 不时作,断续作。李颀《放歌行答从弟墨卿》:"别离短景何萧索,佳句相思能间作。"杜甫《雨》:"不可无雷霆,间作鼓增气。"

【間言】 非议,异议。孟简《咏欧阳行周事》:"生死不变易,中诚无间言。"参见"間然❶"。

【間忌】 嫌隙猜忌。李中《读蜀志》:"任贤无间忌,报国尽神机。"

【間使】 秘密差使。暗中派人去进行活动。韩愈、李正封《晚秋郾城夜会联句》:"间使断津梁,潜军索林薄。"

【間奏】 交替演奏,迭奏。《霅溪夜宴诗》之八:"凤管清吹凄极浦,朱弦间奏冷秋空。"

【間氣】 ❶天地间的一种特殊之气。古代认为英杰之士,系上应星象,禀受间气,间世而生。刘长卿《湖南使还留辞辛大夫》:"大才生间气,盛业拯横流。"

又《秋日夏口涉汉阳献李相公》:“间气生灵秀,先朝翼戴勋。”钱起《送李大夫赴广州》:“一贤间气生,麟趾凤凰羽。”殷文圭《省试夜投献座主》:“混沌分来融间气,欃枪灭处炫文星。”❷指英杰之士。苑咸《酬王维》:“为文已变当时体,入用还推间气贤。”郑谷《读前集二首》之一:“何事后来高仲武,品题间气未公心。”

【間雪】 带雪,含雪。阎朝隐《奉和圣制春日幸望春宫应制》:“宫梅间雪祥光遍,城柳含烟淑气浓。”韩翃《送刘侍御赴陕州》:“带冰新溜涩,间雪早梅香。”

【間然】 ❶非议,异议。李白《赠宣城宇文太守兼呈崔侍御》:“卓绝二公外,丹心无间然。”❷彼此隔阂貌。孟浩然《岁除夜会乐城张少府宅》:“畴昔通家好,相知无间然。”岑参《尚书念旧垂赐袍衣率题绝句献上以申感谢》:“富贵情还在,相逢岂间然。”

【間隔】 ❶阻隔,阻绝。薛能《咏夹径菊》:“间隔蛩吟隔,交横蝶乱横。”吕岩《沁园春》词之一:“辨水源清浊,木金间隔。”❷隔阂。韦庄《赠峨嵋山弹琴李处士》:“名卿名相尽知音,遇酒遇琴无间隔。”

【間發】 从中而发。高适《同观陈十六史兴碑》:“伊人今独步,逸思能间发。”杜甫《鹿头山》:“殊方昔三分,霸气曾间发。”

【間道】 偏僻的小道。崔融《塞垣行》:“蔽山张旗鼓,间道潜锋镝。”杜甫《后出塞五首》之五:“中夜间道归,故里但空村。”韦应物《寄诸弟》:“岁暮兵戈乱京国,帛书间道访存亡。”无名氏《王昭君怨诸词人连句》:“间道和新将我敞,选貌披图遍宫掖。”

【間歲】 ❶隔一年。萧颖士《江有归舟三章》序:“而太真元昆,前已甲科,未始间岁 ,翩其连举。”❷往年,去年。权德舆《丙庚岁苦贫戏题》:“间岁从使檄,亲宾苦川驰。”

【間傑】 间气所钟的英杰。陆龟蒙《奉酬袭美先辈吴中苦雨一百韵》:“吾皇自神圣,执事皆间杰。”参见“間氣”。

【間歌】 歌唱与吹笙相互交替,谓之间歌。归登《享惠昭太子庙乐章》:“间歌在堂,万舞在庭。”

【間篷】 犹言副佐。韩愈《南山诗》:“西南雄太白,突起莫间篷。”

【間諜】 ❶秘密侦察,窥伺。李商隐《行次西郊作一百韵》:“抢攘互间谍,孰辨枭与鸾。”❷指潜入敌方刺探情报或进行离间破坏活动的人。杜甫《两当县吴十侍御江上宅》:“兵家忌间谍,此辈常接迹。”唐尧客《大梁行》:“间谍忽来及,雄图靡克成。”❸离间,反间。李商隐《送从翁东川弘农尚书幕》:“献书秦逐客,间谍汉名臣。”

【間闊】 谓远隔,久别。权德舆《奉和鄜州刘大夫麦秋出师遮虏有怀中朝亲故》:“间阔劳相望,欢言幸早陪。”张荐《奉酬礼部阁老转韵离合见赠》:“间阔向春闱,日复想光仪。”唐彦谦《夏日访友》:“惊迓叙间阔,屈指越寒暑。”

【間斷】 隔断。韩愈《游青龙寺赠崔大补阙》:“魂翻眼倒忘处所,赤气冲融无间断。”徐铉《和张少监舟中望蒋山》:“纷披红叶树,间断白云峰。”

【間關】 ❶犹辗转。宋之问《游陆浑南山自歇马岭到枫香林以诗代书答李舍人适》:“间关踏云雨,缭绕缘水木。”❷形容鸟鸣宛转。高瑾《三月三日宴王明府山亭》:“间关黄鸟,瀺灂丹腮。”孟浩然《晚春题远上人南亭》:“春晚群木秀,间关黄鸟歌。”韩愈《幽怀》:“间关林中鸟,亦知和为音。”刘禹锡《百舌吟》:“晓星寥落春云低,初闻百舌间关啼。”马戴《广陵曲》:“上鸣间关鸟,下醉游侠儿。”❸鸟所发出宛转的鸣声。李白《侍从宜春苑奉诏赋龙池柳色初青听新莺百啭歌》:“间关早得春风情,春风卷入碧云去。”梁锽《闻百舌鸟》:“百舌闻他郡,间关媚物华。”许孟容《奉和武相公春晓闻莺》:“碧树当窗啼晓莺,间关入梦听难成。”陆扆《禁林闻晓莺》:“断续随风远,间关送月沉。”

閒[1] 〔xián《集韵》何間切,平山,匣。〕❶闲暇,空闲。李白《观猎》:“太守耀清威,乘閒弄晚晖。”韦应物《观田家》:“田家几日閒,耕种从此起。”戴叔伦《别友人》:“如何百年内,不见一人閒。”韩愈《游城南十六首·出城》:“应须韦杜家家到,只有今朝一日閒。”刘禹锡《和李相公初归平泉过龙门南岭遥望山居即事》:“岩廊人望在,只得片时閒。”❷闲静,清闲。多指人的心境。王维《青溪》:“我心素已閒,清川澹如此。”韦应物《寄恒璨》:“今日郡斋閒,思问楞伽字。”钱起《新昌里言怀》:“性拙偶从宦,心閒多掩扉。”杨衡《题山寺》:“意閒门不闭,年去水空澄。”张祜《题重居寺》:“浮图经近郭,长日羡僧閒。”❸静,安静。多形容事物、环境。刘长卿《留题李明府霅溪水堂》:“虚牖閒生白,鸣琴静对言。”李嘉祐《夜宴南陵留别》:“雪满前庭月色閒,主人留客未能还。”皇甫冉《李二侍御丹阳东去新亭》:“人归极浦寒流广,雁下平芜秋野閒。”刘商《观猎三首》之一:“梦非熊虎数年间,驱尽豺狼宇宙閒。”朱湾《同清江师月夜听坚正二上人为怀州转法华经歌》:“若耶溪畔云门僧,夜閒燕坐听真乘。”❹悠闲。明皇《送胡真师还西山》:“仙客厌人间,孤云比性閒。”李白《独坐敬亭山》:“众鸟高飞尽,孤云独去閒。”韦应物《诣西山深师》:“世有征战事,心将流水閒。”长孙佐辅《闻韦驸马使君迁拜台州》:“德胜祸先戢,情閒思自流。”苏广文《夜归华川因寄幕府》:“汀畔数鸥閒不起,只应知我已忘机。”❺止息,停留。李白《横吹曲辞·关山月》:“高楼当此夜,叹息未应閒。”韦应物《高陵书情寄三原卢少府》:“兵凶久相践,徭赋岂得閒。”许棠《贞女祠》：“落石泉多咽，无风树尽閒。”陈陶《清源途中旅思》：“身事几时了，蓬飘何日閒。”可止《寄积麦山会如长老》：“青桧行时静，白云禅处閒。”❻痊愈。苏晋《过贾六》：“主人病且閒，客来情弥适。”李白《游谢氏山亭》：“病閒久寂寞，岁物徒芬荣。”又《感时留别从兄徐王延年从弟延陵》：“佐郡浙江西，病閒绝驱驰。”❼指器物等闲置不用。岑参《寻少室张山人闻与偃师周明府同入都》：“寂寂清溪上，空余丹灶閒。”孟郊《游侠行》：“半生无恩酬，剑閒一百月。”刘禹锡《西州李尚书知愚与元武昌有旧远示二篇吟之泫然因以继和二首》之二：“宝匣从此閒，朱弦谁复调。”李商隐《和友人戏赠二首》之二：“子夜休歌团扇掩，新正未破剪刀閒。”❽随意。李宗闵《赠毛仙翁》：“閒推甲子经何代，笑说浮生老此身。”白居易《斋居春久感事遣怀》：“犹思閒语笑，未忘旧交亲。”陆龟蒙《袭美病中闻余游颜家园见寄次韵酬之》：“佳酒旋倾醽醁嫩，短船閒弄木兰香。”❾空旷，荒凉。李商隐《晋昌晚归马上赠》：“城閒烟草遍，村暗雨云回。”❿无关紧要。杜牧《倡楼戏赠》：“无端有寄閒消息，背插金钗笑向人。”⓫空，平常，一样。李白《春日独酌二首》之二：“思对一壶酒，澹然万事閒。”岑参《喜韩樽相过》：“与君兄弟日携手，世上虚名好是閒。”白居易《南浦岁暮对酒送王十五归京》：“相看渐老无过醉，聚散穷通总是閒。”罗隐《韦公子》：“李将军自嘉声在，不得封侯亦自閒。”吴融《武关》：“贪生莫作千年计，到了都成一梦閒。”⓬通娴。幽美。王勃《落花落》：“绮阁青台静且閒，罗袂红巾复往还。”刘长卿《杂咏八首上礼部李侍郎·白鹭》：“幽姿閒自媚，逸翮思一骋。”⓭通“闲”。用于遮拦阻隔的栅栏。元结《与党侍御》：“谁言万类心，閒之不可窥。”

閒2　〔jiàn《广韵》古苋切，去裥，見。〕同“間”。私也。白居易《新乐府·骠国乐》：“时有击壤老农父，暗测君心閒独语。”又《履信池樱桃岛上醉后走笔送别舒员外兼寄宗正李卿考功崔郎中》：“忽忆与宗卿閒饮日，又忆与考功狂醉时。”

【閒人】　❶清闲之人。王维《新晴野望》：“农月无閒人，倾家事南亩。”朱庆余《酬李处士见赠》：“云霄未得路，江海作閒人。”杜荀鹤《自述》：“拟作閒人老，惭无识者嗤。”贯休《山居诗二十四首》之一：“数声清磬是非外，一个閒人天地间。”❷别人，不相干的人。韩愈《忽忽》：“死生哀乐两相弃，是非得失付閒人。”白居易《自咏》：“随分自安心自断，是非何用问閒人。”杜牧《留赠》：“舞靴应任閒人看，笑脸还须待我开。”罗隐《望思台》：“可怜高祖清平业，留与閒人作是非。”

【閒土】　荒芜的土地。刘驾《战城南》：“莫争城外城，城里终閒土。”

【閒上人】　僧人清闲，神照举子，与元稹、白居易夙旧。白居易有《赠僧五首·清閒上人》和《病中诗十五首·答閒上人来问因何风疾》。

【閒口】　喜欢言论是非之口。韩偓《寄禅师》：“销聚本来皆是幻，世间閒口漫嚣嚣。”

【閒日】　闲暇的日子。白居易《洛中春游呈诸亲友》：“笑语销閒日，酣歌送老身。”皮日休《夏景无事因怀章来二上人二首》之二：“从今有计消閒日，更为支公置一床。”崔涂《灞上》：“征骑少閒日，绿杨无旧阴。”王毂《逢道者神和子》：“酒里消閒日，人间作散仙。”

【閒月】　农闲之月份。白居易《观刈麦》：“田家少閒月，五月人倍忙。”

【閒中好】　词牌名。以首句三字为调名。分仄韵、平韵二体。单片，十八字。《全唐诗》卷八九一收郑符、段成式、张希复各一首。

【閒心】　闲适的心情。韩翃《赠兖州孟都督》：“閒心近掩陶使君，诗兴遥齐谢康乐。”白居易《曲江亭晚望》：“诗成暗著閒心记，山好遥偷病眼看。”姚合《早春山居寄城中知己》：“虽有眼前诗酒兴，邀游争得称閒心。”皮日休《史处士》：“忽遇狂风起，閒心不自由。”

【閒冗】　指闲散之官。元稹《寺院新竹》：“谁令植幽壤，复此依閒冗。”按：閑冗，作者自指。

【閒田】　闲置的田地。刘长卿《送袁处士》：“閒田北川下，静者去躬耕。”皇甫冉《酬包评事壁画山水见寄》：“遂令江海客，惆怅忆閒田。”李绅《古风二首》之一：“四海无閒田，农夫犹饿死。”张蠙《送友人归武陵》：“别岛垂橙实，閒田长荻芽。”

【閒立】　静立。徐铉《寒食宿陈公塘上》：“折花閒立久，对酒远情多。”

【閒司】　清闲之司。唐代尚书省下分吏、礼、民、兵、刑、工六部，每部下设四司，共二十四司，管理尚书省各种事务。张籍《赠王秘书》：“自领閒司了无事，得来君处喜相留。”

【閒地】　❶空闲之地。刘长卿《长门怨》：“蕙草生閒地，梨花发旧枝。”白居易《新乐府·两朱阁》：“青苔明月多閒地，比屋疲人无处居。”贾岛《宿赟上人房》：“阶前多是竹，閒地拟栽松。”韩溉《竹》：“朱门处处多閒地，正好移阴覆翠苔。”❷指官务清闲之地区。白居易《咏怀》：“自遂意何如，閒官在閒地。閒地唯东都，东都少名利。”

【閒行】　（—xíng）缓行，漫步。白居易《醉吟》：“临风朗咏从人听，看雪閒行任马迟。”李涉《题水月台》：“平流白日无人爱，桥上閒行若个知。”杜牧《湖南正初招李郢秀才》：“看着白蘋芽欲吐，雪舟相访胜閒行。”孟贯《寄李处士》：“吟坐倦垂钓，閒行多倚筇。”贯休《山居诗二十四首》之一五：“閒行放意寻流水，静坐支颐到落晖。”

【閒名】 谓清闲淡泊之名。姚合《题崔驸马宅》：“心在林泉身在城，凤凰楼下得閒名。”罗隐《皇陂》：“输他谷口郑夫子，偷得閒名说至今。”谭用之《闲居寄陈山人》：“閒居何处得閒名，坐掩衡茅损性灵。”

【閒忙】 ❶无关紧要之忙碌。多用作谦词。皮日休《夏景无事因怀章来二上人二首》之二：“佳树盘珊枕草堂，此中随分亦閒忙。”❷清闲与忙碌。白居易《闲忙》：“閒忙俱过日，忙校不如閒。”又《送陕州王司马建赴任》：“公事閒忙同少尹，料钱多少敌尚书。”白居易《新秋喜凉因寄兵部杨侍郎》：“閒忙各有趣，彼此宁相见。”

【閒安】 悠闲安乐。蔡希寂《登福先寺上方然公禅室》：“禅房最高顶，静者殊閒安。”李颀《长寿寺粲公院新甃井》：“钟鸣时灌顶，对此日閒安。”李白《幽州胡马客歌》：“何时天狼灭，父子得閒安。”耿沣《题惟干上人房》：“绳床茅屋下，独坐味閒安。”

【閒坊】 寂静的里坊。孙鲂《杨柳枝词五首》之四：“晴日万株烟一阵，閒坊兼是莫愁家。”参见“里坊”。

【閒花】 野花。刘长卿《别严士元》：“细雨湿衣看不见，閒花落地听无声。”钱起《蓝田溪杂咏二十二首·古藤》：“幽人对酒时，苔上閒花落。”李赤《姑熟杂咏·凌歊台》：“叠嶂列远空，閒花杂平陆。”陆龟蒙《寄怀华阳道士》：“衔烟细草无端绿，冒雨閒花作意馨。”沈佺期《仙萼池亭侍宴应制》：“閒花开石竹，幽叶吐蔷薇。”秦系《题章野人山居》：“閒花散落填书帙，戏鸟低飞碍柳条。”贾岛《春行》：“流水穿空馆，閒花发故宫。”高蟾《渔家》：“野水千年在，閒花一夕空。”

【閒花野草】 野生的花草。顾云《咏柳二首》之二：“閒花野草总争新，眉皱丝干独不匀。”

【閒步】 漫步，散步。韦应物《善福精舍秋夜迟诸君》：“广庭独閒步，夜色方湛然。”白居易《观游鱼》：“绕池閒步看鱼游，正值儿童弄钓舟。”伍乔《晚秋同何秀才溪上》：“閒步秋光思杳然，荷藜因共过林烟。”张格《寄禅月大师》：“莫倚名高忘故旧，晓晴閒步一相寻。”

【閒吟】 ❶谓吟咏创作诗歌。李白《赠宣城赵太守悦》：“閒吟步竹石，精义忘朝昏。”白居易《闲吟》：“唯有诗魔降未得，每逢风月一閒吟。”高骈《访隐者不遇》：“落花流水认天台，半醉閒吟独自来。”孙元宴《宋·袁粲》：“负才尚气满朝知，高卧閒吟见客稀。”❷谓吟诵别人诗句。白居易《晚春闲居杨工部寄诗杨常州寄茶同到因以长句答之》：“閒吟工部新来句，渴饮毗陵远到茶。”

【閒吟客】 吟咏、写诗之闲人。多用作诗人的自谦之词。陆龟蒙《袭美以紫石砚见赠以诗迎之》：“君能把赠閒吟客，遍写江南物象酬。”杜荀鹤《自叙》：“宁为宇宙閒吟客，怕作乾坤窃禄人。”

【閒伴】 去官闲居之伙伴。白居易《答刘和州禹锡》：“好相收拾为閒伴，年齿官班约略同。”又《和皇甫郎中秋晓同登天宫阁言怀六韵》：“逍遥二三子，永愿为閒伴。”徐铉《送郝郎中为浙西判官》：“若许他时作閒伴，殷勤为买钓鱼船。”

【閒身】 清闲之身。多指离开官场无官务缠身。牟融《题道院壁》：“若使凡缘终可脱，也应从此度閒身。”许棠《赠栖白上人》：“閒身却不閒，日日对天颜。”陆龟蒙《自遣诗三十首》之一六：“本来云外寄閒身，遂与溪云作主人。”司空图《五十》：“閒身事少只题诗，五十今来觉陡衰。”

【閒坐】 清闲而坐。王维《春日上方即事》：“北窗桃李下，閒坐但焚香。”李白《月夜听卢子顺弹琴》：“閒坐夜明月，幽人弹素琴。”白居易《夏日与闲禅师林下避暑》：“洛景城西尘土红，伴僧閒坐竹泉东。”杜牧《走笔送杜十三归京》：“应笑内兄年六十，郡城閒坐养霜毛。”

【閒$_2$言】 私下说。方干《白艾原客》：“閒言说知己，半是学禅人。”参见“間言”。

【閒言語】 无关紧要的话，空话。寒山《诗三百三首》之一七九：“莫知真意度，唤作閒言语。”

【閒泛】 随意泛游。白居易、王起等《会昌春连宴即事》：“雀舫宜閒泛，螺杯任漫传。”

【閒玩】 随意游玩。白居易《水堂醉卧问杜三十一》：“无妨水色堪閒玩，不得泉声伴醉眠。”

【閒林】 清静之园林。张九龄《郡舍南有园畦杂树聊以永日》：“形骸拘俗吏，光景赖閒林。”

【閒事】 ❶无关紧要之事。翁承赞《晨兴》：“自爱鲜飙生户外，不教閒事住心头。”吴融《谷口寓居偶题》：“不能尘土争閒事，且放形神学散仙。”徐夤《寄僧寓题》：“浮生真个醉中梦，閒事莫添身外愁。”刘兼《江岸独步》：“是非得丧皆閒事，休向南柯与梦争。”❷指官府中闲杂事务。元稹《余杭周从事以十章见寄词调清婉难于遍酬聊和诗首篇以答来贶》：“扰扰纷纷旦暮间，经营閒事不曾閒。”白居易《营闲事》：“自笑营閒事，从朝到日斜。”又《风雪中作》：“是时心与身，了无閒事牵。”又《自咏老身示诸家属》：“支分閒事了，爬背向阳眠。”

【閒卧】 悠闲地躺着。白居易《咏史》：“可怜黄绮入商洛，閒卧白云歌紫芝。”又《喜杨六侍御同宿》：“岸帻静言明月夜，匡床閒卧落花朝。”皮日休《病中美景颇阻追游因寄鲁望》：“瘿床閒卧昼迢迢，唯把真如慰寂寥。”

【閒物】 无用之物。白居易《和微之诗二十三首·和雨中花》："真宰倒持生杀柄，閒物命长人短命。"

【閒和】 ❶安闲和乐。蒋冽《台中书怀》："披书唯骨鲠，循迹少閒和。"清昼、潘述等《讲古文联句》："仲宣閒和，公干潇洒。"方干《越中言事二首》之一："异术閒和合圣明，湖光浩气共澄清。"❷幽雅和谐。鲍溶《句·送友人归山》："幽客携琴好归去，七丝閒和百泉声。"

【閒夜】 宁静之夜。李郢《不睡》："诗句每多閒夜得，鬓毛终为半愁新。"

【閒放】 ❶悠闲放任。李颀《望鸣皋山白云寄洛阳卢主簿》："故人吏京剧，每事多閒放。"白居易《咏意》："此外即閒放，时寻山水幽。"❷悠闲自在。高适《自淇涉黄河途中作十三首》之三："虽老美容色，虽贫亦閒放。"李端《归山招王逵》："我生好閒放，此去殊未返。"崔恭《和张相公太原山亭怀古诗》："高情乐閒放，寄迹山水中。"杜荀鹤《赠彭蠡钓者》："若教我似君閒放，赢得湖山到老吟。"尚颜《松山岭》："平生閒放久，野鹿许为群。"

【閒官】 清闲之官职。韩愈《晋公破贼回重拜台司以诗示幕中宾客愈奉和》："长惭典午非材职，得就閒官即至公。"张籍《胡山人归王屋因有赠》："虽作閒官少拘束，难逢胜景可淹留。"白居易《春日闲居三首》之三："问我乐如何，閒官少忧累。"李绅《寿阳罢郡日有诗十首与追怀不殊今编于后兼纪瑞物·肥河维舟阻冻只待敕命》之一："罢分符竹作閒官，舟冻肥河拟棹难。"

【閒房】 清静冷寂之房室。李颀《题璿公山池》："指挥如意天花落，坐卧閒房春草深。"杜荀鹤《长安冬日》："近腊饶风雪，閒房冻坐时。"

【閒門】 冷寂之门庭。王维《赠祖三咏》："閒门寂已闭，落日照秋草。"刘眘虚《阙题》："閒门向山路，深柳读书堂。"牟融《写意二首》之一："寂寥荒馆闭閒门，苔径阴阴屐少痕。"储嗣宗《南陂远望》："閒门横古塘，红树已惊霜。"韦庄《哭麻处士》："却到歌吟地，閒门草色中。"

【閒居】 ❶安闲居家。李峤《李》："潘岳閒居日，王戎戏陌辰。"寒山《诗三百三首》之一二三："老夫独坐栖青嶂，少室閒居任白头。"吉皎《七老会诗》："休官罢任已閒居，林苑园亭兴有余。"杜荀鹤《郊居即事投李给事》："无禄奉晨昏，閒居几度春。"❷指安闲居家之人。李白《送别得书字》："迁人发佳兴，吾子访閒居。"刘长卿《过鹦鹉洲王处士别业》："共怜芳杜色，终日伴閒居。"❸清闲僻静的住所。孟浩然《宴包二融宅》："閒居枕清洛，左右接大野。"郎士元《闻蝉寄友人》："故国白云远，閒居青草生。"姚合《过李处士山居》："閒居昼掩扉，门柳荫蔬畦。"齐己《赠卢明府闲居》："閒居当野水，幽鸟宿渔竿。"❹同"閒居赋"。钱起《送外甥怀素上人归乡侍奉》："遥知禅诵外，健笔赋閒居。"皇甫冉《闲居作》："多病辞官罢，閒居作赋成。"齐己《溪斋二首》之二："閒居有亲赋，搔首忆潘安。"参见"閒居赋"。

【閒居賦】 赋名。晋潘岳去官闲居时作。后遂用作去官闲居或闲居未仕的典故。王维《丁寓田家有赠》："时吟招隐诗，或制閒居赋。"贾岛《易州过郝逸人居》："果见閒居赋，未曾流俗闻。"许浑《赠所知》："明时又作閒居赋，谁荐东门策四科。"李群玉《杜门》："且咏閒居赋，飞翔去未能。"

【閒思】 沉思，沉静地思索。李德裕《思在山居日偶成此咏邀松阳子同作》："閒思昔岁事，忽忽念伊川。"袁皓《重归宜春偶成十六韵寄朝中知己》："拙学趋时态，閒思与牧齐。"韦庄《同旧韵》："静笑刘琨舞，閒思阮籍吟。"徐锴《太傅相公以东观庭梅依本韵伏愧斐然》："静对含章树，閒思共有时。"

【閒$_2$骨】 间气所钟的英杰之骨。罗隐《经耒阳杜工部墓》："旅魂自是才相累，閒骨何妨冢更高。"参见"間氣"。

【閒叟】 清闲老人。白居易《对镜》："去作忙官应太老，退为閒叟未全迟。"

【閒卻】 闲置不使用。刘长卿《送严维尉诸暨》："应怜钓台石，閒却为浮名。"李频《寻华阳隐者》："閒却白云居，行踪出去初。"钱珝《江行无题一百首》之三一："晚晴初获稻，閒却采莲船。"

【閒庭】 ❶清静之庭院。李颀《题卢五旧居》："物在人亡无见期，閒庭系马不胜悲。"李德裕《山信至说平泉别墅草木滋长地转幽深怅然思归复此作》："幽径芳兰密，閒庭秀木深。"陆畅《疾愈步庭花》："桃红李白觉春归，强步閒庭力尚微。"易思《题袁州龙兴寺》："閒庭甘露几回落，青石绿苔犹未干。"❷寂静之厅堂。徐铉《月真歌》："閒庭深院资贤宅，宅门严峻无凡客。"

【閒客】 清闲之人。白居易《奉和思黯自题南庄见示兼呈梦得》："除却吟诗两閒客，此中情状更谁知。"牟融《题朱庆余闲居四首》之三："閒客幽栖处，萧然一草庐。"姚合《题长安薛员外水阁》："政暇招閒客，唯将酒送迎。"韦庄《访含弘山僧不遇留题精舍》："吾师正遇归山日，閒客空题到寺年。"

【閒眠】 ❶悠然而眠。刘沧《洛阳月夜书怀》："独榻閒眠移岳影，寒窗幽思度烟空。"李频《留题姚氏山斋》："閒眠知道在，高步会时来。"许棠《春日言怀》："早误閒眠处，无愁异此身。"无名氏《题灵鹫》："我来借得蒲团坐，归运河閒眠梦亦清。"❷孤寂而眠。林宽

《酬陈樵见寄》:“失意閒眠起更迟,又将羁薄谢深知。”

【閒時】 闲暇之时。岑参《送魏升卿擢第归东都因怀魏校书陆浑乔潭》:“陆浑山下佳可赏,蓬阁閒时日应往。”刘禹锡《终南秋雪》:“閒时驻马望,高处卷帘看。”白居易《追欢偶作》:“追欢逐乐少閒时,补贴平生得事迟。”杜牧《旅怀作》:“往事只应随梦里,劳生何处是閒时。”

【閒$_2$氣】 同“間氣”。曹唐《勖剑》:“垂情不用将閒气,恼乱司空犯斗牛。”归氏子《答日休皮字诗》:“一包閒气如长在,惹踢招拳卒未休。”

【閒宵】 清静之夜晚。韦承庆《直中书省》:“禁宇庭除阔,閒宵钟箭移。”张九龄《和吏部李侍郎见示秋夜望月因命仆继作》:“清秋发高兴,凉月复閒宵。”岑参《范公丛竹歌》:“盛暑翛翛丛色寒,閒宵槭槭叶声干。”魏承班《黄钟乐》词:“池塘烟暖草萋萋,惆怅閒宵含恨,愁坐思堪迷。”

【閒宴】 私宴。徐铉有《右省仆射后湖亭閒宴铉以宿直先归赋诗留献》。

【閒書】 ❶供人消遣之书。多指笔记小说、稗官野史之类书籍。王建《江楼对雨寄杜书记》:“竹烟花雨细相和,看着閒书睡更多。”张籍《送许处士》:“会到白云长取醉,不能窗下读閒书。”罗隐《王夷甫》:“把得閒书坐水滨,读来前事亦酸辛。”李建勋《春雨二首》之二:“唯称乖慵多睡者,掩门中酒览閒书。”❷对自己所写诗文之谦称。姚合《武功县中作三十首》之二三:“从僧乞净水,凭客报閒书。”吴融《寄僧》:“偶传新句来中禁,谁把閒书寄上卿。”❸犹漫书、漫题。多用作诗题。陆龟蒙、吴融均有《閒书》。

【閒曹】 同“閒司”。王建《上杜元颖相公》:“间曹散吏无相识,犹记荆州拜谒初。”

【閒處】 (—chù)僻静之处。郭震《云》:“聚散虚空去复还,野人閒处倚筇看。”元稹《除夜》:“閒处低声哭,空堂背月眠。”姚合《忆山》:“閒处无人到,乖疏称野情。”

【閒逸】 闲适逸乐之情致。骆宾王《夏日游德州赠高四》:“牙弦忘道术,漳滨恣閒逸。”张九龄《彭蠡湖上》:“所适虽淹旷,中流且閒逸。”王维《渭川田家》:“即此羡閒逸,怅然吟式微。”李白《闻丹丘子于城北营石门幽居仆亦有栖遁之志因叙旧以寄之》:“故园恣閒逸,求古散缥帙。”

【閒望】 悠闲眺望。刘禹锡《览董评事思归之什因以诗赠》:“欹枕醉眠成戏蝶,抱琴閒望送归鸿。”白居易《送东都留守令狐尚书赴任》:“地称高情多水竹,山宜閒望少风尘。”姚合《和东都令狐留守相公》:“三十六峰诗酒思,朝朝閒望与谁同。”刘沧《题天宫寺阁》:“此来閒望更何有,无限清风生客衣。”

【閒情】 ❶闲散之心情。牟融《写意二首》之二:“閒情欲赋思陶令,卧病何人问马卿。”姚合《游春十二首》之七:“远思遭诗恼,閒情被酒牵。”高骈《依韵奉酬李迪》:“柳下官资颜子居,閒情入骨若为除。”刘兼《春霁》:“老色渐来欺鬓发,閒情将欲傲簪裾。”❷指爱情、男女之情。昭宗《巫山一段云》词之二:“春风一等少年心,閒情恨不禁。”

【閒情賦】 赋名,晋陶渊明弃官归隐后作。以追求爱情失败喻指政治理想幻灭。后因用为咏爱情典故。段成式《嘲飞卿七首》之二:“知君欲作閒情赋,应愿将身作锦鞋。”

【閒淑】 娴静美好。阎选《谒金门》词:“雅态芳姿閒淑,雪映钿装金斛。”

【閒淡】 清闲淡泊。白居易《题道宗上人十韵》:“精洁沾戒体,閒淡藏禅味。”齐己《喜得自牧上人书》:“身依閒淡中销日,发向清凉处落刀。”

【閒寂】 ❶闲静,清闲寂静。刘希夷《秋日题汝阳潭壁》:“幽人不耐烦,振衣步閒寂,”孟浩然《山中逢道士云公》:“物情趋势利,吾道贵閒寂。”严维《僧房避暑》:“支公好閒寂,庭宇爱林篁。”白居易《北亭卧》:“唯此閒寂境,惬我幽独情。”❷寂静。杜荀鹤《和友人寄长林孟明府》:“讼庭閒寂公书少,留客看山索酒斟。”周昙《咏史诗·后汉门·马后》:“粗衣閒寂阅群书,荐达嫔妃广帝居。”

【閒殿曠廷】 宁静而宽敞之宫廷。来鹄《圣政纪颂》序:“閒殿旷廷,无君臣咨谋洋溢之言,乏社稷安危强说之说。”

【閒階】 很少有人踏足之台阶。李白《寻山僧不遇作》:“閒阶有鸟迹,禅室无人开。”武元衡《春斋夜雨忆郭通微》:“雨滴閒阶清夜久,焚香偏忆白云人。”马戴《洛中寒夜姚侍御宅怀贾岛》:“微月关山远,閒阶霜霰侵。”刘沧《题王母庙》:“鹤归辽海春光晚,花落閒阶夕雨晴。”

【閒細】 宁静,精细。宋之问《自衡阳至韶州谒能禅师》:“物用益冲旷,心源日閒细。”

【閒散】 (—sǎn)❶悠闲自在。高适《淇上别刘少府子英》:“又非耕种时,閒散多自任。”鱼玄机《遣怀》:“閒散身无事,风光独自游。”姚合《和李十二舍人裴四二舍人两阁老酬白少傅见寄》:“此世逍遥应独得,古来閒散有谁邻。”杜荀鹤《钓叟》:“田不曾耕地不锄,谁人閒散得如渠。”❷清闲事少。元结《漫酬贾沔州》:“天子许安亲,官又得閒散。”韩愈《游青龙寺赠崔大补阙》:“由来钝骙寡参寻,况是儒官饱閒散。”李绅《姑苏台杂句》:“如今白发星星满,却作閒官不閒散。”❸指闲散之人。刘禹锡《酬淮南廖参谋秋夕见过之作》:“不逐繁华访閒散,知君摆落俗人心。”

【閒散官】 清闲事少之官。白居易《初夏闲吟兼呈韦宾客》:“孟夏清和月,东都閒散官。”按:作者时任太子宾客分司东都,故云。

【閒雲】 悠然飘动之浮云。王勃《滕王阁》:“閒云潭影日悠悠,物换星移几度秋。”牟融《题朱庆余閒居四首》之四:“閒云长作伴,归鹤独相随。”姚合《秋日闲居二首》之一:“落叶带衣上,閒云来酒中。”皮日休《奉和鲁望樵人十咏·樵歌》:“一唱凝閒云,再谣悲顾兽。”

【閒雲流水】 悠闲之浮云,清澈之流水。多用以形容环境幽静。牟融《水西草堂》:“萝径萧然曲业存,閒云流水四无邻。”

【閒雅】 闲静优雅。赵嘏《重阳日即事》:“由来举止非閒雅,不是龙山落帽人。”王鼎《鸂鶒》:“栖息应难近小池,性灵閒雅众禽希。”杜牧有《早春寄岳州李使君李善棋爱酒情地閒雅》。

【閒敞】 清静宽敞,亦谓清静闲敞之处。孟浩然《夏日南亭怀辛大》:“散发乘夕凉,开轩卧閒敞。”

【閒喧】 寂静与喧嚣。耿沣、陆羽《连句多暇赠陆三山人》:“閒喧悲异趣,语默取同年。”

【閒游】 亦作“閒遊”。闲暇时出游,随意漫步游玩。杨凌《小苑春望宫池柳色》:“上苑閒游早,东风柳色轻。”白居易《勉閒遊》:“唯有分司官恰好,閒游虽老未能休。”李廓《长安少年行》之二:“追逐轻薄伴,閒遊不着绯。”赵嘏《宛陵望月寄沈学士》:“一川如画敬亭东,待诏閒遊处处同。”

【閒遊】 见“閒游”。

【閒窗】 寂静之窗。程长文《狱中书情上使君》:“尽日閒窗刺绣坐,有时极浦采莲归。”

【閒扉】 冷寂之门扉。崔曙《同诸公谒启母祠》:“闷宫凌紫微,芳草闭閒扉。”刘长卿《岁夜喜魏万成郭夏雪中相寻》:“寒灯映虚牖,暮雪掩閒扉。”参见“閒門”。

【閒疏】 悠闲疏放。齐己《金江寓居》:“考槃应未永,聊此养閒疏。”

【閒想】 静思。薛能《杂曲歌辞·杨柳枝》之二:“閒想习池公宴罢,水蒲风絮夕阳天。”

【閒園】 ❶未种植物之田园,荒园。元结《与瀼溪邻里》:“瀼溪中曲滨,其阳有閒园。”❷寂静之园林。张南史《江北春望赠皇甫补阙》:“閒园柳绿井桃红,野径荒墟左右通。”又《陆胜宅秋暮雨中探韵同作》:“同人永日自相将,深竹閒园偶辟疆。”

【閒暇】 ❶空暇。王维《晦日游大理韦卿城南别业四声依次用各六韵》之四:“应接无閒暇,徘徊以踯躅。”韦应物《新理西斋》:“草木无行次,閒暇一芟除。”白居易《长恨歌》:“承欢侍宴无閒暇,春从春游夜专夜。”布燮《听妓洞云歌》:“嵇叔夜,鼓琴饮酒无閒暇。”❷悠闲从容。韩愈《县斋有怀》:“身将老寂寞,志欲死閒暇。”李郢《即目》:“平生两閒暇,孤趣满沧浪。”郑谷《野步》:“日暮渚田微雨后,鹭鹚閒暇稻花香。”韦庄《过樊川旧居》:“能说乱离惟有燕,解偷閒暇不如鸥。”徐铉《和萧郎中午日见寄》:“谢公制胜常閒暇,愿接西州敌手棋。”亦指从容不迫。韩愈《汴泗交流赠张仆射》:“超遥散漫两閒暇,挥霍纷纭争变化。”❸平安无事。杜牧《李甘诗》:“公私各閒暇,追游日相伍。”

【閒愁】 寂寞阴独之忧愁。牟融《沈存尚林亭夜宴》:“终日忘情能自乐,清尊应得遣閒愁。”李建勋《春日东山正堂作》:“从此唯行乐,閒愁奈我何。”徐铉《奉和宫傅相公怀旧见寄四十韵》:“往事偶来春梦里,閒愁因动落花前。”

【閒詩】 抒写闲情逸致之诗。白居易《味道》:“自嫌习性犹残处,爱咏閒诗好听琴。”皮日休《初夏即事寄鲁望》:“或看名画彻,或吟閒诗成。”又《临顿为吴中偏胜之地因成五言十首奉题屋壁》之四:“空将绿蕉叶,来往寄閒诗。”

【閒話】 ❶闲谈。张祜《乐静》:“远心群野鹤,閒话对村人。”皮日休《怀华阳润卿博士三首》之二:“林下醉眠仙鹿见,洞中閒话隐芝闻。”方干《赠赵崇侍御》:“閒话篇章停烛久,醉迷歌舞出花迟。”郑谷《献制诰杨舍人》:“苇陂竹坞情无限,閒话毗陵问杜陵。”❷指背后议论他人的话。卫准《句》:“莫言閒话是閒话,往往事从閒话来。”

【閒靜】 安闲宁静。元稹《虫豸诗》序:“予所舍,又荆州树木洲渚处,昼夜常有翅羽百族闹,心不得閒静。”贾岛《延寿里精舍寓居》:“汲泉饮酌余,见我閒静容。”王驾《次韵和卢先辈避难寺居看牡丹》:“香宜閒静立,熊似别离初。”

【閒歌】 悠然而歌。李白《独酌》:“独酌劝孤影,閒歌面芳林。”徐铉《奉和宫傅相公怀旧见寄四十韵》:“閒歌柳叶翻新曲,醉咏桃花促绮筵。”

【閒暢】 闲适舒畅。陆龟蒙《记事》:“苦为饥寒累,未得恣閒畅。”

【閒語】 ❶多余的话,多余的字句。张籍《赠王秘书》:“赋来诗句无閒语,老去官班未在朝。”❷闲谈,闲聊。白居易《春闲步赠张山人》:“相逢不閒语,争奈日长何。”

【閒適】 清闲舒适。白居易《闲适》:“禄俸优饶官不卑,就中閒适是分司。”

【閒慢】 犹“閒散”。刘长卿《送郑司直归上都》:“因君报情旧,閒慢欲垂纶。”元稹《有鸟二十章》之二:“主人但见閒慢容,行占蓬莱最高阁。”

【閒賞】 闲静欣赏,悠闲欣赏。赵嘏《送同年郑祥先辈归汉南》:“人倚绣屏閒赏夜,马嘶花径醉归时。"许棠《野步》："閒赏步易远，野吟声自高。"温宪《杏花》："澹然閒赏久，无以破妖娆。"

【閒談】 犹漫谈、随意谈。白居易《病中友人相访》："閒谈胜服药，稍觉有心情。"又《自问此心呈诸老伴》："閒谈亹亹留诸老，美酝徐徐进一卮。"又《快活》："饱食安眠消日月，閒谈冷笑接交亲。"

【閒潭】 平静之池潭。张若虚《相和歌辞·春江花月夜》："昨夜閒潭梦落花，可怜春半不还家。"

【閒彈】 随意而弹。白居易《弹秋思》："信意閒弹秋思时，调清声直韵疏迟。"

【閒緩】 疏缓，稀疏。白居易《早春晚归》："草色连延多隙地，鼓声閒缓少忙人。"

【閒樂】 (—lè)清闲逸乐。白居易《酬梦得比萱草见赠》："老衰胜少夭，閒乐笑忙愁。"又《闲乐》："更无忙苦吟閒乐，恐是人间自在天。"

【閒憩】 休息。齐己《寄普明大师可准》："翠窦容閒憩，岚峰许共分。"

【閒興】 (—xìng)悠闲之兴致。白居易《小台晚坐忆梦得》："晚凉閒兴动，忆同倾一杯。"

【閒錢】 指生活费用外多余之钱。元稹《戏酬副使中丞见示四韵》："可怜俱老大，无处用閒钱。"白居易《戏和微之答窦七行军之作》："春装秋未寄，谩道有閒钱。"

【閒諠】 同"閒喧"。清江《春游司直城西鸬鹚溪别业》："别墅军城下，閒喧未可齐。"

【閒澹】 ❶闲静淡泊。李昌符《秋夜作》："迹避险巇翻失路，心归閒澹不因僧。"❷幽雅清淡。崔涯《黄蜀葵》："嫩碧浅轻态，幽香閒澹姿。"韦庄《听赵秀才弹琴》："满匣冰泉咽又鸣，玉音閒澹入神清。"

【閒豫】 犹闲适。杨师道《春朝闲步》："休沐乘閒豫，清晨步北林。"

【閒齋】 闲静之书斋。皮日休《奉和鲁望秋日遣怀次韵》："破衲虽云补，閒斋未办苫。"王棨《省题诗二十一首·寒雨滴空阶》："天涯思旧友，江上忆閒斋。"韦应物有《閒斋对雨》。

【閒曠】 清闲旷达。高适《苦雪四首》之四："孰云久閒旷，本自保知寡。"韩愈《合江亭》："淹滞乐閒旷，勤苦劝慵惰。"李绅《过梅里七首·上家山》："丱发此淹留，垂丝匪閒旷。"温庭筠《秋日》："复此遂閒旷，翛然脱羁絷。"

【閒疇】 无人耕种之地。钱起《玉山东溪题李叟屋壁》："麏麚突荒院，鸬鹊步閒畴。"

【閒譚】 同"閒談"。韦庄《边上逢薛秀才话旧》："前年同醉武陵亭，绝倒閒谭坐到明。"

【閒聽】 静听。武元衡《长安秋夜怀陈京昆季》："静见烟凝烛，閒听叶坠桐。"郑巢《送象上人还山中》："高户閒听雪，空窗静捣茶。"陆龟蒙《寄怀华阳道士》："匝地山川皆暗写，隐天竽籁只閒听。"

閔 〔mǐn《广韵》眉殒切，上轸，明。〕❶哀怜，哀伤。元结《演兴四首·讼木魅》："见榛梗之森梢，闵枞橎兮合蠹。"韩愈《合江亭》："中丞黜凶邪，天子闵穷饿。"又《赠崔立之评事》："窜逐新归厌闻闹，齿发早衰嗟可闵。"孟郊《秋怀》之十："岁绿闵以黄，秋节迸又穷。"韦庄《和陆谏议避地寄东阳进退未决见寄》："入洛声华当世重，闵周章句满朝吟。"❷忧伤，忧虑。元结《演兴四首·闵岭中》："□群山以延想，吾独闵乎岭中。"❸姓。见"閔廷言"。

【閔廷言】 豫章(今江西南昌市)人。其文格高绝，咸通中，与来鹄齐名。贯休有《闻闵廷言周琏下第》。

【閔閔】 忧伤貌。吴融《风雨吟》："蓬蒿满径尘一榻，独此闵闵何其烦。"

閌 〔kàng《广韵》古浪切，去宕，溪。〕高大。见"閌閬"。

【閌閬】 高大的门框。韦瓘《留题桂州碧浔亭》："轮奂未成绳墨在，规模已壮閌闳高。"

五 画

閟 〔bì《广韵》兵媚切，去至，帮。〕❶关门，关闭。刘长卿《齐一和尚影堂》："天花寂寂香深殿，苔藓苍苍閟虚院。"元稹《和李校书新题乐府十二首·上阳白发人》："诸王在阁四十年，七宅六宫门户閟。"刘禹锡《浙西李大夫述梦四十韵并浙东元相公酬和斐然继声》："便知蓬阁閟，不识鲁衣褒。"李德裕《思山居一十首·题寄商山石》："紫芝呈几曲，红藓閟千春。"❷止，停止。杜甫《斗鸡》："仙游终一閟，女乐久无香。"张祜《投魏博李相国三十二韵》："閟手从抛剑，愁肠却赖觥。"温庭筠《题裴晋公林亭》："谢傅林亭暑气微，山丘零落閟音徽。"❸藏，隐藏。李颀《题少府监李丞山池》："长廊閟军器，积水背城阴。"李益《华阴东泉同张处士寄齐中书》："潜鳞孕明晦，山灵閟幽赜。"姚合《题贞女祠》："精灵閟何处，蘋藻奠空祠。"郑颢《续梦中十韵》："白日成千古，金縢閟九龄。"白元鉴《大涤洞》："名山閟灵府，隐士比寻真。"亦指避、躲避。陈陶《避世翁》："石窦閟雷雨，金潭养蛟螭。"❹没入，埋藏。杜甫《覆舟二首》之一："羁使空斜影，龙居閟积流。"顾非熊《寄吴山净上人》："忆共蒲团话夜钟，别来落叶閟行踪。"❺保留，保护。韦应物《仙人祠》："苍岑古仙子，清庙閟华容。"柳宗元《种术》："戒徒劚灵根，封植閟天和。"张祜《题善权寺》："金函崇宝藏，玉树閟灵根。”❻隔绝，阻隔。杜甫《陪章留后惠义寺饯嘉州崔都督赴州》：“出尘閟轨躅，毕景遗炎蒸。”陆龟蒙《杂讽九首》之三：“斯人道仍閟，不得不呜呃。”齐己《早莺》：“何处经年閟好音，暖风催出啭乔林。”❼静，幽静。韩愈《新竹》：“笋添南阶竹，日日成清閟。”元稹《酬乐天见忆兼伤仲远》：“死别重泉閟，生离万里赊。”❽秘密。杜甫《哭台州郑司户苏少监》：“从容拘旧学，惨澹閟阴符。”❾神，神宫。杜甫《题衡山县文宣王庙新学堂呈陆宰》：“因见县尹心，根源旧宫閟。”又《冬日洛城北谒玄元皇帝庙》：“配极玄都閟，凭虚禁御长。”参见“閟宫”。

【閟宫】 神庙，祠庙。崔曙《同诸公谒启母祠》：“閟宫凌紫微，芳草闭闲扉。”杜甫《古柏行》：“忆昨路绕锦亭东，先主武侯同閟宫。”李纾《唐德明兴圣庙乐章·兴圣酌献》：“閟宫静谧，合乐周张。”李德裕《题冠盖里》：“自喜无兵术，轻裘上閟宫。”李商隐《武侯庙古柏》：“蜀相阶前柏，龙蛇捧閟宫。”

【閟宫魖】 深闭于宫中的宫女妃嫔。李群玉《穆天子》：“三千閟宫艳，怨绝宁胜云。”

【閟景】 烦闷的时日。元稹《感梦》：“谈游费閟景，何不与逡巡。”

【閟絕】 谓隔绝尘世。元结《演兴四首·闵岭中》：“殊閟绝之极颠，上闻产乎翠茸。”

閦 未见于古代字书。音义不详。秦韬玉《吹笙歌》：“弯弯狂月压秋波，两条黄金閦黄雾。”

六 画

閨 〔guī《广韵》古攜切，平齊，見。〕❶宫门。李白《效古二首》之一：“谬题金闺籍，得与银台通。”刘长卿《贾侍郎自会稽使回因书数事率成十韵》：“报恩看铁剑，衔命出金闺。”郑锡《出塞曲》：“会当系取天骄入，不使军书夜刺闺。”刘禹锡《三月三日与乐天及河南李尹奉陪裴令公泛洛禊饮各赋十二韵》：“盛筵陪玉铉，通籍尽金闺。”❷泛指门户。王维《赠裴十迪》：“暖暖日暖闺，田家来致词。”杜牧《朱坡》：“树老萝纡组，岩深石启闺。”❸闺房。女子所居之处。虞世南《相和歌辞·中妇织流黄》：“寒闺织素锦，含怨敛双蛾。”元稹《听庾及之弹乌夜啼引》：“良人在狱妻在闺，官家欲赦乌报妻。”裴说《闻砧》：“深闺乍冷鉴开箧，玉箸微微湿红颊。”赵嘏《杂曲歌辞·昔昔盐·垂柳覆金堤》：“新年垂柳色，袅袅对空闺。”

【閨人】 闺中之人。指妻子。李白《拟古十二首》之一：“闺人理纨素，游子悲行役。”又《黄葛篇》：“闺人费素手，采缉作絺绤。”王维有《羽林骑闺人》。

【閨女】 指年轻未婚女子。祖咏《七夕》：“闺女求天女，更阑意未阑。”卢纶《七夕诗》：“祥光若可求，闺女夜登楼。”

【閨中】 ❶指女子所住的闺房。王昌龄《闺怨》：“闺中少妇不曾愁，春日凝妆上翠楼。”令狐楚《闺人赠远二首》之一：“君行登陇上，妾梦在闺中。”张祜《雁门太守行》：“前头滴血心不回，闺中年少妻莫哀。”杨泰师《夜听捣衣声》：“此时独自闺中闻，此夜谁知明眸缩。”❷借指妻子、女子。杜甫《月夜》：“今夜鄜州月，闺中只独看。”岑参《题苜蓿峰寄家人》：“闺中只是空相忆，不见沙场愁杀人。”戎昱《湘南曲》：“昨夜月明湘浦宿，闺中珂珮度空山。”权德舆《秋闺月》：“霭霭遥分陌上光，迢迢对此闺中忆。”

【閨中女】 指未出嫁的少女。亦为女儿的昵称。曹邺《下第寄知己》：“愿怜闺中女，晚嫁唯守节。”

【閨中婦】 指妻子。卢照邻《关山月》：“寄言闺中妇，时看鸿雁天。”白居易《续古诗十首》之一：“生作闺中妇，死作山头石。”

【閨心】 春心，春情。王琚《美女篇》：“二八三五闺心切，褰帘卷幔迎春节。”

【閨房】 内室，女子所居。亦借指妻室。白居易《续古诗十首》之七：“闺房犹复尔，邦国当如何。”

【閨門】 ❶宫苑、内室的门。借指宫廷、家庭。吕温《望思台作》：“宇县犹能洽，闺门讵不平。”杜牧《寄内兄和州崔员外十二韵》：“台阁仁贤誉，闺门孝友声。”许浑《题卫将军庙》序：“以母老且病，乞归侍残年，辞旨哀激。诏许之。既而以孝敬睦闺门，以然信居乡里。”❷妻子所住闺房之门。高适《闺情》之二：“今夜闺门凭莫闭，孤魂拟向梦中来。”韦应物《伤逝》：“一旦入闺门，四屋满尘埃。”张祜《车遥遥》：“闺门半掩窗半空，斑斑枕花残泪红。”亦借指妻子。张籍《离妇》：“十载来夫家，闺门无瑕疵。”❸女子所住之闺房。权德舆《和九日从杨氏姊游》：“易象家人吉，闺门女士贤。”孟郊《巫山高》：“至今晴明天，云结深闺门。”

【閨信】 指妻子的信息。李绅《忆至巩县河宿待家累追怀》：“闺信坐迟青玉案，弄儿闲望白羊车。”

【閨風】 家风，家门风操。王维《同卢拾遗过韦给事东山别业二十韵》：“闺风首邦族，庭训延乡村。”

【閨怨】 一种描写思妇哀怨之情的诗。张纮有《闺怨》，白居易有《闺怨词三首》，高骈有《闺怨》，蔡瓌有《夏日闺怨》。

【閨庭】 门庭。白居易《蜀路石妇》：“俨然整衣巾，若立在闺庭。”

【閨姝】 年轻貌美的女子。韩愈《送文畅师北游》：“酒场舞闺姝，猎骑围边月。”

【閨情】 女子思念所爱之情。元稹《见人咏韩舍人新律诗因有戏赠》："花态繁于绮，闺情软似绵。"花蕊夫人徐氏《宫词》之九十："恰似金梭撺碧沼，好题幽恨写闺情。"孟浩然、李白、李商隐均有《闺情》。

【閨裏】 ❶义同"閨中❶"。李白《捣衣篇》："闺里佳人年十余，嚬蛾对影恨离居。"姚月华《制履赠杨达》："愿化双仙凫，飞来入闺里。"❷义同"閨中❷"。刘长卿《疲兵篇》："军前仍欲破重围，闺里犹应愁未归。"

【閨婦】 妇女，妻子。徐延寿《人日剪彩》："闺妇持刀坐，自怜裁剪新。"

【閨閤】 见"閨閣"。

【閨閣】 ❶亦作"閨閤"。女子所居之闺房。乔知之《绿珠篇》："君家闺阁不曾难，常将歌舞借人看。"刘希夷《捣衣篇》："燕山游子衣裳薄，秦地佳人闺阁寒。"李愿《观翟玉妓》："女郎闺阁春，抱瑟坐花茵。"杨泰师《夜听捣衣诗》："为当欲救客衣单，为复先愁闺阁寒。"眉娘《和卓英英理笙》："但于闺阁熟吹笙，太白真仙自有情。"❷借指妻妾、女子。王昌龄《杂曲歌辞·变行路难》："封侯取一战，岂复念闺阁。"王建《答寄芙蓉冠子》："明年有闺阁，此样必难求。"白居易《闺怨词三首》之三："关山征戍远，闺阁别离难。"薛涛《赠远二首》之一："闺阁不知戎马事，月高还上望夫楼。"阎选《八拍蛮》词之一："光影不胜闺阁恨，行行坐坐黛眉攒。"

【閨闈】 指宫廷。郑谷《故少师从翁隐岩别墅乱后榛芜感旧怆怀遂有追纪》："密行称闺闱，明诚动搢绅。"

【閨闈】 ❶内室。亦借指妻室。孟郊《与韩愈李翱张籍话别》："马迹绕川水，雁书还闺闱。"❷借指女子、少女。元稹《和李校书新题乐府十二首·上阳白发人》："醉酣直入卿士家，闺闱不得偷回避。"

【閨籍】 为金闺籍的省称。汉代宫门金马门所悬名牒。牒上有名者，方准其进入宫门。后用以指在朝廷任职。徐铉《和陈赞善致仕还京口》："已驾安车归故里，尚通闺籍在龙楼。"

【閨闥】 女子所居之闺房。闼，门。李绅《新楼诗二十首·北楼樱桃花》："多事东风入闺闼，尽飘芳思委江城。"杜牧《池州送孟迟先辈》："溪山好画图，洞壑深闺闼。"

【閨豔】 美女，美丽的少女。刘言史《七夕歌》："人间不见因谁知，万家闺艳求此时。"

閩 〔mǐn《广韵》武巾切，平真，明。又武分切，平文，微。〕❶古代部族名，居住在浙江南部和福建北部一带，后以闽指代福建。李端《送友人宰湘阴》："从宦舟行远，浮湘又入闽。"张祜《答僧赠拄杖》："客问何人与，闽僧寄一茎。"许棠《寄建州姚员外》："岭嵊蛮云积，闽空瘴雨垂。"曹松《江西逢僧省文》之一："闽地高僧楚地逢，僧游蛮锡挂垂松。"丁儒《归闲诗二十韵》："雪霜偏避地，风景独推闽。"❷五代十国之一。后梁开平三年(909)，封占据闽地的威武军节度使王审知为闽王。审知死，龙启元年(933)其子王延钧称帝，国号闽，都长乐(今福州市)。后为南唐所灭。翁承赞《题莒潭安闽院》："景福滋闽壤，芳名亘古今。"

【閩山】 山名。在今福建福州市旧城内西南隅。原名乌石山，天宝八年(549)始改名闽山，与福州九仙山、越王山合称三山。贾岛《寄朱锡珪》："梦泽吞楚大，闽山厄海丛。"李群玉《送唐侍御福建省兄》："闽山翠卉迎飞旆，越水清纹散落梅。"韦庄《送福州王先辈南归》："名标玉籍仙坛上，家寄闽山画障中。"怀濬《上归州刺史代通状二首》之一："家在闽山西复西，其中岁岁有莺啼。"

【閩川】 指闽地山川。亦泛指闽地。韦庄《洪州送西明寺省上人游福建》："远自嵇山游楚泽，又从庐岳去闽川。"陈陶《上建溪》："云树杳冥通上界，峰峦回合下闽川。"

【閩王】 指王审知。五代时闽国的建立者。景福三年(893)唐以其兄王潮为福建观察使，以其为副使。王潮卒，自称留后，旋升武威军节度使。开平三年(909)被后梁封为闽王。翁承赞《文明殿受册封闽王》："鸣佩洞庭辞帝主，登车故里册闽王。"又有《蒙闽王改赐乡里》《奉使封闽王归京洛》。

【閩中】 古代郡名。秦置。治所在治县(今福州市)。后以闽中指福建一带。高适《送郑侍御谪闽中》："谪去君无恨，闽中我旧过。"刘长卿《送秦侍御外甥张篆之福州谒鲍大夫秦侍御与大夫有旧》："万里闽中去渺然，孤舟水上入寒烟。"皇甫曾《送韦判官赴闽中》："孤棹闽中客，双旌海上军。"欧阳詹《与林蕴同之蜀途次嘉陵江认得越鸟声呈林林亦闽中人也》："正是闽中越鸟声，几回留听暗沾缨。"

【閩方】 即闽地。今福建省一带。顾况《上古之什补亡训传十三章·囝一章》："囝生闽方，闽吏得之。"

【閩州】 唐景云二年(711)以泉州改名，治所在闽县(今福建福州市)。开元十三年(725)改名福州。雍陶《句》："古木闽州道，驱羸落照间。"

【閩江】 水名。又名建江。上游有三，北源建溪出仙霞岭，中源富屯溪和南源沙溪均出武夷山，在南平市附近汇合后始称闽江。为福建省内最大的河流。黄滔《辞相府》："闽江似镜正堪恋，秦客如蓬难久留。"

【閩邑】 同"閩城"。李頎《送人尉闽中》："海戍通闽邑，江航过楚城。"

【閩城】 指闽州治所闽县(今福建神州市)。周仆《升山寺》:"南望闽城尘世界,千秋万古卷尘埃。"黄滔《寄陈侍御》:"千年二相未全夸,犹阙闽城贺降麻。"贯休《送沈侍郎》:"从知无远迎,木落去闽城。"

【閩相】 (—xiàng)指王审知。光化三年(900)加威武节度使王审知平章事。韩偓有《己巳年正月十二日自沙县抵邵武军到才一夕为闽相急脚相召偶成一篇》。

【閩荒】 指福建与浙江南部沿海地区。古代为蛮荒之地,故称。李白《题嵩山逸人元丹丘山居》:"朅来游闽荒,扪涉穷禹凿。"

【閩音】 指闽南语等闽地语言。许棠《寄睦州陆郎中》:"海涛通越分,部伍杂闽音。"

【閩海】 指福建与浙江沿海地区。戴叔伦《寄万德躬故居》:"闽海风尘鸣戍鼓,江湖烟雨暗渔蓑。"

【閩國】 指闽地。今福建一带。五代龙启元年(933)王审知之子王延钧称帝,建立闽国,都长乐(今福建福州市),为五代十国之一。贾岛《忆江上吴处士》:"闽国扬帆去,蟾蜍亏复团。"曹松《送乞雨禅师临遇南游》:"珠穿闽国菩提子,杖把灵峰榔栗枝。"

【閩越】 古代部族名。古代越人的一支,秦、汉时分布在今福建北部、浙江南部,其首领无诸相传为越王勾践之后。后因以闽越指福建北部和浙江南部一带。韩翃《经月岩山》:"驱车过闽越,路出饶阳西。"黄滔《奉和翁文尧员外文秀光贤昼锦之什》之二:"虽言闽越系生贤,谁是还家宠自天。"慕容韦《度揭鸿岭》:"闽越曾为塞,将军旧置营。"齐己《送赵长史归闽川》:"荆门与闽越,关戍隔三千。"

【閩甌】 ❶指福建北部和浙江南部地区。元稹《阳城驿》:"有生不可诀,行行过闽瓯。"❷闽地出产的杯、碗。秦韬玉《采茶歌》:"耽书病酒两多情,坐对闽瓯睡先足。"

【閩嶺】 指福建北部的山岭。刘长卿《贾侍郎自会稽使回篇什盈卷兼蒙见寄一首与余有挂冠之期因书数事率成十韵》:"鸟道通闽岭,山光落剡溪。"李嘉祐《和袁郎中破贼后经剡县山水上太尉》:"破竹清闽岭,看花入剡溪。"刘禹锡《送唐舍人出镇闽中》:"闽岭夏云迎皂盖,建溪秋树映红旌。"

閭 〔lǘ《广韵》力居切,平魚,來。〕❶里巷的大门。见《书·武成》。韩愈《丰陵行》:"逾梁下坂笳鼓咽,嵽嵲遂走玄宫闾。"李商隐《赠送前刘五经映三十四韵》:"式闾真道在,拥彗信谦光。"❷里巷,乡里。袁朗《和洗掾登城南坂望京邑》:"逶迤万雉列,隐轸千闾布。"韩翃《送客之江宁》:"千闾万井无多事,辟户开门向山翠。"韩愈《示爽》:"汝来江南近,里闾故依然。"杜牧《牧陪昭应卢郎中在江西宣州佐今吏部沈公幕罢府周岁公宰昭应牧在淮南縻职叙旧成二十二韵》:"井闾安乐易,冠盖惬依投。"唐彦谦《寄台省知己》:"辙迹东巡海,何时适我闾。"❸泛指门户、门径。韩愈《符读书城南》:"由其不能学,所入遂异闾。"

【閭山】 为"無閭山"的省称。在今辽宁省北镇县西、大凌河以东。上官仪有《从驾闾山咏马》。

【閭井】 ❶指乡里的房屋、水井等建筑物。王维《淇上田园即事》:"日隐桑柘外,河明闾井间。"裴迪《青龙寺昙壁上人院集》:"迤逦峰岫列,参差闾井分。"亦指乡里人家。白居易《再到襄阳访问旧居》:"故知多零落,闾井亦迁移。"又《征秋税毕题郡南亭》:"且喜赋敛毕,幸闻闾井安。"❷闾里,乡里。岑参《寻巩县南李处士别业》:"且喜闾井近,灌田同一泉。"韦应物《过扶风精舍旧居简朝宗巨川兄弟》:"佛刹出高树,晨光闾井中。"韩愈《归彭城》:"前年关中旱,闾井多死饥。"柳宗元《铜鱼使赴都寄亲友》:"行尽关山万里余,到时闾井是荒墟。"李频《宣州献从叔大夫》:"万家闾井俱安寝,千里农桑竟起耕。"❸亦指城市街坊。王维《丁寓田家有赠》:"揆予宅闾井,幽赏何由屡。"钱起《游襄阳泉石晚归》:"人声指闾井,野趣惜林塘。"

【閭丘】 复姓。李白有《赠闾丘处士》。

【閭丘均】 诗人,画家。益州成都(今属四川)人。《旧唐书·经籍志》著录其诗集三十卷,《新唐书·艺文志》著录二十卷,已散佚。《全唐诗》卷九四、《全唐诗外编》(上)各录其诗一首。

【閭丘筆】 唐代画家闾丘均以字画著名,故称。杜甫《赠蜀僧闾丘师兄》:"世传闾丘笔,峻极逾昆仑。"

【閭丘曉】 诗人。安史之乱起时为濠州刺史。《全唐诗》卷一五八录其《夜渡江》。

【閭吏】 闾巷小吏,乡里小吏。张籍《沙堤行呈裴相公》:"街官闾吏相传呼,当前十里惟空衢。"

【閭里】 ❶乡里,民间。刘长卿《奉酬辛大夫喜湖南腊月连日降雪见示之作》:"闾里何人不相庆,万家同唱郢中调。"元结《喻常吾直》:"山泽多饥人,闾里多坏屋。"韩愈《赴江陵途中寄赠三学士》:"传闻闾里间,赤子弃渠沟。"皮日休《皋桥》:"皋桥依旧绿杨中,闾里犹生隐士风。"杜荀鹤《赠欧阳明府》:"贤宰宰斯邑,政闻闾里间。"❷借指乡里之人、平民。孟浩然《伤岘山云表观主》:"因之问闾里,把臂几人全。"杜甫《后出塞五首》之一:"闾里送我行,亲戚拥道周。"韦应物《观田家》:"方惭不耕者,禄食出闾里。"李逢吉《酬致政杨祭酒见寄》:"应将半俸沾闾里,料入中条访洞天。"白居易《送姚杭州赴任因思旧游二首》之一:"闾里固宜勤抚恤,楼台亦要数跻攀。"

【閭門】 里巷的大门。张祜《途次扬州赠崔荆二十韵》:"寺塔排云直,闾门架水牢。"

【閭巷】 里巷，乡里。王维《桃源行》："平明闾巷扫花开，薄暮渔樵乘水入。"元结《忝官引》："忽逢暴兵起，闾巷见军阵。"耿沣《秋日》："反照入闾巷，忧来与谁语。"戴叔伦《抚州对事后送外生宋垓归饶州觐侍呈上姊夫》："时人闾巷醉，好是羲皇人。"

【閭閈】 古代里巷的门。亦泛指里巷、乡里。清昼等《讲德联句》："济济闾闬，油油黍稷。"

【閭閻】 ❶里巷之门。孟郊《晚雪吟》："市井亦清洁，闾阎耸岧峣。"❷里巷，乡里。杜甫《谒先主庙》："闾阎儿女换，歌舞岁时新。"刘长卿《送齐郎中赴海州》："闾阎几家散，应待下车招。"戴叔伦《送汶水王明府》："亲族移家尽，闾阎百战场。"郭郧《寒食寄李补阙》："万井闾阎皆禁火，九原松柏自生烟。"潘咸《送陈明府之任》："客见天台县，闾阎树色间。"❸房屋，民房。杜甫《夔州歌十绝句》之四："赤甲白盐俱刺天，闾阎缭绕接山巅。"元稹《开元观闲居酬吴士矩侍御三十韵》："龟龙恋淮海，鸡犬傍闾阎。"白居易《湖亭望水》："岸没闾阎少，滩平船舫多。"❹指平民。上官昭容《游长宁公主流杯池二十五首》之九："结驷填街术，闾阎满邑居。"杜甫《将赴成都草堂途中有作先寄严郑公五首》之一："但使闾阎还揖让，敢论松竹久荒芜。"韦应物《使云阳寄府曹》："百里次云阳，闾阎问漂溺。"白居易《大水》："闾阎半飘荡，城堞多倾坠。"

閥

〔fá《广韵》房越切，入月，奉。〕❶功绩。见"閥閱❷"。❷指功臣之家、仕宦之家。韩愈《送文畅师北游》："荐绅秉笔徒，声誉耀前阀。"❸功臣仕宦之家门外左边旌表功绩的石柱。杜甫《奉赠卢五丈参谋琚》："丈人借才地，门阀冠云霄。"参见"閥閱❶"。

【閥閱】 ❶功臣仕宦之家门外左边旌表功绩的石柱。皮日休《奉献致政裴秘监》："既无阀阅门，常嫌冠冕累。"郑仁表《句》："文章世上争开路，阀阅山东拄破天。"❷门第，家世。翁承赞《蒙闽王改赐乡里》："阀阅便因今日贵，德音兼与后人传。"

閤

〔gé《广韵》古沓切，入合，見。〕❶侧门，小门。王昌龄《赵十四兄见访》："客来舒长簟，开阁延清风。"王维《送李睢阳》："下车闭阁君当思，天子当殿俨衣裳。"刘长卿《饯王相公出牧括州》："萧索庭槐空闭阁，旧人谁到翟公门。"令狐楚《夏至日衡阳郡斋书怀》："褰帷罕游观，闭阁多沉眠。"❷官署的门。亦借指官署。韩愈《答张彻》："点缀簿上字，趋跄阁前铃。"白居易《郡亭》："唯兹郡阁内，嚣静得中间。"李商隐《酬令狐郎中见寄》："万里悬离抱，危于讼阁铃。"喻坦之《和范秘书宿省中作》："钟来宫转漏，月过阁移阴。"❸宫中便殿。指紫宸殿。唐制：朔望日天子荐食诸陵寝后，不御正殿而御便殿见群臣，称入阁。白居易《朝归书寄元八》："进入阁前拜，退就廊下餐。"又《长庆二年七月自中书舍人出守杭州路次蓝溪作》："伏阁三上章，戆愚不称旨。"徐铉《蒙恩赐酒旨令醉进诗以谢》："今宵幸识罇尊味，明日知停入阁朝。"参见"閤門""入閤"。❹亭阁，楼阁。白居易《葺池上旧亭》："欲入池上冬，先葺池上阁。"姚合《题金州西园九首·草阁》："阁成似僧居，学僧居未得。"朱庆余《重过惟贞上人院》："香阁闲留宿，晴阶暖共行。"李商隐《韩碑》："公退斋戒坐小阁，濡染大笔何淋漓。"温庭筠《送人游淮海》："簟凉秋阁思，木落故山情。"❺古代所设招待贤者的宾馆。钱起《陪郭常侍令公东亭宴集》："珥貂为相子，开阁引时英。"刘禹锡《答裴令公雪中讶白二十二与诸公不相访之什》："玉树琼楼满眼新，的知开阁待诸宾。"李商隐《九日》："郎君官贵施行马，东阁无因再得窥。"见"閣❺""開閤""東閤"。❻古代女子的闺房。欧阳炯《献衷心》："闭小楼深阁，春景重重。"

【閤老】 同阁老。白居易《每见吕南二郎中新文辄窃有所叹惜因成长句以咏所怀》："望梅阁老无妨渴，画饼尚书不救饥。"

【閤門】 指唐宣政门两庑之东上阁门与西上阁门。韩愈《赴江陵途中寄赠翰林三学士》："拜疏移阁门，为忠宁自谋。"张籍《早朝寄白舍人严郎中》："凤阙星郎离去远，阁门开日入还齐。"白居易《新乐府·骠国乐》："须臾百辟诣阁门，俯伏拜表贺至尊。"姚合《寄汴州令狐楚相公》："几时诏下归丹阙，还领千官入阁门。"和凝《宫词百首》之四："瑞气祥烟笼细仗，阁门宣赦四方知。"

【閤閤】 象声词。状蛙鸣声。韩愈《杂诗四首》之四："蛙黾鸣无谓，阁阁只乱人。"

閣

〔gé《广韵》古落切，入鐸，見。〕❶栈道，复道。韩愈《奉和虢州刘给事使君三堂新题二十一咏·方桥》："非阁复非船，可居兼可过。"❷楼阁。李白《琴曲歌辞·双燕离》："玉楼珠阁不独栖，金窗绣户长相见。"段文昌《题武担寺西台》："秋天如镜空，楼阁尽玲珑。"刘禹锡《送僧方及南谒柳员外》："朝阳照瀑水，楼阁虹霓中。"许浑《咸阳城东楼》："溪云初起日沉阁，山雨欲来风满楼。"❸古代国家或私人藏书楼。骆宾王《帝京篇》："校文天禄阁，习战昆明水。"卢照邻《赠许左丞从驾万年宫》："寂寂芸香阁，离思独悠哉。"孟浩然《寄赵正字》："正字芸香阁，幽人竹素园。"王建《寄杨十二秘书》："闲出天门醉骑马，可怜蓬阁秘书郎。"韩愈《送郑十校理得洛字》："才子富文华，校雠天禄阁。"❹古代中央官署名。王维《同崔傅答贤弟》："更闻台阁求三语，遥想风流第一人。"岑参《奉和杜相公初发京城作》："按节辞黄阁，登坛恋赤墀。”韩愈《送诸葛觉往随州读书》:“台阁多官员,无地寄一足。”刘禹锡《酬乐天醉后狂吟十韵》:“制诰留台阁,歌词入管弦。”杜牧《寄内兄和州崔员外十二韵》:“台阁仁贤誉,闺门孝友声。”❺古代所设招待贤者的宾馆。孟浩然《题长安主人壁》:“久废南山田,叨陪东阁贤。”刘长卿《和袁郎中破贼后军行过剡中山水谨上太尉》:“已闻开阁待,谁许卧东溪。”裴度、刘禹锡《宴兴化池亭送白二十二东归联句》:“征轮今欲动,宾阁为谁开。”张祜《庚子岁寓游扬州赠崔荆四十韵》:“扫门踪魏勃,开阁伫孙弘。”❻古代女子的闺房。王维《班婕妤三首》之三:“怪来妆阁闭,朝下不相迎。”❼搁置,阻搁。《古棺石铭》:“欲陷不陷被藤缚,欲落不落被沙阁,五百年后遇熊博。”❽停,停放。王维《书事》:“轻阴阁小雨,深院昼慵开。”李白《感时留别从兄徐王延年从弟延陵》:“百川尽凋枯,舟楫阁中逵。”陆龟蒙《奉和袭美初夏游楞伽精舍次韵》:“纤情不可逃,洪笔难暂阁。”亦指挂。白居易《郡斋暇日忆庐山草堂兼寄二林僧社三十韵多叙贬官已来出处之意》:“手版支为枕,头巾阁在墙。”

【閣下】　❶寺阁之下。杜牧有《题宣州开元寺水阁阁下宛溪夹溪居人》。❷指中书省。光宅元年(684)武则天改中书省曰凤阁,故称。韩偓《无题》序:“余辛酉年戏作无题十四韵,故奉常王公相国首于继和,故内翰吴侍郎融、令狐舍人涣、阁下刘舍人崇誉、吏部王员外涣相次属和。”杜牧有《早春阁下寓直萧九舍人亦直内署因寄书怀四韵》。

【閣中】　❶楼阁之中。张祜《题灵岩寺》:“山门桥上转,石路阁中行。”❷凤阁之中。指中书省署。权德舆有《奉和张舍人阁老阁中直夜思闻雅琴因以书事通简僚友》。参见“閣下”。

【閣老】　唐代对任中书舍人年资久长者之称。后又用为对中书、门下两省属官的尊称。白居易《河南王尹初到以诗代书先问之》:“别来王阁老,三岁似须臾。”又《陕府王大夫相迎偶赠》:“紫微阁老自多情,白首园公岂要迎。”徐铉《贺殷游二舍人入翰林江给事拜中丞》:“阁老深严归翰苑,夕郎威望拜霜台。”韩愈有《早春与张十八博士呈白冯二阁老》,刘禹锡有《和令狐相公寻白阁老见留小饮因赠》。

【閣皁】　即阁皂山。沈廷瑞《赠僧昭莹》:“早曾依阁皂,又却上玄都。”

【閣皁山】　亦作“閤皁山”。山名。在今江西樟树市东,绵亘二百余里,为道教七十二福地之一。徐铉有《阁皂山》。

【閣務】　指朝廷官署秘书省的事务。喻凫《冬夜宿余正字静恭里闲居》:“先是琴边起,知为阁务繁。”

【閣筆】　放下笔,停笔。权德舆《桃源篇》:“忽闻丽曲金玉声,便使老夫思阁笔。”贾岛《登楼》:“赋因王阁笔,思比谢游疏。”

【閣道】　❶复道。楼阁之间架空的通道。中宗《幸秦始皇陵》:“阿房久已灭,阁道遂成墟。”崔颢《邯郸宫人怨》:“百堵涂椒接青琐,九华阁道连洞房。”王维《奉和圣制从蓬莱向兴庆阁道中留春雨中春望之作应制》:“銮舆迥出千门柳,阁道回看上苑花。”李白《上之回》:“阁道步行月,美人愁烟空。”元稹《春六十韵》:“层台张舞凤,阁道架飞虹。”❷栈道。在悬崖绝壁上凿孔架木而成的通道。骆宾王《杂曲歌辞·从军中行路难二首》之一:“阁道岧峣起戍楼,剑门遥裔俯灵丘。”岑参《送郭仆射节制剑南》:“剑门乘崄过,阁道踏空行。”杜甫《木皮岭》:“高有废阁道,摧折如短辕。”薛逢《镊白曲》:“妻儿骨肉愁欲来,偏梁阁道归得否。”王贞白《过商山》:“马立溪沙浅,人争阁道喧。”❸寺阁内盘曲而上的木制阶梯。孟浩然《登龙兴寺阁》:“阁道乘空出,披轩远目开。”❹古代星名。在奎北、王良东,有阁道六星,属奎宿。即今仙后座六星。三至五等星。杜审言《七夕》:“天街七襄转,阁道二神过。”

【閣署】　官署的楼阁。赵嘏《三像寺酬元秘书》:“官总芸香阁署崇,可怜诗句落春风。”

【閣欄】　即阁栏头。唐代巴东地区山地居民依山架木而建的木屋。元稹《酬乐天得微之诗知通州事因成四首》之二:“平地才应一顷余,阁栏都大似巢居。”自注:“巴人多在山坡架木为居,自号阁栏头也。”

閡　〔hé《集韵》紇則切,入德,匣。〕阻碍,妨碍。杜甫《咏怀二首》之二:“衣食相拘阂,朋知限流寓。”刘禹锡《送僧方及南谒柳员外》序:“神驰而形阂者,方内之徒,及吾无方,阂于何者?”李贺《春归昌谷》:“花蔓阂行辀,縠烟暝深徼。”李敬方《题黄山汤院》:“已阂眠沙鹿,仍妨卧石猿。”郑薰《赠巩畴》:“迟速不相阂,后先徒起争。”王贞白《庐山》:“五峰高阂日,九叠翠连云。”

七　画

閫　〔kǔn《广韵》苦本切,上混,溪。〕❶门槛。韩愈《嘲鼾睡》之二:“盗贼虽狡狯,亡魂敢窥阃。”❷指郭门。《史记·张释之冯唐列传》:“臣闻上古王者之遣将也,跪而推毂,曰阃以内者,寡人制之;阃以外者,将军制之。军功爵赏皆决于外,归而奏之。”后指出征将帅或地方军事统帅。杜甫《荆南兵马使太常卿赵公大食刀歌》:“分阃救世用贤豪,赵公玉立高歌起。”岑参《使交河郡郡在火山脚其地苦热无雨雪献封大夫》:“吾君方忧边,分阃资大才。”皇甫曾《送徐大夫赴南海》:“旧国当分阃,天涯答圣私。”杨巨源《述旧纪勋寄太原李光颜侍中二首》之二:"五载登坛真宰相,六重分阃正司徒。"孟匡明《饯王将军赴云中》:"一师凭庙略,分阃佐元戎。"❸借指军事。薛能《冬日写怀》:"幕府尽平蛮,客留戎阃间。"

【閫外】 ❶指边地或地方。与京城、朝廷相对。郑愔《奉和幸望春宫送朔方大总管张仁亶》:"坐帷将阃外,俱是报明恩。"岑参《虢中酬陕西甄判官见赠》:"阃外佐戎律,幕中吐兵奇。"皇甫冉《送郑正则徐州行营》:"元戎阃外略,才子幄中筹。"欧阳詹《述德上兴元严仆射》:"推车阃外主恩新,今日梁川草遍春。"贾岛《观冬设上东川杨尚书》:"罗绮舞中收雨点,貔貅阃外卷云根。"参见"阃❷"。❷指领兵在外的将帅。皎然《赠李中丞洪一首》:"深沉阃外略,奕世当荣寄。"又《从军行五首》之四:"飞将下天来,奇谋阃外裁。"刘方平《寄陇右严判官》:"遥传阃外美,盛选幕中宾。"❸指家门之外。陈陶《贺容府韦中丞大府贤兄新除黔南经略》:"耿家符节朝中美,袁氏芝兰阃外香。"

【閫旄】 地方军事统帅的旌旗。白居易《寄献北都留守裴令公》:"宠重移宫龠,恩新换阃旄。"自注:"自东都留守授北京留守。"

【閫域】 ❶门限。清昼、潘述等《讲古文联句》:"伊数公者,阃域之外。"❷国境内,全国。《郊庙歌辞·后唐宗庙乐舞辞·昭德舞》:"名高阃域,功著旗常。"

【閫奥】 指学问或事理的精微深奥处。韩愈《荐士》:"后来相继生,亦各臻阃奥。"元稹《代曲江老人百韵》:"儒林精阃奥,流品重清淳。"

【閫閾】 ❶门限。亦指门外。贯休《秋晚野步》:"诗情抛阃阈,江影动襟裾。"❷比喻相距之近。高适《赠别沈四逸人》:"何意阃阈间,沛然江海深。"

閶 〔yín《广韵》語巾切,平真,疑。〕❶说话和悦持正貌。见"閶閶❶"。❷犬吠声。用同"狺"。见"閶閶❷"❸高大貌。见"閶閶❸"。

【閶閶】 ❶说话和悦持正貌。张说《东都酺宴四首》序:"锵锵济济,侃侃訚訚。"❷犬吠声。訚,同"狺"。孟郊《秋怀》之十五:"声如穷家犬,吠窦何訚訚。"❸通"言"。高大貌。韩愈《南山诗》:"訚訚树墙垣,巘巘驾库厩。"

閲 〔yuè《广韵》弋雪切,入薛,以。〕❶逐一点数。高适《单父逢邓司仓覆仓库因而有赠》:"校缗阅帑藏,发廪欣斯箱。"❷检阅。李峤《奉和杜员外扈从教阅》:"薄狩三农隙,大阅五戎场。"德宗《元日退朝观军仗归营》:"端旒揖群后,回辇阅师贞。"卢纶《送郎士元使君赴郢州》:"花发登山庙,天晴阅水军。"刘禹锡《南海马大夫见惠著述三通勒成四帙上贶诗以谢之》:"红旗阅五兵,绛帐领诸生。"❸寻找,搜寻。韦庄《和薛先辈见寄初秋寓怀即事之作二十韵》:"采珠逢宝窟,阅石见瑶林。"❹观看,观察。白居易《太和戊申岁大有年诏赐百寮出城观稼谨书盛事以俟采诗》:"清晨承诏命,丰岁阅田间。"元稹《题漫天岭智藏师兰若僧云住此二十八年》:"僧临大道阅浮生,来往憧憧利与名。"鲍溶《晚山蝉》:"能阅几时新碧树,不知何日寂金闺。"喻凫《答刘录事夜月怀湘西友人见寄》:"簿书君阅倦,章句我吟劳。"韦庄《和友人》:"静阅王维画,闲翻褚胤棋。"❺观赏。刘长卿《宿双峰寺寄卢七李十六》:"此游诚多趣,独往共谁阅。"权德舆《奉和陈阁老寒食初假当直寄张蒋二阁老》:"昼漏沉沉倦琐闱,西垣东观阅芳菲。"羊士谔《游郭驸马大安山池》:"坐阅清晖不知暮,烟横北渚水悠悠。"白居易《江亭玩春》:"江亭乘晓阅众芳,春妍景丽草树光。"杜牧《怅诗》序:"令牧闲行阅奇丽,得垂髫者十余岁。"❻阅读,阅览。韦应物《燕居即事》:"几阁积群书,时来北窗阅。"顾况《酬房杭州》:"满箧阅新作,璧玉诞清音。"耿湋《赠别安邑韩少府》:"门掩疏尘吏,心闲阅道书。"皎然《哭吴县房耸明府》:"欲见故人心,时阅所赠篇。"李绅《发寿阳分司敕到又遇新正感怀书事》:"罢阅旧林三载籍,又开新历四年春。"❼听,欣赏。王昌龄《悲哉行》:"北上太行山,临风阅吹万。"杜牧《醉后呈崔大夫》:"谢傅秋凉阅管弦,徒教贱子侍华筵。"❽经历。刘禹锡《裴祭酒尚书见示春归城南青松坞别墅寄王左丞高侍郎之什命同作》:"早宦阅人事,晚怀生道机。"❾功绩。骆宾王《畴昔篇》:"高门有阅不图封,峻笔无闻敛敷妙。"❿功臣仕宦之家在门外右边树立的旌表功勋的石柱,在左曰阀,在右曰阅。李群玉《将之京国赠薛员外》:"圭衮照崇阅,文儒嗣箕裘。"郑仁表《句》:"文章世上争开路,阀阅山东拄破天。"参见"閥閲"。⓫流,流动。见"閲水❶"。⓬崇尚。见"閲禮"。

【閲人】 观察人生。语出晋陆机《叹逝赋》:"悲夫!川阅水以成川,水滔滔而日度。"刘禹锡《酬乐天咏老见示》:"经事还谙事,阅人如阅川。"

【閲川】 义同"阅水❶"。刘禹锡《酬乐天咏老见示》:"经事还谙事,阅人如阅川。"

【閲水】 ❶察看流水。李白《秋登巴陵望洞庭》:"瞻光惜颓发,阅水悲徂年。"❷流水。白居易《浔阳岁晚寄元八郎中庾三十二员外》:"阅水年将暮,烧金道未成。"又《同王十七庶子李六员外郑二侍御同年四人游龙门有感而作》:"世如阅水应堪叹,名是浮云岂足论。"李绅《移九江》:"四时嗟阅水,一纪换流年。"❸比喻岁月流逝。刘斌《和许给事伤牛尚书》:"高衢翻税驾,阅水遽迁舟。"郑畋《题缑山王子晋庙》:"望台悲汉戾,阅水笑梁昭。"

【閲世】 ❶经历时世，经历的人生时世。张继《游灵岩》："青松阅世风霜古，翠竹题诗岁月赊。"卢象《马跑神泉》："阅世无铭石，兹游匪慕天。"刘禹锡《送张盥赴举诗》："况今三十载，阅世难重陈。"❷观察时世人生。刘禹锡《宿诚禅师山房题赠二首》之二："视身如传舍，阅世似东流。"又《经伏波神祠》："怀人敬遗像，阅世指东流。"雍陶《忆山寄僧》："阅世数思僧并院，忆山长羡鹤归松。"

【閲曲】 （—qú）欣赏乐曲。刘禹锡《酬乐天衫酒见寄》："阅曲定知能自适，举杯应叹不同倾。"

【閲見】 谓经历。高适《送蔡山人》："识者阅见一生事，到处豁然千里心。"

【閲兵】 检阅军队。张籍《塞下曲》："将军阅兵青塞下，鸣鼓逄逄促猎围。"薛存诚《观南郊回仗》："阅兵貔武振，听乐凤皇来。"

【閲武】 讲习、检阅武事。太宗《出猎》："岂若因农暇，阅武出镮嵩。"

【閲音】 欣赏音韵。司空图《诗品二十四则·冲淡》："阅音修篁，美曰载归。"

【閲書】 看书，读书。杜甫《八哀诗·赠左仆射郑国公严公武》："阅书百纸尽，落笔四座惊。"刘禹锡《送韦秀才道冲赴制举》："阅书南轩霁，缅瑟清夜阑。"

【閲景】 观赏美景。杜牧《题宣州开元寺》："阅景无旦夕，凭阑有今古。"

【閲勝】 观赏胜景。杨衡《经端溪峡中》："有客溯轻楫，阅胜匪羁程。"

【閲賞】 观赏。太宗《帝京篇十首》之三："阅赏诚多美，于兹乃忘倦。"

【閲禮】 崇尚礼仪。息夫牧《冬夜宴萧十丈因饯殷郭二子西上》序："始崇诗以阅礼，终讲信而修睦。"清昼、汤衡《讲德联句》："资忠履孝，阅礼敦诗。"

【閲簡】 审阅书简。李端《酬前驾部员外郎苗发》："马融方直校，阅简复持铅。"

閬 〔làng《广韵》來宕切，去宕，來。又魯當切，平唐，來。〕❶空，空虚。清昼《渚山春暮会顾丞茗舍联句》："莫拗挂瓢枝，会移阆书帙。"❷为"閬風"的省称。刘禹锡《和李相公兼见寄之什》："业继韦平后，家依昆阆间。"参见"閬風"。❸地名。州名，县名。阆州，先天二年（713）以隆州改名。治所在阆中县（今四川阆中县）。杜甫《南池》："峥嵘巴阆间，所向尽山谷。"无名氏《蜀选人嘲韩昭》："果阆二州，侍郎自留。"

【閬山】 ❶即阆风。韦庄《尹喜宅》："欲问灵踪无处所，十洲空阔阆山遥。"许三畏《题菖蒲废观》："金简事移松阁迥，彩云影散阆山空。"无名氏《挽歌五首》之三："方张洞庭乐，休种阆山桃。"参见"閬風"。❷指阆中县周围之山，如灵山、玉台山等。杜甫《阆水歌》："正怜日破阆山出，更复春从沙际归。"又有《阆山歌》。

【閬中】 县名，即今四川阆中县。为阆州治所。杜甫《阆水歌》："阆中胜事可肠断，阆州城南天下稀。"李商隐《望喜驿别嘉陵江水二绝》之一："若到阆中还赴海，阆州应更有高楼。"

【閬中山】 在四川阆中县南嘉陵江南岸。一名锦屏山。张元宝有《阆中山》。

【閬水】 即今嘉陵江中游四川阆中县河段。杜甫有《阆水歌》。

【閬州】 州名。先天二年（713）以隆州改名。治所在阆中县（今四川阆中县）。天宝初改为阆中郡，乾元初复为阆州。杜甫《阆山歌》："阆州城东灵山白，阆州城北玉台碧。"又《阆水歌》："阆中胜事可肠断，阆州城南天下稀。"李商隐《望喜驿别嘉陵江水二绝》之一："嘉陵江水此东流，望喜楼中忆阆州。"郑谷《游蜀》："云横新塞遮秦甸，花落空山入阆州。"

【閬城】 即阆中县。杜甫《南池》："呀然阆城南，枕带巴江腹。"

【閬苑】 阆风之苑。古代传说中的仙人苑圃。许敬宗《游清都观寻沈道士》："风衢通阆苑，星使下层城。"张籍《灵都观李道士》："几回游阆苑，青节亦随身。"牟融《送羽衣之京》："阆苑云深孤鹤迥，蓬莱天近一身遥。"韦庄《龙潭》："垂髯傥遇穆王驾，阆苑周流应未还。"曹松《赠道人》："阆苑驾将雕羽去，洞天赢得绿毛生。"参见"閬風"。

【閬苑花】 阆风苑圃中的花。许碏《醉吟》："阆苑花前是醉乡，踏翻王母九霞觞。"参见"閬風"。

【閬風】 古代传说中的仙山名。在昆仑山之巅。虞世南《飞来双白鹤》："鸣群倒景外，刷羽阆风前。"孔德绍《南隐游泉山》："还如倒景望，忽似阆风游。"储光羲《升天行贻卢六健》："真人居阆风，时奏清商音。"杜甫《夔州歌十绝句》之十："阆风玄圃与蓬壶，中有高堂天下无。"皎然《张伯英草书歌》："阆风游云千万朵，惊龙蹴踏飞欲堕。"

【閬風岑】 即阆风巅。李白《拟古十二首》之十："仙人骑彩凤，昨下阆风岑。"参见"閬風"。

【閬風亭】 亭名。故址在今江苏南京市北玄武山（覆舟山）上。李白《鼓吹入朝曲》："朝罢沐浴闲，遨游阆风亭。"

【閬宫】 仙人所居的宫殿。在阆风之上。《汉武帝内传》："是故我发阆宫，暂舍尘浊。"白居易《和微之诗二十三首·和送刘道士游天台》："阆宫缥缈间，钧乐依稀闻。"参见"閬風"。

【閬峰】 即阆风。鲍溶《怀仙二首》之二："阆峰绮阁几千丈，瑶水西流十二城。"参见"閬風"。

【閬島】 阆风与蓬莱三岛（蓬莱、方丈、瀛州）。均为仙人居住之地。齐己《送相里秀才自京至却回》："难于寻阆岛，险甚涉云涛。"参见"閬風""蓬萊"。

【閬闕】 阆风之门阙。多借指宫殿、寺观。许敬宗《奉和执契静三边应诏》："熏风交阆阙，就日泛濛漪。"陆龟蒙《纪梦游甘露寺》："阆阙一枝琼，边楼数声笛。"参见"閬風"。

八　画

闍1 〔dū《广韵》當孤切，平模，端。又視遮切，平麻，禪。〕城门上的台。见《诗·郑风·出其东门》。参见"闉闍"。

闍2 〔shé《广韵》視遮切，平麻，禪。〕见"闍₂黎""闍₂婆"。

【闍₂婆】 花名。贯休《寿春进祝圣七首·守在四夷》："阇婆香似雪，回鹘马如林。"

【闍₂梨】 义同"闍₂黎"。陈裕《放生池》："比来养狗图鸡在，不那阇梨是野狸。"马云奇《怀素师草书歌》："畴昔阇梨名盖代，隐秀于今墨池在。"

【闍₂黎】 梵语阿阇黎的省称。意谓高僧。后泛指僧人。王播《题木兰院二首》之二："上堂已了各西东，惭愧阇黎饭后钟。"

閾 〔yù《广韵》况逼切，入職，曉。《集韵》越逼切，入職，云。〕❶门槛。见《仪礼·士冠礼》。王勃《寻道观》："芝廛光分野，蓬阙盛规模。"白居易《续古诗十首》之五："碧坛清桂阈，丹洞肃松枢。"❷门，门口。姚合《题金州西园九首·药堂》："僮仆不到阈，双扉常自关。"

閹 〔yān《广韵》央炎切，平鹽，影。又衣儉切，上琰，影。〕被阉割的人。后为太监的通称。吴筠《览古十四首》之十四："汉氏方版荡，群阉恣邪谲。"

【閹奴】 受过宫刑的奴仆、太监。寒山《诗三百三首》之六二："角婢红罗缜，阉奴紫锦裳。"按：角婢，幼婢也。

閶 〔chāng《广韵》尺良切，平陽，昌。〕见"閶門""閶闔"。

【閶門】 ❶即阊阖门。苏州城西门名。见吴景旭《历代诗话》卷二七"閶門樓"。杜甫《壮游》："嵯峨阊门北，清庙映回塘。"韦应物《阊门怀古》："凄凉千古事，日暮倚阊门。"张籍《送从弟戴玄往苏州》："杨柳阊门路，悠悠水岸斜。"顾非熊《送徐五纶南行过吴》："吴门东去路三千，到得阊门暂泊船。"❷扬州城西门名。李商隐《陈后宫》："茂苑城如画，阊门瓦欲流。"❸阊阖之门，借指宫门或京都城门。孙逖《长洲苑》："辇道阊门出，军容茂苑来。"张祜《丹阳新居四十韵》："阊门不可上，西恨涕涟涟。"徐铉《亚元舍人不替深知猥贻佳作三篇兼寄陈君庶资一笑耳》："阊门晓辟旌旗影，玉墀风细佩环声。"又《光穆皇后挽歌三首》之三："隐隐阊门路，烟云晓更愁。"特指春秋时吴国宫殿的正门。曹邺《姑苏台》："美人和泪去，半夜阊门开。"

【閶闔】 ❶古代传说中的天门、天宫。《郊庙歌辞·明皇祀圜丘乐章·豫和》："眇眇阊阖，昭昭上玄。"王湾《秋夜寓直即事怀赠萧令公裴侍郎兼通简南省诸友人》："阊阖暝阴散，钩陈爽气凝。"武元衡《德宗皇帝挽歌词三首》之三："尝闻阊阖前，星拱北辰箓。"王初《银河》："阊阖疏云漏绛津，桥头秋夜鹊飞频。"陆敬《七夕赋咏成篇》："凤驾鸣鸾启阊阖，霓裳遥裔俨天津。"❷皇宫正门。杜甫《丹青引赠曹将军霸》："是日牵来赤墀下，迥立阊阖生长风。"刘长卿《喜朱拾遗承恩拜命赴任上都》："阊阖九天通奏籍，华亭一鹤在朝行。"姚合《寄右史李定言》："阊阖欲开金漏尽，冕旒初坐御香高。"❸皇宫，宫殿。中宗《登骊山高顶寓目》："阊阖雄里闬，城阙壮规模。"李白《梁甫吟》："阊阖九门不可通，以额扣关阍者怒。"李嘉祐《和张舍人中书宿直》："对花阊阖静，过竹吏人稀。"韦应物《答史馆张学士段柳庶子学士集贤院看花见寄兼呈柳学士》："似雪飘阊阖，从风点近臣。"沈东美《奉和苑舍人宿直晓玩新池寄南省友》："传闻阊阖里，寓直有神仙。"❹京城。杜甫《夜》："烟尘绕阊阖，白首壮心违。"又《久雨期王将军不至》："昏昏阊阖闭氛祲，十月荆南雷怒号。"杨巨源《赠侯侍御》："坐期阊阖霁，云暖一开襟。"自注："时朱泚阻兵。"❺朝廷。韦应物《滁城对雪》："晨起满闱雪，忆朝阊阖时。"苏源明《小洞庭洄源亭宴四郡太守诗》序："书贡阊阖，旨下陈留。"❻南朝宋建康城门名。李白《登瓦官寺阁》："门余阊阖字，楼识凤凰名。"❼特指道观之门。韦应物《雨夜宿清都观》："灵飙动阊阖，微雨洒瑶林。"❽阊阖风（西风、秋风）的始生地。李白《鲁郡尧祠送窦明府薄华还西京》："昨夜秋声阊阖来，洞庭木落骚人哀。"董思恭《咏风》："萧萧度阊阖，习习下庭闱。"卢纶《皇帝感词》之四："君王亲试舞，阊阖静无风。"王初《自和书秋》："汉宫夜结双茎露，阊阖凉生六幕风。"李商隐《燕台四首·右夏》："凌扇唤风阊阖天，轻帷翠幕波渊旋。"谭用之《江上闻笛》："风当阊阖庭初静，月在姑苏秋正明。"参见"閶闔風"。

【閶闔門】 ❶天宫之门。李白《天马歌》："万里足踯躅，遥瞻阊阖门。"❷宫门。李商隐《寄令狐学士》："钧天虽许人间听，阊阖门多梦自迷。"陆龟蒙《算山》："何如今日家天下，阊阖门临万国开。"参见"閶闔"。❸即阊阖，苏州城西门名。见"閶門❶"。

【閶闔風】 西风，秋风。储光羲《登秦岭作时陷贼归国》："气逐招摇星，魂随阊阖风。"参见"閶闔"。

【閶闔關】 天宫之门。李白《酬崔五郎中》："朝游明光宫，暮入阊阖关。"

閺 〔wén《广韵》無分切，平文，微。又武巾切，平真，微。又彌鄰切，平真，明。〕地名。即阌乡。故城在今河南灵宝县西阌乡镇。樊宗师《蜀绵州越王楼诗》序："既萦视其江带，又极视其土冈，断暴远近，山崄崄若阌之东。"

【閺鄉】 县名。唐时属虢州。故城在今河南灵宝县西阌乡镇，西接潼关。白居易《秦中吟十首·歌舞》："岂知阌乡狱，中有冻死囚。"岑参有《阌乡送上官秀才归关西别业》，吴融有《阌乡寓居十首》。

閽 〔hūn《广韵》呼昆切，平魂，曉。〕❶守门人。韩愈《陆浑山火和皇甫湜用其韵》："梦通上帝血面论，侧身欲进叱于阍。"元稹《乐府古题·冬白纻》："朝珮枞玉王晏寝，寝醒阍报门无事。"李绅《过荆门》："纵为羽族莫栖息，直上青云呼帝阍。"杨乘《甲子岁书事》："帝阍不敢干，恓恓坐长画。"李商隐《哭遂州萧侍郎二十四韵》："自叹离通籍，何尝忘叫阍。"❷守门。刘禹锡《唐侍御寄游道林岳麓二寺诗并沈中丞姚员外所和见征继作》："青松步障深五里，龙宫黯黯神为阍。"❸门。刘禹锡《口兵戒》："以慎为键，以忍为阍，可以多食，勿以多言。"贯休《梦游仙四首》之四："守阍仙婢相倚睡，偷摘蟠桃几倒地。"多指天门、宫门、朝廷。崔融《和宋之问寒食题黄梅临江驿》："明主阍难叫，孤臣逐未堪。"蒋防《藩臣恋魏阙》："恩波怀魏阙，献纳望天阍。"杜牧《昔事文皇帝三十二韵》："窜逐诸丞相，苍茫远帝阍。"

【閽吏】 守门小吏。刘禹锡《早夏郡中书事》："阍吏告无事，归来解簪缨。"

【閽者】 守门人。李白《梁甫吟》："阊阖九门不可通，以额扣关阍者怒。"皮日休《酒中十咏·酒城》："吾将隶此中，但为阍者足。"

閻 〔yán《广韵》余廉切，平鹽，以。〕里巷内的门。见《说文·门部》。也指里巷。又见《广雅·释宫》。杜甫《谒先主庙》："闾阎儿女换，歌舞岁时新。"李商隐《所居永乐县久旱县宰祈祷得雨因赋诗》："只怪闾阎喧鼓吹，邑人同报束长生。"

【閻二十六】 当即阎士和。李冶有《送阎二十六赴剡县》。

【閻二侍御】 疑为阎宗。阎宗曾以监察御史领高陵令。岑参有《虢州郡斋南池幽兴因与阎二侍御道别》。

【閻九】 指阎防。孟浩然有《湖中旅泊寄阎九司户防》和《洞庭湖寄阎九》。

【閻王】 同"閻羅"。拾得《诗》之二六："死去见阎王，背后插扫帚。"崔泰之《哭李峤诗》："魂随司命鬼，魄逐见阎王。"

【閻少保】 （少 shào）阎济美。济美曾官太子太保。王建有《赠阎少保》。

【閻正字】 指阎宽。李白有《酬坊州王司马与阎正字对雪见赠》。

【閻令】 指阎立本。善图画，工于写真，曾官右相、中书令。段成式《游长安诸寺联句·崇仁坊资圣寺》序："中三门外两面上层，不知何人画，人物颇类阎令。"

【閻立本】 诗人。雍州万年（今陕西西安）人。《全唐诗》卷三十九录其《巫山高》。

【閻老】 同"閻羅"。王梵志《五言》之二："莫教阎老断，自想意何如。"寒山《诗三百三首》之二八三："劝你休去来，莫恼他阎老。"无名氏《五言诗》之九："阎老忽嗔迟，即棒伺命使。"

【閻防】 诗人。河中（今山西永济）人，郡望常山（今河北正定）。《全唐诗》卷八七一录其诗五首。

【閻伯均】 即阎士和。士和字伯均，曾受业于萧颖士，官刑部侍郎。李嘉祐《秋晓招隐寺东峰茶宴送内弟阎伯均归江州》，李冶有《得阎伯钧书》。阎伯钧，亦即阎伯均。

【閻采】 即阎寀。曾官吉州刺史。司空曙有《过阎采病居》。

【閻判官】 指阎士和。字伯均。皇甫冉有《招隐寺送阎判官还江州》。参见"閻伯均"。

【閻知微】 张元一《叙可笑事》："阎知微骑马，马吉甫骑驴。"阎知微，《朝野佥载》卷四作间知微，是。《四校记》："间取其与驴同音，故与马吉甫骑驴同资笑柄也。"

【閻侍御】 名不详。官侍御史。贬官吉州（州治在今江西吉水县东北）。与李中相友善。李中有《吉水寄阎侍御》《吉水作尉时酬阎侍御见寄》和《送阎侍御归阙》。

【閻使君】 指阎寀。曾官吉州刺史，请辞官为道士。戎昱有《送吉州阎使君入道二首》。

【閻舍人】 指阎伯屿。伯屿曾官起居舍人。贾至有《巴陵早秋寄荆州崔司马吏部阎功曹舍人》。伯屿当由舍人贬荆州功曹参军。

【閻員外陟】 指阎陟，曾官邓州刺史。见《元和姓纂》卷五阎氏及岑仲勉《四校书》。韦应物有《酬阎员外陟》。

【閻浮】 为梵语阎浮提的省称。即南瞻部洲。

阎浮，树名；提为提鞞波之略，义译为洲。因洲上多阎浮树，故称。唐人诗文中多借指人世间。寒山《诗三百三首》之二〇九："人身亦如此，阎浮是寄居。"白居易《和微之诗二十三首·和晨霞》："慈氏发真念，念此阎浮人。"卢肇《谪后再书一绝》："坠堕阎浮南斗下，不知何事犯星官。"裴休《白鹿寺释迦瑞相诗》："三千境见阎浮土，丈六身留兜率天。"无名氏《无题》："君不见阎浮留转暂时间，何须苦欲求名利。"

【閻敬愛】 诗人。曾官御史。《全唐诗》卷八七〇录其《题濠州高塘馆》。

【閻朝隱】 诗人。字友情，赵州栾城(今属河北)人。《新唐书·艺文志》著录有集五卷，已散佚。《全唐诗》卷六九录其诗十三首，《全唐诗外编》上录其缺题诗二首。

【閻閭】 里巷内外的门。后多指里巷、村落。孟郊《立德新居》之七："伊洛绕街巷，鸳鸯飞阎闾。"李郢《江州城楼》："寺连山谷松声远，川绕阎闾水势斜。"亦指平民。韦曾《谒天柱山真君祠》："犹持苹藻奠，永荷阎闾泰。"

【閻寬】 诗人。洛州(今河南永年)人。天宝三载(744)曾官醴泉尉。天宝中又曾官太子正字。

【閻德隱】 诗人。玄宗开元前在世。余不详。《全唐诗》卷七七三录其《薛王花烛行》等诗二首。

【閻選】 五代后唐明宗长兴中前后在世，处士，善为词。《全唐诗》卷八九七录其词十首。

【閻澧州】 指阎寀，字贞范，曾官澧州刺史。韦应物有《东林精舍见故殿中郑侍御题诗追旧书情涕泗横集因寄呈阎澧州冯少府》。

【閻濟美】 诗人。郑州荥阳(今河南荥)人。《全唐诗》卷二八一录其诗二首。

【閻羅】 佛教词。阴间十三冥王之一，梵文 *yamaraja* 的意译，为主管地狱之王，通称阎王，手下有十八判官，分管十八层地狱。卖药道人《无事歌》："人人与个拜顶木，大作厅上假阎罗。"

閼[1] 〔è《广韵》乌葛切，入曷，影。〕❶遏止，抑制。引申为死亡。白居易《偶作二首》之一："扰扰贪生人，几何不夭阏。"李商隐《赠句芒神》："佳期不定春期赊，春物夭阏兴咨嗟。"❷见"閼伯"。

閼[2] 〔yān《广韵》烏前切，平先，影。又於乾切，平仙。影。〕见"閼₂氏"。

【閼₂氏】 (—zhī)亦作"閼支"。汉时匈奴族对其单于、诸王之妻的统称。储光羲《次天元十载华阴发兵作时有郎官点发》："阏氏为女奴，单于作边氓。"高适《部落曲》："老将垂金甲，阏支着锦裘。"杜牧《杜秋娘诗》："萧后去扬州，突厥为阏氏。"

【閼伯】 相传为高辛氏之长子，陶唐氏之火正(五行司火之官)，商、宋之远祖。高适《宋中十首》之十："阏伯去已久，高丘临道傍。"

九 画

闉 〔yīn《广韵》於真切，平真，影。〕❶古代城门外的瓮城或瓮城一带。韦应物《送宣州周录事》："英豪若云集，饯别塞城闉。"王绰《迎春东郊》："虬螭动旌旆，烟景入城闉。"韩愈《送惠师》："自来连州寺，曾未造城闉。"吕温《久病初朝衢中即事》："沉痾旷十旬，还过直城闉。"❷瓮城城门。褚亮《赋得蜀都》："沉犀对江浦，驷马入城闉。"杜甫《赠王二十四侍御契四十韵》："重游先主庙，更历少城闉。"刘长卿《颍川留别司仓李万》："落日征骖随去尘，含情挥手背城闉。"李嘉祐《九日》："孤楼闻夕磬，塘路向城闉。"元稹《顺宗至德大圣大安孝皇帝挽歌词三首》之三："羽仪经巷内，辒辌转城闉。"

【闉闍】 泛指城市或城市街里。张九龄《南阳道中作》："驱马历闉阇，荆榛翳阡陌。"元稹《春分投简阳明洞天作》："旌旗遮屿浦，士女满闉阇。"刘禹锡《武陵观火诗》："高灰辨廪庾，黑土连闉阇。"白居易《和微之春日投简阳明洞天五十韵》："瑰奇填市井，佳丽溢闉阇。"

閼 〔yà《广韵》乙鎋切，入鎋，影。〕门开关声。见《说文·门部》。韩愈、孟郊《征蜀联句》："爇堞熇歊熹，抉门呀拗閼。"

闌 〔lán《广韵》落干切，平寒，來。〕❶栏杆。王维《辋川集·北垞》："北垞湖水北，杂树映朱阑。"岑参《太白东溪张老舍即事寄舍弟侄等》："中庭井阑上，一架猕猴桃。"卢纶《萧常侍瘿柏亭歌》："清晨拂匣菱生镜，落日凭阑星满池。"李涉《六叹》之二："迢迢碧甃千余尺，竟日倚阑空叹息。"杜牧《题齐安城楼》："不用凭阑苦回首，故乡七十五长亭。"❷栅栏。王维《沈十四拾遗新竹生读经处同诸公之作》："嫩节留余箨，新业出旧阑。"岑参《暮秋会严京兆后厅竹斋》："京兆小斋宽，公庭半药阑。"卢纶《客舍苦雨即事寄钱起郎士元二员外》："坏阑留众蝶，欹栋止群鸡。"白居易《新栽竹》："有时公事暇，尽日绕阑行。"❸栅栏围绕的庭院或花园。白居易《题卢秘书夏日新栽竹二十韵》："等度须当砌，疏稠要满阑。"温庭筠《夜看牡丹》："高低深浅一阑红，把火殷勤绕露丛。"许棠《题开明里友人居》："井出深山水，阑藏异国花。"李商隐《垂柳》："小阑花尽蝶，静院醉醒蛩。"又《戏题友人壁》："花径逶迤柳巷深，小阑亭午啭春禽。"❹栏圈。

盛小丛《突厥三台》:“雁门山上雁初飞,马邑阑中马正肥。”❺阻栏。杜甫《兵车行》:“牵衣顿足阑道哭,哭声直上干云霄。”❻残,将尽。骆宾王《咏怀》:“太息关山险,吁嗟岁月阑。”钱起《长安客舍赠李行父明府》:“但恐酬明义,蹉跎芳岁阑。”李贺《贵公子夜阑曲》:“袅袅沉水烟,乌啼夜阑景。”元稹《惧醉》:“殷勤惧醉有深意,愁到醒时灯火阑。”刘瑶《古意曲》:“梧桐阶下月团团,洞房如水秋夜阑。”❼尽,完,止。杜甫《九日》:“酒阑却忆十年事,肠断骊山清路尘。”皎然《桃花石枕歌赠康从事》:“六月江南暑未阑,一尺花冰试枕看。”刘商《送王永二首》之二:“绵衣似热夹衣寒,时景虽和春已阑。”吕温《上官昭容书楼歌》:“歌阑舞罢闲无事,纵恣优游弄文字。”姚合《西掖寓直春晓闻残漏》:“凤阁明初启,鸡人唱渐阑。”❽深;迟。杜审言《除夜有怀》:“兴尽闻壶覆,宵阑见斗横。”杜甫《羌村》之一:“夜阑更秉烛,相对如梦寐。”李端《送丁少府往唐上》:“不得同舟望,淹留岁月阑。”刘禹锡《同乐天和微之深春二十首》之八:“夜阑犹命乐,雨甚亦寻花。”罗隐《孙员外赴阙后重到三衢》:“宣室夜阑如有问,可能全忘未然灰。”❾凋谢,衰败。多指花草。李颀《送窦参军》:“公子何时至,无令芳草阑。”韦应物《再游龙门怀旧侣》:“好鸟始云至,众芳亦未阑。”李端《忆故山赠司空曙》:“旧山暂别老将至,芳草欲阑归去来。”羊士谔《州民有献杏者瑰丽溢目因感花未几聊以成咏》:“蛾眉半敛千金薄,鹎鸠初鸣百草阑。”雍裕之《残莺》:“花阑莺亦懒,不语似含情。”❿衰减,衰退。多形容心情。周彦晖《晦日重宴》:“兴阑巾倒戴,山公下习池。”岑参《陪群公龙冈寺泛舟》:“良友兴正惬,胜游情未阑。”刘长卿《瓜洲驿奉饯张侍御公拜膳部郎中却复宪台充贺兰大夫留后》:“度岭情何遽,临流兴未阑。”刘禹锡《酬思黯见示小饮四韵》:“追呼故旧连宵饮,直到天明兴未阑。”朱庆余《和刘补阙秋园寓兴之什十首》之八:“正去重阳近,吟秋意未阑。”⓫通“斓”。色彩斑斓。见《文选·陆机〈答贾长渊〉诗》。岑参《虢州酬辛侍御见赠》:“门柳叶已大,春花今复阑。”韩愈《人日城南登高》:“直指桃李阑,幽寻宁止重。”

【阑干】 ❶横斜貌。杨炯《早行》:“敞朗东方彻,阑干北斗斜。”刘方平《夜月》:“更深月色半人家,北斗阑干南斗斜。”刘禹锡《和河南裴尹侍郎宿斋天平寺诣九龙祠祈雨二十韵》:“咿喔晨鸡鸣,阑干斗柄垂。”李贺《河南府试十二月乐词·七月》:“晓风何拂拂,北斗光阑干。”慈恩塔院女仙《题寺廊柱》之二:“北斗阑干移晓柄,有似佳期常不定。”❷纵横交错貌。岑参《白雪歌送武判官归京》:“瀚海阑干百丈冰,愁云惨淡万里凝。”又《天山雪歌送萧治归京》:“晻霭寒氛万里凝,阑干阴崖千丈冰。”顾况《宜城放琴客歌》:“南山阑干千丈雪,七十非人不暖热。”❸泪流纵横貌。杜甫《彭衙行》:“从此出妻孥,相视涕阑干。”张继《重经巴丘》:“今日片帆城下去,秋风回首泪阑干。”韩愈《去岁自刑部侍郎以罪贬潮州刺史留题驿梁》:“致汝无辜由我罪,百年惭痛泪阑干。”刘沧《秋日过昭陵》:“上界鼎成云缥缈,西陵舞罢泪阑干。”刘兼《征妇怨》:“金闺寂寞罢妆台,玉箸阑干界粉腮。”❹借指眼泪、流泪。卢纶《虢州逢侯钊同寻南观因赠别》:“悠然此中别,宾仆亦阑干。”孟郊《寒溪》之七:“劘玉掩骼胔,吊琼哀阑干。”许棠《陈情献江西李常侍五首》之五:“丘门沾顾重,未别欲阑干。”黄滔《下第》:“昨夜孤灯下,阑干泣数行。”❺多,深,浓。薛令之《自悼》:“盘中何所有,苜蓿长阑干。”李商隐《无题四首》之三:“含情春晼晚,暂见夜阑干。”❻栏杆。李白《清平调词三首》之三:“解释春风无限恨,沉香亭北倚阑干。”柳中庸《河阳桥送别》:“若傍阑干千里望,北风驱马雨萧萧。”卢纶《赋得白鸥歌送李伯康归使》:“似君换得白鹅时,独凭阑干雪满池。”南唐后主李煜《送邓王二十弟从益牧宣城》:“君驰桧楫情何极,我凭阑干日向西。”

【阑珊】 ❶残,衰残。张祜《丹阳新居四十韵》:“阑珊棋未毕,拨剌钓初牵。”温庭筠《咏寒宵》:“委坠金釭烬,阑珊玉局棋。”皮日休《重题后池》:“细雨阑珊眠鹭觉,钿波悠漾并鸳娇。”韩偓《伤春》:“穷途得志反惆怅,饮席话旧多阑珊。”南唐后主李煜《阮郎归》词:“落花狼藉酒阑珊,笙歌醉梦间。”❷凋零,零落。白居易《偶作》:“阑珊花落后,寂寞酒醒时。”章孝标《织绫词》:“残经脆纬不通梭,鹊凤阑珊失头尾。”李群玉《九日》:“丝管阑珊归客尽,黄昏独自咏诗回。”陆龟蒙《置酒行》:“落尘花片排香痕,阑珊醉露栖愁魂。”曹唐《小游仙诗九十八首》之十一:“南斗阑珊北斗稀,茅君夜著紫霞衣。”❸衰减,衰败。白居易《晚春闲居杨工部寄诗杨常州寄茶同到因以长句答之》:“宿酲寂寞眠初起,春意阑珊日又斜。”又《酬郑二司录与李六郎中寒食日相过同宴见赠》:“杯盘狼籍宜侵夜,风景阑珊欲过春。”又《别陕州王司马》:“笙歌惆怅欲为别,风景阑珊初过春。”又《咏怀》:“白发满头归得也,诗情酒兴渐阑珊。”南唐后主李煜《浪淘沙》词之一:“帘外雨潺潺,春意阑珊,罗衾不耐五更寒。”❹象声词。状玉珮声。李贺《李夫人歌》:“红璧阑珊悬珮珰,歌台小妓遥相望。”陆龟蒙《上元日道室焚修寄袭美》:“执盖冒花香寂历,侍晨交佩响阑珊。”皮日休《太湖诗·上真观》:“微风时一吹,百宝清阑珊。”

【闌風伏雨】 连续不断的风雨。杜甫《秋雨叹三首》之二:“阑风伏雨秋纷纷,四海八荒同一云。”

【闌散】 (—sǎn)衰落,衰败。元稹《春游》:“欲终心懒慢,转恐兴阑散。”

【闌楯】（—shǔn）栏杆。温庭筠《雍台歌》："盘纡阑楯临高台，帐殿临流鸾扇开。"皮日休《二游诗·任诗》："白莲倚阑楯，翠鸟缘帘押。"又《太湖诗·练渎》："不知阑楯上，夜有越人镞。"

【闌藥】围有栅栏的花圃中的花药。卢纶《同柳侍郎题侯钊侍郎新昌里》："庭莎成野席，阑药是家蔬。"元稹《表夏十首》之五："公署香满庭，晴霞覆阑药。"刘禹锡、白居易《乐天是月长斋鄙夫此时愁卧里闾非远云雾难披因以寄怀遂为联句》："阑药凋红艳，庭槐换绿阴。"

【闌檻】栏杆。杜甫《水槛》："临川视万里，何必阑槛为。"杜牧《寄题甘露寺北轩》："曾向蓬莱宫里行，北轩阑槛最留情。"罗隐《尚父偶建小楼特摛丽藻绝句不敢称扬三首》之三："阑槛初成愧楚才，不知星彩尚迂回。"

闃 〔qù《广韵》苦鶪切，入錫，溪。〕❶寂静。王维《赠祖三咏》："高馆阒无人，离居不可道。"杜甫《白水县崔少府十九翁高斋三十韵》："高斋坐林杪，信宿游衍阒。"❷断绝。沈佺期《拟古别离》："自君阒芳屣，青阳四五遒。"

【闃寂】静寂，宁静。杜甫《暮登四安寺钟楼寄裴十迪》："多病独愁常阒寂，故人相见未从容。"皎然《苕溪草堂因纪其事简潘丞述汤评事衡》："春风自骀荡，禅地常阒寂。"李群玉《自遣》："修竹万竿资阒寂，古书千卷要穷通。"皮日休《北禅院避暑联句》："墨沼转疏芜，玄斋逾阒寂。"韩偓《曲江夜思》："林塘阒寂偏宜夜，烟火稀疏便似村。"

闋 〔què《广韵》苦穴切，入屑，溪。〕❶终止，停止。苏源明《小洞庭洄源亭宴四郡太守诗》序："既醉，源明以手版扣舷而歌。歌阕，鸟兽闻之，低昂而相鸣。"韩愈《感春五首》之二："孤吟屡阕莫与和，寸恨至短谁能裁。"皮日休《二游诗·徐诗》："札吏指欲胼，万通排未阕。"曹松《驸马宅宴罢》："粉墙残月照宫祠，宴阕银瓶一半攲。"❷乐曲结束。何鸾《祭汾阴乐章》："乐奏云阕，礼章载虔。"于邵《释奠武成王乐章·送神》："明祀方终，备乐斯阕。"韩愈《此日足可惜赠张籍》："礼终乐亦阕，相拜送于庭。"沈亚之《劝政楼下观百官献寿》："乐阕祥烟起，杯酣瑞影收。"王毂《玉树曲》："歌舞未终乐未阕，晋王剑上粘腥血。"❸曲，歌曲，词曲。王昌龄有《听弹风入松阕赠杨补阙》。❹指服丧期满。陈元光《太母魏氏半径题石》："忧阕情犹结，祥回禫届期。"

闇 〔àn《广韵》烏紺切，去勘，影。〕❶晦暗，昏暗。刘希夷《死马赋》："长揪尘闇形影遥，上林日明踪迹偏。"戎昱《罗江客舍》："山县秋云闇，茅亭暮雨寒。"白居易《睡觉》："星河耿耿漏绵绵，月闇灯微欲曙天。"温庭筠《秋日》："柳闇山犬吠，蒲荒水禽立。"❷暗中，私下。孟浩然《夜渡湘水》："客舟贪利涉，闇里渡湘川。"王维《春日直门下省早朝》："遥闻侍中珮，闇识令君香。"白居易《开龙门八节石滩诗二首》之二："我身虽殁心长在，闇施慈悲与后人。"鲍溶《湘妃列女操》："更疑川宫日黄昏，闇携女手殷勤言。"❸遮蔽，掩蔽。元稹《哭吕衡州六首》之四："雁起沙汀闇，云连海气黄。"韦庄《乞彩笺歌》："浣花溪上如花客，绿闇红藏人不识。"

【闇老】谓在不知不觉中衰老。白居易《曲江感秋》："闇老不自觉，直到鬓成丝。"又《上阳白发人》："上阳人，红颜闇老白发新。"

【闇香】幽香。白居易《春夜宿直》："月砌漏幽影，风帘飘闇香。"又《和答诗十首·答桐花》："夜色向月浅，闇香随风轻。"

【闇淡】义同"闇澹"。白居易《故衫》："闇淡绯衫称老身，半披半曳出朱门。"

【闇鳥】昏暗中之鸟。指栖宿之鸟。白居易《竹枝词四首》之一："唱到竹枝声咽处，寒猿闇鸟一时啼。"

【闇窟】昏黑的洞窟。无名氏《五方白话诗》之十六："魂魄游空虚，盲人入闇窟。"

【闇魄】指新月。许敬宗《奉和秋日即目应制》："规空升闇魄，笼野散轻烟。"

【闇澹】不鲜明，陈旧貌。元稹《梦游春七十韵》："鲜妍脂粉薄，闇澹衣裳故。"白居易《郡中春宴因赠诸客》："闇澹绯衫故，斓斑白发新。"又《赠内子》："闇澹屏帏故，凄凉枕席秋。"

【闇闇】❶昏暗貌。杜甫《江雨有怀郑典设》："春雨闇闇塞峡中，早晚来自楚王宫。"❷稠密貌。杜甫《宴胡侍御书堂》："闇闇春籍满，轻轻花絮飞。"刘禹锡《柳花词三首》之三："晴天闇闇雪，来送青春暮。"

闊 〔kuò《广韵》苦括切，入末，溪。〕❶宽阔，广阔。杜甫《旅夜书怀》："星垂平野阔，月涌大江流。"贾至《岳阳楼重宴别王八员外贬长沙》："莫道巴陵湖水阔，长沙南畔更萧条。"戎昱《旅次寄湖南张郎中》："归梦不知湖水阔，夜来还到洛阳城。"刘禹锡《罢郡姑苏北归渡扬子津》之一："海阔石门小，城高粉堞明。"赵嘏《虎丘寺赠渔处士》："岩空秋色动，水阔夕阳多。"❷大。窦巩《早秋江行》："暮潮江势阔，秋雨雁行斜。"韩愈《送汴州监军俱文珍》："冲天鹏翅阔，报国剑铓寒。"邵谒《白头吟》："汉家天宇阔，日月不暂闲。"曹松《钟陵野步》："野火风吹阔，春冰鹤啄穿。"齐己《寄吴都沈员外彬》："自有园林阔，谁争山水多。"❸宽。刘长卿《京口怀洛阳旧居兼寄广陵二三知己》："川阔悲无梁，蔼然沧波夕。"李绅《宿扬州》："江横渡阔烟波晚，潮过金陵落叶秋。"刘沧《匡城寻薛闵秀才不遇》："路长草色秋山绿，川阔晴光远水连。"皮日休《五贶诗·五泻舟》："阔容兼饵坐，深许共蓑眠。"❹远。孙逖《送张环摄御史监南选》："江带黔中阔，山连峡水长。"独孤及《送相里郎中赴江西》："前期傥犹阔，加饭勉自强。"许棠《成纪书事二首》之一："山河再阔千余里，城市曾经一百春。"杜荀鹤《旅感》："客路东西阔，家山早晚回。"贯休《晚望》："烟霞浓浸海，川岳阔连天。"❺隔绝，断绝。李白《江西送友人之罗浮》："中阔道万里，霞月遥相思。"杜甫《风疾舟中伏枕书怀三十六韵奉呈湖南亲友》："书信中原阔，干戈北斗深。"韦应物《登蒲塘驿沿路见泉谷村墅忽想京师旧居追怀昔年》："咄嗟二纪余，存殁阔已永。"戎昱《赠岑郎中》："四海烟尘犹隔阔，十年魂梦每相随。"❻别，别离。孟浩然《入峡寄弟》："离阔星难聚，秋深露已繁。"刘长卿《送姨子弟往南郊》："一展慰久阔，寸心仍未伸。"

【闊步】　大步。任华《寄杜拾遗》："前年皇帝归长安，承恩阔步青云端。"何赞《书事》："阔步文翁坊里月，闲寻杜老宅边松。"

【闊别】　远别，久别。韩偓《寒食日重游李氏园亭有怀》："伤心阔别三千里，屈指思量四五年。"方干《赠五牙山人洗修白》："先生阔别能轻举，弟子才来学不餐。"

【闊狭】　宽与窄。指大小。白居易《重题小舫赠周从事兼戏微之》："阔狭才容从事座，高低恰称使君身。"又《初入峡有感》："苍苍两崖间，阔狭容一苇。"贾岛《永福湖和杨郑州》："嵩少分明对，潇湘阔狭齐。"孙魴《又题牡丹上主人司空》："手辟红房看阔狭，自张青幄盖馨香。"

【闊掃眉】　谓画阔眉。古代妇女的一种眉饰，始行于汉，盛行于唐。杜甫《北征》："移时施朱铅，狼藉画眉阔。"张籍《倡女词》："轻鬓丛梳阔扫眉，为嫌风日下楼稀。"

【闊視】　放眼四方。形容气宇轩昂。李商隐《偶成转韵七十二句赠四同舍》："横行阔视倚公怜，狂来笔力如牛弩。"

【闊遠】　广阔辽远。韩愈《听颖师弹琴》："浮云柳絮无根蒂，天地阔远随飞扬。"张碧《秋日登岳阳楼晴望》："漫漫万顷铺琉璃，烟波阔远无鸟飞。"

【闊臆】　宽厚的胸脯。喻凫《浴马》："空蹄沉绿玉，阔臆没连钱。"

闈　〔wéi《广韵》雨非切，平微，雲。〕❶门户。韦应物《滁城对雪》："晨起满闱雪，忆朝阊阖时。"又《对春雪》："开闱正乱流，宁辨花枝处。"亦指门帘。严维《夏日纳凉》："盥漱临寒水，褰闱入夏堂。"❷宫廷门户。多泛指宫廷、宫中。太宗《赋秋日悬清光赐房玄龄》："参差丽双阙，照耀满重闱。"杜甫《送卢十四弟侍御护韦尚书灵榇归上都二十韵》："戎狄乘妖气，尘沙落禁闱。"元稹《酬友封话旧叙怀十二韵》："会遣诸伶唱，篇篇入禁闱。"李商隐《送千牛李将军赴阙五十韵》："丹陛祥烟灭，皇闱杀气横。"唐彦谦《岐王宅》："朱邸平台隔禁闱，贵游陈迹尚依稀。"❸特指后妃所居的宫殿。卢照邻《中和乐九章·歌中宫第五》："仪刑赤县，演教椒闱。"杜甫《承闻河北诸道节度入朝欢喜口号绝句十二首》之六："燕赵休矜出佳丽，宫闱不拟选才人。"李敬方《太和公主还宫》："登车随伴仗，谒庙入中闱。"❹尚书省之门。亦指尚书省。岑参《左仆射相国冀公东斋幽居》："幸得趋省闱，常欣在门阑。"李商隐《喜雪》："粉署闱全隔，霜台路正赊。"李山甫《送职方王郎中吏部刘员外自太原郑相公幕继奉征书归省署》："此生长扫朱门者，每向人间梦粉闱。"皎然《喜义兴权明府自君山至集陆处士羽青塘别业》："已见县名花，会逢闱是粉。"❺特指尚书省礼部。杜甫《哭长孙侍御》："礼闱曾擢桂，宪府旧乘骢。"刘长卿《送马秀才移家京洛便赴举》："空把相如赋，何人荐礼闱。"韩愈《除官赴阙至江州寄鄂岳李大夫》："故人辞礼闱，旌节镇江圻。"刘禹锡《宣上人远寄和礼部王侍郎放榜后诗因而继和》："礼闱新榜动长安，九陌人人走马看。"❻指科举考试或试场。张荐《奉酬礼部阁老转韵离合见赠》："间阔向春闱，日复想光仪。"刘禹锡《酬严给事贺加五品兼简同制水部李郎中》："雕盘贺喜开瑶席，彩笔题诗出锁闱。"司空图《省试》："粉闱深锁唱同人，正是终南雪霁春。"❼内室、居室。引申指父母。高适《秋胡行》："日暮蚕饥相命归，携笼端饰来庭闱。"又《送萧十八与房侍御回还》："岁月催别离，庭闱远风土。"孟浩然《送王五昆季省觐》："公子恋庭闱，劳歌涉海涯。"杜甫《送韩十四江东觐省》："我已无家寻弟妹，君今何处访庭闱。"韩愈《送区弘南归》："朝暮盘羞恻庭闱，幽房无人感伊戚。"

十　画

闔　〔hé《广韵》胡臘切，入盍，匣。〕❶门扇。见《楚辞·离骚》。李德裕《奉和圣制南郊礼毕诗》："烧萧辟阊阖，祈谷为蒸人。"吴融《武关》："时来时去若循环，双阖平云谩锁山。"❷闭合，关闭。韩愈《病中赠张十八》："夜阑纵捭阖，哆口疏眉厖。"徐凝《奉和鹦鹉》："任饶长被金笼阖，也免栖飞雨雪难。"温庭筠《病中书怀呈友人》："五车堆缥帙，三径阖绳枢。"❸全。见"阖家""阖境"。

【闔門】　❶关门。储光羲《秦中守岁》："阖门守初夜，燎火到清晨。"❷全家。薛逢《镊白曲》："虽然减得闔门忧，又加去国五年老。”

【闔家】　全家。姚系《秋夕会友》：“忽然一夕间，稍慰闔家贫。”

【闔扇】　门扇。李贺《仁和里杂叙皇甫湜》：“洛风送马入长关，闔扇未开逢猰犬。”

【闔棺】　盖棺。指逝世。卢僎《让帝挽歌词二首》之一：“闔棺追大节，树羽册鸿名。”

【闔境】　指全国。张说《奉和圣制赐崔日知往潞州应制》：“饯涂飞御藻，闔境自生光。”

【闔閭城】　苏州的别称。刘长卿《别严士元》：“春风倚棹闔閭城，水国春寒阴复晴。”刘禹锡《酬朗州崔员外过鄙人旧居见怀之什时守吴郡》：“自此曾沾宣室召，如今又守闔閭城。”杜牧有《经闔閭城》。

闐

〔tián《广韵》徒年切，平先，定。〕❶充满，填塞。元稹《春分投简阳明洞天作》：“亥茶闐小市，渔父隔深芦。”皮日休《太湖诗·缥缈峰》：“烟波溃肌骨，云壑闐心胸。”亦指人聚居之处。顾况《上古之什补亡训传十三章·苏方一章》：“我士旷兮，我居闐兮，我衣不白兮。”❷喧闹。王维《同比部杨员外十五夜游有怀静者季》：“香车宝马共喧闐，个里多情侠少年。”韩愈、孟郊《征蜀联句》：“汉栈罢嚣闐，獠江息澎汃。”杜牧《扬州三首》之一：“喧闐醉年少，半脱紫茸裘。”李商隐《送千牛李将军赴阙五十韵》：“喧闐众狙怒，容易八蛮惊。”翁洮《夏》：“身心已在喧闐处，惟羡沧浪把钓翁。”

【闐咽】　❶堵塞。卢照邻《行路难》：“春景春风花似雪，香车玉舆恒闐咽。”❷喧闹。元稹《泛江玩月十二韵》：“闐咽沙头市，玲珑竹岸窗。”

【闐街】　满街。韦应物《送开封卢少府》：“满席宾常侍，闐街烛夜归。”

【闐道】　充塞道路。《汴州人歌》“闐道欢呼，公来之初。”

【闐闐】　❶鼓声。形容声音洪大。韦应物《古剑行》：“夏云奔走雷闐闐，恐成霹雳飞上天。”司空曙《闻春雷》：“水国春雷早，闐闐若众车。”权德舆《奉和礼部尚书酬杨著作竹亭歌》：“直城朱户相逦连，九逵丹毂声闐闐。”元稹《三叹》之一：“有时雷雨过，暗吼闐闐声。”刘禹锡《竞渡曲》：“杨桴击节雷闐闐，乱流齐进声轰然。”❷盛貌，众多貌。元结《演兴四首·初祀》：“仡浑洪兮馥闐闐，管化石兮洞刳天。”元稹《邮竹》：“庭有萧萧竹，门有闐闐骑。”顾云《天威行》：“车遥遥，马闐闐，平如砥，直如弦。”

闒

〔tà《广韵》徒盍切，入盍，定。〕楼上小户。见《说文·门部》。引申为卑下。《玉篇·门部》：“闒，下意也。”参见“闒茸”“闒𩬆”。

【闒茸】　微贱。杜牧《大雨行》：“今年闒茸鬓已白，奇游壮观唯深藏。”贯休《赠李祐道人》：“闒茸复埃尘，难亲复易亲。”徐铉《月真歌》：“我惭闒茸何为者，长感余光每相假。”

【闒𩬆】　庸劣。韩愈《会合联句》：“休迹忆沉冥，峨冠惭闒𩬆。”

闕¹

〔què《广韵》去月切，入月，溪。〕❶古代城垣向南开口作通道，曰阙。后于两边建楼座，称双阙。周制，天子诸侯宫门可建双阙。因其庄严雄伟，故又称魏阙。太宗《帝京篇十首》之七：“落日双阙昏，回舆九重暮。”韦应物《登高望洛城作》：“葱茏瑶台榭，窈窕双阙门。”杨巨源《奉酬窦郎中早入省苦寒见寄》：“旭日鸳鹭行，瑞烟芙蓉阙。”滕迈《春色满皇州》：“最明云里阙，先满日边州。”卫万《吴宫怨》：“晓气晴来双阙间，潮声夜落千门里。”❷借指朝廷。杜甫《散愁二首》之二：“恋阙丹心破，沾衣皓首啼。”皎然《同卢使君幼平郊外送阎侍御归台》：“恋阙心常积，回轩日不闲。”戴叔伦《赠司空拾遗》：“望阙未承丹凤诏，开门空对楚人家。”白居易《驯犀》：“驯犀死，蛮儿啼，向阙再拜颜色低。”无可《夏日送田中丞赴蔡州》：“出守汝南城，应多恋阙情。”❸借指京城。耿湋《送苗赟赴阳翟丞》：“年少初辞阙，时危远效官。”卢纶《冬晓呈邻里》：“望阙觉天回，忆山愁路荒。”柳宗元《北还登汉阳北原题临川驿》：“驱车方向阙，回首一临川。”翁承赞《蒙闽王改赐乡里》：“归阙路遥心更切，不嫌扶病倚旌旃。”❹泛指楼台宫殿。李白《梁园吟》：“梁王宫阙今安在，枚马先归不相待。”韩愈《感春五首》之二：“策马上桥朝日出，楼阙赤白正崔嵬。”朱庆余《送虚上人游天台》：“石桥隐深树，朱阙见晴天。”雍陶《和刘补阙秋园寓兴六首》之六：“漏寒云外阙，木落月中园。”杜牧《洛中二首》之一：“柳动晴风拂路尘，年年宫阙锁浓春。”❺墓阙。古代在神庙、墓道前两旁所建立的石柱。李白《忆秦娥》词：“西风残照，汉家陵阙。”吴商浩《北邙山》：“冈原旋葬松新长，年代无人阙半平。”❻两山夹峙之处。见《水经注·伊水》。李峤《清明日龙门游泛》：“纷纷洛阳道，南望伊川阙。”

闕²

〔quē《广韵》去月切，入月，溪。〕❶缺口，空隙。褚载《瀑布》：“争知不是青天阙，扑下银河一半来。”❷缺少，缺乏。王维《辋川集·漆园》：“古人非傲吏，自阙经世务。”杜甫《暮归》：“南渡桂水阙舟楫，北归秦川多鼓鞞。”韦应物《送杨氏女》：“自小阙内训，事姑贻我忧。”白居易《宿杜曲花下》：“眼前无所阙，身外更何须。”❸错误，过失。王维《和仆射晋公扈从温汤》：“司谏方无阙，陈诗且未工。”岑参《寄左省杜拾遗》：“圣朝无阙事，自觉谏书稀。”亦谓耽误。钱起《海上卧病寄王临》：“妙年即沉痾，生事多所阙。”❹废缺。岑参《缑山西峰草堂作》：“顷来阙章句，但欲闲心魂。”❺未能，不能，不。吴筠《缑山庙》：“为迫丹霄期，阙流苍生惠。”杜甫《赠郑十八贲》：“灵芝冠众芳，安得阙亲近。”韦应物《晦日处士叔园林燕集》：“遽看蓂叶尽，坐阙芳年赏。”柳宗元《种仙灵毗》：“穷陋阙自养，疠气剧嚣烦。”尚颜《送刘必先》：“力进凭诗业，心焦阙问安。”

闕^{3} 〔jué《集韵》其月切，入月，羣。〕通“厥”。见《墨子·非命中》。郑愔《奉和幸上官昭容院献诗四首》之一：“地轴楼居远，天台阙路赊。”

【闕下】 ❶宫阙之下。阎朝隐《鹦鹉猫儿篇》序：“圣上方以礼乐文章为功业，朝野欢娱，强梁充斥之辈，愿为臣妾，稽颡阙下者日万计。”❷借指朝廷。杜甫《北征》：“拜辞诣阙下，怵惕久未出。”刘长卿《狱中闻收东京有赦》：“传闻阙下降丝纶，为报关东灭虏尘。”顾况《白蘋洲送客》：“阙下摇青珮，洲边采白蘋。”张乔《送朴充侍御归海东》：“天涯离二纪，阙下历三朝。”韦庄《寄右省李起居》：“才闻阙下征书急，已觉回朝草诏忙。”❸借指京城。韦应物《送章八元秀才擢第往上都应制》：“旅食不辞游阙下，春衣未换报江南。”姚合《送李起居赴池州》：“阙下亲知别，江南惠化新。”薛逢《贺杨收作相》：“阙下憧憧车马尘，沉浮相次宦游身。”韦庄《洪州送西明寺省上人游福建》：“新春阙下应相见，红杏花中觅酒仙。”

【闕口】 即今河南洛阳市南山之龙门，为一断裂口，伊水中流，两岸对峙，形若门阙，故又名伊阙。刘长卿有《龙门八咏·阙口》。

【闕山】 高耸如阙的山峰。吴融《奉和御制》：“玉漱穿城水，屏开对阙山。”

【闕$_2$文】❶散轶在民间的古代书籍。储光羲《送沈校书吴中搜书》：“秦阁多遗典，吴台访阙文。”❷缺漏的书籍、文章。李适《汾阴后土祠作》：“号令垂懋典，旧经备阙文。”王武陵《宿慧山寺》序：“夫良辰嘉会，古人所惜，序述不作，是阙文也。”白居易《赠樊著作》：“编为一家言，以备史阙文。”

【闕廷】 同“闕庭”。徐彦伯《拟古三首》之二：“儒衣干时主，忠策献阙廷。”

【闕$_2$如】 ❶空缺不书。张说《东都酺宴四首》序：“若夫吟咏德泽，播越人声，斯固雅颂之余波，政教之遗美，凡我词客，安敢阙如？”❷缺少，空缺。张九龄《初发道中赠王司马兼寄诸公》：“徇义当由此，怀安乃阙如。”

【闕里】 ❶地名。在今山东曲阜城内，为孔子故里。因里门前有二石阙，故名。高适《鲁郡途中遇徐十八录事》：“日出见阙里，川平知汶阳。”韦表微《池州夫子庙麟台》：“墙仞迫阨，崎岖阙里。”刘沧《经曲阜城》：“行经阙里自堪伤，曾叹东流逝水长。”皮日休《奉和鲁望读阴符经见寄》：“五星合其耀，白日下阙里。”❷借指孔子或儒学。权德舆《奉送孔十兄宾客承恩致政归东都旧居》：“家法遥传阙里训，心源早逐嵩丘侣。”殷文圭《贺同年第三人刘先辈咸辟命》：“多愧受恩同阙里，不嫌师僻与颜贫。”

【闕里廟堂】 即孔庙。在山东曲阜城内。孔子殁后，鲁哀公即将其故宅三间改建为庙，岁时奉祀。孔庙后经历代不断重修、扩建，成为规模宏大的古建筑群，为我国重点保护的文物单位之一。刘禹锡《唐秀才赠端州紫石砚以诗答之》：“阙里庙堂空旧物，开方灶下岂天然。”

【闕門】 两楼观之间谓之阙门。亦喻指两山之间的断裂豁口处。张说《行从方秀川与刘评事文同宿》：“水共伊川接，山将阙门断。”

【闕$_2$食】 缺乏食物。杜荀鹤《自江西归九华》：“无衣织女桑犹小，阙食农夫麦未黄。”

【闕庭】 朝廷，京城。李颀《答高三十五留别便呈于十一》：“怀章不使郡邸惊，待诏初从阙庭至。”杜甫《陪王汉州留杜绵州泛房公西湖》：“阙庭分未到，舟楫有光辉。”戎昱《送张秀才之长沙》：“虽之桂岭北，终是阙庭南。”韦应物有《送雷监赴阙庭》。

【闕$_2$短】 短缺，缺乏。韩愈《送进士刘师服东归》：“还家虽阙短，指日亲晨飧。”

【闕塞】 即今河南洛阳市南山之龙门。张九龄《奉和圣制途次陕州作》：“后殿函关尽，前旌阙塞通。”

【闕$_2$漏】 缺失，遗漏。杜甫《八哀诗·故著作郎贬台州司户荥阳郑公虔》：“神农极阙漏，黄石愧师长。”

【闕$_2$遺】 谓遗留民间的贤才。薛能《夏日青龙寺寻僧二首》之一：“帝里欲何待，人间无阙遗。”

【闕$_2$職】 失职。陆龟蒙《素丝》：“左右修阙职，宫商还古风。”

【闕$_2$題】 缺题。诗的原题散佚。张说、王维、杜甫、刘昚虚均有《阙题》。

十一画

闞 〔kàn《广韵》苦濫切，去闞，溪。〕望，看望。韩愈《寄卢仝》：“每骑屋山下窥阚，浑舍惊怕走折趾。”徐夤《招隐》：“鬼神只阚高明里，倚伏不干栖隐家。”

闚 〔kuī《广韵》去隨切，平支，溪。〕从门缝中偷看。见《一切经音义》卷一百。后多泛指观看。窦庠《赠道芬上人》：“云湿烟封不可窥，画时唯有鬼神知。”原注：“善画松石。”元稹《酬翰林白学士代书一百韵》："寝食都忘倦，园庐遂绝窥。"

【闚鏡】 照镜。权德舆《早春南亭即事》："振衣惭艾绶，窥镜叹华颠。"

關〔guān《广韵》古還切，平删，見。〕❶门闩。王维《登裴秀才迪小台》："好客多乘月，应门莫上关。"李白《走笔赠独孤驸马》："倘其公子重回顾，何必侯嬴长抱关。"戎昱《塞上曲》："胡风略地烧连山，碎叶孤城未下关。"刘禹锡《和令狐相公以司空裴相见招南亭看雪四韵》："重门不下关，枢务有余闲。"白居易《郡中夜听李山人弹三乐》："风琴秋拂匣，月户夜开关。"❷门，门扇。丘为《寻西山隐者不遇》："扣关无僮仆，窥室唯案几。"刘长卿《送灵澈上人还越中》："那堪别后长相忆，云木苍苍但闭关。"司空曙《深上人见访忆李端》："避事多称疾，留僧独闭关。"李商隐《戏赠张书记》："别馆君孤枕，空庭我闭关。"❸城门，出入口。李白《蜀道难》："一夫当关，万夫莫开。"韩愈《雪后寄崔二十六丞公》："蓝田十月雪塞关，我兴南望愁群山。"司空曙《送王使君赴太原拜节度副使》："出关逢将校，下岭拥戈矛。"张蠙《朔方书事》："城池向陇少，岐路出关多。"❹关城，要塞。明皇《早度蒲津关》："地险关逾壮，天平镇尚雄。"王维《陇头吟》："陇头明月迥临关，陇上行人夜吹笛。"卢纶《送李端》："故关衰草遍，离别正堪悲。"杨巨源《关山月》："苍茫临故关，迢递照秋山。"❺特指函谷关或潼关。魏征《出关》："策杖谒天子，驱马出关门。"岑参《送杜佐下第归陆浑别业》："出关见青草，春色正东来。"何儒亮《亚父碎玉斗》："破关既定秦，碎首闻献玉。"温庭筠《病中书怀呈友人》："市义虚焚券，关讥谩弃繻。"陈季卿《题潼关普通院门》："度关悲失志，万绪乱心机。"❻故乡。崔颢《黄鹤楼》："日暮乡关何处是，烟波江上使人愁。"岑参《暮春虢州东亭送李司马归扶风别庐》："西望乡关肠欲断，对君衫袖泪痕斑。"刘禹锡《谪居悼往二首》之二："终日念乡关，燕来鸿复还。"❼关闭，关合。李白《赠从弟南平太守之遥二首》之一："前门长揖后门关，今日结交明日改。"陈羽《戏题山居二首》之二："虽有柴门长不关，片云高木共身闲。"朱庆余《归故园》："竹径有时风为扫，柴门无事日常关。"韦庄《题姑苏凌处士庄》："一簇林亭返照间，门当官道不曾关。"❽禁止，禁闭。戴叔伦《题净居寺》："满地白云关不住，石泉流出落花香。"白居易《赠晦叔忆梦得》："酒面浮花应是喜，歌眉敛黛不关愁。"❾官府之间往来的公文。引申为禀告、通告。元稹《酬东川李相公十六韵》序："今月十二日，州吏回，伏受相公书，示知小生所献和慈竹等诗，关达鉴览，不蒙罪退，而又赐诗一十韵，并首序一百二十三言。"耿沣《送海州卢录事》："损益关从事，期听劳者歌。"❿关键。事物中起决定作用的最关紧要之处。杜甫《寄彭州高三十五使君适虢州岑二十七长史参三十韵》："意惬关飞动，篇终接混茫。"韩愈《题炭谷湫祠堂》："不知谁为助，若执造化关。"刘禹锡《奉和裴令公新成绿野堂即书》："官名司管龠，心术去机关。"⓫关联，涉及。王建《初授太府丞言怀》："检案事多关市井，听人言志在云山。"白居易《二月五日花下作》："闻有酒时须笑乐，不关身事莫思量。"熊孺登《寒食野望》："冢头莫种有花树，春色不关泉下人。"鲍溶《送罗侍御归西台》："此举关风化，谁云别恨劳。"杜荀鹤《秋日山中寄李处士》："言论关时务，篇章见国风。"⓬动，牵动。丘为《竹下残雪》："还对读书牖，且关乘兴心。"杜甫《西阁夜》："时危关百虑，盗贼尔犹存。"欧阳詹《题严光钓台》："弭棹历尘迹，悄然关我情。"姚合《闲居遣怀十首》之七："万事徒纷扰，难关枕上身。"贾岛《南池》："淹泊方难遂，他宵关梦魂。"⓭因为，由于。孟浩然《冬至后过吴张二子檀溪别业》："直与南山对，非关选地偏。"包何《送王汶宰江阴》："止酒非关病，援琴不在声。"寒山《诗三百三首》之二八："苔滑非关雨，松鸣不假风。"陆畅《别刘端公》："落日辞故人，自醉不关酒。"蔡瑰《夏日闺怨》："非关曾入楚王宫，直为相思腰转细。"⓮关心。杜甫《巴西驿亭观江涨呈窦使君二首》之一："关心小剡县，傍眼见扬州。"牟融《游淮云寺》："玄机隐隐应难觉，尘事悠悠了不关。"姚合《闲居遣怀十首》之五："世间多少事，无事可关心。"李中《赠致仕沈彬郎中》："自言婚嫁毕，尘事不关心。"⓯求，求取。王绩《古意六首》之四："宁关匠石顾，岂为王孙折。"

【關人】 ❶动人，感人。李白《杨叛儿》："何许最关人，乌啼白门柳。"皇甫松《摘得新》之二："管弦兼美酒，最关人。"❷涉及别人。李白《留别曹南群官之江南》："时来不关人，谈笑游轩皇。"又《留别广陵诸公》："卧海不关人，租税辽东田。"

【關山】 ❶关隘和山岭。李白《长相思》："天长路远魂飞苦，梦魂不到关山难。"白居易《想东游五十韵》："云雨多分散，关山苦阻修。"赵嘏《关山别荡子》："那堪闻荡子，迢递涉关山。"高骈《边方春兴》："笙歌嘹亮随风去，知尽关山第几重。"❷借指国家或某一地区。杜甫《登岳阳楼》："戎马关山北，凭轩涕泗流。"李益《宿冯翊夜雨赠主人》："关山蔼已失，脸泪迸难收。"李贺《南国十三首》之五："男儿何不带吴钩，收取关山五十州。"清昼、卢藻《重联句一首》："吴中诗酒饶佳兴，秦地关山引梦思。"

【關山月】 ❶乐府诗题。属横吹曲辞。《乐府诗集》载《关山月》歌辞共二十四首，均为南北朝以来文人作品。内容多写边塞士兵久戍不归伤离怨别等情景。郑愔《胡笳曲》："曲断关山月，声悲雨雪阴。"王昌龄《从军行七首》之一："更吹羌笛关山月，无那金闺万里愁。"刘长卿《罪所留系每夜闻长洲军笛声》："只怜横笛关山月，知处愁人夜夜来。"❷关隘山岭上方之月。孟浩然《凉州词》之二："坐看今夜关山月，思杀边城游侠儿。"吕温《道州城北楼观李花》："夜疑关山月，晓似沙场雪。"

【關山曲】 即《关山月》。刘长卿《赠别于群投笔赴安西》："想闻羌笛处，泪尽关山曲。"郎士元《送郑正则徐州行营》："莫听关山曲，还生塞上愁。"王表《成德乐》："无端更唱关山曲，不是征人亦泪流。"武元衡《汴河闻笳》："单于城下关山曲，今日中原总解吹。"

【關天】 谓与命运有关。李白《中山孺子妾歌》："一贵复一贱，关天岂由身。"

【關中】 ❶泛指函谷关以西战国时秦国故地。即今陕西渭水流域一带。宋璟《蒲津迎驾》："洛上黄云送，关中紫气迎。"韩愈《归彭城》："前年关中旱，闾井多死饥。"李频《送狄明府赴九江》："关中寒食雨，湖上暑衣天。"❷指长安。杜甫《忆昔二首》之一："邺城反覆不足怪，关中小儿坏纪纲。"刘禹锡《贞元中侍郎舅氏牧华州》："曾作关中客，频经伏毒岩。"许棠《写怀》："两鬓关中改，千岩海上春。"

【關内】 泛指函谷关、潼关以西，即今陕西渭水流域一带，亦指唐代都城长安。杜甫《览镜呈柏中丞》："渭水流关内，终南在日边。"崔国辅《杂诗》："后余在关内，作事多迍邅。"马戴《下第再过崔邵池阳居》："关内相知少，海边来信稀。"李洞《终南山二十韵》："关内平田窄，东西截杳冥。"参见"關外"。

【關分】 明月；分清。司空图《漫书五首》之三："爱憎止竟须关分，莫把微才望所知。"

【關月】 关城之月。权德舆《送张曹长工部大夫奉使西番》："塞云凝废垒，关月照惊蓬。"苏郁《咏和亲》："关月夜悬青冢镜，寒云秋薄汉宫罗。"杜牧《送苏协律从事振武》："夜吟关月苦，秋望塞云高。"马戴《岐阳逢曲阳故人话旧》："鸡鸣关月落，雁度朔风吹。"杜荀鹤《行次荥阳却寄诸弟》："枕上算程关月落，帽前搜景岳云生。"

【關心】 关怀，关切。谓常放在心上。王维《酬张少府》："晚年唯好静，万事不关心。"李嘉祐《送苏修往上饶》："世事关心少，渔家寄宿多。"雍陶《题等界寺二首》之二："行人竞说东西利，事不关心耳不闻。"李群玉《火炉前坐》："多少关心事，书灰到夜深。"

【關尹】 即关令尹喜。韩翃《寄赠虢州张参军》："观妓将军第，题诗关尹楼。"参见"關令"。

【關右】 即关西。古人以西为右。泛指函谷关、潼关以西，今陕西渭水流域广大地区。或借指长安。韦应物《贾常侍林亭燕集》："朱轩骛关右，池馆在东周。"陈羽《送友人及第归江东》："落羽耻为关右客，成名空羡里中儿。"李商隐《重有感》："窦融表已来关右，陶侃军宜次石头。"李琪《奉试诏用拓拔思恭为京北收复都统》："早平关右贼，莫待诏书催。"

【關囚】 关押，囚禁。李白《金陵歌送别范宣》："白马小儿谁家子，泰清之岁来关囚。"

【關令】 古代管理城关的官吏。唐诗中则专指关令尹喜。岑参《题观楼》："荒楼荒井闭空山，关令乘云去不返。"李商隐《玄微先生》："径欲随关令，龙沙万里强。"李洞《华山》："万户烟侵关令宅，四时云在使君楼。"齐己《送胤公归阙》："关令莫疑非马辩，道安还跨赤驴行。"

【關外】 指函谷关、潼关以东广大地区。韦承庆《折杨柳》："叶似镜中眉，花如关外雪。"戴叔伦《送崔拾遗峒江淮访图书》："关外逢秋月，天涯过晚潮。"韩愈《赠崔立之评事》："曾从关外来上都，随身卷轴车连轸。"黄滔《塞上》："塞门关外日光微，角怨单于雁驻飞。"参见"關中"。

【關西】 ❶函谷关或潼关以西地区。多指长安或长安一带。卢照邻《送幽州陈参军赴任寄呈乡曲父老》："蓟北三千里，关西二十年。"岑参《宿关西客舍寄东山严许二山人》："云送关西雨，风传渭北秋。"刘长卿《寄李侍御》："怅望江南客，骢马入关西。"许浑《秋日行次关西》："金风荡天地，关西群木凋。"李郢《长安夜访澈上人》："关西木落夜霜凝，乌帽闲寻紫阁僧。"❷为"關西孔子"的省称。李白《送杨燕之东鲁》："关西杨伯起，汉日旧称贤。"韦抗《奉和圣制送张说上集贤学士赐宴》："壶觞接云上，经术引关西。"窦牟《奉酬杨侍郎十兄见赠之作》："自悲由瑟无弹处，今作关西门下人。"杨汝士《题画山水》："如今老大骑官马，羞向关西道姓杨。"

【關西孔子】 为咏大儒的典故。张祜《寄朗州徐员外》："关西今孔子，城北旧徐公。"

【關西將】 （將 jiàng）古代谚语。亦称"關西老將"。关西，函谷关或潼关以西广大地区。王维《陇关吟》："关西老将不胜愁，驻马听之双泪流。"岑参《胡歌》："关西老将能苦战，七十行兵仍未休。"李益《边思》："莫笑关西将家子，只将诗思入凉州。"王彦威《宣武军镇作》："前驱红旆关西将，坐间青娥赵国姬。"

【關吏】 看守关口的官吏。岑参《函谷关歌送刘评事使关西》："野花不省见行人，山鸟何曾识关吏。"刘商《送林衮侍御东阳秩满赴上都》："关吏迷骢马，铜章累绣衣。"皮日休《题潼关兰若》："关吏不劳重借问，弃繻生拟入耶溪。"郑谷《送进士赵能卿下第南归》："洒泪惭关吏，无言对越人。"

【關戍】 边塞之城堡、关隘。孟浩然《长安早春》："关戍惟东井，城池起北辰。"齐己《送赵长史归闽川》："荆门与闽越，关戍隔三千。"

【關防】 ❶关隘，要塞。杜甫《塞芦子》："延州秦北户，关防犹可倚。"白居易《望江楼上作》："驿路使憧憧，关防兵草草。"许浑《天街晓望》："关防浮瑞气，宫馆耀神光。"罗隐《定远楼》："近日关防虽弛柝，旧时栏槛尚侵云。"贯休《古塞下曲七首》之六："榆叶飘萧尽，关防烽寨重。"❷守关防边。钱起《奉送户部李郎中充晋国副节度出塞》："关防驱使节，花月眷离筵。"

【關羽】 汉末三国蜀国大将。字云长，河东解(今山西临猗县)人。郎士元有《关羽祠送高员外还荆州》。

【關決】 参与决策。无名氏《国学新修五经壁歌并记》："时余为礼部郎，凡瞽宗之事，得以关决。"

【關東】 ❶指函谷关、潼关以东地区。王维《冬日游览》："渭北走邯郸，关东出函谷。"李涉《送魏简能东游二首》之一："献赋论兵命未通，却乘羸马出关东。"姚合《成名后留别从兄》："却出关东悲复喜，归寻弟妹别仁兄。"薛能《酬泗州韦中丞埇上日寄赠兼次本韵》："何意杜陵怀宝客，也随迷路出关东。"❷指洛阳。骆宾王《畴昔篇》："忽闻驿使发关东，传道天波万里通。"韦应物《酬元伟过洛阳夜燕》："三载寄关东，所欢皆远违。"白居易《答苏庶子》："偶作关东使，重陪洛下游。"姚合《和裴令公游南庄忆白二十韦七二宾客》："关东分务重，天下似公难。"

【關命】 与寿命或命运有关。顾朝阳《王昭君》："妾死非关命，都缘怨断肠。"杜荀鹤《雪中别诗友》："未遇应关命，侯门处处开。"

【關念】 关心挂念。张子明《孤雁》："江南塞北俱关念，两地飞归是故乡。"齐己《闭门》："外事休关念，灰心独闭门。"

【關河】 ❶关隘河川，山川。李白《夕霁杜陵登楼寄韦繇》："原野旷超缅，关河纷杂重。"贾岛《寄宋州田中丞》："古郡近南徐，关河万里余。"李商隐《戏赠张书记》："星汉秋方会，关河梦几还。"刘沧《晚秋洛阳客舍》："未成归计关河阻，空望白云乡路赊。"❷特指函谷关与黄河等。杨炯《和酬虢州李司法》："唇齿标形胜，关河壮邑居。"杜审言《和李大夫嗣真奉使存抚河东》："城阙周京转，关河陕服连。"储光羲《赴冯翊作》："葱茏墟落色，泱漭关河气。"刘长卿《郧上送韦司士归上都旧业》："西去茫茫问归路，关河渐近泪盈巾。"章碣《焚书坑》："竹帛烟销帝业虚，关河空锁祖龙居。"

【關門】 ❶城关或关口之门。崔曙《九日登望仙台呈刘明府容》："关门令尹谁能识，河上仙翁去不回。"王维《送李太守赴上洛》："驿路飞泉洒，关门落照深。"张祜《晚秋潼关西门作》："关门西去华山色，秦地东来河水声。"汪遵《函谷关》："当时若不听弹铗，那得关门半夜开。"❷关上门，把门关上。岑参《六月三十日水亭送华阴王少府还县》："关门劳夕梦，仙掌引归骖。"贯休《桐江闲居作十二首》之五："人谁知此意，日日只关门。"

【關城】 ❶关塞上的城堡。杨师道《陇头水》："陇头秋月明，陇水带关城。"王无竞《灭胡》："斗军却不进，关城势已孤。"陈去疾《塞下曲》："晓来重上关城望，惟见惊尘不见家。"姚合《送李琮归灵州觐省》："塞树花开小，关城雪下偏。"❷设有关隘的城市。杨凝《送客往鄜州》："晓上关城吟画角，暗驰羌马发支兵。"牟融《送罗约》："月明野店闻鸡早，花暗关城匹马迟。"赵嘏《长洲》："明发还驱马，关城见日曛。"罗隐《早登新安县楼》："关城树色齐，往事未全迷。"

【關盼盼】 人名。生卒年不详。德宗贞元间礼部尚书徐州刺史张愔之爱妓。愔卒后，盼盼独居燕子楼十余年。《全唐诗》存其诗四首，断句工，其中《燕子楼》诗三首，实为张仲素诗；另一首及断句，亦为后人依托之作。《全唐诗》以关盼盼为张建封爱妓，后经宋陈振孙《白文公年谱》考证，实为其子张愔之爱妓。

【關亭】 设在关隘处的驿亭。孙逖《冬末送魏起居赴京》："驿骑朝丹阙，关亭望紫烟。"薛能《送刘驾归京》："为宿关亭日，苍苍晓欲临。"韦庄《梦入关》："梦中乘传过关亭，南望莲峰簇簇青。"

【關扃】 谓可以扼守的关隘山岭。李涉《题连云堡》："由来天地有关扃，断壑连山接杳冥。"

【關郡】 即郡城。因有城关，故称。韦应物《送渑池崔主簿》："暮雨投关郡，春风别帝城。"又《送姚孙还河中》："几日投关郡，河山对掩扉。"

【關鬲】 (—gé)指胸腹之间。杜甫《秋日阮隐居致薤三十束》："衰年关鬲冷，味暖并无忧。"

【關原】 边关原野。刘长卿《至德三年春正月时谬蒙差摄海盐令闻王师收二京》："关原驰万骑，烟火乱千甍。"

【關旆】 城关上的旗旆。苏晋《奉和圣制送张说巡边》："皇情怅关旆，诏饯列郊筵。"

【關紐】 关键、枢纽之处。借指弦乐器上的转轴。杜牧《张好好诗》："繁弦迸关纽，塞管裂圆芦。"

【關國】 乡关故国。武元衡《送魏正则擢第归江陵》："关国通秦限，波涛隔汉川。"

【關情】 ❶动情，牵挂情怀。杨师道《阙题》："二月桑津期结伴，三春淇水逐关情。"权德舆《送殷卿罢举归淮南旧居》："惆怅中年群从少，相看欲别倍关情。"陆龟蒙《又酬次韵》："酒香偏入梦，花落又关情。"郑谷《郊墅》："满野红尘谁得路，连天紫阁独关情。"❷关心。崔峒《送苏修游上饶》："世事关情少，渔家寄宿多。"施肩吾《寄王少府》："多谢蓝田王少府，人间诗酒最关情。"李商隐《华岳下题西王母庙》："神仙有分岂关情，八马虚随落日行。"姚岩杰《报颜标》："眼前俗物关情少，醉后青山入意多。"

【關梁】 关隘和桥梁。或泛指险峻要隘之处。卢照邻《大剑送别刘右史》："金碧禺山远，关梁蜀道难。"张九龄《登荆州城楼》："枕席夷三峡，关梁豁五湖。"独孤及《代书寄上裴六冀刘二颍》："关梁限天险，欢乐竟两绝。"武元衡《台中题壁》："雀声愁霰雪，鸿思恨关梁。"

【關閉】 使打开的物体合闭。亦借指隐居，不与外界往来。贯休《桐江闲居作十二首》之十："芙蓉峰里居，关闭复何如。"

【關張】 三国蜀名将关羽与张飞的并称。杜甫《谒先主庙》："孰与关张并，功临耿邓亲。"李商隐《筹笔驿》："管乐有才终不忝，关张无命欲何如。"

【關楗】 门闩。韩愈《赠别元十八协律六首》之一："金石出声音，宫室发关楗。"

【關雎】 《诗·周南》篇名。为全书首篇。代指正始之音。吴兢《永泰公主挽歌二首》之一："关雎方作训，鸣凤自相求。"元稹《去杭州》："返拜之仪自此绝，关雎之化皎不昏。"刘叉《狂夫》："不读关雎篇，安知后妃德。"薛能《寓题》："淫哇满眼关雎弱，犹贺清朝有此身。"

【關路】 通向关城的大道。李白《谒老君庙》："流沙丹灶灭，关路紫烟沉。"刘禹锡《和令狐相公入潼关》："寒光照旌节，关路晓无尘。"马戴《酬李景章先辈》："莺啼细柳临关路，燕接飞花绕汉宫。"杜荀鹤《下第出关投郑拾遗》："杏园人醉日，关路独归时。"

【關試】 经唐代礼部进士或明经考试及第后，士子还须再经吏部考试，叫关试。关试及格后，始由吏部分任官职。曹邺有《关试前送进士姚潜下第归南阳》，杜荀鹤有《关试后筵上别同人》。参见"春關"。

【關意】 在意，放在心上。杜牧《池州送孟迟先辈》："离别岂足更关意，衰老相随可奈何。"

【關雍】 即关中地区。雍，雍州，东汉初以关中地置，晋沿置，治长安。唐武德元年(618)复置，为上都。张说《夕宴房主簿舍》："岁晏关雍空，风急河渭冰。"

【關塞】 (—sài)边塞，边关。太宗《咏风》："萧条起关塞，摇扬下蓬瀛。"刘长卿《闻虞沔州有替将归上都登汉东城寄赠》："早雁初辞旧关塞，秋风先入古城池。"李商隐《怀求古翁》："关塞犹传箭，江湖莫系船。"刘沧《秋夕山斋即事》："雁飞关塞霜初落，书寄乡闾人未回。"

【關輔】 关中与三辅的合称。相当于今陕西关中地区。三辅，西汉时于京畿之地所设的京兆尹、左冯翊、右扶风的合称。其后政区划分虽有更改，但直至唐代，习惯上仍称其地为三辅。徐彦伯《拟古三首》之三："弱年仕关辅，簃门豁御沟。"李白《登黄山凌歊台送族弟溧阳尉济充泛舟赴华阴》："漕引救关辅，疲人免涂泥。"杜甫《建都十二韵》："衣冠空穰穰，关辅久昏昏。"王建《送韦处士老舅》："自从出关辅，三十年作客。"

【關樓】 城楼。建筑于城门之上的楼阁。岑参《五月四日送王少府归华阴》："仙掌分明引马头，西看一点是关楼。"苗晋卿《奉和圣制早登太行山中言志》："关楼前望远，河邑下观平。"

【關橋】 建筑在护城河上通向关门的桥梁。卢纶《同赵进马元阳春日登长春宫古城望河中因寄郑损仓曹》："城头春霭晓濛濛，指望关桥满袖风。"

【關頭】 边关之地。崔融《从军行》："关头落月横西岭，塞下凝云断北荒。"李端《关山月》："露湿月苍苍，关头榆叶黄。"章孝标《闻角》："关头老马嘶看月，碛里疲兵泪湿衣。"薛能《一叶落》："无双浮水面，孤绝落关头。"

【關鍵】 ❶门闩。陆龟蒙《杂讽九首》之二："斯为朽关键，怒荦抉以入。"❷比喻事物的要害之处。徐铉《寄江都路员外》："已纵乖慵为傲吏，有何关键制豪胥。"吕岩《三字诀》："大关键，在颠倒。"

【關鎖】 门锁。李颀《无尽上人东林禅居》："且愿启关锁，于焉微尚存。"孟郊《吊元鲁山》之六："当宵无关锁，竟岁饶歌吟。"林宽《送升道靖恭相公分司》："星沉关锁冷，鸡唱驿灯残。"褚载《定鼎门》："须知道德无关锁，一闭乾坤一万年。"

【關懷】 关心，挂念。崔涂《赠休粮僧》："闻钟独不斋，何事更关怀。"

【關關】 ❶鸟类雌雄相和的鸣声。后多泛指鸟鸣声。韦应物《拟古诗十二首》之二："黄鸟何关关，幽兰亦靡靡。"白居易《酬元员外三月三十日慈恩寺相忆见寄》："怅望慈恩三月尽，紫桐花落鸟关关。"贯休《春送僧》："蜀魄关关花雨深，送师冲雨到江浔。"韦庄《云散》："云散天边落照和，关关春树鸟声多。"❷喻指后妃的美德。薛能《恭禧皇太后挽歌词三首》之二："国人伤莫及，应只咏关关。"参见"關雎"。❸借指《关雎》篇名。齐己《寄勉二三子》："君闻国风否，千载咏关关。"❹借指以《诗经》为代表的诗歌传统或优秀诗篇。钱起《暇日览旧诗因以题咏》："逍遥心地得关关，偶被功名涴我闲。"薛能《献仆射相公》："致却垂衣更何事，几多诗句咏关关。"参见"關雎"。

【關繻】 出入关隘的帛制凭证。后遂用作咏潼关或过关的典故。薛能《长安道》："关繻古若在，山岳累应成。”

【關隴】 指关中和甘肃东部陇山一带地区。骆宾王《早秋出塞寄东台详正学士》：“溪月明关陇，戎云聚塞垣。”董思恭《咏琵琶》：“空余关陇恨，因此代相思。”无可《送田中丞使西戎》：“关陇风回首，河湟雪洒旗。”

【關鑰】 门关钥匙，锁钥。刘禹锡《华山歌》：“天资帝王宅，以我为关钥。”

十二画

闥 〔tà《广韵》他達切，入曷，透。〕❶门，门户。高适《题尉迟将军新庙》：“晨光上阶闼，杀气翻旌旗。”杜甫《七月三日亭午已后较热退晚加小凉稳睡有诗因论壮年乐事戏呈元二十一曹长》：“欻思红颜日，霜露冻阶闼。”❷宫门。陆敬《游清都观寻沈道士得都字》：“聊排灵琐闼，徐步入清都。”独孤及《代书寄上李广州》：“几时复旋归，入践青琐闼。”权德舆《奉和许阁老酬淮南崔十七端公见寄》：“炉烟霏琐闼，宫漏滴铜壶。”令狐楚《宫中乐五首》之五：“九重青琐闼，百尺碧云楼。”❸借指宫殿。李白《古风》之三七：“浮云蔽紫闼，白日难回光。”刘禹锡《为郎分司寄上都同舍》：“省闼昼无尘，宫树朝凝碧。”韦庄《和郑拾遗秋日感事一百韵》：“紫闼重开序，青衿再设庠。”❹内房。杜牧《池州送孟迟先辈》：“溪山好画图，洞壑深闺闼。”

闠 〔huì《广韵》胡對切，去隊，匣。〕市区的门。元稹《台中鞫狱忆开元观旧事呈损之兼赠周兄四十韵》：“驱令选科目，若在阛与阓。”李贺《感讽五首》之四：“晓思何谚谚，阛阓千人语。”

闡 〔chǎn《广韵》昌善切，上獮，昌。〕❶开，打开。白居易《严十八郎中在郡日改制东南楼聊成十韵兼戏寄严》：“看山倚前户，待月阐东扉。”《郊庙歌辞·享太庙乐章·崇德舞》：“叶阐珠囊，基开玉镜。”❷显露，显示。程行谌《奉和圣制送张说上集贤学士赐宴》：“象系微言阐，诗书至道该。”孔德绍《登白马山护明寺》：“成象建环极，大壮阐规模。”李峤《布》：“孙被登三相，刘衣阐四方。”张说《登九里台是樊姬墓》：“志阐三折后，愁值二毛前。”❸发扬光大。孟浩然《荆门上张丞相》：“召南风更阐，丞相阁还开。”权德舆《奉和圣制九月十八日赐百僚追赏因书所怀》：“春藻下中天，湛恩阐文明。”❹阐明，阐发。《郊庙歌辞·中宗祀昊天乐章·中宫助祭升坛》：“坤元光至德，柔训阐皇风。”明皇《春晚宴两相及礼官丽正殿学士探得风字》序：“神祇歆其禋祀，庠序阐其经术。”李峤《豹》：“车法肇宗周，鞶文阐大猷。”

【闡士】 僧人。李白《登巴陵开元寺西阁赠衡岳僧方外》：“衡岳有阐士，五峰秀真骨。”

【闡化】 阐扬教化。《郊庙歌辞·享节愍太子庙乐章·送文舞出迎武舞人》：“邕邕阐化凭文德，赫赫宣威借武功。”

【闡提】 佛教语。梵文一阐提的略称。意为不具信或断善根。指断绝一切善根的人。司空图《与伏牛长老偈二首》之一：“不算菩提与阐提，惟应执着便生迷。”

闒 〔tà《集韵》敵盍切，入盍，定。〕物下投貌。见“闒闒”。

【闒闒】 物下投貌。韩愈《南山诗》：“敷敷花披萼，闒闒屋摧溜。”

闖 强闯。樊宗师《蜀绵州越王楼诗》：“危楼倚天门，如闖星辰宫。”

闟 〔wěi《广韵》韋委切，上紙，云。〕辟，开门。见“闟敗”。

【闟敗】 谓破门而入。李商隐《骄儿诗》：“归来学客面，闟败秉爷笏。”

十三画

闤 〔huán《广韵》户關切，平删，匣。〕❶环绕市区的墙。白居易《和微之诗二十三首·和栉沐寄道友》：“始出里北闬，稍转市西阛。”❷市巷。李白《南都行》：“白水真人居，万商罗鄽阛。”元稹《台中鞫狱忆开元观旧事呈损之兼赠周兄四十韵》：“驱令选科目，苦在阛与阓。”

【闤闠】 ❶街市，街巷。李峤《市》：“阛阓开三市，旗亭起百寻。”李贺《感讽五首》之四：“晓思何谚谚，阛阓千人语。”白居易《东南行一百韵》：“水市通阛阓，烟村混舳舻。”❷里巷，民间。刘叉《雪车》：“孰云润泽在枯荄，阛阓饿民冻欲死。”贯休《上孙使君》：“袴襦砧动地，父母歌阛阓。”

闢 〔pì《广韵》房益切，入昔，並。〕❶开启门户。明皇《野次喜雪》：“拂曙辟行宫，寒皋野望通。”徐安贞《闻邻家理筝》：“银锁重关听未辟，不如眠去梦中看。”李竦《长至日上公献寿》：“候晓金门辟，乘时玉历长。”韦庄《放榜日作》：“一声开鼓辟金扉，三十仙材上翠微。”贯休《春送禅师归闽中》：“大化宗门辟，孤禅海树凉。”❷开，劈开。孟浩然《咏春》：“雾辟天光远，春回日道临。”王棨《省题诗二十一首·曲江春望》：“宝塔摇铃铎，云楼辟璅窗。”韦应物《龙门游眺》:“凿山导伊流,中断若天阙。”❸开辟。韦承庆《直中书省》:“大造乾坤阙,深恩雨露垂。”李白《九日登巴陵置酒望洞庭水军》:“造化阙川岳,了然楚汉分。”陆龟蒙《江南秋怀寄华阳山人》:“帝道将云阙,浇波渐砥平。”李商隐《五言述德抒情诗一首四十韵献上杜七兄仆射相公》:“即时贤路阙,此夜泰阶平。”❹开拓。杨巨源《上刘侍中》:“深入平夷落,横行阙汉疆。”柳宗元《咏史》:“悠哉阙疆理,东海漫浮云。”❺开垦。杜甫《郑典设自施州归》:“乃闻风土质,又重田畴阙。”权德舆《仲秋朝拜昭陵》:“鸟飞田已阙,龙去云犹簇。”孟郊《吊元鲁山》之六:“竞来阙田土,相与耕嵚岑。”白居易《和答诗十首·和古社》:“旧地葺村落,新田阙荒莱。”李德裕《寒食日三殿侍宴奉进诗一首》:“野平惟有麦,田阙久无蒿。”❻驱除,摒除。李颀《杂兴》:“行人夜秉生犀烛,洞照洪深阙滂湃。”❼通避。回避。韦应物《送崔押衙相州》:“白刃千夫阙,黄金四海同。”刘驾《出门》:“况今阙公道,安得不踌躇。”

【闢户】 开门。顾况《寄淮上柳十三》:“苇萧中阙户,相映绿淮流。”

【闢户開門】 开辟门户。韩翃《送客之江宁》:“千閭万井无多事,阙户开门向山翠。”

【闢田】 开垦田地。戎昱《赠宜阳张使君》:“旧郭多新室,闲坡尽阙田。”

阜　部

阜 〔fù《广韵》房久切，上有，奉。〕❶土山。亦泛指山。李颀《裴尹东溪别业》："庭竹垂卧内，村烟隔南阜。"耿沣《送太仆寺李丞赴都到桃林塞》："曲河随暮草，重阜接闲云。"刘禹锡《和浙西李大夫晚下北固山怀古和依本韵》："种松夹石道，纡组临沙阜。"韦庄《信州西三十里山名仙人聊赋是诗》："群峰若侍从，众阜如婴提。"❷敦厚，淳厚。张说《奉和圣制暇日与兄弟同游兴庆宫作应制》："问俗兆人阜，观风五教宣。"则天皇后《唐明堂乐章·皇帝行》："远安迩肃，俗阜时和。"白居易《奉和汴州令狐令公二十二韵》："俗阜知敦劝，民安见察廉。"崔铉《进宣宗收复河湟诗》："共遇圣明千载运，更观俗阜与时和。"❸丰盛富庶，多。魏征《五郊乐章·白帝商音》："岁功既阜，庶类收成。"李峤《晚秋喜雨》："九农欢岁阜，万宇庆时休。"杜审言《扈从出长安应制》："省方称国阜，问道识风淳。"

【阜财】 厚积财物，使财物丰富。阜，盛。汉扬雄《法言·孝至》："君人者，务在殷民阜财，明道信义。"元稹《桐花》："中有阜财语，勿受来献赊。"

【阜鄉舄】 仙人之鞋。刘禹锡《游桃源一百韵》："枕中淮南方，床下阜乡舄。"

三　画

阡 〔qiān《广韵》蒼先切，平先，清。〕❶田间南北向的小路。亦泛指田间小路。见《文选·潘岳〈藉田赋〉》。韦应物《晚归澧川》："南岭横爽气，高林绕遥阡。"颜真卿、清昼《三言重拟五杂组联句》："五杂组，四豪客。往复还，阡与陌。"柳宗元《田家三首》之一："蓐食徇所务，驱牛向东阡。"白居易《西原晚望》："南阡有烟火，北陌连墟墓。"❷道路。宋昱《樟亭观涛》："艅艎从陆起，洲浦隔阡通。"刘长卿《登吴古城歌》："荒阡断兮谁重过，孤舟逝兮愁若何。"王建《早登西禅寺阁》："沙湾漾水图新粉，绿野荒阡晕色缯。"吴融《过九成宫》："凤辇东归二百年，九成宫殿半荒阡。"❸坟冢，坟墓。王维《恭懿太子挽歌五首》之一："虽蒙绝驰道，京兆别开阡。"杜甫《秋日夔府咏怀奉寄郑监李宾客一百韵》："共谁论昔事，几处有新阡。"刘禹锡《哭庞京兆》："天上别归京兆府，人间空数茂陵阡。"姚合《文宗皇帝挽词三首》之三："彻奠新阡起，登山吉从全。"

【阡陌】 田间的道路。杨炯《早行》："阡陌经三岁，闾阎对五家。"李白《宣州九日寄崔侍御二首》之一："日暮岸帻归，传呼隘阡陌。"杜甫《北征》："靡靡逾阡陌，人烟眇萧瑟。"韩偓《春闷偶成十二韵》："阡陌悬云壤，阑畦隔艾芝。"

四　画

阮 〔ruǎn《广韵》虞遠切，上阮，疑。〕姓。杜牧《自遣》："嗜酒狂嫌阮，知非晚笑蘧。"许浑《哭杨攀处士》："嵇阮没来无酒客，应刘亡后少诗人。"见"阮咸""阮籍"。

【阮元瑜】 元瑜，东汉末文学家阮瑀字。为曹操掌记室，善撰军国书檄。后因以喻指执掌文书的官员。杜甫《送蔡希曾都尉还陇右因寄高三十五书记》："因君问消息，好在阮元瑜。"白居易《醉送李协律赴湖南辟命因寄沈八中丞》："不羡君官羡君幕，幕中收得阮元瑜。"

【阮太守】 晋阮咸官始平太守，以妙解音律著称。后遂用以喻指善解音乐的人。皎然《奉和裴使君清春夜南堂听陈山人弹白雪》："方知阮太守，一听识其微。"

【阮公】 指三国魏阮籍。皇甫冉《题高云客舍》："阮公道在醉，庄子生常养。"孟郊《哭李观》："阮公终日哭，寿命固难长。"贾岛《题郑常侍厅前竹》："万顷歌王子，千竿伴阮公。"许浑《下第贻友人》："马氏识君眉最白，阮公留我眼长青。"

【阮公嘯臺】 阮公，指晋阮籍。阮公啸台，在今河南辉县西北苏门山上。包融有《阮公啸台》。

【阮公體】 阮公，指晋阮籍。籍有《咏怀》诗八十二首，其内容或嗟生状时，或疾邪刺世，多感慨之词，均为五言诗。籍之后，有庾信《拟咏怀》、陈子昂《感遇》和李白《古风》，皆取法阮籍之《咏怀》，遂形成一种抒发现实感慨的诗歌体。阮公体，指此。刘禹锡有《学阮公体三首》。

【阮氏】 指晋阮籍。岑参《送崔全被放归都觐省》："来倾阮氏酒，去着老莱衣。"

【阮氏子】 指阮咸，阮籍侄。卢象《家叔征君东溪草堂二首》之一："未暇扫云梯，空惭阮氏子。"

【阮氏酒】 为与家人共集畅饮之典。岑参《送崔全被放归都觐省》："来倾阮氏酒，去着老莱衣。"

【阮生】 指晋阮籍。杜牧《自宣州赴官入京路逢裴坦判官归宣州因题赠》："一醉六十日，古来闻阮生。"元孚《月夜怀刘秀才》："独夜相思但自劳，阮生吟罢梦云涛。"

【阮生集】 阮籍与其侄阮咸同预竹林七贤之游。后遂以阮生集喻指叔侄与好友欢集。刘长卿《奉陪郑中丞自宣州解印与诸侄宴余干后溪》："林中阮生集，池上谢公题。"

【阮仲容】 即阮咸，字仲容，阮籍之侄，竹林七贤之一。李端《奉和秘书元丞杪秋忆终南旧居》："白社陶元亮，青云阮仲容。"

【阮宅】 见"阮巷"。

【阮步】 见"阮步兵"。

【阮步兵】 三国名士阮籍曾任步兵校尉，故称。高适《酬秘书弟兼寄幕下诸公》："应知阮步兵，惆怅此途穷。"元稹《病减逢春期白二十二辛大不至十韵》："琴待嵇中散，杯思阮步兵。"聂夷中《饮酒乐》："安得阮步兵，同入醉乡游。"罗隐《寄杨秘书》："萧萧檐雪打窗声，因忆江东阮步兵。"亦省称阮步。高适《同诸公登慈恩寺浮图》："盛时惭阮步，末宦知周防。"

【阮孚蠟屐】 晋阮孚好屐成癖，亲自用蜡涂屐。李瀚《蒙求》："阮孚蜡屐，祖约好财。"见"阮家屐"。

【阮林】 三国魏阮籍与其侄阮咸同预竹林七贤之游。后遂以阮林为叔侄与亲朋欢聚之地。卢僎《稍秋晓坐阁遇舟东下扬州即事寄上族父江阳令》："称觞阮林下，赋雪谢庭幽。"

【阮放八雋】 东晋名士阮放。字思度，曾任吏部郎，性情清约，常说老庄，与羊曼等人号称兖州八隽。李瀚《蒙求》："阮放八隽，江惪四凶。"

【阮郎】 ❶传说东汉时刘晨、阮肇入天台山采药，遇二仙女资质绝妙，留居半年，归来世上已过七世。后遂以阮郎为游仙艳遇的典故。亦借指与丽人结缘之男子。刘长卿《过白鹤观寻岑秀才不遇》："应向桃源里，教他唤阮郎。"张子容《送苏倩游天台》："遥知神女问，独怪阮郎归。"秦系《题女道士居》："共知仙女丽，莫是阮郎妻。"武元衡《代佳人赠张郎中》："心爱阮郎留不住，独将珠泪湿红铅。"❷指晋阮咸。李商隐《七夕偶题》："明朝晒犊鼻，方信阮郎贫。"见"阮家贫"。

【阮郎歸】 词牌名。以神话传说刘晨、阮肇遇仙女复归事而得名。又名《酬桃源》《宴桃源》等。双调，九句，四十七字，上下片名四平韵。南唐后主李煜有《阮郎归》词一首。冯延巳有《阮郎归》词二首。

【阮郎迷】 喻指贪恋女色、迷不知返。李冶《送阎二十六赴剡县》："归来重相访，莫学阮郎迷。"

【阮始平】 即阮咸。曾官始平太守。古指外放的地方官。独孤及《贾员外处见中书贾舍人巴陵诗集览之怀旧代书寄赠》："适逢阮始平，立马问长安。"

【阮巷】 指叔侄之居。杜甫《宴忠州使君侄宅》："自须游阮巷，不是怕湖滩。"权德舆《送二十叔赴任余杭尉》："梅仙归剧县，阮巷奏离琴。"亦作"阮宅"。李端《题从叔沆林园》："阮宅闲园暮，窗中见树阴。"

【阮咸】 西晋名士、音乐家。字仲容。陈留尉氏(今河南开封市)人。竹林七贤之一。阮籍从子，人称小阮。放荡不拘礼法。精通音乐，善弹琵琶。历官散骑常侍，补始平太守。李端《寄上舍人叔》："阮咸虽别巷，遥识此时心。"杨巨源《春日送沈赞府归浔阳觐叔父》："浔阳阮咸宅，九派竹林前。"韦庄《鄠杜旧居二首》之一："阮咸贫去田园尽，向秀归来父老稀。"

【阮修】 晋人。字宣子，性简任。常步行外，挂百钱于杖头，遇酒店，便独自畅饮，致使家无儋石之储。温庭筠《感旧陈情五十韵献淮南李仆射》："宦无毛义檄，婚乏阮修钱。"

【阮禹】 三国魏尉氏人。字元瑜。擅表章书疏。事曹操为司空军谋祭酒，掌记室。李中《赠海上书记张济员外》："阮瑀不能专笔砚，嵇康唯要乐琴尊。"

【阮宣杖頭】 详见"阮修"。李瀚《蒙求》："阮宣杖头，毕卓瓮下。"

【阮客】 不详姓名。缙云(今浙江永康市)之隐者。李阳冰《阮客旧居》："阮客身何在，仙云洞口横。"

【阮途】 见"阮籍途"。

【阮家】 ❶见"阮巷"。戴叔伦《送李审之桂州谒中丞叔》："到日应文会，风流胜阮家。"卢纶《酬赵少尹戏示诸侄元阳等因以见赠》："谬入阮家逢庆乐，竹林因得奉壶觞。"李端《送张淑归觐叔父》："阮家今夜乐，应在竹林间。"❷指三国魏阮瑀家。郎士元《送李敖湖南书记》："怜君才与阮家同，掌记能资亚相雄。"❸指传说中东汉刘晨家。杜牧《宿东横山濑》："谩向仙林宿，无人识阮家。"❹指晋阮孚家。见"阮家屐"。

【阮家子】 指阮籍。鲍溶《寓兴》："那言阮家子，更作穷途恸。"

【阮家屐】 晋阮孚，性好屐，尝自蜡屐，并慨叹曰："未知一生当着几量屐!"后遂借指木屐。王维《谒璿上人》："床下阮家屐，窗前筇竹杖。"

【阮家貧】 为家庭贫寒之典。王维《郑果州相过》："中厨办粗饭，当恕阮家贫。"司空曙《闲园即事寄暕公》："近水方同梅市隐，曝衣多笑阮家贫。"白居易《酬郑二司录与李六郎中寒食日相过同宴见赠》："迎接须矜疏傅老，只供莫笑阮家贫。”

【阮家會】 喻指叔侄与亲友聚会。武元衡《闻严秘书与正字及诸客夜会因寄》：“闻道今宵阮家会，竹林明月七人同。”参见“阮生集”。

【阮家裔】 指阮肇。参见“阮郎❶”。鲍溶《游山》：“不见金板书，谁知阮家裔。”

【阮瑀】 东汉末文学家，字元瑜，建安七子之一。陈留尉氏（今河南开封市）人。初受业于蔡邕，后为曹操司空军谋祭酒，管记室。善作书檄。唐诗中常用以比拟执掌文书或摹写公文的官员。杜甫《赠田九判官》：“陈留阮瑀谁争长，京兆田郎早见招。”钱起《赋得青城山歌送杨杜二郎中赴蜀军》：“星台二妙逐王师，阮瑀军书王粲诗。”方干《寄台州孙从事百篇》：“梅真入仕提雄笔，阮瑀从军着彩衣。”又《山中言事八韵寄李支使》：“阮瑀如能问寒馁，风光当日入沧洲。”

【阮嗣宗】 三国魏阮籍字。贯休《阳春曲》：“为口莫学阮嗣宗，不言是非非至公。”

【阮肇】 传说中东汉人。谓其与刘晨一起入天台山采药，遇仙女。韩偓《梦仙》：“每嗟阮肇归何速，深羡张骞去不疑。”齐己《寄武陵道友》：“阮肇迷仙处，禅门接紫霞。”见“阮郎❶”。

【阮瞻三語】 晋阮瞻，阮咸之子，清虚寡欲。见王戎，戎问曰：“圣人贵名教，老庄明自然。其旨同异?”瞻曰：“将无同。”即命辟之。时人谓之“三語掾”。李瀚《蒙求》：“季布一诺，阮瞻三语。”

【阮簡曠達】 阮籍之子。李瀚《蒙求》：“阮简旷达，袁耽俊迈。”

【阮籍】 三国时魏著名诗人。字嗣宗。陈留尉氏（今河南开封市）人。阮瑀子。曾为步兵校尉，世称阮步兵。生当魏晋乱世，感时伤乱，又惧被祸，遂纵酒谈玄。与嵇康、山涛、向秀、刘伶、阮咸、王戎交游甚密，人称竹林七贤。王绩《田家三首》之一：“阮籍生涯懒，嵇康意气疏。”杜甫《秦州杂诗二十首》之一五：“阮籍行多兴，庞公隐不还。”李端《晚春过夏侯校书值其沉醉戏赠》：“阮籍供琴韵，陶潜余秫田。”韦庄《旅中感遇寄呈李秘书昆仲》：“刘桢病后新诗少，阮籍贫来好客稀。”

【阮籍途】 三国魏名士阮籍感哀时事，心情郁闷，时率意独驾，不由径路，车迹所穷，辄恸哭而返。后遂以阮籍途喻指令人悲哀的末路。杜甫《早发射洪县南途中作》：“茫然阮籍途，更洒杨朱泣。”贾至《送王员外赴长沙》：“共叹虞翻枉，同悲阮籍途。”亦作“阮途”。李端《赠薛戴》：“遂矜丘室重，不料阮途穷。”吴融《赴阙次留献荆南成相公三十韵》：“只惭燕馆盛，宁觉阮途穷。”罗邺《闻友人入越幕因以诗赠》：“正哭阮途归未得，更闻江笔赴嘉招。”

阯 〔zhǐ《广韵》諸市切，上止，章。〕❶同“址”。基址。王勃《上巳浮江宴韵得阯字》：“披观玉京路，驻赏金台阯。”元稹《谕宝二首》之一：“泥封泰山阯，水散旱天霖。”❷同“沚”。水中小洲。储光羲《同诸公秋霁曲江俯见南山》：“山戛浴兰阯，水若居云屏。”韦应物《始至郡》：“洪流荡北阯，崇岭郁南圻。”

阸[1] 〔è《集韵》乙革切，入麥，影。〕❶困厄，痛苦。刘叉《雪车》：“依违用事佞上方，犹驱饿民运造化防暑阸。”❷扼守，据守。李益《北至太原》：“南阸羊肠险，北走雁门寒。”

阸[2] 〔ài《集韵》烏懈切，去卦，影。〕高峻。窦庠《东都嘉量亭献留守韩仆射》：“庾亮楼何阸，陈蕃榻更崇。”

阬 〔kēng《广韵》客庚切，平庚，溪。〕同“坑”。❶洼地。拾得《诗》之一九：“前车既落阬，后车须改辙。”❷喻指陷井。寒山《诗三百三首》之二五二：“痴属根本业，无明烦恼阬。”❸活埋。李德裕《离平泉马上作》：“黑山永破和亲虏，乌领全坑跋扈臣。”

防 〔fáng《广韵》符方切，平陽，奉。又符况切，去漾，奉。〕❶堤坝。高适《自淇涉黄河途中作十三首》之十：“激潏陵堤防，东郡多悲辛。”❷射防，古代射场的界限。李峤《奉和杜员外扈从教阅》：“菜田初起烧，兰野正开防。”❸保证，保障。王湾《晚春诣苏州敬赠武员外》：“爰从姻娅贬，岂失忠信防。”❹戒备，防备。张谓《官舍早梅》：“摘子防人到，攀枝畏鸟惊。”王建《寄贺田侍中东平功成》：“密招残寇防人觉，遥斩元凶恐自专。”白居易《文柏床》：“虽充悦目玩，终乏周身防。”❺防止，防备。杜甫《早起》：“帖石防隤岸，开林出远山。”韩愈《答张彻》：“防泄堑夜塞，惧冲城昼扃。”贺朝《宿香山阁》：“朱网防栖鸽，纱灯护夕虫。”孟郊《秋怀》之七：“防深不防露，此意古所箴。”❻防卫，防御。李峤《奉使筑朔方六州城率尔而作》：“制为百王式，举合千载防。”杜甫《忆昔二首》之一：“出兵整肃不可当，为留猛士守未央。”李益《边思》：“腰悬锦带佩吴钩，走马曾防玉塞秋。”许棠《失题》：“惟闻防虏寇，不语暗伤神。”❼预防，防范。张籍《书怀寄王秘书》：“只于触目须防病，不拟将心更养愁。”柳宗元《弘农公以硕德伟材屈于诬枉谨献诗五十韵以毕微志》：“细故谁留念，烦言肯过防。”❽关防。韦庄《天井关》：“劚开岚翠为高垒，截断云霞作巨防。”❾山名。在今山东曲阜市东，孔子父母合葬于防，即此。参见“防墓”。

【防川】 制止洪水的泛滥。泛指防止水患。杜甫《临邑舍弟书至苦雨》：“舍弟卑栖邑，防川领簿曹。”

【防吏】 担任防守任务的小官。张籍《伤歌行》："邮夫防吏急喧驱，往往惊堕马蹄下。"

【防戍】 防守边境。元稹《酬乐天东南行诗一百韵》："防戍兄兼弟，收田妇与姑。"沈彬《入塞二首》之一："半夜翻营旗搅月，深秋防戍剑磨风。"

【防拒】 指防御工事。宋璟《蒲津迎驾》："防拒连山险，长桥压水平。"

【防兵】 ❶驻防的士兵。许棠《夏州道中》："无蝉嘶折柳，有寇似防兵。"❷防身的兵器。许棠《出塞门》："步步经戎虏，防兵不离身。"

【防身】 预防身体受到伤害，防止自己受到侵害。太宗《伤辽东战亡》："防身岂乏智，殉命有余忠。"李华《咏史十一首》之四："得罪因怀璧，防身辄控弦。"司空曙《送郑明府贬岭南》："猜嫌成谪宦，正直不防身。"孟简《咏欧阳行周事》："防身本苦节，一去何由还。"

【防苗】 即防秋。郑谷《寄边上从事》："浅山寒放马，乱火夜防苗。"

【防河】 在黄河以北设防。杜甫《兵车行》："或从十五北防河，便至四十西营田。"又《秦州杂诗二十首》之六："防河赴沧海，奉诏发金微。"李端《送彭将军云中觐兄》："略地关山冷，防河雨雪稠。"马戴《关山曲二首》之二："木落防河急，军孤受敌偏。"

【防胡】 防御北方和西方部族入侵。胡曾《咏史诗·长城》："不知祸起萧墙内，虚筑防胡万里城。"

【防秋】 唐时突厥、吐蕃等常秋日入寇，故称调兵守边为防秋。岑参《虢州送天平何丞入京市马》："习战边尘黑，防秋塞草黄。"皇甫冉《送王相公之幽州》："遮虏关山静，防秋鼓角雄。"姚合《送狄尚书镇太原》："防秋嫌垒近，入塞必身先。"项斯《边游》："防秋故乡卒，暂喜语音同。"

【防風】 ❶古代传说中部落酋长。传说龙首牛耳，连眉一目。王维《送秘书晁监还日本国》序："禹会诸侯，防风后至。"元稹《酬郑从事四年九月宴望海亭次用旧韵》："嵌空古墓失文种，突兀怪石疑防风。"李商隐《送千牛李将军赴阙五十韵》："梼杌宽之久，防风戮不行。"吴融《太湖石歌》："又如防风死后骨，又如于菟活时额。"❷药草名。多年生草本植物，羽状复叶，叶片狭长，花白而小。根可入药，可镇痛祛痰。皮日休、张贲《药名联句》："为待防风饼，须添薏苡杯。"

【防患】 防止祸患。贾岛《寄令狐绹相公》："褰裳留阔襆，防患与通茶。"

【防隅】 位于山隅之水防。杜甫《峡口二首》之一："开辟多天险，防隅一水关。"

【防備】 做好准备以防攻击或避免灾害。元稹《虫豸诗·浮尘子》之三："然无防备处，留待雪霜摧。"白居易《新乐府·缚戎人》："配向东南卑湿地，定无存恤空防备。"段成式《嘲元中丞》："素娥毕竟难防备，烧得河车莫遣尝。"

【防閑】 谓防备或禁阻。防，堤，用于制水；闲，圈栏，用于制兽。韩偓《不见》："动静防闲又怕疑，佯佯脉脉是深机。"

【防墓】 防地之墓。孔子父母合葬处。刘禹锡《送僧元暠东游》引："始悲浚泉之有冽，今痛防墓之未迁。"

【防虞】 防备不虞之患，防患。杜甫《龙门镇》："胡马屯成皋，防虞此何及。"李商隐《送从翁东川弘农尚书幕》："拯溺休规步，防虞要徙薪。"

【防塞】 (—sài)防卫边塞。屈同仙《燕歌行》："汉兵候月秋防塞，胡骑乘冰夜渡河。"

【防禦使】 职官名。唐初置于西北边镇，位在团练使之下。安史之乱后，凡大郡要害之地，均置之，专掌军事，以刺史兼任。代宗即位，诸州防御史并停，而令刺史兼团练。杜甫《奉送蜀州柏二别驾因示从弟行军司马佐》："迁转五州防禦使，起居八座太夫人。"

【防邊】 防守边塞。杜甫《东屯月夜》："抱疾漂萍老，防边旧谷屯。"杜牧《重送》："六宫虽念相如赋，其那防边重武夫。"陆龟蒙《江南秋怀寄华阳山人》："许国轻妻子，防边重战耕。"唐彦谦《登兴元城观烽火》："汉川城上角三呼，扈跸防边列万夫。"

【防關】 防守边关。杜甫《潼关吏》："请嘱防关吏，慎勿学哥舒。"

五　画

阿[1] 〔ē《广韵》烏何切，平歌，影。〕❶本指大的丘陵。亦泛指山。韦应物《龙门游眺》："精舍绕层阿，千龛邻峭壁。"❷近旁。见"阿房""阿房宫"。❸倚靠。见"阿傘"。❹山之曲隅，山之弯曲处。杜甫《别唐十五诫因寄礼部贾侍郎》："复为万里别，送子山之阿。"白居易《无可奈何歌》："俾吾为泰山之阿，吾亦无余，不见其多。"卢仝《萧宅二三子赠答诗二十首·竹请客》："我本泰山阿，避地到南国。"徐铉《和钟大监泛舟同游见示》："潮沟横趣北山阿，一月三游未是多。"❺屋角处翘起来的檐。张昭《汉宗庙乐舞辞》："巢阿丹凤衔书命，入昴飞星献宝符。"参见"阿閣"。❻通婀。柔弱，柔美。见"阿那❶"。❼地名。即今山东东阿县。见"阿膠"。

阿[2] 〔ā〕名词前缀。(1)用在人名或姓的前面，往往有表示亲昵的意味。见"阿$_2$汪""阿$_2$戎""阿$_2$宜""阿$_2$香車"。(2)用在称谓之前。见"阿$_2$母""阿$_2$爺""阿$_2$嫂"。(3)用于代词前面。

见"阿$_2$誰"。

【阿$_2$戎】 ❶称堂弟。晋宋时人多谓弟为阿戎，至唐犹然。杜甫《杜位宅守岁》："守岁阿戎家，椒盘已颂花。"又《答杨梓州》："却向青溪不相见，回船应载阿戎游。"方干《酬故人陈乂都》："文人才力薄，终怕阿戎欺。"❷指晋王戎。王戎为早慧的典型。后遂以阿戎美称他人之子。王维《送李员外贤郎》："借问阿戎父，知为童子郎。"李端《送单少府赴扶风》："叨陪丈人行，常恐阿戎欺。"赵嘏《十无诗寄桂府杨中丞》之十："早忝阿戎诗友契，趋庭曾荐祢生无。"

【阿史那】 古突厥姓氏。窦巩有《赠阿史那都尉》。

【阿$_2$尼師】 尼姑。陈裕《咏大慈寺离头鲜于阇梨》："面折掇斋穷措大，笑迎搽粉阿尼师。"

【阿$_2$母】 ❶谓年老妇女。白居易《玉真张观主下小女冠阿容》："回眸虽欲语，阿母在傍边。"张夫人《拜新月》："东家阿母亦拜月，一拜一悲声断绝。"❷指神话传说中的西王母。韦应物《宝观主白鸲鹆歌》："岂不及阿母之家青鸟儿，汉宫来往传消息。"李贺《假龙吟歌》："木死沙崩恶溪岛，阿母得仙今不老。"刘言史《赠成炼师四首》之四："曾随阿母汉宫斋，凤驾龙辩列玉阶。"齐己《升天行》："瑶阙参差阿母家，楼台戏闭凝彤霞。"❸指鸨母。薛宜僚《别青州妓段东美》："阿母桃花方似锦，王孙草色正如烟。"韩琮《题商山店》："佯嗔阿母留宾客，暗为王孙换绮罗。"孙棨《赠妓人王福娘》："霞杯醉劝刘郎赌，云髻慵邀阿母梳。"

【阿那】 ❶(—nuó)(1)柔弱，柔美。阿，通婀。吕从庆《钓鱼》："旁有垂杨枝，迎风翻阿那。"(2)词牌名。见"阿那曲"。❷(—nà)指示代词。犹那，那个。李白《相逢行》："万户垂杨里，君家阿那边。"

【阿那曲】 (曲 qǔ)词牌名。本为七言绝句，唐人以入乐府。平仄不拘，仄韵。或谓即《纥那曲》之转音。《全唐诗》卷八九九录杨贵妃《阿那曲》一首。

【阿那朋】 哪一方，哪一边。李郢《上元日寄湖杭二从事》："谢公留赏山公唤，知入笙歌阿那朋。"

【阿$_2$汪】 韦庄女仆。韦庄有《女仆阿汪》。

【阿$_2$姊】 姐姐。李商隐《骄儿诗》："阶前逢阿姊，六甲颇输失。"

【阿$_2$武婆】 唐人指武则天。孙子多《嘲郑傪妓》："昔人曾闻阿武婆，今日亲见阿婆舞。"

【阿$_2$宜】 ❶诗人杜牧侄的小名。杜牧《冬至日寄小侄阿宜》："小侄名阿宜，未得三尺长。"❷陕州民谭叔皮子字阿宜。生而有异，后修炼成仙。郭周藩《谭子池》："开元末年中，生子字阿宜。"

【阿房】 (—pāng)阿房宫。太宗《登三台言志》："未央初壮汉，阿房昔侈秦。"中宗《幸秦始皇陵》："阿房久已灭，阁道遂成墟。"许景先《奉和御制春台望》："秦汉生人凋力役，阿房甘泉构云碧。"刘兼《咸阳怀古》："立马举鞭遥望处，阿房遗址夕阳东。"

【阿房宫】 (房 pāng)秦宫殿名。宫的前殿建于秦始皇三十五年。遗址在今陕西西安市阿房村。秦亡时，全部工程并未竣工，故未正式命名。因作前殿阿房，故时人即称为阿房宫。阿房，取其四阿旁广之义。秦亡，为项羽所毁。现尚存高大的夯土台基，为全国重点文物保护单位。亦省称"阿房"。张祜《经咸阳城》："阿房宫尽客谁来？可惜连云万户开。"胡曾《咏史诗·阿房宫》："新建阿房壁未干，沛公兵已入长安。"

【阿$_2$育王】 梵语译文，或译作"阿輸迦"。意为无忧王。为古印度旃陀罗笈多之孙，宾头沙罗之子。初奉婆罗门教，后皈依佛教，崇佛教为国教。他颁布许多以佛教治国的敕令，将其刻在山岩或石柱上，并派人到国外传教，对佛教的发展有很大贡献。据传他改信佛教后，在各地建立八万四千塔。朱存有《阿育王塔》。

【阿$_2$姑婆】 姑母。杨廷玉《回波词》："阿姑婆见作天子，傍人不得枨触。"按，杨廷玉，为武则天表侄。

【阿$_2$香車】 雷神之车。亦借指雷声。按，阿香为神话传说中推雷车的女神。见晋陶潜《搜神后记》卷五。王涣《悼亡》："为怯暗藏秦女扇，怕惊愁度阿香车。"

【阿段】 古代獠族对男子的称呼。杜甫有《秋行官张望遣女奴阿稽竖子阿段往问》和《示獠奴阿段》。

【阿$_2$修羅王】 梵文音译。佛教天龙八部之一。原为印度神话中的一种鬼神。卢纶《栖岩寺隋文帝马脑盏歌》："开函捧之光乃发，阿修罗王掌中月。"

【阿$_2$姥】 指西王母。刘禹锡《思黯南墅赏牡丹》："偶然相遇人间世，合在增城阿姥家。"

【阿城】 即阿房宫。《三辅皇图》卷一："阿房宫，亦曰阿城。"柳宗元《游南亭夜还叙志七十韵》："磻溪近余基，阿城连故濠。"

【阿衮】 李商隐子衮师。李商隐《骄儿诗》："衮师我骄儿，美秀乃无匹。"又有《杨本胜说于长安见小男阿衮》。

【阿$_2$真】 古神女青琴小字。段成式《戏高侍御七首》之一："青琴仙子长教示，自小来来号阿真。"

【阿$_2$連】 指南朝宋诗人谢灵运从弟谢惠连，后借以指兄弟。卢纶《送王录事赴任苏州》："西掖今宵咏，还应寄阿连。"白居易《将归渭村先寄舍弟》："为报阿连寒食下，与吾酿酒扫柴扉。"权德舆《送少清赴润州参军因思练旧居》："青门望离袂，魂为阿连销。"徐铉《和王庶子寄题兄长建州廉使新亭》："阿连诗句偏多思，遥想池塘昼梦成。”

【阿$_2$侯】 相传为古代美女莫愁的女儿。语出南朝梁武帝《河中之水歌》：“十五嫁为卢家妇，十六生儿字阿侯。”后亦泛指美女。李贺《夜来乐》：“五丝封青凫，阿侯此笑千万余。”又《春怀引》：“阿侯系锦觅周郎，凭仗东风好相送。”又《绿水词》：“今宵好风月，阿侯在何处。”施肩吾《少妇游春词》：“无端自向春园里，笑摘青梅叫阿侯。”

【阿$_2$師】 指和尚。杨德辉《嘲僧门祝辟支佛牙》：“手软阿师持磬钹，面甜童子执幡花。”

【阿$_2$陽】 太阳。阿，前缀，无义。元结《送孟校书往南海》：“君有失母儿，爱之似阿阳。”

【阿$_2$翁】 祖父。杜甫《示从孙济》：“阿翁懒惰久，觉儿步行奔。”

【阿$_2$家】 婆婆，丈夫的母亲。陈裕《咏浑家乐二首》之一：“阿家解舞清平乐，新妇能抛白木球。”

【阿軟】 唐时长安妓人。白居易《微之到通州日授馆因酬长句》：“偶助笑歌嘲阿软，可知传诵到通州。”

【阿$_2$崔】 白居易子。白居易五十八岁生此子，年三岁夭亡。白居易有《阿崔》。

【阿$_2$婆】 ❶对老年妇女的敬称。孙子多《嘲郑傪妓》：“昔人曾闻阿武婆，今日亲见阿婆舞。”吕从庆《钓鱼》：“侵晨出门去，道遇村阿婆。”窦巩《送元稹西归》：“二月曲江连旧宅，阿婆情熟牡丹开。”❷指唐武则天。无名氏《咸亨后谣》：“莫浪语，阿婆嗔，三叔闻时笑杀人。”

【阿$_2$耋】 当为阿跌之误。温庭筠《醉歌》：“阿耋光颜不识字，指麾豪俊如驱羊。”

【阿$_2$買】 韩愈子侄辈的小名。韩愈《醉赠张秘书》：“阿买不识字，颇知书八分。”

【阿$_2$爺】 指父亲。寒山《诗三百三首》之二四三：“阿爷恶见伊，阿娘嫌不悦。”

【阿傘】 伞盖相倚。意谓同行。元稹《除夜酬乐天》：“虚涨火尘龟浦北，无由阿伞凤城南。”

【阿$_2$童】 晋王濬的小字。李贺《王濬墓下作》：“人间无阿童，犹唱水中龙。”李商隐《无题》：“益德冤魂终报主，阿童高义镇横秋。”

【阿$_2$嫂】 称年纪与自己差不多的已婚女子。河中鬼《踏歌》：“两个胡孙门底来，东家阿嫂决一百。”

【阿$_2$甄】 指魏文帝曹丕的甄后。李贺《宫娃歌》：“啼蛄吊月钩栏下，屈膝铜铺锁阿甄。”

【阿$_2$監】 太监。一说为近侍女官。王建《宫词一百首》之六八：“阿监两边相对立，遥闻索马一时回。”白居易《长恨歌》：“梨园弟子白发新，椒房阿监青娥老。”花蕊夫人徐氏《宫词》之六八：“后宫阿监裹罗巾，出入经过苑囿频。”又《宫词》之三九：“阿监采菱牵锦缆，月明犹在画船中。”

【阿$_2$銀】 韦庄女银娘小字。韦庄《忆小女银娘》：“今日天涯夜深坐，断肠偏忆阿银犁。”

【阿$_2$鼻】 梵语译音，意为无间，即痛苦无决断之意。为佛教传说中八大地狱中最下、最苦之处。拾得《诗》之十二：“杀他鸡犬命，身死堕阿鼻。”韩愈《嘲鼾睡》之一：“有如阿鼻尸，长唤忍众罪。”

【阿$_2$憐】 白居易弟白行简的小名。白居易《湖亭与行简宿》：“水槛虚凉风月好，夜深谁共阿怜来。”

【阿闍梨】 梵语，指佛授弟子之僧，亦即佛师。密宗指灌顶师。齐己《送谭三藏入京》：“阿阇梨与佛身同，灌顶难施利济功。”

【阿閣】 四面都有屋檐的楼阁。李峤《凤》：“鸣岐今已见，阿阁伫来翔。”白居易《予与山南王仆射聊题长句寄举之公垂二相公》：“阿阁鸾凰野田鹤，何人信道旧同群。”李商隐《凤》：“新春定有将雏乐，阿阁华池两处栖。”崔橹《题山驿新桐花》：“丹凤总巢阿阁去，紫火空映楚云愁。”

【阿對泉】 泉名。在今河南灵宝市。汉杨震家僮常引此泉灌蔬，故名。吴融《阌乡寓居十首·阿对泉》：“五陵年少如相问，阿对泉头一布衣。”自注：“阿对是杨伯起家僮。尝引泉灌蔬，泉至今在。”

【阿$_2$稽】 我国古代獠族对妇女的称呼之一。杜甫有《秋行官张望遣女奴阿稽竖子阿段往问》。参见“阿段”。

【阿衡】 唐汤的辅佐大臣伊尹。一说为伊尹之名，一说为所任官名。引申为辅弼大臣。陈子良《赞德上越国公杨素》：“济世同舟楫，匡政本阿衡。”陈子昂《蓟丘览古赠卢居士藏用七首·乐生》：“雄图竟中夭，遗叹寄阿衡。”陈彦博《恩赐魏文贞公诸孙旧第以导直臣》：“阿衡随逝水，池馆主他人。”李建勋《批周围宗书后》：“偶罢阿衡来典郡，固无闲物可应官。”

【阿$_2$衛】 唐元稹女道士小字。白居易《梦微之》：“阿卫韩郎相次去，夜台茫昧得知不。”自注：“阿卫，微之小男。韩郎，微之爱婿。”

【阿膠】 中药名。用驴皮加水熬制成的胶。原产山东东阿县，以阿井水煎黑驴皮制成。质优者带琥珀色，透明，无气味。元稹《赛神》：“阿胶在末派，罔象游上源。”罗隐《黄河》：“莫把阿胶向此倾，此中天意固难明。”

【阿$_2$劉】 当指刘裕。刘裕素贫，唯琅琊王谧深重之。裕欠刁逵社钱三万，无力偿还，为刁逵所执。谧代其偿还，始得释放。司空图《狂题十八首》之十二：“应是阿刘还宿债，剩拼才思折供钱。”

【阿$_2$誰】 谁，何人。李白《鲁中都东楼醉起作》：

“阿谁扶上马，不省下楼时。”王季友《观于舍人壁画山水》：“独坐长松是阿谁，再三招手起来迟。”张籍《采莲曲》：“船中未满度前洲，借问阿谁家住远。”张祜《感王将军柘枝妓殁》：“鸳鸯钿带抛何处，孔雀罗衫付阿谁。”

【阿₂嬌】 ❶指汉武帝皇后陈阿娇。李白《妾薄命》：“汉帝宠阿娇，贮之黄金屋。”又《白头吟》：“此时阿娇正娇妒，独坐长门愁日暮。”元稹《梦游春七十韵》：“卓女白头吟，阿娇金屋赋。”曹邺《四怨三愁五情诗十二首·其二情》：“阿娇生汉宫，西施住南国。”❷借指妓女或外宠。孙棨《题妓王福娘墙》之一：“寒绣衣裳饷阿娇，新团香兽不禁烧。”张泌《胡蝶儿》词：“阿娇初着淡黄衣，倚窗学画伊。”

【阿₂嬌怨】 乐府相和歌辞。刘禹锡作。诗云：“望见葳蕤举翠华，试开金屋扫庭花。须臾宫女传来信，云幸平阳公主家。”

【阿₂瞞】 三国魏曹操的小字。陈菊南《赤壁山》：“往事何消问阿瞒，到头吞不去江山。”

【阿₂環】 上元夫人，传说中女仙，位居西王母之次。李商隐《曼倩辞》：“如何汉殿穿针夜，又向窗中觑阿环。”

【阿₂濫堆】 玄宗所作的曲名。本为鸟名。俗为告天鸟，其鸣声相续，有如告诉，至为动人，故以其声翻曲。张祜《华清宫四首》之三：“至今风俗骊山下，村笛犹吹阿滥堆。”

【阿₂羅漢】 梵语音译。小乘佛教理想中的最高果位。佛教亦用以指断绝嗜欲、解脱烦恼、修得小乘正果的人。裴玄智《书化度藏院壁》：“自非阿罗汉，焉能免得偷。”

【阿鵩湯】 鵩，同“鸨”，鸟名。据郑嵎《津阳门诗》自注：宫内除供奉两汤池，内外更有汤十六所。长汤每赐诸嫔御，又缝缀绮绣为凫雁于水中，上时于其间泛钑镂小舟，以嬉游焉。阿鵩汤殆指此。张祜有《阿鵩汤》。

【阿₂龜】 ❶白居易侄，白行简子。白居易《池上篇》序：“睡起偶咏，非诗非赋，阿龟握笔，因题石间。视其粗成韵章，命为《池上篇》云尔。”白居易《弄龟罗》：“有侄始六岁，字之为阿龟。”白居易又有《路上寄银匙与阿龟》。❷当为李商隐子侄小名。李商隐有《送阿龟归华》。

【阿鞞迴】 笛曲名。李白《司马将军歌》：“羌笛横吹阿鞞回，向月楼中吹落梅。”颜真卿、潘述《水堂送诸文士戏赠潘丞联句》：“莫唱阿鞞回，应云夜半乐。”参见“阿₂濫堆”。

【阿₂孃】 母亲。寒山《诗三百三首》之二四三：“阿爷恶见伊，阿孃嫌不悦。”顾况《梁广画花歌》：“心相许，为白阿孃从嫁与。”

【阿₂鶩】 三国时荀外长之妾。荀攸死，友人钟繇助理丧事，并欲嫁阿鹜，令其有好归宿。后常以其指妓女。杜牧《池州李使君没后见归妓感而成诗》：“巨卿哭处云空断，阿鹜归来月正明。”李縠《醉中袭美先月中归》：“休文虽即逃琼液，阿鹜还须掩玉闺。”

【阿蠻】 杨贵妃小字。罗隐《帝幸蜀》：“泉下阿蛮应有语，这回休更怨杨妃。”

阻 〔zǔ《广韵》侧吕切，上語，莊。〕❶地形高低不平。见“阻折”“阻長”。❷阻隔，障隔。杜甫《遣兴五首》之五：“烟尘阻长河，树羽成皋间。”刘禹锡《酬乐天闻新蝉见赠》：“昔闻阻山川，今听同匡床。”刘沧《晚秋洛阳客舍》：“未成归计关河阻，空望白云乡路赊。”齐己《送秘上人》：“道路长无阻，干戈渐不闻。”❸隔绝，断绝。钱起《送费秀才归衡州》：“不畏心期阻，惟愁面会赊。”李商隐《代魏宫私赠》：“来时西馆阻佳期，去后漳河隔梦思。”韦庄《寄江南逐客》：“二年音信阻湘潭，花下相思酒半酣。”顾敻《献衷心》词：“银釭背，铜漏永，阻佳期。”❹阻止，阻拦。殷尧藩《送白舍人渡江》：“横锁已沉王濬筏，投鞭难阻谢玄兵。”周昙《咏史诗·前汉门·僭号公孙述》：“方知在德不在险，危栈何曾阻汉兵。”❺妨碍，影响。张籍《寄韩愈》：“戎府草章记，阻我此游盘。”柳棠《又忤杨尚书诗》：“莫言名位未相俦，风月何曾阻献酬。”❻依恃，依靠。见“阻兵❶”。

【阻折】 险阻曲折。李白《鸣皋歌送岑征君》：“巾征轩兮历阻折，寻幽居兮越巇崿。”

【阻兵】 ❶仗恃军队。杜甫《太子张舍人遗织成褥段》：“来瑱赐自尽，气豪直阻兵。”❷阻于战乱。齐己《夏日荆渚书怀》：“嵩岳去值乱，匡庐回阻兵。”

【阻阨】 阻塞。刘禹锡《游桃源一百韵》：“性静本同和，物牵成阻阨。”

【阻長】 （—cháng）《诗·秦风蒹葭》：“溯洄从之，道阻且长。”后遂以形容道路艰险遥远。卢照邻《中和乐九章·总歌第九》：“餐白玉兮饮琼芳，心思荃兮路阻长。”

【阻修】 亦作“阻脩”。义同“阻長”。张九龄《和韦尚书答梓州兄南亭宴集》：“暇日尝繁会，清风咏阻脩。”萧颖士《答邹象先》：“一命何阻修，载驰各川县。”白居易《想东游五十韵》：“云雨多分散，关山苦阻修。”李群玉《腊夜雪霁奉寄江陵副使杜中丞》：“竟夕吟琼树，川途恨阻修。”齐己《闻贯休下世》：“欲去焚香礼，啼猿峡阻修。”

阼 〔zuò《广韵》昨誤切，去暮，從。〕大堂前东西向的台阶。天子、诸侯、大夫、士皆以阼为主人之位。临朝觐，揖宾客，承祭祀，升降皆由此。故借指帝王。韩愈《元和圣德诗》："皇帝即阼，物无违拒。"

阽〔diàn《广韵》余廉切，平鹽，端。《集韵》都念切，去桥，端。〕临近危险。见《楚辞·离骚》。见"阽危"。

【阽危】　危险。元稹《酬翰林白学士代书一百韵》："再令陪宪禁，依旧履阽危。"

陁〔tuó《集韵》唐何切，平歌，定。〕不平貌。见《楚辞·招魂》。李叔卿《江南曲》："歌舞未终涕双陨，旧宫坡陁才嶙隐。"

附〔fù《广韵》符遇切，去遇，奉。〕❶依傍。杜甫《新婚别》："兔丝附蓬麻，引蔓故不长。"白居易《有木诗八首》之七："托根附树身，开花寄树梢。"吴融《三峰府内矮柏十韵》："不容萝茑附，只耐雪霜侵。"徐夤《松》："大厦可营谁择木，女萝相附欲凌云。"❷依附。高适《同吕判官从哥舒大夫破洪济城回登积石军多福七级浮图》："君怀生羽翼，本欲附骐骥。"司空曙《奉和常舍人晚秋集贤院即事寄徐薛二侍郎》："官附三台贵，儒开百氏宗。"元稹《阳城驿》："平生附我者，诗人称好逑。"陆龟蒙《奉和袭美初夏游楞伽精舍次韵》："我亦摆尘埃，他年附鸿鹤。"❸搭乘。王绩《赠李征君大寿》："附车还赵郡，乘船向武昌。"张乔《赠头陀僧》："沧海附船浮浪久，碧山寻塔上云遥。"黄滔《省试奉诏涨曲江池》："愿当舟楫便，一附济川人。"李洞《送远上人》："叶书归旧寺，应附载钟船。"❹跟从，跟随。戴叔伦《抚州对事后送外生宋垓归饶州觐侍呈上姊夫》："京口附商客，海门正狂风。"❺附着。元稹《酬乐天雪中见寄》："撼落不教封柳眼，扫来偏尽附梅株。"白居易《和答诗十首·和阳城驿》："附于雅歌末，奏之白玉墀。"❻附和。白居易《玩松竹二首》之一："各附其所安，不知他物好。"❼随，由。杜甫《柴门》："万物附本性，约身不愿奢。"❽攀附。顾非熊《武宗挽歌词二首》之一："龙髯不可附，空见望仙台。"❾靠近。杜甫《去矣行》："焉能作堂上燕，衔泥附炎热。"❿寄，托人捎带。杜甫《寄杨五桂州谭》："江边送孙楚，远附白头吟。"耿湋《送胡校书秩满归河中》："音书须数附，莫学晋嵇康。"孟郊《送丹霞子阮芳颜上人归山》："倩鹤附书信，索云作衣裘。"白居易《元九以绿丝布白轻褣见寄制成衣服以诗报知》："贫友远劳君寄附，病妻亲为我裁缝。"

【附耳】　❶贴近耳朵。指窃窃私语状。《淮南子·说林训》："附耳之言，闻于千里。"吕岩《敲爻歌》："附耳低言玄妙旨，提上蓬莱第一峰。"❷星名，毕大星下一颗小星。古人认为，附耳星主为人君所得失。韩愈《月蚀诗效玉川子作》："丁宁附耳莫漏泄，薄命正值飞廉慵。"

【附枝】　❶树木的分枝。权德舆《寄侍御从舅》："落落幽涧松，百尺无附枝。"白居易《云居寺孤桐》："四面无附枝，中心有通理。"❷依附于树枝。王周《赠怣师》："雪花安结子，雪叶宁附枝。"

【附郭】　近城之处，郊外。牟融《陈使君山庄》："数椽潇洒临溪屋，十亩膏腴附郭田。"

【附託】　依附，托付。韩愈《寄崔二十六立之》："搅搅争附讬，无人角雄雌。"

【附書】　寄信，捎信。王维《伊州歌》："征人去日殷勤嘱，归雁来时数附书。"杜甫《天边行》："九度附书向洛阳，十年骨肉无消息。"韩愈《送区弘南归》："独子之节可嗟唏，母附书至妻寄衣。"王贞白《宛陵早秋卧病代书要寄明府》："为谢临邛宰，时多阙附书。"

【附著】　依附。白居易《紫藤》："附着君权势，君迷不肯诛。"

【附庸】　依附。指小州附属于使府。柳宗元《铜鱼使赴都寄亲友》："附庸唯有铜鱼使，此后无因寄远书。"

【附葭】　喻攀戚谊。柳宗元《同刘二十八院长述旧言怀感赠二君子》："慕友惭连璧，言姻喜附葭。"

【附榮】　依附而生长茂盛。白居易《问友》："根荄相交长，茎叶相附荣。"

【附勢】　依附权势。贯休《古意九首》之二："不慕需臑类，附势同崩奔。"

【附鳳】　喻指攀附帝王以建功业。杜甫《洗兵马》："攀龙附凤势莫当，天下尽化为侯王。"刘知几《读汉书作》："淮阴既附凤，黥彭亦攀龙。"亦泛指攀交。郑谷《寄职方李员外》："曾袖篇章谒长卿，今来附凤事何荣。"

【附説】　增添解说。韩愈《石鼎联句》序："道士高踞大唱曰：'刘把笔，吾诗云云。'其不用意而功益奇不可附说，语皆侵刘侯。"

【附蟬】　汉时侍中、中常侍及唐时散骑常侍冠饰。金质蝉形，金取坚刚、蝉取居高饮洁之义。后以附蝉借指高官。刘允济《经庐岳回望江州想洛川有作》："横簪并附蝉，列鼎俱调鹤。"羊士谔《都城从事萧员外寄海梨花诗尽绮丽至惠然远及》："珠履行台拥附蝉，外郎高步似神仙。"

【附離】　附着，依附。离，通"麗"。白居易《秋池二首》之一："有似泛泛者，附离权与贵。"又《有木诗八首》序："又见附离权势，随之覆亡者。"

【附麗】　附着，依附。熊孺登《日暮天无云》："从容难附丽，顾步欲澄鲜。"陆龟蒙《奉和袭美酒中十咏·酒乡》："广莫是邻封，华胥为附丽。"

【附驥】　见"附骥蝇"。

【附驥蠅】　喻指依附他人而成名者。王湾《秋夜寓直即事怀赠萧令公裴侍郎兼通简南省诸友人》："敢忘衔花雀，思同附骥蝇。"亦省作"附驥"，用作谦词。徐铉《奉和宫傅相公怀旧见寄四十韵》："翾飞附驥方经远，巨楫垂风遂济川。"

陂[1] 〔bēi《广韵》彼爲切，平支，幫。〕❶堤防，堤岸。寒山《诗三百三首》之二二四："决陂以取鱼，是取一期利。"白居易《村中留李三固言宿》："春明门前别，金氏陂中遇。"姚合《游春十二首》之十："晴野花侵路，春陂水上桥。"❷池塘湖泊。李峤《晚秋喜雨》："旱陂仍积水，涸沼更通流。"岑参《郊行寄杜位》："近寺闻钟声，映陂见树影。"朱庆余《早发庐江涂中遇雪寄李侍御》："芦苇声多雁满陂，湿云连野见山稀。"齐己《金江寓居》："春篁离箨尽，陂藕折花初。"❸山坡。李白《寻鲁城北范居士失道落苍耳中见范置酒摘苍耳作》："城壕失往路，马首迷荒陂。"耿沣《题杨著别业》："柳巷向陂斜，回阳噪乱鸦。"卢纶《留别耿沣侯钊冯著》："笙镛新宅第，岐路古山陂。"白居易《东坡秋意寄元八》："寥落野陂畔，独行思有余。"

陂[2] 〔pō《集韵》逋禾切，平戈，滂。〕见"陂₂陁"。

【陂水】 池塘湖泊里的水。李白《游秋浦白笴陂二首》之二："鱼龙动陂水，处处生波澜。"柳宗元《田家三首》之三："蓼花被堤岸，陂水寒更绿。"贾岛《石门陂留辞从叔謩》："寒冲陂水雾，醉下菊花山。"曹松《赠南陵李主簿》："仍闻陂水近，亦拟掉菰蒲。"

【陂池】 池塘。白居易《咏所乐》："兽乐在山谷，鱼乐在陂池。"

【陂₂陁】 亦作"陂陀"。❶倾斜不平貌。李华《咏史十一首》之十一："周王惑褒姒，城阙成陂陀。"韩愈《送惠师》："崔崒没云表，陂陀浸湖沦。"李贺《恼公》："陂陀梳碧凤，腰袅带金虫。"杜牧《哭李给事中敏》："阳陵郭门外，陂陁丈五坟。"❷（云层）参差峥嵘貌。温庭筠《七夕》："弯桥销尽愁奈何，天气骀荡云陂陁。"

【陂₂陀】 见"陂陁"。

【陂淀】 池塘湖泊。贾岛《寄沧州李尚书》："陂淀封疆内，蒹葭壁垒根。"

【陂湖】 陂泽，湖泽。刘长卿《送元八游汝南》："潢潦今正深，陂湖未澄碧。"元稹《重酬乐天》："最笑近来黄叔度，自投名刺占陂湖。"

【陂塘】 池塘。杜甫《陪诸贵公子丈八沟携妓纳凉晚际遇雨二首》之二："归路翻萧飒，陂塘五月秋。"元稹《再酬复言》："不然岂有姑苏郡，拟着陂塘比镜湖。"

【陂澤】 湖泽。韩愈《此日足可惜赠张籍》："东南出陈许，陂泽平茫茫。"

阺 〔dǐ《广韵》直泥切，平旨，端。《集韵》典礼切，上薺，端。〕山坡。陆龟蒙《袭美先辈以龟蒙所献五百言既蒙见和复示荣唱再抒鄙怀用伸酬谢》："南勒会稽颂，北恢胡亥阺。"

陀[1] 〔tuó《广韵》徒河切，平歌。定。〕不平貌。杜甫《奉同郭给事汤东灵湫作》："坡陀金虾蟆，出见盖有由。"韩愈《记梦》："石坛坡陀可坐卧，我手承颏肘拄座。"

陀[2] 〔duò《集韵》徒可切，上哿，定。〕塌落。《淮南子·缪称训》："城峭者必崩，岸崝者必陀。"

【陀羅尼】 梵语音译，意译为总持。意谓持善法而不散、伏恶法而不起的力用。齐己《赠念法华经僧》："更堪诵入陀罗尼，唐音梵音相杂时。"

六　画

陋 〔lòu《字汇》廬豆切。〕❶狭小，低矮。韩愈《南山诗》："前寻径杜墅，岔蔽毕原陋。"王叡《燕》："茅檐不必嫌卑陋，犹胜吴宫爇尔窠。"参见"陋居""陋室"。❷简陋。白居易《三年冬随事铺设小堂偶吟所怀》："小宅非全陋，中堂不甚卑。"见"陋巷"。❸浅薄，浅陋。皇甫湜《出世篇》："食之不饫饫不尽，使人不陋复不愚。"吴筠《高士咏·洞灵真人》："尚贤非至理，尧舜固为陋。"见"陋學""陋儒"。❹微弱，弱小。见"陋體"。❺丑陋，不美。白居易《白羽扇》："麈尾斑非疋，蒲葵陋不同。"又《不能忘情吟》："今素貌虽陋，未至衰摧。"❻鄙视，轻视。骆宾王《夏日游德州赠高四》："谈玄明毁璧，拾紫陋籯金。"杜甫《甘林》："勿矜朱门是，陋此白屋非。"元稹《饮致用神曲酒三十韵》："翻陋琼浆浊，唯闻石髓馨。"皮日休《鲁望读襄阳耆旧传见赠五百言予次而赞之因而寄答亦诗人无言不酬之义也次韵》："任达且百觚，遂为当时陋。"❼低微，卑贱。亦指低微的身份地位。崔湜《杂诗》："处陋仍莫保，居华固陵逼。"

【陋居】 简陋的居室。张祜《所居即事六首》之一："南下丹阳一水湾，陋居瓢饮是希颜。"

【陋巷】 简陋的巷子。一说，狭小简陋的居室。王维《田园乐七首》之五："一瓢颜回陋巷，五柳先生对门。"司空曙《过胡居士睹王右丞遗文》："每许前山隐，曾怜陋巷贫。"白居易《秦中吟十首·伤友》："陋巷孤寒士，出门苦恓恓。"徐夤《西寨寓居》之一："豪门有利人争去，陋巷无权客不来。"

【陋巷箪瓢】 意谓家庭生活清苦。周昙《咏史诗·春秋战国门·颜回》："陋巷箪瓢困有年，是时端木饫腥膻。"

【陋室】 简陋的居室。韩愈《长安交游者赠孟郊》:"陋室有文史,高门有笙竽。"元稹《酬乐天东南行诗一百韵》:"陋室鸮窥伺,衰形蟒觊觎。"

【陋室銘】 刻写自己居室的铭文。白居易《三谣》序:"宴息之暇,笔砚在前,偶为《三谣》,各导其意,亦犹座右、陋室铭之类尔。"

【陋容】 丑陋的容颜。刘禹锡《昏镜词》:"陋容多自欺,谓若他镜明。"又《韩十八侍御见示岳阳楼重以自述故足成六十二韵》:"陋容昧俯仰,孤志无依倚。"徐铉《奉和宫傅相公怀旧见寄四十韵》:"每愧陋容劳刻画,长惭顽石费雕镌。"罗虬《比红儿诗》之六四:"陋容枉把雕弓射,射尽春禽未展眉。"

【陋質】 平庸的才能。阎朝隐《鹦鹉猫儿篇》:"非形陋质虽贱微,皇王顾遇长光辉。"杜审言《和李大夫嗣真奉使存抚河东》:"伟材何磊落,陋质几翩翾。"韩愈、刘师服《石鼎联句》:"陋质荷斟酌,狭中愧提擎。"

【陋學】 浅陋的学识。王湾《晚春诣苏州敬赠武员外》:"陋学叨铅简,弱龄许翰场。"

【陋儒】 学识浅陋的儒生。韩愈《石鼓歌》:"陋儒编诗不收入,二雅褊迫无委蛇。"

【陋體】 微小的身躯。崔兴宗《青雀歌》:"青鳸绕青林,翩翾陋体一微禽。"

陌 〔mò《广韵》莫白切,入陌,明。〕❶田间东西向或南北向小路。张九龄《登总持寺阁》:"草间商君陌,云重汉后台。"韩偓《春闷偶成十二韵》:"阡陌悬云壤,阑畦隔艾芝。"❷泛指道路。韦应物《酬李儋》:"开门临广陌,旭旦车驾喧。"耿湋《赠山老人》:"虽行故乡陌,不见故乡人。"王涯《游春词二首》之二:"经过柳陌与桃蹊,寻逐春光着处迷。"赵嘏《送友人郑州归觐》:"古陌人来远,遥天雁势斜。"❸街道。戎昱《赠别张驸马》:"上元年中长安陌,见君朝下欲归宅。"刘禹锡《题王郎中宣义里新居》:"门前巷陌三条近,墙内池亭万境闲。"白居易《渭村退居寄礼部崔侍郎翰林钱舍人诗一百韵》:"宴回过御陌,行歇入僧房。"

【陌上】 路上。李义府《招谕有怀赠同行人》:"陌上悲转蓬,园中想芳树。"张继《秋日道中》:"道边白鹤来华表,陌上苍麟卧古丘。"卢纶《出山逢耿湋》:"暂到人间归不得,长安陌上又相逢。"罗虬《比红儿诗》之六三:"陌上行人歌黍离,三千门客欲何之。"

【陌上桑】 乐府相和曲名。李白、常建、陆龟蒙均有此作。又李白《拟古十二首》之二:"含情弄柔瑟,弹作陌上桑。"亦省作"陌桑"。李白《夜别张五》:"横笛弄秋月,瑟琶弹陌桑。"

【陌路】 陌生人,不相识的人。白居易《重到城七绝句·见元九》:"每逢陌路犹嗟叹,何况今朝是见君。"文益《睹木平和尚》:"相看陌路同,论心秋月皎。"

【陌頭】 路边,道边。李白《早春寄王汉阳》:"昨夜东风入武阳,陌头杨柳黄金色。"戴叔伦《赠康老人洽》:"陌头车马共营营,不解如君任此生。"窦叔向《秋砧送邑大夫》:"带月飞城上,因风散陌头。"刘商《送别》:"陌头空送长安使,旧里无人可寄书。"

【陌桑】 见"陌上桑"。

陊 〔duò《广韵》徒可切,上哿,定。又池爾切,上紙,澄。〕❶坠落。富春沙际鬼《吟》:"陊江三十年,潮打形骸朽。"皮日休《吴中苦雨因书一百韵寄鲁望》:"一苞势欲陊,将撑乏寸木。"❷败坏。皮日休《奉和鲁望读阴符经见寄》:"时代更复改,刑政崩且陊。"

陑 〔ér《广韵》如之切,平之,日。〕古山名,在今山西永济市境,相传为汤代桀之处。李商隐《失题》(按,原题作《送从翁东川弘农尚书幕》,误):"刊木方隆禹,陞陑始创殷。"

降[1] 〔jiàng《广韵》古巷切,去絳,見。〕❶从高处往下走。与陟相对。见《诗·大雅·公刘》。包佶《祀雨师乐章·迎神》:"陟降左右,诚达幽圆。"柳宗元《奉平淮夷雅表·皇武》:"远扬迩昭,陟降连连。"❷降落,落下。武元衡《玉泉寺与润上人望秋山怀张少尹》:"山寒天降霜,烟月共苍苍。"白居易《杜陵叟》:"九月降霜秋早寒,禾穗未熟皆青干。"杜牧《秋晚早发新定》:"岩壑会归去,尘埃终不降。"卿云《送人游塞》:"雪每先秋降,花尝近夏生。"❸降生,诞生。顾况《山居即事》:"下泊降茅仙,萧闲隐洞天。"杜甫《大历三年四十韵》:"伊吕终难降,韩彭不易呼。"许棠《讲德陈情上淮南李仆射八首》之一:"天降贤人佐圣时,自然声教满华夷。"徐夤《西华》:"拜祝金天乞阴德,为民求主降神尧。"❹莅临,降临。刘宪《侍宴长宁公主东庄》:"公主林亭地,清晨降玉舆。"王维《同卢拾遗过韦给事东山别业二十韵》:"侧闻景龙际,亲降南面尊。"杜甫《秋兴八首》之五:"西望瑶池降王母,东来紫气满函关。"陆畅《扇》:"姮娥须逐彩云降,不可通宵在月中。"顾非熊《寄九华山费拾遗》:"久闻仙客降,高卧诏书来。"❺赐予,给予。王维《赠东岳焦炼师》:"频蒙露版诏,时降软轮车。"储光羲《晚次东亭献郑州宋使君文》:"天眷择循良,惟贤降宠章。"刘长卿《瓜洲驿奉饯张侍御公拜膳部郎中却复宪台充贺兰大夫留后》:"适喜鸿私降,旋惊羽檄攒。"白居易《旅次华州赠袁右丞》:"德星降人福,时雨助岁功。"❻贬抑,降低。李益《和丘员外题湛长史旧居》:"昔降英王顾,屏身幽岩曲。"元稹《阳城驿》:"降官司成署,俾之为赘疣。"白居易《贺雨》:"宥死降五刑,责己宽三农。"

❼下。表示从过去某时直到现在的某一段时间。刘禹锡《秋日过鸿举法师寺院便送归江陵》引:“故自近古而降,释子以诗闻于世者相踵焉。”元稹《有酒十章》之三:“汉魏而降,乘其机耶。”李商隐《行次西郊作一百韵》:“降及开元中,奸邪挠经纶。”陆龟蒙《读襄阳耆旧传因作诗五百言寄皮袭美》:“缅思齐梁降,寂寞寡清胄。”

降2 〔xiáng《广韵》下江切,平江,匣。〕❶投降,归降。韩愈《元和圣德诗》:“掷首陴外,降幡夜竖。”又《病中赠张十八》:“势侔高阳翁,坐约齐横降。”杜牧《寄唐州李玭尚书》:“累代功勋照世光,奚胡闻道死心降。”陈陶《胡无人行》:“杀添胡地骨,降足汉营旗。”❷指归降者。裴漼《奉和御制旋师喜捷》:“斩虏还遮塞,绥降更筑城。”陈陶《塞下曲》之一:“只为坑降罪,轻车未转勋。”❸欢悦,悦服。韩愈《奉酬天平马十二仆射暇日见寄之作》:“清为公论重,宽得士心降。”杜甫《季秋苏五弟缨江楼夜宴崔十三评事韦少府侄三首》之三:“尽怜君醉倒,更觉片心降。”钱起《江行无题一百韵》之八五:“笔端降太白,才大语终奇。”❹降伏,制伏。孟郊《杏殇》之九:“泣凝不可消,恨壮难自降。”白居易《闲吟》:“唯有诗魔降未得,每逢风月一闲吟。”许浑《思归》:“气高诗易怨,愁极酒难降。”殷文圭《玉仙道中》:“莼鲈方美别吴江,笔阵诗魔两未降。”

【降士】 谪降之士,被贬官者。钱起《晚归严明府题门》:“降士林沾蕙草寒,弦惊翰苑失鸳鸾。”

【降$_2$王】 投降的君王。李商隐《筹笔驿》:“徒令上将挥神笔,终见降王走传车。”

【降止】 降临,光临。魏征《享太庙乐章·肃和》:“神其降止,式隆景命。”

【降$_2$户營】 安置突厥降户地区的驻军所在营地。李益《统汉峰下》:“统汉峰西降户营,黄河战骨拥长城。”

【降心】 平抑心气。白居易《因沐感发寄朗上人二首》之二:“掩镜望东寺,降心谢禅客。”吕岩《百字碑》:“养气忘言守,降心为不为。”

【降女】 指公主出嫁。崔湜《奉和送金城公主适西蕃应制》:“怀戎前策备,降女旧因修。”

【降$_2$北】 投降败逃。王涣《惆怅诗十二首》之十一:“少卿降北子卿还,朔野离觞惨别颜。”

【降生】 天生,与生俱来。方干《哭王大夫》:“为政旧规方利国,降生直性已归天。”

【降$_2$伏】 制伏。顾况《归阳萧寺有丁行者能修无生忍担水施僧况归命稽首作诗》:“天魔波旬等,降伏金刚坚。”白居易《斋戒》:“酒魔降伏终须尽,诗债填还亦欲平。”薛能《早春书事》:“百蛮降伏委三秦,锦里风回岁已新。”王继勋《赠和龙妙空禅师》:“猿鸟认声呼唤易,龙神降伏住持坚。”

【降志】 降心,平抑心气。吴筠《高士咏·柳下惠》:“高情遗轩冕,降志救世人。”耿湋《冬夜寻李永因书事赠之》:“栖遑偏降志,疵贱倍修身。”

【降$_2$吴複歸蜀】 指灭想、生心皆非入佛道之径。王维《与胡居士皆病寄此诗兼示学人二首》之二:“降吴复归蜀,不到莫相尤。”

【降$_2$妖】 降伏妖魔。李商隐《寄太原卢司空三十韵》:“酣战仍挥日,降妖亦斗霆。”

【降$_2$附】 投降归附。太宗《两仪殿赋柏梁体》:“绝域降附天下平,八表无事悦圣情。”

【降災】 降下灾害。李商隐《送从翁东川弘农尚书幕》:“降灾虽代有,稔恶不无因。”

【降神】 神灵降临,使神灵降临。魏征《五郊乐章·肃和》:“瑶席降神,朱弦飨帝。”苏颋《奉和姚令公温汤旧馆永怀故人卢公之作》:“树德岂孤迈,降神良并出。”欧阳詹《述德上兴元严仆射》:“山横碧立并雄岷,大阜洪川共降神。”

【降奚】 指奚人之内附唐朝者。王昌龄《城旁曲》:“降奚能骑射,战马百余匹。”

【降真】 见“降真香”。

【降真香】 香名。其香似苏枋木,燃烧时,烟直上,可入药。传说能降神。张籍《和左司元郎中秋居十首》之六:“案头行气诀,炉里降真香。”薛逢《题春台观》:“垂露额题精思院,博山炉袅降真香。”曹唐《送刘尊师祗诏阙庭三首》之三:“红露想倾延命酒,素烟思爇降真香。”亦省作“降真”。《谶记·延和阁诗》:“烧尽降真无一事,开门迎得毕将军。”

【降趾】 光临,降临。韦应物《奉酬处士叔见示》:“叔父亲降趾,壶觞携到门。”

【降麻】 唐时任免将相,用黄麻纸写诏书,宣告于朝廷,谓之“降麻”。黄滔《寄陈侍御》:“千年二相未全夸,犹阙闽城贺降麻。”

【降階】 走下台阶,迎接客人。温庭筠《醉歌》:“入门下马问谁在,降阶握手登华堂。”

【降集】 降落而聚集。韩愈《谴疟鬼》:“降集随九歌,饮芳而食菲。”

【降割】 降灾。张祜《忧旱吟》:“彼苍岂降割,以重吾民殃。”

【降聖觀】 (觀 guàn)即华清宫之朝元阁。王维有《奉和圣制登降圣观与宰臣等同望应制》。

【降$_2$虜】 俘虏。张籍《永嘉行》:“晋家天子作降虏,公卿奔走如牛羊。”白行简《李都尉重阳日得苏属国书》:“降虏意何如,穷荒九月初。”白居易《和微之诗二十三首·和知非》:“逐臣去室妇,降虏败军帅。”杜牧《愁》："降虏将军思，穷秋远客情。"

【降₂兵】 投降的士兵。姚合《塞下曲》："战须移死地，军讳杀降兵。"汪遵《杜邮馆》："杀尽降兵热血流，一心犹自逞戈矛。"

【降誕】 诞生。王建《宫词一百首》之七一："妃子院中初降诞，内人争乞洗儿钱。"花蕊夫人徐氏《宫词》之六二："东宫降诞挺佳辰，少海星边拥瑞云。"

【降誕日】 生日。李峤有《中宗降诞日长宁公主满月侍宴应制》，广宣有《降诞日内庭献寿应制》。

【降福】 降下福祉。刘晃《祭汾阴乐章》："恭惟降福，实赖明神。"韩愈《奉和杜相公太清宫纪事陈诚上李相公十六韵》："礼乐追尊盛，乾坤降福遐。"何湾《祭汾阴乐章》："神之降福，永永万年。"

【降嘏】 降福，赐福。韩愈《元和圣德诗》："饫沃膻芗，产祥降嘏。"

【降₂旗】 表示投降的旗帜。李商隐《咏史》："北湖南埭水漫漫，一片降旗百尺竿。"陆龟蒙《和袭美馆娃宫怀古五绝》之二："可料座中歌舞袖，便将残节拂降旗。"又《袭美先辈以龟蒙所献五百言再抒鄙怀用伸酬谢》："不敢负建鼓，唯忧掉降旗。"花蕊夫人徐氏《述国亡诗》："君王城上竖降旗，妾在深宫那得知。"

【降精】 生下良马。杜甫《骢马行》："时俗造次那得致，云雾晦冥方降精。"

【降德】 赐予恩德。卢肇《和主司王起》："嵩高降德为时生，洪笔三题造化名。"

【降₂龍】 谓以佛法降伏神龙。传说如来曾以火光三昧降伏毒龙。戴叔伦《赠行脚僧》："木杯能渡水，铁钵肯降龙。"灵一《宿天柱观》："中宵自入定，非是欲降龙。"许浑《舟次武陵寄天竺僧无昼》："树栖新放鹤，潭隐旧降龙。"亦借指降龙者。耿湋《宿青龙寺故昙上人院》："降龙今已去，巢鹤竟何从。"

【降臨】 光临，来到。张说《奉和圣制过宁王宅应制》："进酒忘忧观，箫韶喜降临。"韩愈《寄卢仝》："先生有意许降临，更遣长须致双鲤。"

【降₂旛】 表示投降的旗帜。韩愈《元和圣德诗》："掷首陴外，降旛夜竖。"刘禹锡《西塞山怀古》："千寻铁锁沉江底，一片降幡出石头。"

【降₂魔】 佛教语。相传释迦牟尼在成佛前，曾与魔王进行激烈斗争，并取得胜利。佛教史上称为"降魔"。后亦用作降伏妖魔的典故。卢纶《送契玄法师赴内道场》："降魔须战否，问疾敢行无。"元稹《大云寺二十韵》："示化维摩疾，降魔力士勋。"白居易《不出门》："能行便是真修道，何必降魔调伏身。"

【降顧】 下顾，给予照顾。卢仝《萧宅二三子赠答诗二十首·井请客》："君有造化力，在君一降顾。"

【降鑒】 俯察。张九龄《奉和圣制赐诸州刺史以题座右》："降鉴引君道，殷勤启政门。"则天皇后《曳鼎歌》："上玄降鉴，方建隆基。"

【降靈】 天降神灵。薛存诚《嵩山望幸》："降灵逢圣主，望幸表维嵩。"陆龟蒙《读阴符经寄鹿门子》："何事不隐德，降灵生轩辕。"

陔 〔gāi《广韵》古哀切，平咍，見。〕田埂。《文选·束皙〈补亡诗〉》："循披南陔，言采其兰。"上官仪《故北平公挽歌》："北里清音绝，南陔芳草残。"李中《依韵酬智谦上人见寄》："莺谷期犹负，兰陔养不违。"借指畦，田亩。刘禹锡《和州送钱侍御自宣州幕拜官便于华州觐省》："兰陔行可采，莲府犹回瞪。"

限 〔xiàn《广韵》胡簡切，上産，匣。〕❶阻隔。李峤《和曲典设扈从东郊忆弟使往安西冬至日恨不得同申拜庆》："桓岭嗟分翼，姜川限馈鱼。"李白《玉真公主别馆苦雨赠卫尉张卿二首》之二："欲往咫尺涂，遂成山川限。"权德舆《古离别》："冉冉叹流景，悠悠限山陂。"李频《宛陵东峰亭与友人话别》："修篁齐迥槛，列岫限平芜。"❷门槛。韩愈《赠张籍》："君来好呼出，踉跄越门限。"孟郊《征妇怨》之二："渔阳千里道，近如中门限。"聂夷中《杂怨》之一："渔阳万里远，近于中门限。"❸止境，极限。刘长卿《送子婿崔真父归长城》："惆怅暮帆何处落，青山无限水漫漫。"白居易《新乐府·陵园妾》："年月多，时光换，春愁秋思知何限。"温庭筠《李羽处士故里》："愁肠断处春何限，病眼开时月正圆。"徐铉《题碧岩亭赠孙尊师》："世上愁何限，人间事久谙。"❹界限。窦庠《酬韩愈侍郎登岳阳楼见赠》："地图封七泽，天限锁重扃。"刘禹锡《和浙西李大夫偶题临江亭并浙东元相公所和依本韵》："江长天作限，山固壤无朽。"又《韩十八侍御见示岳阳楼重以自述故足成六十二韵》："水乡吴蜀限，地势东南庳。"李绅《却到金陵登北固亭》："众峰作限横空碧，一柱中维彻底金。"亦作界限。李绅《逾岭峤止荒陬抵高要》："南标铜柱限荒徼，五岭从兹穷险艰。"❺限制，限定。韦应物《同德寺雨后寄元侍御李博士》："严城自有限，一水非难越。"皇甫冉《寄江东李判官》："归途限尺牍，王事在扁舟。"白居易《引泉》："一为止足限，二为衰疾牵。"❻期限。元结《舂陵行》序："到官未五十日，承诸使征求符牒二百余封，皆曰，失其限者罪至贬削。"白居易《览镜喜老》："傥得及此限，何羡荣启期。"❼指某一范围。任华《寄李白》："班张所作琐细不入耳，未知卿云得在嗤笑限。"

【限日】 限定的日期。王建《织锦曲》："一匹千金亦不卖，限日未成宫里怪。"姚合《武功县中作三十首》之二三："一官无限日，愁闷欲何如。"

【限内】 大限之内，即寿数的极限。刘威《感寓》:"须向道中平贵贱,还从限内任浮沉。"

【限直】 按规定值宿。窦群《雪中遇直》:"寒光凝雪彩,限直居粉闱。"

【限疾】 为疾病所阻。李峤有《田假限疾不获还庄率成短韵用写长怀赠杜幽素》。

【限越】 阻隔。王周《自喻》:"妻儿夐限越,容颜几憔悴。"

【限極】 极限。崔国辅《九日侍宴应制》:"欢娱无限极,书剑太平人。"陈羽《长相思》:"相思长相思,相思无限极。"

【限程】 限定的路程。罗隐《九江早秋》:"百岁几多日,四蹄无限程。"

七 画

陡 〔dǒu《广韵》當口切,上厚,端。〕❶山势陡峭。林滋《望九华山》:"虚中始讶巨灵擘,陡处乍惊愚叟移。"❷顿时,突然。岑参《入剑门作寄杜阳二郎中时二公并为杜元帅判官》:"陡觉烟景殊,杳将华夏隔。"又《早春陪崔中丞同泛浣花溪宴》:"旌节临溪口,寒郊陡觉暄。"戴叔伦《赴抚州对酬崔法曹夜雨滴空阶五首》之四:"离室雨初晦,客程云陡暗。"李山甫《南山》:"霁色陡添千尺翠,夕阳闲放一堆愁。"

陣 〔zhèn《广韵》直刃切,去震,澄。〕❶军队行列,战斗队形。太宗《经破薛举战地》:"营碎落星沉,阵卷横云裂。"王维《老将行》:"贺兰山下阵如云,羽檄交驰日夕闻。"卢纶《送韩都护还边》:"阵合龙蛇动,军移草木闲。"姚合《剑器词三首》之二:"阵变龙蛇活,军雄鼓角知。"❷阵地,战场。杜甫《高都护骢马行》:"此马临阵久无敌,与人一心成大功。"又《无家别》:"贱子因阵败,归来寻旧蹊。"❸战役。白居易《新乐府·蛮子朝》:"鲜于仲通六万卒,征蛮一阵全军没。"周昙《咏史诗·秦门·项籍》:"九垓垂定弃谋臣,一阵无功便杀身。"❹列阵,布阵。许敬宗《奉和行经破薛举战地应制》:"战地甘泉涌,阵处景云生。"❺行列。太宗《秋日翠微宫》:"侧阵移鸿影,圆花钉菊丛。"李义府《和边城秋气早》:"边马秋声急,征鸿晓阵斜。"❻陈列。齐己《荆州新秋病起杂题一十五首·病起见苔色》:"病起见苔色,凝然阵未枯。"❼雷阵雨来临前乌云翻滚、闪电雷鸣的现象。李咸用《和殷衙推春霖即事》:"阵急如酣战,点粗成乱沤。"❽量词。(1)表示事物或动作经过一定时间段落。韩偓《懒起》:"昨夜三更雨,今朝一阵寒。"吕岩《敲爻歌》:"黑铅过,采清真,一阵交锋定太平。"毛文锡《醉花间》词之一:"昨夜雨霏霏,临明寒一阵。"(2)犹片。韦庄《丙辰年鄜州遇寒食城外醉吟五首》之四:"马骄风疾玉鞭长,过去唯留一阵香。"

【陣亡】 在战斗中牺牲。杜甫《垂老别》:"子孙阵亡尽,焉用身独完。"

【陣行】 (—háng)行列。李峤《雁》:"望月惊弦影,排云结阵行。"杨巨源《赠邻家老将》:"虎翼分营势,鱼鳞拥阵行。"

【陣色】 战阵的形态。崔国辅《从军行》:"刀光照塞月,阵色明如昼。"

【陣形】 队形。顾非熊《雁》:"下时波势出,起处阵形分。"

【陣没】 (—mò)阵亡。亦指阵亡的将士。韩愈《元和圣德诗》:"哀怜阵没,廪给孤寡。"

【陣法】 野战的战斗队形和宿营的防御部署。明皇《旋师喜捷》:"龙蛇开阵法,貔虎振军威。"李商隐《五言述德抒情诗献上杜七兄仆射相公》:"武乡传阵法,践土主文盟。"

【陣馬】 破阵之马。喻疾速前进之物。杜牧《怀钟陵旧游四首》之二:"垂楼万幕青云合,破浪千帆阵马来。"

【陣敗】 战败。杜甫《无家别》:"贱子因阵败,归来寻旧蹊。"

【陣雲】 浓重厚积形似战阵的云。古以为战争之兆。高适《塞下曲》:"青海阵云匝,黑山兵气冲。"刘长卿《疲兵篇》:"阵云泱漭屯塞北,羽书纷纷来不息。"柳宗元《古东门行》:"汉家三十六将军,东方雷动横阵云。"杜荀鹤《塞上伤战士》:"野火烧人骨,阴风卷阵云。"

【陣勢】 军队作战的布置。卢纶《雪谤后书事上皇甫大夫》:"画图规阵势,梦笔纪山行。"韩愈《喜雪献裴尚书》:"阵势鱼丽远,书文鸟篆奇。"

【陣圖】 ❶古代军队作战时的兵力部署、队形变化的图式。岑参《青龙招提归一上人远游吴楚别诗》:"说法开藏经,论边穷阵图。"杜甫《秋日夔府咏怀一百韵》:"阵图沙北岸,市暨瀼西巅。"施肩吾《赠边将》:"犹恐犬戎临虏塞,柳营时把阵图看。"姚合《剑器词三首》之三:"邻境求兵略,皇恩索阵图。"❷特指三国蜀诸葛亮所摆的八阵图。章孝标《诸葛武侯庙》:"木牛零落阵图残,山姥烧钱古柏寒。"李商隐《井络》:"阵图东聚燕江石,边柝西悬雪岭松。"

【陣影】 阵云的阴影。太宗《赋得含峰云》:"横天结阵影,逐吹起罗文。"骆宾王《赋得春云处处生》:"盖阴笼迥树,阵影抱危城。"

【陣敵】 战敌。泛指敌手。皮日休《鲁望昨以五百言见贻因成一千言亦迭和之微旨也》:"唯思逢阵敌,与彼争后先。"

陕〔shǎn《广韵》失冉切，上琰，書。〕古地名。在今河南三门峡市陕州区，周初周公与召公分陕而治。周公治陕以东，召公治陕以西。明皇《南出雀鼠谷答张说》："背陕关山险，横汾鼓吹频。"岑参《虢中酬陕西甄判官见赠》："分陕振鼓鼙，二崤满旌旗。"韩翃《送客水路归陕》："枕上未醒秦地酒，舟前已见陕人家。"白居易《从陕至东京》："从陕至东京，山低路渐平。"

【陕下】　指今河南三门峡市陕州区一带。李频有《陕下怀归》《陕下投姚谏议》和《岐山逢陕下故人》。

【陕中】　指陕州（今河南三门峡市陕州区）一带。蔡希寂有《陕中作》。

【陕西】　❶指今河南三门峡市陕州区以西地区，周召公所治。骆宾王《至分陕》："陕西开胜壤，召南分沃畴。"罗隐有《陕西晚思》。❷指陕西节度使，领陕、虢、华三州，治陕州（今河南三门峡市陕州区）。岑参有《虢中酬陕西甄判官见赠》。

【陕州】　北魏太和十一年（487）置，治所在陕县（今河南三门峡市西），十八年（494）废。东魏、西魏、北周和隋时置时废，唐武德元年（618）复置，天宝元年（742）改为陕郡，乾元元年（758）复改陕州。明皇有《途次陕州》，卢纶有《奉和陕州十四翁中丞寄雷州二十翁司户》。白居易《送陕州王司马建赴任》："陕州司马去何如，养静资贫两有余。"韦庄《秦妇吟》："陕州主帅忠且贞，不动干戈唯守城。"

【陕府】　陕州大都督府，治所在今河南三门峡市陕州区。卢纶有《寄陕府王司法》。孟郊有《寄陕府邓给事》，贾岛有《送陕府王建司马》，姚合有《寄陕府内兄郭冏端公》。

【陕服】　指陕州。今河南三门峡市陕州区。杜审言《和李大夫嗣真奉使存抚河东》："城阙周京转，关河陕服连。"蔡希寂《陕中作》："西别秦关近，东行陕服长。"李频《长安书情投知己》："陕服因诗句，从容已半年。"

【陕城】　陕州城。姚合《答窦知言》："陕城城西边，逢子亦且奔。"又《寄陕府内兄郭冏端公》："家寄河朔间，道路出陕城。"韦庄《江上逢史馆李学士》："前年兮袂陕城西，醉凭征轩日欲低。"李郢《送涧水陕东二十里自江南来作》："泠泠孤涧陕城东，我有飞泉此路通。"

【陕郛】　陕县之外城，周时周公与召公分治之界。张九龄《登荆州城楼》："几代传荆国，当时敌陕郛。"

【陕路】　古陕陌，在今河南三门峡市陕州区西南。崔颢《题潼关楼》："川从陕路去，河绕华阴流。"

【陕虢】　陕州和虢州。虢州治所在弘农县（今河南灵宝市）。唐置陕虢观察使。刘禹锡有《述旧贺迁寄陕虢孙常侍》。

【陕縣】　秦置，治所即今河南三门峡市西。北魏宣帝改名北陕县。隋复名陕县，唐为陕州治所。岑参有《送陕县王主簿赴襄阳成亲》。

陘〔xíng《广韵》户經切，平青，匣。〕❶山脉中断的地方。韩愈《答张彻》："洛邑得休告，华山穷绝陉。"高适《赠别王十述》："扪陉历岘，来适公志。"❷地名用字。冷陉，在契丹南。见《旧唐书·契丹传》。其地当在今辽宁。高适《赠别王十七管记》："沙深冷陉断，雪暗辽阳闭。"

陛〔bì《广韵》傍禮切，上薺，並。〕台阶。亦专指宫殿的台阶。王昌龄《夏月花萼楼酺宴应制》："玉陛分朝列，文章发圣聪。"王维《别綦毋潜》："端笏明光宫，历稔朝云陛。"蒋防《藩臣恋魏阙》："梦魂通玉陛，动息寄朱轩。"杜牧《寄宣州郑谏议》："文石陛前辞圣主，碧云天外作冥鸿。"

【陛下】　对帝王的尊称。阎朝隐《三日曲水侍宴应制》："陛下制万国，臣作水心人。"韩愈《送张道士》："其言简且要，陛下幸听之。"白居易《蛮子朝》："诚由陛下休明德，亦赖微臣诱谕功。"李商隐《汉南书事》："陛下好生千万寿，玉楼长御白云杯。"

【陛兵】　皇宫前夹殿陛而立的警卫士兵。郑畋《闻号》："陛兵偏近羽林营，夜静仍传禁号声。"

【陛級】　台阶，阶级。引申为地位、等级。刘禹锡《赠别君素上人诗》序："开士君素，偶得余于所亲，一麻栖草，千里来访，素以道眼视予，予以所视视之，不由陛级，携手智地。"

【陛閣】　谓宫廷。储光羲《述韦昭应画犀牛》："陛阁飞嘉声，丘甸盈仁心。"

陟〔zhì《广韵》竹力切，入職，知。〕❶由低处向高处走，与降相对。李白《赠张相镐二首》之二："灭虏不言功，飘然陟蓬壶。"顾况《酬房杭州》："辟险延北阜，薙道陟南岑。"陆龟蒙《纪梦游甘露寺》："扪虚陟孤峭，不翅千余尺。"顾在镕《宿麻平驿》："及到怡情处，暂忘登陟劳。"❷远行，长途跋涉。见"陟卓""陟遐"。❸提拔，升迁。陈子昂《答洛阳主人》："再取连城璧，三陟平津侯。"贯休《送令狐焕赴阙》："陟也须为相，天乎更赞谁。"

【陟明】　进用贤能。吕温《道州弘道县主簿将赴衡州题其厅事》："为理赖同力，陟明非所任。"彭蟾《贺邓璠使君正拜袁州》："六年惠爱及黎甿，大府论功俟陟明。"

【陟卓】　远行。孟郊《冬日》："冻马四蹄吃，陟卓难自收。"

【陟罔】　用为怀念兄弟之典。戎昱《送王端公之太原归觐相公》："杜史今何适，西行咏陟罔。"白居易《自江陵之徐州路上寄兄弟》："谁怜陟冈者，西楚望南荆。"贯休《上留田》："徒陟冈，泪峥嵘。"

【陟状】 升迁的文书。刘长卿《送薛据宰涉县》，自注："自永乐主簿陟状，寻复选受此官。"皎然有《送乌程李明府得陟状赴京》。

【陟降】 （—jiàng）❶升降，上下。权德舆《早夏青龙寺致斋凭眺感物因书十四韵》："尘劳期抖擞，陟降聊俯偻。"柳宗元《奉平淮夷雅表·皇武》之五："远扬迩昭，陟降连连。"❷用为祖宗神灵暗中保佑之义。包佶《祀雨师乐章·迎神》："陟降左右，诚达幽圆。"

【陟配】 谓天子死后于祭天时配享。苏味道《奉和受图温洛应制》："陟配光三祖，怀柔洎百神。"

【陟遐】 远行。张祜《江南杂题三十首》之二九："惆望碧江阻，梦魂云陟遐。"

除[1] 〔chú《广韵》直魚切，平魚，澄。〕❶宫殿的台阶。白居易《和微之诗二十三首·和朝回与王炼师游南山下》："晨从四丞相，入拜白玉除。"李远《赠弘文杜校书》："漠漠禁烟笼远树，泠泠宫漏响前除。"花蕊夫人徐氏《宫词》之三二："七宝阑干白玉除，新开凉殿幸金舆。"❷泛指台阶。王绩《薛记室收过庄见寻率题古意以赠》："曳裾出门迎，握手登前除。"杜甫《送孔巢父谢病归游江东兼呈李白》："蔡侯静者意有余，清夜置酒临前除。"元稹《酬乐天早夏见怀》："八日复切九，月明侵半除。"韦庄《和人岁宴旅舍见寄》："积雪满前除，寒光夜皎如。"❸铲除，清除，消除。太宗《执契静三边》："剪暴兴先废，除凶存昔亡。"孟郊《百忧》："朝思除国仇，暮思除国仇。"皮日休《奉和鲁望樵人十咏·樵斧》："不知仗钺者，除害谁如此。"韦庄《和郑拾遗秋日感事一百韵》："未睹君除侧，徒思玉在傍。"❹治病。亦指病愈。岑参《虢州卧疾喜刘判官相过水亭》："见君胜服药，清话病能除。"又《临洮龙兴寺玄上人院同咏青木香丛》："只为能除疾，倾心向药王。"陆龟蒙《中元夜寄道侣二首》之二："橘斋风露已清余，东郭先生病未除。"❺免除。李峤《汾阴行》："欢娱宴洽赐群后，家家复除户牛酒。"沈佺期《扈从出长安应制》："复除恩载洽，望秩礼新崇。"韩愈《从潮州量移袁州张韶州端公以诗相贺因酬之》："明时远逐事何如，遇赦移官罪未除。"❻除去，不计算在内。白居易《京路》："来去腾腾两京路，闲行除我更无人。"又《狂吟七言十四韵》："点检一生侥幸事，东都除我更无人。"姚合《酬令狐郎中见寄》："常闻欲向沧江去，除我无人与子同。"皮日休《奉和鲁望寒夜访寂上人次韵》："何事欲攀尘外契，除君皆有利名心。"❼拜官，授职。高适《酬裴员外以诗代书》："遂除彭门守，因得朝玉阶。"元稹《台中鞫狱忆开元观旧事呈损之兼赠周兄四十韵》："二月除御史，三月使巴蛮。"白居易《长庆二年七月自中书舍人出守杭州路次蓝溪作》："凤诏停舍人，鱼书除刺史。"朱庆余《羽林郎》："宅将公主同时赐，官与中郎共日除。"❽扫地祭祀。韩愈《元和圣德诗》："除于国南，鳞笋毛簴。"❾修治，整治。《穀梁传·襄公二十四年》："驰侯，廷道不除。"见"除道"。

除[2] 〔zhù《广韵》遲倨切，去御，澄。〕今读 chú。谓时光过去。张子容《除日》："腊月今知晦，流年此夕除。"刘长卿《酬包谏议佶见寄之什》："家贫寒未度，身老岁将除。"羊士谔《郡中端居有怀袁州王员外使君》："谁为音尘旷，俄惊岁月除。"白居易《岁暮》："已任时命去，亦从岁月除。"

【除$_2$日】 （今读 chú）农历十二月最后一天。张子容和韦应物均有《除日》。

【除去】 消除，除掉。白居易《开龙门八节石滩诗二首》序："於戏，从古有碍之险，未来无穷之苦，忽乎一旦尽除去之。"

【除目】 除授官吏的文书。姚合《武功县中作三十首》之八："一日看除目，终年损道心。"

【除死】 免死。韩愈《八月十五夜赠张功曹》："赦书一日行万里，罪从大辟皆除死。"

【除名】 除去名籍，取消原有身份；罢官。杜甫《敬寄族弟唐十八使君》："除名配清江，厥土巫峡邻。"李益《送人流贬》："汉章虽约法，秦律已除名。"无名氏《五言诗》之六："除名仍解官，告身夺人案。"

【除折】 除去，减去。伏牛山人《三伤颂》之三："除折算将来，能得几多子。"

【除非】 犹只有。表示唯一的条件。上官昭容《游长宁公主流杯池二十五首》之十："除非物外者，谁就此经过。"白居易《感春》："除非一杯酒，何物更关身。"罗邺《别夜》："若在人间须有恨，除非禅伴始无情。"吕岩《五言》之五："要觅长生路，除非认本元。"

【除$_2$夜】 （今读 chú）即一年最后一天夜晚。旧指至此夕而除，次日即新岁，故云。杜审言《守岁侍宴应制》："季冬除夜接新年，帝子王孙捧御筵。"王建《宫词一百首》之八九："金吾除夜进傩名，画袴朱衣四队行。"白居易《除夜寄微之》："共惜盛时辞阙下，同嗟除夜在江南。"黄滔《旅怀》："十年除夜在孤馆，万里一身求大名。"

【除官】 授官。白居易《余思未尽加为六韵重寄微之》："走笔往来盈卷轴，除官递互掌丝纶。"姚合《和东都令狐留守相公》："除官东守洛阳宫，恩比藩方任更雄。"黄滔《寓题》："纷纷墨敕除官日，处处红旗打贼时。"曹松《送陈樵校书归泉州》："除官京下阙，乞假海门西。"

【除卻】 除去。表示所说的不计算在内。白居易《七年元日对酒五首》之三:“除却崔常侍,无人共我争。”又《寄刘苏州》:“同年同病同心事,除却苏州更是谁。”陆龟蒙《奉和袭美卧疾感春见寄次韵》:“除却数函图籍外,更将何事结良朋。”曹唐《哭陷边许兵马使》:“除却阴符与兵法,更无一物在仪床。”

【除書】 拜官授职的文书。韦应物《始除尚书郎别善福精舍》:“除书忽到门,冠带便拘束。”窦常《奉寄辰州房使君郎中》:“何妨密旨先符竹,莫是除书误姓名。”白居易《刘十九同宿》:“红旗破贼非吾事,黄纸除书无我名。”张蠙《送董卿赴台州》:“九陌除书出,寻僧问海城。”

【除授】 任命官职。李商隐《行次西郊作一百韵》:“中原遂多故,除授非至尊。”

【除替】 免除官职。崔璞《蒙恩除替将还京洛》:“遽蒙交郡印,安敢整朝衣。”自注:“到任十二个月,除替未及三年。”

【除惡】 (—è)铲除恶势力。独孤及《和李尚书画射虎图歌》:“居然画中见真态,若务除恶不顾私。”

【除道】 修路。杜甫《壮游》:“蒸鱼闻匕首,除道哂要章。”按,汉朱买臣贫贱时受人轻视,妻改嫁。后为会稽郡守,故意着旧返里,官吏们发现他腰间的太守印章,大惊,立即发民除道迎接。买臣见其原妻与后夫在修路,便把他们带回官舍。原妻羞愧而自杀。

【除籍】 从簿籍上除去姓名。吕岩《七言》之二七:“仙府记名丹已熟,阴司除籍命应还。”

陞 〔shēng《广韵》職蒸切,平蒸,書。〕同升。上升,登上。韩愈《华山女》:“遂来陞座演真诀,观门不许人开扃。”李贺《仁和里杂叙皇甫湜》:“枉辱称知犯君眼,排引才陞强缅断。”

院 〔yuàn《广韵》王眷切,去線,云。又胡官切,平桓,匣。〕❶有围墙围绕的居室房舍。亦泛指房舍、屋舍。杜牧《宫人冢》:“尽是离宫院中女,苑墙城外冢累累。”花蕊夫人徐氏《宫词》之十:“离宫别院绕宫城,金版轻敲合凤笙。”韦庄《应天长》词之一:“绿槐阴里黄莺语,深院无人春昼午。”❷庭院。刘庭琦《奉和圣制瑞雪篇》:“何处田中非种玉,谁家院里不生梅。”权德舆《杂言和常州李员外副使春日戏题十首》之九:“雨歇风轻一院香,红芳绿草接东墙。”白居易《对琴待月》:“竹院新晴夜,松窗未卧时。”元稹《白衣裳二首》之一:“雨湿轻尘隔院香,玉人初着白衣裳。”❸宫掖,宫室。李贺《堂堂》:“蕙花已老桃叶长,禁院悬帘隔御光。”❹指道观。明皇《为赵法师别造精院过院赋诗》序:“入清虚院,则法师所居之地也。”王建《题东华观》:“路尽烟水外,院门题上清。”韩愈《同窦韦寻刘尊师不遇》:“院闭青霞人,松高老鹤寻。”白居易《寻郭道士不遇》:“看院只留双白鹤,入门惟见一青松。”❺指寺院,佛寺。德宗《七月十五日题章敬寺》:“松院静苔色,竹房深磬声。”张祜《题重居寺》:“竹径深开院,松门远对山。”❻官署名。见《新唐书·百官志三》。段文昌有《晚夏登张仪楼呈院中诸公》。刘禹锡《浙西李大夫述梦四十韵并浙东元相公酬和斐然继声》:“银花悬院榜,翠羽映帘绦。”

【院子】 院落。刘兼《新回车院筵上作》:“回车院子未回车,三载疲民咏袴襦。”

【院中諸公】 谓段文昌西川使院僚佐姚向、温会、李敬伯、姚康、杨汝士。段文昌有《晚夏登张仪楼呈院中诸公》,姚向、温会、李敬伯、姚康均有《奉陪段相公晚夏登张仪楼》。

【院公】 院主。寺院主持。皎然《送柳察谏议叔》:“明日院公应问我,闲云长在石门多。”

【院宇】 有围墙的屋宇,院落。元稹《度门寺》:“诸岩分院宇,双岭抱垣墉。”薛逢《社日游开元观》:“荒凉院宇无人到,寂寞烟霞只自知。”秦韬玉《亭台》:“雕楹累栋架崔嵬,院宇生烟次第开。”

【院長】 (—zhǎng)唐代御史、拾遗的别称。韦迢有《早发湘潭寄杜员外院长》,杜院长指杜甫,杜甫曾任拾遗。韩愈《寒食日出游》诗自注:“张十一院长见示病中忆花九篇,寒食日出游夜归,因以投赠。张十一,即功曹署。外郎遗补相呼为院长。愈与署同自御史贬官,又同为江陵掾,愈法曹参军,署功曹参军。”戎昱有《同辛兖州巢父虚副端岳相思献酬之作因纾归怀兼呈辛魏二院长杨长宁》。李敬方《闻高侍御卒贬所》:“西京高院长,直气似吾徒。”

【院落】 住宅前后用围墙或栅栏围起来的空地。白居易《宴散》:“笙歌归院落,灯火下楼台。”皮日休《太湖诗·孤园寺》:“香莎满院落,风泛金霾靡。”又《怀华阳润卿博士三首》之一:“静探石脑衣裾润,闲炼松脂院落香。”钟辐《卜算子慢》词:“桃花院落,烟重露寒。”

【院牆】 住宅的围墙。赵嘏《广陵答崔琛》:“棹倚隋家旧院墙,柳金梅雪朴檐香。”

八　画

陸[1] 〔lù《广韵》力竹切,入屋,來。〕❶高平之地,陆地。宋昱《樟亭观涛》:“艅艎从陆起,洲浦隔阡通。”顾况《上古之什补亡训传十三章·十月之郊一章》:“陆迁水济,百力殚弊。”李商隐有《陆发荆南始至商洛》。❷道路。特指陆上通道。耿湋《发绵津驿》:“杳杳短亭分水陆,隆隆远鼓集渔商。”❸大土山。韩愈《南山诗》:“行行将遂穷,岭陆烦互走。”❹草名。见“陸莧”。❺姓。唐诗人有陆长源、陆龟蒙等。

陸²

〔liù〕数目字六的大写。见“陸₂博”。

【陸三】 ❶指陆羽。羽行三。戴叔伦有《劝陆三饮酒》和《容州回逢陆三别》。❷指陆达。达行三，曾任华原县令。武元衡有《酬陆三与邹十八侍御》和《夏日寄陆三达陆四逢并王念八仲周》。

【陸士佳】 陆据子。曾官浚仪尉、三原令、监察御史。皎然有《送陆侍御士佳赴上京》和《同杨使君白蘋州送陆侍御士佳入朝》。

【陸士修】 诗人。曾任嘉兴（今属浙江）县尉。与颜真卿、陆羽同时。《全唐诗》卷七八八录其与颜真卿《登岘山观李左相石尊联句》《与耿沣水亭咏风联句》《五言月夜啜茶联句》《五言夜宴咏灯联句》等。

【陸士倫】 义兴县（今江苏宜兴市）令。李嘉祐《送陆士伦宰义兴》。

【陸士龍】 陆云。士龙为西晋文学家陆云字。韩翃《宴杨驸马山池》：“中朝驸马何平叔，南国词人陆士龙。”李群玉《将之吴越留别坐中文酒诸侣》：“早闻陆士龙，矫掌跨山川。”温庭筠《春暮宴罢寄宋寿先辈》：“谁怜芳草生三径，参佐桥西陆士龙。”王贞白《赠刘台处士》：“兵机不让韩擒虎，笑癖微方陆士龙。”

【陸大夫】 陆长源，曾官御史大夫，贞元十五年（799）二月汴州军乱时被杀。孟郊有《戏赠陆大夫十二丈》和《新卜清罗幽居奉献陆大夫》。张祜有《哭汴州陆大夫》。

【陸山人】 陆羽。戴叔伦有《敬酬陆山人二首》。刘长卿有《入白沙渚夤缘二十五里至石窟山下怀天台陆山人》。

【陸子】 ❶唐陆余庆之子。《全唐诗》卷八六九录其《嘲父》。❷指陆修静。南朝宋吴兴（今属浙江）人。曾在庐山修道，与高僧慧远等结莲社。周朴《赠大沩和尚》：“王侯皆作礼，陆子只来吟。”

【陸夫子】 ❶晋陆机。皮日休《鲁望昨以五百言见贻亦迭和之微旨也》：“平原陆夫子，投刺来翩跹。”❷陆龟蒙。皮日休《鲁望读襄阳耆旧传见赠五百言次韵》：“既见陆夫子，驽心却伏厩。”

【陸太祝】 陆羽。《新唐书·陆羽传》：“久之，诏拜羽太子文学，徙太常寺太祝，不就职。”戴叔伦有《抚州被推昭雪答陆太祝三首》，权德舆有《同陆太祝鸿渐崔法曹无事喜而有作三首》。

【陸中丞】 ❶指陆长源。兴元元年（784）权知汝州刺史，兼御史中丞。孟郊有《汝州南潭陪陆中丞公宴》和《鸦路溪行呈陆中丞》。皎然有《奉和陆中丞使君长源寒食日作》。❷指陆亘。朱庆余有《送浙东陆中丞》。

【陸内史】 晋陆机。机曾为平原内史。孟浩然《岘潭作》：“因谢陆内史，莼羹何足传。”

【陸公】 ❶指三国时名将陆逊。其孙陆机、陆云均为西晋著名文学家。陆机著有《祖德赋》。杜牧《怀钟陵旧游四首》之一：“陆公余德机云在，如我酬恩合执鞭。”❷指晋陆玩。孙元晏《咏史诗·晋·陆玩》：“陆公高论亦由衷，谦让还惭未有功。”参见“陸玩無人”。

【陸氏】 陆姓。陆姓为古代江东大族之一，名流辈出。李白《叙旧赠江阳宰陆调》：“开吴食东溟，陆氏世英髦。”徐铉《和门下殷侍郎新茶二十韵》：“任公因焙显，陆氏有经传。”参见“陸氏橘”。

【陸氏橘】 三国吴陆绩怀橘孝亲。后遂以陆氏橘为孝亲之典。岑参《送许员外江外置常平仓》：“仍怀陆氏橘，归献老亲尝。”

【陸少府】 （少 shào）高适友人。高适有《酬陆少府》和《同卫八题陆少府书斋》。

【陸六侍御】 陆余庆。武后封嵩山，擢余庆为监察御史。圣历初，迁殿中侍御史、凤阁舍人。陈子昂《喜马参军相遇醉歌》序：“毕大拾遗、陆六侍御……当知吾此评是实录也。”

【陸平原】 晋陆机。陆机曾官平原内史，故称。李白《题金陵王处士水亭》：“此堂见明月，更忆陆平原。”高适《酬秘书弟兼寄幕下诸公》：“多才陆平原，硕学郑司农。”

【陸四】 陆逢。华原令陆达弟。武元衡有《夏日寄陆三达陆四逢并王念八仲周》。

【陸生】 ❶指陆羽。齐己《谢人惠扇子及茶》：“陆生夸妙法，班女恨凉飙。”❷指晋陆机、陆云兄弟。张九龄《酬通事舍人寓直见示篇中兼起居陆舍人景献》：“价以陆生减，贤惭鲍叔知。”❸指晋陆绩。绩有怀橘孝亲的故事。李峤《橘》：“既荣潘子赋，方重陆生言。”

【陸弘休】 诗人。尝任桂府从事。《全唐诗》卷七六八收其《和訾家洲宴游》。

【陸迅】 曾官殿中侍御史。皎然有《对陆迅饮天目山茶因寄元居士晟》。

【陸地】 地球表面除去海洋（有时也除去江湖湖泊的部分）。王维《青龙寺昙壁上人兄院集》序：“高原陆地，下映芙蓉之池；竹林果园，中秀菩提之树。”刘驾《青门路》：“舟成于陆地，风水终相假。”方干《送何道者》：“必拟一身生羽翼，终看陆地作波涛。”徐夤《雨》：“千山草木如云暗，陆地波澜接海平。”

【陸死骨】 喻积雪之状。韩愈《咏雪赠张籍》：“鲸鲵陆死骨，玉石火炎灰。”

【陸先生】　❶陆羽。齐己《咏茶十二韵》："曾寻修事法，妙尽陆先生。"❷南朝宋陆修静。字元德，吴兴（今浙江湖州市）人。曾在庐山与惠远、陶潜等结莲社。张祜有《秋日简寂观陆先生草堂》，杨衡有《游陆先生故岩居》。

【陸行】　（—xíng）在陆地上行走，步行。贾岛《送沈鹤》："陆行千里外，风卷一帆新。"

【陸州】　乐府近代曲辞，七叠为一首，歌三首，排遍四首。《全唐诗》归入卷二七《杂曲歌辞》，题为《陆州歌第一》，误。当作《陆州》，"歌第一"为分野第一叠。

【陸池】　晋陆机家池塘。杜甫《秋日夔府咏怀奉寄郑监李宾客一百韵》："紫收岷岭芋，白种陆池莲。"

【陸羽】　学者、诗人。字鸿渐，一名疾，字季疵。自称桑苎翁，又号东冈子。复州竟陵（今属湖北）人。性诙谐，闭门读书著作，不愿为官。上元初，隐居苕溪。与僧皎然、刘长卿等相交友善。性嗜茶，对茶道颇有研究，被祀为茶神，著有《茶经》。能诗，《全唐诗》卷三〇八录其《歌》等诗二首。裴迪《西塔寺陆羽茶泉》："不独支公住，曾经陆羽居。"刘长卿有《送陆羽之茅山寄李延陵》。张又新《谢庐山僧寄谷帘水》："迢递康王谷，尘埃陆羽篇。"皮日休《题惠山泉》之二："马卿消瘦年才有，陆羽茶门近始闲。"

【陸羽墳】　在今浙江湖州市。孟郊有《送陆畅归湖州因凭题故人皎然塔陆羽坟》。

【陸丞相】　（—xiàng）陆贽。殷尧藩有《陆丞相故宅》。

【陸抗嘗藥】　陆抗，三国吴将。李瀚《蒙求》："勾践投醪，陆抗尝药。"

【陸秀才】　陆龟蒙。李縠有《浙东罢府西归酬别张广文皮先辈陆秀才》。

【陸希聲】　诗人。苏州（今江苏苏州市）人。陆翱长子。《全唐诗》卷六八九录其诗二十一首。

【陸弟】　晋陆机之弟陆云。王维《同崔傅答贤弟》："周郎陆弟为俦侣，对舞前溪歌白纻。"

【陸沈】　（—chén）❶陆地无水而沉。喻隐居。张九龄《始兴南山下有林泉尝卜居焉荆州卧病有怀此地》："出处各有在，何者为陆沉。"蔡希寂《同家兄题渭南王公别业》："既郁苍生望，明时岂陆沉。"杜荀鹤《秋日怀九华旧居》："吾道在五字，吾身宁陆沉。"李中《献徐舍人》："此日重遭遇，心期出陆沉。"亦指隐逸之人。白居易《赠能七伦》："苦节二十年，无人振陆沉。"又《送张南简入蜀》："昨日诏书下，求贤访陆沉。"❷埋没，不为人所知。王维《送从弟蕃游淮南》："高义难自隐，明时宁陆沉。"高适《别王彻》："时辈想鹏举，他人嗟陆沉。"许浑《寓居开元精舍酬薛秀才见贻》："知己萧条信陆沉，茂陵扶疾卧西林。"黄滔《投刑部裴郎中》："已齐日月悬千古，肯误风尘使陆沉。"❸愚昧迂执，不合时宜。刘威《尉迟将军》："明妃若遇英雄世，青冢何由怨陆沉。"贯休《归故林别知己》："愧勉青云志，余怀非陆沉。"齐己《和郑谷郎中看棋》："有路如飞出，无机似陆沉。"

【陸長史】　（長 zhǎng）疑为陆余庆。陆余庆曾为洛州长史。苏颋有《饯潞州陆长史再守汾州》。

【陸長源】　（長 cháng）诗人。字泳之，苏州吴县（今江苏苏州市）人。《全唐诗》卷二七五录其《乐府答孟东野戏赠》等诗四首。欧阳詹《益昌行》序："贞元年中，天子以工部郎中兴元少尹吴兴陆公长源牧利州。其为政五年，予旅游于利，睹人安俗阜，钦所以美，作诗一章。"

【陸玩無人】　谓位高而有雅量。李瀚《蒙求》："陆玩无人，贾诩非次。"

【陸季疵】　陆羽，号竟陵子，著有《茶经》三卷。皮日休《茶中杂咏》序："自周已降，及于国朝茶事，竟陵子陆季疵言之详矣。"

【陸侍御】　❶陆渭。袁傪有《喜陆侍御破石埭草寇东峰亭赋诗》。崔何、王纬、郭澹均有同题和诗。❷陆澧。曾官殿中侍御史。陈羽有《小江驿送陆侍御归湖上山》和《若耶溪逢陆澧》。❸陆余庆。圣历初，迁殿中侍御史。陈子昂《喜马参军相遇醉歌》序："毕大拾遗、陆六侍御……当知吾此评是实录也。"❹陆畅。姚合有《送陆畅侍御归扬州》。刘禹锡有《送陆侍御归淮南使府五韵》。按，时陆畅在淮南节度使段文昌幕。❺陆珽，国子司业陆善经之子，曾官监察御史，大历初，新罗王宪英死，子乾运立，珽为副使册吊。钱起有《送陆珽侍御使新罗》。❻陆士佳。陆据子。曾官浚仪尉、三原令、监察御史。皎然有《送陆侍御士佳赴上京》。

【陸使君】　陆长源。长源曾官建、信二州刺史。刘长卿有《送建州陆使君》，皎然有《奉和陆使君长源夏月游太湖》。

【陸舍人】　❶陆景献，苏州吴县（今江苏苏州市）人。陆象先弟。《旧唐书·陆象先传》："弟……景献，历殿中侍御史、屯田员外郎。"《新唐书·宰相世系三下》作屯田郎中，均未提及官起居中舍人事。张九龄有《酬通事舍人寓直见示篇中兼起居陆舍人景献》。❷陆扆，景福元年（892）加祠部郎中、知制诰，五月，拜中书舍人。黄滔有《和陈先辈陪陆舍人春日游曲江》。

【陸肱】　诗人。《全唐诗》卷五六六录其《松》。

【陸郎】　❶喻指冶游郎。李贺《洛姝真珠》："玉喉窱窱排空光，牵云曳雪留陆郎。"又《夜坐吟》："红霞梢出东南涯，陆郎去矣乘班骓。"许浑《送段觉归东阳兼寄窦使君》:“山水引归路,陆郎从此谙。”李商隐《对雪二首》之二:“关河冻合东西路,肠断斑骓送陆郎。”❷晋陆绩。绩有怀橘孝亲故事。韩翃《送李舍人携家归江东觐省》:“承颜陆郎去,携手谢娘归。”李端《奉和元丞侍从游南城别业》:“余橘期相及,门生有陆郎。”

【陸郎中】 ❶疑为陆则。曾官左司郎中。武元衡有《春分与诸公同宴呈陆三十四郎中》,崔备、萧祐、王良士、卢士政均有《奉陪武相公西亭夜宴陆郎中》。❷陆长源。浙西节度韩晃兼领江淮转运,奏陆长源检校郎中,充转运副使。罢为都官郎中,改万年县令。孟郊有《赠万年陆郎中》,刘禹锡有《赠万年陆郎中》。❸陆墉。曾官金部郎中、睦州刺史。许棠有《寄睦州陆郎中》。❹陆洿。曾官司勋郎中。杜牧有《送陆洿郎中弃官东归》。皮日休《北禅院避暑联句》注:“院昔为戴颙宅,后司勋陆郎中居之。”

【陸孟丘楊】 指陆长源、孟叔度、丘颖和杨凝。韩愈《寄随州周员外》:“陆孟丘杨久作尘,同时存者更谁人。”

【陸珍】 陆地上的珍奇物品。白居易《奉和汴州令狐相公二十二韵》:“陆珍熊掌烂,海味蟹螯咸。”

【陸拾遺】 ❶陆质。曾官左拾遗。权德舆有《送陆拾遗祗召赴行在》。❷陆洿。长庆四年(824)四月,以试大理评事陆洿为拾遗。许浑有《送陆拾遗东归》。❸陆扆。龙纪元年(889)冬,召授蓝田尉,直弘文馆,迁左拾遗,兼集贤学士。吴融有《和陆拾遗题谏院松》。

【陸禹臣】 诗人。字服休,河东(今山西永济市西)人。唐末避战乱,入南岳衡山隐居,据传遇道士得仙术。后隐宜州(今广西宜州市)北山,相传尸解后为紫府伯。《全唐诗》卷八六一录其《赠吴生》。

【陸貞洞】 诗人。吴郡(今江苏苏州市)人。唐末进士。《全唐诗》卷七二六录其《和三乡诗》。

【陸洿】 曾任司勋郎中。李郁《吊欧阳秬》:“身死为修刘稹表,名高因让陆洿书。”原注:“秬,詹从子,开成中擢第。司勋郎中陆洿弃官隐吴中,后赴召复出。秬移书让之,因不出。秬名益闻,竟赴泽潞刘稹幕辟。稹表指斥时政,朝廷疑秬所草,流崖州,赐死。”

【陸昶】 当为睦昶。陆昶,南朝武将,不闻其有谢中郎之事。睦昶,一名睦夸,赵郡高邑(今河北高邑县)人。高尚不仕,寄情丘壑。年轻时与崔浩结为莫逆之交。崔浩为司徒,奏睦昶为其中郎。睦昶托病不受。后为州郡逼迫,不得已乃入京,旋又自还乡。王绩《赠李征君大寿》:“孔淳辞散骑,陆昶谢中郎。”

【陸華原】 即陆达。曾任华原县令。武元衡有《立秋日与陆华原于县界南馆送邹十八》。

【陸莧】 或名“莧陸”。草名。即商陆。为多年生粗壮草本。根粗大,块状,夏季开白花,黑色浆果。根可入药。陆龟蒙《孤雁》:“骚人夸蕙芷,易象取陆苋。”

【陸員外】 ❶陆傪。曾官祠部员外郎。武元衡有《酬陆员外歙州许员外郢州二使君》。❷陆名,曾官漳州刺史。郎士元有《送陆员外赴潮州》。潮州在岭南,而诗谓“闽溪是乱流”,故题当从《英苑文华》卷二七二作漳州。❸陆长源。曾官建、信二州刺史。权德舆有《送钮秀才谒信州陆员外使赴举》序。见《全唐文》卷四九三,但不知陆官何员外。权德舆有《送清洨上人谒信州陆员外》。

【陸卿】 陆余庆。陆余庆曾为大理卿。苏颋有《奉和崔尚书赠大理陆卿鸿胪刘卿见示之作》。

【陸鬯】 陆畅。畅、鬯音同义通。章孝标有《赠陆鬯浙西进诗除官》。《全唐诗逸》卷上章孝标《句》重收此诗末二句,作《赠周至陆少府》,畅当是进诗除盩厔尉。

【陸涓】 诗人。吴人。曾任阳翟令。《全唐诗》录其与颜真卿《与耿沣水亭咏风联句》一联。

【陸海】 ❶物产富饶之地。多指秦地,其地为高原,坦平如海,且物产饶富,故云。许敬宗《奉和入潼关》:“前旌弥陆海,后骑发通伊。”韦济《奉和圣制次琼岳应制》:“陆海披晴雪,千旗猎早阳。”曹松《书怀》:“陆海傥难溺,九霄争便休。”齐己《答知己自阙下寄书》:“群机喧白昼,陆海涨黄埃。”❷南朝梁钟嵘对晋陆机有“陆才如海”之誉。故后以陆海借指有才之士。贯休《赠抱麻刘舍人》:“双溪逢陆海,荆渚遇平津。”❸诗人。陆余庆之曾孙。苏州吴县(今江苏苏州市人)。有才思,工诗文。与陈子昂、卢藏用等为方外十友。代宗朝永泰中曾任京兆户曹。后历任侍御史、主客员外郎、司马员外郎。性严峻,不附权要。自省郎出牧潮州。《全唐诗》卷一二四录其《题奉国寺》等诗二首。

【陸浚儀】 陆云。云曾为浚仪县令,为政清明。后遂以陆浚仪美称县令。杜甫《九日杨奉先会白水崔明府》:“今日潘怀县,同时陆浚仪。”

【陸家】 元稹姊夫陆翰家。陆家有燕、迎二女。元稹《赠咸阳少府萧郎》:“陆家幼女托良婿,阮氏诸房无外生。”

【陸扆】 诗人,字祥文。吴郡嘉兴(今浙江嘉兴)人。《全唐诗》卷六八八录其《禁林闻晓莺》。

【陸通歌鳳】 陆通,即接舆,春秋楚人。昭王时,政令无常,通佯狂不仕。孔子至楚,楚狂接舆歌而过孔子曰:“凤兮凤兮!何德之衰?往者不可谏,来者犹可追。已而已而!今之从政者殆而!”后遂以为避世隐居之典。元稹《放言五首》之四:“宁戚饭牛图底事,陆通歌凤也无端。”

【陸著作】 陆去泰。吴郡(今江苏苏州市)人。曾任起居郎、集贤院直学士,赠著作郎。储光羲有《陆著作挽歌》五首。

【陸探微】 南朝宋画家。吴郡(今江苏苏州)人。张祜《毁浮图年逢东林寺旧》:"翻经谢灵运,画壁陆探微。"按,《南史·隐逸传》:"宗测,字敬德……诏征太子舍人不就。欲游名山,乃写祖少文所作《尚子平图》于壁上……遂往庐山,止祖少文旧宅……侍中王秀之弥所钦慕,乃令陆探微画其形,与己相对。"据此,知写图于壁者为宗测,陆探微画形之地非庐山。张祜或一时误记。尚颜《自纪》:"欲画净名居士像,焚香愿见陆探微。"

【陸堅】 诗人。河南洛阳(今属河南)人。本名友悌,明皇嘉其刚正,赐名坚。初为汝州参军,再迁通事舍人。开元十年(722)以起居舍人预修《唐六典》。十三年为给事中,兼集贤学士,从封泰山,封建安田。后为散骑常侍,终官秘书监。《全唐诗》卷一〇八录其《奉和圣制送张说上集贤学士赐宴》。

【陸處士】 (處 chǔ)❶陆羽。颜真卿《湖州乌程县杼山妙喜寺碑铭》:"州西南杼山之阳有妙喜寺者,梁武帝之所置也……有处士竟陵子陆羽《杼山记》所载如此。"《全唐诗》陆羽小传:"或云自太子文学徙太常寺太祝,不就。"颜真卿有《谢陆处士杼山折青桂花见寄之什》。皎然有《寒食日同陆处士行报德寺宿解公房》《春夜集陆处士居玩月》《往丹阳寻陆处士不遇》。❷陆龟蒙。龟蒙居松江甫里(今江苏苏州市东南甪直镇),不喜与流俗交,虽造门不肯见,后以高士召,不至。曹松有《浙右赠陆处士》和《拜访陆处士》。《唐摭言》卷十载,陆龟蒙卒,吴融奠以千言。吴融有《古锦裾六韵》,注:"陆处士有序。"

【陸逸衝】 南朝梁人。吴郡海望(今属浙江)人。陶弘景弟子。皮日休《怀华阳润卿博士三首》之三:"他年欲事先生去,十赉须加陆逸冲。"

【陸梁】 猖獗。杜甫《壮游》:"爪牙一不中,胡兵更陆梁。"

【陸参】 即陆傪。字公佐。贞元初由试左环卫历大理评事摄监察御史裹行佐黔中,又以殿中侍御史内供奉佐浙东。权德舆有《酬陆三十二参浙东见寄》。又,陆参于贞元十八年(802)由祠部员外郎出刺歙州。韩愈又有《哭杨兵部凝陆歙州参》。

【陸₂博】 即六博。古代游戏名。共十二棋。黑白各六,两人相博,每人六棋。李益《杂曲歌辞·汉宫少年行》:"分曹六博快一掷,迎欢先意笑语喧。"

【陸棣】 曾任嘉兴令。父彦恭,为武后时宰相陆元芳之弟。萧颖士有《舟中遇陆棣兄西归数日得广陵二三子书知迟晚次沙垫西岸作》。

【陸敬】 当作凌敬。诗人。郑州管城(今河南郑州市)人。初仕窦建德,为国子祭酒。武德四年(621),向窦建德献策,自太行上党进攻,乘唐之虚以取山北,建德不听。建德败,归唐。官至魏王府文学。《全唐诗》卷三三录其《巫山高》等诗四首。

【陸雲】 西晋文学家。字士龙。吴郡华亭(今上海松江区)人。陆机弟。曾任清河内史等职。与其兄陆机同时为成都王司马颖所杀害。少以文才与其兄陆机齐名,时称二陆。其诗颇重藻饰,以短篇见长。有《陆清河集》。朱长文《题虎丘山西寺》:"王氏家山昔在兹,陆机为赋陆云诗。"李端《送杨少府赴阳翟》:"陆云还入洛,潘岳更张筵。"马异《答卢仝结交诗》:"不知何处清风夕,拟使张华见陆云。"赵嘏《山阳卢明府以双鹤寄遗白氏以诗回答因寄和》:"茅固枕前秋对舞,陆云溪上夜同鸣。"

【陸雲家鶴】 为咏鹤的典故。李縠《和皮日休悼鹤》:"才子襟期本上清,陆云家鹤伴闲情。"

【陸景初】 诗人。苏州吴县(今江苏苏州市)人。《全唐诗》卷一〇四录其《奉和九日幸临渭亭登高应制得臣字》。

【陸景獻】 苏州吴县(今江苏苏州)人。曾任殿中侍御史、起居舍人。张九龄有《酬通事舍人寓直见示篇中兼起居陆舍人景献》。

【陸凱貴盛】 (盛 shèng)为在朝显赫贵盛之典。李瀚《蒙求》:"甘宁奢侈,陆凯贵盛。"

【陸複禮】 诗人。贞元七年(791)进士及第,次年中博学宏词科第一名。《全唐诗》卷三一九录其《试中和节诏赐公卿尺诗》。

【陸敦禮】 张祜友人。张祜有《题陆敦礼山居伏牛潭》。

【陸渾】 ❶旧县名。汉置,治所在今河南嵩县东北。唐末属河南府。岑参《送杜佐下第归陆浑别业》:"正月今欲半,陆浑花未开。"李贺《仁和里杂叙皇甫湜》题下注:"湜新尉陆浑。"张籍有《寄陆浑赵明府》。白居易《饱食闲坐》:"红粒陆浑稻,白鳞伊水鲂。"❷山名,在陆浑县(今河南嵩县东北)。俗称方山。宋之问有《游陆浑南山以诗代书答李舍人适》。韦应物《李博士弟以余罢官居同德精舍枉诗见问聊以为答》:"仿佛陆浑南,迢递千峰碧。"韩愈有《陆浑山火和皇甫湜用其韵》。

【陸補闕】 陆洿。曾官右补阙。朱庆余有《韩协律相送精舍读书四韵奉寄呈陆补阙》,方干有《经陆补阙故居》。

【陸遜】 三国吴名将。本名议,字伯言。吴郡吴县(今江苏苏州市)人。高适《酬河南节度使贺兰大夫见赠之作》:"鲁连真义士,陆逊岂书生。"

【陸楚源】 疑即陆淮。《新唐书·宰相世系之下》陆氏：齐望子泌、瀍、润、淮、灞、浐、渭、澧。澧字深源，有弟灞、润、淮。深源即陆澧，疑楚源即陆淮，名字相应。陆渭行三十二，其弟淮得行四十。陆淮曾官秘书省校书郎。权德舆有《酬陆四十楚源春夜宿虎丘山对月寄梁四敬之兼见贻之作》。

【陸賈】 （—gǔ）西汉政论家、辞赋家。楚（今江苏徐州市）人。骆宾王《帝京篇》："陆贾分金将宴喜，陈遵投辖正留宾。"许浑《登尉佗楼》："南来作尉任嚣力，北向称臣陆贾功。"徐夤《南》："陆贾几时来越岛，三闾何日濯沧浪。"李瀚《蒙求》："二疏散金，陆贾分橐"

【陸賈舌】 （賈 gǔ）陆贾善辞，故称。于濆《南越谣》："三寸陆贾舌，万里汉山川。"

【陸路】 旱路，陆地通行的道路。相对于水路而言。薛能《长安送友人之黔南》："陆路终何处，三湘在素船。"李频《八月上峡》："乱山无陆路，行客在孤舟。"方干《叙龙瑞观胜异寄于尊师》："但有五云依鹤岭，曾无陆路向人寰。"吕岩《浪淘沙》词："降得火龙伏得虎，陆路神仙。"

【陸與潘】 指汉陆绩和晋潘岳。陆有怀橘孝亲故事，潘因老母生病而辞官养孝，并奉母乘板舆游园。后遂以为孝亲、觐省之典。卢纶《送尹枢令狐楚及第后归觐》："鞍马并汾地，争迎陆与潘。"

【陸墉】 吴郡（今江苏苏州市）人。乾符三年（876），召为太子宾客。张祜有《题陆墉金沙洞居》。

【陸暢】 诗人。望出吴郡（今江苏苏州市），湖州（今浙江湖州）人。《全唐诗》卷四七八录其诗一卷三十五首。

【陸餘慶】 苏州吴县（今江苏苏州市）人。性善辞，累迁中书舍人等职。武则天令其起草诏书，竟不能措一辞。责授左司郎中。累适大理卿、散骑常侍、太子詹事。善于论事而谬于判决，人言"说事则喙长三寸，判事则手重五斤"。陆子《嘲父》："陆余庆，笔头无力觜头硬。"

【陸魯望】 鲁望，陆龟蒙字。司马都有《和陆鲁望白菊》。皮日休有《奉和鲁望寄南阳广文次韵》和《和鲁望风人诗三首》。

【陸憑】 诗人。望出吴郡（今江苏苏州市），家居湖州（今江苏湖州市）长城。《全唐诗》卷八六五录其《咏浮云》。

【陸調】 字牧臣。广德二年（781）官袁州别驾。李白有《叙旧赠江阳宰陆调》。

【陸翬】 诗人。《全唐诗逸》录其《春日》一首，断句三联。

【陸機】 西晋著名文学家。字士衡，吴郡（今上海松江区）人。李白《行路难三首》之三："陆机雄才岂自保，李斯税驾苦不早。"朱长文《题虎丘山西寺》："王氏家山昔在兹，陆机为赋陆云诗。"胡曾《咏史诗·华亭》："陆机西没洛阳城，吴国春风草又青。"参见"陆雲"

【陸機兄弟】 对人家兄弟的美称。李益《中桥北送穆质兄弟应制戏赠萧二策》："洛水桥边雁影疏，陆机兄弟驻行车。"

【陸機莼】 为淡于口腹之欲的典故。李商隐《赠郑谠处士》："越桂留烹张翰鲙，蜀姜供煮陆机莼。"

【陸機霧】 为蒙冤致死的典故。张祜《哭汴州陆大夫》："冤深陆机雾，愤积伍员涛。"

【陸勳】 曾任校书郎。咸通十二年（871）官兵部员外郎。终官吏部郎中。李郢有《秋晚寄题陆勋校书义兴禅居时淮南从事》。

【陸翺】 诗人。其长子陆希声，唐昭宗时曾为宰相。《全唐诗》卷六八八录其《闲居即事》等诗二首。

【陸歙州】 陆修。武元衡有《酬陆员外歙州许员外郢州二使君》，韩愈有《哭杨兵部凝陆歙州参》。按，陆参，即陆修。

【陸學士】 陆扆。贯休有《寄翰林陆学士》。

【陸龜蒙】 诗人。字鲁望，自号江湖散人、甫里先生，又号天随子，苏州吴县（今江苏苏州市）人。《全唐诗》录其诗十四卷。

【陸諫議】 陆希声。文德元年（888）以谏议大夫授给事中。韦庄有《婺州和陆谏议将赴阙怀阳羡山居》和《和陆谏议避地东阳进退未决见寄》。

【陸龍】 指晋陆云。云字士龙，与荀隐初识于张华座上，云自称"云中陆士龙"，隐自称"日下荀鸣鹤"。鸣鹤，荀隐字。刘兼《昼寝》："恣情枕上飞庄蝶，任尔云间骋陆龙。"

【陸鴻漸】 鸿渐，陆羽字。皇甫曾有《送陆鸿渐山人采茶回》，皎然有《寻陆鸿渐不遇》，齐己有《过陆鸿渐旧居》。

【陸澧】 代宗、德宗时人。吴郡吴县（今江苏苏州市）人。官终殿中侍御史。朱放有《答陆澧》。严维有《自云阳归晚泊陆澧宅》，卢纶有《同耿沣宿陆澧旅舍》，陈羽有《若耶溪逢陆澧》，皎然有《遥和尘外上人与陆澧夜集山寺问涅槃义兼赏陆生文卷》。

【陸瀍】 诗人。贞元元年（785）登进士第。历官户部郎中、主客郎中、给事郎中。《全唐诗》卷三六六录其《和张相公太原山亭怀古诗》。

【陸績】 三国时吴天文学家。字公纪，吴郡吴县（今江苏苏州市）人。张祜《送卢弘本浙东觐省》："怀中陆绩橘，江上伍员涛。"又《送魏尚书赴镇州行营》："伍员忠是节，陆绩孝为心。"李瀚《蒙求》："胡威推缣，陆绩怀橘。”参见“陆氏橘”。

【陸離】 ❶美盛貌。李白《窜夜郎于乌江留别宗十六璟》：“君家全盛日，台鼎何陆离。”❷光彩绚丽貌。薛曜《舞马篇》：“咀衔拉铁并权奇，被服雕章何陆离。”马异《答卢仝结交诗》：“开缄金玉焕陆离，乃是卢仝结交诗。”清昼《讲德联句》：“紫绂载绥，金章陆离。”陆龟蒙《袭美先辈以龟蒙所献五百言既蒙见和复示荣唱再抒鄙怀用伸酬谢》：“岳净秀擢削，海寒光陆离。”❸长剑低昂貌。张文琮《同潘屯田冬日早朝》：“腰剑动陆离，鸣玉和清越。”聂夷中《胡无人行》：“腰间悬陆离，大歌胡无行。”虞羽客《结客少年场行》：“陆离横宝剑，出没惊征旃。”❹分散貌。吕敞《龟兹闻莺》：“边树正参差，新莺复陆离。”

【陸蟾】 诗人。寓居潭州攸县（今属湖南）司空山。好神仙事，多辟谷累月。至太宗雍熙中服药卒。《全唐诗外编》录其《题庐山瀑布》等二首。

【陸贄】 诗人，政治家。字敬舆，苏州嘉兴（今属浙江）人。有《陆宣公翰苑集》存世。《全唐诗》卷二八八录其《晓过南宫闻太常清乐》等三首。

【陸嚴夢】 诗人。复州（治今湖北仙桃市）人。《全唐诗》卷八七〇录其《桂州筵上赠胡予女》。按，予，据《云溪友议》当作子。

【陸灞】 陆澧兄弟，官至吏部郎中。皎然有《奉酬袁使君送陆灞却回期道寺院》。

陵 〔líng《广韵》膺切，平蒸，來。〕❶大土山。《诗·小雅·天保》。刘长卿《南楚怀古》：“但见陵与谷，岂知贤与豪。”窦常《谒诸葛武侯庙》：“归蜀降吴竟何事，为陵为谷共苍苍。”刘禹锡《踏潮歌》：“惊湍蹙缩悍而骄，大陵高岸失岩峣。”韦庄《江上逢史馆李学士》：“谁谓世途陵是谷，燕来还识旧巢泥。”❷坟墓，墓地。郑愔《铜雀妓》：“舞余依帐泣，歌罢向陵看。”贺兰进明《行路难五首》之四：“叹息青青陵上柏，岁寒能有几人同。”刘禹锡《秋萤引》：“汉陵秦苑遥苍苍，陈根腐叶秋萤光。”刘沧《咸阳怀古》：“渭水故都秦二世，咸原秋草汉诸陵。”❸涉水，渡水。阎宽《松滋江北阻风》：“远听知音骇，诚哉不可陵。”❹登，升。李白《夜泛洞庭寻裴侍御清酌》：“过憩裴逸人，岩居陵丹梯。”杜甫《夏日叹》：“夏日出东北，陵天经中街。”❺胜过，超越。韩愈《春雪》：“已讶陵歌扇，还来伴舞腰。”吴筠《高士咏·颜歜》：“高哉彼颜歜，逸气陵齐宣。”温庭筠《鸿胪寺偶成四十韵》：“沉机发雷电，逸躅陵尧汤。”❻凌驾。义净《余以咸亨元年在西京聊题两绝》之二：“上将可陵师，匹士志难移。”❼衰败，松弛。白居易《司天台》：“昔闻西汉元成间，上陵下替谪见天。”参见“陵替”。❽侵凌，蹂躏。参见“陵虐”。❾凌乱。参见“陵乱”。❿傲，傲视。参见“傲霜”。

【陵田】 陵墓旁的田地。王无竞《铜雀台》：“缌帐空苍苍，陵田纷漠漠。”

【陵母伏劍】 秦末，王陵从汉王刘邦起事。项羽取陵母为人质，逼陵来降。有汉使者至，陵母见之，谓使者曰：“愿为老妾语陵，善事汉王。汉王长者，毋以老妾故持二心。妾以死送使者。”遂伏剑而死。项王怒，烹陵母。陵卒从汉王定天下。李瀚《蒙求》：“陵母伏剑，轲亲断机。”

【陵夷】 衰败，衰落。刘禹锡《和李六侍御文宣王庙释奠作》：“有心律天道，无位救陵夷。”白居易《秦中吟十首·立碑》：“勋德既下衰，文章亦陵夷。”

【陵州】 北周闵帝元年(557)置，治所在普宁县（今四川仁寿县东，隋天皇十八年改为仁寿县，贞观元年移治今址）。隋大业初改为隆山郡。唐武德元年(618)复改为陵州，天宝元年(742)改为仁寿郡，乾元元年(758)复为陵州。杜甫有《送陵州路使君赴任》。齐己《谢人惠十色花笺并棋子》：“陵州棋子浣花笺，深愧携来自锦川。”

【陵谷】 ❶比喻君臣高下易位。亦用以喻沧桑巨变。寒山《诗三百三首》之一五五：“根遭陵谷变，叶被风霜改。”刘长卿《登余干古县城》：“沙鸟不知陵谷变，朝飞暮去弋阳溪。”白居易《青石》：“陵谷虽迁碑独存，骨化为尘名不死。”郑启《邓表山》：“晋末几迁陵谷改，尘中空换子孙非。”❷丘陵和山谷。孟浩然《伤岘山云表观主》：“归来一登眺，陵谷尚依然。”韩愈《游青龙寺赠崔大补阙》：“惟君与我同怀抱，锄去陵谷置平坦。”陈陶《和西江李助副使早登开元寺阁》：“陵谷空霭然，人樵已雏瞉。”毛熙震《后庭花》词之一：“自从陵谷追游歇，画梁尘黦，伤心一片如珪月，闲锁宫阙。”

【陵陂】 田野中的高坡。杜甫《喜晴》：“青荧陵陂麦，窈窕桃李花。”

【陵阜】 坟墓。刘长卿《孙权故城下怀古兼送友人归建业》：“古来壮台榭，事往悲陵阜。”

【陵官】 宿卫皇陵的官吏。张籍《拜丰陵》：“身逐陵官齐再拜，手持木铎叩三声。”

【陵突】 凌犯，触犯。李颀《爱敬寺古藤歌》：“横空直上相陵突，丰茸离缅若无骨。”

【陵柏】 陵墓上的柏树。周昙《咏史诗·三代门·子牙妻》：“陵柏无心竹变秋，不能同戚拟同休。”

【陵陸】 山陵与平地。赵冬曦《淄湖作》：“君讶今时尽陵陆，我看明岁更沦涟。”

【陵陽】 ❶即陵阳子明。传说中的仙人。《史记·司马相如列传》：“使五帝先导兮，反太一而从陵阳。”李白《泾川送族弟錞》：“上有琴高水，下有陵阳祠。”刘长卿《送处士归州因寄林山人》：“陵阳不可见，独往复如何。”❷山名。在今安徽泾县西南。李白《至陵阳山登天柱石酬韩侍御见招隐黄山》:“何意到陵阳,游目送飞鸿。”杜牧《赠宣州元处士》:“陵阳北郭隐,身世两忘者。”许棠《忆宛陵旧居》:“旧忆陵阳北,林园近板桥。”陆龟蒙《怀宛陵旧游》:“陵阳佳地昔年游,谢朓青山李白楼。”参见“陵陽山”。❸溪名,在今安徽泾县西南。李白有《下泾县陵阳溪至涩滩》和《下陵阳沿高溪三门六剌滩》。许棠《送李频之南陵主簿》:“听莺离灞岸,荡桨入陵阳。”

【陵陽山】 相传为陵阳子明得仙之地。在今安徽泾县西南,或说在今安徽宣州城内,或说在安徽石台县北。李白有《至陵阳山登天柱石酬韩侍御见招隐黄山》。

【陵陽叟】 即仙人陵阳子明。郭周藩《谭子池》:“余访陵阳叟,此池当因谁。”

【陵替】 衰落,衰败。杜甫《八哀诗·赠秘书监江夏李公邕》:“长啸宇宙间,高才日陵替。”

【陵園】 指帝王或诸侯的墓地。杜审言《和李大夫嗣真奉使存抚河东》:“井邑枌榆社,陵园松柏田。”崔道融《铜雀妓二首》之二:“陵园春雨暗,不见六龙归。”

【陵虐】 欺压凌辱。李白《古冈》之一四:“借问谁陵虐,天骄毒威武。”

【陵園妾】 唐制,帝王死后,宫人无子者悉遣陵园供奉朝夕,事奉死者如生时,谓之陵园妾。白居易《陵园妾》:“陵园妾,颜色如花命如叶。”

【陵亂】 杂乱无序貌。杨巨源《月宫词》:“藻井浮花共陵乱,玉阶零露相裴回。”徐铉《题白鹤庙》:“满洞烟霞互陵乱,何峰台榭是萧闲。”

【陵臺】 陵墓。张籍《庄陵挽歌词三首》之三:“空山烟雨夕,新陌绕陵台。”

【陵墓】 指帝王诸侯的坟墓。亦泛指陵墓。张说《过汉南城叹古坟》:“旧国多陵墓,荒凉无岁年。”唐彦谦《曲江春望》:“汉朝冠盖皆陵墓,十里宜春汉苑花。”

【陵厲】 振翅翻飞。杜甫《奉留赠集贤院崔于二学士》:“青冥犹契阔,陵厉不飞翻。”刘禹锡《送僧方及南谒柳员外》:“抢榆念陵厉,覆篑图穹崇。”

【陵歊臺】 台名。在今安徽当涂县北黄山上。有石如案,顶平而圆,高约五尺。宋武帝曾于此建离宫避暑。李白有《姑孰十咏·陵歊台》。

【陵寢】 古代帝王陵墓和宫殿寝庙。借指帝王陵墓。杜甫《往在》:“千春荐陵寝,永永垂无穷。”胡曾《咏史诗·苍梧》:“无计得知陵寝处,愁云长满九疑山。”罗邺《长城》:“珠玑旋见陪陵寝,社稷何曾保子孙。”临淄县主《与独孤穆冥会诗》:“山河风月古,陵寝露烟青。”

【陵廟】 陵墓与宗庙。子兰《寄乾陵杨侍郎》:“陵庙路因朝去扫,御炉香每夜来焚。”窦弘余《广谪仙怨》序:“上登高下马望秦川,遥辞陵庙。”

【陵遷谷變】 喻沧桑巨变。净显《题广爱寺楞伽山》:“珍重昔贤留像迹,陵迁谷变自坚牢。”吴融《和张舍人》:“陵迁谷变如须问,控鹤山人字子乔。”

【陵暴】 轻侮。韩愈《荐士》:“勃兴得李杜,万类困陵暴。”

【陵遲】 败坏,衰败。杜甫《狄明府》:“大贤之后竟陵迟,浩荡古今同一体。”韩愈《石鼓歌》:“周纲陵迟四海沸,宣王愤起挥天戈。”皎然《春日和卢使君幼平开元寺听妙奘上人讲》:“陵迟追哲匠,宗旨发幽诠。”陆龟蒙《袭美先辈以龟蒙所献五百言见和再抒鄙怀用伸酬谢》:“诸侯恣崛强,王室方陵迟。”

【陵樹】 植于陵园的树木。孟浩然《长乐宫》:“欢娱此事今寂寞,惟有年年陵树哀。”顾非熊《铜雀妓》:“鸦散陵树晓,筵开缌帐空。”许浑《洛阳道中》:“风起林花晚,月明陵树秋。”徐铉《光穆皇后挽歌三首》之一:“东风惨陵树,无复见亲桑。”

【陵霜】 傲霜。顾况《上古之什补亡训传十三章·陵霜之华一章》:“陵霜之华,我心忧嗟。”

【陵闕】 指皇帝的陵墓。阙,陵墓前的牌楼。李白《忆秦娥》词:“西风残照,汉家陵阙。”

【陵壟】 陵墓。李中《烈祖孝高挽歌二首》之二:“华夷喧道德,陵垄葬衣冠。”

【陵巒】 丘陵峰峦。李白《自梁园至敬亭山见会公谈陵阳山水兼期同游因有此赠》:“冰谷明且秀,陵峦抱江城。”

陬 〔zōu《广韵》子侯切,平侯,精。又側鳩切,平尤莊。又子于切,平虞,精。〕❶隅,角落。韦应物《虞获子鹿》:“虞获子鹿,畜之城陬。”杜甫《送韦十六评事充同谷郡防御判官》:“西扼弱水道,南镇枹罕陬。”韩愈《刘生诗》:“遂凌大江极东陬,洪涛春天禹穴幽。”❷四隅。指偏远之地。顾况《酬漳州张九使君》:“心安处处安,处处思遐陬。”韩愈、孟郊《远游联句》:“饮醇趣明代,味腥谢荒陬。”白居易《送客春游岭南二十韵》:“瘴地难为老,蛮陬不易驯。”王贞白《湘妃怨》:“舜欲省蛮陬,南巡非逸游。”❸水边。韩愈《河之水二首寄子侄老成》之一:“我有孤侄在海陬,三年不见兮使我生忧。”❹边际,界限。陈陶《海昌望月》:“天花辟膻腥,野云无边陬。”❺山脚。储光羲《述华清宫五首》之三:“今我神泉宫,独在骊山陬。”

【陬维】 边隅,角落。韩愈《记梦》:“挈携陬维口澜翻,百二十刻须臾间。”

陳 〔chén《广韵》直珍切，平真，澄。〕❶陈列，排列。太宗《出猎》："三驱陈锐卒，七萃列材雄。"杜甫《晦日寻崔戢李封》："思见农器陈，何当甲兵休。"陈去疾《踏歌行》之一："鸳鸯楼下万花新，翡翠宫前百戏陈。"陆龟蒙《读襄阳耆旧传因作诗五百言寄皮袭美》："尝闻儿童岁，嬉戏陈俎豆。"亦指行列。引申为就列、就任。参见"陳力列"。❷上言，陈叙，陈说。李白《答从弟幼成过西园见赠》："上陈樵渔事，下叙农圃言。"杜甫《暮春题瀼西新赁草屋五首》之五："欲陈济世策，已老尚书郎。"白居易《初除户曹喜而言志》："我有平生志，醉后为君陈。"贯休《山居诗二十四首》之十一："天意刚容此徒在，不堪惆怅不堪陈。"❸陈设，放置。高宗《太子纳妃太平公主出降》："兰醑申芳宴，环阶凤乐陈。"韩愈《龊龊》："酒肴虽日陈，感激宁为欢。"温庭筠《醉歌》："锦袍公子陈杯觞，拨醅百瓮春酒香。"李商隐《谢往桂林至彤庭窃咏》："共贺高禖应，将陈寿酒欢。"❹置办。刘长卿《酬包谏议佶见寄之什》："药陈随远宦，梅发对幽居。"萧祐《奉陪武相公西夜宴陆郎中》："弘阁陈芳宴，佳宾此会难。"杨汝士《宴杨仆射新昌里第》："再岁生徒陈贺宴，一时良史尽传馨。"❺显现。王涯《郊庙歌辞·享惠昭太子庙乐章·送神》："威仪毕陈，备乐将阙。"❻久，陈旧。岑参《暮秋山行》："鶗鴂昨夜鸣，蕙草色已陈。"韦应物《山行积雨归途始霁》："杂花积如雾，百卉萋已陈。"杜牧《早秋》："铢秤与缕雪，谁觉老陈陈。"❼施展。张九龄《奉和圣制送十道采访使及朝集使》："课最力已陈，赏延恩复博。"姚合《寄狄拾遗时为魏州从事》："愚虽乏智谋，愿陈一夫力。"❽张扬，夸耀。卢纶《冬日登城楼有怀因赠程腾》："贱亦不足叹，贵亦不足陈。"❾采集进献。参见"陳詩"。❿春秋时诸侯国名。在今河南淮阳县及安徽亳州市一带。亦指这一带地方。李白《送侯十一》："余亦不火食，游梁同在陈。"唐彦谦《感物二首》之二："鲍叔拙羁鲁，张生穷厄陈。"贯休《避地毗陵上王慥使君》："似在陈兼卫，终为宋与姚。"⓫朝代名(557—589)。陈霸先代梁，国号陈，都建康(今江苏南京)。有长江以南地区，是南朝版图最小的王朝。张祜《叙诗》："陈隋后诸子，往往沙可披。"⓬姓。唐诗人有陈子昂、陈羽等。

【陳二】 指陈兼，字不器。曾任封丘丞、右补阙、翰林学士等。高适有《宋中遇陈二》。陈二，敦煌集本、《河岳英灵集》《文苑英华》均作陈兼。杜甫有《赠陈二补阙》。

【陳十六】 陈章甫。高适《同观陈十六史兴碑》诗序："楚人陈章甫继《毛诗》而作《史兴碑》。"高适又有《同群公宿开善寺赠陈十六所居》，李颀有《宴陈十六楼》。

【陳十五】 疑为陈羽。陈羽、欧阳詹均为贞元十八年(792)进士。欧阳詹有《九日广陵同陈十五先辈登高怀林十二先辈》。

【陳九流】 诗人。贞元中进士。《全唐诗》卷三四七录其《赋得春风扇微和》。

【陳力】 贡献，施展才华。亦借指所任职位。张九龄《登郡城南楼》："陈力倘无效，谢病从芝术。"独孤及《送相里郎中赴江西》："有才当陈力，安得遂翱翔。"羊士谔《乾元初赋诗十四韵刻于石壁》："无能愧陈力，惆怅拂瑶琴。"李绅《渡西陵十六韵》："恺悌思陈力，端庄冀表诚。"

【陳力列】 指为官任职。韩愈《寄卢仝》："假如不在陈力列，立言垂范亦足恃。"

【陳上美】 诗人，开成元年(836)进士。有诗名。《全唐诗》卷五四二录其《咸阳有怀》。

【陳乞】 陈情乞求。指自请辞去相职。王建《送裴相公上太原》："再三陈乞垆烟里，前后封章玉案头。"

【陳山人】 陈鸿。陈鸿《长恨歌传》："元和五年冬十二月，太原白乐天自校书郎尉于盩厔，鸿于琅琊王质夫家于是邑，暇日相携游仙游寺。"白居易有《早朝贺雪寄陈山人》。

【陳子】 ❶汉陈遵。陈遵字孟公，好客，有盛名，所到之处，人争迎之。当时列侯与陈遵同姓名者，每至人门，曰陈孟公，坐中莫不惊动。既至而非，因号其人曰陈惊坐云。孟浩然《襄阳公宅饮》："座非陈子惊，门还魏公扫。"❷陈子昂。卢藏用有《宋主簿鸣皋梦赵六予未及报而陈子云亡今追为此诗答宋兼贻平昔游旧》。

【陳子良】 诗人。吴(今江苏苏州)人。隋时为杨素记室。入唐，武德时为右卫率府长史、太子学士。贞观初为相如县令。《全唐诗》卷三九录其《上之回》等十三首。

【陳子昂】 诗人。字伯玉，梓州射洪(今属四川)人。所作《感遇》三十八首、《蓟丘览古》七首和《登幽州台歌》，抒发悲愤，内容充实，形象鲜明。《全唐诗》卷八三录其诗二卷百余首。

【陳子美】 长洲(今江苏苏州市)县令。与方干有交往。方干有《与长洲陈子美长官》。

【陳子喬】 陈乔字子乔。乔在南唐任校书郎。徐铉《亚元舍人不替深知猥贻佳作三篇因为长歌卿以为报庶资一笑耳》："珍重芸香陈子乔，亦解贻书远相问。"

【陳王】 ❶三国魏曹植。字子建，沛国谯(今安徽亳州市)人。曹操第三子。封陈王，世称陈思王。王维《奉和圣制与太子诸王三月三日龙池春禊应制》：

"赋掩陈王作，杯如洛水流。"李白《感兴六首》之二："陈王徒作赋，神女岂同归。"李商隐《可叹》："宓妃愁坐芝田馆，用尽陈王八斗才。"唐彦谦《洛神》："惊鸿瞥过游龙去，漫恼陈王一事无。"❷陈后主。罗邺《陈宫》："陈王半醉贵妃舞，不觉隋兵夜渡江。"

【陳元光】　诗人。《全唐诗》卷四五录《落成会咏》等三首。

【陳元初】　诗人。一作陈允初。贞元时人。曾官校书郎。曾隐居江西南城县麻源。《全唐诗》卷三〇七录其《忆长安·七月》。

【陳元裕】　南唐诗人。保大末与徐铉有唱和。《全唐诗》卷七五七录其《送德林郎中学士赴东府》。

【陳太丘】　汉陈寔。寔曾为太丘长。有盛德。卢僎《稍秋晓坐阁遇舟东下扬州即事寄上族父江阳令》："文掩崔亭伯，德齐陈太丘。"杜甫《陪王侍御同登东山最高顶宴姚通泉晚携酒泛江》："姚公美政谁与俦，不减昔时陈太丘。"

【陳太守】　东汉陈蕃。罗隐《安陆赠徐砺》："一榻偶依陈太守，三年深忆祢先生。"

【陳太師】　疑指陈乔。乔于南唐后主时曾任枢密使、光政院使，辅国政，宋兵攻陷金陵，自缢身亡。李中有《哭故主人陈太师》。

【陳公】　❶东汉陈蕃。司空曙《送郑况往淮南》："陈公有贤榻，君去岂空还。"❷陈子昂。张祜《叙诗》："拾遗昔陈公，强立制颓萎。"❸陈兼。曾任右补阙，翰林学士。李华《云母泉诗》序："颍川陈公，天宝中，与华同为谏官。"

【陳公塘】　塘名，在今扬州市。魏广陵太守陈登所浚。百姓受益，对陈登爱而敬之，故亦名爱敬陂。徐铉有《寒食宿陈公塘上》。

【陳文】　旧文，以往的文章。舒元舆《八月五日中部官舍读唐历天宝已来追怆故事》："抚几观陈文，使我心不怿。"

【陳亢】　春秋陈人。字子禽。亢又作伉，孔子弟子。张祜《送郑潜判官归冬宁》："异闻不暇陈亢问，尔德无非是孝恭。"

【陳玉蘭】　诗人。生平事迹不详。《全唐诗》以为晚唐诗人王驾之妻。《全唐诗》卷七九九录其《寄夫》。

【陳去疾】　诗人。字文医，侯官（今福建闽侯县）人。《全唐诗》卷四九〇录其《送林刺史简言之漳州》等诗十三首。

【陳世】　南朝陈之世。皎然《题报德寺清幽上人西峰》："陈世凋亡后，仁祠识旧山。"自注："寺即陈文帝故乡。"

【陳左相】　（相 xiàng）陈希烈。宋州（今属河南）人。陈希烈曾官左相兼兵部尚书。王维有《和宋中丞夏日游福贤观天长寺寺即陈左相宅所施之作》，高适有《古乐府飞龙曲留上陈左相》。

【陳平】　汉初政治家。阳武（今河南原阳县东南）人。崔融《哭蒋詹事俨》："汲黯言当直，陈平智本奇。"孟浩然《久滞越中贻谢南池会稽贺少府》："陈平无产业，尼父倦东西。"崔峒《赠元秘书》："也闻阮籍寻常醉，见说陈平不久贫。"刘言史《嘉兴社日》："今年社日分余肉，不值陈平又不均。"

【陳平多轍】　指汉陈平事。李瀚《蒙求》："陈平多辙，李广成蹊。"

【陳兄】　陈鸿。白居易有《喜陈兄至》。《全唐诗名汇考》谓疑为陈式。

【陳印】　汉陈平之官印。卢仝《感古四首》之二："萧绶既解拆，陈印亦弃捐。"

【陳永】　剡县令。方干有《送剡县陈永秩满归越》。

【陳存】　诗人。大历、贞元间人。《全唐诗》卷三一一录其《穆陵路》等六首。

【陳百年】　道士。修道于临川（今江西抚州市）麻姑山。与李咸用有交往。李咸用有《临川逢陈百年》。

【陳至】　诗人。楚人。元和四年（809）进士。《全唐诗》卷四八四录其《赋得芙蓉出水》。

【陳先輩】　陈鼎。大顺二年（952）进士。黄滔有《喜陈先辈及第》和《和陈先辈陪陆舍人春日游曲江》。

【陳仲師】　诗人。《全唐诗》作陈中师。元和十年（815）任御史，后任吏部员外郎、司封员外郎、太常少卿等职。《全唐诗》卷七八〇录其《瑕瑜不相掩》。

【陳仲舉】　汉陈蕃。蕃字仲举。宋之问《饯湖州薛司马》："会看陈仲举，从此拜公卿。"

【陳光】　诗人。屡试不第，曾游湖南、江西等地。《全唐诗》卷七二七录其《题桃源僧》，卷八八六录其《题陶渊明醉石》和《长安新柳》。

【陳后】　汉武帝皇后陈阿娇。李白《怨情》："请看陈后黄金屋，寂寂珠帘生网丝。"唐彦谦《萤》："寒烟陈后长门闭，夜雨隋家旧苑空。"徐夤《尚书新造花笺》："写赋好追陈后宠，题诗堪送窦滔家。"

【陳后宫】　南朝陈后主的后宫。李商隐有《陈后宫》。

【陳州】　唐州名，属河南道，治所在淮阳（今河南淮阳县）。孙逖有《故陈州刺史赠兵部尚书韦公挽词》，岑参有《送颜少府投郑陈州》，薛能有《陈州刺史寄鹤》。

【陳汝】　陈，古国名，都宛丘（今河南淮阳县）。汝，汝水，在今河南省境。陈汝，指陈地、汝水一带。

高适《秋胡行》:“时逢大道无艰阻,君方游宦从陈汝。”

【陳安】 晋司马保的故将。因反对刘曜而战死,时人作《陇上歌》赞扬他,首句谓“陇上壮士有陈安”。李白《司马将军歌》题下注:“代陇上健儿陈安。”

【陳羽】 诗人。江东人。贞元八年(792)与韩愈、王涯等同登进士第,时称龙虎榜。后官乐宫尉佐。与韩愈、戴叔伦有往来酬唱。《全唐诗》卷三四八录其诗一卷,近六十首。

【陳甫】 南唐诗人。字惟岳,吉水(今属江西)人,与刘洞、蒋钧为诗友。《全唐诗》卷九九五录其断句四联。

【陳孝山】 陈岵。颍川(今河南许昌市)人。曾官户部郎中。白居易《咏家酝十韵》:“旧法依稀传自杜,新方要妙得于陈。”注:“陈郎中岵传受此法。”又白居易《池上篇》序:“先是颍川陈孝山与酿法,酒味甚佳。”

【陳孝廉】 陈望尧。李咸用有《与刘三礼陈孝廉言志》。

【陳兵】 陈列士兵。秦韬玉《塞下》:“凤林关外皆唐土,何日陈兵戍不毛。”

【陳希烈】 诗人。宋州(治所在睢阳县,今河南商丘市)人。《全唐诗》卷一二一录其《赋得云生栋梁间》等三首。

【陳沆】 南唐诗人。《全唐诗》卷七五七录其《嘲庐山道士》。

【陳君】❶春秋时陈灵公。周昙《咏史诗·春秋战国门·陈灵公》:“谁与陈君嫁祸来,孔宁行父夏姬媒。”❷陈致雍。徐铉有《又听霓裳羽衣曲送陈君》和《又题白鹭洲江鸥送陈君》。参见“陳秘監”。

【陳阮】 指陈琳和阮瑀。二人并为曹操司空军谋祭酒,管记室。李商隐《送从翁从东川弘农尚书幕》:“甘心与陈阮,挥手谢松乔。”

【陳長史】 (長 zhǎng)陈祜,贞元九年(793)进士,官明州长史。刘禹锡有《赠同年陈长史员外》。刘禹锡亦为贞元九年进士,故称同年。

【陳述】 诗人。河东桑泉(今山西临猗县西南)人。《全唐诗》卷七六九录其《叹美人照镜》。

【陳事】 往事。高适《酬鸿胪裴主簿雨后北楼见赠》:“高楼多古今,陈事满陵谷。”苏源明《秋夜小洞庭离宴诗》序:“及醒,或说向之陈事。源明局局然笑曰:‘狂夫之言,不足罪也。’”卢纶《送李方东归》:“举目是陈事,满城无至亲。”韦庄《鄜州留别张员外》:“三楚故人皆是梦,十年陈事只如风。”

【陳叔達】 诗人。字子聪,吴兴长城(今浙江长兴县)人。《全唐诗》卷三十录其《早春桂林殿应诏》等诗九首,卷八八二录其《太庙裸地歌辞》。

【陳昌言】 诗人。贞元十六年(800)进士。《全唐诗》卷四六四录其《赋得玉水记方流》等二首。

【陳岵】 字孝山,颍川(治所今河南许昌市)。长庆元年(821)官膳部郎中。白居易《咏家酝十韵》:“旧法依稀传自杜,新方要妙得于陈。”自注:“陈郎中岵传受此法。”

【陳奉禮】 陈乔。南唐人。以荫授太常寺奉礼郎。烈祖即位,迁尚书郎。徐铉有《游蒋山题辛夷花寄陈奉礼》。

【陳表用】 陈致雍。致雍,字表用,官太常博士,后任秘书监。见徐锴《曲台奏议集序》及《十国春秋·陈致雍传》。徐铉有《和陈表用员外求酒》。

【陳明府】 ❶陈子美。长洲(今江苏苏州市)县令。方干有《题长洲陈明府小亭》和《与长洲陈子美长官》。❷陈永。剡县(今浙江嵊州市)令。方干有《和剡县陈明府登县楼》。

【陳季】 诗人。玄宗天宝十载(751)进士。《全唐诗》卷二〇四录其《鹤警露》等二首。

【陳季卿】 诗人。《全唐诗》卷八六八《题潼关普通院门》等五首。

【陳侍郎】 陈继善。仕南唐,为司郎中、工部侍郎。徐铉有《陈侍郎宅观花烛》。

【陳侍御】 ❶陈商。开成五年(840)官殿侍御史。温庭筠《病中书怀呈友人》序:“开成五年秋,以抱疾郊野,不得与乡计偕至王府,将议遐适。隆冬自伤,因书怀奉寄殿院徐侍御、察院陈李二侍御、回中苏端公、鄠县韦少府,兼呈袁郊、苗绅、李逸三友人一百韵。”❷陈峤。乾宁末曾任大理司直兼殿中侍御史。黄滔有《寄陈侍御》和《陈侍御新居》。❸疑为陈归。《金石萃编》卷七四《御史台精舍》监察御史下有陈归题名。武元衡与陈归兄弟有旧,作《长安秋夜怀陈京昆季》,陈归即陈京弟。武元衡有《同陈六侍御寒食游禅定藏山上人院》。

【陳使君】 陈德成。曾官池州刺史。徐铉有《池州陈使君见示游齐山诗因寄》,徐铉有《和歙州陈使君见寄》。

【陳京】 诗人。字庆复,泗川临淮(今江苏盱眙县西北)人。大历元年(766)进士。初为太子正字,累官至封郎中、给事中,兼集贤院学士,终官秘书少监。《全唐诗》卷十五《郊庙歌辞·享文敬太子庙乐章》中《登歌》为其所作。

【陳京昆季】 陈当,赞善大夫;陈袤,京兆法曹;陈京,给事中;陈归,考功员外。武元衡有《长安秋夜怀陈京昆季》。

【陳郎】 南唐陈尧。曾官太常博士。韩熙载《赠陈郎》:“陈郎不着世儒衫,也好嬉游日笑谈。”

【陳郎中】　❶陈商。字述圣，曾官秘书监、史馆修撰、司门郎中。刘禹锡《送分司陈郎中祗召直史馆重修三圣实录》。❷陈彦。司门郎中。徐铉有《和司门郎中陈彦》和《九月十一日寄陈郎中》。❸陈岵。岵曾任膳部郎中。白居易《咏家酝十韵》："旧法依稀传自杜，新方要妙得于陈。"

【陳居士】　指白居易友人陈鸿。鸿于元和五年(807)与白居易共话玄宗旧事，撰《长恨歌传》。白居易《早朝贺雪寄陈山人》："忽思仙游谷，暗谢陈居士。"

【陳政】　诗人。字弘道，河东猗氏(今山西临猗县)人。其父陈茂为隋太府卿。十七岁仕隋，为太子千牛备身。至炀帝时，任协律郎、通事谒者、兵部承务郎等职。宇文化及杀炀帝后，以为太常卿。归唐后，任梁州总管。武德二年(619)为部下所杀。《全唐诗》卷七七〇录其《赠窦蔡二记室入蜀》。

【陳巷】　汉陈平所居之陋巷。借指贫士居所。韦庄《和薛先辈见寄初秋寓怀即事之作二十韵》："郄堂流桂景，陈巷集车音。"

【陳草】　指陈琳草写的檄文。李峤《檄》："曹风虽觉愈，陈草始知名。"

【陳荄】　逾年宿草之根。骆宾王《丹阳刺史挽词三首》之三："荒郊疏古木，寒隧积陈荄。"

【陳拾遺】　陈子昂。张九龄有《答陈拾遗赠竹簪》，杜甫有《陈拾遗故宅》，陆龟蒙有《读陈拾遗集》。

【陳咸】　汉代人。元帝时曾任御史中丞、南阳太守。皮日休《江南书情二十韵寄秘阁韦校书贻之商洛宋先辈垂文二同年》："才非师赵壹，直欲效陈咸。"

【陳昭】　诗人。里贯事迹不详。《全唐诗》卷一九《相和歌辞》中有其所作《昭君词》。

【陳思】　三国魏曹植。少有文才，援笔成文，深为其父曹操宠爱。后曹丕、曹睿相继称帝，备受猜忌。李白《感时留别从兄徐王延年从弟延陵》："九卿领徐方，七步继陈思。"陆龟蒙《袭美先辈以龟蒙所献五百言既蒙见和复示荣唱再抒鄙怀用伸酬谢》："雅当乎魏文，丽矣哉陈思。"李瀚《蒙求》："曼倩三冬，陈思七步。"

【陳思王】　三国魏曹植。刘孝标有《送刘散员同赋陈思王诗游人久不归》。张祜《叙诗》："建安陈思王，龙变五不知。"陆龟蒙《奉酬袭美苦雨见寄》："既不能赋似陈思王，又不能诗似谢康乐。"

【陳牲】　陈列祭牲。李峤《汾阴行》："埋玉陈牲礼神毕，举麾上马乘舆出。"

【陳信】　向鬼神表示诚信。储光羲《和张太祝冬祭马步》："烈火见陈信，扬言闻永存。"

【陳皇后】　指汉武帝皇后陈阿娇。崔颢《邯郸宫人怨》："恩情莫比陈皇后，宠爱全胜赵飞燕。"杜牧《月》："唯应独伴陈皇后，照见长门望幸心。"

【陳侯】　❶指汉陈平。陈平曾封曲道侯。朱湾《重阳日陪韦卿宴》："清规陈侯事，雅兴谢公题。"❷指唐陈兼。兼曾官右补阙。高适《酬裴员外以诗代书》："辛酸陈侯诔，叹息季鹰杯。"

【陳後主】　南朝陈之后主陈叔宝，荒淫误国，被俘而死，为历史上有名的亡国之君。欧阳询《道失》："雕戈动地来，误杀陈后主。"张祜《戊午年感事书怀二百韵》："诗吟陈后主，传范楚先贤。"温庭筠《和道溪君别业》："屏上楼台陈后主，镜中金翠李夫人。"李商隐《隋宫》："地下若逢陈后主，岂宜重问后庭花。"

【陳彦】　南唐诗人。南唐元宗时曾任司门郎中。《全唐诗》录其《和徐舍人九月十一日见寄》。

【陳彦博】　诗人。字朝英，闽县(今福建福州市)人。元和五年(810)进士。曾任贵溪令。《全唐诗》卷四八八录其《恩赐魏文贞公诸孙旧第以导直臣》。

【陳室】　见"陳蕃室"。

【陳宫】　南朝陈后主宫殿。汪遵《陈宫》："椒宫荒宴竟无疑，倏忽山河尽入隋。"司空图《南北史感遇十首》之五："兵围梁殿金瓯破，火发陈宫玉树摧。"王涣《惆怅诗十二首》之九："陈宫兴废事难期，三阁空余绿草基。"贯休《陈宫词》："陈宫因此成野田，耕人犁破宫人镜。"

【陳宫鏡】　南朝陈末年，陈后主之妹乐昌公主与其夫徐德言鉴于世逢动乱，预感将要离散，将一面铜镜破作两半，各执一半，作为日后相寻之凭据。陈亡，公主为隋大臣杨素所得。德言流离至京师，正月十五日，访于都市，有苍头卖半镜者。德言出半镜以合之，题诗曰："镜与人俱去，镜归人不归。无复嫦娥影，空留明月辉。"公主得诗，涕泣不食。杨素知之，怆然改容，即召德言，还其妻。闻者无不感叹。后遂以陈宫镜为夫妻相别之典。黄滔《别后》："亏蟾便是陈宫镜，莫吐清光照别离。"

【陳祜】　疑当作陈祐。贞元九年(793)进士。元和中为淄青节度使李师道从事，长庆间曾任明州刺史。《全唐诗》卷七七九录其《风光草际浮》。

【陳迹】　亦作"陳跡"。旧迹，遗迹。韦应物《过扶风精舍旧居简朝宗巨川兄弟》："年深念陈迹，迨此独忡忡。"耿沣《题清源寺》："陈跡留金地，遗文在石渠。"权德舆《周平西墓》："英威今寂寞，陈迹对崇丘。"许浑《金陵阻风登延祚阁》："极目皆陈跡，披图问远公。"

【陳素風】　诗人。《全唐诗逸》卷中录其《观承福图》等断句三联。

【陳泰挂壁】　陈泰，三国魏人。李瀚《蒙求》："洪乔掷水，陈泰挂壁。"

【陳根】 陈年的老根。亦指逾年的宿草。韦应物《送豆卢策秀才》:"新黄含远林,微绿生陈根。"刘禹锡《秋萤引》:"汉陵秦苑遥苍苍,陈根腐叶秋萤光。"元稹《和乐天过秘阁书省旧厅》:"经排蠹简怜初校,芸长陈根识旧栽。"亦借指亡友。元稹《酬乐天见忆兼伤仲远》:"遥泪陈根草,闲收落地花。"

【陳翃】 曾为郭子仪僚属,有《郭公家传》八卷。后又从事浑瑊河中幕。卢伦有《和陈翃郎中拜本府少尹兼侍御史献上侍中因呈同院诸公》和《秋幕中夜独坐迟明因陪陈翃郎中晨谒上公因书即事兼呈同院诸公》。

【陳員外】 ❶陈辇。《庐山记》卷五:"江州刺史陈辇,乾符三年十一月八日将离湓浦,与处士邓思齐同来访别。"罗隐有《上江州陈员外》。❷陈卓。乾宁元年(894)任江州刺史。黄滔有《江州夜宴献陈员外》。

【陳秘書】 陈允初。大历中严维为金吾卫长史,陈允初为校书,同在越州。秦系《将移耶溪旧居留赠严维秘书》校:"一作《留呈严长史陈秘书》。"

【陳秘監】 陈致雍。在南唐曾任秘书监。徐铉有《送陈秘监归泉州》。

【陳倜】 姚合《送陈倜赴江陵从事》诗,全诗校:"倜,一作稠,一作彤。"疑作彤是。陈彤,颍川(今河南许昌市)人,元和十三年(818)进士。

【陳師道】 当作"楊師道"。太宗朝无陈师道其人。《初学记》卷三十录此诗无陈字。岑仲勉《读全唐诗札记》:"陈疑杨之误。"《旧唐书·杨师道传》:"贞元十年,代魏征为侍中……雅善篇什,又工草隶,酣赏之际,援笔直书,有如宿构。"太宗有《咏乌代陈师道》,杨师道有《应诏咏巢乌》。

【陳師穆】 诗人。贞元十一年(795)进士。《全唐诗》卷三六八录其《立春日晓望三素云》。

【陳倉】 古地名。即今陕西宝鸡市。秦置县,汉、魏、晋因之。汉魏以来为攻守战略要地。贺知章《奉和御制春台望》:"尚有灵蛇下鄜畤,还征瑞宝入陈仓。"李商隐《寄令狐学士》:"赓歌太液翻黄鹄,从猎陈仓获碧鸡。"韦庄《闻再幸梁洋》:"延烧魏阙非关燕,大狩陈仓不为鸡。"苏广文《春日过田明府遇焦山人》:"陈仓邑吏惊烽火,太白山人讶鼓鼙。"

【陳乘】 诗人。仙游(今属福建)人。乾宁元年(894)进士。曾官秘书郎。《全唐诗》卷六九四录其《游九鲤湖》。

【陳徐】 陈叔宝和徐陵。清昼、潘述《讲古文联句》:"陈徐之流,阴张之辈。"

【陳留】 郡名,原汴州。天宝元年(742)更郡名,治所在浚义县(今河南开封市北)。杜甫《遣怀》:"名今陈留亚,剧则贝魏俱。"高适有《同陈留崔司户早春宴蓬池》。李商隐《安平公诗》:"陈留阮家诸侄秀,逦迤出拜何骈罗。"罗隐《围城偶作》:"东望陈留日欲曛,每因刀笔想夫君。"

【陳許】 指陈州(治所今河南淮阳县)和许州(今河南许昌市)。韩愈《此日足可惜赠张籍》:"东南出陈许,陂泽平茫茫。"张祜有《投陈许李司空二十韵》和《投陈李崔尚书二十韵》。

【陳章甫】 江陵(今属湖北)人,曾官太常博士。李颀有《送陈章甫》。高适《同观陈十六史兴碑》序:"楚人陈章甫继《毛诗》而作《史兴碑》。"

【陳商】 字述圣,当涂(今属安徽)人。陈宣帝五世孙,散骑常侍陈彝之子。元和九年(814)进士。武宗朝,历官户部员外郎、司封刑部郎中、史馆撰修,迁礼部郎中,知贡举,出陕、虢二州刺史,大中时进工部尚书。著述甚丰,多佚。李贺有《赠陈商》,贾岛有《送陈商》。

【陳兼】 行二。天宝七载(751)前曾官封丘县丞。后累官到右补阙、翰林学士,卒赠秘少监。独孤及有《送陈兼应辟兼寄高适贾至》。

【陳兼應】 吴兴长城(今浙江长兴县)人。开元中曾为翰林学士。独孤及有《送陈兼应辟兼寄高适贾至》。

【陳涉】 陈胜。字涉,领导秦末农民起义。周昙《咏史诗·秦门·陈涉》:"秦法烦苛霸业隳,一夫攘臂万夫随。"

【陳洗馬】 陈翊。仕南唐,曾官太子洗马。徐铉有《和陈洗马山庄新泉》。

【陳宰】 即陈永。剡县令。方干有《将归湖上留别陈宰》。

【陳家】 指陈后主王朝。吴融《隋堤》:"曾笑陈家歌玉树,却随后主看琼花。"

【陳家巷】 汉陈平出身贫寒,家居穷巷。后遂以陈家巷指贫士居所。张九龄《与袁补阙寻蔡拾遗会此公出行后蔡有五韵诗见赠以此篇答焉》:"辙迹陈家巷,诗书孟子邻。"

【陳家酒】 用陈岵酿酒法所酿之酒。白居易《偶吟》:"元氏诗三帙,陈家酒一瓶。"

【陳書】 书名。二十四史之一。唐姚思廉撰。吴越后主钱俶《陈国》:"批破陈书后,都无御敌心。"

【陳通方】 诗人。闽县(今福建福州市)人。贞元十年(794)进士。王播署为江西盐铁院官。赴职未至任所,改浙东院。至浙东尚有半程,又改为南陵院。《全唐诗》卷三六八录其《赋得春风扇微和》。

【陳孫】 清编《全唐诗》作者小传云:"明皇时人。"岑仲逸《读唐诗札记》谓陈孙乃"秦系"之讹,"盖陈、秦音之讹，孙系形之讹”，陈孙其人“实是乌有”。《全唐诗》卷二五八录其《移耶溪旧居呈陈元初校书》，按此诗一作秦系诗，题为《将移耶溪旧居留赠严维秘书》。

【陳逵豪爽】　陈陆，晋人，字林道。善言理，诸人共邀至牛渚，欲共折之。陈以如意拄颊，望鸡笼山叹曰：“昔孙伯符志业不遂！”于是竟坐不得谈。见南朝宋刘义庆《世说新语·豪爽》。李瀚《蒙求》：“陈逵豪爽，田方简傲。”

【陳菊南】　诗人。里贯事迹不详。《全唐诗外编（下）》录其《赤壁山》。

【陳處士】　南唐隐士陈陶。贯休有《和陈处士在雍丘见寄》。

【陳國】　南朝陈。公元557年陈霸先代梁称帝，国号陈，定都建康（今江苏南京市）。历五帝，三十三年(589)为隋所灭。吴越后主有《陈国》。

【陳魚】　喻指帝王不合礼制的畋猎之乐。苏颋《奉和圣制途次旧居应制》：“示威宁校猎，崇让不陈鱼。”

【陳章甫】　江陵（今属湖北）人。曾隐居嵩山二十余年。后应制科登第，官至太常博士。高适《同观陈十六〈史兴碑〉》序：“楚人陈章甫，继毛诗而作《史兴碑》。”

【陳望堯】　李咸用友人。登明经科。李咸用《赠陈望尧》：“若说精通事艺长，词人争及孝廉郎。”

【陳情】　陈述衷情。寒山《诗三百三首》之一四六：“孝经末后章，委曲陈情毕。”刘得仁有《陈情上知己》，姚鹄有《感怀陈情》，蒋贻恭有《住名山日陈情上府主高太保》。

【陳情表】　篇名。晋李密撰。篇中婉转陈述为奉养祖母不能接受朝廷征召。后因以陈情表泛指向朝廷辞官归隐孝养父母的呈文。白居易《和微之诗二十三首·〈和我年三首〉之三》：“何当阙下来，同拜《陈情表》。”

【陳陶】　❶诗人。南唐隐士。剑浦（今福建南平市）人。《全唐诗》卷七四五录其诗二卷百余首。❷地名，在唐咸阳县东，名陈陶科，又名陈陶泽。杜甫《悲陈陶》：“孟冬十郡良家子，血作陈陶泽中水。”

【陳將軍】　（將 jiāng）陈玄礼。玄礼曾官龙武大将军。杜甫《北征》：“桓桓陈将军，仗钺奋忠烈。”

【陳琳】　东汉末文学家，建安七子之一。字孔璋，广陵（今江苏扬州市）人。初为何进主簿，后投袁绍。绍败，归曹操。军国书檄多出其手。刘长卿《送崔载华张起之闽中》：“西征开幕府，早晚用陈琳。”钱起《卢龙塞行送韦掌记》：“陈琳书记本翩翩，料敌张兵夺酒泉。”李商隐《自桂林奉使江陵途中感怀寄献尚书》：“固惭非贾谊，惟恐后陈琳。”齐己《寄梁先辈》：“陈琳笔砚甘前席，用里烟霞待共眠。”

【陳琳草奏】　见“陳琳草檄”。

【陳琳草檄】　《三国志·魏志·王察传》：“军国书檄，多琳瑀所作也。”后以陈琳草檄指撰写檄文。李中《送孙霁书记赴寿阳辟命》：“王粲从军画，陈琳草檄名。”亦作“陳琳草奏”。大易《赠司空拾遗》：“陈琳草奏才还在，王粲登楼兴未赊。”

【陳琳墓】　陈琳墓在今邳县。温庭筠有《过陈琳墓》，吴融有《陈琳墓》。

【陳琳檄】　指檄文。李白《江夏寄汉阳辅录事》：“君草陈琳檄，我书鲁连箭。”参见“陳琳草檄”。

【陳琡】　诗人。咸通末，佐郭铨徐州感化军节度观察使幕。为人耿介不群，有所不合，遂携家隐居茅山，焚香习禅。尝撰《檀经》三卷，已佚。《全唐诗》卷五九七录其《别僧》。

【陳堯舜】　指陈述尧舜为政。韩愈《归彭城》：“上言陈尧舜，下言引龙夔。”

【陳軫】　战国时游说之士，历仕秦赵。曾以画蛇添足之喻为齐王说服楚国大将昭阳免攻齐国。周昙有《咏史诗·春秋战国门·陈轸》。又《咏史诗·春秋战国门·楚怀王》：“不听陈轸信张仪，六里商於果见欺。”

【陳嘏】　莆田（今属福建）人。开成三年(838)进士。曾任侯官尉。赵嘏有《送陈嘏登第作尉归觐》，温庭筠有《送陈嘏之侯官兼简李常侍》。

【陳粟】　陈年的粟子。王维《和仆射晋公扈从温汤》：“灵芝三秀紫，陈粟万箱红。”

【陳貺】　南唐诗人。闽（今福建）南人。隐居庐山白鹿洞三十年，博学善诗文。刘洞、江为辈皆师事之。南唐中主李璟闻其名礼聘至京，陈贶作《景阳台怀古》，中主称善，授江州士曹掾，辞不就，赐粟帛遣还。《全唐诗》卷七四一录其《景阳台怀古》。

【陳焦】　三国吴人。永安四年(261)死亡，传说埋之六月后复活，破墓而出。其墓在今安徽泾县蓝山。李白《早过漆林渡寄万巨》：“峣岩注公栅，突兀陈焦墓。”

【陳勝】　字涉，阳城（今河南登封市东南）人。秦末农民起义领袖。有大志。秦末率戍卒起事反秦，自立为王，号称张楚。韦庄《赠云阳裴明府》：“已闻陈胜心降汉，谁为田横国号齐。”常楚老《祖龙行》：“陈胜城中鼓三下，秦家天地如崩瓦。”

【陳複休】　诗人。号七子。《全唐诗》卷八六二录其《句》：“夜坐空庭月色微，一树寒梅发两枝。”

【陳誠】　陈述忠诚。秦韬玉《读五侯传》：“后宫得宠人争附，前殿陈诚帝不疑。”

【陳詠】 诗人。眉州青神(今属四川)。昭宗天复四年(904)进士。与韦庄、杜光庭有交往,善弈棋。《全唐诗》卷七九五录其"隔岸水牛浮鼻渡,傍溪沙鸟点头行"句。《

【陳詞】 亦作"陳辭"。陈述,申说。魏征《享太庙乐章·永和》:"雍歌撤俎,祝嘏陈辞。"司空曙《迎神》:"神既降兮我独知,目成再拜为陈辞。"姚合《送李余及第归蜀》:"临岐歌送子,无声但陈词。"韦庄《秦妇吟》:"老翁暂起欲陈辞,却坐支颐仰天哭。"

【陳湯】 西汉山阳瑕丘(今山东济宁市兖州区东北)人。杜牧《夏州崔常侍自少常亚列出领麾幢十韵》:"魏绛言堪采,陈汤事偶成。"

【陳寔】 东汉名士,字仲弓。颍川许县(今河南许昌市东)人。杨巨源《题贾巡官林亭》:"许询本爱交禅侣,陈寔由来是好儿。"又《上刘侍中》:"王浑知武子,陈寔奖元方。"皮日休《七爱诗·元鲁山》:"既卧黔娄衾,空立陈寔碑。"

【陳寔碑】 即汉蔡邕所撰《陈太丘碑》。陈寔,字仲弓,桓帝时为太丘长,遭党锢之祸,自己就狱请囚,后遇赦得免。在世以盛德闻名,死时送葬者三万余人。蔡邕撰《陈太丘碑》。皮日休《七爱诗·元鲁山》:"既卧黔娄衾,空立陈寔碑。"

【陳寔遺盜】 (遗 wèi)东汉陈寔德高受人尊敬。有盗夜入其室,止于梁上。他耐心予以开导,窃贼现身下拜。他又赠绢二匹,窃贼深受感动,从此不再行窃。后遂以为德感盗贼的典故。李瀚《蒙求》:"黄向访主,陈寔遗盗。"

【陳補闕】 陈兼。曾官右补阙。高适《酬裴员外以诗代书》:"辛酸陈侯诔,叹息季鹰杯。"杜甫有《赠陈二补阙》。

【陳閏】 诗人。贞元间人。《全唐诗逸》卷中收其《罢官后却归旧居》。

【陳閎】 画家。会稽(今浙江绍兴市)人。曾为陈王府长史。善画人物,又工鞍马。顾况《露青竹杖歌》:"陈闳韩干丹青妍,欲貌未貌眼欲穿。"

【陳隋】 南朝陈朝和隋朝。韩愈《荐士》:"齐梁及陈隋,众作等蝉噪。"

【陳蓬】 诗人。自号白水仙。僖宗乾符年间,驾舟由海上来,居于福州后崎。《全唐诗》卷八六二录其《题松山》"竹篱疏见浦,茅屋漏通星"断句一联。

【陳雷】 后汉陈重与雷义的合称。温庭筠《病中书怀呈友人》:"班马方齐骛,陈雷亦并驱。"黄滔《二月二日宴中贻同年封先辈渭》:"同戴大恩何处报,永言交道契陈雷。"参见"陳雷膠漆"。

【陳雷膠漆】 后汉陈重与雷义为友,情如兄弟。时人语曰:"胶漆虽坚,不如雷与陈。"李瀚《蒙求》:"陈雷胶漆,范张鸡黍。"

【陳暄】 南朝陈后主宠臣,日与后主、江总等游宴后庭,时称为狎客。韩偓《感事三十四韵》:"江总参文会,陈暄侍狎筵。"

【陳跡】 见"陳迹"。

【陳農】 汉代人。成帝入为谒者,曾奉命出使搜求天下遗书。司空曙《送李嘉祐正字括图书兼往扬州觐省》:"儒官比刘向,使者得陈农。"

【陳蛻】 诗人。生平未详,肃宗、代宗时人。《全唐诗》卷七九五录其《咏华清宫》断句"梦里换春秋"一句。

【陳筵】 汉陈尊嗜酒,家中常设宴纵饮。故以陈筵为宴余之典。李峤《酒》:"孔坐洽良俦,陈筵几献酬。"

【陳嵩伯】 即陈陶。陶字嵩伯。贯休有《春晚闲居寄陈嵩伯》。

【陳鳳】 凤凰于飞之吉卦,为咏夫人之典。沈佺期《天官崔侍郎夫人卢氏挽歌》:"潘鱼从此隔,陈凤宛然飞。"

【陳詩】 采集并进献民间诗歌。王维《和仆射晋公扈从温汤》:"司谏方无阙,陈诗且未工。"张九龄《奉和圣制途次陕州作》:"驰道当河陕,陈诗问国风。"亦指献上诗文。李昌符《秋夜作》:"既逢上国陈诗日,长守林泉亦未能。"

【陳詡】 诗人。诩,原作"翊",根据岑仲勉《读全唐诗札记》《读全唐文札记》,当作"詡"。诩,字载物,福建闽县(今福建福州市)人。贞元十三年(797)进士。曾官户部郎中,知制诰。《全唐诗》卷三〇五录其《登城楼作》等七首。

【陳群蹙容】 南朝宋刘义庆《世说新语·方正》:"魏文帝受禅,陈群有戚容。帝问曰:'朕应天受命,卿何以不乐?'群曰:'臣与华歆,服膺先朝,今虽欣圣化,犹义形于色。'"李瀚《蒙求》:"华歆忤旨,陈群蹙容。"

【陳翥】 诗人。贞元四年(788)进士。《全唐诗》卷四六六录其《曲江亭望慈恩寺杏园花发》,卷八八三录其《金钱花》等二首。

【陳蔡】 ❶指春秋时陈国和蔡国。周昙有《咏史诗·春秋战国门·陈蔡君》:"楚聘宣尼欲道光,是时陈蔡畏邻强。"❷指陈州(治所在今河南淮阳县)和蔡州(治所在今河南新蔡县)。白居易《题裴晋公女几山刻石诗后》:"一从贼垒平,陈蔡民晏然。"又《西楼》:"仍闻陈蔡戍,转战已三年。"

【陳蔡君】 指春秋时陈哀公和蔡灵侯。周昙《咏史诗·春秋战国门·陈蔡君》:"楚聘宣尼欲道光,是时陈蔡畏邻强。"

【陳摶】 后唐诗人。字图南,号扶摇子,亳州真源县(治所在今河南鹿邑县东)人。隐于华山,修服气辟谷之道,常闭门卧睡,累月不起。周世宗召为谏议大夫,不受。入宋,太宗甚重之,赐号希夷先生。《全唐诗外编》录其《归隐》等六首。

【陳嘏】 开成二年(837)进士及第。《文苑英华》卷七四收陈嘏《霓裳羽曲》赋,乃开成二年高锴知举所试题。赵嘏有《送陈嘏登第作尉归觐》,温庭筠有《送陈嘏之侯官兼简李常侍》。

【陳榻】 见“陳蕃榻”。

【陳餘】 汉初诸侯王。大梁(今河南开封市)人。战国末与张耳同为魏国著名游士。陈胜起义后,他与张耳起兵,随从武臣占据赵地。武臣被杀,他与张耳拥立旧贵族赵歇为王,自任大将军。后因张耳被封为常山王,他愤激不平,击败张,自立为代王。在破赵战争中为韩信所杀。贯休《行路难》:“谁道黄金如粪土,张耳陈余断消息。”

【陳鄭】 春秋时陈国与郑国。元稹《茅舍》:“火至殊陈郑,人安极嵩华。”

【陳準】 晋人。曾任中书舍人。王湾《秋夜寓直即事怀赠萧令公裴侍郎兼通简南省诸友人》:“中书赠陈准,右相简王陵。”

【陳寡言】 诗人。字太初,越州诸暨(今属浙江)人。从田良逸学道,隐居紫霄峰。《全唐诗》卷八五二录其《山居》等二首。

【陳閣】 即陈王阁。谢庄《月赋》:“陈王初丧应刘,端忧多暇,绿苔生阁,芳尘凝榭,悄焉疚怀,不怡中夜。”徐夤《苔》:“石桥羽客遗前迹,陈阁才人没旧容。”

【陳緑】 陈旧的绿叶。王建《落叶》:“陈绿向参差,初红已重叠。”

【陳璀】 诗人。贞元九年(793)进士。《全唐诗》卷七七九录其《风光草际浮》。

【陳標】 诗人。长庆二年(822)进士,终官侍御史。《全唐诗》卷五〇八录其《公无渡河》等十二首。

【陳蕃】 东汉大臣。字仲举,汝南平舆(今河南汝南县)人。桓帝朝,任太尉,与李膺等反对宦官专政,为太学生所尊敬。不畏强权,人誉不畏强御陈仲举。灵帝立,任太傅,封高阳侯。后与外戚窦武谋诛宦官,他率领官属及太学生八十余人冲门,事败被诛。吴筠《览古十四首》之十四:“謇謇陈蕃徒,孜孜抗忠节。”张祜《献太原裴相公三十韵》:“邴吉真丞相,陈蕃实丈夫。”杜牧《奉送中丞姊夫俦自大理卿出镇江西因成十二韵》:“精明如定国,孤峻似陈蕃。”李涉《和尚书舅见寄》:“深谢陈蕃怜寂寞,远飞芳字警沉迷。”

【陳蕃室】 指闲居之处。骆宾王《夏日游德州赠高四》:“聊安张蔚庐,讵扫陈蕃室。”亦省作“陳室”。白居易《新昌新居书事四十韵》:“陈室何曾扫,陶琴不要弦。”

【陳蕃榻】 后汉陈蕃为太守,在郡不接宾客,唯徐穉来设一榻,去则悬之。后遂以陈蕃榻为礼贤下士之典。张九龄《候使登石头驿楼作》:“自守陈蕃榻,尝登王粲楼。”李白《寄崔侍御》:“高人屡解陈蕃榻,过客难登谢朓楼。”窦庠《东都嘉量亭献留守韩仆射》:“庾亮楼何厄,陈蕃榻更崇。”亦省称“陳榻”。窦巩《登玉钩亭奉献淮南李相公》:“定知有客嫌陈榻,从此无人上庾楼。”白居易《雪中酒熟欲携访吴监先寄此诗》:“陈榻无辞解,袁门莫懒开。”许浑《宴饯李员外》:“膺舟出镇虚陈榻,郑履还京下隗台。”温庭筠《感旧陈情五十韵献淮南李仆射》:“郑乡空健羡,陈榻未招延。”

【陳樊】 白居易歌舞伎陈结之、樊素。白居易《会昌二年春题池西小楼》:“苏李冥蒙随烛灭,陈樊漂泊逐萍流。”

【陳遺飯感】 陈遗,南朝宋人。李瀚《蒙求》:“陈遗饭感,陶侃酒限。”

【陳嶠】 ❶诗人。字景山,闽(今福建)人。久困长安,晚年始进士及第。后不仕。《全唐诗》卷七九五录其《闲居诗》:“小桥风月年年事,争奈潘郎老去何”一联,卷八七一录其《自赋催妆诗》:“彭祖尚闻年八百,陈郎犹是小孩儿”一联。❷乾宁末曾任大理评事兼殿中侍御史。黄滔有《陈侍御新居》和《寄陈侍御》。

【陳篇】 指《诗·陈风·月出》篇。《文选·谢庄〈月赋〉》:“沉吟齐章,殷勤陈篇。”后遂以为咏月的典故。刘禹锡《奉和中书崔舍人八月十五日夜玩月二十韵》:“从今纸贵后,不复咏陈篇。”

【陳德誠】 南唐诗人。一作德成,字仲德。其先颍川(今河南许昌市)人,后移家于建安(今福建建瓯市)。曾任建州裨将、右静江指挥使、右宣武军厢虞侯、和州刺史。南唐后主时历任歙州刺史、池州观察使等职。终官右威卫大将军充右静江都军使。庸仁杰有《赠陈德诚》。《全唐诗》卷七九五录其“建水旧传刘夜坐,螺川新有夏江城”断句一联。

【陳遵投轄】 为好客待客之典。李瀚《蒙求》:“陈遵投辖,山简倒载。”

【陳鋭】 李中友人。李中有《晋陵罢任寓居依韵和陈锐秀才见寄》和《安福县秋吟寄陈锐秘书》。

【陳璠】 诗人。沛中(今江苏沛县东)人。本为走卒,后与时溥同为徐州节度使支详牙将。中和元年(881)与溥率兵讨黄巢。璠杀支详,推溥为留后,溥表璠为宿州刺史。在任五年,厚敛财富,滥施酷刑,百姓怨嗟。溥以都将张友代其职,璠不从,见杀。《全唐诗》卷七三二录其《临刑诗》一首。

【陳樵】 泉州(今福建泉州市)人。举进士不第。后官校书郎。与黄滔、林宽、曹松相友善。黄滔有《送陈樵下第东归》，林宽有《酬陈樵见寄》，曹松有《送陈樵校书归泉州》。

【陳巘】 诗人。袁州(今江西宜春市)人。《全唐诗》七七〇录其《寻易尊师不遇》。

【陳學士】 疑为陈居。居，进士，曾参与注《文选》。张九龄有《饯陈学士还江南同用征字》。疑陈居罢注《文选》事，遂归江南。其官但为集贤修撰或校理，通以学士称之。一说"疑即陈兼"。

【陳謀】 献计。周昙《咏史诗·春秋战国门·隐公》："陈谋不信怀忧惧，反间须防却害身。"

【陳韓】 春秋二诸侯国名。孙元晏《咏史诗·吴·太史慈》："陈韩昔日尝投楚，岂是当归召得伊。"

【陳磻隱】 唐人，黄滔友人。黄滔有《寄陈磻隐居》，另有《答陈磻隐论诗书》。

【陳曙】 南唐时诗人。蜀人。蜀后主王氏末年避地淮南，隐蕲州山中。南唐元宗李璟曾遣人征之，不应。后移居鄂州(治所在江夏，今湖北武汉市武昌区)，不知所终。《全唐诗外编》录其《答高越》。

【陳藻】 陈年的水草。古用作祭品。张祜《忆江南旧游四十韵寄宣武李尚书》："禹庙思陈藻，秦山忆杖藤。"

【陳赞善】 陈翊。曾为南唐赞善大夫。《全唐文》卷八八二徐铉有《送赞善大夫陈翊致仕还乡诗序》。徐铉又有《和陈赞善致仕还京口》。

【陳辭】 见"陳詞"。

【陳寶】 古代传说，有神名陈宝，得其雄者成王业，得其雌者成霸业。后遂以为咏王业的典故。明皇《幸凤泉汤》："不重鸣岐凤，谁矜陈宝雄。"李峤《雉》："楚郊疑凤出，陈宝若鸡鸣。"

【陳寵】 杭州歌妓名。白居易《霓裳羽衣歌》："玲珑箜篌谢好筝，陈宠觱栗沈平笙。"

【陳躅】 陈迹。韦应物《同德精舍养疾寄河南兵曹东厅掾》："官曹亮先忝，陈躅惭俊彦。"

【陳覺】 泰州(今江苏泰州市)人。南唐嗣主李璟时以诏事宋齐丘，官至枢密使。中兴元年(958)，周师北征，嗣主遣觉奉表贡方物，使还，以兵部尚书致仕。齐丘败后，责授国子博士，饶州安置，遣使诛于路。徐铉有《陈觉放还至泰州以诗见寄作此答之》。

【陳黯】 诗人。字希孺，泉州南安(今属福建)。郡望颍川。少有文名，但屡举不第，终身布衣。《全唐诗》卷六〇七录其《自咏豆花》。

【陳靈公】 穆公子，名平国。与其大夫孔宁、仪行父均私通于夏姬，为夏姬之子征舒所射杀。周昙《咏史诗·春秋战国门·陈灵公》："灵公徒认征舒面，至死何曾识祸胎。"

【陳讜言】 京兆(今陕西西安市)人。字士龙。玄宗时擢书判拔萃科，官礼部员外郎。王昌龄有《秋山寄陈谠言》。

陶

〔táo《广韵》徒刀切，平豪，定。〕❶用黏土烧制的器物。参见"陶匏"。❷烧制，烧制陶器。李群玉《石潴》："古岸陶为器，高林尽一焚。"参见"陶埴"。❸陶冶，化育。贺知章《奉和御制春台望》："青阳布王道，玄览陶真性。"钱起《奉和张荆州巡农晚望》："太清霁云雷，阳春陶物象。"羊滔《游烂柯山》："至今追灵迹，可用陶静性。"白居易《对酒》："能沃烦虑消，能陶真性出。"❹喜悦，快乐。骆宾王《春夜韦明府宅宴得春字》："酌桂陶芳夜，披薜啸幽人。"张说《相州山池作》："尝怀谢公咏，山水陶嘉月。"李白《春归终南山松龛旧隐》："且复命酒樽，独酌陶永夕。"权德舆《奉和圣制丰年多庆九日示怀》："声明畅八表，宴喜陶九功。"❺排遣，消解。楼颖《东郊纳凉三首》序："空水相辉，步虹桥而下视；竹木交映，弄仙棹而傍窥，足涤烦襟，陶蒸暑。"❻凝聚貌。杜甫《大雨》："上天回哀眷，朱夏云郁陶。"❼酒醉貌。见"陶陶❷"。❽姓。(1)指晋陶潜。皎然《赠韦早陆羽》："只将陶与谢，终日可忘情。"韦应物《沣上西斋寄诸友》："等陶辞小秩，效朱方负樵。"白居易《引泉》："邴罢不因事，陶归非待年。"杜牧《春末题池州弄水亭》："偃须求五鼎，陶只爱吾庐。"(2)指晋陶侃。李商隐《过姚孝子庐偶书》："鱼因感姜出，鹤为吊陶来。"按，《晋书·陶侃传》："以丁母忧去职，尝有二客来吊，不哭而退，化为双鹤，冲天而去。"

【陶山相】 (相 xiàng)指南朝梁隐士陶弘景。称山中宰相。郑谷《蔡处士》："旨趣陶山相，诗篇沉隐侯。"

【陶巾】 见"陶令巾"。

【陶子】 指晋陶潜。黄滔《赠友人》："超达陶子性，留琴不设弦。"

【陶元亮】 即陶潜。潜字元亮。张谓《夜同宴用人字》："邑宰陶元亮，山家郑子真。"李端《奉和秘书元丞杪秋忆终南旧居》："白社陶元亮，青云阮仲容。"白居易《醉中得上都亲友书偶乘酒兴咏而报之》："异世陶元亮，前生刘伯伦。"贾岛《送南康姚明府》："却笑陶元亮，何须忆醉眠。"

【陶太】 当作陶大，即陶翰。王昌龄有《郑县宿陶太公馆中赠冯六元二》。按，元、冯二人均称行第，故陶太显系陶大之误。

【陶太守】 陶敬宣。字文褒，历都官郎中、大理卿。入南唐，拜工部尚书。中主时，历宣、泰二州刺史。徐铉《亚元舍人不替深知猥贻佳作三篇因为长歌聊以为报》："海陵郡中陶太守，相逢本是随行旧。"

【陶太尉井】 井在今湖南岳麓山下道林寺内。

陶太尉，陶侃，曾官太尉。齐己有《湘西道林寺陶太尉井》。

【陶瓦】 用陶土烧成的瓦器。韩愈《元和圣德诗》："皇帝俭勤，盥濯陶瓦。"

【陶少府】 （少 shào）陶沔，李白友人，竹溪六友之一。李白有《登单父陶少府半月台》。

【陶化】 陶冶化育。张蠙《盆池》："圆内陶化功，外绝众流通。"

【陶公】 ❶指晋陶侃。李商隐《潭州》："陶公战舰空滩雨，贾傅承尘破庙风。"❷指晋陶潜。李白《经乱后将避地剡中留赠崔宣城》："华发长折腰，将贻陶公诮。"皇甫冉《与张諲宿刘八城东庄》："莱子多嘉庆，陶公得此生。"刘禹锡《柳絮》："萦回谢女题诗笔，点缀陶公漉酒巾。"钱珝《江行无题一百首》之五六："数株曾手植，好事忆陶公。"❸指陶安公。神话传说中的神仙。汉刘向《列仙传·陶安公》："陶安公者，六安铸冶师也。"李白《答杜秀才五松见赠》："陶公矍铄呵赤电，回禄睢盱扬紫烟。"❹指陶沔。唐开元末，陶沔与李白、孔巢父、韩准、裴政、张叔明居泰安府徂徕山下之竹溪，每日纵酒高歌，人称竹溪六逸。李白《登单父陶府半月台》："陶公有逸兴，不与常人俱。"❺指陶弘景。李白《下途归石门旧居》："隐居寺，隐居山，陶公炼液栖其间。"

【陶氏别業】 陶潜后裔别墅。刘昚虚《浔阳陶氏别业》："陶家习先隐，种柳长江边。"

【陶仙】 指陶弘景。张又新《青障山》："陶仙谩学长生术，暑往寒来更寂寥。"

【陶令】 指晋陶潜。潜曾任彭泽令，故称。李白《赠临洺县令皓弟》："陶令去彭泽，茫然太古心。"武元衡《秋怀奉寄朱补阙》："潘生秋思苦，陶令世情疏。"李商隐《自贶》："陶公弃官后，仰眠书屋中。"齐己《寄江西幕中孙魴员外》："应思陶令醉，时访远公禅。"

【陶令巾】 陶潜的软帽。后以为文人放诞闲适之典。吴融《祝风三十二韵》："将正陶令巾，又盖姜肱被。"亦省作"陶巾"。王绩《尝春酒》："野觞浮郑酌，山酒漉陶巾。"白居易《咏家酝十韵》："酿糯岂劳炊范黍，撇笃何假漉陶巾。"

【陶令宅】 晋陶潜的家宅。后指隐者居所。顾非熊《万年厉员外宅残菊》："今朝陶令宅，不醉却应难。"卢肇《题绿阴亭》："黄菊旧连陶令宅，青山遥负向平心。"

【陶令菊】 即菊花。因陶潜爱菊。故称。皇甫冉《和中丞奉使承恩还终南旧居》："谢公山不改，陶令菊犹存。"温庭筠《赠郑处士》："醉收陶令菊，贫卖邵平瓜。"亦省作"陶菊"。骆宾王《秋日送尹大赴京》序："于时兔苑东上，龙火西流。剑彩沉波，碎楚莲于秋水；金辉照岸，秀陶菊于寒堤。"杜牧《将赴湖州留题亭菊》："陶菊手自种，楚兰心有期。"刘兼《木芙蓉》："谢莲色淡争堪种，陶菊香秾亦合羞。"

【陶弘景】 南朝梁道教学者、医学家、文学家。字通明。自号华阳隐居。丹阳秣陵（今江苏南京市）人。曾任左卫殿中将军。后隐居句曲山。梁武帝时，礼聘不出，但朝廷有大事却向他咨询，时人称"山中宰相"。死后，谥贞白先生。他笃信葛洪的神仙道教，并杂有儒家和佛教观点。读书破万卷，精历算、地理、医药。曾把《神农本草经》和《名医别录》著录的药物七百余种加以分类注释，编成《本草经集注》。后世编纂本草书籍时，都以之为蓝本。另著有《浑天象书》《帝代年号》《古今刀剑录》《真诰》《真灵位业图》等。徐夤《岚似屏风》："山中宰相陶弘景，谷口耕夫郑子真。"谭用之《赠索处士》："山中宰相陶弘景，洞里真人葛稚川。"亦省作"陶景"。戴叔伦《新年第二夜答处上人宿玉芝观见寄》："可爱剡溪僧，独寻陶景舍。"徐夤《招隐》："陶景岂全轻组绶，留侯非独爱烟霞。"又《忆旧山》："陶景恋深松桧影，留侯抛却帝王师。"

【陶朱】 即陶朱公。李白《南都行》："陶朱与五羖，名播天壤间。"又《留别王司马嵩》："陶朱虽相越，本有五湖心。"高适《真定即事奉赠韦使君二十八韵》："田园同季子，储蓄异陶朱。"汪遵《五湖》："不知战国官荣者，谁似陶朱得始终。"

【陶朱公】 春秋时越国大夫范蠡的别称。范蠡辅佐越王勾践灭吴，以越王不可共安乐，辞官远去，居于陶，称朱公。后以经商成巨富。寒山《诗三百三首》之一三二："寄语陶朱公，富与君相似。"

【陶宅】 晋陶潜居宅。李端《折杨柳》："隋家两岸尽，陶宅五株平。"

【陶冶】 陶铸。敦化培养。杜甫《秋日夔府咏怀奉寄郑监李宾客一百韵》："登临多物色，陶冶赖诗篇。"又《解闷十二首》之七："陶冶性灵在底物，新诗改罢自长吟。"

【陶武威】 晋陶舆，陶侃子，曾官武威将军。韩翃《送卢大理赵侍御祭东岳兼寄孟兖州》："上客钟大理，主人陶武威。"

【陶牧】 地名。在今湖北江陵县西。据传此地有陶朱公墓。杜甫《大历三年四十韵》："前闻辨陶牧，转眄拂宜都。"

【陶侍讀】 陶弘景。景曾为诸王侍读，故称。皮日休《太湖诗·孤园寺》："可怜陶侍读，身列丹台位。"

【陶使君】 ❶陶敬宣。南唐时泰州刺史。徐铉有《赠陶使君求梨》和《陶使君挽歌二首》。❷指晋陶侃。曾任荆、江二州刺史。韩翃《赠兖州孟都督》："闲心近掩陶使君，诗兴遥齐谢康乐。"

【陶侃】 东晋将领。字士行(或士衡)。浔阳柴桑(今江西九江市)人。初为县吏,后升郡守,在击败杜弢后,任荆州刺史,镇武昌。因为王敦所忌,调任广州刺史。在广州朝夕运甓,励志勤力。王敦败后,仍还荆州。太宁三年(325),加征西大将军。明帝时苏峻谋反,攻入建康。他和温峤、庾亮等会师石头城下,杀了苏峻,收复建康。后任江州刺史等职。他勤于职守,四十年如一日,厌恶饮酒、赌博,常勉人珍惜光阴,为人所称道。杜甫《示獠奴阿段》:"曾惊陶侃胡奴异,怪尔常穿虎豹群。"李商隐《重有感》:"窦融表已来关右,陶侃军宜次石头。"徐夤《贺清源太保王延彬》之一:"姜牙兆寄熊罴内,陶侃文成掌握间。"

【陶侃酒限】 陶侃母湛氏,贤明有法。侃每饮酒有定限,常饮有余而酒限已竭。佐史殷浩等劝更少进,侃答曰:"年少曾有酒失,亡亲见约,故不敢逾。"李瀚《蒙求》:"陈遗饭感,陶侃酒限。"

【陶性】 陶冶性灵。高正臣《晦日置酒林亭》:"忘怀寄尊酒,陶性狎山家。"白居易《卧听法曲霓裳》:"乐可理心应不谬,酒能陶性信无疑。"马戴《同州冬日陪吴常侍闲宴》:"陶性聊飞爵,看山忽罢棋。"

【陶郎中】 陶浑。曾官江州刺史。王贞白有《雨后从陶郎中登庾楼》。

【陶居士】 指陶弘景。景隐居不仕,故称。司空图《雨中》:"维摩居士陶居士,尽说高情未足夸。"

【陶春】 使人怡悦的春天。高峤《晦日重宴》:"别有陶春日,青天云雾披。"

【陶拱】 诗人。拱,一作"洪"。德宗贞元之间进士。《全唐诗》卷七七九录其《秋日悬清光》。

【陶贞白】 陶弘景。景死后谥贞白先生。刘禹锡《谢柳子厚寄叠石砚》:"好与陶贞白,松窗写紫文。"张祜《丹阳新居四十韵》:"授箓陶贞白,留斋竺法乾。"

【陶亮】 即陶潜,一名渊明,字元亮。吕温《道州夏日早访荀参军林园敬酬见赠》:"陶亮横琴空有意,任棠置水竟无言。"

【陶室】 指帝尧。尧初封于陶,后封于唐,故称陶唐氏。王仁裕《荆南席上咏胡琴妓二首》之二:"谱从陶室偷将妙,曲向秦楼写得成。"此指尧乐。

【陶校書】 (校 jiào)陶详。方干有《题陶详校书阳羡隐居》《游张公洞寄陶校书》《镜湖西岛言事寄陶校书》。

【陶岘】 诗人。陶潜后裔。自号麋鹿野人。唐开元末,家于昆山(今江苏昆山市)。性喜游览,尝备三舟,一舟自载,一舟供宾客,一舟置饮馔。有女乐一部,奏清商之曲。逢山泉则穷其景物。吴越之士谓之"水仙"。与孟云卿、孟彦深、焦遂等游从往来。《全唐诗》录其《西塞山下回舟作》。

【陶唐】 ❶古帝名。即唐尧。帝喾之子,姓伊祁,名放勋。初封于陶,后徙于唐。杜甫《上水遣怀》:"蹉跎陶唐人,鞭挞日月久。"韦应物《谢栎阳令归西郊赠别诸友生》:"自乐陶唐人,服勤在微力。"李咸用《和人湘中作》:"一棹寒波思范蠡,满尊醇酒忆陶唐。"❷古族名。杜甫《敬寄族弟唐十八使君》:"与君陶唐后,盛族多其人。"同谷子《五子之歌》之三:"唯彼陶唐有冀方,少年都不解思量。"❸陶唐为古代传说中的圣主,后遂借指明君。中宗、则天皇后《景龙四年正月五日联句》:"大明御宇临万方,顾惭内政翊陶唐。"贯休《古塞下曲七首》之五:"因思无战日,天子是陶唐。"❹指陶唐之世。借指盛世。王维《送高适弟耽归临淮作》:"备知经济道,高卧陶唐时。"鲍溶《读李相心中乐》:"果闻丞相心中乐,上赞陶唐一万春。"贾竦《谒华岳庙》:"今来游上国,幸遇陶唐历。"段成式《河出荣光》:"符命自陶唐,吾君应会昌。"

【陶唐氏】 传说中远古部落名,其治地在平阳(今山西临汾市西南),尧乃其领袖。元结《补乐歌十首〈咸池〉序》:"《咸池》陶唐氏之乐歌也。"权德舆《奉送韦起居老舅百日假满归嵩阳旧居》:"尝闻陶唐氏,亦有巢由全。"

【陶唐主】 谓明君。萧华《扈从回銮应制》:"岂知陶唐主,道济苍生安。"徐凝《员峤先生》:"逢人借问陶唐主,欲进冰蚕五色丝。"

【陶家】 指东晋著名诗人陶潜家。崔国辅《九日》:"九日陶家虽载酒,三年楚客已沾裳。"卢纶《春日过李侍御》:"心许陶家醉,诗逢谢客呈。"白居易《九月八日酬皇甫十见赠》:"惆怅东篱不同醉,陶家明日是重阳。"李频《避暑》:"当暑忆归林,陶家借柳阴。"亦泛称陶氏家族。元结《招陶别驾家阳华作》:"陶家世高逸,公忍不独然。"

【陶家柳】 即柳树。窦常《酬舍弟牟秋日洛阳官舍寄怀十韵》:"几变陶家柳,空传魏阙书。"黄滔《贻宋评事》:"燕国金台无别客,陶家柳下有清风。"参见"陶潜柳"。

【陶家酒】 即酒。陶潜嗜酒。白居易《浔阳秋怀赠许明府》:"试问陶家酒,新篘得几多。"

【陶宰】 指晋陶潜。潜尝为彭泽令,故称。李贺《昌谷诗》:"泉尊陶宰酒,月眉谢郎妓。"

【陶陶】 ❶快乐貌,高兴貌。白居易《琴茶》:"兀兀寄形群动内,陶陶任性一生间。"裴夷直《和刑部郎中病中重阳强游乐游原》:"嘉晨令节共陶陶,风景牵情并不劳。"皮日休《奉和添酒中六咏·酒船》:"剡桂复刳兰,陶陶任行乐。"❷酒醉貌。白居易《晚寒》:"可怜冬计毕,暖卧醉陶陶。"张祜《陪楚州韦舍人北闾门游宴》:"不尝书咄咄,谁话酒陶陶。"李咸用《晓望》:

“好驾觥船去，陶陶入醉乡。”

【陶埴】　谓烧制砖瓦。柳宗元《登蒲州石矶》：“陶埴兹择土，蒲鱼相与邻。”

【陶菊】　见“陶令菊”。

【陶匏】　❶陶制的尊、簋、俎豆和壶等器皿。郑谷《丞相孟夏袛荐南郊纪献十韵》：“雅用陶匏器，馨非黍稷流。”《郊庙歌辞·汉宗庙乐舞辞·积善舞》：“陶匏在御，醍盎惟精。”❷指古代乐器。薛曜《舞马篇》：“钩陈周卫俨旌旄，钟镈陶匏声殷地。”陆龟蒙《奉酬袭美先辈吴中苦雨一百韵》：“朗咏冲乐悬，陶匏响铿擖。”张贲《贲中间有吴门旅泊之什蒙鲁望垂和更作一章以伸酬谢》：“偶发陶匏响，皆蒙组绣文。”

【陶情】　怡悦性情。贾岛《和刘涵》：“陶情惜清澹，此意复谁攀。”罗邺《冬夕江上言事五首》之四：“赖有陶情一尊酒，愁中相向展愁眉。”杜荀鹤《和友人见题山居水阁八韵》：“鉴己每将天作镜，陶情常以海为杯。”

【陶淵】　见“陶渊明”。

【陶淵明】　即陶潜。潜亦名渊明。或曰渊明为陶潜字。颜真卿《咏陶渊明》：“呜呼陶渊明，奕叶为晋臣。”元结《窊尊诗》：“此尊可常满，谁是陶渊明。”李群玉《雨夜呈长官》：“借问陶渊明，何物号忘忧。”李山甫《山中依韵答刘书记见赠》：“何当陶渊明，远师劝倾杯。”亦省作“陶淵”。孟郊《寄陕府邓给事》：“见知嘱徐孺，赏句类陶渊。”

【陶琴】　陶潜所学弹之琴。后用为典实。白居易《喜老自嘲》：“周易休开卦，陶琴不上弦。”又《新昌新居书事四十韵因寄张博士》：“陈室何曾扫，陶琴不要弦。”

【陶堯】　即帝尧。元稹《和李校书新题乐府十二首·骠国乐》：“古时陶尧作天子，逊遁亲听康衢歌。”

【陶彭澤】　即陶潜。因尝为彭泽县令，故称。杜甫《石柜阁》：“优游谢康乐，放浪陶彭泽。”刘禹锡《答乐天戏赠》：“诗情逸似陶彭泽，斋日多如周太常。”白居易《题浔阳楼》：“常爱陶彭泽，文思何高玄。”王贞白《送建昌冯明府》：“尝闻陶彭泽，解印归匡庐。”陶潜为彭泽令八十余日解印归田，故亦借指辞官归隐者。戎昱《送王明府入道》：“何事陶彭泽，明时又挂冠。”

【陶植】　培育，培植。孟郊《和宣州钱判官使院厅前石楠树》：“主公方寸中，陶植在须臾。”

【陶景】　见“陶弘景”。

【陶集】　即《陶渊明集》。崔道融《寓吟集》：“陶集篇篇皆有酒，崔诗句句不无杯。”郑谷《读前集二首》之二：“爱日满阶看古集，只应陶集是吾师。”

【陶鈞】　❶制作陶器所用之转轮。喻权柄。元稹《代曲江老人百韵》：“裴王持藻镜，姚宋斡陶钧。”李商隐《行次西郊作一百韵》：“例以贤牧伯，征入司陶钧。”❷喻指治理天下。卢照邻《中和乐九章·歌中宫第五》：“陶钧万国，丹青四妃。”白居易《闻李尚书拜相因以长句寄贺微之》：“那知沦落天涯日，正是陶钧海内年。”广宣《贺王起》：“明日定归台席去，鹡鸰原上共陶钧。”方干《献王大夫二首》之二：“只用篇章为教化，不知夷夏望陶钧。”❸喻陶冶、造就。高适《答侯少府》：“相逢愧薄游，抚己荷陶钧。”贾岛《送令狐绹相公》：“揠苗方灭裂，成器待陶钧。”徐夤《龙蛰二首》之一：“神剑触星当变化，良金成器在陶钧。”❹指天地造化。杜甫《瞿唐怀古》：“疏凿功虽美，陶钧力大哉。”窦庠《敕目至家兄蒙淮南仆射杜公奏授秘校兼节度参谋同书寄上》：“烟霄定从此，非假问陶钧。”杨巨源《上刘侍中》：“道协陶钧力，恩回日月光。”白居易《江南谪居十韵》：“行藏与通塞，一切任陶钧。”❺借指施展治国之才的权位或治国才能。郑谷《故少师从翁隐岩别墅乱后榛芜感旧怆怀遂有追纪》：“所难留著述，谁不秉陶钧。”❻借指明君。李中《献乔侍郎》：“几多沉滞者，拭目望陶钧。”

【陶然】　❶醉乐貌。崔曙《九日登望仙台呈刘明府容》：“且欲近寻彭泽宰，陶然共醉菊花杯。”白居易《达哉乐天行》：“妻孥不悦甥侄闷，而我醉卧方陶然。”李商隐《春宵自遣》：“陶然恃琴酒，忘却在山家。”黄滔《书崔少府居》：“鲁史蜀琴旁，陶然举一觞。”❷泛指喜悦、快乐貌。王维《晦日游大理韦卿城南别业四声依次用各六韵》之三：“所乐衡门中，陶然忘其贵。”皇甫冉《赠郑山人》：“白首沧洲客，陶然得此生。”吕从庆《忆弟从善》：“安得源源过，陶然乐黍鸡。”湘中蛟女《风光词》：“晨陶陶兮暮熙熙，舞袅娜之秾条兮。”

【陶尊】　陶制酒杯。鲍溶《山行经樵翁》：“举案馈宾客，糟浆盈陶尊。”

【陶甄】　❶比喻陶冶、教化。杜正伦《玄武门侍宴》：“大德侔玄造，微物荷陶甄。”史延《清明日赐百僚新火》：“太平当此日，空复荷陶甄。”刘禹锡《奉和中书崔舍人八月十五日夜玩月二十韵》：“从星变风雨，顺日助陶甄。”薛逢《送西川杜司空赴镇》：“莫遣洪炉旷真宰，九流人物待陶甄。”❷治理，造就。李峤《扈从还洛呈侍从群官》：“陶甄荷吹万，颂汉归明一。”杜审言《和李大夫嗣真奉使存抚河东》：“一闻歌圣道，助曲荷陶甄。”萧颖士《过河滨和文学张志尹》：“至化无苦窳，宇宙将陶甄。”温庭筠《感旧陈情五十韵献淮南李仆射》：“万灵思鼓铸，群品待陶甄。”❸比喻造化、自然界。薛能《牡丹四首》之一：“异色禀陶甄，常疑主者偏。”韩偓《余自刑部员外郎为时权所挤因成长句寄所知》：“他日陶甄寻坠履，沧洲何处觅渔翁。”❹比喻君王。齐己《送司空学士赴京》：“重谒往年金榜主，便将才术佐陶甄。”❺指权位或掌握权柄之人。陆龟蒙《奉和袭美二游诗·徐诗》:“君抱王佐图,纵步凌陶甄。”

【陶虞】 尧舜。元稹《楚歌十首》之二:“陶虞事已远,尼父独将明。”

【陶詳】 曾任校书郎、江州刺史。方干有《题陶详校书阳羡隐居》。

【陶靖節】 即晋陶潜。潜世号靖节先生。白居易《访陶公旧宅》:“呜呼陶靖节,生彼晋宋间。”李德裕《郊外即事寄侍郎大尹》:“岂知陶靖节,只自爱吾庐。”陆龟蒙《奉和袭美酒中十咏·酒床》:“往往枕眠时,自疑陶靖节。”徐铉《送薛少卿赴青阳》:“我爱陶靖节,吏隐从弦歌。”

【陶銑】 曾任江州刺史。岑参有《送陶铣充举荆南覲省》。

【陶徵君】 即晋陶潜。义熙末,辟著作佐郎,不就,故时称其为陶征士或陶征君。孟浩然《仲夏归汉南园寄京邑耆旧》:“尝读高士传,最嘉陶征君。”白居易《郊陶潜体诗十六首》之十二:“吾闻浔阳郡,昔有陶征君。”吴筠《高士咏·陶征君》:“吾重陶渊明,达生知止足。”崔涂《过陶征君隐居》:“陶令昔居此,弄琴遗世荣。”

【陶穀】 诗人。字秀实,邠州新平(今陕西彬县)人。本唐彦谦之孙,避晋讳改姓陶,历仕晋、汉、周三代。《全唐诗外编下》录其《春光好》。

【陶潛】 东晋杰出诗人。又名渊明,字元亮,世号靖节先生。浔阳柴桑(今江西九江市)人。陶侃曾孙。其所作散文和辞赋流畅自如,《桃花源记》和《归去来辞》尤为著名。有《陶靖节集》。王绩《醉后》:“阮籍醒时少,陶潜醉日多。”杜甫《遣兴五首》之三:“陶潜避俗翁,未必能达道。”白居易《小宅》:“庾信园殊小,陶潜屋不丰。”李群玉《请告南归留别同馆》:“不胜庾信乡关思,遂作陶潜归去吟。”

【陶潛杯】 即酒杯。陶潜嗜酒贪杯,故称。李白《陪族叔当涂宰游化城寺升公清风亭》:“虽游道林室,亦举陶潜杯。”

【陶潛柳】 指柳树。晋陶潜少有高趣,宅边种五株柳树,自号五柳先生。后遂称柳为“陶潛柳”。刘长卿《送金昌宗归钱塘》:“惟有陶潜柳,萧条对掩扉。”罗隐《县斋秋晚酬友人朱瓒见寄》:“千枝白露陶潜柳,百尺黄金郭隗台。”郑谷《送水部张郎中彦回宰洛阳》:“何逊兰休握,陶潜柳正垂。”

【陶潛酒】 即酒。晋陶潜嗜酒。为饮酒之典。白居易《闲居贫活计》:“尊有陶潜酒,囊无陆贾金。”皮日休《奉献致政裴秘监》:“黄菊陶潜酒,青山谢公妓。”

【陶潛菊】 即菊花,因陶潜爱菊,故称。杜甫《秋尽》:“篱边老却陶潜菊,江上徒逢袁绍杯。”

【陶潛歸去】 晋陶潜为彭泽令,在官八十余日,郡遣督邮至县,吏白应束带见之。潜曰:“吾不能为五斗米折腰,拳拳事乡里小人邪!”遂解印去县,乃赋《归去来》。后遂以归隐之典。高适《封丘作》:“乃知梅福徒为尔,转忆陶潜归去来。”李群玉《请告南归留别同馆》:“不胜庾信乡关思,遂作陶潜归去吟。”李瀚《蒙求》:“张翰适意,陶潜归去。”

【陶瑩】 犹言刮垢磨光。贯休《水壶子》:“良匠曾陶莹,多居笔砚中。”

【陶翰】 诗人。润州(今江苏镇江市)人。开元十八年(730)擢进士第,次年中博学宏词科,天宝时又登拔萃科。累陟太常博士。官至礼部员外郎。诗笔兼擅,今存文二十篇,《全唐诗》卷一四六录其诗一卷十七首。

【陶晟】 五代汉诗人。虢州(治所今河南灵宝市)人。后汉高祖刘知远即位,以劝进功授虢州刺史。罢郡,由环卫出为蕃方副车军司马,终于荆州副使,知州事。《全唐诗外编下》录其断句二联。

【陶器】 以黏土烧制之器皿。韦应物《善福精舍示诸生》:“斋舍无余物,陶器与单衾。”

【陶鎔】 陶冶与熔铸。比喻培养和造就。徐夤《香鸭》:“不假陶镕妙,谁教羽翼全。”贯休《酬王相公见赠》:“九德陶镕空有迹,六窗清净始通禅。”

【陶謝】 晋宋间诗人陶潜和谢灵运之并称。杜甫《夜听许十一诵诗爱而有作》:“陶谢不枝梧,风骚共推激。”白居易《哭王质夫》:“篇咏陶谢辈,风流嵇阮徒。”李群玉《赠方处士兼以写别》:“喜于风骚地,忽见陶谢手。”黄滔《贻李山人》:“定应云雨内,陶谢是前身。”

【陶謙】 东汉末人。字恭祖。丹阳(今安徽当涂县东)人。灵帝时任徐州刺史。后任徐州牧。韦庄《冬日长安感志寄献虢州崔郎中二十韵》:“松下围棋期褚胤,笔头飞箭荐陶谦。”

【陶廬】 晋陶潜居室。刘禹锡《和乐天闲园独赏八韵》:“陶庐树可爱,潘宅雨新晴。”白居易《和裴令公南庄绝句》:“陶庐僻陋那堪比,谢墅幽微不足攀。”

【陶鑄】 制作陶范并以铸造金属器物。比喻造就、培养和教化等。韦丹《思归寄东林澈上人》:“天地为一朝,万物任陶铸。”贾岛《和孟逸人林下道情》:“四气相陶铸,中庸道岂销。”皮日休《七爱诗·房杜二相国》:“遂使后世民,至今受陶铸。”陈陶《圣帝击壤歌四十声》:“陶铸超三古,车书混万方。”贯休《别卢使君》:“终期陶铸日,再见信陵君。”

【陶體】 指东晋诗人陶渊明创制的一种质朴平淡的诗体。崔颢有《结定襄郡狱效陶体》,韦应物有《与友生野饮效陶体》。

陪 〔péi《广韵》薄回切，平灰，並。〕❶伴随，陪伴。李峤《奉和杜员外扈从教阅》："幸陪仙驾末，欣采翰林芳。"权德舆《奉和许阁老酬淮南崔十七端公见寄》："子将陪禁掖，亭伯限江湖。"杜牧《寄崔钧》："词臣陪羽猎，战将骋骐驎。"李群玉《洞庭驿楼雪夜宴集奉赠前湘州张员外》："误忝玳筵秀，得陪文苑游。"❷比拟，比并。李山甫《山中依韵答刘书记见赠》："谢公寄我诗，清奇不可陪。"贯休《寿春进祝圣七首·千载降祥》："只有羲轩比，其余不可陪。"❸通"赔"。赔偿，偿还。处默《织妇》："成缣犹自陪钱纳，未直青楼一曲歌。"

【陪臣】 ❶古代天子以诸侯为臣，诸侯以大夫为臣，大夫又自为家臣。因之大夫对于天子，大夫之家臣对于诸侯，都隔了一层，即所谓重臣。因此都称为陪臣。白居易《叹鲁二首》之二："皆怀王佐道，不践陪臣秩。"郑洪业《诏放云南子弟还国》："德被陪臣子，仁垂圣主恩。"钟谟《献南世宗》："南北通欢永无事，谢恩归去老陪臣。"❷使臣。罗隐《使者》："陪臣无以报，西望不胜情。"

【陪附】 奉陪附属。元稹《奉和浙西大夫李德裕述梦四十韵次本韵》："顾我曾陪附，思君正郁陶。"

【陪侍】 陪伴、侍奉尊长。刘宪《奉和圣制立春日侍宴内殿出剪彩花应制》："此日叨陪侍，恩荣得数枝。"吴融《中秋陪熙用学士禁中玩月》："遭逢陪侍辇，归去忆抽簪。"

【陪都】 在首都以外另设之首都。李白《永王东巡歌十一首》之七："王出三山按五湖，楼船跨海次陪都。"

【陪班】 陪伴众僚于朝列。张籍《送从弟彻东归》："奉使贺成登册礼，陪班看出降恩书。"

【陪宴】 陪同参加宴会。苏颋《侍宴安乐公主山庄应制》："箫鼓宸游陪宴日，和鸣双凤喜来仪。"元稹《陪张湖南宴望岳楼稹为监察御史张中丞知杂事》："今日高楼重陪宴，雨笼衡岳是南山。"

【陪從】 侍从，随从。柳公绰《和武相锦楼玩月得浓字》："不唯楼上思，飞盖亦陪从。"

【陪廁】 陪伴，参加。韦应物《答令狐侍郎》："朝宴方陪厕，山川又乖违。"

【陪遊】 陪同游览。刘禹锡《和令狐相公言怀寄河中杨少尹》："章句惭非第一流，世间才子昔陪遊。"颜真卿、颜岘《登岘山观李左相石尊联句》："陪遊追盛美，揆德欣讨论。"牟融《春游》："锦袍日暖耀冰蚕，上客陪遊酒半酣。"李商隐《寄在朝郑曹独孤李四同年》："昔岁陪遊旧迹多，风光今日两蹉跎。"

【陪塵】 追随。黄滔《翁文尧员外拥册礼之归因书五十六字》："明日陪尘迎驷马，定淮斋沐看光辉。"

【陪賞】 陪同赏玩。宋之问《麟趾殿侍宴应制》："欲知陪赏处，空外有飞烟。"张正一《和武相公中秋锦楼玩月得苍字》："朱槛叨陪赏，尤宜清漏长。"韩愈《陪杜侍御游湘西两寺独宿有题一首因献杨常侍》："伊余夙所慕，陪赏亦云忝。"

【陪鰓】 精神、情趣奋发高涨貌。韩愈《咏雪赠张籍》："狂教诗硉矹，兴与酒陪鳃。"

【陪鑾】 陪侍、警卫皇帝车驾。韦嗣立《上巳日祓禊渭滨应制》："乘春祓禊逐风光，扈跸陪銮渭渚傍。"则天皇后《从驾幸少林寺》："陪銮游禁苑，侍赏出兰闱。"

【陪驥尾】 谓附于名人之后。张曙《下第戏状元崔昭纬》："千里江山陪骥尾，五更风水失龙鳞。"

陴 〔pí《广韵》符支切，平支，並。〕城上女墙。借指城墙。张巡《守睢阳作》："裹疮犹出阵，饮血更登陴。"韩愈《元和圣德诗》："掷首陴外，降幡夜竖。"元稹《酬翰林白学士代书一百韵》："野莲侵稻陇，亚柳压城陴。"白居易《代书诗一百韵寄微之》："思乡多绕泽，望阙独登陴。"

【陴湖】 湖名，在今安徽省宿州市符离集东北。白居易《醉后走笔酬刘五主簿长句之赠兼简张大贾二十四先辈昆季》："陴湖绿爱白鸥飞，濉水清怜红鲤肥。"

陰[1] 〔yīn《广韵》於金切，平侵，影。〕❶山的南面或水的北面。储光羲《贻袁三拾遗谪作》："路出大江阴，川行碧峰里。"杜甫《望岳》："造化钟神秀，阴阳割昏晓。"元结《酬裴云客》："耕钓以为事，来家樊水阴。"刘沧《题马太尉华山庄》："别开池馆背山阴，近得幽奇物外心。"❷阴暗，昏暗。储光羲《同王十三维偶然作十首》之一："顾望浮云阴，往往误伤苗。"耿沣《晚秋东游寄猗氏第五明府解县韩明府》："暮鸟声偏苦，秋云色易阴。"于鹄《秦越人洞中咏》："石径阴且寒，地响知远钟。"羊士谔《州民自言巴土冬湿且多阴晦因示寮吏》："爱景随朝日，凝阴积暮云。"❸阴凉，凉爽。储光羲《吃茗粥作》："念君高梧阴，复解山中衣。"又《晦日任桥池亭》："清泠水木阴，才可适我忧。"钱起《卧病李员外题扉而去》："雀栖高窗静，日出修桐阴。"❹阴影，影子。包融《酬忠公林亭》："结庐近西术，种树久成阴。"戴叔伦《赠韦评事攒》："细草谁开径，芳条自结阴。"白居易《陕府王大夫相迎偶赠》："伴我绿槐阴下歇，向君红旆影前行。"赵嘏《经无锡县醉后吟》："客过无名姓，扁舟系柳阴。"亦指形成阴影。耿沣《观邻老栽松》："何事斜阳里，栽松欲待阴。"❺天空中十分之八以上的部分被中低云量占住时叫作阴。严维《白云阳归晚泊陆沣宅》："天阴行易晚，前路故人居。"刘禹锡《洛中早春赠乐天》："漠漠复霭霭，半晴将半阴。”白居易《春雪》：“月晦寒食天，天阴夜飞雪。”朱庆余《观涛》：“云日半阴川渐满，客帆皆过浪难平。”❻夜。李端《送古之奇》：“堠火经阴绝，边人接晓行。”戴叔伦《和河南罗主簿送校书兄归江南》：“古戍阴传火，寒芜晓带霜。”❼阴湿，潮湿。皮日休《新秋言怀寄鲁望三十韵》：“老柏浑如疥，阴苔忽似胶。”又《奉和鲁望早秋吴体次韵》：“日干阴藓厚堪剥，藤把鼓松牢似绳。”❽秋末，秋冬季节。杜审言《和李大夫嗣真奉使存抚河东》：“杀气西衡白，穷阴北暝玄。”❾中国古代哲学认为宇宙中贯通物质和人事的两个对立面之一。与阳相对。李白《安州应城玉女汤作》：“阴阳结炎炭，造化开灵泉。”顾况《上古之什补亡训传十三章・十月之郊一章》：“夏日郁蒸，言用于阴，凉风飒兴。”刘商《合肥至日愁中寄郑明府》：“灰管移新律，穷阴变一阳。”白居易《酬郑侍御多雨春空过诗三十韵》：“昼昏疑是夜，阴盛胜于阳。”❿月亮。唐彦谦《咏月》：“阴盛此宵中，多为雨与风。”⓫暗地里。杜牧《闻开江相国宋下世二首》之一：“权门阴进夺移才，驿骑如星堕峡来。”⓬冥冥之中。参见“陰禍”“陰謫”。⓭偶数。参见“陰數”。⓮机巧，机谋。参见“陰機”。⓯阴险。参见“陰險”。⓰姓。唐诗人有阴行先。

陰[2] 〔yin《集韵》於禁切，去沁，影。〕覆荫，覆盖。元结《游潓泉示泉上学者》：“松竹阴幽径，清源涌坐隅。”韦应物《清都观答幼遐》：“疏松抗高殿，密竹阴长廊。”欧阳衮《南涧寺》：“春寺无人乱鸟鸣，藤萝阴磴野僧迷。”

【陰力】 指月光。刘禹锡《洞庭秋月行》：“势高夜久阴力全，金气肃肃开星躔。”

【陰山】 山脉名。即今横亘于内蒙古自治区南境、东北接连内兴安岭的阴山山脉。山间缺口为南北交通孔道。王昌龄《出塞二首》之一：“但使龙城飞将在，不教胡马度阴山。”岑参《热海行送崔侍御还京》：“侧闻阴山胡儿语，西头热海水如煮。”戎昱《塞下曲》之一：“回头指阴山，杀气成黄云。”翁绶《雨雪曲》：“铁岭探人迷鸟道，阴山飞将湿貂裘。”

【陰王】 指前汉王方平和后汉阴长生。相传他们先后在忠州丰都县(今属重庆)平都山得道仙去。薛莹《宿仙都观阴王二君修道处》：“阴王修道处，云雪满高松。”

【陰天】 多云阴暗的天气。杨巨源《赠邻家老将》：“阴天瞻碛落，秋日渡辽阳。”吕温《道州观野火》：“阳景当昼迟，阴天半夜赤。”韦庄《即事》：“乱世时偏促，阴天日易昏。”

【陰井】 背阳之井。杜甫《桥陵诗三十韵因呈县内诸官》：“空梁簇画戟，阴井敲铜瓶。”

【陰丹】 道士炼出的丹药。吕岩《忆江南》词之四：“彭祖得之年八百，世人因此转伤残。谁是识阴丹。”

【陰化】 指女子的教化。卢照邻《中和乐九章・总歌第九》：“明明天子兮圣德扬，穆穆皇后兮阴化康。”

【陰方】 指阴山一带。卢纶《腊日观咸宁王部曲娑勒擒豹歌》：“阴方质子才三十，译语受词蕃语揖。”

【陰方祀灶】 后汉阴识祖父子方至孝，腊日晨炊，灶神形见。子方再拜，以黄牛祀之，自是暴至巨富。至识三世而遂显贵。李瀚《蒙求》：“庞俭凿井，阴方祀灶。”

【陰火】 ❶海洋中生物所发之光。法振《送褚先生海上寻封炼师》：“明珠漂断岸，阴火映中流。”元稹《有酒十章》之八：“阴火然兮众族沸渭，飓风作兮昼夜猖狂。”❷燐火，即俗所谓鬼火。窦庠《夜行古战场》：“泉冰声更咽，阴火焰偏青。”王建《南中》：“瘴烟沙上起，阴火雨中生。”李贺《长平箭头歌》：“虫栖雁病芦笋红，回风送客吹阴火。”张祜《送徐彦夫南迁》：“瘴云秋不断，阴火夜长然。”❸地热，地火。杜甫《奉同郭给事汤东灵湫作》：“阴火煮玉泉，喷薄涨岩幽。”顾况《送从兄使新罗》：“飓风晴汨起，阴火暝潜烧。”鲍溶《温泉宫》：“山蒸阴火云三素，日落温泉鸡一鸣。”

【陰功】 迷信者指在人间所做而在阴间可以记功的好事。吴筠《游仙二十四首》之五：“岂非阴功著，乃致白日升。”羊士谔《郡中端居有怀袁州王员外使君》：“济物阴功在，分忧盛业余。”罗隐《寄大理徐郎中》：“事虽忘显报，理合有阴功。”司空图《携仙箓九首》之五：“若道阴功能济活，且将方寸自焚修。”

【陰平郡】 三国魏置，治所在阴平县(今甘肃文县西白龙江北岸)。西晋末废。唐天宝元年(742)复置，乾元元年改为文州。元稹《遣行十首》之十：“闻道阴平郡，翛然古戍情。”

【陰司】 阴间，阴曹地府。吕岩《七言》之二七：“仙府记名丹已熟，阴司除籍命应还。”钟离权《赠吕洞宾》：“莫怪频发此言辞，轻慢必有阴司折。”

【陰地】 阳光照不到的地方。指边远之地。王建《送阿史那将军安西迎旧使灵榇》：“阴地背行山下火，风天错到碛西城。”

【陰地關】 关名，在今山西灵石县西南。昭宗大顺元年(890)，张濬议讨李克用，会诸道兵于晋州，出阴地关，即此。李山甫有《阴地关崇徽公主手迹》。

【陰戎】 西北部族名，即陆浑之戎，为西戎之一。许敬宗《奉和执契静三边应诏》：“玄塞隔阴戎，朱光分昧谷。”

【陰行先】 诗人。名长河，字行先。武威姑臧

(今甘肃武威市)人。《全唐诗》卷九八录其《和张燕公湘中九日登高》。张说有《幽州别阴长河行先》。

【陰后石】 阴后,指东汉光武帝后阴丽华。阴后石,即阴皇后曾使用过的捣衣石。张九龄《南阳道中作》:"不识邓公树,犹传阴后石。"

【陰車】 传为载鬼之车。杜牧《昔事文皇帝三十二韵》:"川口堤防决,阴车鬼怪掀。"

【陰岑】 ❶青山。韦应物《善福精舍示诸生》:"悄然群物寂,高阁似阴岑。"❷深邃貌。骆宾王《帝京篇》:"桂殿阴岑对玉楼,椒房窈窕连金屋。"杜甫《虎牙行》:"巫峡阴岑朔漠气,峰峦窈窕溪谷黑。"

【陰兵】 传为鬼兵、神兵。卢仝《冬行三首》之三:"野风结阴兵,千里鸣刀枪。"元稹《遭风二十韵》:"疑是阴兵致昏黑,果闻灵鼓借喧豗。"王铎《谒�潼张恶子庙》:"惟报关东诸将相,柱天功业赖阴兵。"

【陰何】 南朝宋诗人何逊和陈诗人阴铿的并称。杜甫《解闷十二首》之七:"孰知二谢将能事,颇学阴何苦用心。"殷尧藩《酬雍秀才二首》之二:"兴来聊赋咏,清婉逼阴何。"李群玉《寄张祜》:"如君气力波澜地,留取阴何沈范名。"

【陰谷】 北山之谷。王丘《奉和圣制答张说扈从南出鼠雀谷之作》:"阳原淑气早,阴谷冱寒多。"李颀《晚归东园》:"回云覆阴谷,返景照霜梨。"姚系《荆山独往》:"岩重丹阳树,泉咽闻阴谷。"施肩吾《早春残雪》:"伫逢春律后,阴谷始堪看。"

【陰沈】 ❶天色阴暗多云。胡浩《大漠行》:"云沙泱漭天光闭,河塞阴沉海色凝。"韩愈《南溪始泛三首》之一:"阴沉过连树,藏昂抵横坂。"白居易《雨中招张司业宿》:"泥泞非游日,阴沉好睡天。"杜荀鹤《途中有作》:"川原晚结阴沉气,草树秋生索漠风。"❷阴暗深邃。杜甫《赠崔十三评事公辅》:"阴沉铁凤阙,教练羽林儿。"薛能《怀汾上旧居》:"山头鼓笛阴沉庙,陌上薪蒸突兀车。"李群玉《古镜》:"阴沉蓄灵怪,可与天地永。"❸阴郁消沉。喻凫《春雨如膏》:"惨淡游丝景,阴沉落絮辰。"

【陰君】 传为阴间之主。吕岩《寄白龙洞刘道人》:"岂不见阴君破迷歌里说,太乙含真法最强。"

【陰長河】 阴行先。阴铿玄孙。张说妹婿。张说有《幽州别阴长河行先》。

【陰事】 指下雨之事。水为阴,故云。李颀《与诸公游济渎泛舟》:"玄冥掌阴事,祝史告年丰。"

【陰枝】 指阳光照射不到的低矮树枝。李贺《新夏歌》:"阴枝拳芽卷缥茸,长风回气扶葱茏。"

【陰松】 指墓旁的松树。李贺《感讽六首》之五:"腰衱佩珠断,灰蝶生阴松。"

【陰雨】 天阴下雨。皎然《白云歌寄陆中丞使君长源》:"洁白不由阴雨积,高明肯共杂烟重。"

【陰虎】 指元气。吕岩《七言》之一八:"阳龙言向离宫出,阴虎还于坎位生。"

【陰岸】 背阳的水岸,即河的南岸。杨衡《经端溪峡中》:"阴岸东流水,上有微风生。"

【陰氛】 昏暗之气。李频《送许浑侍御赴润州》:"阴氛出海散,落月向潮流。"

【陰物】 属于阴性的物类。吴融《平望蚊子二十六韵》:"蚊蚋是阴物,夜从喧墙隅。"

【陰兔】 月亮的别称。月为阴精,传说中又谓月中有玉兔,故称。魏征《五郊乐章·肃和》:"次极阳乌,纪穷阴兔。"张说《赠崔公》:"蚌蛤伺阴兔,蛟龙望斗牛。"元稹《梦游春七十韵》:"长丝羁野马,密网罗阴兔。"

【陰郊】 北郊。褚亮《祭神州乐章·雍和》:"泰圻严享,阴郊展敬。"卢纶《孤松吟酬浑赞善》:"阴郊一夜雪,榆柳皆枯折。"

【陰怪】 指月亮。元稹《有酒十章》之九:"阳乌撩乱兮屋上栖,阴怪跳趫兮水中跃。"

【陰沴】 指天地四时阴气不和而产生的灾害。元稹《苦雨》:"阴沴皆电扫,幽妖亦雷驱。"卢肇《汉堤诗》:"阴沴奸阳,来暴于襄。"

【陰祇】 地祇,地神。褚亮《祭方丘乐章·顺和》:"阴祇协赞,厚载方贞。"

【陰官】 雨师,水神。韩愈《郴州祈雨》:"旱气期销荡,阴官想骏奔。"

【陰房】 阴凉的房舍。杜甫《玉华宫》:"阴房鬼火青,坏道哀湍泻。"

【陰面】 指背阴的一面。李郢《郢自衔西抒短章仰酬珍锡》:"蜀岩阴面冷冥冥,偃雪欺霜半露青。"

【陰界】 即阴间。王维《胡居士卧病遗米因赠》:"色声何谓客,阴界复谁守。"

【陰虹】 指蜺。相传虹由雄性的虹和雌性的蜺组成。喻指佞臣。李白《五月东鲁行答汶上翁》:"西归去直道,落日昏阴虹。"

【陰秋】 秋季。夏日为阳,秋冬为阴,故称。元稹《初寒夜寄卢子蒙》:"月是阴秋镜,寒为寂寞资。"

【陰泉】 秋冬之水。韩愈《奉和杜相公太清宫纪事陈诚上李相公十六韵》:"阳月时之首,阴泉气未牙。"

【陰鬼】 阴间之鬼。吕岩《七言》之六二:"龙虎顺行阴鬼去,龟蛇逆往火龙来。"

【陰律】 阴气。骆宾王《晚泊江镇》:"四运移阴律,三翼泛阳侯。"裴度《至日登乐游园》:"阴律随寒改,阳和应节生。"

【陰風】 ❶朔风,阴冷之风。张九龄《奉和圣制瑞雪篇》:“此时骚切阴风生,先过金殿有余清。”白居易《秦中吟十首·重赋》:“岁暮天地闭,阴风生破村。”方干《哭喻凫先辈》:“孤垄阴风吹细草,空窗湿气渍残篇。”吴融《赋雪》:“一夜阴风度,平明颢气交。”❷隐含杀伐之气的风。杜甫《北征》:“阴风西北来,惨淡随回鹘。”李商隐《韩碑》:“腰悬相印作都统,阴风惨澹天王旗。”杜荀鹤《塞上伤战士》:“野火烧人骨,阴风卷阵云。”贯休《古塞下曲四首》之二:“阴风吼大漠,火号出不得。”

【陰怨】 内心的怨恨。白居易《青冢》:“唯有阴怨气,时生坟左右。”

【陰帝】 指女娲。杜牧《大雨行》:“神鞭鬼驭载阴帝,来往喷洒何颠狂。”

【陰洞】 幽深的洞穴。李益《置酒行》:“明霞发金丹,阴洞潜水碧。”项斯《晚春花》:“阴洞日光薄,花开不及时。”陆龟蒙《和袭美怀锡山药名离合二首》之一:“鹤伴前溪栽白杏,人来阴洞写枯松。”

【陰宫】 阴凉的宫室。杜甫《热三首》之二:“想见阴宫雪,风门飒踏开。”皮日休《太湖诗·入林屋洞》:“虽然入阴宫,不得朝上清。”又《奉和鲁望四明山九题·潺湲洞》:“阴宫何处渊,到此洞潺湲。”

【陰根】 指微露于地面、蔓延于地下的竹根。李贺《昌谷北园新笋四首》之三:“家泉石眼两三茎,晓看阴根紫脉生。”

【陰氣】 ❶阴暗之气。储光羲《晚霁中园喜赦作》:“五月黄梅时,阴气蔽远迩。”韩愈《重云李观疾赠之》:“天行失其度,阴气来干阳。”姚合《酬任畴协律夏中苦雨见寄》:“阳精藏不耀,阴气盛难收。”❷寒气,肃杀之气。戎昱《塞下曲》之四:“单于竟未灭,阴气常勃勃。”杜甫《雨》:“干戈盛阴气,未必自阳台。”栖白《寿昌节赋得红云表夏日》:“景候融融阴气潜,如峰云共火相兼。”李咸用《雪十二韵》:“六出凝阴气,同云指上天。”

【陰術】 幽暗的小路。张九龄《彭蠡湖上》:“庐山直阳浒,孤石当阴术。”

【陰徑】 背阳的山径。姚合《游昊天玄都观》:“阴径红桃落,秋坛白石生。”

【陰廊】 暗廊。姚合《题山寺》:“古塔虫蛇善,阴廊鸟雀痴。”

【陰窅】 谓深邃之地。张说《岳阳石门墨山二山相连有禅堂观天下绝境》:“竹径入阴窅,松萝上空蒨。”

【陰朗】 阴雨和晴朗。杜荀鹤《梁王坐上赋无云雨》:“若教阴朗长相似,争表梁王造化功。”

【陰張】 阴铿和张正见的合称,二人均为南朝陈文学家。清昼、汤衡《讲古文联句》:“陈徐之流,阴张之辈。”

【陰陵】 ❶即阴山。李商隐《赠别前蔚州契苾使君》:“何年部落到阴陵,奕世勤王国史称。”❷汉县名。属九江郡,治所在今安徽定远县西北。东晋废。张祜有《过阴陵》。❸山名。在安徽和县北八十里。项羽垓下突围后,至阴陵,迷失路。胡曾《咏史诗·鸿门》:“樽前若取谋臣计,岂作阴陵失路人。”

【陰陰】 ❶幽暗貌。李端《送马尊师》:“南入商山松路深,石床溪水昼阴阴。”薛涛《九日遇雨二首》之一:“万里惊飙朔气深,江城萧索昼阴阴。”李商隐《燕台四首·右夏》:“前阁雨帘愁不卷,后堂芳树阴阴见。”陆龟蒙《药名离合夏日即事三首》之二:“归来又好乘凉钓,藤蔓阴阴着雨香。”❷深邃貌。崔曙《缑山庙》:“遗庙宿阴阴,孤峰映绿林。”

【陰堂】 指墓室。袁瓘《惠文太子挽歌》:“寒仗丹旐引,阴堂白日违。”李颀《达奚吏部夫人寇氏挽歌》:“阴堂从此闭,谁诵女师篇。”

【陰晦】 ❶昏暗,阴暗。钱起《仲春晚寻覆釜山》:“萦回必中路,阴晦阳复显。”刘禹锡《客有为余话登天坛遇雨之状因以赋之》:“清晨登天坛,半路逢阴晦。”❷指阴冷滞涩之气。陈陶《涂山怀古》:“惟昔放勋世,阴晦彻成洪。”

【陰崖】 背阳的山崖。韦应物《怀琅琊深标二释子》:“白云埋大壑,阴崖滴夜泉。”赵居贞《云门山投龙诗》:“阳巘灵芝秀,阴崖半天赤。”耿湋《寄司空曙李端联名》:“云树无猿鸟,阴崖足薜萝。”徐铉《题伏龟山北隅》:“兹山信岑寂,阴崖积苍翠。”

【陰符】 ❶古代兵书名。泛指兵书。杜甫《哭台州郑司户苏少监》:“从容掬旧学,惨澹闷阴符。”卢纶《代员将军罢战后归旧里赠朔北故人》:“雄剑依尘橐,阴符寄药囊。”欧阳詹《许州送张中丞出临颍镇》:“心诵阴符口不言,风驱千骑出辕门。”薛能《筹笔驿》:“流运有功终是扰,阴符多术得非奸。”❷指《阴符经》。道教经典。齐己《读阴符经》:“绕窗风竹骨轻安,闲借阴符仰卧看。”

【陰符經】 书名。全称《黄帝阴符经》。旧题黄帝撰,一卷三百八十字,为道教经典。陆龟蒙有《读阴符经寄鹿门子》,皮日休有《奉和鲁望读阴符经见寄》。

【陰旐】 谓旐旗状的阴云。韩愈、孟郊《秋雨联句》:“阴旐时摎流,帝鼓镇訇磕。”

【陰涼】 日光照射不到使人觉得凉爽。杜甫《秋日夔府咏怀奉寄郑监李宾客一百韵》:“甘子阴凉叶,茅斋八九椽。”张籍《祭退之》:“北台临稻畴,茂柳多阴凉。”白居易《牡丹芳》:“共愁日照芳难驻,仍张帷幕垂阴凉。”又《二年三月五日斋毕偶吟赠妻弘农郡君》:“庭东有茂树,其下多阴凉。”

【陰渠】　山北的沟渠。元稹《落月》:“落月沉余影，阴渠流暗光。”

【陰淡】　阴晦暗淡。韦应物《闲斋对雨》:“幽独自盈抱，阴淡亦连朝。”

【陰深】　❶昏暗，阴暗。韦应物《鼋头山神女歌》:“阴深灵气静凝美，的砾龙绡杂琼佩。”❷幽深。朱湾《题段上人院壁画古松》:“阴深方丈间，直趣幽且闲。”❸幽怨深沉。韦蟾《岳麓道林寺》:“石门迥接苍梧野，愁色阴深二妃寡。”

【陰閉】　指夜晚。韩愈《岳阳楼别窦司直》:“阳施见夸丽，阴闭感凄怆。”

【陰陽】　❶古代指宇宙间贯通物质和人事的两个对立面。(1)指天地间化生万物的二气。阎朝隐《鹦鹉猫儿篇》:“鹦鹉鸟，同禀阴阳兮异埏埴。”元结《演兴四首・讼木魅》:“及阴阳兮不和，恶此土之失时。”白居易《官牛》:“但能济人治国调阴阳，官牛领穿亦无妨。”蒋防《八风从律》:“自得阴阳顺，能令惠泽通。”(2)天地。明皇《春晚宴两相及礼官丽正殿学士探得风字》:“阴阳调历象，礼乐报玄穹。”曹邺《贺雪寄本府尚书》:“雨雪不顺时，阴阳失明晦。”(3)春夏和秋冬。(4)日月。杜甫《阁夜》:“岁暮阴阳催短景，天涯霜雪霁寒宵。”韦应物《拟古诗十二首》之八:“阴阳不停驭，贞脆各有终。”(5)人间和阴间。唐暄妻张氏《答夫诗二首》之一:“阴阳徒自隔，聚散两难心。”❷造化，造物主。钱起《紫参歌》:“阴阳雕刻花如鸟，对凤连鸡一何小。”❸指星相、占卜、相宅、相墓等阴阳家的方术。罗隐《董仲舒》:“偶然留得阴阳术，闭却南门又北门。”李涉《咏古》:“何劳问枯骨，再取阴阳筹。”❹佛教称色、受、想、行、识为五阴。王梵志《身是五阴城》:“身是五阴城，周回无里数。”

【陰陽工】　指天地造化。岑参《使交河郡》:“何事阴阳工，不遣雨雪来。”

【陰陽井】　井名，在今江苏句容市。许浑《题阴阳井》:“日月双轮见，阴阳两窍通。”

【陰陽炭】　喻指阴阳二气。岑参《经火山》:“不知阴阳炭，何独然此中。”

【陰陽家】　❶春秋战国时九流之一。提倡阴阳五行之说。卢仝《月蚀诗》:“吾见阴阳家有说，望日蚀月月光灭。”❷以择日、占星、风水等迷信为业者。苏拯《明禁忌》:“阴阳家有书，卜筑多禁忌。”

【陰階】　背阳的台阶。李端《冬夜寄韩弇》:“废井虫鸣早，阴阶菊发迟。”

【陰森】　❶谓树木浓密成荫。孟浩然《庭桔》:“明发览群物，万木何阴森。”柳宗元《寄韦珩》:“阴森野葛交蔽日，悬蛇结虺如蒲萄。”白居易《有木诗八首》之四:“有木名杜梨，阴森覆丘壑。”贯休《桐江闲居作十二首》之二:“阴森古树气，粗淡老僧情。”❷幽暗惨淡。韦应物《寇季膺古刀歌》:“阴森白日掩云虹，错落池光动金碧。”李绅《却过淮阴吊韩信庙》:“功高自弃汉元臣，遗庙阴森楚水滨。”徐夤《画松》:“涧底阴森验笔精，笔闲开展觉神清。”温庭筠《生禖屏风歌》:“画壁阴森九子堂，阶前细月铺花影。”

【陰極】　阴气盛极。《郊庙歌辞・祭太社乐章・舒和》:“神道发生敷九稼，阴极乘仁畅八埏。”

【陰揣】　谓日夜攻读揣摩。言战国苏秦得《太公阴符》日夜揣摩事。张九龄《咏史》:“穰侯或见迟，苏生得阴揣。”

【陰雲】　天阴时的云。殷尧藩《生公讲台》:“暝色护楼台，阴云昼未开。”许浑《早秋韶阳夜雨》:“阴云迎雨枕先润，夜电引雷窗暂明。”杜荀鹤《寄舍弟》:“大野阴云重，连城杀气浓。”章碣《雨》:“乱沾细网垂穷巷，斜送阴云入古厅。”

【陰晴】　❶指阴天和晴天。李商隐《流莺》:“风朝露夜阴晴里，万户千门开闭时。”徐铉《寄和州韩舍人》:“风头乍寒暖，天色半阴晴。”❷指向阳和背阴。王维《终南山》:“分野中峰变，阴晴众壑殊。”

【陰景】　阴天的日光。韩愈《春雪》:“莫愁阴景促，夜色自相饶。”

【陰鼎】　道家炼丹所用之鼎。吕岩《七言》之十九:“金丹不是小金丹，阴鼎阳炉里面安。”

【陰嵐】　雾气。权德舆《韦宾客宅与诸博士宴集》:“阴岚冒苔石，轻籁韵风篁。”

【陰黑】　阴暗，黑暗。韩愈《射训狐》:“乘时阴黑止我屋，声势慷慨非常粗。”王建《温门山》:“洞门昼阴黑，深处惟石壁。”牛僧孺《李苏州遗太湖石因题二十韵奉呈梦得乐天》:“雷风疑欲变，阴黑讶将行。”张祜《晚秋潼关西门作》:“日落寒郊烟物清，古槐阴黑少人行。”

【陰奥】　幽深。李华《寄赵七侍御》:“阴奥潜鬼物，精光动烟空。”

【陰寒】　天阴而寒冷。袁朗《和洗掾登城南坂望京邑》:“是月冬之季，阴寒昼不开。”

【陰窗】　北窗。李质《宿日观东房诗》:“洞霞飘素练，藓壁画阴窗。”

【陰禍】　冥冥之中将要受到的处罚。白居易《读史五首》之四:“阴德既必报，阴祸岂虚施。”

【陰雷】　闷雷，声小至近于无声之雷。卢纶《途中遇雨马上口号留别张刘二端公》:“阴雷慢转野云长，骏马双嘶爱雨凉。”

【陰暗】　昏暗，黑暗。元稹《苦雨》:“烦昏一日内，阴暗三四殊。”

【陰暉】　光阴，时光。乔知之《定情篇》:“鉴来年二八，不记易阴晖。”

【陰煙】　山中雾气。刘长卿《关门望华山》：“徘徊忘暝色，泱漭成阴烟。”

【陰溝】　背阳的沟渠。裴夷直《春色满皇州》：“夭红妆暖树，急绿走阴沟。”

【陰溼】　阴暗潮湿。徐铉《和张先辈见寄二首》之二：“野日苍茫悲鹏舍，水风阴湿弊貂裘。”

【陰溪】　山北溪流。方干《题龙瑞观兼呈徐尊师》：“远壑度年如晦暝，阴溪入夏有凌澌。”

【陰墉】　北墉。《郊庙歌辞·祭太社乐章·肃和》：“戊期应序，阴墉展币。”

【陰魄】　月之别称。陈子昂《感遇诗三十八首》之一：“圆光正东满，阴魄已朝凝。”李华《杂诗六首》之四：“阴魄沦宇宙，太阳假其明。”李敬方《天台晴望》：“阳乌晴展翅，阴魄夜飞轮。”马戴《中秋月》：“阴魄出海上，望之增苦吟。”

【陰魅】　鬼魅。元稹《大觜乌》：“平明天出日，阴魅走参差。”

【陰塵】　阴暗之灰尘。廖融《退宫妓》：“宝筝钿剥阴尘覆，锦帐香消画烛幽。”

【陰精】　❶指月亮。月为阴精，故名。李白《古朗月行》：“阴精此沦惑，去去不足观。”钱起《秋霖曲》：“阴精离毕太淹度，倦鸟将归不知树。”徐敞《月映清淮流》：“处柔知坎德，持洁表阴精。”韩偓《十月七日早起作时气疾初愈》：“阳精欲出阴精落，天地包含紫气中。”《郊庙歌辞·德明兴圣庙乐章·迎俎》：“鼎煁阳燧，玉盥阴精。”❷指霜雪。张汇《观藏冰》：“寒气方穷律，阴精正结冰。”

【陰數】　（—shù）偶数。黄滔《九日》：“阳数重时阴数残，露浓风硬欲成寒。”

【陰影】　阴暗之影子。张九龄《临泛东湖》：“晶明画不逮，阴影镜无辨。”元稹《遣春十首》之三：“岸柳好阴影，风裾遗垢氛。”

【陰牖】　北窗。韦应物《至开化里寿春公故宅》：“废井没荒草，阴牖生绿笞。”

【陰德】　❶暗中做有德于人之事。白居易《叙德书情四十韵上宣歙翟中丞》：“抣谦惊主宠，阴德畏人知。”吴筠《高士咏·通玄真人》：“通玄贵阴德，利物非市朝。”徐铉《奉和宫傅相公怀旧见寄四十韵》：“幸喜书生为将相，定由阴德致神仙。”李瀚《蒙求》：“柳下直道，叔敖阴德。”❷女德，女子应具备的美德。权德舆《大行皇太后挽歌词三首》之一：“唯余文母化，阴德满公宫。”

【陰關】　阴山山脉之关隘，位于阴山之南。阴山是汉代防御匈奴的屏障。韦庄《送人游并汾》：“如今虏骑方南牧，莫过阴关第一州。”张蠙《登单于台》：“欲向阴关度，阴关晓不开。”

【陰險】　表面和善，内心险恶。王周《巫庙》：“翔集讬阴险，鸽啄贪膻腥。”

【陰橋】　背阳的桥。卢纶《早春游樊川野居却寄李端校书兼呈崔峒补阙司空曙主簿耿沣拾遗》：“阴桥全覆雪，瀑溜半垂冰。”

【陰機】　机巧，机谋。韩愈《辛卯年雪》：“翕翕陵厚载，哗哗弄阴机。”

【陰磧】　塞外沙漠。塞外阴冷，故称。张仲素《塞下曲五首》之五：“阴碛茫茫塞草肥，桔槔烽上暮云飞。”

【陰霖】　淫雨。李大宝《句》：“阳耀求便洒，阴霖请复晴。”

【陰霏】　纷飞之淫雨。李白《古风》之二：“浮云隔两曜，万象昏阴霏。”

【陰霓】　雌霓，副虹。沈佺期《赦到不得归题江上石》：“火云蒸毒雾，阳雨濯阴霓。”马戴《楚江怀古三首》之三：“阴霓侵晚景，海树入回潮。”参见“陰虹”。

【陰燄】　海中生物所发之光。李敬方《题黄山汤院》：“阴燄潜生海，阳光暗烛坤。”

【陰謀】　暗中策划，秘密谋划。杜甫《奉赠鲜于京兆二十韵》：“破胆遭前政，阴谋独秉钧。”张祜《大唐圣功诗》：“何意萧墙内，阴谋中构倾。”温庭筠《题李卫公诗二首》之一：“两行密疏倾天下，一夜阴谋达至尊。”司空图《有感二首》之一：“自古经纶足是非，阴谋最忌夺天机。”

【陰燐】　燐火，鬼火。李益《从军夜次六胡北饮马磨剑石为祝殇辞》：“水流呜咽幽草根，君宁独不怪阴磷。”

【陰壁】　背阳之墙壁。韦应物《游琅琊山寺》：“新泉泄阴壁，高萝荫绿塘。”

【陰翳】　阴霾，阴云。李德裕《寒食日三殿侍宴奉进诗一首》：“瑞景开阴翳，薰风散郁陶。”齐己《春晴感兴》：“连旬阴翳晓来晴，水满圆塘照日明。”

【陰₂翳】　遮蔽。陈子昂《感遇诗三十八首》之三二：“阳彩皆阴翳，亲友尽暌违。”

【陰霞】　云霞。令狐楚《从军词五首》之五：“暮雪连青海，阴霞覆白山。”法振《越中赠程先生》：“古塞连山静，阴霞落海新。”

【陰壑】　背阳之山谷，幽深之山谷。卢鸿一《嵩山十志十首·期仙磴》：“霏微阴壑兮气腾虹，迤逦危磴兮上凌空。”韦应物《因省风俗与从侄成绪游山水中道先归寄示》：“阴壑云松埋，阳崖烟花媚。”

【陰嶺】　背阳之山岭。祖咏《终南望余雪》：“终南阴岭秀，积雪浮云端。”白居易《和刘郎中望终南山秋雪》：“阳春先唱后，阴岭未消时。”许浑《对雪》：“阴岭有风梅艳散，寒林无月桂华生。”

【陰謨】 阴谋，诡计。周昙《咏史诗·春秋战国门·黄歇》：“女子异心安足听，功成何更用阴谟。”

【陰牆】 背阳之墙壁。刘长卿有《游南园偶见在阴墙下葵因以成咏》。

【陰藤】 室内藤蔓。李贺《昌谷诗》：“阴藤束朱键，龙帐着魍魅。”

【陰霧】 浓雾。曹松《岭南道中》：“半川阴雾藏高木，一道晴蜺杂落晖。”

【陰₂覆】 覆盖。元结《演兴四首·讼木魅》：“见樗栲兮相阴覆，怜梫榕兮不丰茂。”

【陰麗華】 汉光武帝之后，南阳新野（今属河南）人。李白《寄远十一首》之四：“闻与阴丽华，风烟接邻里。”

【陰蟲】 蟋蟀之类秋虫。韦应物《秋夜二首》之一：“庭树转萧萧，阴虫还戚戚。”皇甫冉《送魏十六还苏州》：“秋夜深深北送君，阴虫切切不堪闻。”喻凫《监试夜雨滴空阶》：“冷与阴虫间，清将玉漏谐。”马戴《田氏南楼对月》：“咽咽阴虫叫，萧萧寒雁来。”

【陰謫】 冥谴。刘禹锡《读张曲江集作》序：“议者以曲江为良臣，识胡雏有反相，羞凡器与同列，密启廷争，虽古哲人不及。而燕翼无似，终为馁魂，岂忮心失恕，阴谪最大，虽二美莫赎邪?”其诗云：“良时难久恃，阴谪岂无因。”

【陰霪】 ❶连绵不断之雨。元稹《虫豸诗·蚊子》之一：“阴霪烦扰攘，拾粒苦嘤咛。”❷阴霾，阴云。喻奸佞小人。贾岛《望山》：“阴霪一以扫，浩翠写国门。”

【陰鏗】 南朝陈文学家。武威姑臧（今甘肃武威市）人。梁时曾任湘东王法曹行参军。入陈，官至晋陵太守、员外散骑常侍。善于描绘山水，文辞清丽，炼字造句，颇具巧思。其刻苦为诗，与何逊齐名。杜甫《与李十二白同寻范十隐居》：“李侯有佳句，往往似阴铿。”元稹《酬孝甫见赠十首》之一：“宋玉秋来续楚词，阴铿官漫足闲诗。”

【陰騭】 ❶默默地使安定。张九龄《奉和圣制烛龙斋祭》：“孰云阴骘，惟圣克彰。”李峤《扈从还洛呈侍从群官》：“天道向归余，皇情美阴骘。”权德舆《几铭》：“上合乾道，万物阴骘。”贾岛《送雍陶及第归成都宁亲》：“半应阴骘与，全赖有司平。”秦韬玉《问古》：“大底荣枯各自行，兼疑阴骘也难明。”❷犹阴德。李商隐《哭虔州杨侍郎》：“阴骘今如此，天灾未可无。”李涉《谴谪康州先寄弟渤》：“阴骘却应先有谓，已交鸿雁早随阳。”❸犹言冥冥之中。皎然《同薛员外谊喜雨诗兼上杨使君》：“乃知阴骘数，制在造化情。”白居易《戒药》：“天人阴骘间，亦恐无此理。”

【陰蘚】 苔藓。因其生于潮湿处，故称。皮日休《奉和鲁望早秋吴体次韵》：“日干阴藓厚堪剥，藤把敧松牢似绳。”

【陰靄】 山北之飞霰。韩愈《南山诗》：“朱维方烧日，阴霰纵腾糅。”

【陰飆】 阴冷之狂风。贯休《送颢雅禅师》：“霜锋擗石鸟雀聚，帆冻阴飙吹不举。”

【陰竇】 背阳之洞穴。武元衡《津梁寺采新茶因题四韵兼呈陆郎中》：“阴窦藏烟湿，单衣染焙香。”

【陰巖】 背阳之山岩。骆宾王《至分水戍》：“阴岩常结晦，宿莽竞含秋。”王贞白《庐山》：“夏谷雪犹在，阴岩昼不分。”

【陰蘿】 生长于背阳处之藤萝。李益《入华山访隐者经仙人石坛》：“阳桂凌烟紫，阴萝冒水绿。”

【陰霾】 天气阴晦、昏暗。卢纶《送惟良上人归江南》：“苦雾沉山影，阴霾发海光。”卢嗣立《望九华山》：“不遇阴霾孤岫隐，正当寒日众峰呈。”李频《府试风雨闻鸡》：“阴霾方见信，顷刻讵移声。”徐夤《新月》：“更期十五圆明夜，与破阴霾照八荒。”

【陰巘】 背阳之山峰。韦应物《自蒲塘驿回驾经历山水》：“高树夹潺湲，崩石横阴巘。”

【陰靈】 ❶月亮。骆宾王《仪坤庙乐章·金奏》：“阴灵效祉，轩曜降精。”❷旧时迷信者所称人死后之魂灵。白居易《昭德皇后挽歌词》：“阴灵何处感，沙麓月无光。”李群玉《凉公从叔春祭广利王庙》：“阴灵向作南溟主，祀典高齐五岳肩。”

【陰靄】 浓云。李白《雨后望月》：“四郊阴霭散，开户半蟾生。”韦应物《同德寺雨后寄元侍御李博士》：“前山遽已净，阴霭夜来歇。”

【陰鬱】 盛多貌。元稹《虫豸诗》序：“又数年，司马通州郡，通之地，丛秽卑褊，烝瘴阴郁。”

陷 〔xiàn《广韵》户韽切，去陷，匣。〕❶陷阱。参见“陷穽”。❷陷入，坠入。李白《流夜郎半道承恩放还兼欣克复之美书怀示息秀才》：“得罪岂怨天，以愚陷网目。”孟郊《江邑春霖奉赠陈侍御》：“风浦荡归棹，泥陂陷征轮。”元稹《智度师二首》：“三陷思明三突围，铁衣抛尽衲禅衣。”舒元舆《履春冰》：“兢兢愁陷履，步步怯移身。”❸陷落，沦陷。杜甫《扬旗》：“三州陷犬戎，但见西岭青。”耿湋《宋中》：“百战无军食，孤城陷虏尘。”李端《过宋州》：“睢阳陷虏日，外绝救兵来。”白居易《西凉伎》：“应似凉州未陷日，安西都护进来时。”❹陷害，为害。李白《上崔相百忧章》：“鱼龙陷人，成此祸胎。”白居易《读史五首》之四：“弘恭陷萧望，赵高谋李斯。”杜牧《和州绝句》：“历阳前事知何实，高位纷纷见陷人。”冯道《偶作》：“须知海岳归明主，未必乾坤陷吉人。”❺埋，埋没。李旭《及第后呈朝中知己》："真珠每被尘泥陷，病鹤多遭蝼蚁侵。"郑綮《老僧》："冻瓶粘柱础，宿火陷炉灰。"❻嵌入。白居易《三谣·素屏谣》："缀珠陷钿贴云母，五金七宝相玲珑。"

【陷身】 身体陷入泥坑、火坑之类。谓犯法。韩愈《寄崔二十六立之》："陷身泥沟间，谁复禀指㧑。"杜牧《雪中书怀》："向来躐等语，长作陷身机。"

【陷没】 (—mò)沦陷，被攻占。杜甫《洛阳》："洛阳昔陷没，胡马犯潼关。"又《咏怀二首》之一："西京复陷没，翠盖蒙尘飞。"白居易《西凉伎》："泣向狮子涕双垂，凉州陷没知不知。"亦指使陷没。窦弘余《广谪仙怨》序："天宝十五载正月，安禄山反，陷没洛阳，王师败绩。"

【陷穽】 为捕捉野兽或擒敌而挖掘的坑洞，上覆盖伪装物，兽或人踩在上面，便会落入坑洞中。常用以喻陷害人的阴谋圈套。李白《君马黄》："猛虎落陷穽，壮夫时屈厄。"白居易《劝酒寄元九》："深心藏陷穽，巧言织网罗。"又《马上作》："高有罾缴忧，下有陷穽虞。"亦指落入陷阱。元稹《捉捕歌》："豺狼不陷穽，蝼蚁潜幽蠹。"

九 画

陻 〔yīn《广韵》於真切，平真，影。〕埋没。见"陻圮"。

【陻圮】 埋没和坍塌。崔国辅《漂母岸》："古地多陻圮，时哉不敢言。"

隋 〔suí《广韵》旬爲切，平支，邪。〕❶周代诸侯国名。罗隐《商於驿楼东望有感》："山川去接汉江东，曾伴隋侯醉此中。"❷朝代名，隋朝。581年，北周丞相、隋王杨坚弑静帝自立。先后灭后梁、陈统一全国。604年太子杨广杀坚自立，因暴虐无道，招致各地农民纷纷起义。618年被唐灭亡。元结《闵荒诗一首》："炀皇嗣君位，隋德滋昏幽。"无可《经贞女祠》："朝赛暮还祈，开唐复历隋。"皮日休《汴河怀古二首》之二："尽道隋亡为此河，至今千里赖通波。"孙元晏《咏史诗·陈·临春阁》："自是君王正沉醉，岂知消息报隋军。"

【隋氏】 指隋王朝。杜甫《遣忧》："隋氏留宫室，焚烧何太频。"高适《三君咏·魏郑公》："郑公经纶日，隋氏风尘昏。"李涉《感兴》："隋氏造宫阙，峨峨倚云烟。"

【隋文帝】 杨坚。隋朝建立者。581—604年在位，弘农华阴(今属陕西)人。北周时，袭父爵为隋国公。女为宣帝皇后。静帝年幼，杨坚为丞相，总揽朝政，封隋王。大定元年(581)废帝自立。先后灭后梁、陈统一全国。在位期间，生产发展，国库充溢。仁寿四年(604)被太子杨广杀害。周昙《咏史诗·隋门》有《隋文帝》。徐夤《陈》："书中不礼隋文帝，井底常携张贵嫔。"

【隋苑】 园名。即上林苑，又名西苑，隋炀帝时所建，故址在今江苏扬州市西北。刘长卿《禅智寺上方怀演和尚寺即和尚所创》："买园隋苑下，持钵楚城中。"杜牧《将赴宣州留题扬州禅智寺》："杜陵隋苑已绝国，秋晚南游更渡江。"赵嘏《送卢缄归扬州》："隋苑荒台风袅袅，灞陵残雨梦依依。"

【隋季】 隋代，隋朝。张九龄《奉和圣制幸晋阳宫》："隋季失天策，万方罹凶残。"高适《同观陈十六〈史兴碑〉》序："楚人陈章甫继毛诗而作《史兴碑》，远自周末，迨乎隋季，善恶不隐，盖国风之流。"张祜《隋堤怀古》："隋季穷兵复浚川，自为猛虎可周旋。"杜牧《感怀诗一首》："高文会隋季，提剑徇天意。"

【隋河】 隋炀帝所开通济渠。杜牧《昔事文皇帝三十二韵》："接棹隋河溢，连蹄蜀栈刓。"秋涣《题柳》："雨余笼灞岸，烟暝夹隋河。"

【隋故都】 指洛阳。陆敬有《游隋故都》。

【隋柳】 见"隋堤柳"。

【隋皇】 指隋炀帝。汪遵《汴河》："隋皇意欲泛龙舟，千里昆仑水别流。"

【隋宫】 指隋炀帝下扬州时兴修的离宫行苑。又称江都宫。顾况《历阳苦雨》："亥市风烟接，隋宫草路深。"李涉《醉中赠崔膺》："白浪南分吴塞云，绿杨深入隋宫路。"李商隐有《隋宫守岁》。罗隐《春日独游禅智寺》："树远连天水接空，几年行乐旧隋宫。"

【隋珠】 隋侯之珠。传说中随侯所得的宝珠。传说古代随国姬姓诸侯见一大蛇伤断，以药敷之而愈；后蛇于江中衔明月珠以报其恩德，故名随侯珠。随，亦作隋。杨坚立国后，改随为隋。喻指优异人才。李白《送窦司马贬宜春》："赵璧为谁点，隋珠枉被弹。"杜甫《酬郭十五受判官》："只同燕石能星陨，自得隋珠觉夜明。"刘禹锡《奉和吏部杨尚书太常李卿二相公策免后即事述怀赠答十韵》："有声真汉相，天颧胜隋珠。"温庭筠《病中书怀呈友人》："未能鸣楚玉，空欲握隋珠。"

【隋珠和璧】 隋侯之珠与和氏之璧。传说古代随国姬姓诸侯见一大蛇伤断，以药服之而愈；后蛇于江中衔明月珠以报其恩德，因曰随侯珠。随，亦作隋，因杨坚建立隋朝而改。楚人卞和于荆山得一璞玉，先后献给武王、文王，均以为石，和以欺君罪被砍断两足。成王登基，使人剖璞，果得夜光宝玉，因名曰和氏璧。李中《叙吟二首》之一："往哲搜罗妙入神，隋珠和璧未为珍。"

【隋家】 指隋王朝。顾况《桃花曲》:“魏帝宫人舞凤楼,隋家天子泛龙舟。”朱长文《春眺扬州西上岗寄徐员外》:“隋家故事不能问,鹤在仙池期我游。”赵嘏《送韩绛归淮南寄韩绰先辈》:“岛上花枝系钓船,隋家宫畔水连天。”李谨言《水殿抛球曲二首》之二:“堪恨隋家几帝王,舞裀揉尽绣鸳鸯。”

【隋隄】 见“隋堤”。

【隋堤】 亦作“隋隄”。隋炀帝时沿通济渠、邗沟河岸所修建的御道,道旁广植杨柳,人称隋堤。太宗《春池柳》:“年柳变池台,隋堤曲直回。”顾况《送大理张卿》:“春色依依惜解携,月卿今夜泊隋堤。”卢纶《送张成季往江上赋得垂杨》:“若到隋隄望,应逢花满船。”李中《题柳》:“隋堤三月暮,飞絮想纵横。”

【隋堤柳】 隋炀帝时沿通济渠、邗沟河岸所植的柳树。白居易《隋堤柳》:“隋堤柳,岁久年深尽衰朽。”罗隐有《隋堤柳》。亦省称隋柳。耿湋《送郭秀才赴举》:“海雨沾隋柳,江潮赴楚船。”刘禹锡《送陆侍御归淮南使府五韵》:“泰山呈腊雪,隋柳布新年。”贾岛《送朱可久归越中》:“吴山侵越众,隋柳入唐疏。”

【隋朝】 隋代。杜甫《送重表侄王砅评事使南海》:“隋朝大业末,房杜俱交友。”罗隐《隋堤柳》:“夹路依依千里遥,路人回首认隋朝。”罗虬《比红儿诗》之五八:“红儿若向隋朝见,破镜无因更重寻。”

【隋畫】 隋代作家所画的画。据裴孝源《贞观公私画史》,隋代兴建的长安兴善寺其壁画为隋画家刘乌所作。郑谷《题兴善寺》:“藓侵隋画暗,茶助越瓯深。”

【隋煬】 即隋炀帝杨广。徐夤《忆潼关》:“隋炀远游宜不反,奉春长策竟何如。”

【隋煬帝】 杨广。隋文帝杨坚第二子。文帝病笃,因杨广所行无道,欲废黜。杨广得知信息将文帝杀死。杨广即位后,挥霍无度,四处游览,横征暴敛,民不聊生。大业元年至六年间,征调民工兴修沟通海河、黄河、淮河、长江四大水系的大运河。营建东都洛阳,大兴土木,建西苑,置离宫四十余所。又修筑长城,开辟驰道,迫使数百万人从事无偿劳役,严重破坏了农业生产。大业八年至十年,不断对外用兵,激起人民反抗。大业十四年被禁军将领宇文化及等缢杀。杜牧《汴河怀古》:“锦缆龙舟隋炀帝,平台复道汉梁王。”

【隋漕】 指隋炀帝所开凿的通济渠。杜牧《赴京初入汴口晓景即事先寄兵部李郎中》:“清淮控隋漕,北走长安道。”

階 〔jiē《广韵》古諧切,平皆,見。〕❶台阶。杨师道《春朝闲步》:“野径香恒满,山階笋屡侵。”武元衡《南徐别业早春有怀》:“花枝入户犹含润,泉水侵階乍有声。”白居易《夏夜宿直》:“槐花满院气,松子落階声。”杜荀鹤《宿栾城驿却寄常山张书记》:“数树秋风满庭月,忆君时复下階行。”❷官阶,品阶。张蠙《赠水军都将》:“平生为有安邦术,便别秋曹最上階。”❸缘由,途径。陈子昂《感遇诗三十八首》之九:“先天诚为美,階乱祸谁因。”杜甫《夜听许十损诵诗爱而有作》:“何階子方便,谬引为匹敌。”❹凭借。孟郊《奉报翰林张舍人见遗之诗》:“前贤素行階,夙嗜青山勤。”

【階砌】 台阶。刘长卿《送薛据宰涉县》:“槐阴覆堂殿,苔色上階砌。”元结《窊尊诗》:“平湖近階砌,近山复青青。”白居易《泛春池》:“泓澄动階砌,澹泞映户牖。”万俟造《龙池春草》:“苒苒分階砌,离离杂荇蘋。”

【階品】 官吏的等级品位。陆龟蒙《江南秋怀寄华阳山人》:“篆字多階品,华阳足弟兄。”

【階庭】 台阶前的庭院。元结《游石溪示学者》:“階庭无争讼,郊境罢守卫。”白居易《题新居寄元八》:“階庭宽窄才容足,墙壁高低粗及肩。”李郢《酬王舍人雪中见寄》:“三日柴门拥不开,階庭平满白皑皑。”冯道之《山中作》:“桂气满階庭,松阴生枕席。”

【階陛】 宫殿的台阶。温庭筠《题翠微寺二十二韵》:“幽石归階陛,乔柯入栋梁。”

【階除】 台阶。寇坦《同张少府和厍狄员外夏晚初霁南省寓直时兼充节度判官之作》:“千门传夜警,万象照階除。”杜甫《南邻》:“惯看宾客儿童喜,得食階除鸟雀驯。”元结《游潓泉示泉上学者》:“草堂在山曲,澄澜涵階除。”贯休《书陈处士屋壁二首》之二:“青刍生階除,撷之束成束。”

【階級】 台阶。李群玉《法性寺六祖戒坛》:“初地无階级,余基数尺低。”徐夤《东》:“青帝郊坰平似砥,主人階级峻如山。”

【階軒】 台阶上的堂屋。萧颖士《山庄月夜作》:“涧声连枕簟,峰势入階轩。”李白《古风》之三二:“秋蝉号階轩,感物忧不歇。”

【階基】 台阶。韩愈《病鸱》:“饱入深竹丛,饥来傍階基。”元稹《君莫非》:“燕在梁栋,鼠在階基。”白居易《裴侍中晋公以集贤林亭诗三十六韵见辄广为五百言以伸酬献》:“因下张沼沚,依高筑階基。”

【階梯】 ❶台阶,梯子。元稹《梦上天》:“天悠地远身跨风,下无階梯上无力。”❷喻向上或前进的某种凭借。韩愈《南内朝贺归呈同官》:“将举汝愆尤,以为己階梯。”

【階蓂】 即“蓂荚”。一种瑞草,夹阶而生,故名。李益《书院无历日以诗代书问路侍御六月大小》:“故人为柱史,为我数階蓂。”许稷《闰月定四时》:“月桂亏还正，階萁落复滋。”

【階楹】 阶前柱下。张籍《祭退之》：“公既相邀留，坐语于階楹。”

【階墀】 台阶。亦指阶面。张子容《乐城岁日赠孟浩然》：“插桃销瘴疠，移竹近階墀。”元结《招孟武昌》：“湖尽到谷口，单船近階墀。”欧阳詹《答韩十八驽骥吟》：“毕无才实资，手植階墀前。”方干《月》：“斜临户牖通宵烛，回照階墀到晓霜。”

【階缘】 攀附，凭借。郑谷《转正郎后寄献集贤相公》：“自贺孤危终际会，别将流涕感階缘。”

【階闉】 门前台阶。高适《题尉迟将军新庙》：“晨光上階闼，杀气翻旌旗。”杜甫《七月三日有诗因论壮年乐事戏呈元二十一曹长》：“欻思红颜日，霜露冻階闼。”

隄

〔dī《广韵》都奚切，平齊，端。又杜奚切，平齊，定。〕同堤。❶挡水的堤坝。朱庆余《送崔约下第归淮南觐省》：“堰水静连隄树绿，村桥时映野花红。”❷防备，管束。周昙《咏史诗·春秋战国门·隐公》：“今古难隄是小人，苟希荣宠任相亲。”参见“隄防❷”。

【隄封】 犹界限。皮日休《酒中十咏》序：“颓然无思，以天地大顺为隄封，傲然不持，以洪荒至化为爵赏。”

【隄防】 ❶拦水堤坝。高适《自淇涉黄河途中作十三首》之十：“激潏陵隄防，东郡多悲辛。”杜牧《昔事文皇帝》：“川口隄防决，阴车鬼怪掀。”❷防备，管束。杜甫《课伐木》：“虎穴连里闾，隄防旧风俗。”白居易《自咏》：“句检簿书多卤莽，隄防官吏少机关。”韩偓《八月六日作四首》之四：“隄防瓜李能终始，免愧于心负此身。”

隈

〔wēi《广韵》烏恢切，平灰，影。又烏繢切，去隊，影。〕❶山水弯曲隐蔽处。苏味道《九江口南济北接蕲春南与浔阳岸》：“近漱湓城曲，斜吹蠡泽隈。”白居易《忆旧游》：“江南旧游凡几处，就中最忆吴江隈。”李绅《登禹庙回降雪五言二十韵》：“粉凝莺阁下，银结凤池隈。”罗邺《秋晚》：“残星残月一声钟，谷际岩隈爽气浓。”亦借指山。王勃《散关晨度》：“重门临巨壑，连栋起崇隈。”❷边隅，角落。高适《酬裴员外以诗代书》：“登顿宛叶下，栖遑襄邓隈。”白居易《登城东古台》：“靡靡春草合，牛羊缘四隈。”又《和答诗十首·和古社》：“废村多年树，生在古社隈。”韩愈《咏雪赠张籍》：“度前铺瓦陇，发本积墙隈。”❸通“偎”。靠近，贴近，围绕。朱庆余《夏日访贞上人院》：“命棋隈绿竹，尽日有清风。”皮日休《题支山南峰僧》：“云侵坏衲重隈肩，不下南峰不记年。”李建勋《田家三首》之一：“犬吠隈篱落，鸡飞上碓桯。”

【隈曲】 （一qū）山水弯曲处。徐彦伯《淮亭吟》：“山碕砐兮隈曲，水涓涟兮洞汩。”

【隈隩】 曲折幽深之山坳河岸。王维《桃源行》：“山口潜行始隈隩，山开旷望旋平陆。”孟浩然《岘潭作》：“石潭傍隈隩，沙岸晓夤缘。”皇甫冉《杂言无锡惠山寺流泉歌》：“土膏脉动知春早，隈隩阴深长苔草。”刘禹锡《武陵观火诗》：“余势下隈隩，长熛烘舳舻。”

【隈壖】 曲折之河岸。李贺《假龙吟歌》：“窗中跳汰截清涎，隈壖卧水埋金爪。”

【隈牆】 靠近墙壁。隈，通“偎”。靠近，紧贴。寒山《诗三百三首》之三五：“隈墙弄蝴蝶，临水掷虾蟆。”柳宗元《重赠二首》之一：“如今试遣隈墙问，已道世人那得知。”张元一《嘲武懿宗》：“去贼七百里，隈墙独自战。”

陽

〔yáng《广韵》與章切，平陽，以。〕❶山之南或水之北。李颀《缓歌行》：“男儿立身须自强，十年闭户颍水阳。”杨巨源《美人春怨》：“妾家巫峡阳，罗幌寝兰堂。”孟郊《下第东归留别长安知己》：“云归嵩之阳，身寄江之滨。”南唐后主李煜《句》：“迢迢牵牛星，杳在河之阳。”❷向阳部分。杜甫《望岳》：“造化钟神秀，阴阳割昏晓。”又杜甫《九成宫》：“其阳产灵芝，其阴宿牛斗。”参见“陽崖”“陽嶺”。❸亢阳之气。顾况《上古之什补亡训传十三章·十月之郊一章》：“阳潜地中，舒达句萌。”韩愈《重云李观疾赠之》：“天行失其度，阴气来干阳。”钱起《仲春晚寻覆釜山》：“萦回必中路，阴晦阳复显。”白居易《和微之诗二十三首·和李势女》：“劝诫天下妇，不令阴胜阳。”❹太阳，阳光。刘商《送女子》：“惆怅梧桐非旧影，不悲鸿雁暂随阳。”白居易《和微之诗二十三首·和自劝二首》之一：“稀稀疏疏绕篱竹，窄窄狭狭向阳屋。”又《赠朱道士》：“醮坛北向宵占斗，寝室东开早纳阳。”齐己《闻雁》：“丹心劳避弋，万里念随阳。”❺春天。亦指春夏季节。韦应物《赠丘员外二首》之二：“久蹋思游旷，穷惨遇阳舒。”权德舆《奉和圣制中和节赐百官宴集因示所怀》：“物情舒在阳，时令弘至仁。”❻物体正面、前面。李郃《贺州思九疑作》：“我世家九疑，山在宅之阳。”刘禹锡《宜城歌》：“荒台侧生树，石碣阳镌额。”❼阳气，暖气。包佶《祀雨师乐章·迎俎酌献》：“阳开幽蛰，躬奉郁鬯。”韦应物《西郊游宴寄赠邑僚李巽》：“升阳暖春物，置酒临芳席。”李白《安州应城玉女汤作》：“阴阳结炎炭，造化开灵泉。”韩愈《人日城南登高》：“霭霭野浮阳，晖晖水披冻。”❽男性。元稹《和李校书新题乐府十二首·上阳白发人》：“王无妃媵主无婿，阳亢阴淫结灾累。”❾男性生殖器。顾况《上古之什补亡训传十三章·囝一章》：“乃绝其阳，为臧为获。”❿通佯。伪装。元稹《乐府古题·将进酒》：“阳为僵踣主父前，主父不知加妾鞭。”全诗校：“阳，一作佯。”

【陽山】 ❶县名。(1)西汉置，治所在今广东阳山县青莲镇东南连江之北。东汉废。三国吴孙皓复置，治所在今阳山县南连江之南。唐神龙元年(705)移治今阳山县。韩愈《忆昨行和张十一》：“阳山鸟路出临武，驿马拒地驱频隤。”(2)唐武德元年(618)置，治所在今四川汉源县东南大渡河南岸。天宝(742)改名通望。陈子昂《送魏兵曹使巂州得登字》：“阳山淫雾雨，之子慎攀登。”❷山名。(1)即阳城山。李密据以起事。《谶记・唐受命谶》：“桃李子，鸿鹄绕阳山。”参见“陽城❸”。(2)在今江苏南京市江宁区东北。李频有《题阳山顾炼师草堂》。

【陽人城】 春秋时城名。故址在今河南汝州市西北临汝镇。汉末长沙太守孙坚起兵败董卓部将胡轸、吕布于此。吕温有《题阳人城》。

【陽山廟】 在今湖南常德市。刘禹锡有《阳山庙观赛神》。

【陽止】 指农历十月。止，助词。陈子昂《西还至散关答乔补阙知之》：“芳岁几阳止，白日屡徂迁。”

【陽月】 农历十月的别称。魏征《五郊乐章・雍和》：“阳月斯纪，应钟在候。”宋之问《题大庾岭北驿》：“阳月南飞雁，传闻至此回。”韩愈《奉和杜相公太清宫纪事陈诚上李相公十六韵》：“阳月时之首，阴泉气未牙。”章孝标《次韵和光禄钱卿二首》之二：“同期阳月至，灵室祝葭灰。”

【陽中丞】 阳济。济曾官潭州和衡州刺史。杜甫有《舟中苦热遣怀奉呈阳中丞通简台省诸公》。

【陽侍御】 疑为阳伯明。皎然有《答裴集阳伯明二贤各垂赠二十韵今以一章用酬两作》和《酬邢端公济春日苏台有呈袁州李使君兼书并寄辛阳王三侍御》。

【陽郎中】 岑参有《寻阳七郎中宅即事》。按，阳，《四部丛刊》本及明抄本岑参集均作杨，是。杨郎中，杨炎，曾为礼部郎中。

【陽城郡王】 阳城郡王，当作城阳郡王。城阳郡王，卫伯玉。伯玉曾封城阳郡王。杜甫有《江陵节度阳城郡王新楼成王请严侍御判官赋七字句同作》。

【陽將軍】 (將 jiāng)阳将军当作杨将军，为杨执一。苏颋有《同饯阳将军兼源州都督御史中丞》。

【陽徵君】 指阳城。卢纶有《送赵真长归夏县旧山依阳征君读书》。

【陽公】 指阳城。阳城字亢宗，定州北平(今河北定州市)人，登进士第后，隐居中条山。征为谏议大夫，日唯饮酒，不言朝事。贞元十一年(795)裴延龄诬陆贽、张滂等，阳城伏阙上疏力劾裴延龄，陆贽从而得免。后出刺道州，有善政。元稹《阳城驿》：“阳公没已久，感我泪交流。”白居易《和答诗十首・和阳城驿》：“次言阳公迹，夏邑始栖迟。”

【陽平化】 道教宫观名。在今四川彭州市西北。化，道士之所居，道教宫观。蜀太妃徐氏有《题彭州阳平化》。

【陽生】 ❶即冬至。韩愈、李正封《晚秋郾城夜会联句》：“雪下收新息，阳生过京索。”❷谓阳气生成。杜甫《小至》：“天时人事日相催，冬至阳生春又来。”

【陽光】 ❶日光。孟郊《献汉南樊尚书》：“兵势走山岳，阳光潜埃尘。”白居易《早春即事》：“阳光满前户，雪水半中庭。”❷指太阳。储光羲《苏十三瞻登玉泉寺峰入寺中见赠作》：“天籁激微风，阳光轹奔箭。”刘禹锡、白居易《乐天是月长斋遂为联句》：“阴魄初离毕，阳光正在参。”白居易《续古诗十首》之十：“阳光委云上，倾心欲何依。”柳宗元《零陵赠李卿元侍御简吴武陵》：“阳光竞四溟，敲石安所施。”自注：“阳光，谓日。”

【陽旭】 旭日。胡皓《感春》：“试登高台春，伏槛弄阳旭。”

【陽岐】 山名。在今湖北石首市境内。齐己有《寄阳岐西峰僧》。

【陽谷】 ❶古代神话传说中日浴之处。借指太阳。刘商《金井歌》：“瑞雪不散抱层岭，阳谷霞光射山顶。”亦借指天子朝会处。王昌龄《宿灞上寄侍御玙弟》：“孟冬銮舆出，阳谷群臣会。”一说，此阳谷即温谷，指骊山温泉宫。❷地名，在今陕西淳化县北。高适《送蹇秀才赴临洮》：“犹思阳谷去，莫厌陇山高。”

【陽位】 正南的方位。赵光逢《梁郊祀乐章・庆和》：“就阳位，升圆丘。”

【陽君】 指阳瓒。刘宋时渭州司马。李德裕《东郡怀古二首・阳给事》：“阳君守滑台，终古垂英猷。”

【陽坡】 向阳的山坡。杜甫《秦州杂诗二十首》之十三：“瘦地翻宜粟，阳坡可种瓜。”卢仝《山中》：“阳坡软草厚如织，困与鹿麛相伴眠。”元稹《台中鞫狱忆开元观旧事呈损之兼赠周兄四十韵》：“阳坡自寻蕨，村沼看沤菅。”

【陽林】 ❶生在山南的树林。皎然《读张曲江集》：“春杼弄缃绮，阳林敷玉英。”❷地名，当在今河南洛阳市。李商隐《涉洛川》：“通谷阳林不见人，我来遗恨古时春。”

【陽虎】 即阳货。李端《杂歌》：“乐生东去终居赵，阳虎北辕翻适楚。”

【陽明】 鲜明。韩愈《题炭谷湫祠堂》：“万生都阳明，幽暗鬼所寰。”

【陽明洞天】 在今浙江绍兴市东南宛委山。元稹有《春分投简阳明洞天作》，白居易有《和微之春日投简阳明洞天五十韵》。

【陽和】 ❶春天的暖气。刘长卿《奉寄婺州李使君舍人》:“渔樵识太古,草木得阳和。”白居易《早春招张宾客》:“虽当冷落衰残日,还有阳和暖活身。”姚合《早春山居寄城中知己》:“阳和潜发荡寒阴,便使川原景象深。”许棠《春日言怀》:“赋命自多蹇,阳和非不均。”❷阳气。方干《除夜》:“煦育诚非远,阳和又欲升。”❸祥和的气氛。李白《古风》之一四:“阳和变杀气,发卒骚中土。”杨巨源《上裴中丞》:“政引风霜成物色,语回天地到阳和。”崔日用《奉和立春游苑迎春应制》:“圣泽阳和宜宴乐,年年捧日向东城。”

【陽河】 水名。在卫州卫县(今河南淇县)西。姚合有《游阳河岸》。

【陽春】 ❶春天,温暖的春天。李白《古风》之三八:“虽照阳春晖,复悲高秋月。”白居易《岁暮》:“加之一杯酒,煦妪如阳春。”又《开龙门八节石滩诗二首》之二:“十里叱滩变河汉,八寒阴狱化阳春。”贯休《送崔尚书朝觐》:“澄渟消宿蠹,煦爱剧阳春。”❷古歌曲名。这是一种比较高雅难学的曲子。汉李固《致黄琼书》:“峣峣者易缺,皦皦者易汙。阳春之曲,和者必寡。”后泛指高雅的曲调。李白《答王十二寒夜独酌有怀》:“巴人谁肯和阳春,楚地由来贱奇璞。”白居易《张十八员外以新诗二十五首见寄因题卷后封寄微之》:“阳春曲调高难和,淡水交情老始知。”薛涛《酬文使君》:“今日谢庭飞白雪,巴歌不复旧阳春。”刘兼《自遣》:“照乘始堪沽善价,阳春争忍混凡音。”

【陽春白雪】 战国时楚国的高雅歌曲名。后用以泛指高雅的曲子。张祜《塞上闻笛》:“一夜梅花笛里飞,冷沙晴槛月光辉。”全诗校:第二句“一作阳春白雪复辉辉”。

【陽城】 ❶春秋时楚国贵族的封邑。李商隐《无题》:“春风自共何人笑,枉破阳城十万家。”罗虬《比红儿诗》之三九:“一笑阳城人便惑,何堪教见杜红儿。”吴融《倒次元韵》:“阳城迷处笑,京兆画时嚬。”❷驿站名。在今陕西商洛市商州区东。后改为富水驿。元稹《阳城驿》:“商有阳城驿,名同阳道州。”白居易《和答诗十首·和阳城驿》:“商山阳城驿,中有叹者谁。”❸山名。亦县名。县,秦置。武周时改称告成。治所在今河南登封市东南告成镇。境内有山名阳城。韦应物《杂言送黎六郎》:“闻话嵩峰多野寺,不嫌黄绶向阳城。”皇甫冉《寄刘方平》:“田取颍水流,树入阳城口。”❹人名。白居易《赠樊著作》:“阳城为谏议,以正事其君。”又《道州民》:“一自阳城来守郡,不进矮奴频诏问。”贯休《送张拾遗赴施州司户》:“君不见顷者百官排闼赴延英,阳城不死存令名。”

【陽面】 向阳的一面。罗邺《冬夕江上言事五首》之四:“风柳欲生阳面叶,冻梅先绽岭头枝。”

【陽秋】 ❶指孔子所著《春秋》。晋时因避简文帝郑后阿春讳,改春为阳。刘禹锡《送韦秀才道冲赴制举》:“游夏无措词,阳秋垂不刊。”❷泛称岁月。李峤《扈从还洛呈侍从群官》:“帐殿别阳秋,旌门临甲乙。”李德裕《东郡怀古二首·阳给事》:“就烹感汉使,握节悲阳秋。”❸褒贬。李瀚《蒙求》:“泰初日月,季野阳秋。”

【陽泉】 ❶夏泉。陆龟蒙《四月十五日道室书事寄袭美》:“一掬阳泉堪作雨,数铢秋石欲成霜。”❷温泉。魏征《五郊乐章·肃和》:“火林霰雪,阳泉凝沍。”元结《演兴四首·初祀》:“荐天鲟兮酒阳泉,献水芸兮饭霜秈。”

【陽律】 指春季。蒋防《春风扇微和》:“幸当阳律候,惟愿及佳辰。”

【陽侯】 古代传说中的波涛之神。亦借指波涛。张说《岳州观竞渡》:“齐歌迎孟姥,独舞送阳侯。”李白《玩月金陵城西孙楚酒楼与酒客数人棹歌秦淮往石头访崔四侍御》:“谑浪棹海客,喧呼傲阳侯。”白居易《题海图屏风》:“喷风激飞廉,鼓波怒阳侯。”王毂《苦热行》:“五岳翠干云彩灭,阳侯海底愁波竭。”

【陽施】 ❶喻指音乐旋律高昂奔放。韩愈《岳阳楼别窦司直》:“阳施见夸丽,阴闭感凄怆。”❷太阳光照耀,指白天。韩愈《岳阳楼别窦司直》:“阳施见夸丽,阴闲感悽怆。”

【陽汙】 (—xù)古时九泽之一,在今陕西境内。骆宾王《久戍边城有怀京邑》:“灞池遥夏国,秦海望阳汙。”

【陽華】 ❶阳光。储光羲《秋庭贻马九》:“稍稍寒木直,彩彩阳华新。”❷鲜花。孟郊《赠黔府王中丞楚》:“昔为阴草毒,今为阳华英。”

【陽桂】 桂树。李益《入华山访隐者经仙人石坛》:“阳桂凌烟紫,阴萝冒水绿。”

【陽原】 向阳的高地。王丘《奉和圣制答张说扈从南出鼠雀谷之作》:“阳原淑气早,阴谷沍寒多。”唐暄《还渭南感旧二首》之二:“阳原叹薤露,阴壑悼藏舟。”

【陽氣】 暖气,生长之气。刘宪《奉和立春日内出彩花树应制》:“欲识王游布阳气,为观天藻竞春晖。”钱起《东皋早春寄郎四校书》:“夜来霁山雪,阳气动林梢。”窦庠《金山行》:“外如削成中缺裂,阳气发生阴气结。”韩偓《冬至夜作》:“阴冰莫向河源塞,阳气今从地底回。”

【陽彩】 指阳光。陈子昂《感遇三十八首》之三二:“阳彩皆阴翳,亲友尽暌违。”

【陽烏】 神话传说中在太阳里的三足乌。借指太阳。李白《上云乐》："阳乌未出谷，顾兔半藏身。"刘禹锡《武陵观火诗》："盲风扇其威，白昼曛阳乌。"僧鸾《苦热行》："阳乌落尽酒不醒，扶上西园当月楼。"贯休《苦热》："松桂枝不动，阳乌飞半天。"

【陽脈】　经脉中的阳经。元稹《病减逢春期白二十二辛大不至十韵》："寒肤渐舒展，阳脉乍虚盈。"

【陽朔】　县名。隋开皇十年(590)置，治所即今广西阳朔县东北官厅。唐元和、宝历间徙治今广西阳朔县。郑谷《送吏部曹郎中免官南归》："阳朔花迎棹，崇贤叶满沟。"沈彬《阳朔碧莲峰》："两处争如阳朔好，碧莲峰里住人家。"齐己《谢主人石笋》："忆过阳朔见，曾记大湖求。"

【陽都女】　仙人。得道而眉连。陆龟蒙《怀仙三首》之一："闻道阳都女，连娟耳细长。"

【陽貨】　春秋鲁人。名虎，为季平子家臣。白居易《叹鲁二首》之一："阳货道岂正，其权执国命。"又《杂感》："阳货肆凶暴，仲尼畏于匡。"

【陽烏】　指鸿雁之类的候鸟。虞世南《奉和幸江都应诏》："冬律初飞管，阳乌正衔芦。"梁献《王昭君》："一闻阳乌至，思绝汉宫春。"李商隐《寓怀》："阳乌西南下，相思不及群。"

【陽崖】　朝阳的山崖。韦应物《因省风俗与从侄成绪游山水中道先归寄示》："阴壑云松埋，阳崖烟花媚。"

【陽陵】　汉景帝陵墓。在今陕西咸阳市东，汉代于此置阳陵县。杜牧《哭李给事中敏》："阳陵郭门外，陂阤丈五坟。"

【陽將軍】　(將 jiāng)当即杨执一。神龙初，以诛张易之功封河东郡公，累至右金吾卫大将军。苏颋有《同饯阳将军兼源州都督御史中丞》。

【陽陶】　薛阳陶。唐之善吹觱篥者。白居易《小童薛阳陶吹觱栗歌》："嗟尔阳陶方稚齿，下手发声已如此。"罗隐《薛阳陶觱篥歌》："平泉上相东征日，曾为阳陶歌觱篥。"题下注："平泉为李德裕，曾作《薛阳陶觱篥歌》。苏州刺史白居易，越州刺史元稹并有和篇。此言乌江，恐是吴江，乃苏州也。"

【陽報】　谓在人间得到报应。与阴报相对。周昙《咏史诗·春秋战国门·孙叔敖》："是知阳报由阴施，天爵昭然契日彰。"

【陽雁】　大雁。刘长卿《送史判官奏事之灵武兼寄巴西亲故》："阳雁南渡江，征骖去相背。"阎防《晚秋石门礼拜》："阳雁叫平楚，秋风急寒川。"戴叔伦《登楼望月寄凤翔李少尹》："心送情人趋凤阙，目随阳雁极烟霄。"严维《酬诸公宿镜水宅》："阳雁叫霜来枕上，寒山映月在湖中。"

【陽景】　阳光。张九龄《奉使自蓝田玉山南行》："阴泉夏犹冻，阳景昼方暾。"韦应物《冬至夜寄京师诸弟兼怀崔都水》："子月生一气，阳景极南端。"柳宗元《游朝阳岩遂登西亭二十韵》："开旷延阳景，回薄攒林梢。"吕温《道州观野火》："阳景当昼迟，阴天半夜赤。"

【陽無正】　孙阳(伯乐)和邮无正(王良)的合称。均为善相马者。李贺《出城别张又新酬李汉》："地理阳无正，快马逐服辕。"

【陽舒】　指身体健康、精神愉快等。白居易《岁暮病怀赠梦得》："眼随老减嫌长夜，体待阳舒望早春。"亦指书法中笔画的舒展。皎然《张伯英草书歌》："阴惨阳舒如有道，鬼状魑容若可惧。"

【陽禽】　指鸿雁。张说《岳州九日宴道观西阁》："北风嘶代马，南浦宿阳禽。"

【陽道州】　指阳城。阳城曾为道州刺史。元稹《阳城驿》："商有阳城驿，名同阳道州。"白居易《和答诗十首·和阳城驿》："何故阳道州，名姓同于斯。"

【陽焱】　见"陽焰"。

【陽焰】　亦作"陽焱""陽餤"。❶指浮云为日光所照时而呈现的一种远望似水如雾的自然景象。佛经中经常用以指虚幻不实的事物。寒山《诗三百三首》之八四："但看阳餤浮沤水，便觉无常败坏人。"又《诗三百三首》之二二八："阳餤虚空花，岂得免生老。"元稹《遣春十首》之四："阳餤波春空，平湖漫凝溢。"白居易《和梦游春诗一百韵》："膏明诱暗蛾，阳焱奔痴鹿。"❷指炽热的阳光。齐己《移居西湖作二首》之一："火云阳焰欲烧空，小槛幽窗想旧峰。"

【陽禄館】　馆名。汉代上林苑嫔妃所居之馆。王维《恭懿太子挽歌五首》之四："心悲阳禄馆，目断望思台。"

【陽給事】　(給 jǐ)指阳瓒。李德裕有《东郡怀古二首·阳给事》。

【陽節】　阳春时节。张九龄《巡属县道中作》："矧逢阳节献，默听时禽鸣。"

【陽暉】　见"陽輝"。

【陽羨】　古县名。治所在今江苏宜兴市南荆溪南岸。隋开皇九年(589)改名义兴县，移治今宜兴县。唐又新置阳羡县。李颀《送乔琳》："阳羡风流地，沧江游寓人。"耿湋《常州留别》："殷勤阳羡桂，别此几时攀。"卢仝《走笔谢孟谏议寄新茶》："天子须尝阳羡茶，百草不敢先开花。"杜牧《正初奉酬歙州刺史邢群》："一壑风烟阳羡里，解龟休去路非赊。"

【陽臺】　❶战国楚宋玉《高唐赋》序："昔者先王尝游高唐。怠而昼寝，梦见一妇人，曰：'妾巫山之女也，为高唐之客，闻君游高唐，愿为枕席。'王因幸之，去而辞曰：'妾在巫山之阳，高丘之岨，旦为朝云，暮为行雨。朝朝暮暮，阳台之下。'"按此阳台当在今重庆市巫山县境，一说在今湖北汉川市境。唐诗中多借指男女欢会之所。刘长卿《观李凑所画美人障子》："此中一见乱人目，只疑行到云阳台。"薛涛《谒巫山庙》："朝朝夜夜阳台下，为雨为云楚国亡。"李德裕《秋日美晴郡楼闲眺寄荆南张书记》："不因烟雨夕，何处梦阳台。"韦庄《送李秀才归荆溪》："楚王宫去阳台近，莫倚风流滞少年。"❷即王屋山。李商隐《寄永道士》："共上云山独下迟，阳台白道细如丝。"

【陽臺女】 指传说中的巫山神女。常用以喻指多情女子。孟浩然《同张明府碧溪赠答》："自有阳台女，朝朝拾翠过。"岑参《醉戏窦子美人》："细看只似阳台女，醉着莫许归巫山。"薛蕴《古意》："昨夜巫山中，失却阳台女。"张安石《玉女词》："不须更学阳台女，为雨为云趁恼人。"

【陽臺仙】 指巫山神女。李群玉《送友人之峡》："东吴有赋客，愿识阳台仙。"

【陽臺神】 指巫山神女。李白《系寻阳上崔相涣三首》之三："虚传一片雨，枉作阳台神。"

【陽臺夢】 ❶指男女欢会。李商隐《夜思》："古有阳台梦，今多下蔡倡。"袁郊《云》："荒淫却入阳台梦，惑乱怀襄父子心。"后唐庄宗李存勖《阳台梦》词："楚天云雨却相和，又入阳台梦。"❷词牌名。此调有两体，四十九字者，词见《尊前集》，五代李存勖（后唐庄宗）制，因词中有"又入阳台梦"之语，故名。

【陽臺觀】 （觀 guàn）在王屋山顶峰南麓。开元十五年（727），令道士司马承祯于王屋山自选形胜置坛室以居，因以所居为阳台观。马戴有《宿阳台观》。

【陽徵君】 指阳城。阳城进士及第后曾隐居中条山。卢纶有《送赵真长归夏县旧山依阳征君读书》。

【陽精】 指太阳。王翰《飞燕篇》："明月薄蚀阳精昏，娇妒倾城惑至尊。"姚合《酬任畴协律夏中苦雨见寄》："阳精藏不耀，阴气盛难收。"韩偓《十月七日早起作时气疾初愈》："阳精欲出阴精落，天地包含紫气中。"

【陽翟】 古县名。秦置。治所即今河南禹州市。相传为夏禹所都。苏颋《故右散骑常侍舒国公褚公挽词》："阳翟疏丰构，临平演庆源。"韦应物有《送黎六郎赴阳翟少府》。杜甫《远怀舍弟颖观等》："阳翟空知处，荆南近得书。"卢纶有《送黎燧尉阳翟》。

【陽輝】 亦作"陽暉"。日光，阳光。杨衡《游陆先生故岩居》："深林无阳晖，幽水转鲜碧。"皮日休《奉和鲁望樵人十咏·樵火》："山客地炉里，然薪如阳辉。"

【陽數】 （一shù）奇数。苏颋《奉和九日幸临渭亭登高应制得时字》："愿陪阳数节，亿万九秋期。"权德舆《奉和圣制重阳日即事六韵》："嘉节在阳数，至欢朝野同。"曹唐《小游仙诗九十八首》之七三："未知百一穷阳数，略请先生止的看。"

【陽德】 ❶阳气。孙思邈《四言诗》："阳德乃敷，阴功□积。"杜牧《冬至日寄小侄阿宜诗》："阳德比君子，初生甚微茫。"吴融《平望蚊子二十六韵》："岂是阳德衰，不能使消除。"❷阳光。韩愈《送惠师》："大哉阳德盛，荣茂恒留春。"亦喻指帝王的恩泽。郭求《日暖万年枝》："阳德符君惠，嘉名表圣年。"

【陽諫議】 阳城。城曾为谏议大夫。杜牧有《商山富水驿》，题下注："驿本名与阳谏议同名，因此改为富水驿。"

【陽龍】 元神。吕岩《七言》之一八："阳龙言向离宫出，阴虎还于坎位生。"

【陽燧】 古代利用日光取火的凹面铜镜。张说《唐享太庙乐章·雍和二首》之一："火传阳燧，水溉阴精。"李纾《唐德明兴圣庙乐章·迎俎》："鼎煁阳燧，玉盥阴精。"

【陽燄】 见"陽焰"。

【陽嶺】 朝阳的山岭。韦应物《题郑弘宪侍御遗爱草堂》："繁华冒阳岭，新禽响幽谷。"

【陽關】 ❶古关名。在今甘肃敦煌市西南古董滩附近。因位于玉门关南，故名。王维《渭城曲》："劝君更尽一杯酒，西出阳关无故人。"岑参《岁暮碛外寄元㧑》："发到阳关白，书今远报君。"耿沣《陇西行》："雪下阳关路，人稀陇戍头。"刘威《伤曾秀才马》："秋归未过阳关日，夜魄忽销阴塞云。"❷古乐《阳关三叠》的省称。因王维《送元二使安西》"劝君更尽一杯酒，西出阳关无故人"而得名。后人乐府，以为送别之曲，因其可反复诵唱，遂谓之《阳关三叠》。白居易《答苏六》："更无别计相宽慰，故遣阳关劝一杯。"又《晚春欲携酒寻沈四著作先以六韵寄之》："最忆阳关唱，真珠一串歌。"自注："沈有讴者，善唱《西出阳关无故人》词。"李商隐《饮席戏赠同舍》："唱尽阳关无限叠，半杯松叶冻颇黎。"又《赠歌妓二首》之一："红绽樱桃含白雪，断肠声里唱阳关。"

【陽關曲】 （曲 qǔ）琴曲名。即《阳关三叠》，省称《阳关》，为送别之曲。谭用之《江馆秋夕》："谁人更唱阳关曲，牢落烟霞梦不成。"

【陽靈】 指太阳。吴筠《游仙二十四首》之九："阳灵赫重晖，四达何皎皎。"

【陽豔】 明媚鲜艳。张说《杂诗四首》之四："初心灭阳艳，复见湛虚明。"李白《赠韦侍御黄裳二首》之一："桃李卖阳艳，路人行且迷。"温庭皓《梅》："春光先自暖，阳艳暗相催。"杨衡《采莲曲》："凝鲜雾渚夕，阳艳绿波风。"亦指艳丽的春光或阳春美景。曹邺《送厉图南下第归澧州》："勿为阳艳留，此处有月桂。"又《侍宠》："恐君爱阳艳，斫却园中花。"

隅 〔yú《广韵》遇具切，平虞，疑。〕❶(山水)弯曲处。李白《有所思》："我思仙人，乃在碧海之东隅。"杜甫《潼关吏》："要我下马行，为我指山隅。"牟融《赠殷以道》："世路红尘懒步趋，长年结屋傍岩隅。"崔珏《道林寺》："临湘之滨麓之隅，西有松寺东岸无。"❷角，角落。孟浩然《送吴悦游韶阳》："去去日千里，茫茫天一隅。"司空曙《雨夜见投之作》："灯外初行电，城隅偶隐雷。"白居易《禽虫十二章》之五："如何闭向深笼里，一种摧颓触四隅。"❸边侧，旁边。元结《游潓泉示泉上学者》："松竹阴幽径，清源涌坐隅。"孟郊《和宣州钱判官使院厅前石楠树》："耸异敷庭际，倾妍来坐隅。"杨虞卿《过小妓英英墓》："萧晨骑马出皇都，闻说埋冤在路隅。"詹敦仁《柳堤诗》："息耒柳阴下，读书稻田隅。"

【隅目】 眼有棱角。为良马的特征。杜甫《骢马行》："隅目青荧夹镜悬，肉骏碨礌连钱动。"

【隅坐】 坐于席角旁。古无椅，布席共坐于地，尊者居正席，卑者坐旁边。姚合《寄题尉迟少卿郊居》："隅坐唯禅子，随行只药童。"

【隅落】 指房屋角落，边角。严维《送薛居士和州读书》："蒿莱织妾晨炊黍，隅落耕童夕放牛。"引申为偏斜。白居易《和微之诗二十三首·和望晓》："星河稍隅落，宫阙方轮焕。"

隍 〔huáng《广韵》胡光切，平唐，匣。〕护城壕。元稹《代曲江老人百韵》："村落空垣坏，城隍旧井堙。"李商隐《题汉祖庙》："乘运应须宅八荒，男儿安在恋池隍。"贯休《大蜀皇帝寿春节进尧铭舜颂二首·舜颂》："纳隍孜孜，考考切切。"又《上荆南府主三让德政碑》："明明赫赫中兴主，动纳诸隍冠前古。"韦庄《和郑拾遗秋日感事一百韵》："已报新回驾，仍闻近纳隍。"

【隍陴】 城壕与女墙。借指城池。陆龟蒙《江湖散人歌》："不共诸侯分邑里，不与天子专隍陴。"

隊 〔duì《广韵》徒對切，去隊，定。〕❶集体的编制单位。亦指具有某种性质的集体。韩愈《符读书城南》："少长聚嬉戏，不殊同队鱼。"李贺《追赋画江潭苑四首》之四："十骑簇芙蓉，宫衣小队红。"孟郊《猛将吟》："虎队手驱出，豹篇心卷藏。"温庭筠《汉皇迎春词》："海日初融照仙掌，淮王小队缨铃响。"❷行列。韩愈《盆池五首》之三："忽然分散无踪影，惟有鱼儿作队行。"花蕊夫人徐氏《宫词》之一二二："嫩荷香扑钓鱼亭，水面文鱼作队行。"❸量词。用于成群成列的人或事物。贾至《燕歌行》："千营万队连旌旗，望之如火忽电驰。"戎昱《上李常侍》："旌旗晓过大江西，七校前驱万队齐。"韦蟾《送卢潘尚书之灵武》："水木万家朱户暗，弓刀千队铁衣鸣。"李山甫《曲江二首》之二："千队国娥轻似雪，一群公子醉如泥。"

【隊仗】 仪仗队。元稹《连昌宫词》："百官队仗避岐薛，杨氏诸姨车斗风。"齐己《祈真坛》："霓旌队仗下不下，松桧森森天露湿。"欧阳炯《题景焕画应天寺壁天王歌》："逡巡队仗何颠逸，散漫奇形皆涌出。"

隗 〔wěi《广韵》五罪切，上賄，疑。〕❶指郭隗。战国时燕国谋士。燕昭王欲招揽贤才以报齐仇，向他问计。郭隗谓请先自隗始。昭王即为其筑台而师事之。乐毅、邹衍、剧辛等闻讯纷纷从各国奔于燕。刘禹锡《武陵书怀五十韵》："筑台先自隗，送客独留髡。"白居易《渭村退居寄礼部崔侍郎翰林钱舍人诗一百韵》："来燕隗贵重，去鲁孔恓惶。"李商隐《今月二日不自量度辄以诗一首四十韵干渎尊严辄复五言四十韵诗献上》："故事曾尊隗，前修有荐雄。"聂夷中《燕台二首》之一："贵得贤士来，更下于隗者。"❷姓。参见"隗嚣"。

【隗王】 指隗嚣。胡宿《函谷关》："符命已归如掌地，一丸曾误隗王东。"

【隗氏】 即隗嚣。胡曾《咏史诗·陇西》："乘春来到陇山西，隗氏城荒碧草齐。"

【隗君】 指郭隗。陈子昂《蓟丘览古赠卢居士藏用七首·郭隗》："隗君亦何幸，遂起黄金台。"

【隗始】 为招贤之典。贾至《燕歌行》："昔时燕王重贤士，黄金筑台从隗始。"杜牧《送王侍御赴夏口座主幕》："礼数全优知隗始，讨论常见念回愚。"

【隗宫】 即隗嚣宫。前蜀后主李衍《过白卫岭和韩昭》："想到隗宫寻胜处，正应莺语暮春天。"

【隗臺】 战国燕昭王为贤士郭隗所筑的台，亦称黄金台。故址在今河北易县北易水南。相传燕昭王置千金于台上，招纳天下贤士。李山甫《山中寄梁判官》："星郎雅是道中侣，六艺拘牵在隗台。"罗隐《尚父偶建小楼特摛丽藻绝句三首》之一："阳春曲调高谁和，尽日焚香倚隗台。"秦韬玉《投知己》："唯有太平方寸血，今朝尽向隗台倾。"

【隗囂】 东汉初割据者。字季孟，天水成纪(今甘肃秦安县)人。罗隐《中元甲子以辛丑驾幸蜀四首》之二："儿时睿算歼张角，何处愚人戴隗嚣。"

【隗囂泥】 指恃险固守之力。罗隐《南园题》："病怜王猛畚，愚笑隗嚣泥。"

【隗囂宫】 隗嚣所筑之宫室，在秦州(唐之治所一度在成纪县，今甘肃秦安县西北)麦积山北，为隗嚣避暑之所。后为崇宁寺。杜甫《秦州杂诗二十首》之二："秦州山北寺，胜迹隗嚣宫。"许棠《成纪书事二首》之二："难问开元向前事，依稀犹认隗嚣宫。"许棠又有《隗嚣宫晚望》。

陲〔chuí《广韵》是爲切，平支，禪。〕❶边境，边疆。李白《代赠远》："鸣鞭从此去，逐虏荡边陲。"高适《答侯少府》："如何燕赵陲，忽遇平生亲。"耿沣《送杨将军》："落日边陲静，秋风鼓角喧。"李益《来从窦车骑行》："出入燕南陲，由来重意气。"李洞《送龙州田使君旧诗家》："御札轸西陲，龙州出牧时。"❷旁边，边缘。李峤《松》："郁郁高岩表，森森幽涧陲。"孙昌胤《清明》："清明暮春里，怅望北山陲。"姚合《街西居三首》之一："独我恶水浊，凿井庭之陲。"舒元舆《坊州按狱苏氏庄记室二贤自鄜州走马相访因成诗寄之》："我衔凤阙恩，按狱桥山陲。"

隆〔lóng《广韵》力中切，平東，來。〕❶高，突起。韩愈《陪杜侍御游湘西两寺独宿有题一首因献杨常侍》："大厦栋方隆，巨川楫行剡。"牛僧孺《李苏州遗太湖石奇状绝伦因题二十韵奉呈梦得乐天》："丑凸隆胡准，深凹刻兕觵。"❷盛，兴盛。崔日用《奉和九月九日登慈恩寺浮图应制》："紫宸欢每洽，绀殿法初隆。"刘知几《读汉书作》："知止信无辱，身安道亦隆。"李商隐《寄太原卢司空三十韵》："祖业隆盘古，孙谋复大庭。"张衮《梁郊祀乐章·庆休》："伟哉帝道隆，终始常作则。"❸多，丰厚。吴融《赴阙次留献荆南成相公三十韵》："唯要臣诚显，那求帝渥隆。"❹重，深重。李峤《皇帝上礼抚事述怀》："配极辉光远，承天顾讬隆。"元稹《春六十韵》："迎气邦经重，斋诚帝念隆。"《郊庙歌辞·中宗祀昊天乐章·中宫助祭升坛》："芣苡芳声远，螽斯美化隆。"❺尊崇，尊重。太宗《执契静三边》："已知隆至道，共欢区宇一。"魏征《享太庙乐章·肃和》："神其降止，式隆景命。"丰干《壁上诗二首》之一："逍遥绝无闹，忘机隆佛道。"

【隆中】　山名，在今湖北襄阳市襄州区西。诸葛亮曾隐居于此，时人称诸葛亮为卧龙。崔道融《过隆中》："玄德苍黄起卧龙，鼎分天下一言中。"

【隆冬】　深冬，严冬。则天皇后《唐明堂乐章·羽音》："葭律肇启隆冬，蘋藻攸陈飨祭。"柳宗元《种仙灵毗》："隆冬乏霜霰，日夕南风温。"温庭筠《病中书怀呈友人》序："开成五年秋，以抱疾郊野，不得与乡计偕至王府。将议遐适，隆冬自伤，因书怀奉寄殿院徐侍御，察院陈李二侍御，回中苏端公，鄠县韦少府，兼呈袁郊、苗绅、李逸三友人一百韵。"

【隆古】　远古。萧颖士《过河滨和文学张志尹》："隆古日以远，举世丧其淳。"

【隆旱】　大旱。李峤《晚秋喜雨》："积阳躔首夏，隆旱届徂秋。"

【隆周】　强盛之周朝。骆宾王《至分陕》："至今王化美，非独在隆周。"亦借指唐朝。《郊庙歌辞·武后享清庙乐章十首·第二》："隆周创业，宝命惟新。"

【隆基】　大业，皇业。则天皇后《曳鼎歌》："上玄降鉴，方建隆基。"

【隆異】　优厚异常。郑谷有《谷初忝谏垣今宪长薛公方在西阁知奖隆异以四韵代述荣感》。

【隆盛】　(—shèng)兴隆昌盛。王绩《过汉故城》："何其赫隆盛，自谓保灵长。"

【隆唐觀】　(觀 guàn)道观名。在今河南登封市北逍遥谷。调露二年(680)，高宗与武后幸嵩山逍遥谷道士潘师正所居，寻敕有司于师正所居造隆唐观。杨炯有《和刘侍郎入隆唐观》。

【隆隆】　❶深远貌。贯休《大蜀皇帝寿春节进尧铭舜颂二首·舜颂》："吾皇则之，圣谋隆隆。"❷象声词。形容鼓声、马蹄声等。耿沣《发绵津驿》："杳杳短亭分水陆，隆隆远鼓集渔商。"李贺《高轩过》："马蹄隐耳声隆隆，入门下马气如虹。"贯休《寿春进祝圣七首·山呼万岁》："隆隆如谷响，合合似雷鸣。"

【隆替】　盛衰，兴废。李德裕《剑门铭》："运有隆替，地无险阨。"

【隆暑】　盛暑，酷热。则天皇后《唐明堂乐章·徵音》："赫赫离精御炎陆，滔滔炽景开隆暑。"

【隆寒】　严寒。韩愈《苦寒》："隆寒夺春序，颛顼固不廉。"

【隆準】　高鼻子。杜甫《哀王孙》："高帝子孙尽隆准，龙种自与常人殊。"李远《赠写御容李长史》："初分隆准山河秀，乍点重瞳日月明。"

【隆準人】　指汉高祖刘邦。李商隐《偶成转韵七十二句赠四同舍》："我来不见隆准人，沥酒空余庙中客。"

【隆準公】　指汉高祖刘邦。李白《梁甫吟》："君不见高阳酒徒起草中，长揖山东隆准公。"

【隆樓傑閣】　高峻的楼阁。韩愈《记梦》："隆楼杰阁磊嵬高，天风飘飘吹我过。"

十　画

隔〔gé《广韵》古核切，入麥，見。〕❶阻隔，间隔。岑参《夜过盘石隔河望永乐寄闺中效齐梁体》："盈盈一水隔，寂寂二更初。"张籍《送梧州王使君》："千里同行从此别，相逢又隔几多年。"白居易《长斋月满寄思黯》："似隔山河千里地，仍当风雨九秋天。"刘沧《秋日夜怀》："近日每思归少室，故人遥忆隔潇湘。"❷隔阂，不相合。刘长卿《寄李侍御》："相思烟水外，唯有心不隔。"沈千运《感怀弟妹》："骨肉能几人，年大自疏隔。"白居易《代书诗一百韵寄微之》："肺腑都无隔，形骸两不羁。"亦指亲属关系疏远。李绅《过吴门二十四韵》："问吏儿孙隔，呼名礼敬修。"

❸束缚，限制。戴叔伦《送李长史纵之任常州》："不与名利隔，且为江汉游。"❹窗格。李贺《荣华乐》："瑶姬凝醉卧芳席，海素笼窗空下隔。"参见"隔子"。

【隔子】 窗格。元稹《梦游春七十韵》："隔子碧油糊，驼钩紫金镀。"又《友封体》："微风暗度香囊转，胧月斜穿隔子明。"

【隔月】 相隔一个月。姚合《武功县中作三十首》之十七："每旬常乞假，隔月探支钱。"

【隔日】 相隔一日。许浑《残雪》："狂风送在竹深处，隔日未消花发时。"

【隔世】 相隔一世。无名氏《纪游东观山》："隔世惊瞬息，异境难揣量。"

【隔生】 ❶犹隔世。王建《渡辽水》："来时父母知隔生，重着衣裳如送死。"欧阳詹《有所恨二章》之二："隔生之赠，造次亡之。"李商隐《王昭君》："马上琵琶行万里，汉宫长有隔生春。"❷隔阂陌生。张籍《患眼》："三年患眼今年校，免与风光便隔生。"

【隔斥】 阻隔排斥。来鹄《圣政纪颂》序："岂图臣蓄猾谋，公无同事，欲弄尾舌，先卫岩穴，隔斥史臣，占佞明后。"

【隔岸】 指河对岸。处默《圣果诗》："到江吴地尽，隔岸越山多。"

【隔夜】 相隔一夜。太宗《初夏》："一朝春夏改，隔夜鸟花迁。"方干《采莲》："采莲女儿避残热，隔夜相期侵早发。"吴融《新秋》："新酒乘凉压，残棋隔夜收。"

【隔年】 相隔一年。白居易《早夏晓兴赠梦得》："背壁灯残经宿焰，开箱衣带隔年香。"朱庆余《韩协律相送精舍读书四韵奉寄呈陆补阙》："到处无闲日，回期已隔年。"罗邺《途中寄友人》："相见或因中夜梦，寄来多是隔年书。"徐铉《南都遇前嘉鱼刘令言游闽岭作此与之》："两地山光成独赏，隔年乡思暗相知。"

【隔坐】 以物分隔之座位。无名氏有《云母屏风隔坐》。

【隔是】 犹云已是。元稹《古决绝词》之三："天公隔是妒相怜，何不便教相决绝。"又《日高睡》："隔是身如梦，频来不为名。"

【隔宿】 (—xiǔ)相隔一夜。白居易《与诸客空腹饮》："隔宿书招客，平明饮暖寒。"郑谷《浔阳姚宰厅作》："寺去东林近，多应隔宿归。"

【隔絕】 阻隔，隔断。韩愈《奉和武相公镇蜀时咏使宅韦太尉所养孔雀》："飘零失故态，隔绝抱长思。"白居易《得潮州杨相公继之书并诗以此寄之》："凤池隔绝三千里，蜗舍沉冥十五春。"吕从庆《春日往栅山吟诗于驴子背上未即就误入侧径为丛莽所缚卒成之》之二："隔绝羊肠已数旬，到来春霭正盈盈。"罗隐《清明日曲江怀友》："二年隔绝黄泉下，尽日悲凉曲水头。"

【隔歲】 相隔一年。许棠《送李左丞巡边》："西绕河兰匝，应多隔岁还。"孙鲂《主人司空后亭牡丹》："望开从隔岁，愁过即无春。"

【隔塞】 阻塞。元结《二风诗·乱风诗五篇·至惑》："上下隔塞，人神怨㬎。"

【隔壁】 一墙之隔。裴延有《隔壁闻奏伎》。

【隔闊】 阻隔阔别。戎昱《赠岑郎中》："四海烟尘犹隔阔，十年魂梦每相随。"

【隔懸】 阻隔。黄滔《寄同年封舍人渭》："八行真迹虽收拾，四户高扃奈隔悬。"

【隔牆人】 邻居。白居易《欲与元八卜邻先有是赠》："何独终身数相见，子孙长作隔墙人。"

隙 〔xì《广韵》绮戟切，入陌，溪。〕亦作"隟"。❶缝隙，空隙。李白《草创大还赠柳官迪》："罗络四季间，绵微无一隙。"元稹《恨妆成》："晓日穿隙明，开帷理妆点。"白居易《咏怀》："人生百年内，疾速如过隙。"姚合《过城南僧院》："斜阳通暗隙，残雪落疏篱。"❷空闲，闲暇。李峤《奉和杜员外扈从教阅》："薄狩三农隙，大阅五戎场。"徐彦伯《侍宴韦嗣立山庄应制》："鼎臣休浣隙，方外结遥心。"储光羲《田家杂兴八首》之四："时来农事隙，采药游名山。"白居易《寄杨六》："公门苦鞅掌，尽日无闲隙。"

【隙日】 亦作"隟日"。过隙之阳光。喻易逝的时光。刘禹锡《许给事见示哭工部刘尚书诗因命同作》："宫星徒列位，隙日不回轮。"白居易《新居早春二首》之二："溜滴檐冰尽，尘浮隙日斜。"

【隙月】 亦作"隟月"。从缝隙中射下之月光。李贺《春坊正字剑子歌》："隙月斜明刮露寒，练带平铺吹不起。"贾岛《重酬姚少府》："隙月斜枕旁，讽咏夏贻什。"

【隙地】 亦作"隟地"。空地，空闲土地。杜甫《催宗文树鸡栅》："墙东有隙地，可以树高栅。"戴叔伦《酬袁太祝长卿小湖村山居书怀见寄》："背江居隙地，辞职作遗人。"白居易《渭村退居寄礼部崔侍郎翰林钱舍人诗一百韵》："隙地治场圃，闲时粪土疆。"杜荀鹤《山中寄友人》："深山多隙地，无力及耕桑。"

【隙光】 亦作"隟光"。❶透过缝隙斜射出来的阳光。许康佐《日暮碧云合》："林色黯疑暝，隙光俄已夕。"李商隐《安平公诗》："西风冲户卷素帐，隙光斜照旧燕窠。"❷飞逝之时光。羊士谔《息舟荆溪入阳羡南山游善权寺呈李功曹巨》："念遵烦促途，荣利骛隙光。"李绅《移九江》："隙光非白驹，悬磬我无虞。"李涉《却归巴陵途中走笔寄唐知言》："良会芳时难再来，隙光电影长相催。"

【隙荒】 闲置荒芜。徐铉《亚元舍人不替深知猥贻佳作三篇因为长歌聊以为报》："旧宅重游尽隙荒，故人相见多衰老。”

【隙駟】 亦作“隟駟”。喻易逝的光阴。骆宾王《丹阳刺史挽词三首》之一：“自有藏舟处，谁怜隙驷过。”窦群《奉酬西川武相公晨兴赠友见示之作》：“隙驷不我待，路人易相忘。”

【隙駒】 亦作“隟駒”。喻易逝之光阴。孟浩然《家园卧疾毕太祝曜见寻》：“隙驹不暂驻，日听凉蝉悲。”亦喻瞬间即逝。李绅《趋翰苑遭诬构四十六韵》：“仿佛皆停马，悲欢尽隙驹。”刘兼《寄长安郑员外》：“屈指良交十四人，隙驹风烛渐为尘。”

【隙曛】 缝隙中的落日余光。杜甫《题柏大兄弟山居屋壁二首》之二：“笔架沾窗雨，书签映隙曛。”

【隙竅】 孔穴。韩愈《岳阳楼别窦司直》：“时当冬之孟，隙窍缩寒涨。”

【隙塵】 亦作“隟塵”。❶指在透过隙缝光柱中游动之尘埃。卢纶《栖岩寺隋文帝马脑盏歌》：“一留寒殿殿将坏，唯有幽光通隙尘。”贾岛《哭柏岩和尚》：“塔院关松雪，经房锁隙尘。”廉氏《怀远》：“隙尘何微微，朝夕通其辉。”❷比喻微不足道或稍纵即逝的事物。李绅《南梁行》：“北阙趋承半隙尘，南梁笑客皆飞霰。”

【隙罅】 亦作“隟罅”。❶孔隙。清昼、严伯均《暗思联句》：“洞房重扉无隙罅，烛灭更深月西谢。”白居易《九日宴集醉题郡楼兼呈周殷二判官》：“人烟树色无隙罅，十里一片青茫茫。”❷指感情上的裂痕。白居易《思子台有感二首》之一：“但以恩情生隙罅，何人不解作江充。”

隕 〔yǔn《广韵》于敏切，上轸，云。〕❶坠落。顾况《春怀》：“园莺啼已倦，树树陨香红。”李益《入南山至全师兰若》：“木陨水归壑，寂然无念心。”白居易《宿简寂观》：“岩白云尚屯，林红叶初陨。”子兰《长安伤春》：“霜陨中春花半无，狂游恣饮尽凶徒。”❷摧毁，毁坏，败坏。王绩《古意六首》之四：“风惊西北枝，雹陨东南节。”段成式《三阶院联句》：“双弧摧孔雀，一矢陨贪狼。”吴筠《览古十四首》之一：“三代业遽陨，七雄遂交驰。”元稹《有酒十章》之三：“二代而陨，守不仁耶。”

【隕石】 坠落于地面上的陨星残体，由铁、镍、硅酸盐等矿物质组成。杜甫《覆舟二首》之一：“丹砂同陨石，翠羽共沉舟。”

【隕雨】 下雨。陆龟蒙《双声溪上思》：“溪空唯容云，木密不陨雨。”

【隕濩】 沉沦。苏拯《经鹤台》：“一旦敌兵来，万民同陨濩。”

【隕穫】 丧失志气。王建《励学》：“有如朝暮食，暂亏忧陨获。”韩愈、李正封《晚秋郾城夜会联句》：“喜颜非忸怩，达志无陨获。”

隘¹ 〔ài《广韵》烏解切，去卦，影。〕❶狭窄，狭小。王维《早入荥阳界》：“河曲闾阎隘，川中烟火繁。”杜甫《诸将五首》之二：“胡来不觉潼关隘，龙起犹闻晋水清。”韩愈《岳阳楼别窦司直》：“轩然大波起，宇宙隘而妨。”长孙佐辅《陇西行》：“道隘行不前，相呼抱鞍歇。”❷通“溢”。充盈，堆积。杜甫《草堂》：“城郭喜我来，宾客隘村墟。”耿湋《登钟山馆》：“野市鱼盐隘，江村竹苇深。”

隘² 〔è〕通“阨”。阻塞，堵塞。岑参《送颜平原》：“鱼盐隘里巷，桑柘盈田畴。”羊士谔《上元日紫极宫门观州民然灯张乐》：“山郭通衢隘，瑶坛紫府深。”孟郊《立德新居》之十：“此地足文字，及时隘骖骓。”元稹《赛神》：“喧阗里闾隘，凶酗日夜频。”

【隘₂道】 阻塞道路。李绅《到宣武三十韵》：“驾肩傍隘道，张幕内连楹。”

【隘闃】 僻远而寂静。卢鸿一《嵩山十志十首·樾馆》题注：“樾馆者，盖即林取材，基颠柘，架茅茨，居不期逸，为不至劳，清谈娱宾，斯为尚矣。及荡者鄙其隘阒，苟事宏湎，乖其宾矣。”

十一画

際 〔jì《广韵》子例切，去祭，精。〕❶靠边缘之地。许敬宗《奉和执契静三边应诏》：“地游穷北际，云崖尽西陆。”孟浩然《洛中送奚三还扬州》：“水国无边际，舟行共使风。”赵居贞《云门山投龙诗》：“大壑静不波，渺溟无际极。”武元衡《酬李十一尚书西亭暇日书怀见寄十二韵之作》：“巴岭云外没，蜀江天际流。”❷中间，里边。韦应物《简寂观西涧瀑布下作》：“丛际松风起，飘来洒尘襟。”戴叔伦《抚州对事后送外生宋垓归饶州觐侍呈上姊夫》：“尔家习文艺，旁究天人际。”姚合《过稠上人院》：“雪中疏磬度，林际晚风归。”❸靠近，接近。王湾《晚春诣苏州敬赠武员外》：“际晓杂氛散，残春众物芳。”钱起《春夜宴任六昆季宅》：“际晚绿烟起，入门芳树深。”刘长卿《关门望华山》：“客路瞻太华，三峰高际天。”权德舆《送灵武范司空》：“塞迥晴看月，沙平远际天。”❹交界，连接。岑参《过酒泉忆杜陵别业》：“黄沙西际海，白草北连天。”杜甫《昔游》：“寒芜际碣石，万里风云来。”韩愈《暮行河堤上》：“衰草际黄云，感叹愁我神。”杨发《与诸公池上待月》：“树密云萦岸，池遥水际空。”❺某种时候。杜甫《丹青引赠曹将军霸》：“即今飘泊干戈际，屡貌寻常行路人。”孟翱《言行相顾》：“正遇兴邦际，因怀入署年。”李绅《奉酬乐天立秋夕有怀见寄》：“此际昏梦清，斜月满轩房。”黄滔《送僧归北岩寺》：“伊余东还际，每起烟霞慕。”亦特指前后交接的时期。杜甫《有叹》：“武德开元际，苍生岂重攀。”❻交接，接遇。储光羲《游茅山五首》之三：“心以道为际，行将时不群。”

【際會】❶聚首，遇合。杜甫《八哀诗·赠司空王公思礼》：“际会清河公，间道传玉册。”文宗《暮春喜雨诗》：“风云喜际会，雷雨遂流滋。”郑谷《转正郎后寄献集贤相公》：“自贺孤危终际会，别将流涕感阶缘。”韩偓《偶见背面是夕兼梦》：“莫道人生难际会，秦楼鸾凤有神仙。”❷机遇，际遇。刘禹锡《浙西李大夫述梦四十韵并浙东元相公酬和斐然继声》：“位是才能取，时因际会遭。”李频《长安书情投知己》：“人心期际会，凤翼许迁延。”许棠《讲德陈情上淮南李仆射八首》之六：“孤微自省恩非次，际会谁知分有余。”陈陶《涂山怀古》：“恨不当际会，预为执鞭僮。”

障 〔zhàng《广韵》之亮切，去漾，章。〕❶阻挡，挡住。苏颋《经三泉路作》：“竹障山鸟路，藤蔓野人家。”明皇《春日出苑游瞩》：“梅花百树障去路，垂柳千条暗回津。”李峤《扇》：“花芳不满面，罗薄讵障声。”❷遮挡，遮蔽。太宗《赋得临池竹》：“贞条障曲砌，翠叶贯寒霜。”韩翃《别李明府》：“汉苑芳菲入夏阑，待君障日蒲葵扇。”殷尧藩《春怨》：“柳花扑帘春欲尽，绿阴障林莺乱啼。”❸屏风。王勃《郊园即事》：“断山疑画障，县溜泻鸣琴。”白居易《题诗屏风绝句》：“相忆采君诗作障，自书自勘不辞劳。”卢纶《送太常李主簿归觐省》：“风景随台位，河山入障图。”李商隐《行次西郊作一百韵》：“金障既特设，珠帘亦高褰。”❹边塞的堡垒、防御工事之属。李峤《奉使筑朔方六州城率尔而作》：“汉障缘河远，秦城入海长。”王维《出塞》：“护羌校尉朝乘障，破虏将军夜渡辽。”高适《送李侍御赴安西》：“虏障燕支北，秦城太白东。”殷尧藩《送韦侍御报使西蕃》：“旅宿关河逢暮雨，春耕亭障识遗民。”❺佛教用语。业障，烦恼。独孤及《诣开悟禅师问心法次第寄韩郎中》：“障深闻道晚，根钝出尘难。”参见“障礙”。❻通“嶂”。高险如屏障的山。太宗《远山澄碧雾》：“带岫凝全碧，障霞隐半红。”周彦晖《晦日重宴》：“林烟含障密，竹雨带珠危。”❼通“幛”。幛子。杜甫《题李尊师松树障子歌》：“握发呼儿延入户，手提新画青松障。”顾况《杜秀才画立走水牛歌》：“杜生知我恋沧洲，画作一障张床头。”白居易《上香炉峰》：“他时画出庐山障，便是香炉峰上人。”张蠙《逢漳州崔使君北归》：“障写经冬蕊，瓶缄落暑梅。”

【障子】 幛子，屏障。题有文字或画有图画之整幅绸布。王维有《题友人云母障子》，杜甫有《题李尊师松树障子歌》，齐己有《谢徽上人见惠二龙障子》，张祜有《题山水障子》，李洞有《观水墨障子》。

【障泥】 垂于马腹两侧，用于遮挡尘土之物。李白《紫骝马》：“临流不肯渡，似惜锦障泥。”张籍《苏州江岸留别乐天》：“银泥裙映锦障泥，画舸停桡马簇蹄。”李商隐《隋宫》：“春风举国裁宫锦，半作障泥半作帆。”霍总《骢马》：“踏雪生珠汗，障泥护锦袍。”

【障幰車】 装有帘幔的车子。白居易《和春深二十首》之十九：“宾拜登华席，亲迎障幰车。”

【障礙】 佛教语。恶业所引起的烦恼困惑，因其能扰乱身心，故称。寒山《诗三百三首》之二二五：“是渠作障碍，使你事烦拏。”元稹《哭子十首》之四：“彼此业缘多障碍，不知还得见儿无？”白居易《春日题乾元寺上方最高峰亭》：“但觉虚空无障碍，不知高下几由旬。”

隟 同“隙”。参见“隟隙”。

【隟隙】 裂缝，空洞。隟，同隙。无名氏《古砚》：“波涛所击触，背面生隟隙。”

【隟牖】 窗户。柳宗元《游朝阳岩遂登西亭二十韵》：“庭除植蓬艾，隟牖悬蟏蛸。”

十二画

隨 〔suí《广韵》旬爲切，平支，邪。〕❶跟随，跟从，跟着。李白《峨眉山月歌送蜀僧晏入中京》：“月出峨眉照沧海，与人万里长相随。”白居易《杂兴三首》之一：“又爱从禽乐，驰骋每相随。”杜牧《望少华三首》之一：“身随白日看将老，心与青云自有期。”韦庄《春日》：“旅梦乱随蝴蝶散，离魂渐逐杜鹃飞。”❷沿着，顺着。杜甫《寄题江外草堂》：“台亭随高下，敞豁当清川。”钱起《送襄阳卢判官奏开河事》：“有诏许其策，随山兴此功。”白居易《放鹰》：“下鞲随指顾，百掷无一遗。”又《游悟真寺诗》：“房廊与台殿，高下随峰峦。”❸听任，任凭。岑参《送扬州王司马》：“东南随去鸟，人吏待行舟。”杜甫《晓发公安》：“出门转眄已陈迹，药饵扶吾随所之。”白居易《白牡丹》：“始知无正色，爱恶随人情。”侯洌《花发上林》：“落水随鱼戏，摇风映鸟吟。”❹依照，按照。崔颢《赠怀一上人》：“因心得化城，随病皆与药。”白居易《秦中吟十首·重赋》：“号为羡余物，随月献至尊。”又《同崔十八寄元浙东王陕州》：“随月有钱胜卖药，终年无事抵归山。”又《中隐》：“终岁无公事，随月有俸钱。”❺追逐，追赶。太宗《经破薛举战地》：“心随朗日高，志与秋霜洁。”耿湋《陪宴湖州公堂》：“末至才仍短，难随白雪吟。”❻依从，顺从。刘知几《咏史》：“遽瑗仕卫国，屈伸随世道。”王建《原上新居十三首》之七：“老病应随业，因缘不离身。”❼随即。张说《送岳州李十从军桂州》：“剑拔蛟随断，弓张鸟自摧。”❽周封国名。姬姓，在今湖北随县南。王维《送丘为往唐州》："四愁连汉水，百口寄随人。"

【随口】　不假思索，脱口而出。白居易《春尽日天津桥醉吟偶呈李尹侍郎》："兴发诗随口，狂来酒寄身。"

【随手】　❶随时。李白《感遇四首》之三："紫宫夸蛾眉，随手会凋歇。"白居易《河阳石尚书破回鹘迎贵主过上党称叹不足以诗美之》："塞北虏郊随手破，山东贼垒掉鞭收。"殷尧藩《喜雨》："山上乱云随手变，浙东飞雨过江来。"吴融《赠广利大师歌》："崩云落日千万状，随手变化生空虚。"❷信手，随便。杜甫《北征》："学母无不为，晓妆随手抹。"

【随化】　谓死亡。权德舆《从事淮南府过亡友杨校书旧厅感念愀然》："故人随化往，倏忽今六霜。"张乔《吊造微上人》："至人随化往，遗路自堪伤。"

【随分】　(—fèn)❶依据本性，按照本分。吕温《自江华之衡阳途中作》："人生随分为忧喜，回雁峰南是北归。"齐己《孙支使来借诗集因有谢》："冥搜从少小，随分得淳元。"❷安分，守本分。李端《长门怨》："随分独眠秋殿里，遥闻语笑自天来。"杜荀鹤《自遣》："粝食粗衣随分过，堆金积帛欲如何。"❸依旧，照样。白居易《续古诗十首》之七："勿言小大异，随分有风波。"又《晚春酤酒》："不如贫贱日，随分开愁眉。"又《郡中春宴因赠诸客》："蜂巢与蚁穴，随分有君臣。"❹随便，就便。王绩《独坐》："百年随分了，未羡陟方壶。"白居易《重答刘和州》："随分笙歌聊自乐，等闲篇咏被人知。"又《从陕至东京》："笙歌与谈笑，随分自将行。"姚合《武功县中作三十首》之八："只应随分过，已是错弥深。"

【随氏掌】　犹言隋侯掌中明珠。随，通隋。孟郊《答友人》："自非随氏掌，明月安能持。"参见"随珠"。

【随地】　到处，不论何地。杜甫《漫成二首》之一："渚蒲随地有，村径逐门成。"吴融《出潼关》："重门随地险，一径入天开。"

【随邪逐恶】　(恶 è)追逐邪恶。贯休《偶作五首》之三："孰云我是非，随邪逐恶又争得。"

【随年】　❶逐年。姚合《寄王度居士》："茅屋随年借，盘餐逐日移。"❷适应年老。刘禹锡《酬乐天咏老见示》："废书缘惜眼，多炙为随年。"

【随行】　(—xíng)❶跟着同行，跟在别人后面行走。姚合《寄题尉迟少卿郊居》："隅坐唯禅子，随行只药童。"杜牧《昔事文皇帝三十二韵》："随行唯跼蹐，出语但寒暄。"郑谷《献制诰杨舍人》："随行已有朱衣吏，伴直多招紫阁僧。"徐铉《亚元舍人不替深知猥贻佳作因为长歌聊以为报》："海陵郡中陶太守，相逢本是随行旧。"❷随着行踪。杜审言《度石门山》："开塞随行变，高深触望同。"

【随州】　古州名。西魏时置，治所在随县(今属湖北)。隋大业初改为汉东郡。唐武德三年(620)复为随州。大宝初复为汉东郡。乾元初复为随州。李白有《题随州紫阳先生壁》，韩愈有《送诸葛觉往随州读书》和《寄随州周员外》，姚鹄有《随州献李侍御二首》。

【随車】　谓时雨跟着车子而降。比喻官吏施行仁政，及时为民解忧。李绅《拜三川守》："风变市儿惊偃草，雨晴郊薮谬随车。"赵不为《句》："晴晖似兆梦，甘液类随车。"王铉《句》："雨似随车至，云疑逐盖飞。"

【随車瑞】　犹言随车雨。齐己《喜夏雨》："欲赋随车瑞，濡毫渴谀才。"

【随步】　❶信步。赵嘏《和令狐补阙春日独游西街》："映鞭柳色微遮水，随步花枝欲碍山。"❷谓随着舞步。白居易《新乐府·红线毯》："美人蹋上歌舞来，罗袜绣鞋随步没。"❸谓跟随。崔郊《礼部权侍郎阁老史馆张秘监阁老有离合酬赠之什聊继此章》："谏垣则随步，东观方承顾。"

【随身】　❶不离身，带在身边。白居易《哭崔二十四常侍》："伯伦每置随身锸，元亮先为自祭文。"❷跟在身旁。朱庆余《湖中闲夜遣兴》："风波不起处，星月尽随身。"

【随和】　(—hé)随侯珠与和氏璧之并称。比喻高洁的才德。罗隐《酬寄右司李员外》："犹把随和向泥滓，应怜疏散任天真。"

【随例】　按照惯例。岑参《省中即事》："到来恒幞被，随例且含香。"白居易《自题》："一旦失恩先左降，三年随例未量移。"又《哭微之二首》之二："哭送咸阳北原上，可能随例作灰尘。"杜牧《宫词二首》之二："监宫引出暂开门，随例须朝不是恩。"

【随事】　随便地，不经意地。杜甫《建都十二韵》："穷冬客江剑，随事有田园。"许浑《村舍》："客来还有酒，随事宿茅堂。"

【随波】　❶随着波浪漂荡。刘媛《送远》："知君此去无还日，妾亦随波不复回。"❷谓应顺世俗。李白《留别西河刘少府》："余亦如流萍，随波乐休明。"

【随肩】　❶并肩。杜甫《寄岳州贾司马六丈巴州严八使君两阁老五十韵》："恩荣同拜手，出入最随肩。"❷指朋友，故人。杜甫《秋日夔府咏怀奉寄郑监李宾客一百韵》："两京犹薄产，四海绝随肩。"

【随俗】　从俗，从众。张祜《江南杂题三十首》之二五："未免犹随俗，长竿挂一裈。"许浑《寄当涂李远》："旧日乐贫能饮水，他时随俗愿餔糟。"吴融《和韩致光侍郎无题三首十四韵》之一："厌胜还随俗，无疑不避人。"

【隨風】 ❶任凭风吹。李绛《杏园联句》:“杏园千树欲随风,一醉同人此暂同。”❷跟着风,顺随风向。白行简《归马华山》:“逐日朝仍去,随风暮自还。”

【隨風逐浪】 谓奔波颠沛。吴融《商人》:“随风逐浪年年别,却笑如期八月槎。”司空图《戊午三月晦二首》之一:“随风逐浪剧蓬萍,圆首何曾解最灵。”

【隨計】 本谓应征召之人偕计吏同行,后指举子赴试。李咸用《宿隐者居》:“又须随计吏,鸡鹤迥然分。”罗邺《槐花》:“愁杀江湖随计者,年年为尔剩奔波。”郑谷《哭进士李洞二首》之一:“犹疑随计晚,昨夜草虫鸣。”又《送进士吴延保及第后南游》:“吟看秋草出关去,逢见故人随计来。”

【隨珠】 即隋珠。郑愔《贬降至汝州广城驿》:“荆玉终无玷,随珠忽已弹。”

【隨時】 ❶顺应时势,切合时宜。崔知贤《三月三日宴王明府山亭》序:“夫尚平远迹,寻五药于西山;仲连高蹈,让千金于东海。遗形却立,终希独善之资;排患解纷,未洽随时之义。”❷随着季节时令。孟郊《罪松》:“荣合随时荣,衰合随时衰。”伏牛上人《三伤颂》之一:“燕子燕子听吾语,随时且过休辛苦。”一钵和尚《一钵歌》:“衣食随时养色身,好也着,恶也着,一切不贪无染着。”赵节《炉火诗》:“用石随时有轻重,进身君子合知无。”❸跟随时俗。白居易《和答诗十首·答四皓庙》:“随时有显晦,秉道无磷缁。”杜牧《感怀诗一首》:“因隳画一法,且逐随时利。”皮日休《奉酬鲁望夏日四声四首·平声》:“倏然非随时,夫君真吾曹。”吴融《首阳山》:“精灵长在白云里,应笑随时饱死人。”❹任何时候,不论何时。卢注《酒胡子》:“可亦不在心,否亦不在面,徇客随时自圆转。”

【隨流】 顺应潮流。李敬方《题黄山汤院》:“及物功何大,随流道益尊。”薛逢《酬牛秀才登楼见示》:“年光同过隙,人事且随流。”吕岩《题桐柏山黄先生庵门》:“莫教大限到身来,又是随流入生灭。”

【隨處】 (—chù)不论何处,到处。孟浩然《岁除夜会乐城张少府宅》:“客行随处乐,不见度年年。”杜甫《鄭城西原送李判官兄武判官弟赴成都府》:“野花随处发,官柳着行新。”齐己《夏雨》:“当时消酷毒,随处有清凉。”孙魴《柳絮咏》:“年年三月里,随处自悠扬。”

【隨從】 跟随,跟从。储光羲《采菱词》:“尽室相随从,所贵无忧患。”

【隨情】 随意,随别。赵谦光《答户部员外贺遂涉戏赠》:“锦帐随情设,金炉任意熏。”

【隨陽】 跟着太阳运行。指候鸟依季节而定行止。李白《感兴六首》之三:“征鸿务随阳,又不为我栖。”钟蒨《别诸同志》:“随阳来万里,点点度遥空。”贯休《宋使君罢新定移了东馆》之二:“今数不如沙碛雁,天边一一得随阳。”

【隨陽鳥】 即随阳雁。喻漂泊者。张偁《辞房相公》:“辞君且作随阳鸟,海内无家何处归。”全诗校:“鸟,一作雁。”

【隨陽雁】 指雁。雁为候鸟,追逐温暖的气候,秋季南征,春季北返,故称。孟浩然《冬至后过吴张二子檀溪别业》:“鸟泊随阳雁,鱼藏缩项鳊。”刘长卿《宿严维宅送包佶》:“何事随阳雁,汀洲忽背飞。”李冶《送韩揆之江西》:“唯有随阳雁,年年来去飞,”喻指趋炎附势者和游荡无归者。杜甫《同诸公登慈恩寺塔》:“君看随阳雁,各有稻粱谋。”李益《杂曲》:“既为随阳雁,勿学西流水。”

【隨喜】 佛教语。佛家以行善布施可生欢喜心,随人为善称为随喜。后亦指游览佛寺。杜甫《望兜率寺》:“时应清盥罢,随喜给孤园。”

【隨順】 依顺,顺从。于頔《郡斋卧疾赠昼上人》:“随顺令得解,故我言芳泽。”

【隨會】 即士会。张说《过庾信宅》:“包胥非救楚,随会反留秦。”元稹《刘二十八以文石枕见赠因持璧州鞭酬谢兼广为四韵》:“张骞却上知何日,随会归期在此年。”

【隨意】 ❶随便,任情适意。杜甫《早发》:“随意簪葛巾,仰惭林花盛。”又《鸥》:“却思翻玉羽,随意点春苗。”元结《别何员外》:“人皆悉苍生,随意极所须。”白居易《长句呈谢》:“随意往还君莫怪,坐禅僧去饮徒来。”❷任凭,一任。王昌龄《重别李评事》:“吴姬缓舞留君醉,随意青枫白露寒。”刘行敏《嘲崔生》:“愁人不惜夜,随意晓参横。”

【隨群】 随着众人,从众。贾岛《落第东归逢僧伯阳》:“逸足思奔骥,随群且退鳞。”

【隨群逐隊】 跟随群队。元稹《望云骓马歌》:“功成事遂身退天之道,何必随群逐队到死蹋红尘。”

【隨駕】 跟随帝王左右。朱庆余《上翰林蒋防舍人》:“看花在处多随驾,召宴无时不及旬。”褚载《吊秦叟》:“儿被杀伤妻被虏,一身随驾到三峰。”

【隨宜】 ❶随意,不经意。元稹《开元观闲居酬吴士矩侍御三十韵》:“几案随宜设,诗书逐便拈。”白居易《霓裳羽衣歌》:“李娟张态君莫嫌,亦拟随宜且教取。”❷随便,马马虎虎。白居易《自咏》:“随宜饮食聊充腹,取次衣裘亦暖身。”

【隨緣】 ❶佛教谓佛应众生之缘而施教化。缘,指身心对外界之感觉。钱起《送赟法师往上都》:“宰君迎说法,童子伴随缘。”李端《赠衡岳隐禅师》:“旧住衡州寺,随缘偶北来。”张籍《送闲师归江南》:“偏住江南寺,随缘到上京。”项斯《送越僧元瑞》:“静中无伴侣,今亦独随缘。”❷随应机缘,任其自然。寒山《诗三百三首》之一七〇:“平生何所忧,此世随缘过。”张籍《赠道士宜师》:“自到王城得几年,巴童蜀马共随缘。”吕岩《沁园春》词:“但粗衣淡饭,随缘度日,任人笑我,我又何求。”

【随鳯】 喻指跟随贤者。元稹《奉和浙西大夫李德裕述梦四十韵次本韵》:“阿阁偏随凤,方壶共跨鳌。”

【随興】 (—xìng)随着兴致。王勃《郊园即事》:“闲居饶酒赋,随兴欲抽簪。”

隧 〔suì《广韵》徐醉切,去至,邪。〕❶墓道。骆宾王《丹阳刺史挽词三首》之三:“荒郊疏古木,寒隧积陈荄。”柳宗元《咏三良》:“壮躯闭幽隧,猛志填黄肠。”刘言史《北原情三首》之一:“寂寥孤隧头,草绿棠梨春。”❷道路。元稹《元和五年五十韵》:“藤开九华观,草结三条隧。”亦指路边摆摊卖货之处。王勃《临高台》:“旗亭百隧开新市,甲第千甍分戚里。”

【隧路】 墓道。权德舆《哭刘四尚书》:“黄绢碑文在,青松隧路新。”

隥 〔dèng《广韵》都鄧切,去嶝,端。〕同墱。阶梯,石级。指有台阶之排水沟渠。曹操引漳水,修筑排水渠灌溉邺城农田,号天井堰,共十二隥。见左思《魏都赋》。李百药《赋得魏都》:“玄武疏遥隥,金凤上层台。”

隤 〔tuí《广韵》杜回切,平灰,定。〕❶崩颓,倒塌。杜甫《早起》:“帖石防隤岸,开林出远山。”殷遥《塞上》:“万里隤城在,三边虏气衰。”❷衰弱。元稹《和乐天赠吴丹》:“传闻共甲子,衰隤尽枯槁。”

【隤墉】 倒塌的墙垣。无名氏《晚秋至临蕃被禁之作》:“隤墉穷巷无人迹,独树孤坟有鸟吟。”

隩[1] 〔yù《广韵》於六切,入屋,影。又烏到切,去号,影。〕水边深曲处。李百药《郢城怀古》:“王公资设险,名都拒江隩。”孟浩然《岘潭作》:“石潭傍隈隩,沙岸晓夤缘。”唐尧臣《金陵怀古》:“巨壑隍北壖,长江堑西隩。”

隩[2] 〔ào《广韵》烏到切,去号,影。〕通“奥”。(1)室内西南隅,引申为内室、内宫。韩愈《荐士》:“后来相继生,亦各臻阃隩。”(2)深,深邃。寒山《三字诗六首》之一:“石磊磊,山隩隩。”

隣 同邻。❶邻近。张祜《闲居作五首》之一:“幸尔隣家竹,春来又许移。”又《江南杂题三十首》之二二:“空疏更谁问,赖与酒家隣。”❷邻居。胡皓《春悲行》:“远役鸿为伴,荒亭鬼作隣。”

十三画

險 〔xiǎn《广韵》虚檢切,上琰,曉。〕❶险阻,阻塞。韦应物《经函谷关》:“秦皇既恃险,海内被吞食。”韩愈《元和圣德诗》:“疆外之险,莫过蜀土。”柳宗元《商山临路有孤松感而赋诗》:“不以险自防,遂为明所误。”皮日休《初夏游楞伽精舍》:“揭去山南岭,其险如邛笮。”❷危险,险要。白居易《和春深二十首》之二:“途穷平路险,举足剧褒斜。”李商隐《写意》:“人间路有潼江险,天外山惟玉垒深。”杜荀鹤《泾溪》:“泾溪石险人兢慎,终岁不闻倾覆人。”❸奇异,怪异。牟融《有感二首》之一:“诗因韵险难成律,酒为愁多不顾身。”又《有感二首》之二:“有兴不愁诗韵险,无聊只怕酒杯干。”参见“險怪”。❹险恶,阴险。孟郊《赠别崔纯亮》:“小人智虑险,平地生太行。”参见“險心”。

【險心】 险恶的用心。元稹《酬刘猛见送》:“险心露山岳,流语翻波涛。”

【險句】 指用词艰涩和句法奇特之诗句。王建《寄上韩愈侍郎》:“叙述异篇经总别,鞭驱险句最先投。”

【險夷】 崎岖与平坦。王无竞《驾幸长安奉使先往检察》:“奉使至京邑,戒涂历险夷。”

【險技】 危险的技艺。柳曾《险竿行》:“始以险技悦君目,终以贪心媚君禄。”

【險阻】 ❶险要。罗隐《春日登上元石头故城》:“谩道城池须险阻,可知豪杰亦埃尘。”沈彬《题画山水图》:“尺素隐清辉,一毫分险阻。”❷险要阻塞之地。储光羲《樵父词》:“终年登险阻,不复忧安危。”杜甫《鹿头山》:“及兹险阻尽,始喜原野阔。”皇甫湜《伋石铭》:“险阻不阖,干戈倒锋。”❸喻艰难困苦。白居易《东南行一百韵》:“险阻尝之矣,栖迟命也夫。”李中《献中书潘舍人》:“忙忙罹险阻,往往耗精神。”

【險阨】 险要阻塞。李德裕《剑门铭》:“运有隆替,地无险阨。”

【險易】 险阻与平坦。宋璟《奉和圣制答张说扈从南出雀鼠谷》:“忽视寒暄隔,深思险易殊。”赵嘏《送从翁中丞奉使黠戛斯六首》之五:“山川险易接胡尘,秦汉图来或未真。”钱珝《江行无题一百首》之六四:“等闲生险易,世路只如君。”

【險固】 险阻坚固。罗邺《新安城》:“圣德便应同险固,人心自不向忠贞。”韩昭《和题剑门》:“险固疑天设,山河自古凭。”

【險怪】 奇怪,出人意外。韩愈《谁氏子》:“又云时俗轻寻常,力行险怪取贵仕。”

【險竿】 古代一种杂技。爬上高竿，并在高竿上做各种表演。柳曾《险竿行》："险竿儿，听我语，更有险徒险于汝。"

【險峭】 超然独立。张祜《庚子岁寓游扬州赠崔荆四十韵》："坚强心似石，险峭志如陵。"方干《观项信水墨》："险峭虽从笔下成，精能皆自意中生。"

【險峻】 谓山势高而险。寒山《诗三百三首》之二五六："山高多险峻，涧阔少玲珑。"

【險途】 险峻的路途。林璠《季夏入北山》："整驾俟明发，逶迤历险途。"柳曾《险竿行》："险竿儿，尔须知，险途欲往尔可思。"

【險徒】 敢于冒险之徒。柳曾《险竿行》："险竿儿，听我语，更有险徒险于汝。"

【險惡】 （—è）危险可怕。刘长卿《奉和李大夫同吕评事太行苦热行兼寄院中诸公仍呈王员外》："迢递太行路，自古称险恶。"韩愈《泷吏》："险恶不可状，船石相舂撞。"齐己《行路难》："是非真险恶，翻覆作峰峦。"

【險詖】 阴险邪僻。寒山《诗三百三首》之一八七："言既有枝叶，心怀便险诐。"

【險隘】 险要处。拾得《诗》之四八："迢迢山径峻，万仞险隘危。"

【險絕】 ❶险要，险峻。皮日休《太湖诗·孤园寺》："指兹正险绝，何以来到此。"❷附崖绝壁。杜甫《铁堂峡》："山风吹游子，缥缈乘险绝。"

【險勢】 危险形势。刘言史《观绳伎》："危机险势无不有，倒挂纤腰学垂柳。"

【險路】 险峻路径。白居易《开龙门八节石滩诗二首》之二："七十三翁旦暮身，誓开险路作通津。"

【險語】 耸人听闻之言语。韩愈《醉赠张秘书》："险语破鬼胆，高词媲皇坟。"

【險僻】 险阻偏辟。杜甫《郑典设自施州归》："南谒裴施州，气合无险僻。"

【險薄】 危险。张籍《南归》："世道多险薄，相劝毕中诚。"

【險澀】 崎岖阻塞，险阻。杜审言《度石门山》："坚贞深不惮，险涩谅难穷。"杜甫《早发射洪县南途中作》："俶装逐徒旅，达曙凌险涩。"

【險艱】 险阻艰难。储光羲《田家杂兴八首》之四："但言所采多，不念路险艰。"独孤及《送相里郎中赴江西》："受恩忘险艰，不道歧路长。"白居易《晚归香山寺》："吾道本迂拙，世途多险艰。"刘驾《送人登第东归》："得失虽由命，世途多险艰。"

【險巇】 崎岖险恶。寒山《诗三百三首》之七五："险巇难可测，实语却成虚。"韩愈《寄崔二十六立之》："怜我还好古，宦途同险巇。"戎昱《苦辛行》："险巇唯有世间路，一晌令人堪白头。"李昌符《秋夜作》："迹避险巇翻失路，心归闲澹不因僧。"

十四画

隱1 〔yǐn《广韵》於謹切，上隐，影。〕❶隐蔽，遮蔽，隐藏。王维《送从弟蕃游淮南》："高义难自隐，明时宁陆沉。"刘长卿《登思禅寺上方题修竹茂松》："上方幽且暮，台殿隐蒙笼。"李绅《寿阳罢郡日·初出淝口入淮》："回首夕岚山翠远，楚郊烟树隐襄城。"朱庆余《送虚上人游天台》："石桥隐深树，朱阙见晴天。"❷隐讳，隐瞒。温庭筠《赠隐者》："楚客隐名姓，围棋当薜萝。"陆龟蒙《和袭美送孙发百篇游天台》："闲窥碧落怀烟雾，暂向金庭隐姓名。"韦庄《对酒》："何用岩栖隐姓名，一壶春酎可忘形。"❸隐居。李白《同王昌龄送族弟襄归桂阳二首》之一："余欲罗浮隐，犹怀明主恩。"杜甫《过南岳入洞庭湖》："才淑随厮养，名贤隐锻炉。"白居易《劝酒十四首·不如来饮酒七首》之一："莫隐深山去，君应到自嫌。"刘沧《赠颛项山人》："知君济世有长策，莫问沧浪隐钓矶。"亦指隐居之人。刘宪《奉和圣制幸韦嗣立山庄》："非吏非隐晋尚书，一丘一壑降乘舆。"骆宾王《夏日游德州赠高四》："言谢垂钩隐，来参负鼎职。"秦系《献薛仆射》："更乞大贤容小隐，益看愚谷有光辉。"❹隐约不清。杜甫《客从》："珠中有隐字，欲辨不成书。"李白《望庐山瀑布水二首》之一："欻如飞电来，隐若白虹起。"❺隐没。颜真卿《赠僧皎然》："元化隐灵踪，始君启高致。"李白《酬张卿夜宿南陵见赠》："宝刀隐玉匣，锈涩空莓苔。"李频《越中行》："湖通诸浦白，日隐乱峰明。"❻伤，伤痛。王梵志《诗》之一〇七："乍可刺你眼，不可隐我脚。"❼忖度。高适《秋胡行》："从来自隐无疑背，直为君情也相会。"❽通"殷"。震动。参见"隱雷"。

隱2 〔yìn《广韵》於靳切，去焮，影。〕倚，靠着。参见"隱₂几"。

【隱人】 隐士。白居易《迂叟》："初时被目为迂叟，近日蒙呼作隐人。"

【隱₂几】 （—jī）靠着几案，伏在几案上。李白《当涂赵炎少府粉图山水歌》："此中冥昧失昼夜，隐几寂听无鸣蝉。"杜甫《北风》："隐几看帆席，云州涌坐隅。"白居易《酬杨九弘贞长安病中见寄》："隐几自恬澹，闭门无送迎。"喻凫《寺居秋日对雨有怀》："隐几客吟断，邻房僧话稀。"

【隱士】 隐居不仕者。李峤《桃》："隐士颜应改，仙人路渐长。"杜甫《洗兵马》："隐士休歌紫芝曲，词人解撰河清颂。”刘禹锡《途中早发》:“隐士应高枕,无人问姓名。”韦庄《和友人》:“闭门同隐士,不出动经时。”

【隱之】 吴隐之。东晋人。张说《岳州赠广平公宋大夫》:“朝推长孺直,野慕隐之清。”周昙《咏史诗·晋门·吴隐之》:“闻说贪泉近郁林,隐之今日得深斟。”

【隱之感鄰】 东晋吴隐之至孝,父母去世后,哭声感动邻居韩康伯之母。韩康伯任职吏部,举隐之释谒入仕。李瀚《蒙求》:“隐之感邻,王修辍社。”

【隱公】 ❶指春秋时鲁隐公,名息,惠公庶子。❷指越州僧隐空。耿沣有《赠隐公》。参见“隱空和尚”。

【隱文】 隐秘之文。杜甫《忆昔行》:“秘诀隐文须内教,晚岁何功使愿果。”

【隱心】 ❶归隐之心。亦指使心归隐。祖咏《苏氏别业》:“别业居幽处,到来生隐心。”皎然《偶然五首》之三:“隐心不隐迹,却欲住人寰。”❷犹昧心。白居易《赠樊著作》:“从史萌逆节,隐心潜负恩。”

【隱市】 隐于市朝之中。《文选·王康琚〈反招隐〉》:“小隐隐陵薮,大隐隐朝市。”权德舆《送信安刘少府》:“参卿滞孙楚,隐市同梅福。”

【隱地】 指隐居。陆龟蒙《奉和袭美太湖诗二十首·崦里》:“余知隐地术,可以齐真仙。”

【隱吏】 ❶归隐与为官。王维《酬贺四赠葛巾之作》:“嘉此幽栖物,能齐隐吏心。”❷退隐的官吏。杜甫《送裴二虬作尉永嘉》:“隐吏逢梅福,游山忆谢公。”刘长卿《送荀八过山阴旧县兼寄剡中诸官》:“剡溪多隐吏,君去道相思。”

【隱伏】 ❶隐居。亦指隐居者。宋若昭《奉和御制麟德殿宴百僚应制》:“修文招隐伏,尚武殄妖凶。”❷潜伏,隐藏。韩愈《城南联句》:“隐伏饶气象,兴潜示堆坑。”

【隱形】 隐去身形。道教有隐形术,认为人经过修炼可以隐去身形。韩愈《同窦韦寻刘尊师不遇》:“犹疑隐形坐,敢起窃桃心。”

【隱求】 《全唐诗》卷八五〇录诗僧隐求《石桥琪树》诗一首,作者名下,“一作隐丘”。此隐求乃蔡隐丘之误。隐丘,名希逸,以字行。润州曲阿(今江苏丹阳市)人。曾任缑氏主簿。擅长书法。《全唐诗》卷一一四蔡隐丘名下录有此诗。

【隱見】 (—xiàn)或隐或现,时隐时现。王昌龄《观江淮名胜图》:“青葱林间岭,隐见淮海徼。”杜甫《积草岭》:“连峰积长阴,白日递隐见。”卢纶《早秋望华清宫树因以成咏》:“翠屏更隐见,珠缀共玲珑。”李延陵《自紫阳观至华阳洞宿侯尊师草堂简同游》:“南向佳气浓,峰峰遥隐见。”

【隱身】 ❶隐居。陈子昂《喜马参军相遇醉歌》序:“吾无用久矣,进不能以义补国,退不能以道隐身。”❷隐蔽身体。皎然《投知己》:“若为令忆洞庭春,上有闲云可隐身。”❸隐匿身形。白元鉴《抚掌泉》:“直下碧千寻,蛟龙此隐身。”

【隱君】 犹隐士。戴叔伦有《题秦隐君丽句亭》,贯休有《经费隐君旧宅》。

【隱君子】 犹隐士。储光羲《寄孙山人》:“借问故园隐君子,时时来往住人间。”韩愈《石鼎联句》序:“间遂诣余言,余不能识其何道士也。尝闻有隐君子弥明,岂其人邪?”

【隱忍】 克制忍耐。杜甫《入衡州》:“隐忍枳棘刺,迁延胝趼疮。”又《留花门》:“中原有驱除,隐忍用此物。”韩愈《送进士刘师服东归》:“低头受侮笑,隐忍硉兀冤。”李商隐《五言述德抒情献上杜七兄仆射相公》:“傥令安隐忍,何以赞贞明。”

【隱青】 隐于青色之中。孟贯《宿故人江居》:“渡口树冥冥,南山渐隐青。”

【隱者】 隐居之人,隐士。王维《送綦毋潜落第还乡》:“圣代无隐者,英灵尽来归。”李白《赠张公洲革处士》:“斯为真隐者,吾党慕清芬。”贾岛《怀紫阁隐者》:“寂寥思隐者,孤烛坐秋霖。”许棠《送从弟筹任告成尉》:“唯应寻隐者,闲寺讲仙书。”

【隱林】 隐居的山林。杨夔《送邹尊师归洞庭》:“众岛在波心,曾居旧隐林。”

【隱拙】 ❶藏拙。韦应物《沣上精舍答赵氏外生伉》:“隐拙在冲默,经世昧古今。”❷工稳朴拙。李德裕《句》:“老生夸隐拙,时辈毁尖新。”

【隱空和尚】 越州僧。刘长卿有《过隐空和尚故居》。

【隱居】 ❶身隐乡野不出仕。储光羲《题崔山人别业》:“南阳隐居者,筑室丹溪源。”张籍《赠任懒》:“未肯求科第,深坊且隐居。”温庭筠《赠张炼师》:“他日隐居无访处,碧桃花发水纵横。”许宣平《庵壁题诗》:“隐居三十载,石室南山巅。”❷隐者之所居。孟浩然《寻白鹤岩张子容隐居》:“白鹤青岩半,幽人有隐居。”皇甫冉《和郑少尹祭中岳寺北访萧居士越上方》:“肃寺祠灵境,寻真到隐居。”刘得仁《赠敬晊助教二首》之一:“已能绝粒无饥色,早晚休官买隐居。”王贞白《送建昌冯明府》:“今见冯海昏,辞官还隐居。”

【隱括】 用以矫正邪曲的器具。亦指矫正,修正。吴筠《高士咏·商山四皓》:“知几道可尚,隐括成元勋。”

【隱居寺】 寺名。在今四川崇州市。诗人唐求在味江山隐居时曾居于此。唐求有《夜上隐居寺》。

【隱相】 (—xiàng)深居简出,不公开露面。武元衡《夏日寄陆三达陆四逢并王念八仲周》："闻说重门方隐相，古槐高柳夏阴清。"

【隱映】 忽隐忽现貌。王维《自大散以往深林密竹磴道盘曲四五十里至黄牛岭见黄花川》："回环见徒侣，隐映隔林丘。"杜甫《解闷十二首》之十："忆过泸戎摘荔枝，青峰隐映石逶迤。"元稹《感石榴二十韵》："浅深俱隐映，前后各分葩。"雍陶《题大安池亭》："幽岛曲池相隐映，小桥虚阁半高低。"

【隱思】 归隐之思。杜荀鹤《送福昌周繇少府归宁兼谋隐》："一路水云生隐思，几山猿鸟认吟声。"

【隱侯】 南朝梁沈约的谥号。崔融《登东阳沈隐侯八咏楼》："隐侯有遗咏，落简尚余芳。"吴仁璧《南徐友人郊居》："待到秋深好时节，与君长醉隐侯家。"李频《送侯郎中任新定二首》之一："便欲归田里，抛官逐隐侯。"

【隱恤】 哀怜抚恤。戴叔伦《奉同汴州李相公勉送郭布殿中出巡》："省风传隐恤，持法去烦苛。"

【隱祕】 秘密。吕岩《满庭芳》词："大道渊源，高真隐祕。"

【隱客】 ❶隐士。黄滔《赠明州霍员外》："四明多隐客，闲约到岩扉。"❷周隐客。开元观道士，元稹友人。元稹有《寄隐客》。

【隱約】 依稀不明貌。韩愈《次硖石》："试凭高处望，隐约见潼关。"又《戏题牡丹》："幸自同开俱隐约，何须相倚斗轻盈。"吕从庆《春日书怀》："丰溪村内野人居，隐约南山对敝庐。"王周《巫庙》："隐约可一梦，缥缈余千龄。"

【隱珪】 韦蟾字。韦蟾，下杜(今陕西西安市长安区)人。大中七年(853)登进士第。郑畋有《酬隐珪舍人寄红烛》。

【隱珪舍人】 韦蟾。蟾字隐珪，咸通末迁中书舍人。郑畋有《酬隐珪舍人寄红烛》。

【隱起】 凸起，高起。张说《咏镜》："隐起双蟠龙，衔珠俨相向。"刘禹锡《白太守行》："我为太守行，题在隐起珪。"

【隱匿】 隐藏，隐瞒。韩愈《咏雪赠张籍》："隐匿瑕疵尽，包罗委琐该。"

【隱豹】 喻隐者。杜甫《戏寄崔评事表侄苏五表弟韦大少府诸侄》："隐豹深愁雨，潜龙故起云。"杜牧《分司东都寓居履道叨承川尹刘侍郎大夫恩知上四十韵》："隐豹窥重巘，潜虬避浊泾。"

【隱徑】 隐者所走的路径。宋鼎《酬故人还山》："肃穆轻风度，依微隐径斜。"

【隱書】 旨意隐秘的书。多指道家之书。皮日休《鲁望示广文先生吴门二章因追想山中风度次韵属和存于诗编鲁望之命也》之二："能谙肉芝样，解讲隐书文。"陆龟蒙《奉和袭美怀华阳润卿博士三首》之一："几降真官授隐书，洛公曾到梦中无。"

【隱基】 隐居的遗址。王元《题邓真人遗址》："三千功满仙升去，留得山前旧隐基。"

【隱晦】 隐没不为人所知。钱起《巨鱼纵大壑》："倾危嗟幕燕，隐晦诮泥龟。"白居易《晚春酤酒》："名姓日隐晦，形骸日变衰。"

【隱符】 指道教的符咒。吴筠《游仙二十四首》之十八："隐符千魔骇，鸣玉万帝悦。"

【隱逸】 ❶隐居。寒山《诗三百三首》之二七九："元非隐逸士，自号山林人。"宋之问《题雷琴》之二："圣朝容隐逸，时得咏南薰。"❷指隐士。杨师道《赋终南山用风字韵应诏》："眷言怀隐逸，辍驾践幽丛。"刘禹锡《和乐天洛城春齐梁体八韵》："谢墅阅池塘，至闲似隐逸。"

【隱訣】 秘诀。欧阳炯《大游仙诗》："囊中隐诀多仙术，肘后方书济俗人。"

【隱淪】 ❶隐居。宋之问《始安秋日》："世业事黄老，妙年孤隐沦。"钱起《蓝田溪与渔者宿》："独游屡忘归，况此隐沦处。"权德舆《戏赠表兄崔秀才》："何事年年恋隐沦，成名须遣及青春。"白居易《闲卧》："薄食当斋戒，散班同隐沦。"❷隐居者，隐逸之人。王昌龄《观江淮名胜图》："刻意吟云山，尤知隐沦妙。"高适《自淇涉黄河途中作十三首》之十一："临水狎渔樵，望山怀隐沦。"吴筠《又酬刘侍御过草堂》："筑堂依绝巘，闭关从隐沦。"李群玉《送人隐居》："平生自有烟霞志，久欲抛身狎隐沦。"❸沉沦，埋没。丁儒《归闲诗二十韵》："词赋聊酧和，才名任隐沦。"

【隱棲】 隐居。骆宾王《畴昔篇》："自有林泉堪隐栖，何必山中事丘壑。"

【隱軫】 犹隐财。众盛，富饶。隐，通"殷"。袁朗《和洗掾登城南坂望京邑》："逶迤万雉列，隐轸千闾布。"高适《自武威赴临洮谒大夫不及因事即事案河西陇右幕下诸公》："隐轸戎旅间，功业竞相褒。"窦牟《早入朝书事》："隐轸排霄翰，差池跨海鳞。"陆龟蒙《奉和袭美太湖诗二十首·以毛公泉献大谏清河公》："荒坛与古甃，隐轸清泠存。"

【隱帽皮冠】 (冠 guān)隐居道士的帽饰。吕岩《七言》之二四："道袍薜带应慵挂，隐帽皮冠尚懒簪。"

【隱然】 痛苦貌。李白《望鹦鹉洲怀祢衡》："五岳起方寸，隐然讵可平。"刘禹锡《奉和淮南李相公早秋即事寄成都武相公》："八柱共承天，东西别隐然。"

【隱遁】 亦作"隱遯"。隐居遁世。孟浩然《久滞越中贻谢南池会稽贺少府》："圣主贤为宝，君何隐遁栖。"鱼玄机《浣纱庙》："范蠡功成身隐遯，伍胥谏死国消磨。"李咸用《宿渔家》："难世斯人虽隐遁，明时公道复如何。"陆希声《阳羡杂咏十九首·伏龟堂》:"盘崖蹙缩似灵龟,鬼谷先生隐遁时。"

【隱扉】 隐居者的门扉。杜荀鹤《乱后山中作》:"直待中兴后,方应出隐扉。"

【隱榆】 春秋时楚庄王欲伐晋,孙叔敖曾借榆树上螳螂捕蝉的寓言劝谏,谓:"臣园中有榆,其上有蝉,蝉方奋翼悲鸣,欲饮清露。不知螳螂之在后,曲其颈,欲攫而食之也。螳螂方欲食蝉,而不知黄雀在后,举其颈,欲啄而食之也。黄雀方欲食螳螂,不知童子挟弹丸在榆下,迎面而欲弹之。童子方欲弹黄雀,不知前有深坑,后有掘株也。此皆贪前之利,而不顾后害者也。"后因以为咏蝉之典。骆宾王《秋晨同淄川毛司马秋九咏·秋蝉》:"隐榆非谏楚,噪柳异悲潘。"

【隱雷】 震雷。隐,通"殷",震动。徐浩《宝林寺作》:"照耀珠吐月,铿轰钟隐雷。"司空曙《雨夜见投之作》:"灯外初行电,城隅偶隐雷。"

【隱跡】 隐藏踪迹。指隐居。皎然《偶然五首》之三:"隐心不隐跡,却欲住人寰。"

【隱静寺】 寺名。❶在今安徽繁昌县东南。《太平府志》:"隐静寺,在繁昌县东南二十里。"张祜有《题南陵隐静寺》。❷在今浙江天台县。王建有《题台州隐静寺》。

【隱微】 指细微难见之事。张说《奉和圣制送宇文融安辑户口应制》:"嗟不逢明盛,胡能照隐微。"

【隱語】 指不直说本意而用别的词语来暗示的话。李贺《恼公》:"密书题豆蔻,隐语笑芙蓉。"李绅《莺莺歌》:"诗中报郎含隐语,郎知暗到花深处。"

【隱遯】 见"隱遁"。

【隱隱】 ❶隐约不分明貌。上官昭容《驾幸新丰温泉宫献诗三首》之二:"隐隐骊山云外耸,迢迢御帐日边开。"皇甫冉《送卢郎中使君赴京》:"楚云山隐隐,淮雨草青青。"权德舆《酬裴杰秀才新樱桃》:"远火微微辨,残星隐隐看。"徐铉《山路花》:"半隔烟岚遥隐隐,可堪风雨暮萧萧。"❷象声词。状雷声、鼓声等。李商隐《柳》:"巴雷隐隐千山外,更作章台走马声。"卢肇《竞渡诗》:"鼙鼓动时雷隐隐,兽头凌处雪微微。"皮日休《蚊子》:"隐隐聚若雷,嚼肤不知足。"罗隐《巫山高》:"岚光双双雷隐隐,愁为衣裳恨为鬓。"❸盛多貌。隐,通殷。高适《酬河南节度使贺兰大夫见赠之作》:"隐隐摧锋势,光光弄印荣。"皮日休《太湖诗·缥缈峰》:"一阵叆叇气,隐隐生湖东。"韦庄《秋日早行》:"烟外驿楼红隐隐,渚边云树暗苍苍。"

【隱趣】 归隐的志趣。殷尧藩《送刘禹锡侍御出刺连州》:"此去定知偿隐趣,石田春雨读书耕。"

【隱憂】 深深地忧虑。李商隐《灯》:"何处无佳梦,谁人不隐忧。"

【隱嶙】 拔地而起。李义府《在巂州遥叙封禅》:"岧峣临渤澥,隐嶙控河沂。"孙逖《和登会稽山》:"烟景昼清明,九峰争隐嶙。"刘禹锡《台城怀古》:"宫墙隐嶙围野泽,鹳鸠夜鸣秋色深。"独孤及《酬皇甫侍御望天灊山见示之作》:"隐嶙抱元气,氤氲含青霭。"

【隱操】 恬退的操守。晋翟汤,子翟庄,孙翟矫,世有隐操。庾亮临江州,闻汤之风,束带蹑履诣焉,礼甚恭。亮问之:"君高蹈世表,仆敢望其恭耶?"汤曰:"使君直敬其枯木朽株耳。"亮称其能言。李瀚《蒙求》:"翟汤隐操,许询胜具。"

【隱默】 安静恬退。亦指安静恬退之士。张籍《奉和舍人叔直省时思琴》:"达人掌枢近,常与隐默同。"

【隱龍】 ❶指铜镜上雕绘的龙形图案。赵嘏《昔昔盐二十首·蟠龙随镜隐》:"不知愁发换,空见隐龙蟠。"❷指仙药之属。皮日休《太湖诗·上真观》:"既逐隐龙去,道风由此残。"

【隱藏】 (—cáng)躲避,躲藏。元稹《人道短》:"蛟螭与变化,鬼怪与隐藏。"

【隱磷】 犹隐嶙。高峻貌。郭密之《永嘉怀古》:"群山何隐磷,万物更森秀。"

【隱曖】 草木茂盛貌。苏味道《嵩山石淙侍宴应制》:"隐曖源花迷近路,参差岭竹扫危坛。"

【隱霧】 ❶谓隐遁待时。钱起《归义寺题震上人壁》:"尧皇未登极,此地曾隐雾。"❷隐隐约约的云雾。皇甫冉《华清宫》:"凿山开秘殿,隐雾闭仙宫。"

【隱轔】 ❶不平貌。岑参《梁园歌送河南王说判官》:"君不见梁孝王修竹园,颓墙隐辚势仍存。"❷盛貌。李益《从军有苦乐行》:"参差引雁翼,隐辚腾军装。"❸象声词。状车马杂沓声。皮日休、陆龟蒙《开元寺楼看雨联句》:"残雷隐辚尽,反照依微见。"

【隱辭】 指含意不明显或艰深难懂的词句。杨於陵《和权载之离合诗》:"昼游有嘉话,书法无隐辞。"

【隱耀】 韬光。吴筠《高士咏·周丰》:"周丰贵隐耀,静默尊无名。"

【隱竈】 为死读书而无用之典。李端《杂歌》:"向栩非才徒隐灶,田文有命那关户。"

【隱囊】 供人倚凭的软囊。犹今之靠枕、靠褥之属。王维《故人张諲工诗善易卜兼能丹青草隶顷以诗见赠聊获酬之》:"不逐城东游侠儿,隐囊纱帽坐弹棋。"

【隱巖】 隐居处的山岩。张乔有《经隐岩旧居》和《隐岩陪郑少师夜坐》。

【隱體花】 谓暗花。李贺《石城晓》:"春帐依微蝉翼罗,横茵突金隐体花。"

【隱顯】 隐居与显世。张祜《题宿州城西宋徵君林亭》:"不妨成隐显,长日步通阡。"

【隱鱗】 指隐藏于水中的鱼类。孟郊《石淙》之九："潜角时耸光，隐鳞乍漂冏。"

【隱巒】 诗僧。曾居庐山，后入蜀。《全唐诗》卷八二五录其《逢老人》等诗五首。

隮 〔jī《广韵》祖稽切，平齊，精，又子計切，去霽，精。〕❶登上，升上。《郊庙歌辞·梁太庙乐舞辞·皇帝行》："隮天有方，累仁积德。"❷升迁。李贺《送秦光禄北征》："太常犹旧宠，光禄是新隮。"❸虹。《诗·鄘风·蝃蝀》："朝隮于西，崇朝其雨。"李峤《奉和春日游苑喜雨应制》："叶向朝隮密，花含宿润开。"

【隮陟】 升登。吴筠《晚到湖口见庐山作呈诸故人》："旅泊将休暇，归心已隮陟。"

隰 〔xí《广韵》似入切，入緝，邪。〕❶低湿之地。太宗《饮马长城窟行》："绝漠干戈戢，车徒振原隰。"弓嗣初《晦日重宴》："年华蔼芳隰，春溜满新池。"贾岛《送汲鹏》："深江东泛舟，夕阳眺原隰。"温庭筠《秋日》："爽气变昏旦，神皋遍原隰。"❷古州名。参见"隰州"。

【隰州】 古州名。隋开皇五年(585)以西汾州改名，治所在长寿县(今山西隰县)。大业初改置龙泉郡。唐武德元年(618)复为隰州。天宝元年(742)改为大宁郡。乾元元年(758)仍改为隰州。韩偓有《隰州新驿赠刺史》。

十五画

隳 〔huī《广韵》許規切，平支，曉。〕毁坏，败坏。崔恂《石桥咏》："代久堤维固，年深砌不隳。"张碧《山居雨斋即事》："常隳腐儒操，谬习经邦画。"张祜《所居即事六首》之五："眼下已隳梁武佛，耳中犹听魏文诗。"陆龟蒙《奉和袭美太湖诗二十首·石板》："一片倒山屏，何时隳洞门。"

【隳名】 指隐姓埋名。皎然《因游支硎寺寄邢端公》："得道殊秦佚，隳名似楚狂。"又《山居示灵澈上人》："身闲始觉隳名是，心了方知苦行非。"

【隳形】 毁伤身形。司空曙《杜鹃行》："隳形不敢栖华屋，短翮唯愿巢深丛。"刘禹锡《送僧元暠东游》序："或问师隳形之自，对曰：小失怙恃，推棘心以求上乘。"按，此指削发为僧。

【隳官】 罢官，解职。包佶《戏题诸判官厅壁》："愿留今日交欢意，直到隳官谢病时。"李端《晚游东田寄司空曙》："莫作隳官意，陶潜未必贤。"刘禹锡《海阳湖别浩初师》："他年买山处，似此得隳官。"徐铉《送龚明府九江归宁》："茂宰隳官去，扁舟着彩衣。"

【隳堕】 败坏，衰落。苏拯《断火谣》："国闭檀榆烟，大礼成隳堕。"

【隳肝】 剖开肝胆以示诚意。罗隐《冬暮寄裴郎中》："仙郎旧有黄金约，沥胆隳肝更祷祈。"李绅《趋翰苑遭诬构四十六韵》："胆为隳肝竭，心因沥血枯。"

【隳摧】 坍塌，倒塌。李中《经古寺》："殿宇半隳摧，门临野水开。"

【隳颓】 衰老。白居易《短歌行》："人无根蒂时不驻，朱颜白日相隳颓。"

十六画

隴 〔lǒng《广韵》力踵切，上腫，來。〕❶山名。即陇山。绵延于甘肃、陕西交界的地方。杜甫《秦州杂诗二十首》之一："迟回度陇怯，浩荡及关愁。"郎士元《送杨中丞和蕃》："锦车登陇日，边草正萋萋。"张籍《塞下曲》："胡风吹沙度陇飞，陇头林木无北枝。"张蠙《朔方书事》："城池向陇少，岐路出关多。"❷指今甘肃省一带地方。韩愈《青青水中蒲三首》之一："君今上陇去，我在与谁居。"❸通"垄"。(1)坟墩，坟墓。岑参《韩员外夫人清河县君崔氏挽歌二首》之一："仙郎看陇月，犹忆画眉时。"见"隴上❶"。(2)田畦，田块。李白《雉朝飞》："麦陇青青三月时，白雉朝飞挟两雌。"羊士谔《野望二首》之一："萋萋麦陇杏花风，好是行春野望中。"白居易《观刈麦》："夜来南风起，小麦覆陇黄。"杜荀鹤《贺顾云侍御府主与子弟奏官》："自惭乱世无知己，弟侄鞭牛傍陇耕。"(3)沟塍。韩愈《咏雪赠张籍》："度前铺瓦陇，发本积墙隈。"

【隴上】 ❶泛称今陕北、甘肃陇西一带。韩翃《送孙泼赴云中》："百战能夸陇上儿，一身复作云中客。"李益《从军有苦乐行》："仆居在陇上，陇水断人肠。"令狐楚《闺人赠远二首》之一："君行登陇上，妾梦在闺中。"杨衡《边思》："梅当陇上发，人向陇头归。"❷田陇上，丘陇上。欧阳詹《益昌行》："耕夫陇上谣，负者途中歌。"温庭筠《苏武庙》："云边雁断胡天月，陇上羊归塞草烟。"❸陇山上。王贞白《晓发萧关》："陇上明星没，沙中夜探还。"❹坟墓上。窦巩《哭吕衡州八郎中》："人送剑来归陇上，雁飞书去叫衡阳。"黄滔《伤蒋校书德山》："世间无树胜青桂，陇上有花唯白杨。"

【隴山】 山名。在六盘山南段，古时又称陇坂、陇坻、陇首。绵亘于今陕西陇县、宝鸡及甘肃镇原、清水、秦安、静宁等县，随地异名。岑参《赴北庭度陇思家》："陇山鹦鹉能言语，为报家人数寄书。"王建《宫词一百首》七六："语多更觉承恩泽，数对君王忆陇山。"姚合《送李植侍御》："谁知陇山鸟，长绕玉楼飞。"李洞《段秀才溪居送从弟游泾陇》："烟沉陇山色，西望涕交零。"

【隴水】 水名。因其源于陇山，故名。李白《清溪半夜闻笛》："羌笛梅花引，吴溪陇水情。"羊士谔《夜听琵琶三首》之三："潺湲陇水听难尽，并觉风沙绕杏梁。"白居易《五弦弹》："第五弦声最掩抑，陇水冻咽流不得。"翁绶《陇头吟》："陇水潺湲陇树黄，征人陇上尽思乡。"

【隴右】 古地区名。泛指陇山以西地区，古代以西为右，故名。约在今甘肃六盘山以西、黄河以东一带。崔国辅《渭水西别李仑》："陇右长亭堠，山阴古塞秋。"杜甫《天边行》："陇右河源不种田，胡骑羌兵入巴蜀。"又《奉送郭中丞兼太仆卿充陇右节度使三十韵》："诏发西山将，秋屯陇右兵。"亦指陇右节度。屯西平郡(鄯州)、宁基郡(廓州)、临洮郡(洮州)、安昌郡之境，治所在西平郡。高适有《送白少府送兵之陇右》。

【隴外】 泛指陇山以西之地。张籍《送防秋将》："重收陇外地，应似汉家时。"白居易《中秋月》："谁人陇外久征戍，何处庭前新别离。"

【隴地】 陇西之地。戎昱《逢陇西故人忆关中舍弟》："数年家陇地，舍弟殁胡军。"

【隴西】 古代郡名。战国秦置，治所在狄道县(今甘肃临洮县)。三国魏移治襄武县(今甘肃陇西县东南)。隋开皇三年(583)改置渭州，大业三年(607)复置陇西郡。唐初仍改渭州，天宝元年(742)复改陇西郡，乾元元年(758)又改名渭州。李白《赠张相镐二首》之二："本家陇西人，先为汉边将。"刘长卿《陪辛大夫西亭宴观妓》："莺窥陇西将，花对洛阳人。"戎昱有《逢陇西故人忆关中舍弟》。张祜《听简上人吹芦管三首》之一："蜀国僧吹芦一枝，陇西游客泪先垂。"

【隴西公】 ❶指李瑀。让皇帝李宪第六子。初封陇西公，天宝十载(756)随玄宗入蜀，至汉中，封汉中王。杜甫有《苦雨奉寄陇西公兼呈王征士》，题下自注："陇西公即汉中王瑀，征士琅邪王澈。"❷指李福。咸通五年(664)以李福同平章事，充西川节度使。李福乃唐室，望出陇西，故称陇西公。薛能有《相国陇西公南征能以留务独宿府城作》。❸指李道枢。开成二年(837)任苏州刺史，兼御史中丞。陇西为其郡望，故称陇西公。杜牧《送沈处士赴苏州李中丞招以诗赠行》："自言陇西公，飘然我知己。"❹指董晋。贞元十二年(796)以东都留守、兵部尚书检校右仆射、同中书门下平章事、汴州刺史、宣武军节度使、宋亳颍观察使。欧阳詹《东风二章》序："《东风》，美陇西公也。"

【隴西行】 (行 xíng)乐府瑟调曲。一曰《步出夏门行·古辞》"天上何所有，历历种白榆"云云，始言妇有容色，能应门承宾；次言善于主馈；终言送客有礼。王维、长孙左辅、耿沣有此作。

【隴州】 州名，西魏废帝三年(554)以东秦州改名，治所在汧阴县(今陕西陇县东南)。北周明帝二年(558)，随县移治汧源县(今陇县)。隋大业三年(607)废。唐武德元年(613)复置。天宝元年(742)改名汧阳郡。乾元元年(758)复为陇州。许棠有《陇州旅中书事寄李中丞》，无可有《中秋夜陇州徐常侍座中咏月》。

【隴阪】 见"隴坂"。

【隴坂】 亦作"隴阪"。❶即陇山。虞世南《出塞》："扬桴上陇坂，勒骑下平原。"骆宾王《久戍边城有怀京邑》："陇阪肝肠绝，阳关亭候迂。"杜甫《青阳峡》："昨忆逾陇坂，高秋视吴岳。"白行简《归马华山》："冰生疑陇坂，叶落似榆关。"❷山坡，高坡。陇，通"垄"。李白《北上行》："汲水涧谷阻，采薪陇坂长。"

【隴坻】 (—dǐ)即陇山。刘长卿《送南特进赴归行营》："汗马河源饮，烧羌陇坻遮。"许棠《题汧湖二首》之一："偶得湖中趣，都忘陇坻愁。"

【隴底】 即陇坻。清昼、巨川《远意联句》："曾经陇底复辽阳，更忆东去采扶桑。"亦指陇山之山麓。王贞白《胡笳曲》："陇底悲笳引，陇头鸣北风。"

【隴城】 唐略阳郡属县。其地在今甘肃秦安县东北。亦指唐陇右一带边城。王昌龄《江上闻笛》："何当边草白，旌节陇城阴。"此指陇右一带边城。钱起有《同王员外陇城绝句》。

【隴首】 ❶即陇山。温庭筠《遐水谣》："虏尘如雾昏亭障，陇首年年汉飞将。"马戴《陇上独望》："陇首行人绝，河源夕鸟还。"许棠《题汧湖二首》之二："陇首时无事，湖边日纵吟。"❷指陇山之巅。李白《古风》之二二："秦水别陇首，幽咽多悲声。"皇甫冉《酬李判官度梨岭见寄》："陇首怨西征，岭南雁北顾。"刘兼《江楼望乡寄内》："云生陇首秋虽早，月在天心夜已长。"

【隴畝】 田地。李白《读诸葛武侯传书怀赠长安崔少府叔封昆季》："当其南阳时，陇亩躬自耕。"杜甫《兵车行》："纵有健妇把锄犁，禾生陇亩无东西。"又《大雨》："阴色静陇亩，劝耕自官曹。"张碧《农父》："运锄耕斸侵星起，陇亩丰盈满家喜。"

【隴笛】 犹羌笛。胡乐。韩愈《和崔舍人咏月二十韵》："郡楼何处望，陇笛此时听。"

【隴陰】 即陇右。今甘肃一带。马戴《酬田卿送西游》："莫虑西游远，西关绝陇阴。"

【隴鳥】 指鹦鹉。鹦鹉多产于陇右，故称。李商隐《五言述德抒情诗献上杜七兄仆射相公》："陇鸟悲丹觜，湘兰怨紫茎。"李端《杂歌》："山鸡锦翼岂凤凰，陇鸟人言止鹦鹉。"

【隴雲】 陇山上的云。卢照邻《送郑司仓入蜀》："陇云朝结阵，江月夜临空。"贺知章《送人之军》："陇云晴半雨，边草夏先秋。"刘长卿《鄂渚听杜别驾弹胡琴》:“声随边草动,意入陇云深。”鲍溶《寄归》:“塞草黄来见雁稀,陇云白后少人归。”

【隴雁】 飞越陇山传送书信的雁。相传雁能传书。岑参《送四镇薛侍御东归》:“梦去湖山阔,书停陇雁稀。”杨凌《江上秋月》:“陇雁送乡心,羁情属岁阴。”

【隴禽】 即陇鸟,鹦鹉。罗邺《赠东川梓桐县韦德孙长官》:“蜀酝天寒留客醉,陇禽山晓隔帘呼。”吴融《浙东筵上有寄》:“陇禽有意犹能说,江月无心也解圆。”

【隴塞】 (—sài)指今陕西、甘肃一带。古以为边塞,故称。卢伦《太白西峰偶宿即事寄呈凤翔齐员外张侍御》:“白云消散尽,陇塞俨然秋。”许浑《雁》:“年年辛苦来衡岳,羽翼摧残陇塞霜。”

【隴蜀】 指陇西和西蜀一带。罗隐《夏州胡常侍》:“仍闻陇蜀由多事,深喜将军未白头。”

【隴嶂】 坟山,灵柩归葬之山。徐彦伯《题东山子李适碑阴二首》之一:“陇嶂萦紫气,金光赫氛氲。”

【隴隧】 ❶墓间甬道。顾况《晋公魏国夫人柳氏挽歌》:“夕阳迷陇隧,秋雨咽笳箫。”❷墓道。郑愔《哭郎著作》:“白马宾徒散,青乌陇隧开。”

【隴樹】 ❶陇山一带的树木。亦泛称边塞的树木。秦韬玉《鹦鹉》:“云漫陇树魂应断,歌接秦楼梦不成。”翁绶《陇头吟》:“陇水潺湲陇树黄,征人陇上尽思乡。”❷坟地上的树木。刘长卿《哭魏兼遂》:“垄树随人古,山门对日曛。”杜牧《伤友人悼吹箫妓》:“玉箫声断没流年,满目春愁陇树烟。”张乔《哭陈陶》:“乐章谁与集,陇树即堪攀。”

【隴頭】 ❶陇山。借指边塞。孔绍安《结客少年场行》:“结客佩吴钩,横行度陇头。”岑参《送人赴安西》:“上马带胡钩,翩翩度陇头。”羊士谔《送张郎中副使自南省赴凤翔府幕》:“当奋燕然笔,铭功向陇头。”翁绶《雨雪曲》:“边声四合殷河流,雨雪飞来遍陇头。”❷汉乐府名。一曰《陇头水》,一曰《陇头吟》。张籍有《陇头》,一曰《陇头水》。

【隴頭水】 ❶陇山顶之流水。《乐府诗集·汉横吹曲一·陇头》郭茂倩题解引《三秦记》:“其坂(指陇山)九回,上者七日乃越。上有清水四注下,所谓陇头水也。”皎然《陇头水二首》之一:“陇头水欲绝,陇水不堪闻。”鲍溶《陇头水》:“陇头水,千古不堪闻。”罗隐《陇头水》:“借问陇头水,年年恨何事。”陈陶《胡无人行》:“空流陇头水,呜咽向人悲。”❷汉乐府名。即《陇头》。卢照邻、王建、罗隐、于濆等均有此作。

【隴頭吟】 即《陇头》。汉乐府名。刘方平《寄严八判官》:“怀袖未传三岁字,相思空作陇头吟。”李贺《龙夜吟》:“胡儿莫作陇头吟,隔窗暗结愁人心。”于濆、翁绶均有《陇头吟》。

【隴頭兒】 指陇上一带守边战士。薛涛《罚赴边有怀上韦令公二首》之一:“羞将门下曲,唱与陇头儿。”

巇

〔xī《广韵》許羈切,平支,曉。〕同“巇”。❶崩溃。喻危险的形势。陆龟蒙《江湖散人歌》:“均荒补败岂无术,布在方册撑颓巇。”❷缝隙。喻可乘之机。陆龟蒙《袭美先辈以龟蒙所献五百言复示荣唱再抒鄙怀用伸酬谢》:“立本以致诘,驱宏来抵巇。”又《奉和袭美古杉三十韵》:“傍宇将支压,撑霄欲抵巇。”

隶　部

隸 〔lì《广韵》郎計切，去霽，來。〕❶奴隶，奴仆。亦指奴隶中的一个等级。见《左传・襄公二十三年》及杜预注。卢照邻《咏史四首》之一："髡钳为台隶，灌园变姓名。"❷罪人。见《周礼・秋官・司隶》及郑玄注。韦应物《逢杨开府》："司隶不敢捕，立在白云墀。"柳宗元《古东门行》："赤丸夜语飞电光，徼巡司隶眠如羊。"❸指低贱的人。韩愈《送灵师》："耕桑日失隶，朝署时遗贤。"❹差役，仆役。李贺《荣华乐》："绣段千寻贻皂隶，黄金百镒贶家臣。"李涉《六叹》之六："堂上英髦沉白刃，门前舆隶乘朱轮。"唐彦谦《宿田家》："忽闻扣门急，云是下乡隶。"曹邺《奉命齐州推事毕寄本府尚书》："仆隶皆分散，单车驿路长。"❺隶属，附属。杜甫《自京赴奉先县咏怀五百字》："生常免租税，名不隶征伐。"韦元甫《木兰歌》："老父隶兵籍，气力日衰耗。"刘禹锡《送僧仲剬东游兼寄呈灵澈上人》："西游长安隶僧籍，本寺门前曲江碧。"张蠙《费征君旧居》："遗篇补乐府，旧籍隶仙家。"❻汉字字体之一种，即隶书。李颀《赠张旭》："皓首穷草隶，时称太湖精。"韩愈《石鼓歌》："辞严义密读难晓，字体不类隶与科。"薛存诚《太学创置石经》："奥旨悦诗，遗文分篆隶。"程长文《狱中书情上使君》："当年二八盛容仪，红笺草隶恰如飞。"黄滔《贻宋评事》："数踪篆隶书新得，一灶屯蒙火细红。"

【隸人】　众人，群辈。《列子・仲尼》："隶人之生，隶人之死，众人且歌，众人且哭。"张湛注："隶，犹群辈也。"王维《上张令公》："当从大夫后，何惜隶人余。"

【隸書】　汉字字体名。由篆书简化演变而成。把篆书圆转的笔画变成方折，改象形为笔画化，以利于书写。始于秦，普遍使用于汉魏。吴融《赠𧦬光上人草书歌》："篆书朴，隶书俗，草圣贵在无羁束。"

隹　部

二　画

隼〔sǔn《广韵》思尹切，上準，心。〕❶一种猛禽。亦名鹘。鹰类中最小者。飞疾而善袭。猎者饲之以助捕鸟兽。杜甫《重题郑氏东亭》："紫鳞冲岸跃，苍隼护巢归。"白居易《久雨闲闷对酒偶吟》："鹭临池立窥鱼笱，隼傍林飞拂雀罗。"李绅《重别西湖》："雪欺春早摧芳萼，隼励秋深拂翠翘。"韦庄《同旧韵》："触丝蛛堕网，避隼鸟投林。"亦指隼旟上所绘的隼的图形。白居易《和微之春日投简阳明洞天五十韵》："刺史旟翻隼，尚书履曳凫。"❷指隼旟。韦应物《春月观省属城始憩东西林精舍》："建隼出浔阳，整驾游山川。"❸借指刺史。古代刺史所用绘隼的旌旗。薛能《送浙东王大夫》："隼重权兼帅，罴雄设有兵。"❹指御史。御史当搏击之任，如隼之视凡鸟。杨巨源《方城驿逢孟侍御》："走马温汤直隼飞，相逢矍铄理征衣。"

【隼旆】　画有隼鸟的旗帜。古代诗文中常用以为州郡长官之标志。刘兼《芳春》："宦情归兴休相挠，隼旆渔舟总未厌。"

【隼隼龜開】　绘有隼、龟的旗旐开合变化。《郊庙歌辞·释奠文宣王乐章·舒和》："隼隼龟开昭圣烈，龙蹲凤跱肃神仪。"

【隼旗】　画有隼鸟的旗帜。古代常用以为州郡长官之标志。岑参《送羽林长孙将军赴歙州》："隼旗新刺史，虎剑旧将军。"参见"隼旟"。

【隼旟】　画有隼鸟的旗帜。古代为州郡长官所建。韦应物《自尚书郎出为滁州刺史》："登途建隼旟，勒驾望承明。"白居易《赠沙鸥》："沙鸥不知我，犹避隼旟飞。"罗隐《途中献晋州孟中丞》："昨日隼旟辞阙下，今朝珠履在河中。"贯休《和杨使君游赤松山》："溪月未落漏滴滴，隼旟已入山重重。"

【隼擊】　比喻迅速而猛烈地攻击。魏征《五郊乐章·肃和》："豺祭隼击，潦收川镜。"张祜《观楚州韦舍人新筑河堤兼建两闸门》："宴宾容易小筵成，隼击秋原助放情。"李商隐《哭遂州萧侍郎二十四韵》："虎威狐更假，隼击鸟逾喧。"又《送千牛李将军赴阙五十韵》："隼击须当要，鹏抟莫问程。"

隻〔zhī《广韵》之石切，入昔，章。〕❶单，独。参见"隻翼"。❷量词。参见"隻字""隻履""隻雞"。

【隻字】　一个字。杜甫《八哀诗·故右仆射相国张公九龄》："自我一家则，未缺只字警。"

【隻履】　一只芒鞋。为僧人送行之典。牟融《送僧》："烟水浮杯渡，云山只履行。"

【隻翼】　单翅。孟郊《哭李观》："偏毂不可转，只翼不可翔。"

【隻雞】　一只鸡。常指菲薄的祭品。周昙《咏史诗·春秋战国门·淳于髡》："穰穰何祷手何赍，一呷村浆与只鸡。"

三　画

雀〔què《广韵》即略切，入藥，精。〕麻雀的别称。亦泛指小鸟。钱起《卧病李员外题扉而去》："雀栖高窗静，日出修桐阴。"白居易《观稼》："累累绕场稼，啧啧群飞雀。"司空图《喜山鹊初归三首》之三："阻他罗网到柴扉，不奈偷仓雀转肥。"韦庄《和郑拾遗秋日感事一百韵》："饲雀曾传庆，烹蛇讵有殃。"

【雀舌】　茶名。以嫩芽焙制的好茶。因其形似，故称。刘禹锡《病中一二禅客见问因以谢之》："添炉烹雀舌，洒水净龙须。"

【雀步】　谓行走如雀之跳跃。李贺《黄家洞》："雀步蹙沙声促促，四尺角弓青石镞。"

【雀兒】　麻雀，小鸟。韩愈《赠侯喜》："虾蟆跳过雀儿浴，此纵有鱼何足求。"吴武陵《题路左佛堂》："雀儿来逐飏风高，下视鹰鹯意气豪。"马希振、何致雍《联句》："蚁子子啣虫子子，猫儿儿捉雀儿儿。"花蕊夫人徐氏《宫词》之七八："回头索取黄金弹，绕树藏身打雀儿。"

【雀乳】　雀产卵。王维《田家》："雀乳青苔井，鸡鸣白板扉。"

【雀舫】　形似鸟状的游船。白居易、王起《会昌春连宴即事》联句："雀舫宜闲泛，螺杯任漫传。"

【雀豹】　即雀鹰。猛禽之一种，较鹰小，以捕捉小鸟为食，以其特勇健，故称。韩愈、孟郊《城南联句》："雀豹代雕鹗，搏击肃霜秋。"

【雀扇】 画雀之扇。《南史·何戢传》载，宋孝武帝赐何戢蝉雀扇，乃善画者顾景秀所绘。温庭筠《晚归曲》："弯堤弱柳遥相瞩，雀扇团圆掩香玉。"又《过华清宫二十二韵》："薄云攲雀扇，轻雪犯貂裘。"

【雀釵】 有雀形饰物的钗。李昂《赋戚夫人楚舞歌》："黄泉白骨不可报，雀钗翠羽从此辞。"李端《襄阳曲》："雀钗翠羽动明珰，欲出不出脂粉香。"李贺《贝宫夫人》："丁丁海女弄金环，雀钗翘揭双翅关。"孙光宪《酒泉子》词之三："敛态窗前，袅袅雀钗抛颈。"

【雀喧鳩聚】 谓如众禽聚集喧闹。罗隐《题润州妙善前石羊》："还有市鄽沽酒客，雀喧鸠聚话蹄涔。"

【雀鼠】 麻雀和老鼠。王季友《寄韦子春》："雀鼠昼夜无，知我厨廪贫。"韩愈《卢郎中云夫寄示送盘谷子诗两章歌以和之》："家请官供不报答，何异雀鼠偷太仓。"亦喻指小人。周昙《咏史诗·前汉门·博陆侯》："栋梁徒自保坚贞，毁穴难防雀鼠争。"

【雀鼠谷】 谷名。在今山西介休市西南。张说有《扈从南出雀鼠谷》，明皇有《南出雀鼠谷答张说》，席豫有《奉和圣制答张说南出雀鼠谷》。

【雀銜環】 为报恩之典。杨鼎夫《记皂江堕水事》："今日深恩无以报，令人羞记雀衔环。"

【雀噪】 雀之鸣噪。许浑《酬邢杜二员外》："熊轼并驱因雀噪，隼旟齐驻是鸿冥。"徐铉《雪中作》："影迥鸿投渚，声愁雀噪林。"

【雀羅】 捕雀的网罗。常用以形容门庭冷落。白居易《寓意诗五首》之二："宾客亦已散，门前雀罗张。"温庭筠《题丰安里王相林亭二首》之一："朱户雀罗设，黄门驭骑来。"曹邺《将赴天平职书怀寄翰林从兄》："居处绝人事，门前雀罗施。"方干《偶作》："未妨溪上泛渔艇，又为门前张雀罗。"参见"雀羅门"。

【雀羅門】 形容门庭冷落。刘禹锡《有感》："昨宵凤池客，今日雀罗门。"白居易《懒放二首呈刘梦得吴方之》之二："雀罗门懒出，鹤发头慵裹。"

【雀躍】 如雀之跳跃。形容极度欣喜。刘希夷《谒汉世祖庙》："朝廷方雀跃，剑珮几联翩。"

【雀躍猿跳】 如雀猿之跳跃。谓身手灵活敏捷。和凝《宫词百首》之七七："戞云楼上定风盘，雀跃猿跳总不难。"

【雀鷃】 雀和鷃。鷃，即鴳，鹑的一种。为候鸟，常晨鸣如鸡，趋民收麦，人以为候。柳宗元《游南亭夜还叙志七十韵》："弋林驱雀鷃，渔泽从鳝魛。"

四画

集 〔jí《广韵》秦入切，入缉，從。〕❶鸟栖止于树木。李白《古风》之五四："凤鸟鸣西海，欲集无珍木。"钱起《送河南陆少府》："朝夕诏书还柏署，行看飞隼集高枝。"章孝标《古行宫》："天子时清不巡幸，只应鸾凤集梧桐。"陈季卿《题禅窟兰若》："霜钟鸣时夕风急，乱鸦又望寒林集。"❷栖身，停留。韦应物《杂体五首》之二："古宅集祆鸟，群号枯树枝。"戴叔伦《孤鸿篇》："嗈嗈慕俦匹，远集清江湄。"马戴《湘川吊舜》："雁集蒹葭渚，猿啼雾露山。"韦庄《和郑拾遗秋日感事一百韵》："吴坂嘶骐骥，岐山集凤皇。"❸集合，聚集。储光羲《效古二首》之一："大军北集燕，天子西居镐。"耿湋《发绵津驿》："杳杳短亭分水陆，隆隆远鼓集渔商。"赵存约《鸟散余花落》："春晓游禽集，幽庭几树花。"温庭筠《题卢处士山居》："日暮飞鸦集，满山荞麦花。"❹定期聚会交易。杜甫《述古三首》之二："市人日中集，于利竞锥刀。"❺编次，编辑。张乔《哭陈陶》："乐章谁与集，陇树即堪攀。"任翻《哭友人》："儿孙未成立，谁与集遗文。"❻汇辑单篇作品或多人有关作品而成的书册的通称。杜甫《遣兴五首》之三："观其著诗集，颇亦恨枯槁。"皇甫松《古松感兴》："家集四百卷，独立天地经。"白居易《和刘郎中望终南山秋雪》："遍览古今集，都无秋雪诗。"罗隐《大梁从事居汜水》："知有箧中编集在，只应从此是经纶。"❼至，到。杜甫《负薪行》："筋力登危集市门，死生射利兼盐井。"李端《张左丞挽歌二首》之二："祸集钩方失，灾生剑忽飞。"❽招集。元稹《竞舟》："此时集丁壮，习竞南亩头。"❾成就，完成。柳宗元《奉平淮夷雅表·皇武》序："皇武，命丞相度董师，集大功也。"❿杂，众多。袁朗《赋饮马长城窟》："画地功初立，绥边事云集。"皎然《灵澈上人何山寺七贤石诗》："集质患追琢，表顽用磷缁。"⓫宴集，宴会。贺知章《奉和圣制送张说上集贤学士赐宴赋得谟字》："天光烛武殿，时宰集鸿都。"韦应物《善福精舍答韩司录清都观会宴见忆》："始表仙都集，复言欢乐殊。"杜牧《梁秀才以言怀兼别示亦蒙见赠凡二十韵走笔依韵》："但寻陶令集，休献楚王珍。"⓬唐州名。集州在今四川通江县。杜甫《大麦行》："东至集壁西梁洋，问谁腰镰胡与羌。"原注："四州皆属山南西道。"

【集仙】 见"集仙殿"。

【集仙殿】 唐宫殿名。开元十三年(725)更名集贤殿。李商隐《漫成五章》之二："集仙殿与金銮殿，可是苍蝇惑曙鸡。"亦省称"集仙"。借指供职集仙书院者。周繇《看牡丹赠段成式》："逡巡又是一年别，寄语集仙呼索郎。”

【集卷】 指诗文集。王建《寄李益少监兼送张实游幽州》:“集卷新纸封,每读常焚香。”姚合《送王建秘书往渭南庄》:“秋日田家作,唯添集卷成。”

【集枯】 鸟停歇于枯树。喻栖息于险恶之地。柳宗元《感遇二首》之一:“栖息岂殊性,集枯安可任。”

【集鳥】 聚集之鸟。韩愈《郓州溪堂诗》:“流有跳鱼,岸有集鸟。”李商隐《楚泽》:“集鸟翻渔艇,残虹拂马鞍。”

【集會】 相会。贾岛《宿姚合宅寄张司业籍》:“闲宵因集会,柱史话先生。”

【集詩】 聚集诗篇。贾岛《吊孟协律》:“集诗应万首,物象遍曾题。”

【集鳳】 谓凤集于树。喻聚集贤才。杜甫《夔府书怀四十韵》:“议堂犹集凤,正观是元龟。”

【集賢】 ❶聚集贤者。程行谌《奉和圣制送张说上集贤学士赐宴》:“相因归梦立,殿以集贤开。”明皇《集贤书院成送张说上集贤学士赐宴得珍字》:“集贤招衮职,论道命台臣。”❷集贤书院的省称。王翰《奉和圣制送张说上集贤学士赐宴得筵字》:“东堂起集贤,贵得从神仙。”李白有《翰林读书言怀呈集贤诸学士》。参见“集賢學士”。❸坊名,在洛阳长夏门之东第三街,裴度新居在此。白居易《题裴晋公女几山刻石诗后》:“旧宅留永乐,新居开集贤。”又《过裴令公宅二绝句》之一:“每到集贤坊地过,不曾一度不低眉。”又《和刘汝州酬侍中见寄长句因书集贤坊胜事戏而问之》:“洛川汝海封畿接,履道集贤来往频。”

【集賢相公】 (相 xiàng)杨嗣复。《权载之文集》杨嗣复序,具衔“银青光禄大夫集贤殿大学士”。开成三年(838)正月,户部尚书杨嗣复同中书门下平章事。刘禹锡有《和仆射牛相公以离阙庭七年班行亲故亡殁因成四韵并示集贤中书二相公所和》。

【集賢院】 即集贤殿书院,在长安大明宫内,原名丽正书院。开元十三年(725),召张说等宴于集仙殿,于是改殿名为集贤,改原有之丽正书院为集贤书院,五品以上为学士,六品以下为直学士。崔曙有《奉酬中书相公至日圆丘摄事合于中书后阁宿斋移止于集贤院叙怀见寄之作》,韦应物有《答史馆张学士段柳庶子学士集贤院看花见寄兼呈柳学士》,刘禹锡有《酬令狐留守巡内至集贤院见寄》。

【集賢殿】 唐宫殿名。原名集仙殿。开元十三年(725)更此名。于殿内设书院,置学士、直学士,以宰相为知院事,有修撰、校理等官,掌刊辑经籍、搜求佚书。《旧唐书·玄宗纪上》:“夏四月丁巳,改集仙殿为集贤殿,丽正殿书院改集贤殿书院。”故亦借指集贤殿书院。张说《右侍郎集贤院学士徐公挽词二首》之二:“并赋三阳宫,集诗集贤殿。”白居易《香山居士写真诗》序:“元和五年,予为左拾遗、翰林学士,奉诏写真于集贤殿御书院。”和凝《宫词百首》之九三:“集贤殿里开炉冶,待把黄金铸重臣。”

【集賢閣】 即集贤殿书院。刘禹锡有《题集贤阁》,白居易《和刘郎中学士题集贤阁》。

【集賢學士】 在集贤书院供职的五品以上官员。王翰有《奉和圣制送张说上集贤学士赐宴得筵字》。杜甫《莫相疑行》:“集贤学士如堵墙,观我落笔中书堂。”李端有《喜皇甫郎中兼集贤学士》,刘禹锡有《蒙恩转仪曹郎依前充集贤学士举韩潮州自代因寄七言》。

【集靈臺】 ❶唐宫殿名。《元和郡县图志》卷一:“华清宫,在骊山上。开元十一年,初置温泉宫,天宝六载改为华清宫。又造长生殿,名为集灵台。”据此,则集灵台则为华清宫之长生殿。张祜《集灵台二首》之一:“日光斜照集灵台,红树花迎晓露开。”❷汉时台名。在今陕西华阴市界。李商隐《汉宫词》:“青雀西飞竟未回,君王长在集灵台。”

雁 〔yàn《广韵》五晏切,去諫,疑。〕❶一种候鸟。状略似鹅,颈项较长,足和尾较短,羽毛呈淡褐色,善飞能游。太宗《帝京篇十首》之三:“惊雁落虚弦,啼猿悲急箭。”白居易《杂兴三首》之一:“东风二月天,春雁正离离。”李绅《过吴门二十四韵》:“花寺听莺入,春湖看雁留。”刘沧《八月十五日夜玩月》:“此夜空亭闻木落,蒹葭霜碛雁初过。”亦指鹅。参见“雁鶩先烹”。❷雁为候鸟,秋分后飞回南方,春分后飞往北方,因以形容漂泊不定,栖无定所。参见“雁户”。❸雁为候鸟,秋分后飞回南方,故用以指秋季。参见“雁天”。❹指书信,音信。温庭筠《苏武庙》:“云边雁断胡天月,陇上羊归塞草烟。”亦喻指信使、寄书人。李商隐《春雨》:“玉珰缄札何由达,万里云罗一雁飞。”参见“雁足書”“雁使”“雁魚”。

【雁山】 山西雁门山的省称。陈子昂《送魏大从军》:“雁山横代北,狐塞接云中。”杨凭《边塞行》:“细丛榆塞迴,高点雁山晴。”

【雁子】 即雁。郑愔《奉和九月九日登慈恩寺浮图应制》:“雁子乘堂处,龙王起藏初。”参见“雁子堂”“雁塔❶”。

【雁子堂】 指佛堂。储光羲《题慎言法师故房》:“过客知何道,裴回雁子堂。”亦省作“雁堂”。沈佺期《乐城白鹤寺》:“碧海开龙藏,青云起雁堂。”参见“雁塔❶”。

【雁王】 佛教语。领头的大雁。为佛教三十二相之一。王维《游感化寺》:“雁王衔果献,鹿女踏花行。”

【雁天】　指秋天。鲍溶《行路难》:“君今不念岁蹉跎,雁天明明凉露多。”张祜《夜宿溢浦逢崔升》:“况是相逢雁天夕,星河寥落水云深。”

【雁文】　即雁字。雁在飞行时,排列整齐,形如“一”或“人”,故称。骆宾王《畴昔篇》:“墉高龟望出,水净雁文回。”参见“雁字”。

【雁户】　指流动无定的民户。刘禹锡《洛中送崔司业使君扶侍赴唐州》:“洛苑鱼书至,江村雁户归。”刘兼《酬勾评事》:“才薄只愁安雁户,年高空忆复渔舟。”自注:“夷人内有雁户,盖徙移不定之故也。”

【雁臣】　指古代逢秋至京师朝觐,至春始还部落的北方部族首领。殷文圭《边将别》:“朱门泣别同鲛客,紫塞旅游随雁臣。”

【雁回峰】　即回雁峰。在今湖南衡阳市南,衡山七十二峰之一。俗传雁至衡阳而止,遇春便回。许浑《崇圣寺别杨至之》:“怀君在书信,莫过雁回峰。”亦作“雁迴峰”。李白《洞庭醉后送绛州吕使君果流澧州》:“送君不尽意,书及雁迴峰。”

【雁行】　(1)(—háng)❶飞雁的行列。卢纶《奉和太常王卿春夜对月见寄》:“露如轻雨月如霜,不见星河见雁行。”李商隐《戏题枢言草阁三十二韵》:“感激坐者泣,起视雁行低。”喻凫《送潘咸》:“煮雪问茶味,当风看雁行。”❷形容排列整齐而有次序。陈子良《赞德上越国公杨素》:“雁行蔽虏甸,鱼贯出长城。”李播《见志》:“门前债主雁行立,屋里醉人鱼贯眠。”李商隐《昨日》:“二八月轮蟾影破,十三弦柱雁行斜。”❸指朝廷上的排班。李嘉祐《江湖秋思》:“趋陪禁掖雁行随,迁向江潭鹤发垂。”薛逢《送韩绛归淮南寄韩绰先辈》:“门巷草生车辙在,朝廷恩及雁行联。”(2)(—xíng)❹作为咏兄弟的典故。钱起《李四劝为尉氏尉李七勉为开封尉》:“采兰花萼聚,就日雁行联。”刘商《送李元规昆季赴举》:“明朝问礼处,暂觉雁行稀。”武元衡《八月十五酬从兄常望月有怀》:“地远惊金奏,天高失雁行。”韦庄《寄从兄遵》:“沧海十年龙景断,碧云千里雁行疏。”

【雁池】　汉梁孝王刘武所筑兔园中的池沼名。池间有鹤洲、凫渚,宫观相连,延亘数十里,奇果异树,珍禽怪兽尽有之。唐诗中用以借指帝王所居园林中的池沼。李峤《刘侍读见和山邸十篇重申此赠》:“对岩龙岫出,分壑雁池深。”高适《别韦参军》:“兔苑为农岁不登,雁池垂钓心长苦。”马戴《别灵武令狐校书》:“雁池戎马饮,雕帐戍人过。”

【雁字】　犹雁序。形容排列整齐有次序。陈陶《贺容府韦中丞大府贤兄新除黔南经略》:“列国山河分雁字,一门金玉尽龙骧。”

【雁足】　❶雁之足。王涯《秋思赠远二首》之一:“不见乡书传雁足,唯看新月吐蛾眉。”鲍溶《赠远》:“莫劳雁足传书信,愿向凌烟阁上看。”❷借指书信。杜光庭《怀古今》:“雁足凄凉兮传恨绪,凤台寂寞兮有遗音。”李绅《逾岭峤止荒陬抵高要》:“鱼肠雁足望缄封,地远三江岭万重。”韩偓《春闷偶成十二韵》:“雁足应难达,狐踪浪得疑。”参见“雁足書”。

【雁足書】　系于雁足的书信。泛称书信。权德舆《寄李衡州》:“主人千骑东方远,唯望衡阳雁足书。”

【雁序】　❶有秩序地飞行的雁群。杜甫《天池》:“九秋惊雁序,万里狎渔翁。”❷喻兄弟。包何《和苗员外寓直中书》:“每怜双阙下,雁序入鸳鸾。”高适《酬秘书弟兼寄幕下诸公》序:“族弟秘书,雁序之白眉者,风尘一别,俱东西南北之人。”易重《寄宜阳兄弟》:“六年雁序恨分离,诏下今朝遇已知。”齐己《送刘秀才归桑水宁觐》:“雁序分飞离汉口,鸰原骞翥在鳌头。”

【雁苑】　指汉上林苑。卢照邻《和王奭秋夜有所思》:“长河落雁苑,明月下鲸池。”刘宪《奉和送朔方大总管张仁亶》:“凉风过雁苑,杀气下鸡田。”

【雁使】　信使。乔知之《从军行》:“宛转结蚕书,寂寥无雁使。”

【雁兒】　雏雁。王维《戏题示萧氏甥》:“芦笋穿荷叶,菱花罥雁儿。”

【雁沼】　即雁池。李白《同吴王送杜秀芝赴举入京》:“欲折一枝桂,还来雁沼前。”卢怀慎《奉和圣制龙池篇》:“雁沼回流成舜海,龟书荐祉应尧年。”周彻《尚书郎上直闻春漏》:“寒声临雁沼,疏韵应鸡人。”权德舆《赠文敬太子挽歌词二首》之一:“雁沼寒波咽,鸾旌夕吹翻。”

【雁門】　❶郡名。赵国赵武灵王置,秦、西汉时治所在善元县(今山西右玉县东南),东汉时移治阴馆县(今山西朔州市朔城区东南),三国魏时移治广武县(今代县西南古城)。隋开皇初废,大业初改代州为雁门郡,治所在雁门县(今代县)。唐武德元年(618)复为代州,天宝初又改为雁门郡,乾元初又复为代州。李颀《塞下曲》:“黄云雁门郡,日暮风沙里。”崔颢《雁门胡人歌》:“高山代郡东接燕,雁门胡人家近边。”见“雁門僧”。❷见“雁門山”。❸见“雁門關”。

【雁門山】　山名。❶在今山西代县西北。盛小丛《突厥三台》:“雁门山上雁初飞,马邑阑中马正肥。”❷在今江苏南京市附近。亦省称“雁門”。李白《金陵江上遇蓬池隐者》:“绿水向雁门,黄云蔽龙山。”

【雁門太守】　《乐府诗集》卷三九《雁门太守行》解题谓此篇歌词颂古洛阳令。梁简文帝作《雁门太行行》谓此太守“少解孙吴法,家本幽并儿”。后遂以此为咏边将的典故。钱起《送崔校书从军》:“雁门太守能爱贤,麟阁书生亦投笔。”参见“雁門太守行”。

【雁門太守行】　(行 xíng)乐府古题。《相和歌》瑟调曲三十八曲之一。原述洛阳令王涣之德政。涣之好侠，尚气力，晚改节敦儒学，习书读律，略通大义。其为洛阳令时，政平讼理，发奸擿伏，京师称叹。梁简文帝用此古题咏边城征战事。李贺、庄南杰、张祜均有此作咏边事。

【雁門師】　指东晋高僧慧远。齐己《忆在匡庐日》："松声虎溪寺，塔影雁门师。"亦泛指高僧。白居易《正月十五日夜东林寺学禅偶怀蓝田杨主簿因呈智禅师》："不觉定中微念起，明朝更问雁门师。"

【雁門偈】　指诗僧所作之诗。鲍溶《酬江公见寄》："曾答雁门偈，为怜同社人。"

【雁門僧】　指东晋高僧慧远。慧远，为雁门郡楼烦人，主持庐山东林寺，善诗文，曾与刘遗民等结白莲社。熊孺登《送准上人归石经院》："归去更寻翻译寺，前山应遇雁门僧。"杜牧《行次白沙馆先寄上河南王侍郎》："歌惭渔浦客，诗学雁门僧。"灵澈《远公墓》："空悲虎溪月，不见雁门僧。"

【雁門禪客】　指东晋高僧慧远。李咸用《远公亭牡丹》："雁门禅客吟春亭，牡丹独逞花中英。"

【雁門關】　关名。唐之此关，在今之山西代县西北雁门山顶。李白《古风》之六："昔别雁门关，今成龙庭前。"李白《闻丹丘子于城北营石门中有高凤遗迹因叙旧以寄之》："仆在雁门关，君为峨眉客。"刘长卿《送薛承矩秩满北游》："寒云带飞雪，日暮雁门关。"施肩吾《云中道上作》："羊马群中觅人道，雁门关外绝人家。"亦省作"雁門""雁關"。虞世南《结客少年场行》："云起龙沙暗，木落雁门秋。"王昌龄《塞上曲》："秋风夜渡河，吹却雁门桑。"乔知之《苦寒行》："遥裔出雁关，逶迤含晶光。"张仲素《塞下曲五首》之三："朔雪飘飘开雁门，平沙历乱卷蓬根。"马戴《赠别北客》："雁关飞霰雪，鲸海落云涛。"薛能《行路难》："已经吴坂困，欲向雁门难。"

【雁柱】　乐器筝上整齐排列之弦柱。路德延《小儿诗》："帘拂鱼钩动，筝推雁柱偏。"鲍溶《风筝》："雁柱虚连势，鸾歌且坠空。"

【雁關】　见"雁門關"。

【雁迴峰】　见"雁回峰"。

【雁信】　信使，送信人。温庭筠《寄湘阴阎少府乞钓轮子》："若向三湘逢雁信，莫辞千里寄渔翁。"

【雁敘】　即雁序，雁飞行列有序，故称。叙，通序。罗隐《送姚安之赴任秋浦》："五侯水暖鱼鳞去，九子山晴雁叙来。"

【雁陣】　成列而飞之雁群。独孤及《铁山》："雁阵起秋云，鸡声满林屋。"翁承赞《汉上登舟忆闽》："参差雁阵天初碧，零落渔家蓼欲红。"

【雁峰】　即雁回峰。钱起《送李判官赴桂州幕》："雁峰侵瘴远，桂水出云流。"齐己《岳中寄殷处士》："遍寻僧壁上，多在雁峰西。"参见"雁回峰"。

【雁羔】　喻朝士。柳宗元《游南亭夜还叙志七十韵》："左右抗槐棘，纵横罗雁羔。"

【雁家】　指雁栖之地，北方。裴说《塞上曲》："楚水辞鱼窟，燕山到雁家。"

【雁書】　书信。王勃《九日怀封元寂》："今日龙山外，当忆雁书归。"李白《送友人游梅湖》："莫惜一雁书，音尘坐胡越。"李群玉《恼从兄》："芳草萋萋新燕飞，芷汀南望雁书稀。"曹唐《汉武帝思李夫人》："白玉帐寒鸳梦绝，紫阳宫远雁书稀。"参见"雁足書"。

【雁堂】　见"雁子堂"。

【雁翎】　雁的羽毛。白居易《和答诗十首·答箭镞》："插以青竹簳，羽之赤雁翎。"

【雁魚】　雁素鱼书。指书信。鱼玄机《期友人阻雨不至》："雁鱼空有信，鸡黍恨无期。"

【雁渚】　指雁常栖止之水中小块陆地。宋之问《发藤州》："泛舟依雁渚，投馆听猿鸣。"

【雁塔】　❶佛塔。寒山《诗三百三首》之一九四："雁塔高排出青嶂，禅林古殿入虹蜺。"綦毋潜《祇园寺》："雁塔酬前愿，王身更后来。"李远《赠潼关不下山僧》："禁足已教修雁塔，终身不拟下鸡山。"许坚《游溧阳下山寺》："竹林晴见雁塔高，石室曾栖几禅伯。"❷塔名。在今陕西西安市南慈恩寺中，亦称大雁塔。唐代新进士在曲江会宴后常题名于此。新进士同榜，题名塔上，有行次之列；韦、杜、裴、柳之家，兄弟同登，亦有雁行之列，故名雁塔。后遂以"雁塔"谓科举中式之典。徐夤《塔院小屋四壁皆是卿相题名因成四韵》："雁塔搀空映九衢，每看华宇每踟蹰。"

【雁塞】　(—sāi)指雁门关。亦泛指北方边塞。杜审言《赠苏味道》："雁塞何时入，龙城几度围。"岑参《北庭作》："雁塞通盐泽，龙堆接醋沟。"许棠《送友人北游》："雁塞虽多雁，云州却少云。"徐夤《霜》："红窗透出鸳衾冷，白草飞时雁塞寒。"

【雁幣】　雁与币帛，古代用作聘礼。杨衡《夷陵郡内叙别》："雁币任野薄，恩爱缘义深。"

【雁賓】　谓雁来客居。杜甫《重送刘十弟判官》："分源豕韦派，别浦雁宾秋。"

【雁蕩】　山名。在今浙江乐清、平阳境内，山有百余峰，峭拔险怪，绝顶有湖，春日之雁常于此留宿，故名。贯休《句》："雁荡经行云漠漠，龙湫宴坐雨濛濛。"

【雁齒】　如雁行之有序。喻排列整齐之物。白居易《题小桥前新竹招客》："雁齿小红桥，垂檐低白屋。"又《答客问杭州》："大屋檐多装雁齿，小航船亦画龙头。”又《早春西湖偶成十八韵寄微之》：“小桥装雁齿，轻浪甃鱼鳞。”亦用以比喻桥的台阶。白居易《答王尚书问履道池旧桥》：“虹梁雁齿随年换，素板朱栏逐日修。”

【雁翰】 指雁之翅膀。陆龟蒙《有别二首》之二：“池上已看莺舌默，云间应即雁翰开。”

【雁默先烹】 喻无才能者先被遗弃。白居易《岁暮》：“青明自苽缘多事，雁默先烹为不才。”

【雁鸿】 即大雁。丁儒《冬日到泉郡次九龙江与诸公唱和诗》：“日出喧乌鹊，沙晴落雁鸿。”

【雁翼】 雁的两翅。形容事物排列整齐有序。李益《从军有苦乐行》：“参差引雁翼，隐辚腾军装。”李绅《渡西陵十六韵》：“雁翼看舟子，鱼鳞辨水营。”

【雁翼營】 横形排开的营帐。贺朝《从军行》：“鱼丽阵接塞云平，雁翼营通海月明。”

【雁鶩】 大雁和野鸭。李白《永王东巡歌十一首》之一：“楼船一举风波静，江汉翻为雁鹜池。”刘禹锡《途次大梁雪中奉天平令狐相公书问兼示新什因思曩岁从此拜辞形于短篇以伸仰谢》：“此时同雁鹜，池上一徘徊。”徐铉《题梁王旧园》：“门前不见邹枚醉，池上时闻雁鹜愁。”

雄 〔xióng《广韵》羽弓切，平東，云。〕❶生物中能产精细胞者。与雌相对。韩愈《琴操十首·雉朝飞操》：“群雌孤雄，意气横出。”李贺《致酒行》：“我有迷魂招不得，雄鸡一声天下白。”白居易《燕诗示刘叟》：“梁上有双燕，翩翩雄与雌。”李商隐《题鹅》：“那解将心怜孔翠，羁雌长共故雄分。”❷强有力者，杰出超群者。骆宾王《伤祝阿王明府》：“含章光后烈，继武嗣前雄。”李白《送梁公昌从信安北征》：“高谈百战术，郁作万夫雄。”李密《淮阳感怀》：“寄言世上雄，虚生真可愧。”周昙《咏史诗·春秋战国门·中山君》：“结怨岂思围不解，愚谋多以杀为雄。”❸强而有力，杰出超群。杜甫《天育骠骑歌》：“是何意态雄且杰，骏尾萧梢朔风起。”又《八哀诗·赠秘书监江夏李公邕》：“近伏盈川雄，未甘特进丽。”卢纶《纶与吉侍郎中风尘追游向三十载畅博士当有五十韵见寄辄有所酬以申悲旧兼寄夏侯侍御审侯仓曹钊》：“校书才智雄，举世一娉婷。”唐尧客《大梁行》：“雄哉魏公子，畴日好罗英。”❹称雄。太宗《帝京篇十首》之一：“秦川雄帝宅，函谷壮皇居。”李邕《登历下古城员外孙新亭》：“太山雄地理，巨壑眇云庄。”杜甫《乘雨入行军六弟宅》：“令弟雄军佐，凡才污省郎。”❺指为首者，居前列者。王光庭《奉和圣制送张说巡边》：“贤相德符充，朝推文武雄。”刘长卿《登东海龙兴寺高顶望海简演公》：“豁然万里余，独为百川雄。”权德舆《奉酬从兄南仲见示十九韵》：“邦有贤诸侯，主盟词律雄。”韩愈《谒衡岳庙遂宿岳寺题门楼》：“火维地荒足妖怪，天假神柄专其雄。”❻英勇，勇猛。王维《燕支行》：“汉家天将才且雄，来时谒帝明光宫。”杜甫《冬狩行》：“君不见东川节度兵马雄，校猎亦似观成功。”❼喻高强、胜利。高适《酬秘书弟兼寄幕下诸公》：“孰云三军壮，惧我弹射雄。”韩愈、孟郊《斗鸡联句》：“知雄欣动颜，怯负愁看贿。”杨嗣复《谢寄新茶》：“石上生芽二月中，蒙山顾渚莫争雄。”❽雄壮，雄伟。李白《古风》之三：“秦皇扫六合，虎视何雄哉。”郭澹《喜陆侍御破石埭草寇东峰亭赋诗》：“迥夜昏氛灭，危亭眺望雄。”刘禹锡《奉送裴司徒令公自东都留守再命太原》：“行色旌旗动，军声鼓角雄。”无可《小雪》：“草木潜加润，山河更益雄。”❾显赫。杜甫《哭长孙侍御》：“道为谋书重，名因赋颂雄。”卢纶《送从舅成都丞广归蜀》：“俗富行应乐，官雄禄岂微。”孟郊《赠转运陆中丞》：“掌运职既大，摧邪名更雄。”顾云《苏君厅观韩干马障歌》：“秦王学士居武功，六印名家声价雄。”❿刚健，豪放。司空图《诗品二十四则·雄浑》：“返虚入浑，积健为雄。”⓫雄奇，险要。陈元光《落成会咏一首》：“环堂巍岳秀，带砺大江雄。”韦应物《西塞山》：“岚横秋塞雄，地束惊流满。”刘禹锡《秋日书怀寄白宾客》：“州远雄无益，年高健亦衰。”陆龟蒙《读襄阳耆旧传因作诗五百言寄皮袭美》：“汉皋古来雄，山水天下秀。”⓬旺盛，高涨。杜淹《咏寒食斗鸡应秦王教》：“顾敌知心勇，先鸣觉气雄。”刘湾《出塞曲》：“倚是并州儿，少年心胆雄。”李嘉祐《送李中丞杨判官》：“射策名先着，论兵气自雄。”薛逢《送封尚书节制兴元》：“大封茅土镇褒中，醉出都门杀气雄。”⓭盛多，繁多。李颀《送李回》：“知君官属大司农，诏幸骊山职事雄。”刘长卿《奉饯郎中四兄罢余杭太守承恩加侍御史充行军司马赴汝南行营》：“权分金节重，恩借铁冠雄。”⓮犀利，锋利。高适《送李侍御赴安西》：“离魂莫惆怅，看取宝刀雄。”孟郊《劝善吟》：“烦恼不可欺，古剑涩亦雄。”⓯隆重。刘禹锡《故相国燕国公于司空挽歌二首》之一：“池台乐事尽，箫鼓葬仪雄。”⓰严厉。常衮《早秋望华清宫树因以成咏》：“雷雨生成早，樵苏禁令雄。”⓱使雄，使重要。孙逖《奉和李右相赏会昌林亭》：“作京雄近县，开阁宠平津。”⓲指汉扬雄。雄经举荐，于汉成帝时被召待诏承明之庭。雄又有著作多种。卢纶《送何召下第后归蜀》：“一别金门远，何人复荐雄。”李商隐《今月二日不自量度辄以诗一首干渎尊严辄复五言四十韵诗献上亦诗人咏叹不足之义也》：“故事曾尊隗，前修有荐雄。”詹敦仁《复留侯从效问南汉刘岩改名龑字音义》：“奇字难雄博，摛文伏韩智。”⓳唐代州等级之一，属第一等。《通典·职官十五》：“开元中定天下州府，自京都及都督都护府之外，以近畿之州为四辅，其余为六雄、十望、十紧及上中下之差。”参见“雄州”。

【雄才】　亦作“雄材”。出众之才能。亦指有出众才能的人。孙逖《长洲苑》：“吴王初鼎峙，羽猎骋雄才。”杜甫《冬到金华山观因得故拾遗陈公学堂遗迹》：“悲风为我起，激烈伤雄才。”张祜《叙诗》：“雄材耻小用，属咏隅成规。”陆龟蒙《算山》：“水绕苍山固护来，当时盘踞实雄才。”

【雄王】　有权势之藩王。韩翃《别李明府》：“醉舞雄王玳瑁床，娇嘶骏马珊瑚柱。”

【雄文】　称美他人内容精深、气势雄伟的诗文。李适《奉和幸望春宫送朔方军大总管张仁亶》：“豹略恭宸旨，雄文动睿情。”李咸用《送令狐秀才赴举》：“子有雄文藻思繁，龆年射策向金门。”李咸用《送人》：“利爪鞲上鹰，雄文雾中豹。”徐铉《送刘司直出宰》：“之子有雄文，风标秀不群。”

【雄方】　题诗之大木板。方，古代书写用之木板。齐己《赴郑谷郎中招游龙观兴读题诗板谒七真仪像因有十八韵》：“雄方垂朴略，后辈仰箴规。”

【雄心】　宏大之理想和抱负。李益《送常曾侍御使西蕃寄题西川》：“今日闻君使，雄心逐鼓鼙。”元稹《和乐天折剑头》：“闻君得折剑，一片雄心起。”温庭筠《达摩支曲》：“旧臣头鬓霜华早，可惜雄心醉中老。”周昙《咏史诗·春秋战国门·赵简子》：“简子雄心蓄霸机，贤愚聊欲试诸儿。”

【雄芒】　亦作“雄鋩”。❶刀剑之尖锋。权德舆《唐开州文编远寄新赋累惠良药不觉斐然走笔代书聊书还答》：“三清飞庆霄，百汰成雄铓。”张友正《锦带佩吴钩》：“彩缕回文出，雄芒练影浮。”杜牧《分司东都寓居履道叨承川尹刘侍郎大夫恩知上四十韵》：“雅韵凭开匣，雄铓待发硎。”❷喻宏大、非凡之气势。僧鸾《赠李粲秀才》：“雄芒逸气测不得，使我踯躅成狂颠。”

【雄光】　强光。萧颖士《□□□赵载同游焦湖夜归作》：“回见出浦月，雄光射东关。”

【雄邦】　雄伟的邦国。王粲《曲江春望》：“莫论仙禁里，只此见雄邦。”

【雄名】　显赫名声。李白《金陵新亭》：“王公何慷慨，千载仰雄名。”张籍《送裴相公赴镇太原》：“盛德雄名远近知，功高先乞守藩维。”方干《狂寇后上刘尚书》：“独柱擎天寰海正，雄名盖世古今无。”王贞白《庐山》：“岳立镇南楚，雄名天下闻。”

【雄州】　地大物博人多，占重要地位之州。为唐代州的等级之一，属第一等。亦泛称地位重要的州府。欧阳詹《九日广陵同陈十五先辈登高怀林十二先辈》：“风烟今令节，台阁古雄州。”皎然《读张曲江集》：“帝命镇雄州，待济寄上流。”

【雄材】　见“雄才”。

【雄伯】　（—bà）杰出人物。伯，通霸。卢从愿《奉和圣制送张说巡边》：“时文仰雄伯，耀武震遐荒。”

【雄快】　豪爽痛快。韩愈、孟郊《雨中寄孟刑部几道联句》：“研文较幽玄，呼博骋雄快。”

【雄壮】　❶雄健有气势。韦蟾《岳麓道林寺》：“沈裴笔力斗雄壮，宋杜词源两风雅。”❷雄伟壮观。吴越僧《武肃王有旨石桥设斋会进一诗共六首》之二：“石磴嵌空神匠出，瀑泉雄壮雨声来。”

【雄妙】　雄健美妙。郑嵎《津阳门诗》：“都卢寻橦诚龌龊，公孙剑伎方神奇。”自注：“有公孙大娘舞剑，当时号为雄妙。”

【雄怪】　雄劲诡异。韩愈《酬司门卢四兄云夫院长望秋作》：“若使乘酣骋雄怪，造化何以当镌劖。”

【雄武】　❶雄健威武。韦应物《汉武帝杂歌三首》之三：“春秋方壮雄武才，弯弧叱浪连山开。”❷亦指雄健威武而有大略之人。李商隐《昭肃皇帝挽歌辞三首》之一：“九县怀雄武，三灵仰睿文。”

【雄武城】　指范阳城。《旧唐书·安禄山传》载，禄山筑垒范阳北，号雄武城，峙兵积谷。杜甫《渔阳》：“禄山北筑雄武城，旧防败走归其营。”

【雄直】　雄劲刚直。张籍《祭退之》：“独得雄直气，发为古文章。”

【雄兒】　好汉，好男儿。杨凝《春霁晚望》：“雄儿走马神光上，静女看花佛寺中。”杜牧《感怀诗一首》：“伍旅拔雄儿，梦卜庸真相。”

【雄居】　高踞。胡证《汝州北楼望少室诗》：“峭拔烟云外，雄居造化工。”

【雄威】　强大威势。孟郊《严河南》：“不必用雄威，见者毛发攒。”

【雄虺】　古代传说中大毒蛇。喻指大奸佞。辛常伯《军中行路难》：“君不见封狐雄虺自成群，凭深负固结妖氛。”韩愈《永贞行》：“雄虺毒螫堕股肱，食中置药肝心崩。”皮日休《正乐府十篇·贪官怨》：“愚者若混沌，毒者如雄虺。”

【雄劲】　指雄壮勇武之军队。韩愈《东都遇春》：“谋谟收禹绩，四面出雄劲。”

【雄拜】　授予高官。杨巨源《胡二十拜户部兼判度支》：“清机果被公材挠，雄拜知承圣主恩。”

【雄俊】　❶英雄豪杰。韩愈《石鼓歌》：“蒐于岐阳骋雄俊，万里禽兽皆遮罗。”❷才智杰出。崔宗之《赠李十二白》：“思见雄俊士，共话今古情。”

【雄骨】　铁骨。陆龟蒙《答友人》：“荆卿雄骨化为尘，燕市应无共饮人。”

【雄風】　强劲之风。李峤《寒食清明日早赴王门率成》：“雄风乘令节，余吹拂轻灰。”李白《结客少年场行》：“由来万夫勇，挟此生雄风。”牟融《谢惠剑》：“浩气中心发，雄风两腋生。”于溃《南越谣》：“雄风卷昏雾，干戈满楼船。”

【雄姿】 雄壮威武之姿态。杜甫《骢马行》：“雄姿逸态何嶍崒，顾影骄嘶自矜宠。”李山甫《游侠儿》：“好把雄姿浑世尘，一场闲事莫因循。”

【雄軍】 雄师，威武善战之军队。齐己《寄答武陵幕中何支使二首》之一：“十万雄军幕，三千上客才。”尚颜《峡中酬荆南郑准》：“每喜溯流宾客说，元瑜刀笔润雄军。”

【雄郡】 地势显要之大郡。李白《赠从弟宣州长史昭》：“宗英佐雄郡，水陆相控带。”韦应物《始至郡》：“湓城古雄郡，横江千里驰。”

【雄勇】 勇猛威武。无可《赠王将军》：“雄勇明王重，温恭执友贤。”李商隐《偶成转韵七十二句赠四同舍》：“彭门十万皆雄勇，首戴公恩若山重。”周昙《咏史诗・春秋战国门・再吟》：“走敌存亡义有余，全由雄勇与英谟。”

【雄飛】 ❶雄鸟之飞翔。杜甫《义鹘》：“雄飞远求食，雌者鸣辛酸。”褚载《陈仓驿》：“锦翼花冠安在哉，雄飞雌伏尽尘埃。”❷《东观汉记・赵温传》：“大丈夫生当雄飞，安能雌伏！”后遂以雄飞喻奋发有为。李瀚《蒙求》：“梁竦庙食，赵温雄飞。”刘允济《经庐岳回望江州想洛川有作》：“潜伏屡鲸奔，雄飞更鸷搏。”

【雄都】 地势险要雄伟之城邑。张九龄《奉和圣制幸晋阳宫》：“彼汾惟帝乡，雄都信郁盘。”杜甫《江陵望幸》：“雄都元壮丽，望幸欻威神。”韦应物《登高望洛城作》：“雄都定鼎地，势据万国尊。”张祜《送周尚书赴滑台》：“鼓角雄都分节钺，蛇龙旧国罢楼船。”

【雄華】 雄健而有文采。白居易《吟前篇因寄微之》：“君颜贵茂不清羸，君句雄华不苦悲。”

【雄哮】 大声咆哮。韩愈《嘲鼾睡》之一：“雄哮乍咽绝，每发壮益倍。”

【雄特】 英勇出众。韦庄《南阳小将张彦射虎歌》：“张彦雄特制残暴，见之叱起如叱羊。”亦指英雄出众之人。元稹《寄吴士矩端公五十韵》：“西州戎马地，贤豪事雄特。”

【雄健】 勇武强壮。皮日休《三羞诗三首》之二：“雄健许昌师，忠武冠其族。”

【雄師】 威武善战之军队。符彦卿《知汴州作》：“全军十万拥雄师，正是酧恩报国时。”陆龟蒙《吴俞儿舞歌・弩俞》：“达坚垒，残雄师，可以冠猛乐壮曲。”杜荀鹤《献新安于尚书》：“九土雄师竟若何，未如良牧与天和。”孙元晏《咏史诗・晋・谢玄》：“百万兵来逼合肥，谢玄为将统雄师。”

【雄盛】 强盛。孟浩然《高阳池送朱二》：“当昔襄阳雄盛时，山公常醉习家池。”

【雄略】 非凡的谋略。陈子良《赞德上越国公杨素》：“七德播雄略，十万骋行兵。”段尧藩《李节度平虏诗》：“百万王师下日边，将军雄略可图全。”胡曾《咏史诗・泸水》：“誓将雄略酬三顾，岂惮征蛮七纵劳。”罗隐《投浙东王大夫二十韵》：“盛名韬不得，雄略晦弥彰。”

【雄虓】 谓将帅。韩愈、孟郊《征蜀联句》：“下书遏雄虓，解罪吊挛瞎。”

【雄猛】 强悍威猛。齐己《短歌寄鼓山长老》：“于中一子最雄猛，称尊独踞鼓山顶。”

【雄視】 称雄，压倒。李峤《奉使筑朔方六州城率尔而作》：“雄视沙漠垂，有截北海阳。”

【雄黄】 一种矿物。橘黄色，有光泽，可制造烟火、染料等。元稹《虫豸诗・巴蛇》之二：“雄黄假名石，鸊鸟远难笼。”

【雄雄】 ❶威势盛大。《楚辞・大招》：“雄雄赫赫，天德明只。”李白《望黄鹤楼》：“东望黄鹤山，雄雄半空出。”权德舆《建除诗》：“建节出王都，雄雄大丈夫。”懿宗朝举子《刺安南事诗》：“雄雄许昌师，忠武冠其族。”元稹《望云骓马歌》：“雄雄猛将李令公，收城杀贼豺狼空。”❷宽广貌。尉迟汾《府尹王侍郎准制拜岳因状嵩高灵胜寄呈三十韵》：“雄雄天之中，峻极闻维嵩。”❸显赫貌。张祜《戊午年寓兴二十韵》：“坦坦前王道，雄雄近世名。”❹声音宏大貌。贯休《送郑使君》：“讴歌合合千门乐，鼙角雄雄一阁雷。”

【雄笔】 ❶大笔。方干《寄台州孙从事百篇》：“梅真入仕提雄笔，阮瑀从军着彩衣。”❷气势雄壮之文。李白《鲁郡尧祠送窦明府薄华还西京》：“竹林七子去道赊，兰亭雄笔安足夸。”杜甫《别唐十五诫因寄礼部贾侍郎》：“雄笔映千古，见贤心靡他。”高适《送蹇秀才赴临洮》：“倚马见雄笔，随身唯宝刀。”

【雄傑】 雄伟出众。陆龟蒙《江南秋怀寄华阳山人》：“弘深司马法，雄杰贰师兵。”

【雄勝】 形势雄奇险要之地。张彧《赵郡南石桥铭》序：“郡南石桥者，天下之雄胜。”

【雄詞】 亦作“雄辭”。气势雄壮之词句或诗文。刘允济《经庐岳回望江州想洛川有作》：“明牧振雄词，棣华殊灼灼。”岑参《送魏升卿擢第归东都因怀魏校书陆浑乔潭》：“如君兄弟天下稀，雄辞健笔皆若飞。”韩愈《赠崔立之》：“好事漆园吏，书之存雄词。”陆龟蒙《秋日遣怀十六韵寄道侣》：“尽日临风坐，雄词妙略兼。”

【雄渾】 雄健浑厚。司空图《诗品二十四则》有“雄浑”一则。

【雄强】 强大，强盛。袁朗《和洗掾登城南坂望京邑》：“奥区称富贵，重险擅雄强。”杨乘《甲子岁书事》："天兵日雄强，桀犬稍离析。"

【雄跨】 高踞。韩愈《嘲鲁连子》："开端要惊人，雄跨吾厌矣。"

【雄歌】 雄壮之歌。张继《河间献王墓》："雅乐未兴人已逝，雄歌依旧大风传。"

【雄雌】 ❶雄性和雌性。韦应物《乌引雏》："雄雌来去飞又引，音声上下惧鹰隼。"李德裕《南梁行》："乔木幽谷上下同，雄雌不异飞楼处。"贾岛《义雀行和朱评事》："玄鸟雄雌俱，春雷惊蛰余。"❷喻胜负、高下、强弱等。王维《夷门歌》："七雄雄雌犹未分，攻城杀将何纷纷。"刘禹锡《竞渡曲》："刺史临流褰翠帏，揭竿命爵分雄雌。"陆龟蒙《袭美先辈以龟蒙所献五百言既蒙见和复示荣唱用伸酬谢》："哀音但浮脆，岂望分雄雌。"又《江湖散人歌》："禁军近自肃宗置，抑遏辅国争雄雌。"

【雄雌律】 指十二律。《吕氏春秋·古乐》载，伶伦自大夏之西取竹，制十二管，"听凤凰之鸣，以别十二律，其雄鸣为六，雌名亦六"。王绩《古意六首》之二："裁为十二管，吹作雄雌律。"

【雄圖】 远大之抱负，宏伟之谋略。张九龄《经江宁览旧迹至玄武湖》："雄图不足问，唯想事风流。"高适《信安王幕府诗》："圣祚雄图广，师贞武德虔。"张俨《贞元八年十二月谒先主庙绝句三首》之一："天命屈雄图，谁歌大风起。"陈陶《南海送韦七使君赴象州任》："圣朝朱绂贵，从此展雄图。"

【雄算】 雄伟之谋力。张祜《读始兴公传》："乱首光雄算，朝纲在典坟。"

【雄鋩】 见"雄芒"。

【雄豪】 ❶英雄豪杰。明皇《春台望》："为想雄豪壮柏梁，何如俭陋卑茅室。"韩偓《流年》："雄豪亦有流年恨，况是离魂易黯然。"又《送人弃官入道》："社稷俄如缀，雄豪讵守株。"孙元晏《咏史诗·晋·蒲葵扇》："抛舍东山岁月遥，几施经略挫雄豪。"❷雄壮豪放。李白《宣城送刘副使入秦》："君即刘越石，雄豪冠当时。"杜甫《承闻河北诸道节度入朝欢喜口号绝句十二首》之十："意气即归双阙舞，雄豪复遣五陵知。"白居易《劝酒十四首·何处难忘酒七首》之五："此时无一盏，何以骋雄豪。"霍总《骢马》："青骊八尺高，侠客倚雄豪。"❸强横。乔知之《绿珠篇》："意气雄豪非分理，骄矜势力横相干。"李颀《郑樱桃歌》："石季龙，僭天禄，擅雄豪，美人姓郑名樱桃。"❹勇猛。岑参《卫节度赤骠马歌》："枥上看时独意气，众中牵出偏雄豪。"

【雄嘶】 大声嘶叫。元稹《哀病骢呈致用》："半夜雄嘶心不死，日高饥卧尾还摇。"

【雄劍】 指春秋吴国干将所铸二剑之一。泛指宝剑。李白《独漉篇》："雄剑挂壁，时时龙鸣。"杜甫《前出塞九首》之八："雄剑四五动，彼军为我奔。"李益《夜发军中》："边马枥上惊，雄剑匣中鸣。"李绅《到宣武三十韵》："虚衮朝独坐，雄剑夜孤鸣。"

【雄談】 高谈阔论。牟融《春游》："笑拂吟鞭邀好兴，醉敲乌帽逞雄谈。"

【雄險】 雄伟险要。张祜《入潼关》："都城三百里，雄险此回环。"

【雄謀】 非凡之谋略。陶翰《赠郑员外》："儒服揖诸将，雄谋吞大荒。"裴夷直《亚夫碎玉斗》："雄谋竟不决，宝玉终不爱。"

【雄辨】 义同雄辩。杜甫《饮中八仙歌》："焦遂五斗方卓然，高谈雄辨惊四筵。"

【雄聲】 雄壮之声音。罗隐《病骢马》："夜半雄声心尚壮，日中高卧尾还摇。"

【雄藩】 地位重要、实力强大之藩镇。王维《早入荥阳界》："泛舟入荥泽，兹邑乃雄藩。"韦应物《广陵遇孟九云卿》："雄藩本帝都，游士多俊贤。"张祜《投滑州卢尚书》："雨露恩重棣萼繁，一时旌旆列雄藩。"张乔《北山书事》："圣日雄藩静，秋风老将闲。"

【雄雞自斷尾】 喻明智之士自我伤残以避祸害。白居易《和答诗十首·答桐花》："雄鸡自断尾，不愿为牺牲。"

【雄鎮】 ❶重镇，重要的城镇。高适《真定即事奉赠韦使君二十八韵》："城邑推雄镇，山川列简图。"又《送柴司户充刘卿判官之岭外》："岭外资雄镇，朝端宠节旄。"杜甫《惜别行送向卿进奉端午御衣之上都》："尚书勋业超千古，雄镇荆州继吾祖。"皎然《送李喻之处士洪州谒曹王》："雄镇庐霍秀，高秋江汉清。"❷强有力的镇守。无名氏《晚秋至临蕃被禁之作》："昔日三军雄镇地，今时百草遍城阴。"

【雄辭】 见"雄詞"。

【雄鷙】 雄健。韩愈《荐士》："有穷者孟郊，受材实雄鸷。"

【雄霸】 称雄，称霸。陆龟蒙《村夜二篇》之二："嘻今居宠禄，各自矜雄霸。"

【雄辯】 有力之辩论。李白《梁甫吟》："入门不拜骋雄辩，两女辍洗来趋风。"吴筠《览古十四首》之八："一朝君臣契，雄辩何纵横。"

【雄觀】 (—guàn)雄伟之楼观。刘长卿《登扬州栖灵寺塔》："北塔凌空虚，雄观压川泽。"

雅 〔yǎ《广韵》五下切，上馬，疑。〕❶合乎规范的，正确的。陆挚《晓过南宫闻太常清乐》："合雅将移俗，同和自感情。"柳宗元《贞符》："载扬于雅，承天之嘏。"白居易《祗役骆口驿因寄八韵》："雅哉君子文，咏性不咏情。"参见"雅正""雅旨""雅思"。❷高雅脱俗，优雅。吕从庆《夏日即事》："境闲堪问道，客雅好论文。”欧阳衮《听郢客歌阳春白雪》：“调雅偏盈耳，声长杳入神。”薛能《符亭二首》之一：“符亭之地雅离群，万古悬泉一旦新。”❸《诗经》六义之一。《诗序》：“故诗有六义焉，一曰风，二曰赋，三曰比，四曰兴，五曰雅，六曰颂。”亦借指《诗经》。杜甫《陈拾遗故宅》：“有才继骚雅，哲匠不比肩。”武少仪《和权载之离合诗》：“早钦风与雅，日咏赠酬篇。”武元衡《甲午岁寓哀冥寞以广遗韵云》：“仙酝百花馥，艳歌双袖翻。”白居易《读张籍古乐府》：“风雅比兴外，未尝著空文。”❹古乐器名。见《周礼·春官·笙师》。亦指雅乐。皮日休《补周礼九夏系文·九夏歌九篇》之八：“礼酒既罄，嘉宾既醒，雅为之行。”❺古酒器名。三国魏曹丕《典论·酒诲》：“荆州牧刘表，跨有南土，子弟骄贵，并好酒，为三爵，大曰伯雅，次曰中雅，小曰季雅。”陆龟蒙《京口与友生话别》：“架上经唯一，尊前雅只三。”❻副词。(1)甚，颇。李端《慈恩寺怀旧》序：“员外，相国之子，雅有才称。”白居易《燕子楼三首》序：“善歌舞，雅多风态。”元稹《酬乐天江楼夜吟稹诗因成三十韵》：“雅羡诗能圣，终嗟药未仙。”陆龟蒙《南泾渔父》：“吾嘉渔父旨，雅叶贤哲操。”(2)正，正好。李山甫《山中寄梁判官》：“星郎雅是道中侣，六艺拘牵在隗台。”参见“雅合”。(3)经常，常常。杜甫《寄题江外草堂》：“我生性放诞，雅欲逃自然。”白居易《想东游五十韵》：“小宴闲谭笑，初筵雅献酬。”又《寄献北都留守裴令公》：“花月还同赏，琴诗雅自操。”

【雅才】 超常脱俗之才智。杜甫《题衡山县文宣王庙新学堂呈陆宰》：“是以资雅才，涣然立新意。”皎然《奉和袁使君高郡中新亭会张炼师昼会二上人》：“公性崇俭素，雅才非广求。”

【雅什】 高雅诗文。古人文章以十篇为一卷，名曰什。吴筠《高士咏·董威辇》：“匿影留雅什，精微信难穷。”慧净《和琳法师初春法集之作》：“高才掞雅什，顾己滥朋从。”

【雅引】 高雅美妙之乐曲。封行高《冬日宴于庶子宅各赋一字得色》：“雅引发清音，丽藻穷雕饰。”

【雅正】 典雅纯正。韦应物《答长宁令杨辙》：“瑰文溢众宝，雅正得吾师。”孟郊《赠苏州韦郎中使君》：“章句作雅正，江山益鲜明。”元稹《和李校书新题乐府十二首·华原磬》：“工师小贱牙旷稀，不辨邪声嫌雅正。”郑谷《故少师从翁隐岩别墅乱后榛芜感旧怆怀遂有追纪》：“浮华重发作，雅正甚湮沦。”

【雅令】 高雅的酒令。白居易《与梦得沽酒闲饮且约后期》：“闲征雅令穷经史，醉听清吟胜管弦。”

【雅句】 雅正文句。借指诗文。王元《哭李韶》：“雅句僧抄遍，孤坟客吊稀。”

【雅臣】 雅正之臣。明皇《端午三殿宴群臣探得神字》：“方殿临华节，圆宫宴雅臣。”

【雅曲】 (—qǔ)典雅的乐曲。太宗《春日玄武门宴群臣》：“清尊浮绿醑，雅曲韵朱弦。”

【雅合】 正好相合。鲍溶《荐冰》：“雅合霜容洁，非同雪体轻。”齐己《和孙支使惠示院中庭竹之什》：“星郎有佳咏，雅合此君声。”

【雅旨】 雅正的旨意。罗隐《堠子》：“雅旨逾千里，高文近两行。”

【雅好】 (—hào)平素爱好。白居易《法曲》：“以乱干和天宝末，明年胡尘犯宫阙。”自注：“明皇虽雅好度曲，然未尝使蕃汉杂奏。”

【雅弄】 典雅之曲。张瀛《赠琴棋僧歌》：“弦中雅弄若铿金，指下寒泉流太古。”元稹《和李校书新题乐府十二首·法曲》：“雅弄虽云已变乱，夷音未得相参错。”

【雅志】 平素之意愿。司马逸客《雅琴篇》：“直干思有托，雅志期所任。”

【雅吟】 高雅的吟咏。白居易《闲夜咏怀因招周协律刘薛二秀才》：“若厌雅吟须俗饮，妓筵勉力为君铺。”

【雅吹】 (—chuì)《雅》《颂》之乐。令狐峘《释奠日国学观礼闻雅颂》：“颂歌清晓听，雅吹度风闻。”

【雅作】 优雅之诗文制作。苑咸《酬王维》序：“然王兄当代诗匠，又精禅理，枉采知音，形于雅作，辄走笔以酬焉。”

【雅言】 高雅之言词、诗文。武元衡《奉酬淮南中书相公见寄》：“雅言书一札，宾海雁东隅。”孟郊《同溧阳宰送孙秀才》：“清韵始啸侣，雅言相与和。”

【雅尚】 ❶平素所崇尚。崔融《西征军行遇风》：“夙龄慕忠义，雅尚存孤直。”❷高雅的好尚。韦蟾《和柯古穷居苦日喜雨》：“贞机澹少思，雅尚防多僻。”

【雅具】 高雅之器具。陆龟蒙《忆袭美洞庭观步奉和次韵》：“闻君游静境，雅具更摐摐。”又《以竹夹膝寄赠袭美》：“添君雅具教多著，为著西斋谱一通。”

【雅知】 挚友。李频《寄范评事》：“雅知难更遇，旧分合长思。”

【雅物】 雅致之事物。皮日休《五贶诗》序：“日休尝闻道于不琢，敢不求雅物、成雅思乎？”

【雅拜】 古代九种跪拜仪式之一。跪拜时，先屈一膝，再屈一膝。陆龟蒙、皮日休《独在开元寺避暑颇怀鲁望因飞笔联句》：“松行将雅拜，篁阵欲交麾。”

【雅奏】 ❶典雅之乐曲。王邕《湘灵鼓瑟》：“诚能传此意，雅奏在宫商。”权德舆《奉陪李大夫九日龙沙宴会》：“水木秋光净，丝桐雅奏迟。”❷指高雅的诗文。杨凌《奉酬韦滁州寄示》：“非当远别离，雅奏何由发。”

【雅思】 雅正之才思。太宗《咏司马彪续汉志》："前史殚妙词，后昆沉雅思。"皮日休《五贶诗》序："日休尝闻道于不琢，敢不求雅物、成雅思乎？"

【雅俗】 ❶文雅和粗俗。亦指雅人和俗人。杨兴义《和杜甫》："莫嫌紫袍归家阻，且庆丰年雅俗安。"❷指雅正之风。杨巨源《薛司空自青州归朝》："已变畏途成雅俗，仍过旧里揖秋风。"

【雅风】 ❶诗风。戎昱《听杜山人弹胡笳》："如今世上雅风衰，若个深知此声好。"齐己《寄郑谷郎中》："神清太古在，字好雅风全。"❷指《诗经》。包佶《酬于侍郎湖南见寄十四韵》："章甫经殊俗，离骚继雅风。"

【雅怨】 雅正而哀怨。张祜《叙诗》："雅怨止潘子，高摽存左思。"

【雅度】 优雅的风度。高适《酬秘书弟兼寄幕下诸公》："司业志应徐，雅度思冲融。"

【雅音】 雅正之音。太宗《帝京篇十首》之四："去兹郑卫声，雅音方可悦。"李峤《箫》："虞舜调清管，王褒赋雅音。"权德舆《祗命赴京途次淮口因书所怀》："彪炳睹奇采，凄锵闻雅音。"宋齐丘《陪华林园试小妓羯鼓》："因逢淑景开佳宴，为出花奴奏雅音。"

【雅素】 高雅质朴。张说《素盘盂铭》序："国子祭酒韦公好游山水，器珍雅素。"

【雅訓】 典雅纯正。萧颖士《江有归舟三章》序："文也者，非云尚形似，牵比类，以局夫俪偶，放于奇靡，其于言也，必浅而乖矣，所务乎激扬雅训，彰宣事实而已。"

【雅宴】 高雅之宴饮。钱起《陪南省诸公宴殿中李监宅》："壶觞开雅宴，鸳鹭眷相随。"李商隐《五言述德抒情诗一首四十韵献上杜七兄仆射相公》："雅宴初无倦，长歌底有情。"

【雅容】 优美脱俗之外表。叶季良《赋得琢玉成器》："雅容看更澈，余响扣弥清。"

【雅措】 高雅得体。元稹《赠刘采春》："言辞雅措风流足，举止低回秀媚多。"

【雅梵】 优雅之梵唱。慧净《和琳法师初春法集之作》："尘飞扬雅梵，风度引疏钟。"

【雅章】 雅乐。孟郊《赠万年陆郎中》："旧事笑堆案，新声唯雅章。"

【雅望】 ❶严正之仪容。杜甫《八哀诗·故司徒李公光弼》："雅望与英姿，恻怆槐里接。"❷正人所瞩望。包佶《奉和柳相公中书言怀》："雅望期三人，东山未可寻。"李嘉祐《奉和杜相公长兴新宅即事呈元相公》："雅望归安石，深知在叔牙。"

【雅淡】 见"雅澹"。

【雅琴】 古琴之一种。杜正伦《冬日宴于庶子宅各赋一字得节》："清论畅玄言，雅琴飞白雪。"亦指雅琴所奏之乐曲。权德舆有《奉和张舍人阁老阁中直夜思闻雅琴因以书事通简僚友》。

【雅裁】 指雅正之诗文。皇甫湜《题浯溪石》："子昂感遇佳，未若君雅裁。"

【雅雅】 整肃貌。韩愈《元和圣德诗》："驾龙十二，鱼鱼雅雅。"

【雅量】 (—liàng)宏大气度。崔融《哭蒋詹事伊》："雅量沧海纳，完才庙廊施。"杜甫《移居公安敬赠卫大郎》："雅量涵高远，清襟照等夷。"

【雅飲】 富有雅趣的饮酒。李山甫《寄太常王少卿》："雅饮纯和气，清吟冰雪文。"

【雅詞】 典雅之文辞。薛存诚《御制段太尉碑》："雅词黄绢妙，渥泽紫泥分。"

【雅道】 ❶正道，雅正之道。皮日休《杂体诗》序："在汉代李延年为协律，造新声，雅道虽缺，乐府乃盛。"李中《春日途中作》："未知将雅道，何处谢知音。"❷指风雅之事，如诗文创作之类。朱庆余《叙吟》："雅道辛勤久，潜疑鬓雪侵。"郑谷《寄题诗僧秀公》："近来雅道相亲少，唯仰吾师所得深。"李中《清溪逢张惟贞秀才》："如今归建业，雅道喜重论。"无可《大理正任二十和江淹拟古诗二十章寄示》："古风真往哲，雅道滥朝闻。"

【雅瑟】 古代一种弦乐器，亦称大瑟。孟郊《汝州陆中丞席喜张从事至同赋十韵》："清风荡华馆，雅瑟泛瑶席。"皎然《伏日就汤评事衡湖上避暑》："释闷命雅瑟，放情思乱流。"

【雅號】 高雅之名号。皮日休《太湖诗·孤园寺》："雅号曰胜力，亦闻师佛氏。"

【雅節】 高尚之操守。杜审言《赠崔融二十韵》："雅节君弥固，衰颜余自伤。"骆宾王《夏日游德州赠高四》："霜松贞雅节，月桂朗冲襟。"杜甫《送魏二十四司直充岭南掌选崔郎中判官兼寄韦韶州》："佳声斯共远，雅节在周防。"

【雅稱】 (—chēng)素称。郑谷《深居》："年来头更白，雅称钓鱼翁。"无名氏《诗寄太原学士》："才高雅称神仙骨，智照灵如大宝龟。"

【雅頌】 《诗经》内容和乐曲分类之名称。雅为朝廷乐曲，颂为宗庙祭祀乐曲。亦指盛世之乐、庙堂之乐。王光庭《奉和圣制答张说扈从南出雀鼠谷》："雅颂通宸咏，天文接曙台。"李白《献从叔当涂宰阳冰》："雅颂播吴越，还如泰阶平。"韦承贻《策试夜潜纪长句于都堂西南隅》之二："白莲千朵照廊明，一片升平雅颂声。"齐己《寄郑谷郎中》："高名喧省闼，雅颂出吾唐。"

【雅話】 高雅之言论。沈亚之《答殷尧藩赠罢泾源记室》:“劳君辍雅话,听说事疆场。”

【雅意】 雅正之意。明皇《首夏花萼楼观群臣宴宁王山亭回楼下又申之以赏乐赋诗》序:“申布雅意,复叙初筵,披乐善之虞邸,坐忘忧之观。”

【雅歌】 ❶伴以雅乐歌唱之诗歌。司马逸客《雅琴篇》:“犹怜雅歌淡无味,渌水白云谁相贵。”白居易《和答诗十首·和阳城驿》:“附于雅歌末,奏之白玉墀。”王起《贡举人谒先师闻雅乐》:“鞠躬遗像在,稽首雅歌闻。”❷优雅之诗文。杜审言《送和西蕃使》:“疆场及无事,雅歌而餐饭。”

【雅製】 典范之体格法式。窦牟《奉使至邢州赠李八使君》:“礼饰华缨重,才牵雅制余。”亦指典雅的诗文。高适《同观陈十六〈史兴碑〉》:“我来观雅制,慷慨变毛发。”

【雅舞】 优雅之舞蹈。苏源明《小洞庭洄源亭宴四郡太守诗》序:“繁丝疏管,纷尔自会,雅舞清唱,倏然同引。”

【雅語】 优雅地叙话。卢仝《寄赠含曦上人》:“纵遇强礼拜,雅语不露齿。”

【雅誥】 雅正之文诰。李中《献中书潘舍人》:“立言成雅诰,正意叙彝伦。”权德舆《奉和张舍人阁老阁中直夜思闻雅琴因以书事通简僚友》:“盛才本殊伦,雅诰方在今。”

【雅誨】 雅正之教诲。韦应物《赠丘员外二首》之一:“格言雅诲阙,善谑矜数余。”

【雅鄭】 雅音和郑声。古代儒者认为郑声为淫邪之声。故以雅郑指正声和淫邪之声。窦庠《留守府酬皇甫曙侍御弹琴之什》:“泠泠分雅郑,析析谐宫徵。”元稹《桐花》:“安问宫徵角,先辨雅郑淫。”又《和李校书新题乐府十二首·华原磬》:“华原软石易追琢,高下随人无雅郑。”

【雅態】 闲雅之姿态。李咸用《萱草》:“只应怜雅态,未必解忘忧。”

【雅趣】 高雅之情趣。清江《春游司直城西鸬鹚溪别业》:“禅机空寂寞,雅趣赖招携。”

【雅篇】 优雅之诗文。李百药《和许侍郎游昆明池》:“积水浮深智,明珠曜雅篇。”杜荀鹤《维扬逢诗友张乔》:“雅篇三百首,留作后来师。”

【雅論】 高雅之言论。多用为敬词。杜甫《奉送王信州崟北归》:“故人持雅论,绝塞豁穷愁。”韩翃《家兄自山南罢归献诗叙事》:“雅论承安石,新诗与惠连。”窦庠《酬韩愈侍郎登岳阳楼见赠》:“雅论冰生水,雄材刃发硎。”

【雅調】 (一diào)❶雅乐。张濛《晓过南宫闻太常清乐》:“雅调乘清晓,飞声向远空。”❷高雅之韵调或格调。亦借指高雅之诗文。朱湾《筝柱子》:“知音如见赏,雅调为君传。”杨巨源《冬夜陪丘侍御先辈听崔校书弹琴》:“若将雅调开诗兴,未抵丘迟一片心。”无可《酬姚员外见过林下》:“日暮题诗去,空知雅调重。”张乔《送许棠及第归宣州》:“雅调一生吟,谁为晚达心。”

【雅樂】 (一yuè)古代帝王祭祀、朝贺、宴享时所用之舞乐。李华《咏史十一首》之二:“汉皇修雅乐,乘舆临太学。”元稹《和李校书新题乐府十二首·立部伎》:“太常雅乐备宫悬,九奏未终百寮情。”姚合《文宗皇帝挽词三首》之一:“垂拱开成化,愔愔雅乐全。”王毂《玉树曲》:“请停此曲归正声,愿将雅乐调元气。”

【雅操】 ❶雅正之乐曲。李群玉《失鹤》:“堕翎留片雪,雅操入孤琴。”❷高尚的操守。岑参《范公丛竹歌》序:“美范公之清致雅操,遂为歌以和之。”元稹《和李校书新题乐府十二首·阴山道》:“豪家富贾逾常制,令族清班无雅操。”

【雅器】 指琴。《文选·嵇康〈琴赋〉》:“至人摅思,制为雅器。”李滁《和李德裕房公旧竹亭闻琴》:“石室寒飙鸷,孙枝雅器裁。”

【雅興】 (一xìng)高雅之兴致。牟融《游报本寺》之二:“雅兴共寻方外乐,新诗争羡郢中才。”谭用之《山中春晚寄贾员外》:“高添雅兴松千尺,暗养清音竹数科。”

【雅學】 雅正之学。特指诗学。齐己《吟兴自述》:“前习都由未尽空,生知雅学妙难穷。”

【雅澹】 亦作“雅淡”。❶高雅恬静。白居易《和微之诗二十三首·和顺之琴者》:“清泠石泉引,雅澹风松曲。”❷高尚淡泊。刘禹锡《赠东岳张炼师》:“东岳真人张炼师,高情雅淡世间稀。”

【雅聲】 雅正之音乐。王翰《奉和圣制同二相已下群官乐游园宴》:“饪饫调元气,歌钟溢雅声。”李峤《舞》:“仪凤谐清曲,回鸾应雅声。”刘禹锡《和令狐相公南斋小宴听阮咸》:“雅声发兰室,远思含竹林。”皎然《观李中丞洪二美人唱歌轧筝歌》:“淫声已阕雅声来,游鱼噞喁鹤裴回。”

【雅麗】 高雅优美。韩愈《荐士》:“周诗三百篇,雅丽理训诰。”亦指高雅优美的事物。颜真卿《刻清远道士诗因而继作》:“客有神仙者,于兹雅丽陈。”

【雅韻】 ❶雅正之韵律。多借指雅正之诗文。刘轲《玉声如乐》:“繁音忽已阕,雅韵诎然清。”许浑《酬钱汝州》:“怪来雅韵清无敌,三十六峰当庾楼。”李商隐《高松》:“有风传雅韵,无雪试幽姿。”陆龟蒙《奉和袭美酬前进士崔潞盛制见寄因赠至一百四十言》:“清词忽窈窕,雅韵何虚徐。”❷风雅之韵致。骆宾王《夏日游德州赠高四》序:“庶瞻雅韵,伫辱报章。”白居易《和钱华州题少华清光绝句》:“高情雅韵三峰守,主领清光管白云。”

【雅覺】 日本或新罗僧人。原在关中(今陕西省地)某寺修行,与诗人张乔有交往。张乔有《送僧雅觉归东海》。

【雅躅】 高雅的行迹。郑谷《故许昌薛尚书能尝为都官郎中何以仰继前贤荣惕在衷遂赋自贺》:“复有李公陪雅躅,岂宜郑子忝余光。”

雋1 〔juàn《广韵》徂兖切,上獮,從。〕❶鸟肉肥美。泛指美味。参见“雋味”。❷古时以小鸟为射的,射中为雋。引申为中式、中选。白居易《醉后走笔酬刘五主簿长句之赠兼简张大贾二十四先辈昆季》:“二张得雋名居甲,美退争雄重告捷。”齐己《谢丁秀才见示赋卷》:“圣后求贤久,明公得雋稀。”

雋2 〔jùn《字汇》即慎切。〕通“俊”。❶才德超卓之人。《鹖冠子·博选》:“故德万人者谓之雋,德千人者谓之豪,德百人者谓之英。”亦指才德超卓。李群玉《劝人庐山读书》:“怜君少雋利如锋,气爽神清刻骨聪。”参见“雋$_2$喆”“雋$_2$髦”“雋$_2$賢”。❷水名。参见“雋$_2$陽”。

【雋味】 美味。李群玉《石门韦明府为致东阳潭石鲫鲙》:“雋味品流知第一,更劳霜橘助芳鲜。”

【雋$_2$陽】 古地名。雋水之北。雋水出湖北通城县幕阜山,经崇阳、蒲圻等地,北流入长江。杜荀鹤有《雋阳道中》。

【雋$_2$喆】 卓异贤哲之人。皮日休《二游诗·徐诗》:“东莞为著姓,奕代皆雋哲。”

【雋$_2$髦】 杰出之人。李德裕《述梦诗四十韵》:“我后怜词客,吾僚并雋髦。”白居易《寄献北都留守裴令公》:“将校森貔武,宾僚俨雋髦。”

【雋$_2$賢】 才德杰出者。杜牧《雨中作》:“贱子本幽慵,多为雋贤侮。”

五　画

雉 〔zhì《广韵》直几切,上旨,澄。〕❶鸟名。通称野鸡。雄者羽毛美丽,尾长,可做装饰品。雌者尾较短,灰褐色。雉善走,不能远飞。肉鲜美。韦应物《射雉》:“野田双雉起,翻射斗回鞭。”耿湋《旅次汉故畤》:“广川桑遍绿,丛薄雉连鸣。”贯休《村行遇猎》:“鹘拂荒田兔成血,竿打黄茅雉惊起。”❷古代计算城墙面积的单位。一雉,长三丈,高一丈。太宗《帝京篇十首》之一:“绮殿千寻起,离宫百雉余。”羊士谔《西川独孤侍御见寄七言四韵一首为郡翰墨都捐逮此酬答诚乖拙速》:“百雉层城上将坛,列营西照雪峰寒。”刘禹锡《韩十八侍御见示诗因令属和重以自述故足成六十二韵》:“湘洲路四达,巴陵城百雉。”杜牧《感怀诗一首》:“刬隍三只巘万寻,缭垣叠千雉。”❸皇宫之雉门。借指皇宫。元稹《楚歌十首》之三:“生居宫雉閟,死葬寝园尊。”

【雉子斑】 亦作“雉子班”。❶谓野鸡毛色斑斓好看。王维《送李睢阳》:“麦渐渐,雉子斑。”温庭筠《故城曲》:“漠漠沙堤烟,堤西雉子斑。”❷乐府古吹曲词。汉鼓吹铙歌十八曲之一。李白《雉子斑》:“辟邪伎作鼓吹惊,雉子班之奏曲成。”又《雉朝飞》:“雉子班奏急管弦,倾心酒美尽玉碗。”

【雉子班】 见“雉子斑”。

【雉衣】 以雉羽为饰之衣服或绣有雉纹之衣服。刘禹锡《同乐天和微之深春二十首》之十:“雉衣从露体,不敢有余斜。”陆龟蒙《闻袭美有亲迎之期因以寄贺》:“梁鸿夫妇欲双飞,细雨轻寒拂雉衣。”

【雉車】 见“雉門車”。

【雉尾】 ❶即雉尾扇。亦借指帝王之仪仗。韩愈《奉和库部卢四兄曹长元日朝回》:“金炉香动螭头暗,玉佩声来雉尾高。”李德裕《离平泉马上作》:“文帝宠深陪雉尾,武皇恩厚宴龙津。”杜牧《洛下送张曼容赴上党召》:“未趋雉尾随元老,且蓦羊肠过少年。”❷喻指形似野鸡长尾之物。周存《禁中春松》:“日华留偃盖,雉尾转春风。”

【雉門車】 指郎官之车。钱起《江宁春夜裴使君席送萧员外》:“主人熊轼任,归客雉门车。”亦省称“雉車”。杨巨源《送殷员外使北蕃》:“努力黄云北,仙曹有雉车。”又《酬令狐员外直夜书怀见寄》:“此地从头白,经年望雉车。”

【雉扇】 用较长而美观之野鸡毛制成之宫扇。古代帝王仪仗用具之一。许浑《秋日早朝》:“龙旗尽列趋金殿,雉扇才分见玉旒。”于濆《古宴曲》:“雉扇合蓬莱,朝车回紫陌。”殷文圭《观贺皇太子册命》:“鸾旃再立星辰正,雉扇双开日月明。”

【雉乳】 谓地方官施行仁政,惠及禽鸟。乳,繁殖。王维《送方城韦明府》:“使车听雉乳,县鼓应鸡鸣。”

【雉堞】 城上短墙。长三丈,高一丈。亦泛指城墙。钱起《崔十四宅问候》:“远水闾阎内,青山雉堞西。”司空曙《南原望汉宫》:“荒原空有汉宫名,衰花茫茫雉堞平。”白居易《赠楚州郭使君》:“淮水东南第一州,山围雉堞月当楼。”张乔《台城》:“云屯雉堞依然在,空绕渔樵四五家。”

【雉子】 幼雉。杜甫《绝句漫兴九首》之七:“笋根雉子无人见,沙上凫雏傍母眠。”参见“雉子斑”。

【雉場】 围猎雉之场地。温庭筠有《雉场歌》。

【雉葆】 用羽毛伞盖的车。温庭筠《嘲春风》:

"苒袅转鸾旗，萎蕤吹雉葆。"

【雉朝飛】（朝 zhāo）古府琴曲歌辞。题作"雉朝飛操"。李白、韩愈、张祜均有《琴曲歌辞·雉朝飞操》，李白诗题下注："雉朝飞者，犊沐子七十无妻，出薪于野，见雉雄雌相随而飞，感之而作。"

【雉媒】为猎人所驯养以诱捕野雉之雉。孙逖《长洲苑》："山静吟猿父，城空应雉媒。"杨发《南野逢田客》："杏色满林羊酪熟，麦凉浮垄雉媒低。"李商隐《公子》："春场铺艾帐，下马雉媒娇。"司空图《南北史感遇十首》之九："昔日繁华今日恨，雉媒声晚草芳时。"

【雉雊】雉鸣叫。李峤《弩》："机张惊雉雊，玉彩耀星芒。"王维《渭川田家》："雉雊麦苗秀，蚕眠桑叶稀。"李端《归山招王逵》："雉雊麦苗阴，蝶飞溪草晚。"朱庆余《送元处士游天台》："空山雉雊禾苗短，野馆风来竹气清。"

【雉随】指雉随晋孝子萧芝上朝、下朝事。后用为孝亲之典。李瀚《蒙求》："朱博乌集，萧芝雉随。"见"雉門車"。

【雉翘】雄雉尾部长羽。刘禹锡《连州腊日观莫徭猎西山》："箭头余鹄血，鞍傍见雉翘。"

【雉蕹】即雉，野鸡。韩愈《琴操十首·雉朝飞操》："嗟我虽人，曾不如彼雉蕹。"

【雉鷃】雉和鷃。鷃，一种小鸟。韩愈、孟郊《城南联句》："羽空颠雉鷃，血路迸狐麖。"

雊〔gòu《广韵》古候切，去候，見。〕❶雉鸣叫。李峤《弩》："机张惊雉雊，玉彩耀星芒。"王维《晦日游大理韦卿城南别业四声依次用各六韵》之四："鹊巢结空林，雉雊响幽谷。"李端《归山招王逵》："雉雊麦苗阴，蝶飞溪草晚。"刘禹锡《初夏曲三首》之三："麦陇雉朝雊，桑野人暮归。"

【雊雉】为变异之兆。韩愈、李正封《晚秋郾城夜会联句》："星陨闻雊雉，师兴随唳鹤。"

雍〔yōng《广韵》於容切，平鍾，影。又於用切，去用，以。〕❶和谐。见《书·尧典》。魏征《五郊乐章·肃和》："祚我明德，时雍道泰。"岑文本《奉和正日临朝》："时雍表昌运，日正叶灵符。"韩愈《赠徐州族侄》："期我语非佞，当为佐时雍。"慧净《和琳法师初春法集之作》："和风动淑气，丽日启时雍。"❷古代祭祀宗庙毕撤俎豆时所奏的乐章，亦用为撤膳时之乐。魏征《享太庙乐章·永和》："雍歌撤俎，祝嘏陈辞。"则天皇后《唐大飨拜洛乐章·禋和》："奏夏登列，歌雍撤肆。"❸古九州之一。上古中国分冀、兖、青、徐、扬、荆、豫、梁、雍九州。京兆府为古雍州之地，唐武德元年(618)曾改为雍州。白居易《赠友五首》之四："九州雍为首，群牧之所遵。"李商隐《次陕州先寄源从事》："离思羁愁日欲晡，东周西雍此分途。"李洞《段秀才溪居送从弟游泾陇》："朔雪痕侵雍，边烽焰照泾。"❹姓。唐诗人有雍陶、雍裕之。

【雍丘】唐县名。秦始置，治所在今河南杞县。唐属汴州。李白有《题雍丘崔明府丹灶》，李端有《送雍丘任少府》。

【雍州】古州名。东汉兴平元年(194)置，置所在姑臧县(今甘肃武威市)，建安十八年(213)移治长安(今陕西西安市北)。唐开元元年(713)改为京兆府。诗中常借指唐京城长安。岑参《西过渭州见渭水思秦川》："渭水东流去，何时到雍州。"沈亚之《春色满皇州》："何处春辉好，偏宜在雍州。"徐夤《依御史温飞卿华清宫二十二韵》："帝里新丰县，长安旧雍州。"黄滔《下第出京》："还失礼官求，花时出雍州。"

【雍聿之】韦应物有《饯雍聿之潞州谒李中丞》。据傅璇琮《唐代诗人丛考·韦应物系年考证》，雍聿之，当即雍裕之。见"雍裕之"。

【雍秀才】雍陶，蜀人，大和八年(834)进士。薛涛有《酬雍秀才贻巴峡图》，贾岛有《过雍秀才居》。

【雍羌】唐时骠国(在今缅甸境内)王。唐授以太常卿。其子舒难陀，骠国城主，唐授以试太仆卿。白居易《骠国乐》："雍羌之子舒难陀，来献南音奉正朔。"

【雍京】指唐京城长安。齐己有《送人游雍京》。

【雍門】指雍门子舟。复姓雍门，名子周。春秋齐人，善鼓琴，曾以善说和善鼓琴见孟尝君，使孟尝君悲泪盈眶。贾至《长沙别李六侍御》："此别盈襟泪，雍门不假弹。"李益《闻亡友王七嘉禾寺得素琴》："何必雍门奏，然后泪潺湲。"白居易《和答诗十首·和思归乐》："雍门一言感，未奏泪沾缨。"李商隐《碧瓦》："歌从雍门学，酒是蜀城烧。"

【雍門淚】谓哀伤之泪。李益《来从窦车骑行》："歌出易水寒，琴下雍门泪。"

【雍門琴】指哀伤之曲。张九龄《陪王司马登薛公逍遥台》："尝闻薛公泪，非直雍门琴。"李白《猛虎行》："肠断非关陇头水，泪下不为雍门琴。"皎然《杂兴六首》之三："谁高齐公子，泣听雍门琴。"唐彦谦《春阴》："感事不关河里笛，伤心应倍雍门琴。"

【雍容】❶仪态温文大方。寒山《诗三百三首》之一二九："雍容美少年，博览诸经史。"陈子良《赞德上越国公杨素》："雍容入青琐，肃穆侍丹墀。"罗隐《投浙东王大夫二十韵》："啸傲辞民部，雍容出帝乡。"韩偓《与吴子华侍郎同年玉堂同直怀恩叙恳因成长句四韵兼呈诸同年》："声名烜赫文章士，金紫雍容富贵身。"❷从容不迫，不慌忙。张说《同刘给事城南宴集》："雍容乘暇日，潇洒出嚣尘。"刘长卿《对雨赠济阴马少府考城蒋少府兼献成武五兄南华二兄》:“笑语和风骚,雍容事文墨。”又《落第赠杨侍御兼拜员外仍充安大夫判官赴范阳》:“肃穆乌台上,雍容粉署中。”皎然《因游支硎寺寄邢端公》:“雍容持汉槼,肃穆卫周堂。”❸华贵,高贵。韩翃《寄徐州郑使君》:“江城五马楚云边,不羡雍容画省年。”❹人名。《北史·李安世传》载《李波小妹歌》:“李波小妹字雍容,褰裙逐马如卷蓬,左射右射必叠双。妇女尚如此,男子安可逢!”韩偓《后魏时相州人作李波小妹歌疑其未备因补之》:“李波小妹字雍容,窄衣短袖蛮锦红。”

【雍郢州】 雍郢州无考。岑仲勉疑雍惟良。陶敏认为岑氏所征史料,无雍惟良官郢州之记载,且雍惟良开元二年官至大理正,时代过早。陶氏认为,雍乃郎之误,郎郢州,即郎士元,士元曾出守郢州。李端有《送雍郢州》。

【雍陶】 诗人。字国钧,成都(今四川成都市)人。大和八年(834)登进士第,为名流所推重。曾任侍御史。大中六年(852),授国子毛诗博士。大中八年,出任简州刺史。《全唐诗》编其诗为一卷,一百二十余首。与刘得仁、贾岛相友善。刘得任有《赠雍陶博士》和《寄雍陶先辈》,贾岛有《送雍陶入蜀》和《送雍陶及第归成都宁亲》。姚合有《选雍陶游蜀》。

【雍畤】 古代祭五方天帝的祭坛。许景先《奉和御制春台望》:“汾祠雍畤望通天,玉堂宣室坐长年。”温庭筠《感旧陈情五十韵献淮南李仆射》:“闲宵陪雍畤,清暑在甘泉。”唐彦谦《岐王宅》:“云低雍畤祈年去,雨细长杨从猎归。”

【雍裕之】 诗人,成都(今四川)人。屡举进士不第,漂泊四方。大约为大历、贞元中人。《全唐诗》编其诗一卷,三十首。

【雍雍】 和谐貌,和乐貌。卢照邻《中和乐九章·歌明堂第二》:“穆穆圣皇,雍雍明堂。”李纾《唐德明兴圣庙乐章·德明酌献》:“清庙奕奕,和乐雍雍。”《郊庙歌辞·释奠文宣王乐章·雍和》:“肃肃亲享,雍雍执奠。”薛能《雁和韦侍御》:“肃肃雍雍义有余,九天鸾凤莫相疏。”

【雍臺歌】 乐府鼓吹曲名。梁武帝、吴均有所作。温庭筠有《雍台歌》。

【雍熙】 和乐升平。陈叔达《州城西园入斋祠社》:“方凭知礼节,况奉化雍熙。”崔曙《奉酬中书相公叙怀见寄之作》:“年年佐尧舜,相与致雍熙。”孟郊《旅次湘沅有怀灵均》:“君臣逸雍熙,德化盈纷敷。”赵起《奉和登会昌山应制》:“六龙多顺动,四海正雍熙。”

【雍熙舞】 后唐宗庙乐舞辞。卢文纪撰词。《郊庙歌辞·后唐宗庙乐舞辞》题后注:“《唐余录》曰:‘后唐并用唐乐,无所变更,惟别造六室舞辞。懿祖室奏《昭德之舞》,献祖室奏《文明之舞》,太祖室奏《应天之舞》,昭宗室奏《永平之舞》,庄宗室奏《武成之舞》,明宗室奏《雍熙之舞》。’”《雍熙舞》见《后唐宗庙乐舞辞》,注谓“卢文纪撰词”。

【雍齒】 ❶人名。汉初沛人。从刘邦起兵,屡建战功,但因其窘辱刘邦,为刘邦所不快。及至刘即位,诸将未行封,人怀怨望。刘邦从张良言,先封雍齿为什邡侯,诸将皆喜曰:“雍齿尚侯,吾属无患矣。”见《史记·留侯世家》。李瀚《蒙求》:“丁公遽戮,雍齿先侯。”❷谐音用齿,指有齿木屐。《南唐烈祖酒令》:“着履过街,必须雍齿。”

【雍穆】 和睦,和谐。贯休《送梦上人归京》:“莲峰掌记韩拾遗,雁行雍穆世所稀。”

六 画

雌 〔cí《广韵》此移切,平支,清。〕❶禽鸟中能产卵者。杜甫《义鹘》:“雄飞远求食,雌者鸣辛酸。”韦应物《乌引雏》:“雄雌来去飞又引,音声上下惧鹰隼。”白居易《燕诗示刘叟》:“梁上有双燕,翩翩雄与雌。”李商隐《鸳鸯》:“雌去雄飞万里天,云罗满眼泪潸然。”亦泛称能产卵细胞的(生物)。韩愈《龙移》:“天昏地黑蛟龙移,雷惊电激雄雌随。”❷指女性或女子。王建《赠离曲》:“少年使我忽相弃,雌号雄鸣夜悠悠。”参见“雌雄❷”。❸柔弱,柔细。参见“雌一”“雌聲”。❹败,失败。参见“雌伏”“雌雄❹”。

【雌一】 柔软而专一。元稹《和乐天赠吴丹》:“雌一守命门,回九填血脑。”

【雌伏】 喻指屈居下位、难以有所作为。萧颖士《留别二三子得韵字》:“二纪尚雌伏,徒然忝先进。”温庭筠《病中书怀呈友人》:“鹿鸣皆缀士,雌伏竟非夫。”陆龟蒙《寄怀华阳道士》:“我悲雌伏真方枘,他骋雄材似建瓴。”罗隐《旅舍书怀寄所知二首》之一:“道从汩没甘雌伏,迹恐因循更陆沉。”褚载《陈仓驿》:“锦翼花冠安在哉,雄飞雌伏尽尘埃。”

【雌黄】 一种矿物,即三硫化二砷,半透明,柠檬黄色,有毒,能杀菌灭虫。可制成颜料。古人写字有误或校勘时用此种颜料加以涂改。引申为议论、评论。贯休《拟齐梁体寄冯使君三首》之三:“伟哉桐江守,雌黄出金口。”又《蜀王入大慈寺听讲》:“驾驭英雄如赤子,雌黄贤哲贡琼瑰。”

【雌黄筆】 蘸有雌黄用来涂改文字之笔。寒山《诗三百三首》之二二九:“未读十卷书,强把雌黄笔。”

【雌絃】 弦乐器上较的弦,音阶属音高部位。李商隐《和郑愚赠汝阳王孙家筝妓二十韵》:“蠹粉实雌弦,灯光冷如水。”

【雌雄】 ❶雌性和雄性。白居易《燕诗示刘叟》:“雌雄空中鸣,声尽呼不归。”李绅《悲善才》:“流莺子母飞上林,仙鹤雌雄唳明月。”陆龟蒙《乐府杂咏六首·东飞凫》:“胫短翅亦短,雌雄恋菰蒲。”霍总《雉朝飞》:“五色有名翚,清晨挟两雌。”❷指女性和男性。陆龟蒙《美人》:“雌雄南北飞,一旦异栖讬。”❸谓阴阳。皮日休《太湖诗·以毛公泉一瓶献上谏议因寄》:“既用文武火,俄穷雌雄篇。”❹胜负。杨炯《出塞》:“塞外欲纷纭,雌雄犹未分。”李白《登广武古战场怀古》:“伊昔临广武,连兵决雌雄。”

【雌雄劍】 相传春秋吴人干将与其妻莫邪铸造雌雄二剑,雄号干将,雌号莫邪。进雄剑于吴王而自藏雌剑。雌剑时悲鸣,忆雄剑。见唐陆广微《吴地记》。亦泛指成对之剑。杜甫《冬晚送长孙渐舍人归州》:“匣里雌雄剑,吹毛任选将。”

【雌雌】 象声词。状歌声。韩愈《辞唱歌》:“岂有长直夫,喉中声雌雌。”

【雌鳳】 喻指相爱男女之女方。李商隐《燕台四首·右春》:“雄龙雌凤杳何许,絮乱丝繁天亦迷。”又《燕台四首·右冬》:“天东日出天西下,雌凤孤飞女龙寡。”

【雌龍】 ❶指尧之二女。死为湘水之神。因为她们是女性,故云雌龙。李贺《帝子歌》:“山头老桂吹古香,雌龙怨吟寒水光。”❷传说中龙之雌性者。曹唐《小游仙诗九十八首》之二五:“玉色雌龙金络头,真妃骑出纵闲游。”

【雌聲】 柔声。韩愈《病中赠张十八》:“雌声吐款要,酒壶缀羊腔。”

雒 〔luò《广韵》盧各切,入鐸,來。〕通“洛”。参见“雒陽”。

【雒中】 即洛阳。马戴有《雒中寒夜姚侍御宅怀贾岛》。

【雒陽】 即洛阳。我国古都之一。在今河南洛阳市。隋大业初建,城跨洛水南北、瀍水东西,周回五十二里。隋炀帝、武周、五代先后定都于此,唐以此为东都。城内隋时设东、南、北三市,唐时增设两市,为当时著名国际市场。皇甫冉《题画帐二首·山水》:“犹疑黛色中,复是雒阳岨。”杨巨源《将归东都寄令狐舍人》:“多病晚来还有策,雒阳山色旧相亲。”李绅《江南暮春寄家》:“雒阳城见梅迎雪,鱼口桥逢雪送梅。”马戴《雒中寒夜姚侍御宅怀贾岛》:“夜木动寒色,雒阳城阙深。”

八 画

雕 〔diāo《广韵》都聊切,平蕭,端。〕❶同“鵰”。一种大型猛禽。嘴呈钩状,视力强,腿部羽毛直达趾间,雌雄同色。也称鹫。王维《观猎》:“回看射雕处,千里暮云平。”皇甫冉《怨回纥歌二首》之一:“雕巢城上宿,吹笛泪滂沱。”张祜《塞下曲》:“促放雕难下,生骑马未调。”❷治玉。亦泛指雕刻、雕琢。韦应物《信州录事参军常曾古鼎歌》:“雕螭刻篆相错盘,地中岁久青苔寒。”郑澣《和李德裕游汉州房公湖二首》之二:“自宜雕乐石,爽气际青城。”黄滔《壶公山》:“翠竹雕羌笛,悬藤煮蜀笺。”参见“雕刻❶”“雕琢❶”“雕飾❶”“雕龍❶”。❸装饰,饰以彩绘、花纹等。韩愈《答张彻》:“紫树雕斐亹,碧流滴珑玲。”鲍溶《羽林行》:“宝马雕玉鞍,一朝从万骑。”参见“雕弓”“雕戈”“雕文❶”“雕玉”。❹语言文字上刻意修饰。太宗《咏司马彪续汉志》:“文囿雕奇彩,艺门蕴深致。”李贺《仁和里杂叙皇甫湜》:“欲雕小说干天官,宗孙不调为谁怜。”❺“凋”之古字。凋零,凋谢。参见“雕悴”。❻“碉”之古字。参见“雕城”。

【雕弓】 刻绘花纹之弓,精美之弓。李白《秋猎孟诸夜归置酒单父东楼观妓》:“骏发跨名驹,雕弓控鸣弦。”韩翃《送康洗马归滑州》:“腰佩雕弓汉射声,东归衔命见双旌。”窦巩《赠阿史那都尉》:“较猎燕山经几春,雕弓白羽不离身。”薛能《乞假归题候馆》:“仆带雕弓马似飞,老莱衣上着戎衣。”

【雕戈】 刻绘花纹之戈,精美之戈。王维《燕支行》:“画戟雕戈白日寒,连旗大旆黄尘没。”钱起《送萧常侍北使》:“绛节引雕戈,鸣驺动玉珂。”羊士谔《寄黔府窦中丞》:“朝衣蟠艾绶,戎幕偃雕戈。”柳宗元《奉平淮夷雅表·皇武》:“金节煌煌,锡盾雕戈。”

【雕文】 ❶饰以彩绘、花纹。亦指所饰、所绘之花纹。丁居晦《琢玉》:“露璞方期辨,雕文幸既成。”李商隐《赴职梓潼留别畏之员外同年》:“佳兆联翩遇凤凰,雕文羽帐紫金床。”❷精心制作诗文。褚亮《和御史韦大夫喜霁之作》:“息驾游兰坂,雕文折桂丛。”陈子良《赞德上越国公杨素》:“小人愧王氏,雕文惭马卿。”

【雕玉】 雕着花纹之玉。李贺《河南府试十二月乐词·五月》:“雕玉押帘额,轻縠笼虚门。”

【雕仗】 用彩绘装饰之仪仗。鲍溶《郊天回》:“风前貔武回雕仗,云里神龙起画竿。”

【雕朽】 比喻不堪造就。骆宾王《久戍边城有怀京邑》:“有志惭雕朽,无庸类散樗。”沈佺期《奉和晦日驾幸昆明池应制》:“微臣雕朽质,羞睹豫章材。”

【雕刺】 指技艺非凡。杜牧《昔事文皇帝三十二韵》:“斗巧猴雕刺,夸趫索挂跟。”

【雕金】 刻镂之金饰。喻指创作华美之文辞。韦渠牟《步虚词十九首》之二:“镂玉留新诀,雕金得旧编。”

【雕金榜】 刻有金字之木板。李绅《题白乐天文集》:“部列雕金榜,题存刻石铭。”

【雕刻】 ❶在木、石、骨和金属等材料上刻镂。陈子昂《感遇诗三十八首》之一九:“奈何穷金玉,雕刻以为尊。”钱起《紫参歌》:“阴阳雕刻花如鸟,对凤连鸡一何小。”李绅《姑苏台杂句》:“越王巧破夫差国,来献黄金重雕刻。”鲍溶《禅定寺经院》:“莲华不朽寺,雕刻满山根。”❷喻指刻意修饰文辞。杜甫《寄刘峡州伯华使君四十韵》:“雕刻初谁料,纤毫欲自矜。”吴融《赠广利大师歌》:“好是不雕刻,纵横冲口发。”

【雕弧】 雕弓。张说《玄武门侍射》:“雕弧月半上,画的晕重圆。”王维《少年行四首》之三:“一身能臂两雕弧,虏骑千群只似无。”牛峤《登陈拾遗书台览杜工部留题慨然成咏》:“兴来挥兔毫,欲竞雕弧力。”

【雕城】 指边塞。雕,通碉。李约《从军行三首》之三:“候火起雕城,尘沙拥战声。”

【雕胡】 茭白子实,即菰米。煮熟为雕胡饭,即菰米饭。杜甫《白水县崔少府十九翁高斋三十韵》:“为我炊雕胡,逍遥展良觌。”亦指雕胡饭。元稹《春分投简阳明洞天作》:“琼杯传素液,金匕进雕胡。”

【雕胡飯】 用菰米煮成之饭。李白《宿五松山下荀媪家》:“跪进雕胡饭,月光明素盘。”

【雕虹】 饰有浮雕、彩绘之桥。许敬宗《奉和登陕州城楼应制》:“辰旗翻丽景,星盖曳雕虹。”

【雕華】 雕丽,精美华丽。张九龄《答陈拾遗赠竹簪》:“幽素宜相重,雕华岂所任。”

【雕栱】 雕绘之拱木。张祜《华清宫和杜舍人》:“雀卵遗雕栱,虫丝罥画梁。”

【雕桐】 指精美之七弦古琴。古以桐树制作琴身,故名。徐彦伯《仪坤庙乐章·金奏》:“瑶俎既列,雕桐发声。”

【雕軒】 饰有浮雕、彩绘之车。高宗《太子纳妃太平公主出降》:“雕轩回翠陌,宝驾归丹殿。”

【雕航】 指画舫。太宗《采芙蓉》:“结伴戏方塘,携手上雕航。”

【雕陵】 地名。在今河南扶沟县刁陵。李商隐《北禽》:“知来有乾鹊,何不向雕陵。”徐夤《鹊》:“神化难源瑞即开,雕陵毛羽出尘埃。”

【雕陰】 汉县名,因境内有雕阴山而得名。唐时改为甘泉县。故城在今陕西甘泉县南、富县北。李频《送姚侍御充渭北掌书记》:“雕阴曾久客,拜送欲沾巾。”许棠《冬夜与友人会宿》:“君初离雁塞,我久滞雕阴。”郑玉《苇谷》:“水会三川漾碧波,雕阴人唱采花歌。”

【雕籢】 雕笼。陆龟蒙《奉和袭美太湖诗二十首·初入太湖》:“乍如开雕籢,耸翅忽飞出。”

【雕翎】 雕之翎毛。张祜《塞下》:“箭插雕翎阔,弓盘鹊角轻。”

【雕章】 ❶彩绣华丽。薛曜《舞马篇》:“嘴衔拉铁并权奇,被服雕章何陆离。”❷精心修饰文辞。亦指精心撰写出来的华美诗文。刘宪《饯唐永昌》:“始见郎官拜洛阳,旋闻近侍发雕章。”杜甫《寄刘峡州伯华使君四十韵》:“雕章五色笔,紫殿九华灯。”

【雕悴】 凋谢萎靡。韩愈《秋怀诗十一首》之二:“白露下百草,萧兰共雕悴。”

【雕梁】 饰有浮雕、彩绘之屋梁,装饰华美之屋梁。皇甫冉《华清宫》:“绛阙犹栖凤,雕梁尚带虹。”陈标《长安秋思》:“舞袖慢移凝瑞雪,歌尘微动避雕梁。”刘兼《春宴河亭》:“舞袖逐风翻绣浪,歌尘随燕下雕梁。”王嵒《燕》:“月树风枝不栖去,强来言语泥雕梁。”亦泛指豪华建筑物。杜甫《奉观严郑公厅事岷山沱江画图》:“白波吹粉壁,青嶂插雕梁。”

【雕琢】 ❶雕刻金玉等。刘允济《咏琴》:“雕琢今为器,宫商不自持。”韦应物《咏玉》:“雕琢为世器,真性一朝伤。”韩愈《醉赠张秘书》:“至宝不雕琢,神功谢锄耘。”南巨川《美玉》:“雕琢嗟成器,缁磷志不移。”❷喻指刻意修饰文辞。崔涂《过长江贾岛主簿旧厅》:“雕琢文章字字精,我经此处倍伤情。”

【雕戟】 饰有浮雕、彩绘之戟。贺敳《奉和九月九日应制》:“玉砌分雕戟,金沟转镂衢。”

【雕腊】 干雕肉。贯休《塞上曲二首》之一:“蒲萄酒白雕腊红,苜蓿根甜沙鼠出。”

【雕疏】 零落稀疏。张祜《题酸枣驿前碑》:“苍苔古涩自雕疏,谁道中郎笔力余。”

【雕楹】 饰有浮雕、彩绘之柱,装饰华美之柱。岑文本《安德山池宴集》:“雕楹网萝薜,激濑合埙篪。”温庭筠《吴苑行》:“绮户雕楹长若此,韶光岁岁如归来。”李山甫《燕》:“豪家足金弹,不用污雕楹。”黄滔《明月照高楼》:“波文流藻井,桂魄拂雕楹。”

【雕飾】 ❶雕琢文饰,使其华美。李白《醉后答丁十八以诗讥余捶碎黄鹤楼》:“神明太守再雕饰,新图粉壁还芳菲。”李嘉祐《奉和杜相公长兴新宅即事呈元相公》:“经过容法侣,雕饰让侯家。”钱起《玛瑙杯歌》:“良工雕饰明且鲜,得成珍器入芳筵。”❷喻雕镂文辞,刻意求工。李白《经乱离后天恩流夜郎忆旧游书怀赠江夏韦太守良宰》:“清水出芙蓉,天然去雕饰。”

【雕甍】 雕饰精美之屋脊。李峤《王屋山第之侧杂构小亭暇日与群公同游》:"绮栋鱼鳞出,雕甍凤羽栖。"钱弘倧《登蓬莱阁怀武肃王》:"飞梠叠栱重装束,刻槛雕甍又葺成。"武元衡《行路难》:"风飘雨散今奈何,绣闼雕甍绿苔多。"

【雕斲】 亦作"雕斵"。❶雕刻。司马逸客《雅琴篇》:"匠者果留盼,雕斲为雅琴。"贯休《秋夜玩月怀玉霄道士》:"光异磨砻出,轮非雕斲成。"❷刻意修饰文辞。陈子昂《与东方左史虬修竹篇》:"信蒙雕斵美,常愿事仙灵。"

【雕輦】 饰有浮雕、彩绘的车子,豪华的车子。魏征《奉和正日临朝应诏》:"淑景辉雕辇,高旌扬翠烟。"刘禹锡《罢郡姑苏北归渡扬子津》之二:"昔年雕辇路,唯有采樵歌。"温庭筠《齐宫》:"白马杂金饰,言从雕辇回。"孙光宪《后庭花》之一:"修蛾慢脸陪雕辇,后庭新宴。"

【雕鞍】 刻饰花纹的马鞍,华美的马鞍。骆宾王《帝京篇》:"宝盖雕鞍金络马,兰窗绣柱玉盘龙。"韦庄《秦妇吟》:"旋抽金线学缝旗,才上雕鞍教走马。"薛昭蕴《离别难》词:"宝马晓鞴雕鞍,罗帏乍别情难。"亦借指宝马。徐铉《亚元舍人不替深知因为长歌聊以为报》:"白银阙下何英英,雕鞍绣毂趋承明。"卢渥《题嘉祥驿》:"星使自天丹诏下,雕鞍照地数程中。"

【雕輪】 雕花彩饰华美之车。温庭筠《和道溪君别业》:"积润初销碧草新,凤阳晴日带雕轮。"

【雕鋋】 柄上有雕饰之矛。李峤《戈》:"晓霜含白刃,落影驻雕鋋。"

【雕盤】 刻绘花纹之盘,精美之盘。丁仙芝《赠朱中书》:"晨趋彩笔柏梁篇,昼出雕盘大官膳。"羊士谔《州民有献杏者瑰丽溢目因感花未几聊以成咏》:"却忆落花飘绮席,忽惊如实满雕盘。"刘禹锡《崔元受少府自贬所还遗山姜花以诗答之》:"雕盘多不识,绮席乃增华。"水神《霅溪夜宴诗》:"雕盘玉豆兮罗珍羞,金卮琼斝兮方献酬。"

【雕盤綺食】 精美之盘及食物。李白《扶风豪士歌》:"雕盘绮食会众客,吴歌赵舞香风吹。"

【雕錯】 雕刻。韦应物《杂体五首》之一:"南金既雕错,鞶带共辉饰。"

【雕龍】 ❶雕镂龙纹。喻指善于修饰文辞或刻意雕琢文字。亦指雕镂出来的精美文辞。钱起《奉和王相公秋日戏赠元校书》:"贤相敦高躅,雕龙忆所思。"熊孺登《题逍遥楼伤故韦大夫》:"逍遥楼上雕龙字,便是羊公堕泪碑。"贯休《上荆南府主三让德政碑》:"凤皇衔下雕龙文,德昧政虚争敢立。"又《赠造微禅师院》:"七丝奔小蟹,五字逼雕龙。"❷指龙形花纹。李白《怨歌行》:"鹔鹴换美酒,舞衣罢雕龙。"鲍溶《赠李黯将军》:"岩云入角雕龙爽,寒日摇旗画兽豪。"

【雕龍手】 诗文大家。黄滔《伤蒋校书德山》:"如何万古雕龙手,独是相如识汉皇。"

【雕鞬】 雕有花纹之盛弓器。李峤《弓》:"宛转雕鞬际,依稀半月明。"

【雕鎪】 雕刻。李商隐《富平少侯》:"彩树转灯珠错落,绣檀回枕玉雕锼。"

【雕斵】 见"雕斲"。

【雕闌】 见"雕欄"。

【雕牆】 饰以浮雕、彩绘之墙壁,华美之墙壁。杜甫《九成宫》:"巡非瑶水远,迹是雕墙后。"白居易《裴常侍以题蔷薇架十八韵见示因广为三十韵以和之》:"照梁迷藻棁,耀壁变雕墙。"亦指雕绘墙壁。张祜《元和直言诗》:"陛下喜雕墙,四方必重藩。"

【雕牆峻宇】 彩绘之墙壁和高大之屋宇。形容居处豪华奢侈。岑羲《黄金台》:"雕墙峻宇无不亡,蓟城筑宫国乃昌。"

【雕牆繡轂】 彩绘之墙壁和雕绘华美之车。形容生活豪华奢侈。贯休《富贵曲二首》之一:"琼树玉堂,雕墙绣毂。"

【雕題】 文面,在额上刺花纹。古代南方部族的一种习俗。借指古代南方雕额文身之部族。沈佺期《初达驩州》:"水行儋耳国,陆行雕题薮。"又《答魑魅代书寄家人》:"雕题飞栋宇,儋耳间衣裳。"元稹《春分投简阳明洞天作》:"雕题虽少有,鸡卜尚多巫。"袁皓《重归宜春偶成十六韵寄朝中知己》:"恩仁霑品物,教化及雕题。"

【雕題金】 指南方所产之金,犹言南金。李贺《相劝酒》:"管愔愔,横波好送雕题金。"参见"雕题"。

【雕蟲】 比喻从事微不足道之技艺。常指写作诗文辞赋。卢僎《上幸皇太子新院应制》:"仰天歌圣道,犹愧乏雕虫。"李白《古风》之三五:"一曲斐然子,雕虫丧天真。"薛存诚《谒见日将至双阙》:"雕虫竟何取,瞻恋不知回。"李频《长安书怀投知己》:"所学近雕虫,知难谒至公。"

【雕蟲篆刻】 喻指词章小技。吕岩《七言》之四二:"杳杳冥冥莫问涯,雕虫篆刻道之华。"

【雕鎩】 损伤,衰败。韩愈、孟郊《征蜀联句》:"穷区指清夷,凶部坐雕铩。"

【雕藻】 华丽诗文。褚遂良《安德山池宴集》:"良朋比兰蕙,雕藻迈琼琚。"

【雕簷】 饰有浮雕、彩绘之屋檐,华美之屋檐。冯延巳《醉花间》词之二:"桐树倚雕檐,金井临瑶砌。"

【雕鏤】 ❶雕刻。白居易《青石》:"愿为颜氏段氏碑,雕镂太尉与太师。"皮日休《鲁望见赠五百言次韵》:"斯文纵奇巧,秦玺新雕镂。"又《鸳鸯二首》之二:

"钿镂雕镂费深功，舞妓衣边绣莫穷。"❷喻指刻意修饰文辞。齐己《览延栖上人卷》："今体雕镂妙，古风研考精。"

【雕鹗】　雕和鹗。鹗，雕属，性凶猛，嘴短脚长，趾具锐爪，以捕鱼为食，俗称鱼鹰。李白《夷则格上白鸠拂舞辞》："鹰鹯雕鹗，贪而好杀，凤皇虽大圣，不愿以为臣。"杜甫《奉赠鲜于京兆二十韵》："骅骝开道路，雕鹗离风尘。"齐己《黄雀行》："雕鹗虽不仁，分明在寥廓。"

【雕鐫】　❶雕刻。窦庠《于阗钟歌送灵澈上人归越》："东南之美天下传，环文万象无雕镌。"白居易《游悟真寺诗》："逼观疑鬼功，其迹非雕镌。"李昌符《咏铁马鞭》："汉将临流得铁鞭，鄂侯名字旧雕镌。"贯休《上荆南府主三让德政碑》："一从寇灭二十年，琬琰雕镌赐重叠。"❷喻指精心琢磨文辞。廖融《谢翁宏以诗百篇见示》："神珠迷罔象，端玉匪雕镌。"

【雕欄】　亦作"雕阑"。雕绘花饰之栏杆，华美之栏杆。李峤《燕》："相贺雕阑侧，双飞翠幕中。"韦庄《秦妇吟》："斜开鸾镜懒梳头，闲凭雕栏慵不语。"南唐后主李煜《虞美人》词之二："雕阑玉砌应犹在，只是朱颜改。"

【雕籠】　❶雕刻精致之熏笼。许景先《阳春怨》："雕笼熏绣被，珠履踏金堤。"❷雕刻精致之鸟笼。杜甫《八哀诗·故著作郎贬台州司户荥阳郑公虔》："孔翠望赤霄，愁思雕笼养。"皮日休《正乐府十篇·哀陇民》："将命提雕笼，直到金台前。"成彦雄《夕》："雕笼鹦鹉将栖宿，不许鸦鬟转辘轳。"顾琼《木兰花》词之二："画堂鹦鹉语雕笼，金粉小屏犹半掩。"

【雕鑿】　雕刻凿空。卢纶《慈恩寺石磬歌》："徒壮洪钟秘高阁，万金费尽工雕凿。"

九　画

雖〔suī《广韵》息遗切，平脂，心。〕❶连词：(1)表示假设关系。虽然。王勃《倬彼我系》之四："其位虽屈，其言则传。"李白《君马黄》："君马黄，我马白。马色虽不同，人心本无隔。"白居易《寄唐生》："歌哭虽异名，所感则同归。"于武陵《早春日山居寄城郭知己》："虽有眼前诗酒兴，遨游争得称闲心。"(2)表示假设关系。即使，纵然。万齐融《送陈七还广陵》："风流谁代子，虽有旧无双。"李白《书怀赠南陵常赞府》："虽有数斗玉，不如一盘粟。"白居易《叹鲁二首》之一："所讬得其地，虽愚亦获安。"❷通"須"。副词。本，本来。罗隐《感怀》："虽教小事相催逼，未到青云拟白头。"

【雖則】　虽然。王维《愚公谷三首》之二："虽则行无迹，还能响应声。"罗隐《西川与蔡十九同别子超》："相欢虽则不多时，相别那能不敛眉。"

【雖是】　虽然是。韦元甫《木兰歌》："今者见木兰，言声虽是颜貌殊。"吕温《道州将赴衡州酬别江华毛令》："明朝别后无他嘱，虽是蒲鞭也莫施。"崔涯《咏春风》："孤云虽是无心物，借便吹教到帝乡。"

【雖然】　连词，即使。李白《中山孺子妾歌》："虽然不如延年妹，亦是当时绝世人。"于鹄《题邻居》："虽然在城市，还得似樵渔。"崔珏《有赠》之一："虽然不似王孙女，解爱临邛卖赋郎。"吕岩《警世》："虽然不见人头落，暗里教君骨髓枯。"

十　画

雙〔shuāng《广韵》所江切，平江，生。〕❶禽鸟两只。钱起《送马明府赴江陵》："清风高兴得湖山，门柳萧条双翟闲。"李绅《忆西湖双鸂鶒》："双鸂鶒，锦毛斓斑长比翼。"张泌《临江仙》词："烟收湘渚秋江静，蕉花露泣愁红，五云双鹤去无踪。"❷量词。用于成对之事物。王维《田园乐七首》之二："再见封侯万户，立谈赐璧一双。"刘长卿《游休禅师双峰寺》："双扉碧峰际，遥向夕阳开。"李德裕《鸳鸯篇》："双影相伴，双心莫违。"李商隐《明日》："谁言整双履，便是隔三桥。"钱弘俶《舟中偶书》："瞑目稳收双足坐，不劳询问醉禅人。"❸成双成对地。钱起《病鹤篇》："不及川凫长比翼，随波双泛复双归。"王建《宫词一百首》之二九："半夜美人双唱起，一声声出凤皇楼。"李叔卿《江南曲》："歌舞未终涕双陨，旧宫坡俺才嶙隐。"齐己《鹭鸶二首》之一："残阳苇花畔，双下钓鱼矶。"❹匹敌。韩愈《病中赠张十八》："谈舌久不掉，非君亮谁双。"李涉《与弟渤新罗剑歌》："我有爱弟都九江，一条直气今无双。"张祜《投常州从兄中丞》："史材谁是伍，经术世无双。"李质《宿日观东房诗》："曾入桃溪路，仙源信少双。"❺并存，相似。韩愈《此日足可惜赠张籍》："哀情逢吉语，惝恍难为双。"

【雙刀】　两把刀。喻指两道犀利的目光。薛逢《夜宴观妓》："愁傍翠蛾深八字，笑回丹脸利双刀。"

【雙山】　即双峰山。在今湖北黄梅县西北。山有四祖寺，为禅宗四祖道信之道场。包佶有《双山过信公所居》。

【雙文】　即唐传奇小说人物崔莺莺。见元稹《莺莺传》。《侯鲭录》卷五引王铚《传奇辨正》云"其诗中多言双文，意谓二'莺'字为双文也"。元稹有《赠双文》。

【雙手】　两只手。孟郊《古意》："回还胜双手，解尽心中结。"

【雙毛】 二毛。头白有二色。指斑白头发。许浑《赠别》:"苏秦六印归何日,潘岳双毛去值秋。"

【雙牛】 两头牛。徐铉《和陈赞善致仕还京口》:"今日君臣厚终始,不须辛苦画双牛。"

【雙文簟】 一种花纹成双之竹席。王维《送孙秀才》:"玉枕双文簟,金盘五色瓜。"

【雙斗】 罡星斗宿。陆龟蒙《奉和袭美太湖诗二十首·入林屋洞》:"却笑探五符,徒劳步双斗。"

【雙玉盤】 喻指赠品或所赠之诗文。贾至《寓言二首》之二:"闻有关河信,欲寄双玉盘。"钱起《郭司徒厅夜宴》:"明发将何赠,平生双玉盘。"耿湋《和王怀州观西营秋射》:"明日开铃阁,新诗双玉盘。"

【雙术】 指赤术和白术。术,草名,即山蓟。分白术、苍术等数种。王绩《采药》:"龟蛇采二苓,赤白寻双术。"

【雙目】 两眼。白居易、刘禹锡《喜晴联句》:"迥彻来双目,昏烦去四支。"欧阳炯《题景焕画应天寺壁天王歌》:"斜窥小鬼怒双目,直倚越狼高半胸。"

【雙成】 董双成。传董双成为西王母侍女。常以咏女仙或借指侍女。宋若华《嘲陆畅》:"双成走报监门卫,莫使吴歈入汉宫。"白居易《送萧炼师步虚词十首卷后以二绝继之》之二:"试呈王母如堪唱,发遣双成更取来。"薛能《赠欢娘》:"当时纵使双成在,不得如伊是小时。"罗虬《比红儿诗》之八五:"红儿不向汉宫生,便使双成谩得名。"

【雙全】 两方面俱完备。杜甫《哭韦大夫之晋》:"春秋褒贬例,名器重双全。"张籍《和令狐尚书平泉东庄近居李仆射有寄十韵》:"探幽皆一绝,选胜又双全。"戴叔伦《奉天酬别郑谏议云逵卢拾遗景亮见别之作》:"郑君间世贤,忠孝乃双全。"

【雙豆能塞聰】 喻被局部、暂时之现象所迷惑,看不到全局或事物之本质。聂夷中《杂兴》:"两叶能蔽目,双豆能塞聪。"

【雙角】 ❶两只角。储光羲《述韦昭应画犀牛》:"双角前崭崭,三蹄下骎骎。"王建《荆门行》:"大蛇过处一山腥,野牛惊跳双角折。"❷古代儿童头顶上的两束发髻。白居易《东城晚归》:"一条邛杖悬龟榼,双角吴童控马衔。"

【雙表】 华表。华表通常成对,故称。亦指墓表。杜甫《哭王彭州抡》:"翠石俄双表,寒松竟后凋。"

【雙林】 ❶相传释迦牟尼寂灭于娑罗双树间。故以双林借指寺院中树木。孟浩然《陪张丞相祠紫盖山途经玉泉寺》:"五马寻归路,双林指化城。"参见"雙樹"。❷借指寺院。储光羲《重寄虬上人》:"此情劳梦寐,况道双林遥。"耿湋《慈恩寺残春》:"双林花已尽,叶色占残芳。"戎昱《题招提寺》:"日暮双林磬,泠泠送客回。"韩翃《题龙兴寺澹师房》:"双林彼上人,诗兴转相亲。"齐己《答陈秀才》:"他年立名字,笑我老双林。"❸借指佛祖释迦牟尼。姚合《赠王山人》:"既能施六度,了悟达双林。"

【雙杯】 两杯酒。耿湋《晚春青门林亭燕集》:"对酒当为乐,双杯未可辞。"

【雙佩】 谓江妃二仙女之一双玉佩。储嗣宗《圣女祠》:"不复闻双佩,山门空夕阳。"

【雙金】 见"雙南金"。

【雙兔坡】 地名。在今山西襄垣县。韩翃《送襄垣王君归南阳别墅》:"双兔坡东千室吏,三鸦水上一归人。"

【雙盲人】 双目失明者。孟郊《寄张籍》:"未见天子面,不如双盲人。"

【雙南金】 为寄赠酬答诗文的美称。刘禹锡《海阳湖别浩初师》序:"今复来连山,以前所得双南金,出于裓,亟请余赓之。"元稹《春晚寄杨十二兼呈赵八》:"寄之二君子,希见双南金。"白居易《酬张太祝晚秋卧病见寄》:"何以报珍重,惭无双南金。"亦用以美称人物。李群玉《送处士自番禺东游便归苏台别业》:"惜我入洛晚,不睹双南金。"亦省称"雙金"。钱起《奉和杜相公移长兴宅奉呈元相公》:"兴来文雅振,清韵掷双金。"羊士谔《西川独孤侍御见寄七言四韵一首逮此酬答诚乖拙速》:"双金未比三千字,负弩空惭知者难。"柳宗元《酬娄秀才寓居开元寺早秋月夜病中见寄》:"谬委双金重,难征杂佩酬。"白居易《病中辱崔宣城长句见寄因以四韵总而酬之》:"三道旧夸收片玉,一章新喜获双金。"

【雙星】 指牛郎星和织女星。古代传说,织女每逢七夕渡银河与牛郎相会。见南朝梁吴均《续齐谐记》。后遂以之为典,用以喻夫妻团圆。杜甫《奉酬薛十二丈判官见赠》:"相如才调逸,银汉会双星。"鲍溶《秋夜闻郑山人弹楚妃怨》:"此夕河汉上,双星含凄然。"

【雙美】 ❶文武俱美,文武双全。杜荀鹤《读张仆射诗》:"双美总输张太守,二南章句六钩弓。"❷两位杰出的人物。李商隐《奉和太原公送前杨秀才戴兼招杨正字戎》:"仙舟尚惜乖双美,彩服何由得尽同。"

【雙眉】 两眉。韦庄《宿泊孟津寄三堂友人》:"只恐愁苗生两鬓,不堪离恨入双眉。"钱弘俶《路次再感圣恩》:"贴水碧禽飞一字,隔烟青嶂展双眉。"

【雙飛】 成对飞翔。李白《双燕离》:"双燕复双燕,双飞令人羡。"姚合《寒食二首》之一:"舞爱双飞蝶,歌闻百啭莺。"常喻夫妻情笃。陆龟蒙《闻袭美有亲迎之期因以寄贺》:"梁鸿夫妇欲双飞,细雨轻寒拂雉衣。"阎德隐《薛王花烛行》:"只应早得淮南术,会见双飞入紫烟。”

【雙飛翼】 ❶成对飞翔之翅膀。李商隐《无题二首》之一：“身无彩凤双飞翼，心有灵犀一点通。”❷喻指信使。张九龄《感遇十二首》之十：“袖中一札书，欲寄双飞翼。”

【雙帶子】 乐府杂曲歌辞。《乐府诗集》卷八十列为近代曲辞。始创于玄宗天宝间，其初咏调名本意。七言，四句，二十八字，二平韵。传辞如七绝，首以平起，末句拗。见《全唐诗》卷二七《杂曲歌辞》。

【雙桐】 两棵桐树。古代井边多植桐树。三国魏曹丕《猛虎行》：“双桐生空井，枝叶自相加。”郑世翼《过严君平古井》：“如何属秋气，唯见落双桐。”卢纶《早秋望华清宫中树因以成咏》：“玉坛标八桂，金井识双桐。”

【雙連】 谓连获两兽。三国魏曹植《名都篇》谓“驰骋未及半，双兔过我前”，“左挽因右发，一纵两禽连”。苏颋《御箭连中双兔》：“三驱仍百步，一发遂双连。”

【雙峰】 山名。在今湖北黄梅县。山中有双峰寺，为佛教名刹，禅宗四祖道信、五祖弘忍均曾居此。刘长卿有《双峰下哭故人李宥》。

【雙峰山】 山名。在今湖北孝感市东北九十里，双峰并峙，飞瀑悬流。上有双峰寺。周朴有《赠双峰山和尚》。

【雙峰寺】 寺名。在今湖北黄梅县。为佛教名刹，禅宗四祖道信曾居此。刘长卿有《游休禅师双峰寺》。

【雙峰草堂】 诗人在终南山之别墅。岑参有《终南山双峰草堂作》。

【雙旆】 义同“雙旌”。李绅《过钟陵》：“省抛双旆辞荣宠，遽落丹霄起爱憎。”

【雙流】 两水分流。左思《蜀都赋》：“带二江之双流。”秦蜀郡太守李冰兴修都江堰时，在今四川灌县西北，分岷江为二支，北称郫江，南曰流江，二支分流经城北与城南，然后然合而南流。王维《送崔五太守》：“剑门忽断蜀川开，万井双流满眼来。”

【雙扇】 指门扉。温庭筠《会昌丙寅丰岁歌》：“新姑车右及门柱，粉项韩凭双扇中。”赵璜《七夕》：“乌鹊桥头双扇开，年年一度过河来。”

【雙袖】 两袖。韩翃《赠王随》：“饮罢更怜双袖舞，试来偏爱五花骄。”张祜《观杭州柘枝》：“看着遍头香袖褶，粉屏香帕又重偎。”

【雙陸】 一种如下棋之游戏，有盘，刻画两门二十四路。有马子，状如捣衣杵，黑白各十五。两人对打，开始时将马子按一定格式放在盘上，然后轮流掷骰子，按骰子的点色行走，白马自右向左，黑马自左向右，马先出尽的一方获胜。传为三国魏曹植首创。王梵志《诗》之六三：“双陆智人戏，园棋出专能。”朱湾有《咏双陆骰子》。王建《宫词一百首》之七七：“各把沉香双陆子，局中斗累阿谁高。”李贞白《咏罂粟子》：“倒排双陆子，希插碧牙筹。”

【雙眼】 两只眼睛。杜荀鹤《献钱塘县罗著作判官》：“莫把一名专懊恼，放教双眼绝冤仇。”贯休《古意九首》之一：“只应天上人，见我双眼明。”欧阳炯《题景焕画应天寺壁天王歌》：“蟒蛇拖得浑身堕，精魅搦来双眼空。”

【雙堠】 古代设于驿道旁用以标志里程的两个土堆。五里只堠，十里双堠。张籍《泾州塞》：“道边古双堠，犹记向安西。”元稹《西归绝句十二首》之一：“双堠频频减去程，渐知身得近京城。”

【雙眸】 两颗眼珠。陆龟蒙《村中晚望》：“短鬓看成雪，双眸旧有花。”

【雙崤】 指东西崤山。在今河南省西部。李峤《送光禄刘主簿之洛》：“函谷双崤右，伊川二陕东。”亦用以指崤谷。孔绍安《伤顾学士》：“迢递双崤道，超忽三川湄。”

【雙魚】 ❶两条鱼。杜甫《李监宅》：“且食双鱼美，谁看异味重。”李贺《钓鱼诗》：“菱丝萦独茧，蒲米蛰双鱼。”❷指书信。杨炯《和酬虢州李司法》：“非君重千里，谁肯惠双鱼。”羊士谔《郡中端居有怀袁州王员外使君》：“弱翁方大用，延首迟双鱼。”白居易《岁暮枉衢州张使君书并诗因以长句报之》：“浮石潭边停五马，望涛楼上得双鱼。”唐彦谦《寄台省知己》：“久怀声籍甚，千里致双鱼。”参见“雙鯉”。❸在钗头上装饰之玉鱼。李珣《临江仙》词之一：“不语低鬟幽思远，玉钗斜坠双鱼。”

【雙魚信】 即书信。张祜《寄卢载》：“少见双鱼信，多闻八米诗。”

【雙魚鑰】 双鱼形门锁。锁制成鱼形，取不瞑目守夜之义。司空曙《和耿拾遗元日观早朝》：“门响双鱼钥，车喧百子铃。”

【雙旌】 唐代节度领刺史者出行仪仗。泛称高官的仪仗。韦应物《广陵行》：“双旌拥万戟，中有霍嫖姚。”王建《送魏州李相公》：“百代功勋一日成，三年五度换双旌。”李商隐《送千牛李将军赴阙五十韵》：“此时惟短剑，仍世尽双旌。”贾岛《上邠宁刑司徒》：“马走千蹄朝万乘，地分三郡拥双旌。”

【雙清】 思想与行为均脱离俗气。杜甫《屏迹二首》之一：“杖藜从白首，心迹喜双清。”

【雙淚】 两眼泪水。王维《陇头吟》：“关西老将不胜愁，驻马听之双泪流。”贾岛《题诗后》：“二句三年得，一吟双泪流。”刘沧《龙门留别道友》：“一顾恩深荷道安，独垂双泪下层峦。”

【雙棋】 对弈。孟郊《烂柯石》：“双棋未遍局，万物皆为空。”

【雙筆】 为咏颂文人出任官职之典。韩翃《送中兄典邵州》：“百城兼领安南国，双笔遥挥王左君。”

【雙腕】 一双手腕。于渍《越溪女》：“江边浣纱伴，黄金扼双腕。”

【雙童】 侍奉神仙之两位玉童。亦借指道观中侍童。张说《奉和圣制幸白鹿观应制》：“双童还献药，五色耀仙材。”杨嗣复《赠毛仙翁》：“羽衣茸茸轻似雪，云上双童持绛节。”李商隐《和韩录事送宫人入道》：“星使追还不自由，双童捧上绿琼辀。”亦泛称童仆。王维《郑果州相过》：“五马惊穷巷，双童逐老身。”

【雙翔】 成对飞翔。杜甫《新婚别》：“仰视百鸟飞，大小必双翔。”

【雙瑞】 两种祥瑞物。杜荀鹤《清溪来明府出二子请诗因遗一绝》：“若向吾唐作双瑞，便同祥凤与祥麟。”

【雙睩】 双眼。常楚老《江上蚊子》：“越女如花住江曲，嫦娥夜夜凝双睩。”

【雙蛾】 ❶美女双眉。蛾，“蛾眉”之省称。蛾眉，形容眉毛细长美观，如蛾之触须。虞世南《中妇织流黄》：“寒闺织素锦，含怨敛双蛾。”刘长卿《观李凑所画美人障子》：“一笑岂易得，双蛾如有情。”王建《寻橦歌》：“小垂一手当舞盘，斜惨双蛾看落日。”刘驾《效古》：“娇娆不自持，清唱嚬双蛾。”❷借指美女或美女之佳容。李峤《拟古东飞伯劳西飞燕》：“佳人二八盛舞歌，羞将百万呈双蛾。”李华《咏史十一首》之十一：“徒劳惜衾枕，了不顾双蛾。”元稹《戏酬副使中丞见示四韵》：“五马虚盈枥，双蛾浪满船。”白居易《酬刘和州戏赠》：“双蛾解珮啼相送，五马鸣珂笑却回。”

【雙節】 唐代节度领刺史者出行时之仪仗。亦泛指高官或神仙之仪仗。韦应物《汉武帝杂歌三首》之一：“绿鬓萦云裾曳雾，双节飘摇下仙步。”刘禹锡《酬滑州李尚书秋日见寄》：“双节外台贵，孤箫中禁传。”杜牧《分司东都寓居履道叨承川尹刘侍郎大夫恩知上四十韵》：“五岳期双节，三台空一星。”冯道《北使还京作》：“殿上一杯天子泣，门前双节国人嗟。”

【雙鉤】 古代藏钩游戏。李商隐《代应二首》之二：“昨夜双钩败，今朝百草输。”

【雙鳬】 东川王乔任叶县令，有道术，传说上朝时乘双履所化之凫，甚疾速。后入玉棺仙去。常用为县令之典。骆宾王《饯郑安阳入蜀》：“唯有双凫舄，飞去复飞来。”岑参《送宇文舍人出宰元城》：“双凫出未央，千里过河阳。”钱起《送马明府赴江陵》：“万室遥方犬不鸣，双凫下处人皆静。”刘禹锡《武陵观火诗》：“市人委百货，邑令遗双凫。”

【雙溪】 亦作“雙谿”。❶水名。在今浙江金华市。一曰东港，一曰南港。两水流至金华南会合，故名。李白《送王屋山人魏万还王屋》：“径出梅花桥，双溪纳归潮。”权德舆《送卢评事婺州省觐》：“双溪泊船处，候吏拜胡威。”贯休《避地毗陵寒月上孙徽使君兼寄东阳王使君三首》之二：“常忆双溪八咏前，讲诗论道接清贤。”❷水名。在浙江天台山国清寺前。拾得《诗》之二四：“一人双谿不计春，炼暴黄精几许斤。”❸地名。在今河北井陉县。岑参《题井陉双溪李道士所居》：“五粒松花酒，双谿道士家。”

【雙翅】 一对翅膀。鲍溶《弄玉词二首》之一：“素女结念飞天行，白玉参差凤皇声，天仙借女双翅猛。”

【雙臺】 指东汉隐士严光隐居钓鱼处两座高台。人称严光钓台，故址在今浙江桐庐县。方干《思桐庐旧居便送鉴上人》：“林中夜半双台月，洲上春深九里花。”原注：“严光钓台渚有东西台。”

【雙管】 古代双管吹奏乐器。又称双凤管。《文献通考》卷一百三十八《双凤管》：“合两管以定十二律之音，首端施两簧，刻凤为首，左右各四窍，左具黄钟至仲吕之声，右具蕤宾至应钟之声。”李益《夜上西城听梁州曲二首》之一：“行人夜上西城宿，听唱梁州双管逐。”温庭筠《回中作》：“吴姬怨思吹双管，燕客悲歌别五侯。”

【雙鳳】 一对凤凰。苏颋《侍宴安乐公主山庄应制》：“箫鼓宸游陪宴日，和鸣双凤喜来仪。”李商隐《饮席代官妓赠两从事》：“愿得化为红绶带，许教双凤一时衔。”

【雙鳳闕】 唐大明宫前有栖凤、翔鸾二阙。亦借指朝廷。白居易《夜宿江浦闻元八改官因寄此什》：“剑珮晓趋双凤阙，烟波夜宿一渔船。”

【雙綬】 两条绶带。唐五品以上官员朝服所佩。皇甫曾《国子柳博士兼领太常博士辄申贺赠》：“朝衣辨色处，双绶更宜看。”李贺《感讽五首》之二：“我待纡双绶，遗我星星发。”刘禹锡《奉和淮南李相公早秋即事寄成都武相公》：“步嫌双绶重，梦入九城偏。”

【雙槿】 两棵木槿。木槿，夏秋开花，花有红、白、紫褚色，朝开暮敛。杨凌《阁前双槿》：“群玉开双槿，丹荣对绛纱。”

【雙鴉鬟】 色墨如鸦之双髻。李白《酬张司马赠墨》：“黄头奴子双鸦鬟，锦囊养之怀袖间。”

【雙劍】 ❶常作挽词，以双剑合离喻夫妻别离。岑参《河西太守杜公挽歌四首》之二：“蒿里埋双剑，松门闭万春。”刘长卿《哭张员外继》：“二星来不返，双剑没相随。”顾况《晋公魏国夫人柳氏挽歌》：“双剑来时合,孤桐去日凋。”李益《古别离》:“双剑欲别风凄然,雌沉水底雄上天。”❷峰名。来鹄《题庐山双剑峰》:“倚天双剑古今闲,三尺高于四面山。”见“雙劍峰”。❸指大剑山和小剑山。在今四川剑阁县北。韩昭《和题剑门》:“三川奚所赖,双剑最堪矜。”

【雙劍峰】 山峰名。在庐山开先寺右侧,两峰峭拔如剑,故名。来鹄有《题庐山双剑峰》。

【雙調】 商调乐律名。为商调七调之一。杜牧《早春赠军事薛判官》:“弦管开双调,花钿坐两行。”

【雙髻山】 即双峰山。双峰形似发髻。在今湖北孝感市东北。周朴《赠双峰山和尚》:“峨峨双髻山,瀑布泻云间。”

【雙轂】 车之两轮。借指车。王建《代故人新姬侍疾》:“双毂不回辙,子疾已在旁。”

【雙燕】 ❶一对燕子。喻恩爱夫妇。卢照邻《长安古意》:“双燕双飞绕画梁,罗纬翠被郁金香。”李白《双燕离》:“双燕复双燕,双飞令人羡。”白居易《燕诗示刘叟》:“梁上有双燕,翩翩雄与雌。”❷指双燕图形。卢照邻《长安古意》:“生憎帐额绣孤鸾,好取门帘帖双燕。”

【雙燕離】 乐府琴曲歌辞。《乐府诗集》卷五八载梁文帝和沈君攸此作,抒写对幸福爱情生活的渴望和夫妻分离的痛苦。李白有此作。

【雙樹】 娑罗双树。也称双林。娑罗是龙脑香料乔木,高十丈余,产于印度。相传释迦牟尼佛拘尸那城阿利罗跋提河边娑罗树下入灭。树有八株,四方各两株丛生,故称。亦泛指寺中树木。岑参《出关经华岳寺访法华云公》:“欲去恋双树,何由穷一乘。”韦应物《同德精舍养疾寄河南兵曹东厅掾》:“逍遥东城隅,双树寒葱茜。”皇甫冉《酬杨侍御寺中见招》:“诚如双树下,岂比一丘中。”刘长卿《齐一和尚影堂》:“一灯长照恒河沙,双树犹落诸天花。”刘禹锡《同乐天和微之深春二十首》之十八:“迟回听句偈,双树晚阴斜。”

【雙鴛】 一对鸳鸯。喻恩爱夫妇。周昙《咏史诗·后汉门·周郁妻》:“绿水双鸳一已沉,皇天更欲配何禽。”

【雙鴛綺】 织有一对鸳鸯图案之锦缯。韦应物《拟古诗十二首》之九:“别时双鸳绮,留此千恨情。”

【雙親】 父母。韩翃《赠兖州孟都督》:“不见双亲办丰膳,能留五马尽佳期。”

【雙龍】 ❶两条龙。李白《玉真仙人词》:“清晨鸣天鼓,飙欻腾双龙。”李商隐《九成宫》:“云随夏后双龙尾,风逐周王八骏蹄。”❷为咏宝剑之典。杜牧《怀钟陵旧游四首》之二:“未掘双龙牛斗气,高悬一榻栋梁材。”

【雙璫】 一对耳珠。李商隐《燕台四首·右秋》:“双珰丁丁联尺素,内记湘川相识处。”

【雙環】 ❶刀头上之两个环套。舒信道《甘蔗诗》:“吴刀戛戛鸣双環,截断寒冰何潺潺。”❷一对耳环。元稹《襄阳为卢窦纪事》:“依稀似觉双环动,潜被萧郎卸玉钗。”

【雙聲】 两字声母相同,与叠韵对称。温庭筠有《李先生别墅望僧舍宝刹因作双韵声》诗,全诗校:双韵声,“一作双声。”按,作双声是,庭筠此诗如首句“栖息消心象,檐楹溢艳阳”之类全为双声字。

【雙檜樓】 楼名。在今浙江衢州市。门前有双桧,故名。罗隐《重过三衢哭孙员外》:“烂柯山下忍重到,双桧楼前日欲残。”

【雙輪】 ❶借指车。鲍溶《寄福州从事殷尧藩》:“就中静事冥宵话,何惜双轮访病夫。”❷指日轮和月轮。许浑《题阴阳井》:“日月双轮见,阴阳两窍通。”

【雙瞳】 ❶两眼瞳仁。杜甫《天育骠骑歌》:“毛为绿缥两耳黄,眼有紫焰双瞳方。”张仲方《赠毛仙翁》:“方口秀眉编贝齿,了然炅炅双瞳子。”❷重瞳,两个眸子。李白《登广武古战场怀古》:“项王气盖世,紫电明双瞳。”

【雙臉】 两颊。脸,颊。李中《春闺辞二首》之一:“尘昏菱鉴懒修容,双脸桃花落尽红。”温庭筠《菩萨蛮》词之七:“明镜照新妆,鬓轻双脸长。”冯延巳《酒泉子》词之二:“九回肠,双脸泪,夕阳天。”

【雙鵝】 喻指战乱。李白《经乱后将避地剡中留赠崔宣城》:“双鹅飞洛阳,五马渡江徼。”

【雙雙】 ❶相并,成双。李白《送王屋山人魏万还王屋》:“朅来游嵩峄,羽客何双双。”权德舆《秋闺月》:“稍映妆台临绮窗,遥知不语泪双双。”赵嘏《昔昔盐二十首·长垂双玉啼》:“双双红泪堕,度日暗中啼。”许浑《吴门送振武李从事》:“晚促离筵醉玉缸,伊州一曲泪双双。”❷一对对。明皇《春台望》:“初莺一一鸣红树,归雁双双去绿洲。”王棨《曲江春望》:“落风花片片,掠水燕双双。”李商隐《蝇蝶鸡麝鸾凤等成篇》:“画楼多有主,鸾凤各双双。”李中《燕》:“喧觉佳人昼梦,双双犹在雕梁。”

【雙谿】 见“双溪”。

【雙殯】 两副灵柩。储光羲《同王十三维哭殷遥》:“茅茨俯苫盖,双殡两楹间。”

【雙鯉】 ❶两条鲤鱼。张子容《除日》:“忽逢双鲤赠,言是上冰鱼。”刘长卿《至德三年五十韵》:“家怜双鲤断,才愧小鳞烹。”❷一底一盖,把书信夹在里面之鱼形木板。故借指书信。又,古代有鲤鱼传书之说。汉蔡邕《饮马长城窟行》:“客从远方来,遗我双鲤鱼。”窦群《雨后月下寄怀羊二十七资州》:“殷勤寄双鲤,梦想入君怀。”韩愈《寄卢仝》:“先生有意许降临,更遣长须致双鲤。”李商隐《寄令狐郎中》：“嵩云秦树久离居，双鲤迢迢一纸书。”

【雙鯉魚】 古藏书信之函。用两块木板做成，一底一盖，刻作鱼形，中藏书信，故名。亦借指书信。权德舆《省中春晚戏书所怀因寄两浙亲故杂言》：“裁书且附双鲤鱼，偏恨相思未相见。”方干《寄江陵王少府》：“波涛一阻两乡梦，岁月无过双鲤鱼。”

【雙闕】 ❶古代宫殿、祠庙、陵墓前两边高台上之楼观。徐锴《说文系列》：“为二台于门外，人君作楼观于上，上圆下方，以其阙然为道，谓之阙。”太宗《帝京篇十首》之七：“落日双阙昏，回舆九重暮。”杜甫《鹿头山》：“天下今一家，云端失双阙。”无可《和宾客相国咏雪诗》：“五门环玉垒，双阙对瑶台。”吴融《送僧归破山寺》：“别来双阙老，归去片云闲。”❷借指宫门、宫禁、朝廷等。李白《入朝曲》：“济济双阙下，欢娱乐恩荣。”刘长卿《送营田判官郑侍御赴上都》：“晓奏趋双阙，秋成报万箱。”王建《鸡鸣曲》：“百官待漏双阙前，圣人亦挂山龙服。”黄滔《题山居逸人》：“不知双阙下，何以谓轩裳。”《赴润州镇赐饯》：“路指丹阳分虎节，心存双阙恋龙颜。”❸借指京城。杜甫《承闻河北诸道节度入朝欢喜口号绝句十二首》之十：“意气即归双阙舞，雄豪复遣五陵知。”罗隐《下第寄张坤》：“九衢双阙拟何去，玉垒铜梁空旧游。”

【雙璧】 两块璧玉。骆宾王《海曲书情》：“江涛让双璧，渭水掷三钱。”胡宿《淮南发运赵邢州被诏归阙》：“正是两宫裁化日，百金双璧拜虞卿。”杜牧《怀钟陵旧游四首》之一：“一谒征南最少年，虞卿双璧截肪鲜。”

【雙轍】 指车。于鹄《古挽歌》之一：“双辙出郭门，绵绵东西道。”

【雙關】 ❶指两扇门。皮日休《初夏即事寄鲁望》：“归来闭双关，亦忘枯与荣。”❷围棋术语。王绩《围棋长篇》：“双关防易断，只眼畏难全。”❸修辞学术语。为修辞格之一。用词造句时表面上是一个意思，而暗中另藏一个意思。方干有《袁明府以家酝寄余余以山梅答赠非唯四韵兼亦双关》。

【雙鐶】 指门上铁环。李贺《公莫舞歌》：“铁枢铁楗重束关，大旗五丈撞双镮。”

【雙鶴】 ❶两只鹤。秦系《送王道士》：“真人俄整舄，双鹤屡飞翔。”刘禹锡《鹤叹二首》之一：“寂寞一双鹤，主人在西京。”刘沧《题敬亭山庙》：“三江入海声长在，双鹤啼天影未回。”❷为咏叹公主远嫁外蕃之典。赵彦昭《奉和送金城公主适西蕃应制》：“六龙今出饯，双鹤愿为歌。”

【雙鬟】 ❶古代年轻女子之两个环形发髻。白居易《山游示小妓》：“双鬟垂未合，三十才过半。”又《尝酒听歌招客》：“一瓮香醪新插刍，双鬟小妓薄能讴。”张祜《病宫人》：“四体强扶藤夹膝，双鬟慵插玉搔头。”南唐后主李煜《谢新恩》词：“双鬟不整云憔悴，泪沾红抹胸。”❷指千金高价。语出汉辛延年《羽林郎》：“胡姬年十五，春日独当垆……两鬟何窈窕，一世良所无。一鬟五百万，两鬟千万余。”杜牧《张好好诗》序：“好好年十三，始以善歌来乐籍中……后二岁，为沈著作述师以双鬟纳之。”

【雙巖】 山名。当在今安徽宣城市。许浑《访别韦隐居不值》：“犬吠双岩碧树间，主人朝出半开关。”

【雙鬢】 两鬓。李郢《送友生下第出关》：“花笑旅人惟赖酒，镜欺双鬓莫言文。”孟贯《赠栖隐洞谭先生》：“先生双鬓华，深谷卧云霞。”徐铉《史馆庭梅见其毫末率成短篇谨书献上伏惟垂览》：“相看宜自喜，双鬓合垂丝。”无名氏《题故人所居》：“今日觀颜色，苍然双鬓秋。”

【雙巖溪】 水名。当在今安徽宣城市。许浑《访别韦隐居不值》序：“余行至双岩溪访韦隐居，已榜舟诣开元寺水阁见送，棹回已晚，因题是诗留别。”

【雙靨】 两颊之酒窝。温庭筠《牡丹二首》之二：“欲绽似含双靥笑，正繁疑有一声歌。”牛峤《女冠子》词之一：“月如眉，浅笑含双靥，低声唱小词。”

【雙鸞】 ❶一双鸾凤。嵩山诸仙《嫁女诗》之十一：“休匀红粉饰花态，早驾双鸾朝玉京。”❷指绣着双鸾的镜套。李贺《美人梳头歌》：“双鸾开镜秋水光，解鬟临镜立象床。”

雞 〔jī《广韵》古奚切，平齊，見。〕❶家禽之一种。品种繁多。嘴短，上喙稍弯曲，头部有鲜红色肉质冠。翅膀短，不能高飞。肉、卵可食。高适《淇上别业》：“庭鸭喜多雨，邻鸡知暮天。”白居易《早春忆微之》：“声早鸡先知夜短，色浓柳最占春多。”李商隐《井泥四十韵》：“淮南鸡舐药，翻向云中飞。”贯休《渔家》：“黄鸡青犬花蒙笼，渔女渔儿扫风叶。”

【雞人】 周官名。掌供办鸡牲。凡举行大典，则报时以警夜。后指宫廷中专管更漏的人员。王维《和贾舍人早朝大明宫之作》：“绛帻鸡人送晓筹，尚衣方进翠云裘。”张少博《尚书郎上直闻春漏》：“徐声传凤阙，晓唱辨鸡人。”白居易《浔阳岁晚寄元八郎中庾三十二员外》：“漏尽鸡人报，朝回幼女迎。”李商隐《马嵬二首》之二：“空闻虎旅传宵柝，无复鸡人报晓筹。”

【雞卜】 古代占卜法之一。以鸡骨或鸡卵占吉凶祸福。元稹《春分投简阳明洞天作》：“雕题虽少有，鸡卜尚多巫。”

【雞口】 鸡喙。喻低微而安稳的地位。窦群《东山月下怀友人》：“宦情哂鸡口，世路倦羊肠。”张祜《戊午年感事书怀二百韵》：“高低徇鸡口，得失付鱼筌。”

【雞山】 "雞足山"之省略。亦借指佛寺。孟浩然《游景空寺兰若》:"寥寥隔尘事,疑是入鸡山。"李远《赠潼关不下山僧》:"禁足已教修雁塔,终身不拟下鸡山。"

【雞川】 玉鸡川,即洛水。传说汉高祖刘邦之母游于洛水,有玉鸡衔赤珠出。刘母吞珠而生邦,故称洛水为玉鸡川。陈子昂《晦日宴高氏林亭》序:"幽赞芳辰,指鸡川而留宴。"

【雞子】 鸡卵,鸡蛋。徐仲雅《赠齐己》:"混沌凿开鸡子黄,散作纯风如胆苦。"张说《奉和圣制初入秦川路寒食应制》:"便幕那能镂鸡子,行宫善巧帖毛球。"

【雞犬】 为咏神仙之典。鸡和犬。顾况《步虚词》:"残药沾鸡犬,灵香出凤麟。"白居易《酬赠李炼师见招》:"若许移家相近住,便驱鸡犬上层城。"高骈《和王昭符进士赠洞庭赵先生》:"药将鸡犬云间试,琴许鱼龙月下听。"邵谒《经安容先生旧居》:"云雨有归时,鸡犬无还日。"

【雞田】 古时突厥地名。在今宁夏灵武市西南。刘宪《奉和圣制幸望春宫送朔方大总管张仁亶》:"凉风过雁苑,杀气下鸡田。"王贞白《拟塞外征行》:"寇骑满鸡田,都护欲临边。"

【雞皮鶴髮】 皮肤起皱,头发变白。形容衰老。明皇《傀儡吟》:"刻木牵丝作老翁,鸡皮鹤发与真同。"

【雞舌】 见"雞舌香"。

【雞舌香】 即丁香。古代尚书上朝奏事,口含此香。刘禹锡《朗州窦员外见示长句二篇因以继和》:"新恩共理犬牙地,昨日同含鸡舌香。"亦省称"雞舌""雞香"。白居易《湖上醉中代诸妓寄严郎中》:"蛾眉别久心知否,鸡舌含多口厌无。"姚合《寄右史李定言》:"才归龙尾含鸡舌,更立螭头运兔毫。"李商隐《行次昭应县道上送户部李郎中充昭义攻讨》:"暂逐虎牙临故绛,远含鸡舌过新丰。"黄滔《经安州感故郑郎中二首》之一:"马蹄践处东风急,鸡舌销时北阙惊。"按:此借指郎官。李商隐《槿花二首》之一:"燕体伤风力,鸡香积露文。"罗隐《淮南送工部卢员外赴阙》:"始从豸角曳长裾,又吐鸡香奏玉除。"黄滔《遇罗员外衮》:"豸角戴时垂素发,鸡香含处隔青天。"

【雞肋】 ❶鸡肋骨。白居易《代鹤答》:"鹰爪攫鸡鸡肋折,鹘拳蹴雁雁头垂。"❷喻指无多大意味、但又不忍舍弃的事物。罗隐《寄洪正师》:"鸡肋曹公忿,猪肝仲叔惭。"❸喻指瘦弱的身体。楚儿《贻郑昌图》:"蛾眉欲碎巨灵掌,鸡肋难胜子路拳。"

【雞足】 山名。在印度。相传为释迦弟子迦叶尊者入定处。亦借指佛寺。张谓《同诸公游云公禅寺》:"共许寻鸡足,谁能惜马蹄。"一钵和尚《一钵歌》:"若觅法,鸡足山头问迦叶。"

【雞卵】 鸡蛋。薛能《晚春》:"画出鹢舟宜祓禊,镂成鸡卵有秋千。"温庭筠《寒食日作》:"窗中草色妒鸡卵,盘上芹泥憎燕巢。"

【雞林】 古国名。即新罗,朝鲜古国名,居今朝鲜南部,首都金城,在今庆州市。东汉永平八年(65),新罗王夜闻金城西始林间有鸡声,遂更名鸡林。刘禹锡《送源中丞充新罗册立使》:"身带霜威辞凤阙,口传天语到鸡林。"刘得仁《送新罗人归本国》:"鸡林隔巨浸,一住一年行。"杨夔《送日东僧游天台》:"回首鸡林道,唯应梦想通。"也指新罗附近的国家如日本等。曹松《送胡中丞使日东》:"辞天理玉簪,指日使鸡林。"齐己《送僧归日本》:"却忆鸡林本师寺,欲归还待海风秋。"

【雞狗】 鸡和狗。亦喻指卑微者。李白《答王十二寒夜独酌有怀》:"孔圣犹闻伤凤麟,董龙更是何鸡狗。"杜甫《新婚别》:"生女有所归,鸡狗亦得将。"贯休《白雪曲》:"为人无贵贱,莫学鸡狗肥。"

【雞香】 见"雞舌香"。

【雞竿】 一头缚有金鸡之长竿。古代用于祭祀,亦用于颁布赦令。《新唐书·百官志三》:"赦日,树金鸡于仗南,竿长七丈,有鸡高四尺,黄金饰首,衔绛幡长七尺,承以彩盘,维以绛绳,将作监供焉。"许浑《正元》:"高揭鸡竿辟帝阍,祥风微暖瑞云屯。"《郊庙歌辞·周郊祀乐章·昭顺乐》:"乐鸣凤律,礼备鸡竿。"和凝《宫词百首》之七七:"要对君王逞轻捷,御楼时拟上鸡竿。"

【雞冠】 ❶雄鸡头上之肉冠。白居易《荔枝楼对酒》:"荔枝新熟鸡冠色,烧酒初开琥珀香。"杜牧《和裴杰秀才新樱桃》:"圆疑窃龙颔,色已夺鸡冠。"韩偓《荔枝三首》之二:"封开玉笼鸡冠湿,叶衬金盘鹤顶鲜。"亦指鸡冠状物。贯休《闻赤松舒道士下世》:"玄关评兔角,玉器琢鸡冠。"❷一种草本植物。一年生,花状如鸡首之肉冠。罗邺有《鸡冠花》。

【雞飛犬化】 喻指得道成仙。吕岩《七言》之四:"鬼哭神号金鼎结,鸡飞犬化玉炉空。"

【雞浦】 在伊水与洛水会合处。周彦昭《晦日宴高氏林亭》:"胜地临鸡浦,高会偶龙池。"

【雞翁磧】 在今陕西褒城北,因状类鸡冠,故名。冯涓《蜀驮引》之二:"忽惊登得鸡翁碛,又恐碍着鹿头关。"

【雞桑】 桑之一种,叶细而薄。陆龟蒙《奉和夏初袭美见访题小斋次韵》:"四邻多是老农家,百树鸡桑半顷麻。"

【雞唱】 鸡鸣。贺朝《宿香山阁》:"一闻鸡唱晓,已见日曈曈。"刘禹锡《酬乐天初冬早寒见寄》:"霜凝南屋瓦，鸡唱后园枝。”姚合《同诸公会太府韩卿宅》：“即听鸡唱天门晓，吏事相牵西复东。”褚载《晓发》：“才闻鸡唱呼童起，已有铃声过驿来。”

【雞雀】 鸡与麻雀。喻卑微者。徐夤《寓题述怀》：“宣尼既没苏张起，凤鸟不来鸡雀喧。”

【雞豚】 鸡和猪。刘禹锡《武陵书怀五十韵》：“来忧御魑魅，归愿牧鸡豚。”白居易《春村》：“牛马因风远，鸡豚过社稀。”李绅《过荆门》：“阴森鬼庙当邮亭，鸡豚日宰闻膻腥。”又《闻里谣效古歌》：“恶声主吏噪尔门，唧唧力力烹鸡豚。”

【雞毬】 寒食应令食品。为鸡肉制毬状物。王建《宫词一百首》之五七：“走马犊车当御路，汉阳宫主进鸡毬。”白居易《会昌元年春五绝句·赠举之仆射》：“鸡毬饧粥屡开筵，谈笑讴吟间管弦。”

【雞窗】 指书斋。罗隐《题袁溪张逸人所居》：“鸡窗夜静开书卷，鱼槛春深展钓丝。”李瀚《蒙求》：“萧史凤台，宋宗鸡窗。”

【雞戟】 鸡鸣戟。古代太子居处门前所列之戟。《郊庙歌辞·享隐太子庙乐章·凯安》：“鸡戟遂崇仪，龙楼期好善。”

【雞棲】 ❶指鸡窝。李商隐《井泥四十韵》：“凤凰不五色，联翼上鸡栖。”亦借指日暮。杜甫《晚出左掖》：“避人焚谏草，骑马欲鸡栖。”❷小车名。参见“雞棲車”。❸树名。即皂荚树。杜甫《恶树》：“枸杞因吾有，鸡栖奈汝何。”参见“雞樹”。

【雞鳴】 ❶鸡叫。常用以指天明之前。李白《古风》之一八：“鸡鸣海色动，谒帝罗公侯。”耿湋《仙山行》：“花落寻无径，鸡鸣觉近村。”白居易《早朝》：“鼓动出新昌，鸡鸣赴建章。”张祜《宿武牢关》：“行人候晓久裴徊，不待鸡鸣未得开。”❷喻有一技之长者，亦用以咏过某种关口。太宗《入潼关》：“高谈先马度，伪晓预鸡鸣。”鲍溶《留辞杜员外式方》：“时当凤来日，孰用鸡鸣夫。”李涉《晓过函谷关》：“纵使鸡鸣遇关吏，不知余也是何人。”罗隐《武牢关》：“欲学鸡鸣试关吏，太平时节懒思量。”❸晋祖逖、刘琨闻鸡起舞，励志健身，以图恢复中原。后因以为身逢乱世当及时奋起之典。李白《避地司空原言怀》：“刘琨与祖逖，起舞鸡鸣晨。”又《宣城送刘副使入秦》：“虎啸俟腾跃，鸡鸣遭乱离。”高适《苦雨寄房四昆季》：“黄鹄不可羡，鸡鸣时起予。”

【雞鳴狗盜】 学雄鸡啼鸣，装狗进行盗窃。喻称卑微小技。语本《史记·孟尝君列传》。贯休《怀钱唐罗隐章鲁封》：“二子依公子，鸡鸣狗盗徒。”

【雞鳴埭】 地名。即今南京玄武湖北埭。齐武帝数幸琅琊城，宫人常从早发，至玄武北埭，鸡始鸣，故名。李商隐《南朝》：“玄武湖中玉漏催，鸡鸣埭口绣襦回。”温庭筠《雉场歌》：“茭叶萋萋接烟曙，鸡鸣埭上梨花露。”温庭筠又有《鸡鸣埭曲》。

【雞鳴關】 古关隘名。在今河北张家口市鸡鸣山上。吴融《得京中亲友书讶久无音耗以诗代谢》：“马頰浪高鱼去少，鸡鸣关险雁来稀。”

【雞膚】 谓老者起皱之皮肤。白居易《香山居士写真诗》：“鹤毳变玄发，鸡肤换朱颜。”又《老病相仍以诗自解》：“虫臂鼠肝犹不怪，鸡肤鹤发复何伤。”

【雞德】 鸡之德行。指文、武、勇、仁、信。《韩诗外传》卷二：“田饶曰：‘君独不见夫鸡乎？头戴冠者文也，足傅距者武也，敌在前敢斗者勇也，见食相呼者仁也，守夜不失时信也。’”李频《府试风雨闻鸡》：“不为风雨变，鸡德一何贞。”

【雞樹】 代指中书省官署。亦借指宰相府第中的树。张说《奉裴中书光庭酒》：“讵知鸡树后，更接凤池欢。”崔峒《秦和给事寓直》：“桂枝家共折，鸡树代相传。”刘禹锡《酬郑州权舍人见寄十二韵》：“鲤庭传事业，鸡树遂翱翔。”白居易《和春深二十首》之三：“凤池添砚水，鸡树落衣花。”

【雞頭】 芡实之别名。徐凝《侍郎宅泛池》：“莲子花边回竹岸，鸡头叶上荡兰舟。”施肩吾《句》之一三：“池塘已长鸡头叶，篱落初开狗脊花。”温庭筠《兰塘词》：“绣颈金须荡倒光，团团皱绿鸡头叶。”

【雞檄】 犹羽檄、羽书。插有羽毛的紧急军书。吴融《秋日感事》：“鸡檄固应无下策，鹤书还要问中林。”

【雞翹】 鸾旗。帝王仪仗之一，上绣有鸾鸟。李商隐《茂陵》：“内苑只知含凤觜，属车无复插鸡翘。”

【雞蟲得失】 谓对鸡和虫之看法正确与错误。杜甫《缚鸡行》：“鸡虫得失无了时，注目寒江倚山阁。”

【雞雛】 小鸡，雏鸡。钱弘俶《村家》：“稚子当门卧，鸡雏上屋行。”

【雞譚】 与鸡谈论。罗隐《寄征士魏员外》：“窗晓鸡谭倦，庭秋蝶梦阑。”参见“雞窗”。

【雞鶩】 鸡和鸭。喻凡庸者。孟浩然《田园作》：“冲天羡鸿鹄，争食羞鸡鹜。”

【雞鶴】 鸡与鹤。喻相差悬殊。李咸用《宿隐者居》：“又须随计吏，鸡鹤迥然分。”徐铉《哭刑部侍郎乔公诗》：“曾嗟混鸡鹤，终日异淄磷。”

【雞籠】 见“雞籠山”。

【雞籠山】 在今安徽和县西北三十里许。据传，历阳山（在今安徽和县）一夕陷而成麻湖，时有一老妪提鸡笼登此，化而为石，故名。许浑《题勤尊师历阳山居》：“鸡笼山上云多处，自劚黄精不可寻。”亦省称“雞籠”。李德裕《春暮思平泉杂咏二十首·海石楠》：“昔见历阳山，鸡笼已孤秀。”

【雞棲車】 古代一种制作简陋之小车，形如鸡窝。后汉朱震，字伯厚，为州从事，官卑而刚正不阿，尝乘此车，时有谚曰：“车如鸡栖马如狗，疾恶如风朱伯厚。”李贺《春归昌谷》：“独乘鸡栖车，自觉少风调。”

【雞黍】 ❶指饷客之饭菜。孟浩然《过故人庄》：“故人具鸡黍，邀我至田家。”白居易《谈氏外孙生三日喜是男偶吟成篇兼戏呈梦得》：“明日贫翁具鸡黍，应须酬赛引雏诗。”杜牧《村行》：“半湿解征衫，主人馈鸡黍。”李商隐《所居》：“鸡黍随人设，蒲鱼得地生。”❷借指深厚情谊。秦系《早秋宿崔业居处》：“鸡黍今相会，云山昔共游。”王起《和李校书》：“诘朝始趋凤阙去，此日遂愁鸡黍违。”白居易《答尉迟少监水阁重宴》：“鸡黍重回千里驾，林园暗换四年春。”李瀚《蒙求》：“陈雷胶漆，范张鸡黍。”

【雞黍約】 为朋友间友谊深厚、聚会守信之典。唐彦谦《道中逢故人》：“良会若同鸡黍约，暂时不放酒杯空。”

【雞黍期】 同“雞黍約”。高适《赠别王十七管记》：“款曲鸡黍期，酸辛别离袂。”

【雞塒】 鸡窝。杜牧《商山麻涧》：“雉飞鹿过芳草远，牛巷鸡埘春日斜。”

【雞鳧】 鸡与野鸭。喻卑微者。陈陶《将归钟陵留赠南海李尚书》：“从来鸡凫质，得假凤皇威。”

【雞塞】 （—sài）即鸡鹿塞。古塞名。在今内蒙古磴口西北哈格乃峡谷口，乃古代贯通阴山南北的交通要冲。汉时筑关塞于此。后亦泛指西北少数民族地区。李商隐《寄太原卢司空三十韵》：“鸡塞谁生事，狼烟不暂停。”南唐嗣主李璟《摊破浣溪沙》词之一：“细雨梦回鸡塞远，小楼吹彻玉笙寒。”

【雞群】 鸡之群伙。喻平庸之辈。李昉《仙客》：“青田万里终归去，暂处鸡群莫叹吁。”白居易《有双鹤留在洛中忽见刘郎中依然鸣顾予以二绝句答之》之一：“惭愧稻粱长不饱，未曾回眼向鸡群。”雍陶《寄永乐殷尧藩明府》：“百里岂能容骥足，九霄终自别鸡群。”白居易《代鹤》：“饮啄杂鸡群，年深损标格。”

【雞臺】 台名。在今江苏扬州市。相传隋炀帝常游于此。杜牧《扬州三首》之二：“秋风放萤苑，春草斗鸡台。”罗隐《所思》：“梁王兔苑荆榛里，炀帝鸡台梦想中。”

【雞園】 指鸡头摩寺。佛教传说中之圣地。段义宗《题三学院经楼》之一：“鹫岭鸡园不可传，叨陪龙象喜登游。”

【雞鳴曲】 （曲 qǔ）乐府古题，属杂歌谣辞。王建、李廓、李咸用等有此作。

雛

〔chú《广韵》仕于切，平虞，崇。〕❶小鸡。亦泛指幼禽或幼兽。张谓《满月》：“乌将八子去，凤逐九雏来。”李白《双燕离》：“吴宫又焚荡，雏尽巢亦空。”冯著《燕衔泥》：“豪家大屋尔莫居，骄儿少妇采尔雏。”刘禹锡《酬柳柳州家鸡之赠》：“日日临池弄小雏，还思写论付官奴。”李商隐《骄儿诗》：“儿当速成大，探雏入虎穴。”❷借指小儿、幼儿。杜甫《徐卿二子歌》：“丈夫生儿有如此二雏者，名位岂肯卑微休。”又《彭衙行》：“众雏烂熳睡，唤起沾盘餐。”权德舆《中书送敕赐斋馔戏酬》：“遥知大官膳，应与众雏嬉。”杜荀鹤《顾云侍御出二子请诗因遗一绝》：“二雏毛骨秀仍奇，小小能吟大大诗。”❸幼小。参见“雛虎”“雛鳥”“雛鳳”“雛燕”。

【雛卵】 幼鸟和卵。王绩《古意六首》之六：“但使雏卵全，无令矰缴放。”元稹《大觜乌》：“巢禽攫雏卵，厩马啄疮痍。”

【雛虎】 幼虎。李商隐《送从翁东川弘农尚书幕》：“雏虎如凭怒，漦龙性漫驯。”

【雛乳】 哺乳。孟郊《吊元鲁山》之十：“遗婴尽雏乳，何况骨肉枝。”

【雛鳥】 幼鸟。杨发《南溪书院》：“入院将雏鸟，攀萝抱子猿。”贾岛《过唐校书书斋》：“声齐雏鸟语，画卷老僧真。”

【雛鳳】 幼凤。亦喻有才华的子弟。李商隐《韩冬郎即席为诗相送一座尽惊因成二绝寄酬兼呈畏之员外》之一：“桐花万里丹山路，雏凤清于老凤声。”杜牧《张好好诗》：“盼盼乍垂袖，一声雏凤呼。”

【雛燕】 幼燕。和凝《宫词百首》之四九：“几处按歌齐入破，双双雏燕出宫墙。”

【雛麋】 幼麋。萧颖士《游马耳山》：“草树皆秀色，雏麋乱新声。”

【雛鵷兒】 雏凤。卢照邻《行路难》：“珊瑚叶上鸳鸯鸟，凤凰巢里雏鹓儿。”

【雛鶯】 幼莺。韩愈、孟郊《城南联句》：“绮语洗晴雪，娇辞哢雏莺。”

【雛鶴】 幼鹤。无可《宿西岳白石院》：“瀑流悬住处，雏鹤失禅中。”

【雛鷇】 孵化不久之幼鸟。陈陶《和西江李助副使早登开元寺阁》：“陵谷空霭然，人樵已雏鷇。”

【雛鸝】 幼小之黄鹂。韦庄《春暮》：“楼高喧乳燕，树密斗雏鹂。”

雜

〔zá《广韵》徂合切，入合，從。〕❶组合，配合。杜甫《韦讽录事宅观曹将军画马图歌》：“其余七匹亦殊绝，迥若寒空动烟雪。”杨衡《白纻歌二首》之一：“玉缨翠珮杂轻罗，香汗微渍朱颜酡。”沈亚之《梦挽秦弄玉》序：“时日将去，公追酒高会，执爵亚之前曰：‘愿沈郎歌以塞别。’亚之受命，立为歌辞，授舞者，杂其声而和之，四座皆泣。”司空曙《送张炼师还峨嵋山》：“松籁万声和管磬，丹光五色杂虹霓。”❷混乱，掺杂。杜甫《飞仙阁》：“往来杂坐卧，人马同疲劳。”白居易《和答诗十首·答四皓庙》：“竟杂霸者道，徒称帝者师。”姚合《过昙花宝上人院》：“烟霜同覆屋，松竹杂成林。”张蠙《送董卿赴台州》：“夜蚌侵灯影，春禽杂橹声。”❸驳杂，不精纯。李颀《龙门送裴侍御监五岭选》：“心清物不杂，弊革事无留。”柴宿《瑜不掩瑕》：“坚贞宁可杂，美恶自能殊。”参见“雜花”。❹多，繁多，引申为纷呈。明皇《春中兴庆宫酺宴》：“伐鼓鱼龙杂，撞钟角抵陈。”崔兴宗《和王维敕赐百官樱桃》：“朱实初传九华殿，繁花旧杂万年枝。”韩愈《会合联句》：“狂鲸时孤轩，幽狖杂百种。”万俟造《龙池春草》：“苒苒分阶砌，离离杂荇蘋。”❺装饰，佩带。韦应物《萼绿华歌》：“仙容矫矫兮杂瑶珮，轻衣重重兮蒙绛纱。”❻一种诗体。参见“雜詩”。❼通“集”。集合，聚集。韩愈《奉和裴相公东征》：“旗穿晓日云霞杂，山倚秋空剑戟明。”

【雜人】 闲杂人员。寒山《诗三百三首》之二五八：“寒山栖隐处，绝得杂人过。”

【雜芳】 杂花。杨巨源《早春即事呈刘员外》：“更待杂芳成艳锦，邺中争唱仲宣诗。”

【雜引】 各种琴曲。陈子良《酬萧侍中春园听妓》：“繁弦调对酒，杂引动思归。”

【雜卉】 杂草。丁儒《归闲诗二十韵》：“杂卉三冬绿，嘉禾两度新。”

【雜句】 指杂言诗。岑参有《送张献心充副使归河西杂句》。

【雜合】 集合，聚集。元稹《梦游春七十韵》：“杂合两京春，喧阗众禽护。”

【雜花】 各种花卉。宋之问《早春泛镜湖》：“杂花同烂熳，暄柳日逶迤。”白居易《北园》：“北园东风起，杂花次第开。”章孝标《刘侍中宅盘花紫蔷薇》：“从开一朵朝衣色，免踏尘埃看杂花。”

【雜吹】 谓多种管乐器合奏。刘景复《梦为吴泰伯作胜儿歌》：“繁弦已停杂吹歇，胜儿调弄逻娑拨。”

【雜言】 古诗体之一种。始出于乐府。每句字数不等，长短句相间无一定标准，用韵亦较自由。后人多有仿作。岑参有《送郭乂杂言》，刘商有《杂言同豆卢郎中郭南七里桥哀悼姚仓曹》，权德舆有《杂言赋得风送崔秀才归白田限三五六七言》和《杂言同用离骚体送张评事襄阳觐省》。

【雜英】 各种花卉。顾况《独游青龙寺》：“积翠暧遥原，杂英纷似霰。”韦应物《见紫荆花》：“杂英纷已积，含芳独暮春。”白居易《首夏南池独酌》：“春尽杂英歇，夏初芳草深。”李绅《南梁行》：“杂英飞尽空昼景，绿杨重阴官舍静。”

【雜沓】 亦作“雜遝”。繁杂繁多貌。裴光庭《奉和御制同日上官命宴都堂赐诗》：“杂遝喧箫鼓，欢娱洽搢绅。”杜甫《丽人行》：“箫鼓哀吟感鬼神，宾从杂遝实要津。”孟郊《楚竹吟酬卢虔端公见和湘弦怨》：“众浊响杂沓，孤清思氛氲。”姚月华《怨诗效徐淑体》：“杂沓兮无绪，如彼兮丝棼。”

【雜和】 （—huò）将几种食品掺杂在一起。寒山《诗三百三首》之二九三：“清沼濯瓢钵，杂和煮稠稀。”

【雜牧】 犹言胡乱治理。李商隐《行次西郊作一百韵》：“因令猛毅辈，杂牧升平民。”

【雜佩】 亦作“雜珮”。连缀在一起之各种佩饰。《诗·郑风·女曰鸡鸣》：“知子之来之，杂佩以赠之。”毛传：“杂佩者，珩、璜、琚、瑀、冲牙之类。”一说指佩玉的中缀，即琚瑀。贺兰进明《古意二首》之二：“慨然纫杂佩，重奏丘中琴。”姚系《庭柳》：“袅袅柳杨枝，当轩杂珮垂。”严维《奉试水精环》：“未肯齐珉价，宁同杂佩声。”陆龟蒙《补沈恭子诗》：“虚倾寂寞音，敢作杂珮酬。”

【雜念】 不纯正之念头。寒山《诗三百三首》之一八一：“一住寒山万事休，更无杂念挂心头。”

【雜居】 杂处，混杂居处。王维《送秘书晁监还日本国》序：“故人民杂居，往来如市。”

【雜俗】 ❶各种习俗。崔颢《结定襄郡狱效陶体》：“此乡多杂俗，戎夏殊音旨。”❷粗俗不纯。周朴《福州开元寺塔》：“杂俗人看离世界，孤高僧上觉天低。”

【雜客】 闲客。吕从庆《纠峰别业》：“杂客不来尘思少，落花啼鸟自年年。”姚合《下第》：“闭门辞杂客，开箧读生书。”

【雜耕】 谓屯田之兵与居民杂居。杜甫《谒先主庙》：“杂耕心未已，欧血事酸辛。”

【雜珮】 见“雜佩”。

【雜厝】 杂错，杂而多。元稹《梦游春七十韵》：“广榭舞萎蕤，长筵宾杂厝。”

【雜處】 共处，混杂而居。王维《同崔兴宗送衡岳瑗公南归》序：“衡岳瑗上人者，尝学道于五峰，荫松栖云，与狼虎杂处。”

【雜詠】 杂诗。指兴致不一，不拘流例，遇物即言之诗。刘长卿有《杂咏八首上礼部李侍郎》，咏幽琴、晚桃、疲马等。储光羲有《杂咏五首》，咏石子松、架檐藤、钓鱼湾等。

【雜情】 闲情。李商隐《寄裴衡》：“杂情堪底寄，惟有冷于灰。”

【雜虜】 古时对边疆部族之蔑称。骆宾王《从军中行路难二首》之二：“君不见玉关尘色暗边亭，铜鞮杂虏寇长城。”崔颢《赠王威古》：“相看未及饮，杂虏寇幽燕。”韩愈《元和圣德诗》：“南至徐蔡，区外杂虏。”元稹《代曲江老人百韵》："杂虏同谋夏，宗周暂去豳。"

【雜遝】 见"雜沓"。

【雜種】 (—zhǒng)古代对某些部族之蔑称。崔融《从军行》："穹庐杂种乱金方，武将神兵下玉堂。"杜甫《留花门》："胡尘逾太行，杂种抵京室。"又《秦州见敕凡三十韵》："杂种虽高垒，长驱其建瓴。"又《承闻河北诸道节度入朝欢喜口号绝句十二首》之二："社稷苍生计必安，蛮夷杂种错相干。"

【雜亂】 ❶混杂无条理。杜甫《遭田父泥饮美严中丞》："语多虽杂乱，说尹终在口。"❷错乱。韩愈《谢自然诗》："幽明纷杂乱，人鬼更相残。"

【雜詩】 谓兴致不一，不拘流俗，遇物即言之诗。《文选》有杂诗一目，凡内容不属献诗、公晏、游览、行旅、赠答、哀伤、乐府诸目者，概列杂诗项。唐诗人以杂诗为题之作甚众，如王维有《杂诗三首》、张九龄有《杂诗五首》、张说有《杂诗四首》、李华有《杂诗六首》。

【雜歌】 指古诗中之歌或行。《文选》有杂歌一目。李端有《杂歌》和《杂歌呈郑郑锡司空文明》。

【雜興】 (—xìng)有感而发、随事吟咏之诗篇。李颀和王昌龄有《杂兴》，储光羲有《田家杂兴八首》，白居易有《杂兴三首》，皎然有《杂兴六首》。

【雜擬】 古诗诗体之一种。指各种模拟前人作品所作之诗。刘禹锡《送慧则法师归上都因呈广宣上人》序："予有社内之因，故言别之日，爱缘瞥起，时也秋尽，咏江淹《杂拟》以送之。"又《韩十八见示诗因令属和重以自述故足成六十二韵》："羊濬要共和，江淹多杂拟。"又《送僧仲剬东游兼寄呈灵澈上人》："凭将杂拟三十首，寄与江南汤慧休。"

【雜戲】 古代一种娱乐形式，包括百戏、杂乐、歌舞戏、傀儡戏等。陈子昂《洛城观酺应制》："云风休征满，鱼龙杂戏来。"白居易《立部伎》："立部贱，坐部贵，坐部退为立部伎，击鼓吹笙和杂戏。"

【雜雜】 众多貌。寒山《诗三百三首》之一一九："杂杂排山果，疏疏围酒樽。"李贺《感讽六首》之三："杂杂胡马尘，森森边士戟。"贯休《富贵曲二首》之一："纨绮杂杂，钟鼓合合。"

【雜體】 ❶即杂拟。指各种模拟前人作品所写之诗。《文选》卷三十一载江淹《杂体诗》三十首，实为杂拟之诗。清昼、汤衡《讲古文联句》："江淹杂体，方见才力。"❷指回文、离合、双声、叠韵等带有游戏性质的诗体。皮日休《杂体诗》："近代作杂体，唯刘宾客集中有回文、离合、双声、叠韵。"❸指内容上有所讽谕，带有杂兴、杂感性质之诗作。韦应物有《杂体五首》。

離1 〔lí《广韵》吕支切，平支切，來。〕❶离开，分离。沈千运《赠史修文》："念离宛犹昨，俄已经数期。"白居易《和答诗十首·和阳城驿》："骨肉同衾裯，至死不相离。"姚合《赠刘叉》："自君离海上，垂钓更何人。"刘沧《题书斋》："一日不曾离此处，风吹疏牖夕云晴。"❷避开，逃脱。韩愈《东都遇春》："幸蒙东都官，获离机与阱。"白居易《读史五首》之二："何不从之游，超然离网罟。"朱庆余《发凤翔后涂中怀田少府》："所在求飧过，无因离得愁。"陆龟蒙《记事》："稍离饥寒患，学古真可强。"❸背离，违背。安守范、杨鼎夫《天台禅院联句》："忘机同一祖，出语离三乘。"❹离散。李白《上崔相百忧章》："星离一门，草掷二孩。"韦庄《睹军回戈》："关中群盗已离心，关外犹闻羽檄还。"❺通"罹"，遭受，遭遇。韩愈《次硖石》："数日方离雪，今朝又出山。"❻《易》卦名。八卦之一，又为六十四卦之一。《易·说卦》：離，为火，为日。贾岛《纪汤泉》："在卦得既济，备象坎与离。"❼指南方。杜周士《闰月定四时》："葭灰初变律，斗柄正当离。"齐己《潇湘二十韵》："二水远难论，从离向坎奔。"❽古代一种大琴。《尔雅·释乐》："大琴谓之离，小者谓之应。"贯休《送杨秀才》："抚长离，坎答鼓。花姑吹箫，弄玉起舞。"❾两；并。《礼记·曲礼上》："离坐离立，毋往参焉。"郑玄注："离，两也。"参见"離立"。

離2 〔lì《广韵》郎計切，去霽，來。〕通"麗"。附着，依附。《易·离》："彖曰：离，丽也。日月丽乎天，百谷草木丽乎土。"参见"離2畢"。

【離人】 离别之人，离开家国、亲人之人。孟云卿《古别离》："朝日上高台，离人怨秋草。"皇甫冉《送段明府》："离人转吴岫，旅雁从燕塞。"陈存《送刘秀才南归》："停车落日在，罢酒离人起。"李频《吴门别主人》："不知明夜谁家见，应照离人隔楚江。"

【離川】 指离别之地伊川。贺知章《奉和圣制送张说巡边》："岐陌涵余雨，离川照晚虹。"

【離女】 道家指铅。内丹家谓人体内部阳气，与坎男相对。吕岩《明胎息》："炼成离女液，咽尽坎男津。"彭晓《参同契明镜图诀诗二首》之一："离女驾龙为木婿，坎男乘虎作金翁。"

【離元】 指太子纳妃。离，配对。元万顷《奉和太子纳妃太平公主出降》："离元应春夕，帝子降秋期。"

【離方】 南方。张祜《和岳州徐员外云梦新亭二十韵》："胜景离方绝，功符坎德优。"

【離心】 别离之情。刘长卿《奉送裴员外赴上都》："离心秋草绿，挥手暮帆开。"裴夷直《酬唐仁烈相别后喜阻风未发见寄》："离心一起泪双流，春浪无情也白头。"朱庆余《送张景宣下第东归》："离心可惆怅，为有入城期。"冯延巳《采桑子》词之七："凭仗东流，将取离心过橘州。"

【離户】　指上丹田。吕岩《七言》之二五:"先教玄母归离户,后遣空王镇坎门。"

【離立】　并立。杜甫《四松》:"别来忽三载,离立如人长。"

【離曲】　离别时演唱之乐曲。唐人送别,常令乐人演唱王维《送元二使安西》诗作为送别曲。末句"西出阳关无故人"反复三遍,所谓《阳关三叠》。李益《送诸暨王主簿之任》:"别愁已万绪,离曲方三奏。"庄南杰《湘弦曲》:"满堂怨咽悲相续,苦调中含古离曲。"

【離合】　❶分合,聚散。韩愈《送惠师》:"离合自古然,辞别安足珍。"权德舆《送王炼师赴王屋洞》:"相看话离合,风驭忽泠然。"❷偏指离别。杜甫《垂老别》:"人生有离合,岂择衰老端。"❸摇动,晃动。韩愈、孟郊《秋雨联句》:"庭翻树离合,牖变景明蔼。"❹指离合诗。皮日休《杂体诗》序:"孔融诗曰:'渔父屈节,水潜匿方。'作郡姓名字离合也,由是离合兴焉。"皮日休有《怀锡山药名离合二首》和《怀鹿门县名离合二首》。陆龟蒙有《药名离合夏日即事三首》《和袭美怀锡山药名离合二首》和《和袭美怀鹿门县名离合二首》等。

【離合詩】　杂体诗名。常见的一种是拆开字形合成诗句。带有文字游戏性质。马总《赠日本僧空海离合诗》:"何乃万里来,可非炫其才?增学助元机,土人如子稀。""何乃"二句乃"何"字去掉"可"而成"人"字;"增学"二句"增"字去掉"土"字而成"曾"字。"人""曾"二字合为"僧"字,即此离合诗题旨。空海《在唐日赠剑南僧惟上离合诗》:"磴危人难行,石崄兽无登。烛暗迷前后,蜀人不得登。"诗中影射"蜀道蜀僧惟上"六字。前二字所写的蜀道情景,"燭暗"谓无火,"燭"无"火"则为蜀,"迷前後",谓"前"字与"後"字各有迷失,合为"道"字。第四句"蜀人不得登",则蜀僧可登,换言之,则为"蜀僧惟上"。

【離舟】　离人所乘之舟。王勃《秋江送别二首》之一:"已觉逝川伤别念,复看津树隐离舟。"

【離弛】　散乱,松弛。杜牧《感怀诗一首》:"流品极蒙尨,网罗渐离弛。"

【離花】　道家用以指丹田真气。吕岩《七言》三六:"离花片片乾坤产,坎蕊翻翻造化栽。"

【離身】　离开身体。张籍《寄宋景》:"诏发官兵取乱臣,将军弓箭不离身。"窦巩《赠阿史那都尉》:"较猎燕山经几春,雕弓白羽不离身。"

【離言】　离别时所说之话。皇甫冉《曾东游以诗寄之》:"出郭离言多,回车始知远。"雍陶《送裴璋还蜀因亦怀归》:"离言殊未尽,春雨满行衣。"

【離門】　上丹田之别称。吕岩《七言》之一八:"电激离门光海岳,雷轰震户动婆娑。"

【離阻】　分离,阻隔。卢纶《送宁国夏侯丞》:"怃然饯离阻,年鬓两蹉跎。"杨衡《秋夜桂州宴送郑十九侍御》:"一杯勾离阻,三载奉周旋。"于濆《古别离》之二:"对门中道间,终谓无离阻。"

【離坼】　分离。白居易《续古诗十首》之一:"谁家无夫妇,何人不离坼。"姚合《寄狄拾遗时为魏州从事》:"至交不可合,一合难离坼。"

【離拆】　分离。沈佺期《答魑魅代书寄家人》:"降除沾二弟,离拆已三房。"

【離披】　❶分散下垂貌,纷纷下落貌。卢纶《孤松吟酬浑赞善》:"深山荒松枝,雪压半离披。"白居易《冬夜》:"冷落灯火暗,离披帘幕破。"李建勋《柳花寄宋明府》:"遥知陶令宅,五树正离披。"陆龟蒙《江南秋怀寄华阳山人》:"枝压离披瓠,檐垂磊磊橙。"徐铉《游蒋山题辛夷花寄陈奉礼》:"晴后日高偏照灼,晚来风急渐离披。"❷纷乱,散乱,零乱。张九龄《在郡秋怀二首》之一:"露下霜且降,泽中草离披。"包佶《对酒赠故人》:"扶起离披菊,霜轻喜重开。"刘言史《病中客散复言怀》:"华发离披卧满头,暗虫衰草入乡愁。"陆龟蒙《奉和袭美添渔具五篇・蓑衣》:"滴沥珠影泫,离披岚彩虚。"❸衰残貌,凋残貌。郭震《惜花》:"春风满目还惆怅,半欲离披半未开。"韦应物《对萱草》:"还思杜陵圃,离披风雨秋。"白居易《湓浦早冬》:"蓼花始零落,蒲叶稍离披。"韦庄《使院黄葵花》:"为报同人看来好,不禁秋露即离披。"❹盛貌,多貌。包佶《祀雨师乐章・奠币登歌》:"阴雾离披,灵驭摇裔。"卢纶《出山逢耿沣》:"云雪离披山万里,别来曾住最高峰。"韦庄《残花》:"和烟和露雪离披,金蕊红须尚满枝。"刘兼《蜀都春晚感怀》:"蜀都春色渐离披,梦断云空事莫追。"❺参差错落貌。褚载《句》:"星斗离披烟霭收,玉蟾蜍耀海东头。"❻摇荡貌,晃动貌。樊阳源《赋得风动万年枝》:"离披偏向日,凌乱半分空。"陆龟蒙《鹤媒歌》:"媒欢舞跃势离披,似谄功能邀弩儿。"徐夤《蕉叶》:"绿绮新裁织女机,摆风摇日影离披。"❼分离貌。贾至《闲居秋怀寄阳翟陆赞府封丘高少府》:"离披不相见,浩荡隔两乡。"

【離抱】　离人之怀抱。韦应物《寄中书刘舍人》:"晨露方怆怆,离抱更忡忡。"白居易《见萧侍御忆旧山草堂诗因以继和》:"自云别山后,离抱常忡忡。"李商隐《酬令狐郎中见寄》:"万里悬离抱,危于讼閤铃。"杜荀鹤《秋日泊浦江》:"照云烽火惊离抱,剪叶风霜逼暑衣。"

【離杯】　亦作"離盃"。指饯别之酒。刘禹锡《洛中送韩七中丞之吴兴口号五首》之三:"今朝无意诉离杯,何况清弦急管催。"李郢《早春送友人归江南》:"千里同来不同去,莫惊愁泪溅离杯。"李咸用《送别》:"别意说难尽，离盃深莫辞。”贾岛《思游边友人》：“凝愁对孤烛，昨日饮离杯。”

【離尊】　饯别之酒杯，饯别之酒。骆宾王《在兖州饯宋五之问》：“别路青骊远，离尊绿蚁空。”戎昱《送王端公之太原归觐相公》：“春雨桃花静，离尊竹叶香。”武元衡《送唐次》：“青槐驿路长，白日离尊晚。”鲍溶《留辞杜员外式方》：“恻恻奉离尊，承欢独向隅。”

【離析】　❶离散，分离。李白《淮南卧病书怀寄蜀中赵征君蕤》：“寄书西飞鸿，赠尔慰离析。”孟郊《游韦七洞庭别业》：“物表易淹留，人间重离析。”鲍溶《秋怀五首》之五：“游子声影中，涕零念离析。”❷分裂，瓦解。杨乘《甲子岁书事》：“天兵日雄强，桀犬稍离析。”

【離明】　语本《易·离》：“离为火，为日。”故离明喻指君王明察。韩王李元嘉《奉和同太子监守违恋》：“乾象开层构，离明启少阳。”

【離别】　长久地跟某地或某人分开。刘希夷《江南曲八首》之六：“可怜离别谁家子，于此一至情何已。”张继《酬张二十员外前国子博士窦叔向》：“语言未终夕，离别又伤春。”裴夷直《奉和大梁相公送人二首》之一：“谢公日日伤离别，又向西堂送阿连。”李频《鄜州留别王从事》：“从来易离别，此去忽留连。”

【離别難】　唐教坊曲名，武后时人作。《乐府诗集》卷八十引《乐府杂录》：“《离别难》：武后朝有一士人陷冤狱，籍其家，妻配入掖庭，善吹觱篥，乃撰此曲，以寄情焉。”五言、八句、四十字，五平韵。传辞如五律，首句以仄起。中四句作两对。又，《全唐诗》卷四五八载白居易《听歌六绝句》，有《离别难》一绝。此乃为听歌之时所写之绝句，而非按《离别难》之曲调而作歌。又为词牌名。薛昭蕴有《离别难》词，上下两阙，八十七字。

【離念】　离别之思念。韦应物《答崔都水》：“离念积岁序，归途眇山川。”刘长卿《九日岳阳待黄遂张涣》：“别君颇已久，离念与时积。”钱起《卧病李员外题扉而去》：“清扬去莫寻，离念顷来侵。”马戴《晚眺有怀》：“点点抱离念，旷怀成怨歌。”

【離盃】　见“離杯”。

【離居】　不居住在一起，分居。宋之问《江南曲》：“妾住越城南，离居不自堪。”窦叔向《秋砧送邑大夫》：“离居偏入听，况复送归舟。”白居易《续古诗十首》之八：“不舒良有以，同心久离居。”许浑《酬绵州于中丞使君见寄》：“半月离居犹怅望，可堪垂白各天涯。”

【離弦】　亦作“離絃”。离别时所弹奏之弦乐。韦应物《上东门会送李幼举南游送徐方》：“离絃既罢弹，樽酒亦已阑。”钱起《送宋征君让官还山》：“紫霞开别酒，黄鹤舞离弦。”孟郊《答韩愈李观别因献张徐州》：“离弦不堪听，一听四五绝。”戴叔伦《酬别刘九郎评事传经同泉字》：“举袂掩离弦，枉君愁思篇。”

【離相】　(—xiàng)佛教谓离开色相。崔元翰《奉和圣制中元日题奉敬寺》：“离相境都寂，忘言理更精。”

【離思】　离别后之思绪。杜甫《醉歌行》：“风吹客衣日杲杲，树搅离思花冥冥。”刘长卿《赠别于群投笔赴安西》：“边愁殊浩荡，离思空断续。”杜牧《寄内兄和州崔员外十二韵》：“好风初婉软，离思苦萦盈。”李昌符《送琴客》：“楚客抱离思，蜀琴留恨声。”

【離俗】　避开世俗。谓出家。陈琡《别僧》：“行止既如此，安得不离俗。”

【離怨】　离别时之怨恨。张泌《晚次湘源县》：“湘南自古多离怨，莫动哀吟易惨凄。”王季友《酬李十六岐》：“城下故人久离怨，一欢适我两家愿。”

【離亭】　古代建于离城稍远处路边供人休息之亭。古人往往于此送别，故称。张九龄《送韦城李少府》：“送客南昌尉，离亭西候春。”杜甫《江亭王阆州筵饯萧遂州》：“离亭非旧国，春色是他乡。”马戴《边上送杨侍御鞫狱回》：“飞将送迎遥避马，离亭不敢劝金杯。”李频《送友人往太原》：“离亭聊把酒，此路彻边头。”

【離恨】　因离别而产生之愁苦怨恨。许敬宗《奉和七夕宴悬圃应制二首》之一：“奈许今宵度，长婴离恨多。”贾至《巴陵夜别王八员外》：“世情已逐浮云散，离恨空随江水长。”李涉《柳枝词》：“不必如丝千万缕，只禁离恨两三条。”韩琮《露》：“几处花枝抱离恨，晓风残月正潸然。”

【離宫】　❶行宫。正宫之外供帝王出行时居住之宫室。杜审言《宿羽亭侍宴应制》：“步辇千门出，离宫二月开。”韦应物《骊山行》：“禁仗围山晓霜切，离宫积翠夜漏长。”权德舆《朝元阁》：“缭垣复道上层霄，十月离宫万国朝。”李商隐《楚吟》：“山上离宫宫上楼，楼前宫畔暮江流。”❷星名。借指南方、南天。齐己《苦热行》：“离宫划开赤帝怒，喝出六龙奔日驭。”亦借指火红色。齐己《石竹花》：“石竹花开照庭石，红藓自禀离宫色。”陈陶《泉州刺桐花咏兼呈赵使君》之六：“今来树似离宫色，红翠斜欹十二楼。”❸指丹田。吕岩《七言》之一八：“阳龙言向离宫出，阴虎还于坎位生。”

【離宫别院】　义同“離宫别館”。花蕊夫人徐氏《宫词》之十：“离宫别院绕宫城，金版轻敲合凤笙。”

【離宫别館】　正宫之外供帝王出行时居住之宫室。阎朝隐《鹦鹉猫儿篇》：“离宫别馆临朝市，妙舞繁弦杂宫徵。”

【離客】　离家外出之人。钱起《海上卧病寄王临》：“离客穷海阴，萧辰归思结。”

【離衿】 离别相思之情。宋华《蝉鸣一篇五章》之五:"我友来斯,言告离衿。"韩偓《寄京城亲友二首》之二:"相思凡几日,日欲咏离衿。"

【離袂】 离人之衣袖、衣服。亦借指离人。钱起《送时暹避难适荆南》:"三叹把离袂,七哀深我情。"皇甫冉《之京留别刘方平》:"离袂惜嘉月,远还劳折芳。"权德舆《送少清赴润州参军因思练旧居》:"青门望离袂,魂为阿连销。"刘兼《送从弟舍人入蜀》:"嘉陵江畔饯行车,离袂难分十里余。"

【離酌】 饯别之酒。钱起《送张将军征西》:"玉笛声悲离酌晚,金方路极行人远。"皇甫曾《送裴秀才贡举》:"离酌不辞醉,西江春草生。"白居易《江楼宴别》:"楼中别曲催离酌,灯下红裙间绿袍。"

【離索】 离群索居。杜甫《夜听许十损诵诗爱而有作》:"离索晚相逢,包蒙欣有击。"白居易《和微之四月一日作》:"两地诚可怜,其奈久离索。"许浑《题岫上人院》:"离索秋虫响,登临夕鸟还。"

【離$_2$畢】 月亮附于毕星。为天将降雨之征兆。毕,二十八宿之一。钱起《秋霖曲》:"阴精离毕太淹度,倦鸟将归不知树。"刘禹锡、白居易《乐天是月长斋因以寄怀遂为联句所期解闷焉敢惊禅》:"阴魄初离毕,阳光正在参。"徐夤《和尚书咏烟》:"不散几知离毕雨,欲飞须待落花风。"

【離席】 饯别之宴席。太宗《饯中书侍郎来济》:"聊将分袂沾巾泪,还用持添离席觞。"王建《送韦处士老舅》:"落日动征车,春风卷离席。"李商隐有《离席》。

【離宴】 饯别之酒宴。钱起《送崔十三东游》:"当怀缓筝柱,倏忽催离宴。"

【離容】 临别时之面容。喻凫《送武毅之邠宁》:"诗宁写别恨,酒不上离容。"

【離家】 离开家庭,漂泊在外。郭震《蛩》:"愁杀离家未达人,一声声到枕前闻。"张蠙《送友人归武陵》:"游秦未得意,看即更离家。"李昌符《与友人会》:"病觉离家远,贫知处事难。"李商隐《人日即事》:"独想道衡诗思苦,离家恨得二年中。"

【離異】 分离,分异。孟浩然《书怀贻京邑同好》:"秦楚邈离异,翻飞何日同。"张籍《各东西》:"浮云上天雨堕地,暂时会合终离异。"

【離婁】 传说中视力特强者。李白《雪谗诗赠友人》:"子野善听,离娄至明。"张籍《罔象得玄珠》:"离娄徒肆目,罔象乃通玄。"李瀚《蒙求》:"师旷清耳,离娄明目。"

【離堂】 饯别之堂室。陈子昂《春夜别友人二首》之一:"离堂思琴瑟,别路绕山川。"陈羽《送殷华之洪州》:"离堂悲楚调,君奏豫章行。"刘禹锡《送陆侍御归淮南使府五韵》:"归路芙蓉府,离堂玳瑁筵。"罗邺《春夜赤水驿旅怀》:"一星残烛照离堂,失计游心归渺茫。"

【離旌】 离旗,鸾旗。虞世南《从军行二首》之二:"沙磴离旌断,晴川候马归。"

【離章】 饯别时撰写之诗文。徐坚《奉和圣制送张说巡边》:"出郊开帐饮,寅饯盛离章。"崔禹锡《奉和圣制送张说巡边》:"群僚咸饯酌,明主降离章。"薛稷《饯许州宋司马赴任》:"别序闻鸿雁,离章动鹡鸰。"元稹《奉和权相公行次临阙驿逢郑仆射相公归朝赠诗十四韵》:"别路环山雪,离章运寸珠。"

【離情】 别离之情。戴叔伦《送别钱起》:"归梦吴山远,离情楚水分。"张祜《送琼贞发述怀》:"送出南溪日,离情不忍看。"李商隐《泪》:"永巷长年怨绮罗,离情终日思风波。"韦庄《古离别》:"晴烟漠漠柳毵毵,不那离情酒半酣。"

【離婚】 解除婚姻关系。刘长卿有《见秦系离婚后出山居作》。

【離婦】 被丈夫遗弃之妇女。寒山《诗三百三首》之五二:"夫居离妇州,妇住思夫县。"张籍有《离妇》。

【離鄉】 离开故乡。吕从庆《行次歙州离之》:"明识离乡贱,强言避世高。"白居易《自到郡斋呈吴中诸客》:"渭北离乡客,江南守土臣。"又《早春忆苏州寄梦得》:"诚知欢乐堪留恋,其奈离乡已四年。"于濆《塞下曲》:"燕然山上云,半是离乡魂。"

【離琴】 离别时所弹奏之琴。钱起《送褚大落第东归》:"离琴弹苦调,美人惨向隅。"李商隐《代越公房妓嘲徐公主》:"遽遣离琴怨,都由半镜明。"

【離散】 (—sàn)分离。韦应物《送李儋》:"芳时坐离散,世事谁可同。"皎然《送卢仲舒移家海陵》:"世故多离散,东西不可嗟。"姚合《得舍弟书》:"亲戚多离散,三年独在城。"孙光宪《清平乐》词之一:"连理分枝鸾失伴,又是一场离散。"

【離程】 离去之路程。罗邺《早发》:"一点灯残鲁酒醒,已携孤剑事离程。"

【離黍】 为亡国之典。无名氏《鲁阳城》:"离黍何须发浩叹,荒城久矣属空墉。"

【離筵】 饯别的宴席。王维《哭祖六自虚》:"赠言为挽曲,奠席是离筵。"熊皎《湘江晓望》:"笙歌欢罢散离筵,水色朦胧蘸宿烟。"张祜《庚子岁寓扬州赠崔荆四十韵》:"去国程无尽,离筵思不胜。"徐铉《又题白鹭洲江鸥送陈君》:"离筵一曲怨复清,满座销魂鸟不惊。"

【離絃】 见"離弦"。

【離瑟】 离别时所演奏之瑟。裴度、刘禹锡《宴兴化池亭送白二十二东归联句》:"离瑟殷勤奏,仙舟委曲回。”

【離魂】 指远游异乡之旅人游子。张九龄《通化门外送别》:“离魂今夕梦,先绕旧林飞。”孟浩然《唐城馆中早发寄杨使君》:“欲识离魂断,长空听雁声。”杜牧《有怀重送斛斯判官》:“将取离魂随白骑,三台星里拜文星。”韦庄《春日》:“旅梦乱随蝴蝶散,离魂渐逐杜鹃飞。”

【離夢】 离人之梦。薛涛《送友人》:“谁言千里自今夕,离梦杳如关塞长。”崔融《拟古》:“离梦当有魂,愁容定无力。”窦常《立春后言怀招汴州李匡衙推》:“每听寒笳离梦断,时窥清鉴旅愁多。”

【離愁】 离别之愁思。牟融《楼城叙别》:“屈指年华嗟远别,对床风雨话离愁。”雍陶《途中西望》:“行行何处散离愁,长路无因暂上楼。”刘兼《秋夕书事》:“征闺捣月离愁远,旧馆眠云旅梦通。”徐铉《寄饶州王郎中效李白体》:“银钩无一字,何以缓离愁。”

【離傷】 离别时之伤感。王昌龄《送柴侍御》:“流水通波接武冈,送君不觉有离伤。”王无竞《君子有所思》:“声侈遽衰歇,盛爱且离伤。”

【離亂】 变乱。多指战乱。刘长卿《毗陵送邹结先赴河南充判官》:“凋残春草在,离乱故城多。”白居易《赠友五首》之五:“近代多离乱,婚姻多过期。”李频《太和公主还宫》:“离乱应无初去貌,死生难有却回身。”贯休《淮上逢故人》:“故园离乱后,十载始逢君。”

【離腸】 充满离愁之心肠。王昌龄《送李擢游江东》:“离肠便千里,远梦生江楼。”武元衡《南徐别业早春有怀》:“虚度年华不相见,离肠怀土并关情。”裴说《闻砧》:“几展齐纨又懒裁,离肠恐逐金刀断。”徐铉《和江西萧少卿见寄二首》之一:“离肠似线常忧断,世态如汤不可探。”

【離愴】 离愁。元稹《送崔侍御之岭南二十韵》序:“离怆之怀,尽之二百言矣。”

【離羣】 离开众人或群体。王维《送张道士归山》:“人间若剩住,天上复离群。”戎昱《送苏参军》:“忆昨青襟醉里分,酒醒回首怆离群。”雍裕之《宿棣华馆闻雁》:“不堪旅宿棣花馆,况有离群鸿雁声。”赵嘏《长洲》:“悲心人望月,独夜雁离群。”

【離猿】 离群的孤猿。太宗《秋日即目》:“别鹤栖琴里,离猿啼峡中。”

【離障】 消除烦恼。灵一《送范律师往果州》:“离障非今日,修因是几生。”

【離經】 分析经籍义理,读断文句,辨别学习之意向。黄滔《赠怀光上人》:“过午休斋惯,离经吐论高。”又《游东林寺》:“松形人汉藤萝短,僧语离经耳目清。”又《奉酬翁文尧员外神泉之游见寄嘉什》:“泉源出石清消暑,僧语离经妙破愁。”

【離歌】 告别之歌,伤别之歌曲。李颀《送魏万之京》:“朝闻游子唱离歌,昨夜微霜初渡河。”皇甫冉《玄元观送李源李风还奉先华阴》:“莫辞别酒和琼液,乍唱离歌和凤箫。”许浑《颍州从事西湖亭讌饯》:“西湖清宴不知回,一曲离歌酒一杯。”韦庄《衢州江上别李秀才》:“一曲离歌两行泪,更知何地再逢君。”

【離憂】 ❶离别之忧思,离人之忧愁。裴耀卿《敬酬张九龄当涂界留赠之作》:“遄迈嗟于役,离忧空自情。”岑参《初过陇山途中呈宇文判官》:“别家赖归梦,山塞多离忧。”杜甫《长沙送李十一》:“李杜齐名真忝窃,朔云寒菊倍离忧。”牟融《送客之杭》:“悬想到杭州兴地,尊前应与话离忧。”李商隐《拟意》:“几时销薄怒,从此抱离忧。”❷遭受忧患之事。王昌龄《送薛大赴安陆》:“津头云雨暗湘山,迁客离忧楚地颜。”王维《双黄鹄歌送别》:“鞍马归兮佳人散,怅离忧兮独含情。”张九龄《感遇十二首》之八:“永日徒离忧,临风怀蹇修。”❸忧愁。杜甫《锦树行》:“今日苦短昨日休,岁云暮矣增离忧。”颜真卿、耿沣《与耿沣水亭咏风联句》:“周回随远梦,骚屑满离忧。”李商隐《与同年李定言曲水闲话戏作》:“海燕参差沟水流,同君身世属离忧。”

【離塵】 ❶离开尘土。朱庆余《和刘补阙秋园寓兴之什十首》之七:“石脉潜通井,松枝静离尘。”❷对尘世俗事不关心。白居易《题赠定光上人》:“二十身出家,四十心离尘。”李频《送友人下第归宛陵》:“临岐仍犯雪,挂席始离尘。”

【離塵衣】 袈裟,僧服。寒山《诗三百三首》之二八四:“虽着离尘衣,衣中多养蚤。”

【離精】 指南方赤帝之神。徵音属孟夏之音,按五行相应的方位,在正南离位。则天皇后《唐明堂乐章·徵音》:“赫赫离精御炎陆,滔滔炽景开隆暑。”

【離緒】 离别之情绪。刘孝孙《咏笛》:“征客怀离绪,邻人思旧情。”高适《宋中别司功叔各赋一物得商丘》:“即此伤离绪,凄凄赋酒筵。”武元衡《送韦侍御司议赴东都》:“洛京千里近,离绪亦纷纷。”刘兼《梦归故园》之一:“觉来依旧二更月,离绪乡心起万端。”

【離興】 (—xìng)离别之气象。孙逖《送靳十五侍御使蜀》:“传车春色送,离兴夕阳催。”

【離褷】 ❶潮湿貌。韩愈、孟郊《秋雨联句》:“毛羽皆遭冻,离褷不能翙。”❷毛羽始生貌。李白《雉朝飞》:“锦衣绣翼何离褷,犊牧采薪感之悲。”

【離館】 离宫。钱起《送襄阳卢判官奏开河事》:“坐惜去车远,愁看离馆空。”

【離聲】 别离之声音。张潮《襄阳行》:“莫作云间鸿,离声顾俦侣。”白居易《西湖留别》:“征途行色惨风烟,祖帐离声咽管弦。”韦庄《上行杯》词:“芳草灞陵春岸，柳烟深，满楼弦管。一曲离声肠寸断。”

【離鴻】 ❶离群之雁，离散之雁。亦喻指远离的亲友。武元衡《独不见》：“别岛异波潮，离鸿分海县。”权德舆《送人使之江陵》：“纷纷别袂举，切切离鸿响。”李渤《喜弟淑再至为长歌》：“离鸿一别影初分，泪袖双挥心哽咽。”张祜《秋时送郑侍御》：“离鸿声怨碧云净，楚瑟调高清晓天。”❷古乐曲名。骆宾王《秋日饯陆道士陈文林》：“玉柱离鸿怨，金罍浮蚁空。”杨希道《侍宴赋得起坐弹鸣琴二首》之一：“变作离鸿声，还入思归引。”刘祎之《酬郑沁州》：“凄断离鸿引，劳歌思足曲。”

【離縷】 交错纠缠貌。崔湜《九龙潭作》：“石蔓下离缕，云萝上绵幂。”

【離曠】 孤独貌。杨衡《南海苦雨寄王四侍御》：“折简展离旷，理径俟招寻。”

【離顔】 离别时之惆怅表情。李白《南阳送客》：“离颜怨芳草，春思结垂杨。”又《送族弟单父主簿凝摄宋城主簿至郭南月桥却回栖霞山留饮赠之》：“群花散芳园，斗酒开离颜。”武元衡《摩诃池送李侍御之凤翔》：“柳暗花明池上山，高楼歌酒换离颜。”温庭筠《送人东游》：“何当重相见，尊酒慰离颜。”

【離觴】 离杯。饯别之酒杯。王昌龄《送十五舅》：“夕浦离觞意何已，草根寒露悲鸣虫。”杨衡《送郑丞之罗浮中习业》：“钟管促离觞，烟霞随去程。”陆畅《陕州逢窦巩同宿寄江陵韦协律》：“共出丘门岁九霜，相逢凄怆对离觞。”温庭筠《清平乐》词之二：“上马争劝离觞，南浦莺声断肠。”

【離襟】 借指离人之情思或离别之情怀。骆宾王《送宋五之问得凉字》：“欲验离襟切，岐路在他乡。”高适《淇上别刘少府子英》：“飘然归故乡，不复问离襟。”权德舆《拜昭陵出城与张秘监阁老同里临行别承在史馆未归寻辱清辞辄酬之》：“逢君在东观，不得话离襟。”韦庄《寄湖州舍弟》：“半年江上怆离襟，把得新诗喜又吟。”

【離離】 ❶草木茂盛浓密貌。李白《劳劳亭歌》：“金陵劳劳送客堂，蔓草离离生道傍。”窦庠《陪留守韩仆射巡内至上阳宫感兴二首》之二：“愁云漠漠草离离，太乙句陈处处疑。”杨敬之《客思吟》：“禾黍正离离，南园剪白芝。”储嗣宗《长安怀古》：“面缺崩城山寂寂，土埋冤骨草离离。”❷盛多貌。白居易《裴侍中晋公以集贤林亭即事诗三十六韵见赠以伸酬献》：“春葩雪漠漠，夏果珠离离。”皎然《洞庭山维谅上人院阶前孤生橘树歌》：“九月十月争破颜，金实离离色殷殷。”贯休《经弟妹坟》：“泪不曾垂此日垂，山前弟妹冢离离。”❸浓密貌。陈昌言《白日丽江皋》：“郁郁长堤土，离离浅渚毛。”白居易《早秋曲江感怀》：“离离暑云散，袅袅凉风起。”温庭筠《罩鱼歌》：“风飕飕，雨离离，菱尖茭刺鸂鶒飞。”李咸用《关山月》：“离离天际云，皎皎关山月。”❹明亮貌，光鲜貌。晁采《子夜歌十八首》之十：“手自施屏障，恐有女伴窥。”陆龟蒙《新秋月夕客有自远相寻者作吴体二首以赠》之二：“清谈白纻思悄悄，玉绳银汉光离离。”田四郎、堂上人《田四郎求婚联句》：“一点红裳出翠微，秋天云静月离离。”齐己《还人卷》：“金梭札札文离离，吴姬越女羞上机。”❺清晰貌，分明貌。李白《扶风豪士歌》：“抚长剑，一扬眉，清水白石何离离。”李贤《黄台瓜辞》：“种瓜黄台下，瓜熟子离离。”赵嘏《淮信贺滕迈台州》：“遥知到郡沧波晏，三岛离离一望中。”徐铉《赋得风光草际浮》：“耿耿依平远，离离入望长。”❻隐约貌。卢纶《奉和户曹叔夏夜寓直寄呈同曹诸公并见示》：“乱萤光熠熠，行树影离离。”李贺《长歌续短歌》：“夜峰何离离，明月落石底。”❼排列整齐貌。白居易《杂兴三首》之一：“东风二月天，春雁正离离。”❽稀疏貌。孟云卿《田园观雨兼晴后作》：“早苗既芃芃，晚田尚离离。”崔国辅《石头滩作》：“离离树木少，漭漭湖波大。”❾逐渐显现貌。李益《登天坛夜见海》：“仙钟撞撞近海日，海中离离三山出。”❿轻细貌。谢偃《乐府新歌应教》：“细细轻裙全漏影，离离薄扇讵障尘。”⓫悲痛貌。韩愈《秋怀诗十一首》之五：“离离挂空悲，戚戚抱虚警。”⓬孤独貌。常建《客有自燕而归哀其老而赠之》：“离离一寒骑，袅袅驰白天。”窦常《之任武陵寒食日途次松滋渡先寄刘员外禹锡》：“杏花榆荚晓风前，云际离离上峡船。”⓭象声词。状雁鸣声。李绅《涉沅潇》：“鸿叫离离入暮天，霞消漠漠深云水。”

【離騷】 ❶离别之愁思。岑参《送赵侍御归上都》：“帝城谁不恋，回望动离骚。”包佶《酬顾况见寄》：“于越城边枫叶高，楚人书里寄离骚。”李嘉祐《酬皇甫十六侍御曾见寄》：“更枉新诗思何苦，离骚愁处亦无如。”❷文体之一种。起源于战国时楚国，以大诗人屈原所作《离骚》为代表，并因此而得名。亦泛指词赋、诗文。刘长卿《南楚怀古》：“独余湘水上，千载闻离骚。”白居易《湖上闲望》：“闲弄水芳生楚思，时时合眼咏离骚。”张祜《送卢弘本浙东觐省》：“知君思无倦，为我续离骚。”陈陶《赠江南从事张侍郎》：“江徼无虞才不展，衔杯终日咏离骚。”

【離騷體】 即楚辞体。文体名。起源于战国时楚国，以屈原《离骚》为代表。这类作品，富于抒情成分和浪漫气息；篇幅和字句较长，形式也较自由，并多用兮字以助语势。以其运用楚地文学式样、方言声韵，叙写楚地风土物产等，具有浓厚地方色彩，后世遂以此种文体为楚辞体，又名离骚体或骚体。权德舆有《杂言同用离骚体送张评事襄阳觐省》。

【離贈】 离别赠以诗文。亦指所赠之诗文。卢从愿《奉和圣制送张说巡边》:“戒途遵六月,离赠动三光。”孙逖《奉酬张洪州九龄江上见赠》:“江皋枉离赠,持此慰他乡。”

【離辭】 辞别。张籍《离妇》:“堂上谢姑嫜,长跪请离辞。”

【離懷】 ❶离别之情怀。牟融《客中作》:“异乡岁晚怅离怀,游子驱驰愧不才。”姚鹄《送友人出塞》:“帝城春色着寒梅,去恨离怀醉不开。”李频《南游过湘汉即事寄友人》:“离怀不可说,已迫峡猿声。”襄阳妓《送武补阙》:“弄珠滩上欲销魂,独把离怀寄酒尊。”❷离开尘世而归隐之想法。顾况《奉酬茅山赠赐并简綦毋正字》:“离怀结不断,玉洞一吹箫。”

【離鶴】 ❶失群之鹤。亦喻指离去之人。骆宾王《饯郑安阳入蜀》:“魂将离鹤远,思逐断猿哀。”❷为妻妾被丈夫所遗弃之典故。王昌龄《行路难》:“宴罢调筝奏《离鹤》,回娇转盼泣君前。”

【離戀】 对离人之依恋。陆龟蒙、皮日休《开元寺楼看雨联句》:“早晚重登临,欲去多离恋。”

【離鬢】 因离别之忧愁而出现之双鬓白发。李商隐《九月于东逢雪》:“岂是惊离鬓,应来洗病容。”

【離纚】 羽毛始生貌。亦借指新生枝叶。李颀《爱敬寺古藤歌》:“横空直上相陵突,丰茸离缅若无骨。”

【離鸞】 分离之鸾鸟。喻指分离之配偶。李商隐《当句有对》:“但觉游蜂饶舞蝶,岂知孤凤忆离鸾。”吴融《水鸟》:“为谢离鸾兼别鹄,如何禁得向天涯。”

【離鸞别鳳】 喻指分离之配偶。李贺《湘妃》:“离鸾别凤烟梧中,巫云蜀雨遥相通。”李商隐《代应二首》之一:“离鸾别凤今何在,十二玉楼空更空。”

十一画

難[1] 〔nán《广韵》那干切,平寒,泥。〕❶困难,不容易。李白《蜀道难》:“噫吁戏,危乎高哉,蜀道之难,难于上青天。”司空曙《过卢秦卿旧居》:“黄花寒后难逢蝶,红叶晴来忽有蝉。”权德舆《古离别》:“欲出强移步,欲留难致辞。”李商隐《井泥四十韵》:“大钧运群有,难以一理推。”❷不能,不好。海顺《三不为篇》之四:“笼餐讵贵,钩饵难尝。”

難[2] 〔nàn《广韵》奴案切,去翰,泥。〕❶危难,祸患。李白《在浔阳非所寄内》:“闻难知恸哭,行啼入府中。”贾至《自蜀奉册命往朔方途中呈韦左相文部房尚书门下崔侍郎》:“豳公秉大节,临难不顾身。”刘长卿《送李录事兄归襄邓》:“十年多难与君同,几处移家逐转蓬。”张籍《西州》:“所愿除国难,再逢天下平。”❷变乱。鲍溶《读淮南李相行营至楚州诗》:“阃外建牙威不宾,古来戡难忆忠臣。”韦庄《和郑拾遗秋日感事一百韵》:“定难输宸算,胜灾减御粱。”❸问难,责难。寒山《诗三百三首》之一八五:“客难寒山子,君诗无道理。”陆龟蒙《江南秋怀寄华阳山人》:“静翻词客系,闲难史官评。”

【難以】 不能,不易。李商隐《井泥四十韵》:“大钧运群有,难以一理推。”

【難$_2$世】 乱世,多难之世。李咸用《山居》:“难世投谁是,清贫且自安。”齐己《思游峨嵋寄林下诸友》:“难世堪言善,闲人合见机。”

【難兄】 犹贤兄。谓兄弟二人学业品德均佳,难分高下,为人敬重。张说《岳州宴姚绍之》:“难兄金作友,媚子玉为人。”无可《送喻凫及第归阳羡》:“宗中初及第,江上觐难兄。”杜荀鹤《送吴蜕下第入蜀》:“难兄方在幕,上相复怜才。”

【難任】 难当。韩愈《县斋读书》:“谪谴甘自守,滞留愧难任。”杨衡《夷陵郡内叙别》:“将迓空未立,就赘意难任。”

【難似】 犹言无比。韩愈《寄卢仝》:“昨晚长须来下状,隔墙恶少恶难似。”

【難行】 (—xíng)难以行走。韩愈《江汉答孟郊》:“流沙信难行,马足常往还。”

【難名】 难以称述。孟浩然《送袁太祝尉豫章》:“江南佳丽地,山水旧难名。”耿沣《宿万固寺因寄严补阙》:“钟梵已休初入定,有无皆离本难名。”

【難免】 难以避免。王建《醉后忆山中故人》:“因醉暂无事,在山难免愁。”元稹《虫豸诗·蟆子》之一:“暗毒应难免,羸形日渐枯。”罗虬《比红儿诗》之七七:“人间难免是深情,命断红儿向此生。”

【難忘】 难以忘却。白居易《吹笙内人出家》:“雨露难忘君念重,电泡易灭妾身轻。”李商隐《月》:“池上与桥边,难忘复可怜。”陆龟蒙《自遣诗三十首》之三:“多情多感自难忘,只有风流共古长。”韦庄《和郑拾遗秋日感事一百韵》:“五丁功再睹,八难事难忘。”

【難阻】 难以遏止。薛存诚《东都父老望幸》:“众愿其难阻,明君早勒功。”

【難陀寺】 即那烂陀寺,古印度寺名,在中天竺摩竭陀国。皮日休《重玄寺双矮桧》:“应如天竺难陀寺,一对狻猊相枕眠。”

【難事】 困难之事。徐铉《送礼部潘尚书致仕还建安》:“冥鸿高举真难事,相送何须泪满缨。”吕岩《沁园春》词:“稽首虚皇玉案前,无难事,信功成八百,行满三千。”

【難受】 不好接受。李频《辞夏口崔尚书》:“一饭仍难受,依仁况一年。”刘长卿《奉寄婺州李使君舍人》："眼暗经难受，身闲剑懒磨。"

【難狀】 难以状摹。元结《宴湖上亭作》："轩窗幽水石，怪异尤难状。"

【難逢】 难以相逢。白居易《寄明州于驸马使君三绝句》之一："有花有酒有笙歌，其奈难逢亲故何。"

【難料】 难以预料。白居易《戊申岁暮咏怀三首》之三："人间祸福愚难料，世上风波老不禁。"

【難過】 ❶谓日长不易度过。延寿《闲居》："闲居谁似我，退迹理难过。"❷难受。孙鲂《柳》之四："春物牵情不奈何，就中杨柳态难过。"朱庆余《送刘思复南河从军》："不驻节旄先候发，偶逢山寺亦难过。"

【難得】 ❶不容易得到。张谓《杜侍御送贡物戏赠》："由来此货称难得，多恐君王不忍看。"周贺《重阳》："古来醉乐皆难得，留取穷通委上天。"许棠《新年呈友》："处世闲难得，关身事半空。"吴融《寄尚颜师》："僧中难得静，静得是吾师。"❷不容易。李宣古《听蜀道士琴歌》："至道不可见，正声难得闻。"戴叔伦《织女词》："难得相逢容易别，银河争似妾愁深。"

【難堪】 不易忍受，难以承受。张籍《寄王六侍御》："渐觉近来筋力少，难堪今日在风尘。"姚合《新昌里》："朝朝忍饥行，戚戚如难堪。"黄滔《秋晚山居》："爽气遍搜空，难堪倚望中。"

【難爲】 （—wéi）不易做到，不好办。杜甫《草堂》："弧矢暗江海，难为游五湖。"刘长卿《逢郴州使因寄郑协律》："更落淮南叶，难为江上心。"李端《送郭补阙归江阳》："独有怀归客，难为欲别心。"孟郊《落第》："晓月难为光，愁人难为肠。"

【難爲情】 （爲 wéi）谓感情上承受不了。戎昱《听杜山人弹胡笳》："更闻出塞入塞声，穹庐毡帐难为情。"韩愈《桃源图》："人间有累不可住，依然离别难为情。"武元衡《石州城》："生离两不见，万古难为情。"杜荀鹤《馆舍秋夕》："寒雨萧萧灯焰青，灯前孤客难为情。"

【難測】 难以测知。贾岛《北岳庙》："岩峦叠万重，诡怪浩难测。"

【難敵】 难以匹敌。高骈《依韵奉酬李迪》："诗成斩将奇难敌，酒熟封侯快未如。"

雨　部

雨[1]　〔yǔ《广韵》王矩切，上麌，云。〕从云层中降至地面的水。云里的小水滴体积增大至不能悬浮在空气中时，就下降成为雨。骆宾王《从军中行路难二首》之一："川原绕毒雾，溪谷多淫雨。"杜甫《大云寺赞公房四首》之二："雨泻暮檐竹，风吹青井芹。"韩愈《独钓》之二："雨多添柳耳，水长减蒲芽。"李商隐《楚宫二首》之二："暮雨自归山悄悄，秋河不动夜厌厌。"

雨[2]　〔yù《广韵》王遇切，去遇，云。〕❶下雨，降雨。杜甫《喜晴》："皇天久不雨，既雨晴亦佳。"又《发阆中》："江风萧萧云拂地，山木惨惨天欲雨。"李商隐《灯》："花时随酒远，雨后背窗休。"❷像下雪一样降落。杜甫《前出塞九首》之七："驱马天雨雪，军行入高山。"参见"雨₂花"。❸灌溉。鲍溶《答客》："劳向圃人终岁事，桔槔声里雨春畦。"孟郊《终南山下作》："山村不假阴，流水自雨田。"

【雨工】　雨师。古代传说中司雨之神。李贺《神弦曲》："古壁彩虬金帖尾，雨工骑入秋潭水。"

【雨水】　即雨。齐己《野步》："田园经雨水，乡国忆桑耕。"

【雨打風摧】　指风雨的摧残。白居易《微之宅残牡丹》："残红零落无人赏，雨打风摧花不全。"

【雨色】　❶雨中的景色。宋之问《早入清远峡》："雨色摇丹嶂，泉声聒翠微。"杜甫《戏赠友二首》之二："驽骀漫深泥，何不避雨色。"❷天将下雨时的景象。张旭《山行留客》："纵使晴明无雨色，入云深处亦沾衣。"李白《宿巫山下》："雨色风吹去，南行拂楚王。"岑参《宿东溪王屋李隐者》："晚来南村黑，雨色和人烟。"又《林卧》："远峰带雨色，落日摇川光。"

【雨花】　❶雨中之花。李绅《真娘墓》："愁态自从风烛灭，爱心难逐雨花轻。"韦庄《江南送李明府入关》："雨花烟柳傍江村，流落天涯酒一樽。"❷谓雨水飘散时的小水花。刘长卿《题灵祐和尚故居》："风竹自吟遥入磬，雨花随泪共沾巾。"

【雨₂花】　传说南朝梁时高僧云光法师在南京聚宝山上讲经感动上天，落雨如花。王维《过乘如禅师萧居士嵩丘兰若》："进水定侵香案湿，雨花应共石床平。"杜甫《谒文公上方》："吾师雨花外，不下十年余。"刘言史《登甘露台》："偶至无尘空翠间，雨花甘露境闲闲。"李商隐《安平公诗》："一百八句在贝叶，三十三天长雨花。"

【雨₂花社】　指佛寺。杨巨源《寄江州白司马》："莫谩拘牵雨花社，青云依旧是前途。"参见"雨₂花"。

【雨足】　❶雨脚，雨滴。李峤《雨》："西北云肤起，东南雨足来。"孟浩然《题大禹寺义公禅房》："夕阳连雨足，空翠落庭阴。"又《东陂遇雨率尔贻谢南池》："殷殷雷声作，森森雨足垂。"独孤及《雨后公超谷北原眺望》："崖口雨足收，清光洗高天。"❷雨水充足。崔道融《田上》："雨足高田白，披蓑半夜耕。"

【雨别】　谓离散。独孤及《海上寄萧立》："契阔阻风期，荏苒成雨别。"

【雨昏】　谓阴雨时天气昏暗。郑谷《鹧鸪》："雨昏青草湖边过，花落黄陵庙里啼。"

【雨沫】　小雨点。李贺《崇义里滞雨》："瘦马秣败草，雨沫飘寒沟。"

【雨沾雲惹】　战国楚宋玉《高唐赋》："昔者先王尝游高唐，怠而昼寝，梦见一妇人，曰：'妾，巫山之女也，为高唐之客，闻君游高唐，愿荐枕席。'王因幸之。去而辞曰：'妾在巫山之阳，高丘之阻，旦为行云，暮为行雨，朝朝暮暮，阳台之下。'"后遂以为男女欢会之典。杜牧《羊栏浦夜陪宴会》："戈槛营中夜未央，雨沾云惹侍襄王。"

【雨恨花愁】　感觉上认为可以惹人愁怨的雨和花。来鹄《子规》："雨恨花愁同此冤，啼时闻处正春繁。"

【雨派】　积雨形成的水流。杜牧《春日言怀寄虢州李常侍十韵》："雨派潀潨急，风畦芷若香。"

【雨陣】　谓来势凶猛的雨。李山甫《迁居清溪和刘书记见示》："晚年吟望秋光重，雨阵横空蔽断霓。"

【雨氣】　水气；潮湿的空气。沈佺期《乐城白鹤寺》："潮声迎法鼓，雨气湿天香。"刘禹锡《梁国词》："万家常见空山上，雨气苍茫生庙门。"赵嘏《遣兴二首》之一："溪花入夏渐稀疏，雨气如秋麦熟初。"李商隐《送丰都李尉》："雨气燕先觉，叶阴蝉遽知。"

【雨師】　古代传说中司雨之神。杜甫《七月三日亭午已后有诗因论壮年乐事戏呈元二十一曹长》："退藏恨雨师，健步闻旱魃。"李商隐《送千年李将军赴阙五十韵》："宁无力牧御，宁待雨师迎。"亦借指雨。白居易《和微之诗二十三首·和三月三十日四十韵》：

"雨师习习洒，云将飘飘翥。"施肩吾《江南积雨叹》："雨师一日三回到，栋里闲云岂得栖。"李群玉《中秋维舟君山看月二首》之一："雨师清滓秽，川后扫波澜。"

【雨雪】 雨和雪。杜甫《暮秋将归秦留别湖南幕府亲友》："北归冲雨雪，谁悯敝貂裘。"又《夜宿西阁晓呈元二十一曹长》："城暗更筹急，楼高雨雪微。"杨巨源《卢龙塞行送韦掌记二首》之一："雨雪纷纷黑水外，行人共指卢龙塞。"李涉《早春霁后发头陀寺寄院中》："红楼金刹倚晴冈，雨雪初收望汉阳。"

【雨₂雪】 降雪。杜甫《前出塞九首》之七："驱马天雨雪，军行入高山。"

【雨雲】 ❶降雨的云。李商隐《杜工部蜀中离席》："座中醉客延醒客，江上晴云杂雨云。"❷喻指男女欢会。方干《赠美人四首》之一："才会雨云须别去，语惭不及琵琶槽。"

【雨笠】 遮雨的笠帽。皮日休《临顿五言十首奉题屋壁》之二："静窗悬雨笠，闲壁挂烟匏。"

【雨腳】 密集落地的雨点。杜甫《茅屋为秋风所破歌》："床头屋漏无干处，雨脚如麻未断绝。"李贺《秦王饮酒》："洞庭雨脚来吹笙，酒酣喝月使倒行。"韩偓《暴雨》："电尾烧黑云，雨脚飞银线。"白居易《竹枝词四首》之三："巴东船舫上巴西，波面风生雨脚齐。"

【雨痕】 下雨的痕迹或迹象。杜甫《返照》："楚王宫北正黄昏，白帝城西过雨痕。"李商隐《乱石》："虎踞龙蹲纵复横，星光渐减雨痕生。"

【雨₂淚】 泪下如雨，落泪。李白《秋浦歌十七首》之二："何年是归日，雨泪下孤舟。"

【雨散】 （一sàn）❶谓雨过天晴，云雨消失。皇甫曾《张芬见访郊居作》："林中雨散早凉生，已有迎秋促织生。"张乔《题湖上友人居》："野白梅繁后，山明雨散初。"❷喻友人离散。王维《酬诸公过见》："登车上马，倏忽雨散。"参见"雨散雲收"。❸喻男女欢会已毕。参见"雨散雲飛"。

【雨散雲收】 （散 sàn）雨后转晴，云雨消失。喻指亲朋离散。温庭筠《送崔郎中赴幕》："心游目送三千里，雨散云收二十年。"

【雨散雲飛】 （散 sàn）喻指离散。白居易《五年秋病后独宿香山寺三绝句》之二："饮徒歌伴今何在，雨散云飞尽不回。"司空图《游仙二首》之二："刘郎相约事难谐，雨散云飞自此乖。"慎氏《感夫诗》："当时心事已相关，雨散云飞一饷间。"

【雨絲】 如丝的细雨。皮日休、陆龟蒙《独在开元寺避暑颇怀鲁望因飞笔联句》："筠簟临杉穗，纱巾透雨丝。"韦庄《鄜州寒食城外醉吟五首》之五："雨丝烟柳欲清明，金屋人闲暖凤笙。"

【雨势】 降雨的情势。指雨降下时大小、速度等。无可《送杜司马再游蜀中》："日光低峡口，雨势出蛾眉。"

【雨歇】 雨停歇。常建《三日寻李九庄》："雨歇杨林东渡头，永和三日荡轻舟。"权德舆《春日戏题二首》之九："雨歇风轻一院香，红芳绿草接东墙。"韦庄《雨霁池上作》："鹿巾藜杖葛衣轻，雨歇池边晚吹清。"

【雨暗】 指阴雨时天色昏暗。白居易《秋霖中奉裴令公见招早出赴会马上先寄六韵》："雨暗三秋日，泥深一尺时。"薛涛《送郑资州》："雨暗眉山江水流，离人掩眉立高楼。"

【雨蓑煙笠】 蓑衣笠帽。渔夫衣饰。亦借指渔夫。翁洮《渔者》："一叶飘然任浪吹，雨蓑烟笠肯忘机。"

【雨滴】 雨点。白居易《泛小舲二首》之一："舲头漾漾知风起，舲背萧萧闻雨滴。"

【雨影】 雨前的景色或迹象。戴叔伦《又酬晓灯离暗室五首》之三："灯光照虚屋，雨影悬空壁。"

【雨霖鈴】 唐教坊曲名。唐郑处诲《明皇杂录补遗》："明皇既幸蜀，西南行初入斜谷，属霖雨涉旬，于栈道雨中闻铃，音与山相应。上既悼念贵妃，采其声为雨霖铃曲，以寄恨焉。"元稹《琵琶歌》："因兹弹作雨霖铃，风雨萧条鬼神泣。"张祜《雨霖铃》："雨霖铃夜却归秦，犹见张徽一曲新。"

【雨燕】 雨中的飞燕。杜甫《朝雨》："风鸳藏近渚，雨燕集深条。"韦庄《村居即事》："风莺移树啭，雨燕入楼飞。"

【雨蓬】 船上用来遮挡风雨的舱篷。亦借指有舱篷的船。罗邺《钓翁》："月浦扣船歌皎洁，雨蓬限岸卧萧疏。"

【雨餘】 雨后，下雨以后。萧颖士《重阳日陪元鲁山登北城留别七首》之一："雨馀秋天高，日尽无隐状。"戴叔伦《夏夜江楼会别》："雨馀江上月，好醉竹间楼。"韦应物《三台词二首》之二："冰泮寒塘始绿，雨馀百草皆生。"钱珝《江行无题一百首》："雨馀虽更绿，不是采蘋时。"

【雨濕】 阴雨天气。杜甫《兵车行》："新鬼烦冤旧鬼哭，天阴雨湿声啾啾。"戴叔伦《松鹤》："雨湿松阴凉，风落松花细。"又《酬骆侍御答诗》："风传画阁空知晓，雨湿江城不见春。"姚合《杨柳枝词五首》之二："桥边陌上无人识，雨湿烟和思万重。"

【雨聲】 下雨的声音。杜甫《秋雨叹三首》之三："雨声飕飕催早寒，胡雁翅湿高飞难。"又《种莴苣》："雨声先已风，散足尽西靡。"又《晴二首》之二："雨声冲塞尽，日气射江深。"戴叔伦《又酬晓灯离暗室五首》之五："雨声乱灯影，明灭在空阶。"

【雨霧】 雨水和雾气。无可《送李使命赴琼州兼五州招讨使》："雨雾蒸秋岸，浪涛震夜城。"

【雨點】　❶雨珠，形成雨的小水滴。李益《江南曲》："长乐花枝雨点销，江城日暮好相邀。"❷谓雨滴注，下落。元稹《哭小女降真》："雨点轻沤风复惊，偶来何事去何情。"又《雨声》："风吹竹叶休还动，雨点荷心暗复明。"

【雨簟】　遮雨的竹席。唐彦谦《秋斋夜吟寄友人》："尘衣岁晚缘身贱，雨簟更深满背秋。"

【雨簾】　遮蔽雨的帘子。李商隐《燕台四首·夏》："前阁雨帘愁不卷，后堂芳树阴阴见。"

【雨露】　❶雨和露。亦偏指雨水。杜甫《屏迹二首》之一："桑麻深雨露，燕雀半生成。"又《大历三年春四十韵》："乾坤霾涨海，雨露洗春芜。"元稹《代曲江老人百韵》："暇日耕耘足，丰年雨露频。"刘商《梨树阴》："福庭人静少攀援，雨露偏滋影易繁。"❷喻恩泽。王维《重酬苑郎中》："草木尽能酬雨露，荣枯安敢问乾坤。"杜甫《寄岳州贾司马六丈巴州严八使君两阁老五十韵》："开辟乾坤正，荣枯雨露偏。"高适《送李少府贬峡中王少府贬长沙》："圣代即今多雨露，暂时分手莫踌躇。"白居易《后宫词》："雨露由来一点恩，争能遍布及千门。"

【雨霽】　雨过天晴。崔道融《秋霁》："雨霁长空荡涤清，远山初出未知名。"

三　画

雩　〔yú《广韵》羽俱切，平虞，云。〕古代为祈雨而举行的祭祀。《荀子·天论》："雩而雨，何也？曰：无何也，犹不雩而雨也。"杨倞注："雩，求雨之祷也。"又《论语·先进》："莫春者，春服既成，冠者五六人，童子六七人，浴乎沂，风乎舞雩，咏而归。"舞雩，即鲁国祭神求雨之处。杜甫《雷》："封内必舞雩，峡中喧击鼓。"又《题衡山县文宣王庙新学堂呈陆宰》："侁侁胄子行，若舞风雩至。"又《热三首》之一："何似儿童岁，风凉出舞雩。"

霎　〔sè《广韵》色立切，入缉，生。〕象声词。状雨声。《玉篇·雨部》："霎，霎霎，雨声。"喻凫《寺居秋日对雨有怀》："修修复霎霎，黄叶此时飞。"

雪　〔xuè《广韵》相絶切，入薛，心。〕❶空中降下的白色晶体，多为六角形，为气温降到0℃以下时，天空中的水蒸气凝结而成的。骆宾王《寓居洛滨对雪忆谢二》："旷望洛川晚，飘飖瑞雪来。"杜甫《绝句四首》之三："窗含西岭千秋雪，门泊东吴万里船。"李贺《马诗二十三首》之五："大漠沙如雪，燕山月似钩。"李商隐《哭刘司户蕡》："去年相送地，春雪满黄陵。"❷白色。高正臣《晦日置酒林亭》："柳翠含烟叶，梅芳带雪花。"沈传师《和李德裕观玉蕊花见怀之作》："雪英飞舞近，烟叶动摇深。"白居易《别行简》："漠漠病眼花，星星愁鬓雪。"❸指白花、白鸟、白鱼、白发等白色事物。杜甫《孟冬》："破甘霜落瓜，尝稻雪翻匙。"独孤及《同岑郎中屯田韦员外花树歌》："东风动地吹花发，渭城桃李千树雪。"朱湾《送陈偃赋得白鸟翔翠微》："净中云一点，回处雪孤飞。"贾岛《双鱼谣》："掌握尺余雪，劈开肠有璜。"李咸用《富贵曲》："雪暖瑶杯凤髓融，红拖象箸猩唇细。"韦庄《清河县楼作》："故人此地扬帆去，何处相思雪满头。"❹高洁。参见"雪格""雪霜姿"。❺拭擦；洗涤。杜甫《陪诸贵公子丈八沟携妓纳凉晚际遇雨》之一："公子调冰水，佳人雪藕丝。"❻洗刷，昭雪。骆宾王《宿温城望军营》："还应雪汉耻，持此报明君。"李白《闻李太尉大举秦兵百万出征东南懦夫请缨冀申一割之用半道病还留别金陵崔侍御》："愿雪会稽耻，将期报荣恩。"又《赠从孙义兴铭》"誓雪会稽耻，将奔宛陵道。"贾至《自蜀奉册往朔方途中呈韦左相文部房尚书门下崔侍郎》："永愿雪会稽，仗剑清咸秦。"❼光着（头或脚）。参见"雪頂""雪足"。❽下雪。杜甫《晚秋长沙蔡五侍御饮筵送殷六参军归澧州觐省》："湖南冬不雪，吾病得淹流。"又《归雁二首》之二："欲雪违胡地，先花别楚云。"白居易《问刘十九》："晚来天欲雪，能饮一杯无。"❾指古乐曲《阳春白雪》。亦泛指高雅的曲调或歌声。白居易《闻杨十二新拜省郎遥以诗贺》："雪飘歌句高难和，鹤拂烟霄老惯飞。"崔珏《和人听歌》："声和细管珠才转，曲度沉烟雪更香。"

【雪山】　❶积雪的山。柳宗元《行路难三首》之三："美人四向回明珰，雪山冰谷晞太阳。"❷山名。(1)原指印度北部喜马拉雅诸山，传说释迦牟尼成道前曾于此苦行，故后借指佛寺。杜甫《岳麓山道林二寺行》："地灵步步雪山草，僧宝人人沧海珠。"皎然《送皇甫曾侍御》："霜简别来今始见，雪山归去又难逢。"鲍溶《怀惠明禅师》："雪山世界此夜凉，宝月独照琉璃宫。"(2)祁连山的别称。《后汉书·明帝纪》："窦固破呼衍王于天山。"唐李贤注："天山即祈连山，一名雪山。"王昌龄《从军行七首》之四："青海长云暗雪山，孤城遥望玉门关。"杜甫《送蔡希鲁都尉还陇右因寄高三十五书记》："咫尺雪山路，归飞西海隅。"又《奉送郭中丞兼太仆卿充陇右节度使三十韵》："松悲天水冷，沙乱雪山清。"(3)岷山的主峰。在今四川阿坝州松潘县。杜甫《八哀诗·赠左仆射郑国公严公武》："公来雪山重，公去雪山轻。"又《古柏行》："云来气接巫峡长，月出寒通雪山白。"又《春日江村五首》之三："经心石镜月，到面雪山风。"

【雪山童子】　指佛教创始人释迦牟尼。相传释氏过去世曾在雪山修行，故云。刘禹锡《送慧则法师归上都因呈广宣上人》："雪山童子应前世，金粟如来是本师。"刘商《题头陀师》："少壮从戎马上飞，雪山童子未缁衣。"

【雪女】 即雪衣女。徐夤《再幸华清宫》："雪女冢头瑶草合，贵妃池里玉莲衰。"

【雪天螢席】 映雪囊萤。比喻不分寒暑，刻苦读书。罗隐《湖上岁暮感怀有寄友人》："雪天萤席几辛勤，同志当时四五人。"

【雪水】 ❶雪融化的水。刘禹锡《松滋渡望峡中》："渡头轻雨洒寒梅，云际溶溶雪水来。"❷明澈洁净的水，泉水。孟浩然《疾愈过龙泉寺精舍呈易业二公》："石渠流雪水，金子耀霜橘。"

【雪毛】 ❶白色羽毛。元稹《有鸟二十章》之一三："有鸟有鸟谓白鹇，雪毛皓白红觜殷。"章孝标《鹰》："星眸未放瞥秋毫，频掣金铃试雪毛。"李远《过旧游见双鹤怆然有怀》："朱顶巑岏荒草上，雪毛零落小池头。"❷指白色花瓣。刘言史《乐府杂词三首》之一："紫禁梨花飞雪毛，春风丝管翠楼高。"

【雪片】 ❶雪花。吕温《冬夜即事》："风吹雪片似花落，月照冰文如镜破。"亦形容如雪花一样白。杜甫《白小》："入肆银花乱，倾箱雪片虚。"❷喻指白色的花。杜甫《寄杨五桂州潭因州参军段子之任》："梅花万里外，雪片一冬深。"

【雪月】 ❶雪和月。李商隐《无题》："如何雪月交光夜，更在瑶台十二层。"❷明月。贾岛《酬胡遇》："游远风涛急，吟清雪月孤。"贯休《苦吟》："河薄星疏雪月孤，松枝清气入肌肤。"

【雪白】 如雪一样白。白居易《答梦得秋日书怀见寄》："树叶霜红日，髭鬓雪白时。"

【雪句】 咏雪的诗句。徐夤《追和白舍人咏白牡丹》："雪句岂须征柳絮，粉腮应恨帖梅妆。"齐己《寄答武陵幕中何支使二首》之二："江楼联雪句，野寺看春耕。"

【雪耳】 白色的耳朵。薛涛《十离诗·马离厩》："雪耳红毛浅碧蹄，追风曾到日东西。"

【雪光】 光亮照射在白色的器物上反射出来的亮光。刘禹锡《百花行》："红焰出墙头，雪光映楼角。"姚合《剑器词三首》之二："雪光偏着甲，风力不禁旗。"

【雪竹】 ❶雪中之竹。郑谷《送进士韦序赴举》："秋山晚水吟情远，雪竹风松醉格高。"❷竹子的一种，干节上有浓厚的白粉。许棠《题开明里友人居》："风巢和鸟动，雪竹向人斜。"

【雪肌】 雪白的肌肤。吕岩《渔父词·沐浴》："云薄薄，雨微微，看取妖容露雪肌。"

【雪色】 白色。雪亮的颜色。杜甫《久雨期王将军不至》："忆尔腰下铁丝箭，射杀林中雪色鹿。"又《喜闻官军已临贼境二十韵》："戈鋋开雪色，弓矢向秋毫。"王维《老将行》："试拂铁衣如雪色，聊持宝剑动星文。"

【雪衣】 白色的羽毛。杜牧《鹭鹚》："雪衣雪发青玉觜，群捕鱼儿溪影中。"

【雪衣女】 白鹦鹉。《太平广记》卷四六〇引唐胡璩《谭宾录·雪衣女》："天宝中，岭南献鹦鹉，养之宫中。岁久，颇甚聪慧，洞晓言词，上及贵妃，皆呼为雪衣女。"贯休《还举人歌引卷》："古松直率雷不折，雪衣女啄蟠桃缺。"

【雪朵】 指树枝上的积雪。其形似花，故云。黄滔《题郑山人居》："枯杉擎雪朵，破牖触风开。"

【雪羽】 ❶白色的羽毛。皮日休《奉和鲁望白鸥诗》："雪羽褵褷半惹泥，海云深处旧巢迷。"❷借指白色的鸟。郑损《艺堂》："风波险似金机骇，日月忙如雪羽飞。"

【雪花】 亦作"雪華"。❶空中飘下的雪，其状如花，故云。陈叔达《春首》："雪花联玉树，冰彩散瑶池。"熊孺登《送僧游山》："日暮寒林投古寺，雪花飞满水田衣。"陈羽《题清镜寺留别》："路入千山愁自知，雪花撩乱压松枝。"罗邺《大散岭》："过往长逢日色稀，雪花如掌扑行衣。"许浑《正元》："宫殿雪华齐紫阁，关河春色到青门。"刘沧《题书斋》："气凌霜色剑光动，吟对雪华诗韵清。"❷白花等白色物的代称。高正臣《晦日置酒林亭》："柳翠含烟叶，梅芳带雪花。"李白《古风》之一六："宝剑双蛟龙，雪花照芙蓉。"白居易《题州北路傍老柳树》："雪花零碎逐年减，烟叶稀疏随分新。"温庭筠《杏花》："红花初绽雪花繁，重叠高低满小园。"

【雪杏】 白色的杏花。杜甫《早花》："盈盈当雪杏，艳艳待春梅。"

【雪見羞】 极言其色白，连雪也不及。曹唐《劝剑》："古物神光雪见羞，未能擎出恐泉流。"

【雪足】 赤着的脚。吴融《寄尚颜师》："临风翘雪足，向日剃霜髭。"

【雪徑】 覆盖着雪的路径。刘言史《送僧归山》："夜行独入寒山寺，雪径泠泠金锡声。"

【雪英】 白色的花。沈传师《和李德裕观玉蕊花见怀之作》："雪英飞舞近，烟叶动摇深。"王周《大石岭驿梅花》："半出驿墙谁画得，雪英相倚两三枝。"

【雪枉】 昭雪冤屈。骆宾王《畴昔篇》："霜威遥有厉，雪枉遂无阶。"

【雪枝】 ❶粘着雪的树枝。无可《寄兴善寺崔律师》："幽石丛圭片，孤松动雪枝。"吴融《灵池县见早梅》："待得燕然归未得，雪枝南畔少徘徊。"❷遍开白花的树枝。徐凝《玩花五首》之一："一树梨花春向暮，雪枝残处怨东风。"

【雪虯】 白色骏马。陆龟蒙《开元杂题七首·照夜白》："雪虬轻骏步如飞，一练腾光透月旗。"

【雪岫】 积雪的山峦。宋之问《饯中书侍郎来济》："云峰衣结千重叶，雪岫花开几树妆。"太宗《钱中书侍郎来济》："云峰衣结千重叶，雪岫花开几树妆。"元稹《琵琶歌》："猿鸣雪岫来三峡，鹤唳晴空闻九霄。"

【雪兔】 白兔。韦庄《尹喜宅》："濛濛暮雨春鸡唱，漠漠寒芜雪兔跳。"

【雪泣】 指拭泪。《吕氏春秋·观表》："吴起止于岸门，望西河，泣数行下。其仆谓之曰：'窃观公之志，视舍天下若舍屣，今去西河而泣，何也?'吴起雪泣而应之曰：'子弗识也。'"高诱注："雪，拭也。"李白《自溧水道哭王炎三首》之一："有言不可道，雪泣忆兰芳。"

【雪夜】 下雪的夜晚。白居易《家园三首》之二："何如家酝双鱼榼，雪夜花时长在前。"李商隐《令狐八拾遗见招送裴十四归华州》："兰亭宴罢方回去，雪夜诗成道韫归。"

【雪泥】 雪后的泥泞路。李商隐《西南行却寄相送者》："百里阴云覆雪泥，行人只在雪云西。"又《和孙朴韦蟾孔雀咏》："旧思牵云叶，新愁待雪泥。"

【雪弦】 犹冰弦。对琴弦的美称。韩愈、孟郊《会合联句》："雪弦寂寂听，茗碗纤纤捧。"

【雪茗】 经开水冲泡后，上面浮有一层白色泡沫的茶。贾岛《送朱休归剑南》："芽新抽雪茗，枝重集猿风。"

【雪骨】 如霜之骨。形容柔软。贯休《寄高员外》："冷冽苍黄风似劈，雪骨冰筋满瑶席。"

【雪香】 指酒。杜牧《对花微疾不饮呈坐中诸公》："尽日临风羡人醉，雪香空伴白髭须。"

【雪腕】 雪白的手腕。温庭筠《湖阴词》："羽书如电入青琐，雪腕如槌催画鞞。"

【雪風】 夹着雪的风。白居易《岁暮道情二首》之二："半故青山半白头，雪风吹面上江楼。"贾岛《题青龙寺镜公房》："孤灯冈舍掩，残磬雪风吹。"

【雪客】 雪中来客。李洞《宿叶公棋阁》："挑灯雪客栖寒店，供茗溪僧爇废巢。"

【雪宫】 ❶洁净清雅的房屋。陆龟蒙《和袭美扬州看辛夷花次韵》："堪将乱蕊添云肆，若得千株便雪宫。"❷战国时齐国的离宫名。故址在今山东淄博市东北。《孟子·梁惠王下》："齐宣王见孟子于雪宫。"赵岐注："雪宫，离宫之名也。宫中有苑囿台池之饰，禽兽之饶。"后借指齐国。罗邺《览陈丕卷》："雪宫词客燕宫游，一轴烟花象外搜。"

【雪屋】 被雪封门的房屋。郑谷《郊园》："烟蓑春钓静，雪屋夜棋深。"

【雪陣】 阵雪。比喻浪花。皮日休《太湖诗·太湖石》："雪阵千百战，藓岩高下刓。"

【雪耻】 洗掉耻辱。罗隐《青山庙》："市箫声咽迹崎岖，雪耻酬恩此丈夫。"杜甫《建都十二韵》："时危当雪耻，计大岂轻论。"

【雪格】 喻指高洁的品格。贯休《送姜道士归南岳》："松品落落，雪格素素。"

【雪華】 (—huā)见"雪花"。

【雪峰】 积雪的山峰。杜甫《出郭》："远烟盐井上，取景雪峰西。"李益《奉和武相公郊居》："独有月中高兴尽，雪峰明处见寒松。"武元衡《郊舍寓目》："明月上时群动息，雪峰高处正当门。"李商隐《五言述德抒情诗献上杜七兄仆射相公》："槛危春水暖，楼迥雪峰晴。"

【雪氣】 ❶积雪散发出来的寒冷之气。朱庆余《与贾岛顾非熊无可上人宿万年姚少府宅》："堂虚雪气入，灯在漏声残。"李群玉《送郑子宽弃官东游便归女儿》："岷峨雪气来，寒涨潇湘碧。"❷白色的云气。李咸用《庐山》："叠见云容衬，棱收雪气昏。"

【雪粉】 细雪，小雪。包佶《宿庐山赠白鹤观刘尊师》："春飞雪粉如毫润，晓漱琼膏冰齿寒。"

【雪浦】 积雪的水边。李贺《南园诗十三首》之一三："柳花惊雪浦，麦雨涨溪田。"

【雪海】 ❶白色海涛。刘禹锡《客有为余话登天坛遇雨之状因以赋之》："滉漾雪海翻，槎牙玉山碎。"❷唐代西北边境地名。岑参《轮台歌奉送封大夫出师西征》："四边伐鼓雪海涌，三军大呼阴山动。"

【雪涕】 ❶拭泪。参见"雪泣"。杜甫《八哀诗·赠左仆射郑国公严公武》："不知万乘出，雪涕风悲鸣。"司空图《丁巳元日》："传呼清御道，雪涕识臣诚。"❷晶莹的泪珠。李绅《趋翰苑遭巫构四十六韵》："望天收雪涕，看镜揽霜须。"李商隐《重有感》："昼号夜哭兼幽显，早晚星关雪涕收。"

【雪浪】 白色浪花。元稹《遭风二十韵》："俄惊四面云屏合，坐见千峰雪浪堆。"李商隐《送崔珏征西川》："一条雪浪吼巫峡，千里火云烧益州。"

【雪頂】 满是白发的头顶。许浑《题四老庙二首》之一："峨峨商岭采芝人，雪顶霜髯虎豹茵。"

【雪梅】 梅花。梅花色白，故云。孙逖《宴越府陈法曹西亭》："雪梅初度腊，烟竹稍迎曛。"杜牧《代人作》："斗草怜香蕙，簪花向雪梅。"

【雪野】 积雪的原野。卢纶《酬陈翃郎中冬至携柳郎窦郎归河中旧居见寄》："烧烟浮雪野，麦陇润冰渠。"

【雪唱】 典出战国楚宋玉《对楚王问》："客有歌于郢中者，其始曰《下里》《巴人》，国中属而和者数千人；其为《阳阿》《薤露》，国中属而和者数百人；其为

《阳春》《白雪》，国中属而和者不过数千人。”后遂以指高雅的歌声。孟郊《送崔爽之湖南》：“雪唱与谁和，俗情多不通。”崔轩《和主司王起》：“共仰莲峰听雪唱，欲赓仙曲意怔营。”齐己《谢孙郎中寄示》：“久伤琴丧人亡后，忽有云和雪唱同。”

【雪崖】 积雪的山崖。杜甫《西阁口号呈元二十一》：“雪崖才变石，风幔不依楼。”张乔《谷口作》：“巴客青冥过岭尘，雪崖交映一川春。”

【雪彩】 ❶雪花。庾敬休《春雪映早梅》：“清晨凝雪彩，新候变庭梅。”❷雪被阳光或月光照射后反射出来的光亮。晋孙康家贫，常映雪苦读，后世用以为典。海顺《三不为篇》之二：“书临雪彩，牒映萤光。”❸光彩照人的姿色、气度。张贲《和鲁望白菊》：“雪彩冰姿号女华，寄身多是地仙家。”❹雪白的颜色。孟贯《过王逸人园林》：“雪彩从沾鬓，年光不计心。”

【雪翎】 白色羽毛。卢纶《和马郎中画鹤赞》：“暮云冥冥，双垂雪翎。”张乔《潭上作》：“竹岛残阳映翠微，雪翎禽过碧潭飞。”亦用来指鹤。李縠《和皮日休悼鹤》：“道林曾放雪翎飞，应悔庭除闲羽衣。”

【雪紵】 白色苎麻布制成的衣服。元稹《冬白纻》：“西施自舞王自管，雪纻翻翻鹤翎散。”

【雪葉】 覆盖在树叶上的雪。王周《赠怤师》：“雪花安结子，雪叶宁附枝。”

【雪萼】 雪花。亦借指白花。孙光宪《望梅花》词：“数枝开与短墙平，见雪萼，红跗相映。”

【雪朝】 (—zhāo)雨天，下雪天。杨巨源《春雪题兴善寺广宣上人竹院》：“皎洁青莲客，焚香对雪朝。”李商隐《梓州罢吟寄同舍》：“不拣花朝与雪朝，五年从来霍嫖姚。”

【雪雲】 降雪的阴云。杜甫《奉观严郑公厅事岷山沱江画图十韵》：“雪云虚点缀，沙草得微茫。”又《送韦十六评事充同谷郡防御判官》：“古色沙土裂，积阴雪云稠。”

【雪晴】 雪止天晴。贾至《送李侍郎赴常州》：“雪晴云散北风寒，楚水吴山道路难。”戴叔伦《转应词》：“山南山北雪晴，千里万里月明。”司空图《修史亭二首》之二：“篱落轻寒整顿新，雪晴步屧会诸邻。”

【雪毳】 鸟兽的白色细毛。王建《花褐裘》：“对织芭蕉雪毳新，长缝双袖窄裁身。”

【雪窗】 映雪的窗户，寒窗。晋孙康家贫，常映雪读书。薛涛《酬杨供奉法师见招》：“远水长流洁复清，雪窗高卧与云平。”郑谷《送太学颜明经及第东归》：“闲来思学馆，犹梦雪窗明。”黄滔《题友人山斋》：“句成苔石茗，吟弄雪窗棋。”

【雪絮】 语出南朝宋刘义庆《世说新语·言语》：“谢太傅寒雪日内集，与儿女讲论文义。俄而雪骤，公欣然曰：‘白雪纷纷何所似？’兄子胡儿曰：‘撒盐空中差可拟。’兄女曰：‘未若柳絮因风起。’”后因以指柳絮。元稹《春余遣兴》：“余英间初实，雪絮萦蛛网。”李商隐《过招国李家南园二首》之一：“春风犹自疑联句，雪絮相和飞不休。”

【雪蓑】 御雪的蓑衣。郑谷《温处士能画鹭鹚以四韵换之》：“得向晓窗闲挂玩，雪蓑烟艇恨无遗。”

【雪暗】 大雪迷漫，天色阴暗。卢照邻《紫骝马》：“雪暗鸣珂重，山长喷玉难。”杜甫《鸥》：“雪暗还须浴，风生一任飘。”

【雪照】 用雪的反光来照明。谓苦学。方干《偶作》：“夜学事须凭雪照，朝厨争奈绝烟何。”参见“雪窗”。

【雪園】 汉梁孝王刘武梁园的别称。亦称兔园。故址在今河南商丘县东。南朝宋谢惠连曾以兔园为背景写《雪赋》，故称。张抃《题衡阳泗州寺》：“漂泊渐摇青草外，乡关谁念雪园东。”

【雪稜】 积雪覆盖的山脊。章碣《长安春日》：“暖着柳丝金蕊重，冷开山翠雪棱稀。”韦庄《三堂早春》：“池边冰刃暖初落，山上雪棱寒未销。”

【雪滌】 洗涤。李群玉《送魏珪觐省》：“长啸凌清晖，襟情当雪涤。”

【雪溪】 覆盖着雪的溪流。王建《塞上》：“断雁逢冰碛，回军占雪溪。”赵嘏《赠李秘书》：“杉松韵冷雪溪暗，鸾鹤势高天路春。”

【雪溜】 (—liù)雪融化时滴水结成的冰串。周贺《送表兄东南游》：“雪溜悬衡岳，江云盖秣陵。”

【雪魄】 飘泊不定的魂魄。栖白《哭刘得仁》：“为爱诗名吟至死，风魂雪魄去难招。”

【雪貌】 雪白的面容。施肩吾《赠仙子》：“欲令雪貌带红芳，更取金瓶泻玉浆。”黄滔《旅怀》：“雪貌潜凋雪发生，故园魂断弟兼兄。”

【雪髮】 ❶雪白的头发。杜牧《还俗老僧》：“雪发不长寸，秋寒力更微。”❷指鸟头部的白色羽毛。杜牧《鹭鸶》：“雪衣雪发青玉觜，群捕鱼儿溪影中。”

【雪蕊】 白色的花蕊。指白色的花。刘禹锡《唐昌观玉蕊花二绝》之二：“雪蕊琼葩满院春，衣轻步步不生尘。”白居易《江亭夕望》：“辞枝雪蕊将春去，满镊霜毛送老来。”

【雪膚】 雪白的皮肤。白居易《长恨歌》：“中有一人字太真，雪肤花貌参差是。”

【雪輝】 月亮的光辉。李峤《兔》：“汉月澄秋色，梁园映雪辉。”

【雪影】 雪或白鸟等的影象。骆宾王《送费六还蜀》：“雪影含花落，云阴带叶昏。”徐夤《白鸽》：“粉翎栖画阁，雪影拂琼窗。”

【雪氅】 鹤氅。用白色鸟羽制成的外套。刘禹锡《和令狐相公玩白菊》:“仙人披雪氅,素女不红妆。”

【雪篠】 即新竹。因其上有浓厚的白粉,故称。曹松《赠华阴李明府》:“雪篠欹难直,风泉喷易横。”

【雪興】 (—xìng)雪景引起的兴致。白居易《除夜言怀兼赠张常侍》:“加添雪兴凭毡帐,消杀春愁付酒杯。”

【雪隱】 谓积雪消融。司空曙《下武昌江行望涔阳》:“雪隐洲渚暗,沙高芦荻黄。”

【雪聲】 ❶降雪的声音。任翻《冬暮野寺》:“照墙灯影短,着瓦雪声繁。”❷吟雪之声。孟郊《夷门雪赠主人》:“酒声欢闲入雪销,雪声激切悲枯朽。”

【雪壓】 ❶积雪压着。白居易《题遗爱寺前溪松》:“翠盖烟笼密,花幢雪压低。”❷喻指严重的摧残、迫害。白居易《京使回累得南省诸公书因以长句诗寄谢》:“雪压泥埋未死身,每劳存问愧交亲。”

【雪霜】 ❶雪和霜。韩愈《琴操十首·猗兰操》:“雪霜贸贸,荠麦之茂。”李贺《公无出门》:“天迷迷,地密密,熊虺食人魂,雪霜断人骨。”李绅《寿阳罢郡日有诗十首与追怀不殊今编于后兼纪瑞物·发寿阳分司感怀书事》:“渐喜雪霜消解尽,得随风水到天津。”李商隐《题小松》:“桃李盛时虽寂寞,雪霜多后始青葱。”❷喻指白色。刘禹锡《望夫山》:“肌肤销尽雪霜色,罗绮点成苔藓斑。”杜牧《寄李播评事》:“春来烟渚上,几净雪霜毫。”❸借指白发、芦花等某些白色物体。白居易《同微之赠别郭虚舟炼师五十韵》:“雪霜各满鬓,朱紫徒为衣。”黄滔《题山居逸人》:“十亩余芦苇,新秋看雪霜。”

【雪霜姿】 ❶花木等不畏严寒的姿质。薛涛《酬人雨后玩竹》:“南天春雨时,那鉴雪霜姿。”文丙《新栽松》:“可怜同百草,况负雪霜姿。”❷喻人高洁的品质。李端《赠岐山姜明府》:“非关口腹累,自是雪霜姿。”

【雪嶺】 ❶积雪的山岭。卢纶《从军行》:“雪岭无人迹,冰河足雁声。”慧净《杂言》:“沙河雪岭迷朝径,巨海鸿崖乱夜津。”❷山名。(1)原指印度北部喜马拉雅诸峰,据传释迦牟尼成道前在此苦行,故借指寺院。鲍溶《怀惠明禅师》:“雪岭无人又问来,十年夏腊平安否。”(2)岷山的主峰。在今四川阿坝州松潘县。杜甫《岁暮》:“烟尘犯雪岭,鼓角动江城。”又《冬到金华山观因得故拾遗陈公学堂》:“雪岭日色死,霜鸿有余哀。”又《怀锦水居止二首》之二:“雪岭界天白,锦城曛日黄。”李商隐《杜工部蜀中离席》:“雪岭未归天外使,松州犹驻殿前军。”亦借指四川境内。杜甫《对雪》:“雪岭防秋急,绳桥战胜迟。”

【雪嶺白牛】 佛经中雪山大力白牛。唐杜甫《岳麓山道林二寺行》“地灵步步雪中草”贯休《题弘顗三藏院》:“梵僧梦里授微言,雪岭白牛力深得。”齐己《赠念法华经僧》:“此经真体即毗卢,雪岭白牛君识无。”

【雪點】 小雪飘洒。许浑《鹭鹚》:“西风澹澹水悠悠,雪点丝飘带雨愁。”温庭筠《和道溪君别业》:“丝飘弱柳平桥晚,雪点寒梅小院春。”翁洮《冬》:“云凝止水鱼龙蛰,雪点遥峰草木融。”

【雪濤】 波涛。胡曾《咏史诗·五湖》:“东上高山望五湖,雪涛烟浪起天隅。”

【雪藤】 白藤。亦省称藤。可用于捆束和编制藤器。张祜《篙策》:“雪藤新换束,霞锦旋抽囊。”

【雪霰】 雪和霰。偏指雪。白居易《东城桂三首》之二:“雪霰压多虽不死,荆榛长疾欲相埋。”徐夤《忆牡丹》:“绿树多和雪霰栽,长安一别十年来。”李贺《自昌谷到洛后门》:“寒凉十月末,雪霰濛晓昏。”

【雪襟】 指鸟的白色羽毛。李白《白鸠辞》:“白鸠之白谁与邻,霜衣雪襟诚可珍。”

【雪竇】 ❶山名。在今浙江奉化市西,为四明山别峰。崔道融《雪窦禅师》:“雪窦峰前一派悬,雪窦五月无炎天。”❷唐时一些高僧名号,因挂单雪窦山雪窦寺而得名。崔道融有《雪窦禅师》。

【雪鶴】 白鹤。张说《玄武门侍射》:“雪鹤来衔箭,星麟下集弦。”

【雪巖】 积雪的山岩。灵一《栖霞山夜坐》:“山头戒坛路,幽映雪岩侧。”

【雪鱗】 因鱼鳞多色白,故借指鱼。韩偓《秋郊闲望有感》:“鱼冲骇浪雪鳞健,鸦闪夕阳金背光。”

【雪霽】 雪止天晴。令狐楚《宫中乐五首》之二“雪霁长杨苑,冰开太液池。”吴仁璧《春雪》:“雪霁凝光入坐寒,天明犹自卧袁安。”

【雪鬢】 白色的鬓发。白居易《初夏闲吟兼呈韦宾客》:“雪鬓随身老,云心著处安。”又《秋寒》:“雪鬓年颜老,霜庭景气秋。”崔橹《过南城县麻姑山》之二:“雨涕自悲看雪鬓,星冠无计整云篸。”

【雪鷺】 即白鹭。李绅《寿阳罢郡日有诗十首·忆东湖》:“菱歌罢唱鹢舟回,雪鹭银鸥左右来。”

【雪讒】 洗雪谗毁。李白有《雪谗诗赠友人》。

【雪贊】 咏雪。皮日休《秋夕文宴得遥字》:“高韵最宜题雪赞,逸才偏称和云谣。”

【雪豔】 鲜亮明艳。徐彦伯《奉和幸新丰温泉宫应制》:“风摇花毛彩,雪艳宝戈芒。”

四 画

雲 〔yún《广韵》王分切,平文,云。〕❶由水滴、冰晶聚集形成的在空中悬浮的物体。骆宾王《久戍边城有怀京邑》:“云浮西北盖,月照东南隅。"杜甫《发阆中》："江风萧萧云拂地，山木惨惨天欲雨。"李贺《过华清宫》："云生朱络暗，石断紫钱叙。"李商隐《西南行却寄相送者》："百里阴云覆雪泥，行人只在云雪西。"❷指轻柔舒卷云状之物。程长文《狱中书情上使君》："高髻不梳云已散，蛾眉罢扫月仍新。"孙光宪《浣溪沙》词之六："暖风迟日洗头天，湿云新敛未梳蝉。"❸喻指浓酒。参见"雲酒"。❹比喻盛多。《诗·齐风·敝笱》："齐子归止，其从如云。"毛传："如云，言盛也。"白居易《秦中吟十首·轻肥》："夸赴军中宴，走马去如云。"参见"雲子❷""雲布""雲馬""雲起"。❺云层，高空。张旭《山行留客》："纵使晴明无雨色，入云深处亦沾衣。"白居易《听歌》："管妙弦清歌入云，老人合眼醉醺醺。"张乔《和薛监察题兴善寺古松》："瘦根盘地远，香吹入云清。"李山甫《公子家二首》之一："曾是皇家几世侯，入云高第照神州。"❻古代官名。传说黄帝时以云纪官，故称。参见"雲纪"。❼指男女欢会。刘损《愤惋诗三首》之三："云归巫峡音容断，路隔星河去住难。"冯延巳《菩萨蛮》词之一："金波远逐行云去，疏星时作银河渡。"又《菩萨蛮》词之二："惊梦不成云，双蛾枕上颦。"

【雲上】《易·需》："云上于天，需君子以饮食宴乐。"孔颖达疏："若言云上于天，是天之欲雨，待时而落，所以明需大惠将施而盛德又亨，故君子于此之时饮食宴乐。"后遂以谓天子施惠赐宴。韦抗《奉和圣制送张说上集贤学士赐宴得西字》："壶觞接云上，经术引关西。"

【雲山】❶云和山。王昌龄《过华阴》："云起太华山，云山互明灭。"张祜《胡渭州》："乡国不知何处是，云山漫漫使人愁。"孟浩然《晚春卧病寄张八》："云山阻梦思，衾枕劳歌咏。"❷高耸入云的山。陈子昂《赠别冀侍御崔司议》序："不尽平原十日之饮，又谢叔度累日之欢，云山悠悠，叹不及也。"皇甫冉《送王司直》："西塞云山远，东风道路长。"❸谓远离尘世之处。隐者或出家人所居处。高适《封丘作》："州县才难进，云山道欲穷。"孟浩然《送友人之京》："云山从此别，泪湿薜萝衣。"元稹《修鱼山鱼池示众僧》："云山莫厌看经坐，便是浮生得道时。"韩偓《与僧》："江海扁舟客，云山一食僧。"

【雲之】"雲"，当作"靈"。灵之，即胡灵之，元稹姨兄。元稹有《忆云之》。

【雲子】❶一种白色小石，细长而圆，状似饭粒。杜甫《与鄠县源大少府宴渼陂》："饭抄云子白，瓜嚼水精寒。"❷如云之女子，众多的女子。李商隐《河阳诗》："梓泽东来七十里，长沟复堑埋云子。"

【雲女】仙女。喻指美女。毛熙震《南歌子》词之二："暗想为云女，应怜傅粉郎。"

【雲天】❶高空，天空。岑参《过碛》："黄沙碛里客行迷，四望云天直下低。"刘言史《立秋》："云天收夏色，木叶动秋声。"❷喻指朝廷。李乂《人日重宴大明宫》："此时朝野欢无算，此岁云天乐未穷。"❸喻指仙境。叶法善《留诗》之三："今日登云天，归真游上清。"

【雲夫】即卢汀，行四，字云夫。贞元元年(785)进士，曾任虞部、司门、库部郎曹。与韩愈、钱徽、白居易等相友善。韩愈《酬司门卢四兄云夫院长望秋作》："云夫吾兄有狂气，嗜好与俗殊酸咸。"又有《卢郎中云夫寄示送盘谷子诗两章歌以和之》。白居易《和钱员外早春独游曲江见寄长句》："云夫首倡寒玉音，蔚章继和春搜吟。"

【雲木】高耸云霄的树木。陈子昂《春台引》："何云木之英丽，而池馆之崇幽。"杜甫《朝二首》之一："野人时独往，云木晓相参。"李涉《题五松驿》："云木苍苍数万株，此中言命的应无。"

【雲牙】云丝，云朵。陆龟蒙《和袭美江南道中怀茅山广文南阳博士三首次韵》之一："天寒夜漱云牙净，雪坏晓梳石发香。"

【雲屯】云气聚集。张乔《台城》："云屯雉堞依然在，空绕渔樵四五家。"李贺《摇落》："滩激黄牛暮，云屯白帝阴。"又《瑶华乐》："八銮十乘，矗如云屯。"

【雲日】❶云和日。裴迪《辋川集二十首·茱萸片》："云日虽回照，森沉犹自寒。"崔湜《喜入长安》："云日能催晓，风光不惜年。"杜甫《夔州歌十首》之九："干戈满地客愁破，云日如火炎天凉。"卢纶《天长久词》之四："云日呈祥礼物殊，彤庭生献五单于。"❷时光。杨炯《和崔司空伤姬人》："佳人不再得，云日几千年。"

【雲中】(—zhōng)❶云霄之中，高空。常指传说中的仙境。李商隐《井泥四十韵》："淮南鸡舐药，翻向云中飞。"又《槿花二首》之一："月里宁无姊，云中亦有君。"张籍《寻仙》："更见峰西幽客说，云中犹有两三家。"❷高耸入云的山上。喻指尘世之外。于鹄《别旧山》："旧伴同游尽却回，云中独宿守花开。"❸借指朝廷。杜牧《过华清宫绝句三首》之三："云中乱拍禄山舞，风过重峦下笑声。"❹古郡名。原为战国赵地，治所在云中县(今内蒙古呼和浩特市托克托东北)。卢照邻《结客少年场行》："将军下天上，虏骑入云中。"陈子昂《送魏大从军》："雁山横代北，狐塞接云中。"又《感遇诗三十八首》之三七："朝入云中郡，北望单于台。"

【雲中守】(中 zhōng)汉文帝时，云中郡太守魏尚防匈奴有功，因小过一度被削爵为民。见《汉书·冯唐传》。后遂以"雲中守"为咏老将之典，表现老有壮志的情怀。王维《老将行》："莫嫌旧日云中守，犹堪一战取功勋。”

【雲中郡】（中 zhōng）秦汉郡名。战国赵武灵王置。秦时治所在云中县(今内蒙古呼和浩特市托克托县东北)。东汉末废。陈子昂《感遇诗三十八首》之三七:“朝入云中郡,北望单于台。”

【雲中雞犬】西汉淮南王刘安好道术,后服药升仙,家中鸡犬食其余药,亦随之升天。故“犬吠于天上,鸡鸣于云中”。见王充《论衡・道虚》。后遂以为升仙之典。罗隐《广陵开元寺阁上作》:“云中鸡犬刘安过,月里笙歌炀帝归。”胡宿《淮南王》:“云中鸡犬无消息,麦秀渐渐遍故墟。”

【雲中鶴】（中 zhōng）“雲中白鶴”之省。喻品格高洁、志向高远者。《南史・刘讦传》:“族祖孝标与书称之曰:‘讦超超越俗,如半天朱霞。歊矫矫出尘,如云中白鹤。”李峤《鹧鸪》:“愿逢云中鹤,衔我向寥廓。”

【雲水】❶云与水。杜甫《题郑十八著作丈故居》:“台州地阔海冥冥,云水常和岛屿青。”杨凭《送客往荆州》:“巴丘过日又登城,云水湘东一日平。”韩愈《晚次宣溪辱韶州张使君惠书叙别酬以二章》之一:“韶州南去接宣溪,云水苍茫日向西。”高骈《安南送曹别敕归朝》:“云水苍茫日欲收,好烟深处鹧鸪愁。”❷谓漫游。漫游如行云流水飘泊不定,故云。黄滔《寄湘中郑明府》:“莫耽云水兴,疲俗待君痊。”❸指僧道。僧道如行云流水,云游四方,故云。项斯《日东病僧》:“云水绝归路,来时风送船。”

【雲公】道士,法名云表,岘山云表观主,与孟浩然有交往。孟浩然有《山中逢道士云公》。

【雲火】《左传・昭公十七年》:“昔者黄帝氏以云纪,故为云师而云名,炎帝氏以火纪,故为火师而火名。”杜预注:“黄帝受命有云瑞,故以云纪事,百官师长皆以云为名号……炎帝,神农氏,姜姓之祖也。亦有火瑞,以火纪事,名百官。”故以“雲火”指受命之瑞兆。杨炯《奉和上元酺宴应诏》:“龟龙开宝命,云火昭灵庆。”

【雲心】❶云端,高空。亦借指神话中的仙境。元稹《会真诗三十韵》:“绛节随金母,云心捧玉童。”❷闲散如云之心情。白居易《初夏闲吟兼呈韦宾客》:“雪鬓随身老,云心著处安。”又《官俸初罢亲故见忧以诗谕之》:“蜩甲有何知,云心无所著。”

【雲石】高耸入云的巨石。杨敬述《奉和圣制夏日游石淙山》:“远近风泉俱合杂,高低云石共参差。”

【雲布】如云之布。形容众多。于季子《奉和圣制夏日游石淙山》:“九旗云布临嵩室,万骑星陈集颍川。”

【雲北】参见“雲南❷”。陆龟蒙《四明山诗・云北》:“云北是阳川,人家洞壑连。”

【雲片】云块。刘禹锡《海阳十咏・飞练瀑》:“琼枝曲不折,云片晴犹下。”贯休《题令宣和尚院》:“泉声淹卧榻,云片犯炉香。”

【雲月】云和月。亦指云中之月。张九龄《和苏侍郎小园夕霁寄诸弟》:“云月爱秋景,林堂开夜扉。”杜甫《宿青草湖》:“寒冰争倚薄,云月递微明。”许浑《长安早春怀江南》:“云月有归处,故山清洛南。”

【雲外】❶指高空,天空。宋之问《灵隐寺》:“桂子月中落,天香云外飘。”李商隐《细雨成咏献尚书河东公》:“江间风暂定,云外日应西。”❷高山之上。亦借指世外。元稹《玉泉道中作》:“遐想云外寺,峰峦渺相望。”参见“雲外人”。❸比喻仙境。吴清妻《仙诗五首》之一:“云外仙歌笙管合,花间风引步虚声。”云台峰五女仙《会真诗》之二:“暂将云外隐,不向世间存。”

【雲外人】指山中隐者。李涉《山中五无奈何》:“欲访云外人,都迷上山道。”

【雲半】半空中。宋之问《奉和九月九日登慈恩寺浮屠应制》:“凤刹侵云半,虹旌倚日边。”

【雲汀】云气笼罩着的小洲。杜甫《奉酬薛十二丈判官见赠》:“羽毛净白雪,惨澹飞云汀。”又《向夕》:“鹤下云汀近,鸡栖草屋同。”白居易《菩提寺上方晚望香山寺寄舒员外》:“石阁僧上来,云汀雁飞下。”

【雲穴】高山深穴。卢纶《送吉中孚校书归楚州旧山》:“旧箓藏云穴,新诗满帝都。”

【雲阡】云雾中的道路。王勃《八仙径》:“援萝窥雾术,攀桂俯云阡。”

【雲母】❶矿物名。晶体常呈假六方片状,集合体为鳞片状。薄片有弹性,玻璃光泽,半透明,有白色、黑色、深浅不同的绿色或褐色等,耐热性强。李商隐《烧香曲》:“八蚕茧绵小分炷,兽焰微红隔云母。”又《嫦娥》:“云母屏风烛影深,长河渐落晓星沉。”❷性质、状态、光泽等如云母的事物。章孝标《方山寺松下泉》:“注瓶云母滑,漱齿茯苓香。”此指泉水。元稹《酬乐天雪中见寄》:“镜水绕山山尽白,琉璃云母世间无。”李商隐《和马郎中移白菊见示》:“浮杯小摘开云母,带露全移缀水精。”此指白色花。齐己《再游匡山》:“径危云母滑,崖旱瀑流干。”此指美石。❸指云母竹。陈陶《竹十一首》之七:“一溪云母间灵花,似到封侯逸士家。”

【雲母竹】竹名。相传安徽凤阳县南有云母山,山上有云母石,生大竹。竹皮色与云母石相似,故名。皮日休《洛中寒食二首》之二:“洛水万年云母竹,汉陵千载野棠花。”

【雲母冠】用云母作饰物的帽子。李益《避暑女冠》:“雾袖烟裾云母冠,碧琉璃簟井冰寒。”毛熙震《何满子》词之二:“云母帐中偷惜,水精枕上初惊。”

【雲母帳】用云母作饰物的帐子。李康成《玉华仙子歌》:"夕宿紫府云母帐,朝餐玄圃昆仑芝。"

【雲母粥】 白米粥的美称。喻米白如云母。白居易《晨兴》:"何以解宿斋,一杯云母粥。"

【雲母漿】 用矿物云母调制的浆液。道家以为食云母可使身体轻健。白居易《池上清晨候皇甫郎中》:"玉柄鹤翎扇,银罂云母浆。"

【雲寺】 高山上的寺庙。司空曙《赠庾侍御》:"雪过云寺宿,酒向竹园期。"孟郊《擢第后东归书怀献座主吕侍御》:"云寺势动摇,山钟韵嘘吸。"

【雲芝】 灵芝。《文选·张协〈七命〉》:"乘凫舟兮为水嬉,临芳洲兮拔云芝。"李善注:"《西京赋》曰:擢灵芝之朱柯。"太宗《宴中山》:"云芝浮碎叶,冰镜上朝光。"

【雲光】 ❶云层罅缝中漏出的日光。骆宾王《春晚从李长史游开道林故山》:"云光栖断树,灵影入仙杯。"杜甫《雨三首》之三:"水深云光廓,鸣橹各有适。"杜牧《商山麻涧》:"云光岚彩四面合,柔柔垂柳十余家。"❷指美女头发的光泽。王绩《辛司法宅观妓》:"云光身后荡,雪态掌中回。"李百药《戏赠潘徐城门迎两新妇》:"云光鬓里薄,月影扇中新。"❸云朵,云片。形容舞姿轻盈如云。卢照邻《辛司法宅观妓》:"云光身后落,雪态掌中回。"

【雲回】 云气翻卷缭绕。明皇《送赵法师还蜀因名山奠简》:"二室遥相望,云回洞里天。"

【雲帆】 白色的船帆。亦借指船。李白《行路难三首》之一:"长风破浪会有时,直挂云帆济沧海。"皇甫冉《题画帐二首·远帆》:"云帆傥暂驻,中路阳台夕。"杜甫《后出塞五首》之四:"云帆转辽海,粳稻来东吴。"武元衡《鄂渚送友》:"云帆淼淼巴陵渡,烟树苍苍故郢城。"

【雲竹】 高耸入云之竹。杜甫《徐九少尹见过》:"赏静怜云竹,忘归步月台。"

【雲行】 (—xíng)犹云游。吕温《送文畅上人东游》:"水止无恒地,云行不计程。"

【雲朵】 云块。曹松《贻住山僧》:"云朵缘崖发,峰阴截水清。"

【雲色】 云的色象。储光羲《奉真观》:"为与天光近,云色成虹霓。"杜甫《腊日》:"侵陵雪色还萱草,漏泄春光有柳条。"

【雲交雨合】 指相会。李益《古别离》:"江回汉转两不见,云交雨合知何年。"

【雲衣】 云气。《楚辞·刘向〈九叹·远逝〉》:"游清灵之飒戾兮,服云衣之披披。"王逸注:"上游青冥清凉之处,被云气而神通明也。"灵台峰五女仙《会真诗》之三:"云衣无绽日,鹤驾没遥程。"李益、诸葛觉、贾岛《天津桥南山中各题一句》:"云衣惹不破,秋色望来空。"何仲宣《七夕赋咏成篇》:"历历珠星疑拖珮,冉冉云衣似曳萝。"

【雲州】 唐州名。贞观十四年(640)置,治所在定襄县(后改名云中县,在今山西大同市)。皎然《寄常一上人》:"寒雁五山临汗漫,云州一路出青冥。"

【雲江】 云雾笼罩的江水。杜甫《赠虞十五司马》:"沙岸风吹叶,云江月上轩。"

【雲安】 地名。北周以朐忍县改名,治所即重庆市云阳县。杜甫《杜鹃》:"涪万无杜鹃,云安有杜鹃。"又《堂客》:"栖泊云安县,消中内相毒。"又《引水》:"云安沽水仆奴悲,鱼复移居心力省。"又《寄常征君》:"开州入夏知凉冷,不似云安毒热新。"戎昱有《云安阻雨》。

【雲安公主】 顺宗女,下嫁刘士泾,见《新唐书·诸帝公主传》。陆畅有《云安公主下降奉诏作催妆诗》。

【雲阪】 云气缭绕的山坂。李贺《七月一日晓入太行山》:"新桥倚云阪,候虫嘶露朴。"

【雲芽】 云雾茶。陈子昂《卧病家园》:"还丹奔日御,却老饵云芽。"

【雲村】 云雾笼罩的村庄。鲍溶《送僧村东游》:"云村共香饭,水月喻秋花。"

【雲車】 ❶装饰有云彩花纹的车子。亦泛指华贵之车。顾况《上元夜忆长安》:"云车龙阙下,火树凤楼前。"❷传说中仙人的车乘。仙人以云为车。《淮南子·原道训》:"昔者冯夷大丙之御也,乘云车入云霓,游微雾。"高诱注:"以云霓为其马也。"王勃《怀仙》:"常希披尘网,眇然登云车。"李白《寄王屋山人孟大融》:"所期就金液,飞步登云车。"杜甫《送孔巢父谢病归游江东兼呈李白》:"蓬莱织女回云车,指点虚无是征路。"韦渠牟《步虚词十九首》之八:"云车降何处,斋室有仙卿。"

【雲匣】 饰有云彩花纹的金匣。赵嘏《新月》:"玉钩斜傍画檐生,云匣初开一寸明。"

【雲步】 腾云而行的脚步。喻指步伐轻盈。杜牧《张好好诗》:"绛唇渐轻巧,云步转虚徐。"

【雲岑】 云雾缭绕的山峰。杜甫《过津口》:"和风引桂楫,春日涨云岑。"

【雲谷】 云雾笼罩的山谷。罗隐《莺》:"暖辞云谷背残阳,飞下东风翅渐长。"

【雲沙】 亦作"雲砂"。❶白云和黄沙。亦借指边地风光或边塞地区。李白《塞下曲六首》之四:"白马黄金塞,云砂绕梦思。"高适《自淇涉黄河途中作十三首》之八:"兹川方悠邈,云沙无前后。"岑参《临洮泛舟赵仙舟自北庭罢使还京》:"云沙万里地,孤负一书生。"❷犹云泥。谓相距遥远。杜甫《祠南夕望》:"兴来犹杖屦,目断更云沙。"

【雲罕】 旌旗。《文选·张衡〈东京赋〉》："云罕九斿，闟戟轇輵。"薛综注："云罕，旌旗之别名也。"宋之问《龙门应制》："云罕才临御水桥，天衣已入香山会。"李乂《陪幸韦嗣立山庄应制》："云罕明丹谷，霜笳彻紫虚。"

【雲弝】 绘有云彩的弓柄。李贺《荣华乐》："天长一矢贯双虎，云弝绝骋聒旱雷。"

【雲陂】 云雾覆盖的山坂。李贺《七月一日晓入太行山》："新桥倚云阪，候虫嘶露朴。"

【雲長】 (—cháng)三国蜀将关羽字云长。蜀主刘备拜为前将军，假节钺，威震华夏，有万人敌之称。杜牧《题永崇西平王宅太尉愬院六韵》："矫矫云长勇，恂恂郄縠风。"

【雲表】 唐诗僧。唐末于豫章(郡名，治所在今江西南昌市)讲《法华慈恩大疏》，法席称盛。事迹见《宋高僧传》卷七。《全唐诗》卷八二五收录其《寒食日》一首。

【雲英】 ❶云母的一种。晋葛洪《抱朴子·仙药》："又云母有五种……五色并具而多青者名云英，宜以春服之。"白居易《早服云母散》："晓服云英漱井华，寥然身若在烟霞。"❷云气的精华，甘露。三国魏曹植《承露盘铭》："下潜醴泉，上受云英。"赵幼文校注："云英谓甘露。"亦泛指露珠、水珠。皮日休《太湖诗·入林屋洞》："屦泥惹石髓，衣湿沾云英。"❸唐代钟陵(今江西南昌市)著名歌妓名。罗隐《嘲钟陵妓云英》："钟陵醉别十余春，重见云英掌上身。"

【雲林】 云雾缭绕之山林。指隐居之所。王维《桃源行》："当时只记入山深，青溪几曲到云林。"崔曙《嵩山寻冯炼师不遇》："更值空山雷雨时，云林薄暮归何处。"皎然《酬秦系山人题赠二首》之二："云林出空鸟未归，松吹时飘雨浴衣。"

【雲枝】 高耸入云的树枝。姚崇《秋夜望月》："灼灼云枝净，光光草露圆。"

【雲松】 高大的松树。韦应物《因省风俗与从侄成绪游山水》："阴壑云松埋，阳崖烟花媚。"李商隐《乐游原》："青门弄烟柳，紫阁舞云松。"

【雲卧】 高卧于云雾缭绕之中。谓隐居。杜甫《游龙门奉先寺》："天阙象纬逼，云卧衣裳冷。"

【雲雨】 ❶云和雨。杜甫《水槛》："苍江多风飙，云雨昼夜飞。"又《陪诸公上白帝城宴越公堂之作》："落构垂云雨，荒郊蔓草茅。"又《寄刘峡州伯华使君四十韵》："峡内多云雨，秋来尚郁蒸。"李绅《南梁行》："夕阳瞥映浅深树，云雨翻迷崖谷间。"❷指高空，天空。赵嘏《今年新先辈以遏密之际每有宴集必资清谈书此奉贺》："鹤驭回飘云雨外，兰亭不在管弦中。"❸《文选·宋玉〈高唐赋〉序》："昔者楚襄王与宋玉游于云梦之台，望高唐之观，其上独有云气……王问玉曰：'此何气也？'玉对曰：'所谓朝云者也。'王曰：'何谓朝云？'王曰：'昔者先王尝游高唐，怠而昼寝，梦见一妇人曰：妾巫山之女也，为高唐之客，闻君游高唐，愿荐枕席。王因幸之。去而辞曰：妾在巫山之阳，高丘之岨，旦为朝云，暮为行雨。朝朝暮暮，阳台之下。"后遂以"雲雨"指男女欢会。李白《清平调词三首》之二："一枝红艳露凝香，云雨巫山枉断肠。"武元衡《赠歌人》："他日相思梦巫峡，莫教云雨晦阳台。"杜牧《伤友人悼吹箫妓》："艳质已随云雨散，凤楼空锁月明天。"方干《赠美人四首》之一："才会雨云须别去，语惭不及琵琶槽。"❹汉王粲《赠蔡子笃诗》："风流云散，一别如雨。"遂以"雲雨"喻分离，永别。张又新《赠广陵妓》："云雨分飞二十年，当时求梦不曾眠。"武元衡《塞外月夜寄荆南熊侍御》："云雨一乖千万里，长城秋月洞庭猿。"李群玉《广州重别方处士之封川》："七年一云雨，常恨辉容隔。"❺《后汉书·邓骘传》："托日月之末光，被云雨之渥泽。"后遂以"雲雨"喻恩泽。鲍溶《寄海陵韩长官》："野人为此多东望，云雨仍从海上来。"

【雲雨池】 语本《三国志·吴志·周瑜传》："恐狡龙得云雨，终非池中物也。"后因以喻指无法施展才干的环境。杜甫《偶题》："郁郁星辰剑，苍苍云雨池。"

【雲雨峡】 即巫山峡。参见"雲雨❸"。杜甫《春夜峡州田侍御长史津亭留宴》："始知云雨峡，忽尽下牢边。"

【雲雨夢】 指男女欢会。参见"雲雨❸"。李商隐《少年》："别馆觉来云雨梦，后门归去蕙兰丛。"严续姬《赠别》："风柳摇摇无定枝，阳台云雨梦中归。"

【雲雨會】 指男女欢会。参见"雲雨❸"。李咸用《和友人喜相遇十首》之二："宋玉谩夸云雨会，谢连宁许梦魂通。"

【雲雨臺】 借指阳台。沈佺期《巫山高二首》之一："俯眺琵琶峡，平看云雨台。"

【雲虯】 神话中的一种龙。陆龟蒙《独夜有怀因作吴体寄袭美》："云虬涧鹿真逸调，刀名锥利非良图。"

【雲岫】 云雾缭绕的峰峦。语本晋陶潜《归去来辞》："云无心以出岫。"中宗《石淙》："霞衣霞锦千般状，云峰云岫百重生。"

【雲物】 ❶云彩，云气。孟浩然《陪张丞相自松滋江东泊渚宫》："云物凝孤屿，江山辨四维。"杜甫《铜官渚守风》："早泊云物晦，逆行波浪悭。"又《敬赠郑谏议十韵》："思飘云物外，律中鬼神惊。"❷景物，景色。孟浩然《卢明府早秋宴张郎中海园》："更闻书即事，云物是清秋。"❸指祥瑞灾异。李商隐《有感二首》之一："何成奏云物，直是灭萑苻。"

【雲和】　本为山名。古取所产之材制作琴瑟。《周礼·春官·大司乐》："孤竹之管，云和之琴瑟。"郑玄注："云和、空桑、龙门，皆山名。"故亦作为琴瑟琵琶等弦乐器的统称。李白《寄远十一首》之一："遥知玉窗里，纤手弄云和。"杜甫《暮寒》："忽思高宴会，朱袖拂云和。"刘言史《乐府杂词三首》之二："蝉鬓红冠粉黛轻，云和新教羽衣成。"

【雲侣】　云中伴侣。孟郊《离思》："孤鸿忆霜群，独鹤叫云侣。"

【雲沫】　白色泡沫。吴融《和韩致光侍郎无题三首十四韵》之三："茗煎云沫聚，药种五苗匀。"

【雲波】　❶云状的波纹，波浪。李商隐《西溪》："京华他夜梦，好好寄云波。"❷飘荡的云气。刘昚虚《江南曲》："日暮还家望，云波横洞房。"

【雲泥】　语出《后汉书·逸民传·矫慎》："[吴苍]遗书以观其志曰：'仲彦足下，勤处隐约，虽乘云行泥，栖宿不同，每有西风，何尝不叹！'"云在天，泥在地。故后遂以喻指两物相去甚远，相差很大。张九龄《和姚令公哭李尚书乂》："云泥势已绝，山海纳还通。"钱起《离居夜雨奉寄李京兆》："寂寞想章台，始叹云泥隔。"白居易《答崔侍郎钱舍人书问因继以诗》："勿言云泥异，同在逍遥间。"罗隐《寄酬邺王罗令公五首》之三："每怜罹乱书犹达，所恨云泥路不通。"

【雲定】　谓行云滞留。古有秦人秦青，善歌，"声振林木，响遏行云"。见《列子·汤问》。杜牧《赠沈学士张歌人》："孤直緪云定，先明滴水圆。"

【雲官】　相传黄帝受命有云瑞，故以云纪事，以云名官。《文选·张协〈七命〉》："教清于云官之世，治穆乎鸟纪之时。"李善注："郯子曰：昔者黄帝氏以云纪，故为云师而云名。杜审言《大酺》："火德云官逢道泰，天长地久属年丰。"

【雲房】　僧道所居之房舍。韦应物《游琅琊山寺》："填壑跻花界，叠石构云房。"马戴《寄西岳白石僧》："云房出定后，岳月在西池。"陆龟蒙《怀仙三首》之一："自非黄犊客，不得到云房。"

【雲衫】　轻而薄的衣衫。李贺《神弦别曲》："南山桂树为君死，云衫浅污红脂花。"曹唐《小游仙诗九十八首》之八五："云衫玉带好威仪，三洞真人入奏时。"

【雲門】　❶周代六舞之一。用于祭祀天神。相传为黄帝时所作。《周礼·春官·大司乐》："以乐舞教国子。舞《云门》《大卷》《大咸》《大磬》《广夏》《大濩》《大武》。"郑玄注："此周所存六代之乐。黄帝曰《云门》《大卷》。黄帝能成名万物，以明民共财，言其德如云之所出，民得以有族类。"后遂以作乐曲的美称。杜甫《忆昔二首》之二："宫中圣人奏云门，天下朋友皆胶漆。"杨巨源《听李凭弹箜篌二首》之一："君王听乐梨园暖，翻到云门第几声。"孟郊《君子勿郁郁士有谤毁者作诗以赠之》之二："谁把碧梧枝，刻作云门乐。"《郊庙歌辞·五郊乐章·舒和》："自有云门符帝赏，犹持雷鼓答天成。"❷山门。借指寺庙。杜甫《惠义寺送王少尹赴成都》："云门青寂寂，此别惜相从。"李涉《题善光寺》："云门天竺旧姻缘，临老移家住玉泉。"陆龟蒙《新秋月夕客有自远相寻者作吴体二首以赠》之一："云门老僧定未起，白阁道士遥相迎。"尚颜《寄荆门郑准》："不许姓名留丹观，终携瓶锡去云门。"❸蜀的代称。北周庾信《周大将军司马裔神道碑》："烟沉冰井，雨歇云门。"倪璠注："此以《蜀都赋》有云门，故以云门指蜀。"崔涂《入蜀赴举秋夜与先生话别》："云门一万里，应笑又担簦。"❹急流的出口。因水气状如云雾，故称。《文选·左思〈蜀都赋〉》："指渠口以为云门，洒滮池而为陆泽。"张铣注："言水自渠而灌田，故指渠口为云门，犹云来则雨至也。"杜甫《陪郑广文游何将军山林十首》之六："风磴吹阴雪，云门吼瀑泉。"❺指谷口。在今陕西礼泉县九嵕山东。汉郑朴隐居于此。故借指隐逸者所居之地。马戴《早发故山作》："云门夹峭石，石路荫长松。"❻山名。在浙江绍兴市南。山有云门寺。参见"雲門寺"。

【雲門寺】　寺名。在今浙江绍兴市东云门山。杜甫《奉先刘少府新画山水障歌》："若耶溪，云门寺，吾独胡为在泥滓，青鞋布袜从此始。"杜牧《念昔游》："云门寺外逢猛雨，林黑山雨脚长。"

【雲居】　❶隐居。贾岛《送徐员外赴河中》："云居闲独往，长老出房迎。"❷指陕西长安县终南山之云居寺。白居易《游云居寺赠穆三十六地主》："乱峰深处云居路，共蹋花行独惜春。"参见"雲居寺"。❸指湖北襄阳之云居寺。皮日休《过云居院玄福上人旧居》："重到云居独悄然，隔窗窥影尚疑禅。"参见"雲居院"。

【雲居寺】　在唐长安城南终南山上。白居易有《云居寺孤桐》和《游云居寺赠穆三十六地主》。温庭筠有《月中宿云居寺上方》。

【雲居院】　今名广德寺。在湖北襄阳市西。系汉唐古刹，屡建屡毁，至明景泰年间重修后，更名广德寺。皮日休有《过云居院玄福上人旧居》。

【雲居閣】　云居寺寺阁。白居易《寄王质夫》："春寻仙游洞，秋上云居阁。"参见"雲居寺"。

【雲牀】　僧道的坐榻。吴融《月夕追事》："曾听豪家碧玉歌，云床冰簟落秋河。"

【雲孤鶴獨】　形隐孤独，隐居避世。张贲《和袭美寒夜见访》："云孤鹤独且相亲，仿效从它折角巾。"

【雲南】　❶州名，亦驿名。云南州，大理国以云南赕改置，治所即今云南祥云县东南云南驿。杨巨源有《送许侍御充云南哀册使判官》。雍陶《哀蜀人为南蛮俘虏五章·入蛮界不许有悲泣之声》:“云南路出陷河西,毒草长青瘴色低。”❷陆龟蒙《四明山诗》序云,浙江四明山中“有云不绝者二十里,民皆家云之南北,每相从,谓之过云”。故云之南,谓云南;云之北者,谓云北。陆龟蒙《四明山诗·云南》:“云南更有溪,丹砾尽无泥。”

【雲南王】 指南诏神武王阁罗凤。公元748—779年在位。白居易《新乐府·蛮子朝》:“鲜于仲通六万卒,征蛮一阵全军没。至今西洱河岸边,箭孔刀痕满枯骨。”自注:“天宝十三载,鲜于仲通统兵六万,讨云南王阁罗凤于西洱河,全军覆没也。”

【雲背】 云之背,即云之上。王勃《忽梦游仙》:“翕尔登霞首,依然蹑云背。”

【雲拱】 见“雲栱”。

【雲砂】 见“雲沙”。

【雲笈】 道教藏书的书箱。皮日休《太湖诗·晓次神景宫》:“绿书不可注,云笈应无钥。”

【雲泉】 ❶瀑布,山泉。沈佺期《辛丑十月上幸长安时扈从出西岳作》:“云泉纷乱瀑,天磴屹横抱。”韦应物《云阳馆怀谷口》:“云泉非所濯,萝月不可援。”❷白云清泉。借指胜景。钱起《言怀》:“夜月霁未好,云泉堪梦归。”皎然《酬李纾补阙》:“不住东山寺,云泉处处行。”白居易《偶吟二首》之一:“犹残少许云泉兴,一岁龙门数度游。”

【雲亭】 ❶对亭子的美称。鲍溶《隋帝陵下》:“白露沾衣隋主宫,云亭月馆楚淮东。”李群玉《九日陪崔大夫宴清河亭》:“玉醴浮金菊,云亭敞玳筵。”❷云云山和亭亭山的合称。均在兖州博城县(治所即今山东泰安县)西南三十里。《史记·封禅书》:“昔无怀氏封泰山,禅云云……黄帝封泰山,禅亭亭。”后遂以为典,咏与帝王封禅有关的事情。郑颢《续梦中十韵》:“御炉虚仗马,华盖负云亭。”李群玉《始忝四座奏状闻荐蒙恩授官旋进歌诗延英宣赐言怀纪事呈同馆诸公二十四韵》:“百神俨云亭,伫将告成功。”

【雲庭】 神仙所居处。《黄庭内景经》“共入太室璇玑门”唐梁丘子注:“《洞房经》云:天有太室、玉房、云庭,中央黄老君之所居也。”亦借指佛寺。于鹄《题宇文裔山寺读书院》:“云庭无履迹,龛壁有灯烟。”

【雲洞】 隐逸者或仙人之居所。则天皇后《唐大飨拜洛乐章·归和》:“言旋云洞兮蹑烟途,永宁中宇兮安下都。”胡传美《武康碧落观》:“不逢金简扳云洞,可惜瑶台叠藓除。”

【雲津】 银河,天河。孟郊《赠李观》:“舍予在泥辙,飘迹上云津。”

【雲室】 道教徒之居室。陆龟蒙《奉和袭美寄题罗浮轩辕先生所居》:“预恐浮山归有日,载将云室十洲东。”

【雲宮】 高耸入云的皇宫。则天皇后《唐享昊天乐》之二:“垂厚泽,降云宫。”

【雲衲】 僧衣。杜荀鹤《赠休粮僧》:“争似吾师无一事,稳披云衲坐藤床。”

【雲屋】 隐者或出家人之居所。皮日休《江南道中怀茅山广文南阳博士三首》之一:“鹤雏入夜归云屋,乳管逢春落石床。”

【雲屏】 ❶有云形彩绘的屏风,或用云母作装饰的屏风。刘长卿《昭阳曲》:“芙蓉帐小云屏暗,杨柳风多水殿凉。”李商隐《燕台四首·秋》:“云屏不动掩孤嚬,西楼一夜风筝急。”又《拟意》:“云屏不取暖,月扇未遮羞。”又《龙池》:“龙池赐酒敞云屏,羯鼓声高众乐停。”❷云翳,云。储光羲《同诸公秋霁曲江俯见南山》:“山戛浴兰阯,水若居云屏。”元稹《遭风二十韵》:“俄惊四面云屏合,坐见千峰雪浪堆。”❸喻指屏捍朝廷之人。温庭筠《过孔北海墓二十韵》:“鸾凰婴雪刃,狼虎犯云屏。”

【雲陣】 阵云。语出南朝陈徐陵《出自蓟北门行》:“天云如地阵。”卢纶《纶与吉侍郎辄有所酬以申悲旧兼寄夏侯侍御审侯仓曹钊》:“晓望怯云阵,夜愁惊鹤声。”

【雲陛】 巍峨的宫殿。云,极言其高。贾至《侍宴曲》:“云陛褰珠扆,天墀覆绿杨。”

【雲飛】 ❶云阵飞行。亦指雨云兴起。卢照邻《中和乐九章·歌南郊第四》:“日丽苍璧,云飞鸣球。”《郊庙歌辞·祭方丘乐章·顺和》:“雨零感节,云飞应序。”❷在云中飞行。杜牧《雁》:“万里衔芦别故乡,云飞雨宿向潇湘。”❸喻远走高飞。唐彦谦《送樊琯司业归朝》:“云飞同去国,星散各殊方。”

【雲飛雨散】 (散 sàn)云雨消失。喻原先的事物不复存在。温庭筠《湘东宴曲》:“万户沉沉碧树圆,云飞雨散知何处。”贯休《行路难》之三:“云飞雨散今如此,绣闼雕甍作荒俗。”

【雲馬】 如云之马。谓马众多。李白《送程刘二侍郎兼独孤判官赴安西幕府》:“天外飞霜下葱海,火旗云马生光彩。”

【雲起】 如云之涌起。喻众多的事物一下子出现。羊士谔《寄江陵韩少尹》:“别来玄鬓共成霜,云起无心出帝乡。”

【雲起雪飛】 如云之兴起,如雪之飘飞。喻指乐曲悠扬,变化有致。明皇《春中兴庆宫酺宴》序:“撞钟伐鼓,云起雪飞。”

【雲華】 ❶云片,云朵。张锡《晦日宴高文学林亭》:“年光开柳色,池影泛云华。”❷茶的别称。皮日休《寒日书斋即事三首》之二:“深夜数瓯唯柏叶,清晨一器是云华。”

【雲莊】 云雾遮蔽的村庄。李邕《登历下古城员外孙新亭》：“太山雄地理，巨壑眇云庄。”

【雲栱】 亦作“雲拱”。雕饰有云状花纹的斗栱。李绅《忆万岁楼望金石》：“蜃嘘云拱飞江岛，鳌喷仙岩隔海澜。”温庭筠《长安寺》：“云栱承跗�，羽葆背花重。”

【雲根】 ❶深山云起之处。杜甫《题忠州龙兴寺所居院壁》：“忠州三峡内，井邑聚云根。”贾岛《登江亭晚望》：“浩渺浸云根，烟岚没远村。”❷谓山石。杜甫《瞿塘两崖》：“入天犹石色，穿水忽云根。”贾岛《观冬设上东川杨尚书》：“罗绮舞中收雨点，貔貅阃外卷云根。”又《题李凝幽居》：“过桥分野色，移石动云根。”李商隐《赠刘司户》：“江风吹浪动云根，重碇危樯白日晚。”❸指道院僧寺。谓其为云游僧道落脚之处，故称。司空图《上陌梯寺怀旧僧二首》之一：“云根禅客居，皆说旧无庐。”

【雲逗】 云气聚集。韩愈《南山诗》：“或罗若星离，或蓊若云逗。”亦指云气聚处。李贺《感讽五首》之五：“桂露对仙娥，星星下云逗。”

【雲峰】 ❶指状如山峰之云。太宗《饯中书侍郎来济》：“云峰衣结千重叶，雪岫花开几树妆。”杜甫《对雨书怀走邀许十一簿公》：“东岳云峰起，溶溶满太虚。”又《秦州杂诗二十首》之一九：“候火云峰峻，县军幕井干。”❷指高耸入云的山峰。陈子昂《合州津口眷然有忆作以示之》：“林岸随天转，云峰逐望新。”鱼玄机《游崇真观南楼睹新及第题名处》：“云峰满目放春晴，历历银钩指下生。”李商隐《魏侯第东北楼堂郢叔言别聊用书所见成篇》：“霞绮空留段，云峰不带根。”

【雲氣】 云雾，雾气。骆宾王《畴昔篇》：“云气横开八阵形，桥形遥分七星势。”杜甫《望兜率寺》：“霏霏云气重，闪闪浪花翻。”又《禹庙》：“云气生虚壁，江声走白沙。”又《暮春题瀼西新赁草屋五首》之一：“谷虚云气薄，波乱日华迟。”

【雲島】 云雾笼罩的海岛。杜审言《南海乱石山作》：“乍将云岛极，还与星河次。”

【雲師】 ❶古代神话中的云神。杜甫《九日寄岑参》：“安得诛云师，畴能补天漏。”❷指僧云寂，与元稹、白居易友善。元稹《和乐天赠云寂僧》：“心火自生还自灭，云师无路与君销。”按白居易《重到城七绝句》之九作《恒寂师》。

【雲航】 游船，绘有云形图案，故云。陆龟蒙《奉酬袭美病中见寄》：“逢花逢月便相邀，忽卧云航隔野桥。”

【雲卿】 孟云卿，诗人。杜甫《湖城东遇孟云卿复归刘颢宅宿宴饮散因为醉歌》：“湖城城南一开眼，驻马偶识云卿面。”

【雲旂】 见“雲旗”。

【雲涷】 天寒时阴云凝结。杜牧《雪中书怀》：“腊雪一尺厚，云冻寒顽痴。”

【雲粉】 ❶指白雪。王初《雪霁》：“星榆叶叶昼离披，云粉千重凝不飞。”❷云母粉。白居易《题李山人》：“每日将何疗饥渴，井华云粉一刀圭。”❸指竹子上的白色粉末。吴融《和人题武城寺》：“半岩云粉千竿竹，满寺风雷百尺泉。”

【雲酒】 浓酒。骆宾王有《咏云酒》。

【雲海】 ❶指广阔无际的云彩。张说《相州前池别许郑二判官景先神力》：“无因留绝翰，云海意差池。”❷借指高远空阔的境地。沈佺期《答魑魅代书寄家人》：“何堪万里外，云海已溟茫。”❸指广阔无垠的大海。陈子昂《感遇诗三十八首》之二二：“云海方荡潏，孤鳞安得宁。”韩愈《杂诗四首》之二：“苍苍云海路，岁晚将无获。”

【雲浮】 ❶云彩飘浮。传说刘邦隐匿于芒砀山间，头上常有云气飘游，人常能以此找到他。见《史记·高宗本纪》。骆宾王《久戍边城有怀京邑》：“云浮西北盖，月照东南隅。”又《过故宋》：“云浮非帝隐，日举类游童。”❷喻行止不定。杜甫《奉送王信州崟北归》：“别离同雨散，行止各云浮。”❸喻仕进。王维《秋夜独坐怀内弟崔兴宗》：“思子整羽翰，及时尚云浮。”

【雲浪】 如云之浪。李商隐《送从翁东川弘农尚书幕》：“锦水湔云浪，黄山扫地春。”

【雲容】 ❶云彩的形貌。陆龟蒙《和袭美怀鹿门县名离合二首》之一：“云容覆枕无非白，水色侵矶直是蓝。”❷诗僧名。《全唐诗》卷八五一收其逸句“木末上明星”一句。

【雲袍】 饰有彩云图案的官服。李商隐《壬申闰秋题赠乌鹊》：“绕树无依月正高，邺城新泪溅云袍。”

【雲書】 指篆字。篆字笔画如云，故称。皎然《同颜使君真卿岘山送李法曹阳冰西上献书时会有诏征赴京》：“云书捧日去，鹤版下天来。”王炎《葬西施挽歌》：“西望吴王国，云书凤字牌。”

【雲陰】 云色浓黑。骆宾王《送费六还蜀》：“雪影含花落，云阴带叶昏。”白居易《新乐府·缚戎人》：“昼伏宵行经大漠，云阴月黑风沙恶。”李商隐《缺题》：“重午云阴日正长，佳辰早至浴兰汤。”

【雲孫】 从本身算起的第九代孙。亦泛指远孙。《尔雅·释亲》：“仍孙之子为云孙。”郭璞注：“言轻远如浮云。”杜甫《喜闻盗贼蕃寇总退口号五首》之五：“大历三年调玉烛，玄元皇帝圣云孙。”又《暮秋枉裴道州手札率尔遣兴寄近呈苏涣侍御》：“宴筵曾语苏季子，后来杰出云孙比。”李商隐《海上谣》：“云孙贴贴卧秋烟，上元细字如蚕眠。”

【雲堆】　边塞地名。即拂云堆。在今内蒙古包头市西北。唐时张仁愿于此筑中受降城。见《新唐书·张仁愿传》。皎然《从军行五首》之四：“从今射雕骑，不敢过云堆。”陈陶《闲居杂兴五首》之五：“云堆西望贼连营，分阃何当举义兵。”

【雲頂】　山名。在四川境内。贯休《游云顶山晚望》：“云顶聊一望，山灵草木齐。”

【雲梯】　❶古代攻城时攀登城墙的长梯。李白《赠从弟冽》：“傅说降霖雨，公输造云梯。”杜甫《奉送郭中丞兼太仆卿充陇右节度使三十韵》：“圭窦三千士，云梯七十城。”韩愈《晚秋郾城夜会联句》：“峨峨云梯翔，赫赫火箭著。”李瀚《蒙求》：“公超雾市，鲁般云梯。”❷高山上的石级或栈道。卢照邻《山庄休沐》：“川光摇水箭，山气上云梯。”高适《宋中遇林虑杨十七山人因而有别》：“萝径垂野蔓，石房倚云梯。”杜甫《石龛》：“伐竹者谁子，悲语上云梯。”❸传说中仙人登天之路。《文选·郭璞〈游仙诗〉之一》：“灵谿可潜盘，安事登云梯。”李善注：“云梯，言仙人升天，因云而上，故曰云梯。”王勃《观内怀仙》：“自能成羽翼，何必仰云梯。”❹喻仕进路。窦巩《送刘禹锡》：“今日太行平似砥，九霄初倚入云梯。”

【雲帶】　❶带状之云。吴融《和张舍人》：“杏花向日红匀脸，云带环山白系腰。”❷云楚。钱珝《江行无题一百首》之二一：“水含秋夜静，云带夕阳高。”

【雲影】　云的影像。李端《送友人游江东》：“鸟声悲古木，云影入通津。”

【雲帳】　指蔽天的云。李沇《巫山高》：“巫妆不治独西望，暗泣红蕉抱云帐。”刘禹锡《七夕二首》之二：“天衢启云帐，神驭上星桥。”

【雲鳥】　❶高飞之鸟。马戴《宿裴氏溪居怀厉玄先辈》：“同人不同北，云鸟自南翔。”❷喻隐士。齐己《经费征君旧居》：“高眠当圣代，云鸟未为孤。”

【雲鳥陣】　兵阵名。杜甫《将赴成都草堂途中有作》之五：“共说总戎云鸟阵，不妨游子芰荷衣。”

【雲脚】　❶低垂的云。白居易《钱唐湖春行》：“孤山寺北贾亭西，水面初平云脚低。”❷暗云垂下的雨幕。李贺《崇义里滞雨》：“家山远千里，云脚天东头。”

【雲崖】　高峻的山崖。綦毋潜《题栖霞寺》：“殿转云崖阴，僧探石泉度。”

【雲崩】　如云之崩陷。皮日休《钓侣二章》之二：“严陵滩势似云崩，钓具归来放石层。”

【雲旌】　如云之旗旌。形容旗帜之多。韩休《奉和圣制送张说巡边》：“曙光摇组甲，疏吹绕云旌。”

【雲族】　云层。宋之问《温泉庄卧病》：“兹上栖灵异，朝夜翳云族。”

【雲情】　❶云的情状。陆龟蒙《虎丘寺西小溪闲泛三绝》之三：“云情柳意萧萧会，若问诸余总不知。”❷喻自由而不受拘束的性格。杜牧《许七侍御弃官东归潇洒自适题诗寄赠》：“尘意迷今古，云情识卷舒。”

【雲渚】　❶指银河。李贺《河南府试十二月乐词·七月》：“星依云渚冷，露滴盘中圆。”❷指山间的河流。白居易《题王处士郊居》：“半依云渚半依山，爱此令人不欲还。”

【雲涯】　❶与云相接之处；高远之处。卢照邻《和王奭秋夜有所思》：“丹唇间玉齿，妙响入云涯。”王勃《饯韦兵曹》：“亭皋分远望，延想间云涯。”赵嘏《送剡客》：“若到天台洞阳观，葛洪丹井在云涯。”❷曲折的河岸。陆龟蒙《和袭美虎丘寺西小溪闲泛三绝》之一：“云涯一里千万曲，直是渔翁行也迷。”

【雲淵】　云之深处。喻指安全处。陈子昂《感遇诗三十八首》之三一：“云渊既已失，罗网与谁论。”

【雲液】　❶药物的浆汁。皮日休《友人以人参见惠》：“开时的定涵云液，劚后还应带石花。”❷古代扬州名酒。亦泛指美酒。白居易《对酒闲吟赠同老者》：“云液洒六腑，阳和生四肢。”❸指如水波之云。张聿《圆灵水镜》：“回首看云液，蟾蜍势正圆。”

【雲寂】　元稹有《和乐天赠云寂僧》。云寂当作恒寂句，因避真宗赵恒讳改。恒寂，诗僧，元白友人。白居易有《重到城七绝句·恒寂师》和《苦热题恒寂师禅室》。

【雲將】　（—jiàng）寓言中称云的主将。《庄子·在宥》：“云将东游，过扶摇之枝，而适遭鸿濛。”成玄英疏：“云将，云主将也。”白居易《和微之诗二十三首·和三月三十日四十韵》：“雨师习习洒，云将飘飘翥。”

【雲階月地】　以云为阶，以月为地。指天上仙境。杜牧《七夕》：“云阶月地一相过，未抵经年别恨多。”

【雲陽】　❶指云梦泽中高唐之台。一说为“陽雲”之误。《文选·司马相如〈子虚赋〉》：“于是楚王乃登云阳之台。”李善注引孟康曰：“云梦中高唐之台，宋玉所赋者，言其高出云之阳。”陈子昂《感遇诗三十八首》之二八：“朅来高唐观，怅望云阳岑。”李白《代寄情楚词体》：“云阳一去，以远隔巫山绿水之沉沉。”❷《史记·秦始皇本纪》：“韩非使秦，秦用李斯谋，留非，非死云阳。”张守节正义引《括地志》：“云阳城在雍州云阳县西八十里，秦始皇甘泉宫在焉。”后世诗词中常以指刑场。李贺《汉唐姬饮酒歌》：“云阳台上歌，鬼哭复何益。”❸古县名。(1)三国吴嘉禾三年(234)以曲阿县改名，治所即今江苏丹阳县。李白《丁督护歌》：“云阳上征去，两岸饶商贾。”(2)唐京兆府属县，故治在今陕西泾阳县北云阳镇。韦应物《使云阳寄府曹》：“百里次云阳，闾阎问漂溺。”韦应物有《云阳馆怀谷口》。

【雲隊】 军队。白居易《和渭北刘大夫借便秋遮虏寄朝中亲友》：“云队攒戈戟，风行卷旆旌。”

【雲葉】 ❶云片，云朵。杜甫《夏夜李尚书筵送宇文石首赴县联句》：“雨稀云叶断，夜久烛花偏。”李商隐《和孙朴韦蟾孔雀咏》：“旧思牵云叶，新愁待雪泥。”又《月》：“流处水花急，吐时云叶稀。”❷浓密的树叶。骆宾王《秋夜送阎五还润州》序：“于时壁彩澄虚，漏轻光于云叶；珪阴散迥，摇碎影于风梧。”

【雲棧】 悬于半空的栈道。王建《送李评事使蜀》：“转江云栈细，近驿板桥新。”

【雲軺】 饰有云形图案的车乘。韦庄《抚盈歌》：“主父臣兮漳水，君王幸兮云轺。”

【雲雁】 高空中的飞雁。韦应物《答崔主簿倬》：“窈窕云雁没，苍茫河汉横。”

【雲嵐】 山中云雾之气。白居易《春游二林寺》：“熙熙风土暖，蔼蔼云岚积。”

【雲智】 高远的智虑。岑参《上嘉州青衣山题惠净上人幽居》：“渺渺云智远，幽幽海怀长。”

【雲臯】 唐庐山东林寺僧名。与白居易相友善。白居易《送后集往庐山东林寺兼寄云皋上人》：“旧僧独有云皋在，三二年来不得书。”

【雲策】 驾云，策云。孟郊《题从叔述灵岩山壁》：“露衣凉且鲜，云策高复轻。”

【雲腴】 茶的别称。皮日休《奉和鲁望四明山九题·青櫺子》：“味似云腴美，形如玉脑圆。”

【雲湯】 即云母汤，亦即云液。道家谓宜秋服。白居易《七月一日作》：“饮闻麻粥香，渴觉云汤美。”

【雲淵】 云空和深渊。喻指施展才能的环境。陈子昂《感遇诗三十八首》之三十：“云渊既已失，罗网与谁论。”

【雲湄】 云际，云边。裴休《题泐潭》：“泐潭形胜地，祖塔在云湄。”

【雲窗】 云雾缭绕的窗户。借指僧道或隐者所居。李白《商山四皓》：“云窗拂青霭，石壁横翠色。”

【雲窗霧閣】 云雾缭绕的窗户和居室。借指高耸入云或建于极高处的楼阁。韩愈《华山女》：“云窗雾阁事恍惚，重重翠幔深金屏。”

【雲絲】 指马飘动的鬃毛。李群玉《骢马》：“长嘶清海风，蹀躞振云丝。”

【雲間】 ❶云中，天上。王勃《临高台》：“尘间狭路黯将暮，云间月色明如素。”钱起《晚归路》：“池上静难厌，云间欲去晚。”陆龟蒙《有别二首》之二：“池上已看莺舌默，云间应即雁翰开。”罗虬《比红儿诗》之九七：“云间翡翠一双飞，水上鸳鸯不暂离。”❷指高处；远处。王勃《寒夜思友三首》之二：“云间征思断，月下归愁切。”岑参《赠僧读经堂》：“云间独坐卧，只是对山松。”杜甫《奉和严郑公军城早秋》：“已收滴博云间戍，更夺蓬婆雪外城。”刘禹锡《竹枝词十一首》之九：“山上层层桃李花，云间烟火是人家。”❸松江县(今属上海市)的古称。南朝宋刘义庆《世说新语·排调》：“荀鸣鹤、陆士龙二人未相识，俱会张茂先坐。张令共语。以其并有大才，可勿作常语。陆举手曰：‘云间陆士龙。’荀答曰：‘日下荀鸣鹤。’”钱起《送河南陆少府》：“云间陆生美且奇，银章朱绶映金羁。”李商隐《赠孙绮新及第》：“陆机始拟夸文赋，不觉云间有士龙。”

【雲間海上】 上至云间，下至海上。犹言到处。语本梁沈约《八咏诗·夕行闻夜鹤》：“愍海上之惊凫，伤云间之离鹤。”卢照邻《失群雁》：“云间海上应鸣舞，远得鹍弦犹独抚。”又《行路难》：“云间海上邈难期，赤心会合在何时。”

【雲肆】 ❶云气集合之所。指高空。皮日休《太湖诗·孤园寺》：“钟梵在水魄，楼台入云肆。”陆龟蒙《题杜秀才水亭》：“云肆有龙君若买，便敲初日铸金钱。”❷山林水泽。陆龟蒙《奉和袭美新秋言怀三十韵次韵》：“石林空寂历，云肆肯哓哓。”❸喻指白色花丛。陆龟蒙《和袭美扬州看辛夷花》：“堪将乱蕊添云肆，若得千株便雪宫。”

【雲瑞】 祥云瑞气。借指帝王之气。李贺《公莫舞歌》：“芒砀云瑞抱天回，咸阳三气清如水。”

【雲勢】 云的态势、状态。白居易、裴度《首夏犹清和联句》：“草香殊未歇，云势渐多奇。”

【雲構】 高的建筑物。李商隐《奉同诸公题河中任中丞新创河亭四韵之作》：“万里谁能访十洲，新亭云构压中流。”

【雲搖】 如云之飘浮不定。喻指颠沛流离。宋之问《至端川驿见题壁》：“云摇雨散各翻飞，海阔天长音信稀。”刘禹锡《酬杨八庶子喜韩吴兴与余同迁见赠》：“三湘与百越，雨散又云摇。”

【雲幕】 ❶轻柔如云雾的帐幕。杜甫《丽人行》：“就中云幕椒房亲，赐名大国虢与秦。”❷泛指帐幕。杜甫《送蔡希鲁都尉还陇右因寄高三十五书记》：“云幕随开府，春城赴上都。”薛涛《上州主武相国二首》之二：“军城画角三声歌，云幕初垂红烛新。”

【雲夢】 古薮泽名。汉魏前所指云梦范围并不很大。晋以后的经学家将云梦泽的范围越说越广，把洞庭湖都包括在内。本有二，一在今湖北江陵县以东江、汉之间监利、潜江一带。《尔雅·释地》《吕氏春秋·地有始览》将其列为十薮之一。一在今湖北汉江以北应城、天门一带。唐诗中所称“云梦”亦借指古代楚地。孟浩然《望洞庭湖赠张丞相》：“气蒸云梦泽，波撼岳阳楼。”杜甫《夔府书怀四十韵》：“绿林宁小患，云梦欲难追。”李频《湘口送友人》：“去雁远冲云梦雪，离人独上洞庭船。”陆龟蒙《庆封宅古井行》：“一朝云梦围兵至，胸陷锋铓脑涂地。”

【雲幹】　高耸入云的树木。吕温《赠友人》：“明堂久不构，云干何森森。”

【雲輅】　有云状纹饰的车子。多指天子的车乘。钱起《奉和圣制登会昌山应制》：“玉銮登嶂远，云辂出花迟。”

【雲軿】　神仙所乘之车。以云为之，故云。李白《春日行》：“三十六帝欲相迎，仙人飘翩下云屏。”卢纶《皇帝感词》之四：“天乐下天中，云軿俨在空。”顾况《梁广画花歌》：“王母欲过刘彻家，飞琼夜入云軿车。”李商隐《燕台四首·夏》：“安得薄雾起缃裙，手接云軿呼太君。”

【雲碓】　石碓。白居易《寻郭道士不遇》：“药炉有火丹应伏，云碓无人水自舂。”

【雲雷】　❶《易·屯》：“《象》曰：云雷，《屯》，君子以经纶。”《屯》之卦象是为云雷聚，云行于上，雷动于下。按《象传》以雨比恩泽，以雷比刑。喻君子观此卦象和卦名，则善于兼用恩泽与刑罚，以经纬国家。杜甫《三川观水涨二十韵》：“云雷此不已，艰险路更跼。”❷《易·屯》：“《象》曰：屯，刚柔始交而难生，动乎险中，大亨贞。”按，《屯》之卦象为《坎》上《震》下，《坎》之象为云，《震》之象为雷，因以“雲雷”指凶险。王维《送韦大夫东京留守》：“云雷康屯难，江海遂飞沉。”李商隐《行次西郊作一百韵》：“诚知开辟久，遘此云雷屯。”❸云和雷。指行云下雨。杜甫《种莴苣》：“云雷欻奔命，师伯集所使。”卢纶《寄赠库部王郎中》：“草木承风偃，云雷施泽均。”

【雲暗】　云气阴暗。王勃《秋日仙游观赠道士》：“雾浓金灶静，云暗玉坛空。”雍陶《哀蜀人为南蛮俘虏五章·别嶲州一时恸哭云日为之变色》：“冤声一恸悲风起，云暗青天日下雨。”张祜《题邮亭残花》：“云暗山横日欲斜，邮亭下马对残花。”

【雲路】　❶高山上的路径。卢照邻《赠益府裴录事》：“青山云路深，丹壑月华临。”又《酬张少府柬之》：“毫翰风期阻，荆衡云路深。”储光羲《游茅山五首》之二：“巾车云路入，理棹瑶溪行。”❷指遥远的路程。钱起《登复州南楼》：“故人云路隔，何处寄瑶华。”❸喻仕途，高位。杜甫《八哀诗·故右仆射相国张公九龄》：“矫然江海思，复与云路永。”李商隐《韩同年新居饯韩西迎家室戏赠》：“云路招邀回彩凤，天河迢递笑牵牛。”又《鸾凤》：“岂无云路分，相望不应迷。”许棠《寄江上弟妹》：“垂老登云路，犹胜守钓矶。”

【雲路火】　烽火。因其高接云霄。故云。李贺《送秦光禄北征》：“风吹云路火，雪污玉关泥。”

【雲署】　官署。周繇《送杨环校书归广南》：“初着蓝衫从远峤，乍辞云署泊轻艘。”

【雲幌】　像布幌般的云彩。杨炯《和骞右丞省中暮望》：“旧章窥复道，云幌肃重阴。”

【雲愁雨怨】　喻指离情别愁。孙光宪《何满子》词：“惆怅云愁雨怨，断魂何处相寻。”

【雲愁海思】　如云似海的愁思。李白《飞龙引二首》之一：“云愁海思令人嗟，宫中彩女颜如花。”

【雲觥】　有云状花纹的酒杯。借指酒。陆龟蒙《袭美留振文宴龟蒙抱病不赴猥示倡和因次韵酬谢》：“绮席风开照露晴，只将茶荈代云觥。”

【雲煙】　❶云雾，烟雾。往往形容众多。李白《古风》之四六：“王侯象星月，宾客如云烟。”杜甫《秋日夔府咏怀奉寄郑监李宾客一百韵》：“开襟驱瘴疠，明目扫云烟。”又《赠韦七赞善》：“北走关山开雨雪，南游花柳塞云烟。”❷比喻松林。张祜《题小松》：“何处劚云烟，新移此馆前。”❸比喻挥洒自如的墨迹。杜甫《饮中八仙歌》：“张旭三杯草圣传，脱帽露顶王公前，挥毫落纸如云烟。”

【雲旓】　绘有云彩的旌旗。杜甫《魏将军歌》：“欃枪荧惑不敢动，翠蕤云旓相荡摩。”

【雲溪】　云雾缭绕的溪谷。杜甫《行次盐亭县聊题四韵》：“云溪花淡淡，春郭水泠泠。”韦应物《寄棕衣居士》：“俗客欲寻应不遇，云溪道士见犹稀。”

【雲裾】　轻柔飘动如云的衣襟。借指美女。李贺《美人梳头歌》：“妆成鬖髿欹不斜，云裾数步踏雁沙。”

【雲殿】　云雾缭绕的居室。胡曾《咏史诗·四皓庙》：“四皓忘机饮碧松，石岩云殿隐高踪。”

【雲際】　云中。极言其高。陈子昂《白帝城怀古》：“古木生云际，归帆出雾中。”

【雲際寺】　云际山大定寺。在今陕西户县东南。杜甫《渼陂行》：“船舷暝戛云际寺，水面月出蓝田关。”温庭筠有《宿云际寺》。

【雲障】　云翳，大片的云彩。杜甫《卜居》：“云障宽江左，春耕破瀼西。”项斯《彭蠡湖春望》：“芦洲残照尽，云障积烟开。”

【雲碧】　谓白云青天。温庭筠《题西明寺僧院》：“新雁参差云碧处，寒鸦辽乱叶红时。”

【雲臺】　❶汉宫中高台名。《后汉书·阳兴传》：“后以兴领侍中，受顾命于云台广室。”李贤注：“洛阳南宫有云台广德殿。”(1)汉光武帝时，用作召集群臣议事之所，后遂用以指朝廷。陈子昂《西还至散关答乔补阙知之》：“功业云台薄，平生玉佩捐。”又《度峡口山赠乔补阙知之王二无竞》：“云台盛多士，待君丹墀侧。”袁瓘《鸿门行》：“献凯云台中，自言塞上雄。”韦应物《送郑端公弟移院常州》:“应当自此始,归拜云台前。”李商隐《旧将军》:“云台高议正纷纷,谁定当时荡寇勋。”罗隐《轻飙》:“不及云台议,空山老薜萝。”(2)汉明帝时因追念前世功臣,图画邓禹等二十八将于南宫云台,后遂以为表彰功臣的典故。杜甫《述古三首》之三:“休运终四百,图画在云台。”杜牧《少年行》:“捷报云台贺,公卿拜寿卮。”方干《题严子陵祠二首》之一:“先生不入云台像,赢得桐江万古名。”唐彦谦《奉使岐下闻唐弘夫行军为贼所擒伤而有作》:“云台画像皆何者,青史书名或不孤。”❷山名。(1)在陕西华阴县境,为西岳华山的北峰。为隐者和道家喜居之所。李白《古风》之一九:“邀我登云台,高揖卫叔卿。”❸道观名。在陕西华山云台峰上。李商隐《送从翁从东川弘农尚书幕》:“锦里差邻接,云台闭寂寥。”

【雲臺峰五女仙】 华山云台峰上五仙女,即杨敬真、马信真、徐湛真、郭修真、夏守真。唐宪宗时人。《全唐诗》卷八六三云台五女仙《会真诗》题下载五女仙诗各一首。

【雲臺仗】 《三国志·魏志·高贵乡公髦传》:“五月己丑,高贵乡公卒”裴松之注引《魏氏春秋》:“戊子夜,帝自将冗从仆射李昭、黄门从官焦伯等下陵云台,铠仗授兵,欲因际会,自出讨文王。”后遂以指君王的殿中宿卫。杜甫《八哀诗·赠左仆射郑国公严公武》:“寂寞云台仗,飘飖沙塞旌。”又《赠崔十三评事公辅》:“天子朝侵早,云台仗数移。”又《寄岳州贾司马六丈巴州严八使君两阁老五十韵》:“无复云台仗,虚修水战船。”又《江陵望幸》:“早发云台仗,恩波起涸鳞。”

【雲臺像】 云台画像。汉明帝画光武中兴功臣二十八将像于洛阳南宫之云台。方干《题严子陵祠二首》之一:“先生不入云台像,赢得桐江万古名。”

【雲臺閣】 即云台。李白《书情题蔡舍人雄》:“迹谢云台阁,心随天马辕。”参见“雲臺❶”。

【雲蔚】 如云之聚集,言盛多。聂夷中《公子行二首》之一:“红楼宴青春,数里望云蔚。”

【雲榻】 指出家人的栖身之所。戴叔伦《赠行脚僧》:“到处栖云榻,何年卧雪峰。”

【雲榭】 高耸入云的楼台。许敬宗《奉和圣制登三台言志应制》:“中天表云榭,载极耸昆楼。”陆龟蒙《和袭美馆娃宫怀古五绝》之三:“几多云榭倚青冥,越焰烧来一片平。”

【雲塹】 云雾缭绕的山沟。贯休《春游凉泉寺》:“云堑含香啼鸟细,茗瓯擎乳落花迟。”

【雲歌】 ❶《乐府诗集·杂歌谣辞一·卿云歌》宋郭茂倩题解:“《尚书大传》曰:‘舜将禅禹,于时俊乂百工相和而歌《卿云》。”后遂以指帝王祭祀、庆典时的颂歌。褚亮《云祭乐章·雍和》:“凤管晨凝,云歌晓啭。”❷响遏行云的乐曲。吴筠《游仙二十四首》之二十:“列侍奏云歌,真音满太空。”

【雲幔】 大片如布幔的云翳。杜甫《西阁雨望》:“楼雨密云幔,山寒著水城。”

【雲嶂】 耸入云霄的高山。张九龄《郡江南上别孙侍御》:“云嶂天涯尽,川途海县穷。”张说《奉酬韦祭酒嗣立偶游龙门北溪》:“近念鼎湖别,遥思云嶂陪。”

【雲管】 有云状纹饰的管乐器。宋之问《奉和幸神皋亭应制》:“霜戈凝晓日,云管发阳春。”

【雲僧】 行脚僧。无可《过杏溪寺寄姚员外》:“云僧随树老,杏水落江流。”齐己《和郑谷郎中幽栖之什》:“静倚云僧杖,孤看野烧星。”

【雲貌】 犹言仙风道貌。元稹《和乐天感鹤》:“云貌久已隔,玉音无复传。”白居易《舟中李山人访宿》:“轩轩举云貌,豁豁开清襟。”

【雲韶】 黄帝《云门》乐和虞舜《大韶》乐的并称。亦泛指宫廷音乐和美妙的音乐。张仲素《思君恩》:“云韶何处奏,只是在朝阳。”韩愈、孟郊《会合联句》:“龙旆垂天卫,云韶凝禁甬。”王涯《汉苑行》:“二月春风遍柳条,九天仙乐奏云韶。”司空图《步虚》:“云韶韵俗停瑶瑟,鸾鹤飞低拂宝炉。”

【雲端】 云边,云际。亦指远处。杜甫《鹿头山》:“天下今一家,云端失双阙。”又《陪章留后惠义寺饯嘉州崔都督赴州》:“清闻树杪磬,远谒云端僧。”又《信行远修水筒》:“云端水筒坼,林表山石碎。”又《寄彭州高三十五使君适虢州岑二十七长史参》:“海内知名士,云端各异方。”

【雲齊】 指水天相连处。李绅《新楼诗二十首·望海亭》:“湖镜坐隅看匣满,海涛生处辨云齐。”

【雲旗】 亦作“雲旂”。画有熊虎图案的大旗。《史记·司马相如列传》:“拖蜺旌,靡云旗。”张守节正义:“张云:‘画熊虎于旌,似云气也。”李白《永王东巡歌十一首》之三:“雷鼓嘈嘈喧武昌,云旗猎猎过寻阳。”钱起《送鲍中丞赴太原军营》:“云旂临塞色,龙笛出关声。”耿沣《朝下寄韩舍人》:“花间焰焰云旗会,鸟外亭亭露掌高。”李商隐《一片》:“一片非烟隔九枝,蓬峦仙仗俨云旗。”

【雲漢】 银河,天河。《诗·大雅·棫朴》:“倬彼云汉,为章于天。”毛传:“云汉,天河也。”陈子昂《登蓟城西北楼送崔著作融入都》:“仲冬边风急,云汉复霜棱。”杜甫《往在》:“中宵焚九庙,云汉为之红。”又《白沙渡》:“差池上舟楫,杳窕入云汉。”李咸用《雪》:“云汉风多银浪溅,昆山火后玉灰飞。”

【雲實】 ❶传说中的仙果。曹唐《刘阮洞中遇仙子》:“云实满山无鸟雀,水声沿涧有笙簧。”❷生于山顶多云处的果实。皮日休《奉和鲁望秋赋有期次韵》:

"应带瓦花经汴水，更携云实出包山。"

【雲閣】 ❶高耸入云的楼阁。杜甫《赠李八秘书别三十韵》："鸳鹭叨云阁，麒麟滞玉除。"又《寒雨朝行视园树》："散骑未知云阁处，啼猿僻在楚山隅。"❷指云台。图绘功臣名将之像以示纪功的楼阁。陈子昂《题祀山烽树赠乔十二侍御》："汉庭荣巧宦，云阁薄边功。"李白《游敬亭寄崔侍御》："壮士不可轻，相期在云阁。"见"雲臺❶"

【雲態】 形容舞姿轻盈如雪。卢照邻《辛司法宅观妓》："云光身后落，雪态掌中回。"

【雲綱】 云丛。吴筠《游仙诗二十四首》之一一："九龙何蜿蜿，载我升云纲。"

【雲髮】 女子浓黑的头发。李白《古风》之四四："玉颜艳红彩，云发非素丝。"又《感遇四首》之三："昔余闻姮娥，窃药驻云发。"李商隐《海上谣》："借得龙堂宽，晓出揲云发。"亦泛指头发。李群玉《寄友人鹿胎冠子》："宜与谢公松下戴，净簪云发翠微间。"

【雲鞍】 指马。上官仪《和太尉戏赠高阳公》："薰炉御史出神仙，云鞍羽盖下芝田。"

【雲標】 云的顶端。喻指极高处。杜审言《蓬莱三殿侍宴奉敕咏终南山应制》："云标金阙迥，树杪玉堂悬。"

【雲樓】 耸入云霄的高楼。杜甫《怀灞上游》："春浓停野骑，夜宿敞云楼。"又《千秋节有感二首》之二："御气云楼敞，含风彩仗高。"李贺《梦天》："老兔寒蟾泣天色，云楼半开壁斜白。"

【雲霄】 ❶天际，高空。杜甫《兵车行》："牵衣顿足阑道哭，哭声直上干云霄。"又《醉歌行》："天马长鸣侍驾驭，秋鹰整翮当云霄。"温庭筠《渭上题三首》之二："目极云霄思浩然，风帆一片水连天。"亦泛指高远。武元衡《夜坐闻雨寄严十少府》："多负云霄志，生涯岁序侵。"❷喻指高位。杜甫《奉赠鲜于京兆二十韵》："云霄今已逼，台衮更谁亲。"又《奉赠卢五丈参谋》："丈人藉才地，门阀冠云霄。"岑参《冬宵家会饯李郎司兵赴同州》："州县信徒劳，云霄亦可期。"温庭筠《感旧陈情五十韵献淮南李仆射》："邻里才三徙，云霄已九迁。"

【雲嶠】 ❶即员峤。神话传说中的仙山。姚合《暮春书事》："宿愿眠云峤，浮名系锁闱。"❷高而尖的山。杜甫《忆郑南玭》："风杉曾曙倚，云峤忆春临。"

【雲嶠篇】 南朝齐王融《游仙》诗之二有"结赏自云峤，移谯乃方壶"句。后遂用"雲嶠篇"借指游仙诗。杜甫《赠李十五丈别》："晨集风渚亭，醉操云峤篇。"

【雲稼】 三国魏李康《运命论》："褰裳而涉汶阳之丘，则天下之稼如云矣。"后遂以指茂盛的禾苗。黄滔《绛州郑尚书》："旌旗日日展东风，云稼连山雪仞空。"

【雲篆】 指道家的符篆文字，其形如云。皮日休《伤开元观顾道士》："烟凄玉笥封云篆，月惨琪花葬羽衣。"

【雲牖】 云雾缭绕的窗户。元稹《清都夜境》："楼榭自阴映，云牖深冥冥。"

【雲層】 成层的云。李洞《宿书僧院》："为题江寺塔，牌挂入云层。"

【雲漿】 仙酒。李商隐《无题》："紫府仙人号宝灯，云浆未饮结成冰。"

【雲髻】 ❶高耸的发髻。《文选·曹植〈洛神赋〉》："云髻峨峨，修眉联娟。"李善注："峨峨，高如云也。"徐凝《读远书》："百花时节教人懒，云髻朝来不欲梳。"施肩吾《妓人残妆词》："云髻已收金凤凰，巧匀轻黛约残妆。"高蟾《偶作二首》之二："霞衣重叠红蝉暖，云髻葱笼紫凤寒。"鲍溶《范真传侍御累有寄因奉酬十首》之三："云髻凤文钿，对君歌少年。"❷喻指盘曲的山径。陆龟蒙《奉和袭美茶具十咏·茶坞》："遥盘云髻慢，乱簇香篝小。"

【雲縠】 轻柔似云的丝织品。罗虬《比红儿诗》之五一："魏帝休夸薛夜来，雾绡云縠称身裁。"

【雲樹】 ❶云和树。王维《送崔兴宗》："塞迥山河净，天长云树微。"❷高耸入云的大树。崔橹《华清宫四首》之一："草遮回磴绝鸣銮，云树深深碧殿寒。"❸喻指朋友阔别远隔。白居易《早春西湖闲游怅然兴怀寄微之》："云树分三驿，烟波限一津。"

【雲橋】 ❶传说中天河上彩云搭成的桥。元稹《生春二十首》之八："织女云桥断，波神玉貌融。"❷古代攻城的器具。云梯之属。李商隐《送千牛李将军赴阙五十韵》："火箭侵乘石，云桥逼禁营。"

【雲頭】 云状装饰物。王涯《宫词三十首》之二："春来新插翠云钗，尚着云头踏殿鞋。"

【雲霓】 ❶虹。借指高空。柴夔《望九华山》："九华如剑插云霓，青霭连空望欲迷。"钱珝《江行无题一百首》之六六："风雨正甘寝，云霓忽晚晴。"❷恶气。喻指巧言令色、谗谄蔽明的人。《楚辞·离骚》："风飘飘其相离兮，帅云霓而来御。"王逸注："云霓，恶气。以喻佞人。"李白《陈情赠友人》："飘风吹云霓，蔽目不得语。"❸喻桥梁。李绅《新楼诗二十首·禹庙》："山拥翠屏朝玉帛，穴通金阙架云霓。"

【雲螭】 传说中龙的别称。《文选·郭璞〈游仙诗〉之四》："虽欲腾丹谿，云螭非我驾。"吕延济注："云螭，龙也。"李白《古风》之一一："吾当乘云螭，吸景驻光彩。"

【雲嶼】 云烟笼罩的小岛。陆龟蒙《渔具诗·种鱼》："凿池收赪鳞，疏疏置云屿。"唐彦谦《游南明山》：

“忽闻吼蒲牢，落日下云屿。”

【雲積】 如云之堆积。比喻盛多。杜甫《送李校书二十六韵》：“蔼蔼咸阳都，冠盖日云积。”

【雲興】 （一xīng）如云之兴起。喻盛多。韦应物《答刘西曹》：“篇翰如云兴，京洛颇优游。”

【雲錦字】 云锦，织有云纹图案的丝织品。云锦字，对他人书信的敬称。李白《以诗代书答元丹丘》：“口衔云锦字，与我忽飞去。”

【雲館】 高耸入云的馆舍。亦为馆名。《文选·左思〈吴都赋〉》：“寒暑隔阂于邃宇，虹蜺回带于云馆。”李周翰注：“云馆，馆名。言此馆至高，虹蜺之气绕带于傍也。”王维《和尹谏议史馆山池》：“云馆接天居，霓裳待玉除。”

【雲膩】 谓云层厚重。司空图《春山》：“花明催曙早，云腻惹空低。”

【雲雕】 云霄中之雕鸟。温庭筠《经五丈原》：“铁马云雕久绝尘，柳阴高压汉营春。”

【雲龍】 ❶云层。齐己《春雨》：“云龙相得起，风电一时来。”❷即龙。《易·乾》：“云从龙。”故称。张祜《忆游天台寄道流》：“云龙出水风声过，海鹤鸣皋日色清。”马戴《黄神谷纪事》：“云龙忽变化，但觉玉潭昏。”❸《易·乾》：“云从龙，风从虎，圣人作而万物睹。”孔颖达疏：“龙是水畜，云是水气，故龙吟则景云出，是云从龙也。”后遂以喻君臣风云际会。权德舆《奉和于司空二十五丈新卜城南郊居兼呈李裴相公》：“云龙谐理代，鱼水见恩泽。”

【雲龍風虎】 古代兵阵名。李白《胡无人》：“云龙风虎尽交回，太白入月敌何摧。”

【雲壁】 高耸云霄的峭壁。岑参《太白胡僧歌》序：“云壁迥绝，人迹罕到。”卢纶《虢州逢侯钊同寻南观因赠别》：“放鹤登云壁，浇花绕石坛。”

【雲檣】 帆樯。其高入云，故云。唐彦谦《送许户曹》：“将军楼船发浩歌，云樯高插天嵯峨。”

【雲磴】 高山上的石级。皮日休《奉和鲁望四月十五日道室书事》：“松膏背日凝云磴，丹粉经年染石床。”

【雲蹕】 帝王的车驾。南朝梁江淹《萧骠骑上顿表》：“但遂玉辂躬临，云跸亲驾。”刘宪《奉和幸韦嗣立山庄侍宴应制》：“云跸岩间下，虹桥涧底盘。”

【雲霞】 ❶彩霞。骆宾王《陪润州薛司空丹徒桂明府游招隐寺》：“还依旧泉壑，应改昔云霞。”杜审言《和晋陵陆丞早春游望》：“云霞出海曙，梅柳渡江春。”令狐楚《汉苑行》：“云霞五采浮天阙，梅柳千般夹御沟。”李商隐《井泥四十韵》：“四面多好树，旦暮云霞姿。”❷像彩云般的图案纹饰。韩琮《公子行》：“带装盘水玉，鞍绣坐云霞。”

【雲壑】 云气遮盖的山谷。杜甫《解闷十二首》之十二：“云壑布衣鲐背死，劳生重马翠眉平。”于鹄《过凌霄洞天谒张先生祠》：“乃知轩冕徒，宁比云壑眠。”李群玉《长沙元门寺张璪员外壁画》：“片石长松倚素楹，翛然云壑见高情。”

【雲嶺】 高耸入云的山峰。岑参《左仆射相国冀公东斋幽居》：“宅占凤城胜，窗中云岭宽。”刘商《酬浚上人采药见寄》：“玉英期共采，云岭独先过。”

【雲簇】 云彩凑集。孟浩然《云门寺西六七里闻符公兰若最幽与薛八同往》：“云簇兴座隅，天空落阶下。”

【雲篸】 云簪。簪发之具。借指乌黑秀美的头发。崔橹《过南城县麻姑山》之二：“雨涕自悲看雪鬓，星冠无计整云篸。”

【雲謠】 《穆天子传》卷三：“乙丑，天子觞西王母于瑶池之上，西王母为天子谣。”首句为“白云在天，山隊(陵)自出”。后人编录诗集题之曰《白云谣》，省称《云谣》。亦泛指颂歌。皮日休《秋夕文宴得遥字》：“高韵最宜题雪赞，逸才偏称和云谣。”

【雲齋】 僧道所居之房舍。许浑《泊蒜山津闻东林寺光仪上人物故》：“云斋曾宿借方袍，因说浮生大梦劳。”

【雲鴻】 ❶飞行于高空中的鸿雁。元稹《表夏十首》之七：“云鸿方警夜，笼鸡已晓明。”高蟾《永夕》：“云鸿宿处江村冷，独狖啼时海国阴。”❷喻志向高远者。方干《赠赵崇侍御》：“云鸿别有回翔便，应笑啁啾燕雀卑。”

【雲濤】 ❶翻滚似波涛的云。孟浩然《宿天台桐柏观》：“日夕望三山，云涛空浩浩。”❷翻飞着白浪的波涛。杜甫《解忧》：“向来云涛盘，众力亦不细。”韩愈《贞女峡》：“悬流轰轰射水府，一泻百里翻云涛。”

【雲翼】 《庄子·逍遥游》：“[鹏]怒而飞，其翼若垂天之云。”后遂以称大鹏的翅膀。亦喻指远大的志向。卢纶《书情上大尹十兄》：“海鳞方泼剌，云翼暂徘徊。”

【雲騎】 众多的骑兵。《文选·谢灵运〈拟魏太子邺中集诗·王粲〉》：“云骑乱汉南，宛郢皆扫荡。”吕向注：“云骑，言多如云也。”李白《闻李太尉大举秦兵百万出征东南留别金陵崔侍御十九韵》：“太尉杖旄钺，云旗绕彭城。”

【雲霧】 ❶云和雾。王勃《别人四首》之二：“江山风烟积，山幽云雾多。”又《焦岸早行和陆四》：“故人渺何际，乡关云雾浮。”陈子昂《秋日遇荆州府崔兵曹使宴》序：“天人坐契，相从云雾之游；风雨不疲，高纵琴樽之赏。”杜甫《发秦州》：“磊落星月高，苍茫云雾浮。”❷有云雾状底纹的织物。杜甫《惜别行送向卿进奉端午御衣之上都》:"裁缝云雾成御衣,拜跪题封贺端午。"

【雲闕】 ❶宫阙。因其高入云,故云。亦借指朝廷。韩愈《赠徐州族侄》:"作书献云阙,辞家逐秋蓬。"又韩愈、孟郊《远游联句》:"振衣造云阙,跪坐陈清猷。"元稹《题李十一修行里居壁》:"云阙朝回尘骑合,杏花春尽曲江闲。"❷为云雾缭绕的宫阙,指月宫。刘禹锡《奉和中书崔舍人八月十五日夜玩月二十韵》:"稍当云阙正,未映斗城悬。"

【雲屩】 僧道的鞋子。陆龟蒙《奉和袭美初夏游楞伽精舍次韵》:"到回解风襟,临幽濯云屩。"

【雲隴】 云雾缭绕的山陇。曹唐《小游仙诗九十八首》之七九:"云陇琼花满地香,碧沙红水遍朱堂。"

【雲藻】 华丽的文彩。沈佺期《同工部李侍郎适访司马子微》:"紫微降天仙,丹地投云藻。"

【雲羅】 ❶如罗网一样遍布天空的阴云。借指整个天空。李商隐《春雨》:"玉珰缄札何由达,万里云罗一雁飞。"❷高入云天的罗网。《文选·鲍照〈舞鹤赋〉》:"厌江海而游泽,掩云罗而见羁。"吕延济注:"云罗,言罗高及云。"陈子昂《感遇诗三十八首》之二五:"昆仑见玄凤,岂复处云罗。"李商隐《鸳鸯》:"雌去雄飞万里天,云罗满眼泪潸然。"

【雲鵬】 翱翔高空的大鹏。钱珝《江行无题一百首》之二四:"帆翅初张处,云鹏怒翼同。"

【雲廬】 云雾覆盖的房庐。皮日休《新秋即事三首》之三:"露槿风杉满曲除,高秋无事似云庐。"

【雲關】 云雾笼罩的关隘。王勃《长柳》:"晨征犯烟磴,夕憩在云关。"李白《游泰山六首》之三:"平明登日观,举手开云关。"

【雲壤】 天地。喻相距遥远。韩偓《春闷偶成十二韵》:"阡陌悬云壤,阑畦隔艾芝。"

【雲竇】 云气出没的山洞。马戴《山行偶作》:"石门斜月入,云窦暗泉通。"韦庄《宿山家》:"山行侵夜到,云窦一山灯。"

【雲驄】 骏马。因其奔驰如腾云,故称。李群玉《哭郴州王使君》:"银章朱绂照云骢,六换鱼书惠化崇。"

【雲驂】 皇帝的车驾。赵彦昭《奉和幸白鹿观应制》:"云骖驱半景,星跸坐中天。"

【雲露】 露水。白居易《秋房夜》:"云露青天月漏光,中庭立久却归房。"

【雲罍】 饰有云状花纹的酒壶。太宗《帝京篇十首》之八:"玉酒泛云罍,兰殽陈绮席。"杜牧《寄李起居》:"云罍心凸知难捧,凤管簧寒不受吹。"

【雲鶴】 ❶即鹤。曹唐《小游仙诗九十八首》之四八:"云鹤冥冥去不分,落花流水恨空存。"罗邺《望仙》:"千金垒土望三山,云鹤无踪羽卫还。"常用以喻清奇的骨格、气质。薛逢《邻相反行》:"西家有儿才弱龄,仪容清峭云鹤形。"❷闲云野鹤。南朝齐孔稚珪《北山移文》有"白云谁侣""夜鹄(鹤)怨"之语,故以为典。以喻隐居不仕者。刘商《送王闬归苏州》:"云鹤洞宫君未到,夕阳帆影几时回。"孟郊《送豆卢策归别墅》:"君今潇湘去,意与云鹤齐。"白居易《晚秋有怀郑中旧隐》:"长闲羡云鹤,久别愧烟萝。"卢肇《将归宜春留题新安馆》:"天外鸳鸾愁不见,山中云鹤喜相忘。"

【雲蘿】 藤萝。即紫藤。因藤茎屈曲攀绕如云之缭绕,故云。杜甫《秋日寄题郑监湖上亭三首》之二:"须自开竹径,谁道避云萝。"孟郊《送清远上人归楚山旧寺》:"水寺一别来,云萝三改阴。"

【雲霾】 浓云。杜甫《白帝城最高楼》:"峡坼云霾龙虎卧,江清日抱鼋鼍游。"

【雲巖】 高山。王丘《咏史》:"云岩响金奏,空水滟朱颜。"高适《同群公题中山寺》:"平原十里外,稍稍云岩深。"杜牧《逢故人》:"尘路事不尽,云岩闲好归。"

【雲鬟】 ❶高耸的环形发鬟。李白《久别离》:"至此肠断彼心绝,云鬟绿鬓罢梳结。"亦指乌黑秀美的头发。杜甫《月夜》:"香雾云鬟湿,清辉玉臂寒。"和凝《春光好》词之一:"纱窗暖,画屏闲,亸云鬟。"❷借指年轻美貌的女子。《与曾季衡冥会诗》之二:"云鬟飘去香风尽,愁见莺啼红树枝。"

【雲鬢】 ❶指妇女浓黑而柔美的鬓发。李商隐《无题》:"晓镜但愁云鬓改,夜吟应觉月光寒。"❷借指年轻美貌的女子。李贺《湖中曲》:"蜀纸封巾报云鬓,晚漏壶中水淋尽。"❸谓绿发。借指盛壮之年。李商隐《别智玄法师》:"云鬓无端怨别离,十年移易住山期。"

【雲衢】 云中大道。喻顺适的仕途。高适《真定即事奉赠韦使君》:"擢才登粉署,飞步蹑云衢。"白居易《和郑元及第后秋归洛下闲居》:"云衢日相待,莫误许身闲。"

【雲驥】 骏马。李峤《晚秋喜雨》:"服闲云骥屏,冗术土龙修。"

【雲矗】 ❶耸立的云。李绅《泛五湖》:"风帆同巨鳌,云矗成高岸。"❷高耸貌。胡曾《咏史诗·叶县》:"叶公丘墓已尘埃,云矗崇墉亦半摧。"

雰 〔fēn《广韵》撫文切,平文,敷。〕❶雾气。卢照邻《巫山高》:"巫山望不极,望望下朝氛。"❷同"氛"。云气。李绅《华山庆云见》:"气色含珠日,晴光吐翠雰。"

【雰雰】 飘落貌。元稹《大云寺二十韵》:"果枝低罯罯,花雨泽雰雰。"白居易《江州雪》:"犹胜岭南看,雰雰不到地。"又《雪中晏起偶咏所怀兼寄张常侍韦庶子皇甫郎中》:“穷阴苍苍雪雰雰,雪深没胫泥埋轮。”又《酬皇甫十早春对雪见赠》:“漠漠复雰雰,东风散玉尘。”

【雰霏】 飞动貌。亦指飞动之物。元稹《虫豸诗·浮尘子》之一:“病来双眼暗,何计辨雰霏。”

【雰霧】 雾气。宋之问《景龙四年春祠海》:“筵端接空曲,目外唯雰雾。”

五 画

電 〔diàn《广韵》堂練切,去霰,定。〕❶闪电。《诗·小雅·十月之交》:“烨烨震电,不宁不令。”孔颖达疏:“烨烨然有震雷之电。”卢照邻《于时春也慨然有江湖之思寄赠柳九陇》:“海屋银为栋,云车电作鞭。”杜甫《石研诗》:“其滑乃波涛,其光或雷电。”韩愈《郴口又赠二首》之二:“雪飐霜翻看不分,雷惊电击语难闻。”李商隐《魏侯第东北楼堂郢叔言别聊用书所见成篇》:“旧欢尘自积,新岁电犹奔。”❷形容迅疾,快速。参见“電逝”“電轉”。

【電矛】 闪光的矛戟。韩愈、李正封《晚秋郾城夜会联句》:“雨矢逐天狼,电矛驱海若。”

【電光】 闪电之光。韩愈《陆浑山火和皇甫湜用其韵》:“电光磯磹赪目暖,项冥收威避玄根。”

【電尾】 闪电的光。其形如尾,故云。韩偓《暴雨》:“电尾烧黑云,雨脚飞银线。”

【電泡】 闪电和泡沫。喻指稍纵即逝的事物。白居易《吹笙内人出家》:“雨露难忘君念重,电泡易灭妾身轻。”

【電逝】 闪电似地快速行进。《文选·王融〈三月三日曲水诗序〉》:“虎视龙超,雷骇电逝。”吕延济注:“雷骇电逝,并言奔走疾速之甚。”李群玉《竞渡时在湖外偶为成章》:“雷奔电逝三千儿,彩舟画楫射初晖。”

【電索】 谓电闪动如绳索。段成式、张希复《游长安诸寺联句·靖恭坊大兴寺·圣柱联句》:“载恐雷轮重,缅疑电索长。”

【電熌】 ❶(—yàn)如闪电之光。谓色红而光亮。《文选·王延寿〈鲁灵光殿赋〉》:“皓壁暠曜以月照,丹柱歙赩而电熌。”吕延济注:“电熌,赤光也……言柱之赤如电之光。”欧阳詹《智达上人水精念珠歌》:“陆离电熌纷不常,凌眸晕目生光芒。”❷(—shān)闪电。元稹《放言五首》之三:“霆轰电熌数声频,不奈狂夫不藉身。”

【電掃】 如闪电之划过。比喻迅速扫荡净尽。杜甫《送长孙九侍御赴武威判官》:“去秋群胡反,不得无电扫。”元稹《苦雨》:“阴沴皆电扫,幽妖亦雷驱。“

【電策】 闪电。闪电之光如鞭形,故名。白居易《酬郑侍御多雨春空过诗》:“鬼转雷车响,蛇腾电策光。”

【電舉】 谓闪电。比喻闪动舒卷。太宗《还陕述怀》:“星旂纷电举,日羽肃天行。”

【電激】 ❶闪电。比喻迅疾威猛。吕温《道州观野火》诗:“过处若彗扫,来时如电激。”❷目光如电,目光炯炯。贯休《遇五天僧入五台五首》之五:“电激青莲目,环垂紫磨金。”

【電轉】 (—zhuǎn)喻转动快疾。杜甫《醉为马坠诸公携酒相看》:“粉蝶电转紫游缰,东得平冈出天壁。”

【電躍】 如电之飞驰腾跃。上官昭容《驾幸新丰温泉宫献诗三首》之一:“遥看电跃龙为马,回瞩霜原玉作田。”

雷 〔léi《广韵》鲁回切,平灰,來。〕❶云层放电时发出的响声。卢照邻《赠许左丞从驾万年宫》:“汉畤光如月,秦祠听似雷。”杜甫《夏日叹》:“上苍久无雷,天乃号令乖。”韩愈《郴口又赠二首》之二:“雪飐霜翻看不分,雷惊电激语难闻。”韦庄《喜迁莺》词之二:“凤衔金榜出云来,平地一声雷。”❷宏大如雷般的声音。骆宾王《同辛簿简仰酬思玄上人林泉四首》之三:“聚花如薄雪,沸水若轻雷。”杨炯《和刘侍郎入隆唐观》:“悬萝暗疑雾,瀑布响成雷。”李白《蜀道难》:“飞湍瀑流争喧豗,砯崖转石万壑雷。”李贺《荣华乐》:“天长一矢贯双虎,云弝绝骋聒旱雷。”李商隐《隋宫守岁》:“遥望露盘疑是月,远闻鼍鼓欲惊雷。”❸姓。参见“雷監”“雷焕”等。

【雷公】 神话中执掌打雷的神。杜甫《喜雨》:“安得鞭雷公,滂沱洗吴越。”韩愈《陆浑火山和皇甫湜用其韵》:“雷公擘山海水翻,齿牙嚼啮舌腭反。”又《双鸟诗》:“雷公告天公,百物须膏油。”

【雷氏劍】 传说三国吴未灭时,斗、牛二星之间常有紫气。及吴平,紫气愈明。豫章人雷焕妙达纬象,谓紫气为豫章丰城宝剑之精。尚书令张华即补雷焕为丰城令。焕到任,掘狱屋基,觅得双剑,一曰龙泉,一曰太阿。是夕,紫气不复见。及张华、雷焕死,两剑化龙飞去。见《晋书·张华传》。卢骈《题青龙精舍》:“不知雷氏剑,何处更冲天。”

【雷出】 如雷之奔出。形容语出惊人。杜甫《苏大侍御访江浦赋八韵记异》序:“接对明日,忆其涌思雷出,书篋几杖之外殷殷留金石声。”

【雷令】 指晋雷焕。曾为豫章丰城县令。鲍溶《寄福州从事殷尧藩》:“雷令剑龙知去来,虎夷云鹤亦来无。”参见“雷氏劍”。

【雷令劍】 即雷氏剑。殷尧藩《醉赠刘十二》:“定寻雷令剑,应识越王笄。”参见“雷氏劍”。

【雷令劍龍】 指雷氏剑所化之龙。鲍溶《寄福州从事殷尧藩》:“雷令剑龙知去未,虎夷云鹤亦来无。”参见“雷氏劍”。

【雷地】 雷声震地。李岑《玄元皇帝应见贺圣祚无疆》:“锡宴云天接,飞声雷地喧。”

【雷同】 谓随声附和。语出《礼记·曲礼上》:“毋剿说,毋雷同。”郑玄注:“雷之发声,物无不同时应者;人之言各当由己,不当然也。”杜甫《前出塞九首》:“众人贵苟得,欲语羞雷同。”李商隐《今月二日不自量度辄以诗一首四十韵干渎尊严复五言四十韵诗献上亦诗人咏叹不足之义也》:“所求因渭浊,安肯与雷同。”

【雷吼】 咆哮如雷。杜甫《将适吴楚留别章使君留后兼幕府诸公》:“波涛未足畏,三峡徒雷吼。”又《遣兴五首》之四:“雷吼徒咆哮,枝撑已在脚。”

【雷車】 雷神的车子。晋陶潜《搜神后记》卷五:“永和中,义兴人姓周……向一更中,闻外有小儿唤阿香声,女应诺。寻云:‘官唤汝推雷车。’女乃辞行,云:‘今有事当去。’夜遂大雷雨。”后遂以为典,以咏雷雨。杜牧《大雨行》:“铮栈雷车轴辙壮,矫躣蛟龙爪尾长。”

【雷奔】 如雷之奔走。形容速度之快。徐凝《庐山瀑布》:“虚空落泉千仞直,雷奔入江不暂息。”李群玉《竞渡时在湖外偶为成章》:“雷奔电逝三千儿,彩舟画楫射初晖。”

【雷雨】 由积雨云形成的一种天气现象,降雨时伴随闪电和雷声,多见于夏天的下午。杜甫《彭衙行》:“一旬半雷雨,泥泞相牵攀。”刘禹锡《诏书尽征江湘逐客宿都亭有怀》:“雷雨江山起卧龙,武陵樵客蹑仙踪。”鲍溶《期尽》:“青山石妇千年望,雷雨曾知来不来。”韦庄《暴雨》:“江村入夏多雷雨,晓作狂霖晚又晴。”

【雷岸】 即大雷岸。在今安徽省望江县。皎然《送潘秀才之舒州》:“荻州寒露彩,雷岸曙潮声。”

【雷宗】 指南朝宋雷次宗。李端《题觉公新兰若》:“新斋结誓如相许,愿与雷宗永闭关。”参见“雷居士”。

【雷門鶴】 雷门,古代会稽(今浙江绍兴市)城门名。因悬有大鼓,声振如雷,故名。《太平御览》卷九一六引《临海记》:“古老相传云,此山昔有晨飞鹤入会稽雷门鼓中,于是雷门鼓鸣,洛阳闻之。孙恩时斫此鼓,见白鹤飞出,高翔入云,此后鼓无复还声。”后遂以喻指不同凡俗之人。陆敬《游清都观寻沈道士》:“矫翰雷门鹤,飞来叶县凫。”

【雷居士】 亦作“雷處士”,指南朝宋雷次宗。他师事高僧慧远,有才德而隐居不仕。韩翃《题玉山观禅师兰若》:“薄宦深知误此心,回心愿学雷居士。”耿湋《宿万固寺因寄严补阙》:“为报故人雷处士,尘心终日自旁生。”李端《同司空文明过坚上人故院》:“我与雷居士,平生事远公。”

【雷風】 雷和风。韩愈《贞女峡》:“江盘峡束春湍豪,雷风战斗鱼龙逃。”于鹄《秦越人洞中咏》:“洞门黑无底,日夜唯雷风。”

【雷音】 雷鸣般的声音。杜牧《杜秋娘诗》:“雷音后车远,事往落花时。”

【雷室】 宣讲佛音的屋室。佛说法之声,洪亮如雷震,故云。张祜《题重居寺》:“更问寻雷室,西行咫尺间。”

【雷威】 如雷的巨威。韩愈《县斋有怀》:“雷威固已加,飓势仍相借。”

【雷陣】 下雨时打的雷。皮日休《太湖诗·初入太湖》:“倏忽雷阵吼,须臾玉崔坼。”

【雷破柱】 雷击碎楹柱。语出南朝宋刘义庆《世说新语·雅量》:“夏侯太初尝倚柱作书,时大雨,霹雳破所倚柱,衣服焦然,神色无变,书亦如故。”后遂以为典,形容人胆量过人,处世不惊。李商隐《异俗二首》之一:“未惊雷破柱,不报水齐檐。”

【雷氣】 威武雄壮的气概。郭汭《同崔员外温泉宫即事》:“雷气寒戈戟,军容壮武貔。”

【雷殷】 雷声隐隐。语本《诗·召南·殷其雷》:“殷其雷,在南山之阳。”杜甫《江阁对雨有怀裴二端公》:“层阁凭雷殷,长空水面文。”

【雷陳】 指东汉雷义与陈重。东汉时,豫章人陈重与雷义为友,同进退,共患难,情谊笃厚,乡里为之语曰:“膝漆自谓坚,不如雷与陈。”见《后汉书·独行传》。杜甫《赠王二十四侍御契四十韵》:“莫令胶漆地,万古重雷陈。”元稹《寄乐天二首》之一:“荣辱升沉影与身,世情谁是旧雷陈。”

【雷處士】 见“雷居士”。

【雷野】 谓战车隆隆之声如雷般震动原野。《文选·范晔〈后汉书光武传赞〉》:“长毂雷野,高旗彗云。”吕向注:“雷谓如雷之声于野也。”储光羲《次天元十载华阴发兵作时有郎官点发》:“雷野大车发,震云灵鼓鸣。”

【雷動】 语本《易·说卦》:“雷以动之。”后以喻如雷之轰鸣,形容气势宏大壮观。柳宗元《古东门行》:“汉家三十六将军,东方雷动横阵云。”

【雷硠】 山崩声。形容声音巨大。韩愈《调张籍》:“垠崖划崩豁,乾坤摆雷硠。”

【雷馳】 如雷之奔驰。形容疾速。贾至《燕歌行》:“千营万队连旌旗,望之如火忽雷驰。”

【雷遠】 雷次宗和释慧远的合称。南朝宋儒士雷次宗信佛并师事慧远。皎然《杼山禅居寄赠东溪吴处士冯一首》:“既得庐霍趣,乃高雷远情。”

【雷塘】 地名。在今江苏扬州市北。唐时为风景胜地。唐武德五年(622)改葬隋炀帝于此。罗隐《炀帝陵》:“君王忍把平陈业,只博雷塘数亩田。”

【雷鼓】 大鼓,其声大如雷,故云。《荀子·解蔽》:“心不使焉,则白黑在前而目不见,雷鼓在侧而耳不闻。”亦指大鼓发出的如雷之声。李白《永王东巡歌十一首》之三:“雷鼓嘈嘈喧武昌,云旗猎猎过寻阳。”卢纶《和张仆射塞下曲》之四:“醉和金甲舞,雷鼓动山川。”《郊庙歌辞·五郊乐章·舒和》:“自有云门符帝赏,犹持雷鼓答天成。”

【雷電】 ❶打雷和闪电。杜甫《石研诗》:“其滑乃波涛,其光或雷电。”韩愈《此日足可惜赠张籍》:“儿童畏雷电,鱼鳖惊夜光。”又《南山诗》:“力虽能排斡,雷电怯呵诟。”又《调张籍》:“仙官敕六丁,雷电下取将。”❷喻势焰惊人。杜甫《折槛行》:“青衿胄子困泥涂,白马将军若雷电。”温庭筠《感旧陈情五十韵献淮南李仆射》:“雷电随神笔,鱼龙落彩笺。”又《鸿胪寺有开元中锡宴堂偶成四十韵》:“沉机发雷电,逸躅陵尧汤。”

【雷監】 雷咸。曾官秘书少监,见《唐会要》卷七七。韦应物有《送雷监赴阙庭》。

【雷雹】 打雷下雹。齐己《灵松歌》:“有时深洞兴雷雹,飞电绕身光闪烁。”

【雷焕】 晋豫章(今江西南昌市)人。为丰城令时,曾于丰城狱中掘得宝剑。韩愈《赴江陵途中寄赠翰林三学士》:“雷焕掘宝剑,冤氛消斗牛。”参见“雷氏劍”。

【雷霆】 ❶震雷,霹雳。杜甫《枯柟》:“巨围雷霆坼,万孔虫蚁孚。”又《雨》:“不可无雷霆,间作鼓增气。”韩愈《赴江陵途中寄赠翰林三学士》:“雷霆助光怪,气象难比侔。”❷喻威猛,迅猛。亦指威猛、迅猛的军队。杜甫《送樊二十三侍御赴汉中判官》:“冰雪净聪明,雷霆走精锐。”韩愈《送李尚书赴襄阳》:“纵猎雷霆迅,观棋玉石忙。”❸喻声响如雷。杜甫《乐游园歌》:“青春波浪芙蓉园,白日雷霆夹城仗。”❹对帝王或尊者的暴怒的敬称。杜甫《遣愤》:“蜂虿终怀毒,雷霆可振威。”杨巨源《春日奉献圣寿无疆词十首》之一:“灵雨含双阙,雷霆肃万方。”杜牧《华清宫三十韵》:“雷霆驰号令,星斗焕文章。”

【雷鳴】 如雷之鸣。传说灵异的宝刀良剑在有敌情时会出发鸣叫之声。喻志士怀才不遇,不被任用。李贺《猛虎行》:“何用尺刀,壁上雷鸣。”

【雷輪】 轮子发出如雷之声的车子。段成式、张希复《游长安诸寺联句·靖恭坊大兴善寺·圣柱联句》:“载恐雷轮重,缸疑电索长。”

【雷奮】 谓雷鸣。语本《易·豫》:“雷出地奋。”李峤《扈从还洛呈侍从群官》:“雷奋六合开,天行万乘出。”

【雷蟄】 蛰伏,蛰居。雷于冬时蛰伏不出,故云。元稹《虫豸诗·蛒蜂》之三:“雷蛰吞噬止,枯焚巢穴除。”

【雷聲】 雷鸣声。孟浩然《东陂遇雨率尔贻谢南池》:“殷殷雷声作,森森雨足垂。”杜甫《即事》:“雷声忽送千峰雨,花气浑如百和香。”亦指其他事物所发出的如雷般的巨大声响。李商隐《无题二首》之一:“扇裁月魄羞难掩,车走雷声语未通。”薛逢《观竞渡》:“雷声冲击波相近,两龙望标目如瞬。”

【雷轉】 (—zhuàn)声如雷鸣。韦应物《听嘉陵江水声寄深上人》:“如何两相激,雷转空山惊。”

【雷蘇】 春雷震,则万物苏醒。喻清明的政治。李绅《趋翰苑遭诬构四十六韵》:“涸鱼思雨润,僵燕望雷苏。”

【雷鼗】 即雷鼓。《郊庙歌辞·周郊祀乐章·忠顺乐》:“雷鼗鹭羽今休用,玉鏚相参正发扬。”

【雷騰】 谓雷鸣。李白《古风》之一六:“精光射天地,雷腾不可冲。”

【雷驅】 如雷之驱赶。比喻迅速扫荡净尽。元稹《苦雨》:“阴沴皆电扫,幽妖亦雷驱。”

零[1]

〔líng《广韵》郎丁切,平青,來。又郎定切,去徑,來。〕❶雨徐徐而降。《说文·雨部》:“零,徐雨也。”参见“零雨”。❷泛指雨雪霜露等的降落及涕泪的掉落。《诗·鄘风·定之方中》:“灵雨既零。”毛传:“零,落也。”杜甫《醉歌行》:“乃知贫交别更苦,吞声踯躅涕泪零。”白居易《薛中丞》:“今我一涕零,岂为中丞故。”又《和答诗十首·和思归乐》:“一旦西陵望,欲歌先涕零。”清江《送坚上人归杭州天竺寺》:“云山零夜雨,花岸上春潮。”亦泛指掉落。韩愈《答张彻》:“潜苞绛实坼,幽乳翠毛零。”❸凋落;凋零。杜甫《自京赴奉先县咏怀五百字》:“岁暮百草零,疾风裂高冈。”钱起《行路难》:“君不见凋零委路蓬,长风飘举入云中。”白居易《惜小园花》:“晓来红萼凋零尽,但见空枝四五株。”杜牧《和严恽秀才落花》:“无情红艳年年盛,不恨凋零却恨开。”❹飘零。杜甫《通泉驿南去通泉县十五里山水作》:“我生苦飘零,所历有嗟叹。”又《寄柏学士林居》:“乱代飘零余到此,古人成败子如何。”白居易《送客南迁》:“谁人劝言笑,何计慰漂零。”❺比喻人的暮年或死亡。窦叔向《夏夜宿表兄话旧》:“去日儿童皆长大,昔年亲友半凋零。”刘禹锡《白舍人见酬拙诗因以寄谢》:“甘陵旧党凋零尽,魏阙新知礼数崇。”郑谷《寄赠孙路处士》:“知己凋零垂白发,故园寥落近沧波。”❻衰落,凋敝,耗尽。寒山《诗三百三首》之四八:“骨肉消散尽,魂魄几凋零。”罗隐《送汝州李中丞十二韵》:“一凶虽剪灭,数县尚凋零。”❼零乱,不整齐。参见“零碎”。

零[2] 〔lián《广韵》落賢切,平先,來。〕指先零。汉代羌族的一支。最初居于甘肃、青海的湟水流域,后渐与西北各族融合。李商隐《行次西郊作一百韵》:“礼数异君父,羁縻如羌零。”

【零丁】 孤独貌。杜甫《秦州见敕三十韵》:“宫臣仍点染,柱史正零丁。”高适《蓟门行五首》之三:“一身既零丁,头鬓白纷纷。”

【零雨】 慢而小的雨。《诗·豳风·东山》:“我来自东,零雨其濛。”高亨注:“零雨,又慢又细的小雨。”晋人孙楚《征西官属送于陟阳侯作诗》咏惜别之情,诗中有“零雨被秋草”之句。后因用作赠别的典故。卢照邻《西使兼送孟学士南游》:“零雨悲王粲,清尊别孔融。”杜甫《随章留后新亭会送诸君》:“已堕岘山泪,因题零雨诗。”徐坚《饯许州宋司马赴任》:“断烟伤别望,零雨送离别。”刘舟《送萧颖士赴东府得适字》:“骊山浮云散,灞岸零雨夕。”

【零桂】 零陵、桂阳两郡的并称。皆汉置,零陵郡治所在今湖南零陵县,桂阳郡治所在今湖南郴县。两郡辖地在当今湖南南部及广东一部分。李嘉祐《送樊兵曹潭州谒韦大夫》:“零桂虽逢竹,湘川少见人。”

【零淚】 落泪。刘禹锡《令狐仆射与余投分素深焚之璁帐之前附于旧编之末》:“零泪霑青简,伤心见素车。”崔道融《拟乐府子夜四时歌四首》之四:“银缸照残梦,零泪沾粉臆。”

【零陵】 指零陵郡,治所在今湖南永州市零陵区。柳宗元有《零陵赠李卿元侍御简吴武陵》。

【零陵郡】 西汉元鼎六年(—111)分桂阳郡置,治所在零陵县(今广西金州县西南),东汉移治泉陵县(今湖南永州市)。隋初废,改置永州,大业初复为零陵郡。唐武德四年(621)改为永州,天宝初复为零陵郡,乾元初又改为永州。元结《欸乃曲五首》之四:“零陵郡北湘水东,浯溪形胜满湘中。”

【零散】 (—sàn)失散。白居易《忆杭州梅花因叙旧游寄萧协律》:“歌伴酒徒零散尽,唯残头白老萧郎。”

【零落】 ❶凋谢。卢照邻《行路难》:“一朝零落无人问,万古摧残君讵知。”施肩吾《叹花词》:“空余古岸泥土中,零落胭脂两三片。”杜荀鹤《溪岸秋思》:“秋风忽起溪滩白,零落岸边芦荻花。”陆龟蒙《冬柳》:“柳汀斜对野人窗,零落衰条傍晓江。”❷飘零,流落。杜甫《佳人》:“自云良家子,零落依草木。”又《赤谷》:“贫病转零落,故乡不可思。”韩愈《奉和武相公镇蜀时咏使宅韦太慰所养孔雀》:“飘零失故态,隔绝抱长思。”❸衰颓败落。杜甫《有叹》:“壮心久零落,白首寄人间。”❹散落,散乱。杜甫《八哀诗·故司徒李公光弼》:“平生白羽扇,零落蛟龙匣。”又《除架》:“束薪已零落,瓠叶转萧疏。”❺谓死亡。《文选·孔融〈论盛孝章书〉》:“海内知识,零落殆尽。”张铣注:“零落,死也。”王昌龄《代扶风主人答》:“乡亲悉零落,冢墓亦摧残。”杜甫《过故斛斯校书庄二首》之二:“素交零落尽,白首泪双垂。”❻掉落,脱落。卢照邻《雨雪曲》:“节旄零落尽,天子不知名。”孟郊《征妇怨》:“别时各有泪,零落青楼前。”亦借指掉下来的眼泪。刘商《绿珠怨》:“零落知成血,高楼直下看。”❼稀疏,稀稀落落。韩愈《苦寒》:“悬乳零落堕,晨光入前檐。”方干《秋夜》:“梦破寂寥思,灯残零落明。”❽零头,剩余的。王建《当窗织》:“输官上头有零落,姑未得衣身不著。”

【零雺】 雨雾。孟郊《奉报翰林张舍人见遗之诗》:“孤韵耻春俗,余响逸零雺。”

【零碎】 零乱细碎。白居易《题州北路旁老柳树》:“雪花零碎逐年减,烟叶稀疏随分新。”

【零亂】 散乱。李白《月下独酌四首》之一:“我歌月裴回,我舞影零乱。”

【零零】 ❶滴落。冯延巳《酒泉子》词之一:“迢迢何处寄相思,玉箸零零肠断。”❷象声词。状轻细风雨声等。王嵒《山中有所思》:“零零夜雨渍愁恨,触物伤离好断魂。”

【零露】 谓泪落如露。杨炯《和刘长史答十九兄》:“山川遥满目,零露坐沾巾。”

雹 〔báo《广韵》蒲角切,入覺,並。〕冰雹。空中降落的冰块。多呈球形,多发生在春末和夏季。韩愈、孟郊《纳凉联句》:“仰惧失交泰,非时结冰雹。”白居易《游悟真寺诗》:“叠霜为袈裟,贯雹为华鬘。”

【雹凸】 隆起突出。刘禹锡《牛相公见示新什谨依本韵以抒下情》:“玉柱琤玐韵,金觥雹凸棱。”

雺 〔méng《广韵》莫紅切,平東,明。又莫浮切,平尤,明。又莫綜切,去宋,明。又莫候切,去候,明。〕昏昧。《尔雅·释天》:“天气下地不应曰雺。”郭璞注:“言蒙昧。”参见“雺亂”。

【雺亂】 昏乱。韩愈、孟郊《秋雨联句》:“氛醨稍疏映,雺乱还拥荟。”

六 画

需 〔xū《广韵》相俞切,平虞,心。〕六十四卦之一。乾下坎上。《易·需》:“《象》曰:云上于天,《需》。君子以饮食宴乐。”参见“需雲”。

【需雲】 语本《易·需》:“《象》曰:云上于天,《需》。君子以饮食宴乐。”孔颖达疏:“若言云上于天,是天之欲雨，待时而落。所以明需，大惠将施，而盛德又亨，故君子于此之时饮食宴乐。”故后以为君臣宴乐之典。明皇《同二相已下群官乐游园宴》：“撰日岩廊暇，需云宴乐初。”

霆 〔tíng《广韵》特丁切，平青，定。又徒鼎切，上迥，定。〕迅雷，霹雳。《文选·张衡〈东京赋〉》：“若疾霆转雷而激迅风也。”薛综注：“霆，霹雳也。”孟郊《石淙》之五：“疾流脱鳞甲，叠岸冲风霆。”白居易《和答诗十首·和思归乐》：“君恩若雨露，君威若雷霆。”参见“雷霆”。

七　画

震 〔zhèn《广韵》章刃切，去震，章。〕❶雷，响雷。《诗·小雅·十月之交》：“烨烨震电，不宁不令。”毛传：“震，雷也。”韩愈《燕河南府秀才》：“今者遭震薄，不能出声鸣。”❷震动。《诗·鲁颂·閟宫》：“不亏不崩，不震不腾。”毛传：“震，动也。”骆宾王《夏日游德州赠高四》：“神光包四大，皇威震八区。”杜甫《惜别行送向卿进奉端午御衣之上都》：“逆胡冥寞随烟烬，卿家兄弟功名震。”元稹《使东川·夜深行》：“夜深犹自绕江行，震地江声似鼓声。”❸东方。《易·说卦》：“万物出乎震。震，东方也。”杜甫《风疾舟中伏枕书怀三十六韵奉呈湖南亲友》：“舟泊常依震，湖平早见参。”参见“震方”“震宫”。

【震方】 东方。刘禹锡《元日乐天见过因举酒为贺》：“震方天籁动，寅位帝车回。”

【震威】 以威势使人震恐。杜甫《遣闷》：“蜂虿终怀毒，雷霆可震威。”

【震宫】 东宫，太子之宫。震，东方。卢僎《上幸皇太子新院应制》：“佳气晓葱葱，乾行入震宫。”

【震怒】 盛怒，大怒。杜甫《观公孙大娘弟子舞剑器行》：“来如雷霆收震怒，罢如江海凝清光。”

【震氣】 能发生震雷的云气。张说《奉和同皇太子过慈恩寺应制二首》之一：“离光升宝殿，震气绕香台。”

【震悼】 震惊悲悼。白居易《长恨歌》序引陈鸿《长恨歌传》：“使者还，奏太上皇。皇心震悼，日日不豫。”

【震雲】 震动云气。储光羲《次天元十载华阴发兵作时有郎官点发》：“雷野大车发，震云灵鼓鸣。”

【震雷】 响雷。杜甫《对雨书怀走邀许主簿》：“震雷翻幕燕，骤雨落河鱼。”

【震震】 ❶形容声音宏大响亮。张说《东都酺宴四首》之二：“震震灵鼍起，翔翔舞凤来。”❷威严雄壮貌。汉扬雄《太玄·释》：“次七，震震不侮，濯漱其询。”司马光集注：“震震，有威严之貌。”卢照邻《中和乐九章·歌东军》：“旆海凯入，耀辉震震。”

【震澤】 泽薮名。即今江苏太湖。白居易《松江亭携乐观渔宴宿》：“震泽平芜岸，松江落叶波。”

【震蟄】 谓雷声使蛰伏冬眠的动物受震惊醒。白居易《闻雷》：“震蛰虫蛇出，惊枯草木开。”

霄 〔xiāo《广韵》相邀切，平宵，心。〕❶云气。杜甫《赠蜀僧闾丘师兄》：“凤藏丹霄暮，龙去白水浑。”高适《同群公秋登琴台》：“乡村绝闻见，樵苏限风霄。”❷借指高空。《文选·陆机〈演连珠〉》：“披云看霄，则天文清。”李周翰注：“诛暴乱则王圣明矣，霄天澄净也。”杜甫《晴二首》之一：“竟日莺相和，摩霄鹤数群。”慧净《和卢赞府游纪国道场》：“株盘仰承露，刹凤俯摩霄。”刘禹锡《和兵部郑侍郎省中四松诗十韵》：“便有干霄势，看成构厦材。”白居易《和集贤刘学士早朝作》：“从此摩霄去非晚，鬓边未有一茎丝。”❸通“宵”。夜晚。李商隐《和友人戏赠二首》之一：“仙人掌冷三霄露，玉女窗虚五夜风。”魏承班《黄钟乐》：“池塘烟暖草萋萋，惆怅闲霄含恨。”

【霄半】 犹天空。李德裕《追和太师颜公同清远道士游虎丘寺》：“潭黛入海底，岙岑耸霄半。”

【霄崢】 高入云霄的山。韩愈、孟郊《城南联句》：“大句斡玄造，高言轧霄峥。”

【霄裙】 有云霞花纹的裙。道士服有霞帔。陆龟蒙《奉和袭美太湖诗二十首·上真观》：“霄裙或霞粲，侍女忽玉姹。”

【霄漢】 ❶天河。亦借指天空。王勃《怀仙》：“鸾情极霄汉，凤想疲烟霞。”又《忽梦游仙》：“痦寐霄汉间，居然有灵对。”杜甫《巴西驿亭观江涨呈窦使君》：“霄汉愁高鸟，泥沙困老龙。”又《秋兴八首》之五：“蓬莱宫阙对南山，承露金茎霄汉间。”白居易《病中对病鹤》：“未堪再举摩霄汉，只合相随觅稻粱。”❷喻遥远，高远。杜甫《送陵州路使君赴任》：“霄汉瞻佳士，泥途任此身。”又《枯楠》：“犹含栋梁具，复无霄汉志。”❸喻指朝廷附近或帝王左右。杜甫《桥陵诗三十韵因呈县内诸官》：“朝仪限霄汉，容思回林垧。”又《入奏行》：“绣衣春当霄汉立，彩服日向庭闱趋。”白居易《春中与卢四周谅华阳观同居》：“文行如君尚憔悴，不知霄汉待何人。”又《和王十八蔷薇涧有怀萧侍御兼见赠》：“霄汉风尘俱是系，蔷薇花委故山深。”

霅 〔zhá《广韵》丈甲切，入狎，澄。又之涉切，入葉，章。又胡甲切，入狎，匣。〕水名。在今浙江湖州市南。参见“霅川”“霅水”。

【霅川】 即霅溪。水名。在今浙江湖州市。齐己《尝茶》：“春风霅川上，忆傍绿丛行。”

【霅水】 即霅溪。在今浙江湖州市。孟郊《湖州取解述情》:“雪水徒清深,照影不照心。”

【雪溪】　即雪水,亦即苕溪。经湖州流入太湖。白居易《初到郡斋寄钱湖州李苏州》:“雪溪殊冷僻,茂苑太繁雄。”

霂　〔mù《广韵》莫卜切,入屋,明。〕汗流貌。参见“霢霂”。

霈　〔pèi《广韵》普蓋切,去泰,滂。〕❶雨雪充沛貌。亦泛指雨水。参见“霈澤❶”。❷潮湿,潮润。韩愈、孟郊《秋雨联句》:“禽情初啸俦,础色微收霈。”❸喻恩泽。参见“霈澤❷”。

【霈然】　雨充足貌。引申为深广,深厚。李白《放后遇恩不沾》:“天作云与雷,霈然德泽开。”

【霈澤】　❶雨水。杜甫《大雨》:“风雷飒万里,霈泽施蓬蒿。”又《雨过苏端》:“况蒙霈泽垂,粮粒或自保。”❷喻恩泽。李嘉祐《江湖秋思》:“共望汉朝多霈泽,苍蝇早晚得先知。”

霃　〔chén《广韵》直深切,平侵,澄。〕雨水充沛。窦牟《元日喜闻大礼寄上翰林四学士中书六舍人二十韵》:“汉魏文章盛,尧汤雨露霃。”

八　画

霙　〔yīng《广韵》於驚切,平庚,影。〕雪花。《艺文类聚》卷二引《韩诗外传》:“雪花四霙。”明皇《喜雪》:“风行未备礼,云密遽飘霙。”

霖　〔lín《广韵》力尋切,平侵,來。〕❶久雨。《左传·隐公九年》:“凡雨,自三日以往为霖。”王维《和陈监四郎秋雨中思从弟据》:“忽有愁霖唱,更陈多露言。”杜甫《阻雨不得归瀼西甘林》:“三伏适已过,骄阳化为霖。”李商隐《王十二兄与畏之员外相访见招小饮因寄》:“秋霖腹疾俱难遣,万里西风夜正长。”林宽《苦雨》:“霾霖翳日月,穷巷变沟坑。”❷甘雨,时雨。元稹《桐花》:“商弦廉以臣,臣作旱天霖。”❸比喻恩泽。黄滔《投刑部裴郎中》:“礼闱后人窥作镜,庙堂前席待为霖。”

【霖雨】　甘雨,时雨。《书·说命上》:“若岁大旱,用汝作霖雨。”故唐诗中多用以为称颂贤相之典。李白《赠从弟冽》:“傅说降霖雨,公输造云梯。”杜甫《上韦左相二十韵》:“霖雨思贤佐,丹青忆老臣。”白居易《寄献北都留守裴令公》:“德星销彗孛,霖雨灭腥臊。”贾岛《送令狐绹相公》:“早晚还霖雨,滂沱洗月轮。”

【霖潦】　(—lǎo)淫雨。亦指雨后的积水。杜甫《承沈八丈东美除膳部员外阻雨未遂驰贺奉寄此诗》:“贫贱人事略,经过霖潦妨。”

【霖霪】　淫雨,久雨。高适《东平路中遇大水》:“霖霪溢川原,澒洞涵田畴。”

霏　〔fēi《广韵》芳非切,平微,敷。〕❶雨雪盛貌。《诗·邶风·北风》:“北风其喈,雨雪其霏。”毛传:“霏,盛貌。”参见“霏霏❶”。❷飘洒,飘扬。参见“霏霏❷”。❸弥漫的云气。卢照邻《还赴蜀中贻示京邑游好》:“回顾长安道,关山起夕霏。”杜甫《奉送魏六丈佑少府之交广》:“待婢艳倾城,绡绮轻雾霏。”韩愈《送区弘南归》:“蜃沉海底气升霏,彩雉野伏朝扇翚。”又《山石》:“天明独去无道路,出入高下穷烟霏。”❹弥漫,笼罩。白居易《和微之诗二十三首·和送刘道士游天台》:“烟霏子晋裾,霞烂麻姑裙。”

【霏紅】　飞红。谓花瓣飘落。孟浩然《送王七尉松滋得阳台云》:“君不见巫山神女作行云,霏红沓翠晓氛氲。”杜甫《奉观严郑公厅事岷山沱江画图十韵》:“霏红洲蕊乱,拂黛石萝长。”

【霏霏】　❶雨雪盛貌。《楚辞·王逸〈九思·怨上〉》:“雷霆兮硠磕,雹霰兮霏霏。”原注:“霏霏,集貌。”王维《送友人归山歌二首》之二:“山中人兮欲归,云冥冥兮雨霏霏。”杜甫《雨四首》之三:“朔风鸣淅淅,寒雨下霏霏。”王涯《宫词三十首》之一七:“霏霏春雨九重天,渐暖龙池御柳烟。”白居易《雪暮偶与梦得同致仕裴宾客王尚书饮》:“黄昏惨惨雪霏霏,白首相欢醉不归。”亦指浓密盛多,浓厚。杜甫《望兜率寺》:“霏霏云气重,闪闪浪花翻。”白居易《栽松二首》之一:“苍然涧底色,云湿烟霏霏。”又《惜栯李花》:“朝艳蔼霏霏,夕凋纷漠漠。”❷飘扬,飘洒。贾至《铜雀台》:“抚弦心断绝,听管泪霏微。”李端《听夜雨寄卢纶》:“暮雨萧条过凤城,霏霏飒飒重还轻。”白承易《湖亭晚归》:“柳亭行不厌,沙软絮霏霏。”子兰《对雪》:“密密无声坠碧空,霏霏有韵舞微风。”❸纷乱貌。韦应物《赠别河南李功曹》:“忽复不相见,心里乱霏霏。”

【霏微】　❶飘洒;飘扬。韩愈《喜雪献裴尚书》:“浩荡乾坤合,霏微物象移。”白居易《和钱员外答卢员外早春独游曲江见寄长句》:“柳岸霏微裛尘雨,杏园澹荡开花风。”又《严十八郎中在郡日改制东南楼聊成十韵兼戏寄严》:“院柳烟阿娜,檐花雪霏微。”❷雨雪细小貌。李端《巫山高》:“回合云藏月,霏微雨带风。”齐己《观荷叶露珠》:“霏微晓露成珠颗,宛转田田未有风。”❸迷蒙貌。杜甫《哭王彭州抡》:“旷望渥洼道,霏微河汉桥。”白居易《裴侍中晋公以集贤林亭即事诗三十六韵见赠辄广为五百言以伸酬献》:“管弦去缥缈,罗绮来霏微。”❹春光掩映貌。杜甫《曲江对酒》:“苑外江头坐不归,水精春殿转霏微。”

【霏爛】　灿烂。张说《唐享太庙乐章·景云舞》:“景云霏烂,告我帝符。”

霓〔ní《广韵》五稽切，平齊，疑。又五計切，去霽，疑。又五結切，入屑，疑。〕❶副虹。大气中有时跟虹同时出现的一种光的现象，形成的原因与虹相同，只是光线在水珠中的反射比形成虹时多了一次，彩带排列的顺序和虹相反，红色在内，紫色在外。颜色比虹淡。有时亦统称虹霓。《文选·班固〈西都赋〉》："虹霓回带兮棼楣。"张铣注："雄曰虹，雌曰霓。"苏颋《晓发方骞驿》："片阴常作雨，微照已生霓。"杜甫《石龛》："驰车石龛下，仲冬见虹霓。"又《泛溪》："练练峰上雪。纤纤云表霓。"李贺《恼公》："晚树迷新蝶，残霓忆断虹。"李商隐《九成宫》："十二层城阆苑西，平时避暑拂虹霓。"亦喻指彩色旗帜。杜甫《扬旗》："虹霓就掌握，舒卷随人轻。"❷彩云，云霞。《楚辞·王褒〈九怀·蓄英〉》："修余兮袿衣，骑霓兮南上。"王逸注："托乘赤霄，登张翼也。"李白《梦游天姥吟留别》："霓为衣兮风为马，云之君兮纷纷而来下。"❸借指天空，高空。《文选·班固〈东都赋〉》："羽旄扫霓，旌旗拂天。"吕延济注："扫霓、拂天，言高也。"柴夔《望九华山》："九华如剑插云霓，青霭连空望欲迷。"钱珝《江行无题一百首》之七五："风雨正甘寝，云霓忽晚晴。"❹日傍之气。喻指君主身边的奸佞。《后汉书·崔骃传》："临终作赋以自悼，名曰《慰志》。其辞曰……氛霓郁以横厉兮，羲和忽以潜晖。"李贤注："霓，日傍之气。"柳宗元《唐铙歌鼓吹曲十二篇·奔鲸沛》："吐霓翳日，腥浮云。"李白《陈情赠友人》："飘风吹云霓，蔽目不得语。"❺喻指桥梁。殷遥《友人山亭》："凿牖对山月，褰裳拂涧霓。"李绅《新楼诗二十首·禹庙》："山拥翠屏朝玉帛，穴通金阙架云霓。"

【霓衣】　即霓裳。刘禹锡《赠东岳张炼师》："金缕机中抛锦字，玉清台上着霓衣。"参见"霓裳"。

【霓旆】　彩旗。李山甫《送蕲州裴员元》："正作南宫第一人，暂随霓旆怆离群。"

【霓裳】　❶飘拂轻柔的舞服。白居易《江南遇天宝乐叟》："冬雪飘飖锦袍暖，春风荡漾霓裳翻。"❷道士服。王维《和尹谏议史馆山池》："云馆接天居，霓裳侍玉除。"钱起《柏崖老人号无名先生男削发女黄冠自以云泉独乐命予赋诗》："长男栖月宇，少女炫霓裳。"又《寻华山云台观道士》："霓裳谁之子，霞酌能止客。"亦借指道士。张说《游洞庭湖湘》："霓裳若有来，觏我雪峰侧。"❸《霓裳羽衣曲》的略称。刘禹锡《秋夜安国观闻笙》："月露满庭人寂寂，霓裳一曲在高楼。"于鹄《赠碧玉》："霓裳禁曲无人解，暗问梨园弟子家。"白居易《琵琶行》："轻拢慢捻抹复挑，初为霓裳后六么。"赵嘏《冷日过骊山》："霓裳一曲千门锁，白尽梨园弟子头。"

【霓裳羽衣】　即《霓裳羽衣曲》。元稹《和李校书新题乐府十二首·法曲》："赤白桃李取花名，霓裳羽衣号天落。"白居易《霓裳羽衣歌》："唯寄长歌与我来，题作霓裳羽衣谱。"鲍溶有《霓裳羽衣歌》。郑嵎《津阳门诗》："宸聪听览未终曲，却到人间迷是非。"自注："叶法善引上入月宫，时秋已深，上苦凄冷，不能久留，归，于天半尚闻仙乐。及上归，且记忆其半。遂于笛中写之。会西凉都督杨敬述进《婆罗门曲》，与其声调相符。遂以月中所闻为之散序，用敬述所进曲作其腔，而名《霓裳羽衣》法曲。"

【霓裳羽衣曲】　（曲 qǔ）唐代著名法曲。为开元中河西节度使杨敬忠所献。初名《婆罗门曲》。经玄宗润色并制作歌词，后改用今名。刘禹锡《三乡驿楼伏睹玄宗望女几山诗》："三乡陌上望仙山，归作霓裳羽衣曲。"白居易《长恨歌》："渔阳鞞鼓动地来，惊破霓裳羽衣曲。"又《霓裳羽衣歌》："君不见我歌云，惊破霓裳舞衣曲。"

【霓裳羽衣谱】　即《霓裳羽衣曲》。白居易《霓裳羽衣歌》："唯寄长歌与我来，题作霓裳羽衣谱。"

【霓裳殿】　指华清宫。温庭筠《过华清宫二十二韵》："月白霓裳殿，风干羯鼓楼。"

【霓裳舞】　即《霓裳羽衣舞》。舞曲为《霓裳舞衣曲》，故名。白居易《霓裳羽衣歌》："千歌万舞不可数，就中最爱霓裳舞。"又同篇："闻君部内多乐徒，问有霓裳舞者无。答云七县十万户，无人知有霓裳舞。"

【霓幢】　（—chuáng）神仙以云为幡幢。借指神仙仪仗。顾云《华清词》："九色真龙上汉时，愿把霓幢引烟策。"

【霓襟】　指道士的衣服。陆龟蒙《和袭美寄广文先生》："龙篆拜时轻诰命，霓襟披后小玄缥。"

【霓旄】　即霓旌。皇帝的仪仗。杜牧《长安杂题长句六首》之三："南苑草芳眠锦雉，夹城云暖下霓旄。"

【霓袖】　彩袖。亦借指歌伎舞女。李商隐《李肱所遗画松诗书两纸得四十韵》："浓蔼深霓袖，色映琅玕中。"毛熙震《女冠子》词之一："翠鬟冠玉叶，霓袖捧瑶琴。"

【霓旌】　❶相传仙人以云霞为旗帜。《楚辞·刘向〈九叹·远逝〉》："举霓旌之墆翳兮，建黄纁之总旄。"王逸注："扬赤霓以为旌。"岑参《题观楼》："羽盖霓旌何处在，空留药臼向人间。"李商隐《天平公主座中呈令狐令公时蔡京在坐京曾为僧徒故有第五句》："罢执霓旌上醮坛，慢妆娇树水晶盘。"韦庄《喜迁莺》词之一："霓旌绛节一群群，引见玉华君。"❷缀有五色羽毛的旗帜。古代皇帝仪仗之一。亦借指帝王。陈子昂《感遇诗三十八首》之二八："霓旌翠羽盖，射兕云梦林。"杜甫《哀江头》："忆昔霓旌下南苑，苑中万物生颜色。”又《滕王亭子》之二：“尚思歌吹入，千骑把霓旌。”

【霓節】 指仙人出行时的一种仪仗。吴融《即席十韵》：“银河正清浅，霓节过来无。”

霍 〔huò《广韵》虚郭切，入鐸，曉。〕❶鸟疾飞的声音。引申为快速，迅疾。韩愈《山南郑相公樊员外酬答为诗依赋十四韵以献》：“诚既富而美，章汇霍炳蔚。”又《汴泗交流赠张仆射》：“超遥散漫两闲暇，挥霍纷纭争变化。”又《酬蓝田崔丞立之咏雪见寄》：“崩奔惊乱射，挥霍讶相缠。”李商隐《行次西郊作一百韵》：“奚冠西北来，挥霍如天翻。”❷山名。(1)霍山，道家所指即南岳衡山，一山二名，亦称衡霍，在今湖南衡山县。杜甫《昔游》：“扶藜望清秋，有兴入庐霍。”又《送王十六判官》：“衡霍生春早，潇湘共海浮。”韩愈《和裴仆射相公假山十一韵》：“孰谓衡霍期，近在王侯宅。”(2)见“霍山❶”。❸姓。汉有霍去病及其异母弟霍光。去病多次从卫青击匈奴，屡建战功，人称“卫霍”。骆宾王《帝京篇》：“始见田窦相移夺，俄闻卫霍有功勋。”王维《燕支行》：“卫霍才堪一骑将，朝廷不数贰师功。”韦应物《长安道》：“贵游谁最贵，卫霍世难比。”韩愈、李正封《晚秋郾城夜会联句》：“宾筵尽狐赵，导骑多卫霍。”

【霍山】 ❶山名。(1)又名太岳山，主峰在今山西霍县西南。李商隐有《登霍山驿楼》。(2)在今广东龙川县东北。曹松有《霍山》。❷县名，隋开皇初改岳安县置，治所即今安徽霍山县。唐神功初改为武昌县，神龙初复为霍山县，开元、天宝间或废或置。李绅有《忆寿春废虎坑余以春二月至郡主吏举所职称霍山多虎每岁采茶为患至余去郡三载》。

【霍光】 西汉大臣。字子孟。河东平阳(今山西临汾市西南)。霍去病异母弟。罗隐《使者》：“四海霍光第，六宫张奉营。”

【霍冠軍】 (冠 guàn)汉武帝时，霍去病多次从卫青击匈奴，屡建战功，以功冠全军封冠军侯。见《史记·卫将军骠骑列传》。后遂以称霍去病，并用作咏边将的典故。王维《送张判官赴河西》：“见逐张征虏，今思霍冠军。”武元衡《和李丞题李将军林园》：“落英飘蕊雪纷纷，啼鸟如悲霍冠军。”皎然《从军行五首》之一：“候骑出纷纷，元戎霍冠军。”

【霍家】 霍光家。霍光之女霍成君，入宫后为汉宣帝皇后。见《汉书·外戚传》。殷尧藩《汉宫词三首》之二：“霍家有女字成君，年少教人着绣裙。”

【霍家親】 西汉霍光是汉昭帝上官皇后的外祖父，官居大司马大将军。见《汉书·霍光传》。后遂以指外戚。司空曙《观猎骑》：“翩翩不知处，传是霍家亲。”

【霍第】 霍去病之第宅。汉武帝为霍去病造府第，令他去看，他说：“匈奴未灭，无以家为也。”骆宾王《和孙长史秋日卧病》：“霍第疏天府，潘园近帝台。”

【霍將軍】 (將 jiāng)❶汉武帝时，霍去病多次从卫青击匈奴，屡建战功，封冠军侯，为骠骑将军。后遂以指霍去病，并用作咏边将的典故。王昌龄《塞下曲四首》之四：“边头何惨惨，已葬霍将军。”高适《荆门行五首》之一：“勋庸今已矣，不识霍将军。”李益《上黄堆烽》：“年发已从书剑老，戎衣更逐霍将军。”皮日休《七爱诗·李太尉》：“仁于曹孟德，勇过霍将军。”❷西汉霍光为霍去病异母弟，历事三帝，昭帝时为大将军，显赫一时。后遂以指霍光，并用作咏权臣的典故。崔颢《长安道》：“长安甲第高入云，谁家居住霍将军。”

【霍嫖姚】 亦作“霍驃騎”。汉武帝时，霍去病多次从卫青击匈奴，屡建战功，曾任嫖姚校尉、骠骑将军。后遂以指霍去病，并用作咏边将的典故。王维《出塞》：“玉靶角弓珠勒马，汉家将赐霍嫖姚。”皇甫曾《送和西蕃使》：“和戎先罢战，知胜霍嫖姚。”韩翃《寄令狐尚书》：“妙略多推霍骠骑，能文独见沈尚书。”曹唐《奉送严大夫再领容府二首》之一：“代北天南尽成事，肯将心许霍嫖姚。”

【霍總】 诗人。贞元、元和间人。曾任池州(今安徽池州市)刺史。与武元衡友善，《全唐诗》卷三一七载有武元衡《同张惟送霍总》。《全唐诗》卷五九七录其《郡楼望九华歌》等七首，《全唐诗外编》录其诗四首(其中《郡楼晓望》与《郡楼望九华歌》重)。

【霍驃騎】 见“霍嫖姚”。

霎 〔shà《广韵》山洽切，入洽，生。又山輒切，入葉，生。〕❶象声词。状风雨声。皮日休《添鱼具诗·背篷》：“雨中跼蹐时，一向听霎霎。”韩偓《夏夜》：“猛风飘电黑云生，霎霎高林簇雨声。”❷瞬间。孟郊《春后雨》：“昨夜一霎雨，天意苏群物。”温庭筠《菩萨蛮》词之一一：“南窗满地堆轻絮，愁闻一霎清明雨。”参见“霎時”。

【霎時】 片刻，一会儿。吕岩《酹江月》词：“片晌功夫，霎时丹聚，到此凭何诀。”

【霎霎】 象声词。参见“霎❶”。

霑 〔zhān《广韵》張廉切，平鹽，知。〕❶浸润；沾湿。《诗·小雅·信南山》：“既霑既足，生我百谷。”孔颖达疏：“既已霑润，既已丰足。”杜甫《题柏大兄弟山居屋壁二首》之二：“笔架霑窗雨，书签映隙曛。”又《老病》：“夜足霑沙雨，春多逆水风。”李贺《追赋画江潭苑四首》之二：“泪痕霑寝帐，匀粉照金鞍。”参见“霑巾”“霑衣”“霑裳”“霑襟”。❷接触；因接触而粘附或混合在一起。杜甫《承闻故房相公灵榇自阆州启殡归葬东都有作二首》之一：“他日嘉陵涕，仍霑楚水还。"又《雨四首》之二:"暮秋霑物冷,今日过云迟。"又《废畦》:"绿霑泥滓尽,香与岁时阑。"亦谓一事物与另一事物挨上关系。杜甫《白小》:"细微霑水族,风俗当园蔬。"❸受益;沾光。亦指使受益。王维《同比部杨员外十五夜游有怀静者季》:"傥觉忘王共往来,幸霑同舍甘藜藿。"又《送元中丞转运江淮》:"欢霑赐帛老,恩及卷绡人。"杜甫《野人送朱樱》:"忆昨赐霑门下省,退朝擎出大明宫。"又《题郑十八著作丈》:"可念此翁怀直道,也霑新国用轻刑。"

【霑牙齒】 谓口头褒美。《南史·谢朓传》载谢朓好奖掖人才,孔闿粗有才笔,孙珪尝令草让表,朓谓珪曰:"士子声名未立,应共奖成,无惜牙齿余论。"温庭筠《醉歌》:"其余岂足霑牙齿,欲用何能报天子。"

【霑巾】 泪沾衣巾。形容痛苦、伤心。王勃《杜少府之任蜀川》:"无为在岐路,儿女共霑巾。"杜甫《送司马入京》:"向来论社稷,为话涕霑巾。"又《八哀诗·赠太子太师汝阳郡王琎》:"好学尚贞烈,义形必霑巾。"韩愈《送惠师》:"去矣各异趣,何为浪霑巾。"李商隐《离席》:"杨朱不用劝,只是更霑巾。"

【霑衣】 泪沾衣裳。形容痛苦、伤心。杜甫《送李卿煜》:"霑衣问行在,走马向承明。"又《散愁二首》之二:"恋阙丹心破,霑衣皓首啼。"韩愈《烽火》:"我歌宁自感,乃独泪霑衣。"白居易《长恨歌》:"君臣相顾尽霑衣,东望都门信马归。"亦指其他液体沾湿衣裳。李白《感兴六首》之二:"香尘动罗袜,绿水不霑衣。"杜甫《秋笛》:"清商欲尽奏,奏苦血霑衣。"

【霑污】 玷污。韩愈、李正封《晚秋郾城夜会联句》:"多士被霑污,小夷诡毒蠚。"

【霑沐】 浸润;滋润。李百药《郢城怀古》:"狐兔时游践,霜露日霑沐。"

【霑足】 《诗·小雅·信南山》:"既霑既足,生我百谷。"后因以指雨水充分滋润土壤。文宗《暮春喜雨诗》:"郊垧既霑足,黍稷有丰期。"

【霑命】 接受命令。纪唐夫《送温庭筠尉方城》:"凤凰诏下虽霑命,鹦鹉才高却累身。"

【霑草】 沾于草上。孟浩然《途中遇晴》:"余湿犹霑草,残流尚入溪。"

【霑洗】 浸润洗涤。杜甫《村雨》:"松菊新霑洗,茅斋慰远游。"

【霑恩】 受到帝王的恩惠。杨炯《奉和上元酺宴应诏》:"仰德还符日,霑恩更似春。"李商隐《哭遂州萧侍郎二十四韵》:"青云宁寄意,白骨始霑恩。"

【霑濕】 潮湿,接触潮湿。王维《早春行》:"香畏风吹散,衣愁露霑湿。"孟浩然《秋霄月下有怀》:"秋空明月悬,光彩露霑湿。"杜甫《茅屋为秋风所破歌》:"自经丧乱少睡眠,长夜霑湿何由彻。"又《雨三首》之二:"南防草镇惨,霑湿赴远役。"

【霑裳】 泪沾衣裳。形容痛苦、伤心。卢照邻《巫山高》:"霑裳即此地,况复远思君。"又《江中望月》:"延照相思夕,千里共霑裳。"杜甫《遣闷》:"哀筝犹凭几,鸣笛竟霑裳。"贾岛《送人适越》:"高城满夕阳,何事欲霑裳。"

【霑賜】 受赏赐。郑谷《赠刘神童》:"时果曾霑赐,春闱不挂情。"

【霑凝】 粘附凝聚。杜甫《除草》:"霜露一霑凝,蕙叶亦难留。"

【霑黏】 沾湿粘附。元稹《纪怀赠李六户曹崔二十六功曹五十韵》:"霑黏经汗席,飐闪尽油灯。"

【霑濡】 浸润,沾湿。喻指家受恩泽。白居易《东南行一百韵》:"风云皆会合,雨露各霑濡。"又《郡斋有树晚荣早凋人不识名因题其上》:"岂量雨露恩,霑濡不均平。"

【霑襟】 泪沾衣襟。形容伤心、痛苦。李白《幽涧泉》:"客有哀时失职而听者,泪淋浪以霑襟。"杜甫《南征》:"偷生长避地,适远更霑襟。"白居易《留别》:"唯有潺湲泪,不惜共霑襟。"又《醉中见微之旧卷有感》:"今朝何事一霑襟,检得君诗醉后吟。"

【霑𩅦】 汗流貌。陆龟蒙《纪梦游甘露寺》:"怯慑不敢前,荷襟汗霑𩅦。"

【霑露】 被露水沾湿。刘禹锡《西山兰若试茶歌》:"木兰霑露香微似,瑶草临波色不如。"

【霑灑】 谓水珠、泪珠等洒落并使沾着物浸湿。杜甫《伤春五首》之四:"岂无嵇绍血,霑洒属车尘。"又《寄杜位》:"封书两行泪,霑洒裛新诗。"又《大云寺赞公房四首》之四:"霑洒不濡地,扫除似无帚。"李商隐《摇落》:"遥知霑洒意,不减欲分襟。"

霔 〔zhù《广韵》之戍切,去遇,章。〕灌注;降落。李绅《拜三川守》序:"大降膏泽,连霔浃日,时苗顿茂。"

九　画

霜 〔shuāng《广韵》色莊切,平陽,生。〕❶在气温降到摄氏零度以下时,靠近地面空气中所含有水汽凝结成的白色冰晶。李白《秋下荆门》:"霜落荆门江树空,布帆无恙挂秋风。"杜甫《自京赴奉先县咏怀五百字》:"霜严衣带断,指直不得结。"李贺《雁门太守行》:"半卷红旗临易水,霜重鼓寒声不起。"李商隐《燕台四首·春》:"衣带无情有宽窄,春烟自碧秋霜白。"亦指经霜凋落。孟郊《感怀》之二:"豺狼日已多,草木日已霜。"❷喻白色或变成白色。李白《古风》之四:"徒霜镜中发,羞彼鹤上人。"参见"霜毛

❶”“霜文”“霜色”。❸指刀、剑等明亮锋利。参见“霜刀”“霜刃”“霜戈”“霜矛”。❹喻严厉；严正。参见“霜威❶”“霜氣❷”“霜清❷”。❺年岁的代称。杜甫《风疾舟中伏枕书怀三十六韵奉呈湖南亲友》：“十署岷上葛，三霜楚户砧。”贾岛《渡桑乾》：“客舍并州已十霜，归心日夜忆咸阳”。❻通“孀”。寡居。参见“霜閨”。

【霜刀】　雪亮锋利的刀。白居易《寄蕲州簟与元九因题六韵》：“笛竹出蕲春，霜刀劈翠筠。”

【霜刃】　明亮锐利的锋刃。亦代指锋利之刀。《文选·左思〈吴都赋〉》：“刚镞润，霜刃染。”刘良注：“霜刃，言其杀利也。”吕向注：“霜刃，兵器之刃，白如霜也。”李白《酬中都小吏携斗酒双鱼于逆旅见赠》：“呼儿拂几霜刃挥，红肌花落白雪霏。”贾岛《剑客》：“十年磨一剑，霜刃未曾试。”薛能《观竞渡》：“两岸罗衣破鼻香，银钗照日如霜刃。”

【霜天】　❶深秋天气。王昌龄《李四仓曹宅夜饮》：“霜天留后故情欢，银烛金炉夜不寒。”杜甫《柳司马至》：“霜天到宫阙，恋主寸心明。”李商隐《九日》：“曾共山翁把酒时，霜天白菊绕阶墀。”郑谷《中台五题·乳毛松》：“霜天寓直夜，愧尔伴闲曹。”❷深秋的天空。杜甫《季秋江村》：“素琴将暇日，白首望霜天。”

【霜戈】　明亮锋利的戈戟。亦借指用兵，军事行动。陆龟蒙《奉酬袭美先辈吴中苦雨一百韵》：“霜戈驱少壮，败屋弃羸耋。”

【霜瓦】　覆霜的瓦。白居易《病中早春》：“暖消霜瓦津初合，寒减冰渠冻不成。”

【霜日】　秋日。李商隐《所居》：“水风醒酒病，霜日曝衣轻。”

【霜水】　秋水。李群玉《大云池泛舟》：“九月莲花死，萍枯霜水清。”

【霜毛】　❶白色羽毛。杜甫《八哀诗·故右仆射相国张公九龄》：“仙鹤下人间，独立霜毛整。”❷白发。韩愈《答张十一功曹》：“吟君诗罢看双鬓，斗觉霜毛一半加。”白居易《江亭夕望》：“辞枝雪蕊将春去，满镊霜毛送老来。”

【霜爪】　指鸟兽锋利尖锐的脚爪。濮阳瓘《出笼鹘》：“星眸随狡兔，霜爪落飞鸿。”

【霜月】　寒夜的月亮。王勃《寒夜怀友杂体二首》之一：“北山烟雾始茫茫，南津霜月正苍苍。”蒋吉《旅泊》：“霜月正高鹦鹉洲，美人清唱发红楼。”刘言史《冬日峡中旅泊》：“霜月明明雪复残，孤舟夜泊使君滩。”贯休《月夕》：“霜月夜裴回，楼中羌管催。”

【霜文】　白色的纹理。殷文圭《题友人庭竹》：“钿竿离立霜文静，锦箨飘零粉节深。”

【霜甲】　闪烁白光的铠甲。薛奇童《塞下曲》：“霜甲卧不暖，夜半闻边风。”

【霜禾】　经霜后的禾苗。贯休《秋晚野居》：“霜禾连岛赤，烟草倚桥枯。”

【霜仗】　威严的仪杖。李白《侍从游宿温泉宫作》：“霜仗悬秋月，霓旌卷夜云。”杨巨源《元日呈李逢吉舍人》：“华夷文物贺新年，霜仗遥排凤阙前。”

【霜皮】　色白如霜的树皮。杜甫《古柏行》：“霜皮溜雨四十围，黛色参天二千尺。”白居易《题流沟寺古松》：“烟叶葱茏苍尘尾，霜皮剥落紫龙鳞。”

【霜矛】　明亮锋利的矛。李德裕《东郡怀古二首·阳给事》：“跳身入飞镞，免胄临霜矛。”

【霜色】　白色。周贺《赠神遘上人》：“道情淡薄闲愁尽，霜色何因入鬓根。”刘沧《题书斋》：“气凌霜色剑光动，吟对雪华诗韵清。”

【霜衣】　指鸟的白色羽毛。李白《白鸠辞》：“白鸠之白谁与邻，霜衣雪襟诚可珍。”

【霜江】　秋江。李白《秋夜板桥浦泛月独酌怀谢朓》：“汉水旧如练，霜江夜清澄。”

【霜收】　秋收。刘长卿《吴中闻潼关失守因奉寄淮南萧判官》：“木落姑苏台，霜收洞庭橘。”

【霜花】　亦作“霜華”。❶即霜。霜为粉末状结晶。花，指物之细微者。故云。王勃《别人四首》之四：“霜华净天末，雾色笼江际。”戴叔伦《独坐》：“二月霜华薄，群山雨气昏。”李贺《北中寒》：“霜花草上大如钱，挥刀不入迷濛天。”李商隐《燕台四首·冬》：“冻壁霜华交隐起，芳根中断香心死。”❷皎洁的月光。太宗《秋暮言志》：“朝光浮烧野，霜华净碧空。”❸喻白发。温庭筠《达摩支曲》：“旧臣头鬓霜华早，可惜雄心醉中老。”

【霜匣】　剑匣。语本《西京杂记》卷一：“高祖斩白蛇剑，剑上有七采珠、九华玉以为饰。杂厕五色琉璃为剑匣。剑在室中，光景犹照于外，与挺剑不殊。十二年一加磨莹，刃上常若霜雪。开匣拔鞘，辄有风气，光彩射人。”杜甫《湖中送敬十使君适广陵》：“气缠霜匣满，冰置玉壶多。”

【霜吹】　寒风。虞世南《奉和出颍至淮应令》：“寒流泛鹢首，霜吹响哀吟。”王勃《出境游二首》之二：“振翮凌霜吹，正月伫天浔。”孟郊《寒地百姓吟》：“霜吹破四壁，苦痛不可逃。”

【霜序】　指晚秋季节。魏征《五郊乐章·雍和》：“式资宴贶，用调霜序。”宋之问《早入清远峡》：“秋菊迎霜序，春藤碍日辉。”

【霜林】　带霜或经霜的林木。李颀《宿莹公禅房闻梵》：“夜动霜林惊落叶，晓闻天籁发清机。”

【霜枝】　带霜的枝条。白居易《有木诗八首》之八：“风影清似水，霜枝冷如玉。”

【霜松】　即松。松性傲霜，故云。语本南朝宋刘义庆《世说新语·言语》:“顾悦与简文同年,而发骚白。简文曰:‘卿何以先白?’对曰:‘蒲柳之姿,望秋而落;松柏之质,经霜弥茂。’”骆宾王《夏日游德州赠高四》:“霜松贞雅节,月桂朗冲襟。”白居易《自悲》:“火宅煎熬地,霜松摧折身。”贾岛《答王参》:“霜松积旧翠,露月困如镜。”

【霜明】 霜色洁白。指严霜,厚霜。苏颋《奉和圣制幸望春宫送朔方大总管张仁亶》:“冷气胶应折,霜明草正腓。”

【霜果】 经霜成熟的果实。孙逖《送越州裴参军充使入京》:“霜果林中变,秋花水上残。”赵延寿《塞上》:“鸟逢霜果饥还啄,马渡冰河渴自跑。”

【霜秈】 秈米。其白如霜,故云。元结《演兴四首·初祀》:“荐天鲟兮酒阳泉,献水芸兮饭霜秈。”

【霜兔】 白兔。杨巨源《奉酬窦郎中早入省苦寒见寄》:“天狼看坠地,霜兔敢拒穴。”薛涛《试新服裁制初成三首》之一:“霜兔毳寒冰茧净,嫦娥笑指织星桥。”

【霜空】 (—kōng)秋冬的晴空。张说《和朱使欣二首》之二:“霜空极天静,寒月带江流。”杜甫《朝二首》之一:“清思楚宫南,霜空万岭含。”

【霜降】 (—jiàng)降霜。亦为二十四节气之一,在每年公历10月23日或24日。此时黄河流域出现初霜。白居易《岁晚》:“霜降水返壑,风落木归山。”又《谪居》:“火烧寒涧松为烬,霜降春林花委地。”又《读汉书》:“桃李与荆棘,霜降同夜萎。”

【霜草】 衰草,枯草。李白《览镜书怀》:“自笑镜中人,白发如霜草。”白居易《答梦得秋庭独坐见赠》:“霜草欲枯虫思急,风枝未定鸟栖难。”又《村夜》:“霜草苍苍虫切切,村南村北行人绝。”

【霜枿】 叶子枯萎的树木或树木枝条。李洞《秋宿青龙禅阁》:“风铃乱僧语,霜枿欠猿啼。”

【霜威】 ❶寒霜肃杀的威力。王勃《九日怀封元寂》:“九日郊原望,平野遍霜威。”❷严威。李白《至鸭栏驿上白马矶赠裴侍御》:“情亲不避马,为我解霜威。”杜甫《王十七侍御抡许携酒至草堂奉寄此诗便请邀高三十五使君同到》:“戏假霜威促山简,须成一醉习池回。”白居易《雪中即事答微之》:“润含玉德怀君子,寒助霜威忆大夫。”亦指执法严厉。骆宾王《畴昔篇》:“霜威遥有厉,雪枉遂无阶。”

【霜砌】 月色照射下的台阶。吕温《同舍弟恭岁暮寄晋州李协律》:“揽衣步霜砌,倚仗临冰池。”

【霜骨】 指能傲霜而立的植物的茎干。杜甫《寄题江外草堂》:“霜骨不堪长,永为邻里怜。”陆龟蒙《松石晓景图》:“霜骨云根惨淡愁,宿烟封著未全收。”

【霜秋】 深秋。卢仝《感秋别怨》:“霜秋自断魂,楚调怨离分。”

【霜竿】 竹竿。竹的表皮有白色粉末,故云。韦应物《途中寄杨邈裴绪示褒子》:“雾野腾晓骑,霜竿裂冻旗。”

【霜侵】 ❶受霜侵凌。元稹《题翰林东阁前小松》:“檐碍修鳞亚,霜侵簇翠黄。”❷喻白发逐渐增多。白居易《晏坐闲吟》:“霜侵残鬓无多黑,酒伴衰颜只暂红。”

【霜風】 寒风。杜甫《醉歌行》:“是日霜风冻七泽,乌蛮落照衔赤壁。”沈宇《捣衣》:“日暮远天青,霜风入后庭。”李益《送人流贬》:“霜风先独树,瘴雨失荒城。”孟郊《过彭泽》:“不见种柳人,霜风空寂历。”

【霜庭】 秋日庭院。白居易《秋寒》:“雪鬓年颜老,霜庭景气秋。”

【霜姿】 洁白的姿容。丁泽《上元日梦王母献白玉环》:“似见霜姿白,如看月影弯。”李绅《莺莺歌》:“黄婆上天阿母在,寂寞霜姿素莲质。”

【霜紅】 经霜而变成红色。白居易《答梦得秋日书怀见寄》:“树叶霜红日,髭鬓雪白时。”

【霜紈】 洁白精致的细绢。借指此种细绢制品。刘禹锡《送韦秀才道冲赴制举》:“秋扇一离手,流尘蔽霜纨。”白居易《奉酬淮南牛相公思黯见寄二十四韵》:“霜纨一百匹,玉柱十三弦。”

【霜珮】 白色佩玉。白居易《筝》:“霜佩锵还委,冰泉咽复通。”

【霜華】 见“霜花”。

【霜莖】 指白发。贯休《秋送夏郢归钱塘》:“新诗陶雪字,玄发有霜茎。”

【霜根】 白色的草木根。亦指经冬不凋的树木的根或苗。杜甫《凭韦少府班觅松树子》:“欲存老盖千年意,为觅霜根数寸栽。”又《苦竹》:“幸近幽人屋,霜根结在兹。”

【霜栗】 即栗子。栗子九月霜降乃熟,故云。李白《夜泊黄山》:“朝来果是沧洲逸,酤酒醍盘饭霜栗。”

【霜砧】 寒秋时捣衣的砧声。杨巨源《长城闻笛》:“孤城笛满林,断续共霜砧。”

【霜峰】 犹雪峰。太宗《入潼关》:“霜峰直临道,冰河曲绕成。”

【霜氣】 ❶刺骨的寒气。孟郊《秋怀》之一三:“霜气入病骨,老人身生冰。”白居易《浦中夜泊》:“晴上江堤还独立,水风霜气夜棱棱。”❷刚正威严之气。孟郊《投赠张端公》:“嫉邪霜气直,问俗春辞柔。”

【霜候】 下霜季节。王勃《伤裴录事丧子》:“兰阶霜候早,松露穸台深。”

【霜烏】 寒鸦。白居易《自江陵之徐州路上寄兄弟》:“烟雁翻寒渚,霜乌聚古城。”

【霜凌】 受霜侵凌。戴叔伦《晓闻长乐钟声》："霜凌万户彻,风散一城闻。"

【霜脊】 刃剑的脊背。借指刀剑。陆龟蒙《吴俞儿舞歌·剑俞》:"枝月喉,棹霜脊,北斗离离在寒碧。"

【霜海】 白色的云海。李白《白纻辞三首》之一:"寒云夜卷霜海空,胡风吹天飘塞鸿。"贾岛《送知兴上人》:"下看千里晓,霜海日生微。"

【霜菊】 傲霜的秋菊。白居易《寄王秘书》:"霜菊花萎日,风梧叶碎时。"

【霜梅】 果品名。即盐梅。青梅以盐汁渍之,久历结成盐霜,故云。骆宾王《寓居洛滨对雪忆谢二》:"色夺迎仙羽,花避犯霜梅。"李商隐《清河》:"绛雪除烦后,霜梅取味新。"

【霜匏】 酒器,以匏瓜剖分为二以成之。陆龟蒙《袭美见题郊居十首因次韵酬之以伸荣谢》之二:"简便书露竹,尊徒破霜匏。"

【霜雪】 ❶霜和雪。骆宾王《咏怀古意上裴侍郎》:"若不犯霜雪,虚掷玉京春。"杜甫《赤谷》:"天寒霜雪繁,游子有所之。"又《阁夜》:"岁暮阴阳催短景,天涯霜雪霁寒宵。"李商隐《行次西郊作一百韵》:"健儿立霜雪,腹歉衣裳单。"❷喻指雪亮的剑光。杜甫《暮秋枉裴道州手札率尔遣兴寄近呈苏涣侍御》:"倾壶箫管黑白发,舞剑霜雪吹青春。"亦指寒光闪烁的刀剑。李白《赠友人三首》之二:"玉匣闭霜雪,经燕复历秦。"❸喻指白发。杜甫《奉寄河南韦尹丈人》:"江湖漂短褐,霜雪满飞蓬。"

【霜晨】 凝霜的早晨。骆宾王《至分水岭》:"况乃霜晨早,寒风入戍楼。"

【霜野】 秋天的原野。李商隐《楚泽》:"夕阳归路后,霜野物声干。"

【霜畦】 经霜的园畦。岑参《宿东溪王屋李隐者》:"霜畦吐寒菜,沙雁噪河田。"

【霜崖】 盖上白雪的山崖。李白《鸣皋歌送岑征君》:"霜崖缟皓以合沓兮,若长风扇海涌沧溟之波涛。"

【霜梨】 即梨。梨在霜后收摘,故云。李颀《晚归东园》:"回云覆阴谷,返景照霜梨。"李白《寻鲁城北范居士作》:"酒客爱秋蔬,山盘荐霜梨。"陆龟蒙《袭美以春橘见惠兼之雅篇因次韵酬谢》:"堪居汉苑霜梨上,合在仙家火枣前。"

【霜笳】 深秋笳声。李乂《陪幸韦嗣立山庄应制》:"云罕明丹谷,霜笳彻紫虚。"

【霜鳥】 白色鸟。温庭筠《西陵道士茶歌》:"仙翁白扇霜鸟翎,拂坛夜读《黄庭经》。"

【霜彩】 霜,霜的色彩。元稹《寺院新竹》:"烟泛翠光流,岁余霜彩重。"

【霜翎】 白色羽毛。刘禹锡《鹤叹二首》之二:"丹顶宜承日,霜翎不染泥。"李群玉《二辛夷》:"狂吟辞舞双白鹤,霜翎玉羽纷纷落。"

【霜毫】 ❶白色光芒,寒光。鲍溶《送罗侍御归西台》:"诗情分绣段,剑彩拂霜毫。"

【霜痕】 霜色。李贺《宫娃歌》:"寒入罘罳殿影昏,彩鸾帘额着霜痕。"

【霜清】 ❶形容秋水明净;洁净。张九龄《赴使泷峡》:"霜清百丈水,风落万重林。"皇甫冉《寄刘方平大谷田家》:"冰结泉声绝,霜清野翠浓。"❷整肃,肃清。李白《赠宣城赴太守悦》:"持斧佐三军,霜清天北门。"

【霜階】 覆霜的台阶。李商隐《四年冬作忆雪又作残雪诗各一言以寄情于游旧·忆雪》:"几向霜阶步,频将月幌褰。"

【霜葉】 经霜的树叶。特指经霜变红的枫叶。刘禹锡《自左冯归洛下酬乐天兼呈裴令公》:"华林霜叶红霞晚,伊水晴光碧玉秋。"又《洛中初冬拜表有怀上京故人》:"清洛晓光铺碧簟,上阳霜叶剪红绡。"杜牧《山行》:"停车坐爱枫林晚,霜叶红于二月花。"

【霜葩】 白花。韩愈《李花二首》之一:"奈何趁酒不省录,不见玉枝攒霜葩。"

【霜戟】 寒光闪烁的戟。太宗《正日临朝》:"组练辉霞色,霜戟耀朝光。"

【霜棧】 凝霜的小桥。皮日休《奉和鲁望寒夜访寂上人次韵》:"院寒青霭正沉沉,霜栈干鸣入古林。"

【霜椑】 (—bēi)霜柿。贯休《桐江闲居作十二首》之八:"霜椑如蜜裹,□□似盐苞。"

【霜雁】 秋雁。骆宾王《秋日饯陆道士陈文林》序:"霜雁衔芦,举宾行西候气;寒蝉噪柳,带凉序以含情。"戴叔伦《送董颋》:"霜雁群飞下楚田,羁人掩泪望秦天。"

【霜禽】 霜鸟。指白鸥、白鹭等。孟郊《立德新居》之四:"霜禽名啸侣,吾亦爱吾曹。"李贺《昌谷诗》:"渔童下宵网,霜禽耸烟翅。"

【霜絮】 白棉絮。贯休《寄高员外》:"庭松流污相抵啰,霜絮重裘火无力。"

【霜絲】 ❶白丝线。亦指白丝线做的丝绳。徐坚《棹歌行》:"霜丝青桂楫,兰枻紫霞丹。"❷丝弦。李白《九月登山》:"胡人叫玉笛,越女弹霜丝。"

【霜蓬】 喻指散乱的白发。李白《怨歌行》:"沉忧能伤人,绿鬓成霜蓬。"

【霜楓】 经霜的枫叶。杜甫《东屯月夜》:"青女霜枫重,黄牛峡水喧。"韩愈《游青龙寺赠崔大补阙》:"去岁羁帆湘水明,霜枫千里随归伴。"

【霜署】 御史台的别称。御史职司弹劾,为风霜之任,故云。苏味道《始背洛城秋郊瞩目奉怀台中诸侍御》："薄游忝霜署，直指戒冰心。"

【霜稜】　寒威。陈子昂《登蓟城西北楼送崔著作融入都》："仲冬边风急，云汉复霜棱。"

【霜�】　指竹。竹的表皮有白色粉末，故称。贾岛《竹》："子猷没后知音少，粉节霜筠漫岁寒。"

【霜節】　指竹。竹的表皮有白色粉末，故称。白居易《题卢秘书夏日新栽竹》："久持霜节苦，新托露根难。"

【霜猿】　霜夜的猿猴。亦指霜夜猿啼声。薛能《华岳》："羽客时应见，霜猿夜可听。"

【霜煙】　指迷蒙的月色。孟郊《往河阳宿峡陵寄李侍御》："鹗鸣犬吠霜烟昏，开囊拂巾对盘飧。"

【霜溪】　寒溪。清冷的溪流。杜甫《严氏溪放歌行》："秋宿霜溪素月高，喜得与子长夜语。"

【霜羣】　雁群。大雁群飞于霜天，故云。孟郊《离思》："孤鸿忆霜群，独鹤叫云侣。"

【霜綃】　白绫。亦指画在白绫上的真容。明皇《题梅妃画真》："霜绡虽似当时态，争奈娇波不顾人。"

【霜臺】　御史台。御史职司弹劾，为风霜之任，故称。李商隐《喜雪》："粉署闱全隔，霜台路正赊。"

【霜貌】　威严的面貌。元稹《醉行》："秋风方索漠，霜貌足暌携。"

【霜漏】　寒夜的滴漏。郑谷《入阁》："霜漏清中禁，风旗拂曙天。"

【霜閨】　孀居的女子卧室。霜，通"孀"。李白《塞下曲六首》之四："萤飞秋窗满，月度霜闺迟。"

【霜髮】　白发。李咸用《秋夕书怀寄所知》："年华逐浪催霜发，旅恨和云拂桂枝。"亦指白发老人。杜甫《宴王使君宅题二首》之二："泛爱容霜发，留欢卜夜闲。"

【霜輪】　指月亮。陆龟蒙《中秋待月》："转缺霜轮上转迟，好风偏似送佳期。"吴融《春晚书怀》："嫦娥断影霜轮冷，帝子无踪泪竹繁。"

【霜輝】　指霜毫，毛笔。李峤《笔》："霜辉简上发，锦字梦中开。"

【霜稻】　指晚稻。因其霜后成熟，故称。柳宗元《游石角过小岭至长乌村》："风篁冒水远，霜稻侵山平。"

【霜質】　指人的高洁品质。元希声《赠皇甫侍御赴都八首》之八："肃子风威，严子霜质。"

【霜鋒】　闪亮锐利的锋刃。裴夷直《观淬龙泉剑》："莲花生宝锷，秋日励霜锋。"

【霜劍】　白亮锐利的剑。骆宾王《宿温城望军营》："风旗翻翼彩，霜剑转龙文。"杜甫《大历三年四十韵》："垒壁排霜剑，奔泉溅水珠。"孟郊《上河阳李大夫》："霜剑夺众景，夜星失长辉。"

【霜潔】　如霜之皎洁。白居易《池上清晨候皇甫郎中》："池幽绿蘋合，霜洁白莲香。"

【霜螯】　螯，蟹螯。蟹至霜季才肥美，故云。皮日休《病中有人惠海蟹转寄鲁望》："病中无用霜螯处，寄与夫君左手持。"

【霜髭】　白须。张为《渔阳将军》："霜髭拥颔对穷秋，着白貂裘独上来。"方干《早春》："不信风光疾于箭，年来年去变霜髭。"贾岛《送南卓归京》："残春别镜陂，罢郡未霜髭。"

【霜磬】　佛寺中的钵形铜乐器。磬为打击乐器，本用白玉石制造，故称。朱湾《同清江师月夜听转〈法华经〉歌》："清泠霜磬有时动，寂历空堂宜夜深。"马戴《宿翠微寺》："鸟归霜磬静，僧语石楼空。"

【霜薤】　经霜的薤。指白薤。杜甫《佐还山后寄三首》之三："甚闻霜薤白，重惠意如何。"

【霜樹】　经霜的树木。白居易《冬日平泉路晚归》："山路难行日易斜，烟村霜树欲栖鸦。"

【霜橙】　即橙。橙经霜成熟，故称。杜甫《自京赴奉先县咏怀五百字》："劝客驼蹄羹，霜橙压香橘。"

【霜橘】　即橘子。因其经霜后成熟，故云。孟浩然《疾徐过龙泉寺精舍》："石渠流雪水，金子耀霜橘。"李群玉《石门韦明府为致东阳潭石鲫鲙》："俊味品流知第一，更劳霜橘助群芳。"

【霜磧】　北方碛卤之地。亦借指北方。刘沧《八月十五日夜玩月》："此夜空亭闻木落，蒹葭霜碛雁初过。"

【霜霏】　白色迷蒙的云雾。许敬宗《冬日宴于庶子宅各赋一字得归》："油云淡寒色，落景霭霜霏。"

【霜曉】　霜晨，有霜的早晨。魏朴《和皮日休悼鹤》："霜晓起来无问处，伴僧弹指绕荷塘。"

【霜蹄】　即马蹄。语本《庄子·马蹄》："马蹄可以践霜雪。"杜甫《醉歌行》："旧穿杨叶真自知，暂蹶霜蹄未为失。"又《韦讽录事宅观曹将军霸画马图》："霜蹄蹴踏长楸间，马官厮养森成列。"又《奉赠太常张卿二十二韵》："灵虬传夕箭，归马散霜蹄。"又《赠特进汝阳王二十韵》："霜蹄千里骏，风翮九霄鹏。"

【霜憲】　指御史台。御史职司弹劾，为风霜之任，故称。借指执法严厉。常衮《送许侍御充云南哀册使判官》："冰心瘴江冷，霜宪漏天晴。"

【霜鬚】　白色胡须。刘禹锡《和汴州令狐相公到镇改月偶书所怀》："应怜郡斋老，旦夕镊霜须。"

【霜縑】　白绢。韩愈《寒食日出游》："可怜物色阻携手，空展霜缣吟九咏。"陆龟蒙《顾道士亡弟子奉束帛乞铭于袭美因赋戏赠》："比于黄绢词尤妙，酬以霜缣价未当。"

【霜蹊】　覆霜的小路。上官昭容《游长宁公主池杯池二十五首》之十三："策杖临霞岫，危步下霜蹊。"贾岛《延寿里精舍寓居》："霜蹊犹舒英，寒蝶断来踪。"

【霜鍔】　锋利雪白的刀剑之刃。韩愈、李正封《晚秋郾城夜会联句》："摛文挥月毫，讲剑淬霜锷。"

【霜點】　斑白色。元稹《酬乐天东南行诗一百韵》："鬓毛霜点合，襟泪血痕濡。"

【霜鐘】　指钟或钟声。语本《山海经·中山经》："[丰山]有九镗焉，是知霜鸣。"郭璞注："霜降则镗鸣，故言知也。"李白《听蜀僧濬弹琴》："客心洗流水，余响入霜镗。"杜甫《西陵三度期大昌严明府同宿不到》："金吼霜镗彻，花催蜡炬销。"陈秀卿《题禅窟寺》："霜镗鸣时夕风急，乱鸦又望寒林集。"

【霜鍤】　明亮锋利的铁锹。章孝标《和顾校书新开井》："霜锸破桐阴，青丝试浅深。"

【霜鴻】　霜雁，秋雁。杜甫《冬到金华山观》："雪岭日色死，霜鸿有余哀。"温庭筠《觱篥歌》："汉将营前万里沙，更深一一霜鸿起。"

【霜簡】　❶古代御史弹劾大臣的奏章。钱起《送张中丞赴桂州》："宠借飞霜简，威加却月营。"皎然《送皇甫曾侍御》："霜简别来气始见，雪山归去又难逢。"刘禹锡《送工部萧郎中刑部李郎中并以本官兼中丞分命充京西京北覆粮使》："霜简映金章，相辉同舍郎。"❷竹笏。鹿虔扆《女冠子》词之二："露浓霜简湿，风紧羽衣偏。"

【霜飈】　秋风。孟郊《立德新居》之七："翠景何的砾，霜飔飘空虚。"

【霜蟾】　月亮。月光如霜，又传说月中有蟾蜍，故云。贯休《诗》："吟向霜蟾下，终须神鬼哀。"

【霜霰】　❶霜和霰。孟浩然《题梧州陈司马山斋》："南国无霜霰，连年对物华。"杜甫《青阳峡》："魑魅啸有风，霜霰浩漠漠。"白居易《腊后岁前遇景咏意》："度腊都无苦霜霰，迎春先有好风光。"❷喻挫折或恶势。孟郊《答友人》："愿存坚贞节，勿为霜霰欺。"贾岛《寄丘儒》："自经失欢笑，几度腾霜霰。"

【霜鶻】　❶即鹘。其性猛鸷凶残，故云。元稹《有鸟二十章》之五："秋鹰迸逐霜鹘远，鹏鸟护巢当昼啼。"❷喻指肆毒的谗人。杜甫《寄岳州贾司马六丈巴州严八使君两阁老五十韵》："浦鸥防碎首，霜鹘不空拳。"

【霜議】　严正的言论。孟郊《吊元鲁山》之八："冰心镜衰古，霜议清遐障。"

【霜鼙】　秋天中的鼙鼓声。孟郊《寄院中诸公》："千山惊月晓，百里闻霜鼙。"

【霜露】　霜和露。骆宾王《畴昔篇》："人事谢光阴，俄遭霜露侵。"杜甫《出郭》："霜露晚凄凄，高天逐望低。"李贺《汉唐姬饮酒歌》："御服沾霜露，天衢长蓁棘。"李商隐《题白石莲花寄楚公》："空庭苔藓饶霜露，时梦西山老病僧。"

【霜飆】　凛冽的寒风。李白《酬崔五郎中》："是时霜飙寒，逸兴临华池。"

【霜鶴】　白鹤。杜牧《朱坡》："迥野翘霜鹤，澄潭舞锦鸡。"陆龟蒙《奉和袭美赠魏处士五贶诗·华顶杖》："瘦于霜鹤胫，奇似黑龙须。"

【霜鱗】　指鱼。其鳞多为白色，故称。皮日休《钓侣二章》之一："趁眠无事避风涛，一斗霜鳞换浊醪。"

【霜鬚】　白色胡须。李贺《夜来乐》："剑崖鞭节青石珠，白騧吹湍凝霜须。"刘禹锡《遥和韩睦州元相公二君子》："玉人紫绶相辉映，却要霜须一两茎。"

【霜鬢】　白色鬓发。杜甫《书堂饮既夜复邀李尚书下马月下赋绝句》："久判野鹤如霜鬓，遮莫邻鸡下五更。"又《送何侍御归朝》："春日垂霜鬓，天隅把绣衣。"

【霜鸇】　即鹯。其性猛鸷凶残，故称。韦应物《鸢夺巢》："霜鹯野鹞得残肉，同啄膻腥不肯逐。"

雾　〔yīn《广韵》於金切，平侵，影。〕同"陰"。《楚辞·九辩》："忠昭昭而愿见兮，然雾曀而莫达。"王逸注："邪伪推排而隐蔽也。"洪兴祖补注："雾，音阴，云覆日也。曀，阴风也。"韩愈、孟郊《远游联句》："灵瑟时窅窅，雾猿夜啾啾。"

霞　〔xiá《广韵》胡加切，平麻，匣。〕❶日出、日落时天空及云层上因日光斜射而出现的彩色光象或彩色的云。《文选·左思〈蜀都赋〉》："干青霄而秀出，舒丹气而为霞。"刘逵注："霞，赤云也。"骆宾王《晚度黄河》："岸迥秋霞落，潭深夕雾繁。"杜甫《空囊》："翠柏苦犹食，晨霞高可餐。"李贺《夜坐吟》："明星烂烂东方陲，红霞梢出东南涯。"毛熙震《浣溪沙》词之一："水精帘影露珠悬，绮霞低映晚晴天。"❷云，烟云，烟雾。杜审言《七夕》："白露含明月，青霞断绛河。"韩愈《李花赠张十一署》："金乌海底初飞来，朱辉散射青霞开。"参见"霞岫""霞首""霞際"。❸喻指脸上的红晕。参见"霞臉"。❹指流霞，美酒。参见"霞杯""霞酌"。❺通"遐"。遥远。参见"霞想"。

【霞巾】　道士的头巾。韦渠牟《步虚词十九首》之一五："羽袖挥丹凤，霞巾曳彩虹。"

【霞石】　赤色的岩石。杜甫《次空灵岸》："空灵霞石峻，枫栝隐奔峭。"

【霞片】　红色薄片。借指荔枝壳。韩偓《荔枝三首》之三："巧裁霞片裹神浆，崖蜜天然有异香。"

【霞月】　明丽的月亮。张籍《学仙》："高歌如芙蓉，霞月披衣裳。"

【霞文】　指绚烂的云彩。杨炯《和郑雠校内省眺瞩思乡怀友》："霞文埋落照，风物淡归烟。"常建《梦太白西峰》："松风引天影，石濑清霞文。"陆龟蒙《句》："山上花明水上熏，一桡青翰破霞文。"

【霞旦】 霞朝，彩霞映照的早晨。卢鸿一《嵩山十志十首·樾馆》："霾靡蒙茏兮开樾馆，卧风霄兮坐霞旦。"

【霞外】 ❶云外，高远处。崔湜《江楼夕望》："楚山霞外断，汉水月中平。"❷尘外，远离世俗。宋之问《答田征君》："传闻颍阳人，霞外漱灵液。"秦系《题洪道士山院》："霞外主人门不扃，数株桃树药囊青。"

【霞光】 太阳初升或将落时从云罅或云层中透射出来的日光。亦借指女子光彩照人。白居易《和梦游春诗一百韵》："霞光抱明月，莲艳开初旭。"又《天宫阁秋晴晚望》："霞光红泛艳，树影碧参差。"又《南塘暝兴》："水色昏犹白，霞光暗渐无。"刘禹锡《阙下待传点呈诸同舍》："山色葱茏丹槛外，霞光泛滟翠松梢。"又《唐秀才赠端州紫石砚以诗答之》："玉蜍吐水霞光静，彩翰摇风绛锦鲜。"

【霞色】 ❶云彩的颜色。孟浩然《舟中晓望》："坐看霞色晓，疑是赤城标。"陈师穆《立春日晓望三素云》："人归悬想处，霞色自氛氲。"裴度、刘禹锡《蔷薇花联句》："似锦如霞色，连春接夏开。"❷彩色。太宗《正月临朝》："组练辉霞色，霜戟耀朝光。"

【霞衣】 ❶以云霞为衣。云霞之衣。后用以指仙道所穿的衣服。张籍《送宫人入道》："名初出宫籍，身未称霞衣。"❷喻指轻柔艳丽的衣服。李峤《舞》："霞衣席上转，花袖雪前明。"高蟾《偶作二首》之二："霞衣重叠红蝉暖，云髻葱笼紫凤寒。"❸指云雾、烟霞。云遮雾障，有如衣衫，故云。中宗《石淙》："霞衣霞锦千般状，云峰云岫百重生。"

【霞赤】 如霞之赤。温庭筠《自有扈至京师已后朱樱之期》："露圆霞赤数千枝，银笼谁家寄所思。"

【霞車】 指火神的车驾。火神的车驾色如红霞，故云。韩愈《陆浑山火和皇甫湜用其韵》："缇颜靺股豹两鞬，霞车虹靷日毂辐。"

【霞表】 云表，高空。柳宗元《湘口馆潇湘二水所会》："高馆轩霞表，危楼临山限。"

【霞英】 红花。周繇《看牡丹赠段成式》："金蕊霞英叠彩香，初疑少女出兰房。"

【霞杯】 饮美酒的杯子。东汉王充《论衡·道虚》载，项曼都好道学仙，仙人曾饮其以流霞美酒，每饮一杯，数月不饥。钱起《宴郁林观张道士房》："仙侣披云集，霞杯达曙倾。"李乂《幸白鹿观应制》："云幄临悬圃，霞杯荐赤城。"

【霞岫】 云气迷漫的山谷。上官昭容《游长宁公主杯池二十五首》之十三："策杖临霞岫，危步下霜蹊。"

【霞帔】 ❶《新唐书·隐逸传·司马承祯》："[司马承贞]对曰：'国犹身也，故游心于淡，合气于漠，与物自然而无私焉，而天下治。'帝嗟味曰：'广成之言也！'锡宝琴、霞纹帔，还之。"后遂以指道士服。刘禹锡《和令狐相公送赵常盈炼师与中贵人同拜岳及天台投龙毕却赴京》："银珰谒者引霓旌，霞帔仙官到赤城。"温庭筠《女冠子》词之二："霞帔云发，钿镜仙容似雪。"❷以云霞为服。帔，帔肩。韦庄《信州西仙人城下月岩山》："常娥曳霞帔，引我同攀跻。"❸喻指轻柔美艳的舞衣。白居易《霓裳羽衣歌》："虹裳霞帔步摇冠，钿璎累累佩珊珊。"

【霞佩】 仙女的饰物。韩愈《调张籍》："乞君飞霞佩，与我高颉颃。"

【霞刹】 佛寺。元稹《湘南登临湘楼》："霞刹分危榜，烟波逐远光。"

【霞服】 轻柔美艳的舞服。元稹《青云驿》："云韶互铿戛，霞服相提携。"

【霞卷】 如云霞之卷起。李贺《出城别张又新酬李汉》："绿网缒金铃，霞卷清池潏。"

【霞牀】 华美的床。传说中仙人的卧具。韦渠牟《步虚词十九首》之一二："霞床珠斗帐，金荐玉舆轮。"

【霞城】 高峻的城。太宗《春日登陕州城楼》："碧原开雾隰，绮岭峻霞城。"

【霞骨】 指紫红色的石头。陆龟蒙《袭美以紫石砚见赠以诗迎之》："霞骨坚来玉自愁，琢成飞燕古钗头。"

【霞首】 云表。指传说中的仙境。王勃《忽梦游仙》："念尔登霞首，依然蹑云背。"

【霞冠】 道士帽。孟郊《同李益崔放送王炼师还楼观兼为群公先营山居》："霞冠遗彩翠，月帔上空虚。"

【霞酌】 晋葛洪《抱朴子·祛惑》："项曼都入山学仙……仙人但以流霞一杯，与我饮之，辄不饥渴。"后遂以指仙酒。钱起《寻华山云台观道士》："霓裳谁之子，霞酌能止客。"参见"霞杯"。

【霞彩】 彩霞。张均《岳阳晚景》："水光浮日出，霞彩映江飞。"

【霞脚】 ❶低垂近地面的云霞。喻凫《得子侄书》："雁天霞脚雨，渔夜苇条风。"❷指煮泡后沉至杯底的茶叶。曹邺《故人寄茶》："碧沉霞脚碎，香泛乳花轻。"

【霞液】 早晨的露水。道教以为仙露。吴筠《游仙二十四首》之七："霞液朝可饮，虹芝晚堪食。"

【霞宿】 如同云霞的止宿。指居无定所。李益《入华山访隐者经仙人石坛》："夙驾升天行，云游姿霞宿。”

【霞朝】（—zhāo）彩霞映照的早晨。刘禹锡《酬严给事贺加五品兼简同制水部李郎中》：“闻道水曹偏得意，霞朝雾夕有光辉。”

【霞景】指穿过云霞的日光。李百药《秋晚登古城》：“霞景焕余照，露气澄晚清。”

【霞舒】如彩霞之舒展。形容事物轻柔美艳。《郊庙歌辞·蜡百神乐章·肃和》：“绮币霞舒，瑞珪虹起。”

【霞焰】见“霞燄”。

【霞窗】华美的窗户。上官昭容《游长宁公主流杯池二十五首》之十一：“霞窗明月满，涧户白云飞。”

【霞裙月帔】以云霞为裙，明月为披肩。借指仙女。韦庄《天仙子》词之五：“金似衣裳玉似身，眼如秋水鬓如云，霞裙月帔一群群。”

【霞開】指云雾散开。胡曾《草檄答南蛮有咏诗》：“辞天去塞阵云空，雾卷霞开万里通。”

【霞疏】雕绘精美的窗户。韦庄《抚盈歌》：“凤縠兮鸳绡，霞疏兮绮寮。”

【霞想】遐想。霞，通“遐”。李白《秋夕书怀》：“海怀结沧洲，霞想游赤城。”

【霞粲】如霞光之灿烂。陆龟蒙《奉和袭美太湖诗二十首·上真观》：“霄裙或霞粲，侍女忽玉姹。”

【霞際】云边。谓高处。孟郊《送清远上人归楚山旧寺》：“波中出吴境，霞际登楚岑。”

【霞綃】轻柔美艳的丝织品。亦用以形容美景。温庭筠《锦城曲》：“江风吹巧剪霞绡，花上千枝杜鹃血。”

【霞駮】色彩斑斓貌。陆龟蒙《袭美先辈以龟蒙所献五百言再抒鄙怀用伸酬谢》：“发论若霞驳，裁诗如锦摛。”

【霞閣】云阁，高阁。李白《题嵩山逸人元丹丘山居》：“凭雷蹑天窗，弄景憩霞阁。”

【霞绮】❶艳丽多彩如锦绮的云霞。杜甫《宇文晁尚书之甥崔彧司业之孙尚书之子重泛郑监审前湖》：“樽当霞绮轻初散，棹拂荷珠碎却圆。”韦庄《三用韵》：“晚日舒霞绮，遥天倚黛岑。”李商隐《魏侯第东北楼堂郢叔言别聊用书所见成篇》：“霞绮空留段，云峰不带根。”❷艳丽多彩如云霞的锦绮。杜甫《种莴苣》：“登于白玉盘，藉以如霞绮。”白居易《病中辱崔宣城长句见寄兼有觥绮之赠因以四韵总而酬之》：“信题霞绮缄情重，酒试银觥表分深。”

【霞輝】霞光。李绅《南梁行》：“呜呜晓角霞辉粲，抚剑当应一长叹。”

【霞履】道士的步履。李群玉《送隐者归罗浮》：“蓬莱道士飞霞履，清远仙人寄好诗。”

【霞漿】仙露。晋王嘉《拾遗记·炎帝神农》：“时有流云洒液，是谓霞浆。服之得道，后天而老。”司空图《携仙箓九首》之八：“水精楼阁分明见，只欠霞浆别著旗。”

【霞錦】艳丽如霞的丝织物。中宗《石淙》：“霞衣霞锦千般状，云峰云岫百重生。”张祜《觱篥》：“雪藤新换束，霞锦旋抽囊。”亦喻指美好的诗文。韩愈《和崔舍人咏月二十韵》：“属思摛霞锦，追欢罄缥瓶。”

【霞燄】亦作“霞焰”。如火的彩霞。亦用以形容景物。刘言史《山寺看海榴花》：“夜久月明人去尽，火光霞燄递相燃。”姚鹄《奉和秘监从翁百日陕州河亭晚望》：“霞焰侵旌旆，滩声杂管弦。”无可《寄题庐山二林寺》：“岚光生叠砌，霞焰发高墉。”

【霞壁】红色的崖壁。陶翰《宿天竺寺》：“正殿倚霞壁，千楼标石丛。”李绅《杭州天竺灵隐二寺二首》之一：“石文照日分霞壁，竹影侵云拂暮烟。”

【霞曙】朝霞。李绅《望鹤林寺》：“红照日高殷夺火，紫凝霞曙莹销尘。”

【霞脸】细润如霞的面容。和凝《山花子》词之一：“星靥笑偎霞脸畔，蹙金开襜衬银泥。”

【霞觴】犹霞杯。曹唐《送刘尊师祗诏阙庭三首》之二：“霞觞共饮身虽在，风驭难陪迹未闲。”

【霞襟】道士或隐士的衣服。陆龟蒙《寄茅山何威仪二首》之二：“身轻曳羽霞襟狭，髻耸峨烟鹿帻高。”

【霞爛】绚烂如霞。白居易《和微之诗二十三首·和送刘道士游天台》：“烟霏子晋裾，霞烂麻姑裙。”

【霞霽】云霞清散。刘禹锡《秋江早发》：“轻阴迎晓日，霞霁秋江明。”

【霞巘】红色的山岩。李贺《昌谷诗》：“霞巘殷嵯峨，危溜听争次。”

【霞纓】云霞缭绕。寒山《诗三百三首》之六九：“有人兮山楹，卷卷兮霞缨。”

【霞觀】（—guàn）高耸的楼观。吕温《奉和李相公早朝于中书候传点》：“宿雾开霞观，晨光泛露盘。”

十　画

霣　〔yǔn《广韵》于敏切，上轸，云。〕坠落。韩愈《秋怀诗十一首》之九：“谓是夜气灭，望舒霣其团。”

霢　〔mài《广韵》莫獲切，入麦，明。〕❶小雨。参见“霢霂❶”。❷汗流貌。陆龟蒙《纪梦游甘露寺》：“怯慑不敢前，荷襟汗沾霢。”

【霢霂】❶小雨。白居易《喜雨》：“千日浇灌功，不如一霢霂。”又白居易、王起《秋霖即事联句三十韵》：“有苗沾霢霂，无月弄潺湲。”❷汗流貌。白居易

《香山寺石楼潭夜浴》:"摇扇风甚微,褰裳汗霡霂。"

霤　〔liù《广韵》力救切,去宥,來。〕亦作"雷"。❶屋檐水。白居易、王起《秋霖即事联句三十韵》:"高霤愁晨坐,空阶警夜眠。"❷屋檐。《礼记·玉藻》:"凡侍于君,绅垂,足如履齐,颐霤,垂栱,视下而听上。"孔颖达疏:"颐霤者,霤,屋檐,身俯,故头临前,垂颐如屋霤。"韩愈《南山诗》:"敷敷花披萼,阘阘屋摧霤。"刘禹锡《和河南裴尹侍郎宿斋天平寺诣九龙祠祈雨二十韵》:"炎空忽凄紧,高霤悬绠縻。"白居易《新居早春二首》之二:"霤滴檐冰尽,尘浮隙日斜。"

霧　〔wù《广韵》亡遇切,去遇,微。又莫紅切,平東,明〕❶雾气。气温下降时,空气中的水蒸气凝结成小水点,悬浮在接近地面的空气中,能使视野模糊不清。卢照邻《至陈仓晓晴望京邑》:"雾敛长安树,云归仙帝乡。"杜甫《山馆》:"南国昼多雾,北风天正寒。"李贺《兰香神女庙》:"踏雾乘同归,撼玉山上闻。"来鹄《闻蝉》:"绿槐阴里一声新,雾薄风轻力未匀。"❷喻指轻细之物。李贺《神仙曲》:"犹疑王母不相许,垂雾娃鬟更传语。"韩偓《偶见四首》之一:"雾为襟袖玉为冠,半似羞人半忍寒。"李珣《女冠子》词之二:"玉堂虚,细雾垂珠佩,轻烟拽翠裾。"❸喻浓密、众多。张说《郊庙歌辞·享太庙乐章·文舞》:"图书雾出,日月清悬。"

【霧夕】　雾夜,多雾的夜晚。刘禹锡《酬严给事贺加五品兼简同制水部李郎中》:"闻道水曹偏得意,霞朝雾夕有光辉。"李商隐《漫成三首》之三:"雾夕咏芙蕖,何郎得意初。"

【霧市】　后汉张楷字公超,通《严氏春秋》《古文尚书》,隐居弘农山中。性好道术,能做五里雾。学者随之,所居成市。见《后汉书·张楷传》。后遂以喻从学弟子会集之所。李瀚《蒙求》:"公超雾市,鲁般云梯。"

【霧中豹】　(中 zhōng)义同"雾豹"。

【霧光】　雾气。李峤《野》:"苍梧云影去,涿鹿雾光通。"

【霧色】　雾,雾的颜色。王勃《别人四首》之四:"霜华净天未,雾色笼江际。"

【霧衣】　轻柔飘洒的衣服。李贺《昌谷诗》:"雾衣夜披拂,眠坛梦真粹。"

【霧雨】　❶雾和雨。杜甫《长江二首》之二:"未辞添雾雨,接上遇衣襟。"又《秋日夔州咏怀寄郑监李宾客一百韵》:"雾雨银章涩,馨香粉署妍。"韩愈《洞庭阻风赠张十一署》:"雾雨晦争泄,波涛怒相投。"白居易《初到忠州登东楼寄杨八使君》:"林峦少平地,雾雨多阴天。"❷蒙蒙细雨。温庭筠《阳春曲》:"霏霏雾雨杏花天,帘外春威著罗幕。"❸谓隐居。韦庄《冬日长安感志寄献虢州崔郎中二十韵》:"雾雨十年同隐遁,风雷何日震沉潜。"参见"霧豹"。

【霧豹】　汉刘向《列女传·贤明·陶答子妻》载,答子治陶三年,名誉不兴,家富三倍,其妻数谏不用。居五年,从车百乘归休,宗人击牛而贺之,其妻独抱儿而泣。姑怒曰:"何其不祥也。"妇曰:"夫子能薄而官大,是谓婴害;无功而家昌,是谓积殃……妾闻南山有玄豹,雾雨七日而不下食,何也?欲以泽其毛而成文章也,故藏而远害……"后遂以为隐居伏处,退藏避害之典。卢僎《奉和李令扈从温泉宫赐游骊山韦侍郎别业》:"窥岩详雾豹,过水略泉鱼。"韩偓《余卧疾深林闻一二郎官今称继使闽越因成此篇》:"雾豹只忧无石室,泥鳅唯要有洿池。"白居易《渭村退居寄礼部崔侍郎翰林钱舍人》:"笼禽放高举,雾豹得深藏。"李贺《春归昌谷》:"知非出柙虎,甘作藏雾豹。"

【霧袖】　轻柔飘拂的衣袖。李益《避暑女冠》:"雾袖烟裾云母冠,碧流璃簟井冰寒。"

【霧雪】　雾和雪。比喻舒卷自如和曲高和寡的诗文。钱起《美杨侍御清文见示》:"雾雪看满怀,兰筌坐盈掬。"

【霧野】　烟雾笼罩着的原野。韦应物《途中寄杨邈裴绪示褒子》:"雾野腾晓骑,霜竿裂冻旗。"

【霧唾】　口中呼出的热气。李商隐《碧瓦》:"雾唾香难尽,珠啼冷易销。"

【霧術】　云雾中的道路。王勃《八仙径》:"援萝窥雾术,攀林俯云烟。"

【霧船】　雾中之船。杜甫《江边星月二首》之二:"江月辞风缆,江星别雾船。"

【霧朝】　(—zhāo)多雾的早晨。刘禹锡《和窦中丞晚入容江作》:"桂水步秋浪,火山凌雾朝。"

【霧綃雲縠】　薄如云雾似的轻纱。罗虬《比红儿诗一百首》之五一:"魏帝休夸薛夜来,雾绡云縠称身裁。"

【霧樹】　云雾中的树木。杜甫《喜达行在所三首》之一:"雾树行相引,莲峰望忽开。"

【霧霏】　轻柔的烟雾。杜甫《奉送魏六丈佑少府之交广》:"侍婢艳倾城,绡绮轻雾霏。"

【霧隱】　❶云雾遮掩。杜甫《暮寒》:"雾隐平郊树,风含广岸波。"❷谓隐身避害。薛能《孔雀》:"曾处嶂中真雾隐,每过庭下似春来。"

【霧縠】　❶薄雾般的轻纱。《文选·宋玉〈神女赋〉》:"动雾縠以徐步兮,拂墀声之珊珊。"李善注:"縠,今之轻纱,薄如雾也。"魏承班《渔歌子》词:"柳如眉,云似发,鲛绡雾縠笼香雪。"❷轻纱般的烟云薄雾。韦渠牟《步虚词十九首》之一六:"雾縠笼绡带,云屏列锦霞。"和凝《临江仙》词之一:"海棠香老春江晚,小楼雾縠空濛。"

【霧蟚】 雾海。李乂《奉和春日幸望春宫应制》："秦商重沓云岩近，河渭萦纡雾蟚深。"

【霧櫂】 雾中的行船。沈亚之《五月六日发石头城步望前船示舍弟兼寄侯郎》："水关开夜锁，雾棹起晨凉。"

十一画

霪 〔yín《广韵》餘針切，平侵，以。〕久雨；久雨貌。杨衡《南海苦雨寄赠王四侍御》："暗沟夜滴滴，荒庭昼霪霪。"贾岛《望山》："阴霪一以扫，浩翠写国门。"

【霪霖】 久雨。林宽《苦雨》："霪霖翳日月，穷巷变沟坑。"

十二画

霰 〔xiàn《广韵》蘇佃切，去霰，心。〕雪珠。白色不透明的珠形或圆锥形小冰粒。多在下雪前或下雪时降落。杜甫《青阳峡》："魑魅啸有风，霜霰浩漠漠。"又《白马》："丧乱死多门，呜呼泪如霰。"李贺《自昌谷到洛后门》："寒凉十月末，露霰濛晓昏。"李商隐《七月二十九日崇让宅宴作》："露如微霰下前池，月过回塘万竹悲。"

【霰雪】 雪珠和雪花。白居易《秦中吟十首·重赋》："夜深烟火尽，霰雪白纷纷。"

靁 见"雷"。

霮 〔dàn《集韵》徒感切，上感，定。〕见"霮䨴"。

【霮䨴】 云浓重貌。《文选·王延寿〈鲁灵光殿赋〉》："歘欻幽霭，云覆霮䨴。"吕延济注："霮䨴，繁云貌。"李白《历阳壮士勤将军名思齐歌》："蓄泄数千载，风云何霮䨴。"

十三画

霸 〔bà《广韵》必駕切，去禡，幫。〕❶作诸侯联盟的首领；称霸；称雄。李商隐《送千年李将军赴阙五十韵》："如无一战霸，安有大横庚。"参见"霸才"。❷霸主。古代诸侯联盟的首领。高适《宋中十首》之八："五霸递征伐，宋人无战功。"李商隐《赠送前刘五经映三十四韵》："何由羞五霸，直身咎三皇。"陆龟蒙《读襄阳耆旧传因作诗五百言寄皮袭美》："却视五霸图，股掌弄孩幼。"❸霸道。指凭借武力、刑法、权势等进行统治的政策。参见"霸道"。❹强横，霸道。参见"霸官"。

【霸王】 ❶霸与王。古称有天下者为王，诸侯之长为霸。亦泛指称霸者。李白《留别金陵诸公》："六代更霸王，遗迹见都城。"又《经乱离后天恩流放夜郎忆旧游书怀赠江夏韦太守良宰》："试涉霸王略，将期轩冕荣。"杜甫《剑门》："至今英雄人，高视见霸王。"刘禹锡《经伏波神祠》："自负霸王略，安知恩泽侯。"❷指西楚霸王项羽，见《史记·项羽本纪》。刘禹锡《历阳书事七十韵》："霸王迷路处，亚父所封城。"

【霸才】 称雄之才。温庭筠《过陈琳墓》："词客有灵应识我，霸才无主始怜君。"

【霸川】 即灞水。温庭筠《湖阴词》："五陵愁碧春萋萋，霸川玉马空中嘶。"

【霸主】 建立王霸之业的雄主。杜甫《夔州歌十首》之二："英雄割据非天意，霸主并吞在物情。"

【霸先】 陈霸先。仕梁屡建战功，官至相国，封陈公，进而受禅称帝，建立陈朝，是为陈武帝。见《南史·陈武帝本纪》。后用以喻指拥兵篡夺帝位的权臣。韩偓《感事三十四韵》："只拟诛黄皓，何曾识霸先。"

【霸官】 强横有势力的官吏。孟郊《吊元鲁山》："食名皆霸官，食力乃尧农。"

【霸迹】 霸业、王业。骆宾王《夕次旧吴》："黄池通霸迹，赤壁畅戎威。"

【霸亭】 霸陵亭。汉文帝陵寝旁的亭台，霸陵尉曾强使李广夜宿于此。储光羲有《秋次霸亭寄申大》。参见"霸陵"。

【霸氣】 ❶霸王之气。指王气，国运。杜甫《谒先主庙》："霸气西南歇，雄图历数屯。"❷割据称霸之气。李白《经乱离后天恩流放夜郎忆旧游书怀赠江夏韦太守良宰》："樊山霸气尽，寥落天地秋。"又《登瓦官寺》："山空霸气灭，地古寒阴生。"杜甫《鹿头山》："殊方昔三分，霸气曾闻发。"

【霸略】 称雄图霸的谋略。骆宾王《四月八日题七级》："霸略今何在，王宫尚岿然。"

【霸國】 在诸侯国中处于盟主地位的国家。《管子·度地》："故百家为里，里十为术，术十为州，州十为都，都十为霸国。不如霸国者，国也。"尹知章注："不成于霸国者，诸侯之国也。"戴叔伦《京口怀古》："霸国今何在，清泉长自流。"

【霸陵】 即"灞陵"。汉文帝刘恒墓。在今陕西西安市东北。《史记·李将军列传》："[李广]尝夜从一骑出，从人田间饮。还至霸陵亭，霸陵尉醉，呵止广，广骑曰：'故李将军。'尉曰：'今将军尚不得夜行，何乃故也？'止广宿亭下。居无何，匈奴入杀辽西太守……于是天子乃召拜广右北平太守。广即请霸陵尉与俱，至军而斩之。"诗人咏其事，抒发失官后受人欺凌的感慨。长孙无忌《灞桥待李将军》："霸陵无醉尉，谁滞李将军。"陶翰《古塞下曲》："归来霸陵下，故旧无相过。"刘禹锡《酬郓州令狐相公官舍言怀见寄兼呈乐天》："闻说朝天在来岁，霸陵春色待行车。"

【霸陵岸】　指汉文帝葬处所在的高地。储光羲《贻刘高士别》："而我送将归，裴回霸陵岸。"

【霸陵原】　亦称白鹿原。在今陕西西安市东北。因汉文帝刘恒陵墓霸陵在此，故称。白居易《新乐府·草茫茫》："凭君回首向南望，汉文葬在霸陵原。"又《德宗皇帝挽歌词四首》之一："文高柏梁殿，礼薄霸陵原。"韩琮《杨柳枝词》："霸陵原上多离别，少有长条拂地垂。"

【霸業】　指称霸诸侯或维持霸权的事业。李白《月夜金陵怀古》："天文列宿在，霸业大江流。"杜甫《秋日荆南述怀三十韵》："霸业寻常体，忠臣忌讳灾。"

【霸道】　指君王凭借武力、刑法、权势进行统治。与"王道"相对。骆宾王《夏日游德州赠高四》："封疆恢霸道，问鼎竞雄图。"

【霸圖】　称霸的雄图。陈子昂《蓟丘览古赠卢居士藏用七首·燕昭王》："霸图怅已矣，驱马复归来。"李白《读诸葛武侯传书怀赠长安崔少府叔封昆季》："霸图各未立，割据资豪英。"

露　〔lù《广韵》洛故切，去暮，來。〕❶夜晚或清晨近地面的水气遇冷凝结于物体（如草木土石）上的水珠。骆宾王《在狱咏蝉》："露重飞难进，风多响易沉。"杜甫《秋哭八首》之七："波漂菰米沉云黑，露冷莲房坠粉红。"李贺《夜饮朝眠曲》："柳苑鸦啼公主醉，薄露压花蕙园气。"李商隐《凉思》："客去波平槛，蝉休露满枝。"❷（或读 lòu）显露；暴露，露出。《礼记·孔子闲居》："地载神气，神气风霆，风霆流形，露而见生。"杜甫《暇日小园散病将种秋菜督勒耕牛兼书触目》："雄者左翮垂，损伤已露筋。"韩愈《石彭歌》："剜苔剔藓露节角，安置妥贴平不颇。"李商隐《五言述德抒情诗一首四十韵献上仆射相公》："感念殽尸露，咨嗟赵卒坑。"又《高花》："花将人共笑，篱外露繁枝。"❸酒的代称。杜甫《寄彭州高三十五使君适虢州岑二十七长史参三十韵》："乌麻蒸续晒，丹橘露应尝。"李贺《追和柳浑》："酒杯箬叶露，玉轸蜀桐虚。"又《拂舞歌辞》："全胜汉武锦楼上，晓望晴寒饮花露。"李商隐《谒山》："欲就麻姑买沧海，一杯春露冷如冰。"

【露井】　没有加盖的井。杜甫《冬日洛城北谒玄元皇帝庙》："风筝吹玉柱，露井冻银床。"李商隐《独居有怀》："只闻凉叶院，露井近寒砧。"又《临发崇让宅紫薇》："桃绶含情依露井，柳绵相忆隔章台。"陆龟蒙《野井》："朱阁前头露井多，碧梧桐下美人过。"

【露天】　指室外。赵嘏《和杜侍郎题禅智寺南楼》："楼畔花枝拂槛红，露天香动满帘风。"

【露木】　经受过风霜雨露考验的树木。贯休《和杨使君游赤松山》："乳猿剧黠挂险树，露木翠脆生诸峰。"

【露日】　露出云层的日光。戴叔伦《江行》："芦洲隐遥嶂，露日映孤城。"

【露月】　露出云层的月亮。贾岛《答王参》："霜松积旧翠，露月团如镜。"

【露文】　露珠在阳光下闪耀的光彩。语本南朝梁江淹《别赋》："露下地而腾文。"骆宾王《寒气独坐游子外不简知己》："柳秋风叶脆，荷晓露文团。"李商隐《槿花二首》之一："燕体伤风力，鸡香积露文。"王勃《伤裴录事丧子》："露文晞宿草，烟照惨平林。"

【露光】　❶露珠反射出来的光耀。李贺《秋凉诗寄正字十二兄》："露光泣残蕙，虫响连夜发。"元稹《夜合》："绮树满朝阳，融融有露光。"温庭筠《瑟瑟钗》："翠染冰轻透露光，堕云孙寿有余香。"❷借指露水珠。孟浩然《初秋》："炎炎暑退茅斋静，阶下丛莎有露光。"

【露竹】　受露之竹。陆龟蒙《袭美见题郊居十首因次韵酬之以伸荣谢》："简便书露竹，尊待破霜匏。"

【露朵】　含露水的花朵。齐己《中春怆怀寄二三知己》："竹撼烟丛滑，花烧露朵干。"

【露色】　指露水。卢纶《送吉中孚校书归楚州旧山十一首》之十："露色凝古坛，泉声落寒井。"

【露衣】　饱含露水的地衣。孟郊《题从叔述灵岩山壁》："露衣凉且鲜，云策高复轻。"

【露花】　❶野地之花。李商隐《无题二首》之二："露花终裛湿，风蝶强娇饶。"露水。刘禹锡《聚蚊谣》："露花滴沥月上天，利觜伺暗声如雷。"❷露水。刘禹锡《聚蚊谣》："露花滴沥月上天，利觜迎人著不得。"

【露妝】　喻指带着露水的花枝。王建《春来曲》："青帝少女染桃花，露妆初出红犹湿。"

【露苗】　带露的幼苗。曹唐《送羽人王锡归罗浮》："最爱葛洪寻药处，露苗烟蕊满山春。"

【露英】　露珠，露水。元稹《蔷薇架》："风蔓罗裙带，露英莲脸泪。"

【露底】　（lòu—）显露出底部。孟郊《寒溪》："潜骨不自隐，露底莹更新。"

【露夜】　凝露的夜晚。李商隐《流莺》："风朝露夜阴晴里，万户千门开闭时。"

【露牀】　指铺有竹席的凉床。白居易《时热少客因咏所怀》:“露床青篾簟,风架白蕉衣。”

【露草】 沾露的草。杜甫《陪郑公秋晚北池临眺》:“萋萋露草碧,片片晚旗红。”

【露菊】 带露的菊花。杜甫《秋日夔州咏怀寄郑监李宾客》:“露菊班丰镐,秋蔬影涧瀍。”亦指菊花酒。杜甫《秋日寄题郑监湖上亭三首》之三:“羹煮秋莼滑,杯迎霜菊新。”

【露風】 秋风。曹唐《小游仙诗九十八首》之十:“百辟朝回闭玉除,露风清宴桂花疏。”

【露庭】 庭院。上无遮盖,故云。李商隐《烧香曲》:“露庭月井大红气,轻衫薄细当君意。”

【露紅】 显现出红色。李群玉《叹灵鹫寺山榴》:“水蝶岩峰俱不知,露红凝艳数千枝。”

【露珠】 露水珠,其形如珠,故云。王涯《秋思二首》之二:“一夜轻风蘋末起,露珠翻尽满池荷。”温庭筠《赠知音》:“星汉渐移庭竹影,露珠犹缀野花迷。”又《荷叶杯》词之一:“一点露珠凝冷,波影,满池塘。”又《归国遥》词之二:“锦帐绣帏斜掩,露珠清晓簟。”

【露華】 ❶露水。李白《清平调词三首》之一:“云想衣裳花相容,春风拂槛露华浓。”杜甫《十七夜对月》:“茅斋依橘柚,清切露华新。”又《江边星月二首》之一:“余光隐更漏,况乃露华凝。”戎昱《寄许炼师》:“扫石焚香礼碧空,露华偏湿蕊珠宫。”❷指清冷的月光。杜牧《寝夜》:“露华惊弊褐,灯影挂尘冠。”皮日休《天竺寺八月十五日夜挂子》:“玉颗珊珊下月轮,殿前拾得露华新。”

【露桃】 语本《乐府诗集·相和歌辞三·鸡鸣》:“桃生露井上,李树生桃旁。”后因用“露桃”称桃树、桃花。顾况《瑶草春》:“露桃秾李自成蹊,流水终天不向西。”杜牧《隋宫春》:“亡国亡家为颜色,露桃犹自恨春风。”李商隐《汴上送李郢之苏州》:“露桃涂颊依苔井,风柳夸腰住水村。”韦庄《南省伴直》:“文昌二十四仙曹,尽倚红檐种露桃。”

【露索】 井绳。李商隐《令狐舍人说昨夜西掖玩月因戏赠》:“露索秦宫井,风弦汉殿筝。”

【露圓】 如露珠之圆。温庭筠《自有扈至京师已后朱樱之期》:“露圆霞赤数千枝,银笼谁家寄所思。”

【露氣】 水气。李百药《秋晚登古城》:“霞景焕余照,露气澄晚清。”骆宾王《畴昔篇》:“寒光千里暮,露气二江秋。”杜甫《玩月呈汉中王》:“夜深露气清,江月满江城。”李商隐《药转》:“露气暗连青桂苑,风声偏猎紫兰丛。”

【露冕】 ❶隐者所戴的一种便帽。包佶《宿庐山赠白鹤观刘尊师》:“渐恨流年筋力少,惟思露冕事星冠。”❷晋陈寿《益都耆旧传》:“郭贺拜荆州刺史。明帝(汉明帝)巡狩到南阳,特见嗟叹,赐以三公之服,黼黻旒冕,敕去幨露冕,使百姓见此衣服,以彰其德。”后遂作为咏地方官员政绩卓著、皇帝恩宠有加的典故。王维《送缙云苗太守》:“露冕见三吴,方知百城贵。”又《送封太守》:“百城多候吏,露冕一何尊。”刘商《送元使君自楚移越》:“露冕行春向若耶,野人怀惠欲移家。”韩翃《赠兖州孟都督》:“露冕宁夸汉车服,下帷常讨鲁春秋。”

【露脚】 露滴。李贺《李凭箜篌引》:“吴质不眠倚桂树,露脚斜飞湿寒兔。”

【露葉】 沾露的树叶。卢照邻《折杨柳》:“露叶凝愁黛,风花乱舞衣。”崔善为《答王无功九日》:“露叶疑涵玉,风花似散金。”

【露葵】 向日葵。杜甫《夔府书怀四十韵》:“赏月延秋桂,倾阳逐露葵。”王维《积雨辋川庄作》:“山中习静观朝槿,松下清斋折露葵。”李白《赠闾丘处士》:“野酌劝芳酒,园蔬烹露葵。”

【露掌】 即承露盘。语本《史记·孝武本纪》:“其后则又作柏梁、铜柱、承露仙人掌之属矣。”裴骃集解引苏林曰:“仙人以手掌擎盘承甘露也。”卢照邻《七日登乐游故墓》:“中天擢露掌,匝地分星徼。”耿湋《朝下寄韩舍人》:“花间焰焰云旗合,鸟外亭亭露掌高。”

【露幕】 营帐,幕府。军旅行无常处,所在为营,故云。卢纶《送浑炼归觐却赴阙庭》:“露幕拥簪裾,台庭饯伯鱼。”

【露畹】 指多露的田野。李商隐《一片》:“天泉水暖龙吟细,露畹春多凤舞迟。”

【露節】 指寒秋时节。张九龄《园中时蔬二章》之一:“兰时独不偶,露节渐无芳。”

【露臺】 露天台榭。《史记·孝文本纪》:“孝文帝从代来,即位二十三年,宫室苑囿狗马服御无所增益,有不便,辄弛以利民。尝欲作露台,召匠计之,直百金。上曰:‘百金中民十家之产,吾奉先帝宫室,常恐羞之,何以台为!’”后遂以为帝王节俭之典。沈佺期《七夕曝衣篇》:“汉文宜惜露台费,晋武须焚前殿裘。”王维《和太常韦主簿五郎温汤寓目之作》:“汉主离宫接露台,秦川一半夕阳开。”高适《古歌行》:“苍生偃卧休征战,露台百金以为费。”

【露蔓】 带露的蔓草。杜牧《赴京初入汴口晓景即事先寄兵部李郎中》:“露蔓虫丝多,风蒲燕雏志。”

【露滴】 ❶露水珠。赵彦昭《秋朝木芙蓉》:“平明露滴垂红脸,似有朝愁暮落时。”❷露水下滴。丘丹《奉酬韦应物》:“露滴梧叶鸣,秋风桂花发。”陆龟蒙《汉宫词》:“一身三十六宫夜,露滴玉盘青桂秋。”罗邺《鸡冠花》:“一枝秾艳对秋光,露滴风摇倚砌傍。”

【露網】 ❶蜘蛛在露天所结的网。元稹《含风夕》:“露网袅风珠,轻河泛遥碧。”❷即露网车。王维

《送崔五太守》:"长安厩吏来到门,朱文露网动行轩。"

【露網車】 车毂彩绘的车子,古代高官所乘。网,花纹。李嘉祐《酬皇甫十六侍御曾见寄》:"江头鸟避青旄节,城里人迎露网车。"

【露槿】 即木槿。木槿花朝开暮落,有如朝露易干,故云。卢纶《秋夜同畅当宿藏公院》:"风萤方喜夜,露槿已伤秋。"皮日休《新秋即事三首》之三:"露槿风杉满曲除,高秋无事似云庐。"

【露盤】 ❶即承露盘。汉武帝刘彻迷信服食长生之说,于建章宫建仙人承露盘,承露服食。钱起《奉和中书常舍人晚秋集贤院即事寄徐薛二侍御》:"露盘侵汉耸,宫柳度鸦疏。"独孤及《奉和中书常舍人晚秋集贤院即事寄徐薛二侍御》:"晴空露盘迥,秋月琐窗凉。"窦常《七夕》:"露盘花水望三星,仿佛虚无为降灵。"李贺《金铜仙人辞汉歌》序:"魏明帝青龙元年八月,诏宫官牵车西取汉孝武捧露盘仙人,欲立置前殿。宫官既拆盘,仙人临载,乃潸然泪下。"❷佛寺宝塔上所建盘盖,又名"相轮"或"轮相"。卢宗回《登长安慈恩寺塔》:"东方晓日上翔鸾,西转苍龙拂露盘。"

【露薤】 ❶指《薤露歌》。歌曲感叹人生短促,是古人送殡的挽歌。李咸用《哭所知》:"风灯无定度,露薤亦逡巡。"❷带露的藠头。杜甫《秋日阮隐居致薤三十束》:"盈筐承露薤,不待致书求。"

【露樸】 (—pú)凝结着露水的树丛。李贺《七月一日晓入太行山》:"新桥倚云阪,候虫嘶露朴。"

【露積】 露天堆积。骆宾王《宿山庄》:"露积吴台草,风入郢门楸。"

【露曉】 有露的早晨。许浑《晓发鄞江北渡寄崔韩二先辈》:"露晓蒹葭重,霜晴橘柚垂。"

【露點】 露水珠。温庭筠《游南塘寄知者》:"烟光似带侵垂柳,露点如珠落卷荷。"罗隐《秋霁后》:"净碧山光冷,圆明露点匀。"

【露臉】 (lòu—)如露般莹润的面容。李贺《河南府试十二月乐辞·正月》:"锦床晓卧玉肌冷,露脸未开对朝暝。"

【露簟】 竹席。竹席清凉如露,故云。元稹《解秋十首》之五:"露簟有微润,清香时暗焚。"

【露蠶】 户外饲养的蚕。窦常《北固晚眺》:"露蚕开晚簇,江燕绕危樯。"

雱 〔pāng《广韵》普郎切,平唐,滂。〕❶见"雱霈❶"。❷盛多。白居易《渭村退居寄礼部崔侍郎翰林钱舍人诗一百韵》:"命偶风云会,恩覃雨露雱。"

【雱沛】 见"雱霈"。

【雱霈】 亦作"雱沛"。❶大雨。元稹《献荥阳公诗五十韵》启:"持杯棬而承澍雨,自满而止,又安能测其雱沛之所至哉!"❷喻盛多,盛大。独孤及《酬皇甫侍御望天潜山之作》:"天旋物顺动,德布泽雱霈。"白居易《喜雨》:"西北油然云势浓,须臾雱沛雨飘空。"刘禹锡《和河南裴尹侍郎宿斋天平寺诣九龙祠祈雨二十韵》:"生物已雱霈,湿云稍离披。"

霹 〔pī《广韵》普擊切,入錫,滂。〕雷电轰击。杜甫《敬寄族弟唐十八使君》:"雷霆霹长松,骨大却生筋。"

【霹靂】 ❶响雷,震雷。杜甫《夜听许十一诵诗爱而有作》:"精微穿溟涬,飞动摧霹雳。"又《韦讽录事宅观曹将军霸画马图》:"曾貌先帝照夜白,龙池十日飞霹雳。"又《种莴苣》:"山泉落沧江,霹雳犹在耳。"白居易《南阳小将张彦硖口镇税人场射虎歌》:"鸣弦霹雳越幽阻,往往依林犹旅拒。"马戴《黄神谷纪事》:"霹雳振秋岳,折松横洞门。"❷雷击。杜甫《雷》:"何须妒云雨,霹雳楚王台。"❸象声词。状雷声。杜甫《热三首》之一:"雷霆空霹雳,云雨竟虚无。"❹形容神速,快如电闪雷鸣。孟郊《峡哀》之九:"峡水剑戟狞,峡舟霹雳翔。"❺古琴曲名。沈佺期《霹雳引》:"客有鼓琴于门者,奏《霹雳》之商声。"参见"霹靂引"。

【霹靂引】 古琴曲名。《乐府诗集·琴曲歌辞一·霹雳引》宋郭茂倩题解:"谢希逸《琴论》曰:'夏禹作《霹雳引》。'《乐府解题》曰:'楚商梁游雷泽,霹雳下,乃援琴而作之,名《霹雳引》。未知孰是。"沈佺期《霹雳引》:"岁七月,火伏而金生,客有鼓瑟于门者,奏霹雳之商声。"

【霹靂車】 古代以机发石的战车。其发石时声如霹雳,故名。《后汉书·袁绍传》:"绍为高橹,起土山,射营中,营中皆蒙楯而行。操乃发石车击绍楼,皆破,军中呼曰'霹雳车'。"李贤注:"以其发石声震烈,呼为霹雳,即今抛车也。"陆龟蒙《秋思三首》之二:"谁在嫖姚幕,能教霹雳车。"

霧 〔wù《玉篇》武賦切。〕同"雾"。柳宗元《唐铙歌鼓吹曲十二篇·奔鲸沛》:"手援天矛,截修鳞。披攘蒙霧,开海门。"

十四画

霨 〔duì《广韵》徒對切,去隊,定。〕云密集貌。参见"霴霨"。

霾 〔mái《广韵》莫皆切,平皆,明。〕❶空气中因浮着大量的烟、尘等微粒而形成的混浊现象。《尔雅·释天》:"风而雨土为霾。"邢昺疏引孙炎曰:"大风扬尘土从上下也。"杜甫《七月三日有诗戏呈元二十一曹长》:"洒落唯清秋,昏霾一空闷。"又《白帝城最高楼》:"峡坼云靏龙虎卧,江清日抱鼋鼍游。"❷昏暗,模糊不清。刘禹锡《卧病闻常山旋师因寄李六侍御》:"南国异气候,火旻尚昏靏。"参见"靏天""靏晦"。❸遮蔽。《吕氏春秋·孟春》:"无聚大众,无置城郭,揜骼靏髊。"高诱注:"揜、靏者,覆藏之也。"张说《岳州九日宴道观西阁》:"凉云靏楚望,濛雨蔽荆岑。"杜甫《北风》:"向晚靏残日,初宵鼓大炉。"又《风疾舟中伏枕书怀三十六韵奉呈湖南亲友》:"水乡靏白屋,枫岸叠青岑。"白居易《南宾郡斋即事寄杨万州》:"莓苔翳冠带,雾雨靏楼雉。"❹埋没,隐没。孟郊《吊元鲁山》之四:"贤人多自靏,道理与俗乖。"

【靏天】 昏暗的天空。杜甫《寒硖》:"云门转绝岸,积阻靏天寒。"

【靏晦】 昏暗。喻指世乱。储光羲《奉别长史庾公太守徐公应召》:"鄷镐顷靏晦,云龙召我贤。"

【靏翳】 指浓云。杜甫《雷》:"复吹靏翳散,虚觉神灵聚。"

霽〔jì《广韵》子計切,去霽,精。〕❶雨止天晴。《书·洪范》:"乃命卜筮,曰雨,曰霁。"孔传:"龟兆形有似雨者,有似雨止者。"骆宾王《秋日饯陆道士陈文林》:"日霁崤陵雨,尘起洛阳风。"储光羲《狱中贻姚张薛李郑柳诸公》:"雁声远天末,凉气生霁后。"杜甫《夜雨西阁晓呈之二十一曹长》:"稍通绡幕霁,远带玉绳稀。"李商隐《商於》:"商於朝雨霁,归路有秋光。"引申为公道复昭。杜甫《八哀诗·赠秘书监江夏李公邕》:"衰俗凛生风,排荡秋旻霁。"❷明朗,晴朗。王勃《饯韦兵曹》:"川霁浮烟敛,山明落照移。"王昌龄《何九於客舍集》:"山月空霁时,江明高楼晓。"杜甫《题张氏隐居二首》之二:"霁潭鳣发发,春草鹿呦呦。"韩愈《和崔舍人咏月二十韵》:"未高烝远气,半上霁孤形。"

【霽天】 晴朗的天空。宋之问《玩郡斋海榴》:"泽国韶气早,开帘延霁天。"杜甫《哭韦大夫之晋》:"城府深朱夏,江湖眇霁天。"

【霽日】 晴朗之日,明亮的太阳。刘禹锡《飞鸢操》:"长空悠悠霁日悬,六翮不动凝风烟。"李商隐《崇让宅东亭醉后沔然有作》:"曲岸风雷罢,东亭霁日凉。"

【霽月】 明月。白居易《重修香山寺毕题二十二韵以纪之》:"霁月当窗白,凉风满簟秋。"又《酬梦得暮秋晴夜对月相忆》:"霁月光如练,盈庭复满池。"

【霽色】 晴朗的天色。骆宾王《春日离长安客中有怀》:"年华开早律,霁色荡芳晨。"元稹《饮致用神麯酒三十韵》:"雪映烟光薄,霜涵霁色泠。"白居易《小曲新词二首》之一:"霁色鲜宫殿,秋声脆管弦。"贾岛《送无可上人》:"圭峰霁色新,送此草堂人。"

【霽岫】 雨后初晴的峰峦。刘畋《雨后》:"残阳来霁岫,独兴起沧州。"

【霽氛】 雨后清新的空气。孔逖《宴越府陈法曹西亭》:"水木涵澄景,帘栊引霁氛。"

【霽波】 平静的水波。孟郊《石淙》之五:"丹巘堕环景,霁波灼虚形。"

【霽野】 晴朗的原野。刘祎之《酬郑沁州》:"寒山敛轻霭,霁野澄初旭。"

【霽景】 雨后晴朗的景色。陈子昂《晦日宴高氏林亭》序:"山河春而霁景华,城阙丽而年光满。"杜甫《寄岳州贾司马六丈巴州严使君两阁老五十韵》:"哭庙悲风急,朝正霁景鲜。"唐彦谦《蒲津河亭》:"宿雨清秋霁景澄,广亭高树向晨兴。"温庭筠《旅泊新律却寄一二知己》:"维舟息行役,霁景近江村。"

【霽暉】 晴朗的光辉。刘禹锡《秋江晚泊》:"长泊起秋色,空江涵霁晖。"

【霽霧】 正在消散的云雾。杜甫《大云寺赞公房四首》之四:"明霞烂复阁,霁雾搴高牖。"

十五画

靆〔dài《广韵》徒耐切,去代,定。〕见"靉靆"。

十六画

靈〔líng《广韵》郎丁切,平青,來。〕❶神灵,鬼怪。杨炯《西陵峡》:"江山若有灵,千载伸知己。"卢照邻《中和乐九章·歌储宫》:"高禖诞圣,甲观升灵。"杜甫《渼陂行》:"咫尺但愁雷雨至,苍茫不晓神灵意。"李商隐《复京》:"虏骑胡兵一战摧,万灵回首贺轩台。"❷魂灵。《文选·潘岳〈寡妇赋〉》:"愿假梦以通灵兮,目炯炯而不寝。"李周翰注:"通灵,通夫之神灵也。"温庭筠《过陈琳墓》:"词客有灵应识我,霸才无主始怜君。"❸天,天帝。《楚辞·王褒〈九怀·思忠〉》:"登九灵兮游神,静女歌兮微晨。"王逸注:"想登九天,放精神也。"《郊庙歌辞·礼圜丘乐章·豫和》:"上灵眷命膺会昌,盛德殷荐叶辰良。"《郊庙歌辞·中宗祀昊天乐章·亚献》:"三灵降飨,三后配神。"参见"靈馭""靈澤""靈鑒"。❹灵气,精气。杜甫《赠蜀僧闾丘师兄》:"呜呼先博士,炳灵精气奔。"❺人的聪明才智。参见"靈性""靈氣"。❻善,美好。参见"靈地""靈雨❶"。亦用作对事物的美称。参见"靈山❷""靈源❶""靈溪❶"。❼神奇、灵异。参见"靈橘""靈濤""靈蹤❶"。❽珍异,宝贵。参见"靈材"。❾指麟、凤、神龟、龙、白虎等神异鸟兽。刘禹锡《和河南裴尹侍郎宿斋天平寺诣九龙祠祈雨二十韵》:“瞻言五灵瑞,能救百谷萎。”黄滔《省试内出白鹿宣示百官》:“推于五灵少,宣示百寮观。”张绍《冲佑观》:“三境求规,五灵取则。”❿与僧道有关的。参见“靈宫”“靈階”。⓫与死人有关的。参见“靈車”。⓬姓。参见“靈輒”。

【靈一】 唐诗僧。俗姓吴,广陵(今江苏扬州市)人。幼年出家,初住会稽山南悬溜寺,后住扬州庆云寺,复住余杭宜丰寺,宝应元年(762)十月寂灭于杭州龙兴寺。《全唐诗》卷八〇八录其诗一卷,四十余首。皇甫冉有《赴无锡寄别灵一净虚二上人云门所居》。

【靈山】 ❶印度佛教圣地灵鹫山的简称。亦泛指有灵验的山。顾况《题灵山寺》:“觉地本随身,灵山重结因。”刘禹锡《送僧元暠南游》:“彭泽因家凡几世,灵山预会是前生。”李商隐《送臻师二首》之一:“昔去灵山非拂席,今来沧海欲求珠。”又《题道静院》:“自怜筑室灵山下,徒望朝岚与夕曛。”❷对山的美称。李白《改九子山为九华山联句》:“妙有分二气,灵山开九华。”刘赋《咏山》:“灵山峙千仞,蔽日且嵯峨。”❸山名。在阆州(治所在今四川阆中县)城东北,相传古蜀王鳖灵曾登此山,故名。杜甫《阆山歌》:“阆州城东灵山白,阆州城北玉台碧。”

【靈女】 仙女。吕岩《酹江月》词:“仙花朵秀,圣男灵女扳折。”

【靈山寺】 ❶在今浙江天台县北赤城山。顾况有《题灵山寺》。❷在今安徽繁昌县。许浑有《题灵山寺行坚师院》。张乔有《题灵山寺》。

【靈王】 疑指周灵王。张说《玄武门侍宴》:“羿后神幽赞,灵王法暗传。”

【靈元】 道家谓七窍之元神。吕岩《绝句》之三:“白虎神符潜姹女,灵元镇在七元君。”

【靈匹】 美好的配偶。孟郊《婵娟篇》:“夜半姮娥朝太一,人间本自无灵匹。”嵩山女《书任生案》:“神仙尽灵匹,君意合何如。”

【靈化】 谓死。魏朴《和皮日休悼鹤》:“直欲裁诗问杳冥,岂教灵化亦浮生。”

【靈心】 ❶神灵的心意。张说《入海二首》之二:“灵心岂不同,变化无常金。”褚亮《祈谷乐章·雍和》:“祝嘏无易,灵心有豫。”❷灵巧之心。李白《酬宇文少府赠桃竹书筒》:“灵心圆映三江月,彩质叠成五色云。”

【靈卉】 有灵异特征的花卉。薛涛《海棠溪》:“人世不思灵卉异,竞将红缬染轻沙。”

【靈丘】 神仙所居之山。亦泛称山。骆宾王《从军中行路难二首》之一:“阁道岧峣起戍楼,剑门遥裔俯灵丘。”

【靈仗】 出殡的仪仗。温庭筠《题翠微寺二十二韵》:“叠鼓严灵仗,吹笙送夕阳。”

【靈仙】 神仙。张说《岳阳石门墨二山相连有禅堂观天下绝景》:“药妙灵仙宝,境华岩壑选。”李白《改九子仙为九华山联句》序:“虽灵仙往复,而赋咏罕闻,予乃削其旧号,加以九华之目。”韩愈《游青龙寺赠崔大补阙》:“忽惊颜色变韶稚,却信灵仙非怪诞。”白居易《游悟真寺诗》:“吹如秋鹤声,可以降灵仙。”

【靈仙閣】 阁名。在永乐县(治所在今山西芮城县西南永乐镇)。李商隐有《灵仙阁晚眺寄郓州韦评事》。

【靈瓜】 传说中的仙瓜。晋王嘉《拾遗记·后汉》:“明帝阴贵人梦食瓜甚美,帝使求诸方国。时燉煌献异瓜种……瓜名‘穹隆’,长三尺而形屈曲,味美如饴。父老云:‘昔道士从蓬莱山得此瓜,云是崆峒灵瓜,四劫一实,西王母遗于此地,世代遐绝,其实颇在。’”吴筠《游仙二十四首》之二十:“千年紫柰熟,四劫灵瓜丰。”

【靈地】 美好的精神境界。刘叉《修养》:“此法那能坚此身,心田自有灵地珍。”

【靈芝】 传说中的仙草,瑞草。《文选·张衡〈西京赋〉》:“浸石菌于重涯,濯灵芝以朱柯。”薛综注:“石菌、灵芝,皆海中神山所有神草名,仙之所食也。”杨炯《巫峡》:“美人今何在,灵芝徒有芳。”骆宾王《代女道士王灵妃赠道士李荣》:“灵芝紫检参差长,仙桂丹花重叠开。”杜甫《九成宫》:“其阳产灵芝,其阴宿牛斗。”裴夷直《访刘君》:“灵芝破观深松院,还有斋时未起人。”

【靈光】 ❶神异的光辉。李白《登瓦官阁》:“灵光何足贵,长此镇吴京。”❷佛道指人的良善的本性。谓在万念俱寂之时,良善的本性会发出光耀。吕岩《水龙吟》词:“分明认得,灵光真趣,本来面目。”

【靈衣】 ❶神灵的衣裳。《楚辞·九歌·大司命》:“灵衣兮被被,玉佩兮陆离。”王逸注:“言己得依随司命,被服神衣。”杜甫《南池》:“歌舞散灵衣,荒哉旧风俗。”❷指陵庙中人物塑像所着的衣裳。李商隐《送千牛李将军赴阙五十韵》:“灵衣沾愧汗,仪马困阴兵。”

【靈州】 古州名。隋大业三年(607)置,治所在今宁夏银川市灵武市南,后废。唐初复置,天宝元年(742)改为灵武郡,乾元元年(758)复改为灵州。杜甫《李鄠县丈人胡马行》:“回鞭却走见天子,朝饮汉水暮灵州。”杜甫又有《送灵州李判官》。李频《闻北虏入灵州二首》这一:“河冰一夜合,虏骑入灵州。”张蠙《送卢尚书赴灵武》:“西北正传烽候急,灵州共喜信臣居。”

【靈池】 对池的美称。宋之问《奉和晦日幸昆明池应制》:“春豫灵池会,沧波帐殿开。”王建《温门山》:“灵池出山底,沸水冲地脉。”白居易《昆明春水满》:“往年因旱灵池竭,龟尾曳涂鱼煦沫。”又《题东武丘寺六韵》:“怪石千僧坐,灵池一剑沉。”

【靈池縣】 唐天宝元年(742)以东阳县改名。治所在今四川成都市东南龙泉驿。吴融有《灵池县见早梅》,诗题下注:“时太尉中书令京兆公奉诏讨蜀,余在幕中。”

【靈宅】 隐士或修道者的居所。刘禹锡《游桃源一百韵》:“禁山开秘宇,复户洁灵宅。”

【靈妃】 ❶指娥皇、女英。虞舜之二妃。王邕《湘灵鼓瑟》:“宝瑟和琴韵,灵妃应乐章。”胡曾《咏史诗·湘川》:“虞舜南捐万乘君,灵妃挥涕竹成纹。”❷指秦穆公女弄玉。韩愈《谁氏子》:“或云欲学吹凤笙,所慕灵妃媲萧史。”❸泛指仙女。张说《同赵侍御乾湖作》:“乍见灵妃含笑往,复闻游女怨歌来。”曹唐《张硕重寄杜兰香》:“灵妃不降三清驾,仙鹤空成万古愁。”

【靈均】 战国楚文学家屈原字。《楚辞·离骚》:“名余曰正则兮,字余曰灵均。”白居易《偶然二首》之一:“楚怀邪乱灵均直,放弃合宜何恻恻。”王遵《渔父》:“灵均说尽孤高事,全与逍遥意不同。”李群玉《湖中古愁三首》之二:“灵均竟不返,怨气成微波。”黄滔《录均》:“莫问灵均昔日游,江蓠春尽岸枫秋。”

【靈芽】 对茶叶的美称。柳宗元《巽上人以竹间自采新茶见赠酬之以诗》:“复此雪山客,晨朝掇灵芽。”

【靈芬】 道家语。指洁净之气,与“故气”相对而言。李商隐《戊辰会静中出贻同志二十韵》:“科车遏故气,侍香传灵芬。”

【靈材】 珍异的木材。陈陶《泉州刺桐花咏兼呈赵使君》之三:“石氏金园无此艳,南都旧赋乏灵材。”

【靈辰】 指人日。旧时谓正月初七日为人日。李峤《奉和人日清晖阁宴群臣遇雪应制》:“三阳偏胜节,七日最灵辰。”

【靈車】 载运灵柩的车子。赵嘏《哭李进士》:“牵马街中哭送君,灵车辗雪隔城闻。”

【靈虯】 虬龙。亦指刻漏上的龙状装饰物。因借指刻漏。杜甫《奉赠太常张卿二十韵》:“灵虬传夕箭,归马散霜蹄。”

【靈氛】 香气。李商隐《寓怀》:“星机抛密绪,月杵散灵氛。”

【靈伽寺】 《全唐诗》卷五四一载李商隐《游灵伽寺》。按,此当许浑诗。许诗题为《游楞伽寺》,寺在今江苏苏州市西南横山。许浑又有《自楞伽寺晨起泛舟道中有怀》。

【靈長】 (—cháng)久远,广远绵长。陆龟蒙《秋思三首》之三:“莫言天帝醉,秦暴不灵长。”

【靈武】 古郡名。隋大业三年(607)置,治所在回乐县(今宁夏灵武县西南)。唐初改为灵州,天宝元年(742)复为灵武郡,乾元元年(758)改为灵州。杜甫《惜别行送向卿进奉端午御衣之上都》:“肃宗昔在灵武城,指挥猛将收咸京。”白居易《长恨歌》前载陈鸿《长恨歌传》:“既而明皇狩成都,肃宗受禅灵武。”张蠙有《送卢尚书赴灵武》。贾岛有《送邹明府游灵武》。

【靈雨】 ❶好雨。《诗·鄘风·定之方中》:“灵雨既零,命彼倌人,星言宿驾,说于桑田。”郑玄笺:“灵,善也。”韩休《奉和圣制送张说巡边》:“车徒零雨送,林野夕阴生。”❷喻君王的恩泽。杨巨源《春日奉献圣寿无疆词十首》之一:“灵雨含双阙,雷霆肃万方。”

【靈雨隨車】 《后汉书·郑弘传》“[郑弘]迁淮阳太守”,李贤注引三国吴谢承《后汉书》:“弘消息徭赋,政不烦苛。行春天旱,随车致雨。”后遂以为颂扬地方官吏政绩的典故。柳宗元《韦使君黄溪祈雨见召从行至祠下口号》:“惠风仍偃草,灵雨会随车。”

【靈奇】 ❶奇异秀丽。丘丹《奉使过石门观瀑》:“灵奇既天造,惜处穷海甸。”❷卓越优异。高适《淇上酬薛三据兼寄郭少府微》:“故交负灵奇,逸气抱謇谔。”

【靈味】 美味。孟郊《与王二十一员外涯游枋口柳溪》:“灵味荐鲂瓣,金花屑橙齑。”

【靈果】 珍奇美好的果实。刘希夷《江南曲八首》之三:“朝游含灵果,夕采弄风蘋。”

【靈和】 ❶祥和。孙鲂《杨柳枝词五首》之一:“灵和风暖太昌春,舞线摇丝向昔人。”徐铉《柳枝词十首》之七:“人间欲识灵和态,所取新词玉管声。”❷指灵和殿。徐铉《柳枝词十首》之一:“君思还似东风意,先入灵和蜀柳枝。”参见“靈和殿”。

【靈和柳】 《南史·张绪传》:“刘悛之为益州,献蜀柳数株,枝条甚长,状若丝缕。时旧宫芳林苑始成,武帝以植于太昌灵和殿前,常赏玩咨嗟,曰:‘此杨柳风流可爱,似张绪当年时。’”后遂以为咏柳之典。唐彦谦《汉代》:“梓泽花犹满,灵和柳未凋。”

【靈和殿】 南朝齐武帝所建殿名。唐彦谦《贺李昌时禁苑新命》:“不知新到灵和殿,张绪何如柳一枝。”牛峤《杨柳枝五首》之四:“莫交移入灵和殿,宫女三千又妒伊。”

【靈和標格】 谓柳的风姿。喻人的风姿。韩偓《柳》:“无奈灵和标格在,春来依旧袅长条。”参见“靈和柳”。

【靈物】 珍奇神异之物。元稹《兔丝》:“灵物本特达,不复相缠萦。”

【靈性】 人具有的聪明才智。韩愈《芍药歌》:

"娇痴婢子无灵性,竞换春衫来此并。"

【靈府】　指心。《庄子·德充符》:"仲尼曰:'死生、存亡、穷达、贫富、贤与不肖、毁誉、饥渴、寒暑,是事之变,命之行也。日夜相代乎前,而知不能规乎其始者也,故不足以滑和,不可入乎灵府。"成玄英疏:"灵府者,精神之宅,所谓心也。"骆宾王《秋日送尹大赴京》序:"虽道术相望,协神交于灵府;而风烟悬隔,贵申心于翰林。"元稹《去杭州》:"与君言语见君性,灵府坦荡消尘烦。"皎然《读张曲江集》:"愔愔闻玉磬,寤寐在灵府。"陆龟蒙《和袭美寄广文先生》:"应笑世间名利火,等闲灵府剩先焚。"

【靈怪】　灵魔鬼怪。孟浩然《越中逢天台太乙子》:"兹山夙所尚,安得问灵怪。"

【靈沼】　对池沼的美称。骆宾王《代女道士王灵妃赠道士李荣》:"落花泛泛浮灵沼,垂柳长长拂御沟。"

【靈空】　(—kōng)指天空。卢纶《题念济寺》:"灵空闻偈夜清净,雨里花枝朝暮开。"李咸用《赠来进士鹏》:"语玄人不到,星汉在灵空。"

【靈牀】　供奉神主的几筵。寒山《诗三百三首》之一八九:"已见俗中人,灵床施酒果。"

【靈查】　见"靈槎"。

【靈砂】　古代道家用朱砂作原料炼成的丹药。传说服之可以长生。李商隐《安平公》:"呜呼大贤苦不寿,时世方士无灵砂。"

【靈草】　传说中的仙草。张说《游洞庭湖湘》:"滴石香乳溜,垂崖灵草植。"

【靈香】　❶神奇的香味。顾况《八月五日歌》:"清药灵香几处闻,鸾歌凤吹动祥云。"吴筠《游仙二十四首》之八:"杳霭结宝云,霏微散灵香。"❷指有奇异香味之物。韦渠牟《步虚词十九首》之十三:"霞衣最芳馥,苏合是灵香。"陆龟蒙《寄南岳客乞灵芜香》:"闻说融峰下,灵香似反魂。"❸指焚香礼神。李商隐《河内诗二首》之一:"灵香不下两皇子,孤星直上相风竿。"

【靈泉】　❶对泉水的美称。白居易《题平泉薛家雪堆庄》:"怪石千年应自结,灵泉一带是谁开。"❷道教指人的唾液。吕岩《直指大丹歌》:"池沼泓泓翻玉液,楼台叠叠运灵泉。"

【靈泉寺】　在今江西抚州市临川区东南灵谷中。胡宿有《题灵泉寺》。

【靈風】　春风,东风。李商隐《赠白道者》:"十二楼前再拜辞,灵风正满碧桃枝。"又《重过圣女祠》:"一春梦雨常飘瓦,尽日灵风不满旗。"

【靈帝】　东汉灵帝刘宏(156—189)。《后汉书》有纪。周昙有《咏史诗·后汉门·灵帝》。

【靈姿】　丰姿。骆宾王《在狱咏蝉》序:"故洁其身也,禀君子达人之高行;蜕其皮也,有仙都羽化之灵姿。"

【靈津】　❶灵异的水流。骆宾王《代女道士王灵妃赠道士李荣》:"洛滨仙驾启遥源,淮浦灵津符远筮。"❷道教指口中津液。戎昱《送吉州阎使君入道二首》之一:"金汞封仙骨,灵津咽玉池。"

【靈室】　仙灵居住的洞室。张九龄《与生公游石窟山》:"跻险构灵室,诡制非人功。"

【靈宫】　❶指道观。王勃《秋日仙游观赠道士》:"石图分帝宇,银牒洞灵宫。"❷指寺庙。韩愈《谒衡岳庙遂宿岳寺题门楼》:"森然魄动下马拜,松柏一径趋灵宫。"

【靈姻】　与神灵结合的婚姻。潘雍《赠葛氏小娘子》:"曾闻仙子住天台,欲结灵姻愧短才。"无名氏《与崔渥冥会杂诗》之七:"当此不知多少恨,至今空忆在灵姻。"

【靈紀】　庐山僧。与贯休友善,贯休有《庐山寻灵纪不遇》。

【靈素】　心地,胸境。司空图《诗品二十四则·形容》:"绝伫灵素,少回清真。"

【靈珠】　❶即灵蛇珠。《文选·陆倕〈新漏刻铭〉》:"陆机之赋,虚握灵珠;孙绰之铭,空擅崑玉。"李周翰注:"灵珠、昆玉,喻文章美也。"韩愈《初南食贻元十八协律》:"不祈灵珠报,幸无嫌怨并。"参见"靈蛇❶"。❷美珠。莫宣卿《赋得水怀珠》:"长川含媚色,波底孕灵珠。"白居易《过昭君村》:"灵珠产无种,彩云出无根。"

【靈都】　道观名。在今河南济源县王屋山。白居易《早冬游王屋自灵都抵阳台上方望天坛偶吟成章寄温谷周尊师中书李相公》:"朝为灵都游,暮有阳台期。"

【靈真】　道教指修真得道。亦指得道者。韦应物《学仙二首》之一:"昔有道士求神仙,灵真下试心确然。"

【靈夏】　灵州和夏州。灵州治今宁夏灵武市;夏州治今陕西榆林市横山区西北。白居易《新乐府·城盐州》:"灵夏潜安谁复辨,秦原暗通何处见。"

【靈峰】　神仙或修道者居处的山峰。骆宾王《游灵公观》:"灵峰标胜境,神府枕通川。"孟郊《寻裴处士》:"寒草不藏径,灵峰知有人。"

【靈峰僧院】　指泉州(今属福建)开元寺。黄滔有《题灵峰僧院》。

【靈氣】　聪明或秀美的气质。白居易《题浔阳楼》:"清辉与灵气,日夕供文篇。"李商隐《李肱所遗画松诗书两纸得四十韵》:"枝条亮眇脆,灵气何由同。"

陆龟蒙《次幽独君韵》之一："灵气独不死，尚能成绮文。"

【靈師】 佛教高僧。俗姓皇甫，贵族子孙。为人纵逸，善围棋、六博，常醉花月，罗婵娟，学于佛而不从其教。韩愈《送灵师》："灵师皇甫姓，胤胄本蝉联。"又同篇："灵师不挂怀，冒涉道转延。"

【靈旂】 见"靈旗"。

【靈書】 旧谓仙书。杨炯《奉和上元酺宴应诏》："天焕三辰辉，灵书五云色。"张说《道家四首奉敕作》之四："天上灵书下，空中妙伎迎。"李贺《神仙曲》："碧峰海面藏灵书，上帝拣作神仙居。"

【靈娥】 仙女；美女。顾况《朝上清歌》："皇皇紫微君，左右皆灵娥。"毛文锡《临江仙》词："灵娥鼓瑟韵清商，朱弦凄切，云散碧天长。"

【靈基】 精神道德之本。张说《徐高御挽歌》："公卿传世范，仁义续灵基。"

【靈爽】 神灵，神明。张说《唐享太庙乐章·永和》："肹嘉乐，授灵爽。"

【靈異】 ❶神奇怪异。李白《与南陵常赞府游五松上》："灵异可并迹，澹然与世闲。"又《江山望晓公山》："但爱兹岭高，何由讨灵异。"❷指杰出的人才。王昌龄《同王维集青龙寺昙壁上人兄院五韵》："天香自然会，灵异识钟音。"

【靈蛇】 ❶指传说中衔珠报答隋侯的蛇。晋干宝《搜神记》卷二十载，春秋时隋侯出行，见大蛇被伤中断，使人以药傅之，蛇乃能行。岁余，蛇衔明珠以报之，谓之"隋侯珠"，亦曰"灵蛇珠"。亦泛指有灵应的蛇。李绅《灵蛇见少林寺》："琐文结绶灵蛇降，蝮屈螭盘顾视闲。"薛能《怀汾上旧居》："投暗作珠何所用，被人专拟害灵蛇。"皎然《答裴集阳伯明》："珠生骊龙颔，或生灵蛇口。"贾岛《赠僧》："乱山秋木穴，里有灵蛇藏。"❷指灵蛇珠，一种珍宝。亦喻指美好的文才或文章。虞世南《门有车马客》："高谈辩飞兔，摛藻握灵蛇。"李商隐《偶成转韵七十二句赠四同舍》："廷评日下握灵蛇，书记眠时吞彩凤。"罗隐《秋日汴河客舍酬友人》："烦君更枉骚人句，白凤灵蛇满袖中。"

【靈蛇珠】 灵蛇之珠。见"靈蛇"。施肩吾《过桐庐场郑判官》："眼前横掣断犀剑，心中暗转灵蛇珠。"参见"靈蛇"。

【靈符】 道教的符箓。张说《奉和圣制爰因巡省途次旧居应制》："从臣观玉叶，方愿纪灵符。"岑参《送许子擢第归江宁拜亲寄王大昌龄》："玄元告灵符，丹洞获其铭。"

【靈麻】 芝麻，亦名胡麻。韩愈、孟郊《城南联句》："灵麻撮狗虱，村稚啼禽猩。"

【靈液】 ❶滋润万物的雨露、仙露。杨炯《和辅先入昊天观星瞻》："道书编竹简，灵液灌梧桐。"❷仙液。亦喻指美酒。宋之问《答田徵君》："传闻颍阳人，霞外漱灵液。"韩愈《游青龙寺赠崔太补阙》："二三道士席其间，灵液屡进玻黎碗。"❸唾液。道教以为唾液可以灌溉脏腑，润滋丹田，故云。顾云《苔歌》："琼苏玉盐烂漫煮，咽入丹田续灵液。"❹对水的美称。白居易《长恨歌》"序"引陈鸿《长恨歌传》："时每岁十月，驾幸华清宫，内外命妇，熠燿景从。浴日余波，赐以汤沐。春风灵液，澹荡其间。"

【靈階】 对修道者居所台阶的美称。储光羲《终南幽居献苏侍郎三首》之一："灵阶曝仙书，深室炼金英。"

【靈馭】 天神的车驾。《郊庙歌辞·郊天旧乐章·豫和》："送乐有阕，灵驭遄飞。"

【靈塔】 即宝塔。丘丹《萧山祇园寺》："灵塔多年古，高僧苦行频。"李中《题庐山东寺远大师影堂》："杉桧已依灵塔老，烟霞空锁影堂深。"

【靈惠】 神的恩惠。《郊庙歌辞·封泰山乐章·豫和》："乐已终，烟燎上，怀灵惠，结皇想。"

【靈雲】 指灵云池。高适有《陪窦侍御灵云南亭宴诗得雷字》。

【靈雲池】 池名。在武威郡治所姑臧县(今甘肃武威市)。王维有《灵云池送从弟》。高适有《陪窦侍御泛灵云池》。

【靈掌】 ❶即仙人掌，华山峰名。借指华山。姚合《寄华州李中丞》："庭分灵掌影，窗度瀑凉声。"❷汉武帝所建之承露铜盘，上有仙人掌承露。灵掌，即指仙人掌。许敬宗《奉和入潼关》："仙露含灵掌，瑞鼎照川湄。"

【靈禽】 珍禽，神异之鸟。张说《时乐鸟篇》："旧传南海出灵禽，时乐名闻不可寻。"刘禹锡《吐绶鸟词》："花红草绿人间事，未若灵禽自然贵。"贾岛《黄鹄下太液池》："太液无弹射，灵禽翅不垂。"

【靈鳳】 即凤凰。白居易《访陶公旧宅》："垢尘不污玉，灵凤不啄膻。"

【靈童】 即童真。受过十戒的沙弥。元稹《大云寺二十韵》："钵付灵童洗，香教善女熏。"

【靈湯】 指温泉。李中《庐山》："冬有灵汤溢，夏无炎暑侵。"

【靈湫】 深潭，大水池。古人认为大池中往往多灵物，故称。杜甫有《奉同郭给事汤东灵湫作》，题下注："骊山温汤之东有龙湫。"

【靈運】 指南朝宋诗人谢灵运。白居易《酬梦得以予五月长斋延僧徒绝宾友见戏十韵》："虚空若有佛，灵运恐先成。"郑畋《酬隐珪舍人寄红烛》："今来并得三般事，灵运诗篇逸少书。"

【靈運曲笠】 谢灵运好戴曲柄笠。而曲柄笠形似曲盖，曲盖为有军号者方得受赐使用。故隐士孔淳讥笑谢灵运“希心高远”。见南朝宋刘义庆《世说新语·言语》。李瀚《蒙求》：“灵运曲笠，林宗折巾。”

【靈犀】 ❶犀牛角。旧传犀角有镇妖、解毒等灵异作用，故称。韩偓《八月六日作四首》之四：“威风鬼应遮矢射，灵犀天与隔埃尘。”❷旧说犀角中有白纹如线直通两头，感应灵敏。因以喻指两心相连相通。李商隐《无题二首》之一：“身无彩凤双飞翼，心有灵犀一点通。”

【靈瑟】 湘灵之瑟。韩愈《远游联句》：“灵瑟时窅窅，雾猿夜啾啾。”

【靈瑞】 上天所显示的祥瑞。亦指灵异之物。古代传说以麟、凤、龟、龙、白虎为五灵。刘禹锡《和河南裴尹侍郎宿斋天平寺诣九龙祠祈雨二十韵》：“瞻言五灵瑞，能救百谷萎。”

【靈習】 唐代五代僧人。与齐己有交往。齐己有《送灵習上人游五台》和《喜習公自武陵至》。習公，亦即灵習。

【靈椿】 ❶古代传说中的长寿之树。典出《庄子·逍遥游》：“上古有大椿者，以八千岁为春，八千岁为秋。”韩偓《小隐》：“灵椿朝菌由来事，却笑庄生始欲齐。”❷喻年高德劭之人。张蠙《投翰林张侍郎》：“丹穴虽无凡羽翼，灵椿还向细枝条。”❸比喻父亲。冯道《赠窦十》：“灵椿一株老，丹桂五枝芳。”

【靈槎】 亦作“靈查”。能乘往天河的船筏。亦借指船。典出晋张华《博物志》卷十：“旧说云，天河与海通，近世有人居海渚者，年年八月有浮槎去来，不失期，人有奇志，立飞阁于槎上，多赍粮，乘槎而去。”李峤《星》：“蜀都灵槎转，丰城宝剑新。”杜甫《喜晴》：“汉阴有鹿门，沧海有灵查。”顾况《送李秀才入京》：“五湖秋叶满行船，八月灵槎欲上天。”翁洮《枯木诗辞召命作》：“不因星使至，谁识是灵槎。”

【靈感】 神异的感应。张说《奉和圣制喜雪应制》：“诏书期日下，灵感应时通。”

【靈業】 唐诗僧。籍贯事迹不详。《全唐诗逸》卷中录其逸句一联。

【靈對】 灵验。王勃《忽梦游仙》：“寤寐霄汉间，居然有灵对。”

【靈貺】 神灵赐予恩惠。宋之问《景龙四年春祠海》：“筵端接空曲，目外唯雰雾。”

【靈跡】 神灵的遗迹；圣贤的事迹。李白《古风》之四三：“灵跡成漫草，徒悲千载魂。”刘禹锡《华山歌》：“灵跡露指爪，杀气见棱角。”

【靈像】 佛像。顾非熊《武宗挽歌词二首》之二：“国用销灵像，农功复冗僧。”

【靈誅】 谓天子的征讨或杀戮。宋之问《谒禹庙》：“先驱总昌会，后至伏灵诛。”

【靈歆】 神灵享用的祭品。宋之问《谒禹庙》：“灵歆异蒸糈，至乐匪笙竽。”《郊庙歌辞·中宗祀昊天乐章·雍和》：“恭惟上帝，希降灵歆。”

【靈準上人】 中唐诗僧。长庆初曾任长安两街僧录，奉诏往汾州开元寺迎请僧无业。又曾至襄阳，其诗受时人称赏。与贾岛有交往。贾岛有《灵准上人院》。《全唐诗》卷八五一录其逸句一联。

【靈源】 ❶对水源的美称。喻指帝绪、帝业。权德舆《大行皇太后挽歌词三首》之一：“筮水灵源濬，因山祔礼崇。”❷指隐者所居、远离尘世之地。吕岩《浪淘沙》词：“我有屋三椽，住在灵源。”

【靈溪】 ❶对溪流的美称。邢巨《游琴溪》：“灵豁非人迹，仙意素所秉。”❷陕西周至县有灵轵渠，灵溪或指此。李华《仙游寺》：“灵溪自兹去，纡直互纷纠。”❸水名，在浙江天台县西北。李白《送王屋山人魏万还王屋》：“灵溪咨沿越，华顶殊超忽。”陆龟蒙《和袭美腊后送内大德从勖游天台》：“应缘南国尽南宗，欲访灵溪路暗通。”卢士衡有《灵溪老松歌》。

【靈溪古觀】 （觀 guàn）即灵溪观。卢士衡《灵溪老松歌》：“灵溪古观坛西角，千尺鳞皴栋梁朴。”参见“靈溪觀”。

【靈溪觀】 （觀 guàn）道观名。在今浙江天台县灵溪之滨。卢士衡有《游灵溪观》。

【靈臺】 ❶台名。周文王建。《诗·大雅·灵台》：“经始灵台，经之营之，庶民攻之，不日成之。”骆宾王《夏日游德州赠高四》：“灵台万顷浚，学府九流深。”❷古时帝王观察天文星象、妖祥灾异的建筑。《文选·张衡〈东京赋〉》：“左制辟雍，右立灵台。”薛综注：“司历纪候节气者曰灵台。”李商隐《偶成转韵七十二句赠四同舍》：“归来寂寞灵台下，着破蓝衫出无马。”❸学宫。韩愈《县斋有怀》：“尘埃紫陌春，风雨灵台夜。”薛逢有《灵台家兄古镜歌》。❹收留亡灵的台。沈廷瑞《坌穴遗诗》：“灵台已得修真诀，尘世空留悟道篇。”❺东汉第五颉客居之所。《后汉书·第五轮传》“少子颉嗣……卒官”，李贤注引《三辅决录注》：“颉字子陵……洛阳无主人，乡里无田宅，客止灵台中，或十日不炊。”后遂以为居处僻陋之典。高适《行路难二首》之一：“安知憔悴读书者，暮宿灵台私自怜。”❻指心。骆宾王《初秋于窦六郎宅宴》序：“虽忘筌戴笠，兴交态于灵台；而搦管操觚，叶神心于胜气。”李贺《勉爱行二首送小季之庐山》之二：“南云北云空脉断，灵台经络悬春线。”王琦汇解：“兄弟之别，如云之在南北，两处断隔。乃中心悲恋，又如线之相牵，而不能去于怀。”刘禹锡《学阮公体三首》之三：“侯门有仁义，灵台多苦辛。”❼唐县名并镇名。参见“靈臺鎮”。

【靈臺鎮】 在唐泾州灵台县(今属甘肃)所设之军镇。窦庠有《灵台镇赠丘岑中丞》。

【靈境】 ❶庄严妙土,吉祥福地。多指寺庙所在的名山胜境。綦毋潜《题栖霞寺》:“南山势回合,灵境依此住。”❷泛指风景名胜之地。柳宗元《界围岩小帘》:“灵境不可状,鬼工谅难求。”❸犹仙境。王维《桃源行》:“不疑灵境难闻见,尘心未尽思乡县。”白居易《严十八郎中在郡日改制东南楼聊成十韵兼戏寄严》:“始知天地间,灵境有所归。”

【靈壽】 即椐。可作手杖及马鞭。《山海经·海内经》:“灵寿实华,草木所聚。”郭璞注:“灵寿,木名也,似竹,有枝节。”亦借指灵寿杖。王维《慕容承携素馔见过》:“灵寿君王赐,雕胡弟子炊。”

【靈壽木】 树木名,即椐木。可作杖。柳宗元有《植灵寿木》。

【靈壽杖】 用灵寿木(即椐木)做的手杖。《汉书·孔光传》:“赐太师灵寿杖。”颜师古注:“木似竹,有枝节,长不过八九尺,围三四寸,自然有合杖制,不须削治也。”姚合《陕下厉玄侍御宅五题·竹里径》:“纱巾灵寿杖,行乐复相宜。”

【靈輒】 春秋时晋人。曾饥困于翳桑,赵盾予以箪食与肉。后为晋灵公甲士,灵公欲杀赵盾,辄倒戈相救。见《史记·赵世家》。周昙有《咏史诗·春秋战国门·灵辄》。

【靈旗】 亦作“靈旍”。❶战旗。出征前必祭祷之,以求旗开得胜,故云。白居易《和微之诗二十三首·和送刘道士游天台》:“灵旍星月象,天衣龙凤纹。”❷神灵的旗子。刘禹锡《七夕二首》之一:“河鼓灵旗动,嫦娥破镜斜。”

【靈誥】 道书。李商隐《戊辰会静中出贻同志二十韵》:“谣简被灵诰,持符开七门。”

【靈漢】 天河。赵彦昭《奉和七夕两仪殿会宴应制》:“今宵望灵汉,应得见蛾眉。”

【靈寢】 帝王的陵寝。杜甫《夔府书怀四十韵》:“先帝严灵寝,宗臣切受遗。”

【靈墟山】 山名。在今安徽省当涂县东北三十五里,相传丁令威学道飞升于此。李白有《姑孰十咏·灵墟山》。

【靈蕪香】 一种香炷。皮日休《奉和鲁望上元日道室焚修》:“端简不知清景暮,灵芜香烬落金坛。”陆龟蒙有《寄南岳客乞灵芜香》。

【靈暉】 神灵的光辉。《郊庙歌辞·朝日乐章·雍和》:“神物爰止,灵晖载扬。”

【靈影】 当指美酒。骆宾王《春晚从李长史游开道林故山》:“云光栖断树,灵影入仙杯。”

【靈儀】 出殡时的仪仗队。权德舆《大行皇太后挽歌词三首》之二:“配礼归清庙,灵仪出直城。”白居易《开成大行皇帝挽歌辞四首奉敕撰进》之二:“宴驾辞双阙,灵仪出九衢。”

【靈廟】 泛指庙宇寺观。因其供奉神灵仙佛,故名。李白《谒老君庙》:“先君怀圣德,灵庙肃神心。”张说《奉和圣制经河上公庙应制》:“灵庙观遗像,仙歌入至真。”

【靈慶】 喜庆。杨炯《奉和上元酺宴应诏》:“龟龙开宝命,云火昭灵庆。”

【靈澈】 唐著名诗僧。俗姓汤,字源澄,会稽(今浙江绍兴市)人。《全唐诗》卷八一〇录其诗十六首和逸句若干。

【靈駕】 仙驾,神仙的车驾。张说《唐享太庙乐章·永和》:“怀灵驾,结空想。”

【靈編】 神异的书籍。指《本草》。柳宗元《种白蘘荷》:“炎帝垂灵编,言此殊足珍。”

【靈樹】 神异的树。曹唐《小游仙诗九十八首》之六四:“方朔朝来到我家,欲将灵树出丹霞。”

【靈橘】 灵异的橘树。苏耽以井水橘叶治疗瘟疫奇效灵验,故称灵橘。见《太平御览》卷十三引《神仙传》。元结《橘井》:“灵橘无根井有泉,世间如梦又千年。”

【靈橐】 橐籥。古代冶炼用的风箱。语本《老子》:“天地之间,其犹橐籥乎?虚而不屈,动而愈出。”后喻指能以道德教化天下的人。孟郊《吊元鲁山》之七:“君臣贵深遇,天地有灵橐。”

【靈隱寺】 在今浙江杭州市西湖西北灵隐山中。相传晋时有僧慧理称此为灵鹫峰别岭飞至之地,于是面峰起寺,名曰灵隐。宋之问有《灵隐寺》。綦毋潜有《题灵隐寺山顶禅院》。白居易有《题灵隐寺红辛夷花戏酬光上人》。贾岛有《早秋寄题天竺灵隐寺》。

【靈嶽】 灵秀的山岳。李商隐《寄华岳孙逸人》:“灵岳几千仞,老松逾百寻。”

【靈龜】 ❶神龟。《文选·曹植〈七启〉》:“假灵龟以托喻,宁掉尾于涂中。”李善注:“《庄子》曰:楚王使大夫往聘庄子。庄子曰:吾闻楚有神龟,死已三千岁矣!”刘禹锡《送李策秀才还湖南因寄幕中亲故兼简衡州吕八郎中》:“昨日讯灵龟,繇言利艰贞。”白居易《虾蟆》:“嘉鱼荐宗庙,灵龟贡邦家。”李中《鹤》:“好共灵龟作俦侣,十洲三岛逐仙翁。”亦喻指有才之士。元稹《酬李六醉后见寄口号》:“明公将有问,林下是灵龟。”❷对龟的美称。因其小巧玲珑,故称。贯休《再逢虚中道士三首》之二:“囊里灵龟小似钱,道伊年与我同年。”

【靈鮫】 指鲛人。康翊仁《鲛人潜织》:“珠馆冯夷室，灵鲛信所潜。”

【靈濤】 神话传说伍子胥死后，幽灵在浙江兴涛作潮。见《吴越春秋·夫差内传》。灵涛，指此。徐凝《题伍员庙》：“浙波只有灵涛在，拜奠青山人不休。”

【靈澤】 天帝的恩泽。《郊庙歌辞·武后大享昊天乐章》之一一：“瞻荷灵泽，悚恋兼盈。”

【靈藥】 指传说中的仙药。张说《游洞庭湖》：“双童有灵药，愿取献明君。”白居易《新乐府·李夫人》：“又令方士合灵药，玉釜煎炼金炉焚。”又《效陶潜体诗十六首》之一一：“神仙但闻说，灵药不可求。”李商隐《常娥》：“常娥应悔偷灵药，碧海青天夜夜心。”

【靈蹤】 ❶神异的踪迹。秦韬玉《仙掌》：“万仞连峰积翠新，灵踪依旧印轮巡。”❷指佛的庄严妙相。齐己《题玉泉寺》：“胜景饱于闲采拾，灵踪销得正思量。”❸僧道者的足迹。孟郊《送萧炼师入四明山》：“静言不语俗，灵踪时步天。”李中《赠东林白大师》：“虎溪久驻灵踪，禅外诗魔尚浓。”亦借指僧道足迹所履之处。陆龟蒙《寄茅山何威仪二首》之一：“大小三峰次九华，灵踪今尽属何家。”❹犹言墨宝。宝贵的墨迹。李商隐《李肱所遗画松诗书两纸得四十韵》：“而我何为者，开颜捧灵踪。”

【靈雞】 犹金鸡。古颁赦诏日，设金鸡于竿，以示吉辰。李益《大礼毕皇帝御丹凤门改元建中大赦》：“灵鸡鼓舞承天赦，高翔百尺垂朱幡。”

【靈襟】 胸怀。太宗《初春登楼即目观作述怀》：“凭轩俯兰阁，眺瞩散灵襟。”白居易《裴侍中晋公以诗见赠和五百言以伸酬献》：“灵襟一搜索，胜概无遁遗。”

【靈寶縣】 唐县名。治所在今河南省灵宝市。吴融有《灵宝县西侧津》。

【靈關】 指散关。老子西游，遇关令尹喜于散关，即此。在岐州陈仓县（秦置，治所在今陕西宝鸡市）东南五十余里。卢照邻《绵州官池赠别同赋湾字》：“辒轩遵上国，仙佩下灵关。”骆宾王《代女道士王灵妃赠道士李荣》：“青牛紫气度灵关，尺素赩鳞去不还。”

【靈鼉】 即鼍龙，即扬子鳄。亦指鼍皮所制之鼓。张说《东都酺宴四首》之二：“震震灵鼍起，翔翔舞凤来。”

【靈響】 ❶神灵发出的声响。无名氏《灵响词》之四：“自从灵响降，如有真人来。”❷神异的声响。孟郊《游韦七洞庭别业》：“灵响非外求，殊音自中积。”

【靈髓】 即石髓。晋初邯郸人王烈餐石髓而成仙。苏味道《咏石》：“何当握灵髓，高枕绝嚣氛。”

【靈鶴】 仙鹤。白居易《池上篇》序：“灵鹤怪石，紫菱白莲，皆吾所好，尽在吾前。”

【靈巖】 山名。即古石鼓山。在今江苏苏州市西。骆宾王《冬日野望》：“灵岩闻晓籁，洞浦涨秋潮。”

【靈巖寺】 在今江苏苏州市灵岩山灵岩寺顶，为吴王馆娃宫之旧址。白居易有《题灵岩寺》，题下注：“寺即吴馆娃宫。”白居易又有《宿灵岩寺上院》和《灵岩寺》。

【靈鑒】 天帝的鉴赏。《郊庙歌辞·〈武后大享昊天乐章〉之五》：“仰惟灵鉴，俯察翘襟。”《郊庙歌辞·中宗祀昊天乐章·豫和》：“撰吉日兮表殷荐，冀神鉴兮降阊阳。”

【靈龕】 古驿站名。地址不详。薛能《雨雾北归留题三学山》：“灵龛一望终何得，谬有人情满蜀乡。”

【靈竈】 指炼丹灶。王勃《出境游山二首》之二：“岩深灵灶没，涧毁石渠沉。”

【靈鼇】 神话传说中的巨鳌。语出《楚辞·天问》：“鳌载山抃，何以安之？”王逸注引《列仙传》：“有巨灵之鳌，背负蓬莱之山而抃舞。”柳宗元《游南亭夜还叙志七十韵》：“积翠浮澹滟，始疑负灵鳌。”李商隐《韩碑》：“碑高三丈字如斗，负以灵鳌蟠以螭。”

【靈鷲山】 山名，在古印度摩揭陀国王舍城之东北，梵名耆阇崛。山中多鹫，故名。或云山形像鹫头而得名。相传释迦牟尼讲《法华经》和《无量寿经》于此，我国往往沿用其名，用以指佛山或佛寺。刘禹锡《送义舟师却还黔南》：“常说摩围似灵鹫，却将山屐上丹梯。”皮日休有《庚寅岁十一月新罗弘惠上人与本国同书请日休为灵鹫山周禅师碑将还以诗送之》。陆龟蒙有《和袭美为新罗弘惠上人撰灵鹫山周禅师碑送归诗》。李群玉有《叹灵鹫寺山榴》。

霏

〔suǐ《广韵》息委切，上紙，心。〕草木弱貌。参见“霏靡”。

【霏靡】 草木细弱、随风飘拂貌。《楚辞·刘安〈招隐士〉》：“青莎杂树兮，薠草霏靡。”王逸注：“随风披敷。”洪兴祖补注：“霏靡，弱貌。”顾况《白鹭汀》：“霏靡汀草碧，淋森鹭毛白。”亦指草木茂盛貌。明皇《端午三殿宴群臣探得神字》序：“时雨近霁，西郊霏靡而一色。”韩愈、孟郊《城南联句》：“春游轹霏靡，彩伴飒婆娑。”

靂

〔lì《广韵》郎擊切，入錫，來。〕见“霹靂”。

靄

〔ǎi《广韵》於蓋切，去泰，影。又乌葛切，入曷，影。〕❶云气；烟雾。王勃《登城春望》：“物外山川近，晴初景靄新。”杜甫《万丈潭》：“跼步凌垠堮，侧身下烟靄。”李贺《河南府试十二月乐词·正月》：“薄薄淡靄弄野姿，寒绿幽风生短丝。”李商隐《微雨》：“初随林靄动，稍共夜凉分。”❷烟雾笼罩貌。陈标《秦王卷衣》:“秦王宫阙霭春烟,珠树琼枝近碧天。”引申为缭绕、照耀。卢照邻《至陈仓晓晴望京邑》:“涧流漂素沫,岩景霭朱光。”元稹《落月》:“蛟声霭窗户,萤火绕屋梁。”❸掩蔽。李贺《出城别张又新酬李汉》:“光明霭不发,腰龟徒甃银。”❹晦暝貌。王昌龄《郑县宿陶太公馆中赠冯六元二》:“飞雨祠上来,霭然关中暮。”刘长卿《晚次湖口有怀》:“霭然空水合,目极平江暮。”

【霭霭】 ❶云烟密集貌。杜甫《暂如临邑至㟙山湖亭奉怀李员外率尔成兴》:“霭霭生云雾,唯应促驾还。”王建《田家》:“啾啾雀满树,霭霭东坡雨。”张祜《夜雨》:“霭霭云四黑,秋林响空堂。”❷昏暗貌。韦应物《夏夜忆卢嵩》:“霭霭高馆暮,开轩涤烦襟。”

【霭峰】 山峰名。在今安徽黟县南。李白《钓台》:“霭峰尖似笔,堪画不堪书。”

十七画

霹 〔sī《广韵》息移切,平支,心。〕象声词。小雨初落。《说文·雨部》:“霹,小雨财露也。”段玉裁注:“财,当作才,取初始之义,今字作才。”亦形容小雨始下声。李端《荆门歌送兄赴夔州》:“霹霹夔夔声渐紧,浦里人家收市喧。”

靉 〔ài《广韵》烏代切,去代,影。〕云气浓盛貌。参见“靉靆”。

【靉靆】 云盛貌。刘禹锡《和汴州令狐相公到镇改月偶书所怀》:“衣风飘叆叇,烛泪滴巉岩。”

青 部

青[1]

〔qīng《广韵》倉經切，平青，清。〕❶绿色。似植物叶子的颜色。《释名·释采帛》："青，生也，象物生时色也。"杜甫《奉酬李都督表丈早春作》："红入桃花嫩，青归柳叶新。"李贺《月漉漉篇》："莎青桂花繁，芙蓉别江木。"曹邺《寄刘驾》："一川草色青袅袅，绕屋水声如在家。"❷深绿色。李华《寄赵七侍御》："君阳青嵯峨，开拆混元中。"韩愈《岣嵝山》："岣嵝山尖神禹碑，字青石赤形模奇。"白居易《和答诗十首·和思归乐》："汉水照天碧，楚山插云青。"韦庄《铜仪》："窗中远岫青如黛，门外长江绿似苔。"❸蓝色。吕温《青出蓝诗》："物有无穷好，蓝青又出青。"参见"青天"。❹黑色。秦系《题洪道士山院》："霞外主人门不扃，数株桃树药囊青。"李益《罢秩后入华山采茯苓逢道者》："况闻秦宫女，华发变已青。"张籍《寄菖蒲》："仙人劝我食，令我头青面如雪。"❺青荧色。杜甫《奉酬薛十二丈判官见赠》："我叹黑头白，君看银印青。"又《玉华宫》："阴房鬼火青，怀道哀湍泻。"❻青色物。指青草或嫩叶等。李嘉祐《春日淇上作》："相将踏青去，不解惜罗衣。"耿湋《春日即事》："庖厨非旧火，林木发新青。"刘禹锡《令狐相公见示赠竹二十韵仍命继和》："新青排故叶，余纷笼疏理。"韦庄《李氏小池亭十二韵》："踏藓青粘屐，攀萝绿映衫。"❼发青，变青。宋之问《度大庾岭》之二："昆池水合渌，御苑草应青。"李白《劳劳亭》："春风知别苦，不遣柳条青。"白居易《早春即事》："北檐梅晚白，东岸柳先青。"李郢《酬刘谷立春日吏隐亭见寄》："野田青牧马，幽竹暖鸣禽。"

青[2]

〔jīng《集韵》子丁切，平青，精。〕见"青₂青"。

【青刀】 谓青蒲叶尖长如刀。施肩吾《句》："荷翻紫盖摇波面，蒲莹青刀插水湄。"韦庄《题裴端公郊居》："蒲生岸脚青刀利，柳拂波心绿带长。"

【青山】 ❶苍翠之山。杜甫《峡口二首》之一："城欹连粉堞，岸断更青山。"李端《赠康洽》："步出东城风景和，青山满眼少年多。"陆畅《题独孤少府园林》："四面青山是四邻，烟霞成伴草成茵。"杜牧《寄扬州韩绰判官》："青山隐隐水迢迢，秋尽江南草木凋。"❷代指家乡。李益《喜邢校书远至对雨同赋五韵》："已蔽青山望，徒悲白云晚。"姚合《亲仁里居》："自别青山归未得，羡君长听石泉声。"刘沧《和友人忆洞庭旧居》："青山残月有归梦，碧落片云生远心。"❸指归隐处。贾岛《答王建秘书》："白发无心镊，青山去意多。"刘赞《赠罗隐》："明主既难谒，青山何不归。"刘义度《感怀诗》："紫阁无心恋，青山有意潜。"❹山名。(1)即青林山。在今安徽当涂县东南，南朝诗人谢朓曾卜居于此。李白《题东溪公幽居》："宅近青山同谢朓，门垂碧柳似陶潜。"许浑《酬副使郑端公见寄》："郢中白雪惭新唱，涂上青山忆旧游。"杜荀鹤《经青山吊李翰林》："青山明月夜，千古一诗人。"(2)在今浙江杭州市。一名吴山、胥山。徐凝《杭州祝涛头二首》之一："寄言飞白雪，休去打青山。"李郢有《钱塘青山题李隐居西斋》。(3)在今四川岷江与金沙江之间。岑参有《青山峡口泊舟怀狄侍御》。

【青山曲】 即青山驿。元稹《紫踯躅》："去年春别湘水头，今年夏见青山曲。"自注："青山驿名。"参见"青山驛"。

【青山客】 指在山中修道之人。刘长卿《寄龙山道士许法棱》："悠悠白云里，独住青山客。"

【青山渌水】 见"青山绿水"。

【青山绿水】 亦作"青山渌水"。苍翠之山，清澈之水。形容秀丽之景色。李频《送张郎中赴睦州》："青山复渌水，想入富春西。"罗隐《赠渔翁》："逍遥此意谁人会，应有青山渌水知。"和凝《洋川》："华夷图上见洋川，知在青山绿水边。"无名氏《帝星井》："往事恍惚不可问，青山绿水空潺潺。"

【青山諾】 游山之诺言。李益《入华山访隐者经仙人石坛》："久负青山诺，今还获所欲。"

【青山廟】 即伍相庙。在今浙江杭州市。伍相，即春秋时吴国伍子胥，以忠谏死，吴人为之立祠山上。李绅《欲到西陵寄王行周》："犹瞻伍相青山庙，未见双童白鹤桥。"

【青山館】 即谢朓旧居。故址在今安徽当涂县青山。南朝齐谢朓出守宣城时，建别宅于此山，因称青山馆。许浑有《题青山馆》，许棠有《题青山馆》及《宿青山馆》。

【青山驛】 驿道名。在今陕西洋县北境。元稹《望云骓马歌》："五六百里真符县，八十四盘青山驿。"

【青巾】 青色软帽。孟郊《清东曲》："青巾翩上郎,上下看不足。”

【青巾校尉】（校 jiào)汉代官职名。原称越骑校尉,东汉初改为青巾左校尉。光武建武十五年仍复旧称。后亦用以泛指武职官员。韩翃《送刘将军》:“青巾校尉遥相许,墨稍将军莫大夸。”

【青子】 指梅树的果实。吕从庆《梅》:“调羹还有藉,青子千百枚。”

【青女】 ❶神话传说中霜雪之神。杜甫《秋野五首》之四:“飞霜任青女,赐被隔南宫。”席夔《霜菊》:“宁袪青女威,愿盈君子掬。”李商隐《丹丘》:“青女丁宁结夜霜,羲和辛苦送朝阳。”唐彦谦《红叶》:“素娥前夕月,青女夜来霜。”❷指霜雪。寒山《诗三百三首》之一一五:“屡见枯杨荑,常遭青女杀。”

【青女月】 指秋月。杜审言《重九日宴江阴》:“降霜青女月,送酒白衣人。”参见“青女”。

【青女霜】 秋霜。杜甫《东屯月夜》:“青女霜枫重,黄牛峡水喧。”罗隐《菊》:“千载白衣酒,一生青女霜。”参见“青女”。

【青女鏡】 犹明镜。喻清正廉明。贯休《上杜使君》:“右听青女镜,左听宣尼铎。”

【青天】 ❶指天空。寒山《诗三百三首》之二八五:“泉中且无月,月自在青天。”李白《蜀道难》:“噫吁戏,危乎高哉!蜀道之难难于上青天。”卢殷《悲秋》:“秋空雁度青天远,疏树蝉嘶白露寒。”卢肇《耸翠峰题石》:“巍巍直上插青天,远疑似与天相连。”❷晴天。杜甫《临邑舍弟书至苦雨因寄此诗》:“白屋留孤树,青天矢万艘。”刘禹锡《和乐天春词依忆江南曲拍为句》之二:“无辞竹叶醉樽前,惟待见青天。”白居易《叹鹤病》:“亦知白日青天好,未要高飞且养疮。”赵嘏《喜张濆及第》:“九转丹成最上仙,青天暖日踏云轩。”❸喻君王。李绅《南梁行》:“青天诏下宠光至,颁籍金闺征石渠。”李商隐《宫中曲》:“欲得识青天,昨夜苍龙是。”亦指朝廷。白居易《宿香山寺酬广陵牛相公见寄》:“支许徒思游白月,夔龙未放下青天。”李频《长安书情投知己》:“槐街劳白日,桂路在青天。”张祎《巴州寒食晚眺》:“东望青天周与秦,杏花榆叶故园春。”❹喻仙境。王起《赠毛仙翁》:“壶中世界青天近,洞里烟霞白日闲。”白居易《海漫漫》:“不言药,不言仙,不言白日升青天。”❺命运。刘言史《苦妇词》:“有时强为言,只是尤青天。”陈陶《种兰》:“举头愧青天,鼓腹咏时康。”

【青天白日】 ❶谓天气晴朗。韩愈《同水部张员外籍曲江春游寄白二十二舍人》:“漠漠轻阴晚自开,青天白日映楼台。”❷喻政治清明。王建《寄分司张郎中》:“青天白日当头上,会有求闲不得时。”

【青木香】 菊科草本药用植物。又名木香、蜜香。岑参有《临洮龙兴寺玄上人院同咏青木香丛》。

【青牙】 指青气。皎然《奉同颜使君真卿清风楼赋得洞庭歌送吴炼师归林屋洞》:“吐纳青牙养肌发,花冠玉舄何高洁。”

【青水】 见“青江”。

【青牛】 ❶古时驾车之黑牛。卢照邻《长安古意》:“长安大道连狭斜,青牛白马七香车。”骆宾王《帝京篇》:“丹凤朱城白日暮,青牛绀幰红尘度。”亦指水牛。袁皓《重归宜春偶成十六韵寄朝中知己》:“黄犬惊迎客,青牛困卧泥。”❷《史记·老子韩非列传》:“于是老子乃著书上下篇,言道德之意五千余言而去,莫知其所终。”司马贞索隐引汉刘向《列仙传》:“老子西游,关令尹喜望见有紫气浮关,而老子果乘青牛而过也。”后因以青牛为神仙道士之坐骑。王勃《散关晨度》:“白马高谭去,青牛真气来。”李白《寻雍尊师隐居》:“花暖青牛卧,松高白鹤眠。”沈传师《赠毛仙翁》:“青牛到日迎方朔,丹灶开时共稚川。”吕岩《七言》之四二:“闲骑白鹿游三岛,闷驾青牛看十洲。”❸借指古松。王棨《山明松雪》:“影杂青牛重,光迷皓鹤惊。”❹老子的代称。无名氏《题焚经台》:“青牛谩说函关去,白马亲从印土来。”

【青牛文梓】 指参天古木。刘禹锡《伤秦姝行》:“青牛文梓赤金簧,玫瑰宝柱秋雁行。”

【青牛老人】 指老子。姓李名耳,字聃,春秋楚人。传说他乘青牛过函谷关西去,后莫知所终。岑参《函谷关歌送刘评事使关西》:“白马公孙何处去,青牛老人更不还。”人,一作子。参见“青牛❷”。

【青牛谷】 地名。在江西庐山。杨衡《宿青牛谷》:“随云步入青牛谷,青牛道士留我宿。”

【青牛紫氣】 喻有道之人隐去。骆宾王《代女道士王灵妃赠道士李荣》:“青牛紫气度灵关,尺素赩鳞去不还。”参见“青牛❷”。

【青牛道士】 称修炼道术之士。曹邺《偶题》:“白玉先生多在市,青牛道士不居山。”储嗣宗《和茅山高拾遗忆山中杂题五首·山邻》:“柱史从来非俗吏,青牛道士莫相疑。”

【青牛關】 古函谷关之别称。传说老子乘青牛过此,故名。吴融《偶书》:“青牛关畔寄孤村,山当屏风石当门。”参见“青牛❷”。

【青毛節】 即旄节。陆龟蒙《和袭美寄题玉霄峰叶涵象尊师所居》:“风前几降青毛节,雪后应披白羽衣。”参见“青節❷”。

【青文】 即青书。道家典籍。皮日休《太湖诗·入林屋洞》:“玄箓乏仙骨,青文无绛名。”

【青玉】 ❶青色的玉。古以青玉为上,因用以装饰珍品。李颀《王母歌》:“为看青玉五枝灯,蟠螭吐火光欲绝。”❷喻青绿的植物。(1)指绿竹。杨巨源

《句》:"一院绿钱童子拂,千竿青玉主人栽。"徐凝《游安禅寺》:"倚竹并肩青玉立,上桥如踏白虹行。"(2)指翠柏。骆浚《题度支杂事典庭中柏树》:"干耸一条青玉直,叶铺千叠绿云低。"(3)指梧桐。白居易《云居寺孤桐》:"一株青玉立,千叶绿云委。"(4)指荷叶。元稹《高荷》:"飐闪碧云扇,团圆青玉叠。"❸喻竹席。曹松《碧角簟》:"八尺碧天无点翳,一方青玉绝纤尘。"❹形容声音悠扬清雅。谭用之《江上闻笛》:"曲尽绿杨涵野渡,管吹青玉动江城。"❺见"青玉案❷"。

【青玉牀】 喻指竹床。陈羽《夏日宴九华池赠主人》:"黄金买酒邀诗客,醉倒檐前青玉床。"

【青玉竿】 喻峻峭挺拔之碧峰。白居易《游悟真寺诗》:"中顶最高峰,拄天青玉竿。"

【青玉音】 指念经之声音。鲍溶《送僧文江》:"久慕白云性,忽劳青玉音。"

【青玉案】 ❶饰有青玉之短足盘盂或几桌。《文选·张衡〈四愁诗〉》:"美人赠我锦绣段,何以报之青玉案。"李白《忆旧游寄谯郡元参军》:"琼杯绮食青玉案,使我醉饱无归心。"耿沣《朝下寄韩舍人》:"瑞气迴浮青玉案,日华遥上赤霜袍。"刘禹锡《酬郑州权舍人见寄》:"学堂青玉案,彩服紫罗囊。"❷借指馈赠之物。高适《奉酬睢阳李太守》:"诗题青玉案,衣赠黑貂裘。"刘复《出三城留别幕中三判官》:"愧无青玉案,缄佩永不泯。"王铎《和于兴宗登越王楼诗》:"恨无青玉案,何以报高情。"皮日休《酬鲁望见迎绿罽次韵》:"酬赠既无青玉案,纤华犹欠赤霜袍。"亦省作"青玉"。韩愈《郑群赠簟》:"明珠青玉不足报,赠子相好无时衰。"❸泛指古诗。杜甫《又示宗武》:"试吟青玉案,莫羡紫罗囊。"

【青玉牒】 神仙名籍。张籍《送徐先生归蜀》:"唯持青玉牒,独立碧鸡峰。"

【青玉洲】 喻指水中青色岩石。皮日休《太湖诗·石板》:"空疑水妃意,浮出青玉洲。"

【青玉盤】 喻荷叶。施肩吾《夏雨后题青荷兰若》:"微风忽起吹莲叶,青玉盘中泻水银。"

【青玉潤】 形容外貌光洁润泽。白居易《秋霖即事联句三十韵》:"竹沾青玉润,荷滴白珠圆。"

【青玉薦】 喻指积雪如垫褥。杨巨源《卢郎中拜陵遇雪蒙见召因寄》:"蘋叶已修青玉荐,柳花仍拂赤车衣。"

【青玉簟】 喻指竹席。李白《题金陵王处士水亭》:"扫拭青玉簟,为余置金尊。"

【青玉髓】 即玉膏。传说中的仙药,道家谓服之可以成仙。杜光庭《题天坛》:"顶藏青玉髓,腰隐紫金枝。"

【青石】 青色岩石。李绅《别石泉》:"素沙见底空无色,青石潜流暗有声。"李商隐《射鱼曲》:"思牢弩箭磨青石,绣额蛮渠三虎力。"薛能《送同儒大德归柏梯寺》:"行径未曾青石断,拂床终有白云残。"孟贯《夏日登瀑顶寺因寄诸知己》:"杖藜青石路,煮茗白云樵。"

【青目】 即青目律。指佛教教义或佛教戒律。传说佛教创始人释迦牟尼瞳子如绀青色,因以称之。贯休《题惠琮律师院》:"苦节兼青目,公卿话有余。"参见"青眼律"。

【青田】 ❶青色田野。杨炯《和郑雠校内省眺瞩思乡怀友》:"楼台横紫极,城阙俯青田。"司空曙《寄胡居士》:"日暖风微南陌头,青田红树起春愁。"张籍《赠李杭州》:"竹间虚馆无朝讼,山畔青田长夏苗。"❷山名。在浙江省青田县西北。以产鹤著名,后因以指鹤之故乡。虞世南《飞来双白鹤》:"俱栖集紫盖,一举背青田。"李峤《鹤》:"已憩青田侧,时游丹禁前。"白居易《池鹤二首》之一:"临风一唳思何事,怅望青田云水遥。"杜牧《别鹤》:"青田归路远,丹桂旧巢空。"李咸用《独鹊吟》:"披霜唳月惊婵娟,逍遥忘却还青田。"❸借指鹤。因青田产鹤著名,因以代称。杜甫《通泉县署屋壁后薛少保画鹤》:"薛公十一鹤,皆写青田真。"又《秋日夔府咏怀奉寄郑监李宾客一百韵》:"马来皆汗血,鹤唳必青田。"参见"青田鶴"。❹见"青田酒"。

【青田白鶴】 见"青田鶴"。

【青田酌】 见"青田酒"。

【青田酒】 亦作"青田酌"。为美酒之代称。卢照邻《七日登乐游故墓》:"蚁泛青田酌,莺歌紫芝调。"徐铉《赋得有所思》:"忘情好醉青田酒,寄恨宜调绿绮琴。"

【青田鶴】 亦作"青田白鶴"。为鹤之美称。张柬之《东飞伯劳歌》:"青田白鹤丹山凤,婺女姮娥两相送。"陆龟蒙《送浙东德师侍御罢府西归》:"诗怀白阁僧吟苦,俸买青田鹤价偏。"详见"青田❷"。

【青蚪】 见"青虬"。

【青史】 古代以竹简纪事,因称史书为青史。张说《送李侍郎迥秀薛长史季昶同赋得水字》:"胜敌在安人,为君汗青史。"李白《过四皓墓》:"紫芝高咏罢,青史旧名传。"钱起《谒许由庙》:"绿苔唯见遮三径,青史空传谢九州。"杜牧《闻庆州赵纵使君与党项战中箭身死辄书长句》:"青史文章争点笔,朱门歌舞笑捐躯。"

【青丘】 ❶翠绿山峦。许敬宗《奉和春日望海》:"青丘绚春组,丹谷耀华桑。"❷泛指边远蛮荒地区。许敬宗《奉和宴中山应制》:"飞云旋碧海,解网宥青丘。"❸地名。相传为春秋时齐景公狩猎处,在今山东青州市境内。杜甫《壮游》:"春歌丛台上,冬猎青丘旁。"又《锦树行》:"荒戍之城石色古,东郭老人住青丘。"亦借指山东一带。杜甫《虎牙行》:"渔阳突骑猎青丘,犬戎锁甲闻丹极。"又《承闻河北诸道节度入朝欢喜口号绝句十二首》之八:"澶漫山东一百州,削成如桉抱青丘。"

【青丘缴】 喻除暴安民之行。杨师道《奉和圣制春日望海》:"将举青丘缴,安访白霓裳。"

【青出藍】 即青出于蓝。喻学生胜过老师,或后人胜过前人。王季文有《青出蓝》。

【青皮】 青色表层。李咸用《石版歌》:"云根劈裂雷斧痕,龙泉切璞青皮皴。"

【青圭】 古代礼器。青玉制成,上尖下方。苏颋《故高安大长公主挽词》:"彤管承师训,青圭备礼容。"

【青地】 青草地。贾岛《荒斋》:"落叶无青地,闲身着白衣。"

【青芃芃】 青葱茂盛貌。白居易《贺雨》:"万心春熙熙,百谷青芃芃。"

【青芝】 中草药名。杨衡《赠庐山道士》:"头垂白发朝鸣磬,手把青芝夜绕坛。"徐凝《员峤先生》:"员峤先生无白发,海烟深处采青芝。"施肩吾《天柱山赠峨嵋田道士》:"近闻教得玄鹤舞,试凭驱出青芝田。"

【青芒】 草名。如茅而大,长四五尺,利如锋刃,夏季抽长茎,用以做绳索或草鞋。参见"青芒履"。

【青芒履】 用芒草编织之鞋。孟浩然《白云先生王迥见访》:"手持白羽扇,脚步青芒履。"

【青夷】 见"青夷軍"。

【青夷軍】 唐代戍边之军事机构名。青夷军为范阳节度使统领的九军之一,驻妫川郡城(在今河北省怀来县)。高适有《使青夷军入居庸三首》。又省称青夷。高适《酬秘书弟兼寄幕下诸公》序:"今年适自封丘尉统吏卒于青夷,途经博陵。"(青,或作清)

【青光】 ❶喻帝王风采。许敬宗《奉和过旧宅应制》:"飞云临紫极,出震表青光。"❷指晨曦。东方之光,谓之青光。权德舆《送张仆射朝见毕归镇》:"青光照目青门曙,玉勒雕戈拥驺驭。"❸清亮之光辉。李绅《南梁行》:"江城郁郁春草长,悠悠汉水浮青光。"❹代指青竹皮。李贺《昌谷北园新笋四首》之二:"斫取青光写楚辞,腻香春粉黑离离。"❺犹春光、光阴。李涉《与弟渤新罗剑歌》:"青光好去莫惆怅,必斩长鲸须少壮。"

【青年】 年轻时候。牟融《寄张源》:"青年俱未达,白社独离群。"

【青竹】 ❶青翠竹子。杜甫《题郑县亭子》:"更欲题诗满青竹,晚来幽独恐伤神。"白居易《和答诗十首·答箭镞》:"插以青竹簳,羽之赤雁翎。"越溪杨女《联句》:"珠帘半床月,青竹满林风。"❷借指钓竿。秦韬玉《钓翁》:"一竿青竹老江限,荷叶衣裳可自裁。"齐己《潇湘》:"毕竟输他老渔叟,绿蓑青竹钓浓蓝。"亦指竹篙。贾岛《昆明池泛舟》:"一枝青竹榜,泛泛绿萍里。"❸借指纱灯、竹马、竹枝等竹制品。李颀《送綦毋三寺中赋得纱灯》:"长绳挂青竹,百尺垂红莲。"杜甫《李司马桥了承高使君自成都回》:"已传童子骑青竹,总拟桥东待使君。"贾岛《携新文诣张籍韩愈途中成》:"青竹未生翼,一步万里道。"❹借指青史。杜甫《寄刘峡州伯华使君四十韵》:"白头遗恨在,青竹几人登。"❺借指青龙。李白《奉饯高尊师如贵道士传道箓毕归北海》:"别杖留青竹,行歌蹑紫烟。"令狐楚《句》(句下注:见《锦绣万花谷》):"行常乘青竹,饥即煮白石。"张蠙《华阳道者》:"惟餐白石过白日,拟骑青竹上青冥。"参见"青竹化龍"。

【青竹一龍】 见"青竹化龍"。

【青竹化龍】 亦作"青竹一龍""青竹成龍"。借指仙人道者,或比喻得道成仙。綦毋诚《同韦夏卿送顾况归茅山》:"白银双阙恋,青竹一龙骑。"施肩吾《遇李山人》:"别易会难君且住,莫交青竹化为龙。"罗隐《圣真观刘真师院十韵》:"尚余青竹在,试为剪成龙。"

【青竹成龍】 见"青竹化龍"。

【青竹杖】 喻指仙人道者出行之坐骑。孟浩然《送元公之鄂渚寻观主张骖鸾》:"赠君青竹杖,送尔白蘋洲。"施肩吾《弋阳访古》:"空抛青竹杖,咒作葛陂神。"参见"青竹化龍"。

【青交瑣】 指门窗上青色连环花纹。白居易《渭村退居寄礼部崔侍郎翰林钱舍人诗一百韵》:"禁闼青交琐,宫垣紫界墙。"参见"青瑣"。

【青衣】 ❶青色或黑色衣服。汉代以后,多为地位低下者之穿着。刘禹锡《和乐天诮失婢榜者》:"新知正相乐,从此脱青衣。"张祜《公子行》:"红粉美人擎酒劝,青衣年少臂鹰随。"❷指穿青衣或黑衣之人。(1)指婢女、侍童。王建《早春病中》:"师教绛服禳衰月,妻许青衣侍病夫。"白居易《残春晚起伴客笑谈》:"披衣岸帻日高起,两角青衣扶老身。"徐凝《览镜词》:"宝镜磨来寒水清,青衣把就绿窗明。"(2)指乐工。韦皋《忆玉箫》序:"玉箫者,江夏姜使君家青衣也。"(3)指道童。鱼玄机《访赵炼师不遇》:"何处同仙侣,青衣独在家。"❸山名。今名乌龙山。在四川乐山市境,青衣江北岸。岑参《上嘉州青衣山中峰题惠净上人幽居寄兵部杨郎中》:"青衣谁开凿,独在水中央。"

【青衣春條】 传为一名器所化之女子,见《太平广记》卷三七二《博异记》。《全唐诗》卷八六七录有《青衣春条诗》,诗题后注:"南阳张不疑,开成间宏词登科,授秘书,寓京国。市一青衣于胡司马,名春条。指使无不惬适,兼好学,善书录,潜为小诗,往往于户牖间题之。居两月余，有昊天观尊师知其妖，作法噀水复本形，乃是一朽明器，背上题曰春条，劈腰颈间有血。不疑得疾，沉锢二年死。”

【青衣道】 路名。汉武帝开发蜀西南通道，历代沿修，至唐初已通至姚州(今云南姚安县北)。由成都通旧青衣县一段，称青衣道，又名旄牛道。卢照邻《酬张少府柬之》：“谁谓青衣道，还叹白头吟。”

【青江】 清澈的江河。陈子昂《春晦饯陶七于江南同用风字》：“黄鹤烟云去，青江琴酒同。”马云奇《怀素师草书歌》：“三秋月淡青江水，二月花开绿树枝。”亦作“青水”。张祜《旅次岳州呈徐员外》：“青水去悠悠，青山来历历。”

【青州】 ❶古九州之一。高适《东平旅游奉赠薛太守二十四韵》：“地连尧泰岳，山向禹青州。”❷州、府名。汉置青州，治所在临菑县(今山东省淄博市东北临淄镇北)。后州治屡迁，隋改置北海郡。唐初复置，治所在今山东省益都县。岑参《送裴校书从大夫淄川觐省》：“尚书未出守，爱子向青州。”韩翃《送张儋水路归北海》：“片帆依白水，高枕卧青州。”耿湋《送海州卢录事》：“海口朝阳近，青州春气多。”李洞《上昭国水部从叔郎中》：“题诗在琼府，附舶出青州。”

【青州從事】 代称美酒。皮日休《醉中寄鲁望一壶并一绝》：“醉中不得亲相倚，故遣青州从事来。”韦庄《江上题所居》：“青州从事来偏熟，泉布先生老渐悭。”

【青池】 清澈之池塘。李白《晓晴》：“鱼跃青池满，莺吟绿树低。”张祜《江南杂题三十首》之二一：“翠竹千竿耸，青池一面临。”亦用以形容明净的天空。韩愈《玩月喜张十八员外以王六秘书至》：“浮云散白石，天宇开青池。”

【青坂】 地名。在今咸阳市东，距陈涛斜及便桥不远。杜甫《悲青坂》：“我军青坂在东门，天寒饮马太白窟。”

【青芽】 茶叶嫩尖。指唐时湖州顾渚所产之名茶。皎然《顾渚行寄裴方舟》：“女宫露涩青芽老，尧市人稀紫笋多。”

【青芹】 即水芹菜。殷尧藩《访许浑》：“为言肯共留连饮，涧有青芹罟有鱼。”

【青杏】 未成熟之杏。唐代新科进士放榜后，赐宴于曲江杏园，而后雁塔题名。因以未尝青杏代称下第。郑谷《下第退居二首》之二：“未尝青杏出长安，豪士应疑怕牡丹。”

【青虬】 青龙。亦作“青蚪”。虬，古代传说中有角小龙。后借指骏马。卢照邻《长安古意》：“专权意气本豪雄，青虬紫燕坐春风。”曹唐《小游仙诗九十八首》之四九：“欲书密诏防人见，佯喝青虬使莫来。”亦指有青石雕饰之虬龙。鲍溶《经秦皇墓》：“左岗青虬盘，右坂白虎踞。”

【青岑】 青色山峰。杜甫《风疾舟中伏枕书怀三十六韵奉呈湖南亲友》：“水乡霾白屋，枫岸叠青岑。”孟郊《汝坟蒙从弟楚材见赠时郊将入秦楚材适楚》：“分泪洒白日，离肠绕青岑。”刘沧《留别山中友人》：“秋尽书窗惊白发，晚冲霜叶下青岑。”

【青岑岑】 苍翠耸立貌。白居易《池上作》：“华亭双鹤白矫矫，太湖四石青岑岑。”

【青岑客】 指青山中隐者。王昌龄《独游》：“永怀青岑客，回首白云间。”

【青岑醴】 青山泉水。胡宿《侯家》：“彩云按曲青岑醴，沉水薰衣白璧堂。”

【青作冢】 即青冢。李益《登夏州城观送行人赋得六州胡儿歌》：“不见天边青作冢，古来愁杀汉昭君。”参见“青冢”。

【青兕】 古代兽名。犀牛类，一角，青色，重千斤。杜甫《忆昔行》：“松风涧水声合时，青兕黄熊啼向我。”刘禹锡《韩十八侍御见示岳阳楼别窦司直诗因令属和重以自述故足成六十二韵》：“唐羿断修蛇，荆王惮青兕。”陆希声《阳羡杂咏十九首·石兕台》：“大河波浪激潼关，青兕胡为伏此山。”

【青兕裘】 青兕皮所做衣服。杜甫《送韦十六评事充同谷郡防御判官》：“羌父豪猪靴，羌儿青兕裘。”

【青肝】 古以肝属东方木位，主青，因称青肝。皮日休《太湖诗·晓次神景宫》：“绿肠既朱髓，青肝复紫络。”

【青甸】 草木繁茂之郊野。李峤《侍宴长宁公主东庄应制》：“别业临青甸，鸣銮降紫霄。”

【青角】 青色荚果。王建《题江寺兼求药子》：“红珠落地求谁与，青角垂阶自不收。”亦指菱角。白居易《看采菱》：“菱池如镜净无波，白点花稀青角多。”

【青羌】 古代西部地区部族。杜审言《送和西蕃使》：“种落逾青羌，关山度赤坂。”杜甫《秋风二首》之一：“要路何日罢长戟，战自青羌连百蛮。”刘方平《寄陇右严判官》：“赤狄争归化，青羌已请臣。”赵鸿《杜甫同谷茅茨》：“青羌迷道路，白社寄杯盂。”

【青羌板】 地名。约在今陕西千阳、陇县一带。古代青羌族居住地。杜甫《戏作俳谐体遣闷二首》之二：“西历青羌板，南留白帝城。”

【青妓】 年轻貌美歌伎。李郢《张郎中宅戏赠二首》之二：“谢家青妓邃重关，谁省春风见玉颜。”

【青青】 ❶形容颜色很青。张九龄《湘中作》：“湘流绕南岳，绝目转青青。”杜甫《送王十五判官扶侍还黔中》：“青青竹笋迎船出，日日江鱼入馔来。”戴叔伦《妻亡后别妻弟》：“杨柳青青满路垂，赠行惟折古松枝。"温庭筠《鄠杜郊居》："槿篱芳援近樵家，垄麦青青一径斜。"❷呈现或成为青翠色。皎然《裴端公使君清席赋得青桂歌送徐长史》："秋风桃李摇落尽，为君青青伴松柏。"于邺《路傍草》："春至始青青，香车碾已平。"唐彦谦《金陵怀古》："太平时节殊风景，山自青青水自流。"❸借指青草。韩愈《秋怀诗十一首》之二："青青四墙下，已复生满地。"郑谷《曲江春草》："香轮莫辗青青破，留与愁人一醉眠。"❹借指杨柳。秦韬玉《隋堤》："远山应见繁华事，不语青青对水流。"和凝《杨柳枝》之一："青青自是风流主，慢飐金丝待洛神。"亦指植物的青叶。韩偓《刺桐花》："我今到此忧民切，只爱青青不爱红。"❺浓黑貌。刘希夷《北邙篇》："玉颜晖晖并是春，人发青青未尝老。"李白《梦游天姥吟留别》："云青青兮欲雨，水澹澹兮生烟。"陆龟蒙《句曲山朝真词二首·送真》："火铃跳跃龙毛盖，脑发青青䯰猝猝。"❻形容年纪很轻。刘禹锡《谢寺双桧》："长明灯是前朝焰，曾照青青年少时。"❼形容经久不衰。陈子昂《南山家园林木交映独坐思远率成十韵》："扰扰将何息，青青长苦吟。"明皇《赐新罗王》："益重青青志，风霜恒不渝。"曹唐《仙都即景》："黄帝登真处，青青不记年。"

【青₂青】（—jīng）草木茂盛貌。钱起《赋得绵绵思远道送岑判官入岭》："不知行远近，芳草日青青。"刘长卿《春草宫怀古》："犹带罗裙色，青青向楚人。"白居易《有木诗八首》之三："有木秋不凋，青青在江北。"李咸用《同玄昶上人观山榴》："瘦竹成林人不看，却应着得强青青。"

【青青成斧柯】 喻微小错误如不防止，将发展成大祸。陈子昂《感遇诗三十八首》之十二："谁见枯城蘖，青青成斧柯。"

【青₂青鬱鬱】 犹言郁郁葱葱。草木翠茂盛貌。贯休《行路难》之五："君不见道傍树有寄生枝，青青郁郁同荣衰。"

【青拂】 即拂尘。因用青色麈尾制成，故称。施肩吾《听范玄长吟》："诗兴未穷心更远，手垂青拂向云看。"

【青苗】 ❶青色禾苗。戴叔伦《屯田词》："新禾未熟飞蝗至，青苗食尽余枯茎。"白居易《捕蝗》："雨飞蚕食千里间，不见青苗空赤土。"❷唐代税青苗地钱使的省称。刘长卿有《送青苗郑判官归江西》，戴叔伦有《下鼻亭泷行八十里聊状艰险寄青苗郑副端朔阳》。❸池塘名。即青苗陂。在今重庆市奉节县东北。杜甫《夔州歌十绝句》之六："东屯稻畦一百顷，北有涧水通青苗。"❹见"青苗錢"。

【青苗租】 见"青苗錢"。

【青苗錢】 亦作"青苗租"。唐代赋税名。包何有《送韦侍御奉使江岭诸道催青苗钱》。陈陶《种兰》："地无青苗租，白日如散王。"

【青苔】 绿色苔藓植物。王维《戏赠张五弟諲三首》之一："青苔石上净，细草松下软。"皇甫冉《山中五咏·山馆》："空庭复何有，落日照青苔。"白居易《池上逐凉二首》之一："青苔地上消残暑，绿树阴前逐晚凉。"亦用以喻幽静、清冷之地。杜甫《上白帝城二首》之二："多惭病无力，骑马入青苔。"顾况《李湖州孺人弹筝歌》："上阳宫人怨青苔，此夜想夫怜碧玉。"杜牧《题宣州开元寺》："青苔照朱阁，白鸟两相语。"翁承赞《对雨述怀示弟承检》："青苔重叠封颜巷，白发萧疏引越吟。"

【青苔光】 喻指清冷的月光。窦群《东山月下怀友人》："虽殊碧海状，爱此青苔光。"

【青苔巷】 长满青苔之街道。喻指闲静、冷落之地。白居易《西风》："薄暮青苔巷，家僮引鹤归。"

【青苔院】 长满青苔的庭院。喻指幽静、凄冷的地方。白居易《陵园妾》："把花掩泪无人见，绿芜墙绕青苔院。"

【青苔紙】 以藻类植物所制纸。施肩吾《赠族叔处士》："紫石岩边吟绣段，青苔纸上落银钩。"

【青苔黄葉】 形容凄清落寞的境遇。刘长卿《酬李穆见寄》："欲扫柴门迎远客，青苔黄叶满贫家。"

【青苔篇】 道教经书。因其以青苔纸书写，故称。李白《赠嵩山焦炼师》："时餐金鹅蕊，屡读青苔篇。"

【青林】 ❶苍翠树林。徐安贞《题襄阳图》："丹壑常含霁，青林不换秋。"王维《辋川集·北垞》："逶迤南川水，明灭青林端。"许棠《送龙州樊使君》："碧溪飞白鸟，红旆映青林。"吴融《湖州溪楼书献郑员外》："青林上雨色，白鸟破溪光。"亦指竹林。朱放《竹》："青林何森然，沉沉独曙前。"❷清静的山林。《文选·潘岳〈射雉赋〉》："涉青林以浏览兮，乐羽族之群飞。"储光羲《同武平一员外游湖五首》之四："舟寻绿水宵将半，月隐青林人未归。"❸寺庙的别称。王昌龄《洛阳尉刘晏与府掾诸公茶集天宫寺岸道上人房》："道安风尘外，洒扫青林中。"

【青林客】 指隐逸之人。司空曙《闲居寄苗发》："厌逐青林客，休吟白雪歌。"

【青松】 苍翠松树。王昌龄《听弹风入松阕赠杨补阙》："寥落幽居心，飕飗青松树。"王维《过香积寺》："泉声咽危石，日色冷青松。"李益《喜入兰陵望紫阁峰呈宣上人》："紫阁当疏牖，青松入坏篱。"李商隐《四皓庙》："庙前便接山门路，不长青松长紫芝。"

【青松心】 喻高洁心志。李白《古风》之二十："勖君青松心，努力保霜雪。"

【青松宅】 指坟墓。因墓地四周多植松柏，故称。鲍溶《途中旅思二首》之一："朝提黄金爵，暮造青松宅。"

【青松操】 喻高洁的操守。曹邺《翠孤至渚宫寄座主相公》："忽于摧落间，收得青松操。"黄崇嘏《辞蜀相妻女诗》："立身卓尔青松操，挺志铿然白璧姿。"

【青松學大夫】 秦始皇曾封泰山上一棵松树为"五大夫"，因用此典咏松树。王维《过崔驸马山池》："锦石称贞女，青松学大夫。"

【青旻】 青天。杜甫《寄薛三郎中》："高秋却束带，鼓枻视青旻。"

【青岸】 长满草木之水边陆地。欧阳詹《小苑春望宫池柳色》："舞絮回青岸，翻烟拂绿蘋。"李建勋《春水》："青岸渐平濡柳带，旧溪应暖负莼丝。"

【青服】 青色官服。唐制，文官八品、九品服青。亦借指官职卑微。张祜《送王昌涉侍御》："诸侯青服旧，御史紫衣荣。"

【青金简】 青铜简牍。李绅《赠毛仙翁》："紫笔亲教书姓名，玉皇诏刻青金简。"参见"青簡"。

【青氛】 见"青氣❶"。

【青郊】 古制，帝王于五郊设祭迎气。立春之日，迎春于东郊，祭青帝句芒，因称东郊为青郊。《郊庙歌辞·五郊乐章·青郊迎神》："缇幕移候，青郊启蛰。"亦借指春天的郊野。张说《奉和三日祓禊渭滨应制》："青郊上巳艳阳年，紫禁皇游祓渭川。"李颀《不调归东川别业》："青郊香杜若，白水映茅茨。"又《送刘方平》："别离斗酒心相许，落日青郊半微雨。"林滋《春望》："春海镜长天，青郊丽上年。"

【青油】 青油幕之省称。司空曙《送庞判官赴黔中》："堆案青油暮，看棋画角长。"权德舆《哭刘四尚书》："丹地膺推择，青油寄抚循。"刘禹锡《酬浙东李侍郎越州春晚即事长句》："青油昼卷临高阁，红旆晴翻绕古堤。"罗隐《寄酬邺王罗令公五首》之一："营室东回荫斥丘，少年承袭拥青油。"亦借指主帅。张祜《投魏博田司空二十韵》："圣代倚龙骧，青油镇北方。"又《投魏博李相国三十二韵》："白刃来临敌，青油引出京。"参见"青油幕"。

【青油幕】 涂有青油之帐幕。为主帅所居之处。卢纶《和李中丞酬万年房署少府过汾州景云观因以寄》："低回青油幕，梦寐白云居。"窦牟《送刘公达判官赴天德军幕》："特建青油幕，量分紫禁师。"韩愈《晚秋郾城夜会联句》："从军古云乐，谈笑青油幕。"雍陶《寄襄阳章孝标》："青油幕下白云边，日日空山夜夜泉。"

【青油騎】 指主帅车马。郑澣《和李德裕游汉州房公湖二首》之一："荣驻青油骑，高张白雪音。"参见"青油"。

【青泥】 ❶青色泥土。白居易《京兆府新栽莲》："下有青泥污，馨香无复全。"关盼盼《句》："儿童不识冲天物，漫把青泥污雪毫。"❷古时用以封缄文书之青色黏土。皎然《从军行五首》之五："黄纸君王诏，青泥校尉书。"亦借指文书。王贞白《拟塞外征行》："青泥方绝漠，怀剑始辞燕。"❸岭名。又名泥功山。在今甘肃省徽县南。古为甘、陕入蜀要道。李白《蜀道难》："青泥何盘盘，百步九折萦岩峦。"杜甫《泥功山》："朝行青泥上，暮在青泥中。"王周《路次覆盆驿》："曾上青泥蜀道难，架空成路入云寒。"史瑜《句》："溪从沮水流嶓冢，岭接青泥入剑天。"❹古驿站名。元稹《青云驿》："昔游蜀门下，有驿名青泥。"参见"青泥驛"。

【青泥坂】 地名。即青泥岭。辛常伯《军中行路难》："途危紫盖峰，路涩青泥坂。"杜牧《李甘诗》："夜登青泥坂，坠车伤左股。"郑嵎《津阳门诗》："青泥坂上到三蜀，金堤城边止九旗。"参见"青泥❸"。

【青泥坊】 古地名。即青泥城。在今陕西蓝田县南。杜甫《崔氏东山草堂》："盘剥白鸦谷口栗，饭煮青泥坊底芹。"

【青泥驛】 古驿站名。在青泥岭上。武元衡《同洛阳诸公饯卢起居》："暮宿青泥驿，烦君泪满缨。"参见"青泥❸❹"。

【青房】 ❶指李子树的果实。李峤《李》："叶暗青房晚，花明玉井春。"❷指莲蓬。张籍《采莲曲》："青房圆实齐戢戢，争前竞折漾微波。"白居易《曲江感秋二首》之二："莎平绿茸合，莲落青房露。"

【青簾】 即酒旗。酒店门前所挂青布幌子。刘禹锡《鱼复江中》："风樯好住贪程去，斜日青帘背酒家。"郑谷《旅寓洛南村舍》："白鸟窥鱼网，青帘认酒家。"

【青穹】 碧空，天空。李颀《与诸公游济渎泛舟》："左手正接䍦，浩歌眄青穹。"

【青衫】 ❶古代学子所穿青色交领长衫。周繇《公子行》："青山薄薄漏春风，日暮鸣鞭柳影中。"按，《全唐诗》作青山，误，当为青衫。参见"青袍❷""青衿❶"。❷唐制，以官服色视阶官之品。文官八品服深青，九品服浅青。张籍《送枝江刘明府》："老着青衫为楚宰，平生志业有谁知。"白居易《送令狐相公赴太原》："青衫书记何年去，红旆将军昨日归。"顾非熊《送从叔尉渑池》："白首青衫犹未换，又骑羸马出函关。"❸借指失意之官吏。张籍《伤歌行》："身着青衫骑恶马，中门之外无送者。"刘禹锡《酬令狐相公寄贺迁拜之什》："白发青衫谁比数，相怜只是有梁王。"徐铉《移饶州别周使君》："更向鄱阳湖上去，青衫憔悴泪交流。"❹指社会地位低下者所穿的青色或黑色衣服。元稹《和乐天示杨琼》："青衫玉貌何处去，安得红旗遮头白!”❺借指侯景。周昙《咏史诗·六朝门·谢举》:“朱异早能同远见,青衫宁假帝登楼。”

【青衫司馬】 喻指失意之官吏。白居易《微之到通州日见仆旧诗因酬长句》:“昔教红袖佳人唱,今遣青衫司马愁。”

【青衫客】 指职位卑微之官吏。耿沣《过三郊驿却寄杨评事》:“冉冉青衫客,悠悠白发人。”

【青門】 ❶汉长安城东南门。本名灞城门,因其门色青,俗呼为青门。李白《古风》之九:“青门种瓜人,旧日东陵侯。”刘长卿《家园瓜熟悽然感旧因赋此诗》:“谁能更向青门外,秋草茫茫觅故侯。”后泛指长安城东门。王昌龄《宿灞上寄侍御玙弟》:“独饮灞上亭,寒山青门外。”杜甫《宿昔》:“宿昔青门里,蓬莱仗数移。”耿沣《晚秋东游寄猗氏第五明府解县韩明府》:“步出青门去,疏钟隔上林。”司马扎《东门晚望》:“青门聊极望,何事久离群。”亦借指洛阳城门。李绅《拜宣武军节度使》:“日晖红旆分如电,人拥青门动若雷。”❷指代长安。孟浩然《送新安张少府归秦中》:“试登秦岭望秦川,遥忆青门春可怜。”王维《辋川闲居》:“一从归白社,不复到青门。”郑嵎《津阳门诗》:“青门紫陌多春风,风中数日残春遗。”刘沧《下第后怀旧居》:“几到青门未立名,芳时多负故乡情。”❸泛指退隐处。骆宾王《帝京篇》:“黄雀徒巢桂,青门遂种瓜。”杜甫《曲江陪郑八丈南史饮》:“丈人文力犹强健,岂傍青门学种瓜。”周贺《出关寄贾岛》:“旧乡无子孙,谁共老青门。”许棠《题郑侍郎岩隐十韵》:“青门无到客,紫阁有来莺。”❹指送别之处。汉青门外有灞桥,汉人送客至此桥,折柳赠别。许景先《折柳篇》:“春色东来度渭桥,青门垂柳百千条。”岑参《青门歌送东台张判官》:“青门柳枝正堪折,路傍一日几人别。”李端《送客赴洪州》:“青门一分手,难见杜陵人。”张乔《赠进士顾云》:“与君愁寂无消处,赊酒青门送楚人。”孙鲂《柳絮咏》:“苦是添离思,青门道路长。”❺犹东郭,东郊。古时为丛葬之处,因借指墓地。武元衡《甲午岁相国李公有北园寄赠之作寓哀冥寞以广遗韵云》:“佳城关白日,哀挽向青门。”王涣《悼亡》:“今日青门葬君处,乱蝉衰草夕阳斜。”❻曲名。李贺《黄头郎》:“玉瑟调青门,石云湿黄葛。”

【青門瓜】 秦东陵侯召平于秦亡后,种瓜于长安青门外。瓜美,世谓之“青門瓜”,又称“東陵瓜”。后因以喻归隐田园。陈子昂《卧病家园》:“宁知白社客,不厌青门瓜。”杜甫《喜晴》:“千载商山芝,往者东门瓜。”许浑《灞东题司马郊园》:“白社贫思橘,青门老仰瓜。”

【青門客】 指离别京城的人。张乔《送庞百篇之任青阳县尉》:“多少青门客,临岐共羡君。”参见“青門❹”。

【青門酒】 指送行饯别之酒。李频《送人归吴》:“未饮青门酒,先如醉梦身。”参见“青門❹”。

【青門悲】 秦东陵侯召平,秦亡为布衣,家贫,种瓜于长安青门外。因以青门悲喻世家衰微的悲苦。参见“青門瓜”。王昌龄《留别岑参兄弟》:“谁言青门悲,俯期吴山幽。”

【青門道】 指长安青门外的大路。古为分手别离之地。李白《寓言三首》之三:“长安春色归,先入青门道。”钱起《送李四擢第归》:“行尘忽不见,惆怅青门道。”刘方平《秋夜寄皇甫冉郑丰》:“长怜西雍青门道,久别东吴黄鹄矶。”白居易《别李十一后重寄》:“回望青门道,目极心郁郁。”

【青門橋】 即灞桥。汉青门外有灞桥,故亦称“青门桥”。刘禹锡《别友人后得书因以诗赠》:“前时送君去,挥手青门桥。”

【青門餞】 古长安城东青门,为折柳送别之处。因以青门饯指送别饯行。明皇《送贺知章归四明》:“独有青门饯,群僚怅别深。”参见“青門❹”。

【青門隱】 指隐居。王绩《晚年叙志示翟处士》:“失路青门隐,藏名白社游。”亦用以指秦东陵侯召平。白居易《新昌新居书事四十韵因寄元郎中张博士》:“迹慕青门隐,名惭紫禁仙。”

【青弦】 即清弦。指琴瑟一类的弦乐器,以乐音清亮,故称。青,通清。一说指弦乐器上的青色丝弦。王维《扶南曲歌词五首》之二:“堂上青弦动,堂前绮席陈。”

【青春】 ❶春天。陈子昂《感遇诗三十八首》之十三:“青春始萌达,朱火已满盈。”杜甫《题省中院壁》:“落花游丝白日静,鸣鸠乳燕青春深。”李贺《将进酒》:“况是青春日将暮,桃花乱落如红雨。”赵嘏《寒食离白沙》:“莫惊客路已经年,尚有青春一半妍。”❷指年轻、青年时期。语出《文选·潘尼〈赠陆机出为吴王郎中令〉诗》:“予涉素秋,子登青春。”褚亮《伤始平李少府正己》:“谁能免玄夜,惜尔正青春。”王维《洛阳女儿行》:“狂夫富贵在青春,意气骄奢剧季伦。”刘长卿《送李录事兄归襄邓》:“白首相逢征战后,青春已过乱离中。”薛能《春日使府寓怀二首》之一:“青春背我堂堂去,白发欺人故故生。”❸指年龄。司空曙《送曹同椅》:“青春三十余,众艺尽无如。”唐彦谦《自咏》:“白发三千丈,青春四十年。”❹喻美好的年华,珍贵的时光。屈同仙《乌江女》:“青春犹未嫁,红粉旧来娼。”刘禹锡《咏古二首有所寄》之一:“可怜平阳第,歌舞娇青春。”权德舆《放歌行》:“青春虚度无所成,白首衔悲亦何及。”许棠《长安书情》:“近来惊白发,方解惜青春。”❺酒名。白居易《病中答招饮者》:“顾我镜中悲白发,尽君花下醉青春。"

【青珉】 青色美石。陆龟蒙《连昌宫词二首·阶》:"年年直为秋霖苦,滴陷青珉隐起花。"

【青城】 ❶县名。唐属蜀州,开元中以清城县改名,治所在今四川灌县东南。杜甫有《阆州东楼筵奉送十一舅往青城县》及《赴青城县出成都寄陶王二少尹》,耿沣有《送崔明府赴青城》,崔涂有《途中感怀寄青城李明府》。❷山名。在四川都江堰市西南。为岷山第一山峰。杜甫《野望因过常少仙》:"竹覆青城合,江从灌口来。"卢纶《送李校书赴东川幕》:"泥坂望青城,浮云与栈平。"吕温《咏蜀客石琴枕》:"文含巴江浪,色起青城烟。"周贺《寄新头陀》:"青城不得师同住,坐想沧江忆浩然。"参见"青城山"。

【青城山】 在四川省都江堰市西南,山形如城,故名。相传东汉张道陵修道于此,道教称之为第五洞天。杜甫有《谢严中丞送青城山道士乳酒一瓶》。贾岛《送灵应上人》:"五月半间看瀑布,青城山里白云中。"杨鼎夫《记皂江堕水事》:"青城山峭皂江寒,欲度当时作等闲。"崔涂有《寄青城山颢禅师》。

【青城丈人】 传说黄帝曾访道于四川灌县青城山,拜仙人宁封子为师,封其为"五岳丈人"。青城丈人即指宁封子。《全唐诗》卷八六二录紫微孙处士《送青城丈人酒》、青城丈人《送太乙真君酒》。

【青城客】 指道教信士。因青城山为道教之第五洞天,故称。杜甫《丈人山》:"自为青城客,不唾青城地。"参见"青城山"。

【青草】 ❶青色的草。寒山《诗三百三首》之一九〇:"足间青草生,顶上红尘堕。"耿沣《荐福寺送元伟》:"明朝莫回望,青草马行迟。"许浑《广陵道中》:"绿桑非苑树,青草是宫莎。"贯休《新定江边作》:"石头青草取次坐,松风竹风撩乱吹。"❷湖名。张说《伯奴边见归田赋因投赵侍御》:"黄陵浮汨渚,青草会湘川。"杜甫《宿青草湖》:"洞庭犹在目,青草续为名。"白居易《自蜀江至洞庭湖口有感而作》:"洞庭与青草,大小两相敌。"许棠《洞庭湖》:"青草浪高三月渡,绿杨花扑一溪烟。"参见"青草湖"。

【青草塚】 犹青塚。泛指坟墓。于武陵《洛阳道》:"旋添青草塚,更有白头人。"参见"青塚"。

【青草湖】 湖名。一名巴丘湖。在今湖南省岳阳市西南,和洞庭湖相连。因湖南有青草山,且湖中多青草,故名。唐时湖周二百六十五里,北与洞庭湖有沙洲间隔,水涨时则连成一片,诗文中多与洞庭湖并称。杜甫《将适吴楚留别章使君留后兼幕府诸公》:"不意青草湖,扁舟落吾手。"王建《江南三台词四首》之二:"青草湖边草色,飞猿岭上猿声。"郑谷《鹧鸪》:"雨昏青草湖边过,花落黄陵庙里啼。"韩偓《雪中过重湖信笔偶题》:"青草湖将天暗合,白头浪与雪相和。"

【青草瘴】 指南方夏季的瘴气。王维《送杨少府贬郴州》:"青草瘴时过夏口,白头浪里出湓城。"

【青柎】 亦作"青跗"。绿色花萼。陆敬《游清都观寻沈道士得都字》:"宫槐散绿穗,日槿落青柎。"王勃《落花落》:"绿叶青跗映丹萼,与君裴回上金阁。"

【青竿】 青竹钓竿。白居易《闲游》:"白石磨樵斧,青竿理钓丝。"李群玉《钓鱼》:"七尺青竿一丈丝,菰浦叶里逐风吹。"

【青凫】 即野鸭。卢照邻《初夏日幽庄》:"钓渚青凫没,村田白鹭翔。"亦代指用青玉雕刻成野鸭形的工艺品。李贺《夜来乐》:"五丝封青凫,阿侯此笑千万余。"

【青鬼】 佛教语。意为在地狱呵责罪人的青面鬼。刘禹锡《南中书来》:"淫祀多青鬼,居人少白头。"施肩吾《宿南一上人山房》:"青鬼来试人,夜深弄灯影。"

【青律】 指春季的律管。古人烧苇膜成灰,放在各律管内,某一节候到,相应律管内的灰就会飞出,用以测知气候。卢肇《风不鸣条》:"暗通青律起,远傍白蘋生。"李建勋《梅花寄所亲》:"一气才新物未知,每惭青律与先吹。"亦借指春天。施肩吾《上礼部侍郎陈情》:"却向从来受恩地,再求青律变寒枝。"徐夤《牡丹花二首》之一:"开当青律二三月,破却长安千万家。"

【青風】 春风。李端《送杨皋擢第归汉东》:"绿气千樯暮,青风万里春。"

【青帝】 古代神话中东方之神,主管春令。储光羲《秦中守岁》:"众星已穷次,青帝方行春。"王建《春来曲》:"青帝少女染桃花,露妆初出红犹湿。"李贺《相劝酒》:"蓐收既断翠柳,青帝又造红兰。"罗隐《自湘川东下立春泊夏口阻风登孙权城》:"只见风师长占路,不知青帝已行春。"亦借指东方。徐夤《东》:"青帝郊垌平似砥,主人阶级峻如山。"

【青洛】 青原山与洛迦山(即普陀)的并称。泛指佛教圣地。齐己《梓栗杖送人》:"拄去客归青洛远,采来僧入白云深。"参见"青原"。

【青洲】 即青邱。神话传说中地名。李贺《天上谣》:"粉霞红绶藕丝裙,青洲步拾兰苕春。"

【青室】 绿荫笼罩的居室。曹唐《小游仙诗九十八首》之八七:"洞里月明琼树风,画帘青室影朦胧。"

【青宫】 太子宫,一名东宫。东方属木,于色为青,故称。沈佺期《章怀太子靖妃挽词》:"彤史佳声载,青宫懿范留。"王维《登楼歌》:"舍人下兮青宫,据胡床兮书空。"皇甫澈《赋四相诗·中书令钟绍京》:"青宫闰阖启,涤秽氛沴灭。"姚合《和高谏议蒙兼宾客时入翰苑》:"紫殿讲筵邻御座,青宫宾榻入龙楼。"亦借指太子。白居易《初授赞善大夫早朝寄李二十助教》："病身初谒青宫日，衰貌新垂白发年。"钱弘俶《感皇子远降见迎》："千年遭遇觐真王，敢望青宫赐显扬。"

【青宫長】（長 zhǎng）太子宫主要官吏的泛称。白居易《洛中偶作》："今为青宫长，始来游此乡。"按：白居易此时为太子左庶子。

【青衲】 谓僧衣。李中《寄庐岳鉴上人》："病披青衲重，晚剃白髭寒。"贯休《寄僧野和尚》："白头寒枕石，青衲烂无尘。"亦代指僧人。齐己《荆门寄怀章供奉兼呈幕中知己》："紫衣居贵上，青衲老关中。"

【青衿】 ❶青色交领长衫。古代学子的常服。《诗·郑风·子衿》："青青子衿，悠悠我心。"毛传："青衿，青领也。学子之所服。"杜牧《送王侍御赴夏口座主幕》："君为珠履三千客，我是青衿七十徒。"蒋肱《永州陪郑太守登舟夜宴席上各赋诗》："江头朱绂间青衿，岂是仙舟不可寻。"❷借指学子、门生。孟浩然《陪张丞相祠紫盖山途经玉泉寺》："青衿列胄子，从事有参卿。"李白《陈情赠友人》："懦夫感达节，壮士激青衿。"王建《从元太守夏宴西楼》："青衿俨坐傍，礼容益敦敦。"司空图《顷年陪恩地赴甘棠之召感动留题》："去时憔悴青衿在，归路凄凉绛帐空。"❸指青少年。白居易《读张籍古乐府》："始从青衿岁，迨此白发新。"许浑《和淮南王相公与宾僚同游瓜洲别业题旧书斋》："碧油红旆想青衿，积雪窗前尽日吟。"徐铉《重游木兰亭》："缭绕长堤带碧浔，昔年游此尚青衿。"

【青衿子】 即学子。指青年书生。陈子昂《登泽州城北楼宴》："勿使青衿子，嗟尔白头翁。"杜甫《元日示宗武》："训喻青衿子，名惭白首郎。"参见"青衿"。

【青陛】 借指青宫。刘祎之《奉和太子纳妃太平公主出降》："梦梓光青陛，秾桃蔼紫宫。"参见"青宫"。

【青眉】 用青黑色颜料画的眉。司空曙《拟百劳歌》："谁家稚女着罗裳，红粉青眉娇暮妆。"

【青紅】 青色和红色，用以指代颜料。韩愈《谒衡岳庙遂宿岳寺题门楼》："粉墙丹柱动光彩，鬼物图画填青红。"

【青珥】 指日晕或月晕。在日、月周围形成的青色光环。陈陶《关山月》："度碛冲云朔风起，边笳欲晚生青珥。"

【青珮】 青色玉佩。顾况《白蘋洲送客》："阙下摇青珮，洲边采白蘋。"

【青都】 道家谓天帝宫阙所在。李郢《读汉武内传》："金鼎未成悲浊世，玉缄时捧望青都。"

【青荷】 青色荷叶。李颀《渔父歌》："绿水饭香稻，青荷包紫鳞。"

【青桂】 ❶木名。通称桂花，亦称丹桂，为常绿灌木或小乔木。《太平御览》卷九五七引《洞冥记》："武帝使董谒乘琅霞之辇以升坛，至三更，西王母驾玄銮之舆至。坛之四面，列种软条青桂，风至，枝自拂阶上游尘。"陈羽《游洞灵观》："风吹青桂寒花落，香绕仙坛处处闻。"李绅《过梅里七首·忆题惠山寺书堂》："白云生灭依岩岫，青桂荣枯托薜萝。"温庭皓《观山灯献徐尚书其三》："白榆行自比，青桂影相依。"皮日休《新秋即事三首》之三："青桂巾箱时寄药，白纶卧具半抛书。"❷喻科举登第。李频《送许棠归泾县作尉》："青桂复青袍，一归荣一高。"刘驾《送李殷游边》："如何万里来，青桂看人折。"李山甫《下第献所知三首》之一："青桂本来无欠负，碧霄何处有因依。"杜荀鹤《恩门致书远及山居因献之》："若把白衣轻易脱，却成青桂偶然攀。"❸借指科举登第者或文才出众的人。王昌龄《送刘昚虚归取宏词解》："青桂春再荣，白云暮来变。"孟郊《赠城郭道士》："曾依青桂邻，学得白雪弦。"黄滔《伤蒋校书德山》："世间无树胜青桂，陇上有花唯白杨。"

【青桐】 即梧桐。因其皮青，故称。李颀《题僧房双桐》："青桐双拂日，傍带凌霄花。"李益《莲塘驿》："女萝蒙幽蔓，拟上青桐枝。"姚合《题山寺》："为爱青桐叶，因题满树诗。"刘威《秋日寄陈景孚秀才》："风叶青桐落，露花红槿低。"

【青莎】 即莎草。多年生草本植物。叶细长，夏季开穗状赤褐色小花，有地下块茎，名香附子，可供药用。李白《同王昌龄送族弟襄归桂阳二首》之二："尔家何在潇湘川，青莎白石长沙边。"李绅《过梅里七首·上家山》："苔阶泉溜铁，石甃青莎密。"许浑《村舍二首》之一："自剪青莎织雨衣，南峰烟火是柴扉。"章碣《观锡宴》："倾朝朱紫正骈阗，红杏青莎映广筵。"

【青軒】 绿荫中的亭阁。包融《送国子张主簿》："坐悲芳岁晚，花落青轩树。"李白《宴陶家亭子》："绿水藏春日，青轩秘晚霞。"又《前有一樽酒行二首》之一："青轩桃李能几何，流光欺人忽蹉跎。"

【青真】 道教九青帝之一。泛指道教神仙。李郢《读汉武内传》："青真小童捧诀箓，紫府道士携琼苏。"

【青砧】 捣衣石。刘希夷《捣衣篇》："揽红袖兮愁徙倚，盼青砧兮怅盘桓。"杨泰师《夜听捣衣诗》："不知彩杵重将轻，不悉青砧平不平。"

【青原】 山名。在江西庐山东南。为禅宗六祖慧能弟子行思禅师修行之处。耿沣《寄钱起》："青原高见水，白社静逢人。"

【青蚨】 指青钱。寒山《诗三百三首》之一二〇："囊里无青蚨，箧中有黄绢。"温庭筠《病中书怀呈友人》："客来斟绿蚁，妻试踏青蚨。"王苏苏《和李标》：

“阿谁乱引闲人到，留住青蚨热赶归。”

【青峰】 苍翠的山峦。沈佺期《陪幸韦嗣立山庄》：“台阶好赤松，别业对青峰。”李德裕《春暮思平泉杂咏二十首·西岭望鸣皋山》：“远见鸣皋山，青峰原上出。”

【青氣】 ❶亦作“青氛”。青色的云气。司空曙《送柳震入蜀》：“粉堞连青气，喧喧杂万家。”熊孺登《日暮天无云》：“象分青气外，景尽赤霄前。”刘得仁《晓别吕山人》：“疏钟兼漏尽，曙色照青氛。”李山甫《兵后寻边三首》之一：“卷地朔风吹白骨，柱天青气泣幽魂。”❷春天的气息。张说《奉和圣制同刘晃喜雨应制》：“青气含春雨，知从岱岳来。”欧阳衮《田家》：“岩阿青气发，篱落杏花开。”郑谷《咸通十四年府试木向荣》：“园林青气动，众木散寒声。”❸青色植物散发的气味。宋之问《早发始兴江口至虚氏村作》：“薜荔摇青气，桄榔翳碧苔。”

【青條】 青色枝条。司空曙《新柳》：“撩乱发青条，春风来几日。”徐商《贺襄阳副使节判同加章绶》：“芳菲解助今朝喜，嫩蕊青条满眼新。”

【青皋】 青葱的水边地。王维《自大散以往至黄牛岭见黄花川》：“青皋丽已净，绿树郁如浮。”

【青徐】 青州和徐州的并称。今鲁东南、苏北一带。杜甫《北征》：“此举开青徐，旋瞻略恒碣。”又《登兖州城楼》：“浮云连海岳，平野入青徐。”

【青島】 草木葱茏的岛屿。张均《和尹懋登南楼》：“楼形写北潭，堞势凌青岛。”贾岛《送令狐绹相公》：“吟看青岛处，朝退赤墀晨。”郑谷《驻跸华下同年司封员外从翁许共游西溪久违前契戏成寄赠》：“纵目怀青岛，澄心想碧流。”

【青烏】 ❶指青乌子。传说中的古代堪舆家。刘禹锡《河南观察使故相国袁公挽歌三首》之三：“地得青乌相，宾惊白鹤飞。”❷指风水好的墓地。骆宾王《乐大夫挽词五首》之四：“青乌新兆去，白马故人来。”郑愔《哭郎著作》：“白马宾徒散，青乌陇隧开。”权德舆《大行皇太后挽歌词三首》之三：“青乌灵兆久，白燕瑞书频。”

【青芻】 青饲料。杜甫《甘林》：“青刍适马性，好鸟知人归。”李贺《吕将军歌》：“厩中高桁排蹇蹄，饱食青刍饮白水。”李群玉《骢马》：“青刍与白水，空笑驽骀肥。”亦指青草。贯休《书陈处士屋壁二首》之二：“青刍生阶除，撷之束成束。”

【青畝】 谓良田。温庭筠《雉场歌》：“城头却望几含情，青亩春芜连石苑。”

【青旄】 青色的旄牛尾，道家所持旄节的饰物。张籍《赠道士》：“茅山近别剡溪逢，玉节青旄十二重。”参见“青節❷”。

【青旄節】 指镇守一方长官的仪仗中，用牦牛尾做竿饰的旗子。李嘉祐《酬皇甫十六侍御曾见寄》：“江头鸟避青旄节，城里人迎露网车。”

【青旂】 青旗。唐制，立春日，祀青帝于东郊，车驾仪仗用青旗。青色乃东方之色。刘宪《奉和立春日内出彩花树应制》：“禁苑韶年此日归，东郊道上转青旂。”顾况《宫词五首》之三：“玉阶容卫宿千官，风猎青旂晓仗寒。”元稹《酬复言长庆四年元日郡斋感怀见寄》：“苦思正旦酬白雪，闲观风色动青旂。”

【青旆】 指丧幡。一种出殡时举的末端形状像燕尾的旗。曹松《吊贾岛二首》之二：“青旆低寒水，清笳出晓风。”

【青粉】 精制细茶。李咸用《谢僧寄茶》：“半匙青粉搅潺湲，绿云轻绾湘娥鬟。”

【青浦】 指草木茂盛的水滨。张说《侍宴浐水赋得浓字》：“青浦宸游至，朱城佳气浓。”

【青海】 ❶湖名。即今青海省青海湖。唐代属吐蕃。李适《奉和送金城公主适西蕃应制》：“绛河从远聘，青海赴和亲。”王昌龄《从军行七首》之四：“青海长云暗雪山，孤城遥望玉门关。”柳中庸《凉州曲二首》：“青海戍头空有月，黄沙碛里本无春。”高骈《寓怀》：“为问昔时青海畔，几人归到凤林桥。”亦指边远之地。姚鹄《送刘耕归舒州》：“旧国连青海，归程在白云。”❷犹碧海。许浑《送岭南卢判官罢职归华阴山居》：“还挂一帆青海上，更开三径碧莲中。”❸见“青海馬”。

【青海馬】 一种产自青海的马，亦称青海骢。李商隐《咏史》：“运去不逢青海马，力穷难拔蜀山蛇。”亦泛指骏马。李商隐《思贤顿》：“舞成青海马，斗杀汝南鸡。”

【青海舞】 即青海波舞。李白《东山吟》：“酣来自作青海舞，秋风吹落紫绮冠。”

【青海頭】 指青海湖边。杜甫《兵车行》：“君不见青海头，古来白骨无人收。”参见“青海❶”。

【青海灣】 即青海湖。李白《关山月》：“汉下白登道，胡窥青海湾。”参见“青海❶”。

【青袍】 ❶青色长袍。杜甫《渡江》：“渚花兼素锦，汀草乱青袍。”鲍防《状江南·孟春》：“白雪装梅树，青袍似葑田。”皎然《题周谏别业》：“隐身苔上欲如何，不着青袍爱绿萝。”韦庄《三用韵》：“地覆青袍草，窗横绿绮琴。”❷学子穿的青色交领长衫。白居易《醉后走笔酬刘五主簿长句之赠兼简张大贾二十四先辈昆季》：“君同鸾凤栖荆棘，犹着青袍作选人。”亦借指学子。许浑《酬殷尧藩》：“莫怪青袍选，长安隐旧春。”❸寒士之服。杜甫《徒步归行》：“青袍朝士最困者，白头拾遗徒步归。”亦借指寒士。李商隐《泪》：“朝来灞水桥边问，未抵青袍送玉珂。”❹唐制，八、九品服青。高适《留别郑三韦九兼洛下诸公》：“此时亦得辞渔樵，青袍裹身荷圣朝。”泛指县尉等低品级官吏。刘长卿《别严士元》：“东道若逢相识问，青袍今日误儒生。”卢纶《送吉中孚校书归楚州旧山》：“青袍芸阁郎，谈笑挹侯王。”刘禹锡《送华阴尉张苕赴邕府使幕》：“青袍仙掌下，矫首凌烟旻。”齐己《送崔判官赴归倅》：“白首从颜巷，青袍去佐官。”❺唐六品服深绿、七品服浅绿。幕府官六品，因以青袍称之。杜甫《遣闷奉呈严公二十韵》：“黄卷真如律，青袍也自公。”岑参《春日醴泉杜明府承恩五品宴席上赋诗》：“青袍移草色，朱绶夺花然。”秦系《即事奉呈郎中韦使君》：“久卧云间已息机，青袍忽着狎鸥飞。”白居易《初除尚书郎脱刺史绯》：“便留朱绂还铃阁，却着青袍侍玉除。”齐己《闻王员外新恩有寄》：“青袍早许淹花幕，霜简方闻谢柏台。”❻喻指叛军。唐彦谦《送樊琯司业归朝》：“红粟填郿坞，青袍过寿阳。”按：此用侯景事，指黄巢进军关中。

【青袍白馬】　❶喻指叛乱者。杜甫《洗兵马》：“青袍白马更何有，后汉今周喜再昌。”参见“青袍❻”。❷喻指闲官散职。杜甫《至后》：“青袍白马有何意，金谷铜驼非故乡。”

【青袍白簡】　指职位卑微的官吏。唐制：八、九品服青，六品以下执竹木手板。李商隐《偶成转韵七十二句赠四同舍》：“青袍白简风流极，碧沼红莲倾倒开。”

【青袍御史】　指带御史衔的幕僚。李商隐《天平公座中呈令狐令公》：“白足禅僧思败道，青袍御史拟休官。”

【青冥】　❶青苍幽远。《楚辞·九章·悲回风》：“据青冥而摅虹兮，遂倏忽而扪天。”李白《长相思》：“上有青冥之长天，下有渌水之波澜。”皇甫冉《送庐山人归林虑山》：“寥落人家少，青冥鸟道深。”韦应物《学仙二首》之二：“上有青冥倚天之绝壁，下有飕飗万壑之松声。”皎然《万回寺》：“吾知至人心，杳若青冥天。”亦指青幽高远之处。耿湋《宿万固寺因寄严补阙》：“晓随樵客到青冥，因礼山僧宿化城。”李涉《题湖台》：“山有松门江有亭，不劳他处问青冥。”❷指青天。李峤《中秋月二首》之一：“盈缺青冥外，东风万古吹。”杜甫《奉赠韦左丞丈二十二韵》：“青冥却垂翅，蹭蹬无纵鳞。”李益《罢秩后入华山采茯苓逢道者》：“上蟠千年枝，阴虬负青冥。”李商隐《寄罗劭兴》：“混沌何由凿，青冥未有梯。”❸喻青云。刘长卿《奉陪萧使君入鲍达洞寻灵山寺》：“古寺隐青冥，空中寒磬夕。”于德晦《歙郡有黄山楼北瞰黄山因题一绝》：“黟峰翠色自天流，直下青冥豁素秋。”章孝标《游云际寺》：“衫袖拂青冥，推鞍上翠屏。”韩偓《及第过堂日作》：“龙尾楼台迎晓日，鳌头宫殿入青冥。”❹喻高位、显要的地位。高适《奉酬北海李太守丈人夏日平阴亭》：“出身侍丹墀，举翮凌青冥。”岑参《武威送刘单判官赴安西行营便呈高开府》：“望君仰青冥，短翮难可翔。”姚合《喜览泾州卢侍御诗卷》：“新诗十九首，丽格出青冥。”罗隐《寄酬邺王罗令公五首》之四：“只见篇章矜镂管，不知勋业柱青冥。”亦指登上高位。杨巨源《送李虞仲秀才归东都因寄元李二友》：“素业且无负，青冥殊未迟。”❺喻朝廷、宫廷。杜甫《衡州送李大夫七丈勉赴广州》：“斧钺下青冥，楼船过洞庭。”韩愈《和水部张员外宣政衙赐百官樱桃诗》：“岂似满朝承雨露，共看传赐出青冥。”白居易《翰林中送独孤二十七起居罢职出院》：“碧落留云住，青冥放鹤还。”❻喻仙境。李白《梦游天姥吟留别》：“青冥浩荡不见底，日月照耀金银台。”刘得仁《山中寻道人不遇》：“便欲此居闲到老，先生何日下青冥。”张蠙《华阳道者》：“惟餐白石过白日，拟骑青竹上青冥。”亦借指仙宫。韩愈《华山女》：“玉皇颔首许归去，乘龙驾鹤去青冥。”李商隐《钧天》：“上帝钧天会众灵，昔人因梦到青冥。”❼指青山、山峰。李白《登峨眉山》：“青冥倚天开，彩错疑画出。”卢纶《送从舅成都县丞广归蜀》：“褒谷通岷岭，青冥此路深。”朱庆余《送元处士游天台》：“青冥路口绝人行，独与僧期上赤城。”贯休《桐江闲居作十二首》之三：“何妨似支遁，骑马入青冥。”❽指深青色的水。李颀《鲛人歌》：“有时寄宿来城市，海岛青冥无极已。”杜甫《桔柏渡》：“青冥寒江渡，驾竹为长桥。”❾树木苍翠葱郁貌。张九龄《将至岳阳有怀赵二》：“湘岸多深林，青冥昼结阴。”杜甫《白水县崔少府十九翁高斋三十韵》：“危阶根青冥，曾冰生淅沥。”鲍溶《途中旅思二首》之二：“青冥见古柏，寥朗闻疏鸿。”陆龟蒙《奉和袭美公斋四咏次韵·新竹》：“恭闻禀璇玑，化质离青冥。”

【青冥士】　指山中隐居者。储光羲《山居贻裴十二迪》：“远怀青冥士，书剑常相依。”

【青冥姿】　能直上青云的风姿。喻身居高位。岑参《虢中酬陕西甄判官见赠》：“夫子廊庙器，迥然青冥姿。”权德舆《酬陆四十楚源兼见贻之作》：“夫君非岁时，已负青冥姿。”

【青冥客】　指山中隐居者。王昌龄《缑氏尉沈兴宗置酒南溪留赠》：“古时青冥客，灭迹沦一尉。”

【青冥靶】　驰上青天的骏马。韩愈《县斋有怀》：“虽陪彤庭臣，讵纵青冥靶。”

【青冥翮】　能高飞的翅膀。喻高才。白居易《春送卢秀才下第游太原谒严尚书》：“鸿养青冥翮，蛟潜云雨心。”

【青冢】　指汉王昭君墓。在今内蒙古自治区呼和浩特市南。王昌龄《箜篌引》：“弹作蓟门桑叶秋，风沙飒飒青冢头。”杜甫《咏怀古迹五首》之三：“一去紫台连朔漠，独留青冢向黄昏。”柳中庸《征怨》：“三春白雪归青冢，万里黄河绕黑山。”李商隐《闻歌》：“青冢路边南雁尽，细腰宫里北人过。”

【青陸】 亦称东道、青道。指月球运行从东方经过的那一段轨道。《文选·颜延之〈三月三日曲水诗序〉》：“日躔胃维，月轨青陆。”借指春至。骆宾王《幽縶书情通简知己》：“青陆春芳动，黄沙旅思催。”亦引申指东方。明皇《赐新罗王》：“缅怀阻青陆，岁月勤黄图。”参见“青道”。

【青陵粉蝶】 喻指离别的妻子。李商隐《蜂》：“青陵粉蝶休离恨，长定相逢二月中。”

【青陵臺】 为吟爱情坚贞的典故。李白《白头吟》：“古来得意不相负，只今惟见青陵台。”李商隐《青陵台》：“青陵台畔日光斜，万古贞魂倚暮霞。”储嗣宗《宋州月夜感怀》：“寂寞青陵台上月，秋风满树鹊南飞。”

【青娥】 ❶年轻美女。杜审言《戏赠赵使君美人》：“红粉青娥映楚云，桃花马上石榴裙。”孟浩然《同张明府碧溪赠答》：“更怜斜日照，红粉艳青娥。”王建《白纻歌二首》之二：“城头乌栖休击鼓，青娥弹瑟白纻舞。”曹松《夜饮》：“席上未知帘幕晓，青娥低语指东方。”❷指宫女。王涯《宫词三十首》之四：“各将金锁锁宫门，院院青娥侍至尊。”白居易《长恨歌》：“梨园弟子白发新，椒房阿监青娥老。”鲍溶《辞辇行》：“青娥三千奉一人，班女不以色事君。”❸娥通“蛾”，指黛画之眉。王翰《观蛮童为伎之作》：“长裙锦带还留客，广额青娥亦效嚬。”李白《浣纱石上女》：“玉面耶溪女，青娥红粉妆。”韦应物《拟古诗十二首》之二：“娟娟双青娥，微微启玉齿。”亦指女子眉毛。薛能《吴姬十首》之九：“冠剪黄绡帔紫罗，薄施铅粉画青娥。”

【青娥御史】 即女御史。隋代内职有御史名。白居易《隋堤柳》：“紫髯郎将护锦缆，青娥御史直迷楼。”

【青蛾皓齒】 黛眉白齿。借指美女。杜甫《城西陂泛舟》：“青蛾皓齿在楼船，横笛短箫悲远天。”

【青娥殿腳】 指挽舟美女。隋炀帝坐龙船到江都，每舟择妙丽长白女子千人，执雕版镂金楫，号为“殿脚女”。韦庄《河传》词之一：“青娥殿脚春妆媚，轻云里，绰约司花妓。”

【青紙】 晋制，皇帝诏书用青纸紫泥。后因以青纸代指诏书。刘禹锡《送湘阳熊判官孺登罢归钟陵因寄呈裴中丞》：“贵臣持牙璋，优诏发青纸。”又《和汴州令狐相公到镇改月偶书所怀》：“绿油貔虎拥，青纸凤皇衔。”

【青琅玕】 青色似玉的美石。古人以青玉为上品。独孤及《贾员外处见中书贾舍人巴陵诗集览之怀旧代书寄赠》：“唯当袖佳句，持比青琅玕。”李商隐《偶成转韵七十二句赠四同舍》：“蓝山宝肆不可入，玉中仍是青琅玕。”亦用以喻竹。皮日休《太湖诗·上真观》：“琪树夹一径，万条青琅玕。”

【青琅編】 喻指华美的诗文。欧阳詹《李评事公进示文集因赠之》：“逮兹觏清扬，幸睹青琅编。”

【青萍】 ❶古宝剑名。用以泛指剑。李白《郢中赠王大》：“紫燕枥下嘶，青萍匣中鸣。”权德舆《户部王曹长杨考功崔刑部二院长并同钟陵使府之旧因书所怀且叙所知》：“含毫白雪飞，出匣青萍利。”温庭筠《过孔北海墓二十韵》：“钝工磨白璧，凡石砺青萍。”罗邺《早发宜陵即事》：“青萍委匣休哮吼，未有恩仇拟报谁。”❷借指军权。杜甫《秦州见敕目薛璩毕曜迁官》：“仰思调玉烛，谁定握青萍。”方干《王将军》：“保宁帝业青萍在，投弃儒书绛帐空。”❸喻才华。李涉《送杨敬之倅湖南》：“久嗟尘匣掩青萍，见说除书试一听。”杜牧《分司东都寓居履道叨承刘侍郎恩知上四十韵》：“火中胶绿树，泉下劚青萍。”李商隐《酬令狐郎中见寄》：“补羸贪紫桂，负气托青萍。”❹代指友人。《吕氏春秋·序意》：“青萍、豫让可谓之友也。”李商隐《酬别令狐补阙》：“锦段知无报，青萍肯见疑。”❺即浮萍。水生植物。鲍溶《客途逢乡人旋别》：“青萍寄流水，安得长相亲。”郑谷《谷初忝谏垣今宪长薛公方在西阁知奖隆异以四韵代述荣感》：“自拂青萍知有地，斋诚旦夕望为霖。”

【青萍劍】 喻治世之才。李白《送族弟单父主簿凝却回栖霞山留饮赠之》：“吾家青萍剑，操割有余闲。”

【青菰】 植物名。多年生草本植物，生于浅水沼泽中，高五六尺，嫩茎的基部叫茭白，可用作蔬菜。王维《辋川闲居》：“青菰临水拔，白鸟向山翻。”李端《暮春寻终南柳处士》：“紫葛垂苔壁，青菰映柳丝。”权德舆《晓发武阳馆即事书情》：“青菰冒白水，方塘接广畦。”刘禹锡《览董评事思归之什因以诗赠》：“更说扁舟动乡思，青菰已熟奈秋风。”

【青菰米】 即菰米。青菰夏秋间开紫红色小花，秋结实，称菰米，可做饭。王维《游化感寺》：“香饭青菰米，嘉蔬绿笋茎。”参见“青菰”。

【青梧】 梧桐。其皮色青，故称。李白《陌上桑》：“寒螀爱碧草，鸣凤栖青梧。”

【青梅】 青色的梅子。球形果实。立夏后熟，味酸，可生食。生者青色，熟者黄色。白居易《早夏游平原回》：“紫蕨行看采，青梅旋摘尝。”裴夷直《留客》：“青梅欲熟笋初长，嫩绿新阴绕砌凉。”皮日休《吴中书事寄汉南裴尚书》：“青梅蒂重初迎雨，白鸟群高欲避潮。”

【青梅竹馬】　形容男女儿童之间嬉戏无猜的天真情状。李白《长干行二首》之一：“郎骑竹马来，绕床弄青梅。”

【青匏】　植物名。即瓠瓜，亦称瓠子。实圆长，首尾粗细略同，表皮淡绿色，果肉白色，可作蔬菜。皮日休《新秋言怀寄鲁望三十韵》：“偾田含紫芋，低蔓隐青匏。”

【青雀】　❶鸟名。又名桑扈、窃脂。王维《青雀歌》：“青雀翅羽短，未能远食玉山禾。”王缙《青雀歌》：“林间青雀儿，来往翩翩绕一枝。”顾况《谅公洞庭孤橘歌》：“下生白蚁子，上生青雀雏。”❷水鸟名。即鹢。白居易《想东游五十韵》：“驿舫妆青雀，官槽秣紫骝。”吴融《赴阙次留献荆南成相公三十韵》：“画舸横青雀，危樯列彩虹。”❸指青鸟。神话传说中为西王母传信的神鸟。李商隐《汉宫词》：“青雀西飞竟未回，君王长在集灵台。”又《圣女祠》：“消息期青雀，逢迎异紫姑。”❹见“青雀舫”。

【青雀舟】　即青雀舫。严维《送崔峒使往睦州兼寄薛司户》：“木奴花映桐庐县，青雀舟随白露涛。”参见“青雀舫”。

【青雀舫】　船名。船头画有青雀之舟。亦泛指华贵的游船。刘长卿《秋日夏口涉汉阳献李相公》：“偶乘青雀舫，还在白鸥群。”韩翃《送客归江州》：“客舍不离青雀舫，人家旧在白鸥洲。”刘禹锡《白侍郎大尹自河南寄示兼命同作》：“檐外青雀舫，坐中鹦鹉杯。”白居易《池上小宴问程秀才》：“雨滴篷声青雀舫，浪摇花影白莲池。”亦省称“青雀”。司空曙《送人游岭南》：“浪晓浮青雀，风温解黑貂。”刘言史《送人随姊夫任云安令》：“闲逐维私向武城，北风青雀片时行。”

【青眼】　❶表示对人赏识、器重。卢照邻《哭明堂裴主簿》：“黄公酒垆处，青眼竹林前。”杜甫《短歌行赠王郎司直》：“青眼高歌望吾子，眼中之人吾老矣。”刘商《题禅居废寺》：“青眼能留客，疏钟逼夜归。”秦韬玉《题刑部李郎中山亭》：“不是主人多野兴，肯开青眼重渔师。”❷借指知己。权德舆《送卢评事婺州省觐》：“客愁青眼别，家喜玉人归。”羊士谔《郡中端居有怀袁州王员外使君》：“青眼真知我，玄谈愧起予。”白居易《和刘汝州酬侍中见寄长句因书集贤坊胜事戏而问之》：“朱门陪宴多投辖，青眼留欢任吐茵。”张祜《江南杂题三十首》之二十二：“不逢青眼旧，争奈白头新!”❸喻青春年少。张祜《喜王子载话旧》：“相逢青眼日，相叹白头时。”王贞白《宛陵早秋卧病代书寄周明府又一首》：“白头伤久别，青眼忆相逢。”❹借指有道行的僧人。贯休《山居诗二十四首》之十八：“白衣居士深深说，青眼胡僧远远传。”参见“青眼律”。

【青眼士】　喻指了解、赏识自己的人。张祜《穷居》：“竹下喜逢青眼士，草中甘作白头翁。”参见“青眼❶”。

【青眼色】　喻指对人赏识和尊重的目光。张祜《献太原裴相公三十韵》：“礼宾青眼色，忧国白髭须。”参见“青眼❶”。

【青眼郎】　喻指知心朋友。朱昼《赋得花藤药合寄颍阴故人》：“愿盛黄金膏，寄与青眼郎。”参见“青眼❷”。

【青眼律】　指佛教教义或佛教戒律。传说佛教创始人释迦牟尼的瞳子如绀青色，故称。杨衡《宿陟岵寺云律师院》：“心证红莲喻，迹羁青眼律。”

【青眼客】　喻指知心的故友。王维《赠韦穆十八》：“与君青眼客，共有白云心。”裴度《宴兴化池亭送白二十二东归联句》：“白头青眼客，池上手中杯。”皮日休《所居首夏水木尤清适然有作》：“桂静似逢青眼客，松闲如见绿毛翁。”参见“青眼❷”。

【青眸】　清亮的黑眼珠。徐凝《独住僧》：“百补袈裟一比丘，数茎长睫覆青眸。”贯休《天台老僧》：“白发垂不剃，青眸笑转深。”亦借指美女。韩愈《刘生诗》：“妖歌慢舞烂不收，倒心回肠为青眸。”

【青野】　春日的田野。李峤《茅》：“麏包青野外，鸱啸绮楹前。”

【青蛇】　❶青色的蛇。白居易《题平泉薛家雪堆庄》：“蹙为宛转青蛇项，喷作玲珑白雪堆。”吴融《绵竹山四十韵》：“尾蟉青蛇盘，颈低玄兔伏。”❷古宝剑名。亦泛指剑。郭震《古剑篇》：“精光黯黯青蛇色，文章片片绿龟鳞。”元稹《说剑》：“白虹坐上飞，青蛇匣中吼。”白居易《折剑头》：“一握青蛇尾，数寸碧峰头。”韦庄《秦妇吟》：“匣中秋水拔青蛇，旗上高风吹白虎。”

【青帳】　❶青色的营帐。李贺《平城下》：“青帐吹短笛，烟雾湿昼龙。”❷青色的供帐。古代供迎送接待的临时帷帐。刘禹锡《别夔州官吏》：“青帐联延喧驿步，白头俯伛到江滨。”❸青色的床帐。白居易《自咏老身示诸家属》：“置榻素屏下，移炉青帐前。”

【青崖】　陡峭的青山。杜甫《又雪》：“南雪不到地，青崖沾未消。”白居易《仙娥峰下作》：“青崖屏削碧，白石床铺缟。”温庭筠《宿松门寺》：“白石青崖世界分，卷帘孤坐对氛氲。”张乔《寄弟》：“故里行人战后疏，青崖萍寄白云居。”

【青鳥】　❶青色的鸟。卢照邻《行路难》：“黄莺一一向花娇，青鸟双双将子戏。”常用以指水鸟。李颀《送乔琳》：“青鸟迎孤棹，白云随一身。”李白《题元丹丘颍阳山居》：“益愿狎青鸟，拂衣栖江濆。”黄孟良《九鲤湖》：“青鸟去来犹夜月，碧桃开落自春风。”❷神话传说中传递信息的仙鸟。喻指信使。李白《有所思》：

“西来青鸟东飞去，愿寄一书谢麻姑。”顾况《梁广画花歌》：“紫书分付与青鸟，却向人间求好花。”韩愈《华山女》：“仙梯难攀俗缘重，浪凭青鸟通丁宁。”刘损《愤惋诗三首》之一：“得意紫鸾休舞镜，断踪青鸟罢衔笺。”❸为仙使的代称。李峤《幸白鹿观应制》：“伫看青鸟入，还陟紫云梯。”皇甫冉《题蒋道士房》：“闻道昆仑有仙籍，何时青鸟送丹砂。”刘禹锡《吐绶鸟词》：“不学碧鸡依井络，愿随青鸟向层城。”刘沧《过铸鼎原》：“仙界日长青鸟度，御衣香散紫霞飘。”❹即青鸟氏。古官名。为历正的属官，掌管立春、立夏。借指春季。陈子昂《春台引》：“嘉青鸟之辰，迎火龙之始。”

【青鳥使】 指仙家使者。孟浩然《清明日宴梅道士房》：“忽逢青鸟使，邀入赤松家。”白居易《山石榴花十二韵》：“好差青鸟使，封作百花王。”亦指信使。李商隐《昨日》：“昨日紫姑神去也，今朝青鸟使来赊。”参见“青鳥❷❸”。

【青鳥送符】 喻书信相通。李贺《恼公》：“符因青鸟送，囊用绛纱缝。”

【青鳥獨飛來】 表示对后妃的哀挽。钱起《贞懿皇后挽词》：“通灵深眷想，青鸟独飞来。”

【青舸】 即青雀舫。泛指华丽的游船。卢纶《奉陪浑侍中上巳日泛渭河》：“青舸锦帆开，浮天接上台。”参见“青雀舫”。

【青魚】 一种淡水鱼。形似草鱼，但较细而圆，青黑色，腹部色较浅。也叫“黑鲩”。王昌龄《送程六》：“冬夜伤离在五溪，青鱼雪落鲙橙齑。”

【青渚】 青澈的水涯。崔颢《川上女》：“川上女，晚妆鲜，日落青渚试轻楫。”

【青扈】 即桑扈。背部青黑色，俗称“青雀”。崔兴宗《青雀歌》：“青扈绕青林，翩翾陋体一微禽。”

【青陽】 ❶春天。刘希夷《江南曲八首》之二：“画舫烟中浅，青阳日际微。”孟浩然《岁暮归南山》：“白发催年老，青阳逼岁除。”刘长卿《岁日见新历因寄都官裴郎中》：“青阳振蛰初颁历，白首衔冤欲问天。”柳道伦《赋得春风扇微和》：“青阳初入律，淑气应春风。”罗隐《简令生日》：“已向青阳标四序，便从嵩岳应三台。”❷明堂名。明堂有五室，东方之北室为青阳，是帝王祭祀、布政之处。贺知章《奉和御制春台望》：“青阳布王道，玄览陶真性。”许景先《奉和御制春台望》：“睿德在青阳，高居视中县。”❸青春。借指青少年容颜。李贺《赠陈商》：“黄昏访我来，苦节青阳皱。”❹县名。唐天宝元年置，以在青山之阳为名，原属宣州，后改隶池州。治所即今安徽省青阳县。李白有《望九华赠青阳韦仲堪》。韩翃《赠别韦兵曹归池州》：“楚竹青阳路，吴江赤马船。”杜牧《将赴池州道中作》：“青阳云水去年寻，黄绢歌诗出翰林。”张乔《送庞百篇之任青阳县尉》：“乡连三楚树，县封九华云。”

【青陽門】 城门名。晋都城洛阳东面有三门，南边的一个为青阳门，因用以借指洛阳。高适《登百丈峰二首》之二：“而今白庭路，犹对青阳门。”一说为姑臧(治所即今甘肃武威市)东门名。十六国前凉、后凉、北凉皆都于此，唐安史乱后地入吐蕃，姑臧县废。

【青陽峡】 地名。唐秦州南。今甘肃西和县东南。杜甫有《青阳峡》。

【青組】 ❶青色丝带。古代官员用以佩系官印，因借指官印。韩翃《别李明府》：“宠光五世腰青组，出入珠宫引箫鼓。”❷借指高级官吏。张说《送薛植入京》：“青组言从史，鸿都忽见求。”

【青琴】 ❶古代传说中的神女名。段成式《戏高侍御七首》之一：“青琴仙子长教示，自小来来号阿真。”亦泛指歌姬舞女。鲍溶《夏日怀杜悰驸马》：“闲遣青琴飞小雪，自看碧玉破甘瓜。”❷以青桐木制成的琴。李峤《乌》：“白首何年改，青琴此夜弹。”

【青馭】 青帝的车驾。古代以青帝为司春之神。王初《立春后作》：“东君珂佩响珊珊，青驭多时下九关。”

【青葱】 ❶翠绿色。王昌龄《观江淮名胜图》：“青葱林间岭，隐见淮海微。”韦应物《游溪》：“缘源不可极，远树但青葱。”元稹《新竹》：“新篁才解箨，寒色已青葱。”李商隐《题小松》：“桃李盛时虽寂寞，雪霜多后始青葱。”❷借指翠绿茂盛的树木。裴夷直《送王缋》：“翩翩一路岚阴晚，却入青葱宿旧枝。”温庭筠《寒食节日寄楚望二首》之二：“青葱建杨宅，隐辚端门鼓。”顾封人《月中桂树》：“无因遂攀赏，徒欲望青葱。”

【青葭】 青翠的芦苇。司空曙《送乔广下第归淮南》：“戍旌标白浪，罟网入青葭。”温庭筠《送淮阴孙令之官》：“故老青葭岸，先知虑子贤。”刘沧《江行夜泊》：“绿绮韵高湘女怨，青葭色映水禽寒。”

【青雲】 ❶高空的云。寒山《诗三百三首》之八六：“无财亦无祸，鼓翼青云里。”杜甫《北征》：“青云动高兴，幽事亦可悦。”皮日休《鲁望示广文先生吴门二章次韵属和》之二：“行厨煮白石，卧具拂青云。”❷借指高空。李白《古风》之二七：“燕赵有秀色，绮楼青云端。”刘长卿《杂咏八首上礼部李侍郎·白鹭》：“如有长风吹，青云在俄顷。”贾至《岳阳楼重宴别王八员外贬长沙》：“江路东连千里潮，青云北望紫微遥。”李频《乐游原春望》：“秦地山河连楚塞，汉家宫殿入青云。”❸喻高官显位。李白《忆旧游寄谯郡元参军》：“北阙青云不可期，东山白首还归去。”钱起《送陆三出尉》：“梅生寄黄绶，不日在青云。”章八元《寄都官刘员外》：“白雪歌偏丽，青云宦早通。”郑畋《杪秋夜直》：“蕊宫裁诏与宵分，虽在青云忆白云。”❹喻远大的志向。李白《冬夜醉宿龙门觉起言志》："青云当自致，何必求知音。"刘长卿《送路少府使东京便应制举》："五言凌白雪，六翮向青云。"贯休《别杜将军》："少年心在青云端，知音满地皆龙鸾。"❺指位高名显的人。杜甫《寄李十二白二十韵》："白日来深殿，青云满后尘。"赵嘏《赠薛勋下第》："牢之坐被青云逼，只问君能酷似无。"韦庄《东游远归》："青云不识杨生面，天子何由问子虚。"❻喻科举及第。卢肇《及第送潘图归宜春》："青云乍喜逢知己，白社犹悲送故人。"刘沧《看榜日》："青云已是酬恩处，莫惜芳时醉酒杯。"李山甫《贺友人及第》："春风不见寻花伴，遥向青云泥子虚。"罗邺《留献彭门郭常侍》："到头忍耻求名是，须向青云觅路岐。"❼谓隐居。韦应物《送李二归楚州》："好去扁舟客，青云何处期。"殷尧藩《奉送刘使君王屋山隐居》："尘缘难着眼，晚兴寄青云。"韦庄《得故人书》："正向溪头自采苏，青云忽得故人书。"❽指仙界。皎然《步虚词》："俄然动风驭，缥渺归青云。"李商隐《昭肃皇帝挽歌辞三首》之三："桂寝青云断，松扉白露新。"卿云《长安言怀寄沈彬侍郎》："堪羡神仙客，青云早致家。"❾喻黑发。李贺《大堤曲》："青云教绾头上髻，明月与作耳边珰。"❿地名。即青云驿。李商隐《商於新开路》："更谁开捷径，速拟上青云。"雍陶《路中问程知欲达青云驿》："落日回鞭相指点，前程从此是青云。"吴融《宿青云驿》："今夜青云驿前月，伴吟应到落西山。"参见"青雲驛"。

【青雲士】　指道德高尚、学问深厚的人。李白《单父东楼秋夜送族弟沈之秦》："圣朝久弃青云士，他日谁怜张长公。"韩愈《赴江陵途中寄赠三学士》："朝为青云士，暮作白头囚。"刘禹锡《韩十八侍御见示岳阳楼别窦司直诗因令属和成六十二韵》："出入金马门，交结青云士。"贯休《干霄亭晚望怀王棨侍郎》："久别青云士，常思白石房。"

【青雲心】　喻指远大的抱负和志向。高适《宋中送族侄式颜》："不改青云心，仍招布衣士。"白居易《谕友》："平生青云心，销化成死灰。"又《醉后走笔酬刘五主簿长句之赠兼简张大贾二十四先辈昆季》："岁月徒催白发貌，泥涂不屈青云心。"

【青雲志】　喻指远大的志向。张九龄《照镜见白发》："宿昔青云志，蹉跎白发年。"李渤《喜弟淑再至为长歌》："第三之兄更奇异，昂昂独负青云志。"杜荀鹤《春日闲居即事》："未得青云志，春同秋日情。"贯休《归故林别知己》："愧勉青云志，余怀非陆沉。"

【青雲直上】　喻指飞黄腾达。刘禹锡《寄毗陵杨给事三首》之二："青云直上无多地，却要斜飞取势回。"方干《寄灵武胡常侍》："青云直上路初通，已在明君倚注中。"

【青雲步】　喻指致身显达的途径。陆龟蒙《寒夜同袭美访北禅院寂上人》："明时尚阻青云步，半夜犹追白石吟。"

【青雲姿】　指致身高位的资质。岑参《冬宵家会饯李郎司兵赴同州》："白面皇家郎，逸翮青云姿。"又《送颜评事入京》："伫闻明主用，岂负青云姿。"

【青雲計】　指通过科举谋取高位。罗邺《春日与友人话别》："华发将时逼，青云计又非。"

【青雲客】　❶指位高名显的人。李白《忆旧游寄谯郡元参军》："海内贤豪青云客，就中与君心莫逆。"刘长卿《登扬州栖灵寺塔》："向是沧洲人，已为青云客。"白居易《会昌春连宴即事》："望重青云客，情深白首年。"❷指隐逸之士。韩愈《送惠师》："日携青云客，探胜穷崖滨。"温庭筠《送陈嘏之侯官兼简李常侍》："梅仙自是青云客，莫羡相如却到家。"

【青雲梯】　❶喻指高峻的山路。李白《梦游天姥吟留别》："脚着谢公屐，身登青云梯。"杜甫《寄从孙崇简》："牧竖樵童亦无赖，莫令斩断青云梯。"❷喻指高位或登上高位的途径。白居易《郊陶潜体诗十六首》之十四："亦有同门生，先升青云梯。"又《别李十一后重寄》："共上青云梯，中途一相失。"

【青雲望】　谋求高位的期望。李白《陈情赠友人》："斯人无良朋，岂有青云望。"钱起《下第题长安客舍》："不遂青云望，愁看黄鸟飞。"

【青雲期】　致身高位的期待。杜甫《奉送魏六丈佑少府之交广》："虚思黄金贵，自笑青云期。"钱起《南中春意》："已阻青云期，甘同散樗老。"

【青雲路】　❶喻指高峻入云的山路。元稹《青云驿》："愿登青云路，若望丹霞梯。"蒋吉《次青云驿》："行人几在青云路，底事风尘犹满衣。"亦借指高空。刘禹锡《有獭吟》："长居青云路，弹射无由缘。"❷喻指谋取高位的途径。窦庠《醉中赠符载》："白社会中尝共醉，青云路上未相逢。"皎然《酬乌程杨明府华将赴渭北对月见怀》："翻飞青云路，宿昔沧洲情。"刘沧《长安逢友人》："终期白日青云路，休感鬓毛霜雪侵。"亦借指高位。邵谒《下第有感》："我行三十载，青云路未达。"

【青雲意】　喻远大的志趣。刘长卿《题冤句宋少府厅留别》："尚甘黄绶屈，未适青云意。"刘禹锡《和裴相公寄白侍郎求双鹤》："青云意长在，沧海别经年。"李郢《试日上主司侍郎》："来时已作青云意，试夜忧生白发根。"

【青雲館】　即青云驿。杜牧有《题青云馆》。参见"青雲驛"。

【青雲價】　谓谋取高官显爵的才能。孟郊《送魏端公入朝》："徒怀青云价，忽至白发年。"

【青雲器】 谓志趣高远、才具出众的人。语出《文选·颜延之〈五君咏·阮始平〉》:“仲容青云器,实秉生民秀。”李白《赠清漳明府侄聿》:“天开青云器,日为苍生忧。”刘长卿《雨中登沛县楼赠表兄郭少府》:“高标青云器,独立沧江鹤。”独孤及《酬梁二十宋中所赠兼留别梁少府》:“君子道未长,深藏青云器。”白居易《初授拾遗》:“惊近白日光,惭非青云器。”

【青雲巅】 喻指应试及第。曹邺《成名后献恩门》:“拔上青云巅,轻如一毫发。”

【青雲驛】 地名。唐属商州。在今陕西丹凤县西北。元稹有《青云驿》,雍陶有《路中问程知欲达青云驿》,吴融有《宿青云驿》,蒋吉有《次青云驿》。

【青紫】 ❶代指高官显贵。李峤《经》:“青紫方拾芥,黄金徒满籝。”高适《酬秘书弟兼寄幕下诸公》:“今来抱青紫,忽若披鹓鸿。”韦应物《题从侄成绪西林精舍书斋》:“虽甘巷北单,岂塞青紫耀。”薛能《送从兄之太原副使》:“都门送行处,青紫骑纷纷。”❷借指显贵的服饰。孔绍安《赠蔡君》:“赫奕盛青紫,讨论穷简牍。”杜甫《夏夜叹》:“青紫虽被体,不如早还乡。”元稹《酬乐天东南行诗一百韵》:“缣缃工女竭,青紫使臣纡。”白居易《别苏州》:“青紫行将吏,班白列黎氓。”罗邺《留题张逸人草堂》:“长悬青紫与芳枝,尘路无因免别离。”

【青跗】 见“青柎”。

【青蛙】 两栖动物。皮肤为绿色,有灰色斑纹,能食害虫。俗称田鸡。韩愈《盆池五首》之一:“一夜青蛙鸣到晓,恰如方口钓鱼时。”姚合《酬任畴协律夏中苦雨见寄》:“青蛙多入户,潢潦欲胜舟。”

【青嵐】 山林中的雾气。白居易《题卢秘书夏日新栽竹二十韵》:“未夜青岚入,先秋白露团。”陈陶《竹十一首》之四:“青岚帚亚思吾祖,绿润偏多忆蔡邕。”黄滔《寄怀南北故人》:“岭上青岚陇头月,时通魂梦出来无。”

【青筐】 ❶竹筐。温庭筠《东郊行》:“块霭韶容锁澹愁,青筐叶尽蚕应老。”❷指蟹壳。皮日休《病中有人惠海蟹转寄鲁望》:“绀甲青筐染菭衣,岛夷初寄北人时。”

【青禽】 ❶青鸟。喻信使。李白《寓言三首》之二:“摇裔双彩凤,婉娈三青禽。”李咸用《轻薄怨》:“西母青禽轻飘飘,分环破璧来往劳。”参见“青鳥”。❷即青琴。古神女名。泛指美姬。温庭筠《马嵬佛寺》:“曼倩死来无绝艺,后人谁肯惜青禽。”

【青詔】 即诏书。刘禹锡《酬严给事贺加五品兼简同制水部李郎中》:“九天雨露传青诏,八舍郎官换绿衣。”参见“青紙”。

【青詞】 道士上奏天神的表章。因用朱笔写在青藤纸上,故称。韩愈《奉和杜相公太清宫纪事陈诚上李相公十六韵》:“紫极观忘倦,青词奏不哗。”陆龟蒙《奉和袭美寄题罗浮轩辕先生所居》:“暂应青词为穴凤,却思丹徼伴冥鸿。”

【青童】 ❶仙童。常用以指寺观的道童。李白《游泰山六首》之三:“偶然值青童,绿发双云鬟。”于鹄《早上凌霄第六峰入紫溪礼白鹤观祠》:“青童撞金屑,杵臼声丁丁。”刘禹锡《游桃源一百韵》:“姹女飞丹砂,青童护金液。”亦指仙女。《全唐诗》卷八六三录青童《与赵旭叩柱歌》,此青童乃为仙女。引申指修炼得道的人。李白《访道安陵遇盖还为余造真箓临别留赠》:“清水见白石,仙人识青童。”❷即青童君。顾况《悲歌》之六:“轩辕弓剑无人识,东海青童寄消息。”郑畋《题缑山王子晋庙》:“珠馆青童宴,琳宫阿母朝。”皮日休《庭中初植松桂鲁望偶题奉和次韵》:“恰似青童君欲会,俨然相向立庭中。”❸指少年。于鹄《古挽歌》:“青童抱何物,明月与香囊。”

【青童君】 神话传说中的仙人。孟郊有《列仙文·方诸青童君》。亦指仙女。青童《与赵旭叩柱歌》:“仙郎独邀青童君,结情罗帐连心花。”

【青童童】 枝叶青翠茂盛貌。白居易《有木诗八首》之六:“有木名水柽,远望青童童。”

【青陰】 犹绿荫。戴叔伦《梧桐》:“广叶结青阴,繁花连素色。”姚合《杏溪十首·杏溪》:“寂寂青阴里,幽人举步迟。”亦指树的影子。齐己《灵松歌》:“先秋瑟瑟生谷风,青阴倒卓寒潭中。”

【青絲】 ❶青色的丝线。元稹《修龟山鱼池示众僧》:“劝尔诸僧好护持,不须垂钓引青丝。”李涉《春山三羯来》之一:“野竹初栽碧玉长,澄潭欲下青丝短。”鲍溶《水殿采菱歌》:“采莲一声歌态长,青丝结眼捕鸳鸯。”❷青色的绳索。韩翃《送冷朝阳还上元》:“青丝缆引木兰船,名遂身归拜庆年。”刘言史《买花谣》:“浇红湿绿千万家,青丝玉轳声哑哑。”温庭筠《晚归曲》:“青丝系船向江木,兰芽出土吴江曲。”❸指马缰绳。杜甫《前出塞九首》之二:“走马脱辔头,手中挑青丝。”韩翃《送康洗马归滑州》:“青丝玉勒康侯马,孟水金堤滑伯城。”皎然《送裴判官赴商幕》:“离歌纷白纻,候骑拥青丝。”李贺《莫愁曲》:“青丝系五马,黄金络双牛。”亦用以借指马。曲信陵《吴门送客》:“不须愁落日,且愿驻青丝。”❹喻指黑发。李白《将进酒》:“君不见高堂明镜悲白发,朝如青丝暮成雪。”张祜《折杨柳枝二首》之二:“凝碧池边敛翠眉,景阳楼下绾青丝。”汪遵《白头吟》:“失却青丝素发生,合欢罗带意全轻。”❺指琴弦。刘长卿《杂咏八首上礼部李侍郎·幽琴》:“飕飗青丝上,静听松风寒。”亦泛指弦乐声。岑参《使君席夜送严河南赴长水》:“娇歌急管杂青丝,银烛金杯映翠眉。"又《陪封大夫宴瀚海亭纳凉》："细管杂青丝，千杯倒接䍦。"❻指植物的枝梗藤蔓。杜审言《和韦承庆过义阳公主山池五首》之二："绾雾青丝弱，牵风紫蔓长。"丘为《伤河龛老人》："土龛门前一行柳，独引青丝织鱼笱。"杨系《小苑春望宫池柳色》："拂地青丝嫩，萦风绿带轻。"唐彦谦《夏日访友》："荷梗白玉香，荇菜青丝脆。"亦指韭菜。杜甫《立春》："盘出高门行白玉，菜传纤手送青丝。"❼见"青絲白馬"。

【青絲白馬】 喻指兴兵作乱的人。杜甫《青丝》："青丝白马谁家子，粗豪且逐风尘起。"自注："青丝白马，用侯景事，以比仆固怀恩。"

【青絲索】 青色的绳索。李涉《六叹》之二："深院梧桐夹金井，上有辘轳青丝索。"

【青絲絡】 见"青絲絡頭"。

【青絲絡頭】 亦省作"青絲絡"。缚以青色丝绳之马笼头。骆宾王《久戍边城有怀京邑》："战士青丝络，将军黄石符。"杜甫《高都护骢马行》："青丝络头为君老，何由却出横门道。"

【青絲綆】 青色的绳子。权德舆《石瓮寺》："石瓮灵泉胜宝井，汲人回挂青丝绠。"

【青絲髮】 谓黑发。白居易《新乐府·陵园妾》："青丝发落丛鬓疏，红玉肤销系裙慢。"温庭筠《三洲词》："李娘十六青丝发，画带双花为君结。"李郢《题水精钗》："何年偶堕青丝发，问价应齐白玉珰。"

【青絲履】 用青色丝带做的鞋子。杜甫《大云寺赞公房四首》之二："细软青丝履，光明白氎巾。"

【青絲鞚】 带青色丝绳的马笼头。借指坐骑。杜甫《官亭夕坐戏简颜十少府》："不返青丝鞚，虚烧夜烛花。"

【青絲騎】 带青丝笼头的坐骑。常用以形容鞍辔华丽的马匹。贺朝《从军行》："金河未转青丝骑，玉箸应啼红粉颜。"李白《捣衣篇》："君边云拥青丝骑，妾处苔生红粉楼。"权德舆《薄命篇》："年年结束青丝骑，出门一去何时至?"

【青絲籠】 用青色枝条编织的笼子。王维《敕赐百官樱桃》："归鞍竞带青丝笼，中使频倾赤玉盘。"

【青塚】 ❶指汉王昭君墓，在今内蒙古自治区呼和浩特市南。皎然《昭君怨》："黄金不买汉宫貌，青塚空埋胡地魂。"杜牧《青塚》："青塚前头陇水流，燕支山上暮云秋。"刘威《尉迟将军》："明妃若遇英雄世，青塚何由怨陆沉。"胡曾《咏史诗·青塚》："至今青塚愁云起，疑是佳人恨未销。"参见"青冢"。❷泛指北部边塞地区。贾岛《送于中丞使回纥册立》："渐通青塚乡山尽，欲达皇情译语初。"李商隐《赠别前蔚州契苾使君》："蕃儿襁负来青塚，狄女壶浆出白登。"郑嵎《津阳门诗》："戎王北走弃青塚，虏马西奔空月支。"陈陶《关山月》："青塚曾无尺寸归，锦书多寄穷荒骨。"

【青墀】 宫殿之青石台阶。借指宫殿。储光羲《望幸亭》："庆云宿飞栋，嘉树罗青墀。"

【青塘】 清澈的池塘。皎然《答裴济从事》："应怀青塘居，蕙草没前墀。"又有《喜义兴权明府自君山至集陆处士羽青塘别业》。

【青蓋】 ❶青色的车篷。借指帝王。储光羲《临江亭五咏》之一："金陵事已往，青盖理无还。"温庭筠《过吴景帝陵》："虚开直渎三千里，青盖何曾到洛阳。"❷形容植物外形如青色的伞。沈佺期《从驩州廨宅移住山间水亭赠苏使君》："山柏张青盖，江蕉卷绿油。"杜甫《楠树为风雨所拔叹》："沧波老树性所爱，浦上童童一青盖。"

【青蓋入晉】 喻孙皓降晋。孙元晏《咏史诗·吴·青盖》："被他青盖言相误，元是须教入晋来。"

【青蓮】 ❶青色莲花。瓣长而广，青白分明。徐彦伯《幸白鹿观应制》："金童擎紫药，玉女献青莲。"李白《僧伽歌》："戒得长天秋月明，心如世上青莲色。"朱长文《题虎丘山西寺》："青莲香匝东西宇，日月与僧无尽时。"李群玉《法性寺六祖戒坛》："惊俗生真性，青莲出淤泥。"❷佛教以莲花清净无染，故用以喻指佛门事物。(1)喻佛、菩萨。李白《陪族叔当涂宰游化城寺升公清风亭》："了见水中月，青莲出尘埃。"李绅《新楼诗二十首·寒林寺》："应是法宫传觉路，使无烦恼见青莲。"贯休《绣州张相公见访》："未报君恩终必报，不妨金地礼青莲。"(2)指佛寺。张谓《送青龙一公》："楚水青莲净，吴门白日闲。"温庭筠《题翠微寺二十二韵》："遗庙青莲在，颓垣碧草芳。"亦指禅房。丁仙芝《和荐福寺英公新构禅堂》："所以于此地，筑馆开青莲。"皇甫冉《同张侍御咏兴宁寺经藏院海石榴花》："结根龙藏侧，故欲并青莲。"孟郊《登华岩寺楼望终南山赠林校书兄弟》："青莲三居士，昼景真赏同。"(3)指佛像。刘长卿《狱中见壁画佛》："地狭青莲小，城高白日迟。"又《戏赠干越尼子歌》："亭亭独立青莲下，忍草禅枝绕精舍。"(4)喻佛之目。王维《过卢四员外宅看饭僧共题七韵》："三贤异七贤，青眼慕青莲。"(5)指佛经。綦毋潜《宿龙兴寺》："白日传心静，青莲喻法微。"刘禹锡《闻董评事疾因以书赠》："繁露传家学，青莲译梵书。"曹松《青龙寺赠云颢法师》："莫惜青莲喻，秦人听未忘。"(6)犹净土，极乐世界。李绅《题法华寺五言二十韵》："幻身观火宅，昏眼照青莲。"贯休《酬周相公见赠》："幸生白发逢今圣，曾梦青莲映玉沙。"❸指九华山。在安徽青阳县境内，山有九峰如九朵莲花，故称。曹唐《望九华寄池阳杜员外》："差差玉剑寒铓利，袅袅青莲翠叶重。"❹见"青蓮居士"。

【青蓮目】 佛教谓如来佛的眼睛如同青莲花瓣。

因用以指有道行的僧人。贯休《遇五天僧入五台五首》之五："电激青莲目，环垂紫磨金。"

【青蓮宇】 对佛寺的美称。陈子昂《酬晖上人夏日林泉》："闻道白云居，窈窕青莲宇。"孟浩然《过景空寺故融公兰若》："池上青莲宇，林间白马泉。"权德舆《早夏青龙寺致斋凭眺感物因书十四韵》："晓出文昌宫，憩兹青莲宇。"李绅《望鹤林寺》："鹤栖峰下青莲宇，花发江城世界春。"

【青蓮花】 花名。梵语意译。多产于天竺（今印度），其叶狭长，下圆上尖，花茎似藕而稍有刺；花有赤白二色。此花清净香洁，佛教常用以喻指佛法。王昌龄《河上老人歌》："河上老人坐古槎，合丹只用青莲花。"参见"青蓮❷"。

【青蓮舍】 犹青莲宇。刘长卿《秋夜雨中诸公过灵光寺所居》："晤语青莲舍，重门闭夕阴。"参见"青蓮宇"。

【青蓮居士】 唐诗人李白的别号。李白《答湖州迦叶司马问白是何人》："青莲居士谪仙人，酒肆藏名三十春。"谭用之《寄左先辈》："学取青莲李居士，一生杯酒在神仙。"杜光庭《读书台》："华月冰壶依旧在，青莲居士几时来。"

【青蓮界】 犹青莲宇。杜甫《观薛稷少保书画壁》："画藏青莲界，书入金榜悬。"韦应物《同德寺雨后寄元侍御李博士》："岧峣青莲界，萧条孤兴发。"朱宿《宿慧山寺》："悠然青莲界，此地尘境绝。"参见"青蓮宇"。

【青蓮宫】 即佛寺。宋之问《宿云门寺》："夤缘绿筱岸，遂得青莲宫。"李白《与元丹丘方城寺谈玄作》："怡然青莲宫，永愿恣游眺。"韩翃《题玉山观禅师兰若》："不出嚣尘见远公，道成何必青莲宫。"李群玉《法华微上人盛话金山境胜旧游在目吟成此篇》："江上青莲宫，人间蓬莱岛。"参见"青蓮宇"。

【青蓮客】 指寺僧。杨巨源《夏日苦热同长孙主簿过仁寿寺纳凉》："因投竹林寺，一问青莲客。"又《春雪题兴善寺广宣上人竹院》："皎洁青莲客，焚香对雪朝。"

【青蓮書】 指佛教经典。孟郊《题林校书花严寺书窗》："翻将白云字，寄向青莲书。"参见"青蓮❷"。

【青蓮域】 指寺院禅房。权德舆《和李中丞慈恩寺清上人院牡丹花歌》："擢秀全胜珠树林，结根幸在青莲域。"参见"青蓮宇"。

【青蓮葉】 指莲花座，即佛座。佛座作莲花形，故名。朱庆余《逢山人》："秋来若向金天会，便是青莲叶上人。"

【青蓮偈】 即佛偈。佛经中的颂词。权德舆《奉和礼部尚书酬杨著作竹亭歌》："能以簪缨狎薜萝，常通内学青莲偈。"

【青蓮道士】 佛教僧侣的别称。佛教初传入时，僧人曾被呼为道士。鲍溶《长安旅舍怀旧山》："青莲道士长堪羡，身外无名至老闲。"参见"青蓮❷"。

【青蓮館】 即青莲宇。李士元《登阁》："总输释氏青莲馆，依旧重重布地金。"参见"青蓮宇"。

【青蓮顆】 指青莲的种子。用以喻炼成的仙丹。吕岩《七言》六一："星辰照出青莲颗，日月能藏白马牙。"

【青幕】 青色帷幕。王昌龄《夏月花萼楼酺宴应制》："雨随青幕合，月照舞罗空。"刘禹锡《更衣曲》："满堂醉客争笑语，嘈囋琵琶青幕中。"

【青蒼】 ❶深青色。(1)形容天色、水色。刘昚虚《暮秋扬子江寄孟浩然》："林山相晚暮，天海空青苍。"孟郊《苦寒吟》："天寒色青苍，北风叫枯桑。"白居易《咏兴五首·池上有小舟》："寅缘潭岛间，水竹深青苍。"(2)形容树色、竹色等。严武《题巴州光福寺楠木》："临溪插石盘老根，苔色青苍山雨痕。"白居易《和答诗十首·和松树》："岁暮满山雪，松色郁青苍。"杜牧《后池泛舟送王十》："相送西郊暮景和，青苍竹外绕寒波。"韩偓《曲江晚思》："云物阴寂历，竹木寒青苍。"❷借指天。杜牧《华清宫三十韵》："钩陈裹岩谷，文陛压青苍。"温庭筠《太液池歌》："平碧浅春生绿塘，云容雨态连青苍。"吴融《华清宫二首》之二："长生秘殿倚青苍，拟敌金庭不死乡。"❸借指水、松、山等。韦应物《感事》："青苍犹可濯，黑色不可移。"李正封《贡院楼北新栽小松》："青苍初得地，华省植来新。"张祜《和岳州徐员外云梦新亭二十韵》："滉漭吞何处，青苍别几州。"张乔《华山》："青苍河一隅，气状杳难图。"

【青蒿】 俗称蒿子。菊科草本植物，有特殊气味。韩愈《醉留东野》："韩子稍奸黠，自惭青蒿倚长松。"白居易《哭师皋》："萧萧风树白杨影，苍苍露草青蒿气。"张祜《途次扬州赠崔荆二十韵》："覆身唯绿葛，医病只青蒿。"

【青蒲】 ❶即蒲草。水生植物，茎叶可供编织用。杜甫《建都十二韵》："风断青蒲节，霜埋翠竹根。"畅当《宿潭上二首》之二："青蒲野陂水，白露明月天。"朱庆余《与庞复言携酒望洞庭》："青蒲映水疏还密，白鸟翻空去复回。"❷指天子内庭。杜甫《壮游》："斯时伏青蒲，廷争守御床。"钱起《送王谏议任东都居守》："暂以青蒲隔，还看紫禁同。"白居易《东南行一百韵寄通州元九侍御诸友人》："议高通白虎，谏切伏青蒲。"许浑《闻开江宋相公申锡下世二首》之二："宵衣旰食明天子，日伏青蒲不敢言。"

【青楚】 地名。即东楚。其地今江苏大部、安徽东南部和浙江西北部地区。古代以青为东方之色，故称。李嘉祐《广陵送林宰》:“长吟策羸马,青楚人关门。”储嗣宗《送友人游吴》:“吴山青楚吟,草色异乡心。”

【青楊巷】 地名。在今江苏南京市。韩翃《送丹阳刘太真》:“春衣晚入青杨巷,细马初过皂荚桥。”

【青楓】 ❶指枫杨。落叶乔木,常生溪边及河谷低地。杜甫《清明二首》之二:“旅雁上云归紫塞,家人钻火用青枫。”刘长卿《余干旅舍》:“摇落暮天迥,青枫霜叶稀。”贾岛《题张博士新居》:“青枫何不种,林在洞庭村。”许浑《秋日行次关西》:“紫陌秦山近,青枫楚树遥。”亦指秋令红叶植物。杜甫《寄韩谏议》:“鸿飞冥冥日月白,青枫叶赤天雨霜。”❷江边多枫树,诗文中常用以描写伤别怀人的环境。李适《送友人向恬》:“青枫既愁人,白须亦靡靡。”刘长卿《杪秋洞庭中怀亡道士谢太虚》:“青枫亦何意,此夜催人愁。”韩翃《送金华王明府》:“黄蘖香山路,青枫暮雨天。”张籍《送闲师归江南》:“青枫乡路远,几日尽归程。”李群玉《汉阳太白楼》:“青枫绿草将愁去,远入吴云暝不还。”❸见“青楓浦”。

【青楓江】 ❶指浏水中青枫浦一带,西折经长沙入湘。高适《送李少府贬峡中王少府贬长沙》:“青枫江上秋天远,白帝城边古木疏。”参见“青楓浦❶”。❷形容令人伤别的江南环境。储光羲《酬李壶关奉使行县忆诸公》:“青枫江上沧浪吟,白月宫中鹦鹉林。”李益《柳杨送客》:“青枫江畔白蘋洲,楚客伤离不待秋。”参见“青楓❷”。

【青楓岸】 ❶指水边青枫。李商隐《桂林》:“神护青枫岸,龙移白石湫。”❷形容伤别的环境。司空曙《送高胜重谒曹王》:“江上青枫岸,阴阴万里春。”李群玉《送魏珪觐省》:“萧萧青枫岸,去掩江山宅。”参见“青楓❷”。

【青楓浦】 ❶地名。在今湖南省浏阳市南。杜甫《双枫浦》:“辍棹青枫浦,双枫旧已摧。”亦省作青枫。杜甫《归梦》:“雨急青枫暮,云深黑水遥。”❷泛指旅人伤别处。张若虚《春江花月夜》:“白云一片去悠悠,青枫浦上不胜愁。”权德舆《黄檗馆》:“青枫浦上魂已销,黄檗馆前心自苦。”参见“青楓❷”。

【青歲】 ❶青春,青年。陈子昂《春台引》:“迟美人兮不见,恐青岁之遂遒。”李白《寄淮南友人》:“红颜悲旧国,青岁歇芳洲。”杜甫《昔游》:“隔河忆长眺,青岁已摧颓。”❷春季,春天。韩翃《送巴州杨使君》:“白云县北千山口,青岁欲开残雪后。”

【青路】 指水路。李郢《早春送友人归江南》:“舟依青路帆初挂,鸟出红尘眼渐开。”

【青蛾】 ❶黛画之眉。徐安贞《闻邻家理筝》:“曲成虚忆青蛾敛,调急遥怜玉指寒。”李颀《送山阴姚丞携妓之任兼寄苏少府》:“白皙吴王孙,青蛾柳家女。”李贺《夜坐吟》:“西风罗幕生翠波,铅华笑妾颦青蛾。”温庭筠《赠知音》:“窗间谢女青蛾敛,门外萧郎白马嘶。”亦指女子的眉毛。白居易《逢旧》:“我梳白发添新恨,君扫青蛾减旧容。”杜牧《为人题赠二首》之二:“镜敛青蛾黛,灯挑皓腕肌。”❷借指年轻女子、美女。刘长卿《少年行》:“荐枕青蛾艳,鸣鞭白马骄。”王建《田侍中宴席》:“青蛾侧座调双管,彩凤斜飞入五弦。”武元衡《同幕府夜宴惜花》:“莫愁红艳风前散,自有青蛾镜里人。”卢注《西施》:“惆怅兴亡系绮罗,世人犹自选青蛾。”

【青蛾眉】 借指年轻美丽的女子。李白《古风》之四九:“由来紫宫女,共妒青蛾眉。”

【青節】 ❶指竹子。李峤《竹》:“白花摇凤影,青节动龙文。”陈陶《竹十一首》之一:“一峰晓似朝仙处,青节森森倚绛云。”❷指旄节。道家在竹竿上缀以牦牛尾,持以为节。李端《送马尊师》:“云中采药随青节,洞里耕田映绿林。”韩翃《赠张道者》:“坐看青节引,要与白云飞。”张籍《灵都观李道士》:“几回游阆苑,青节亦随身。”

【青腰侍女】 传说中的仙女名。曹唐《小游仙诗九十八首》之二八:“天上鸡鸣海日红,青腰侍女扫朱宫。”

【青道】 指月球运行从东方经过的那一段轨道。借指春天东方的天空。邓倚《春云》:“势移青道里,影泛绿波中。”参见“青陸”。

【青煙】 ❶喻高空。李白《寄东鲁二稚子》:“楼东一株桃,枝叶拂青煙。”白居易《秦中吟十首·伤宅》:“一堂费百万,郁郁起青煙。”❷烟雾,烟尘。李郢《试日上主司侍郎》:“青煙幕幕寒更恨,白发星星晓镜悲。”无名氏《黄金台》:“河上关头车马路,残日青煙五陵树。”唐彦谦《秋霁丰德寺与玄贞师咏月》:“黯黯星辰环紫极,喧喧朝市匝青煙。”❸喻茂密的枝叶。罗隐《柳》:“一簇青煙锁玉楼,半垂阑畔半垂沟。”❹指祭祀的香火。温庭筠《马嵬驿》:“返魂无验青煙灭,埋血空生碧草愁。”

【青溪】 亦作“青谿”。❶清澈的溪水。卢鸿一《嵩山十志十首·樾馆》:“紫岩限兮青谿侧,云松烟茑兮千古色。”王维《青谿》:“言入黄花川,每逐青谿水。”杜甫《万丈潭》:“青溪合冥莫,神物有显晦。”白居易《小池二首》之二:“每一临此坐,忆归青溪居。”许浑《泛溪》:“疑与武陵通,青溪碧嶂中。”❷古水名。(1)指三国吴建业城东南之水渠,亦称东渠。在今江苏南京市钟山西南,流经市区入秦淮河。五代以后逐渐湮废。今仅存入秦淮河的一段。崔颢《江畔老人愁》:“江南年少十八九,乘舟欲渡青溪口。”李建勋有《金陵所居青溪草堂闲兴》。(2)在今山西河津市东北之黄颊山牛芹峰，又名东溪，是文中子王通隐居讲学之处。王绩《黄颊山》："别有青溪道，斜亘碧岩隈。"又《夜还东溪》："青溪归路直，乘月夜歌还。"(3)即新安江。新安江一名青溪，绕经睦州州治建德县而过，县前有渡口。刘长卿《送灵澈上人还越中》："独向青溪依树下，空留白日在人间。"刘长卿又有《青溪口送人归岳州》，杨彝有《过睦州青溪渡》。(4)即清溪。在池州府(今安徽池州市)东北。源出考溪，与上路岭水合流，经府城至长江。李白《宣城青溪》："青溪胜桐庐，水木有佳色。"按，青当作清。李白有《清溪行》及《宿清溪主人》，均指此。❸山名。在今湖北当阳市北，晋郭璞曾游于此。卢照邻《山庄休沐》："田家自有乐，谁肯谢青溪。"陆敬《游清都观寻沈道士得都字》："青溪冥寂士，思玄徇道枢。"王季友《还山留别长安知己》："青溪谁招隐，白发自相待。"❹见"青溪白石"。

【青溪白石】 古乐府《神弦歌》有《白石郎》《青溪小姑》曲。《白石郎》词曰："白石郎，临江居，前导江伯后从鱼。"《青溪小姑》词曰："开门白水，侧近桥梁，小姑所居，独处无郎。"因以青溪、白石喻指相隔的男女不能会合。李商隐《燕台四首·右秋》："青溪白石不相望，堂中远甚苍梧野。"

【青溪客】 指隐居的道士。卢照邻《过东山谷口》："多谢青溪客，去去赤松游。"

【青溪道士】 指隐居的道术之士。施肩吾《同张炼师溪行》："青溪道士紫霞巾，洞里仙家旧是邻。"高骈《步虚词》："青溪道士人不识，上天下地鹤一只。"

【青溪關】 地名。在今四川汉源县西南。唐代自四川通往云南大理的通道上，设置关隘于清溪峡，为控扼南诏的要地。雍陶有《哀蜀人为南蛮俘虏五章·出青溪关有迟留之意》。按：青，当作"清"。

【青溪驛】 地名。在四川犍为县，唐属嘉州。杜甫有《宿青溪驿奉怀张员外十五兄之绪》。

【青溟】 犹沧海。杜甫《奉先刘少府新画山水障歌》："沧浪水深青溟阔，欹岸侧岛秋毫末。"

【青塞】 (—sài)原指今甘肃省东北环县青山一带。古为北地郡，地近长城。后用以泛指边塞。王维《送严秀才还蜀》："山临青塞断，江向白云平。"张籍《塞下曲》："将军阅兵青塞下，鸣鼓逢逢促猎围。"曹邺《送友人入塞》："乱蓬无根日，送子入青塞。"

【青綃幕】 青色薄纱帷幕。喻指烟霭。白居易《菩提寺上方晚眺》："嵩烟半卷青绡幕，伊浪平铺绿绮衾。"

【青瑣】 ❶皇宫门上雕刻的青色连环花纹。岑参《西掖省即事》："千门柳色连青琐，三殿花香入紫微。"常沂《禁中春松》："翠影宜青琐，苍枝秀碧空。"张南史《早春书事奉寄中书李舍人》："日色浮青琐，香烟近玉除。"李商隐《楚宫》："复壁交青琐，重帘挂紫绳。"亦用以指华贵物品上的青色饰纹。王翰《飞燕篇》："红妆宝镜珊瑚台，青琐银簧云母扇。"❷汉代宫门名。后泛指宫门。崔颢《邯郸宫人怨》："百堵涂椒接青琐，九华阁道连洞房。"杜甫《宣政殿退朝晚出左掖》："侍臣缓步归青琐，退食从容出每迟。"刘长卿《喜朱拾遗承恩拜命赴任上都》："沧洲离别风烟远，青琐幽深漏刻长。"武元衡《和杨三舍人游昊天观杨君见征鄙词因以继和》："九重青琐闭，三秀紫芝新。"参见"青瑣門"。❸借指宫廷、朝廷。陈子良《赞德上越国公杨素》："雍容入青琐，肃穆侍丹楹。"孙逖《送李给事归徐州觐省》："列位登青琐，还乡复彩衣。"皇甫曾《和谢舍人雪夜寓直》："沧洲归客梦，青琐近臣心。"温庭筠《湖阴词》："羽书如电入青琐，雪腕如槌催画鞞。"❹刻镂青色连环花纹的窗户。王昌龄《长信秋词五首》之二："银灯青琐裁缝歇，还向金城明主看。"陆龟蒙《四明山诗·石窗》："积霭迷青琐，残霞动绮疏。"赵光远《题妓莱儿壁》："醉凭青琐窥韩寿，闲掷金梭恼谢鲲。"韩偓《重和》："嘉树倚楼青琐暗，晚云藏雨碧山寒。"❺谓青色的空心连环花纹。元稹《红芍药》："芍药绽红绡，巴篱织青琐。"亦喻指篱笆。张泌《芍药》："休将薜荔为青琐，好与玫瑰作近邻。"

【青瑣仙郎】 见"青瑣郎"。

【青瑣地】 喻指唐代门下省所在之处。白居易《见于给事暇日上直寄南省诸郎官诗因以戏赠》："云彩误居青琐地，风流合在紫微天。"参见"青瑣門"。

【青瑣郎】 亦作"青瑣仙郎"。汉代黄门侍郎的别称。唐代以之称门下省的给事中。杜甫《奉同郭给事汤东灵湫作》："飘飘青琐郎，文彩珊瑚钩。"白居易《酬严给事》："不缘啼鸟春饶舌，青琐仙郎可得知。"参见"青瑣拜"。

【青瑣門】 汉代宫门名。指东掖之门下省。李颀《听董大弹胡笳声兼寄语弄房给事》："长安城连东掖垣，凤凰池对青琐门。"参见"青瑣❷""青瑣拜"。

【青瑣拜】 称门下省的黄门侍郎或给事中。张九龄《故刑部李尚书挽词三首》之二："印从青琐拜，翰入紫宸挥。"钱起《送王使君移镇淮南》："愿言青琐拜，早及上林春。"罗衮《赠罗隐》："向夕便思青琐拜，近年寻伴赤松游。"参见"青瑣門"。

【青瑣客】 指接近皇帝的内廷官员。岑参《初至西虢官舍南池呈左右省及南宫诸故人》："敢恨青琐客，无情华省郎。"韩翃《送万巨》："屈指待为青琐客，回头莫羡白亭人。"郎士元《送裴补阙入河南幕》："皎然青琐客，何事动行轩。"韦庄《和郑拾遗秋日感事一百韵》："诏催青琐客，时待紫微郎。"

【青瑣祕】 指宫廷中收藏图书秘笈的地方。司空图《赠步寄李员外》:“病辞青琐秘,心在紫芝房。”

【青瑣第】 高官显宦的宅院。虞世南《门有车马客》:“日斜青琐第,尘飞金谷苑。”

【青瑣路】 宫廷之路。李山甫《送蕲州裴员外》:“五马尚迷青琐路,双鱼犹惹翠兰芬。”

【青瑣殿】 华丽的宫殿。虞世南《凌晨早朝》:“日晖青琐殿,霞生结绮楼。”

【青瑣賢】 代指宫廷侍臣。李白《玉壶吟》:“揄扬九重万乘主,谑浪赤墀青琐贤。”又《留别贾舍人至二首》之二:“谬攀青琐贤,延我于北堂。”

【青瑣闈】 ❶亦作“青鎖闈”。指青琐门。钱起《晚归蓝田酬王维给事赠别》:“霄汉时回首,知音青琐闱。”韦应物《送褚校书归旧山歌》:“朝朝待诏青锁闱,中有万年之树蓬莱池。”刘禹锡《奉和郑相公以考功十弟山姜花俯赐篇咏》:“采撷黄姜蕊,封题青琐闱。”薛存诚《暮春自南台丞再除给事中》:“再入青锁闱,忝官诚自非。”参见“青瑣門”。❷泛指宫廷。徐彦伯《赠刘舍人古意》:“巢君碧梧树,舞君青琐闱。”李颀《东京寄万楚》:“优游白虎殿,偃息青琐闱。”

【青瑣闥】 指青琐门。闼,门也。王维《上张令公》:“步檐青琐闼,方幰画轮车。”杜甫《赠献纳使起居田舍人》:“晓漏追飞青琐闼,晴窗点检白云篇。”皇甫曾《送商州杜中丞赴任》:“夕拜忽辞青琐闼,晨装独捧紫泥书。”武元衡《春暮郊居寄朱舍人》:“回首知音青琐闼,何时一为荐相如。”参见“青瑣門”。

【青瑶】 ❶青玉。孟郊《寒溪》之二:“舟行素冰折,声作青瑶嘶。”元稹《和东川李相公慈竹十二韵》:“慈竹不外长,密比青瑶华。”陈标《焦桐树》:“若使琢磨徽白玉,便来风律轸青瑶。”❷对青石的美称。韩愈《送灵师》:“手持南曹叙,字重青瑶镌。”刘禹锡《踏潮歌》:“乌泥白沙复满海,海色不动如青瑶。”无名氏《纪游东观山》:“瑰奇恣搜讨,贝阙青瑶房。”

【青瑶局】 青石制的棋盘。李益《入华山访隐者经仙人石坛》:“仙人古石坛,苔绕青瑶局。”

【青臺】 青漆涂饰的楼台。用以形容其华丽。王勃《落花落》:“绮阁青台静且闲,罗袂红巾复往还。”

【青橐】 装弓矢、盔甲的青皮袋子。同櫜。李峤《饯薛大夫护边》:“犀皮拥青橐,象齿饰雕弓。”

【青蜺】 ❶虹。孟郊《鸦路溪行呈陆中丞》:“有物饮碧水,高林挂青蜺。”❷喻溪水。孟郊《和皇甫判官游琅琊溪》:“碧濑漱白石,翠烟含青蜺。”

【青嶂】 屏障般的青山。寒山《诗三百三首》之一九四:“雁塔高排出青嶂,禅林古殿入虹蜺。”孟浩然《武陵泛舟》:“水回青嶂合,云度绿溪阴。”李嘉祐《晚发江宁道中呈严维》:“转曲随青嶂,因高见白波。”李郢《骊山怀古》之四:“青嶂浅深当雨静,古松疏密向风悲。”

【青箬】 指箬竹叶片。柳宗元《柳州峒氓》:“青箬裹盐归峒客,绿荷包饭趁虚人。”

【青銅】 ❶铜与锡等的合金。呈青灰色或灰黄色。因其硬度大,耐磨,抗蚀性好,在我国商周时即被用为铸造器物的主要材料。杜甫《岁晏行》:“往日用钱捉私铸,今许铅锡和青铜。”孟郊《结交》:“铸镜须青铜,青铜易磨拭。”长孙佐辅《对镜吟》:“忆昔逢君新纳娉,青铜铸出千年镜。”❷指青铜镜。鲍溶《旧镜》:“华发一欺人,青铜化为鬼。”陈陶《古镜篇》:“下国青铜旋磨灭,回鸾万影成枯骨。”罗隐《伤华发》:“青铜不自见,只拟老他人。”无名氏《商山馆》:“虚空亦莫问,睡起照青铜。”

【青銅錢】 青铜铸的钱币。杜甫《偪仄行赠毕曜》:“速宜相就饮一斗,恰有三百青铜钱。”

【青銅鎖】 青铜制成的锁。杜甫《忆昔行》:“弟子谁依白茅室,卢老独启青铜锁。”

【青銅鏡】 青铜制的镜子。崔颢《杂诗》:“可怜青铜镜,挂在白玉堂。”贾岛《友人婚杨氏催妆》:“谁道芙蓉水中种,青铜镜里一枝开。”白居易《镜换杯》:“欲将珠匣青铜镜,换取金尊白玉卮。”曹邺《四怨三愁五情诗十二首·其一怨》:“岂无青铜镜,终日自疑丑。”

【青餸】 见“青餸飯”。

【青餸飯】 即青精饭。郑畋《句》:“圆明青饻饭,光润碧霞浆。”皮日休《江南道中怀茅山广文南阳博士三首》之一:“半日始斋青饻饭,移时空印白檀香。”又有《润卿遗青饻饭兼之一绝聊用答谢》。亦省作“青餸”。张贲《以青饻饭分送袭美鲁望因成一绝》:“谁屑琼瑶事青饻,旧传名品出华阳。”参见“青精飯”。

【青鳳】 传说凤有青、赤、黄、白、紫五色。青凤为其中之一。李贺《天上谣》:“秦妃卷帘北窗晓,窗前植桐青凤小。”吕岩《七言》之一一:“白龟窟里夫妻会,青凤巢中子母圆。”

【青旗】 ❶青色的旗帜。古以青为东方之色,与春同色。陈陶《冬夜吟》:“八埏蝼蚁厌寒栖,早晚青旗引春帝。”❷指酒店挂的酒旗。元稹《和乐天重题别东楼》:“唤客潜挥远红袖,卖垆高挂小青旗。”白居易《杭州春望》:“红袖织绫夸柿蒂,青旗沽酒趁梨花。”萧遘《春诗》:“青旗问沽酒,何处拨寒醅。”

【青韶】 指春天。韦元旦《奉和人日宴大明宫恩赐彩缕人胜应制》:“青韶既肇人为日,绮胜初成日作人。”

【青精】 植物名。一名南烛草,又名黑饭草。道家用以制作青精饭。吴武陵《龙虎山》:“龙虎山中紫翠烟,青精颜色四时妍。”

【青精飯】 即乌米饭。相传为道家太极真人创制，食之可以延年养颜。杜甫《赠李白》："岂无青精饭，使我颜色好。"皮日休《南阳广文欲于荆襄卜居因而有赠》："青精饭熟云侵灶，白袷裘成雪溅窗。"

【青精稻】 即青精饭。元稹《和乐天赠吴丹》："万过黄庭经，一食青精稻。"参见"青精飯"。

【青熒】 ❶青光闪亮貌。张九龄《巫山高》："巫山与天近，烟景长青荧。"裴迪《辋川集二十首·欹湖》："空阔湖水广，青荧天色同。"杜甫《喜晴》："青荧陵陂麦，窈窕桃李花。"皎然《宿法华寺简灵澈上人》："至道无机但杳冥，孤灯寒竹自青荧。"司马扎《感萤》："青荧一点光，曾误几人老。"❷喻指青色的天空。元稹《含风夕》："青荧微月钩，幽晖洞阴魄。"刘禹锡《九华山歌》："乘樏不来广乐绝，独与猿鸟愁青荧。"❸喻指月色。韩愈《和崔舍人咏月二十韵》："风台观滉漾，冰砌步青荧。"李绅《泛五湖》："霞生澒洞远，月吐青荧乱。"

【青漢】 ❶天空，青天。贾岛《送穆少府知眉州》："剑门倚青汉，君昔未曾过。"许浑《陵阳春日寄汝洛旧游》："万里绿波鱼恋钓，九重青汉鹤愁笼。"徐夤《尚书打毬小骢步骤最奇因有所赠》："逐将白日驰青汉，衔得流星入画门。"许坚《题茅山观》："松楸古色玉坛静，鸾鹤不来青汉高。"❷喻指显要的职位。许浑《东陵赴京道病东归寓居开元寺寄卢员外宋魏二先辈》："沧洲有约心还静，青汉无媒迹自疏。"皮日休《伤卢献秀才》："只为白衣声过重，且非青汉路难通。"

【青閣】 ❶青漆涂饰的楼阁。常用以形容其豪华精美。李峤《春日侍宴幸芙蓉园应制》："烟气笼青阁，流文荡画桥。"韩翃《奉和元相公家园即事寄王相公》："回车青阁晚，解带碧茸深。"李德裕《鸳鸯篇》："洛阳女儿在青阁，二月罗衣轻更薄。"❷指朝堂、朝廷。徐晶《赠温驸马汝阳王》："都尉朝青阁，淮王侍紫墀。"储光羲《答王十三维》："忽奉朝青阁，回车入上阳。"韩翃《别氾水县尉》："花间赐食近丹墀，烟里挥毫对青阁。"元友直《小苑春望宫池柳色》："叶依青阁密，条向碧流倾。"❸指道观。储光羲《昭圣观》："数日朝青阁，彩云犹在门。"

【青翠】 ❶翠绿鲜明。孟浩然《重酬李少府见赠》："回看后凋色，青翠有松筠。"皎然《夏日同崔使君论登城楼赋得远山》："远山湖上小，青翠望依稀。"施肩吾《玩手植松》："却思毫末栽松处，青翠才将众草分。"张固《重阳宴东观山亭和从事卢顺之》："乱山青翠郡城东，爽节凭高一望通。"❷借指树木。杜审言《南海乱石山作》："朝暾艳丹紫，夜魄炯青翠。"❸形容翠竹。王维《辋川集·斤竹岭》："檀栾映空曲，青翠漾涟漪。"刘长卿《同郭参谋咏崔仆射淮南节度使厅前竹》："蒙笼低冕过，青翠卷帘看。"白居易《和汴州令狐相公新于郡内栽竹偶题》："千亩荒凉寻未得，百竿青翠种新成。"❹借指青山。刘长卿《会稽王处士草堂壁画衡霍诸山》："青翠数千仞，飞来方丈间。"

【青綺】 见"青綺門"。

【青綺門】 长安古城门名。亦称青门。李白《相逢行》："蹙入青绮门，当歌共衔杯。"又《送裴十八图南归嵩山二首》之一："何处可为别，长安青绮门。"亦省作"青绮"。苏颋《奉和圣制幸礼部尚书窦希玠宅应制》："飞栋临青绮，回舆转翠华。"

【青緺】 佩系官印的青色丝带。黄滔《寄少常卢同年》："官拜少常休，青緺换鹿裘。"亦借指显贵的官吏。柳宗元《同刘二十八院长述旧言怀之作因其韵增至八十》："共思捐佩处，千骑拥青緺。"皎然《送柳淡扶侍赴洪州》："自愿青緺好，来将黄鹤辞。"

【青綸】 (—lún)青绶。用以系官印的青丝绶带。借指高官。徐彦伯《送特进李峤入都袝庙》："恩级青纶赐，徂装紫橐悬。"

【青綬】 系官印用的青色丝带。借指御史大夫等高级官员。见《汉书·百官公卿表上》。岑参《送严黄门拜御史大夫再镇蜀川兼觐省》："春草连青绶，晴花间赤旗。"权德舆《奉和鄜州刘大夫麦秋出师遮虏有怀中朝亲故》："绿油登上将，青绶亚中台。"白居易《对酒吟》："未换银青绶，唯添雪白须。"亦借指官印。韩翃《送王侍御赴江西兼寄李袁州》："礼门前直事仙郎，腰垂青绶领咸阳。"刘禹锡《南海马大夫远示著述兼酬拙诗》："身在绛纱传六艺，腰悬青绶亚三台。"

【青緑】 指青色和绿色的印绶。韩愈、孟郊《会合联句》："朝绅郁青绿，马饰曜珪珙。"

【青髮】 黑发。孟郊《秋怀》之八："青发如秋园，一剪不复生。"

【青鞋】 草鞋。杜甫《奉先刘少府新画山水障歌》："吾独胡为在泥滓，青鞋布袜从此始。"又《发刘郎浦》："白头厌伴渔人宿，黄帽青鞋归去来。"

【青蕪】 青色的杂草丛。杜甫《徐步》："整履步青芜，荒庭日欲晡。"皇甫冉《寄权器》："露湿青芜时欲晚，水流黄叶意无穷。"白居易《曲江早秋》："秋波红蓼水，夕照青芜岸。"方干《书原上鲍处士屋壁》："水阔坐看千万里，青芜盖地接天津。"

【青蕪國】 犹言青草地。温庭筠《春江花月夜词》："玉树歌阑海云黑，花庭忽作青芜国。"

【青樓】 ❶青漆涂饰的豪华精致的楼房。多指女子居处。崔液《代春闺》："青楼明镜昼无光，红帐罗衣徒自香。"孟浩然《春情》："青楼晓日珠帘映，红粉春妆宝镜催。"刘禹锡《浪淘沙九首》之四："鹦鹉洲头浪飐沙，青楼春望日将斜。"刘沧《寄远》："霜落雁声来紫塞，月明人梦在青楼。”❷原指南朝齐武帝的兴光楼。泛指帝王之居。杨续《安德山池宴集》：“狭斜通凤阙，上路抵青楼。”李白《宫中行乐词八首》之五：“绿树闻歌鸟，青楼见舞人。”王建《铜雀台》：“青楼月夜长寂寞，碧云日暮空裴回。”袁不约《长安夜游》：“歌声缓过青楼月，香霭潜来紫陌风。”❸指酒楼歌馆。李峤《汾阴行》：“昔时青楼对歌舞，今日黄埃聚荆棘。”顾况《洛阳陌二首》之二：“金丸落飞鸟，乘兴醉青楼。”李商隐《赠柳》：“忍放花如雪，青楼扑酒旗。”韦庄《过扬州》：“当年人未识兵戈，处处青楼夜夜歌。”❹指妓院。梁锽《狷氏子》：“别有佳期处，青楼客夜来。”李益《轻薄篇》：“归来青楼曲未半，美人玉色当金尊。”何扶《送阆州妓人归老》：“十亩稻香新绿野，一声歌断旧青楼。”薛能《赠歌者》：“谁人得向青楼宿，便是仙郎不是夫。”❺借指闺楼中的女子。孟浩然《赋得盈盈楼上女》：“夫婿久离别，青楼空望归。”屈同仙《燕歌行》：“金戈玉剑十年征，红粉青楼多怨情。”温庭筠《塞寒行》：“彩毫一画竟何荣，空使青楼泪成血。”亦指妓女。处默《织妇》：“成缣犹自陪钱纳，未直青楼一曲歌。”

【青樓人】 指闺中人。李白《寄远十一首》之三：“瑶台有黄鹤，为报青楼人。”司马扎《道中早发》：“遥羡青楼人，锦衾方远梦。”严巨川《太清宫闻滴漏》：“青楼人罢梦，紫陌骑将行。”

【青樓曲】 唐人所制乐府新题。王昌龄有《青楼曲二首》，于濆有《青楼曲》。

【青樓妓】 亦作“青樓倡”。指歌伎。李白《在水军宴韦司马楼船观妓》：“对舞青楼妓，双鬟白玉童。”王建《当窗织》：“当窗却羡青楼倡，十指不动衣盈箱。”

【青樓宴】 酒楼歌馆的宴会。温庭筠《猎骑辞》：“所嗟故里曲，不及青楼宴。”

【青樓倡】 见“青樓妓”。

【青樓家】 指富贵人家。崔国辅《古意》：“悔不盛年时，嫁与青楼家。”

【青樓婦】 指闺中少妇。韦庄《捣练篇》：“月华吐艳明烛烛，青楼妇唱捣衣曲。”

【青樓綺閣】 指酒楼歌馆。谢偃《乐府新歌应教》：“青楼绮阁已含春，凝妆艳粉复如神。”

【青霄】 ❶高空，云霄。张子容《自乐城赴永嘉枉路泛白湖寄松阳李少府》：“百花乱飞雪，万岭叠青霄。”韩翃《兖州送李明府使苏州便赴告期》：“早晚卢家兰室在，珊瑚玉珮彻青霄。”司空曙《送张炼师还峨嵋山》：“前登灵境青霄绝，下视人间白日低。”曹松《送僧入庐山》：“庐山瀑布三千仞，画破青霄始落斜。”❷喻指京都、朝廷。杜甫《赠田九判官》：“崆峒使节上青霄，河陇降王款圣朝。”戴叔伦《赠张挥使》：“汉廷求卫霍，剑珮上青霄。”韩琮《柳》：“折柳歌中得翠条，远移金殿种青霄。”韦庄《投寄旧知》：“却将憔悴入都门，自喜青霄足故人。”❸喻高位，腾达的仕途。钱起《送孙十尉温县》：“不惜芸香染黄绶，惟怜鸿羽下青霄。”鲍溶《夏日华山别韩博士愈》：“青霄上何阶，别剑空朗扣。”刘沧《送友人罢举赴蓟门从事》：“绿绶便当身是贵，青霄休怨志相违。”汪遵《又过杨相宅》：“才到青霄却平地，门对古槐空寂寥。”

【青霄路】 喻腾达的仕途。王湾《丽正殿赐宴同勒天前烟年四韵应制》：“院逼青霄路，厨和紫禁烟。”张祜《偶作》：“遍识青霄路上人，相逢只是语逡巡。”

【青幢】 ❶(—zhuàng)青色的旗幡。皇甫冉《少室山韦炼师升仙歌》：“红霞紫气昼氲氲，绛节青幢迎少君。”白居易《和东川杨慕巢尚书府中独坐感戚在怀见寄十四韵》：“紫绶黄金印，青幢白玉珂。”❷(—zhuàng)青色的帷幔。韩愈《游城南十六首·楸树》：“青幢紫盖立童童，细雨浮烟作彩笼。”

【青幟】 ❶青色旗帜。指军旗。温庭筠《昆明池水战词》：“溟池海浦俱喧豗，青帜白旌相次来。”❷指酒旗。皮日休《酒中十咏·酒旗》：“青帜阔数尺，悬于往来道。”

【青稻】 ❶指新栽的稻苗。杜甫《行官张望补稻畦水归》：“六月青稻多，千畦碧泉乱。”❷即青龙稻。道家用以制作青䭀饭的一种粳稻。皮日休《润卿遗青䭀饭兼之一绝聊用答谢》：“分泉过屋春青稻，拂雾彯衣折紫茎。”

【青劍】 青锋剑。喻指利剑。陆龟蒙《江南秋怀寄华阳山人》：“举楫挥青剑，鸣榔扣远钲。”

【青箱】 ❶喻世代相传的家学。贾躭《赋虞书歌》：“须知孔子庙堂碑，便是青箱中至宝。”刘禹锡《衢州徐员外使君遗以缟纻兼竹书箱因成一篇用答佳贶》：“远放歌声分白纻，知传家学与青箱。”陆龟蒙《药名离合夏日即事三首》之三：“青箱有意终须续，断简遗编一半通。”❷即青葙。草本植物，开淡红色花，种子可入药，有祛风热、消肝火等作用。皮日休《药名联句》：“白芷寒犹采，青箱醉尚开。”

【青箱傳學】 谓以史学为家学世代相传。刘禹锡《南海马大夫见惠著述三通诗以谢之》：“青箱传学远，金匮纳书成。”参见“青箱❶”。

【青篃】 青翠的篃竹。晋戴凯之《竹谱》：“会稽之篃，东南之美。”自注：“篃竹，高者不过一丈，节间三尺，坚劲中矢，江南诸山皆有之，会稽所生最精好。”白居易《不出门》：“轻箑白鸟羽，新簟青篃筠。”

【青瑩】 青碧光洁。李白《改九子山为九华山联句》：“青莹玉树色，缥缈羽人家。”

【青緗】 指青黄色的绢帛。韦庄《和郑拾遗秋日感事一百韵》：“伫归蓬岛后，纶诏润青缃。”

【青緡】 古代穿铜钱的青丝绳。借指钱币。李涉《却归巴陵途中走笔寄唐知言》："酒家债负有填日，恣意颇敢排青缗。"

【青編】 ❶青丝编缀的竹简书册。令狐楚《南宫夜直宿见李给事封题其所下制敕知奏直在东省因以诗寄》："青编书白雀，黄纸降苍龙。"李德裕《雨中自秘书省访王三侍御知早入朝故以诗赠之》："青编尽以汲冢来，科斗皆从鲁室至。"陈陶《步虚引》："青编为我忽降书，暮雨虹蜺一千尺。"❷借指史书。李山甫《读汉史》："当时虚受君恩者，谩向青编作鬼林。"谭用之《别何处士陵俊老》："谁人为向青编上，直傍巢由写一名。"

【青璣】 指青绿的枣子。韩愈、孟郊《秋雨联句》："枣圃落青玑，瓜畦烂文贝。"

【青壇】 帝王春日郊祭用的土台。徐彦伯《奉和幸新丰温泉宫应制》："青坛环玉甃，红础铄金光。"

【青翰】 ❶鸟名。信天翁的别称。彦真卿《送耿沛拾遗联句》："望阙飞青翰，朝天忆紫宸。"❷即青翰舟。李绅《过吴门二十四韵》："绿杨深浅巷，青翰往来舟。"陆龟蒙《自遣诗三十首》之二六："山下花明水上曛，一桡青翰破霞文。"皮日休《青门闲泛》："青翰虚徐夏思清，愁烟漠漠荇花平。"参见"青翰舟"。

【青翰舟】 舟名。其上刻有鸟形并涂上青色，故称。韩翃《送客知鄂州》："春风落日谁相见，青翰舟中有鄂君。"刘太真《顾十二况左迁过三使君皆有郡中燕集诗因亦成篇》："以我碧流水，泊君青翰舟。"皮日休《太湖诗·初入太湖》："好放青翰舟，堪弄白玉笛。"

【青霓】 道士的衣服。李贺《绿章封事》："青霓扣额呼宫神，鸿龙玉狗开天门。"李商隐《戊辰会静中出贻同志二十韵》："飘飖被青霓，婀娜佩紫纹。"

【青螭】 ❶古代传说中的无角青龙。李涉《与弟渤新罗剑歌》："长河临晓北斗残，秋水露背青螭寒。"❷喻盘曲的枝干。皮日休《公斋四咏·小桂》："棱层立翠节，偃蹇樛青螭。"❸借指碑碣。因碑上刻有青螭形的雕饰，故称。罗隐《经耒阳杜工部墓》："屈原宋玉邻君处，几驾青螭缓郁陶。"

【青錢】 ❶即青铜钱。杜甫《北邻》："青钱买野竹，白帻岸江皋。"李贺《相劝酒》："青钱白璧买无端，丈夫快意方为欢。"郑嵎《津阳门诗》："青钱琐屑安足数，白醪软美甘如饴。"齐己《溪居寓言》："寄向东溪老樵道，莫催丹桂博青钱。"❷喻状似青钱之物。如荷叶、榆叶、苔藓等。杜甫《绝句漫兴九首》之七："糁径杨花铺白毡，点溪荷叶叠青钱。"元稹《春分投简阳明洞天作》："绿縩高悬柳，青钱密辫榆。"李贺《河南府试十二月乐词·七月》："夜天如玉砌，池叶极青钱。"李咸用《石版》："古藓小青钱，尘中看野色。"❸借指文才出众。陈陶《赠江南从事张侍郎》："姻联紫府萧窗贵，职称青钱绣服豪。"

【青錦】 ❶青色的锦缎。曹唐《小游仙诗九十八首》之三十："青锦缝裳绿玉珰，满身新带五云香。"花蕊夫人徐氏《宫词》之七三："青锦地衣红绣毯，尽铺龙脑郁金香。"❷喻指青苔。李白《同族侄评事黯游昌禅师山池二首》之二："片石寒青锦，疏杨挂绿丝。"

【青龍】 ❶苍龙。古时以为祥瑞之物。鲍溶《读淮南李相行营至楚州诗》："玄象合教沧海晏，青龙喜应太山春。"韦庄《灞陵道中作》："青龙夭矫盘双阙，丹凤褵褷隔九重。"❷喻指状若青龙之物。杜甫《陪李七司马皂江上观造竹桥》："天寒白鹤归华表，日落青龙见水中。"李贺《官不来题皇甫湜先辈厅》："官庭秋，老桐错干青龙愁。"❸东方七宿的总称。东方七宿在想象中可连接成苍龙的形象。张祜《古镜前》："青龙耀跃麟眼动，神鬼不敢当庭前。"❹星名。即太岁。姚合《赠终南山傅山人》："白马时何晚，青龙岁欲终。"自注："星纪躔次之义。"❺饰有青龙图像的军旗，常与白虎对举，用以表示相辅相成，部署有序。陈子昂《还至张掖古城闻东军告捷赠韦五虚己》："白虎锋应出，青龙阵几成。"李商隐《无愁果有愁曲北齐歌》："东有青龙西白虎，中含福星包世度。"❻道教指炼丹之物。姚系《五老峰大明观赠隐者》："丹术幸可授，青龙当未归。"吕岩《五言》之一四："青龙精是汞，白虎水为铅。"❼佛教经典名。因梵文蟠曲如龙，故称。章孝标《蜀中赠广上人》："疏讲青龙归禁苑，歌抄白雪乞梨园。"无可《宿安国简公院》："青龙旧经疏，寥落有谁开。"自注："德山著《青龙疏抄》。"❽指神仙坐骑。李贺《神仙曲》："鹤羽冲风过海迟，不如却使青龙去。"曹唐《小游仙诗九十八首》之五四："因循天子能闲事，纵与青龙不解骑。"又《小游仙诗九十八首》之五五："青龙举步行千里，休道蓬莱归路长。"❾用青漆涂饰的龙舟。沈佺期《三日梨园侍宴》："画鹢中流动，青龙上苑来。"❿寺名。岑参《青龙招提归一上人远游吴楚别诗》："久交应真侣，最叹青龙僧。"皎然《送关小师还金陵》："白鹭沙洲晚，青龙水寺寒。"李洞有《秋宿青龙禅阁》。⓫山名。在今南京市东南。李白《送殷淑三首》之二："青龙山后日，早出海云来。"又《登金陵冶城西北谢安墩》："白鹭映春洲，青龙见朝暾。"

【青龍寺】 古寺名。初建于隋开皇二年(582)，原名灵感寺，唐龙朔二年(626)立为观音寺，景云二年(711)改名青龙寺。为唐代密宗的根本道场。遗址在今陕西西安市南郊铁炉庙村北高地上。王维有《青龙寺昙壁上人兄院集》，刘长卿有《清明日青龙寺上方》，韩愈有《游青龙寺赠崔大补阙》。贾岛《题青龙寺》："拟看青龙寺里月，待无一点夜云时。"白居易《新昌新居书事四十韵因寄元郎中张博士》:“丹凤楼当后,青龙寺在前。”张祜《题青龙寺》:“人人尽到求名处,独向青龙寺看山。”林宽《长安遣怀》:“青龙寺里三门上,立为南山不为僧。”

【青龍車】　传说神仙所乘之车,因以青龙为驾,故称。指修道成仙。李白《早望海霞边》:“举手何所待,青龙白虎车。”

【青龍疏】　佛教经典。张籍《题僧院》:“闻师行讲青龙疏,本寺住来多少年。”参见“青龍❼”。

【青營】　即青油幕。唐时指方镇幕府。卢纶《送饯从叔辞丰州幕归》:“白云本是乔松伴,来绕青营复飞散。”参见“青油幕”。

【青燈】　❶青荧的油灯。杜甫《宿凿石浦》:“缺月殊未生,青灯死分翳。”韦应物《寺居独夜寄崔主簿》:“坐使青灯晓,还伤夏衣薄。”武元衡《秋夜雨中怀友》:“青灯淡吐光,白发悄无语。”姚偓《南源山》:“白雨鸣山麓,青灯语夜阑。”❷青荧的灯光。李商隐《杨本胜说于长安见小男阿衮》:“语罢休边角,青灯两鬓丝。”喻凫《监试夜雨滴空阶》:“古壁青灯动,深庭湿叶埋。”吴融《雨后闻思归乐二首》之一:“闻此不能寐,青灯茆屋幽。”

【青壁】　❶青色的峭壁。陈子昂《白帝城怀古》:“岩悬青壁断,地险碧流通。”李白《望庐山瀑布水二首》之一:“空中乱潨射,左右洗青壁。”韩愈《古意》:“我欲求之不惮远,青壁无路难夤缘。”方干《自缙云赴郡叙事四韵寄献段郎中》:“仰瞻青壁开天罅,斗转寒湾避石棱。”❷指青山。张祜《陪杭州郡使宴西湖亭》:“青壁远光凌鸟峻,碧湖深影鉴人寒。”张乔《送许棠下第游蜀》:“马登青壁瘦,人宿翠微闲。”贯休《上东林和尚》:“让紫归青壁,高名四海闻。”

【青縑】　青丝细绢。沈佺期《答魑魅代书寄家人》:“黄阁游鸾署,青缣御史香。”白居易《冬夜与钱员外同直禁中》:“连铺青缣被,对置通中枕。”

【青磴】　青石台阶。王勃《游梵宇三觉寺》:“杏阁披青磴,雕台控紫岑。”欧阳衮《神光寺》:“香刹悬青磴,飞楼界碧空。”

【青霞】　❶犹青云。杜审言《七夕》:“白露含明月,青霞断绛河。”褚朝阳《登圣善寺阁》:“飞阁青霞里,先秋独早凉。”韩愈《李花赠张十一署》:“金乌海底初飞来,朱辉散射青霞开。”伊璠《及第后寄梁烛处士》:“鹏化四溟归碧落,鹤栖三岛接青霞。”❷喻仙境。《云笈七签》:“元始天王东游碧水豪林之境,上憩青霞九曲之房。”卢鸿一《嵩山十志十首·期仙磴》:“青霞杪兮紫云垂,鸾歌凤舞兮吹参差。”吴筠《游仙二十四首》之八:“青霞正可挹,丹椹时一遇。”亦指修道之所。刘长卿《寻洪尊师不遇》:“道书堆玉案,仙帔叠青霞。”韩愈《同窦韦寻刘尊师不遇》:“院闭青霞入,松高老鹤寻。”李商隐《偶成转韵七十二句赠四同舍》:“旧山万仞青霞外,望见扶桑出东海。”❸喻隐逸。高适《同薛司直诸公秋霁曲江俯见南山作》:“我心寄青霞,世事惭白鸥。”钱起《题樊川杜相公别业》:“圣恩加玉铉,安得卧青霞。”顾况《华山西冈游赠隐玄叟》:“我心寄青霞,世事惭苍鹿。”皎然《送穆寂赴举》:“君抛青霞去,荣资观国宾。”❹指佛家的禅房。滕传胤《赠僧》:“卓立不求名出家,长怀片志在青霞。”

【青霞君】　对道士的美称。孟郊《送李尊师玄》:“口诵碧简文,身是青霞君。”

【青霞姿】　能直上云天的风姿。李德裕《雨中自秘书省访王三侍御知早入朝故以诗赠之》:“共怜独鹤青霞姿,瀛洲故山归已迟。”

【青霞意】　谓高远的志趣。刘禹锡《始至云安寄兵部韩侍郎中书白舍人二公近曾远守故有属焉》:“故人青霞意,飞舞集蓬瀛。”李德裕《房公旧竹亭闻琴因重题此作》:“流水音长在,青霞意不传。”

【青螺】　❶即田螺。常用以形容青苍色的圆锥形物体。张祜《题重玄寺阁八韵》:“青螺簇山色,白练展湖光。”鲍溶《经旧游》:“但见野中坟,累累如青螺。”陆龟蒙《和袭美重玄寺双矮桧》:“可怜烟刺是青螺,如到双林误礼多。”❷借指青山。刘禹锡《望洞庭》:“遥望洞庭山水翠,白银盘里一青螺。”❸古代的一种发型。徐夤《题僧壁》:“绀发青螺长,文茵紫豹重。”杜仁杰《至真观》:“青螺堆,玉簪峭。”

【青螺髻】　形容山峰犹如青螺状的发髻。雍裕之《大言》:“四溟杯渌醑,五岳髻青螺。”皮日休《太湖诗·缥缈峰》:“似将青螺髻,撒在明月中。”

【青氈】　见“青氈”。

【青罽】　青色毛织物。柳宗元《酬韶州裴曹长使君寄道州吕八大使因以见示二十韵一首》:“远物裁青罽,时珍馔白鹇。”

【青簇簇】　形容颜色极其青翠。韦庄《登汉高庙闲眺》:“天畔晚峰青簇簇,槛前春树碧团团。”

【青簡】　❶竹简。古代用以书写的竹片。苏颋、卢藏用《十月诞辰内殿宴群臣效柏梁体联句》:“衔恩献寿柏梁台,黄缣青简奉康哉。”李贺《秋来》:“谁看青简一编书,不遣花虫粉空蠹。”❷借指青史、史书。李峤《史》:“善谈方亹亹,青简见彬彬。”杜甫《秋日夔府咏怀奉寄郑监李宾客一百韵》:“云台终日画,青简为谁编。”刘禹锡《赠东岳张炼师》:“堪为列女书青简,久事元君住翠微。”李玖《喷玉泉冥会诗八首·白衣叟喷玉泉感旧游书怀》:“迹陷黄沙仍未寤,罪标青简竟何名。”❸借指著作。柳宗元《同刘二十八哭吕衡州兼寄江陵李元二侍御》:“只令文字传青简,不使功名上景钟。”刘禹锡《许给事见示哭工部刘尚书诗因命同作》：“素弦哀已绝，青简叹犹新。”亦泛指文书典籍。白居易《秘书省中忆旧山》：“厌从薄宦校青简，悔别故山思白云。”

【青黛】 ❶古代女子画眉的颜料。李白《对酒》：“青黛画眉红锦靴，道字不正娇唱歌。”白居易《新乐府·上阳白发人》：“小头鞋履窄衣裳，青黛点眉眉细长。”河北士人《寄内诗》：“试留青黛着，回日画眉看。”❷青黑色。李白《庐山谣寄卢侍御虚舟》：“庐山秀出南斗傍，屏风九叠云锦张，影落明湖青黛光。”常用以形容青山。岑参《入蒲关先寄秦中故人》：“秦山数点似青黛，渭上一条如白练。”白居易《答客问杭州》：“山名天竺堆青黛，湖号钱唐泻绿油。”雍陶《题君山》：“应是水仙梳洗处，一螺青黛镜中心。”

【青谿】 见“青溪”。

【青谿憶野王】 喻指技艺超群而清高自持。徐铉《送魏舍人仲甫为蕲州判官》：“如闻郡阁吹横笛，时望青谿忆野王。”

【青嶽】 指中岳嵩山。张说《九日进茱萸山诗五首》之二：“黄花宜泛酒，青岳好登高。”

【青氈】 ❶青色毛毯。羊士谔《斋中有兽皮茵偶成咏》：“青毡持与藉，重锦裁为饰。”于鹄《过凌霄洞天谒张先生祠》：“醉卧枕欹树，寒坐展青毡。”唐彦谦《寄友三首》之二：“寒灯孤对拥青毡，牢落何如似客边。”❷指青毡制品，如帷帐等。白居易《雪夜对酒招客》：“帐小青毡暖，杯香绿蚁新。”又《青毡帐二十韵》：“王家夸旧物，未及此青毡。”❸指家传旧物或旧业。杜甫《与任城许主簿游南池》：“晨朝降白露，遥忆旧青毡。”卢纶《寄郑七纲》：“他日吴公如记问，愿将黄绶比青毡。”白居易《病后寒食》：“故纱绛帐旧青毡，药酒醺醺引醉眠。”司空图《狂题十八首》之十二：“来时虽恨失青毡，自见芭蕉几十篇。”

【青氈帳】 青毡制的帷帐。白居易《别毡帐火炉》：“赖有青毡帐，风前自张设。”又《雪夜喜李郎中见访兼酬所赠》：“红蜡烛前明似昼，青毡帐里暖如春。”又《初冬即事呈梦得》：“青毡帐暖喜微雪，红地炉深宜早寒。”

【青鸡】 即鸡鹊。元稹《江边四十韵》：“篾余笼白鹤，枝剩架青鸡。”

【青闈】 指宫禁中的官署。张籍《春日李舍人宅见两省诸公唱和因书情即事》：“紫掖发章句，青闱更咏歌。”

【青藜】 指藜杖。用藜的老茎制成，质轻而坚韧结实。刘言史《山中喜崔补阙见寻》：“鹿袖青藜鼠耳巾，潜夫岂解拜朝臣。”

【青曠】 碧空。骆宾王《四月八日题七级》：“悠悠青旷里，荡荡白云前。”

【青蟲】 ❶蝶类幼虫。初生青色，故称。杜甫《课小竖钽斫舍北果林枝蔓荒秽净讫移床三首》之二：“青虫悬就日，朱果落封泥。”徐夤《蝴蝶二首》之一：“缥缈青虫脱壳微，不堪烟重雨霏霏。”又《初夏戏题》：“青虫也学庄周梦，化作南园蛱蝶飞。”❷指雕成虫形的青玉饰物。张祜《吴宫曲》：“玉钗斜白燕，罗带弄青虫。”段成式《嘲飞卿七首》之三：“翠蝶密偎金叉首，青虫危泊玉钗梁。”

【青蟲簪】 雕成虫形的青玉簪饰。李贺《谢秀才有妾缟练改从于人秀才引留之不得后生感忆座人制诗嘲谢贺复继四首》之三：“灰暖残香炷，发冷青虫簪。”

【青蟬】 一种青色的小蝉。高适《单父逢邓司仓覆仓库因而有赠》：“白鸟向田尽，青蝉归路长。”李贺《南园十三首》之三：“竹里缫丝挑网车，青蝉独噪日光斜。”张籍《新桃行》：“青蝉不来鸣，安得迅羽过。”贯休《偶作二首》之二：“黄鸟在花里，青蝉夺其声。”

【青簟】 竹席。王维《林园即事寄舍弟紞》：“青簟日何长，闲门昼方静。”

【青籜】 竹实。陆龟蒙《置酒行》：“安知寂寞西海头，青籜未垂孤凤饿。”

【青鎖闈】 见“青琐闱”。

【青襟】 ❶青色的衣衫。学子之服。韦庄《冬日长安感志寄献虢州崔郎中二十韵》：“郄诜丹桂无人指，阮籍青襟有泪沾。”又《寄右省李起居》：“多惭十载游梁客，未换青襟侍素王。”❷借指学子。刘长卿《寄万州崔使君》：“丘门多白首，蜀郡满青襟。”戎昱《送苏参军》：“忆昨青襟醉里分，酒醒回首怆离群。”王建《送张籍归江东》：“昔岁同讲道，青襟在师傍。”杜牧《往年随故府吴兴公夜泊芜湖口今再宿芜湖因成十六韵》：“紫风超如电，青襟散似烟。”❸借指青少年时。窦群《晚自台中归永宁里有怀呈上右司十一兄》：“白发侵侵生有涯，青襟曾爱紫河车。”王建《送司空神童》：“秋堂白发先生别，古巷青襟旧伴归。”参见“青衿”。

【青襟子】 指青年学子。方干《感时三首》之三：“今朝犹作青襟子，明日还成白首翁。”参见“青襟”。

【青蘋】 生于浅水中的蕨类植物，亦称田字草。韦元旦《奉和立春游苑迎春应制》：“向苑云疑承翠幄，入林风若起青蘋。”杜甫《赠王二十四侍御契四十韵》：“名园当翠巘，野棹没青蘋。”吕温《风咏》：“微风生青蘋，习习出金塘。”张乔《春日游曲江》：“日暖鸳鸯拍浪春，蒹葭浦际聚青蘋。”

【青蘋末】 指风。颜真卿、陆士修《与耿沣水亭咏风联句》：“直散青蘋末，偏随白浪头。”孟云卿《新安江上寄处士》：“啸起青蘋末，吟瞩白云端。”张聿《景风扇物》："何处青蘋末，呈祥起远空。"

【青蘆葉】　指形似芦叶的刀。卢纶《难绾刀子歌》："黄金鞘里青芦叶，丽若剪成铦且翣。"

【青蘇】　草本植物名。嫩叶可食，子、茎可入药。李贺《秦宫诗》："斫桂烧金待晓筵，白鹿青苏夜半煮。"

【青蠅】　❶即苍蝇。寒山《诗三百三首》之八："死将喂青蝇，吊不劳白鹤。"韦应物《棕榈蝇拂歌》："棕榈为拂登君席，青蝇掩乱飞四壁。"韩愈《郑群赠簟》："青蝇侧翅蚤虱避，肃肃疑有清飙吹。"❷喻指进谗的小人。陈子昂《宴胡楚真禁所》："青蝇一相点，白璧遂成冤。"李白《翰林读书言怀呈集贤诸学士》："青蝇易相点，白雪难同调。"杜甫《寄刘峡州伯华使君四十韵》："江湖多白鸟，天地有青蝇。"李咸用《升天仙》："堂堂削玉青蝇喧，寒鸦啄鼠愁飞鸾。"❸喻指吊丧者。李贺《感讽五首》之二："都门贾生墓，青蝇久断绝。"元稹《出门行》："丧车黔首葬，吊客青蝇至。"刘禹锡《伤丘中丞》："何人为吊客，唯是有青蝇。"李德裕《到恶溪夜泊芦岛》："青蝇岂独悲虞氏，黄犬应闻笑李斯。"

【青蠅點稠】　谓多受群小谗毁。李群玉《献王中丞》："登仙望绝李膺舟，从此青蝇点遂稠。"参见"青蝇❷"。

【青蠅詩】　指《诗经》中《小雅·青蝇》篇。这首诗指斥谗佞乱国，劝人勿信谗言。吴筠《览古十四首》之五："吾观采苓什，复感青蝇诗。"

【青蠅點玉】　喻清白受玷污。牟融《寄永平友人》之二："青蝇点玉原非病，沧海遗珠世所嗟。"参见"青蝇❷"。

【青羅】　青色丝织物。韩愈《送桂州严大夫同用南字》："江作青罗带，山如碧玉篸。"杜牧《张好好诗》："双鬟可高下，才过青罗襦。"张碧《林书记蔷薇》："秦娥晚凭栏干立，柔枝坠落青罗襟。"

【青羅帔】　青丝织成的披肩。喻枝叶纷披的藤萝。韩愈《楸树二首》之一："谁人与脱青罗帔，看吐高花万万层。"

【青犢】　西汉末年一支农民起义军的称号。泛称农民起义军。崔涂《己亥岁感事》："正闻青犊起葭萌，又报黄巾犯汉营。"

【青簾】　竹帘。杜甫《送李八秘书赴杜相公幕》："青帘白舫益州来，巫峡秋涛天地回。"杨汉公《明月楼》："吴兴城阙水云中，画舫青帘处处通。"

【青管】　指笛、笙、箫等管乐器。张说《奉和圣制春日出苑应制》："鹤飞不去随青管，鱼跃翻来入彩航。"李群玉《洞庭驿楼雪夜宴集奉赠前湘州张员外》："银壶傲海雪，青管罗名讴。"

【青鏡】　即青铜镜。李峤《梅》："妆面回青镜，歌尘起画梁。"贺朝《孤兴》："红粉青镜中，娟娟可怜嚬。"司空曙《酬李端校书见赠》："青镜流年看发变，白云芳草与心违。"吴融《即事》："晓窥青镜千峰入，暮倚长松独鹤归。"

【青靡靡】　青草随风倒伏貌。白居易《七月一日作》："桥竹碧鲜鲜，岸莎青靡靡。"

【青蘚】　即青苔。姚鹄《野寺寓居即事二首》之二："伴僧青藓榻，对雨白云窗。"项斯《山友赠藓花冠》："尘污出华发，惭君青藓冠。"徐铉《和印先辈及第后献座主朱舍人郊居之作》："积雨暗封青藓径，好风轻透白练衣。"

【青蘭】　即兰草。全草有香气。司空曙《迎神》："吉日兮临水，沐青兰兮白芷。"

【青蘭花】　即兰花。因花呈淡黄绿色，故称青兰花。古人常用兰花象征友谊芬芳流远。李白《自金陵溯流过白壁山玩月达天门寄句容王主簿》："寄君青兰花，惠好庶不绝。"

【青幰】　青色车。沈佺期《上之回》："黄麾摇昼日，青幰曳松风。"

【青鶻】　指青鹘舟。饰有青鹘形的船。鹘，即鹘鸠，似山鹊而小，短尾，青黑色。杜牧《池州送孟迟先辈》："秋浦依吴江，去楫飞青鹘。"

【青鐘】　东方钟名。古五钟之一。陈子昂《春台引》："击青钟，歌渌水。"

【青闕】　指朝廷。储光羲《奉和中书徐侍郎中书省玩白云寄颍阳赵大》："青阙朝初退，白云遥在天。"

【青騾】　指仙家坐骑。严维、丘丹《中元日鲍端公宅遇吴天师联句》："青骡蓟训引，白犬伯阳牵。"李贺《马诗二十三首》之二二："少君骑海上，人见是青骡。"张贲《奉和袭美伤开元观顾道士》："几度吊来唯白鹤，此时乘去必青骡。"

【青騾去】　谓修道求仙的人逝去。王维《哭褚司马》："尚忆青骡去，宁知白马来。"李郢《赠罗道士》："明朝又跨青骡去，三十三家到几家。"参见"青骡"。

【青騾事】　指死后再现于人世。雍陶《哭饶州吴谏议使君》："神仙难见青骡事，谏议空留白马名。"参见"青骡"。

【青驄】　毛色青白相杂的骏马。杜甫《高都护骢马行》："安西都护胡青骢，声价欻然来向东。"韩翃《赠别崔司直赴江东兼简常州独孤使君》："苏山逐青骢，江家驱白鼻。"皎然《奉和崔中丞论李萼登烂柯山宿石桥寺效小谢体》："果回青骢臆，共蹑玄仙踪。"吴融《李周弹筝歌》："青骢惯走长楸日，几度承恩蒙急召。"

【青鷇】　指由母哺食的青色幼鸟。王维《黄雀痴》："黄雀痴，黄雀痴，谓言青鷇是我儿。"

【青躔】　古指春季日月星辰运行的轨迹。借指司春之神。《郊庙歌辞·祀九宫贵神乐章·豫和》：

“黑帝旋驭，青骊导日。”

【青鐵】 指青铁砚。陆龟蒙《袭美以紫石砚见赠以诗迎之》：“澄沙脆弱闻应伏，青铁沉埋见亦羞。”

【青囊】 ❶指存放医书秘方的布袋。李华《仙游寺》：“安得羡门方，青囊系吾肘。”元稹《春月》：“口中秘丹诀，肘后悬青囊。”刘禹锡《闲坐忆乐天以诗问酒熟未》：“案头开缥帙，肘后检青囊。”❷古代方术之士盛放书籍卜具的袋子。陈子昂《赠严仓曹乞推命录》：“闻道沉冥客，青囊有秘篇。”章孝标《道者与金丹开合已失因为二首再有投掷》之二：“减自青囊里，收安玉合中。”杜牧《许七侍御弃官东归高秋企望题诗赠十韵》：“锦帙开诗轴，青囊结道书。”亦借指方术之士。陈子昂《酬田逸人游岩见寻不遇题隐居里壁》：“传道寻仙友，青囊卖卜来。”杜甫《奉寄河南韦尹丈人》：“青囊仍隐逸，章甫尚西东。”❸见“青囊書”。

【青囊書】 指数术、卜筮之书。杨巨源《题赵孟庄》：“愿事郭先生，青囊书几卷。”亦省作“青囊”。岑参《上嘉州青衣山中峰题惠净上人幽居寄兵部杨郎中》：“早岁爱丹经，留心向青囊。”皎然《答韦山人隐起龙文药瓢歌》：“仙侯玉帖人漫传，若士青囊世何秘。”卢拱《中元日观法事》：“青囊如可授，从此访鸿蒙。”杜牧《赠朱道灵》：“刘根丹篆三千字，郭璞青囊两卷书。”

【青蘿】 ❶即女萝。亦称松萝。地衣门植物。体呈丝状，灰白或灰绿色，常大批悬垂于针叶林枝干间，少数生于石上。李白《和卢侍御通塘曲》：“青萝袅袅挂烟树，白鹇处处聚沙堤。”张祜《题程氏书斋》：“青萝缠柏叶，红粉坠莲枝。”刘沧《送友人游蜀》：“青萝拂水花流影，翠霭隔岩猿有声。”袁皓《重归宜春偶成十六韵》：“黄竹成丛密，青萝夹岸低。”❷借指山林。钱起《游辋川至南山寄谷口王十六》：“迹幽青萝径，思绝孤霞岑。”陆长源《酬孟十二新居见寄》：“因随白云意，偶逐青萝居。”刘商《送薛六暂游扬州》：“志在乘轩鸣玉珂，心期未快隐青萝。”张籍《寄汉阳故人》：“欲问新移处，青萝最北峰。”❸指青萝。岑参旧居。岑参《南池夜宿思王屋青萝旧斋》：“早年家王屋，五别青萝春。”

【青蘿帳女】 传为榕树精怪。《全唐诗》卷八六七录青萝帐女诗。诗本四首，缺第二首，第一首缺题。

【青囊籙】 即《青囊书》。卢纶《酬畅当寻嵩岳麻道士见寄》：“烦君远示青囊箓，愿得相从一问师。”参见“青囊書”。

【青巖】 青山。孟浩然《寻白鹤岩张子容隐居》：“白鹤青岩半，幽人有隐居。”白居易《社日关路作》：“青岩新有燕，红树欲无蝉。”

【青籙】 泛指道家经籍。道教有《太平青箓书》百余卷。司马扎《赠王道士》：“青箓秘不闻，黄鹤去不止。”

【青艫】 指船篷。因用青箬叶制成，故称。韩偓《晚岸》：“揭起青篷上岸头，野花和雨冷修修。”

【青籠】 青色的笼罩。韦庄《鸡公帻》：“蔓织青笼合，松长翠羽低。”亦用以喻果实的青色外壳。白居易《重寄荔枝与杨使君时闻杨使君欲种植故有落句之戏》：“香连翠叶真堪画，红透青笼实可怜。”

【青籞】 捕鸟的竹笼。借指养在笼里的鸟儿。钱起《见上林春雁翔青云寄杨起居李员外》：“顾影怜青籞，传声入紫微。”

【青鱗】 青蛇。常用以喻宝剑。孟郊《献汉南樊尚书》：“旗影卷赤电，剑锋匣青鳞。”白居易《河阳石尚书破回鹘过上党射鹭鸶绘画为图猥蒙见示称叹不足以诗美之》：“剑拔青鳞蛇尾活，弦抨赤羽火星流。”

【青鬟】 黑色的鬓发。张祜《又陪楚州韦舍人阊门游宴次韵北闻门》：“彩袖撩青鬟，金舡泛白醪。”许浑《送客自两河归江南》：“遥羡落帆逢旧友，绿蛾青鬟醉横塘。”韩琮《春愁》：“金乌长飞玉兔走，青鬟长青古无有。”

【青靄】 淡青色的云气。王维《终南山》：“白云回望合，青霭入看无。”李白《访戴天山道士不遇》：“野竹分青霭，飞泉挂碧峰。”柴夔《望九华山》：“九华如剑插云霓，青霭连空望欲迷。”皮日休《奉和鲁望寒夜访寂上人次韵》：“院寒青霭正沉沉，霜栈干鸣入古林。”

【青鷗】 水鸟名。即鸬鹚，俗称鱼鹰。温庭筠《病中书怀呈友人》：“横竿窥赤鲤，持翳望青鸬。”

【青豔】 指秀丽的梅花。王初《梅花二首》之一：“应为阳春信未传，固将青艳属残年。”

【青驪】 毛色青黑相杂的马。骆宾王《在兖州饯宋五之问》：“别路青骊远，离尊绿蚁空。”王维《燕支行》：“麒麟锦带佩吴钩，飒沓青骊跃紫骝。”韩翃《送李明府赴滑州》：“乌帽背斜晖，青骊踏春草。”霍总《骢马》：“青骊八尺高，侠客倚雄豪。”

【青鸞】 ❶古代传说中凤凰一类的鸟。《艺文类聚》卷九十引《决录注》：“凡象凤者有五：多赤色者凤，多青色者鸾，多黄色者鹓雏，多紫色者鸑鷟，多白色者鹄。”白居易《和答诗十首·和雉媒》：“劝君今日后，养鸟养青鸾；青鸾一失侣，至死守孤单。”符载《甘州歌》：“不知梦逐青鸾去，犹把花枝盖面归。”❷指明镜。李白《代美人愁镜二首》之二：“影中金鹊飞不灭，台下青鸾思独绝。”徐夤《上阳宫词》：“妆台尘暗青鸾掩，宫树月明黄鸟啼。”无名氏《青鸾镜诗》：“青鸾不用羞孤影，开匣当如见故人。”韩偓《浣溪沙》词：“宿醉离愁慢髻鬟，六铢衣薄惹轻寒，慵红闷翠掩青鸾。”❸鸾形镜架。李贺《谢秀才有妾改从于人制诗嘲谢贺复继四首》之二：“铜镜立青鸾，燕脂拂紫绵。”❹喻指佳偶、情侣。

王昌龄《萧驸马宅花烛》:"青鸾飞入合欢宫,紫凤衔花出禁中。"李白《凤凰曲》:"青鸾不独去,更有携手人。"李商隐《相思》:"相思树上合欢枝,紫凤青鸾共羽仪。"参见"青鸞客"。

【青鸞客】 指仙侣。鲍溶《东高峰》:"画里青鸾客,云中碧玉箫。"

【青鸞鏡】 指妆镜。温庭筠《和周繇》:"却略青鸾镜,翘翻翠凤篸。"参见"青鸞❷"。

五 画

靖 〔jìng《广韵》疾郢切,上静,從。〕❶安定。见《国语·晋语四》。李端《送王羽林往秦州》:"直扫三边靖,承恩向建章。"令狐楚《宫中乐五首》之一:"楚塞金陵靖,巴山玉垒空。"柳宗元《唐铙歌鼓吹曲十二篇·靖本邦》:"本邦即伊晋,惟时不靖。"又《唐铙歌鼓吹曲十二篇·兽之穷》:"皇旅靖,敌逾蹙。自亡其徒,非予戮。"鲍溶《和淮南李相公夷简喜平淄青回军之作》:"马毛不汗东方靖,行见萧何第一勋。"❷使安定,平定。明皇《送张说巡边》:"股肱申教义,戈剑靖要荒。"令狐楚《圣明乐》:"海浪恬月徼,边尘靖异山。"李峤《奉和幸望春宫送朔方总管张仁亶》:"方销塞北祲,还靖漠南尘。"刘允济《经庐岳回望江州想洛川有作》:"清辉靖岩电,利器腾霜锷。"柳宗元《唐铙歌鼓吹曲十二篇·吐谷浑》:"帝谓神武师,往征靖皇家。"白居易《贺雨》:"元年诛刘辟,一举靖巴邛。"

【靖安】 即靖安坊。尚书李宗闵居此。柳棠《席上戏东川杨尚书》:"前辈不须轻后辈,靖安今日在衡州。"此代指李宗闵。又开成元年(836)宗闵量移衢州司马,衡州或当为衢州之误。

【靖安宅】 元稹在长安靖安坊居宅。白居易《酬和元九东川路诗十二首·望驿台》:"靖安宅里当窗柳,望驿台前扑地花。"

【靖安北街】 即长安朱雀门街东第二街。元稹居此。元稹《答姨兄胡灵之见寄五十韵》诗注云:"予宅在靖安北街。"白居易有《靖安北街赠李二十》。

【靖安里】 即靖安坊。在长安朱雀门街东第二街。元稹居此。白居易《梦与李七庾三十三同访元九》:"同过靖安里,下马寻元九。"

【靖安院】 元稹在长安靖安坊宅院。白居易《洪州逢熊孺登》:"靖安院里辛夷下,醉笑狂吟气最粗。"

【靖妃】 李贤妻房氏,赠兵书尚书房仁裕之孙女、赠左金吾卫大将军房先忠之女。沈佺期有《章怀太子靖妃挽词》。

【靖節】 即晋陶潜。私谥靖节征士。钱起《酬陶六辞秩归见旧居见柬》:"靖节昔高尚,令孙嗣清徽。"白居易《访陶公旧宅》:"呜呼陶靖节,生彼晋宋间。"陆龟蒙《奉和袭美酒中十咏·酒床》:"往往枕眠时,自疑陶靖节。"汪遵《隋柳》:"君看靖节高眠处,只向衡门种五株。"

【靖節先生】 即晋陶潜。私谥靖节征士。白居易《春寒》:"君不闻靖节先生尊长空,广文先生饭不足。"赵嘏《赠桐乡丞》:"若教靖节先生见,不肯更吟归去来。"曹唐《又游仙诗一绝》:"靖节先生几代孙,青娥曾接玉郎魂。"

【靖節門】 陶潜家门户。借指隐士家门户。李中《庐山》:"靖节门遥对,庾公楼俯临。"

【靖節居】 陶潜居所。借指隐士居所。王贞白《送马明府归山》:"辞秩入匡庐,重修靖节居。"

【靖恭相公】 (相 xiàng)指卢携。卢携于乾符五年(878)五月,罢太子宾客分司东都,有宅在长安靖恭坛。林宽有《送升道靖恭相公分司》。

六 画

艷 〔qìng《广韵》千定切,去徑,清。又倉經切,平青,清。〕青黑色。参见"艷笙"。

【艷笙】 青黑色涂饰的笙。和凝《宫词百首》之一三:"兰殿春融自艷笙,玉颜风透象纱明。"

七 画

靚 〔jìng《广韵》疾政切,去勁,從。〕❶妆饰,修饰。《玉篇·见部》:"靓,装饰。"参见"靚妝"。❷艳丽,美好。韩愈《东都遇春》:"川原晓服鲜,桃李晨妆靓。"❸通"静"。幽静。参见"靚深"。

【靚妝】 ❶浓妆艳抹。陆敬《七夕赋咏成篇》:"婉娈夜分能几许,靓妆冶服为谁新。"王绩《咏妓》:"妖姬饰靓妆,窈窕出兰房。"陆龟蒙《邺宫词二首》之二:"晓日靓妆千骑女,白樱桃下紫纶巾。"❷梳妆打扮。王贞白《春日咏梅花》:"靓妆才罢粉痕新,递晓风回散玉尘。"吴融《买带花樱桃》:"粉红轻浅靓妆新,和露和烟别近邻。"❸借指打扮得很美丽的女子。宋之问《浣纱篇赠陆上人》:"一朝还旧都,靓妆寻若耶。"贾至《长门怨》:"舞蝶萦愁绪,繁花对靓妆。"皮日休《登初阳楼寄怀北平郎中》:"投钩列坐围华烛,格簺分朋占靓妆。"李叔卿《芳树》:"靓妆愁日暮,流涕向窗纱。"

【靚深】 幽静深邃。靓,通"静"。无名氏《国学新修五经壁歌》记:"堂皇靓深,两庑相照。"

八 画

靜〔jìng《广韵》疾郢切，上静，從。〕❶静止，平静。杜甫《白水县崔少府十九翁高斋三十韵》："泉声闻复急，动静随所击。"元稹《恭王故太妃挽歌词二首》之二："寒树风难静，霜郊夜更闲。"牛僧孺《李苏州遗太湖石因题二十韵奉呈梦得乐天》："带雨新水静，轻敲碎玉鸣。"刘沧《长洲怀古》："停车日晚荐蘋藻，风静寒塘花正开。"❷寂静，无声。李峤《田假限疾不获还庄率成短韵赠杜幽素》："尊虚旧园酒，琴静故人徽。"岑参《初至西虢官舍南池呈左右省及南宫诸故人》："满院池月静，卷帘溪雨凉。"戴叔伦《春日早朝应制》："月沉宫漏静，雨湿禁花寒。"高骈《风筝》："夜静弦声响碧空，宫商信任往来风。"❸清静，安静，宁静。王维《酬张少府》："晚年唯好静，万事不关心。"皇甫冉《送薛秀才》："读书惟务静，无褐不忧贫。"牟融《赠杨处厚》："客心淡泊偏宜静，吾道从容不厌贫。"李商隐《赠宗鲁筇竹杖》："静怜穿树远，滑想过苔迟。"❹平定，安定。杜甫《后出塞五首》之四："献凯日继踵，两蕃静无虞。"韦应物《送崔押衙相州》："万方如已静，何处欲输忠。"皎然《奉陪杨使君项送段校书赴南海幕》："硕贤静广州，信为天下贞。"白居易《想东游五十韵》："郊静销戎马，城高逼斗牛。"许棠《讲德陈情上淮南李仆射八首》之三："风威遍布江山静，教化高同日月明。"❺形容声音清润和谐。耿沣《雪后宿王纯池州草堂》："宿君湖上宅，琴韵静参差。"李贺《杨生青花紫石砚歌》："圆毫促点声静新，孔砚宽顽何足云。"❻谓意态安闲。刘长卿《留题李明府霅溪水堂》："虚牖闲生白，鸣琴静对言。"姚合《酬万年张郎中见寄》："何时得携手，林下静吟诗。"皮日休《临顿为吴中偏胜之地余每相访欸然惜去因成五言十首奉题屋壁》之八："倚杉闲把易，烧术静论玄。"陆龟蒙《奉和袭美太湖诗二十首·上真观》："闲开飞龟帙，静倚宿凤架。"可止《寄积麦山会如长老》："青桧行时静，白云禅处闲。"❼谓精神贯注专一。杜甫《病柏》："静求元精理，浩荡难倚赖。"刘长卿《秋夜北山精舍观体如师梵》："静分岩响答，散逐海潮还。"鲍溶《宿悟空寺赠僧》："前心宛如此，了了随静生。"李群玉《饭僧》："以静制猿心，将虞瞥然起。"亦用以指道家的一种修养方法。明皇《为赵法师别造精院过院赋诗》："探玄知几岁，习静更宜秋。"白居易《酬裴相公见寄二绝》之一："习静心方泰，劳生事渐稀。"❽通"净"，清洁，明净。杜甫《渼陂行》："沉竿续蔓深莫测，菱叶荷花静如拭。"戎昱《送王端公之太原归觐相公》："春雨桃花静，离尊竹叶香。"崔峒《登润州芙蓉楼》："烟树临沙静，云帆入海稀。"刘沧《长安冬夜书情》："古巷月高山色静，寒芜霜落灞原空。"亦作使明净意。刘沧《八月十五日夜玩月》："中秋朗月静天河，乌鹊南飞客恨多。"❾净尽。刘长卿《送马秀才移家京洛便赴举》："旧游经乱静，后进识君稀。"冯宿《酬白乐天刘梦得》："遥约和风新草木，且令新雪静尘埃。"刘沧《游上方石窟寺》："苔径萦回景渐分，倏然空界静埃氛。"❿隐居，退居田园。严维《酬耿拾遗题赠》："掩扉常自静，驿吏忽传呼。"赵嘏《书斋雪后》："欲静又不能，东山负芝术。"王贞白《赠刘凝评事》："棘寺官初罢，梁园静掩扉。"张蠙《夏日题老将林亭》："百战功成翻爱静，侯门渐欲似仙家。"⓫通"靖"。止息，平息。许敬宗《奉和执契静三边应诏》："挥袂静昆炎，开关纳流赭。"苏味道《单于川对雨二首》之二："伐邢知有属，已见静边尘。"李白《永王东巡歌十一首》之二："但用东山谢安石，为君谈笑静胡沙。"张仲素《塞上曲》："卷旆生风喜气新，早持龙节静边尘。"高骈《南征叙怀》："回期直待烽烟静，不遣征衣有泪痕。"

【静一】 沉静专一。杜甫《秋行官张望督促东渚耗稻向毕》："有生固蔓延，静一资隄防。"

【静人】 淡漠世事、清静闲适的人。姚合《同裴起居厉侍御放朝游曲江》："独立分幽岛，同行得静人。"

【静兀兀】 寂静无声貌。形容默不作声地伫伺着。韩愈《雉带箭》："原头火烧静兀兀，野雉畏鹰出复没。"

【静女】 文雅的女子。孟郊《静女吟》："艳女皆妒色，静女独检踪。"唐扶《使南海道长沙题道林岳麓寺》："沙弥去学五印字，静女来悬千尺幡。"张南容《静女歌》："静女乐于静，动合古人则。"

【静化】 犹净化。指完全清除世俗杂念。姚合《送裴宰君》："还应施静化，谁复与君同？"

【静心】 清净心神。徐源《题灵泉寺》："静心归正法，方此谢尘缨。"

【静户】 指和尚、道士、居士、隐者等住房的门户。周贺《酬吴之问见赠》："趁风开静户，带叶卷残书。"郑巢《哭虚海上人》："静户关松色，荒斋聚鸟群。"

【静司】 清闲的职守。朱庆余《上汴州令狐相公》："罢相恩犹在，那容处静司。"

【静曲】 （一qū）指幽静偏僻之处。张籍《寄故人》："静曲闲房病客居，蝉声满树槿花疏。"

【静色】 清净的景物。元稹《赋得雨后花》："红芳怜静色，深与雨相宜。"亦指明净的月光。秦韬玉《八月十五日夜同卫谏议看月》："寒光入水蛟龙起，静色当天鬼魅惊。"

【静好】 （一hǎo）安静和美。张九龄《南郊太尉酌献武舞作凯安之乐》："玉戚初蹈厉，金匏既静好。"白居易《听幽兰》："欲得身心俱静好，自弹不及听人弹。"

【静坊】　僻静的别屋。元稹《酬翰林白学士代书一百韵》："密携长上乐，偷宿静坊姬。"李洞《郑补阙山居》："高节谏垣客，白云居静坊。"

【静坐】　❶安静地端坐。王昌龄《宴南亭》："楚客共闲饮，静坐金管阕。"白居易《和微之诗二十三首·和自劝二首》之二："微酣静坐未能眠，风霰萧萧打窗纸。"裴说《喜友人再面》："静坐将茶试，闲书把叶翻。"❷佛家的一种修养方法。排除杂念，闭目端坐。寒山《诗三百三首》之二三〇："不如百不解，静坐绝忧恼。"皎然《题山壁示道维上人》："闲行数乱竹，静坐照清源。"一钵和尚《一钵歌》："不如静坐真如地，头上从他鹊作巢。"

【静言】　❶安宁地，仔细地。魏征《五郊乐章·雍和》："静言格思，惟神保祐。"王勃《倬彼我系》之九："静言遐思，中心是愧。"储光羲《渔父词》："静言念终始，安坐看沉浮。"❷平静地叙谈。白居易《寄杨六》："犹冀乘暝来，静言同一夕。"又《喜杨六侍御同宿》："岸帻静言明月夜，匡床闲卧落花朝。"慧净《和琳法师初春法集之作》："静言澄义海，发论上词锋。"

【静社】　信守清静之道的社团。周贺《秋晚归庐山留别道友》："已许衲僧修静社，便将樵叟对闲扉。"

【静君】　信守清静、超然尘俗的人。齐己《荆门寄沈彬》："道有静君堪托迹，诗无贤子拟传谁。"

【静者】　❶守清净之道、恬淡宁静的人。杜甫《送孔巢父谢病归游江东兼呈李白》："蔡侯静者意有余，清夜置酒临前除。"耿湋《赠兴平郑明府》："迹与儒生合，心惟静者亲。"姚合《陕下厉玄侍御宅五题·竹里径》："微径婵娟里，唯闻静者知。"❷指舍弃尘念的僧人，修道者。蔡希寂《登福先寺上方然公禅室》："禅房最高顶，静者殊闲安。"孟浩然《题终南翠微寺空上人房》："遂造幽人室，始知静者妙。"李白《寻高凤石门山中元丹丘》："遂造穷谷间，始知静者闲。"韦应物《汉武帝杂歌三首》之二："仙方称上药，静者服之常绰约。"❸指隐士。李白《登黄山凌歊台送族弟溧阳尉济充泛舟赴华阴》："静者伏草间，群才满金闺。"钱起《过沈氏山居》："鸡鸣孤烟起，静者能卜筑。"刘长卿《罢摄官后将还旧居留辞李侍御》："俗流应不厌，静者或相讥。"刘沧《赠天台隐者》："静者多依猿鸟丛，衡门野色四郊通。"

【静林】　古寺名。在安吉州(今浙江湖州市)。南朝梁武帝未达时曾居于此。灵一《静林精舍》："静林溪路远，萧帝有遗踪。"又有《宿静林寺》。

【静侣】　指性情高洁的同伴。白居易《梦得相过援琴命酒因弹秋思偶咏所怀兼容寄继之待价二相府》："闲居静侣偶相招，小饮初酣琴欲调。"

【静念】　静心沉思。白居易《闻李十一出牧澧州崔二十二出牧果州因寄绝句》："平生相见即眉开，静念无如李与崔。"聂夷中《过比干墓》："静念君臣间，有道谁敢论。"

【静居】　❶犹闲居。白居易有《斋月静居》。吴融《岐阳蒙相国对宅因抒怀投献》："已得静居从马歇，不堪行色被蝉催。"❷静心隐居。李绅《杭州天竺灵隐二寺二首》之二："波动只观罗刹相，静居难识梵王心。"婺州山中人《歌》："静居青嶂里，高啸紫烟中。"❸指僧人住房。刘昭禹《赠惠律大师》："风月资吟笔，杉篁笼静居。"

【静思】　犹沉思、静心思考。白居易《不与老为期》："闭目常闲坐，低头每静思。"姚合《送春》："静思倾酒懒，闲望上楼频。"徐铉《和萧郎中午日见寄》："多罪静思如嚼蘖，赦书才听似含饴。"

【静界】　犹净界。佛教指清净无垢的境界。多用以指寺院。项斯《送僧》："有时过静界，在处想空林。"

【静便】　(—biàn)清静、安适。杜甫《寄岳州贾司马巴州严八使君五十韵》："多病加淹泊，长吟阻静便。"又《秋日夔府咏怀一百韵》："药饵虚狼藉，秋风洒静便。"温庭筠《感旧陈情五十韵献淮南李仆射》："蕙径邻幽澹，荆扉兴静便。"

【静室】　❶清静的房屋。白居易《北窗闲坐》："虚窗两丛竹，静室一炉香。"又《病中诗十五首·枕上作》："浩气自能充静室，惊飙何必荡虚舟。"姚合《和李舍人秋日卧疾言怀》："药茷开静室，书阁出丛篁。"❷指寺院僧人住房。綦毋潜《题灵隐寺山顶禅院》："观空静室掩，行道众香焚。"刘沧《题龙门僧房》："静室遥临伊水东，寂寥谁与此身同。"张蠙《宿开照寺光泽上人院》："静室谈玄旨，清宵独细听。"

【静柔】　清静柔和。元结《闵荒诗》："吾闻古贤君，其道常静柔。"

【静息】　安静地停息。齐己《蝉八韵》："静息深依竹，惊移瞥过楼。"

【静氣】　宁静的气氛。唐扶《和兵部郑侍郎省中四松诗》："寒声连晓竹，静气结阴苔。"

【静流】　静止的水流，死水。孟郊《长安羁旅行》："直木有恬翼，静流无躁鳞。"

【静域】　即净域。佛教指庄严洁净的极乐世界。亦借指寺院。宋之问《游云门诗》："维舟探静域，作礼事尊经。"李群玉《湘中别成威阇黎》："松声扫白月，霁夜来静域。"

【静理】　❶清净之道。皇甫曾《赠鉴上人》："息心归静理，爰道坐中宵。”❷静心调理。顾非熊《送杭州姚员外》：“静理更何事，还应咏白蘋。”徐铉《送刘司直出宰》：“贤人多静理，未爽醉醺醺。”

【静掃】　犹净扫。扫除净尽。韩愈《谒衡岳庙遂宿岳寺题门楼》：“须臾静扫众峰出，仰见突兀撑青空。”皮日休《夏景无事因怀章来二上人二首》之二：“平铺风簟寻琴谱，静扫烟窗著药方。”

【静堂】　道家静修处。陆龟蒙《王先辈草堂》：“松径限云到静堂，杏花临涧水流香。”

【静婉】　指代歌舞能手。温庭筠《题柳》：“香随静婉歌尘起，影伴娇娆舞袖垂。”皮日休《咏白莲》：“静婉舞偷将动处，西施嚬效半开时。”唐彦谦《汉代》：“艳词传静婉，新曲定妖娆。”

【静婉腰】　指袅娜善舞者的细腰。牛峤《杨柳枝五首》之三：“金羁白马临风望，认得羊家静婉腰。”参见“静婉”。

【静景】　幽静的景物。韩偓《赠隐逸》：“静景须教静者寻，清狂何必在山阴。”

【静順】　平静和顺。元结《二风诗・治风诗五篇・至慈》序：“古有慈帝，能保静顺以涵万物。”

【静衆】　寺名。在今四川成都市。裴廷裕《蜀中登第答李搏六韵》：“浣花泛鹢诗千首，静众寻梅酒百缸。”

【静街】　清净的街道。元稹《春六十韵》：“静街乘旷荡，初日接曈昽。”

【静勝】　谓以静取胜。羊士谔《林馆避暑》：“静胜朝还暮，幽观白已玄。”杜牧《夏州崔常侍自少常亚列出领麾幢十韵》：“若须垂竹帛，静胜是功名。”李商隐《咏怀寄秘阁旧僚二十六韵》：“途穷方结舌，静胜但支颐。”吴融《简州归降贺京兆公》：“古谓伐谋为上策，今看静胜自中台。”

【静勝寺】　寺名。在今湖北江陵县西北龙山上。张说有《游龙山静胜寺》，元稹有《早春登龙山静胜寺因赠幕中诸公》。

【静然】　❶形容寂静清冷。包融《阮公啸台》：“静然荒榛门，久之若有悟。”❷恬静闲适的样子。白居易《咏兴五首・出府归吾庐》：“出府归吾庐，静然安且逸。”

【静發】　❶静心点燃。韦渠牟《步虚词》之六：“静发降灵香，思神意智长。”❷在宁静肃穆中发生。薛能《国学试风化下》：“静发宸居内，低来品物中。”

【静捞】　平稳地划船。韩愈《叉鱼招张功曹》：“深窥沙可数，静捞水无摇。”

【静虜】　平定叛逆。鲍溶《寄宋申锡评事时从李少师移军回归》：“君逐元侯静虏归，虎旗龙节驻春晖。”

【静業】　佛教语。即净业。清净的善业。一般指笃信净土宗之业。骆宾王《和王记室从赵王春日游陀山寺》：“四禅明静业，三空广胜因。”

【静節】　清高的气节。孟浩然《示孟郊》：“尔其保静节，薄俗徒云云。”方干《书桃花坞周处士壁》：“自学古贤修静节，唯应野鹤识高情。”

【静話】　平静地细谈。白居易《残春咏怀赠杨慕巢侍郎》：“静话开襟久，闲吟放盏迟。”顾非熊《行经褒城寄兴元姚从事》：“心期一壶酒，静话别离情。”马戴《下第别郜扶》：“静话归休计，唯将海上亲。”参见“静谈”。

【静意】　静谧的情趣。王周《早春西园》：“静意崖穿溜，孤愁笛破空。”

【静嘉】　清洁美好。韩休《祭汾阴乐章》：“涤濯静嘉，馨香在兹。”

【静境】　❶清净的境界。白居易《秋池二首》之一：“静境多独得，幽怀竟谁知。”陆龟蒙《寒夜联句》：“静境揖神凝，寒华射林缺。”谢仲宣《送钟员外》：“森梢逢静境，廓落见孤峰。”❷犹净土。多借指寺庙。周贺《宿隐静寺上人》：“幽鸟背泉栖静境，远人当烛想遗文。”陆龟蒙《奉和袭美初夏游楞伽精舍次韵》：“尘机性非便，静境心所着。”

【静榻】　洁净的矮床。榻，狭长而低的坐卧用具。孟贯《宿故人江居》：“静榻悬灯坐，闲门对浪扃。”

【静語】　犹闲谈。安闲地静便谈话。白居易《独树浦雨夜寄李六郎中》：“闲游预算分朝日，静语多同待漏时。”姚合《郡中西园》：“静语唯幽鸟，闲眠独使君。”顾非熊《与无可宿辉公院》：“夜僧同静语，秋寺近严城。”许棠《冬夜怀真里友人会宿》：“静语与高吟，搜神又爽心。”

【静養】　❶静心修养。白居易《续座右铭》：“修外以及内，静养和与真。”❷安静地休养。李群玉《龟》：“静养千年寿，重泉自隐居。”

【静聞】　静心细听。刘沧《赠隐者》：“临水静闻灵鹤语，隔原时有至人来。”参见“静聽”。

【静翠】　纯净的绿色。陈陶《题僧院紫竹》：“幽香入茶灶，静翠直棋局。”

【静緑】　纯净的绿色。李贺《湘妃》：“蛮娘吟弄满寒空，九山静绿泪花红。”白居易《山中五绝句・石上苔》：“漠漠斑斑石上苔，幽芳静绿绝纤埃。”

【静僻】　幽静偏僻。皮日休《临顿五言十首奉题屋壁》之四：“静僻无人到，幽深每自知。”

【静談】　亦作“静譚”。安闲地谈论。李白《赠宣城宇文太守兼呈崔侍御》：“过此无一事，静谈秋水篇。”又《在水军宴赠幕府诸侍御》：“愿与四座公，静谈金匮篇。”李群玉《与三山人夜话》：“静谈云鹤趣，高会两三贤。”皮日休《独在开元寺避暑颇怀鲁望因飞笔联句》：“静谭蝉噪少，凉步鹤随迟。”参见“静話”。

【静盡】　犹净尽。没有剩余。白居易《早春闻提壶鸟因题邻家》：“进士粗豪寻静尽，拾遗风采近都无。”

【静默】　❶亦作“静嘿”。宁静沉默。张说《清远江峡山寺》：“静默将何贵，惟应心境同。”卢僎《初出京邑有怀旧林》：“虽曰坐郊园，静默非人寰。”王维《宋进马哀词》：“何语笑之哑哑，君独静嘿以伤心。”殷尧藩《寒夜》：“人事纷华潜动息，天心静默运推移。”❷喻指隐居。吴筠《高士咏·周丰》：“周丰贵隐耀，静默尊无名。”张光朝《荻塘西庄赠房元垂》：“静默不能仕，养老终南山。”薛逢《夏夜宴明月湖》：“圣朝思静默，堪守谷中愚。”

【静興】　超然恬静的兴致。张乔《蓝溪夜坐》：“诗外真风远，人间静兴长。”

【静憶】　静心回想。常衮《和考功员外杪秋忆终南旧宅之作》：“静忆溪边宅，知君许谢公。”

【静窺】　默默地暗中察看。罗邺《山阳贻友人》：“闲弄玉琴双鹤舞，静窥庭树一猱悬。”

【静檢】　指佛家的书函。陆龟蒙《和袭美为新罗弘惠上人撰灵鹫山周禅师碑送归诗》：“已得雄词封静检，却怀孤影在禅庭。”

【静謐】　安宁平静。魏征《五郊乐章·白帝商音》：“万方静谧，九土和平。”顾况《上古之什补亡训传十三章·十月之郊一章》：“琴瑟在堂，莫不静谧。”权德舆《奉和张仆射朝天行》：“元侯重寄贞师律，三郡四封今静谧。”贯休《古塞曲三首》之一：“塞垣须静谧，师旅审安危。”

【静邊】　安定边境。纪唐夫《骢马曲》：“逐北自谙深碛路，连嘶谁念静边功。”

【静襟】　清静淡泊的胸怀。赵嘏《舒州献李相公》：“醉笔倚风飘涧雪，静襟披月坐楼天。”

【静難】　（—nàn）犹靖难。平定叛乱。独孤及《和李尚书画射虎图歌》：“底绥静难巧可拟，嗟叹不足声成文。”

【静譚】　见“静談”。

【静響】　打破寂静的响声。韩偓《地炉》：“侧听空堂闻静响，似敲疏磬裛清音。”

【静籌】　沉着冷静地策划。徐夤《寄华山司空侍郎二首》之一：“清论尽应书国史，静筹皆可息边烽。”

【静躁】　静与动。指仕与隐。卢纶《酬畅博士当感怀前踪五十韵以申悲旧》：“昏孱夙自保，静躁本殊形。”孟郊《劝友》：“人生静躁殊，莫厌相箴规。”又《游枋口》：“始知万类然，静躁难相求。”

【静嘿】　见“静默”。

【静聽】　静心倾听。杜甫《奉赠韦左丞丈二十二韵》：“丈人试静听，贱子请具陈。”刘长卿《听弹琴》：“泠泠七丝上，静听松风寒。”严维、周颂《一字至九字诗联句》：“静听林下潺潺足湍濑，厌问城中喧喧多鼓鼙。”刘沧《江城晚望》：“静听潮声寒木杪，远看风色暮帆舒。”

【静觀】　静心仔细观察。王维《酬诸公见过》：“静观素鲔，俯映白沙。”

非 部

非[1] 〔fēi《广韵》甫微切，平微，非。〕❶违背，不合。参见“非義”“非儀”。❷不对，错误。王维《送綦毋潜落第还乡》：“既至君门远，孰云吾道非。”储光羲《同诸公秋日游昆明池思古》：“吁哉蒸人苦，始曰征伐非。”韦应物《答故人见谕》：“省己已知非，枉书见深致。”窦巩《岁晚喜远兄弟至书情》：“人事那堪问，无言是与非。”❸不，不是。崔融《关山月》：“万里度关山，苍茫非一状。”杜甫《逼仄行赠毕曜》：“辛夷始花亦已落，况我与子非壮年。”戴叔伦《独不见》：“前宫路非远，旧苑春将遍。”白居易《寄唐生》：“非求宫律高，不务文字奇。”❹非难，反对。李益《来从窦车骑行》：“自酌还自饮，非名又非利。”元稹《君莫非》：“我不非尔，尔无我非。”白居易《寄唐生》：“往往闻其风，俗士犹或非。”姚合《街西居三首》之一：“自凿还自饮，亦为众所非。”❺谓改变，不同原样。崔融《则天皇后挽歌二首》之二：“山川不可望，文物尽成非。”刘长卿《过萧尚书故居见李花感而成咏》：“往年啼鸟至，今日主人非。”白居易《感秋咏意》：“须知流辈年年失，莫叹衰容日日非。”

非[2] 〔fěi《广韵》妃尾切，上尾，敷。〕通“誹”。诽谤。参见“非₂訾”。

【非才】 不才，无能。指才不堪任。席豫《奉和敕赐公主镜》：“妍媸冰鉴里，从此愧非才。”岑参《佐郡思旧游》：“同类皆先达，非才独后时。”杨嗣复《丁巳岁八月祭武侯祠堂因题临淮公旧碑》：“非才膺宠任，异代揖芳尘。”郑谷《投时相十韵》：“失计辞山早，非才得仕迟。”

【非夫】 非大丈夫，懦夫。李白《赠别从甥高五》：“自笑我非夫，生事多契阔。”权德舆《璩授京兆府参军戏书以示兼呈独孤郎》：“因惭玉润客，应笑此非夫。”温庭筠《病中书怀呈友人》：“鹿鸣皆缀士，雌伏竟非夫。”

【非但】 不但。王勃《对酒春园作》：“自然催一醉，非但阅年光。”王维《夷门歌》：“非但慷慨献良谋，意气兼将身命酬。”

【非非】 见“非非想”。

【非非想】 为非想非非想处天的略语。佛教谓无色界第四天。此处指没有欲望与物质，仅有微妙的思想。寒山《诗三百三首》之二一四：“假使非非想，盖缘多福力。”又略作“非非”。裴休《白鹿寺释迦瑞相诗》：“道人参到非非处，不是丹霞破佛禅。”

【非直】 非但，不但。郭震《古剑篇》：“非直结交游侠子，亦曾亲近英雄人。”

【非法】 违反法律。薛能《汉南春望》：“奸邪用法原非法，唱和求才不是才。”

【非是】 ❶不是。太宗《出猎》：“所为除民瘼，非是悦林丛。”刘长卿《游南园偶见在阴墙下葵因以成咏》：“太阳偏不及，非是未倾心。”刘禹锡《七夕二首》之二：“非是人间世，还悲后会遥。”元稹《再酬复言和前篇》：“清夜漫劳红烛会，白头非是翠娥邻。”❷是和非，正确和错误。陆龟蒙《杂讽九首》之四：“非是既相参，重瞳亦为瞽。”❸有过错。韩愈《送侯参谋赴河中幕》：“侵官固非是，妄作譴可惩。”

【非馬】 战国赵人公孙龙有白马非马之论。据传曾以此辩折关吏而过关。齐己《送胤公归阙》：“关令莫疑非马辩，道安还跨赤驴行。”

【非時】 ❶不是时候。(1)不在正常、适当或规定的时间内。张籍《送安西将》：“雪暗非时宿，沙深独去愁。”元稹《代曲江老人百韵》：“佳节修酺礼，非时宴侍臣。”韦庄《汴堤行》：“欲上隋堤举步迟，隔云烽燧叫非时。”(2)不按时令。王建《薛二十池亭》：“异花多是非时有，好竹皆当要处生。”李益《立春日宁州行营因赋朔风吹飞雪》：“非时妒桃李，自是舞阳台。”欧阳詹《徐十八晦落第》：“徐生异凡鸟，安得非时鸣。”李商隐《十一月中旬至扶风界见梅花》：“匝路亭亭艳，非时裛裛香。”❷不时，时常。杜甫《八哀诗·赠太子太师汝阳郡王琎》：“出入独非时，礼异见群臣。”王建《上裴度舍人》：“非时玉案呈宣旨，每日金阶谢赐回。”王建《外按》：“夹城门向野田开，白鹿非时出洞来。”

【非常】 ❶不同寻常。高适《燕歌行》：“男儿本自重横行，天子非常赐颜色。”崔峒《刘展下判官相招以诗答之》：“国有非常宠，家承异姓勋。”刘商《画石》：“那知忽遇非常用，不把分铢补上天。”黄滔《送人明经及第东归》：“十问九通离义床，今时登第信非常。”❷突然的事变。白居易《杂感》：“立教固如此，抚事有非常。”❸十分，非常。白居易《寄隐者》：“道逢驰驿者，色有非常惧。”唐彦谦《蟹》：“蟛蜞石蟹已曾食，使我一见惊非常。”

【非唯】 亦作“非惟”。不只，不仅。太宗《咏司马彪续汉志》：“非惟树司牧，固亦垂文字。”贾岛《寄河中杨少尹》：“非惟咎曩时，投刺诣门迟。”方干《赠东溪贫道》：“非唯剑鹤独难留，触事皆闻被债收。”又《谢王大夫奏表》：“非唯言下变荣衰，大海可倾山可移。”

【非偶】 无可匹敌。薛能《牡丹四首》之二：“自高轻月桂，非偶贱池莲。”

【非惟】 见“非唯”。

【非雲】 指庆云。卢殷《欲销云》：“霏微依碧落，仿佛误非云。”参见“非煙”。

【非辜】 非罪，无辜。李商隐《哭虔州杨侍郎》：“本矜能弭谤，先议取非辜。”

【非策】 失策。李商隐《送千牛李将军赴阙五十韵》：“舍鲁真非策，居邠未有名。”

【非復】 不再是。权德舆《哭刘四尚书》：“只嗟蒿里月，非复柳营春。”李华《长门怨》：“自惊罗带缓，非复旧来心。”

【非鄉】 异乡。李商隐《夜思》：“何为薄冰雪，消瘦滞非乡。”

【非$_2$訾】 诽谤，诋毁。非，通“誹”。白居易《伤唐衢二首》之二：“贵人皆怪怒，闲人亦非訾。”

【非罪】 无罪。李华《寄赵七侍御》：“纬卿陷非罪，折我昆吾锋。”刘长卿《恩敕重推使牒追赴苏州次前溪馆作》：“且喜怜非罪，何心恋末班。”

【非義】 不义，不合道义。白居易《哭孔戡》：“戡佐山东军，非义不可干。”

【非煙】 指庆云、五色祥云。权德舆《杂诗五首》之一：“彩鸾驾非煙，绰约两仙子。”李商隐《一片》：“一片非煙隔九枝，蓬峦仙仗俨云旗。”卢渥《赋得寿星见》：“甘露盈条降，非煙向日生。”唐彦谦《贺李昌时禁苑新命》：“万户千门迷步武，非煙非雾隔仪形。”

【非語】 蜚语，流言。员半千有《陇右途中遭非语》。

【非熊】 为姜太公代称。详见“非羆”。王维《和仆射晋公扈从温汤》：“出游逢牧马，罢猎见非熊。”欧阳詹《述德上兴元严仆射》：“非熊德愧当周辅，称杰叨惭首汉臣。”方干《献王大夫》：“一鹗难成燕雀伍，非熊本是帝王师。”周昙《咏史诗・三代门・太公》：“昌猎关西纣猎东，纣怜崇虎弃非熊。”

【非熊兆】 指隐士将被起用的预兆。李峤《雾》：“倘入非熊兆，宁思玄豹情。”

【非儀】 违背礼仪。李景伯《回波辞》：“侍宴既过三爵，喧哗窃恐非仪。”

【非獨】 不但，不仅。李商隐《过姚孝子庐偶书》：“圣朝敦尔类，非独路人哀。”

【非親亦非故】 不是亲属也不是故旧。马戴《寄贾岛》：“佩玉与锵金，非亲亦非故。”

【非職】 非其职守，不是职权范围内的事。韩愈《丰陵行》：“墓藏庙祭不可乱，欲言非职知何如。”

【非羆】 谓老而遇合。周文王将于渭水边打猎，卜者谓所获非龙非彲，非虎非罴，乃伯王之辅。果遇姜尚。李商隐《咏怀寄秘阁旧僚二十六韵》：“图形翻类狗，入梦肯非罴。”参见“非熊”。

【非關】 不是因为，无关。宋之问《燕巢军幕》：“非关怜翠幕，不是厌朱楼。”钱起《赠张南史》：“才子非关厌薄游，溪畔秋兰虽可佩。”戴叔伦《江上别张欢》：“长醉非关酒，多愁不为贫。”温庭筠《西游书怀》：“客意自如此，非关行路难。”

十一画

靡 〔mǐ《广韵》文彼切，上紙，明。〕❶披靡，倒下。褚亮《奉和咏日午》：“草萎看稍靡，叶燥望疑稀。”王维《送友人归山歌二首》之二：“水惊波兮翠菅靡，白鹭忽兮翻飞。”又《故西河郡杜太守挽歌三首》之三：“坟树应西靡，长思魏阙恩。”刘禹锡《韩十八侍御见示诗因令属和重以自述故足成六十二韵》：“云锦远沙明，风烟青草靡。”❷柔弱，不振。参见“靡靡❻”。❸美丽，美好。陈子昂《春台引》：“挟宝书与瑶瑟，芳蕙华而兰靡。”参见“靡曼”。❹无，没有。张说《游洞庭湖湘》：“靡日不思往，经时始愿克。”韦应物《广陵遇孟九云卿》：“高文激颓波，四海靡不传。”韩愈《送惠师》：“浮游靡定处，偶往即通津。”冯涯《太学创置石经》：“银钩互交映，石壁靡尘翳。”❺副词。不，没。表示否定。裴潾《前相国赞皇作镇浙右辄抒怀四言诗十四首奉寄》之一一：“公拜稽首，靡敢受荣。”邵谒《赠郑殷处士》：“长材靡入用，大厦失巨楹。”❻通“摩”。研磨，切磋。引申为潜移默化、沾染。张说《奉和圣制爰因巡省途次旧居应制》：“武威棱外域，文教靡中区。”

【靡他】 谓笃志不二。杜甫《别唐十五诫因寄礼部贾侍郎》：“雄笔映千古，见贤心靡他。”孟郊《汴州留别韩愈》：“但为君子心，叹息终靡他。”

【靡草】 草名。独孤及《山中春思》：“靡草知节换，含葩向新阳。”雍陶《伤靡草》：“靡草似客心，年年亦先死。”《郊庙歌辞・五郊乐章・赤郊迎神》：“靡草凋华，含桃流彩。”

【靡迤】 曲折前行貌。陈子昂《入峭峡安居溪伐木》：“靡迤随回水，潺湲泝浅流。”

【靡曼】 谓声音美妙。丁儒《归闲诗二十韵》：“俚歌声靡曼，秫酒味温醇。”

【靡然】 草木顺风而倒貌。亦泛称倾倒。韩愈《南山诗》:“或靡然东注,或偃然北首。”

【靡愆】 谋划周到无失。柳宗元《奉平淮夷雅表·皇武》:“左捣其虚,靡愆厥虑。”

【靡蕪】 草名。芎劳的苗,叶有香气。韦应物《拟古诗十二首》之五:“嘉树蔼初绿,靡芜吐幽芳。”

【靡盬】 为王事辛勤不息。盬,停下来,停息。张九龄《巡按自漓水南行》:“悠悠咏靡盬,庶以穷日夕。”

【靡靡】 ❶犹迟迟。迟缓貌。引申为逐渐、渐渐。张九龄《道逢北使题赠京邑亲知》:“征骖稍靡靡,去国方迟迟。”杜甫《北征》:“靡靡逾阡陌,人烟眇萧瑟。”权德舆《祗命赴京途次淮口因书所怀》:“靡靡遵远道,忡忡劳寸心。”刘禹锡《宜城歌》:“靡靡度行人,温风吹宿麦。”❷草随风倒伏貌。张九龄《杂诗五首》之五:“纤纤良田草,靡靡唯从风。”耿沣《路傍墓》:“墓前靡靡春草深,唯有行人看碑路。”张聿《余瑞麦》:“仁风吹靡靡,甘雨长芊芊。”白居易《登城东古台》:“靡靡春草合,牛羊缘四隈。”❸花盛开貌。宋之问《自洪府舟行直书其事》:“浦树浮郁郁,皋兰覆靡靡。”岑参《感遇》:“北山有芳杜,靡靡花正发。”韦应物《拟古诗十二首》之二:“黄鸟何关关,幽兰亦靡靡。”畅当《宿报恩寺精舍》:“风中兰靡靡,月下树苍苍。”亦指花草芳香浓郁。白居易《郡中西园》:“闲园多芳草,春夏香靡靡。”❹明丽,华美。李颀《望鸣皋山白云寄洛阳卢主簿》:“皎皎横绿林,霏霏澹青嶂。”李白《上清宝鼎诗》之二:“赠我累累珠,靡靡明月光。”韦应物《对雪赠徐秀才》:“靡靡寒欲收,霭霭阴还结。”权德舆《九华观宴饯崔十七叔判官赴义武幕兼呈萧校书》:“阴阴台殿敞,靡靡轩车驻。”❺绵延不绝貌。刘禹锡《畬田行》:“青林望靡靡,赤光低复起。”❻柔弱,颓靡。韦应物《金谷园歌》:“余风靡靡朝廷变,嗣世衰微谁肯忧。”皮日休《鲁望昨以五百言见贻因成一千言上述吾唐文物之盛次叙相得之欢亦迭和之微旨也》:“太乱如靡靡,太轻如芊芊。”

面　部

面　〔miàn《广韵》彌見切，去線，明。〕❶脸，头的前边。王翰《饮马长城窟行》："胡沙猎猎吹人面，汉虏相逢不相见。"戴叔伦《女耕田行》："头巾掩面畏人识，以刀代牛谁与同。"白居易《香山避暑二绝》之一："夜深起凭阑干立，满耳潺湲满面凉。"许棠《过分水岭》："风兼雨气吹人面，石带冰棱碍马蹄。"❷容颜，相貌。刘希夷《公子行》："愿作轻罗着细腰，愿为明镜分娇面。"刘禹锡《和乐天柘枝》："柘枝本出楚王家，玉面添娇舞态奢。"皎然《戏赠吴冯》："予读古人书，遂识古人面。"韦庄《女冠子》词之二："依旧桃花面，频低柳叶眉。"❸当面，亲自。韩愈《送侯参谋赴河中幕》："又欲面言事，上书求诏征。"李贺《出城别张又新酬李汉》："赋诗面投掷，悲哉不遇人。"贾岛《寄韩湘》："相思堪面话，不著尺书传。"杜牧《梁秀才见赠二十韵走笔依韵》："面邀文作友，心许德为邻。"❹见，会面。李颀《东京寄万楚》："寄书不待面，兰茝空芳菲。"刘禹锡《历阳书事七十韵》："几年方一面，卜昼便三更。"元稹《张校书元夫》："未面西川张校书，书来稠叠颇相于。"项斯《暮上瞿唐峡》："何年面骨肉，细话苦辛行。"❺物体表面。王纬《喜陆侍御破石埭草寇东峰亭赋诗》："野静山戎险，江平水面流。"张籍《酬李仆射晚春见寄》："鱼动芳池面，苔侵老竹身。"李绅《忆东湖》："霞散浦边云锦截，月升湖面镜波开。"杜荀鹤《游茅山》："石面迸出水，松头穿破云。"❻向，对着。李峤《和同府李祭酒休沐田居》："筑室俯涧滨，开扉面岩曲。"孟浩然《过故人庄》："开筵面场圃，把酒话桑麻。"杜甫《怀锦水居止二首》之二："层轩皆面水，老树饱经霜。"柳宗元《游南亭夜还叙志七十韵》："虚馆背山郭，前轩面江皋。"❼方面，范围。李颀《王母歌》："头上复戴九星冠，总领玉童坐南面。"王昌龄《古意》："桃花四面发，桃叶一枝开。"白居易《云居寺孤桐》："四面无附枝，中心有通理。"韦庄《夜雪泛舟游南溪》："大江西面小溪斜，入竹穿松似若耶。"❽量词。表示物体的数量。多用于扁平的或能展开的物体。王建《宫词一百首》之四九："一样金盘五千面，红酥点出牡丹花。"贯休《古镜词》："我有一面镜，新磨似秋月。"

【面上】　指坟土之上。杜甫《不归》："面上三年土，春风草又生。"

【面子】　脸，面颜。张鷟《游仙窟诗赠崔十娘》："园里花开不避人，闺中面子翻羞出。"

【面孔】　脸，面貌。拾得《诗》之十一："世间亿万人，面孔不相似。"黄幡绰《嘲刘文树》："文树面孔不似猢狲，猢狲面孔强似文树。"

【面目】　面貌。亦指事物某种状态、样子。韦应物《寄令狐侍郎》："非将会面目，书札何由申。"冯待征《虞姬怨》："拔山意气都已无，渡江面目今何在。"南唐后主李煜《题金楼子后》："不于祖龙留面目，遗篇那得到今朝。"

【面皮】　即脸面、面颜。张元一《又嘲》："未见桃花面皮，漫作杏子眼孔。"

【面色】　脸上气色。文德皇后《春游曲》："井上新桃偷面色，檐边嫩柳学身轻。"白居易《丘中有一士二首》之一："面色不忧苦，血气常和平。"皮日休《奉和鲁望秋日遣怀次韵》："鹤共心情慢，乌同面色黔。"

【面花】　古代妇女面部妆饰。李百药《寄杨公》："面花无隔笑，歌扇不障声。"

【面見】　亲自见到。陆龟蒙《夏日闲居作四声诗寄袭美·平去声》："何当乘云螭，面见上帝诉。"

【面别】　当面告别。杜甫有《送郑十八虔贬台州司户伤其临老陷贼之故阙为面别情见于诗》。

【面妆】　古代妇女面部妆饰。杜甫《负薪行》："面妆首饰杂啼痕，地褊衣寒困石根。"

【面朋】　非真诚相交的友朋。汉扬雄《法言·学行》："朋而不心，面朋也；友而不心，面友也。"许浑《姑熟官舍寄汝洛友人》："官静亦无能，平生少面朋。"贯休《鄂渚赠祥公》："犹赖师于我，依依非面朋。"

【面垢】　面部肮脏有尘垢。卢仝《寄男抱孙》："莫恼添丁郎，泪子作面垢。"

【面面】　谓各个方向。韩愈《奉和虢州刘给事使君三堂新题二十一咏·渚亭》："莫教安四壁，面面看芙蓉。"

【面前】　面对之地。张祜《丹阳新居四十韵》："夏果垂簷上，春农起面前。"施肩吾《过桐庐场郑判官》："醉来引客上红楼，面前一道桐溪流。"孙魴《题梅岭泉》："飞阁横空去，征帆落面前。"

【面首】　面颜，面貌。寒山《诗三百三首》之四三："二人同老少，一种好面首。"

【面粉】　搽脸之粉。元稹《生春二十首》之十六：

"手寒匀面粉，鬓动倚帘风。"

【面勢】 方面，形势。杜甫《营屋》："东偏若面势，户牖永可安。"又《寄题江外草堂》："敢谋土木丽，自觉面势坚。"顾况《上古之什补亡训传十三章·十月之郊一章》："审方面势，姑博其制，作为公室。"刘禹锡《和牛相公南溪醉歌见寄》："相形面势默指画，言下变化随顾瞻。"

【面會】 相见，会面。钱起《送费秀才归衡州》："不畏心期阻，惟愁面会赊。"

【面貌】 脸之形状，相貌。拾得《诗》之五："面貌似银盘，心中黑如漆。"李商隐《咏怀寄秘阁旧僚二十六韵》："官衔同画饼，面貌乏凝脂。"

【面對】 面向。翁承赞《御命归乡蒙赐锦衣》："九重宣旨下丹墀，面对天颜赐锦衣。"

【面熱】 形容羞愧。李商隐《安平公诗》："面热脚掉互登陟，青云表柱白云崖。"

【面縛】 双手反绑于背而面向前。古代用以表示投降。张柬之《出塞》："手擒郅支长，面缚谷蠡王。"岑参《献封大夫破播仙凯歌六首》之四："日落辕门鼓角鸣，千群面缚出蕃城。"高适《同李员外贺哥舒大夫破九曲之作》："头飞攒万戟，面缚聚辕门。"孟郊《献汉南樊尚书》："心开玄女符，面缚清波人。"

【面牆】 面对墙壁，目无所见。谓静心修养。唐彦谦《送樊琯司业归朝》："驷马终题柱，诸生悉面墙。"又《寄蒋二十四》："禅门淡薄无心地，世事生疏欲面墙。"

【面藥】 预防脸部皮肤因寒冻而皴裂之药膏。杜甫《腊日》："口脂面药随恩泽，翠管银罂下九霄。"

七 画

靦

〔tiǎn《广韵》他典切，上銑，透。〕❶面目貌。杜甫《寄彭州高三十五使君适虢州岑二十七长史参三十韵》："徒然潜隙地，有靦屡鲜妆。"❷惭愧。杜甫《早发》："仆夫问盥栉，暮颜靦青镜。"李贺《昌谷诗》："鲐皮识仁惠，丱角知靦耻。"冯伉《和权载之离合诗》："息心欲焚砚，自靦陪群英。"❸不知羞愧。张祜《读西汉书十四韵》："冲融当魏邴，靦衔自昭宣。"

【靦然】 厚颜貌。韩愈《谴疟鬼》："岂不忝厥祖，靦然不知归。"

【靦顔】 厚颜。杜甫《去矣行》："野人旷荡无靦颜，岂可久在王侯间。"

十一画

靡

〔mǒ《集韵》母果集，上果，明。〕见"靡䩮"。

【靡䩮】 表皮青色。和凝《宫词百首》之二八："贡橘香匀靡䩮容，星光初满小金笼。"

十二画

䪡

〔huì《广韵》荒内切，去隊，晓。〕洗脸。见《礼记·内则》。参见"䪡面"。

【䪡面】 洗脸。古代春日取花和雪水涤面，谓可使面生华容。和凝《宫词百首》之七二："谁道落花堪䪡面，竞来枝上采繁英。"

十四画

靨

〔yè《广韵》於葉切，入葉，影。〕❶面颊上的微窝。俗称酒涡。卢仝《楼上女儿曲》："我有娇靨待君笑，我有娇蛾待君扫。"温庭筠《牡丹二首》之二："欲绽似含双靨笑，正繁疑有一声歌。"罗虬《比红儿诗》之三三："拟将心地学安禅，争奈红儿笑靨圆。"韦庄《叹落花》："西子去时遗笑靨，谢娥行处落金钿。"❷古代妇女面部的一种妆饰。段成式《酉阳杂俎·黥》："近代妆尚靨，如射月，曰黄星靨。"戎昱《苦哉行五首》之三："强笑无笑容，须妆旧花靨。"花蕊夫人徐氏《宫词》之四五："翠钿贴靨轻如笑，玉凤雕钗袅欲飞。"温庭筠《归国遥》词之二："粉心黄蕊花靨，黛眉山两点。"孙光宪《浣溪沙》词之三："腻粉半粘金靨子，残香犹暖绣薰笼，蕙心无处与人同。"

【靨星】 指昏黄隐现的星。褚亮《咏花烛》："靨星临夜烛，眉月隐轻纱。"任希古《和长孙秘监七夕》："更深黄月落，夜久靨星稀。"

【靨黄】 指古代妇女在面额上点搽黄粉，作为一种妆饰。李贺《同沈驸马赋得御沟水》："入苑白泱泱，宫人正靨黄。"

【靨靨】 星光隐现貌。温庭筠《晓仙谣》："银河欲转星靨靨，碧浪叠山埋早红。"

十九画

䩮

〔luǒ《集韵》朗可切，上哿，來〕见"靡䩮"。

革　部

革　〔gé《广韵》古核切，入麥，見。〕❶加工去毛之兽皮。参见“革履”。❷更改，变革。明皇《集贤书院成送张说上集贤学士赐宴得珍字》：“礼乐沿今古，文章革旧新。”皇甫澈《中书令汉阳王张柬之》：“周历革元命，天步值艰阻。”欧阳詹《咏德上韦检察》：“并力革夷心，通筹整师律。”❸革除。张九龄《酬周判官见贻之作兼呈耿广州》：“忽捧天书委，将革海隅弊。”李颀《龙门送裴侍御监五岭选》：“心清物不杂，弊革事无留。”白居易《赠友五首》之三：“谁能革此弊，待君秉利权。”皮日休《鲁望昨以五百言见贻因成一千言》：“吾唐革其弊，取士将科县。”❹八音之一。指革制鼓类乐器。李咸用《富贵曲》：“革咽丝烦欢不改，缴绛垂缇忽如晦。”❺卦名。卦象为☱，即离下兑上。见《易·革》。陆龟蒙《战秋辞》：“若革进而金止，固违阴而就阳。”❻姓名。李白《赠张公洲革处士》：“革侯遁南浦，常恐楚人闻。”

【革心】　改正错误思想、观念等。元稹《和李校书新题乐府十二首·法曲》：“舜持干羽苗革心，尧用咸池凤巢阁。”

【革車】　一种古代兵车。陆龟蒙《袭美先辈以龟蒙所献五百言既蒙见和复示荣唱再抒鄙怀用伸酬谢》：“吾祖仗才力，革车蒙虎皮。”

【革命】　谓实施变革以应天命。陆龟蒙《奉和袭美二游诗·徐诗》：“逮晋武革命，生民才息肩。”

【革故】　指革除旧的制度。李商隐《赠送前刘五经映三十四韵》：“鼎新麾一举，革故法三章。”

【革履】　皮鞋，皮靴。韦应物《送丘员外归山居》：“为君量革履，且愿住蓝舆。”权德舆《太原郑尚书远寄新诗走笔酬赠因代书贺》：“职重油幢推上略，荣兼革履见深恩。”

三　画

靮　〔dí《广韵》都歷切，入錫，端。〕马缰绳。韩偓《病中初闻复官二首》之一：“抽毫连夜侍明光，执靮三年从省方。”

靸　〔sǎ《广韵》蘇合切，入合，心。又私盍切，入盍，心。〕❶古代小孩所穿鞋子。前帮深而覆，无后帮。后亦指形制与之类似的拖鞋。韩愈、孟郊《城南联句》：“赛馔木盘簇，靸妖藤索绑。”杜荀鹤《山寺老僧》：“草靸无尘心地闲，静随猿鸟过寒暄。”❷穿（鞋）。曹唐《奉送严大夫再领容府二首》之二：“无因得靸真珠履，亲从新侯定八蛮。”

【靸鞋】　拖鞋。无跟之鞋。包贺《谐诗逸句》：“雾是山巾子，船为水靸鞋。”

【靸韈】　拖鞋。无跟之鞋。谭峭《大言诗》：“线作长江扇作天，靸韈抛向海东边。”

靭　〔rèn《集韵》而振切，去震，日。〕细软而坚硬。皮日休《新秋言怀寄鲁望三十韵》：“杉叶尖如镞，藤丝靭似鞘。”

靫　〔chāi 又读 chā《广韵》楚佳切，平佳，初。又初牙切，平麻，切。〕箭袋。元稹《痁卧闻幕中诸公征乐会饮因有戏呈三十韵》：“蛇盎迷弓影，雕翎落箭靫。”又《和李校书新题乐府十二首·五弦弹》：“千靫鸣镝发胡弓，万片清球击虞庙。”贾岛《老将》：“燕雀来鹰架，尘埃满箭靫。”

四　画

靳　〔jìn《广韵》居焮切，去焮，見。〕唐诗中仅用为姓。参见“靳十五”“靳博士”。

【靳博士】　靳翰。曾任太常博士、朝议郎、行右拾遗。见《册府元龟》卷九二二、《古志石华》卷八《大唐故朝散大夫护军行黄州司马陆府君墓志铭》。张九龄有《答太常靳博士见赠一绝》。

【靳十五】　靳豫。《金碎萃编》卷七四《御史台精舍碑》碑阴及两侧御史题名有靳豫。孙逖有《送靳十五侍御使蜀》。

靴　〔xuē《广韵》許肥切，平戈，曉。〕亦作“鞾”。即靴子。李白《对酒》：“青黛画眉红锦靴，道字不正娇唱歌。”李贺《追赋画江潭苑四首》之二：“角暖盘弓易，靴长上马难。”章孝标《柘枝》：“移步锦靴空绰约，迎风绣帽动飘飖。”李商隐《安平公诗》：“长者子来辄献盖，辟支佛去空留靴。”

靷　〔yǐn《广韵》余忍切，上軫，以。又羊晉切，去震，以。〕引车前行之皮带。骖马外辔穿过服马游环，系于车轴，以引车前进。韩愈《赠崔立之评事》:"子时专场夸觜距,余始张军严韅靷。"

靶 〔bà《广韵》必駕切,去禡,幫。〕❶缰绳。韩愈《县斋有怀》:"虽陪彤庭臣,讵纵青冥靶。"❷弓身的正中。张弓时握手处。王维《出塞》:"玉靶角弓珠勒马,汉家将赐霍嫖姚。"

五　画

靺1 〔mò《广韵》莫撥切,入末,明。〕❶见"靺鞨"。❷同韎。亦黄色。韩愈《陆浑山火和皇甫湜用其韵》:"颓胸垤腹车掀辕,缇颜靺股豹两鞬。"

靺2 〔mèi〕同韎。我国古代东方部族之音乐。韩愈、孟郊《雨中寄孟刑部几道联句》:"祥凤遗蒿鷃,云韶掩夷靺。"

靺3 〔wà《龙龛手鉴》亡發反。〕袜子。温庭筠《咏寒宵》:"宝靺徘徊处,熏炉怅望时。"

【靺鞨】 宝石名。即红玛瑙,色红,隐晶质,产于靺鞨,即女真族所居地,分布在松花江、牡丹江流域及黑龙江下游,东至日本海。隋唐时称靺鞨。皮日休《太湖诗·销夏湾》:"山果红靺鞨,水苔青髤髵。"

鞅1 〔yāng《广韵》於兩切,上養,影。《集韵》於良切,平陽,影。〕❶套在牛马颈上之皮带,用以驾驭。储光羲《同诸公送李云南伐蛮》:"剑关掉鞅归,武弁朝建章。"孟浩然《家园卧疾毕太祝曜见寻》:"脱君车前鞅,设我园中葵。"柳宗元《行路难三首》之二:"深林土翦十取一,百牛连鞅摧双辕。"元稹《春余遣兴》:"野马笼赤霄,无由负羁鞅。"亦借指车驾。李白《酬裴侍御对雨感时见赠》:"渺然一水隔,何由税归鞅。"岑参《西蜀旅舍春叹寄朝中故人呈狄评事》:"吾先税归鞅,旧国如咫尺。"杜甫《八哀诗·故著作郎贬台州司户荥阳郑公虔》:"剧谈王侯门,野税林下鞅。"韦应物《晦日处士叔园林燕集》:"幸蒙终夕欢,聊用税归鞅。"❷羁绊。白居易《登香炉峰顶》:"纷吾何屑屑,未能脱尘鞅。"

鞅2 〔yàng〕见"鞅$_2$牛"。

【鞅$_2$牛】 套驾具之牛。张祜《容儿钵头》:"争走金车叱鞅牛,笑声唯是说千秋。"

【鞅掌】 ❶谓职事纷扰繁忙。武元衡《甫构西亭偶题因呈监军及幕中诸公》:"百城烦鞅掌,九仞喜�嶔。"白居易《寄杨六》:"公门苦鞅掌,尽日无闲隙。"❷众多。陈陶《投赠福建桂常侍二首》之二:"匝地歌钟镇海隅,城池鞅掌旧名都。"

鞁 〔bèi《广韵》平義切,去寘,並。〕古代马具总称。亦指备驾、配置马具。崔涯《嘲李端端》:"觅得黄骝鞁绣鞍,善和坊里取端端。"

靿 〔yào《广韵》於教切,去效,影。〕靴、袜的筒儿。亦指靴或袜。李远《老僧续得贵妃袜》:"霞色尚鲜宫锦靿,彩光依旧夹罗头。"

六　画

鞋 〔xié《广韵》户佳切,平佳。匣。又户皆切,平皆,匣。〕亦作"鞵"。鞋子。穿在脚上、走路时着地,没有高筒。张籍《赠太常王建藤杖笋鞋》:"蛮藤剪为杖,楚笋结成鞋。"白居易《携诸山客同上香炉峰遇雨而还题此解嘲》:"袜污君相谑,鞋穿我自哈。"周贺《入静隐寺途中作》:"鸟道缘巢影,僧鞋印雪踪。"李郢《张郎中宅戏赠二首》之一:"一声歌罢刘郎醉,脱取明金压绣鞋。"李商隐《戏题枢言草阁三十二韵》:"逮今两携手,对若床下鞵。"

【鞋子】 鞋之通称。和凝《采桑子》词:"丛头鞋子红编细,裙窣金丝。"

【鞋履】 鞋子。白居易《新乐府·上阳白发人》:"小头鞋履窄衣裳,青黛点眉眉细长。"

鞏 〔gǒng《广韵》居悚切,上腫,見。〕地名。巩县,即今河南省巩义市,在今河南省中部,黄河南岸,洛河下游。李峤《扈从还洛呈侍从群官》:"邙巩云外来,咸秦雾中失。"岑参有《巩北秋兴寄崔明允》。杜甫《送孟十二仓曹赴东京选》:"秋风楚竹冷,夜雪巩梅春。"李德裕《怀伊川郊居》:"巩树秋阴遍,伊原霁色微。"

【鞏城】 即巩县县城。在今河南巩义市老城。储光羲有《巩城东庄道中作》。

【鞏洛】 ❶巩、洛二古地名并称。卢象《马跑神泉》:"故园思巩洛,禊饮客汾川。"李绅《到宣武三十韵》:"在浚风烟接,维嵩巩洛清。"杜牧《分司东都恩知上四十韵》:"稚榻蓬莱掩,膺舟巩洛停。"李洞有《送卢少府之任巩洛》。❷借指通都大邑。许浑《颍州从事西湖亭宴饯》:"独想征车过巩洛,此中霜菊绕潭开。"又《早发寿安次永寿渡》:"东西车马尘,巩洛与咸秦。"罗隐《途中寄怀》:"尘埃巩洛虚光景,诗酒江湖漫姓名。"

【鞏縣】 秦置,治所在今河南巩义市西南。北齐废。隋开皇十六年(596)复置,移治于今城东巩义市老城。唐属河南府。岑参有《寻巩县南李处士别业》,刘禹锡有《酬李相公喜归乡国自巩县夜泛洛水见寄》,李绅有《忆至巩县河宿待家累追怀》。

鞋 〔róng《篇海》而容切，音茸。〕兽毛皮。参见“鞋毯”。

【鞋毯】 毛毯。张祜《戊午年感事书怀二百韵》：“卧犬偎鞋毯，鸣骝跃锦鞯。”

鞇 〔yīn《广韵》於真切，平真，影。〕车中垫褥。韩偓《重和》：“冷宴殷勤展小园，舞鞇柔软彩虬盘。”

鞈 〔gé《广韵》古沓切，入合，見。又古洽切，入洽，見。〕古代革制的胸甲。引申为围绕。参见“鞈匝”。

【鞈匝】 围绕貌。姚月华《怨诗效徐淑体》：“逢人兮欲语，鞈匝兮顽嚚。”

鞍 〔ān《集韵》於寒切，平寒，影。〕马鞍子。李峤《马》：“明月来鞍上，浮云落盖中。”白居易《和令狐相公寄刘郎中兼见示长句》：“酒军诗敌如相遇，临老犹能一据鞍。”平曾《絷白马诗上薛仆射》：“雪中放去空留迹，月下牵来只见鞍。”贯休《少年行》之三：“马上黄金鞍，适来新赌得。”亦指马。刘长卿《瓜洲驿奉饯张侍御公拜膳部郎中》：“独怜南渡月，今夕送归鞍。”

【鞍帕】 覆盖马鞍上之帕巾。李余《寒食》：“剪渡归来风正急，水溅鞍帕嫩鹅儿。”张祜《公子行》：“镫金斜雁子，鞍帕嫩鹅儿。”

【鞍馬】 ❶配备鞍子的马。杜甫《送高三十五书记》：“高生跨鞍马，有似幽并儿。”元稹《酬哥舒大少府寄同年科第》：“九陌争驰好鞍马，八人同着彩衣裳。”白居易《曲江独行招张十八》：“莫待深春去，花时鞍马多。”赵嘏《客至》：“得路逢津更俊才，可怜鞍马照春来。”❷指骑马。王昌龄《东京府县诸公与綦毋潜李颀相送至白马寺宿》：“鞍马上东门，裴回入孤舟。”杜甫《刘九法曹郑瑕丘石门宴集》：“掾曹乘逸兴，鞍马去相寻。”白居易《赠元稹》：“花下鞍马游，雪中杯酒欢。”❸借指战斗生涯。耿沣《塞上曲》：“惯习干戈事鞍马，初从少小在边城。”❹古代酒令名。白居易《东南行一百韵》：“鞍马呼教住，骰盘喝遣输。”自注：“骰盘、卷白波、莫走、鞍马，皆当时酒令。”

【鞍橋】 马鞍。其拱起处形若桥，故名。花蕊夫人徐氏《宫词》之二一：“上得马来才欲走，几回抛鞚抱鞍桥。”

【鞍鞿】 马鞍和缰绳。韩愈《送区弘南归》：“腾蹋众骏事鞍鞿，佩服上色紫与绯。”

【鞍辔】 鞍子和驾驭牲口之嚼子、缰绳。韩愈《招杨之罘》：“马悲罢还乐，振迅矜鞍辔。”白居易《和高仆射喜遂游山水之作》：“鞍辔闹装光满马，何人信道是书生。”

【鞍韉】 马上鞍子和托鞍之垫子。杜甫《送人从军》：“马寒防失道，雪没锦鞍鞯。”花蕊夫人徐氏《宫词》之一〇八：“盘凤鞍鞯闪色妆，黄金压胯紫游缰。”

七 画

鞘[1] 〔qiào《广韵》私妙切，去笑，心。〕鞘子。刀剑套。李颀《崔五六图屏风各赋一物得乌孙佩刀》：“主人屏风写奇状，铁鞘金环俨相向。”杜甫《荆南兵马使太常卿赵公大食刀歌》：“壮士短衣头虎毛，凭轩拔鞘天为高。”王涯《塞上曲二首》之一：“天骄远塞行，出鞘宝刀鸣。”温庭筠《碌碌古词》：“一鞘无两刃，徒劳油壁车。”

鞘[2] 〔shāo《广韵》所交切，平肴，生。〕鞭鞘，拴在鞭子头上之细皮条。李白《行行游且猎篇》：“金鞭拂雪挥鸣鞘，半酣呼鹰出远郊。”韦应物《射雉》：“头弛锦鞘悬，方将悦羁旅。”皮日休《新秋言怀寄鲁望三十韵》：“杉叶尖如镞，藤丝韧似鞘。”韩偓《重游曲江》：“惆怅引人还到夜，鞭鞘风冷柳烟轻。”

鞓 〔tīng《广韵》他丁切，平青，透。〕皮制腰带。李贺《酬答二首》之一：“金鱼公子夹衫长，密装腰鞓割玉方。”杜牧《分司东都上恩知四十韵》：“胫细摧新履，腰羸减旧鞓。”

鞙 〔xuàn《广韵》胡畎切，上銑，匣。〕悬挂。元稹《酬乐天东南行诗一百韵》：“当心鞙铜鼓，背弝射桑弧。”

鞔 〔mán《广韵》母官切，平桓，明。〕用皮蒙上。亦泛称蒙上。贯休《闻赤松舒道士下世》：“仙庙诗虽继，苔墙篆必鞔。”

【鞔鼓】 张革蒙鼓。绷紧皮革，使其固定在鼓框上，做成鼓面。杜牧《池州送孟迟先辈》：“鞔鼓画麒麟，看君击狂节。”

八 画

鞞[1] 〔bǐng《广韵》補鼎切，上迥，幫。又并弭切，上紙，幫。〕刀剑鞘。参见“鞞鞛”。

鞞[2] 〔pí《广韵》部迷切，平齊，並。〕同“鼙”。小鼓。军中以为乐鼓。李峤《军师凯旋自邕州顺流舟中》：“鸣鞞入嶂口，泛舸历川湄。”韦应物《郡楼春燕》：“众乐杂军鞞，高楼邀上客。”温庭筠《湖阴词》：“羽书如电入青琐，雪腕如槌催画鞞。”亦用于祀神，属六鼓中雷鼓之一类。魏征《五郊乐章·舒和》：“鸣鞞奏管芳羞荐，会舞安歌葆眊扬。”

【鞞靫】 箭袋，饰有虎文。李白《北风行》："别时提剑救边去，遗此虎纹金鞞靫。"

【鞞₂鼓】 古代军中所用之乐鼓。苏颋《边秋薄暮》："边风思鞞鼓，落日惨旌麾。"司空曙《秋日趋府上张大夫》："鞞鼓暗惊林叶落，旌旗遥拂雁行偏。"刘商《行营送人》："鞞鼓喧喧对古城，独寻归鸟马蹄轻。"白居易《长恨歌》："渔阳鞞鼓动地来，惊破霓裳羽衣曲。"

【鞞鐸佉】 佛家语。指杨枝。陆龟蒙《奉和袭美太湖诗二十首・雨中游包山精舍》："手携鞞铎佉，若在中印国。"自注："唐言杨枝，佉一作供。"

鞠 〔jū《广韵》居六切，入屋，見。又渠竹切，入屋，群。〕❶古代一种球。徐坚《初学记》谓鞠"古用毛纤结为之，今用皮，以胞为里，吹气闭而蹴之"。蹴鞠，在汉代为训练士兵一种军士体育项目，至唐则成为一种群众性体育项目，与今之足球比赛相似。韦应物《寒食后北楼作》："遥闻击鼓声，蹴鞠军中乐。"❷弯腰，弯曲。引申为恭敬谨慎貌。参见"鞠躬"。❸通"鞫"。尽，完全。唐彦谦《克复后登安国寺阁》："千门万户鞠蒿藜，断烬遗垣一望迷。"

【鞠侯】 猿猴别称。陆龟蒙《四明山诗・鞠侯》："何事鞠侯名，先封在四明。"诗序云："有猿，山家谓之鞠侯。"皮日休《奉和鲁望四明山九题・鞠侯》："堪羡鞠侯国，碧岩千万重。"

【鞠躬】 恭敬谨慎貌。韩愈《谒衡岳庙遂宿岳寺题门楼》："庙令老人识神意，睢盱侦伺能鞠躬。"王起《贡举人谒先师闻雅乐》："鞠躬遗像在，稽首雅歌闻。"许棠《献独孤尚书》："今日鞠躬高旆下，欲倾肝胆杳无因。"唐彦谦《索虾》："鞠躬见汤王，封作朱衣侯。"

【鞠歌行】 （行 xíng）乐府古题。乐府属相和歌辞。李白有《鞠歌行》。

鞚 〔kòng《广韵》苦貢切，去送，溪。〕马笼头。李白《走笔赠独孤驸马》："银鞍紫鞚照云日，左顾右盼生光辉。"岑参《卫节度赤骠马歌》："红缨紫鞚珊瑚鞭，玉鞍锦鞯黄金勒。"令狐楚《年少行四首》之二："等闲飞鞚秋原上，独向寒云试射声。"花蕊夫人徐氏《宫词》之二一："上得马来才欲走，几回抛鞚抱鞍桥。"

鞬 〔jiān《广韵》居言切，平元，見。〕马上盛弓矢之器具。李峤《弓》："宛转雕鞬际，依稀半月明。"戎昱《从军行》："昔从李都尉，双鞬照马蹄。"李益《轻薄篇》："豪不必驰千骑，雄不在垂双鞬。"刘禹锡《送湘阳熊判官孺登府罢归钟陵因寄呈江西裴中丞二十三兄》："束简下曲台，佩鞬来历阳。"

【鞬櫜】 盛弓箭之器具。柳宗元《游南亭夜还叙志七十韵》："中兴遂群物，裂壤分鞬櫜。"李绅《渡西陵十六韵》："弓日鞬櫜功，旗风虎豹争。"

九 画

鞳 〔tà《广韵》吐盍切，入盍，透。〕象声词。状钟鼓声。参见"鞺鞳"。

鞮 〔dī《广韵》都奚切，平齊，端。〕革履。韩翃《送巴州杨使君》："前驱锦带鱼皮鞮，侧佩金璋虎头绶。"

【鞮鞻】 古代东北部族的乐舞。元稹《和李校书新题乐府十二首・骠国乐》："史馆书为朝贡传，太常编入鞮鞻科。"

鞨 〔hé《广韵》胡葛切，入曷，匣。〕见"靺鞨"。

鞦 〔qiū《广韵》七由切，平尤，清。〕❶指络在牲口屁股后尾间之绊带。寒山《诗三百三首》之一二五："黄蘗作驴鞦，始知苦在后。"❷指马缰绳。李贺《追赋画江潭苑四首》之三："鞦垂妆钿粟，箭箙钉文牙。"❸见"鞦韆"。

【鞦鞘】 （—shāo）拴在马屁股后的皮条。韩偓《从猎三首》之二："小镫狭秋鞘，鞍轻妓细腰。"

【鞦韆】 我国民间传统体育运动。在木架或铁架上悬挂两绳，下拴横板。人在板上或站或坐，两手各握一绳，利用蹬板的力量使身躯随而前后向空中摆动。打秋千，是唐时妇女喜爱的运动之一。明皇《初入秦川路逢寒食》："公子途中妨蹴鞠，佳人马上废鞦韆。"王涯《宫词三十首》之一五："春风摆荡禁花枝，寒食鞦韆满地时。"白居易《和春深二十首》之一六："鞦韆细腰女，摇曳逐风斜。"曹松《钟陵寒食日与同年裴颜李先辈郑校书郊外闲游》："云间影过鞦韆女，地上声喧蹴鞠儿。"

鞭 〔biān《广韵》卑連切，平仙，幫。〕❶打马。杜甫《别苏徯》："赠尔秦人策，莫鞭辕下驹。"岑参《送陕县王主簿赴襄阳成亲》："求凰应不远，去马剩须鞭。"韩愈《赠侯喜》："平明鞭马出都门，尽日行行荆棘里。"孟迟《题嘉祥驿》："何人独鞭马，落日上嘉祥。"❷鞭打。李白《游溧阳北湖亭望瓦屋山怀古赠同旅》："运开展宿愤，入楚鞭平王。"孟郊《吊江南老家人春梅》："奈何粗犷儿，生鞭见死痕。"白居易《杂感》："伯禽鞭见血，过失由成王。"❸驱赶，驱使。杜甫《同诸公登慈恩寺塔》："羲和鞭白日，少昊行清秋。"又《喜雨》："安得鞭雷公，滂沱洗吴越。"陆龟蒙《奉和袭美太湖诗二十首・毛公坛》："势可倒五岳，不唯鞭群灵。"王毂《苦热行》："祝融南来鞭火龙，火旗焰焰烧天红。"❹马鞭。李白《醉后赠从甥高镇》："马上相逢揖马鞭，客中相见客中怜。”雍陶《公子行》：“金鞭留当谁家酒，拂柳穿花信马归。”李郢《秋晚寄题陆勋校书义兴禅居时淮南从事》：“万卒千蹄马，横鞭从信骑。”路德延《小儿诗》：“嫩竹乘为马，新蒲折作鞭。”❺督促，勉励。韩愈《答孟郊》：“古心虽自鞭，世路终难拗。”❻竹根，竹的地下茎。张蠙《新竹》：“新鞭暗入庭，初长两三茎。”齐己《湘妃庙》：“庙荒松朽啼飞猩，笋鞭迸出阶基倾。”

【鞭牛】 ❶鞭打牛。杜荀鹤《贺顾云侍御府主与子弟奏官》：“自惭乱世无知己，弟侄鞭牛傍陇耕。”❷古代一种民俗。立春日造土牛以劝农耕，州县及农民鞭打土牛，象征春耕开始，以丰兆，谓之鞭牛。元稹《生春二十首》之七：“鞭牛县门外，争土盖蚕丛。”

【鞭扑】 亦作“鞭朴”。用作刑具的鞭子和棍棒。亦指用鞭子或棍棒抽打。元稹《哭子十首》之五：“鞭扑校多怜校少，又缘遗恨哭三声。”柳宗元《田家三首》之二：“公门少推恕，鞭朴恣狼籍。”白居易《和梦游春诗一百韵》：“趋走谒麾幢，喧烦视鞭朴。”

【鞭石】 ❶为神祐之典。张文琮《赋桥》：“造舟浮渭日，鞭石表秦初。”❷为祈求晴雨和洽的典故。杜甫《雷》之二：“暴尪或前闻，鞭巫非稽古。”按：石，《全唐诗》作巫，误。

【鞭血】 鞭之见血。借指战争。杜甫《遣愤》：“莫令鞭血地，再湿汉臣衣。”鲍溶《述德上太原严尚书绶》：“终古鞭血地，到今耕稼繁。”

【鞭朴】 见“鞭扑”。

【鞭草】 泛称锄草。颜真卿《赠僧皎然》：“诛榛养翘楚，鞭草理芳穗。”

【鞭背】 鞭打背部。古代薄刑之一。韩愈《符读书城南》：“一为马前卒，鞭背生虫蛆。”

【鞭屍】 谓对有深仇大恨者泄愤之典实。李白《酬裴侍御对雨感时见赠》：“鞭尸辱已及，堂上罗宿莽。”元稹《楚歌十首》之三：“岂料奔吴士，鞭尸郢市门。”

【鞭弭】 马鞭和弓。刘禹锡《酬太原狄尚书见寄》：“幽并侠少趋鞭弭，燕赵佳人奉管弦。”

【鞭恥】 谓施行鞭刑以羞辱之。无名氏《五言白话诗》之十五：“宁可出头坐，谁肯被鞭耻。”

【鞭責】 鞭打以责罚。白居易《纳粟》：“犹忧纳不中，鞭责及僮仆。”

【鞭笞】 鞭打。白居易《自咏五首》之三：“迎送宾客懒，鞭笞黎庶难。”杜牧《雪中书怀》：“臣实有长策，彼可徐鞭笞。”

【鞭笞鸞鳳】 谓仙人鞭策凤鸾乘之以行。比喻闲逸高雅的生活。韩愈《奉酬卢给事云夫四兄曲江荷花行见寄并呈上钱七兄阁老张十八助教》：“上界真人足官府，岂如散仙鞭笞鸾凤终日相追陪。”

【鞭策】 ❶马鞭子。李白《日出入行》：“谁挥鞭策驱四运，万物兴歇皆自然。”皮日休《正乐府十篇·路臣恨》：“十夫掣鞭策，御之如惊鸿。”胡曾《咏史诗·东晋》：“何事苻坚太相小，欲投鞭策过江来。”❷鞭打。刘希夷《死马赋》：“鞭策寻途未敢迷，希君少留养疲老。”❸驱使。李山甫《又代孔明哭先主》：“尽驱神鬼随鞭策，全罩英雄入网罗。”

【鞭節】 ❶有节的马鞭。李贺《夜来乐》：“剑崖鞭节青石珠，白騧吹湍凝霜须。”❷竹子的地下茎，状如鞭节，故称。薛能《竹径》：“鞭节横妨户，枝梢动拂衣。”齐己《竹里作六韵》：“踏多鞭节损，题乱粉痕隳。”

【鞭箠】 鞭子。崔颢《结定襄郡狱郊陶体》：“小大必以情，未尝施鞭箠。”皮日休《正乐府十篇·贪官怨》：“伤哉尧舜民，肉袒受鞭箠。”

【鞭撻】 ❶鞭打。杜甫《自京赴奉先县咏怀五百字》：“鞭挞其夫家，聚敛贡城阙。”高适《封丘作》：“拜迎官长心欲碎，鞭挞黎庶令人悲。”章孝标《送张孝廉归吴》：“想得江南诸父老，因君鞭挞子孙多。”❷驱送，驱赶。杜甫《上水遣怀》：“蹉跎陶唐人，鞭挞日月久。”马令《早春陪敕使麻先生祭岳》：“鞭挞走神鬼，玉帛礼山川。”

【鞭鞘】 鞭子末端软性细长物，常以皮条或丝为之。亦借指鞭子。韩偓《重游曲江》：“惆怅引人还到夜，鞭鞘风冷柳烟轻。”樊铸有《及第后读书院咏物·鞭鞘》。

【鞭驅】 喻驾驭、驱驰。王建《寄上韩愈侍郎》：“叙述异篇经总别，鞭驱险句最先投。”

【鞭轡】 鞭子和马笼头。借指马。杜甫《湖城东遇孟云卿复归刘颢宅宿宴饮散因为醉歌》：“向非刘颢为地主，懒回鞭辔成高宴。”

鞫 〔jū《广韵》居六切，入屋，見。〕审讯。参见“鞫狱”。

【鞫獄】 审理案件。马戴有《边上送杨侍御鞫狱回》。

十 画

鞲 〔gōu《玉篇》古侯切。〕同“韝”。❶革制臂套。杜甫《见王监兵马使说近山有白黑二鹰》之一：“一生自猎知无敌，百中争能耻下韝。”又《去矣行》：“君不见韝上鹰，一饱则飞掣。”❷古代鼓风吹火的皮囊。顾云《池阳醉歌赠匡庐处士姚岩杰》：“肺枯似着炉韝煽，脑热如遭锤凿钉。”

【鞲馬】 装备坐骑。王昌龄《塞上曲》：“遥见胡地猎，鞲马宿严霜。”

【鞲鹰】 谓调教于臂鞲之上的鹰。韩愈《送侯参谋赴河中幕》：“今君得所附，势若脱鞲鹰。”元稹《酬翰林白学士代书一百韵》：“逸骥初翻步，鞲鹰暂脱羁。”

鞴[1] 〔bèi《广韵》平祕切，去至，並。又房六切，入屋，奉。〕装备车马，把鞍辔等套在马上。薛昭蕴《离别难》词：“宝马晓鞴雕鞍，罗帏乍别情难。”亦泛指套牲口。罗绍威《碾驴鞍判》：“领鞴驴汉子科决，待驾车汉子喜欢。”

鞴[2] 〔bài《龙龛手鉴》蒲拜反。〕鼓风吹火的皮囊。俗称风箱。施肩吾《早春游曲江》：“羲和若拟动炉鞴，先铸曲江千树红。”

【鞴馬】 装备坐骑。杜甫《狂歌行赠四兄》：“长安秋雨十日泥，我曹鞴马听晨鸡。”

鞯 见“靴”。

鞶 〔pán《广韵》薄官切，平桓，並。〕❶古代男子束衣的腰带，革制，常用佩玉饰。参见“鞶带”。❷盛物小囊。欧阳詹《李评事公进示文集因赠之》：“对宝人皆鉴，握鞶良自妍。”刘禹锡《马嵬行》：“邮童爱踪迹，私手解鞶结。”

【鞶帶】 用皮做的束衣带。为古代官员的服饰。杜甫《狂歌行赠四兄》：“幅巾鞶带不挂身，头脂足垢何曾洗。”韦应物《杂体五首》之一：“南金既雕错，鞶带共辉饰。”李益《校书郎杨凝往年以古镜贶别今追赠以诗》：“美人昔自爱，鞶带手中结。”

【鞶囊】 革制的囊，用以盛物。李白《留别曹南群官之江南》：“身佩豁落图，腰垂虎鞶囊。”

【鞶纓】 古代天子、诸侯或显贵者挽马的带饰。元稹《送崔侍御之岭南二十韵》：“鞶缨骢赳赳，绫珮绣縿縿。”

鞵 同“鞋”。

鞹 〔kuò《广韵》苦郭切，入鐸，溪。〕去毛的皮，皮革。李贺《送秦光禄北征》：“虎鞹先蒙马，鱼肠且断犀。”

十一画

鞺 〔tāng《集韵》他郎切，平唐，透。〕象声词。参见“鞺鞳”。

【鞺鞳】 象声词。钟鼓声。皮日休《二游诗·任诗》：“衮衣竞璀璨，鼓吹争鞺鞳。”

十二画

鞻 〔dèng〕同“镫”。马鞍两边的脚踏。顾况《公子行》：“双鞻悬金缕鹘飞，长衫刺雪生犀束。”刘言史《春游曲》：“仍嫌众里娇行疾，傍鞻深藏白玉鞭。”

鞿 〔jī《广韵》居依切，平微，見。〕❶马嚼子。韩愈《送区弘南归》：“王都观阙双巍巍，腾蹋众骏事鞍鞿。”章孝标《骆谷行》：“扪云袅栈入青冥，鞿马铃骡傍日星。”❷牵制，束缚。韩愈《山石》：“人生如此自可乐，岂必局束为人鞿。”

【鞿鞅】 马缰绳。喻受束缚。权德舆《祗役江西路上以诗代书寄内》：“终当税鞿鞅，岂待毕婚娶。”

【鞿羈】 马缰绳和络头。借指马。储光羲《同诸公秋日游昆明池思古》：“老幼樵木还，宾从回鞿羁。”

十三画

韁 〔jiāng《广韵》居良切，平陽，見。〕同“缰”。马缰绳。岑参《送张献心充副使归河西杂句》：“玉瓶素蚁腊酒香，金鞭白马紫游韁。”李嘉祐《与从弟正字从兄兵曹宴集林园》：“去路归程仍待月，垂韁不控马行迟。”许浑《寄房千里博士》：“春风白马紫丝韁，正值蚕眠未采桑。”马戴《边将》：“红韁跑骏马，金镞掣秋鹰。”

【韁繫】 系马的缰绳。喻受束缚。韩愈《寄崔二十六立之》：“汝头有韁系，汝脚有索縻。”

【韁鎖】 缰绳和锁链。喻束缚。柳宗元《法华寺石门精舍三十韵》：“潜躯委韁锁，高步谢尘块。”白居易《养拙》：“身去韁锁累，耳辞朝市喧。”

韂 〔chàn《广韵》昌豔切，去豔，昌。〕垫在马鞍下、垂于马背两旁，以挡泥土的皮革制品。李贺《马诗二十三首》之一：“无人织锦韂，谁为铸金鞭。”元稹《望云骓马歌》：“银鞍绣韂不复施，空尽天年御槽活。”

韀 同“鞲”。

十四画

韅 〔xiǎn《广韵》呼典切，上銑，曉。〕系在马背部分的皮带。一说指马腹带。见《左传·僖公二十八年》。又见《史记·礼书》。

【韅靷】 指车马上的装备物。韩愈《赠崔立之评事》："子时专场夸觜距，余始张军严韅靮。"

韈 同"袜"。袜子。李白《登梅冈望金陵赠族侄高座寺僧中孚》："吴风谢安屐，白足傲履韈。"温庭筠《莲花》："应为洛神波上韈，至今莲蕊有香尘。"

十五画

韆 〔qiān《广韵》七然切，平仙，清。〕见"鞦韆"。

十六画

韉 〔jiān《广韵》则前切，平先，精。〕亦作"鞯"。马鞍下的垫子。杜甫《送人从军》："马寒防失道，雪没锦鞍鞯。"岑参《卫节度赤骠马歌》："红缨紫鞚珊瑚鞭，玉鞍锦韉黄金勒。"韩愈《酬蓝田崔丞立之咏雪见寄》："出门愁落道，上马恐平鞯。"韩偓《马上见》："自怜输厩吏，余暖在香鞯。"亦借指马鞍。李真《丈人山诗》："春冻晓鞯露重，夜寒幽枕云生。"

【韉汗】 鞍鞯。其饰垂于马的汗沟处，故称。杜牧《长安杂题长句六首》之二："韩嫣金丸莎覆绿，许公鞯汗杏粘红。"

韋　部

韋〔wéi《广韵》雨非切，平微，云。〕❶去毛的兽皮。亦指皮带。元稹《酬乐天江楼夜吟稹诗因成三十韵》："手寻韦欲绝，泪滴纸浑穿。"参见"韋弦""韋編"。❷古国名。豕韦的简称。春秋时卫地，在今河南滑县东南。后为商汤所灭。见《诗·商颂·长发》。张直《宿顾城二首》之二："武汤东伐韦，固君含悲凄。"❸姓。参见"韋元旦""韋元甫""韋丹"等。

【韋二】　韦续。天兴令。杜甫有《从韦二明府续处觅绵竹》。

【韋十七】　指韦造。韦造天宝年间曾任郑县尉。刘长卿有《客舍赠别韦九建赴任河南韦十七造赴任郑县就便覲省》。

【韋十郎】　杜甫有《投简梓州幕府兼简韦十郎官》，原校："一本无官字。"韦十郎，疑为韦都宾，曾历官通泉令、殿中侍御史、太常博士。

【韋七】　❶指韦缜。曾官秘书监、工部尚书、太子宾客等官。白居易有《韦七自太子宾客再除秘书监以长句贺而饯之》和《二月一日作赠韦七庶子》，姚合有《和裴令公游南庄忆白二十韦七二宾客》。❷名未详。曾任东宫赞善大夫。杜甫有《赠七赞善》。

【韋九】　指韦建，字士经，京兆（今陕西西安市）人。主客郎中韦弼之长子。天宝中为河南令，后为太子詹事，贞元五年（789）以秘书监致仕。高适有《留别郑三韦九兼洛下诸公》，刘长卿有《客舍赠别韦九建赴任河南韦十七造赴任郑县就便覲省》。

【韋三】　韦况。李约《赠韦况》："我有心中事，不与韦三说。"

【韋大】　韦处厚，曾官开州刺史、户部郎中。白居易有《京使回累得南省诸公书因以长句诗寄谢萧五刘二元八杨十二员外》。

【韋大夫】　❶韦陟。曾官御史大夫，又曾以礼部尚书充东京留守。王维有《送韦大夫东京留守》，皇甫冉有《谢韦大夫柳栽》。❷韦之晋。曾官潭州刺史和御史大夫。常衮有《加韦之晋御大夫制》，李嘉祐有《送樊兵曹潭州谒韦大夫》。❸韦丹。曾官御史大夫，元和二年（808）二月拜洪州观察使。元稹有《陪诸公游故江西韦大夫通德湖旧居有感题四韵兼呈李六侍御》，熊孺登有《甘子堂陪宴上韦大夫》和《题逍遥楼伤故韦大夫》。❹韦丹。曾官剑南东川节度使，兼御史大夫。

【韋山人】　❶指韦山甫。白居易有《问韦山人山甫》。❷指韦楚。楚曾隐居洛阳伊阙山平泉。白居易《荐李晏韦楚状》谓韦楚："隐居乐道，独行善身。敛迹市朝，息机名利。况家传簪组，兄在班行。而楚独栖山卧云，炼气绝粒。滋味不接于口，尘埃不染其心。二十余年，不改其乐。"白居易有《池上赠韦山人》和《龙门送别皇甫泽州赴任韦山人南游》。其《赠韦处士六年夏大热旱》诗云："始觉韦山人，休粮散发好。"❸谓韦元旦。韦元旦有《五言夏田游神泉》，尹元凯、温翁念、李鹏均有《五言同韦子游神泉》。

【韋元旦】　诗人。京兆万年（今陕西西安市）人。进士出身，曾任河东尉、左台监察御史。因与张易之为姻属，易之败，贬感义尉。又因与韦后有裙带关系，不久又召为主客员外郎。景龙二年（708），召入修文馆。官至中书舍人。《全唐诗》卷六九录其诗十首，多为奉和应制之作；《全唐诗外编》收录其六言诗《丫髻岩》。

【韋元甫】　诗人。初任渭州白马尉，累迁苏州刺史、浙西西道都团练观察使。大历初，征为尚书右丞，出为淮南节度观察使。《全唐诗》卷二七二录其《木兰歌》。

【韋太守】　❶韦陟。陟曾官襄阳太守。李颀有《送皇甫曾游襄阳山水兼谒韦太守》。❷韦良宰。尚书右丞韦行佺之子，至德元年为房陵太守，二年至凤翔朝见，授鄂州刺史。李白有《经乱离后天恩流夜郎忆旧游书怀赠江夏韦太守良宰》。

【韋太尉】　❶韦皋。顺宗即位，加检校太尉。韩愈有《奉和武相公镇蜀时咏使宅韦太尉所养孔雀》。薛逢《君不见》："君不见，韦太尉，二十年前镇蜀地。"❷吴融《李周弹筝歌》注："淮南韦太尉席上赠。"按，《唐方镇年表》卷五，武宗后无韦姓淮南节度。疑韦乃高之误。高太尉，高骈。光启二年（886）五月，以淮南节度使、检校太尉、兼侍中高骈为太师、中书令、江淮盐铁转运、诸行营兵马都统。

【韋少府】　（少 shào）❶韦班。《新唐书·宰相世系四上》韦氏逍遥公房："班，衡州刺史。"则韦班由某县尉而官至衡州刺史。又，《元和姓纂》卷二韦氏谓班官衢州刺史，未详孰是。❷韦匡赞。曾官县尉。杜甫有《公安送韦二少府匡赞》，诗云："逍遥公后世多贤，送尔维舟惜此筵。"则韦二或为小逍遥公韦嗣立之后人。

【韋少保】（少 shào）韦夏卿。宪宗朝，优诏除太子少保。孟郊有《题韦少保静恭宅藏书洞》。

【韋少監】（少 shào）疑为韦长。长太和五年(831)五月在将作少监任。张籍有《同将作韦二少监赠水部李郎中》。

【韋中丞】❶韦之晋。曾官湖南都团练观察使、衡州刺史、潭州刺史、御史大夫。杜甫有《奉送韦中丞之晋赴湖南》。❷韦元甫。元甫曾官御史中丞。皇甫冉有《韦中丞西厅海榴》。❸韦丹。丹曾官司封郎中兼御史中丞，曾奉使新罗持节册命。权德舆有《送韦中丞奉使新罗》。❹韦瓘。会昌五年(845)为楚州刺史，兼御史中丞。张祜有《楚州韦中丞箜篌》，许浑有《淮阴阻风寄呈楚州韦中丞》，赵嘏有《山阳韦中丞罢郡因献》和《送韦中丞》。❺韦廑。会昌六年至大中二年任容南经略使兼容州刺史。陈陶有《赠容南韦中丞》《贺容府韦中丞大府贤兄新除黔南经略》和《和容南韦中丞题瑞亭白燕白鼠六眸龟嘉莲》。❻韦仕符。张鲁封《谑池亳二州宾佐兼寄宣武军掌书记李昼》序："池州杜少府慥、亳州韦中丞仕符，二君皆以长年，精求释道，乐营子女。"

【韋中書】韦处厚。官中书侍郎，同平章事。白居易《和微之诗二十三首·和自劝二首》之二："请看韦孔与钱崔，半月之间四人死。"自注："韦中书、孔京兆、钱尚书、崔华州，十五日间，相次而逝。"

【韋仁實】曾官补阙。元和十五年十二月，淮南节度使王播厚赂权要，求领盐铁使，谏议大夫独狐明、补阙韦仁实等抗疏论之。李贺有《送韦仁实兄弟入关》。

【韋介】诗人。与颜真卿同时人。《全唐诗》卷七八八载有其与颜真卿等《登岘山观李左相石尊联句》。

【韋公】❶韦元曾。元曾终官吏部郎中，卒赠给事中。李嘉祐有《故吏部郎中赠给事中韦公挽歌二首》。❷韦丹。元稹《去杭州》："柳阴覆岸郑监水，李花压树韦公园。"

【韋氏兄弟】韦夏卿之子。韦夏卿有九子。元稹有《陪韦尚书丈归履信宅因赠韦氏兄弟》。

【韋户曹】韦洪。京兆(今陕西西安市)人，官户曹。任要有《腊月中与韦户曹游发生洞裴回之际见双白蝙蝠三飞洞门时多异之同为口号》。

【韋九尹】指韦济。天宝七载(748)为河南尹，故称。杜甫有《奉寄河南韦尹丈人》。

【韋孔】指中书韦处厚和京兆孔戣。白居易《和微之诗二十三首·和自劝二首》之二："请看韦孔与钱崔，半月之间四人死。"

【韋功曹】韦沨。曾任洛阳令、华州司马，赠工部尚书。戴叔伦有《暮春沐发晦日书怀寄韦功曹沨李录事从训王少府纯》。

【韋左司】指韦应物。韦应物于贞元三年(787)由江州刺史，入为左司郎中，故称。顾况有《酬本部韦左司》。

【韋左丞】❶指韦济。韦嗣立之子。天宝七载(748)为河南尹，迁尚书左丞，故称。杜甫有《奉赠韦左丞丈二十二韵》，原题下注："韦济，天宝七载为河南尹，迁尚书左丞。"杜甫又有《赠韦左丞丈济》。❷指韦弘景。京兆(今陕西西安市)人。曾任尚书左丞。白居易有《喜与韦左丞同入南省因叙旧以赠之》。

【韋左相】（相 xiàng）指韦见素。天宝元年(742)改侍中为左相，改中书令为右相。十五载(756)七月，见素从明皇幸蜀至巴西郡，诏兼左相、武部尚书。数日，至蜀郡，加金紫光禄大夫，进封豳国公，与一子五品官。杜甫有《上韦左相二十韵》。

【韋平】西汉韦贤、韦玄成与平当、平宴父子的并称。韦氏和平氏父子相继为相，为世人所推重。刘禹锡《和李相公以平泉新墅获方外之名因为诗以报洛中士君子兼见寄之什》："业继韦平后，家依昆阆间。"又《送李二十九兄员外赴邠宁使幕》："家袭韦平身业文，素风清白至今贫。"韩偓《感事三十四韵》："恭显诚甘罪，韦平亦恃权。"李瀚《蒙求》："许史侯盛，韦平相延。"

【韋兄】孙逖有《和韦兄春日南亭宴兄弟》。韦兄，校云：一作韦尚书。韦尚书，即韦抗，其兄韦抱贞，曾任梓州刺史，罢任后归京。二人"南亭宴集"，张九龄有《和韦尚书答梓州兄南亭宴集》，据此知韦兄即韦尚书韦抗。

【韋白】指韦缜和白居易。姚合《和裴令公游南庄忆白二十韦七二宾客》："半醉思韦白，题诗染彩翰。"

【韋令】韦皋。皋于贞元十七年(801)十月以功加检校司徒，兼中书令，封南康郡王。元稹有《送林复梦赴韦令辟》。

【韋令公】韦皋。亦省作"韋令"。贞元十七年(801)破蕃兵十六万，拔七城，以功加检校司徒兼中书令，封南康郡王。武元衡有《四川使宅有韦令公时孔雀存焉因赋此诗用广其意》，王建有《和武门下伤韦令孔雀》，白居易有《和武相公感韦令公旧池孔雀》，刘禹锡有《广宣上人寄在蜀与韦令公唱和诗卷因以令公手札答诗示之》，白居易有《和武相公感韦令公旧池孔雀》,薛涛有《罚赴边有怀上韦令公二首》。

【韋丹】　字文明,京兆万年(今陕西西安市西北)人。从外祖父颜真卿习业,擢明经,调安远令以让庶兄。入紫阁山攻读,复举五经高第。曾官容州刺史、谏议大夫、河南少尹等职,终江南西道观察使。《全唐诗》卷一五八录其《思归寄东林澈上人》及《答澈公》二首。

【韋司直】　❶疑为韦津。津曾官大理司直。杜甫有《送韦郎司直归成都》。❷郎士元有《赠韦司直》。韦,校云:“一作韩。”作韩是。韩司直,疑为韩三回。据权德舆《太中大夫守国子祭酒韩公(三回)行状》,韩三回天宝末西京陷落后,寓江南积六七年,累授江陵府二功曹、大理司直,兼汉中郡司马、苏州司马,又为洪州长史。

【韋司馬】　韦子春。李白与韦子春同在永王水军。李白有《在水军宴韦司马楼船观妓》和《赠韦秘书子春二首》。

【韋司業】　韦述。韦于开元廿七载(739)转国子司业。萧颖士有《仰答韦司业垂访五首》。

【韋式】　诗人。与白居易、王起同时。《全唐诗》卷四六三录其《一字至七字·竹》,自注:“以题为韵,同王起诸公送白居易分司东都作。”

【韋有夏】　杜甫有《寄韦有夏郎中》。韦有夏,即韦夏有,有夏为倒文。韦夏有曾官考功郎中。又曾官户部员外郎。《郎官石柱题名新著录》户部员外郎第十行有韦夏有。

【韋同則】　诗人。建中时人。《全唐诗》卷三〇九录其《仲月赏花》。

【韋向】　户部郎中韦宾之子,官工部员外。皎然有《送韦向睦州谒独孤使君汜》。

【韋曲】　(—qū)地名。在唐京城长安南郊。贵家园亭、侯王别墅,多集于此。因韦氏世居于此而得名。即今陕西西安市长安区韦曲镇。唐时为游乐胜地。杜甫《赠韦七赞善》:“乡里衣冠不乏贤,杜陵韦曲未央前。”权德舆《奉和韦曲庄言怀贻东曲外族诸弟》:“韦曲冠盖里,鲜原郁青葱。”又《酬赵尚书城南看花日晚先归见寄》:“杜城韦曲遍寻春,处处繁花满目新。”罗邺《春日偶题城南韦曲》:“韦曲城南锦锈堆,千金不惜买花栽。”

【韋仲堪】　李白友人,池州青阳(今安徽青阳县)人。李白有《望九华山赠青阳韦仲堪》。

【韋冰】　诗人。鄠县令。《全唐诗》卷七二六录其《和三乡诗》。

【韋江州】　指韦应物。应物于贞元元年(805)秋为江州刺史。贞元三年由江州刺史入朝为左司郎中。白居易《题浔阳楼》:“又怪韦江州,诗情亦清闲。”畅当有《天柱隐所重答江州应物》,原题下注:“下四字一作韦江州。”

【韋安石】　诗人。京兆万年(今陕西西安市)人。应明经举,累授乾封尉。永昌元年(689)三迁雍州司兵。叶苏良嗣为文昌左相,荐安石于武则天,擢拜膳部员外郎、永昌令、并州司马。俄拜并州刺史,又历德、郑二州刺史。久视年,迁文昌右丞,寻拜鸾台侍郎、同凤阁鸾台平章事,兼太子左庶子。数折辱张易之兄弟和武三思。中宗时为侍中。睿宗时,拜太子少保等职,遭姜皎构陷,贬卒。《全唐诗》卷一〇四录其《侍宴旋师喜捷应制》等三首。

【韋丞】　韦广。成都县丞。卢伦有《送从舅成都县丞广归蜀》。卢纶母氏姓韦,故称韦广为从舅。李端有《送成都韦丞还蜀》。

【韋杜】　指韦曲与杜曲。在唐京城长安(今陕西西安市)城南。唐望族韦氏、杜氏世居于此。风景秀丽,为当时游览胜地。韩愈《出城》:“应须韦杜家家到,只有今朝一日闲。”贾岛《送友人之南陵》:“好趁江山寻胜境,莫辞韦杜别幽居。”郑谷《游贵侯城南林墅》:“韦杜八九月,亭台高下风。”杜荀鹤《送韦书记归京》:“韦杜相逢眼自明,事连恩地倍牵情。”

【韋秀才】　指韦道冲。刘禹锡有《送韦秀才道冲赴制举》。

【韋序】　宪宗朝宰相贯之之孙,父澥,登进士第,早卒,有子五人。序行三,登进士第,官至尚书郎。郑谷有《送进士韦序赴举》。

【韋況】　韦斌子,屡征不就。戎昱有《赠韦况征君》。

【韋長史】　(長 zhǎng)韦绩。元和中为金吾卫长史。白居易《吟四虽》:“年虽老,犹少于韦长史。”自注:“分司同官中,韦长史绩年七十余。”

【韋青】　玄宗时歌者,官至金吾将军。《乐府杂录·歌》:“明皇朝有韦青者,本是士人,尝有诗‘三代掌纶诰,一身能唱歌’。青官至金吾将军。”顾况有《赠韦清将军》。清,亦作青。

【韋表微】　诗人兼大儒。字子明,韦蟾之父。下杜(今陕西西安市南)人。擢进士第、累佐藩府。元和十五年(820),拜监察御史。逾年,以本官充翰林学士。迁左补阙、库部员外郎、知制诰。满岁,擢中书舍人。文宗立,进户部侍郎。卒,赠礼部尚书。《全唐诗》录其《池州夫子庙麟台》。

【韋班】　杜甫友人。涪江尉。杜甫有《涪江泛舟送韦班归京》。

【韋荆南】　指韦长。韦长曾任荆南节度使,故称。白居易《偶吟》:“韦荆南去留春服,王侍中来乞酒钱。”

【韋抗】 诗人。韦安石从父兄子。弱冠举明经，累转吏部郎中，以清谨著称，迁右台御史中丞。开元三年(715)，自左庶子出为益州长史。四年，入为黄门侍郎。终刑部尚书。卒赠太子少傅，谥曰贞。《全唐诗》卷一〇八录其《奉和圣制送张说上集贤学士赐宴》。

【韋述】 诗人。《全唐诗》卷一〇八录其《奉和圣制送张说上集贤学士赐宴》等四首。

【韋尚書】 ❶韦抗。开元十一年(723)为刑部尚书。张九龄有《和韦尚书答梓州兄南亭宴集》。❷韦之晋。卒于湖南观察使任。杜甫有《送卢十四弟侍御护韦尚书灵榇归上都二十韵》。❸韦夏卿。贞元末为吏部侍郎，转京兆尹、太子宾客、检校工部尚书、东都留首。元稹有《陪韦尚书丈归履信宅因赠韦氏兄弟》。按，夏卿为元稹岳父。❹韦瞻。咸通末由刑部侍郎升刑部尚书。李频有《送鄂渚韦尚书赴镇》，罗隐有《上鄂州韦尚书》。❺韦弘景。弘景曾官尚书左丞，故称。白居易《因梦有悟》："初见韦尚书，金紫何辉辉。"

【韋明府】 ❶韦辞。元和九年(814)自蓝田令入拜侍御史。殷尧藩有《寒食城南即事因访蓝田韦明府》。❷韦续。曾官天兴令。杜甫有《从韦二明府续处觅绵竹》。参见"韋二"。

【韋岫】 字伯起。曾官库部郎中、泗州刺史、福建观察史。章碣有《送韦岫郎中典泗州》。

【韋侍郎】 ❶韦嗣立。嗣立曾为户部侍郎，骊山有其别业。卢僎有《奉和李令扈从温泉宫赐游骊山韦侍郎别业》。❷韦陟。陟曾为礼部侍郎和吏部侍郎。开元初，丁父忧，与王维、崔颢、卢象等唱和游处。王维有《韦侍郎山居》。

【韋侍御】 ❶韦黄裳。曾官侍御史。李白有《赠韦侍御黄裳二首》。❷韦光裔。光裔曾官殿中侍御史。包何有《送韦侍御奉使江岭诸道催青苗钱》。❸韦辞。元和九年(814)，以蓝田令入拜侍御史，以事累出为郎州刺史，再贬江州司马。白居易有《早秋晚望兼呈韦侍御》，又《山中戏问韦侍御》。❹韦潘。与李商隐同年进士。李商隐有《十字水期韦潘侍御同年不至时韦寓居水次故郭汾宁宅》。

【韋使君】 ❶指韦济。高适有《真定即事奉赠韦使君二十八韵》。据《新唐书·方技传·张果传》，开元二十一年(733)，韦济正任恒州刺史，荐方士张果。❷指韦彪。柳宗元有《韦使君黄溪祈雨见召从行至祠下口号》。❸指韦黄裳。据《旧唐书·肃宗纪》，黄裳在肃宗朝曾先后任升州刺史和苏州刺史，故称。皇甫冉有《独孤中丞筵陪饯韦君赴升州》。❹指韦处厚。据《旧唐书·韦处厚传》，处厚与韦贯之友善，贯之以议兵不合旨出官，处厚亦出为开州刺史。张籍有《答开州韦使君寄车前子》。❺指韦应物。韦应物先后任江州刺史、滁州刺史和苏州刺史，故称。丘丹有《和韦使君秋夜见寄》《奉酬韦苏州使君》《和韦使君听江笛送陈侍御》《奉酬韦使君送归山之作》。❻指韦抱贞。韦抱贞曾任梓州刺史，故称。苏颋有《夜闻故梓州韦使君明当引绋感而成章》。❼指韦之晋。刘长卿有《赴宣州使院夜宴寂上人房留辞前苏州韦使君》。独孤及《豫章冠盖盛集记》："岁次辛丑正月，苏州刺史韦公之晋至自吴。"刘长卿又有《余干夜宴奉饯前苏州韦使君新除婺州作》。❽韦宥。宥曾官台州刺史。长孙佐辅有《闻韦驸马使君拜台州》。

【韋舍人】 ❶韦元旦。元旦曾为中书舍人。郑愔、徐彦伯均有《同韦舍人早朝》。韦元旦有《早朝》。❷韦瓘。大和中以中书舍人谪康州，会昌末、大中初为楚州刺史兼御史中丞。张祜有《观楚州韦舍人新筑河堤兼建两闸门》《陪楚州韦舍人北闸门游宴》《陪楚州韦舍人闸门游宴次韵北闸门》，赵嘏有《重阳日寄韦舍人》。

【韋金】 为称颂韦氏族人之典。郑愔《同韦舍人早朝》："同声惭下玉，谬此托韦金。"参见"韋經"。

【韋金部】 疑为韦士模。《郎官石柱题名新著录》金部员外郎第七行有韦士模，大历中任。李端有《茂陵山行陪韦金部》。

【韋河南】 韦执中，官河南令。窦牟有《陪韩院长韦河南同寻刘师不遇》，韩愈有《同窦牟韦执中寻刘师不遇》。

【韋郎中】 ❶韦德恭。卢照邻有《哭金部韦郎中》。❷韦损。损曾官仓部郎中，《郎官石柱新著录》仓部郎中第七行有韦损。损又曾官职方郎中，见《元和姓纂》卷二京兆韦氏。李嘉祐有《常州韦郎中泛舟见饯》。❸韦应物。应物贞元三年(787)，曾官尚书左司郎中。令狐峘有《硖州旅舍奉怀苏州韦郎中》。❹韦颉。元和中曾官吏部郎中和硖州刺史。李涉有《寄峡州韦郎中》。❺韦岫。曾官库部郎中、泗州刺史、福建观察使。章碣有《送韦岫郎中典泗州》。❻韦贻范。曾官右司郎中。李洞有《龙州韦郎中先梦六赤后因打叶子以诗上》。

【韋宗仁】 卢纶内弟。卢纶有《送内弟韦宗仁归信州觐省》。

【韋門】 汉丞相韦贤门下。泛指德高位重之门第。宋之问《故赵王属赠黄门侍郎上官公挽词二首》之一："韦门旌旧德，班氏业前书。"孙逖《故陈州刺史赠兵部尚书韦公挽词》："惟余汉臣史，继术赞韦门。"

【韋居守】 韦夏卿。贞元十九年(803)十月，以太子宾客韦夏卿为东都留守，元稹有《韦居守晚岁常言退休之志因署其居曰大隐洞因赠绝句》。

【韋弦】 喻外界的某种启示或教益，借以自诫、自勉。韦，皮绳，喻缓也；弦，弓弦，喻急也。白居易《自到郡斋走笔题二十四韵》：“襦袴提于手，韦弦佩在绅。”杜牧《送杜觊赴润州幕》：“还须整理韦弦佩，莫独矜夸玳瑁簪。”薛能《升平词十首》之五：“君王故不有，台鼎合韦弦。”

【韋承貽】 诗人。咸通八年(867)登第。《全唐诗》卷六〇〇录其《策试夜潜纪长句于都堂西南隅》二首。

【韋承慶】 诗人。字延休，郑州阳武(今河南原阳县)人。韦思谦子。弱冠举进士，补雍王府参军。累迁太子司议郎。调露初，东宫废，出为乌程令。长寿中，累迁凤阁舍人，兼掌天官选事。后又出为沂州、豫州、虢州刺史。长安初，入为司仆少卿，转天官侍郎，兼修国史。终官黄门侍郎。《全唐诗》卷四六录其《折杨柳》等七首。

【韋承總】 孟郊友人。孟郊有《题韦承总吴王故城下幽居》，自注：“韦生，相门子孙。”

【韋南陵】 指韦冰。韦渠牟之父，南陵令。李白有《江夏赠韦南陵冰》和《寄韦南陵冰余江上乘兴访之遇寻颜尚书笑有此赠》。

【韋相】 (—xiàng)❶韦执谊。顺宗即位，王叔文用事，用韦执谊为相。后坐叔文之贬，死于崖州贬所。刘禹锡有《和仆射牛相公追感韦裴六相登庸皆四十余未五十薨殁见寄之作》。执谊年二十余为翰林学士，永贞元年(805)为相，年四十余死于贬所。❷韦处厚。宝历二年(826)十二月，韦处厚为中书侍郎、同中书门下平章事。白居易《题道宗上人十韵》序：“普济寺律大德宗上人法堂中，有故相国郑司徒、归尚书、陆刑部、元少尹及今吏部郑相、中书韦相、钱左丞诗。”

【韋拾遺】 韦溪。郑谷有《贺左省新除韦拾遗》。

【韋相公】 (相 xiàng)韦庄。前蜀高祖王建即位，拜庄为左散骑常侍，判中书门下事。累官至门下侍郎、吏部侍郎，同平章事。贯休有《和韦相公见示闲卧》和《和韦相公话婺州陈事》。

【韋昭應】 韦瀚。瀚曾官昭应令。韦氏逍遥公房如韦鉴、韦銮、韦鹏均擅丹青。储光羲有《述韦昭应画犀牛》。

【韋洪】 诗人。京兆(今陕西西安市)人。曾官户曹。《全唐诗》卷八八七录其《腊月中游发生洞口号》。

【韋洵美】 诗人。《全唐诗外编》收录韦洵美《答崔素娥》等二首。

【韋珩】 字群玉。京兆韦夏卿之从子，贞元二十一年(805)进士。柳宗元有《寄韦珩》。

【韋起居】 ❶指韦序。郑谷有《寄左省韦起居序》。❷指韦衮。郑谷有《春暮咏怀寄集贤韦起居衮》。

【韋莊】 五代前蜀诗人。京兆杜陵(今陕西西安市东北)人。字端己。少孤贫，力学，才敏过人。乾宁元年(894)登进士第，任校书郎。后任左补阙。天复元年(901)，入蜀为王建掌书记。天祐四年(907)劝王建称帝，为右散骑常侍，判中书门下事。终官吏部侍郎兼平章事。《全唐诗》收录其诗六卷，《全唐诗外编》收录其《秦妇吟》《酬张明府》《游牛首山》三首。

【韋校書】 (校 jiào)❶韦承贻。皮日休有《江南书情二十韵寄秘阁韦校书贻之商洛宋先辈垂文二同年》和《寄同年韦校书》，陆龟蒙《和袭美寄同年韦校书》。❷韦正贯。韦皋侄。举贤良方正科，除太子校书郎。薛涛有《赠韦校书》。

【韋夏卿】 诗人。字云容，杜陵(今陕西西安市西北)人。《全唐诗》卷二七二录其《别张贾》等三首。

【韋員外】 ❶韦迢。杜甫有《潭州送韦员外牧韶州》。迢，韦夏卿之父，检校都官郎中，岭南节度行军司马。迢当自员外郎牧韶州，后为岭南道行军司马，方检校都官郎中。❷岑参有《韦员外家花树歌》，独孤及有《同岑郎中屯田韦员外花树歌》。韦姓屯田员外，名未详。❸韦丹。丹曾官检校吏部员外郎、河阳行军司马、驾部员外郎等。权德舆有《送韦行军员外赴河阳》。❹韦序。宪宗朝宰相韦贯之孙，父滃，登进士第。官至尚书郎。郑谷有《吊故礼部韦员外序》。

【韋秘書】 韦子春。李白有《赠韦秘书子春二首》。

【韋皋】 诗人。字城武，京兆(今陕西西安市)人。大历初，以建陵挽郎调补华州参军，累授使府监察御史。宰相张镒出为凤翔陇右节度使，奏皋为营田判官，得殿中侍御史，权知陇州行营留后事。贞元末以擒论莽热功检校司徒，兼中书令，封南郡王。《全唐诗》卷三一四录其《天池晚棹》和《赠何遐》二首。韩愈《元和圣德诗》：“韦皋去镇，刘辟守后。”郭圆《咏韦皋》：“当时甚讶张延赏，不识韦皋是贵人。”自注：“张延赏妻苗夫人有鉴，特选韦皋为婿，延赏悔之，不加齿礼。后韦皋持节西川，以代延赏。延赏曰：‘吾不识人。’”

【韋卿】 ❶韦虚舟。虚舟终官大理卿。王维有《晦日游大理韦卿城南别业四声依次用各六韵》。❷韦渠牟。渠牟曾官太常。窦庠有《酬谢韦卿二十五兄俯赠辄敢书情》。韦渠牟行二十四，此作二十五，误。权德舆有《奉和太府韦卿阁老左藏库中假山之作》。

【韋象】 字象先，贵池(今安徽池州市)人，乾宁四年(897)礼部侍郎薛昭闱下进士。杜荀鹤有《江上送韦象先辈》。

【韋陟】 字殷卿，京兆万年(今陕西西安市)人。韦安石子。自幼风标整峻，独立不群，与弟斌相劝励，探讨典坟，不舍昼夜。文华当代，俱有盛名。累官吏部侍郎。为李林甫所忌，出为襄阳太守。历陈留采访使。以亲累贬钟离太守，寻移河东太守。肃宗即位，起为吴郡太守，累官吏部尚书。因宗人伐墓柏，坐不能禁，出为绛州刺史。陟凡五任太守。王维有《奉寄韦太守陟》。

【韋紓】 诗人。贞元进士及第。《全唐诗》卷三四七录其《赋得风动万年枝》。

【韋執中】 诗人。京兆(今陕西西安市)人。与韩愈同时，曾官河南县令，历泉州刺史。《全唐诗》卷三一三录其《陪韩退之窦贻周同寻刘尊师不遇得师字》。卷七八九录其与李益、贾岛等《天津桥南山中各题一句》联句一句。

【韋帶】 古之平民或未仕者所系之皮带。亦泛称皮带。司空曙《送李嘉祐正字括图书兼往扬州觐省》:“不事兰台贵，全多韦带风。”权德舆《酬蔡十二博士见寄四韵》:“风尘韦带减，霜雪松心劲。”

【韋處士】 (處 chǔ)韦楚。家传簪组，史在班行，而楚独栖山卧云，炼气绝粒。大和八年，征楚为左拾遗内供奉，不就。白居易有《秋游平泉赠韦处士闲禅师》和《赠韦处士六年夏大热旱》。

【韋常侍】 疑为韦绶。德宗时以左补阙为翰林学士，终散骑常侍。武元衡有《韦常侍以宾客致仕同诸公题壁》。

【韋偃】 著名画家，京兆(今陕西西安市)人。诗人韦应物伯父韦鉴之子。《历代名画记》卷十:“〔韦〕鉴子鶠工山水，高僧奇士，老松异石，笔力劲健，风格高举，善小马牛羊山原。俗人空知鶠善马，不知松石更佳也。”杜甫有《题壁画马歌》，原题下注:“一作《题壁上韦偃画歌》。偃，京兆人，善画马，名画记作鶠。”又《戏为双松图歌》:“天下几人画古松，毕宏已老韦偃少。”

【韋庶子】 指韦缜。大和间缜为太子庶子分司。白居易有《二月一日作赠韦七庶子》和《雪中晏起偶咏所怀兼呈张常侍韦庶子皇甫郎中》。

【韋商州】 韦弼，字国桢，商州刺史。沈佺期有《送韦商州弼》。

【韋清】 顾况有《赠韦清将军》，注云:“青善歌。”韦清，即韦青。《乐府杂录·歌》:“明皇朝有韦青，本是士人。尝有诗‘三代主纶诰，一身能唱歌’。青官至金吾将军。”

【韋淑】 韦嗣立弟，曾任安州都督。韦嗣立有《偶游龙门北溪忽怀骊山别业因以言志示弟淑奉呈诸大僚》，崔日知有《奉酬韦祭酒偶游龙门北溪忽怀骊山别业因以言志示弟淑并呈诸大僚之作》。

【韋祭酒】 韦嗣立。嗣立曾为国子祭酒。张说有《奉酬韦祭酒自汤还都经龙门北溪庄见贻之作》。韦嗣立有《自汤还都经龙门北溪赠张左丞崔礼部崔光禄》，张左丞，即张说。崔日知和魏奉古有《奉酬韦祭酒偶游龙门北溪忽怀骊山别业因以言志示弟淑并呈诸大僚之作》，崔日知又有《冬日述怀奉呈韦祭酒张左丞兰台名贤》。

【韋渠牟】 诗人。京兆万年(今陕西西安市西北)人。《全唐诗》卷三一四收录其《步虚词》等二十余首。

【韋評事】 ❶指韦潘。李商隐有《灵仙阁晚眺寄郓州韦评事》。❷指韦儹。戴叔伦有《赠韦评事儹》。

【韋道安】 徐泗节度使张建封部下。柳宗元有《韦道安》。

【韋道衝】 韦述后人。曾官殿中侍御史内供奉。刘禹锡有《送韦秀才道冲赴制举》。

【韋曾】 诗人。万年令韦光朝之子，任舒州刺史、职方员外郎。《全唐诗外编》收录其《谒天柱山真君祠》。

【韋滁州】 韦应物。应物曾官滁州刺史。杨凌有《奉酬韦滁州寄示》。

【韋開州】 韦处厚。元和十一年(806)九月，贬考功郎韦处厚为开州刺史。张籍有《和韦开州盛山十二首》，白居易有《和李澧州题韦开州经藏诗》。

【韋給事】 (给 jǐ)韦恒。韦嗣立子，曾官给事中。王维有《同卢拾遗过韦给事东山别业二十韵》和《韦给事山居》。

【韋楚老】 楚老为韦寿朋字。寿朋为今河南洛阳市人。初为隐士，大和末、开成初曾为谏官。李德裕有《访韦楚老不遇》，杜牧有《洛中监察病假满送韦楚老拾遗归朝》。《全唐诗》卷五〇八录其《祖龙行》和《江上蚊子》二首，题为常楚老，常一作韦。

【韋睦州】 韦儹，曾官睦州刺史。刘太真有《顾十二况左迁过韦苏州房杭州韦睦州三使君皆有郡中燕集诗因亦成篇以继三君子之风焉》。

【韋鼎】 诗人。湖南人。与廖匡图、刘昭禹、齐己同时，俱以文藻知名。有诗一卷，多佚。《全唐诗》卷七四〇仅录其《赠廖凝》。

【韋嗣立】 诗人。郑州阳武(今河南原阳县)人。韦承庆异母弟。少年举进士，累迁双流县令。则天皇后时拜凤阁侍郎、同凤阁鸾台平章事。中宗时，历任相州刺史、太府卿、修文馆学士等职。景龙三年(709)，再度为相。尝于骊山构别业，中宗临幸，令从官赋诗，自制诗序，并封嗣立为逍遥公。睿宗时，拜中书令。开元中谪岳州别驾，迁辰州刺史。《全唐诗》卷九一录其诗七首。宋之问和李峤有《奉和幸韦嗣立山庄侍宴应制》。

【韋僅】 即韦廑,曾官检校祠部郎中兼侍御史。姚合有《送徐州韦仅行军》。

【韋經】 为称颂韦氏族人之典。杜甫《哭韦大夫之晋》:"汉道中兴盛,韦经亚相传。"

【韋壽朋】 即韦楚老,以字行。杜牧有《重到襄阳哭亡友韦寿朋》,此诗亦题作《重宿襄州哭韦楚老拾遗》。

【韋韶州】 韦迢。杜甫有《潭州送韦员外牧韶州》,此韦员外即韦迢。杜甫又有《酬韦韶州见寄》,韦迢有《早发湘潭寄杜员外院长》和《潭州留别杜员外院长》。杜员外院长即杜甫。杜甫又有《送魏二十四司直充岭南掌选崔郎中判官兼寄韦韶州》。

【韋賓客】 韦缜。开成元年(836)正月,以秘书监韦缜为工部尚书。刘禹锡有《伤韦宾客》,注:"自工部尚书除宾客。"校:"一作《伤韦宾客缜》。"白居易有《五月斋戒罢宴彻乐闻韦宾客皇甫郎中饮会亦稀又知欲携酒馔出斋先以长句呈谢》和《韦七自太子宾客再除秘书监以长句贺而饯之》。

【韋綬】 诗人。韦贯之兄,德宗朝翰林学士。《全唐诗》卷七九五录其"在室愧屋漏"残句一句。

【韋駙馬】 韦宥。曾官秘书少监、台州刺史,尚德宗十一女韩国贞穆公主。长孙佐辅有《闻韦驸马使君迁拜台州》。

【韋璜】 女诗人。潞城县令周混妻,玄宗、肃宗时人,容色妍丽,性聪慧。《全唐诗》录其《赠姊》等四首。

【韋賢】 西汉人。贤治《诗》、《礼》,位至丞相。其子玄成亦以明经至丞相。由其父子传授的《鲁诗》学派,世称韦氏学。杨巨源《句》:"伊陟无闻祖,韦贤不到孙。"

【韋徵君】 指韦楚老。白居易有《题赠平泉韦征君拾遗》。

【韋諷】 成都(今属四川)人。代宗时阆州录事参军。杜甫有《送韦讽上阆州录事参军》《东津送韦讽摄阆州录事》《韦讽录事宅观曹将军画马图歌》。

【韋澳】 诗人。字子裴,宪宗朝宰相韦贯之之子。大和六年(832)擢进士第,又以弘词登科。大中,为考功员外郎。懿宗即位,迁检校户部尚书,兼青州刺史、平卢节度观察处置使等。入为户部侍郎,转吏部。为执政所恶,出为邠州刺史、邠宁节度使。逾年复授户部侍郎,以疾不拜而卒,赠户部尚书。《全唐诗》卷七九五仅录其"莫将韦监同殷监,错认容身为保身"诗一联。

【韋潘】 李商隐同年。李商隐有《十字水期韦潘侍御同年不至时韦寓居水次故郭汾宁宅》。李商隐又有《和韦潘前辈七月十二日夜泊池州城下先寄上李使君》。

【韋潤州】 韦元甫。元甫曾官润州刺史。李嘉祐有《韦润州后亭海榴》和《奉陪韦润州游鹤林寺》。

【韋编】 纸发明前,古代书籍刻写于竹简上,用皮带编缀,故称韦编。《史记·孔子世家》:"读《易》,韦编三绝。"后以"韋編"借指《易》。许浑《元处士自洛归宛陵山居见示詹事相公饯行之什因赠》:"紫霄峰下绝韦编,旧隐相如结袜前。"自注:"元君旧隐庐山学《易》,常为相国师服。"皮日休、陆龟蒙《北禅院避暑联句》:"岂独断韦编,几将刓铁擿。"亦泛称古籍。太宗《帝京篇十首》之二:"韦编断仍续,缥帙舒还卷。"权德舆《郊居岁暮因书所怀》:"就学缉韦编,铭心对欹器。"周弘亮《除夜书情》:"还伤知候客,花景对韦编。"张祜《戊午年感事书怀二百韵》:"灰心志射鹄,火性急韦编。"

【韋縠】 诗人。韦縠仕五代时后蜀孟知祥父子,累迁监察御史,升尚书。辑唐人诗千首,编为《才调集》十卷。《全唐诗外编》录其《游朱坡故少保杜公林亭》等十余首。

【韋諫議】 ❶韦渠牟。渠牟曾官右补阙、左谏议大夫。窦庠有《奉和王侍郎春日喜李侍郎崔给谏张舍人韦谏议见访因命觞观乐之什》。❷韦况。况元和初除谏议大夫。王建有《寄韦谏议》,权德舆有《奉和韦谏议奉送水部家兄上后书情寄诸兄弟仍通简南宫亲旧并呈两省阁老院长》。

【韋戴】 元稹友人。曾任松滋主簿。元稹有《僧如展及韦戴同游碧涧寺》和《八月六日与僧如展前松滋主簿韦戴同游碧涧寺赋得扉字韵》。

【韋覲】 李明达有《送韦覲谪潘州》。覲,当作廑。韦廑,太仆卿,贬潘州司马。

【韋檢察】 指韦纁。韦贯之之弟。纁,曾为监察御史,故称。欧阳詹有《咏德上韦检察》。原题下注:"即韦相皋之弟也,名纁。"

【韋謙】 诗人。五代时吴越国人。《全唐诗外编》收录其《题常乐庵五云堂》一首。《至元嘉禾志》卷三二收此诗,署节度韦谦。

【韋膺】 诗人。京兆杜陵(今陕西西安市东北)人。贞元以后人,衢州刺史韦光辅之子。《全唐诗外编》录其《丫髻岩》。

【韋應物】 诗人。京兆杜陵(今陕西西安东南)人。天宝六载(747)左右,年十五,因门荫得补三卫,成为玄宗的御前侍卫。曾任河阳从事、洛阳丞、河南府兵曹参军、京兆府功曹参军、高陵令、鄠县令、尚书比部员外郎、滁州刺史、江州刺史、尚书左司郎中,终官苏州刺史。《全唐诗》收录其诗十卷。

【韋濟】 诗人。郑州阳武(今河南原阳县)人。韦嗣立之子。早年以辞翰闻,开元初调补鄄城令。时玄宗召新授县令,殿试安民第一道,试者二百余人,独济策第一,擢济为醴泉令。三迁为库部员外郎。开元二十四年(736),为尚书户部侍郎。累岁转太原尹。天宝七载(748),又为河南尹,迁尚书左丞。其作品多佚。《全唐诗》仅录其《奉和圣制次琼岳应制》。

【韋鎰】 诗人。天宝初曾任监察御史。《全唐诗》卷七二二录其《经望湖驿》。

【韋蘇州】 指韦应物。韦应物于贞元四年(788)由尚书左司郎中出为苏州刺史,约七年罢任,居于苏州永定寺。畅当有《山居酬韦苏州见寄》,刘太真有《顾十二况左迁过韦苏州房杭州韦睦州三使君皆有郡中燕集因亦成篇以继三君子之风焉》,丘丹有《奉酬韦苏州使君》。张祜《叙诗》:"趑来韦苏州,气韵甚怡怡。"

【韋蟾】 诗人。字隐桂,或作隐珪,下杜(今陕西西安市南)人。父表微为名儒。蟾于大中七年(853)登进士第。咸通十四年(873),为御史中丞,官终尚书左丞。与李商隐、温庭筠、温庭皓、段成式等相友善,常有唱和。李商隐有《韦蟾》《和孙朴韦蟾孔雀咏》。《全唐诗》卷五六六录其《和柯古穷居苦日喜雨》等十首,卷八七〇录其《嘲李玚题名》。

【韋籌】 大和二年(828)状元,曾官右拾遗。温庭筠有《题韦筹博士草堂》。

【韋鏗】 诗人。睿宗时人,曾任殿中御史。《全唐诗》卷八九六录其《嘲邵景萧嵩》。同卷又录邵景《嘲韦铿》。

【韋譙公】 《旧唐书》和《新唐书》均无韦姓谯国公。谯疑为曹之讹。韦曹公,韦湑。韦温弟,自洛州户曹参军事连拜羽林大将军、曹国公。张说有《韦谯公挽歌二首》。

【韋韝】 皮制的臂衣。射猎时用于架鹰。陆龟蒙《五歌·水鸟》:"韦韝彩绥悬金铃,三驱不以鸟捕鸟。"

【韋瓘】 诗人。字茂弘,京兆万年(今陕西西安市)人。登进士第,累擢中书舍人,贬为明州刺史。会昌末,任楚州刺史,终桂管观察使。《全唐诗》卷五〇七录其《留题桂州碧浔亭》。

【韋權輿】 诗人。与李白同时人。《全唐诗》卷七八八录其与李白等《改九子山为九华山联句》一联。

五 画

韍 〔fú《广韵》分勿切,入物,非。〕系印玺的带子。亦代称印玺。李逢吉《再赴襄阳辱宣武相公贻诗今用奉酬》:"解韨辞丹禁,扬旌去赤墀。"

韎 〔mèi;又读 mò《广韵》莫拜切,去怪,明。又莫撥切,入末,明。〕我国古代东北部族的音乐名。见《周礼·春官·鞮鞻氏》。见"韎任"。

【韎任】 (—rén)古代东方和南方部族之音乐。亦泛指远方民族的音乐。窦牟《元日喜闻大礼寄上翰林四学士中书六舍人二十韵》:"窃抃闻韶濩,观光想韎任。"

八 画

韔 〔chàng《广韵》丑亮切,去漾,徹。〕方袋。孙光宪《定西番》词之一:"鹊面弓离短帐,弯来月欲成。"

【韔弓】 谓弛弓弦把弓放入弓袋。刘禹锡《泽宫诗》序:"晋昌唐如晦以信谊为良弓,文学为丛矢,规爵禄犹众禽,密彀持满,溯风蜚缴者数矣。有措杯之妙,而无双鸧之获。帐弓收视,归究其术,由是迹愈强而名愈闻,君子益多之。"

九 画

韓 〔hán《广韵》胡安切,平寒,匣。〕❶古国名。(1)公元前11世纪周王朝分封的诸侯国。开国君主是周成王弟,在今山西河津东北。西周、春秋间为晋所灭。《诗·大雅·韩奕序》:"《韩奕》,尹吉甫美宣王也。"毛传:"韩,姬姓之国也。后为晋所灭,故大夫韩氏以为邑名也。"见"韓奕"。(2)战国七雄之一。开国君主韩虔侯为春秋晋国大夫韩武子后代。他与魏文侯、赵烈侯本均为晋卿,后一起瓜分晋国。公元前403年被周威烈王承认为诸侯。建都阳翟(今河南禹县)。前375年韩哀侯灭郑,迁都新郑(今属河南)。疆域有今山西东南角和河南中部,介于魏、秦、楚三国间,成为军事上必争之地。前230年为秦所灭。骆宾王《咏怀》:"宝剑思存楚,金锤许报韩。"王维《燕支行》:"赵魏燕韩多劲卒,关西侠少何咆勃。"权德舆《送从翁赴任长子县令》:"地雄韩上党,秩比鲁中都。"李商隐《哭虔州杨侍郎》:"入韩非剑客,过赵受钳奴。"❷指韩愈。贯休《怀诸葛珏二首》之一:"出山因觅孟,踏雪去寻韩。"自注:"遇孟郊、韩愈于洛下。”詹敦仁《复留侯从效问南汉刘岩改名龑字音义》：“奇字难雄博，摘文伏韩智。”❸姓。唐诗人有韩休、韩愈、韩偓等。

【韓十八】 韩愈，曾官都官员外郎。刘禹锡《寄杨八拾遗》自注：“时出为国子主簿，分司东都。韩十八员外亦转国子博士，同在洛阳。”欧阳詹有《答韩十八驽骥吟》。

【韓十五】 韩晔。曾官司封郎中、汀州刺史和永州刺史。刘禹锡有《闻韩宾擢第归觐以诗美之兼贺韩十五曹长时韩牧永州》。

【韓十四】 疑为韩洄。曾官国子祭酒、屯田员外郎兼侍御史、司封郎中等。杜甫有《送韩十四江东觐省》，独孤及《喜辱韩十四郎中书兼封近诗示代书题赠》。

【韓大夫】 韩潭。潭曾官夏州刺史，兼御史大夫等。卢纶有《送颜推官游银夏谒韩大夫》。

【韓大使】 韩朝宗。开元二十二年(734)，初置十道采访使，朝宗以襄州刺史兼山南东道。孟浩然有《韩大使东斋会岳上人诸学士》。

【韓丈】 指韩滉。丘为有《答韩丈》。

【韓子】 ❶指韩非。吴筠《览古十四首》之七：“始皇重韩子，及睹乃不全。”李瀚《蒙求》：“韩子孤愤，梁鸿五噫。”❷韩愈自称。韩愈《赠侯喜》：“是日侯生与韩子，良久叹息相看悲。”

【韓王】 指战国韩宣王。骆宾王《夏日游德州赠高四》：“凄断韩王剑，生死翟公罗。”

【韓王元嘉】 高祖李渊第十一子。少以母宠，特为高祖所爱。武德四年(621)封宋王，徙封徐王。贞观六年(632)赠实封七百户，授潞州刺史，时年十五。十年，改封韩王，授潞州都督。少好学，聚书至万卷，皆以古文字参定同异。闺门修整，有类寒素士大夫；修身洁己，内外如一，为当世所称。中宗废居房陵，元嘉父子与越王贞父子谋举兵反正，未发事泄，为武后所杀。《全唐诗》卷六录其《奉和同太子监守违恋》。

【韓王從善】 南唐嗣主李璟第七子，字子师。封韩王，宋改楚国公。《全唐诗》卷八录其《蔷薇诗一首十八韵呈东海侍郎徐铉》。

【韓少尹】 (少 shào)韩质。质曾官京兆少尹。韦应物有《对韩少尹所赠砚有怀》。

【韓氏】 僖宗时宫女。以红叶题诗，自御沟流出，为儒生于祐所得。祐亦题红叶一片，投沟上流，亦恰为韩氏所得。不久宫中放宫女三千人，各使适人，祐适娶韩氏。成礼日，各取红叶相示，始知红叶为良媒。《全唐诗外编》录其诗二首和残句二联。

【韓公】 ❶指韩愈。张祜《读韩文公集十韵》：“天纵韩公愈，才为出世英。”❷指韩国公张仁愿。杜甫《诸将五首》之二：“韩公本意筑三城，拟绝天骄拔汉旌。”李益《从军夜次六胡北饮马磨剑石为祝殇辞》：“韩公三城断胡路，汉甲百万屯边秋。”白居易《城盐州》：“韩公创筑受降城，三城鼎峙屯汉兵。”李商隐《漫成五章》之五：“郭令素心非黩武，韩公本意在和戎。”❸指洪府都督韩朝宗。孟浩然有《和张判官登万山亭因赠洪府都督韩公》。参见“韓荆州”。❹韩滉。贞元元年(785)七月，拜检校右仆射、同平章事。二年春封晋国公。顾况有《刘禅奴弹琵琶歌》，自注：“感相国韩公梦。”

【韓公子】 指韩重。据传吴王夫差女紫玉为之殉情。李商隐《和韩录事送宫人入道》：“当时若爱韩公子，埋骨成灰恨未休。”

【韓公堆】 地名，亦驿站名。在今陕西蓝田县南三十里许。白居易《韩公堆寄元九》：“韩公堆北涧西头，冷雨凉风拂面秋。”崔涤《望韩公堆》：“韩公堆上望秦川，渺渺关山西接连。”李商隐《偶成转韵七十二句赠四同舍》：“韩公堆上跋马时，回望秦川树如荠。”

【韓中丞】 ❶韩泰，曾官湖州刺史。刘禹锡有《寄湖州韩中丞》。见“韓湖州”。❷韩瞻。大中十二年(858)自凤州刺史迁睦州刺史。李频有《答韩中丞容不饮酒》。

【韓文公】 即韩愈。韩愈卒，谥曰文，世称韩文公。张祜有《读韩文公集十韵》。陆龟蒙《奉和袭美酬前进士崔潞盛制见寄因赠至一百四十言》：“近者韩文公，首为闲阘锄。”闲，一作开。按，题中赠当为增之误。

【韓生】 ❶指韩信。周昙《咏史诗·前汉门·酂侯》：“韩生不是萧君荐，猎犬何人为指踪。”❷指韩凭，亦即韩冯。陆龟蒙《自遣诗三十首》之十一：“昔闻庄叟迢迢梦，又道韩生苒苒飞。”生，一作冯。

【韓白】 汉韩信和秦白起的合称。二人均以用兵著称，故以韩白借指善于谋划的将领。罗隐《钱尚父生日》：“伊夔事业扶千载，韩白机谋冠九州。”

【韓令】 ❶指韩愈。愈曾因上疏极论宫市之弊贬为阳山令。罗隐《牡丹花》：“可怜韩令功成后，辜负秾华过此身。”❷谓韩湘。相传韩湘曾以染身牡丹点化愈，未果。罗隐诗即用其事。又，此二句，《全唐诗外编下》作为罗邺《牡丹》残句收录。诗后云：“韩令谓韩弘也。弘尝除去所居之牡丹，故云。”

【韓冬郎】 即韩偓。偓，小字冬郎。李商隐有《韩冬郎即席为诗相送一座尽惊他日余方追吟因成二绝寄酬兼呈畏之员外》。

【韓司户郎中】 韩质。质曾官京兆少尹，后贬郴州。韦应物有《寄柳州韩司户郎中》，柳乃郴之讹。郴州桂阳郡，故诗云“南登桂阳岭”。

【韓司空】　疑为韩滉。李嘉祐有《访韩司空不遇》。诗云“图经风流似长康”，时达官而善绘事者唯韩滉。

【韓司馬】　韩洄。洄曾官大理司直兼汉中郡司马、苏州司马。独孤及有《庚子岁避地至玉山酬韩司马所赠》。

【韓司録】　疑为韩绅卿。《新唐书·宰相世系三上》韩氏：“绅卿，京兆府司录参军。”又据韩愈《虢州司户韩府君（岌）墓志铭》载，韩岌有四子，季子曰绅卿，尝为扬州录事参军。韦应物有《善福精舍答韩司录清都观会宴见忆》。

【韓幼深】　韩洄。洄字幼深。独孤及有《癸卯岁赴南丰道中闻京师失守寄权士繇韩幼深》。

【韓吏部】　韩愈。愈曾官吏部侍郎。张籍有《和裴仆射朝回寄韩吏部》，贾岛有《黄子陂上韩吏部》和《和韩吏部泛南溪》。贯休《和韦相公见示闲卧》：“棋阵连残月，僧交似大颠。”自注：“韩吏部重大颠禅师。”

【韓同年】　指韩瞻。《唐诗纪事》卷六十五：“偓父瞻，开成六年李义山同年。”瞻，字畏之。李商隐有《赴职梓潼留别畏之员外同年》《韩同年新居饯韩西迎家室戏赠》《寄恼韩同年二首》等诗。

【韓休】　诗人。京兆长安（今陕西西安市）人。初应制举，累授桃林丞。又举贤良，擢授左补阙。累迁中书舍人、礼部侍郎，兼知制诰，出为虢州刺史。开元二十一年（733）拜黄门侍郎、同中书门下平章事。休性方直，敢于犯颜直谏，宋璟谓其有仁者之勇。开元二十四年，迁太子少师，封宜阳子。《全唐诗》卷一一一录其《奉和圣制送张说巡边》等三首。

【韓仲宣】　诗人。高宗时人。与高正臣、崔知贤、席元明等相友善，为诗友。《全唐诗》卷七二录其《晦日宴高氏林亭》等四首。

【韓安】　即韩安国。毛明素《与琳法师》：“冶长倦缧绁，韩安叹死灰。”参见“韓長孺”“韓安國”。

【韓安國】　西汉人。字长孺。梁国成安（今河南临汝）人。骆宾王《帝京篇》：“灰死韩安国，罗伤翟廷尉。”岑参《送严黄门拜御史大夫再镇蜀川兼觐省》：“副相韩安国，黄门向子期。”刘禹锡《赠同年陈长史员外》：“推贤有愧韩安国，论旧唯存盛孝章。”

【韓杜】　韩愈、杜甫。杜牧有《读韩杜集》。

【韓旰】　即韩幹。唐画家，尤工画马。白居易《画雕赞》：“韩旰之马，籍籍知名。”

【韓伯俞】　西汉人。性至孝，时有过，母杖之，大泣。母曰：“往日杖汝，常悦受之。今者杖汝，何为悲泣？”伯俞曰：“往者杖常痛，知母康健。今杖不痛，知母力衰，是以悲泣。”王梵志《你若是好儿》：“孝是韩伯俞，董永孤养母。”

【韓秀才】　疑为韩乂。《全唐文》卷七五五杜牧《唐故平卢军节度使巡官陇西李府君墓志铭》：“居江南，秀才张知实、萧置、韩乂、崔寿、宋邢、杨发、王广，皆趋君交之。”杜牧又有《荐韩乂启》，谓乂“称先人梓材有文学高名，没于越之幕府。故不愿复为越宾”。白居易有《和微之诗二十三首·和新楼北园偶集从孙公度周巡官韩秀才卢秀才范处士小饮郑侍御判官周刘二从事皆先归》。

【韓君】　❶指韩泉，亦即韩终。曹唐《小游仙诗九十八首》之八：“紫梨烂尽无人吃，何事韩君去不归。”❷指韩熙载。熙载曾任中书舍人。徐铉《谪居舒州累得韩高二舍人书作此寄之》：“珍重韩君与高子，殷勤书札寄相思。”

【韓長孺】　即韩安国。安国字长孺。袁朗《和洗掾登城南坂望京邑》：“讵知韩长孺，无复重然灰。”骆宾王《幽縶书情通简知己》：“莫言韩长孺，长作不然灰。”

【韓武康】　指韩章。章曾任武康令。清昼、韩章等有《春日会韩武康章后亭联句》。

【韓協】　韦应物友人。应物曾任库部郎中。韦应物有《对雨寄韩库部协》《答韩库部协》。

【韓協律】　韩湘。朱庆余有《雪夜与真上人宿韩协律宅》。

【韓昌】　西汉名将。任车骑都尉。为外交使者的代称。胡皓《大漠行》：“韩昌拜节偏知送，郑吉驱旌坐见迎。”

【韓明府】　指韩质。质于建中中曾为昭应令。韦应物有《园林晏起寄昭应韩明府卢主簿》，卢纶有《晚次新丰北野老家书事呈赠韩质明府》。

【韓垂】　诗人。《全唐诗》卷七五七录其《题金山》。

【韓非】　战国末韩国贵族，思想家，法家代表人物。荀况弟子。曾建议韩王变法图强而未被采纳，乃发愤著书。著有《说林》《说难》《孤愤》《五蠹》等，受到秦王嬴政的重视，应邀至秦国。不久遭李斯陷害，被迫自杀。李端《卧病闻吉中孚拜官寄元秘书昆季》：“毛遂登门虽异赏，韩非入传滥齐名。”孟迟《寄浙右旧幕僚》：“勾践岂能容范蠡，李斯何暇救韩非。”罗隐《秋日怀贾随进士》：“长缨惭贾谊，孤愤忆韩非。”

【韓侍郎】　❶韩洄。洄曾官兵部侍郎。顾况有《寄上兵部韩侍郎奉呈李户部卢刑部杜三侍郎》。按，此诗题当作《寄上兵部韩侍郎奉呈吏部李户部卢刑部杜三侍郎》，夺吏部二字。❷韩愈。元和十五年（820），征为国子祭酒，转兵部侍郎。刘禹锡有《始至云安寄兵部韩侍郎中书白舍人》，白居易有《同韩侍郎游郑家池吟诗小饮》。❸韩熙载。马令《南唐书·后主书》:“(建隆二年)春正月,始用铁钱,以铁钱使、户部侍郎韩熙载为兵部侍郎。”左偃有《寄韩侍郎》。❹韩皋。韩滉子,贞元中任兵部侍郎。

【韓侍御】 韩弇。曾官殿中侍御史。卢纶有《同路郎中韩侍御春日题野寺》。

【韓使君】 ❶韩朝宗。朝宗以襄州刺史兼山南车道,坐所任吏擅赋役贬洪州刺史。孟浩然有《送韩使君除洪州都曹》,曹当从《孟浩然集》作督。❷韩约。约曾官两池榷盐使、虔州刺史。张籍有《寄虔州韩使君》。❸韩泰。太和元年(827)自睦州刺史拜湖州刺史,后迁常州刺史。朱庆余有《湖州韩使君置宴》。❹韩襄。大和末为温州刺史。陈陶有《旅次铜山途中先寄温州韩使君》和《赠温州韩使君》。

【韓舍人】 ❶韩翃。钱起《同王锴起居程浩郎中韩翃舍人题安国寺用上人院》,耿沣有《朝下寄韩舍人》。❷韩愈。《全唐文》卷六八七《韩愈神道碑》:“再迁中书舍人,廷议蔡叛可诛,改右庶子。”元稹《见人咏韩舍人新律诗因有戏赠》。白居易《酬张十八访宿见赠》:“问其所与游,独言韩舍人。”❸韩熙载。元宗即位,拜虞部员外郎、史馆修撰,兼太常博士,命权知制诰,后贬和州司士参军。徐铉有《寄和州韩舍人》和《江舍人宅筵上有妓唱和州韩舍人歌辞因以寄》。❹韩琮。曾为中书舍人。

【韓朋】 见“韓凴”。

【韓定辭】 《全唐诗》卷七五七韩定辞名下有《答马彧》,作者小传云:“韩定辞,深州人,为镇州观察判官,检校尚书祠部郎中兼侍御史。”《答马彧》,为马彧《赠韩定辞》而作。马彧赋此诗,意在试韩定辞学问,韩诗吟成,“座宾靡不钦讶”,由是马韩相悦服而相交。

【韓郎】 元稹婿。疑为韩泰之子。白居易《梦微之》:“阿卫韩郎相次去,夜台茫昧得知不。”自注:“阿卫,微之小男。韩郎,微之爱婿。”

【韓郎中】 ❶韩协。协曾官驾部郎中。韦应物有《同韩郎中闲庭南望秋景》。亦曾官库部郎中。韦应物有《答库部韩郎中》。❷韩洄。洄曾官屯田员外郎,累岁加司封郎中。李嘉祐有《和韩郎中扬子津玩雪寄严维》,皇甫冉有《和朝郎中扬子玩雪寄山阴严维》,朝乃韩之讹。皇甫冉又有《酬张二仓曹扬子所居见寄兼呈韩郎中》,独孤及《诣开悟禅师问心法次第寄韩郎中》。❸韩愈。愈曾官比部郎中。孟郊有《赠韩郎中愈》。

【韓荆州】 指韩朝宗。朝宗初历右拾遗,累迁荆州刺史。开元二十二年(734)初置十道采访使,朝宗以襄州刺史兼山南东道。坐所任吏擅赋役,贬洪州刺史。天宝初,召为京兆尹,出为高平太守。贬吴兴别驾。李白《与韩荆州书》云:“生不用封万户侯,但愿一识韩荆州。”李白《忆襄阳旧游赠马少府巨》:“高冠佩雄剑,长揖韩荆州。”

【韓相公】 欧阳詹有《蜀中将归留辞韩相公贯之》。按,题当从欧阳詹集作《蜀中将回留辞韦相公》。《全唐文》卷五九六欧阳詹有《别柳由庚序》,贞元十三年(797)七月十六日绵州作,其时西川节度使为韦皋。皋于贞元十二年加同平章事,见《旧唐书》本传,即诗题《蜀中将回留辞韦相公》之韦相公。《全唐诗》中贯之二字系后人误注,后阑入题中;又误韦为韩,说见陶敏《全唐诗人名汇考》卷三四九欧阳詹此诗考。

【韓柳】 韩愈和柳宗元的并称。杜牧《冬至日寄小侄阿宜诗》:“李杜泛浩浩,韩柳摩苍苍。”郑谷《赠杨夔二首》之二:“时无韩柳道难穷,也觉天公不至公。”

【韓思彦】 诗人。与贺遂亮同官御史。高宗时,待诏弘文馆。上元中卒。《全唐诗》卷四四录其《酬贺遂亮》。贺遂亮有《赠韩思彦》,亦载于同卷。

【韓思復】 诗人。字绍出,京兆长安(今陕西西安市)人。思复少袭祖爵,为长山县男。初为汴州司户参军,时姚崇为夏官侍郎,知政事,擢授其为司礼博士。景龙中,累迁给事中。开元初,为谏议大夫。出为德州刺史,转绛州刺史。入为黄门侍郎,迁御史大夫。官终太子宾客。其子朝宗,天宝初为京兆尹。《全唐诗》卷一一一录其《祭汾阳乐章》。

【韓昭】 字德华,长安(今陕西西安市)人。蜀后主王衍之狎客,累官吏部侍郎、礼部尚书、文思殿大学士。为吏部侍郎主选时受贿徇私,引起蜀选人嘲讽。《全唐诗》卷八七二载有《蜀选人嘲韩昭》。唐兵入蜀,韩昭为王宗弼所杀。《全唐诗》卷七六〇录其《和题剑门》等二首。

【韓昭侯】 战国韩懿侯之子。周昙有《咏史诗·春秋战国门·韩昭侯》。

【韓昭裔】 后唐诗人。后唐末帝清泰(934—936)时宰相。《全唐诗》录其《与李专美》一首。

【韓信】 汉初诸侯王、军事家。淮阴(今属江苏)人。初为项羽部下,为郎中。后投刘邦,经萧何推荐,被拜为大将。楚汉战争时,刘邦用其策,攻入关中。刘邦在荥阳、成皋间与项羽相持时,他率军抄袭项羽后路,破赵攻齐,又以数千之众,背水为阵,大破赵军二十万,继下燕取齐。公元前202年,他率军与刘邦会合,击灭项羽于垓下(今安徽灵璧南)。韩信与张良、萧何并称三杰。汉立国后,封楚王,后降为淮阴侯。公元前196年为吕后所杀。李白《猛虎行》:“张良未遇韩信贫,刘项存亡在两臣。”李商隐《四皓庙》:“萧何只解追韩信,岂得虚当第一功。”温庭筠《赠蜀府将》:“今日逢君倍惆怅,灌婴韩信尽封侯。”胡曾《咏史诗·云梦》:“汉祖听谗不可防,伪游韩信果罹殃。”

【韓信臺】 亦作“韓信壇”。岑参《赴嘉州过城固县寻永安超禅师房》：“汉王城北雪初霁，韩信台西日欲斜。”

【韓侯】 ❶指春秋时晋景公大臣韩厥。李端《送诸暨裴少府》：“山公访嵇绍，赵武见韩侯。”❷指淮阴侯韩信。罗隐《漂母塚》：“虽然寂寞千秋魄，犹是韩侯旧主人。”

【韓侯婦】 指韩凭妻。邵谒《金谷园怀古》：“不学韩侯妇，衔冤报宋王。”

【韓弇】 进士及第，朔方节度请掌书记，得秘书省校书郎，累迁殿中侍御史。李端有《冬夜寄韩弇》，武元衡有《酬韩弇归崖见寄》。《全唐诗》卷八五六录韩弇《呈李续》。诗题下注：“浑瑊与西蕃会盟，蕃戎背信，掌书记韩弇遇害。”

【韓奕】 《诗·大雅》篇名。诗叙韩侯朝周，受周宣武册命，并受宣王许多赏赐。柳宗元《奉平淮夷雅表》序：“伏见周宣王时称中兴，其道彰大，于后罕及。然征于《诗·大小雅》：其选徒出狩，则《车攻》《吉日》；命官分土，则《嵩高》《韩奕》《烝人》。”

【韓退之】 韩愈，字退之。韩愈《芍药歌》：“花前醉倒歌者谁，楚狂小子韩退之。”孟简《咏欧阳行周事》序：“涉旬而生亦殁，则韩退之作何蕃书所谓欧阳詹生者也。”

【韓院長】 韩愈。愈元和四年(809)任都官员外郎分司东都。唐代员外郎亦可称院长。窦牟有《陪韩院长韦河南同寻刘师不遇》。

【韓校書】 (校 jiào)❶韩湘。湘字北诸，进士及第，宾仕于江西府。朱庆余有《送韩校书赴江西幕》，马戴有《送韩校书江西从事》，无可有《送韩校书赴江西》。❷指韩愈。张建封有《酬韩校书愈打球歌》。

【韓翃】 诗人。字君平，南阳(今河南南阳市)人。天宝十三载(754)登进士第。大历十才子之一。宝应元年(762)后，在淄青节度使侯希逸幕中为从事、检校金部员外郎。大历九年(774)后，在汴宋节度使幕任职。德宗建中初，因其《寒食》诗为德宗所赏识，擢为驾部郎中、知制诰，官至中书舍人。为诗兴致繁富，一篇一咏，朝士珍之。他与柳氏悲欢离合的爱情故事，盛传一时，后许尧佐撰成传奇《柳氏传》。《全唐诗》收录其诗三卷。

【韓泰】 诗人。字安平，昌黎(今辽宁义县)人。贞元中累迁至户部郎中，王叔文用为范希朝神策行营节度行军司马。王叔文集团革新失败，贬为虔州司马。元和十年(815)起用为漳州刺史，终郴州刺史。《全唐诗》卷七九五仅录其残句一联。

【韓致光】 即韩偓。字致光。吴融有《和韩致光侍郎无题三首十四韵》。韩偓《无题》三首十四韵见《全唐诗》卷六八三。

【韓晉公】 韩滉。贞元二年(786)滉特封晋国公。顾况有《奉和韩晋公晦日呈诸判官》。

【韓員外】 韩愈。元和初，召为国子博士，迁都官员外郎。元稹《辛夷花》：“韩员外家好辛夷，开时乞取三两枝。”张祜有《投韩员外六韵》。

【韓卿】 韩约。曾领安南都护，再迁太府卿。大和九年代崔鄯为左金吾大将军。姚合《同诸公会太府韩卿宅》。

【韓高二舍人】 韩舍人，韩熙载。曾官中书舍人。高舍人，高越。曾官起居郎、中书舍人。徐铉有《谪居舒州累得韩高二舍人书作此寄之》。

【韓庫部】 指韩协。韦应物有《对雨寄韩库部协》《答韩库部协》《与韩库部会王祠曹宅作》。

【韓涉】 曾官御史。岑参有《怀叶县关操姚旷韩涉李叔齐》。

【韓席】 韩朝宗和席豫。朝宗，曾官度支郎中、给事中、许州刺史、荆州大都督长史、山南采访使。席豫，曾官中书舍人、户部侍郎、吏部侍郎等。李林甫有《秋夜望月忆韩席等诸郎因以投赠》。

【韓家】 指杨贵妃长姊韩国夫人家。郑嵎《津阳门诗》：“韩家烛台倚林杪，千枝烂若山霞摛。”原注：“韩国为千枝灯台，高八十尺，置于山上。每至上元夜，则然之。千光夺月，凡百里之内，皆可望焉。”

【韓娥】 相传为古代韩国的善歌者。泛指善歌者或歌妓。于濆《里中女》：“徒惜越娃貌，亦蕴韩娥音。”又《织素谣》：“万梭为一素，世重韩娥色。”崔涂《声》：“韩娥绝唱唐衢哭，尽是人间第一声。”贯休《酷吏词》：“韩娥唱一曲，锦段鲜照屋。”

【韓國】 ❶古国名。柳宗元《古东门行》：“安陵谁辨削砺功，韩国讵明深井里。”谭用之《约张处士游梁》：“晋朝灭后无中散，韩国亡来绝上卿。”❷指杨贵妃之长姊韩国夫人。张祜《邠王小管》：“虢国潜行韩国随，宜春深院映花枝。”

【韓偓】 诗人。字致尧，一作致光，小字冬郎，自号玉山樵人，京兆万年(今陕西西安市东南)人。龙纪元年(889)登进士第。天复中为翰林学士，迁中书舍人。从昭宗幸凤翔，进兵部侍郎、翰林承旨。深得昭宗信任，屡欲擢为宰相，皆辞让之。后以不附朱全忠，被贬为濮州司马。《全唐诗》录其诗四卷。按，关于韩偓之字，施蛰存《读韩偓札记》(《中华文史论丛》1979年第4期)以为应作致光为是。

【韓鳥】 韩地之鸟。李贺《春归昌谷》：“韩鸟处矰缴，湘鯈在笼罩。”

【韓庶子】 韩愈。曾官太子右庶子。张籍有《酬韩庶子》。

【韓康】 代指隐士。亦泛指采药者、卖药者。李颀《答高三十五留别便呈于十一》:“韩康虽复在人间,王霸终思隐岩窦。”李嘉祐《夜闻江南人家赛神因题即事》:“韩康灵药不复求,扁鹊医方曾莫睹。”白居易《酬梦得贫居咏怀见赠》:“病添庄舄吟声苦,贫欠韩康药债多。”陆龟蒙《和袭美寄毗陵魏处士朴》:“若非宗测图山后,即是韩康卖药回。”

【韓章】 诗人。与皎然、潘述等为诗友。曾任武康令。《全唐诗》卷七九四载其与清昼《春日对雨联句》《春日会韩武康章后亭联句》等联句诗。

【韓祭酒】 指韩愈。愈元和十五年(820)为国子祭酒。张籍有《酬韩祭酒雨中见寄》。

【韓張】 韩愈和张籍的合称。张籍《祭退之》:“而后之学者,或号为韩张。”

【韓紳】 韩睿素第四子,曾任扬州录事参军、京兆司录,迁泾阳令。李端有《送韩绅卿》。

【韓終】 见“韓衆”。

【韓琮】 诗人。字成封。长庆四年(824)进士及第。初为陈许节度判官,后为中书舍人、湖南观察使。《全唐诗》卷五六五收其诗一卷二十余首。

【韓喜】 诗人。与韩溉、唐彦谦为同时人。《全唐诗》卷七六八录韩溉诗七首,其中《浔阳观水》《水》二首,一作韩喜诗。唐彦谦有《逢韩喜》。

【韓彭】 韩信和彭越的合称。韩信被刘邦拜为大将,彭越被封为梁王,二人均为辅佐刘邦灭楚的名将,又均以谋反罪被杀。刘长卿《从军六首》之五:“战败仍树勋,韩彭但空老。”高骈《写怀二首》之一:“却恨韩彭兴汉室,功成不向五湖游。”邵谒《少年行》:“丈夫十八九,胆气欺韩彭。”杜光庭《赠将军》:“未会汉家青史上,韩彭何处有功劳。”

【韓博士】 指韩愈。愈于元和元年(806)召为国子博士。鲍溶有《夏日华山别韩博士愈》。

【韓掾】 指韩寿。寿,美姿容,贾充辟以为掾。李商隐《无题四首》之二:“贾氏窥帘韩掾少,宓妃留枕魏王才。”参见“韓壽”。

【韓惠王】 即战国韩宣惠王。昭侯子。周昙《咏史诗·春秋战国门·韩惠王》:“韩惠开渠止暴秦,营田万顷饱秦人。”

【韓雄】 韩翃之讹。《全唐诗》卷七一〇韩雄名下载《敕和元相公家园即事寄王相公》诗,岑仲勉《读全唐诗札记》云:“按唐世元、王同相者唯元载、王缙。今此诗已收四函六册韩翃,敕和作奉和,翃、雄字往往互讹,盖别无韩雄其人也。应删却。”见张忱石《全唐诗作者索引》韩雄条下注。韩翃此诗见《全唐诗》卷二四四。

【韓集】 韩愈的诗文集。杜牧《读韩杜集》:“杜诗韩集愁来读,似倩麻姑痒处抓。”

【韓衆】 古代传说中的仙人。亦作“韓終”。泛指神仙。李白《古风》之四:“唯应清都境,长与韩众亲。”又《至陵阳山登天柱石酬韩侍御见招隐黄山》:“韩众骑白鹿,西往华山中。”陆龟蒙《奉和袭美太湖诗二十首·毛公坛》:“古有韩终道,授之刘先生。”

【韓評事】 韩乂,官评事,大和末闲居越州。周贺有《送韩评事》,杜牧有《寄浙东韩八评事》,八乃乂之形讹。详见《全唐诗人名汇考》卷五三二杜牧此诗考。

【韓馮】 见“韓憑”。

【韓湘】 诗人。字北渚,韩愈之侄孙,官至大理丞。谓韩湘为仙人,即八仙中的韩湘子,并有度韩愈成仙之说,乃小说家言。《全唐诗》卷八六〇录其《言志》一首。韩愈有《左迁至蓝关示侄孙湘》,题下原注:“湘,愈侄十二郎之子。登长庆三年进士第。”姚合有《答韩湘》和《送韩湘赴江西从事》,贾岛有《送韩湘》和《寄韩湘》。

【韓湖州】 刘禹锡有《蒙恩转仪曹郎依前充集贤学士举韩潮州自代因寄七言》,潮当从《刘宾客文集》作湖。韩湖州,韩泰。大和元年(827)七月自睦州刺史拜湖州刺史,迁常州刺史,见《嘉泰俶兴志》卷一四唐刺史。

【韓巽】 岑参友人。岑参有《送韩巽入都覲省便赴举》。

【韓幹】 著名画家。善写貌人物,尤工鞍马。杜甫《丹青引赠曹将军霸》:“弟子韩干早入室,亦能画马穷殊相。”顾况《露青竹杖歌》:“陈闳韩干丹青妍,欲貌未貌眼欲穿。”段成式、张希复、郑符《诸画联句》:“花房嫩彩犹未干,韩干变态如激湍。”顾云《苏君厅观韩干马障歌》:“直言弟子韩干马,画马无骨但有肉。”

【韓碑】 指韩愈撰写的《平淮西碑》。元和十二年(817)十月,摄蔡州刺史吴元济反于淮西,宰相裴度及隋邓节度使李愬受命讨伐,平定叛乱。十二月,诏命韩愈撰《平淮西碑》,碑文见《韩昌黎全集》卷一。李商隐有《韩碑》,极称韩愈此文。

【韓睦州】 韩泰。长庆四年(824)六月,泰自郴州刺史迁睦州刺史。刘禹锡有《遥和韩睦州元相公二君子》。

【韓愈】 诗人,散文家。古文运动领导者。字退之,河南河阳(今河南孟州市人)。郡望昌黎,世称韩昌黎。《全唐诗》录其诗十卷。

【韓貊】 古代北方二古国名。韩在今山西河津东北;貊地近于燕,在长城北。亦泛称北方地区。褚遂良《春日侍宴望海应诏》:“电举朝宗外,风驱韩貊乡。”

【韓詩】　指韩婴所传授的《诗经》。《诗》今文学派之一。西汉初传授《诗》者，有鲁、齐、韩、毛四家。韩诗创立者韩婴，为文帝时博士官，推诗人之意作《内外传》数万言。至西晋时，韩诗虽存，而无人传授。南宋以后，《内传》亡失，仅存《外传》。今本《韩诗外传》已非原书，有一部分已经后人修改。皮日休《送羊振文先辈往桂阳归觐》："登第已闻传祢赋，问安犹听讲韩诗。"

【韓滉】　诗人。字太冲，京兆长安（今陕西西安市）人，太子少师休之子。以荫补骑曹参军，出为同州主簿。至德初，青齐节度邓景山辟为判官、兼北海郡司马，累迁至祠部、考功、吏部三员外郎。大历中改吏部郎中、给事中，迁尚书右丞。后又曾任晋州刺史、苏州刺史、润州刺史等。德宗朝，拜检校左仆射、同平章事，封晋国公。《全唐诗》卷二六二录其《晦日呈诸判官》等二首。

【韓準】　李白友人。李白有《送韩准裴政孔巢父还山》。

【韓溉】　诗人。江南人。《全唐诗》卷七六八录其诗七首。其中《浔阳观水》《水》二首，一作韩喜诗。

【韓給事】　（給 jǐ）韩滉。大历中，改吏部郎中、给事中，工书，兼善丹青。皇甫冉有《同韩给事观毕给事画松石》。

【韓壽】　晋人，美姿容，贾充辟为司空掾。借指美男子。乔知之《倡女行》："昨宵绮帐迎韩寿，今朝罗袖引潘郎。"薛能《赠解诗歌人》："朝天御史非韩寿，莫窃香来带累人。"罗虬《比红儿诗》之十七："当时若是逢韩寿，未必埋踪在贾家。"赵光远《题妓莱儿壁》："醉凭青琐窥韩寿，闲掷金梭恼谢鲲。"

【韓壽香】　用于描述闺情、艳情。晋贾充女贾午与韩寿私通，将皇帝赐给其父的西域奇香偷与韩寿，为其父所觉。为了遮丑，贾充把贾午配与韩寿。刘禹锡《泰娘歌》："秦嘉镜有前时结，韩寿香销故箧衣。"韩偓《闺情》："何郎烛暗谁能咏，韩寿香焦亦任偷。"史凤《传香枕》："韩寿香从何处传，枕边芳馥恋婵娟。"

【韓熙載】　五代十国南唐诗人。字叔言，潍州北海（今山东潍坊市）人。后唐同光（923—926）中进士第。善为文，工书画，名闻京洛。父光嗣坐事诛，熙载奔江南李氏，为秘书郎。李景即位，拜史馆修撰。后贬为和州司马，复召中书舍人，累迁兵部尚书。李后主时，累官至中书侍郎、光政殿学士承旨。生活放浪，多蓄声妓，好游宴，喜宾客。诗文与徐铉齐名，人称韩徐。《全唐诗》卷七三八录其《感怀诗二章》等五首。

【韓僕射】　（谢 yè）韩皋。皋曾以左仆射为东都留守。窦庠有《东都嘉量亭献留守韩仆射》和《陪留守韩仆射巡内至上阳宫感兴二首》，杨巨源有《和刘员外陪韩仆射野亭公宴》。

【韓賓】　韩晔之子，官亳州刺史。又曾官水部郎中、上柱国。刘禹锡有《闻韩宾擢第归觐以诗美之兼贺韩十五曹长时韩牧永州》。

【韓漳州】　指韩泰。永贞革新失败后，柳宗元、韩泰等八人被贬为州郡司马。十年后即元和十年（815）重被起用，泰为漳州刺史。柳宗元有《韩漳州书报彻上人亡因寄二绝》。

【韓察】　诗人。元和长庆间人。历官太原节度判官、侍御史、明州刺史。《全唐诗》卷三六六录其《和张相公太原山亭怀古诗》一首。

【韓嫣】　汉武帝宠臣。善骑射，善佞。官至上大夫，赏赐拟于邓通。恃宠骄纵，为皇太后赐死。后用以指宠臣。杜牧《长安杂题长句六首》之二："韩嫣金丸莎覆绿，许公鞯汗杏粘红。"杜牧又有《忆游朱坡四韵》："猎逢韩嫣骑，树识馆陶园。"皮日休《早春以橘子寄鲁望》："不为韩嫣金丸重，直是周王玉果圆。"

【韓綽】　杜牧友人，可能曾任淮南节度使判。杜牧于文宗大和七至九年（833—835）曾在扬州任节度使掌书记，与韩绰是同僚。杜牧有《寄扬州韩绰判官》和《哭韩绰》，薛逢有《送韩绛归淮南寄韩绰先辈》。

【韓擒虎】　字子通。隋大将。河南东垣（今河南新安东）人。北周时，袭父爵为新义郡公，因军功累迁利州刺史。隋开皇初，任庐州总管，委以灭陈大任。开皇九年（589），率五百精骑攻进建康（今江苏南京市），俘陈后主。因功晋升为上柱国。杜牧《台城曲二首》之一："门外韩擒虎，楼头张丽华。"王贞白《赠刘台处士》："兵机不让韩擒虎，笑癖微方陆士龙。"

【韓質】　韦应物友人。字有道，曾任京兆府户曹、昭应县令。韦应物有《天长寺上方别子西有道》，原题下注："时任京兆府功曹，摄高陵宰，别田曹卢康、户曹韩质，因而有作。"韦应物又有《酬韩质舟行阻冻》，卢纶有《晚次新丰北野老家书事呈赠韩质明府》。

【韓魯州】　李商隐有《迎寄韩鲁州》。鲁当作普。韩普州，韩瞻。瞻当于大中五年（851）守普州，入迁郎中，出守凤州，见《唐诗人名汇考》卷五四〇李商隐此诗考。

【韓儀】　诗人。京兆万年（今陕西西安市东南）人。韩偓兄。以翰林学士为御史中丞。《全唐诗》卷六六七录其《记知闻近过关试》一首。

【韓潮州】　指韩愈。愈元和十四年（819）上表谏宪宗迎佛骨，被贬为潮州刺史。刘禹锡有《蒙恩转仪曹郎依前充集贤学士举韩潮州自代因寄七言》，刘叉有《勿执古寄韩潮州》，贾岛有《寄韩潮州愈》。

【韓録事】　或指韩琮。《樊南文集》卷二有《为濮阳公陈许奏韩琮等四人充判言状》，其中有"臣顷居镇守，琮已列宾僚"。知琮在王茂元镇泾原期间已为幕僚。琮在陈许幕时充判官，则为录事时或在泾幕。李商隐有《和韩录事送宫人入道》。

【韓諫議】 韩汯。汯曾官谏议大夫。杜甫有《寄韩谏议》。

【韓憑】 亦作"韓朋""韓馮"。为歌咏坚贞的爱情之典。王初《即夕》："月明休近相思树，恐有韩凭一处栖。"李贺《恼公》："黄庭留卫瓘，绿树养韩凭。"李商隐《青陵台》："莫讶韩凭为蛱蝶，等闲飞上别枝花。"罗虬《比红儿诗》之七十："可中得似红儿貌，若遇韩朋好杀伊。"

【韓璵】 诗人。曾任祠部郎中。《全唐诗》卷七六八录其《赠进士李守微》。

【韓魏】 ❶春秋时晋国的韩氏、魏氏两家大臣，后又分晋而为诸侯国。吴融《豫让》："韩魏同谋反覆深，晋阳三板免成沉。"❷泛指韩地和魏地。周昙《咏史诗·晋门·王茂弘》："韩魏荆扬日岂堪，胡风看欲过江南。"

【韓襄客】 汉南女子，与孟浩然同时。为歌诗，知名襄汉间。《全唐诗》卷八〇二录其《句》残句："连理枝前同设誓，丁香树下共论心。"

【韓濬】 诗人。大历九年(774)进士。江东人。《全唐诗》卷二八一录其《清明日赐百僚新火》一首。

【韓職方】 韩愈。愈曾官职方员外郎。贾岛《双鱼谣》注："时韩职方书中以孟常州简诗见示。"

【韓雞】 以雄鸡断尾，喻远害自保。薛逢《北亭醉后叙旧赠东川陈书记》："谋身喜断韩鸡尾，辱命羞携楚鹊笼。"鹊，一作鹤。

【韓纘】 诗人。为文宗、宣宗前后人。与李群玉相友善。《全唐诗外编》录其《送李群玉》残句一联。

【韓觀主】 (觀 guàn)韩法昭。与田游岩、宋之问为方外友，蚕衣耕食，不交当世。宋之问有《使至嵩山寻杜四不遇慨然复伤田洗马韩观主因以题壁赠杜侯杜四》。

韞 〔yùn《广韵》於粉切，上吻，影。〕藏，蕴藏，怀藏。见《论语·子罕》。李峤《檄》："毛义持书去，张仪韫璧行。"骆宾王《在江南赠宋五之问》："韫珠澄积润，让璧动浮光。"钱起《片玉篇》："至宝未为代所奇，韫灵示璞荆山陲。"赵嘏《赠李秘书》："美玉韫来休问价，芳枝攀去正无尘。"

韐 〔xiá《广韵》胡加切，平麻，匣。〕鞋。见《说文·韦部》。李贺《秦宫诗》："秃衿小袖调鹦鹉，紫绣麻韐踏哮虎。"

十　画

韝 〔gōu《广韵》古侯切，平侯，见。又格侯切，平侯，溪。〕臂套。用皮制成，射箭、架鹰时缚于两臂束住衣袖以便动作。李白《赠新平少年》："摧残槛中虎，羁绁韝上鹰。"杜甫《去矣行》："君不见韝上鹰，一饱则飞掣。"元稹《杨子华画三首》之二："皓腕卷红袖，锦韝臂苍鹘。"薛逢《侠少年》："绿眼胡鹰踏锦韝，五花骢马白貂裘。"

【韝紲】 臂套和牵牲畜的绳子。打猎时，韝以蹲鹰，绁以牵狗。喻受束缚。杜牧《池州送孟迟先辈》："景物非不佳，独坐如韝绁。"

【韝鷹】 蹲在臂套上的苍鹰。白居易《寄元九》："谁识相念心，韝鹰与笼鹤。"刘禹锡《酬乐天感秋凉见寄》："檐燕归心动，韝鹰俊气生。"

韡 〔wěi《广韵》于鬼切，上尾，云。〕光明华美貌。《诗·小雅·常棣》："常棣之华，鄂不韡韡。"毛传："韡韡，光明也。"萧颖士《有竹一篇七章》之六："友僚萃止，跗萼载韡。"

【韡韡】 光明华美貌。引申指面色红润。见《诗·小雅·常棣》。卢仝《寄赠含曦上人》："昨朝披雪来，面色赤韡韡。"

韜[1] 〔tāo《广韵》土刀切，平豪，透。〕❶弓袋。引申为收敛、收藏、掩藏等义。李峤《安辑岭表事平罢归》："绛宫韬将略，黄石寝兵符。"杜甫《九日寄岑参》："大明韬日月，旷野号禽兽。"杜牧《寄李播评事》："大翼终难戢，奇锋且自韬。"罗隐《投浙东王大夫二十韵》："盛名韬不得，雄略晦弥彰。"❷包含，蕴含。见《庄子·天地》。许敬宗《奉和秋暮言志应制》："圣敬韬前哲，先天谅不违。"张祜《投陈许李司空二十韵》："朗抱韬群物，沉思活庶氓。"❸古兵书有《太公六韬》。相传为周文王师姜尚所撰。六韬指：文韬、武韬、龙韬、虎韬、豹韬、犬韬。后因以指用兵的谋略。李德裕《寒食日三殿侍宴奉进诗一首》："不劳孙子法，自得太公韬。"元稹《哭吕衡州六首》之二："国待球琳器，家藏虎豹韬。"❹《广韵·释诂三》："韬，宽也。"引申为纡徐不迫。柳宗元《游南亭夜还叙志七十韵》："斯道难为偕，沉忧安所韬。"

韜[2] 〔tào《集韵》叨号切，去号，透。〕古代护臂的皮套。元稹《和李校书新题乐府十二首·阴山道》："从骑爱奴丝布衫，臂鹰小儿云锦韬。"

【韜力】 蕴藏勇力。柳宗元《奉平淮夷雅·方城》："衔勇韬力，日思予殛。"

【韜戈】 收藏兵器。引申指息兵。太宗《过旧宅二首》之二："架海波澄镜，韬戈器反农。"

【韜光】 ❶收敛光彩。韩偓《元夜即席》："桂兔韬光云叶重，烛龙衔耀月轮明。"❷唐代僧人。蜀人，住杭州灵隐寺，与郡守白居易为诗友。穆宗长庆年间，于灵隐山西北巢枸坞筑寺，居易题其堂曰法安。姚合有《谢韬光上人赠百龄藤杖》和《谢韬光上人》，韬光有《谢白乐天招》。

【韜光上人】 杭州灵隐寺僧人。姚合有《谢韬光上人赠百龄藤杖》和《谢韬光上人》，白居易有《招韬光禅师》和《寄韬光禅师》。

【韜光禪師】 杭州灵隐寺僧人。白居易有《招韬光禅师》《寄韬光禅师》《题灵隐寺红辛夷花戏酬光上人》。光上人，亦即韬光。

【韜舌】 缄口不语。杜牧《感怀诗一首》："韬舌辱壮心，叫阍无助声。"

【韜真】 指隐居。李绅《赠毛仙翁》："鹤发韬真世不知，日月星辰几回死。"

【韜術】 韬晦之术。孟宾于《蟠溪怀古》："谁更怀韬术，追思古渡头。"

【韜略】 古代兵书有《六韬》《三略》，言用兵谋略。亦泛指谋略、计谋。崔日用《奉和圣制送张说巡边》："庙谋能允迪，韬略又纵横。"袁晖《奉和圣制送张尚书巡边》："丹青不独任，韬略遂双该。"罗隐《寄金吾李苏常侍》："安危虽已任，韬略即嘉声。"

【韜袖】 古代射猎用的皮护臂。元稹《代曲江老人百韵》："韬袖夸狐腋，弓弦尚鹿膔 。"

【韜鈐】 ❶古代兵书《六韬》《玉钤篇》的并称。故借指兵书。温庭筠《山中与诸道友夜坐闻边防不宁因示同志》："韬钤岂足为经济，岩壑何尝是隐沦。"殷文圭《赠战将》："不为已为儒弟子，好依门下学韬钤。"徐铉《和歙州陈使君见寄》："韬钤家法在，儒雅素风存。"❷指用兵谋略、计谋。张说《将赴朔方军应制》："礼乐逢明主，韬钤用老臣。"高适《信安王幕府诗》："并秉韬钤术，兼该翰墨筵。"

【韜蓄】 隐藏不露。陆龟蒙《奉酬袭美先辈吴中苦雨一百韵》："平生所韬蓄，到死不开豁。"

【韜照】 韬光，怀藏不露。顾况《归阳萧寺稽首作诗》："韬照多密用，为君吟此篇。"

【韜旒】 垂旒。帝冕前后垂下的玉串。亦代称皇帝。许敬宗《奉和元日应制》："待旦敷玄造，韬旒御紫宸。"

【韜養】 韬光养晦。谓隐藏才能而不外露。韩愈《赠崔立之评事》："劝君韬养待征招，不用雕琢愁肝肾。"

【韜精】 隐藏才能。李颀《谒张果先生》："韬精殊豹隐，炼骨同蝉蜕。"

【韜聲】 隐藏名声。上官昭容《游长宁公主流杯池二十五首》之八："公输与班尔，从此遂韬声。"

【韜藏】 (—cáng)包藏，隐藏。李翱《赠毛仙翁》："韬藏休咎传真箓，变化荣枯试小还。"齐己《诸宫自勉二首》之一："形容侵老病，山水忆韬藏。"

【韜霞】 收敛霞光。太宗《喜雪》："碧昏朝合雾，丹卷暝韬霞。"

十三画

韣 〔dú《广韵》徒谷切，入屋，定。又之欲切，入燭，章。又市玉切，入燭，禪〕弓袋。见《礼记·少仪》。郑嵎《津阳门诗》："雕弓绣韣不知数，翻身灭没皆蛾眉。"

韂 〔chàn《广韵》昌豔切，去豔，昌。〕马鞍上的小障泥。元稹《答姨兄胡灵之见寄五十韵》："矮马驼鬃韂，牦牛兽面缨。"又《代曲江老人百韵》："紫绦牵白犬，绣韂被花骃。"

十四画

韤 〔wà《广韵》望發切，入月，微。〕袜子。李白《寄远十一首》之十一："盈盈汉水若可越，可惜凌波步罗韤。"白居易《携诸山客同上香炉峰题此解嘲》："韤污君相谑，鞋穿我自哈。"许浑《灞上逢元九处士东归》："何人更结王生韤，此客虚弹贡氏冠。"

韭 部

韭 〔jiǔ《广韵》舉有切，上有，見。〕韭菜。寒山《诗三百三首》之二〇八：“一似园中韭，日日被刀伤。”高适《宋中遇林虑杨十七山人因而有别》：“秋韭何青青，药苗数百畦。”白居易《邓州路中作》：“漠漠谁家园，秋韭花初白。”李群玉《登蒲涧寺后二岩三首》之一：“涧有尧年韭，山余禹日粮。”

十 画

齏 〔jī〕❶细切的碎菜。李商隐《咏怀寄秘阁旧僚二十六韵》：“遇炙谁先啖，逢齑即便吹。”❷细碎。参见“齏音”。

【齏音】 细碎的声音。孟郊《寒溪》之五：“冻飙杂碎号，齑音坑谷辛。”

十六画

韰 〔xiè《广韵》胡介切，去怪，匣。〕同“薤”。山菜，韭类，叶类葱而根如蒜。韩愈、孟郊《城南联句》：“畦肥剪韭韰，陶固收盆罂。”又韩愈、孟郊《雨中寄孟刑部几道联句》：“弱操愧筠杉，微芳此萧韰。”

音　部

音〔yīn《广韵》於金切,平侵,影。〕❶声音。韦应物《清都观答幼遐》:“泠泠如玉音,馥馥若兰芳。”钱起《游辋川至南山寄谷口王十六》:“王子在何处,隔云鸡犬音。”周贺《宿开元寺楼》:“寒扉关雨气,风叶隐钟音。”韦庄《和薛先辈见寄初秋寓怀即事之作二十韵》:“郄堂流桂景,陈巷集车音。”❷音乐。崔曙《缑山庙》:“只闻风竹里,犹有凤笙音。”李白《幽涧泉》:“乃缉商缀羽,潺湲成音。”王棨《风中琴》:“暗报青蘋叶,潜生绿绮音。”薛能《偶题》:“无端梦得钧天乐,尽觉宫商不是音。”❸口音,语音。贺知章《回乡偶书二首》之一:“少小离乡老大回,乡音难改鬓毛衰。”❹音律,声韵。魏征《五郊乐章·雍和》:“大乐稀音,至诚简礼。”❺音讯,信息。李白《代别情人》:“天涯有度鸟,莫绝瑶华音。”权德舆《崔四郎协律以诗见寄兼惠蜀琴因以酬赠》:“临风结烦想,客至传好音。”

【音旨】 ❶言词旨意。王昌龄《结定襄郡狱效陶体》:“此乡多杂俗,戎夏殊音旨。”❷音信,消息。王昌龄《巴陵别刘处士》:“湘中有来雁,雨雪候音旨。”

【音形】 音声容貌。韦应物《沣上寄幼遐》:“周览同游处,逾恨阻音形。”又《郡斋感秋寄诸弟》:“一旦居远郡,山川间音形。”

【音信】 音讯,信息。李白《寄远十一首》之五:“不见眼中人,天长音信短。”杨衡《边思》:“苏武节旄尽,李陵音信稀。”李群玉《送隐者归罗浮》:“自此尘寰音信断,山川风月永相思。”吴商浩《宿山驿》:“岐路辛勤终日有,乡关音信隔年无。”

【音律】 指音乐的律吕、宫调等。亦泛称乐曲、音乐。寒山《诗三百三首》之二六:“徐动合礼仪,和鸣中音律。”白居易《和令狐仆射小饮听阮咸》:“时移音律改,岂是昔时声。”张为《秋醉歌》:“动叶如笙篁,音律相怡融。”李瀚《蒙求》:“凿齿尺牍,荀勖音律。”

【音素】 音情。指音问往来。韦应物《城中卧疾知阎薛二子屡从邑令饮因以赠之》:“即此吝音素,焉知中密疏。”

【音華】 声容仪态。王建《宋氏五女》:“少年绝音华,贵绝父母词。”

【音息】 信息,音信。骆宾王《畴昔篇》:“莺啭蝉吟有悲望,鸿来雁度无音息。”李郢《山中》:“海边兄弟无音息,斜日愁看绿峤曛。”

【音容】 声音容貌。王维《哭祖六自虚》:“未省音容间,那堪生死迁。”韦应物《送李儋》:“归当掩重关,默默想音容。”张祜《途次扬州赠崔荆二十韵》:“逆旅杨州郭,音容幸此遭。”刘沧《匡城寻薛闵秀才不遇》:“音容一别近三年,往事空思意浩然。”曹松《巫峡》:“年年旧事音容在,日日谁家梦想频。”

【音書】 音讯,书信。李白《思边》:“玉关去此三千里,欲寄音书那可闻。”许浑《寄远》:“塞外音书无信息,道傍车马起尘埃。”李频《渡汉江》:“岭外音书绝,经年复历春。”李中《客中寒食》:“音书天外断,桃李雨中春。”

【音問】 音讯,书信。韦应物《拟古诗十二首》之十:“如何雨绝天,一去音问违。”刘长卿《石梁湖有寄》:“烟波日已远,音问日已绝。”韩愈《送僧澄观》:“临淮太守初到郡,远遣州民送音问。”又《崔十六少府摄伊阳以诗及书见投因酬三十韵》:“音问难屡通,何由觌清盼。”

【音義】 文字的读音和意义。詹敦仁有《复留侯从效问南汉刘岩改名龑字音义》。

【音塵】 ❶音信,消息。刘长卿《送裴四判官赴河西军试》:“道路难暂隔,音尘那可求。”元稹《酬乐天赴江州路上见寄三首》之一:“千山道路险,万里音尘隔。”杨衡《寄赠田仓曹湾》:“缨弁虽云阻,音尘岂复疏。”李中《舟次吉水逢蔡文庆秀才》:“别后音尘断,相逢又共吟。”❷踪迹。李白《忆秦娥》词:“乐游原上清秋节,咸阳古道音尘绝。”

【音影】 声音与姿影。王建《别鹤曲》:“万里虽然音影在,两心终是死生同。”

【音樂】 古代音、乐有别。后泛称音乐,指用有组织的乐音表达人们的思想情感,反映社会生活的一种艺术。元稹《追昔游》:“谢傅堂前音乐和,狗儿吹笛胆娘歌。”又《春六十韵》:“盘筵饶异味,音乐斥庸工。”白居易《琵琶引》:“浔阳小处无音乐,终岁不闻丝竹声。”又《寄明州于驸马使君三绝句》之二:“平阳音乐随都尉,留滞三年在浙东。”

【音聲】 乐音,音乐。王建《楼前》:“飞龙老马曾教舞,闻着音声总举头。”卢纶《重同畅当奘公院闻琴》:“误以音声祈远公,请将徽轸付秋风。”白居易《寄唐生》:"药良气味苦,琴淡音声稀。"李绅《赋月》:"抱琴对弹别鹤声,不得知音声不切。"

【音徽】 ❶美音,德音。元希声《赠皇甫侍御赴都八首》之八:"言语方间,音徽自溢。"李绅《悲善才》:"闻道善才成朽骨,空余弟子奉音徽。"❷指音容。韦应物《送元仓曹归广陵》:"官闲得去住,告别恋音徽。"武元衡《奉酬淮南中书相公见寄》:"岁月奔波尽,音徽雾雨濡。"温庭筠《题裴晋公林亭》:"谢傅林亭暑气微,山丘零落阏音徽。"❸音讯,书信。王翰《赠唐祖二子》:"云月渺千里,音徽不可闻。"元稹《酬窦校书二十韵》:"音徽千里断,魂梦两情偏。"鲍溶《织妇词》:"使人马如风,诚不阻音徽。"吴融《得京中亲友书讶久无音耗以诗代谢》:"珍重故人知我者,九霄休复寄音徽。"

【音韻】 ❶抑扬顿挫的和谐声音。刘禹锡《百舌吟》:"笙簧百啭音韵多,黄鹂吞声燕无语。"卢仝《听萧君姬人弹琴》:"二物各一处,音韵何由传。"白居易《杨柳枝二十韵》序:"杨柳枝,洛下新声也。洛之小妓,有善歌之者,词章音韵,听可动人,故赋之。"亦泛指声音。刘禹锡《酬乐天闻新蝉见赠》:"人情便所遇,音韵岂殊常。"陆龟蒙《杂讽九首》之四:"长风吹窾木,始有音韵吐。"陈中师《瑕瑜不相掩》:"妍媸因异彩,音韵信殊风。"❷音节韵律。杜甫《暮春江陵送马大卿公恩命追赴阙下》:"激扬音韵彻,籍甚众多推。"王建《寄李益少监兼送张实游幽州》:"自顾音韵乖,无因合宫商。"刘禹锡《武昌老人说笛歌》:"如今老去语尤迟,音韵高低耳不知。"

【音響】 声音。韦应物《乐燕行》:"赵瑟正高张,音响清尘埃。"刘禹锡《晚泊牛渚》:"戍鼓音响绝,渔家灯火明。"元稹《有鸟二十章》之五:"主人频问遣妖术,力尽计穷音响凄。"张鷟《莺出谷》:"乘风音响远,映日羽毛新。"

五 画

韶 〔sháo《广韵》市昭切,平宵,禪。〕❶虞舜时乐名。见《书·益稷》。亦借指高雅的古乐或诗文。元结《补乐歌十首》序:"今国家追复纯古,列祠往帝,岁时荐享,则必作乐,而无云门、咸池、韶、夏之声,故探其名义以补之。"杜甫《有感五首》之四:"终依古封建,岂独听箫韶。"刘禹锡《牛相公见示新什谨依本韵用以抒下情》:"游海惊何极,闻韶素不曾。"李商隐《送从翁从东川弘农尚书幕》:"岂意闻周铎,翻然慕舜韶。"❷美好。宣宗《幸华严寺》:"林光入户低韶景,岭气通宵展霁风。"温庭筠《寒食节日寄楚望二首》之一:"愁碧竟平皋,韶红换幽圃。"❸古代州名。隋唐置州,治所在曲江,辖境相当于今广东省韶关市、曲江、乐昌、仁化、南雄等地。见"韶石""韶水"。

【韶水】 指韶州浈水。水源自大庾岭,流经韶州始兴县、曲江县。胡曾《咏史诗·自岭下泛鹢到清远峡作》:"乘船浮鹢下韶水,绝境方知在岭南。"

【韶月】 美好的时光。张九龄《龙门旬宴得月字韵》:"恩华逐芳岁,形胜兼韶月。"韦述《春日山庄》:"初岁开韶月,田家喜载阳。"

【韶石】 山岩名。在广东曲江县(旧属韶州)。相传舜南游曾登此石,奏《韶》乐,因名。韩愈《从潮州量移袁州张韶州端公以诗相贺因酬之》:"暂欲系船韶石下,上宾虞舜整冠裾。"元稹《送崔侍御之岭南二十韵》:"飓风狂浩浩,韶石峻崭崭。"徐铉《南都遇前嘉鱼刘令言游闽岭作此与之》:"我持使节经韶石,君作闲游过武夷。"

【韶光】 美好的时光。多指春光。李峤《菱》:"钜野韶光暮,东平春溜通。"权德舆《和李中丞慈恩寺清上人院牡丹花歌》:"淡荡韶光三月中,牡丹偏自占春风。"白居易《春末夏初闲游江郭二首》之二:"西日韶光尽,南风暑气微。"萧遘《春诗》:"南国韶光早,春风送腊来。"

【韶年】 美好的日子,美好的岁月。苏味道《初春行宫侍宴应制》:"簪裾承睿赏,花柳发韶年。"万齐融《三日绿潭篇》:"佳人祓禊赏韶年,倾国倾城并可怜。"王翰《赋得明星玉女坛送廉察尉华阴》:"含情迟伫惜韶年,愿侍君边复中旋。"权德舆《杂言和常州李员外副使春日戏题十首》之七:"丝竹偏宜静夜,绮罗共占韶年。"

【韶州】 隋开皇九年(589)以东衡州改置,治所在曲江县(今广东韶关市南武水之西)。开皇十一年(591)废。唐贞观元年(627)复改东衡州置,治所在曲江县。天宝元年(742)改为始兴郡,乾元元年(758)复名韶州。宋之问有《游韶州广界寺》。杜甫《送段功曹归广州》:"交趾丹砂重,韶州白葛轻。"韩愈《晚次宣溪辱韶州张端公使君惠书叙别以绝句二章》之一:"韶州南去接宣溪,云水苍茫日向西。"许浑有《韶州韶阳楼夜宴》和《闻韶州李相公移拜郴州因寄》。

【韶芳】 美丽的花。张九龄《尝与大理丞袁公太府丞田公偶诣一所遂赋诗焉以咏其事》:"韶芳媚洲渚,蕙气袭衣襟。"赵宗儒《和黄门武相公诏还题石门洞》:"韶芳满归路,轩骑出重关。"

【韶英】 亦作"韶韺"。指舜乐《九韶》与颛顼之乐《六英》。亦泛称古乐。则天皇后《唐享昊天乐·第八》:"始奏承云娱帝赏,复歌调露畅韶英。"韩愈、孟郊《城南联句》:"岁律及郊至,古音命韶韺。"

【韶物】 春天的景物。苏颋《人日兼立春小园宴》:“更与韶物期,不孤东园集。”

【韶弦】 即韶乐。虞舜时之古乐。泛称古乐。宋璟《奉和圣制同二相已下群官乐游园宴》:“亹亹韶弦屡,戋戋贲帛周。”

【韶和】 雅正谐和。胡浩《感春》:“纡寂融密思,韶和洗纷瞩。”

【韶咸】 舜乐《韶》和黄帝乐《咸池》。李咸用《和友人喜相遇十首》之七:“韶咸古曲教谁爱,山水清音喜独闻。”

【韶律】 美好的节气。武平一《奉和立春内出彩花树应制》:“欣逢睿藻光韶律,更促霞觞畏景催。”

【韶風】 和风。张乔《杨花落》:“韶风澹荡无所依,偏惜垂杨作春好。”

【韶姿】 美姿。皮日休《闻鲁望游颜家林园病中有寄》:“一夜韶姿着水光,谢家春草满池塘。”

【韶華】 ❶美好的时光。常指春光。明皇《春晚宴两相及礼官丽正殿学士探得风字》序:“阴阳代谢,日月相推,岂可使春色虚捐,韶华并歇。”戴叔伦《暮春感怀》之一:“东皇去后韶华尽,老圃寒香别有秋。”郑审《奉使巡检两京路种果树事毕入秦因咏》:“圣德周天壤,韶华满帝畿。”❷谓美好的年华。包佶《抱疾谢李吏部赠诃黎勒叶》:“幸蒙祛老疾,深愿驻韶华。”李贺《嘲少年》:“莫道韶华镇长在,发白面皱专相待。”

【韶華子】 年轻人。白居易《香山居士写真诗》:“勿叹韶华子,俄成皤叟仙。”

【韶夏】 舜乐和禹乐。亦泛称高雅的古乐。张说《赠别杨盈川炯箴》:“虽有韶夏,勿弃系辕。”白居易《渭村退居寄礼部崔侍郎翰林钱舍人诗一百韵》:“齐竽混韶夏,燕石厕琳琅。”陆龟蒙《江南秋怀寄华阳山人》:“琮璜陈始毕,韶夏教初成。”

【韶容】 ❶清新的风光。独孤授《花发上林》:“上苑韶容早,芳菲正吐花。”❷美丽的容颜。温庭筠《东郊行》:“块霭韶容锁澹愁,青筐叶尽蚕应老。”顾敻《甘州子》词之三:“绮筵散后绣衾同,款曲见韶容。”

【韶景】 ❶春景。张九龄《登临沮楼》:“本与众山绝,况兹韶景和。”欧阳詹《小苑春望宫池柳色》:“东风韶景至,垂柳御沟新。”林滋《春望》:“散襟披石磴,韶景自深怜。”欧阳炯《木兰花》词之二:“堪爱晚来韶景甚,宝柱秦筝方再品。”❷谓好时光。卢纶《送从叔牧永州》:“彼方韶景无时节,山水诸花恣开发。”杜荀鹤《中山临上人院观牡丹寄诸从事》:“开当韶景何妨好,落向僧家即是空。”

【韶鈞】 泛指音乐。《韶》传为舜时乐曲,《钧》为春秋时赵简子梦游天庭时所听到的音乐。韩愈《送惠师》:“微风吹木石,澎湃闻韶钧。”

【韶媚】 秀美妩媚。公乘亿《春风扇微和》:“暖浮丹凤阙,韶媚黑龙津。”

【韶陽】 ❶明媚的阳光。韦元旦《奉和圣制春日幸望春宫应制》:“九重楼阁半山霞,四望韶阳春未赊。”钱起《南中春意》:“客游南海曲,坐见韶阳早。”皇甫冉《东郊迎春》:“律向韶阳变,人随草木荣。”许稷《赋得风动万年枝》:“为近韶阳煦,皆先众卉垂。”❷南朝梁置韶阳郡,治所在寿阳县(今广西象州县)。隋开皇时废。孟浩然有《送吴悦游韶阳》。

【韶陽廟】 指在韶州的张九龄庙。韶阳,即韶州。韶州在韶石之南,州即取韶石为名。至德初玄宗曾遣使往韶州祭九龄。刘禹锡《读张曲江集作》:“寂寞韶阳庙,魂归不见人。”

【韶暉】 明丽的光景。王甚夷《风不鸣条》:“圣日祥风起,韶晖助发生。”皮日休《奉和鲁望春雨即事次韵》:“织恨凝愁映鸟飞,半旬飘洒掩韶晖。”

【韶稚】 貌美而年少。韩愈《游青龙寺赠崔大补阙》:“忽惊颜色变韶稚,却信灵仙非怪诞。”

【韶嫩】 美好软嫩。刘禹锡《洛中早春赠乐天》:“韶嫩冰后木,轻盈烟际林。”

【韶樂】 (—yuè)舜乐。亦泛称古乐。张九龄《奉和圣制登封礼毕洛城酺宴》:“汉酺歌圣酒,韶乐舞薰风。”卢纶《和太常李主簿秋中山下别墅即事》:“韶乐方今奏,云林徒蔽亏。”又《和王员外冬夜寓直》:“九天韶乐飘寒月,万户香尘裛晓霜。”

【韶濩】 汤乐名。或谓舜乐与汤乐。后亦泛指庙堂、宫廷之乐或泛指雅正的古乐。李义府《在嶲州遥叙封禅》:“张乐分韶濩,观礼纵华夷。”元结《欸乃曲五首》之三:“停桡静听曲中意,好是云山韶濩音。”白居易《祗役骆口驿喜萧侍御书至因寄八韵》:“始知听韶濩,可使心和平。”温庭筠《题翠微寺二十二韵》:“无因奏韶濩,流涕对幽篁。”

【韶韺】 见“韶英”。

【韶顏】 美好的容颜。白居易《岁暮》:“穷阴急景坐相催,壮齿韶颜去不回。”徐铉《奉和宫傅相公怀旧见寄四十韵》:“韶颜莫与年争竞,世虑须凭道节宣。”

【韶豔】 美好艳丽。柳宗元《始见白发题所植海石榴》:“几年封植爱芳丛,韶艳朱颜竟不同。”

十 画

韻 〔yùn《广韵》王問切,云。〕❶和谐的声音。骆宾王《寓居洛滨对雪忆谢二》:“积彩明书幌,流韵绕琴台。”王邕《湘灵鼓瑟》:“宝瑟和琴韵,灵妃应乐章。”李远《赠殷山人》:“曲罢月移幌,韵清风满斋。"韩愈《谢自然诗》:"如聆笙竽韵,来自冥冥天。"❷泛称声响。周贺《书实上人房》:"沙井泉澄疾,秋钟韵尽迟。"沈亚之《村居》:"月上蝉韵残,梧桐阴绕地。"李绅《过梅里七首·上家山》:"竹洞磬声长,松楼钟韵疾。"韦庄《哭同舍崔员外》:"祭罢泉声急,斋余磬韵长。"❸指发出动听的声音。寒山《诗三百三首》之二二八:"风摇松竹韵,月现海潮频。"孟郊《游华山云台观》:"夜闻明星馆,时韵女萝弦。"刘禹锡《海阳湖别浩初师》:"风止松犹韵,花繁露未干。"又《和宣武令狐相公郡斋对新竹》:"新竹翛翛韵晓风,隔窗依砌尚蒙笼。"❹声音相应和。王勃《圣泉宴》:"兰气熏山酌,松声韵野弦。"太宗《饮马长城窟行》:"胡尘清玉塞,羌笛韵金钲。"张灌《题舜庙》:"向晚风吹庭下柏,犹疑琴曲韵南熏。"韦庄《和薛先辈见寄初秋寓怀即事之作二十韵》:"露白凝湘簟,风篁韵蜀琴。"❺音节的韵母部分。陆龟蒙有《叠韵山中吟》和《叠韵吴宫词二首》。皮日休有和作。亦指诗赋中的韵脚或押韵的字。王勃有《上巳浮江宴韵得阯字》和《春日宴乐游园赋韵得接字》。亦指一联诗句。王建《酬柏侍御闻与韦处士同游灵台寺见寄》:"二十韵新诗,远寄寻山俦。"白居易《伤唐衢二首》之二:"因和三十韵,手题远缄寄。"又《酬张太祝晚秋卧病见寄》:"一章锦绣段,八韵琼瑶音。"元稹《封书》:"书出步虚三百韵,蕊珠文字在人间。"❻指诗赋等韵文作品。杨巨源《题表丈三大夫书斋》:"诗题三百首,高韵照春霞。"赵宗儒《和黄门武相公诏还题石门洞》:"更题风雅韵,永绝翠岩间。"武元衡《酬谈校书长安秋夜对月寄诸故旧》:"蓬山高价传新韵,槐市芳年挹盛名。"温会《和段相公登武担寺西台》:"始愧才情薄,跻攀继韵穷。"❼赋,创作诗赋。高适《和贺兰判官望北海作》:"缘情韵骚雅,独立遗尘埃。"❽风韵,神韵。贾岛《投张太祝》:"泠泠月下韵,一一落海涯。"崔道融《梅花》:"香中别有韵,清极不知寒。"

【韻海】 颜真卿组织编纂的《韵海镜源》的省称。据颜真卿《湖州乌程县杼山妙喜寺碑》,此书考《切韵》、引《说文》等字书,穷其训解,次以典籍中两字以上成句者,广而编之,故曰韵海;以其镜照本原,故曰镜源。大历八年(773)颜真卿为湖州刺史,集文士李萼、陆羽等五十余人,重加讨论,至次年春书成。皎然《奉和颜使君真卿修韵海毕州重宴》:"九流宗韵海,七字揖文江。"

【韻章】 篇章。白居易《池上篇》序:"曲未竟而乐天陶然,已醉睡于石上矣。睡起偶咏,非诗非赋,阿龟握笔,因题石间。视其粗成韵章,命为《池上篇》云尔。"

十一画

響〔xiǎng《广韵》許兩切,上養,曉。〕❶回声。王维《愚公谷三首》之二:"虽则行无迹,还能响应声。"崔颢《入若耶溪》:"岩中响自答,溪里言弥静。"周贺《山关寄贾岛》:"伊流偕行客,岳响答啼猿。"吴商浩《巫峡听猿》:"巴江猿啸苦,响入客舟中。"❷泛指声音,声响。丁仙芝《剡溪馆闻笛》:"山空响不散,溪静曲宜长。"孟郊《桐庐山中赠李明府》:"千山不隐响,一叶动亦闻。"白居易《偶饮》:"千声方响敲相续,一曲云和戛未终。"杨发《山泉》:"半空飞下水,势去响如雷。"❸发出声音,发出声响。王丘《咏史》:"云岩响金奏,空水滟朱颜。"卢纶《题念济寺晕上人院》:"泉响竹潇潇,潜公居处遥。"周匡物《自题读书堂》:"窗外卷帘侵碧落,槛前敲竹响青冥。"王贞白《度关山》:"石响铃声远,天寒弓力悭。"亦指使发出声音。权德舆《酬穆七侍郎早登使院西楼感怀》:"晨风响钟鼓,曙色映山川。"晁采《子夜歌十八首》之十五:"寒风响枯木,通夕不得卧。"❹形容声音洪亮。刘长卿《湘中纪行十首·浮石濑》:"众岭猿啸重,空江人语响。"❺犹遗音。太宗《帝京篇十首》之十:"广待淳化敷,方嗣云亭响。"陈政《赠窦蔡二记室入蜀》:"六辅昔推名,二江今振响。"❻同"向"。向往,仰慕。许棠《和薛侍御题兴善寺松》:"何年劚到城,满国响高名。"

【響山】 山名。在今安徽宣城市南。李白有《宣州九日醉后寄崔侍御二首》。

【響亮】 声音清晰洪亮。元稹《献荥阳公诗五十韵》:"过箫资响亮,随水涨沦涟。"皮日休《太湖诗·上真观》:"天钧鸣响亮,天禄行蹒跚。"和凝《宫词百首》之六六:"箫韶响亮春云合,日照尧阶舞瑞鸾。"又《小重山》词之二:"柳色展愁眉,管弦分响亮,探花期。"

【響報】 回声。韩愈《荐士》:"荣华肖天秀,捷疾逾响报。"

【響象】 见"響像"。

【響答】 谓回声相应。孟郊《尧歌》之二:"养馆洞庭秋,响答虚吹弹。"

【響像】 亦作"響象"。仿佛,相似。薛戎《游烂柯山》之一:"响像如天近,窥临与世遥。"鲍溶《山中怀刘修》:"响象离鹤情,念来一相似。"

【響屧廊】 春秋时吴王宫中的廊名。遗址在今江苏苏州市西灵岩山。皮日休《馆娃宫怀古五绝》之五:"响屧廊中金玉步,采蘋山上绮罗身。"亦省称"響廊"。杨乘《吴中书事》:"香径自生兰叶小,响廊深映月华空。"齐己《折杨柳词四首》之二:"馆娃宫畔响廊前,依托吴王养翠烟。"

【響廊】 见"響屧廊"。

頁 部

二 画

頂 〔dǐng《广韵》都挺切，上迥，端。〕❶人头的最上端。李颀《别梁锽》："朝朝饮酒黄公垆，脱帽露顶争叫呼。"杜甫《饮中八仙歌》："张旭三杯草圣传，脱帽露顶王公前。"皇甫湜《出世篇》："颜如芙蓉，顶为醍醐。"黄滔《赠怀光上人》："顶寒拳素发，珠锐走红绦。"❷物体的最上端或高处。孟浩然《寄天台道士》："焚香宿华顶，裛露采灵芝。"钱起《苏端林亭对酒喜雨》："小雨飞林顶，浮凉入晚多。"韩愈《送惠师》："夜宿最高顶，举头看星辰。"张祜《题苏州楞伽寺》："况是西峰顶，凄凉故国情。"❸用头支承，戴。雍陶《赠宗静上人》："寒来垂顶帽，白发剃应稀。"吕岩《七言》之三十："昼乘白虎游三岛，夜顶金冠立古坛。"❹拜，顶礼。李洞《题晰上人贾岛诗卷》："供得半年吟不足，长须字字顶司仓。"

【頂手】 顶礼膜拜。黄滔《题宣一僧正院》："吾曹来顶手，不合不题诗。"

【頂髮】 头发。吕从庆《题画》："携筇者伊谁，顶发髡且秃。"

【頂髻】 头上的发髻。刘禹锡《同乐天和微之深春二十首》之十六："双鬟梳顶髻，两面绣裙花。"

【頂戴】 两手持物举过头顶。表示致敬。元稹《韦氏馆与周隐客杜归和泛舟》："持君宝珠赠，顶戴头上头。"

【頂禮】 ❶双膝下跪，两手伏地，以头顶尊者之足，为佛教徒最崇敬的礼节。寒山《诗三百三首》之一五九："顶礼无所着，我师大法王。"慧宣《秋日游东山寺寻殊昙二法师》："心欢即顶礼，道存仍目击。"❷朝拜，瞻仰。和凝《宫词百首》之三十一："万姓焚香惟顶礼，瑞云随伞入宫闱。"

【頂顛】 头顶。喻高位。李商隐《行次西郊作一百韵》："忤者死艰屦，附之升顶颠。"

頃 〔qǐng《广韵》去颖切，上静，溪。〕❶土地面积单位。一顷为一百亩。骆宾王《夏日游德州赠高四》："灵台万顷浚，学府九流深。"岑参《送张献心充副使归河西杂句》："澄湖万顷深见底，清冰一片光照人。"白居易《杜陵叟》："杜陵叟，杜陵居，岁种薄田一顷余。"许浑《夜归丁卯桥村舍》："自有还家计，南湖二顷田。"❷顷刻，短时间。见"頃刻"。❸时，时候。白居易《禽虫十二章》之八："何异浮生临老日，一弹指顷报恩仇。"❹最近，近来。张说《酬崔光禄冬日述怀赠答》序："顷因公宴，方接咏言。"耿沣《甘泉诗》序："顷修垒虞寇，凿井便溉，忽遇醴泉。"李商隐《偶成转韵七十二句赠四同舍》："顷之失职辞南风，破帆坏桨荆江中。"张蠙《和友人许裳题宣平里古藤》："顷因陪预作，终夕绕枝筇。"❺从前，以往。杜甫《哭王彭州抡》："顷壮戎麾出，叨陪幕府要。"刘长卿《赠别于群投笔赴安西》："顷游灵台下，频弃荆山玉。"元稹《箭镞》："顷曾为盗者，百箭中心攒。"白居易《和微之诗二十三首·和寄乐天》："顷我在杭岁，值君之越日。"

【頃年】 ❶近年。李绅《过梅里七首·忆放鹤》序："顷年无锡闲居，里人献鹤雏，余驯养之。"❷昔年，往年。李绅《开元寺》序："此寺多太湖石，有峰峦奇状者，顷年多游寓于此。"刘驾《鄴中感怀》："顷年曾住此中来，今日重游事可哀。"

【頃向】 一向。元稹《和李校书新题乐府十二首·立部伎》："顷向圜丘见郊祀，亦曾正旦亲朝贺。"

【頃者】 ❶近来。王昌龄《赵十四兄见访》："晚来常读易，顷者欲还嵩。"❷以往，从前。刘长卿《上湖田馆南楼忆朱宴》："顷者慕独往，尔来悲远游。"

【頃來】 近来。卢象《马跑神泉》："顷来规下字，必葺慕先贤。"杜甫《最能行》："朝发白帝暮江陵，顷来目击信有征。"钱起《送褚大落第东归》："顷来荷策干明主，还复扁舟归五湖。"刘长卿《湘中忆归》："顷来行已远，弥觉天无涯。"

【頃忽】 突然。吕岩有《真人行巴陵市太守怒其不避使案吏具其罪真人曰须酒醒耳顷忽失》。

【頃刻】 片刻，一会儿。韩愈《南山诗》："明昏无停态，顷刻异状候。"白居易《送兄弟回雪夜》："所遇皆如此，顷刻堪愁绝。"舒元舆《坊州按狱因成诗寄之》："顷刻过三夕，起坐轻四肢。"曹邺《赠道师》："一马无四蹄，顷刻行千里。"

【頃尅】 即顷刻。尅，通刻。白居易《和梦游春诗一百韵》："良姻在嘉偶，顷尅为单独。"

【頃息】 顷刻。张籍《祭退之》："顷息万事尽，肠情多摧伤。”

【頃常】 经常。李绅《寿阳罢郡·虎不食人》序：“霍山县多猛兽，顷常择肉于人。”

【頃歲】 ❶近年。岑参《过梁州奉赠张尚书大夫公》：“顷岁遇雷云，精神感灵祇。”❷往年。权德舆《拜昭陵过咸阳墅》：“顷岁辱明命，铭勋镂贞坚。”

【頃筐】 斜口的竹筐。汤悦《再次前韵代梅答》：“托植经多稔，顷筐向盛时。”

【頃襄】 指战国楚顷襄王。周昙《咏史诗·春秋战国门·顷襄王》：“顷襄还信子兰语，忍使江鱼葬屈原。”

三　画

頇 〔hān《广韵》許干切，平寒，曉。〕见“顢頇”。

項 〔xiàng《广韵》胡講切，上講，匣。〕❶颈后为项。泛指颈。亦指禽兽之颈项。骆宾王《咏鹅》：“鹅鹅鹅，曲项向天歌。”顾况《杜秀才画立走水牛歌》：“昆仑儿，骑白象，时时锁着师子项。”王建《春日五门西望》：“黄帕盖鞍呈了马，红罗系项斗回鸡。”周昙《咏史诗·六朝门·齐废帝东昏侯》：“长围既合刀临项，犹惜金钱对落晖。”❷大，肥大。参见“項領成”。❸姓。参见“項槖”“項籍”。

【項氏】 指项籍。杨浚《广武怀古》：“天夺项氏谋，卒成汉家业。”

【項別騅】 吟咏主人与坐骑的深情之典。白居易《有小白马乘驭多时不能忘情题二十韵》：“念倍燕求骏，情深项别骓。”

【項處士】 疑为项容。天台有处士项容，善画山水。方干有《送水墨项处士归天台》。

【項斯】 诗人。字子迁，台州宁海（今浙江宁海县）人。会昌四年(884)进士，释褐为丹阳尉。国子祭酒杨敬之爱其诗，有《赠项斯》诗云：“几度见诗诗总好，及观标格过于诗。平生不解藏人善，到处逢人说项斯。”今所谓“说项”，本此。《全唐诗》录其诗一卷，近百首。

【項領成】 指放纵自恣、不听使唤。杜甫《投简成华两县诸子》：“乡里儿童项领成，朝廷故旧礼数绝。”

【項槖】 古代神童。相传生而知之，七岁为孔子师。路德延《小儿诗》：“项槖称师日，甘罗作相年。”

【項籍】 秦末下相（今江苏宿迁县西南）人。字羽。白居易《病中诗十五首·卖骆马》：“项籍顾骓犹解叹，乐天别骆岂无情。”

【項瓔】 领项上佩戴的璎珞。元稹《估客乐》：“鍮石打臂钏，糯米吹项璎。”

順 〔shùn《广韵》食閏切，去稕，船。〕❶顺理，合乎事理。杜甫《新安吏》：“况乃王师顺，抚养甚分明。”温庭筠《奉天西佛寺》：“忆昔狂童犯顺年，玉虬闲暇出甘泉。”❷应顺，依顺。李林甫《奉和圣制次琼岳应制》：“东幸从人望，西巡顺物回。”韦应物《送杨氏女》：“孝恭遵妇道，容止顺其猷。”耿湋《寒蜂采菊蕊》：“去住沾余雾，高低顺过风。”元稹《有酒十章》之三：“顺天意耶，公天下耶。”❸柔顺，和顺。参见“順和❶”。

【順人】 顺应民心。权德舆《仲秋朝拜昭陵》：“抚运斯顺人，救焚非逐鹿。”白居易《贺雨》：“顺人人心悦，先天天意从。”《郊庙歌辞·梁太庙乐舞辞·来仪舞》：“于赫帝命，应天顺人。”

【順世】 佛教徒称僧徒逝世。贯休《闻无相道人顺世五首》之四：“石霜既顺世，吾师亦不住。”

【順成】 谓风调雨顺、五谷丰登。刘禹锡《太和戊申岁大有年诏赐百僚观秋稼谨书盛事以俟采诗者》：“玉烛调寒暑，金风报顺成。”

【順行】 （一xíng）顺正道而行。吕岩《七言》之六二：“龙虎顺行阴鬼去，龟蛇逆往火龙来。”

【順序】 有序而不紊乱。韩愈《元和圣德诗》：“天地中间，莫不顺序。”

【順和】 ❶顺随和同。元结《系乐府十二首·谢大龟》：“顺和固鄙分，全守真常规。”❷乐章名。《新唐书·乐志三》：“玄宗开元十三年禅社首山祭地祇乐章八首，迎神用《顺和》。”贺知章有《唐禅社首乐章·顺和》《郊庙歌辞·祭方丘乐章·顺和》。

【順命】 顺从天命。张籍《田司空入朝》：“早变山东知顺命，新收济上立殊功。”

【順宗】 李诵庙号。薛逢有《宣政殿前陪位观册顺宗宪宗皇帝尊号》。

【順美】 顺和美善。苏颋《敬和崔尚书大明朝堂雨后望终南山见示之作》：“冢卿才顺美，多士赋成章。”杜牧《分司东都寓居履道叨承川尹刘侍郎大夫恩知上四十韵》：“顺美皇恩洽，扶颠国步宁。”

【順則】 顺从法则。贺知章《唐禅社首乐章·太和》：“列祖应命，四宗顺则。”元结《二风诗·治风诗五篇·至理》：“加之清一，莫不顺则。”

【順俗】 顺应时俗。元结《欸乃曲五首》之一：“偶存名迹在人间，顺俗与时未安闲。”元稹《香球》：“顺俗唯团转，居中莫动摇。”

【順風】 ❶顺着风向。亦指顺应时尚。王维《同卢拾遗过韦给事东山别业二十韵》：“万乘驻山外，顺风祈一言。”钱起《温泉宫礼见》：“顺风求至道，侧席问遗贤。”吕温《成皋铭》：“烈火顺风，乘高建瓴。”❷指与行进方向一致的风。苏颋《幸白鹿观应制》：“讵似闲居日，徒闻有顺风。”

【順逆】 顺正和邪逆。杜甫《白水县崔少府十九翁高斋三十韵》：“人生半哀乐，天地有顺逆。”

【順流】 顺着水流。李峤有《军师凯旋自邕州顺流舟中》。高璩《和薛逢赠别》：“莫言此去难相见，怨别征黄是顺流。”

【順時】 顺应时宜，适时。孟浩然《从张丞相游南纪城猎戏赠裴迪张参军》：“顺时行杀气，飞刃争割鲜。”元结《二风诗·治风诗五篇·至慈》：“故莫由莫己，顺时而理。”曹邺《贺雪寄本府尚书》：“雨雪不顺时，阴阳失明晦。”

【順動】 ❶适应客观事物的规律而运动、行动。虞世南《奉和幸江都应诏》：“肆觐遵时豫，顺动悦来苏。”储光羲《述华清宫五首》之三：“群方趋顺动，百辟随天游。”白居易《松斋自题》：“形骸委顺动，方寸付空虚。”❷谓天子行幸。钱起《奉和圣制登会昌山应制》：“六龙多顺动，四海正雍熙。”郑谷有《顺动后蓝田偶作》。

【順陽】 镇名。故城在今河南淅川县东。刘禹锡《顺阳歌》：“朝辞官军驿，前望顺阳路。”

【順陽公】 即范传正。南阳顺阳（今河南邓县）人，曾官宣歙观察使。鲍溶有《宣城北楼昔从顺阳公会于此》。

【順節】 顺应节令。张说《端午三殿侍宴应制探得鱼字》：“助阳尝麦彘，顺节进龟鱼。”

【順舉】 顺风飞举。李绅《过梅里七首·忆放鹤》：“好风顺举应摩日，逸翮将成莫恋群。”

【順讓者】 顺从偷官窃位、谄进苟邪之人。让，与攘通。元结《与党侍御》：“诮吾顺让者，乃是干进资。”

須 〔xū《广韵》相俞切，平虞，心。〕❶胡须。李商隐《行次西郊作一百韵》：“捋须蹇不顾，坐在御榻前。”亦指须状物。杜甫《双枫浦》：“浪足浮纱帽，皮须截锦苔。”❷等待，等候。李白《铜官山醉后绝句》：“要须回舞袖，拂尽五松山。”司空曙《奉和张大夫酬高山人》：“苍生须太傅，山在岂容归。”司马都《和陆鲁望白菊》：“耻共金英一例开，素芳须待早霜催。”郑巢《送象上人还山中》：“终期宿华顶，须会说三巴。”❸片刻，一会儿。见“須臾”。❹迟缓。韩愈《和侯协律咏笋》：“暂须回步履，要取助盘飧。”❺应当，必须。杜甫《丽春》：“少须好颜色，多漫枝条剩。”贾至《送李侍郎赴常州》：“今日送君须尽醉，明朝相忆路漫漫。”李端《秋日忆暕上人》：“若便浔阳去，须将旧客还。”皮日休《吴中苦雨因书一百韵寄鲁望》：“薪蒸湿不着，白昼须然烛。”❻需要。李白《别内赴征三首》之一：“白玉高楼看不见，相思须上望夫山。”王建《求友》：“鉴形须明镜，疗疾须良医。”白居易《寓意诗五首》之三：“乃知择交难，须有知人明。”韦庄《听赵秀才弹琴》：“不须更奏幽兰曲，卓氏门前月正明。”❼要求。杜甫《草堂》：“大官喜我来，遣骑问所须。”韩愈《和裴仆射相公假山十一韵》：“有来应公须，归必载金帛。”李贺《感讽五首》之一：“足知造化力，不给使君须。”白居易《宿杜曲花下》：“眼前无所阙，身外更何须。”❽一定，必定。王维《春日与裴迪过新昌里访吕逸人不遇》：“到门不敢题凡鸟，看竹何须问主人。”耿沣《送胡校书秩满归河中》：“音书须数附，莫学晋嵇康。”赵嘏《自遣》：“到头生长烟霞者，须向烟霞老始休。”王贞白《塞上曲》：“燕然山上字，男子见须羞。”❾强取，勒索。无名氏《五言诗》之五：“追车即与车，须马即与马。须钱便与钱，和市亦不避。”❿有。李商隐《随师东》：“但须鸑鷟巢阿阁，岂假鸱鸮在泮林。”⓫连词。虽然。杜甫《赤霄行》：“赤霄悬圃须往来，翠尾金花不辞辱。”杜牧《李甘诗》：“贤者须丧亡，谗人尚堆堵。”曹松《送僧入蜀过夏》：“五月峨眉须近火，木皮岭重只如冬。”⓬副词。到底，终究。王建《岁晚自感》：“一向破除愁不尽，百方回避老须来。”罗邺《别夜》：“若在人间须有恨，除非禅伴始无情。”⓭姓。战国时魏国有须贾。须贾曾陷害范雎，后范雎为秦相，须贾使秦，向雎谢罪。雎问：“汝罪有几？”答云：“擢贾之发以续之罪，尚未足。”事见《史记·范雎蔡泽列传》。李瀚《蒙求》：“廉颇负荆，须贾擢发。”

【須句】 春秋时古国名。在今山东东平县东南。韩愈《奉和兵部张侍郎酬郓州马尚书祗召途中见寄开缄之日马帅已再领郓州之作》：“再领须句国，仍迁少昊司。”

【須知】 必须知道，应该了解。杜甫《江头四咏·鸂鶒》：“故使笼宽织，须知动损毛。”张祜《洛阳感寓》：“须知此事堪为镜，莫遣黄金漫作堆。”李频《寄远》：“须知此意同生死，不学他人空寄衣。”徐夤《咏钱》：“几怪邓通难免饿，须知夷甫不曾言。”李建勋《和判官喜雨》：“须知太守重墙内，心极农夫望处欢。”

【須臾】 片刻，一会儿。寒山《诗三百三首》之一四六：“寄世是须臾，论钱莫啾唧。”戎昱《听杜山人弹胡笳》：“须臾促轸变宫徵，一声悲兮一声喜。”白居易《归来二周岁》：“归来二周岁，二岁似须臾。”刘威《遣怀寄欧阳秀才》：“地上江河天上乌，百年流转只须臾。”

【須彌】 梵语译音。意译妙高、妙光、安明、善高、善积等。印度神话中的山名，亦为佛教采用，指一个小世界的中心。相传山高八万四千由旬（古印度计算距离的单位，以帝王一日行军之路程为一由旬），山顶上为帝释天，四面山腰为四天王天，周围有七香海、七金山和四大部洲。佛教造像和绘画喜以此山为题材，用以表示天上景观。拾得《诗》之四一："我见顽钝人，灯心柱须弥。"段成式、郑符《中禅师影堂联句》："不动须弥山，多方辩无匱。"吕岩《百字碑》："白云朝顶上，甘露洒须弥。"贯休《寿春节进大蜀皇帝五首》之一："今日降神天上会，愿将天福比须弥。"

四 画

頑 〔wán《广韵》五還切，平删，疑。〕❶未劈开的囫囵木头。见《说文·页部》。元稹《画松》："纤枝无萧洒，顽干空突兀。"❷愚妄，愚顽。韦应物《郊居言志》："交无是非责，且得任疏顽。"杨巨源《酬崔博士》："自知顽叟更何能，唯学雕虫谬见称。"白居易《自蜀江至洞庭湖口有感而作》："疑此苗人顽，恃险不终役。"贯休《桐江闲居作十二首》之十二："村童顽似铁，山菜硬如莎。"❸凶恶。亦指凶恶之人。李白《豫章行》："岂惜战斗死，为君扫凶顽。"柳宗元《唐饶歌鼓吹曲十二篇·河右平》："河右澶漫，顽之为魁。"❹坚硬，坚固。杜甫《除草》："顽根易滋蔓，敢使依旧丘。"韩愈《雪后寄崔二十六丞公》："朝歙暮喈不可解，我心安得如石顽。"白居易《酬卢秘书二十韵》："石顽镌费匠，女丑嫁劳媒。"齐己《送隆公上人》："好骋陈那孔，谁云劫石顽。"❺始终坚持，不懈怠。韩愈《秋怀诗十一首》之六："尚须勉其顽，王事有朝请。"❻行动缓慢。王建《初授太府丞言怀》："病童唤着唯行慢，老马鞭多转放顽。"❼通"玩"。玩赏。姚合《酬卢汀谏议》："杯觞引满从衣湿，墙壁书多任手顽。"

【頑山】 未被开发之山。舒元舆《坊州按狱》："中部接戎塞，顽山四周遭。"

【頑石】 未经斧凿的石头。杨巨源《奉酬窦郎中早入省苦寒见寄》："空山顽石破，幽涧层冰裂。"元稹《相忆泪》："会向伍员潮上见，气充顽石报心仇。"施肩吾《金尺石》："丹砂画顽石，黄金横一尺。"李中《腊中作》："泉冻如顽石，人藏类蛰虫。"

【頑甲】 坚硬的甲壳。李贺《拂舞歌辞》："背有八卦称神仙，邪鳞顽甲滑腥涎。"

【頑仙】 神仙中愚笨者。皮日休《奉和鲁望四月十五日道室书事》："剩欲与君终此志，顽仙唯恐鬓成霜。"又《虎丘寺西小溪闲泛三绝》之一："分明似对天台洞，应厌顽仙不肯迷。"司空图《商山二首》之二："马上搜奇已数篇，籍中犹愧是顽仙。"

【頑皮】 ❶坚硬的表皮。皮日休《嘲归仁绍龟诗》："顽皮死后钻须遍，都为平生不出头。"❷坚实的皮囊。指人的躯壳。寒山《诗三百三首》之五七："肯信有因果，顽皮早晚裂。"又《诗三百三首》之二四二："下士钝暗痴，顽皮最难裂。"

【頑朴】 简陋质朴。贯休《砚瓦》："浅薄虽顽朴，其如近笔端。"

【頑兇】 凶恶之人。吴筠《览古十四首》之十四："天道殃顽凶，神明祐懿哲。"

【頑坐】 长久静坐不动。贯休《思匡山贾匡》："觅句唯顽坐，严霜打不知。"

【頑拙】 愚笨。白居易《酬张十八访宿见赠》："我受狷介性，立为顽拙身。"

【頑陋】 愚昧鄙陋。元稹《感梦》："吹嘘莫我先，顽陋不我鄙。"

【頑梗】 谓山势峭直。刘隐辞《咏白盐山》："都缘顽梗揎浮世，遮莫峥嵘倚半天。"

【頑雲】 堆积很厚的乌云。陆龟蒙《奉酬袭美苦雨见寄》："顽云猛雨更相欺，声似虓号色如墨。"

【頑鈍】 本指不锋利的器具。喻愚昧迟钝。韦应物《答长安丞裴说》："爰以林壑趣，遂成顽钝姿。"又《温泉行》："出身天宝今年几，顽钝如锤命如纸。"韩愈《庭楸》："我已自顽钝，重遭五楸牵。"

【頑然】 愚妄无知貌。王周《西塞山二首》之二："匹妇顽然莫问因，匹夫何去望千春。"

【頑童】 顽皮的儿童。温庭筠《病中书怀呈友人》："顽童逃广柳，羸马卧平芜。"刘驾《上马叹》："羸马行迟迟，顽童去我远。"

【頑疏】 愚钝而疏懒。王维《送綦毋秘书弃官还江东》："顽疏暗人事，僻陋远天聪。"刘长卿《酬包谏议佶见寄之什》："佐郡愧顽疏，殊方亲里闾。"孟郊《石淙》之十："怠惰成远游，顽疏恣灵观。"亦指愚钝疏懒之人。白居易《常乐里闲居偶题十六韵》："三旬两入省，因得养顽疏。"

【頑蒙】 愚昧无知。王建《励学》："况我性顽蒙，复不勤修学。"

【頑愚】 顽钝无知。卢仝《月蚀诗》："密迩玉几前擘坼，奏上臣仝顽愚胸。"白居易《予与微之老而无子今年冬各有一子戏作二什》之二："持杯祝愿无他语，慎勿顽愚似汝爷。"皮日休《偶书》："至今顽愚者，生如土偶身。"

【頑鄙】 愚钝鄙陋。畅当《自平阳馆赴郡》："奉恩谬符竹，伏轼省顽鄙。"

【頑慵】 愚笨懒散。白居易《饱食闲坐》："唯此不才叟，顽慵恋洛阳。"

【頑賤】 愚妄鄙贱。白居易《哭崔常侍晦叔》："顽贱一拳石，精珍百炼金。"

【頑瞑】 愚妄无知。元稹《遣病十首》之二："三十九万钱，资予养顽暝。”

【頑嚚】 ❶愚妄而又奸诈。贯休《古意九首》之七：“一种为顽嚚，得作翻经石。”❷指舜的父母。元稹《代曲江老人百韵》：“奸心兴桀黠，凶丑比顽嚚。”亦泛称愚妄而奸诈之人。韩愈、孟郊《征蜀联句》：“圣灵闵顽嚚，焘养均草蔡。”姚月华《怨诗效徐淑体》：“逢人兮欲语，鞈匝兮顽嚚。”

【頑颸】 冷峭的疾风。罗隐《蟋蟀诗》：“顽飔毙芳，吹愁夕长。”

【頑癡】 ❶愚钝无知。寒山《诗三百三首》之八九：“再三劝你早修行，是你顽痴心恍惚。”韦应物《逢杨开府》：“一字都不识，饮酒肆顽痴。”❷形容寒气凌厉。杜牧《雪中书怀》：“腊雪一尺厚，云冻寒顽痴。”

【頑飆】 大风。韩愈《嘲鼾睡》之一：“顽飙吹肥脂，坑谷相嵬磊。”

【頑聾】 丧失听觉。喻不明事理。孟郊《秋怀》之十：“习乐莫习声，习声多顽聋。”

頎 〔qí《广韵》渠希切，平微，羣。〕修长貌。见“頎然”“頎頎”。

【頎然】 修长貌。李郃《贺州思九疑作》：“飘风微我荡，此兴頎然长。”

【頎頎】 ❶仪表长丽俊好。韩愈《送区弘南归》：“业成志树来頎頎，我当为子言天扉。”❷崇高肃穆貌。牛僧孺《享太庙乐章》：“湜湜頎頎，融昭德辉。”

頌 〔sòng《广韵》似用切，去用，邪。〕❶颂扬，赞美。张九龄《奉和圣制次成皋先圣擒建德之所》：“尊祖颂先烈，赓歌安用攀。”李白《效古二首》之一：“待诏奉明主，抽毫颂清风。”元结《二风诗·治风诗五篇·至劳》：“谁能颂之，我请颂焉。”卢纶《寄赠库部王郎中》：“硕儒推庆重，良友颂公频。”❷《诗》六义之一。《诗》中的一类，有《周颂》《鲁颂》《商颂》，均为庙堂祭祀时用的舞曲歌辞。《诗大序》：“故诗有六义焉：一曰风，二曰赋，三曰比，四曰兴，五曰雅，六曰颂……颂者，美盛德之形容，以其成功，告于神明者也。”丘光庭《补新宫》序：“其诗有风焉，周、召南是也；有小雅焉，鹿鸣、南陔之类是也；有大雅焉，大明、棫朴之类是也；有颂焉，清庙、我将之类是也。”赵铎《玄元皇帝应见贺圣祚无疆》：“惭无美周颂，徒上祝尧篇。”❸文体之一种。以颂扬为宗旨的诗文。明皇有《鹡鸰颂》，来鹄有《圣政纪颂》。❹通“诵”。吟哦，诵读。滕珦《释奠日国学观礼闻雅颂》：“幸因陪齿列，聊以颂斯文。”

【頌平】 歌颂太平盛世。许敬宗《奉和行经破薛举战地应制》：“普天沾凯泽，相携欣颂平。”

【頌述】 赞颂叙述。杨巨源《送杜郎中使君赴虔州》：“和诗将惠政，颂述九衢闻。”

【頌美】 颂扬赞美。蔡希寂《同家兄题渭南王公别业》：“文章遥颂美，寤寐增所钦。”高适《东平旅游奉赠薛太守二十四韵》：“颂美驰千古，钦贤仰大猷。”

【頌椒】 古代农历正月初一用椒柏酒祭祖，或敬献于家长，表示祝寿拜贺，是谓颂椒。杜甫《续得观书迎就当阳居止正月中旬定出三峡》：“颂椒添讽咏，禁火卜欢娱。”

【頌歌】 颂扬之歌。裴漼《奉和圣制送张说上集贤学士赐宴》：“大哉尧作主，天下颂歌称。”

【頌德】 歌颂功德。明皇《过晋阳宫》：“永言念成功，颂德临康衢。”寇坦《同皇甫兵曹天官寺浴室新成招友人赏会》：“清心多善友，颂德慰同人。”刘长卿《送薛据宰涉县》：“颂德有舆人，荐贤逢八使。”《郊庙歌辞·太清宫乐章·冲和》：“歌以颂德，香以达心。”

【頌聲】 歌颂赞美之声。徐安贞《奉和圣制答二相出雀鼠谷》：“颂声先奉御，辰象复回天。”李白《赠范金卿二首》之二：“游子睹嘉政，因之听颂声。”令狐峘《硖州旅舍奉怀苏州韦郎中》：“懿交守东吴，梦想闻颂声。”徐铉《池州陈使君见示游齐山诗因寄》：“今朝池口风波静，遥贺山前有颂声。”

頒 〔bān《广韵》布還切，平删，幫。〕❶公布，发布。刘禹锡《和窦中丞晚入容江作》：“人伦选清臣，天外颁诏条。”白居易《郡斋暇日忆庐山草堂兼寄二林僧社三十韵》：“忽蒙颁凤诏，兼谢剖鱼章。”白敏中《贺收复秦原诸州诗》：“一诏皇城四海颁，丑戎无数束身还。”殷尧藩《早朝》：“衣冠一变无夷俗，律令重颁有正条。”❷赏赐。席豫《奉和敕赐公主镜》：“令节颁龙镜，仙辉下凤台。”李观《试中和节诏赐公卿尺诗》：“具寮颁玉尺，成器幸良工。”刘禹锡《翠微寺有感》：“汤饼赐都尉，寒冰颁上才。”和凝《宫词百首》之二六：“清明节日颁新火，蜡炬星飞下九天。”

【頒冰】 古代帝王夏天赏赐冰块给群臣。包佶《同李吏部伏日口号呈元庶子路中丞》：“颁冰无下位，裁扇有高名。”

【頒條】 发布律条。崔善为《答王无功冬夜载酒乡馆》：“颁条忝贵郡，悬榻久相望。”白居易《郡中春䜩因赠诸客》：“玉历布春分，颁条示皇泽。”

【頒朔】 古代帝王于每年季冬把来年的日历布告天下诸侯，谓之颁朔。李绅《趋翰苑遭诬构四十六韵》：“诏下因颁朔，恩移讵省辜。”温庭筠《题翠微寺二十二韵》：“受朝松露晓，颁朔桂烟凉。”

【頒酺】 锡宴。白居易《渭村退居一百韵》：“赐禊东城下，颁酺曲水傍。”

【頒賜】 赏赐。许景先《奉和圣制送张尚书巡边》：“赏延颁赐重，宸赠出车荣。”韦应物《白沙亭逢吴叟歌》:“冬狩春祠无一事,欢游洽宴多颁赐。”花蕊夫人徐氏《宫词》之一一三:“缘是太妃新进入,座前颁赐小罗箱。”

【頒曆】 颁布来年日历。刘长卿《岁日见新历因寄都官裴郎中》:“青阳振蛰初颁历,白日衔冤欲问天。”元稹《贞元历》:“象魏才颁历,龙镳已御天。”参见“颁朔”。

【頒霑】 受到赏赐,得到好处。刘兼《从弟舍人惠茶》:“曾求芳茗贡芜词,果沐颁沾味甚奇。”蒋贻恭《谢郎中惠茶》:“三斤绿茗赐贻恭,一种颁沾事不同。”

【頒爵】 公布爵位。李绅《初秋忽奉诏除浙东观察使检校右貂》:“印封龟纽知颁爵,冠饰蝉緌更珥貂。”

【頒籍】 发出名册。李绅《南梁行》:“青天诏下宠光至,颁籍金闺征石渠。”

頓 〔dùn《广韵》都困切,去慁,端。〕❶以头叩地。见《说文·页部》。亦指点头。韩愈《孟东野失子》:“大灵顿头受,即日以命还。”❷以足跺地。乔知之《羸骏篇》:“摇珂啮勒金羁尽,争锋足顿铁菱伤。”贯休《观怀素草书歌》:“骇人心兮目眓瞁,顿人足兮神辟易。”❸困乏。苏颋《夜发三泉即事》:“搏颊羸马顿,回眸惴人跌。”元稹《望云骓马歌》序:“德宗皇帝以八马幸蜀,七马道毙,唯望云骓来往不顿。”❹挣脱。杜甫《述古三首》之一:“赤骥顿长缨,非无万里姿。”张祜《观宋州田大夫打球》:“白马顿红缨,梢球紫袖轻。”❺颠簸。韩愈《读东方朔杂事》:“簸顿五山踣,流漂八维蹉。”❻整顿,整治。韩愈《元和圣德诗》:“四方节度,整兵顿马。”柳宗元《唐铙歌鼓吹曲十二篇·泾水黄》:“顿地纮,提天纲。”❼停止。权德舆《哭李晦群崔季文二处士》:“未成鸿鹄姿,遽顿骅骝趾。”❽驻扎。高适《同吕员外酬田著作幕门军西宿盘山秋夜作》:“上将顿盘阪,诸军遍泉井。”❾指食宿所需之物。元稹《连昌宫词》:“驱令供顿不敢藏,万姓无声泪潜堕。”郑嵎《津阳门诗》:“县官无人具军顿,行宫彻屋屠云螭。”❿顿时,立刻。徐安贞《奉和喜雪应制》:“只为经寒无瑞色,顿教正月满春林。”李白《夜泊黄山闻殷十四吴吟》:“半酣更发江海声,客愁顿向杯中失。”韩愈《苦寒》:“雪霜顿销释,土脉膏且黏。”曹唐《题子侄书院双松》:“自种双松费几钱,顿令院落似秋天。”⓫量词。表示次数,用于饭食。杜甫《戏作俳谐体遣闷二首》之一:“家家养乌鬼,顿顿食黄鱼。”蒋贻恭《咏安仁宰捣蒜》:“帐生岁取餐三顿,乡老盘庚犯五瓯。”

【頓兵】 驻扎军队。杜甫《送樊二十三侍御赴汉中判官》:“顿兵岐梁下,却跨沙漠裔。”

【頓足】 用脚跺地。形容悲愤之至。杜甫《兵车行》:“牵衣顿足阑道哭,哭声直上干云霄。”

【頓忘】 (—wàng)很快忘却,立即忘记。刘长卿《游四窗》:“对此脱尘鞅,顿忘荣与辱。”杜甫《大雨》:“沉疴聚药饵,顿忘所进劳。”元稹《悟禅三首寄胡果》之一:“慎莫通方便,应机不顿忘。”

【頓挫】 ❶声调抑扬,有停顿转折。陈子昂《与东方左史虬修竹篇》序:“一昨于解三处,见明公咏《孤桐篇》,骨气端翔,音情顿挫。”刘禹锡《和浙西李大夫霜夜对月听小童吹觱篥歌依本韵》:“冲融顿挫心使指,雄吼如风转如水。”白居易《小童薛阳陶吹觱栗歌》:“有时婉软无筋骨,有时顿挫生棱节。”❷谓诗文、绘画、书法和舞蹈跌宕起伏,回旋曲折。鲁收《怀素上人草书歌》:“划然放纵惊云涛,或时顿挫萦毫发。”杜甫《观公孙大娘弟子舞剑器行》序:“开元三载,余尚童稚,记于郾城观公孙氏舞剑器浑脱,浏漓顿挫,独出冠时。”又《同元使君舂陵行》序:“不意复见比兴体制,微婉顿挫之词,感而有诗。”陆龟蒙《奉酬袭美先辈吴中苦雨一百韵》:“非君顿挫才,沴气难摧折。”

【頓悟】 佛教语。指无须长期修习,一旦把握佛教真理,即可突然觉悟。首倡于东晋、南北朝时竺道生。与渐修或渐悟相对。禅宗在诸派中主顿悟说;禅宗内部,北宗侧重渐修,南宗则提倡顿悟。元稹《梦游春七十韵》:“结念心所期,返如禅顿悟。”

【頓然】 定然,必然。吕岩《七言》之四六:“炼就一丸天上药,顿然心地永刚坚。”

【頓撼】 摇动。韩愈《送无本师归范阳》:“狞飙搅空衢,天地与顿撼。”

【頓頷】 点头。白居易《题海图屏风》:“一鳌既顿颔,诸鳌齐掉头。”

【頓顙】 屈膝下拜,以额头触地。表示投降或请罪。李峤《奉使筑朔方六州城率尔而作》:“二庭已顿颡,五岭尽来王。”杜牧《感怀诗一首》:“携妻负子来,北阙争顿颡。”

【頓覺】 突然感觉,立刻觉得。张翚《游栖霞寺》:“一从方外游,顿觉尘心变。”李白《秋浦清溪雪夜对酒客有唱山鹧鸪者》:“雪花酒上灭,顿觉夜寒无。”张籍《酬浙东元尚书见寄绫素》:“便令裁制为时服,顿觉光荣上病身。”贯休《上杜使君》:“一登君子堂,顿觉心寥廓。”

【頓轡】 停车。张九龄《奉和圣制喜雨》:“太清无云,羲和顿辔。”杜甫《遣兴五首》之一:“顿辔海徒涌,神人身更长。”石仲元《阳朔道中》:“平原翠削万琼瑰,顿辔尘沙眼暂开。”

【頓纓】 挣脱绳索。李德裕《似鹿石》:“不是见羁者,何劳如顿缨。”

頞 〔mò《广韵》莫勃切，入没，明。又烏没切，入没，影。〕谓头潜入水中。见《说文·页部》。皮日休《二游诗·徐诗》："学海正狂波，予头向中颏。"

預 〔yù《广韵》羊洳切，去御，以。〕❶事先，预先有准备。李白《早春寄王汉阳》："预拂青山一片石，与君连日醉壶觞。"白居易《高仆射》："预恐耄及时，贪荣不能退。"许浑《酬河中杜侍御重寄》："春雪预呈霜简白，晓霞先染绣衣红。"吕岩《谒石守道》："欲待祸来名欲灭，林泉养法预为谋。"❷参与，参加。王维《不遇咏》："百人会中身不预，五侯门前心不能。"高适《人日寄杜二拾遗》："身在远藩无所预，心怀百忧复千虑。"元结《寄源休》："天下未偃兵，儒生预戎事。"黄滔《喜侯舍人蜀中新命三首》之三："贾谊才承宣室召，左思唯预秘书流。"

【預奉】 预先接受。褚亮《奉和望月应魏王教》："所欣东馆里，预奉西园篇。"苏味道《奉和受图温洛应制》："预奉咸英奏，长歌亿万春。"

【預見】 事先料到。阎朝隐《鹦鹉猫儿篇》序："臣叨践太子舍人，朝暮侍从，预见其事。"

【預防】 预先防备。卢肇《戏宜春李令求厅前杜鹃》："预防户外锄兰地，莫把篱东种菊田。"

【預知】 预先知道。温庭筠《杨柳八首》之二："南内墙东御路旁，预知春色柳丝黄。"司空图《洛阳咏古》："晋朝不是王夷甫，大智何由得预知。"

【預約】 预先约定。李商隐《忆雪》："预约延枚酒，虚乘访戴船。"

【預陪】 参与陪宴。狄仁杰《奉和圣制夏日游石淙山》："老臣预陪悬圃宴，余年方共赤松游。"

【預期】 ❶期待。明皇《观拔河俗戏》："预期年岁稔，先此乐时和。"❷预先约定。薛能《中秋夜寄李溟》："严城亦已闭，悔不预期君。"

【預想】 预先推想或测定。明皇《初入秦川路逢寒食》："远看骊岫入云霄，预想汤池起烟雾。"白居易《莲石》："遥知安置处，预想发荣时。"李商隐《荷花》："预想前秋别，离居梦棹歌。"

【預會】 预约会集。刘禹锡《送僧元暠东游》："彭泽因家凡几世，灵山预会是前生。"

【預詳】 预知。王珪《咏淮阴侯》："吉凶成纠缠，倚伏难预详。"

【預算】 预先计算。白居易《独树浦雨夜寄李六郎中》："闲游预算分朝日，静语多同待漏时。"

五 画

碩[1] 〔shuò《广韵》常隻切，入昔，禪。〕大。见《诗·鲁颂·閟宫》。贾曾《祭汾阴乐章》："有豆孔硕，为羞即臧。"

碩[2] 〔shí《广韵》常隻切，入昔，禪。〕通石（今读dàn）。容量单位。十斗为石。成辅端《戏语》："一顷麦苗硕伍米，三间堂屋二千钱。"

【碩輔】 贤良的辅弼之臣。韩愈《元和圣德诗》："天锡皇帝，厖臣硕辅。"

【碩碩】 广博。皮日休《九夏歌九篇》之四："硕硕其才，有乐而止。"

領 〔lǐng《广韵》良郢切，上静，來。〕❶脖子。储光羲《酬李处士山中见赠》："引领迟芳信，果枉瑶华篇。"杜甫《奉赠卢五丈参谋》："素发干垂领，银章破在腰。"顾况《杜秀才画立走水牛歌》："江村小儿好夸骋，脚踏牛头上牛领。"白居易《新乐府·官牛》："右丞相，马蹄踏沙虽净洁，牛领牵车欲流血。"❷衣领。李贺《南园》："方领蕙带折角巾，杜若已老兰苕春。"❸统率，管领，统领。李白《从军行》："突营射杀呼延将，独领残兵千骑归。"杜甫《两当县吴十侍御江上宅》："台中领举劾，君必慎剖析。"戎昱《塞下曲》之一："将军领疲兵，却入古塞门。"杜光庭《赠蜀州刺史》："再扶日月归行殿，却领山河镇梦刀。"❹带领，引导。杨巨源《赠浑钜中允》："曾向天西穿虏阵，惯游花下领儒群。"白居易《缚戎人》："黄衣小使录姓名，领出长安乘递行。"无名氏《明月湖醉后蔷薇花歌》："白发使君思帝乡，驱妻领女游花傍。"贯休《春山行》："黑壤生红黍，黄猿领白儿。"❺接受，领取。李白《答友人赠乌纱帽》："领得乌纱帽，全胜白接䍦。"韩翃《送江陵元司录》："新领州从事，曾为朝大夫。"刘禹锡《送韦秀才道冲赴制举》："肃穆升内殿，从容领儒冠。"马戴《蛮家》："领得卖珠钱，还归铜柱边。"❻领略，领会。顾况《归阳萧寺有丁行者能修无生忍担水施僧况归命稽首作诗》："大圣于其中，领我心之虔。"❼谓官府记事的簿册或文书。杜甫《大麦行》："岂无蜀兵三千人，部领辛苦江山长。"部，一作簿。❽量词。多用于衣物和日常用具。李贺《章和二年中》："关中父老百领襦，关东吏人乏诟租。"白居易《小院酒醒》："一领新秋簟，三间明月廊。"皮日休《添鱼具诗·蓑衣》："一领蓑正新，着来沙坞中。"吕岩《七言》之五四："一领布裘权且当，九天回日却归还。"❾岭的古字。曹松《送僧入蜀过夏》："五月峨眉须近火，木皮领重只如冬。"领重，一作岭里。

【領巾】 披在或围在脖子上的织品。韩愈《游城南十六首·赛神》:"白布长衫紫领巾,差科未动是闲人。"王贞白《寄郑谷》:"直须天上手,裁作领巾披。"

【領邑】 总领邑事。谓充任县令。韩愈《县斋有怀》:"投荒诚职分,领邑幸宽赦。"

【領兵】 统率军队。张籍《永嘉行》:"九州诸侯自顾土,无人领兵来护主。"

【領取】 获取,获得。章孝标《送陈校书赴蔡州幕》:"此行领取从军乐,莫虑功名不拜侯。"李群玉《送萧十二校书赴郢州婚姻》:"领取和鸣好风景,石城花月送归乡。"孙棨《戏李文远》:"领取嫦娥攀取桂,便从陵谷一时迁。"

【領軍】 官名。始起于曹操为丞相府所设。隋设左右领军府。唐名左右领军卫,为十六卫之一,掌宿卫宫禁,分兵主守皇城西北与京苑城门。韩翃《赠别上元主簿张著》:"行人看射领军堂,游女题诗光宅寺。"温庭筠《重游圭峰宗密禅师精庐》:"戴颙今日称居士,支遁他年识领军。"

【領郡】 总领一郡之事。谓充任州刺史。杜甫《有感五首》之五:"领郡辄无色,之官皆有词。"杨巨源《寄申州卢拱使君》:"领郡仍闻总虎貔,致身还是见男儿。"白居易《夜游西武丘寺八韵》:"领郡时将久,游山数几何。"方干《赠处州段郎中》:"幸见仙才领郡初,郡城孤峭似仙居。"

【領袖】 ❶衣服的领子和袖子。喻为人仪则,为他人作表率。吕温《奉和李相公早朝于中书候传点偶书所怀奉呈门下武相公中书郑相公》:"准绳临百度,领袖映千官。"白居易《叙德书情四十韵上宣歙翟中丞》:"行为时领袖,言作世蓍龟。"❷喻同类人或事物中的杰出者。张彧《赵郡南石桥铭》:"郡国襟带,河山领袖。"李瀚《蒙求》:"元礼模楷,季彦领袖。"

【領略】 领会。李白《与元丹丘方城寺谈玄作》:"灭除昏疑尽,领略入精要。"

【領會】 领悟理解。戴叔伦《抚州对事后送外生宋垓归饶州觐侍呈上姊夫》:"念渠还领会,非敢独为师。"

【領鎮】 领兵镇守。方干《献浙东王大夫二首》之二:"王臣夷夏仰清名,领镇犹为失意行。"

頗 〔pō《广韵》滂禾切,平戈,滂。又普火切,上果,滂。又普過切,去過,滂。〕❶偏颇,不平正。韩愈《石鼓歌》:"剜苔剔藓露节角,安置妥帖平不颇。"孟简《嘉禾合颖》:"因知兴嗣岁,王道旧无颇。"❷斜。孟郊《君子勿郁郁士有谤毁者作诗以赠之》之二:"良玉烧不热,直竹文不颇。"❸很,甚。李白《读诸葛武侯传书怀赠长安崔少府叔封昆季》:"余亦草间人,颇怀拯物情。"刘长卿《杂咏八首上礼部李侍郎·晚桃》:"此意颇堪惜,无言谁为传。"卢纶《陈翃中丞东斋赋白玉簪》:"漠漠水香风颇馥,涓涓乳溜味何浓。"白居易《寓意诗五首》之二:"昨传征拜日,恩赐颇殊常。"❹略,稍微。岑参《玉门关盖将军歌》:"行年三十执金吾,身长七尺颇有须。"韩愈《醉赠张秘书》:"阿买不识字,颇知书八分。"李贺《勉爱行二首送小季之庐山》之二:"维尔之昆二十杀,年来持镜颇有须。"❺悉,都。杜甫《送大理封主簿五郎亲事不合却赴通州》:"颇谓秦晋匹,从来王谢郎。"卢纶《秋夜宴集陈翃郎中圃亭美校书郎张正元归乡》:"硕儒欢颇至,名士礼能周。"韩愈《送灵师》:"吾徒颇携被,接宿穷欢妍。"❻既,已。李白《题随州紫阳先生壁》:"忽耽笙歌乐,颇失轩冕情。"杜甫《恶树》:"幽阴成颇杂,恶木剪还多。"韦应物《答库部韩郎中》:"高士不羁世,颇将荣辱齐。"李商隐《淮阳路》:"昔年尝聚盗,此日颇分兵。"

【頗偏】 偏差。顾况《归阳萧寺有丁行者能修无生忍担水施僧况归命稽首作诗》:"佛法付国王,平等无颇偏。"

【頗梨】 指状如水晶的宝石。韩愈《陆浑山火和皇甫湜用其韵》:"盂池波风肉陵屯,谽呀巨壑颇黎盆。"郑嵎《津阳门诗》:"象床尘凝罨飒被,画檐虫网颇梨碑。"温庭筠《菩萨蛮》词之二:"水精帘里颇梨枕,暖香惹梦鸳鸯锦。"

頨 〔biàn《广韵》皮變切,去線,並。〕冠,帽子。参见"頨幘"。

【頨幘】 帽子与头巾。亦指戴上帽子和头巾。法振《陈九溪中草堂》:"頨帻题新句,蓑衣象古贤。"

六 画

頡 〔xié《广韵》胡結切,入屑,匣。〕谓鸟向下飞。见《诗·邶风·燕燕》。参见"頡頏"。

【頡利】 唐时东突厥可汗,姓阿史那氏,名咄苾。高祖时,连年入寇,深入唐国境,攻破城邑,掠夺人口和财物,甚至长安亦受到威胁。皇甫冉《怨回纥》之一:"收兵颉利国,饮马胡卢河。"

【頡頏】 鸟上下飞翔貌。李峤《燕》:"差池沐时雨,颉颃舞春风。"韩愈《调张籍》:"乞君飞霞佩,与我高颉颃。"李德裕《鸳鸯篇》:"今为水中鸟,颉颃自相求。"许浑《孤雁》:"昔年双颉颃,池上霭春晖。"

頟 〔é《广韵》五陌切,入陌,疑。〕参见"頟頟"。

【頟頟】 不休息之貌。柳宗元《奉平淮夷雅表·皇武》:"公曰徐之,无恃頟頟。"

頦 〔kē《广韵》古亥切，上海，見。又户來切，平咍，匣。〕下巴。韩愈《记梦》："石坛坡陀可坐卧，我手承颏肘拄座。"刘叉《自古无长生劝姚合酒》："但愿腮上红，莫管颏下白。"

七 画

赬 〔chēng〕本作赪。《说文》作"䞓"。今字用"赪"。红色。孟郊《与王二十一员外涯游昭成寺》："赪廊芙蓉霁，碧殿琉璃匀。"又《和宣州钱判官使院厅前石楠树》："寒日吐丹艳，赪子流细珠。"白居易《崔湖州赠红石琴荐以诗酬谢》："赪锦支绿绮，韵同相感深。"亦指变红。白居易《江州赴忠州至江陵已来舟中示舍弟五十韵》："乌头因感白，鱼尾为劳赪。"

【赬玉】 赤色玉。白居易《和微之诗二十三首·和寄乐天》："坐耀黄金带，酌酡赪玉质。"

【赬玉盘】 亦作"赪玉盘"。❶赤色玉盘。李白《幽州胡马客歌》："妇女马上笑，颜如赪玉盘。"❷喻太阳。李贺《春归昌谷》："谁揭赪玉盘，东方发红照。"

【赬尾】 亦作"赪尾"。❶赤色的鱼尾。借指赤尾鲤鱼。亦指其他鱼种。徐牧《省试临渊羡鱼》："赪尾临波里，朱须破浪浔。"李咸用《赠友弟》："谁能终岁摇赪尾，唯唯洋洋向碧涛。"范质《诫儿侄八百字》："二十中甲科，赪尾化为虬。"❷指忧劳，劳苦。罗隐《西京崇德里居》："锦鳞赪尾平生事，却被闲人把钓竿。"韦庄《和郑拾遗秋日感事一百韵》："黑头期命爵，赪尾尚忧魴。"❸代称鱼肥。皮日休《奉和鲁望渔具十五咏·种鱼》："一月便翠鳞，终年必赪尾。"

【赬珠】 红色果实。孟郊《秋言》之九："赪珠枝累累，芳金蔓舒舒。"

【赬蕊】 红色的花蕊。姚合《和门下李相饯西蜀相公》："嫩叶抽赪蕊，新苔长翠茸。"

【赬鲤】 红尾鲤鱼。孟郊《将见故人》："振衣起踯躅，赪鲤跃天池。"白居易《首夏南池独酌》："绿蘋散还合，赪鲤跳复沉。"罗隐《钱塘江潮》："至竟朝昏谁主掌，好骑赪鲤问阳侯。"

【赬壤】 红土。古用以涂饰墙壁。李商隐《览古》："空糊赪壤真何益，欲举黄旗竟未成。"

【赬鳞】 鱼的赤色鳞片。亦借指赤色鱼。陈至《赋得芙蓉出水》："自当巢翠甲，非止戏赪鳞。"朱庆余《震为苍筤竹》："顾唯竿在手，深水挂赪鳞。"

頤 〔yí《广韵》與之切，平之，以。〕❶下巴。王维《慕容承携素馔见过》："空劳酒食馔，持底解人颐。"韩愈《送侯参谋赴河中幕》："君颐始生须，我齿清如冰。"白居易《除夜》："薄晚支颐坐，中宵枕臂眠。"韦庄《春暮》："不学山公醉，将何自解颐。"❷保养。参见"頤神""頤養"。

【頤指】 本指以下巴的动向示意而指挥人，含贬义。亦泛指安排、处置。刘禹锡《令狐相公见示赠竹二十韵仍命继和》："规摹起心匠，洗涤在颐指。"

【頤神】 养神。权德舆《八音诗》："土鼓与污尊，颐神则为愈。"又《奉和郑宾客相公摄官丰陵扈从之作》："颐神方蹈道，传圣乃尊尊。"

【頤養】 保养。郑嵎《津阳门诗》："两逢尧年岂易偶，愿翁颐养丰肤肌。"

【頤頷】 面颊，腮颊。高适《过崔二有别》："颐颔尚丰盈，毛骨未合沓。"

頭[1] 〔tóu《广韵》度侯切，平侯，定。〕❶人体的最上部分及动物身体的最前部分。杜甫《北征》："瘦妻面复光，痴女头自栉。"明皇《题梵书》："支那弟子无言语，穿耳胡僧笑点头。"白居易《姚侍御见过戏赠》："晚起春寒慵裹头，客来池上偶同游。"亦指物体最前面的部分。孟郊《送淡公》之三："脚踏小船头，独速舞短蓑。"贾岛《赠友人》："却归登第日，名近榜头排。"和凝《采桑子》词："丛头鞋子红编细，裙窣金丝。"❷指头发。刘长卿《湖上遇郑田》："三十犹布衣，怜君头已白。"白居易《冬夜闻虫》："我是老翁听不畏，少年莫听白君头。"李士元《登单于台》："残阳三会角，吹白旅人头。"❸端，顶端。李白《清平调》之一："若非群玉山头见，会向瑶台月下逢。"杜甫《哀王孙》："长安城头头白乌，夜飞延秋门上呼。"卢纶《秋夜同畅当宿潭上西亭》："圆月出山头，七贤林下游。"郑嵎《津阳门诗》："金沙洞口长生殿，玉蕊峰头王母祠。"❹畔，边。杜甫《春水生二绝》之二："南市津头有船卖，无钱即买系篱旁。"戎昱《寄郑炼师》："今夜相思月，情人南海头。"李商隐《暮秋独游曲江》："深知身在情长在，怅望江头江水声。"刘沧《与重幽上人话旧》："自喜他年接巾舄，沧浪地近虎溪头。"❺末了，尽头。贾岛《不欺》："掘井须到流，结交须到头。"齐己《放鹭鸶》："到头从所欲，还汝旧沧波。"吕岩《绝句》之六："莫言大道人难得，自是功夫不到头。"❻所在，处所。白居易《登村东古冢》："独立最高头，悠哉此怀抱。"❼量词。用于某些动植物。韩愈《双鸟诗》："朝食千头龙，暮食千头牛。"张籍《赠殷山人》："已种千头橘，新开数脉泉。"李贺《江南弄》："鲈鱼千头酒百斛，酒中倒卧南山绿。"

頭[2] 〔tou〕❶名词后缀。(1)接于名词性词根之后。寒山《诗三百三首》之一三六："世有一等流，悠悠似木头。"(2)接于形容词词根之后。窦常《酬舍弟牟秋日洛阳官舍寄怀十韵》："老头亲帝里，归处失吾庐。"❷方位名词后缀。寒山《诗三百三首》之二三一："前头失却桅，后头又无柁。"杜甫《送韦十六评事充同谷郡防御判官》："受词太白脚，走马仇池头。"白居易《自题新昌居止因招杨郎中小饮》："地偏坊远巷仍斜，最近东头是白家。"韩偓《辛酉岁冬十一月随驾幸岐下作》："皀裙谈笑殿西头，忽听征铙从冕旒。"

【頭巾】　裹头的织品。刘长卿《湘中纪行十首·云母溪》："寥寥古松下，岁晚挂头巾。"李嘉祐《送窦拾遗赴朝因寄中书十七弟》："凭尔将书通令弟，唯论华发愧头巾。"于鹄《过张老园林》："身老无修饰，头巾用白纱。"贯休《送胡处士》："头巾多酒气，竹杖有苔文。"

【頭髮】　人的前额以上、两耳以上和后颈部以上生长的毛。韩愈《送惠师》："脱冠剪头髮，飞步遗踪尘。"贾岛《山中道士》："头髮梳千下，休粮带瘦容。"

【頭毛】　头发。僧法轨《与李荣互谑》："身长三尺半，头毛犹未生。"

【頭方】　脑袋方正。喻耿直，不随和。陆龟蒙《句》："头方不会王门事，尘土空缁白苎衣。"罗隐《堠子》："未能惭面黑，只是恨头方。"

【頭玉】　玉一般的头骨。李贺《唐儿歌》："头玉硗硗眉刷翠，杜郎生得真男子。"

【頭白烏】　白头乌鸦，传说中的不祥之鸟。杜甫《哀王孙》："长安城头头白乌，夜飞延秋门上呼。"

【頭皮】　唐代俗语。指人的面目。无名氏《五言白话诗》之二一："各身改头皮，相逢定不识。"

【頭花】　头上花饰。王建《长门》："长门闭定不求生，烧却头花卸却筝。"施肩吾《少女词二首》之二："同心带里脱金钱，买取头花翠羽连。"

【頭角】　❶头上长的角。陆龟蒙《添酒中六咏·酒龙》："若怒鳞甲赤，如酣头角垂。"齐己《溪斋二首》之一："瑞兽藏头角，幽禽惜羽翰。"❷青少年所显露的气概与才华。杜牧《书怀寄中朝往还》："霄汉几多同学伴，可怜头角尽卿材。"郑谷《自贻》："头角俊髦应指笑，权门踪迹独差池。"贯休《赠杨公杜之舅》："谈谐尽是经邦术，头角由来出世姿。"❸出众，优胜。李山甫《寓怀》："劝君不用夸头角，梦里输赢总未真。"张瀛《赠琴棋僧歌》："法怀斟下红霞丹，束手不敢争头角。"

【頭肚】　喻才能器量。寒山《诗三百三首》之一四八："一人好头肚，六艺尽皆通。"

【頭尾】　❶头和尾。章孝标《织绫词》："残经脆纬不通梭，鹊凤阑珊失头尾。"❷从头至尾。齐己《庚午岁九日作》："乱离偷过九月九，头尾算来三十三。"

【頭陀】　梵文音译，意为抖擞，即去掉尘垢烦恼。因用以指僧人。刘长卿《赠普门上人》："山云随坐夏，江草伴头陀。"权德舆《锡杖歌送明楚上人归佛川》："上人远自西天竺，头陀行遍国朝寺。"白居易《寄白头陀》："近见头陀伴，云师老更慵。"贾岛《送玄岩上人归西蜀》："会当依粪扫，五岳遍头陀。"

【頭陀行】　（—xíng）佛教语。指佛教僧侣行头陀时，应遵守的住空闲处、常乞食、着百衲衣等十二项苦行。王维《与苏卢二员外期游方丈寺而苏不至因有是作》："共仰头陀行，能忘世谛情。"

【頭陀寺】　寺名。在今湖北武汉市武昌。北齐王屮撰《头陀寺碑》，文词巧丽，为世所重，寺亦因之有盛名。白居易《卢侍御与崔评事为予于黄鹤楼置宴宴罢同望》："白花浪溅头陀寺，红叶林笼鹦鹉洲。"项斯有《游头陀寺上方》，李频有《鄂州头陀寺上方》。钱珝《江行无题一百首》之五五："不见头陀寺，空怀幼妇碑。"

【頭陀經】　佛经名。即《心王头陀经》。白居易《和梦游春诗一百韵》："法句与心王，期君日三复。"自注："微之常以法句及《心王头陀经》相示，故申言以卒其志也。"白居易《和答诗十首·和思归乐》："身委逍遥篇，心付头陀经。"

【頭面】　❶头部和面部。韩愈《题木居士二首》之一："火透波穿不计春，根如头面干如身。"元稹《第三岁日咏春风凭杨员外寄长安柳》："三日春风已有情，拂人头面稍怜轻。"❷面貌，外表。顾况《梁广画花歌》："上元夫人最小女，头面端正能言语。"特指美貌。罗虬《比红儿诗》之五六："崔徽有底多头面，费得微之尔许才。"

【頭骨】　构成头颅的骨头。欧阳炯《题景焕画应天寺壁天王歌》："匡山处士名称朴，头骨高奇连五岳。"又《贯休应梦罗汉画歌》："形如瘦鹤精神健，顶似伏犀头骨粗。"

【頭風】　头痛。中医学病症名。陈琳草檄，曹操读之，头风之疾立愈。包佶《岭下卧疾寄刘长卿员外》："胫弱秋添絮，头风晓废梳。"韩愈《送灵师》："维舟事干谒，披读头风痊。"白居易《九日寄微之》："眼阇头风事事妨，绕篱新菊为谁黄。"李縠《浙东罢府西归酬别张广文皮先辈陆秀才》："岂有头风笔下痊，浪成蛮语向初筵。"

【頭冠】　（—guān）帽子。刘长卿《酬灵彻公相招》："如今渐欲生黄发，愿脱头冠与白云。"权德舆《省中春晚忽忆江南旧居戏书所怀因寄两浙亲故杂言》："问我何所能，头冠忽三变。"李涉《黄葵花》："好逐秋风上天去，紫阳宫女要头冠。"

【頭銜】　❶衔头，马嚼子。元稹《哀病骢呈致用》："金络头衔光未灭，玉花衫色瘦来燋。"❷官衔。古代官场所用名刺，多将官衔加在姓名之上，故称。

杜牧《陕州醉赠裴四同年》："自笑与君三岁别，头衔依旧鬓丝多。"

【頭腦】 ❶脑袋。张保胤《又留别同院》："忆昔当年富贵时，如今头脑尚依稀。"❷指脑组织思考、记忆等能力。杜牧《自宣州赴官入京路逢裴坦判官归宣州因题赠》："我初到此未三十，头脑钐利筋骨轻。"无名氏《嘲郑薰》："主司头脑太冬烘，错认颜标作鲁公。"

【頭緒】 事物发展的脉络或事情的条理。喻心思意绪。李白《荆州歌》："荆州麦熟茧成蛾，缫丝忆君头绪多。"鲍溶《秋怀五首》之二："心如缫丝纶，展转多头绪。"

【頭盤】 即投盘。投掷色子所用的盆盘。古代行酒令时的用具。刘禹锡《和牛相公游南庄醉后寓言戏赠乐天兼见示》："白家唯有杯觞兴，欲把头盘打少年。"元稹《赠崔元儒》："今日头盘三两掷，翠娥潜笑白髭须。"

【頭頭】 每桩，每个，每件。方干《献王大夫》："直缘材力头头赡，专被文星步步随。"陈裕《有一秀才忽赎酒家青衣为妇因嘲之》："莱团个个皆钳项，粳米头头尽剪鬃。"庞蕴《杂诗》之五："头头非取舍，处处勿张乖。"李涉《却归巴陵途中走笔寄唐知言》："教令参谒礼数全，头头要处相称挈。"

【頭龍】 后汉荀淑有八子，并有贤名，人称八龙，荀俭居长，故以头龙称荀俭。黄滔《投翰长赵侍郎》："贾氏许频趋季虎，荀家因敢谒头龙。"

【頭籌】 犹言第一名。王建《宫词一百首》之七三："一半走来争跪拜，上棚先谢得头筹。"花蕊夫人徐氏《宫词》之二十："供奉头筹不敢争，上棚等唤近臣名。"

【頭簪】 头上所插的簪子。王建《赠王屋道士赴诏》："玉皇符诏下天坛，玳瑁头簪白角冠。"张祜《题海陵监李端公后亭十韵》："风兰曳衣绣，露柳拂头簪。"

【頭鬢】 指头发。温庭筠《达摩支曲》："旧臣头鬓霜华早，可惜雄心醉中老。"

【頭顱】 头，脑袋。殷尧藩《客中有感》："天地一身在，头颅五十过。"

【頭廳】 古称中央政府最高行政机关。尚颜《将欲再游荆渚留辞岐下司徒》："今朝回去精神别，为得头厅宰相诗。"

頸

〔jǐng《广韵》居郢切，上静，見。又巨成切，平清，見。〕❶颈项。人和动物头部和躯干的连接部分。王维《从军行》："尽系名王颈，归来献天子。"白居易《秦吉了》："秦吉了，出南中，彩毛青黑花颈红。"张祜《题画僧二首》之二："瘦颈隆肩碧眼生，翰林亲赞虎头能。"韦庄《代书寄马》："鬃白似披梁苑雪，颈肥如扑杏园花。❷引颈。谓仰慕、期待。南诏骠信《星回节游避风台与清平官赋》："伊昔颈皇运，艰难仰忠烈。"

【頸脰】 即颈项、脖子。韩愈《南山诗》："初从蓝田入，顾眄劳颈脰。"

頻

〔pín《广韵》符真切，平真，並。〕❶皱眉。见《易·巽》。王梵志《诗》之四二："停客勿叱狗，对客莫频眉。"❷屡次，连续不断。李峤《倡妇行》："夜夜风霜苦，年年征戍频。"杜甫《梦李白二首》之二："三夜频梦君，情亲见君意。"刘禹锡《同乐天和微之深春二十首》之十六："妆坏频临镜，身轻不占车。"韦庄《不出院楚公》："却嫌山翠好，诗客往来频。"❸用同嚬。参见"頻伸"。

【頻日】 连续多日。白居易《如梦令》词之三："频日雅欢幽会，打得来来越嗷。"

【頻年】 连年。郭震《塞上》："塞外虏尘飞，频年出武威。"崔峒《春日忆姚氏外甥》："二月花无数，频年意有违。"陆畅《下第后病中》："献玉频年命未通，穷秋成病悟真空。"于濆《田翁叹》："频年徭役重，尽属富家郎。"

【頻伸】 即频呻。犹言打呵欠、伸懒腰。白居易《晚起》："烂熳朝眠后，频伸晚起时。"又《睡觉》："转枕频伸书帐下，披裘箕踞火炉前。"

【頻時】 犹连日。赵嘏《书斋雪后》："频时苦风雪，就景理巾栉。"

【頻留】 长时间逗留。黄滔《旅怀》："东越云山却思隐，西秦霜霰苦频留。"

【頻勞】 多次麻烦、劳驾。李端《赠赵神童》："不是通家旧，频劳文举过。"白居易《答尉迟少尹问所须》："乍到频劳问所须，所须非玉亦非珠。"

【頻煩】 频繁，多次。杜甫《蜀相》："三顾频烦天下计，两朝开济老臣心。"

【頻彈劍客】 谓战国齐人冯驩。周昙《咏史诗·春秋战国门·再吟》："门下三千各自矜，频弹剑客独无能。"

【頻頻】 多次，连续不断。王建《朝天词十首》之九："威容难画改频频，眉目分毫恐不真。"元稹《友封体》："频频闻动中门锁，桃叶知嗔未敢迎。"鲍溶《人日陪宣州范中丞传正侍御宴》："流光易去欢难得，莫厌频频上此台。"李建勋《中酒寄刘行军》："甚矣频频醉，神昏体亦虚。"

頮

〔huì《广韵》荒内切，去隊，曉。〕洗脸。元稹《解秋十首》之一："清晨頮寒水，动摇襟袖轻。"唐扶《使南海道长沙题道林岳麓寺》："稍揖皇英頮浓泪，试与屈贾招清魂。"

頹 〔tuí《广韵》杜回切，平灰，定。〕❶倒塌，崩溃。骆宾王《畴昔篇》："不识金貂重，偏惜玉山颓。"王湾《哭补阙亡友綦毋学士》："泣为洹水化，叹作泰山颓。"李白《上崔相百忧章》："斯文未丧，东岳岂颓。"李贺《李凭箜篌引》："吴丝蜀桐张高秋，空白凝云颓不流。"❷坠落，下落。高适《酬裴员外以诗代书》："且欣清论高，岂顾夕阳颓。"孟郊《感怀》之二："群物归大化，六龙颓西荒。"元稹《三月三十日程氏馆饯杜十四归京》："已许尊前倒，临风泪莫颓。"虚中《石城金谷》："踟蹰意无尽，寒日又西颓。"❸衰老，衰弱。白居易《谕友》："白日头上走，朱颜镜中颓。"亦指死亡。徐彦伯《比干墓》："代远恩更崇，身颓名益振。"❹破败，衰退。李白《古风》之五四："晋风日已颓，穷途方恸哭。"白居易《酬张十八访宿见赠》："落然颓檐下，一话夜达晨。"❺凹下貌。韩愈《陆浑山火和皇甫湜用其韵》："𣂼其肉皮通髀臀，颓胸垤腹车掀辕。"❻头秃貌。参见"頹髮"。❼谓水向下流。参见"頹波"。

【頹玉】 如玉山之倾倒。形容醉后的姿态。用以对醉酒者的美称。白居易《东南行一百韵》："满卮那可灌，颓玉不胜扶。"

【頹朽】 破败衰朽。杜甫《九成宫》："荒哉隋家帝，制此今颓朽。"

【頹光】 余辉。喻人生暮年。李峤《奉和杜员外扈从教阅》："杪冬严杀气，穷纪送颓光。"徐彦伯《拟古三首》之三："颓光无淹晷，逝水有迅流。"李白《赠宣城宇文太守兼呈崔侍御》："危苦惜颓光，金波忽三圆。"

【頹年】 暮年。刘长卿《酬张夏》："几岁依穷海，颓年惜故阴。"韦应物《滁州园池燕元氏亲属》："感往在兹会，伤离属颓年。"独孤及《初晴抱琴登马退山对酒望远醉后作》："举酒劝白云，唱歌慰颓年。"李商隐《幽居冬暮》："急景忽云暮，颓年浸已衰。"

【頹志】 衰退的意志。韦应物《郊居言志》："世荣斯独已，颓志亦何攀。"

【頹坼】 颓败坼裂。杜牧《偶游石盎僧舍》："益郁乍怡融，凝严忽颓坼。"

【頹岸】 坍塌的堤岸。元稹《陪诸公游故江西韦大夫通德湖旧居有感题四韵》："烟波漾日侵颓岸，狐兔奔丛拂坐隅。"

【頹波】 本指水向下流的趋势。喻衰颓的世风、文风或事物衰落的趋势。孟浩然《陪卢明府泛舟回作》："文章推后辈，风雅激颓波。"欧阳詹《李评事公进示文集因赠之》："高飙激颓波，坐使横流翻。"林滋《和主司王起》："美誉早闻喧北阙，颓波今见走东瀛。"韦庄《云散》："已恨岁华添皎镜，更悲人事逐颓波。"

【頹沱】 水流向下倾泻。亦指向下倾泻的水流。齐己《夏雨》："颓沱来洞壑，汗漫入潇湘。"

【頹垣】 倒塌的墙壁。刘禹锡《酬令狐留守巡内至集贤院见寄》："墨池半在颓垣下，书带犹生蔓草中。"杜牧《池州废林泉寺》："废寺林溪上，颓垣倚乱峰。"李昌符《远归别墅》："细径穿禾黍，颓垣压薜萝。"徐介《耒阳杜工部祠堂》："消凝伤往事，斜日隐颓垣。"

【頹思】 谓心情忧伤。王维《林园即事寄舍弟紞》："颓思茅檐下，弥伤好风景。"李白《禅房怀友人岑伦》："揭来已永久，颓思如循环。"李逢吉《望京楼上寄令狐华州》："祇役滞南服，颓思属暮年。"

【頹俗】 颓败不正的风气、风俗。宋之问《陪群公登箕山赋得群字》："时佐激颓俗，登箕挹清芬。"杨巨源《题赵孟庄》："懿君敦三益，颓俗期一变。"刘叉《野哭》："哀哉异教溺颓俗，淳源一去何时还。"

【頹侵】 逐渐衰退。李白《留别王司马嵩》："苍山容偃蹇，白日惜颓侵。"

【頹風】 颓败的风气。陆龟蒙《奉酬袭美苦雨见寄》："有头强方心强直，撑拄颓风不量力。"

【頹挫】 倒塌挫毁。韩愈《合江亭》："伊人去轩腾，兹宇遂颓挫。"

【頹恩】 残存的恩宠。徐贤妃《长门怨》："颓恩诚已矣，覆水难重荐。"

【頹倚】 垂头倚靠。杜甫《早发》："烦促瘴岂侵，颓倚睡未醒。"

【頹陽】 落日，夕阳。李白《古风》之四五："浮云蔽颓阳，洪波振大壑。"钱起《送孙十尉温县》："急管繁弦催一醉，颓阳不驻引征镳。"权德舆《送崔端公赴度支江陵院三韵》："偏愁欲别处，黯黯颓阳照。"裴夷直《寓言》："流水颓阳不暂停，东流西落两无情。"

【頹喪】 （—sàng）委颓而丧失。李洞《送郤先辈归觐华阴》："骚雅近来颓丧甚，送君傍觉有光辉。"

【頹然】 ❶颓放不羁貌。李白《五松山送殷淑》："载酒五松山，颓然白云歌。"白居易《池上篇》序："每至池风春，池月秋，水香莲开之旦，露清鹤唳之夕，拂杨石，举陈酒，援崔琴，弹姜秋思，颓然自适，不知其他。"皮日休《酒中十咏》序："余饮至酣，徒以为融肌柔神，消沮迷丧，颓然无思。"陆龟蒙《添酒中六咏·酒杯》："颓然掷林下，身世俱何如。"❷和顺貌。王维《谒璿上人院》："颓然居一室，覆载纷万象。"❸萎靡不振貌。韦应物《谢栎阳令归西郊赠别诸友生》："独此抱微痾，颓然谢斯职。"

【頹雲】 下坠之云。王初《自和书秋》："陇首斜飞避弋鸿，颓云萧索见层空。"

【頹運】 衰败的命运。李白《登金陵冶城西北谢安墩》："哲匠感颓运，云鹏忽飞翻。"又《读诸葛武侯传书怀赠长安崔少府叔封昆季》："赤伏起颓运，卧龙得孔明。”

【頽想】 犹愁思。刘希夷《巫山怀古》:“頽想卧瑶席,梦魂何翩翩。”

【頽節】 流逝的年华。武元衡《秋日台中寄怀简诸僚》:“頽节风霜变,流年芳景侵。”

【頽意】 困倦。韩愈、孟郊《城南联句》:“娇应如在寤,頽意若含酲。”

【頽墉】 坍塌的城墙或墙壁。韦应物《使云阳寄府曹》:“頽墉满故墟,喜返将安宅。”欧阳詹《和太原郑中丞登龙兴寺阁》:“晋国頽墉生草树,皇家瑞气在楼台。”张籍《沈千运旧居》:“汝北君子宅,我来见頽墉。”

【頽暮】 谓暮春。柳宗元《法华寺石门精舍三十韵》:“淹留值頽暮,眷恋睇遐壤。”

【頽綱】 衰败不正的纲纪。王绩《过汉故城》:“冰坚成巨猾,火德遂頽纲。”吴筠《览古十四首》之一:“兴言振頽纲,将以有所维。”韦庄《和郑拾遗秋日感事一百韵》:“志求扶坠典,力未振頽纲。”

【頽髮】 毛发脱落。李白《秋登巴陵望洞庭》:“瞻光惜頽髮,阅水悲徂年。”

【頽遷】 迁流。陈子昂《赠赵六贞固二首》之二:“良辰在何许,白日屡頽迁。”

【頽壁】 倒塌的墙壁。韦应物《西郊游宴寄赠邑僚李巽》:“是时尚多垒,板筑兴頽壁。”

【頽壖】 荒废的土地。韦应物《登乐游庙作》:“頽壖久凌迟,陈迹翳丘荒。”

【頽牆】 坍塌的墙壁。殷尧藩《陆丞相故宅》:“残梅攲古道,名石卧頽墙。”皮日休《太湖诗·包山祠》:“箬笠突古砌,薜荔绷頽墙。”

【頽壓】 坍塌崩坏。杜甫《八哀诗·故司徒李公光弼》:“二宫泣西郊,九庙起頽压。”

【頽顔】 衰老的容颜。王维《冬夜书怀》:“丽服映頽颜,朱灯照华发。”韦应物《秋夜南宫寄沣上弟及诸生》:“空宇感凉至,頽颜惊岁周。”武元衡《同幕中诸公送李侍御归朝》:“岁月不堪相送尽,頽颜更被别离凋。”

【頽靡】 衰败委靡。陈子昂《与东方左史虬修竹篇》序:“仆尝暇时观齐梁间诗,彩丽竞繁,而兴寄都绝。每以永叹,思古人,常恐逦迤頽靡,风雅不作,以耿耿也。”李白《金门答苏秀才》:“得心自虚妙,外物空頽靡。”皎然《读张曲江集》:“立程正頽靡,绎思何纵横。”

【頽齡】 暮年。皎然《苕溪草堂四十三韵》:“为与胜悟冥,不忧頽龄迫。”钱起《锄药咏》:“宁学陶潜空嗜酒,頽龄舍此事东菑。”权德舆《与道者同守庚申》:“岂资金丹术,即此驻頽龄。”温庭筠《过孔北海墓二十韵》:“激扬思壮志,流落叹頽龄。”

頷 〔hàn《广韵》胡感切,上感,匣。又胡男切,平覃,匣。〕❶下巴。亦指口。白居易《东南行一百韵》:“相逢应不识,满颔白髭须。”李涉《赠友人孩子》:“骊龙颔下亦生珠,便与人间众宝殊。”罗隐《寄前户部陆郎中》:“桂堂纵道探龙颔,兰省何曾驻鹤心。”❷点头。表示允诺、赞许等意。韦应物《马明生遇神女歌》:“赐仙复坐对食讫,颔之使去随烟升。”李商隐《韩碑》:“当仁自古有不让,言讫屡颔天子颐。”❸摇动。来鹄《圣政纪颂》序:“穆宗皇帝动扆颔旒,怃然叹曰:‘吁! 朕罔敢粉名厥后?’”

【頷首】 点头。表示允诺、赞许等意。韩愈《华山女》:“玉皇颔首许归去,乘龙驾鹤去青冥。”

【頷頤】 动动腮巴。谓点头表示同意或承诺。元稹《酬翰林白学士代书一百韵》:“卧辙希濡沫,低颜受颔颐。”白居易《同微之赠别郭虚舟炼师五十韵》:“逢人但敛手,问道亦颔颐。”

【頷頭】 点头。表示点头同意或承诺。韩愈《读东方朔杂事》:“颔头可其奏,送以紫玉珂。”韩愈《赴江陵途中寄赠三学士》:“悲啼乞就别,百请不颔头。”

顡 〔mào《广韵》莫教切,去效,明。〕貌的古字。形貌。刘禹锡《送周鲁儒赴举诗》引:“人固有顡类而族殊者,周生疑罗玠也。”

頯 〔kuí《集韵》渠追切,平脂群。又居洧切,上旨,见。〕颊上长的胡子。亦泛称胡子。李瀚《蒙求》:“郗超頯参,王珣短簿。”

八 画

顆 〔kē《广韵》苦果切,上果,溪。〕❶泛指粒状物。戎昱《玉台体题湖上亭》:“绿竿初长笋,红颗未开莲。”戴叔伦《荔枝》:“红颗真珠诚可爱,白须太守亦何痴。”白居易《拣贡橘书情》:“珠颗形容随日长,琼浆气味得霜成。”南唐后主李煜《一斛珠》词:“晚妆初过,沈檀轻注些儿个,向人微露丁香颗。”❷量词。多用于计小而圆的物体。杜甫《野人送朱樱》:“数回细写愁仍破,万颗匀圆讶许同。”肃宗《赐梨李泌与诸王联句》:“不食千钟粟,唯餐两颗梨。”白居易《云居寺孤桐》:“自云手种时,一颗青桐子。”亦用以计植物。柳浑《牡丹》:“近来无奈牡丹何,数十千钱买一颗。”

顉 〔qīn《广韵》去金切,平侵,溪。又欽錦切,上寢,溪。又五感切,上感,疑。〕低头,摇头。见《说文·页部》。韩愈《送无本师归范阳》:“天阳熙四海,注视首不颔。”原注:“一作顉,低头也。”按,作顉是。

顇 〔cuì《广韵》秦醉切，去至，從。〕憔悴，瘦弱。元稹《四皓庙》："安存孝惠帝，摧顇戚夫人。"白居易《题旧写真图》："我今四十六，衰顇卧江城。"刘禹锡《调瑟词》序："一旦不堪命，亡者过半，追亡者亦不来复，翁顇沮而追昨非之莫及也。"

九　画

題 〔tí《广韵》杜奚切，平齊，定。〕❶额头。温庭筠《观舞妓》："凝腰倚风软，花题照锦春。"❷指物体的前端或顶端。袁朗《和洗掾登城南坂望京邑》："金凤凌绮观，璇题敞兰宫。"李康成《玉华仙子歌》："璇阶霓绮阁，碧题霜罗幕。"白居易《劝酒》："东邻起楼高百尺，璇题照日光相射。"❸标志。王建《渡辽水》："亦有白骨归咸阳，营家各与题本乡。"❹题目，标题。元稹《听庾及之弹乌夜啼引》："君弹乌夜啼，我传乐府解古题。"周贺《寄姚合郎中》："分题得客少，着价买书高。"齐己《和岷公送李评事往宜春》："江潭牵兴远，风物入题新。"❺书写，撰写。苏颋《饯荆州崔司马》："稍发仙人履，将题别驾舆。"窦牟《陪韩院长韦河南同寻刘师不遇》："不题三五字，何以达壶公。"白居易《凶宅》："我今题此诗，欲悟迷者胸。"黄滔《御试二首》之二："词臣假寐题黄绢，宫女敲铜奏子虚。"亦指所题写的诗文。权德舆《酬张秘监阁老喜太常中书二阁老与德舆同日迁官相代之作》："蓬山有佳句，喜气在新题。"贾岛《和刘涵》："新题惊我瘦，窥镜见丑颜。"❻特指在书札的封口上签押。杨嗣复《谢寄新茶》："封题寄与杨司马，应为前衔是相公。"亦指书签、封签。李白《感兴六首》之三："委之在深篋，蠹鱼坏其题。"❼题名，称之为。杜甫《八哀诗·故著作郎贬台州司户荥阳郑公虔》："三绝自御题，四方尤所仰。"自注："明皇题其诗与书画曰郑虔三绝。"白居易《杏为梁》："君不见马家宅，尚犹存，宅门题作奉诚园。"陆龟蒙《奉和袭美太湖诗二十首·入林屋洞》："题之为左神，理之以天后。"自注："林屋洞为左神幽居之天，即天后真君之便阙。"

【题凡鳥】　义同"题凤"，凡鳥为鳳。王维《春日与裴迪过新昌里访吕逸人不遇》："到门不敢题凡鸟，看竹何须问主人。"

【题文】　题写诗文。钱起《秋夜梁七兵曹同宿二首》之二："老夫相劝酒，稚子待题文。"权德舆《七夕见与诸孙题乞巧文》："外孙争乞巧，内子共题文。"

【题目】　❶品评。杜甫《奉留赠集贤院崔于二学士》："天老书题目，春官验讨论。"❷借口，名义。白居易《送吕漳州》："独醉似无名，借君作题目。"贯休《送卢舍人三首》之三："报通三世释迦言，莫将梁武为题目。"❸犹题写、抒写。陆龟蒙《和过张祜处士丹阳故居》序："善题目佳境，言不可刊置别处。"

【题句】　题写诗文。韦庄《和郑拾遗秋日感事一百韵》："访僧红叶寺，题句白云房。"

【题名】　❶古人为纪念科场登录、旅游行程等，在石碑或壁柱上题记姓名。窦巩《陕府宾堂览房杜二公仁寿年中题纪手迹》："当时憔悴题名日，汉祖龙潜未上天。"张籍《送远曲》："愿君到处自题名，他日知君从此去。"朱庆余《赠凤翔柳司录》："杏园北寺题名日，数到如今四十年。"郑谷《贺进士骆用锡登第》："题名登塔喜，醵宴为花忙。"❷题写的姓名。白居易《早春题少室东岩》："东岩最高石，唯我有题名。"崔涂《过长江贾岛主簿旧厅》："过县已无曾识吏，到厅空见旧题名。"

【题字】　题写诗文。姚合《陕下厉玄侍御宅五题·吟诗岛》："竹枝题字处，小篆复谁能。"许浑《秋日行次关西》："还同长卿志，题字满河桥。"杜荀鹤《经废宅》："藓斑题字壁，花发带巢枝。"

【题封】　封缄题签。杜甫《惜别行送向卿进奉端午御衣之上都》："裁缝云雾成御衣，拜跪题封向端午。"韩愈《桃源图》："武陵太守好事者，题封远寄南宫下。"

【题括】　题作，写作。元结《二风诗》序："病间，遂题括存之，此亦古之贱士不忘尽臣之分耳。"

【题柳葉】　书写柳叶篆。柳叶篆，篆文之一体。晋卫瓘作。形类柳叶，因名。李峤《王屋山第之侧杂构小亭暇日与群公同游》："复看题柳叶，弥喜荫桐圭。"

【题柱】　❶义同题桥。颜真卿《登平望桥下作》："更览诸公作，知高题柱名。"杜甫《投赠哥舒开府》："壮节初题柱，生涯独转蓬。"王播《淮南游故居感旧酬西川李尚书德裕》："更见桥边记名姓，始知题柱免人嗤。"唐彦谦《送樊琯司业归朝》："驷马终题柱，诸生悉面墙。"❷称美郎官。钱起《和王员外雪晴早朝》："题柱盛名兼绝唱，风流谁继汉田郎。"李颀《寄司勋卢员外》："秦地立春传太史，汉宫题柱忆仙郎。"

【题柱客】　指矢志求取功名者。杜甫《陪李七司马皁江上观造竹桥二首》之一："顾我老非题柱客，知君才是济川功。"

【题品】　品评。温庭筠《洞户二十二韵》："武库方题品，文园有好音。"郑谷《右省补阙张茂枢同在谏垣因抒酬寄》："考功岂敢闻题品，水部犹须系挈维。"

【题記】　就名胜古迹或其他有意义的事物等书写诗文抒怀。亦指所书写的诗文。郑谷《次韵和秀上人游南五台》："中峰曾到处，题记没苍苔。"徐夤《题南寺》："壁藓昏题记，窗萤散薜萝。"

【題書】　写信。张子容《永嘉即事寄赣县袁少府瓘》："题书报贾谊，此湿似长沙。"杜甫《与严二郎奉礼别》："诸将归应尽，题书报旅人。"又《寄杜位》："玉垒题书心绪乱，何时更得曲江游。"

【題章】　书写诗文。贾岛《送李校书赴吉期》："佩玉春风里，题章蜡烛前。"

【題葉】　为暮春群臣相聚宴饮的典故。杜牧《题桐叶》："江楼今日送归燕，正是去年题叶时。"

【題詠】　为歌咏某一事物而书写诗词。温庭皓《梅》："莫贪题咏兴，商鼎待盐梅。"

【題碑】　题写碑名。《旧唐书·玄宗纪》载，玄宗幸并州时，尝改并州为太原府，别改其旧宅为飞龙宫，并亲制起义堂颂及书，刻石纪功于太原之南街。王昌龄《驾幸河东》："下辇回三象，题碑任六龙。"

【題署】　题书署名。韩愈《和虞部卢四酬翰林钱七赤藤杖歌》："几重包裹自题署，不以珍怪夸荒夷。"

【題詩】　题写诗文。李白《送二季之江东》："初发强中作，题诗与惠连。"高适《人日寄杜二拾遗》："人日题诗寄草堂，遥怜故人思故乡。"杨巨源《述旧纪勋寄太原李光颜侍中二首》之二："曾闻转战平坚寇，共说题诗压腐儒。"赵嘏《经汉武泉》："竹间驻马题诗去，物外何人识醉游。"

【題鳳】　咏访友。陈子昂《酬田逸人游岩见寻不遇题隐居里壁》："闻莺忽相访，题凤久裴回。"钱起《过张成侍御宅》："丞相幕中题凤人，文章心事每相亲。"李端《晚春过夏侯校书值其沉醉戏赠》："谒客唯题凤，偷儿欲觇毡。"李瀚《蒙求》："吕安题凤，子猷访戴。"

【題篇】　书写诗文。许浑《奉和卢大夫新立假山》："何如谢康乐，海峤独题篇。"

【題漢柱】　喻郎官得到皇帝赏识。沈佺期《酬苏员外味道夏晚寓直省中见赠》："明朝题汉柱，三署有光辉。"参见"题柱❷"。

【題劍】　谓题署宝剑以表德。示君王对臣子恩宠。张九龄《故刑部李尚书挽词三首》之二："题剑恩方重，藏舟事已非。"高适《信安王幕府诗》："剪桐光宠锡，题剑美贞坚。"刘禹锡《许给事见示哭工部刘尚书诗因命同作》："荣耀初题剑，清羸已拖绅。"亦泛指主仆、上下之间的特殊知遇。刘禹锡《泰娘歌》："繁华一旦有消歇，题剑无光履声绝。"

【題橋】　誉人荣归。苏颋《利州北佛龛前重于去岁题处作》："岁年书有记，非为学题桥。"杜牧《寄湘中友人》："相如已定题桥志，江上无由梦钓台。"汪遵《升仙桥》："汉朝卿相尽风云，司马题桥众又闻。"范尧佐《一字至七字诗·书》："银钩屈曲索靖，题桥司马相如。"

【題録】　题写。白居易《题诗屏风绝句》序："由是掇律句中短小丽绝者，凡一百首，题录合为一屏风。"

【題壁】　❶题诗文于壁上。孟浩然《秋登张明府海亭》："染翰聊题壁，倾壶一解颜。"杜甫《秋日夔府咏怀奉寄郑监李宾客一百韵》："东郡时题壁，南湖日扣舷。"齐己《临行题友生壁》："殷勤题壁去，秋早此相寻。"❷题写在壁上的诗文。元稹《公安县远安寺水亭见展公题壁漂然泪流因书四韵》："今来见题壁，师已是前身。"

【題輿】　谓景仰名流，望其出仕。马怀素《饯许州宋司马赴任》："君非仲举才，谁是题舆者。"张谔《送李著作倅杭州》："辍史空三署，题舆佐一方。"李白《九日登山》："题舆何俊发，遂结城南期。"徐浩《谒禹庙》："恩贷题舆重，荣殊衣锦游。"

【題贈】　题写诗文以赠人。徐铉《和陈处士在雍丘见寄》："清谈胜题赠，何日杖藜还。"亦指题写赠人的诗文。贾彦璋《苏著作山池》："游苏多石友，题赠满瑶华。"

頿　〔zī《广韵》即移切，平支，精。〕口上须。亦泛指胡须。见《说文·须部》。刘禹锡《送鸿举游江西》引："距今年遇于建平，赤頿益蕃，文思益深，而内外学益富。"

顋　〔sāi《广韵》蘇來切，平咍，心。〕腮。两颊的下半部。杜甫《秋日荆南述怀三十韵》："苦摇求食尾，常曝报恩顋。"白居易《新乐府·时世妆》："时世流行无远近，顋不施朱面无粉。"温庭筠《菩萨蛮》之一："小山重叠金明灭，鬓云欲度香顋雪。"张保胤《示妓榜子》："绿罗裙下标三棒，红粉顋边泪两行。"

顒　〔yóng《广韵》魚容切，平鍾，疑。〕❶大头。引申为壮大貌。元结《演兴四首·讼木魅》："且忧顒之翩翩，又愁狖之奔驰。"❷肃敬貌。贺知章《唐禅社首乐章·福和》："大裘如濡，执珽有顒。"❸仰慕貌。参见"顒然"。

【顒于】　于喁，相和之声。顒于，与于喁同义。元结《演兴四首·初祀》："翘修钐兮掉芜殳，灵巫谔兮舞顒干。"按，于，《全唐诗》作干，误。

【顒坐】　端坐。尹鹗《菩萨蛮之三》词："顒坐遍红炉，谁知情绪孤。"

【顒若】　肃敬貌。《郊庙歌辞·明皇祀圜丘乐章·肃和》："昭事顒若，存存以伣。"又《享隐太子庙乐章·诚和》："有诚顒若，神斯戾止。"

【顒望】　凝望。李白《姑孰十咏·望夫山》："顒望临碧空，怨情感离别。"

【顒然】　仰慕貌。刘禹锡《华清词》："圣道本自我，凡情徒顒然。"李商隐《四年冬·忆雪》："玉京应已足，白屋但顒然。”

【顒顒】 ❶肃敬貌。褚亮《享先农乐章·肃和》：“肃肃享祀，顒顒缨弁。”张籍《董公诗》：“不自以为资，奉上但顒顒。”和凝《宫词百首》之三二：“赤子顒顒瞻父母，已将仁德比乾坤。”❷凝视貌。范质《诫儿侄八百字》：“顒顒十目窥，龊龊千人指。”

顓 〔zhuān〕《广韵》職缘切，平仙，章。〕通“專”。专擅。权德舆《酬别蔡十二见赠》：“傲世方隐几，说经久顓门。”

顴 〔āo《广韵》於交切，平肴，影。〕凹陷貌。皮日休《新秋言怀寄鲁望三十韵》：“桧身浑个矮，石面得能顴。”陆龟蒙《奉和袭美新秋言怀三十韵次韵》：“竹冈从古凸，池缘本来顴。”

顣 〔kǎn《广韵》苦感切，上感，溪。〕因饥饿而面黄肌瘦貌。见《说文·页部》。参见“顣頷”。

【顣頷】 因饥饿而面黄肌瘦貌。韩愈《送无本师归范阳》：“欲以金帛酬，举室常顣頷。”

顏[1] 〔yán《广韵》五姦切，平删，疑。〕❶面容，脸色。刘长卿《戏赠干越尼子歌》：“五年持戒长一食，至今犹自颜如花。”韦应物《简郡中诸生》：“惟当上客至，论诗一解颜。”白居易《劝酒十四首·何处难忘酒七首》之四：“鬓为愁先白，颜因醉暂红。”李频《鄂渚湖上即事》：“多慵空好道，少贱早凋颜。”❷面皮，脸皮。杜甫《上水遣怀》：“羸骸将何适，履险颜益厚。”李郃《贺州九疑作》：“胪传动天阍，颜厚何可当。”❸颜色，色彩。王昌龄《春怨》：“音书杜绝白狼西，桃李无颜黄鸟啼。”李白《古风》之十二：“松柏本孤直，难为桃李颜。”❹姓。孔子弟子有颜回。孟郊《品松》：“纵然孔与颜，亦莫及此松。”贾岛《送独孤马二秀才居明月山读书》：“濯志俱高洁，儒科慕冉颜。”姚揆《晚步》：“陋巷贫疑本姓颜，晚来闲步出林间。”

顏[2] 〔yá《集韵》宜佳切，平佳，疑。〕通厓。水边，山边。陆龟蒙《渔具诗》序：“天随子歔于海山之颜有年矣。”

【顏二十八郎】 颜真卿子颜頵。皎然有《奉贺颜使君真卿二十八郎隔绝自河北远归》。

【顏子】 指孔子弟子颜回。泛指安贫乐道、有德无寿之士。李端《慈恩寺怀旧》：“孔席亡颜子，僧堂失谢公。”孟郊《哭李观》：“颜子既殂谢，孔门无辉光。”曹邺《偶怀》：“颜子命未达，亦遇时人轻。”

【顏太守】 颜真卿。曾官平原太守。高适有《奉寄平原颜太守》。

【顏太師魯公】 颜真卿。封鲁郡公，官至太子太师。有《刻清远道士诗因而继作》。清远道士为代宗前人，颜真卿赏其《游虎丘寺存作》，为之刻于岩际。皮日休《追和虎丘寺清远道士诗》序：“颜太师鲁公爱之不暇，遂刻于岩际，并有继作。”

【顏少府】 （少 shào）颜允臧。释褐太康尉，天宝十载(751)及第。岑参有《夏初醴泉南楼送太康颜少府》。

【顏仁郁】 五代诗人。字文杰，泉州（今属福建）人。仕闽王审知为归德场长，三年而民足用。《全唐诗》卷七六三录其《农家》等二首。

【顏公】 颜真卿。代宗时历任吏部侍郎、尚书右丞、吏部尚书等职，封鲁郡公，世称颜鲁公。德宗时官至太子太师。李德裕有《追和太师颜公同清远道士游虎丘寺》。

【顏允南】 诗人。字去惑，京兆长安（今陕西西安）人。颜真卿兄。开元十五载(727)应吏部试，判入高等，授鹑觚尉。后历官左补阙、殿中侍御史、襄阳丞、京当士曹。天宝十五载(756)随玄宗奔蜀，拜屯田员外郎。肃宗即位，迁膳部郎中，封金乡男，进国子司业。《全唐诗》卷七九五录其《侍宴》。

【顏冉】 孔子弟子颜回、冉耕的并称。二人以德行著称。贯休《上杭州令狐使君》：“颜冉德无邻，分忧浙水滨。”

【顏生】 指颜回。褚亮《伤始平李少府正己》：“辅嗣俄长往，颜生即短辰。”李咸用《依韵修睦上人山居十首》之四：“季子祸从怜富贵，颜生道在乐箪瓢。”

【顏回】 孔子弟子。鲁人，字子渊。沈佺期《伤王学士》：“原宪贫无愁，颜回乐自持。”杜甫《八哀诗·赠左仆射郑国公严公武》：“颜回竟短折，贾谊徒忠贞。”白居易《浩歌行》：“颜回短命伯夷饿，我今所得亦已多。”

【顏令賓】 女诗人。长安北里南乐妓。举止风流，事笔砚，有词句。见举人尽礼祗奉，乞歌诗，常满箱箧。《全唐诗》卷八〇二录其《临终召客》。

【顏色】 ❶面容，面色。杜甫《北征》：“平生所娇儿，颜色白胜雪。”钱起《赠李十六》：“常思梦颜色，谁忆访柴荆。”白居易《寄元九》：“三年不放归，炎瘴消颜色。”邵谒《览镜》：“一照一回悲，再照颜色衰。”❷指女子姿色。宋之问《有所思》：“幽闺女儿惜颜色，坐见落花长叹息。”李益《长干行》：“自怜十五余，颜色桃花红。”白居易《陵园妾》：“陵园妾，颜色如花命如叶。”黄滔《闺怨》：“塞上无烟花，宁思妾颜色。”❸表情，神色。韩愈《送李翱》：“揖我出门去，颜色异恒时。”白居易《谕友》：“临风蹋叶立，半日颜色哀。”李郢《阳羡春歌》：“楼下游人颜色喜，溪南黄帽应羞死。”徐仲雅《耕夫谣》：“出门逢耕夫，颜色必不乐。”❹面子，光彩。宋之问《桂州三月三日》：“两朝赐颜色，二纪陪欢宴。”崔颢《长安道》：“一朝天子赐颜色，世上悠悠应始知。”李白《东武吟》："君王赐颜色，声价凌烟虹。"高适《燕歌行》："男儿本自重横行，天子非常赐颜色。"❺色彩。杜甫《花底》："深知好颜色，莫作委泥沙。"张籍《刘兵曹赠酒》："一瓶颜色似甘泉，闲向新栽小竹前。"李绅《新楼诗二十首·海棠》："寄语春园百花道，莫争颜色泛金杯。"黄滔《花》："莫道颜色如渥丹，莫道馨香过蕙兰。"❻借指头。白居易《秦中吟十首·胶漆契》："虽云志气高，岂免颜色低。"

【顏武康】　颜逸，颜真卿侄，官武康令。皎然有《妙喜寺达公禅斋寄李司直公孙房都曹德裕从事方舟颜武康士骋四十二韵》，"从事"上脱"裴"字。

【顏尚書】　颜真卿。真卿曾官工部、刑部尚书。建中四年(783)，李希烈叛乱，真卿奉诏前往晓谕。希烈胁之降，真卿不屈，兴元元年(784)遇害。戎昱有《闻颜尚书陷贼中》，皎然有《奉应颜尚书真卿观玄真子置酒张乐舞破阵画洞庭三山歌》。

【顏明經】　颜时。郑谷有《送太学颜明经及第东归》，《文苑英华》卷二八二作"颜时明经"。

【顏使君】　颜真卿。曾官湖州刺史。皎然有《奉酬颜使君真卿见过郭中寺寺无山水之赏故予述其意以答焉》和《杼山上峰和颜使君真卿袁侍御五韵赋得印字》。

【顏郎】　指颜驷。称年老未遇者。李贺《河阳歌》："花烧中潬城，颜郎身已老。"

【顏郎中】　名未详。张祜有《戏颜郎中猎》。《云溪友议》卷下："温州颜郎中，儒士也，不知弧矢之能，张祜观其骑猎马上，以诗戏之。"

【顏狀】　容颜状貌。白居易《和微之诗二十三首·和除夜作》："老知颜状改，病觉肢体虚。"又《寄白头陀》："性灵闲似鹤，颜状古于松。"

【顏巷】　即颜回所居之陋巷，后用以泛指简陋的居处。许浑《李秀才近自涂口迁居新安适枉缄书见宽悲戚因以此答》："颜巷雪深人已去，庾楼花盛客初归。"杜牧《长安杂题长句六首》之三："江碧柳深人尽醉，一瓢颜巷日空高。"方干《归睦州中路寄侯郎中》："颜巷萧条知命后，膺门感激受恩初。"翁承赞《对雨述怀示弟承检》："青苔重叠封颜巷，白发萧疏引越吟。"

【顏面】　面容。戎昱《闰春宴花溪严侍御庄》："彩缛承颜面，朝朝赋白华。"

【顏胄】　诗人。《全唐诗》卷七七六录其《适思》。

【顏真卿】　诗人。字清臣，京兆长安(今陕西西安)人。《全唐诗》录其诗一卷，十首；联句二十余联。《全唐诗外编》录其《竹山连句题潘氏书堂》及断句各一联。

【顏峴】　诗人。颜真卿兄子。《全唐诗》卷七八八录其《登岘山观李左相石尊联句》一联。《全唐诗外编》录其《竹山连句题潘氏书堂》一联。

【顏師古】　诗人。字籀，雍州万年(今陕西西安)人。撰著甚丰。其所著《汉书注》《急就章注》《匡谬正俗》今仍行世。

【顏容】　面容，容颜。陈子昂《答韩使同在边》："雨雪颜容改，纵横才位孤。"岑参《下外江舟怀终南旧居》："颜容老难赪，把镜悲鬓发。"武元衡《代佳人赠张郎中》："洛阳佳丽本神仙，冰雪颜容桃李年。"郑薰《赠巩畴》："颜容宁入鉴，铢两岂关衡。"

【顏萱】　诗人，字弘至，进士，颜荛弟。《全唐诗》卷六三一录其《送羊振文归觐桂阳》等三首。

【顏舒】　诗人。曲阜(今山东曲阜)人，字惟友，天宝时应制举。《全唐诗》卷七六九录其《凤栖怨》。

【顏須】　诗人，颜真卿族侄。《全唐诗》卷七八八录其《登岘山观李左相石尊联句》一联。《全唐诗外编》录其《竹山连句题潘氏书堂》一联。

【顏淵】　颜回字子渊、渊。李嘉祐《故吏部郎中赠给事中韦公挽歌二首》："颜渊徒有德，伯道且无儿。"白居易《赠杓直》："人情爱年寿，夭死者颜渊。"

【顏渾】　诗人。颜真卿族弟，官太子通事舍人。《全唐诗》卷七八八录其《登岘山观李左相石尊联句》一联。

【顏閔】　孔子弟子颜回、闵损的并称。二人均短寿。刘商《哭韩淮端公兼上崔中丞》："儒风久沦弊，颜闵寿不长。"

【顏頊】　诗人。颜真卿族侄。《全唐诗》卷七八八录其《登岘山观李左相石尊联句》一联。

【顏粲】　诗人。京兆长安(今陕西西安)人。颜真卿族侄。德宗建中年间进士。《全唐诗》卷三一九录其《白露为霜》等二首。《全唐诗外编》录其《登岘石观李左相石尊联句》一联。

【顏魄】　容颜和心魄。李白《古风》之五五："慷慨动颜魄，使人成荒淫。"

【顏韶】　晋颜含十五代孙颜韶，有才气，工诗策，进士，濮阳尉，为颜真卿从侄。岑参有《送颜韶》。

【顏標】　郑薰知大中八年(贡举)，误颜标为颜鲁公之后，以标为状元。乾符中典鄱阳。姚岩杰有《报颜标》。

【顏髮】　容颜和头毛。李群玉《感兴四首》之四："先惊愁人耳，颜发潜消改。"

【顏熱】　谓酒酣面热。李贺《申胡子觱篥歌》："颜热感君酒，含嚼芦中声。"

【顏蕘】　诗人。颜益兄。鲁国(今山东曲阜一带)人，寓居东吴。会昌六年(846)进士。曾任尚书郎、含州刺史。昭宗光化三年(900)，自虞部郎中、知制诰，迁中书舍人，判史馆，终官给事中。《全唐诗》卷七二七录其《戏张道人不饮酒》一首和断句一联。

【顔貌】 容颜，面貌。徐凝《寄玄阳先生》："颜貌只如三二十，道年三百亦藏年。"施肩吾《西山即事奉寄故园徐处士》："诗篇忆昔欢相接，颜貌如今恨不同。"薛逢《追昔行》："叹息人生能几何，喜君颜貌未蹉跎。"

【顔顒】 诗人。颜真卿族侄。《全唐诗》卷七八八录其《登岘山观李左相石尊联句》一联。《全唐诗外编》录其《竹山连句题潘氏书堂》一联。

【顔濬】 诗人。会昌进士。《全唐诗》卷八六六陈宫妃嫔《与颜濬冥会诗》题下录其诗一首。

【顔鬢】 面容和鬓发。韦应物《感梦》："谁念兹夕永，坐令颜鬓凋。"又《新秋夜寄诸弟》："无将别来近，颜鬓已蹉跎。"

額 〔è《广韵》五陌切，入陌，疑。〕❶额头。眉上发下处。王翰《观蛮童为伎之作》："长裙锦带还留客，广额青娥亦效嚬。"张谓《岐王席上咏美人》："半额画双蛾，盈盈烛下歌。"白居易《点额鱼》："龙门点额意何如，红尾青鬐却返初。"吴融《个人三十韵》："额点梅花样，心通棘刺情。"❷物体上端。白居易《奉和汴州令狐令公二十二韵》："平展丝头毯，高褰锦额帘。"姚合《酬任畴协律夏中苦雨见寄》："湿烟凝灶额，荒草覆墙头。"温庭筠《感旧陈情五十韵献淮南李仆射》："油额芙蓉帐，香尘玳瑁筵。"❸匾额。王勃《题九江英烈庙》："帝重亲书额，臣钦相篆碑。"许坚《游溧阳霞泉寺限白字》："近枕吴溪与越峰，前朝恩赐云泉额。"贯休《寄杭州灵隐寺宋震使君》："僧房谢朓语，寺额葛洪书。"❹数额。王贞白《句》："改贯永留乡党额，减租重感郡侯恩。"张蠙《送成州牧》："犬牙连蜀国，兵额贯秦州。"

【額山】 即额头。温庭筠《照影曲》："黄印额山轻为尘，翠鳞红稺俱含嚬。"

【額珠】 即念珠。佛珠有定数，故称。独孤及《诣开悟禅师问心法次第寄韩郎中》："得知身垢妄，始喜额珠完。"

【額黄】 六朝妇女施于额上的黄色涂饰。李商隐《蝶三首》之三："寿阳公主嫁时妆，八字宫眉捧额黄。"温庭筠《偶游》："云髻几迷芳草蝶，额黄无限夕阳山。"皮日休《木兰后池三咏·白莲》："半垂金粉知何似，静婉临溪照额黄。"牛峤《女冠子》词之二："额黄侵腻发，臂钏透红纱。"

十　画

類 〔lèi《广韵》力遂切，去至，來。〕❶种类，事物的类别。韦应物《述园鹿》："兹兽有高貌，凡类宁比肩。"刘禹锡《飞鸢操》："天生众禽各有类，威凤文章在仁义。"元稹《虫豸诗·虻》之二："自顾生无类，那堪毒有群。"张祜《梦李白》："回眸四顾飞走类，若嗔元气多终诸。"❷相似，像。崔融《嵩山石淙侍宴应制》："洞口仙岩类削成，泉香石冷昼含清。"元稹《三叹》之一："颜色纵相类，利钝颇相倾。"高铢《和太原张相公山亭怀古》："斗石类岩巘，飞流泻潺湲。"张蠙《和友人许裳题宣平里古藤》："盖密胜丹桂，层危类远峰。"❸古代祭名。以特别事故祭告天神。见《书·舜典》。见"類禮"。

【類禋】 类祭礼祀。太宗《咏司马彪续汉志》："类禋遵令典，坛墠资良地。"

顛 〔diān《广韵》都年切，平先，端。〕❶头，头顶。权德舆《早春南亭即事》："振衣惭艾绶，窥镜叹华颠。"❷顶端，上端。杜甫《白水县崔少府十九翁高斋三十韵》："昆仑崆峒颠，回首如不隔。"卢纶《达奚中丞东斋壁画山水各赋一物》："素壁画飞泉，从云落树颠。"姚合《庄居野行》："采玉上山颠，探珠入水府。"李群玉《宿鸟远峡化台遇风雨》："孤鹤长松颠，独宿万岩雨。"❸倒仆。见《论语·季氏》。元稹《酬乐天东南行诗一百韵》："痛嗟亲爱隔，颠望友朋扶。"孙元晏《咏史诗·齐·王亮》："若教彼相颠扶得，争遣明公到此来。"皮日休《奉和鲁望樵人十咏·樵径》："自古行此途，不闻颠与坠。"❹颠倒，倒置。见《楚辞·刘向〈九叹·愍命〉》。韩愈《陆浑山火和皇甫湜用其韵》："天跳地踔颠乾坤，赫赫上照穷崖垠。"❺倾覆，灭亡。韩愈《杂诗四首》之三："虽无风雨灾，得不覆且颠。"又《桃源图》："嬴颠刘蹶了不闻，地拆天分非所恤。"白居易《新昌新居书事四十韵因寄元郎中张博士》："新园聊划秽，旧屋且扶颠。"❻癫狂，疯狂。高适《醉后赠张九旭》："兴来书自圣，醉后语尤颠。"任华《怀素上人草书歌》："张老颠，殊不颠于怀素。怀素颠，乃是颠。"刘叉《自问》："自问彭城子，何人授汝颠。"姚合《游春十二首》之一："自知还近僻，众说过于颠。"❼猛烈，茂盛。杜甫《逼仄行赠毕曜》："晓来急雨春风颠，睡美不闻钟鼓传。"贾岛《夏日寄高洗马》："花发应耽新熟酒，草颠还写早朝诗。"

顛2 〔tián《集韵》亭年切，平先，定。〕通"阗"。充满。韩愈、孟郊《斗鸡联句》："峥嵘颠盛气，洗刷凝鲜彩。"

【顛毛】 头发。柳宗元《寄韦珩》："迩来气少筋骨露，苍白泲汨盈颠毛。"

【顛奇】 狂放奇特。鲁收《怀素上人草书歌》："观尔向来三五字，颠奇何谢张先生。"

【顛危】 倾侧可危。周昙《咏史诗·后汉门·废帝》："乱兵如猬走王师，社稷颠危孰为持。"

【顛狂】 ❶举止狂乱。杜甫《江畔独步寻花七绝句》之一:“江上被花恼不彻,无处告诉只颠狂。”任华《怀素上人草书歌》:“十杯五杯不解意,百杯已后始颠狂。”元稹《狂醉》:“岘亭今日颠狂醉,舞引红娘乱打人。”白居易《感樱桃花因招饮客》:“渐觉花前成老丑,何曾酒后更颠狂。”❷放浪不受约束。元稹《寄胡灵之》:“早岁颠狂伴,城中共几年。”白居易《花前有感兼呈崔相公刘郎中》:“少日为名多检束,长年无兴可颠狂。”姚合《寄王度居士》:“憔悴王居士,颠狂不称时。”徐铉《月真歌》:“自从一见月真后,至今赢得颠狂名。”❸激烈动荡,迅速跳远。杜甫《绝句漫兴九首》之五:“颠狂柳絮随风去,轻薄桃花逐水流。”王建《寒食日看花》:“颠狂绕树猿离锁,跳踯缘冈马断羁。”姚合《杨柳枝词五首》之一:“黄金丝挂粉墙头,动似颠狂静似愁。”顾云《天威行》:“飓风忽起云颠狂,波涛摆掣鱼龙僵。”

【顛沉】 颠簸沉没。韩愈《岳阳楼别窦司直》:“颠沉在须臾,忠鲠谁复谅。”

【顛沛】 ❶奔走颠簸。韦应物《悲故交》:“万里颠沛还,高堂已长暮。”❷倾败。蒋洌《台中书怀》:“持宪当休明,饬躬免颠沛。”❸困顿。储光羲《同诸公秋日游昆明池思古》:“农畯尽颠沛,顾望稼穑悲。”亦指困顿者。韩愈、孟郊《秋雨联句》:“岂惟虑收获,亦以求颠沛。”

【顛風】 狂风。元稹《人道短》:“颠风暴雨电雷狂,晴被阴暗,月夺日光。”

【顛峰】 山之顶峰。吕岩《鄂渚悟道歌》:“直待虎啸折颠峰,骊龙夺得玄珠弄。”贯休《闻无相道人顺世五首》之二:“自昔寻师日,颠峰绝顶头。”

【顛倒】 (—dǎo)❶错乱失序。杜甫《北征》:“天吴及紫凤,颠倒在裋褐。”韩愈《送陆畅归江南》:“人事喜颠倒,旦夕异所云。”吕温《早觉有感》:“先觉忽先起,衣裳颠倒时。”韦庄《秦妇吟》:“衣裳颠倒言语异,面上夸功雕作字。”❷倾倒,跌落。韩愈《题张十一旅舍三咏·榴花》:“可怜此地无车马,颠倒青苔落绛英。”元稹《谕宝二首》之二:“栋梁无广厦,颠倒卧霜雪。”姚合《赏春》:“颠倒醉眠三数日,人间百事不思量。”❸回旋翻转。韩愈《秋怀诗十一首》之八:“鸣声若有意,颠倒相追奔。”❹倾覆,灭亡。杜甫《锦树行》:“五陵豪贵反颠倒,乡里小儿狐白裘。”韩愈《元和圣德诗》:“遂自颠倒,若杵投臼。”❺倾侧不正。韩愈《醉后》:“淋漓身上衣,颠倒笔下字。”张祜《江南杂题三十韵》之十:“雨过离披草,风吹颠倒查。”❻反倒,反而。皎然《酬秦系山人戏赠》:“正论禅寂忽狂歌,莫是尘心颠倒多。”

【顛陷】 使覆灭。陆龟蒙《战秋辞》:“可堑溺颠陷,可夭札迷冥。”

【顛崖】 高耸的山崖。韦处厚《盛山十二诗·上士瓶泉》:“绠汲岂无井,颠崖贵非浚。”

【顛逸】 癫狂放逸。欧阳炯《题景焕画应天寺壁天王歌》:“逡巡队仗何颠逸,散漫奇形皆涌出。”

【顛窒】 倾覆败亡。贯休《对月作》:“斜文复斜文,颠窒何纷纷。”

【顛隕】 坠落,倾覆。罗隐《巫山高》:“纵有精灵得往来,猃轭韬轩亦颠陨。”

【顛當】 昆虫名。即蝗蛸。一种生活在地下的小蜘蛛。窠深如蚓穴,呈圆筒形。《秦中儿童语》:“颠当牢守门,蠮螉寇汝无处奔。”

【顛瞑】 迷惑不解。韩愈《和李相公摄事南郊览物兴怀呈一二知旧》:“惟彼颠瞑者,去公岂不辽。”

【顛踣】 受挫困顿。柳宗元《与崔策登西山》:“蹇连困颠踣,愚蒙怯幽眇。”

【顛墜】 坠落。喻覆灭、衰微。元结《二风诗·乱风诗五篇·至惑》:“敖恶无厌,不畏颠坠。”权德舆《寓兴》:“世德既颠坠,素怀亦堙沦。”

【顛覆】 ❶跌落,跌倒。曹邺《读李斯传》:“不知驾驭难,举足成颠覆。”❷覆灭,败亡。岑参《入剑门作寄杜杨二郎中》:“刘氏昔颠覆,公孙曾败绩。”元结《漫酬贾沔州》:“上将屡颠覆,偏师尝救乱。”权德舆《仲秋朝拜昭陵》:“文皇昔潜耀,隋季自颠覆。”

【顛蹶】 ❶跌落,倒仆。韩愈《送文畅师北游》:“从求送行诗,屡造忍颠蹶。”又《南山诗》:“褰衣步推马,颠蹶退且复。”❷颠狂。崔橹《有酒失于虔州陆郎中肱以诗谢之》:“醉时颠蹶醒时羞,曲蘖推人不自由。”❸困顿,受挫。韩偓《赠隐逸》:“莫笑乱离方解印,犹胜颠蹶未抽簪。”水神《霅溪夜宴诗》之十:“国步颠蹶兮吾道遘凶,处鸱夷之大困,入渊泉之九重。”

【顛躋】 坠落。韩愈《题炭谷湫祠堂》:“石级皆险滑,颠跻莫牵攀。”

【顛躓】 ❶倒下,跌倒。唐彦谦《宿田家》:“阿母出搪塞,老脚走颠踬。”范质《诫儿侄八百字》:“速成不坚牢,亟走多颠踬。”❷困顿,挫折。杜甫《送顾八分文学适洪吉州》:“故旧独依然,时危话颠踬。”又《奉赠太常张卿二十韵》:“适越空颠踬,游梁竟惨凄。”

願

〔yuàn《广韵》魚怨切,去願,疑。〕❶愿望,心愿。綦毋潜《祇园寺》:“雁塔酬前愿,王身更后来。”杜甫《立秋后题》:“平生独往愿,惆怅年半百。”李商隐《鸳鸯》:“不须长结风波愿,锁向金笼始两全。”吴越僧《武肃王有旨设斋会进一诗共六首》之六:“愿满事圆归去路,便风相送片帆轻。”❷希望。杜易简《湘川新曲二首》之一:“愿君稍弭楫,无令贱妾羞。”刘希夷《死马赋》:“愿君回来乡山道,道傍青青饶美草。”白居易《寄唐生》:“惟歌生民病,愿得天子知。”

李郢《为妻作生日寄意》："鸳鸯交颈期千岁，琴瑟谐和愿百年。"❸情愿，愿意。戴叔伦《相思曲》："妾身愿作巫山云，飞入仙郎梦魂里。"令狐楚《句》："我愿从之游，深卜炼上液。"李商隐《韩碑》："愿书万本诵万过，口角流沫右手胝。"皮日休《七爱诗·房杜二相国》："苟得同其时，愿为执鞭竖。"❹祝愿，祈求。中宗《石淙》："永愿乾坤符睿算，长居膝下属欢情。"明皇《春日出苑游瞩》："惟愿圣主南山寿，何愁不赏万年春。"

【願公】 元愿，亦即无愿。齐己有《谢元愿上人远寄檀溪集》。檀溪在襄阳，诗云："白首萧条居汉浦，清吟编集号檀溪。"知元愿乃襄州僧。齐己又有《答无愿上人书》，诗云："郑生驱蹇岘山回，传得安公好信来。"知此无愿亦为襄州僧，元愿当即无愿，形近易讹，未知孰是。

【願言】 思念殷切貌。孟浩然《寻香山湛上人》："愿言投此山，身世两相弃。"

【願果】 与愿望相符的后果。张说《奉和同皇太子过慈恩寺应制二首》之二："圣君成愿果，太子拂天衣。"

【願欲】 想，希望。李林甫《秋夜望月忆韩席等诸侍郎因以投赠》："愿欲接高论，清晨朝建章。"

顙 〔sǎng《广韵》蘇朗切，上蕩，心。〕❶额头。李颀《送陈章甫》："陈侯立身何坦荡，虬须虎眉仍大顙。"杜甫《义鹘》："修鳞脱远枝，巨顙拆老拳。"卢纶《腊日观咸宁王部曲娑勒擒豹歌》："欻然扼顙批其颐，爪牙委地涎淋漓。"❷头。顾况《露青竹杖歌》："蛟龙稽顙河伯虔，拓羯胡雏脚手鲜。"柳宗元《法华寺石门精舍三十韵》："微言信可传，申旦稽吾顙。"

十一画

顢 〔mán《广韵》母官切，平桓，明。〕见"顢顸"。

【顢顸】 面大貌。和凝《宫词百首》之十二："顢顸冰面莹池心，风刮瑶阶腊雪深。"

十二画

顥 〔hào《广韵》胡老切，上晧，匣。〕白色貌。见"顥氣"。

【顥氣】 清新洁白之气。贺知章《奉和圣御春台望》："华滋的皪丹青树，颢气氤氲金玉堂。"元稹《和东川李相公慈竹十二韵》："幽姿媚庭实，颢气爽天涯。"李绅《奉酬乐天立秋夕有怀见寄》："裴回顾戎旃，颢气生东方。"郑谷《入阁》："寿山晴叆叇，颢气暖连延。"

【顥清】 即颢气。权德舆《春游茅山酬杜评事见寄》："绝涧漱冰碧，仙坛挹颢清。"又《广陵诗》："层台出重霄，金碧摩颢清。"

【顥然】 盛大貌。刘禹锡《含辉洞述》："元气颢然，观吾朵颐。"

【顥魄】 洁白的月色。曲龙山仙《玩月诗》之四："颢魄洗烟澄碧落，桂花低拂玉簪寒。"

【顥興】 (—xìng)极高的兴致。孟郊《品松》："霏微岚浪际，游戏颢兴浓。"

【顥露】 白露。杨巨源《同太常尉迟博士阙下待漏》："沉沉延阁抱丹墀，松色苔花颢露滋。"

顦 〔qiáo《广韵》昨焦切，平宵，從。〕见"顦顇"。

【顦顇】 ❶枯槁，消瘦。李白《赠宣城赵太守悦》："憔悴成丑士，风云何足论。"李端《妾薄命》："一从失恩意，转觉身憔悴。"司空曙《杜鹃行》："毛衣惨黑自憔悴，众鸟安肯相尊崇。"陆龟蒙《村夜二篇》之一："幽忧废长剑，憔悴惭清镜。"❷困顿，忧愁。高适《行路难二首》之一："安知憔悴读书者，暮宿灵台私自怜。"柳中庸《春思赠人》："谁知褐衣客，憔悴在书窗。"柳宗元《酬韶州裴曹长使君见示二十韵一首》："空劳慰憔悴，妍唱剧妖娴。"谭用之《河桥楼赋得群公夜宴》："深荷良宵慰憔悴，德星池馆在江东。"

顧 〔gù《广韵》古暮切，去暮，見。〕❶回头看。亦泛指看、视。见《诗·桧风·匪风》。李颀《王母歌》："顾谓侍女董双成，酒阑可奏云和笙。"杜甫《遣兴三首》之一："下马古战场，四顾但茫然。"王涯《宫词三十首》之二："欲得君王回一顾，争扶玉辇下金阶。"元稹《有鸟二十章》之一："朝偷暮窃恣昏饱，后顾前瞻高树枝。"❷反省，反躬自问。李峤《刘侍读见和山邸十篇重申此赠》："顾己惭铅锷，叨名齿玳簪。"元结《系乐府十二首·谢大龟》："自昔保方正，顾尝无妄私。"权德舆《拜昭陵过咸阳墅》："遂兹操书致，内顾增缺然。"李群玉《始忝四座奏状闻荐蒙恩授官二十四韵》："自顾珉玞璞，何缘侣圭琮。"❸访问，探访。清昼、汤衡《与潘述集汤衡宅怀李司直纵联句》："幽独何以慰，友人顾茅茨。"元稹《赠毛仙翁》序："余廉问浙东岁，毛仙翁惠然来顾。"亦指咨询。白居易《寄隐者》："禄厚食万钱，恩深日三顾。"❹顾及，注意到，关照。王维《送綦毋潜落第还乡》："遂令东山客，不得顾采薇。"韦应物《寄别李儋》："妻子不及顾，亲友安得留。"卢纶《题贾山人园林》："五字每将称玉友，一尊曾不顾金囊。"张祜《送周尚书赴滑台》："多病无由酬一顾，鄢陵千骑去翩翩。”❺同情，顾惜，眷念。薛据《古兴》：“君今皆得志，肯顾憔悴人。”独孤及《杂诗》：“未必千黄金，买得一人顾。”张南史《早春书事奉寄中书李舍人》：“翠羽怜穷鸟，琼枝顾散樗。”权德舆《杂诗五首》之一：“神期谅交感，相顾乃如此。”❻看重，青睐。李白《赠溧阳宋少府陟》：“早怀经济策，特受龙颜顾。”杜甫《送高司直寻封阆州》：“主人不世才，先帝常特顾。”崔邠《礼部权侍郎阁老史馆张秘监阁老有离合酬赠之什聊继此章》：“谏垣则随步，东观方承顾。”❼乃。李白《山人劝酒》：“顾谓戚夫人，彼翁羽翼成。”皇甫冉《酬权器》：“徒随群吏不曾闲，顾与诸生为久别。”❽但是。韩愈《李花二首》之二：“静濯明妆有所奉，顾我未肯置齿牙。”张籍《赠姚怤》：“岂无再来期，顾恐非此方。”❾唯独。李益《华阴东泉同张处士诣藏律师兼简县内同官因寄齐中书》：“群材既兼畅，顾我在草泽。”❿姓。唐诗人有顾云。

【顧山人】 顾况。况晚年隐居茅山，炼丹修道，自号华阳山人。《顾华阳集》载明海盐沈孝微叙：“《逸史》称况当求新亭监。监在盐官海濒，后家于县南五十里之横山，有祥寂寺。”按，“当”应作“尝”。刘长卿有《过横山顾山人草堂》。

【顧己】 ❶谓自问。张九龄《临泛东湖》：“羁孤忝邦牧，顾己非时选。”则天皇后《唐明堂乐章·外办将出》：“顾己诚虚薄，空惭驭兆人。”卢纶《秋幕中夜独坐因书即事兼呈同院诸公》：“顾己草同贱，誓心金匪坚。”孟郊《上张徐州》：“顾己诚拙讷，干名已蹉跎。”❷顾惜自己。李昂《赋戚夫人楚舞歌》：“相从顾恩不顾己，何异浮萍寄深水。”杜荀鹤《观棋》：“算人常欲杀，顾己自贪生。”

【顧少府】 （少 shào）永康尉顾逢。项斯有《送顾少府》，一作《送顾逢尉永康》。马戴有《送顾少府之永康》。

【顧正字】 顾云。曾与李昭象、张乔等读书九华山，结为方外友，曾官秘书省校书、虞部员外郎。李昭象有《题顾正字溪居》。

【顧在鎔】 诗人。苏州（今江苏苏州）人。光启二年(886)进士。《全唐诗》卷六六七录其《题玉芝双奉院》等三首。

【顧步】 徘徊自顾，长回首缓行。陆敬《游隋故都》：“洛城聊顾步，长想遂留连。”杜甫《画鹘行》：“吾今意何伤，顾步独纡郁。”卢纶《同耿沣宿陆澧旅舍》：“迎风君顾步，临路我迟回。”崔护《郡斋三月下旬作》：“偃仰卷芳褥，顾步爱新阴。”

【顧見】 看见。高适《自武威赴临洮谒大夫不及因事即事案河西陇右幕下诸公》：“顾见征战归，始知士马豪。”孟郊《列仙文·安度明》：“顾见魏贤安，浊气伤汝和。”

【顧私】 顾念私情。韦应物《自尚书郎出为滁州刺史》：“效愚方此始，顾私岂获并。”元稹《江陵三梦》：“况有官缚束，安能长顾私。”徐铉《赋得霍将军辞第》：“汉将承恩久，图勋肯顾私。”

【顧身】 顾惜自己身体。牟融《有感二首》之一：“诗因韵险难成律，酒为愁多不顾身。”周昙《咏史诗·前汉门·周苛纪信》：“为主坚能不顾身，赴汤蹈火见忠臣。”

【顧况】 诗人。字逋翁，苏州（今江苏苏州市）人。《全唐诗》录其诗四卷。《全唐诗外编》录其《访邱员外丹》一首。

【顧長】 （—cháng）当作“顧萇”。顾苌，顾况从兄。顾况有《哭从兄苌》，皇甫冉有《送顾苌往新安》，刘长卿有《送顾长》。

【顧非熊】 诗人。姑苏（今江苏苏州市）人。顾况之子。屡举不第。会昌五年(845)，武宗闻其诗名，令进所试文章，追榜放进士及第。大中间任盱眙尉，后弃官隐居茅山。《全唐诗》录其诗一卷，七十余首。

【顧虎頭】 晋著名画家顾恺之，乳名虎头。杜甫《题玄武禅师屋壁》：“何年顾虎头，满壁画瀛州。”

【顧尚書】 顾彦朗。光启三年(887)正月，右卫大将军顾彦朗为东顺节度使，见《资治通鉴》卷二五七。《全唐文》卷八四三李茂贞《请再降东川节度使顾彦晖制命表》：“顾彦晖亡兄顾彦朗由是荣颁剑履，显誓山河。”赐剑、曳履，唐人诗中用为尚书故事。罗邺有《上东川顾尚书》。

【顧侍郎】 顾少连。曾官户部侍郎，又权礼部侍郎，知贡举，贞元十年(794)、十四年为主司。戎昱有《下第留辞顾侍郎》。

【顧念】 ❶眷顾思念。白居易《罗子》：“顾念娇啼面，思量老病身。”郑谷《叙事感恩上狄右丞》：“顾念梁间燕，深怜涧底松。”❷犹关照，照顾。赵嘏《别牛郎中门馆》：“整襟收泪别朱门，自料难酬顾念恩。”

【顧兔】 亦作“顧菟”。古代神话谓月中阴精积成兔形。后以为月的代称。李白《上云乐》：“阳乌未出谷，顾兔半藏身。”韩愈《和崔舍人咏月二十韵》：“净堪分顾兔，细得数飘萍。”李商隐《碧城三首》之三：“玉轮顾兔初生魄，铁网珊瑚未有枝。”孙纬《中夜秋思郑延美有作》：“顾兔云初蔽，长蛇谁与勍。”

【顧員外】 顾云。参与修宣、懿、僖三宗实录，书成，加虞部员外郎。李昭象有《寄献山中顾公员外》。

【顧封人】 诗人。咸通中进士。《全唐诗》卷六百录其《月中桂树》。

【顧省】 （—xǐng）顾念反省。袁高《茶山诗》：“顾省忝邦守，又惭复因循。”

【顧眄】 ❶看，回视。张说《岳阳石门墨山二山相连有禅堂观天下绝境》：“两山势争雄，峰巘相顾眄。”李峤《奉使筑朔方六州城率尔而作》：“驱车登崇墉，顾眄凌大荒。”李商隐《李肱所遗画松诗书两纸得四十韵》：“伊人秉兹图，顾眄择所从。”吴筠《游仙二十四首》之二三：“遨嬉无迹赏，顾眄皆真俦。”❷看重，赏识。李颀《寄綦毋三》：“顾眄一过丞相府，风流三接令公香。”❸指看视的目光。杜甫《桔柏渡》：“孤光隐顾眄，游子怅寂寥。”

【顧盼】 ❶向左右或周围看来看去。寒山《诗三百三首》之一六九：“时人皆顾盼，痴爱染心意。”刘禹锡《武夫词》：“家产既不事，顾盼自生光。”柳泌《玉清行》：“顾盼乃须臾，已是数千年。”阎德隐《薛王花烛行》：“楚王宫里能服饰，顾盼倾城复倾国。”❷眷顾，照顾。张谓《寄李侍御》：“价以吹嘘长，恩从顾盼深。”喻坦之《陈情献中丞》：“顾盼身堪教，吹嘘羽觉生。”鱼玄机《寄刘尚书》：“小材多顾盼，得作食鱼人。”钱众仲《贡院楼北新栽小松》：“幸因逢顾盼，生植及兹辰。”❸看得起，礼遇。李白《猛虎行》：“三吴邦伯皆顾盼，四海雄侠两追随。”耿湋《得替后书怀上第五相公》：“谁语恓惶客，偏承顾盼私。”白居易《和答诗十首・答四皓庙》：“从容下南山，顾盼入东闱。”贯休《大蜀高祖潜龙日献陈情偈颂》：“幸蒙顾盼，词暖恩郁。”❹眷顾，爱慕。李白《感时留别从兄徐王延年从弟延陵》：“君王一顾盼，选色献蛾眉。”韩思彦《酬贺遂亮》：“今投欢会面，顾盼尽平生。”杜甫《奉送魏六丈佑少府之交广》：“两情顾盼合，珠碧赠于斯。”

【顧盼間】 （間 jiān）顷刻间。杜甫《义鹘》：“人生许与分，只在顾盼间。”

【顧重】 （—zhòng）顾念重视。李白《赠宣城赵太守悦》：“夔龙一顾重，矫翼凌翔鹓。”

【顧後聲方重】 （重 zhòng）伯乐善相马，骏马得伯乐一顾，便身价十倍。后用为典，谓人受到名人赏识、举荐，便会声价大增。罗隐《春日投钱塘元帅尚父二首》之二：“盐车顾后声方重，火井窥来焰始浮。”

【顧彦先】 晋顾荣，字彦先。曾任尚书郎。韩翃《送蒋员外端公归淮南》：“御史王云贶，郎官顾彦先。”

【顧首】 回首，回头看。张祜《送琼贞发述怀》：“渐遥犹顾首，帆去意难判。”

【顧客】 在服务行业接受服务者。郑嵎《津阳门诗》：“酒家顾客催解装，案前罗列樽与卮。”

【顧陶】 会昌四年(844)进士，官太子校郎。东宫左春坊崇文馆有校书郎二人。刘得仁有《寄春坊顾校书》。

【顧著作】 顾况。况曾任著作郎。包佶有《顾著作宅赋诗》。

【顧推官】 顾彦回。浙西推官。《全唐文》卷八八〇徐铉有《润州丹徒顾彦回可浙西推官制》，徐铉《赠浙西顾推官》。

【顧處士】 ❶顾况。况晚年隐居茅山，炼丹修道，自号华阳真人。皎然有《送顾处士歌》，题下注：“吴兴丘司议之女聓，即况也。”❷顾蟾。齐己有《寄顾蟾处士》和《寄顾处士》。

【顧將軍】 （將 jiāng）指晋著名画家顾恺之，曾任大司马参军。温庭筠《法云寺双桧》：“题处尚寻王内史，画时应是顾将军。”

【顧索】 回过头来索求。晋嵇康临刑前索琴弹《广陵散》。曲终曰：“袁孝尼尝请学此散，吾靳固不与，《广陵散》于今绝矣。”白居易《九年十一月二十一日感事而作》：“顾索素琴应不暇，忆牵黄犬定难追。”

【顧恩】 眷念皇恩。高适《李云南征蛮诗》：“料死不料敌，顾恩宁顾终。”

【顧託】 嘱托，托付。李峤《皇帝上礼抚事述怀》：“配极辉光远，承天顾讬隆。”杜甫《过郭代公故宅》：“俄顷辨尊亲，指挥存顾托。”张籍《新桃行》：“顾讬戏儿童，勿折吾柔柯。”《郊庙歌辞・武后享清庙乐章十首・第八武舞作》：“荷恩承顾讬，执契恭临抚。”

【顧效古】 诗人。《全唐诗逸》卷中录其《送王逸人归海上》断句一联。

【顧眺】 眺望。李绅《忆登栖霞寺峰》：“顾眺匪恣适，旷襟怀卷舒。”

【顧唯】 见“顧惟”。

【顧偉】 诗人。《全唐诗》卷七八二录其《雪夜听猿吟》。

【顧望】 望，放眼眺望。储光羲《同王十三维偶然作十首》之一：“顾望浮云阴，往往误伤苗。”卢肇《汉堤诗》：“酸伤顾望，若践丘墟。”

【顧惟】 亦作“顧唯”。回想，反思。陆坚《奉和圣制送张说上集贤学士赐宴》：“顾惟诚滥吹，徒此接衣簪。”杜甫《自京赴奉先县咏怀五百字》：“顾惟蝼蚁辈，但自求其穴。”白居易《贺雨》：“顾惟眇眇德，遽有巍巍功。”朱庆余《震为苍筤行》：“顾唯竿在手，深水挂赪鳞。”

【顧渚】 山名。在今浙江长兴县西北。唐时其山产茶，享有盛名。杨嗣复《谢寄新茶》：“石上生芽二月中，蒙山顾渚莫争雄。”李群玉《龙山人惠石廪方及团茶》：“顾渚与方山，谁人留品差。”郑谷《宜春再访芳公言公幽斋写怀叙事因赋长言》：“顾渚一瓯春有味，中林话旧亦潸然。”

【顧視】 看，回视。杜甫《韦讽录事宅观曹将军画马图》：“可怜九马争神骏，顾视清高气深稳。”韩愈《赠张籍》：“顾视窗壁间，亲戚竞觇譼。”李绅《灵蛇见少林寺》："琐文结绶灵蛇降，蝼屈螭盘顾视闲。"

【顧終】 指考虑战死。高适《李云南征蛮诗》："料死不料敌，顾恩宁顾终。"

【顧朝陽】 诗人。吴人，玄宗开元间人。尝西入秦，游宦未成，归吴时，李颀作《送顾朝阳还吴》以送行。《全唐诗》卷一二四录其《昭君怨》。

【顧雲】 诗人。字垂象，一字士龙，池州秋浦（今安徽贵池市）人。懿宗咸通十五年（874）登进士第，以试秘书省校书郎入淮南高骈幕，为行营都招讨判官。昭宗大顺中，入朝为太常博士，与陆希声等分修宣、懿、僖三朝实录，书成，加虞部员外郎。《全唐诗》录其诗一卷，八首。《全唐诗外编》录其《咏柳》。

【顧問】 ❶咨询，询问。刘长卿《送王端公入奏上都》："行当蒙顾问，吴楚岁频饥。"李绅《趋翰苑遭诬构四十六韵》："捧日恩光别，抽毫顾问殊。"李中《献徐舍人》："顾问承中旨，丝纶演帝心。"无名氏《摄中郎将作诗》："不见圣明亲顾问，如何得摄汉中郎。"❷存问，慰问。崔颢《结定襄郡狱效陶体》："顾问边塞人，劳情曷云已。"

【顧甄遠】 诗人。《全唐诗》卷七七八录其《惆怅诗九首》。

【顧遇】 礼遇。杜甫《赠韦左丞丈》："岁寒仍顾遇，日暮且踟蹰。"郑谷《叙事感恩上狄右丞》："庾公垂顾遇，王粲许从容。"齐己《荆州寄贯微上人》："旧斋休忆对松关，各在王侯顾遇间。"

【顧愷之】 东晋人。著名画家，曾任大司马参军、散骑常侍，处世有书生气，俗传其有三绝：才绝、画绝、痴绝。皮日休《新秋即事三首》之一："痴号多于顾恺之，更无余事可从知。"

【顧辟疆】 晋吴郡（治所在吴县，今江苏苏州市）人。曾任郡功曹，平北参军。家有名园，池馆林泉之盛，为吴中第一。王献之不拘礼节，擅自闯入，评论好坏，被园主赶出。唐彦谦《红叶》："树异桓宣武，园非顾辟疆。"

【顧敻】 五代词人。蜀人。前蜀王建时，擢茂州刺史。前蜀亡，事后蜀孟知祥，官至太尉。《全唐诗》卷七六〇录其《感秃鹙潜吟》，卷八九四录其《荷叶杯》等词五十五首。

【顧榮扇】 顾荣，东晋将领。广陵相陈敏起兵割据，荣与甘卓等密谋起兵，推翻陈敏。战斗中常挥羽扇指挥军队。李白《江夏寄汉阳辅录事》："长呼结浮云，埋没顾荣扇。"

【顧榮錫炙】 西晋时，顾荣任大将军长史，在宴会上他发现端送烤肉的侍者流露出想吃肉的表情，就主动割下烤肉给他吃。李瀚《蒙求》："顾荣锡炙，田文比饭。"

【顧勳】 ❶顾及功勋。高适《燕歌行》："相看白刃血纷纷，死节从来岂顾勋。"❷顾荣的功绩。骆宾王《宿温城望军营》："投笔怀班业，临戎想顾勋。"参见"顧榮扇"。

【顧慚】 自己回顾，感到惭愧。李白《经乱离后天恩流夜郎忆旧游书怀赠江夏韦太守良宰》："顾惭祢处士，虚对鹦鹉洲。"杜甫《喜晴》："顾惭昧所适，回首白日斜。"权德舆《奉送韦起居老舅百日假满归嵩阳旧居》："顾惭缨上尘，未绝区中缘。"

【顧慕】 眷念，向往。李商隐《戏题枢言草阁三十二韵》："少年苦不久，顾慕良难哉。"李群玉《池州封员外郡斋双鹤丹顶霜翎仙态浮旷罢政之日因呈此章》："顾慕稻粱惠，超遥江海情。"

【顧影】 看自己的影子。有自矜、自负和自愧等意。杜甫《骢马行》："雄姿逸态何崷崒，顾影骄嘶自矜宠。"卢纶《新移北厅因贻同院诸公兼呈畅博士》："华轩迩台座，顾影忝时伦。"长孙佐辅《关山月》："今宵照独立，顾影自茕茕。"杜牧《寓言》："暖风迟日柳初含，顾影看身又自惭。"

【顧瞻】 ❶环视。刘禹锡《和牛相公南溪醉歌见寄》："相形面势默指画，言下变化随顾瞻。"李绅《过吴门二十四韵》："顾瞻殊宿昔，语默过悲忧。"❷关照。韩愈《苦寒》："天王哀无辜，惠我下顾瞻。"

【顧廬】 三国蜀刘备三顾诸葛亮茅庐向诸葛亮咨询当时天下大势。后作为访贤之典。李瀚《蒙求》："葛亮顾庐，韩信升坛。"

【顧顧】 不停地顾视。孟郊《送郑仆射出节山南》："顾顾磨天路，袅袅镜下颜。"

【顧屬】 （—zhǔ）顾视自身。李华《云母泉诗》序："公自清江至武陵，道路多虞，制书不至。华溯江而西，次于岳阳，江山延望，日夕相顾属。"

【顧戀】 顾念留恋。白居易《逸老》："去何有顾恋，住亦无忧恼。"

十三画

顫 〔chàn，又读 zhàn《广韵》之膳切，去線，章。〕本指身体颤动。引申指物体震动。元稹《台中鞫狱忆开元观旧事四十韵》："愁吟心骨颤，寒卧支体瘰。"韩偓《忍笑》："水精鹦鹉钗头颤，举袂佯羞忍笑时。"

十四画

顯 〔xiǎn《广韵》呼典切，上銑，曉。〕❶明，光明。见"顯敞"。❷显，显现。钱起《仲春晚寻覆釜山》："萦回必中路，阴晦阳复显。"❸显示。

白居易《新乐府》序："篇无定句，句无定字，系于意，不系于文，首句标其目，卒章显其志。"❹显赫。杜甫《送重表侄王砯评事使海南》："尔祖未显时，归为尚书妇。"张蠙《别郑仁表》："春雷醉别镜湖边，官显才狂正少年。"赵光逢《梁郊祀乐章·庆和》："帝业显，王道夷。"❺显扬。张祜《梦李白》："振振二雅兴，重显此人词。"

【顯此】　谓臣以光明正大之道辅佐其君。元希声《赠皇甫侍御赴都八首》："显此元明，于斯备矣。"

【顯功】　显赫的功勋。张祜《投陈许崔尚书二十韵》："东土承殊渥，南方著显功。"

【顯位】　显赫的官位。则天皇后《制袍字赐狄仁杰》："升显位，励相臣。"

【顯重】　显贵重要之官位。郑谷《故少师从翁隐岩别墅乱后榛芜感旧怆怀遂有追纪》："周旋居显重，内外掌丝纶。"

【顯效】　明显的功效。罗隐《自贻》："纵无显效亦藏拙，若有所成甘守株。"

【顯晦】　❶显露和隐晦。杜甫《天河》："常时任显晦，秋至辄分明。"又《万丈潭》："青溪合冥莫，神物有显晦。"❷喻出仕或隐逸。卢纶《和李中丞酬万年房署少府过汾州景云观因以寄上房与李早年同居此观》："显晦澹无迹，贤哉常晏如。"白居易《和答诗十首·答四皓庙》："随时有显晦，秉道无磷缁。"皮日休《追和虎丘寺清远道士诗》："显晦虽不同，兹吟粗堪赞。"又《酒中十咏·酒乡》："有事忘哀乐，有时忘显晦。"

【顯報】　佛教语。明显的因果报应。罗隐《寄大理徐郎中》："事虽忘显报，理合有阴功。"

【顯達】　显赫闻达。亦指显赫闻达的名声、地位等。罗隐《寄酬邺王罗令公五首》之五："长笑应刘悲显达，每嫌伊霍少诗篇。"孙元晏《咏史诗·齐·何氏小山》："显达何曾肯系心，筑居郊外好园林。"

【顯揚】　❶弘扬，彰扬。寒山《诗三百三首》之一七二："显扬一代教，作时如来使。"❷谓隆重的恩宠。钱弘俶《感皇子远降见迎》："千年遭遇覲真王，敢望青宫赐显扬。"

【顯敞】　明亮宽敞。于瓌《和绵州于中丞登越王楼作二首》之一："显敞含清暑，岚光入素秋。"

【顯瑞】　❶显示祥瑞。吴越王钱镠《石镜山》："未能显瑞披榛莽，盖为平凶有岁年。"❷吉兆。薛能《黄河》："显瑞龟曾出，阴灵伯固存。"

【顯榮】　显赫荣耀。司空图《白菊三首》之二："自古诗人少显荣，逃名何用更题名。"

【顯慶】　高宗李治年号(656—660)。杜甫《越王楼歌》："绵州州府何磊落，显庆年中越王作。"

【顯劇】　谓显赫有威势者。韩愈《感春三首》之三："左右同来人，金紫贵显剧。"

【顯戮】　明正典刑，陈尸示众。李商隐《故番禺侯以赃罪致不辜事觉母者他日过其门》："杀人须显戮，谁举汉三章。"

【顯濟閣】　台阁名。在今江苏镇江市。韦庄有《润州显济阁晓望》。

【顯豁】　显明而通达。杜牧《赴京初入汴口晓景即事先寄兵部李郎中》："唯有君子心，显豁知幽抱。"

十五画

顰　〔pín《广韵》符真切，平真，並。〕❶皱眉。李白《怨情》："美人卷珠帘，深坐顰蛾眉。"刘长卿《春望寄王涔阳》："清明别后雨晴时，极浦空顰一望眉。"武元衡《赠歌人》："曾逐使君歌舞地，清声长啸翠眉顰。"李群玉《寄短书歌》："三年音信凝顰外，一曲哀歌白发生。"❷谓忧愁。骆宾王《畴昔篇》："昨夜琴声奏悲调，旭旦含顰不成笑。"

【顰眉】　皱眉。汪遵《铜雀台》："不知仙驾归何处，徒遣顰眉望汉宫。"唐彦谦《东韦曲野思》："淡雾轻云匝四垂，绿塘秋望独顰眉。"韩偓《春闷偶成十二韵》："格高归敛笑，歌怨在顰眉。"王玄《听琴》："拂尘开按匣，何事独顰眉。"

【顰蛾】　皱眉。借指美女。权德舆《广陵诗》："喷玉光照地，顰蛾价倾城。"又《建除诗》："破胆销丹浦，顰蛾舞绿珠。"

十六画

顱　〔lú《广韵》落胡切，平模，來。〕头，头颅。喻指事物顶端。陆龟蒙《渔具诗·沪》："千颅咽云上，过半随潮落。"

【顱骨】　头骨。白居易《游悟真寺诗》："颅骨今不见，石函尚存焉。"可止《赠樊川长老》："瘦颜颅骨见，满面雪毫垂。"

風 部

風[1] 〔fēng《广韵》方戎切，平東，非。〕❶跟地面大致平行的空气流动，由气压分布不均匀而造成。魏征《五郊乐章·肃和》："气调四序，风和万籁。"杜甫《水槛遣心二首》之一："细雨鱼儿出，微风燕子斜。"李商隐《韩碑》："腰悬相印作都统，阴风惨淡天王旗。"刘沧《游上方石窟寺》："几来吟啸立朱槛，风起天香处处闻。"❷风俗，风气。孟浩然《送贾升主簿之荆府》："观风随按察，乘骑度荆关。"韦应物《答故人见谕》："时风重书札，物情敦货遗。"白居易《旅次华州赠袁右丞》："爱此一郡人，如见太古风。"赵嘏《淮信贺滕迈台州》："凋瘵民思太古风，上贤绥辑副宸衷。"❸风貌，节操。王维《送秘书晁监还日本国》序："海东国，日本为大，服圣人之训，有君子之风。"韦应物《与村老对饮》："鬓眉雪色犹嗜酒，言辞淳朴古人风。"朱庆余《和刘补阙秋园寓兴之什十首》之十："无穷林下意，真得古人风。"皮日休《皋桥》："皋桥依旧绿杨中，闾里犹生隐士风。"❹风仪，风度。高适《送郭处士往莱芜兼寄苟山人》："少年词赋皆可听，秀眉白面风清泠。"叶季良《省试吴宫教美人战》："尽出娇娥妓，先观上将风。"李商隐《少将》："族亚齐安陆，风高汉武威。"❺风教，教化。明皇《早登太行山中言志》："宣风问耆艾，敦俗劝耕桑。"❻《诗》之六义之一。即《诗》中《国风》这一部分。《诗序》："故诗有六义焉，一曰风，二曰赋，三曰比，四曰兴，五曰雅，六曰颂。"丘光庭《补新宫》序："其诗有风焉，周、召南是也。"❼中医指中风、痛风之类的病症。杜甫《驱竖子摘苍耳》："卷耳况疗风，童儿且时摘。"元稹《感梦》："何不善和疗，岂独头有风。"白居易《老病幽独偶吟所怀》："眼渐昏昏耳渐聋，满头霜雪半身风。"韩偓《又一绝请为申达京洛亲交知余病废》："鬓惹新霜耳旧聋，眼昏腰曲四肢风。"❽疯癫。见"風顛"。❾谓畜类雌雄相诱。见《书·费誓》。李白《登金陵冶城西北谢安墩》："胡马风汉草，天骄蹙中原。"

風[2] 〔fèng《广韵》方鳳切，去送，非。〕教育，感化。见《诗·周南·关雎序》。无名氏《国学新修五经壁歌》序："由京师而风天下，覃及九译，咸知宗师。"

【風乙】 谓风中之燕。韩愈、孟郊《城南联句》："陶暄逐风乙，跃视舞晴蜻。"

【風人】 ❶指古代采集民歌风俗以观民风或政治得失的官吏。皮日休《杂体诗》序："古有采诗官，命之曰风人。"❷民歌民谣的作者。皮日休《杂体诗》序："'围棋烧败絮，着子故依然'，由是风人之作兴焉。"又《鲁望昨以五百言见贻因成一千言上述吾唐文物之盛次叙相得之欢亦迭和之微旨也》："采彼风人谣，辀轩轻似鹳。"❸诗人。白居易《有木诗八首》序："因引风人骚人之兴，赋《有木》八章。"

【風人體】 古代民歌的一种体裁。曹邺有《风人体》。

【風入松】 古代琴曲名。相传为晋嵇康所制。王昌龄有《听弹风入松阕赠杨补阙》。

【風力】 风的力量。李商隐《槿花二首》之一："燕体伤风力，鸡香积露文。"裴说《过洞庭湖》："浪高风力大，挂席亦言迟。"皮日休《太湖诗·上真观》："自觉有真气，恐随风力扌专。"陆龟蒙《顷自桐江得一钓车因出以为玩俄辱三篇复抒酬答》之二："细辗烟华无辙迹，静含风力有车音。"

【風土】 ❶本指一方的气候和土地。后泛称一方的风俗习惯和地理环境。杜审言《赠崔融二十韵》："云天断书札，风土异炎凉。"耿湋《送海州卢录事》："之官逢计吏，风土问如何。"白居易《池上篇》序："都城风土水木之胜，在东南偏。"许彬《送新罗客归》："风土难知教，程途自致贫。"❷风刮起的尘土。李商隐有《东下三旬苦于风土马上戏作》。

【風口】 因无遮挡而风较大之处。张说《同赵侍御乾湖作》："欹帆侧舵弄风口，赴险临深绕湾浦。"詹敦仁《柳堤诗》序："虽盛夏溽暑，白扇可置，风口是快。"

【風日】 ❶风和日。多指风和日丽之日。张说《岳州作》："山川临洞穴，风日望长沙。"王维《晦日游大理韦卿城南别业各六韵》之三："风日畅怀抱，山川多秀气。"白居易《杂兴三首》之二："风日燥水田，水涸尘飞起。"唐彦谦《九日游中溪》："何知是节序，风日自清妥。"❷谓天气、气候。李白《宫中行乐词八首》之八："今朝风日好，宜入未央游。"又《拟古十二首》之五："今日风日好，明日恐不如。"❸风光，风景。张九龄《九月九日登龙山》："清明风日好，历落江山望。"王维《汉江临泛》："襄阳好风日，留醉与山翁。"杜审言

《春日京中有怀》:“寄语洛城风日道,明年春色倍还人。”刘长卿《过李军将南郑林园观妓》:“郊原风日好,百舌弄何频。”

【風天】 刮风的天空。杜荀鹤《冬末投长沙裴侍郎》:“吹梦风天角,啼愁雪岳猿。”齐己《闻雁》:“影断风天月,声孤荻岸霜。”

【風水】 ❶风和水,或风和雨。孟浩然《赵中逢天台太乙子》:“问余涉风水,何处远行迈。”李涉《寄河阳从事杨潜》:“回舟偶得风水便,烟帆数夕归潇湘。”李绅《寿阳罢郡日·发寿阳分司敕到又遇新正感怀书事》:“渐喜雪霜消解尽,得随风水到天津。”张曙《下第戏状元崔昭纬》:“千里江山陪骥尾,五更风水失龙鳞。”❷犹言风景。李绅《移九江》:“楚客喜风水,秦人悲异乡。”李郢《试日上主司侍郎》之一:“可惜龙门好风水,何人一为整鳞鬐。”李频《送新安少府》:“南浮虽六月,风水已秋凉。”

【風毛】 谓鸟之羽毛随风飘散。李百药《渡汉江》:“樯乌转轻翼,戏鸟落风毛。”韩愈《春雪》:“江浪迎涛日,风毛纵猎朝。”许浑《鸿鹕》:“雨顶冠应冷,风毛剑欲飘。”

【風化】 ❶风教,教化。戎昱《赠韦况征君》:“今日巢由旧冠带,圣朝风化胜尧时。”卢纶《题杨虢县竹亭》:“家训资风化,心源隐政能。”鲍溶《送罗侍御归西台》:“此举关风化,谁云别恨劳。”朱庆余《上宣州沈大夫》:“今日得游风化地,却回沧海有光辉。”❷风俗,风气。明皇《端午三殿宴群臣探得神字》:“股肱良足咏,风化可还淳。”德宗《九月十八赐百僚追赏因书所怀》:“庶敦朝野意,永使风化清。”李白《赠闾丘宿松》:“剖竹十日间,一朝风化清。”又《送鲁郡刘长史迁弘农长史》:“及此留惠爱,庶几风化淳。”

【風$_2$化】 教育感化。卢照邻《中和乐九章·歌中宫第五》:“河洲在咏,风化攸归。”刘禹锡《赴苏州酬别乐天》:“二南风化承遗爱,八咏声名蹑后尘。”

【風月】 ❶清风明月。泛称美好的景象。崔融《留别杜审言并呈洛中旧游》:“故人从此隔,风月坐悠悠。”钱起《送褚大落第东归》:“剡中风月久相忆,池上旧游应再得。”白居易《五年秋病后独宿香山寺三绝句》之二:“从此香山风月夜,只应长是一身来。”刘昭禹《赠惠律大师》:“风月资吟笔,杉篁笼静居。”❷指男女情事。唐彦谦《离鸾》:“尘埃一别杨朱路,风月三年宋玉墙。”韦庄《古离别》:“一生风月供惆怅,到处烟花恨别离。”

【風文】 因风吹而形成的水波纹。李百药《和许侍郎游昆明池》:“浪花开已合,风文直且连。”元万顷《奉和春日池台》:“日影飞花殿,风文积草池。”皎然《九日陪颜使君真卿登水楼》:“风文向水叠,云态拥歌回。”

【風火】 ❶风与火。李白《与元丹丘方城寺谈玄作》:“腾转风火来,假合作容貌。”❷形容急速。李华《杂诗六首》之六:“奔车得停轨,风火何相逼。”杜甫《戏作花卿歌》:“用如快鹘风火生,见贼唯多身始轻。”

【風火性】 急如风火的性格。王梵志《诗》八七:“莫随风火性,参差误煞人。”

【風生】 起风。李白《安州般若寺水阁纳凉喜遇薛员外乂》:“水退池上热,风生松下凉。”刘长卿《瓜洲驿奉饯张侍御公拜膳部郎中》:“风生趋府步,笔偃触邪冠。”常衮《题金吾郭将军石洑茅堂》:“草奏风生笔,筵开雪满琴。”白居易《池上作》:“西溪风生竹森森,南潭萍开水沉沉。”

【風丘】 山名。卢照邻《中和乐九章·歌东军第三》:“风丘拂箨,日域清尘。”

【風母】 传说中的神兽名。皮日休《送羊振文先辈往桂阳归觐》:“竹人临水迎符节,风母穿云避信旗。”自注:“桂阳山中有风母兽,击杀,见风辄活。”

【風光】 ❶风及草木上反射出的日光。元稹《景申秋八首》之七:“雨柳枝枝弱,风光片片斜。”陈璀、裴杞、陈祐、吴秘、张复元等均有《风光草际浮》。❷风景,景色。张谓《湖上对酒行》:“风光若此人不醉,参差辜负东园花。”卢纶《春日喜雨奉和马侍中宴白楼》:“艳艳风光呈瑞岁,泠泠歌颂振雕盘。”白居易《天宫阁早春》:“可惜三川虚作主,风光不属白头人。”李郢《阳羡春歌》:“风光何处最可怜,邵家高楼白日边。”❸指繁华景象。李咸用《同友人秋日登庾楼》:“六代风光无问处,九条烟水但凝愁。”❹光景,景象。白居易《晚归早出》:“筋力年年减,风光日日新。”赵嘏《八月二十九日宿怀》:“无奈风光易流转,强须倾酒一杯觞。”李九龄《上清辞五首》之五:“群仙个个来相问,人世风光似此无。”❺指文采。元稹《寄旧诗与薛涛因成长句》:“诗篇调态人皆有,细腻风光我独知。”

【風帆】 船帆。亦借扬帆之船。杜甫《魏将军歌》:“五年起家列霜戟,一日过海收风帆。”李德裕《述梦诗四十韵》:“水国逾千里,风帆过万艘。”雍陶《送客不及》:“遥遥已失风帆影,半日虚销指点云。”齐己《送东林寺睦公往吴国》:“八月江行好,风帆日夜飘。”

【風后】 相传为黄帝臣。借指帝王身边的重臣。卢僎《奉和李令扈从温泉宫赐游骊山韦侍郎别业》:“风后轩皇佐,云峰谢客居。”杜甫《可叹》:“吾辈碌碌饱饭行,风后力牧长回首。”元稹《有酒十章》之七:“呜呼!风后力牧得亲见,我可奈何兮又进一杯除健羡。”舒元舆《桥山怀古》:“知勇神天不自大,风后力牧输长筹。”

【風行】 (—xíng)谓德化广被。李绅《到宣武三十韵》："及郊知雨过，观俗辨风行。"

【風色】 ❶即风。郭震《子夜四时歌六首·春歌》："青楼含日光，绿池起风色。"李白《庐山谣寄卢侍御虚舟》："黄云万里动风色，白波九道流雪山。"元稹《酬复言郡斋感怀见寄》："苦思正旦酬白雪，闲观风色动青旗。"贾岛《送杜秀才东游》："大河风色度，旷野烧烟残。"❷风向，风势。李益《长干行》："嫁与长干人，沙头候风色。"刘沧《江城晚望》："静听潮声寒木杪，远看风色暮帆舒。"韩偓《江行》："舟人偶语忧风色，行客无聊罢昼眠。"❸风景，风光。卢照邻《至陈仓晓晴望京邑》："今朝好风色，延瞰极天庄。"施肩吾《及第后过扬子江》："江神也世情，为我风色好。"温庭筠《西州词》："西州风色好，遥见武昌楼。"又《寄裴生乞钓钩》："今日太湖风色好，却将诗句乞鱼钩。"

【風池】 指聚风之处。北周庾信《奉报赵王惠酒》诗："风池还更暖，寒谷遂成暄。"杜牧《鸡鹊》："日翅闲张锦，风池去罥罗。"

【風花】 ❶风中之花。卢照邻《横吹曲辞·折杨柳》："露叶疑啼脸，风花乱舞衣。"万齐融《赠别江头》："江上风花晚，君行定几千。"白居易《失婢》："笼鸟无常主，风花不恋枝。"许浑《春日题韦曲野老村舍二首》之二："烟草近沟湿，风花临路香。"❷指用华丽辞藻状写风花等景物的诗文。白居易《答故人》："读书未百卷，信口嘲风花。"

【風車雨馬】 指神灵的车马。李商隐《燕台四首·冬》："风车雨马不持去，蜡烛啼红怨天曙。"

【風吹雨打】 遭受风雨的吹打。陆希声《阳羡杂咏十九首·李径》："一径秾芳万蕊攒，风吹雨打未摧残。"

【風伯】 神话中的风神。即飞廉。储光羲《祭风伯坛应张太祝作》："将修风伯祀，更福太平人。"白居易《早祭风伯因怀李十一舍人》："夙兴祭风伯，天气晓冥冥。"黄滔《闰八月》："唯恐雨师风伯意，至时还夺上楼天。"王周《岳州众湖阻风二首》之一："风伯如何解回怒，数宵樯倚碧芦烟。"

【風沙】 亦作"風砂"。风和被风卷起的尘土。李白《古风》之十四："胡关饶风沙，萧索竟终古。"卢纶《送刘判官赴丰州》："衔杯吹急管，满眼起风砂。"张祜《破阵乐》："秋风四面足风沙，塞外征人暂别家。"许棠《宿同州厉评事旧业寄华下》："地近风沙处，城当甸服间。"

【風災】 因暴风所造成的灾害。白居易《病中诗十五首·答闲上人来问因何风疾》："欲界凡夫何足道，四禅天始免风灾。"自注："色界四天，初禅具三灾，二禅无火灾，三禅无水灾，四禅无风灾。"

【風長】 （—cháng）即风。王昌龄《留别伊阙张少府郭大都尉》："日晚劝趣别，风长云逐开。"辨才《设缸面酒款萧翼探得来字》："夜久孤琴思，风长旅雁哀。"

【風枝】 ❶风中的树枝或竹枝。戴叔伦《客夜与故人偶集》："风枝惊暗鹊，霜草覆寒蛩。"白居易《酬梦得暮秋晴夜对月相忆》："露叶团荒菊，风枝落病梨。"张蠙《新竹》："何用高唐峡，风枝扫月明。"伏牛上人《三伤颂》之二："身随露叶低，影逐风枝袅。"❷喻父母双亡，不能奉养。则天皇后《从驾幸少林寺》："风枝不可静，泣血竟何追。"

【風雨】 ❶风和雨。白居易《凶宅》："风雨坏檐隙，蛇鼠穿墙墉。"于武陵《劝酒》："花发多风雨，人生足别离。"韩偓《金陵》："风雨萧萧，石头城下木兰桡。"黄滔《落花》："一一旋成泥，日暮有风雨。"❷形容来势猛烈。高适《燕歌行》："山川萧条极边土，胡骑凭陵杂风雨。"❸喻逆境。韩愈《秋字》："荣华今异路，风雨昔同忧。"

【風虎】 指相互感应或关联的事物。李白《胡无人》："云龙风虎尽交回，太白入月敌可摧。"张祜《戊午年感事二百韵》："揭袖从风虎，弹冠仰露蝉。"

【風尚】 谓文学作品的风格。温庭筠有《秘书省有贺监知章草题诗笔力遒健风尚高远寻玩因此有作》。

【風味】 ❶风采。杜甫《八哀诗·赠太子太师汝阳郡王琎》："温温昔风味，少壮已书绅。"权德舆《户部王曹长杨考功崔刑部二院长并同钟陵使府之旧因书所怀且叙所知》："子猷美风味，左户推公器。"❷风景。孟郊《送淡公》之八："风味我遥忆，新奇师独攀。"❸兴趣。李建勋《梅花寄所亲》："老夫多病无风味，只向尊前咏旧诗。"❹蕴涵，趣味。齐己《寄谢高先辈见寄二首》之二："前贤多此得，风味若为传。"

【風和日暖】 风柔和日光温暖。形容天气好。无名氏《风骚旨格》："风和日暖方开眼，雨润烟浓不举头。"

【風佩】 风中摇动的玉佩。骆宾王《在江南赠宋五之问》："露金熏菊岸，风佩摇兰坂。"

【風物】 ❶风光景物。张九龄《高斋闲望言怀》："风物动归思，烟林生远愁。"韩翃《同题仙游观》："仙台下见五城楼，风物凄凄宿雨收。"朱庆余《和刘补阙秋园寓兴之什十首》之十："风物已萧飒，晚烟生霁容。"崔涂《牛渚夜泊》："无因逢谢尚，风物自凄清。"❷谓风俗人情。刘禹锡《和窦中丞晚入容江作》："分圻辨风物，入境闻讴谣。"

【風采】 亦作"風彩"。❶风度，神采。韩愈《赠别元十八协律六首》之三："寤寐想风采，于今已三年。"白居易《早春闻提壶鸟因题邻家》："进士粗豪寻静尽，拾遗风采近都无。”❷风流文采，风光。李贺《梁公子》：“风彩出萧家，本是菖蒲花。”庾传素《木兰花》词：“是何芍药争风彩，自共牡丹长作对。”❸谓技艺。李白《白马篇》：“酒后竞风采，三杯弄宝刀。”

【風波】 ❶风浪。李白《横江词六首》之二：“横江欲渡风波恶，一水牵愁万里长。”杜甫《梦李白二首》之二：“江湖多风波，舟楫恐失坠。”白居易《想东游五十韵》：“坐有湖山趣，行无风浪忧。”韦庄《洪州送僧游福建》：“八月风波似鼓鼙，可堪波上各东西。”❷喻社会动荡、纠纷。元稹《酬周从事望海亭见寄》：“不辞狂复醉，人世有风波。”白居易《闻李六景俭自河东令授唐邓行军司马以诗贺之》：“谁能淮上静风波，闻道河东应此科。”鲍溶《行路难》：“人宫见妒君不察，暮入此地生风波。”杜荀鹤《将过湖南经马当山庙因书三绝》之二：“只怕马当山下水，不知平地有风波。”❸谓动荡不定或辛勤劳苦。吴筠《高士咏·汉阴丈人》：“已为风波人，怅惘失所依。”

【風門】 风之出入处。杜甫《热三首》之二：“想见阴宫雪，风门飒踏开。”

【風弦】 亦作“風絃”。指风吹物体发声。白居易《琴》：“何烦故挥弄，风弦自有声。”李商隐《令狐舍人说昨夜西掖玩月因戏赠》：“露索秦宫井，风絃汉殿筝。”

【風胡】 即风胡子。人名。春秋时越国之精于识剑和铸剑者。崔融《咏宝剑》：“欲知天下贵，持此问风胡。”李白《古风》之十六：“风胡灭已久，所以潜其锋。”元稹《说剑》：“既非古风胡，无乃近鸦九。”裴夷直《观淬龙泉剑》：“欧冶将成器，风胡幸见逢。”卢士衡《钟陵铁柱》：“安得风胡借方便，铸成神剑斩鲸鲵。”

【風柳】 风中柳枝。李商隐《汴上送李郢之苏州》：“露桃涂颊依苔井，风柳夸腰住水村。”马戴《早发故园》：“风柳条多折，沙云气尽黄。”

【風威】 ❶风之威力。杨思玄《奉和圣制过温汤》：“风威肃文卫，日彩镜雕舆。”杜甫《夜》：“绝岸风威动，寒房烛影微。”张祜《观楚州韦舍人新筑河堤兼建两闾门》：“一冬霜意先黄叶，两路风威动翠旌。”❷威风。储光羲《晚次东亭献郑州宋使君文》：“铁柱励风威，锦轴含光辉。”无名氏《灵响词》之二：“神灵斥众恶，与我作风威。”❸谓教化的威力。许棠《讲德陈情上淮南李仆射八首》之三：“风威遍布江山静，教化高同日月明。”

【風砂】 见“風沙”。

【風骨】 ❶人的骨骼、容貌等。李白《上云乐》：“巉岩容仪，戌削风骨。”李端《赠何兆》：“文章似扬马，风骨又清羸。”白居易《哭微之二首》之二：“文章卓荦生无敌，风骨英灵殁有神。”齐己《题东林十八贤真堂》：“白藕花前旧影堂，刘雷风骨画龙章。”❷指人的风度、性格、品质等。高适《答侯少府》：“性灵出万象，风骨超常伦。”韩愈《赠张籍》：“吾爱其风骨，粹美无可拣。”孟郊《严河南》：“赤令风骨峭，语言清霜寒。”李涉《岳阳别张祜》：“爱君气坚风骨峭，文章真把江淹笑。”❸古典文艺理论术语。意谓端直的言辞和骏爽的意气统一组合便成为文章的风骨。陈子昂《修竹篇》序：“汉魏风骨，晋宋莫传。”亦泛称文学作品刚健遒劲的格调。贾岛《投张太祝》：“风骨高更老，向春初阳葩。”

【風竿】 风中的竹子。魏求已《自御史左授山阳丞》：“风竿一眇邈，月树几裴回。”李峤《乌》：“联翩依月树，迢递绕风竿。”

【風笈】 旧称书箱。唐彦谦《题宗人故帖》：“所忠无处访相如，风笈尘编迹尚余。”

【風便】 （—biàn）顺风。罗隐《秋日有寄姑苏曹使君》：“水寒不见双鱼信，风便唯闻五袴讴。”

【風俗】 风气、习俗。李泌《奉和圣制中和节曲江宴百僚》：“风俗时有变，中和节惟新。”高适《留上李右相》：“风俗登淳古，君臣挹大庭。”李绅《宿扬州》：“今日市朝风俗变，不须开口问迷楼。”许棠《讲德陈情上淮南李仆射八首》之一：“梁城东下虽经战，风俗犹传守旧规。”

【風信】 按季节来的风。张继《江上送客游庐山》：“晚来风信好，并发上江船。”元稹《遭风二十韵》：“湘南贾伴乘风信，夏口篙工厄溯洄。”司空图《江行二首》之二：“初程风信好，回望失津楼。”许彬《归山夜发湖中》：“广泽去无边，夜程风信偏。”

【風泉】 风中泉水声。张九龄《始兴南山下有林泉荆州卧病有怀此地》：“萝茑自为幄，风泉何必琴。”孟浩然《宿业师山房期丁大不至》：“松月生夜凉，风泉满清听。”武元衡《元和癸巳题石门洞》：“鸟道青冥外，风泉洞壑间。”朱景玄《溪东岑望天都山》：“风泉雪霜飞，云树琼玉林。”

【風律】 音律。陈标《焦桐树》：“若使琢磨徽白玉，便来风律轸青瑶。”

【風亭】 亭子，凉亭。宋之问《旅宿淮阳亭口号》：“日暮风亭上，悠悠旅思多。”温庭筠《题友人池亭》：“月榭风亭绕曲池，粉垣回互瓦参差。”徐铉《陶使君挽歌二首》之二：“铃阁朝犹闭，风亭日已荒。”王周《无题二首》之一：“冰雪肌肤力不胜，落花飞絮绕风亭。”

【風度】 ❶人的仪表、神态等。皮日休《送董少卿游茅山》：“名卿风度足杓斜，一舸闲寻二许家。”皮日休又有《鲁望示广文先生因追想山中风度次韵属和》。❷风吹拂过。顾非熊《出塞即事二首》之一：“河上月沉鸿雁起，碛中风度犬羊膻。”陆龟蒙《松江秋书》:“风度野烟侵醉帽,雨来秋浪溅吟衣。”张友正《春草凝露》:“日临残未滴,风度欲成津。”慧净《和琳法师初春法集之作》:“尘飞扬雅梵,风度引疏钟。”

【風前月下】 风轻月明之夜。谓良辰美景。刘禹锡《洛中逢白监同话游梁之乐因寄宣武令狐相公》:“借问风前兼月下,不知何客对胡床。”白居易《老夫》:“风前月下花园里,处处唯残个老夫。”赵嘏《十无诗寄桂府杨中丞》之五:“初筵尽辟知名士,许到风前月下无。”

【風前燭】 亦作“風裏燭”。因风中蜡烛易灭。故比喻残年。白居易《归田三首》之三:“况吾行欲老,瞥若风前烛。”亦喻生命无常,随时可能消失。白居易《夭老》:“早世身如风里烛,暮年发似镜中丝。”

【風姿】 风度仪态。权德舆《送崔端公郎君入京觐省》:“已见风姿美,仍闻艺业勤。”白居易《刘苏州以华亭一鹤远寄以诗谢之》:“老鹤风姿异,衰翁诗思深。”温庭筠《春暮宴罢寄宋寿先辈》:“苏小风姿迷下蔡,马卿才调似临邛。”孙元晏《卫玠》:“叔宝羊车海内稀,山家女婿好风姿。”

【風神】 风采、神态等。明皇《左丞相说右丞相璟太子少傅乾曜同日上官命宴东堂赐诗》:“子房推道要,仲子讶风神。”刘长卿《送薛据宰涉县》:“故人河山秀,独立风神异。”王建《朝天词十首寄上魏博田侍中》之九:“有诏别图书阁上,先教粉本定风神。”郑谷《寄左省韦起居序》:“风神何蕴藉,张绪正当年。”

【風袂】 随风飘舞的衣袖。白居易《和微之诗二十三首·和寄乐天》:“风袂去时挥,云帆望中失。”

【風馬】 ❶快速如风的马,神马。霍总《郡楼望九华歌》:“玉浆瑶草不可见,自有神仙风马来。”❷以马喻风。李绅《新楼诗二十首·灵汜桥》:“能促岁阴惟白发,巧乘风马是春光。”

【風起】 起风,风刮起来。杜甫《船下夔州郭宿雨湿不得上岸别王十二判官》:“风起春灯乱,江鸣夜雨悬。”曹邺《四望楼》:“风起洛阳东,香过洛阳西。”

【風荷】 风中的莲花或莲叶。元稹《和李校书新题乐府十二首·上阳白发人》:“月夜闲闻洛水声,秋池暗度风荷气。”白居易《南塘暝兴》:“风荷摇破扇,波月动连珠。”李群玉《池塘晚景》:“风荷珠露倾,惊起睡鸡鹕。”

【風埃】 被风吹起的尘土。温庭筠《病中书怀呈友人》:“凛冽风埃惨,萧条草木枯。”吴融《长安逢故人》:“如何不归去,霜鬓共风埃。”李昭象《寄献山中顾公员外》:“深惭未副吹嘘力,竟困风埃争奈何。”

【風華】 风采才华。温庭筠《中书令裴公挽歌词二首》之一:“王俭风华首,萧何社稷臣。”又《病中书怀呈友人》:“风华飘领袖,诗礼拜衾绣。”孙元晏《咏史诗·晋·谢混》:“可怜谢混风华在,千古翻传禁脔名。”

【風格】 ❶风度,仪态。李群玉《同郑相并歌姬小饮戏赠》:“风格只应天上有,歌声岂合世间闻。”风格,一作貌态。❷品格,品质。齐己《还黄平素秀才卷》:“如君好风格,自可继前贤。”周渭《赠龙兴观主吴崇岳》:“混俗性灵常乐道,出尘风格早休粮。”廖融《退宫妓》:“神仙风格本难俦,曾从前皇翠辇游。”❸文学作品的格调。杜甫《苏端薛复筵简薛华醉歌》:“坐中薛华善醉歌,歌辞自作风格老。”

【風帶】 衣裙上的飘带。谢偃《踏歌词三首》之二:“风带舒还卷,簪花举复低。”

【風烈】 风教德业。曹松《南朝》:“三篱盖驰道,风烈一无取。”

【風眩】 眩晕,头晕目眩。白居易《眼病二首》之一:“僧说客尘来眼界,医言风眩在肝家。”又《达哉乐天行》:“吾今已年七十一,眼昏须白头风眩。”

【風氣】 ❶即风。韩愈《南山诗》:“空虚寒兢兢,风气较搜漱。”白居易《太湖石》:“风气通岩穴,苔文护洞门。”❷风景。白居易《早春持斋答皇甫十见赠》:“正月晴和风气新,纷纷已有醉游人。”气,一作景。❸病名。即风湿病。高适《途中酬李少府赠别之作》:“日来知自强,风气殊未痊。”

【風條】 谓风飘起的衣带。韩愈《苦寒》:“日萼行铄铄,风条坐襜襜。”

【風候】 ❶风物气候。杜审言《旅寓安南》:“交趾殊风候,寒迟暖复催。”常衮《题漳浦驿》:“风候已应同岭北,云山仍喜似终南。”李益《送诸暨王主簿之任》:“远宦一辞乡,南天异风候。”亦偏指气候。岑参《送蒲秀才擢第归蜀》:“向南风候暖,腊月见春辉。”白居易《桐花》:“风候一参差,荣枯遂乖剌。”又《秋热》:“西江风候接南威,暑气常多秋气微。”❷时令,节候。刘禹锡《步出武陵东亭临江寓望》:“鹰至感风候,霜余变林麓。”

【風射】 言风劲吹。沈佺期《奉和立春游苑迎春》:“风射蛟冰千片断,气冲鱼钥九关开。”曹唐《送康祭酒赴轮台》:“霜粘海眼旗声冻,风射犀文甲缝开。”

【風烏】 古代测风的仪器。李群玉《湖阁晓晴寄呈从翁二首》之一:“风乌摇迳柳,水蝶恋幽花。”王周《志峡船具诗·梢》:“风乌愧斟酌,画鹢空辉映。”

【風師】 神话传说中的风神。张九龄《奉和圣制早登太行率尔言志》:“日御驰中道,风师卷太清。”罗隐《自湘川东下立春泊夏口阻风登孙权城》:“只见风师长占路,不知青帝已行春。”韩偓《八月六日作四首》之一:“火帝动炉销剑戟,风师吹雨洗乾坤。”吴融《祝风三十二韵》:“噫嘻尔风师,吴中多豪士。”

【風音】　风声。孟郊《寒溪》之四:"冰齿相磨啮，风音酸铎铃。"皎然《奉酬袁使君送陆灞却回期道寺院》:"高歌风音表，放舟月色闲。"

【風高】　风大。杜甫《湖中送敬十使君适广陵》:"秋晚岳增翠，风高湖涌波。"柳宗元《田家三首》之三:"风高榆柳疏，霜重梨枣熟。"

【風疾】　即风痺。白居易《病中诗十五首·枕上作》:"风疾侵凌临老头，血凝筋滞不调柔。"

【風旆】　风中的旗帜。武元衡《题嘉陵驿》:"悠悠风旆绕山川，山驿空濛雨似烟。"杜牧《奉和门下相公送西川相公兼领相印出镇全蜀诗十八韵》:"虎骑摇风旆，貂冠韵水苍。"

【風烟】　见"風煙"。

【風消土喫】　谓事物随时间流逝而消失。贯休《蒿里》:"尽为风消土吃，狐掇蚁拾。"

【風流】　❶风流动。韦应物《五弦行》:"如伴风流萦艳雪，更逐落花飘御园。"高蟾《楚思》:"风流化为雨，日暮下巫阳。"❷风行，流行。白居易《江南戏赠五十韵》:"时世高梳髻，风流澹作妆。"❸流风余韵，遗风。李白《金陵送张十一再游东吴》:"张翰黄花句，风流五百年。"皇甫冉《金山》:"六代风流衰歇尽，凭栏感喟意难胜。"陆龟蒙《江南秋怀寄华阳山人》:"贤彦风流远，江湖思绪萦。"陈陶《赠温州韩使君》:"康乐风流五百年，永嘉铃阁又登贤。"❹有功绩而又富有文采的，有文采的。岑参《酬成少尹骆谷行见呈》:"亚尹同心者，风流贤大夫。"钱起《和王员外雪晴早朝》:"题柱盛名兼绝唱，风流谁继汉田郎。"裴度《厅事之西因依墉壑为数仞有悬水焉即事寄言而赋斯什》:"乃是风流相，昔尝居此都。"陈政《赠窦蔡二记室入蜀》:"风流信多美，朝夕豫平台。"❺洒脱放逸，风雅潇洒。李白《对酒忆贺监二首》之一:"四明有狂客，风流贺季真。"牟融《送友人》:"衣冠重文物，诗酒足风流。"鲍溶《送僧东游》:"风流东晋后，外学入僧家。"雍陶《公子行》:"公子风流嫌锦绣，新裁白纻作春衣。"张祜《杭州开元寺牡丹》:"风流却是钱塘寺，不踏红尘见牡丹。"❻风度，仪态。包佶《客自江南话过亡友朱司议故宅》:"交臂多相共，风流忆此人。"李嘉祐《送杜士瞻楚州觐省》:"风流与才思，俱似晋时人。"徐铉《徐浙西顾推官》:"狼藉杯盘重会面，风流才调一如初。"成彦雄《柳枝辞九首》之七:"掩映莺花媚有余，风流才调比应无。"❼节操、风格。韩翃《田仓曹东亭夏夜饮得春字》:"更羡风流外，文章是一秦。"李建勋《竹》:"琼节高吹宿风枝，风流交我立忘归。"韩溉《竹》:"谁许风流添兴咏，自怜潇洒出尘埃。"❽光彩，荣耀。岑参《冀州客舍酒酣贻王绮寄题南楼》:"逸足何骎骎，美声实风流。"❾文学艺术作品风格流派。李嘉祐《访韩司空不遇》:"图画风流似长康，文词体格效陈王。"❿文学艺术作品超逸美妙。陆龟蒙《奉和袭美醉中偶作见寄次韵》:"怜君醉墨风流甚，几度题诗小谢斋。"司空图《诗品二十四则·含蓄》:"不着一字，尽得风流。"⓫指杰出者。皇甫冉《寄江东李判官》:"时贤几殂谢，摘藻继风流。"权德舆《酬赵尚书杏园花下醉后见寄》:"春光深处曲江西，八座风流信马蹄。"李缟《和三乡诗》:"会稽王谢两风流，王子沉沦谢女愁。"⓬荣宠。张说《奉和圣制初入秦川路寒食应制》:"路上天心重豫游，御前恩赐特风流。"李颀《寄綦三》:"顾眄一过丞相府，风流三接令公香。"⓭指女性风韵美好动人。刘禹锡《梦扬州乐妓和诗》:"花作婵娟玉作妆，风流争似旧徐娘。"陆岩梦《桂州筵上赠胡予女》:"自道风流不可攀，却堪蹙额更颓颜。"花蕊夫人徐氏《宫词》之七五:"年初十五最风流，新赐云鬟便上头。"亦指美女。白居易《长洲曲新词》:"心奴已死胡容老，后辈风流是阿谁。"洛中举子《赠妓茂英》:"一别中原俱老大，再来南国见风流。"⓮男女私情事。骆宾王《代女道士王灵妃赠道士李荣》:"只将羞涩当风流，持此相怜保终始。"刘言史《乐府杂词三首》之三:"梦中无限风流事，夫婿多情亦未知。"李播《见美人闻琴不听》:"洛浦风流雪，阳台朝暮云。"

【風流才子】　才华出众、风流潇洒的男子。杨巨源《崔娘诗》:"风流才子多春思，肠断萧娘一纸书。"刘得仁《题从伯舍人道正里南园》:"风流才子调，好尚古人心。"

【風流子】　本唐教坊曲名，后用为词牌。起自五代孙光宪，单调三十四字，六仄韵。孙光宪有《风流子》词三首，见《全唐诗》卷八九七。

【風流座】　犹言风月场，情场。韩翃《送万巨》:"红笺色夺风流座，白苎词倾翰墨场。"

【風流儒雅】　富有学识而举止文雅潇洒。杜甫《咏怀古迹五首》之二:"摇落深知宋玉悲，风流儒雅亦吾师。"

【風浪】　水上之风和波浪。白居易《看采莲》:"不似江南恶风浪，芙蓉池在卧床前。"温庭筠《赠考功卢郎中》:"夜来风浪起，何处认渔船。"陆龟蒙《奉和袭美夏景冲澹偶作次韵二首》之一:"芝畹烟霞全覆穗，橘洲风浪半浮花。"张泌《所思》:"银河碧海共无情，两处悠悠起风浪。"

【風扇】　扇风取凉的扇子。皮日休《南阳润卿将归雷平因而有赠》:"竹屏风扇抄遗事，柘步舆竿系隐书。"

【風袖】　飘动的衣袖。白居易《霓裳羽衣歌》:"烟蛾敛略不胜态，风袖低昂如有情。"钱珝《客舍寓怀》:"洒洒滩声晚霁时，客亭风袖半披垂。"

【風規】 文学作品的风格。皎然《酬薛员外谊见戏一首》:“文彩盈怀袖,风规发咏思。”

【風教】 风俗教化。明皇《赐新罗王》:“使去传风教,人来习典谟。”白居易《赠友五首》之四:“长吏久于政,然后风教敦。”李绅《早渡扬子江》:“焚却成船无战伐,使知风教被乌蛮。”方干《嘉兴许明府》:“槜李转闻风教好,重门夜不上重关。”

【風梭】 即风。上官昭容《游长宁公主流杯池二十五首》之十二:“石画妆苔色,风梭织水文。”王周《巴江》:“仙女瑟瑟衣,风梭晚来织。”

【風掃】 风吹。风吹地如扫,故云。李白《送内寻庐山女道士李腾空二首》之一:“水舂云母碓,风扫石楠花。”

【風軟】 风轻柔。杜牧《代人寄远六言二首》之一:“河桥酒旆风软,候馆梅花雪娇。”温庭筠《东峰歌》:“松刺梳空石差齿,烟香风软人参蕊。”

【風雩】 作为儒学兴盛、人才众多之典。程弥纶《怀鲁》:“履风雩兮若见,游夏兴兮鲁颜。”杜甫《题衡山县文宣王庙新学堂呈陆宰》:“侁侁胄子行,若舞风雩至。”

【風雪】 ❶风和雪。白居易《续古诗十首》之四:“风雪折劲木,涧松摧为薪。”卢嗣立《望九华山》:“坐观风雪销烦思,惜别烟岚驻晓行。”李九龄《寒梅词》:“留得和羹滋味在,任他风雪苦相欺。”❷刮风下雪。刘长卿《逢雪宿芙蓉山主人》:“柴门闻犬吠,风雪夜归人。”刘言史《夜入简子古城》:“夜深风雪古城空,行客衣襟汗如水。”储嗣宗《送人归故园》:“野路正风雪,还乡犹布衣。”

【風動】 风吹动。包佶《祀风师乐章·亚献终献》:“风动物,乐感神。”郑綮《题卢州郡斋》:“醉里眼开金使字,紫旗风动耀天明。”

【風笛】 风中之笛声。郑谷《淮上与友人别》:“数声风笛离亭晚,君向潇湘我向秦。”

【風彩】 见“風采”。

【風脚】 脚步轻快如风。罗隐《八骏图》:“穆满当年物外程,电腰风脚一何轻。”

【風廊】 通风的走廊。韩愈《送侯参谋赴河中幕》:“雪径抵樵叟,风廊折谈僧。”杜牧《池州送孟迟先辈》:“烟院松飘萧,风廊竹交戛。”陆龟蒙《同袭美游北禅院》:“连延花蔓映风廊,岸帻披襟到竹房。”

【風情】 ❶风采,神情。卢仝《寄赠含曦上人》:“貌古饶风情,清论兴亹亹。”张祜《赠淮南将》:“年少好风情,垂鞭眦睚行。”陆龟蒙《和袭美木兰后池三咏·重台莲花》:“风情为与吴王近,红萼常教一倍多。”❷怀抱,志趣。白居易《奉和汴州令狐令公二十二韵》:“眷爱人人遍,风情事事兼。”又《编集拙诗成一十五卷因题卷末戏赠元九李二十》:“一篇长恨有风情,十首秦吟近正声。”❸风雅的情趣、韵味等。权德舆《奉和许阁老酬淮南崔十七端公见寄》:“芳讯风情在,佳期岁序徂。”刘禹锡《春日书怀寄东洛白二十二杨八二庶子》:“眼前名利同春梦,醉里风情敌少年。”白居易《题笼鹤》:“岂是风情少,其如尘事多。”曹松《钟陵寒食日郊外闲游》:“可怜时节足风情,杏子粥香如冷饧。”❹风景。杨巨源《襄阳乐》:“处处风情好,卢家更上楼。”姚合《寄送卢拱秘书游魏州》:“看野风情远,寻花酒病成。”❺指男女相爱之情。陈陶《答莲花妓》:“近来诗思清于水,老去风情薄似云。”顾甄远《惆怅诗九首》之七:“若为多罗年少死,始甘人道有风情。”张鲁封《谑池亳二州宾佐兼寄宣武军掌书记李昼》:“乐营却是闲人管,两地风情日渐多。”南唐后主李煜《赐宫人庆奴》:“风情渐老见春羞,到处消魂感旧游。”

【風清】 谓风轻柔凉爽。戴叔伦《泊湘口》:“露重猿声绝,风清月色多。”

【風清月冷】 形容环境幽静冷寂。徐凝《和夜题玉泉寺》:“风清月冷水边宿,诗好官高能几人。”

【風渚】 多风的水边。杜甫《赠李十五丈别》:“晨集风渚亭,醉操云峤篇。”又《雨二首》之一:“殊俗状巢居,曾台俯风渚。”

【風涼】 ❶即凉风。杜甫《立秋雨院中有作》:“树湿风凉进,江喧水气浮。”又《热三首》之一:“何似儿童岁,风凉出舞雩。”❷古地名。即风凉原。皎然《送如献上人游长安》:“闲寻鄠杜看修竹,独上风凉望古原。”参见“風涼原”。

【風涼原】 地名。在今陕西蓝田县西南,北接咸宁县。王昌龄有《风凉原上作》。参见“風涼❷”。

【風淳】 风俗淳朴。杜审言《扈从出长安应制》:“省方称国阜,问道识风淳。”

【風窗】 风中窗户,窗户。柳宗元《赠江华长老》:“风窗疏竹响,露井寒松滴。”无可《暮秋宿友人居》:“寒浦鸿相叫,风窗月欲沉。”薛能《夏日蒲津寺居二首》之一:“雨室墙穿溜,风窗笔染尘。”唐彦谦《竹风》:“竹映风窗数阵斜,旅人愁坐思无涯。”

【風絃】 见“風弦”。

【風巢】 风中鸟巢。周繇《送宇文虞》:“野店寒无客,风巢动有禽。”

【風馭】 神话传说中由风驾驭的神车。权德舆《送王炼师赴王屋洞》:“相看话离合,风驭忽泠然。”姚鹄《玉真观寻赵尊师不遇》:“尽日独思风驭返,寥天几望野云飞。”温庭筠《题翠微寺二十二韵》:“短景催风驭,长星属羽觞。”吕岩《雨中花》词:“风驭云軿不散,碧桃紫奈长新。”

【風琴】 ❶指古琴。白居易《首夏南池独酌》："依然谢家物，池酌对风琴。"❷悬挂在屋檐下的金属片，遇风相击发声。齐己有《风琴引》。

【風期】 ❶风信。杜甫《秋日夔府咏怀一百韵》："风期终破浪，水怪莫飞涎。"❷风度。李白《梁甫吟》："广张三千六百钓，风期暗与文王亲。"高适《淇上酬薛三据兼寄郭少府微》："才望忽先鸣，风期无宿诺。"亦指品格、节操。李白《赠崔司户文昆季》："岂伊箕山故，特以风期亲。"❸友谊、情谊。卢照邻《还赴蜀中贻示京邑游好》："怅别风期阻，将乖云会稀。"骆宾王《夏日游德州赠高四》序："倾意气于一言，缔风期于千祀。"褚亮《伤始平李少府正己》："风期嵇吕好，存殁范张亲。"王维《哭祖六自虚》："念昔同携手，风期不暂捐。"❹风光。李白《游敬亭寄崔侍御》："相去数百年，风期宛如昨。"

【風葉】 风中的树叶。张继《晚次淮阳》："微凉风叶下，楚俗转清闲。"权德舆《甲子岁元日呈郑侍御明府》："世故看风叶，生涯寄海田。"李商隐《雨》："秋池不自冷，风叶共成喧。"司空图《石楠》："如何风叶西归路，吹断寒云见故山。"

【風朝露夜】 （朝 zhāo）有风的早晨和有露的夜晚。李商隐《流莺》："风朝露夜阴晴里，万户千门开闭时。"

【風棲露飽】 在风露中栖止和饮食。罗隐《蝉》："风栖露饱今如此，应忘当年滓浊时。"

【風棹】 风中行驶的船只。元稹《泛江玩月十二韵》："饮荒情烂熳，风棹乐峥纵。"

【風雲】 ❶风和云。白居易《送舒著作重授省郎赴阙》："剑磨光彩依前出，鹏举风云逐后驱。"李商隐《筹笔驿》："猿鸟犹疑畏简书，风云常为护储胥。"曹松《再到洪州望西山》："一回经雨雹，长有剩风云。"刘兼《自遣》："鹍鹏鳞翼途程在，九万风云海浪深。"❷古代两种军阵名。后即以之指战阵。耿湋《上将行》："枥上骅骝嘶鼓角，门前老将识风云。"王涯《从军词三首》之一："戈甲从军久，风云识阵难。"陈陶《塞下曲》之一："海山谙向背，攻守别风云。"❸意谓同类相感应。后又喻遇合、相从。李白《梁甫吟》："风云感会起屠钓，大人岘屼当安之。"韩愈《北极赠李观》："风云一朝会，变化成一身。"汪遵《咏史·升仙桥》："汉朝卿相尽风云，司马题桥众又闻。"皮日休《七爱诗·李太尉》："下以契鱼水，上以合风云。"❹喻雄才大略或高情远志。陈子良《赞德上越国公杨素》："本超骐骥足，复蕴风云情。"李群玉《洞庭驿楼雪夜宴集奉赠前湘州张员外》："分随烟霞老，岂有风云求。"❺谓风流超群。卢纶《和崔侍郎游万固寺》："风云才子冶游思，蒲柳老人惆怅心。"❻谓地势高。张说《奉和石桥铭》："仙圣来往，风云路通。"

【風雲合】 谓君臣遇会。杜甫《送重表侄王砅评事使南海》："下云风云合，龙虎一吟吼。"

【風雲氣】 ❶指变化无常的局势。杜甫《中夜》："故国风云气，高堂战伐尘。"❷指英雄气概。李白《献从叔当涂宰阳冰》："激昂风云气，终协龙虎精。"

【風雲會】 ❶风云聚合。杜甫《病柏》："偃蹇龙虎姿，主当风云会。"❷喻君臣遇合。杜甫《谒先主庙》："惨淡风云会，乘时各有人。"白居易《渭村退居寄礼部崔侍郎翰林钱舍人诗一百韵》："命偶风云会，恩覃雨露霁。"亦泛称同类人相交。杜甫《洗兵马》："征起适遇风云会，扶颠始知筹策良。"白居易《和微之诗二十三首·和寄乐天》："又如风云会，天使相召匹。"

【風雲際會】 指君臣遇合。杜甫《夔府书怀四十韵》："社稷经纶地，风云际会期。"秦韬玉《仙掌》："为余势负天工背，索取风云际会身。"

【風雲變化】 风云变动不定。喻世事变化急速。刘禹锡《乐天寄重和晚达冬青一篇因成再答》："风云变化饶年少，光景蹉跎属老夫。"

【風雲變態】 形容诗文变化多姿。司空图《诗品二十四则·形容》："风云变态，花草精神。"

【風雅】 ❶指《诗经》中的《国风》《大雅》《小雅》。亦用以指代《诗经》或继承《诗经》精神的诗作。杜甫《戏为六绝句》之六："别裁伪体亲风雅，转益多师是汝师。"白居易《读张籍古乐府》："风雅比兴外，未尝著空文。"杜牧《奉和仆射相公品汇昭苏即事书成四韵》："上相抽毫歌帝德，一篇风雅美丰年。"齐己《赠卢明府闲居》："满箧新风雅，何人旧岁寒。"❷指为诗文之事。孟郊《自惜》："自悲风雅老，恐被巴竹嗔。"皮日休《追和幽独君诗次韵》之一："念尔风雅魄，幽咽犹能文。"又《鲁望昨以五百言见贻亦迭和之微旨也》："既作风雅主，遂司歌咏权。"齐己《送僧游龙门香山寺》："且寻风雅主，细看乐天真。"❸风流儒雅。杜甫《赠比部萧郎中十兄》："词华倾后辈，风雅蔼孤骞。"陆龟蒙《送羊振文先辈往桂阳归觐》："风雅先生去一麾，过庭才子趣归期。"又《酬袭美见寄海蟹》："强作南朝风雅客，夜来偷醉早梅傍。"❹谓教化规范。李白《赠常侍御》："大贤有卷舒，季叶轻风雅。"

【風景】 ❶风光景色。李白《金陵新亭》："金陵风景好，豪士集新亭。"白居易《忆江南词三首》之一："江南好，风景旧曾谙。"姚合《题长安薛员外水阁》："亭亭新阁成，风景益鲜明。"徐铉《重游木兰亭》："宦路尘埃成久别，仙家风景有谁寻。"❷情景，情况。韦庄《秦妇吟》："适闻有客金陵至，见说江南风景异。"

【風帽】 古代一种挡风御寒的帽子。罗虬《比红儿诗》之二二："若使红儿风帽戴，直使瑶池会上看。"

【風幃】 挡风的帏幔。郑谷《蜀中寓止夏日自贻》:“展转欹孤枕,风帏信寂寥。”

【風筵】 风雅的宴会。王勃《赠李十四四首》之四:“风筵调桂轸,月径引藤杯。”林滋《宴韦侍御新亭》:“烟墩披青霭,风筵借紫苔。”

【風筝】 悬挂在殿阁塔檐下的金属片,风动成音。又称“鐵馬”。李白《登瓦官阁》:“两廊振法鼓,四角吟风筝。”杜甫《冬日洛城北谒元光皇帝庙》:“风筝吹玉柱,露井冻银床。”元稹《连昌宫词》:“尘埋粉壁旧花钿,乌啄风筝碎珠玉。”毛熙震《菩萨蛮》词之一:“梨花满院飘香雪,高楼夜静风筝咽。”

【風湍】 风中水流很急的沙滩。孟浩然《登岘山亭寄晋陵张少府》:“岘首风湍急,云帆若鸟飞。”杜甫《将赴成都草堂途中有作先寄严郑公五首》之四:“常苦沙崩损药栏,也从江槛落风湍。”刘长卿《瓜洲驿奉饯张侍御公拜膳部郎中使之岭南时侍御先在淮南幕府》:“乡春连楚越,旅宿寄风湍。”严武《寄题杜拾遗锦江野亭》:“漫向江头把钓竿,懒眠沙草爱风湍。”

【風寒】 ❶冷风寒气。杜甫《王竟携酒高亦同过共用寒字》:“移樽劝山简,头白恐风寒。”杜荀鹤《下第东归将及故园有作》:“且把风寒作闲事,懒能和泪拜庭闱。”❷农历十一月的别称。韩愈《游青龙寺赠崔大补阙》:“须知节候即风寒,幸及亭午犹妍暖。”

【風絮】 随风而飘扬的花絮。多指柳絮。薛能《折杨柳十首》之二:“闲想习池公宴罢,水蒲风絮夕阳天。”冯延巳《点绛唇》词:“意凭风絮,吹向郎边去。”

【風發】 如风之疾速。皮日休《三羞诗三首》之一:“乘遽剧飞鸟,就传过风发。”

【風絲】 微风。雍陶《天津桥望春》:“津桥春水浸红霞,烟柳风丝拂岸斜。”

【風馳】 如风之急驰。王颤《怀素上人草书歌》:“忽作风驰如电掣,更点飞花兼散雪。”徐铉《和元帅书记萧郎中观习水师》:“千帆日助江陵势,万里风驰下濑声。”

【風魂雪魄】 谓文人的魂魄。栖白《哭刘得仁》:“为爱诗名吟至死,风魂雪魄去难招。”

【風勢】 ❶风向。李咸用《咏柳》:“解引人情长婉约,巧随风势强盘纡。”❷风力,风的力量。张祜《夕次桐庐》:“晚潮风势急,寒叶雨声多。”徐光溥《题黄居寀秋山图》:“白旻鹰逞凌风势,薛稷鹤夸警露姿。”

【風蒲】 柳蒲。杜牧《赴京初入汴口晓景即事先寄兵部李郎中》:“露蔓虫丝多,风蒲燕雏老。”

【風雷】 ❶风和雷。卢纶《送盐铁裴判官入蜀》:“云白风雷歇,林清洞穴稀。”韩愈《忆昨行和张十一》:“宿酲未解旧痁作,深室静卧闻风雷。”刘沧《题敬亭山庙》:“云雨只从山上起,风雷多向庙中来。”李频《长安夜怀》:“风雷几夜坐,山水半年行。”❷形容声响巨大。卢纶《皇帝感词》之一:“提剑风雷动,垂衣日月明。”李德裕《东郡怀古二首·王京兆》:“峥嵘金堤下,喷薄风雷音。”方干《因话天台胜异仍送罗道士》:“石上丛林碍星斗,窗边瀑布走风雷。”❸喻浩大猛烈的冲击力量。李白《述德兼陈情上哥舒大夫》:“浩荡深谋喷江海,纵横逸气走风雷。”杜荀鹤《投江上崔尚书》:“若许登门换簪鬣,必应辛苦事风雷。”韦庄《冬日长安感志寄献虢州崔郎中二十韵》:“雾雨十年同隐遁,风雷何日振沉潜。”❹喻作者诗笔力强劲或作品风格遒劲。李山甫《代张孜幻梦李白歌》:“巍峨宛似神仙客,一段风雷扶气魄。”罗隐《春日投钱塘元帅尚父二首》:“门外旌旗屯虎豹,壁间章句动风雷。”崔道融《读杜紫微集》:“紫微才调复知兵,长觉风雷笔下生。”

【風幌】 随风飘荡的帷幔。李益《宿冯翊夜雨赠主人》:“凉轩辞夏扇,风幌揽轻裯。”元稹《春别》:“云屏留粉絮,风幌引香兰。”白居易《新秋夜雨》:“松檐半夜雨,风幌满床秋。”

【風號雨噴】 (號 háo)狂风怒号,雨水喷洒。皎然《郑容全成蛟形木机歌》:“风号雨喷心不折,众木千丛君独知。”

【風稜】 风威。韩愈《送侯参谋赴河中幕》:“提师十万余,四海钦风棱。”

【風鈴】 殿阁塔檐的铃铛,风吹铃响,故名。元稹《饮致用神曲酒三十韵》:“遥城传漏箭,乡寺响风铃。”唐彦谦《过三山寺》:“遥听风铃语,兴亡话六朝。”又《游南明山》:“石梁卧秋溟,风铃作檐语。”

【風裏風】 喻事物飘忽不定,捉摸不透。李群玉《自遣》:“浮生暂寄梦中梦,世事如闻风里风。”

【風裏燭】 见“風前燭”。

【風痹】 见“風痺”。

【風痺】 亦作“風痹”。中医学指因寒冷潮湿侵袭而引起的关节疼痛或麻木的病症。包佶有《近获风痹之疾题寄所怀》。白居易《病中诗十五首》序:“开成己未岁,余蒲柳之年六十有八,冬十月甲寅旦始得风痹之疾。”又《春暖》:“风痹宜和暖,春来脚较轻。”

【風義】 ❶风操,风骨气节。李白《答高山人兼呈权顾二侯》:“延引故乡人,风义未沦替。”李商隐《哭刘蕡》:“平生风义兼师友,不敢同君哭寝门。”❷情谊。高适《同卫八题陆少府书斋》:“若是周旋地,当令风义亲。”

【風猷】 ❶风教德化。《郊庙歌辞·中宗祀昊天乐章·凯安》:“风猷被有截,声教覃无外。”❷节操品质。卢纶《卧病寓居龙兴观因题十四韵寄冯生并赠乔尊师》:“依然在遐想,愿子励风猷。”

【風煙】 亦作“風烟”。❶风与烟,风与尘土。宋璟《送苏尚书赴益州》:“我望风煙接,君行霰雪飞。”薛稷《四言诗》:“不睹碑碣,空悼风烟。”权德舆《寓兴》:“风煙隔嵩丘,羸疾滞漳滨。”黄滔《归思》:“蓟北风烟空汉月,湘南云水半蛮边。”❷风光,风景,景象。李峤《夏晚九成宫呈同僚》:“风煙远近至,鱼鸟去来逢。”郎士元《盖少府新除江南尉问风俗》:“闻君作尉向江潭,吴越风煙到自谙。”白居易《西湖留别》:“征途行色惨风煙,祖帐离声咽管弦。”陆龟蒙《伤越》:“越溪自古好风煙,盗束兵缠已半年。”❸风尘。无名氏《圣寿寺》之一:“石罅题诗纪别年,风烟南北各凄然。”❹战乱,战火。高适《信安王幕府诗》:“四郊增气象,万里绝风煙。”杜甫《公安送韦二少府匡赞》:“古往今来皆涕泪,断肠分手各风烟。”

【風臺】 敞露透风的台榭。韩愈《和崔舍人咏月二十韵》:“风台观滉漾,冰砌步青荧。”柳宗元《行路难三首》之三:“风台露榭生光饰,死灰弃置参与商。”吴融《奉和御制六韵》:“芰荷笼水殿,杨柳蔽风台。”

【風摶】 喻仕途腾达。岑参《送张秘书充刘相公通汴河判官便赴江外觐省》:“去年见君处,见君已风抟。”又《左仆射相国冀公东斋幽居》:“何当复持衡,短翮期风抟。”

【風概】 气度,风度。唐彦谦有《咸通中始闻褚河南归葬阳翟追叙风概因成二十韵》。贯休《上孙使君》:“王演俗容仪,崔陵小风概。”

【風霆】 狂风和巨雷。沈传师《次潭州酬唐侍御姚员外游道林岳麓寺题示》:“樛枝竞骛龙蛇势,折干不灭风霆痕。”孟郊《石淙》之五:“疾流脱鳞甲,叠岸冲风霆。”

【風颭】 即风吹。毛文锡《临江仙》词:“岸泊渔灯风飐碎,白蘋远散浓香。”欧阳炯《春光好》词之二:“风飐九衢榆叶动,簇青钱。”孙光宪《河传》词之四:“风飐,波敛,团荷闪闪。”

【風貌】 风采容貌。权德舆《送裴秀才》:“儒衣风貌清,去抵汉公卿。”元稹《去杭州》:“去年江上识君面,爱君风貌情已敦。”温庭筠《哭王元裕》:“箧里诗书疑谢后,梦中风貌似潘前。”贯休《遇道者》:“鹤骨松筋风貌殊,不言名姓绝荣枯。”

【風塵】 ❶被风扬起的尘土。杜甫《前出塞九首》之八:“单于冠我垒,百里风尘昏。”韦应物《送姚孙还河中》:“风尘满路起,行人何处归。”朱庆余《送马秀才》:“风尘归省日,江海寄家心。”灵一《江行寄张舍人》:“客程终日风尘苦,蓬转还家未有期。”❷喻战乱、战争和危乱等。郭震《古剑篇》:“正逢天下无风尘,幸得周防君子身。”高适《送裴别将之安西》:“风尘经跋涉,摇落怨暌携。”杜甫《野望》:“海内风尘诸弟隔,天涯涕泪一身遥。”皎然《兵后西日溪行》:“我来隐道非隐身,如今世上无风尘。”❸尘世,纷扰的现实生活境况。寒山《诗三百三首》之二七九:“猕猴罩帽子,学人避风尘。”李端《游终南山因寄苏奉礼士尊师苗员外》:“风尘甘独老,山水但相思。”白居易《诗酒琴人例多薄命偶成狂咏聊写愧怀》:“只合飘零随草木,谁教凌厉出风尘。”李商隐《戏题赠稷山驿吏王全》:“绛台驿吏老风尘,耽酒成仙几十春。”❹尘事,平庸的世俗之事。岑参《陪狄员外早秋登府西楼因呈院中诸公》:“兵马休战争,风尘尚苍茫。”戴叔伦《赠殷亮》:“山中旧宅无人住,来往风尘共白头。”❺宦途,官场。高适《古乐府飞龙曲留上陈左相》:“风尘与霄汉,瞻望日悠悠。”又《人日寄杜二拾遗》:“一卧东山三十春,岂知书剑老风尘。”戴叔伦《同衮州张秀才过王侍御参谋宅赋十韵》:“逢迎车马客,邀结风尘友。”❻谓旅途奔波劳顿。方干《送喻坦之下第还江东》:“风尘辞帝里,舟楫到家林。”唐求《山居偶作》:“趋名逐利身,终日走风尘。”郑蕡《春台晴望》:“旅客风尘厌,山家梦寐亲。”❼风月场。蜀主王衍《甘州曲》:“薄媚足精神,可惜沦落在风尘。”

【風旗】 风中飘舞的旗帜。韩愈、孟郊《征蜀联句》:“风旗匝地扬,雷鼓轰天杀。”雍陶《送徐使君赴岳州》:“渺渺楚江上,风旗摇去舟。”

【風漪】 微风吹拂水面所形成的波纹。韩愈《郑群赠簟》:“谁谓故人知我意,卷送八尺含风漪。”孟郊《献襄阳于大夫》:“风漪参差泛,石板重叠跻。”陆龟蒙《奉和袭美太湖诗二十首·明月湾》:“周回二十里,一片澄风漪。”

【風緒】 ❶即风。或谓风绪即绪风之倒文。卢照邻《至望喜瞩目言怀贻剑外知己》:“涧松咽风绪,岩花濯露文。”杜牧《偶游石盎僧舍》:“梅类暖眠酣,风绪和无力。”刘祎之《酬郑沁州》:“节变风绪高,秋深露华溽。”❷意绪,情怀。郑谷《漂泊》:“槿坠蓬疏池馆清,日光风绪淡无情。”张九龄《自始兴溪夜上赴岭》:“深林风绪结,遥夜客情悬。”

【風標】 ❶风度,品格。杨炯《和刘长史答十九兄》:“风标自落落,文质且彬彬。”李商隐《喜舍弟羲叟及第上礼部魏公》:“风标森太华,星象逼中台。”皮日休《奉和鲁望怀杨台文杨鼎文二秀才》:“为说风标曾入梦,上仙初着翠霞裙。”徐铉《送刘司直出宰》:“之子有雄文,风标秀不群。”❷美好的姿容神态。白居易《池鹤二首》之一:“高竹笼前无伴侣,乱鸡群里有风标。”李群玉《辱绵州于中丞书信》:“风标想见瑶台鹤,诗韵如闻渌水琴。”郑谷《寄左省张起居》:“风标欺鹭鹤,才力涌沙泉。”

【風輪】 指天体。方干《除夜》:“玉漏斯须即达晨,四时吹转任风轮。”贾岛《纪汤泉》:“下有风轮煽,上有雷车驰。”

【風賦】 篇名。战国楚宋玉著。李商隐《宋玉》：“楚辞已不饶唐勒，风赋何曾让景差。”

【風蝶】 风中之蝶。杜甫《行次古城店泛江作》：“风蝶勤依桨，春鸥懒避船。”李商隐《无题二首》之二：“露花终裛湿，风蝶强娇饶。”

【風幡】 风中的旗幡。韩愈《寄崔二十六立之》：“新篇奚其思，风幡肆逶迤。”

【風篁】 谓风吹竹林。郑谷《少华甘露寺》：“石门萝径与天邻，雨桧风篁远近闻。”亦指风中篁竹。武元衡《八月十五酬从兄常望月有怀》：“寒光生露草，夕韵出风篁。”李群玉《卢溪道中》：“风篁扫石濑，琴声九十里。”齐己《独院偶作》：“风篁清一院，坐卧润肌肤。”

【風儀】 风度，仪表。王湾《哭补阙亡友綦毋学士》：“词学张平子，风仪褚彦回。”刘禹锡《奉送李户部侍郎自河南尹再除本官归阙》：“想到金闺待通籍，一时惊喜见风仪。”舒元舆《赠李翱》序：“顾其言语清楚，宛有冠盖风仪。”唐彦谦《贺李昌时禁苑新命》：“振鹭翔鸾集禁闱，玉堂珠树莹风仪。”

【風銷日已】 言随年月而消失。来鹄《圣政纪颂》：“有圣有神，风销日已。”

【風調】 ❶（—diào）(1)人的品格情调。白居易《和殷协律琴思》：“秋水莲冠春草裙，依稀风调似文君。”李贺《春归昌谷》：“独乘鸡栖车，自觉少风调。”(2)文学作品的格调。薛能《柳枝四首》之三：“此日与君除万恨，数篇风调更应无。”❷（—tiáo）风和顺。刘禹锡《秋晚新晴夜月如练有怀乐天》：“雨歇晚霞明，风调夜景清。”

【風潮】 狂风怒潮。张子容《送孟八浩然归襄阳二首》之一：“风潮看解缆，云海去愁人。”李白《天台晓望》：“风潮争汹涌，神怪何翕忽。”权德舆《送岳州温录事赴任》：“晨装沾雨雪，旅宿候风潮。”陆龟蒙《送宣武从事越中按狱》：“别愁当翠巘，冤望隔风潮。”

【風嬌】 指红色。李贺《三月过行宫》：“渠水红繁拥御墙，风娇小叶学娥妆。”

【風樂】 （—yuè）即音乐。虞世南《和銮舆顿戏下》：“瑶山盛风乐，抽简荐徒谣。”

【風操】 谓诗文的风格、调子。韩愈《荐士》：“建安能者七，卓荦变风操。”

【風樹】 为父母故去、不得奉养之典。白居易《赠友五首》之五：“庶使孝子心，皆无风树悲。”亦泛指风中之树。张祜《华清宫四首》之一：“风树离离月稍明，九天龙气在华清。”

【風頭】 ❶风的势头，强劲的风。岑参《走马川行奉送出师西征》：“半夜军行戈相拨，风头如刀面如割。”杜牧《押兵甲发谷口寄诸公》：“水辞谷口山寒少，今日风头校暖无。”韩偓《早起探春》：“句芒一夜长精神，腊后风头已见春。”又《野钓》：“风头阻归棹，坐睡倚蓑衣。”❷头风病。元稹《景申秋八首》之五：“风头难着枕，病眼厌看书。”

【風螢】 风中萤火虫。卢纶《秋夜寄冯著作》：“露槿月中落，风萤池上分。”韦庄《避地越中作》：“露果珠沉水，风萤烛上楼。”

【風燈】 ❶有防风罩的灯。杜甫《漫成一绝》：“江月去人只数尺，风灯照夜欲三更。❷风中之灯易灭，故喻生命短促。曹唐《仙子洞中有怀刘阮》：“晓露风灯零落尽，此生无处访刘郎。”李咸用《哭所知》：“风灯无定度，露薤亦逡巡。”吕岩《沁园春》词：“人世风灯，草头珠露，我见伤心眼泪流。”

【風憲】 风纪法度。张谓《送韦侍御赴上都》：“天朝辟书下，风宪取才难。”钱起《白石枕》：“沉沉风宪地，待尔秋已至。”窦常《和裴端公枢芜城秋夕简远近亲知》：“汉廷风宪在，应念匪躬人。”

【風聲】 ❶风的声音。卢纶《虢州逢侯钊同寻南观因赠别》：“林密风声细，山高雨色寒。”李商隐《药转》：“露气暗连青桂苑，风声偏猎紫兰丛。”薛能《柘枝词三首》之二：“日色昆仑上，风声朔漠间。”唐彦谦《咏竹》：“月明午夜生虚籁，误听风声是雨声。”❷声望，声誉。高适《赠别褚山人》：“洛阳无二价，犹是慕风声。”元结《系乐府十三首·下客谣》：“风声与时茂，歌颂万千年。”

【風檣】 指帆船。刘禹锡《鱼复江中》：“风樯好住贪程去，斜日青帘背酒家。”李商隐《韩冬郎即席为诗相送因成二绝寄酬兼呈畏之员外》之二：“剑栈风樯各苦辛，别时冰雪到时春。”

【風檝】 指帆船。马戴《送册东夷王使》：“何当理风楫，天外问来程。”

【風霜】 ❶风和霜。李峤《倡妇行》：“夜夜风霜苦，年年征戍频。”张仲方《赋得竹箭有筠》：“枝叶讵曾凋，风霜孰云变。”白居易《酬元九对新栽竹有怀见寄》：“共保秋竹心，风霜侵不得。”杜荀鹤《秋日泊浦江》：“照云烽火惊离抱，剪叶风霜逼暑衣。”亦偏指霜。戴叔伦《送僧南归》：“风霜两足白，宇宙一身浮。”韩愈《镇州路上谨酬裴司空相公重见寄》：“风霜满面无人识，何处如今更有诗。”❷喻艰苦辛劳。于邺《野外行》：“幸以朽钝姿，野外老风霜。”姚合《从军行》：“谁不恋其家，其家无风霜。”杜荀鹤《溪居叟》：“不说风霜苦，三冬一草衣。”❸威严。李白《送赵判官赴黔府中丞叔幕》：“风霜推独坐，旌节镇雄藩。”韦应物《寄畅当》：“昔为琼树枝，今有风霜颜。”❹比喻峻厉严肃的内容。李白《赠刘都史》：“吐言贵珠玉，落笔回风霜。”又《赠从弟宣州长史昭》：“摇笔起风霜，推诚结仁爱。”

❺指御史之职。岑参《送韦侍御先归京》："风霜随马去，炎暑为君寒。"杜甫《入衡州》："扶颠待柱石，独坐飞风霜。"严武《酬别杜二》："未效风霜劲，空惭雨露私。"❻比喻变迁的岁月。沈佺期《游少林寺》："雁塔风霜古，龙池岁月深。"张继《游灵岩》："青松阅世风霜古，翠竹题诗岁月赊。"刘商《山翁持酒相访以画松酬之》："白社风霜惊暮年，铜瓶桑落慰秋天。"

【風磴】 指山上的岩石台阶。岩高多风，故称。杜甫《谒文公上方》："窈窕入风磴，长芦纷卷舒。"又《陪郑广文游何将军山林十首》之六："风磴吹阴雪，云门吼瀑泉。"

【風徽】 风范。温庭筠《和友人题壁》："冲尚犹来出范围，肯将经世作风徽。"

【風謡】 本指《诗》的十五国风。亦泛指反映风俗民情的歌谣。孙逖《和左司张员外自洛使入京中路先赴长安逢立春日赠韦侍御等诸公》："二陕听风谣，三秦望形胜。"刘长卿《罢摄官后将还旧居留辞李侍御》："风谣传吏体，云物助兵威。"权德舆《郴州换印缄遣之际率成三韵因寄李二兄员外使君》："刺举官犹屈，风谣政已成。"方干《送崔拾遗出使江东》："九门思谏议，万里采风谣。"

【風燭】 风中之烛。喻临近死亡之人或即将消失的事物。上官仪《江王太妃挽歌》："银消风烛尽，珠灭夜轮虚。"刘禹锡《桃源行》："因嗟隐身来种玉，不知人世如风烛。"李郢《赠罗道士》："五岳真官随起坐，百年风烛笑荣华。"韦庄《哭同舍崔员外》："池塘春草在，风烛故人亡。"

【風濤】 ❶风浪。李白《赠崔侍郎》："风涛倘相见，更欲凌昆墟。"郭受《寄杜员外》："郡邑地卑饶雾雨，江湖天阔足风涛。"薛莹《江上闲望》："渺渺无穷尽，风涛几日平。"崔涂《鹦鹉洲即事》："何人正得风涛便，一点轻帆万里回。"❷喻艰险的生活遭遇。项斯《欲别》："归期无岁月，客路有风涛。"张祜《又陪楚州韦舍人闾门游宴次韵北闾门》："开怀侵月露，惜别话风涛。"

【風襟】 ❶外衣的下襟。亦借指外衣。杜甫《月三首》："爽合风襟静，高当泪脸悬。"赵嘏《送王龟拾遗谢官后归浐水山居》："水边残雪照亭台，台上风襟向雪开。"陆龟蒙《奉和袭美初夏游楞伽精舍次韵》："到回解风襟，临幽濯云屩。"回，一作迴。韩偓《雨中》："独自上西楼，风襟寒帖帖。"❷指人的襟怀。皎然《酬乌程杨明府华将赴渭北对月见怀》："风襟自潇洒，月意何高明。"

【風騷】 ❶指《诗》中《国风》和《楚辞》中的《离骚》。高适《同观陈十六〈史兴碑〉》："永怀掩风骚，千载常矻矻。"白居易《禽虫十二章》序："庄列寓言，风骚比兴，多假虫鸟。"姚合《和郑相演杨尚书蜀中唱和诗》："五言全丽则，六义出风骚。"殷文圭《寄贺杜荀鹤及第》："九子旧山增秀绝，二南新格变风骚。"❷借指诗文。高适《同崔员外綦毋拾遗九日宴京兆府李士曹》："晚晴催翰墨，秋兴引风骚。"许孟容《答权载之离合诗》："亦有擅风骚，六联文墨曹。"杜牧《雪晴访赵嘏街西所居三韵》："命代风骚将，谁登李杜坛。"李中《叙吟二首》之二："言之无罪终难厌，欲把风骚继古风。"❸文采，才情。章孝标《赠杭州严使君》："风骚处处文章主，井邑家家父母君。"又《赠庐山钱卿》："何如舍麋鹿，明主仰风骚。"薛能《投杜舍人》："风骚委地苦无主，此事圣君终若何。"李群玉《赠方处士兼以写别》："喜于风骚地，忽见陶谢手。"

【風藻】 辞藻。指文学才华。杨巨源《怀德抒情寄上信州座主》："举世瞻风藻，当朝揖羽仪。"

【風顛】 即疯癫。神经错乱，精神失常。寒山《诗三百三首》之二二〇："时人见寒山，各谓是风颠。"

【風簷】 风中的屋檐。李商隐《二月二日》："新滩莫悟游人意，更作风簷夜雨声。"

【風簾】 遮蔽风窗的帘子。杨凝《秋夜听捣衣》："兰牖唯遮树，风帘不碍凉。"元稹《陪诸公游故江西韦大夫通德湖旧居有感题四韵兼呈李六侍御即韦大夫旧僚也》："尘壁暗埋悲旧札，风帘吹断落残珠。"李商隐《银河吹笙》："月榭故香因雨发，风帘残烛隔霜清。"赵嘏《发新安后途中寄卢中丞二首》之二："晚树萧萧促织愁，风帘似水满床秋。"

【風靡】 谓风教流行。苏颋《奉和圣制漕桥东送新除岳牧》："政行思务本，风靡属胜残。"温庭筠《感旧陈情五十韵献淮南李仆射》："冰清临百粤，风靡化三川。"

【風韻】 ❶风度，韵致。李白《赠宣州灵源寺仲濬公》："风韵逸江左，文章动海隅。"窦牟《故秘监丹阳郡公延陵包公挽歌》："德音冥秘府，风韵散清朝。"权德舆《哭刘四尚书》："笑言成月旦，风韵挹天真。"白居易《闲居偶吟招郑庶子皇甫郎中》："玄晏风韵远，子真云貌孤。"❷指诗文的风格、情趣。窦常《过宋氏五女旧居》："谢庭风韵婕妤才，天纵斯文去不回。"孟简《咏欧阳行周事》："我唐贞元年己卯岁，曾献书相府，论大事，风韵清雅，词旨切直。"❸指声音。刘禹锡《谢窦员外旬休早凉见示诗》："风韵渐高梧叶动，露光初重槿花稀。"又《酬乐天七月一日夜即事见寄》："夜树风韵清，天河云彩轻。"柳宗元《酬韶州裴曹长使君寄道州吕八大使因以见示二十韵一首》："月光摇浅濑，风韵碎枯菅。"

【風壤】 即风土。土地、山川、风俗、令候的总称。骆宾王《早秋出塞寄东台详正学士》："山川殊物候，风壤异凉暄。"杜甫《野望》："云山兼五岭，风壤带三苗。"李益《春日晋祠同声会集得疏字韵》："风壤瞻唐本，山祠阅晋余。"

【風飄雨灑】 犹风吹雨打。白居易《期宿客不至》："风飘雨洒帘帷故，竹映松遮灯火深。"

【風飄浪卷】 （卷 juǎn）船在风浪中漂荡、颠簸。李洞《客亭对月》："游子离魂陇上花，风飘浪卷绕天涯。"

【風爐】 一种煮茶用的小炉子。岑参《晚过盘石寺礼郑和尚》："岸花藏水碓，溪水映风炉。"

【風露】 凉风和露水。多用以形容秋色。王昌龄《东溪玩月》："光连虚象白，气与风露寒。"权德舆《和九日从杨氏姊游》："秋光风露天，令节庆初筵。"白居易《早入皇城赠王留守仆射》："津桥残月晓沉沉，风露凄清禁署深。"贯休《闻前王使君在泽潞居》："攀辕既不及，旌旆冲风露。"

【風飆】 暴风，巨大的风。李白《塞下曲六首》之三："骏马似风飙，鸣鞭出渭桥。"杜甫《水槛》："苍江多风飙，云雨昼夜飞。"孟郊《投赠张端公》："咏惊芙蓉发，笑激风飙秋。"许棠《讲德陈情上淮南李仆射八首》之七："寒浦一从抛钓艇，旧林无处认风飙。"

【風鵬】 喻指得势而有作为者。李群玉《赠方处士兼以写别》："才力似风鹏，谁能算升斗。"

【風鐸】 风铃。宋之问《奉和圣制闰九月九日登庄严总持二寺阁》："风铎喧行露，天花拂舞行。"白居易《游悟真寺诗》："前对多宝塔，风铎鸣四端。"李绅《新楼诗二十首·寒林寺》："岩树桂花开月殿，石楼风铎绕金仙。"张祜《题重玄寺阁八韵》："月轮霄辗栋，风铎曙铿廊。"

【風鷁】 北周庾信《禹渡江赞》："三江初凿，风飞鹢涌，水起龙警。"故古代常画鹢像于船首，后因以风鹢指乘风而行的船只。张登《上巳泛舟得迟字》："风鹢今方退，沙鸥亦未疑。"

【風鑑】 风度和鉴识。李瀚《蒙求》："王衍风鉴，许劭月旦。"

【風衢】 畅达的大道。许敬宗《游清都观寻沈道士得清字》："风衢通阆苑，星使下层城。"孟郊《靖安寄居》："万马踏风衢，众尘随奔车。"

四　画

颳 〔yù《广韵》于筆切，入質，云。〕大风。参见"飆颳"。

五　画

颯 〔sà《广韵》蘇合切，入合，心。〕❶象声词。状风声。见《文选·宋玉〈风赋〉》。独孤及《和李尚书画射虎图歌》："杀气满堂观者骇，飒若崖谷生长风。"卢纶《和赵给事白蝇拂歌》："砉如寒隼惊暮禽，飒若繁埃得轻雨。"参见"颯然❶""颯颯❶"。❷吹，飘。杜甫《桔柏渡》："连笮动袅娜，征衣飒飘摇。"李端《同苗员外宿荐福寺僧舍》："回风生远径，落叶飒长廊。"又《秋日旅舍别司空文明》："凉风飒穷巷，秋思满高云。"沈彬《忆仙谣》："白榆风飒九天秋，王母朝回宴玉楼。"❸拂拭而过，经过。卢纶《浑赞善东斋戏赠陈归》："长裾珠履飒轻尘，闲以琴书列上宾。"司空曙《风筝》："飒树迟难度，萦空细渐销。"❹衰老，衰败。李白《赠别舍人弟台卿之江南》："觉罢揽明镜，鬓毛飒已霜。"岑参《秋夕读书幽兴献兵部李侍郎》："雨滋苔藓侵阶绿，秋飒梧桐覆井黄。"杜甫《夔府书怀四十韵》："翠华森远矣，白首飒凄其。"白居易《答卜者》："病眼昏似夜，衰鬓飒如秋。"❺迅疾貌。杜甫《大雨》："风雷飒万里，霈泽施蓬蒿。"李白《游泰山六首》之四："云行信长风，飒若羽翼生。"刘禹锡《武陵观火诗》："汹疑云涛翻，飒若鬼神趋。"❻忽然，突然。孟浩然《张七及辛大见寻南亭醉作》："纳凉风飒至，逃暑日将倾。"杜甫《湘江宴饯裴二端公赴道州》："交游飒向尽，宿昔浩茫然。"顾况《上古之什补亡训传十三章·十月之郊一章》："言用于阴，凉风飒兴。"贾岛《感秋》："商气飒已来，岁华又虚掷。"

【颯白】 谓须发衰白。孟郊《乙酉岁舍弟扶侍归兴义庄居后独止舍待替人》："丈夫耻自饰，衰须从飒白。"

【颯拉】 象声词。状迅速擦过去的声音。任华《怀素上人草书歌》："飘风骤雨相击射，速禄飒拉动檐隙。"

【颯沓】 亦作"颯踏"。❶众盛貌。王维《燕支行》："麒麟锦带佩吴钩，飒沓青骊跃紫骝。"李白《侠客行》："银鞍照白马，飒沓如流星。"又《入朝曲》："铙歌列骑吹，飒沓引公卿。"顾况《朝上清歌》："旌盖飒沓，箫鼓和些。"❷盘绕貌。王维《同卢拾遗过韦给事东山别二十韵》："会舞何飒沓，击钟弥朝昏。"李白《上云乐》："淋离飒沓，进退成行。"❸象声词。状风雨声、禽鸣声。沈佺期《早发成皋望河》："远近洲渚出，飒沓凫雁喧。"李峤《凫》："飒沓睢阳涘，浮游汉水限。"李颀《宿莹公禅房闻梵》："萧条已入寒空静，飒沓仍随秋雨飞。"沈佺期《奉和洛阳玩雪应制》："氛氲生浩气，飒沓舞回风。"杜甫《热三首》之二："想见阴宫雪，风门飒踏开。”亦借指风。杜甫《种莴苣》：“终朝纡飒沓，信宿罢潇洒。”

【飒爽】 矫健挺拔，威风凛凛。杜甫《丹青引赠曹将军霸》：“褒公鄂公毛发动，英姿飒爽来酣战。”又《画鹘行》：“高堂见生鹘，飒爽动秋骨。”李端《杂歌呈郑锡司空文明》：“高冠长剑立石堂，鬓眉飒爽瞳子方。”姚合《感时》：“君今才出身，飒爽鞍马春。”

【飒然】 ❶状风雨声。高适《宴韦司户山亭院》：“高馆何沉沉，飒然凉风起。”杜甫《秦州杂诗二十首》之十二：“俯仰悲身世，溪风为飒然。”白居易《偶作二首》之二：“清风飒然至，卧可致羲皇。”又《忆洛下故园》：“乡心坐如此，秋风仍飒然。”❷疾速，忽然。杜甫《牵牛织女》：“飒然精灵合，何必秋遂通。”李端《山中期吉中孚》：“年华惊已掷，志业飒然空。”裴次元《赋得亚夫碎玉斗》：“倏尔霜刃挥，飒然春冰碎。”陆龟蒙《补沈恭子诗》：“风雨一以过，林麓飒然秋。”❸衰老，衰败。卢纶《早春游樊川野居寄李端校书兼呈崔峒补阙司空曙主簿耿沣拾遗》：“飒然成一叟，谁更慕骞腾。”吴融《秋夕楼居》：“月里青山淡如画，露中黄叶飒然秋。”齐己《荆州新秋病起杂题一十五首·病起见庭莲》：“病起见庭莲，风荷已飒然。”❹茫然。刘威《旅中早秋》：“莫问前程事，飒然沙上蓬。”

【飒遝】 风轻柔和顺貌。陈陶《飞龙引》：“瑞风飒遝天光浅，瑶阙峨峨横露苑。”

【飒爾】 状风声。李白《秋思》：“芜然蕙草暮，飒尔凉风吹。”

【飒飒】 ❶象声词。多状风雨声。寒山《诗三百三首》之一六四：“松风清飒飒，鸟语声喧喧。”张偁《辞房相公》：“秋风飒飒雨霏霏，愁杀恓遑一布衣。”刘长卿《蛇浦桥下重送严维》：“秋风飒飒鸣条，风月相和寂寥。”李商隐《无题四首》之二：“飒飒东风细雨来，芙蓉塘外有轻雷。”亦指风。太宗《秋日敩庾信体》：“飒飒高天吹，氛澄下炽空。”❷衰老貌。寒山《诗三百三首》之一四七：“时催鬓飒飒，岁尽老惆惆。”又《诗三百三首》之二一七：“今日观镜中，飒飒鬓垂素。”杜甫《承沈八丈东美除膳部员外阻雨未遂驰贺奉寄此诗》：“徒怀贡公喜，飒飒鬓毛苍。”❸迅疾貌。杜甫《得舍弟观书赋诗即事情见乎词》：“飒飒开啼眼，朝朝上水楼。”又《石龛》：“奈何渔阳骑，飒飒惊烝黎。”❹萧索冷落貌。李白《送别》：“送君别有八月秋，飒飒芦花复益愁。”岑参《田使君美人舞如莲花北铤歌》：“忽作出塞入塞声，白草胡沙寒飒飒。”韦应物《慈恩寺南池秋荷咏》：“萧萧远尘迹，飒飒凌秋晓。”皎然《奉应颜尚书真卿观玄真子置酒张乐舞破阵画洞庭三山歌》：“秋空暮景飒飒容，翻疑是真画不得。”❺众盛貌。岑参《银山碛西馆》：“双双愁泪沾马毛，飒飒胡沙迸人面。”陈标《公无渡河》：“阴云飒飒浪花愁，半度惊湍半挂舟。”皮日休《鲁望昨以五百言见贻亦迭和之微旨也》：“风吹蔓草花，飒飒盈荒田。”

【飒踏】 见“飒沓”。

【飒飄】 大风。杜甫《赠崔十三评事公辅》：“飒飒定山桂，低徊风雨枝。”

飕

〔bá《广韵》蒲撥切，入末，並。又方伐切，入月，非。〕疾风。见《玉篇·风部》。卢仝《月蚀诗》：“封词付与小心风，飕排阊阖入紫宫。”

颭

〔zhǎn《广韵》占琰切，上琰，章。〕❶风吹物使颤动摇曳。见《说文》新附字及《正字通》。刘禹锡《浪淘沙九首》之四：“鹦鹉洲头浪颭沙，青楼春望日将斜。”白居易《采莲曲》：“菱叶萦波荷颭风，荷花深处小船通。”秦韬玉《钓翁》：“潭定静悬丝影直，风高斜颭浪纹开。”韦庄《河传》词之一：“画桡金缕，翠旗高颭香风。”❷舞弄，摇摆，摇动。元稹《景申秋八首》之三：“枕倾筒簟滑，幔颭案灯翻。”徐铉《赋得风光草际浮》：“颭若荷珠乱，纷如爝火飏。”和凝《杨柳枝》之一：“青青自是风流主，慢颭金丝待洛神。”❸吹，飘。韩愈《郴口又赠二首》之二：“雪颭霜翻看不分，雷惊电激语难闻。”白居易《早热二首》之二：“飞禽颭将坠，行人渴欲狂。”毛文锡《临江仙》词：“岸泊渔灯风颭碎，白蘋远散浓香。”欧阳炯《春光好》词之二：“风颭九衢榆叶动，簇青钱。”❹摇动闪忽。参见“颭豔”。

【颭閃】 飘动闪忽貌。元稹《高荷》：“颭闪碧云扇，团圆青玉叠。”又《纪怀赠李六户曹崔二十功曹五十韵》：“沾粘经汗席，颭闪尽油灯。”又《酬乐天待漏入阁见赠》：“颭闪才人袖，呕鸦软举环。”

【颭豔】 闪烁光亮貌。温庭筠《归国谣》词之二：“双脸，小凤战篦金颭艳。”

【颭灩】 水波荡漾貌。杜牧《题池州弄水亭》：“弄水亭前溪，颭滟翠绡舞。”温庭筠《鸿胪寺偶成四十韵》：“颭滟荡碧波，炫煌迷横塘。”

七　画

颴

〔xuàn〕指风旋转。参见“颴風”。

【颴風】 即旋风。李贺《神弦》：“海神山鬼来座中，纸钱窸窣鸣颴风。”又《马诗二十三首》之十六：“莫嫌金甲重，且去捉颴风。”

八　画

飄　〔pōu《广韵》匹尤切，平尤，滂。〕风吹动貌。李翱《江州南湖堤铭》："水积既深，大波其飄。"

颶　〔jù《集韵》衢遇切，去遇，羣。〕飓风。中国古籍中明代以前将台风称为飓风，明代以后按风情不同称呼，始有台风和飓风之别。韩愈《赴江陵途中寄赠三学士》："飓起最可畏，訇哮簸陵丘。"又《县斋有怀》："雷威固已加，飓势仍相借。"参见"颶風"。

【颶母】　预示飓风将至的云晕，形似虹霓。刘禹锡《送僧方及南谒柳员外》："海云悬飓母，山果属狙公。"白居易《送客春游岭南二十韵》："天黄生飓母，雨黑长枫人。"自注："飓母如断虹，欲大风即见。"皮日休《送圆载上人归日本国》："飓母影边持戒宿，波神宫里受斋归。"亦借指飓风。柳宗元《岭南江行》："射工巧伺游人影，飓母偏惊旅客船。"

【颶風】　即台风。顾况《送从兄使新罗》："飓风晴汨起，阴火暝潜烧。"韩愈《泷吏》："飓风有时作，掀簸真差事。"元稹《送崔侍御之岭南二十韵》："飓风狂浩浩，韶石峻崭崭。"顾云《天威行》："飓风忽起云颠狂，波涛摆掣鱼龙僵。"

【颶颮】　飓风。韩愈《山南郑相公樊员外酬答为诗依赋十四韵以献》："如新去耵聍，雷霆逼飓䬍。"

九　画

颺　〔yáng《广韵》與章切，平陽，以。又餘亮切，去漾，以。〕❶飞扬，飘扬。张说《奉和圣制同玉真公主游大歌山池题石壁》："神藻飞为鹳鸧赋，仙声飏出凤凰台。"刘禹锡《福先寺雪中酬别乐天》："离堂未暗排红烛，别曲含凄飏晚风。"李绅《端州江亭得家书二首》之一："雨中鹊语喧江树，风处蛛丝飏水浔。"韦庄《赠峨嵋山弹琴李处士》："茫茫四海本无家，一片愁云飏秋碧。"❷飞。王维《皇甫岳云溪杂题五首·鸬鹚堰》："乍向红莲没，复出清浦飏。"元稹《春晚寄杨十二兼呈赵八》："空际飏高蝶，风中聆素琴。"李群玉《送魏珪觐省》："飏天与瘴海，此去备沿历。"顾敻《浣溪沙》词之一："帘外有情双燕飏，槛前无力绿杨斜。"❸风吹。白居易《春末夏初闲游江郭二首》之一："雨埋钓舟小，风飏酒旗斜。"皮日休《酒中十咏·酒旗》："多为风所飏，时见酒名号。"❹船只缓缓行驶。崔湜《唐都尉山池》："曲渚飏轻舟，前溪钓晚流。"李白《流夜郎至江夏宴兴德寺南阁》："天乐流香阁，莲舟飏晚风。"❺水波荡漾。李建勋《离阙下日感恩》："斜日苇汀凝立处，远波微飏翠如苔。"❻抛，掷。抛球妓《拢毬诗》："隋家宫殿锁清秋，曾见婵娟飏绣毬。"❼传播。刘禹锡《竹枝词九首》引："故余亦作《竹枝词》九篇，俾善歌者飏之。"❽显示，表现。张聿《景风扇物》："渐飏抟扶势，应从橐籥功。"❾高声讲话。参见"颺言"。

【颺言】　大声说出的言论。储光羲《和张太祝冬祭马步》："烈火见陈信，飏言闻永存。"

【颺帆】　扯起船帆，使风鼓帆推动船前进。许浑《送客归峡中》："江风飏帆急，山月下楼迟。"

【颺颺】　❶飞翔貌。韦应物《长安遇冯著》："冥冥花正开，飏飏燕新乳。"元稹《和乐天秋题曲江》："绵绵红蓼水，飏飏白鹭鹚。"❷飘扬貌。元稹《月临花》："临风飏飏花，透影胧胧月。"

颸　〔sī《广韵》楚持切，平之，初。《集韵》新兹切，平之，心。〕❶疾风。见《文选·左思〈吴都赋〉》。罗隐《蟋蟀诗》："顽飔毙芳，吹愁夕长。"亦泛称各种风。许敬宗《奉和入潼关》："是节岁穷纪，关树荡凉飔。"元稹《开元观闲居酬吴士矩侍御三十韵》："初日先通牖，轻飔每透帘。"李咸用《塘上行》："横塘日澹秋云隔，浪织轻飔罗幂幂。"❷凉爽。李贺《巫山高》："楚魂寻梦风飔然，晓风飞雨生苔钱。"

【颸颸】　❶凉爽、微寒貌。郑嵎《津阳门诗》："飞霜殿前月悄悄，迎春亭下风飔飔。"温庭筠《罩鱼歌》："风飔飔，雨离离，菱尖茭刺鸂鶒飞。"又《寒食节日寄楚望二首》之二："飔飔杨柳风，穰穰樱桃雨。"❷凄清悲凉貌。温庭筠《春愁曲》："锦叠空床委堕红，飔飔扫尾双金凤。"皎然《吊灵均词》："国殇人悲兮雨飔飔，雨飔飔兮望君时。"刘景复《梦为吴泰伯作胜儿歌》："小弦切切怨飔飔，鬼哭神悲秋窸窣。"

颼　〔sōu《集韵》所救切，去宥，生。《玉篇》所流切。〕参见"颼颼""颼飀"。

【颼風】　象声词。形容风雨声。权澈《琵琶泫石壁诗刻》："柽柏飕飕杂风雨，龟龙睒睒游虚明。"

【颼颼】　❶象声词。状风声、雨声等。寒山《诗三百三首》之一四七："山腰云缦缦，谷口风飕飕。"杜甫《秋雨叹三首》之三："雨声飕飕催早寒，胡雁翅湿高飞难。"孟郊《宇文秀才斋中海柳咏》："霜风清飕飕，与君长相思。"唐彦谦《咏葡萄》："天风飕飕叶栩栩，蝴蝶声干作晴雨。"❷阴冷，寒冷。寒山《诗三百三首》之二六三："松月飕飕冷，云霞片片起。"岑参《登嘉州凌云寺作》："僧房云濛濛，夏月寒飕飕。"权德舆《马秀才草书歌》："有时当暑如清秋，满堂风雨寒飕飕。"杜牧《洛中送冀处士东游》："论今星璨璨，考古寒飕飕。"❸寂寞。陈羽《古意》:“男儿全盛日忘旧,银床羽帐空飕飗。”

【颼飀】 ❶象声词。状风雨声等。韦应物《学仙二首》之二:“上有青冥倚天之绝壁,下有飕飗万壑之松声。”司空曙《夜闻回雁》:“飕飗传细雨,嘹唳隔长云。”孟郊《独宿岘首忆长安故人》:“江城与沙村,人语风飕飗。”贾岛《上谷旅夜》:“月到寒窗空皓晶,风翻落叶更飕飗。”❷寒气,寒风。刘禹锡《始闻秋风》:“五夜飕飗枕前觉,一年颜状镜中来。”戴公怀《奉和郎中游仙山四瀑泉兼寄李吏部包秘监赵婺州齐处州》:“丛崖散滴沥,近谷藏飕飗。”❸风凛冽貌。李颀《听安万善吹觱篥歌》:“枯桑老柏寒飕飗,九雏鸣凤乱啾啾。”❹衰败。韩愈、孟郊《远游联句》:“当春忽凄凉,不枯亦飕飗。”

颾〔sāo《广韵》蘇遭切,平豪,心。〕❶象声词。状风声。参见“颾颾”。❷寒风凛冽貌。参见“颾颾❷”。

【颾颾】 ❶象声词。状风声。柳宗元《游南亭夜还叙志七十韵》:“淹泊遂所止,野风自颾颾。”❷寒风凛冽貌。白居易《寄献北都留守裴令公》:“汾云晴漠漠,朔吹冷颾颾。”

十　画

颻〔yáo《广韵》餘昭切,平宵,以。〕参见“颻颺”。

【颻颺】 高飞貌。寒山《诗三百三首》之十二:“不如鸿与鹤,飖飏入云飞。”韦应物《答李博士》:“檐雏已飖飏,荷露方萧飒。”

飀〔liú《广韵》力求切,平尤,來。〕参见“飀飀”。

【飀飀】 风吹貌,亦指风声。宋之问《宿云门寺》:“漾漾潭际月,飗飗杉上风。”刘长卿《杂咏八首上礼部李侍郎·幽琴》:“飗飗青丝上,静听松风寒。”元结《演兴四首·招太灵》:“风之声兮起飗飀,吹玄云兮散而浮。”皎然《风入松》:“西岭松声落日秋,千枝万叶风飗飗。”

䬛〔xiāo《广韵》許交切,平肴,曉。〕参见“䬛䬛”。

【䬛䬛】 风吹貌。长孙佐辅《山行书事》:“日落风䬛䬛,驱车行远郊。”

十一画

飄〔piāo《广韵》撫招切,平宵,滂。又符霄切,平宵,並。〕亦作“飃”。❶疾风,旋风。见《尔雅·释天》。参见“飄風”。❷风迅疾貌。皎然《江上风》:“江风西复东,飘暴忽何穷。”郭仁表《梦中辞》:“飘风暴雨可思惟,鹤望巢门敛翅飞。”❸风吹。白居易《续古诗十首》之七:“凉风飘嘉树,日夜减芳华。”薛涛《风》:“猎蕙微风远,飘弦唳一声。”姚合《游春十二首》之十:“看却烟光散,狂风处处飘。”徐夤《蔷薇》:“朝露洒时如濯锦,晚风飘处似遗钿。”❹细小物在空中飞扬、飘浮。张南史《雪》:“初从云外飘,还向空中噎。”白居易《春雪》:“大似落鹅毛,密如飘玉屑。”朱庆余《杭州卢录事山亭》:“曳履庭芜近,当身树叶飘。”翁洮《夏》:“大野烟尘飘赫日,高楼帘幕逗薰风。”❺谓声音、气味等在空气中传送和散发。王棨《风中琴》:“如筝飘阁上,似瑟鼓江浔。”又《边城晓角》:“清音飘远戍,残韵落荒营。”曹著《曲江亭望慈恩寺杏园花发》:“异香飘九陌,丽色映千门。”鱼玄机《暮春即事》:“香飘罗绮谁家席,风送歌声何处楼。”❻坠落。白居易《落花》:“桃飘火焰焰,梨堕雪漠漠。”杨衡《白纻歌二首》之一:“令君安坐听终曲,坠叶飘花难再复。”郑渥《塞上》:“到此客头潜觉白,未秋山叶已飘红。”黄滔《寄友人》:“君爱桃李花,桃李花易飘。”

【飘瓦】 ❶坠落的瓦片。喻指无意识之行为。柳宗元《酬娄秀才将之淮南见赠之什》:“机事齐飘瓦,嫌猜比拾尘。”亦指未曾预料到的行为。温庭筠《光风亭夜宴妓有醉殴者》:“拂巾双雉叫,飘瓦两鸳飞。”❷喻飘忽不定的事物。李商隐《重过圣女祠》:“一春梦雨常飘瓦,尽日灵风不满旗。”

【飘泛】 漂浮,漂荡。李中《舟次彭泽》:“飘泛经彭泽,扁舟思莫穷。”吕岩《题桐柏山黄先生庵门》:“云軿飘泛到凝阳,一见君兮在玄浦。”

【飘拂】 轻轻地飘动。李白《古风》之十九:“霓裳曳广带,飘拂升天行。”史凤《迷香洞》:“洞口飞琼佩羽霓,香风飘拂使人迷。”

【飘忽】 ❶疾速貌。李白《古风》之十一:“逝川与流光,飘忽不相待。”刘兼《偶有下殇因而自遣》:“缺圆宿会长如月,飘忽浮生疾似风。”❷时间短暂。李白《答王十二寒夜独酌有怀》:“人生飘忽百年内,且须酣畅万古情。”❸变化莫测。李白《忆崔郎中宗之游南阳遗吾孔子琴抚之潸然感旧》:“一朝摧玉树,生死殊飘忽。”耿沣《宿韦员外宅》:“人事多飘忽,邀欢讵可忘。”韩琮《风》:“竞持飘忽意何穷,为盛为衰半不同。”❹漂泊动荡。庾抱《别蔡参军》:“人世多飘忽,沟水易东西。”李白《淮阴书怀寄王宗成》：“沿洄且不定，飘忽怅徂征。”白居易《寄同病者》：“或有始壮者，飘忽如风花。”杨衡《送郑丞之罗浮中习业》：“百年泛飘忽，万事系衰荣。”❺隐约不清貌。徐铉《文献太子挽歌词五首》之二：“音容一飘忽，功业自纷纶。”

【飘卷】（—juǎn）飘动卷起。李绅《奉酬乐天立秋夕有怀见寄》：“薄帷乍飘卷，襟带轻摇飏。”

【飘泊】❶船只漂荡停泊。吴融《梅雨》：“少傍海边飘泊处，中庭自有两犁泥。”❷到处奔波，居无定所。孟浩然《岁除夜有怀》：“那堪正飘泊，来日岁华新。”杜甫《丹青引赠曹将军霸》：“即今飘泊干戈际，屡貌寻常行路人。”白居易《九江春望》：“淼茫积水非吾土，飘泊浮萍自我身。”任翻《冬暮野寺》：“飘泊仍千里，清吟欲断魂。”❸飘落。韩愈《杏花》：“今旦胡为忽惆怅，万片飘泊随西东。”❹飘荡。刘兼《秋夕书怀呈戎州郎中》之一：“素律初回枕簟凉，松风飘泊入华堂。”

【飘風】亦作“飃風”。旋风或暴风。李白《陈情赠友人》：“飘风吹云霓，蔽目不得语。”岑参《武威送刘单判官赴安西行营便呈高开府》：“赤亭多飃风，鼓怒不可当。”韦应物《往富平伤怀》：“飘风忽截野，嘹唳雁起风。”李贺《马诗二十三首》之十六：“莫嫌金甲重，且去捉飘风。”

【飘風暴雨】来势凶猛剧烈的风雨。郭仁表《梦中辞》：“飘风暴雨可思惟，鹤望巢门敛翅飞。”

【飘風驟雨】来势凶猛剧烈的风雨。李白《草书歌行》：“飘风骤雨惊飒飒，落花飞雪何茫茫。”任华《怀素上人草书歌》：“飘风骤雨相击射，速禄飒拉动檐隙。”

【飘素】❶下雪。上官仪《咏雪应诏》：“飘素迎歌上，翻光向舞移。”❷谓开出白花。韦应物《除日》：“冰池始泮绿，梅楦还飘素。”

【飘浮】❶飞翔。韩愈《双鸟诗》：“春风卷地起，百鸟皆飘浮。”❷在水面上漂荡。韩愈《送李尚书赴襄阳八韵得长字》：“控带荆门远，飘浮汉水长。”

【飘流】❶漂浮流动。杜牧《秋日偶题》：“绿眉甘弃坠，红脸恨飘流。”❷漂泊。李商隐《五月六日夜忆往岁秋与彻师同宿》：“万里飘流远，三年问讯迟。”孟贯《怀友人》：“浮世况多事，飘流每叹君。”

【飘淪】❶漂泊沦落。薛能《咏柳花》：“浮生失意频，起絮又飘沦。”贯休《读玄宗幸蜀记》：“及溜飘沦日，行宫寂寞时。”❷颓丧消沉。高适《酬别薛三蔡大留简韩十四主簿》：“纵诞非尔情，飘沦任疵贱。”

【飘逸】指文学作品风格清新洒脱，意境高远。司空图有《诗品二十四则·飘逸》。

【飘寄】漂泊寄居。白居易《早秋晚望兼呈韦侍御》：“夫君亦沦落，此地同飘寄。”

【飘淋】指水疾流之声。顾况《大茅岭东新居忆亡子从真》：“赪景宣叠丽，绀波响飘淋。”

【飘旋】漂流迂回。白居易《裴侍中晋公以集贤林亭即事诗以伸酬献》：“瞥过远桥下，飘旋深涧陲。”

【飘揚】亦作“飄颺”。❶风吹动。张祜《忧旱吟》：“炎熇肆蒸溽，南薰日飘扬。”温庭筠《走马楼三更曲》：“马过平桥通画堂，虎幡龙戟风飘扬。”❷随风摆动或飞扬。李白《送崔氏昆季之金陵》：“扁舟敬亭下，五两先飘扬。”张籍《惜花》：“日暮东风起，飘扬玉阶侧。”温庭皓《梅》：“零落移新暖，飘扬上故台。”唐彦谦《红叶》：“无处不飘扬，高楼临道旁。”❸漂泊。李白《古风》之四一：“永随长风去，天外恣飘扬。”韦应物《发广陵留上家兄兼寄上长沙》：“家贫无旧业，薄宦各飘飏。”❹飞翔。韩愈《岐山下二首》之二：“和声随祥风，窅窕相飘扬。”❺悠长深远貌。韦应物《西郊燕集》：“盛时易徂谢，浩思坐飘飏。”

【飘散】❶（—sǎn）飘动散开。李纾《让皇帝庙乐章·酌献》：“兰肴重错，椒醑飘散。”❷（—sàn）指风吹散。雍陶《美人春风怨》：“偏能飘散同心蒂，无那愁眉吹不开。”

【飘落】飘荡而下坠。贺知章《望人家桃李花》：“徒言南国容华晚，遂叹西家飘落远。”白居易《寄皇甫七》：“花樽飘落酒，风案展开书。”李商隐《代贵公主》：“芳条得意红，飘落忽西东。”方干《胡中丞早梅》：“谢公吟赏愁飘落，可得更拈长笛吹。”

【飘然】❶飘扬貌。皎然《南池杂咏五首·溪云》：“莫怪长相逐，飘然与我同。”又《白云歌寄陆中丞使君长源》：“黄金被烁玉亦瑕，一片飘然污不著。”栖白《送王炼师归嵩岳》：“飘然绿毛节，杳去洛城端。”陆龟蒙《和袭美醉中即席赠润卿博士次韵》：“共是虚皇简上仙，清词如羽欲飘然。”❷轻捷貌，迅疾貌。李白《古风》之七：“我欲一问之，飘然若流星。”杜甫《渔阳》：“猛将飘然恐后时，本朝不入非高计。”皎然《读张曲江集》：“飘然飞动姿，邈矣高简情。”❸飘飞；漂荡，漂浮。张祜《题弋阳馆》：“一叶飘然下弋阳，残霞昏日树苍苍。”温庭筠《赠郑处士》：“飘然随钓艇，云水是天涯。”陆龟蒙《奉和袭美初夏游楞伽精舍次韵》：“飘然兰叶舟，旋倚烟霞泊。”方干《自缙云赴郡溪流百里叙事四韵寄献段郎中》：“激箭溪湍势莫凭，飘然一叶若为乘。”❹高远貌，超脱貌。寒山《诗三百三首》之一九二：“道子飘然为殊特，二公善绘手毫挥。”白居易《早冬偶吟成章寄温谷周尊师中书李相公》：“飘然世尘外，鸾鹤如可追。”杜牧《念昔游三首》之一：“十载飘然绳检外，樽前自献自为酬。”李频《送友人游太原》：“孤帆几日悬，楚客思飘然。”❺漂泊。居无定所。善生

《送玉禅师》:"飘然无定迹,迥与律乘违。"白居易《西原晚望》:"近岁始移家,飘然此村住。"郑愚《泛石岐海》:"此日携琴剑,飘然事远游。"

【飘寓】 漂泊寄居。李绅《皋桥》:"伯鸾憔悴甘飘寓,非向嚣尘隐姓名。"

【飘蓬】 ❶飘飞的蓬草。皇甫冉《鲁山送别》:"凄凄游子若飘蓬,明月清樽只暂同。"贾岛《送友人游塞》:"飘蓬多塞下,君见益潸然。"❷喻漂泊不定。杜甫《赠李白》:"秋来相顾尚飘蓬,未就丹砂愧葛洪。"刘长卿《避地江东留别淮南使院诸公》:"旧业已应成茂草,余生只是任飘蓬。"赵嘏《悼亡二首》之二:"明月萧萧海上风,君归泉路我飘蓬。"温庭筠《过陈琳墓》:"曾于青史见遗文,今日飘蓬过古坟。"亦喻指漂泊者。戴叔伦《麓山寺会送尹秀才》:"飘蓬惊鸟那自定,强欲相留云树间。"李中《宿山店书怀寄东林令图上人》:"虎溪莲社客,应笑此飘蓬。"

【飘蓬客】 指漂泊者。吕岩《敲爻歌》:"汉终唐国飘蓬客,所以敲爻不可测。"牛峤《登陈拾遗书台览杜工部留题慨然成咏》:"虽称含香吏,犹是飘蓬客。"

【飘摇】 见"飘飖"。

【飘電】 闪电。韩偓《夏夜》:"猛风飘电黑云生,霎霎高林簇雨声。"

【飘零】 ❶轻微物体随风自空中降落。宋之问《芳树》:"叹息春风起,飘零君不见。"杜甫《天池》:"飘零神女雨,断续楚王风。"白居易《送兄弟回雪夜》:"寂寞满炉灰,飘零上阶雪。"王初《梅花二首》之二:"迎春雪艳飘零极,度夕蟾华掩映多。"❷飘荡,飘扬。郑准《云》:"飘零尽日不归去,点破清光万里天。"❸漂泊。孟浩然《送莫甥兼诸昆弟从韩司马入西军》:"平生早偏露,万里更飘零。"耿沣《雨中留别》:"悯默此中别,飘零何处期。"刘商《胡笳十八拍·第十四拍》:"还乡岂不见亲族,念此飘零隔生死。"刘沧《旅馆书怀》:"秋看庭树换风烟,兄弟飘零寄海边。"❹散失,死亡。孟郊《老恨》:"无子抄文字,老吟多飘零。"伏牛山人《三伤颂》之三:"蹭蹬遇丝罗,飘零喂蝼蚁。"南唐后主李煜《挽辞》之二:"秾丽今何在,飘零事已空。"❺凋谢,凋零。卢照邻《曲池荷》:"常恐秋风早,飘零君不知。"白居易《诗酒琴人例多薄命偶成狂咏聊写愧怀》:"只合飘零随草木,谁教凌厉出风尘。"赵嘏《赠天卿寺神亮上人》:"五看春尽此江渍,花自飘零日自曛。"❻寂凉貌。贯休《读玄宗幸蜀记》:"泣溻乾坤色,飘零日月旗。"

【飘塵】 飞扬的尘埃。陆畅《山出云》:"浓光藏半岫,浅色类飘尘。"

【飘蕩】 ❶风吹动。皎然《和邢端公春望旬旬有春字之什》:"春风正飘荡,春瓮莫须倾。"❷在空中随风飘扬、摆动。清昼、崔逵《重联句一首》:"浮云任从飘荡,寄隐也信沉浮。"李商隐《子直晋昌李花》:"樽前见飘荡,愁极客襟分。"温庭筠《河中陪帅游亭》:"添得五湖多少恨,柳花飘荡似寒梅。"吴融《子规》:"举国繁华委逝川,羽毛飘荡一年年。"❸在水面上浮游、漂动。白居易《大水》:"闾阎半飘荡,城堞多倾坠。"孟郊《送从舅端适楚地》:"归情似泛空,飘荡楚波中。"❹漂泊。居无定所。杜甫《羌村》之一:"世乱遭飘荡,生还偶然遂。"羊士谔《九月十日郡楼独酌》:"飘荡云海深,相思桂花白。"白居易《风雨晚泊》:"此生飘荡何时定,一缕鸿毛天地中。"顾况《湖中》:"丈夫飘荡今如此,一曲长歌楚水西。"❺形容情感不平静。骆宾王《赋得春云处处生》:"非将吴会远,飘荡帝乡情。"

【飘翩】 迅捷飞行貌。李白《春日行》:"三十六帝欲相迎,仙人飘翩下云軿。"

【飘蕭】 ❶鬓发稀疏貌。杜甫《义鹘》:"飘萧觉素发,凛欲冲儒冠。"又《大历三年春四十韵》:"飘萧将素发,汩没听洪炉。"郑嵎《津阳门诗》:"笑云鲐老不为礼,飘萧雪鬓双垂颐。"❷凋零坠落貌。张籍《雨中寄元宗简》:"竹影冷疏涩,榆叶暗飘萧。"贯休《古塞下曲七首》之六:"榆叶飘萧尽,关防烽寨重。"❸飞扬貌。白居易《小童薛阳陶吹觱栗歌》:"下声乍坠石沉重,高声忽举云飘萧。"❹象声词。状风声。元稹《书异》:"飘萧北风起,皓雪纷满庭。"白居易《晚凉偶咏》:"飘萧过云雨,摇曳归飞翼。"亦指风吹物声。杜牧《池州送孟迟先辈》:"烟院松飘萧,风廊竹交戛。"❺飘逸蓬松貌。白居易《筝》:"云髻飘萧绿,花颜旖旎红。"❻凉爽。杜牧《秋思》:"热去解钳钛,飘萧秋半时。"

【飘轉】 (—zhuǎn)❶回旋飘飞。杜甫《茅屋为秋风所破歌》:"高者挂罥长林梢,下者飘转沉塘坳。"❷漂泊转徙。杜甫《严氏溪放歌行》:"况我飘转无定所,终日戚戚忍羁旅。"

【飘颺】 见"飘扬"。

【飘簸】 飘摇颠簸。韩愈《南山诗》:"无风自飘簸,融液煦柔茂。"

【飘飖】 亦作"飘摇"。❶风吹貌。太宗《远山澄碧雾》:"仿佛分初月,飘飖度晓风。"陆敬《巫山高》:"别有阳台处,风雨共飘飖。"杜甫《夏夜叹》:"安得万里风,飘飖吹我裳。"皎然《访朱放山人》:"空闻天上风,飘飖不可觌。"❷飘扬,飞扬。包融《和陈校书省中玩雪》:"芸阁朝来雪,飘飖正满空。"韦应物《金谷园歌》:"洛阳陌上人回首,丝竹飘飖入青天。"张胜之《山出云》:"飘飖经绿野,明丽照晴春。"胡宿《残花》:"雨压残红一夜凋,晓来帘外正飘摇。"❸飞翔貌。元友直《小苑春望宫池柳色》:"断续游蜂聚,飘飖戏蝶轻。"李白《古风》之四五:"龙凤脱罔罟,飘飖将安托。"陆龟蒙

《奉和袭美太湖诗二十首·毛公坛》:"飘飖驾翔螭,白日朝太清。"❹飘荡,晃动。席豫《江行纪事二首》之一:"飘飖任舟楫,回合傍江津。"王建《酬柏侍御闻与韦处士同游灵台寺见寄》:"松根载殿高,飘飖仙山浮。"❺松动,不牢固。韩愈《寄崔二十六立之》:"所余十九齿,飘飖尽浮危。"❻迅疾貌。韦应物《始除尚书郎别善福精舍》:"俯仰垂华缨,飘飖翔轻毂。"❼漂泊,流落。袁瓘《鸿门行》:"万里长飘飖,十年计不就。"杜甫《草堂》:"飘飖风尘际,何地置老夫。"皇甫冉《临平道赠同舟人》:"流荡飘飖此何极,唯应行客共知心。"孟郊《远愁曲》:"飘飖何所从,遗冢行未逢。"❽举止轻盈洒脱。张九龄《南山下旧居闲放》:"寂寞心还闲,飘飖体自虚。"李白《游泰山六首》之一:"玉女四五人,飘飖下九垓。"柳泌《玉清行》:"照彻圣姿严,飘飖神步徐。"❾遥远貌。高适《燕歌行》:"边庭飘飖那可度,绝域苍茫更何有。"白居易《续古诗十首》之二:"掩泪别乡里,飘飖将远行。"亦指飘渺貌。韦应物《燕李录事》:"近臣零落今犹在,仙驾飘飖不可期。"❿驰思高远貌。韦应物《长安道》:"丽人绮阁情飘飖,头上鸳钗双翠翘。"

【飘飘】 ❶风吹貌。张说《春雨早雷》:"东北春风至,飘飘带雨来。"李白《月夜江行寄崔员外宗之》:"飘飘江风起,萧飒海树秋。"皎然《张伯英草书歌》:"更睹邓林花落朝,狂风乱搅何飘飘。"韩愈《丰陵行》:"清风飘飘轻雨洒,偃蹇旗旆卷以舒。"❷飘扬,飞扬。元结《宴湖上亭作》:"欲去未回时,飘飘正堪望。"无可《送僧归中条》:"夜叶动飘飘,寒来话数宵。"❸飞,飞翔。元结《演兴四首·闵岭中》:"跻予身之飘飘,承予步之跋跋。"李咸用《投所知》:"谁能借与抟扶势,万里飘飘试一飞。"孙鲂《牡丹落后有作》:"蓄恨绮罗犹眷眷,薄情蜂蝶去飘飘。"❹漂泊不定。孟云卿《悲哉行》:"飘飘万余里,贫贱多是非。"刘长卿《睢阳赠李司仓》:"飘飘洛阳客,惆怅梁园秋。"赵嘏《三像寺酬元秘书》:"不因高寺闲回首,谁识飘飘一寒翁。"❺漂荡,漂浮。薛据《泛太湖》:"万顷波涵一碧秋,飘飘随处任轻舟。"❻遥远貌。杜甫《高都护骢马行》:"功成惠养随所致,飘飘远自流沙至。"❼形容思想、意趣高远。李白《留别曹南群官之江南》:"飘飘紫霞心,流浪忆江乡。"杜牧《送刘秀才归江陵》:"落落精神终有立,飘飘才思杳无穷。"陆龟蒙《和袭美伤开元观顾道士》:"武皇徒有飘飘思,谁问山中宰相名。"❽舒畅得意貌。白居易《月夜登阁避暑》:"开襟当轩坐,意泰神飘飘。"

【飘飘飖飖】 飘扬貌。牛殳《琵琶行》:"飘飘飖飖寒丁丁,虫豸出蛰神鬼惊。"

【飘灑】 飘舞着落下。元结《引东泉作》:"有时散成雨,飘洒随清风。"白居易《和微之春日投简阳明洞天五十韵》:"泉岩雪飘洒,苔壁锦漫糊。"唐彦谦《舟中望紫岩》:"飘洒从何来,衣巾湿微凉。"李中《秋雨二首》之一:"飘洒当穷巷,苔深落叶铺。"

颷 〔hénɡ《广韵》户盲切,平庚,匣。〕即暴风。韩愈、孟郊《城南联句》:"灵燔望高冋,龙驾闻敲颷。"

飁 〔xí《广韵》似入切,入缉,邪。〕参见"飒₂飁"。

飂 〔liù《广韵》力救切,去宥,來。又力求切,平尤,來。〕为古国名。参见"飂叔"。

【飂叔】 为古飂国君主名。李贺《马诗二十三首》之九:"飂叔去匆匆,如今不豢龙。"

十二画

飆 〔biāo《集韵》卑遥切,平宵,幫。〕❶指旋风,暴风。见《汉书·扬雄传上》。亦泛指风。许敬宗《游清都观寻沈道士得清字》:"蕙帐晨飙动,芝房夕露清。"韦应物《九日沣上作寄崔主簿倬二李端系》:"林叶索已空,晨禽迎飙起。"鲍溶《寒夜吟》:"霜飙乘阴扫地起,旅鸿迷雪绕枕声。"李郢《冬至后西湖泛舟看断冰偶成长句》:"一阳生后阴飙竭,湖上层冰看折时。"❷迅疾貌。参见"飙歘"。

【飆光】 指闪动的光。孟浩然《鹦鹉洲送王九游江左》:"滩头日落沙碛长,金沙熠熠动飙光。"

【飆車】 指神话传说中御风而行的神车。李白《古风》之四:"羽驾灭去影,飙车绝回轮。"吴筠《步虚词十首》之四:"飙车涉寥廓,靡靡乘景迁。"吕岩《汉宫春》:"梦逐飙车,乾坤星火。"

【飆御】 即神驾。皮日休《奉和鲁望上元日道室焚修》:"飙御有声时杳杳,宝衣无影自珊珊。"又《奉和再招》:"飙御已应归杳眇,博山犹自对氛氲。"

【飆然】 迅疾貌。来鹄《圣政纪颂》序:"则陛下徒有宵衣旰食之名,规天条地之绩,与群臣言后,若飙然拂冠过冕,湮时销日,无得用于后。"

【飆馳】 指迅速奔驰。权德舆《送别沅汎》:"琢磨贵分阴,岁月若飙驰。"元稹《表夏十首》之四:"玉委有余润,飙驰无去踪。"白居易《江州赴忠州至江陵已来舟中示舍弟五十韵》:"云展帆高挂,飙驰棹迅征。"

【飆颮】 象声词。状风声。上官昭容《游长宁公主流杯池二十五首》之三:"檀栾竹影,飙飑松声。"

【飆塵】 指风卷起的尘土。皎然《同薛员外谊久旱感怀寄兼呈上杨使君》:"赤地芳草死,飙尘惊四塞。"

【飆輪】 犹飙车。李德裕《遥伤茅山县孙尊师三首》之二:"金格期初至,飙轮去不停。"陆龟蒙《和袭美江南道中怀茅山广文南阳博士三首次韵》之一:"莫言洞府能招隐,会辗飙轮见玉皇。"吴融《和韩致光侍郎无题三首十四韵》之一:"瘦难胜宝带,轻欲驭飙轮。"徐铉《赠奚道士》:"他日飙轮谒茅许,愿同鸡犬去相随。"

【飆欻】 指迅速。李白《玉真仙人词》:"清晨鸣天鼓,飙欻腾双龙。"陆龟蒙《奉和袭美太湖诗二十首·上真观》:"坐进金碧腴,去驰飙欻驾。"

十三画

颾 〔sè《广韵》所�切,入櫛,生。〕参见"颾颾"。

【颾颾】 象声词。状风声。王周《西山晚景》:"半引弯弯月,微生颾颾风。"又《和程刑部三首·碧鲜亭》:"颾颾笼清籁,萧萧锁翠阴。"

十八画

飍 〔xiū《广韵》香幽切,平幽,曉。〕指风。见北周卫元嵩《元包经·仲阴》。韦应物《拟古诗十二首》之三:"世人不自悟,驰谢如惊飍。"

飛　部

飛〔fēi《广韵》甫微切，平微，非。〕❶飞翔。鸟、虫等鼓动翅膀在空中活动。李白《蜀道难》："黄鹤之飞尚不得过，猿猱欲度愁攀援。"张叔卿《空灵岸》："今朝下湘岸，更逐鹧鸪飞。"白居易《和答诗十首·和大觜乌》："飞来庭树上，初但惊儿童。"司马扎《登河中鹳鹊楼》："鹳雀飞何处，城隅草自春。"❷物体在空中飘荡、飘浮或飘扬。岑参《梁园歌送河南王说判官》："梁园二月梨花飞，却似梁王雪下时。"白居易《春雪》："月晦寒食天，天阴夜飞雪。"裴说《庐山瀑布》："崄飞千尺雪，寒扑一声雷。"武昌妓《续韦蟾句》："武昌无限新栽柳，不见杨花扑面飞。"亦指晃动。许稷《赋得风动万年枝》："琼树偏春早，光飞处处宜。"❸指飞禽。白居易《杂兴三首》之一："美人挟银镝，一发叠双飞。"刘商《胡笳十八拍·第九拍》："髯胡少年能走马，弯弓射飞无远近。"❹飞升，上升。喻贵显得志。萧颖士《送张翚下第归江东》："俱飞仍失路，彩服迩清波。"参见"飛沈""飛騰❷"。❺疾驶，奔驰。郑愔《同韦舍人早朝》："飞马看来影，喧车识驻音。"李白《送客归吴》："江村秋雨歇，酒尽一帆飞。"章孝标《送金可纪归新罗》："风高一叶飞鱼背，潮净三山出海心。"许浑《题卫将军庙》："武牢关下护龙旗，挟槊弯弧马上飞。"❻迅速传送、传递。刘湾《出塞曲》："羽书如流星，飞入甘泉宫。"高适《燕歌行》："校尉羽书飞瀚海，单于猎火照狼山。"武元衡《度东径岭》："更看飞白羽，胡马在封陲。"白居易《元和十三年淮寇未平诏停岁仗愤然有感率尔成章》："愚计忽思飞短檄，狂心便欲请长缨。"❼特指传杯饮酒。宗楚客《奉和幸上阳宫侍宴应制》："湛露飞尧酒，熏风入舜弦。"李怀远《凝碧池侍宴看竞渡应制》："列筵飞翠斝，分曹戏鹢舟。"韩愈《奉酬振武胡十二丈大夫》："横飞玉盏家山晓，远蹀金珂塞草春。"姚合《寄陕府内兄郭冏端公》："同游山水穷，狂饮飞大觥。"❽飞溅。李绅《逾岭峤止荒陬抵高要》："万壑奔伤溢作泷，湍飞浪激如绳直。"杨发《山泉》："半空飞下水，势去响如雷。"

【飛日】　指运行中的太阳。李百药《和许侍郎游昆明池》："羽觞倾绿蚁，飞日落红鲜。"

【飛月】　指运行中的月亮。王勃《江亭夜月送别二首》之二："乱烟笼碧砌，飞月向南端。"李正封《咏露》："流尘清远陌，飞月澄高阁。"

【飛文】　❶指挥笔为文，撰写诗文。刘宪《闰九月九日幸总持寺登浮图应制》："临睨光辉满，飞文动睿神。"李白《陪族叔当涂宰游化城寺升公清风亭》："飞文何洒落，万象为之摧。"刘禹锡《句》："飞文斗疾敲铜器，陪宴会欢吐锦茵。"裴潾《前相国赞皇公命作浙右辄抒怀赋四言诗十四首奉寄》之二："挥翰飞文，入侍左右。"❷谓诽谤他人的匿名文书。孟郊《赠章仇将军》："本立谁敢拔，飞文自难穷。"

【飛劄】　❶指飞速写成的信件。元稹《僧如展及韦载同游碧涧寺各赋诗予方属和未毕自此不复撰成徒以四韵为识》："紫毫飞札看犹湿，黄字新诗和未成。"又《赠严童子》："十岁佩觿娇稚子，八行飞札老成人。"❷急送的信件。刘太真《顾十二况左迁过韦苏州房杭州韦睦州三使君皆有郡中燕集诗因亦成篇以继三君子之风焉》："飞札谢三守，斯篇希见酬。"

【飛仙】　即会飞的仙人。马戴《府试观开元皇帝东封图》："迹类飞仙去，光同拜日来。"

【飛仙子】　即会飞的仙人。张籍《求仙行》："汉皇欲作飞仙子，年年采药东海里。"

【飛仙閣】　为栈道名。杜甫有《飞仙阁》。

【飛白】　为一种风格特殊的书体。相传东汉蔡邕过鸿都门，见匠人用刷帚蘸石灰水涂字，得到启发而有此创。其体介于篆、隶之间，笔画间有丝丝露白处。今存武则天书《升仙太子碑》额，即是此体。岑文本有《奉述飞白书势》。亦借指书写、写作。白居易《与诸客空腹饮》："促膝才飞白，酡颜已渥丹。"

【飛灰】　即律管中飞动的葭灰。古代以此候测定季节变化。阳先行《和张燕公湘中九日登高》："重阳初启节，无射正飞灰。"张濯《迎春东郊》："飞灰将应节，宾日已知春。"

【飛光】　❶指日、月、星之光等。李白《古风》之五五："珍色不贵道，讵惜飞光沉。"李贺《感讽六首》之一："飞光染幽红，夸娇来洞房。"又《苦昼短》："飞光飞光，劝尔一杯酒。"孟郊《路病》："飞光赤道路，内火焦肺肝。"❷指耀光，闪光。裴次元《赋得亚夫碎玉斗》："飞光动旗帜，散响惊环珮。"徐夤《追和贾浪仙古镜》："谁开黄帝桥山冢，明月飞光出九泉。"无名氏《秦家行》："彗孛飞光照天地，九天瓦裂屯冤气。"

【飛名】　指传播名声。李峤《豹》："委质超羊鞟，飞名列虎侯。”

【飛沙】　指飞动的沙粒。薛能《黄河》:“飞沙当白日,凝雾接黄昏。”

【飛沙走石】　使沙石飞扬滚动。谓风势猛烈。任华《怀素上人草书歌》:“飞沙走石满穷塞,万里飕飕西北风。”

【飛羽】　❶泛指鸟类。刘禹锡《卧病因寄李六侍御》:“瘴烟跕飞羽,沴气伤百骸。”黄滔《南海幕和段先辈送韦侍御赴阙》:“魏阙别当飞羽翼,燕台独且占风流。”❷指射箭。高宗《九月九日》:“挥鞭争电烈,飞羽乱星光。”

【飛走】　即飞禽走兽。李白《献从叔当涂宰阳冰》:“惠泽及飞走,农夫尽归耕。”吕从庆《戏题金鳌山》:“闲花老树满馥郁,飞走异类争蹁跹。”

【飛花】　❶指落花飘飞。韩翃《寒食》:“春城无处不飞花,寒食东风御柳斜。”王周《和杜运使诗三首》之一:“随柳参差破绿芽,此中依约欲飞花。”❷谓雪花。高骈《对雪》:“六出飞花入户时,坐看青竹变琼枝。”❸指水花。李郢《洞灵观流泉》:“千岩万壑分流去,更引飞花入洞天。”❹指飞溅出的酒花。高适《同河南李少尹毕员外宅夜饮时洛阳告捷遂作春酒歌》:“杯中绿蚁吹转来,瓮上飞花拂还有。”

【飛車】　指传说中乘风飞行的车。韩愈《感春三首》之二:“谁能驾飞车,相从观海外。”

【飛步】　指飞步,快步。李白《自巴东舟行晚还题壁》:“飞步凌绝顶,极目无纤烟。”韩愈《送惠师》:“脱冠剪头发,飞步遗踪尘。”黄滔《绛州郑尚书》:“谏垣虚位期飞步,翰苑含毫待纪公。”徐铉《步虚词五首》之一:“凝神归罔象,飞步入青冥。”

【飛沈】　❶指飞升和沉落。白居易《寓意诗五首》之三:“云雨一为别,飞沉两难并。”李商隐《摇落》:“水亭吟断续,月幌梦飞沉。”❷指鱼鸟。《郊庙歌辞·祭神州乐章·送神》:“草树沾和,飞沉沐惠。”羊士谔《上元日紫极宫门观州民然灯张乐》:“唯将圣明化,聊以达飞沉。”刘禹锡《和乐天闲园独赏八韵因成小巧以取大咍》:“动植随四气,飞沉含五情。”薛逢《送西川梁常侍之新筑龙山城并锡赉两州刺史》:“化须均草树,恩不间飞沉。”

【飛英寺】　寺名。在今浙江吴县境。钱弘俶有《飞英寺》。

【飛雨】　❶指飞飘的雨。王昌龄《郑县宿陶太公馆中赠冯六元二》:“飞雨祠上来,霭然关中暮。”杜甫《雨》:“行云递崇高,飞雨霭而至。”❷指骤雨。杜甫《立秋雨院中有作》:“飞雨动华屋,萧萧梁栋秋。”

【飛奔】　指飞翔和奔跑。韩愈《陆浑山火和皇甫湜用其韵》:“焨炰煨爊孰飞奔,祝融告休酌卑尊。”

【飛昇】　谓羽化而升仙。符载《题李八百洞》:“后世何人来飞升,紫阳真人李八百。”李群玉《别尹炼师》:“多君飞升志,机悟独超拔。”郑璧《和袭美伤顾道士》:“门人不睹飞升去,犹与浮生哭恨同。”吕岩《七言》之十六:“不日成丹应换骨,飞升遥指玉皇家。”

【飛兔】　骏马名。虞世南《门有车马客》:“高谈辩飞兔,摛藻握灵蛇。”杜甫《八哀诗·赠司空王公思礼》:“飞兔不近驾,鸷鸟资远击。”

【飛狐】　要隘名。在今河北蔚县东南。两崖壁立,一线微通,逶迤绵延,百有余里。为古代华北平原通往晋北高原的交通咽喉。沈佺期《塞北二首》之二:“冰壮飞狐冷,霜浓候雁哀。”

【飛狖】　谓行动快捷的猿猴。林宽《送僧游太白峰》:“悬崖倚冻瀑,飞狖过孤枝。”陆龟蒙《杂讽九首》之九:“捷可搏飞狖,健能超橐驼。”

【飛空】　指飞入空中。储光羲《咏山泉》:“映地为天色,飞空作雨声。”薛涛《赋凌云寺二首》之二:“闻说凌云寺里花,飞空绕磴逐江斜。”

【飛弧】　指射箭。张蠙《边将》:“上马乘秋欲建勋,飞弧夜阙出师频。”

【飛珂】　马饰。珂色如白玉,相击有声,常作马勒的饰物。无名氏《长安早春》:“风送飞珂响,尘蒙翠辇光。”

【飛軒】　❶指廊宇。刘孝孙《游清都观寻沈道士得仙字》:“飞轩俯松柏,抗殿接云烟。”许浑《出永通门经李氏庄》:“飞轩危槛百花堂,朝宴歌钟暮已荒。”❷指轻车,飞快的车。卢纶《和金吾裴将军使往河北宣慰因访张氏昆季旧居兼寄赵侍郎赵卿拜陵未回》:“飞轩不驻轮,感激汉儒臣。”吴融《出潼关》:“飞轩何满路,丹陛正求才。”

【飛星】　即流星。太宗《秋日即目》:“落野飞星箭,弦虚半月弓。”杜甫《中宵》:“飞星过水白,落月动沙虚。”张昭《汉宗庙乐舞辞》:“巢阿丹凤衔书命,入昴飞星献宝符。”

【飛香】　指飘香。李商隐《日高》:“飞香上云春诉天,云梯十二门九关。”

【飛泉】　指喷泉。狄仁杰《奉和圣制夏日游石淙山》:“飞泉洒液恒疑雨,密筱含凉镇似秋。”严维、刘全白等《经兰亭故池联句》:“滑苔封石磴,密篆碍飞泉。”李商隐《骊山有感》:“骊岫飞泉泛暖春,九龙呵护玉莲房。”陆龟蒙《江南秋怀寄华阳山人》:“懒桧推岚影,飞泉撼玉琤。”

【飛涎】　指喷飞口沫。杜甫《秋日夔府咏怀奉寄郑监李宾客一百韵》:“风期终破浪,水怪莫飞涎。”

【飛津】　指飞起的水沫。孟郊《江邑春霖奉赠陈侍御》:“枕席病流湿,檐楹若飞津。”

【飛神】 指飞行的天神。李贺《出城别张又新酬李汉》:"欲使十千岁,帝道如飞神。"

【飛飛】 ❶飞行貌。张九龄《登郡城南楼》:"澹澹澄江漫,飞飞度鸟疾。"陈子昂《感遇诗三十八首》之二一:"飞飞未能止,黄雀来相干。"韩愈《双鸟诗》:"双鸟海外来,飞飞到中州。"白居易《感鹤》:"鹤有不群者,飞飞在野田。"❷飞扬貌,飘浮貌。王勃《临江二首》之一:"泛泛东流水,飞飞北上尘。"李适《汾阴后土祠作》:"雄图今安在,飞飞有白云。"韩愈《池上絮》:"池上无风有落晖,杨花晴后自飞飞。"贯休《读顾况歌行》:"花飞飞,雪霏霏,三珠树晓珠累累。"❸轻捷貌。宋之问《饯中书侍郎来济》:"暧暧去尘昏灞岸,飞飞轻盖指河梁。"

【飛馬】 指快马。郑愔《同韦舍人早朝》:"飞马看来影,喧车识驻音。"

【飛素】 指飞雪。慧净《冬日普光寺卧疾值雪简诸旧游》:"凝华照书阁,飞素涴琴弦。"

【飛埃】 指飞起的尘埃。薛能《赠出塞客》:"出郊征骑逐飞埃,此别惟愁春未回。"郑嵎《津阳门诗》:"当时清影荫红叶,一旦飞埃埋素规。"

【飛莖】 指直生枝条。元稹《兔丝》:"缠萦竟何者,荆棘与飞茎。"

【飛破鏡】 谓月半。见《古绝句》。王昌龄《送裴图南》:"漫道闺中飞破镜,犹看陌上别行人。"

【飛航】 指飞速航行的船只。宋务光《海上作》:"惊浪晏穷溟,飞航通绝域。"吕温《奉和李相公偶书所怀奉呈门下武相公中书郑相公》:"卧鼓流沙静,飞航涨海安。"

【飛席】 指张开的船帆。孙逖《江行有怀》:"飞席乘风势,回流荡日晖。"

【飛旆】 指挥舞着旗帜。明皇《早度蒲津关》:"鸣銮下蒲坂,飞旆入秦中。"宋璟《蒲津迎驾》:"回銮下蒲坂,飞旆指秦京。"

【飛浮】 指雨势。韩愈、孟郊《秋雨联句》:"漻泻殊未终,飞浮亦云泰。"

【飛流】 指瀑布,飞泉。卢鸿一《嵩山十志十首·涤烦矶》序:"发地盘石,飞流攒激。"李白《望庐山瀑布水二首》之二:"飞流直下三千尺,疑是银河落九天。"皎然《晨登乐游原望终南积雪》:"琼峰埋积翠,玉嶂掩飞流。"孔德绍《南隐游泉山》:"临崖俯大壑,披雾仰飞流。"

【飛卿】 温庭筠字。李商隐有《闻着明凶问哭寄飞卿》。

【飛浪】 指汹涌的波浪。皮日休《奉和鲁望白鸥诗》:"池无飞浪争教舞,洲少轻沙若遣栖。"

【飛書】 ❶指用箭系书射送。明皇《饯王晙巡边》:"檄来虽插羽,箭去亦飞书。"张继《酬李书记校书越城秋夜见赠》:"投阁嗤扬子,飞书代鲁连。"吴融《简州归降贺京兆公》:"云间堕箭飞书去,风里擎竿露布来。"❷指疾速传递文书。钱起《送上官侍御》:"飞书报明主,烽火静天涯。"方干《赠功成将》:"飞书谕强寇,计日下重城。"杜牧《分司东都寓居履道叨承川尹刘侍郎大夫恩知上四十韵》:"捧诏巡汧陇,飞书护井陉。"❸指迅速传递书信或传递迅速的书信。周贺《投江州张郎中》:"减药痊余癖,飞书苦问贫。"赵嘏《昔昔盐二十首·今岁往辽西》:"万里飞书至,闻君已渡辽。"陆龟蒙《和袭美初冬偶作寄南阳润卿次韵》:"不知海上今清浅,试与飞书问洛公。"徐夤《送卢拾遗归华山》:"门前旧客期相荐,犹望飞书及主文。"

【飛書走檄】 即快捷地书写文件。李白《送程刘二侍郎兼独孤判官赴安西幕府》:"绣衣貂裘明积雪,飞书走檄如飘风。"

【飛黄】 指神话中的神马名。张说《舞马千秋万岁乐府词三首》之三:"不因兹白人间有,定是飞黄天上来。"韩琮《咏马》:"早晚飞黄引同皂,碧云天上作鸾鸣。"

【飛黄騰踏】 形容马的奔驰。韩愈《符读书城南》:"飞黄腾踏去,不能顾蟾蜍。"

【飛控】 指策马飞驰。独孤及《和李尚书画射虎图歌》:"彤弓金鍭当者谁,鸣鞭飞控流星驰。"裴度《酬张秘书因寄马赠诗》:"飞控着鞭能顾我,当时王粲亦从军。"

【飛梯】 指悬于高空的阶梯。亦指架梯于高空。李白《登锦城散花楼》:"飞梯绿云中,极目散我忧。"韦庄《信州西三十里山名仙人城下有月岩山聊赋是诗》:"腾腾上天半,玉镜悬飞梯。"

【飛雪】 ❶指下雪,飘雪。岑参《白雪歌送武判官归京》:"北风卷地白草折,胡天八月即飞雪。"❷指飞舞的雪花。胡皓《奉天田明府席饯别》:"疾沙乱飞雪,连车杂转蓬。"杜甫《八哀诗·赠司空王公思礼》:"翠华卷飞雪,熊虎亘阡陌。"

【飛毬】 ❶指抛在空中的彩球。徐铉《抛球乐辞二首》之一:"歌舞送飞毬,金觥碧玉筹。"❷指球状的柳絮。詹敦仁《柳堤诗》序:"春云暮矣,雪絮飞毬,悠扬远近,叹人生之聚散,宜闲居而自适也。"

【飛動】 ❶指飘逸生动。韩愈、孟郊《城南联句》:"危望跨飞动,冥升蹑登闳。"孟郊《逢江南故昼上人会中郑方回》:"尘生逍遥注,墨故飞动字。"方干《赠郑仁规》:"可怜丽句能飞动,荀宋精灵亦厚颜。"吴融《寄贯休上人》:"世上浮沉应念我,笔端飞动只降君。"❷指飘动,浮动。宗楚客《奉和幸安乐公主山庄应制》:"水边重阁含飞动,雪里孤峰类削成。"吴融《赠晋光上人草书歌》："忽然飞动更惊人，一声霹雳龙蛇活。"

【飛術】 谓飞升化仙之术。李白《望黄鹤楼》："颇闻列仙人，于此学飞术。"

【飛鳥】 即鸟。刘长卿《送独孤判官赴岭》："岭海看飞鸟，天涯问远人。"白居易《晚归香山寺因咏所怀》："朝随浮云出，夕与飞鸟还。"杜牧《独酌》："长空碧杳杳，万古一飞鸟。"韦庄《天井关》："守吏不教飞鸟过，赤眉何路到吾乡。"

【飛毫】 谓提笔写作。李适《奉和圣制九日侍宴应制得高字》："王枚俱得从，浅浅愧飞毫。"

【飛章】 ❶指报告急变或急事的奏章。元稹《阳城驿》："飞章八九上，皆若珠暗投。"❷谓迅急上奏章。黄滔《放榜日》："郄诜联臂升天路，宣圣飞章奏日华。"又《书事》："飞章奏西蜀，明诏与殊功。"

【飛梁】 亦作"飛樑"。❶指凌空架设的桥。欧阳詹《陪太原郑行军中丞登汾上阁即事上答》："城槐临枉渚，巷市接飞梁。"皎然《奉和崔中丞使君论李侍御萼登烂柯山宿石桥寺效小谢体》："飞梁丹霞接，古局苍苔封。"❷指屋梁。李白《经乱离后天恩流放夜郎忆旧游书怀赠江夏韦太守良宰》："醉舞纷绮席，清歌绕飞梁。"吕温《奉陪段相公晚夏登张仪楼》："有舌嗟秦策，飞樑驾楚材。"

【飛將】 (—jiāng)为飞将军的省称。西汉武帝时右北平太守李广，英勇善战，体恤士卒，匈奴称他为汉之飞将军。亦泛称英勇善战的将领。王昌龄《出塞二首》之一："但使龙城飞将在，不教胡马度阴山。"严武《军城早秋》："更催飞将追骄虏，莫遣沙场匹马还。"刘禹锡《平蔡州三首》之一："汉家飞将下天来，马箠一挥门洞开。"李涉《寄河阳从事杨潜》："吾友从军在河上，腰佩吴钩佐飞将。"

【飛越】 犹飞扬。李群玉《别尹炼师》："尘笼罩浮世，遐思空飞越。"黄滔《投翰长赵侍郎》："攀鸿日浅魂飞越，为鲤年深势噞喁。"

【飛揚】 亦作"飛颺"。❶指飞，飘扬。杜甫《夏夜叹》："虚明见纤毫，羽虫亦飞扬。"李端《与郑锡游春》："映花莺上下，过水蝶飞扬。"白居易《挽歌词》："丹旐何飞扬，素骖亦悲鸣。"温庭筠《鸿胪寺有开元中锡宴堂偶成四十韵》："四海正夷宴，一尘不飞扬。"齐己《寄孙鲂秀才》："书案飞飏风落絮，地苔狼藉燕衔泥。"❷指精神昂扬、振奋。李白《游泰山六首》之三："精神四飞扬，如出天地间。"吴融《秋兴》："襟期渐萧洒，精爽欲飞扬。"❸心神不安貌。李白《出自蓟北门行》："明主不安席，按剑心飞扬。"又《酬崔五郎中》："壮士心飞扬，落日空叹息。"

【飛揚跋扈】 谓意气豪迈，狂放不羁。杜甫《赠李白》："痛饮狂歌空度日，飞扬跋扈为谁雄。"

【飛棟】 高耸的屋梁。苏颋《奉和圣制幸礼部尚书窦希玠宅应制》："飞栋临青绮，回舆转翠华。"

【飛棹】 亦作"飛櫂"。❶指飞快地划桨。张说《游洞庭湖湘》："飞棹越溟波，维舟恣攀陟。"❷飞驶的船只。杜审言《春日江津游望》："飞棹乘空下，回流向日平。"张均《和尹懋秋夜游㴩湖二首》："平湖乘月满，飞棹接星流。"❸划动的船桨。陆龟蒙《奉和袭美行次野梅次韵》："飞櫂参差拂早梅，强欺寒色尚低徊。"

【飛椳】 屋斜桷。钱弘倧《登蓬莱阁怀武肃王》："飞椳叠栱重装束，刻槛雕甍又葺成。"

【飛雲】 ❶指飘浮的云。太宗《冬狩》："烈烈寒风起，惨惨飞云浮。"小白《罗浮》："游人莫着单衣去，六月飞云带雪寒。"❷谓凌云飞升。王昌龄《放歌行》："若得金膏遂，飞云亦可俦。"❸指飞云山。山在今四川灌县境。吕岩《飞云山留题》："携筇来此步飞云，钱满宾阶绿藓匀。"

【飛雲殿】 指高耸云霄的城楼。一说，为邺都的宫殿名。岑参《登古邺城》："东风吹野火，暮入飞云殿。"

【飛雲閣】 指高耸云霄的楼阁。上官仪《春日》："飞云阁上春应至，明月楼中夜未央。"

【飛掣】 犹飞去。杜甫《去矣行》："君不见鞲上鹰，一饱则飞掣。"

【飛御】 古代神话中为太阳驾车的神，名羲和。韩愈《嘲鼾睡》之一："太阳不忍明，飞御皆惰怠。"

【飛禽】 即鸟，飞鸟。白居易《旱热二首》之二："飞禽飐将坠，行人渴欲狂。"温庭筠《自有扈至京师已后朱樱之期》："秦苑飞禽谙熟早，杜陵游客恨来迟。"翁承赞《题莒潭安闽院》："名士穿云访，飞禽傍竹吟。"李洞《题云际寺》："开门风雪顶，上彻困飞禽。"

【飛猩】 指善于攀援跳跃的猩猩。齐己《湘妃庙》："庙荒松朽啼飞猩，笋鞭迸出阶基倾。"

【飛猱】 指善于攀援跳跃的猿猴。李白《梁甫吟》："手接飞猱搏雕虎，侧足焦原未言苦。"杨衡《经端溪峡中》："飞猱相攀牵，白云乱纵横。"

【飛詔】 ❶指诏书。岑参《宿关西客舍在内学见有高道举征》："苍生今有望，飞诏下林丘。"韩愈《忆昨行和张十一》："践蛇茹蛊不择死，忽有飞诏从天来。"李绅《莺莺歌》："明明飞诏五云下，将选金门兵悉罢。"❷指飞传诏书。李绅《忆夜直金銮殿承旨》："墨宣外渥催飞诏，草布深恩促换题。"又《初秋忽奉诏除浙东观察使检校右貂》："飞诏宠荣欢里舍，岂徒斑白与垂髫。"

【飛焰】 亦作"飛燄"。指电光、火光等。李群玉《宿鸟远峡化台遇风雨》："惊风折乔木，飞焰猎窗户。"

韩偓《北齐二首》之二："并部义旗遮日暗，邺城飞焱照天红。"

【飛遁】　指超然退隐。王昌龄《悲哉行》："始悟海上人，辞君永飞遁。"

【飛旐】　指飘动的魂幡。杜甫《八哀诗·赠左仆射郑国公严公武》："飞旐出江汉，孤舟轻荆衡。"又《哭韦大夫之晋》："绮楼关树顶，飞旐泛堂前。"

【飛翔】　❶指飞，飞行。秦系《送王道士》："真人俄整舄，双鹤屡飞翔。"杜牧《大雨行》："东楼耸首看不足，恨无羽翼高飞翔。"无名氏《望禁苑祥光》："微臣时一望，短羽欲飞翔。"❷犹腾达。武少仪《和权载之离合诗》："恩顾各飞翔，因诗睹瑰丽。"

【飛湍】　即急流。李白《蜀道难》："飞湍瀑流争喧豗，砯崖转石万壑雷。"李华《寄赵七侍御》："飞湍鸣金石，激溜鼓雷风。"

【飛禍】　指意外的灾难。皎然《从军行五首》之三："须防肘腋下，飞祸出无端。"

【飛尉】　指西汉名将李广。广任北平右太守，匈奴数年不敢犯界，称之为"飞将军"。又广曾为卫尉，故称。谭用之《塞上》之一："早晚横戈似飞尉，拥旄深入异田单。"

【飛絮】　❶指飘飞的柳絮。许天正《和陈元光平潮寇诗》："飞絮随风散，余氛向日镕。"白居易《和春深二十首》之四："飞絮冲球马，垂杨拂妓车。"王周《无题二首》之一："冰雪肌肤力不胜，落花飞絮绕风亭。"齐己《残春》："那堪傍杨柳，飞絮满邻家。"❷指柳絮飘飞。李峤《游苑遇雪应制》："不能落后争飞絮，故欲迎前赛早梅。"白居易《春池闲泛》："白扑柳飞絮，红浮桃落英。"李商隐《四年冬作忆雪又作残雪诗各一百言以寄情于旧游·忆雪》："咏留飞絮后，歌唱落梅前。"

【飛絲】　指雨丝、柳絮等丝状物。钱起《中书遇雨》："纶阁飞丝度，龙渠激霤回。"李贺《感春》："上幕迎神燕，飞丝送百劳。"

【飛馳】　❶形容奔驰。李白《效古二首》之一："人马本无意，飞驰自豪雄。"❷形容疾速。元稹《三叹》之二："飞驰岁云暮，感念雏在泥。"

【飛魂】　指魂飞魄散。刘孝标《早发成皋望河》："回瞰黄河上，惝怳屡飞魂。"

【飛蓋】　❶指驱车。太宗《帝京篇十首》之六："飞盖去芳园，兰桡游翠渚。"董思恭《咏云》："帝乡白云起，飞盖上天衢。"杨巨源《月宫词》："飞盖愁看素晕低，称觞愿踏清辉遍。"段成式《和周繇见嘲》："王谢初飞盖，姬姜尽下山。"❷指飞驶的车子。苏味道《和武三思于天中寺寻复礼上人之作》："企躅瞻飞盖，攀游想渡杯。"钱起《送严维尉河南》："征陌独愁飞盖远，离筵只惜暝钟催。"明皇《游兴庆宫作》："鼓吹迎飞盖，弦歌送羽卮。"罗隐《江南寄所知周仆射》："飞盖寂寥清宴罢，不知簪履更谁存。"

【飛蓬】　❶指枯后根断随风飞旋的蓬草。寒山《诗三百三首》之一四八："长漂如泛萍，不息似飞蓬。"刘禹锡《令狐相公自太原累示新诗因以酬寄》："飞蓬卷尽塞云寒，战马闲嘶汉地宽。"孟郊《酬友人见寄新文》："郊陌绝行人，原隰多飞蓬。"贯休《古塞下曲七首》之六："烧逐飞蓬死，沙生毒雾浓。"❷喻乱发。刘湾《虹县严孝子墓》："草服蔽枯骨，垢容戴飞蓬。"杜甫《奉寄河南韦尹丈人》："江湖漂短褐，霜雪满飞蓬。"❸喻行踪漂泊不定。李白《鲁郡东石门送杜二甫》："飞蓬各自远，且尽手中杯。"

【飛軿】　指飞驶的軿车。軿车，有帷盖的车子。杨凭《送别》："相闻不必因来雁，云里飞軿落素书。"

【飛盞】　指传杯饮酒。元稹《放言五首》之一："五斗解酲犹恨少，十分飞盏未嫌多。"刘禹锡《洛中逢白监同话游梁之乐因寄宣武令狐相公》："开颜坐上催飞盏，回首庭中看舞枪。"

【飛電】　指闪电。李白《古风》之二八："容颜若飞电，时景如飘风。"李延陵《宿侯尊师草堂》："一从化仙骨，万里乘飞电。"李颀《弹棋歌》："回飙转指速飞电，拂四取五旋风花。"王泠然《夜光篇》："划为飞电来照物，乍作流星并上空。"汪遵《函谷关》："脱祸东奔壮气摧，马如飞电毂如雷。"

【飛蛾】　指蛾子。多在夜间活动，有趋光性。杜甫《写怀二首》之二："君看灯烛张，转使飞蛾密。"李商隐《镜槛》："斜门穿戏蝶，小阁锁飞蛾。"

【飛跳】　指飞翔跳跃。韩愈《病鸱》："昨日有气力，飞跳弄藩篱。"

【飛幌】　指飘动的帘幌。元稹《落月》："飞幌翠云薄，新荷清露香。"

【飛傳】　(zhuàn)指飞驰之骑乘。卢照邻《至陈仓晓晴望京邑》："拂曙驱飞传，初晴带晓凉。"杜甫《八哀诗·赠左仆射郑国公严公武》："飞传自河陇，逢人问公卿。"

【飛鳧】　❶指飞翔的野鸭。寒山《诗三百三首》之六："欲验飞凫集，须征白兔游。"裴度、崔群《春池泛舟联句》："飞凫拂轻浪，绿柳暗回塘。"❷犹飞凫舄。李适《饯唐永昌赴任东都》："闻道飞凫向洛阳，翩翩矫翮度文昌。"钱起《和蜀县段明府秋城望归期》："制锦蜀江静，飞凫汉阙遥。"吴筠《酬叶县刘明府避地庐山言怀诒郑录事昆季苟尊师兼见赠之》："从此罢飞凫，投簪辞割鸡。"

【飛鳧舄】　指会飞的仙鞋。李白《赠王汉阳》："犹乘飞凫舄，尚识仙人面。"亦借指官员。卢照邻《于时春也慨然有江湖之思寄赠柳九陇》："寄言飞凫舄，岁晏同联翩。”

【飛廉】　❶指风神。韩愈《月蚀诗效玉川子作》：“丁宁附耳莫漏泄，薄命正值飞廉慵。”又《岳阳楼别窦司直》：“飞廉戢其威，清晏息纤纩。”元稹《苦雨》：“安得飞廉车，磔裂云将躯。”❷指飞廉观。宫观名。在今陕西西安市境。王翰《古蛾眉怨》：“飞廉观前空怨慕，少君何事须相误。”

【飛煙】　指飘浮的烟雾。许敬宗《侍宴莎册宫应制得情字》：“暖日晨光浅，飞烟旦彩轻。”李商隐《七月二十八日夜与王郑二秀才听雨后梦作》：“少顷远闻吹细管，闻声不见隔飞烟。”

【飛溜】　(—liù)指瀑布。刘宪《奉和幸韦嗣立山庄侍宴应制》：“崖悬飞溜直，岸转绿潭宽。”林滋《望九华山》：“龙潭万古喷飞溜，虎穴几人能得窥。”

【飛翥】　指飞举，飞翔。徐夤《东风解冻》：“殷勤排弱羽，飞翥趁和风。”

【飛甍】　❶指飞檐。许敬宗《奉和圣制登三台言志应制》：“企翼抟禽萃，飞甍燕雀游。”羊士谔《息舟荆溪入阳羡南山游善权寺呈李功曹巨》：“层阁表精庐，飞甍切云翔。”❷借指高楼。袁朗《和洗掾登城南坂望京邑》：“飞甍夹御沟，曲台临上路。”王维《奉和圣制御春明楼临右相园亭赋乐贤诗应制》：“小苑接侯家，飞甍映宫树。”

【飛遷】　指飞翔迁徙。李岑《东峰亭各赋一物得栖烟鸟》：“从来养毛羽，昔日曾飞迁。”

【飛霜】　❶指降霜。袁郊《霜》：“但想燕山吹暖律，炎天岂不解飞霜。”刘兼《梦归故园》：“桐叶飞霜落井栏，菱花藏雪助衰颜。”❷指飞白。一种特殊的书法。王昌龄《箜篌引》：“紫宸诏发远怀柔，摇笔飞霜如夺钩。”

【飛霜殿】　唐都宫殿名。郑嵎《津阳门诗》：“瑶光楼南皆紫禁，梨园仙宴临花枝。”自注：“瑶光楼即飞霜殿之北门。”

【飛閣】　❶指高阁。杨师道《中书寓直咏雨简褚起居上官学士》：“电影入飞阁，风威凌吹台。”王翰《古蛾眉怨》：“君不见宜春苑中九华殿，飞阁连连直如发。”李端《送少微上人入蜀》：“飞阁蝉鸣早，漫天客过稀。”孙鲂《题梅岭泉》：“飞阁横空去，征帆落面前。”❷指架空建筑的阁道。虞世南《赋得吴都》：“高台临茂苑，飞阁跨澄流。”

【飛鳴】　❶指边飞边叫。权德舆《自咎》：“幽独惭芳桂，飞鸣羡早鸿。”陆龟蒙《奉和袭美病孔雀》：“唯奈瘴烟笼饮啄，可堪春雨滞飞鸣。”❷喻不同凡响。高适《自武威赴临洮谒大夫不及因书即事寄河西陇右幕下诸公》：“飞鸣盖殊伦，俯仰忝诸曹。”亦指名声大振。曹松《送郑谷归宜春》：“况是飞鸣后，殊为喜庆多。”

【飛舞】　指飞翔、飘飞。元稹《赋得春雪映早梅》：“飞舞先春雪，因依上番梅。”李德裕《雨中自秘书省访王三侍御以诗赠之》：“仁者焉能效鸷鹗，飞舞自合追长离。”许浑《山鸡》：“珍禽暂不扃，飞舞跃前庭。”又《对雪》：“飞舞北风凉，玉人歌玉堂。”

【飛魄】　❶指丧魂失魄。谓恐惧。太宗《赋尚书》：“寒心睹肉林，飞魄看沉湎。”❷高飞的精魂。陆龟蒙《和袭美寄题玉霄峰叶涵象尊师所居》：“南望烟霞空再拜，欲将飞魄问灵威。”

【飛鳳】　❶指凤形头饰。王昌龄《箜篌引》：“橐驼五万部落稠，敕赐飞凤金兜鍪。”❷指凤形图案。陆龟蒙《乐府杂咏六首·双吹管》：“长短裁浮筠，参差作飞凤。”

【飛觥】　即传杯。羊昭业《皮袭美见留小宴次韵》：“泽国春来少遇晴，有花开日且飞觥。”陆龟蒙《秋夕文宴》：“飞觥壮若游燕市，觅句难于下赵城。”

【飛語】　指诽谤之语。刘禹锡《尉迟郎中见示自南迁牵复却至洛城东旧居之作因以和之》：“曾遭飞语十年谪，新受恩光万里还。”

【飛精】为指道家的一种仙药。贯休《闻赤松舒道士下世》：“蜕壳埋金隧，飞精驾锦鸾。”陆龟蒙《奉和袭美太湖诗二十首·以毛公泉献大谏清河公》：“先生炼飞精，羽化成翩翻。”

【飛塵】　指飞起的尘埃。许棠《雁门关野望》：“河遥分断野，树乱起飞尘。”张蠙《青冢》：“太真虽是承恩死，只作飞尘向马嵬。”

【飛樓】　指高楼。杜甫《白帝城最高楼》：“城尖径昃旌旆愁，独立缥缈之飞楼。”

【飛樑】　见“飛梁”。

【飛蝶】　即蝴蝶。刘言史《寻花》：“借问流莺与飞蝶，更知何处有幽花。”

【飛蝗】　即蝗虫。汪遵《密县》：“百里能将济猛宽，飞蝗不到邑人安。”

【飛箭】　❶指疾飞的箭。韦庄《冬日长安感志寄献虢州崔郎中二十韵》：“松下围棋期褚胤，笔头飞箭荐陶谦。”❷指射箭。王维《老将行》：“昔时飞箭无全目，今日垂杨生左肘。”

【飛艎】　指行驶中的船。储光羲《贻丁主簿仙芝别》：“飞艎既眇然，洲渚徒亏蔽。”

【飛翬】　指飞行的五彩山雉。卢象《马跑神泉》：“适叹飞翚速，仍忧黄雀穿。”郑嵎《津阳门诗》：“诏今上路建甲第，楼通走马如飞翚。”

【飛燕】　❶指飞翔的燕子。李商隐《水斋》：“卷帘飞燕还拂水，开户暗虫犹打窗。”亦指飞燕状物。陆龟蒙《袭美以紫石砚见赠以诗迎之》：“霞骨坚来玉自愁，琢成飞燕古钗头。”❷人名。赵飞燕。李白《清平调词三首》之二："借问汉宫谁得似，可怜飞燕倚新妆。"李贺《官街鼓》："汉城黄柳映新帘，柏陵飞燕埋香骨。"陆龟蒙《奉和袭美太湖诗二十首·圣姑庙》："可怜飞燕姿，合是乘鸾宾。"李瀚《蒙求》："卫后发鬒，飞燕体轻。"

【飛翰】 即鸟羽，亦指飞鸟。刘禹锡《送韦秀才道冲赴制举》："荧煌仰金榜，错落濡飞翰。"柳宗元《唐铙歌鼓吹曲十二篇·东蛮》："王卒如飞翰，鹏骞骇群龙。"

【飛橈】 指快船。司空曙《晦日益州北池陪宴》："游骑萦林远，飞桡截岸长。"

【飛檝】 指快船。杜甫《秋日夔府咏怀奉寄郑监李宾客一百韵》："由来具飞檝，暂拟控鸣弦。"

【飛橋】 指架设于高空的桥梁。张旭《桃花溪》："隐隐飞桥隔野烟，石矶西畔问渔船。"韩愈、孟郊《城南联句》："飞桥上架汉，缭岸俯规瀛。"

【飛錢】 指被风刮起的铜钱。李瀚《蒙求》："雍伯种玉，黄寻飞钱。"

【飛龍】 ❶指飞动的龙。喻帝王。张嘉贞《奉和早登太行山中言志应志》："明发扈山巅，飞龙高在天。"陈元光《示珦》："祛灾剿猛虎，溥德翊飞龙。"裴漼《奉和圣制龙池篇》："始看鱼跃方成海，即睹飞龙利在天。"钱起《和李员外扈驾幸温泉宫》："雪霁山门迎瑞日，云开水殿候飞龙。"❷指骏马。特指唐代御厩中左膊印飞字、左项印龙形的马。李白《玉壶吟》："朝天数换飞龙马，敕赐珊瑚白玉鞭。"白居易《贺雨》："宫女出宣徽，厩马减飞龙。"❸为唐六厩之一，天子养马处。李白《答杜秀才五松见赠》："敕赐飞龙二天马，黄金络头白玉鞍。"戎昱《赠别张驸马》："飞龙骑马三十匹，玉勒雕鞍照初日。"韩琮《公子行》："别殿承恩泽，飞龙赐渥洼。"白居易《阴山道》："草尽泉枯马病羸，飞龙但印骨与皮。"

【飛龍引】 指乐府琴曲歌辞。李白有《飞龙引二首》，皆借皇帝上升事为言，为游仙诗。

【飛龍曲】 (曲 qǔ)指乐府旧题，属杂曲。《乐府诗集·杂曲歌辞·飞龙篇》："《楚辞·离骚》曰：'为余驾飞龙兮，杂瑶象以为车。'曹植《飞龙篇》，亦言求仙者乘飞龙而升天，与《楚辞》同意。按琴曲亦有《飞龙引》。"高适有《古乐府飞龙曲留上陈左相》。

【飛龍閑廄】 指天子马厩。顾况《露青竹杖歌》："飞龙闲厩马数千，朝饮吴江夕秣燕。"

【飛龍廄】 为唐代御厩名。武元衡有《涂次近蜀驿恩赐宝刀及飞龙厩马使还奉寄中书李郑二公》。

【飛燄】 见"飛焰"。

【飛聲】 指扬名。李义府《在巂州遥叙封禅》："飞声总地络，腾化抚乾维。"李白《商山四皓》："飞声塞天衢，万古仰遗则。"韩翃《送夏侯侍郎》："元戎车右早飞声，御史府中新正名。"李敬方《闻高侍御卒贬所》："走马论边备，飞声感庙谟。"

【飛鞚】 ❶谓策马飞驰。岑参《青门歌送东台张判官》："须臾望君不可见，扬鞭飞鞚疾如箭。"令狐楚《年少行四首》之二："等闲飞鞚秋原上，独向寒云试射声。"杜甫《丽人行》："黄门飞鞚不动尘，御厨络绎送八珍。"❷指快跑的马。杜甫《八哀诗·赠太子太师汝阳郡王琎》："箭出飞鞚内，上又回翠麟。"

【飛檄】 ❶指速递公文。司空曙《送崔校书赴梓幕》："管记催飞檄，蓬莱辍校文。"元稹《酬乐天东南行诗一百韵》："因教罢飞檄，便许到皇都。"吴融《病中宜茯苓寄李谏议》："飞檄愈风知妙手，也须分药救漳滨。"杨夔《送邹尊师归洞庭》："近闻飞檄急，转忆卧云深。"❷指紧急檄文。杜甫《夔府书怀四十韵》："处处喧飞檄，家家急竞锥。"皎然《奉陪杨使君顼送段校书赴南海幕》："时泰罢飞檄，唯应颂公成。"厉玄《送黄晔明府岳州湘阴赴任》："贡名频向书闱失，飞檄曾传朔漠空。"

【飛檐】 指屋檐。我国传统建筑檐部形式之一。屋檐上翘，若飞举之势，故名。常用于亭、台、楼、阁、庙宇、宫殿等建筑上。太宗《置酒坐飞阁》："高轩临碧渚，飞檐迥架空。"

【飛霞佩】 传说仙人挂在腰间的一种装饰品。韩愈《调张籍》："乞君飞霞佩，与我高颉颃。"

【飛錫】 佛教语。谓僧人执锡杖飞空。刘长卿《送台州李使君兼寄题国清寺》："知到应真飞锡处，因君一想已忘言。"羊滔《游烂柯山》之四："有时归罗浮，白日见飞锡。"陆龟蒙《访僧不遇》："棹倚东林欲问禅，远公飞锡未应还。"齐己《寄庐岳僧》："一闻飞锡别区中，深入西南瀑布峰。"

【飛龜】 指道家仙药。温庭筠《老君庙》："自怜金骨无人识，知有飞龟在石函。"

【飛爵】 指举杯饮酒。马戴《同州冬日陪吴常侍闲宴》："陶性聊飞爵，看山忽罢棋。"

【飛鴻】 亦作"飜鸿"。飞行的鸿雁。褚遂良《辽东侍宴山夜临秋同赋临韵应诏》："飜鸿入层汉，落雁警遥岑。"高适《奉寄平原颜太守》："一为天崖客，三见南飞鸿。"徐凝《送日本使还》："相望杳不见，离恨托飞鸿。"李山甫《赠宿将》："年来马上浑无力，望见飞鸿指似人。"

【飛翼】 指飞鸟。褚亮《临高台》："高台暂俯临，飞翼耸轻音。"杜甫《哀江头》："翻身向天仰射云，一箭正坠双飞翼。"白居易《晚凉偶咏》："飘萧过云雨，摇曳归飞翼。"李逢吉《望京楼上寄令狐华州》："落日归飞翼，连翩东北天。"

【飛騎】　❶指快马。韦庄《和郑拾遗秋日感事一百韵》："飞骑黄金勒，香车翠钿装。"李琪《蜀中诏制用夏州托拔思恭为北京牧复都统作诗》："飞骑日边来，何时玉辇回。"❷唐禁军名。贞观十二年(638)，唐太宗置左右屯营于玄武门，其兵称飞骑。杜甫《遭田父泥饮美严中丞》："名在飞骑籍，长番岁时久。"

【飛瓊】　即许飞琼，西王母侍女。亦泛指仙女。顾况《梁广画花歌》："王母欲过刘彻家，飞琼夜入云軿车。"白居易《霓裳羽衣歌》："上元点鬟招萼绿，王母挥袂别飞琼。"自注："许飞琼、萼绿华，皆仙女也。"聂夷中《公子行二首》之一："飞琼奏云和，碧箫吹凤质。"亦借指美貌的歌妓。温庭筠《觱篥歌》："黑头丞相九天归，夜听飞琼吹朔管。"

【飛蟲】　指善飞的虫。吕从庆《薄暮步村径》："飞虫挎涧舞，鸣鹊抱巢修。"苏拯《蜘蛛谕》："蜘蛛吐出丝，飞虫成聚血。"

【飛蟬】　为古代一种蝉形冠饰。李群玉《李远获贵妃袜》："拗连绮锦分奇样，终合飞蝉饮瑞光。"

【飛翻】　❶指飞翔。杜甫《奉留赠集贤院崔于二学士》："青冥犹契阔，陵厉不飞翻。"曹唐《长安客舍叙邵陵旧宴寄永州萧使君五首》之二："不知何路却飞翻，虚受贤侯郑重恩。"❷指翻腾。杜甫《客居》："下堑万寻岸，苍涛郁飞翻。"又《长江二首》之一："归心异波浪，何事即飞翻。"❸指飘扬。杜甫《别李义》："少年早归来，梅花已飞翻。"

【飛颺】　见"飛揚"。

【飛觴】　指举杯或传杯。杨炯《送临津房少府》："烟霞驻征盖，弦奏促飞觞。"张南史《陆胜宅秋暮雨中探韵同作》："已被秋风教忆鲙，更闻寒雨劝飞觞。"刘禹锡《乐天以愚相访沽酒致欢因成七言聊以奉答》："蹴踏青云寻入仕，萧条白发且飞觞。"陆龟蒙《添酒中六咏·酒枪》："唯怀魏公子，即此飞觞频。"

【飛瀑】　即瀑布。司空图《诗品二十四则·典雅》："眠琴绿阴，上有飞瀑。"白元鉴《瀑布》："飞瀑下幽壑，令人梦寐清。"

【飛鵲】　指喜鹊飞翔。亦指飞行中的喜鹊。刘希夷《死马赋》："云中想见游云影，月下思闻飞鹊声。"

【飛鵲鏡】　指传说中一种神奇的古镜。刘元叔《妾薄命》："彩鸾琴里怨声多，飞鹊镜前妆梳断。"王维《清如玉壶冰》："晓凌飞鹊镜，宵映聚萤书。"

【飛藿】　指凋零的豆叶。杜甫《昔游》："桑柘叶如雨，飞藿去裴回。"

【飛轍】　喻运行着的月车。韩愈《秋怀诗十一首》之九："青冥无依倚，飞辙危难安。"

【飛幰】　指疾驶中的车子。宋鼎《赠张丞相》："汉上登飞幰，荆南历旧居。"

【飛鍊】　谓除去丹砂中的杂质以炼丹。于鹄《题服柏先生》："服柏不飞炼，闲眠闭草堂。"

【飛鏡】　喻明月。李白《把酒问月》："皎如飞镜临丹阙，绿烟灭尽清辉发。"徐夤《日月无情》："三尺灵乌金借耀，一轮飞镜水饶清。"

【飛鶉】　指衣衫褴褛，零乱如鹑之羽毛。李贺《开愁歌》："衣如飞鹑马如狗，临岐击剑生铜吼。"

【飛譽】　指扬名。亦指名声。卢照邻《同崔录事哭郑员外》："伊人表时彦，飞誉满司存。"李群玉《送魏珪觐省》："登龙屈指内，飞誉甚籍籍。"

【飛騰】　❶指飞翔，飞升。白居易《反鲍明远》："宜当委之去，寥廓高飞腾。"崔铉《咏架上鹰》："天边心胆架头身，欲拟飞腾未有因。"伏牛上人《三伤颂》之二："驱驱饮啄稀，役役飞腾少。"吕岩《大圆山》："三山相接欲飞腾，高下来为半日登。"❷犹飞黄腾达。杜甫《奉寄李十五秘书二首》之二："飞腾知有策，意度不无神。"唐彦谦《送樊珦司业归朝》："辩急如无敌，飞腾固自强。"李中《献中书张舍人》："飞腾谐素志，霄汉是前程。"❸谓人羽化而升仙。贯休《怀匡山山长二首》之二："闻名多岁也，常恨不飞腾。"

【飛騫】　指飞行。白居易《游悟真寺诗一百三十韵》："衣服似羽翮，开张欲飞骞。"

【飛躍】　指飞腾跳跃。李群玉《赠方处士》："赤霄终得意，天池俟飞跃。"

【飛鷁】　指疾驶中的鹢舟。钱起《新丰主人》："自欲归飞鹢，当为不系舟。"

【飛灑】　指飘洒。杜荀鹤《梁王坐上赋无云雨》："同是乾坤事不同，雨丝飞洒日轮中。"

【飛轡】　指策马疾驰。韦应物《送郑长源》："少年一相见，飞辔河洛间。"

【飛驛】　谓策动驿马疾驰。刘禹锡《崔元受少府自贬所还遗山姜花以诗答之》："传名入帝里，飞驿辞天涯。"

【飛觀】　(—guàn)指高耸的宫阙、楼观。太宗《帝京篇十首》之一："连甍遥接汉，飞观迥凌虚。"明皇《登蒲州逍遥楼》："黄河分地络，飞观接天津。"韦应物《拟古诗十二首》之三："汉宫南北对，飞观齐白日。"

【飛蠹】　疑为毒虫名。李贺《黄家洞》："山潭晚雾吟白鼍，竹蛇飞蠹射金沙。"

【飛鸞】　指飞翔的鸾鸟。李白《古风》之二七："焉得偶君子，共乘双飞鸾。"韩愈《送桂州严大夫同用南字》："远胜登仙去，飞鸾不假骖。"

十二画

飜 同"翻"。❶飞。参见"飜鸿"。❷变化不定。参见"飜覆"。❸反而，相反地。张祜《贫居遣愤》："轮回飜碍直，剑折却思柔。"

【飜覆】 指变化无常。樊铸诗："物情飜覆难可论，莫言权长头存。"

【飜鸿】 指飞鸿，飞行中的鸿雁。褚遂良《辽东侍宴山夜临秋同赋临韵应诏》："飜鸿入层汉，落雁警遥岑。"

食 部

食[1] 〔shí《广韵》乘力切，入職，船。〕❶指吃饭、进餐。太宗《执契静三边》："衣宵寝二难，食旰餐三惧。"韩愈《送灵师》："得客辄忘食，开囊乞缯钱。"孟郊《长安羁旅行》："三旬九过饮，每食唯旧贫。"白居易《寄隐者》："禄厚食万钱，恩深日三顾。"❷泛指人或其他动物吃食物、吃东西。韦应物《清明日忆诸弟》："杏粥犹堪食，榆羹已稍煎。"李端《瘦马行》："终身枥上食君草，遂与驽骀一时老。"韩愈《双鸟诗》："朝食千头龙，暮食千头牛。"白居易《秦中吟十首·轻肥》："是岁江南旱，衢州人食人。"亦指吞。李商隐《偶成转韵七十二句赠四同舍》："依稀南指阳台云，鲤鱼食钩猿失群。"❸指饭菜、肴馔。杜甫《夏日叹》："对食不能餐，我心殊未谐。"亦泛指食物。韩愈《嗟哉董生行》："啄啄庭中拾虫蚁，哺之不食鸣声悲。"张籍《酬韩祭酒雨中见寄》："无刍怜马瘦，少食信儿娇。"姚合《武功县中作三十首》之十："竟日多无食，连宵不闭门。"❹指粮食。杜甫《别蔡十四著作》："玄甲聚不散，兵久食恐贫。"白居易《太和戊甲岁大有年诏赐百寮出城观稼谨书盛事以俟采诗》："散为万姓食，堆作九年储。"陆龟蒙《奉酬袭美先辈吴中苦雨一百韵》："诸侯急兵食，冗胜方剪截。"❺指俸禄。见"食浮"。❻指靠着食邑生活。李白《叙旧赠江阳宰陆调》："开吴食东溟，陆氏世英髦。"权德舆《渭水》："意在静天下，岂唯食营丘。"引申为依靠、依赖。参见"食力""食名"。❼指享受，享用。参见"食德"。❽指接受。参见"食思"。

食[2] 〔sì《集韵》祥吏切，去志，邪。〕指饲养、喂养。杜甫《沙苑行》："食之豪健西域无，每岁攻驹冠边鄙。"参见"食₂埸恩"。

食[3] 〔yì《广韵》羊吏切，去志，以。〕人名用字。参见"食₃其"。

【食力】 指依靠劳动生活。亦指依靠劳动生活的人。孟郊《吊元鲁山》之一："食名皆霸官，食力乃尧农。"

【食子】 即吃孩子。陈子昂《感遇诗三十八首》之四："乐羊为魏将，食子殉军功。"

【食牛】 赞美青少年气度非凡。杜甫《徐卿二子歌》："小儿五岁气食牛，满堂宾客皆回头。"

【食有魚】 比喻宾客受到重视、优待。张蠙《送卢尚书赴灵武》："山川不异江湖景，宾馆常闻食有鱼。"参见"食魚"。

【食肉】 即吃鸟兽的肉。亦专指吃荤食。韩愈《题杜工部坟》："饮酒食肉今如此，何故常人无饱死。"《东阳夜怪诗》："为惭食肉主恩深，日宴蟠蜿卧锦衾。"无名氏《潜书七言四句》："扶梨黑手翻持笏，食肉朱唇却吃齏。"

【食肉寢皮】 喻敌人为禽兽，恨不得割其肉吃，剥其皮当垫褥，以示对敌人的极端仇恨。杜牧《雪中书怀》："如蒙一召议，食肉寝其皮。"

【食名】 指依靠虚名生活的人。孟郊《吊元鲁山》之一："食名皆霸官，食力乃尧农。"

【食芹】 谦词，表示自己位卑识浅，虽效忠君上，但贡献微薄，不足当意。韩愈《归彭城》："食芹虽云美，献御固已痴。"

【食作天】 喻指粮食是人赖以生存的最重要的东西。李咸用《和吴处士题村叟壁》："不重官于社，常尊食作天。"亦作"食爲天"。王季友《酬李十六岐》："自耕自刈食为天，如鹿如麋饮野泉。"

【食忌】 饮食禁忌。张祜《秋日病中》："无端忧食忌，开镜倍萎黄。"

【食₃其】 （一jī）❶指郦食其，秦汉之际陈留高阳人。吴筠《览古十四首》之八："食其昔未偶，落魄为狂生。"❷指审食其。汉初大臣，沛县（今属江苏）人。初任汉高祖舍人，为吕后亲信。从刘邦破项羽，封阳侯。吕后时任左丞相。吕后死，陈平、周勃等杀诸吕，立文帝，他被免除相位。后为淮南王刘长所杀。李白《雪谗诗赠友人》："汉祖吕氏，食其在傍。"

【食苹鹿】 比喻秉志高洁、不慕爵禄的人。萧颖士《仰答韦司业垂访五首》之一："呦呦食苹鹿，常饮清泠川。"

【食性】 指口味，对食物的好恶习性。王建《新嫁娘词三首》之三："未谙姑食性，先遣小姑尝。"

【食具】 指饮食器具。吕从庆《行次歙州寓之》："赁房安食具，扫榻卸行絛。"

【食店】 指饮食店。寒山《诗三百三首》之一二〇："行到食店前，不敢暂回面。"颜真卿、张荐《七言馋语联句》："过屠大嚼肯知羞，食店门外强淹流。"李日新《题仙娥驿》:"商山食店大悠悠,陈鹖饳锣古馋头。"

【食柏】 指柏树。古人有食柏树叶实者,以为可延年益寿。罗隐《香》:"沉水良材食柏珍,博山烟暖玉楼春。"

【食客】 指寄食于豪门贵家、帮忙帮闲的门客。李白《与诸公送陈郎将归衡阳》:"门前食客乱浮云,世人皆比孟尝君。"刘长卿《送元八游汝南》:"破产供酒钱,盈门皆食客。"又《江楼送太康郭主簿赴岭南》:"料钱用尽却为谤,食客空多谁报恩。"高适《赠别王十七管记》:"堂中皆食客,门外多酒债。"

【食案】 指餐桌。韩愈《南山诗》:"或如临食案,肴核纷饤饾。"韩愈、孟郊《纳凉联句》:"昼蝇食案繁,宵蚋肌血渥。"陆龟蒙《江南秋怀寄华阳山人》:"饿乌窥食案,斗鼠落书棚。"

【食恩】 指受恩,接受别人的恩惠。杜甫《奉赠萧二十使君》:"食恩惭卤莽,镂骨抱酸辛。"曹邺《奉命齐州推事毕寄本府尚书》:"恐孤食恩地,昼夜心不遑。"

【食兼魚】 比喻宾客受到重视、优待。许棠《讲德陈情上淮南李仆射八首》之六:"曾侍晚斋吟对雪,又容华馆食兼鱼。"

【食浮】 谓俸禄优厚,超过才能所应得。柳宗元《游南亭夜还叙志七十韵》:"名窃久自欺,食浮固云叨。"

【食堂】 古代寺院或公堂中的会食之所。李渤《喜弟淑再至为长歌》:"社榜长题高士名,食堂每记云山迹。"

【食貧】 谓过着穷苦的生活。权德舆《寓兴》:"昭代未通籍,丰年犹食贫。"卢肇《及第送潘图归宜春》:"三载皇都恨食贫,北溟今日化穷鳞。"

【食魚】 指吃鱼。亦比喻宾客受到重视、优待。司空曙《送刘侍御》:"应念长沙谪,思乡不食鱼。"欧阳詹《述德上兴元严仆射》:"何幸腐儒无一艺,得为门下食鱼人。"方干《赠处州段郎中》:"寒潭是处清连底,宾席何心望食鱼。"陆龟蒙有《食鱼》。

【食宿】 指吃饮和住宿。亦泛指生活。韩愈《送诸葛觉往随州读书》:"京邑有旧庐,不容久食宿。"白居易《东归》:"食宿无定程,仆马多缓驱。"郑谷《远游》:"江湖犹足事,食宿戍鼙喧。"

【食$_2$埸恩】 指饲养之恩。严维《奉和刘祭酒伤白马》:"食场恩未尽,过隙命旋终。"

【食無魚】 比喻宾客未受到重视、优待。羊士谔《郡中即事三首》之一:"城下秋江寒见底,宾筵莫讶食无鱼。"韦庄《东游远归》:"扣角干名计已疏,剑歌休恨食无鱼。"参见"食魚"。

【食禄】 指享受俸禄。刘叉《雪车》:"庙堂食禄不自惭,我为斯民叹息还叹息。"亦指所享受的俸禄。白居易《忆洛中所居》:"幸是林园主,惭为食禄牵。"

【食新】 指吃新收获的粮食、瓜果等农产品。杜甫《园人送瓜》:"食新先战士,共少及溪老。"

【食噉】 指吃。寒山《诗三百三首》之二二七:"递互相食啖,冗冗痴肉团。"

【食蓼】 指吃苦蓼。元稹《开元观闲居酬吴士矩侍御三十韵》:"已得餐霞味,应嗤食蓼甜。"

【食蓼蟲】 以苦蓼为食的虫。白居易《自咏五首》之二:"何异食蓼虫,不知苦是苦。"

【食薇】 吃野菜。喻指生活艰苦。薇,一种野菜,嫩时可食。商代孤竹国君子之伯夷、叔齐,耻食周粟,隐于首阳山,采薇而食,后饿死在首阳山。卢象《家叔征君东溪草堂二首》之二:"自惟负贞意,何岁当食薇。"杜甫《草堂》:"饮啄愧残生,食薇不敢余。"白居易《雪中晏起偶咏所怀兼呈张常侍韦庶子皇甫郎中》:"下无巢父许由箕颍操,又不能食薇饮水自苦辛。"鲍溶《寄宋申锡评事时从李少师移军回归》:"心期共贺太平世,去去故乡亲食薇。"

【食德】 指享受先人的德泽。杜甫《奉送苏州李二十五长史丈之任》:"食德见从事,克家何妙年。"

【食盤】 指盛食品的盘器。村寺僧《蒸豚》:"红鲜雅称食盘饤,软熟真堪玉筯挑。"

【食廩】 食廪粟,指领取国家俸禄的官吏。元稹《旱灾自咎贻七县宰》:"扰扰食廪内,无乃奸有因。"

【食霞御氣】 餐食日霞,御风而行。指修仙学道。刘禹锡《含辉洞述》:"〔何东薛公景晦〕一旦以书来夸曰:'吾得异境于近郊……云生日入,怪状迭发,水石卉木,杳非人寰,意其当为食霞御气者之所游息,委蜕而去不知其几千百年。'"

【食檗】 亦作"食蘗"。蘗,同"檗",即黄檗,落叶乔木,皮与根可入药,性寒,味苦。故用食檗喻指心中苦闷。戎昱《寄梁淑》:"心思食檗何由展,家似流萍任所之。"亦喻指甘于吃苦。耿湋《得替后书怀上第五相公》:"庖人宁自代,食蘗谬相推。"

【食蘗】 见"食檗"。

二 画

飣 〔dìng《广韵》丁定切,去徑,端。〕指堆放食品于器皿中,贮食。韩愈《赠刘师服》:"妻儿恐我生怅望,盘中不饤栗与梨。"李贞白《咏蟹》:"如今饤在盘筵上,得似江湖乱走无。"村寺僧《蒸豚》:"熟时兼用杏浆浇,红鲜雅称食盘饤。"

【飣餖】 指将食品堆叠在盘中,摆设出来。韩愈《南山诗》:"或如临食案,肴核纷饤饾。"又《喜侯喜至赠张籍张彻》："呼奴具盘餐，饤饾鱼菜赡。"

【飣盤】 指将果物盛放在盘中。黄损《零陵总记》："傍水野禽通体白，饤盘山果半边红。"

飢

〔jī《广韵》居夷切，平脂，見。〕❶指吃不饱，饿。王梵志《道情诗》："无衣使我寒，无食使我饥。"白居易《捕蝗》："捕蝗捕蝗谁家子，天热日长饥欲死。"姚合《庄居野行》："古来一人耕，三人食犹饥。"杜荀鹤《田翁》："官苗若不平平纳，任是丰年也受饥。"❷指使人受饥。李白《月下独酌四首》之四："辞粟卧首阳，屡空饥颜回。"贯休《酷吏词》："不惟哭，亦白其头，饥其族。"❸通"饑"。年成不好或颗粒无收。韩愈《归彭城》："前年关中旱，闾井多死饥。"自注："贞元十四年冬，京师饥。"皮日休《三羞诗》之三："天子丙戌年，淮右民多饥。"吴融《祝风三十三首二韵》："只是疲羸苦，才饥须易子。"

【飢人】 指饥饿者。白居易《捕蝗》："捕蝗捕蝗竟何利，徒使饥人重劳费。"周昙《咏史诗·晋门·惠帝》："蛙鸣堪笑问官私，更劝饥人食肉糜。"

【飢火】 指难忍的饥饿感。白居易《旱热二首》之二："壮者不耐饥，饥火烧其肠。"

【飢户】 指挨饿的民户。白居易《酬郑侍御多雨春空过诗三十韵》："赈廪赒饥户，苦城备坏墙。"

【飢色】 指饥饿的面色。刘得仁《赠敬晊助教二首》之一："已能绝粒无饥色，早晚休官买隐居。"皮日休《润卿遗青饳饭兼之一绝聊用答谢》："草堂空坐无饥色，时把金津漱一声。"杜荀鹤《蚕妇》："粉色全无饥色加，岂知人世有荣华。"

【飢坑】 指饥饿之腹。卢仝《月蚀诗》："不独填饥坑，亦解尧心忧。"

【飢劬】 指饥饿劳累。白居易《题座隅》："自奉虽不厚，亦不至饥劬。"

【飢附】 比喻不得志时即来归附。高适《睢阳酬别畅大判官》："饥附诚足用，饱飞安可招。"

【飢枯】 指因饥饿而憔悴。王昌龄《箜篌引》："颜色饥枯掩面羞，眼眶泪滴深两眸。"

【飢食】 指充饥之食。韩愈《谢自然诗》："寒衣及饥食，在纺绩耕耘。"

【飢荒】 饥通"饑"。指庄稼收成差或颗粒无收。郑愚《醉题广州使院》："数年百姓受饥荒，太守贪残似虎狼。"

【飢凍】 指饥饿寒冷。白居易《新制绫袄成感而有咏》："心中为念农桑苦，耳里如闻饥冻声。"刘得仁《夜携酒访崔正字》："吟兴忘饥冻，生涯任有无。"韩偓《过临淮故里》："旧庙荒凉时飨绝，诸孙饥冻一官成。"杜荀鹤《和友人送弟》："我今骨肉虽饥冻，幸喜团圆过乱兵。"

【飢貧】 指饥饿贫困。白居易《岁暮》："洛城士与庶，比屋多饥贫。"

【飢烏】 乌，乌鸦。泛指饥饿的鸟。孟郊《饥雪吟》："饥乌夜相啄，疮声互悲鸣。"许浑《南阳道中》："饥乌索哺随雏叫，乳犊慵归望犊鸣。"

【飢禽】 指饥饿之鸟。陆龟蒙《再和次韵》："阶下饥禽啄嫩苔，野人方倒病中杯。"韦庄《途中望雨怀归》："牧竖远当烟草立，饥禽闲傍渚田飞。"

【飢狖】 指饥饿的长尾猿。钱起《山中春仲寄汝上王恒颍川沈冲》："饥狖入山厨，饮虹过药井。"

【飢渴】 ❶指腹饿口渴。杜甫《自京赴奉先县咏怀五百字》："谁能久不顾，庶往共饥渴。"白居易《旱热二首》之二："薄食不饥渴，端居省衣裳。"李咸用《览友生古风》："不寐孤灯前，舒卷忘饥渴。"张蠙《赠道者》："饥渴唯调气，儿孙亦驻颜。"❷喻期望或相思如饥似渴。裴耀卿《敬酬张九龄当涂界留赠之作》："徒然恨饥渴，况乃讽瑶琼。"杜甫《鹿头山》："鹿头何亭亭，是日慰饥渴。"独孤及《海上寄萧立》："音尘未易得，何由慰饥渴。"皮日休《二游诗·徐诗》："如能盈兼两，便足酬饥渴。"

【飢寒】 指饥饿寒冷。寒山《诗三百三首》之一一六："大有饥寒客，生将兽鱼殊。"杜甫《遣兴五首》之三："避寇一分散，饥寒永相望。"李涉《寄河阳从事杨潜》："身解耕耘妾能织，岁晏饥寒免相逼。"褚载《投节度邢公》："一卷新书满怀泪，频来门馆诉饥寒。"

【飢魂】 犹言饿鬼。于渍《富农诗》："骨肉化饥魂，仓中有饱鼠。"

【飢飽】 即饥和饱。白居易《放鹰》："取其向背性，制在饥饱时。"又《对酒闲吟赠同老者》："饥饱进退食，寒暄加减衣。"

【飢腸】 指饥饿的肚子。韩愈《月蚀诗效玉川子作》："娄酣大肚遭一饱，饥肠彻死无由鸣。"白居易《观刈麦》："家田输税尽，拾此充饥肠。"皮日休《正乐府十篇·橡媪叹》："自冬及于春，橡实诳饥肠。"陆龟蒙《奉酬袭美先辈吴中苦雨一百韵》："冻酐一襜褕，饥肠少糠籺。"

【飢歉】 指饥荒歉收。饥通"饑"。徐夤《自咏十韵》："粗支菽粟防饥歉，薄有杯盘备送迎。"

【飢餒】 指饥饿。韩愈、孟郊《斗鸡联句》："裂血失鸣声，啄殷甚饥馁。"

【飢蟲】 指饥饿之虫。李贺《堂堂》："十年粉蠹生画梁，饥虫不食推碎黄。"

【飢羸】 指饥饿瘦弱。孟郊《赠韩郎中愈》之二："众人尚肥华，志士多饥羸。"

飡 见“飧”。

三 画

飦 〔zhān《集韵》諸延切，平僊，章。〕同“饘”。指稠粥。詹敦仁《柳堤诗》：“稻可供饤粥，柳可爨庖厨。”

飧[1] 〔sūn《广韵》思渾切，平魂，心。〕亦作“飡”“飱”。❶熟食品，饭食。韩愈《送进士刘师服东归》：“还家虽阙短，指日亲晨飧。”白居易《宿紫阁山北村》：“夺我席上酒，掣我盘中飧。”❷指吃、食用。李贺《感讽五首》之一：“县官踏飡去，簿吏复登堂。”

飧[2] 亦作“飡”。同“餐”。❶指吃。白居易《江州赴忠州至江陵已来舟中示舍弟五十韵》：“水飡红粒稻，野茹紫花菁。”张祜《苦雨二十韵》：“俯祝阴灵遍，聊飡水物该。”朱庆余《发凤翔后途中怀田少府》：“所在求飧过，无因离得愁。”徐夤《鸿门》：“犹胜堕力求飧者，五斗低腰走世尘。”❷指吸、喝。刘长卿《望龙山怀道士许法棱》：“中有一人披霓裳，诵经山顶飧琼浆。”颜真卿、李萼《竹山连句题潘氏书堂》：“练容飡沆瀣，濯足咏沧浪。”❸量词。饭食的顿数。虞世南《拟饮马长城窟》：“怀君不可遇，聊持报一飡。”

【飧食】 指饭食。崔融《拟古》：“寄谢闺中人，努力加飧食。”

【飧飯】 亦作“飱飯”。指饭食。吕从庆《过金鸡石》：“寄语塒中禽，尔徒博飧饭。”又《避乱》：“饥来野店供飱饭，敢怨匙前脱粟粗。”

四 画

飪 〔rèn《广韵》如甚切，上寑，日。〕指煮熟。耿沣《甘泉诗》序：“既蠲诸邪，亦愈群瘵，岂止夫宜盥漱之用，增烹饪之味。”

【飪餗】 指煮熟的佳肴美味。王翰《奉和圣制同二相已下群官乐游园宴》：“饪悚调元气，歌钟溢雅声。”

飫 〔yù《广韵》依据切，去御，影。〕❶宴食，宴饮。韩愈、孟郊《城南联句》：“食家行鼎鼐，宠族饫弓旌。”❷指饱食。杜甫《王十五前阁会》：“病身虚俊味，何幸饫儿童。”刘禹锡《武夫词》：“今来从军乐，跃马饫膏粱。”皇甫湜《出世篇》：“食之不饫饫不尽，使人不陋复不愚。”孟郊《吊元鲁山》之一：“豪人饫鲜肥，鲁山饭蒿蓬。”❸饱、足，满足。白居易《和微之诗二十三首·和三月三十日四十韵》：“圣贤清浊醉，水陆鲜肥饫。”韩愈《崔十六少府摄伊阳以诗及书见投因酬三十韵》：“问之不言饥，饫若厌刍豢。”李贺《河阳歌》：“毻船饫口红，蜜炬千枝烂。”裴潾《前相国赞皇公作镇浙右辄抒怀赋四言诗十四首奉寄》之四：“再宾为宠，一麾为饫。”❹肥美。杜甫《送从弟亚赴安西判官》：“黄羊饫不膻，芦酒多还醉。”

【飫沃】 指充盈。韩愈《元和圣德诗》：“饫沃膻芗，产祥降嘏。”

【飫眼】 指满眼。李商隐《寓目》：“园桂悬心碧，池莲饫眼红。”

飭 〔chì《广韵》恥力切，入職，徹。〕❶整治，整理。崔湜《景龙二年赴襄阳途中言志》：“群籍备所见，孤贞每自饬。”李端《题故将军庄》：“曾将数骑过桑干，遥对单于饬马鞍。”张登《冬至夜郡斋宴别前华阴卢主簿》序：“范阳卢君道漳以适越，越人悦之，税车休徒。三旬之间，然后饬行李之命。”韩愈《泷吏》：“仁义饬其躬，巧奸败群伦。”❷谨饬，虔诚。《郊庙歌辞·五郊乐章·送神》：“人竭其恭，灵昭其饬。”❸告诫，命令。崔湜《景龙二年赴襄阳途中言志》：“饬徒留前路，行子悲且慕。”

【飭躬】 指饬身。整饬己身，使自己的言行谨严合礼。高适《李云南征蛮诗》：“临事耻苟免，履危能饬躬。”蒋洌《台中书怀》：“持宪当休明，饬躬免颠沛。”白居易《叙德书情四十韵上宣歙翟中丞》：“饬躬趋馆舍，拜手挹阶墀。”

【飭裝】 指整理行装。王勃《易阳早发》：“饬装侵晓月，奔策候残星。”杜审言《赠崔融二十韵》：“高选俄迁职，严程已饬装。”

【飭駕】 指整理准备车驾。明皇《途经华岳》：“饬驾去京邑，鸣鸾指洛川。”

飯[1] 〔fàn《广韵》扶晚切，上阮，奉。〕❶吃饭。王维《留别山中温古上人兄并示舍弟缙》：“好依盘石饭，屡对瀑泉渴。”储光羲《秋次霸亭寄申大》：“薄暮人空亭，中夜不能饭。”岑参《与鲜于庶子自梓州成都少尹自褒城同行至利州道中作》：“过午方始饭，经时旋及瓜。”《语·郇公厨语》：“人欲不饭筋骨舒，夤缘须入郇公厨。”❷泛指吃。王维《送孙秀才》：“山中无鲁酒，松下饭胡麻。”刘长卿《吴中闻潼关失守因奉寄淮南萧判官》：“不如归远山，云卧饭松栗。”孟郊《吊元鲁山》：“豪人饫鲜肥，鲁山饭蒿蓬。”刘叉《与孟东野》：“寒衣草木皮，饥饭葵藿根。”❸指给饭吃，使吃饭。亦指使吃。李白《送薛九被谗去鲁》：“沙丘无漂母，谁肯饭王孙。”钱起《和慕容法曹寻渔者寄城中故人》：“茅斋对雪开尊好，稚子焚枯饭客迟。”韩翃《送刘长上归城南别业》:"朝还会相就,饭尔五侯鲭。"牟融《题道院壁》:"神枣胡麻能饭客,桃花流水荫通津。"

飯^{2} 〔fàn《广韵》符万切,去願,奉。〕指煮熟的谷类食品。多指大米干饭。李白《宿五松山下荀媪家》:"跪进雕胡饭,月光明素盘。"杜甫《赠李白》:"岂无青精饭,使我颜色好。"柳宗元《柳州峒氓》:"青箬裹盐归峒客,绿荷包饭趁虚人。"白居易《饱食闲坐》:"庖童呼我食,饭热鱼鲜香。"

【飯丸】 指小饭团。张祜《送韦整尉长沙》:"木客提蔬束,江乌接饭丸。"

【飯牛】 ❶指喂牛,饲养牛。储光羲《田家即事》:"迎晨起饭牛,双驾耕东菑。"窦群《北地》:"僶勉思逋客,辛勤悔饭牛。"无名氏《题故人所居》:"往往登憩径,时时或饭牛。"❷喻不慕爵禄、躬耕自适。吴筠《高士咏·颜阖》:"颜阖遵无名,饭牛聊自怡。"

【飯牛歌】 为寒士自求用世的典故。李郢《夜思》:"出户漫漫天未晓,空山谁听饭牛歌。"姚岩杰《报颜标》:"田子莫嫌弹铗恨,宁生休唱饭牛歌。"韦庄《湘中作》:"否去泰来终可待,夜寒休唱饭牛歌。"

【飯來開口】 谓不劳动吃现成饭。元稹《放言五首》之二:"酒熟铺糟学渔父,饭来开口似神鸦。"

【飯後鍾】 谓僧人吃饭后才敲钟。相传唐王播少孤贫,尝客扬州惠明寺木兰院,随僧斋餐。僧厌怠,乃斋罢而后击钟。故王播作诗云:"上堂已了各西东,惭愧阇黎饭后钟。"见《全唐诗》卷四六六王播《题木兰院二首》之二。

【飯食】 指饮食。李颀《题神力师院》:"阶庭药草遍,饭食天花香。"

【飯感】 指陈遗因孝养母亲而感动天地。李瀚《蒙求》:"陈遗饭感,陶侃酒限。"

【飯僧】 即斋僧。王昌龄《缑氏尉沈兴宗置酒南溪留赠》:"仲月期角巾,饭僧嵩阳寺。"王维有《过卢四员外看饭僧共题七韵》。李颀《爱敬寺古藤歌》:"忆昨花飞满空殿,密叶吹香饭僧遍。"孟浩然《疾愈过龙泉寺精舍呈易业二公》:"傍见精舍开,长廊饭僧毕。"

【飯甑】 指以陶或竹、木制成用来蒸饭的器具。《语·江陵语》:"琵琶多于饭甑,措大多于鲫鱼。"

【飯$_{2}$顆山】 相传是唐代京城长安附近的一座山。李白《戏赠杜甫》:"饭颗山头逢杜甫,顶戴笠子日卓午。"

【飯鍾】 指寺庙中召唤僧尼进餐的钟声。元稹《元和五年五十韵》:"酒醒闻饭钟,随僧受遗施。"

飲^{1} 〔yǐn《广韵》於錦切,上寑,影。〕❶指喝。太宗《咏饮马》:"骏骨饮长泾,奔流洒络缨。"韦应物《清都观答幼遐》:"兴高清露没,渴饮琼华浆。"马戴《过野叟居》:"呼儿采山药,放犊饮溪泉。"韦庄《和元秀才别业书事》:"莫饮宜城酒,愁多醉易沉。"❷犹吸。见"飲人""飲香"。

飲^{2} 〔yìn《广韵》於禁切,去沁,影。〕❶指给人、畜喝水。见"飲$_{2}$人""飲$_{2}$馬"。❷指以酒食款待、宴请。岑参《白雪歌送武判官归京》:"中军置酒饮归客,胡琴琵琶与羌笛。"❸指含忍。见"飲恨""飲恨吞聲"。

【飲人】 指吸人血。孟郊《蚊》:"顾已宁自愧,饮人以偷生。"

【飲$_{2}$人】 指给他人喝。王维《赠焦道士》:"饮人聊割酒,送客乍分风。"

【飲子】 指不规定时间、剂量饮服的中药汤剂。杜甫《寄韦有夏郎中》:"饮子频通汗,怀君想报珠。"

【飲中八仙】 李白等八人嗜酒善饮,故称。杜甫有《饮中八仙歌》,所咏八仙为李白、贺知章、李适之、李琎、崔宗之、苏晋、张旭、焦遂等八人。

【飲水】 ❶指喝水。指生活清贫。钱起《题吴通微主人》:"饮水仍留我,孤灯点夜斋。"孟郊《送丹霞子阮芳颜上人归山》:"登山须正路,饮水须直流。"白居易《归履道宅》:"不论贫与富,饮水亦应肥。"白元鉴《马虎岩》:"溪边同饮水,林下共栖真。"❷谓清廉。为称颂地方官清廉自守的典故。韦应物《任洛阳丞请告一首》:"折腰非吾事,饮水非吾贫。"杜甫《赠裴南部闻袁判官自来欲有按问》:"人皆知饮水,公辈不偷金。"钱起《奉送刘相公江淮催转运》:"唯高饮水节,稍浅别家愁。"

【飲$_{2}$牛】 指给牛喝水。徐夤《钓台》:"便可招巢父,长川好饮牛。"

【飲$_{2}$牛津】 指天河。韩偓《无题》之二:"棹寻闻犬洞,槎入饮牛津。"吴融《和韩致光侍郎无题三首十四韵》之三:"眼穿回雁岭,魂断饮牛津。"

【飲血】 指血流满面,流入口中,形容极度悲愤。张巡《守睢阳作》:"裹疮犹出阵,饮血更登陴。"陈去疾《送韩将军之雁门》:"破围铁骑长驱疾,饮血将军转战危。"

【飲冰】 为官员受命或清苦廉洁之典。宋之问《送姚侍御出使江东》:"饮冰朝受命,衣锦昼还乡。"白居易《送河南尹冯学士赴任》:"清洛饮冰添苦节,碧嵩看雪助高情。"姚合《心怀霜》:"还如饮冰士,励节望知音。"郑谷《献制诰杨舍人》:"为郡东吴只饮冰,琐闱频降凤书征。"

【飲羽】 指箭深入所射物体,中箭。羽箭尾上的羽毛。咏射技,兼以咏石。李峤《石》:"宗子维城固,将军饮羽威。"许敬宗《奉和九月九日应制》:"饮羽惊开石,中叶遽凋丛。"张说《玄武门侍射》:"贯心精四返，饮羽妙三联。”崔元翰《奉和登玄武楼观射即事书怀赐孟涉应制》：“饮羽连百中，控弦逾六钧。”

【飲虹】　指喝水的虹。古人迷信，以为虹是有生命的怪物，能饮水，故称。钱起《山中春仲寄汝上王恒颍川沈冲》：“饥狖入山厨，饮虹过药井。”

【飲₂和】　指使人感觉自在，享受和乐。刘禹锡《令狐相公俯赠篇章斐然仰谢》：“饮和心自醉，何必管弦催。”

【飲₂金屑】　指逼人喝金屑酒。古代君王赐令后妃、贵妃自尽的一种方法。晋惠帝贾皇后暴戾多残，赵王伦等因谋欲废后，乃矫诏遣尚书刘弘等持节赍金屑酒赐后死。亦泛指赐死。刘禹锡《马嵬行》：“贵人饮金屑，倏忽舜英暮。”

【飲柏】　指服食柏树叶实。据说这样可以延年成仙。孟郊《宇文秀才斋中海柳咏》：“饮柏泛仙味，咏兰拟古词。”

【飲香】　指吸食香花。指蜂采花蜜。沈佺期《芳树》：“啼鸟弄花疏，游蜂饮香遍。”

【飲泉詩】　指晋广州刺史吴隐之所赋《贪泉诗》。作为称美廉吏的典故。刘长卿《送韦赞善使岭南》：“番禺静无事，空咏饮泉诗。”皇甫曾《送徐大夫赴南海》：“何年谏猎赋，今日饮泉诗。”

【飲食】　❶指吃喝。白居易《自咏》：“随宜饮食聊充腹，取次衣裘亦暖身。”皮日休《鹿门夏日》：“身外所劳者，饮食须自持。”又《二游诗》序：“未一年，悉偿夙志，酣饫经史，或日晏忘饮食。”❷指饮料和食品，重在食品。明皇《春中兴庆宫酺宴》序：“尽力沟洫，不知宫室之已卑；致敬鬼神，不知饮食之斯薄。”皇甫冉《闲居作》：“图书唯药箓，饮食止藜羹。”白居易《梦仙》：“恩爱舍骨肉，饮食断膻腥。”无名氏《五言诗》之五：“广设好饮食，多须劝遣醉。”

【飲恨】　指抱恨含冤。顾况《春雨不闻百舌》：“不关秋水事，饮恨亦无声。”

【飲恨吞聲】　指忍含悲恨，不敢表露。刘景复《梦为吴泰伯作胜儿歌》：“汉土民皆没为虏，饮恨吞声空嗢咽。”

【飲₂馬】　指给马喝水。太宗《饮马长城窟行》：“悠悠卷旆旌，饮马出长城。”王翰《饮马长城窟行》：“归来饮马长城窟，长城道傍多白骨。”卢汝弼《和李秀才边庭四时怨》之四：“朔风吹雪透刀瘢，饮马长城窟更寒。”子兰《饮马长城窟》：“游客长城下，饮马长城窟。”

【飲₂馬長窟行】　（行 xíng）一作《饮马行》。为汉乐府瑟调曲名。古词言征戍之客，至于长城而饮其马，妇人思念其勤劳，故作是曲。太宗、虞世南、袁朗、王翰、王建等均有此作。

【飲₂馬泉】　为泉名，即鹖鹈泉，在丰州（治所在九原，今内蒙古临河东）。李益《盐州过胡儿饮马泉》：“绿杨着水草如烟，旧是胡儿饮马泉。”作者自注：“鹖鹈泉在丰州城北，胡儿饮马于此。”

【飲馬窟】　山涧中可供饮马的水池。杜甫《北征》：“前登寒山重，屡得饮马窟。”

【飲酌】　指斟酒而饮，饮酒。白居易《早春同刘郎中寄宣武令狐相公》：“更有何人能饮酌，新添几卷好篇章。”

【飲氣】　指忍气。刘禹锡《乐天寄重和晚达冬青一篇因成再答》：“秋隼得时凌汗漫，寒龟饮气受泥涂。”李玖《白衣叟述甘棠馆西楹诗》：“白昼叫阍无近戚，缟衣饮气只门生。”

【飲徒】　即酒徒，嗜酒者。亦指酒友。白居易《五年秋病后独宿香山寺三绝句》之二：“饮徒歌伴今何在，雨散云飞尽不回。”又《早春醉吟寄太原令狐相公苏州刘郎中》：“别来少遇新诗敌，老去难逢旧饮徒。”韦庄《病中闻相府夜宴戏赠集贤卢学士》：“无那两三新进士，风流长得饮徒怜。”李曜《赠吴圆》：“经年理郡少欢娱，为习干戈间饮徒。”

【飲席】　指酒席。李商隐有《饮席戏赠同舍》和《饮席代官妓赠两从事》。韩偓《伤春》：“穷途得志反惆怅，饮席话旧多阑珊。”

【飲酒】　指喝酒。王梵志《诗》之七七：“饮酒是痴报，如人落粪坑。”白居易《会昌元年春五绝句·病后喜过刘家》：“谁能料得今春事，又向刘家饮酒来。”姚合《武功县中作三十首》之二七：“饮酒多成病，吟诗易长愁。”刘沧《赠天台隐者》：“看书饮酒余无事，自乐樵渔狎钓翁。”

【飲酒樂】　为乐府杂曲歌辞，源于玄宗开元、天宝间之法曲，咏调名本意，商调，五言，十二句，六十字，六平韵。聂夷中有《饮酒乐》。

【飲流】　指饮黄河水。僧鸾《苦热行》：“饮流夸父毙长途，如见当中印王字。”

【飲宴】　指聚在一起喝酒、吃饭。白居易《闲适》：“风光暖助游行处，雨雪寒供饮宴时。”

【飲啄】　❶指饮水啄食。李白《雉子斑》：“双雌同饮啄，趫悍谁能争。”高适《自淇涉黄河途中作十三首》之二：“飞鸣无人见，饮啄岂得所。”白居易《代鹤》：“饮啄杂鸡群，年深损标格。”崔珏《道林寺》：“野花市井栽不着，山鸡饮啄声相呼。”❷泛指吃喝、生活。杜甫《寄贺兰铦》：“勿云俱异域，饮啄几回同。”李益《罢秩后入华山采茯苓逢道者》：“何事逐豪游，饮啄以膻腥。”陆龟蒙《江南秋怀寄华阳山人》：“饮啄期应定，穷通势莫争。”徐夤《读史》：“须知饮啄由天命，休问黄河早晚清。”❸比喻自由自在地生活。元结《喻瀼溪乡旧游》:"终当来其滨,饮啄全此生。"

【飲₂鹿泉】 泉名。在今陕西临潼骊山下。郑嵎《津阳门诗》:"饮鹿泉边春露晞,粉梅檀杏飘朱墀。"自注:"山城内多驯鹿,流涧号为饮鹿。"

【飲砚】 谓饮砚池之水。岑参《敬酬李判官使院即事见呈》:"饮砚时见鸟,卷帘晴对山。"

【飲惠】 指蒙受恩惠。宋之问《嵩南九里旧鹊村作》:"饮惠可冥分,归事绕金炉。"

【飲猿】 指饮水的猿猴。《尔雅翼》谓,猿好攀援,其饮水辄自高崖或大木上累累相接下饮,饮毕复相收而上。戴叔伦《过友人隐居》:"地静留眠鹿,庭虚下饮猿。"王仁裕《遇放猿再作》:"嶓冢祠前汉水滨,饮猿连臂下嶙峋。"

【飲福】 古礼。祭祀完毕饮食供神的酒肉,以求神祈福。《郊庙歌辞·汉宗庙乐舞辞·积善舞》:"饮福受胙,舞降歌迎。"亦为祭祀乐舞。《郊庙歌辞·梁太庙乐舞辞》有《饮福》。

【飲噉】 指吃喝。韩愈《东都遇春》:"饮啖惟所便,文章倚豪横。"

【飲算】 谓边饮宴边计算射猎收获。耿湋《和王怀州观西营秋射》:"主皮山郡晚,饮算柳营寒。"

【飲罷】 指饮酒毕。裴度、白居易《宴兴化池亭送白二十二东归联句》:"歌停珠贯断,饮罢玉峰颓。"李商隐《偶题二首》之二:"春业定见饶栖鸟,饮罢莫持红烛行。"

【飲德】 指蒙受德泽。钱起《陪郭常侍令公东亭宴集》:"饮德心皆醉,披云兴转清。"李商隐《华州周大夫宴席》:"郡斋何用酒如泉,饮德先时已醉眠。"

【飲澗】 指在溪涧中饮水。多指在山谷中生活。郑谷《少华甘露寺》:"饮涧鹿喧双派水,上楼僧踢一梯云。"

【飲鴆】 指喝用鸩鸟羽毛泡制的毒酒。李商隐《故番禺侯以赃罪致不辜事觉母者他日过其门》:"饮鸩非君命,兹身亦厚亡。"

【飲瓢】 指以瓢盛水浆而饮,谓过贫苦生活。戴叔伦《赠康老人洽》:"百人会中一身在,被褐饮瓢终不改。"

【飲興】 即酒兴,饮酒的兴致。刘禹锡《送蕲州李郎中赴任》:"楼中饮兴因明月,江上诗情为晚霞。"孙鲂《主人司空后亭牡丹》:"饮兴犹思满,吟情自合新。"。

【飲餞】 指以酒饯行。苏颋《奉和魏仆射秋日还乡有怀之作》:"饮饯倾冠盖,传呼问里闾。"王昌龄《武陵田太守席送司马卢溪》:"诸侯分楚郡,饮饯五溪春。"韦应物《送郗詹事》:"长衢轩盖集,饮饯出西京。"崔文邕《千秋亭咏》:"饮饯凭何地,依岩辟此亭。"

【飲霞】 即吸饮云霞。指饮酒。孟郊《招文士饮》:"相劝罢吟雪,相从愁饮霞。"

【飲₂龍川】 谓渭水。沈佺期《侍宴安乐公主新宅应制》:"山出尽如鸣凤岭,池成不让饮龙川。"

【飲澤】 指蒙受恩泽。《郊庙歌辞·享太庙乐章·延和》:"百蛮饮泽,万国来王。"

【飲藥】 指吃药,服药。韦应物《广德中洛阳作》:"饮药本攻病,毒肠翻自残。"

【飲齕】 指饮水啮草或嚼谷。白行简《归马华山》:"驱驰休伏皂,饮龁任依山。"

【飲嚥】 指饮食吞咽。白居易《和微之诗二十三首·和送刘道士游天台》:"饮咽日月精,茹嚼沆瀣芬。"

【飲₂犢】 指给牛犊喝水。为蔑视爵禄名位、风操高洁之典。吴筠《高士咏·樊先生》:"耻闻让王事,饮犊方见移。"

【飲饌】 指饮食。刘禹锡《同乐天和微之深春二十首》之十三:"饮馔出华幄,笙歌出钿车。"

【飲露】 指喝露水。戴叔伦《画蝉》:"饮露身何洁,吟风韵更长。"

飰 同"饭"。杨鸾《即事》:"白日苍蝇满饣卞盘,夜间蚊子又成团。"

五 画

飾¹ 〔shì《广韵》賞職切,入職,書。〕❶修饰,装饰。李峤《饯薛大夫护边》:"犀皮拥青橐,象齿饰雕弓。"王绩《咏妓》:"妖姬饰靓妆,窈窕出兰房。"白居易《遣怀》:"况有假饰者,华簪及高盖。"苏拯《织妇女》:"伊余尽少女,一种饰螓首。"齐己《谢重缘旧山水障子》:"敢望重缘饰,微茫洞壑春。"❷饰品,饰物。寒山《诗三百三首》之五三:"玉带暂时华,金钗非久饰。"上官昭容《游长宁公主流杯池二十五首》之八:"弗玩珠玑饰,仍留仁智情。"羊士谔《斋中有兽皮茵偶成咏》:"青毡持与藉,重锦裁为饰。"❸粉饰,伪装。明皇《赐诸州刺史以题座右》:"虚誉不可饰,清知不可忘。"孟郊《乙酉岁舍弟扶侍归兴义庄居后独止舍待替人》:"丈夫耻自饰,衰须从飒白。"

飾² 〔chì《集韵》蓄力切,入職,徹。〕❶整治,整顿。饰通饬。宇文融《奉和圣制左丞相说右丞相璟太子少傅乾曜同日上官命宴都堂赐诗》:"北极回宸渥,南宫饰御筵。"陆龟蒙《奉和袭美先辈吴中苦雨一百韵》:"譬如饰箭材,尚欠镞与笞。"❷指端正。陈子昂《与东方左史虬修竹篇》序:"一昨于解三处,见明公《咏孤桐篇》,骨气端翔,音情顿挫,光英朗练，有金石声。遂用洗心饰视，发挥幽郁。”

【飾非】 指粉饰，掩盖错误。韩偓《八月六日作四首》之二：“图霸未能知盗道，饰非唯欲害仁人。”贯休《续姚梁公坐右铭》：“非莫非于饰非，过莫过于文过。”

【飾終】 谓人死后给予尊荣。刘禹锡《送工部张侍郎入蕃吊祭》：“饰终邻好重，锡命礼容全。”

【飾揚】 指赞美称扬。元稹《酬东川李相公十六韵》序：“废名位之常数，比朋友以字之，饰扬涓埃，投掷珠玉。幸甚幸甚。”

【飾$_2$裝】 指整顿行装。孟浩然《送莫甥兼诸昆弟从韩司马入西军》：“饰装辞故里，谋策赴边庭。”顾况《从江西至彭蠡入浙西淮南界道中寄齐相公》：“蹇步惭寸进，饰装随转蓬。”

飽 〔bǎo《广韵》博巧切，上巧，幫。〕❶满足了食量。韩愈《此日足可惜赠张籍》：“对食每不饱，共言无倦听。”刘叉《答孟东野》：“生死守一丘，宁计饱与饥。”白居易《自感》：“宾客欢娱僮仆饱，始知官职为他人。”韦庄《闻官军继至未睹凯旋》：“阵前鼙鼓晴应响，城上乌鸢饱不飞。”❷使吃足。杜甫《赠别贺兰铦》：“黄雀饱野粟，群飞动荆榛。”王建《原上新居十三首》之一：“厨舍近泥灶，家人初饱薇。”韩愈《赠刘师服》：“巨缗东钓倘可期，与子共饱鲸鱼脍。”白居易《赠友五首》之五：“惜哉万钟粟，多用饱妻儿。”❸充足，充分。杜甫《寓目》：“自伤迟暮眼，丧乱饱经过。”息夫牧《冬夜宴萧十丈因饯殷郭二子西上》序：“始崇诗以阅礼，终讲信而修睦；然后文饱于德，义润其身。”韩愈《游青龙寺赠崔大补阙》：“由来钝骙寡参寻，况是儒官饱闲散。”韩愈、孟郊《纳凉联句》：“儒庠恣游息，圣籍饱商搉。”

【飽肉】 ❶指以肉为食。杜甫《留花门》：“北门天骄子，饱肉气勇决。”❷指吃饱了肉。雍陶《罢还边将》：“新鹰饱肉唯闲猎，旧剑生衣懒更磨。”

【飽看】 指尽量看。元稹《贬江陵途中寄乐天杓直》：“暇日上山狂逐鹿，凌晨过寺饱看云。”

【飽食】 指吃饱。韩愈《辛卯年雪》：“或云丰年祥，饱食可庶几。”白居易《闲吟二首》之二：“长歌时独酌，饱食后安眠。”又《初授拾遗》：“受命已旬月，饱食随班次。”许浑《酬郭少府先奉使巡涝见寄兼呈裴明府》：“饱食鲙鱼榜归楫，待君琴酒醉陶公。”

【飽食安眠】 指吃饱睡足。白居易《快活》：“饱食安眠消日月，闲谈冷笑接交亲。”

【飽飛】 比喻欲望得到满足即离去，不能长久归心。高适《睢阳酬别畅大判官》：“饥附诚足用，饱飞安可招。”

【飽恩】 指饱受恩惠。苏颋《恩制尚书省僚宴昆明池同用尧字》：“饱恩皆醉止，合舞共歌尧。”参见“饱德”。

【飽喫】 指吃得饱饱的。无名氏《五言白话诗》之五：“长头爱床坐，饱吃没娑肚。”

【飽睡】 指睡眠充分。白居易《晚起》：“放慵长饱睡，闻健且闲行。”

【飽暖】 亦作“飽煖”。指食饱衣暖。寒山《诗三百三首》之一五一：“汝今既饱暖，见我不分张。”白居易《岁暮》：“如我饱暖者，百人无一人。”于渍《山村叟》：“岁暮霜霰浓，画楼人饱煖。”皮日休《三羞诗三首》之三：“一身既饱暖，一家无怨咨。”

【飽飯】 指吃饱。杜甫《徒步归行》：“凤翔千官且饱饭，衣马不复能轻肥。”又《可叹》：“吾辈碌碌饱饭行，风后力牧长回首。”

【飽德】 指饱受恩德。张九龄《奉和圣制南郊礼毕酺宴》：“饱德君臣醉，连歌奉柏梁。”

【飽腹】 ❶指吃饱肚子。刘禹锡《飞鸢操》：“朴樕危巢向暮时，毰毸饱腹蹲枯枝。”❷指吃饱了的肚子。张祜《江南杂题》：“怒蛙横饱腹，斗雀堕轻毛。”

【飽煖】 见“飽暖”。

【飽餧】 指饱喂。谓供养丰厚。元稹《和李校书新题乐府十二首·缚戎人》：“缘边饱馁十万众，何不齐驱一时发。”

【飽聞】 犹多闻。杜甫《凭何十一少府邕觅桤木栽》：“饱闻桤木三年大，与致溪边十亩阴。”又《八哀诗·赠司空王公思礼》：“晓达兵家流，饱闻春秋癖。”又《暮春题瀼西新赁草屋五首》之二：“万里巴渝曲，三年实饱闻。”李商隐《题李上谟壁》：“饱闻南烛酒，仍及拨醅时。”

【飽餐】 指尽量吃，饱饱地吃。白居易《想东游五十韵》：“饱餐为日计，稳睡是身谋。”又《初致仕后戏酬留守牛相公并呈分司诸寮友》：“炮笋烹鱼饱餐后，拥袍枕臂醉眠时。”

【飽諳】 指熟知。白居易《寻李道士山居兼呈元明府》：“饱谙荣辱事，无意恋人间。”

【飽聽】 多听。张令问《与杜光庭》：“一壶美酒一炉药，饱听松风白昼眠。”

養[1] 〔yǎng《广韵》餘兩切，上養，以。〕❶供给人食物及生活所必需，使生活下去。储光羲《同王十三维偶然作十首》之八：“不道无家舍，效他养妻子。”张籍《题清彻上人院》：“爱养无家客，多传得效方。”李商隐《行次西郊作一百韵》：“因失生惠养，渐见征求频。”周昙《咏史诗·六朝门·傅昭》：“为政残苛兽亦饥，除饥机在养疲羸。”❷生育，抚养。杜甫《送李校书二十六韵》：“自恐二男儿，辛勤养无益。”韩愈《元和圣德诗》：“孩养无告，仁滂施厚。”白居易《晚桃花》:“寒地生材遗校易,贫家养女嫁常迟。”韦庄《勉儿子》:“养尔逢多难,常忧学已迟。”吕岩《绝句》之二三:“养得儿形似我形,我身枯悴子光精。”亦特指养娘,即乳母。孟郊《子庆诗》:“我欲拣其养,放麛者是谁。”❸哺乳,喂养。杜甫《双燕》:“养子风尘际,来时道路长。”❹收养非亲生的子女。元稹《连昌宫词》:“禄山宫里养作儿,虢国门前闹如市。”白居易《胡旋女》:“梨花园中册作妃,金鸡障下养为儿。”❺饲养。李白《送薛九被谗去鲁》:“田家养老马,穷士归其门。”白居易《鹦鹉》:“陇西鹦鹉到江东,养得经年觜渐红。”张祜《闲居作五首》之五:“唯精左氏传,不养右军鹅。”皮日休《奉和鲁望樵人十咏·樵溪》:“橡实养山禽,藤花蒙涧鹿。”❻种植,培植。颜真卿《赠僧皎然》:“诛榛养翘楚,鞭草理芳穗。”元季川《泉上雨后作》:“养葛为我衣,种芋为我蔬。”雍陶《和河南白尹西池北新葺水斋招赏十二韵》:“余波不能惜,便欲养浮萍。”❼保养,保持。张九龄《始兴南山下有林泉尝卜居焉荆州卧病有怀此地》:“力衰在所养,时谢良不任。”韩愈《赠别元十八协律六首》之四:“药物防瘴疠,书劝养形神。”刘沧《赠隐者》:“谁识无机养真性,醉眠松石枕空杯。”陆龟蒙《添酒中六咏·酒瓮》:“常闻清凉酎,可养希夷性。”❽培养。柳宗元《法华寺石门精舍三十韵》:“兹游苟不嗣,浩气竟谁养。”❾陶冶。王绩《过酒家五首》之二:“此日长昏饮,非关养性灵。”❿指积,蓄。刘禹锡《洛中送杨处厚入关游蜀》:“旧学三冬今转富,曾伤六翮养初齐。”杜牧《寄沈褒秀才》:“雄如宝剑冲牛斗,丽似鸳鸯养羽毛。”罗隐《燕》:“不必嫌漂露,何妨养羽毛。”

養2 〔yàng《广韵》餘亮切,去漾,以。〕❶(今读yǎng)奉送,事奉。王维《观别者》:“不行无可养,行去百忧新。”韩翃《送营城李少府》:“怀禄兼就养,更怀趋府心。”权德舆《伏蒙十六叔寄示喜庆感怀三十韵因献之》:“筮仕就色养,宴居忘食贫。”杨牢《赠舍弟》:“秦云蜀浪两堪愁,尔养晨昏我远游。”❷指培育树木的山地。陆龟蒙《樵人十咏·樵子》:“生自苍崖边,能谙白云养。”原注:“山家谓养柴地为养。”

【養人】　指养育人民。孟郊《寿安西渡奉别郑相公》之二:“养人在养身,此旨清如韶。”《郊庙歌辞·五郊乐章·黄郊迎神》:“厚以载物,甘以养人。”

【養力】　保养、增强精力。于鹄《过凌霄洞天谒张先生祠》:“面壁攀石棱,养力方敢前。”周贺《休粮僧》:“养力时行道,闻钟不上堂。”

【養女】　指生女。白居易《晚桃花》:“寒地生材遗校易,贫家养女嫁常迟。”

【養日】　指夏季。夏季炎热,贵人将养身体,以度暑天,故云。李峤《六月奉教作》:“养日暂裴回,畏景尚悠哉。”

【養正】　指涵养正道。明皇《惟此温泉是称愈疾乘暇巡游乃言其志》:“绩为蠲邪著,功因养正宣。”王丘《咏史》:“高洁非养正,盛名亦险艰。”储光羲《同房宪部应旋》:“养正不因晦,得中宁患旅。”

【養由】　即养由基,春秋楚臣,善射。张建封《酬韩校书愈打球歌》:“齐观百步透短门,谁羡养由遥破的。”赵嘏《赠皇甫垣》:“养由弓箭已无功,牢落生涯事事同。”周昙《咏史诗·春秋战国门·苏厉》:“百步穿杨箭不移,养由堪教听弘规。”李瀚《蒙求》:“纪昌贯虱,养由号猿。”

【養生】　指摄养身心使长寿。寒山《诗三百三首》之一二二:“养生仍夭命,诱读讵封侯。”杜甫《醉为马坠诸公携酒相看》:“何必走马来为问,君不见嵇康养生遭杀戮。”王建《送吴谏议上饶州》:“养生自有年支药,税户应停月进银。”伍乔《龙潭张道者》:“养生不说凭诸药,适意惟闻在一琴。”亦借指关于养生的著作。皎然《贻李汤》:“山中玉笋是仙药,袖里素书题养生。”段成式《哭房处士》:“岂同叔夜终无分,空向人间著养生。”

【養生方】　指摄养身心使长寿的方法及其著作。王建《原上新居十三首》之六:“近来心力少,休读养生方。”张籍《赠阎少保》:“半俸归烧伏火药,全家解说养生方。”司空图《华下》:“不用名山访真诀,退休便是养生方。”

【養生主】　《庄子》内篇名。阐述顺应自然摄养身心之旨。权德舆《八音诗》:“木雁才不才,吾知养生主。”

【養生客】　指主张摄养身心以长寿之人。钱起《月下洗药》:“寄言养生客,来此共提筐。”

【養生篇】　指养生之书。张籍《赠殷山人》:“深藏报恩剑,久缉养生篇。”刘得仁《访曲江胡处士》:“静还林石下,坐读养生篇。”

【養生論】　篇名。晋嵇康著,大抵以避世全性为养生要义。亦泛指养生之书。马戴《过野叟居》:“自著养生论,无烦忧暮年。”

【養老】　谓年老闲居休养。韩偓《赠易卜崔江处士》:“白首穷经通秘义,青山养老度危时。”

【養志】　谓保摄志气。指培养、保持不慕荣利的志向。多指隐居。魏璞《题舜山后牛迹石》:“泣天伸养志,喘月借留名。”薛逢《邻相反行》:“西云养志与荣名,彼此相非不同调。”黄滔《下第东归留辞刑部郑郎中諴》:“万里家山归养志,数年门馆受恩身。”

【養材】　谓养育材物。如栽培五谷、树木。亦比喻培养人才。白居易《寓意诗五首》之一:“养材三十年，方成栋梁姿。”

【養花】 指种植花。宋齐丘《陪游凤皇台献诗》：“养花如养贤，去草如去恶。”

【養身】 指保养身体。白居易《赠王山人》：“玉芝观里王居士，服气餐霞善养身。”徐铉《步虚词五首》之三：“唯余养身法，修此与天通。”

【養拙】 谓才能低下而闲居度日，常用为退隐不仕的自谦之辞。孟浩然《送告八从军》：“运筹将入幕，养拙就闲居。”杜甫《酬韦韶州见寄》：“养拙江湖外，朝廷记忆疏。”雍陶《卢岳闲居十韵》：“养拙甘沉默，忘怀绝险艰。”李中《思九江旧居三首》之一：“结茅曾在碧江隈，多病贫身养拙来。”

【養和】 ❶谓保养身心。和，指人体元气。钱起《谢张法曹万顷小山暇景见忆》：“乐道随去处，养和解朝簪。”❷即靠背椅的别名。皮日休《五贶诗》序：“有桐庐养和一，怪形拳跼，坐若变去，谓之乌龙养和。”陆龟蒙《奉和袭美赠魏处士五贶诗·乌龙养和》：“养和名字好，偏寄道情深。”

【養育】 ❶指供给生活所需，使生存、生长。孟郊《旅次湘沅有怀灵均》：“如今圣明朝，养育无羁孤。”罗隐《途中献晋州孟中丞》：“太平天子念蒲东，又委星郎养育功。”亦专指对幼者的抚育教养。元稹《哭女樊四十韵》：“四年巴养育，万里硖回萦。”❷指保护。柳宗元《行路难三首》之二：“君不见南山栋梁益稀少，爱材养育谁复论。”

【養性】 谓修养身心，涵养天性。语本《孟子·尽心上》：“存其心，养其性，所以事天也。”姚合《街西居三首》之三：“穷贱餐茹薄，兴与养性宜。”鱼玄机《愁思》：“放情休恨无心友，养性空抛苦海波。”

【養法】 指培植之法。王建《杜中丞书院新移小竹》：“经年求养法，隔日记浇时。”

【養空】 指涵养空灵的心性。王维《赠焦道士》：“天老能行气，吾师不养空。”

【養恬】 指培养恬静寡欲的意境。钱起《酬陶六辞秩归旧居见柬》：“毕娶愿已果，养恬志宁违。”

【養神】 指保养精神，为道家的一种修炼方法。綦毋潜《过方尊师院》：“养神宗示法，得道不知心。”刘禹锡《寄杨虢州与之旧姻》：“玉城山里多灵药，摆落功名且养神。”白居易《和微之诗二十三首·和知非》：“重礼足滋彰，养神多避忌。”徐铉《和江西萧少卿见寄二首》之二：“卷舒由我真齐物，忧喜忘心即养神。”

【養素】 谓修养并保持其本性。萧颖士《游马耳山》：“还丹昧远术，养素惭幽贞。”韦应物《同德精舍养疾寄河南兵曹东厅掾》：“杜门非养素，抱疾阻良宴。”羊士谔《酬吏部窦郎中直夜见寄》：“玉书期养素，金印已怀黄。”李瀚《蒙求》：“孟轲养素，扬雄草玄。”

【養真】 指修养、保持本性。张九龄《使还都湘东作》：“养真无上格，图进岂前期。”钱起《题温处士山居》：“颍上逃尧者，何如此养真。”孟郊《寄张籍》：“天子咫尺不得见，不如闭眼且养真。”周贺《上陕府姚中丞》：“见说养真求退静，溪南泉石许同居。”

【養氣】 即保养之气，涵养本有的正气。白居易《不与老为期》：“存神机虑息，养气语言迟。”项斯《赠道者》：“晏来知养气，度日语时稀。”王毂《赠苍溪王明府有文在手曰长生》：“但以酒养气，何言命在天。”吕岩《百字碑》：“养气忘言守，降心为无为。”

【養高】 谓闲居不仕，退隐。高，指高尚的志向、节操等。任华《寄李白》：“养高兼养闲，可望不可攀。”

【養疴】 亦作“養痾”。指养病。钱起《海畔秋思》：“无用即明代，养痾仍壮年。”孟郊《西斋养病夜怀多感因呈上从叔子云》：“守淡遗众俗，养疴念余生。”

【養病】 指因患病而调理休养。韦应物《西郊养疾闻畅校书有新什见赠久伫不至先寄此诗》：“养病惬清夏，郊园敷卉木。”白居易《咏怀寄皇甫朗之》：“养病未能辞薄俸，忘名何必入深山。”

【養疾】 指养病。孟浩然《重酬李少府见赠》：“养疾衡檐下，由来浩气真。”韦应物有《西郊养疾闻畅校书有新什见赠久伫不至先寄此诗》。张籍《祭退之》：“去夏公请告，养疾城南庄。”

【養桑】 指种植桑木。司马扎《蚕女》：“养蚕先养桑，蚕老人亦衰。”

【養晦】 谓隐居匿迹。储光羲《贻王侍御出台掾丹阳》：“金丘华阳下，仙伯养晦处。”

【養望】 指培养虚名。司空图《五十》：“清秩偶叨非养望，丹方频试更堪疑。”

【養情】 指涵养性情。姚合《寄紫阁隐者》：“养情书览苦，采药路多深。”

【養愁】 指积蓄忧愁。张籍《书怀寄王秘书》：“只于触目须防病，不拟将心更养愁。”

【養痾】 见“養疴”。

【養閒】 指在闲静中养生。阎防《百丈溪新理茅茨读书》：“养閒度人事，达命知止足。”任华《寄李白》：“养高兼养閒，可望不可攀。”

【養蒙】 谓以蒙昧自隐，修养正道。王昌龄《赵十四兄见访》：“世事何须道，黄精且养蒙。”独孤及《夏中酬于逖毕耀问病见赠》：“薄宦耻降志，卧痾非养蒙。”白居易《好听琴》：“清畅堪销疾，恬和好养蒙。”黄滔《贫居冬杪》：“数塞未求通，吾非学养蒙。”亦指为避害而不露锋芒。杜甫《赠苏四徯》：“一请甘饥寒，再请甘养蒙。”参见“養正”。

【養愚】 犹养拙。韦应物《酬令狐司录善福精舍见赠》：“我以养愚地，生君道者心。”参见“養拙”。

【養静】指在宁静环境中修养身心。白居易《送陕州王司马建赴任》："陕州司马去何如，养静资贫两有余。"

【養壽】谓保养身体以延年益寿。张彪《神仙》："长老思养寿，后生笑寂寞。"吴筠《高士咏·郑子真张仲蔚》："心情在耕艺，养寿资玄虚。"

【養賢】❶指供养贤才。宋齐丘《陪游凤皇台献诗》："养花如养贤，去草如去恶。"❷指保持、培养才德。温庭筠《感旧陈情五十韵献淮南李仆射》："耿介非持禄，优游是养贤。"

【養德】指修养无为而治的德行。亦泛指修养德性。李颀《送裴腾》："养德为众许，森然此丈夫。"《郊庙歌辞·享太庙乐章·承光舞》："养德清禁，承光紫微。"

【養瘡】指因创伤而治疗休养。白居易《叹鹤病》："亦知白日青天好，未要高飞且养疮。"

【養親】指奉养父母。崔融《哭蒋詹事俨》："养亲光孝道，事主竭忠规。"杜甫《孟氏》："孟氏好兄弟，养亲唯小园。"贾岛《送沈鹤》："家楚壻于秦，携妻去养亲。"邵谒《送从弟长安下第南归觐亲》："采薇秦山镇，养亲湘水源。"

【養龍水】犹言养鱼池。李商隐《射鱼曲》："纤纤粉簳馨香饵，绿鸭回塘养龙水。"

【養翮】指使翅膀变强劲。钱起《题萧丞小池》："林沼忘言处，鸳鸿养翮时。"郑衮《好鸟鸣高枝》："养翮非无待，迁乔信自卑。"

【養館】指养于馆。谓闲居休养。孟郊《尧歌》之二："养馆洞庭秋，响答虚吹弹。"

【養雞】指饲养鸡。王维《送友人归山歌二首》之一："与松间兮草屋，入云中兮养鸡。"李颀《放歌行答从弟墨卿》："由是蹉跎一老夫，养鸡牧豕东城隅。"

【養鱗】指养殖鱼类。李群玉《将离澧浦置酒野屿奉怀沈正字昆弟三人联登高第》："夫子芸阁英，养鳞湘水浔。"

【養蠶】指喂养蚕。司马扎《蚕女》："养蚕先养桑，蚕老人亦衰。"邵谒《寒女行》："养蚕多苦心，茧熟他人丝。"韦庄《姬人养蚕》："昔年爱笑蚕家妇，今日辛勤自养蚕。"

【養豔】指保持艳丽。白居易《和梦得洛中早春见赠七韵》："开迟花养艳，语懒莺含思。"

飶〔bì《广韵》毗必切，入質，並。又蒲結切，入屑並。〕食物的香气。李纾《唐德明兴圣庙乐章·迎俎》："有飶嘉豆，既和大羹。"

飼〔sì《广韵》祥吏切，去志，邪。〕❶拿食物给人吃。杨发《南野逢田客》："高机犹织卧蚕子，下坂未饥逢饲妻。"❷饲养，给动物吃东西。杜甫《黄鱼》："脂膏兼饲犬，长大不容身。"原注："江陵及彭蠡俱以鱼饲犬。"韩愈《叉鱼招张功曹》："盈车欺故事，饲犬验今朝。"王睿《祠渔山神女歌二首》之二："枨枨山响答琵琶，酒湿青莎肉饲鸦。"贾岛《辩士》："求食饲雏禽，吐出美言词。"

【飼雀】为报恩之典。韦庄《和郑拾遗秋日感事一百韵》："饲雀曾传庆，烹蛇讵有殃。"

飴〔yí《广韵》與之切，平之，以。〕即高粱糖。耿沣《甘泉诗》序："忽遇醴泉，香美若饴。"韩愈《芍药歌》："一尊春酒甘若饴，丈人此乐无人知。"白居易《和微之诗二十三首·和晨兴因报问龟儿》："谁谓荼蘖苦，荼蘖甘如饴。"徐夤《两晋》："巴蜀削平轻似纸，勾吴吞却美如饴。"

【飴露】指甘露。蔡希寂《登福先寺上方然公禅室》："真味杂饴露，众香唯茝兰。"

六　画

餌〔ěr《广韵》仍吏切，去志，日。〕❶糕饼。白居易《渭村退居寄礼部崔侍郎翰林钱舍人诗一百韵》："朝晡颁饼饵，寒暑赐衣裳。"❷指食物。特指钓鱼的食物。王维《纳凉》："贪饵凡几许，徒思莲叶东。"韩愈《独钓四首》之三："鸟下见人寂，鱼来闻饵馨。"刘禹锡《桃源行》："拖纶掷饵信流去，误入桃源行数里。"郑损《钓阁》："晚来春醉熟，香饵任浮沉。"李咸用《喻道》："长生客待仙桃饵，月里婵娟笑煞人。"王毂《后魏行》："一朝羖䍽飞上天，子孙尽作河鱼饵。"❸服食，吃。王维《赠李颀》："闻君饵丹砂，甚有好颜色。"孟郊《哀孟云卿嵩阳荒居》："残芳亦可饵，遗秀谁忍除。"张祜《处士隐居》："唯当饵仙术，坐作朱颜翁。"贾岛《赠牛山人》："二十年中饵茯苓，致书半是老君经。"亦指吸、饮。皎然《寒栖子歌》："拂除衣上饵烟霞，昨夜宵门宿蔡家。"陆龟蒙《奉和袭美太湖诗二十首·入林屋洞》："何人能捰嚼，饵以代浆糗。"❹给吃，喂。李白《古风》之三四："困兽当猛虎，穷鱼饵奔鲸。"皮日休《怀华阳润卿博士三首》之一："环堵养龟看气诀，刀圭饵犬试仙方。"❺指药物。孟郊《求仙曲》："铲惑有灵药，饵真成本源。"元稹《遣病十首》之六："起居甥侄扶，药饵兄嫂看。"❻指钓钩。韩愈、孟郊《城南联句》："修箭袅金饵，群鲜沸池羹。"❼引诱，诱惑。张说《破陈乐词二首》之二："一鼓鲜卑送款，五饵单于解纷。"皮日休《奉和鲁望樵人十咏·樵子》："将花饵鹿麛，以果投猨父。"

【餌術】指服食苍术。据传久服可以成仙。许棠《寄庐山贾处士》："穷经休望辟，饵术止期仙。"

【餌松】指服食松柏叶实。据传久食可以成仙。

陈陶《悲哉行》："中岳仇先生，遗余饵松方。"

【餌藥】　指吃药，服药。皇甫冉《问正上人疾》："饵药应随病，观身转悟空。"司空曙《送太易上人赴东洛》："饵药将斋折，唯诗与道亲。"李华《云母泉诗》序："况支离多病，年甫始衰，愿饵药扶寿，以究无生之学。"

蝕　〔shí《广韵》乘力切，入職，船。〕❶日食，月食。韦应物《行路难》："良弓雕琢双环连，月蚀中央镜心穿。"卢仝《月蚀诗》："吾见阴阳家有说，望日蚀月月光灭。"李商隐《景阳宫井双桐》："秋港菱花干，玉盘明月蚀。"❷指侵蚀。李白《古朗月行》："蟾蜍蚀圆影，大明夜已残。"杜甫《石笋行》："古来相传是海眼，苔藓蚀尽波涛痕。"元稹《酬刘猛见送》："神剑土不蚀，异布火不燋。"贯休《送僧入石霜》："苔侵长者论，岚蚀祖师图。"❸干扰，冲犯。万齐融《仗剑行》："胡骄子，当见旄头蚀应死。"

餉　〔xiǎng《广韵》式亮切，去漾，書。《集韵》始兩切，上養，書。〕❶指馈食于人。特指送饭至田头。王维《积雨辋川庄作》："积雨空林烟火迟，蒸藜炊黍饷东菑。"韩愈《岳阳楼别窦司直》："细君知蚕织，稚子已能饷。"刘禹锡《乐天少傅五月长斋因以戏之》："马家供薏苡，刘氏饷芜菁。"韦庄《山墅闲题》："主人馈饷炊红黍，邻父携竿钓紫鲂。"❷指赠送。白居易《绣妇叹》："连枝花样绣罗襦，本拟新年饷小姑。"孙棨《题妓王福娘墙》之二："寒绣衣裳饷阿娇，新团香兽不禁烧。"❸同"晌"。一会儿。韩愈《醉赠张秘书》："虽得一饷乐，有如聚飞蚊。"卢仝《感古四首》之三："万世金石交，一饷如浮云。"白居易《对酒》："无如饮此销愁物，一饷愁消直万金。"李中《访澄上人》："一饷逢秋雨，相留坐竹堂。"

【餉人】　指送饭的人。徐延寿《人日剪彩》："帖燕留妆户，粘鸡待饷人。"李约《城南访裴氏昆季》："田头逢饷人，道君南山行。"

【餉田】　送饭食到田头。王维《田家》："饷田桑下憩，旁舍草中归。"白居易《观刘麦》："相随饷田去，丁壮在南冈。"韦庄《纪村事》："数声牛上笛，何处饷田归。"崔道融《春墅》："邻妇饷田归，不见百花芳。"

【餉送】　赠送，馈赠。光、威、裒《联句》："独结香绡偷饷送，暗垂檀袖学通参。"杨德辉《徵青州长老嘲僧门》："行婆饷送新童子，居士抄条施利钱。"

【餉婦】　指送饭至田头的妇人。韩偓《雨》："饷妇寥翘布领寒，牧童拥肿蓑衣湿。"

【餉道】　指运军粮的道路。高适《李云南征蛮诗》："饷道忽已远，悬军垂欲穷。"

【餉饁】　指往田头送饭。储光羲《田家即事》："高机犹织卧蚕子，下坂饥逢饷馌妻。"

【餉糧】　送军粮。韦应物《采玉行》："独妇饷粮还，哀哀舍南哭。"

餅　〔bǐng《广韵》必郢切，上静，幫。〕❶古称烤熟或蒸熟的面食。取面水合并之意。杜甫《信行远修水筒》："浮瓜供老病，裂饼尝所爱。"韩愈《赠刘师服》："羡君齿牙牢且洁，大肉硬饼如刀截。"白居易《斋居偶作》："甘鲜新饼果，稳暖旧衣裳。"❷量词。用于饼状物。刘禹锡《唐侍御寄游道林岳麓二寺诗并沈中丞姚员外所和见征继作》："恨无黄金千万饼，布地买取为丘园。"

【餅金】　饼状的金块。韩偓《咏浴》："岂知侍女帘帷外，剩取君王几饼金。"

【餅餌】　饼类食品的总称。白居易《渭村退居寄礼部崔侍郎翰林钱舍人一百韵》："朝晡颁饼饵，寒暑赐衣裳。"又《六年立春日人日作》："二日立春人七日，盘蔬饼饵逐时新。"

【餅爐】　烤饼的炉子。薛能《并州》："坊号偃松人在否，饼炉南畔曲西头。"

餩　〔ài《广韵》於犗切，去夬，影。〕打嗝。《广韵·去夬》："饻，通食气也。"见"餩餩"。

【餩餩】　打嗝声。元稹《寄吴士矩端公五十韵》："醉眼渐纷纷，酒声频饻饻。"

飷　〔xùn《字汇》思晉切。〕俗以乌饭树叶煎水，和米煮饭，名青飷饭，亦称乌饭。本为道家的一种食物，后来佛教亦用来供佛。张贲《以青飷饭分送袭美鲁望因成一绝》："谁屑琼瑶事青飷，旧传名品出华阳。"皮日休《江南道中怀茅山广文南阳博士三首》之一："半日始斋青飷饭，移时空印白檀香。"又《润卿遗青飷饭兼之一绝聊用答谢》："传得三元飷饭名，大宛闻说有仙卿。"

七　画

餐　〔cān《广韵》七安切，平寒，清。〕❶吃，吞食。卢象《追凉历下古城西北隅此地有清泉乔木》："闲阴七贤地，醉餐三士桃。"白居易《睡后茶兴忆杨同州》："今朝餐又饱，烂熳移时睡。"雍陶《和刘补阙秋园寓兴六首》之三："对僧餐野食，迎客着山衣。"李洞《郑补阙山居》："马饥餐落叶，鹤病晒残阳。"❷喝，吸，饮。李白《寄王屋山人孟大融》："我昔东海上，劳山餐紫霞。"宣宗《南安夕阳山真寂寺题诗》："夜深闻法餐甘露，喜在莲花法界中。"吴融《赴阙次留献荆南成相公三十韵》："神清餐沆瀣，气逸饮洪濛。"❸饭食。钱起《送外甥怀素上人归乡侍奉》："寿酒还尝药，晨餐不荐鱼。"李绅《古风二首》之二："谁知盘中餐,粒粒皆辛苦。"姚合《寄李余卧疾》:"寂寞行稍稀,清羸餐自薄。"徐铉《送史馆高员外使岭南》:"桂蠹晨餐罢,贪泉访古初。"

【餐玉】 服食玉屑。古代传说仙家以此延寿。杜甫《去矣行》:"未试囊中餐玉法,明朝且入蓝田山。"陆龟蒙《怀仙三首》之三:"已传餐玉粒,犹自买云英。"

【餐芝】 指修仙。传说仙家以芝草为食。贾岛《哭张籍》:"本欲蓬瀛去,餐芝御白云。"

【餐和】 谓生活于平和融洽的环境中。李华《云母泉诗》:"饮液尽眉寿,餐和皆体平。"钱起《初黄绶赴蓝田县作》:"餐和俗久清,到邑政空论。"李德裕《春暮思平泉杂咏二十首·西岭望鸣皋山》:"讵假数挥金,餐和养余日。"解彦融《雁塔》:"餐和裨日用,味道懿天明。"

【餐茹】 指食物。姚合《街西居三首》之三:"穷贱餐茹薄,兴与养性宜。"

【餐柏】 见"餐柏實"。

【餐柏實】 以柏的叶实充饥。形容修仙学道者超尘脱俗的生活。李颀《送王道士还山》:"嵩阳道士餐柏实,居处三花对石室。"亦省作"餐柏"。卢士衡《寄天台道友》:"别来知子长餐柏,吟处将谁对倚松。"

【餐食】 ❶饭食。张说《送郭大夫元振再使吐蕃》:"脱刀赠分手,书带加餐食。"❷吃饭。李德裕《春暮思平泉杂咏二十首·双碧潭》:"迟迟洲渚步,临眺忘餐食。"

【餐飯】 ❶吃饭。杜审言《送和西蕃使》:"疆场及无事,雅歌而餐饭。"❷饭食。白居易《得行简书闻欲下峡先以诗寄》:"潇湘瘴雾加餐饭,滟滪惊波稳泊舟。"徐铉《南都遇前嘉鱼刘令言游闽岭作此与之》:"珍重分岐一盃酒,强加餐饭数吟诗。"

【餐啖】 吃。陈陶《圣帝击壤歌四十声》:"凫鱼餍餐啖,荷薜足衣裳。"

【餐藥】 吃药,服药。姚合《将归山》:"饥来唯拟重餐药,归去还应只别僧。"

【餐餌】 进食,服用。齐己《谢人惠丹药》:"别后闻餐饵,相逢讶道情。"吕岩《渔父词一十八首·朝帝》:"餐饵了,别尘寰,足蹑青云突上天。"

【餐霞】 餐食日霞。指修仙学道。孟浩然《寻天台山》:"吾友太乙子,餐霞卧赤城。"元稹《开元观闲居酬吴士矩侍御三十韵》:"已得餐霞味,应嗤食蓼甜。"马戴《送道友入天台山作》:"漱齿飞泉外,餐霞早境中。"李频《寻山》:"终须结茅屋,向此学餐霞。"

【餐霞人】 指得道成仙者。钱起《赠汉阳隐者》:"当年不出世,知子餐霞人。"刘禹锡《和游房公旧竹亭闻琴绝句》:"一闻流水曲,重忆餐霞人。"马戴《早发故山作》:"餐霞人不见,采药客犹逢。"

【餐霞子】 指得道成仙者。寒山《诗三百三首》之二二:"有一餐霞子,其居讳俗游。"宋之问《寄天台司马道士》:"远愧餐霞子,童颜且自持。"

【餐霞法】 成仙之法。张籍《赠辟谷者》:"学得餐霞法,逢人与小还。"

【餐霞客】 指修仙学道者。孟浩然《伤岘山云表观主》:"岂意餐霞客,溘随朝露先。"卢拱《中元日观法事》:"久慕餐霞客,常悲习蓼虫。"施肩吾《秋夜山居二首》之一:"幽居正想餐霞客,夜久月寒珠露滴。"顾非熊《送内乡张主簿赴任》:"松窗久是餐霞客,山县新为主印官。"

餔 〔bū《广韵》博孤切,平模,幫。〕❶吃。参见"餔糟"。❷给食,喂食。权德舆《祗役江西路上以诗代书寄内》:"羁孤望予禄,孩稚待我餔。"❸食物。柳宗元《奉平淮夷雅表·皇武命丞相度董师集大功也》之八:"既获敌师,若饥得餔。"

【餔餉】 饭食,粮食。李咸用《和吴处士题村叟壁》:"椎髻担餔饷,庞眉识稔年。"

【餔啜】 亦作"餔歠"。吃喝。韩愈《感春四首》之二:"屈原离骚二十五,不肯餔啜糟与醨。"白居易《和春深二十首》之十四:"餔歠眠糟瓮,流涎见曲车。"

【餔糟】 饱酒,吃酒糟。喻屈志从俗,随波逐流。窦常《谒三闾庙》:"众鱼应饵骨,多士尽餔糟。"元稹《送东川马逢侍御使回十韵》:"饯筵君置醴,随俗我餔糟。"许浑《寄当涂李远》:"旧日乐贫能饮水,他时随俗愿餔糟。"皮日休《七爱诗·卢征君》:"天下皆餔糟,征君独洁己。"

【餔歠】 见"餔啜"。

餗 〔sù《广韵》桑谷切,入屋,心〕鼎中的食物。亦泛指美味佳肴。王翰《奉和圣制同二相已下群官乐游园宴》:"任餗调元气,歌钟溢雅声。"韦庄《和郑拾遗秋日感事一百韵》:"覆餗非无谓,奢华事每详。"

餑 〔bō《广韵》蒲没切,入没,並。〕茶上浮沫。皮日休《茶中杂咏·煮茶》:"声疑松带雨,餑恐生烟翠。"

餓 〔è《广韵》五个切,去箇,疑。〕饥之甚,不饱。孟郊《偷诗》:"饿犬齰枯骨,自吃馋饥涎。"白居易《羸骏》:"骅骝失其主,羸饿无人牧。"皮日休《吴中苦雨因书一百韵寄鲁望》:"予惟饿不死,得非道之福。"吴融《首阳山》:"首阳山枕黄河水,上有两人曾饿死。"

【餓人】 饥饿之人。李翱《江州南湖堤铭》:"厚其钱佣,以饱饿人。"

【餓民】 饥饿之民。刘叉《雪车》:"孰云润泽在枯荄,阛阓饿民冻欲死。"

【餓死】 饥饿致死。孟郊《吊卢殷》:"诗人多清峭,饿死抱空山。"吴融《首阳山》:"首阳山枕黄河水,上有两人曾饿死。"

【餓花】 花期短暂的花。以饥饿喻花,言其生命短促,难以持久。孟郊《秋怀》之八:"少年如饿花,瞥见不复明。"

【餓肚】 肚子饥饿。无名氏《五言诗》之三:"浑家少粮食,寻常空饿肚。"

【餓殺】 饿死。徐仲雅《耕夫谣》:"半日无耕夫,此辈总饿杀。"

【餓凍】 饥饿寒冷。杜牧《冬至日寄小侄阿宜诗》:"今虽未即死,饿冻几欲僵。"

【餓殍】 饿死之人。白居易《题座隅》:"时哉无奈何,俱化为饿殍。"韦庄《秦妇吟》:"六军门外倚僵尸,七架营中填饿殍。"

餘 〔yú《广韵》以諸切,平魚,以。〕❶食物剩余。李白《杂言用投丹阳知己兼奉宣慰判官》:"云是古之得道者西王母食之馀,食之可以凌太虚。"又《空城雀》:"食君糠秕馀,常恐乌鸢逐。"刘禹锡、白居易《乐天是月长斋联句》:"我静驯狂象,餐馀施众禽。"亦指食物丰裕。韩愈《此日足可惜赠张籍》:"箧中有馀衣,盎中有馀粮。"朱庆余《镜湖西岛言事》:"岁计有馀添橡实,生涯一半在渔舟。"❷不尽,未尽,将尽。杜甫《水槛》:"人生感故物,慷慨有馀悲。"韦应物《至开化里寿春公故宅》:"历阶存往敬,瞻位泣馀哀。"又《游开元精舍》:"绿阴生昼静,孤花表春馀。"刘禹锡《令狐仆射与馀投分素深》:"前日寝门恸,至今悲有馀。"❸残余,剩余。许天正《和陈元光平潮寇诗》:"飞絮随风散,馀氛向日镕。"杜甫《晚晴》:"江虹明远饮,峡雨落馀飞。"刘禹锡《乐天示过敦诗旧宅有感一篇吟之泫然》:"本营归计非无意,唯算生涯尚有馀。"白居易《和微之诗二十三首·和除夜作》:"君赋此诗夜,穷阴岁之馀。"亦谓余闲。吴融《绵竹山四十韵》:"往往草檄馀,吟哦思幽独。"❹遗留,遗存。王勃《观佛迹寺》:"莲座神容俨,松崖圣趾馀。"唐明皇《过王濬墓》:"不观松柏茂,空馀荆棘场。"李白《宣城哭蒋征君华》:"安得相如草,空馀封禅文。"岑参《寻少室张山人闻与偃师周明府同入都》:"寂寂清溪上,空馀丹灶闲。"❺留,剩留。孟浩然《和张判官登万山亭因赠洪府都督韩公》:"砌傍馀怪石,沙上有闲禽。"郑锡《千里思》:"惟馀两乡思,一夕度关山。"戴叔伦《屯田词》:"新禾未熟飞蝗至,青苗食尽馀枯茎。"刘沧《经龙门废寺》:"唯馀芳草滴春露,时有残花落晚风。"❻丰足,多。王维《资圣寺送甘二》:"柳色蔼春馀,槐阴清夏首。"杜甫《送孔巢父谢病归游江东兼呈李白》:"蔡侯静者意有馀,清夜置酒临前除。"韦应物《春日郊居寄万年吉少府中孚三原少府伟夏侯校书审》:"谷鸟时一啭,田园春雨馀。"张祜《题池州杜员外弄水新亭》:"晚槛馀清景,凉轩启碧氛。"❼其余,其他。高适《古歌行》:"天子垂衣方晏如,庙堂拱手无馀议。"韩愈《落齿》:"馀存皆动摇,尽落应始止。"孟郊《上张徐州》:"献词惟在口,所欲无馀佗。"刘沧《赠天台隐者》:"看书饮酒馀无事,自乐樵渔狎钓翁。"❽之后,以后。萧颖士《重阳日陪元鲁山德秀登北城》:"雨馀秋天高,目尽无隐状。"韦应物《山中逢道士云公》:"春馀草木繁,耕种满田园。"韦庄《夜景》:"满庭松桂雨馀天,宋玉秋声韵蜀弦。"黄滔《寄边上从事》:"吟馀多独坐,沙月对楼生。"❾表示整数后的零头尾数。用于数词或数量词之后。骆宾王《叙寄员半千》:"薄宦三河道,自负十馀年。"李白《捣衣篇》:"闺里佳人年十馀,嚬蛾对影恨离居。"元稹《醉题东武》:"功夫两衙尽,留滞七年馀。"杜牧《赠别二首》之一:"娉娉袅袅十三馀,豆蔻梢头二月初。"

【餘力】 余存之力。白居易《和李相公留守题漕上新桥六韵》:"从容济世后,馀力及黔黎。"张祜《酬张权宣州新桥秋夜对月见寄》:"长爱征南杜公意,不将馀力碍春秋。"曹松《春草》:"春风有馀力,引上古城墙。"李中《和浔阳宰感旧绝句五首》之四:"政化有同风偃草,更将馀力拯孤寒。"

【餘刃】 喻充裕之能力。刘禹锡《酬窦员外郡斋宴客偶命柘枝因见寄兼呈张十一院长元九侍御》:"分忧馀刃又从公,白羽胡床啸咏中。"裴度、刘禹锡《度自到洛中与乐天为文酒之会因为联句》:"涸流寻轧轧,馀刃转恢恢。"

【餘日】 余剩之日。谓晚年。李德裕《西岭望鸣皋山》:"讵假数挥金,餐和养馀日。"

【餘分】 地球绕太阳公转一周所用去的实际时间,与农历纪年的时间相比所余下的时间,叫余分。古代历学家即根据余分来考定闰月四时。罗让《闰月定四时》:"馀分将考日,积算自成时。"

【餘生】 ❶犹残生。多指晚年。王维《问寇校书双溪》:"新买双溪定何似,馀生欲寄白云中。"窦叔向《端午日恩赐百索》:"馀生傥可续,终冀答明时。"周贺《春日重到王依村居》:"莫为儿孙役,馀生能几何。"周昙《咏史诗·春秋战国门·师旷》:"老能劝学照馀生,似夜随灯到处明。"❷幸存之生命。刘长卿《按覆后归睦州赠苗侍御》:"羊肠留覆辙,虎口脱馀生。"又《赴新安别梁侍郎》:"纵有馀生在,终伤老病侵。"

【餘外】 其余,除此之外。韩愈《醉赠张秘书》:"此诚得酒意,馀外徒缤纷。"罗隐《文选阁》:"三代以来成冠绝,六朝馀外更无双。"

【餘地】 ❶其余之地,空余之处。刘禹锡《秋日题窦员外崇德里新居》："莫言堆案无馀地，认得诗人在此间。"❷喻对事情处理的回旋能力。刘长卿《洛阳主簿叔知和驿承恩赴选伏辞一首》："则知无不可，通变有馀地。"王周《自喻》："性拙绝不佞，才短无馀地。"

【餘曲】（—qǔ）未尽之乐曲。白居易《卧听法曲霓裳》："起尝残酌听馀曲，斜背银缸半下帷。"

【餘光】❶日月残余之光。杜甫《柴门》："长影没窈窕，馀光散唅呀。"李商隐《残雪》："落日惊侵昼，馀光误惜春。"徐铉《赋得风光草际浮》："映空无定彩，飘径有馀光。"无名氏《落日山照曜》："馀光澈群岫，乱彩分重壑。"❷多余之光。称誉人给予鼎助或恩惠的典故。李白《豳歌行上新平长史兄粲》："前荣后枯相翻覆，何惜馀光及棣华。"或借指才干能力。李咸用《赠陈望尧》："秋萤短焰难盈案，邻烛馀光不满行。"

【餘肉】为咏社日的典故。刘言史《嘉兴社日》："今年社日分馀肉，不值陈平又不均。"

【餘年】剩余之年，指暮年。狄仁杰《奉和圣制夏日游石淙山》："老臣预陪悬圃宴，馀年方共赤松游。"王维《宋进马哀词》："哀从中兮不可胜，岂暇料馀年兮复几。"白居易《咏身》："馀年自问将何用，恐是人间剩长身。"李德裕《雨后净望河西连山怆然成咏》："唯怀药饵蠲衰病，为惜馀年报主恩。"

【餘址】遗址。张九龄《登古阳云台》："楚国兹故都，兰台有馀址。"豆卢回《登乐游原怀古》："雄图奄已谢，馀址空复存。"

【餘花】❶残花。太宗《置酒坐飞阁》："馀花攒镂槛，残柳散雕栊。"李嘉祐《送侍御史四叔归朝》："更接天津近，馀花映绶新。"裴度《首夏犹清和联句》："馀花数种在，密叶几重垂。"❷其他的花。孙鲂《主人司空后亭牡丹》："体物真英气，馀花似庶人。"

【餘芳】❶余留之香气。柳宗元《南中荣桔柚》："密林耀朱绿，晚岁有馀芳。"裴杞《风光草际浮》："谁知揽结处，含思向馀芳。"❷残花。戴叔伦《女耕田行》："东邻西舍花发尽，共惜馀芳泪满衣。"韦庄《寄园林主人》："尚有馀芳在，犹堪载酒来。"❸遗留之功业或德行。戴叔伦《哭朱放》："几年湖海挹馀芳，岂料兰摧一夜霜。"

【餘步】犹信步。张说《游龙山静胜寺》："下车岁已成，饰马闲馀步。"

【餘杯】余剩之酒。杜审言《宿羽亭侍宴应制》："圣情留晚兴，歌管送馀杯。"杜甫《客至》："肯与邻翁相对饮，隔篱呼取尽馀杯。"

【餘事】❶其他之事，其余之事。韩愈《赠张籍》："吾老著读书，馀事不挂眼。"白居易《偶吟二首》之二："老去生涯只如此，更无馀事可劳心。"朱庆余《上江州李史君》："入境无馀事，唯闻父老歌。"皮日休《新秋即事三首》之一："痴号多于顾恺之，更无馀事可从知。"❷犹言小事。无须投入主要精力之事。程太虚《磨剑泉》："桥下斩蛟馀事耳，断除天下几妖魔。"

【餘味】余留之味。温庭筠《西陵道士茶歌》："疏香皓齿有馀味，更觉鹤心通杳冥。"

【餘波】❶多余、剩余之水波。蔡希周《奉和扈从温泉宫承恩赐浴》："天行云从指骊宫，浴日馀波锡诏同。"白居易《杂兴三首》之二："馀波养鱼鸟，倒影浮楼雉。"❷谓水波、水流。刘禹锡《海阳十咏·棼丝瀑》："馀波绕石去，碎响隔溪闻。"沈徽《古兴二首》之一："如何摧秀木，正为馀波漂。"❸喻余泽、余恩。杜甫《上韦左相二十韵》："独步才超古，馀波德照邻。"

【餘思】闲余的才思。严公贶《题汉州西湖》："凤沼才难尽，馀思凿西湖。"

【餘俗】遗留的风俗。李绅《过吴门二十四韵》："旧风犹越鼓，馀俗尚吴钩。"

【餘風】❶微风。刘禹锡《题集贤阁》："长听馀风送天乐，时登高阁望人寰。"❷遗留之风习。李绅《皋桥》："犹有馀风未磨灭，至今乡里重和鸣。"❸未尽之风。李白《临路歌》："馀风激兮万世，游扶桑兮挂石袂。"

【餘哀】不尽之悲哀。杜甫《千秋节有感二首》之一："衢尊不重饮，白首独馀哀。"又《冬到金华山观因得故拾遗陈公学堂遗迹》："雪岭日色死，霜鸿有馀哀。"李鹭《慧山寺肄业送怀坦上人》："惊泉有馀哀，永日谁与度。"

【餘音】不绝之音。王起《贡举人谒先师闻雅乐》："度曲飘清汉，馀音遏晓云。"独孤申叔《终南精舍月中闻磬》："幽磬此时击，馀音几处闻。"

【餘勇】未尽之勇气或力量。骆宾王《从军中行路难二首》之二："天子按剑征馀勇，将军受脤事横行。"储光羲《猛虎词》："君能贾馀勇，日夕长相亲。"刘禹锡《竞渡曲》："先鸣馀勇争鼓舞，未至衔枚颜色沮。"陆龟蒙《袭美先辈以龟蒙所献五百言既蒙见和复示荣唱再抒鄙怀用伸酬谢》："希君念馀勇，挽袖登文陴。"

【餘素】平时的志趣，志向。韦应物《同韩郎中闲庭南望秋景》："朝下抱馀素，地高心本闲。"

【餘烈】❶遗留下的功业。罗隐《中元甲子以辛丑驾幸蜀四首》之二："跪望嵕山重启告，可能馀烈不胜妖。"徐铉《吴王挽词二首》之二："土德承馀烈，江南广旧恩。"❷义同"餘光"。喻美德。高适《宋中别李八》："行矣各勉旃，吾当挹馀烈。"

【餘俸】剩余、多余之俸禄。韩愈《南溪始泛三首》之二："幸有用馀俸，置居在西畴。"李蠙《题善权寺石壁》："从此便归林数去，更将馀俸买南山。"

【餘脈】水的支流。韦庄《渔塘十六韵》："洛水分馀脉，穿岩出石棱。”

【餘陰】 ❶草木、山及其他物体遮住日光所成的阴影。韩愈《海水》：“一木有馀阴，一泉有馀泽。”刘禹锡《令狐相公见示新栽蕙兰二草之什兼命同作》：“朱门虽易地，玉树有馀阴。”李咸用《庐山》：“馀阴铺楚甸，一柱表吴门。”❷喻庇荫。卢纶《和考功员外杪秋忆终南旧宅之作》：“馀阴如可寄，愿得隐墙东。”

【餘基】 残存的旧址。王绩《过汉故城》：“馀基不可识，古墓列成行。”

【餘趾】 遗迹。杜牧《朱坡》：“汉馆留馀趾，周台接故蹊。”

【餘眷】 经常关心照护。孟郊《与王二十一员外涯游昭成寺》：“顾惭馀眷下，衰瘵婴残身。”

【餘清】 ❶谓清新凉润。李白《淮阴书怀寄王宗成》：“云天扫空碧，川岳涵馀清。”顾况《酬本部韦左司》：“文雅一何盛，林塘含馀清。”权德舆《奉和圣制九月十八日赐百寮追赏因书所怀》：“黄花媚新霁，碧树含馀清。”陆龟蒙《新秋月夕客有自远相寻者作吴体二首以赠》之一：“风初寥寥月乍满，杉篁左右供馀清。”❷不尽清音。李峤《钟》：“欲知常待扣，金簴有馀清。”白居易《祗役骆口驿喜萧侍御书至兼睹新诗吟讽通宵因寄八韵》：“一吟三四叹，声尽有馀清。”

【餘習】 遗留之习性。王维《偶然作六首》之六：“不能舍馀习，偶被世人知。”刘禹锡《观棋歌送儇师西游》：“前身后身付馀习，百变千化无穷已。”贾岛《送天台僧》：“身心无别念，馀习在诗章。”

【餘悲】 无尽之悲。卢象《八月十五日象自江东止田园移庄庆会未几归汶上小弟幼妹尤嗟其别兼赋是诗三首》之一：“论旧或馀悲，思存且相喜。”

【餘喘】 残喘。指生命垂危。杜甫《八哀诗·故秘书少监武功苏公源明》：“长安米万钱，凋丧尽馀喘。”

【餘尊】 犹余杯。孟浩然《张七及辛大见寻南亭醉作》：“便就南亭里，馀尊惜解醒。”参见“餘杯”。

【餘閏】 谓闰月。李百药《谒汉高庙》：“纂尧灵命启，灭楚馀闰终。”王勃《别人四首》之一：“久客逢馀闰，他乡别故人。”

【餘閒】 ❶余暇。刘禹锡《和令狐相公以司空裴相见招南亭看雪四韵》：“重门不下关，枢务有馀闲。”朱庆余《和刘补阙秋园寓兴之什十首》之四：“留情清景宴，朝罢有馀闲。”王周《志峡船具诗·百丈》：“少尝侍先君，馀闲诵白氏。”❷余裕之能力。李白《送族弟单父主簿凝摄宋城主簿留饮赠之》：“吾家青萍剑，操割有馀闲。”又《送张遥之寿阳幕府》：“战夫若熊虎，破敌有馀闲。”又《南都行》：“清歌遏流云，艳舞有馀闲。”

【餘想】 绵绵之思。太宗《谒并州大兴国寺诗》：“对此留馀想，超然离俗尘。”

【餘睠】 屡屡返顾回看。睠，同眷。卢纶《七夕诗》：“回想敛馀睠，人天俱是愁。”

【餘跡】 遗迹。李白《赤壁歌送别》：“君去沧江望澄碧，鲸鲵唐突留馀跡。”

【餘爱】 深厚的爱意。郑昉《人不易知》：“冬日承馀爱，霜云喜暂披。”

【餘意】 不尽之情意。刘禹锡《冬夜宴河中李相公中堂命筝歌送酒》：“翠蛾发清响，曲尽有馀意。”

【餘暇】 空闲。孟郊《新卜清罗幽居奉献陆大夫》：“此外有馀暇，锄荒出幽兰。”

【餘照】 夕阳，落日的余辉。孟浩然《腊月八日于剡县石城寺礼拜》：“夕岚增气色，馀照发光辉。”李白《经乱后将避地剡中留赠崔宣城》：“太白昼经天，颓阳掩馀照。”杜甫《宿白沙驿》：“水宿仍馀照，人烟复此亭。”李嘉祐《送严二擢第东归》：“迎秋见衰叶，馀照逐鸣蝉。”李商隐《离席》：“依依向馀照，远远隔芳尘。”

【餘寒】 残余之寒气。韦承庆《寒食应制》：“旧火收槐燧，馀寒入桂宫。”杜甫《题张氏隐居二首》之一：“涧道馀寒历冰雪，石门斜日到林丘。”张起《春情》：“画阁馀寒在，新年旧燕归。”严巨川《太清宫闻滴漏》：“残魄栖初尽，馀寒滴更生。”

【餘業】 祖上留下的基业。刘沧《下第东归途中书事》：“东归海上有馀业，牢落田园荒草平。”

【餘酲】 残醉。酒后残存的醉意。酲，醉酒后头昏疲困。刘禹锡《历阳书事七十韵》：“唯闻嗟短景，不复有馀酲。”又《和牛相公题姑苏所寄太湖石兼寄李苏州》：“烦热近还散，馀酲见便醒。”张祜《观楚州韦舍人新筑河堤兼建两闸门》：“须道孔融樽已满，不劳台下说馀酲。”皮日休《秋晚留题鲁望郊居二首》之二：“冷卧空斋内，馀酲夕未消。”

【餘煦】 夕照，落日的余辉。上官仪《酬薛舍人万年宫晚景寓直怀友》：“池色摇晚空，岩花敛馀煦。”

【餘齒】 残年，余年。王维《偶然作六首》之二：“且当放怀去，行行没馀齿。”

【餘德】 犹遗泽。杜牧《怀钟陵旧游四首》之一：“陆公馀德机云在，如我酬恩合执鞭。”

【餘燼】 燃烧尽后的剩余物。钱珝《江行无题一百首》之四三：“兵火有馀烬，贫村才数家。”无名氏《焚裘》：“火随馀烬灭，气逐远烟浮。”

【餘潤】 谓润泽。钱起《南溪春耕》：“溪雨有馀润，土膏宁厌开。”元稹《表夏十首》之四：“玉委有馀润，飙驰无去踪。”亦引申指水波。温庭筠《休浣日西掖谒所知》：“荀令凤池春婉娩，好将馀润变鱼龙。”

【餘輝】 ❶亦作“餘暉”。落日的光辉。王维《酬郭给事》：“洞门高阁霭馀辉，桃李阴阴柳絮飞。”戴叔伦《山居即事》："岩云掩竹扉，去鸟带馀晖。"陆龟蒙《丹阳道中寄友生》："思君同一望，帆上怨馀晖。"❷指夕阳。长孙佐辅《关山月》："馀晖渐西落，夜夜看如昨。"❸残余的光辉。杨衡《宿陆氏斋赋得残灯诗》："馀晖含薄雾，落烬迸空筵。"赵嘏《送卢缄归扬州》："曾向雷塘寄掩扉，荀家灯火有馀辉。"温庭皓《观山灯献徐尚书》："春山收暝色，熘火集馀辉。"

【餘論】 谈论，议论，评论。张九龄《和吏部李侍郎见示秋夜望月因命仆继作》："今来重馀论，怀此更终朝。"徐晶《赠温驸马汝阳王》："畴昔承馀论，文章幸滥推。"杜甫《晚晴》："时闻有馀论，未怪老夫潜。"刘长卿《睢阳赠李司仓》："且喜接馀论，足堪资小留。"段成式《和周繇见嘲》序："晚薪馀论，根织素而不怜；斜柯新知，叹因针而难假。"

【餘慶】 ❶遗留给后辈的恩泽、福祉。明皇《游兴庆宫作》："万叶传馀庆，千年志不移。"杜荀鹤《哭方干》："况有数篇关教化，得无馀庆及儿孙。"❷谓行善积德，泽惠后人。太宗《重幸武功》："积善忻馀庆，畅武悦成功。"卢纶《纶与吉侍郎中孚司空郎中曙苗员外发崔补阙峒耿拾遗沣李校书端风尘追游向三十载》："郎中善馀庆，雅韵与琴清。"

【餘興】 未尽之兴致。宋鼎《酬故人还山》："安知馀兴尽，相望紫烟赊。"李白《答族侄僧中孚赠玉泉仙人掌茶》："朝坐有馀兴，长吟播诸天。"白居易《咏兴五首·小庭亦有月》："客散有馀兴，醉卧独吟哦。"李咸用《雪十二韵》："吟阑馀兴逸，还忆剡溪船。"

【餘憶】 不尽的思念。卢象《八月十五日象自江东止田园移庄庆会未几归汶上赋是诗三首》之三："别此最为难，泪尽有馀忆。"

【餘聲】 ❶余音，未尽之音。管雄甫《戛玉有馀声》："乐中和旧曲，天际转馀声。"严巨川《太清宫闻滴漏》："渐知催辨色，复听续馀声。"❷犹鸣声、歌声。刘禹锡《晚泊牛渚》："残霞忽变色，游雁有馀声。"周贺《送李亿东归》："灞上金樽未饮，宴歌已有馀声。"❸谓其他声响。柳宗元《夏昼偶作》："日午独觉无馀声，山童隔竹敲茶臼。"

【餘澤】 润泽，德泽。韩愈《海水》："一木有馀阴，一泉有馀泽。"

【餘霞】 残霞。李白《落日忆山中》："雨后烟景绿，晴天散馀霞。"白居易《秋寄微之十二韵》："馀霞数片绮，新月一张弓。"李绅《忆至巩县河宿待家累追怀》："巩树翻红秋日斜，水分伊洛照馀霞。"陆龟蒙《和袭美褚家林亭》："孤岛待寒凝片月，远山终日送馀霞。"

【餘蹤】 义同余迹。李白《送温处士归黄山白鹅峰旧居》："仙人炼玉处，羽化留馀踪。"

【餘糧】 富余之粮食。韩愈《此日足可惜赠张籍》："箧中有馀衣，盎中有馀粮。"白居易《观刈麦》："吏禄三百石，岁晏有馀粮。"周昙《咏史诗·春秋战国门·田饶》："厨抛败肉士怀饥，仓烂馀粮客未炊。"崔道融《村墅》："正月二月村墅闲，馀粮未乏人心宽。"

【餘馥】 残香，幽香。韦应物《慈恩寺南池秋荷咏》："衰红受露多，馀馥依人少。"柳宗元《巽上人以竹间自采新茶见赠酬之以诗》："呼儿爨金鼎，馀馥延幽遐。"

【餘罇】 亦作"餘樽"。杜牧《昔事文皇帝三十二韵》："祝尧千万寿，再拜揖馀罇。"又《陵阳送客》："兰舟倚行棹，桂酒掩馀樽。"

【餘孽】 残余之寇。钱起《送薛判官赴蜀》："始见儒者雄，长缨系馀孽。"李子昂《西戎即叙》："元戎咸服罪，馀孽尽输忠。"

【餘韻】 余音。李白《金陵听韩侍御吹笛》："馀韵度江去，天涯安可寻。"刘禹锡《客有为余话登天坛遇雨之状因以赋之》："遥光泛物色，馀韵吟天籁。"裴度、刘禹锡等《西池落泉联句》："日斜车马散，馀韵逐鸣珂。"

【餘馨】 不尽的馨香。钱珝《江行无题一百首》之七十四："莫言时节过，白日有馀馨。"

【餘歡】 谓欢乐。李峤《送光禄刘主簿之洛》："朋席馀欢尽，文房旧侣空。"姚合《送韦瑶校书赴越》："晨省高堂后，馀欢杯酒间。"李昌符《与友人会》："真交无所隐，深语有馀欢。"

【餘齡】 余年，晚年。韩愈《过南阳》："孰忍生以戚，吾其寄馀龄。"

【餘贏】 盈余。柳宗元《韦道安》："偶为群盗得，毫缕无馀赢。"

【餘響】 余音。李白《听蜀僧濬弹琴》："客心洗流水，馀响入霜钟。"孟郊《奉报翰林张舍人见遗之诗》："孤韵耻春俗，馀响逸零雰。"叶季良《赋得琢玉成器》："雅容看更澈，馀响扣弥清。"王棨《风中琴》："数声随籁去，馀响入堂深。"

【餘醺】 犹余杯。醺，醉。赵嘏《重寄卢中丞》："别多头欲白，惆怅惜馀醺。"陆龟蒙《又次前韵酬广文》："强歌非白纻，聊以送馀醺。"参见"餘杯"。

餒 〔něi《广韵》奴罪切，上贿，泥。〕❶饥饿。顾况《上古之什补亡训传十三章·上古一章》："惟馨祀是患，岂止馁与寒。"白居易《永崇里观居》："幸免冻与馁，此外复何求。"吴融《雪中寄卢延让秀才》："努力图西去，休将冻馁辞。"裴说《旅中作》："妄动远抛山，其如馁与寒。"❷饥者，饥饿之人。白居易《渭村退居一百韵》："恤寒分赐帛，救馁减余粮。"皮日休《吴中苦雨因书一百韵寄鲁望》："似馁见太牢，如迷遇华烛。"方干《赠东溪贫道》:"赖是豪家念寒馁,却还渔岛与渔舟。"

【餒士】 饥饿之士。孟郊《隐士》:"山野多馁士,市井无饥人。"

【餒飢】 饥饿。亦指饥饿者。孟云卿《田园观雨兼晴后作》:"秋成不廉俭,岁余多馁饥。"

【餒寒】 饥寒。孟郊《新卜清罗幽居奉献陆大夫》:"黔娄住何处,仁邑无馁寒。"刘叉《雪车》:"官家不知民馁寒,尽驱牛车盈道载屑玉。"

【餒躓】 饥饿者和疲困者。卢肇《汉堤诗》序:"三日水去,陷为大涂。余民栖于楚山,号不敢下。馁踬相挽,其能全者什六七。"

餖 〔nàng〕当是"饢"的简化字。馕为新疆维吾尔、哈萨克等族的主要食品,类似烘饼。坎曼尔《诉豺狼》:"东家豺狼恶,食吾馕饮吾血。"原校"馕,当是粮字"。

八　画

餦 〔zhāng《广韵》陟良切,平陽,知。〕参见"餦餭"。

【餦餭】 干的饴糖。亦指用饴渍。陆龟蒙《酬袭美见寄海蟹》:"自是扬雄知郭索,且非何胤敢餦餭。"

餞 〔jiàn《广韵》才線切,去線,從。又慈演切,上獮,從。〕❶设酒席送别行人。许敬宗《送刘散员同赋得陈思王诗山树郁苍苍》:"此中饯行迈,不异上河梁。"王维《冬日游览》:"丞相过列侯,群公饯光禄。"欧阳詹《赋得秋河曙耿耿送郭秀才应举》:"夜来陪饯欧阳子,偶坐通宵见深旨。"李洞《冬日送凉州刺史》:"宠饯西门外,双旌出汉陵。"❷赐,送。张祜《高闲上人》:"卷轴朝廷饯,书函内库收。"李群玉《中秋夜南楼寄友人》:"他乡此夜客,对景饯多愁。"

【餞行】 (—xíng)置酒席送行。孟浩然《高阳池送朱二》:"此地朝来饯行者,翻向此中牧征马。"顾非熊《酬均州郑使君见送归茅山》:"饯行诗意厚,惜别独筵重。"

【餞别】 置酒席送别。王勃有《羁游饯别》。萧颖士《江有归舟三章》序:"上京饯别,庭闱望归,从古已来,未之闻也。"韦应物《送宣州周录事》:"英豪若云集,饯别塞城闉。"刘长卿有《饯别王十一南游》。

【餞客】 置酒为客人送行。姚合《送洛阳张员外》:"饯客未归城,东来驺骑迎。"

【餞酌】 举杯饯行。崔禹锡《奉和圣制送张说巡边》:"群僚咸饯酌,明主降离章。"

【餞席】 送别的宴席。姚发《送萧颖士赴东府得草字》:"行轩玩春日,饯席藉芳草。"皇甫冉《河南郑少尹城南亭送郑判官还河东》:"使臣怀饯席,亚尹有前溪。"刘长卿《湖南使还留辞辛大夫》:"羽觞交饯席,旄节对归舟。"

【餞酒】 饯别之酒。杜牧《洛中送冀处士东游》:"饯酒载三斗,东效黄叶稠。"雍陶《恨别二首》之一:"知君饯酒深深意,图使行人涕不流。"

【餞飲】 以酒饯行。苏颋《奉和圣制幸望春宫送朔方大总管张仁亶》:"饯饮回仙跸,临戎解御衣。"

【餞筵】 送别的筵席。元稹《送东川马逢侍御使回十韵》:"饯筵君置醴,随俗我餔糟。"白居易《别苏州》:"饯筵犹未收,征棹不可停。"姚合《送狄尚书镇太原》:"授钺儒生贵,倾朝赴饯筵。"孟匡明《饯王将军赴云中》:"饮冰君命速,挥涕饯筵空。"

【餞遠】 饯别远行者。沈佺期有《饯远》。

餚 〔yáo《广韵》胡毛切,平肴,匣。〕同肴。熟的肉类食物。许敬宗《奉和执契静三边应诏》:"辍肴观化宇,栖籞萃条支。"

【餚饍】 谓菜肴饭食。寒山《诗三百三首》之二九一:"系之在华堂,肴膳极肥好。"

餗 〔niè《集韵》諾叶切,入帖,泥。〕参见"餗頭"。

【餗頭】 饼类食品。李日新《题仙娥驿》:"商山食店大悠悠,陈鹖饠锣古馀头。"

館 〔guǎn《广韵》古玩切,上緩,見。〕❶客舍,旅馆。戎昱《秋馆雨后得弟兄书即事呈李明府》:"空馆复闻雨,贫家怯到秋。"白居易《自秦望赴五松驿马上偶睡睡觉成吟》:"长途发已久,前馆行未至。"马戴《送韩校书江西从事》:"夕照临孤馆,朝霞发广津。"刘沧《长安冬夜书情》:"钟传半夜旅人馆,鸦叫一声疏树风。"❷豪华住宅,宫馆。韩愈《奉和虢州刘给事使君三堂新题二十一咏・月台》:"南馆城阴阔,东湖水气多。"孟郊《游华山云台观》:"夜闻明星馆,时韵女萝弦。"李绅《过吴门二十四韵》:"故馆曾闲访,遗基亦遍搜。"杜牧《朱坡》:"汉馆留余趾,周台接故蹊。"❸特指非通途大道设的驿站的房舍。李白《经乱离后天恩流夜郎忆旧游书怀赠江夏韦太守良宰》:"征乐昌乐馆,开筵列壶觞。"元稹《感梦》:"三十里有馆,有馆名芳溪。"❹使馆居,安置。严维《荆溪馆呈丘义兴》:"先生能馆我,无事五湖游。"❺官署名。《语・高宗时语》:"三馆学生放散,五台令史经明。"元稹《和李校书新题乐府十二首・骠国乐》:"史馆书为朝贡传,太常编入鞮靺科。"白居易《太和戊申岁谨书盛事以俟采诗》:"好入诗家咏,宜令史馆书。"❻学馆。见"館儒"。

【館次】 馆舍。吴少微《和崔侍御日用游开化寺阁》："馆次厌烦歊，清怀寻寂寞。"

【館池】 楼馆池塘。许浑《过鲍溶宅有感》："秋色馆池静，雨声云木凉。"

【館舍】 ❶房舍。王建《谢李续主簿》："馆舍幸相近，因风及病身。"❷官署。白居易《叙德书情四十韵上宣歙翟中丞》："饬躬趋馆舍，拜手挹阶墀。"

【館陶】 ❶县名。西汉置，治所在今河北馆陶县(南馆陶)。皇甫冉有《馆陶李丞旧居》。❷指馆陶园。泛指贵族园林。刘宪《奉和幸三会寺应制》："林披馆陶榜，水浸昆明灰。"❸东汉光武帝女红夫封馆陶公主，唐高祖第十七女亦封馆陶公主。故借以指公主。窦常《凉国惠康公主挽歌》："早加于氏对，偏占馆陶恩。"

【館陶公】 指郭元振。元振在睿宗朝曾封馆陶县男。李白《历阳壮士勤将军名思齐歌》序："大臣慕义，结十友，即燕公张说，馆陶公郭元振为首，余壮之，遂作诗。"

【館陶園】 汉文帝女、汉武帝姑馆陶公主，有园在长门，称长门园，世称馆陶园。后亦泛指贵族园林。杜牧《忆游朱坡四韵》："猎逢韩嫣骑，树识馆陶园。"

【館殿】 指朝廷。引申为入仕。郑谷《寄赠蓝田韦少府先辈》："馆殿非初意，图书是旧贫。"

【館置】 驿站的馆舍。韩愈《招杨之罘》："馆置使读书，日有求归声。"

【館穀】 谓居其馆、食其谷。指驻军就食。亦泛指食宿款待。韩翃《送中兄典邵州》："一路诸侯争馆谷，洪池高会荆台曲。"

【館儒】 学馆中的儒士。韩愈、孟郊《城南联句》："馆儒养经史，缀戚觞孙甥。"

【館宇】 房舍，馆舍。李百药《和许侍郎游昆明池》："年深平馆宇，道泰偃戈船。"明皇《巡省途次上党旧宫赋》序："周游馆宇，触目依然。"李白《过汪氏别业二首》之二："随山起馆宇，凿石营池台。"孟郊《寄陕府邓给事》："陕城临大道，馆宇屹几鲜。"

【館娃】 ❶即馆娃宫。郎士元《赋得长洲苑送李惠》："都迷采兰处，强记馆娃年。"元稹《痁卧闻幕中诸公征乐会饮因有戏呈三十韵》："彼美犹溪女，其谁占馆娃。"白居易《杨柳枝词八首》之五："苏州杨柳任君夸，更有钱唐胜馆娃。"❷借指西施。李绅《回望馆娃故宫》："因问馆娃何所恨，破吴红脸尚开莲。"亦泛指美女。李贺《梁公子》："种柳营中暗，题书赐馆娃。"

【館娃寺】 指今江苏苏州灵岩山之灵岩寺。春秋时吴王置馆娃宫于此地。东晋末，阮沅舍宅为寺，梁代天监年间名秀峰寺，唐代改称灵岩寺。赵嘏《松江》："千里帆遮馆娃寺，一川风暖采香村。"

【館娃宫】 古代吴宫名。相传吴王夫差筑此宫以居西施，故称。今江苏省苏州灵岩山有灵岩寺，即其故址。王建《白纻歌二首》之二："馆娃宫中春日暮，荔枝木瓜花满树。"刘禹锡《忆春草》："馆娃宫外姑苏台，郁郁芊芊拨不开。"赵嘏《吴门梦故山》："秋窗觉后情无限，月堕馆娃宫树西。"温庭筠《杨柳八首》之五："馆娃宫外邺城西，远映征帆近拂堤。"

【館驛】 驿站中设立的馆舍。赵嘏《赠馆驿刘巡官》："莫言馆驿无公事，诗酒能消一半春。"齐己《杨花》："旆冲离馆驿，莺扑绕宫楼。"又《送韩蜕秀才赴举》："槐花馆驿暮尘昏，此去分明吏部孙。"虚中《泊洞庭》："槐柳未知秋，依依馆驿头。"

九　画

餬 〔hú《广韵》户吴切，平模，匣。〕❶参见"餬口"。❷同"糊"。参见"餬粸"。

【餬口】 谓勉强维持生活。杜甫《送重表侄王砅评事使南海》："长者来在门，荒年自餬口。"又《上水遣怀》："驱驰四海内，童稚日餬口。"欧阳詹《太原旅怀呈薛十八侍御齐十二奉礼》："餬口百家周，赁庑三月余。"

【餬粸】 即糊饼。餬，同"糊"。寒山《诗三百三首》之九九："题安餬粸上，乞狗也不吃。"

餵 〔tí〕参见"餵餬"。

【餵餬】 酪酥。皮日休《鲁望以躬掇野蔬兼示雅什用以酬谢》："雕胡饭熟餵餬软，不是高人不合尝。"

餳 〔xíng《广韵》徐盈切，平清邪。〕用麦芽或谷芽熬成的糖。沈佺期《岭表逢寒食》："岭外无寒食，春来不见饧。"刘禹锡《历阳书事七十韵》："湖鱼香胜肉，官酒重于饧。"白居易《清明日送韦侍御贬虔州》："留饧和冷粥，出火煮新茶。"李商隐《评事翁寄赐饧粥走笔为答》："粥香饧白杏花天，省对流莺坐绮筵。"

【餳桃】 甜桃。孟郊《偷诗》："亦如婴儿食，饧桃口旋旋。"

【餳餐冷酒】 泛指寒食节时的冷食。饧餐，甜食。李群玉《湖寺清明夜遣怀》："饧餐冷酒明年在，未定萍蓬何处边。"

【餳粥】 加饧的粥，甜粥。白居易《会昌元年春五绝句·赠举之仆射》："鸡球饧粥屡开筵，谈笑讴吟间管弦。"李商隐有《评事翁寄赐饧粥走笔为答》。南朝梁宗懔《荆楚岁时记》："寒食，禁火三日，造饧大麦粥。”

餵 同“餧”。喂养。杜甫《洗兵马》:“京师皆骑汗血马,回纥餵肉葡萄宫。”孟郊《济源寒食》之三:“饥童饿马扫花餵,向晚饮溪三两杯。”白居易《南阳小将张彦硖口镇税人场射虎歌》:“天生天杀岂天怒,忍使朝朝餵猛虎。”

餭 〔huáng《广韵》胡光切,平唐,匣。〕参见“餦餭”。

餱 〔hóu《广韵》户鉤切,平侯,匣。〕食粮,干粮。参见“餱糧”。

【餱糧】 食粮,干粮。杜甫《彭衙行》:“野果充餱粮,卑枝成屋椽。”白居易《采地黄者》:“采之将何用,持以易餱粮。”陈陶《种兰》:“幽人饥如何,采兰充餱粮。”

餢 〔duī《广韵》都回切,平灰,端。〕饼类食品。颜真卿、李崿《七言馋语联句》:“拈餢舐指不知休,欲炙侍立涎交流。”

【餢饠】 饼类食品。李日新《题仙娥驿》:“商山食店大悠悠,陈鹖餢饠古馅头。”

餫 〔yùn《广韵》王問切,去問,云。〕运输。参见“饋餫”。

十　画

饁 〔yè《广韵》筠輒切,入葉,云。〕往田野送饭。参见“饁稼”。

【饁稼】 为耕作者送饭。卢照邻《山林休日田家》:“归休乘暇日,饁稼返秋场。”

餼 〔xì《广韵》許既切,去未,曉。〕活的牲口。参见“餼羊”。

【餼羊】 古代用为祭品的羊。柳宗元《弘农公以硕德伟材屈于诬枉谨献诗五十韵以毕微志》:“合乐来仪凤,尊祠重饩羊。”

餻 〔gāo《广韵》古勞切,平豪,見。〕即糕。用米粉、面粉制成的食品。白居易《九日登西原宴望》:“移座就菊丛,餻酒前罗列。”薛逢《九日雨中言怀》:“餻果盈前益自愁,那堪风雨滞刀州。”

【餻糜】 用米粉等制成的糕。《谚》:“蝉鸣蛁蟟唤,黍种餻糜断。”

十一画

饅 〔mán《广韵》母官切,平桓,明。〕参见“饅頭”。

【饅頭】 一种用面粉发酵蒸成的食品,圆形而隆起。本有馅。现在北方称无馅的为馒头、有馅的为包子。吴语区人对有馅无馅者统称馒头。蒋贻恭《咏安仁宰捣蒜》:“半破磁缸成醋酒,死牛肠肚作馒头。”

饗 〔xiǎng《广韵》許兩切,上養,曉。〕❶以隆重的礼仪宴请宾客。元稹《何满子歌》:“古者诸侯飨外宾,鹿鸣三奏陈圭瓒。”亦泛指招待、犒劳。参见“饗軍”。❷指宴会或祭祀所用食品等。源光裕《祭汾阴乐章》:“方丘既膳,嘉飨载谧。”❸通“享”。(1)祭祀、祭献。《郊庙歌辞·五郊乐章·青帝角音》:“至德可飨,行潦斯挹。”包佶《祀雨师乐章·送神》:“飨时灵贶僾如在,乐罢余声遥可闻。”按,思,当作恩。(2)神鬼享用祭品。《郊庙歌辞·中宗祀昊天乐章·亚献》:“三灵降飨,三后配神。”亦泛指享用、享受。白居易《和答诗十首·和大觜乌》:“乌既饱膻腥,巫亦飨甘浓。”周昙《咏史诗·春秋战国门·再吟》:“曲突徙薪不谓贤,焦头烂额飨盘筵。”

【饗帝】 祭祀天帝。赵光逢《郊庙歌辞·梁郊祀乐章·庆和》:“德应天,圣飨帝。”《五郊乐章·肃和》:“瑶席降神,朱弦飨帝。”

【饗軍】 犒劳士卒。飨,通“享”。高适《自武威赴临洮谒大夫不及因书即事寄河西陇右幕下诸公》:“献状陈首级,飨军烹太牢。”

【饗薦】 祭献。飨,通“享”。魏征《五郊乐章·雍和》:“飨荐黄道,芬流紫辰。”

十二画

饒 〔ráo《广韵》如招切,平宵,日。又人要切,去笑,日。〕❶多,众多。李白《丁督护歌》:“云阳上征去,两岸饶商贾。”卢纶《卧病示赵季黄》:“病中饶泪眼常昏,闻说花开亦闭门。”武元衡《送兄归洛使谒严司空》:“楚峡饶云雨,巴江足梦思。”白居易《游悟真寺诗》:“东崖饶怪石,积甃苍琅玕。”❷富饶,丰富。王梵志《富饶田舍儿》:“富饶田舍儿,论请实好事。”❸茂盛。韩愈《和李相公摄事南郊呈一二知旧》:“村树黄复绿,中田稼何饶。”❹强大。王言史《广州王园寺伏日即事寄北中亲友》:“地偏毛瘴近,山毒火威饶。”❺浓厚,强烈。祖咏《泊杨子津》:“客衣今日薄,寒气近来饶。”秦系《题章野人山居》:“带郭茅亭诗兴饶，回看一曲倚危桥。”孟郊《晚雪吟》：“贫富喜雪晴，出门意皆饶。”湛贲《题历山司徒右长史祖宅》：“松竹心长固，池台兴自饶。”❻宽恕，怜悯。杜甫《立秋后题》：“日月不相饶，节序昨夜隔。”陆龟蒙《自遣诗三十首》之十四：“乱和残照纷纷舞，应索阳乌次第饶。”和凝《何满子》词之一：“正是破瓜年几，含情惯得人饶。”魏承班《诉衷情》词之五：“春情满眼脸红消，娇妒索人饶。”❼让，让步，使。杨巨源《春雪题兴善寺广宣上人竹院》：“只应将日月，颜色不相饶。”白居易《送鹤与裴相临别赠诗》：“夜栖少共鸡争树，晓浴先饶凤占池。”张祜《热戏乐》：“热戏争心剧火烧，铜槌暗热不相饶。”罗隐《寄乔逸人》：“长短此行须入手，更饶君占一年秋。”❽差，逊色。李白《上皇西巡南京歌十首》之三：“柳色未饶秦地绿，花光不减上阳红。”李德裕《奉和韦侍御陪相公游开义五言六韵》：“偶分甘露味，偏觉众香饶。”白居易《有木诗八首》之二：“色求桃李饶，心向松筠妒。”李商隐《宋玉》：“楚辞已不饶唐勒，风赋何曾让景差。”❾饶头，搭头。指额外添补之物。沈佺期《和上巳连寒食》：“行乐光辉寒食借，太平歌舞晚春饶。”王建《题所赁宅牡丹花》：“赁宅得花饶，初开恐是妖。”姚合《武功县中作三十首》之四：“移花兼蝶至，买石得云饶。”亦指额外地予以增补。韩愈《春雪》：“莫愁阴景促，夜色自相饶。”❿美好，美艳。杜甫《次同冠峡》：“今日是何朝，天晴物色饶。”元稹《哭女樊四十韵》：“为占娇饶分，良多眷恋诚。”李商隐《无题二首》之二：“露花终裛湿，风蝶强娇饶。”杜牧《题吴兴消暑楼》：“晴日登攀好，危楼物象饶。”⓫连词。任凭，尽管，即使。徐凝《奉和鹦鹉》：“任饶长被金笼阖，也免栖飞雨雪难。”杜牧《猿》：“三声欲断疑肠断，饶是少年今白头。”杜荀鹤《下第投所知》：“纵饶生白发，岂敢怨明时。”陈陶《陇西行四首》之一：“纵饶夺得林胡塞，碛地桑麻种不生。”

【饒人】 让人。谓下棋时让人棋子。刘禹锡《观棋歌送儇师西游》：“行尽三湘不逢敌，终日饶人损机格。”

【饒舌】 多嘴，唠叨。白居易《和微之诗二十三首·和雨中花》：“莺虽为说不分明，叶底枝头谩饶舌。”又《令公南庄花柳正盛欲偷一赏先寄二篇》之二：“只愁花里莺饶舌，飞入宫城报主人。”又《酬严给事》：“不缘啼鸟春饶舌，青琐仙郎可得知。”《裴勋父子》：“矬人饶舌，破车饶楔。”

【饒州】 古州名。隋开皇中以鄱阳郡改名，治所在鄱阳县（今江西波阳县）。大业三年（607）改为鄱阳。唐武德四年（621）复为饶州。天宝元年（742）复改为鄱阳郡。乾元元年（758）复为饶州。领鄱阳、余干、乐平、浮梁四县。刘长卿有《至饶州寻陶十七不在寄赠》，戴叔伦有《抚州对事后送外生宋垓归饶州觐侍呈上姊夫》，白居易有《将之饶州江浦夜泊》，方干有《送饶州王司法之任兼寄朱处士》。

【饒妹】 晋名将谢安雪日聚儿女辈讲论文义，安之侄胡儿、安之侄女道韫咏雪，因成典。卢纶《宴赵氏昆季书院因与会文并率尔投赠》：“咏雪因饶妹，书经为爱鹅。”

【饒風】 多风。白居易《寄明州于驸马使君三绝句》之一：“近海饶风春足雨，白须太守闷时多。”

【饒病】 多病。白居易《病中多雨逢寒食》：“水国多阴常懒出，老夫饶病爱闲眠。”又《不准拟二首》之一：“早衰饶病多蔬食，筋力消磨合有无。”

【饒陽】 ❶指鄱阳县。唐饶州鄱阳郡治所，今江西波阳县。章孝标《送张使君赴饶州》：“饶阳因富得州名，不独农桑别有营。”❷当指信州。因其在信江北岸，信江一名饶江，故称。韩翃《经月岩石》：“驱车过闽越，路出饶阳西。”诗序云：“信州西三十里，山名仙人城。”方干《赠信州高员外》：“溪势盘回绕郡流，饶阳春色满溪楼。”❸指饶阳郡。唐天宝初改深州置，治所在陆泽县（今河北深县西南）。乾元初复为深州，领陆泽等五县。李白有《赠饶阳张司户燧》。

【饒睡】 贪睡。杜甫《昼梦》：“二月饶睡昏昏然，不独夜短昼分眠。”

饋〔kuì《广韵》求位切，去至，群。〕❶进食于人。刘长卿《过鹦鹉洲王处士别业》：“问人寻野笋，留客馈家蔬。”白居易《春日闲居三首》之一：“今日非十斋，庖童馈鱼肉。”李德裕《初归平泉过龙门南岭遥望山居即事》：“农夫馈鸡黍，渔子荐霜鳞。”杜牧《村行》：“半湿解征衫，主人馈鸡黍。”❷进食。储光羲《狱中贻姚张薛李郑柳诸公》：“书词苦人吏，馈食劳交友。”❸赠送。李白《感时留别从兄徐王延年从弟延陵》：“药物多见馈，珍羞亦兼之。”杜甫《题桃树》：“高秋总馈贫人食，来岁还舒满眼花。”韩愈《南溪始泛三首》之二：“馈我笼中瓜，劝我此淹流。”❹输送粮食等。李翰《朱都知嘉禾屯田纪绩诗》：“嗷嗷遗人，餬口馈军。”❺犒劳。权德舆《送薛温州》：“昨日馈连营，今来刺列城。”

【饋魚】 为孝亲之典。李峤《和曲典设扈从东郊忆弟使往安西冬至日恨不得同申拜庆》：“桓岭嗟分翼，姜川限馈鱼。”

【饋餉】 ❶运送粮饷。李商隐《行次西郊作一百韵》：“馈饷多过时，高估铜与铅。”❷款待，招待。韦庄《山墅闲题》：“主人馈饷炊红黍，邻父携竿钓紫鲂。”

【饋餫】 运送粮饷。卢仝《冬行三首》之三：“蹋尽天子土，馈饵无由通。”

饌〔zhuàn《广韵》士戀切，去線，祟。又雛鯇切，上潸，祟。〕❶陈设或准备食物。杜甫《病后遇王倚饮赠歌》："遣人向市赊香粳，唤妇出房亲自馔。"皮日休《太湖诗·孤园寺》："巾之劫贝布，馔以栴檀饵。"❷吃喝，给吃喝。储光羲《苏十三瞻登玉泉寺峰入寺中见赠作》："以兹小人腹，不胜君子馔。"王维《慕容承携素馔见过》："空劳酒食馔，持底解人颐。"刘禹锡《同乐天和微之深春二十首》之十三："饮馔开华幄，笙歌出钿车。"❸饮宴。韩愈《示儿》："前荣馔宾亲，冠婚之所于。"元稹《竞舟》："君侯馔良吉，会客陈膳羞。"❹食物，菜肴。徐坚《奉和圣制送张说赴集贤院赐宴赋得虚字》："座引中厨馔，杯锡上尊余。"杜甫《湖城东遇孟云卿因为醉歌》："刘侯叹我携客来，置酒张灯促华馔。"白居易《奉和汴州令狐令公二十二韵》："馔盛盘心殢，醅浓盏底粘。"吴融《平望蚊子二十六韵》："衣巾秽且甚，盘馔腥有余。"

【饌玉】　指珍美如玉的食品。李白《将进酒》："钟鼓馔玉不足贵，但愿长醉不愿醒。"杜甫《奉汉中王手札》："前后缄书报，分明馔玉恩。"李元纮《奉和圣制送张说上集贤学士赐宴》："馔玉趋丹禁，笺花降紫墀。"卢纶《送浑炼师归觐却赴阙庭》："探题多决胜，馔玉每分余。"亦指吃珍美的食物。无可《冬晚与诸文士会太仆田卿宅》："从容启华馆，馔玉复烧兰。"齐己《荆门病中寄怀乡人欧阳侍郎彬》："可怜馔玉烧兰者，肯慰寒偎雪夜炉。"

【饌具】　餐具，陈设食物的器具。刘禹锡《历阳书事七十韵》："接境人情洽，方冬馔具精。"

【饌殽】　饭菜。唐彦谦《宿赵峄别业》："摧藏名字在，疏率馔殽真。"

饑〔jī《广韵》居依切，平微，見。〕❶年成不好或颗粒无收。白居易《自河南经乱关内阻饥聊书所怀寄上浮梁大兄于潜七兄乌江十五兄兼示符离及下邽弟妹》："时难年饥世业空，弟兄羁旅各西东。"又《别州民》："税重多贫户，农饥足旱田。"张蠙《赠信安太守》："条章最是贫家喜，禾黍仍防别郡饥。"❷通"飢"。肚子吃不饱，饥饿。柳宗元《寄韦珩》："饥行夜坐设方略，笼铜枹鼓手所操。"李商隐《故驿迎吊故桂府常侍有感》："饥乌翻树晚鸡啼，泣过秋原没马泥。"皮日休《七爱诗·元鲁山》："三年鲁山民，丰稔不暂饥。"

【饑凶】　五谷不熟，年成很坏。张籍《董公诗》："四郡三十城，不知岁饥凶。"张祜《江西道中作三首》之一："凄凉哭途意，行处又饥凶。"

【饑年】　荒年。庄稼收成不好或颗粒无收。钱起《长安客舍赠李行父明府》："旅食还为客，饥年亦尽欢。"孟郊《感怀》之二："饥年无遗粟，众鸟去空场。"刘驾《江村》："江水灌稻田，饥年稻亦熟。"李翰《朱都知嘉禾屯田纪绩诗》："俾我公私，永无饥年。"

【饑荒】　庄稼歉收或没有收成。王梵志《五言》之五："图谋未入手，只是愿饥荒。"参见"飢荒"。

【饑涷】　饥饿寒冷。饥，通"飢"。白居易《开龙门八节石滩诗二首》序："东都龙门潭之南，有八节滩、九峭石，船筏过此，例及破伤。舟人楫师，推挽束缚，大寒之月，裸跣水中，饥冻有声，闻于终夜。"参见"飢涷"。

【饑殍】　饿死的人。饥，通"飢"。李绅《却到浙西》序："出杭州界入苏州，八年，浙西六郡灾旱。百姓饥殍，道路相望。"

【饑渴】　腹饥口渴。饥，通"飢"。伏牛上人《三伤颂》之一："停腾怕饥渴，抚养知寒暖。"亦比喻情感强烈，如饥似渴。韩愈《题杜工部坟》："我常爱慕如饥渴，不见其面生闲愁。"参见"飢渴"。

【饑寒】　饥饿寒冷。饥，通"飢"。卢诰《寄弟诗》："亲情别后饥寒死，仆使归来气宇生。"无名氏《五言白话诗》之十五："贫穷实可怜，饥寒肚露地。"参见"飢寒"。

【饑腸】　饥饿的肚子。饥，通"飢"。李善夷《责汉水辞》："吾虽饥不食其鲂，恐污吾之饥肠。"参见"飢腸"。

【饑儉】　饥荒。罗隐《秋江》："兵戈村落破，饥俭虎狼骄。"

【饑窮】　饥饿穷困者。饥，通"飢"。白居易《贺雨》："乃命罢进献，乃命赈饥穷。"

【饑饉】　灾荒。庄稼收成很差或颗粒无收。项斯《送友人游河东》："路去干戈日，乡遥饥馑年。"黄滔《和友人酬寄》："大国兵戈日，故乡饥馑年。"

十三画

饕〔tāo《广韵》士刀切，平豪，透。〕❶极贪婪。亦指极贪婪者。舒元舆《坊州按狱》："临轩诏小臣，汝往穷贪饕。"❷指贪食。柳宗元《游南亭夜还叙志七十韵》："及骭足为温，满腹宁复饕。"❸借指虎。白居易《南阳小将张彦硖口镇税人场射虎歌》："老饕已毙众雏恐，童稚揶揄皆自勇。"

【饕餮】　贪婪地吞食，狼吞虎咽。杜甫《麂》："衣冠兼盗贼，饕餮用斯须。"

饘〔zhān《广韵》諸延切，平仙章。又旨善切，上獮，章。〕厚粥，稠粥。柳宗元《田家三首》之三："今年幸少丰，无厌饘与粥。"卢嗣业《致孙状元诉醵罚钱》："徒步求秋赋，持杯给暮饘。"

饔 〔yōng《广韵》於容切，平鍾，影。〕❶早餐。陆龟蒙《杂讽九首》之二："得非佐饔者，齿齿待啜汁。"❷指饔人。参见"饔人""饔子"。

【饔人】 古官名。掌切割烹调之事。后亦泛指厨师。沈佺期《白莲花亭侍宴应制》："苑吏收寒果，饔人膳野禽。"杜甫《阌乡姜七少府设脍戏赠长歌》："饔人受鱼鲛人手，洗鱼磨刀鱼眼红。"

【饔子】 厨工。杜甫《观打鱼歌》："饔子左右挥双刀，脍飞金盘白雪高。"

十七画

饞 〔chán《广韵》士咸切，平咸崇。〕❶贪吃，想吃。孟郊《寒溪》之四："朔冻哀彻底，獠馋咏潜鲲。"又《魏博田兴尚书听嫂命不立非夫人诗》："君子耽古礼，如馋鱼吞钩。"白居易《寄胡饼与杨万州》："寄与饥馋杨大使，尝看得似辅兴无。"韦庄《李氏小池亭十二韵》："语窗鸡逞辨，舐鼎犬偏馋。"❷贪羡，极想满足馋欲。韩愈《酬司门卢四兄云夫院长望秋作》："驰坑跨谷终未悔，为利而止真贪馋。"

【饞口】 馋嘴，贪吃之嘴。白居易《春寒》："岂惟厌馋口，亦可调病腹。"

【饞犬】 贪吃的狗。卢延让《怀江上》："饿猫临鼠穴，馋犬舐鱼砧。"

【饞扠】 贪婪地挟取食物。韩愈、孟郊《城南联句》："馋叉饱活脔，恶嚼咗腥鲭。"

【饞舌】 馋嘴。贾岛《双鱼谣》："见令馋舌短，烹绕邻舍香。"

【饞涎】 因食欲而口中分泌的液体。皮日休《鲁望昨以五百言见贻亦迭和之微旨也》："将来示时人，猰貐垂馋涎。"

【饞慵】 好吃懒做。贯休《秋末入匡山船行八首》之六："囊橐谁相似，馋慵世少双。"

首 部

首[1] 〔shōu《广韵》書九切，上有，書。〕❶头。储光羲《牧童词》："圆笠覆我首，长蓑披我襟。"韦应物《寄别李儋》："首戴惠文冠，心有决胜筹。"柳宗元《游南亭夜还叙志七十韵》："慕士情未忘，怀人首徒搔。"秦韬玉《长安书怀》："长有归心悬马首，可堪无寐枕蛩声。"❷头发。陆龟蒙《彼农二章》之一："首乱如葆，形枯若腒。"❸开始，首先。王维《资圣寺送甘二》："柳色蔼春余，槐阴清夏首。"杜甫《别张十三建封》："刘裴建首义，龙见尚踌躇。"李商隐《华清宫》："朝元阁迥羽衣新，首按昭阳第一人。"李频《送太学吴康仁及第南归》："首领诸生出，先登上第归。"❹第一，列名第一。王维《同卢拾遗过韦给事东山别业二十韵》："闺风首邦族，庭训延乡村。"萧颖士《江有归舟三章》序："吾尝谓门弟子有尹征之学，刘太真之文，首其选焉。"白居易《赠友五首》之四："九州雍为首，群牧之所遵。"❺首领，领袖。温庭筠《中书令裴公挽歌词二首》之一："王俭风华首，萧何社稷臣。"❻朝着，向着。李白《奉陪商州裴使君游石娥溪》："明发首东路，此欢焉可忘。"刘眘虚《登庐山峰顶寺》："方首金门路，未遑参道情。"欧阳詹《蜀中将归留辞韩相公贯之》："明晨首乡路，迢递孤飞翼。"李群玉《自澧浦东游江表途出巴丘投员外从公虞》："何由首西路，目断白云乡。"❼量词，篇。寒山《诗三百三首》之二七〇："三字二十一，都来六百首。"戎昱《赠岑郎中》："童年未解读书时，诵得郎中数首诗。"白居易《狂吟七言十四韵》："诗章人与传千首，寿命天教过七旬。"杜牧《初春雨中因书四韵兼寄许浑先辈》："江南仲蔚多情调，怅望春阴几首诗。"

首[2] 〔shǒu《广韵》舒救切，去宥，書。〕❶告发。参见"首₂免"。❷向，朝着。韩愈《南山诗》："或靡然东注，或偃然北首。"

【首₂免】 谓揭发他人而免于连坐。韦应物《答崔都水》："责逋甘首免，岁晏当归田。"

【首尾】 ❶头和尾。张祜《感河上兵》："首尾诚须畏，膏肓慎勿轻。"❷前后，前面部分和后面部分。王周《志峡船具诗·梢》："制之居首尾，俾之辨斜正。"孙元晏《咏史诗·晋·谢玄》："旌旗首尾千余里，浑不消他一局棋。"

【首事】 为首主持其事。储光羲《贻鼓吹李丞时信安王北伐李公王之所器者也》："灵威方首事，仗钺按边城。"周昙《咏史诗·前汉门·樊崇徐宣》："首事纵骠三善在，归仁何虑不全生。"

【首春】 初春，始春。指农历正月。太宗有《首春》。

【首冠】 （—guàn）第一，列居第一。白居易《题海图屏风》："突兀海底鳌，首冠三神丘。"

【首級】 秦制，以斩敌首多少论功晋级。后因指斩下的人头。高适《自武威赴临洮谒大夫不及因即事寄河西陇右幕下诸公》："献状陈首级，飨军烹太牢。"

【首夏】 始夏，初夏。指农历四月。魏征《暮秋言怀》："首夏别京辅，杪秋滞三河。"韦应物《郡斋感秋寄诸弟》："首夏辞旧国，穷秋卧滁城。"权德舆《早夏青龙寺致斋凭眺感物因书十四韵》："首夏谅清和，芳阴接场圃。"李商隐《今月二日辄复五言四十韵诗献上亦诗人咏叹不足之义也》："四时当首夏，八节应条风。"

【首途】 上路，启程。杜甫《敬寄族弟唐十八使君》："登陆将首途，笔札枉所申。"

【首唱】 ❶首倡，首先倡导。杜甫《秋日荆南送石首薛明府三十韵》："公时呵猰貐，首唱却鲸鱼。"❷谓诗成在先。白居易《令狐相公拜尚书后有喜作刘郎中先和因以继之》："尚书首唱郎中和，不计官资只计才。"

【首恶】 元凶，罪魁祸首。韩愈、孟郊《晚秋郾城夜会联句》："百牢犒舆师，千户购首恶。"张籍《送李仆射愬赴镇凤翔》："先入贼城擒首恶，尽封筦库让元公。"

【首陽】 山名。一名雷首山，相传伯夷、叔齐采薇隐居处。按，首阳山在今何处旧说不一。按《论语》何宴集解引马融曰："首阳山在河东蒲坂，华山之北，河曲之中。"蒲坂故城，在今山西永济县南。岑参《东归晚次潼关怀古》："伯夷在首阳，欲往无轻舟。"皇甫冉《太常魏博士远出贼庭江外相逢因叙其事》："心同合浦叶，命寄首阳薇。"白居易《郊陶潜体诗十六首》之十六："太公战牧野，伯夷饿首阳。"陈陶《悲哉行》："悲哉二廉士，饿死于首阳。"

【首路】 ❶上路。张九龄《奉和圣制送十道采访使及朝集使》："首路回竹符，分镳扬木铎。"明皇《送李邕之任滑台》："远别初首路，今行方及春。"杜甫《郑典设自施州归》:“孟冬方首路,强饭取崖壁。”❷路途。韦应物《答长宁令杨辙》:“但恐河汉没,回车首路岐。”杨巨源《怀德抒情寄上信州座主》:“幢盖全家去,琴书首路随。”

【首飾】 放在头上的装饰品。张九龄《答陈拾遗赠竹簪》:“为君安首饰,怀此代兼金。”杜甫《负薪行》:“面妆首饰杂啼痕,地褊衣寒困石根。”刘禹锡《浪淘沙九首》之六:“美人首饰侯王印,尽是沙中浪底来。”罗邺《谢友人遗华阳巾》:“真仙首饰劳相寄,尘土翻惭戴去难。”

【首罪】 罪行最重者。韩愈《赴江陵途中寄赠三学士》:“赫然下明诏,首罪诛共吺。”

【首薦】 ❶首先推荐。郑谷《叙事感恩上狄右丞》:“首荐叨殊礼,全家寓近封。”又《送吏部曹郎中免官南归》:“远招陪宿直,首荐向公侯。”❷指科举考试中取得第一名。元稹《和王侍郎酬广宣上人观放榜后相贺》:“珍重刘繇因首荐,为君送和碧云诗。”

八 画

馘 〔guó《广韵》古獲切,入麥,見。〕❶古代战争中割取所杀敌人或俘虏的左耳以计数献功。见《诗·大雅·皇矣》。亦指所割下的耳朵。贯休《贺郑使君》:“仗信输诚方始是,执俘折馘欲何为。”陆龟蒙《战秋辞》:“石有发兮尽累,木有耳兮咸馘。”

【馘級】 即首级。韩愈、孟郊《征蜀联句》:“庙献繁馘级,乐声洞椌楬。”

香　部

香 〔xiāng《广韵》許良切，平陽，曉。〕❶本指谷物成熟后的气味，引申为一切好闻的气味，芳香。虞世南《怨歌行》："香销翠羽帐，弦断凤皇琴。"李白《金陵酒肆留别》："风吹柳花满店香，吴姬压酒唤客尝。"白居易《杂兴三首》之二："但爱芙蓉香，又种芙蓉子。"司马扎《古边卒思归》："梦中稻花香，觉后战血腥。"参见"香熟"。❷谓受珍视或受赞美。王维《少年行四首》之二："孰知不向边庭苦，纵死犹闻侠骨香。"岑参《至大梁却寄匡城主人》："故人南燕吏，籍籍名更香。"孟郊《吊卢殷》之十："有文死更香，无文生亦腥。"❸味道好吃，可口。皮日休《吴中言情寄鲁望》："宴时不辍琅书味，斋日难判玉鲙香。"❹美丽、香艳。多形容与美丽女性有关的事物。张祜《观杭州柘枝》："看着遍头香袖褶，粉屏香帕又重限。"杜牧《书情》："媚发轻垂额，香衫软着身。"韩偓《昼寝》："扑粉更添香体滑，解衣唯见下裳红。"孙光宪《浣溪沙》词之六："宝钗长欲坠香肩，此时模样不禁怜。"❺借指花。李贺《金铜仙人辞汉歌》："画栏桂树悬秋香，三十六宫土花碧。"参见"香紅""香埋"。❻与佛教、佛寺有关的事物。佛教认为寺院是没有五浊（劫、见、烦恼、众生、命）的净土，故多将与佛教有关的事物冠以香字。李峤《奉和幸大荐福寺应制》："雁沼开香域，鹦林降彩旃。"卢纶《送静居法师》："五色香幢重复重，宝舆升座发神钟。"成岬《登圣善寺阁望龙门》："香境超三界，清流振陆浑。"寇埴《题莹上人院》："舍筏求香偈，因泉演妙音。"❼香料或香料制品。刘长卿《寄龙山道士许法棱》："林下昼焚香，桂花同寂寂。"孟郊《憩淮上观公法堂》："我有岩下桂，愿为炉中香。"杨衡《游陆先生故岩居》："结念候云兴，烧香坐终夕。"贯休《经栖白旧院二首》之一："不见中秋月，空余一炷香。"

【香山】 ❶山名。(1)在今河南洛阳市龙门山之东。白居易构石楼于此，自号香山居士。钱起有《同李五夕次香山精舍访宪上人》。白居易《狂吟七言十四韵》："香山闲宿一千夜，梓泽连游十六春。"又《菩提寺上方晚望香山寺寄舒员外》："曾忆旧游无，香山明月夜。"(2)在今湖北京山县。孟浩然有《寻香山湛上人》。❷指香山寺。郑谷《舟次通泉精舍》："江清如洛汭，寺好似香山。"

【香山寺】 在今河南洛阳龙门山东香山上。李颀有《宿香山寺石楼》。武元衡有《春题龙门香山寺》。白居易《香山居士写真诗》序："会昌二年，罢太子少傅，为白衣居士，又写真于香山寺藏经堂。"齐己《送僧游龙门香山寺》："君到香山寺，探幽莫损神。"

【香山居士】 白居易晚年别号。白居易有《香山居士写真诗》。

【香水】 芳香的水。白居易《崔侍御以孩子三日示其所生诗见示因以二绝句和之》之一："洞房门上挂桑弧，香水盆中浴凤雏。"杨衡《病中赴袁州次香馆》："谁能挹香水，一为濯烦纡。"

【香火】 ❶供奉的香烛和灯火。白居易《奉酬淮南牛相公思黯见寄二十四韵》："长斋俨香火，密宴簇花钿。"鲍溶《赠真公影堂》："远客闲心无处所，独添香火望虚空。"郑谷《华山》："他年洗尘骨，香火愿相依。"贯休《经旷禅师院》："水檀香火遗影在，甘露松枝月中折。"❷燃着的香。白居易《戏礼经老僧》："香火一炉灯一盏，白头夜礼佛名经。"郑谷《忍公小轩二首》之二："一念一炉香火里，后身唯愿似师身。"❸谓奉行佛法，共结香火之缘。张谓《送僧》："殷勤结香火，来世上牛车。"贯休《送崔尚书朝觐》："终期仙掌下，香火一相亲。"又《蜀王登福感寺塔三首》之一："天资忠孝佐金轮，香火空王有宿因。"❹谓主持香火。齐己《和昙域上人寄赠之什》："可怜禅月子，香火国门东。"❺佛、道教指供奉于神前的香和灯火。张籍《玉真观》："院中仙女修香火，不许闲人入看花。"

【香火伴】 谓僧友。白居易《春忆二林寺旧游因寄朗满晦三上人》："清净久辞香火伴，尘劳难索幻泡身。"

【香火因缘】 佛教语。香与灯火，均为供佛之物。指同在佛门，彼此契合，很有缘分。白居易《喜照密闲实四上人见过》："臭帑世界终须出，香火因缘久愿同。"亦省作"香火缘"。綦毋潜《满公房》："世界莲花藏，行人香火缘。"白居易《以诗代书酬慕巢尚书见寄》："愿为愚谷烟霞侣，思结空门香火缘。"杨衡《游峡山寺》："会从香火缘，灭迹此山丘。"

【香火社】 佛教徒的结社。取义于香火因缘。白居易《与果上人殁时题此诀别兼简二林僧社》："本结菩提香火社，为嫌烦恼电泡身。"

【香火翁】 老僧。王建《七泉寺上方》："归依向禅师，愿作香火翁。”

【香火緣】 见“香火因缘”。

【香心】 谓花苞。喻指芳洁的心地。李白《连理枝》词之一：“斗压阑干，香心澹薄，梅梢轻倚。”李商隐《燕台四首·右冬》：“冻壁霜华交隐起，芳根中断香心死。”

【香玉】 ❶有香气的玉。喻花瓣。李玖《喷玉泉冥会诗八首·白衣叟途中吟二首》之一：“春草萋萋春水绿，野棠开尽飘香玉。”❷喻美女的体肤。温庭筠《晚归曲》：“弯堤弱柳遥相瞩，雀扇团圆掩香玉。”阎选《虞美人》词之二：“楚腰蛴领团香玉，鬓叠深深绿。”

【香印】 指在香炷上刻画的印记。唐人白天以香炷计量时间，在香条上刻明标志，根据燃烧的长短测算时间。元稹《和友封题开善寺十韵》：“灯笼青焰短，香印白灰销。”白居易《酬梦德以予五月长斋延僧徒绝宾友见戏十韵》：“香印朝烟细，纱灯夕焰明。”李绅《忆登栖霞寺峰》：“香印烟火息，法堂钟磬余。”冯延巳《酒泉子》词之四：“香印灰，兰烛炧，觉来时。”

【香包】 花苞。毛文锡《赞成功》词：“海棠未坼，万点深红，香包缄结一重重。”

【香地】 佛家地界。武三思《奉和春日游龙门应制》：“凤驾临香地，龙舆上翠微。”

【香肌】 谓美女的体肤。李商隐《燕台四首·右春》：“夹罗委箧单绡起，香肌冷衬琤琤佩。”崔珏《有赠》之二：“心迷晓梦窗犹暗，粉落香肌汗未干。”孙光宪《南歌子》词之二：“倚郎和袖抚香肌，遥指画堂深院。”

【香名】 美誉，美名。苏颋《饯荆州崔司马》：“茂礼雕龙昔，香名展骥初。”刘长卿《洛阳主簿叔知和驿承恩赴选伏辞一首》：“天府留香名，铨闱就明试。”湛贲《题历山司徒右长史祖宅》：“丽句传黄绢，香名播宋朝。”辛宏《白珪无玷》：“昆山标重价，垂棘振香名。”

【香色】 芳香和颜色。白居易《吴樱桃》：“含桃最说出东吴，香色鲜秾气味殊。”薛能《桃花》：“香色自天种，千年岂易逢。”

【香衣】 僧衣。则天皇后《从驾幸少林寺》：“金轮转金地，香阁曳香衣。”

【香汗】 谓美人的汗水。颜粲《吴宫教美人战》：“雪花频落粉，香汗尽流珠。”杨衡《白纻歌二首》之一：“玉缨翠佩杂轻罗，香汗微渍朱颜酡。”薛能《吴姬十首》之五：“退红香汗湿轻纱，高卷蛟厨独卧斜。”牛峤《菩萨蛮》词之七：“玉炉冰簟鸳鸯锦，粉融香汗流山枕。”

【香芽】 指芳香的嫩茶。李绅《别石泉》：“桂凝秋露添灵液，茗折香芽泛玉英。”

【香花】 香的花。白居易《题香山新经堂招僧》：“烟满秋堂月满庭，香花漠漠磬泠泠。”又《吹笙内人出家》：“道场夜半香花冷，犹在灯前礼佛名。”

【香芹】 对芹菜的美称。杜甫《陪郑广文游何将军山林十首》之二：“鲜鲫银丝脍，香芹碧涧羹。”

【香車】 ❶用香木做的车子。亦指华贵的车、轿。王维《早春行》：“玉闺青门里，日落香车入。”杨巨源《清明日后土祠送田彻》：“祭祠结云绮，游陌拥香车。”刘驾《春台》：“谁能学公子，走马逐香车。”郑谷《长安感兴》：“可悲闻玉笛，不见走香车。”❷神仙所乘之车。叶法善《留诗》之一：“自此非久住，云上登香车。”

【香車寶馬】 华贵的车马。王维《同比部杨员外十五夜游有怀静者季》：“香车宝马共喧阗，个里多情侠少年。”

【香吹】 （—chuì）香风，对风的美称。骆宾王《秋日山行简梁大官》：“香吹分岩桂，鲜云抱石莲。”张乔《和薛监察题兴善寺古松》：“瘦根盘地远，香吹入云清。”

【香岑】 对山丘的美称。张说《襄州景空寺题融上人兰若》：“高名出汉阴，禅阁跨香岑。”

【香炧】 香和烛的余烬。戴叔伦《二灵寺守岁》：“守岁山房迥绝缘，灯光香炧共萧然。”李商隐《闻歌》：“此声肠断非今日，香炧灯光奈尔何。”李白《清平乐》词之二：“禁闱秋夜，月探金窗罅。”孙光宪《河渎神》：“小殿沉沉清夜，银灯飘落香炧。”

【香社】 香火社，佛教徒的结社。其制起于晋、宋间慧远在庐山所结白莲社。郑谷《次韵和秀上人长安寺居言怀寄渚宫禅者》：“旧斋松老别多年，香社人稀丧乱间。”李建勋《岁暮晚泊望庐山不见因怀岳僧呈察判》：“长愧昔年招我入，共寻香社见芙蓉。”齐己《别东林后回寄修睦》：“昨夜从香社，辞君出薜萝。”又《寄怀江西栖公》：“不见来香社，相思绕白莲。”

【香苒苒】 香气浓郁貌。白居易《有木诗八首》之五：“有木香苒苒，出头生一蕟。”

【香茆】 见“香茅”。

【香苞】 芳香的花苞。李商隐《初食笋呈座中》：“嫩箨香苞初出林，于陵论价重如金。”又《自喜》：“绿筠遗粉箨，红药绽香苞。”

【香茅】 亦作“香茆”。多年生草本植物。叶扁平，长而宽，气香芳，茎、叶可提取香茅油，生长于热带地区。王维《辋川集·文杏馆》：“文杏裁为梁，香茅结为宇。”贯休《寄郑道士二首》之二：“旧山大有闲田地，五色香茆有子无。”

【香拂拂】 香气四溢貌。白居易《红线毯》：“彩丝茸茸香拂拂，线软花虚不胜物。”

【香林】 佛寺。李颀《觉公院施鸟石台》：“苔痕苍晓露，盘势出香林。”张谓《道林寺送莫侍御》：“何处堪留客，香林隔翠微。”高适《同群公宿开善寺赠陈十六所居》：“裴回龙象侧，始见香林花。”

【香林寺】　即寺院。拾得《诗》之四三：“时陟涅盘山，或玩香林寺。”

【香枕】　对枕头的美称。白居易《岁除夜对酒》：“醉依香枕坐，慵傍暖炉眠。”李暇《拟古东飞伯劳歌》：“谁家女儿抱香枕，开衾灭烛愿侍寝。”

【香雨】　对雨的美称。李贺《河南府试十二月乐词·四月》：“依微香雨青气氲，腻叶蟠花照曲门。”元稹《春六十韵》：“瑞云低碚碚，香雨润濛濛。”孟郊《清东曲》：“樱桃花参差，香雨红霏霏。”

【香味】　犹香气。杜甫《孟仓曹步趾领新酒酱二物满器见遗老夫》：“饭粝添香味，朋来有醉泥。”储嗣宗《和茅山高拾遗忆山中杂题五首·山泉》：“香味清机仙府回，萦纡乱石便流杯。”

【香虬】　对龙的美称。虬，亦作虯，传说中的一种无角龙。李绅《赠毛仙翁》：“忽控香虬天上去，海隅劫石霄花尘。”

【香岫】　对山峦的美称。宋之问《宿清远峡山寺》：“香岫悬金刹，飞泉届石门。”

【香泉】　对泉水的美称。丁仙芝《和荐福寺英公新构禅堂》：“咒中洒甘露，指处流香泉。”李德裕《思山居一十首·忆药苗》：“岂如甘谷士，只得香泉啜。”自注：“南阳甘谷有菊水，是胡广饮者。”温庭筠《水仙谣》：“露魄冠轻见云发，寒丝七炷香泉咽。”褚载《鹤》：“欲洗霜翎下涧边，却嫌菱刺污香泉。”

【香刹】　(—chà)寺院。綦毋潜《宿龙兴寺》：“香刹夜忘归，松青古殿扉。”顾况《独游青龙寺》：“春风入香刹，暇日独游衍。”

【香乳】　指形成石钟乳的碳酸钙的水溶液。张说《游洞庭湖湘》：“滴石香乳溜，垂崖灵草植。”

【香沫】　指茶水煮沸时产生的浮沫。亦代指茶。韩偓《己巳年正月十二日偶成一篇》：“数盏绿醅桑落酒，一瓯香沫火前茶。”

【香門】　寺庙的门。曹松《题甘露寺》：“香门接巨垒，画角间清钟。”喻凫《游云际寺》：“涧壑吼风雷，香门绝顶开。”

【香陌】　对道路或街道的美称。张碧《游春引三首》之二：“酌桂鸣金玩物华，星蹄绣毂填香陌。”杨衡《咏春色》：“促驷驰香陌，劳莺转艳丛。”温庭筠《谢公墅歌》：“朱雀航南绕香陌，谢郎东墅连春碧。”章碣《城东即事》：“闲寻香陌风城东，时暂开襟向远风。”

【香城】　佛家地界。徐凝《游安禅寺》：“欲到安禅游圣概，先观涌塔出香城。”

【香城寺】　寺名。在今江西南昌市境。陈陶有《题豫章西山香城寺》。

【香草】　对草的美称。亦喻忠贞之士。储光羲《同房宪部应旋》：“车骑践香草，仆人沐花雨。”王维《春过贺遂员外药园》：“香草为君子，名花是长卿。”刘禹锡《清湘词二首》之一：“君问二妃何处所，零陵香草雨中收。”董思恭《春日代情人》：“可怜香草夜，空见落花朝。”

【香英】　香花。罗隐《人日新安道中见梅花》：“长途酒醒腊春寒，嫩蕊香英扑马鞍。”刘兼《玉烛花》：“袅袅香英三四枝，亭亭红艳照阶墀。”

【香茶】　清香的茶。李嘉祐《与从弟正字从兄兵曹宴集林园》：“竹窗松户有佳期，美酒香茶慰所思。”灵一《与元居士青山潭饮茶》：“野泉烟火白云间，坐饮香茶爱此山。”

【香茗】　香茶。白居易《晚起》：“融雪煎香茗，调酥煮乳糜。”黄滔《题灵峰僧院》：“系马松间不忍归，数巡香茗一枰棋。”亦指茶树。吕从庆《德山老人送茶至》：“数株香茗产松坡，野老新分半两多。”

【香荔】　芳香的荔枝。李商隐《深树见一颗樱桃尚在》：“越鸟夸香荔，齐名亦未甘。”

【香界】　指拂寺。孟浩然《来阇黎新亭作》：“地偏香界远，心净水亭开。”又《题云门山寄越府包户曹徐起居》：“舍舟入香界，登阁憩旃檀。”高适《同诸公登慈恩寺浮图》：“香界泯群有，浮图岂诸相。”

【香炭】　指制成炭状的香料。孟浩然《寒夜张明府宅宴》：“香炭金炉暖，娇弦玉指清。”

【香骨】　指美女的尸骨。杜甫《石镜》：“冥寞怜香骨，提携近玉颜。”李商隐《与同年李定言曲水闲话戏作》：“莫惊五胜埋香骨，地下伤春亦白头。”温庭筠《故城曲》：“自从香骨化，飞作马蹄尘。”陆龟蒙《宫人斜》：“须知一种埋香骨，犹胜昭君作虏尘。”

【香秔】　见“香粳”。

【香風】　带有香气的风。孙逖《同和咏楼前海石榴二首》之一：“露色珠帘映，香风粉壁遮。”顾况《题山顶寺》：“日暮香风时，诸天散花雨。”李涉《六叹》之一：“绮罗香风翡翠车，清明独傍芙蓉渠。”薛逢《君不见》：“野花似雪落何处，棠梨树下香风来。”

【香美】　芳香可口。杜甫《太平寺泉眼》：“取供十方僧，香美胜牛乳。”

【香炷】　香，正在燃烧的香。王涯《宫词三十首》之三：“五更初起觉风寒，香炷烧来夜已残。”李商隐《哀筝》：“何由问香炷，翠幕自黄昏。”陆龟蒙《华阳巾》：“须是古坛秋霁后，静焚香炷礼寒星。”毛熙震《更漏子》词之一：“绡幌碧，锦衾红，博山香炷融。”

【香袂】　芳香的衣袖。亦用为对衣服的美称。杜牧《秋感》：“独掩柴门明月下，泪流香袂倚阑干。”刘兼《中春宴游》:“酒阑香袂初分散,笑指渔翁钓暮烟。”

【香陣】 排列成阵的香案。贯休《再游东林寺作五首》之三:“玉像珠龛香阵横,锦霞多傍石墙生。”

【香紅】 ❶芳香红艳。吴仁壁《凤仙花》:“香红嫩绿正开时,冷蝶饥蜂两不知。”❷对花的美称。顾况《春怀》:“园莺啼已倦,树树陨香红。”亦指冠上饰花。温庭筠《菩萨蛮》词之二:“双鬓隔香红,玉钗头上风。”

【香珠】 精美名贵的珍珠。温庭筠《夜宴谣》:“亭亭蜡泪香珠残,暗露晓风罗幕寒。”

【香埋】 花被埋葬。薛逢《句》:“碧碎鸳鸯瓦,香埋菡萏炉。”

【香莎】 即莎草。多年生草本植物,地下块根即香附子,可入药。皮日休《太湖诗·孤园寺》:“香莎满院落,风泛金䨼靡。”

【香桃】 仙桃。李商隐《海上谣》:“海底觅仙人,香桃如瘦骨。”

【香砌】 古人庭院中用砖石砌成的花池,用以养花艺竹,或称庭砌。一说香砌即香阶。孙光宪《菩萨蛮》词之一:“月华如水笼香砌,金环碎撼门初闭。”

【香逕】 见“香徑”。

【香氣】 ❶芳香的气味。孟浩然《夏日南亭怀辛大》:“荷风送香气,竹露滴清响。”周弘亮《曲江亭望慈恩寺杏园花发》:“容辉明十地,香气遍千门。”姚合《省直书事》:“晓雾和香气,晴楼下乐声。”贾岛《哭孟东野》:“兰无香气鹤无声,哭尽秋天月不明。”❷芳香的烟霭。孟浩然《寻香山湛上人》:“谷口闻钟声,林端识香气。”

【香臭】 芳香与腐臭。张九龄《杂诗五首》之五:“生性苟不夭,香臭谁为中。”

【香徑】 亦作“香逕”。❶布满香气的小路。亦为对小路的美称。戴叔伦《游少林寺》:“石龛苔藓积,香径白云深。”李绅《忆春日曲江宴后许至芙蓉园》:“香径草中回玉勒,凤皇池畔泛金樽。”❷采香径的省称。采香径为苏州香山旁的小溪,春秋时吴王种香于香山,使美人泛舟至此采香。唐诗人喜以香径咏此胜迹。白居易《重答刘和州》:“花边妓引寻香径,月下僧留宿剑池。”李绅《姑苏台杂句》序:“台今遗迹平芜,连接灵岩寺,采香径、响屧廊皆在寺内。”诗云:“灵岩香径掩禅扉,秋草荒凉遍落晖。”李商隐《汴上送李郢之苏州》:“苏小小坟今在否,紫兰香径与招魂。”罗隐《姑苏真娘墓》:“还应伴西子,香迳夜深游。”

【香衾】 对衾被之美称。芳香的被窝。李商隐《为有》:“无端嫁得金龟婿,辜负香衾事早朝。”

【香脂】 胭脂。代指美女。韦庄《秦妇吟》:“牵衣不肯出朱门,红粉香脂刀下死。”

【香粉】 芳香的花粉。秦韬玉《春雪》:“惹砌任他香粉妒,萦丛自学小梅娇。”

【香酒】 芳香的酒。徐铉《和陈洗马山庄新泉》:“何日煎茶酝香酒,沙边同听暝猿吟。”

【香海】 香水之海。李绅《开元寺》:“攒立宝山中色界,散周香海小轮围。”

【香案】 放置香炉烛台的条桌。王维《过乘如禅师萧居士嵩丘兰若》:“迸水定侵香案湿,雨花应共石床平。”元稹《连昌宫词》:“蛇出燕巢盘斗栱,菌生香案正当衙。”薛逢《汉武宫辞》:“殿前玉女移香案,云际金人捧露盘。”裴休《题铜官山庙》:“幡花凝宝座,香案俨炉烟。”

【香案吏】 宫廷中侍奉帝王的官员。元稹《以州宅夸于乐天》:“我是玉皇香案吏,谪居犹得住蓬莱。”

【香案班】 宫廷中侍奉帝王的一班人马。元稹《元和五年五十韵》:“朝陪香案班,暮作风尘尉。”

【香扆】 对屏风的美称。郑谷《朝谒》:“威凤回香扆,新莺啭上林。”

【香扇】 以香木制成的扇子。王翰《赋得明星玉女坛》:“仙车欲驾五云飞,香扉斜开九华照。”

【香被】 熏香的被子。上官昭容《彩书怨》:“露浓香被冷,月落锦屏虚。”王初《自和书秋》:“湘女怨弦愁不禁,鄂君香被梦难穷。”

【香屑】 ❶香粉。李商隐《李夫人三首》之三:“蛮丝系条脱,妍眼和香屑。”❷花瓣。南唐后主李煜《木兰花》词:“临风谁更飘香屑,醉拍阑干情未切。”

【香梵】 谓念佛经之声。崔日用《奉和九月九日登慈恩寺浮图应制》:“咸英调正乐,香梵遍秋空。”

【香雪】 ❶喻指白色的花。温庭筠《春江花月夜词》:“千里涵空澄水魂,万枝破鼻飘香雪。”又《蕃女怨》词:“万枝香雪开已遍,细雨双燕。”韩偓《和吴子华侍郎令狐昭化舍人叹白菊衰谢之绝次用本韵》:“正怜香雪披千片,忽讶残霞覆一丛。”❷喻妇女化妆用的花粉。韦庄《闺怨》:“啼妆晓不干,素面凝香雪。”

【香帳】 芳香的帏帐。罗隐《七夕》:“香帐簇成排窈窕,金针穿罢拜婵娟。”

【香毬】 ❶金属制的镂空球。其内置一能转动的金属碗,不论球如何转动,碗口均向上。碗中焚香,香烟自球之镂空处溢出。元稹有《香毬》。❷用香料、毛、皮等为原料制成的供抛掷玩耍的圆球。白居易《醉后赠人》:“香毬趁拍回环匼,花盏抛巡取次飞。”又《想东游五十韵》:“柘枝随画鼓,调笑从香毬。”张祜《陪范宣城北楼夜宴》:“亚身摧蜡烛,斜眼送香毬。”又《庚子岁寓游杨州赠崔荆四十韵》:“玉树当巡打,香毬带柏承。”

【香液】 馨香的脂液。对水之美称。郑嵎《津阳门诗》:“刻成玉莲喷香液,漱回烟浪深逶迤。”

【香塔】 佛塔。刘宪《奉和幸大荐福寺应制》："香塔鱼山下，禅堂雁水滨。"

【香散豔消】 谓年轻美貌女子死亡。汪遵《金谷》："香散艳消如一梦，但留风月伴烟萝。"

【香葉】 芳香的树叶。杜甫《古柏行》："苦心岂免容蝼蚁，香叶终经宿鸾凤。"

【香萼】 芳香的花萼。王周《道中未开木杏花》："粉英香萼一般般，无限行人立马看。"

【香葱】 水葱。一种水草，如葱而中空，可制席。李贺《恼公》："象床缘素柏，瑶席卷香葱。"

【香棗】 枣子。《白氏六帖》："石崇厕中，尝令婢数十人，曳罗縠，置漆箱，中盛干枣，以塞鼻。大将军王敦至，取箱枣食，群婢笑之。"李商隐《药转》："长筹未必输孙皓，香枣何劳问石崇。"

【香雲】 ❶祥云，美好的云气。李白《寻山僧不遇作》："香云遍山起，花雨从天来。"薛逢《定山寺》："遥闻上界翻经处，片片香云出院来。"罗隐《巫山高》："下压重泉上千仞，香云结梦西风紧。"吕岩《大云寺茶诗》："兔毛瓯浅香云白，虾眼汤翻细浪俱。"❷喻指青年女子的美发。赵鸾鸾《云鬟》："扰扰香云湿未干，鸦领蝉翼腻光寒。"

【香稉】 见"香粳"。

【香牋】 见"香笺"。

【香街】 繁华的街道。李益《汉宫少年行》："晚来香街经柳市，行过倡舍宿桃根。"白居易《饮散夜归赠诸客》："鞍马夜纷纷，香街起暗尘。"罗隐《酬黄从事怀旧见寄》："水馆酒阑清夜月，香街人散白杨风。"韩偓《锡宴日作》："玉衔花马蹋香街，诏遣追欢绮席开。"

【香御】 谓女长御。宫女之长。韩愈《李花二首》之二："长姬香御四罗列，缟裙练帨无等差。"

【香筒】 ❶帐中烧香器。李贺《恼公》："晓奁妆秀靥，夜帐减香筒。"❷对放置文书字画等物品的文具的美称。张籍《老将》："兵书封锦字，手诏满香筒。"

【香焰】 焚香时出现的烟火。窦叔向《春日早朝应制》："御炉香焰暖，驰道玉声寒。"

【香餌】 ❶芳香的诱饵。李群玉《放鱼》："须知香饵下，触口是铦钩。"陆龟蒙《渔具诗·药鱼》："香饵缀金钩，日中悬者几。"郑损《钓阁》："晚来春醉熟，香饵任浮沉。"方干《赠江上老人》："潭底锦鳞多识钓，未投香饵即先知。"❷喻诱人上当的事物。周昙《咏史诗·春秋战国门·宫之奇》："贪怜璧马迷香饵，肯信之奇谕齿寒。"

【香飯】 ❶香国世尊的饭食。亦指佛家的饭食。王维《觉公院施鸟石台》："石台置香饭，斋后施诸禽。"又《游化感寺》："香饭青菰米，嘉蔬绿笋茎。"法照《寄钱郎中》："药苗家自有，香饭乞时多。"❷芳香的饭食。杜甫《槐叶冷淘》："碧鲜俱照箸，香饭兼苞芦。"

【香貂】 对貂冠的美称。王维《从岐王夜宴卫家山池应教》："座客香貂满，宫娃绮幔张。"

【香腴】 指香美肥腻之物，如鱼蟹之类。李贺《感讽六首》之六："水宴截香腴，菱科映青罩。"

【香童】 佛寺里的侍童。苏颋《幸白鹿观应制》："受符邀羽使，传诀注香童。"

【香湯】 调有香料的热水。对水之美称。卢仝《哭玉碑子》："心期香汤洗，归送箓堂里。"元稹《台中鞫狱忆开元观旧事》："香汤洗骢马，翠篾笼白鹇。"韩偓《咏浴》："教移兰烛频羞影，自试香汤更怕深。"

【香象】 佛经中诸象之一。其身青色，有香气。王维《和宋中丞夏日游福贤观天长寺之作》："积水浮香象，深山鸣白鸡。"皇甫冉《奉和独孤中丞游法华寺》："香象随僧久，祥乌报客先。"顾况《寄江南鹤林寺石冰上人》："定力超香象，真言摄毒龙。"

【香絲】 ❶对丝绳的美称。和凝《宫词百首》之九五："平明朝下夸宣赐，五色香丝系臂新。"❷喻指柳条。白居易《池边》："柳老香丝宛，荷新钿扇圆。"❸喻指美人美发。李贺《美人梳头歌》："一编香丝云撒地，玉钗落处无声腻。"

【香魂】 美人之魂。沈佺期《天官崔侍郎夫人卢氏挽歌》："偕老言何谬，香魂事永违。"温庭筠《过华清宫二十二韵》："艳笑双飞断，香魂一哭休。"罗虬《比红儿诗》之一百："花落尘中玉堕泥，香魂应上窈娘堤。"韦庄《合欢莲花》："空留万古香魂在，结作双葩合一枝。"亦指诗人才士之魂。李贺《秋来》："思牵今夜肠应直，雨冷香魂吊书客。"

【香粳】 亦作"香秔""香稉"。对粳稻或粳米的美称。孙逖《登越州城》："山风吹美箭，田雨润香秔。"则天皇后《游石淙诗》序："洞口全开，溜千年之芳髓；山腰半坼，吐十里之香粳。"方干《镜中别业二首》之二："落叶凭风扫，香秔倩水舂。"韩愈、孟郊《城南联句》："庖霜脍玄鲫，淅玉炊香稉。"

【香幕幕】 香气浓郁貌。刘損《愤惋诗三首》之二："红粉尚存香幕幕，白云将散信沉沉。"

【香蒨】 香艳。毛熙震《后庭花》词之三："越罗小袖新香蒨，薄笼金钏。"

【香夢】 美梦，甜蜜的梦境。武元衡《春兴》："春风一夜吹香梦，梦逐春风到洛城。"温庭筠《郭处士击瓯歌》："莫沾香梦绿杨丝，千里春风正无力。"

【香軿】 对车的美称。軿，有帷盖的车子。贯休《宿赤松山观题道人水阁兼寄郡守》："珠殿香軿倚翠棱，寒栖吾道寄孙登。"

【香零山】 山名。山在永州（今广西壮族自治区柳州市）。柳宗元有《登蒲洲石矶望横江口潭岛深迥斜对香零山》诗，原题下注："山在永州。"

【香暖】 芳香而温暖。薛能《影灯夜二首》之二："十万军城百万灯，酥油香暖夜如烝。"罗隐《虚白堂前牡丹相传云太傅手植在钱塘》："香暖几飘袁虎扇，格高长对孔融樽。"

【香園】 芳香的园苑。喻指佛家地界。上官昭容《九月九日上幸慈恩寺登浮图群臣上菊花寿酒》："帝里重阳节，香园万乘来。"

【香蛾】 指代美人。戎昱《送零陵妓》："宝钿香蛾翡翠裙，装成掩泣欲行云。"

【香署】 指京畿台省之类的官署。钱起《过孙员外蓝田山居》："不知香署客，谢病翠微间。"韦应物《陪王郎中寻孔征君》："偶随香署客，来访竹林欢。"

【香筵】 ❶对坐席的美称。杜审言《七夕》："袨服锵环佩，香筵拂绮罗。"❷香案。夏鸿《和赠和龙妙空禅师》："道果已圆名已遂，即看千匝绕香筵。"❸对酒席的美称。罗隐《听琵琶》："香筵酒散思朝散，偶向梧桐暗处闻。"

【香鈿】 对妇女额上鬓颊饰物的美称。韦庄《病中闻相府夜宴戏赠集贤卢学士》："满筵红蜡照香钿，一夜歌钟欲沸天。"

【香鉤】 装上香饵的钓鱼钩。李贺《南园十三首》之八："窗含远色通书幌，鱼拥香钩近石矶。"

【香鳧】 鸭形香炉。凫，野鸭。张祜《陪楚州韦舍人北闻门游宴》："香凫深促坐，画鹢远回篙。"

【香煙】 焚香所生之烟。阎朝隐《鹦鹉猫儿篇》："云母屏风文彩合，流苏斗帐香煙起。"钱起《春宵寓直》："帐喜香煙暖，诗惭赐笔题。"白居易《李夫人》："夫人之魂在何许，香煙引到焚香处。"韩偓《懒起》："笼绣香煙起，屏山烛焰残。"

【香殿】 ❶佛殿。严武《题巴州光福寺楠木》："香殿萧条转密阴，花龛滴沥垂清露。"❷对楼殿的美称。杜审言《岁夜安乐公主满月侍宴应制》："画楼初满月，香殿早迎春。"司空曙《题玉真观公主山池院》："香殿留遗影，春朝玉户开。"

【香臺】 烘香之台。借指佛殿。卢照邻《石镜寺》："隐隐香台夜，钟声彻九天。"孙逖《奉和崔司马游云门寺》："香台花下出，讲坐竹间逢。"孟浩然《题融公兰若》："芰荷薰讲席，松柏映香台。"亦为对台榭的美称。李商隐《镜槛》："镜槛芙蓉入，香台翡翠过。"

【香蕙】 芳香的蕙草。杜牧《代人作》："斗草怜香蕙，簪花间雪梅。"

【香蔓】 芳香的蔓叶。李贺《昌谷诗》："愁月薇帐红，罥云香蔓刺。"刘禹锡《游桃源一百韵》："香蔓垂绿潭，暴龙照孤碛。"皮日休《重玄寺元达年逾八十好种名药余奇而访之因题二章》之二："香蔓蒙茏覆昔邪，桂烟杉露湿袈裟。"

【香蓼】 蓼草的一种，其味香。李商隐《河内诗二首》之一："栀子交加香蓼繁，停辛伫苦留待君。"

【香榭】 寺庙中的台榭。钱起《登胜果寺南楼雨中望严协律》："林端陟香榭，云外迟来客。"

【香奩】 亦作"香匳"。❶放置香料的匣子。薛能《送浙东王大夫》："香匳扃凤诏，朱篆动龙坑。"❷妇女妆具。放置香粉、梳镜等物的匣子。沈佺期《人日重宴大明宫赐彩缕人胜应制》："千官黼帐杯前寿，百福香奁胜里人。"李商隐《骄儿诗》："凝走弄香奁，拔脱金屈戌。"南唐后主李煜《挽辞》之一："玉笥犹残药，香奁已染尘。"

【香貍】 灵猫。其肚门下部有分泌腺，能发出香气，故称。贯休《闻无相道人顺世五首》之一："池藕香狸掘，山神白日行。"

【香熟】 谷物成熟，发出香气。李商隐《街西池馆》："国租容客旅，香熟玉山禾。"

【香塵】 芳香的尘埃。晋石崇穷奢极欲，教练舞妓步法，以沉香为末铺于象牙床上，对践之无迹者赏赐珍珠，对有迹者令其节食轻身。沈佺期《洛阳道》："行乐归恒晚，香尘扑地遥。"李白《感兴六首》之二："香尘动罗袜，绿水不沾衣。"杜牧《金谷园》："繁华事散逐香尘，流水无情草自春。"温庭筠《莲花》："应为洛神波上袜，至今莲蕊有香尘。"

【香褓】 对婴儿衣裳的美称。王维《恭懿太子挽歌五首》之三："傅母悲香褓，君家拥画轮。"

【香閨】 ❶青年女子的居室。子兰《千叶石榴花》："若教移在香闺畔，定与佳人艳态同。"温庭筠《菩萨蛮》词之八："翠钿金压脸，寂寞香闺掩。"韦庄《赠姬人》："请看京与洛，谁在旧香闺。"徐夤《鹊》："香闺报喜行人至，碧汉填河织女回。"❷借指青年女子。司空图《冯燕歌》："传道张婴偏嗜酒，从此香闺为我有。"

【香閤】 青年女子的居室。谢偃《踏歌词三首》之二："逶迤度香阁，顾步出兰闺。"崔涯《杂嘲二首》之二："日暮迎来香阁中，百年心事一宵同。"李咸用《送人》："雁别边沙入暖云，蛩辞败草鸣香阁。"无名氏《青鸾镜诗》："月样团圆水漾清，好将香阁伴闲身。"

【香閣】 ❶青年女子的内室。卢殷《妾换马》："香阁更衣处，尘蒙喷草痕。"鲍溶《古意》："寄谢蕣华木，荣君香阁前。"裴夷直《春色满皇州》："思妇开香阁，王孙上玉楼。"❷佛寺等处的台阁。孙逖《宿云门寺阁》："香阁东山下，烟花象外幽。"张仲素《春游曲三首》之二："骋望登香阁，争高下砌台。"崔珏《道林寺》："香阁朝鸣大法鼓，天宫夜转三乘书。"贾彦璋《晚霁登汝南大云阁》："禅宫新歇雨，香阁晚登临。"

【香輦】 君后所乘之车。李绅《忆春日太液池亭候对》："草承香辇王孙长，桃艳仙颜阿母栽。"赵嘏《宫乌栖》："香辇不回花自落，春来空佩辟寒金。"崔涂《过绣岭宫》："苑路暗迷香辇绝，缭垣秋断草烟深。"

【香蕊】 ❶对花蕊的美称。王储《赋得花发上林》："秾枝藏宿鸟，香蕊拂行车。"刘兼《海棠花》："低傍绣帘人易折，密藏香蕊蝶难寻。"无名氏《春二首》之二："蜂蝶缤纷抱香蕊，锦鳞跳掷红云尾。"❷喻指美女的面容。魏承班《木兰花》词："凝然愁望静相思，一双笑靥嚬香蕊。"

【香橘】 芳香的橘子。杜甫《自京赴奉先县咏怀五百字》："劝客驼蹄羹，霜橙压香橘。"韩翃《送客还江东》："把手闲歌香橘下，空山一望鹧鸪飞。"

【香輪】 用香木制成的车子，亦用作对车的美称。明皇《初入秦川路逢寒食》："烟雾氛氲水殿开，暂拂香轮归去来。"郑谷《曲江春草》："香轮莫辗青青破，留与愁人一醉眠。"

【香輪寶騎】 华贵的车马。骆宾王《代女道士王灵妃赠道士李荣》："香轮宝骑竞繁华，可怜今夜宿倡家。"

【香醪】 美酒。白居易《花酒》："香醪浅酌浮如蚁，雪鬓新梳薄似蝉。"

【香匳】 见"香奁"。

【香鴨】 鸭状香炉。和凝《宫词百首》之三七："香鸭烟轻燕水沉，云鬟闲坠凤犀簪。"徐夤有《香鸭》。

【香墨】 带香味的墨。韦应物《对韩少尹所赠砚有怀》："白水浮香墨，清池满夏云。"

【香稻】 稻的一种。亦用作对稻的美称。李颀《渔父歌》："绿水饭香稻，青荷包紫鳞。"许浑《夜归驿楼》："早炊香稻待鲈鲙，南渚未明寻钓翁。"赵嘏《江亭晚望》："闻说故园香稻熟，片帆归去就鲈鱼。"殷文圭《九华贺雨吟》："万畦香稻蓬葱绿，九朵奇峰扑亚青。"

【香篆】 饰有篆文的香。徐凝《苏小小墓》："水如香篆船如叶，咫尺西陵不见郎。"

【香潔】 芳香洁净。姚合《病中辱谏议惠甘菊药苗因以诗赠》："香洁将何比，从来味不同。"方干《赠会稽张少府》："高节何曾似任官，药苗香洁备常餐。"

【香濃】 ❶香气浓烈。卢溵《金灯》："香浓初受露，势庳不知风。"司空图《村西杏花二首》之二："肌细分红脉，香浓破紫苞。"❷芳香醇厚。白居易《池上闲吟二首》之一："莫愁客到无供给，家酝香浓野菜春。"顾云《池阳醉歌赠匡庐处士姚岩杰》："春酎香浓枝盏粘，一醉有时三日病。"

【香潤】 芳香润湿。白居易《雨中招张司业宿》："过夏衣香润，迎秋簟色鲜。"

【香實】 芳香的果实。郑谷《荆渚八月十五夜值雨寄同年李屿》："桂无香实落，兰有露花休。"

【香緹】 香绢。李商隐《李肱所遗画松诗书两纸得四十韵》："宝笥十八九，香缇千万重。"

【香薄】 芳香而柔轻。刘言史《七夕歌》："云衣香薄妆态新，彩軿悠悠度天津。"

【香蕤】 香花。陆龟蒙《偶掇野蔬寄袭美有作》："野园烟里自幽寻，嫩甲香蕤引渐深。"

【香橈】 对船桨的美称。李峤《清明日龙门游泛》："罗袂罥杨丝，香桡犯苔发。"

【香樹】 泛称芳香的树木。张说《奉和圣制寒食作应制》："晴空数云点，香树百风摇。"

【香頸】 年轻美貌女子的颈项。李商隐《蝶三首》之二："为问翠钗钗上凤，不知香颈为谁回。"韩偓《席上有赠》："鬓垂香颈云遮藕，粉着兰胸雪压梅。"

【香積】 ❶佛号。亦指佛国、佛寺。刘长卿《秋夜肃公房喜普门上人自阳羡山至》："早晚来香积，何人住沃洲。"权德舆《惠上人房宴别》："法味已同香积会，礼容疑在少施家。"❷指香积厨。僧家的厨房。一钵和尚《一钵歌》："粗亦食，细亦食，莫学凡夫向上看；亦无粗，亦无细，上方香积无根蒂。"

【香積寺】 中国著名的佛教古刹。(1)在今陕西长安县(韦曲镇)西南。唐永隆二年(631)建。北宋兴国三年(978)改名开利寺。王维《过香积寺》："不知香积寺，数里入云峰。"王昌龄有《香积寺礼拜万回平等二圣僧塔》。郎士元《送粲上人兼寄梁镇员外》："借问从来香积寺，何时携手更同登。"(2)在今四川绵阳市境内。杜甫有《涪城县香积寺官阁》。

【香積飯】 佛寺的斋饭。王维《胡居士卧病遗米因赠》："既饱香积饭，不醉声闻酒。"崔橹《莲花》："轻雾晓和香积饭，片红时堕化人船。"

【香篝】 熏笼。陆龟蒙《奉和袭美茶具十咏·茶坞》："遥盘云髻慢，乱簇香篝小。"

【香箋】 亦作"香牋"。精美的小幅纸张。白居易《和春深二十首》之七："御印提随仗，香牋把下车。"韩偓《无题》之三："茜袖啼痕数，香笺墨色新。"又《感事三十四韵》："宫司持玉研，书省擘香笺。"

【香膩】 芳香腻滑。多形容年轻女子的肌肤细嫩。韦庄《伤灼灼》："桃脸曼长横绿水，玉肌香腻透红衫。"

【香廚】 香积厨的省称。僧人厨房。杜甫《岳麓山道林二寺行》："塔劫宫墙壮丽敌，香厨松道清凉俱。"

【香燈】 ❶长明灯。设于佛像前或死者灵前。顾况《酬扬州白塔寺永上人》："塔上是何缘，香灯续细烟。"李绅《鉴玄影堂》："香灯寂寞网尘中，烦恼身须色界空。"齐己《送僧》："鬓发泉边剃，香灯树下烧。"又《除夜》："乱松飘雨雪，一室掩香灯。"❷闺中之灯。温庭筠《经旧游》："香灯帐望飞琼鬓，凉月殷勤碧玉箫。"

韦庄《清平乐》词之四："莺啼残月，绣阁香灯灭。"又《菩萨蛮》词之一："红楼别夜堪惆怅，香灯半卷流苏帐。"

【香瘴】 瘴气中荔枝香。郑谷《荔枝树》："夜郎城近含香瘴，杜宇巢低起暝风。"

【香澤】 香气。王丘《咏史》："兰露滋香泽，松风鸣珮环。"窦牟《早入朝书事》："玉声繁似乐，香泽散成春。"韦庄《鄠杜旧居二首》之二："一径寻村渡碧溪，稻花香泽水千畦。"织女《郭翰酬织女》之二："赠枕犹香泽，啼衣尚泪痕。"

【香緣】 香火因缘。钱起《同王锖起居程浩郎中韩翃舍人题安国寺用上人院》："香缘不绝簪裾会，禅想宁妨藻思通。"

【香轂】 对车的美称。温庭筠《春日》："宝书无寄处，香毂有来期。"

【香檀】 ❶檀香木。白居易《山中五绝句·林下樗》："香檀文桂苦雕镌，生理何曾得自全。"❷妇女化妆品，用以涂饰口唇等。顾敻《虞美人》词之一："香檀细画侵桃脸，罗袂轻轻敛。"

【香霞】 美丽的云霞。喻花。罗邺《牡丹》："门倚长衢攒绣毂，幄笼轻日护香霞。"

【香黛】 青黑色颜料。古代女子用以画眉。权德舆《杂诗五首》之四："文袿映束素，香黛宜𥌒绿。"

【香燭】 精致的蜡烛。灵澈《元日观郭将军早朝》："欲曙九衢人更多，千条香烛照星河。"温庭筠《池塘七夕》："香烛有花妨宿燕，画屏无睡待牵牛。"又《菩萨蛮》词之六："画罗金翡翠，香烛销成泪。"

【香闉】 佛寺。孙佺《奉和九月九日登慈恩寺浮图应制》："龙旗焕辰极，凤驾俨香闉。"

【香繒】 香绢。韦庄《虚席》："有时还影响，花叶曳香缯。"

【香騎】 美女的坐骑。张籍《寒食内宴二首》之一："廊下御厨分冷食，殿前香骑逐飞球。"白居易《浔阳春三首·春来》："金谷蹋花香骑入，曲江碾草钿车行。"亦代称美女。权德舆《薄命篇》："镜里红颜不自禁，陌头香骑动春心。"

【香霧】 ❶雾气。杜甫《月夜》："香雾云鬟湿，清辉玉臂寒。"许浑《观章中丞夜按歌舞》："彩槛烛烟光吐日，画屏香雾暖如春。"无名氏《晨光动翠华》："影连香雾合，光媚庆云频。"❷香气。陆龟蒙《玩金鸂鶒戏赠美》："不知镂羽凝香雾，堪与鸳鸯觉后闻。"

【香顋】 美人的腮颊。温庭筠《菩萨蛮》词之一："小山重叠金明灭，鬓云欲度香颙雪。"

【香馥馥】 香气浓郁貌。白居易《有木诗八首》之八："有木名丹桂，四时香馥馥。"

【香繡】 对绣织品的美称。沈亚之《秦梦诗三首》："金钿坠芳草，香绣满春风。"

【香騣】 指骏马颈上的长毛。李白《代赠远》："胡马西北驰，香骔摇绿丝。"

【香醪】 美酒，芳香的酒。李适《奉和圣制九日侍宴应制得高字》："萸房颁彩笥，菊蕊荐香醪。"武元衡《寓兴呈崔员外诸公》："不知何处香醪熟，愿醉佳园芳树中。"白居易《宿张云举院》："美酝香醪嫩，时新异果鲜。"贯休《寿春节进大蜀皇帝五首》之四："家家锦绣香醪熟，处处笙歌乳燕飞。"

【香麴】 美酒。白居易《对新家酝玩自种花》："香曲亲看造，芳丛手自栽。"

【香蟻】 酒的别名。酒香而浮糟如蚁，故云。韦庄《冬日长安感志寄献虢州崔郎中二十韵》："闲招好客斟香蚁，闷对琼花咏散盐。"又《和薛先辈见寄初秋寓怀即事之作二十韵》："会随仙羽化，香蚁且同斟。"

【香羅】 对绫罗的美称。亦美称绫罗制品。杜甫《端午日赐衣》："细葛含风软，香罗叠雪轻。"王建《宫词一百首》之六七："黄金合里盛红雪，重结香罗四出花。"李商隐《无题二首》之一："凤尾香罗薄几重，碧文圆顶夜深缝。"温庭筠《七夕》："神轩红粉陈香罗，凤低蝉薄愁双蛾。"

【香羅帕】 绫罗做的巾帕。杜甫《骢马行》："赤汗微生白雪毛，银鞍却覆香罗帕。"

【香獸】 指用炭屑混和香料制成的兽形的炭。南唐后主李煜《浣溪沙》词之一："红日已高三丈透，金炉次第添香兽。"孙棨《题妓王福娘墙》之二："寒绣衣裳饷阿娇，新团香兽不禁烧。"

【香臍】 指琵琶捍拨。李商隐《和孙朴韦蟾孔雀咏》："屏风临烛扣，捍拨倚香脐。"

【香燼】 焚香的余烬。李颀《送綦毋潜三寺中赋得纱灯》："禅室吐香烬，轻纱笼翠烟。"皮日休《奉和鲁望上元日道室焚修》："端简不知清景暮，灵芜香烬落金坛。"

【香蘭】 即兰花。李贺《李凭箜篌引》："昆山玉碎凤凰叫，芙蓉泣露香兰笑。"

【香爐】 ❶焚香炉。韦应物《郡斋卧疾绝句》："香炉宿火灭，兰灯宵影微。"顾况《宿山中僧》："不爇香炉烟，蒲团坐如铁。"李商隐《促漏》："舞鸾镜匣收残黛，睡鸭香炉换夕熏。"❷指庐山香炉峰。在今江西九江市南。孟浩然《彭蠡湖中望庐山》："香炉初上日，瀑布喷成虹。"刘禹锡《历阳书事七十韵》："庐阜香炉出，湓城粉堞明。"刘斌《咏山》："紫盖云阴远，香炉烟气多。"齐己《寄楚萍上人》："北面香庐秀，南边瀑布寒。"

【香爐峰】 庐山北部名峰。峰峦突起，状似香炉；山顶云雾弥漫，亦如香烟缭绕，故名。孟浩然《晚泊浔阳望庐山》："泊舟浔阳郭，始见香炉峰。"李白《望庐山瀑布水二首》之一："西登香炉峰，南见瀑布水。"白居易《寄李相公崔侍郎钱舍人》："官满更归何处去，香炉峰在宅门前。"张蠙《赠江都郑明府》："更欲栖踪近彭泽，香炉峰下结茅庐。"

【香麝】 即麝。俗名香獐。似鹿而小，无角。雄性脐与生殖器之间有腺囊，能分泌麝香。韩翃《送李中丞赴商州》："香麝松阴里，寒猿黛色中。"

【香露】 对露水的美称。李颀《送裴腾》："香露团百草，紫梨分万株。"李商隐《偶题二首》之二："清月依微香露轻，曲房小院多逢迎。"温庭筠《芙蓉》："浓艳香露里，美人青镜中。"刘兼《新蝉》："翅翻晚鬓寻香露，声引秋丝逐远风。"

【香囊】 ❶盛香料的小袋。佩于身或系于帐，以作饰物。王琚《美女篇》："屈曲屏风绕象床，萎蕤翠帐缀香囊。"元稹《友封体》："微风暗度香囊转，胧月斜穿隔子明。"郑嵎《津阳门诗》："花肤雪艳不复见，空有香囊和泪滋。"李叔卿《江南曲》："郗家子弟谢家郎，乌巾白袷紫香囊。"❷有香味的取暖器。白居易《江南喜逢萧九彻因话长安旧游五十韵》："拂胸轻粉絮，暖手小香囊。"王建《秋夜曲二首》之一："香囊火死香气少，向帷合眼何时晓。"❸喻指荷花和荔枝等含香气的囊状物。韩偓《荷花》："纨扇相欹绿，香囊独立红。"徐夤《荔枝二首》之一："朱弹星丸粲日光，绿琼枝散小香囊。"

【香蠟】 指蜡面茶。唐时福建所产名茶。徐夤《尚书惠蜡面茶》："飞鹊印成香蜡片，啼猿溪走木兰船。"

【香籠】 熏笼。韦应物《效何水部二首》之一："玉宇含清露，香笼散轻烟。"

【香龕】 指供奉神佛的石室或小阁子。宋昱《题石窟寺》："梵宇开金地，香龛凿铁围。"

【香靄】 香气，焚香的烟气。袁不约《长安夜游》："歌声缓过青楼月，香霭潜来紫陌风。"牛希济《临江仙》词："金炉珠帐，香霭昼偏浓。"毛熙震《浣溪沙》词之四："困迷无语思犹浓，小屏香霭碧山重。"

【香氎】 对一种细毛布的美称。皎然《送道契上人之越觐大夫叔》："外国传香氎，何人施竹瓶。"

【香靨】 ❶谓美人脸上饰物。张谔《岐王席上咏美人》："香艳王分帖，裙娇敕赐罗。"❷芳香艳丽。许浑《酬杜补阙初春雨中舟次横江喜裴郎中相迎见寄》："柳滴圆波生细浪，梅含香艳吐轻风。"

九　画

馤 〔ài《广韵》於蓋切，去泰，影。〕香气。韩愈、孟郊《秋雨联句》："援菊茂新芳，径兰销晚馤。"

馥 〔fù《广韵》房六切，入屋，奉。又符逼切，入職，奉。〕❶香气浓郁。李峤《李》："蝶游芳径馥，莺啭弱枝新。"孙逖《奉和李右相中书壁画山水》："气染荀香馥，光含乐镜清。"权德舆《与沈十九拾遗同游栖霞寺上方二首》之一："人远水木清，地深兰桂馥。"白居易《和梦游春诗一百韵》："缥缈云雨仙，氛氲兰麝馥。"❷浓郁的香气。崔翘《郑郎中山亭》："杜馥熏梅雨，荷香送麦秋。"韦应物《楼中月夜》："衰莲送余馥，华露湛新秋。"武元衡《安邑里中秋怀寄高员外》："庭梧变葱蒨，篱菊扬芳馥。"刘言史《林中独醒》："微凉生乱筱，轻馥起孤萱。"❸香气散发。万齐融《送陈七还广陵》："落花馥河道，垂杨拂水窗。"杨衡《九日陪樊尚书龙山宴集》："黄花玩初馥，翠物喜盈斟。"和凝《宫词百首》之七三："暖殿奇香馥绮罗，窗间初学绣金鹅。"申欢《兜玄国怀归诗》："风软景和煦，异香馥林塘。"

【馥郁】 ❶香气浓烈貌。齐己《荆州新秋病起杂题一十五首·病起见庭莲》："开时闻馥郁，枕上正缠绵。"顾敻《渔歌子》词："画帘垂，翠屏曲，满袖荷香馥郁。"❷浓烈的香气。徐光溥《题黄居寀秋山图》："曲沼芙蓉香馥郁，长汀芦荻花蕤蕤。"

【馥馥】 香气浓郁貌。韦应物《清都观答幼遐》："泠泠如玉音，馥馥若兰芳。"权德舆《奉和圣制重阳日中外同欢以诗言志因示百僚》："煌煌菊花秀，馥馥萸房舒。"杜牧《昔事文皇帝三十二韵》："馥馥芝兰圃，森森枳棘藩。"杜光庭《题空明洞》："芝术迎风香馥馥，松柽蔽日影森森。"

十一画

馨 〔xīn《广韵》呼刑切，平清，曉。〕❶香气远逸，芳香扑鼻。见《诗·大雅·凫鹥》。李华《云母泉诗》："泽药滋畦茂，气染茶瓯馨。"杜甫《桥陵诗三十韵》："王刘美竹润，裴李春兰馨。"顾非熊《题永福寺临淮亭》："水气侵衣冷，蘋风入座馨。"刘兼《莲塘霁望》："新秋菡萏发红英，向晚风飘满郡馨。"❷散布很远的香气，香气。见《诗·周颂·载芟》。钱起《省试湘灵鼓瑟》："苍梧来怨慕，白芷动芳馨。"韩愈《独钓四首》之三："鸟下见人寂，鱼来闻饵馨。"白居易《秋游原上》："新枣未全赤，晚瓜有余馨。"陆龟蒙《奉和袭美公斋四咏次韵·新竹》："若非抱苦节，何以偶惟馨。"❸美，美好。孟郊《答李员外小榼味》："仙情夙已高，诗味今更馨。"李逢吉《享惠昭太子庙乐章》："展矣礼典，薰然德馨。"❹美德芳名。杨汝士《宴杨仆射新昌里第》："再岁生徒陈贺宴，一时良史尽传馨。"❺语助词。犹今"般""样"。见南朝宋刘义庆《世说新语·忿狷》。韩愈《答张彻》:“愁狖酸骨死,怪花醉魂馨。”

【馨芳】 芳名远播。周昙《咏史诗·春秋战国门·再吟》:“赵解重围魏再昌,信陵贤德日馨芳。”

【馨祀】 祭祀。顾况《上古之什补亡训传十三章·上古一章》:“惟馨祀是患,岂止馁与寒。”

【馨香】 ❶散布很远的香气,香气。李白《赠友人三首》之一:“顾无馨香美,叨沐清风吹。”陈羽《古意》:“十三学绣罗衣裳,自怜红袖闻馨香。”白居易《京兆府新栽莲》:“下有青泥污,馨香无复全。”殷益《看牡丹》:“艳色随朝露,馨香逐晚风。”❷香气浓郁貌。白居易《太行路》:“为君熏衣裳,君闻兰麝不馨香。”❸指用作祭品的黍稷。魏征《雍和》:“恭惟正直,歆此馨香。”刘晃《祭汾阴乐章》:“斋戒既肃,馨香毕陈。”包佶《祀风师乐章·迎俎酌献》:“爰候发生,式荐馨香。”杨汝士《和宗人尚书嗣复祠祭武侯毕题临淮公旧碑》:“功德流何远,馨香荐未衰。”❹喻人的美德芳名。杜牧《赴京初入汴口晓景即事先寄兵部李郎中》:“小人乏馨香,上下将何祷。”又《和令狐侍御赏蕙草》:“本是馨香比君子,绕栏今更为何人。”邵谒《送从弟长安下第南归觐亲》:“芝兰未入用,馨香志独存。”张蠙《献所知》:“吹嘘渐觉馨香出,梦寐长疑羽翼生。”

【馨德】 美德。尉迟汾《府尹王侍郎准制拜岳因状嵩高灵胜寄呈三十韵》:“皇皇三川守,馨德清明躬。”

馬 部

馬 〔mǎ《广韵》莫下切，上馬，明。〕❶哺乳动物。头小面长，耳壳直立，颈上有鬣，尾有长毛，四肢强健，有蹄。性温驯，善跑，为重要力畜之一。杜甫《前出塞九首》之五："射人先射马，擒贼先擒王。"陈润《送骆征君》："马留苔藓迹，人脱薜萝衣。"白居易《不出》："好是老身销日处，谁能骑马傍人家。"李商隐《喜雪》："人疑游面市，马似困盐车。"❷通"碼"。参见"馬頭❷"。❸姓。唐诗人有马吉甫、马戴等。

【馬十二】 马总。韩愈有《元日酬蔡州马十二尚书去年蔡州元日见寄之什》。

【馬九】 马挺。储光羲有《秋庭贻马九》，诗序云："扶风马挺，余之元伯也。"

【馬人】 为"馬流人"的省称。马流，古部族名，相传为汉马援南征所率将士之后代。韩愈《送郑尚书赴南海》："衙时龙户集，上日马人来。"

【馬中丞】 马总。元和五年(810)七月，朝廷以黔州刺史马总为安南都护、本管经略史。熊孺登有《寄安南马中丞》。

【馬乂】 诗人。宣宗时人，与雍陶友善。《全唐诗》卷八八七录其《蜀中经蛮后寄陶雍》诗一首。

【馬力】 马的力量。孟郊《过分水岭》："山壮马力短，马行石齿中。"冯待征《虞姬怨》："泽中马力先战疲，帐下蛾眉□□□。"

【馬上】 马背上。白居易《留题天竺灵隐两寺》："渐出松间路，犹飞马上杯。"李商隐《王昭君》："马上琵琶行万里，汉宫长有隔生春。"温庭筠《黄昙子歌》："萋芊小成路，马上修蛾懒。"韦庄《题吉涧卢拾遗庄》："怪来马上诗情好，印破青山白鹭飞。"

【馬上得天下】 为凭借武力建国之典。林宽《歌风台》："莫言马上得天下，自古英雄尽解诗。"

【馬上翁】 指后汉马援。卢照邻《结客少年场行》："归来谢天子，何如马上翁。"

【馬大夫】 马总。曾官泉、虔二州刺史、御史中丞、国子祭酒、御史大夫、刑部侍郎等。刘禹锡有《和南海马大夫闻杨侍郎出守郴州因有寄上之作》和《马大夫见示浙西王侍御赠答诗因命同作》。

【馬子喬】 马子乔，鲍照同时人。张籍有《赠故人马子乔六首》。诗为鲍照而作。

【馬太守】 疑为马光淑。马光淑曾官左司郎中、宋州刺史。高适有《同马太守听九思法师讲金刚经》。

【馬太尉】 马燧。卒赠太尉，刘沧有《题马太尉华山庄》。

【馬太傅】 当为马殷。五代后梁贞明(915—921)中累官至守太师、兼中书令，封楚王。齐己有《和翁员外题马太傅宅贾相公井》。"相"字当为衍文。

【馬友鹿】 诗人。武后时博城县令。《全唐诗》卷八八七录马令《早春陪敕使麻先生祭岳》，乃其所作。按，此诗《全唐诗外编》又署名为马麐。

【馬牙】 即马牙硝。李贺《南园十三首》之十二："松溪黑水新龙卵，桂洞生硝旧马牙。"参见"馬牙硝"。

【馬牙硝】 朴硝的一种。庄布《石榴歌》："玳瑁壳皴枝婀娜，马牙硝骨绵敷裹。"

【馬牛襟裾】 穿衣服的马牛。谓人不明道理、不识礼仪。韩愈《符读书城南》："人不通古今，马牛而襟裾。"

【馬少游】 (少 shào)东汉马援从弟。马少游以追求功名利禄为苦事，曾劝马援，当满足于温饭。刘禹锡《经伏波神祠》："一以功名累，翻思马少游。"

【馬氏二子】 马挺兄弟。储光羲有《荥阳马氏二子》。

【馬甲柱】 即玉珧柱。韩愈《初南食贻元十八协律》："章举马甲柱，斗以怪自呈。"

【馬冉】 诗人。万州刺史。《全唐诗》卷七二七录其《岑公岩》。

【馬生角】 喻不可能实现的事。亦用以喻历尽艰苦，终于熬出头。杜牧《池州送孟迟先辈》："青云马生角，黄州使持节。"亦省称"馬角"。

【馬令】 即博城县令马友鹿。《全唐诗》卷八八七录马令《早春陪敕使麻先生祭岳》，乃马友鹿所作。按，此诗《全唐诗外编》又署名马麐。

【馬立葬滕公】 为伤悼死者的典故。李端《张左丞挽歌二首》之一："鸟来伤贾傅，马立葬滕公。"

【馬玄黄】 谓马累病。亦谓旅人之辛苦。王建《闻故人自征戍回》："亦知远行劳，人悴马玄黄。"

【馬司徒】 马燧。中唐名将。大历、建中中屡破李灵耀。田悦，进平章事，封北平郡王。复以平李怀光功，拜司徒，兼侍中。元稹《奉诚园》注："马司徒旧宅。”

【馬吉甫】 诗人。郡望扶风(今属陕西)绛州正平(今山西新绛),曾官修文馆学士。武后圣历时预修《三教珠英》。官至中书舍人。《全唐诗》外编录其诗二首,残句一联。张元一《叙可笑事》:“阎知微骑马,马吉甫骑驴。”

【馬耳山】 在今山东诸城县西南。山南巅两峰,秀削如马耳,故名。萧颖士有《游马耳山》。

【馬伏波】 指东汉马援。援曾任伏波将军。杜甫《奉寄别马巴州》:“勋业终归马伏波,功曹非复汉萧何。”

【馬后】 东后显宗马皇后,马援之小女。生活俭朴,穿质地粗疏的大练(厚缯衣)。李瀚《蒙求》:“马后大练,孟光荆钗。”

【馬色】 马的神色。郑锡《度关山》:“水声分陇咽,马色度关迷。”

【馬汗】 马身上出的汗。李益《从军有苦乐行》:“剑文夜如水,马汗冻成霜。”董初《昭君怨》:“裾衫沾马汗,眉黛染胡尘。”

【馬安】 西汉汲黯甥司马安。善于钻营,四至九卿之位。罗隐《裴庶子除太仆卿因贺》:“应笑马安虚巧宦,四回迁转始为卿。”李瀚《蒙求》:“马安四至,应璩三人。”

【馬坊】 马厩。花蕊夫人徐氏《宫词》之一〇八:“自从拣得真龙种,别置东头小马坊。”

【馬步】 马神名。储光羲有《和张太祝冬祭马步》。

【馬足】 ❶马的蹄足。韦元甫《木兰歌》:“胡沙没马足,朔风裂人肤。”张祜《投陈许崔尚书二十韵》:“马足虚行地,鞭头漫画空。”皮日休《病中书情寄上崔谏议》:“马足歇从残漏外,鱼须抛在乱书中。”谭用之《月夜怀寄友人》:“何处是非随马足,由来得丧白人头。”❷马的足力。韦庄《延兴门外作》:“马足倦游客,鸟声欢酒家。”

【馬角】 见“馬生角”。

【馬希振】 诗人。曾为鼎州节度使,马氏诸子中之杰出者。《全唐诗外编》录其《与何致雍僧贯徽联句》二联。

【馬尾】 马的尾巴。李贺《酬答二首》之一:“行处春风随马尾,柳花偏打内家香。”罗隐《旅舍书怀寄所知二首》之二:“尘飘马尾甘蓬转,酒忆江边有梦留。”

【馬武】 东汉初将领。字子张。南阳湖阳(今河南唐河南)人。新莽时,参加绿林起义军。后归刘秀,有战功,官至捕虏将军。杜牧《东兵长句十韵》:“雄如马武皆弹剑,少似终军亦请缨。”

【馬尚書】 ❶马燧。燧曾官检校工部尚书。卢纶有《送马尚书郎君侍从归觐太原》。司空曙有《送卢御之太原谒马尚书》。❷马总。元和十二年(817)十二月以蔡州留后马总检校工部尚书、蔡州刺史、彰义军节度使。韩愈有《元日酬蔡州马十二尚书去年蔡州元日见寄之什》。

【馬侍中】 ❶马燧。燧于贞元元年(785)迁光禄大夫,兼侍中。窦牟有《奉诚园闻笛》,自注:“园,马侍中故宅。”陈翊有《过马侍中亭》。薛逢《君不见》:“君不见,马侍中,气吞河朔称英雄。”吴融有《敷水有丐者云是马侍中诸孙悯而有赠》。❷马希振。十国楚武穆王嫡长子。历官至武顺节度使,加侍中。虚中有《马侍中池亭》残句。

【馬侍郎】 马总。元和十二年(817)七月以刑部侍郎马总兼御史大夫,充淮西行营诸军事宣慰副使。韩愈有《郾城晚饮奉赠副使马侍郎及冯李二员外》。

【馬侍御】 马逢。刘禹锡有《重送鸿举师赴江陵谒马逢侍御》,白居易有《答马侍御见赠》。

【馬使君】 马燧。永泰中,拜郑州刺史,兼侍御史。钱起有《送马使君赴郑州》。

【馬乳】 ❶马奶。皮日休、陆龟蒙《独在开元寺避暑颇怀鲁望因飞笔联句》:“泉甘于马乳,苔滑似龙漦。”❷葡萄之一种。韩愈《题张十一旅舍三咏・葡萄》:“若欲满盘堆马乳,莫辞添竹引龙须。”刘禹锡《葡萄歌》:“马乳带轻霜,龙鳞曜初旭。”又《和令狐相公谢太原李侍中寄蒲桃》:“鱼鳞含宿润,马乳带残霜。”

【馬周】 诗人。字宾王,博州茌平(今山东茌平)人。少孤贫好学,精《诗》与《春秋》。高祖武德中,补博州助教。后为中郎将常何门客,代为条陈二十余事,皆切中时政,受太宗赏识,授监察御史。历侍御史、给事中、中书舍人、中书侍郎兼太子右庶子等职。《全唐诗》卷三九录其《凌朝浮江旅思》及残句一联。

【馬法】 谓司马穰苴兵法。韩愈、李正封《晚秋郾城夜会联句》:“农书乍讨论,马法长悬格。”

【馬官】 掌牧马政令之官。泛指牧畜管马的人。杜甫《韦讽录事宅观曹将军画马图》:“霜蹄蹴踏长楸间,马官厮养森成列。”

【馬郎中】 疑为马炫。卢纶有《和马郎中画鹤赞》。

【馬挺】 润州丹徒(今江苏镇江市)人,曾任江都主簿。储光羲《秋庭贻马九》序:“扶风马挺,余之元伯也。舍人诸昆,知己之目。”

【馬埒】 习射之驰道。两边有界限,使不致逸出道外。刘禹锡《题于家公主旧宅》:“马埒蓬蒿藏狡兔,凤楼烟雨啸愁鸱。”

【馬革】 ❶马皮。张巡《铁笔歌》:“食马革兮计尽，杀妻妾兮心悲。”❷谓马革裹尸。古代战士战死于战场，用马皮包裹尸体，谓马革裹尸。喻指英勇作战，殒命疆场。张说《幽州送随军入秦》：“独将马革心，同声谢台阁。”薛能《筹笔驿》：“葛相终宜马革还，未开天意便开山。”慧偘《闻侯方儿来寇》：“羊皮赎去士，马革敛还尸。”

【馬相如】（相 xiāng）即汉司马相如。李商隐《梓潼望长卿山》：“梓潼不见马相如，更欲南行问酒垆。”

【馬南郡】指西汉马融。汉桓帝时尝为南郡太守。刘长卿《送郑说之歙州谒薛侍郎》：“尝闻马南郡，门下有康成。”

【馬邑】地名。在今山西朔县东北。西汉韩安国曾率兵三十万于此伏击匈奴。太宗《饮马长城窟行》：“都尉反龙堆，将军旋马邑。”袁朗《赋饮马长城窟》：“朝服践狼居，凯歌旋马邑。”皇甫冉《春思》：“莺啼燕语报新年，马邑龙堆路几千。”王贞白《拟塞外征行》：“行行向马邑，去去指祁连。”

【馬邑州】唐羁縻州名。开元十七年(729)置，隶秦州。在今甘肃天水与成县之间。杜甫《遣兴三首》之二：“高秋登塞山，南望马邑州。”

【馬信真】传为仙女，元和十二年(817)与杨敬真、徐湛真、郭修真、夏守真同时成仙。宋州(治所今河南商丘县)人。《全唐诗》卷八六三云台峰五女仙《会真诗》第二首为马信真所作。

【馬迹】亦作“馬跡”“馬蹟”。马的足迹。窦常《奉使西还早发小涧馆寄卢滁州迈》：“马蹟穿云去，鸡声出涧深。”杜牧《润州二首》之一：“青苔寺里无马跡，绿水桥边多酒楼。”刘得仁《夏日游慈恩寺》：“却愁归去路，马迹并车轮。”韦庄《长安旧里》：“车轮马跡今何在，十二玉楼无处寻。”

【馬跡山】山名。有两处。❶在今江苏丹阳境。权德舆《酬李二十二兄主簿马跡山见寄》序：“丹阳郭北四十里所，有马跡山。山有奇峰怪石，且多昔贤真仙之所游践。”❷原在江苏无锡西南太湖中，现与北岸相连。山崖上有马迹形状，传为秦始皇巡游时所留下。文鉴有《题马跡山》。

【馬彦珪】诗人。合州石镜县(今四川合川县)宰。《全唐诗外编》录其《因聘女自为内相醉酬新郎催妆之诗》。

【馬前卒】在车马前供奔走服务的人。韩愈《符读书城南》：“一为马前卒，鞭背生虫蛆。”

【馬首】❶马的头。韩愈《过鸿沟》：“谁劝君王回马首，真成一掷赌乾坤。”权德舆《岭上逢久别者又别》：“马首向何处，夕阳千万峰。”独孤及《代书寄上裴六冀刘二颖》：“昔余马首东，君在海北汭。”❷指马。借以敬称他人。刘长卿《送郑司直归上都》：“马首归何日，莺啼又一春。”戴叔伦《奉同汴州李相公勉送郭布殿中出巡》：“马首先春至，人心比岁和。”杜牧《使回杜唐州崔司马书兼寄四韵因和》：“人心计日殷勤望，马首随云早晚回。”刘沧《从郑郎中高州游东潭》：“夹路野花迎马首，出林山鸟向人飞。”❸马的面前。刘长卿《和袁郎中破贼后军行过剡中山水谨上太尉》：“远峰来马首，横笛入猿啼。”

【馬首東】谓东归。独狐及《代书寄上裴六冀刘二颖》：“昔余马首东，君在海北汭。”

【馬首前瞻】犹马首是瞻。古代作战时，士兵看主将的马头决定进退，比喻服从指挥或乐于追随别人行动。胡宿《淮南发运赵邢州被诏归阙》：“天台封诏紫泥馨，马首前瞻北斗城。”

【馬客】骑马者，骑马之客。韩翃《送道士侄归池阳》：“幽州寻马客，灞岸送驴车。”李贺《铜驼悲》：“桥南多马客，北山饶古人。”

【馬軍】统率骑兵的将领。杜甫《谢严中丞送乳酒》：“鸣鞭走送怜渔父，洗盏开尝对马军。”

【馬屎】马的粪便。冯涓《酒令》：“己已巳，驴粪似马屎。”

【馬珦】诗人。代宗时人，与元结友善，为武昌令。《全唐诗外编》录其《石门歌》残诗。

【馬彧】诗人。彧，或作郁。范阳(今河北琢县)人。李匡威领镇卢龙，署幕职。匡威灭，复事刘仁恭。后依李克用于太原，累官至检校司空、秘书监。《全唐诗》卷七五七录其《赠韩定辞》。

【馬致恭】南唐诗人。与孟宾于友善。《全唐诗》卷七三八录其《送孟宾于》。

【馬逢】诗人。扶风(今陕西兴平东北)人。贞元五年(789)进士，二十年(804)任盩厔尉。元和二年(807)自咸阳尉试大理评理充京兆观察节度使，后任殿中侍御史、监察御史。《全唐诗》卷七七二录其《新乐府》等五首。

【馬卿】汉司马相如，字长卿，人称马卿。陈子良《赞德上越国公杨素》：“小人愧王氏，雕文惭马卿。”骆宾王《帝京篇》：“马卿辞蜀多文藻，扬雄仕汉乏良媒。”李端《赠岐山姜明府》：“马卿兼病老，宋玉对秋悲。”罗隐《金陵寄窦尚书》：“虎帐谈高无客继，马卿官傲少人同。”

【馬卿臺】即汉司马相如琴台。在今四川成都市。司马逸客《雅琴篇》：“马卿台上应芜没，阮籍帷前空已矣。”

【馬記】指司马迁《史记》。李峤《史》：“马记天官设，班图地里新。”

【馬常侍】马怀素。怀素曾任散骑常侍。苏颋有《扈从鄠杜间奉呈刑部尚书舅崔黄门马常侍》和《奉和马常侍寺中之作》。

【馬巽】 诗人。河南(今河南洛阳)人。兴元元年(784)进士,与卢仝友善。《全唐诗》卷三六九《送皇甫湜赴举》等诗四首。

【馬眼】 绫锦名。白居易《白孔六帖》卷八:“竹根、柹蒂、马眼、蛇皮,已上四种,今时绫名。”李峤《绫》:“马眼冰凌影,竹根雪霰文。”

【馬鹿】 马和鹿。秦二世时,丞相赵高想篡位,恐大臣不服。他给二世献上一只鹿,说是一匹马。二世笑曰:“丞相误邪?谓鹿为马。”问左右,左右或默,或言马以阿顺赵高。古之奇《秦人谣》:“上下一相蒙,马鹿遂颠倒。”

【馬蚿】 即马陆。节肢动物,体圆长。栖息于潮湿处,触之则蜷曲如环,并放出臭气。皮日休《鲁望昨以五百言见贻因成一千言上述吾唐文物之盛次叙相得之欢亦迭和之微旨也》:“百足虽云众,不救杀马蚿。”

【馬陵】 地名。在今河北东南。战国时孙膑、庞涓斗智,孙膑设计诱庞涓至马陵。马陵道狭多险,孙膑于此设伏,致庞涓兵败自到而死。胡曾《咏史诗·马陵》咏其事。

【馬將軍】 (將 jiāng)指东汉马援。马援曾任伏波将军。杜牧《送容州中丞赴镇》:“莫教铜柱北,只说马将军。”

【馬参軍】 马择。陈子昂有《喜马参军相遇醉歌》。

【馬超】 三国时蜀汉名将。字孟起。扶风茂陵(今陕西兴平东北)人。出生于豪强家庭。东汉末,随父马腾起兵,后领马腾部属。初为汉将,后依附汉中张鲁,再投蜀汉,官至骠骑将军。戎昱《闻颜尚书陷贼中》:“能持苏武节,不受马超勋。”

【馬援】 东汉初名将。字文渊。扶风茂陵(今陕西兴平东北)人。杜甫《清明》:“马援征行在眼前,葛强亲近同心事。”许浑《朝台送客有怀》:“赵佗西拜已登坛,马援南征土宇宽。”李群玉《登蒲涧寺后二岩三首》之三:“赵佗丘垄灭,马援鼓鼙空。”陆龟蒙《京口与友生话别》:“功名思马援,歌唱咽羊昙。”

【馬植】 诗人。字存之,扶风(今陕西兴平东北)人。元和十四年(819)擢进士第。《全唐诗》卷四七九录其一首。

【馬雲奇】 诗人。吐蕃攻唐时被俘。《全唐诗外编》录其《怀素师草书歌》等十三首。

【馬跑泉】 泉名。在今陕西千阳县。韦庄有《题汧阳县马跑泉李学士别业》。

【馬嵬】 地名,在今陕西兴平县。安史之乱时,玄宗李隆基奔蜀,途次马嵬驿,卫兵杀死杨国忠,迫使玄宗赐杨贵妃死,葬于马嵬坡。高适《酬裴员外以诗代书》:“胡骑犯龙山,乘舆经马嵬。”白居易《长恨歌》:“马嵬坡下泥土中,不见玉颜空死处。”李远《过马嵬山》:“浓香犹自飘銮辂,恨魄无因离马嵬。”李商隐《马嵬二首》之一:“君王若道能倾国,玉辇何由过马嵬。”高骈《马嵬驿》:“玉颜虽掩马嵬尘,冤气和烟锁渭津。”

【馬嵬驛】 驿站名。在今陕西兴平县。刘禹锡《马嵬行》:“绿野扶风道,黄尘马嵬驿。”郑嵎《津阳门诗》:“马嵬驿前驾不发,宰相射杀冤者谁。”于渍《马嵬驿》:“常经马嵬驿,见说坡前客。”

【馬喻】 求名马的比喻。岑羲《黄金台》:“郭生马喻真良策,亟拜乐卿为上客。”

【馬策】 马鞭。杜审言《和李大夫嗣真奉使存抚河东》:“兴来探马策,俊发抱龙泉。”柳中庸《征怨》:“岁岁金河复玉关,朝朝马策与刀环。”

【馬湘】 诗人。字自然。杭州盐官(今浙江海宁县南盐官镇)人。《全唐诗》卷八六一录其《登杭州秦望山》等四首。

【馬巽】 扶风(今陕西扶风县)人。马怀素子,曾官宣义郎、行大理评事。储光羲有《霁后贻马十二巽》。

【馬當】 山名。在今江西彭泽县东北,北临长江,山形似马,故名。甚为险绝,往来多覆溺之惧。相传王勃乘舟遇神风,自此一夜达南昌。李白《横江词六首》之二:“海潮南去过浔阳,牛渚由来险马当。”罗隐《赠无相禅师》:“惟有马当山上客,死门生路两相忘。”杜荀鹤《将过湖南经马当山庙因书三绝》之一:“人说马当波浪险,我经波浪似通衢。”又之二:“只怕马当山下水,不知平地有风波。”

【馬跡】 见“馬迹”。

【馬飾】 指马身上的装饰物。韩愈、孟郊《会合联句》:“朝绅郁青绿,马饰曜珪珙。”

【馬腦】 宝石名。即玛瑙。可制成杯、碗或饰物,极名贵。杜甫《韦讽录事宅观曹将军画马图》:“内府殷红马脑碗,婕妤传诏才人索。”

【馬窟】 指饮马的积水窟。陆龟蒙《早春雪中作吴体寄袭美》:“光填马窟盖塞外,势压鹤巢偏殿巅。”

【馬鞍】 放在马背上供人骑坐的器具,两头高,中间低。杜甫《王竟携酒高亦同过》:“自愧无鲑菜,空烦卸马鞍。”李商隐《楚泽》:“集鸟翻渔艇,残虹拂马鞍。”罗隐《人日新安道中见梅花》:“长途酒醒腊春寒,嫩蕊香英扑马鞍。”

【馬磁州】 马正卿。贞元时为磁州刺史。张籍有《宿邯郸馆寄马磁州》。

【馬撾】 马鞭子。柳宗元《同刘二十八院长述旧言怀感时书事奉寄澧州张员外使君五十二韵之作因其韵增至八十通赠二君子》:"逸戏看猿斗,殊音辨马挝。"杜牧《池州送孟迟先辈》:"九衢林马挝,千门织车辙。"

【馬遷】 汉司马迁。李商隐《五言述德抒情诗一首四十韵献上杜七兄仆射相公》:"悼伤潘岳重,树立马迁轻。"

【馬箠】 马鞭。杜牧《送沈士赴苏州李中丞招以诗赠行》:"常恨两手空,不得一马箠。"

【馬銜】 马勒,马嚼子。白居易《东城晚归》:"一条邛杖悬龟榼,双角吴童控马衔。"

【馬鄭州】 马燧。燧曾官郑州刺史。独孤及有《送马郑州》。

【馬塵】 奔马扬起的尘土。卢纶《送畅当还旧山》:"常逢明月马尘间,是夜照君归处山。"

【馬駒】 幼马,少壮的马。杜甫《戏赠友二首》:"自夸足膂力,能骑生马驹。"

【馬齒】 ❶马的牙齿。看马齿可知马的年龄。赵嘏《赠王先生》:"九鼎栏干归马齿,三山窕窈步云涯。"❷指马齿苋。杜甫《园官送菜》:"苦苣刺如针,马齿叶亦繁。"

【馬嘶】 马鸣叫。王昌龄《变行路难》:"向晚横吹悲,风动马嘶合。"赵嘏《昔昔盐二十首·关山别荡子》:"肠为马嘶断,衣从泪滴斑。"曹邺《关试前送进士姚潜下第归南阳》:"马嘶残日没残霞,二月东风便到家。"翁绶《陇头吟》:"马嘶斜日朔风急,雁过寒云边思长。"

【馬麐】 诗人。今江苏泰安县人。《全唐诗外编》录其《早春陪敕使麻先生祭岳》。

【馬融】 东汉经学家、文学家。字季长。扶风茂陵(今陕西兴平东北)人。卢象《赠广川马先生》:"愿接诸生礼,三年事马融。"杜甫《八哀诗·赠左仆射郑国公严公武》:"虚无马融笛,怅望龙骧茔。"柳宗元《同刘二十八院长述旧言怀感时书事奉寄澧州张员外使君五十二韵之作因其韵增至八十通赠二君子》:"肯随胡质矫,方恶马融奢。"元稹《酬翰林白学士代书一百韵》:"心轻马融帐,谋夺子房帷。"

【馬頭】 ❶马的头。李白《送友人入蜀》:"山从人面起,云傍马头生。"白居易《早春同刘郎中寄宣武令狐相公》:"马头拂柳时回辔,豹尾穿花暂亚枪。"郑谷《蜀中三首》之一:"马头春向鹿头关,远树平芜一望闲。"欧阳炯《题景焕画应天寺壁天王歌》:"马头壮健多筋节,乌觜弯环如屈铁。"❷即码头,船只停泊处。李贺《勉爱行二首送小季之庐山》之二:"别柳当马头,官槐如兔目。"高蟾《灞陵亭》:"明日灞陵新霁后,马头烟树绿相迎。"

【馬頭山】 指庐山马头岭。贯休有《送僧入马头山》。

【馬頭覓角】 比喻难以实现的事情。白居易《自题》:"马头觅角生何日,石火敲光住几时。"参见"馬生角"。

【馬頰】 ❶马的面颊。欧阳詹《早秋登慈恩寺塔》:"毫端分马颊,墨点辨蛾眉。"❷河名。古九河之一。古道约在今河北东光县之北,泊头市之南。李峤《河》:"桃花来马颊,竹箭入龙宫。"骆宾王《秋日饯陆道士陈文林》序:"河通少海,疏马颊以开澜。"又《晚渡黄河》:"通波连马颊,迸水急龙门。"吴融《得京中亲友书讶久无音耗以诗代谢》:"马颊浪高鱼去少,鸡鸣关险雁来稀。"

【馬蹄】 ❶马的蹄子。杜甫《将赴成都草堂途中有作先寄严郑公五首》之三:"书签药裹封蛛网,野店山桥送马蹄。"戴叔伦《边城曲》:"原头猎火夜相向,马蹄蹴蹋层冰上。"白居易《涂山寺独游》:"涂山来去熟,唯是马蹄知。"邵谒《轻薄行》:"长安一花开,九陌马蹄疾。"❷《庄子》篇名。庄子以伯乐善驯马为残害马之真性为喻,批判儒家所倡导仁义礼乐为桎梏人性,要求回到自然状态。后遂以指听其自然、不作强求。杜甫《课小竖锄斫舍北果林枝蔓荒秽净讫移床三首》之二:"薄俗防人面,全身学马蹄。"

【馬戴】 诗人。字虞臣,曲阳(今江苏东海西南)人。会昌四年(844)进士。大中初为太原幕府掌书记,因直言获罪,贬为朗州龙阳尉。咸通末,终国子博士。与姚合、贾岛、殷尧藩、顾非熊等为诗友。《全唐诗》卷五五五、五五六录其诗二卷,一百六十余首。

【馬韓】 古国名。故地在今韩国。宋务光《海上作》:"马韩底厥贡,龙伯修其职。"

【馬總】 诗人。字会元,扶风(今陕西兴平东北)人。少孤贫好学,为人正直,不妄交游。贞元中,姚南仲辟其为从事,坐事贬泉州别驾。元和中,迁检校刑部尚书。《全唐诗逸》卷中录其《赠日本僧空海离合诗》。

【馬鬃】 马颈上的长毛。李洞《赠永崇李将军充襄阳制置使》:"行处近天龙尾滑,猎时陪帝马鬃香。"韦庄《南邻公子》:"醉凭马鬃扶不起,更邀红袖出门迎。"

【馬鞭】 ❶策马的鞭子。李白《送别》:"惜别倾壶醑,临分赠马鞭。"高适有《咏马鞭》。许浑《送沈卓少府任江都》:"少年作尉须矜慎,莫向楼前坠马鞭。"❷指竹鞭。竹的根状茎。顾况《露青竹杖歌》:"约束蜀儿采马鞭,蜀儿采鞭不敢眠。"

【馬蹟】 见"馬迹"。

【馬癖】 晋王济,字武子。性爱马,又善解马性,杜预称他有马癖。杜甫《骢马行》:“邓公马癖人共知,初得花骢大宛种。”

【馬镇西】 疑为马璘。长安延康坊之马镇西宅或为马璘宅。许浑有《经马镇西宅》。

【馬懷素】 诗人。字贞规,一字惟白,润州丹徒(今属江苏)人,寓居江都(今江苏扬州)。《全唐诗》卷九三录其《九日幸临渭亭登高应制得酒字》等十二首。

【馬驛】 驿站名。在今福建崇安县北。翁承赞有《访建阳马驿僧亚齐》。

【馬鬣】 ❶马鬃。白居易《和春深二十首》之六:“凤书裁五色,马鬣剪三花。”许浑《送从兄别驾归蜀》:“青汉龙髯绝,苍岑马鬣移。”❷坟墓封土的一种形状。亦指坟墓。李白《上留田行》:“言是上留田,蓬科马鬣今已平。”白居易《哭崔二十四常侍》:“貂冠初别九重门,马鬣新封四尺坟。”

【馬韉】 垫在马鞍下面的东西。司空图《丁巳重阳》:“自贺逢时能自弃,归鞭唯拍马鞯吟。”

二 画

馮[1] 〔píng《广韵》扶冰切,平蒸,並。〕❶徒步过河。李白《公无渡河》:“虎可搏,河难冯。”❷古凭字。凭借,依靠。武元衡《冬日汉江南行将赴夏口途次江陵界寄裴尚书》:“蚌珠冯月吐,芦雁触罗惊。”刘禹锡《酬湖州崔郎中见寄》:“冯君虚上舍,待余乘兴行。”又《历阳书事七十韵》:“令急重须改,欢冯醉尽呈。”

馮[2] 〔féng《广韵》房戎切,平東,奉。〕❶姓。唐诗人有冯著、冯涯等。❷参见“馮翊”。

【馮₂十七】 冯著。卢纶有《卧病寓居龙兴观枉冯十七著作书知罢摄洛阳赴缑氏因题十四韵寄冯生并赠乔尊师》。冯著贞元初为缑氏尉。韦应物有《张彭州前与缑氏冯少府各惠寄一篇多故未答张已云没因追哀叙事兼远简冯生》,诗中冯少府即冯著;终官补阙。卢诗称冯为冯生,时官县尉,不可能官从五品上之著作郎,故卢诗中“作”为衍文。韩愈有《宿神龟招李二十八冯十七》。

【馮₂子都】 咏豪门家奴的典故。冯子都为西汉贵戚霍光之家奴,仗势横行,使百官避畏。李颀《放歌行答从弟墨卿》:“空歌汉代萧相国,肯事霍家冯子都。”李益《金吾子》:“绣帐博山炉,银鞍冯子都。”

【馮₂少尹】 (少 shào)冯定。曾官国子司业、河南少尹、太常少卿。白居易有《六年寒食洛下宴游赠冯李二少尹》。

【馮₂少吉】 (少 shào)当作冯吉。五代诗人,字惟一,瀛州景城(今河北河间东)人。《全唐诗》卷七七〇录其《山寺见杨少卿书壁因题其尾》。

【馮₂少府】 (少 shào)冯著。冯著、冯鲁兄弟均与韦应物交游,但冯鲁贞元五年(789)方进士及第。韦应物有《张彭州前与缑氏冯少府各惠寄一篇多故未答张已云没因追哀叙事兼远简冯生》和《东林精舍见故殿中郑侍御题诗追旧书情涕泗横集因寄呈阎澧州冯少府》。

【馮₂公】 冯昭泰。昭泰卒赠工部尚书。张说有《赠工部尚书冯公挽歌三首》。

【馮₂公老】 见“馮唐老”。

【馮₂尹】 白居易有《送河南冯尹学士赴任》,刘禹锡有《同乐天送河南冯尹学士》和《遥贺白宾客分司初到洛中戏呈冯尹》。

【馮₂生】 指诗人冯著。卢纶有《卧病寓居龙兴观枉冯十七著作书知罢摄洛阳赴缑氏因题十四韵寄冯生并赠乔尊师》。

【馮₂夷】 神话传说中的水中之仙,即河伯。亦泛指水神。为咏仙之典。钱起《省试湘灵鼓瑟》:“冯夷空自舞,楚客不堪听。”苏源明《小洞庭洄源亭宴四郡太守诗》:“冯夷逝兮护轻桡,蛟龙行兮落增潮。”刘禹锡《伤秦姝行》:“冯夷蹁跹舞渌波,鲛人出听停绡梭。”刘驾《祝河水》:“征人不饮马,再拜祝冯夷。”

【馮₂夷擊鼓】 为咏仙之典。杜甫《渼陂行》:“此时骊龙亦吐珠,冯夷击鼓群龙趋。”又《玉台观》:“遂有冯夷来击鼓,始知嬴女善吹箫。”

【馮₂伉】 诗人。魏州云城(今河北大名)人。《全唐诗》卷三百三十录其《和权载之离合诗》等三首。

【馮₂延巳】 南唐诗人。一名延嗣,字正中,广陵(今江苏扬州)人。《全唐诗》卷七三八录其《早朝》,另断句一联;卷八九八录其词七十八首;《全唐诗外编》补录其词三首。

【馮₂延魯】 南唐人。曾奉使闽中,征督军粮。李建勋有《寄冯延鲁使闽》(句)。

【馮₂李二員外】 冯宿和李正封。元和十二年(817)以司勋员外郎李正封、都官员外郎冯宿等为淮西行营判官书记,从裴度出征。韩愈有《郾城晚饮奉赠副使马侍郎及冯李二员外》。

【馮₂招】 指被召任官。杜甫《哭韦大夫之晋》:“贡喜音容间,冯招病疾缠。”

【馮₂衍】 东汉人,字敬通,京兆杜陵(今陕西长安县东北)人。李瀚《蒙求》:“冯衍归里,张昭塞门。”

【馮₂使君】 冯岩。咸通十二年十二月以太常少卿拜睦州刺史。贯休有《拟齐梁体寄冯使君三首》《上冯使君五首》《寄冯使君》《上冯使君渡水僧障子》。

【馮₂舍人】 冯宿。长庆二年(822)二月,以兵部郎中知制诰冯宿检校右庶子，充山南东道节度副使，权知襄州军府事。白居易有《送冯舍人阁老往襄阳》。

【馮河】 徒步涉水渡河。陆龟蒙《杂讽九首》之九："群儿被坚利，索手安冯河。"

【馮₂待徵】 诗人。蒲州（今山西永济县西）人。进士及第。《全唐诗》卷七七三录其《虞姬怨》。

【馮₂衮】 诗人。东阳（今浙江金华市）人。《全唐诗》卷五九七录其《掷卢作》等二首，《全唐诗外编》录其《子规》。

【馮₂唐老】 慨叹生不逢时或表示年事老迈之典。杜甫《垂白》："垂白冯唐老，清秋宋玉悲。"李端《酬前驾部员外郎苗发》："应以冯唐老，相讥示此篇。"姚合《春日早朝寄刘起居》："莫笑冯唐老，还来谒圣君。"吴融《寄贯休》："已似冯唐老，方知武子愚。"亦作"馮公老"。陈子昂《酬李参军崇嗣旅馆见赠》："未及冯公老，何惊孺子贫。"

【馮₂涓】 诗人。字信之，婺州东阳（今浙江金华县）人；或说信都（今河北冀县）人。《全唐诗》卷七六〇录其《蜀驮引》二首、断句一联，卷八七〇录其《自嘲绝句》一首。

【馮深負固】 凭借深险坚固的地势。骆宾王《从军中行路难二首》之一："君不见封狐雄虺自成群，冯深负固结妖氛。"

【馮₂著】 诗人。河间（今属河北）人。《全唐诗》卷二一五录其《短歌行》等四首。

【馮₂著作】 卢纶有《秋夜寄冯著作》。冯著作，冯著。"作"为衍文。见"馮著""馮十七"。

【馮₂陶】 冯宿之子，兄弟三人连年进士及第，连年宏词登科，与柳景为同榜进士，大和中援校书。许浑有《赠柳璟冯陶二校书》。

【馮₂翊】 唐郡名，亦县名。郡即同州，治所在冯翊县。县即今陕西大荔县。岑参《冬宵家会饯李郎司兵赴同州》："昔岁到冯翊，人烟接京师。"白居易《答微之夸越州州宅》："厌看冯翊风沙久，喜见兰亭烟景初。"周贺《与崔弇话别》："人寻冯翊去，草向建康衰。"贾岛《送殷侍御赴同州》："冯翊蒲西郡，沙冈拥地形。"

【馮₂渚】 疑即冯著。《全唐诗》卷七七八录冯渚《燕衔泥》诗一首，诗题下注："一作冯著诗。"《全唐诗》卷二一五冯著名下有此诗。

【馮₂涯】 诗人。文宗开成中进士及第。《全唐诗》卷五四二录其《太学创置石经》。

【馮₂宿】 诗人。字拱之，东阳（今浙江金华县）人。贞元十八年(802)进士。《全唐诗》卷二七五录其《御沟新柳》等二首，《全唐诗逸》卷上录其断句一联。

【馮₂敬】 汉文帝朝御史大夫。柳宗元《古东门行》："当街一叱百吏走，冯敬胸中函匕首。"

【馮₂道】 五代诗人。字可道，自号长乐老，景城（今河北河间县东）人。《全唐诗》卷七三七录其《天道》等五首，断句四联，《全唐诗外编》录其《舌》。

【馮₂道之】 诗人。一作冯用之。洛阳（今河南洛阳市）人。《全唐诗》卷七七六录其《山中作》。

【馮₂道幕客】 名不详，为冯道幕府判官，素滑稽。《全唐诗》卷八七〇录其《题酒户修孔庙状》。

【馮₂媛當熊】 （當 dāng）为爱君之典。李瀚《蒙求》："冯媛当熊，班女辞辇。"

【馮₂戡】 诗人。梓州（今四川三台）人。文宗开成中曾应进士第，未中。《全唐诗》卷七九五录其《赠柳棠及第》断句一联。

【馮₂暉】 五代诗人。魏州（今河北大名）人。《全唐诗》卷八七〇录其《答妻》断句一联。

【馮₂煉師】 冯齐整。玄宗朝嵩山道士，潘师正弟子。崔曙有《嵩山寻冯炼师不遇》。

【馮軾】 凭倚车前横木。皎然《兵后余不亭重送卢孟明游江西》："冯轼望远道，春山无断绝。"李嘉祐《常州韦郎中泛舟见饯》："主人冯轼贵，送客泛舟稀。"

【馮₂閣老】 冯宿。白居易有《冯阁老处见与严郎中酬和诗因戏赠绝句》。

【馮₂銖】 五代诗人。仕前蜀，武成间为盘石令。《全唐诗外编》录其《灵岩秋月》。

【馮₂衛二補闕】 冯著和卫次公。著曾官左补阙。次公，贞元八年征为左补阙，寻兼翰林学士。卢纶有《玩春因寄冯卫二补阙戏呈李益》。

【馮₂魯】 监察御史冯师古之子，亦曾官监察御史。韦应物有《答冯鲁秀才》。

【馮₂劉二監】 冯监，冯绍正。绍正曾为少府监。刘监，刘晃。晃曾为秘书少监。张说有《温泉冯刘二监客舍观妓》。

【馮₂學士】 冯宿。宿曾官左散骑常侍，兼集贤殿学士。白居易有《送河南尹冯学士》

【馮₂諼】 亦作"馮₂驩"。钱起《新丰主人》："客里冯谖剑，歌中甯戚牛。"元稹《贻蜀五首・韦兵曹臧文》："殷勤为话深相感，不学冯谖待食鱼。"韩偓《故都》："掩鼻计成终不觉，冯驩无路学鸣鸡。"李瀚《蒙求》："汲黯开仓，冯驩折券。"

【馮₂驩】 见"馮諼"。

馭 〔yù《广韵》牛倨切，去御，疑。〕❶驾驭车马。杜甫《醉歌行赠公安颜少府请顾八题壁》："天马长鸣待驾驭，秋鹰整翮当云霄。"元结《与党侍御》："长辕有修辙，驭者令尔驰。"苏拯《经鹤台》："六马不能驭，九皋欲何托。"❷驭手，驾驭车马的人。李峤《和曲典设扈从东郊忆弟使往安西冬至日恨不得同申拜庆》："玉关方叱驭，桂苑正陪舆。"戴叔伦

《经巴东岭》:“巴山不可上,徒驭亦裴回。”元稹《奉和权相公诗十四韵》:“黄霸乘轺入,王尊叱驭趋。”李绅《登禹庙回降雪五言二十韵》:“疾飘风作驭,轻集霰为媒。”❸马,车驾。钱起《温泉宫礼见》:“云暖龙行处,山明日驭前。”韩愈《大行皇太后挽歌词三首》之三:“云随仙驭远,风助圣情哀。”鲍溶《忆郊天》:“六龙日驭天行健,神母呈图地道光。”韦庄《喻东军》:“四年龙驭守峨嵋,铁马西来步步迟。”❹乘,乘驾。李栖筠《张公洞》:“道士十二人,往还驭清风。”杜甫《寄司马山人十二韵》:“相哀骨可换,亦遣驭清风。”白居易《仲夏斋戒月》:“御寇驭泠风,赤松游紫烟。”马戴《鹳雀楼晴望》:“行云如可驭,万里赴心期。”❺控制。欧阳询《嘲萧瑀射》:“急风吹缓箭,弱手驭强弓。”❻统治,驾驭,统率。太宗《元日》:“恭己临四极,垂衣驭八荒。”白居易《放鹰》:“圣明驭英雄,其术亦如斯。”同谷子《五子之歌》之一:“邦惟固本自安宁,临下常须驭惊朽。”

【馭竹】　谓地方官吏施行仁政,深受百姓爱戴。骆宾王《饯郑安阳入蜀》:“海客乘槎渡,仙童驭竹回。”

【馭宇】　统治宇内。李绅《上党奏庆云见》:“飞龙久驭宇,真气尚兴云。”

【馭車】　驾车。李峤《羊》:“仙人拥石去,童子驭车来。”

【馭風】　谓仙道驭风而行。张九龄《与生公游石窟山》:“咄咄共携手,泠然且驭风。”卢鸿一《嵩山十志十首·倒景台》:“可以邀驭风之客,会绝尘之子。”刘禹锡《寻汪道士不遇》:“仙子东南秀,泠然善驭风。”柳泌《玉清行》:“驭风升宝座,郁景晏华筵。”

【馭風仙】　驭风而行的仙人。白居易《郊陶潜体诗十六首》之七:“我无缩地术,君非驭风仙。”

【馭風術】　驭风而飞的仙术。鲍溶《感兴》:“谅无驭风术,中路愁虚归。”

【馭風襟】　世传仙道驭风而行,故以驭风襟代指仙人。韩愈《同窦韦寻刘尊师不遇》:“还随蹑凫骑,来访驭风襟。”

【馭氣】　驾驭云气。白居易《长恨歌》:“排空驭气奔如电,升天入地求之遍。”

【馭國】　统治国家。沈佺期《度安海入龙编》:“尉佗曾驭国,翁仲久游泉。”

【馭景】　驾驭太阳之车。杜光庭《句》:“驭景必能趋日域,骑箕终拟蹑星躔。”

【馭鳳】　驾凤。指仙道飞升。孟郊《求仙曲》:“自当出尘网,驭凤登昆仑。”

【馭騎】　乘马。温庭筠《题丰安里王相林亭二首》之一:“朱户雀罗设,黄门驭骑来。”

三　画

馱　〔tuó《广韵》徒河切,平歌,定。又唐佐切,去箇,定。〕牲口负物。李白《对酒》:“蒲萄酒,金叵罗,吴姬十五细马驮。”杨凌《明妃怨》:“汉国明妃去不还,马驮弦管向阴山。”顾况《李供奉弹箜篌歌》:“银器胡瓶马上驮,瑞锦轻罗满车送。”张籍《凉州词三首》之一:“无数铃声遥过碛,应驮白练到安西。”

馱　〔duò《广韵》唐佐切,去箇,定。〕❶驮着货物的牲口或牲口所驮的货物。贯休《长安道》:“千车万驮,半宿关月。”冯涓有《蜀驮引》。❷量词。无名氏《嘲蒋蟠金丹》:“张鹄只消千驮绢,蒋蟠惟用一丸丹。”

【馱經馬】　驮回佛经的马。李贺《马诗二十三首》之十九:“萧寺驮经马,元从竺国来。”韦蟾《岳麓道林寺》:“静听林飞念佛鸟,细看壁画驮经马。”

馴　〔xùn《广韵》詳遵切,平諄,邪。〕❶马驯服。白居易《有小白马乘驭多时不能忘情题二十韵》:“鞭为驯难下,鞍缘稳不离。”薛能《华清宫和杜舍人》:“马驯金勒细,鹰健玉铃锵。”❷泛指顺服、驯服。孟浩然《还山贻湛法师》:“欲知冥灭意,朝夕海鸥驯。”权德舆《奉和新卜城南郊居得与卫右丞邻舍因赋诗寄赠》:“山泽蜃雨出,林塘鱼鸟驯。”吕温《题石勒城二首》之二:“天生杰异固难驯,应变摧枯若有神。”韦庄《不出院楚公》:“一自禅关闭,心猿日渐驯。”❸使驯服,使和顺。杜甫《奉赠韦左丞丈二十二韵》:“白鸥没浩荡,万里谁能驯。”白居易《送文畅上人东游》:“山宿驯溪虎,江行滤水虫。”李节《赠释疏言还道林寺诗》:“湘川狺狺兮俗犷且佷,利杀业偷兮吏莫之驯。”罗隐《寄前户部陆郎中》:“出驯桑雉入朝簪,萧洒清名映士林。”

【馴虎巖】　岩名,在今浙江临安县洞霄宫附近。白元鉴有《驯虎岩》。

【馴狎】　❶谓驯顺可亲近。李白《赠黄山胡公求白鹇》序:“闻黄山胡公有双白鹇,盖是家鸡所伏,自小驯狎,了无惊猜。”张众甫《寄兴国池鹤上刘相公》:“驯狎经时久,褵褷短翮存。”❷亲近。皇甫冉《答张諲刘方平兼呈贺兰广》:“野性难驯狎,荒郊自闭门。”

【馴雀】　驯服的鸟雀。刘长卿《送薛据宰涉县》:“栖鸾往已屈,驯雀今可嗣。”

【馴鳥】　驯服的禽鸟。郑澣《和李德裕游汉州房公湖二首》之二:“卧龙空有处,驯鸟独忘情。”见“馴鷗鳥”。

【馴象】　驯养的象。元稹《和李校书新题乐府十二首·驯犀》:“建中之初放驯象,远归林邑近交广。”

【馴鹿】　驯养的鹿。刘禹锡《游桃源一百韵》:“重岩是藩屏,驯鹿受羁靮。”方干《题法华寺绝顶禅家壁》:“驯鹿不知谁结侣,野禽都是自呼名。”

【馴禽】　驯养的禽鸟。朱庆余《和处州韦使君新开南溪》:“转旆驯禽起,褰帷瀑溜侵。”解彦融《雁塔》:“驯禽演法要,忍草借经行。”

【馴善】　驯服善良。白居易《公垂尚书以白马见寄光洁稳善以诗谢之》:“毛色鲜明人尽爱,性灵驯善主偏知。”

【馴犀】　驯服的犀牛。元稹《和李校书新题乐府十二首·驯犀》:“贞元之岁贡驯犀,上林置圈官司养。”白居易《新乐府·驯犀》:“驯犀驯犀通天犀,躯貌骇人角骇鸡。”

【馴雉】　❶驯服的雉。卢照邻《羁卧山中》:“夜伴饥鼯宿,朝随驯雉行。”李德裕《述梦诗四十韵》:“非烟含瑞气,驯雉洁霜毛。”❷歌颂地方官施行仁政,泽及禽兽。李瀚《蒙求》:“鲁恭驯雉,宋均去兽。”

【馴養】　饲养野生动物使其驯服。元稹《酬别致用》:“驯养保性命,安能奋殊姿。”又《三叹》之二:“驯养岂无愧,类族安得齐。”白居易《驯犀》:“五年驯养始堪献,六译语言方得通。”

【馴熟】　十分驯服。元稹《雉媒》:“啖养能几时,依然已驯熟。”

【馴擾】　驯服。丁仙芝《越裳贡白雉》:“驯扰将无惧,翻飞幸不猜。”储光羲《牧童词》:“所念牛驯扰,不乱牧童心。”刘商《胡笳十八拍·第八拍》:“忆昔私家恣娇小,远取珍禽学驯扰。”李绅《寿阳罢郡日有诗十首·虎不食人》:“南山白额同驯扰,亦变仁心去杀机。”

【馴鴿】　驯养的鸽子。钱起《津梁寺寻李侍御》:“驯鸽不猜隼,慈云能护霜。”耿湋《赠海明上人》:“梁间有驯鸽,不去复何依。”杨衡《送公孙器自桂林归蜀》:“旧户闲花草,驯鸽傍檐隙。”顾非熊《题春明门外镇国禅院》:“不得如驯鸽,人间万虑牵。”

【馴鵲】　驯服之鹊。魏璞《寻鸟窠迹》:“道法传驯鹊,禅机显化螺。”自注:“有鹊巢侧,自然驯狎。”

【馴鷗鳥】　驯服海鸥。言人无机诈之心,鸥鸟才与人亲近。诗中常用以喻教化百姓。元稹《酬友封话旧叙怀十二韵》:“但拟驯鸥鸟,无因用弩机。”亦省作“**馴鷗**”。岑参《送颜平原》:“易俗去猛虎,化人似驯鸥。”长孙佐辅《闻韦驸马使君迁拜台州》:“无阶异渐鸿,有志惭驯鸥。”

馳　〔chí《广韵》直離切,平支,澄。〕❶车马疾行。李白《赠从弟南平太守之遥二首》之一:“汉家天子驰驷马,赤军蜀道迎相如。”白居易《和东川杨慕巢尚书府中独坐感戚在怀见寄十四韵》:“将军驰铁马,少傅步铜驼。”杨衡《咏春色》:“促驷驰香陌,劳莺转艳丛。”温庭筠《和周繇》:“齐马驰千驷,卢姬逞十三。”亦泛指疾走、奔驰。韩愈《镇州路上谨酬裴司空相公重见寄》:“衔命山东抚乱师,日驰三百自嫌迟。”白居易《奉使途中戏赠张常侍》:“共笑篮舁亦称使,日驰一驿向东都。”许棠《秦中遇友人》:“半生南走复西驰,愁过杨朱罢泣岐。”徐夤《断酒》:“采茗早驰三蜀使,看花甘负五侯期。”❷急速运行,迅速流逝。崔融《哭蒋詹事俨》:“功成喜身退,时往惜年驰。”鲍溶《秋怀五首》之二:“流年白日驰,微愿不我与。”韩愈《嗟哉董生行》:“淮水出桐柏,山东驰遥遥千里不能休。”韦应物《慈恩精舍南池作》:“积喧忻物旷,耽玩觉景驰。”❸传扬,传播。高适《东平旅游奉赠薛太守二十四韵》:“颂美驰千古,钦贤仰大猷。”❹驰骋。陆龟蒙《袭美先辈以龟蒙所献五百言既蒙见和复示荣唱再抒鄙怀用伸酬谢》:“自从战伐来,一派纵横驰。”❺向往。王湾《晚春诣苏州敬赠武员外》:“神驰劳旧国,颜展别殊方。”刘长卿《余干夜宴奉饯前苏州韦使君新除婺州作》:“复拜东阳郡,遥驰北阙心。”

【馳心】　谓心之向往如车马驱驰。刘禹锡《许给事见示哭工部刘尚书诗因命同作》:“护塞无南牧,驰心拱北辰。”杜牧《郡斋秋夜即事寄斛斯处士许秀才》:“驰心只待城乌晓,几对虚檐望白河。”喻凫《酬王檀见寄》:“驰心栖杳冥,何物比清泠。”许彬《府试莱城晴日望三山》:“纵目徒多暇,驰心累发诚。”

【馳光】　流逝的时光。韩愈、孟郊《远游联句》:“驰光忽以迫,飞辔谁能留。”吴筠《元日言怀因以自励诒诸同志》:“驰光无时憩,加我五十年。”

【馳名】　声名远播。包何《婺州留别邓使君》:“西掖驰名久,东阳出守时。”邓洵美《答同年李昉见赠次韵》:“驰名早已超三院,侍直仍忻步八砖。”郑遨《哭张道古》:“生前卖卜居三蜀,死后驰名遍大唐。”

【馳走】　快跑。温庭筠《东郊行》:“安得人生各相守,烧船破栈休驰走。”

【馳波】　急速涌动的水波。杨衡《游峡山寺》:“奔驷非久耀,驰波肯暂留。”

【馳思】　遐想,驰念。顾况《乌啼曲二首》之二:“城寒月晓驰思深,江上青草为谁绿。”

【馳突】　❶疾驰猛冲。张易之《出塞》:“暂闻传羽檄,驰突救边荒。”孟浩然《大堤行寄万七》:“大堤行乐处,车马相驰突。”李白《登梅冈望金陵赠族侄高座寺僧中孚》:“群峰如逐鹿,奔走相驰突。”杜甫《魏将军歌》:“将军昔着从事衫,铁马驰突重两衔。”❷相较优劣。徐铉《酬郭先辈》:“示我数篇文,与古争驰突。”

【馳馬】　纵马疾行。韦元甫《木兰歌》:“驰马赴军幕，慷慨携干将。”

【馳射】 骑马射箭。刘希夷《死马赋》：“少年驰射出幽并，高秋摇落重横行。”

【馳逐】 ❶驱驰追逐。张说《再使蜀道》：“芸阁有儒生，轺车倦驰逐。”胡皓《大漠行》：“三军遥倚伏，万里相驰逐。”李白《结客少年场行》：“平明相驰逐，结客洛门东。”常建《张公子行》：“胡兵汉骑相驰逐，转战孤军西海北。”❷谓驰猎禽兽。储光羲《田家杂兴八首》之七：“白马谁家儿，联翩相驰逐。”李白《秋猎孟诸夜归置酒单父东楼观妓》：“邀遮相驰逐，遂出城东田。”又《送族弟凝至晏堌》：“喧呼相驰逐，取乐销人忧。”杜甫《遣兴五首》之二：“未知所驰逐，但见暮光灭。”❸为一定的目的而奔走。裴度《酬张秘书因寄马赠诗》：“满城驰逐皆求马，古寺闲行独与君。”皮日休《吴中苦雨因书一百韵寄鲁望》：“遇善必擎跽，见才辄驰逐。”

【馳毫驟墨】 谓笔墨挥洒、运笔迅疾。戴叔伦《怀素上人草书歌》：“驰毫骤墨剧奔驷，满坐失声看不及。”

【馳情】 寄情，神往。卢仝《自君之出矣》：“驰情增悴容，蓄思损精力。”陆龟蒙《奉酬袭美先辈吴中苦雨一百韵》：“驰情扣虚寂，力尽无所掇。”

【馳景】 日光。徐浩《宝林寺作》：“逝川惜东驶，驰景怜西颓。”韦应物《乐燕行》：“华灯何遽升，驰景忽西颓。”柳宗元《与崔策登西山》：“驰景泛颓波，遥风递寒篥。”无名氏《日暮山河清》：“天高爽气晶，驰景忽西倾。”

【馳牋】 驰书，急速传递书信。杜甫《送田四弟将军将夔州柏中丞命起居江陵节度阳城郡王卫公幕》：“回首中丞座，驰笺异姓王。”

【馳道】 古代供君王行驶车马的道路。亦泛指车马驰行的大路。太宗《正日临朝》：“羽旄飞驰道，钟鼓震岩廊。”窦叔向《春日早朝应制》：“御炉香焰暖，驰道玉声寒。”李益《汉宫少年行》：“平明走马绝驰道，呼鹰挟弹通缭垣。”杜牧《出宫人二首》之二：“平阳拊背穿驰道，铜雀分香下璧门。”

【馳想】 遐想。唐彦谦《索虾》：“别来岁云久，驰想空悠悠。”

【馳暉】 亦作“馳輝”。❶时光，光阴。郎士元《别房士清》：“苍苍岁阴暮，况复惜驰晖。”阎防《晚秋石门礼拜》：“驰晖苦代谢，浮脆惭贞坚。”李端《得山中道友书寄苗钱二员外》：“壮志年年减，驰晖日日催。”武元衡《闻相公三兄小园置宴以元衡寓直因寄上兼呈中书三兄》：“孤思琴先觉，驰晖水竞流。”❷飞驰的日光。李白《梁园吟》：“连呼五白行六博，分曹赌酒酣驰辉。”韩愈、张籍《会合联句》：“驰辉烛浮萤，幽响泄潜蛩。”

【馳銷】 流逝。项斯《杭州江亭留题登眺》：“处处日驰销，凭轩夕似朝。”

【馳輝】 见“馳暉”。

【馳聲】 声誉远播。李端《送吉中孚拜官归楚州》：“出诏升高士，驰声在少年。”吴筠《高士咏·高凤》：“吾观时人趣，矫迹务驰声。”薛涛《酬祝十三秀才》：“诗家利器驰声久，何用春闱榜下看。”

【馳騁】 ❶纵马奔驰，疾奔。李绛《和裴相国答张秘书赠马诗》：“纵横逸气宁称力，驰骋长途定出群。”❷驰射，田猎。孟云卿《行行且游猎篇》：“岂唯务驰骋，猗尔暴田畴。”白居易《杂兴三首》之一：“又爱从禽乐，驰骋每相随。”❸指在某一方面或某一领域纵横自如，卓有成就。韩愈《秋怀诗十一首》之六：“尘埃慵伺候，文字浪驰骋。”

【馳謝】 迅速消失。韦应物《拟古诗十二首》之三：“世人不自悟，驰谢如惊飙。”

【馳霸】 逞霸。李山甫《上元怀古二首》之二：“争帝图王德尽衰，骤兴驰霸亦何为。”

【馳觴】 犹传杯。谓欢饮。韦应物《谢栎阳令归西郊赠别诸友生》：“驰觞忽云晏，高论良难测。”

【馳辭】 不受拘束地用文辞表达情感。韩愈《此日足可惜赠张籍》：“驰辞对我策，章句何炜煌。”

【馳騖】 亦作“馳鶩”。❶疾驰，驰驱。高适《自淇涉黄河途中作十三首》之六：“晋宋何萧条，羌胡散驰骛。”杜甫《送高司直寻封阆州》：“熊罴咆空林，游子慎驰骛。”权德舆《祗役江西路上以诗代书寄内》：“衡茅去迢递，水陆两驰骛。”❷奔走，奔竞。韦应物《寄冯著》：“亲友各驰骛，谁当访敝庐。”郑谷《宣义里舍冬暮自贻》：“满眼尘埃驰骛去，独寻烟竹剪渔竿。”❸在某一方面或某一领域纵横自如，卓有成就。徐彦伯《拟古三首》之二：“读书三十载，驰骛周六经。”储光羲《贻王侍御出台掾丹阳》：“达人无不可，壮志且驰骛。”徐铉《奉酬度支陈员外》：“古来贤达士，驰骛唯群书。”

【馳譽】 声誉远播。安锜《题贾岛墓》：“驰誉超先辈，居官下我侬。”《高宗时语》：“左相宣威沙漠，右相驰誉丹青。”

【馳競】 追逐名利。钱珝《江行无题一百首》之六七：“人间驰竞处，尘土自波成。”

【馳鶩】 见“馳騖”。

【馳驅】 ❶策马疾行。杜甫《哀王孙》：“金鞭断折九马死，骨肉不待同驰驱。”张彪《神仙》：“争先等驰驱，中路苦瘦弱。”❷奔走。韦应物《善福精舍答韩司录清都观会宴见忆》：“之子亦辞秩，高踪罢驰驱。”慈觉《书妙圆塔院张道者屋壁》：“尽奔名利谩驰驱，个个何曾有般若。”

【馳駸】　骑马疾行。无名氏《夏日途中即事》：“何事镇驱驱，驰骎傍海隅。”

【馳驟】　❶驰骋，疾奔。高适《同群公出猎海上》：“鹰隼何翩翩，驰骤相传呼。”戎昱《塞下曲》之二：“上山望胡兵，胡马驰骤速。”司马扎《猎客》：“更以驰骤多，意气事强梁。”韦庄《河传》词之二：“玉鞭金勒寻胜，驰骤轻尘，惜良辰。”❷奔竞，趋承。杜甫《九日寄岑参》：“君子强逶迤，小人困驰骤。”

【馳驛】　❶飞驰的驿马。高适《饯宋八充彭中丞判官之岭南》：“北雁送驰驿，南人思饮冰。”❷驰骋驿马。白居易《寄隐者》：“道逢驰驿者，色有非常惧。”

四　画

駏　〔jù《广韵》其吕切，上語，羣。〕駏驉。参见“駏蛩”。

【駏蛩】　形容关系密切。韩愈《醉留东野》：“低头拜东野，愿得终始如駏蛩。”

馹　〔rì《广韵》人質切，入質，日。〕古代驿站专用的车。后亦指驿马。刘长卿《送贾侍御克复后入京》：“驰驲数千里，朝天十二楼。”参见“馹騎”。

【馹騎】　即驿骑，驿马。柳宗元《唐铙歌鼓吹曲十二篇·高昌》：“龙旗翻海浪，驲骑驰坤隅。”刘禹锡《和杨侍郎初至郴州纪事书情题郡斋八韵》：“旧路芳尘在，新恩驲骑催。”许浑《闻开江宋相公申锡下世二首》之一：“权门阴奏夺移才，驲骑如星堕峡来。”

駃　〔kuài《广韵》苦夬切，去夬，溪。〕同“快”。快速。杜甫《昔游》：“晨溪向虚駃，归径行已昨。”

駁　〔bó《广韵》北角切，入覺，幫。〕亦作“駮”。❶马毛色不纯。引申为色彩错杂。张九龄《祠紫盖山经玉泉山寺》：“藓驳经行处，猿啼燕坐林。”苏味道《嵩山石淙侍宴应制》：“重崖对耸霞文驳，瀑水交飞雨气寒。”陆龟蒙《奉和袭美太湖诗二十首·圣姑庙》：“蜀彩驳霞碎，吴绡盘雾匀。”❷混杂，不精纯。柳宗元《贞符》序：“魏晋而下，龙乱钩裂，厥符不贞，邦用不靖，亦罔克久，驳乎无以议为也。”❸辨正是非，驳斥。见“駁正”。❹文体名。奏议之一种。❺传说中能食虎豹的猛兽。杜甫《夜听许十损诵诗爱而有作》：“紫燕自超诣，翠驳谁剪剔。”

【駁正】　亦作“駮正”。驳议纠正。岑参《送李司谏归京》：“别酒为谁香，春官驳正郎。”白居易《和李中丞与李给事山居雪夜同宿小酌》：“宪府触邪峨豸角，琐闱驳正犯龙鳞。”

【駁落】　黜退。赵嘏有《赠张濆榜头被驳落》。

【駁雜】　亦作“駮雜”。混乱不纯。元稹《酬乐天余思不尽加为六韵之作》：“元诗驳杂真难辨，白朴流传用转新。”卢仝《萧宅二三子赠答诗二十首·客谢竹》：“扬州驳杂地，不辨龙蚚蜴。”全诗校：“蚚，当作蜥。”

【駁蘚】　亦作“駮蘚”。色彩斑驳的苔藓。张说《赠工部尚书冯公挽歌三首》之三：“石碑填驳藓，珠服聚尘埃。”郑愔《哭郎著作》：“荒阶罗驳藓，虚座网浮埃。”权德舆《成南阳墓》：“枯荄没古基，驳藓蔽丰碑。”陆龟蒙、皮日休《开元寺楼看雨联句》：“驳藓净铺筵，低松湿垂髾。”

五　画

駊　〔bǒ《广韵》蒲撥切，入末，並。〕见“駊騀”。

【駊騀】　西域产的骏马。《玉篇·马部》：“駊騀，蕃中马也。”白居易《武丘寺路宴留别诸妓》：“清管曲终鹦鹉语，红旗影动駊騀嘶。”

駔　〔zǎng《广韵》子朗切，上蕩，精。又徂古切，上姥，從。〕（又读 zù）壮马。参见“駔駿”。

【駔駿】　骏马。徐夤《笋鞭》：“须向广场驱驵骏，莫从闲处挞驽骀。”

駛　〔shǐ《广韵》踈士切，上止，生。〕❶马行疾速。亦泛指疾行。韦应物《送宣州周录事》：“但睹年运驶，安知后会因。”❷疾速。董思恭《咏琵琶》：“驶弹风响急，缓曲钏声迟。”王维《赠从弟司库员外絿》：“欲缓携手期，流年一何驶。”皇甫冉《赋得檐燕》：“翻风去每远，带雨归偏驶。”卢殷《七夕》：“定不嫌秋驶，唯当乞夜迟。”❸行驶。刘禹锡《出鄂州界怀表臣二首》之一：“迟迟有情处，却恨江帆驶。”杨乘《南徐春日怀古》：“晓渡高帆驶，阴风巨舰翻。”❹指水流淌。王维《晦日游大理韦卿城南别业四声依次用各六韵》之三：“冬中余雪在，墟上春流驶。”杜甫《雨》：“潺潺石间溜，汩汩松上驶。”杨衡《游峡山寺》：“端溪弥漫驶，曲涧潺湲流。”

【駛悍】　汹涌。刘禹锡《韩十八侍御见示岳阳楼别窦司直诗因令属和重以自述故足成六十二韵》：“独专朝宗路，驶悍不可止。”

【駛景】　（—yǐng）迅速流逝的时光。韩愈、孟郊《城南联句》：“哀匏蹙驶景，冽唱凝余晶。”

駉

〔jiōng《广韵》古螢切,平青,見。〕❶骏马。参见“駉駉”。❷马肥壮貌。参见“駉駉”。

【駉駉】 马肥壮貌。亦指肥壮之马。见《诗·鲁颂·駉》。韩愈《答张彻》:“觥秋纵兀兀,猎旦驰駉駉。”元稹《三叹》之三:“非无駉駉者,鹤意不在鸡。”

駟

〔sì《广韵》息利切,去至,心。〕❶古代一车套四马,因以称驾一车之四马或四马所驾之车。温庭筠《和周繇》:“齐马驰千驷,卢姬逞十三。”孟迟《寄浙右旧幕僚》:“由来恶舌驷难追,自古无媒谤所归。”❷马。上官昭容《游长宁公主流杯池二十五首》之九:“结驷填街术,闾阎满邑居。”韩翃《送营城李少府》:“还乘郑小驷,躞蹀县城阴。”杨衡《咏春色》:“促驷驰香陌,劳莺转艳丛。”陆龟蒙《开元杂题七首·绣岭宫》:“闲乘小驷浓阴下,时举金鞭半袖风。”❸星宿名。即房星,亦名天驷。参见“駟星”。

【駟牡】 指驾一车的四匹牡马。孙逖《送赵大夫护边》:“百壶开祖饯,驷牡戒戎装。”刘长卿《送邵州判官往南》:“看君发原隰,驷牡志皇皇。”皎然《同诸公奉侍祭岳渎使大理卢幼平自会稽回经平望将赴于朝廷期过故林不至》:“春郊回驷牡,遥识故林青。”武元衡《送崔舍人起居》:“赤墀同拜紫泥封,驷牡连征侍九重。”

【駟星】 天驷星。徐敞《白露为霜》:“驷星初皙皙,葭菼复苍苍。”

【駟馬】 指驾一车之四马。亦指权贵所乘的驾四匹马的高车。表示身份地位显赫。李白《赠从弟南平太守之遥二首》之一:“汉家天子驰驷马,赤军蜀道迎相如。”张籍《车遥遥》:“征人遥遥出古城,双轮齐动驷马鸣。”李德裕《清冷池怀古》:“区囿三百里,常闻驷马来。”许浑《将赴京师留题孙处士山居二首》之一:“应学相如志,终须驷马回。”

【駟馬安車】 见“駟馬高車”。

【駟馬高車】 指显贵者所乘的驾四马的高车。翁承赞《辞闽王归朝寄倪先辈》:“驷马高车太常乐,登庸门下忆贤良。”亦作“駟馬安車”。唐彦谦《楚世家》:“张仪重入怀王手,驷马安车却放归。”亦作“駟馬寶車”。黄滔《奉和翁文尧员外经过七林书堂见寄之什》:“驷马宝车行锡礼,金章紫绶带天香。”

【駟馬寶車】 见“駟馬高車”。

【駟景】 (—yǐng)指易逝的光阴。孟简《惜分阴》:“三冬劳聚学,驷景重兼金。”

駈

同“驅”。参见“驅”。

駙

〔fù《广韵》符遇切,去遇,奉。〕驾副车的马。见《汉书·百官公卿表上》。参见“駙馬”。

【駙馬】 本为驸马都尉的省称。三国魏何宴(字平叔)始以公主丈夫拜驸马都尉,后代皇帝的女婿照例加此称号,简称驸马,因以指皇帝的女婿。韩翃《宴杨驸马山池》:“中朝驸马何平叔,南国词人陆士龙。”杨巨源《酬于驸马二首》之一:“戚里旧知何驸马,诗家今得鲍参军。”窦常《凉国惠康公主挽歌》:“共知何驸马,垂白抱天孙。”白居易《送兖州崔大夫驸马赴镇》:“戚里夸为贤驸马,儒家认作好诗人。”

駞

〔tuó《广韵》徒河切,平歌,定。〕用同“拖”,拖曳。元稹《答姨兄胡灵之见寄五十韵》:“矮马駞鬉韂,牦牛兽面缨。”

駒

〔jū《广韵》舉朱切,平虞,見。〕二岁马。泛指少壮的马。丁仙芝《戏赠姚侍御》:“重门启锁紫髯胡,新披驄马陇西驹。”元稹《酬乐天东南行诗一百韵》:“狸病翻随鼠,骢羸返作驹。”白居易《有感三首》之二:“莫养瘦马驹,莫教小妓女。”李绅《移九江》:“隙光非白驹,悬磬我无虞。”

【駒王】 即徐偃王。张九龄《经江宁览旧迹至玄武湖》:“驹王信不武,孙叔是无谋。”

【駒麛】 幼马和幼鹿。韩愈《寄崔二十六立之》:“驹麛著爪牙,猛虎借与皮。”

駐

〔zhù《广韵》中句切,去遇,知。〕❶车马停止。褚亮《在陇头哭潘学士》:“谁能驻征马,回首望孤坟。”韦应物《寄裴处士》:“春风驻游骑,晚景澹山晖。”李益《中桥北送穆质兄弟应制戏赠萧二策》:“洛水桥边雁影疏,陆机兄弟驻行车。”顾非熊《斜谷邮亭玩海棠花》:“驻骑忘山险,持杯任日斜。”❷泛指行进中或正在进行中的事物、行为停止。朱庆余《题仙游寺》:“长松瀑布饶奇状,曾有仙人驻鹤看。”许棠《陪郢州张员外宴白雪楼》:“带帆分浪色,驻乐话朝班。”鱼玄机《题任处士创资福寺》:“幽人创奇境,游客驻行程。”❸停留。孟浩然《家园卧疾毕太祝曜见寻》:“隙驹不暂驻,日听凉蝉悲。”李君房《石季伦金谷园》:“流水悲难驻,浮云影自翻。”贾岛《上杜驸马》:“今日澧阳非久驻,伫为霖雨拜新恩。”许棠《经故杨太尉旧居》:“行人过岂少,独驻夕阳中。”❹留住。孟浩然《清明日宴梅道士房》:“童颜若可驻,何惜醉流霞。”李白《杂诗》:“一食驻玄发,再食留红颜。”白居易《牡丹芳》:“共愁日照芳难驻,仍张帷幕垂阴凉。”李中《春闺辞二首》之二:“绿鉴开还懒,红颜驻且难。”❺驻扎。太宗《还陕述怀》:“遍野屯万骑,临原驻五营。”法振《河源破贼后赠袁将军》:“白羽三千驻,萧萧万里行。”

【駐日】 谓太阳停留不行。广宣《禁中法会应制》:“侍读沾恩早,传香驻日迟。”

【駐目】　注目，注视。杜甫《上后园山脚》："旷望延驻目，飘摇散疏襟。"李群玉《江楼闲望怀关中亲故》："风凄日冷江湖晚，驻目寒空独倚楼。"

【駐帆】　停船。武元衡《春日与诸公泛舟》："驻帆云缥缈，吹管鹤裴回。"

【駐年】　延年却老。权德舆《送王炼师赴王屋洞》："自以棋销日，宁资药驻年。"姚合《送王龟处士》："壶中驻年药，烧得献庭闱。"

【駐舟】　停船。许浑《韶州送窦司直北归》："江曲山如画，贪程亦驻舟。"

【駐步】　停步。太宗《赋尚书》："崇文时驻步，东观还停辇。"白居易《华城西北岁暮独游怅然成咏》："凝情看丽句，驻步想清尘。"

【駐車】　停车。郑余庆《和黄门相公诏还题石门洞》："紫氛随马处，黄阁驻车情。"刘禹锡《同乐天和微之深春二十首》之十七："野径宜行乐，游人尽驻车。"白居易《和春深二十首》之八："破柱行持斧，埋轮立驻车。"

【駐足】　❶停步。白居易《秦中吟十首·五弦》："行客闻此声，驻足不能举。"张萧远《履春冰》："底虚难驻足，岸阔怯回身。"❷立足。韦庄《和郑拾遗秋日感事一百韵》："避时难驻足，感事易回肠。"

【駐泊】　船停留。韩偓有《乙丑岁九月在萧滩镇驻泊两月因书四十字》。

【駐春】　留住春天。雍陶《访友人幽居二首》之二："莎深苔滑地无尘，竹冷花迟剩驻春。"

【駐馬】　使马停下来。李颀《少室雪晴送王宁》："惜别浮桥驻马时，举头试望南山岭。"杜甫《南池》："驻马问渔舟，踌躇慰羁束。"许浑《和常秀才寄简归州郑使君借猿》："陌上楚人皆驻马，里中巴客半归乡。"王贞白《终南山》："为问红尘里，谁同驻马看。"

【駐班】　留在朝班中。谓留在朝廷任职。方干《送杭州李员外》："必恐驻班留立位，前程一步是炉烟。"

【駐留】　停留。罗隐《秋日禅智寺见裴郎中题名寄韦瞻》："官离南郡应闲暇，地胜东山想驻留。"徐铉《亚元舍人不替深知猥贻三篇因为长歌聊以为报》："精庐水榭最清幽，一税征车聊驻留。"

【駐旆】　驻扎。朱庆余《羽林郎》："酒后引兵围百草，风前驻旆领边书。"

【駐屐】　停步。杜甫《秋野五首》之三："稀疏小红翠，驻屐近微香。"

【駐梭】　停住手中的织梭。谓不织布。寒山《诗三百三首》之一三四："驻梭如有思，擎梭似无力。"

【駐眼】　注目，注视。高适《渔父歌》："曲岸深潭一山叟，驻眼看钩不移手。"

【駐脚】　停步。宋齐丘《陪游凤皇台献诗》："当轩有直道，无人肯驻脚。"

【駐景】　留住时光。李白《日出行》："鲁阳何德，驻景挥戈。"窦牟《陪韩院长韦河南同寻刘师不遇》："独游应驻景，相顾且吟风。"卢纶《九日奉陪侍中宴后亭》："管弦能驻景，松桂不停秋。"李商隐《碧城三首》之三："检与神方教驻景，收将凤纸写相思。"

【駐隙】　使光阴停留。司空曙《哭王注》："已叹漳滨卧，何言驻隙难。"

【駐蓋】　停车。盖，车盖，代指车。白居易《新昌新居书事四十韵因寄元郎中张博士》："门闾堪驻盖，堂室可铺筵。"

【駐想】　凝思。宋之问《剪彩》："驻想持金错，居然作管灰。"

【駐楫】　停船。楫，船桨，代指船。武元衡《送寇侍御司马之明州》："兰亭应驻楫，今古共风光。"

【駐節】　旧指身居要职的官员于外执行使命，在当地住下。节，符节。白居易《路逢青州王大夫赴镇立马赠别》："不期前岁尹，驻节语依依。"

【駐綍】　停下出殡的队伍。绋，引棺的绳索。刘禹锡《德宗神武孝文皇帝挽歌二首》之二："驻绋辞清庙，凝笳背直城。"

【駐輦】　谓帝王出行，中途停车。太宗《春日玄武门宴群臣》："驻辇华林侧，高宴柏梁前。"又《帝京篇十首》之二："岩廊罢机务，崇文聊驻辇。"权德舆《和职方殷郎中留滞江汉初至南宫呈诸公并见寄》："还希驻辇问，莫自叹冯唐。"

【駐輪】　使车轮停止转动。指停车。卢纶《和金吾裴将军使往河北宣慰因访张氏昆季旧居兼寄赵侍郎赵卿拜陵未回》："飞轩不驻轮，感激汉儒臣。"司空曙《观猎骑》："金埒争开道，香车为驻轮。"

【駐履】　停步。鱼玄机《寄题炼师》："驻履闻莺语，开笼放鹤飞。"

【駐橈】　停船。桡，船桨，代指船。于武陵《望月》："更有乘舟客，悽然亦驻桡。"

【駐錫】　僧人出行，以锡杖自随，故以驻锡指其停留。许浑《送僧归金山寺》："驻锡逢山色，停杯见浪痕。"

【駐蹕】　谓皇帝出行，途中停留暂住。太宗《重幸武功》："驻跸抚田畯，回舆访牧童。"上官昭容《驾幸三会寺应制》："驻跸怀千古，开襟望九州。"窦叔向《青阳馆望九子山》："武帝南游曾驻跸，始皇东幸亦祈年。"刘禹锡《经东都安国观九仙公主旧院作》："武皇曾驻跸，亲问主人翁。"

【駐顏】　使容颜不衰老。韦应物《汉武帝杂歌三首》之二："柏梁沉饮自伤神，犹闻驻颜七十春。"张蠙

《贈道者》:"饥渴唯调气,儿孙亦驻颜。"

【駐幰】 停车。王维《酬慕容十一》:"行行西陌返,驻幰问车公。"

【駐織】 停止织布。高宗《七夕宴悬圃二首》之二:"轻梭聊驻织,掩泪独悲伤。"

駝〔tuó《广韵》徒河切,平歌,定。〕❶骆驼。岑参《酒泉太守席上醉后作》:"浑炙犁牛烹野驼,交河美酒归叵罗。"韩愈、孟郊《征蜀联句》:"椎肥牛呼牟,载实驼鸣圖。"❷弯曲如驼峰。参见"駝鉤"。❸通"馱"。背负,驮负。杜荀鹤《赠友人罢举赴交趾辟命》:"舶载海奴镮硾耳,象驼蛮女彩缠身。"卢延让《蜀路》:"云间闹铎骡驼至,雪里残骸虎拽来。"

【駝花】 即骆驼毛。杨巨源《送殷员外使北蕃》:"塞芦随雁影,关柳拂驼花。"

【駝陌】 指唐东都洛阳宫门外铜驼街。裴度、刘禹锡《度自到洛中与乐天为文酒之会联句》:"马嘶驼陌上,鹢泛凤城隈。"

【駝馬】 骆驼和马。杜甫《喜闻盗贼蕃寇总退口号五首》之三:"崆峒西极过昆仑,驼马由来拥国门。"无名氏《又嘲》:"不意今日却增价,不画罗汉画驼马。"

【駝背】 骆驼的脊背。杜甫《送蔡希曾都尉还陇右因寄高三十五书记》:"马头金狎帢,驼背锦模糊。"

【駝鳥】 驼鸟。李白《秋浦歌十七首》之三:"秋浦锦驼鸟,人间天上稀。"

【駝鉤】 指弯曲的帘钩。元稹《梦游春七十韵》:"隔子碧油糊,驼钩紫金镀。"

【駝蹄】 骆驼的蹄足,加工后为珍馐。杜甫《自京赴奉先县咏怀五百字》:"劝客驼蹄羹,霜橙压香橘。"

【駝囊】 用骆驼皮做的皮袋。张祜《雁门太守行》:"驼囊泻酒酒一杯,前头滴血心不回。"

駑〔nú《广韵》乃都切,平模,泥。〕❶劣马。欧阳詹《答韩十八驽骥吟》:"驽以易售陈,骥以难知言。"皮日休《鲁望读襄阳耆旧传见赠五百言因而寄答亦诗人无言不酬之义也次韵》:"既见陆夫子,驽心却伏厩。"❷喻低劣无能或低劣无能者。参见"駑駘"。❸迟缓。参见"駑緩"。

【駑皁】 驽马的皂枥。陆龟蒙《读襄阳耆旧传因作诗五百言寄皮袭美》:"驱为文翰侣,驽皂参骥厩。"

【駑馬】 劣马。亦喻平庸之辈。李白《送张秀才从军》:"六驳食猛虎,耻从驽马群。"杜甫《早发射洪县南途中作》:"仆夫行不进,驽马若维絷。"温庭筠《醉歌》:"驽马垂头抢暝尘,骅骝一日行千里。"徐夤《龙蛰二首》之二:"逐日莫矜驽马步,司晨谁要牝鸡鸣。"

【駑馬貪豆】 劣马贪图马槽中的豆料。喻人目光短浅,只顾眼前微利。张怀《吴江别王长史》:"驽马虽然贪短豆,野麋终是忆长林。"

【駑鉛】 驽马铅刀。喻平庸之才。张九龄《登郡城南楼》:"驽铅虽自勉,仓廪素非实。"

【駑駘】 指劣马。亦喻指平庸之辈。杜甫《遣兴五首》之二:"君看渥洼种,态与驽骀异。"卢纶《书情上大尹十兄》:"磨铅惭砥砺,挥策愧驽骀。"杜牧《往年随故府吴兴公夜泊芜湖口因成十六韵》:"驽骀蒙锦绣,尘土浴潺湲。"徐夤《偶题二首》之一:"驽骀燕雀堪何用,仍向人前价例高。"

【駑緩】 迟缓。韩愈《岳阳楼别窦司直》:"于嗟苦驽缓,但惧失宜当。"

【駑蹄】 指劣马。韩愈、孟郊《遣兴联句》:"驽蹄顾挫秣,逸翮遗稻粱。"薛能《蜀路》:"前程憩罢知无益,但是驽蹄亦到来。"

【駑驥】 劣马和骏马。喻指庸才和杰出者。韩愈有《驽骥》。欧阳詹有《答韩十八驽骥吟》。刘叉《勿执古寄韩潮州》:"玉石共笑唾,驽骥相奔驰。"

駕〔jià《广韵》古訝切,去禡,見。〕❶把车套在马等牲口上。明皇《巡省途次上党旧宫赋》序:"嗟呼!向时沉默,驾四马而朝京师,今日逍遥,乘六龙而问风俗。"杜甫《送从弟亚赴安西判官》:"吾闻驾鼓车,不合用骐骥。"欧阳詹《和严长官秋日登太原龙兴寺阁野望》:"岂念乘肥马,方应驾大牛。"❷驾驶。韦应物《送郑长源》:"君行拜高堂,速驾难久攀。"又《贾常侍林亭燕集》:"群公尽词客,方驾永日游。"张籍《送宫人入道》:"中官看入洞,空驾玉轮归。"白居易《新乐府·卖炭翁》:"夜来城上一尺雪,晓驾炭车辗冰辙。"❸乘,乘骑。李白《宣州长史弟昭赠余琴溪中双舞鹤诗以见志》:"何当驾此物,与尔腾寥廓。"杜甫《最能行》:"富豪有钱驾大舸,贫穷取给行艓子。"陆龟蒙《奉和袭美太湖诗二十首·毛公坛》:"飘摇驾翔螭,白日朝太清。"徐夤《依御史温飞卿华清宫二十二韵》:"对景瞻瑶兔,升天驾彩虬。"❹车乘,车驾。多用为尊称别人的车驾。王维《喜祖三至留宿》:"不枉故人驾,平生多掩扉。"崔兴宗《酬王维卢象见过林亭》:"今朝忽枉嵇生驾,倒屣开门遥解颜。"元稹《茅舍》:"篱落不蔽肩,街衢不容驾。"白居易《答尉迟少监水阁重宴》:"鸡黍重回千里驾,林园暗换四年春。"❺指帝王车驾或仙驾。李适《侍宴长宁公主东庄应制》:"愿奉瑶池驾,千春侍德音。"王昌龄《驾出长安》:"天回万象出,驾动六龙飞。"韩翃《扈从郊庙因呈两省诸公》:"明日驾回承雨露,齐将万岁及春风。"韦庄《龙潭》:"垂髯傥遇穆王驾,阆苑周流应未还。"亦借指帝王。上官昭容有《驾幸三会寺应制》和《驾幸新丰温泉宫献诗三首》,李峤有《和周记室从驾晓发合璧宫》。❻凌驾,凌越。杜甫《别蔡十四著作》:"积水驾三峡,浮龙倚长津。”韩愈《赠崔立之评事》：“崔侯文章苦捷敏，高浪驾天输不尽。”李群玉《湘中别成威阇黎》：“吐论驾秋涛，龙宫发胸臆。”❼驾驭。李白《古风》之三：“明断自天启，大略驾群才。”❽通“架”。(1)构建，构筑。韩愈《南山诗》：“闾阎树墙垣，巘巘驾库厩。”(2)放置，装载。唐彦谦《送许户曹》：“神鳌驾粟升天河，新承雨泽浮恩波。”

【駕車】　乘坐车子，驾驶车子。戴叔伦《屯田词》：“驱牛驾车入山去，霜重草枯牛冻死。”李如实《落韵诗》之一：“耕却春秋田，驾车长安道。”徐铉《步虚词五首》之二：“白鹤能为使，班麟解驾车。”罗绍威《碾驴鞍判》：“邺城大道甚宽，何故驾车碾鞍。”

【駕言】　驾，乘车。言，语助词。指代出游、出行。储光羲《夏日寻蓝田唐丞登高宴集》：“东望春明门，驾言聊出游。”德宗《七月十五日题章敬寺》：“法筵会早秋，驾言访禅扃。”韦应物《留别洛京亲友》：“握手出都门，驾言适京师。”吕温《奉敕祭南岳十四韵》：“礼成谢邑吏，驾言归郡职。”

【駕肩】　平肩。李绅《到宣武三十韵》：“驾肩傍隘道，张幕内连楹。”

【駕乘】　骑乘。吕岩《七言》之二七：“闷即驾乘千岁鹤，闲来高卧九重云。”

【駕庫】　指兵部的驾部司和库部司。《省中语》：“中行礼部，不博前行驾库。”

【駕部】　唐尚书省二十四司之一，属兵部。掌舆辇、车乘、传驿、厩牧之事。有驾部郎中一员，从五品上；员外郎一员，从六品以上。另有主事、令史、书令、掌固等若干人。李端有《酬前驾部员外郎苗发》等。白居易《三月三日祓禊洛滨》序：“开成二年三月三日，河南尹李待价以人和岁稔，将禊于洛滨。前一日，启留守裴令公。令公明日召太子少傅白居易……驾部员外郎卢言……等一十五人，合宴于舟中。”郑谷有《驾部郑郎中三十八丈尹贰东周荣加金紫谷以末派之外恩旧事深因贺送》。

【駕海】　航海。太宗《幸武功庆善宫》：“梯山咸入款，驾海亦来思。”柳宗元《同刘二十八院长述旧言怀感时书事奉寄澧州张员外使君五十二韵之作因其韵增至八十通赠二君子》：“朝宗延驾海，师役罢梁溠。”

【駕浪】　乘浪。元稹《洞庭湖》：“驾浪沉西日，吞海接曙河。”

【駕馭】　驱使，控制。杜甫《投赠哥舒开府二十韵》：“君王自神武，驾驭必英雄。”

【駕鼓車】　本谓汉光武帝不务玩好、崇尚节俭。后用作大材小用之典。杜甫《送从弟亚赴安西判官》：“吾闻驾鼓车，不合用骐骥。”

【駕鴻】　驾驭飞鸿升天。李绅《赠毛仙翁》：“仙兄受术几千年，已是当时驾鸿客。”

【駕鶴】　喻得道成仙。王绩《游仙四首》之一：“驾鹤来无日，乘龙去几年。”葛氏女《和潘雍》：“九天天远瑞烟浓，驾鹤骖鸾意已同。”韩愈《华山女》：“玉皇颔首许归去，乘龙驾鹤去青冥。”

駘¹　〔tái《广韵》徒哀切，平咍，定。〕劣马。常喻庸才。杜甫《戏赠友二首》之二：“驽骀漫深泥，何不避雨色。”高适《酬裴员外以诗代书》：“誓当剪鲸鲵，永以竭驽骀。”韩愈《驽骥》：“驽骀诚龌龊，市者何其稠。”李群玉《骢马》：“青刍与白水，空笑驽骀肥。”

駘²　〔dài《广韵》徒亥切，上海，定。〕参见“駘₂蕩”。

【駘₂蕩】　❶无所拘束，放纵。徐凝《杨叛儿》：“哀怨杨叛儿，骀荡郎知否。”❷舒缓，荡漾。皓然《苕溪草堂四十三韵》：“春风自骀荡，禅地常阒寂。”裴夷直《春色满皇州》：“氛氲直城北，骀荡曲江头。”❸怡悦，美好。权德舆《从叔将军宅蔷薇花开太府韦卿有题壁长句因以和作》：“环列从容蹀躞归，光风骀荡发红薇。”孟郊《望远曲》：“庭花开尽复几时，春光骀荡阻佳期。”温庭筠《禁火日》：“骀荡清明日，储胥小苑东。”翁承赞《柳》之一：“斜拂中桥远映楼，翠光骀荡晓烟收。”

駊　〔pǒ《广韵》普火切，上果，滂。又布火切，上果，幫。〕参见“駊騀”。

【駊騀】　❶马起伏奔腾、纵恣奔突。齐己《答崔校书》：“北阙会抛红驶骁，东林社忆白氛氲。”亦指起伏不平。韩偓《多情》：“酒荡襟怀微驶骁，春牵情绪更融怡。”❷马头摇动貌。杜甫《扬旗》：“庭空六马入，驶骁扬旗旌。”

六　画

罵　〔mà《龙龛手鉴》莫駕反。〕以恶言加于人，斥责。杜甫《戏简郑广文虔兼呈苏司业源明》：“醉则骑马归，颇遭官长骂。”韩愈《县斋有怀》：“冶长信非罪，侯生或遭骂。”卢仝《萧宅二三子赠答诗二十首·马兰请客》：“兰兰是小草，不怕郎君骂。”魏承班《满宫花》词之二：“梦中几度见儿夫，不忍骂伊薄幸。”

【罵人】　以恶言加于人。李山甫《公子家二首》之二：“鸳鸯占水能嗔客，鹦鹉嫌笼解骂人。”

【罵詈】　骂，斥责。王梵志《诗》之四五：“若能不骂詈，即便是贤人。”王勃《陇西行》之三：“田间遭骂詈，低语示乘骖。”

駰

〔yīn《广韵》於真切，平真，影。又於巾切，平真，影。〕浅黑带白色的杂毛马。见《诗·小雅·皇皇者华》。元稹《代曲江老人百韵》："紫绦牵白犬，绣韂被花骃。"

駬

〔ér《广韵》而止切，上止，日。〕马名。騄駬，泛指骏马。曹唐《病马五首呈郑校书章三吴十五先辈》之一："騄駬何年别渥洼，病来颜色半泥沙。"

駪

〔shēn《广韵》所臻切，平臻，生。〕参见"駪駪"。

【駪駪】 众马疾行貌。见《诗·小雅·皇皇者华》。杜甫《八哀诗·赠太子太师汝阳郡王琎》："羽旗动若一，万马肃骁骁。"

駱

〔luò《广韵》盧各切，入鐸，來。〕❶骆马。白居易《不能忘情吟》序："马有骆者，驵壮骏稳，乘之亦有年，籍在经物中，将鬻之。"见"駱馬"。❷参见"駱駝"。❸参见"駱驛"。❹姓。唐诗人有骆宾王、骆浚等。

【駱口】 即骆峪口。在今陕西周至县西南。白居易有《祗役骆口因与王质夫同游秋山偶题三韵》。

【駱口驛】 驿站名。在今陕西周至县西南之骆口。元稹有《使东川·骆口驿二首》。又《使东川·邮亭月》序："于骆口驿见崔二十二题名处。"

【駱山人】 骆骏，字肃之，华州华阴（今属陕西）人，建中四年（783）援岳州巴陵尉，四迁至扬州士曹参军。元和初，以母丧去职，于灞陵东坡下得水树以居。长庆初，诏授梧州刺史，以疾辞。白居易有《过骆山人野居小池》。

【駱氏亭】 当即骆峻池亭。骆峻"于灞陵东坡下得水树以居之"，"朝之名士多造其庐"。李商隐有《宿骆氏亭寄怀崔雍崔衮》。

【駱四】 骆宾王。因行四，故称。李峤有《饯骆四二首》，骆宾王有《别李峤得胜字》。此二诗重见于《骆丞集》，其一为《饯骆四得钟字》，其二为《失题》。岑仲勉《唐人行第录》："《骆丞集》二收《饯骆四二首》，按《全诗》此二首收李峤，盖峤饯别宾王，故《骆丞集》二有《别李峤》之什。唐集往往将原作附录，后人遂误为骆诗也。"

【駱谷】 地名。即傥骆谷，陕西终南山的一个山谷。全长二百四十多公里，北口叫骆谷，在周至县西南；南口叫傥谷，在洋县北；总名傥骆谷，又省称骆谷，是由长安赴梁州的一个通道。岑参有《酬成少尹骆谷行见呈》。杜甫《三绝句》之二："二十一家同入蜀，惟残一人出骆谷。"欧阳詹有《与洪孺卿自梁州回途中经骆谷因呈之洪亦闽人》。元稹《使东川·南秦雪》："帝城寒尽临寒食，骆谷春深未有春。"

【駱奉禮】 骆宾王。骆宾王曾为奉礼郎，新、旧《唐书》失载。李峤有《送骆奉礼从军》。

【駱馬】 白身墨鬃的马。独孤及《送别荆南张判官》："辎车骆马往从谁，梦浦兰台日更迟。"白居易《不能忘情吟》："鬻骆马兮放杨柳枝，掩翠黛兮顿金羁。"又《闲居》："金羁骆马近卖却，罗袖柳枝寻放还。"

【駱浚】 诗人。初为度支司法，度支见其题诗，以语李吉甫，遂擢为度支巡官，后典名郡，有令名。《全唐诗》卷三一三录其《题度支杂事典庭中柏树》。

【駱處士】 （處 chǔ）即骆峻。白居易《过骆山人野居小池》："善哉骆处士，安置身心了。"

【駱賓王】 诗人。字观光，婺州义乌（今浙江义乌市）人。《全唐诗》录其诗三卷，百余首。

【駱駝】 哺乳动物名。躯体高大，背有驼峰，或单或双，蹄扁平，蹄底有肉质的垫。性情温和，能反刍，善负重致远，耐饥渴，是沙漠地区重要的交通工具。杜甫《冬狩行》："幕前生致九青兕，骆驼峞峞垂玄熊。"韩愈《石鼓歌》："毡包席裹可立致，十鼓只载数骆驼。"

【駱驛】 连续不断。骆宾王《畴昔篇》："潘陆词锋骆驿飞，张曹翰苑纵横起。"刘禹锡《历阳书事七十韵》："骆驿主人问，悲欢故旧情。"

【駱駝橋】 唐垂拱二年（686）造，在湖州乌程县（今浙江吴兴县），以其形似骆驼，故名。皎然有《奉同颜使君真卿袁侍御骆驼桥玩月》。刘禹锡《洛中送韩七中丞之吴兴口号五首》之四："骆驼桥上蘋风急，鹦鹉杯中箬下春。"

【駱隱居】 骆峻。许浑有《题灞西骆隐居》。见"駱山人"。

駮

同"駁"。参见"駁"。

【駮放】 科举时代否定发榜公布的中式者而贬黜之。权德舆有《送密秀才吏部驳放后归蜀应崔大理序》。

【駮堯】 指东汉光武帝议郊祀，杜林力驳祀尧事。李瀚《蒙求》："寿王议鼎，杜林驳尧。"

【駮落】 ❶颜色斑驳。白居易《玩半开花赠皇甫郎中》："浅深妆驳落，高下火参差。"

【駮犖】 斑驳，文采间杂。卢鸿一《嵩山十志十首·云锦淙》："苔驳荦兮草夤缘，芳幂幂兮濑溅溅。"韩愈、孟郊《纳凉联句》："大壁旷凝净，古画奇驳荦。"

【駮議】 古时臣下向皇帝上书的名称之一。就他人所论而予以辩驳议论。权德舆《奉和许阁老酬淮南崔十七端公见寄》："抡才超粉署，驳议在黄枢。"

駭〔hài《广韵》侯楷切，上駭，匣。〕❶惊骇，震惊。李白《送王屋山人魏万还王屋》："白马走素车，雷奔骇心颜。"韩愈《元和圣德诗》序："海内怖骇，不敢违越。"白居易《三月三日祓禊洛滨》："金钿耀桃李，丝管骇凫鹥。"皮日休《虎丘寺殿前有古杉一本形状丑怪遂赋三百言以见志》："势能擒土伯，丑可骇山祇。"❷惊诧，诧异。储光羲《题应圣观》："登门骇天书，启籥问仙诀。"王昌龄《香积寺礼拜万回平等二圣僧塔》："愚也骇苍生，圣哉为帝师。"姚合《和李补阙曲江看莲花》："乍见神应骇，频来眼尚颠。"李商隐《哭遂州萧侍郎二十四韵》："初惊逐客议，旋骇党人冤。❸怪异。孟郊《石淙》之八："古骇毛发栗，险惊视听乖。"❹惊起。韩愈《南山诗》："超超出犹奔，蠢蠢骇不懋。"陆龟蒙《邺宫词二首》之二："花飞蝶骇不愁人，水殿云廊别置春。"❺见"駭駭"。

【駭人】 使人惊骇。白居易《驯犀》："驯犀驯犀通天犀，躯貌骇人角骇鸡。"又《醉后走笔酬刘五主簿长句之赠兼简张大贾二十四先辈昆季》："三年不鸣鸣必大，岂独骇鸡当骇人。"高蟾《秋》："阳羡溪声冷骇人，洞庭山翠晚凝神。"

【駭牛】 受惊吓的牛。韩愈、孟郊《城南联句》："礼鼠拱而立，骇牛躅且鸣。"

【駭汗】 因恐惧、惶恐而流汗。韩愈《元和圣德诗》："末乃取辟，骇汗如写。"

【駭浪】 汹涌澎湃、令人心惊的巨浪。杨师道《奉和圣制春日望海》："落日惊涛上，浮天骇浪长。"杜甫《秋野五首》之四："潜鳞输骇浪，归翼会高风。"李绅《渡西陵十六韵》："雨送奔涛远，风收骇浪平。"崔涂《题绝岛山寺》："骇浪摇空阔，灵山厌渺漫。"

【駭智】 猝发的智谋。孟郊《峡哀》之十："骇智蹶众命，蕴腥布深萝。"

【駭犀】 古宝剑名。《东观汉记》载光武帝赐陈导骇犀剑。李峤《宝剑篇》："骇犀中断宁方利，骏马群骓未拟直。"

【駭駭】 象声词。鼓声。韩愈《郓州溪堂诗》："公以宾燕，其鼓骇骇。"

【駭澀】 犹吓呆。陆龟蒙《彆俞》："鹿骇涩，隼击迟。"

【駭雞】 ❶即骇鸡犀。犀角名，即通天犀角。欧阳詹《智达上人水精念珠歌》："星辉日耀莫之逾，骇鸡照乘徒称殊。"元稹《酬东川李相公十六韵》："因持骇鸡宝，一照浊水昏。"白居易《醉后走笔酬刘五主簿长句之赠兼简张大贾二十四先辈昆季》："唯有沉犀屈未伸，握中自谓骇鸡珍。"❷使鸡惊骇。白居易《驯犀》："驯犀驯犀通天犀，躯貌骇人角骇鸡。"又《醉后走笔酬刘五主簿长句之赠兼简张大贾二十四先辈昆季》："三年不鸣鸣必大，岂独骇鸡当骇人。"

駢〔pián《广韵》部田切，平先，並。〕❶两马并驾。引申为并列。岑参《优钵罗花歌》序："其状异于众草，势龙从如冠弁；嶷然上耸，生不傍引；攒花中拆，骈叶外包；异香腾风，秀色媚景。"李贺《春归昌谷》："逸目骈甘华，羁心如荼蓼。"白居易《奉和思黯相公以李苏州所寄太湖石奇状绝伦因题二十韵见示兼呈梦得》："峰骈仙掌出，罅坼剑门开。"❷聚集，罗列。杜甫《秋日夔府咏怀奉寄郑监李宾客一百韵》："宵旰忧虞轸，黎元疾苦骈。"刘禹锡《韩十八侍御见示岳阳楼别窦司直诗因令属和重以自述故足成六十二韵》："鲛人弄机杼，贝阙骈红紫。"薛涛《送郑眉州》："双旌千骑骈东陌，独有罗敷望上头。"杜牧《题池州弄水亭》："杉树碧为幢，花骈红作堵。"

【駢比】 并列相连。元稹《酬郑从事四年九月宴望海亭次用旧韵》："舟船骈比有宗侣，水云滃泱无始终。"

【駢首】 头靠着头，并排。韩愈《叉鱼招张功曹》："交头疑凑饵，骈首类同条。"

【駢然】 连续貌。刘禹锡《送周鲁儒赴举诗》序："初，邑中人闻有生来，而二千石客之，骈然来观。"

【駢睛】 一对眼睛。骈，并列。韩愈、孟郊《城南联句》："木腐或垂耳，草珠竞骈睛。"

【駢篘】 并列的竹管。指排箫。陆龟蒙《问吴宫辞》："鸾之箫兮蛟之瑟，骈篘参差兮界丝密。"

【駢鄰】 谓并两骑军翼。杜牧《史将军二首》之一："取蝥弧登垒，以骈邻翼军。"

【駢駢】 联缀并行貌。李贺《相劝酒》："来长安，车骈骈。"

【駢臻】 并至，一并到来。刘禹锡《和汴州令狐相公到镇改月偶书所怀》："郁倔咽喉地，骈臻水陆兼。"

【駢闐】 聚集，连续。形容众多。《中宗祀昊天乐章·告谢》："绝瑞骈阗集，殊祥络绎臻。"王建《田侍郎归镇》之五："鼓吹幡旗道两边，行男走女喜骈阗。"陈羽《古意》："车马骈阗贺门馆，自然不失为公卿。"朱庆余《归故园》："桑柘骈阗数亩间，门前五柳正堪攀。"

【駢聳】 并列耸立。裴潾《前相国赞皇公早葺平泉山居赋四言诗十四首奉寄》之七："二室峰连，四山骈耸。"

【駢鮮】 谓并列的新鲜事物。韩愈、孟郊《城南联句》："丛巧竞采笑，骈鲜互探婴。"

【駢羅】 并比罗列，谓众多。顾况《朝上清歌》："金风玉麟，郁骈罗些。"卢纶《宴赵氏昆季书院因与会文并率尔投赠》："琴尊方会集，珠玉忽骈罗。"韩愈《和裴仆射相公假山十一韵》："当轩乍骈罗，随势忽开拆。"皮日休《吴中苦雨因书一百韵寄鲁望》："海物竞骈罗，水怪争渗漉。"

【騈巖】 并列的山岩。李贺《昌谷诗》："风露满笑眼，骈岩杂舒坠。"

七 画

騡 〔sǒng《广韵》息拱切，上腫，心。又蘇后切，上厚，心。〕掣动马嚼子使马疾走。见《公羊传·定公八年》。元稹《和李校书新题乐府十二首·蛮子朝》："匈奴互市岁不供，云蛮通好辔长騡。"

【騡躍】 纵马腾跃。李白《天马歌》："恋君轩，騡跃惊矫浮云翻。"

騁 〔chěng《广韵》丑郢切，上静，徹。〕❶奔驰，奔跑。太宗《冬狩》："金鞍移上苑，玉勒骋平畴。"万齐融《三日绿潭篇》："金鞍玉勒骋轻肥，落絮红尘拥路飞。"李白《赠崔咨议》："希君一剪拂，犹可骋中衢。"孟郊《送黄构擢第后归江南》："一骥骋长衢，众兽不敢陪。"❷驾驭，驾驶。李贺《相劝酒》："羲和骋六辔，昼夕不曾闲。"❸施展，展示。孙逖《长洲苑》："吴王初鼎峙，羽猎骋雄才。"杜甫《八哀诗·故右仆射相国张公九龄》："绮丽玄晖拥，笺诔任昉骋。"孟郊《寓言》："我有松月心，俗骋风霜力。"陆龟蒙《南征》："丞相南征定有无，幕中谁是骋良图。"❹放任，放纵。李绅《趋翰苑遭诬构四十六韵》："砺吻矜先搏，张罗骋疾驱。"韩愈《谢自然诗》："木石生怪变，狐狸骋妖患。"❺炫耀，矜夸。孟浩然《岘潭作》："美人骋金错，纤手脍红鲜。"梁锽《省试方士进恒春草》："金膏徒骋妙，石髓莫矜良。"杜甫《春日戏题恼郝使君兄》："愿携王赵两红颜，再骋肌肤如素练。"李贺《休洗红》："卿卿骋少年，昨日殷桥见。"❻推选。罗虬《比红儿诗》之三五："雕阴旧俗骋婵娟，有个红儿赛洛川。"

【騁才】 炫耀才华。许浑《和宾客相国咏雪》："道蕴诗传丽，相如赋骋才。"

【騁巧】 斗巧。韩愈《喜雪献裴尚书》："骋巧先投隙，潜光半入池。"

【騁目】 放眼远望。张九龄《候使登石头驿楼作》："徒然骋目处，岂是获心游。"慧净《和卢赞府游纪国道场》："高才暂骋目，云藻随飘摇。"

【騁怪】 炫示怪异。韩愈、孟郊《城南联句》："泥象对骋怪，铁钟孤舂锽。"

【騁健】 显示身体强健。刘禹锡《赠致仕滕庶子先辈》："矍铄据鞍时骋健，殷勤把酒尚多情。"

【騁途】 驰骋于长途。元稹《献荥阳公诗五十韵》："文翁开学日，正礼骋途年。"

【騁容】 炫耀姿容。邵谒《金谷园怀古》："为女莫骋容，骋容多自伤。"

【騁望】 放眼远望，极目四望。孟浩然《登安阳城楼》："才子乘春来骋望，群公暇日坐销忧。"独孤及《同徐侍郎五云溪新庭重阳宴集作》："骋望傲千古，当歌遗四愁。"戎昱《苦哉行五首》之一："登楼非骋望，目笑是心哭。"刘禹锡《送僧方及南谒柳员外》："骋望羡游云，振衣若秋蓬。"

【騁遥】 极目远望。韩愈、孟郊《城南联句》："扫净豁旷旷，骋遥略苹苹。"

【騁駟】 驰马，骑马。《沧州百姓歌》："昔日徒行今骋驷，美哉薛公德滂被。"

【騁翼】 展翅。太宗《伤辽东战亡》："振鳞方跃浪，骋翼正凌风。"

【騁麗】 极尽华丽。太宗《登三台言志》："在危犹骋丽，居奢遂役人。"

【騁騎】 驰马。许浑《酬和杜侍御》："征帆夜转鸬鹚穴，骋骑春辞鹳雀楼。"

【騁驥】 驰骋骏马。刘长卿《送裴四判官赴河西军试》："逢时将骋骥，临事无全牛。"

騀 〔ě《广韵》五可切，上哿，疑。〕参见"駊騀"。

騟 〔tú《广韵》同都切，平模，定。〕即騊騟。参见"騊騟"。

騂 〔xīng《广韵》息營切，平清，心。〕❶本指赤色马。引申表示赤色。韩愈《初南食贻元十八协律》："腥臊始发越，咀吞面汗骍。"韩愈、孟郊《城南联句》："鱼口星浮没，马毛锦斑骍。"刘禹锡《历阳书事七十韵》："坐久罗衣皱，杯频粉面骍。"❷弓调和貌。元稹《答姨兄胡灵之见寄五十韵》："题头筠管缦，教射角弓骍。"

【騂弓】 调和后呈弯曲状态的弓。高适《同群公出猎海上》："高鸟下骍弓，困兽斗匹夫。"杜甫《遣兴五首》之二："骍弓金爪镝，白马蹴微雪。"杨凝《送客往鄜州》："新参将相事营平，锦带骍弓结束轻。"翁绶《白马》："一夜羽书催转战，紫髯骑出佩骍弓。"

【騂角】 牛角。徐夤《钓车》："轴磨骍角冰光滑，轮卷春丝水面平。"

【騂角弓】 用赤色牛的角做成的弓。陈子昂《送别出塞》："君为白马将，腰佩骍角弓。"

【騂馬】 毛色赤红的马。王季友《古塞曲》："骍马黄金勒，雕弓白羽箭。"

駸〔qīn《广韵》七林切，平侵，清。又楚簪切，平侵，初。〕参见“駸駸”。

【駸駸】❶马疾速奔驰貌。宋之问《龙门应制》：“鸟旗翼翼留芳草，龙骑骎骎映晚花。”戎昱《塞下曲》之六：“北风凋白草，胡马日骎骎。”沈传师《蒙泉》：“京路马骎骎，尘劳日向深。”韦庄《同旧韵》：“壮心徒戚戚，逸足自骎骎。”❷疾速貌。徐坚《饯唐永昌》：“郎官出宰赴伊瀍，征传骎骎灞水前。”张祜《送魏尚书赴镇州行营》：“河塞日骎骎，恩仇报尽深。”李群玉《闻湘南从叔朝觐》：“长沙地窄却回时，舟楫骎骎向凤池。”徐铉《寄和州韩舍人》：“急景骎骎度，遥怀处处生。”❸仓卒急遽貌。许浑《赠萧炼师》：“更求应不见，鸡犬日骎骎。”❹盛大貌。柳宗元《感遇二首》之一：“东海久摇荡，南风已骎骎。”张祜《投苏州卢郎中》：“三地分符宠更深，两方旌旆日骎骎。”

騃〔ái《广韵》五骇切，上骇，疑。〕愚昧，幼稚。元稹《江陵三梦》：“尚念娇且騃，未禁寒与饥。”参见“騃女”“騃童”“騃騃”。

【騃女】傻女子。卢仝《月蚀诗》：“痴牛与騃女，不肯勤农桑。”白居易《寒食夜》：“抱膝思量何事在，痴男騃女唤秋千。”

【騃童】天真幼稚的孩子。白居易《感悟妄缘题如上人壁》：“自从为騃童，直至作衰翁。”

【騃騃】愚昧，幼稚。皮日休《鲁望读襄阳耆旧传见赠五百言因而寄答亦诗人无言不酬之义也次韵》：“俯视三事者，騃騃若童幼。”又《鲁望昨以五百言见贻因成一千言》：“騃騃自总角，不甘耕一廛。”

【騃犢】呆痴的牛犊。陆龟蒙《奉和袭美太湖诗二十首·崦里》：“騃犊卧新菱，野禽争折莲。”

駿〔jùn《广韵》子峻切，去稕，精。〕❶良马。宋璟《奉和御制璟与张说源乾曜同日上官命宴都堂赐诗应制》：“郭隗惭无骏，冯谖愧有鱼。”窦牟《元日喜闻大礼寄上翰林四学士中书六舍人二十韵》：“疾驱千里骏，清唳九霄禽。”韩愈《送区弘南归》：“腾蹋众骏事鞍鞿，佩服上色紫与绯。”❷迅速。参见“駿奔”“駿逸”。❸大。参见“駿命”。❹通“俊”。参见“駿彩”“駿發”。❺通“峻”。参见“駿壯”。

【駿壯】强壮。骏，通“峻”。杜牧《洛中送冀处士东游》：“武事何骏壮，文理何优柔。”

【駿命】大命。指上天或帝王的命令。张说《唐享太庙乐章·大和舞》：“龙图友及，骏命恭膺。”

【駿奔】快速奔走。李白《送薛九被谗去鲁》：“却斩美人首，三千还骏奔。”杜甫《石笋行》：“嗟尔石笋擅虚名，后来未识犹骏奔。”韩愈《郴州祈雨》：“旱气期销荡，阴官想骏奔。”李商隐《哭遂州萧侍郎二十四韵》：“多士还鱼贯，云谁正骏奔。”

【駿骨】骏马之尸骨，亦指骏马，亦喻杰出的人才。太宗《咏饮马》：“骏骨饮长泾，奔流洒络缨。”杜甫《赠崔十三评事公辅》：“燕王买骏骨，渭老得熊罴。”元稹《献荥阳公诗五十韵》：“骏骨黄金买，英髦绛帐延。”罗隐《燕昭王墓》：“浮世近来轻骏骨，高台何处有黄金。”

【駿骨正牽鹽】喻才智遭压抑，不能施展。陆龟蒙《记事》：“骏骨正牵盐，玄文终覆酱。”

【駿馬】良马。太宗《帝京篇十首》之三：“雕弓写明月，骏马疑流电。”戴叔伦《奉天酬别郑谏议云逵卢拾遗景亮见别之作》：“骏马帐前发，惊尘路傍起。”殷尧藩《汉宫词三首》之三：“骏马金鞍白玉鞭，宫中来取李延年。”韦庄《癸丑年下第献新先辈》：“皆乘骏马先归去，独被嬴童笑晚眠。”

【駿馬换小妾】形容人的风流豪放。李白《襄阳歌》：“千金骏马换小妾，笑坐雕鞍歌落梅。”

【駿逸】疾速奔驰。借指疾速奔驰的良马。张建封《酬韩校书愈打球歌》：“军中伎痒骁智材，竟驰骏逸随我来。”

【駿彩】华美。骏，通“俊”。陈元光《太母魏氏半径题石》：“鸿濛山暝启，骏彩德昭垂。”

【駿馭】骏马拉的车驾。张绍《冲佑观》：“淹留骏驭，想像鹑居。”

【駿發】英俊风发。骏，通“俊”。李白《秋猎孟诸夜归置酒单父东楼观妓》：“骏发跨名驹，雕弓控鸣弦。”

八　画

騏〔qí《广韵》渠之切，平之，羣。〕❶参见“騏驥”。❷通“麒”。参见“騏驎❶”。

【騏驎】❶传说中的仁兽，即麒麟。元稹《代曲江老人百韵》：“徽章悬象魏，貔虎画骐驎。”韩愈《杂诗》：“翩然下大荒，被发骑骐驎。”齐己《赠岩居僧》：“石如骐驎岩作室，秋苔漫坛净于漆。”贯休《了仙谣》：“游戏多骑白骐驎，须发如银未曾老。”❷骏马。杜甫《骢马行》：“近闻下诏喧都邑，肯使骐驎地上行。”岑参《楚夕旅泊古兴》：“骐驎息悲鸣，愁见豺虎群。”李贺《马诗二十三首》之十一：“内马赐宫人，银鞯刺骐驎。”杜牧《寄崔钧》：“词臣陪羽猎，战将骋骐驎。”❸指麒麟阁。汉阁名。汉宣帝将霍光、苏武等十八功臣的肖像画于此阁。杜甫《前出塞九首》之三：“功名图骐驎，战骨当速朽。”

【騏驥】骏马。亦喻贤才。陈子良《赞德上越国公杨素》:“本超骐骥足,复蕴风云情。”杜甫《送从弟亚赴安西判官》:“吾闻驾鼓车,不合用骐骥。”白居易《履道西门二首》之二:“跛鳖难随骐骥足,伤禽莫趁凤凰飞。”徐夤《偶题二首》之一:“买骨须求骐骥骨,爱毛宜采凤皇毛。”

騎1 〔qí《广韵》渠羈切,平支,群。〕❶跨坐,骑马。参见“騎射”。❷骑坐,乘坐。杜甫《三川观水涨二十韵》:“举头向苍天,安得骑鸿鹄。”朱庆余《哭胡遇》:“题处旧诗休更读,买来新马忆曾骑。”李商隐《李肱所遗画松诗书两纸得四十韵》:“终骑紫鸾归,持寄扶桑翁。”隐峦《牧童》:“三个五个骑羸牛,前村后村来放牧。”

騎2 〔qí《广韵》奇寄切,去寘,群。〕❶人所骑的马。杜审言《度石门山》:“仰攀人屡息,直下骑才通。”杜甫《草堂》:“大官喜我来,遣骑问所须。”戎昱《开元观陪杜大夫中元日观乐》:“落日香尘拥归骑,□风油幕动高烟。”权德舆《奉和鄜州刘大夫麦秋出师遮虏有怀中朝亲故》:“每联花下骑,几泛竹间杯。”李观《御沟新柳》:“近映章台骑,遥分禁苑春。”❷一人一马。白居易《卖炭翁》:“翩翩两骑来是谁,黄衣使者白衫儿。”李嘉祐《句容县东青阳馆作》:“征途傍斜日,一骑独翩翩。”杜牧《过华清宫绝句三首》之一:“一骑红尘妃子笑,无人知是荔枝来。”杨巨源《将归东都寄令狐舍人》:“绿杨红杏满城春,一骑悠悠万井尘。”❸骑兵。太宗《冬狩》:“骑敛原尘静,戈回岭日收。”明皇《平胡》:“蒙轮皆突骑,按剑尽鹰扬。”皎然《从军行五首》之四:“从今射雕骑,不敢过云堆。”❹骑马的侍从。韩翃《送李司直赴江西使幕》:“主人苍玉佩,后骑黄金络。”

【騎土牛】 用作仕途失意、晋升迟缓的典故。李白《赠宣城赵太守悦》:“猕猴骑土牛,羸马夹双辕。”又《单父东楼秋夜送族弟沈之秦》:“沐猴而冠不足言,身骑土牛滞东鲁。”

【騎士】 骑兵。刘长卿《奉和杜相公新移长兴宅呈元相公》:“入并蝉冠影,归分骑士喧。”陆龟蒙《读陈拾遗集》:“寻闻骑士枭黄祖,自是无人祭祢衡。”

【騎牛】 乘牛。成彦雄《村行》:“骑牛不顾人,吹笛寻山去。”钱弘俶《村家》:“骑牛带簑笠,侵晓雨中耕。”

【騎牛兒】 骑在牛背上的儿童,牧童。韩愈《题杜工部坟》:“招手借问骑牛儿,牧儿指我祠堂路。”

【騎火】 指夜骑时照明的灯火。窦牟《早入朝书事》:“列星沉骑火,残月暗车尘。”韩愈《同李二十八夜次襄城》:“欲知迎候盛,骑火万星攒。”张籍《楚宫行》:“江头骑火照辇道,君王夜从云梦归。”杨衡《九日陪樊尚书龙山宴集》:“都人瞻骑火,犹知隔寺深。”

【騎白鹿】 古代神话传说中的仙人常骑白鹿,或乘白鹿所驾之车。后指仙人行空之术。王昌龄《就道士问周易参同契》:“仙人骑白鹿,发短耳何长。”李白《至陵阳山登天柱石酬韩侍御见招隐黄山》:“韩众骑白鹿,西往华山中。”韦渠牟《步虚词十九首》之十八:“无烦骑白鹿,不用驾青牛。”

【騎吏】 出行时随行左右的骑马的官员。顾况《曲龙山歌》之二:“愿逐刚风骑吏旋,起居按摩参寥天。”皇甫冉《太常魏博士远出贼庭江外相逢因叙其事》:“里社枌榆毁,宫城骑吏非。”刘禹锡《有感》:“骑吏尘未息,铭旌风已翻。”

【騎竹】 亦作“騎青竹”。❶称美州郡地方官吏施行仁政。刘禹锡《奉送裴司徒令公自东都留守再命太原》:“爱棠余故吏,骑竹见新童。”杜甫《李司马桥了承高使君自成都回》:“已传童子骑青竹,总拟桥东待使君。”❷指仙家出行。严维、郑概《中元日鲍端公宅遇吴天师联句》:“骑竹投陂里,携壶挂牖边。”张蠙《华阳道者》:“惟餐白石过白日,拟骑青竹上青冥。”

【騎竹馬】 古时儿童常相与骑竹马为戏。后因用作咏儿童生活与友谊的典故。白居易《喜入新年自咏》:“大历年中骑竹马,几人得见会昌春。”韦庄《途次逢李氏兄弟感旧》:“晓傍柳阴骑竹马,夜隈灯影弄先生。”亦省作“騎竹”。杜甫《清明二首》之一:“绣羽衔花他自得,红颜骑竹我无缘。”

【騎羊】 谓得道成仙。李白《留别曹南群官之江南》:“知恋峨眉去,弄景偶骑羊。”

【騎羊子】 指仙人。陈子昂《感遇诗三十八首》之三三:“飞飞骑羊子,胡乃在峨眉。”李白《登峨眉山》:“傥逢骑羊子,携手凌白日。”见“騎羊”。

【騎走】 骑着走动。李商隐《骄儿诗》:“截得青筼筜,骑走恣唐突。”

【騎吹】 古代军中的一种骑在马上演奏的器乐合奏。段安节《乐府杂录·鼓吹部》:“警鼓,二人执朱旛引乐,衣文戴冠,已上乐人皆骑白乐即谓之骑吹,俗乐亦有骑吹也。”唐时自天子至于贵戚显宦遇吉凶之礼皆用之。王维《恭懿太子挽歌五首》之三:“骑吹凌霜发,旌旗夹路陈。”岑参《成王挽歌》:“铭旌门客送,骑吹路人看。”刘禹锡《和武中丞秋日寄怀简诸僚故》:“退朝还公府,骑吹息繁阴。”吕温《奉和李相公早朝于中书候传点偶书所怀奉呈门下武相公中书郑相公》:“禁门留骑吹,内省正衣冠。”

【騎兵】 骑马作战的军队或士兵。李商隐《读任彦升碑》:“梁台初建应惆怅,不得萧公作骑兵。”

【騎青竹】 ❶见“騎竹❶”。❷见“騎竹❷”。

【騎兒】 骑竹马的儿童。罗隐《投宣武郑尚书二十韵》:“骑儿逢郭伋,战士得文翁。”参见“騎竹❶”。

【騎服】 骑马穿的服装。李绅《过梅里七首·忆东郭居》："旌旄光里舍，骑服欢妻嫂。"

【騎省】 ❶官署名。唐门下省和中书省皆有散骑常侍，故称之为"骑省"。王维《春日直门下省早朝》："骑者直明光，鸡鸣谒建章。"独孤及《自东都还濠州奉酬王八谏议见赠》："高阁连云骑省夜，新文会友凉风秋。"张籍《和卢常侍寄华山郑隐者》："寄知骑省客，长向白云闲。"白居易《病中辱张常侍题集贤院诗因以继和》："骑省通中掖，龙楼隔上台。"❷指晋潘岳。语本潘岳《秋兴赋序》："寓直于散骑之省。"钱起《闲居酬张起居见赠》："向夕野人思，难忘骑省文。"房孺复《酬窦大闲居见寄》："烦君强着潘年比，骑省风流讵可齐。"司空曙《九日洛东亭》："伤秋非骑省，玄发白成斑。"韦庄《避地越中作》："伤心潘骑省，华发不禁秋。"

【騎馬】 乘马。韩愈《归彭城》："乘闲辄骑马，茫茫诣空陂。"白居易《自问》："自问老身骑马出，洛阳城里觅何人。"姚合《武功县中作三十首》之十八："谁更能骑马，闲行只杖藜。"韦庄《虢州涧东村居作》："东南骑马出郊坰，回首寒烟隔郡城。"

【騎曹】 指骑曹参军等一类的小官。李峤有《秋山望月酬李骑曹》。杜甫《李潮八分小篆歌》："尚书韩择木，骑曹蔡有邻。"顾况《哭从兄苌》："身终一骑曹，高盖者为谁。"无可有《送李骑曹之武宁》。

【騎$_2$曹不記馬】 指有名士习气、不理事务。杜甫《寄从孙崇简》："吾孙骑曹不骑马，业学尸乡多养鸡。"

【騎射】 骑马和射箭。贺朝《从军行》："骑射先鸣推任侠，龙韬决胜伫时英。"王维《送从弟蕃游淮南》："读书复骑射，带剑游淮阴。"

【騎$_2$從】 骑马的随从。白居易《早春西湖闲游偶成十八韵寄微之》："管弦三数事，骑从十余人。"又《西行》："家僮解弦管，骑从携杯杓。"

【騎將】 (—jiàng)骑兵将领。王维《燕支行》："卫霍才堪一骑将，朝廷不数贰师功。"

【騎雲】 乘云，驾云。顾况《曲龙山歌》之一："下方小兆更拜焉，愿得骑云作车马。"

【騎箕】 指游仙。杜光庭《山居百韵》："驭景必能趋日域，骑箕终拟蹑星躔。"

【騎塵】 马匹奔跑时掀起的尘埃。朱庆余《送韦繇校书赴浙东幕》："水驿迎船火，山城候骑尘。"

【騎戰】 骑马作战。杜甫《韦讽录事宅观曹将军画马图》："此皆骑战一敌万，缟素漠漠开风沙。"

【騎衡】 喻做危险事。王周《自喻》："骑衡与垂堂，非不知前喻。"

【騎襜】 骑马时披覆在马上用以障泥之布制品。李商隐《镜槛》："骑襜侵鞯卷，车帷约帏钺。"

【騎鯨客】 指李白。杜甫《送孔巢父谢病归游江东兼呈李白》："南寻禹穴见李白，道甫问信今何如。"薛涛《西岩》："凭阑却忆骑鲸客，把酒临风手自招。"

【騎鶴】 据传仙人王子乔乘白鹤至缑氏山。后为咏仙人之典。贾岛《游仙》："归来不骑鹤，身自有羽翼。"

騋 〔lái《广韵》落哀切，平咍，來。〕原指七尺之马。参见"騋牝"。

【騋牝】 泛称马。杜甫《沙苑行》："苑中騋牝三千匹，丰草青青寒不死。"

騑 〔fēi《广韵》甫微切，平微，非。又芳非切，平微，敷。〕驾在车辕两边的马。亦泛指马。李峤《宝剑篇》："骇犀中断宁方利，骏马群騑未拟直。"

【騑軨】 马拉的车。尉迟汾《府尹王侍郎准制拜岳因状嵩高灵胜寄呈三十韵》："勉促旋騑軨，未可恋云松。"

【騑騑】 马行走不止貌。陈子昂《万州晓发放舟乘涨还寄蜀中亲朋》："还期方浩浩，征思日騑騑。"孙逖《送李给事归徐州觐省》："莫愁东路远，四牡正騑騑。"萧颖士《江有归舟三章》序："四牡騑騑，薄言旋归。"韩愈《送区弘南归》："虽有不逮驱騑騑，或采于薄渔于矶。"

【騑驂】 本指拉车的四匹马中在辕外的两匹马。亦泛指拉车的马。元希声《赠皇甫侍御赴都八首》之七："騑骖徐动，尊饯相依。"朝衡《衔命还国作》："伏奏违金阙，騑骖去玉津。"

騧 〔guā《广韵》古華切，平麻，見。〕黑嘴黄毛马。李白《白鼻騧》："银鞍白鼻騧，绿地障泥锦。"杜甫《韦讽录事宅观曹将军画马图》："昔日太宗拳毛騧，近时郭家师子花。"顾况《梁司马画马歌》："展处把笔欲描时，司马一騧赛倾倒。"张祜《白鼻騧》："为底胡姬酒，长来白鼻騧。"亦泛称马。李贺《夜来乐》："剑崖鞭节青石珠，白騧吹湍凝霜须。"

【騧郎】 指骑黑嘴黄毛马者，泛指骑马者。杜牧《偶见》："朔风高紧掠河楼，白鼻騧郎白罽裘。"

騅 〔zhuī《广韵》職追切，平脂，章。〕❶毛色苍白相间的马。见《诗·鲁颂·駉》。李贺《夜坐吟》："红霞梢出东南涯，陆郎去矣乘班骓。"元稹《望云骓马歌》："登山纵似望云骓，平地须饶红叱拨。"❷项羽的坐骑。见《史记·项羽本纪》。窦常《项亭怀古》："命厄留骓处，年销逐鹿中。"李贺《马诗二十三首》之十："催榜渡乌江，神骓泣向风。"张碧《鸿沟》："力拔山兮忽到此，骓嘶懒渡乌江水。"孟迟《乌江》："中分岂是无遗策，百战空劳不逝骓。"

騊

〔táo《广韵》徒刀切，平豪，定。〕见“騊駼”。

【騊駼】　良马名。见《尔雅·释畜》。储光羲《观范阳递俘》：“牧人过橐驼，校正引騊駼。”权德舆《奉和许阁老酬淮南崔十七端公见寄》：“方看簪獬豸，俄叹縶騊駼。”

騄

〔lù《广韵》力玉切，入燭，來。〕参见“騄駬”。

【騄耳】　见“騄駬”。

【騄駬】　亦作“騄耳”。良马名。传为周穆王八骏之一。亦泛称良马。寒山《诗三百三首》之一一二：“世浊作羓糯，时清为騄駬。”李白《经乱离后天恩流夜郎忆旧游书怀赠江夏韦太守良宰》：“无人贵骏骨，騄耳空腾骧。”刘禹锡《裴令公见示诮乐天寄奴买马绝句斐言仰和且戏乐天》：“若把翠娥酬騄耳，始知天下有奇才。”曹唐《病马五首呈郑校书章三吴十五先辈》之一：“騄駬何年别渥洼，病来颜色半泥沙。”

【騄驥】　骏马名。亦泛称骏马。张说《舞马千秋万岁乐府词三首》之一：“试听紫骝歌乐府，何如騄驥舞华冈。”李白《赠崔咨议》：“騄驥本天马，素非伏枥驹。”杜甫《偶题》：“騄驥皆良马，骐驎带好儿。”罗隐《经耒阳杜工部墓》：“騄驥丧来空蹇驣，芝兰衰后长蓬蒿。”

九　画

騞

〔huō《集韵》霍虢切，入陌，曉。〕❶刀裂物声。亦泛指破裂声。白居易《霓裳羽衣歌》：“中序擘騞初入拍，秋竹竿裂春冰拆。”❷快速，突然。参见“騞然”。

【騞然】　快速，突然。独孤及《题思禅寺上方》：“騞然诸根空，破结如破瓶。”

騕

〔yǎo《广韵》烏皎切，上篠，影。〕参见“騕褭”。

【騕褭】　古骏马名。见《文选·张衡〈思玄赋〉》。张易之《出塞》：“騕袅青丝骑，娉婷红粉妆。”杜甫《天育骠骑歌》：“如今岂无騕袅与骅骝，时无王良伯乐死即休。”权德舆《建除诗》：“平明跃騕袅，清夜击珊瑚。”于濆《季夏逢朝客》：“避路回绮罗，迎风嘶騕袅。”

騠

〔tí《广韵》杜奚切，平齊，定。〕参见“駃騠”。

騘

参见“驄”。

騣

〔zōng《广韵》子紅切，平東，精。〕马鬃。李白《代赠远》：“胡马西北驰，香騣摇绿丝。”岑参《卫节度赤骠马歌》：“紫髯胡雏金剪刀，平明剪出三騣高。”韩翃《少年行》：“千点斓斒玉勒骢，青丝结尾绣缠騣。”元稹《望云骓马歌》：“分騣摆杖头太高，擘肘回头项难转。”顾云《苏君厅观韩干马障歌》：“轻匀杏蕊糁皮毛，细捻银丝插鬃尾。”

騳

同“騙”。骑，跨上马。张元一《嘲武懿宗》：“长弓短度箭，蜀马临阶騳。”

騭

〔zhì《广韵》之日切，入質，章。〕阴德。李商隐《哭虔州杨侍郎》：“阴骘今如此，天灾未可无。”秦韬玉《问古》：“大底荣枯各自行，兼疑阴隲也难明。”骘，原误作隲。

騷

〔sāo《广韵》蘇遭切，平豪，心。〕❶骚扰，扰乱。李白《古风》之十四：“阳和变杀气，发卒骚中土。”❷诗体之一种。参见“騷體”。❸指《离骚》，亦指由《诗经》和《楚辞》所奠定的优秀诗歌传统。窦常《谒三闾庙》：“有客椒浆奠，文衰不继骚。”柳宗元《弘农公以硕德伟材屈于诬枉献诗五十韵以毕微志》：“论嫌齐物诞，骚爱远游伤。”参见“騷雅❶”。❹人名。齐有北郭骚者，家贫，乃结网，捆蒲，织履，以养其母。见《吕氏春秋》。李贺《感春》：“日暖自萧条，花悲北郭骚。”

【騷人】　❶屈原作《离骚》，因称屈原和《楚辞》作者为骚人。李白《古风》之一：“正声何微茫，哀怨起骚人。”刘长卿《送马秀才落第归江南》：“湘竹旧斑思帝子，江蓠初绿怨骚人。”贾岛《送郑长史之岭南》：“汨水斜阳岸，骚人正则祠。”陆龟蒙《江南秋怀寄华阳山人》：“兰叶骚人佩，莼丝内史羹。”❷泛指诗人、文人。李白《鲁郡尧祠送窦明府薄华还西京》：“昨夜秋声阊阖来，洞庭木落骚人哀。”柳宗元《酬曹侍御过象县见寄》：“破额山前碧玉流，骚人遥驻木兰舟。”白居易《有木诗八首》序：“因引风人骚人之兴，赋有木八章，不独讽前人，欲儆后代尔。”陆龟蒙《奉和袭美公斋四咏次韵·小桂》：“洛浦虽有荫，骚人聊自怡。”

【騷人狎客】　依附权贵的文人雅士。皮日休《追和虎丘寺清远道士诗》序：“在君人者，悟之则为瑞，逆之则为妖；其冥讽昧刺，时出于世者，则与骚人狎客，往往敌于忽微焉。”

【騷人體】　祖述屈原《离骚》的诗体。严维《赠别刘长卿时赴河南严中丞幕府》：“文变骚人体，官移汉帝朝。”

【騷切】 风急貌。张九龄《奉和圣制瑞雪篇》："此时骚切阴风生，先过金殿有余清。"

【騷文】 指屈原的代表作《离骚》。孟郊《旅次湘沅有怀灵均》："骚文衒贞亮，体物情崎岖。"

【騷思】 忧愁的思绪。陆龟蒙《奉和袭美馆娃宫怀古次韵》："赖在伍员骚思少，吴王才免似荆怀。"

【騷客】 ❶指《离骚》作者屈原。李敬方《题黄山汤院》："禅家休问疾，骚客罢招魂。"李商隐《赠刘司户》："已断燕鸿初起势，更惊骚客后归魂。"司空图《偶诗五首》之二："芙蓉骚客空留怨，芍药诗家只寄情。"齐己《怀巴陵》："兰蕊蔫菸骚客庙，烟波晴阔钓师船。"❷泛指诗人、文人。顾况《闲居怀旧》："骚客空传成相赋，晋人已负绝交书。"皮日休《和鲁望风人诗三首》之二："日中骚客佩，争奈即阑干。"徐铉《送彭秀才》："满袖新诗好回去，莫随骚客醉林泉。"

【騷屑】 ❶风声。高适《酬李少府》："来雁无尽时，边风正骚屑。"陈羽《梓州与温商夜别》："迎风骚屑千家竹，隔水悠扬午夜钟。"韩偓《五更》："秋雨五更头，桐竹鸣骚屑。"贯休《蒿里》："黄金不啼玉不泣，白杨骚屑，乱风愁月。"❷纷扰不安。杜甫《自京赴奉先县咏怀五百字》："抚迹犹酸辛，平人固骚屑。"又《喜雨》："农业都已休，兵戈况骚屑。"❸凄清愁苦。元稹《遣病十首》之三："白日速如飞，佳晨亦骚屑。"

【騷動】 ❶动荡，不安宁。张蠙《钱塘夜宴留别郡守》："四方骚动一州安，夜别樽罍伴客欢。"❷骚扰，搅扰。罗隐《秋日怀贾随进士》："边寇日骚动，故人音信稀。"

【騷雅】 ❶《离骚》和《诗经》中《大雅》《小雅》的并称。借指由《诗经》和《离骚》所奠定的优秀风格和传统。杜甫《陈拾遗故宅》："有才继骚雅，哲匠不比肩。"羊士谔《书楼怀古》："泉云无旧辙，骚雅有遗音。"章孝标《赠刘宽夫昆季》："天假声名悬日月，国凭骚雅变浮华。"陆龟蒙《村夜二篇》之一："诗从骚雅得，字向铅椠正。"❷指诗文之才。姚合《寄陕府内兄郭冏端公》："缠绵意千里，骚雅文发明。"李频《长安书情投知己》："精华搜未竭，骚雅琢须全。"李中《离亭前思有寄》："若无骚雅分，何计达相思。"又《寒江暮泊寄左偃》："不是凭骚雅，相思写亦难。"❸风流儒雅。郑谷《寄前水部贾员外嵩》："相如词赋外，骚雅趣何长。"贯休《酬张相公见寄》："感通未合三生石，骚雅欢擎九转金。"

【騷然】 扰乱貌，动荡不安貌。李华《咏史十一首》之四："幕府功未立，江湖已骚然。"刘湾《云南曲》："骚然疲中原，征战从此始。"刘叉《冰柱》："骚然县宇，土崩水溃。"

【騷騷】 ❶快速貌。元结《招陶别驾家阳华作》："海内厌兵革，骚骚十二年。"❷急迫貌。姚合《秋日书事寄秘书窦少监》："秋气日骚骚，星星双鬓毛。"❸愁思貌。刘禹锡《送张盥赴举诗》序："第如京师，无骚骚尔，无忻忻尔。"❹象声词。(1)风声。岑参《太白东溪张老舍即事寄舍弟侄等》："渭上秋雨过，北风何骚骚。"白居易《权摄昭应早秋书事寄元拾遗兼呈李司录》："夏闰秋候早，七月风骚骚。"李绅《涉沅潇》："水灵江暗扬波涛，鼋鼍动荡风骚骚。"(2)风吹树木声。徐凝《莫愁曲》："玳瑁床头刺战袍，碧纱窗外叶骚骚。"李德裕《述梦诗四十韵》："花光晨艳艳，松韵晚骚骚。"李郢《五湖冬日》："猎猎夜山明远烧，骚骚寒苇动疏风。"韦庄《语松竹》："多病不禁秋寂寞，雨松风竹莫骚骚。"(3)风激水沫声。李商隐《迎寄韩鲁州》："积雨晚骚骚，相思正郁陶。"

【騷體】 古典文学体裁之一种。起于战国时楚国，以大诗人屈原所作《离骚》为代表，并因此而得名。这类作品，富于抒情成分和浪漫气息；篇幅较长，形式也较自由；多用"兮"字以助语势。卢照邻有《狱中学骚体》。

【騷靈】 指屈原。殷尧藩《楚江怀古》："骚灵不可见，楚些竟谁闻。"

騖 〔wù《广韵》亡遇切，去遇，微。〕❶疾行，驰骋。李乂《招谕有怀赠同行人》："愿接轺旆尘，联翩东北骛。"王维《济上四贤咏·郑霍二山人》："童年且未学，肉食骛华轩。"韦应物《贾常侍林亭燕集》："朱轩骛关右，池馆在东周。"刘禹锡《顺阳歌》："曾闻天宝末，胡马西南骛。"❷追求，追逐。羊士谔《息舟荆溪入阳羡南山游善权寺呈李功曹巨》："念遵烦促途，荣利骛隙光。"韩愈、孟郊《城南联句》："骛广杂良牧，蒙休赖先盟。"沈传师《次潭州酬唐侍御姚员外游道林岳麓寺题示》："樛枝竞骛龙蛇势，折干不灭风霆痕。"❸用同"鹜"。鸭子。崔知贤《三月三日宴王明府山亭》："云开翠帟，水骛鲜居。"韦应物《送丘员外还山》："灵芝非庭草，辽鹤委池骛。"白居易《和梦游春诗一百韵》："枥空无厩马，水涸失池骛。"

【騖名】 追求声誉。元稹《解秋十首》之三："同时骛名者，次第鹓鹭行。"

十 画

驁 〔ào《广韵》五到切，去号，疑。又五劳切，平豪，疑。〕❶骏马名，借以喻指才能出众。韩愈《荐士》："有穷者孟郊，受材实雄骜。"❷桀骜，不驯服，引申为叛逆。柳宗元《贞符》序："莽述承效，卒奋骜逆。"❸通"傲"。骄矜，傲慢。柳宗元《唐铙歌鼓吹曲十二篇·河右平》："上聋下聪，骜不可回。"

驊 〔huá《广韵》户花切，平麻，匣。〕即骅骝。柳宗元《同刘二十八院长述旧言怀感时书事奉寄澧州张员外使君五十二韵之作通赠二君子》："世惟材是梓，人仰骥中骅。"

【驊騮】 周穆王八骏之一。亦指骏马。李白《答王十二寒夜独酌有怀》："骅骝拳局不能食，蹇驴得志鸣春风。"刘禹锡《和仆射牛相公寓言二首》之二："雕鹗腾空犹逞俊，骅骝啮足自无惊。"白居易《羸骏》："骅骝失其主，羸饿无人牧。"唐求《伤张玖秀才》："卞玉影沉沙草暗，骅骝声断陇城孤。"

【驊驄】 骏马之毛色青白相杂者。汉代御史常骑青骢马。戎昱《成都元十八侍御》："骅骢幸自能驰骤，何惜挥鞭过柞桥。"全诗校："骅，一作骝。"

【驊驥】 泛指骏马。韦庄《三用韵》："鸳鸾方翙翙，骅骥整骎骎。"

驀 〔mò《广韵》莫白切，入陌，明。〕❶穿越，穿过。李贺《送沈亚之歌》："雄光宝矿献春卿，烟底蓦波乘一叶。"杜牧《洛下送张曼容赴上党召》："未趋雉尾随元老，且蓦羊肠过少年。"皮日休《茶中杂咏·茶籝》："筤筹晓携去，蓦个山桑坞。"司空图《次韵和秀上人游南五台》："危松临砌偃，惊鹿蓦溪来。"❷忽然，突然。张碧《庐山瀑布》："黛花新染插天风，蓦吐中心烂银色。"殷尧藩《寄太仆田卿二首》之一："蓦上心来消未得，梦回又听五更钟。"❸用同"陌"。陌生，不熟悉。参见"驀路人"。

【驀地】 突然。吴涵虚《上升歌》："眼前蓦地见楼台，异草奇花不可识。"

【驀路人】 陌路人。蓦，用同"陌"。汪遵《望思台》："不忧家国任奸臣，骨肉翻为蓦路人。"

【驀驀】 犹言微微。詹敦仁《介庵赠古墨梅酬以一篇》："开屏展素看梅花，淡蕊疏枝蓦蓦斜。"

驓 〔hán《广韵》洪安切，平寒，匣。〕参见"駭驓"。

騮 〔liú《广韵》力求切，平尤，來。〕红身黑鬣黑尾的马。泛指骏马。郑锡《邯郸少年行》："霞鞍金口骝，豹袖紫貂裘。"李益《紫骝马》："争场看斗鸡，白鼻紫骝嘶。"施肩吾《戏郑申府》："胡姬若拟邀他宿，挂却金鞭系紫骝。"崔涯《嘲李端端》之二："觅得黄骝鞁绣鞍，善和坊里取端端。"

【騮駒】 骏马。李白《宣城送刘副使入秦》："昔赠紫骝驹，今倾白玉卮。"

【騮馬】 黑鬣黑尾的红马。寒山《诗三百三首》之四七："骝马珊瑚鞭，驱驰洛阳道。"李白《军行》："骝马新跨白玉鞍，战罢沙场月色寒。"

【騮駱】 骝马和骆马。韩愈、李正封《晚秋郾城夜会联句》："大野纵氐羌，长河浴骝骆。"

騰 〔téng《广韵》徒登切，平登，定。〕❶马奔驰、奔跃。杜甫《病橘》："忆昔南海使，奔腾献荔支。"❷跳跃。杜甫《观打鱼歌》："众鱼常才尽却弃，赤鲤腾出如有神。"❸飞腾，升腾。颜真卿《刻清远道士诗因而继作》："金气腾为虎，琴台化若神。"独孤及《送相里郎中赴江西》："火伏金气腾，昊天欲苍茫。"白居易《十二年冬江西温暖喜元八寄金石棱到因题此诗》："今冬腊候不严凝，暖雾温风气上腾。"刘景复《梦为吴泰伯作胜儿歌》："倒腕斜挑掣流电，春雷直戛腾秋鹘。"❹指升职。韩愈《奉酬振武胡十二丈大夫》："倾朝共羡宠光频，半岁迁腾作虎臣。"参见"騰遷❷"。❺传扬，传播。李白《春日陪杨江宁及诸官宴北湖感古作》："杨宰穆清风，芳声腾海隅。"又《留别金陵诸公》："地扇邹鲁学，诗腾颜谢名。"❻水涌貌。徐凝《送日本使还》："鲸波腾水府，蜃气壮仙宫。"❼蒸烤。韩愈《永贞行》："湖波连天日相腾，蛮俗生梗瘴疠烝。"❽挪动。参见"騰足"。❾呈现。李绅《题法华寺五言二十韵》："化娥腾宝像，留影闷金仙。"

【騰上】 向上升腾。杜甫《蕃剑》："虎气必腾踔，龙身宁久藏。"

【騰口】 同"滕口"。张口放言。韩愈、孟郊《雨中寄孟刑部几道联句》："争名求鹄徒，腾口甚蝉喝。"柳宗元《酬韶州裴曹长使君寄道州吕八大使因以见示二十韵一首》："秉心方的的，腾口任嗷嗷。"元和《奉和浙西大夫李德裕述梦四十韵次本韵》："犯颜诚恳恳，腾口惧忉忉。"白居易《代书诗一百韵寄微之》："腾口因成痏，吹毛遂得疵。"

【騰佡】 飞腾。刘禹锡《九华山歌》："不然何至今，悠悠亿万年，气势不死如腾佡。"自注："佡，音嫣，轻举貌。"

【騰光】 闪射出光彩，光彩飞扬。骆宾王《初秋登王司马楼宴得同字》序："司马公千里腾光，翼外台而展足。"王昌龄《留别岑参兄弟》："岑家双琼树，腾光难为俦。"陆龟蒙《开元杂题七首·照夜白》："雪虬轻骏步如飞，一练腾光透月旗。"《郊庙歌辞·周宗庙乐舞辞·福顺》："清酤特满，嘉玉腾光。"

【騰足】 挪动脚。韩愈、孟郊《征蜀联句》："火发激铓腥，血漂腾足滑。"

【騰吹】 喧腾的鼓吹。许敬宗《侍宴莎册宫应制得情字》："葆羽翻风队，腾吹掩山楹。"

【騰身】 纵身。韩愈《调张籍》："腾身跨汗漫，不着织女襄。"贾岛《病鹘吟》："俊鸟还投高处栖，腾身戛戛下云梯。"

【騰虎】 腾跃的虎。王昌龄《城傍曲》："射杀空营两腾虎，回身却月佩弓鞘。"

【騰空】 飞向天空。谓登仙。吕岩《七言》之四九:“何事行杯当午夜,忽然怒目便腾空。”

【騰音】 高声叫唤。刘禹锡《飞鸢操》:“腾音砺吻相喧呼,仰天大吓疑鹓雏。”

【騰突】 跳跃冲撞。卢仝《观放鱼歌》:“得水竞腾突,动作诡怪殊。”

【騰拏】 亦作“騰挐”。跳跃牵引,拽拉腾空。韩愈《元和圣德诗》:“兽盾腾拏,圆坛帖妥。”李节《赠释疏言还道林寺诗》之二:“湘水滔滔兮四望何依,猿狖腾拏兮云树飞飞。”

【騰華】 光彩四溢,光彩飞腾。许敬宗《奉和喜雪应制》:“腾华承玉宇,凝照混金娥。”张说《唐封泰山乐章·太和》:“腾华照宇,如升太阳。”鲍溶《采珠行》:“腾华乍摇白日影,铜镜万古羞为灵。”

【騰振】 腾跃振作。刘禹锡《有僧言罗浮事因为诗以写之》:“是时当朏魄,阴物恣腾振。”

【騰軒】 飞黄腾达。韩愈《送进士刘师服东归》:“奈何任埋没,不自求腾轩。”

【騰氣】 云气翻腾。亦指翻腾的云气。钱起《登秦岭半岩遇雨》:“屏翳忽腾气,浮阳惨无晖。”沈亚之《文祝延二阕》之一:“腾气清浑兮朝昏,神生其中兮宅幽凝。”

【騰倚】 谓或腾跃或倚立。张说《舞马词六首》之四:“腾倚骧洋应节,繁骄接迹不移。”

【騰射】 照射,光彩照人。唐扶《使南海道长沙题道林岳麓寺》:“晚来光彩更腾射,笔锋正健如可吞。”

【騰凌】 ❶腾跃,飞腾。颜真卿《赠裴将军》:“战马若龙虎,腾凌何壮哉。”钱起《巨鱼纵大壑》:“奋跃风生鬣,腾凌浪鼓鳍。”邵谒《妓女》:“但见势腾凌,将为长如此。”❷水波上涌、翻滚。元稹《遭风二十韵》:“腾凌岂但河宫溢,坱轧浑忧地轴摧。”❸上升貌。卢纶《腊日观咸宁王部曲娑勒擒豹歌》:“传呼贺拜声相连,杀气腾凌阴满川。”

【騰挐】 见“騰拏”。

【騰閃】 腾跃闪避。韩愈《喜侯喜至赠张籍张彻》:“荒花穷漫乱,幽兽工腾闪。”

【騰黄】 传说中之神马名。泛指骏马。李贺《马诗二十三首》之二一:“暂系腾黄马,仙人上彩楼。”曹唐《病马五首呈郑校书章三吴十五先辈》之二:“陇上沙葱叶正齐,腾黄犹自跼羸蹄。”

【騰虚】 腾空。太宗《咏兴国寺佛殿前幡》:“拂霞疑电落,腾虚状写虹。”

【騰笳】 吹奏胡笳。许敬宗《奉和春日望海》:“电野清玄菟,腾笳振白狼。”

【騰雲】 蒸腾的云气。李峤《晚秋喜雨》:“腾云八际满,飞雨四溟周。”张祜《苦雨二十韵》:“积雨江城久,腾云海峤来。”

【騰發】 腾跃奋发。李白《登梅冈望金陵赠族侄高座寺僧中孚》:“钟山抱金陵,霸气昔腾发。”

【騰翥】 飞举,飞升。韩愈《送惠师》:“金鸦既腾翥,六合俄清新。”皮日休《奉和鲁望渔具十五咏·罛》:“网小正星穗,舟轻欲腾翥。”

【騰遷】 升迁,高升。骆宾王《畴昔篇》:“百年郁郁少腾迁,万里遥遥入镜川。”萧颖士《江有归舟三章》序:“且后进而余师者,自贾邕、卢冀之后,比岁举进士登科,名与实皆相望腾迁,凡数子。”李白《金门答苏秀才》:“恩光照拙薄,云汉希腾迁。”

【騰踔】 腾起,凌空。韩愈《岳阳楼别窦司直》:“巍峨拔嵩华,腾踔较健壮。”

【騰輝】 闪耀光辉。寒山《诗三百三首》之二〇三:“光影腾辉照心地,无有一法当现前。”

【騰踏】 ❶众人踏行貌。王建《水夫谣》:“到明辛苦无处说,齐声腾踏牵船出。”❷得意张扬貌。司空图《力疾山下吴村看杏花十九首》之五:“熨帖新巾来与裹,犹看腾踏少年场。”

【騰舉】 飞升。谓登仙。吴筠《游仙二十四首》之七:“啸歌自忘心,腾举宁假翼。”叶法善《留诗》之三:“泥丸空示世,腾举不为名。”

【騰駕】 乘驾。李德裕《鹿迹山铭》:“腾驾素鹿,遨游紫烟。”

【騰謀】 运用计谋。骆宾王《和孙长史秋日卧病》:“决胜鲸波静,腾谋鸟谷开。”

【騰糅】 翻舞。韩愈《南山诗》:“朱维方烧日,阴霰纵腾糅。”

【騰聲】 ❶发出声音。指在诗句中被表现出来,传送出其声音、情态。韩愈、孟郊《城南联句》:“巨细各乘运,湍涠亦腾声。”❷传播名声。萧祐《游石堂观》:“妙用腾声冠盖间,胜游恣意烟霞外。”

【騰蹋】 ❶回旋腾跃。顾况《险竿歌》:“翻身挂影恣腾踏,反绾头髻盘旋风。”❷奔驰。韩愈《送区弘南归》:“腾蹋众骏事鞍鞿,佩服上色紫与绯。”❸犹言活蹦乱跳。元稹《哭女樊四十韵》:“腾踏游江舫,攀缘看乐棚。”

【騰蹻】 飞腾,飞升。吴筠《登庐山东峰观九江合彭蠡湖》:“而我临长风,飘然欲腾娇。”

【騰轉】 (—zhuǎn)转变。李白《与元丹丘方城寺谈玄作》:“腾转风火来,假合作容貌。”

【騰騰】 ❶升腾。鲍溶《湘妃列女操》:“目眄眄兮意蹉跎,魂腾腾兮惊秋波。”❷不停地翻转滚动。韩偓《倚醉》:“抱柱立时风细细,绕廊行处思腾腾。”❸形容某种情状达到厉害的程度。李绅《忆汉月》:“燕子不藏雷不蛰，烛烟昏雾暗腾腾。”王建《谢田赞善见寄》：“年少力生犹不敌，况加憔悴闷腾腾。”皮日休《卧病感春寄鲁望》：“乌皮几上困腾腾，玉柄清羸愧不能。”徐铉《病题二首》之一：“进与时乖不知退，可怜身计谩腾腾。”❹曚昽、迷糊貌。白居易《酬中归盩至》：“金光门外昆明路，半醉腾腾信马回。”韩偓《腾腾》：“八年流落醉腾腾，点检行藏喜不胜。”杜荀鹤《赠休禅和》：“弟子自知心了了，吾师应为醉腾腾。”罗隐《春日独游禅智寺》：“思量只合腾腾醉，煮海平陈一梦中。”❺舒缓、悠闲貌。寒山《诗三百三首》之二六七：“腾腾且安乐，悠悠自清闲。”白居易《东墟晚歇》：“中有腾腾独行者，手拄渔竿不骑马。”司空图《柏东》：“冥得机心岂在僧，柏东闲步爱腾腾。”翁承赞《华下霁后晓眺》：“花畔水边人不会，腾腾闲步一披襟。”❻随意，不经意。皮日休《襄州春游》：“信马腾腾触处行，春风相引与诗情。”罗隐《途中寄怀》：“不知何处是前程，合眼腾腾信马行。”❼高耸貌。吕从庆《戏题金鳌山》：“金鳌腾腾高百丈，昔者曾游东海浪。”❽象声词。状鼓声、雷声等。元稹《和李校书新题乐府十二首·立部伎》：“戢戢攒枪霜雪耀，腾腾击鼓云雷磨。”许浑《楚宫怨二首》之二：“腾腾战鼓动城阙，江畔射麋殊未归。”赵牧《对酒》：“杞天崩，雷腾腾，桀非尧是何足凭。”刘驾《姑苏台》：“越鼓声腾腾，吴天隔尘埃。”

【腾腾兀兀】　昏昏沉沉，恍恍惚惚。白居易《题石山人》：“腾腾兀兀在人间，贵贱贤愚尽往还。”方干《阳亭言事献漳州于使君》：“重叠山前对酒樽，腾腾兀兀度朝昏。”贯休《山居诗二十四首》之十三：“腾腾兀兀步迟迟，兆朕消磨只自知。”

【腾骞】　❶向上升腾。韩愈《和侯协律咏笋》：“得时方张王，挟势欲腾骞。”❷喻仕途得意，职位高升。李白《赠宣城赵太守悦》：“所期玄津白，倜傥假腾骞。”又《书情题蔡舍人雄》：“层飙振六翮，不日思腾骞。”杜甫《寄岳州贾司马六丈巴州严八使君两阁老五十韵》：“如公尽雄俊，志在必腾骞。”岑参《潼关镇国军句覆使院早春寄王同州》：“黄霸宁淹留，苍生望腾骞。”

【腾掷】　奔腾跳跃。韩愈《谒衡岳庙遂宿岳寺题门楼》：“紫盖连延接天柱，石廪腾掷堆祝融。”

【腾踯】　飘飞回旋。《东阳夜怪诗》：“当时正逐秦丞相，腾踯川原喜北风。”

【腾躍】　❶飞腾，飞跃。喻官运亨通，飞黄腾达。罗隐《旅舍书怀寄所知二首》之一：“四海岂无腾跃路，一家长有别离心。”郑谷《送进士韦序赴举》：“预想明年腾跃处，龙津春碧浸仙桃。”卢士衡《灵溪老松歌》：“有时风雨晦暝，摆撼若黑龙之腾跃。”徐铉《奉和宫傅相公怀见寄四十韵》：“云龙得路须腾跃，社栎非林合弃捐。”❷指物价上涨。元稹《酬乐天江楼夜吟稹诗因成三十韵》：“改张思妇锦，腾跃贾人笺。”

【腾驤】　❶飞腾，奔腾。薛曜《舞马篇》：“星精龙种竞腾骧，双眼黄金紫艳光。”杜甫《韦讽录事宅观曹将军画马图》：“腾骧磊落三万匹，皆与此图筋骨同。”薛涛《酬文使君》：“延英晓拜汉恩新，五马腾骧九陌尘。”李绅《奉酬乐天立秋夕有怀见寄》：“羸牛未脱辕，老马强腾骧。”❷喻指地位上升，仕途得意。王建《山中寄及第故人》：“如何弃我去，天路忽腾骧。”李群玉《自澧浦东游江表途出巴丘投员外从公虞》：“所希困辱地，剪拂成腾骧。”徐夤《魏》：“在井蛰龙如屈伏，食槽骄马忽腾骧。”

騶

〔zōu《广韵》侧鸠切，平尤，莊。〕❶骑马驾车的随从。王维《瓜园诗》：“鸣驺导骢马，常从夹朱轩。”岑参《送颜平原》：“海风掣金戟，导吏呼鸣驺。”柳宗元《同刘二十八院长述旧言怀感时书事奉寄澧州张员外使君五十二韵之作通赠二君子》：“蹀躞驺先驾，笼铜鼓报衙。”姚合《偶题》：“偶逢游客同倾酒，自有前驺耻见山。”❷姓。战国齐有驺忌。

【騶引】　即驺导，贵官出行时在前引马开道的骑卒。骆宾王《代女道士王灵妃赠道士李荣》：“不能京兆画蛾眉，翻向成都骋驺引。”

【騶忌】　战国齐威王之相，善鼓琴。柳宗元《李西川荐琴石》：“远师驺忌鼓鸣琴，去和南风惬舜心。”

【騶馭】　驾驭车马的侍从。王维《早朝》：“银烛已成行，金门俨驺驭。”耿沣《贺李观察祷河神降雨》：“质明斋祭北风微，驺驭千群拥庙扉。”权德舆《送袁中丞持节册南诏五韵》：“离堂驻驺驭，且尽樽中圣。”张乔《隐岩陪郑少师夜坐》：“幸喜陪驺驭，频来向此宵。”亦指车马。皇甫冉《奉和独孤中丞游法华寺》：“岩空驺驭响，树密旆旌连。”无可《陪姚合游金州南池》：“高城吹角绝，驺驭尚裴回。”

【騶虞】　❶传说中的义兽名。李白《古风》之十三：“驺虞不虚来，鸑鷟有时鸣。”李贺《猛虎行》：“道逢驺虞，牛哀不平。”李绅《寿阳罢郡日有诗十首·虎不食人》：“尔效驺虞护生草，岂徒柔伏在淮淝。”陈陶《寄元孚道人》：“内殿无文僧，驺虞谁能牵。”亦指驺虞图形。柳宗元《贞符》序：“而其妄臣乃下取虺蛇，上引天光，推类号休，用夸诬于无知氓。增以驺虞神鼎，胁驱纵臾，俾东之泰山石间，作大号，谓之封禅，皆《尚书》所无有。”❷古乐曲名。传为周成王因袭先王之乐而作。谭用之《寄孟进士》：“书回科斗江帆暮，曲罢驺虞海树苍。”又《寄徐拾遗》：“长竿一系白龙吟，谁和驺虞发素琴。”

【騶駕】　犹车驾。敬美之词。梁知微《入朝别张燕公》：“凫舟才结缆，驺驾已相迎。”

【驧騎】 驾驭车马的骑士。皇甫曾《送商州杜中丞赴任》："深山古驿分驺骑，芳草闲云逐隼旟。"权德舆《送韦行军员外赴河阳》："上略儒风并者稀，翩翩驺骑有光辉。"元稹《陪韦尚书丈归履信宅因赠韦氏兄弟》："紫垣驺骑入华居，公子文衣护锦舆。"姚合《送洛阳张员外》："饯客未归城，东来驺骑迎。"

騫 〔qiān《广韵》去乾切，平仙，溪。〕❶亏损。引申为崩坏。见《诗·小雅·无羊》。杜甫《观薛稷少保书画壁》："仰看垂露姿，不崩亦不骞。"见"騫崩"。❷通"騫"。飞起，飞举。韩愈《陆浑山火和皇甫湜用其韵》："视桃着花可小骞，月及申酉利复怨。"参见"騫飛""騫翥""騫騰"。❸谓地位上升。骞，通"騫"。苏颋《夜发三泉即事》："归奏丹墀左，骞能俟来哲。"❹通"愆"，过失。亦指违失。《郊庙歌辞·享节愍太子庙乐章·迎俎酌献》："嘉荐有典，至诚莫骞。"❺姓。参见"騫右丞"。

【騫右丞】 疑为骞味道。《新唐书·宰相表上》：光宅元年(684)元十月丁亥，左肃政台御史大夫骞味道检校内史、同凤阁鸾台三品。味道授御史大夫前可能历尚书右丞一职。杨炯有《和骞右丞省中暮望》。

【騫飛】 骞，通"騫"。❶飞翔。宋之问《咏省壁画鹤》："骞飞竟不去，当是恋恩波。"❷喻指地位上升。张说《同贺八送兖公赴荆州》："畴昔同声友，骞飞出凤池。"杜甫《奉贺阳城郡王太夫人恩命加邓国太夫人》："委曲承颜体，骞飞报主身。"

【騫崩】 谓亏损坍圮。郭密之《永嘉经谢公石门山作》："辍棹周气象，扪条历骞崩。"

【騫翔】 飞翔。骞，通"騫"。权德舆《数名诗》："六翮未骞翔，虞罗乃相触。"

【騫翥】 飞翔，喻指地位上升。李中《赠永真杜翱少府》："骞翥会应霄汉去，渔竿休更恋沧浪。"齐己《送刘秀才归桑水宁觐》："雁序分飞离汉口，鸰原骞翥在鳌头。"

【騫樹】 即骞林。传说中的月中树林。李商隐《寓怀》："骞树无劳援，神禾岂用耘。"

【騫騰】 ❶飞腾。骞，通"騫"。郑愔《贬降至汝州广城驿》："疲驽劳垂耳，骞腾讵矫翰。"杜甫《赠特进汝阳王二十韵》："笔飞鸾耸立，章罢凤骞腾。"❷喻地位上升。卢纶《早春游樊川野居却寄李端校书兼呈崔峒补阙司空曙主簿耿湋拾遗》："飒然成一叟，谁更慕骞腾。"杜甫《赠崔十三评事公辅》："骞腾坐可致，九万起于斯。"

【騫騫】 飞翔貌。骞，通"騫"。独孤及《代书寄上裴六冀刘二颖》："骞骞两黄鹄，何处游青冥。"

十一画

驅 〔qū《广韵》岂俱切，平虞，溪。又區遇切，去遇，溪。〕亦作"駈"。❶策马前进。韩愈《驽骥》："牵驱入市门，行者不为留。"元稹《华岳寺》："暝驱羸马频看堠，晓听鸣鸡欲度关。"白居易《奉使途中戏赠张常侍》："早风吹土满长衢，驿骑星轺尽疾驱。"孟简《咏欧阳行周事》："有客西北逐，驱马次太原。"❷泛指驱赶、赶走。杜甫《兵车行》："况复秦兵耐苦战，被驱不异犬与鸡。"卢纶《村南逢病叟》："卧驱鸟雀惜禾黍，犹恐诸孙无社钱。"白居易《与沈杨二舍人阁老同食敕赐樱桃玩物感恩因成十四韵》："驱禽养得熟，和叶摘来新。"李绅《闻里谣效古歌》："使君为我剪荆棘，使君为我驱豺狼。"❸驱除，消除。刘晏《享太庙乐章》："夙驱氛祲，天覆黎蒸。"柳宗元《饮酒》："举觞酹先酒，为我驱忧烦。"姚合《杭州观潮》："怒雪驱寒气，狂雷散大音。"王贞白《雨后从陶郎中登庾楼》："虹截半江雨，风驱大泽云。"❹行进，快速行进。孟浩然《唐城馆中早发寄杨使君》："犯霜驱晓驾，数里见唐城。"皮日休《补周礼九夏系文·九夏歌九篇》之一："勿驱勿驰，惟慎惟戒。"❺驾驭，役使。王珪《咏汉高祖》："爪牙驱信越，腹心谋张陈。"刘长卿《送李中丞之襄州》："流落征南将，曾驱十万师。"韩愈《秋怀诗十一首》之一："羲和驱日月，疾急不可恃。"亦指差遣。杜甫《赠卫八处士》："问答乃未已，驱儿罗酒浆。"❻追逐，追赶。白居易《和答诗十首·和古社》："昨夜云雨合，烈风驱迅雷。"李洞《华山》："风驱雷电临河震，鹤引神仙出月游。"贯休《古意九首》之八："常思李太白，仙笔驱造化。"❼调遣，使用。孟云卿《邺城怀古》："逸兴驱山河，雄词变云雾。"韩愈《桃源图》："南宫先生忻得之，波涛入笔驱文辞。"喻凫《赠李商隐》："羽翼恣抟扶，山河使笔驱。"❽使，致使。王建《寄汴州令狐相公》："机锁恶徒狂寇尽，恩驱老将壮心生。"权德舆《严陵钓台下作》："潜驱东汉风，日使薄者醇。"❾强迫，迫使。见"驅令"。

【驅山】 ❶见"驅石❶"。❷移山。秦韬玉《亭台》："意将画地成幽沼，势拟驱山近小台。"

【驅牛】 赶牛。戴叔伦《屯田词》："驱牛驾车入山去，霜重草枯牛冻死。"于濆《山村叟》："驱牛耕白石，课女经黄茧。"

【驅石】 ❶指神助秦始皇驱石造桥的典故。李白《古风》之四八："逐日巡海右，驱石驾沧津。"杜甫《陪李七司马皂江上观造竹桥即日成往来之人免冬寒入水》："合欢却笑千年事，驱石何时到海东。"李端《游终南山因寄苏奉礼士尊师苗员外》："童子闲驱石，樵夫乐看棋。”亦作“驅山”。庄南杰《伤歌行》：“劝君莫谩栽荆棘，秦皇虚费驱山力。”马湘《登杭州秦望山》：“秦皇谩作驱山计，沧海茫茫转更深。”❷用黄初平叱石成羊典，以咏仙事。李端《送吉中孚拜官归楚州》：“驱石不成羊，指丹空毙狗。”见“驅羊❶”。

【驅役】　驱遣役使。陆龟蒙《奉和袭美太湖诗二十首·毛公坛》：“先生盛驱役，臣伏甲与丁。”

【驅令】　强令，逼令。元稹《春六十韵》：“驱令三殿出，乞与百蛮同。”又《连昌宫词》：“驱令供顿不敢藏，万姓无声泪潜堕。”司空图《白菊杂书四首》之三：“狂才不足自英雄，仆妾驱令学贩春。”

【驅羊】　❶赶羊，驱赶羊群。用黄初平典。黄初平学道于金华山，能点石成羊。王勃《出境游山二首》之一：“驱羊先动石，走兔欲投巾。”❷牧羊。聂夷中《胡无人行》：“悠哉典属国，驱羊老一生。”❸比喻事情易办。温庭筠《醉歌》：“阿鲞光颜不识字，指麾豪俊如驱羊。”

【驅走】　驱遣奔走。王湾《晚夏马嵬卿叔池亭即事寄京都一二知己》：“才轻策疲劣，势薄常驱走。”

【驅車】　驾车，赶车。许天正《和陈元光平潮寇诗》：“抱磴从天上，驱车返岭东。”皎然《自义亭驿送李长史纵夜泊临平东湖》：“千里勤王事，驱车明月中。”李商隐《乐游原》：“向晚意不适，驱车登古原。”黄滔《贻张蠙》：“驱车先五漏，把菊后重阳。”

【驅兵】　驱遣军队。高骈《南征叙怀》：“万里驱兵过海门，此生今日报君恩。”王贞白《少年行二首》之二：“弱冠投边急，驱兵夜渡河。”

【驅妻領女】　带领妻女。无名氏《明月湖醉后蔷薇花歌》：“白发使君思帝乡，驱妻领女游花傍。”

【驅使】　❶差遣，役使。韩愈《寄卢仝》：“彼皆刺口论世事，有力未免遭驱使。”孟郊《远游》：“远行少僮仆，驱使无是非。”又《鸦路溪行呈陆中丞》：“历览道更险，驱使迹频睽。”❷调遣，使用。李咸用《读修睦上人歌篇》：“明月清风三十年，被君驱使如奴婢。”陈陶《小笛弄》：“绮席鸳鸯冷朱翠，星流露泫谁驱使。”

【驅馬】　策马奔驰。李白《白田马上闻莺》：“驱马又前去，扪心空自悲。”柳中庸《河阳桥送别》：“若傍阑干千里望，北风驱马雨萧萧。”张祜《丁巳年仲冬月江上作》：“南来驱马渡江濆，消息前年此月闻。”赵嘏《重阳日示舍弟》：“渐老向人空感激，一生驱马傍尘埃。”

【驅除】　排除，赶走。杜甫《留花门》：“中原有驱除，隐忍用此物。”吴筠《游仙二十四首》之十九：“导达三气和，驱除六天静。”无名氏《东阳夜怪诗》之八：“秋草驱除思去宇，平原毛血兴从禽。”

【驅逐】　❶驱赶，赶走。李昂《从军行》：“匈奴未灭不言家，驱逐行行边徼赊。”元结《春陵行》：“奈何重驱逐，不使存活为。”柳宗元《韦道安》：“苍黄见驱逐，谁识死与生。”无名氏《张权舆作裴度伪谣》：“非衣小儿坦其腹，天上有口被驱逐。”❷追随。李宣古《听蜀道士琴歌》：“有如驱逐太古来，邪淫辟荡贞心开。”❸追逐名利。陈子昂《感遇诗三十八首》之三二：“马上骄豪子，驱逐正蚩蚩。”

【驅將】　(—jiāng)亦作“駈將”。驱赶劫持。戎昱《听杜山人弹胡笳》：“回鹘数年收洛阳，洛阳士女皆驱将。”白居易《卖炭翁》：“一车炭，千余斤，官使驱将惜不得。”又《新乐府·新丰折臂翁》：“点得驱将何处去，五月万里云南行。”亦指强令。无名氏《五言诗》之五(外编下)：“駈将见朋友，打脊趁回来。”

【驅趁】　驱赶。杜甫《催宗文树鸡栅》：“驱趁制不禁，喧呼山腰宅。”来鹄《偶题二首》之二：“可惜青天好雷雹，只能驱趁懒蛟龙。”

【驅策】　驱使，奔走效力。骆宾王《咏怀古意上裴侍郎》：“天子未驱策，岁月几沉沦。”王湾《秋夜寓直即事怀赠萧令公裴侍郎兼通简南省诸友人》：“卑吏夙驱策，微涓效斗升。”

【驅馳】　❶策马快跑。虞世南《从军行二首》之一：“结发早驱驰，辛苦事旌麾。”皇甫冉《送谢十二判官》：“四牡驱驰千里余，越山稠叠海林疏。”韩愈《送李员外院长分司东都》：“今岁春光动，驱驰别上京。”白行简《归马华山》：“驱驰休伏皂，饮龁任依山。”❷喻奔走效劳。韦承庆《直中书省》：“昆蚑皆含养，驽骀亦驱驰。”杜甫《晴二首》之二：“回首周南客，驱驰魏阙心。”韦应物《答贡士黎逢》：“弥月旷不接，公门但驱驰。”韩愈《此日足可惜赠张籍》：“驱驰公事退，闻子适及城。”❸指挥，驱遣。拾得《诗》之三八：“本来求解脱，却见受驱驰。”李华《咏史十一首》之九：“驱驰千万众，怒目瞰中原。”❹飞扬跋扈。元结《酬孟武昌苦雪》：“奸凶正驱驰，不合问君子。”❺追逐名利。李建勋《阙下偶书寄孙员外》：“长安驱驰地，贵贱共悠悠。”❻勤苦貌。伏牛上人《三伤颂》之一：“驱驰九夏初，方产巢中卵。”又《三伤》之三：“驱驰如有萦，盘旋若遭魅。”

【驅雷擊電】　喻威力巨大。李绅《涉沅潇》：“何不驱雷击电除奸邪，可怜空作沉泉骨。”

【驅遣】　❶驱赶。寒山《诗三百三首》之一：“驱遣除恶业，归依受真性。”罗隐《鹰》：“近来脂腻足，驱遣不妨难。”吕岩《七言》之三八：“驱遣赤年耕宇宙，分张玉粒种山川。”❷驱使，差遣。王建《水夫谣》：“半夜缘堤雪和雨，受他驱遣还复去。”元稹《听庾及之弹乌夜啼引》：“谪官诏下吏驱遣，身作囚拘妻在远。”❸犹逼迫。王建《行见月》：“不缘衣食相驱遣，此身谁愿长奔波。”

【驅喝】 差遣喝令。赵抟《琴歌》:“知君立身待分义,驱喝风雷在平地。”

【驅愁】 驱除愁闷。白居易《赠东邻王十三》:“驱愁知酒力,破睡见茶功。”

【驅傳】 (—zhuàn)驾御驿站里的车。魏征《赋西汉》:“驱传渭桥上,观兵细柳屯。”徐安贞《送吕向补阙西岳勒碑》:“勒碑悬日月,驱传接云烟。”李端《送成都韦丞还蜀》:“驱传加新命,之官向旧游。”刘禹锡《送王师鲁协律赴湖南使幕》:“翩翩马上郎,驱传渡三湘。”

【驅塵】 车马奔驰,扬起尘土。形容急驰。长孙正隐《上元夜效小庾体同用春字》:“薄晚啸游人,车马乱驱尘。”

【驅駕】 驾马驱驰。吴筠《缑山庙》:“朝吾自嵩山,驱驾遵洛汭。”

【驅趨】 驱车赶路。李贺《春归昌谷》:“驱趋委憔悴,眺览强容貌。”

【驅雞】 ❶赶鸡。喻御民。韦应物《送崔押衙相州》:“驱鸡尝理邑,走马却从戎。”韦庄《赠云阳裴明府》:“暴客至今犹战鹤,故人何处尚驱鸡。”翁洮《上子男寿昌宰》:“百里江山聊展骥,九皋云月怪驱鸡。”❷赶鸡。用祝鸡翁之典,咏仙事。王维《送张道士归山》:“别妇留丹诀,驱鸡入白云。”

【驅雞吏】 指地方官吏。许浑《泛溪》:“遁迹驱鸡吏,冥心失马翁。”

【驅羸】 驾驭瘦马。刘沧《深愁喜友人至》:“不避驱羸道路长,青山同喜惜年光。”又《秋日旅途即事》:“驱羸多自感,烟草远郊平。”

【驅驅】 ❶策马奔驰。引申为奔波。欧阳詹《徐十八晦落第》:“汲汲有所为,驱驱无本情。”贯休《秋寄李频使君二首》之一:“为郎须塞诏,当路亦驱驱。”❷奔走辛劳貌。无名氏《五言白话诗》之二(外编下):“王役逼驱驱,走多换行少。”❸孜孜以求貌。罗隐《自贻》:“汉武巡游虚轧轧,秦皇吞并谩驱驱。”

【驅儺】 旧时岁春或立春迎神赛会,驱逐疫鬼。孟郊《弦歌行》:“驱傩击鼓吹长笛,瘦鬼染面惟齿白。”薛能《除夜作》:“祝寿思明圣,驱傩看鬼神。”

驃[1] 〔biāo《广韵》毗召切,去笑,並。〕黄色有白斑或黄色白鬣尾的马。岑参《卫节度赤骠马歌》:“君家赤骠画不得,一团旋风桃花色。”杜甫《徒步归行》:“妻子山中哭向天,须公枥上追风骠。”

驃[2] 〔piào《广韵》毗召切,去笑,並。〕❶马疾行貌。杜甫有《天育骠骑歌》。❷古国名。参见“驃₂國”。

【驃₂國】 古国名。在今缅甸境。元稹有《和李校书新题乐府十二首·骠国乐》。白居易《骠国乐》:“骠国乐,骠国乐,出自大海西南角。”胡直钧《太常观阅骠国新乐》:“异音来骠国,初被奉常人。”

【驃₂國樂】 (樂 yuè)来自古骠国的音乐。唐贞元十七年(801)骠国王遣使悉利移来朝贡,并献其国乐十二曲与乐工三十五人。白居易《骠国乐》:“骠国乐,骠国乐,出自大海西南角。”

【驃₂信】 古代南方诸部族的国君自称骠信,南诏亦然。《全唐诗外编下》录南诏骠信《星回节》,骠信下注:“元和后南诏君自称骠信,又称词臣为清平官。”

【驃₂騎】 ❶指汉骠骑大将军霍去病。汉霍去病征匈奴有绝幕之勋,为骠骑将军,品秩同大将军。崔融《从军行》:“临海旧来闻骠骑,寻河本自有中郎。”王维《少年行四首》之二:“出身仕汉羽林郎,初随骠骑战渔阳。”刘禹锡《咏史二首》之一:“骠骑非无势,少卿终不去。”❷古代将军名号。唐诗中借指唐将。崔湜《大漠行》:“单于犯蓟壖,骠骑略萧边。”皇甫曾《赠老将》:“白草黄云塞上秋,曾随骠骑出并州。”戎昱《桂州腊夜》:“二年随骠骑,辛苦向天涯。”❸指晋何充。曾任骠骑将军。李颀《送刘十》:“诸兄相继掌青史,第五之名齐骠骑。”❹指飞骑。杜甫有《天育骠骑歌》。

【驃₂騎大將軍】 (將 jiāng)古代将军名号。唐制骠骑大将军从一品,为武散官之最高者。白居易《母别子》:“关西骠骑大将军,去年破虏新策勋。”

【驃₂騎亭】 亭名。在今西安郊外。李白《经乱离后天恩流夜郎忆旧游书怀赠江夏韦太守良宰》:“鞍马若浮云,送余骠骑亭。”

【驃₂騎營】 泛指军营。钱起《送郑书记》:“受命麒麟殿,参谋骠骑营。”王建《别李赞侍御》:“同受艰难骠骑营,半年中听揭枪声。”皎然《送裴参军还下邳旧居》:“北望烟铺骠骑营,虏烽无火楚天晴。”

【驃₂衛】 汉骠骑大将军霍去病与大将军卫青的并称。权德舆《建除诗》:“收功轻骠卫,致埋迈黄虞。”

【驃₂樂】 (—yuè)即骠国音乐。白居易《骠国乐》:“贞元之民苟无病,骠乐不来君亦圣。骠乐骠乐徒喧喧,不如闻此刍荛言。”

驄 〔cōng《广韵》倉紅切,平東,清,〕亦作“骢”。❶青白色相杂的马。亦泛指马。高适《画马篇》:“君侯枥上骢,貌在丹青中。”韩翃《送深州吴司马归使幕》:“行骢看暮雨,归雁踏青云。”张祜《公子行》:“锦堂昼永绣帘垂,立却花骢待出时。”雍陶《少年行》:“戴铃健鹘随声下,撼佩骄骢弄影行。”❷指御史所乘之马。李颀《二妃庙送裴侍御使桂阳》:“乘骢感遗迹,一吊清川湄。”李白《至陵阳山登天柱石酬韩侍御见招隐黄山》:“天子昔避狄,与君亦乘骢。”钱起《津梁寺寻李侍御》:“骢声隔暗竹,吏事散空廊。”李频《送崔侍御书记赴山北座主尚书招辟》:“雁叫嫌冰合,驄嘶喜雪繁。”

【驄花】 指马身上青白杂毛形成的花纹。曹唐《病马五首呈郑校书章三吴十五先辈》之三:“霜侵病骨无骄气,土蚀驄花见卧痕。”

【驄花白】 即驄马,御史所骑之马。钱起《清泥驿迎献王侍御》:“仰视驄花白,多惭绶色黄。”

【驄馬】 亦作“騘馬”。❶青白色相杂的马。亦泛指马。王维《洛阳女儿行》:“良人玉勒乘驄马,侍女金盘鲙鲤鱼。”刘长卿《游休禅师双峰寺》:“相送东郊外,羞看驄马回。”李贺《浩歌》:“青毛驄马参差钱,娇春杨柳含细烟。”白居易《和敏中洛下即事》:“花园到处莺呼入,驄马游时客避行。”❷特指御史所乘之马。亦借指御史。李白《赠韦侍御黄裳二首》之二:“见君乘驄马,知上太山道。”刘商《送林衮侍御东阳秩满赴上都》:“关吏迷驄马,铜章累绣衣。”鲍溶《送罗侍御归西台》:“劝酒莲幕贵,望尘驄马高。”参见“驄馬使”。

【驄馬使】 指御史。张南史《送李侍御入茅山采药》:“聊听驄马使,却就紫阳仙。”杜易简《嘲格辅元》:“谁言驄马使,翻作蛰熊蹲。”

【驄馬郎】 亦作“騘馬郎”。指御史。岑参《送裴侍御赴岁入京》:“羡他驄马郎,元日谒明光。”白居易《酬和元九东川路诗十二首·亚枝花》:“山邮花木似平阳,愁杀多情骅马郎。”参见“驄馬使”。

【驄馬客】 指御史。李嘉祐《早秋京口旅泊章侍御寄书相问因以赠之时七夕》:“只有同时驄马客,偏宜尺牍问穷愁。”耿湋《华州客舍奉和崔端公春城晓望》:“赖逢驄马客,郢曲缓羁情。”参见“驄馬使”。

騾 〔luó《广韵》落戈切,平戈,來。〕一种哺乳动物名。公驴和母马交配所生的杂种,较驴大,毛多为黑褐色。力大寿长,一般不能生殖。李贺《马诗二十三首》之二二:“少君骑海上,人见是青骡。”元稹《望云骓马歌》:“龙腾鱼鳖啅然惊,骥肦驴骡少颜色。”雍陶《哭饶州吴谏议使君》:“神仙难见青骡事,谏议空留白马名。”张贲《奉和袭美伤开元观顾道士》:“几度吊来唯白鹤,此时乘去必青骡。”

【騾馬】 骡和马。泛指牲口。贯休《送卢舍人三首》之二:“不用觅商山皓,云深雪深骡马倒。”

驂 〔cān《广韵》倉庚切,平覃,清。〕❶驾车时位于两边的马。后泛指马或马车。杜甫《发同谷县》:“停骖龙潭云,回首白崖石。”岑参《六月三十日水亭送华阴王少府还县》:“关门劳夕梦,仙掌引归骖。”贾岛《别徐明府》:“明日疲骖去,萧条过古城。”温庭筠《经李征君故居》:“惆怅羸骖往来惯,每经门巷亦长嘶。”❷驾驭,乘。杜甫《观公孙大娘弟子舞剑器行》:“㸌如羿射九日落,矫如群帝骖龙翔。”姚鹄《送费炼师供奉赴上都》:“已同化鹤临华表,又见骖龙向玉清。”

【驂馭】 亦作“驂御”。即骖乘,陪乘或陪乘的人。陈子昂《同宋参军之问梦赵六赠卢陈二子之作》:“骖驭游青云,而我独蹭蹬。”王维《过太乙观贾生房》:“谬以道门子,征为骖御臣。”

【驂御】 见“驂馭”。

【驂駕】 驾驭。徐铉《步虚词五首》之五:“萧寥不可极,骖驾上云端。”

【驂騑】 驾在服马两侧的马。亦泛指驾车之马。宋之问《春日郑协律山亭陪宴饯郑卿同用楼字》:“尊酒东城外,骖骓南陌头。”沈佺期《李舍人山园送庞部》:“东邻借山水,南陌驻骖騑。”王维《送魏郡李太守赴任》:“故人离别尽,淇上转骖騑。”徐铉《陶使君挽歌二首》之一:“筵空收管吹,郊迥俨骖騑。”

【驂驔】 马奔驰貌。上官昭容《驾幸新丰温泉宫献诗三首》之二:“鸾旂掣曳拂空回,羽骑骖驔蹑景来。”武平一《幸梨园观打球应制》:“骖驔回上苑,蹀躞绕通沟。”张说《舞马词》之五:“击石骖驔紫燕,纵金顾步苍龙。”杜甫《醉为马坠诸公携酒相看》:“安知决臆追风足,朱汗骖驔犹喷玉。”

【驂鸞】 谓人驾驭鸾鸟之游。薛逢《汉武宫词》:“绛节几时还入梦,碧桃何处更骖鸾。”杜牧《早春阁下寓直萧九舍人亦直内署因寄书怀四韵》:“王乔在何处,清汉正骖鸾。”葛氏女《和潘雍》:“九天天远瑞烟浓,驾鹤骖鸾意已同。”

十二画

驍 〔xiāo《广韵》古晓切,平蕭,見。〕❶良马。见“驍騰”。❷勇猛,威猛。韦应物《广陵行》:“翕习英豪集,振奋士卒骁。”张建封《酬韩校书愈打球歌》:“军中伎痒骁智材,竞驰骏逸随我来。”吴筠《胡无人行》:“铁骑追骁虏,金羁讨黠羌。”

【驍將】 (—jiàng)勇猛的将领。杜牧《闻庆州赵纵使君与党项战中箭身死辄书长句》:“死绥却是古来有,骁将自惊今日无。”

【驍雄】 ❶勇猛雄武之士。张说《破阵乐词二首》之二:“少年胆气凌云,共许骁雄出群。”欧阳詹《塞上行》:“骁雄已许将军用,边塞无劳天子忧。”许浑《破北虏太和公主归宫阙》:“定是庙谟倾种落,必知边寇畏骁雄。”陆龟蒙《五歌·食鱼》:“横戈负羽正纷纷,只用骁雄不用文。”❷勇猛威武。杜甫《三绝句》之三:“殿前兵马虽骁雄,纵暴略与羌浑同。”皮日休《七爱诗·李太尉》:“骁雄十万兵,四面围国门。”

【驍騰】 谓骏马勇猛快捷。杜甫《房兵曹胡马诗》:“骁腾有如此,万里可横行。”

驚 〔jīng《广韵》舉卿切,平庚,見。〕❶马受突然的刺激而行动失常。杜甫《戏赠友二首》之二:“马惊折左臂,骨折面如墨。”又《光禄坂行》:“马惊不忧深谷坠,草动只怕长弓射。”白居易《不能忘情吟》:“衔橛之下,不惊不逸。”❷受惊,惊慌,恐惧。刘长卿《秋夜肃公房喜普门上人自阳羡山至》:“寒禽惊后夜,古木带高秋。”孟郊《分水岭别夜示从弟寂》:“赏心难久胜,离肠忽自惊。”元稹《遣病》:“以此方我病,我病何足惊。”李频《题张司马别墅》:“巢鸟恋雏惊不起,野人思酒去还来。”❸惊异,惊奇。韩愈《燕河南府秀才得生字》:“自非绝殊尤,难使耳目惊。”元稹《思归乐》:“惨舒在方寸,宠辱将何惊。”白居易《和令狐仆射小饮听阮咸》:“古调何人识,初闻满座惊。”于武陵《送客东归》:“共惊年已暮,俱向客中多。”❹使惊惶恐惧,震惊。韦承庆《江楼》:“谁惊一行雁,冲断过江云。”黄滔《寄罗浮山道者二首》之一:“时闻雷雨惊樵客,长有龙蛇护洞门。”❺迅疾。太宗《赋得浮桥》:“暂低逢辇度,还高值浪惊。”李白《春日行》:“因出天池泛蓬瀛,楼船蹙沓波浪惊。”韩愈《元和圣德诗》:“众乐惊作,轰豗融冶。”❻通“警”。警戒。参见“驚惕”。

【驚人】 使人惊奇。杜甫《江上值水如海势聊短述》:“为人性僻耽佳句,语不惊人死不休。”白居易《昨以拙诗十首寄西川杜相公相公亦以新作十首惠然报示重以一章用伸答谢》:“惊人卷轴须知有,随事文章不道无。”赵嘏《赠薛勋下第》:“一掷虽然未得卢,惊人不用绕床呼。”杜荀鹤《清溪来明府出二子请诗因遗一绝》:“珠明玉润尽惊人,不称寒门不称贫。”

【驚天】 使天惊动。形容声势浩大。姚鹄《送僧归新罗》:“惊天巨鳌斗,蔽日大鹏飞。”

【驚天動地】 形容所发生的事情极不寻常。白居易《李白墓》:“可怜荒垄穷泉骨,曾有惊天动地文。”

【驚心】 ❶惊惧的心境。刘言史《偶题二首》之二:“得罪除名谪海头,惊心无暇与身愁。”❷使内心感到惊惧或震动。窦常《途中立春寄杨郇伯》:“浪迹终年客,惊心此地春。”杜荀鹤《赠题兜率寺闲上人院》:“挂帆波浪惊心白,上马尘埃翳眼红。”詹敦仁《柳堤诗》序:“觉岁月以惊心,叹年华之暗度。”

【驚目】 令人注目。刘禹锡《洛中寺北楼见贺监草书题诗》:“偶因独见空惊目,恨不同时便伏膺。”

【驚吁】 惊叹。杜甫《别苏徯》:“十年犹塌翼,绝倒为惊吁。”

【驚忙】 急忙。杨牢《奉酬于中丞登越王楼见寄之什》:“剑外书来日,惊忙自折封。”

【驚羽】 受惊之鸟。皮日休《奉和鲁望渔具十五咏·射鱼》:“惊羽决凝碧,伤鳞浮殷红。”

【驚吹】 (一chuì)大风。李峤《刘侍读见和山邸十篇重申此赠》:“落泉奔涧响,惊吹助猿吟。”

【驚沙】 狂风吹动的沙砾。李白《古风》之六:“惊沙乱海日,飞雪迷胡天。”屈同仙《燕歌行》:“云和朔气连天黑,蓬杂惊沙散野飞。”武元衡《秋日对酒》:“惊沙犹振野,绿草生荒陂。”

【驚坐】 使在座者震动。骆宾王《春日离长安客中言怀》:“剧谈推曼倩,惊坐揖陈遵。”

【驚奔】 惊骇而奔跑。陆龟蒙《袭美先辈以龟蒙所献五百言既蒙见和复示荣唱再抒鄙怀用伸酬谢》:“惊奔失壮士,好恶随纤儿。”

【驚鳧】 受惊的野鸭。韩愈《此日足可惜赠张籍》:“平明脱身去,决若惊凫翔。”

【驚怪】 感到惊异、奇怪。刘禹锡《酬思黯见示小饮四韵》:“抛却人间第一官,俗情惊怪我方安。”元稹《红荆》:“直到孩提尽惊怪,一家同是北来人。”张碧《题祖山人池上怪石》:“参差翠缕摆不落,笔头惊怪粘秋云。”皮日休《钓侣二章》之一:“惊怪儿童呼不得,尽冲烟雨漉车螯。”

【驚怖】 惊恐。刘商《胡笳十八拍·第四拍》:“自从惊怖少精神,不觉风霜损颜色。”

【驚怕】 惊慌惧怕。杜甫《姜楚公画角鹰歌》:“梁间燕雀休惊怕,亦未抟空上九天。”李涉《岳阳别张祜》:“半夜州符唤牧童,虚教衰病生惊怕。”

【驚波】 汹涌的波浪。韦应物《送别覃孝廉》:“秭归通远徼,巫峡注惊波。”李绅《忆万岁楼望金山》:“楼高雉堞千师垒,峰拔惊波万壑攒。”陆龟蒙《奉和袭美二游诗·徐诗》:“砥柱不我助,惊波涌沦涟。”王周《岳州众湖阻风二首》之二:“偶系扁舟枕绿莎,旋移深处避惊波。”

【驚定】 ❶受惊的情绪平静下来。杜甫《羌村》之一:“妻孥怪我在,惊定还拭泪。”❷惊动禅定。薛能《赠僧》:“山灵怕惊定,不遣夜猿吟。”

【驚弦】 鸟受箭伤,遂闻弓弦声而惊惶跌落。用以喻受挫折者心有余悸,精神脆弱。陈子昂《落第西还别魏四懔》:“转蓬方不定,落羽自惊弦。”耿沣《赋得沙上雁》:“还塞知何日,惊弦乱此心。”李峤《雁》:“望月惊弦影,排云结阵行。”亦借指惊弓之鸟。柳宗元《奉酬杨侍郎丈因送八叔拾遗戏赠诏追南来诸宾二首》之一:“贞一来时送彩笺,一行归雁慰惊弦。”

【驚弦雁】 犹言惊弓之鸟。白居易《送客南迁》:“客似惊弦雁,舟如委浪萍。”

【驚春】 惊于春日突然来到。权德舆《卦名诗》:“节变忽惊春,临风骋望频。”

【驚秋】 ❶惊奇秋天蓦地来到。孟浩然《送王昌龄之岭南》:"洞庭去远近,枫叶早惊秋。"戎昱《桂城早秋》:"远客惊秋早,江天夜露新。"杨凌《江上秋月》:"惊秋黄叶遍,愁暮碧云深。"刘沧《寄远》:"西园杨柳暗惊秋,宝瑟朱弦结远愁。"❷喻迅速凋零衰败。刘氏妇《明月堂二首》之一:"蝉鬓惊秋华发新,可怜红隙尽埃尘。"

【驚骨】　谓内心极其震动。孟浩然《送从弟邕下第后寻会稽》:"落羽更分飞,谁能不惊骨。"

【驚風】　猛烈、强劲的风。袁朗《和洗掾登城南坂望京邑》:"惊风四面集,飞雪千里回。"杜甫《送高三十五书记》:"惊风吹鸿鹄,不得相追随。"皇甫冉《曾东游以诗寄之》:"惊风扫芦荻,翻浪连天白。"杜牧《中途寄友人》:"道傍高木尽依依,落叶惊风处处飞。"

【驚風驟雨】　暴风骤雨。崔道融《谢朱常侍寄贶蜀茶剡纸二首》之一:"瑟瑟香尘瑟瑟泉,惊风骤雨起炉烟。"

【驚急】　形容危急、紧急。王无竞《灭胡》:"羽书夜惊急,边柝乱传呼。"

【驚神】　内心受震动而不平静。杜甫《赠别郑链赴襄阳》:"把君诗过日,念此别惊神。"舒元舆《履春冰》:"愿坚容足分,莫使独惊神。"许棠《题金山寺》:"上穷如出世,下瞰忽惊神。"项斯《闻蝉》:"动叶复惊神,声声断续匀。"

【驚飛】　❶受惊而飞。姚伦《感秋》:"不蔽秋天雁,惊飞夜月乌。"戴叔伦《女耕田行》:"日正南冈下饷归,可怜朝雉扰惊飞。"❷指飞舞的落花。李贺《河南府试十二月乐词·四月》:"老景沉重无惊飞,堕红残萼暗参差。"

【驚起】　受惊而起。韩愈《秋怀诗十一首》之九:"惊起出户视,倚楹久汍澜。"李绅《过梅里七首·忆西湖双鸂鶒》:"渔歌惊起飞南北,缭绕追随不迷惑。"曹邺《成名后献恩门》:"忽然风雷至,惊起池中物。"

【驚恐】　惊吓恐惧。韩愈《芍药》:"觉来独对情惊恐,身在仙宫第几重。"又《去岁自刑部侍郎以罪贬潮州刺史乘驿赴任留题驿梁》:"惊恐入心身已病,扶舁沿路众知难。"

【驚破】　震破,震碎。秦系《晓鸡》:"不嫌惊破纱窗梦,却恐为妖半夜啼。"白居易《长恨歌》:"渔阳鼙鼓动地来,惊破霓裳羽衣曲。"陆龟蒙《五歌·雨夜》:"我有愁襟无可那,才成好梦刚惊破。"

【驚眠】　从熟睡中惊醒。张说《岳州守岁二首》之二:"桃枝堪辟恶,爆竹好惊眠。"

【驚烏】　受惊的乌鸦。王周《无题二首》之二:"梨花如雪已相迷,更被惊乌半夜啼。"

【驚流】　令人惊恐的激流。韦应物《西塞山》:"岚横秋塞雄,地束惊流满。"

【驚浪】　汹涌的波浪。宋务光《海上作》:"惊浪晏穷溟,飞航通绝域。"杜甫《雨二首》之一:"挂帆远色外,惊浪满吴楚。"刘禹锡《韩十八侍御见示岳阳楼别窦司直诗成六十二韵》:"北风忽震荡,惊浪迷津涘。"王周《富池口》:"短莎烟苒苒,惊浪雪漫漫。"

【驚鳴】　惊啼,惊恐地啼叫。韩愈《李花赠张十一署》:"白花倒烛天夜明,群鸡惊鸣官吏起。"

【驚動】　举动影响旁人,使吃惊或受侵扰。王维《白鼋涡》:"兽不敢惊动,鸟不敢飞鸣。"李白《洛阳陌》:"看花东陌上,惊动洛阳人。"戴叔伦《代书寄京洛旧游》:"欲寄远书还不敢,却愁惊动故乡人。"

【驚猜】　惊惧猜疑。李白《赠黄山胡公求白鹇》序:"闻黄山胡公有双白鹇,盖是家鸡所伏,自小驯狎,了无惊猜。"刘禹锡《白鹰》:"毛羽犏斓白纻裁,马前擎出不惊猜。"孟郊《济源春》:"朴童茂言语,善俗无惊猜。"李商隐《正月崇让宅》:"蝙拂帘旌终展转,鼠翻窗网小惊猜。"

【驚鳥】　❶受惊之鸟。李频《山中夜坐》:"戏鱼重跃定,惊鸟却栖难。"❷使鸟受惊。张蠙《宿山驿》:"月白翻惊鸟,云闲欲就人。"

【驚訝】　惊奇,惊异。殷尧藩《同州端午》:"儿童见说深惊讶,却问何方是故乡。"张祜《谢高燕公惠生衣》:"高公宠赐白衣裳,惊讶灾天雪满箱。"褚载《鹤》:"沙鸥浦雁应惊讶,一举扶摇直上天。"崔橹《过南城县麻姑山》之一:"惊讶昔人曾羽化,此中争不接瑶台。"

【驚愕】　感到吃惊而发愣。韦元甫《木兰歌》:"惊愕不敢前,叹息徒嘻吁。"

【驚惕】　❶惊惧。萧颖士《仰答韦司业垂访五首》之一:"俯仰转惊惕,裴回独忧煎。"孟郊《游韦七洞庭别业》:"山深有变异,意惬无惊惕。"❷警觉。李白《泾溪南蓝山下寄何判官昌浩》:"恨君阻欢游,使我自惊惕。"

【驚惋】　惊讶叹惜。韩愈《石鼎联句》序:"二子惊惋自责,若有失者。"

【驚張】　震惊张皇。王建《山中惜花》:"寻觅风来处,惊张夜落时。"卢仝《自咏三首》之三:"愚公只公是,不用谩惊张。"

【驚喜】　又惊又喜。李白《江夏赠韦南陵冰》:"宁期此地忽相遇,惊喜茫如堕烟雾。"刘禹锡《李贾二大谏拜命后寄杨八寿州》:"谏省新登二直臣,万方惊喜捧丝纶。"李逢吉《酬致政杨祭酒见寄》:"十载别离那可道,倍令惊喜见来篇。"薛逢《送同年郑祥先辈归汉南》:"年来惊喜两心知,高处同攀次第枝。"

【驚聒】　鸟受惊而鸣叫。孟浩然《早发渔浦潭》:"东旭早光芒,渚禽已惊聒。"

【驚雁】　受惊之雁。太宗《帝京篇十首》之三:

"惊雁落虚弦，啼猿悲急箭。"

【驚嗟】 惊叹。李白《代佳人寄翁参枢先辈》："等闲经夏复经寒，梦里惊嗟岂暂安。"

【驚遁】 惊慌逃遁。韩愈《送僧澄观》："影沉潭底龙惊遁，当昼无云跨虚碧。"

【驚禽】 受惊的禽鸟。太宗《重幸武功》："代马依朔吹，惊禽愁昔丛。"袁朗《秋夜独坐》："危弦断客心，虚弹落惊禽。"李商隐《宿晋昌亭闻惊禽》："羁绪鳏鳏夜景侵，高窗不掩见惊禽。"

【驚惶】 震惊惶恐。杜甫《火》："旧俗烧蛟龙，惊惶致雷雨。"

【驚湍】 急流，湍急的水流。李颀《裴尹东溪别业》："别墅临都门，惊湍激前后。"韦应物《还阙首途寄精舍亲友》："山泽含余雨，川涧注惊湍。"皇甫冉《赋得荆溪夜湍送蒋逸人归义兴山》："惊湍流不极，夜度识云岑。"刘禹锡《武陵书怀五十韵》："高岸朝霞合，惊湍激箭奔。"

【驚湍怒濤】 犹惊涛骇浪。徐光溥《题黄居寀秋山图》："孙位画水多汹涌，惊湍怒涛人见恐。"

【驚湃】 惊涛。韩愈、孟郊《雨中寄孟刑部几道联句》："气涵秋天河，有朗无惊湃。"

【驚魂】 魂魄受惊。亦指受惊的神志。武元衡《送寇侍御司马之明州》："斗酒上河梁，惊魂去越乡。"朱庆余《酬萧员外见寄》："九霄示路空知感，十上惊魂尚未回。"赵嘏《昔昔盐二十首·惊魂同夜鹊》："思君常入梦，同鹊屡惊魂。"薛能《黄河》："雨吟堪极目，风度想惊魂。"

【驚蓬】 疾飞的断蓬。喻行迹不定。袁朗《赋饮马长城窟》："日落寒风起，惊蓬被原隰。"权德舆《送张曹长工部大夫奉使西番》："塞云凝废垒，关月照惊蓬。"孟郊《张徐州席送岑秀才》："羁鸟无定栖，惊蓬在他乡。"李商隐《东下三旬苦于风土马上戏作》："路绕函关东复东，身骑征马逐惊蓬。"

【驚夢】 惊醒睡梦。韦庄《和郑拾遗秋日感事一百韵》："惊梦缘攲枕，多吟为倚廊。"皇甫镛《和武相公闻莺》："不知台座宵吟久，犹向花窗惊梦声。"

【驚楊葉】 形容射艺精湛。李商隐《偶成转韵七十二句赠四同舍》："武威将军使中侠，少年箭道惊杨叶。"

【驚憂】 惊恐忧愁。韦庄《秦妇吟》："一从陷贼经三载，终日惊忧心胆碎。"

【驚電】 迅疾的闪电。太宗《经破薛举战地》："移锋惊电起，转战长河决。"李白《出自蓟北门行》："羽书速惊电，烽火昼连光。"

【驚雷】 使人震惊的雷声。白居易《和春深二十首》之十三："曳练驰千马，惊雷走万车。"

【驚跳】 因受惊而跳跃。元稹《和李校书新题乐府十二首·缚戎人》："烟尘乱起无亭燧，主帅惊跳弃旄钺。"

【驚魄】 受惊的神态。孟郊《上昭成阁不得于从侄僧悟空院叹嗟》："手手把惊魄，脚脚踏坠魂。"

【驚煙】 指烽火。李贺《上之回》："天高庆雷齐坠地，地无惊烟海千里。"

【驚塵】 车马疾驰时扬起的尘土。戴叔伦《奉天酬别郑谏议云逵卢拾遗景亮见别之作》："骏马帐前发，惊尘路傍起。"陈去疾《塞下曲》："晓来重上关城望，惟见惊尘不见家。"

【驚疑】 惊奇疑惑。白居易《哭王质夫》："惊疑心未信，欲哭复踟蹰。"又《因梦有悟》："一夕三改变，梦心不惊疑。"李商隐《赠送前刘五经映三十四韵》："惊疑豹文鼠，贪窃虎皮羊。"

【驚潮】 汹涌的潮水。徐钓者《自吟》："曾见秦皇架石桥，海神忙迫涨惊潮。"

【驚懅】 惊慌焦急。寒山《诗三百三首》之六三："若人逢鬼魅，第一莫惊懅。"

【驚駭】 惊慌害怕。张直《宿顾城二首》之二："惊骇问主人，为我剖荒迷。"

【驚蟄】 农历二十四节气之一。在公历3月5日、6日或7日。此时气温上升，土地解冻，蛰伏过冬的动物惊起活动，故名。韦应物《观田家》："微雨众卉新，一雷惊蛰始。"贾岛《义雀行和朱评事》："玄鸟雄雌俱，春雷惊蛰余。"

【驚矯】 受惊而奔跑。李白《天马歌》："天马奔，恋君轩，駷跃惊矫浮云翻。"

【驚鴻】 ❶惊飞的鸿雁。李绅《泛五湖》："依滩落叶聚，立浦惊鸿散。"皮日休《正乐府十篇·路臣恨》："十夫掣鞭策，御之如惊鸿。"唐彦谦《洛神》："惊鸿瞥过游龙去，漫恼陈王一事无。"❷形容美女轻盈优美的舞姿。刘禹锡《泰娘歌》："舞学惊鸿水榭春，歌传上客兰堂暮。"又《酬窦员外郡斋宴客偶命柘枝因见寄》："彩笔谕戎矜倚马，华堂留客看惊鸿。"李群玉《长沙九日登东楼观舞》之二："唯愁捉不住，飞去逐惊鸿。"❸借指体态轻盈的美女或旧爱。韦应物《冬夜》："晚岁沦夙志，惊鸿感深哀。"又《秋夜二首》之二："朔风中夜起，惊鸿千里来。"

【驚濤】 震慑人心的波涛。杨师道《奉和圣制春日望海》："落日惊涛上，浮天骇浪长。"李白《当涂赵炎少府粉图山水歌》："惊涛汹涌向何处，孤舟一去迷归年。"徐凝《观浙江涛》："浙江悠悠海西绿，惊涛日夜两翻覆。"陆龟蒙《归雁》："月岛聚栖防暗缴，风滩斜起避惊涛。"

【驚爆】 谓吵闹。韩愈《答柳柳州食虾蟆》："叵堪朋类多，沸耳作惊爆。"

【驚蹶】 惊慌颠扑。陆龟蒙《奉酬袭美先辈吴中苦雨一百韵》："幽忧和愤懑，忽愁自惊蹶。"贯休《战城南二首》之二："碛中有阴兵，战马时惊蹶。"

【驚覺】 受惊致睡醒。白居易《初丧崔儿报微之晦叔》："蝉老悲鸣抛蜕后，龙眠惊觉失珠时。"李涉《遇湖州妓宋态宜二首》之一："当时惊觉高唐梦，唯有如今宋玉知。"张碧《美人梳头》："玉容惊觉浓睡醒，圆蟾挂出妆台表。"罗虬《比红儿诗》之二七："槛外花低瑞露浓，梦魂惊觉晕春容。"

【驚鵩鳥】 表示对命运的忧伤感慨。白居易《端居咏怀》："斜日早知惊鵩鸟，秋风悔不忆鲈鱼。"钱珝《江行无题一百首》之六九："谁能惊鵩鸟，作赋为沙鸥。"

【驚飄】 急速飘落。韩愈《春雪》："弄闲时细转，争急忽惊飘。"

【驚瀾】 汹涌的波浪。薛逢《上吏部崔相公》："龙门曾共战惊澜，雷电浮云出浚湍。"

【驚飆】 狂风，突发的暴风。陆敬《巫山高》："悬崖激巨浪，脆叶陨惊飙。"李白《赠宣城赵太守悦》："惊飙颓秀木，迹屈道弥敦。"白居易《病中诗十五首·枕上作》："浩气自能充静室，惊飙何必荡虚舟。"李商隐《送从翁从东川弘农尚书幕》："是非过别梦，时节惨惊飙。"

【驚懼】 惊慌害怕。陆龟蒙《江南秋怀寄华阳山人》："惊惧疑凋朽，功勤过屑琼。"

【驚飍】 大风。韦应物《拟古诗十二首》之三："世人不自悟，驰谢如惊飍。"

驔 〔diàn《广韵》徒玷切，上忝，定。〕马奔跑貌。参见"騕驔"。

驕 〔jiāo《广韵》舉喬切，平宵，見。〕❶马健壮貌。李白《胡无人》："严风吹霜海草凋，筋干精坚胡马骄。"韦庄《丙辰年鄜州遇寒食城外醉吟五首》之四："马骄风疾玉鞭长，过去唯留一阵香。"又《东林寺再遇僧益大德》："见师初事懿皇朝，三殿归来白马骄。"❷泛指壮健。王昌龄《城傍曲》："秋风鸣桑条，草白狐兔骄。"高适《赠别王十七管记》："星高汉将骄，月盛胡兵锐。"元稹《痁卧闻幕中诸公征乐会饮因有戏呈三十韵》："鼠骄衔笔砚，被冷束筋骸。"韦庄《和郑拾遗秋日感事一百韵》："鸟怪巢宫树，狐骄上苑墙。"❸指马不受控制、不驯服。崔国辅《长乐少年行》："遗却珊瑚鞭，白马骄不行。"❹骄傲，骄纵。杜甫《寄董卿嘉荣十韵》："会取干戈利，无令斥候骄。"皎然《从军行五首》之二："战苦军犹乐，功高将不骄。"白居易《送王处士》："主人贵且骄，待客礼不足。"韦庄《虢州涧东村居作》："儿童见少生于客，奴仆骄多倨似兄。"❺旺盛，强烈。韩愈《崔十六少府摄伊阳以诗及书见投因酬三十韵》："岁穷寒气骄，冰雪滑磴栈。"武元衡《秋夜雨中怀友》："庭空雨鸣骄，天寒雁啼苦。"❻欢快。杜牧《宣州送裴坦判官往舒州时牧欲赴官归京》："日暖泥融雪半销，行人芳草马声骄。"韦庄《三堂早春》："独倚危楼四望遥，杏花春陌马声骄。"❼通"嬌"。宠爱，娇惯。韩愈《此日足可惜赠张籍》："骄儿未绝乳，念之不能忘。"❽天骄，匈奴自称天之骄子。李适《奉和幸望春宫送朔方军大总管张仁亶》："地限骄南牧，天临饯北征。"

【驕人】 傲视别人。陈子昂《秋日遇荆州府崔兵曹使宴》序："若夫尊卑位隔，荣贱途分，使卿士大夫，倚轩裳而傲物，山栖木食，负林壑而骄人。"周昙《咏史诗·春秋战国门·田子方》："贱贫骄物贫终在，富贵骄人贵必隳。"

【驕子】 指胡人。杨炯《奉和上元酺宴应诏》："骄子起天街，由来亏礼乐。"万齐融《仗剑行》："胡骄子，当见旄头蚀应死。"张仲素《王昭君》："仙娥今下嫁，骄子自同和。"

【驕王】 (—wàng)兴旺茂盛。孟郊《夜忧》："蒿蔓转骄王，菱荇减婵娟。"

【驕行】 (—xíng)以雄健姿态行进。李白《陌上赠美人》："骏马骄行踏落花，垂鞭直拂五云车。"

【驕佚】 见"驕逸"。

【驕冷奢涼】 犹言特凉冷。贯休《苦热寄赤松道者》："涧茗园瓜曲尘色，骄冷奢凉合相忆。"

【驕侈】 骄纵奢侈。韦应物《金谷园歌》："当时豪右争骄侈，锦为步障四十里。"徐夤《骄侈》："骄侈阽危俭素牢，镜中形影岂能逃。"苏拯《明禁忌》："我识先贤意，本诫骄侈地。"

【驕肥】 雄健肥壮。李山甫《兵后寻边三首》之三："风怒边沙迸铁衣，胡儿胡马正骄肥。"

【驕兒】 骄子。对子女的爱称。杜甫《茅屋为秋风所破歌》："布衾多年冷似铁，骄儿恶卧踏里裂。"韩愈《此日足可惜赠张籍》："骄儿未绝乳，念之不能忘。"李商隐《骄儿诗》："衮师我骄儿，美秀乃无匹。"冯著《燕衔泥》："豪家大屋尔莫居，骄儿少妇采尔雏。"

【驕荒】 骄纵荒淫。元结《二风诗·乱风诗五篇·至乱》："中世失国，岂非骄荒。"

【驕易】 傲慢轻视。范质《诫儿侄八百字》："怡怡奉亲长，不敢生骄易。"

【驕悋】 骄傲而吝啬。张说《赠别杨盈川炯箴》："才勿骄悋，政勿烦苛。"

【驕盈】 骄傲自满。元稹《酬段丞与诸棋流会宿弊居见赠二十四韵》："善败虽称怯，骄盈最易欺。"

【驕矜】 骄傲自负。乔知之《绿珠篇》:“意气雄豪非分理,骄矜势力横相干。”李白《少年行》:“骄矜自言不可有,侠士堂中养来久。”元稹《春六十韵》:“贵主骄矜盛,豪家恃赖雄。”周昙《咏史诗·春秋战国门·冯欢》:“兔窟穿成主再兴,辈流狐伏敢骄矜。”

【驕馬】 壮健的马,骏马。白居易《武丘寺路》:“银勒牵骄马,花船载丽人。”李山甫《公子家二首》之一:“锦袖妒姬争巧笑,玉衔骄马索闲游。”吕岩《敲爻歌》:“腰间跨玉骑骄马,瞥见如同隙里尘。”

【驕氣】 ❶骄纵的气势。李贺《送秦光禄北征》:“髯胡频犯塞,骄气似横霓。”❷壮健昂扬的气势。曹唐《病马五首呈郑校书章三吴十五先辈》之三:“霜侵病骨无骄气,土蚀骢花见卧痕。”

【驕倨】 傲慢不恭。皎然《戏赠吴冯》:“贵义轻财求俗誉,一钱与人便骄倨。”

【驕奢】 骄横奢侈。王维《洛阳女儿行》:“狂夫富贵在青春,意气骄奢剧季伦。”元稹《代曲江老人百韵》:“出入张公子,骄奢石季伦。”邵谒《金谷园怀古》:“在富莫骄奢,骄奢多自亡。”周昙《咏史诗·六朝门·宣帝》:“宣帝骄奢恣所为,后宫升降略无时。”

【驕崇】 骄傲自大。刘言史《苦妇词》:“地远易骄崇,用刑匪精研。”

【驕陽】 强烈的阳光。李白《感时留别从兄徐王延年从弟延陵》:“骄阳何太赫,海水烁龙龟。”杜甫《阻雨不得归瀼西甘林》:“三伏适已过,骄阳化为霖。”元稹《解秋十首》之四:“云色日夜白,骄阳能几何。”白居易《赠韦处士六年夏大热旱》:“骄阳连毒暑,动植皆枯槁。”

【驕逸】 亦作“驕佚”。❶骄纵安逸。苏拯《西施》:“吴王从骄佚,天产西施出。”❷骄纵放肆。聂夷中《公子行二首》之一:“汉代多豪族,恩深益骄逸。”

【驕頑】 幼稚可爱的顽童。骄,通“嬌”。元稹《台中鞫狱忆开元观旧事呈损之兼赠周兄四十韵》:“怪我久不识,先来问骄顽。”

【驕虜】 强悍的敌虏。沈佺期《王昭君》:“薄命由骄虏,无情是画师。”王维《李陵咏》:“将令骄虏灭,岂独名王侍。”严武《军城早秋》:“更催飞将追骄虏,莫遣沙场匹马还。”刘长卿《王昭君歌》:“上马辞君嫁骄虏,玉颜对人啼不语。”

【驕鄙】 骄纵而鄙视人。吴融《祝风三十二韵》:“不敢务有余,有余必骄鄙。”

【驕愛】 宠爱。骄,通“嬌”。陈子昂《感遇诗三十八首》之二三:“何知美人意,骄爱比黄金。”

【驕餌】 骄君之饵。喻指爵禄。骆宾王《夏日游德州赠高四》:“骄饵去易论,忌途良可畏。”又《幽縶书情通简知己》:“一命沦骄饵,三缄慎祸胎。”

【驕豪】 骄矜纵恣。陈子昂《感遇诗三十八首》之三二:“马上骄豪子,驱逐正蚩蚩。”杜甫《惜别行送刘仆射判官》:“俸钱时散士子尽,府库不为骄豪虚。”

【驕横】 (—hèng)骄傲专横。郑嵎《津阳门诗》:“相君侈拟纵骄横,日从秦虢多游嬉。”

【驕戰】 恃强而战。高适《自淇涉黄河途中作十三首》之十二:“力争固难恃,骄战曷能久。”

【驕騃】 谓儿童天真可爱而不懂事。骄,通“嬌”。白居易《吾雏》:“抚养虽骄騃,性识颇聪明。”

【驕獰】 骄纵凶恶。贯休《观怀素草书歌》:“天马骄狞不可勒,东却西,南又北,倒又起,断复续。”

【驕蹇】 傲慢,不顺从。李白《玉真公主别馆苦雨赠卫尉张卿二首》之二:“稷契和天人,阴阳乃骄蹇。”杜甫《种莴苣》:“阴阳一错乱,骄蹇不复理。”

【驕縱】 骄傲放纵。元稹《寄吴士矩端公五十韵》:“伯舅各骄纵,仁兄未摧抑。”

【驕癡】 天真可爱而不懂事。骄,通“嬌”。宋之问《放白鹇篇》:“著书晚下麒麟阁,幼稚骄痴候门乐。”亦指动物娇憨的样子。元稹《连昌宫词》:“荆榛栉比塞池塘,狐兔骄痴缘树木。”

【驕驄】 健壮的马。泛指骏马。孟宾于《公子行》:“不识农夫辛苦力,骄骢蹋烂麦青青。”

【驕驂】 健壮的马。泛指骏马。黄损《公子行》:“春草绿绵绵,骄骖骤暖烟。”

【驕驤】 马首仰举貌。陆龟蒙《开元杂题七首·舞马》:“月窟龙孙四百蹄,骄骧轻步应金鞞。”

驎 〔lín《广韵》力珍切,平真,來。〕同“麟”。参见“騏驎”。

【驎虎】 麒麟和老虎。贯休《送颢雅禅师》:“芬陀利香释驎虎,幡幢冒雪争迎取。”

騳 〔zhàn《字汇》鉏版切。〕骑马或其他牲畜不加鞍辔。参见“騳騎”。

【騳騎】 谓未加鞍辔的马。令狐楚《年少行四首》之一:“少小边州惯放狂,騳骑蕃马射黄羊。”

十三画

驝 〔méng《广韵》莫紅切,平東,明。〕驴子。杜甫《往在》:“合昏排铁骑,清旭散锦驝。”全诗校:“《广韵》:‘驴子曰驝。’禄山陷两京,以橐驼运御府珍宝,故云。”

驛 〔yì《广韵》羊益切,入昔,以。〕❶驿马。刘禹锡《崔元受少府自贬所还遗山姜花以诗答之》:“传名入帝里,飞驿辞天涯。”又《送工部张侍郎入蕃吊祭》:“路因乘驿近,志为饮冰坚。”❷驿站。岑参《初过陇山途中呈宇文判官》:“一驿过一驿,驿骑如星流。”王建《汴路水驿》:“晚泊水边驿,柳塘初起风。”崔峒《送韦八少府判官归东京》:“清淮水急桑林晚,古驿霜多柿叶寒。”刘言史《泊花石浦》:“杜鹃啼断回家梦,半在邯郸驿树中。”刘沧《秋日旅途即事》:“渡边寒水驿,山下夕阳城。”❸驿道。崔颢《送单于裴都护赴西河》:“汉驿通烟火,胡沙乏井泉。”❹计算驿路长度的单位,两个驿站之间的路程为一驿。白居易《缚戎人》:“身被金创面多瘠,扶病徒行日一驿。”又《奉使途中戏赠张常侍》:“共笑篮舁亦称使,日驰一驿向东都。”❺通“繹”。络绎不绝,持续不断。赵居贞《云门山投龙诗》:“玉策奉诚信,仙佩俟奔驿。”参见“驛驛”。

【驛吏】 驿站的胥吏。严维《酬耿拾遗题赠》:“掩扉常自静,驿吏忽传呼。”戎昱《送辰州郑使君》:“惊魂随驿吏,冒暑向炎方。”皎然《送乌程李明府得陟状赴京》:“驿吏满江城,深仁见此情。”李绅《欲到西陵寄王行周》:“驿吏递呼催下缆,棹郎闲立道齐桡。”

【驛帆】 驿船。岑参《奉送李宾客荆南迎亲》:“驿帆湘水阔,客舍楚山稀。”

【驛步】 水驿的停船处。韩偓《汉江行次》:“沙头有庙青林合,驿步无人白鸟飞。”韩偓又有《驿步》。司空图《杂题九首》之六:“驿步堤萦阁,军城鼓振桥。”

【驛使】 传递公文、书信的人。丘为《冬至下寄舍弟时应赴入京》:“江南驿使不曾断,迎前为尔非春衣。”李白《子夜吴歌·冬歌》:“明朝驿使发,一夜絮征袍。”盛小丛《突厥三台》:“日旰山西逢驿使,殷勤南北送征衣。”徐夤《览柳浑汀洲采白蘋之什因成一章》:“天远有书随驿使,夜长无烛照寒机。”

【驛亭】 驿站所设供旅客止息的亭阁。李白《金陵白下亭留别》:“驿亭三杨树,正当白下门。”杜甫《秦州杂诗二十首》之九:“今日明人眼,临池好驿亭。”白居易《蓝桥驿见元九诗》:“每到驿亭先下马,循墙绕柱觅君诗。”徐铉《常州驿中喜雨》:“远寻南亩去,细入驿亭来。”

【驛門】 驿站之门。王昌龄《九江口作》:“驿门是高岸,望尽黄芦洲。”刘禹锡《送赵中丞自司金郎转官参山南令狐仆射幕府》:“驿门临白草,县道入黄花。”

【驛馬】 驿站所供应的马。供传递公文者及来往官员使用。韩愈《奉使常山早次太原呈副使吴郎中》:“翩翩走驿马,春尽是归期。”鲍溶《塞下》:“咸阳三千里,驿马如饥鹰。”

【驛舫】 即驿船。岑参《送樊侍御使丹阳便觐》:“驿舫江风引,乡书海雁催。”又《送羽林长孙将军赴歙州》:“驿舫宿湖月,州城浸海云。”张籍《送侯判官赴广州从军》:“驿舫过江分白堠,戍亭当岭见红幡。”白居易《想东游五十韵》:“驿舫妆青雀,官槽秣紫骝。”

【驛船】 驿站所用的船。王建《水夫谣》:“苦哉生长当驿边,官家使我牵驿船。”令狐楚《发潭州寄李宁常侍》:“更过长沙去,江风满驿船。”白居易《江州赴忠州至江陵已来舟中示舍弟五十韵》:“箳星州乘送,艖艓驿船迎。”

【驛馭】 驾乘驿马。杨凭《送别》:“江岸梅花雪不如,看君驿驭向南徐。”

【驛堠】 古代筑在驿道旁用以计里程的土坛。李郢《平望驿感先辈李从实处士周铁二故人》:“芦苇风多驿堠长,昔年携手上河梁。”

【驛程】 路程。王建《过喜祥山馆》:“夜过深山算驿程,三回黑地听泉声。”

【驛道】 我国古代修筑的为传车、驿马通行的大道,沿途设有驿站。孙逖《扬子江楼》:“驿道青枫外,人烟绿屿间。”严维《剡中赠张卿侍御》:“千夫驰驿道,驷马入家山。”杜甫《秦州杂诗二十首》之三:“州图领同谷,驿道出流沙。”杨巨源《同赵校书题普救寺》:“尘光分驿道,岚色到人烟。”

【驛路】 驿道,大道。李颀《送钱子入京》:“驿路清霜下,关门黄叶稀。”白居易《和答诗十首·和思归乐》:“荆州又非远,驿路半月程。”姚合《送宋慎言》:“驿路多连水,州城半在云。”韦庄《南阳小将张彦硖口镇税人场射虎歌》:“关东驿路多丘荒,行人最忌税人场。”

【驛鞍】 驿马。宋之问《早发大庾岭》:“晨跻大庾险,驿鞍驰复息。”

【驛樓】 驿站的楼房。孟浩然《夜泊宣城界》:“西塞沿江岛,南陵问驿楼。”独孤及《东平蓬莱驿夜宴平卢杨判官醉后赠别姚太守置酒留宴》:“驿楼涨海壖,秋月寒城边。”裴夷直《八月十五日夜》:“去年今夜在商州,还为清光上驿楼。”刘沧《送元叙上人归上党》:“溪边残垒空云木,山上孤城对驿楼。”

【驛樹】 驿路旁所种的树。杜甫《龙门》:“龙门横野断,驿树出城来。”刘言史《泊花石浦》:“杜鹃啼断回家梦,半在邯郸驿树中。”齐己《送人赴举》:“驿树秋声健,行衣雨点斑。”

【驛橋】 驿路上的桥。李益《逢归信偶寄》:“乡关若有东流信,遣送扬州近驿桥。”徐铉《又绝句寄题毗陵驿》:“为向驿桥风月道,舍人髭鬓白千茎。”

【驛燈】 驿站的灯火。林宽《送升道靖恭相公分司》:“星沉关锁冷,鸡唱驿灯残。”

【驛牆】 驿舍的围墙。温庭筠《商山早行》:“槲叶落山路,枳花明驿墙。”王周《大石岭驿梅花》:“半出驿墙谁画得，雪英相倚两三枝。”

【驛騎】 ❶驿马。王泠然《汴堤柳》：“驿骑征帆损更多，山精野魅藏应老。”岑参《初过陇山途中呈宇文判官》：“一驿过一驿，驿骑如星流。”舒元舆《桥山怀古》：“我乘驿骑到中部，古闻此地为渠搜。”李郢《茶山贡焙歌》：“万人争啖春山摧，驿骑鞭声砉流电。”❷驿使，乘马送人、传递公文的人。杜甫《逢唐兴刘主簿弟》：“剑外官人冷，关中驿骑疏。”刘禹锡《平齐行二首》之一：“驿骑函首过黄河，城中无贼天气和。”白居易《劝酒十四首·何处难忘酒七首》之七：“赦书逢驿骑，贺客出都门。”

【驛驛】 持续不断。驿，通“繹”。孟郊《读经》：“驿驿不开手，铿铿闻异铃。”

驗〔yàn《广韵》魚窆切，去艷，疑。〕❶验证，证实。吴筠《览古十四首》之一：“乃验经籍道，与世同屯夷。”徐贤妃《秋风函谷应诏》：“此时飘紫气，应验真人还。”李德裕《重忆山居六首·漏潭石》：“及此闻溪漏，方欣验尾闾。”韩愈、孟郊《雨中寄孟刑部几道联句》：“何以验高明，柔中有刚夬。”❷知晓，懂得。杜甫《月三首》之二：“必验升沉体，如知进退情。”又《陪王使君晦日泛江就黄家亭子二首》：“稍知花改岸，始验鸟随舟。”柳宗元《游南亭夜还叙志七十韵》：“鹿鸣验食野，鱼乐知观濠。”韩偓《闲兴》：“影重验花密，滴稀知酒清。”❸检验，考查。明皇《端午三殿宴群臣探得神字》序：“何止柏枕桃门，验方术于经记；彩花命缕，观问遗于风俗。”韩愈《和侯协律咏笋》：“验长常携尺，愁干屡侧盆。”权德舆《和王侍郎病中领度支烦迫之余过西园书堂闲望》：“中邦均禹贡，上药验桐君。”李群玉《杜门》：“世路变陵谷，时情验友朋。”❹效验，效果。韩翃《赠张道者》：“玉粒指应久，丹砂验不微。”❺显现好的兆头。张说《奉和圣制野次喜雪应制》：“欲验丰年象，飘摇仙藻来。”韩愈《赴江陵途中寄三学士》：“积雪验丰熟，幸宽待蚕辨。”❻灵验。韩愈《喜侯喜至赠张籍张彻》：“逢神多所祝，岂忘灵即验。”薛能《升平词十首》之八：“君看圣明验，只此是神龟。”温庭筠《马嵬驿》：“返魂无验青烟灭，埋血空生碧草愁。”李咸用《西门行》：“汉高偶试神蛇验，武王龟筮惊人险。”

【驗方】 临床经验证明确疗效的现成的药方。元稹《虫豸诗·巴蛇》序：“验方云：攻巨蟒用雄黄烟，被其脑则裂。”

驌〔sù《广韵》息逐切，入屋，心。〕参见“驌驦”。

【驌驦】 亦作“驌驋”。良马名。见《后汉书·马融传》。亦泛指骏马。徐彦伯《饯唐州高使君赴任》：“驌驦已踯躅，鸟隼方葳蕤。”杜甫《沙苑行》：“驌驦一骨独当御，春秋二时归至尊。”刘禹锡《洛中送崔司业使君扶侍赴唐州》：“风鸣驌驦马，日照老莱衣。”韦庄《和郑拾遗秋日感事一百韵》：“汉路闲鹏鹗，云衢驻驌驦。”

【驌驦陂】 地名。故址在今湖北随州市西北。周昙有《咏史诗·驌驦陂》咏其事。

【驌驦坂】 地名。在今湖北江陵县。杜牧有《驌驦坂》。

十四画

驟〔zhòu《广韵》鋤祐切，去宥，崇。〕❶马奔驰、疾走。戎昱《塞下曲》之二：“上山望胡兵，胡马驰骤速。”韩愈《南山诗》：“或翩若船游，或决若马骤。”白居易《有小白马乘驭多时湓然而毙足可惊伤不能忘情题二十韵》：“能骤复能驰，翩翩白马儿。”张祜《观徐州李司空猎》：“红旗开向日，白马骤迎风。”❷使马奔驰，纵马。参见“驟馬”。❸疾速，急促。元稹《送王十一南行》：“离心讵几许，骤若移寒温。”张祜《投河阳石仆射》：“雪霜齐擐甲，风雨骤扬兵。”林宽《苦雨》：“骤洒纤枝折，奔倾坏堵平。”黄滔《寄同年封舍人渭》：“唐城接轸赴秦川，忧合欢离骤十年。”亦指匆忙。李商隐《行至金牛驿寄兴元渤海尚书》：“深惭走马金牛路，骤和陈王白玉篇。”❹副词。(1)屡次。储光羲《奉别长史庾公太宗徐公应召》：“方伯骤勤王，杞人亦忧天。”李华《咏史十一首》之二：“单于骤款塞，武库欲销兵。”李白《留别曹南群官之江南》：“东流送白日，骤歌兰蕙芳。”孟郊《溧阳秋霁》：“旧识半零落，前心骤相乖。”(2)突然。杜甫《雨》：“骤看浮峡过，密作渡江来。”

【驟雨】 暴雨。孟浩然《登龙兴寺阁》：“骤雨一阳散，行舟四海来。”耿湋《与清江上人及诸公宿李八昆季宅》：“惊风林果少，骤雨砌虫稀。”马戴《楚江怀古三首》之三：“野风吹蕙带，骤雨滴兰桡。”曹松《石头怀古》：“松声骤雨足，几寺晚钟闻。”

【驟馬】 使马奔驰，纵马。卢纶《送黎燧尉阳翟》：“列筵青草偃，骤马绿杨开。”杨巨源《观打球有作》：“亲扫球场如砥平，龙骧骤马晓光晴。”司空图《南北史感遇十首》之十：“无穷红艳红尘里，骤马分香散入营。”

【驟勝】 多次胜利。储光羲《哥舒大夫颂德》：“嘉谋即天意，骤胜由师贞。”

【驟聞】 突然听说。储光羲《同诸公秋日游昆明池思古》：“骤闻汉天子，征彼西南夷。”

十六画

驥 〔jì《广韵》几利切，去至，見。〕❶骏马。许圉师《咏牛应制》："逸足还同骥，奇毛自偶麟。"李白《上崔相百忧章》："骥不骤进，麟何来哉。"李贺《吕将军歌》："西郊寒蓬叶如刺，皇天新栽养神骥。"韦庄《三用韵》："鸳鸾方翙翙，骅骥整骎骎。"❷良马。杜甫《入奏行赠西山检察使窦侍御》："窦侍御，骥之子，凤之雏。"钱起《送外甥范勉赴任常州长史兼觐省》："怜君展骥去，能解倚门愁。"张祜《投常州从兄中丞》："成龙须讲郦，展骥莫先庞。"杜牧《走笔送杜十三归京》："烟鸿上汉声声远，逸骥寻云步步高。"

【驥子】 ❶良马，骏马。骆宾王《艳情代郭氏答卢照邻》："流风回雪傥便娟，骥子鱼文实可怜。"张说《舞马词六首》之四："帝皂龙驹沛艾，星兰骥子权奇。"杜甫《天育骠骑歌》："遂令大奴守天育，别养骥子怜神俊。"❷喻俊秀。钱起《送马员外拜官觐省》："二十为郎事汉文，鸳雏骥子自为群。"

【驥足】 骥之足。亦喻高才。王湾《晚春诣苏州敬赠武员外》："万里行骥足，十年睽凤翔。"钱起《送符别驾还都》："骥足骎骎吴越关，屏星复与紫书还。"杨巨源《赠从弟茂卿》："吾从骥足杨茂卿，性灵且奇才甚清。"雍陶《寄永乐殷尧藩明府》："百里岂能容骥足，九霄终自别鸡群。"

【驥尾】 骥之尾。喻追随先辈、名人之后。厉玄《从军行》："战场收骥尾，清瀚怯龙鳞。"李咸用《和彭进士感怀》："若向云衢陪骥尾，直须天畔落旄头。"张曙《下第戏状元崔昭纬》："千里江山陪骥尾，五更风水失龙鳞。"温庭筠《题李卫公诗二首》之二："三年骥尾有人附，一日龙须无路攀。"

【驥騄】 良马。钱起《送沈仲》："夜光失隋掌，骥騄伏盐车。"元稹《出门行》："骥騄千万双，鸳鸯七十二。"又《奉和浙西大夫李德裕述梦四十韵次本韵》："彩缋鸾凰颈，权奇骥騄髦。"

驢 〔lǘ《广韵》力居切，平魚，來。〕家畜之一种。哺乳动物，体较马小，耳朵长，胸部稍窄，毛多为灰褐色，尾端有毛。多用为力畜。寒山《诗三百三首》之七五："世有一等愚，茫茫恰似驴。"杜甫《奉赠韦左丞丈二十二韵》："骑驴三十载，旅食京华春。"白居易《岁暮寄微之三首》之三："龙钟校正骑驴日，憔悴通江司马时。"贾岛《寄令狐绹相公》："驴骏胜羸马，东川路匪赊。"

【驢子】 即驴。王梵志《诗》之一〇五："他人骑大马，我独跨驴子。"

【驢車】 驴拉的车。韩翃《送道士侄归池阳》："幽州寻马客，灞岸送驴车。"

【驢鳴一聲】 伤悼亡友。刘言史《题王况故居》："尘满空床屋见天，独作驴鸣一声去。"

【驢駒】 喻指傻孩子。寒山《诗三百三首》之一七四："张婆语驴驹，汝大不如母。"

【驢鞦】 驴驾车时屁股后的套索。寒山《诗三百三首》之一二五："黄蘗作驴鞦，始知苦在后。"

十七画

驩 〔huān《广韵》呼官切，平桓，曉。〕❶通"歡"。欢快，欢心。李嘉祐《送裴员外往江南》："公务江南远，留驩幕下荣。"参见"驩心""驩聲"。❷古州名。参见"驩州"。

【驩心】 对人或事物喜爱或赏识的心情。驩，通"欢"。刘商《金井歌》："欢心蹈舞歌皇风，愿载讴歌青史中。"

【驩州】 古州名。隋开皇十八年(598)以德州改名，治所在九德县(今越南义安省荣市)。相传舜放逐驩兜于崇山，即此。沈佺期有《初达驩州》二首，又有《从驩州廨宅移住山间水亭赠苏使君》。

【驩兜】 传为尧舜时的部落道领，四凶之一。被舜流放于崇山。沈佺期《从驩州廨宅移住山间水亭赠苏使君》："古来尧禅舜，何必罪驩兜。"裴夷直《崇山郡》："地尽炎荒瘴海头，圣朝今又放驩兜。"

【驩娱】 欢快娱乐。骆宾王《夏日夜忆张二》："欢娱百年促，羁病一生侵。"

【驩聲】 欢快的声音。驩，通"歡"。薛存诚《御箭连中双兔》："驩声动寒木，喜气满晴天。"

驦 〔shuāng《广韵》色莊切，平陽，生。〕参见"驌驦"。

驤 〔xiāng《广韵》息良切，平陽，心。〕❶上仰，上举。杨巨源《观打球有作》："亲扫球场如砥平，龙骧骤马晓光晴。"参见"骧首"。❷奔驰，腾越。杜甫《瘦马行》："绊之欲动转欹侧，此岂有意仍腾骧。"❸振兴。柳宗元《秦平淮夷雅表·方城》："士获厥心，大袒高骧。"

【驤身】 昂首挺身。张说《舞马千秋万岁乐府词三首》之二："髤髵奋鬣时蹲踏，鼓怒骧身忽上跻。"

【驤洋】 腾越貌。张说《舞马词六首》之四："腾倚骧洋应节，繁骄接迹不移。"

【驤首】 ❶抬头，昂首。储光羲《晚次东亭献郑州宋使君文》："骧首入丹掖，抟空趋太微。"杜甫《赠别贺兰铦》："老骥倦骧首，苍鹰愁易驯。"刘长卿《杂咏八首上礼部李侍郎·疲马》："骧首北风夕，徘徊鸣向人。”温庭筠《病中书怀呈友人》：“致身伤短翮，驤首顾疲驽。”❷喻气宇轩昂。钱起《送孙十尉温县》：“云衢有志终驤首，吏道无媒且折腰。”

十八画

驫 〔niè《集韵》昵輒切，入葉，娘。〕马疾驰貌。见《晋书·刘曜载记》引《陇上歌》。去奢《句》：“骑驫春风离汉苑，心悬秋月照吴关。”

十九画

驪 〔lí《广韵》吕支切，來。又郎溪切，平齊，來。〕❶深黑色的马。见《诗·鲁颂·駉》。杜甫《泥功山》：“白马为铁骊，小儿成老翁。”❷黑色。参见“驪龍”。❸骊龙的省称。骆宾王《夏日游德州赠高四》序：“则紫耀运星，开龙文于剑匣；素辉亏月，领骊颔于珠胎云尔。”韩愈《奉酬卢给事云夫四兄曲江荷花行见寄并呈上钱七兄阁老张十八助教》：“遗我明珠九十六，寒光映骨睡骊目。”李德裕《述梦四十韵》序：“七年七月，溽暑之后，骊降。”❹骊山的省称。参见“驪山”“驪岫”。❺《骊驹》的省称。胡宿《寄昭潭王中立》：“吴苑歌骊成久别，楚峰回雁好归音。”❻通“麗”。古有鱼丽战阵。褚遂良《奉行行经破薛举战地应诏》：“鱼骊入丹浦，龙战起鸣条。”❼姓。参见“驪姬”。

【驪山】 山名。在今陕西临潼县东南，因古骊戎居此而得名。山麓有温泉，为游览、休养胜地。华清宫即在此。李白《登高丘而望远》：“君不见骊山茂陵尽灰灭，牧羊之子来攀登。”韦应物《燕李录事》：“花开汉苑经过处，雪下骊山沐浴时。”白居易《草茫茫》：“骊山脚下秦皇墓，墓中下涸二重泉。”高蟾《华清宫》：“重门深锁禁钟后，月满骊山宫树秋。”

【驪山宫】 骊山上的宫殿。即华清宫，在骊山北麓。杜甫《杨监又出画鹰十二扇》：“忆昔骊山宫，冬移含元仗。”亦省作“驪宫”。蔡希周《奉和扈从温泉宫承恩赐浴》：“天行云从指骊宫，浴日余波锡诏同。”耿湋《晚次昭应》：“骊宫户久闭，温谷泉长涌。”白居易《长恨歌》：“骊宫高处入青云，仙乐风飘处处闻。”罗邺《春风》：“帘透骊宫偏带恨，花催上苑剩多情。”

【驪文】 谓骊戎所产的文马。贺兰遂《句》：“绿耳半蔓湘浦竹，骊文乱点武陵花。”

【驪邑】 古地名。在今陕西临潼县。秦曰骊邑，汉高祖徙丰民于骊邑，更名曰新丰。中宗《幸秦始皇陵》：“眷言君失德，骊邑想秦余。”

【驪岫】 即骊山。明皇《初入秦川路逢寒食》：“远看骊岫入云霄，预想汤池起烟雾。”皇甫冉《华清宫》：“骊岫接新丰，岧峣驾翠空。”李商隐《骊山有感》：“骊岫飞泉泛暖香，九龙呵护玉莲房。”林宽《寓兴》：“茂陵骊岫晚，过者暗伤神。”

【驪阜】 即骊山。王德真《奉和圣制过温汤》：“骊阜疏缇骑，惊鸿映彩旃。”刘宪《奉和圣制登骊山高顶寓目应制》：“骊阜镇皇都，銮游眺八区。”

【驪宫】 见“驪山宫”。

【驪珠】 ❶即宝珠。据传出自骊龙颔下，故名。拾得《诗》之四四：“左手握骊珠，右手执慧剑。”钱起《送李兵曹赴河中》：“骊珠难隐耀，皋鹤会长鸣。”李绅《趋翰苑遭诬构四十六韵》：“凤形怜彩笔，龙颔借骊珠。”贯休《经旷禅师院》：“骊珠兮固难价其价，灵芝兮何以根其根。”❷喻宝贵的人才。元稹《赠严童子》：“杨公莫讶清无业，家有骊珠不复贫。”卢肇《和主司王起》：“凤诏伫归专北极，骊珠搜得尽东瀛。”姚鹄《送李潜归绵州觐省》：“谁比趋庭恋，骊珠耀彩衣。”皮日休《奉酬崔璐进士见寄次韵》：“谁能变羊质，竟不获骊珠。”

【驪峰】 即骊山。沈佺期《咸阳览古》：“唯有骊峰在，空闻厚葬余。”

【驪酒】 告别的酒宴。张登《冬至夜郡斋宴别前华阴卢主薄》序：“时日南至，登与宾客僚吏，会别于郡斋，骊酒卜夜，夜艾酒酣而不能自已，故咸请诗之。”

【驪姬】 春秋时骊戎国君之女，晋献公妃子。李华《咏史十一首》之五：“侧闻骊姬事，申生不自保。”岑参《骊姬墓下作》：“骊姬北原上，闭骨已千秋。”吴筠《览古十四首》之五：“汉储殒江充，晋嗣灭骊姬。”元稹《有鸟二十章》之三：“汉后忍渴天岂知，骊姬坟地君宁觉。”

【驪姬墓】 在绛州正平县(今山西新绛县西南)。岑参有《骊姬墓下作》。

【驪歌】 告别的歌。《骊驹》为逸《诗》篇名，是客人告别所唱之歌。后用作告别的典故。于志宁《冬日宴群公于宅各赋一字得杯》：“宾筵未半醉，骊歌不用催。”李白《灞陵行送别》：“正当今夕断肠处，骊歌愁绝不忍听。”李縠《浙东罢府西归酬别张广文皮先辈陆秀才》：“相逢只恨相知晚，一曲骊歌又几年。”方干《衢州别李秀才》：“一曲骊歌两行泪，更知何处再逢君。”参见“驪駒❷”。

【驪駒】 ❶纯黑色的马。亦泛指马。《玉台新咏·古乐府·日出东南隅行》：“何用识夫婿，白马从骊驹。”王维《寓言二首》之一：“骊驹从白马，出入铜龙门。”李商隐《令狐八拾遗见招送裴十四归华州》：“二十中郎未足希，骊驹先自有光辉。”温庭筠《雉场歌》：“雕尾扇张金缕高，碎铃素拂骊驹豪。”陈陶《临风叹》：

"芙蓉楼中饮君酒，骊驹结言春杨柳。"❷逸《诗》篇名。古代告别时所赋的歌辞。指告别。韩翃《赠兖州孟都督》："愿学平原十日饮，此时不忍歌骊驹。"

【驪龍】 黑龙。传说其颔下有珠。杜甫《渼陂行》："此时骊龙亦吐珠，冯夷击鼓群龙趋。"皎然《答裴集阳伯明二贤各垂赠二十韵今以一章用酬两作》："珠生骊龙颔，或生灵蛇口。"李涉《赠友人孩子》："骊龙颔下亦生珠，便与人间众宝殊。"谭用之《赠索处士》："玄豹夜寒和雾隐，骊龙春暖抱珠眠。"

【驪龍珠】 即骊珠。钱起《诏许昌崔明府拜补阙》："则知骊龙珠，不秘清泠泉。"皎然《奉酬于中丞使君郡斋卧病见示一首》："抉得骊龙珠，光彩曜掌握。"皮日休《太湖诗・太湖石》："通侯一以眄，贵却骊龙珠。"

【驪龍窟】 骊龙洞府。李咸用《览友生古风》："皴散老松根，晃朗骊龙窟。"贯休《古镜词》："上唯金膏香，下状骊龙窟。"

【驪嶽】 即骊山。寒山《诗三百三首》之二七三："茂陵与骊岳，今日草茫茫。"

【驪籞】 即骊山宫。籞，禁苑。李贞《奉和圣制过温汤》："凤辇腾宸驾，骊籞次乾游。"

骨 部

骨〔gǔ《广韵》古忽切，入没，見。〕❶骨头，人和脊椎动物体内支撑身体、保护内脏的体内系统。李白《忆秋浦桃花旧游时窜夜郎》："三载夜郎还，于兹炼金骨。"杜甫《魏将军歌》："魏侯骨耸精爽紧，华岳峰尖见秋隼。"章孝标《省试骐骥长鸣》："有马骨堪惊，无人眼暂明。"李郢《秋晚寄题陆勋校书义兴禅居时淮南从事》："骨清须贵达，神重有威仪。"❷尸骨。杜甫《自京赴奉先县咏怀五百字》："朱门酒肉臭，路有冻死骨。"白居易《新丰折臂翁》："不然当时泸水头，身死魂孤骨不收。"李绅《涉沅潇》："何不驱雷击电除奸邪，可怜空作沉泉骨。"❸指躯体。李贺《示弟》："病骨犹能在，人间底事无。"无名氏《秋》："粉娥恨骨不胜衣，映门楚碧蝉声老。"❹骨相。白居易《自题写真》："静观神与骨，合是山中人。"罗隐《大梁见乔诩》："骨凡鸡犬薄，魂断蕙兰招。"秦韬玉《寄李处士》："因君指似封侯骨，渐拟回头别醉乡。"❺指心神、心意。孟浩然《送从弟邕下第后寻会稽》："落羽更分飞，谁能不惊骨。"杜甫《投简成华两县诸子》："长安苦寒谁独悲，杜陵野老骨欲折。"李贺《许公子郑姬歌》："弹声咽春弄君骨，骨兴牵人马上鞍。"姚合《闻新蝉寄李余》："往年六月蝉应到，每到闻时骨欲惊。"❻指诗文的文理或气势。李白《宣州谢朓楼饯别校书叔云》："蓬莱文章建安骨，中间小谢又清发。"黄滔《寄罗郎中隐》："绿酒千杯肠已烂，新诗数首骨犹存。"❼指字的刚劲雄健的笔力。任华《怀素上人草书歌》："岂不知右军与献之，虽有壮丽之骨，恨无狂逸之姿。"

【骨目】 犹品貌。孟郊《吊房十五次卿少府》："蜀客骨目高，聪辩剑戟新。"

【骨立】 ❶谓人消瘦至极。元稹《忆远曲》："妾自嫁郎身骨立，老姑为郎求娶妾。"卢延让《旅舍言怀》："名纸毛生五门下，家僮骨立六街中。"齐己《荆渚病中因思匡庐遂成三百字寄梁先辈》："前月已骨立，今朝还貌舒。"❷谓字体的笔姿瘦硬挺拔。杜甫《李潮八分小篆歌》："苦县光和尚骨立，书贵瘦硬方通神。"

【骨肉】 ❶骨和肉。代指身体。曹邺《翠孤至渚宫寄座主相公》："骨肉尽单羸，沉忧满怀抱。"苏拯《雉兔者》："如何纵网罗，空成肥骨肉。"❷比喻至亲，指父母、兄弟、子女等亲人。寒山《诗三百三首》之一二四："贫贱骨肉离，非关少兄弟。"李白《万愤词投魏郎中》："一门骨肉散百草，遇难不复相提携。"卢纶《秋中野望寄舍弟绶兼令呈上西川尚书舅》："骨肉暂分离，形神遂疲苶。"白居易《忆庐山旧隐及洛下新居》："形骸僶俛班行内，骨肉句留俸禄中。"

【骨肉親】 指血统关系亲密的家人，如父母子女、兄弟姊妹等。杜甫《戏赠阌乡秦少公短歌》："同心不减骨肉亲，每语见许文章伯。"戎昱《汉阴吊崔员外坟》："岂无骨肉亲，岂无深相知。"白居易《和答诗十首·和雉媒》："赵襄骨肉亲，亦以利相残。"熊孺登《寒食野望》："拜扫无过骨肉亲，一年唯此两三辰。"

【骨狀】 犹骨相。刘禹锡《游桃源一百韵》："乃言瞿氏子，骨状非凡格。"

【骨相】 (一xiàng)指人或物的骨骼、形体、相貌。韩愈《韶州留别张端公使君》："久钦江总文才妙，自叹虞翻骨相屯。"许棠《献独孤尚书》："魂离为役诗篇苦，泪竭缘嗟骨相贫。"

【骨都】 即骨都侯。汉代匈奴官名。有左右骨都侯。亦借指匈奴。虞世南《从军行二首》之二："朝摩骨都垒，夜解谷蠡围。"高适《送浑将军出塞》："银鞍玉勒绣蝥弧，每逐嫖姚破骨都。"虞羽客《给客少年场行》："骨都魂已散，楼兰首复传。"

【骨格】 骨气，品格。吴融《赴阙次留献荆南成相公三十韵》："骨格凌秋耸，心源见底空。"

【骨氣】 气势，气韵。多指诗文的风格、笔力。陈子昂《与东方左史虬修竹篇》序："一昨于解三处，见明公《咏孤桐篇》，骨气端翔，音情顿挫。"李峤《书》："垂露春光满，崩云骨气余。"岑参《敬酬杜华淇上见赠兼呈熊曜》："得君江湖诗，骨气凌谢公。"张祜《叙诗》："刘桢骨气真，王粲文质奇。"

【骨象】 骨骼相貌。元稹《杨子华画三首》之二："骨象或依稀，铅华已寥落。"

【骨清】 谓超凡脱俗，具有神仙资质。杜甫《别李义》："尔克富诗礼，骨清虑不喧。"杜牧《赠李秀才》："骨清年少眼如冰，凤羽参差五色层。"李郢《秋晚寄题陆勋校书义兴禅居时淮南从事》："骨清须贵达，神重有威仪。"王仁裕《荆南席上咏胡琴妓二首》之一："丹禁旧臣来侧耳，骨清神爽似闻韶。"

【骨碎】 骨头破碎。白居易《新丰折臂翁》："骨碎筋伤非不苦，且图拣退归乡土。"

【骨節】 ❶遗骸。曹邺《续幽愤》:“危魂没太行,客吊空骨节。”❷指人的品性气质。徐凝《寄潘先生》:“至人知姓不知名,闻道黄金骨节轻。”

【骨骼】 义同骨头。杜甫《瘦马行》:“东郊瘦马使我伤,骨骼硉兀如堵墙。”韩愈《符读书城南》:“三十骨骼成,乃一龙一猪。”

【骨頭】 人和脊椎动物体内支撑身体、保护内脏的体内系统。寒山《诗三百三首》之一六九:“狗咬枯骨头,虚自舐唇齿。”蒋贻恭《住名山日陈情上府主高太保》:“名山主簿实堪愁,难咬他家大骨头。”

【骨録】 言载入仙人名录,具有仙风道骨。亦指仙人名录。陆龟蒙《润卿遗青饳饭兼之一绝聊用答谢》:“自笑镜中无骨录,可能飞上紫霄端。”皮日休《奉和鲁望药名离合夏月即事三首》之三:“连云更入幽深地,骨录闲携相猎郎。”一谓骨录为仙人。

【骨鯁】 鱼、肉等的小骨。比喻刚直。陈子昂《感遇诗三十八首》之十八:“逶迤势已久,骨鲠道斯穷。”刘长卿《瓜洲驿奉饯张侍御》:“骨鲠知难屈,锋铓岂易干。”韩愈《送进士刘师服东归》:“由来骨鲠材,喜被软弱吞。”徐夤《上卢三拾遗以言见黜》:“骨鲠如君道尚在,近来人事不须论。”

【骨髓】 ❶骨腔内的膏状物质。杜甫《垂老别》:“幸有牙齿存,所悲骨髓干。”王建《秋夜》:“卧多骨髓冷,起覆旧绵衣。”白居易《无可奈何歌》:“倔强其骨髓,龃龉其心胸。”杜牧《感怀诗一首》:“德泽酌生灵,沉酣薰骨髓。”❷指内心深处。杜甫《奉先刘少府新画山水障歌》:“刘侯天机精,爱画入骨髓。”韩愈《归彭城》:“缄封在骨髓,耿耿空自奇。”

三 画

骭 〔gàn《广韵》古案切,去翰,見。又下晏切,去諫,匣。〕胫骨。亦指小腿。韩愈《崔十六少府摄伊阳以诗及书见投因酬三十韵》:“娇儿好眉眼,袴脚冻两骭。”柳宗元《游南亭夜还叙志七十韵》:“及骭足为温,满腹宁复饕。”陆龟蒙《奉酬袭美先辈吴中苦雨一百韵》:“冻骭一襜褕,饥肠少糠籺。”

四 画

骰 〔tóu《广韵》度侯切,平侯,定。〕骰子。参见“骰子”。

【骰子】 赌具。也用以占卜、行酒令或游戏。古多以兽骨制成,为正方块六面体,六面分刻一至六点,一、四涂以红色,余点皆黑色。投掷时以点数或颜色为胜负。亦称投子、色子。皎然《薛卿教长行歌》:“黄杨文局龟螭蟠,琢成骰子双琅玕。”张祜《妓席与杜牧之同咏》:“骰子逡巡裹手拈,无因得见玉纤纤。”温庭筠《南歌子词二首》之二:“玲珑骰子安红豆,入骨相思知不知。”

【骰盤】 掷骰子的盘子。白居易《酬微之夸镜湖》:“酒盏省陪波卷白,骰盘思共彩呼卢。”又《与诸客空腹饮》:“碧筹攒米碗,红袖拂骰盘。”又《就花枝》:“醉翻衫袖抛小令,笑掷骰盘呼大采。”

六 画

骸 〔hái《广韵》户皆切,平皆,匣。〕骨,尸骨。白居易《中书寓直》:“自嫌野物将何用,土木形骸麋鹿心。”又《游悟真寺诗》:“无成心力尽,未老形骸残。”又《酬别微之》:“且喜筋骸俱健在,勿嫌须鬓各皤然。”李商隐《随师东》:“可惜前朝玄菟郡,积骸成莽阵云深。”

【骸骨】 尸骨。沈佺期《初达驩州》:“魂魄游鬼门,骸骨遗鲸口。”杜甫《遣兴五首》之四:“上疏乞骸骨,黄冠归故乡。”又《驱竖子摘苍耳》:“富家厨肉臭,战地骸骨白。”李商隐《随师东》序:“沧州丧乱之后,骸骨蔽地,城空野旷,户口什无三四。”

骫 〔zé〕偏转。皮日休《公斋四咏·鹤屏》:“骫耳侧以听,赤精旷如望。”原注引《相鹤经》云:“鼪颊骫耳则听响远。”

骼 〔gé《广韵》古伯切,入陌,見。〕❶枯骨,尸骨。亦为骨的通称。杜甫《瘦马行》:“东郊瘦马使我伤,骨骼硉兀如堵墙。”柳宗元《掩役夫张进骸》:“掩骼着春令,兹焉适其时。”孟郊《寒溪》之七:“斸玉掩骼胔,吊琼哀阑干。”皮日休《太湖诗·太湖石》:“或若巨人骼,或如太帝符。”❷股骨。一说指腰骨。韩愈《县斋有怀》:“朝食不盈肠,冬衣才掩骼。”

七 画

骿 同“髍”。

髀 同“髀”。姚合《赠卢大夫将军》:“上山嫌髀重,拔剑叹衣生。”

八　画

髀 〔bì《广韵》并弭切，上紙，幫。又卑履切，上旨，幫。又傍禮切，上薺，並。〕大腿骨。元稹《哭吕衡州六首》之一："髀股惟夸瘦，膏肓岂暇除。"方干《贼退后赠刘将军》："白马知无髀上肉，黄巾泣向箭头书。"

【髀肉】　大腿上的肉。刘备久闲鞍马，髀肉复生。后用为典。白居易《题裴晋公女几山刻石诗后》："战袍破犹在，髀肉生欲圆。"张祜《观宋州田大夫打球》："自言无战伐，髀肉已曾生。"罗隐《魏博罗令公附卷有回》："马上固惭消髀肉，幄中由羡愈头风。"

十　画

髇 〔xiāo《广韵》許交切，平肴，曉。〕亦作"髐"。响箭。李白《行行游且猎篇》："弓弯满月不虚发，双鸧迸落连飞髇。"温庭筠《病中书怀呈友人》："粉垛收丹采，金髇隐仆姑。"陆龟蒙《奉和袭美新秋言怀三十韵次韵》："渔情随锺网，猎兴起鸣髐。"罗虬《比红儿诗》之六四："休话如皋一笑时，金髐中臆锦离披。"

髆 同"膊"（bó）。肩膀，胳膊。省吏《嘲崔左丞》："髆上全无项，胸前别有头。"沈亚之《梦别秦穆公》："击髆舞，恨满烟光无处所。"

十一画

髏 〔lóu《广韵》落侯切，平侯，來。〕死人的骨头。参见"髑髏"。

十二画

髒 〔zǎng《广韵》子朗切，上蕩，精。〕参见"骯髒"。

髐 〔xiāo《集韵》虛交切，平爻，曉。〕空枯貌。见《庄子·至乐》。柳宗元《掩役夫张进骸》："髐然暴百骸，散乱不复支。"皮日休《太湖诗·游毛公坛》："乾蛟一百丈，髐然半天舞。"

髓 〔suǐ《广韵》息委切，上紙，心。〕❶骨中的凝脂。卢仝《观放鱼歌》："若养圣贤真，大烹龙髓敢惜乎。"白居易《和微之听妻弹别鹤操因为解释其义依韵加四句》："写之在琴曲，听者酸心髓。"杜牧《读韩杜集》："天外凤凰谁得髓，无人解合续弦胶。"陆龟蒙《奉和袭美新秋言怀三十韵次韵》："未能丹作髓，谁相紫为胞。"❷骨髓状物。王勃《观内怀仙》："琼浆犹类乳，石髓尚如泥。"则天皇后《游石淙诗》："洞口全开，溜千年之芳髓。"皮日休《太湖诗·以毛公泉一瓶献上谏议因寄》："澄如玉髓洁，泛若金精鲜。"❸喻精华、要旨。皮日休《奉和鲁望读阴符经见寄》："结为日月精，融作天地髓。"修雅《闻诵法华经歌》："佛之意兮祖之髓，我之心兮经之旨。"

十三画

體 〔tǐ《广韵》他禮切，上薺，透。〕❶身体。李白《北上行》："尺布不掩体，皮肤剧枯桑。"储光羲《野田黄雀行》："啧啧野田雀，不知躯体微。"李贺《河南府试十二月乐词·十月》："珠帷怨卧不成眠，金风刺衣着体寒。"牛峤《忆江南》词："占得杏梁安稳处，体轻惟有主人怜，堪羡好因缘。"❷肢体。指手足。见《诗·鄘风·相鼠》。韦应物《园林晏起寄昭应韩明府卢主簿》："四体一舒散，情性亦忻然。"权德舆《数名诗》："四体苟不勤，安得丰菽粟。"白居易《得微之到官后书备知通州之事怅然有感因成四章》之三："老去一身须爱惜，别来四体得如何。"徐夤《鸿门》："皇王尚法三推礼，白社宁忘四体勤。"❸指草木的根茎。见《诗·邶风·谷风》。李白《秦女卷衣》："愿君采葑菲，无以下体妨。"杜甫《江头四咏·丁香》："丁香体柔弱，乱结枝犹垫。"❹形体。潘炎《清如玉壶冰》："琰玉性惟坚，成壶体更圆。"元稹《有酒十章》之二："地居方直天体明，胡不八荒圢圢如砥平。"❺制度，体制。杜甫《入衡州》："军州体不一，宽猛性所将。"❻威仪。杜甫《毒热寄简崔评事十六弟》："皇皇使臣体，信是德业优。"宋璟《奉和圣制送张说巡边》："至和常得体，不战即亡精。"❼整体，总体。李白《古风》之九："一体更变易，万事良悠悠。"杜甫《咏怀古迹五首》之四："武侯祠屋常邻近，一体君臣祭祀同。"薛能《赠苗端公二首》之二："两心宜一体，同舍又邻居。"来鹄《圣政纪颂》："一体列秩，同力翼戴。"❽事物的主要部分，主体。见《易·坤》。杜甫《夔府书怀四十韵》："总戎存大体，降将饰卑词。"又《石笋行》："政化错迕失大体，坐看倾危受厚恩。"❾体裁，诗文的风格。王维《别綦毋潜》："盛得江左风，弥工建安体。"苑咸《酬王维》："为文已变当时体，入用还推间气贤。"杜甫《戏为六绝句》之二："杨王卢骆当时体，轻薄为文哂未休。"李群玉《寄长沙许侍御》："三年文会许追随，和遍南朝杂体诗。"❿指字体，字的形状结构。岑文本《奉述飞白书势》："六文开玉篆，八体曜银书。"杜甫《李潮八分小篆歌》:“苍颉鸟迹既茫昧,字体变化如浮云。”戴叔伦《怀素上人草书歌》:“始从破体变风姿,一一花开春景迟。”许浑《赠河东虞押衙二首》之一:“旧精鸟篆谙书体,新授龙韬识战机。”⓫承宗继祖的系统,血统。见《仪礼·丧服》。包何《相里使君第七男生日》:“谁道众贤能继体,须知个个出于蓝。”杜甫《往在》:“中兴似国初,继体如太宗。”⓬体会,体察。卢照邻《中和乐九章·歌中宫第五》:“居中履正,禀和体微。”李峤《奉和杜员外扈从教阅》:“神心体殷祝,灵兆叶姬祥。”杜甫《壮游》:“圣哲体仁恕,宇县复小康。”孟郊《列仙文·右金母飞空歌》:“体彼自然道,寂观合大冥。”⓭体现,表现。王丘《奉和圣制送张尚书巡边》:“出入敷能政,谋猷体至公。”李峤《皇帝上礼抚事述怀》:“恭己忘自逸,因人体至公。”

【體元】　谓以天地之元气为本。杜周士《闰月定四时》:“体元承夏道,推历法尧咨。”

【體化】　身体消融。皇甫湜《出世篇》:“支消体化膏露明,湛然无色茵席濡。”

【體休】　唐末五代僧人。与齐己有交往。齐己有《寄体休》和《送休师归长沙宁觐》。休师,亦即体休。

【體色】　体质、容色。姚合《寄崔之仁山人》:“不得之仁消息久,秋来体色复何如。”

【體命】　领悟命运的作用。萧颖士《江有枫一篇十章》之十:“我闻先师,体命委和。”

【體物】　描叙事物,状摹事物。徐晶《赠温驸马汝阳王》:“登高频作赋,体物屡为诗。”李邕《登历下古城员外孙新亭》:“吾宗固神秀,体物写谋长。”杜甫《奉赠卢五丈参谋》:“流年疲蟋蟀,体物幸鷦鷯。”孙鲂《主人司空后亭牡丹》:“体物真英气,余花似庶人。”

【體法】　诗文书画等的格局体式。贾躭《赋虞书歌》:“众书之中虞书巧,体法自然归大道。”

【體格】　指诗文的体裁格调。李嘉祐《访韩司空不遇》:“图画风流似长康,文词体格效陈王。”

【體氣】　指气血或气息。白居易《洛阳有愚叟》:“体气正调和,不饥仍不渴。”

【體國】　体念国家。孙逖《送赵大夫护边》:“体国才先著,论兵策复长。”郑谷《蜀江有吊》:“徒将心体国,不识道消时。”

【體道】　体会道理。高适《金城北楼》:“垂竿已羡磻溪老,体道犹思塞上翁。”

【體質】　人的气质胸怀。韦应物《杂体五首》之四:“同声自相应,体质不必齐。”

【體骸】　躯壳,尸骸。韩愈《元和圣德诗》:“次及其徒,体骸撑拄。”

【體變】　诗文体制或风格变化。杜甫《八哀诗·故著作郎贬台州司户荥阳郑公虔》:“神翰顾不一,体变钟兼两。”

髑　〔dú《广韵》徒谷切,入屋,定。〕参见“髑髏”。

【髑髏】　头骨。多指死人的头骨。亦指死人的头。寒山《诗三百三首》之一四二:“蓬蒿钻髑髅,此日君应悔。”岑参《武威送刘单判官赴安西行营便呈高开府》:“地上多髑髅,皆是古战场。”杜甫《戏作花卿歌》:“子章髑髅血模糊,手提掷还崔大夫。”贯休《春野作五首》之四:“斜阳射破冢,髑髅半出地。”

十四画

髖　〔kuān《广韵》苦官切,平桓,溪。又苦昆切,平魂,溪。〕臀部。见《说文·骨部》。参见“髖髀”。

【髖髀】　胯骨与股骨。亦指臀部与大腿。陆龟蒙《读襄阳耆旧传因作诗五百言寄皮袭美》:“或能醢髖髀,或与翼雏鷇。”

高　部

高〔gāo《广韵》古劳切，平豪，見。〕❶从下向上距离大，离地面远。岑参《太白东溪张老舍即事寄舍弟侄等》："天晴诸山出，太白峰最高。"韩愈《同窦韦寻刘尊师不遇》："院闭青霞人，松高老鹤寻。"白居易《同崔十八寄元浙东王陕州》："镜湖水远何由泛，棠树枝高不易攀。"李商隐《韩碑》："碑高三丈字如斗，负以灵鳌蟠以螭。"❷高度。杜甫《将赴成都草堂途中有作先寄严郑公五首》之四："新松恨不高千尺，恶竹应须斩万竿。"又《江涨》："下床高数尺，倚杖没中洲。"霍总《骢马》："青骊八尺高，侠客倚雄豪。"❸指高处。杜甫《又上后园山脚》："登高欲有往，荡析川无梁。"又《木皮岭》："高有废阁道，摧折如短辕。"殷寅《铨试后征山别业寄源侍御》："别业在征山，登高望畿甸。"白居易《月夜登阁避暑》："清凉近高生，烦热委静销。"❹升高，长高。太宗《经破薛举战地》："心随朗日高，志与秋霜洁。"李商隐《日高》："水精眠梦是何人，栏药日高红髲鬖。"刘沧《晚春宿僧院》："碧空云尽磬声远，清夜月高窗影斜。"齐己《新栽松》："百岁催人老，千年待尔高。"❺争高，相较高下。陆龟蒙《读阴符经寄鹿门子》："但学战胜术，相高甲兵屯。"❻深，高深。杜甫《曲江三章章五句》："曲江萧条秋气高，菱荷枯折随风涛。"李频《暮秋重过山僧院》："安禅逢小暑，抱疾入高秋。"黄滔《赠怀光上人》："过午休斋惯，离经吐论高。"❼大，盛大。李白《观放白鹰二首》之一："八月边风高，胡鹰白锦毛。"魏万《金陵酬李翰林谪仙子》："才高世难容，道废可推命。"刘沧《经曲阜城》："萧索风高洙泗上，秋山明月夜苍苍。"张蠙《边将二首》之一："历战燕然北，功高剑有威。"❽旺盛，雄壮。王昌龄《少年行二首》之一："气高轻赴难，谁顾燕山铭。"又《寒下曲四首》之二："昔日长城战，咸言意气高。"❾声音响亮或尖锐。白居易《房家夜宴喜雪戏赠主人》："桑落气薰珠翠暖，柘枝声引管弦高。"刘兼《晨鸡》："朱冠金距彩毛身，昧爽高声已报晨。"参见"高聲"。❿岁数大，年老。李白《鞠歌行》："黄女持谦齿发高，汉妃恃丽天庭去。"耿湋《巴陵逢洛阳邻舍》："客久多人识，年高众病归。"白居易《秦中吟十首·不致仕》："年高须告老，名遂合退身。"又《胡吉郑刘卢张等六贤皆多年寿因成七言六韵以纪之传好事者》："天年高过二疏傅，人数多于四皓图。"⓫高雅，清高。李端《送潘述宏词下第归江外》："唱高人不和，此去泪难收。"杨巨源《奉酬端公春雪见寄》："兴逸何妨寻剡客，唱高还肯寄巴人。"刘禹锡《令狐相公见示赠竹二十韵仍命继和》："曲直既了然，孤高何卓尔。"李商隐《蝉》："本以高难饱，徒劳恨费声。"许棠《题郑侍郎岩隐十韵》："性高怜散逸，官达厌公卿。"⓬价格昂贵。郭受《寄杜员外》："春兴不知凡几首，衡阳纸价顿能高。"自注："衡阳出家纸。又云出五里纸。"林宽《苦雨》："尺薪功比桂，寸粒价高琼。"⓭高尚，尊贵。杜甫《佳人》："官高何足论，不得收骨肉。"又《敬寄族弟唐十八使君》："物白讳受玷，行高无污真。"李商隐《无题》："益德冤魂终报主，阿童高义镇横秋。"⓮推崇，尊崇。王绩《赠李征君大寿》："别有幽怀侣，由来高让王。"杜甫《行次古城店泛江作不揆鄙拙奉呈江陵幕府诸公》："王门高德业，幕府盛才贤。"⓯指汉高祖。参见"高文"。⓰指秦赵高。李商隐《五松驿》："只应既斩斯高后，寻被樵人用斧斤。"⓱姓。唐诗人有高适、高蟾、高骈等。

【高人】　志行高尚或才识超凡之人。李白《寄崔侍御》："高人屡解陈蕃榻，过客难登谢朓楼。"杜甫《七月三日论壮年乐事戏呈元二十一曹长》："高人炼丹砂，未念将朽骨。"姚合《寄题尉迟少卿郊居》："愚者心还静，高人迹自同。"李咸用《题刘处士居》："干戈谩道因天意，渭水高人自钓鱼。"

【高三十五】　高适。刘长卿有《秋夜有怀高三十五适兼呈空上人》，李颀有《赠别高三十五》，杜甫有《王十七侍御抡许携酒至草堂奉寄此诗便请邀高三十五使君同到》。

【高士】　❶高洁之士。周瑀《潘司马别业》："萧然有高士，清思满书堂。"戴叔伦《敬酬陆山人二首》之一："党议连诛不可闻，直臣高士去纷纷。"韩愈《赠崔立之评事》："高士例须怜曲糵，丈夫终莫生畦畛。"周贺《留辞杭州姚合郎中》："会宿逢高士，辞归值积霖。"❷隐士或修炼者。王昌龄《送欧阳会稽之任》："白发有高士，青春期上皇。"刘长卿《送柳使君赴袁州》："五柳闭门高士去，三苗按节远人归。"白居易《二年三月五日偶吟赠妻弘农郡君》："缅想梁高士，乐道喜文章。"薛能《题平湖》："山无俗路藏高士，岸泊仙舟忆主人。"王贞白《芦苇》："高士想江湖，湖闲庭植芦。"❸指僧人。皇甫冉《秋夜有怀高三十五兼呈空和尚》:"大师几度曾摩顶,高士何年遂发心。"韩愈《送灵师》:"齐民逃赋役,高士着幽禅。"刘沧《题龙门僧房》:"偶将心地问高士,坐指浮生一梦中。"

【高士傳】　(傳 zhuàn)书名。据《隋书·经籍志》,晋皇甫谧撰《高士传》六卷,虞槃佐撰《高士传》二卷。李白《口号赠征君鸿》:"我寻高士传,君与古人齐。"

【高才】　❶才智过人。宋之问《和姚给事寓直之作》:"清论满朝阳,高才拜夕郎。"弓嗣初《晦日宴高氏林亭》:"高才盛文雅,逸兴满烟霞。"寇坦《同张少府和库狄员外夏晚初霁南省寓直之作》:"高才推独唱,嘉会喜连茹。"刘兼《再见从弟舍人》:"滞迹未偕朝北阙,高才方命入西川。"❷才智过人者。李颀《听董大弹胡笳声兼寄语弄房给事》:"高才脱略名与利,日夕望君抱琴至。"慧净《和琳法师初春法集之作》:"高才掞雅什,顾己滥朋从。"徐夤《读史》:"高才无主不能用,直道有时方始平。"

【高下】　❶上下,高低;上上下下,高高低低。韦应物《春中忆元二》:"游丝正高下,啼鸟还断续。"李涉《再宿武关》:"远别秦城万里游,乱山高下出商州。"徐凝《题缙云山鼎池二首》之二:"到来唯见山高下,只是不知湖浅深。"薛逢《咏柳》:"曾飘紫陌随高下,敢拂朱阑竞短长。"❷高处低处,上面下面。太宗《春日登陕州城楼即目川岫聊以命篇》:"烟峰高下翠,日浪浅深明。"杜甫《谒文公上方》:"野寺隐乔木,山僧高下居。"陆龟蒙《奉和袭美茶具十咏·茶焙》:"山谣纵高下,火候还文武。"郑谷《游贵侯城南林墅》:"韦杜八九月,亭台高下风。"❸谓声音高低。崔涂《声》:"欢戚犹来恨不平,此中高下本无情。"无名氏《灵响词》之一:"不曾离耳里,高下如秋蝉。"❹反复。许浑《下第贻友人》:"人心高下月中桂,客思往来波上萍。❺优劣。刘禹锡《含辉洞述》:"天下山水之籍,在乎胸中。第其高下,铢两不失。"❻高尚与卑污。李颀《送刘十一》:"三十不官亦不娶,时人焉识道高下。"

【高大】　既高且大。杜甫《病柏》:"出非不得地,蟠据亦高大。"胡玢《巢燕》:"燕来巢我檐,我屋非高大。"

【高山】　高峻的山。李咸用《览友生古风》:"高山闲巍峨,流水声呜咽。"刘兼《重阳感怀》之二:"载花乘酒上高山,四望秋空八极宽。"

【高山仰止】　谓崇敬、仰慕。王勃《悼彼我系》之七:"夫岂不怀,高山仰止。"

【高山流水】　为知音之典。牟融《写意二首》之一:"高山流水琴三弄,明月清风酒一樽。"

【高力士】　玄宗时宦官。本姓冯,潘州(今广东高州)人。《全唐诗》卷七三二录其《感巫州荠菜》。

【高天】　❶高空。鲍溶《暮秋与裴居晦宴因见采菊花之作》:"今日王孙好收采,高天已下两回霜。"皮日休《奉和鲁望读阴符经见寄》:"得之升高天,失之沉厚地。"徐夤《雨》:"阴妖冷孽成何怪,敢蔽高天日月明。"❷上苍。杜甫《题郪县郭三十二明府茅屋壁》:"频惊适小国,一拟问高天。"❸高朗的天空。杜甫《送韦讽上阆州录事参军》:"挥泪临大江,高天意凄恻。"

【高元裕】　诗人。字景圭,渤海(今河北沧县)人。《全唐诗》卷七九五录其《赠知贡举陈商》断句一联。

【高元矩】　诗人。宣城(今属安徽)人。至宋,以其子惠连贵,赠光禄卿。《全唐诗》卷七九五录其《赠宣城宰》和《赠徐学士》断句各一联。

【高牙】　牙旗。殷文圭《赠池州张太守》:"只怕池人留不住,别迁征镇拥高牙。"

【高手】　精于诗文写作或某种技艺者。李端《酬秘书元丞郊园卧疾见寄》:"求医主高手,报疾到贫家。"

【高少府】　(少 shào)高适。适释褐授汴州封丘尉。贾至有《闲居秋怀寄阳翟陆赞府封丘高少府》。

【高中丞】　高适。至德二年(757),永王璘起兵于江东,欲据扬州。朝廷以高适兼御史大夫、扬州大都督府长史、淮南节度制,诏与江东节度来瑱率本部兵马平江淮之乱,会于安州。李白有《送张秀才谒高中丞》,诗云"高公镇淮海"云云,与史合。

【高文】　❶优秀诗文。常用作对对方诗文的尊称。王维《送张舍人佐江州同薛璩十韵》:"清范何风流,高文有风雅。"韦应物《赠李判官》:"决狱兴邦颂,高文禀天机。"刘得仁《上姚谏议》:"高文与盛德,皆谓古无伦。"罗隐《寄陆龟蒙》:"龙楼李丞相,昔岁仰高文。"❷高祖李渊和太宗(谥文皇帝)李世民的并称。杜牧《感怀诗一首》:"高文会隋季,提剑徇天意。"

【高文學】　疑为高瑾。高瑾为高氏林亭之主人。张锡有《晦日宴高文学林亭》。

【高氏】　❶高季兴。官荆南兵马留后。贯休《酷吏词》题下注:"唐末寇乱,休避渚宫,荆帅高氏优待之。"❷疑为高瑾。崔知贤、韩仲宣、周彦昭等均有《晦日宴高氏林亭》。

【高六】　高戬。曾任司礼丞,贬端州高要尉。张说有《还至端州驿前与高六别处》。

【高斗】　北斗星。高适《信安王幕府诗》:"夜壁冲高斗,寒空驻彩旃。"

【高心】　❶高傲之心。王梵志《诗》之五九:"在乡须下意,为客莫高心。"李绅《答章孝标》:"十载长安得一第,何须空腹用高心。"❷孤傲脱俗之心。张氲

《醉吟三首》之二："下调无人睬，高心又被瞋。"吕岩《谒石守道》："高心休拟凤池游，朱绂银章宠已优。"

【高户】 ❶高大的房屋或房屋的门窗。郑巢《送象上人还山中》："高户闲听雪，空窗静捣茶。"薛能《题龙兴寺》："高户列禅房，松门到上方。"陆龟蒙《纪梦游甘露寺》："高户承北风，声号大波白。"❷大酒量。户，酒量。白居易《戏赠梦得兼呈思黯》："陈郎中处为高户，裴使君前作少年。"

【高正臣】 诗人。广平（今河北鸡泽）人，寓居洛阳（今河南洛阳市）。高宗时，曾官润、湖、申、邵、襄等州刺史，官终卫尉卿。工书法。《全唐诗》卷七二录其《晦日置酒林亭》等二首。

【高古】 高雅古朴。李山甫《山中答刘书记寓怀》："高古不称时，沉默岂相竞。"白居易《余思未尽加为六韵重寄微之》："制从长庆辞高古，诗到元和体变新。"自注："微之长庆初知制诰，文格高古，始变俗体，继者效之也。"司空图《诗品二十四则》有《高古》一格。

【高世】 ❶高超卓绝，超脱世俗。皎然《夏日题桐庐杨明府纳凉山斋》："何事亲堆案，犹多高世踪。"又《咏史》："独负高世资，冥冥寄浮俗。"李德裕《重题》："想公高世志，只似冶城游。"❷出尘离世，清高脱俗。窦群《晨游昌师院》："若无高世心，安能此终毕。"无名氏《夕阳洞》："谁为高世者，与我能修邻。"

【高五】 高镇。李白有《赠别从甥高五》和《醉后赠从甥高镇》。

【高石】 指高大的假山石。王建《题元郎中新宅》："买来高石虽然贵，入得朱门未免贫。"孟郊《送豆卢策归别墅》："短松鹤不巢，高石云不栖。"

【高平】 ❶郡名。天宝初以泽州改置，治所在晋城县（今属山西）。岑参有《同李太守北池泛舟宴高平郑太守》，韩翃有《和高平朱参军思归作》。❷县名。唐属泽州，即今山西高平县。李贺有《高平县东私路》。

【高田】 地势高的田。杜甫《南池》："高田失西成，此物颇丰熟。"李商隐《行次西郊作一百韵》："高田长檞枥，下田长荆榛。"崔道融《田上》："雨足高田白，披蓑半夜耕。"

【高丘】 ❶楚国山名。杨炯《西陵峡》："楚都昔全盛，高丘烜望祀。"李白《宿巫山下》："高丘怀宋玉，访古一沾裳。"❷高山。李纾《唐德明兴圣庙乐章·送神》："高丘缅邈，凉部逶迟。"贾至《送友人使河源》："送君鲁郊外，下车上高丘。"

【高句驪】 古国名。相传公元前37年朱蒙创立，辖境在今鸭绿江及其支流浑江流域一带。约公元3年建都国内城（今吉林集安县城东），至209年迁都丸都城（今吉林集安县境），4世纪初南占乐浪郡地，至427年迁都今朝鲜平壤。李白有《高句骊》。

【高危】 ❶位高势危。太宗《帝京篇十首》之十："人道恶高危，虚心戒盈荡。"❷高峻。白居易《奉和思黯相公二十韵见示兼呈梦得》："峭顶高危矣，盘根下壮哉。"

【高玄】 高深玄奥。白居易《题浔阳楼》："常爱陶彭泽，文思何高玄。"

【高弁】 诗人。高，一作乔。贞元十二年（796）进士。《全唐诗》卷三六八录其《省试春台晴望》。

【高戍】 指戍守的高地。朱庆余《送韦校书佐灵州幕》："寒城初落叶，高戍远生云。"

【高光】 汉高祖刘邦和汉光武帝刘秀的并称。李白《献从叔当涂宰阳冰》："焉知高光起，自有羽翼生。"

【高曲】 高雅的乐曲。无名氏《册上公太常奏雅乐》："寂寥高曲尽，犹自满宸聪。"

【高帆】 高大的船帆。借指大船。杜甫《早行》："碧藻非不茂，高帆终日征。"

【高年】 ❶年岁大。韦应物《昙智禅师院》："高年不复出，门径众草生。"❷老年人。李峤《扈从还洛呈侍从群官》："行存名岳礼，递问高年疾。"韦应物《始除尚书郎别善福精舍》："社腊会高年，山川恣游瞩。"耿沣《慈恩寺残春》："若问同游客，高年最断肠。"

【高行】 （一xíng）犹山行。韩愈《远游联句》："广泛信缥缈，高行恣浮游。"

【高名】 很大的名声。崔颂《和张荆州九龄晨出郡舍林下》："天云抗真意，郡阁晦高名。"韩翃《送万巨》："夫子前年入朝后，高名籍籍时贤口。"刘商《同诸子哭张元易》："盛德高名总是空，神明福善大朦胧。"郑谷《哭进士李洞二首》之一："李端终薄宦，贾岛得高名。"

【高州】 州名。南朝梁大通中置，治所在高凉县（今广东阳江县西）。隋大业二年（606）改为高凉郡。唐武德四年（621）复改高州，贞观二十三年（649）移治良德县（今广东高州县东北），大历十一年（776）又移治电白县（今广东高州县东北），天宝元年（742）改名高凉郡，乾元元年（758）复为高州。李贺《马诗二十三首》之二一："须鞭玉勒吏，何事谪高州。"高湘《句》："惟有高州是当家。"

【高宇】 高大的房屋。韦应物《慈恩伽蓝清会》："重门相洞达，高宇亦遐朗。"

【高安】 县名。唐武德五年（622）以建城县改名，治所即今江西高安县。张九龄有《岁初巡属县登高安南楼言怀》，沈廷瑞有《答高安宰》。

【高安大長公主】 （長 zhǎng）高宗第三女。先封为高安公主，神龙初进册长公主。苏颋有《故高安大长公主挽词》。

【高旨】 高深的旨趣。李咸用《和友人喜相遇十首》之五："唯仗十篇金玉韵，此中高旨莫阶升。"

【高車】 高大的车。为显贵者所乘。沈佺期《答魑魅代书寄家人》："暇日从休浣，高车映道傍。"殷尧藩《闲居》："百年寄傲聊容膝，何必高车驷马通。"李商隐《偶成转韵七十二句赠四同舍》："诘旦九门传奏章，高车大马来煌煌。"翁承赞《辞闽王归朝寄倪先辈》："驷马高车太常乐，登庸门下忆贤良。"亦借指乘坐高车的显贵者。皎然《咏史》："借问高车与珠履，何如卑贱一书生。"

【高李】 诗人高适和李白的并称。杜甫《昔游》："昔者与高李，晚登单父台。"自注："高适、李白。"又《遣怀》："忆与高李辈，论交入酒垆。"

【高步】 ❶大步，阔步。韦应物《广德中洛阳作》："蹇劣乏高步，缉遗守微官。"顾况《酬漳州张九使君》："无阶承明庭，高步相追游。"李群玉《长沙陪裴大夫登北楼》："岩嶂随高步，琴尊奉胜游。"❷走在前列，超群出众。韦应物《寄畅当》："出身文翰场，高步不可攀。"蒋冽《经埋轮地》："万古惟高步，可以旌我贤。"皎然《奉酬于中丞使君郡斋卧病见示一首》："格居第一品，高步凌前躅。"刘长卿《颍川留别司仓李万》："想君畴昔高步时，肯料如今折腰事。"亦指超群出众者。羊士谔《和萧侍御监祭白帝城西村寺斋沐览镜有怀吏部孟员外并见赠》："南宫有高步，岁晏岂磷缁。"❸谓高蹈不仕。孟浩然《东京留别诸公》："拂衣从此去，高步蹑华嵩。"

【高步雲衢】 本谓受朝廷重用，官位显赫。后亦指登第。耿湋《许下书情寄张韩二舍人》："故人高步云衢上，肯念前程杳未期。"

【高見】 见识高卓。罗隐《秋日富春江行》："严陵亦高见，归卧是良图。"

【高足】 良马，骏马。张九龄《高斋闲望言怀》："取路无高足，随波适下流。"王维《秋夜独坐怀内弟崔兴宗》："高足在旦暮，肯为南亩俦。"储光羲《奉和韦判官献侍郎叔除河东采访使》："四封尽高足，相府轺车最。"卢象《送綦毋潜》："高足未云骋，虚舟空复回。"

【高吟】 高声吟诵。秦系《山中奉寄钱起员外兼简苗发员外》："高吟丽句惊巢鹤，闲闭春风看落花。"朱庆余《题毗陵上人院》："此处宜清夜，高吟永与同。"皮日休《七爱诗·白太傅》："高吟辞两掖，清啸罢三川。"郑谷《谷初忝谏垣今宪长薛公方在西阁知奖隆异以四韵代述荣感》："旧诗常得在高吟，不奈公心爱苦心。"

【高吹】 (—chuì)大风。杜牧《秋梦》："寒空动高吹，月色满清砧。"

【高岑】 ❶高山。崔宗之《赠李十二白》："明月出高岑，清溪澄素光。"吕温《赠友人》："负雪出深涧，摇风倚高岑。"杜荀鹤《和刘评事送海禅和归山》："凡归是归处，不必指高岑。"徐铉《和陈洗马山庄新泉》："常被松声迷细韵，忽流花片落高岑。"❷高适和岑参的并称。杜甫《寄彭州高三十五使君适虢州岑二十七长史参三十韵》："高岑殊缓步，沈鲍得同行。"

【高估】 提高物价。李商隐《行次西郊作一百韵》："馈饷多过时，高估铜与铅。"

【高作】 对别人诗文作品的敬称。齐己《览清尚卷》："从容味高作，翻为古人疑。"

【高低】 高高低低，或高或低。寒山《诗三百三首》之十一："高低旧雉堞，大小古坟茔。"司空曙《云阳寺石竹花》："高低俱出叶，深浅不分丛。"白居易《续古诗十首》之二："驱马上丘陇，高低路不平。"贯休《经古战场》："莫道路高低，尽是战骨。"

【高位】 显耀的官位。宋之问《送杨六望赴金水》："台阶有高位，宁复久临邛。"白居易《喜入新年自咏》："销磨岁月成高位，比类时流是幸人。"杜牧《和州绝句》："历阳前事知何实，高位纷纷见陷人。"陆龟蒙《和过张祜处士丹阳故居》序："此为才子之最也，由是贤俊之士及高位重名者，多与之游。"

【高言】 高妙的言论。韩愈、孟郊《城南联句》："大句斡玄造，高言轧霄峥。"

【高若拙】 唐末五代诗人。荆南(今湖北江陵)人。进士及第。荆南高从诲幕客。《全唐诗》卷七九五录《中秋不见月》断句一联。

【高苗二從事】 高从事，高翰；苗从事，苗绅。高翰曾官监察御史，殿中侍御史内供奉，掌节度书记。苗绅曾依李回幕，转殿中侍御史。李商隐有两首题为《寄成都高苗二从事》诗。

【高林】 高大的树林。杜甫《暂如临邑至𡺸山湖亭奉怀李员外率尔成兴》："野庭逼湖水，歇马高林间。"又《初冬》："渔舟上急水，猎火着高林。"温庭筠《旅泊新津却寄一二知己》："高林月初上，远水雾犹昏。"许棠《送杜仓曹往沧州觐叔常侍》："东鄙云霞广，高林间水天。"

【高枝】 ❶很高的树枝。白居易《咏所乐》："虫乐在深草，鸟乐在高枝。"杜牧《残春独来南亭因寄张祜》："高枝百舌犹欺鸟，带叶梨花独送春。"陆龟蒙《岛树》："迥出孤烟残照里，鹭鹚相对立高枝。"❷喻指地位高或地位高之人。罗隐《广陵秋夜读进士常修三篇因题》："景物也知输健笔，时情谁不许高枝。"又《寄酬邺王罗令公五首》之二："正忧末派沦沧海，忽见高枝拂绛霄。"吕敞《龟兹闻莺》："今朝乡陌伴，几处坐高枝。"

【高柯】 长得高的枝条。皎然《观裴秀才松石障歌》:“高柯细叶动飒飒,乍听幽飕如有声。”

【高枕】 ❶枕着高枕头睡眠。谓心无忧虑。孟浩然《京还赠张维》:“拂衣何处去,高枕南山南。”李白《题元丹丘山居》:“羡君无纷喧,高枕碧霞里。”白居易《病中诗十五首》序:“旬月以还,厥疾少间,杜门高枕,澹然安闲。”温庭筠《题陈处士幽居》:“松轩尘外客,高枕自萧疏。”❷高卧酣睡,不问尘事。谓隐逸不仕。王维《故人张諲顷以诗见赠聊获酬之》:“故园高枕度三春,永日垂帷绝四邻。”刘长卿《集梁耿开元寺所居院》:“岂得长高枕,中朝正用才。”韩翃《送张儋水路归北海》:“片帆依白水,高枕卧青州”许浑《赠迁客》:“闲居多野客,高枕见江城。”方干《路入剡中作》:“截湾冲濑片帆通,高枕微吟到剡中。”

【高苑】 古县名。隋大业三年(607)改会城县为高苑县,治所即今山东高青县东南高苑城。原属青州。《高苑令歌》:“高苑之树枯已荣,淄川之水浑已澄,邹邑之民仆已行。”题下自注:“高苑令刘敬和,先为邹、淄二县令,后在高苑。岁饥,擅发仓施赈,民得全活。”

【高卧】 ❶高枕而卧,悠闲地躺着。王维《酌酒与裴迪》:“世事浮云何足问,不如高卧且加餐。”张籍《赠任懒》:“胜游寻野客,高卧看兵书。”白居易《日高卧》:“怕寒放懒日高卧,临老谁言牵率身。”皮日休《奉和鲁望独夜有怀吴体见寄》:“隐几清吟谁敢敌,枕琴高卧真堪图。”❷借指隐居不仕。李颀《送刘方平》:“有才不偶谁之过,肯即藏锋事高卧。”刘长卿《汉阳献李相公》:“退身高卧楚城幽,独掩闲门汉水头。”姚合《寄紫阁隐者》:“几世传高卧,全家在一林。”王贞白《忆张处士》:“毕世唯高卧,无人说是非。”❸西汉汲黯学黄老之言,治官理民,好清静,择丞吏而任之。任东河太守时多病,卧闺阁内不出,而东海大治。后武帝拜汲黯为淮阳太守,黯以病辞。武帝曰:“吾徒得君之重,卧而治之。”黯居郡如故治,淮阳政清。后以“高卧”为无为而治之典。岑参《临河客舍呈狄明府兄留题县南楼》:“故人高卧黎阳县,一别三年不相见。”刘长卿《送薛据宰涉县》:“昔闻在河上,高卧自无事。”皎然《奉酬于中丞使君郡斋卧病见示一首》:“以兹得高卧,任物化自淳。”方干《赠孙百篇》:“才子风流复年少,无愁高卧不公卿。”❹咏雪或贫病。何频瑜《墙阴残雪》:“谁怜高卧处,岁暮叹袁安。”许浑《病中二首》之一:“三年婴酒渴,高卧似袁安。”

【高奇】 ❶高峻奇秀。张乔《华山》:“卓杰三峰出,高奇四岳无。”❷高大而奇特。欧阳炯《题景焕画应天寺壁天王歌》:“匡山处士名称朴,头骨高奇连五岳。”❸高超杰出。皎然《灵澈上人何山寺七贤石诗》:“石性殊磊落,君子又高奇。”廖融《谢翁宏以诗百篇见示》:“高奇一百篇,造化见工全。”贯休《山居诗二十四首》之五:“高奇章句无人爱,澹泊身心举世嫌。”郭从义《赠梦英大师》:“云水僧来说我师,换鹅书札转高奇。”❹高洁新奇。徐夤《逐臭苍蝇》:“逐臭苍蝇岂有为,清蝉吟露最高奇。”

【高尚】 ❶品质崇高,不卑屈。郑世翼《过严君平古井》:“严平本高尚,远蹈古人风。”杜牧《题青云馆》:“深处会容高尚者,水苗三顷百株桑。”胡曾《咏史诗·颍川》:“古贤高尚不争名,行止由来动杳冥。”齐己《依韵酬谢尊师见赠二首》之一:“莫将高尚迹,闲处傲明君。”亦指高洁的品质。齐己《题玉泉寺大师影堂》:“由来负高尚,合向好山川。”❷崇高。郑谷《寄赠杨夔处士》:“国步未安风雅薄,可能高尚掞天才。”

【高尚書】 高霞寓。长庆元年(821)三月,以右卫大将军高霞寓检校工部尚书、邠州刺史,充邠宁节度使。李涉有《邠州词献高尚书三首》。

【高味】 高妙的情致。韩偓《雨》:“此时高味共谁论,拥鼻吟诗空伫立。”

【高昌】 古国名。其地在今吐鲁番一带。国都在高昌城(今新疆吐鲁番县东南高昌废地)。唐初,其国王曲文泰依附西突厥与唐为敌。贞观十四年(640)为唐所灭,以西地置西州,治所在今吐鲁番东南、哈拉和卓堡西南。柳宗元有《唐铙歌鼓吹曲十二篇·高昌》。《高昌童谣》:“高昌兵马如霜雪,汉家兵马如日月。”

【高明】 ❶高而明亮,高爽敞亮。皎然《因游支硎寺寄邢端公》:“高明依月境,萧散蹑庭芳。”又《白云歌寄陆中丞使君长源》:“洁白不由阴雨积,高明肯共杂烟重。”严维《忆长安·五月》:“竞处高明台榭,槐阴柳色通逵。”张祜《中秋夜杭州玩月》:“鬼愁缘辟照,人爱为高明。”❷聪明睿智。张说《送乔安邑备》:“外尹方为政,高明自不欺。”❸聪明睿智之人。张九龄《感遇十二首》之四:“美服患人指,高明逼神恶。”明皇《端午三殿宴群臣探得神字》序:“时雨近霁,西郊霾靡而一色,炎云作峰,南山嵯峨而异势,正当召儒雅,宴高明。”孟郊《商州客舍》:“声意今讵辨,高明鉴其端。”徐至《闰月定四时》:“高明终不谬,委鉴本无私。”

【高旻】 高天。杜甫《暇日小园散病兼书触目》:“鸾皇不相待,侧颈诉高旻。”韩愈《酬裴十六功曹巡府西驿途中见寄》:“哀鸿鸣清耳,宿雾褰高旻。”

【高岸】 ❶高峻的山崖。李百药《王师渡汉水经襄阳》:“高岸沉碑影,曲溆丽珠光。”杜甫《水槛》:“高岸尚如谷,何伤浮柱欹。”❷高峻的堤岸。刘禹锡《吏隐亭述》:“摧其别岛,置此高岸。”

【高岡】 见“高崗”。

【高岳】　亦作“高嶽”。高山。李昌符《行思》：“破月衔高岳，流星拂晓空。”崔涂《送道士于千龄游南岳》：“四方多事日，高岳独游时。”韦庄《和李秀才郊墅早春吟兴十韵》：“雪色随高嶽，冰声陷古塘。”

【高侍郎】　❶高钛。曾官刑部侍郎、吏部侍郎、同州刺史。刘禹锡有《裴祭酒尚书见示春归城南青松坞别墅寄王左丞高侍郎之什命同作》。❷高湜。高钛子。咸通十二年(871)为礼部侍郎。高蟾有《下第后上永崇高侍郎》。❸高越。南唐后主，曾官户部侍郎等。黄可有《献高侍郎》。

【高侍御】　高铢。元和十五年(820)二月命监察御史杨虞卿、卢周仁、高铢、路群分往京西京北监赏诸将士。白居易有《送高侍御使回因寄杨八》。

【高使君】　❶高询。沈佺期有《饯高唐州询》，韦元旦、崔湜、李乂、马怀素、卢藏用均有《饯唐州高使君赴任》，张说、岑羲有《饯唐州高使君》。高询，疑即高恂。《金石萃编》卷七四《御史台精舍碑》殿中御史并内供奉题名下有高恂。与崔湜、韦元旦、李乂等同时，诸人均为景龙文馆学士，诗当景龙文馆唱和之作。❷疑为高利。《新唐书·地理志五》谓楚州宝应县本名安宜，上元三年以获定国宝更名。《封氏见闻记》卷九：“高利自濠州改为楚州，时江淮米贵……”故高使君当即高利。储光羲有《安宜园林献高使君》和《献高使君大酺作》。❸高适。高适曾官蜀州刺史和彭州刺史。杜甫有《奉简高三十五使君》和《王十七侍御抡许携酒至草堂奉寄此诗便请邀高三十五使君同到》。

【高侣】　高朋，贵宾。皎然《兵后西日溪行》：“饭松得高侣，濯足偶清津。”

【高卑】　亦作“高庳”。高矮，高低。李颀《篱笋》：“色因林向背，行逐地高卑。”韦应物《洛都游寓》：“草木同时植，生条有高卑。”白居易《和刘郎中学士题集贤阁》：“朱阁青山高庳齐，与君才子作诗题。”陆龟蒙《奉和袭美公斋四咏次韵·小桂》：“终为济川楫，岂在论高卑。”

【高舍人】　❶高元裕。大和九年(835)八月，元裕由中书舍人贬为阆州刺史。刘禹锡有《和令狐相公晚泛汉江书怀寄洋州崔侍郎阆州高舍人二曹长》。❷高越。曾官起居郎、中书舍人等。徐铉有《送高舍人使岭南》和《谪居舒州累得韩高二舍人书作此寄之》。

【高放】　清高狂放。皮日休《二游诗·任诗》：“任君恣高放，斯道能寡合。”

【高河】　谓银河。刘得仁《宿僧院》：“破月斜天半，高河下露微。”齐己《秋空》：“耿耿高河截，翛翛一雁经。”又《中秋十五夜寄人》：“高河瑟瑟转金盘，喷露吹光逆凭栏。”

【高淨】　高而洁净。吴融《山居即事四首》之三：“万事翛然只有棋，小轩高净簟凉时。”

【高宗】　指殷高宗武丁。武丁思得辅佐之臣复兴殷朝，夜梦傅说，得之于傅岩，用以为相。姚合《赠终南山傅山人》：“悲君还姓傅，独不梦高宗。”林嵩《赠天台王处士》：“赤城不掩高宗梦，宁久悬冠枕瀑流。”贯休《上卢使君二首》之二：“因知寰海升平去，又见高宗梦里人。”

【高宗雨】　殷高宗命傅说作相之辞中有“若岁大旱，用汝作霖雨”之语。后用为降雨之典。无名氏《诗》：“半岩冷落高宗雨，一洞凄凉吉甫风。”

【高官】　大官。杜甫《送陵州路使君赴任》：“王室比多难，高官皆武臣。”李商隐《行次西郊作一百韵》：“送者问鼎大，存者要高官。”冯道幕客《题酒户修孔庙状》：“槐影参差覆杏坛，儒门子弟尽高官。”

【高空】　距地面较高的空间，天空。杜甫《义鹘行》：“高空得蹭蹬，短草辞蜿蜒。”贾岛《晚晴见终南诸峰》：“圆魄将升兔，高空欲叫鸿。”刘沧《夏日登慈恩寺》：“晚景风蝉催节候，高空云鸟度轩层。”王元《怀翁宏》：“孤馆木初落，高空月正明。”

【高郎中】　❶高越。曾官水部员外郎，改祠部员外郎、浙西营田判官，检校水部郎中。保大初黜为蕲州司士参军。徐铉有《寄蕲州高郎中》。❷高弼。徐铉有《送元帅书记高郎中出为婺源建威军使》。

【高門】　❶高大的门。孙逖《和左卫武仓曹卫中对雨创韵赠右卫李骑曹》：“高门关讵闭，逸韵柱难胶。”韩愈、李正封《晚秋郾城夜会联句》：“密坐列珠翠，高门涂粉雘。”李商隐《过故府中武威公交城旧庄感事》：“日落高门喧燕雀，风飘大树撼熊罴。”❷借指富贵之家。韩愈《长安交游者赠孟郊》：“陋室有文史，高门有笙竽。”柳宗元《种术》：“单豹且理内，高门复如何。”方干《寄杭州于郎中》：“大雅篇章无弟子，高门世业有公卿。”❸喻青云得志，光耀门庭。刘禹锡《苏州白舍人寄新诗》：“于公必有高门庆，谢守何烦晓镜悲。”

【高居】　❶高大的房舍。李怀远《凝碧池侍宴看竞渡应制》：“上苑清銮路，高居重豫游。”裴度、崔群《春池泛舟联句》：“逸韵追安石，高居胜辟疆。”白居易《酬微之开拆新楼初毕相报未联见戏之作》：“海山郁郁石棱棱，新豁高居正好登。”杨衡《游峡山寺》：“高居何重沓，登览自夷犹。”❷居处在高处。湛贲《伏览吕侍郎丘员外旧题诗因书记事》：“高居葺莲宫，遗文焕石壁。”白居易《华城西北岁暮独游怅然成咏》：“高居称君子，潇洒四无邻。”❸居于高位。亦指居高位者。韩愈《雨中寄孟刑部几道联句》：“秋潦淹辙迹，高居限参拜。”❹犹高座。李峤《象》：“六牙行致远，千叶奉高居。”

【高垣】　高筑墙垣。张祜《元和直言诗》："陛下复土阶，四方敢高垣。"

【高城】　很高的城墙。许浑《咸阳城东楼》："一上高城万里愁，蒹葭杨柳似汀洲。"又《卧病寄诸公》："高城榆柳荫，虚阁芰荷香。"李商隐《板桥晓别》："回望高城落晓河，长亭窗户压微波。"又《安定城楼》："迢递高城百尺楼，绿杨枝外尽汀洲。"

【高城深壘】　高高的城墙，坚固的堡垒。刘景复《梦为吴泰伯作胜儿歌》："国门之西八九镇，高城深垒闭闲卒。"

【高拱】　两手相抱，高抬于胸前，为安坐时的一种姿势。有无为而治和拱手相让之意。韩愈《嘲鲁连子》："高拱禅鸿声，若辍一杯水。"杜光庭《纪道德》："三皇高拱兮任以自然，五帝垂衣兮修之不忒。"

【高拾遺】　❶高适。高适曾官左拾遗。独孤及有《雨后公超谷北原眺望寄高拾遗》。❷高蔓。章孝标有《赠茅山高拾遗蔓》，许浑有《赠茅山高拾遗》，储嗣宗有《和茅山高拾遗忆山中杂题五首》。

【高相】　(—xiàng)高郢。贞元十九年冬守中书侍郎、同中书门下平章事。白居易有《重到城七绝句·高相宅》，元稹有《和乐天高相宅》。

【高相公】　(相 xiàng)高崇文。元和二年(807)冬，制加同中书门下平章事、邠州刺史、邠庆宁三州节度观察使。薛涛有《贼平后上高相公》。

【高拯】　诗人。大历十三年(768)登进士第。《全唐诗》卷二八一录其《及第后赠试官》。

【高柱】　很高的琴弦柱。借指琴声。韩愈《岳阳楼别窦司直》："杯行无留停，高柱送清唱。"

【高軌】　即高车。储光羲《秋庭贻马九》："哲兄盛文史，出入驰高轨。"

【高要】　县名。西汉武帝时置，属苍梧郡。宋、齐属南海郡。陈置高要郡，隋置端州。唐属端州，为州治所。县治所在今广东高要县(肇庆市)。李绅有《逾岭峤止荒陬抵高要》。

【高眇】　高远，极高极远。王翰《赋得明星玉女坛送廉察尉华阴》："上有明星玉女祠，祠坛高眇路逶迤。"

【高宴】　高雅之宴。王昌龄《琴》："高宴未终曲，谁能辨经纶。"

【高思】　❶思虑深远。姚合《冬夜书事寄两省阁老》："阁下群公尽高思，谁能携酒访贫居。"❷高雅的情致。曹邺《从天平节度使游平流园》："明公有高思，到此遂长返。"

【高科】　科举高第。李嘉祐《送严二擢第东归》："盛业推儒行，高科独少年。"姚合《送李余及第归蜀》："春来登高科，升天得梯阶。"朱庆余《送李余及第归蜀》："从得高科名转盛，亦言归去满城知。"李频《长安即事》："长遇豪家不敢过，此身谁与取高科。"

【高秋】　❶天高气爽的秋天。杜审言《和康五庭芝望月有怀》："明月高秋迥，愁人独夜看。"钱起《送杨皞擢第游江南》："万里高秋月，孤山远别时。"张祜《越州怀古》："高秋海天阔，色落湖山影。"李群玉《江楼独酌怀从叔》："水国发爽气，川光静高秋。"❷特指深秋。李贺《李凭箜篌引》："吴丝蜀桐张高秋，空白凝云颓不流。"李德裕《春暮思平泉杂咏二十首·西岭望鸣皋山》："高秋对凉野，四望何萧瑟。"吴筠《胡无人行》："高秋八九月，胡地早风霜。"刘兼《咸阳怀古》："高秋咸镐起霜风，秦汉荒陵树叶红。"

【高皇】　指汉高祖刘邦。罗隐《书淮阴侯传》："莫恨高皇不终始，灭秦谋项是何人。"

【高風】　❶强劲的风。孙处玄《咏黄莺》："高风不借便，何处得迁乔。"李白《赠崔侍郎》："高风摧秀木，虚弹落惊禽。"可止《山居》："寒食微灯在，高风势彻陂。"皮日休《临顿五言五十首奉题屋壁》之一："高风翔砌鸟，暴雨失池鱼。"❷指秋风。王勃《山中》："况属高风晚，山山黄叶飞。"杜甫《奉送郭中丞充陇右节度使三十韵》："斜日当轩盖，高风卷旆旌。"温庭筠《送人东游》："高风汉阳渡，初日郢门山。"许浑《石池》："残月留山影，高风耗水痕。"❸指遭受强风。杜甫《向夕》："深山催短景，乔木易高风。"❹崇高的品质风范。孟浩然《登鹿门山》："隐迹今尚存，高风邈已远。"白居易《哭崔二十四常侍》："莫道高风无继者，一千年内有崔君。"李群玉《自澧浦东游江表途出巴丘投员外从公虞》："高风动商洛，绮皓无馨香。"许棠《经故杨太尉旧居》："一川留古迹，多代仰高风。"

【高亭】　❶高的亭台。杜牧有《题元处士高亭》。罗隐《寄酬邺王罗令公五首》之四："水云开霁立高亭，依约黎阳对福星。"徐铉《题碧岩亭赠孙尊师》："绝境何人识，高亭万象含。"❷人名。诗人，高亭县(治所在今湖南永兴县西南高亭司)人。《全唐诗》卷八七〇录其《讥元载诗》。

【高冠】　❶很高的帽子。吟咏高洁正直之品质。李白《君马黄》："长剑既照曜，高冠何赩赫。"白居易《和答诗十首·答四皓庙》："皤皤四先生，高冠危映眉。"柳宗元《酬娄秀才将之淮南见赠之什》："高冠余肯赋，长铗子忘贫。"❷参见"高冠谷"。

【高冠谷】　谷名。岑参在终南山的隐居处，地在今陕西鄠县东南。岑参有《高冠谷口招郑鄠》。亦省称"高冠"。岑参有《初授官题高冠草堂》。

【高冠潭】　潭名。在终南山高冠谷内。岑参有《还高冠潭口留别舍弟》。

【高祖】　先称汉高祖刘邦，后多为开国之君的庙号。杜甫《述古三首》之三："岂惟高祖圣，功自萧曹来。"张祜《太唐圣功诗》："高祖守河东，权力已兼并。"罗隐《贵游》："八尺家僮三尺箠，何知高祖要苍生。"

【高祖母】 曾祖之母。杜甫《送重表侄王砅评事使南海》："我之曾祖姑，尔之高祖母。"

【高祖誓功】 汉高祖刘邦封功臣的誓词，望功臣爵禄永传子孙。罗隐《黄河》："高祖誓功衣带小，仙人占斗客槎轻。"

【高退之】 字遵圣。会昌三年(843)中进士第。曾隐于盩厔(今陕西周至)山中。《全唐诗》卷五五二录其《和主司王起》。

【高屋】 帽子顶部高起。亦指高起部分。亦指高屋帽。陆龟蒙《幽居有白菊一丛因而成咏呈知己》："陶令接䍦堪岸着，梁王高屋好攲来。"自注："梁朝有白纱高屋帽。"

【高屋帽】 见"高屋"。

【高院】 深深的庭院。高适《同卫八题陆少府书斋》："深房腊酒熟，高院梅花新。"

【高飛】 高翔，高高飞翔。杜甫《送李校书二十六韵》："时哉高飞燕，绚练新羽翮。"又《阻雨不得归瀼西甘林》："伫立东城隅，怅望高飞禽。"白居易《感兴二首》之二："鱼能深入宁忧钓，鸟解高飞岂触罗。"李商隐《奉和太原公送前杨秀才戴兼招杨正字戎》："潼关地接古弘农，万里高飞雁与鸿。"

【高馬】 高头大马。杜甫《岁晏行》："高马达官厌酒肉，此辈杼轴茅茨空。"无名氏《五言白话诗》之十二："高马衣轻裘，伴涉诸王子。"

【高球】 高宗时人。《全唐诗》卷七二录其《晦日宴高氏林亭》等二首。

【高班】 高官。花蕊夫人徐氏《宫词》之一三二："金章紫绶选高班，每每东头近圣颜。"

【高格】 ❶超凡脱俗。刘禹锡《白鹭儿》："白鹭儿，最高格。"❷高超脱俗的格调。任华《寄李白》："古来文章有能奔逸气，耸高格，清人心神，惊人魂魄。"

【高軒】 ❶堂左右有窗的高敞的长廊。太宗《元日》："高轩暖春色，邃阁媚朝光。"亦借以泛称华丽的房屋。刘沧《题郑中丞东溪》："高轩夜静竹声远，曲岸春深杨柳低。"唐彦谦《夏日访友》："高轩俯清流，一犬隔花吠。"翁洮《赠进士李德新接海棠梨》："高轩日午争浓艳，小径风移旋落英。"❷华贵的车子。韦庄《愁》："借问高轩客，何乡是醉乡。"

【高真】 ❶指道教之教义。吕岩《满庭芳》词："大道渊源，高真隐秘。"❷指得道高人。皮日休《寒夜文宴润卿有期不至》："草堂虚洒待高真，不意清斋避世尘。"

【高原】 高地，地势较高的原野。皇甫冉《故齐王赠承天皇帝挽歌》："苍苍松里月，万古此高原。"张祜《题松汀驿》："鸟道高原去，人烟小径通。"韦庄《登汉高庙远眺》："独寻仙境上高原，云雨深藏古帝坛。"

【高翅帽】 一种帽翅很高的帽子。韩翃《送南少府归寿春》："孤客小翼舟，诸生高翅帽。"

【高砧】 响亮的捣衣声。沈佺期《杂诗三首》之一："叶落惊秋妇，高砧促暝机。"

【高致】 高雅的情致或格调。皎然《白云歌寄陆中丞使君长源》："逸民对云效高致，禅子逢云增道意。"颜真卿《赠僧皎然》："元化隐灵踪，始君启高致。"皮日休《南阳广文欲于荆襄卜居因而有赠》："地脉从来是福乡，广文高致更无双。"陆龟蒙《和袭美江南抒情二十韵次韵》："染翰穷高致，怀贤发至诚。"

【高眠】 ❶高枕而眠。白居易《懒放二首呈刘梦得吴方之》之二："床暖日高眠，炉温夜深坐。"姚合《武功县中作三十首》之五："长羡刘伶辈，高眠出世间。"❷谓隐居。许棠《寄庐山贾处士》："时泰亦高眠，人皆谓不然。"皮日休《寄润卿博士》："高眠可为要玄纁，鹊尾金炉一世焚。"❸谓死亡。许棠《哭宣城元征君》："高眠终不起，远趣固难知。"

【高員外】 ❶高郢。曾官主客员外。武元衡有《安邑里中秋怀寄高员外》。❷高远。曾官礼部员外郎、史馆修撰等。徐铉有《送史馆高员外使岭南》。

【高峭】 高耸峭拔。张为《题建造寺》："叠嶂横空向郡西，迥然高峭众山低。"方壶居士《题法云寺双桧》："若并亳宫仙鹿迹，定知高峭不如君。"

【高峰】 高峻的山峰。许浑《送李定言南游》："远水应移棹，高峰更上楼。"于濆《古征战》："高峰凌青冥，深穴万丈坑。"

【高郵】 县名。西汉置，治所在今江苏高邮县。三国时废。西晋太康元年(280)复置。隋大业中移治今高邮县西北。唐永徽元年(650)复移治今高邮县，属淮南道扬州大都督府。祖咏有《送刘高邮棁使入都》，刘商有《高邮送弟遇北游》，徐铉有《邵伯埭下寄高邮陈郎中》。

【高秩】 很高的官位。张九龄《荆州二首》之一："高秩向所忝，于义如浮云。"储光羲《同王十三维偶作十首》之十："蚩蚩命子弟，恨不居高秩。"韦应物《登蒲塘驿追怀昔年》："高秩非为美，阑干泪盈裾。"白居易《和裴令公一日日一年年杂言见赠》："我无才能忝高秩，合是人间闲散物。"

【高隼】 高空鹰隼。皎然《寄崔万芳夔》："气杀高隼击，惜芳步寒林。"

【高座】 ❶讲席。因讲席高于听讲者之座位，故名。曹松《荐福寺赠应制白公》："讲升高座懒，书答重臣迟。"❷指精通某一门学问的高人。陈陶《谪仙吟赠赵道士》:"三元麟凤推高座,六甲风雷闷小壶。"❸指佛所坐之处。《大智度论》卷七:"佛为人中狮子。佛所坐处,若床若地,皆名狮子座。"李白《峨眉山月歌送蜀僧晏入中京》:"黄金狮子乘高座,白玉麈尾谈重玄。"

【高座寺】　寺名。在今江苏南京市雨花台区境。李白有《登梅冈望金陵赠族侄高座寺僧中孚》。

【高唐】　❶战国时楚国台观名。借指男女欢会之处。武平一《妾薄命》:"洛川昔云遇,高唐今尚违。"张祜《送蜀客》:"不妨高唐云,却借宋玉说。"薛能《戏题》:"思惟不是梦,此会胜高唐。"于濆《巫山高》:"宋玉恃才者,凭虚构高唐。"后多以高唐借指男女幽会之所。崔颢《寄卢八象》:"是日风波霁,高唐雨半收。"沈佺期《巫山高二首》之二:"神女向高唐,巫山下夕阳。"❷巫山之代称。杜甫《晚晴》:"高唐暮冬雪壮哉,旧瘴无复似尘埃。"李商隐《深宫》:"岂知为雨为云处,只有高唐十二峰。"❸指《高唐赋》。参见"高唐赋"。

【高唐十二峰】　即巫山十二峰。李商隐《深宫》:"岂知为雨为云处,只有高唐十二峰。"

【高唐州】　疑即高恂。《金石碎编》卷七四《御史台精舍碑》殿中御史并内供奉题名下有高恂。崔湜、韦元旦、苏颋、李乂等均有《饯高唐州赴任》,沈佺期有《饯高唐州询》,张说有《饯高唐州》。

【高唐宫】　即高唐观。李商隐《楚宫二首》之一:"十二峰前落照微,高唐宫暗坐迷归。"

【高唐峡】　即巫峡。戴叔伦《南宾送蔡侍御游蜀》:"月照高唐峡,人随贾客船。"张蠙《新竹》:"何用高唐峡,风枝扫月明。"

【高唐夢】　借指男女欢会。李涉《遇湖州妓宋态宜二首》之一:"当时惊觉高唐梦,唯有如今宋玉知。"

【高唐賦】　篇名。战国楚宋玉撰。叙楚襄王游高唐遇巫山神女事。李白《赠溧阳宋少府陟》:"宋玉事襄王,能为高唐赋。"李商隐《有感》:"一自高唐赋成后,楚天云雨尽堪疑。"亦省称"高唐"。李商隐《偶成转韵七十二句赠四同舍》:"众中赏我赋高唐,回看屈宋由年辈。"

【高唐觀】　(觀 guàn)台观名。在楚云梦泽中。陈子昂《感遇诗三十八首》之二八:"揭来高唐观,怅望云阳岑。"

【高流】　❶高处流水。房琯《题汉州西湖》:"高流缠峻隅,城下缅丘墟。"李咸用《和人游东林》:"年年上国荣华梦,世世高流水石心。"❷高材。韩翃《寄雍丘窦明府》:"时辈宁将白笔期,高流伫向丹霄见。"

【高浪】　很高的波浪。窦叔向《过担石湖》:"日衔高浪出,天入四空无。"杜牧《洛中送冀处士东游》:"祥云绕毛发,高浪开咽喉。"陆龟蒙《闲吟》:"一夜西风高浪起,不教归梦过寒江。"李咸用《酬进士秦颙若》:"在野孤云终捧日,朝宗高浪本蒙泉。"

【高冥】　高空。孟郊《生生亭》:"袅袅立平地,棱棱浮高冥。"杨汝士《宴杨仆射新昌里第》:"隔坐应须赐御屏,尽将仙翰入高冥。"刘得仁《送知全禅师南游》:"回期不可定,孤鹤在高冥。"

【高書記】　高适。高适曾任哥舒翰幕府掌书记。杜甫有《送高三十五书记》。

【高陵】　县名。战国秦置,治所在今陕西高陵县西南。三国魏黄初元年(220)改名高陆县。北魏移治今高陵县。隋大业六年(606)复名高陵县。唐属京兆府。韦应物有《高陵书情寄三原卢少府》。又,韦应物有《天长寺上方别子西有道》,题下自注:"时任京兆府功曹,摄高陵宰,别田曹卢康、户曹韩质,因而有作。"耿湋有《立春日宴高陵任明府宅》。

【高春】　指傍晚时分。皎然《浮云三章》之三:"浮云浮云,集于高春。高春濛濛,日夕之容。"柳宗元《柳州寄丈人周韶州》:"越绝孤城千万峰,空斋不语坐高春。"李商隐《垂柳》:"碧虚随转笠,红烛近高春。"

【高堞】　高墙。张祜《题海陵监李端公后亭十韵》:"短桥多凭看,高堞几登临。"

【高推官】　高辇。高辇曾官推官。齐己有《叙怀寄高推官》。

【高接】　与地位、身份比自己高的人交往。张继《重经巴丘》:"昔年高接李膺欢,日泛仙舟醉碧澜。"

【高梓州】　高璩。咸通六年(865)四月,剑南东川节度使高璩为兵部侍郎、同中书门下平章事。薛逢有《越王楼送高梓州入朝》。

【高爽】　❶高而清朗。韦应物《拟古诗十二首》之八:"神州高爽地,遐瞰靡不通。"❷高洁豪爽。柳宗元《法华寺石门精舍三十韵》:"拘情病幽郁,旷志寄高爽。"

【高頂】　❶山顶。王维《投道一师兰若宿》:"一公栖太白,高顶出风烟。"贾岛《送厉宗上人》:"高顶白云尽,前山黄叶多。"灵一《宿静林寺》:"中宵引领寻高顶,月照云峰凡几重。"❷树的顶端。张乔《兴善寺贝多树》:"远根穿古井,高顶起凉飙。"

【高處】　很高的地方。李商隐《华清宫》:"当日不来高处舞,可能天下有胡尘。"杨玢《登慈恩寺塔》:"莫上慈恩最高处,不堪看又不堪听。"

【高堂】　❶高大的厅客,大堂。李白《同族弟金城尉叔卿烛照山水壁画歌》:"高堂粉壁图蓬瀛,烛前一见沧洲清。"岑参《酒泉太守席上醉后作》:"酒泉太守能剑舞,高堂置酒夜击鼓。"张籍《杂怨》:"妾身甘独殁,高堂有舅姑。"郑锡《邯郸侠少年》:"执事非无胆,高堂念有亲。"亦借指华屋。司马扎《猎客》:"娥娥燕赵人，珠箔闭高堂。”拾得《诗》之五一：“高堂车马多，一呼百诺至。”❷指朝廷。李白《万愤词投魏郎中》：“恋高堂而掩泣，泪血地而成泥。”刘长卿《送许拾遗还京》：“故里惊朝服，高堂捧诏书。”❸指父母，亦指公婆。刘得仁《送友人下第归觐》：“君此卜行日，高堂应梦归。”韦应物《送黎六郎赴阳翟少府》：“只应传善政，日夕慰高堂。”李群玉《自澧浦东游江表途出巴丘投员外从公虞》：“尘生脱粟甑，万里违高堂。”姚合《送韦瑶校书赴越》：“晨省高堂后，余欢杯酒间。”

【高常侍】　高适。适曾官散骑常侍。杜甫有《奉寄高常侍》和《闻高常侍亡》。

【高唱】　❶高声歌唱。韩愈《送灵师》：“有时醉花月，高唱清且绵。”李潜《和主司王起》：“兰署崇资金色重，莲峰高唱玉音清。”陆龟蒙、皮日休《寒夜联句》：“高唱戛金奏，朗咏铿玉节。”❷指格调高绝的诗歌。韩愈《合江亭》：“老郎来何暮，高唱久乃和。”贾岛《投孟郊》：“江南有高唱，海北初来通。”

【高國】　春秋时齐国高氏和国氏的并称。指名门望族。王维《送秘书晁监还日本国》序：“晁司马结发游圣，负笈辞亲……名成太学，官至客卿，必齐之姜，不归娶于高国。”

【高崖】　很高的山崖。贾岛《即事》：“城静高崖树，漏多幽沼冰。”

【高崗】　亦作“高岡”。很高的山岭。张九龄《杂诗五首》之一：“高冈地复迥，弱植风屡吹。”无名氏《登山奉怀知己》：“闲步陟高岗，相思泪数行。”王棨《寒梧凤栖》：“本向高岡植，宁将众木齐。”于濆《寒食》：“田父引黄犬，寻狐上高冈。”

【高崇】　谓丰厚。白居易《凶宅》：“凡为大官人，年禄多高崇。”

【高崇文】　诗人。崇文为其字。其祖自渤海徙幽州(今北京)。《全唐诗》卷三一三录其《雪席口占》。

【高第】　❶经过考核，成绩优异，名列前茅。晋郄诜自夸举贤良对策第一。任雍州刺史，威严明断，誉满四方。韩翃《别汜水县尉》：“谷永直言身不顾，郤诜高第转名香。”后指科举中式。李嘉祐《送冷朝阳及第东归江宁》：“高第由佳句，诸生似者稀。”白居易《劝酒十四首·何处难忘酒七首》之一：“初登高第后，乍作好官人。”贾岛《送陈商》：“联翩曾数举，昨登高第名。”郑谷《送许棠先辈之官泾县》：“高第能卑宦，前贤尚此风。”❷指学习成绩优异。刘禹锡《许给事见示哭工部刘尚书诗因命同作》：“汉室贤王后，孔门高第人。”

【高從誨】　字遵圣，高季兴长子，五代时荆南国君。在位十九年。王仁裕有《荆南席上咏胡琴妓二首》，校：“一作《奉使荆南高从海筵上听弹胡琴》。”

【高鳥】　❶高飞之鸟。李峤《弩》：“高鸟行应尽，清猿坐见伤。”赵嘏《齐安早秋》：“高鸟过时秋色动，征帆落处暮云平。”韦庄《观猎》：“直待四郊高鸟尽，掉鞍齐向国门归。”王元《登祝融峰》：“草叠到孤顶，身齐高鸟翔。”❷喻指信使。张九龄《感遇十二首》之二：“持此谢高鸟，因之传远情。”

【高逸】　高雅俊逸。元结《招陶别驾家阳华作》：“陶家世高逸，公忍不独然。”皎然《送如献上人游长安》：“高逸诗情无别怨，春游从遣落花繁。”又《送沈居士还太原》：“高逸虽成性，弓旌肯忘招。”灵一《林公》：“支公信高逸，久向山林住。”

【高庳】　见“高卑”。

【高率】　高洁质朴。李瀚《蒙求》：“李廞清贞，刘驎高率。”

【高袤】　高峻而广大。韩愈《南山诗》：“新曦照危峨，亿丈恒高袤。”

【高望】　登高远望。司空曙《送郑况往淮南》：“登戍因高望，停桡放溜闲。”

【高情】　❶高雅的情怀或情致。李峤《田假限疾率成短韵用写长怀赠杜幽素》：“高情物累遣，逸气烟霞飞。”白居易《送河南尹冯学士赴任》：“清洛饮冰添苦节，碧嵩看雪助高情。”崔涯《咏春风》：“动地经天物不伤，高情逸韵住何方。”胡曾《咏史诗·西园》：“高情公子多秋兴，更领诗人入醉乡。”❷超然物外之情。白居易《过李生》：“子近湖边住，静境称高情。”朱庆余《宿陈处士书斋》：“结茅当此地，下马见高情。”方干《许员外新阳别业》：“莫恣高情求逸思，须防急诏用长材。”韩偓《招隐》：“立意忘机机已生，可能朝市污高情。”❸深厚的情意。用作敬词。王铎《和于兴宗登越王楼诗》：“恨无青玉案，何以报高情。”

【高清】　高洁清凉。刘昚虚《登庐山峰顶寺》：“孤峰临万象，秋气何高清。”

【高深】　❶高，从下向上距离大。薛能《行路难》：“南北诚须泣，高深不可干。”陆龟蒙《奉和袭美初夏游楞伽精舍次韵》：“战垒竞高深，儒衣谩褒博。”❷高大深邃。杜审言《和韦承庆过义阳公主山池五首》之五：“赏玩期他日，高深爱此时。”高适《同郭十题杨主簿新厅》：“用材兼柱石，闻物象高深。”❸指山峰和山谷。萧颖士《游马耳山》：“高深变气候，俯仰暮天晴。”❹指深幽僻远处。张九龄《奉和圣制早发三乡山行》：“遗贤一一皆羁致，犹欲高深访隐沦。”❺义蕴或意趣深远。张九龄《与生公游石窟山》：“日寻高深意，宛是神仙中。”孙逖《奉和李右相中书壁画山水》：“欲写高深趣，还因藻绘成。”❻指夜深之时。杜甫《送严侍郎到绵州同登杜使君江楼》：“灯光散远近，月彩静高深。”❼高低深浅的略语。张九龄《题画山水障》：

“变化合群有，高深侔自然。”

【高視】 ❶向高处看。刘沧《夏日登西林白上人楼》：“几到西林清净境，层台高视有无间。”❷傲视，小视。李颀《送刘四》：“爱君少岐嶷，高视白云乡。”杜甫《剑门》：“至今英雄人，高视见霸王。”韩翃《送李司直赴江西使幕》：“高视领八州，相期同一鹗。”又《寄哥舒仆射》：“高视黑头翁，遥吞白骑贼。”

【高窗】 很高的窗户。李商隐《宿晋昌亭闻惊禽》：“羁绪鳏鳏夜景侵，高窗不掩见惊禽。”又《寓目》：“小幌风烟入，高窗雾雨通。”

【高張】 ❶高高张挂。韩愈《短灯檠歌》：“一朝富贵还自恣，长檠高张照珠翠。”白居易《劝酒》：“一朝逸翮乘风势，金榜高张登上第。”❷大肆铺张。周昙《咏史诗·春秋战国门·韩昭侯》：“对此不思人力困，楼门何可更高张。”❸谓将琴弦绷紧。李白《幽涧泉》：“幽涧愀兮流泉深，善手明徽高张清。”韦应物《乐燕行》：“赵瑟正高张，音响清尘埃。”窦庠《留守府酬皇甫曙侍御弹琴之什》：“高张朱弦琴，静举白玉指。”顾况《王郎中妓席五咏·箜篌》：“玉作搔头金步摇，高张苦调响连宵。”

【高陽】 ❶古帝颛顼号高阳。王维《同卢拾遗过韦给事东山别业二十韵》：“高阳多夔龙，荆山积玙璠。”参见“高陽族”。❷地名。在今河南杞县西南。胡曾《咏史诗·高阳》：“路入高阳感郦生，逢时长揖便论兵。”见“高陽酒徒”。❸指高阳池。李峤《酒》：“每接高阳宴，长陪河朔游。”王维《过崔驸马山池》：“闻道高阳会，愚公谷正愚。”岑参《送襄州任别驾》：“高阳诸醉客，唯见古时丘。”李商隐《寄罗劭兴》：“高阳旧徒侣，时复一相携。”

【高陽八才子】 原指后汉荀淑所生八位有才之子，后亦泛称一家八位有才之兄弟。储光羲《饯张七琚任宗城即环之季也同产八人俱以才名知》：“高阳八才子，况复在君门。”

【高陽公】 许敬宗。贞观十七年(643)，敬宗以修武德、贞观《实录》，封高阳县男，显庆三年(658)进封郡公。上官仪有《和太尉戏赠高阳公》。

【高陽宅】 见“高陽里”。

【高陽池】 池名。在今湖北襄阳。原是汉侍中习郁于襄阳岘山养鱼之所。晋山简镇襄阳，名之曰高阳池，取义于郦食其高阳酒徒之意。高正臣《晦日重宴》：“自符河朔趣，宁羡高阳池。”李白《寻鲁城北范居士失道落苍耳中见范置酒摘苍耳作》：“酣来上马去，却笑高阳池。”高瑾《晦日重宴》：“正开彭泽酒，来向高阳池。”胡曾有《咏史诗·高阳池》。

【高陽里】 亦作“高陽宅”。指名门望族的居所。韦应物《答裴处士》：“来署高阳里，不遇白衣还。”又《李博士弟枉诗见问直寄鄙怀聊以为答》：“晨兴涉清洛，访子高阳宅。”

【高陽徒】 见“高陽酒徒”。

【高陽酒徒】 汉郦食其，陈留高阳(高阳，乡名，在今河南杞县西南)人。人称狂生。谒刘邦，自称高阳酒徒，受到礼遇。曾助刘邦占领齐七十余城。后用作寻求知遇之典，亦用以咏豪放嗜酒之士。李白《梁甫吟》：“君不见高阳酒徒起草中，长揖山东隆准公。”韩翃《送别郑明府》：“独恋郊扉已十春，高阳酒徒连此身。”罗隐《曲江春感》：“高阳酒徒半凋落，终南山色空崔嵬。”亦省称“高陽徒”。杜牧《张好好诗》：“尔来未几岁，散尽高阳徒。”

【高陽族】 指才子众多的名门望族。韦应物《送丘员外还山》：“终当署里门，一表高阳族。”刘禹锡《送国子令狐博士赴兴元觐省》：“相门才子高阳族，学省清资五品官。”又《早秋送台院杨侍御归朝》：“重振高阳族，分居要路津。”题下自注：“兄弟四人，遍历诸科，二人同省。”

【高陽翁】 指汉郦食其。韩愈《病中赠张十八》：“势侔高阳翁，坐约齐横降。”

【高紹】 诗人。渤海蓚(今河北景县)人。高士廉曾孙，袭爵申国公。《全唐诗》卷七二录其《晦日宴高氏林亭》。

【高参舍人】 高参曾官中书舍人。秦系有《会稽山居寄薛播侍郎袁高给事高参舍人》。

【高越】 五代诗人。字仲远，幽州(今北京市)人。《全唐诗》卷七四一录其《咏鹰》。

【高達】 谓才高而通达。齐己《寄欧阳侍郎》：“毕竟男儿自高达，从来心不是悠悠。”

【高揖】 双手抱拳高举过头作揖，即长揖而不拜，是一种普通礼节。李白《答王十二寒夜独酌有怀》：“严陵高揖汉天子，何必长剑拄颐事玉阶。”又《送岑征君归鸣皋山》：“至人达机兆，高揖九州伯。”魏万《金陵酬李翰林谪仙子》：“南游吴越遍，高揖二千石。”陆龟蒙《奉酬袭美苦雨见寄》：“高揖愁霖词未已，披文忽自皮夫子。”

【高棟】 高大的屋梁。借指大厦。杜甫《七月一日题终明府水楼二首》之一：“高栋曾轩已自凉，秋风此日洒衣裳。”又《遣怀》：“邑中九万家，高栋照通衢。”又《远游》：“江阁浮高栋，云长出断山。”亦喻指栋梁之材。杜甫《八哀诗·故司徒李公光弼》：“大屋去高栋，长城扫遗堞。”

【高棲】 谓隐居。刘言史《初下东周赠孟郊》：“惭将衰末分，高栖喧世名。”陈元光《半径寻真》：“高栖谋未遂，胜景至须留。”

【高雲】 ❶高飘之云。韩愈、孟郊《纳凉联句》：

"熙熙炎光流，竦竦高云擢。"颜真卿、清昼《五言夜集联句》："兹夕无尘虑，高云共片心。"李商隐《闻歌》："敛笑凝眸意欲歌，高云不动碧嵯峨。"❷借指高处。赵嘏《重寄卢中丞》："放歌迎晚醉，指路上高云。"❸诗人。云，原作亭，误。郡望渤海（今山东信阳）。肃宗时人。《全唐诗》卷八七〇录其《讥元载诗》，谓"上元官吏务剥削，江淮之人皆白着"。诗题后注："上元间，既平刘展，租庸使元载以吴越虽兵荒后，民产犹给，乃召豪吏分宰列邑，重敛之。时人谓之白着，言其役敛无名，所着者皆公然明白，无所嫌避。一云，世人谓酒酣为白着。既为刻薄之役，不堪其弊，则必颠沛酩酊如醉者之着也。渤海高亭有诗云云。"

【高掌】 指华山东峰仙人掌。张九龄《奉和圣制早渡蒲津关》："长堤春树发，高掌曙云开。"李白《西岳云台歌送丹丘子》："三峰却立如欲摧，翠崖丹谷高掌开。"岑参《潼关使院怀王七季友》："开门见太华，朝日映高掌。"司空图《华阴县楼》："偶凭危栏且南望，不劳高掌欲相携。"

【高程】 高飞的旅程。杨巨源《别鹤词送令狐校书之桂府》："海鹤一为别，高程方杳然。"

【高筵】 丰盛的筵席。虞世南《奉和献岁宴宫臣》："履端初起节，长苑命高筵。"

【高飲】 盛筵。王维《济州过赵叟家宴》："夫君第高饮，景晏出林间。"李端《杂诗》："主第辞高饮，石家赴宵会。"

【高詠】 高声吟咏。李白《夜泊牛渚怀古》："余亦能高咏，斯人不可闻。"杜甫《过郭代公故宅》："高咏宝剑篇，神交付冥漠。"韦应物《善福精舍秋夜迟诸君》："仰观天气凉，高咏古人篇。"清昼、潘述《还丹可成诗联句》："跂予望仙侣，高咏升天行。"

【高詞】 亦作"高辭"。高雅的诗文。韦应物《赠丘员外二首》之一："高词弃浮靡，贞行表乡闾。"韩愈《醉赠张秘书》："险语破鬼胆，高词媲皇坟。"李商隐《自桂林奉使江陵途中感怀寄献尚书》："逸翰应藏法，高辞肯浪吟。"亦借指文彩之士。李益《奉酬崔员外副使携琴宿使院见示》："犹持副节留军府，未荐高词直掖垣。"

【高翔】 高飞。陆龟蒙《孤雁》："身虽慕高翔，粪壤是盼盼。"

【高道】 高尚的情操。姚鹄《寄赠许璋少府》："若说君高道，何人更得如。"

【高湘】 诗人。字濬之。《全唐诗》卷五九七录其《和李尚书命妓饯崔侍御》。

【高開府】 高仙芝。仙芝天宝九载(750)拜开府仪同三司，寻除武判太守，河西节度使。岑参有《武威送刘单判官赴安西行营便呈高开府》。

【高閑上人】 湖州（今属浙江）开元寺僧，本乌程（今浙江湖州）人。张祜有《高闲上人》，陈陶有《题赠高闲上人》。

【高閒】 清雅闲适。严维《游灞陵山》："芳秀惬春目，高閒宜远心。"白居易《题施山人野居》："高閒真是贵，何处觅侯王。"李群玉《赠方处士》："白衣方外人，高閒溪中鹤。"皮日休《醉中即席赠润卿博士》："谢安四十余方起，犹自高閒得数年。"

【高疏】 ❶高旷貌。元稹《见人咏韩舍人新律诗因有戏赠》："高疏明月下，细腻早春前。"张祜《题朱兵曹山居》："朱氏西斋万卷书，水门山阔自高疏。"❷谓高雅疏狂之性。张祜《题陆墉金沙洞居》："东溪泉一眼，归卧惬高疏。"

【高絳】 高挂的绛帐。顾云《池阳醉歌赠匡庐处士姚岩杰》："九华太守行春罢，高绛红筵压花榭。"

【高塘館】 馆驿名。当在今安徽凤阳县临淮关一带。阎敬爱《题濠州高塘馆》："今宵寓宿高塘馆，神女何曾入梦来。"亦省称"高塘"。李和风《题敬爱诗后》："高唐不是这高塘，淮畔荆南各异方。"

【高蓋】 ❶高车。白居易《遣怀》："况有假饰者，华簪及高盖。"❷借指显贵者。顾况《哭从兄苌》："身终一骑曹，高盖者为谁。"❸高大的伞盖。陆龟蒙《顷自桐江得一钓车以袭美乐烟波之思因出以为玩俄辱三篇复抒酬答》之一："雨似轻埃时一起，云如高盖强相亲。"

【高蓋車】 有车篷的华丽车子。白居易《闲居》："乃知高盖车，乘者多忧畏。"

【高貲】 丰厚的钱财。刘禹锡《贾客词》："高赀比封君，奇货通幸卿。"

【高跡】 ❶高尚的行迹。李群玉《将游罗浮登广陵楞伽台别羽客》："谢公云岑兴，可以蹑高跡。"韦庄《题裴端公郊居》："暂随红旆佐藩方，高跡终期卧故乡。"❷指超越世俗的人。李频《过四皓庙》："东西南北人，高跡自相亲。"

【高圓】 指天空。韩愈《杂诗》："长风飘襟裾，遂起飞高圆。"

【高稜】 指高峰。韩愈《秋怀诗十一首》之四："清晓卷书坐，南山见高棱。"

【高甃】 高屋。甃，砖。借指以砖垒起的房屋。卢纶《题苗员外竹间亭》："高甃绝行尘，开帘似有春。"

【高愁】 深愁。韩愈《咏雪赠张籍》："厚虑填溟壑，高愁撼斗魁。"

【高節】 ❶高耸的竹竿。竹有节，故称。牟融《题陈侯竹亭》："岁寒高节谁能识，独有王猷爱此君。"方干《方著作画竹》："叠叶与高节，俱从毫末生。"孙岘《送钟员外》："贞姿曾冒雪，高节欲凌云。"刘兼《新竹》："自是子猷偏爱尔，虚心高节雪霜中。"❷高尚的节操。孟浩然《赠萧少府》："闻君秉高节，而得奉清颜。"李白《感兴六首》之五："高节不可夺，炯心如凝丹。"顾况《哭从兄苌》："立身有高节，满卷多好诗。"方干《经故侯郎中旧居》："高节雄才向何处，夜阑空锁满池星。"❸指使臣所持之旄节。节长八尺，故名。贾岛《颂德上贾常侍》："高节羽书期独传，分符绛郡滞长材。"

【高傳】（—zhuàn）见"高僧傳"。

【高傪】诗人。天宝、大历间人。永泰元年(765)在宣州(今安徽宣城)，与袁傪、刘太真相唱和。《全唐诗》卷二五二录其《东峰亭各赋一物得林中翠》。

【高會】❶盛大宴会。德宗《重阳日赐宴曲江亭赋六韵诗用清字》："朝野庆年丰，高会多欢声。"文宗《上元日二首》之一："上元高会集群仙，心斋何事欲祈年。"❷集会，相会。李泌《奉和圣制重阳赐会聊示所怀》："俯临秦山川，高会汉公卿。"韩翃《寄令狐尚书》："临风高会千门帐，映水连营百乘车。"黄滔《赠明州霍员外》："正衙无吏近，高会觉人稀。"牛希济《临江仙》词之二："十洲高会，何处许相寻。"

【高意】高妙的意趣。韩愈、孟郊《纳凉联句》："烦怀却星星，高意还卓卓。"孟郊《题韦少保静恭宅藏书洞》："高意合天制，自然状无穷。"

【高義】❶高尚的品质。王维《送从弟蕃游淮南》："高义难自隐，明时宁陆沉。"李商隐《无题》："益德冤魂终报主，阿童高义镇横秋。"又《五言述德抒情诗一首四十韵献上杜七兄仆射相公》："有客趋高义，于今滞下卿。"❷指深情厚义。杜甫《彭衙行》："故人有孙宰，高义薄曾云。"

【高溪】溪名。在今安徽宁国市境。李白有《下陵阳沿高溪三门六剌滩》。

【高禖】指媒神。高，通"郊"。颂赞太子或皇后。卢照邻《中和乐九章·歌储宫第六》："高禖诞圣，甲观升灵。"钱起《贞懿皇后挽词》："有恩加象服，无日祀高禖。"李商隐《谢往桂林至彤庭窃咏》："共贺高禖应，将陈寿酒欢。"薛能《恭禧皇太后挽歌词三首》之三："平生六衣在，曾着祀高禖。"

【高殿】高峻的宫殿、寺庙等。李廓《长安少年行》之八："新年高殿上，始见有光辉。"曹邺《秦后作》："木中不生火，高殿祸顷刻。"章碣《上元夜建元寺观灯呈智通上人》："珠玉乱抛高殿佛，绮罗深拜远山僧。"杨夔《题甘露寺》："高殿拂云霓，登临想虎溪。"

【高戩】武后朝曾官司礼丞。张说有《端州别高六戩》。

【高僕射】（射 yè）❶高郢。郢以尚书右仆射致仕。白居易有《高仆射》。❷高瑀。大和六年(832)三月，以前忠武军节度使高瑀检校右仆射，充武宁军节度使、徐泗濠等使。白居易有《送徐州高仆射赴镇》。

【高銖】诗人。字权仲，元和六年(811)进士及第，为太原张弘靖从事。长庆初入为监察御史，累迁员外郎、吏部郎中。大和五年(831)，拜给事中，后出为观察使。开成四年(839)入为刑部侍郎，旋出为河南尹。后历任义成军节度使、吏部郎中、礼部尚书。《全唐诗》卷四八八录其《和太原张相公山亭怀古》。

【高適】诗人。字达夫，一字仲武。郡望渤海蓨县(今河北景县)。天宝八载(749)，由宋州刺史张九皋推荐，举有道科，授封丘尉。不久河西节度使哥舒翰荐为左骁卫兵曹参军，后升侍御史、谏议大夫。至德二年(757)，出任淮南节度使。旋贬为太子少詹事。后继出为蜀、彭二州刺史，迁成都尹、剑南西川节度使。终官左散骑常侍，封渤海县侯。为盛唐边塞诗派的杰出代表。《全唐诗》录其诗四卷，《全唐诗外编》(上)录其《过崔二有别》等七首，《全唐诗外编》(下)录其《赠任华》等三首。

【高網】大网。李益《华阴东泉同张处士诣藏律师兼简县内同官因寄齐中书》："高网弥八纮，皇图明四辟。"

【高碧】指高远碧蓝的晴空。孟郊《寒溪》之五："瑞晴刷日月，高碧开星辰。"李贺《有所思》："夜残高碧横长河，河上无梁空白波。"

【高臺】❶很高的楼台。姚合《迎春》："风暖慢行寻曲水，天晴远望立高台。"许浑《李秀才近自涂口迁居新安适枉缄书见宽悲戚因以此答》："远书开罢更依依，晨坐高台竟落晖。"薛能《汉南春望》："独寻春色上高台，三月皇州驾未回。"司空图《柳二首》之二："似拟凌寒妒早梅，无端弄色傍高台。"❷台名。(1)即平台。遗址有今河南商丘县东北平台集。高适《宋中十首》之一："悠悠一千年，陈迹唯高台。"(2)指戏马台。又称凉马台。在今河北临漳县境内。曹邺《和谢豫章从宋公戏马台送孔令谢病》："佳人忆山水，置酒在高台。"(3)指遗址在今江苏江都县之戏马台。台下有路，名玉钩斜，为隋代埋葬宫女之地。钱珝《江行无题一百首》之四二："曹园旧樽酒，戏马忆高台。"(4)指战国时燕昭王所筑的黄金台。故址在今湖北易县东南。汪遵《燕台》："礼士招贤万古名，高台依旧对燕城。"

【高靜】❶谓远离喧嚣的尘世。孟郊《赠文应上人》："栖迟青山巅，高静身所便。"朱庆余《和刘补阙秋园寓兴之什十首》之二："谁言高静意，不异在衡茅。"韦庄《赠武处士》："一身唯一室，高静若僧家。"❷高而静，高远而静谧。赵嘏《献淮南李相公》："傅岩高静见台星，庙略当时讨不庭。"

【高墉】❶很高的城墙。薛能《相国陇西公南征能以留务独宿府城作》:"高墉撼铎思巴栈,老木嗥风念野营。"无名氏《霜隼下晴皋》:"高墉全失影,逐雀作飞声。"❷很高的墙垣。皎然《同李洗马入余不溪经辛将军故城》:"高墉暮草遍,大树野风悲。"刘禹锡《泽宫诗》:"依于高墉,因我不臧。"

【高甍】　很高的屋檐。杨师道《中书寓直咏雨简褚起居上官学士》:"高甍通散骑,复道驾蓬莱。"

【高歌】　放声歌唱,高声歌吟。李白《南陵别儿童入京》:"高歌取醉欲自慰,起舞落日争光辉。"任华《寄李白》:"有敕放君却归隐沦处,高歌大笑出关去。"白居易《醉后》:"酒后高歌且放狂,门前闲事莫思量。"亦指高雅的音乐或诗文。欧阳衮《听郢客歌阳春白雪》:"寂听郢中人,高歌已绝伦。"韦庄《河内别村业闲题》:"邻翁莫问伤时事,一曲高歌夕照沉。"

【高黎貢山】　山名。在今云南腾冲县东北。东临怒江,西临龙川江,山延袤数百里。山径狭窄,仅容单骑。冬季积雪苦寒,夏日毒暑酷热。《全唐诗外编》收有《高黎贡山谣》。

【高僧】　道艺高深的僧人。孙逖《送新罗法师还国》:"异域今无外,高僧代所稀。"白居易《赠草堂宗密上人》:"少有人知菩萨行,世间只是重高僧。"姚合《武功县中作三十首》之十二:"野客教长醉,高僧劝早归。"赵嘏《宿僧院》:"林中夜半一声磬,卧见高僧入道场。"

【高僧傳】　(傳 zhuàn)书名。南朝梁释惠皎撰。记述自东汉至梁四百五十余名高僧事迹。唐释道宣撰《续高僧传》,记述自南朝梁至唐四百余名高僧事迹。王维《春日上方即事》:"好读高僧传,时看辟谷方。"于鹄《赠兰若僧》:"附入高僧传,长称二远公。"亦省称"高傳"。郑巢《哭虚海上人》:"朗吟声不倦,高传有遗文。"

【高鼻】　高鼻梁。杜甫《黄河二首》之一:"铁马长鸣不知数,胡人高鼻动成群。"《九家集注杜诗》引鲍文虎曰:"黄河北岸海西军胡人高鼻。"亦指长着高鼻梁的胡人。徐夤《两晋》:"谁知高鼻能知数,竞向中原簸战旗。"

【高鳳】　❶高处的凤凰。喻贤者。杜甫《赠翰林张四学士》:"无复随高凤,空余泣聚萤。"❷高飞的凤凰。许浑《洛中游眺贻同志》:"楼势排高凤,桥形架断虹。"❸人名。李瀚《蒙求》:"常林带经,高凤漂麦。"❹山名。李白有《邺中王大劝入高凤石门山幽居》。

【高廣】　高大而宽广。亦指高大宽广之所。李贺《春归昌谷》:"香风下高广,鞍马正华耀。"

【高齊】　朝代(550—577)名。北朝之一。高欢子高洋代东魏称帝,国号齐,建都邺(今河北临漳西南)。史称北齐。有今洛阳以东的晋、鲁、冀、豫及内蒙古一部分。为北周所灭。杜牧《杜秋娘诗》:"珊瑚破高齐,作婢舂黄糜。"

【高賓】　贵宾。孟郊《靖安寄居》:"高宾尽不见,大道夜方虚。"

【高閣】　❶高大的楼阁。汉宣帝刘洵为表彰佐汉名臣,于甘露年间将霍光、张安世等十一人的肖象画于麒麟阁。杨巨源《贺田仆射子弟荣拜金吾》:"为数麒麟高阁上,谁家父子勒燕然。"白居易《题裴晋公女几山刻石诗后》:"麒麟高阁上,女几小山前。"杜牧《张好好诗》:"高阁倚天半,章江联碧虚。"孙元晏《咏史诗·陈·临春阁》:"临春高阁上侵云,风起香飘数里闻。"❷高架子,用以置放书籍、器物。韩愈《寄卢仝》:"春秋三传束高阁,独抱遗经穷终始。"

【高緇】　高僧。戴叔伦《登高回乘月寻僧》:"高缁寂寂不相问,醉客无端入定来。"

【高瑾】　诗人。渤海蓨(今河北景县)人。高士廉之孙。咸亨元年(670)登进士第。《全唐诗》卷七二录其《三月三日宴王明府山亭》等四首。

【高趣】　❶高雅的志趣。耿沣《秋夜喜卢司直严少府访宿》:"严子多高趣,卢公有盛名。"司空图《长安赠王注》:"乐地留高趣,权门让后生。"郑谷《次韵和王驾校书结绶见寄之什》:"梦见君高趣,天凉自灌园。"❷超脱尘世的逸趣。韩偓《两贤》:"卖卜严将卖饼孙,两贤高趣恐难伦。"

【高輦】　五代诗人。青州益都(今属山东)人。进士及第。后唐天成(926—929)中,秦王李从荣辟为推官,迁咨议参军。后因参与秦王叛乱,被擒见诛。《全唐诗》卷七三七录其《棋》。

【高標】　❶高枝,高树。魏求己《自御史左授山阳丞》:"翼向高标敛,声随下调哀。"韩愈《同宿联句》:"山晴指高标,槐密骛长荫。"❷泛称高耸物体的末端。孟浩然《从张丞相游南纪城猎戏赠裴迪张参军》:"高标回落日,平楚散芳烟。"李白《蜀道难》:"上有六龙回日之高标,下有冲波逆折之回川。"杜甫《同诸公登慈恩寺塔》:"高标跨苍天,烈风无时休。"柳宗元《省试观庆云图诗》:"高标连汗漫,迥望接虚无。"❸高耸,耸立。韩愈《新竹》:"高标陵秋严,贞色夺春媚。"胡曾《咏史诗·铜柱》:"一柱高标险塞垣,南蛮不敢犯中原。"❹谓人出类拔萃。亦指出类拔萃之人。卢照邻《还京赠别》:"戏凫分断岸,归骑别高标。"陆龟蒙《送宣武从事越中按狱》:"秉筹先独立,持法称高标。"贯休《送刘相公朝觐二首》之一:"九苞仙瑞曜垂衣,一品高标百辟师。"❺高风亮节。李华《咏史十一首》之七:"高标尚可仰,精爽今何之。"贾邕《送萧颖士赴东府得路字》:"高标信难仰,薄宦非始务。"顾况《相国晋公挽歌二首》之一:"盛德横千古,高标出四邻。"李群玉《饭僧》:“峻范照秋霜,高标掩僧史。”❻喻指高深的造诣。韩愈《送灵师》:“古气参象系,高标摧太玄。”❼名字排在前面。韦庄《寄薛先辈》:“悬知回日彩衣荣,仙籍高标第一名。”❽指清高脱俗的风范。杜甫《奉赠卢五丈参谋》:“恭惟同自出,妙选异高标。”殷少野《送萧颖士赴东府得散字》:“文学鲁仲尼,高标嵇中散。”刘长卿《雨中登沛县楼赠表兄郭少府》:“高标青云器,独立沧江鹤。”亦指高迈俊逸的诗歌风格。张祜《叙诗》:“雅怨止潘子,高标存左思。”标,《全唐诗外编》作摽,误。

【高樓】 高大的楼房或楼台。李商隐《杜司勋》:“高楼风雨感斯文,短翼差池不及群。”林宽《长安遗怀》:“醉下高楼醒复登,任从浮薄笑才能。”孟贯《冬日登江楼》:“高楼临古岸,野步晚来登。”刘兼《重阳感怀》之一:“重阳不忍上高楼,寒菊年年照暮秋。”

【高嶠】 诗人。渤海蓨(今河北景县)人。高士廉之孙。曾官仓部员外郎、司门郎中。《全唐诗》七二录其《晦日宴高氏林亭》等二首。

【高踞】 坐在高处。韩愈《石鼎联句》序:“道士高踞大唱曰:‘刘把笔,吾诗云云。’”

【高賢】 ❶高尚贤良。杜甫《赠别贺兰铦》:“高贤世未识,固合婴饥贫。”❷高尚贤良之人。杜甫《阆州东楼筵奉送十一舅往青城县得昏字》:“高贤意不暇,王命久崩奔。”

【高價】 很高的价格。亦喻指很高的声价。后汉蔡邕认为边让是奇才,如不超拔重用,随辈而进,非所以章瑰伟之高价,昭知人之绝明。后用作称美人才之典。李白《赠僧朝美》:“高价倾宇宙,余辉照江湖。”高适《河西送李十七》:“高价人争重,行当早着鞭。”杜甫《赠蜀僧闾丘师兄》:“斯文散都邑,高价越玙璠。”罗隐《秋夜寄进士顾荣》:“空羡良朋尽高价,可怜东箭与南金。”

【高論】 ❶高谈,纵论。郑巢《题崔中丞北斋》:“何年各无事,高论宿青城。”刘得仁《宿韦津山居》:“静吟倾美酒,高论出名场。”贯休《闻无相道人顺世五首》之三:“常思将道者,高论地炉傍。”❷精辟的言论。刘孝孙《冬日宴于庶子宅各赋一字得鲜》:“清文振笔妙,高论写言泉。”韦应物《送李十四山东游》:“高论动侯伯,疏怀脱尘喧。”郑薰《赠巩畴》:“高论展僧肇,精言资巩生。”张乔《送三传赴长城尉》:“高论穷诸国,长才并几司。”

【高調】 ❶(—tiáo)谓调弦使紧,发出高音。王昌龄《青楼怨》:“香帏风动花入楼,高调鸣筝缓夜愁。”白居易《南园试小乐》:“高调管色吹银字,慢拽歌词唱渭城。”又《夜招晦叔》:“高调秦筝一两弄,小花蛮榼二三升。”❷(—diào)高雅的曲调。汪遵《郢中》:“莫言白雪少人听,高调都难称俗情。”

【高談】 亦作“高譚”。侃侃而谈,大发议论。太宗《入潼关》:“高谈先马度,伪晓预鸡鸣。”王勃《散关晨度》:“白马高谭去,青牛真气来。”孟浩然《游景空寺兰若》:“宴息花林下,高谈竹屿间。”高适《同河南李少尹毕员外宅夜饮遂作春酒歌》:“长歌满酌惟吾曹,高谈正可挥麈毛。”

【高談雄辯】 持之有据的高深谈论。杜甫《饮中八仙歌》:“焦遂五斗方卓然,高谈雄辨惊四筵。”

【高談闊論】 见识卓越、范围广阔的谈论。吕岩《徽宗斋会》:“高谈阔论若无人,可惜明君不遇真。”

【高誼】 高尚的道德,崇高的道义。刘长卿《题冤句宋少府厅留别》:“从宦闻苦节,应物推高谊。”唐彦谦《咸通中二十韵》:“流年随水逝,高谊薄层霄。”

【高廟】 宗庙。元稹《酬乐天赴江州路上见寄三首》之二:“万竿高庙竹,三月徐亭树。”张昭《汉宗庙乐舞辞》:“高庙明灵再启图,金根玉辂幸神都。”司空图《丁巳元日》:“上玄劳眷佑,高庙保忠贞。”

【高潔】 ❶高尚纯洁。骆宾王《在狱咏蝉》:“无人信高洁,谁为表予心。”李白《感遇四首》之四:“宋玉事楚王,立身本高洁。”于頔《郡斋卧疾赠昼上人》:“高洁古人操,素怀夙所仰。”贾岛《送独孤马二秀才居明月山读书》:“濯志俱高洁,儒科慕冉颜。”❷高雅明洁。皎然《奉同颜使君真卿清风楼赋得洞庭歌送吴炼师归林屋洞》:“吐纳青牙养肌发,花冠玉舄何高洁。”❸高而洁白。李山甫《遣怀》:“孤云飞陇首,高洁不可攀。”

【高選】 被选为高官。杜审言《赠崔融二十韵》:“高选俄迁职,严程已饬装。”杜甫《哭王彭州抡》:“北部初高选,东堂早见招。”又《赠崔十三评事公辅》:“入幕诸彦集,渴贤高选宜。”

【高駕】 ❶高大的车驾。王维《同卢拾遗过韦给事东山别业二十韵》:“蹇步守穷巷,高驾难攀援。”耿湋《和王怀州观西营秋射》:“落叶停高驾,空林满从官。”韩愈《县斋有怀》:“悠悠指长道,去去策高驾。”陆龟蒙《村夜二篇》之二:“堂上考华钟,门前伫高驾。”❷对对方的敬称。储光羲《洛中贻朝校书衡朝即日本人也》:“吾生美无度,高驾仕春坊。”赵冬曦《奉答燕公》:“主人情未尽,高驾少淹留。”沈佺期《拟古别离》:“离居久迟暮,高驾何淹留。”岑参《送许拾遗恩归江宁拜亲》:“早来丹墀下,高驾无淹留。”

【高緯】 人名。北齐后主。温庭筠《达摩支曲》:“君不见无愁高纬花漫漫,漳浦宴余清露寒。”

【高燕公】 高骈。乾符四年(877),进位检校司空、润州刺史、镇海军节度、浙江西道观察等使,进封燕国公。张祜有《谢高燕公惠生衣》。按,张祜卒于大中末,疑诗非张祜作。

【高駢】 诗人。字千里,幽州(今北京市)人。南平郡王高崇文之孙。《全唐诗》录其诗一卷,近五十首。

【高璩】　诗人。字澧之,渤海(今山东信阳)人。《全唐诗》卷五七九录其《和薛逢赠别》。

【高頭】　泛指接近皇帝者。意指宫廷。杜甫《观公孙大娘舞剑器行》序:"自高头宜春、梨园二伎坊内人洎外供奉,晓是舞者,圣文神武皇帝初,公孙一人而已。"

【高幨】　高大的设有车帷的车子。沈佺期《李舍人山园送庞邵》:"高幨去勿缓,人吏待霜威。"

【高勳】　巨大的功勋。杜甫《后出塞五首》之三:"古人重守边,今人重高勋。"曹松《赠镜湖处士方干二首》之二:"只拟应星眠越绝,唯将丽什当高勋。"

【高儒】　大儒。皎然《奉和薛员外谊赠汤评事衡反招隐之迹兼见十二韵》:"喜友称高儒,旷怀美无度。"

【高興】　(—xìng)❶高雅的兴致。卢照邻《春晚山庄率题二首》之二:"年华已可乐,高兴复留人。"李益《奉和武相公郊居寓目》:"独有月中高兴尽,雪峰明处见寒松。"郑巢《陈氏园林》:"当门三四峰,高兴几人同。"徐铉《从驾东幸呈诸公》:"宦游京口无高兴,习隐钟山限俗尘。"❷愉快而兴奋。储光羲《敬酬陈掾亲家翁秋夜有赠》:"清秋忽高兴,震藻若有神。"武元衡《酬王十八见招》:"高兴不辞千日醉,随君走马向新丰。"白居易《七月一日作》:"闲居见清景,高兴从此始。"

【高擧】　❶高飞。马戴《失意书怀呈知己》:"麋鹿幽栖闲可近,鸳鸾高举势宜分。"徐铉《送礼部潘尚书致仕还建安》:"冥鸿高举真难事,相送何须泪满缨。"❷喻指归隐。徐铉《送薛少卿赴青阳》:"贤哉薛夫子,高举凌晨霞。"石季武《梦中诗》:"浮名何足恋,高举入烟霞。"

【高諫議】　高元裕。李训、郑注既诛,复征为谏议大夫。开成三年(838),充翰林侍讲学士,兼太子宾客。姚合有《和高谏议蒙兼宾客时入翰苑》。

【高謝】　归隐。司空图《携仙箓九首》之六:"应知谭笑还高谢,别就沧洲赞上仙。"

【高辨】　高深或高雅的论辩。辨,通"辯"。卢照邻《绵州官池赠别同赋湾字》:"离言欲赠策,高辨正连环。"

【高褰】　高高提起。陆龟蒙《寒日逢僧》:"瘦胫高褰梵屧轻,野塘风劲锡环鸣。"

【高禪】　(—chán)高坐参禅。段成式《老松青桐联二十字绝句》:"记得汤师句,高禅助朗吟。"许棠《寄敬亭山清越上人》:"高禅星月近,野火虎狼驯。"

【高壁】　❶高墙。欧阳炯《贯休应梦罗汉画歌》:"时捎大绢泥高壁,闭目焚香坐禅室。"又《题景焕画应天寺壁天王歌》:"兴来便请泥高壁,乱抢笔头如疾风。"❷高峻的山崖。杜甫《石柜阁》:"石柜曾波上,临虚荡高壁。"

【高隱】　隐居。亦指隐士。刘长卿《入白沙渚夤缘二十五里至石窟山下怀天台陆山人》:"何事爱高隐,但令劳远思。"皎然《酬秦山人赠别二首》之一:"知君高隐占贤星,卷叶时时注佛经。"顾非熊《下第后寄高山人》:"多愧邻高隐,无成又一年。"

【高髻】　高绾的发髻。寒山《诗三百三首》之六〇:"共折路边花,各持插高髻。"岑参《燉煌太守后庭歌》:"美人红妆色正鲜,侧垂高髻插金钿。"程长文《狱中书情上使君》:"高髻不梳云已散,蛾眉罢扫月仍新。"牛峤《女冠子》词之一:"绿云高髻,点翠匀红时世。"

【高聲】　声音响亮,大声。白居易《裴侍中晋公以三十六韵见赠猥蒙征和才拙词繁辄广为五百言以伸酬献》:"高声索彩笺,大笑催金卮。"李商隐《安平公诗》:"华州留语晓至暮,高声喝吏放两衙。"杜荀鹤《哭山友》:"把君诗句高声读,想得天高也合闻。"

【高臨】　处于高处。温庭筠《和赵嘏题岳寺》:"疏钟细响乱鸣泉,客省高临似水天。"

【高壓】　高高遮盖。温庭筠《过五丈原》:"铁马云雕久绝尘,柳阴高压汉营春。"

【高蹈】　❶隐居。崔知贤《三月三日宴王明府山亭》序:"仲连高蹈,让千金于东海。"李白《答杜秀才五松见赠》:"肮脏不能就珪组,至今空扬高蹈名。"皮日休《奉和鲁望秋日遣怀次韵》:"高蹈为时背,幽怀是事兼。"❷崛起,特出。韩愈《荐士》:"国朝盛文章,子昂始高蹈。"

【高嶽】　见"高岳"。

【高聳】　高高耸立。吕从庆《题英济石》:"怪石裹苔钱,高耸百余尺。"

【高齋】　❶高雅的书斋。多用于对别人书斋的敬称。孟浩然《宴张别驾新斋》:"高斋征学问,虚薄滥先登。"韦应物《寄子西》:"日夕上高斋,但望东原绿。"张祜《将离岳州留献徐员外》:"高斋长对酒,下客亦沾鱼。"崔涂《读方干诗因怀别业》:"忆宿高斋夜,庭枝识海禽。"❷杜甫书斋名。杜甫《宿江边阁》:"瞑色延山径,高斋次水门。"

【高鴻】　高飞的鸿雁。白居易《答崔十八见寄》:"倚疮老马收蹄立,避箭高鸿尽翅飞。"杨衡《送郑丞之罗浮中习业》:"高鸿脱矰缴,达士去簪缨。"徐元鼎《太常寺观舞圣寿乐》:"翥凤方齐首,高鸿忽断行。"

【高蹇】　高卧,高蹈。喻归隐。韩愈《南溪始泛三首》之一:"自是病使然,非由取高蹇。"

【高邃】　高远深邃。亦指高远深邃之处。李贺

《昌谷诗》:“攒虫锼古柳,蝉子鸣高邃。”

【高縱】　见“高蹤”。

【高壘】　高大的壁垒。马戴《汧上劝旧友》:“斜阳高垒闭,秋角暮山空。”韦庄《天井关》:“斸开岚翠为高垒,截断云霞作巨防。”亦指构筑高大的壁垒。杜甫《秦州见敕目三十韵》:“杂种虽高垒,长驱甚建瓴。”

【高蹤】　❶亦作“高縱”。高尚的行迹。李白《寄弄月溪吴山人》:“高踪邈难追,可与古人比。”高适《同李员外贺哥舒大夫破九曲之作》:“长策一言决,高踪百代存。”李朋《奉酬绵州中丞以江山小图远垂赐及兼寄诗》:“日想登临处,高踪不可攀。”胡曾《咏史诗·四皓庙》:“四皓忘机饮碧松,石岩云殿隐高踪。”高适《酬秘书弟兼寄幕下诸公》:“高纵激颓波,逸翮驰苍穹。”❷指归隐。卢照邻《初夏日幽庄》:“闻有高踪客,耿介坐幽庄。”韦应物《善福精舍答韩司录清都观会宴见忆》:“之子亦辞秩,高踪罢驰驱。”❸高深的造诣。罗隐《送晉光大师》:“圣主赐衣怜绝艺,侍臣摛藻许高踪。”

【高曠】　高而开阔。韦应物《天长寺上方别子西有道》:“高旷出尘表,逍遥涤心神。”

【高鐘】　指响亮的钟声。刘昭禹《冬日暮国清寺留题》:“高镛疑到月,远烧欲连星。”

【高館】　很高的楼馆。岑参《武威送刘单判官赴安西行营便呈高开府》:“置酒高馆夕,边城月苍苍。”戴叔伦《赠司空拾遗》:“高馆更容尘外客,仍令归去待琼华。”陈存《楚州赠别周愿侍御》:“漂泊楚水来,舍舟坐高馆。”张祜《夏日梅溪馆寄庞舍人》:“东阳宾礼重,高馆望行期。”

【高颺】　高扬,高高升起。汪遵《五湖》:“已立平吴霸越功,片帆高飏五湖风。”

【高襟】　指襟兄。沈佺期《洛州萧司兵谒兄还赴洛成礼》:“棠棣日光辉,高襟应序归。”

【高麗】　❶高大华美。刘禹锡《秋萤引》:“高丽罘罳照蛛网,斜历璇题舞罗幌。”❷古国名。即高句骊。江陵士子《寄故姬》:“惆怅高丽坡底宅,春光无复下山来。”齐己有《送高丽二僧南游》。

【高鎮】　李白从甥,行五。李白有《赠从甥高五》和《醉后赠从甥高镇》。

【高羅】　❶高张的罗网。李咸用《依韵修睦上人山居十首》之八:“鸺鹠敢辞栖短棘,凤凰犹解怯高罗。”❷高高列坐。柳泌《玉清行》:“妙奏三春曲,高罗万古仙。”

【高簳】　高竹。李峤《竹》:“高簳楚江溃,婵娟含曙氛。”

【高譚】　见“高談”。

【高韻】　❶很大的声响。张祜《登香炉峰寄远人》:“水石动寒光,风松洒高韵。”❷高雅的情致。李玖《四丈夫同赋》之一:“文章高韵传流水,丝管遗音托草虫。”贾岛《早蝉》:“得非下第无高韵,须是青山隐白头。”皮日休《秋夕文宴得遥字》:“高韵最宜题雪赞,逸才偏称和云谣。”❸卓越的才智。张籍《赠姚怤》:“无人识高韵,荐于天子傍。”❹谓高雅诗文。白居易《酬裴相公题兴化小池见招长句》:“敢辞课拙酬高韵,一勺争禁万顷陂。”张祜《奉和湖州苏员外游杯池》:“徒思继高韵,益叹谬成章。”司空图《红茶花》:“景物诗人见即夸,岂怜高韵说红茶。”齐己《题玉泉寺》:“高韵双悬张曲江,联题兼是孟襄阳。”

【高懷】　高尚的胸襟,高雅的情怀。杜甫《赠郑十八贲》:“高怀见物理,识者安肯哂。”白居易《和裴侍中南园静兴见示》:“池馆清且幽,高怀亦如此。”姚鹄《和陕州参军李通微首夏书怀呈同寮张裳段群二先辈》:“独为高怀谁和继,掾曹同处桂同攀。”司马扎《送进士苗纵归紫逻山居》:“汝上多奇山,高怀惬清境。”

【高闕】　指高楼。李德裕《剑门铭》:“万壑奔东,双飞高阙。”曹邺《古词》:“高阙碍飞鸟,人言是君家。”无名氏《王昭君怨诸词人连句》:“长安高阙三千里,一望能令一心死。”

【高蟾】　诗人。河朔间(今河北山西一带)人。乾符三年(876)登进士第。乾宁(894—898)中为御史中丞。与郑谷、贯休相友善。郑谷有《高蟾先辈以诗笔相示抒成寄酬》,贯休有《避地寄高蟾》。《全唐诗》卷六六八录其诗一卷,三十余首。

【高懸】　高挂。引申为明白晓示之义。无名氏《国学新修五经壁歌》序:“初,大历中,名儒张参为国子司业,始详定五经书于论堂东西厢之壁。辩齐鲁之音取其宜,考古文之文取其正……揭揭高悬,积六十岁。”

【高躅】　❶不凡的行迹。王铤《登越王楼见乔公诗偶题》:“谬将蹇步寻高躅,鱼目骊珠岂继明。”❷崇高的品行。齐己《题东林十八贤真堂》:“何人到此思高躅,岚点苔痕满粉墙。”❸指归隐。卢纶《酬李端长安寓居偶咏见寄》:“唯当俟高躅,归止共抽簪。”

【高嘯】　高声啸歌。婺州山中人《歌》:“静居青嶂里,高啸紫烟中。”

【高鶴林】　诗人。肃宗、代宗时人。《全唐诗逸》卷中录其《因使日本愿谒鉴真和尚既灭度不觐尊颜嗟而述怀》。

【高議】　❶高明的议论。褚琇《奉和圣制送张说上集贤学士赐宴》:“文思光万宇,高议待升中。”杜甫《寄柏学士林居》:“几时高议排金门,各使苍生有环堵。”韩愈《赴江陵途中寄赠三学士》:“高议参造化,清文焕皇猷。”罗隐《淮南送工部卢员外赴阙》:“隋邸旧僚推谢掾，汉廷高议得相如。”❷大发高论。李商隐《旧将军》：“云台高议正纷纷，谁定当时荡寇勋。”

【高飆】　狂飙。欧阳詹《李评事公进示文集因赠之》：“高飙激颓波，坐使横流翻。”

【高霽】　诗人，与李白同时。《全唐诗》卷七八八录其与李白、韦权舆《改九子山为九华山联句》一联。

【高鑒】　亦作“高鑑”。高悬明镜。喻指他人对事物的明察。崔颢《澄水如鉴》：“方寸悬高鑑，生涯讵陆沉。”韦应物《秋集罢还途中作谨献寿春公黎公》：“君侯枉高鉴，举善掩瑕疵。”薛据《题丹阳陶司马厅壁》：“高鉴清洞彻，儒风入进难。”

【高巖】　高峻的山岩。裴士淹《游石门洞》：“高岩进似珠，半壁洒如雾。”吕岩《白云岩》：“古木丛林号白云，高岩更去谒观音。”

【高體】　高的品位。杜荀鹤《寄温州朱尚书并呈军倅崔太守》：“教化静师龚渤海，篇章高体谢宣城。”

【高鑑】　见“高鑒”。

【高轡】　谓良马。韩愈、张籍《城南联句》：“升朝高轡逸，振物群听悚。”

【高鬟】　高起的环形发髻。亦借指梳高髻的女子。李商隐《燕台四首·右春》：“暖蔼辉迟桃树西，高鬟立共桃鬟齐。”

【高衢】　❶大道，要路。喻高官显职。杜甫《行次昭陵》：“风云随绝足，日月继高衢。”刘斌《和许给事伤牛尚书》：“高衢翻税驾，阅水遽迁舟。”❷人名。诗人。《全唐诗》卷七二六录其《和三乡诗》。

【高讌】　见“高宴”。

【高靈】　上苍，神灵。于邵《释奠武成王乐章·迎俎酌献》：“和奏发，高灵寂。”韩愈《元和圣德诗》：“紫焰嘘呵，高灵下堕。”

【高豔】　高雅美艳。亦指高雅美艳之花。刘禹锡《和令狐相公玩白菊》：“高艳遮银井，繁枝覆象床。”王泠然《夜光篇》：“浊烟熏月黑，高艳爇云红。”

髟 部

髟 〔biāo《广韵》甫遥切,平宵,幫。又甫烋切,平幽,幫。又所銜切,平銜,生。〕长发下垂貌。参见“髟髟”。

【髟髟】 毛发长貌。皮日休《寄题镜岩周尊师所居》:“八十余年住镜岩,鹿皮巾下雪髟髟。”陆龟蒙《和袭美江南书情二十韵次韵》:“不堪潘子鬓,愁促易髟髟。”亦指草木枝叶长垂貌。皮日休《江南书情二十韵寄二同年》:“他年如访问,烟茑暗髟髟。”

三 画

髡 〔kūn《广韵》苦昆切,平魂,溪。〕❶剃去头发。唐扶《使南海道长沙题道林岳麓寺》:“从容一衲分若有,萧瑟两鬓吾能髡。”吕从庆《题画》:“携笻者伊谁,顶发髡且秃。”杜牧《昔事文皇帝三十韵》:“我实刚肠者,形甘短褐髡。”❷古代剃发之刑。顾况《上古之什补亡训传十三章·团一章》:“为髡为钳,如视草木。”元稹《和李校书新题乐府十二首·缚戎人》:“少壮为俘头被髡,老翁留居足多刖。”❸僧尼。陈陶《赠别离》:“杨柳听歌莫向隅,鸡鸣一石留髡醉。”❹指战国齐人淳于髡(曾受髡刑,故名)。梁惠王曾有屏左而留淳于髡之举。刘禹锡《武陵书怀五十韵》:“筑台先自隗,送客独留髡。”

【髡鉗】 古代刑罚。谓剃去头发,用铁圈束颈。卢照邻《咏史四首》之一:“髡钳为台隶,灌园变姓名。”杜牧《李甘诗》:“喜无李杜诛,敢惮髡钳苦。”陆龟蒙《江南秋怀寄华阳山人》:“髡钳为皂隶,谭笑得公卿。”

【髡髮】 谓受髡刑,剃去头发。李白《中山孺子妾歌》:“戚姬髡发入舂市,万古共悲辛。”

四 画

髩 参见“鬢”。

髦 〔máo《广韵》莫袍切,平豪,明。〕❶马颈上的长毛。亦泛指动物颈上的长毛。刘禹锡《浙西李大夫述梦四十韵并浙东元相公酬和裴然继声》:“海浪扶鹏翅,天风引骥髦。”元稹《奉和浙西李德裕述梦四十韵次本韵》:“彩缋鸾凰颈,权奇骥騄髦。”❷英俊杰出之士。息夫牧《冬夜宴萧十丈因饯殷郭二子西上》:“彼之才髦,其年未冠。”

【髦士】 英俊之士。韦应物《答长安丞裴说》:“髦士佐京邑,怀念枉贞词。”又《答王郎中》:“髦士久台阁,中路一漂沦。”韩愈《荐士》:“圣皇索遗逸,髦士日登造。”

【髦彦】 杰出的人才。张说《侍宴》:“髦彦星辰下,仙章日月回。”

【髦頭星】 昴星的别名。苏拯《古塞下》:“始知髦头星,不在弯弓没。”

髣 〔fǎng《广韵》妃兩切,上養,敷。〕参见“髣髴”。

【髣髴】 ❶隐约,依稀。孟浩然《溯江至武昌》:“行看武昌柳,髣髴映楼台。”戴叔伦《听霜钟》:“髣髴烟岚隔,依稀岩峤重。”孟郊《戏僧无本》之二:“梦灵髣髴到,对我方与论。”项斯《泾州听张处士弹琴》:“髣髴不离灯影外,似闻流水到潇湘。”❷似乎,好像,类似。韦应物《答冯鲁秀才》:“髣髴谢尘迹,消遥舒道心。”杨巨源《秋夜闲居即事寄庐山郑员外蜀郡符处士》:“髣髴蒙颜色,崇兰隐芳洲。”李德裕《重忆山居六首·巫山石》:“还疑烟雨霁,髣髴是嵩丘。”陈陶《泉州刺桐花咏兼呈赵使君》之一:“髣髴三株植世间,风光满地赤城闲。”❸大约,几乎。杜甫《冬狩行》:“东西南北百里间,髣髴蹴踏寒山空。”窦常《杏山馆听子规》:“云埋老树空山里,髣髴千声一度飞。”白居易《闭关》:“掩关来几时,髣髴二三年。”又《达哉乐天行》:“然后兼卖所居宅,髣髴获缗二三千。”

髧 〔dàn《广韵》徒感切,上感,定。〕发垂貌。参见“髧髧”。

【髧髧】 发垂貌。令狐楚《赠毛仙翁》:“绀发垂缨光髧髧,细髯缘颔绿茸茸。”

五 画

髪 〔fà《广韵》方伐切,入月,非。〕头发。孟郊《怀南岳隐士》之二:“饭不煮石吃,眉应似发长。”李商隐《戏题枢言草阁三十二韵》:“年颜各少壮，发绿齿尚齐。”姚合《题宜义池亭》：“细草乱如发，幽禽鸣似弦。”张蠙《赠栖白大师》：“剃发得时名，僧应别应星。”

【髮彩】　谓头发黝黑光亮。李商隐《细雨》：“楚女当时意，萧萧发彩凉。”

【髮膚】　头发与皮肤。王周《齿落词》：“辅车宜长依，发肤可增惧。”

髬　〔pī《广韵》敷悲切，平脂，滂。〕参见“髬髵”。

【髬髵】　❶猛兽怒而鬃毛奋张貌。张说《舞马千秋万岁乐府词三首》之二：“髬髵奋鬣时蹲踏，鼓怒骧身忽上跻。”❷谓头发。皮日休《太湖诗·销夏湾》：“山果红靺鞨，水苔青髤髵。”按，“髤”当作“髬”。

髯　〔rán《广韵》汝鹽切，平鹽，日。又而艷切，去艷，日。〕❶颊毛。亦泛称胡须。岑参《胡笳歌送颜真卿使赴河陇》：“君不闻胡笳声最悲，紫髯绿眼胡人吹。”白居易《西凉伎》：“紫髯深目两胡儿，鼓舞跳梁前致辞。”朱庆余《羽林郎》：“紫髯年少奉恩初，直阁将军尽不如。”韦庄《冬日长安感志寄献虢州崔郎中二十韵》：“溪上却思云满屋，镜中谁怕雪生髯。”❷动物的须。杜甫《瞿塘两崖》：“猱玃须髯古，蛟龙窟宅尊。”白居易《奉和汴州令狐令公二十二韵》：“枪森赤豹尾，纛吒黑龙髯。”顾非熊《武宗挽歌词二首》之一：“龙髯不可附，空见望仙台。”陆龟蒙《开元杂题七首·玉龙子》：“何代奇工碾玉英，细髯纤角尽雕成。”

【髯胡】　胡人。胡人多须，故称。刘商《胡笳十八拍·第九拍》：“髯胡少年能走马，弯弓射飞无远近。”李贺《送秦光禄北征》：“髯胡频犯塞，骄气似横霓。”

【髯参】　为“髯参軍”的省称。晋郄郜为桓温记室参军，多髯，人称髯参军。李逢吉《和严揆省中宿斋遇令狐员外当直之作》：“曾驱爪士三边静，新赠髯参六义穷。”马戴《送狄参军赴杭州》：“执简从公后，髯参岂胜君。”

【髯絕】　指皇帝仙逝。韦应物《温泉行》：“一朝铸鼎降龙驭，小臣髯绝不得去。”

【髯翁】　胡子。张说《苏摩遮五首》之一：“摩遮本出海西胡，琉璃宝服紫髯翁。”

【髯髮】　胡子和头发。贯休《大蜀高祖潜龙日献陈情偈颂》：“髯髮垂雪，忠贞贯日。”

【髯髯】　多须貌。白居易《再到襄阳访问旧居》：“昔到襄阳日，髯髯初有髭。”

【髯鬚】　胡子。杜甫《画像题诗》：“迎旦东风骑蹇驴，旋呵冻手暖髯鬚。”

髲　〔bì《广韵》平義切，去寘，並。〕参见“髲鬌”。

【髲鬌】　高大貌。李商隐《日高》：“水精眠梦是何人，栏药日高红髲鬌。”

髫　〔tiáo《广韵》徒聊切，平蕭，定。〕儿童下垂之发。温庭筠《感旧陈情五十韵献淮南李仆射》：“嵇绍垂髫日，山涛筮仕年。”

【髫年】　幼年。杨巨源《赠浑钜中允》：“公子髫年四海闻，城南侍猎雪霏霏。”贾竦《谒华岳庙》：“髫年业文翰，弱冠荐屯厄。”张乔《江上逢进士许棠》：“且了髫年志，沙鸥未可群。”方干《途中寄刘沆》：“莫负髫年志，清朝作献臣。”

【髫齔】　幼童。白居易《观儿戏》：“髫龀七八岁，绮纨三四儿。”

髴　〔fú《广韵》敷勿切，入物，敷。又芳未切，去未，敷。〕参见“髣髴”。

六　画

髻　〔jì《广韵》古詣切，去霽，見。〕❶在头顶或脑后盘成各种形状的发髻。岑参《燉煌太守后庭歌》：“美人红妆色正鲜，侧垂高髻插金钿。”于鹄《送唐大夫让节归山》：“侍女休梳官样髻，蕃童新改道家名。”杜牧《代人寄远六言二首》之二：“绣领任垂蓬髻，丁香闲结春梢。”韦庄《晚春》：“峨峨秦氏髻，皎皎洛川神。”❷喻指山峰。雍裕之《大言》：“四溟杯渌醑，五岳髻青螺。”

【髻子】　发髻。薛逢《老去也》：“合掌髻子蒜许大，此日方知非是我。”

【髻珠】　佛教语。国王发髻中的明珠。卢纶《送契玄法师赴内道场》：“嫔御呈心镜，君王赐髻珠。”

【髻根】　女髻的基部。皮日休《赤门堰白莲花》：“荷露倾衣袖，松风入髻根。”韩偓《松髻》：“髻根松慢玉钗垂，指点花枝又过时。”

【髻鬟】　古代妇女发式。将头发环曲束于顶。崔湜《折杨柳》：“落絮萦衫袖，垂条拂髻鬟。”杜甫《送重表侄王砅评事使南海》：“自陈剪髻鬟，鬻市充杯酒。”元稹《句》：“髻鬟峨峨高一尺，门前立地看春风。”曹邺《恃宠》：“三十六宫女，髻鬟各如鸦。”

髵　〔ér《广韵》如之切，平之，日。〕参见“髬髵”。

髭 〔zī《广韵》即移切，平支，精。〕嘴唇上边的胡子。岑参《送费子归武昌》："吾观费子毛骨奇，广眉大口仍赤髭。"陈羽《古意》："郎年十九髭未生，拜官天下闻郎名。"李商隐《奉和太原公送前杨秀才戴兼招杨正字戎》："谁惮士龙多笑疾，美髭终类晋司空。"李洞《下第送张霞归觐江南》："恐伤欢觐意，半路摘愁髭。"

【髭髮】 须发。齐己《谢人惠丹药》："肌肤红色透，髭髮黑光生。"

【髭鬚】 胡子。唇上为髭，唇下为须。任华《寄杜拾遗》："半醉起舞捋髭鬚，乍低乍昂傍若无。"权德舆《敷水驿》："临风驻征骑，聊复捋髭鬚。"白居易《答梦得秋日书怀见寄》："树叶霜红日，髭鬚雪白时。"贾岛《赠丘先生》："不遣髭鬚一茎白，拟为白日上升人。"

【髭鬢】 胡须和鬓发。方干《山中》："姓名未及陶弘景，髭鬢白于姜子牙。"徐铉《又绝句寄题毗陵驿》："为向驿桥风月道，舍人髭鬢白千茎。"

髹 〔xiū《广韵》許尤切，平尤，曉。〕❶赤黑漆，漆。参见"髹器"。❷以漆涂物。韩愈《陆浑山火和皇甫湜用其韵》："炎官热属朱冠裈，髹其肉皮通髀臀。"❸乱发。刘兼《送二郎君归长安》："荷衣晓挂惭官吏，菱镜秋窥讶鬓髹。"

【髹漆】 油漆。刘禹锡《武陵观火诗》："瑶坛被髹漆，宝树攒珊瑚。"

【髹器】 漆器。涂上漆的器物。皮日休《诮虚器》："襄阳作髹器，中有库露真。"

七　画

髸 〔ě〕参见"髮髸"。

髽 〔zhuā《广韵》莊華切，平麻，莊。〕❶古代妇女丧髻。以麻线束发。柳宗元《同刘二十八院长五十二韵之作因其韵增至八十通赠二君子》："祀变荆共祷，风移鲁妇髽。"皮日休《正乐府十篇·卒妻怨》："处处鲁人髽，家家杞妇哀。"

【髽首】 以麻束发。亦指以麻束发者，借指蛮夷。刘禹锡《踏潮歌》："海人狂顾迭相招，罽衣髽首声哓哓。"

【髽麻戴絰】 谓披麻戴孝。绖，古代丧期结在头上或腰间的麻带。元稹《夫远征》："坑中之鬼妻在营，髽麻戴绖鹅雁鸣。"

【髽髻】 梳在头顶两旁或脑后的发髻。刘义度《感怀诗》："昨日方髽髻，如今满颔髯。"

髿 同"鬌"。

髟 〔suō《广韵》蘇禾切，平戈，心。又所加切，平麻，生。〕同"鬖髟"。

八　画

鬆 〔sōng《广韵》私宗切，平冬，心。又息恭切，平鍾，心。又七恭切，平鍾，清。又蘇弄切，去送，心。〕❶发乱貌。韩偓《昼寝》："烦襟乍触冰壶冷，倦枕徐敧宝髻鬆。"❷松散，疏松。王建《宫词一百首》之四二："蜂须蝉翅薄鬆鬆，浮动搔头似有风。"

【鬆鬢】 蓬松的鬓毛。刘禹锡《和乐天柘枝》："鬆鬢改梳鸾凤髻，新衫别织斗鸡纱。"韩偓《新上头》："学梳鬆鬢试新裙，消息佳期在此春。"

髷 〔péng《广韵》步崩切，平登，並。〕头发散乱貌。参见"髷鬙"。

【髷茸】 蓬松貌。李商隐《垂柳》："垂柳碧髷茸，楼昏雨带容。"

【髷鬙】 头发散乱貌。白居易《长相思》词之二："蝉鬓髷鬙云满衣，阳台行雨回。"

鬌 〔wǒ《集韵》鄔果切，上果，影。〕亦作"婐"。参见"鬌鬌"。

【鬌鬌】 亦作"婐鬌"。发髻美好貌。顾况《宜城放琴客歌》："头髻鬌鬌手爪长，善抚琴瑟有文章。"李贺《美人梳头歌》："妆成婐鬌敧不斜，云裾数步踏雁沙。"陈陶《西川座上听金五云唱歌》："低丛小鬓腻鬌鬌，碧牙镂掌山参差。"

髼 〔péng《广韵》薄庚切，平庚，並。又北朗切，平蕩，幫。〕参见"髼鬆"。

【髼鬆】 毛发纷乱貌。韩愈、孟郊《城南联句》："蹙鬐怒髼鬆，跃犬疾翥鸟。"

鬈 〔quán《广韵》巨員切，平仙，群。又丘員切，平仙，溪。〕毛发弯曲貌。参见"鬈髮"。

【鬈髮】 卷曲的头发。李贺《龙夜吟》："鬈发胡儿眼睛绿，高楼夜静吹横竹。"

鬃 〔zōng《广韵》藏宗切，平冬，從。又士江切，平江，崇。〕马、猪等动物颈部的长毛。平曾《絷白马诗上薛仆射》："白马披鬃练一团，今朝被绊欲行难。”张祜《观宋州田大夫打球》：“叉手胶黏去，分鬃线道绯。”韦庄《南邻公子》：“醉凭马鬃扶不起，更邀红袖出门迎。”又《代书寄马》：“鬃白似披梁苑雪，颈肥如扑杏园花。”

髩〔zhēng《广韵》助庚切，平庚，崇。又士耕切，平耕，崇。〕参见“髩髩”。

【髩髩】 ❶毛发蓬乱貌。寒山《诗三百三首》之五八：“我见百十狗，个个毛髩髩。”韩愈、孟郊《征蜀联句》：“怒须犹髩髩，断臂仍䚗䚗。”元稹《有酒十章》之一：“天蒸地郁群动萌，毛鳞裸介如髩髩。”亦指草丛蓬乱貌。皮日休《太湖诗·入林屋洞》：“洞气黑昳眣，苔发红髩髩。”❷狰狞，凶恶可憎貌。元稹《酬独孤二十六送归通州》：“下观狰髩髩，一扫冀不存。”

九　画

鬍〔hú〕胡子。张说《苏摩遮五首》之一：“摩遮本出海西鬍，琉璃宝服紫髯鬍。”

鬌〔duǒ《广韵》丁果切，上果，端。又徒果切，上果，定。〕发美。参见“鬉鬌”。

鬉〔zōng《广韵》子紅切，平東，精。〕亦作“鬘”。马颈鬃毛。李白《结客少年场行》：“紫燕黄金瞳，啾啾摇绿鬉。”岑参《卫节度赤骠马歌》：“紫髯胡雏金剪刀，平明剪出三鬉高。”李贺《恼公》：“含水弯蛾翠，登楼选马鬉。”

鬋〔jiǎn《广韵》即淺切，上獮，精。又子仙切，平仙，精。又子賤切，去線，精。〕女子鬓发下垂貌。引申为植物枝叶下垂貌。陆龟蒙《开元寺楼看雨联句》：“驳藓净铺筵，低松湿垂鬋。”

十　画

鬐〔qí《广韵》渠脂切，平脂，羣。〕❶马鬣。亦泛指动物颈上的长毛。陆龟蒙《袭美先辈以龟蒙所献五百言既蒙见和复示荣唱再抒鄙怀用伸酬谢》：“谁蹇行地足，谁抽刺天鬐。”顾云《苏君厅观韩干马障歌》：“麟鬐凤臆真相似，秋竹惨惨披两耳。”❷鱼脊鳍。杜甫《观打鱼歌》：“君不见朝来割素鬐，咫尺波涛永相失。”韩愈《赠侯喜》：“举竿引线忽有得，一寸才分鳞与鬐。”王季则《鱼上冰》：“应节似知化，扬鬐任所如。”陆龟蒙《奉和袭美古杉三十韵》：“向空分苹指，冲浪出鲸鬐。”

【鬐鬣】 亦作“鬃鬣”。❶鱼和传说中的龙的脊鳍。顾况《郑女弹筝歌》：“一声雍门泪承睫，两声赤鲤露鬐鬣。”刘禹锡《客有为余话登天坛遇雨之状因以赋之》：“蛟龙露鬐鬣，神鬼含变态。”张籍《远别离》：“莲叶团团杏花拆，长江鲤鱼鬐鬣赤。”许浑《宣城崔大夫召联句偶疾不获赴因献》：“鬐鬣几年伤在藻，羽毛终日羡栖梧。”亦借指鱼。李绅《龟山寺鱼池》：“汲水添池活白莲，十千鬐鬣尽生天。”李远《咏壁鱼》：“莫言鬐鬣小，食尽白蘋篇。”崔安潜《报何泽》：“今日殷勤访吾子，稳将鬐鬣上龙门。”❷兽畜的鬃毛。曹唐《病马五首呈郑校书章三吴十五先辈》之四：“欲将鬃鬣重裁剪，乞借新成利铰刀。”❸借指马。李荀鹤《投江上崔尚书》：“若许登门换鬐鬣，必应辛苦事风雷。”

鬒〔zhěn《广韵》章忍切，平軫，章。〕❶毛发稠黑貌。李瀚《蒙求》：“卫后发鬒，飞燕体轻。”❷稠黑的头发。杜甫《八哀诗·故右仆射相国张公九龄》：“骨惊畏曩哲，鬒变负人境。”

【鬒发】 稠美的黑发。宋之问《早发始兴江口至虚氏村作》：“鬒发俄成素，丹心已作灰。”杜甫《昔游》：“虽悲鬒发变，未忧筋力弱。”郑嵎《津阳门诗》：“长眉鬒发作凝血，空有君王潸涕洟。”温庭筠《鸿胪寺有开元中锡宴堂偶成四十韵》：“猗欤华国臣，鬒发俱苍苍。”

【鬒鬓】 稠黑的鬓发。白居易《如梦令》词之二：“鬒鬓弹轻松，凝了一双秋水。”

鬏〔bān《广韵》布還切，平删，幫。〕通“斑”。头发半白。柳宗元《酬韶州裴使君曹长寄道州吕八大使因以见示二十韵一首》：“贾傅辞宁切，虞童发未鬏。”

鬔〔péng《广韵》薄紅切，平東，並。〕发乱貌。参见“鬔鬙”。

【鬔鬙】 鬓发散乱。贺朝清《赋得游人久不归》：“稍觉私意尽，行看鬔鬓稀。”

十一画

鬘〔mán《广韵》莫還切，平删，明。〕缨络之类装饰品。印度风俗，男女多取花朵相贯，以饰身或首。白居易《游悟真寺》：“叠霜为袈裟，贯雹为华鬘。”

鬖〔sān《广韵》蘇甘切，平談，心。〕毛发下垂貌。参见“鬖髿”“鬖鬖”。亦泛指下垂貌。温庭筠《台城晓朝曲》：“朱网龛鬖丞相车，晓随叠鼓朝天去。”

【鬖髿】 毛发下垂貌。韩愈《辛卯年雪》：“白帝盛羽卫，鬖髿振裳衣。”

【鬖鬖】 毛皮散乱貌。陆龟蒙《京口与友生话别》:“别离犹得在,秋鬓未鬖鬖。”

髷 〔qiān《广韵》苦闲切,平山,溪。又可颜切,平删,溪。又恪八切,入黠,溪。〕鬓秃。韩愈《征蜀联句》:“逆颈尽徽索,仇头恣髡髷。”又《南山诗》:“或赤若秃髷,或熏若柴槱。”

十二画

鬚 〔xū《广韵》相俞切,平虞,心。〕❶胡须。韩愈《刘生诗》:“髻然一饷成十秋,昔鬚未生今白头。”孟郊《乙酉岁舍弟扶侍归兴义庄居后独止舍待替人》:“丈夫耻白饰,衰鬚从飒白。”李贺《勉爱行二首送小季之庐山》之二:“维尔之昆二十余,年来持镜颇有鬚。”韦庄《雨霁晚眺》:“岭云寒扫盖,溪雪冻粘鬚。”❷动物的口毛。李白《对雪醉后赠王历阳》:“有身莫犯飞龙鳞,有手莫辫猛虎鬚。”韩愈《和虞部卢四酬翰林钱七赤藤杖歌》:“共传滇神出水献,赤龙拔鬚血淋漓。”皎然《陈氏童子草书歌》:“龙爪状奇鼠鬚锐,水笺白皙越人惠。”❸植物根、枝似须者。韦庄《残花》:“和烟和露雪离披,金蕊红鬚尚满枝。”

【鬚眉】 胡子和眉毛。白居易《九老图诗》:“雪作鬚眉云作衣,辽东华表鹤双归。”郭周藩《谭子池》:“坠地便能语,九岁多鬚眉。”陆龟蒙《江湖散人歌》:“人间所谓好男子,我见妇女留鬚眉。”

【鬚髯】 胡须。杜甫《瞿塘两崖》:“猱玃鬚髯古,蛟龙窟宅尊。”钱起《送裴頔侍御使蜀》:“柱史才年四十强,鬚髯玄发美清扬。”薛逢《醉春风》:“江城太守鬚髯苍,忽然置酒开华堂。”

【鬚頭】 即流苏。用五彩羽毛或丝线制成的穗子,常用作车马、帷帐等的垂饰。元稹《酬张秘书因寄马赠诗》:“四蹄荀距藏虽尽,六尺鬚头见尚惊。”

【鬚霜】 谓须白如霜。白居易《叹春风兼赠李二十侍郎二绝》之一:“唯有鬚霜依旧白,春风于我独无情。”

【鬚鬢】 胡须和鬓发。白居易《白发》:“白发生来三十年,而今鬚鬢尽皤然。”又《览镜喜老》:“今朝览明镜,鬚鬢尽成丝。”又《酬别微之》:“且喜筋骸俱健在,忽嫌鬚鬢各皤然。”贾岛《寄李存穆》:“久别长鬚鬢,相思书姓名。”

鬙 〔sēng《广韵》苏增切,平登,心。〕头发散乱貌。参见“髷鬙”。

十三画

鬟 〔huán《广韵》户關切,平删,匣。〕❶古代妇女的环形发髻。岑参《醉戏窦子美人》:“朱唇一点桃花殷,宿妆娇羞偏髻鬟。”戎昱《从军行》:“芳筵暮歌发,艳粉轻鬟低。”刘禹锡《泰娘歌》:“长鬟如云衣似雾,锦茵罗荐承轻步。”韩琮《题商山店》:“红锦机头抛皓腕,绿云鬟下送横波。”❷代指婢女。施肩吾《抛缠头词》:“翠娥初罢绕梁词,又见双鬟对舞时。”

【鬟髻】 古代妇妇的环形发髻。花蕊夫人徐氏《宫词》之九七:“慢梳鬟髻着轻红,春早争求芍药丛。”

鬘 参见“鬘”。

十四画

鬢 〔bìn《广韵》必刃切,去震,幫。〕亦作“髩”。脸边靠近耳朵的头发。孟浩然《晚春卧病寄张八》:“贾谊才空逸,安仁鬢欲丝。”元友让《复游浯溪》:“昔到才三岁,今来鬢已苍。”白居易《悲哉行》:“纵有宦达者,两鬢已成丝。”贾岛《客喜》:“鬢边虽有丝,不堪织寒衣。”牟融《送陈衡》:“千里一官嗟独往,十年双髩付三霜。”

【鬢毛】 鬓发。薛业《晚秋赠张折冲》:“冯唐真不遇,叹息鬢毛斑。”刘商《合肥至日愁中寄郑明府》:“暮天乡思乱,晓镜鬢毛苍。”刘沧《长安逢友人》:“终期白日青云路,休感鬢毛霜雪侵。”郑谷《辇下冬暮咏怀》:“十年春泪催衰飒,羞向清流照鬢毛。”

【鬢面】 面貌。刘禹锡《郡斋书怀寄江南白尹兼简分司崔宾客》:“绮季衣冠称鬢面,吴公政事副词华。”

【鬢唇】 鬓边。杜甫《丽人行》:“头上何所有,翠微匌叶垂鬢唇。”

【鬢根】 即鬓角。周贺《赠神遘上人》:“道情淡薄闲愁尽,霜色何因入鬢根。”翁洮《和方干题李频庄》:“犹凭律吕传心曲,岂虑星霜到鬢根。”谭用之《忆南中》:“碧江头与白云门,别后秋霜点鬢根。”

【鬢畔】 鬓边,鬓角部位。郑谷《自适》:“年来鬢畔未垂白,雨后江头且蹋青。”

【鬢雪】 谓鬓发斑白如雪。白居易《哭崔儿》:“掌珠一颗儿三岁,鬢雪千茎父六旬。”又《六十六》:“瘦觉腰金重,衰怜鬢雪繁。”张怀《吴江别王长史》:“多年襆被玉山岑,鬢雪欺人忽满簪。”

【鬢脚】 即鬓角。韦庄《秦妇吟》:“凤侧鸾欹鬢脚斜,红攒黛敛眉心折。”

【鬢雲】 形容妇女鬓发美如乌云。唐彦谦《无题十首》之二:“醉倚阑干花下月,犀梳斜亸鬢云边。”韦庄《天仙子》词之一:“眉眼细,鬢云垂,惟有多情宋玉知。”

【鬢絲】 鬢发。韦应物《长安遇冯著》:“昨别今已春,鬢丝生几缕。”杜牧《陕州醉赠裴四同年》:“自笑与君三岁别,头衔依旧鬢丝多。”李商隐《赠司勋杜十三员外》:“心铁已从干镆利,鬢丝休叹雪霜垂。”裴说《寄曹松》:“鬢丝犹可染,诗病却难医。”

【鬢影】 鬢发的影子。语本骆宾王《在狱咏蝉》:“那堪玄鬢影,来对白头吟。”李贺《咏怀二首》之一:“弹琴看文君,春风吹鬢影。”

【鬢霜】 谓鬢发斑白如霜。陈元光《示珦》:“愿言加壮努,勿坐鬢霜蓬。”

【鬢鬚】 鬢发和胡须。戴叔伦《奉天酬别郑谏议云逵卢拾遗景亮之见别之作》:“夫君并少年,何尔鬢鬚白。”曹邺《奉命齐州推事毕寄本府尚书》:“仲夏天气热,鬢鬚忽成霜。”

【鬢髮】 鬢角的头发。袁晖《三月闺情》:“蛾眉愁自结,鬢髮没情梳。”韩愈《河之水二首寄子侄老成》之一:“三年不见汝,使我鬢髮未老而先化。”白居易《对镜》:“三分鬢髮二分丝,晓镜秋容相对时。”李中《寄庐山白大师》:“别后音尘隔,年来鬢髮衰。”

【鬢蟬】 即蝉鬢。古代妇女的一种发式。上官仪《王昭君》:“雾掩临妆月,风惊入鬢蝉。”曹邺《代班姬》:“常嫌鬢蝉重,乞人白玉钗。”孟蜀妃张太华《葬后见形诗》:“独卧经秋堕鬢蝉,白杨风起不成眠。”

鬡 〔níng《广韵》女耕切,平耕,娘。〕❶毛发蓬乱貌。参见“鬇鬡❶”。❷凶恶可憎貌。参见“鬇鬡❷”。

十五画

鬣 〔liè《广韵》良涉切,入葉,來。〕❶马颈上的长毛。亦泛指动物头、颈上的长毛。寒山《诗三百三首》之一四四:“此中多伏虎,见我奋迅鬣。”刘禹锡《伤丘中丞》:“马鬣今无所,龙门昔共登。”❷鱼鳍。李白《酬中都小吏携斗酒双鱼于逆旅见赠》:“双鳃呀呷鳍鬣张,跋刺银盘欲飞去。”白居易《初加朝散大夫又转上柱国》:“得水鱼还动鳞鬣,乘轩鹤亦长精神。”纪元皋《鱼上冰》:“近冰朱鬣见,望日锦鳞舒。”许浑《宣城崔大夫召联句偶疾不获赴因献》:“簪鬣几年伤在藻,羽毛终日羡栖梧。”❸植物花、叶、穗芒形状如马鬃的。

十七画

鬤 〔ráng《广韵》汝陽切,平陽,日。又乃庚切,平庚,泥。〕毛发乱貌。参见“鬡鬤”。

鬥 部

鬥 〔dòu《广韵》都豆切，去候，端。〕亦作“鬭”。❶战斗，争斗。韦承庆《寒食应制》：“莺啼正隐叶，鸡斗始开笼。”张继《酬李书记校书越城秋夜见赠》：“凤辇栖岐下，鲸波斗洛川。”刘禹锡《经伏波神祠》：“汉垒麏鼯斗，蛮溪雾雨愁。”《李敬玄谣》：“见贼不敢斗，总由曹新妇。”❷争胜，比赛。刘禹锡《杨柳枝词九首》之五：“花萼楼前初种时，美人楼上斗腰肢。”白居易《胡旋女》：“中原自有胡旋者，斗妙争能尔不如。”李绅《过吴门二十四韵》：“桥转攒虹饮，波通斗鹢浮。”❸纷乱。韩愈《初南食贻元十八协律》：“章举马甲柱，斗以怪自呈。”❹趁。王建《醉后忆山中故人》：“遇晴须看月，斗健且登楼。”❺拼合，凑。元稹《桐花落》：“都绣六七枝，斗成双孔雀。”韦庄《和郑拾遗秋日感事一百韵》：“八珍罗膳府，五采斗筐床。”❻通“陡”。副词。突然。鲍溶《云溪竹园翁》：“风暖斗出地，仰齐故年茎。”施肩吾《赠采药叟》：“却教年少取书卷，小字灯前斗眼明。”吕岩《绝句》之三二：“庞眉斗竖恶精神，万里腾空一踊身。”

【鬥心】 ❶斗志。李商隐《随师东》：“东征日调万黄金，几竭中原买斗心。”❷指进取心。韩愈《送无本师归范阳》：“老懒无斗心，久不事铅椠。”

【鬥百草】 古代一种游戏。竞采花草，比赛多寡优劣，常于端午行之。南朝梁宗懔《荆楚岁时记》：“五月五日，四民并踏百草，又有斗百草之戏。”刘禹锡《白舍人曹长寄新诗有游宴之盛因以戏酬》：“若共吴王斗百草，不如应是欠西施。”郑谷《采桑》：“何如斗百草，赌取凤皇钗。”贯休《春野作五首》之五：“牛儿小，牛女少，抛牛沙上斗百草。”亦省作“鬥草”。白居易《观儿戏》：“弄尘复斗草，尽日乐嬉嬉。”鲍溶《范真传侍御累有寄因奉酬十首》之四：“玉管倾杯乐，春园斗草情。”孙棨《题妓王福娘墙》之一：“无端斗草输邻女，更被拈将玉步摇。”

【鬥軍】 参战的军队。王无竞《灭胡》：“斗军却不进，关城势已孤。”

【鬥角】 动物以角相抵而斗。杜牧《感怀诗一首》：“压阶螭斗角，画屋龙交尾。”

【鬥草】 见“鬥百草”。

【鬥栱】 即斗拱。卢纶《萧常侍瘿柏亭歌》：“攒甍斗拱无斤迹，根瘿联悬同素壁。”元稹《连昌宫词》：“蛇出燕巢盘斗栱，菌生香案正当衙。”

【鬥班】 上朝时的一种仪式。群臣分两班在香案前左右相对站立。元稹《酬东川李相公十六韵》：“斗班香案上，奏语玉晨尊。”又《酬翰林白学士代书一百韵》：“斗班云汹涌，开扇雉参差。”

【鬥氣】 赌气。李咸用《鸡鸣曲》：“鸳瓦冻危金距趦，夸雄斗气争相高。”

【鬥巧】 以智巧争胜。杜牧《昔事文皇帝三十二韵》：“斗巧猴雕刺，夸趫索挂跟。”

【鬥殺】 即争斗。杀，副词。用在谓语后面，表示程度之深。李商隐《思贤顿》：“舞成青海马，斗杀汝南鸡。”

【鬥奢】 比赛奢侈。刘禹锡《崔元受少府自贬所还遗山姜花以诗答之》：“王济本尚味，石崇方斗奢。”

【鬥將】 （—jiàng）善战之将领。项斯《长安退将》：“常说老身思斗将，最悲无力制蕃营。”

【鬥場】 战场。亦泛指某一方面的争胜场所。韩愈《雨中寄孟刑部几道联句》：“斗场再鸣先，遐路一飞屆。”

【鬥智】 比赛智慧、智谋。刘禹锡《观棋歌送儇师西游》：“因君临局看斗智，不觉迟景沉西墙。”胡曾《咏史诗·广武山》：“仓皇斗智成何语，遗笑当时广武山。”

【鬥勝】 比赛争胜。施肩吾《少妇游春词》：“簇锦攒花斗胜游，万人行处最风流。”

【鬥强】 争强。李商隐《效徐陵体赠更衣》：“楚腰知便宠，宫眉正斗强。”

【鬥鈿】 用金银珠镶嵌制的首饰。张泌《思越人》词：“斗钿花筐金匣恰，舞衣罗薄纤腰。”

【鬥鼠】 喜斗之鼠。卢伦《早春游樊川野居》：“斗鼠摇松影，游龟落石层。”李商隐《夜半》：“斗鼠上堂蝙蝠出，玉琴时动倚窗弦。”韦庄《渔塘十六韵》：“饥猿寻落橡，斗鼠堕高藤。”

【鬥新】 争先品尝应时新鲜果蔬。白居易《夜闻贾常州崔湖州茶山境会因寄此诗》：“青娥递舞应争妙，紫笋齐尝各斗新。”

【鬥構】 对峙。元稹《酬郑从事四年九月宴望海亭次用旧韵》：“一拳墺伏东武小，两山斗构秦望雄。”

【鬥舞】 比赛舞蹈。沈佺期《夜游》：“人拥行歌路，车攒斗舞场。”

【鬥敵】　交战。欧阳炯《题景焕画应天寺壁天王歌》：“交加器械满虚空，两面或然如斗敌。”

【鬥閱】　争斗，争胜。张说《滍湖山寺》：“扬袂指辟支，睩眄相斗阅。”

【鬥鴨】　使鸭相斗的博戏。相传起于汉初，至中古而极盛。张籍《寄友人》：“采茶寻远涧，斗鸭向春池。”冯延巳《谒金门》词之一：“斗鸭阑干独倚，碧玉搔头斜坠。”

【鬥戰】　战斗，战争。崔颢《雁门胡人歌》：“闻道辽西无斗战，时时醉向酒家眠。”王建《赠索暹将军》：“闻休斗战心还痒，见说烟尘眼即开。”

【鬥雞】　以鸡相斗的博戏。王维《寓言二首》之一：“斗鸡平乐馆，射雉上林园。”杜甫《斗鸡》：“斗鸡初赐锦，舞马既登床。”张籍《少年行》：“日日斗鸡都市里，赢得宝刀重刻字。”皮日休《洛中寒食二首》之一：“击鞠王孙如锦地，斗鸡公子似花衣。”

【鬥雞走狗】　鸡与鸡搏斗，狗与狗竞走。古代的赌博游戏。罗隐《所思》：“斗鸡走狗五陵道，惆怅输他轻薄儿。”秦韬玉《贵公子行》：“斗鸡走狗家世事，抱来皆佩黄金鱼。”贯休《轻薄篇二首》之一：“斗鸡走狗夜不归，一掷赌却如花妾。”

【鬥雞走馬】　斗鸡赛马。古代的赌博游戏。《神鸡童谣》：“生儿不用识文字，斗鸡走马胜读书。”

【鬥雞場】　斗鸡的场所。宋之问《长安路》：“日晚斗鸡场，经过狭斜看。”张仲素《春游曲三首》之三：“当年重意气，先占斗鸡场。”李商隐《赠送前刘五经映三十四韵》：“微茫金马署，狼籍斗鸡场。”花蕊夫人徐氏《宫词》之一二四：“寒食清明小殿旁，彩楼双夹斗鸡场。”

【鬥雞殿】　供斗鸡用的宫室。郑嵎《津阳门诗》：“楼南更起斗鸡殿，晨光山影相参差。”

【鬥雞臺】　即吴公台。在今江苏扬州市北。温庭筠《东郊行》：“斗鸡台下东西道，柳覆班骓蝶萦草。”杜牧《扬州三首》之二：“秋风放萤苑，春草斗鸡台。”

【鬥麗】　比赛美丽。韩愈《送僧澄观》：“构楼架阁切星汉，夸雄斗丽止者谁。”李渤《南溪诗》序：“数里余得南溪口，溪左屏外崖巘，斗丽争高。”

【鬥蟻】　谓病虚耳鸣。苏颋《先是新昌小园期京兆尹一访兼郎官数子自顷沉痾年复一年兹愿不果率然成章》：“斗蚁闻常日，歌龙值此辰。”孟郊《老恨》：“斗蚁甚微细，病闻亦清泠。”

【鬥辭】　辩讼之词。元稹《台中鞫狱忆开元观旧事呈损之兼赠周兄四十韵》：“死款依稀取，斗辞方便删。”

【鬥豔】　比赛艳丽。李咸用《巫山高》：“斗艳传情世不知，楚王魂梦春风里。”孙魴《主人司空后亭牡丹》：“斗艳何惭蜀，矜繁未让秦。”

五　画

鬧

〔nào《广韵》奴教切，去效，娘。〕

【鬧市】　热闹的街市。寒山《诗三百三首》之二四二：“看取开眼贼，闹市集人决。”

十七画

鬮

〔jiū《广韵》居求切，平尤，見。又居黝切，上黝，見。〕拈阄。任取事先做好标记的纸片或纸团，以决定得什么或做什么。亦指拈阄用的纸片或纸团等。李商隐《拟意》：“楚妃交荐枕，汉后共藏阄。”韩偓《倒押前韵》：“斗草常更仆，迷阄误达晨。”唐彦谦《游南明山》：“阄令促传觞，投壶更联句。”

鬯 部

鬯 〔chàng《广韵》丑亮丑，去漾，徹。〕古代祭祀用的香酒。以郁金香合黑麦酿成。见《礼记·曲礼下》。张说《唐封泰山乐章·寿和》:“躬酌郁鬯，跪奠明神。”包佶《祀雨师乐章·迎俎酌献》:“阳开幽蛰，躬奉郁鬯。”皮日休《九夏歌九篇·昭夏之歌》:“有郁其鬯，有俨其彝。”《郊庙歌辞·享太庙乐章·虔和》:“礼标荐鬯，肃事祠庭。”

十九画

鬱 〔yù《广韵》纡物切，人物，影。〕❶草木丛集茂盛。李峤《柳》:“杨柳郁氤氲，金堤总翠氛。”许景先《奉和圣制春台望》:“文物照光辉，郊畿郁葱蒨。”白居易《和答诗十首·和松树》:“岁暮满山雪，松色郁青苍。”畅当《偶宴西蜀摩诃池》:“珍木郁清池，风荷左右披。”❷隆盛，众多。李峤《奉使筑朔方六州城率尔而作》:“三旬无愆期，百雉郁相望。”萧颖士《有竹一篇七章》之五:“夏之日，炎景斯郁。”韦应物《送郗詹事》:“朝野同称叹，园绮郁齐名。”杜甫《客居》:“下堑万寻岸，苍涛郁飞翻。”❸聚集，凝聚。李白《送梁公昌从信安北征》:“高谈百战术，郁作万夫雄。”顾况《游子吟》:“游子悲久滞，浮云郁东岑。”孟郊《感怀》:“登高望寒原，黄云郁峥嵘。”唐彦谦《和陶渊明贫士诗七首》之二:“薤菘郁朝露，桑柘浮春烟。”亦指心情郁结不伸。韩愈、孟郊《远游联句》:“良知忽然远，壮志郁无抽。”张籍《野居》:“四肢暂宽柔，中肠郁不舒。”刘得仁《京兆府试目极千里》:“此心常郁矣，纵目忽超然。”❹蕴蓄，蕴藏。骆宾王《过张平子墓》:“惟叹穷泉下，终郁羡鱼心。”蔡希寂《同家兄题渭南王公别业》:“既郁苍生望，明时岂陆沉。”白居易《读谢灵运诗》:“壮志郁不用，须有所泄处。”❺忧伤，忧愁。参见“鬱鬱❺”。❻怨恨，愤怒。太宗《幸武功庆善宫》:“弱龄逢运改，提剑郁匡时。”❼高峻貌。贺知章《采莲曲》:“稽山罢雾郁嵯峨，镜水无风也自波。”韦应物《再游龙门怀旧侣》:“两山郁相对，晨策方上干。”张继《华清宫》:“天宝承平奈乐何，华清宫殿郁嵯峨。”李商隐《咸阳》:“咸阳宫阙郁嵯峨，六国楼台艳绮罗。”❽美好貌。神颖《和王季文题九华山》:“玉树郁玲珑，天籁韵萧寥。”参见“鬱鬱❸”。❾指郁金香。韩愈《山南郑相公樊员外》:“金春撼玉应，厥臭剧蕙郁。”

【鬱芊芊】 见“鬱鬱芊芊”。

【鬱抑】 忧愤郁结，忧懑压抑。孟郊《晚雪吟》:“愿于尧琯中，奏尽郁抑谣。”又《寿安西渡奉别郑相公》:“零落景易入，郁抑抱难申。”李群玉《别狄佩》:“郁抑不自言，凡鸟何由知。”

【鬱忡忡】 忧虑不安貌。杜甫《牵牛织女》:“嗟汝未嫁女，秉心郁忡忡。”

【鬱没】 湮没。杜甫《上水遣怀》:“郁没二悲魂，萧条犹在否。”

【鬱怒】 气愤郁积。韩愈《赠崔立之评事》:“朝为百赋犹郁怒，暮作千诗转遒紧。”

【鬱林】 郡名。西汉元鼎六年(前 111)置。治所在布山(今桂平县故城)，辖境相当于今广西除桂林、梧州及一部分玉林地区以外的广大地区。李峤《象》:“郁林开郡毕，维扬作贡初。”刘禹锡《和窦中丞晚入容江作》:“汉郡三十六，郁林东南遥。”皮日休《酒病偶作》:“郁林步障昼遮明，一炷浓香养病酲。”周昙《咏史诗·晋门·吴隐之》:“闻说贪泉近郁林，隐之今日得深斟。”

【鬱林州】 州名。亦作“鬱林洲”。乾封元年以郁州改名。治所在石南县(今广西玉林县石南镇东北)。五代南汉时移州治郁林县(今广西贵县东都郁江南岸)。韩翃《送海州姚别驾》:“行人楚国道，暮雪郁林州。”张籍《昆仑儿》:“言语解教秦吉了，波涛初过郁林洲。”

【鬱茀】 郁勃。茂盛貌。张说《游龙山静胜寺》:“郁茀吐冈岭，微蒙在烟雾。”

【鬱金】 ❶指郁金香。多年生草本植物，百合科。春季开花，杯状，大而美丽，有黄、白、红或紫红各色。供观赏。温庭筠《清明日》:“清娥画扇中，春树郁金红。”❷用姜科植物郁金染成的黄色。亦泛称黄色。李白《春日独坐寄郑明府》:“燕麦青青游子悲，河堤弱柳郁金枝。”王建《宫词一百首》之八五:“总待别人般数尽，袖中拈出郁金芽。”元稹《春六十韵》:“郁金垂嫩柳，罯画委高笼。”

【鬱金香】 ❶用姜科植物郁金制成的香料。王绩《过汉故城》:“清晨宝鼎食，闲夜郁金香。”白居易《卢侍御小妓乞诗座上留赠》:“郁金香汗裛歌巾，山石榴花染舞裙。”❷谓散发郁金的香气。卢照邻《长安古意》:“双燕双飞绕画梁,罗纬翠被郁金香。”李白《客中行》:“兰陵美酒郁金香,玉碗盛来琥珀光。”

【鬱金袍】　帝王穿的黄袍。许浑《骊山》:“闻说先皇醉碧桃,日华浮动郁金袍。”又《十二月拜起居表回》:“空锁烟霞绝巡幸,周人谁识郁金袍。”

【鬱金堂】　美称女子芳香高雅的居室。《玉台新咏》卷九引南朝梁武帝《河中之水歌》有“卢家兰室桂为梁,中有郁金苏合香”之句,描绘卢家少妇莫愁的居室。沈佺期《古意呈补阙乔知之》:“卢家少妇郁金堂,海燕双栖玳瑁梁。”王维《奉和杨驸马六郎秋夜即事》:“高楼月似霜,秋夜郁金堂。”孙逖《故程将军妻南阳郡夫人樊氏挽歌》:“宠荣苍玉珮,宴梦郁金堂。”李商隐《药转》:“郁金堂北画楼东,换骨神方上药通。”

【鬱金黄】　用郁金草染成的黄颜色。亦泛指黄色。白居易《重阳席上赋白菊》:“满园花菊郁金黄,中有孤丛色似霜。”李珣《浣溪沙》词之一:“入夏偏宜澹薄妆,越罗衣褪郁金黄。”

【鬱金裙】　古时用郁金染制的金黄色裙。亦泛称黄色裙子。李商隐《牡丹》:“垂手乱翻雕玉佩,招腰争舞郁金裙。”张泌《送容州中丞赴镇》:“烧香翠羽帐,看舞郁金裙。”

【鬱怏】　抑郁不乐。高适《郊古赠崔二》:“长歌增郁怏,对酒不能醉。”又《苦雨寄房四昆季》:“沉吟顾草茅,郁怏任盈虚。”

【鬱屈】　盘屈。韩愈《初南食贻元十八协律》:“开笼听其去,郁屈尚不平。”

【鬱律】　❶山势险曲突兀貌。独孤及《题思禅寺上方》:“郁律众山抱,空濛花雨零。”卢仝《与马异结交诗》:“唯有一片心脾骨,巉岩崒硉兀郁律。”❷屈曲夭矫貌。元稹《说剑》:“逡巡潜虬跃,郁律惊左右。”❸雾气氛氲貌。杜甫《自京赴奉先县咏怀五百字》:“瑶池气郁律,羽林相摩戛。”

【鬱洲】　即郁岛,传说是能移动的仙山。岑文本《安德山池宴集》:“池疑夜壑徙,山似郁洲移。”参见“鬱島”。

【鬱島】　传说中能够移动的仙山。卢象《早秋宴张郎中海亭即事》:“郁岛藏深竹,前溪对舞楼。”王维《送秘书晁监还日本国》序:“扶桑若荠,郁岛如萍。”

【鬱紆】　❶忧思萦绕貌。杜甫《秋行官张望督促东渚耗稻向毕清晨遣女奴阿稽竖子阿段往问》:“荏苒百工休,郁纡迟暮伤。”权德舆《奉和许阁老酬淮南崔十七端公见寄》:“故国方迢递,羁愁自郁纡。”又《夜泊有怀》:“川程方浩淼,离思方郁纡。”贾岛《寄远》:“别肠多郁纡,岂能肥肌肤。”❷盘曲纡回貌。魏征《述怀》:“郁纡陟高岫,出没望平原。”高适《塞上》:“倚剑欲谁语,关河空郁纡。”孔德绍《登白马山护明寺》:“名岳标形胜,危峰远郁纡。”❸烟雾浓郁缭绕貌。杜甫《天池》:“郁纡腾秀气,萧瑟浸寒空。”

【鬱倔】　盘曲,盘踞。刘禹锡《和汴州令狐相公到镇改月偶书所怀》:“郁倔咽喉地,骈臻水陆兼。”

【鬱鬯】　香酒。张说《唐封泰山乐章·寿和》:“躬酌郁鬯,跪奠明神。”包佶《祀雨师乐章·迎俎酌献》:“阳开幽蛰,躬奉郁鬯。”陈叔达《太庙祼地歌辞》:“清庙既祼,郁鬯推礼。”

【鬱悒】　忧闷。李白《酬崔五郎中》:“奈何怀良图,郁悒独愁坐。”宋华《蝉鸣一篇五章》之四:“愿言莫从,郁悒谁语。”

【鬱悵】　郁闷惆怅。李白《下途归石门旧居》:“此心郁怅谁能论,有愧叨承国士恩。”

【鬱悰】　忧思积聚。韩愈《赠徐州族侄》:“朝眠未能起,远怀方郁悰。”

【鬱密】　郁闷,沉闷。陆龟蒙《奉和袭美太湖诗二十首·初入太湖》:“时当暑雨后,气象仍郁密。”

【鬱陶】　❶忧思积聚貌。岑参《巩北秋兴寄崔明允》:“胜概日相与,思君心郁陶。”孟郊《吊卢殷》之九:“孤丧鲜匍匐,闭哀抱郁陶。”贾岛《送李戎扶侍往寿安》:“临别不挥泪,谁知心郁陶。”李密《淮阳感怀》:“此夕穷途士,郁陶伤寸心。”引申为凝聚貌。杜甫《大雨》:“上天回哀眷,朱夏云郁陶。”❷形容喜而未畅。虚中《赠秀才》:“谁解伊人趣,村沽对郁陶。”

【鬱葱】　气旺盛貌。宋之问《函谷关》:“至人口口识仙风,瑞霭丹光远郁葱。”

【鬱蒼蒼】　郁郁葱葱。言草木苍翠茂盛。杨巨源《奉寄通州元九侍御》:“大明宫殿郁苍苍,紫禁龙楼直署香。”

【鬱結】　谓忧思烦冤纠结不解。杜甫《述怀一首》:“嵚岑猛虎场,郁结回我首。”韦应物《冬夜》:“杳杳日云夕,郁结谁为开。”

【鬱蒸】　❶闷热。李白《送萧三十一之鲁中兼问稚子伯禽》:“水国郁蒸不可处,时炎道远无行车。”杜甫《赠特进汝阳王二十韵》:“花月穷游宴,炎天避郁蒸。”顾况《上古之什补亡训传十三章·十月之郊一章》:“夏日郁蒸,言用于阴,凉风飒兴。”齐己《夏满日偶作寄孙支使》:“旧扇犹操执,新秋更郁蒸。”❷蒸腾。杜甫《多病执热奉怀李尚书》:“衰年正苦病侵凌,首夏何须气郁蒸。”❸积聚。张说《夕宴房主簿舍》:“不逢君謇涸,幽意长郁蒸。”

【鬱噎】　阻滞,郁积。元稹《酬郑从事四年九月宴望海亭次用旧韵》:“欲将滑甘柔藏府,已被郁噎冲喉咙。”

【鬱盤】　曲折幽深貌。张九龄《奉和圣制幸晋阳宫》:"彼汾惟帝乡,雄都信郁盘。"孟浩然《卢明府九日岘山宴袁使君张郎中崔员外》:"宇宙谁开辟,江山此郁盘。"韦应物《酬郑户曹骊山感怀》:"苍山何郁盘,飞阁凌上清。"李益《北至太原》:"炎祚昔昏替,皇基此郁盘。"

【鬱興】 (—xìng)勃兴。清昼、汤衡《讲古文联句》:"暨于江表,其文郁兴。"

【鬱鬱】 ❶茂盛貌。杨炯《途中》:"郁郁园中柳,亭亭山上松。"韦应物《广陵遇孟九云卿》:"夹河树郁郁,华馆千里连。"元稹《西还》:"悠悠洛阳梦,郁郁灞陵树。"李绅《闻里谣效古歌》:"乡里儿,桑麻郁郁禾黍肥。"❷繁多貌。白居易《酬微之开拆新楼初毕相报末联见戏之作》:"海山郁郁石棱棱,新豁高居正好登。"❸美好貌。白居易《别苏州》:"浩浩姑苏民,郁郁长洲城。"邵谒《金谷园怀古》:"如何金谷园,郁郁椒兰房。昨夜绮罗列,今月池馆荒。"韦庄《和人岁宴旅舍见寄》:"莫言常郁郁,天道有盈虚。"❹烟气升腾貌。白居易《秦中吟十首·伤宅》:"一堂费百万,郁郁起青烟。"又《青冢》:"郁郁如苦雾,不随骨销朽。"❺忧伤、沉闷貌。李白《冬夜醉宿龙门觉起言志》:"哀哀歌苦寒,郁郁独惆怅。"畅当《南充谢郡客游澧州留赠宇文中丞》:"郁郁寡开颜,默默独行李。"刘驾《送友下第游雁门》:"舒君郁郁怀,饮彼白玉卮。"陈陶《游子吟》:"郁郁守贫贱,悠悠亦无端。"❻幽深貌。杜甫《偶题》:"郁郁星辰剑,苍苍云雨池。"《王承检掘得墓铭》:"深深葬玉,郁郁埋香。"

【鬱鬱芊芊】 郁郁葱葱。刘禹锡《忆春草》:"馆娃宫外姑苏台,郁郁芊芊拨不开。"亦省作"鬱芊芊"。高适《过卢明府有赠》:"登高见百里,桑野郁芊芊。"白居易《游悟真寺诗》:"松桂乱无行,四时郁芊芊。"

【鬱鬱青青】 茂盛青翠貌。李频《贺同年翰林从叔舍人知制诰》:"芳年贵盛谁为比,郁郁青青岳顶松。"

【鬱鬱葱葱】 气旺盛貌。赵氏《闻夫杜羔登第》:"长安此去无多地,郁郁葱葱佳气浮。"

鬲　部

鬲[1]　〔lì《广韵》郎擊切，入錫，來。〕古代炊器。口圆，似鼎，三足中空而曲。陆龟蒙《五歌·食鱼》："江南春旱鱼无泽，岁晏未曾腥鼎鬲。"

鬲[2]　〔gé《广韵》古核切，入麥，見。〕❶参见"鬲$_2$津"。❷通"膈"。横膈膜，在胸腔、腹腔之间。杜甫《秋日阮隐居致薤三十束》："衰年关鬲冷，味暖并无忧。"李群玉《龙山人惠石廪方及团茶》："一瓯拂昏寐，襟鬲开烦拏。"

【鬲$_2$津】　古水名。即《禹·禹贡》所谓古黄河下游九河之一。故道在西汉鬲县（今山东平原县西北）附近，东流入海。一说在今山东德州市附近，东流商河及河北盐山、山东无棣诸县境入海。骆宾王《夏日游德州赠高四》："鬲津开巨浸，稽阜镇名都。"

八　画

鬻　〔fèi《广韵》方味切，去未，非〕同"沸"。柳宗元《贞符》："泽熯于爨，鬻炎以澼。"

十二画

鬻　〔yù《广韵》余六切，入屋，以。〕❶卖。元结《春陵行》："欲令鬻儿女，言发恐乱随。"元稹《后湖》："鬻者自为鬻，酤者自为酤。"白居易《食笋》："山夫折盈抱，抱来早市鬻。"郑谷《蔡处士》："鬻蔬贫洁净，中酒病风流。"❷姓。参见"鬻拳"。

【鬻官】　卖官。周昙《咏史诗·晋门·晋武帝》："晋武鬻官私室富，是知犹不及桓灵。"又《后汉门·灵帝》："榜悬金价鬻官荣，千万为公五百卿。"

【鬻拳】　春秋楚大夫。周昙《咏史诗·春秋战国门·鬻拳》："鬻拳强谏惧威刑，退省怀惭不顾生。"

【鬻德】　施以德泽。海顺《三不为篇》之三："我欲炫才鬻德，入市趋朝。"

鬼　部

鬼〔guǐ《广韵》居偉切，上尾，見。〕❶迷信者谓人死后灵魂不灭，称之为鬼。陈羽《梁城老人怨》："朝为耕种人，暮作刀枪鬼。"白居易《感逝寄远》："知识三分中，二分化为鬼。"武元衡《行路难》："非故败他却成此，苏张终作多言鬼。"无名氏《战城南》："昨日城上人，今日城下鬼。"❷万物之精灵，鬼怪。杜甫《有怀台州郑十八司户》："山鬼独一脚，蝮蛇长如树。"又《奉酬薛十二丈判官见赠》："卧病识山鬼，为农知地形。"韩愈《元和圣德诗》："渎鬼濛鸿，岳祇巃嵷。"李咸用《小松歌》："金精水鬼欺不得，长与东皇逞颜色。"❸对人的蔑称。张祜《感归》："乡人笑我穷寒鬼，还似襄阳孟浩然。"❹狡黠。参见"鬼巫"。❺神秘莫测。参见"鬼書"。

【鬼工】　谓事物精妙高超、非人工所能为者。陈子昂《感遇诗三十八首》之十九："鬼工尚未可，人力安能存。"岑参《与高适薛据登慈恩寺浮图》："突兀压神州，峥嵘如鬼工。"柳宗元《界围岩水帘》："灵境不可状，鬼工谅难求。"皮日休《太湖诗·太湖石》："厥状复若何，鬼工不可图。"

【鬼方】　商周时活动于今陕西西北地区的部族名。亦借指边远地区部族和他们聚居的地区。王光庭《奉和圣制送张说巡边》："示刑夷夏变，流惠鬼方同。"李白《登邯郸洪波台置酒观发兵》："遥知百战胜，定扫鬼方还。"窦牟《元日喜闻大礼寄上翰林四学士中书六舍人二十韵》："礼成戎器下，恩彻鬼方沉。"李绅《逾岭峤止荒陬抵高要》："明皇圣德异文皇，不使无辜困鬼方。"

【鬼火】　磷火。迷信者以为幽灵之火，故称。岑参《过梁州奉赠张尚书大夫公》："人烟绝墟落，鬼火依城池。"白居易《题裴晋公女几山刻石诗后》："骡军成牛户，鬼火变人烟。"李山甫《雨后过华岳庙》："雨淋鬼火灭不灭，风送神香来不来。"贯休《行路难》之二："君不见烧金炼石古帝王，鬼火荧荧白杨里。"

【鬼市】　夜市。郑熊《番禺杂记》："海边时有鬼市。半夜而合，鸡鸣而散，人从之多得异物。"施肩吾《岛夷行》："腥臊海边多鬼市，岛夷居处无乡里。"

【鬼母】　刘邦斩蛇故事中的白蛇之母。李贺《春坊正字剑子歌》："提出西方白帝惊，嗷嗷鬼母秋郊哭。"

【鬼巫】　狡黠的女巫。《又歌》："吾乡有鬼巫，惑人人不知。"

【鬼村】　迷信者谓阴间鬼居之村庄。温庭筠《题李卫公诗二首》之一："当时谁是承恩者，肯有余波达鬼村。"

【鬼兵】　迷信者称阴间的兵卒。无名氏《五言白话诗》之八："闻道须鬼兵，逢头即须搦。"

【鬼伯】　鬼王。指阎王。白居易《二月五日花下作》："羲和趁日沉西海，鬼伯驱人葬北邙。"

【鬼雨】　凄凉的阴雨。李贺《感讽五首》之三："南山何其悲，鬼雨洒空草。"

【鬼物】　鬼，鬼怪。李华《寄赵七侍御》："阴奥潜鬼物，精光动烟空。"韦应物《杂体五首》之二："黄昏窥人室，鬼物相与期。"杜甫《山寺》："诸天必欢喜，鬼物无嫌猜。"韩愈《石鼓歌》："雨淋日炙野火燎，鬼物守护烦㧑呵。"亦指令人怪异惊恐的事物。杜甫《奉汉中王手札》："夷音迷咫尺，鬼物傍黄昏。"

【鬼斧】　鬼神所使之斧斤。喻指超人的力量。薛令之《太姥山》："鬼斧巧开凿，仙踪常往还。"

【鬼府】　阴曹地府。李颀《杂兴》："武昌妖梦果为灾，百代英威埋鬼府。"

【鬼妾】　丧夫之妾。杜甫《草堂》："鬼妾与鬼马，色悲充尔娱。"

【鬼怪】　鬼与妖怪。杜甫《石犀行》："先王作法皆正道，鬼怪何得参人谋。"白居易《奉和思黯相公以李苏州所寄太湖石因题二十韵见示兼呈梦得》："奇应潜鬼怪，灵合蓄云雷。"杜牧《昔事文皇帝三十二韵》："川口堤防决，阴车鬼怪掀。"项斯《暮上瞿塘峡》："蛟螭波数怒，鬼怪火潜明。"

【鬼炊】　传说中神仙之炊事。陆龟蒙《四明山诗》序："探海岳遗事，以期方外之交，虽铜墙鬼炊，虎狱剑饵，无不窥也。"

【鬼狀魑容】　鬼怪的形状。皎然《张伯英草书歌》："阴惨阳舒如有道，鬼状魑容若可惧。"

【鬼門】　古关名。即鬼门关。张说《南中送北使二首》之二："山临鬼门路，城绕瘴江流。"高适《李云南征蛮诗》："鬼门无归客，北户多南风。"参见"鬼門關"。

【鬼門關】　古关名。在今广西北流、玉林之间，有两山对峙，形同关隘，地势险恶，中间通道为古代通往钦、雷、廉、琼及交趾的要冲。沈佺期《入鬼门关》："昔传瘴江路，今到鬼门关。"杨炎《流崖州至鬼门关作》："崖州何处在，生度鬼门关。"《鬼门关谚》："鬼门关，十人去，九不还。"原题下注："容州北流县南三十里，有两石相对，相去三十步，迁谪至此者，罕得生还。"

【鬼界】 迷信者所谓众鬼居处。无名氏《五言白话诗》之十三："夜眠由鬼界，天晓即营生。"

【鬼神】 鬼与神。天神曰神，人神曰鬼。寒山《诗三百三首》之二七五："上上高节者，鬼神钦道德。"朱逵《怀素上人草书歌》："妙绝当动鬼神泣，崔蔡幽魂更心死。"李商隐《贾生》："可怜夜半虚前席，不问苍生问鬼神。"周昙《咏史诗·三国门·王表》："是知邦国将亡灭，不听人臣听鬼神。"

【鬼馬】 主人亡故之马。杜甫《草堂》："鬼妾与鬼马，色悲充尔娱。"参见"鬼妾"。

【鬼哭】 ❶鬼怪哭泣。韦庄《赠峨嵋山弹琴李处士》："子期子野俱不见，乌啼鬼哭空伤悲。"❷犹悲哭。李贺《汉唐姬饮酒歌》："云阳台上歌，鬼哭复何益。"

【鬼哭神悲】 鬼神悲伤、哭泣。刘景复《梦为吴泰伯作胜儿歌》："小弦切切怨飔飔，鬼哭神悲秋窸窣。"

【鬼哭神號】 （號 háo）鬼神哭泣号叫。吕岩《七言》之四："鬼哭神号金鼎结，鸡飞犬化玉炉空。"

【鬼氣】 鬼怪的邪气。贯休《古战处》："鬼气苍黄棘叶红，昔时人血此时风。"

【鬼書】 神秘莫测的兵书。汉王充《论衡·自然》："张良游泗水之上遇黄石公授太公书，盖在佐汉诛秦，故命令神石为鬼书授人，复为有为之效也。"鲍溶《读史》："鬼书报秦亡，天地亦云闭。"

【鬼眼】 鬼神之眼，据称能窥见隐秘，故常用以称相士之眼。韩偓《此翁》："唯应鬼眼兼天眼，窥见行藏信此翁。"

【鬼揶揄】 为仕途坎坷之典。白居易《东南行一百韵》："时遭人指点，数被鬼揶揄。"

【鬼道】 佛教六道之一，饿鬼道的简称。李商隐《戊辰会静中出贻同志二十韵》："中迷鬼道乐，沉为下土民。"

【鬼蓋】 即人参。陆龟蒙《奉和袭美谢友人惠人参》："名参鬼盖须难见，材似人形不可寻。"

【鬼窟】 鬼之洞穴。韩愈《会合联句》："鬼窟脱幽妖，天居觌清栱。"

【鬼誅】 鬼神暗中诛戮。温庭筠《病中书怀呈友人》："欲就欺人事，何能逭鬼诛。"

【鬼魅】 鬼怪。寒山《诗三百三首》之六三："若人逢鬼魅，第一莫惊惧。"孟郊《连州吟》之二："正直被放者，鬼魅无所侵。"鲍溶《庐山石镜》："我图辨鬼魅，信美留烟阙。"秦韬玉《八月十五日夜同卫谏议看月》："寒光入水蛟龙起，静色当天鬼魅惊。"

【鬼蜮】 鬼和蜮。均为害人之精怪。陈陶《圣帝击壤歌四十声》："化合讴谣满，年丰鬼蜮藏。"

【鬼瘧】 即疟疾。古人迷信谓此病由疟鬼作祟而致，故称。李商隐《异俗二首》之一："鬼疟朝朝避，春寒夜夜添。"

【鬼薪】 秦汉时代一种徒刑。最初违法者被罚为宗庙取薪，故名。鬼薪从事公府杂役、手工劳动和其他重体力劳动。韩愈、李正封《晚秋郾城夜会联句》："侯社退无功，鬼薪惩不恪。"

【鬼瞰室】 谓鬼神窥望富贵人家，将祸害其满盈之志。李商隐《李肱所遗画松诗书两纸得四十韵》："一旦鬼瞰室，稠叠张罘罿。"

【鬼嘯】 鬼长叫声。吴融《彭门用兵后经汴路三首》之三："风吹白草人行少，月落空城鬼啸长。"

【鬼録】 亦作"鬼籙"。迷信者谓阴间死人的名录。皎然《苕溪草堂四十三韵》："鬼箓徒相矜，九原谁家宅。"李商隐《有感二首》之一："鬼箓分朝部，军烽照上都。"刘兼《蜀都道中》："千载龟城终失守，一堆鬼录漫留名。"吕岩《七言》之十七："羽化自应无鬼录，玉都长是有仙名。"

【鬼燈】 鬼火。即磷火。李贺《南山田中行》："石脉水流泉滴沙，鬼灯如漆点松花。"

【鬼膽】 鬼的胆量。韩愈《醉赠张秘书》："险语破鬼胆，高词媲皇坟。"

【鬼籙】 见"鬼録"。

【鬼靈】 鬼魂显灵。据传晋时苏韶死后曾多次显灵，与其堂兄谈论阴间之事。晋王隐《晋书》。李瀚《蒙求》："苏韶鬼灵，卢充幽婚。"

四　画

魂 〔hún《广韵》户昆切，平魂，匣。〕❶灵魂，魂魄。孙逖《故陈州刺史赠兵部尚书丰公挽词》："世阅空悲命，泉幽不返魂。"杜甫《乾元中寓居同谷县作歌七首》之五："呜呼五歌兮歌正长，魂招不来归故乡。"张祜《江南杂题三十首》之二九："惆怅碧江阻，梦鼋云陟遐。"朱褒《悼杨氏妓琴弦》："魂归寥廓魄归泉，只住人间十五年。"❷精神，情绪。储光羲《舟中别武金坛》："漾舟清潭里，慰我别离魂。"杜甫《阆州东楼筵奉送十一舅往青城县得昏字》："游目俯大江，列筵慰别魂。"韦应物《林园晚霁》："同游不同意，耿耿独伤魂。"袁不约《离家》："见乌唯有泪，看雁更伤魂。"❸事物的精灵。温庭筠《春江花月夜词》：

"千里涵空澄水魂，万枝破鼻飘香雪。"

【魂交】 梦中精神交结。权德舆《杂诗五首》之二："魂交复目断，缥缈难比况。"

【魂形】 灵魂和躯体。卢鸿一《嵩山十志十首·枕烟庭》："窅冥仙会兮枕烟庭，竦魂形兮凝视听。"

【魂車】 古代谓死者衣冠之车。象死者生时乘坐之形，供出丧时用。元稹《空屋题》："更想咸阳道，魂车昨夜回。"

【魂神】 魂灵。王绩《过汉故城》："魂神吁社稷，豺虎斗岩廊。"林滋《望九华山》："吁予比年爱灵境，到此始觉魂神驰。"

【魂飛】 谓灵魂离体。赵嘏《昔昔盐二十首·风月守空闺》："魂飞沙账北，肠断玉关中。"

【魂消】 见"魂銷₂"。

【魂夢】 梦，梦魂。王昌龄《太湖秋夕》："月明移舟去，夜静魂梦归。"白居易《梦裴相公》："五年生死隔，一夕魂梦通。"李渤《喜弟淑再至为长歌》："忧时魂梦忆归路，觉来疑在林中眠。"徐铉《梦游三首》之二："绣幌银屏杳霭间，若非魂梦到应难。"

【魂魄】 灵魂。古人想象中一种能脱离人的躯体而独立存在的精神。附体则人生，离体则人死。寒山《诗三百三首》之四八："骨肉消散尽，魂魄几凋零。"任华《寄李白》："古来文章有能奔逸气，耸高格，清人心神，惊人魂魄。"元稹《和乐天梦亡友刘太白同游二首》之二："纵使刘君魂魄在，也应至死不同游。"白居易《长恨歌》："悠悠生死别经年，魂魄不曾来入梦。"

【魂影】 灵魂和躯体。寒山《诗三百三首》之一六九："谓言世无双，魂影随他去。"

【魂銷】 ❶指死亡。元稹《感梦》："行吟坐叹知何极，影绝魂销动隔年。"❷亦作"魂消"。谓灵魂离躯体而消失。形容极度悲伤或极度欢乐。杜甫《承闻河北诸道节度入朝欢喜口号绝句十二首》之三："始是乾坤王室正，却交江汉客魂销。"温庭筠《苏武庙》："苏武魂销汉使前，古祠高树两茫然。"许棠《青山晚望》："昔人怀感处，此地倍魂消。"

【魂銷目斷】 谓情思凄苦。严休复《唐昌观玉蕊花折有仙人游怅然成二绝》之一："终日斋心祷玉宸，魂销目断未逢真。"

【魂斷】 犹断魂。形容极其悲伤或激动。武元衡《送张谏议》："今日送君魂断处，寒云寥落数株梅。"黄滔《旅怀》："雪貌潜凋雪发生，故园魂断弟兼兄。"吴商浩《巫峡听猿》："巫峡去家远，不堪魂断空。"

【魂靈】 魂，灵魂。《歌·挽歌》："红轮决定沉西去，未委魂灵往那方。"

魁 〔kuí《广韵》苦回切，平灰，溪。〕❶星名。北斗七星之第五星。即开枢。参见"魁罡"。❷头领，魁首。裴度《度自到洛中与乐天为文酒之会联句》："咏吟君称首，疏放我为魁。"柳宗元《唐铙歌鼓吹曲十二篇·河右平》："河右澶漫，顽为之魁。"❸首选，第一。杜牧《题茶山》："山实东吴秀，茶称瑞草魁。"❹壮伟。陆龟蒙《杂讽九首》之七："魁其垆冶姿，形质惟所召。"

【魁三象】 组成魁星的四颗星天枢、天璇、天玑、天权两两相近，成三对邻近星象，旧以之喻三公。杜甫《赠韦七赞善》："尔家最近魁三象，时论同归尺五天。"自注："魁斗下两两相比为三台。"

【魁奇】 杰出，特异。杜牧《送沈处士赴苏州李中丞招以诗赠行》："处士魁奇姿，必展平生志。"

【魁岸】 奇伟不凡。欧阳炯《贯休应梦罗汉画歌》："天教水墨画罗汉，魁岸古容生笔头。"

【魁罡】 指斗魁、天罡二星。陈陶《寄兵部任畹郎中》："虽同橘柚依南土，终愧魁罡近北辰。"

【魁堆】 传说中兽名。古人谓此兽可辟邪。陆龟蒙《奉和袭美太阳诗二十首·入林屋洞》："魁堆辟邪辈，左右专备守。"

【魁然】 卓越突出貌。皮日休《七爱诗·房杜二相国》："美矣名公卿，魁然真宰辅。"

【魁傑】 杰出。杜牧《史将军二首》之二："壮气盖燕赵，耽耽魁杰人。"

五　画

魅 〔mèi《广韵》明祕切，去至，明。〕❶旧时迷信认为物老变成的精怪。见《说文·鬼部》。亦泛称鬼怪。元结《演兴四首·讼木魅》："犹恐众妖兮木魅，魍魉兮山精。"司空图《月下留丹灶》："瑶函真迹在，妖魅敢扬威。"❷迷惑。刘言史《赠成炼师四首》之三："大罗过却三千岁，更向人间魅阮郎。"

【魅人】 ❶被妖精迷住的人。元稹《古社》："惟有空心树，妖狐藏魅人。"又："狐死魅人灭，烟消坛埠存。"❷迷惑人。杨德辉《征青州长老嘲僧门》："说法谩称狮子吼，魅人多使野狐涎。"

【魅狐】 俗谓狐能魅人，故称。元稹《有鸟二十章》之十七："俊鹘无由拳狡兔，金雕不得擒魅狐。"又十九："瞥然飞下人不知，搅碎荒城魅狐窟。"

魄[1] 〔pò《广韵》普伯切，入陌，滂。〕❶本指依附于人的躯体而存在的精气、精神，以别于可以游离于人体的魂。后亦指可以游离于人体之外的精气、鬼魂。杜甫《送李校书二十六韵》："众中每一见，使我潜动魄。"孟郊《湘妃怨》："冥冥荒山下，古庙收贞魄。"李贺《汉唐姬饮酒歌》："强枭噬母心，奔厉索人魄。"韦庄《悼杨氏妓琴弦》："魂归寥廓魄归烟，只住人间十八年。"❷通"霸"。月初出或将没时的微光。一说，指月初生或圆而始缺时不明亮处。亦指月；月光。太宗《辽城望月》："魄满桂枝圆，轮亏镜彩缺。"刘舟《送萧颖士赴东府得适字》："请业非远期，圆光再生魄。"严维《咏孩子》："嘉客会初筵，宜时魄再圆。"张籍《祭退之》："中秋十六夜，魄圆天差晴。"

魄[2] 〔bó《集韵》白各切，入鐸，並。〕❶象声词。参见"魄$_2$魄"。❷通"礴"。权德舆《几铭》："旁魄变化，皆生乎幾。"

【魄$_2$魄】 象声词。陆龟蒙《春思二首》之一："竹外麦烟愁漠漠，短翅啼禽飞魄魄。"

【魄慑魂飛】 谓惊惧魂魄离散。形容惊恐万状。贯休《东阳罹乱后怀王慥使君五首》之四："魄慑魂飞骨亦销，此魂此魄亦难招。"

七 画

魈 〔xiāo《广韵》相邀切，平宵，心。〕山中精怪。又称山魈。晋葛洪《抱朴子·登陟》："山精形如小儿，独足向后，名曰魈。"卢仝《寄萧二十三庆中》："山魈吹火虫入碗，鸩鸟咒诅鲛吐涎。"施肩吾《送人南游》："凌空瘴气堕飞鸟，解语山魈恼病人。"黄滔《书怀》："破村虹入井，孤馆客投魈。"

【魈魅】 魈鬼，鬼怪。李贺《昌谷诗》："阴藤束朱键，龙帐着魈魅。"

八 画

魉 〔làng《篇海》郎宕切。〕参见"魉鬼"。

【魉鬼】 江鬼，溺死者的鬼魂。李绅《涉沅潇》："行人愁望待明月，星汉沉浮魉鬼号。"

魎 〔liǎng《广韵》良奬切，上養，來。〕参见"魍魎"。

魍 〔wǎng《广韵》文兩切，上養，微。〕参见"魍魎"。

【魍魎】 古代传说中的山川精怪、鬼怪。李颀《崔五六图屏风各赋一物得乌孙佩刀》："执之魍魎谁能前，气凛清风沙漠边。"杜甫《八哀诗·故著作郎贬台州司户荥阳郑公虔》："天长眺东南，秋色余魍魎。"韩愈《谢自然诗》："山林民可入，魍魎莫逢旃。"李绅《过荆门》："愚夫祸福自迷惑，魍魎凭何通百灵。"

魏 〔wèi《广韵》魚貴切，疑。去未，疑。〕❶宫门外两边的楼观。见《周礼·天官·大宰》。参见"魏阙"。❷古国名。(1)战国七雄之一。开国君主魏文侯为春秋时魏大夫毕万之后代，与韩、赵一起瓜分晋国，史称三家分晋。储光羲《饯张七琚任宗城》："他日曾游魏，魏家余趾存。"(2)三国之一。公元220年，曹丕代汉称帝，国号魏，都洛阳，史称曹魏。公元265年，司马炎建立晋朝，魏亡。李贺《金铜仙人辞汉歌》："魏官牵车指千里，东关酸风射眸子。"元稹《有酒十章》之三："汉魏而降，乘其机耶。"薛逢《题筹笔驿》："天地三分魏蜀吴，武侯倔起赞讦谟。"❸唐方镇魏博。广德元年(763)置，治所在魏州(今河北大名县东北)。韩愈《元和圣德诗》："幽恒青魏，东尽海浦。"魏国初建都安邑(今山西夏县西北)。后魏惠王迁都大梁，故史亦称魏梁。公元前225年，为秦所灭。李商隐《四年冬游旧·残雪》："珠还犹照魏，璧碎尚留秦。"吴融《豫让》："韩魏同谋反覆深，晋阳三板免成沉。"孙郃《古意二首》之二："魏礼段干木，秦王乃止戈。"亦指魏地。今山西、河北一带。杜牧《感怀诗一首》："号为精兵处，齐蔡燕赵魏。"❹姓。唐诗人有魏征、魏万等。

【魏公】 ❶魏征。吴融《过九成宫》："魏公碑字封苍藓，文帝泉声落野田。"贯休《阳春曲》："历数雍熙房与杜，魏公姚公宋开府。"❷曹操。舒元舆《赠李翱》："谁是蔡邕琴酒客，魏公怀旧嫁文姬。"❸指魏扶。魏扶曾任礼部侍郎，大中元年(847)主持春闱，放进士三十三人。李商隐有《喜舍弟羲叟及第上礼部魏公》。❹指李密。隋末农民起义首领，号魏公，改元永年。高适《自淇涉黄河途中作十三首》之十二："遥看魏公墓，突兀前山后。"

【魏四】 ❶魏征后人，名不详。岑参有《送魏四落第还乡》，诗云："魏侯池馆今尚在，犹有太师歌舞台。"《唐两京城坊考》卷五东都劝善坊："东北隅太子，太师魏征宅。"故此知魏四乃魏征后人。❷魏慓。官御史主簿。父玄同，相武后。陈子昂有《落第西还别魏四慓》。

【魏主】 ❶魏明帝。卢照邻《哭金部韦郎中》："书留魏主阙，魂掩汉家床。"❷指三国魏曹操。刘庭琦《铜雀台》："铜台宫观委灰尘，魏主园林漳水滨。"❸指战国魏文侯。宋之问《伤王七秘书监寄呈扬州陆长史通简府僚广陵以广好事》："白屋藩魏主，苍生期谢公。"

【魏人鹤】 见"魏懿鹤"。

【魏夫人壇】 祭祀魏夫人的祭坛。在南岳衡山。

李中有《魏夫人坛》。

【魏三十七】　魏珪。字玉。李群玉《赠魏三十七》:"名珪字玉净无瑕,美誉芳声有数车。"又有《酬魏三十七》和《飞送魏珪觐省》。

【魏不琢】　魏朴。皮日休有《寄毗陵魏处士朴》。皮日休《五贶诗》序:"毗陵处士魏君不琢,气真而志放,居毗陵凡二纪,闭门穷学。"

【魏王】　❶战国梁惠王。魏国初都安邑,后受秦国威胁,迁都大梁,故又称梁。参见"魏王瓠"。❷战国魏安釐王。柳宗元《古东门行》:"魏王卧内藏兵符,子西掩袂真无辜。"❸指三国魏曹操,曹操曾封魏王。崔颢《卢姬篇》:"卢姬少小魏王家,绿鬓红唇桃李花。"❹指三国魏东阿王曹植。李商隐《无题四首》之二:"贾氏窥帘韩掾少,宓妃留枕魏王才。"❺指哀帝时朱温之曾祖父朱茂珠被追赠太傅,封魏王。《郊庙歌辞·梁太庙乐舞辞·象功舞》:"累赠太傅,俄登魏王。"❻指李泰,字惠褒,太宗第四子。始封宜都王。贞观十年(636)封魏王。十七年,因与太子承乾争位,贬顺阳王,后进封濮王。曾与萧德言等撰《括地志》。褚亮有《奉和望月应魏王教》,虞世南有《奉和咏风应魏王教》。

【魏王池】　池名。唐代东都洛阳名胜之一。韩愈《东都遇春》:"有船魏王池,往往纵孤泳。"参见"魏王堤"。

【魏王堤】　唐代名胜之一。在东都洛阳城内。洛水流入洛阳城内,过皇城端门,经尚善、旌善两坊之北,南溢为池。贞观中赐魏王泰,故名魏王池。有堤与洛水相隔,名魏王堤。刘禹锡《三月三日与乐天及河南李尹奉陪裴令公泛洛禊饮各赋十二韵》:"唯余踏青伴,待月魏王堤。"白居易《魏王堤》:"何处未春先有思,柳条无力魏王堤。"韦庄《菩萨蛮》词之五:"柳暗魏王堤,此时心转迷。"亦省作"魏堤"。白居易有《魏堤有怀》。

【魏王瓠】　喻大而无用之物。储光羲《贻王侍御出台掾丹阳》:"南华在濠上,谁辩魏王瓠。"

【魏元忠】　诗人。本名真宰,以避武后母讳改。宋州宋城(今河南商丘南)人。《全唐诗》卷四六录其《修书院学士奉敕宴梁王宅》等二首。

【魏昇卿】　岑参有《送魏升卿擢第归东都因怀魏校书陆浑乔潭》。升卿,原校"一作叔虬"。魏升卿当作魏叔虬。

【魏公子】　❶指信陵君魏公子无忌,战国四公子之一。借以美称位高而好客者。高适《题李别驾壁》:"礼乐遥传鲁伯禽,宾客争过魏公子。"曹邺《将赴天平职书怀寄翰林从兄》:"况我魏公子,相顾不相疑。"唐尧客《大梁行》:"雄哉魏公子,畴日好罗英。"❷指三国魏曹丕,其即位前曾任五官中郎将,因系曹操之子,故称。王维《送魏郡李太守赴任》:"遥思魏公子,复忆李将军。"陆龟蒙《添酒中六咏·酒枪》:"唯怀魏公子,即此飞觞频。"

【魏公墓】　李密墓。在今河南浚县黎阳山。高适《自淇涉黄河途中作十三首》之十二:"遥看魏公墓,突兀前山后。"

【魏氏】　女诗人。玄宗时人,籍巨鹿(今属河北)。魏求己之妹。《全唐诗》卷七九九录其《赠外》。

【魏文】　指三国魏文帝曹丕。陆龟蒙《袭美先辈以龟蒙所献五百言既蒙见和复示荣唱再抒鄙怀用伸酬谢》:"雅当乎魏文,丽矣哉陈思。"

【魏文手巾】　三国魏文帝曹丕善弹棋,能用手巾角撇棋。后遂以"魏文手巾"作为称颂棋艺高超的典故。李颀《弹棋歌》:"联翩百中皆造微,魏文手巾不足比。"

【魏文貞】　即魏征,卒谥文贞。杜牧有《过魏文贞公宅》。吴融《过九成宫》:"魏公碑字封苍藓,文帝泉声落野田。"自注:"魏文贞征有碑。"

【魏文貞公】　魏征,卒谥文贞。陈彦博、裴大章有《恩赐魏文贞公诸孙旧第以导直臣》。杜牧有《过魏文贞公宅》。

【魏文颁菊蕊】　魏文帝曹丕于重阳日致书钟繇并赠菊花一束,谓菊花能辅体延年,故谨奉一束,以助彭祖之数。沈佺期《九日临渭亭侍宴应制得长字》:"魏文颁菊蕊,汉武赐萸房。"

【魏丙】　亦作"魏邴"。指汉宣帝时丞相魏相丙吉。卢僎《奉和李令扈从温泉宫赐游骊山韦侍郎别业》:"伊皋羞过狭,魏丙服粗疏。"薛能《升平词十首》之十:"五帝三皇主,萧曹魏邴臣。"

【魏朴】　诗人。朴,一作"璞",字不琢,毗陵(今江苏常州)人。气真而志放,居毗陵凡二纪,闭门穷学,人称魏处士。与皮日休相友善,有唱和。《全唐诗》卷六三一录其《和皮日休悼鹤》。

【魏光乘】　郑州长史魏慤之子,左清道率府长史。后由左拾遗贬新州亲兴尉。明皇《鹡鸰颂》:"左清道率府长史魏光乘,才雄白凤,辩壮碧鸡,以其宏达博识,召至轩槛,预观其事,以献其颂。"

【魏州】　州名。北周大象二年(580)分相州置,治所在贵乡县(今河北大名县东北)。五代后唐同光元年(923)改为兴唐府。姚合有《寄送卢拱秘书游魏州》和《寄狄拾遗时为魏州从事》。

【魏扶】　诗人。字相之,大和四年(830)进士。会昌二年(842)自起居郎充翰林学士,历司封员外郎。三年,加为知诰。次年,转考功郎中,拜中书舍人。大中元年(847)以礼部侍郎知贡举,后改兵部侍郎判户部。三年同平章事。《全唐诗》卷五一六录其诗三首。

【魏求己】 诗人。巨鹿(今属河北)人。曾官御史,谪山阳丞。《全唐诗》卷四四录其《自御史左授山阳丞》。

【魏伯陽】 东汉魏翱,字伯阳,会稽上虞(今属浙江)人。炼丹术士。据传以炼丹得道成仙。马湘《又诗一首》:"昔日曾随魏伯阳,无端醉卧紫金床。"

【魏奉古】 诗人。武后科举及第,任雍丘尉。善强记,一览便能背诵,有聪明尉之称。历任监察御史、殿中侍御史、左司郎中、户部郎中。开元三年(715),为给事中,后迁吏部侍郎,终官兵部侍郎。《全唐诗》卷九一录其一首。《全唐诗外编》录其《长门怨》。

【魏武】 三国魏曹操。汉末封爵魏王,其子曹丕代汉称帝,追尊其为武帝,人称"魏武"。李颀《送刘云平》:"请君骑马望西陵,为我殷勤吊魏武。"杜甫《丹青引赠曹将军霸》:"将军魏武之子孙,于今为庶为清门。"陆龟蒙《邺宫词二首》之一:"魏武平生不好香,枫胶蕙炷洁宫房。"胡曾《咏史诗·铜雀台》:"魏武龙舆逐逝波,高台空按望陵歌。"

【魏明】 指魏明帝曹叡。卒后葬于洛水南大石山,今河南孟津县东南。罗隐《北邙山》:"魏明未死虚留意,庄叟虽生酌满巾。"

【魏季羔】 司空曙有《送魏季羔游长沙觐兄》。校:"一本无季字。"无季字是。

【魏知古】 唐诗人。深州陆泽(今河北深县)人。《全唐诗》卷九一录其《春夜寓直凤阁怀群公》等四首。

【魏徵西】 曹操。其任典军校尉时,曾希望封侯作征西将军,并能于死后在墓上题写"征西将军曹侯之墓"字样。诗文中借指军府长官。韩翃《送戴迪赴凤翔幕府》:"青春带文绶,去事魏征西。"

【魏炎】 诗人。肃宗乾元前后人。《全唐诗外编》录其《历山》三首,诗题后注:"齐州城东有孤石,平地耸出,俗谓之历山。以北有泉,号舜井。东隔小街,又有石井,汲不绝,云是舜东家之井。乾元中有魏炎者,于此题诗。"

【魏郎中】 魏少游。少游曾官左司郎中、右司郎中。李白有《万愤词投魏郎中》。

【魏城】 县名。古魏置,治所在今四川绵阳县东。隋大业十年(614)移治今绵阳县东北魏城镇。元至二十年(1283)废。罗隐有《魏城逢故人》。

【魏勃】 西汉人。事齐王为中尉、将军,反吕氏有功。少时,欲求见齐相曹参,曾为曹参舍人洒扫门庭,始得舍人引见,终为齐王所用。杨巨源《送陈判官罢举赴江外》:"心期玉帐亲台位,魏勃因君说姓名。"

【魏侯】 ❶指战国魏文侯。借指当朝者。陈子昂《答韩使同在边》:"但蒙魏侯重,不受谤书诬。"❷指魏征。岑参《送魏四落第还乡》:"魏侯池馆今尚在,犹有太师歌舞台。"参见"魏四"。

【魏帝】 ❶三国魏武帝曹操。参见"魏帝縫囊"。❷指三国魏文帝曹丕。崔国辅《魏宫词》:"画眉犹未了,魏帝使人催。"王棨《咏菊》:"赠诗宜魏帝,泛酒称陶家。"罗虬《比红儿诗》之五一:"魏帝休夸薛夜来,雾绡云縠称身裁。"❸指北魏元韶。参见"魏帝婦人飾"。

【魏帝婦人飾】 魏帝,指北魏孝宣皇帝元劭之子元韶。他曾袭彭城王封号,入齐后降为县公,北齐文宣帝高洋令他穿妇人服饰随从自己。李华《杂诗六首》之二:"齐侯好紫衣,魏帝妇人饰。"

【魏帝縫囊】 三国吴步骘上表言,北军部众多作布囊,欲以盛沙塞江,以断塞江水,进攻荆州,望有所防备。其后孙权对人说:"每读步骘表,辄失笑,此江与开辟俱生,宁有可以沙囊塞埋也。"杜牧《西江怀古》:"魏帝缝囊真戏剧,苻坚投箠更荒唐。"

【魏宫】 三国魏皇宫。刘禹锡《蜀先主庙》:"凄凉蜀故妓,来舞魏宫前。"马戴《雀台怨》:"魏宫歌舞地,蝶戏鸟还鸣。"

【魏宫妝奩】 典出《世说新语·巧艺》:"弹棋始自魏宫内,用妆奁戏。"后以魏宫妆奁指弹棋。柳宗元《龟背戏》:"修门象棋不复贵,魏宫妆奁世所弃。"

【魏宫銅盤】 魏明帝曹叡承露盘。以铜制成。三国魏曹植《承露盘铭》序:"帝乃诏有司铸铜建承露盘,在芳林园中,茎长十二丈,大十围……自立于芳林园,甘露乃降。"岑参《尹相公京兆府中棠树降甘露诗》:"魏宫铜盘贮,汉帝金掌持。"

【魏郡】 郡名。西汉高帝十二年(前195)置,治所在邺县(今河北临漳西南邺镇)。北周大象二年(580)移治安阳县(今河南安阳市)。隋开皇初废,大业初复置。唐武德初改名相州。王维有《送魏郡李太守赴任》,李白有《魏郡别苏明府因北游》,高适有《送虞城刘明府谒魏郡苗太守》。贾岛《黎阳寄姚合》:"魏都城里曾游熟,才子斋中止泊多。"

【魏姝】 战国时魏国美人。楚王夫人郑袖妒魏王遗楚王的美人受宠,教她掩鼻。又对楚王说,美人厌楚王之臭。使美人被劓。李白《惧谗》:"魏姝信郑袖,掩袂对怀王。"

【魏珪】 处士,字玉,与李群玉相友善。李群玉有《魏珪觐省》和《赠魏三十七》。

【魏都】 三国魏都城洛阳。李百药《赋得魏都》。

【魏校書】 (校 jiào)疑为魏叔虬弟魏季龙。岑参有《送魏升卿擢第归东都因怀魏校书陆浑乔潭》。诗云:"将军金印亸紫绶,御史铁冠重绣衣。"将军谓孟驯、御史谓仲犀,故疑魏校书为魏季龙。

【魏師】 战国魏国的军队。李绅《拜宣武军节度使》："星应魏师新鼓角，地嫌梁苑旧池台。"

【魏晉】 三国魏和晋代之合称。贾至《燕歌行》："萧条魏晋为横流，鲜卑窃据朝五州。"卢仝《感古四首》之一："秦汉事谗巧，魏晋忘机钩。"

【魏豹俘】 指薄姬。魏豹，战国时魏国贵族。杜牧《杜秋娘诗》："织室魏豹俘，作汉太平基。"

【魏兼恕】 诗人。玄宗时人。《全唐诗》卷七七六录其《送张兵曹赴营田》。

【魏家公子】 指三国魏曹植。罗虬《比红儿诗》之十四："拔得芙蓉出水新，魏家公子信才人。"

【魏國】 ❶战国时魏国。战国七雄之一。韩翃《送李湜下第归卫州便游河北》："高谭魏国访先生，修刺平原过内史。"胡曾《咏史诗・夷门》："六龙冉冉骤朝昏，魏国贤才杳不存。"周昙《咏史诗・春秋战国门・公叔》："吴起南奔魏国荒，必听公叔失贤良。"亦指魏地。今山西、河北一带。许棠《送杜仓曹往沧洲觐叔常侍》："别带秦城雨，行闻魏国蝉。"❷三国魏国。郑愔《夜游曲》："汉室欢娱盛，魏国文雅遒。"司马扎《筑台》："魏国昔强盛，宫中金玉多。"

【魏國夫人】 晋国公韩滉夫人柳氏。其女为扬於陵夫人。顾况有《晋公魏国夫人柳氏挽歌》。

【魏國山川】 见"魏國山河"。

【魏國山河】 用作赞美山川的典故。袁晖《奉和圣制答张说扈从南出雀鼠谷之作》："魏国山河险，周王警跸回。"李益《同崔邠登鹳雀楼》："汉家箫鼓空流水，魏国山河半夕阳。"亦作"魏國山川"。杨巨源《酬卢员外》："舜城风土临清庙，魏国山川在白楼。"

【魏國珍】 指战国魏惠王（即梁惠王）的照乘宝珠。杨炯《和刘长史答十九兄》："宝剑丰城气，明珠魏国珍。"

【魏理】 诗人。与颜真卿、陆羽等为同时人。曾任评事。《全唐诗》卷七八八录其与颜真卿《登岘山观李左相石尊联句》一联。

【魏深】 诗人。懿宗、僖宗时人。历任中书舍人、户部侍郎，为尚书右丞李当之从甥。《全唐诗外编》录其《奉和右丞八舅题朝阳洞》。

【魏啟心】 有文名，久视二年（701）进士。杜甫《壮游》："斯文崔魏徒，以我似班扬。"自注："崔郑州尚，魏豫州启心。"

【魏堤】 见"魏王堤"。

【魏博】 方镇名。唐广德元年（763）置，治所在魏州（今河北大名县东北）。天祐元年（904）号为天雄军。张祜有《投魏博李国三十二韵》，杨巨源有《辞魏博田尚书出境后感恩恋德因登丛台》，孟郊有《魏博田兴尚书听嫂命不立非夫人诗》。

【魏萬】 诗人。后改名炎，又改名颢，博州摄城（今山东聊城市东北）人。初隐王屋山，自号王屋山人。上元元年（760）进士及第。终官御史中丞。《全唐诗》卷二六一录其《金陵酬李翰谪仙子》。

【魏朝】 指三国魏。李峤《荷》："魏朝难接采，楚服但同披。"

【魏舒】 晋人。字元阳。诗文中常指外甥。卢纶《送从舅成都丞广归蜀》："魏舒终有泪，还识宁家衣。"张祜《送外甥》："偶作魏舒别，聊为殷浩吟。"李瀚《蒙求》："魏舒堂堂，周舍谔谔。"唐彦谦《试夜题省廊桂》："今日竞飞杨叶箭，魏舒休作画筹人。"

【魏绛】 魏庄子。春秋晋大夫。陈子昂《送魏大从军》："匈奴犹未灭，魏绛复从戎。"杜牧《夏州崔常侍自少常亚列出领麾幢十韵》："魏绛言堪采，陈汤事偶成。"薛能《送崔学士赴东川》："文翁劝学人应恋，魏绛和戎戍自休。"李商隐《今月二日不自量度辄以诗一首四十韵干渎尊严辄复五言四十韵诗献上亦诗人咏叹不足之义也》："仲尼羞问阵，魏绛喜和戎。"

【魏臺】 即镜台。上面装着镜子的梳妆台。因其始出曹魏宫中，故称。《初学记》卷二五引《魏武杂物疏》："镜台出魏宫中，有纯银参带镜台一，纯银七子贵人公主镜台四。"李峤《鉴》："明鉴拂尘埃，含情照魏台。"

【魏墟】 三国魏故都。李峤《象》："执燧奔吴战，量舟入魏墟。"

【魏僕射】 （射 yè）魏元忠。元忠于神龙间曾任尚书右仆射。张说有《和魏仆射还乡》，苏颋有《奉和魏仆射秋日还乡有怀之作》。

【魏徵】 诗人、大臣和政治家。字玄成。馆陶（今属河北）人。少时为道士。隋末投李密起义军，密败，降唐。入唐为太子洗马。太宗即位，擢为谏议大夫。贞观二年（628）任秘书监。贞观七年（633）任侍中，封郑国公。为贞观名相。《全唐诗》录其诗一卷。《全唐诗外编》录其《砥柱山铭》。

【魏廣】 扬州（今江苏扬州市）人。与卢纶、李端有交往。卢纶有《送魏广下第归扬州》，李端有《送魏广下第归扬州宁亲》，韦应物有《送槐广落第归扬州》，槐乃魏之误。

【魏齊】 战国魏相。错疑范雎通齐。范受刑后，逃到秦国，后为相，更名张禄，假秦之力，使赵王交出魏齐人头。杜牧《杜秋娘诗》："安知魏齐首，见断箦中尸。"

【魏寢】 指三国魏武帝曹操陵墓，在今河北临漳县西南邺镇。岑参《送郑少府赴滏阳》："若到铜台上，应怜魏寝荒。"

【魏璀】 诗人。天宝十三载（751）进士。《全唐诗》卷二〇四录其《湘灵鼓瑟》。

【魏賢安】 道家所称南岳真人紫虚元君魏夫人。名华存，字贤安，晋司徒魏舒之女。孟郊《列仙文·安度明》："顾见魏贤安，浊气伤汝和。"

【魏壇】 魏夫人坛。李逢吉有《魏坛二首》。

【魏謩】 诗人。字申之，贞观名相魏征五世孙。巨鹿（今属河北）人。《全唐诗》卷五六三录其《和重阳锡宴御制诗》。

【魏顆結草】 魏颗，春秋晋臣。未按父亲神志不清时嘱托要小妾陪葬而将其改嫁，其父灵魂后在魏颗与秦杜回作战时结草绊倒杜回，使魏颗获胜。为报恩之典。李瀚《蒙求》："灵辄扶轮，魏颗结草。"

【魏儲南館】 用作礼遇文士的典故。李瀚《蒙求》："魏储南馆，汉相东阁。"

【魏闕】 ❶古代宫门外两边高耸的楼观。楼观下常为悬布法令之所。亦借指朝廷。杜审言《春日怀归》："河山鉴魏阙，桑梓忆秦川。"高适《酬岑二十主簿秋夜见赠之作》："箕山别来久，魏阙谁不恋。"白居易《宿西林寺早赴东林满上人之会因寄崔二十二员外》："谪辞魏阙鹓鸾隔，老入庐山麋鹿随。"张乔《宿昭应》："薄烟通魏阙，明月照骊山。"❷谓身在江湖而心向往朝廷。刘长卿《送王员外归朝》："魏阙心常在，随君亦向秦。"韩翃《家兄自山南罢归献诗叙事》："魏阙心犹系，周才道岂捐。"

【魏證】 诗人。《全唐诗外编》录其《沃州山》诗一首。

【魏巒】 诗人。《全唐诗》卷七七八录其《登清居台》。

十　画

魑

〔chī《广韵》丑知切，平支，徹。〕鬼怪。见汉王充《论衡·订鬼》。参见"魑魅"。

【魑魅】 古代指能害人的山泽神怪。亦泛指鬼怪。宋之问《自衡阳至韶州谒能禅师》："何辞御魑魅，自可乘炎痗。"杜甫《火》："爆嵌魑魅泣，崩冻岚阴昈。"卢纶《割飞二刀子歌》："刀乎刀乎何烨烨，魑魅须藏怪须慑。"朱昼《赠友人古镜》："蛟龙犹泥蟠，魑魅幸月蚀。"

【魑魅鄉】 荒凉边远之地。白居易《会昌元年春五绝句·劝梦得酒》："谁人功画麒麟阁，何客新投魑魅乡。"陈陶《蒲门戍观海作》："欲游蟠桃国，虑涉魑魅乡。"

十一画

魔

〔mó《广韵》莫婆切，平戈，明。〕❶梵文音译略称。佛教用以视一切扰乱身心、破坏善行者和一切有碍修行的心理活动为"魔"。岑参《登千福寺楚金禅师法华院多宝塔》："悉窣神绕护，众魔不敢窥。"耿沣《赠隐公》："暮年聊化俗，初地即摧魔。"白居易《和梦游春诗一百韵》："障要智灯烧，魔须慧刀戮。"杜荀鹤《和刘评事送海禅和归山》："伏魔宁是兽，巢顶亦非禽。"❷恶鬼，妖魔。李商隐《戊辰会静中出贻同志二十韵》："金铃摄群魔，绛节何兟兟。"参见"魔邪""魔物"。❸指迷恋某种事物的人。亦指使人迷恋的某种事物。白居易《醉吟二首》之二："酒狂又引诗魔发，日午悲吟到日西。"姚合《罢武功县将入城》之二："野客相逢添酒病，春山暂上着诗魔。"许棠《冬杪归陵阳别业五首》之三："学剑虽无术，吟诗似有魔。"❹入迷，使入迷。贯休《寄赤松舒道士二首》之二："余亦如君也，诗魔不敢魔。"

【魔力】 神奇的力量。牛僧孺《李苏州遗太湖石因题二十韵奉呈梦得乐天》："旺兴添魔力，消烦破宿酲。"

【魔女】 仙女，神女。元稹《和友封题开善寺十韵》："藏经沾雨烂，魔女捧花娇。"白居易《偶于维扬牛相公处觅得筝走笔戏答》："会教魔女弄，不动是禅心。"

【魔王】 魔界之王，鬼之首领。佛教用以称欲界第六天他自在天之主波旬。后亦泛称恶鬼之王。贯休《题弘顗三藏院》："初听喉音宝楼阁，如闻魔王宫殿拉金瓦落。"齐己《赠持法华经僧》："魔王轮幢自摧折，何况更如理行如理说。"

【魔天】 魔道的天界。段成式《游长安诸寺联句·平康坊菩萨寺·书事联句》："佛日初开照，魔天破几层。"

【魔邪】 妖孽。薛能《送人归上党》："若到长平战场地，为求遗镞辟魔邪。"

【魔物】 鬼怪。白居易《奉酬淮南牛相公思黯见寄二十四韵》："远讯惊魔物，深情寄酒钱。"

【魔界】 恶魔统治的世界。齐己《赠智满三藏》："金杵力摧魔界黑，水精光透夜灯红。"

十四画

魘

〔yǎn《广韵》於琰切，上琰，影。又於葉切，入葉，影。〕做噩梦，发生梦魇。姚合《书县丞旧厅》："古厅眠易魇，老吏语多虚。"罗隐《秋居有寄》:“魇处千般鬼,寒时百种风。”吴融《个人三十韵》:“炷香龙荐脑,辟魇虎输精。”

【魇夢】 噩梦。陈陶《赠别离》:“山妖水魅骑旋风,魇梦啮魂黄瘴中。”

魚 部

魚〔yú《广韵》語居切，平魚，疑。〕❶生活在水中的脊椎动物，体温随外界温度变化而变化，体型多呈侧扁状，有鳞和鳍，用鳃呼吸。种类繁多，大部分可供食用，为人类主要食材。杜甫《潼关吏》："哀哉桃林战，百万化为鱼。"白居易《和李澧州题韦开州经藏诗》："观指非知月，忘筌是得鱼。"李郢《南池》："日出两竿鱼正食，一家欢笑在南池。"翁承赞《寄舍弟承裕员外》："长江月上鱼翻鬣，荒圃人稀獭印蹄。"❷指鱼袋。古代官吏的佩物。杜甫《复愁十二首》之十二："莫看江总老，犹被赏时鱼。"自注："银鱼也。"张祜《雁门太守行》："鱼金虎竹天上来，雁门山边骨成灰。"❸书信。杜甫《酬韦韶州见寄》："虽无南去雁，看取北来鱼。"参见"魚雁"。❹蠹鱼。衣服和书籍中的蛀虫。常衮《晚秋集贤院即事寄徐薛二侍郎》："墨润冰文茧，香销蠹字鱼。"姚合《武功县中作三十首》之二三："扫舍惊巢燕，寻方落壁鱼。"❺木鱼。见"魚梵"。❻姓。唐诗人有鱼玄机、鱼又玄。

【魚又玄】 九华山道士。华阳(今四川成都)人。善草书。大顺元年(890)二月，作诗题柳公权书《度人经》后。《全唐诗》卷八五五录其《题柳公权书度人经后》，诗题后注："一作虞有贤，题云《送卧云道士》。"

【魚口】 鱼嘴。韩愈、孟郊《城南联句》："鱼口星浮没，马毛锦斑骍。"

【魚山】 山名。在今山东阿县西。王维有《鱼山神女祠歌》。萧至忠《荐福寺应制》："香塔鱼山下，禅堂雁水滨。"刘禹锡《夔州窦员外使君见示悼妓诗顾余尝识之因命同作》："寂寞鱼山青草里，何人更立智琼祠。"李商隐《奉寄安国大师兼简子蒙》："鱼山羡曹植，眷属有文星。"

【魚山神女】 指成公智琼。古代神话中的仙女。曾夜降弦超家，与之结为夫妇。王维有《鱼山神女祠歌》。

【魚子】 ❶鱼卵。皮日休《奉和鲁望渔具十五咏·种鱼》："移土湖岸边，一半和鱼子。"又《夏景无事因怀章来二上人二首》之一："水花移得和鱼子，山蕨收时带竹胎。"❷鱼子笺。古代一种布目纸，产于蜀地。吴融《倒次元韵》："鱼子封笺短，蝇头学字真。"❸鱼子缬。段成式《戏高侍御七首》之五："厌裁鱼子深红缬，泥觅蜻蜓浅碧绫。"❹渔人。李德裕《思平泉树石杂咏一十首·泛池舟》："未得同鱼子，菱歌共扣舷。"

【魚子纈】 绢织物名。段成式《嘲飞卿七首》之二："醉袂几侵鱼子缬，飘缨长罥凤皇钗。"

【魚水】 ❶喻君臣相得。李白《君道曲》："小白鸿翼于夷吾，刘葛鱼水本无二。"岑参《先主武侯庙》："感通君臣分，义激鱼水契。"杜甫《别蔡十四著作》："稍令社稷安，自契鱼水亲。"窦常《酬舍弟牟秋日洛阳官舍寄怀十韵》："在朝鱼水分，多病雪霜居。"❷喻夫妻恩爱和谐。喻夫妻之爱。❸泛喻关系亲密无间。孟郊《与二三友秋宵会话清上人院》之二："但嘉鱼水合，莫令云雨乖。"

【魚公】 李益有《从军有苦乐行》，自注："时从司空鱼公北征。"校："鱼一作冀。"作冀是。冀公，崔宁。曾官司空，为三公之一，又封冀国公。

【魚文】 ❶鱼形花纹。刘禹锡《代靖安佳人怨二首》之一："宝马鸣珂踏晓尘，鱼文七首犯车茵。"❷指箭袋。骆宾王《艳情代郭氏答卢照邻》："流风回雪傥便娟，骥子鱼文实可怜。"

【魚目】 ❶鱼的眼珠子。鱼目似珠而非珠，后因作自谦非类之语。也用作咏珠之典。耿沣《省试骊珠诗》："龙鳞今不逆，鱼目也应殊。"王铤《登越王楼见乔公诗偶题》："谬将蹇步录高躅，鱼目骊珠岂继明。"白居易《昨以拙诗十首寄西川杜相公用伸答谢》："篇数虽同光价异，十鱼目换十骊珠。"段成式《和周繇见嘲》："才甘鱼目并，艺怯马蹄间。"❷眼泪。李贺《题归梦》："劳劳一寸心，灯花照鱼目。"

【魚甲】 用鲨鱼皮制成的铠甲。鲍溶《和淮南李相公夷简喜平淄青回军之作》："天际兽旗摇火焰，日前鱼甲动金文。"

【魚印】 即鱼符。刘得仁《送姚合郎中任杭州》："候吏赍鱼印，迎船载旆旌。"

【魚皮】 鱼的皮。古人或用以制衣饰、车饰等。韩翃《送巴州杨使君》："前驱锦带鱼皮鞮，侧佩金璋虎头绶。"

【魚市】 卖鱼的市场。方干《越中言事二首》之二："沙边贾客喧鱼市，岛上潜夫醉笋庄。"罗邺《南行》："鱼市酒村相识遍，短船歌月醉方归。"

【魚玄機】 唐女诗人。字幼微，一字蕙兰，长安

(今陕西西安)人。性聪慧,富才思。初为补阙李亿妾,后为女道士。因妒杀女婢绿翘被处死。《全唐诗》录其诗一卷,近五十首。

【魚因感姜出】 歌咏孝道之典。李商隐《过姚孝子庐偶书》:"鱼因感姜出,鹤为吊陶来。"

【魚肉】 鱼和肉,泛指荤腥之食。寒山《诗三百三首》之七四:"背后噇鱼肉,人前念佛陀。"白居易《春日闲居三首》之一:"庖童馈鱼肉,饥来恣餐歠。"又《夏日闲放》:"午餐何所有,鱼肉一两味。"

【魚舟】 捕鱼的船。元结《宿丹崖翁宅》:"吾将求退与翁游,学翁歌醉在鱼舟。"皮日休《夜会问答十》之八:"有时日暮碧将合,还被鱼舟来触分。"李频《江上送从兄群玉校书东游》:"眠波听戍鼓,饭浦约鱼舟。"韦庄《赠云阳裴明府》:"归来能作烟波伴,我有鱼舟在五溪。"

【魚車】 钓车。一种钓具。上有轮子缠络钓丝,既可放远,亦可迅速收回。谭用之《寄左先辈》:"翩翾蛮榼薰晴浦,毂辘鱼车响夜船。"

【魚尾】 鱼的尾巴。白居易《江州赴忠州至江陵已来舟中示舍弟五十韵》:"乌头因感白,鱼尾为劳赪。"又《南池早春有怀》:"簁簁鱼尾掉,瞥瞥鹅毛换。"温庭筠《罩鱼歌》:"鱼尾迸圆波,千珠落湘藕。"杜牧《即事》:"萧条井邑如鱼尾,早晚干戈识虎皮。"

【魚具】 捕鱼或钓鱼的工具。皮日休《添鱼具诗》序:"天随子为鱼具诗十五首以遗予,凡有亹已来,术之与器,莫不尽于是也。"

【魚服】 ❶用鱼皮制成的箭袋。服,通"箙"。李绅《奉酬乐天立秋夕有怀见寄》:"龙泉白玉首,鱼服黄金装。"❷鱼的形状。指不测之冤。李白《流夜郎半道承恩放还兼欣克复之美书怀示息秀才》:"黄口为人罗,白龙乃鱼服。"温庭筠《病中书怀呈友人》:"蛇予犹转战,鱼服自囚拘。"

【魚兒】 鱼。杜甫《水槛遣心二首》之一:"细雨鱼儿出,微风燕子斜。"杜牧《鹭鸶》:"雪衣雪发青玉觜,群捕鱼儿溪影中。"李商隐《拟意》:"鱼儿悬宝剑,燕子合金瓯。"皮日休《习池晨起》:"荧叶深深埋钓艇,鱼儿漾漾逐流杯。"

【魚沫】 鱼口中所吐出的水沫。李贺《古悠悠行》:"海沙变成石,鱼沫吹秦桥。"

【魚牀】 编竹木如床,置水中,上放鱼饵,供鱼栖息。王勃《春日还郊》:"鱼床侵岸水,鸟路入山烟。"

【魚冑】 用鲨鱼皮制成的铠甲。李绅《到宣武三十韵》:"虎符三校列,鱼胄万夫迎。"

【魚竿】 钓竿。杜甫《奉寄别马巴州》:"独把鱼竿终远去,难随鸟翼一相过。"白居易《家园三绝》之一:"何似家池通小院,卧房阶下插鱼竿。"许浑《村舍二首》之二:"山径晓云收猎网,水门凉月挂鱼竿。"方干《路支使小池》:"主人垂钓常来此,虽把鱼竿醉未醒。"

【魚客】 渔人,以捕鱼为业者。吴融《和韩致光侍郎无题三首十四韵》之二:"獭髓求鱼客,鲛绡托海人。"

【魚扃】 鱼形之锁。李绅《杭州天竺灵隐二寺诗二首》之二:"鱼扃昼锁龙宫宝,雁塔高摩欲界金。"

【魚軒】 ❶古代贵族妇女所乘的车子。以鱼皮为饰。王维《故南阳夫人樊氏挽歌》:"锦衣余翟茀,绣毂罢鱼轩。"岑参《西河郡太原守张夫人挽歌》:"鹊印庆仍传,鱼轩宠莫先。"顾况《晋公魏国夫人柳氏挽歌》:"鱼轩海上遥,鸾影月中销。"权德舆《县君赴兴庆宫朝贺载之奉行册礼因书即事》:"相期偕老宜家处,鹤发鱼轩更可怜。"❷代称夫人。钱弘俶《感降内夫人赐家室药物金器》:"鱼轩相逐拜龙轩,圣主俄推望外恩。"

【魚砧】 切鱼用的砧板。卢延让《怀江上》(句):"饿猫临鼠穴,馋犬舐鱼砧。"

【魚罟】 鱼网。刘禹锡《龙阳县歌》:"县门白日无尘土,百姓县前挽鱼罟。"

【魚浦】 水边产鱼之地,渔场。李嘉祐《送从弟永任饶州录事参军》:"一官万里向千溪,水宿山行鱼浦西。"韩翃《送王少府归杭州》:"早晚重过鱼浦宿,遥怜佳句箧中新。"王鼎《鸂鶒》:"浦洲日暖依花立,渔浦烟深贴浪飞。"

【魚海】 湖泽名。又名鱼海子。古代亦称休屠泽、白亭海。在今内蒙古阿拉善右旗境。岑参《献封大夫破播仙凯歌六首》之四:"洗兵鱼海云迎阵,秣马龙堆月照营。"

【魚菽】 鱼和豆。鱼和豆是通常食品,故用以指较为贫穷的生活。权德舆《丙寅岁苦贫戏题》:"粗令有鱼菽,岂复求轻肥。"

【魚梵】 谓敲木鱼和诵经之声。严维《宿法华寺》:"鱼梵空山静,纱灯古殿深。"

【魚麥】 谓耕钓。元结《贼退示官吏》:"将家就鱼麦,归老江湖边。"

【魚眼】 ❶鱼的眼睛。王维《送秘书晁监还日本国》:"鳌身映天黑,鱼眼射波红。"❷指水烧开时冒出的鱼眼状的水泡。用以形容水沸滚的程度。白居易《谢李六郎中寄新蜀茶》:"汤添勺水煎鱼眼,末下刀圭搅曲尘。"

【魚唱】 渔家的歌唱声。修睦《宿岳阳开元寺》:"风逆沉鱼唱,松疏露鹤身。"

【魚國】 产鱼之地。司空曙《送夔州班使君》:"鱼国巴庸路,麾幢汉守过。"

【魚笛】　渔人吹的笛声。杜牧《登九峰楼》："牛歌鱼笛山月上，鹭渚鹜梁溪日斜。"

【魚符】　隋唐朝廷颁发的符信，雕木或铸铜为鱼形，刻书其上，剖而分执之，以备符合为凭信，称为鱼符或鱼契。隋开皇九年(589)，始颁木鱼符于总管刺史，雌雄各一。唐用铜鱼符，所以起军族、易官长；又有随身鱼符，以金、银、铜为之，分别给亲王及五品以上官员，所以明贵贱、应征诏。张籍《同将作韦二少监赠水部李郎中》："旧年同是水曹郎，各罢鱼符自楚乡。"孟郊《寄洺州李大夫》："鹳阵常先罢，鱼符最晚分。"杜牧《道一大尹存之庭美二学士皆与舍弟昔年还往因成长句四韵呈上三君子》："若念西河旧交友，鱼符应许出函关。"陆龟蒙《送董少卿游茅山》："将随羽节朝珠阙，曾佩鱼符管赤城。"

【魚笱】　一种鱼具。编成竹篓，篓口有向内翻的竹片，鱼入篓即不易出。杜甫《秋日夔府咏怀奉寄郑监李宾客一百韵》："儿去看鱼笱，人来坐马鞯。"白居易《久雨闲闷对酒偶吟》："鹭临池立窥鱼笱，隼傍林飞拂雀罗。"丘为《伤河龛老人》："土龛门前一行柳，独引青丝织鱼笱。"皮日休《初冬偶作寄南阳润卿》："迎潮预遣收鱼笱，防雪先教盖鹤笼。"

【魚釣】　钓鱼。亦借指隐居生涯。岑参《至大梁却寄匡城主人》："一从弃鱼钓，十载干明王。"

【魚得自忘筌】　捕得了鱼就忘了捕鱼用的鱼筌。喻成功后就忘记了赖以成功的事物、条件。刘知几《读汉书作》："鱼得自忘筌，鸟尽必藏弓。"

【魚鳥】　鱼和鸟。常泛指隐逸之景物。岑参《巩北秋兴寄崔明允》："所适在鱼鸟，焉能徇锥刀。"皇甫冉《送李万州赴饶州觐省》："举目亲鱼鸟，惊心怯鼓鼙。"李绅《新楼诗二十首・水寺》："坐看鱼鸟沉浮远，静见楼台上下同。"李群玉《将之京国赠薛员外》："翻然羡鱼鸟，畅矣山川游。"

【魚鳥趣】　指与鱼鸟周旋的乐趣。岑参《林卧》："偶得鱼鸟趣，复兹水木凉。"

【魚鳥情】　与鱼鸟的情感。林宽《朱坡》："渐觉溪山秀，更高鱼鸟情。"陆龟蒙《村夜二篇》之一："只会鱼鸟情，讵知时俗性。"

【魚魚雅雅】　威仪整肃貌。雅，通"鸦"。鱼游成贯，鸦飞成阵，皆整齐有序，故称。韩愈《元和圣德诗》："驾龙十二，鱼鱼雅雅。"

【魚船】　捕鱼的船。姚合《赠常州院僧》："仍闻开讲日，湖上少鱼船。"

【魚庵】　为捕鱼而搭盖的茅房。皮日休有《添鱼具诗・鱼庵》。

【魚章】　即鱼符。白居易《郡斋暇日忆庐山草堂三十韵》："忽蒙颁凤诏，兼谢剖鱼章。"

【魚商】　渔人和商人。杜甫《入衡州》："萧条向水陆，汩没随鱼商。"

【魚梁】　❶拦截水流以捕鱼的设施。用土石横截水流，留缺口，以笱承之，鱼随水流入笱中，不得复出。杜甫《绝句四首》之二："欲作鱼梁云复湍，因惊四月雨声寒。"皇甫冉《送陆鸿渐赴越》序："远墅孤岛，通舟必行，鱼梁钓矶，随意而往。"陆龟蒙《和袭美钓侣二章》之二："雨后沙虚古岸崩，鱼梁移入乱云层。"皮日休《太湖诗・明月弯》："晓培橘栽去，暮作鱼梁还。"❷鱼梁洲。在湖北沔水中。孟浩然《与诸子登岘山》："水落鱼梁浅，天寒梦泽深。"❸地名。当在今安徽贵池市境。李白《秋浦歌十七首》之十一："逻人横鸟道，江祖出鱼梁。"

【魚書】　❶指书信。《乐府诗集・相和歌辞十三・饮马长城窟行之一》："客从远方来，遗我双鲤鱼。"韦皋《忆玉箫》："长江不见鱼书至，为遣相思梦入秦。"刘禹锡《洛中送崔司业使君扶侍赴唐州》："洛苑鱼书至，江村雁户归。"贯休《送王毂及第后归江西》："王府如交辟，鱼书莫便稀。"❷古代朝廷任用州郡长官时所颁的鱼符和敕书。卢纶《送抚州周使君》："周郎三十余，天子赐鱼书。"刘禹锡《赴苏州酬别乐天》："吴郡鱼书下紫宸，长安厩吏送朱轮。"白居易《长庆二年七月自中书舍人出守杭州路次蓝溪作》："凤诏停舍人，鱼书除刺史。"李群玉《哭郴州王使君》："银章朱绂照云骢，六换鱼书惠化崇。"

【魚婢】　指螃鲏鱼。《尔雅・释鱼》："鳑鲏，鳜鳎。"鳑鲏，鳜鳎，即螃鲏鱼，一种似鲫而小、肚子很大的小鱼。亦泛称小鱼。张祜《所居即事六首》之六："赖得木奴些子力，生憎鱼婢苦顽痴。"

【魚貫】　游鱼接续行进。喻人或事物一个接着一个依序行进或进行。陈子良《赞德上越国公杨素》："雁行蔽虏甸，鱼贯出长城。"白居易《开龙门八节石滩诗二首》之一："竹篙桂楫飞如箭，百筏千艘鱼贯来。"李播《见志》："门前债主雁行立，屋里醉人鱼贯眠。"南唐后主李煜《木兰花》词："晓妆初了明肌雪，春殿嫔娥鱼贯列。"

【魚隊】　鱼群，鱼阵。陆龟蒙《江南秋怀寄华阳山人》："鸟行沉莽碧，鱼队破泓澄。"郑启《严塘经乱书事》之二："鲲为鱼队潜鳞困，鹤处鸡群病翅低。"

【魚雁】　鱼和雁。《乐府诗集・相和歌辞十三・饮马长城窟行之一》："呼儿烹鲤鱼，中有尺素书。"代称书信，或作为有关书信的典故。程洛宾《归李江州后寄别王氏》："鱼雁回时写报音，难凭剉蘖数年心。"

【魚筌】　即鱼笱。陆龟蒙《奉和袭美太湖诗二十首・崦里》："处处倚蚕箔，家家下鱼筌。"

【魚𦩎】　见“魚箋”。

【魚復】　古县名。秦置，治所即今四川奉节县东白帝。唐为奉节县，属夔州。杜甫《引水》：“云安酤水奴仆悲，鱼復移居心力省。”又《奉寄李十五秘书二首》之一：“暂留鱼復浦，同过楚王台。”又《入宅三首》之二：“水生鱼復浦，云暖麝香山。”

【魚須】　见“魚鬚”。

【魚艇】　捕鱼的船。岑参《六月三十日水亭送华阴王少府还县》：“荷叶藏鱼艇，藤花罥客簪。”杜甫《渼陂西南台》：“仿像识鲛人，空蒙辨鱼艇。”杜甫《书事》：“失计抛鱼艇，何门化涸鳞。”刘兼《梦归故园》之二：“宦情率尔拖鱼艇，客恨依然在燕梁。”

【魚遊沸鼎】　喻处境岌岌可危。李商隐《行次昭应县道上送户部李郎中充昭义攻讨》：“鱼遊沸鼎知无日，鸟覆危巢岂待风。”

【魚犀】　即水犀。犀牛的一种，因其生活在水中，故名。亦指用犀牛角制成的饰物。韩偓《咏浴》：“再整鱼犀拢翠簪，解衣先觉冷森森。”和凝《宫词百首》之十七：“鱼犀月掌夜通头，自着盘莺锦臂鞲。”

【魚腸】　❶指书信。李峤《素》：“鱼肠远方至，寸心凭雁足。”参见“魚書”。❷古宝剑名。郑锡《度关山》：“象弭插文犀，鱼肠莹鹋鹈。”李贺《马诗二十三首》之二十：“重围如燕尾，宝剑似鱼肠。”又《送秦光禄北征》：“虎鞟先蒙马，鱼肠且断犀。”罗隐《秋日怀贾随进士》：“晓匣鱼肠冷，春园鸭掌肥。”

【魚腸雁足】　借指书信。李绅《逾岭峤止荒陬抵高要》：“鱼肠雁足望缄封，地远三江岭万重。”参见“魚書”。

【魚腹】　❶鱼的腹腔。代指书信。李绅《忆过润州》：“帛书投笔封鱼腹，玄发冲冠捋虎须。”刘驾《反贾客乐》：“行舟触风浪，尽入鱼腹去。”❷战国楚诗人屈原，投身汨罗江，葬身鱼腹。《楚辞·渔父》借鱼腹咏叹其事。胡曾《咏史诗·汨罗》：“自向波间葬鱼腹，楚人徒倚济川舟。”❸即鱼復。古县名。治所即今四川奉节县东白帝。杨炯《广溪峡》：“山路绕羊肠，江城镇鱼腹。”

【魚跳介象鱠】　晋葛洪《神仙传》卷九载，吴主与介象共论脍鱼何者最美，介象云鲻鱼脍为上。吴主谓此鱼出海中难得，介象令人于殿中作方坎，汲水满之，介象垂纶于坎，果得鲻鱼。诗人咏其事。罗隐《圣真观刘真师院十韵》：“鱼跳介象鲙，饭吐葛玄蜂。”

【魚鉤】　钓鱼的钩子。李峤《刘侍读见和山邸十篇重申此赠》：“雉翳分场合，鱼钩向浦沉。”李商隐《异俗二首》之一：“虎箭侵肤毒，鱼钩刺骨铦。”温庭筠《寄裴生乞钓钩》：“今日太湖风色好，却将诗句乞鱼钩。”亦指帘钩。路德延《小儿诗》：“帘拂鱼钩动，筝推雁柱偏。”

【魚鳧】　传说中古蜀国的国王。李白《蜀道难》：“蚕从及鱼凫，开国何茫然。”

【魚禍】　鱼所遭受的祸害。皮日休《奉和鲁望秋日遣怀次韵》：“鸿灾因足警，鱼祸为稀潜。”

【魚鰕】　鱼和虾。亦泛称鱼类水产。白居易《臼口阻风十日》：“鱼虾遇雨腥盈鼻，蚊蚋和烟痒满身。”杨牢《赠舍弟》：“早驱风雨知龙圣，饿食鱼虾觉虎羞。”李群玉《洞庭干二首》之二：“八月还平在，鱼虾不用愁。”陆龟蒙《奉和袭美所居首夏水木尤清适然有作次韵》：“亦以鱼虾供熟鹭，近缘樱笋识邻翁。”

【魚箋】　亦作“魚𦩎”。❶鱼子笺的简称。参见“魚子❷”。王维《送李员外贤郎》：“鱼𦩎请诗赋，橦布作衣裳。”窦冀《怀素上人草书歌》：“鱼𦩎绢素岂不贵，只嫌局促儿童戏。”羊士谔《寄江陵韩少尹》：“蜀国鱼笺数行字，忆君秋梦过南塘。”和凝《何满子》词之二：“写得鱼笺无限，其如花锁春晖。”

【魚餌】　钓鱼用的鱼食。皮日休《奉和鲁望渔具十五咏·舴艋》：“低篷挂钓车，枯蚌盛鱼饵。”

【魚寨】　即鱼簖。插在水里的竹栅栏以阻挡鱼类，以便捕捉。陆龟蒙《自和次前韵》：“鸟媒呈不一，鱼寨下仍重。”

【魚網】　❶捕鱼的网。杜甫《舟中》：“结缆排鱼网，连樯并米船。”李嘉祐《白田西忆楚州使君弟》：“鱼网平铺荷叶，鹭鸶闲步稻苗。”陆龟蒙《孤雁》：“虽蒙小雅咏，未脱鱼网患。”郑谷《旅寓洛南村舍》：“白鸟窥鱼网，青帘认酒家。”❷代称纸。吴融《和韩致光侍郎无题三首十四韵》之三：“鱼网裁书数，鹍弦上曲新。”又《个人三十韵》：“鱼网徐徐襞，螺卮浅浅倾。”

【魚標】　禁止捕鱼的木牌。李商隐《赠从兄阆之》：“荻花村里鱼标在，石藓庭中鹿迹微。”

【魚骼】　鱼的骨骼。陆龟蒙《奉和袭美赠魏处士五贶诗·诃陵尊》：“鱼骼匠成尊，犹残海浪痕。”

【魚魯】　谓字讹误。将鱼字误写为鲁字。王起《和李校书雨中自秘省见访知早入朝便入集贤不遇诗》：“忆昨谬官在乌府，喜君对门讨鱼鲁。”元稹《酬翰林白学士代书一百韵》：“鱼鲁非难识，铅黄自懒持。”

【魚潭】　产鱼的水潭。张九龄《龙门旬宴得月字韵》：“中席傍鱼潭，前山倚龙阙。”李谅《湘中纪行》：“古木暗鱼潭，阴云起龙窟。”

【魚樂】　本谓鱼游水中，逍遥自得。典出《庄子》。后用作咏闲适之游的典实。杜甫《白露》：“凭几看鱼乐，回鞭急鸟栖。”柳宗元《游南亭夜还叙志七十韵》：“鹿鸣验食野，鱼乐知观濠。”白居易《池上寓兴二绝》之一：“獭捕鱼来鱼跃出，此非鱼乐是鱼惊。”丘为《伤河龛老人》：“水流不为人流去，鱼乐宁知人乐时。”

【魚緘】 指书信。杨发《东斋夜宴酬绍之起居见赠》:“十年江海鱼缄尽,一夜笙歌风吹频。”

【魚頭生】 汉时传说,益州邛都县有灵蛇报复县令,一夜之间使全县化为湖泊,百姓头部生鱼。后遂以“鱼头生”作为咏水灾的典实。韩愈《月蚀诗效玉川子作》:“尧呼大水浸十日,不惜万国赤子鱼头生。”

【魚器】 渔具。皮日休《酒中十咏·酒篘》:“翠篾初织来,或如古鱼器。”陆龟蒙《袭美见题郊居十首因次韵酬之以伸荣谢》之六:“水影沉鱼器,邻声动纬车。”

【魚鮓】 腌鱼。白居易《桥亭卯饮》:“就荷叶上包鱼鲊,当石渠中浸酒瓶。”

【魚龍】 ❶鱼和龙。亦泛指鳞介水族。张若虚《春江花月夜》:“鸿雁长飞光不度,鱼龙潜跃水成文。”窦庠《于阗钟歌送灵彻上人归越》:“精气激射声冲瀜,护持海底诸鱼龙。”孟郊《石淙》之四:“鱼龙气不腥,潭洞状更妍。”罗隐《中元夜泊淮口》:“秋凉雾露侵灯下,夜静鱼龙逼岸行。”❷指古代百戏杂耍中能变幻为鱼和龙的猞猁模型。亦为该项百戏杂耍名。中国传统幻术的重要节目。韦元旦《奉和人日宴大明宫恩赐彩缕人胜应制》:“鸾凤旌旗拂晓陈,鱼龙角觝大明辰。”元稹《代曲江老人百韵》:“鱼龙华外戏,歌舞洛中嫔。”李商隐《谢往桂林至彤庭窃咏》:“鱼龙排百戏,剑佩俨千官。”❸为“魚龍混雜”之省称。谓好人坏人不分。李咸用《酬进士秦颙若》:“何劳怅望风雷便,且混鱼龙黩武年。”❹指鱼龙灯。武元衡《德宗皇帝挽歌词三首》之三:“松柏韵幽音,鱼龙焰寒烛。”❺喻遒劲飞动的书法作品。温庭筠《感旧陈情五十韵献淮南李仆射》:“雷电随神笔,鱼龙落彩笺。”❻水名。即鱼龙川。杜甫《秦州杂诗二十首》之一:“水落鱼龙夜,山空鸟鼠秋。”参见“魚龍川”。

【魚龍川】 即龙鱼川,汧水的一段。在今陕西陇西。岑参《与独孤渐道别长句兼呈严八侍御》:“鱼龙川北盘溪雨,鸟鼠山西洮水云。”

【魚龍百戲】 泛指各种乐舞、杂技、杂耍。崔国辅《奉和圣制上巳祓禊应制》:“鹓鹭千官列,鱼龙百戏浮。”张说《侍宴隆庆池应制》:“鱼龙百戏纷容与,凫鹢双舟较溯洄。”亦作“魚龍雜戲”。陈子昂《洛城观酺应制》:“云凤休征满,鱼龙杂戏来。”亦省称“魚龍戲”。李商隐《宫妓》:“不须看尽鱼龙戏,终遣君王怒偃师。”

【魚龍波】 鱼和龙在深水里跃动所激起的波纹。孟郊《送任载齐古二秀才自洞庭游宣城》:“鱼龙波五色,金碧树千丛。”

【魚龍混雜】 鱼和龙混在一起。喻好的和坏的混在一起。无名氏《渔父词》之十四:“风搅长空浪搅风,鱼龙混杂一川中。”

【魚龍窟】 鱼和龙所居之洞穴。李华《寄赵七侍御》:“九潭鱼龙窟,仙成羽人宫。”王元《君山》:“翠压鱼龙窟,寒堆波浪心。”

【魚龍爵馬】 鱼龙,古代百戏杂耍节目;爵马,古代角斗性质的杂耍。二者连用,泛指各种娱乐活动和赏玩之物。韦庄《杂感》:“鱼龙爵马皆如梦,风月烟花岂有情。”

【魚龍雜戲】 见“魚龍百戲”。

【魚燈】 ❶鱼烛,以鱼膏做的烛。曹邺《始皇陵下作》:“千金买鱼灯,泉下照狐兔。”❷鱼形的灯。尚颜《除夜》:“鱼灯延腊火,兽炭化春灰。”

【魚缘木】 喻方向、方法错误,而不可能达到目的。温庭筠《病中书怀呈友人》:“定为鱼缘木,曾因兔守株。”

【魚罾】 网鱼的罾网。杜甫《寄刘峡州伯华使君》:“林居看蚁穴,野食待鱼罾。”

【魚隱刀】 为咏刺客的典故。李白《结袜子》:“燕南壮士吴门豪,筑中置铅鱼隐刀。”

【魚檻】 池边栏杆。罗隐《题袁溪张逸人所居》:“鸡窗夜静开书卷,鱼槛春深展钓丝。”

【魚鎖】 鱼形的锁。鲍溶《期尽》:“鱼锁生衣门不开,玉筐金月共尘埃。”张泌《碧户》:“碧户扃鱼锁,兰窗掩镜台。”

【魚藻】 水藻。《诗·小雅》有《鱼藻》篇,为赞美周王在镐宴饮安乐之诗,故借以为典实,咏帝王宴乐。韦元旦《兴庆池侍宴应制》:“宴乐已深鱼藻咏,承恩更欲奏甘泉。”

【魚藻池】 唐故禁苑内池名。在今陕西长安县北。禁苑中有鱼藻池,池中有山,山上建宫,即鱼藻宫,在大明宫北。唐贞元十二年(796)浚此池,深一丈,十三年更淘四尺。王建《宫中三台词二首》之一:“鱼藻池边射鸭,芙蓉园里看花。”

【魚藻宫】 唐宫殿名。在唐故禁苑内,今陕西长安县北。王建《宫词一百首》之十八:“鱼藻宫中锁翠娥,先皇行处不曾过。”

【魚麗】 古代战阵名。崔湜《大漠行》:“科斗连营太原道,鱼丽合阵武威川。”驾朝《从军行》:“鱼丽阵接塞云平,雁翼营通海月明。”韩愈《喜雪献裴尚书》:“阵势鱼丽远,书文鸟篆奇。”周昙《咏史诗·春秋战国门·庄公》:“鱼丽三鼓微曹刿,肉食安能暇远谟。”

【魚鵬化】 状某种阔大的空间和壮伟的气势。李群玉《登蒲涧寺后二岩三首》之三:“遐想鱼鹏化,开襟九万风。”

【魚蟹】 鱼和蟹。泛指鳞介水产。陆龟蒙《水国诗》:“直至葭菼少,敢言鱼蟹肥。”

【魚羹】 用鱼做的糊状食物。李珣《渔歌子》词之二："水为乡，蓬作舍，鱼羹稻饭常餐也。"

【魚鰓】 鱼的呼吸器官。呈羽毛状、板状或丝状，用以吸取溶解在水中的氧气。李搏《贺裴延裕蜀中登第诗》："应笑戎藩刀笔吏，至今泥滓曝鱼鳃。"

【魚躍】 鱼跳出水面。李频《夏日过友人檀溪别业》："鹭栖依绿筱，鱼跃出清苹。"温庭筠《感旧陈情五十韵献淮南李仆射》："未知鱼跃地，空愧鹿鸣篇。"子兰《河梁晚望二首》之二："不知龙物潜何处，鱼跃蛙鸣满槛前。"

【魚鬚】 亦作"魚須"。❶鲨鱼的须。张籍《送海南客归旧岛》："竹船来桂浦，山市卖鱼须。"❷代称笏。古代大夫所用之笏以鲨鱼须为饰，故名。韦应物《答秦十四校书》："知掩山扉三十秋，鱼须翠碧弃床头。"薛能《寄唐州杨郎中》："关雎憔悴一儒生，忽把鱼鬚事圣明。"皮日休《病中书情寄上崔谏议》："马足歇从残漏外，鱼须抛在乱书中。"李昭象《赴举出山留寄山居郑参军》："肯羡鱼须美，长夸鹤氅轻。"

【魚籠】 捕鱼用的竹笼。皮日休《奉和鲁望秋日遣怀次韵》："酒甑香竹院，鱼笼挂茅檐。"

【魚鱗】 ❶鱼身上的鳞片。白居易《感春》："花房红鸟嘴，池浪碧鱼鳞。"许棠《讲德陈情上淮南李仆射八首》之五："朱门旧是登龙客，初脱鱼鳞胆尚惊。"❷借指鱼。杜牧《题吴兴消暑楼十二韵》："鸟翼舒华屋，鱼鳞棹短桡。"温庭筠《东郊行》："绿渚幽香生白蘋，差差小浪吹鱼鳞。"❸指鱼鳞云。状如鱼鳞的云。陆畅《山出云》："映松张盖影，依涧布鱼鳞。"❹指鱼龙一类的花纹。李峤《王屋山第之侧杂构小亭暇日与群公同游》："绮栋鱼鳞出，雕甍凤羽栖。"❺指水纹、波纹等。白居易《早春西湖闲游》："小桥装雁齿，轻浪甃鱼鳞。"皮日休《茶中杂咏·煮茶》："时看蟹目溅，乍见鱼鳞起。"❻鳞次，依次相接。引申为纷繁、一个接一个等义。李绅《渡西陵十六韵》："雁翼看舟子，鱼鳞辨水营。"李建勋《春日尊前示从事》："州中案牍鱼鳞密，界上军书竹节稠。"亦指栉比鳞次之物。李贺《王濬墓下作》："耕势鱼鳞起，坟科马鬣封。"❼指瓦片。庾信《温汤碑》："武汉旧陶，即用鱼鳞之瓦。"李商隐《四年冬以退居·残雪》："檐冰滴鹅管，屋瓦镂鱼鳞。"❽古代兵阵名。即鱼丽阵。亦借用为围棋用语。王绩《围棋长篇》："鱼鳞张九拒，鹤翅拥三边。"

【魚鱗刀】 刀鞘以鲨鱼皮为饰的宝刀。为王者所佩。卢仝《感古四首》之二："王者苟不死，腰下鱼鳞刀。"

【魚變】 谓鱼变化为龙。喻举业成功或地位高升。陈标《赠元和十三年登第进士》："眼看鱼变辞凡水，心逐鹏飞出瑞风。"

【魚鱉】 鱼和鳖。亦泛指鳞介水族。张九龄《咏史》："泮水虽复清，鱼鳖岂游此。"温庭筠《鸿胪寺有开元中锡宴堂偶成四十韵》："画鹢照鱼鳖，鸣驺乱鹙鸧。"冯道《放鱼书所钥户》："池中鱼鳖应相贺，从此方知有主人。"陈陶《涂山怀古》："皇图化鱼鳖，天道漂无踪。"

【魚鹽】 鱼和盐。李白《赠宣城宇文太守兼呈崔侍御》："鱼盐满市井，布帛如云烟。"耿沣《登钟山馆》："野市鱼盐隘，江村竹苇深。"白居易《东楼南望八韵》："鱼盐聚为市，烟火起成村。"温庭筠《送淮阴孙令之官》："鱼盐桥上市，灯火雨中船。"

【魚鬣】 鱼鳍。韩愈《答张彻》："鱼鬣欲脱背，虬光先照硎。"

【魚鑰】 鱼形的锁。王维《奉和圣制十五夜然灯继以酺宴应制》："鱼钥通翔凤，龙舆出建章。"李商隐《南潭上亭讌集以疾后至因而抒情》："鹢舟萦远岸，鱼钥启重关。"赵光远《题妓莱儿壁》："鱼钥兽环斜掩门，萋萋芳草忆王孙。"姚合《和裴结端公早朝》："鱼钥千门启，鸡人唱晓传。"

二　画

魛〔dāo《广韵》都牢切，平豪，端。〕刀鱼。柳宗元《游南亭夜还叙志七十韵》："弋林驱雀鷃，渔泽从鳅鲔魛。"

四　画

魯〔lǔ《广韵》郎古切，上姥，来。〕❶迟钝，笨拙，刘言史《葛巾歌》："鲁性将他类此身，还拈野物赠傍人。"参见"鲁莽""鲁鈍"。❷周代诸侯国名。故地今山东兖州东南至江苏沛县、安徽泗县一带。亦指这一地区。钱起《奉和中书常舍人晚秋集贤院即事寄徐薛二侍御》："述圣鲁宣父，通经汉仲舒。"杨巨源《送司徒童子》："卫多君子鲁多儒，七岁闻天笑舞雩。"李德裕《夏晚有怀平泉林居》："公旦既思周，宣尼亦念鲁。"李商隐《赠送前刘五经映三十四韵》："周礼仍存鲁，隋师果禅唐。"❸姓。唐诗人有鲁收、鲁三江等。

【魯人】 ❶鲁国人。刘禹锡《平齐行二首》之一："鲁人皆解带弓箭，齐人不复闻箫韶。"特指孔子。王维《济州过赵叟家宴》："道言庄叟事，儒行鲁人余。"❷愚鲁之人。司空曙《哭王注》："延陵今葬子，空使鲁人观。"刘驾《励志》："仲尼亦为土，鲁人焉敢耕。"罗隐《村桥》："莫学鲁人疑海鸟，须知庄叟恶牺牛。"

【魯人髽】 见"鲁妇髽"。

【魯三江】 诗人。事迹不详。《全唐诗外编下》

据《华岳志五艺文》录共《张超谷》。

【鲁士】 扬鲁士，检校礼部员外郎，赐绯鱼袋。白居易有《和杨六尚书喜两弟汉公转吴兴鲁士赐章服赋长句见示》。

【鲁山】 ❶县名。北周改北山县置，治所在今河南鲁山县。元德秀《归隐》："缓步巾车出鲁山，陆浑佳处恣安闲。"❷指元德秀。开元进士，曾为鲁山令，故人称"元鲁山"。权德舆《醉后戏赠苏九翛》："劝君莫问长安路，且读鲁山于蔿于。"自注："《于芀于》，德秀所为歌也。"孟郊《吊卢殷》之六："耳闻陋巷生，眼见鲁山君。"白居易《题座隅》："伯夷古贤人，鲁山亦其徒。"

【鲁王】 ❶李灵夔，高祖子。李敬玄和杨思玄均有《奉和别鲁王》。❷李道坚。李灵夔之孙。神龙初封道坚为嗣鲁王。崔国辅有《送韩十四被鲁王推递往济南府》。

【鲁元】 鲁元公主。汉高祖刘邦长女，吕后所生。岑参《感遇》："汉家鲁元君不闻，今作城西一古坟。"

【鲁中都】 孔子曾被鲁定公任命为中都邑宰。故以"鲁中都"比拟县令。权德舆《送从翁赴任长子县令》："地雄韩上党，秩比鲁中都。"

【鲁公】 ❶周公之子伯禽，曾受封为鲁公。比拟鲁境统领一方的长官。韩翃《祭岳回重赠孟都督》："鲁公秋赛毕，晓日回高驾。"❷颜真卿。真卿封鲁郡公。窦群有《中牟县经鲁公庙》。

【鲁句践】 战国时游侠。借指强横的游侠。李白《少年行二首》之一："因击鲁句践，争博勿相欺。"

【鲁史】 鲁国的历史记载。张汇《观藏冰》："鲁史曾留向，豳诗旧见称。"白居易《春雪》："我观圣人意，鲁史有其说。"张乔《送三传赴长城尉》："登科精鲁史，为尉及良时。"黄滔《书崔少府居》："鲁史蜀琴旁，陶然举一觞。"

【鲁邦】 鲁国。周代所封的诸侯国。后用以指鲁地。韩愈《奉酬天平马十二仆射暇日言怀见寄之作》："威令加徐土，儒风被鲁邦。"

【鲁衣】 儒者之服，宽衣大带。刘禹锡《浙西李大夫述梦四十韵并浙东元相公酬和斐然继声》："便知蓬阁闼，不识鲁衣褒。"

【鲁衣冠】 用作咏儒生的典故。权德舆《送山人归旧隐》："工为楚辞赋，更着鲁衣冠。"

【鲁收】 诗人。大历时人，与僧怀素、张旭有交往。《全唐诗》卷二〇四录其《怀素上人草书歌》。

【鲁邑】 指山东曲阜，孔子故里。韦表微《池州夫子庙麟台》："于昭鲁邑，栖迟孔门。"

【鲁伯禽】 为提倡礼制的典故。高适《题李别驾壁》："礼乐遥传鲁伯禽，宾客争过魏公子。"

【鲁谷】 鲁国山谷名。高适《鲁西至东平》："问津见鲁俗，怀古伤家丘。"

【鲁忠王】 武崇训。武三思第二子。卒赠鲁王，谥曰忠。宋之问有《鲁忠王挽词三首》。

【鲁郊西狩】 咏麟。李峤《麟》："汉祀应祥开，鲁郊西狩回。"

【鲁宓】 即宓子贱，春秋时鲁国人，孔子学生，为单父宰，善于任人而治。《吕氏春秋·察贤》："宓子贱治单父，援鸣琴，身不下堂而单父治。"高适《酬裴员外以诗代书》："所思在畿甸，曾是鲁宓侪。"

【鲁門】 春秋鲁国京城东门。杜甫《白凫行》："鲁门鶢鶋亦蹭蹬，闻道如今犹避风。"又《八哀诗·故著作郎贬台州司户荥阳郑公虔》："鶢鶋至鲁门，不识钟鼓飨。"

【鲁城】 即鲁郡。李白有《鲁城北郭曲腰桑下送张子还嵩阳》和《寻鲁城北范居士失道落苍耳中见范置酒摘苍耳作》。

【鲁叟】 指孔子。李白《早秋赠裴十七仲堪》："荆人泣美玉，鲁叟悲匏瓜。"

【鲁侯】 指鲁僖公。《诗·鲁颂·閟宫》序：閟宫，颂僖公能复周公之宇也。这是一首歌颂僖公能兴祖业、复疆土、建新庙的诗。柳宗元《弘农公以硕德伟材屈于诬枉左官三岁复为大僚谨献诗五十韵以毕微志》："雅歌张仲德，颂祝鲁侯昌。"

【鲁室】 指孔子宅室。李德裕《雨中自秘书省访王三侍御以诗赠之》："青编尽以汲冢来，科斗皆从鲁室至。"参见"鲁壁"。

【鲁客】 谓儒者。李咸用《送进士刘松》："滔滔皆鲁客，难得是心知。"栖白《经废宫》："鲁客望津天欲雪，朔鸿离岸苇生风。"

【鲁郡】 郡名。隋大业三年(607)改鲁州置，治所在瑕丘县(今山东兖州)。唐武德五年(602)曾名兖州，天宝、至德时改兖州为鲁郡，治所仍在瑕丘县。李白有《秋日鲁郡尧祠亭上宴别杜补阙范侍御》《鲁郡尧祠送吴五之琅琊》《鲁郡尧祠送窦明府薄华还西京》，高适有《鲁郡途中遇徐十八录事》。

【鲁恭】 ❶东汉人鲁恭，字仲康，扶风人。后用作称颂地方官善政之典。杜甫《桥陵诗三十韵因呈县内诸官》："侧闻鲁恭化，秉德崔瑗铭。"于鹄《醉后寄山中友人》："都忘醉后逢廉度，不省归时见鲁恭。"❷指汉景帝之子刘余。后亦借指侯王。杜甫《玉台观》："彩云萧史驻，文字鲁恭留。"

【鲁連】 指鲁仲连。战国齐人。后被视为奇伟高蹈、不慕荣利的代表人物。陈子昂《感遇诗三十八首》之十六："鲁连让齐爵，遗组去邯郸。"王维《送崔三往密州觐省》："鲁连功未报，且莫蹈沧洲。"高适《酬河南节度使贺兰大夫见赠之作》:“鲁连真义士,陆逊岂书生。”许浑《题卫将军庙》:“汉业未兴王霸在,秦军才散鲁连归。”

【鲁連書】 谓以文克敌,不战而胜。李白《奔亡道中五首》之三:“仍留一只箭,未射鲁连书。”亦作“鲁連箭”。李白《江夏寄汉阳辅录事》:“君草陈琳檄,我书鲁连箭。”

【鲁連箭】 见“鲁連書”。

【鲁莽】 粗疏。杜甫《空囊》:“世人共卤莽,吾道属艰难。”

【鲁酒】 鲁国出产的酒。其味薄,故亦作薄酒、淡酒的代称。王维《送孙秀才》:“山中无鲁酒,松下饭胡麻。”李白《沙丘城下寄杜甫》:“鲁酒不可醉,齐歌空复情。”白居易《杂感》:“鲁酒薄如水,邯郸开战场。”杜牧《新转南曹书此篇以自见志》:“宋株聊自守,鲁酒怕旁围。”

【鲁肅】 三国时吴国名将。定子敬,临淮东城(今安徽定远县东南)人。出身士族。家富于财,乐善好施,得郡人欢心。在赤壁之战中,任赞军校尉,助周瑜大破曹军于赤壁。孙元晏有《咏史诗·吴·鲁肃》。

【鲁國】 古国名。西周周公旦封国。姬姓。开国君主为周公旦之子伯禽,在今山东西南部,建都曲阜(今山东曲阜市)。春秋时国势衰弱,春秋后期公室为季孙氏、孟孙氏、叔孙氏三家所分。战国时成为小国。前256年为楚国所灭。李白《鲁东门观刈蒲》:“鲁国寒事早,初霜刈渚蒲。”刘长卿《送郑说之歙州谒薛侍郎》:“汉家尊太守,鲁国重诸生。”颜真卿、陆羽《七言重联句》:“汉朝旧学君公隐,鲁国今从弟子科。”陆龟蒙《庆封宅古井行》:“虽过鲁国羞鲁儒,欲弄吴民窃吴柄。”

【鲁從事】 鲁裕。李中有《和朐阳载笔鲁裕见寄》和《春晚招鲁从事》。

【鲁望】 陆龟蒙字。皮日休存《奉和鲁望寄南阳广文次韵》《奉和鲁望读阴符经见寄》和《奉和鲁望渔具十五咏》等。

【鲁將軍】 鲁炅。刘禹锡《顺阳歌》:“城守鲁将军,拔城从此去。”

【鲁禽】 指海鸟鹓鹍。骆宾王《远使海曲春夜多怀》:“未安胡蝶梦,遽切鲁禽情。”

【鲁魚】 “鲁”“魚”二字,篆文形似,容易错写错读。指文字上的讹误。王维《苑舍人能书梵字兼达梵音戏为之赠》:“楚词共许胜扬马,梵字何人辨鲁鱼。”刘禹锡《秋萤引》:“槐市诸生夜读书,北窗分明辨鲁鱼。”李绅《拜三川守》:“改张琴瑟移胶柱,止息笙篁辨鲁鱼。”

【鲁婦髽】 亦作“鲁人髽”。示转移风俗。柳宗元《同刘二十八院长之作因其韵增至八十通赠二君子》:“祀变荆巫祷,风移鲁妇髽。”亦用为服丧吊孝之典。皮日休《正乐府十篇·卒妻怨》:“处处鲁人髽,家家杞妇哀。”

【鲁堰】 地名。在今湖北枣阳县境。孟浩然《夕次蔡阳馆》:“鲁堰田畴广,章陵气色微。”

【鲁鈍】 愚鲁迟钝。杜甫《寄题江外草堂》:“顾惟鲁钝姿,岂识悔吝先。”又《水宿遣兴奉呈群公》:“鲁钝乃多病,逢迎远复迷。”又《忆昔二首》之二:“小臣鲁钝无所能,朝廷记识蒙禄秩。”

【鲁陽】 指鲁阳公。战国时楚鲁阳邑公,传说为挥戈使太阳返回的英雄。李白《日出行》:“鲁阳何德,驻景挥戈。”岑参《送裴侍御赴岁入京》:“惜别津亭暮,挥戈忆鲁阳。”聂夷中《公子行二首》之一:“唯恨鲁阳死,无人驻白日。”

【鲁陽山】 即鲁阳关。李颀《放歌行答从弟墨卿》:“举头遥望鲁阳山,木叶纷纷向人落。”

【鲁陽戈】 谓痛惜时光流逝。杜甫《伤春五首》之五:“难分太仓粟,竞弃鲁阳戈。”李涉《再游头陀寺》:“无因暂泊鲁阳戈,白发兼愁日日多。”许浑《晨自竹径至龙兴寺崇隐上人院》:“禅心如可学,不借鲁阳戈。”吴融《红白牡丹》:“看久愿成庄叟梦,惜留须倩鲁阳戈。”

【鲁陽城】 战国楚地,即今河南鲁山县。无名氏有《鲁阳城》。

【鲁陽關】 古地名,在今河南鲁山县。李白《豫章行》:“胡风吹代马,北拥鲁阳关。”

【鲁聖】 指孔子。鲍溶《寓兴》:“鲁圣虚泣麟,楚狂浪歌凤。”陆龟蒙《袭美先辈复示荣唱再抒鄙怀用伸酬谢》:“粤若鲁圣出,正当周德衰。”

【鲁詩】 《诗》今文学派之一。始传者为鲁人申公,嗣传者有瑕丘江公、刘向等。西汉时盛行,至西晋亡佚。唐陆德明《〈经典释文〉序录》:“鲁人申公受诗于浮丘伯,以《诗经》为训诂以教,无传,疑者则阙不传,号曰‘鲁诗’。”皎然《奉同颜使君真卿开元寺经藏院会观树文殊碑》:“故实刊周典,新声播鲁诗。”

【鲁雉】 称颂县令美政。骆宾王《春夜韦明府宅宴得春字》:“雅琴驯鲁雉,歌清落范尘。”

【鲁殿】 汉代鲁灵光殿。景帝子鲁公王所建。在今山东曲阜市。杜甫《登兖州城楼》:“孤嶂秦碑在,荒城鲁殿余。”韦庄《和薛先辈见寄初秋寓怀即事之作二十韵》:“鲁殿铿寒玉,苔山激碎金。”

【鲁衛】 ❶喻指王室的的同宗兄弟。杜甫《戏题寄上汉中王三首》之三:“鲁卫弥尊重,徐陈略丧亡。”明皇《鹡鸰颂》:“天伦之性,鲁卫分政。”亦泛称兄弟。白居易《同梦得暮春寄贺东西川二杨尚书》:“鲁卫定知连气色，潘杨亦觉有光华。”❷泛指礼仪之邦。黄颇《和主司王起》：“独陪宣父蓬瀛奏，方接颜生鲁卫游。”

【鲁諸生】 鲁国的众儒生。亦泛称儒生。张继《送邹判官往陈留》：“应将否泰理，一问鲁诸生。”司空曙《送张弋》：“尝闻借东观，不独鲁诸生。”卢纶《春日过李待御》：“应怜末行吏，曾是鲁诸生。”权德舆《送谢孝廉移家越州》：“家承晋太傅，身慕鲁诸生。”

【鲁褒】 西晋人。因感慨纲纪大乱、时世贪鄙，遂隐姓名而著《钱神论》以刺之。杜牧《李给事中敏二首》之二：“因看鲁褒论，何处是吾庐。”

【鲁褒論】 指西晋鲁褒所撰《钱神论》。《钱神论》中对金钱万能、世风日下的社会现实予以辛辣讽刺，慨叹社会黑暗、人心贪鄙。杜牧《李给事中敏二首》之二：“因看鲁褒论，何处是吾庐。”

【鲁瓢】 喻时光流逝、仕途延误。罗隐《大梁见乔诩》：“怅望添燕珥，蹉跎厌鲁瓢。”

【鲁儒】 鲁国儒生。亦泛称儒者。皇甫冉《送孔党赴举》：“家承孔圣后，身有鲁儒名。”权德舆《过隐者湖上所居》：“蜗舍映平湖，皤然一鲁儒。”朱庆余《羽林郎》：“大笑鲁儒年四十，腰间犹未识金鱼。”温庭筠《病中书怀呈友人》：“奕世参周禄，承家学鲁儒。”

【鲁學】 秦汉之际初期经学流派之一。其经师如申公培、高堂生等均为鲁地人，故称。主要经典有《鲁诗》《鲁论》等。皎然《奉陪颜使君修韵海毕东溪泛舟饯诸文士》：“诸侯崇鲁学，羔雁日成群。”

【鲁館】 指贵族女子出嫁时外住之居所。亦泛指贵族女子婚后之居所。上官昭容《游长宁公主流杯池二十五首》之二：“游鲁馆，陟秦台。”

【鲁壁】 指孔子故宅藏有古文经传的墙壁。《书》序：“至鲁共王好治宫室，坏孔子旧宅，以广其居，于壁中得先人所藏古文虞、夏、商、周之书及传、《论语》《孝经》，皆科斗文字。”明皇《春晚宴两相及礼官丽正殿学士探得风字》序：“乃命学者，缮落简，缉遗编，纂鲁壁之文章，缀秦坑之煨烬，所以修文教也。”《郊庙歌辞·享孔子庙乐章·送神》：“鲁壁类闻，泗川如靓。”

【鲁縞】 鲁地出产的一种白色生绢，以细薄著称。李白《送鲁郡刘长史迁弘农长史》：“鲁缟如白烟，五缣不成束。”又《寄远十一首》之十：“鲁缟如玉霜，笔题月氏书。”韩翃《鲁中送从事归荥阳》：“轻橐归时鲁缟薄，寒衣缝处郑绵多。”

【鲁禮】 儒家礼仪。张昭《汉宗庙乐舞辞》：“星俎云罍兼鲁礼，朱干象箾杂巴渝。”

魴 〔fáng《广韵》符方切，平陽，奉。〕鳊鱼的古称。梁锽《观王美人海图障子》：“白鹭栖脂粉，赪鲂跃绮罗。”于逖《野外行》：“魏人宅蓬池，结网伫鳣鲂。”李绅《闻里谣效古歌》：“林中无虎山有鹿，水底无蛟鱼有鲂。”韦庄《和郑拾遗秋日感事一百韵》：“黑头期命爵，赪尾尚忧鲂。”

【魴魚】 鳊鱼的古称。杜甫《观打鱼歌》：“绵州江水之东津，鲂鱼鲅鲅色胜银。”又同诗：“鲂鱼肥美知第一，既饱欢娱亦萧瑟。”

【魴鯉】 鳊鱼和鲤鱼。张籍《寄韩愈》：“共忻得鲂鲤，烹鲙于我前。”

【魴瓣】 鳊鱼片。孟郊《与王二十一员外涯游枋口柳溪》：“灵味荐鲂瓣，金花屑橙齑。”

【魴鱒】 鲂鱼和鳟鱼。韩愈《崔十六少府摄伊阳以诗及书见投因酬三十韵》：“况住洛之涯，鲂鳟可罩汕。”

【魴鱗】 鲂鱼。白居易《二年三月五日偶吟赠妻弘农郡君》：“鲂鳞白如雪，蒸炙加桂姜。”

五　画

鮎 〔nián《广韵》奴兼切，平添，泥。〕鲇鱼。身体表面多黏液，无鳞，背部苍黑色，腹部灰白；体长，前端平扁，后部侧扁，头扁口阔，肉细味美。卢仝《观放鱼歌》：“鳗鳣鲇鳢鳅，涎恶最顽愚。”

鮓 〔zhǎ《广韵》侧下切，上馬，莊。〕用腌、糟等方法加工的鱼类食品。韩翃《赠别华阴道士》：“卖鲊市中何许人，钓鱼坐上谁家子。”李端《送吉中孚拜官归业》：“孟宗应献鲊，家近守渔官。”李频《及第后还家过岘岭》：“石斑鱼鲊香冲鼻，浅水沙田饭绕牙。”《方干李主簿改令》之二：“措大吃酒点盐，下人吃酒点鲊。”

鮒 〔fù《广韵》符遇切，去遇，奉。〕鲋鱼。即鲫鱼。李咸用《览友生古风》：“蝶迷桃李香，鲋惘江湖阔。”

鮑 〔bào《广韵》薄巧切，上巧，並。〕❶干鱼，咸鱼。参见“鮑魚”“鮑肆”。❷姓。唐诗人有鲍防、鲍溶等。

【鮑大夫】 鲍防。刘长卿有《送秦侍御外甥张篆之福州谒鲍大夫秦侍御与大夫有旧》，崔子向有《上鲍大夫》。

【鮑中丞】 鲍防。钱起有《送鲍中丞赴太原军营》，卢纶有《送鲍中丞赴太原》。

【鮑生】 即鲍叔牙。李白《陈情赠友人》：“鲍生荐夷吾，一举置齐相。”又《秋日炼药院镊白发赠元六兄林宗》：“穷与鲍生贾，饥从漂母餐。”

【鮑行軍】 鲍防。朱湾有《送李司直归浙东幕兼寄鲍行军持节大夫初拜东平郡王》，严维有《题鲍行军小阁》。

【鮑防】 唐诗人。字子慎。襄州襄阳(今湖北襄樊市)人。《全唐诗》卷三〇七录其诗八首。

【鮑車】 装着鲍鱼的车子。中宗《幸秦始皇陵》:"欲厌东南气,翻伤掩鲍车。"参见"鮑魚"。

【鮑君徽】 德宗朝宫女。字文姬,善诗,与尚宫五宋齐名,德宗召入宫,与侍臣唱和,赏赉甚丰。入宫百余日,以母老乞归。《全唐诗》卷七录其诗四首。

【鮑叔】 即鲍叔牙。春秋时齐国大夫。代称知己。杜甫《过故斛斯校书庄二首》之二:"遂有山阳作,多惭鲍叔知。"元稹《别李三》:"鲍叔知我贫,烹葵不为薄。"罗隐《东归别常修》:"唯惭鲍叔深知我,他日蒲帆百尺风。"

【鮑侍郎】 刘长卿有《上巳日越中与鲍侍郎泛舟耶溪》,《英苑英华》卷一六六"郎"作"御",是。鲍侍御,鲍防。见"鲍侍御"。

【鮑侍御】 鲍防。刘长卿有《发越州赴润州使院留别鲍侍御》,又有《上巳日越中与鲍侍郎泛舟耶溪》,"郎"为"御"之讹,《文苑英华》卷一六六"郎"正作"御"。

【鮑侯】 鲍防。《会稽掇英总集》之鲍防《云门寺济公上方偈》序:"己酉岁,仆忝尚书郎,司浙南之武。"皇甫冉《送陆鸿渐赴越》序:"尚书郎鲍侯,知子爱子者。"

【鮑莊】 即鲍帝,春秋齐大夫,鲍叔牙曾孙,谥庄子。杜甫《赤霄行》:"皇孙犹曾莲勺困,鲍庄见贬伤其足。"

【鮑家四弦】 指文宗开成年间酒徒鲍生家妓。善禅琵琶,亦善诗。鲍生携其至历阳,遇外弟韦生。鲍令四弦盛妆献歌佐酒,并将其送于韦生。《全唐诗》卷八〇〇录其《送韦生酒》和《送鲍生酒》二首。

【鮑魚】 盐渍鱼,干鱼。诗人借鲍鱼为咏。常楚老《祖龙行》:"祖龙一夜死沙丘,胡亥空随鲍鱼辙。"曹邺《杂诫》:"带香入鲍肆,香气同鲍鱼。"胡曾《咏史诗·沙丘》:"堪笑沙丘才过处,銮舆风过鲍鱼腥。"陈陶《续古二十九首》之十一:"万乘巡海回,鲍鱼空相送。"李贺《苦昼短》:"刘彻茂陵多滞骨,嬴政梓棺费鲍鱼。"

【鮑溶】 诗人。字德源。自称楚客,或为楚人;又称"少小见太平",疑其生于大历初。元和四年始登进士第,与韩愈、孟郊、李正封、许浑等友善。《全唐诗》编其诗为三卷,见卷四八五至四八七。《外编上》又录其《劝酒行》。

【鮑參軍】 ❶鲍防。其官职为侍御、员外,然又或称"参军""行军",当以作"行军"为是。严维有《余姚祗役奉简鲍参军》。❷南朝宋文学家,字明远,东海(今江苏涟水)人。郑谷《结绶鄠郊縻摄府署偶有自咏》:"自笑老为梅少府,可堪贫摄鲍参军。"

【鮑肆】 鲍鱼之肆。即卖咸鱼的店铺。北齐颜之推《颜氏家训·慕贤》:"与善人居,如入芝兰之室,久而自芳也;与恶人居,如入鲍鱼之肆,久而自臭也。"故后以鲍肆喻指小人之所居。李群玉《自澧浦东游江表》:"巴歌掩白雪,鲍肆埋兰芳。"曹邺《杂诫》:"带香入鲍肆,香气同鲍鱼。"

【鮑照】 南朝宋诗人。字明远,东海人(今江苏涟水县北)人。出身寒庶,少有文学才情,因献诗临川刘义庆,得到赏识,擢为国侍郎。以后曾作过秣陵令、永嘉令、临海王子顼参军。后子顼因谋反赐生,鲍亦死于乱军之中。其《芜城赋》中有"泽葵依井,荒葛罥涂"之语。李商隐《题李上謩壁》:"嫩割周颙韭,肥烹鲍照葵。"

鮌 即鲧。鱼名,青班色,无鳞有齿。元稹《遭风二十韵》:"历阳旧事曾为鳖,鲧穴相传有化能。"

鮐 〔tái《广韵》士來切,平咍,透。〕❶鱼名。鱼纲鲭科,身体纺锤形,头顶浅黑色,腹部满黄色,背部青蓝色,两侧上部有深蓝色波状条纹。参见"鲐背"。❷代称老年人。见《方言》第一。韩愈《忆昨行和张十一》:"殃消祸散百福并,从此直至耇与鲐。"陆龟蒙《彼农二章》之一:"大耋既鲐,童子未髫。"

【鮐皮】 代称老年人。李贺《昌谷诗》:"鲐皮识仁惠,丱角知靦耻。"

【鮐老】 老迈。郑嵎《津阳门诗》:"笑云鲐老不为礼,飘萧雪鬓双垂颐。"

六 画

鮮[1] 〔xiān《广韵》相然切,平仙,心。〕❶鱼。见《老子》。李颀《夏宴张兵曹东堂》:"重林华屋堪避暑,况乃烹鲜会佳客。"韩愈、孟郊《城南联句》:"修箭袅金饵,群鲜沸池羹。"❷鲜肉,新宰杀的鸟兽肉。见《汉书·陆贾传》。崔颢《赠王威古》:"马上共倾酒,野中聊割鲜。"储光羲《田家杂兴八首》之三:"鲜禽徒自致,终岁竟不食。"杜甫《病后遇王倚饮赠歌》:"兼求富豪且割鲜,密沽斗酒谐终宴。"❸刚收获的新鲜食物。明皇《幸凤泉汤》:"荐鲜知路近,省敛觉年丰。"❹新,新鲜,鲜嫩。白居易《浔阳三题·庐山桂》:"生为石上桂,叶如翦碧鲜。"张光朝《获塘西庄赠房元垂》:"酝酒寒正熟,养鱼长食鲜。"皮日休《早春以橘子寄鲁望》:"个个和枝叶捧鲜,彩凝犹带洞庭烟。"参见"鲜食"。❺鲜明,明丽。见《淮南子·俶真训》。李白《古风》之二六:"碧荷生幽泉,朝日艳且鲜。”白居易《雨中招张司业宿》：“过夏衣香润，迎秋簟色鲜。”朱庆余《送长安罗少府》：“雪晴新雁斜行出，潮落残云远色鲜。”贯休《酷吏词》：“韩娥唱一曲，锦段鲜照屋。”❻鲜艳，艳丽。李白《拟古十二首》之十一：“涉江弄秋水，爱此荷花鲜。”白居易《东园玩菊》：“顾谓尔菊花，后时何独鲜。”温庭筠《兰塘词》：“小姑归晚红妆浅，镜里芙蓉照水鲜。”张祜《题宿州城西宋征君林亭》：“黑壤沾河润，红葩寄树鲜。”❼清新，新颖。储光羲《同王十三维偶然作十首》之七：“日暮登春山，山鲜云复轻。”孟郊《游终南龙池寺》：“龙在水长碧，雨开山更鲜。”又《山中送从叔简赴举》：“倚之道气高，饮之诗思鲜。”❽洁净，无杂质。皮日休《太湖诗·以毛公泉一瓶献上谏议因寄》：“澄如玉髓洁，泛若金精鲜。”❾味美。萧颖士《仰答韦司业垂访五首》之一：“但悦丰草美，宁知牢馔鲜。”韩翃《家兄自山南罢归献诗叙事》：“黄苞柑正熟，红缕鲙仍鲜。”白居易《和梦得夏至忆苏州呈卢宾客》：“粽香筒竹嫩，炙脆子鹅鲜。”贾岛《不欺》：“食鱼味在鲜，食蓼味在辛。”

鲜[2]　[xiǎn《广韵》息淺切，上獮，心。]少，不多。太宗《赋尚书》：“纵情昏主多，克己明君鲜。”张九龄《临泛东湖》：“佳辰不可得，良会何其鲜。”刘禹锡《海阳湖别浩初师》：“近郭看殊境，独游常鲜欢。”元稹《琵琶歌》：“曲名无限知者鲜，霓裳羽衣偏宛转。”

【鲜于】　复姓。参见“鲜于仲通”“鲜于庶子”。

【鲜于少府】　疑为鲜于秋。官某县尉。司空曙有《题鲜于秋林园》，李端有《鲜于少府宅看花》。

【鲜于仲通】　唐将领。名向，渔阳（今天津蓟县）人。顾况《露青竹杖歌》：“鲜于仲通正当年，章仇兼琼在蜀川。”白居易《新乐府·蛮子朝》：“鲜于仲通六万卒，征蛮一阵全军没。”

【鲜于庶子】　鲜于叔明，即李叔明，曾官右庶子。岑参有《与鲜于庶子自梓州成都少尹自褒城同行至利州道中作》。

【鲜于萬州】　鲜于炅。炅曾官万州刺史和巴州刺史。杜甫有《送鲜于万州迁巴州》。

【鲜火】　新火，刚获取的火。刘言史《与孟郊洛北野泉上煎茶》：“敲石取鲜火，撇泉避腥鳞。”

【鲜血】　鲜红的血。杜牧《池州送孟迟先辈》：“千帆美满风，晓日殷鲜血。”李商隐《行次西郊作一百韵》：“叩头出鲜血，滂沱污紫宸。”

【鲜花】　鲜艳的花朵。陈子昂《魏氏园林人赋一物得秋亭萱草》：“细叶犹含绿，鲜花未吐红。”

【鲜芳】　❶新艳芳香。侯冽《花发上林》：“鲜芳盈禁籞，布泽荷天心。”❷谓滋味鲜美芳香。李郢《茶山贡焙歌》：“嫩芽鲜芳出何力，山中有酒亦有歌。”

【鲜妆】　浓妆。杜甫《寄高适岑参三十韵》：“徒然潜隙地，有靦屡鲜妆。”

【鲜妍】　鲜艳美好。元稹《梦游春七十韵》：“鲜妍脂粉薄，暗澹衣裳故。”白居易《惜栯李花》：“树小花鲜妍，香繁条软弱。”又《和酬郑侍御东阳春闷放怀追越游见寄》：“流年慠悦不饶我，美景鲜妍来为谁？”方干《朱秀才庭际蔷薇》：“绣难相似画难真，明媚鲜妍绝比伦。”

【鲜奇】　新鲜奇特。贯休《贺郑使君》：“七邑恩波歌浩渺，一方云物自鲜奇。”

【鲜明】　❶光亮耀眼。王建《晓望华清宫》：“晓来楼阁更鲜明，日出阑干见鹿行。”白居易《公垂尚书以白马见寄光洁稳善以诗谢之》：“毛色鲜明人尽爱，性灵驯善主偏知。”温庭筠《偶题》：“微风和暖日鲜明，草色迷人向渭城。”唐彦谦《汉代》：“鲜明临晓日，回转度春宵。”❷美好。孟郊《赠苏州韦郎中使君》：“章句作雅正，江山益鲜明。”姚合《题长安薛员外水阁》：“亭亭新阁成，风景益鲜明。”

【鲜卑】　我国古代少数民族名。游牧部落东胡族的一支。秦汉时附于匈奴，游牧于辽东。北匈奴西迁后，进入匈奴故地，势力渐盛。东汉桓帝时，首领檀石槐建庭立制，组成军事行政联合体，分东、中、西三部，各置大人统领。檀石槐死后，联合体瓦解，附属汉魏。至晋初分为数部。其以慕容、拓跋二氏为最著。拓跋氏建国号魏，史称北魏，后分裂成东魏和西魏，又演化为北齐和北周。内迁的鲜卑人因逐渐从事农业，隋唐后渐被汉民族同化。贾至《燕歌行》：“萧条魏晋为横流，鲜卑窃据朝五州。”张籍《永嘉行》：“黄头鲜卑入洛阳，胡儿执戟升明堂。”

【鲜食】　鲜活的食品。指鱼。张南史《春日道中道寄孟侍御》：“谁家鱼网求鲜食，几处人烟事火耕。”

【鲜肥】　指鱼肉之类食物。韦应物《郡斋雨中与诸文士燕集》：“鲜肥属时禁，蔬果幸见尝。”孟郊《吊元鲁山》：“豪人饫鲜肥，鲁山饭蒿蓬。”白居易《杂兴三首》之一：“不有此游乐，三载断鲜肥。”梁载言《咏傅岩监祠》：“卫司无帟幕，供膳乏鲜肥。”

【鲜思】　新颖的诗思。沈亚之《送文颖上人游天台》：“露花浮翠瓦，鲜思起芳丛。”

【鲜香】　❶谓滋味鲜美芳香。白居易《饱食闲坐》：“庖童呼我食，饭热鱼鲜香。”❷指清新的香气。韩愈《芍药歌》：“温馨熟美鲜香起，似笑无言习君子。”

【鲜風】　清新的风。钱起《太子李舍人城东别业与二三文友逃暑》：“鲜风吹印绶，密坐皆馨香。”

【鲜美】　滋味新鲜美好。李郢《友人适越路过桐庐寄题江驿》：“麦陇虚凉当水店，鲈鱼鲜美称莼羹。”亦指滋味鲜美的食物。杜甫《泛溪》：“人情逐鲜美，物賤事已睽。”

【鮮華】 鲜艳华丽。王建《喻时》:“鲜华非久长,色落还弃遗。”白居易《寄蕲州簟与元九因题六韵》:“清润宜乘露,鲜华不受尘。”温庭筠《寒食前有怀》:“万物鲜华雨乍晴,春寒寂历近清明。”贯休《少年行》之一:“锦衣鲜华手擎鹘,闲行气貌多轻忽。”

【鮮逸】 清新飘逸。贯休《寄杜使君》:“有时作章句,气概还鲜逸。”

【鮮葩】 鲜花。李德裕《峡山亭月夜独宿对樱桃花有怀伊川别墅》:“皎月照芳树,鲜葩含素辉。”又《春暮思平泉杂咏二十首·红桂树》:“愿以鲜葩色,凌霜照碧浔。”

【鮮雲】 轻云。虞世南《奉和月夜观星应令》:“薄雾销轻縠,鲜云卷夕鳞。”储光羲《秋次霸亭寄申大》:“杲杲初景出,油油鲜云卷。”顾况《大茅岭东新居忆亡子从真》:“软草被汀洲,鲜云略浮沉。”权德舆《桃源篇》:“一路鲜云杂彩霞,渔舟远远逐桃花。”

【鮮腴】 鲜美的肥肉。特指龟肉。王绩《古意六首》之三:“丰骨输庙堂,鲜腴借笾簋。”

【鮮媚】 秀美。刘长卿《洛阳主簿叔知和驿承恩赴选伏辞一首》:“此行季春月,时物正鲜媚。”贯休《上卢使君》:“鄱阳气候正,文物皆鲜媚。”

【鮮新】 新鲜。杜甫《崔氏东山草堂》:“爱汝玉山草堂静,高秋爽气相鲜新。”韩愈《酬裴十六功曹巡府西驿途中见寄》:“是时山水秋,光景何鲜新。”

【鮮溼】 鲜艳湿润。温庭筠《题西平王旧赐屏风》:“曾向全扉玉砌来,百花鲜湿隔尘埃。”

【鮮碧】 鲜明碧绿。杨衡《游陆先生故岩居》:“深林无阳晖,幽水转鲜碧。”

【鮮榮】 鲜花。张说《蜀路二首》之二:“忆昨出门日,春风发鲜荣。”

【鮮輝】 明丽的光辉。李德裕《春暮思平泉杂咏二十首·花药栏》:“秀色濯清露,鲜辉摇惠风。”吕敞《潘安仁戴星看河阳花发》:“秀色沾轻露,鲜辉丽早阳。”

【鮮潔】 ❶鲜明光洁。董思恭《咏雪》:“鲜洁凌纨素,纷糅下枝条。”❷指新鲜味美之食物。王昌龄《宴南亭》:“寒江映村林,亭上纳鲜洁。”

【鮮醒】 新鲜醒目。陆龟蒙《奉和袭美公斋四咏次韵·新竹》:“金罍纵倾倒,碧露还鲜醒。”

【鮮縞】 新织的白绢。元稹《和乐天赠吴丹》:“独有冰雪容,纤华夺鲜缟。”

【鮮繁】 鲜艳繁盛。韩愈《陆浑山火和皇甫湜用其韵》:“错陈齐玫辟华园,芙蓉披猖塞鲜繁。”

【鮮膾】 亦作“鲜鱠”。新鲜的切细的鱼肉。杜甫《王十五前阁会》:“情人来石上,鲜脍出江中。”白居易《感所见》:“网外老鸡因断尾,盘中鲜鲙为吞钩。”

【鮮鮮】 ❶美好貌,鲜亮貌。李昂《驯鸽篇》:“□君德,辉彩鲜鲜生羽翼。”韩愈《秋怀诗十一首》之十一:“鲜鲜霜中菊,既晚何用好。”又《祖席前字》:“野晴山簇簇,霜晓菊鲜鲜。”❷新鲜嫩美。元结《演兴四首·招太灵》:“祠之瀨兮眇何年,木修修兮草鲜鲜。”

【鮮穠】 鲜艳浓重。白居易《吴樱桃》:“含桃最说出东吴,香色鲜秾气味殊。”

【鮮飆】 清新的风。权德舆《奉和礼部尚书酬杨著作竹亭歌》:“烟销雨过看不足,晴翠鲜飙逗深谷。”羊士谔《永宁里园亭休沐怅然成咏》:“芳草多留步,鲜飙自满襟。”朱庆余《观涛》:“鲜飙出海鱼龙气,晴雪喷山雷鼓声。”孙光宪《玉胡蝶》词:“鲜飙暖,牵游伴,飞去立残芳。”

【鮮鱗】 活鱼。孟郊《峡哀》之四:“峡乱鸣清磬,产石为鲜鳞。”

【鮮靈】 色泽鲜明,充满生机。寒山《诗三百三首》之一五四:“触雨转鲜灵,非晴不可涉。”

【鮮鱠】 见“鲜膾”。

鮫

〔jiāo《广韵》古肴切,平肴,見〕❶海中鲨鱼。卢仝《寄萧二十三庆中》:“山魈吹火虫入碗,鸩鸟咒诅鲛吐涎。”元稹《江边四十韵》:“晒篆看沙鸟,磨刀绽海鲛。”又《景申秋八首》之八:“鲛绽鄄城剑,虫凋鬼火书。”参见“鮫魚”。❷参见“鮫人”“鮫綃”。

【鮫人】 ❶神话传说中的人鱼。李颀《鲛人歌》:“鲛人潜织水底居,侧身上下随游鱼。”顾况《龙宫操》:“鲛人织绡采藕丝,翻江倒海倾吴蜀。”李绅《登禹庙回降雪五言二十韵》:“志士书频照,鲛人杼正催。”顾云《苔歌》:“即是仙宫欲制六铢衣,染丝未倩鲛人织。”❷渔人,捕鱼者。杜甫《阌乡姜七少府设脍戏赠长歌》:“饔人受鱼鲛人手,洗鱼磨刀鱼眼红。”又《渼陂西南台》:“仿像识鲛人,空蒙辨鱼艇。”张署《赠韩退之》:“鲛人远泛渔舟水,鹏鸟闲飞露里天。”

【鮫工】 传说中善织的鲛人。皮日休《奉酬鲁望见答鱼笺之什》:“轻如隐起腻如饴,除却鲛工解制稀。”

【鮫函】 用鲛鱼皮制作的铠甲。陆龟蒙《感事》:“将军被鲛函,只畏金石镞。”又《京口与友生话别》:“杖诚为虎节,披信作鲛函。”

【鮫室】 鲛人之居室。亦指渔人居室。戴叔伦《送东阳顾明府罢归》:“祖帐临鲛室,黎人拥鹢舟。”姚康《赋得巨鱼纵大壑》:“龙门应可度,鲛室岂常居。”长孙佐辅《楚州盐壒古墙望海》:“水净露鲛室,烟销凝蜃楼。”章孝标《送金可纪归新罗》:“鲛室夜眠阴火冷,蜃楼朝泊晓霞深。”胡曾《咏史诗·赠渔者》:“往来南越谙鲛室，生长东吴识蜃楼。”

【鮫客】 鲛人。殷文圭《边将别》：“朱门泣别同鲛客，紫塞旅游随雁臣。”

【鮫魚】 海中鲨鱼。亦指凶猛的鱼类。李绅《涉沅潇》：“潇湘岛浦无人居，风惊水暗惟鲛鱼。”

【鮫絲】 鲛绡。李商隐《七月二十八日夜与王郑二秀才听雨后梦作》：“瞥见冯夷殊怅望，鲛绡休卖海为田。”

【鮫綃】 亦作“鮫鮹”。❶一种很薄的生丝织品，即绢。唐时贵族妇女多用它做衣服。古代神话以为它是南海鲛人所织，故名。顾非熊《子夜夏秋二曲》之一：“君筵呈妙舞，香汗湿鲛绡。”温庭筠《张静婉采莲歌》：“掌中无力舞衣轻，剪断鲛绡破春碧。”罗隐《升平公主旧第》：“两轮水硙光明照，百尺鲛绡换好诗。”和凝《题鹰猎兔画》：“鲛绡百余尺，争及制衣裳。”陈标《秦王卷衣》：“霏微罗縠随芳袖，宛转鲛鮹逐宝筵。”❷指手帕等。唐彦谦《无题十首》之十：“云色鲛绡拭泪颜，一帘春雨杏花寒。”李节度姬《书红绡帕》之一：“囊裹真香谁见窃，绞绡滴泪染成红。”

【鮫綃女】 即鲛人。鲍溶《寄福州从事殷尧藩》：“几回入市鲛绡女，终岁啼花山鹧鸪。”

【鮫館】 鲛室。杜甫《雨》：“鲛馆如鸣杼，樵舟岂伐枚。”

【鮫鮹】 见“鮫綃”。

鮭〔xié《广韵》户佳切，平佳，匣。〕古代鱼类菜肴的总称。张籍《祭退之》：“新果及异鲑，无不相待尝。”

【鮭菜】 古时鱼类菜肴的总称。杜甫《王竟携酒高亦同过共用寒字》：“自愧无鲑菜，空烦卸马鞍。”

鮪〔wěi《广韵》荣美切，上旨，云。〕鲟鱼和鳇鱼的古称。见《诗·周颂·潜》。杜甫《又观打鱼》：“日暮蛟龙改窟穴，山根鳣鲔随云雷。”刘禹锡《有獭吟》：“何地无江湖，何水无鲔鳣。”

鮞〔er《广韵》如之切，平之，日。又如六切，入屋，日。〕鱼名，产于东海，味美。见《吕氏春秋·本味》。李贺《画角东城》：“淡菜生寒日，鲕鱼濮白涛。”

鯈〔tiáo《广韵》直由切，平尤，澄。《集韵》田聊切，平萧，定。〕鱼名，一种生于淡水的小白鱼，亦名白鲦。李贺《春归昌谷》：“韩鸟处矰缴，湘鯈在笼罩。”

【鯈魚】 一种生于淡水的小白鱼。独孤及《垂花坞醉后戏题》：“归时自负花前醉，笑向鲦鱼问乐无。”

七　画

鮧〔yì〕鱼名。元结《演兴四首·初祀》：“荐天鮧兮酒阳泉，献水芸兮饭霜秈。”

鯄〔qiú《王篇》音求。〕鱼名。见《篇海类编鳞介类·鱼部》。元稹《酬乐天东南行诗一百韵》：“炰鳖那胜羜，烹鯄只似鲈。”

鯆〔pū《广韵》普胡切，平模，滂。又博孤切，平模，幫。又方矩切，上麌，非。〕即江豚。参见“鯆鮃”。

【鯆鮃】 江豚。皮日休《奉和鲁望渔具十五咏·沪》：“涛头倏尔过，数顷跳鯆鮃。”

鯁〔gěng《广韵》古杏切，上梗，見。〕耿直，正直。参见“鯁直”“鯁議”。

【鯁直】 刚直。指刚直的品格。杜甫《秋日夔府咏怀奉寄郑监李宾客一百韵》：“不逢输鲠直，会是正陶甄。”

【鯁議】 刚直地发表议论。徐彦伯《送特进李峤入都祔庙》：“庙堂须鲠议，锦节伫来旋。”

鯉〔lǐ《广韵》良士切，上止，來。〕❶鲤鱼。岑参《热海行送崔侍御还京》：“海上众鸟不敢飞，中有鲤鱼长且肥。”杜甫《观打鱼歌》：“众鱼常才尽却弃，赤鲤腾出如有神。”白居易《渭上偶钓》：“渭水如镜色，中有鲤与鲂。”韦庄《泛鄱阳湖》：“迸鲤似梭投远浪，小舟如叶傍斜晖。”❷喻指书信。李商隐《寄令狐郎中》：“嵩云秦树久离居，双鲤迢迢一纸书。”参见“鯉魚”“鯉書”。❸人名。孔鲤，字伯鱼，孔丘子。钱起《登刘宾客高斋》：“日陪鲤也趋文苑，谁道门生隔绛纱。”又《送韦信爱子归觐》：“借问还珠盈合浦，何如鲤也入庭闱。”孟郊《子庆诗》：“凤兮且莫叹，鲤也会闻诗。”参见“鯉庭”。

【鯉庭】 谓接受父训。亦指子承父教之所。李端《慈恩寺怀旧》：“鲤庭埋玉树，那忍见门人。”刘禹锡《酬郑州权舍人见寄十二韵》：“鲤庭传事业，鸡树遂翱翔。”杨汝士《宴杨仆射新昌里第》：“文章旧价留鸾掖，桃李新阴在鲤庭。”李中《献中书汤舍人》：“銮殿对时亲舜日，鲤庭过处着莱衣。”

【鯉魚】 ❶鱼名。身体侧扁，背部苍黑色，腹部黄白色，嘴边有长短须各一对。味鲜美，为我国重要的淡水鱼类之一。王维《洛阳女儿行》：“良人玉勒乘骢马，侍女金盘鲙鲤鱼。”岑参《敷水歌送窦渐入京》：“水底鲤鱼幸无数，愿君别后垂尺素。”罗隐《皇陂》：“垂杨风轻弄翠带，鲤鱼日暖跳黄金。”徐铉《得浙西郝判官书因寄此诗问方判官田书记消息》："尝忧座侧飞鹗鸟，未暇江中觅鲤鱼。"❷汉蔡邕《饮马长城窟行》："客从远方来，遗我双鲤鱼。呼儿烹鲤鱼，中有尺素书。"后故代称书信。孟浩然《送王大校书》："尺书能不吝，时望鲤鱼传。"元稹《小碎》："诸郎到处应相问，留取三行代鲤鱼。"韩琮《秋晚信州推院亲友或责无书即事寄答》："谬驰骢马传，难附鲤鱼封。"李咸用《塘上行》："鲤鱼虚掷无消息，花老莲疏愁未摘。"

【鯉魚尾】 鲤鱼的尾巴。李贺《大堤曲》："郎食鲤鱼尾，妾食猩猩唇。"

【鯉魚風】 指九月风，秋风。李贺《江楼曲》："楼前流水江陵道，鲤鱼风起芙蓉老。"李商隐《河内诗二首》之二："后溪暗起鲤鱼风，船旗闪断芙蓉干。"亦泛称风。陆龟蒙《江行》："醉帆张数幅，唯待鲤鱼风。"

【鯉魚時節】 指秋季。赵嘏《入蓝关》："看落晚花还怅望，鲤鱼时节入关来。"

【鯉書】 书信。独孤及《送何员外使湖南》："王程傥未复，莫遣鲤书稀。"参见"鯉魚❷"。

【鯉湖】 即九鲤湖。在今福建仙游县北。据传汉文狩间何氏兄弟九人炼丹成仙各乘一鲤飞出，故名。徐夤有《春入鲤湖》。

鮃 〔fū《广韵》芳無切，平虞，敷。又縛謀切，平尤，奉。〕江豚。参见"鯆鮃"。

鯽 〔jì《广韵》资昔切，入昔精。又子力切，入職，精。〕鱼名。鲫鱼。体侧扁，头部尖，中部高，尾部较窄，背部灰褐角或黄褐色，腹部银白色。生活在淡水中，为常见的食用品。杜甫《赠王二十四侍御契四十韵》："网聚粘圆鲫，丝繁煮细莼。"韩愈、孟郊《城南联句》："庖霜脍玄鲫，淅玉炊香稉。"卢仝《观放鱼歌》："时白喷雪鲫鲤肴，此辈肥脆为绝尤。"许浑《沧浪峡》："红虾青鲫紫芹脆，归去不辞来路长。"

八　画

鯖 〔zhēng《广韵》諸盈切，平清，章。〕鱼脍。李商隐《送千牛李将军赴阙五十韵》："异县期回雁，登时已饭鲭。"皮日休《青门闲泛》："醉来欲把田田叶，尽裹当时醒酒鲭。"陆龟蒙《江南秋怀寄华阳山人》。"俄分上尊酒，骤厌五侯鲭。"

【鯖鮓】 用腌鱼制成的鱼脍。王维《赠吴官》："江乡鲭鲊不寄来，秦人汤饼那堪许。"

鯫 〔zōu《广韵》徂鉤切，平侯，從。又七逾切，平虞，清，又仕垢切，上厚，從。〕杂小鱼。引申为卑微、浅陋。参见"鯫生"。

【鯫生】 浅薄愚陋之人。多用作谦词。中宗《十月诞辰内殿宴群臣效柏梁体联句》："鲰生侍从忝王枚，右掖司言实不才。"

鯌 〔cuò《广韵》倉各切，入鐸，精。又七雀切，入藥，清。〕鲨鱼。古称鲛鱼。李白《醉后赠从甥高镇》："匣中盘剑装鲒鱼，闲在腰间未用渠。"

鯈 〔shū《集韵》式竹切，入屋，書。〕鱼名。较小的鲟类鱼。皮日休《吴中苦雨因书一百韵寄鲁望》："污莱既已泞，买鱼不获鯈。"

鯤 〔kūn《广韵》古渾切，平魂，見。〕神话传说中的大鱼。孟浩然《晓入南山》："鲲飞今始见，鸟堕旧来闻。"杜甫《赠虞十五司马》："伫鸣南岳凤，欲化北溟鲲。"韩愈《陆浑山火和皇甫湜用其韵》："助汝五龙从九鲲，溺厥邑囚之昆仑。"邵谒《送从弟长安下第南归觐亲》："在鸟终为凤，为鱼须化鲲。"

【鯤化】 谓鲲变化为鹏。喻向积极方面产生巨大变化。钱起《巨鱼纵大壑》："龙摅回地轴，鲲化想天池。"王公亮《鱼上冰》："倘得随鲲化，终能上太虚。"

【鯤魚】 古代传说中的大鱼。黄滔《翁文尧员外捧金紫还乡之命雅发篇章辄兹酬和以质奖私》："东越独推生竹箭，北溟喜足贮鲲鱼。"陈陶《吴兴秋思二首》之二："日夕鲲鱼梦南国，苕阳水高迷渡头。"

【鯤龍】 神话传说中的大鱼和蛟龙。元结《引极三首・怀潜君》："思假鳞兮鲲龙，激沆浪兮奔从。"

【鯤鵬】 古代传说中能变化的大鱼和大鸟。杜甫《泊岳阳城下》："图南未可料，变化有鲲鹏。"

【鯤鯨】 即鲲鱼。李白《上崔相百忧章》："鲲鲸喷荡，扬涛起雷。"杜甫《八哀诗・赠秘书监江夏李公邕》："钟律俨高悬，鲲鲸喷迢递。"

鯢 〔ní《广韵》五稽切，平齊，疑。〕❶雌鲸。李白《枯鱼过河泣》："作书报鲸鲵，勿恃风涛势。"韩愈《咏雪赠张籍》："鲸鲵陆死骨，玉石火炎灰。"司空图《句》："鲸鲵入海涸，魑魅棘林幽。"❷喻顽敌。许敬宗《奉和执契静三边应诏》："疏网妖鲵漏，盘薮怪禽逋。"李白《赠张相镐二首》之二："誓欲斩鲸鲵，澄清洛阳水。"朱冲和《遗临平监吏》："三千里外布干戈，果得鲸鲵入网罗。"卢士衡《钟陵铁柱》："安得风胡借方便，铸成神剑斩鲸鲵。"❸小鱼。陆龟蒙《奉和袭美夏景冲澹偶作次韵二首》：之二："斜拂芡盘轻鹜下，细穿菱线小鲵游。"

鯬 〔tù《龙龛手鉴》湯故反。〕鱼名。皮日休《孙发百篇将游天台诸诗赠行因以送之》："因逢二老如相问，正滞江南为鯬鱼。"

鯨 〔qíng 今读 jīng《广韵》渠京切，平庚，群。〕❶鲸鱼。杜甫《饮中八仙歌》："饮如长鲸吸百川，衔杯乐圣称世贤。"权德舆《书绅诗》："心源一流放，骇浪奔长鲸。”牛僧孺《李苏州遗太湖石因题二十韵奉呈梦得乐天》：“为探湖里物，不怕浪中鲸。”王初《书秋》：“往来未若奇张翰，欲鲙霜鲸碧海东。”❷喻顽敌。独孤及《季冬自嵩山赴洛道中作》：“斩鲸安溟波，截鳌作天柱。”参见“鲸魚❷”“鲸鯢❷”。❸大，巨大。参见“鲸波”“鲸海”“鲸浪”。

【鲸力】 鲸鱼的力量。喻才力非凡。杜甫《赠翰林张四学士》：“翰林逼华盖，鲸力破沧溟。”章孝标《上太皇先生》：“过海量鲸力，归天算鹤程。”

【鲸口】 鲸鱼之口。喻被吞灭之处。沈佺期《初达驩州》：“魂魄游鬼门，骸骨遗鲸口。”孟郊《戏赠无本》：“拾月鲸口边，何人免为吞。”曹松《送胡中丞使日东》：“张帆度鲸口，衔命见臣心。”

【鲸牙】 鲸鱼之牙。韩愈《调张籍》：“刺手拔鲸牙，举瓢酌天浆。”陆龟蒙《记事》：“凤尾与鲸牙，纷披落杂唱。”

【鲸目】 指明月珠。据传鲸鱼死之后其目化为明月珠。李群玉《中秋越台看月》：“皓曜迷鲸目，晶荧失蚌胎。”

【鲸吸】 如鲸之吸水。喻豪饮。语本杜甫《饮中八仙歌》：“饮如长鲸吸百川，衔杯乐圣称世贤。”吕岩《题永康酒楼》：“鲸吸鳌吞数百杯，玉山谁起复谁颓。”

【鲸吞】 ❶被鲸口吞食。杜甫《渼陂行》：“鼍作鲸吞不复知，恶风白浪何嗟及。”白居易《送友人上峡赴东川辟命》：“山回若鳌转，舟入似鲸吞。”李绅《题法华寺五言二十韵》：“龙喷疑通海，鲸吞想漏川。”自注：“寺内有梁朝铜龙，吐泉，铜鲸饮水，以注诸院。”含曦《酬卢仝见访不遇题壁》：“鲸吞海水尽，露出珊瑚枝。”

【鲸吼】 谓鲸鱼吼叫，喻巨大的涛声。林宽《送人归日东》：“波翻夜作电，鲸吼昼为雷。”

【鲸波】 惊涛骇浪。骆宾王《和孙长史秋日卧病》：“决胜鲸波静，腾谋鸟谷开。”杜甫《舟出江陵南浦奉寄郑少尹》：“溟涨鲸波动，衡阳雁影徂。”张继《酬李书记校书越城秋夜见赠》：“凤辇栖岐下，鲸波斗洛川。”徐凝《送日本使还》：“鲸波腾水府，蜃气壮仙宫。”

【鲸背】 借指水面。刘禹锡《有僧言罗浮事因为诗以写之》：“日光吐鲸背，剑影开龙鳞。”

【鲸鲲】 犹鲸鲵。喻顽敌。韩愈、孟郊《征蜀联句》：“江倒沸鲸鲲，山摇溃貙猰。”

【鲸海】 大海。苏味道《单于川对雨二首》之二：“气合龙祠外，声过鲸海滨。”杜牧《雪晴访赵嘏街西所居三韵》：“少陵鲸海动，翰苑鹤天寒。”马戴《赠别北客》：“雁关飞霰雪，鲸海落云涛。”

【鲸浪】 巨浪。窦常《奉送职方崔员外摄中丞新罗册使》：“顺风鲸浪热，初日锦帆斜。”

【鲸魚】 ❶哺乳动物。种类繁多，生活在海洋中，胎生，状似鱼，体长30多米，是世界是最大的动物。前肢形成鳍，后肢完全退化，尾巴变成尾鳍，鼻孔在头的上部，用肺呼吸。肉可食，脂肪可制油，用于医药等。杜甫《短歌行赠王郎司直》：“豫章翻风白日动，鲸鱼跋浪沧溟开。”贾至《闲居秋怀寄阳翟陆赞府封丘高少府》：“鲸鱼纵大壑，鸑鷟鸣高冈。”韩愈《赠刘师服》：“巨缗东钓倘可期，与子共饱鲸鱼脍。”李贺《神仙曲》：“清明笑语闻空虚，斗乘巨浪骑鲸鱼。”❷喻指顽敌。钱起《送屈突司马充安西书记》：“遥知太阿剑，计日斩鲸鱼。”参见“鲸鯢❷”。

【鲸鹏】 鲸鱼和鹏鸟。韩愈《海水》：“风波无所苦，还作鲸鹏游。”又《送无本师归范阳》：“鲸鹏相摩窣，两举快一啖。”

【鲸鯢】 ❶鲸鱼。雄曰鲸，雌曰鲵。李白《万愤词投魏郎中》：“海水渤潏，人罹鲸鲵。”卢纶《奉陪浑侍中上巳日泛渭河》：“舟楫方朝海，鲸鲵自曝腮。”元稹《书异》：“喷薄鲸鲵腥，跳趏井蛙喜。”白居易《题海图屏风》：“鲸鲵得其便，张口欲吞舟。”❷喻凶恶之人。太宗《经破薛举战地》：“一挥氛沴静，再举鲸鲵灭。”李白《九日登巴陵置酒望洞庭水军》：“今兹讨鲸鲵，旌旆何缤纷。”高适《酬裴员外以诗代书》：“誓当剪鲸鲵，永以竭驽骀。”郑启《严塘经乱书事》之二：“正是四郊多垒日，波涛早晚静鲸鲵。”

【鲸鳞】 鲸鱼。李白《赠张相镐二首》之一：“诸侯拜马首，猛士骑鲸鳞。”

【鲸鬣】 ❶鲸须。皮日休《庚寅岁十一月新罗弘惠上人与本国同书请日休为灵鹫山周禅师碑将还以诗送之》：“鲸鬣晓掀峰正烧，鳌睛夜没岛还阴。”❷借指鲸鱼。喻顽敌。杜牧《华清宫三十韵》：“鲸鬣掀东海，胡牙揭上阳。”

九　画

鯷 〔tí《广韵》杜奚切，平齊，定。又特計切，去霽，定。又是義切，去寘，禪。〕大鲇。大首方口，背青黑而无鳞，多涎。韩偓《江楼二首》之一：“鯷鱼苦笋香味新，杨柳酒旗三月春。”

鰅 〔yú《广韵》遇俱切，平虞，疑。又魚容切，平鍾，疑。〕参见“鰅鳙”。

【鰅鳙】 古代传说中的一种怪鱼。见《楚辞·大招》。柳宗元《柳州寄丈人周韶州》：“梅岭寒烟藏翡翠，桂江秋水露鰅鳙。”

鰓 〔sāi《广韵》蘇來切，平咍，心。〕鱼类的呼吸器官。在头部的两侧，多为羽毛状、板状或丝状，用来吸取水中的氧。元稹《竞渡》：“回悲曝鰓者，未免鯨鯢吞。”李搏《贺裴廷裕蜀中登第诗》：“应笑戎藩刀笔吏，至今泥滓曝鱼鳃。”亦代称鱼。骆宾王《和孙长史秋日卧病》：“还因承雅曲，暂喜跃沉鳃。”

鰐

〔è《广韵》五各切，入鐸，疑。〕鳄鱼。爬行动物的一类，大者体长 3～6 米，四肢短，尾巴长，全身有灰褐色的硬皮。善游泳，性凶恶，捕食鱼、蛙和鸟类，亦食人、畜。多产于热带和亚热带。白居易《送客春游岭南二十韵》：“云烟蟒蛇气，刀剑鳄鱼鳞。”张祜《观山海图二首》之二：“岛踞鳌睛大，沙行鳄齿长。”皮日休《虎丘寺殿前有古杉一本遂赋三百言以见志》：“鳄狂将立处，螭斗未开时。”

鯹

〔xīng《广韵》桑經切，平青，心。〕鱼腥气。孟郊《寒溪》之四：“朔冻哀彻底，獠馋咏潜鯹。”

【鯹市】　鱼市。薛能《秋雨》：“醉楼思蜀客，鯹市想淮鱼。”

鰍

参见“鰌”。

鰒

〔fù《广韵》房六切，入屋，奉。又蒲角切，入覺，并。〕又名鲍鱼。皮日休《新秋即事三首》之三：“君卿唇舌非吾事，且向江南问鰒鱼。”

鰋

同“鯿”。见《山海经·海内北经》。元稹《酬翰林白学士代书一百韵》：“苇笋针筒束，鰋鱼箭羽鬐。”

鰌

〔qiū《广韵》七由切，平尤，清。又自秋切，平尤，從。〕亦作“鰍”。❶鱼纲鳅科鱼类的统称。身体圆柱形，尾端侧扁，鳞小，有黏液，头小而尖，具须三至六对。柳宗元《游南亭夜还叙志七十韵》：“弋林驱雀鷇，渔泽从鰌鲂。”韩偓《桃林场客舍之前有池半亩因作五言八韵》：“苇鹭怜潇洒，泥鳅畏日曦。”❷海鳅。即露骨鲸。许浑《岁暮自广江至新兴往复中题峡山寺四首》之一：“海鳅潮上见，江鹄雾中闻。”黄滔《壶公山》：“井通鳅吐脉，僧隔虎栖禅。”齐己《观李琼处士画海涛》：“巨鳌转侧长鰌翻，狂涛颠浪高漫漫。”张碧《鸿沟》：“鱼虾舞浪狂鳅鲲，龙蛇胆战登鸿门。”

鯿

〔biān《广韵》卑連切，平仙，幫。又布還切，平刪，幫。〕鱼名。鳊鱼。古亦称鲂鱼。身体侧扁，头小而尖，鳞细肉肥，味鲜美。生活在淡水中。孟浩然《冬至后过吴张二子檀溪别业》：“鸟泊随阳雁，鱼藏缩项鳊。”杜甫《解闷十二首》之六：“即今耆旧无新语，漫钓槎头缩颈鳊。”唐彦谦《寄友三首》之一：“新酒秦淮缩项鳊，凌霄花下共流连。”吴融《渡汉江初尝鳊鱼有作》。

鰕

〔xiā《广韵》胡加切，平麻，匣。〕同“蝦”。节肢动物，体长，分头部、胸部和腹部，体外有壳质的软壳，薄而透明，腹部由多数环节构成，头部有长短触角各一对。韩愈《奉和虢州刘给事使君三堂新题二十一咏·镜潭》：“鱼鰕不用避，只是照蛟龙。”白居易《东南行一百韵》：“亥日饶鰕蟹，寅年足虎貙。”杨牢《赠舍弟》：“早驱风雨知龙圣，饿食鱼鰕觉虎羞。”贯休《鼓腹曲》：“饼红鰕兮析麋腊，有酒如浊醽兮呼我吃。”

【鰕菜】　用鱼虾做成的菜肴。杜甫《赠韦七赞善》：“洞庭春色悲公子，鰕菜忘归范蠡船。”

【鰕湖】　湖泊名。当在今安徽贵池市境。李白《宿鰕湖》：“鸡鸣发黄山，暝投鰕湖宿。”

【鰕蚬】　虾和蚌蚬。泛指小鱼。皮日休《奉和鲁望渔具十五咏·笭箵》：“但闻鰕蚬气，欲生蘋藻衣。”

【鰕簾】　用海中大虾的触须制成的帘子。亦喻指制作精细的竹帘。温庭筠《晚坐寄友人》：“应卷鰕帘看皓齿，镜中惆怅见梧桐。”

【鰕鬚】　❶海中大虾触须。皮日休《奉和鲁望渔具十五咏·沪》：“波中植甚固，礫礫如鰕鬚。”❷指虾须帘。无名氏《小苏家》：“堂内月娥横剪波，倚门肠断鰕鬚隔。”无名氏《夏》：“绣楹夜夜箔虾鰕鬚，象榻重重簟湘水。”

十　画

鰲

同“鼇”。传说海中能负大山的巨鳌或巨龟。见《楚辞·天问》。王维《送秘书晁监还日本国》：“鳌身映天黑，鱼眼射波红。”

【鰲山】　山名。在今湖南常德市北。亦借指仙山。杜荀鹤《赠聂尊师》：“蟾桂云梯折，鳌山鹤驾游。”李商隐《异俗二首》之二：“点对连鳌饵，搜求缚虎符。”翁洮《赠进士王雄》：“河清海晏少波涛，几载垂钩不得鳌。”吕岩《题永康酒楼》：“鲸吸鳌吞数百杯，玉山谁起复谁颓。”

【鰲足】　传说中女娲用作天柱的巨鳌四足。牛僧孺《李苏州太湖石因题二十韵奉呈梦得乐天》：“地祇愁垫压，鳌足困支撑。”

【鰲背】　借指大海。刘禹锡《送源中丞充新罗册立使》：“烟开鳌背千寻碧，日浴鲸波万顷金。”

【鰲头】　❶大鳌或大龟之头。张瀛《赠琴棋僧歌》：“我尝听师禅一观，浪溢鳌头蟾魄满。”吴融《文德初闻车驾东游》：“鳌头一荡山虽没，乌足重安日不昏。”❷指翰林院。唐时翰林学士、承旨等官朝见皇帝时立于镌有巨鳌的殿陛石正中，因称入翰林院为鳌头。徐夤《伤前翰林杨左丞》：“飞上鳌头侍玉皇，三台遗耀换余光。”李瀚《留题座主和凝旧阁》：“座主登庸归凤阙，门生批诏立鳌头。”

鰭〔qí《广韵》渠脂切，平脂，羣。〕鱼类的运动器官，由刺状的硬骨或软骨支撑薄膜构成。有背鳍、尾鳍、胸鳍、腹鳍、臀鳍等。钱起《巨鱼纵大壑》：“奋跃风生鬣，腾凌浪鼓鳍。”元稹《有酒十章》之五：“筋疲力竭波更大，鳍燋甲裂身已干。”

【鰭鬣】　鳍棘，支撑鱼鳍薄膜的棘刺状硬骨。李白《酬中都小吏携斗酒双鱼于逆旅见赠》：“双鳃呀呷鳍鬣张，跋刺银盘欲飞去。”

䲣〔yú《广韵》語居切，平魚，疑。〕“漁”的古字。捕鱼。陆龟蒙《渔具诗》序：“天随子䲣于海山之颜有年矣。”又《奉和袭美酬前进士崔潞盛制见寄因赠至一百四十言》：“空持一竿饵，有意䲣鲸鱼。”

鰥〔guān《广韵》古頑切，平山，見。〕❶成年无妻或丧妻者。《书·尧典》：“有鳏在下，曰虞舜。”孔传：“无妻曰鳏。”韩愈《题炭谷湫祠堂》：“至今乘水旱，鼓舞寡与鳏。”元稹《台中鞫狱忆开元观旧事呈损之兼赠周兄四十韵》：“而我亦何苦，三十身已鳏。”❷参见“鰥魚”“鰥鰥”。

【鰥夫】　成年丧妻或无妻者。白居易《答骑马人空台》：“鳏夫仍系职，稚女未胜哀。”

【鰥民】　鳏夫，成年无妻或丧妻者。亦用为匹夫义。皮日休《奉和鲁望读阴符经见寄》：“舜唯一鳏民，冗冗作什器。”

【鰥孤】　泛称没有劳动能力而独居无依靠的人。韦应物《鼙鼓行》：“何况鳏孤火绝无晨炊，独妇夜泣官有期。”

【鰥魚】　喻独居郁悒。白居易《代书诗一百韵寄微之》：“寡鹤摧风翮，鳏鱼失水鬐。”自注：“此四兼含微之鳏居之意。”

【鰥魚渴鳳】　喻独身男子急于求偶。李商隐《李夫人三首》之三：“清澄有余幽素香，鳏鱼渴凤真珠房。”

【鰥惸】　犹鳏孤。泛指没有劳动能力而独居无依靠的人。白居易《初领郡政衙退登东楼作》：“鳏茕心所念，简牍手自操。”

【鰥寡】　老而无偶者。引申指老弱孤苦者。张说《奉和圣制赐诸州刺史应制以题坐右》：“文明遍禹迹，鳏寡达尧心。”韦应物《至西峰兰若受田妇馈》：“今我何为答，鳏寡欲焉如。”独孤及《酬常郿县见赠》：“爱君修政若修身，鳏寡来归乳雉驯。”清昼、汤衡《讲德联句》：“哀矜鳏寡，旌礼儒墨。”

【鰥寡猿】　丧偶的猿猴。孟郊《峡哀》之五：“峡听哀哭泉，峡吊鳏寡猿。”

【鰥獨】　泛称年老者。卢肇《汉堤诗》：“骇汗霏雨，疲癃鳏独。”

【鰥鰥】　忧愁难眠目不闭貌。李商隐《宿晋昌亭闻惊禽》：“羁绪鳏鳏夜景侵，高窗不掩见惊禽。”又《寄太原卢司空三十韵》：“俣俣行忘止，鳏鳏卧不瞑。”

鰩〔yáo《广韵》餘昭切，平宵，以。〕文鳐鱼。一种海鱼。长一尺许，体如纺锤，背黑腹白，眼大口小，脊鳍小而胸鳍甚大，张之如燕翼，能飞离水面数尺，故亦名飞鱼。见《山海经·西山经》。顾况《送从兄使新罗》：“南溟垂大翼，西海饮文鳐。”唐彦谦《汉代》：“黼帏翘彩雉，波扇画文鳐。”

十一画

鰻〔mán《广韵》母官切，平桓，明。又無販切，去願，明。〕鱼名。鳗鲡，亦名白鳝。身体长形，表面多黏液，上部灰黑色，下部白色，前部呈圆筒形，后部侧扁，鳞小且埋在皮肤下面。头尖，口大，背鳍、臀鳍和尾鳍连在一起，无腹鳍。生活在淡水中。肉味鲜美。卢仝《观放鱼歌》：“鳗鳣鲇鳢鳅，涎恶最顽愚。”

【鰻井】　古井名。在今浙江绍兴市鱼山。相传井中有鳗，鳗出游，越中必有水旱疠疫之灾，故名。徐浩《宝林寺作》：“孤岫龟形在，深泉鳗井开。”

鱅〔yōng《广韵》餘封切，平鐘，以。又蜀庸切，平鐘，禪。〕古代传说中的一种怪鱼。见《楚辞·大招》。参见“鰅鱅”。

鱉〔biē《广韵》并列切，入薛，幫。〕甲鱼，俗称团鱼。形态与龟略同，体扁圆，背后部隆起。背甲有软皮，外沿有肉质软边。肉味鲜美，营养丰富。血及甲可入药。储光羲《安宜园林献高使君》：“鱼鳖乐仁政，浮沉亦至哉。”陈标《公无渡河》：“声尽云天君不住，命悬鱼鳖妾同休。”

【鱉靈】　传说中古代蜀国帝名。苏颋《武担山寺》：“鳖灵时共尽，龙女事同迁。”

十二画

鱏〔xún《广韵》徐林切，平侵，邪。又餘針切，平侵，以。〕同“鲟”。白鲟。体延长，亚圆筒形，长达两米。背灰绿色，腹白色，头颇长，吻突出呈剑状。见《史记·屈原贾生列传》。顾况《游子吟》：“鸢飞戾霄汉，蝼蚁制鳣鱏。”沈仲昌《状江南·仲秋》：“江南仲秋天，鳣鼻大如船。”

鱖 〔guì《广韵》居衛切，去祭，見。〕鱼名。体侧扁，背隆起，黄绿色，口大，鳞片细小，全身有黑色斑点。生活在淡水中，是我国的特产。鱼味鲜美。元结《雪中怀孟武昌》："烧柴为温酒，煮鳜为作瀋。"张志和《渔父歌》之一："西塞山前白鹭飞，桃花流水鳜鱼肥。"许浑《湖州韦长史山居》："明日鳜鱼何处钓，门前春水似沧浪。"韩偓《阻风》："肥鳜香粳小艖艓，断肠滋味阻风时。"

鱔 〔shàn《集韵》上演切，上獮，禪。〕黄鳝。身体似蛇而无鳞，黄褐色，有黑色斑点，生活在池塘、小河、稻田的泥洞或石缝中。味鲜美，为常见食用鱼。元稹《酬乐天东南行诗一百韵》："杂莼多剖鳝，和黍半蒸菰。"

鱗 〔lín《广韵》力珍切，平真，來。〕❶鱼类、爬行动物和少数哺乳动物密集于身体表层的衍生物，有保护作用。杜甫《沙苑行》："泉出巨鱼长比人，丹砂作尾黄金鳞。"顾况《上古之什补亡训传十三章·十月之郊一章》："如翼于飞，如鳞栉比。"李绅《趋翰苑遭诬构四十六韵》："脱鳞超沆瀣，翻翼集蓬壶。"皮日休《奉和鲁望渔具十五咏·种鱼》："一月便翠鳞，终年必赪尾。"❷借指鱼。杜甫《观打鱼歌》："渔人漾舟沉大网，截江一拥数百鳞。"刘长卿《奉和李大夫同吕评事太行苦热行兼寄院中诸公仍呈王员外》："石枯山木燋，鳞穷水泉涸。"白居易《郡中春讌因赠诸客》："身骑骍駧马，口食涂江鳞。"沈亚之《汴州船行赋岸傍所见》："秋浪时回沫，惊鳞乍触航。"❸指鱼鳞状物。郭震《古剑篇》："精光黯黯青蛇色，文章片片绿龟鳞。"白居易《早热二首》之一："簟拂碧龙鳞，扇摇白鹤翅。"李群玉《书院二小松》："一双幽色出凡尘，数粒秋烟二尺鳞。"齐己《游道林寺四绝亭观宋杜诗版》："古石生寒仞，春松脱老鳞。"

【鳞介】 指有鳞和介甲的动物。苏味道《九江口南济北接蕲春南与浔阳岸》："鳞介多潜育，渔商几溯洄。"杜甫《白凫行》："鳞介腥膻素不食，终日忍饥西复东。"韩愈《峡石西泉》："居然鳞介不能容，石眼环环水一钟。"白居易《题海图屏风》："鳞介无小大，遂性各沉浮。"

【鳞甲】 ❶鳞介类的鳞片和甲壳。段成式《观山灯献徐尚书》之三："火树枝柯密，烛龙鳞甲张。"陆龟蒙《添酒中六咏·酒龙》："若怒鳞甲赤，如酣头角垂。"❷指有鳞或甲壳的水生动物。刘禹锡《晚泊牛渚》："芦苇晚风起，秋江鳞甲生。"元稹《和乐天重题别东楼》："日映文章霞细丽，风驱鳞甲浪参差。"白居易《秋日与张宾客舒著作同游龙门醉中狂歌凡二百三十八字》："嵩峰余霞锦绮卷，伊水细浪鳞甲生。"李群玉《竞渡时在湖外偶为成章》："喧江雷鼓鳞甲动，三十六龙衔浪飞。"❸喻鳞甲状物。韦应物《古剑行》："沉沉青脊鳞甲满，蛟龙无足蛇尾断。"又《寇季膺古刀歌》："重叠泥沙更剥落，纵横鳞甲相参差。"韩愈《苦寒》："肌肤生鳞甲，衣被如刀镰。"

【鳞光】 鳞片所折射出来的光辉。陆龟蒙《奉和袭美太湖诗二十首·投龙潭》："鳞光焕水容，目色烧山翠。"

【鳞次】 如鱼鳞依次排列。王维《登楼歌》："聊上君兮高楼，飞甍鳞次兮在下。"元结《漶阳亭作》："峰石若鳞次，欹垂复旋回。"李德裕《思平泉树石杂咏一十首·叠石》："鳞次冠烟霞，蝉联叠波浪。"杜牧《郡斋独酌》："时节序鳞次，古今同雁行。"

【鳞羽】 ❶鱼和有羽类。韩愈《海水》："苟非鳞羽大，荡薄不可能。"❷代指鱼和鸟。白居易《续古诗十首》之九："飞沉一何乐，鳞羽各有徒。"又《春日闲居三首》之二："我今对鳞羽，取乐成谣咏。"

【鳞蟲】 有鳞甲的动物，一般指鱼类和爬行类。鲍溶《采珠行》："鳞虫变化为阴阳，填海破山无景光。"

【鳞宗】 鱼类。张说《同赵侍御乾湖作》："鳞宗壳族嬉为府，弋叟罛师利焉聚。"

【鳞差】 (—cī)犹鳞次。刘商《姑苏怀古送秀才下第归江南》："姑苏台枕吴江水，层级鳞差向天倚。"白居易《想东游五十韵》："鳞差渔户舍，绮错稻田沟。"韩偓《中秋寄杨学士》："鳞差甲子渐衰迟，依旧年年困乱离。"

【鳞族】 鱼类和爬行类等有鳞动物的总称。无名氏《骊龙》(卷七八七)："有美为鳞族，潜蟠得所从。"

【鳞皴】 皲裂如鳞片。袁高《茶山诗》："终朝不盈掬，手足皆鳞皴。"白居易《有木诗八首》之六："彩翠色如柏，鳞皴皮似松。"齐己《古松》："雷电不敢伐，鳞皴势万端。"亦指鱼鳞的裂痕。卢士衡《灵溪老松歌》："灵溪古观坛西角，千尺鳞皴栋梁朴。"

【鳞蜿蜿】 枝干屈曲貌。李贺《五粒小松歌》："蛇子蛇孙鳞蜿蜿，新香几粒洪崖饭。"

【鳞鸿】 鱼雁。借指信使。徐铉《王三十七自京垂访作此送之》："只就鳞鸿求远信，敢言车马访贫家。"

【鳞翼】 翅膀。李群玉《雨夜呈长官》："鳞翼思风水，青云方阻修。"

【鳞鳞】 ❶形容鱼鳞状物。(1)形容云彩。卢纶《陈翃郎中北亭送侯钊侍御赋得带冰流歌》："璧方镜员流不断，白云鳞鳞满河汉。"权德舆《唐开州文编远寄新赋走笔代书聊书还答》："归云夕鳞鳞，圆魄夜苍苍。"(2)形容水波。李群玉《江南》："鳞鳞别浦起微波，泛泛轻舟桃叶歌。"罗隐《过废江宁县》："县前水色细鳞鳞，一为夫君吊水滨。"亦形容水波状物。元稹

《和东川李相公慈竹十二韵》："烟含胧胧影，月泛鳞鳞波。"❷鳞集貌，密集貌。李颀《寄镜湖朱处士》："鳞鳞远峰见，淡淡平湖春。"❸明亮貌。张谔《九日宴》："秋叶风吹黄飒飒，晴云日照白鳞鳞。"❹象声词。象车轮声。张说《安乐郡主花烛行》："城隅靡靡稍东还，桥上鳞鳞转南渡。"

【鳞鬣】 ❶指龙的鳞片和鬣毛。崔涂《途中感怀寄青城李明府》："鳞鬣催残志未休，壮心翻是此身雠。"❷代称鱼。方干《漳州阳亭言事寄于使君》："鲤鱼纵是凡鳞鬣，得在膺门合作龙。"齐己《池上感兴》："碧底红鳞鬣，澄边白羽翰。"亦代称鱼符。黄滔《奉和翁文尧十九员外中谢日蒙恩赐金紫之什》："三品易悬鳞鬣赫，八丝展起彩章飞。"

鱒 〔zùn 今读 zūn《广韵》才本切，上混，從。又徂閟切，去慁，從。〕鱼名。赤眼鳟。体细长，前部圆筒形，后部侧扁，背部淡青，稍带黑色，侧线下部银白色，全身有黑点，眼上缘红色，为生活在淡水中的常见食用鱼类。《诗·豳风》："九罭之鱼，鳟鲂。"卢仝《观放鱼歌》："鳟鲂见豳风，质干稍高流。"

鱍 〔bō《广韵》北末切，入末，幫。又普活切，入沫，滂。〕参见"鱍鱍"。

【鱍鱍】 ❶鲜活貌。杜甫《观打鱼歌》："绵州江水之东津，鲂鱼鲅鲅色胜银。"白居易《昆明春》："今来净绿水照天，游鱼鲅鲅莲田田。"❷象声词。鱼摆尾声。寒山《诗三百三首》之一八五："买肉血淴淴，买鱼跳鲅鲅。"

十三画

鱧 〔lǐ《广韵》盧啟切，上薺，來。〕鳢鱼。即黑鱼，体呈圆柱形，头扁，口大，有齿，背部灰绿色，腹部灰白色，有黑色斑纹。性凶猛。卢仝《观放鱼歌》："鳗鳣鲇鳢鳅，涎恶最顽愚。"

鱟 〔hòu《广韵》胡遘切，去候，匣。又烏酷切，入沃，影。〕鲎鱼。又名中国鲎、东方鲎。全身分头胸部、腹部和尾部。头胸甲壳宽广，为半月形，腹部甲壳呈六角形，尾部呈剑状，腹面有六双附肢。生活在海洋中。韩愈《初南食贻元十八协律》："鲎实如惠文，骨眼相负行。"皮日休《五贶诗·诃陵樽》："一片鲎鱼壳，其中生翠波。"

鱠 〔kuài《广韵》古外切，去泰，見。〕同"膾"。❶切得很细的鱼或肉。王昌龄《赵十四兄见访》："忽忆鲈鱼鲙，扁舟往江东。"岑参《送李翥游江外》："砧净红鲙落，袖香朱桔团。"陈羽《宴杨驸马山池》："鲙下玉盘红缕细，酒开金瓮绿醅浓。"花蕊夫人徐氏《宫词》之七："日午殿头宣索鲙，隔花催唤打鱼人。"❷把鱼或肉切成细片。李白《闻李太尉大举秦兵百万出征东南留别金陵崔侍御十九韵》："意在斩巨鳌，何论鲙长鲸。"韩翃《送客游江南》："衣香楚山橘，手鲙湘波鱼。"白居易《郡斋旬假始命宴呈座客示郡寮》："萍醅箬溪醑，水鲙松江鳞。"王初《书秋》："往来未若奇张翰，欲鲙霜鲸碧海东。"

【鱠炙】 细切的鱼和烤熟的肉。亦泛称佳肴。姚合《过张邯郸庄》："苟餐非其所，鲙炙为蒺藜。"陆龟蒙《村夜二篇》之二："纤洪动丝竹，水陆供鲙炙。"

【鱠魚】 切细加工的鱼。许浑《酬郭少府先奉使巡涝见寄兼呈裴明府》："饱食鲙鱼榜归楫，待君琴酒醉陶公。"

【鱠殘魚】 即银鱼。古代传说吴王阖闾江行，食鱼鲙，弃其残余于江中而化为鱼，故名。皮日休《松江早春》："稳凭船舷无一事，分明数得鲙残鱼。"

【鱠盤】 盛放鱼鲙的盘子。项斯《对鲙》："行到鲈鱼乡里时，鲙盘如雪怕风吹。"

【鱠縷】 鱼片、肉丝。杜甫《陪王汉州留杜绵州泛房公西湖》："豉化莼丝熟，刀鸣鲙缕飞。"白居易《想东游五十韵》："鲙缕鲜仍细，莼丝滑且柔。"

鱣1 〔zhān《广韵》張連切，平仙，知。〕即鲟鳇鱼。见《尔雅·释鱼》。杜甫《又观打鱼》："日暮蛟龙改窟穴，山根鳣鲔随云雷。"顾况《游子吟》："鸢飞戾霄汉，蝼蚁制鳣鳣。"于逖《野外行》："魏人宅蓬池，结网伫鳣鲂。"方干《侯郎中新置西湖》："菰蒲纵感生成惠，鳣鲔那知广大恩。"

鱣2 〔shàn《广韵》上演切，上獮，禪〕同鳝。见《汉后书·杨震传》。唐诗人用此典。杜甫《秋日夔府咏怀奉寄郑监李宾客一百韵》："敕厨唯一味，求饱或三鳣。"钱起《过杨驸马亭子》："彩凤翻箫曲，祥鳣入馆名。"白居易《和杨郎中贺杨仆射致仕后杨侍郎门生合宴席上作》："祥鳣降伴趋庭鲤，贺燕飞和出谷莺。"

【鱣庭】 鳣堂，讲学之所。李德裕《奉送相公十八丈镇扬州》："共悬龟印衔新绶，同忆鳣庭访旧居。"

【鱣2序】 学校。李乂《侍宴长宁公主东庄应制》："贵游鳣序集，仙女凤楼期。"郑愔《侍宴长宁公主东庄应制》："池架祥鳣序，山吹鸣凤曲。"

十六画

鱸 〔lú《广韵》落胡切，平模，來。〕鱼名。松江鲈鱼。杜父鱼科。参见"鱸魚"。

【鱸魚】 鱼名。指松江鲈鱼。杜父鱼科。鳃膜上各有两条橙黄色斜纹。鳞退化，体呈黄褐色。生活在近岸浅海，夏秋进入淡水河后，肉更肥美，尤以松江所产最为名贵。孟浩然《与崔二十一游镜湖寄包贺二公》："不知鲈鱼味，但识鸥鸟情。"羊士谔《忆江南旧游二首》之一："曾作江南步从事，秋来还复忆鲈鱼。"刘兼《秋夕书怀》之一："宦情总逐愁肠断，一箸鲈鱼直万金。"

【鱸魚鄉】 产鲈鱼之乡。泛指江南水乡。项斯《对鲙》："行到鲈鱼乡里时，鲙盘如雪怕风吹。"

【鱸魚膾】 南朝宋刘义庆《世说新语·识鉴》："张季鹰辟齐王东曹椽，在洛，见秋风起，因思吴中菰菜羹、鲈鱼脍，曰：'人生贵得适意尔，何能羁宦数千里以要名爵？'遂命驾便归。俄而齐王败，时人皆谓为见机。"后因以为思乡赋归的典故。李白《秋下荆门》："此行不为鲈鱼鲙，自爱名山入剡中。"韩翃《送王侍御赴江西兼寄李袁州》："垂帘白角簟，下筯鲈鱼鲙。"白居易《寄杨六侍郎》："秋风一箸鲈鱼鲙，张翰摇头唤不回。"李群玉《将之吴越留别坐中文酒诸侣》："非思鲈鱼脍，且弄五湖船。"

【鱸魚鱠】 见"鱸膾"。

【鱸鱠】 鲈鱼脍，切得很细的鲈鱼片。岑参《送张秘书充刘相公通汴河判官便赴江外觐省》："鲈鲙剩堪忆，莼羹殊可餐。"许浑《九月登樟亭驿楼》："鲈鲙与莼羹，西风片席轻。"陆龟蒙《润州送人往长洲》："君住松江多少日，为尝鲈鲙与莼羹。"李中《寄赠致仕沈彬郎中》："莼羹与鲈鲙，秋兴最宜长。"

鳥 部

鳥 〔niǎo《广韵》都了切,上篠,端。〕古代指尾羽长的飞禽。今为脊椎动物的一纲。体温恒定,卵生,嘴内无齿。全身有羽毛。胸部龙骨突起,前肢变成翼,后肢能行走。一般能飞,亦有两翼退化、不能飞行者。刘长卿《送子婿崔真甫李穆往扬州四首》之四:"狎鸟携稚子,钓鱼终老身。"王铤《登越王楼见乔公诗偶题》:"过鸟时时冲客会,闲风往往弄江声。"白居易《春日闲居三首》之二:"新林绿阴成,众鸟欣相鸣。"李频《省试振鹭》:"有鸟生江浦,霜华作羽翰。"

【鳥毛】 鸟之毛羽。许棠《秋日陪陆校书游玉泉》:"沫滞潭花片,沙遗浴鸟毛。"

【鳥爪】 传说仙女麻姑手指纤细似鸟爪,故借以指仙人之手。罗隐《圣真观刘真师院十韵》:"野耗鸢肩寄,仙书鸟爪封。"

【鳥爪侍娘】 指仙人麻姑。赵嘏《赠王先生》:"羽衣使者峭于鹤,鸟爪侍娘飘若花。"

【鳥文】 篆书的一种。鲍溶《经隐叟》:"虚洞闭金锁,蠹简藏鸟文。"参见"鳥篆"。

【鳥目】 鸟的眼睛。白居易《河阳石尚书破回鹘迎贵主过上党射鹭鸶绘画为图以诗美之》:"须知鸟目犹难漏,纵有天狼岂足忧。"自注:"尚书将入潞府,偶逢水鸟鹭鸶,引弓射之,一发中目,三军踊跃,其事上闻,诏下美之。"

【鳥外】 指高空。岑参《虢州西亭陪端公宴集》:"红亭出鸟外,骏马系云端。"

【鳥行】 飞鸟的行列。陆龟蒙《江南秋怀寄华阳山人》:"鸟行沉莽碧,鱼队破泓澄。"王贞白《雨后从陶郎中登庾楼》:"岛边渔艇聚,天畔鸟行分。"

【鳥色】 谓南方朱鸟七宿之星光。董思恭《咏星》:"云际龙文出,池中鸟色翻。"

【鳥羽】 鸟之羽毛。无名氏《晨光动翠华》:"鸟羽飘初定,龙文照转真。"

【鳥吟】 鸟儿鸣唱。李白《金门答苏秀才》:"鸟吟檐间树,花落窗下书。"侯冽《花发上林》:"落水随鱼戏,摇风映鸟吟。"

【鳥伸】 古代一种养生术。运动肢体,如飞鸟之伸脚。欧阳詹《送高士安下第归岷南宁觐》:"就养思儿戏,延年爱鸟伸。"

【鳥谷】 犹鸟道。骆宾王《和孙长史秋日卧病》:"决胜鲸波静,腾谋鸟谷开。"

【鳥言】 ❶鸟语,鸟鸣声。刘禹锡《洛中早春赠乐天》:"花意已含蓄,鸟言尚沉吟。"❷指土话。李商隐《异俗二首》之一:"鸟言成谍诉,多是恨彤幨。"

【鳥性】 鸟的性情。张祜《丹阳新居四十韵》:"人性嗤散漫,鸟性乐喧妍。"

【鳥泊】 谓飞鸟止栖。孟浩然《冬至后过吴张二子檀溪别业》:"鸟泊随阳雁,鱼藏缩项鳊。"

【鳥星】 指南方朱七宿。《郊庙歌辞·五郊乐章·青帝角音》:"鹤云旦起,鸟星昏集。"

【鳥咮】 星宿名。即柳宿,也称鹑火。柳宿入星位于朱鸟之口。刘禹锡《送僧方及南谒柳员外》序:"一旦以行日来告,且曰:'雅闻鸟咮之下有贤诸侯,愿跻其门,如蹈十地,敢乞辞以抵之。'"

【鳥庭】 鸟夷之庭。古称东南滨海地区的居民为鸟夷。袁朗《赋饮马长城窟》:"鸟庭已向内,龙荒更凿空。"

【鳥音】 鸟鸣声。张祜《题南陵隐静寺》:"涧壁鸟音迴,泉源僧步闲。"

【鳥陣】 兵法中的战阵名。卢照邻《结客少年场行》:"龙旌昏朔雾,鸟阵卷胡风。"

【鳥逝】 如鸟之飞逝。谓行进迅速。王维《送秘书晁监还日本国》序:"琅琊台上,回望龙门;碣石馆前,夐然鸟逝。"

【鳥逕】 见"鳥徑"。

【鳥哢】 鸟鸣。苏颋《奉和春日幸望春宫应制》:"宸游对此欢无极,鸟哢声声入管弦。"

【鳥隼】 指绘有隼鸟的旗帜。为州郡长官所拥有。徐彦伯《饯唐州高使君赴任》:"骕骦已踯躅,鸟隼方葳蕤。"参见"鳥旗"。

【鳥徑】 亦作"鳥逕"。只有鸟才能飞越的路。许浑《游茅山》:"步步入山门,仙家鸟径分。"陆龟蒙《奉和袭美公斋四咏次韵·小松》:"擢秀逋客岩,遗根飞鸟迳。"蜀太后徐氏《玄都观》:"步粘苔藓龙桥滑,日闭烟罗鸟径迷。"

【鳥雀】 泛指小鸟。储光羲《田家杂兴八首》之五:"稚子朝未饭,把竿逐鸟雀。"杜甫《将适吴楚留别章使君留后兼幕府诸公得柳字》:"日车隐昆仑,鸟雀噪户牖。”白居易《奉和思黯相公以李苏州所寄太湖石因题二十韵见示兼呈梦得》：“未曾栖鸟雀，不肯染尘埃。”罗邺《下第》：“门掩残阳鸣鸟雀，花飞何处好池台。”

【鳥跂】 弹棋之法。李颀《弹棋歌》：“缘边度陇未可嘉，鸟跂星悬危复斜。”

【鳥巢】 鸟窝。杜牧《冬日五湖馆水亭怀别》：“寒林叶落鸟巢出，古渡风高渔艇稀。”孟郊《寄洺州李大夫》：“鸟巢忧迸射，鹿耳骇惊闻。”李频《题栖霞寺庆上人院》：“居与鸟巢邻，日将巢鸟亲。”

【鳥堞】 即雉堞。城墙长三丈、广一丈为雉。堞，女墙。骆宾王《四月八日题七级》：“化城分鸟堞，香阁俯龙川。”

【鳥棲】 鸟之栖息。白居易《答梦得秋庭独坐见赠》：“霜草欲枯虫思急，风枝未定鸟栖难。”

【鳥喙】 鸟嘴。常形容尖凸的人嘴。北齐刘昼《新论·命相》：“越王勾践，长颈鸟喙，非善终之象，而夏禹亦长颈鸟喙。”陆龟蒙《范蠡》：“句践不知嫌鸟喙，归来犹自铸良金。”

【鳥啼】 鸟鸣。李频《岐山逢陕下故人》：“早晚期于此，看花听鸟啼。”

【鳥毳】 鸟腹细毛。张九龄《郡内闲斋》：“檐风落鸟毳，窗叶挂虫丝。”

【鳥道】 险峻狭窄的山路。寒山《诗三百三首》之二：“重岩我卜居，鸟道绝人迹。”杜甫《秋兴八首》之七：“关塞极天唯鸟道，江湖满地一渔翁。”徐凝《送马向入蜀》：“白云连鸟道，青壁连猿声。”许棠《登山》：“信步上鸟道，不知身忽高。”

【鳥媒】 用以引诱他鸟而拴系的活鸟。陆龟蒙《自和次前韵》：“鸟媒呈不一，鱼寨下仍重。”

【鳥觜】 ❶鸟的嘴。白居易《感春》：“花房红鸟觜，池浪碧鱼鳞。”❷茶名。许浑《蜀州郑使君寄鸟觜茶因以赠答八韵》：“鸟觜撷浑牙，精灵胜镆铘。”郑谷《峡中尝茶》：“吴僧漫说鸦山好，蜀叟休夸鸟觜香。”

【鳥當】 山名。在今江西彭泽县。张祜《晚下鼓泽》：“斜日照鸟当，孤舟下彭泽。”

【鳥路】 只有鸟才能飞越的路。太宗《登三台言志》：“舞接花梁燕，歌迎鸟路尘。”刘长卿《送乔判官赴福州》：“夷落人烟迥，王程鸟路通。”韩愈《忆昨行和张十一》：“阳山鸟路出临武，驿马拒地驱频隤。”白居易《送友人上峡赴东川辟命》：“难于寻鸟路，险过上龙门。”

【鳥跡】 ❶鸟的爪印。李峤《奉和幸三会寺应制》：“龙形虽近刹，鸟跡尚留书。”许浑《赠裴处士》：“字形翻鸟跡，诗调合猿声。”❷鸟飞空中，了无痕迹。比喻物无实体。白居易《观幻》：“更无寻觅处，鸟跡印空中。”❸指鸟篆。李峤《书》：“削简龙文见，临池鸟跡舒。”杜甫《李潮八分小篆歌》：“苍颉鸟跡既茫昧，字体变化如浮云。”储嗣宗《过王右丞书堂二首》之二：“萤光虽散草，鸟跡尚临池。”

【鳥跡書】 鸟篆。李白《酬崔十五见招》：“尔有鸟迹书，相招琴溪饮。”又《游泰山六首》之二：“遗我鸟迹书，飘然落岩间。”

【鳥鼠】 ❶鸟和鼠。喻小人。来鹄《圣政纪颂》：“牙孽不作，鸟鼠不除。”❷山名，在今甘肃渭县西。岑参《与独孤渐道别长句兼呈严八侍御》：“鱼龙川北盘溪雨，鸟鼠山西洮水云。”杜甫《秦州杂诗二十首》之一：“水落鱼龙夜，山空鸟鼠秋。”

【鳥窠】 鸟巢。道林禅师入秦望山（在今浙江杭州境），见长松蟠曲如盖，遂栖止其上，故称鸟窠禅师。魏璞有《寻鸟窠迹》和《陪皮袭美陆鲁望重过鸟窠迹》。

【鳥歌】 鸟鸣。赵冬曦《陪燕公游㴩湖上寺》：“琴将天籁合，酒共鸟歌催。”廖融《赠天台逸人》：“云白寒峰晚，鸟歌春谷晴。”

【鳥語】 鸟鸣声。陈元光《半径寻真》：“坐石花容笑，穿林鸟语愁。”姚合《题长安薛员外水阁》：“林疏看鸟语，池近识鱼情。”方干《重寄金山寺僧》：“月华妨静烛，鸟语答幽禅。”孙鲂《主人司空后亭牡丹》：“蜂攒知眷恋，鸟语亦殷勤。”

【鳥旗】 古代军队旗帜的一种。旗上画有鸟隼。宋之问《龙门应制》：“鸟旗翼翼留芳草，龙骑骎骎映晚花。”参见“鳥隼”。

【鳥篆】 篆体古文字。形如鸟之爪迹，故名。韩愈《喜雪献裴尚书》：“阵势鱼丽远，书文鸟篆奇。”许浑《赠河东虞押衙二首》之一：“旧精鸟篆谙书体，新授龙韬识战机。”

【鳥窮】 鸟飞无路。喻人处境困难。刘禹锡《元和癸巳岁仲秋寄荆南严司空》：“就日知冰释，投人念鸟穷。”

【鳥墮】 谓飞鸟跌堕水中。南方瘴气甚浓，能使飞鸟跌堕水中。孟浩然《晓入南山》：“鲲飞今始见，鸟堕旧来闻。”

【鳥盡弓藏】 喻指大功告成，功臣受害。刘知几《读汉书作》：“鱼得自忘筌，鸟尽必弓藏。”谭用之《寄王侍御》：“鸟尽弓藏良可哀，谁知归钓子陵台。”

【鳥曆】 古代司春之官。故借指历书。白居易《禽虫十二章》之一：“疑有凤凰颁鸟历，一时一日不参差。”

【鳥噤】 鸟闭口不鸣。张祜《苦雨二十韵》：“濯枝怜鸟噤，流麦分人哈。”

【鳥衡】 星宿名。柳星，朱鸟七宿的第三宿。崔融《登东阳沈隐侯八咏楼》：“排阶衔鸟衡，交疏过牛斗。”

【鳥聲】 鸟鸣声。白居易《冬初酒熟二首》之一：“月色晓弥苦，鸟声寒更多。”陆龟蒙《江南冬至和人怀洛下》：“鸟声浑欲转，草色固应知。”韦庄《延兴门外作》：“马足倦游客，鸟声欢酒家。”

【鳥戲】 禽鸟之嬉戏。马戴《寄广州杨参军》：“汀洲观鸟戏，向月和猿吟。”

【鳥翼】 鸟的翅膀。借以喻指栋上布列的屋椽。杜牧《题吴兴消暑楼十二韵》：“鸟翼舒华屋，鱼鳞棹短桡。”

【鳥覆危巢】 鸟巢因建于弱枝而倾覆。喻处境极其危险。李商隐《行次昭应县道上送户部李郎中充昭义攻讨》：“鱼游沸鼎知无日，鸟覆危巢岂待风。”

【鳥獸】 泛指飞禽走兽。杜甫《阆州东楼筵奉送十一舅往青城县得昏字》：“天寒鸟兽休，霜露在草根。”刘叉《古怨》：“丈夫不立义，岂如鸟兽情。”白居易《禽虫十二章》之十：“鸟兽不曾看本草，谙知药性是谁教。”李商隐《题郑大有隐居》：“偃卧蛟螭室，希夷鸟兽群。”

【鳥羅】 捕鸟的罗网。明皇《校猎义成喜逢大雪率题九韵以示群官》：“一面施鸟罗，三驱教人战。”孟郊《空城雀》：“鱼网不在天，鸟罗不张水。”

【鳥籀】 指鸟篆和籀书。郑愔《奉和幸三会寺应制》：“鸟籀遗新阁，龙旗访古台。”

【鳥旟】 绘有鸟形的旗帜。骆宾王《和王记室从赵王春日游陀山寺》：“鸟旟陪访道，鹫岭狎栖真。”

【鳥籠】 养鸟的笼子。元稹《别李十一五绝》之三：“鸟笼猿槛君应会，十步向前非我州。”

二 画

鳩 〔jiū《广韵》居求切，平尤，見。〕❶鸟名。古为鸠鸽类，种类不一。如雉鸠、祝鸠、斑鸠等。亦有非鸠鸽类而以鸠名的鸤鸠（布谷）。今为鸠鸽科部分鸟类的通称。常指山斑鸠及珠颈斑鸠两种。岑参《送二十二兄北游寻罗中》：“遥知客舍饮，醉里闻春鸠。”李端《题元注林园》：“乳鹊哃巢花巷静，鸣鸠鼓翼竹园深。”元稹《有鸟二十章》之四：“有鸟有鸟名为鸠，毛衣软毳心性柔。”贾岛《寄慈恩寺郁上人》：“露寒鸠宿竹，鸿过月圆钟。”❷聚集，集合。见“鳩類集族”。

【鳩心】 斑鸠的心性。白居易《遇物感兴因示子弟》：“龟性愚且善，鸠心钝无恶。”参见“鳩拙”。

【鳩形】 古以鸠为长寿鸟，指年老者所用的以杖首为鸠形的手杖。李频《赋得长城斑竹杖》：“莫作鸠形并，空将鹤发期。”亦指手杖上所刻的鸠鸟的形状。王维《春日上方即事》：“鸠形将刻杖，龟壳用支床。”

【鳩杖】 杖头刻有鸠形的拐杖。李群玉《与三山人夜话》：“兔裘堆膝暖，鸠杖倚床偏。”

【鳩拙】 为自称性拙的谦词。见《禽经》。孟郊《投所知》：“自惭所业微，功用如鸠拙。”

【鳩巢】 鸠窝。白居易《重伤小女子》：“伤心自叹鸠巢拙，长堕春雏养不成。”参见“鳩拙”。

【鳩盤荼】 佛经中谓取人精气的鬼。亦译为瓮形鬼、冬瓜鬼。常用来喻丑妇或妇人的丑陋之状。无名氏《吹火诗》之二：“遥看烟里面，恰似鸠盘茶。”

【鳩鴿】 指斑鸠和鸽一类的禽鸟。韩愈、孟郊《城南联句》：“瘿颈闹鸠鸽，蜿垣乱蛈蝶。”卢仝《寄男抱孙》：“莫学捕鸠鸽，莫学打鸡狗。”

【鳩類集族】 谓招集同类或同族的人。柳宗元《贞符》序：“焚拆抵掎奔走转徙之害不作，而人乃克鸠类集族，歌舞悦怿，用祇于元德。”

鳧 〔fú《广韵》防無切，平虞，奉。〕野鸭。状如家鸭而稍小，肉味甚美。陈叔达《后渚置酒》：“岸广凫飞急，云深雁度低。”杜甫《江亭送眉州辛别驾升之》：“沙晚低风蝶，天晴喜浴凫。”刘商《送林衮侍御东阳秩满赴上都》：“几年乌府内，何处逐凫归。”李建勋《赋得冬日青溪草堂四十字》：“疏苇寒多折，惊凫去不齐。”

【鳧舟】 鸭形的船。卢照邻《七夕泛舟二首》之二：“凤杼秋期至，凫舟野望开。”梁知微《入朝别张燕公》：“凫舟才结缆，驺驾已相迎。”

【鳧花】 酒名。皮日休《奉和添酒中六咏·酒池》：“竹叶岛纡徐，凫花波荡漾。”

【鳧伯】 凫中之长者，老凫。陆龟蒙《引泉诗》：“凫伯弄翠蕊，鸾雏舞丹烟。”曹唐《小游仙诗九十八首》之九四：“暂随凫伯纵闲游，饮鹿因过翠水头。”

【鳧氏】 古代造钟之官。戴叔伦《晓闻长乐钟声》：“近杂鸡人唱，新传凫氏文。”参见“鳧鐘”。

【鳧茈】 亦作“鳧茨”。荸荠。张南史《早春书事奉寄中书李舍人》：“鹤膝兵家备，凫茨俭岁储。”皮日休《三羞诗三首》之三：“一金易芦卜，一缣换凫茈。”

【鳧茨】 见“鳧茈”。

【鳧飛】 为咏唱县令的典故。岑参《崔驸马山池重送宇文明府》：“凤去妆楼闭，凫飞叶县遥。”

【鳧脛】 野鸭的小腿。刘蜕《览陈拾遗文集》：“量长复校短，凫胫不愿续。”

【鳧鳥】 野鸭。马戴《秋思二首》之二：“亭树霜霰满，野塘凫鸟多。”

【鳧雁】 ❶野鸭与大雁。有时单指野鸭或大雁。胡皓《出峡》：“鱼龙潜啸雨，凫雁动成雷。”杜甫《晚晴》：“凫雁终高去，熊罴觉自肥。”李绅《却望无锡芙蓉湖》之一："清昼不风凫雁少，却疑初梦镜湖秋。"李群玉《桑落洲》："浦屿渔人火，蒹葭凫雁声。"❷鸭与鹅。李白《登黄山凌歊台送族弟溧阳尉济充泛舟赴华阴》："小舟若凫雁，大舟若鲸鲵。"许浑《晚自朝台津至韦隐居郊园》："秋来凫雁下方塘，系马朝台步夕阳。"温庭筠《郊居秋日有怀一二知己》："稻田凫雁满晴沙，钓渚归来一径斜。"又《商山早行》："因思杜陵梦，凫雁满回塘。"

【鳧葵】　莼菜。凫喜食之，故名。钱珝《江行无题一百首》之七六："自怜非博物，犹未识凫葵。"

【鳧舄】　指仙履。亦常用为县令的典实。骆宾王《饯郑安阳入蜀》："唯有双凫舄，飞去复飞来。"杜甫《九日杨奉先会白水崔明府》："晚酣留客舞，凫舄共差池。"钱起《诏许昌崔明府拜补阙》："脱身凫舄里，载笔虎闱前。"独孤及《酬常郿县见赠》："谓乘凫舄朝天子，却愧猪肝累主人。"

【鳧鴨】　野鸭。杜甫《通泉驿南去通泉县十五里山水作》："冬温蚊蚋在，人远凫鸭乱。"

【鳧騎】　谓仙人乘坐的凫舄。韩愈《同窦韦寻刘尊师不遇》："还随蹑凫骑，来访驭风襟。"

【鳧鵠】　野鸭和天鹄，或偏指天鹅。李益《闻鸡赠主人》："无事恋君轩，今君重凫鹄。"卢纶《秋夜同畅当宿潭上西亭》："凫鹄共思晓，菰蒲相与秋。"李德裕《山信至说平泉别墅草木滋长地转幽深怅然思归复此作》："麇麚来涧底，凫鹄遍川浔。"杜牧《陵阳送客》："凫鹄下寒渚，牛羊归远村。"

【鳧鷗】　野鸭和鸥鸟。杜牧《鸳鸯》："凫鸥皆尔类，惟羡独含情。"

【鳧鐘】　指乐器铜钟。魏征《五郊乐章·舒和》："笙歌籥舞属年韶，鹭鼓凫镛展时豫。"

【鳧鶴】　野鸭与白鹤。顾况《游子吟》："蒲荷影参差，凫鹤雏淋涔。"姚合《题凤翔西郭新亭》："鱼龙听弦管，凫鹤识旌旗。"

【鳧鷖】　凫和鹥。泛指水鸟。崔日用《奉和圣制春日幸望春宫应制》："东郊风物正熏馨，素浐凫鹥戏绿汀。"杜甫《渼陂行》："凫鹥散乱棹讴发，丝管啁啾空翠来。"王建《从元太守夏宴西楼》："凫鹥满中流，有酒复盈尊。"喻凫《夏日因怀阳羡旧游寄裴书记》："藕花熏浦溆，菱蔓匿凫鹥。"

【鳧鷺】　野鸭和鹭鸶。李绅《过梅里七首·忆放鹤》："凌励坐看空碧外，更怜凫鹭老江渍。"

三　画

鳶　〔yuān《广韵》與專切，平仙，以。〕鸷鸟。属猛禽类。俗称鹞鹰或老鹰。状如鹰而嘴短。上身暗褐杂棕白色，下体大部分为灰褐色带黑褐色纵文。耳翼黑褐色。翼下有白斑，尾呈叉状，以攫蛇、鼠、鸡、雏鸟为食。李白《独漉篇》："神鹰梦泽，不顾鸱鸢。"顾况《游子吟》："鸢飞戾霄汉，蝼蚁制鳣鱏。"王建《春燕词》："求食慎勿爱高飞，空中饥鸢为尔害。"白居易《犬鸢》："门前何所有，偶睹犬与鸢。"

【鳶肩】　谓两肩上耸，像鸱鸟栖止时的样子。吴融《绵竹山四十韵》："引者蛾眉弯，敛者鸢肩缩。"

【鳶肩公子】　指后汉大将军梁冀。其人鸢肩、豺目。李贺《荣华乐》："鸢肩公子二十余，齿编贝，唇激朱。"

【鳶鳥】　鸷鸟。贾岛《病蝉》："黄雀并鸢鸟，俱怀害尔情。"

【鳶跕】　跕，堕落。形容路远地恶。高适《饯宋八充彭中丞判官之岭南》："猿啼山不断，鸢跕路难登。"

【鳶嘯】　鸢鸟鸣叫。林宽《穷冬太学》："雪深鸢啸急，薪湿鼎吟迟。"

鳴　〔míng《广韵》武兵切，平庚，明。〕❶鸟兽昆虫叫。张继《郢城西楼吟》："沙洲枫岸无来客，草绿花开山鸟鸣。"白居易《凶宅》："枭鸣松桂树，狐藏兰菊丛。"郑巢《秋思》："寒蛩鸣不定，郭外水云幽。"贯休《轻薄篇二首》之二："木落萧萧，虫鸣唧唧。"❷发出声响。崔日用《饯唐永昌》："洛阳桴鼓今不鸣，朝野咸推重太平。"孟浩然《夜归鹿门山歌》："山寺钟鸣昼已昏，渔梁渡头争渡喧。"戴叔伦《宿天竺寺晓发罗源》："水砌长杉列，风廊败叶鸣。"许棠《过湍沟谷》："栈底鸣流水，林端敛夕阳。"❸使物发声。孟浩然《宿桐庐江寄广陵旧游》："风鸣两岸叶，月照一孤舟。"岑参《梁州对雨怀曲二秀才便呈曲大判官时疾赠余新诗》："濛濛随风过，萧飒鸣庭槐。"杜甫《大觉高僧兰若》："一老犹鸣日暮钟，诸僧尚乞斋时饭。"刘长卿《宿北山禅寺兰若》："上方鸣夕磬，林下一僧还。"引申为弹奏、演奏。储光羲《霁后贻马十二巽》："况我夜初静，当轩鸣绿琴。"庄若讷《湘灵鼓瑟》："帝子鸣金瑟，余声自抑扬。"刘昚虚《寻东溪还湖中作》："望望已超越，坐鸣舟中琴。"严维《游灞陵山》："此道人不悟，坐鸣松下琴。"❹著称，闻名。高适《双六头赋送李参军》："明年有一掷兮，君不先鸣谁先鸣？"钱起《客舍赠郑贲》："先鸣誓相达，未遇还相依。"皎然《送陈秀才赴举》："休隐脱荷芰，将鸣矜羽仪。"

【鳴弓】　拔动弓弦使之发出响声。即开弓。岑参《九日使君席奉饯卫中丞赴长水》:“节使横行西出师,鸣弓擐甲羽林儿。”

【鳴天鼓】　道家养生之法。李白《玉真仙人词》:“清晨鸣天鼓,飙欻腾双龙。”

【鳴玉】　❶古代士大夫在腰间佩带玉饰,行走时使之相击发声。王维《同卢拾遗过韦给事东山别业二十韵》:“鸣玉满春山,列筵先朝暾。”杜甫《冬至》:“杖藜雪后临丹壑,鸣玉朝来散紫宸。”褚载《晓感》:“晓鼓冬冬星汉微,佩金鸣玉斗光辉。”❷喻在朝为官。杜甫《牵牛织女》:“膳夫翊堂殿,鸣玉凄房栊。”张继《清明日自西午桥至瓜岩村有怀》:“鸣玉惭时辈,垂丝学老翁。”皇甫冉《山中五咏·南涧》:“上路各乘轩,高明尽鸣玉。”柳宗元《弘农公以硕德伟材屈于诬枉左官三岁复为大僚谨献诗五十韵以毕微志》:“鸣玉机全息,怀沙事不忘。”❸喻泉水声。皇甫冉《杂言无锡惠山寺流泉歌》:“寺有泉兮泉在山,锵金鸣玉兮长潺潺。”李益《和丘员外题湛长史旧居》:“灵波结繁笳,爽籁赴鸣玉。”

【鳴玉讌】　谓鸣玉佩而侍宴。李贺《河阳歌》:“今日见银牌,今夜鸣玉讌。”

【鳴攻】　为公开声讨的典故。杜牧《和野人殷潜之题筹笔驿十四韵》:“仗义悬无敌,鸣攻故有辞。”

【鳴岐】　为咏凤之典,喻吉兆、好的开端等。李峤《凤》:“鸣岐今日见,阿阁伫来翔。”沈佺期《夏日梁王席送张岐州》:“秦鸡常下雍,周凤昔鸣岐。”独孤及《送陈兼应辟兼寄高适贾至》:“凤凰翔千仞,今始一鸣岐。”章孝标《闻云中唳鹤》:“出谷莺何待,鸣岐凤欲群。”

【鳴岐鳳】　鸣于岐山的凤凰。明皇《幸凤泉汤》:“不重鸣岐凤,谁矜陈宝雄。”

【鳴吠客】　具有薄技的人。李端《送黎少府赴阳翟》:“不嫌鸣吠客,愿用百年身。”

【鳴局】　下棋落子有声。局,指棋局。元稹《酬段丞与诸棋流会宿弊居见赠二十四韵》:“鸣局宁虚日,闲窗任废时。”

【鳴杼】　织梭鸣响。杜甫《雨》:“鲛馆如鸣杼,樵舟岂伐枚。”

【鳴雨】　大雨。杜甫《雨不绝》:“鸣雨既过渐细微,映空摇飏如丝飞。”

【鳴佩】　亦作“鸣珮”。❶腰间玉佩发出声响。李希仲《东皇太一词》:“焚香布瑶席,鸣佩奠椒浆。”翁承赞《文明殿受册封闽王》:“鸣佩洞庭辞帝主,登车故里册闽王。”徐铉《奉和七夕应令》:“静闻天籁疑鸣佩,醉折荷花想艳妆。”❷佩玉。李商隐《送从翁从东川弘农尚书幕》:“几处逢鸣佩,何筵不翠翘。”❸喻在朝为官。薛据《古兴》:“鸣珮初罢朝,自言皆近臣。”

【鳴弦】　亦作“鸣絃”。❶泛指官吏治政有道,百姓安乐。李昂《题雍丘崔明府丹灶》:“闻君小邑暂鸣絃,隐几灰心有岁年。”❷指琴瑟琵琶等弦乐器。亦指此种乐器所发生的乐声。宗楚客《奉和圣制喜雪应制》:“影随明月团纨扇,声将流水杂鸣弦。”杨炯《和郑仇校内省眺瞩思乡怀友》:“颓峰睽酌羽,流水旷鸣弦。”孟浩然《与颜钱塘登障楼望潮作》:“百里闻雷震,鸣弦暂辍弹。”❸拨动琴弦,使之作响。韩翃《赠兖州孟都督》:“卷帘满地铺氍毹,吹角鸣弦开玉壶。”❹指弓弦。李白《秋猎孟诸夜归》:“骏发跨名驹,雕弓控鸣弦。”刘商《观猎三首》之二:“日隐寒山猎未归,鸣弦落羽雪霏霏。”

【鳴珂】　❶显贵者所乘之马以玉为饰,行则作响,故名。王昌龄《朝来曲》:“月昃鸣珂动,花连绣户春。”权德舆《奉和张仆射朝天行》:“军装喜气倍趋程,千骑鸣珂入凤城。”白居易《酬刘和州戏赠》:“双蛾解珮啼相送,五马鸣珂笑却回。”曹邺《赵城怀古》:“邯郸旧公子,骑马又鸣珂。”❷指朝中高位。刘长卿《奉寄婺州李使君舍人》:“建隼罢鸣珂,初传来暮歌。”

【鳴枹】　击鼓,鸣鼓。枹,鼓槌。柳宗元《答刘连州邦字》:“负弩啼寒狖,鸣枹惊夜狵。”

【鳴泉】　淙淙作响的泉水。张蠙《过山家》:“响谷传人语,鸣泉洗客愁。”

【鳴珮】　见“鸣佩”。

【鳴唤】　鸣叫呼唤。刘希夷《代闺人春日》:“林间鸟鸣唤,户外花相待。”

【鳴條】　❶风吹树枝发声。刘长卿《蛇浦桥下重送严维》:“秋风飒飒鸣条,风月相和寂寥。”❷古地名,在今山西运城安邑镇北,相传伊尹相商汤伐夏桀战于此地。

【鳴皋】　❶山名,在今河南嵩县东北,又名九皋山。传有白鹤鸣其上,故名。李颀《望鸣皋山白云寄洛阳卢主簿》:“饮马伊水中,白云鸣皋上。”李白《鸣皋歌送岑征君》:“若有人兮思鸣皋,阻积雪兮心烦劳。”刘禹锡《和牛相公南溪醉歌见寄》:“枕伊背洛得胜地,鸣皋少室来轩槛。”李德裕《西岭望鸣皋山》:“远见鸣皋山,青峰原上出。”❷鸣于沼泽。张佐《忆游天台寄道流》:“云龙出水风声急,海鹤鸣皋日色清。”

【鳴毬】　谓击响玉磬。《郊庙歌辞·享太庙乐章·肃和》:“嘉乐斯登,鸣毬以咏。”又《郊庙歌辞·享太庙乐章·大和舞》:“鸣毬香瓒,大糦是承。”李夷简《西亭暇日书怀十二韵献上相公》:“荷香夺芳麝,石溜当鸣毬。”

【鳴桴】　击鼓。桴,鼓槌。骆宾王《久戍边城有怀京邑》:“拜井开疏勒,鸣桴动密须。”

【鳴榔】 亦作"鳴榔"。敲击船舷使作声，用以惊鱼，使其进入网中，或为歌声之节。刘长卿《送杜越江佐覲省往新安江》："鸣榔去未已，前路行可覲。"权德舆《杂言和常州李员外副使春日戏题十首》之二："任兴不知行近远，更怜微月照鸣榔。"白居易《和微之春日投简阳明洞天五十韵》："捣练蛾眉婢，鸣榔蛙角奴。"皮日休《奉和鲁望渔具十五咏·鸣榔》："尽日平湖上，鸣榔仍动桨。"

【鳴梭】 ❶织布时织梭发出声响。李颀《晚归东园》："倚杖寒山暮，鸣梭秋叶时。"❷梭子，一种织具。徐彦伯《春闺》："裁衣卷纹素，织锦度鸣梭。"

【鳴笳】 吹奏笳笛。古代贵官出行，前导鸣笳以启路。亦作进军之号。王维《燕支行》："叠鼓遥翻瀚海波，鸣笳乱动天山月。"岑参《献封大夫破播仙凯歌六首》之三："鸣笳叠鼓拥回军，破国平蕃昔未闻。"杨凭《早发湘中》："按节鸣笳中贵催，红旌白旆满船开。"马逢《部落曲》："日暮天山下，鸣笳汉使愁。"

【鳴鹿】 喻礼贤求友。韩愈《答张彻》："苹甘谢鸣鹿，罍满惭罄瓶。"

【鳴絃】 见"鳴弦"。

【鳴琴】 ❶琴。李颀《琴歌》："主人有酒欢今夕，请奏鸣琴广陵客。"孟浩然《夏日南亭怀辛大》："欲取鸣琴弹，恨无知音赏。"韩愈《感春五首》之一："已呼孺人戛鸣琴，更遣稚子传清杯。"柳宗元《李西川荐琴石》："远师驺忌鼓鸣琴，去和南风惬舜心。"❷弹琴。高适《宓公琴台诗三首》之一："宓子昔为政，鸣琴登此台。"又《同鲜于洛阳于毕员外宅观画马歌》："知君爱鸣琴，仍好千里马。"王贞白《洗竹》："道院竹繁教略洗，鸣琴酌酒看扶疏。"黄滔《湘中赠张逸人》："鸣琴坐见燕鸿没，曳履吟忘野径赊。"❸称颂地方官吏简政轻刑，无为而治。李白《赠瑕丘王少府》："清风佐鸣琴，寂寞道为贵。"钱起《送武进韦明府》："理邑想无事，鸣琴不下堂。"又《长安客舍赠李行父明府》："谁谓兵戈际，鸣琴方一弹。"郎士元《送长沙韦明府》："遥知讼堂里，佳政在鸣琴。"

【鳴蛩】 即蟋蟀。钱起《晚次宿预馆》："回云随去雁，寒露滴鸣蛩。"黄滔《商山赠隐者》："西窗昨夜鸣蛩尽，知梦芝翁起扣扉。"薛能《雕堂》："鸣蛩孤烛雨，啅雀一篱秋。"

【鳴棹】 亦作"鳴櫂"。乘船，行船。卢照邻《七夕泛舟二首》之一："连桡渡急响，鸣櫂下浮光。"崔颢《舟行入剡》："鸣棹下东阳，回舟入剡乡。"

【鳴榔】 见"鳴榔"。

【鳴雁】 鸣叫的大雁。韩愈《鸣雁》："嗷嗷鸣雁鸣且飞，穷秋南去春北归。"

【鳴雁行】 （行 xíng）乐府杂曲歌辞。《乐府诗集》卷六八："卫《匏有苦叶》诗曰：'雝雝鸣雁，旭日始旦。'郑康成云：'雁者随阳而处，似妇人从夫，故昏礼用焉。雝雝，声和也。'《鸣雁行》盖出于此。"李白、韩愈、鲍溶、陆龟蒙均有此作。

【鳴箏】 筝，弹拨乐器。谓弹筝。李白《春日行》："佳人当窗弄白日，弦将手语弹鸣筝。"李贺《公莫舞歌》："华筵鼓吹无桐竹，长刀直立割鸣筝。"李端《听筝》："鸣筝金粟柱，素手玉房前。"

【鳴禽】 叫声动听的禽鸟。李郢《酬刘谷立春日吏隐亭见寄》："野田青牧马，幽竹暖鸣禽。"

【鳴湍】 急流。卢鸿一《嵩山十志十首·云锦淙》序："云锦淙者，盖激溜冲攒，倾石丛倚，鸣湍叠濯，喷若雷风。"

【鳴盜】 犹言鸡鸣狗盗。喻卑微技能。储光羲《秦中初霁献给事二首》之一："鸣盗非足征，愿言同下客。"

【鳴絲】 指琴瑟等弦乐器。李白《邯郸南亭观妓》："歌鼓燕赵儿，魏姝弄鸣丝。"

【鳴鼓】 击鼓。王丘《奉和圣制送张尚书巡边》："建牙之塞表，鸣鼓接云中。"刘禹锡《同乐天和微之深春二十首》之七："盗息无鸣鼓，朝回自走车。"

【鳴鳩】 即斑鸠。司空图《冯燕歌》："梁间客燕正相欺，屋上鸣鸠空自斗。"

【鳴舞】 鸣叫飞舞。卢照邻《失群雁》："云间海上应鸣舞，远得鹍弦犹独抚。"苏味道《赠封御史入台》："夕鸦共鸣舞，屈草接芳菲。"李白《上云乐》："是老胡鸡犬，鸣舞飞帝乡。"

【鳴鳳】 ❶凤凰。传说中的瑞鸟。顾况《笙》："欲写人间离别心，须听鸣凤似龙吟。"❷喻贤者。张楚金《逸人歌赠李山人》："道险可惊兮人莫用，乐天知命兮守岩洞，时击磬兮嗟鸣凤。"卢象《赠程秘书》："客自岐阳来，吐音若鸣凤。"钱起《寄任山人》："岂无鸣凤时，其如问津命。"柳宗元《奉酬杨侍郎丈因送八叔拾遗戏赠诏追南来诸宾二首》之一："翰林寂寞谁为主，鸣凤应须早上天。"

【鳴鳳曲】 本指萧史和弄玉故事。后泛称美妙的乐曲。颜荛《句》："爽籁尽成鸣凤曲，游人多是弄珠仙。"

【鳴鳳樓】 即凤台。传为秦穆公为其女弄玉和萧史所筑之楼阁。借指公主所居。沈佺期《夜宴安乐公主宅》："濯龙门外主家亲，鸣凤楼中天上人。"

【鳴鳳嶺】 指华山玉女峰。传说弄玉成仙后曾居此峰。沈佺期《侍宴安乐公主新宅应制》："山出尽如鸣凤岭，池成不让饮龙川。"

【鳴鴉】 乌鸦。因其鸣叫不止，故名。韩偓《自沙县抵龙溪县值泉州军过后村落皆空》："水自潺湲日自斜,尽无鸡犬有鸣鸦。”

【鳴磬】 击磬发声。王维《过乘如禅师萧居士嵩丘兰若》:“食随鸣磬巢乌下,行踏空林落叶声。”薛能《赠禅师》:“鸣磬微尘落,移瓶湿地圆。”项斯《送僧归南岳》:“船里谁鸣磬,沙头自曝衣。”杨衡《赠庐山道士》:“头垂白发朝鸣磬,手把青芝夜绕坛。”

【鳴鞘】 犹鸣鞭。挥动马鞭使发声。鞘,鞭鞘。李白《行行游且猎篇》:“金鞭拂雪挥鸣鞘,半酣呼鹰出远郊。”钱起《送马员外拜官觐省》:“莫言来往朝天远,看取鸣鞘入断云。”

【鳴橈】 划动船桨出声。谓开船或行船。杜甫《奉使崔都水翁下峡》:“无数涪江筏,鸣桡总发时。”李端《送从叔赴洪州》:“鸣桡过夏口,敛笏见浔阳。”温庭筠《莲浦谣》:“鸣桡轧轧溪溶溶,废绿平烟吴苑东。”

【鳴機】 即机杼。织布机。杜甫《白丝行》:“已悲素质随时染,裂下鸣机色相射。”

【鳴噪】 鸣叫聒噪。杜甫《孤雁》:“野鸦无意绪,鸣噪自纷纷。”

【鳴髇】 响箭。孙光宪《定西番》词:“一只鸣髇云外,晓鸿惊。”见“鳴鏑”。

【鳴璫】 指首饰。金玉所制,晃击有声,故称。裴思谦《及第后宿平康里》:“银缸斜背解鸣珰,小语偷声贺玉郎。”薛能《戏题》:“闪闪动鸣珰,初来烛影傍。”韦庄《怨王孙》词:“玉蝉金雀,宝髻花簇鸣珰,绣衣长。”

【鳴環】 ❶身上所佩之环珮碰击有声。刘长卿《送子婿崔真父归长城》:“心怜稚齿鸣环去,身愧衰颜对玉难。”白居易《和春深二十首》之十八:“转烛初移障,鸣环欲上车。”鲍溶《辞辇行》:“不惊六马缓天仪,从容鸣环前致辞。”❷古人衣带上所系的环形佩玉。崔颢《卢姬篇》:“君王日晚下朝归,鸣环佩玉生光辉。”王维《达奚侍郎夫人寇氏挽词二首》之一:“束带将朝日,鸣环映牖辰。”

【鳴聲】 响声。韩愈《秋怀诗十一首》之八:“鸣声若有意,颠倒相追奔。”

【鳴鞞】 敲击鞞鼓。李峤《军师凯旋自邕州顺流舟中》:“鸣鞞入嶂口,泛舸历川湄。”魏征《五郊乐章·舒和》:“鸣鞞奏管芳羞荐,会舞安歌葆旄扬。”许棠《送李左丞巡边》:“走马冲边雪,鸣鞞动塞山。”

【鳴艚】 行进中的船。柳宗元《游南亭夜还叙志七十韵》:“旷望援深竿,哀歌叩鸣艚。”

【鳴爵】 谓青鸟鸣叫。爵,同“雀”。指青鸟。立春鸣,农事始。苏颋《秋社日崇让园宴得新字》:“鸣爵三农稔,句龙百代神。”

【鳴櫂】 见“鳴棹”。

【鳴蟬】 寒蝉,秋蝉。高适《留别郑三韦九兼洛下诸公》:“远路鸣蝉秋兴发,华堂美酒离忧销。”黄滔《送林宽下第东归》:“积雪未开移发日,鸣蝉初急说来程。”

【鳴雞】 啼叫的雄鸡,雄鸡啼鸣。王维《故西河郡杜太守挽歌三首》之二:“卷衣悲画翟,持翣待鸣鸡。”白居易、王起等《秋霖即事联句三十韵》:“鸣鸡潜报晓,急景暗凋年。”赵嘏《昔昔盐二十首·倦寝听晨鸡》:“披衣窥落月,拭泪待鸣鸡。”韩偓《故都》:“掩鼻计成终不觉,冯驩无路斅鸣鸡。”

【鳴鵲】 喜鹊。吕从庆《薄暮步村径》:“飞虫抟涧舞,鸣鹊抱巢修。”

【鳴鞭】 ❶挥鞭。挥鞭策马,动则有声,故名。李白《代赠远》:“鸣鞭从此去,逐虏荡边陲。”杜甫《谢严中丞送青城山道士乳酒一瓶》:“鸣鞭走送怜渔父,洗盏开尝对马军。”刘长卿《少年行》:“荐枕青蛾艳,鸣鞭白马骄。”张继《送张中丞归使幕》:“拂席流莺醉,鸣鞭骏马肥。”❷皇帝仪仗中的一种。鞭形,挥动有声,使人肃静,故又称“静鞭”。郑嵎《津阳门诗》:“鸣鞭后骑何躞蹀,宫妆襟袖皆仙姿。”

【鳴櫓】 摇橹声。借指船行。杜甫《送王十六判官》:“买薪犹白帝,鸣橹少沙头。”

【鳴鏑】 即响箭。矢发射时有声,故名。李昂《从军行》:“玄漠云平初合阵,西山月出闻鸣镝。”杜甫《八哀诗·赠司空王公思礼》:“马鞍悬将首,甲外控鸣镝。”卢纶《敦颜鲁公送挺赟归翠微寺》:“一斋三请纪行诗,诮我垂鞭弄鸣镝。”元稹《小胡笳引》:“潺湲疑是雁鹕鹈,砉騞如闻发鸣镝。”

【鳴騶】 古代随从显贵出行并传呼喝道的骑卒。有时亦借指显贵。李白《宣城送刘副使入秦》:“伏奏归北阙,鸣驺忽西驰。”高适《东平旅游奉赠薛太守二十四韵》:“歌谣随举扇,旌旆逐鸣驺。”岑参《送颜平原》:“海风掣金戟,导吏呼鸣驺。”白居易《过敷水》:“垂鞭欲渡罗敷水,处分鸣驺且缓驱。”

【鳴嚶】 鸟叫。韩愈、孟郊《城南联句》:“惟昔集嘉咏,吐芳类鸣嘤。”

【鳴鐘】 ❶击钟发声。乔知之《和苏员外寓直》:“晓漏离闾阖,鸣钟出未央。”杜甫《黄河二首》:“黄河北岸海西军,椎鼓鸣钟天下闻。”❷古代铜制乐器。悬挂于架上,槌击发声。祭祀或宴享时用。战斗中亦用以指挥进退。李白《白鸠辞》:“铿鸣钟,考朗鼓。”

【鳴躍】 ❶鸣唱腾跃。李白《游敬亭寄崔侍御》:“俯视鸳鹭群,饮啄自鸣跃。”❷谓进士及第。息夫牧《冬夜宴萧十丈因饯殷郭二子西上》序:“顷夫子升堂之后,若卢、贾、刘、尹之徒,半纪间,接武鸣跃,实夫子训之导之斯至也。”

【鳴躍年】 指贤士遇时而起之年。孟郊《山中送从叔简赴举》:“却笑薛萝子,不同鸣跃年。”

【鳴顧】 鸣啼顾盼。形容留恋。元稹《酬东川李相公十六韵》:“鸾凤屡鸣顾,燕雀尚篱藩。”

【鳴鶴】 晋荀隐,字鸣鹤。曾与陆云对吟。为文士调侃逞才之典。李瀚《蒙求》:“鸣鹤日下,士龙云间。”

【鳴籥】 古代管乐器名。韩愈、李正封《晚秋郾城夜会联句》:“青娥翳长袖,红颊吹鸣龠。”

【鳴鼉】 ❶鼍鼓的响声。薛能《吴姬十首》之八:“楼台重叠满天云,殷殷鸣鼍世上闻。”❷击鼍鼓。刘禹锡《投魏博田司空二十韵》:“列座花茵展,鸣鼍锦臂攘。”

【鳴鑾】 装在轭首或四衡上的铜铃。车行摇动作响。有时借指皇帝出行。明皇《早度蒲津关》:“鸣銮下蒲坂,飞旆入秦中。”席豫《奉和圣制答张说南出雀鼠谷》:“鸣銮初幸代,旋盖欲横汾。”崔国辅《奉和圣制上巳祓禊应制》:“鸣銮通禁苑,别馆绕芳洲。”吕岩《七言》之五八:“曾战蚩尤玉座前,六龙高驾振鸣銮。”

鳳

〔fèng《广韵》馮貢切,去,送,奉。〕❶凤凰。传说中的神鸟。雄曰凤,雌曰凰。通称为凤或凤凰。古以为瑞禽。袁朗《和洗掾登城南坂望京邑》:“龙飞灞水上,凤集岐山阳。”杜甫《客居》:“凤随其皇去,篱雀暮喧繁。”李绅《庆云见》:“轻未透林疑待凤,细非行雨讵从龙。”邵谒《送从弟长安下第南归觐亲》:“在鸟终为凤,为鱼须化鲲。”❷指凤形图纹或凤形物。韦庄《虚席》:“土蚀钗无凤,尘生镜少菱。”见“鳳文❷”“鳳扆”“鳳屏”。❸借喻帝王。见“鳳邸”“鳳輿”。❹凤钗。妇女的首饰。李珣《虞美人》词:“映花避月遥相送,腻鬟偏垂凤。”❺喻优异人才。见“鳳鸞”。❻比喻婚姻关系中的男方。汉司马相如《琴歌》之一:“凤兮凤兮归故乡,遨游四海求其凰。”杜甫《琴台》:“归凤求皇意,寥寥不复闻。”

【鳳兮】 作咏叹不遇之典。李群玉《吾道》:“凤兮衰已尽,犬也吠何繁。”韦庄《鄠杜旧居二首》之二:“归来满把如渑酒,何用伤时叹凤兮。”

【鳳女】 ❶对女子的美称。沈佺期《送金城公主适西蕃应制》:“那堪将凤女,还以嫁乌孙。”储光羲《玉真公主山居》:“山北天泉苑,山西凤女家。”李商隐《西溪》:“凤女弹瑶瑟,龙孙撼玉珂。”❷本指秦穆公女弄玉。借指宫女。李商隐《和韩录事送宫人入道》:“凤女颠狂成久别,月娥孀独好同游。”

【鳳女臺】 相传为秦穆公为其女弄玉和萧史所筑的台阁,台址在今陕西宝鸡市东南。借指公主或美女所居之处。李峤《太平公主山亭侍宴应制》:“龙舟下瞰鲛人室,羽节高临凤女台。”

【鳳子】 ❶大蛱蝶。韩偓《深院》:“鹅儿唼啑栀黄觜,凤子轻盈腻粉腰。”❷绣有蝴蝶花的女轿。尹鹗《女冠子》词:“懒乘丹凤子,学跨小龙儿。”

【鳳文】 ❶凤羽的文采。权德舆《酬崔千牛四郎早秋见寄》:“凤文已彪炳,琼树何青葱。”❷绘有凤凰的图饰。鲍溶《范真传侍御累有寄因奉酬十首》之三:“云髻凤文细,对君歌少年。”❸即凤篆。李峤《柳》:“列宿分龙影,芳池写凤文。”

【鳳毛】 ❶凤凰的羽毛。喻稀少珍贵之物。杜甫《崔驸马山亭宴集》:“萧史幽栖地,林间蹋凤毛。”杜牧《春日言怀寄虢州李常侍十韵》:“貂簪荆玉润,丹穴凤毛光。”❷喻人之子孙有才似其父辈者。杜甫《奉和贾至舍人早朝大明宫》:“欲知世掌丝纶美,池上于今有凤毛。”自注:“舍人先世尝掌丝纶。”❸指人的超凡风姿和出众才华。李白《感时留别从兄徐王延年从弟延陵》:“令弟字延陵,凤毛出天姿。”亦指才华出众者。贯休《上卢使君》:“宾从皆凤毛,爪牙悉猿臂。”

【鳳叶】 (—xié)凤凰和鸣。比喻声音谐美。叶,同“协”。庄南杰《阳春曲》:“凤叶龙吟白日长,落花声底仙娥醉。”

【鳳史】 萧史。传为秦穆公女弄玉的丈夫。善吹箫,吹似凤声,故名。骆宾王《代女道士王灵妃赠道士李荣》:“台前镜影伴仙娥,楼上箫声随凤史。”

【鳳仙】 指仙女。赵嘏《赠女仙》:“水思云情小凤仙,月涵花态语如弦。”

【鳳仙花】 一年生草本植物。叶呈披针形,夏季开花,花二三朵同生叶腋,花色不一。其中红色者可染指甲,故俗名“指甲花”或“指甲草”。果实为椭圆形,根、茎和种子均可入药。吴仁璧有《凤仙花》。

【鳳穴】 凤凰之居处。喻精英荟萃之地。孙逖《故陈州刺史赠兵部尚书韦公挽词》:“台庭为凤穴,相府是鸰原。”李商隐《拟意》:“夫向羊车觅,男从凤穴求。”

【鳳曲】 本指萧史故事,后泛称美妙的乐曲。褚亮《雩祀乐章·舒和》:“凤曲登歌调令序,龙雩集舞泛祥风。”沈佺期《奉和春初幸太平公主南庄应制》:“自有神仙鸣凤曲,并将歌舞报恩晖。”李白《姑孰十咏·慈姥竹》:“龙吟曾未听,凤曲吹应好。”卢仝《感秋别怨》:“蛾眉谁共画,凤曲不同闻。”

【鳳竹】 ❶即凤尾竹。丛生,枝细软,叶密生,摇摆如凤尾,故称。武三思《奉和过梁王宅即目应制》:“凤竹初垂箨,龟河未吐莲。”徐夤《和尚书咏烟》:“玲珑薄展蛟绡片,幂历轻含凤竹丛。”❷指管乐器笙箫之属。欧阳炯《浣溪沙》词之二:“独坐含嚬吹凤竹,园中缓步折花枝。”

【鳳兆】 谓占卜佳偶的吉兆。白居易《和梦游春诗一百韵》:“鸾歌不重闻,凤兆从兹卜。”

【鳳州】 州名。西魏废帝三年(554)以南岐州改名,治所在梁泉县(今陕西凤县凤州镇)。隋大业三年(607)改为河池郡。唐武德元年(618),复改为凤州。王勃有《晚留凤州》,罗邺有《凤州北楼》。

【鳳池】 ❶禁苑中池沼。魏晋南北朝时设中书省于禁苑,掌管机要,接近皇帝,故称中书省为"凤凰池",简称"鳳池"。张子容《赠司勋萧郎中》:"凤池真水镜,兰省得华滋。"杜甫《紫宸殿退朝口号》:"宫中每出归东省,会送夔龙集凤池。"白居易《中书连直寒食不归因怀元九》:"今年寒食夜,西省凤池头。"杜牧《奉和仆射相公即事书成四韵》:"飘来鸡树凤池边,渐压琼枝冻碧涟。"❷唐代宰相称中书门下平章事,故多以凤凰池(简称凤池)指宰相之位。李德裕《访韦楚老不遇》:"昔日征黄绮,余惭在凤池。"严公弼《题汉州西湖》:"见说凤池推独步,高名何事滞川中。"

【鳳宇】 谓华宅。李峤《奉和幸大荐福寺应制》:"还窥图凤宇,更坐跃龙川。"

【鳳宇牌】 古代殡葬时的器仪。因牌上有凤文,故称。王炎《葬西施挽歌》:"西望吴王国,云书凤字牌。"

【鳳羽】 凤凰的羽毛。杜牧《赠李秀才》:"骨清年少眼如冰,凤羽参差五色层。"亦指凤凰形图案。李峤《王屋山第之侧杂构小亭暇日与群公同游》:"绮栋鱼鳞出,雕甍凤羽栖。"

【鳳花錦】 织有凤凰花纹的锦绸。元稹《冬白纻》:"舞腰懒,王罢饮,盖覆西施凤花锦。"

【鳳車】 仙车。张籍《同严给事闻唐昌观玉蕊近有仙过因成绝句二首》之二:"九色云中紫凤车,寻仙来到洞仙家。"曹唐《小游仙诗九十八首》之四三:"八景风回五凤车,昆仑山上看桃花。"

【鳳里】 对他人乡里的美称。罗隐《箧中得故王郎中书》:"凤里前年别望郎,丁宁唯恐滞吴乡。"

【鳳足】 对琴上攀弦之物的美称。元稹《小胡笳引》:"朱弦宛转盘凤足,骤击数声风雨回。"郑谷《蜀中三首》之三:"窗下听琴翘凤足,波中濯锦散鸥群。"

【鳳吹】 (—chuì)对笙箫等细乐的美称。袁朗《赋饮马长城窟》:"山响传凤吹,霜华藻琼钑。"王维《奉和圣制御春明楼临右相园亭赋乐贤诗应制》:"遥闻凤吹喧,暗识龙舆度。"张仲素《汉苑行二首》之二:"千步回廊闻凤吹,珠帘处处上银钩。"吴融《奉和御制》:"霓旌森物外,凤吹落人间。"

【鳳吹笙曲】 乐府《清商曲》名。李白有此作,全诗校:"作《凤笙篇送别》。"

【鳳邸】 帝王即位前所居的府第。苏颋《龙池乐章》:"西京凤邸跃龙泉,佳气休光镇在天。"

【鳳尾】 ❶凤凰的尾羽,引申为秀美的细纹。李商隐《无题二首》之一:"凤尾香罗薄几重,碧文圆顶夜深缝。"亦喻珍贵之物。陆龟蒙《记事》:"凤尾与鲸牙,纷披落杂唱。"❷指旗端的羽饰。李贺《上之回》:"悬红云,挞凤尾。"❸指凤尾诏。古代帝王批示笺奏,表示认可,则署"诺"字,字尾形如凤尾,故名。皮日休《以紫石砚寄鲁望兼酬见赠》:"石墨一研为凤尾,寒泉半勺是龙睛。"❹指凤尾竹。亦泛称竹子。李群玉《移松竹》:"龙髯凤尾乱飕飕,带雾停风一亩秋。"

【鳳尾詔】 指诏书。王十朋集注引《纪闻谭》:"晋元帝践祚,凡诸侯笺奏,批之曰'诺',而草书'诺'字之尾如凤形,故谓之凤尾诏焉。"皮日休《江南书情二十韵》:"君批凤尾诏,我住虎头岩。"

【鳳苑】 ❶皇家林园。陈翊《龙池春草》:"青春光凤苑,细草遍龙池。"花蕊夫人徐氏《宫词》之四:"东内斜将紫禁通,龙池凤苑夹城中。"❷唐时的宫中养马房。李贺《马诗二十三首》之三:"鸣驺辞凤苑,赤骥最承恩。"

【鳳林】 ❶对树林的美称。吕岩《剑画此诗于襄阳雪中》:"岘山一夜玉龙寒,凤林千树梨花老。"❷唐县名。天宝元年(742)以安介县改名,后废。杜甫《秦州杂诗二十首》之十九:"凤林戈未息,鱼海路常难。"高骈《寓怀》:"为问昔时青海畔,几人归到凤林桥。"

【鳳林寺】 寺名。在今湖北襄阳东南凤凰山,始建于梁。宋之问有《使过襄阳登凤林寺阁》,孟浩然有《游凤林寺西岭》。

【鳳林關】 关名。唐属凤林县,在今甘肃临夏县西北黄河南岸。张籍《凉州词三首》之三:"凤林关里水东流,白草黄榆六十秋。"高骈《赴安南却寄台司》:"今日海门南面事,莫教还似凤林关。"秦韬玉《塞下》:"凤林关外皆唐土,何日陈兵戍不毛。"

【鳳來儀】 咏皇室瑞应的典故。周昙《咏史诗·三代门·成王》:"王道既成何所感,越裳呈瑞凤来仪。"

【鳳板】 乐器名。即拍板。吕岩《忆江南》词之一:"素练金童锵凤板,青衣玉女啸鸾弦。"

【鳳杼】 对织机的美称。借指织女。卢照邻《七夕泛舟二首》之二:"凤杼秋期至,凫舟野望开。"

【鳳枕】 艳美的枕头。韦庄《江城子》词:"缓揭绣衾抽皓腕,移凤枕,枕檀郎。"

【鳳侶】 喻好友。高峤《晦日重宴》:"驾言寻凤侣,乘欢俯雁池。"无名氏《鹤鸣九皋》:"凤侣攀何及,鸡群思忽劳。"

【鳳刹】 寺庙。亦指寺塔。宋之问《奉和九月九日登慈恩寺浮屠应制》:"凤刹侵云半,虹旌倚日边。"

【鳳京】 京都。刘宪《奉和人日清晖阁宴群臣遇雪应制》:"舆辇乘人日,登临上凤京。"李乂《幸白鹿观应制》："制跸乘骊阜，回舆指凤京。"贺朝《从军行》："行望凤京旋凯捷，重来麟阁画丹青。"沈佺期《同工部李侍郎适访子微》："清晨朝凤京，静夜思鸿宝。"

【鳳府】 即凤翔府。张道古《上蜀王》："西巡凤府非为固，东播銮舆卒未安。"

【鳳沼】 禁苑中的池沼。魏晋南北朝时设中书省于禁苑，掌管机要，接近皇帝，故以凤沼指中书省。杜甫《赠韦左丞丈》："鸰原荒宿草，凤沼接亨衢。"权德舆《酬崔舍人阁老冬至日宿直省中奉简两掖阁老并见示》："晓光连凤沼，残漏近鸡人。"韩愈《酬王二十舍人雪中见寄》："今朝蹋作琼瑶迹，为有诗从凤沼来。"吴融《御沟十六韵》："去应涵凤沼，来必渗龙湫。"

【鳳門】 山名。在今湖北襄樊市附近。齐己《寄岘山道人》："凤门高对鹿门青，往岁经过恨未平。"

【鳳城】 对京都的美称。沈佺期《奉和立春游苑迎春》："歌吹衔恩归路晚，栖乌半下凤城来。"杜甫《夜》："步蟾倚杖看牛斗，银汉遥应接凤城。"李远《与碧溪上人别》："欲入凤城游，西溪别惠休。"袁不约《长安夜游》："凤城连夜九门通，帝女皇妃出汉宫。"

【鳳茸】 形容珍贵的羽毛。吕岩《七言》之五四："凤茸袄子非为贵，狐白裘裳欲比难。"

【鳳皇山】 见"鳳凰山"。

【鳳皇舟】 有凤形饰物的船。孙光宪《河传》词之二："凤皇舟上楚女，妙舞，雷喧波上鼓。"

【鳳皇池】 见"鳳凰池"。

【鳳皇尾】 指凤尾竹。牟融《题竹》："不见凤皇尾，谁识珊瑚鞭。"

【鳳皇使】 对使臣的美称。陈子昂《秋日遇荆州府崔兵曹使宴》："辖轩凤皇使，林薮鹖鸡冠。"

【鳳皇兒】 本指凤雏。亦借指绣有凤凰花饰的丝织品。施肩吾《抛缠头词》："一抱红罗分不足，参差裂破凤皇儿。"南唐后主李煜《临江仙》词："炉香闲袅凤皇儿，空持罗带，回首恨依依。"

【鳳皇衫】 饰有凤凰形的衣衫。王建《宫词一百首》之五九："自写金花红榜子，前头先进凤皇衫。"

【鳳皇城】 见"鳳凰城"。

【鳳皇原】 见"鳳凰原"。

【鳳皇曹】 指中书省。李德裕《述梦诗四十韵》："君当尧舜日，官接凤皇曹。"

【鳳皇釵】 见"鳳凰釵"。

【鳳皇琴】 见"鳳凰琴"。

【鳳皇詔】 见"鳳凰詔"。

【鳳皇樓】 见"鳳凰樓"。

【鳳皇雛】 见"鳳凰雛"。

【鳳泉】 地名。在今陕西眉县东南。隋开皇初建凤泉宫于城内。明皇有《幸凤泉汤》。

【鳳律】 指音律。张文恭《七夕》："凤律惊秋气，龙梭静夜机。"元稹《有鸟二十章》之十五："伶伦凤律乱宫商，盘木天鸡误时节。"《郊庙歌辞・周郊祀乐章・昭顺乐》："乐鸣凤律，礼备鸡竿。"

【鳳食】 美称竹实。传因凤食之，故称。刘长卿《同郭参谋咏崔仆射淮南节度使厅前竹》："开花成凤实，嫩笋长鱼竿。"黄滔《题陈山人居》："空垂凤食檐前竹，漫拔龙形涧底松。"又《绛州郑尚书》："剖竹已知垂凤食，摘珠何必到龙宫。"亦泛指凤凰所食之物。韩偓《湖南绝少含桃偶有人以新摘者见惠感事伤怀因成四韵》："合充凤食留三岛，谁许莺偷过五湖。"

【鳳庭】 凤阙。本汉宫名，亦泛指宫殿。李峤《槐》："叶生驰道侧，花落凤庭隈。"

【鳳姿】 凤凰的英姿。用以称美别人。刘禹锡《浙西李大夫述梦四十韵并浙东元相公酬和裴然继声》："凤姿尝在竹，鹓羽不离蒿。"皮日休《奉和添酒中六咏・酒杯》："昔有嵇氏子，龙章而凤姿。"

【鳳扆】 皇帝宫殿上绘有龙凤图饰的屏风。置于户牖之间，故借指帝座、朝廷和皇帝。徐彦伯《奉和送金城公主适西蕃应制》："凤扆怜箫曲，鸾闺念掌珍。"张说《舞马词》之一："万玉朝宗凤扆，千金率领龙媒。"则天皇后《唐大飨拜洛乐章・德和》："夕惕同龙契，晨兢当凤扆。"王维《奉和圣制登降圣观应制》："凤扆朝碧落，龙图耀金镜。"李中《献张拾遗》："金殿日开亲凤扆，古屏时展看渔矶。"

【鳳屏】 雕绘凤凰等饰物的屏风，置于床头。欧阳炯《浣溪沙》词之三："相见休言有泪珠，酒阑重得叙欢娱。"

【鳳紀】 犹凤历，岁历，含有历数正朔之意。杜甫《千秋节有感二首》之一："凤纪编生日，龙池堑劫灰。"

【鳳翅】 ❶凤凰的翅膀。形容笙管排列参差貌。罗邺《题笙》："筠管参差排凤翅，月堂凄切胜龙吟。"❷美称凤凰形的事物。虞世南《赋得临池竹应制》："龙鳞漾嶰谷，凤翅拂涟漪。"❸古代妇女额上所画凤翅形的妆饰。韩偓《倒押前韵》："鸦黄双凤翅，麝月半鱼鳞。"❹山名。在今浙江湖州市。皎然《同颜使君真卿李侍御萼游法华寺登凤翅山望太湖》："双峰开凤翅，秀出南湖州。"

【鳳條】 梧桐枝。传说凤凰非梧桐不栖，故称。虞世南《和銮舆顿戏下》："抚己惭龙干，承恩集凤条。"

【鳳扇】 用珍美的羽毛制成的扇子。喻飘飞的雪花。李贺《嘲雪》："龙沙湿汉旗，凤扇迎秦素。"

【鳳書】 皇帝的诏书。白居易《和春深二十首》之六："凤书裁五色，马鬣剪三花。"聂夷中《燕台二首》之一："何必驰凤书，旁求向林野。"郑谷《送水部张郎中彦回宰洛阳》:“已虚西阁位,朝夕凤书追。”贯休《赠杨公杜之舅》:“分尽君忧一不遗,凤书征入万民悲。”

【鳳紙】 绘有金凤的纸。唐时文武官诰及道家青词用之。李商隐《碧城三首》之三:“检与神方教驻景,收将凤纸写相思。”

【鳳掖】 古代皇后或皇太子的宫室。元万顷《奉和太子纳妃太平公主出降》:“和声跻凤掖,交影步鸾墀。”郑愔《同韦舍人早朝》:“瑞阙龙居峻,宸庭凤掖深。”钱起《送王谏议任东都居守》:“车徒凤掖东,去去洛阳宫。”杨巨源《春日奉献圣寿无疆词十首》之十:“凤掖嘉言进,鸳行喜气随。”

【鳳勒】 华美的马络头。王光庭《奉和圣制送张说巡边》:“玉辗龙盘带,金装凤勒骢。”

【鳳帶】 绣有凤凰花饰的衣带。李贺《洛姝真珠》:“金鹅屏风蜀山梦,鸾裾凤带行烟重。”

【鳳野】 美丽富饶的原野。骆宾王《饯郑安阳入蜀》:“遥遥分凤野,去去转龙媒。”李峤《奉和九月九日登慈恩寺浮图应制》:“御气鹏霄近,升高凤野开。”沈佺期《晦日浐水应制》:“摘兰喧凤野,浮藻溢龙渠。”

【鳳唱】 比喻悠细的音乐。白居易《王子晋庙》:“鸾吟凤唱听无拍,多似霓裳散序声。”曹戳《句》:“凤唱一抛琴瑟韵,霓裳长谢绮罗春。”

【鳳帳】 织有凤凰形饰的帐子。杜牧《八六子》词:“凤帐萧疏,椒殿闲扃。”温庭筠《清平乐》词之一:“凤帐鸳被徒熏,寂寞花锁千门。”

【鳳笛】 对笛的美称。亦指笛所奏的乐曲。卢照邻《赠许左丞从驾万年宫》:“黄山闻凤笛,清跸侍龙媒。”

【鳳笙】 即笙。崔曙《缑山庙》:“只闻凤竹里,犹有凤笙音。”韩愈《谁氏子》:“或云欲学吹凤笙,所慕灵妃媲萧史。”章碣《癸卯岁毗陵登高会中贻同志》:“凤笙龙笛数巡酒,红树碧山无限诗。”张蠙《赠李司徒》:“金库夜开龙甲冷,玉堂秋闭凤笙低。”

【鳳笙曲】 (曲 qǔ)乐府《清商曲》名。梁武帝制《江南弄》七曲之一。

【鳳鳥】 凤凰。苏颋《奉和圣制春台望应制》:“伯夷位事愚臣忝,喜奏声成凤鸟来。”韦应物《杂体五首》之四:“人神既昭享,凤鸟亦下来。”王季友《杂诗》:“凤鸟久不栖,且与枳棘林。”徐夤《寓题述怀》:“宣尼既没苏张起,凤鸟不来鸡雀喧。”

【鳳舸】 雕绘华美的大船。毛文锡《柳含烟》词之一:“夹岸绿阴千里,龙舟凤舸木兰香,锦帆张。”

【鳳釵】 即凤凰钗。妇女的首饰,钗头作凤形,故称。徐凝《郑女出参丈人词》:“凤钗翠翘双宛转,出见丈人梳洗晚。”李洞《赠入内供奉僧》:“因逢夏日西明讲,不觉宫人拔凤钗。”崔萱《豪家妓》:“岂知一只凤钗价,沽得数村蜗舍人。”韦庄《思帝乡》词之一:“云髻坠,凤钗垂。”

【鳳翎】 凤羽。借指凤凰。陆龟蒙《奉和袭美公斋四咏次韵·新竹》:“色可定鸡颈,实堪招凤翎。”

【鳳彩】 ❶凤凰的文采。亦借指如凤凰文采状物。张仲方《赋得竹箭有筠》:“皮开凤彩出,节劲龙文现。”❷喻文辞美妙,如凤凰之彩羽。骆宾王《夏日游德州赠高四》:“鹭涛开碧海,凤彩缀词林。”

【鳳脛】 指灯。以灯足如同鸟腿,故名。韩偓《横塘》:“秋寒洒背入帘霜,凤胫灯清照洞房。”

【鳳凰】 亦作“鳳皇”。❶古代传说中的百鸟之王,雄曰凤,雌曰凰,通称为凤或凤凰。羽毛五色,声如箫乐。常用以象征吉祥。张九龄《杂诗五首》之一:“凡鸟已相噪,凤凰安得知。”李端《杂歌》:“山鸡锦翼岂凤凰,陇鸟人言止鹦鹉。”李绅《新楼诗二十首·南庭竹》:“知尔结根香实在,凤皇终拟下云端。”陆龟蒙《奉和袭美太湖诗二十首·毛公坛》:“身如碧凤皇,羽翼披轻轻。”❷琴名。亦泛称美琴。杜甫《陪柏中丞观宴将士二首》之一:“醉客沾鹦鹉,佳人指凤皇。”❸凤形头簪。郭周藩《谭子池》:“头冠簪凤皇,身着霞裳衣。”❹帝王宫中的池台楼阁及宫殿名。参见“鳳凰樓❶”。❺凤形饰物。温庭筠《南歌子》词之一:“手里金鹦鹉,胸前绣凤凰。”和凝《临江仙》词之二:“碧罗冠子稳犀簪,凤凰双飐步摇金。”

【鳳凰山】 亦作“鳳皇山”。山名。(1)在今浙江杭州市南。张潮《江南行》:“妾梦不离江水上,人传郎在凤凰山。”(2)在今湖北武汉市武昌北。岑参《送费子归武昌》:“路指凤皇山北云,衣沾鹦鹉洲边雨。”

【鳳凰曲】 乐府清商词曲。咏弄玉吹箫事。李白作。

【鳳凰池】 亦作“鳳皇池”。❶凤凰栖止的池沼。寒山《诗三百三首》之一〇九:“自怜生处乐,不夺凤皇池。”❷本指宫中池沼。魏晋时为中书省所在地。因中书省掌管机要文件,官员又接近皇帝,故后世遂称中书省或中书省所属机要部门为凤凰池或凤池。杜审言《送和西蕃使》:“使出凤皇池,京师阳春晚。”崔颢《代闺人答轻薄少年》:“妾家近隔凤凰池,粉壁纱窗杨柳垂。”李颀《听董大弹胡笳声兼寄语弄房给事》:“长安城连东掖垣,凤凰池对青琐门。”岑参《刘相公中书江山画障》:“忽疑凤凰池,暗与江海通。”❸唐代宰相同中书门下平章事,故以凤凰池指宰相职位。李白《窜夜郎于乌江留别宗十六璟》:“一回日月顾,三入凤皇池。”权德舆《湖南观察使故相国袁公挽歌二首》之一:“五驱龙虎节,一入凤皇池。”白居易《予与微之老而无子发于言叹著在诗篇今年冬各有一子戏作二什一以相贺一以自嘲》之一:“莫虑鹓雏无浴处,即应重入凤皇池。”❹对池沼的美称。李绅《忆春日曲江宴后许至芙蓉园》:“香径草中回玉勒,凤皇池畔泛金樽。”

【鳳凰城】 亦作“鳳皇城”。京城。杜甫《复愁十二首》之九:“由来貔虎士,不满凤皇城。”刘禹锡《送元上人归稽亭》:“应夸乞食处,踏遍凤凰城。”崔珏《门前柳》:“晨沾太一坛边雨,暮宿凤皇城里鸦。”徐铉《柳枝词十首》之六:“风暖云开晚照明,翠条深映凤皇城。”

【鳳凰柱】 指刻有凤凰形的瑟柱。李白《长相思》:“赵瑟初停凤凰柱,蜀琴欲奏鸳鸯弦。”

【鳳凰宫】 指皇宫。司空曙《奉和常舍人晚秋集贤院即事寄徐薛二侍郎》:“蔼蔼凤凰宫,兰台玉署通。”

【鳳凰原】 亦作“鳳皇原”。地名,故址在今陕西西安市临潼区骊山下。传有凤凰集于此。武平一《奉和幸新丰温泉宫应制》:“旌摇鹦鹉谷,骑转凤皇原。”王维《和陈监四郎秋雨中思从弟据》:“声连鸩鹊观,色暗凤皇原。”李峤《奉和圣制幸韦嗣立山庄应制》:“凤皇原上开青壁,鹦鹉杯中弄紫霞。”

【鳳凰帷】 绣有凤形饰物的帷帐。温庭筠《诉衷情》词:“金带枕,宫锦,凤凰帷,柳弱燕交飞。”

【鳳凰釵】 亦作“鳳皇釵”。一种贵重的金钗。钗头上饰以凤凰形。于渍《古宴曲》:“十户手胼胝,凤凰钗一只。”李建勋《春词》:“折得玫瑰花一朵,凭君簪向凤凰钗。”韩偓《懒卸头》:“懒卸凤皇钗,羞入鸳鸯被。”

【鳳凰尊】 有凤形饰物的酒樽。姚合《咏贵游》:“凤凰尊畔飞金盏,丝竹声中醉玉人。”

【鳳凰琴】 亦作“鳳皇琴”。古琴名。亦泛指宝琴。虞世南《怨歌行》:“香销翠羽帐,弦断凤皇琴。”骆宾王《代女道士王灵妃赠道士李荣》:“鹦鹉杯中浮竹叶,凤凰琴里落梅花。”参见“凤凰❸”。

【鳳凰詔書】 天子诏书。李绅《莺莺歌》:“凤凰诏书犹未到,满城戈甲如雪屯。”

【鳳凰詔】 亦作“鳳皇詔”。君王的诏书。李白《东武吟》:“恭承凤凰诏,欻起云萝中。”纪唐夫《送温庭筠尉方城》:“凤皇诏下虽沾命,鹦鹉才高却累身。”毛文锡《甘州遍》词二:“凤凰诏下,步步蹑丹梯。”

【鳳凰窠】 比喻人才聚集之处。卢纶《宴赵氏昆季书院因与会文并率尔投赠》:“花攒骐骥枥,锦绚凤凰窠。”

【鳳凰臺】 亦作“鳳皇臺”。古台名。❶在今江苏南京市南凤凰山。李白《登金陵凤凰台》:“凤凰台上凤凰游,凤去台空江自流。”又《金陵凤凰台置酒》:“置酒延落景,金陵凤凰台。”宋齐丘有《陪游凤凰台献诗》。❷在今甘肃成县东南的凤凰山。杜甫《凤凰台》:“亭亭凤凰台,北对西康州。”原题下注:“山峻不至高顶。《方舆胜览》:凤凰台在同谷县东南十里,二石如阙,汉有凤凰来栖,故名。”❸指神话传说中秦穆公为其女弄玉和萧史所筑之楼台。罗邺《鸳鸯》:“相对若教春女见,便须携向凤凰台。”胡曾《咏史诗·凤皇台》:“秦娥一别凤皇台,东入青冥更不回。”❹指宫中苑中的楼台。骆宾王《帝京篇》:“复道斜通鸩鹊观,交衢直指凤皇台。”沈佺期《寿阳王花烛》:“可怜桃李树,更绕凤皇台。”李峤《奉和初春幸太平公主南庄应制》:“鸾辂已辞乌鹊渚,箫声犹绕凤皇台。”

【鳳凰銜詔】 本谓帝王受命的瑞应。后亦谓帝王使者持送诏书。钱起《送边补阙东归省觐》:“凤凰衔诏下,才子采兰归。”又《送张员外出牧岳州》:“凤凰衔诏与何人,喜政多才宠寇恂。”

【鳳凰樓】 亦作“鳳皇樓”。❶指宫内的楼阁。薛存惑《奉和进船洛水应制》:“荣生兰蕙草,春入凤皇楼。”沈佺期《陪幸太平公主南庄诗》:“凤凰楼下交天仗,乌鹊桥头敞御筵。”王建《宫词一百首》之二九:“半夜美人双唱起,一声声出凤皇楼。”徐铉《柳枝词十首》之九:“凝碧池头蘸翠涟,凤皇楼畔簇晴烟。”❷指传说中秦穆公为其女弄玉和萧史所筑之楼台。戎昱《赠别张驸马》:“凤凰楼上伴吹箫,鹦鹉杯中醉留客。”姚合《题崔驸马宅》:“心在林泉身在城,凤凰楼下得闲名。”❸泛指豪华楼阁。曹邺《战城南》:“凤皇楼上人,夜夜长歌舞。”❹楼名。在今河南洛阳市。王宏《从军行》:“凤皇楼上吹急管,落日裴回肠先断。”

【鳳陽重門】 (重 chóng)即凤阳门。三国魏邺都(今河北大名附近)城门名。晋陆翽《邺中记》:“凤阳门五层楼,去地三十丈,安金凤凰二头。”李颀《郑樱桃歌》:“凤阳重门如意馆,百尺金梯倚银汉。”

【鳳巢】 指中书省。包佶《奉和柳相公中书言怀》:“凤巢方得地,牛喘最关心。”李商隐《赠刘司户蕡》:“万里相逢欢复泣,凤巢西隔九重门。”

【鳳琴】 即凤凰琴。王勃《三月曲水宴》:“凤琴调上客,龙辔俨群仙。”参见“鳳凰琴”。

【鳳戟】 刻镂有凤纹的戟。太宗《咏司马彪续汉志》:“凤戟翼康衢,銮舆总柔辔。”

【鳳幄】 绘有凤凰图饰的帐幔。李商隐《七夕》:“鸾扇斜分凤幄开,星桥横过鹊飞回。”

【鳳鈞】 歌颂太平的乐曲。王初《延平天庆观》:“千章隐篆标龙简,一曲空歌降凤钧。”

【鳳策聯華】 唐顾云文集名。三卷,多以拟古为题。郑谷《同志顾云下第出京偶有寄勉》:“凤策联华是国华,春来偶未上仙槎。”原注:“顾云著述,目为《凤策联华》。”

【鳳詞】 华美的辞意。卢照邻《同崔录事哭郑员外》:“凤词凌汉阁,龟辩罩周园。”

【鳳詔】 即诏书。杨凝《和直禁省》:“凤诏裁多暇,兰灯梦更长。”白居易《长庆二年七月自中书舍人出守杭州路次蓝溪作》:“凤诏停舍人,鱼书除刺史。”李商隐《梦令狐学士》:“右银台路雪三尺,凤诏裁成当直归。”韦庄《家叔南游却归因献贺》:“长闻凤诏征兵急,何事龙韬献捷稀。”

【鳳翔】 ❶凤凰飞翔,表示祥瑞景象。李益《秋晚溪中寄怀大理齐司直》:“凤翔属明代,羽翼文葳蕤。”❷府名。至德二年(757)升凤翔郡置,治所在今陕西凤翔县。杜甫《送韦十六评事充同谷郡防御判官》:“銮舆驻凤翔,同谷为咽喉。”岑参有《凤翔府行军送程使君赴成州》。元稹《寄吴士矩端公五十韵》:“昔在凤翔日,十岁即相识。”李商隐《行次西郊作一百韵》:“凤翔三百里,兵马如黄巾。”

【鳳犀簪】 妇女用的簪子。以犀牛角制成凤形,故名。和凝《宫词百首》之三七:“香鸭烟轻蕉水沉,云鬟闲坠凤犀簪。”

【鳳媒】 表示自求婚配。骆宾王《棹歌行》:“凤媒羞自托,鸳翼恨难穷。”

【鳳絲】 对琴弦的美称。温庭筠《和沈参军招友生观芙蓉池》:“桂栋坐清晓,瑶琴商凤丝。”

【鳳蓋】 饰有凤凰图案的伞盖。皇帝仪仗的一种。张籍《楚宫行》:“霓旌凤盖到双阙,台上重重歌吹发。”韩偓《辛酉岁冬十一月随驾幸岐下作》:“凤盖行时移紫气,鸾旗驻处认皇州。”齐己《湘妃庙》:“相携泣,凤盖龙舆追不及。”

【鳳觜】 即凤喙。杜甫《病后遇王倚饮赠歌》:“麟角凤觜世莫识,煎胶续弦奇自见。”李商隐《茂陵》:“内苑只知含凤觜,属车无复插鸡翘。”

【鳳跡】 贵人车乘的辙迹。王建《上张弘靖相公》:“草开旧路沙痕在,日照新池凤跡重。”

【鳳節】 ❶竹节。杜牧《帘》:“凤节轻雕日,鸾花薄饰香。”❷指道观的旌旗仪仗。陆龟蒙《上元日道室焚修寄袭美》:“将排凤节分阶易,欲校龙书下笔难。”

【鳳將雛】 古曲名。岑参《玉门关盖将军歌》:“清歌一曲世所无,今日喜闻凤将雏。”

【鳳綍】 犹凤诏,皇帝的命令。陈子昂《秋日遇荆州府崔兵曹使宴》序:“皇华昭国,怀凤绋而高寻,白桂追游,邀兔置而下顾。”

【鳳臺】 ❶神话传说中秦穆公为其女弄玉和萧史所筑之楼阁。席豫《奉和敕赐公主镜》:“令节颁龙镜,仙辉下凤台。”李群玉《升仙操》:“凤台闭烟雾,鸾吹飘天风。”黄滔《催妆》:“吹箫不是神仙曲,争引秦娥下凤台。”李瀚《蒙求》:“萧史凤台,宋宗鸡窗。”❷即凤凰台,在今南京市南凤凰山。徐铉《寄外甥苗武仲》:“放逐今来涨海边,亲情多在凤台前。”

【鳳臺曲】 《乐府诗集》,梁武帝始创《上云乐》七曲,其一取首句“凤台上两悠悠”为名。《乐府诗集·清商曲辞八·上云乐》郭茂倩题解引《今古乐录》:“上云乐七曲,梁武帝制,以一代西曲。”一名《凤台曲》。王无竞、李白有此作。

【鳳翥】 凤凰飞舞。形容人神威英武。贯休《献钱尚父》:“贵逼人来不自由,龙骧凤翥势难收。”

【鳳歌】 指狂人之歌。陈子昂《酬李参军崇嗣旅管见赠》:“凤歌空有问,龙性讵能驯。”李白《庐山谣寄卢侍御》:“我本楚狂人,凤歌笑孔丘。”吴筠《高士咏·楚狂接舆夫妻》:“凤歌诫文宣,龙德遂隐密。”

【鳳嚩】 凤凰鸣叫。喻美妙的琴声。赵抟《琴歌》:“凤嚩吟幽鹤舞时,撚弄铮纵声亦在。”

【鳳鳴】 凤凰鸣唱。喻笙箫类乐器发出的优美的乐声。李白《出妓金陵子呈卢六四首》之四:“小妓金陵歌楚声,家僮丹砂学凤鸣。”柳宗元《清水驿丛竹天水赵云余手种一十二茎》:“只应更使伶伦见,写尽雌雄双凤鸣。”

【鳳舞】 ❶凤凰飞舞。李商隐《一片》:“天泉水暖龙吟细,露畹春多凤舞迟。”❷指凤形纹饰。李益《府试古镜》:“龙盘初挂月,凤舞欲生风。”

【鳳管】 对笙箫或笙箫之乐的美称。王勃《辛司法宅观妓》:“长裙随凤管,促柱送鸾杯。”李白《金陵听韩侍御吹笛》:“王子停凤管,师襄掩瑶琴。”钱起《长信怨》:“鸳衾久别难为梦,凤管遥闻更起愁。”温庭筠《江南曲》:“凤管悲若咽,鸾弦娇欲语。”

【鳳銜丹詔】 谓皇帝下诏书。戎昱《赠韦况征君》:“身欲逃名名自随,凤衔丹诏降茅茨。”见“鳳詔”。

【鳳語】 形容美妙的声音或乐曲。鲍溶《会仙歌》:“轻轻濛濛,龙言凤语何从容。”齐己《凤琴引》:“一一宫商在素空,鸾鸣凤语翘梧桐。”

【鳳膏】 凤凰的膏油,借指彩烛。吴融《和皮博士赴上京观中修灵斋赠威仪尊师兼见寄》:“鹤驭已从烟际下,凤膏还向月中焚。”

【鳳閤】 见“鳳閣”。

【鳳閣】 亦作“鳳閤”。即中书省。武后光宅元年(684)改中书省为凤阁,旋复为中书省。钱起《寻司勋李郎中不遇》:“唯有早朝趋凤阁,朝时怜羽接鸳行。”白居易《履道新居二十韵》:“辞章留凤阁,班籍寄龙楼。”朱冲和《嘲张祜》:“白在东都元已薨,兰台凤阁少人登。”黄滔《寄杨赞图学士》:“君恩凤阁含毫数,诗景珠宫列肆供。”亦泛指中央官邸。白居易《咏怀》:“昔为凤阁郎,今为二千石。”

【鳳閣舍人】 官名。即中书舍人。武则天时称中书省为凤阁。白居易《重和元少尹》:“凤阁舍人京亚尹,白头俱未着绯衫。”

【鳳翣】 古代帝后仪仗用物。指用野鸡或孔雀羽毛编成的大掌扇。刘禹锡《德宗神武孝文皇帝挽歌二首》之二:"凤翣拥铭旌,威迟异吉行。"又《文宗元圣昭献孝皇帝挽歌三首》之二:"路唯瞻凤翣,人尚想龙颜。"

【鳳輦】 ❶指仙人的车乘。陈陶《谪仙词》:"瑶台凤辇不胜恨,太古一声龙白头。"杜光庭《题平盖沼》:"龙车凤辇非难遇,只要尘心早出尘。"❷皇帝的车驾。杜审言《扈从出长安应制》:"龙旗萦漏夕,凤辇拂钩陈。"钱起《和李员外扈驾幸温泉宫》:"未央月晓度疏钟,凤辇时巡出九重。"林宽《省试腊后望春宫》:"皇都初度腊,凤辇出深宫。"柴宿《初日照华清宫》:"凤辇何时幸,朝朝此望同。"

【鳳樓】 ❶皇宫内的楼阁。明皇《春中兴庆宫酺宴》序:"岁二月,地三秦,水泛泛而龙池满,日迟迟而凤楼曙。"顾况《上元夜忆长安》:"云车龙阙下,火树凤楼前。"李频《太和公主还宫》:"重上凤楼追故事,几多愁思向青春。"韦庄《和集贤侯学士分司丁侍御秋日雨霁之作》:"洛岸秋晴夕照长,凤楼龙阙倚清光。"❷指传说中秦穆公为其女弄玉和萧史所筑之楼台。王维《故太子太师徐公挽歌四首》之三:"闻诗鸾渚客,献赋凤楼人。"杨巨源《酬于驸马二首》之二:"瑶草秋残仙圃在,彩云天远凤楼空。"杜牧《伤友人悼吹箫妓》:"艳质已随云雨散,凤楼空锁月明天。"李商隐《寄恼韩同年二首》之二:"龙山晴雪凤楼霞,洞里迷人有几家。"❸指妇女所居之楼阁。冯延巳《蝶恋花》词之三:"几度凤楼同饮宴,此夕相逢,却胜当时见。"❹泛称豪华楼阁。崔元翰《奉和登玄武楼观射即事书怀赐孟涉应制》:"城高凤楼耸,场迥兽侯新。"

【鳳樓琪樹】 形容豪华的仙居。鹿虔扆《女冠子》词之一:"凤楼琪树,惆怅刘郎一去。"

【鳳樓龍闕】 华美的宫阙楼台。韦庄《和集贤侯学士分司丁侍御秋日雨霁之作》:"洛岸秋晴夕照长,凤楼龙阙倚清光。"

【鳳影】 梧桐树的阴影。据说凤非梧桐不栖,故名。李峤《桐》:"春光杂凤影,秋月弄圭阴。"李频《题长孙桐树》:"一去龙门侧,千年凤影移。"

【鳳儀】 凤凰的仪态。喻俊杰的姿质、风范等。李绅《和晋公三首》之一:"凤仪常欲附,蚊力自知微。"

【鳳儀殿】 前赵刘聪欲为皇后刘氏所建的宫殿。刘聪欲建此殿,廷尉陈远达直谏。聪怒,欲杀之。刘氏密遣中常侍敕左右停刑,并手疏切谏。聪怒解,引远达而谢之,并改逍遥楼为纳贤园。周昙《咏史诗·六朝门·前赵刘聪》:"垂成却罢凤仪殿,仍改逍遥纳谏园。"

【鳳質】 ❶喻人的美好品质。丘丹《奉酬韦使君送归山之作》:"涉海得骊珠,栖梧惭凤质。"❷指美妙的乐音。聂夷中《公子行二首》之一:"飞琼奏云和,碧箫吹凤质。"

【鳳篆】 ❶道家所用的文字。也称云篆、凤文。李商隐《赠华阳宋真人兼寄清都刘先生》:"玉检赐书迷凤篆,金华归驾冷龙鳞。"韦渠牟《步虚词十九首》之四:"凤篆文初定,龙泥印已开。"❷对古文字的美称。太宗《帝京篇十首》之二:"玉匣启龙图,金绳披凤篆。"

【鳳諾】 凤尾诺。即凤尾诏,皇帝的诏书。陆龟蒙《奉和袭美暇日独处见寄》:"知君满箧前朝事,凤诺龙奴借与窥。"

【鳳褥】 华美的垫褥。李白《清平乐》词之四:"鸾衾凤褥,夜夜常孤宿。"

【鳳駕】 ❶称帝王或后妃的车驾。窦希玠《奉和九日幸临渭亭登高应制得明字》:"銮舆巡上苑,凤驾瞰层城。"刘长卿《至德三年春五十韵》:"凤驾瞻西幸,龙楼议北征。"许浑《骊山》:"凤驾北归山寂寂,龙旂西幸水滔滔。"❷仙人之车驾。高宗《七夕宴悬圃二首》之一:"羽盖飞天汉,凤驾越层峦。"又《七夕宴悬圃二首》之二:"霓裳转云路,凤驾俨天潢。"

【鳳樂】 (—yuè)和美悦耳的音乐。高宗《太子纳妃太平公主出降》:"环阶凤乐陈,玳席珍羞荐。"

【鳳髻】 古代的一种发型。唐求《马嵬感事》:"凤髻随秋草,鸾舆入暮山。"欧阳炯《凤楼春》词:"凤髻绿云丛,深掩房栊。"

【鳳髻山】 山名。在今福建清溪县。詹琲《承清隐命访刘处士已殁因吊以诗》:"凤髻山前凤阁郎,耕云钓石久荒凉。"

【鳳縠】 华美的丝织品。韦庄《抚盈歌》:"凤縠兮鸳绡,霞疏兮绮寮。"

【鳳曆】 指岁历。含有历数正朔之意。魏征《享太庙乐章·舒和》:"严禋克配鸿基远,明德惟馨凤历昌。"杜甫《上韦左相二十韵》:"凤历轩辕纪,龙飞四十春。"王涯《九月九日勤政楼下观百僚献寿》:"菊樽过九日,凤历肇千秋。"

【鳳嘯】 ❶凤凰鸣叫。薛曜《九城寻山水》:"菊浦桃源瞰九城,鸾歌凤啸忽将迎。"❷凤凰的鸣叫声。喻琴瑟琵琶等乐曲声。李绅《悲善才》:"花翻凤啸天上来,裴回满殿飞春雪。"

【鳳錦】 华美的锦缎。张鷟《游仙窟·答文成赠别》:"凤锦行须赠,龙梭久绝声。"

【鳳聲】 凤凰的鸣声。亦喻美妙的乐声。杜甫《凤凰台》:"西伯今寂寞,凤声亦悠悠。"张祜《周员外席上观柘枝》:"鸾影乍回头并举,凤声初歇翅齐张。"

【鳳轄】 指车辖上所饰的凤凰。亦借指有凤饰的车辖。骆宾王《秋晨同淄川毛司马秋九咏·秋水》:

"泛曲鹍弦动，随轩凤辖惊。"

【鳳蹕】 皇帝后妃所乘的车驾。王维《三月三日曲江侍宴应制》："仙御龙媒下，神皋凤跸留。"

【鳳輿】 即凤辇。古代帝王的车乘。徐彦伯《幸白鹿观应制》："凤舆乘八景，龟箓向三仙。"杜甫《赠李八秘书别三十韵》："通籍蟠螭印，差肩列凤舆。"

【鳳臆】 凤凰的胸脯。比喻骏马的前胸健壮秀美。顾云《苏君厅观韩干马障歌》："麟鬐凤臆真相似，秋竹惨惨披两耳。"

【鳳臆龍鬐】 凤凰的胸脯、龙的颈毛。比喻骏马的雄奇健美。杜甫《李鄠县丈人胡马行》："凤臆龙鬐未易识，侧身注目长风生。"

【鳳翼】 ❶凤凰的羽翼。亦借指排箫之管。李峤《箫》："参差横凤翼，搜索动人心。"❷屋脊上凤形饰物。汉张衡《西京赋》："凤翼骞翥于甍标，咸遡风而欲翔。"骆宾王《艳情代郭氏答卢照邻》："洛水傍连帝城侧，帝宅层甍垂凤翼。"

【鳳簪】 华美的头簪。其上有凤形雕饰，故名。李商隐《念远》："皎皎非鸾扇，翘翘失凤簪。"

【鳳歸林】 琴曲名。《琴曲谱录》："《凤归操》，羡门先生制。"戎昱《花下宴送郑炼师》："为君调绿绮，先奏凤归林。"

【鳳歸雲】 乐府杂曲歌辞。咏调名本意，七言，四句，二十八字，三平韵。《全唐诗》卷二八录唐滕潜《凤归云》二首。

【鳳雛】 幼凤。亦喻俊杰或佳子弟。白居易《崔侍御以孩子三日示其所生诗见示因以二绝句和之》之一："洞房门上挂桑弧，香水盆中浴凤雏。"刘商《送李元规昆季赴举》："凤雏皆五色，鸿渐又双飞。"李商隐《杨本胜说于长安见小男阿衮》："寄人龙种瘦，失母凤雏痴。"李群玉《别狄佩》："翠竹不著花，凤雏长忍饥。"题下原注："梁公玄孙，旅于南国。"

【鳳雛麟子】 喻指出众的子弟。李咸用《轻薄怨》："凤雏麟子皆至交，春风相逐垂杨柳。"

【鳳闕】 汉代宫阙名。武帝所建建章宫的圆阙上有铜凤凰，故称。后遂借指皇宫、朝廷。杨炯《从军行》："牙璋辞凤阙，铁骑绕龙城。"刘禹锡《送源中丞充新罗册立使》："身带霜威辞凤阙，口传天语到鸡林。"雍陶《答蜀中经蛮后友人马艾见寄》："几年朝凤阙，一日破龟城。"李咸用《关山月》："何当胡无人，荷戈朝凤阙。"

【鳳簫】 ❶即排箫。比竹为之，参差如凤翼，故称。杨炎《赠元载歌妓》："雪面淡眉天上女，凤箫鸾翅欲飞去。"刘长卿《九日题蔡国公主楼》："水余龙镜色，云罢凤箫音。"卢纶《宴席赋得姚美人拍筝歌》："凤箫韶管寂不喧，绣幕纱窗俨秋月。"李频《古意》："凤箫抛旧曲，鸾镜懒新妆。"❷指箫声。皇甫冉《玄元观送李源李风还奉先华阴》："莫辞别酒和琼液，乍唱离歌和凤箫。"顾敻《遐方怨》词："凤箫歇，镜尘生。"

【鳳藻】 华美的文辞、诗文。罗隐《广陵李仆射借示近诗因投献》："朝论国计暮论兵，余力犹随凤藻生。"又《送朗州张员外》："凤藻已期他日用，隼旟应是隔年回。"李中《献乔侍郎》："人间传凤藻，天上演龙纶。"杨夔《送张相公出征》："援毫飞凤藻，发匣吼龙泉。"

【鳳臛龍炙】 凤羹和烤龙肉。极言菜肴之名贵。陈陶《将进酒》："珊瑚座上凌香云，凤臛龙炙猩猩唇。"

【鳳髓】 凤凰的骨髓。借作对烛油的美称。李咸用《富贵曲》："雪暖瑶杯凤髓融，红拖象箸猩唇细。"和凝《宫词百首》之十四："兰烛时将凤髓添，寒星遥映夜光帘。"

【鳳鐸】 宝塔飞檐上所悬挂的铃铎。储光羲《至岳寺即大通大照禅塔上温上人》："凤铎天中鸣，岩梯松下长。"

【鳳麟】 凤凰和麒麟。顾况《步虚词》："残药沾鸡犬，灵香出凤麟。"

【鳳麟膠】 传说中的一种粘合剂。以凤喙和麟角合煎而成，能续弓弩已断之弦、连刀剑断折之金。张贲《奉和袭美伤开元观顾道士》："凤麟胶尽夜如何，共叹先生剑解多。"

【鳳鸞】 泛指凤凰之类的神鸟。令狐楚《游义兴寺寄上李逢吉相公》："凤鸾飞去仙巢在，龙象潜来讲席空。"宋若华《嘲陆畅》："十二层楼倚翠空，凤鸾相对立梧桐。"亦喻优异人才。罗隐《淮南送卢端公归台》："凤鸾势逸九霄宽，北去南来任羽翰。"

鳲

〔shī《广韵》式脂切，平脂，书。〕见"鳲鸠"。

【鳲鳩】 即布谷鸟。为君王以仁德待下的典故。见《诗·曹风·鳲鸠》。卢仝《感古四首》之三："毁拆维鹊巢，不行鳲鸠仁。"丘光庭《补茅鸱》三："愿弹去汝，来彼鳲鸠。来彼鳲鸠，食子其周。"

四画

鳿

〔yù《广韵》魚欲切，入燭，疑。〕参见"鸑鳿"。

鳷

〔zhī《广韵》章移切，平支，章。〕参见"鳷鹊"。

【鳷鵲】 汉宫观名。亦借指唐代宫观。苏颋《春晚紫微省直寄内》："花间燕子栖鳷鹊，竹下鹓雏绕凤皇。"杜甫《宣政殿退朝晚出左掖》："云近蓬莱常好色，雪残鳷鹊亦多时。"原注："鳷鹊，观名。"刘言史《买花谣》："豪少居连鳷鹊东，千金使买一株红。"吴融《送薛学士赴任峡州二首》之二："何似玉堂裁诏罢，月斜鳷鹊漏沉沉。"

【鳷鵲樓】 ❶即鳷鹊观。李颀《送康洽入京进乐府歌》："新诗乐府唱堪愁，御妓应传鳷鹊楼。"阎德隐《薛王花烛行》："鳷鹊楼前云半卷，鸳鸯殿上月裴回。"❷南朝楼阁名。在今江苏南京市。李白《永王东巡歌十一首》之四："春风试暖昭阳殿，明月还过鳷鹊楼。"

【鳷鵲觀】 （觀 guàn）汉宫观名，在长安甘泉宫外。汉武帝建元中建。亦借指唐代宫观。骆宾王《帝京篇》："复道斜通鳷鹊观，交衢直指凤皇台。"钱起《长信怨》："鳷鹊观前明月度，芙蓉阙下绛河流。"羊士谔《春日朝罢呈台中寮友》："玉树笼烟鳷鹊观，石渠流水凤凰池。"李德裕《雨中自秘书省访王三侍御以诗赠之》："梧桐迥齐鳷鹊观，烟雨屡拂蛟龙旗。"

鸦 〔yā《广韵》於加切，平麻，影。〕亦作"鵶"。❶鸟类的一种。体型较大。羽毛灰黑，喙及足皆强壮。多栖于高树，食谷类、果实、昆虫等。刘长卿《恩敕重推使牒追赴苏州次前溪馆作》："乱鸦投落日，疲马向空山。"杨巨源《春晚东归留赠李功曹》："唯有怀乡客，东飞羡曙鸦。"温庭筠《题卢处士山居》："日暮飞鸦集，满山荞麦花。"张萧远《废城》："日暮风吹官渡柳，白鵶飞出石头墙。"❷比喻黑色。多形容妇女鬓发。孟迟《莲塘》："脉脉低回殷袖遮，脸横秋水髻盘鸦。"吴融《出迟》："麝想眉间印，鸦知顶上盘。"

【鴉九】 唐张鸦九，善铸剑，其所铸剑名鸦九剑。白居易《鸦九剑》："欧冶子死千年后，精灵闇授张鸦九。"元稹《说剑》："既非古风胡，无乃近鸦九。"

【鴉九劍】 剑名。江东著名剑工张鸦九所铸，故名。白居易有《新乐府·鸦九剑》。

【鴉山】 指鸦山茶。鸦山，在今安徽郎溪县。此茶为江南名茶。郑谷《峡中尝茶》："吴僧漫说鸦山好，蜀叟休夸鸟觜香。"

【鴉叉】 即桠叉。李商隐《病中闻河东公乐营置酒口占寄上》："锁门金了鸟，展障玉鸦叉。"

【鴉軋】 （一yà）象声词。状门户启闭声和辘轳汲水声。元稹《琵琶歌》："幽关鸦轧胡雁悲，断弦砉騞层冰裂。"又《表夏十首》之二："僮儿拂巾箱，鸦轧深林井。"陆龟蒙《连昌宫词二首·门》："日暮鸟归宫树绿，不闻鸦轧闭春风。"

【鴉兒】 ❶乌鸦。元稹《闲二首》之一："艇子收鱼市，鸦儿噪荻丛。"❷幼乌。张祜《闲居五首》之一："补窠新燕子，争食乳鸦儿。"

【鴉翅】 乌鸦之翅。喻黑发。罗虬《比红儿诗》之二八："薄罗轻剪越溪纹，鸦翅低垂两鬓分。"

【鴉娘】 雌乌。温庭筠《烧歌》："仰面呻复嚏，鸦娘咒丰岁。"

【鴉黄】 古时妇女涂额的化妆黄粉。虞世南《应诏嘲司花女》："学画鸦黄半未成，垂肩亸袖太憨生。"卢照邻《长安古意》："片片行云着蝉鬓，纤纤初月上鸦黄。"唐彦谦《牡丹》："嫦娥婺女曾相送，留下鸦黄作蕊尘。"韩偓《倒押前韵》："鸦黄双凤翅，麝月半鱼鳞。"

【鴉翎】 乌鸦的羽毛。李贺《野歌》："鸦翎羽箭山桑弓，仰天射落衔芦鸿。"赵鸾鸾《云鬟》："扰扰香云湿未干，鸦翎蝉翼腻光寒。"

【鴉楓】 青枫。唐彦谦《高平九日》："霜染鸦枫迎日醉，寒冲泾水带冰流。"

【鴉路】 鸦飞之路。谓遥远难行的路程。萧颖士《重阳日陪元鲁山德秀登北城瞩对新霁因以赠别》："绵连滍川回，杳渺鸦路深。"刘禹锡《重寄绝句》："淮西既是平安地，鸦路今无羽檄飞。"孟郊《鸦路溪行呈陆中丞》："鸦路不可越，三十六渡溪。"

【鴉舅】 即乌桕。子可炸油，为制烛原料。陆龟蒙《偶掇野蔬寄袭美有作》："行歇每依鸦舅影，挑频时见鼠姑心。"

【鴉鴉】 象声词，状鸟鸣声等。韦应物《乌引雏》："日出照东城，春乌鸦鸦雏和鸣。"柳宗元《跂乌词》："城上日出群乌飞，鸦鸦争赴朝阳枝。"陆龟蒙《江边》："江边日晚潮烟上，树里鸦鸦桔槔响。"王周《巫庙》："鸦鸦尔何物，飞飞来庙庭。"

【鴉頭】 ❶乌鸦之头。白居易《叹老三首》之二："鸦头与鹤颈，至老常如墨。"❷即丫头，双鬟丫形。指童男女。白居易《东南行一百韵》："绣面谁家婢，鸦头几岁奴。"

【鴉頭襪】 指大脚趾与其他四趾分开的袜子。李白《越女词五首》之一："屐上足如霜，不着鸦头袜。"

【鴉嶺】 即鸦山。在今安徽郎溪县。以产茶闻名。顾云《池阳醉歌赠匡庐处士姚岩杰》："鼋潭鳞粉解不去，鸦岭蕊花浇不醒。"

【鴉翻】 乌鸦翻飞。陶岘《西塞山下回舟作》："鸦翻枫叶夕阳动，鹭立芦花秋水明。"

【鴉雛】 幼小的乌鸦。王建《宫词一百首》之六十："避暑昭阳不掷卢，井边含水喷鸦雏。"

【鴉鵲】 乌鸦和喜鹊。王建《宫词一百首》之七十二："供御樱桃看守别，直无鸦鹊到园中。"

【鴉鬟】 ❶犹鸦髻。色黑如鸦的丫形发髻。李白《酬张司马赠墨》："黄头奴子双鸦鬟，锦囊养之怀袖间。"于濆《拟古意》："鸦鬟未成髻，鸾镜徒相知。"陆龟蒙《和袭美馆娃宫怀古五绝》之二："一宫花渚漾涟漪，倭堕鸦鬟出茧眉。"❷丫环，婢女。成彦雄《夕》："雕笼鸚鹉将栖宿，不许鸦鬟转辘轳。"

鵍 〔huān《广韵》呼官切，平桓，曉。〕参见"鵍吺"。

【鵍吺】 即驩兜。韩愈、孟郊《远游联句》："系石沉靳尚，开弓射鵍吺。"按，今本《书·尧典》和《史记·五帝本纪》均作"驩兜"。

鳸 〔hù《广韵》侯古切，上姥，匣。〕农桑候鸟的通称。少皞氏以鸟名官，取以农官之名。李白《古风》之四八："但求蓬岛药，岂思农鳸春。"王琦注："《独断》：少昊之世，置九农之官……鳸、扈，古文通用。"

鴆 〔zhèn《广韵》直禁切，去沁，澄。〕参见"鴆鳥"。

【鴆鳥】 传说中的一种毒鸟。以其羽浸酒，剧毒，饮之立死。卢仝《寄萧二十三庆中》："山魈吹火虫入碗，鸩鸟咒诅鲛吐涎。"

鴂[1] 〔jué《广韵》古穴切，屑入，見。〕见"鶗鴂"。

鴂[2] 〔guī《集韵》涓惠切，去霽，见。〕鸟名，即杜鹃鸟。李群玉《将离澧浦置酒野屿奉怀沈正字昆弟三人联登高第》："酌桂烟屿晚，鴂鸣江草深。"

五　画

鴀 同"鴀"。参见"鸜鴀"。

鴣 〔gū《广韵》古胡切，平模，見。〕参见"鹧鸪"。

鴨 〔yā《广韵》烏甲切，入狎，影。〕❶鸟类鸭科的统称。腿短背扁，趾间有蹼，善游泳。有家鸭、野鸭两种，通常指家鸭，为主要家禽之一。高适《淇上别业》："庭鸭喜多雨，邻鸡知暮天。"张籍《春水曲》："鸭鸭，觜唼唼。"元稹《有鸟二十章》之十九："雏鸭拂爪血迸天，狡兔中拳头粉骨。"白居易《池鹤八绝句·鹅赠鹤》："君因风送入青云，我被人驱向鸭群。"❷指鸭形香炉。戴叔伦《春怨》："金鸭香消欲断魂，梨花春雨掩重门。"司空图《乐府》："满鸭香薰鸚鹉睡，隔帘灯照牡丹开。"

【鴨心】 指鸭形香炉的炉心。无名氏《宴李家宅》："银榼酒倾鱼尾倒，金炉灰满鸭心香。"

【鴨兒】 幼鸭。皇甫松《采莲子二首》之一："晚来弄水船头湿，更脱红裙裹鸭儿。"

【鴨桃】 指仙桃。王绩《游仙四首》之四："鸭桃闻已种，龙竹未经骑。"

【鴨脚】 即鸭脚葵。皮日休《题支山南峰僧》："鸡头竹上开危径，鸭脚花中擿废泉。"

【鴨脚葵】 植物名。葵菜的一种。大叶小花，花呈紫黄色。白居易《官舍闲题》："禄米獐牙稻，园蔬鸭脚葵。"

【鴨掌】 即鸭脚葵。罗隐《秋日怀贾随进士》："晓匣鱼肠冷，春园鸭掌肥。"

【鴨緑】 鸭头多为绿色。亦指绿色物。皮日休《酬鲁望见迎绿罽次韵》："轻裁鸭绿任金刀，不怕西风断野蒿。"

【鴨頭】 鸭之头。鸭头多为绿色，故诗中借以形容水色。李贺《同沈驸马赋得御沟水》："绕堤龙骨冷，拂岸鸭头香。"白居易《新春江次》："鸭头新绿水，雁齿小红桥。"

【鴨頭春】 犹言鸭头绿。春，春色，绿色。刘禹锡《浪淘沙九首》词之三："汴水东流虎眼纹，清淮晓色鸭头春。"

【鴨頭緑】 绿色。鸭头绿色，故称。李白《襄阳歌》："遥看汉水鸭头绿，恰似葡萄初酦醅。"温庭筠《罩鱼歌》："悠溶杳若去无穷，五色澄潭鸭头绿。"

【鴨雛】 幼鸭。白居易《和微之春日投简阳明洞天五十韵》："产业论蚕蚁，孳生计鸭雏。"

【鴨欄驛】 馆驿名。在今湖南临湘县。因吴建昌侯孙虑曾于此建鸭栏而得名。李白有《至鸭栏驿上白马矶赠裴侍御》。

鴞 〔xiāo《广韵》于嬌切，平宵，云。〕鸟名，俗称猫头鹰。鸱鸮科各种类的通称。喙、爪均为钩状，锐利；两眼位于正前方，状如猫目，眼周边羽毛呈放射状；毛褐色，有斑纹，稠密而松软，飞行时无声。昼伏夜行，主食鼠类，兼食小鸟或昆虫。为农林益鸟。古人认为是恶声之鸟，为不祥之物。包佶《岭下卧疾寄刘长卿员外》："丧马思开卦，占鸮懒发书。"李贺《神弦曲》："百年老鸮成木魅，笑声碧火巢中起。"孟郊《往河阳宿峡陵寄李侍御》："鸮鸣犬吠霜烟昏，开囊拂巾对盘飧。"元稹《有鸟二十章》之十："有鸟有鸟名为鸮，深藏孔穴难动摇。"

【鴞災】 指死亡。见汉贾谊《鵩鸟赋序》。李端《慈恩寺怀旧》："蚁斗声犹在，鸮灾道已穷。"

【鴞鳥】 鸟名。俗称猫头鹰。刘长卿《酬包谏议佶见寄之什》："落日栖鸮鸟，行人遗鲤鱼。"徐铉《得浙西郝判官书因寄此诗问方判官田书记消息》："尝忧座侧飞鸮鸟，未暇江中觅鲤鱼。"

鴦 〔yāng《广韵》於良切，平陽，影。又烏郎切，平唐，影。〕或谓鸳鸯之雌者。元稹《有鸟二十章》之十六："有鸟有鸟毛羽黄，雄者为鸳雌者鸯。"见"鴛鴦"。

鸰 〔líng《广韵》郎丁切，平青，來。〕鸟名。鹡鸰。卢仝《观放鱼歌》："鸂鶒鸰鸥凫，喜观争叫呼。"

【鸰原】 指兄弟友爱。明皇《句》："棠棣花重发，鸰原鸟再飞。"杜甫《赠韦左丞丈》："鸰原荒宿草，凤沼接亨衢。"罗隐《答宗人衮》："鸰原谩欲均余力，鹤发那堪问旧游。"

鴟 〔chī《广韵》處脂切，平脂，昌。〕鸢属。猛禽。性嗜腐食。见《庄子·秋水》。韦应物《杂体五首》之二："孤负肉食恩，何异城上鸱。"韩愈《病鸱》："屋东恶水沟，有鸱堕鸣悲。"陆龟蒙《杂讽九首》之二："攻如饿鸱叫，势若脱兔急。"吴融《池上双凫二首》之一："钓艇忽移还散去，寒鸱有意即相呼。"

【鸱夷】 ❶革囊。骆宾王《夕次旧吴》："行叹鸱夷没，遽惜湛卢飞。"李白《万愤词投魏郎中》："子胥鸱夷，彭越醢醯。"陈子昂《观荆玉篇》："鸱夷双白玉，此玉有缁磷。"❷指盛酒器。刘禹锡《历阳书事七十韵》："鸱夷倾底写，粔籹斗成□。"❸即鸱夷子皮。春秋越范蠡之号。李颀《赠别高三十五》："焉知汉高士，莫识越鸱夷。"李德裕《思归赤松村呈松阳子》："禽庆潜名岳，鸱夷漾钓舟。"杜牧《杜秋娘诗》："西子下姑苏，一舸逐鸱夷。"方干《题陶详校书阳羡隐居》："便泛扁舟应未得，鸱夷弃相始垂名。"

【鸱夷子】 即鸱夷子皮。春秋越范蠡之号。李白《古风》之十八："何如鸱夷子，散发棹扁舟。"杜甫《奉酬薛十二丈判官见赠》："欲学鸱夷子，待勒燕山铭。"项斯《彭蠡湖春望》："更想鸱夷子，扁舟安在哉。"皮日休《奉献致政裴秘监》："既为逍遥公，又作鸱夷子。"

【鸱夷公子】 指春秋越范蠡。陈陶《钱塘对酒曲》："鸱夷公子休悲悄，六鳌如镜天始老。"

【鸱乌】 鹞鹰和乌鸦。灵澈《听莺歌》："城头鸱乌拾膻腥，空园燕雀争泥滓。"刘禹锡《有獭吟》："鸱乌欲伺隙，遥噪莫敢前。"

【鸱枭】 见"鸱鸮"。

【鸱鸟】 指鹞鹰。杜甫《北征》："鸱鸟鸣黄桑，野鼠拱乱穴。"

【鸱鸦】 鹞鹰和乌鸦。寒山《诗三百三首》之五九："鸱鸦饱腲腇，鸾凤饥徬徨。"

【鸱鸮】 亦作"鸱枭"。❶即猫头鹰。常用以喻贪恶之徒。王绩《过汉故城》："狐兔惊魍魉，鸱鸮吓獝狂。"李华《杂诗六首》之一："嘈嘈鸱枭动，好鸟徒绵蛮。"杜甫《病柏》："鸱鸮志意满，养子穿穴内。"赵抟《琴歌》："真龙不圣土龙圣，凤皇哑舌鸱枭鸣。"❷诗篇名。传为周公作。李白《寓言三首》之一："管蔡扇苍蝇，公赋鸱鸮诗。"

【鸱鸢】 即鸱鸟。李白《独漉篇》："神鹰梦泽，不顾鸱鸢。"韦应物《鸢夺巢》："野鹊野鹊巢林梢，鸱鸢恃力夺鹊巢。"顾况《海鸥咏》："一朝风去梧桐死，满目鸱鸢奈尔何。"

【鸱鸢吓腐】 讥小人对自己的猜疑之典。徐夤《西寨寓居》之二："鸱鸢吓腐疑雏凤，神鬼欺贫笑伯龙。"

【鸱鸮】 鹞鹰和鸮鸟。张祜《戊午年寓兴二十韵》："葛藟机龙巧，鸱鸮义可精。"

鴝 〔qú《广韵》其俱切，平虞，群。又古侯切，平侯，見。〕亦作"鸜"。参见"鸲鹆"。

【鸲鹆】 亦作"鸜鹆"。❶鸟名。俗称八哥。杜甫《冬狩行》："有鸟名鸲鹆，力不能高飞逐走蓬。"虚中《古今诗话》："菖蒲花不艳，鸜鹆性多灵。"章孝标《题朱秀城南亭子》："瘿挂眼开欺鸲鹆，花缘网结妒蟏蛸。"李群玉《薛侍御处乞靴》："看时共说茱萸皱，着处嫌无鸜鹆鸣。"❷指鸲鹆舞。卢纶《酬赵少尹戏示诸侄元阳等因以见赠》："且请同观舞鸜鹆，何须竟哂食槟榔。"白居易《和梦游春诗一百韵》："酩酊歌鹧鸪，颠狂舞鸲鹆。"曹唐《长安客舍叙邵陵旧宴寄永州萧使君五首》之三："鹧鸪欲绝歌声定，鸜鹆初惊舞袖齐。"

【鸲鹆舞】 亦作"鸜鹆舞"。乐舞名。杜审言《赠崔融二十韵》："兴酣鸲鹆舞，言洽凤皇翔。"李白《对雪醉后赠王历阳》："谢尚自能鸲鹆舞，相如免脱鹔鹴裘。"张祜《戊午年感事书怀二百韵》："鹧鸪词绮靡，鸜鹆舞蹁跹。"李商隐《偶成转韵七十二句赠四同舍》："我生粗疏不足数，梁父哀吟鸲鹆舞。"

鴛 〔yuān《广韵》於袁切，平元，影。又烏渾切，平魂，影。〕❶鸳鸯的省称。或谓鸳鸯，雄曰鸳，雌曰鸯。杜甫《朝雨》："风鸳藏近渚，雨燕集深条。"元稹《有鸟二十章》之十六："有鸟有鸟毛羽黄，雄者为鸳雌为鸯。"梁铉《天门街西观荣王聘妃》："交颈文鸳合，和鸣彩凤连。"梁陟《送孙舍人归湘州》："作隼他年计，为鸳此日飞。"❷同"鹓"。参见"鴛鷺行""鴛鷺"。

【鸳瓦】 即鸳鸯瓦。于鹄《送唐大夫让节归山》："朱门鸳瓦为仙观，白领狐裘出帝城。"王涯《望禁门松雪》："依稀鸳瓦出，隐映凤楼重。"薛能《升平词十首》之二："鸳瓦霜消湿，虫丝日照明。"唐彦谦《克复后登安国寺阁》:"惆怅建章鸳瓦尽,夜来空见玉绳低。"

【鴛文】 鸳鸯样的纹饰。王适《古别离》:"频年雁度无消息,罢却鸳文何用织。"

【鴛池】 指中书省。皮日休《奉献致政裴秘监》:"移官在书府,方乐鸳池贵。"

【鴛枕】 见"鴛鴦枕"。

【鴛侶】 比喻同僚。李端《同苗发慈恩寺避暑》:"卧草同鸳侣,临池似虎溪。"刘得仁《禁署早春晴望》:"鸳侣此时皆赋咏,商山雪在思尤清。"王甚夷《和主司王起》:"龙门乍出难胜幸,鸳侣先行是最荣。"徐铉《和殷舍人萧员外春雪》:"此时鸳侣皆闲暇,赠答诗成禁漏残。"

【鴛帶】 绣有鸳纹的腰带。张祜《寿州裴中丞出柘枝》:"罗带却翻柔紫袖,锦靴前踏没红茵。"

【鴛衾】 绣有鸳鸯的被子。亦指夫妻共寝的被子。钱起《长信怨》:"鸳衾久别难为梦,凤管遥闻更起愁。"温庭筠《南歌子》词之四:"敧枕覆鸳衾,隔帘莺百啭,感君心。"司空图《白菊杂书四首》之一:"却笑谁家扃绣户,正薰龙麝暖鸳衾。"吴融《春词》:"鸾镜长侵夜,鸳衾不识寒。"

【鴛被】 见"鴛鴦被"。

【鴛掖】 指中书省。中书省在西掖,省中皆鸳鸿之士,故名。钱起《奉和中书常舍人晚秋集贤院即事寄徐薛二侍御》:"彩笔下鸳掖,褒衣来石渠。"又《重赠赵给事》:"久飞鸳掖出时髦,耻负平生稽古劳。"

【鴛帷羅幌】 华美的帷帐。顾敻《杨柳枝》词:"鸳帷罗幌麝烟销,烛光摇。"

【鴛釵】 古代妇女的头钗,由双股合成,故称。韦应物《长安道》:"丽人绮阁情飘摇,头上鸳钗双翠翘。"

【鴛幃】 绣有鸳纹的帐帏。韦应物《秦妇吟》:"鸳帏纵入岂成欢,宝货虽多非所爱。"

【鴛夢】 见"鴛鴦夢"。

【鴛綃】 织有鸳纹的薄绸。韦庄《抚盈歌》:"凤縠兮鸳绡,霞疏兮绮寮。"

【鴛甍】 绘有鸳纹的屋脊。元晦《越亭二十韵》:"松籁韵宫商,鸳甍势翔溯。"

【鴛綺】 绣有鸳纹的丝织品。乔知之《从军行》:"鸳绮裁易成,龙乡信难见。"李商隐《自桂林奉使江陵途中感怀》:"良讯封鸳绮,余光借玳簪。"

【鴛寢】 喻夫妻共眠。魏承班《满宫花》词之一:"醉时想得纵风流,罗帐香帏鸳寝。"

【鴛機】 对织机的美称。上官仪《八咏应制二首》之二:"且学鸟声调凤管,方移花影入鸳机。"钱起《效古秋夜长》:"谁家少妇事鸳机,锦幕云屏深掩扉。"李商隐《即日》:"几家缘锦字,含泪坐鸳机。"毛文锡《浣溪沙》词:"每恨蟪蛄怜婺女,几回娇妒下鸳机,今宵嘉会两依依。"

【鴛鴦】 ❶鸟名。似野鸭,体形较小。嘴扁颈长,趾间有蹼,善游泳,翼长,能飞。雄的羽毛绚丽,头后有铜赤、紫、绿等冠羽,嘴红色,脚黄色。雌的体积稍小,羽毛卷褐色,嘴灰黑色,栖于内陆湖泊和溪流边。为我国特产珍禽之一。旧传雌雄偶居不离,古称匹鸟。孟浩然《鹦鹉洲送王九之江左》:"洲势逶迤绕碧流,鸳鸯鸂鶒满滩头。"白居易《南塘暝兴》:"蟋蟀啼相应,鸳鸯宿不孤。"鲍溶《南塘二首》之一:"莲花受露重如睡,斜月起动鸳鸯声。"李九龄《荆溪夜泊》:"小滩惊起鸳鸯处,一双采莲船过声。"❷指饰物的鸳鸯图案。施肩吾《代征妇怨》:"画裙多泪鸳鸯湿,云鬓慵梳玳瑁垂。"张祜《投魏博田司空二十韵》:"旌旗垂玳瑁,黄帕结鸳鸯。"温庭筠《织锦词》:"簇簌金梭万缕红,鸳鸯艳锦初成匹。"顾敻《甘州子》词之一:"禁楼刁斗喜初长,罗荐绣鸳鸯。"❸喻夫妻。李白《拟古十二首》之二:"愿逢同心者,飞作紫鸳鸯。"温庭筠《南歌子》词之一:"不如从嫁与,作鸳鸯。"李郢《为妻作生日寄意》:"鸳鸯交颈期千岁,琴瑟谐和愿百年。"崔萱《古意》:"娇眠锦衾里,展转双鸳鸯。"❹汉武帝时宫殿名。参见"鴛鴦殿"。❺指鸳鸯瓦。杜甫《秋日荆南送石首薛明府辞满告别奉寄薛尚书颂德叙怀斐然之作三十韵》:"殿瓦鸳鸯坼,宫帘翡翠虚。"❻指形制如鸳鸯的香炉。李白《清平乐》词之二:"玉帐鸳鸯喷兰麝,时落银灯香灺。"李贺《黄头郎》:"好持扫罗荐,香出鸳鸯热。"❼指饰有鸳鸯的拨弦工具。李群玉《索曲送酒》:"烦君玉指轻拢撚,慢拨鸳鸯送一杯。"

【鴛鴦瓦】 指成对的瓦。屋瓦一俯一仰扣合在一起,故名。王建《宫词一百首》之九二:"鸳鸯瓦上瞥然声,昼寝宫娥梦里惊。"白居易《长恨歌》:"鸳鸯瓦冷霜华重,翡翠衾寒谁与共。"韦蟾《岳麓道林寺》:"暖日斜明螮蝀梁,湿烟散幂鸳鸯瓦。"韦庄《过旧宅》:"阶前雨落鸳鸯瓦,竹里苔封螮蝀桥。"

【鴛鴦花】 指石楠花。石楠正、二月间开花,冬有二叶为花苞,一花六叶,成对而生,故称。孟郊《和宣州钱判官使院厅前石楠树》:"鸳鸯花数重,翡翠叶四铺。"

【鴛鴦匣】 绘有鸳纹的盒匣。颜舒《凤栖怨》:"清镜鸳鸯匣,新妆翡翠楼。"

【鴛鴦枕】 绣有鸳鸯的枕头。为夫妻所用。温庭筠《南歌子》词之七:"懒拂鸳鸯枕,休缝翡翠裙。"亦省作"鴛枕"。杨衡《咏春色》:"夕迷鸳枕上,朝漫绮弦中。"温庭筠《南歌子》词之五:"鸳枕映屏山,月明三五夜,对芳颜。"

【鴛鴦帶】 即鸳鸯钿带。徐彦伯《拟古三首》之三:“赠君鸳鸯带,因以鹔鹴裘。”

【鴛鴦侶】 喻夫妻。温庭筠《偶游》:“与君便是鸳鸯侣,休向人间觅往还。”唐彦谦《无题十首》之十:“几时重会鸳鸯侣,月下吹笙和彩鸾。”张夫人《诮喜鹊》:“畴昔鸳鸯侣,朱门贺客多。”

【鴛鴦被】 绣有鸳鸯的被子。为夫妻共寝之物。刘希夷《晚春》:“寒尽鸳鸯被,春生玳瑁床。”李义府《堂堂词二首》之二:“懒整鸳鸯被,羞褰玳瑁床。”李德裕《鸳鸯篇》:“愿作鸳鸯被,长覆有情人。”韩偓《懒卸头》:“懒卸凤皇钗,羞入鸳鸯被。”亦省作“鴛被”。骆宾王《从军中行路难二首》之二:“雁门迢递尺书稀,鸳被相思双带缓。”司空图《洛中三首》之三:“燕巢空后谁相伴,鸳被缝来不忍熏。”河北士人《寄内诗》:“惯从鸳被暖,怯向雁门寒。”孙光宪《更漏子》词之三:“香旖旎,闲放一堆鸳被。”

【鴛鴦紋】 绣有鸳鸯的花纹。王建《捣衣曲》:“回编易裂看生熟,鸳鸯纹成水波曲。”

【鴛鴦帳】 绣有鸳鸯的帐帷。夫妻或情人的寝具。杜牧《送人》:“鸳鸯帐里暖芙蓉,低泣关山几万重。”

【鴛鴦偶】 喻恩爱夫妻。鸳鸯雌雄相随,飞止相匹,故名。李白《去妇词》:“尝嫌玳瑁孤,犹羡鸳鸯偶。”

【鴛鴦夢】 比喻夫妻相会的梦境。郑锡《玉阶怨》:“昨夜鸳鸯梦,还陪豹尾游。”亦省作“鴛夢”。曹唐《汉武帝思李夫人》:“白玉帐寒鸳梦绝,紫阳宫远雁书稀。”韦庄《诉衷情》词之二:“鸳梦隔星桥,迢迢。”

【鴛鴦鈿帶】 绣有鸳鸯花纹并镶嵌有金、银、介壳的衣带。张祜《感王将军柘枝妓殁》:“鸳鸯钿带抛何处,孔雀罗衫付阿谁。”

【鴛鴦殿】 ❶汉武帝宫殿名。后泛指皇后所居宫名。贾岛《上杜驸马》:“鸳鸯殿里参皇后,龙凤堂前贺至尊。”《杂曲歌辞·第二》:“鸳鸯殿里笙歌起,翡翠楼前出舞人。”❷指男女欢聚之楼殿。谢偃《踏歌词三首》之二:“欲绕鸳鸯殿,先过桃李蹊。”阎德隐《薛王花烛行》:“鸩鹊楼前云半卷,鸳鸯殿上月裴回。”

【鴛鴦綺】 绣有鸳纹的丝织品。李商隐《石城》:“共笑鸳鸯绮,鸳鸯两白头。”

【鴛鴦樓】 玄宗离宫中楼阁名。孙逖有《奉和御制登鸳鸯楼即目应制》。

【鴛鴦錦】 织有鸳纹的彩锦。刘禹锡《浪淘沙九首》之五:“女郎剪下鸳鸯锦,将向中流匹晚霞。”亦指绣有鸳鸯的锦被。温庭筠《菩萨蛮》词之二:“水精帘里颇黎枕,暖香惹梦鸳鸯锦。”

【鴛鴦薦】 绣有鸳鸯的褥子。李华《长门怨》:“弱体鸳鸯荐,啼妆翡翠衾。”

【鴛鴻】 ❶鹓鸰和鸿雁。比喻贤人。杜甫《赠王二十四侍御契四十韵》:“鸳鸿不易狎,龙虎未宜驯。”鸳,一本作鹓。钱起《题萧丞小池》:“林沼忘言处,鸳鸿养翮时。”章孝标《钱塘赠武翊黄》:“鸳鸿待侣飞清禁,山水缘情往外州。”❷喻朝臣、同僚。武元衡《送张六谏议归朝》:“鸳鸿得路争先翥,松柏凌寒独后凋。”无可《奉和段著作山居呈诸同志三首次本韵》之一:“解印鸳鸿内,抽毫水石中。”杜牧《中秋日拜起居表即事十六韵献居守相国崔公兼呈工部刘公》:“鸳鸿随半仗,貔虎护重关。”

【鴛鴻侶】 对同僚的美称。李涉《六叹》之一:“风月频惊桃李时,沧波久别鸳鸿侣。”齐己《酬孙鲂》:“可信鸳鸿侣,更思麋鹿群。”

【鴛雛】 传说中凤属之鸟。常用以喻贤者。陆龟蒙《孤雁》:“吾常吓鸳雏,尔辈安足讪。”

【鴛鷺】 ❶鸳鸯和鹭鸶。杜甫《暮春》:“暮春鸳鹭立洲渚,挟子翻飞还一丛。”❷鹓和鹭。比喻朝臣。韦应物《和张舍人夜直中书寄吏部刘员外》:“松桂生丹禁,鸳鹭集云台。”窦牟《早赴临台立马待漏口号寄弟群》:“可怜霄汉曙,鸳鹭正徘徊。”李群玉《将之番禺留别湖南府幕》:“本乏烟霞志,那随鸳鹭游。”和凝《宫词百首》之四二:“一声不坐祥云合,鸳鹭依行拜两边。”

【鴛鷺行】 (行 háng)比喻朝官的行列。鹓和鹭止有班,立有序,故称。杜甫《暮春题瀼西新赁草屋五首》之五:“未息豺虎斗,空惭鸳鹭行。”钱起《和王员外雪晴早朝》:“紫微晴雪带恩光,绕仗偏随鸳鹭行。”白居易《翰林院中感秋怀王质夫》:“寄迹鸳鹭行,归心鸥鹤群。”灵澈《九月和于使君思上京亲故》:“心忆华池上,从容鸳鹭行。”亦省作“鴛行”。杜甫《秦州杂诗二十首》之二十:“为报鸳行旧,鹪鹩在一枝。”卢纶《送乐平苗明府》:“无辞折腰久,仲德在鸳行。”钱起《寻司勋李郎中不遇》:“唯有早朝趋凤阁,朝时怜羽接鸳行。”和凝《宫词百首》之九二:“兰省初除傅粉郎,静端霜简入鸳行。”

【鴛鷺伴】 美称同僚。王棨《晓日禁林闻清漏》:“若非鸳鹭伴,谁此继香尘。”

【鴛鷺侶】 谓同僚。李频《省试振鹭》:“由来鸳鹭侣,济济列千官。”

【鴛鷺客】 指朝官。伍彬《辞解牧》:“踪迹未辞鸳鹭客,梦魂先到鹧鸪村。”

【鴛鷺書】 谓同僚中的书信。刘兼《春霁》:“猖狂乱打貔貅鼓,懒慢迟修鸳鹭书。”

【鴛鷺群】 比喻僚友。杜甫《秋野五首》之五:“身许麒麟画,年衰鸳鹭群。”钱起《谷口新居寄同省朋故》:“寄谢鸳鹭群,狎鸥拙所慕。”戴叔伦《晓闻长乐钟声》:"已启蓬莱殿,初朝鸳鹭群。"白居易《六年春赠分司东都诸公》:"行接鸳鹭群,坐成芝兰室。"

【鴛鸞】 ❶鹓与鸾。皆凤属。李白《古风》之三九:"梧桐巢燕雀,枳棘栖鸳鸾。"又《登敬亭山南望怀古赠窦主簿》:"羽化骑日月,云行翼鸳鸾。"张鹭《莺出谷》:"鸳鸾方可慕,燕雀迥无邻。"❷比喻贤者。钱起《送李九贬南阳》:"霜降幽林沾蕙若,弦惊翰苑失鸳鸾。"韩偓《和王舍人抚州饮席赠韦司空》:"席上弟兄皆杞梓,花前宾客尽鸳鸾。"《郊庙歌辞·晋朝飨乐章·初举酒文同乐》:"鸳鸾济济,鸟兽跄跄。"❸朝官,同僚。包何《和苗员外寓直中书》:"每怜双阙下,雁序入鸳鸾。"皇甫冉《酬李补阙》:"偶因麋鹿随丰草,谬荷鸳鸾借末行。"裴翻《和主司王起》:"云霄幸接鸳鸾盛,变化欣同草木荣。"徐铉《寒食成判官垂访因赠》:"鸳鸾得路音尘阔,鸿雁分飞道里赊。"

【鴛鸞侶】 喻指同僚。郑绹《奉酬宣上人九月十五日东亭望月见赠因怀紫阁旧游》:"中年偶逐鸳鸾侣,弱岁多从麋鹿群。"白居易《待漏入阁书事奉赠元九学士阁老》:"好去鸳鸾侣,冲天便不还。"

六　画

鴻[1] 〔hóng《广韵》户公切,平東,匣。〕❶大雁。太宗《冬狩》:"兽忙投密树,鸿惊起砾洲。"钱起《沭阳古渡作》:"翩翩青冥去,羡彼高飞鸿。"白居易《杂兴三首》之一:"飞鸿惊断行,敛翅避蛾眉。"黄滔《秋辞江南》:"积雨鸿来夜,重江客去时。"❷鹄。即天鹅。见《诗·豳风·九罭》。太宗《秋日敩庾信体》:"晨浦鸣飞雁,夕渚集栖鸿。"王翰《赠唐祖二子》:"鸿飞遵枉渚,鹿鸣思故群。"孟郊《暮秋感思》之二:"优哉遵渚鸿,自得养身旨。"❸指书信或信使。见《汉书·苏武传》。王昌龄《赠史昭》:"是夕鸿始来,斋中起长叹。"裴夷直《献岁书情》:"音书鸿不到,梦寐兔空悬。"❹大,巨大。见"鸿才"。

鴻[2] 〔hóng《广韵》胡孔切,上董,匣。〕参见"鸿蒙"。

鴻[3] 〔hòng《集韵》胡贡切,去送,匣。〕参见"鸿3洞"。

【鴻才】 天才。徐夤《寄两浙罗书记》:"鸿才入贡无人换,白首从军有诏征。"

【鴻毛】 鸿雁之毛。喻轻微或不足道的事物。李白《梁甫吟》:"智者可卷愚者豪,世人见我轻鸿毛。"柳宗元《游南亭夜还叙志七十韵》:"内顾乃无有,德辅甚鸿毛。"许浑《泊蒜山津闻东林寺光仪上人物故》:"言下是非齐虎尾,宿来荣辱比鸿毛。"赵嘏《送李给事》:"眼前轩冕是鸿毛.天上人间漫自劳。"

【鴻生】 学识渊博的儒生,大儒。韩愈《燕河南府秀才得生字》:"乃选二十县,试官得鸿生。"陆龟蒙《袭美先辈以龟蒙所献五百言既蒙见和复示荣唱再抒鄙怀用伸酬谢》:"及汉文景后,鸿生方砾搬。"

【鴻樸】 指远古时代质朴粗略的事物。韩愈、孟郊《纳凉联句》:"今来沐新恩,庶见返鸿朴。"

【鴻休】 ❶大吉,大庆。上官昭容《驾幸三会寺应制》:"太平词藻盛,长愿纪鸿休。"❷鸿福,大福。《郊庙歌辞·明皇祀圜丘乐章·雍和》:"玄覆攸广,鸿休汪濊。"郑谷《丞相孟夏祗荐南郊纪献十韵》:"就阳陈盛礼,匡国祷鸿休。"

【鴻名】 大名,盛名。许敬宗《奉和行经破薛举战地应制》:"于斯建宸极,由此创鸿名。"李白《春日行》:"小臣拜献南山寿,陛下万古垂鸿名。"李贺《相劝酒》:"伏愿陛下鸿名终不歇,子孙绵如石上葛。"《郊庙歌辞·后唐宗庙乐舞辞·文明舞》:"懿范鸿名,传之万亿。"

【鴻羽】 鸿雁的羽毛。借指鸿雁。以其善高飞,故比喻腾达的仕途。钱起《送李四擢第归觐省》:"鸿羽不低飞,龙津徒自险。"孟郊《寄陕府邓给事》:"一顾生鸿羽,再言将鹤翮。"

【鴻志】 远大的志向。戴叔伦《孤鸿篇》:"鸿志不汝较,奋翼起高飞。"

【鴻私】 鸿恩,大恩。虞世南《奉和幸江都应诏》:"鸿私浃幽远,厚泽润凋枯。"杜审言《和李大夫嗣真奉使存抚河东》:"雨霈鸿私涤,风行睿旨宣。"岑参《春日醴泉杜明府承恩五品宴席上赋诗》:"凫鸟旧称仙,鸿私降自天。"刘长卿《瓜洲驿奉饯张侍御公拜膳部郎中》:"适喜鸿私降,旋惊羽檄攒。"

【鴻序】 飞鸿的行列。喻朝官的班行。李群玉《送唐侍御福建省兄》:"世掌纶言传大笔,官分鸿序压霜台。"

【鴻災】 天灾,巨灾。吕温《道州南楼换柱》:"鸿灾因无朕,有见非前知。"皮日休《奉和鲁望秋日遣秋次韵》:"鸿灾因足警,鱼祸为稀潜。"

【鴻妻】 即东汉梁鸿妻孟光。她与梁鸿同甘共苦,互敬互爱。亦借指自己的妻子。权德舆《中书夜直寄赠》:"不堪风雨夜,转枕忆鸿妻。"

【鴻門】 古地名。❶在今陕西临潼东。楚汉相争,项羽驻京军于此,并于此会宴刘邦。李白《赠张相镐二首》之一:"佐汉解鸿门,生唐为后身。"张碧《鸿沟》:"鱼虾舞浪狂鳅鲲,龙蛇胆战登鸿门。"鲍溶《读史》:"六合已姓刘,鸿门事难制。"吴融《李周弹筝歌》:"鸿门玉斗初向地,织女金梭飞上天。"❷西汉郡县名。唐时为河东道之境。故地在今山西代县、朔州一带。

李商隐《即日》:“赤岭久无耗,鸿门犹合围。”

【鸿門宴】 公元前206年,刘邦攻占秦都咸阳后,派兵驻守函谷关。项羽率大军进攻,进驻鸿门,备战刘邦。经项羽叔父项伯调停,刘邦至鸿门会见项羽。项羽宴请刘邦。宴会上,范增率项庄舞剑,欲乘机刺杀刘邦。项伯也拔剑起舞,常以身掩护刘邦。最后刘邦部下樊哙带剑执盾闯入,刘邦才得以脱险。王毂有《鸿门宴》。

【鸿荒】 太古,远古,混沌初开之世。陈子昂《感遇诗三十八首》之七:“鸿荒古已颓,谁识巢居子。”韩愈《南山诗》:“鸿荒竟无传,功大莫酬偿。”

【鸿$_3$洞】 ❶(—dòng)茫茫一片。元稹《苦雨》:“今也泥鸿洞,鼋鼍真得途。”欧阳詹《赋得秋河曙耿耿送郭秀才》:“北辰连,空濛鸿洞浮高天。”❷(—tóng)连续不断。杜甫《望岳》:“欻吸领地灵,鸿洞半炎方。”

【鸿飛】 ❶鸿雁飞翔。王翰《赠唐祖二子》:“鸿飞遵枉渚,鹿鸣思故群。”皎然《送薛逢之宣州谒废使》:“六月鹏尽化,鸿飞独冥冥。”❷鸿雁远翔。喻超脱尘世。孟浩然《同曹三御史行泛湖归越》:“杳冥云外去,谁不羡鸿飞。”

【鸿都】 东汉宫门名,灵帝光和元年(178)于此设立学校。专司辞赋书画,学生由州、郡、三公举送,学成后多授以高级官职。骆宾王《久戍边城有怀京邑》:“杨沟连凤阙,槐路拟鸿都。”卢照邻《凌晨》:“日掩鸿都夕,河低乱箭移。”韩愈《石鼓歌》:“观经鸿都尚填咽,坐见举国来奔波。”

【鸿都門】 东汉宫门名。内置学校及书库。温庭筠《侠客行》:“欲出鸿都门,阴云蔽城阙。”

【鸿都客】 神仙中人。白居易《长恨歌》:“临邛道士鸿都客,能以精诚致魂魄。”

【鸿都觀】 (觀 guàn)道观名。在今四川金堂圣灯山。杜光庭有《题鸿都观》。

【鸿蒙】 亦作“鸿濛”。❶宇宙形成前的混沌状态。张说《九日进茱萸山诗五首》之三:“路疑随大隗,心似问鸿蒙。”王维《赠焦道士》:“谢君徒雀跃,无可问鸿濛。”殷尧藩《闲居》:“虚游心在鸿濛外,穴处身疑培塿中。”❷浩漫广大,迷茫朦胧。陈元光《太母魏氏半径题石》:“鸿濛山暝启,骏彩德昭垂。”储光羲《述华清宫五首》之五:“山开鸿濛色,天转招摇星。”杜甫《奉同郭给事汤东灵湫作》:“东山气鸿濛,宫殿居上头。”李群玉《登蒲涧寺后二岩三首》之三:“南溟吞越绝,极望碧鸿濛。”❸东方之野,日出之处。见《淮南子·俶真训》。储光羲《苏十三瞻登玉泉寺峰入寺中见赠作》:“鸿濛已笑云,列缺仍挥电。”❹浑噩,混沌。韩愈《嘲鼾睡》之三:“鸿蒙总合杂,诡谲骋戾很。”❺高空。李商隐《李肱所遗画松诗书两纸得四十韵》:“孤根邈无倚,直立撑鸿濛。”

【鸿軒】 鸿雁高飞。李商隐《灵仙阁晚眺寄郓州韦评事》:“定笑幽人迹,鸿轩不可攀。”

【鸿恩】 大恩。多指皇恩。王昌龄《送崔参军往龙溪》:“谴谪离心是丈夫,鸿恩共待春江涨。”杨乘《甲子岁书事》:“鸿恩既已孤,小效不足惜。”李涉《再至长安》:“十年谪宦鬼方人,三遇鸿恩始到秦。”李琪《奉试诏用拓拔思恭为京北收复都统》:“飞骑经巴栈,鸿恩及夏台。”

【鸿流】 洪水,浩荡的水流。刘孝孙《早发成皋望河》:“鸿流遵积石,惊浪下龙门。”元稹《答姨兄胡灵之见寄五十韵》:“原燎逢冰井,鸿流值木罂。”

【鸿陸】 谓鸿渐于陆。喻渐进高位。骆宾王《晚泊江镇》:“振影希鸿陆,逃名谢蚁丘。”

【鸿冥】 指高飞的鸿雁,亦指高蹈隐逸的生活。李白《留别西河刘少府》:“君亦不得意,高歌羡鸿冥。”许浑《酬邢杜二员外》:“熊轼并驱因雀噪,隼旟齐驻是鸿冥。”

【鸿紛】 繁多。段成式、张希复《光天帧赞联句》:“指梦鸿纷,榜列区界。”

【鸿逵】 大道,四通八达的道路。郑愚《幼作》:“渔浦飏来笛,鸿逵翼去舟。”

【鸿基】 鸿业,伟大的基业。多指王业。魏征《享太庙乐章·舒和》:“严禋克配鸿基远,明德惟馨凤历昌。”又同篇《永和》:“用光武志,永固鸿基。”和凝《宫词百首》之五九:“君圣臣贤鱼水契,鸿基须贺永清平。”张衮《梁郊祀乐章·庆隆》:“爵醴是荷,鸿基永昌。”

【鸿舂】 为隐者自食其力的典故。东汉高士梁鸿隐居不仕,曾于吴地为人赁舂为生。贾岛《送令狐绹相公》:“鸿舂乖汉爵,桢病卧漳滨。”

【鸿雁】 ❶即大雁。为候鸟。羽毛紫褐色,腹部白色,嘴扁平,趾间有蹼。以植物的种子为主食,也食鱼虫。群集于水边,飞行时排列有序。张若虚《春江花月夜》:“鸿雁长飞光不度,鱼龙潜跃水成文。”李端《宿山寺思归》:“欹枕闻鸿雁,回灯见竹林。”姚合《腊日猎》:“野外狐狸搜得尽,天边鸿雁射来稀。”齐己《远思》:“秋风过鸿雁,游子在潇湘。”❷借指信使。《汉书·苏武传》载有大雁传书之事,故谓。杜甫《寄高三十五詹事》:“天上多鸿雁,池中足鲤鱼。”独孤及《代书寄上李广州》:“鸿雁飞不到,音尘何由达。”徐夤《北》:“穷溟驾浪鹍鹏化,极海寄书鸿雁迟。”❸指兄弟或与兄弟有关的典故。《礼记·王制》:“父之齿随行,兄之齿雁行,朋友不相逾。”言兄弟出行,弟在兄后。杜甫《舍弟观赴蓝田取妻子到江陵喜寄三首》之一:“鸿雁影来连峡内,鹡鸰飞急到沙头。”周昙《咏史诗·三国门·再吟》："定有伊姜为佐辅，忍教鸿雁各乾坤。"齐己《送人润州寻兄弟》："弟兄新得信，鸿雁久离行。"❹为喻灾难流离之民的典故。刘长卿《时平后送范伦归安州》："江潭岁尽愁不尽，鸿雁春归身未归。"❺《诗·小雅》篇名。美周宣王能安集民众。杜甫《秋日夔府咏怀奉寄郑监李宾客一百韵》："熊罴载吕望，鸿雁美周宣。"❻指画有鸿雁的图画。孙逖《宿云门寺阁》："画壁余鸿雁，纱窗宿斗牛。"

【鴻筆】　大手笔。窦牟《元日喜闻大礼寄上翰林四学士中书六舍人二十韵》："粉泽资鸿笔，薰和本素琴。"

【鴻鈞】　❶大钧。指天或大自然。《郊庙歌辞·周朝飨乐章·康顺》："鸿钧广运，嘉节良辰。"❷喻国柄、朝政。方干《上越州杨严中丞》："连枝棣萼世无双，未秉鸿钧拥大邦。"

【鴻勞】　巨大的功劳。皇甫澈《赋四相诗·中书令汉阳王张柬之》："茂勋镂钟鼎，鸿劳食茅土。"

【鴻勣】　宏伟的功绩。于邵《释奠武成王乐章·迎俎酌献》："进具物，扬鸿勣。"

【鴻業】　大业。多指王业。中宗、李峤《十月诞辰内殿宴群臣效柏梁体联句》："润色鸿业寄贤才，叨居右弼愧盐梅。"韦应物《骊山行》："缵承鸿业圣明君，威震六合驱妖氛。"白居易《新乐府·法曲》："中宗肃宗复鸿业，唐祚中兴万万叶。"金真德《太平诗》："大唐开鸿业，巍巍皇猷昌。"

【鴻猷】　❶谓盛德。杜甫《凤凰台》："图以奉至尊，凤以垂鸿猷。"❷深远的谋划。任华《寄李白》："大猎赋，鸿猷文。"

【鴻溝】　古运河名，在今河南省。楚汉相争时曾划鸿沟为界，鸿沟以西为汉，以东为楚。李白《南奔书怀》："欃枪扫河洛，直割鸿沟半。"又《赠王判官时余归隐居庐山屏风叠》："大盗割鸿沟，如风扫秋叶。"栖一《垓下怀古》："八千子弟归何处，万里鸿沟属汉家。"胡曾《咏史诗·鸿沟》："虎倦龙疲白刃秋，两分天下指鸿沟。"

【鴻濛】　见"鸿蒙"。

【鴻溶】　❶高耸貌。陈子昂《山水粉图》："纷群翠之鸿溶，又似蓬瀛海水之周流。"❷波浪汹涌貌。亦借指汹涌的波浪。皮日休《太湖诗·初入太湖》："落照射鸿溶，清辉荡抛擢。"

【鴻塞】　（—sài）指远边之地。韩翃《河上寄故人》："莺声乱啁鹄□，花片细点龙泉。"

【鴻禎】　大吉，极大的祥瑞。《郊庙歌辞·祀圜丘乐章·肃和》："聿遵乾享，式降鸿祯。"

【鴻圖】　宏大的基业。多指王业帝位。贾曾《孝和皇帝挽歌》："新命千龄启，鸿图累圣余。"殷文圭《览陆龟蒙旧集》："身后独遗封禅草，何人寻得佐鸿图。"杜光庭《赠将军》："手扶北极鸿图永，云卷长天圣日高。"

【鴻筭】　谓长寿。罗隐《酬丘光庭》："鹤龄鸿算不复见，雨后蓑笠空莓苔。"

【鴻漸】　❶谓鸿鹄飞翔从低到高，循序渐进。张子容《长安早春》："鸿渐看无数，莺歌听欲频。"李峤《羊》："莫言鸿渐力，长牧上林隈。"❷喻仕途升迁。卢僎《初出京邑有怀旧林》："外忝文学知，鸿渐鹓鹭间。"❸喻贤者。刘商《送李元规昆季赴举》："凤雏皆五色，鸿渐又双飞。"

【鴻舉法師】　诗僧。先学诗荆郢间，后至江陵，与刘禹锡有交往。刘禹锡有《秋日过鸿举法师寺院便送归江陵》。

【鴻霈】　犹鸿恩、大恩。武元衡《奉和圣制重阳日即事》："徒然被鸿霈，无以报玄功。"

【鴻駕】　指仙人所乘骑的飞鸿。卢鸿一《嵩山十志十首·期仙磴》："鸾歌凤舞兮期仙磴，鸿驾迎兮瑶华赠。"

【鴻頭】　芡实的别名。韩愈、孟郊《城南联句》："鸿头排刺芡，鹄鷇攒瑰橙。"

【鴻勳】　伟大的功勋。齐己《荆州新秋寺居写怀诗五首上南平王》之一："只恐老身衰朽速，他年不得颂鸿勋。"

【鴻儒】　大儒。李峤《经》："汉室鸿儒盛，邹堂大义明。"又《槐》："烈士怀忠触，鸿儒访业来。"王湾《晚春诣苏州敬赠武员外》："嘉郡位先进，鸿儒名重扬。"

【鴻龍】　象声词。形容铃声。李贺《绿章封事》："青霓扣额呼宫神，鸿龙玉狗开天门。"一说为守卫天门之兽。

【鴻澤】　❶大泽。大的池泽。张祜《游蔚过昭陵十六韵》："大炉销剑戟，鸿泽荡腥膻。"❷巨大的恩泽。元稹《酬乐天东南行诗一百韵》："应召逢鸿泽，陪游值赐酺。"

【鴻聲】　鸿雁鸣叫的声音。刘长卿《九日登李明府北楼》："霜降鸿声切，秋深客思迷。"郎士元《酬萧二十七侍御初秋言怀》："细枝凉叶动，极浦早鸿声。"戎昱《云梦故城秋望》："梦渚鸿声晚，荆门树色秋。"卢纶《秋夜寄冯著作》："河汉净无云，鸿声此夜闻。"

【鴻燾】　指天帝庇覆。原陵老翁《原陵老翁吟》之二："正色鸿焘，神思化伐。"

【鴻蘊】　唐末五代僧人，居湖南长沙岳麓道林寺。齐己有《勉道林谦光鸿蕴二侄》。

【鴻翼】　鸿鹄的羽翼。引申为辅佐、辅弼之义。李白《君道曲》："小白鸿翼于夷吾，刘葛鱼水本无二。"

【鴻鵠】　即鹄。俗称天鹅。因其善高飞，遂喻有远大志向。刘希夷《饯李秀才赴举》:“鸿鹄振羽翮,翻飞入帝乡。”杜甫《三川观水涨二十韵》:“举头向苍天,安得骑鸿鹄。”杜德舆《奉送孔十兄宾客承恩致政归东都旧居》:“白云出岫晢逶迤,鸿鹄入冥无处所。”周昙《咏史诗·春秋战国门·平公》:“鸿鹄轻腾万里高,何殊朝野得贤豪。”

【鴻鵠志】 远大的志向。孟浩然《洗然弟竹亭》:“俱怀鸿鹄志,昔有鹡鸰心。”钱起《送任先生任唐山丞》:“鸿鹄志应在,荃兰香未衰。”

【鴻鵠姿】 喻雄姿、美好的姿质。权德舆《户部王曹长杨考功崔刑部二院长并同钟陵使府之旧因以寄赠因书所怀且叙所知》:“秋天鸿鹄姿,晚岁松筠质。”又《哭李晦群崔季文二处士》:“未成鸿鹄姿,遽顿骅骝趾。”皎然《送穆寂赴举》:“冥冥鸿鹄姿,数尺看苍旻。”

【鴻壁】 大壁。韩愈、孟郊《城南联句》:“磊落奠鸿壁,参差席香蔓。”

【鴻瓏】 象声词。状铃声。李贺《昌谷诗》:“鸿珑数铃响,羁臣发凉思。”

【鴻疇】 远大的谋略。韩愈《赴江陵途中寄赠三学士》:“复闻颠夭辈,峨冠进鸿畴。”

【鴻寶】 道家修仙炼丹之书。骆宾王《叙寄员半千》:“不学多能圣,徒思鸿宝仙。”杜甫《赠特进汝阳王二十韵》:“鸿宝宁全秘,丹梯庶可凌。”皇甫冉《故齐王赠承天皇帝挽歌》:“鸿宝仙书秘,龙旗帝服尊。”崔峒《送李道士归山》:“授人鸿宝内,将犬白云间。”

【鴻寶術】 指道教修仙炼丹之术。徐铉《赠王贞素先生》:“道秘未传鸿宝术,院深时听步虚声。”

【鴻寶集】 即《枕中鸿宝苑秘书》。李绅《题白乐天文集》:“永添鸿宝集,莫杂小乘经。”

【鴻爐】 亦作“鸿罏”。❶大火炉。比喻天地。高适《真定即事奉赠韦使君二十八韵》:“岁容归万象,和气发鸿铲。”❷指陶冶人才之所。黄滔《寄同年崔学士》:“半因同醉杏花园,尘忝鸿炉与铸颜。”

【鴻臚】 ❶即鸿胪寺。九寺之一,掌宾客朝贺、吉凶吊祭及册封诸藩等事。高适有《酬鸿胪裴主簿雨后睢阳北楼见赠之作》。刘行敏《又嘲杨文瓘》:“始被鸿胪识,终蒙御史知。”❷水名。在今河南灵宝县。杨炯《和酬虢州李司法》:“寒山抵方伯,秋水面鸿胪。”

【鴻臚寺】 官署名。北齐始置,掌蕃客朝会、吉凶吊祭等事项。唐曾一度改为司宾寺。元稹《古筑城曲五解》之五:“请筑鸿胪寺,兼愁虏出关。”温庭筠有《鸿胪寺有开元中锡宴堂偶成四十韵》。

【鴻臚陌】 泛指京城大道。韦庄《宿泊孟津寄三堂友人》:“鸿胪陌上归耕晚,金马门前献赋迟。”

【鴻臚卿】 鸿胪寺的最高长官,掌宾客朝贺、吉凶吊祭及册封诸蕃等事。王维有《奉和圣制送不蒙都护兼鸿胪卿归安西应制》,岑参有《奉陪封大夫宴得征字时封公兼鸿胪卿》。

【鴻朧】 气象宏大貌。陈陶《飞龙引》:“鸿胧九阙相玉皇,钧天乐引金华郎。”

【鴻鴇】 大雁和鸨鸹。李翱《江州南湖堤铭》:“蒲莞茭芡,鸿鸨鳣鲤。”

【鴻鶴】 ❶鸿鹄与仙鹤。为隐逸学道之典。陆龟蒙《奉和袭美初夏游楞伽精舍次韵》:“我亦摆尘埃,他年附鸿鹤。”❷喻志向远大。高适《淇上酬薛三据兼寄郭少府微》:“且欲同鷃鷃,焉能志鸿鹤。”

【鴻鸞】 鸿雁和鸾鸟。因其高飞凌空,故借以喻指贤德之士。李白《秋日炼药院镊白发赠元六兄林宗》:“弱龄接光景,矫翼攀鸿鸾。”

鵁 〔jiāo《广韵》古肴切,平肴,見。〕参见“鵁鶄”。

【鵁鶄】 水鸟名。即池鹭,大如凫、鹜而高脚,似鸡,长喙好啄,其顶有红羽如冠,丹嘴青胫,栖于湖沼、稻田,食鱼、蛙等。杜甫《曲江陪郑八丈南史饮》:“雀啄江头黄柳花,鵁鶄鸂鶒满晴沙。”王建《故梁国公主池亭》:“装檐玳瑁随风落,傍岸鵁鶄逐暖眠。”李群玉《池塘晚景》:“风荷珠露倾,惊起睡鵁鶄”。陆龟蒙《江南秋怀寄华阳山人》:“讴哑摇舴艋,出没漾鵁鶄。”

鳾 〔ér《广韵》如之切,平之,日。〕鷾鳾,燕子。《广韵·之韵》:“鳾,鷾鳾,玄鸟也。”单用义同。《集韵·之韵》:“鳾,鸟名,燕也。”吴融《和韩致光侍郎无题三首十四韵》:“鷾鳾偏报晓,乌鸦惯惊晨。”

鵂 〔xiū《广韵》許尤切,平尤,曉。〕参见“鵂鶹”。

【鵂鶹】 鸟名,鸱鸮的一种。羽毛棕褐色,有黄斑,尾羽黑褐色,腿部白色。捕食鼠、兔等,对农作物有益,但古人却以为是不祥之鸟。韩愈《赴江陵途中寄赠三学士》:“白日屋檐下,双鸣斗鵂鶹。”元稹《大觜乌》:“夜半仍惊噪,鵂鶹逐老狸。”

鴿 〔gē《广韵》古沓切,入合,見。〕鸽子。翅大善飞,品种繁多,羽毛有白色、灰色、紫酱色等,以谷类植物的种子为食。韦应物《同德精舍旧居伤怀》:“还见窗中鸽,日暮绕庭飞。”耿湋《赠海明上人》:“梁间有驯鸽,不去复何依。”白居易《游悟真寺诗》:“感彼云外鸽,群飞千翩翩。”杜荀鹤《登山寺》:“有果猿攀树,无斋鸽看僧。”

七 画

鵓 〔bó《广韵》蒲没切，入没，並。〕见“鵓鸽”。

【鵓鸽】 鸽子。花蕊夫人徐氏《宫词》之七四：“安排竹栅与笆篱，养得新生鵓鸽儿。”

鵑 〔juān《广韵》古玄切，平先，見。〕杜鹃鸟。羊士谔《泛舟入后溪》之二：“唯有啼鹃似留客，桃花深处更无人。”元稹《饮致用神曲酒三十韵》：“咽绝鹃啼竹，萧撩雁去汀。”又《通州丁溪馆夜别李景信三首》之三：“雨潇潇兮鹃咽咽，倾冠倒枕灯临灭。”

鵠1 〔hú《广韵》胡沃切，入沃，匣。〕鸟名。通称天鹅。似雁而大，颈长，善高飞。羽毛洁白，亦有黄、红者。皎然《花石长枕歌答章居士赠》：“南山有云鹄在空，长松为我生凉风。”韩愈《琴操十首·别鹄操》：“雄鹄衔枝来，雌鹄啄泥归。”柳宗元《善谑驿和刘梦得酹淳于先生》：“水上鹄已去，亭中鸟又鸣。”贾岛《黄鹄下太液池》：“高飞空外鹄，下向禁中池。”

鵠2 〔gǔ《集韵》姑沃切，入沃，見。〕箭靶的中心，借指靶子。刘禹锡《泽宫诗》：“视之以心，谁谓鹄微。”章孝标《咏弓》：“只知击起穿雕镞，不解容和射鹄功。”

鵠3 〔hè《集韵》曷各切，入鐸，匣。〕通“鹤”。李贺《昌谷诗》：“晚鳞自遨游，瘦鹄暝单跱。”李商隐《圣女祠》：“寡鹄迷苍壑，羁凰怨翠梧。”

【鵠₂箭】 ❶靶与箭。李咸用《赠陈望尧》：“鹄箭亲疏虽异的，桂花高下一般香。”❷指中靶之箭。罗隐《寄渭北徐从事》：“科随鹄箭频曾中，礼向侯弓以重招。”

【鵠鷺】 鹄和鹭。均为体大羽白的水鸟。王起《贡举人谒先师闻雅乐》：“蔼蔼观光士，来同鹄鹭群。”韩愈《咏雪赠张籍》：“定非焊鹄鹭，真是屑琼瑰。”陆龟蒙《和过张祜处士丹阳故居》序：“由是贤俊之士，及高位重名者，多与之游，谓有鹄鹭之野，孔翠之鲜，竹柏之贞，琴磬之韵。”

【鵠鷚】 指香橙。韩愈、孟郊《城南联句》：“鸿头排刺芡，鹄鷚攒瑰橙。”

鵝 〔é《广韵》五何切，平歌，疑。〕❶家禽，羽毛白色或灰色。额部有橙黄色或黑褐色肉质突起，嘴扁而阔，颈长尾短，足大有蹼，以谷物、青草为食。肉和卵为家庭常用菜肴。杜甫《得房公池鹅》：“房相西亭鹅一群，眠沙泛浦白于云。”吕温《道州北池放鹅》：“我非好鹅癖，尔乏鸣雁姿。”姚合《扬州春词三首》之三：“有地惟栽竹，无家不养鹅。”李商隐《喜雪》：“鹅归逸少宅，鹤满令威家。”❷指天鹅。参见“鹅鹳❶”。❸战阵名。参见“鹅鹳❷”。

【鵝毛】 ❶鹅的羽毛。柳宗元《柳州峒氓》：“鹅毛御腊缝山罽，鸡骨占年拜水神。”白居易《南池早春有怀》：“䈬䈬鱼尾掉，瞥瞥鹅毛换。”又《酬令公雪中见赠讶不与梦得同相访》：“雪似鹅毛飞散乱，人披鹤氅立裴回。”刘禹锡《浙西李大夫述梦四十韵并浙东元相公酬和斐然继声》：“怀铅辨虫蠹，染素学鹅毛。”❷喻雪。司空曙《雪二首》之一：“乐游春苑望鹅毛，宫殿如星树似毫。”白居易《对火玩雪》：“鹅毛纷正堕，兽炭敲初折。”李绅《登禹庙回降雪五言二十韵》：“着水鹅毛失，铺松鹤羽摧。”李损之《都堂试贡士日庆春雪》：“鹅毛萦树合，柳絮带风狂。”❸喻白绢。李贺《恼公》：“龟甲开屏涩，鹅毛渗墨浓。”

【鵝毛雪】 大雪。白居易《雪夜喜李郎中见访兼酬所赠》：“可怜今夜鹅毛雪，引得高情鹤氅人。”

【鵝毛筆】 鹅毛做的笔。白居易《渭村退居寄礼部崔侍郎翰林钱舍人诗一百韵》：“对秉鹅毛笔，俱含鸡舌香。”

【鵝兒】 ❶雏鹅。杜甫《舟前小鹅儿》：“鹅儿黄似酒，对酒爱新鹅。”李郢有《鹅儿》。张祜《闲居》：“井栏防稚子，盆水试鹅儿。”❷鹅黄酒，好酒。詹玭《追和秦隐君辞荐之韵上陈侯乞归凤山》：“谁言悦口是甘肥，独酌鹅儿啖翠微。”

【鵝肪】 鹅脂。形容白润。韩愈、孟郊《城南联句》：“鹓毳翔衣带，鹅肪截佩璜。”

【鵝炙】 ❶烤鹅，烧鹅。韩翃《送丹阳刘太真》：“下箸已怜鹅炙美，开笼不奈鸭媒娇。”❷晋刘毅家贫，曾与江州刺史庾悦东堂共射。悦不与。时庾悦食鹅，毅曰：身今年未得子鹅，岂能以残炙见惠。悦又不答。毅对悦怀恨在心，显贵后对悦报复，悦忿惧而死。后遂以鹅炙为英雄或贵人尚未发迹之典。陆龟蒙《奉酬袭美先辈初夏见寄次韵》：“何须乞鹅炙，岂在斟羊羹。”

【鵝黄】 淡黄，像小鹅绒毛的颜色。白居易《江南喜逢萧九彻因话长安旧游戏赠五十韵》：“炉烟凝麝气，酒色注鹅黄。”李涉《黄葵花》：“此花莫遣俗人看，新染鹅黄色未干。”郑史《赠妓行云诗》：“最爱铅华薄薄妆，更兼衣着又鹅黄。”亦指淡黄色的东西。成彦雄《柳枝辞九首》之二：“鹅黄剪出小花钿，缀上芳枝色转鲜。”

【鵝笙】 鹅管笙。春台仙《游春台诗》之六：“元君夫人蹋云语，冷风飒飒吹鹅笙。”参见“鹅管❸”。

【鵝雁】 即鹅。多用以形容呼唤之声纷乱嘈杂如群鹅乱鸣。韩愈《崔十六少府摄伊阳以诗及书见投因酬三十韵》:“隔墙闻欢呼,众口极鹅雁。”元稹《和李校书新题乐府十二首·缚戎人》:“半夜城摧鹅雁鸣,妻啼子叫曾不歇。”

【鹅湖山】 山名。在今江西铅山县北,山下有湖,多生荷。晋末有龚氏者,蓄鹅于此,因此名山。张演《社日村居》:“鹅湖山下稻粱肥,豚阱鸡栖对掩扉。”

【鹅羣】 成群的鹅。特指晋王羲之以所写《道德经》所换取的群鹅。刘长卿《过包尊师山院》:“道经今为写,不虑惜鹅群。”陆龟蒙《又次前韵酬广文》:“玄堪教凤集,书好换鹅群。”

【鹅管】 ❶鹅的羽毛管子。皮日休《闻开元寺开笋园寄章上人》:“并出亦如鹅管合,各生还似犬牙分。”❷鹅管石。即钟乳石。杜牧《朱坡绝句三首》之三:“乳肥春洞生鹅管,沼避回岩势犬牙。”李商隐《残雪》:“檐冰滴鹅管,屋瓦镂鱼鳞。”❸指笙。因笙上之管状如鹅毛管,故称。李贺《天上谣》:“王子吹笙鹅管长,呼龙耕烟种瑶草。”王琦汇解:“鹅管谓笙上之管,以玉为之,其状如鹅管。”

【鹅鴨】 鹅和鸭。汉曹元理,工于算术,为友人陈广汉计算家产,“鹅鸭皆道其数”。杜甫《舍弟占归草堂检校聊示此诗》:“鹅鸭宜长数,柴荆莫浪开。”

【鹅鴨行】 (行 xíng)形容步态蹒跚。石抱忠《始平谐诗》:“一群县尉驴骡骤,数个参军鹅鸭行。”

【鹅鴿】 雁的别称。岑参《至大梁却寄匡城主人》:“仲秋萧条景,拔刺飞鹅鸧。”

【鹅鸛】 ❶天鹅与鹳鸟。李白《淮阴书怀寄王宗成》:“大舶夹双橹,中流鹅鹳鸣。”李绅《泛五湖》:“依稀占井邑,嘹唳同鹅鹳。”❷指战阵。王纬《喜陆侍御破石埭草寇东峰亭赋诗》:“草木成鹅鹳,戈鋋复斗牛。”刘禹锡《观八阵图》:“水落龙蛇出,沙平鹅鹳飞。”

鵒 〔yù《广韵》餘蜀切,入燭,以。〕鸟名。鸲鹆。参见“鸜鵒”。

【鵒眼】 鸲鹆眼。砚石上的圆形斑点。李咸用《谢友生遗端溪砚瓦》:“鵒眼工谙谬,羊肝士乍刲。”

鵜[1] 〔tí《广韵》杜奚切,平齊,定。〕鹈鹕。元稹《哭子十首》之一:“维鹈受刺因吾过,得马生灾念尔冤。”

鵜[2] 〔tí《正字通》天低切。〕参见“鸊鵜”。

【鵜鶘】 水鸟名。体长,翼大。嘴长,嘴尖端弯曲,嘴下有一皮质的囊。羽毛灰白色,羽翼上有少许黑色羽毛。善游泳,主食鱼类。肉可食,羽毛可作饰物。元稹《独游》:“鹈鹕满春野,无限好同声。”杨彝《过睦州青溪渡》:“川谷留云气,鹈鹕傍钓矶。”

八 画

鵡 〔wǔ《广韵》文甫切,上麌,微。〕参见“鸚鵡”。

鶄 〔jīng《广韵》子盈切,平清,精。〕䴔鶄。参见“䴔鶄”。

鵶 同“鸦”。

鵲 〔què《广韵》七雀切,入藥,清。〕鸟名。头背黑褐色,背有青紫色光泽,肩、颈、腹等白色,尾长,鸣声喈喈,又俗谓鹊叫而喜至,故谓之喜鹊。刘允济《经庐岳回望江州想洛川有作》:“钟鼓旋惊鷃,瑾瑜俄抵鹊。”陈润《赋得秋河曙耿耿》:“桥成鹊已去,机罢女应过。”白居易《新乐府·母别子》:“不如林中乌与鹊,母不失雏雄伴雌。”罗隐《登瓦棺寺阁》:“懒指台城更东望,鹊飞龙斗尽荒丘。”

【鵲山】 ❶在今山东济南市北二十里。李白《陪从祖济南太守泛鹊山湖三首》之一:“初谓鹊山近,宁知湖水遥。”又同题之三:“遥看鹊山转,却似送人来。”❷在今河北内丘县东。张籍《逢王建有赠》:“年状皆齐初有髭,鹊山漳水每追随。”

【鵲山湖】 在今山东济南市北二十里,湖北岸有鹊山。李白有《陪从祖济南太守泛鹊山湖三首》。

【鵲印】 指金印,亦借指公侯之位。李岑《西河郡太原守张夫人挽歌》:“鹊印庆仍传,鱼轩宠莫先。”岑参《献封大夫破播仙凯歌六首》之三:“丈夫鹊印摇边月,大将龙旗掣海云。”韦庄《和郑拾遗秋日感事一百韵》:“鹊印提新篆,龙泉夺晓霜。”

【鵲角】 即鹊画弓,饰以鹊形的弓。朱庆余《塞下曲》:“箭撚雕翎阔,弓盘鹊角轻。”

【鵲尾金爐】 长柄香炉。皮日休《寄润卿博士》:“高眠可为要玄纁,鹊尾金炉一世焚。”自注:“陶贞白有金鹊尾香炉。”

【鵲面弓】 即鹊画弓。孙光宪《定西番》词之一:“鹊面弓离短韔,弯来月欲成。”

【鵲乳】 谓喜鹊生育雏鸟。王维《晚春严少尹与诸公过见过》:“鹊乳先春草,莺啼过落花。”

【鵲報】 喜鹊的鸣叫声。元稹《送崔侍御之岭南二十韵》:“蛛悬丝缭绕,鹊报语诂谕。”

【鵲巢】 ❶鹊的巢穴。韦应物《鸢夺巢》:“野鹊野鹊巢林梢,鸱鸢恃力夺鹊巢。”蒋冽《山行见鹊巢》:

"鹊巢性本高,更在西山木。"❷《诗·召南》篇名。白居易《禽虫十二章》序:"庄列寓言,风骚比兴,多假虫鸟,以为筌蹄,故诗义始于《关雎》《鹊巢》,道说先乎鲲、鹏、蜩、鷃之类,是也。"

【鵲喜】 鹊的鸣叫声。宋之问《发端州初入西江》:"破颜看鹊喜,拭泪听猿啼。"李端《闺情》:"披衣更向门前望,不忿朝来鹊喜声。"亦指喜讯。权德舆《同陆太祝鸿渐崔法曹载华见萧侍御留后说得卫抚州报推事使张侍御却回前刺史戴员外无事喜而有作三首》之一:"共看昨日蝇飞处,并是今朝鹊喜来。"

【鵲湖】 即鹊山湖。在今山东济南市北二十里。杜甫有《同李太守登历下古城员外新亭亭对鹊湖》。

【鵲填石】 古有精卫鸟衔石填海之说,民间又有喜鹊搭桥使牛郎织女相会之说,诗人便以鹊填石来咏七夕。王建《七夕曲》:"遥愁今夜河水隔,龙驾车辕鹊填石。"

【鵲填河】 民间传说七夕喜鹊填河成桥以渡牛郎、织女。白居易《和微之诗二十三首·和祝苍华》:"秃似鹊填河,堕如乌解羽。"

【鵲語】 鹊噪。俗谓鹊鸣而喜至。窦巩《早春松江野望》:"耕地人来早,营巢鹊语频。"窦庠《敕目至家兄蒙淮南仆射杜公奏授秘校兼节度参谋同书寄上》:"鹤书承处重,鹊语喜时频。"权德舆《相思曲》:"鹊语临妆镜,花飞落绣床。"韩偓《幽窗》:"无凭谙鹊语,犹得暂心宽。"

【鵲影】 指鹊的身影。许浑《宿松江驿却寄苏州一二同志》:"月转碧梧移鹊影,露低红叶湿萤光。"无名氏《御题国子监》:"檐下云光绕,梁间鹊影翻。"亦指鹊镜上鹊形图案。姚合《咏镜》:"孤光常见鸾踪在,分处还因鹊影回。"

【鵲橋】 民间传说天上织女七夕渡天河与牛郎相会。喜鹊相集成桥,称为鹊桥。常用以比喻男女结合的途径,亦用以咏七夕。苏颋《奉和七夕宴两仪殿应制》:"窃观栖鸟至,疑向鹊桥回。"李白《拟古十二首》之一:"银河无鹊桥,非时将安适。"陆畅《解内人嘲》:"须教翡翠闻王母,不奈乌鸢噪鹊桥。"和凝《杨柳枝》之三:"鹊桥初就咽银河,今夜仙郎自姓和。"

【鵲鏡】 指背面铸有鹊形的铜镜。李白《代美人愁镜二首》之一:"明明金鹊镜,了了玉台前。"

【鵲鑑】 即鹊镜。喻指圆月。李峤《月》:"清辉飞鹊鉴,新影学蛾眉。"

【鵲靈】 谓鹊鸟所报喜讯得以应验。俗谓喜鹊性灵,能感知喜事,故云。李绅《趋翰苑遭诬构四十六韵》:"鹊灵窥牖户,龟瑞出泥途。"自注:"又南中小鹊,名曰蛮鹊,形小如燕雀。里中言:此鸟不常见,至而乌舞,必有喜应。"

鵾 〔kūn《广韵》古渾切,平魂,見。〕❶鹍鸡。古代指外形如鹤的一种鸟。韩愈《陆浑山火和皇甫湜用其韵》:"水龙鼍龟鱼与鼋,鸦鸱雕鹰雉鹄鹍。"刘禹锡《飞鸢操》:"游鹍翔雁出其下,庆云清景相回旋。"❷《鹍鸡曲》的省称。孟浩然《夜登孔伯昭南楼时沈太清朱升在座》:"华烛罢然蜡,清弦方奏鹍。"❸用同"鲲"。神话传说中的大鱼。参见"鹍化""鹍鹏"。

【鵾化】 指擢第等人生向好的方向发展变化趋势。原为鲲化,后讹为鹍。刘长卿《客舍赠别韦九建赴任河南韦十七造赴任郑县就便觐省》:"人生未鹍化,物议如鸿毛。"独孤及《送虞秀才擢第归长沙》:"海运同鹍化,风帆若鸟飞。"柳棠《答杨尚书》:"一鱼吃了终无愧,鹍化为鹏也不难。"

【鵾弦】 见"鹍雞弦"。

【鵾絃】 见"鹍雞弦"。

【鵾雞】 ❶鸟名。似鹤,黄白色。杜甫《绝句六首》之一:"竹高鸣翡翠,沙僻舞鹍鸡。"钱起《早渡伊川见旧邻作》:"鹍鸡鸣早霜,秋水寒旅涉。"李商隐《饮席戏赠同舍》:"珠树重行怜翡翠,玉楼双舞羡鹍鸡。"庄南杰《晓歌》:"鹍鸡哭树星河转,海上金乌翅如电。"❷琴曲名。孟郊《与二三友秋宵会话清上人院》:"一为鹍鸡弹,再鼓壮士怀。"

【鵾雞弦】 用鹍鸡筋做的琵琶弦。刘禹锡《冬夜宴河中李相公中堂命筝歌送酒》:"朗朗鹍鸡弦,华堂夜多思。"亦省作"鹍弦"。郑愔《奉和幸上官昭容院献诗四首》之二:"鸾歌随凤吹,鹤舞向鹍弦。"许浑《秋夕宴李侍御宅》:"凤管添簧品,鹍弦促柱哀。"唐彦谦《无题十首》之二:"锦筝银甲响鹍弦,勾引春声上绮筵。"吴融《和韩致光侍郎无题三首十四韵》之三:"鱼网裁书数,鹍弦上曲新。"亦省作"鹍絃"。韦应物《送郑长源》:"泠泠鹍弦哀,悄悄冬夜闲。"

【鵾鵬】 ❶传说中的大鸟名。喻才能卓异、志向远大之人。鲲,后讹为鹍。孟郊《立德新居》之三:"仰笑鹍鹏辈,委身拂天波。"殷文圭《和友人送衡尚书赴池阳副车》:"鲲鹏变化知难测,龙蠖升沉各有由。"徐夤《北》:"穷溟驾浪鹍鹏化,极海寄书鸿雁迟。"林宽《送异道靖恭相公分司》:"海岳影犹动,鹍鹏势未安。"❷指鲲和鹏。白居易《禽虫十二章》之二:"蛙跳蛾舞仰头笑,焉用鹍鹏鳞羽多。"按,鹍,当作鲲。鳞指鲲言,羽指鹏言。刘兼《自遣》:"鹍鹏鳞翼途程在,九万风云海浪深。"

鶂 〔yì《广韵》五歷切,入錫,疑。〕水鸟名。形如鸬鹚,善高飞。刘禹锡《台城怀古》:"宫墙隐嶙围野泽,鹳鶂夜鸣秋色深。"李群玉《送魏珪觐省》:"未折月中枝,宁随宋都鶂。"吴融《和韩致光侍郎无题三首十四韵》："鹖鸱偏报晓，乌鸮惯惊晨。"

【鵮退】 表示要求前进而被迫后退的处境。姚鹄《送程秀才下第归蜀》："莺迁与鵮退，十载泣岐分。"

【鵮路】 喻失意的仕途或不利的处境。杜甫《奉留赠集贤院崔于二学士》："倚风遗鵮路，随水到龙门。"

鵬 〔péng《广韵》步崩切，平登，并。〕传说中最大的鸟。亦喻人中杰出者。见《庄子·逍遥游》。孟浩然《岘山送萧员外之荆州》："再飞鹏激水，一举鹤冲天。"权德舆《李十韶州寄途中绝句使者取报修书之际口号酬赠》："莫言向北千行雁，别有图南六月鹏。"白居易《闲园独赏》："不知鹏与鷃，相去几微尘。"柳棠《答杨尚书》："一鱼吃了终无愧，鹍化为鹏也不难。"

【鵬化】 喻仕途得意、飞黄腾达。元稹《寄浙西李大夫四首》之四："由来鹏化便图南，浙右虽雄我未甘。"齐己《送刘秀才往东洛》："来年遂鹏化，一举上瀛洲。"伊璠《及第后寄梁烛处士》："鹏化四溟归碧落，鹤栖三岛接青霞。"

【鵬背】 喻指居高位者。白居易《奉和裴令公三月上巳日游太原龙泉忆去岁禊洛见示之作》："鹏背负天龟曳尾，云泥不可得同游。"

【鵬風】 指迅速上旋的风。司空图《诗品二十四则·委曲》："水理漩洑，鹏风翱翔。"

【鵬飛】 大鹏高飞。喻仕途得意。李咸用《冬日喜逢吴价》："莺迁犹待销冰日，鹏起还思动海风。"

【鵬翅】 大鹏的翅膀。韩愈《送汴州监军俱文珍》："冲天鹏翅阔，报国剑铓寒。"许浑《送卢先辈自衡岳赴复州嘉礼二首》之二："湘南诗客海中行，鹏翅垂云不自矜。"温庭筠《病中书怀呈友人》："骥蹄初蹑景，鹏翅欲抟扶。"

【鵬息】 喻仕途不顺。刘禹锡《酬李相公喜归乡国自巩县夜泛洛水见寄》："鹏息风还起，凤归林正秋。"

【鵬徙】 鹏之迁徙。褚遂良《春日侍宴望海应诏》："夕云类鹏徙，春涛疑盖张。"

【鵬魚】 鹏与鱼。喻相差甚大的两类人。李商隐《喜闻太原同院崔侍御台拜兼寄在台三二同年之什》："鹏鱼何事遇屯同，云水升沉一会中。"

【鵬程】 喻指远大前程。司空图《丁巳元日》："短辕收骥步，直路发鹏程。"唐彦谦《留别四首》之一："鹏程三万里，别酒一千钟。"

【鵬路】 腾飞之路。喻仕宦之途。杜甫《入衡州》："柴荆寄乐土，鹏路观翱翔。"

【鵬搏】 鹏展翅盘旋而上。喻指抱负远大或仕途通显。见《庄子·逍遥游》。骆宾王《秋日送侯四得弹字》："我留安豹隐，君去学鹏抟。"高适《东平留赠狄司马》："知君不得意，他日会鹏抟。"卢纶《奉和户曹叔夏夜寓直寄呈同曹诸公并见示》："龙卧人宁识，鹏抟鷃岂知。"李商隐《送千牛李将军赴阙五十韵》："隼击须当要，鹏抟莫问程。"

【鵬霄】 九天云霄。李峤《奉和九月九日登慈恩寺浮图应制》："御气鹏霄近，升高凤野开。"李中《赠海上书记张济员外》："鹏霄休叹志难伸，贫病虽萦道且存。"

【鵬霄萬里】喻前程远大。李中《献张拾遗》："献替频陈忠誉播，鹏霄万里展雄飞。"

【鵬圖】 喻壮志。杜甫《奉赠萧二十使君》："鹏图仍矫翼，熊轼且移轮。"陈陶《宿岛径夷山舍》："一饭未遑饱，鹏图信悠哉。"

【鵬虱】 大鹏与虱子。喻大小悬殊的两种事物。陆龟蒙《杂讽九首》之二："况将鹏虱校，数又百与十。"

【鵬噣】 鹏鸟的嘴。韩愈《南山诗》："孤撑有巉绝，海浴褰鹏噣。"

【鵬舉】 如鹏之飞举。喻奋发有为。高适《别王彻》："时辈想鹏举，他人嗟陆沉。"又《苦雪四首》之四："安能羡鹏举，且欲歌牛下。"白居易《送舒著作重授省郎赴阙》："剑磨光彩依前出，鹏举风云逐后驱。"又《奉酬淮南牛相公思黯见寄二十四韵》："鸥栖心恋水，鹏举翅摩天。"

【鵬翼】 大鹏的翅膀。耿湋《登沃州山》："小暑开鹏翼，新蓂长鹭涛。"贾岛《游子》："当期附鹏翼，未偶方踌躇。"

【鵬鵾】 见"鹏鲲"。

【鵬鯤】 亦作"鹏鵾"。喻指有大志向者。李白《赠宣城赵太守悦》："溟海不振荡，何由纵鹏鲲。"温庭筠《寓怀》："鹏鹍诚未忆，谁谓凌风翔。"

【鵬鷃】 比喻物有大小，志趣悬殊。钱起《送李大夫赴广州》："昔许霄汉期，今嗟鹏鷃别。"刘禹锡《寓兴二首》之二："世途多礼数，鹏鷃各逍遥。"白居易《送毛仙翁》："岂识椿菌异，那知鹏鷃悬。"李群玉《送人隐居》："鹏鷃喻中消日月，沧浪歌里放心神。"

【鵬騫】 大鹏高飞。喻奋发有为、仕途得意。李白《赠从孙义兴宰铭》："蠖屈虽百里，鹏骞望三台。"

鵩 〔fú《广韵》房六切，入屋，奉。〕鸟名。似鸮。猫头鹰之属。旧以为不祥之鸟。包佶《奉和常阁老晚秋集贤院即事寄赠徐薛二侍郎》："赋中频叹鵩，卜处几听鸡。"杜甫《奉赠卢五丈参谋》："休传鹿是马，莫信鵩如鸮。"韦迢《潭州留别杜员外院长》："地湿愁飞鵩，天炎畏跕鸢。"元稹《代曲江老人百韵》："凤阙悲巢鵩，鹓行乱野麏。"

【鵩舍】 汉贾谊贬为长沙王太傅，有鵩鸟飞入其舍，止于座隅，贾谊以为不祥，遂作《鹏鸟赋》。后故以鹏舍指不利的处境。徐铉《和张先辈见寄二首》之二："野日苍茫悲鹏舍，水风阴湿弊貂裘。"

【鵬鳥】 鸟名。猫头鹰之属。古以为不祥之禽。汉贾谊为长沙王太傅，有鹏鸟入室，以为不祥，觉不得长寿，作《鹏鸟赋》以自宽。杜甫《寄李十二白二十韵》："几年遭鹏鸟，独泣向麒麟。"顾况《酬唐起居前后见寄二首》之二："自伤庚子日，鹏鸟上承尘。"张署《赠韩退之》："鲛人远泛渔舟水，鹏鸟闲飞露里天。"许浑《赠萧兵曹先辈》："楚客病时无鹏鸟，越乡归处有鲈鱼。"

【鵬鳥賦】 赋篇名。汉贾谊作。汉贾谊为长沙王太傅，有鹏鸟入室，以为不祥，觉不得长寿，作《鹏衣赋》以自宽。许浑《重游练湖怀旧》："鹏鸟赋成人已没，嘉鱼诗在世空传。"亦省称"鹏赋"。戴叔伦《过贾谊旧居》："楚乡卑湿叹殊方，鹏赋人非宅已荒。"

【鵬賦】 见"鵬鳥賦"。

鵰 〔diāo《广韵》都聊切，平萧，端。〕一种猛禽。嘴呈钩状，视力很强，尾长翅短，鸷悍多力。殷遥《塞上》："马色经寒惨，雕声带晚悲。"李益《观骑射》："边头射雕将，走马出中军。"白居易《和答诗十首·和古社》："饥雕竟不捉，老犬反为媒。"裴说《秋日送河北从事》："蝉悲欲落日，雕下拟阴云。"

【鵰帳】 射雕人（泛指猎人）的帐幕。马戴《别灵武令狐校书》："雁池戎马饮，雕帐戍人过。"

【鵰翎】 "雕翎箭"的省称。以雕翎为箭羽的箭。元稹《痁卧闻幕中诸公征乐会饮因有戏呈三十韵》："蛇盅迷弓影，雕翎落箭靫。"

【鵰鶚】 ❶雕与鹗。均为猛禽。李颀《别梁锽》："回头转眄似雕鹗，有志飞鸣人岂知。"李白《白鸠辞》："鹰鹯雕鹗，贪而好杀。"刘禹锡《和仆射牛相公寓言二首》之二："雕鹗腾空犹逞俊，骅骝啮足自无惊。"谭用之《塞上》之二："牛羊集水烟粘步，雕鹗盘空雪满围。"❷喻才德不凡之人。杜甫《奉赠严八阁老》："蛟龙得云雨，雕鹗在秋天。"李益《轻薄篇》："天生俊气自相逐，出与雕鹗同飞翻。"白居易《对酒五首》之一："君知天地中宽窄，雕鹗鸾皇各自飞。"韦庄《和郑拾遗秋日感事一百韵》："汉路闲雕鹗，云衢驻骕骦。"❸喻奸佞。元稹《哭吕衡州六首》之四："雕鹗生难敌，沉檀死更香。"

鵮 〔qiān《广韵》苦咸切，平咸，溪。又竹咸切，平咸，知。〕鸟啄物。元稹《送崔侍御之岭南二十韵》："菌须虫已蠹，果重鸟先鵮。"章孝标《鹰》："可惜忍饥寒日暮，向人鵮断碧丝绦。"

鶉 〔chún《广韵》常倫切，平諄，禪。〕❶鸟名。本指羽毛有斑的鹌鹑，后亦泛指鹌鹑。李白《对雪奉饯任城六父秩满归京》："君看海上鹤，何以笼中鹑。"李贺《开愁歌》："衣如飞鹑马如狗，临岐击剑生铜吼。"元稹《代曲江老人百韵》："翻身迎过雁，劈肘取回鹑。"❷星次名。参见"鹑首"。

【鶉衣】 破烂的衣服。鹑尾秃，故称。杜甫《风疾舟中伏枕书怀》："乌几重重缚，鹑衣寸寸针。"刘长卿《行营酬吕侍御》："井税鹑衣乐，壶浆鹤发迎。"权德舆《酬别蔡十二见赠》："严霜被鹑衣，不知狐白温。"

【鶉服】 鹑衣。破烂的衣服。骆宾王《寒夜独坐游子多怀简知己》："鹑服长悲碎，蜗庐未卜安。"李端《暮春寻终南柳处士》："庞眉一居士，鹑服隐尧时。"权德舆《祗役江西路上以诗代书寄内》："鹑服我久安，荆钗君所慕。"

【鶉首】 星次名。指朱鸟七宿中的井宿和鬼宿。杜甫《大历三年春四十韵》："旄头初俶扰，鹑首丽泥涂。"

【鶉宿】 指井宿和鬼宿。张良璞《览史》："建都用鹑宿，设险因金城。"参见"鹑首"。

【鶉野】 指秦地。古以为鹑首为秦之分野。骆宾王《帝京篇》："皇居帝里崤函谷，鹑野龙山侯甸服。"司空曙《御制雨后出城观览敕朝臣已下属和》："上上开鹑野，师师出凤城。"

鶊 〔gēng《广韵》古行切，平庚，見。〕参见"鶬鶊""鸝鶊"。

鵷 〔yuān《广韵》於袁切，平元，影。〕❶鹓雏。元稹《有酒十章》之十："欲凤翥而鹓随兮，欲龙亨而骥逐。"李敬方《题黄山汤院》："旧基绝仄足，新构忽行鹓。"❷喻人中杰出者。李白《赠宣城赵太守悦》："夔龙一顾重，矫翼凌翔鹓。"韦应物《将往江淮寄李十九儋》："燕燕东向来，文鹓亦西飞。"罗隐《上江州陈员外》："旧班久望鹓晴翥，余力犹闻虎夜浮。"❸同"鴛"。鸳鸯。参见"鵷氄"。

【鵷列】 犹鹓行。岑参《西掖省即事》："平明端笏陪鹓列，薄暮垂鞭信马归。"

【鵷行】 指朝官的行列。厍狄履温《夏晚初霁南省寓直用余字》："燕厦欣成托，鹓行滥所如。"杜甫《至日遣兴奉寄北省旧阁老两院故人二首》之一："去岁兹辰捧御床，五更三点入鹓行。"羊士谔《春日朝罢呈台中寮友》："退食鹓行振羽仪，九霄双阙迥参差。"温庭筠《病中书怀呈友人》："凤阙分班立，鹓行竦剑趋。"

【鵷侶】 喻指朝中同僚。罗隐《送光禄崔卿赴阙》："鹓侣寂寥曹署冷，更堪呜咽问田园。"

【鵷氄】 鸳、鹭的羽毛。韩愈、孟郊《城南联句》：

"鵷鶵翔衣带,鹅肪截佩璜。"

【鵷鳳】 凤鸟。传说中的瑞鸟。喻有才德者。杨巨源《怀德抒情寄上信州座主》:"鵷凤终凌汉,蛟龙会出池。"

【鵷鴻】 鹓雏和鸿雁。它们飞行有序,故以喻班行有序的朝官。胡皓《奉和圣制同二相以下群官乐游园宴》:"广座鹓鸿满,昌庭驷马趋。"高适《途中酬李少府赠别之作》:"鹓鸿列霄汉,燕雀何翩翩。"刘禹锡《韩十八侍御见示诗因令属和重以自述故足成六十二韵》:"空影渡鹓鸿,秋声思芦苇。"韦庄《云散》:"青云自有鹓鸿待,莫说他山好薜萝。"

【鵷鴻侶】 谓朝中同僚。王维《同卢拾遗过韦给事东山别业二十韵》:"遂陪鹓鸿侣,霄汉同飞翻。"

【鵷雛】 ❶亦作"鵷鶵"。传说中与鸾凤同类的鸟。阎朝隐《鹦鹉猫儿篇》:"鹓雏延颈,鹍鸡弄色。"刘禹锡《飞鸢操》:"腾音砺吻相喧呼,仰天大吓疑鹓雏。"李德裕《比闻龙门敬善寺有红桂树独秀因赋是诗兼赠陈侍御》:"犹疑翡翠宿,想待鹓雏食。"❷凤雏。喻有才德的年轻人。杨巨源《送司徒童子》:"况复元侯旌尔善,桂林枝上得鹓雏。"白居易《予与微之老而无子发于言叹著在诗篇今年冬各有一子戏作二什一以相贺一以自嘲》之一:"莫虑鹓雏无浴处,即应重入凤皇池。"

【鵷鶵】 见"鵷雛"。

【鵷鷺】 鹓雏和鹭鸶。它们飞行有序,故用以喻班行有序的朝官。颜师古《奉和正日临朝》:"肃肃皆鹓鹭,济济盛簪绅。"韩愈《晋公破贼回重拜台司以诗示幕中宾客愈奉和》:"鹓鹭欲归仙仗里,熊罴还入禁营中。"无可《奉和裴舍人春日杜城旧事》:"鹓鹭依川宿,骅骝向野嘶。"温庭筠《题韦筹博士草堂》:"玄晏先生已白头,不随鹓鹭狎群鸥。"

【鵷鷺行】 喻指朝官的行列。鹓雏和鹭鸶飞行有序,故云。岑参《初至西虢官舍南池呈左右省及南宫诸故人》:"空积犬马恋,岂思鹓鹭行。"元稹《解秋十首》之三:"同时骛名者,次第鹓鹭行。"齐己《寄郑谷郎中》:"几梦中朝事,依依鹓鹭行。"

【鵷鸞】 ❶鹓雏和鸾鸟。李白《对雪奉饯任城六父秩满归京》:"龙虎谢鞭策,鹓鸾不司晨。"白居易《禽虫十二章》之五:"阿阁鹓鸾田舍乌,妍蚩贵贱两悬殊。"❷喻指朝官。高适《东平旅游奉赠薛太守二十四韵》:"鹓鸾粉署起,鹰隼柏台秋。"莫宣卿《百官乘月早朝听残漏》:"忻逢圣明代,长愿接鹓鸾。"❸喻贤者。白居易《微之敦诗晦叔相次长逝因成二绝》之一:"并失鹓鸾侣,空留麋鹿身。"

【鵷鸞序】 喻指朝官的班行。白居易《代书诗一百韵寄微之》:"每列鹓鸾序,偏瞻獬豸姿。"

【鵷鸞侶】 ❶旧指朝中同僚。白居易《黄石岩下作》:"久别鹓鸾侣,深随鸟兽群。"❷指贤德之友。白居易《微之敦诗晦叔相次长逝因成二绝》之一:"并失鹓鸾侣,空留麋鹿身。"

鶋 〔jū《广韵》九魚切,平魚,見。〕参见"鶢鶋"。

九 画

鶘 〔hú《广韵》户吴切,平模,匣。〕参见"鵜鶘"。

鶒 〔chì《篇海类编》昌石切。〕参见"鸂鶒"。

鶗 〔tí《集韵》田黎切,平齊,定。〕参见"鶗鴂"。

【鶗鴂】 即杜鹃鸟。陈子昂《感遇诗三十八首》之七:"众芳委时晦,鶗鴂鸣悲耳。"顾况《哭绚法师》:"生公手种殿前树,唯有花开鶗鴂悲。"白居易《东南行一百韵》:"残芳悲鶗鴂,暮节感茱萸。"徐夤《忆荐福寺南院》:"鶗鴂声中双阙雨,牡丹花际六街尘。"

鶡 〔hé《广韵》胡葛切,入曷,匣。〕❶鸟名。(1)即鹖鸡。雉属。较雉为大,黄黑色,头有毛角如冠,健斗,至死不却。见"鶡冠"。(2)即鹖旦。杜甫《湘江宴饯裴二端公赴道州》:"华烛蟠长烟,鸹鹖催明星。"❷指鹖冠。李白《古风》之六:"虮虱生虎鹖,心魂逐旌旃。"

【鶡旦】 鸟名。即寒号鸟。元稹《有酒十章》之五:"螳螂虽怒谁尔惧,鹖旦虽啼谁尔怜。"

【鶡冠】 隐士之冠,以鹖羽为饰。李颀《同张员外諲酬答之作》:"鹖冠葛屦无名位,博弈赋诗聊遣意。"杜甫《小寒食舟中作》:"佳辰强饭食犹寒,隐几萧条带鹖冠。"陆龟蒙《江南秋怀寄华阳山人》:"鹖冠难适越,羊酪未饶伧。"

【鶡冠子】 人名。相传为战国时楚人,隐居深山,以鹖羽为冠,因以为号。杜甫《耳聋》:"生年鹖冠子,叹世鹿皮翁。"

【鶡鳥】 即鹖旦。张籍《秋夜长》:"白露满田风袅袅,千声万声鹖鸟鸣。"

【鶡鳥冠】 即鹖冠。高适《遇冲和先生》:"头戴鹖鸟冠,手摇白鹤翎。"参见"鶡冠"。

【鶡雞冠】 鹖冠。亦借指戴鹖冠的隐士。陈子昂《秋日遇荆州府崔兵曹使宴》:"辅轩凤皇使,林薮鹖鸡冠。”

鹘〔hú《广韵》户骨切，入没，匣。〕❶鸟类的一科。翅膀窄而尖，嘴短而宽，上嘴弯曲，并有齿状突起。善飞，常袭击其他鸟类。杜甫《义鹘行》：“斯须领健鹘，痛愤寄所宜。”元稹《大觜乌》：“有力强如鹘，有爪利如锥。”姚合《从军行》：“鹰鹘念搏击，岂贵食满肠。”贯休《村行遇猎》：“鹘拂荒田兔成血，竿打黄茅雉惊起。”❷参见“鹘突”。

【鹘突】　模糊不清。孟郊《边城吟》：“何处鹘突梦，归思寄仰眠。”

【鹘翅】　谓鹘振翅飞行、矫健迅速。李山甫《兵后寻边三首》之二：“旗头指处见黄埃，万马横驰鹘翅回。”

【鹘拳】　❶鹘爪。白居易《代鹤答》：“鹰爪攫鸡鸡肋折，鹘拳蹴雁雁头垂。”❷如鹘之搏击。元稹《酬独孤二十六送归通州》：“鳌钓气方壮，鹘拳心颇尊。”

【鹘衔紅綬】　饰有鹘衔瑞草的绯色绶带。唐制，阶官四、五品服绯，佩银鱼袋。白居易《初除官蒙裴常侍赠鹘衔瑞草绯袍鱼袋因谢惠贶兼抒离情》：“鱼缀白金随步跃，鹘衔红绶绕身飞。”

【鹘衔瑞草】　官服上的图饰。贞元时，赐节度使、观察使等新制时服，节度使文以鹘衔绶带，取其武毅，以靖封内。白居易有《初除官蒙裴常侍赠鹘衔瑞草绯袍鱼袋因谢惠贶兼抒离情》。

【鹘衔瑞帶】　谓紫袍官服上的鹘衔瑞草的图案。白居易《喜刘苏州恩赐金紫遥想贺宴以诗庆之》：“鱼佩葺鳞光照地，鹘衔瑞带势冲天。”

鹗〔è《广韵》五各切，入鐸，疑。〕鸟名。雕属。性凶猛，背褐色，头顶颈后及腹部均白色，嘴短脚长，趾具锐爪，栖于水边。以捕鱼为食，俗称鱼鹰。常以喻才能卓越者或凶悍者。储光羲《贻王侍御出台掾丹阳》：“翔翼一如鹗，百辟莫不惧。”李白《望鹦鹉洲怀祢衡》：“鸷鹗啄孤凤，千春伤我情。”许浑《赠桐庐房明府先辈》：“自笑小儒非一鹗，亦趋门屏冀相怜。”吴融《赴阙次留献荆南成相公三十韵》：“拔地孤峰秀，当天一鹗雄。”

【鹗立】　如鹗之伫立不动。比喻卓然超群。李白《赠宣城赵太守悦》：“差池宰两邑，鹗立重飞翻。”皎然《因游支硎寺寄邢端公》：“朝端瞻鹗立，关右仰鹰扬。”

【鹗駐】　鹗立，峙立。指旌旗上所画的鹗鸟形象。李绅《忆至巩县河宿待家累追怀》：“弓开后骑低初月，鹗驻前旌拂暮鸦。”

鹙〔qiū《广韵》七由切，平尤，清。〕鸟名。即秃鹙。杜甫《天边行》：“洪涛滔天风拔木，前飞秃鹙后鸿鹄。”

【鹙子】　佛教人名。指佛大弟子舍利佛。李商隐《题白石莲花寄楚公》：“漫夸鹙子真罗汉，不会牛车是上乘。”

【鹙梁】　谓鹙立于鱼梁。杜牧《登九峰楼》：“牛歌鱼笛山月上，鹭渚鹙梁溪日斜。”

【鹙鶬】　即秃鹙。杜甫《壮游》：“射飞曾纵鞚，引臂落鹙鸧。”

鹓〔yuán《广韵》雨元切，平元，云。〕参见“鹓鶋”。

【鹓鶋】　海鸟名。见《文选·左思〈吴都赋〉》。杜甫《八哀诗·故著作郎贬台州司户荥阳郑公虔》：“鹓鶋至鲁门，不识钟鼓飨。”韩愈《送郑尚书赴南海》：“风静鹓鶋去，官廉蚌蛤回。”胡曾《咏史诗·鲁城》：“因笑臧孙才智少，东门钟鼓祀鹓鶋。”陈陶《续古二十九首》之十六：“哀哉嵇叔夜，智不及鹓鶋。”

鹚〔cí《广韵》疾之切，平之，從。又子之切，平之，精。〕参见“鸕鹚”。

鷀　参见“鹚”。

鹜〔wù又读mù《广韵》亡遇切，去遇，微。又莫卜切，入屋，明。〕像鸭的一种野禽。亦指野鸭。孔昌胤《遇旅鹤》：“肯作池上鹜，年年空沉浮。”元稹《遭风二十韵》：“浸淫沙市儿童乱，汩没汀洲雁鹜哀。”李商隐《幽居冬暮》：“晓鸡惊树雪，寒鹜守冰池。”陈陶《题僧院紫竹》：“江鹜日相寻，野鹗时寄宿。”

十　画

鷇〔kòu《广韵》苦候切，去候，溪。〕由母哺食的幼鸟。见《汉书·东方朔传》。王维《黄雀痴》：“黄雀痴，黄雀痴，谓言青鷇是我儿。”韩愈《南山诗》：“争衔弯环飞，投弃急哺鷇。”冯著《燕衔泥》：“尔不见东家黄鷇鸣啧啧，蛇盘瓦沟鼠穿壁。”陆龟蒙《读襄阳耆旧传因作诗五百言寄皮袭美》：“或能醢髋髀，或与翼雏鷇。”

鹠〔lì《广韵》力質切，入質，來。〕参见“鹠鶹”。

【鹠鶹】　鸟名。即黄鹂。丘光庭《补茅鸱》之三：“茅鸱茅鸱，无搏鹠鶹。”

鷃〔yàn《广韵》烏澗切，去諫，影。〕鴳雀。雀形目百灵科小鸟。卢纶《奉和户曹叔夏夜寓直寄呈同曹诸公并见示》：“龙卧人宁识，鹏抟鷃岂知。”白居易《闲园独赏》：“不知鹏与鷃，相去几微尘。”李群玉《送人隐居》：“鹏鷃喻中消日月，沧浪歌里放心神。”皮日休《公斋四咏·小松》：“先愁被鷃抢，预恐遭蜗病。”

【鷃羽】 鴳鸟的羽毛。借指鴳鸟。自谦之辞。刘禹锡《浙西李大夫述梦四十韵并浙东元相公酬和斐然继声》：“凤姿尝在竹，鷃羽不离蒿。”自注：“自谓。”

【鷃翼】 鴳雀之羽翼。借指鴳雀。用以谦称自己。《亢仓子》：“以隼翼而被之鷃，视之不明者正以为隼，明者视之，乃鷃也。”柳宗元《同刘二十八院长述旧言怀感时书事赠二君子》：“鷃翼尝披隼，蓬心类倚麻。”

鷂〔yào《广韵》弋照切，去笑，以。〕猛禽名，似鹰而较小。背灰褐色，腹白带赤。善搏小鸟。通称雀鹰、鷂鹰。韦应物《鸢夺巢》：“霜鹯野鷂得残肉，同啄膻腥不肯逐。”周昙《咏史诗·春秋战国门·公子无忌》：“按剑临笼震咄呼，鷂甘枭戮伏鸠辜。”

【鷂子】 ❶鷂的俗称。寒山《诗三百三首》之二二二：“挛却鷂子眼，雀儿舞堂堂。”❷纸鸢，风筝。元稹《台中鞫狱忆开元观旧事呈损之兼赠周兄四十韵》：“鷂子绣线韄，狗儿金油环。”

【鷂颭】 飘摇高举。元稹《献荥阳公诗五十韵》：“浩汗神弥王，鷂飐兴欲仙。”

鶬〔cāng《广韵》七冈切，平唐，清。〕❶即鸧鸹。李白《行行游且猎篇》：“弓弯满月不虚发，双鸧迸落连飞髇。”刘禹锡《酬郑州权舍人见寄二十韵》：“彀中飞一箭，云际落双鸧。”❷鸟名。即黄鹂。见“鶬鹒”。❸传说中的怪鸟。即鸧鷵，传其有九头，状如鸺鹠。参见“鶬鸮”。

【鶬鸮】 鸧鷵和猫头鹰。喻顽敌。储光羲《登秦岭作时陷贼归国》：“誓将食鸧鸮，然后归崆峒。”

【鶬鸹】 水鸟名。似鹤，苍青色。杜甫《缆船苦风戏题四韵奉简郑十三判官》：“楚岸朔风疾，天寒鸧鸹呼。”

【鶬鹒】 黄鹂。储光羲《田家杂兴八首》之一：“春至鸧鹒鸣，薄言向田墅。”欧阳衮《田家》：“草木应初感，鸧鹒亦已催。”贯休《甘雨应祈》：“麦苗芃芃兮鸧鹒飞，日出而作兮日入归。”

鹠〔liú《广韵》力求切，平尤，來。〕❶参见“鸺鹠”。❷参见“鷅鹠”。

鶺〔jí《集韵》資昔切，入昔，精。〕参见“鹡鸰”。

【鹡鸰】 ❶鸟名。体小，头顶黑色，前额纯白，嘴细长，尾和翅膀均很长，黑色，有白斑，腹部白色，吃昆虫和小鱼等。属保护鸟类。明皇《鹡鸰颂》序：“秋九月辛酉，有鹡鸰千数，栖集于麟德殿之庭树，竟旬焉。”李郢《早春送友人归江南》：“野渡遇霜杨柳尽，寒郊欲雪鹡鸰来。”许棠《陇上书事》：“树飞鹦鹉众，川下鹡鸰疏。”吴融《赋雪十韵》：“终无鹧鸪识，先有鹡鸰知。”❷喻兄弟。宋之问《别之望后独宿蓝田山庄》：“鹡鸰有旧曲，调苦不成歌。”孟浩然《送王五昆季省觐》：“平生急难意，遥仰鹡鸰飞。”韦应物《寄二严》：“打破蜘蛛千道网，总为鹡鸰两个严。”詹琲《癸卯闽乱从弟监察御史敬凝迎仕别作》：“鹡鸰长在念，鸿雁忽来宾。”

【鹡鸰原】 指兄弟情谊。孟浩然《入峡寄弟》：“泪沾明月峡，心断鹡鸰原。”

【鹡鸰詩】 指歌颂兄弟情谊的篇什。杜甫《得弟消息二首》之二：“浪传乌鹊喜，深负鹡鸰诗。”许浑《送从兄别驾归蜀》：“已称鹦鹉赋，守诵鹡鸰诗。”参见“鹡鸰❷”。

【鹡鸰赋】 指歌颂兄弟情谊的诗作。明皇有《同玉真公主过大哥山池》，《鹡鸰赋》指此。张说《奉和圣制同玉真公主游大哥山池题石壁》：“神藻飞为鹡鸰赋，仙声扬出凤皇台。”

【鹡鸰篇】 歌颂兄弟情谊的篇什。李群玉《小弟艎南游近书来》：“吟尔鹡鸰篇，中宵慰相忆。”

鷁〔yì《广韵》五歷切，入錫，疑。〕❶一种水鸟。状如鹭而大，毛羽苍白，善高飞。杜甫《桔柏渡》：“急流鸨鷁散，绝岸鼋鼍骄。”徐铉《和元帅书记萧郎中观习水师》：“杀气晓严波上鷁，凯歌遥骇海边鲸。”郑仆射《湘中怨讽》：“青鷁苦幽独，隔江相对稀。”❷鷁舟。古人喜在船首画鷁鸟之形，故称。张子容《泛永嘉江日暮回舟》：“无云天欲暮，轻鷁大江清。”白居易《东楼南望八韵》：“鷁带云帆动，鸥和雪浪翻。”姚合《题凤翔西郭新亭》：“泛鷁春流阔，飞觞白日欹。”胡曾《咏史诗·自岭下泛鷁到清远峡作》：“乘船浮鷁下韶水，绝境方知在岭南。”

【鷁舟】 船头画有鷁鸟图形的船。亦泛称舟船。李怀远《凝碧池侍宴看竞渡应制》：“列筵飞翠斝，分曹戏鷁舟。”孟浩然《陪卢明府泛舟回作》：“鷁舟随雁泊，江火共星罗。”戴叔伦《送东阳顾明府罢归》：“祖帐临鲛室，黎人拥鷁舟。”李商隐《寄和水部马郎中题兴德驿时昭义已平》：“鷁舟时往复，鸥鸟恣浮沉。”

【鷁羽】 鷁鸟的羽毛。钱起《送钟评事应宏词下第东归》：“蛾眉不入秦台镜，鷁羽还惊宋国风。”

【鷁首】 船头。古人喜画鷁鸟图形于船首，故称。亦借指舟船。虞世南《奉和出颍至淮应令》：“寒流泛鷁首，霜吹响哀吟。”顾况《送从兄使新罗》：“叠鼓鲸鳞隐，阴帆鷁首飘。”刘禹锡《历阳书事七十韵》：“鱼书来北阙，鷁首下南荆。”张泌《送容州中丞赴镇》：“鷁首冲泷浪，犀渠拂岭云。”

【鷁舸】 鹢舟。和凝《宫词百首》之五十：“宫娥解禊艳阳时，鹢舸兰桡满凤池。”

【鷁退】 表示要求前进而被迫后退的处境。武元衡《长安叙怀寄崔十五》：“超名累岁与君同，自叹还随鹢退风。”

鶼 〔jiān《广韵》古甜切，平添，見。〕即鹣鹣，比翼鸟。吴融《个人三十韵》：“翼只思鹣比，根长羡藕并。”

【鶼蟨】 比翼鸟和比肩兽。喻交往密切的友人。韩愈《送文畅师北游》：“况逢旧亲识，无不比鹣蟨。”

鶯 〔yīng《广韵》烏莖切，平耕，影。〕黄莺。又称黄鹂、鸧鹒等。刘长卿《送子婿崔真甫李穆往扬州四首》之二：“半逻莺满树，新年人独还。”李益《奉和武相公春晓闻莺》：“蜀道山川心易惊，绿窗残梦晓闻莺。”陈羽《西蜀送许中庸归秦赴举》：“日暖莺飞好，山晴马去迟。”贯休《春晚书山家屋壁二首》之一：“庭花濛濛水泠泠，小儿啼索树上莺。”

【鶯友】 比喻好友。李商隐《喜闻太原同院崔侍御台拜兼寄在台三二同年之什》：“若向南台见莺友，为传垂翅度春风。”

【鶯出谷】 喻指登第、仕途得意等。钱起《和人秋归终南山别业》：“昔年莺出谷，今日凤归林。”吕温《河南府试赎帖赋得乡饮酒诗》：“想同莺出谷，看似雁成行。”韦庄《癸丑年下第献新先辈》：“千炬火中莺出谷，一声钟后鹤冲天。”又《和人春暮书事寄崔秀才》：“才见早春莺出谷，已惊新夏燕巢梁。”

【鶯谷】 喻人未显达时的处境。湛贲《题历山司徒右长史祖宅》：“龙宫欣访旧，莺谷忝迁乔。”王涯《广宣上人以诗贺放榜和谢》：“龙门变化人皆望，莺谷飞鸣自有时。”罗隐《赠先辈令狐补阙》：“花迎彩服离莺谷，柳傍东风触马鞭。”韩偓《与吴子华侍郎同年玉堂同直怀恩叙恳因成长句四韵兼呈诸同年》：“往年莺谷接清尘，今日鳌山作侍臣。”

【鶯舌】 黄莺的喉舌。借指莺声。白居易《追欢偶作》：“十听春啼变莺舌，三嫌老丑换蛾眉。”陆龟蒙《有别二首》之二：“池上已看莺舌默，云间应即雁翰开。”亦借指女子歌声。徐铉《柳枝词十二首》之十一：“应缘莺舌多情赖，长向双成说翠条。”

【鶯弄】 犹莺啭。谓莺啼婉转悠扬。孟郊《尧歌》之二：“莺弄方短短，花明碎攒攒。”

【鶯花】 莺和花。泛指春日景色。徐仁友《古意赠孙翃》：“云日落广厦，莺花对孤琴。”杜甫《陪李梓州四使君登惠义寺》：“莺花随世界，楼阁寄山巅。”刘长卿《送朱山人放越州贼退后归山阴别业》：“闾里相逢少，莺花共寂寥。”孙光宪《酒泉子》词之二：“曲槛小楼，正是莺花二月。”

【鶯花月】 指春节。白居易《病中多雨逢寒食》：“三旬卧度莺花月，一半春销风雨天。”又《春夜宴席上戏赠裴淄川》：“今年相遇莺花月，此夜同欢歌酒筵。”司空图《冯燕歌》：“此时恰遇莺花月，堤上轩车昼不绝。”

【鶯花主】 谓春日美景的主宰者。徐夤《惜牡丹》：“良时虽作莺花主，白马王孙恰少年。”此指牡丹。

【鶯吟】 莺鸣，莺啼。高瑾《晦日宴高氏林亭》：“莺吟上乔木，雁往息平沙。”李白《晓晴》：“鱼跃青池满，莺吟绿树低。”

【鶯春】 春日。莺鸟鸣于春日，故称。郑谷《多情》：“莺春雁夜长如此，赖是幽居近酒家。”

【鶯時】 春日。骆宾王《代女道士王灵妃赠道士李荣》：“凤楼迢递绝尘埃，莺时物色正裴回。”刘希夷《孤松篇》：“蚕月桑叶青，莺时柳花白。”

【鶯翁】 对莺的戏称。温庭筠《黄昙子歌》：“红潋荡融融，莺翁鸂鶒暖。”

【鶯唇】 莺觜。陆龟蒙《子夜四时歌·夏》：“兰眼抬路斜，莺唇映花老。”

【鶯粟花】 即罂粟花。吴仁璧有《题莺粟花》断句一联。

【鶯喉】 莺的喉声。刘禹锡、白居易《乐天是月长斋鄙夫此时愁卧里闾非远云雾难披因以寄怀遂为联句》：“鹊顶迎秋秃，莺喉入夏瘖。”

【鶯啼】 莺鸣。李商隐《天涯》：“莺啼如有泪，为湿最高花。”

【鶯啼燕語】 莺鸣婉转，燕语呢喃。形容春光明媚，生机勃勃。皇甫冉《春思》：“莺啼燕语报新年，马邑龙堆路几千。”孟郊《伤春》：“千里无人旋风起，莺啼燕语荒城里。”

【鶯歌】 谓莺啼婉转如歌。亦用以比喻婉转动听的歌声。张子容《长安早春》：“鸿渐看无数，莺歌听欲频。”岑参《奉和春日幸望春宫应制》：“花笑莺歌迎帝辇，云披日霁俯皇川。”杨巨源《春日奉献圣寿无疆》之二：“人醉逢尧酒，莺歌答舜弦。”温庭筠《苦楝花》：“院里莺歌歇，墙头蝶舞孤。”

【鶯歌蝶舞】 莺啼如歌，蝶飞似舞。形容春景美好，富于生机。鲍君徽《惜花吟》：“莺歌蝶舞韶光长，红炉煮茗松花香。”

【鶯語】 莺的啼叫声。白居易《何处春先到》：“不劳人劝醉，莺语渐丁宁。”姚合《春日闲居》：“檐燕酬莺语，邻花杂絮飘。”章碣《下第有怀》：“迁来莺语虽堪听，落了杨花也怕看。”王贞白《折杨柳三首》之一：“凤辇不来春欲尽，空留莺语到黄昏。”

【鶯遷】 指登第、升擢等。白居易《东都冬日会诸同年宴郑家林亭》:“桂折因同树，莺迁各异年。”李咸用《冬日喜逢吴价》:“莺迁犹待销冰日，鹏起还思动海风。”罗隐《送臧濆下第谒窦鄜州》:“赋得长杨不直钱，却来京口看莺迁。”张复元《风光草际浮》:“好助莺迁势，乘时翼便翔。”

【鶯蝶】 黄莺与蝴蝶。李商隐《南潭上亭宴集以疾后至因而抒情》:“莺蝶如相引，烟萝不暇攀。”

【鶯嬌】 谓黄莺娇柔的啼声。宋之问《春日芙蓉园侍宴应制》:“飞花随蝶舞，艳曲伴莺娇。”

【鶯燕】 黄莺与燕子。泛指春鸟。乔知之《定情篇》:“凫雁将子游，莺燕从双栖。”亦作“鸎鷰”。高适《同李司仓早春宴睢阳东亭》:“鸎鷰知三月，池台称百花。”

【鶯聲】 黄莺的啼鸣声。白居易《春江》:“莺声诱引来花下，草色句留坐水边。”储嗣宗《经故人旧居》:“万里访遗尘，莺声泪湿巾。”林宽《省试腊后望春宫》:“柳眼方开冻，莺声渐转风。”吴象之《阳春歌》:“帘低晓露湿，帘卷莺声急。”亦作“鸎聲”。何蒙《赠赵叟》:“桂枝输却正凄然，又被鸎声聒昼眠。”

【鶯簧】 黄鹂的鸣叫。以其声如笙簧奏乐，故称。温庭筠《舞衣曲》:“蝉衫麟带压愁香，偷得莺簧锁金缕。”

【鶯囀】 谓黄莺婉转而鸣。卢照邻《入秦川界》:“花开绿野雾，莺啭紫岩风。”岑参《奉和中书舍人贾至早朝大明宫》:“鸡鸣紫陌曙光寒，莺啭皇州春色阑。”司空图《力疾山下吴村看杏花十九首》之八:“若道折多还有罪，只应莺啭是金鸡。”吴融《渚宫立春书怀》:“风高莺啭涩，雨密雁飞低。”亦喻指女子歌声婉丽。李贺《恼公》:“春迟王子态，莺啭谢娘慵。”

【鶯鶯】 ❶指群莺。杜牧《为人题赠二首》之二:“绿树莺莺语，平江燕燕飞。”韦庄《河传》之三:“玉鞭魂断烟霞路，莺莺语，一望巫山雨。”❷人名。崔莺莺。元稹诗集中如《古决绝词》《赠双文》等，即为莺莺而作。元稹有《莺莺传》。李绅有《莺莺歌》，诗云:“绿窗娇女字莺莺，金雀娅鬟年十七。”罗虬《比红儿诗》之七七:“不似前时李丞相，枉抛才力为莺莺。”

騫 〔xiān《广韵》虚言切，平元，曉。〕高飞貌。亦喻腾达。岑参《潼关镇国军句覆使院早春寄王同州》:“黄霸宁淹留，苍生望腾騫。”杜甫《赠比部萧郎中十兄》:“词华倾后辈，风雅蔼孤騫。”韩愈《送惠师》:“鹏騫堕长翮，鲸戏侧修鳞。”裴潾《前相国赞皇公辄抒怀赋四言诗十四首奉寄》之十二:“今则不遑，载騫载举。”

【騫飛】 犹騫腾。杜甫《奉贺阳城郡王太夫人恩命加邓国太夫人》:“委曲承颜体，騫飞报主身。”

【騫翔】 飞翔。《新林驿女吟示欧阳训》:“谁人騫翔人，愿为比翼鸟。”

【騫翥】 高飞貌。沈颂《早发西山》:“喧呼溪鸟惊，沙上或騫翥。”亦喻指仕途腾达。沈千运《赠史修文》:“曩游尽騫翥，与君仍布衣。”

【騫翻】 飞翔，高飞。元稹《松鹤》:“騫翻勿重留，幸及钧天作。”

【騫騰】 飞腾，飞翔。杜甫《赠特进汝阳王二十韵》:“笔飞鸾耸立，章罢凤騫腾。”又《湖中送敬十使君适广陵》:“騫腾访知己，淮海莫蹉跎。”刘禹锡《牛相公见示新什谨依本韵次用以抒下情》:“雨天龙变化，晴日凤騫腾。”

【騫騫】 飞翔貌。独孤及《代书寄上裴六冀刘二颍》:“騫騫两黄鹄，何处游青冥。”

鶴 〔hè《广韵》下各切，入鐸，匣。〕❶鸟纲鹤科各种类的统称。我国常见的有丹顶鹤、白鹤、灰鹤、黑颈鹤、赤颈鹤、白头鹤等。古代诗词中常指丹顶鹤或白鹤。常衮《咏冬瑰花》:“独鹤寄烟霜，双鸾思晚芳。”白居易《感鹤》:“鹤有不群者，飞飞在野田。”李绅《移九江》:“独有西庭鹤，孤鸣白露天。”韦庄《放榜日作》:“葛水雾中龙乍变，缑山烟外鹤初飞。”❷喻白色。参见“鶴髮”“鶴髮童顔”。❸指晋荀隐。荀隐字鸣鹤，其与陆云相对语，自称“日下荀鸣鹤”。李商隐《奉寄安国大师兼简子蒙》:“日下徒推鹤，天涯正对萤。”

【鶴上人】 仙人。传说中仙人多以鹤为坐骑，故称。李白《古风》之四:“徒霜镜中发，羞彼鹤上人。”

【鶴子】 幼鹤。杜审言《和韦承庆过义阳公主山池五首》之四:“鹿麛冲妓席，鹤子曳童衣。”

【鶴天】 高天，高远的境界。杜牧《雪晴访赵嘏街西所居三韵》:“少陵鲸海动，翰苑鹤天寒。”

【鶴毛】 鹤的羽毛。常以喻雪。卢仝《苦雪寄退之》:“云颓月坏桂英下，鹤毛风剪乱参差。”雍裕之《四色》之一:“何意瑶池雪，欲夺鹤毛鲜。”

【鶴心】 高远出俗之心。孟郊《送李尊师玄》:“松骨轻自飞，鹤心高不群。”温庭筠《西陵道士茶歌》:“疏香皓齿有余味，更觉鹤心通杳冥。”

【鶴市】 别称吴市，即今江苏苏州市。皎然《送王山人游庐山》:“叶舟过鹤市，花漏宿龙池。”赵嘏《松江》:“潮声渐遇仙人宅，鹤市曾迷子夜魂。”

【鶴立】 ❶如鹤之站立。形容身体瘦长者之站立状。李建勋《赠送致仕郎中》:“鹤立瘦棱棱，髭长白似银。”❷特立不群。杜荀鹤《读友人诗卷》:“雪峡猿声健，风桎鹤立危。”

【鶴立蛇行】 (行 xíng)如鹤之站立，如蛇之爬行。形容文字怪异难识。明皇《唵字赞》:“鹤立蛇行势未休，五天文字鬼神愁。”

【鹤老】　喻指有道者、隐逸者年老。因鹤长寿，故云。柳公绰《赠毛仙翁》："松高枝叶茂，鹤老羽毛新。"刘长卿《寻洪尊师不遇》："鹤老难知岁，梅寒未作花。"

【鹤舟】　以鹤为饰的游船。上官仪《奉和过旧宅应制》："翠梧临凤邸，滋兰带鹤舟。"杨衡《游峡山寺》："路石荫松盖，槛藤维鹤舟。"

【鹤形】　鹤的形态。喻指人形体清瘦。李翱《赠药山高僧惟严二首》之一："练得身形似鹤形，千株松下两函经。"

【鹤岑】　指修仙者所居之山。王勃《怀仙》："鹤岑有奇径，麟洲富仙家。"

【鹤伴】　修道者或隐逸者的同伴。牟融《寄羽士》："乐道无时忘鹤伴，谈玄何日到星坛。"李珣《定风波》词之二："到处等闲邀鹤伴，春岸，野花香气扑琴书。"

【鹤身】　鹤的身体。喻指隐逸者。项斯《送苗七求职》："去去缘多山与海，鹤身宁肯为飞劳。"李洞《同僧宿道者院》："坠果敲楼瓦，高萤映鹤身。"

【鹤卵】　鹤蛋。喻指美石或珠玉。元稹《何满子歌》："翠蛾转盼摇雀钗，碧袖歌垂翻鹤卵。"

【鹤衝天】　飞鹤直上云天。比喻科举登第。韦庄《癸丑年下第献新先辈》："千炬火中莺出谷，一声钟后鹤冲天。"又《喜迁莺》词之二："家家楼上簇神仙，争看鹤冲天。"

【鹤尾扇】　鹤尾羽所制之扇。张籍《送吴炼师归王屋》："独戴熊须冠暂出，唯将鹤尾扇同行。"亦省称"鹤扇"。温庭筠《晓仙谣》："遥遥珠帐连湘烟，鹤扇如霜金骨仙。"

【鹤林】　❶寺庙周围的树林。元稹《大云寺二十韵》："鹤林萦古道，雁塔没归云。"❷佛寺。王景《奉和九月九日登慈恩寺浮屠应制》："无因銮跸暇，俱舞鹤林前。"❸佛寺名。在梓州（治所在今四川三台县）城南七里。杜甫《望牛头寺》："牛头见鹤林，梯径绕幽深。"

【鹤林寺】　寺名。(1)在今江苏镇江市南。始建于晋。旧名竹林寺。南朝宋武帝刘裕微时曾游于此，据传他独卧讲堂前，上有五色龙章。他即位后，改名鹤林寺。綦毋潜有《题鹤林寺》，李嘉祐有《奉陪韦润州游鹤林寺》，李涉有《题鹤林寺僧舍》，李绅有《望鹤林寺》。(2)在梓州城南。参见"鹤林❸"。

【鹤板】　见"鹤版"。

【鹤版】　亦作"鹤板"。征聘贤士的诏书。皎然《同颜使君真卿砚山送李法曹阳冰西上献书时会有诏征赴京》："云书捧日去，鹤版下天来。"又《送裴秀才往会稽山读书》："鹤板求儒术，深居意若何。"

【鹤帔】　修道者披在肩上的服饰。韩偓《朝退书怀》："鹤帔星冠羽客装，寝楼西畔坐书堂。"

【鹤侣】　❶鹤伴。李端《奉和秘书元丞杪秋忆终南旧居》："凤雏终食竹，鹤侣暂巢松。"❷唐时称尚书省为仙署，故以鹤侣指尚书省官员。卢纶《酬金部王郎中春日见寄》："鹤侣正疑芳景引，玉人那为簿书沉。"

【鹤性】　鹤的习性。指高洁的性情。杨巨源《和卢谏议朝回书情即事》："超遥比鹤性，皎洁同僧居。"

【鹤背】　（—bèi）鹤的脊背。传说为修道成仙者骑坐处。李绅《新楼诗二十首·望海亭》："乌盈兔缺天涯迥，鹤背松梢拂槛低。"司空图《杂题二首》之二："世间不为蛾眉误，海上方应鹤背吟。"

【鹤骨】　❶修道者的骨相。孟郊《石淙》之五："飘飘鹤骨仙，飞动鳌背庭。"❷伶仃瘦骨。齐己《戊辰岁湘中寄郑谷郎中》："瘦应成鹤骨，闲想似禅心。"

【鹤骨松筋】　形容修道者的形貌气质。贯休《遇道者》："鹤骨松筋风貌殊，不言名姓绝荣枯。"

【鹤信】　修道者的消息。罗隐《寄程尊师》："鹤信虽然到五湖，烟波迢递路崎岖。"杜荀鹤《送友人入关》："仙岛烟霞通鹤信，早春雷雨与龙期。"查文徽《寄麻姑仙坛道士》："别后相思鹤信稀，郡楼南望远峰迷。"李洞《赠王凤二山人》："山兄望鹤信，山弟听乌占。"

【鹤怨】　为咏隐士出仕的典故。李商隐《赠宗鲁筇竹杖》："鹤怨朝还望，僧闲暮有期。"罗隐《寄右省王谏议》："鱼惭张翰辞东府，鹤怨周颙负北山。"李瀚《蒙求》："稚珪蛙鸣，彦伦鹤怨。"

【鹤迹】　见"鹤跡"。

【鹤音】　鹤的鸣叫声。喻指修道者或隐逸者的声音。孟郊《投赠张端公》："鸾步独无侣，鹤音仍寡俦。"

【鹤洲】　养鹤的洲渚。汉梁孝王刘武所建梁园，亦名兔园。苏味道《和武三思于天中寺寻复礼上人之作》："人寻鹤洲返，月逐虎溪回。"岑参《梁园歌送河南王说判官》："池中几度雁新来，洲上千年鹤应在。"自注："梁园中有雁池、鹤洲。"

【鹤客】　仙客。刘兼《登楼寓望》："背琴鹤客归松径，横笛牛童卧蓼滩。"

【鹤屏】　画有仙鹤的屏风。皮日休有《鹤屏》。陆龟蒙《秋日遣怀十六韵寄道侣》："鹤屏怜掩扇，乌帽爱垂檐。"陆龟蒙又有《鹤屏》。

【鹤真】　修道之人的画像。李洞《赠长安毕郎中》："朝回座客酬琴价，衙退留僧写鹤真。"

【鹤翅】　鹤的翅膀。王元《题邓真人遗址》："松稍风触霓旌动，棕叶霜沾鹤翅垂。"

【鶴唳】 ❶鹤鸣。刘长卿《上湖田馆南楼忆朱宴》:“鹤唳静寒渚,猿啼深夜洲。”牟融《游淮云寺》:“松径风清闻鹤唳,昙花香暝见僧还。”姚合《赠终南山傅山人》:“潭静鱼惊水,天晴鹤唳风。”徐夤《松》:“龙盘劲节岩前见,鹤唳翠梢天上闻。”❷形容惊恐疑虑、自相惊扰。王维《同崔傅答贤弟》:“夜火人归富春郭,秋风鹤唳石头城。”刘禹锡《赠澧州高大夫司马霞寓》:“残兵疑鹤唳,空垒辩乌声。”吴资《八公山》:“幼度提晋师,胡卒惊鹤唳。”

【鶴唳華亭】 为思念故友之意。刘禹锡《酬太原令狐相公见寄》:“鹤唳华亭月,马嘶榆塞风。”

【鶴病】 ❶指妻子卧病。李贺《始为奉礼忆昌谷山居》:“犬书曾去洛,鹤病悔游秦。”❷鹤生疾病。喻贤者不遇。窦巩《送刘禹锡》:“十年憔悴武陵溪,鹤病深林玉在泥。”

【鶴料】 唐代称幕府的官俸。亦泛称官俸。皮日休《奉和鲁望病中秋怀次韵》:“因分鹤料家资减,为置僧餐口数添。”

【鶴料符】 官府催缴赋税的凭证。皮日休《新秋即事三首》之一:“酒坊吏到常先见,鹤料符来每探支。”

【鶴扇】 见“鹤尾扇”。

【鶴書】 书体名。也称鹤头书。古代用于招贤纳士的诏书。亦借指征聘的诏书。张九龄《饯陈学士还江南同用征字》:“圣朝岩穴选,应待鹤书征。”刘长卿《酬秦系》:“鹤书犹未至,那出白云来。”皇甫曾《哭陆处士》:“汉家遍访道,犹畏鹤书来。”罗隐《九华山费征君所居》:“蟾桂自归三径后,鹤书曾降九天来。”吴融《秋日感事》:“鸡檄固应无下策,鹤书还要问中林。”

【鶴飛】 ❶鹤之飞翔。羊士谔《褒城驿池塘玩月》:“鹤飞闻坠露,鱼戏见增波。”❷骑鹤而飞。李益《同萧炼师宿太乙庙》:“鹤飞将羽节,遥向赤城分。”

【鶴雪】 谓大雪。骆宾王《咏雪》:“龙云玉叶上,鹤雪瑞花新。”杨泰师《奉和纪朝臣公咏雪诗》:“昨夜龙云上,今朝鹤雪新。”

【鶴跂】 鹤立。张祜《忆江东旧游四十韵寄宣武李尚书》:“鹤跂虚为羡,人言敢不应。”

【鶴處雞羣】 (處 chǔ)晋嵇绍入洛阳,人称昨于稠人中始见嵇绍,昂昂然如野鹤之在鸡群。本谓人的才能或仪表超然出众,亦用以指君子受小人包围的难堪处境。郑启《严塘经乱书事》之二:“鲲为鱼队潜鳞困,鹤处鸡羣病翅低。”

【鶴眼】 隐逸者的眼光。白居易《酬杨八》:“闭门足病非高士,劳作云心鹤眼看。”

【鶴翎】 ❶鹤的羽毛。元稹《冬白纻》:“西施自舞王自管,雪纻翻翻鹤翎散。”刘得仁《宿宣义池亭》:“岛屿无人迹,菰蒲有鹤翎。”亦借指鹤的翅膀。陆龟蒙《文宴招润卿博士辞以道侣将至一绝寄之》:“仙客何时下鹤翎,方瞳如水脑华清。”❷喻指雪的花瓣。王建《于主簿厅看花》:“小叶稠枝粉压摧,暖风吹动鹤翎开。”曹邺《贺雪寄本府尚书》:“拂砌花影明,交宫鹤翎碎。”

【鶴翎扇】 以鹤羽所制之扇。白居易《池上清晨候皇甫郎中》:“玉柄鹤翎扇,银罂云母浆。”

【鶴脛】 鹤瘦而长的小腿。皮日休《公斋四咏·小松》:“叶健似虬须,枝脆如鹤胫。”

【鶴情】 修道者的情怀。姚合《送狄兼谟下第归故山》:“映竹窥猿剧,寻云探鹤情。”方干《送何道者》:“何事忽来还忽去,孤云不定鹤情高。”

【鶴渚】 鹤栖息的洲渚。皎然《九月八日送萧少府归洪州》:“行过鹤渚知堪住,家在龙沙意有违。”

【鶴馭】 ❶太子的车驾。借指太子。白居易《寄李相公崔待郎钱舍人》:“曾陪鹤驭两三仙,亲侍龙舆四五年。”❷指仙人。传说仙人得道后多乘鹤。郑畋《题缑山王子晋庙》:“鹤驭争衔箭,龙妃合献绡。”吴融《和皮博士赴上京观中修灵斋赠威仪尊师兼见寄》:“鹤驭已从烟际下,凤膏还向月中焚。”❸对死的讳称。赵嘏《今年新先辈以遏密之际每有宴集必资清谈书此奉贺》:“鹤驭回飘云雨外,兰亭不在管弦中。”

【鶴散】 悠然自得貌。鹤态闲散自适,故谓。白居易《和刘郎中望终南山秋雪》:“草讶霜凝重,松疑鹤散迟。”陆龟蒙《五歌·水鸟》:“鸥闲鹤散两自遂,意思不受人丁宁。”

【鶴雲】 白云。魏征《五郊乐章·青帝角音》:“鹤云旦起,鸟星昏集。”

【鶴毳】 鹤的羽毛。姚合《过无可上人院》:“蚁行经古藓,鹤毳落深松。”亦喻指人的白发。白居易《香山居士写真诗》:“鹤毳变玄发,鸡肤换朱颜。”

【鶴程】 修仙的历程。章孝标《上太皇先生》:“过海量鲸力,归天算鹤程。”

【鶴詔】 征辟贤士的诏书。栖蟾《寄问政山聂威仪》:“岚光薰鹤诏,茶味敌人参。”

【鶴寒】 寒冷。相传鹤能知寒。故云。李建勋《重戏和春雪寄沈员外》:“却遮迟日偷莺暖,密洒西风借鹤寒。”

【鶴媒】 捕鹤者用来诱捕野鹤的鹤。元稹《欲曙》:“鹤媒华表上,鸥鸦柳枝头。”陆龟蒙有《鹤媒歌》。

【鶴蓋】 形如飞鹤的车盖。李贺《春归昌谷》:“春热张鹤盖,兔目官槐小。”温庭筠《题翠微寺二十二韵》:“鹤盖趋平乐,鸡人下建章。”

【鶴禁】 相传周灵王太子晋成仙后曾乘鹤驻缑山岭。喻太子所居。虞世南《和銮舆顿戏下》:“乘星开鹤禁，带月下虹桥。”李德裕《述梦诗四十韵》：“椅梧连鹤禁，壀垷接龙韬。”殷文圭《初秋留别越中幕客》：“鹤禁有知须强进，稽峰无事莫相留。”亦借指太子车驾。杜甫《洗兵马》：“鹤禁通霄凤辇备，鸡鸣问寝龙楼晓。”

【鶴裘】　以鹤羽制成的袍服。多为道士所服。李端《夜子司空文明逢深上人因寄晋侍御》：“鹤裘筇竹杖，语笑过林中。”温庭筠《秘书刘尚书挽歌词二首》之二：“麈尾近良玉，鹤裘吹素丝。”

【鶴跡】　亦作“鹤迹”。鹤的足迹或踪迹。白居易《小台》：“风飘竹皮落，苔印鹤迹上。”刘禹锡《寄杨八寿州》：“桂岭雨余多鹤迹，茗园晴望似龙鳞。”郑巢《送琇上人》：“茶烟开瓦雪，鹤跡上潭冰。”

【鶴臺】　指缑氏山。元稹《封书》：“鹤台南望白云关，城市犹存暂一还。”

【鶴鳴】　❶指贤者隐居。钱起《秋霖曲》：“鹤鸣蛙跃正及时，豹隐兰凋亦可悲。”❷谓弹奏《别鹤操》。喻夫妻分离。陈子昂《鸳鸯篇》：“乌啼倦依托，鹤鸣伤别离。”

【鶴鳴山】　山名，在今四川崇庆县西北。杜光庭有《题鹤鸣山》。

【鶴舞】　形容优美的舞姿。郑愔《奉和幸上官昭容院献诗四首》之二：“鸾歌随凤吹，鹤舞向鹍弦。”

【鶴貌】　鹤的闲雅形貌。形容闲雅的仪态。元稹《有鸟二十章》之二：“千年不死伴灵龟，枭心鹤貌何人觉。”

【鶴語】　❶谓鹤寿长而多知往事。崔湜《幸白鹿观应制》：“莺歌无岁月，鹤语记春秋。”❷指劝人学仙。李端《游终南山因寄苏奉礼士尊师苗员外》：“鸡声传洞远，鹤语报家迟。”❸鹤的鸣声。姚合《寄孙路秀才》：“潮去蝉声出，天晴鹤语多。”

【鶴瘦】　清瘦。鹤状貌瘦骨伶仃，故称。白居易《酬杨九弘贞长安病中见寄》：“龙卧心有待，鹤瘦貌弥清。”

【鶴寢】　谓隐居不仕。温庭筠《和友人题壁》：“自欲一鸣惊鹤寝，不应孤愤学牛衣。”

【鶴態】　形容仙姿。吴融《寄杨侍郎》：“云情鹤态莫夸慵，正上仙楼十二重。”无名氏《华山庆云见》：“依稀来鹤态，仿佛列仙群。”

【鶴髮】　白发。宋之问《有所思》：“婉转蛾眉能几时，须臾鹤发乱如丝。”权德舆《戏和三韵》：“君今复劳歌，鹤发吹湿薪。”李绅《赠毛仙翁》：“鹤发韬真世不知，日月星辰几回死。”罗隐《寄酬邺王罗令公五首》之四：“鹤发四垂烟阁远，此生何处拜仪形。”亦借指白发老者。刘长卿《行营酬吕侍御诗以见谕》：“井税鹑衣乐，壶浆鹤发迎。”

【鶴髮童顏】　白色的头发，红润的面容。形容年老而气色好，有精神。田颖《梦游罗浮》：“自言非神亦非仙，鹤发童颜古无比。”

【鶴髮雞皮】　白发皱皮。形容老者之貌。北周庾信《竹杖赋》：“噫，子老矣，鹤发鸡皮，蓬头历齿。”吕岩《题广陵妓屏二首》之一：“他年鹤发鸡皮媪，今日玉颜花貌人。”

【鶴樓】　指黄鹤楼。孟浩然《送元公之鄂渚寻观主张骖鸾》：“岘首辞蛟浦，江中问鹤楼。”白居易《行次夏口先寄李大夫》：“曾陪剑履升鸾殿，欲谒旌幢人鹤楼。”

【鶴輪】　称传说中仙人之车驾。陆龟蒙《句曲山朝真词二首·迎真》：“残星下照霓襟冷，缺月才分鹤轮影。”

【鶴質】　指修道者的体质。郑瀚《赠毛仙翁》：“松姿本秀，鹤质自轻。”

【鶴膝】　❶古代兵器名。矛的一种。张南史《早春书事奉寄中书李舍人》：“鹤膝兵家备，凫茨俭岁储。”陆龟蒙《奉和袭美太湖诗二十首·练渎》：“凤押半鹤膝，锦杠杂肥胡。”❷律诗作法的八病之一。寒山《诗三百三首》之二八六：“云不识蜂腰，仍不会鹤膝。”

【鶴膝蜂腰】　诗歌声律八病的两种。泛称诗歌声律中所出现的错误。李渤《喜弟淑再至为长歌》：“云腾浪走势未衰，鹤膝蜂腰岂能障。”

【鶴廟】　指寺庙。顾况《奉酬茅山赠赐并简綦毋正字》：“鹤庙新家近，龙门旧国遥。”陆龟蒙《南阳广文欲于荆襄卜居袭美有赠代酬次韵》：“鹤庙未能齐月驭，鹿门聊拟并云窗。”

【鶴虱】　天名精的子实。可入药，治蛔虫和蛲虫病。孟郊《怀南岳隐士》之二：“枫梩搘酒瓮，鹤虱落琴床。”

【鶴駕】　❶称太子的车驾。杜甫《洗兵马》：“禁鹤通霄凤辇备，鸡鸣问寝龙楼晓。”鲍溶《途中旅思二首》之一：“鹤驾如可从，他年执烟策。”❷仙人、道士的车驾。李林甫《送贺监归四明应制》：“鹤驾吴乡远，遥遥南斗边。”白居易《见于给事暇日上直寄南省诸郎官诗因以戏赠》：“东曹渐去西垣近，鹤驾无妨更着鞭。”罗隐《送程尊师东游有寄》：“且凭鹤驾寻沧海，又恐犀轩过赤城。”郑启《邓表山》：“仙坛丹灶灵犹在，鹤驾清朝去不归。”

【鶴頸】　鹤的颈项。白居易《叹老三首》之二：“鸦头与鹤颈，至老常如墨。”亦喻指物件的长柄。张说《咏瓢》：“蜗房卷堕首，鹤颈抽长柄。”

【鶴氅】　以羽毛制成的裘。用作外套。李白《江上答崔宣城》：“貂裘非季子，鹤氅似王恭。”权德舆《和兵部李尚书东亭诗》：“风流披鹤氅，操割佩龙泉。”王初《望雪》:“已似王恭披鹤氅,凭栏仍是玉栏干。”李毂《和皮日休悼鹤》之二:“料得王恭披鹤氅,倚吟犹待月中归。”

【鶴獨】 谓鹤性孤独。喻人的性格孤僻。张贲《和袭美寒夜见访》:“云孤鹤独且相亲,仿效从它折角巾。”

【鶴嶺】 ❶仙道所居之山岭。元稹《台中鞫狱忆开元观旧事》:“不如周道士,鹤岭临钟湾。”齐己《荆渚感怀寄僧达禅弟三首》之三:“鹤岭僧来细话君,依前高尚迹难群。”❷山岭名。在洪州南昌(今属江西)西山。张籍《登城寄王秘书建》:“闻君鹤岭住,西望日依依。”张祜《送周尚书赴滑台》:“昆河已在兵钤内,堂柳空留鹤岭前。”

【鶴聲】 鹤鸣声。杨衡《纪事》:“一一鹤声飞上天。”刘沧《过铸鼎原》:“天风乍起鹤声远,海雾渐深龙节遥。”又《题四皓庙》:“天高猿叫向山月,露下鹤声来庙松。”又《宿题天坛观》:“华表鹤声天外迥,蓬莱仙界海门通。”

【鶴歸】 指丁令威化鹤归辽事。杜牧《八月十二日得替后移居霅溪馆因题长句四韵》:“千岁鹤归犹有恨,一年人住岂无情。”参见“鶴歸華表”。

【鶴歸華表】 ❶感叹人世的变迁。赵嘏《舒州献李相公》:“鹤归华表山河在,气返青云雨露全。”❷南朝宋刘敬叔《异苑》卷三:“晋太康二年冬大寒,南洲人见二白鹤语于桥下,曰:‘今兹寒不减尧崩年也。’于是飞去。”后遂以鹤归华表作为咏桥之典。杜甫《陪李七司马皂江上观造竹桥聊题短作简李公二首》之一:“天寒白鹤归华表,日落青龙见水中。”

【鶴歸遼海】 指丁令威化鹤归辽事。刘沧《题王母庙》:“鹤归辽海春光晚,花落闲阶夕雨晴。”

【鶴騎】 仙人所乘的鹤。王勃《八仙径》:“代北鸾骖至,辽西鹤骑旋。”

【鶴雛】 幼鹤。皮日休《江南道中怀茅山广文南阳博士三首》之一:“鹤雏入夜归云屋,乳管逢春落石床。”

【鶴雞】 鹤与鸡。比喻卓异和平庸者。黄滔《出京别崔学士》:“不道鹤鸡殊羽翼,许依龙虎借风云。”

【鶴糧】 指隐居修道者的口粮。皮日休《暇日独处寄鲁望》:“园蔬预遣分僧料,廪粟先教算鹤粮。”

【鶴警】 谓鹤性机警。陈季有《鹤警露》。窦群《冬日晓思寄杨二十七炼师》:“鹤警晨光上,步出南轩时。”窦庠《留守府酬皇甫曙侍御弹琴之什》:“鹤警风露中,泉飞雪云里。”

【鶴關】 ❶太子宫禁之门。《郊庙歌辞·享隐太子庙乐章·诚和》:“道闷鹤关,运缠鸠里。”❷边关,边塞。王勃《秋夜长》:“鹤关音信断,龙门道路长。”

【鶴齡】 谓长寿。旧以为鹤为长寿的仙禽,故称。罗隐《酬丘光庭》:“鹤龄鸿算不复见,雨后蓑笠空莓苔。”

【鶴體】 喻指仙道者的身体。唐彦谦《寄徐山人》:“一室清羸鹤体孤,气和神莹爽冰壶。”

【鶴籠】 鹤栖止的笼子。白居易《不出门》:“鹤笼开处见君子,书卷展时逢古人。”皮日休《初冬偶作寄南阳润卿》:“迎潮预遣收鱼笱,防雪先教盖鹤笼。”陆龟蒙《奉和袭美抱疾杜门见寄次韵》:“栖野鹤笼宽使织,施山僧饭别教炊。”司空图《丁巳元日》:“鹤笼何足献,蜗舍别无营。”

【鶴轡】 指仙道者所乘的车驾。张说《奉和圣制幸白鹿观应制》:“竹径龙骖下,松庭鹤辔来。”

【鶴鬢】 白色的鬓发。刘兼《中春登楼》之一:“王章莫耻牛衣泪,潘岳休惊鹤鬓霜。”

十一画

鷙 〔zhì《广韵》脂利切,去至,章。〕❶凶猛的鸟。刘禹锡《养鸷词》:“养鸷非玩形,所资击鲜力。”柳宗元《唐饶歌鼓吹曲十二篇·泾水黄》:“有鸟鸷立,羽翼张。”孟郊《吊元鲁山》之一:“搏鸷有余饱,鲁山长饥空。”❷凶猛。参见“鷙鳥”“鷙禽”。

【鷙鳥】 凶猛的鸟,如鹰、隼等。张九龄《送苏主簿赴偃师》:“贤人安下位,鸷鸟欲卑飞。”杜甫《醉歌行》:“骅骝作驹已汗血,鸷鸟举翮连青云。”又《八哀诗·赠司空王公思礼》:“飞兔不近驾,鸷鸟资远击。”亦指猛鸟图形。柳宗元《同刘二十八院长述旧言怀之作因其韵增至八十通赠二君子》:“建旃翻鸷鸟,负弩绕文蛇。”

【鷙禽】 鸷鸟,凶猛的鸟。刘禹锡《和董庶中古散调词赠尹果毅》:“鸷禽毛翮摧,不见翔云姿。”又《学阮公体三首》之二:“朔风悲老骥,秋霜动鸷禽。”

【鷙搏】 如鸷鸟之搏击。刘久济《经庐岳望江州想洛川有作》:“潜伏屡鲸奔,雄飞更鸷搏。”

【鷙鶚】 ❶凶猛的鱼鹰。李白《望鹦鹉洲怀祢衡》:“鸷鹗啄孤凤,千春伤我情。”李德裕《雨中自秘书省访王三侍御以诗赠之》:“仁者焉能效鸷鹗,飞舞自合追长离。”❷形容人性格勇悍。吴少微《和崔侍御日用游开化寺阁》:“左宪多才雄,故人尤鸷鹗。”

【鷙獸】 猛兽。羊士谔《和武相早朝中书候传点书怀奉呈》:“彩笺蹲鸷兽,画扇列名翚。”此指猛兽图形。

鷗 〔ōu《广韵》烏侯切，平侯，影。〕详见“鷗鳥”。杜甫《江村》：“自去自来堂上燕，相亲相近水中鸥。”雍陶《送徐山人归睦州旧隐》：“初归山犬翻惊主，久别江鸥却避人。”朱庆余《送崔秀才游江陵》：“鸥惊帆乍起，虹见雨初来。”杜荀鹤《赠彭蠡钓者》：“只将波上鸥为侣，不把人间事系心。”

【鷗泛】 鸥鸟浮游。杜甫《正月三日归溪上有作简院内诸公》：“蚁浮仍腊味，鸥泛已春声。”

【鷗思】 隐者的情思。陆龟蒙《袭美见题郊居十首因次韵酬之以伸荣谢》之三：“池平鸥思喜，花尽蝶情忙。”

【鷗鳥】 水鸟名。头大，嘴扁平，趾间有蹼，翼长而尖，羽毛多灰白色。以鱼类和昆虫为食，生活在海洋以及内陆河川。卢象《家叔征君东溪草堂二首》之二：“已到仙人家，莫惊鸥鸟飞。”李嘉祐《晚登江楼有怀》：“心闲鸥鸟时相近，事简鱼竿私自亲。”雍陶《岳阳晚景》：“终随鸥鸟去，只在海潮生。”韦庄《含香》：“却去金銮为近侍，便辞鸥鸟不归来。”

【鷗鳥忘機】 指人无巧诈之心，异类可以亲近。喻淡泊隐居，不以尘世为念。李商隐《赠田叟》：“鸥鸟忘机翻浃洽，交亲得路昧平生。”

【鷗情】 指隐者的心情。元稹《酬翰林白学士代书一百韵》：“鹓侣从兹洽，鸥情转自縻。”

【鷗雛】 鸥之幼雏。喻坦之《归江南》：“莲叶初浮水，鸥雏已狎人。”

【鷗鶄】 鸥鸟和䴔鶄。韩愈、孟郊《城南联句》：“将身亲魍魅，浮迹侣鸥鶄。”

【鷗鴒】 鸥鸟和鸰鸹。张籍《祭退之》：“划波激船舷，前后飞鸥鸰。”

【鷗鶴】 鸥和鹤。白居易《朝回游城南》：“且随鹓鹭末，暮游鸥鹤旁。”又《和朝回与王炼师游南山下》：“又惭云林间，鸥鹤不我疏。”

【鷗鷺】 鸥鸟和白鹭。白居易《闲居自题》：“波闲戏龟鳖，风静下鸥鹭。”姚合《春日江次》：“鸥鹭皆飞去，帆樯何处来。”李群玉《题王侍御宅》：“门向沧江碧岫开，地多鸥鹭少尘埃。”司马扎《上巳日曲江有感》：“晴沙下鸥鹭，幽沚生兰荃。”

鷖 〔yì《集韵》壹計切，去霽，影。〕传说中的鸟名。凤凰之属。苏颋《扈从温泉同紫微黄门群公泛渭川得齐字》：“兴阕菱歌动，沙洲乱夕鷖。”李康成《江南行》：“日色低，情难极，水中凫鷖双比翼。”杜甫《渼陂行》：“凫鷖散乱棹讴发，丝管啁啾空翠来。”温庭筠《送客偶作》：“鸡犬夕阳喧县市，凫鷖秋水曝城壕。”

鷕 〔yǎo《广韵》以沼切，上小，以。〕野鸡鸣声。亦泛指鸟鸣声。元稹《大觜乌》：“呦鷕呼群鹏，翩翻集怪鸱。”

【鷕氣】 吟叹。孟郊《送淡公》之十二：“一生空鷕气，非谏复非讥。”

【鷕鷕】 叹息声。孟郊《秋怀》之十三：“鷕鷕伸至明，强强揽所凭。”

鷓 〔zhè《广韵》之夜切，去禡，章。〕详见“鷓鴣❶”。

【鷓鴣】 ❶鸟名。形似雌雉，头如鹑，胸前有白色圆点，背毛有紫赤浪纹，足黄褐色。以谷类、豆类等植物种子为主食，兼食昆虫。李白《越中览古》：“宫女如花满春殿，只今惟有鹧鸪飞。”李益《山鹧鸪词》：“湘江斑竹枝，锦翅鹧鸪飞。”孟郊《梦泽中行》：“骐骥思北首，鹧鸪愿南飞。”储嗣宗《早春怀薛公裕》：“失意怨杨柳，异乡闻鹧鸪。”❷曲调名。即《鹧鸪词》。白居易《和梦游春诗一百韵》：“酩酊歌鹧鸪，颠狂舞鸲鹆。”许浑《听歌鹧鸪辞》：“南国多情多艳词，鹧鸪清怨绕梁飞。”郑谷《迁客》：“离夜闻横笛，可堪吹鹧鸪。”又《席上贻歌者》：“座中亦有江南客，莫向春风唱鹧鸪。”无名氏《听唱鹧鸪》：“金谷歌传第一流，鹧鸪清怨碧云愁。”

【鷓鴣村】 古人谐鹧鸪之鸣声为“行不得也哥哥”，故以“鹧鸪村”借指故乡。伍彬《辞解牧》：“踪迹未辞鸳鹭客，梦魂先到鹧鸪村。”

【鷓鴣詞】 亦作“鷓鴣辭”。唐教坊曲名。又称《山鹧鸪》。《全唐诗·杂曲歌辞》录李益《鹧鸪词》一首、李涉《鹧鸪词》二首。李益此词《全唐诗》卷二八三题作《山鹧鸪词》，题下注：“一本题上无山字。”许浑有《听歌鹧鸪辞》。

【鷓鴣辭】 见“鷓鴣詞”。

十二画

鷢 〔jué《广韵》其月切，入月，羣。〕鸟名。大如雄鸡，色赤或黑，能鸣，肉香美。韩愈《送文畅师北游》：“胡为不自暇，飘戾逐鹯鷢。”

鷯 〔liáo《广韵》落蕭切，平蕭，來。又力照切，去笑，來。〕详见“鷦鷯”。

鷦 〔jiāo《广韵》即消切，平宵，精。〕鷦鷯。寒山《诗三百三首》之五九：“天高不可问，鷦鵊在沧浪。”参见“鷦鷯”。

【鷦鵊】 鷦鷯和鹎鵊。两种小鸟。寒山《诗三百三首》之五九：“天高不可问，鷦鵊在沧浪。”

【鷦鷯】　鸟名。形小,体长约三寸。羽毛赤褐色,略带有褐色斑点。尾羽短而上翘。主食为昆虫。杜甫《秦州杂诗二十首》之二〇:“为报鸳行旧,鷦鷯在一枝。”刘长卿《小鸟篇上裴尹》:“绕树空随乌鹊惊,巢林只有鷦鷯分。”白居易《自题小草亭》:“蝼蚁谋深穴,鷦鷯占小枝。”陈陶《海昌望月》:“一杯太阴君,鷦鷯岂无求。”

【鷦鷯賦】　篇名。晋张华撰。孟浩然《送丁大凤进士赴举呈张九龄》:“吾观鷦鷯赋,君负王佐才。”

鷲　〔jiù《广韵》疾僦切,去宥,從。〕❶雕的别名。参见“鷲翎”。❷参见“鷲嶺”。

【鷲翎】　即鹫羽,鹫的羽毛。可作箭羽。卢纶《和张仆射塞下曲》之一:“鹫翎金仆姑,燕尾绣蝥弧。”

【鷲嶺】　❶即灵鹫山。在今古印度摩揭陀国王舍城东北。山中多鹫,或言山形似鹫,因名。据说释迦牟尼在此居住和说法多年,故借以指佛寺。白居易《重修香山寺毕题二十二韵以纪之》:“阙塞龙门口,祇园鹫岭头。”张祜《忆江东旧游四十韵寄宣武李尚书》:“鹫岭因支访,龙门诣李登。”牛峤《评僧道二门论难》:“鳌头宫殿波澜阔,鹫岭香花梦相存。”❷指杭州灵隐寺前飞来峰。宋之问《灵隐寺》:“鹫岭郁岧峣,龙宫锁寂寥。”

鷴　〔xián《广韵》户閒切,平山,匣。〕鸟名,白鹇。雄的背部白色,有黑纹,腹部黑蓝色。雌的全身棕绿色。产于我国南部。李白《秋浦歌十七首》之十六:“妻子张白鹇,结罝映深竹。”元稹《台中鞫狱忆开元观旧事呈损之兼赠周兄四十韵》:“香汤洗骢马,翠篾笼白鹇。”雍陶《和孙明府怀旧山》:“秋来见月多归思,自起开笼放白鹇。”项斯《冷窗杂录》:“更望会稽何处是,沙连竹箭白鹇群。”

十三画

鷁　〔yì《广韵》乙冀切,去至,影。〕鸟卵。韩愈、孟郊《城南联句》:“鸿头排刺芡,鹄鷁攒瑰橙。”

鷺　〔lù《广韵》洛故切,去暮,來。〕鸟类的一种。嘴直而尖,腿细而长,颈长,飞翔时颈紧缩。以白鹭、苍鹭为常见。飞行有序。钱起《蓝田溪与渔者宿》:“更怜垂纶叟,静若沙上鹭。”刘禹锡《海阳十咏·双溪》:“闲鹭久独立,曝龟惊复沉。”郑巢《泊灵溪馆》:“晓鹭栖危石,秋萍满败船。”温庭筠《利州南渡》:“数丛沙草群鸥散,万顷江田一鹭飞。”

【鷺羽】　白鹭的羽毛。古人用以制成舞具。《郊庙歌辞·周郊祀乐章·忠顺乐》:“雷鼗鹭羽今休用,玉鏚相参正发扬。”李迥秀《奉和幸安乐公主山庄应制》:“鹭羽凤箫参乐曲,荻园竹径接帷阴。”元稹《代曲江老人百韵》:“掉荡云门发,蹁跹鹭羽振。”

【鷺鼓】　古乐器。在穿径的鼓柱上饰以翔鹭,故云。魏征《五郊乐章·舒和》:“笙歌籥舞属年韶,鹭鼓凫钟展时豫。”

【鷺頭鶯唇】　喻指女子颈部白细如鹭,娇声如莺。和凝《宫词百首》之九六:“鹭颈莺唇胜仙子,步虚声细象窗深。”

【鷺鴛】　鹭和鹓。二鸟群飞有序。钱珝《江行无题一百首》之二六:“鹭鸳虽有伴,仍共影双飞。”

【鷺濤】　指波浪、波涛。骆宾王《夏日游德州赠高四》:“鹭涛开碧海,凤彩缀词林。”耿沣《登沃州山》:“小暑开鹏翼,新蓂长鹭涛。”杨巨源《供奉定法师归安南》:“鹭涛清梵彻,蜃阁化城重。”

【鷺鷥】　即鹭鹚。卢拱《江亭寓目》:“水风蒲叶战,沙雨鹭鸶寒。”皎然《同李中丞洪水亭夜集》:“山公取醉不关我,为爱尊前白鹭鹚。”陆龟蒙《岛树》:“迥出孤烟残照里,鹭鹚相对立高枝。”韦庄《稻田》:“更被鹭鸶千点雪,破烟来入画屏飞。”

【鷺鶴】　鹭与鹤。郑谷《寄左省张起居》:“风标欺鹭鹤,才力涌沙泉。”

【鷺鷥】　即鹭。因为它的头顶、胸、肩、背部均生长毛如丝,故云。李嘉祐《江上曲》:“可怜应是阳台女,对坐鹭鸶娇不语。”白居易《箬岘东池》:“中宵把火行人发,惊起双栖白鹭鸶。”李绅《姑苏台杂句》:“江浦回看鸥鸟没,碧峰斜见鹭鸶飞。”贯休《孤云》:“将比鹭鸶还恐屈,始思残雪不如多。”

鷽　〔yù《广韵》羊洳切,去御,以。又以諸切,平魚,以。〕参见“鷽斯”。

【鷽斯】　鸟名。为乌鸦的一种。形体较小,腹下白色,喜群飞群鸣。或谓此鸟名鷽,“斯”乃语辞,古诗中用以喻小人。李白《古风》之五四:“鷽斯得所居,蒿下盈万族。”柳宗元《感遇二首》之二:“旭日照寒野,鷽斯起蒿莱。”

鸇　〔zhān《广韵》諸延切,平仙,章。〕猛禽名。似鹞,羽色青黄,以燕、雀等小禽为食。刘怀一《赠右台监察邓茂迁左台殿中》:“鹰鸇同效逐,鹓鹭忝游陪。”韦应物《鸢夺巢》:“霜鸇野鹞得残肉,同啄膻腥不肯逐。”张籍《赠殷山人》:“夕阳悲病鹤,霜气动饥鸇。”贾岛《颂德上贾常侍》:“啁啾鸟恐鹰鸇起,流散人归父母来。”

鷹　〔yīng《广韵》於陵切,平蒸,影。〕鸟类的一种。上嘴钩形,颈部短,脚部有长毛,足趾有长而锐利的爪。性凶猛。捕食小兽及其他鸟类。李白《拟古十二首》之六:“惟昔鹰将犬,今为侯与王。”

杜甫《去矣行》："君不见鞲上鹰，一饱则飞掣。"白居易《青冢》："上有饥鹰号，下有枯蓬走。"李商隐《骄儿诗》："豪鹰毛崱屴，猛马气佶傈。"

【鹰爪】 鹰之爪。白居易《代鹤答》："鹰爪攫鸡鸡肋折，鹘拳蹴雁雁头垂。"欧阳炯《题景焕画应天寺壁天王歌》："臂横鹰爪尖纤利，腰缠虎皮斑剥红。"

【鹰犬】 打猎时追捕禽兽的鹰和狗。李白《冬夜醉宿龙门觉起言志》："传说版筑臣，李斯鹰犬人。"元稹《捉捕歌》："网罗布参差，鹰犬走回互。"苏拯《狡兔行》："秋来无骨肥，鹰犬遍原野。"

【鹰風】 指秋风。王勃《饯韦兵曹》："鹰风凋晚叶，蝉露泣秋枝。"

【鹰架】 饲鹰者用以栖鹰的木架。贾岛《老将》："燕雀来鹰架，尘埃满箭靫。"

【鹰隼】 鹰和雕。泛指猛禽。喻指强悍者或本领高强者。张九龄《咏燕》："无心与物竞，鹰隼莫相猜。"韦应物《李五席送李主簿归西台》："欲陪鹰隼集，犹恋鹡鸰单。"刘禹锡《百舌吟》："可怜光景何时尽，谁能低回避鹰隼。"李商隐《重有感》："岂有蛟龙愁失水，更无鹰隼与高秋。"

【鹰眼】 鹰之目力。王维《观猎》："草枯鹰眼疾，雪尽马蹄轻。"张祜《华清宫和杜舍人》："马头开夜照，鹰眼利星芒。"

【鹰拳】 指鹰的爪子。殷尧藩《奉送刘使君王屋山隐居》："鹰拳擒野雀，蛛网猎飞蚊。"

【鹰猜】 谓鹰性猜忌。白居易《夏日独直寄萧侍御》："鹰猜课野鹤，骥德责山麋。"

【鹰揚】 ❶威武勇猛貌。郭澹《喜陆侍御破石埭草寇东峰亭赋诗》："介胄鹰扬出，山林蚁聚空。"明皇《平胡》："蒙轮皆突骑，按剑尽鹰扬。"皎然《因游支硎寺寄邢端公》："朝端瞻鹗立，关右仰鹰扬。"❷逞威，展现才略。胡曾《咏史诗·鸿门》："项籍鹰扬六合晨，鸿门开宴贺亡秦。"❸古代武官名，隋大业三年(607)改骠骑府为鹰扬府。唐改称折冲府。刘禹锡《武夫词》："借问胡为尔，列校在鹰扬。"

【鹰觜】 茶名。刘禹锡《西山兰若试茶歌》："宛然为客振衣起，自傍芳丛摘鹰觜。"元稹《早春登龙山静胜寺时非休浣司空特许是行因赠幕中诸公》："山茗粉含鹰觜嫩，海榴红绽锦窠匀。"徐铉《和门下殷侍郎新茶二十韵》："才教鹰觜拆，未放雪花妍。"

【鹰觜芽】 茶名。刘禹锡《尝茶》："生拍芳丛鹰觜芽，老郎封寄谪仙家。"

【鹰鞲】 豢鹰者所用之皮臂套。打猎时用以保护手臂、停放猎鹰。白居易《和梦游春诗一百韵》："鹰鞲中病下，豸角当邪触。"

【鹰騰】 谓飞腾搏击如鹰。指劲兵。杜甫《北征》："四方服勇决，所用皆鹰腾。"

【鹰鹞】 鹰和鹞。泛指猛禽。李涉《岳阳别张祜》："洛下诸生惧刺先，乌鸢不得齐鹰鹞。"

【鹰鸇】 ❶鹰与鹯。李白《野田黄雀行》："萧条两翅蓬蒿下，纵有鹰鹯奈若何。"刘长卿《小鸟篇上裴尹》："独立虽轻燕雀群，孤飞还惧鹰鹯搏。"皎然《冬日山行过薛征君》："雨霁鸣鹰鹯，天寒聚麇鹿。"于邺《下第不胜其忿题路左佛庙》："雀儿未逐飏风高，下视鹰鹯意气豪。"❷喻指忠勇者。杜甫《秋日夔府咏怀奉寄郑监李宾客一百韵》："乘威灭蜂虿，戮力效鹰鹯。"陈陶《圣帝击壤歌四十声》："鹰鹯飞接翼，忠孝住连墙。"王贞白《拟塞外征行》："旌旗挂龙虎，壮士募鹰鹯。"❸喻凶残者。贾岛《颂德上贾常侍》："啁啾鸟恐鹰鹯起，流散人归父母来。"

鷾

〔yì《广韵》於記切，去志，影。〕参见"鷾鸸"。

【鷾鸸】 鸟名。即燕子。吴融《和韩致光侍郎无题三首十四韵》之三："鷾鸸偏报晓，乌鸮惯惊晨。"

鸂

〔xī《广韵》苦奚切，平齊，溪。〕详见"鸂鶒"。

【鸂鶒】 水鸟名。形体大于鸳鸯，而多为紫色，好并游，俗称紫鸳鸯。许浑有《鸂鶒》。李群玉《野鸭》："鸂鶒借毛衣，喧呼鹰隼稀。"温庭筠《病中书怀呈友人》："暝渚藏鸂鶒，幽屏卧鹧鸪。"又《张静婉采莲歌》："鸂鶒交交塘水满，绿芒如粟莲茎短。"

鷫

〔sù《广韵》息逐切，入屋，心。〕参见"鷫鸘"。

【鷫鸘】 ❶鸟名。为雁的一种。长颈绿身。阎朝隐《鹦鹉猫儿篇》："鷫鸘毛，翡翠翼。"❷指鷫鸘裘。见"鷫鸘裘"。❸马名。刘禹锡《寄唐州杨八归厚》："浅草遥迎鷫鸘马，春风乱飐辟邪旗。"

【鷫鸘裘】 相传为汉司马相如所穿的裘衣。一说以鷫鸘飞鼠之皮制成。徐彦伯《拟古三首》之三："赠君鸳鸯带，因以鷫鸘裘。"李白《对雪醉后赠王历阳》："谢尚自能鸜鹆舞，相如免脱鷫鸘裘。"李颀《赠别张兵曹》："新成鹦鹉赋，能衣鷫鸘裘。"赵嘏《春酿》："马卿思一醉，不惜鷫鸘裘。"亦省称"鷫鸘"。李白《怨歌行》："鷫鸘换美酒，舞衣罢雕龙。"又《酬殷明佐见赠五云裘歌》："相如不足跨鷫鸘，王恭鹤氅安可方。"杨巨源《上刘侍中》："杯净传鹦鹉，裘鲜照鷫鸘。"陆龟蒙《答友人》："能脱鷫鸘来换酒，五湖赊与一年春。"

鸊 〔pì《广韵》扶歷切，入錫，並。〕详见“鸊鹈”。

【鸊鹈】 ❶水鸟名。似鸭而小。俗称油鸭。善潜水。其膏脂可用以涂刀剑以防锈。杜牧《朱坡绝句三首》之二：“藤岸竹洲相掩映，满池春雨鸊鹈飞。”崔珏《和友人鸳鸯之什》之二：“翡翠莫夸饶彩饰，鸊鹈须羡好毛衣。”张蠙《龟山寺晚望》：“四面湖光绝路岐，鸊鹈飞起暮钟时。”❷指鸊鹈膏。杜甫《奉赠太常张卿二十韵》：“健笔凌鹦鹉，铦锋莹鸊鹈。”殷尧藩《寒食城南即事因访蓝田韦明府》：“徒说鸊鹈膏玉剑，漫夸蚨血点铜钱。”郑锡《度关山》：“象弭插文犀，鱼肠莹鸊鹈。”❸指鸊鹈泉。李益《再赴渭北使府留别》：“截海取蒲类，跑泉饮鸊鹈。”

【鸊鹈泉】 泉名。唐时在丰州西受降城北(今内蒙古河套西北部)。李益《度破讷沙二首》之二：“破讷沙头雁正飞，鸊鹈泉上战初归。”刘言史《赋蕃子牧马》：“蕃落多晴尘扰扰，天军猎到鸊鹈泉。”李商隐《赠别前蔚州契苾使君》：“日晚鸊鹈泉畔猎，路人遥识郅都鹰。”

【鸊鹈膏】 鸊鹈的脂肪。古人用以涂刀剑，使不生锈。杜甫《荆南兵马使太常卿赵公大食刀歌》：“镌错碧罂鸊鹈膏，铓锷已莹虚秋涛。”

十四画

鷃 同“鴳”。

鷟 〔yuè《广韵》五角切，入覺，疑〕鸑鷟。翁洮《春》：“鸑抱云霞朝凤阙，鱼翻波浪化龙宫。”

【鸑鷟】 凤属。李白《古风》之十三：“驺虞不虚来，鸑鷟有时鸣。”贾至《闲居秋怀寄阳翟陆赞府封丘高少府》：“鲸鱼纵大壑，鸑鷟鸣高冈。”许浑《寄献三川守刘公》之一：“休闭玉笼留鸑鷟，早开金埒纵麒麟。”宋齐丘《陪游凤皇台献诗》：“凿池养蛟龙，栽桐栖鸑鷟。”

十六画

鷰 同燕。见“鷰鷰”。

鸕 〔lú《广韵》落胡切，平模，來。〕详见“鸕鹚”。

【鸕鹚】 亦作“鸕鶿”。水鸟名。俗称鱼鹰、水老鸦。羽毛黑色，有绿色光泽，颔下有小喉囊，上嘴尖端有钩，善捕鱼类。渔人驯养用以捕鱼。王昌龄《万岁楼》：“猿狖何曾离暮岭，鸬鹚空自泛寒洲。”杜甫《田舍》：“鸬鹚西日照，晒翅满鱼梁。”白居易《代书诗一百韵寄微之》：“野秋鸣蟋蟀，沙冷聚鸬鹚。”姚合《杏溪十首・枫林堰》：“鸬鹚与钓童，质异同所愿。”

【鸕鹚山】 当在京口(今江苏镇江市)境。李颀《送刘昱》：“鸬鹚山头微雨晴，扬州郭里暮潮生。”

【鸕鹚杓】 刻为鸬鹚形的酒杓。李白《襄阳歌》：“鸬鹚杓，鹦鹉杯。”

十七画

鸛 〔guàn《广韵》古玩切，去换，見。〕❶水鸟名。鹳科各种类的通称。似鹤，嘴长而直，翼巨尾短，脚长而赤，食鱼虾。杜甫《王十七侍御抡许携酒至草堂》：“江鹳巧当幽径浴，邻鸡还过短墙来。”李绅《泛五湖》：“依稀占井邑，嘹唳同鹅鹳。”陆龟蒙《奉酬袭美先辈吴中苦雨一百韵》：“何劳鼍吼岸，讵要鹳鸣垤。”❷战阵名。王纬《喜陆侍御破石埭草寇东峰亭赋诗》：“草木成鹅鹳，戈铤复斗牛。”参见“鸛陣”。

【鸛陣】 军阵名。孟郊《寄洺州李大夫》：“鹳阵常先罢，鱼符最晚分。”

【鸛雀】 即鹳。水鸟名。似鸿而大，长颈赤喙，白身黑尾翅。元稹《有鸟二十章》之三：“有鸟有鸟如鹳雀，食蛇抱礐天姿恶。”司马扎《登河中鹳雀楼》：“鹳雀飞何处，城隅草自春。”张乔《题河中鹳雀楼》：“高楼怀古动悲歌，鹳雀今无野燕过。”

【鸛雀樓】 楼名。北周宇文护建。唐代为登临盛地。位于河中府(治所在今山西永济县蒲州镇)城西楼黄河中高阜处。楼高三层，前可瞻中条山，俯瞰黄河。因鹳雀常栖息其上，故名。王之涣有《登鹳雀楼》。李益《同崔邠登鹳雀楼》：“鹳雀楼西百尺樯，汀洲云树共茫茫。”许浑《酬和杜侍御》：“征帆夜转鸬鹚穴，骋骑春辞鹳雀楼。”

【鸛鵲】 即鹳雀。张谓《读后汉逸人传二首》之二：“鹳鹊巢茂林，鼋鼍穴深水。”

【鸛鶂】 鹳和鶂。鶂，即鹢。刘禹锡《台城怀古》：“宫墙隐嶙围野泽，鹳鶂夜鸣秋色深。”

【鸛鶴】 泛指鹤类。沈佺期《登瀛州南城楼寄远》：“四荣摩鹳鹤，百拱厉风飙。”杜甫《宿江边阁》：“鹳鹤追飞静，豺狼得食喧。”卢纶《春日喜雨奉和马侍中宴白楼》：“鹳鹤相呼绿野宽，鼎臣闲倚玉栏干。”许浑《宿东横山》：“猕猴垂弱蔓，鹳鹤睡横槎。”

鸘 〔shuāng《广韵》色莊切，平陽，生。〕即“鷫鸘”。参见“鸘裘”。

【鸘裘】 即鹔鹴裘。胡宿《雪》：“日高独拥鹴裘卧，谁乞长安取酒金。”参见“鷫鸘裘”。

鸚 〔yīng《广韵》烏莖切，平耕，影。〕鹦鹉。顾况《李湖州孺人弹筝歌》：“思妇高楼刺壁窥，愁猿叫月鹦呼儿。”元稹《有鸟二十章》之十八：“君不见隋朝陇头姥，娇养双鹦嘱新妇。”陈标《赠元和十三年登第进士》：“眼看鱼变辞凡水，心逐鹦飞出瑞风。”韦庄《汧阳间》：“边静不收蕃帐马，地贫惟卖陇山鹦。”

【鹦林】 见“鹦鹉林”。

【鹦鹉】 ❶鸟名。头圆，上嘴大呈钩状，下嘴短小，舌大而软，羽毛有白、赤、黄、绿等色，色彩美丽。主食果实，能学人说话。张谓《登金陵临江驿楼》：“庭树巢鹦鹉，园花隐麝香。”李端《杂歌》：“山鸡锦翼岂凤凰，陇鸟人言止鹦鹉。”白居易《题周皓大夫新亭子二十二韵》：“猕猴看枥马，鹦鹉唤家人。”李群玉《汉阳春晚》：“白云蔽黄鹤，绿树藏鹦鹉。”❷指《鹦鹉赋》。李白《望鹦鹉洲怀祢衡》：“吴江赋鹦鹉，落笔超群英。”杜甫《奉赠太常张卿二十韵》：“健笔凌鹦鹉，铦锋莹鸊鹈。”权德舆《从事淮南府过亡友杨校书旧厅感念愀然》：“正平赋鹦鹉，文考颂灵光。”白居易《东南行一百韵》：“赋力凌鹦鹉，词锋敌辘轳。”❸指鹦鹉杯。杜甫《陪柏中丞观宴将士二首》之一：“醉客沾鹦鹉，佳人指凤皇。”李商隐《菊》：“愿泛金鹦鹉，升君白玉堂。”李群玉《广江驿饯筵留别》：“酒飞鹦鹉重，歌送鹧鸪愁。”❹指鹦鹉洲。王贞白《晓泊汉阳渡》：“芳洲号鹦鹉，用记祢生才。”❺比喻才艺之士。纪唐夫《送温庭筠尉方城》：“凤皇诏下虽沾命，鹦鹉才高却累身。”贯休《送郑阁赴闽辟》：“鹦鹉才须归紫禁，真珠履不称清贫。”❻人名。南朝宋东阳公主之婢女王鹦鹉。东阳公主死，王鹦鹉应出嫁，因其参与太子刘劭、始兴王刘濬以巫蛊术谋害宋文帝事，劭等恐其泄密，乃将其嫁与始兴王府佐沈怀远。后劭等叛谋事败，王鹦鹉亦被诛。罗虬《比红儿诗》之三二：“鹦鹉娥如裛露红，镜前眉样自深宫。”

【鹦鹉舌】 鹦鹉学舌之语，喻语言新巧。元稹《寄赠薛涛》：“言语巧偷鹦鹉舌，文章分得凤凰毛。”和凝《何满子》词之一：“桃李精神鹦鹉舌，可堪虚度良宵。”亦省作“鹦舌”。元稹《哭女樊四十韵》：“撩风妒鹦舌，凌露触兰英。”

【鹦鹉谷】 地名。在陕西骊山。韦嗣立有别墅在此。后改名逍遥谷。武平一《奉和幸新丰温泉宫应制》：“旌摇鹦鹉谷，骑转凤凰原。”

【鹦鹉林】 佛教传说中鹦鹉聚集的树林。传说释迦牟尼从舍卫国祇树往狐独园出游，途遇鹦鹉王，请佛至鹦鹉林住宿。佛坐于树下，鹦鹉通宵翔绕，林中无虎狼盗贼之患。后多借指佛寺。储光羲《酬李壶关奉使行县忆诸公》：“青枫江上沧浪吟，白月宫中鹦鹉林。”白居易、王起《仆射来示有三春向晚四者难并之说呈仆射兼简尚书》联句：“鹦鹉林须乐，麒麟阁未成。”亦省作“鹦林”。李峤《奉和幸大荐福寺应制》：“雁沼开香域，鹦林降彩旃。”李适《奉和九日登慈恩寺浮图应制》：“凤辇乘朝霁，鹦林对晚秋。”郑愔《奉和幸大荐福寺》：“雁塔昌基远，鹦林睿藻抽。”毕乾泰《奉和九月九日登慈恩寺浮图应制》：“鹦林花塔启，凤辇顺时游。”

【鹦鹉杯】 以鹦鹉螺壳制成的酒杯。卢照邻《长安古意》：“翡翠屠苏鹦鹉杯，罗襦宝带为君解。”戎昱《赠别张驸马》：“凤凰楼上伴吹箫，鹦鹉杯中醉留客。”刘禹锡《洛中送韩七中丞之吴兴口号五首》之四：“骆驼桥上蘋风急，鹦鹉杯中箬下春。”方干《陪李郎中夜宴》：“琵琶弦促千般语，鹦鹉杯深四散飞。”

【鹦鹉洲】 在今湖北武汉市西南长江中。东汉末江夏太守黄祖子黄射于此大会宾客，有客献鹦鹉，祢衡作《鹦鹉赋》，故名。后祢衡为黄祖所杀，葬于此。自汉以来，由于江水冲刷，洲屡被浸没，今之鹦鹉洲已非当时之地。崔颢《黄鹤楼》：“晴川历历汉阳树，芳草萋萋鹦鹉洲。”白居易《和刘郎中伤鄂姬》：“不知月夜魂归处，鹦鹉洲头第几家。”朱庆余《鄂渚送白舍人赴杭州》：“岂知鹦鹉洲边路，得见凤皇池上人。”王仁裕《过平戎谷吊胡翙》：“不缘魂寄孤山下，此地堪名鹦鹉洲。”

【鹦鹉客】 指东汉祢衡。衡曾作《鹦鹉赋》，故云。李山甫《赴举别所知》：“黄祖不怜鹦鹉客，志公偏赏麒麟儿。”

【鹦語】 鹦鹉的鸣叫声。元稹《有鸟诗二十章》之十八：“山鸦野雀怪鹦语，竟噪争窥无已时。”

【鹦鹉赋】 赋篇名。东汉祢衡作。衡参加江夏太守黄祖之子黄射宴会，有客献鹦鹉，作此赋，笔不停辍，文不加点。亦泛指优秀诗文。李颀《赠别张兵曹》：“新成鹦鹉赋，能衣鹔鹴裘。”钱起《送傅管记赴蜀军》：“主将早知鹦鹉赋，飞书许载蛟龙笔。”许浑《送从兄别驾归蜀》：“已称鹦鹉赋，宁诵鹡鸰诗。”方干《赠中岩王处士》：“援笔便成鹦鹉赋，洗花须用桔槔泉。”

【鹦鹉盏】 即鹦鹉杯。李珣《南乡子》词之十六：“歌声远，椰子酒倾鹦鹉盏。”

【鹦鸲】 鹦鹉和鸜鸲，均能学人言。韩愈、孟郊《城南联句》：“货至貊戎市，呼传鹦鸲令。”

十八画

鸜 同“鸲”。

十九画

鸝 〔lí《广韵》吕支切，平支，來。〕即黄鹂。白居易《南湖早春》：“翅低白雁飞仍重，舌涩黄鹂语未成。”温庭筠《黄昙子歌》：“罗衫袅回风，点粉金鹂卵。”韦庄《春暮》：“楼高喧乳燕，树密斗雏鹂。”

【鸝黄】 黄鹂，黄莺。钱起《早夏》：“鹂黄好鸟摇深树，细白佳人着紫罗。”刘商《柳条歌送客》：“高枝低枝飞鹂黄，千条万条覆宫墙。”

【鸝鶊】 黄莺的别名。韩愈、孟郊《城南联句》：“甚黑老蚕烛，麦黄韵鹂鹒。”

鸞 〔luán《广韵》落官切，平桓，來。〕❶传说中凤凰一类的鸟。李白《登黄山凌歊台送族弟溧阳尉济充泛舟赴华阴》：“鸾乃凤之族，翱翔紫云霓。”钱起《长安客舍赠李行父明府》：“洪波未静壑，何树不惊鸾。”司空曙《唐昌公主院看花》：“遗殿空长闭，乘鸾自不回。”韦处厚《盛山十二诗・竹岩》：“先植诚非凤，来翔定是鸾。”❷铃，车铃。参见“鸞刀”“鸞車”“鸞聲”。❸借指姬妾。杨炯《和崔司空伤姬人》：“今日东方至，鸾销珠镜前。”

【鸞刀】 刀环有铃的刀。古代祭祀时用以割牲。杜甫《杂曲歌辞・丽人行》：“犀箸厌饫久未下，鸾刀缕切空纷纶。”陈叔达《太庙祼地歌辞》：“龙衮以祭，鸾刀思启。”

【鸞花】 五彩之花。杜牧《帘》：“风节轻雕日，鸾花薄饰香。”

【鸞步】 对尊贵者脚步的美称。孟郊《投赠张端公》：“鸾步独无侣，鹤音仍寡俦。”

【鸞車】 有鸾铃的车乘。人君所乘，或为仙人所乘。元万顷《奉和春日二首》之二：“凤辇迎风乘紫阁，鸾车避日转彤闱。”李白《飞龙引二首》之一：“飘然挥手凌紫霞，从风纵体登鸾车。”又《草创大还赠柳官迪》：“鸾车速风电，龙骑无鞭策。”

【鸞虬】 鸾鸟和龙。喻俊杰。李白《感时留别从兄徐王延年从弟延陵》：“诸王若鸾虬，肃穆列藩维。”

【鸞吟鳳唱】 鸾凤鸣叫相和。喻指优美动听的乐曲。白居易《王子晋庙》：“鸾吟凤唱听无拍，多似霓裳散序声。”

【鸞吹】 （—chuì）指笙箫等细乐。胡直钧《太常观阅骠国新乐》：“舒散随鸾吹，喧呼杂鸟春。”李群玉《升仙操》：“凤台闭烟雾，鸾吹飘天风。”

【鸞杯】 刻有鸾凤花纹的酒杯。王绩《辛司法宅观妓》：“长裙随凤管，促柱送鸾杯。”

【鸞枝】 鸾凤栖息的树枝。借指制作美琴的良木。陈标《焦桐树》：“江上烹鱼采野樵，鸾枝摧折半曾烧。”

【鸞佩】 亦作“鸞珮”。雕有鸾鸟形的玉佩。李贺《梦天》：“玉轮轧露湿团光，鸾佩相逢桂香陌。”和凝《临江仙》词之一：“翠鬟初出绣帘中，麝烟鸾佩惹蘋风。”林宽《献同年孔郎中》：“蟾枝交彩清兰署，鸾珮排光映玉除。”

【鸞皇】 见“鸞凰”。

【鸞弦】 对琴弦的美称。因琴声如鸾之鸣，故云。温庭筠《江南曲》：“凤管悲若咽，鸾弦娇欲语。”吕岩《忆江南》词之十二：“青衣玉女啸鸾弦，身在大罗天。”

【鸞孤】 鸾鸟孤居。喻指情人离去，孤单独处。李敬方《太和公主还宫》：“凤去楼扃夜，鸾孤匣掩辉。”刘兼《春怨》：“锦书雁断应难寄，菱镜鸾孤貌可怜。”

【鸞奏】 鸾鸣。喻笙箫等管乐声。翁承赞《天祐元年以右拾遗使册闽王而作》：“鸾奏八音谐律吕，凤衔五色显丝纶。”

【鸞咽鶴唳】 鸾鹤悲鸣。形容仙界悲凉孤寂。温庭筠《七夕》：“微光奕奕凌天河，鸾咽鹤唳飘飖歌。”

【鸞音】 鸾鸟鸣声。李商隐《寄华岳孙逸人》：“惟应逢阮籍，长啸作鸾音。”杨希道《咏笙》：“短长插凤翼，洪细摹鸾音。”

【鸞音鶴信】 喻指仙界的音信。罗隐《淮南高骈所造迎仙楼》：“鸾音鹤信杳难回，凤驾龙车早晚来。”

【鸞珮】 见“鸞佩”。

【鸞軒】 天子车驾。郑洪业《诏放云南子弟还国》：“铜梁分汉土，玉垒驾鸾轩。”

【鸞翅】 ❶鸾凤的翅膀。借指鸾鸟。项斯《小古镜》：“鸾翅巢空月，菱花遍小天。”❷指排箫。杨炎《赠元载歌妓》：“雪面淡眉天上女，凤箫鸾翅欲飞去。”

【鸞衾】 绣有鸾凤花饰的衾被。李白《清平乐》词之四：“鸾衾凤褥，夜夜常孤宿。”

【鸞凰】 亦作“鸞皇”。鸾与凤凰，古人认为二者均为瑞禽，常用以喻指贤士。钱起《见上林春雁翔青云寄杨起居李员外》：“宁忆寒乡侣，鸾凰一见稀。”韩愈《苦寒》：“鸾皇苟不存，尔固不在占。”白居易《予与山南王仆射起淮南李仆射绅交情不替聊题长句寄举之公垂二相公》：“阿阁鸾凰野田鹤，何人信道旧同群。”李商隐《送从翁从东川弘农尚书幕》：“鸾皇期一举，燕雀不相饶。”

【鸞旂】 见“鸞旗”。

【鸞旃】 即鸾旗。殷文圭《观贺皇太子册命》：“鸾旃再立星辰正，雉扇双开日月明。”

【鸞扇】 对羽扇的美称。李商隐《念远》：“皎皎非鸾扇，翘翘失凤簪。”又《七夕》：“鸾扇斜分凤幄开，星桥横过鹊飞回。”

【鸞掖】 犹鸾台。门下省的别称。杨汝士《宴杨仆射新昌里第》：“文章旧价留鸾掖，桃李新阴在鲤庭。”李商隐《和刘评事永乐闲居见寄》：“看封谏草归鸾掖，尚赍衡门待鹤书。”

【鸞釵】 鸾形的钗子。李商隐《河阳诗》：“湿银注镜井口平，鸾钗映月寒铮铮。”

【鸞笙】 对笙的美称。吕岩《题东都妓馆壁》：“一吸鸾笙裂太清，绿衣童子步虚声。”

【鸞章】 见“鸞鳳章”。

【鸞旌】 即鸾旗。司空曙《迎神》：“鸾旌圆盖望欲来，山雨霏霏江浪起。”陈京《享文恭太子庙乐章》：“鸾旌拱修，凤鸣合次。”权德舆《赠文敬太子挽歌词二首》之一：“雁沼寒波咽，鸾旌夕吹翻。”

【鸞渚客】 指宰相。唐制，宰相常于门下省，而门下省别称鸾渚，故云。王维《故太子太师徐公挽歌四首》之三：“闻诗鸾渚客，献赋凤楼人。”

【鸞輅】 皇帝乘坐的车。李峤《奉和初春幸太平公主南庄应制》：“鸾辂已辞乌鹊渚，箫声犹绕凤皇台。”李益《过马嵬二首》之二：“浓香犹自随鸾辂，恨魄无由离马嵬。”

【鸞殿】 禁内的宫殿。宋之问《王昭君》：“非君惜鸾殿，非妾妒娥眉。”李怀远《凝碧池侍宴看竞渡应制》：“舞曲依鸾殿，箫声下凤楼。”邵升《奉和初春幸太平公主南庄应制》：“二圣忽从鸾殿幸，双仙正下凤楼迎。”元稹《酬乐天书后三韵》：“今日庐峰霞绕寺，昔时鸾殿凤回书。”

【鸞駟】 鸾驾的车。指仙车。许敬宗《奉和七夕宴悬圃应制二首》之一：“牛闺临浅汉，鸾驷涉秋河。”

【鸞臺】 唐代门下省的别称。后借指朝廷高级政务机构。武后垂拱元年(685)改门下省为鸾台。崔峒《奉和给事寓直》：“忝向鸾台下，仍看雁影连。”刘禹锡《和杨师皋给事伤小姬英英》：“鸾台夜直衣衾冷，云雨无因入禁城。”白居易、王起等《仆射来示有三春向晚四者难并之说走呈仆射兼简尚书》联句：“凤阁鸾台路，从他年少争。”徐铉《奉和宫傅相公怀旧见寄四十韵》：“谢傅功成德望全，鸾台初下正萧然。”

【鸞歌】 鸾鸟鸣唱。喻指美妙的声音或歌乐。元稹《会真诗三十韵》：“龙吹过庭竹，鸾歌拂井桐。”白居易《和梦游春诗一百韵》：“鸾歌不重闻，凤兆从兹卜。”和凝《宫词百首》之五：“凤吹鸾歌晓日明，丰年观稼出神京。”

【鸞歌鳳吹】 (—chuì)指笙箫等乐曲声。王勃《临高台》：“瑶轩绮构何崔嵬，鸾歌凤吹清且哀。”顾况《八月五日歌》：“清乐灵香几处闻，鸾歌凤吹动祥云。”

【鸞鳴鳳舞】 对歌舞的美称。中宗、长宁公等《景龙四年正月五日联句》：“鸾鸣凤舞向平阳，秦楼鲁馆沐恩光。”

【鸞舞】 鸾鸟起舞。比喻和乐。毛文锡《中兴乐》词：“鸳鸯浦，镜中鸾舞。”

【鸞鳳】 ❶鸾鸟和凤凰。孟浩然《赠道士参寥》：“不遇钟期听，谁知鸾凤声。”钱起《东陵药堂寄张道士》：“愿言金丹寿，一假鸾凤翼。”李商隐《牡丹》：“鸾凤戏三岛，神仙居十洲。”徐夤《骄侈》：“蝙蝠亦能知日月，鸾凤那肯啄腥臊。”❷喻指俊士或仕途得意者。杜甫《暇日小园散病将种秋菜督勒耕牛兼书触目》：“鸾皇不相待，侧颈诉高旻。”韩愈《重云李观疾赠之》：“劝君善饮食，鸾凤本高翔。”白居易《奉和晋公侍中蒙除留守行及洛师感悦发中斐然成咏之作》：“鸾凤翱翔在寥廓，貂蝉萧洒出埃尘。”又《和微之诗二十三首·和朝回与王炼师游南山下》：“但愧烟霄上，鸾凤为吾徒。”❸喻君王。郑谷《寄同年礼部赵郎中》：“彩笔烟霞供不足，纶闱鸾凤讶来迟。”无名氏《骊山感怀》之一：“鸾凤影沉归万古，歌钟声断梦千秋。”❹喻美人。卢储《催妆》：“今日幸为秦晋会，早教鸾凤下妆楼。”❺比喻夫妇。参见“鸞鳳友❷”“鸞鳳分飛”。❻形容书法笔势如鸾凤之飞舞。温庭筠《秘书刘尚书挽歌词二首》之一：“王笔活鸾凤，谢诗生芙蓉。”

【鸞鳳分飛】 喻夫妻离散。房千里《寄妾赵氏》：“鸾凤分飞海树秋，忍听钟鼓越王楼。”

【鸞鳳友】 ❶指孔雀。韩愈《奉和武相公镇蜀时咏使宅韦太尉所养孔雀》：“穆穆鸾凤友，何年来止兹。”❷指夫妻。韩氏《婚宴集上索笔为诗》：“今日却成鸾凤友，方知红叶是良媒。”

【鸞鳳章】 喻指优美的诗作。李绅《奉酬乐天立秋夕有怀见寄》：“独坐有所思，夫君鸾凤章。”亦省作“鸞章”。陆龟蒙《夏日闲居作四声诗寄袭美·平入声》：“因为鸾章吟，忽忆鹤骨客。”

【鸞旗】 亦作“鸞旂”。君王仪仗中的旗子。上绣有鸾鸟，故称。亦借指君王。上官昭容《驾幸新丰温泉宫献诗三首》之二：“鸾旂掣曳拂空回，羽骑骖驔蹑景来。”权德舆《奉和郑宾客相公摄官丰陵扈从之作》：“豹尾从风直，鸾旗映日翻。”吴融《题湖城县西道中槐树》：“晓迷天仗归春苑，暮送鸾旗指洛宫。”冯延巳《早朝》：“鸳瓦数行晓日，鸾旗百尺春风。”

【鸞閨】 指公主的宫室。徐彦伯《奉和送金城公主适西蕃应制》:“风宸怜箫曲,鸾闺念掌珍。”

【鸞閣】 指宫中的亭阁。李绅《登禹庙回降雪五言二十韵》:“粉凝鸾阁下,银结凤池隈。”

【鸞髮】 鸾髻,鸾形发髻。杜牧《屏风绝句》:“斜倚玉窗鸾发女,拂尘犹自妒娇娆。”

【鸞輦】 天子的车乘。李白《驾去温泉后赠杨山人》:“幸陪鸾辇出鸿都,身骑飞龙天马驹。”

【鸞霄】 指天宫。韩偓《漫作二首》之二:“黍谷纯阳人,鸾霄瑞彩生。”

【鸞膠】 喻续娶后妻。刘兼《秋夕书怀呈戎州郎中》之二:“鸾胶处处难寻觅,断尽相思寸寸肠。”陶穀《春光好》词:“待得鸾胶断弦,是何年。”

【鸞駕】 天子的车驾。王维《奉和圣制幸玉真公主山庄因题石壁十韵之作应制》:“此地回鸾驾,缘溪转翠华。”缪岛云《马迹石》:“堪信曾鸾驾,寻仙道已成。”

【鸞篦】 鸾凤形的篦梳。李贺《秦宫诗》:“鸾篦夺得不还人,醉睡氍毹满堂月。”李郢《赠》:“建阳门外柳千条,斜插鸾篦小错刀。”

【鸞龍】 鸾与龙。(1)比喻帝王。武元衡《学仙难》:“玉殿笙歌汉帝愁,鸾龙俨驾望瀛洲。”(2)指仙人。吴融《王母庙》:“鸾龙一夜降昆丘,遗庙千年枕碧流。”

【鸞環】 用翠鸟羽做成的环形饰物。杜牧《扬州三首》之二:“金络擎雕去,鸾环拾翠来。”

【鸞聲】 ❶鸾铃鸣声。王维《送李睢阳》:“鸾声哕哕鲁侯旂,明年上计朝京师。”权德舆《酬李二十二兄主簿马迹山见寄》:“鸾声去已久,马迹空依然。”❷指笙箫声。刘禹锡《窦夔州见寄寒食日忆故姬小红吹笙》:“鸾声窈眇管参差,清韵初调众乐随。”张仲素《夜闻洛滨吹笙》:“凤管听何远,鸾声若在群。”

【鸞輿】 天子的乘舆。亦借指天子。杜甫《得家书》:“二毛趋帐殿,一命侍鸾舆。”徐夤《依御史温飞卿华清宫二十二韵》:“凤态伤红艳,鸾舆缓紫骝。”《与崔渥冥会杂诗》之三:“鸾舆昔日出蒲关,一去苍梧更不还。”

【鸞翼】 ❶鸾鸟的翅膀。杨巨源《酬令狐舍人》:“晓禁苍苍换直还,暂低鸾翼向人间。”朱昼《喜陈懿老示新制》:“将攀下风手,愿假仙鸾翼。”❷喻指裙裾。李贺《兰香神女庙》:“舞佩剪鸾翼,帐带涂轻银。”

【鸞鵠】 鸾与鹄。喻贤臣。鲍君徽《奉和麟德殿宴百僚应制》:“玉筵鸾鹄集,仙管凤皇调。”亦喻指仙人。皎然《步虚词》:“俯仰愧灵颜,愿随鸾鹄群。”

【鸞觴】 刻有鸾鸟花纹的酒杯。《郊庙歌辞·周郊祀乐章·福顺乐》:“上天垂景贶,哲后举鸾觞。”骆宾王《冬日宴》:“促席鸾觞满,当炉兽炭然。”

【鸞雛】 幼鸾。陆龟蒙《引泉诗》:“凫伯弄翠蕊,鸾雏舞丹烟。”

【鸞鵲】 指书法优美。李商隐《九成宫》:“荔枝卢橘沾恩幸,鸾鹊天书湿紫泥。”

【鸞簫】 对箫的美称。《将游罗浮留诗》:“去去沧洲弄明月,倒骑黄鹤听鸾箫。”

【鸞鏡】 指妆镜。骆宾王《代女道士王灵妃赠道士李荣》:“龙飙去去无消息,鸾镜朝朝减容色。”戴叔伦《宫词》:“春风鸾镜愁中影,明月羊车梦里声。”赵嘏《昔昔盐二十首·蟠龙随镜隐》:“鸾镜无由照,蛾眉岂忍看。”于濆《拟古意》:“鸦鬟未成髻,鸾镜徒相知。”

【鸞飄鳳泊】 喻书法笔势之妙。韩愈《峋嵝山》:“科斗拳身薤倒披,鸾飘凤泊拏虎螭。”

【鸞驂】 仙人的车乘。王勃《八仙径》:“代北鸾骖至,辽西鹤骑旋。”

【鸞鶴】 ❶鸾与鹤。相传为仙人所乘。萧祜《游石堂观》:“斋心玄默感灵卫,必见鸾鹤相裴回。”施肩吾《山居乐》:“鸾鹤每于松下见,笙歌常向坐中闻。”刘沧《经麻姑山》:“山顶白云千万片,时闻鸾鹤下仙坛。”司空图《步虚》:“云韶韵俗停瑶瑟,鸾鹤飞低拂宝炉。”❷借指神仙。李白《安陆白兆山桃花岩寄刘侍御绾》:“蓬壶虽冥绝,鸾鹤心悠然。”韩翃《经月岩山》:“瑶池何悄悄,鸾鹤烟中栖。”白居易《酬赵秀才赠新登科诸先辈》:“莫羡蓬莱鸾鹤侣,道成羽翼自生身。”殷尧恭《府试中元观道流步虚》:“星辰朝帝处,鸾鹤步虚声。”❸借指人中俊杰。李逢吉《送令狐秀才赴举》:“前随鸾鹤登霄汉,却望风沙走塞垣。”杜牧《郡斋独酌》:“我昔造其室,羽仪鸾鹤翔。”赵嘏《赠李秘书》:“杉松韵冷雪溪暗,鸾鹤势高天路春。”

【鸞鶴輿】 神仙所乘的鸾车鹤驾。元稹《冬夜怀李侍御王太祝段丞》:“飘飘魂神举,若骖鸾鹤舆。”

【鸞驚】 ❶喻指笔势飞动。岑文本《奉述飞白书势》:“凤举崩云绝,鸾惊游雾疏。”❷鸾铃惊动。卢象《奉和张使君宴加朝散》:“骑拥轩裳客,鸾惊翰墨林。”

【鸞鷟】 鸾鸟与鸑鷟,皆属凤。喻指贤士。柳宗元《自衡阳移桂十余本植零陵所住精舍》:“倾筐壅故壤,栖息期鸾鷟。”李德裕《圣祖院磬铭》:“笙竽合奏,鸾鷟在林。”

【鸞轡】 对车驾的美称。曹唐《小游仙诗九十八首》之四二:“无央公子停鸾辔,笑泥娇妃索玉鞭。”

【鸞鑣】 系鸾铃的马衔。亦借指鸾驾,即君王的车驾。韦嗣立《奉和初春幸太平公主南庄应制》:“主第岩扃架鹊桥,天门阊阖降鸾镳。”

【鸞鷺】 鸾与鹭。喻修仙者。杨衡《赠罗浮易炼师》:“鸾鹭振羽仪,飞翻拂旆旌。”亦喻尊贵者。韦承庆《直中书省》:“唯应集鸾鹭,何为宿羁雌。”

二十一画

鸀 〔chú《广韵》之欲切，入燭，章。〕详见"鸀鳿"。

【鸀鳿】 亦作"鸀玛"。水鸟名。似鸭而大，长颈赤目，紫绀色。皮日休《奉和鲁望早春雪中作吴体见寄》："溪光冷射触鸀玛，柳带冻脆攒栏杆。"陆龟蒙《白鸥诗》："晚树清凉还鸀玛，旧巢零落寄蒹葭。"又《江南曲五首》之一："鸡鹊鸀玛窥，潋滟无因见。"

鹵　部

鹵〔lǔ《广韵》郎古切，上姥，來。〕❶盐碱地。杜甫《盐井》："卤中草木白，青者官盐烟。"高适《自淇涉黄河途中作十三首》之九："耕耘日勤劳，租税兼舄卤。"❷盐的一种。亦泛称盐。元稹《估客乐》："小儿贩盐卤，不入州县征。"❸味道咸。耿沣《甘泉诗》序："《甘泉》，美良牧也。覃怀旧水咸卤，人多祓患。"❹通"擄"，抄掠。韩愈《晚秋郾城夜会联句》："天子悯疮痍，将军禁卤掠。"❺通"橹"。大盾。参见"卤簿"。❻通"鲁"。参见"卤莽"。

【鹵掠】　掳掠。卤，通"擄"。韩愈《晚秋郾城夜会联句》："天子悯疮痍，将军禁卤掠。"

【鹵莽】　❶粗疏，鲁莽。卤，通"鲁"。杜甫《奉赠萧二十使君》："食恩惭卤莽，镂骨抱酸辛。"又《空囊》："世人共卤莽，吾道属艰难。"❷苟且，马虎。韦应物《种瓜》："率性方卤莽，理生尤自疏。"张籍《胡山人归王屋因有赠》："此生已是蹉跎去，每事应从卤莽休。"白居易《归田三首》之二："所施不卤莽，其报必有余。"❸隐约，大略。白居易《浔阳秋怀赠许明府》："卤莽还乡梦，依稀望阙歌。"韩偓《效崔国辅体四首》之三："酒力滋睡眸，卤莽闻街鼓。"

【鹵簿】　古代帝王驾出时扈从的仪仗队。出行之目的不同，仪式亦各别。自汉以后亦用于后妃、太子、王公大臣，唐制四品以上皆给卤簿。权德舆有《奉使丰陵职司卤簿通宵涉路因寄内》。孙叔向《送咸安公主》："卤簿迟迟出国门，汉家公主嫁乌孙。"苗仲方《仲秋太常寺观公辂车拜陵》："卤簿辞丹阙，威仪列太常。"

九　画

鹹〔xián《广韵》胡讒切，平咸，匣。〕如盐般的味道。元稹《送崔侍御之岭南二十韵》："试蛊看银黑，排腥贵食咸。"白居易《奉和汴州令狐令公二十二韵》："陆珍熊掌烂，海味蟹螯咸。"姚合《新昌里》："旧客常乐坊，井泉浊而咸。"韦庄《李氏小池亭十二韵》："枕簟溪云腻，池塘海雨咸。"

【鹹水】　含盐分的水。施肩吾《岛夷行》："黑皮年少学采珠，手把生犀照咸水。"

【鹹鹵】　含有盐味。耿沣《甘泉诗》序："《甘泉》美良牧也。覃怀旧水咸卤，人多祓患。"

鹾〔cuó《广韵》昨何切，平歌，從。〕盐的别名。见《礼记·曲礼下》。权德舆《丙庚岁苦贫戏题》："鹾醯一已整，薪炭固难期。"

十三画

鹼〔jiǎn《广韵》古斬切，上豏，見。又七廉切，平鹽，清。〕土壤内所含的一种物质，化学成分为碳酸钠，性滑味咸，洗衣可去污垢，可用于制肥皂和玻璃。元稹《酬翰林白学士代书一百韵》："院榷和泥碱，官酤小曲醨。"

鹽[1]〔yán《广韵》余廉切，平鹽，以。〕❶食盐的通称。寒山《诗三百三首》之二〇六："蒸豚揾蒜酱，炙鸭点椒盐。"白居易《初到忠州登东楼寄万州杨八使君》："隐隐煮盐火，漠漠烧畲烟。"温庭筠《送淮阴孙令之官》："鱼盐桥上市，灯火雨中船。"吴融《绵竹山四十韵》："又如煮吴盐，万万盆初熟。"❷喻指雪。见南朝宋刘义庆《世说新语·言语》。白居易《对火玩雪》："盈尺白盐寒，满炉红玉热。"陈至《荐冰》："形盐非近进，玉豆为潜英。"李绅《登禹庙回降雪五言二十韵："麻引诗人兴，盐牵谢女才。"韦庄《冬日长安感志献虢州崔郎中二十韵》："闲招好客斟香蚁，闷对琼花咏散盐。"

鹽[2]〔yàn《广韵》以贍切，去豔，以。〕通"豔"。古乐曲名。见《乐府诗集》卷七九。赵嘏《昔昔盐二十首》，见《全唐诗》卷五四九。权德舆《杂兴五首》之三："含羞敛态劝君住，更奏新声刮骨盐。"

【鹽井】　为汲取含盐质的地下水用以制盐而挖的井。杜甫《出郭》："远烟盐井上，斜景雪峰西。"又《负薪行》："筋力登危集市门，死生射利兼盐井。"杜甫又有《盐井》。

【鹽田】　产盐的场区。刘长卿《宿怀仁县南湖寄东海荀处士》："寒塘起孤雁，夜色分盐田。"贾岛《寄沧州李尚书》："水县卖纱市，盐田煮海村。"

【鹽米】　盐与米。亦借指家庭生活资料。韩愈《东都遇春》："为生鄙计算，盐米告屡罄。"

【鹽州】　地名。西魏置，隋改为盐州郡。唐复为州，治所在今甘肃盐池县。贞元三年州城为吐蕃所毁，塞外无堡障，犬戎入寇。贞元九年诏复筑盐州城，边患遂息。李益有《盐州过胡儿饮马泉》。白居易《城盐州》："城盐州，城盐州，城在五原原上头。"

【鹽池】 生产食盐的咸水湖。贾岛有《盐池院观鹿》。

【鹽坂】 即虞坂。在今山西平陆县北中条山。李贺《马诗二十三首》十一："午时盐坂上，蹭蹬溘风尘。"

【鹽花】 细盐粒。章孝标《归海上旧居》："人衣披蜃气，马迹印盐花。"

【鹽車】 运载盐的车子。多喻贤士屈沉下位。李白《天马歌》："盐车上峻坂，倒行逆施畏日晚。"元稹《贻蜀五首·病马诗寄上李尚书》："遥看云路心空在，久服盐车力渐烦。"章孝标《省试骐骥长鸣》："盐车今愿脱，千里为君行。"唐彦谦《留别四首》之四："盐车淹素志，长坂入青云。"

【鹽虎】 盐虎，即形如虎状盐粒。喻指积雪。李商隐《残雪》："刻兽摧盐虎，为山倒玉人。"

【鹽官】 主管盐务的官员。杜甫《李盐铁二首》："盐官虽绊骥，名是汉庭来。"

【鹽居】 居于产盐之地。皎然《送卢仲舒移家海陵》："海岛无邻里，盐居少物华。"

【鹽城】 县名。今属江苏。汉置盐渎县，属临淮郡。三国时废，晋武帝太康二年复立，文帝时更名为盐城县。后代因之。故城在今县城西北。张辞有《上盐城令述德诗》。

【鹽亭縣】 西魏恭帝以北宕渠郡改名，治所即今四川盐亭县。杜甫有《行次盐亭县聊题四韵奉简严遂州蓬州两使君咨议诸昆季》。

【鹽海】 即盐湖。皎然《陇头水二首》之一："素从盐海积，绿带柳城分。"

【鹽梅】 ❶盐和梅。盐咸梅酸，均为调味所需。亦喻指国家所需的贤才，后亦用为称美相位之词。沈佺期《和户部岑尚书参迹枢揆》："盐梅和鼎食，家声众所归。"杜甫《昔游》："吕尚封国邑，傅说已盐梅。"刘得仁《送钱给事赴虢州》："用作盐梅日，争回卧辙人。"徐夤《献内翰杨侍郎》："莫拟吟云避荣贵，庙堂玉铉待盐梅。"❷盐花梅浆。可用以擦洗银器。白居易《寄两银榼与裴侍郎因题两绝句》之二："惯和曲糵堪盛否，重用盐梅试洗看。"自注："银匠洗银，多以盐花梅浆也。"

【鹽鹵】 盐之一种。亦泛指盐。元稹《估客乐》："小儿贩盐卤，不入州县征。"

【鹽商】 经营食盐买卖的商人。古代盐制，由盐商纳税于官，官府给票引，其引地所需之盐，即由其专卖。白居易《盐商妇》："盐商妇，有幸嫁盐商。"

【鹽賈】 (—gǔ)盐商。刘禹锡《贾客词》引："五方之贾以财相雄，而盐贾尤炽。"

【鹽篠】 盐汁和竹叶。罗虬《比红儿诗》之五四："若见红儿此中住，不劳盐筿洒宫廊。"

【鹽澤】 即今新疆罗布泊。岑参《北庭作》："雁塞通盐泽，龙堆接醋沟。"

【鹽鐵】 见"鹽鐵使"。

【鹽鐵尚書】 即盐铁使。唐于乾元元年(758)设盐铁使，管理盐铁税收，多由尚书仆射、刑部尚书、户部尚书兼任，故名。白居易《盐商妇》："官家利薄私家厚，盐铁尚书远不知。"薛能有《上盐铁尚书》。

【鹽鐵使】 唐中叶以后特置。以管理食盐的专卖为主，兼掌银铜铁锡的采冶和税务。刘禹锡有《和令狐相公春早朝回盐铁使院中作》。亦省作"鹽鐵"。杜甫有《李盐铁二首》。

【鹽鐵判官】 盐铁使属官，掌文书事务。卢纶有《送盐铁裴判官入蜀》。

【鹽竈】 煮盐的灶。殷尧藩《送客游吴》："海戍通盐灶，山村带蜜房。"

【鹽醯】 盐和醋。泛指调味品。韩愈《南内朝贺归呈同官》："贪食以忘躯，鲜不调盐醯。"

鹿　部

鹿〔lù《广韵》盧谷切，入屋，來。〕❶哺乳纲鹿科动物的通称。四肢细长，尾短，雄性头上通常有角，个别雌性也有角，亦有雌雄均无角者。毛多为褐色，有的有毛斑或条纹，听觉和嗅觉灵敏。萧颖士《仰答韦司业垂访五首》之一："呦呦食苹鹿，常饮清泠川。"钱起《初黄绶赴蓝田县作》："鹿聚入田径，鸡鸣隔岭村。"白居易《答元八郎中杨十二博士》："尽日观鱼临涧坐，有时随鹿上山行。"许棠《冬杪归陵阳别业五首》之三："鸡犬唯随鹿，儿童只衣蓑。"❷比喻政权或爵位。见《史记·淮阴侯列传》。比喻掌权的人。见《文选·扬雄〈解嘲〉》。李白《登广武古战场怀古》："秦鹿奔野草，逐之若飞蓬。"李甘《九成宫》："中原无鹿海无波，风辇鸾旗出幸多。"许浑《登尉佗楼》："刘项持兵鹿未穷，自乘黄屋岛夷中。"唐彦谦《咸通中二十韵》："既迷秦帝鹿，难问贾生雕。"❸姓。五代诗人有鹿虔扆。

【鹿巾】　鹿皮巾。韦庄《雨霁池上作呈侯学士》："鹿巾藜杖葛衣轻，雨歇池边晚吹清。"

【鹿女】　佛经中所说的仙女。王维《游化感寺》："雁王衔果献，鹿女踏花行。"李群玉《龙安寺佳人阿最歌八首》之四："会须随鹿女，乞火到窗前。"

【鹿皮】　❶鹿的皮。可用以坐卧。白居易《秋池独泛》："一只短舫艇，一张斑鹿皮。"❷指鹿皮翁。杜甫《同豆卢峰知字韵》："倡和将雏曲，田翁号鹿皮。"

【鹿皮儿】　古人设于座旁之小桌。用鹿皮制成，为隐士所用。王维《春园即事》："还持鹿皮儿，日暮隐蓬蒿。"

【鹿皮巾】　鹿皮做的头巾。隐士所用。皮日休《寄题镜岩周尊师所居》："八十余年住镜岩，鹿皮巾下雪髟髟。"

【鹿皮冠子】　用鹿皮做成的帽子。花蕊夫人徐氏《宫词》之一三〇："老大初教学道人，鹿皮冠子澹黄裙。"

【鹿皮翁】　传说中的仙人名。杜甫《遣兴三首》之三："但讶鹿皮翁，忘机对芳草。"又《耳聋》："生年鹖冠子，叹世鹿皮翁。"

【鹿弁】　鹿皮冠。陆龟蒙《秋赋有期因寄袭美》："烟霞鹿弁聊悬着，邻里渔舠暂解还。"

【鹿車】　古代的一种小车。皮日休《临顿为吴中偏胜之地因成五言十首奉题屋壁》之一："暗识归山计，村边买鹿车。"郑璧《和袭美索友人酒》："郈原虽不无端醉，也爱临风从鹿车。"

【鹿角】　❶鹿之角。陆龟蒙《奉和袭美古杉三十韵》："斗死龙骸杂，争奔鹿角差。"❷镇名。在今湖南岳阳市南，洞庭湖滨。元稹有《鹿角镇》。李群玉《洞庭风雨二首》之一："浪泼巴陵树，雷烧鹿角田。"

【鹿豕】　鹿和猪。汪万於《晚眺》："静对豺狼窟，幽观鹿豕群。"

【鹿苑】　指鹿野苑。佛教地名。在中天竺波罗奈国。释迦成道后始来此说四谛之法度五比丘，故名仙人居处。故亦借指僧园、佛寺。李君何《曲江亭望慈恩寺杏园花发》："地闲分鹿苑，景胜类桃源。"陈陶《题僧院紫竹》："因缘鹿苑识，想像蛇丘劚。"

【鹿兒】　幼鹿。杜荀鹤《春日山中对雪有作》："牢系鹿儿防猎客，满添茶鼎候吟僧。"

【鹿門】　鹿门山之省称。在今湖北襄阳市。后汉庞德公携妻子入此山采药不返。后因以指隐士所居之地。李白《寄弄月溪吴山人》："终身栖鹿门，不入襄阳市。"杜甫《遣兴五首》之二："举家依鹿门，刘表焉得取。"白居易《游襄阳怀孟浩然》："南望鹿门山，蔼若有余芳。"马戴《寄襄阳王公子》："鹿门知不隐，芳草自萋萋。"

【鹿門人】　指隐士。皮日休《苦雨杂言寄鲁望》："鹿门人作州从事，周章似鼠唯知醉。"

【鹿門子】　指晚唐诗人皮日休。日休，襄阳人，性傲诞，隐居鹿门，故称。陆龟蒙有《读阴符经寄鹿门子》。

【鹿門寺】　寺名。在今湖北襄阳市鹿门山上。裴说《鹿门寺》："鹿门山上寺，突兀尽无尘。"

【鹿胎】　❶鹿的胎。皮日休《送润卿博士还华阳》："仙市鹿胎如锦嫩，阴宫燕肉似酥肥。"❷指鹿胎弁。唐时为五品以上官员所服。杨巨源《见薛侍御戴不损裹帽子因赠》："已见笼蝉翼，无因映鹿胎。"陆龟蒙《奉和袭美夏景无事因怀章来二上人次韵》之一："高杉自欲生龙脑，小弁谁能寄鹿胎。"唐求《赠道者》："披霞戴鹿胎，岁月不能催。"

【鹿胎巾】　用胎鹿皮制成的头巾。上官昭容《游长宁公主流杯池二十五首》之二二："横铺豹皮褥，侧带鹿胎巾。”

【鹿胎冠子】 用胎鹿皮制成的帽子。褚载《送道士》：“鹿胎冠子水晶簪，长啸敧眠紫桂阴。”李群玉有《寄友人鹿胎冠子》。

【鹿亭】 亭名。在今浙江四明山上。陆龟蒙《四明山诗・鹿亭》：“鹿亭岩下置，时领白麛过。”皮日休有《奉和鲁望四明山九题・鹿亭》。

【鹿冠】 古代隐士所戴的帽子，用鹿皮做成，故名。皮日休《临顿为吴中偏胜之地因成五言十首奉题屋壁》之七：“玄想凝鹤扇，清斋拂鹿冠。”陆龟蒙《引泉诗》：“必有学真子，鹿冠秋鹤颜。”

【鹿馬】 为指鹿为马的略语。赵高要作乱，指鹿为马献给秦二世，来试探群臣态度。后以此典指奸臣用事或是非颠倒。杜甫《奉赠卢五丈参谋》：“休传鹿是马，莫信鹏如鸮。”周昙《咏史诗・秦门・胡亥》：“鹿马何难辨是非，宁劳卜筮问安危。”

【鹿柴】 (—zhài)地名。在今陕西蓝田县南。王维《辋川集》序：“余别业在辋川山谷，其游止有孟城坳、华子冈、文杏馆、斤竹岭、鹿柴、木兰柴、朱萸沜、宫槐陌……与裴迪闲暇各赋绝句云。”

【鹿虔扆】 五代诗人。仕后蜀孟昶为永泰军节度使，进检校太尉，加太保。《全唐诗外编》录其《送女道士》一首，《全唐诗》卷八九四录其词六首。

【鹿脯】 鹿肉干。王梵志《诗》之九八：“鹿脯三四条，石盐五六课。”

【鹿裘】 鹿皮做的大衣。常为隐士服。秦系《山中崔大夫有书相问》：“带月乘渔艇，迎寒绽鹿裘。”于鹄《送李明府归别业》：“鹿裘长酒气，茅屋有茶烟。”马戴《边馆逢贺秀才》：“鹿裘共弊同为客，龙阙将移拟献文。”黄滔《寄少常卢同年》：“官拜少常休，青緺换鹿裘。”

【鹿跡】 亦作“鹿迹”。鹿的足印。李德裕《鹿迹山铭》：“空留鹿跡，永存幽石。”张祜《题招隐寺》：“古井人名在，清泉鹿跡幽。”陆龟蒙《头陀僧》：“自扫雪中归鹿跡，天明恐被猎人寻。”司空图《送道者二首》之二：“雪里千山访君易，微微鹿迹入深林。”

【鹿鳴】 ❶鹿鸣叫。王翰《赠唐祖二子》：“鸿飞遵枉渚，鹿鸣思故群。”顾况《游子吟》：“鹿鸣志丰草，况复虞人箴。”李正封《夏游招隐寺暴雨晚晴》：“鹤飞岩烟碧，鹿鸣涧草香。”❷古代君王宴群臣嘉宾所用的乐歌。耿湋《送郭秀才赴举》：“乡赋鹿鸣篇，君为贡士先。”白居易《虾蟆》：“可独瑶瑟前，乱君鹿鸣歌。”顾非熊《行经褒城寄兴元姚从事》：“往岁客龟城，同时听鹿鸣。”温庭筠《病中书怀呈友人》：“鹿鸣皆缀士，雌伏竟非夫。”❸指鹿鸣宴。元稹《桐花》：“君若傲贤隽，鹿鸣有食芩。”

【鹿鳴客】 指参加科举考试的人。白居易《醉后走笔酬刘五主簿长句之赠兼简张大贾二十四先辈昆季》：“问我栖栖何所适，乡人荐为鹿鸣客。”姚合《寄马戴》：“天府鹿鸣客，幽山秋未归。”

【鹿鳴筵】 科举时代，乡举考试之后，州县长官宴请得中举子，或放榜次日，宴主考、执事人员及新举人。歌《诗・小雅・鹿鸣》，作魁星舞。故名。张蠙《自讽》：“鹿鸣筵上强称贤，一送离家十四年。”

【鹿臺】 山名。在今河南临汝县境。李白《题元丹丘颍阳山居》序：“丹丘家于颍阳，新卜别业，其地北倚马岭，连峰嵩丘，南瞻鹿台，极目汝海。”

【鹿幘】 用鹿皮制成的头巾。多为隐士所戴。陆龟蒙《寄茅山何威仪二首》之二：“身轻曳羽霞襟狭，髻耸峨烟鹿帻高。”

【鹿頭】 ❶山名。在今四川德阳市。杜甫《鹿头山》：“鹿头何亭亭，是日慰饥渴。”❷见“鹿頭關”。

【鹿頭關】 古关名。唐置，在今四川德阳市鹿头山上，为西川防守要地。郑谷《蜀中三首》之一：“马头春向鹿头关，远树平芜一望闲。”冯涓《蜀驮引》之二：“忽惊登得鸡翁碛，又恐碍着鹿头关。”亦省作“鹿頭”。韩愈《元和圣德诗》：“辟党聚谋，鹿头是守。”

【鹿頭城】 指鹿头关。张籍《赠赵将军》：“身贵早登龙尾道，功高自破鹿头城。”

【鹿盧】 ❶古时指引以下棺或置于井上以汲水的滑轱绞盘。段成式《戏高侍御七首》之五：“别起青楼作几层，斜阳幔卷鹿卢绳。”❷见“鹿盧劍”。

【鹿盧劍】 亦作“轆轤劍”。古剑名。皇甫曾《赠老将》：“辘轳剑折虬髯白，转战功多独不侯。”亦省作“鹿盧”。权德舆《建除诗》：“满月张繁弱，含霜耀鹿卢。”皎然《送顾处士歌》：“门前便取觳觫乘，腰上还将鹿卢佩。”

【鹿蹄】 鹿的蹄子。张祜《寓居临平山下三首》之二：“鹿蹄踏叶暮山响，龟壳曝沙春水寒。”又《游仙》：“顾我踪鹿蹄，去游遐寂境。”

【鹿麑】 幼鹿。郑綮《老僧》：“童子病归去，鹿麑寒入来。”

【鹿麑裘】 泛指鹿皮大衣。陈陶《句》：“一鼎雄雌金液火，十年寒暑鹿麑裘。”

【鹿麛】 幼鹿。杜审言《和韦承庆过义阳公主山池五首》之四：“鹿麛冲妓席，鹤子曳童衣。”卢纶《山中一绝》：“阳坡软草厚如织，因与鹿麛相伴眠。”欧阳衮《南涧寺》：“云藏古壁遗龙象，草没香台抱鹿麛。”皮日休《奉和鲁望樵人十咏・樵子》：“将花饵鹿麛，以果投猿父。”

二 画

麂 〔jǐ《广韵》居履切，上旨，見。〕哺乳动物的一属，是小型的鹿，雄的有长牙和短角。腿细而有力，善于跳跃。皮柔软，可制革。杜甫有《麂》。李敬方《题黄山汤院》："已阂眠沙麂，仍妨卧石猿。"

四 画

麄 同"麤"。

五 画

麈 〔zhǔ《广韵》之庾切，上麌，草。〕鹿类。头类鹿，脚类牛，尾类驴，颈背类骆驼，而观其全体，皆不完全相似，故俗称"四不像"。参见"麈尾""麈柄"。

【麈尾】 古人闲谈时执以驱虫、掸尘的一种工具。于细长的木条两边及上端插以兽毛，或直接让兽毛垂露外面，类似马尾松。古代传说麈迁徙时，以前麈之尾为方向标志，故称。后古人清谈时必执麈尾，相沿成习，为名流雅器，不谈话时，亦常执在手。李颀《题卢道士房》："麈尾拂霜草，金铃摇雾霞。"权德舆《题崔山人草堂》："竹径茆堂接洞天，闲时麈尾漱春泉。"章孝标《蜀中赠广上人》："曾持麈尾引金根，万乘前头草五言。"

【麈柄】 麈尾的柄。借指麈尾。杨巨源《郊居秋日酬奚赞府见寄》："闲言挥麈柄，清步掩蜗庐。"

麅 同"麃"。

六 画

麋 〔mí《广韵》武悲切，平脂，明。〕❶哺乳动物。毛淡褐色，雄的有角，角像鹿，尾像驴，蹄像牛，颈像骆驼，但从总体上看与哪一种动物都不像。性温顺，吃植物。为珍贵兽类。亦称"四不像"。王绩《食后》："胡麻山麨样，楚豆野麋方。"王季友《酬李十六岐》："自耕自刈食为天，如鹿如麋饮野泉。"白居易《夏日独直寄萧侍御》："鹰猜课野鹤，骥德责山麋。"张怀《吴江别王长史》："驽马虽然贪短豆，野麋终是忆长林。"❷姓。杜荀鹤有《赠宣城麋明府》。

【麋苑】 饲养麋鹿的苑囿。李绅《过吴门二十四韵》："缝堵荒麋苑，穿岩破虎丘。"

【麋鹿】 麋与鹿。亦专指麋。岑参《过缑山王处士黑石谷隐居》："遂令巢由辈，远逐麋鹿群。"顾况《登楼》："凄凉故吴事，麋鹿走荒台。"白居易《宿西林寺早赴东林满上人之会因寄崔二十二员外》："谪辞魏阙鹓鸾隔，老入庐山麋鹿随。"崔道融《元日有题》："自量麋鹿分，只合在山林。"

【麋鹿志】 隐逸之志。谓立志隐居山林，与麋鹿为伍。李白《山人劝酒》："各守麋鹿志，耻随龙虎争。"

【麋鹿性】 比喻草野伏游之性。权德舆《卧病喜惠上人李炼师茅处士见访因以赠》："各言麋鹿性，不与簪组群。"无可《冬晚姚谏议宅会送元绪上人归南山》："自知麋鹿性，亦欲离人间。"

【麋腊】 腊麋肉。贯休《鼓腹曲》："饼红虾兮析麋腊，有酒如浊醯兮呼我吃。"

【麋麅】 即麋鹿。麅，同"麃"，雄鹿。柳宗元《同刘二十八院长述旧言怀》："讼庭闲枳棘，候吏逐麋麅。"

七 画

麏 〔jūn《广韵》居筠切，平真，見。〕亦作"麕"。獐子。见《楚辞·淮南小山〈招隐士〉》。权德舆《晓发武阳馆即事书情》："芳树莺命雏，深林麏引麑。"李德裕《晨起见雪忆山居》："山溜随冰落，林麋带霰过。"温庭筠《西游书怀》："独鸟青天暮，惊麏赤烧残。"韩偓《闲步》："樵人相见指惊麏，牧童四散收嘶马。"

【麏包】 以白茅包的死獐子。李峤《茅》："麏包青野外，鸱啸绮楹前。"

【麏鼯】 亦作"麕鼯"。獐子与鼯鼠。此二种动物均活动于荒芜之地，故用以形容荒芜。陈子昂《入峭峡安居溪伐木溪源幽邃林岭相映有奇致焉》："麏鼯寒思晚，猿鸟暮声秋。"刘禹锡《经伏波神祠》："汉垒麏鼯斗，蛮溪雾雨愁。"

【麏麚】 亦作麋麚、麋麅。泛指鹿类动物。裴迪《辋川集二十首·鹿柴》："不知深林事，但有麏麚迹。"独孤及《癸卯岁赴南丰道中闻京师失守寄权士繇韩幼深》："猛虎啸北风，麏麚皆载驰。"权德舆《酬穆七侍郎早登使院西楼感怀》："鳣鲔跃洪流，麋麚倚荒阡。"李德裕《山信至说平泉别墅草木滋长地转幽深怅然思归复此作》："麋麚来涧底，凫鹄遍川浔。"

八 画

麗 〔lì《广韵》郎計切，去霽，來。〕❶附着，依附。见《易·离》。参见“麗土”。❷连接。参见“麗澤”。❸射中，正中目标。参见“麗龜”。❹华丽，美丽，美好。许敬宗《奉和仪鸾殿早秋应制》：“斜晖丽粉壁，清吹肃朱楼。”李白《鞠歌行》：“丽莫似汉宫妃，谦莫似黄家女。”白居易《新乐府·杏为梁》：“穷奢极丽越规模，付子传孙令保守。”韦庄《寄湖州舍弟》：“何况别来词转丽，不愁明代少知音。”❺光华。见《文选·扬雄〈甘泉赋〉》。常建《西山》：“物象归余清，林峦分夕丽。”❻姓。无可有《春日送丽处士归龙山》。

【麗人】 美人，佳人。崔颢《行路难》：“长信丽人见花泣，忆此珍树何嗟及。”杜甫《丽人行》：“三月三日天气新，长安水边多丽人。”李贺《夜来乐》：“丽人映月开铜铺，春水滴酒猩猩沽。”陆龟蒙《问吴宫辞》：“火姑苏兮沼长洲，此宫之丽人兮留乎不留。”

【麗人行】 （行 xíng）乐府诗题。《乐府诗集》列入《杂曲歌辞》。杜甫有《丽人行》。

【麗人曲】 乐府诗题。《乐府诗集》列入《杂曲歌辞》，并引《乐府广题》曰：“刘向《别录》云：昔有丽人善雅歌，后因以名曲。”崔国辅有《丽人曲》。

【麗土】 依附于土地。温庭筠《余昔自西滨得兰数本遂寄情于此》：“易地无赤株，丽土亦同荣。”

【麗日】 明媚的阳光。沈佺期《三日独坐驩州思忆旧游》：“丽日风徐卷，香尘雨暂收。”王维《郑果州相过》：“丽日照残春，初晴草木新。”万齐融《三日绿潭篇》：“垂菱布藻如妆镜，丽日晴天相照映。”常衮《咏冬瑰花》：“丽日千层艳，孤霞一片光。”

【麗什】 佳丽的篇章。姚合《奉和四松》：“赏心难可尽，丽什妙难裁。”曹松《赠镜湖处士方干二首》之二：“只拟应星眠越绝，唯将丽什当高勋。”

【麗文】 华丽的文章。薛存诚《御制段太尉碑》：“露迹垂繁字，天哀洒丽文。”

【麗水】 古水名。于濆《古征战》：“仍闻丽水中，日日黄金生。”

【麗玉】 人名。朝鲜津卒霍里子高妻，善箜篌。李咸用《公无渡河》：“见溺不援能语狼，忍听丽玉传悲伤。”

【麗正殿】 见“麗正殿書院”。

【麗正殿書院】 亦称“麗正脩書院”“集賢殿書院”。唐始置。为中央掌管刊辑、校理经籍、搜罗遗逸图书、承旨撰集文章的机构。张说有《恩制赐食于丽正殿书院宴赋得林字》。亦简称“麗正殿”。明皇有《春晚宴两相及礼官丽正殿学士探得风字》。

【麗句】 妍丽华美的句子。谓华美的诗文。秦系《山中奉寄钱起员外兼简苗发员外》：“高吟丽句惊巢鹤，闲闭春风看落花。”白居易《答次休上人》：“姓白使君无丽句，名休座主有新文。”湛贲《题历山司徒右长史祖宅》：“丽句传黄绢，香名播宋朝。”韩偓《金陵》：“彩笺丽句今已矣，罗袜金莲何寂寥。”

【麗曲】 动听的歌曲。钱起《奉和中书常舍人晚秋集贤院即事寄徐薛二侍御》：“定笑巴歌拙，还参丽曲余。”权德舆《和九华观见怀贡院八韵》：“丽曲涤烦虚，幽缄发清机。”又《酬裴端公八月十五日夜对月见怀》：“多病嘉期阻，深情丽曲传。”白居易《酬微之》：“声声丽曲敲寒玉，句句妍辞缀色丝。”

【麗色】 ❶美丽的颜色或景色。李华《咏史十一首》之十一：“丽色异人间，珊珊摇珮环。”曹著《曲江亭望慈恩寺杏园花发》：“异香飘九陌，丽色映千门。”李德裕《鸳鸯篇》：“精光摇翠盖，丽色映珠玑。”姚合《咏云》：“呈瑞每闻开丽色，避风仍见挂乔松。”❷指女子的美丽容貌。白居易《寄卢少尹》：“艳声与丽色，真为伐性刀。”孟简《咏欧阳行周事》序：“呜呼，钟爱于男女，素期效死，夫亦不蔽也。大凡以断割，不为丽色所汩，岂若是乎！”

【麗春】 花名。杜甫《江头五咏·丽春》：“百草竞春华，丽春应最胜。”郑谷《贫女吟》：“尘压鸳鸯废锦机，满头空插丽春枝。”

【麗事】 谓以华丽的词藻形容美好的事物。陆龟蒙《奉和袭美夏景无事因怀章来二上人次韵》之一：“丽事肯教饶沈谢，谈微何必减宗雷。”

【麗則】 指美丽典雅。姚合《和郑相演杨尚书蜀中唱和诗》：“五言全丽则，六义出风骚。”

【麗思】 美好的情思。杨巨源《赠陈判官求子花诗》：“能生丽思千花外，善点秾姿五彩中。”皎然《奉和裴使君清春夜南堂听陈山人弹白雪》：“春宵凝丽思，闲坐开南围。”姚合《寄主客刘郎中》：“清景早朝吟丽思，题诗应费益州笺。”

【麗華】 ❶华丽。万楚《五日观妓》：“西施谩道浣春纱，碧玉今时斗丽华。”人名。(1)南朝陈后主妃张丽华，以美色见宠。罗隐《台城》：“丽华承宠渥，江令捧杯盘。”孙元晏《咏史诗·陈·后庭舞》：“嬿婉回风态若飞，丽华翘袖玉为姿。”韩偓《侍宴》：“密旨不教江令醉，丽华微笑认皇慈。”(2)阴丽华。后汉光武帝后。李白《南都行》：“丽华秀玉色，汉女娇朱颜。”

【麗格】 美好的格调。姚合《喜览泾州卢侍御诗卷》：“新诗十九首，丽格出青冥。”

【麗席】 华美的筵席。上官仪《安德山池宴集》：“缔交开狎赏，丽席展芳辰。”

【麗容】　美丽的外观形象。皎然《妙喜寺四十二韵》："物生岂有心，丽容俟予别。"又《白云歌寄陆中丞使君长源》："萦空叠景多丽容，众峰峰上自为峰。"

【麗彩】　绚丽的色彩。无名氏《焚裘》："丽彩辞宸扆，余香在御楼。"

【麗姬】　古美人名。亦泛指美人。李商隐《李肱所遗画松诗书两纸得四十韵》："邹颠蓐发软，丽姬眉黛浓。"

【麗景】　美丽的景色。顾况《在滁苦雨归桃花崦伤亲友略尽》："丽景变重阴，洞山空木表。"温庭皓《观山灯献徐尚书》之三："丽景饶红焰，祥光出翠微。"罗隐《寒食日早出城东》："向谁夸丽景，只是叹流年。"

【麗詞】　华丽的词藻。指华丽的诗文。崔郊《礼部权侍郎阁老史馆张秘监阁老有离合酬赠之什宿直岭玩聊继此章》："脉脉羡佳期，月夜吟丽词。"许浑《和人贺杨仆射谢致政》："锦帐丽词推北巷，画堂清乐掩南邻。"韩定辞《答马彧》："盛德好将银管述，丽词堪与雪儿歌。"

【麗絕】　极其妍丽。亦指极其妍丽之物。赵嘏《代人赠别》："平子定情词丽绝，诗人匪石誓分明。"李咸用《绯桃花歌》："上帝春宫思丽绝，夭桃变态求新悦。"徐铉《亚元舍人不替深知猥贻佳作三篇因为长歌聊以为报》："短韵三篇皆丽绝，小梅寄意情偏切。"

【麗蕊】　美丽的花。孟郊《邀人赏蔷薇》："丽蕊惜未扫，宛枝长更纡。"

【麗漢】　指美丽的天河。萧彧《送钟员外》："丽汉金波满，当筵玉斝倾。"

【麗質】　美好的资质。亦指品貌。权德舆《薄命篇》："丽质全胜秦氏女，藁砧宁用专城居。"白居易《长恨歌》："天生丽质难自弃，一朝选在君王侧。"李群玉《和吴中丞悼笙妓》："丽质仙姿烟逐风，凤凰声断吹台空。"

【麗澤】　谓两个沼泽相连。亦指德泽。柳宗元《弘农公以硕德伟材屈于诬枉谨献诗五十韵以毕微志》："丽泽周群品，重明照万方。"

【麗龜】　❶射中禽兽背部隆起的中心处。段成式、郑符《三阶院联句》："丽龟何足敌，殪豕未为长。"白居易《偶以拙诗数首寄呈裴少尹侍郎蒙以盛制四篇一时酬和重投长句美而谢之》："一麋丽龟绝报赛，五鹿连柱难支梧。"❷喻科举时中式得官。贯休《送黄宾于赴举》："□师无一事，应见丽龟归。"

【麗璧】　华丽的璧玉。则天皇后《唐享昊天乐·第五》："筵辉丽璧，乐畅和音。"

【麗藻】　华丽的辞藻。指华美的诗文。封行高《冬日宴于庶子宅各赋一字得色》："雅引发清音，丽藻穷雕饰。"耿湋《晚秋宿裴员外寺院》："仲言名丽藻，晚水独芙蓉。"权德舆《奉酬从兄南仲见示十九韵》："丽藻粲相鲜，晨辉艳芳丛。"罗隐《酬寄右司李员外》："闲摛丽藻嫌秋兴，静猎遗编笑过秦。"

【麗譙】　华丽的高楼。张子容《九日陪润州邵使君登北固山》："五马向西椒，重阳坐丽谯。"窦群《黔中书事》："万事非京国，千山拥丽谯。"刘禹锡《踏潮歌》："征南将军登丽谯，赤旗指麾不敢嚣。"邢群《郡中有怀寄上睦州员外杜十三兄》："城枕溪流更浅斜，丽谯连带邑人家。"

麒

〔qí《广韵》渠之切，平之，羣。〕参见"麒麟"。

【麒麟】　❶古代传说中的一种动物。状似鹿而头有角。全身有鳞甲，尾像牛尾。古以为仁兽、瑞兽，以之象征祥瑞。顾况《露青竹杖歌》："红尘扑辔汗湿鞯，师子麒麟聊比肩。"白居易《九年十一月二十一日感事而作》："麒麟作脯龙为醢，何似泥中曳尾龟。"杜牧《赠李秀才》："天上麒麟时一下，人间不独有徐陵。"❷帝王陵墓前的石麒麟或饰有麒麟图案的服饰等。李贺《昆仑使者》："麒麟背上石文裂，虬龙鳞下红枝折。"张祜《赠淮南将》："带金狮子小，裘锦麒麟狞。"项斯《欲别》："锦缎裁衣赠，麒麟落剪刀。"温庭筠《阳春曲》："帘外春威着罗幕，曲阑伏槛金麒麟。"❸喻骏马或优异人才。褚亮《伤始平李少府正己》："高文缀翡翠，茂学掩麒麟。"李群玉《将离澧浦置酒野屿奉怀沈正字昆弟三人联登高第》："衡岳三麒麟，各振黄钟音。"徐夤《邑宰相访翼日有寄》："碧沼共攀红菡萏，金鞍不卸紫麒麟。"

【麒閣】　见"麒麟阁"。

【麒麟車】　饰有麒麟的车子。李颀《王母歌》："霓旌照耀麒麟车，羽盖淋漓孔雀扇。"

【麒麟兒】　指颖异的小孩子。杜甫《徐卿二子歌》："孔子释氏亲抱送，并是天上麒麟儿。"。李山甫《赴举别所知》："黄祖不怜鹦鹉客，志公偏赏麒麟儿。"

【麒麟客】　指有高尚道德的人。苏颋《饯郢州李使君》："伤心聊把袂，怊怅麒麟客。"

【麒麟袍】　绣有麒麟的官服。白居易《醉送李二十常侍赴镇浙东》："今日洛桥还醉别，金杯翻污麒麟袍。"

【麒麟筆】　即麟角笔。卢照邻《释疾文三歌》之一："东郊绝此麒麟笔，西山秘此凤凰柯。"

【麒麟畫】　麒麟阁上的功臣画像。杜甫《秋野五首》之五："身许麒麟画，年衰鸳鹭群。"

【麒麟殿】　即麒麟阁。李白《流夜郎赠辛判官》："文章献纳麒麟殿，歌舞淹留玳瑁筵。"张谓《送韦侍御赴上都》："更谒麒麟殿，重簪獬豸冠。"钱起《送郑书记》："受命麒麟殿，参谋骠骑营。"

【麒麟臺】 即麒麟阁。李白《司马将军歌》："功成献凯见明主，丹青画像麒麟台。"

【麒麟閣】 汉代阁名。在未央宫中。汉宣帝时曾将霍光等十一功臣像绘于阁上，以表扬其功绩。封建时代多以画像于"麒麟阁"表示卓越功勋和最高的荣誉。卢象《赠程秘书》："顾余久寂寞，一岁麒麟阁。"岑参《送张秘书充刘相公通汴河判官便赴江外觐省》："新登麒麟阁，适脱獬豸冠。"白居易《赠写真者》："迢递麒麟阁，图功未有期。"司空图《携仙箓九首》之四："听君总画麒麟阁，还我闲眠舴艋舟。"亦省称"麒閣""麒麟"。刘祎之《酬郑沁州》："麒阁一代良，熊轩千里躅。"李益《送柳判官赴振武》："君逐嫖姚将，麒麟有战功。"鲍溶《淮南卧病闻李相夷简移军山阳以靖东寇感激之下因抒长句》："鲁连未必蹈沧海，应见麒麟新画图。"陈陶《投赠福建桂常侍二首》之一："长笑当时汉卿士，等闲恩泽画麒麟。"

【麒麟鬬】 麒麟相斗。喻群雄纷争。皮日休《鲁望寄答次韵》："始将麋鹿狎，遂与麒麟斗。"

麓 〔lù《广韵》盧谷切，入屋，來。〕❶山脚。见《诗·旱麓》。杜甫《课伐木》："人肩四根已，亭午下山麓。"❷山脚下的林木。见《周礼·地官·序官》。杜甫《郑驸马宅宴洞中》："误疑茅堂过江麓，已入风磴霾云端。"柳宗元《唐铙歌鼓吹曲十二篇·兽之穷》："兽之穷，奔大麓。"白居易《和梦游春诗一百韵》："贪为苦聚落，爱是悲林麓。"吴融《绵竹山四十韵》："行府寄精庐，开窗对林麓。"❸指岳麓山。崔珏《道林寺》："临湘之滨麓之隅，西有松寺东岸无。"❹参见"麓麓"。

【麓山】 岳麓山。在今湖南长沙市湘江西岸。齐己《闻尚颜上人创居有寄》："麓山南面橘洲西，别构新斋与竹齐。"又《闻尚颜下世》："岳僧传的信，闻在麓山亡。"

【麓山寺】 寺名。在岳麓山。刘长卿有《自道林寺西入石路至麓山寺过法崇禅师故居》，戴叔伦有《麓山寺会送严秀才》。

【麓麓】 犹历历，谓一一可数。寒山《诗三百三首》之二六七："青萝疏麓麓，碧涧响联联。"

麕 参见"麐"。

麑 〔ní《广韵》五稽切，平齊，疑。〕幼鹿。元结《系乐府十二首·贫妇词》："所怜抱中儿，不如山下麑。"权德舆《晓发武阳馆即事书情》："芳树莺命雏，深林麝引麑。"白居易《杂兴三首》之三："姑苏台下草，麋鹿暗生麑。"

九 画

麚 〔jiā《广韵》古牙切，平麻，見。〕亦作"麏"。雄鹿。参见"麛麚"。

麛 〔mí《广韵》莫兮切，平齊，明。〕❶幼鹿。杜审言《和韦承庆过义阳公主山池五首》之四："鹿麛冲妓席，鹤子曳童衣。"钱起《和慕容法曹寻渔者寄城中故人》："饥鹭不惊收钓处，闲麛应乳负暄时。"刘言史《苦妇词》："游畋复释麛，羔兔尚免鹑。"❷泛指幼兽。见《礼记·曲礼》。韩愈《猛虎行》："身食黄熊父，子食赤豹麛。"

十 画

麝 〔shè《广韵》神夜切，去禡，船。又食亦切，入昔，船。〕❶兽名。俗称香獐。似鹿而小，无角，腿前短后长。善跳跃，尾短，毛黑褐色或灰褐色。雄麝脐与生殖器之间有腺囊，能分泌麝香。鲍溶《采葛行》："春溪几回葛花黄，黄麝引子山山香。"张祜《寄题商洛王隐居》："随蜂收野蜜，寻麝采生香。"许浑《晓过郁林寺戏呈李明府》："洞花蜂聚蜜，岩柏麝留香。"李商隐《商於》："背坞猿收果，投岩麝退香。"❷借指麝香。亦泛称香气。李白《酬张司马赠墨》："兰麝凝珍墨，精光乃堪掇。"韩愈《县斋有怀》："濯缨起江湖，缀佩杂兰麝。"李远《慈恩寺避暑》："香荷疑散麝，风铎似调琴。"徐夤《咏帘》："闲垂别殿风应度，半掩行宫麝欲薰。"

【麝月】 指月。韩偓《倒押前韵》："鸦黄双凤翅，麝月半鱼鳞。"

【麝炷】 麝香的炷头。唐彦谦《玫瑰》："麝炷腾清燎，鲛纱覆绿蒙。"赵光远《咏手二首》之二："炉面试香添麝炷，舌头轻点贴金钿。"

【麝香】 ❶麝。杜甫《山寺》："麝香眠石竹，鹦鹉啄金桃。"雍陶《寄襄阳章孝标》："闻说小斋多野意，枳花阴里麝香眠。"曹松《商山》："木弓未得长离手，犹与官家射麝香。"❷雄麝脐部香腺中的分泌物。干燥后呈颗粒状或块状，可作香料，亦可入药。寒山《诗三百三首》之二七五："驴屎比麝香，苦哉佛陀耶。"岑参《登金城临河驿楼》："庭树巢鹦鹉，园花隐麝香。"王建《宫词一百首》之十六："总把玉鞭骑御马，绿鬃红额麝香香。"项斯《古扇》："似月旧临红粉面，有风休动麝香衣。"

【麝香山】 地名。在今四川奉节县东四十里。杜甫《入宅三首》之二："水生鱼复浦，云暖麝香山。"

【麝香縭】 香巾。缡,女子出嫁时所系的佩巾。元稹《代九九》:“强持文玉佩,求结麝香缡。”

【麝氣】 麝香的香气。李德裕《述梦诗四十韵》:“麝气随兰泽,霜华入杏膏。”

【麝煤】 即麝墨。含有麝香的墨。据说古代制墨和以麝香,故称。韩偓《横塘》:“蜀纸麝煤沾笔尖,越瓯犀液发茶香。”

【麝煙】 焚麝香发出的烟。李白《连理枝》词之一:“喷宝猊香烬,麝煙浓,馥红绡翠被。”温庭筠《菩萨蛮》词之十二:“深处麝煙长,卧时留薄妆。”皮日休《醉中先起李縠戏赠走笔奉酬》:“麝煙苒苒生银兔,蜡泪涟涟滴绣闺。”成彦雄《夕》:“台榭沉沉禁漏初,麝煙红蜡透虾须。”

【麝臍】 雄麝的脐,麝香腺所在。亦借指麝香。温庭筠《张静婉采莲歌》:“抱月飘烟一尺腰,麝脐龙髓怜娇娆。”皮日休《扬州看辛夷花》:“螓首不言披晓雪,麝脐无主任春风。”唐彦谦《春雨》:“灯檠昏鱼目,薰炉咽麝脐。”和凝《山花子》词之一:“莺锦蝉縠馥麝脐,轻裾花草晓烟迷。”

【麝蘭】 麝香与兰香。韦庄《天仙子》词之二:“醺醺酒气麝兰和,惊睡觉,笑呵呵,长笑人生能几何。”

【麝爐】 薰麝香的炉子。钱弘倧《禹庙》:“蟾殿夜寒笼翠幌,麝炉春暖酹琼樽。”

十一画

麞 〔zhāng《广韵》諸良切,平陽,章。〕同“獐”。獐子。哺乳动物,状似鹿而小,无角;毛粗长,背部黄褐色,腹部白色。行动灵敏,善跳,能游泳。肉可食,皮可制革。明皇《校猎义成喜逢大雪率题九韵以示群官》:“触地银麞出,连山缟鹿见。”李商隐《行次西郊作一百韵》:“廷臣例獐怯,诸将如羸奔。”李郢《即目》:“何为跧似鼠,而复怯于獐。”

十二画

麟 〔lín《广韵》力珍切,平真,來。〕❶麒麟。李白《上崔相百忧章》:“骥不骤进,麟何来哉。”白居易《赠樊著作》:“常恐国史上,但记凤与麟。”韦表微《池州夫子庙麟台》:“吁嗟麟兮,克昭符命。”许棠《送刘校书游东鲁》:“如经麟见处,驻马瞰荒丘。”❷麟州的省称。故治在今陕西神木县北。薛能有《麟中寓居寄蒲中友人》。

【麟子】 麒麟之子。喻年少有为者。李咸用《轻薄怨》:“凤雏麟子皆至交,春风相逐垂杨桥。”

【麟角】 麒麟之角。喻稀罕而又可贵的人才或事物。长孙无忌《与欧阳询互嘲》之一:“谁家麟角上,画此一猕猴。”刘禹锡《酬郑州权舍人见寄二十韵》:“麟角看成就,龙驹见抑扬。”李商隐《咏怀寄秘阁旧僚二十六韵》:“曲艺垂麟角,浮名状虎皮。”刘兼《寄高书记》:“齐朝庆裔祖敖曹,麟角无双凤九毛。”

【麟角虎翅】 麟之角,虎之翅。比喻世间不可多得的人才。李商隐《安平公诗》:“府中从事杜与李,麟角虎翅相过摩。”

【麟角鳳觜】 麟之角,凤之觜。喻稀有之物。杜甫《病后遇王倚饮赠歌》:“麟角凤觜世莫识,煎胶续弦奇自见。”

【麟洲】 指凤麟洲。传说为神仙所居之地。王勃《怀仙》:“鹤岑有奇径,麟洲富仙家。”贯休《寿春进祝圣七首·大兴三教》:“缝掖诸生集,麟洲羽客朝。”

【麟趾】 喻有仁德、有才智的贤人。沈佺期《岁夜安乐公主满月侍宴》:“咏歌麟趾合,箫管凤雏来。”钱起《送李大夫赴广州》:“一贤间气生,麟趾凤凰羽。”权德舆《奉和礼部尚书酬杨著作竹亭歌》:“家承麟趾贵,剑有龙泉赐。”

【麟趾殿】 北周秘书监名。宋之问有《麟趾殿侍宴应制》。

【麟符】 朝廷颁发的麟形符节。徐铉《还过东都留守周公筵上赠座客》:“麟符上相恩偏厚,隋苑留欢日欲斜。”

【麟脯】 干麒麟肉。韩偓《无题》之二:“麟脯随重酿,霜华间八珍。”

【麟筆】 孔子作《春秋》,绝笔于获麟,故称史官之笔为麟笔。卢纶《和常舍人晚秋集贤院即事十二韵寄赠江南徐薛二侍郎》:“麟笔删金篆,龙绡荐玉编。”吴融《送弟东归》:“偶持麟笔侍金闺,梦想三年在故溪。”贯休《酬王相公见赠》:“一从麟笔题墙后,常只冥心古像前。”

【麟經】 即麟史。孔子作《春秋》,绝笔于获麟,故称《春秋》为麟史或麟经。刘兼《万葛树》:“静铺讲席麟经润,高拂□枝兔影分。”

【麟臺】 ❶唐代官署名。唐武后改秘书省为麟台。刘禹锡《秘书崔少监见示坠马长句因而和之》:“麟台少监旧仙郎,洛水桥边坠马伤。”张籍《祭退之》:“我官麟台中,公为大司成。”白居易《酬卢秘书二十韵》:“世家标甲第,官职滞麟台。”❷麒麟阁的别称。颜真卿《赠裴将军》:“功成报天子,可以画麟台。”李九龄《代边将》:“据鞍遥指长安路,须刻麟台第一功。”

【麟鳳】 麒麟与凤凰。杜甫《幽人》:“麟凤在赤霄,何当一来仪。”李群玉《谪仙吟赠赵道士》:“三元麟凤推高座,六甲风雷閟小壶。”李洞《寓言》:“麟凤隔云攀不及，空山惆怅夕阳时。”❷喻才智出众者。周昙《咏史诗·三代门·太公》：“危邦自谓多麟凤，肯把王纲取钓翁。”陈陶《闲居杂兴五首》之二：“中原莫道无麟凤，自是皇家结网疏。”

【麟鳳龜龍】 古称其为四灵之物。贯休《大蜀皇帝潜龙日述圣德诗五首》之五：“丈夫勋业正乾坤，麟凤龟龙尽在门。”又《赠杨公杜之舅》：“周秦汉魏书书在，麟凤龟龙步步随。”

【麟閣】 麒麟阁。李白《塞下曲六首》之三：“功成画麟阁，独有霍嫖姚。”崔何《喜陆侍御破石埭草寇东峰亭赋诗》：“功名麟阁上，得咏入秦关。”张仲素《塞上曲》：“汉家天子图麟阁，身是当今第一人。”司空图《南北史感遇十首》之一：“雨淋麟阁名臣画，雪卧龙庭猛将碑。”

【麟德】 见“麟德殿”。

【麟德殿】 唐宫殿名。位于大明宫太液池西南面。卢纶有《奉和圣制麟德殿宴百僚》。杜牧《郡斋独酌》：“功成赐宴麟德殿，猿超鹘掠广球场。”贯休《寄大愿和尚》：“曾升麟德殿，谭无着，赐衣三铢让不着。”亦省作“麟德”。贾岛《内道场僧弘绍》：“麟德燃香请，长安春几回。”

【麟膠】 麟角胶。杨师道《奉和咏弓》：“霜重麟胶劲，风高月影圆。”

【麟龍】 麒麟与龙。贯休《寄韩团练》：“谁不有诗机，麟龙不解织。”又《闻叶蒙及第》：“尘土茫茫晓，麟龙草草骑。”

二十二画

麤 〔cū《广韵》，倉胡切，平模，清。〕亦作“麄”。❶粗糙，粗劣。韩愈《南溪始泛三首》之一：“石麤肆磨砺，波恶厌牵挽。”李商隐《韩碑》：“长绳百尺拽碑倒，麤砂大石相磨治。”❷粗强。韩愈《射训狐》：“乘时阴黑止我屋，声势慷慨非常麤。”元稹《有鸟二十章》之十二：“归来仍占主人树，腹饱巢高声响麤。”❸粗厚，粗壮。欧阳炯《题景焕画应天寺壁天王歌》：“眉麤眼竖发如锥，怪异令人不可知。”又《贯休应梦罗汉画歌》：“形如瘦鹤精神健，顶似伏犀头骨麤。”李洞《赠徐山人》：“山房古竹麄于树，海岛灵童寿等龟。”❹粗豪，豪壮。韩愈《汴泗交流赠张仆射》：“发难得巧意气麤，欢声四合壮士呼。”卢仝《寄男抱孙》：“书处甚麤杀，且喜见汝手。”❺粗疏。卢延让《樊川寒食二首》之二：“五陵年少麤于事，栲栳量金买断春。”❻苟且，马虎。权德舆《丙庚岁苦贫戏题》：“麤令有鱼菽，岂复求轻肥。”❼糙米。泛指粗劣的食物。白居易《偶作二首》之二：“精麤随所有，亦足饱充肠。”

【麤才】 粗疏而乏才学之人。司空图《寄薛起居》：“麤才自合无岐路，不破工夫漫解嘲。”

【麤衣淡飯】 粗布衣服，清淡的饭食。谓生活俭仆。吕岩《沁园春》词：“但麤衣淡饭，随缘度日，任人笑我，我又何求。”

【麤官】 古代重文轻武，故呼武官为麤官。王彦威《宣武军镇作》：“寄语长安旧冠盖，麤官到底是男儿。”

【麤疏】 ❶粗忽疏慢。李商隐《偶成转韵七十二句赠四同舍》：“我生麤疏不足数，梁父哀吟鸲鹆舞。”❷谓才学疏略寡陋。王建《昭应李郎中见贻佳作次韵奉酬》：“精思道心缘境熟，麤疏文字见诗回。”❸形容声音粗沉而不连续。孟郊《秋怀》之九：“秋深月清苦，虫老声麤疏。”

【麤糲】 糙米。泛称粗劣的食物。李端《题山中别业》：“生涯只麤粝，吾岂讳言穷。”

麥 部

麥 〔mài《广韵》莫獲切，入麥，明。〕麦子。子实磨成面粉供食用，亦可制糖、酿酒，为我国北方主要粮食作物。有小麦、黑麦、燕麦等诸多品种。杜甫《送李校书二十六韵》："老雁春忍饥，哀号待枯麦。"韩愈《元和圣德诗》："天锡皇帝，多麦与黍。"白居易《和春深二十首》之五："阴繁棠布叶，岐秀麦分花。"赵嘏《遣兴二首》之一："溪花入夏渐稀疏，雨气如秋麦熟初。"

【麥田】 种麦的田地。羊士谔《闲斋示一二道者》："山蝉铃阁晚，江雨麦田秋。"温庭筠《会昌丙寅丰岁歌》："莘茸单衣麦田路，村南娶妇桃花红。"

【麥芒】 麦穗之芒。柳宗元《闻黄鹂》："目极千里无山河，麦芒际天摇清波。"李贺《章和二年中》："云萧索，田风拂拂，麦芒如彗黍如粟。"

【麥秀】 指麦子秀发而未实。杜甫《行次古城店泛江作呈江陵幕府诸公》："白屋花开里，孤城麦秀边。"李端《寄畅当》："麦秀草芊芊，幽人好昼眠。"亦指箕子《麦秀之歌》。卢象《奉和张使君宴加朝散》："停杯歌麦秀，秉烛醉棠阴。"

【麥秀兩岐】 唐教坊曲名。亦为词牌名。和凝有《麦秀两岐》词。

【麥苗】 麦类作物的幼苗。戴叔伦《屯田词》："麦苗渐长天苦晴，土干确确锄不得。"成辅端《戏语》："一顷麦苗硕伍米，三间堂屋二千钱。"贯休《甘雨应祈》："麦苗芃芃兮鸲鹆飞，日出而作兮日入归。"

【麥雨】 麦熟时节所降的雨。李贺《南园诗十三首》之十三："柳花惊雪浦，麦雨涨溪田。"齐己《新燕》："远采江泥腻，双飞麦雨匀。"

【麥門冬】 多年生草本植物。叶条形，丛生，初夏开紫色小花，总状花序，果实裂开露出种子。块茎可入药，有镇咳、祛痰、利尿等作用。无名氏《小苏家》："麦门冬长马鬣青，茱萸蕊绽蝇头赤。"

【麥城】 古城名。相传为楚昭王所筑。故址在今湖北当阳东南沮漳两水间。三国时，吴将吕蒙击败蜀大将关羽，关羽西走保麦城，即此地。杜甫《送田四弟将军》："燕辞枫树日，雁度麦城霜。"罗隐《春日投钱塘元帅尚父二首》之二："一句黄河千载事，麦城王粲谩登楼。"又《寄京阙陆郎中昆仲》："争奈乱罹人渐少，麦城新赋许谁传。"

【麥秋】 麦熟的季节。崔翘《郑郎中山亭》："杜馥熏梅雨，荷香送麦秋。"皇甫冉《泮水送郑丰鄠县读书》："麦秋中夏凉风起，送君西郊及泮水。"朱庆余《镜湖西岛言事》："偶因药酒欺梅雨，却着寒衣过麦秋。"罗隐《寄进士卢休》："从此客程君不见，麦秋梅雨遍江东。"

【麥風】 麦信。江淮间农历四五月份的信风。白居易《和微之四月一日作》："麦风低冉冉，稻水平漠漠。"徐凝《玩花五首》之五："花到蔷薇明艳绝，燕支颗破麦风秋。"朱庆余《酬萧员外见寄》："麦风吹雨正徘徊，忽报书从郡阁来。"

【麥候】 麦熟季节，农历四五月间。韦道逊《晚春宴》："日斜宾馆晚，春轻麦候初。"

【麥酒】 以麦作为主要原料酿造的酒。无名氏《五言诗》之二："墓内不须食，麦酒三五瓶。"

【麥紋紙】 见"麥紙"。

【麥紙】 即麦纹纸。唐时翰林苑书诏书，即用此纸。元稹《奉和浙西大夫李德裕述梦四十韵次本韵》："麦纸侵红点，兰灯焰碧高。"原注："书诏皆用麦纹纸。"

【麥畦】 麦田。章碣《曲江》："无穷罗绮填花径，大半笙歌占麦畦。"

【麥場】 对麦子进行晾晒和脱粒之处。雍裕之《农家望晴》："白发老农如鹤立，麦场高处望云开。"

【麥粥】 以麦类谷物熬成的粥。柳中庸《寒食戏赠》："杏花香麦粥，柳絮伴秋鞦。"

【麥麨】 用麦子炒熟后磨成的粉而制成的干粮。皮日休《开元寺佛钵诗》："乳糜味断中天觉，麦麨香消大劫知。"

【麥積山】 山名。在今甘肃天水市东南。形如堆积的麦垛，故称。有著名的石窟，始凿于十六国晚期，北魏、西魏、北周间大规模营凿，其后各代亦有增凿。王仁裕有《题麦积山天堂》。

【麥熟】 ❶麦子成熟。孟郊《张徐州席送岑秀才》："雨余山川净，麦熟草木凉。"❷麦子成熟的季节。王建《江陵使至汝州》："回看巴路在云间，寒食离家麦熟还。"

【麥穗】 麦茎顶端的花或果实部分。张谓《别睢阳故人》："夏雨桑条绿，秋风麦穗黄。"戴叔伦《崇德道中》："暖日菜心稠，晴烟麦穗抽。"无可《送灵武李侍御》："禁盐调上味，麦穗结秋花。"陆龟蒙《和袭美腊后送内大德从勖游天台》："铜瓶净贮桃花雨，金策闲摇麦穗风。"

【麥麴】　麦制的酒母。白居易《酒功赞》："麦曲之英，米泉之精。"

【麥隴】　亦作"麥壠"。麦田间土埂。卢纶《早春归盩厔旧居却寄耿拾遗沣李校书端》："野日初晴麦垅分，竹园相接鹿成群。"李绅《过荆门》："青青麦陇啼飞鸦，寂寞野径棠梨花。"杨玢《登慈恩寺塔》："紫云楼下曲江平，鸦噪残阳麦陇青。"庄南杰《红蔷薇》："谢豹声催麦陇秋，熏风吹落猩猩血。"

【麥壠】　见"麥隴"。

【麥饘】　麦粥。皮日休《吴中苦雨因书一百韵寄鲁望》："竟未成麦饘，安能得粱肉。"又《三羞诗三首》之三："朝食有麦饘，晨起有布衣。"

三　画

麧　〔hé《广韵》下没切，入没，匣。〕麦糠里的粗屑。泛指粗粝的食物。元结《漫酬贾沔州》："岂欲皂枥中，争食麧与薋。"

四　画

麩　〔fū《广韵》芳無切，平虞，敷。〕❶麦皮，麦麸。见《说文·麦部》。寒山《诗三百三首》之一一六："唯赍一束草，并带五升麸。"韩愈《征蜀联句》："休输任讹寝，报力厚麸秸。"❷指细薄的片状物。李贺《夜来乐》："重一篚，香十株，赤金瓜子兼杂麸。"

【麩炭】　即木炭。白居易《和微之诗二十三首·和自劝二首》之一："日暮半炉麸炭火，夜深一盏纱笼烛。"

麪　〔miàn《广韵》莫甸切，去霰，明。〕亦作"麵"。❶面粉。张说《奉和圣制喜雪应制》："积如沙照月，散似麵从风。"杜甫《槐叶冷淘》："新麪来近市，汁滓宛相俱。"❷指面粉状物。见北魏贾思勰《齐民要术·五谷》。白居易《送客春游岭南二十韵》："麪苦桄榔裛，浆酸橄榄新。"又《雪中即事答微之》："北市风生飘散麵，东楼日出照凝酥。"韦庄《和郑拾遗秋日感事一百韵》："米惭无薏苡，麵喜有桄榔。"

【麪市】　亦作"麵市"。面粉交易市场。唐诗中多指大雪覆盖的街市。李端《旅舍对雪赠考功王员外》："杨花惊满路，麵市忽狂风。"元稹《西归绝句十二首》之十一："风回麵市连天合，冻压花枝着水低。"李商隐《喜雪》："人疑游麵市，马似困盐车。"

【麪梨】　梨的一种。元稹《酬翰林白学士代书一百韵》："麪梨通蒂朽，火米带芒炊。"自注："麪梨软烂无味，火米粗粝不精。"

麨　〔chǎo《广韵》尺沼切，上小，昌。〕用煮熟的米、麦或粟炒制的干粮。王绩《食后》："胡麻山麨样，楚豆野麋方。"皮日休《开元寺佛钵诗》："乳麋味断中天觉，麦麨香消大劫知。"

六　画

麯　同"麴"。

麰　〔móu《广韵》莫浮切，平尤，明。〕大麦。亦泛称麦类谷物。韩愈《赴江陵途中寄赠三学士》："积雪验丰熟，幸宽待蚕麰。"又韩愈、孟郊《城南联句》："岸壳坼玄兆，野麰渐丰萌。"徐铉《进雪诗》："润逐麳麰铺绿野，暖随杯酒上朱颜。"

八　画

麳　〔lá《广韵》落哀切，平咍，來。〕小麦。《广雅·释草》："大麦，麰也；小麦，麳也。"参见"麳麰"。

【麳麰】　小麦和大麦。麦类谷物的总称。徐铉《进雪诗》："润逐麳麰铺绿野，暖随杯酒上朱颜。"

麴　〔qū《广韵》驅匊切，入屋，溪。〕亦作"麯"。❶酒曲。李白《襄阳歌》："此江若变作春酒，垒麴便筑糟丘台。"窦冀《怀素上人草书歌》："长幼集，贤豪至，枕糟借麴犹半醉。"元稹《酬乐天劝醉》："神麯清浊酒，牡丹深浅花。"李商隐《送千牛李将军赴阙五十韵》："蒸鸡殊减膳，屑麴异和羹。"❷指酒。元稹《解秋十首》之六："亲烹园内葵，凭买家家麯。"❸淡黄色。参见"麴塵❶"。❹姓。参见"麴令""麴典設"。

【麴王】　酒神。皮日休《临顿为吴中偏胜之地陆鲁望居之因成五言十首奉题屋壁》之三："尽日留蚕母，移时祭麴王。"

【麴米】　造酒所用之米。卢仝《寄赠含曦上人》："麴米本无愆，酒成是法水。"

【麴米春】　酒名。杜甫《拨闷》："闻道云安麴米春，才倾一盏即醺人。"

【麴車】　酒车。杜甫《饮中八仙歌》："道逢麴车口流涎，恨不移封向酒泉。"白居易《和春深二十首》之十四："铺歠眠糟瓮，流涎见麴车。"

【麴令】 麴信陵。贞元元年(785)进士及第,为第四人,六年官望江令。萧缜有《前望江麴令颂德》。

【麴典設】 名未详。骆宾王《秋日饯麴录事使西州序》:"麴录事务切皇华,指轮台而凤举。"又云:"星之辉,行照葱河之境。"知曲录事时出使西州安西都护府。李峤有《和麴典设扈从东郊忆弟往安西冬至日恨不得同申拜庆》。

【麴信陵】 诗人。贞元元年(785)登进士第,同年复登贤良方正、能直言极谏科。有集一卷,佚。《全唐诗》卷三一九录其诗六首,句一联。

【麴室】 制酒的作坊。皮日休《奉和添酒中六咏·酒瓮》:"移来近麴室,倒处临糟床。"

【麴神】 酒神。白居易《与诸客空腹饮》:"麴神寅日合,酒圣卯时欢。"

【麴崇裕】 诗人。高昌(今新疆吐鲁番)人。永徽中为右武翊府中郎将。则天朝官至右武卫大将军,封交河郡王。《全唐诗》卷八六九录其《送司功入京》。

【麴塵】 ❶酒曲上所生菌,其色淡黄如尘,因亦以指淡黄色。戎昱《红槿花》:"花是深红叶麴尘,不将桃李共争春。"白居易《春江闲步赠张山人》:"晴沙金屑色,春水麴尘波。"温庭筠《南歌子词二首》之一:"一尺深红胜麴尘,天生旧物不如新。"贯休《苦热寄赤松道者》:"涧茗园瓜麴尘色,骄冷奢凉合相忆。"❷借指柳树、柳条。柳叶呈鹅黄色,故称。唐彦谦《黄子陂荷花》:"十顷狂风撼麴尘,缘堤照水露红新。"徐铉《柳枝词十首》之五:"百尺长条婉麴尘,诗题不尽画难真。"参见"麴塵絲"。❸初春时嫩柳倒映水中而呈鹅黄色的春水。徐凝《玩花五首》之二:"麴尘溪上素红枝,影在溪流半落时。"毛文锡《虞美人》词之一:"垂杨低拂麴尘波,蛛丝结网露珠多。"❹指茶。白居易《谢李六郎中寄新蜀茶》:"汤添勺水煎鱼眼,末下刀圭搅麴尘。"又《睡后茶兴忆杨同州》:"沫下麴尘香,花浮鱼眼沸。"李群玉《答友人寄新茗》:"满火芳香碾麴尘,吴瓯湘水绿花新。"

【麴塵絲】 指柳条,柳丝。柳叶呈鹅黄色,故称。顾况《哭绚法师》:"楚客停桡欲问谁,白沙江草麴尘丝。"杨巨源《折杨柳》:"水边杨柳麴尘丝,立马烦君折一枝。"刘禹锡《杨柳枝九首》之三:"凤阙轻遮翡翠帏,龙池遥望麴尘丝。"白居易《代书诗一百韵寄微之》:"峰攒石绿点,柳宛麴尘丝。"

【麴塵羅】 淡黄色的丝织品。白居易《宅西有流水偶题五绝句》之二:"水色波文何所似,麴尘罗带一条斜。"牛峤《杨柳枝五首》之五:"袅翠笼烟拂暖波,舞裙新染麴尘罗。"

【麴瞻】 诗人。西平(今青海西宁市)人。中宗朝官司农卿,封常乐公。《全唐诗》卷一〇五录其《奉和九月九日登慈恩寺浮图应制》。

【麴糵】 亦作"麯糵"。❶酒曲。喻指宰相。岑参《尹相公京兆府中棠树降甘露诗》:"为君下天酒,麯糵将用时。"元稹《人道短》:"人解和麴糵,充礿祀烝尝。"白居易《寄两银榼与裴侍郎因题两绝句》之二:"惯和麴糵堪盛否,重用盐梅试洗看。"❷借指酒。韩愈《赠崔立之评事》:"高士例须怜麯糵,丈夫终莫生畦畛。"白居易《效陶潜体诗十六首》之十:"方知麴糵灵,万物无与匹。"崔橹《有酒失于虔州陆郎中肱以诗谢之》:"醉时颠蹶醒时羞,麴糵推人不自由。"陆龟蒙《添酒中六咏·酒瓮》:"候暖麴糵调,覆深苫盖净。"

麫

〔bù《广韵》满口切,上厚,並。〕参见"麫麷"。

【麫麷】 面饼类食品。寒山《诗三百三首》之四三:"只为着破裙,吃他残麫麷"。

九 画

麵

同"麪"。

十一画

麷

〔lǒu《广韵》郎斗切,上厚,來。〕见"麫麷"。

十二画

麷

同"蕎"。荞麦。

【麷麥】 即荞麦。薛逢《芙蓉溪送前资州裴使君归京宁拜户部裴侍郎》:"桑柘林枯荞麦干,欲分离袂百忧攒。"

麻　部

麻〔má《广韵》莫霞切，平麻，明。〕❶麻类植物的总名，有大麻、亚麻、苎麻等多种。古代专指大麻。茎皮纤维长而坚韧，可供纺绩。孟浩然《过故人庄》："开筵面场圃，把酒话桑麻。"杜甫《喜晴》："力难及黍稷，得种菜与麻。"戴叔伦《郊园即事寄萧侍郎》："邻里桑麻接，儿童笑语喧。"韩愈《答张彻》："缘云竹竦竦，失路麻冥冥。"张蠙《雨》："桑麻荒旧国，雷电照前山。"❷指麻的茎皮纤维。李贺《马诗二十三首》之六："鬣焦朱色落，发断锯长麻。"姚合《赠少室山麻襦僧》："只辫麻为衲，此中经几春。"❸芝麻。古代五谷之一。秦系《题僧明惠房》："檐前朝暮雨添花，八十真僧饭一麻。"皮日休《吴中苦雨因书一百韵寄鲁望》："或蒸一升麻，或煠两把菊。"又《屧步访鲁望不遇》："壁闲定欲图双桧，厨静空如饭一麻。"❹唐时诏书用黄、白麻纸书写，故用为诏书的代称。姚合《和郑相演杨尚书蜀中唱和诗》："圣日麻双下，洪炉柄共操。"温庭筠《感旧陈情五十韵献淮南李仆射》："白麻红烛夜，清漏紫微天。"丘上卿《和主司王起》："天上宴回联步武，禁中麻出满寰瀛。"❺形容众多、纷乱。李白《梦游天姥吟留别》："虎鼓瑟兮鸾回车，仙之人兮列如麻。"杜甫《茅屋为秋风所破歌》："床头屋漏无干处，雨脚如麻未断绝。"刘长卿《奉送从兄罢官之淮南》："春风独回首，愁思极如麻。"卢仝《苦雪寄退之》："闻道西风弄剑戟，长阶杀人如乱麻。"❻姓。韦庄有《哭麻处士》。

【麻平】　地名。亦作"麻坪"。在今四川乐山县东。王勃有《麻平晚行》。

【麻衣】　❶即深衣。古代诸侯、大夫、士家居时穿的常服。武元衡《赠道者》："麻衣如雪一枝梅，笑掩微妆入梦来。"李山甫《公子家二首》之一："麻衣酷献平生业，醉倚春风不点头。"❷即缁衣。黑色僧尼服。皎然《春日杼山寄赠李员外纵》："闲持竹锡深看水，懒系麻衣出见人。"权德舆《送文畅上人东游》："护法麻衣净，翻经贝叶开。"贯休《题兰江言上人院二首》之一："一生只着一麻衣，道业还欺习彦威。"亦指僧徒。皮日休《庚寅岁为灵鹫山周禅师碑将还以诗送之》："三十麻衣弄渚禽，岂知名字彻鸡林。"❸古时丧服。耿沣《题孝子陵》："浮埃积蓬鬓，流血在麻衣。"王建《送阿史那将军安西迎旧使灵榇》："汉家都护边头没，旧将麻衣万里迎。"姚合《敬宗皇帝挽词三首》之一："彩仗三清路，麻衣万国丧。"徐夤《经故广平员外旧宅》："门巷萧条引涕洟，遗孤三岁着麻衣。"❹旧时举子所穿的麻织物衣服。李贺《野歌》："麻衣黑肥冲北风，带酒日晚歌田中。"李山甫《下第卧疾卢员外召游曲江》："麻衣未掉浑身雪，皂盖难遮满面尘。"唐彦谦《试夜题省廊桂》："麻衣穿穴两京尘，十见东堂绿桂春。"亦指应试举子。李山甫《赴举别所知》："麻衣尽举一双手，桂树只生三两枝。"韩偓《及第过堂日作》："暗惊凡骨升仙籍，忽讶麻衣谒相庭。"❺麻布衣。平民所服。杜甫《前苦寒行二首》之二："楚人四时皆麻衣，楚天万里无晶辉。"刘得仁《送姚处士归亳州》："白发麻衣破，还谯别弟回。"张蠙《云朔逢山友》："将军虽异礼，难便脱麻衣。"

【麻尾】　诏书的末尾。和凝《宫词百首》之八八："麻尾尚犹龙字湿，便从天上凤衔来。"

【麻苧】　大麻与苎麻。泛指麻。杜荀鹤《山中寡妇》："夫因兵死守蓬茅，麻苎衣衫鬓发焦。"

【麻姑】　神话中仙女名。李白《短歌行》："麻姑垂两鬓，一半已成霜。"顾况《题叶道士山房》："近得麻姑音信否，浔阳江上不通潮。"曹唐《王远宴麻姑蔡经宅》："要唤麻姑同一醉，使人沽酒向余杭。"李中《送虞道士》："笑说余杭沽酒去，蔡家重要会麻姑。"

【麻姑山】　在今江西南城县。据传麻姑出生于建昌(今江西奉新县西)，得道于此山。刘禹锡、沈彬均有《麻姑山》。崔橹有《过南城县麻姑山》。李咸用《临川逢陈百年》："麻姑山下逢真士，玄肤碧眼方瞳子。"

【麻姑仙壇】　即麻姑坛。查文徽有《寄麻姑仙坛道士》。

【麻姑爪】　麻姑的手。陈陶《将进酒》："麻姑爪秃瞳子昏，东皇肉角生鱼鳞。"

【麻姑搔背】　传说汉桓帝时，神仙王方平与麻姑降蔡经家，蔡经见麻姑手似鸟爪，暗忖可爬背，王方平使法术鞭笞蔡经，但见鞭着经背，亦不见有人持鞭者。后诗人歌咏其事。李白《西岳云台歌送丹丘子》："明星玉女备洒扫，麻姑搔背指爪轻。"李商隐《海上》："直遣麻姑与搔背，可能留命待桑田。"杜牧《读韩杜集》："杜诗韩集愁来读，似倩麻姑痒处抓。"

【麻姑臺】　在今广东罗浮山。李白《金陵江上遇蓬池隐者》:“罗浮麻姑台,此去或未返。”

【麻姑壇】　在今安徽宣州市境。李白《登敬亭山南望怀古赠窦主簿》:“溪流琴高水,石耸麻姑坛。”

【麻荼】　模糊貌。李涉《题宇文秀才樱桃》:“今日颠狂任君笑,趁愁得醉眼麻荼。”

【麻枲】　即麻。亦指麻的茎皮纤维。王周《志峡船具诗·百丈》:“破之以筼筜,续之以麻枲。”

【麻粥】　麻仁熬制的粥。白居易《七月一日作》:“饥闻麻粥香,渴觉云汤美。”自注:“胡麻粥,云母汤。”

【麻温其】　宋诗人。临淄(今山东淄博)人。其祖父麻希梦为宋太宗时青州录事参军。真宗祥符间进士,仁宗时自尚书员外郎直集贤院,除开封府判官。《全唐诗》卷七七二误其为唐人,录其《登岳阳楼》。

【麻裰】　麻制直裰。吕岩《勉牛生夏侯生》:“酬名利兮狂歌醉舞,酬富贵兮麻裰莎鞋。”

【麻鞋】　麻编的鞋。杜甫《述怀一首》:“麻鞋见天子,衣袖露两肘。”窦昉《嘲许子儒》:“一年辞爵弁,半岁履麻鞋。”

【麻澗】　地名。在今陕西商县。杜牧有《商山麻涧》。

【麻履】　麻鞋。姚合《送无可上人游越》:“清晨相访立门前,麻履方袍一少年。”又《赠卢沙弥小师》:“麻履踏雪路,与马不肯骑。”贾岛《宿赟上人房》:“朱点草书疏,雪平麻履踪。”

【麻鞵】　麻鞋。李贺《秦宫诗》:“秃衿小袖调鹦鹉,紫绣麻鞵踏哮虎。”

【麻襦】　麻制短袄。亦泛称麻制衣衫。韩翃《张山人草堂会王方士》:“山日长,蕙带麻襦食草堂。”张祜《吴中怀古十六韵》:“伤心此时意,狂乞赖麻襦。”

三　画

麽[1]　〔mó《集韵》眉波切,平戈,明。〕细小。韩愈《寄崔二十六立之》:“乃令千里鲸,么么微螽斯。”

麽[2]　〔mā〕助词。同“嗎”。用在句末表示疑问。王建《宫词一百首》之六三:“众中遗却金钗子,拾得从他要赎么。”贾岛《王侍御南原庄》:“南斋宿雨后,仍许重来么。”李中《听蝉寄朐山孙明府》:“不知陶靖节,还动此心么。”齐己《寄吴都沈员外彬》:“野醉题招隐,相思可寄么。”

麽[3]　〔me〕什么。贯休《送僧游天台》:“眼作么是眼,僧谁识此僧。”

【麽₃生】　犹言什么生活。贯休《怀周朴张为》:“白发应全白,生涯作么生。”

四　画

麾　〔huī《广韵》許爲切,平支,晓。〕❶古代用以指挥军队的旗帜。亦泛称一般的旗帜。太宗《饮马长城窟行》:“扬麾氛雾静,纪石功名立。”王湾《秋夜寓直即事书怀赠萧令公裴侍郎兼通简南省诸友人》:“望麾宵继火,书板曙怀蒸。”李白《送梁公昌从信安北征》:“祖席留丹景,征麾拂彩虹。”杜牧《将赴吴兴登乐游原一绝》:“欲把一麾江海去,乐游原上望昭陵。”❷指挥,挥动。杜甫《种莴苣》:“指麾赤白日,澒洞青光起。”韩翃《寄哥舒仆射》:“先麾牙门将,转斗黄河北。”刘禹锡《飞鸢操》:“游童挟弹一麾肘,臆碎羽分人不悲。”李商隐《韩碑》:“不据山河据平地,长戈利矛日可麾。”

【麾下】　❶将旗之下。柳宗元《贞符》序:“欢动六合,至于麾下。”❷即部下。王维《陇头吟》:“身经大小百余战,麾下偏裨万户侯。”常衮《代员将军罢战后归故里》:“空余麾下将,犹逐羽林郎。”皎然《赠李中丞洪一首》:“遂令麾下士,感德不顾生。”杨巨源《上刘侍中》:“幕中邀谢鉴,麾下得周郎。”

【麾兵】　指挥军队。李昂《从军行》:“麾兵静北垂,此日交河湄。”

【麾拂】　挥舞。刘禹锡《送僧仲剬东游兼寄呈灵澈上人》:“高筵谈柄一麾拂,讲下门徒如醉醒。”

【麾旌】　将帅的旗帜。刘禹锡《浙西李大夫述梦四十韵并浙东元相公酬和斐然继声》:“莺来和丝管,雁起拂麾旌。”

【麾旆】　麾旌。将帅之旗。褚遂良《辽东侍宴山夜临秋同赋临韵应诏》:“边烽良永□,麾旆竦成林。”

【麾掃】　谓挥笔书写,迅疾如扫。白居易《和微之诗二十三首》序:“然敌则气作,急则计生,四十二章,麾扫并毕。”

【麾蓋】　将帅用的旌旗伞盖。李峤《奉教追赴九成宫途中号》:“行当奉麾盖,慰此劳行役。”

【麾幢】　官员出行时仪仗中的旗帜。亦泛称仪仗。权德舆《送袁中丞持节册南诏五韵》:“烟雨僰道深,麾幢汉仪盛。”白居易《和梦游春诗一百韵》:“趋走谒麾幢,喧烦视鞭朴。”鲍溶《塞下》:“西北防秋军,麾幢宿层层。”马戴《寄金州姚使君员外》:“相见朱门内,麾幢拂曙霜。”

【麾驅】　挥赶。唐彦谦《六月十三日上陈微博士》:“麾驱非吾任,遁避亦无术。”

黄 部

黄 〔huáng《广韵》胡光切，平唐，匣。〕❶黄色，五色之一。如同金子或成熟的杏子般的颜色。贾至《春思二首》之一："草色青青柳色黄，桃花历乱李花香。"李贺《苦昼短》："吾不识青天高，黄地厚，唯见月寒日暖。"白居易《太和戊申岁大有年诏赐百寮出城观稼谨书盛事以俟采诗》："早禾黄错落，晚稻绿扶疏。"李绅《忆至巩县河宿待家累追怀》："今来忆事凉风晚，烟浦空悲黄菊花。"❷变黄。(1)谓枯萎。杜甫《大麦行》："大麦干枯小麦黄，妇女行泣夫走藏。"岑参《至大梁却寄匡城主人》："昨日梦故山，蕙草色已黄。"白居易《杜陵叟》："三月无雨旱风起，麦苗不秀多黄死。"薛昭蕴《小重山》词之二："秋到长门秋草黄，画梁双燕去，出宫墙。"亦指枯黄的枝叶。齐己《和孙支使惠示院中庭竹之什》："剪黄憎旧本，科绿惜新生。"(2)谓黄熟。韦应物《答郑骑曹青橘绝句》："怜君卧病思新橘，试摘犹酸亦未黄。"白居易《观刈麦》："夜来南风起，小麦覆陇黄。"朱庆余《旅中过重阳》："故山篱畔菊，今日为谁黄。"杜荀鹤《自江西归九华》："无衣织女桑犹小，缺食农夫麦未黄。"❸金印。权德舆《送黔中裴中丞阁老赴任》："怀黄宜命服，举白叹离杯。"❹额黄。古代妇女施于额上的黄色涂饰。温庭筠《汉皇迎春词》："豹尾竿前赵飞燕，柳风吹尽眉间黄。"吴融《赋得欲晓看妆面》："眉边全失翠，额畔半留黄。"梁锽《美人春卧》："落钗仍挂鬓，微汗欲消黄。"❺卵黄。徐仲雅《赠齐己》："混沌凿开鸡子黄，散作纯风如胆苦。"❻指黄帝轩辕氏。见"黄虞"。❼通潢。见"黄污"。❽姓。如唐代诗人黄文。

【黄土】 ❶黄色的土。杜甫《玉华宫》："美人为黄土，况乃粉黛假。"李山甫《望思台》："九层黄土是何物，销得向前冤恨来。"❷借指坟墓。薛逢《潼关驿亭》："终军壮节埋黄土，杨震丰碑翳绿苔。"刘驾《唐乐府十首·吊西人》："将军入空城，城下吊黄土。"

【黄口】 ❶雏鸟的嘴。借指雏鸟。李白《空城雀》："提携四黄口，饮乳未尝足。"杜甫《义鹘》："力强不可制，黄口无半存。"李益《汉宫少年行》："玉笼金锁养黄口，探雏取卵伴王孙。"刘禹锡《养鸷词》："探雏网黄口，旦暮有余食。"❷指幼儿的嘴。见"黄口小兒"。

【黄口小兒】 指年轻无知者。多用于贬义。杨莱儿《答小子弟诗》："黄口小儿口莫凭，逡巡看取第三名。"许碏《题南岳招仙观壁上》："黄口小儿初学行，唯知日月东西生。"

【黄口爲人羅】 (爲 wéi)阐明君子慎所从之典。李白《流夜郎半道承恩放还兼欣克复之美书怀示息秀才》："黄口为人罗，白龙乃鱼服。"

【黄山】 ❶汉宫名。汉惠帝所建。在今陕西兴平县西南。卢照邻《赠许左丞从驾万年宫》："黄山闻凤笛，清跸侍龙媒。"虞世南《奉和幽山雨后应令》："肃城邻上苑，黄山迩桂宫。"王维《奉和圣制从蓬莱向兴庆阁道中留春雨中望春之作应制》："渭水自萦秦塞曲，黄山旧绕汉宫斜。"杜甫《洞房》："万里黄山北，园陵白露中。"❷山名，在安徽黄山市，跨黟、歙、休宁三县。为我国著名游览胜地。古名黟山，唐改今名。相传黄帝与容成子、浮丘公尝炼丹于此，故名。李白《秋浦歌十七首》之二："秋浦猿夜愁，黄山堪白头。"又《夜泊黄山闻殷十四吴吟》："我宿黄山碧溪月，听之却罢松间琴。"任宇《新安郡北百余里即黄山因成一绝》："可料新安郡楼上，黄山深处见三峰。"徐铉《送汪处还黟歙》："兴尽却归南国去，黄山何谢武陵春。"

【黄山隱】 诗人。姓名未详。懿宗咸通年间道士。曾在夏口谒见观察使皇甫大夫，妄称自己是"竹林七贤"中一贤。皇甫察知其为追逐名利之徒，遂将其处死。《全唐诗》卷七八四录其《向竹吟》。

【黄巾】 ❶东汉末年张角所领导的农民起义军，因头裹黄布巾而得名。李商隐《行次西郊作一百韵》："凤翔三百里，兵马如黄巾。"周昙《咏史诗·后汉门·献帝》："只为曹侯数贵人，普天黔首尽黄巾。"❷借指作乱者、寇盗。杜甫《遣忧》："纷纷乘白马，攘攘着黄巾。"白居易《江楼望归》："悠悠沧海畔，十载避黄巾。"郭良骥《自苏州至望亭驿有作》："南浦菰蒲绕白萍，东吴黎庶逐黄巾。"方干《贼退后赠刘将军》："白马知无髀上肉，黄巾泣向箭头书。"

【黄女】 见"黄家女"。

【黄子】 ❶矿物名。指黄石脂。顾况《剡纸歌》："宛委山里禹余粮，石中黄子黄金屑。"❷指额黄、花黄。李商隐《宫中曲》："赚得羊车来，低扇遮黄子。"温庭筠《南歌子》词之五："扑蕊添黄子，呵花满翠鬟。"

【黄子陂】 亦称"皇子陂"。在今陕西长安县(韦曲镇)东。有秦朝太子冢。杜甫《重过何氏五首》之二："云薄翠微寺，天清黄子陂。"张籍《祭退之》："黄子陂岸曲，地旷气色清。"贾岛有《黄子陂上韩吏部》。亦省作"黄陂"。杜甫《偶题》："故山迷白阁，秋水隐黄陂。"自注："黄，亦作皇。"

【黄犬】 黄色猎犬。为李斯悔叹之典。李白《襄阳歌》："咸阳市中叹黄犬，何如月下倾金罍。"李德裕《到恶溪夜泊芦岛》："青蝇岂独悲虞氏，黄犬应闻笑李斯。"白居易《九年十一月二十一日感事而作》："顾索素琴应不暇，忆牵黄犬定难追。"储嗣宗《长安怀古》："赤龙已赴东方暗，黄犬徒怀上蔡悲。"亦泛称黄狗。顾况《访邱员外丹》："惊起山童开山扉，黄犬摇尾衔人衣。"于濆《寒食》："田父引黄犬，寻狐上高冈。"

【黄可】 南唐诗人。字不可，进士。出身寒微，性朴野，作诗好用"驴"字，为人讥刺。《全唐诗》卷七九五录其《献高侍御》诗"天下传将舞马赋，门前迎得跨驴宾"一联。

【黄牙】 见"黄芽"。

【黄牙土】 含黄金的土。吕岩《步蟾宫》词："地雷震动山头雨，要洗濯黄牙土。"

【黄中】 (—zhōng)❶古以五色配五行五方，土居中，故以黄为中央正色。心居五脏之中，故称黄中。指内心，心性。陈子昂《喜马参军相遇醉歌》序："有客扣门，云吾道存。孺子孺子，黄中通理。"❷天子古称。魏征《五郊乐章·黄帝宫音》："黄中正位，含章居贞。"

【黄牛】 ❶长江的峡名。在湖北宜昌市西。因其峡之山形如黄牛，名之曰黄牛山，故峡亦名黄牛峡。李峤《江》："湍似黄牛去，涛从白马来。"杜甫《独坐二首》之二："白狗斜临北，黄牛更在东。"元稹《楚歌十首》之九："倒入黄牛漩，惊冲滟滪堆。"❷长江中的滩名。在今湖北宜昌县黄牛山下。北魏郦道元《水经注·江水二》："江水又东径黄牛山，下有滩，名黄牛滩。"李群玉《云安》："滩恶黄牛吼，城孤白帝秋。"李商隐《摇落》："滩激黄牛暮，云屯白帝阴。"

【黄牛峡】 即黄牛山。亦指黄牛山下的峡谷。杜甫《送韩十四江东觐省》："黄牛峡静滩声转，白马江寒树影稀。"白居易《发白狗峡次黄牛峡登高寺却望忠州》："白狗次黄牛，滩如竹节稠。"张蠙有《过黄牛峡》。

【黄牛渡】 即黄牛峡。白居易《十年三月三十日别微之于沣上十四年三月十一日夜遇微之于峡中因赋七言十七韵》："黄牛渡北移征棹，白狗崖东卷别筵。"

【黄牛嶺】 山名。在今陕西凤县西北。王维有《自大散以往四五十里至黄牛岭见黄花川》。

【黄公】 ❶古代传说中齐之过分谦虚者。❷指秦末四皓之一夏黄公。杜甫《寄李十二白》："苏武先还汉，黄公岂事秦。"❸指秦末黄石公。据传曾授张良兵法。李九龄《宿张正字别业》："此时谁念孤吟客，唯有黄公一帙书。"刘长卿《观校猎上淮西相公》："师事黄公千战后，身骑白马万人中。"崔鄘《赠毛仙翁》："终待此身无系累，武陵山下等黄公。"❹泛指卖酒者。白居易《晚春酤酒》："醉卧黄公肆，人知我是谁。"参见"黄公酒壚"。❺传说为古代道术之士，后被虎咬死。李贺《猛虎行》："东海黄公，愁见夜行。"

【黄公酒壚】 亦省作"黄公壚"。为追忆旧友或亡友之典。卢照邻《哭明堂裴主簿》："黄公酒垆处，青眼竹林前。"李颀《别梁锽》："朝朝饮酒黄公垆，脱帽露顶争叫呼。"武元衡《夏日陪冯许二侍郎与严秘书游昊天观览旧题寄同里杨华州中丞》："黄公垆下叹，旌旆国东门。"亦省作"黄壚"。元稹《酬乐天东南行诗一百韵》："秦台纳红旭，郿匣洗黄垆。"

【黄公略】 义同"黄石略"。刘禹锡《郡内书情献裴侍中留守》："兵符今奉黄公略，书殿曾随翠凤翔。"

【黄公蓋】 为官员受宠遇的典故。岑参《送襄州任别驾》："莫羡黄公盖，须乘彦伯舟。"

【黄公壚】 见"黄公酒壚"。

【黄月】 ❶即月色。月带缥黄色，故云。任希古《和长孙秘监七夕》："更深黄月落，夜久靥星稀。"❷道教指月的精华，认为常服月中黄气可成仙。孟郊《列仙文·右安度明》："上采白日精，下饮黄月华。"吴筠《游仙二十四首》之三："凌晨吸丹景，入夜饮黄月。"

【黄文】 诗人。《全唐诗》卷七七二录其《湘江》。

【黄甘】 见"黄柑"。

【黄石】 ❶指黄石公。亦称圯上老人。李峤《帷》："方知决胜策，黄石受兵书。"李白《扶风豪士歌》："张良未遂赤松去，桥边黄石知我心。"刘禹锡《酬郓州令狐相公官舍言怀见寄兼呈乐天》："已通戎略逢黄石，仍占星文耀碧虚。"陈去疾《送韩将军之雁门》："归来长揖功成后，黄石当年故有期。"❷指黄石公授与张良的兵书《黄石公三略》。杜甫《八哀诗·故著作郎贬台州司户荥阳郑公虔》："神农极阙漏，黄石愧师长。"权德舆《过隐者湖上所居》："兵法窥黄石，天官辨白榆。"

【黄石仙翁】 指黄石公。徐夤《尚书荣拜恩命课恶诗二首以申攀赞》之一："昴星人杰当王佐，黄石仙翁识帝师。"

【黄石老】 即黄石公。李白《赠饶阳张司户燧》："愧非黄石老，安识子房贤。"又《送张秀才谒高中丞》："感激黄石老，经过沧海君。"杜牧《题永崇西平王宅太尉愬院六韵》："授符黄石老，学剑白猿翁。"

【黄石忠】 即黄石公。杜牧《题永崇西平王宅太尉愬院六韵》："授符黄石老，学剑白猿翁。"

【黄石略】 即《黄石公三略》。许浑《伤虞将军》：

"对雪夜穷《黄石略》，望云秋计黑山程。"又《登蒜山观发军》："更探黄石略，重振黑山功。"

【黄石符】 指《黄石公三略》。骆宾王《久戍边城有怀京邑》："战士青丝络，将军黄石符。"

【黄石經】 指《黄石公三略》。聂夷中《胡无人行》："不读战国书，不览黄石经。"

【黄禾】 谷物。周昙《咏史诗·后汉门·再吟献帝》："是时老幼饥号处，一斛黄禾五百千。"

【黄白】 ❶指道教术士炼丹化成金银的法术。白居易《效陶潜体诗十六首》之十四："入山烧黄白，一旦化为灰。"❷指金印和银印。杜甫《送长孙九侍御赴武威判官》："绣衣黄白郎，骑向交河道。"

【黄瓜】 瓜名。一年生草本植物，茎蔓生，有卷须，叶子互生，花黄色。果实呈圆柱形，通常有刺，成熟时黄绿色，为一种常见蔬菜。张祜《读曲歌五首》之五："郎去摘黄瓜，郎来收赤枣。"

【黄丞相】 （相 xiàng）指西汉黄霸。霸曾任丞相。杜甫《送梓州李使君之任》："籍甚黄丞相，能名自颍川。"见"黄霸"。

【黄仙師】 黄洞元，南岳道士，曾居朗州（治所今湖南常德市）桃源桃花观，建中元年自武陵卜居庐山紫霄峰下。杨衡有《登紫霄峰赠黄仙师》。

【黄老】 黄帝和老子的并称。后世道家奉此二人为始祖。借指道家或道教。宋之问《始安秋日》："世业事黄老，妙年孤隐沦。"李益《赴渭北宿石泉驿南望黄堆烽》："汉庭议事先黄老，麟阁何人定战功。"姚合《寄绛州李使君》："心期在黄老，家事是功勋。"

【黄地】 黄色大地。李贺《苦昼短》："吾不识青天高，黄地厚。"

【黄耳】 ❶狗的别名。元稹《支封体》："桦烛焰高黄耳吠，柳堤风静紫骝声。"❷晋陆机所饲犬名。作为信使的代称。沈佺期《答魑魅代书寄家人》："音尘黄耳间，梦想白眉良。"

【黄朱】 指黄色与红色。韩愈《题炭谷湫祠堂》："妍英杂艳实，星琐黄朱斑。"

【黄先生】 黄洞元，南岳道士。刘禹锡《游桃源一百韵》："往事黄先生，群儿多侮剧。"李德裕有《尊师是桃源黄先生传法弟子今重赋此诗兼题黄先生旧馆》。

【黄竹】 ❶指竹。亦指毛竹。李颀《照公院双橙》："南庭黄竹尔不敌，借问何时堪挂锡。"令狐楚《省中直夜对雪寄李师素侍郎》："稍封黄竹亚，先集紫兰摧。"白居易《忆洛中所居》："厌绿栽黄竹，嫌红种白莲。"齐己《江居寄关中知己》："旧栽花地添黄竹，新陷盆池换白莲。"❷用作咏雪的曲故，也用以此喻帝王的诗作。太宗《喜雪》："傥咏幽兰曲，同欢黄竹篇。"宋之问《奉和幸韦嗣立山庄侍宴应制》："一承黄竹咏，长奉白茅居。"徐彦伯《游禁苑幸临渭亭遇雪应制》："悬知穆天子，黄竹谩言诗。"窦庠《奉酬传御家兄东洛闲居夜晴观雪之什》："绿醽乍熟堪聊酌，黄竹篇成好命题。"

【黄衣】 ❶道士服。王建《题东华观》："白发道心熟，黄衣仙骨轻。"李咸用《吴处士寄香兼劝入道》："空挂黄衣宁续寿，曾闻玄教在知常。"❷唐时宦官服。白居易《新乐府·卖炭翁》："翩翩两骑来是谁，黄衣使者白衫儿。"又《新乐府·缚戎人》："黄衣小使录姓名，领出长安乘递行。"

【黄羊】 一种野羊。毛黄白色，腹带黄色，故名。生活在草原和沙漠地区。杜甫《送从弟亚赴安西判官》："黄羊饫不膻，芦酒多还醉。"令狐楚《年少行四首》之一："少小边州惯放狂，骣骑蕃马射黄羊。"贯休《古塞下曲七首》之一："搜山得探卒，放火猎黄羊。"

【黄州】 唐州名。隋永安郡。武德三年（620）改为黄州，领黄冈、木兰、麻城、黄陂等四县，治所在黄冈县（今属湖北）。元结有《漫问相里黄州》。杜牧《池州送孟迟先辈》："青云马生角，黄州使持节。"赵嘏有《寄前黄州窦使君》，方干有《过黄州作》。

【黄污】 谓低洼积水处。黄通"潢"，污同"汙"。白居易《酬郑侍御多雨春空过诗三十韵》："紫陌皆泥泞，黄污共淼茫。"

【黄池】 ❶地名。春秋时地名。在今河南封丘县西南。用作咏叹吴国盛衰之典实。骆宾王《夕次旧吴》："黄池通霸迹，赤壁畅戎威。"刘长卿《登吴古城歌》："黄池高会事未终，沧黄横流人荡覆。"胡曾《咏史诗·吴宫》："草长黄池千里余，归来宗庙已丘墟。"❷镇名。在今安徽当涂县南。李白《宣城送刘副使入秦》："借问几时还，春风入黄池。"

【黄芽】 亦作"黄牙"。道教称从铅里炼出的精华。白居易《同微之赠别郭虚舟炼师五十韵》："黄芽与紫车，谓其坐致之。"段成式《不赴光风亭夜饮赠周繇》："姹女不愁难管领，斩新铅里得黄牙。"吕岩《七言》之十六："寻常学道说黄芽，万水千山觅转差。"又《七言》之二一："黄芽白雪两飞金，行即高歌醉即吟。"

【黄花】 ❶黄色的花。刘长卿《寻盛禅师兰若》："秋草黄花覆古阡，隔林何处起人烟。"李端《送司空文明归江上旧居》："野菊有黄花，送君千里还。"朱庆余《观涛》："高楼晓望无穷意，丹叶黄花绕郡城。"温庭筠《清凉寺》："黄花红树谢芳蹊，宫殿参差黛巘西。"❷菊花。李峤《菊》："黄花今日晚，无复白衣来。"高适《同崔员外綦毋拾遗九日宴京兆府李士曹》："绛叶拥虚砌，黄花随浊醪。"白居易《酬皇甫郎中对新菊花见忆》："黄花助兴方携酒，红叶添愁正满阶。"徐铉《九日落星山登高》："黄花泛酒依流俗，白发满头思古人。"❸菜花，油菜或蔬菜的花。王建《采桑》："黄花盖野田，白马少年游。"司空图《独望》："绿树连村暗，黄花出陌稀。"

【黄花川】 地名。在今陕西凤县东北。胡皓有《夜行黄花川》。王维《青溪》："言入黄花川，每逐清溪水。"王维又有《自大散以往深林密竹磴道盘曲四五十里至黄牛岭见黄花川》。

【黄花脂】 酒面上的黄白色浮沫。岑参《喜韩樽相过》："瓮头春酒黄花脂，禄米只充沽酒资。"

【黄花酒】 即菊花酒。岑参《奉陪封大夫九日登高》："九日黄花酒，登高会昔闻。"杜甫《九日登梓州城》："伊昔黄花酒，如今白发翁。"戴叔伦《寄万德躬故居》："何时醉把黄花酒，听尔南征长短歌。"权德舆《奉和圣制九日言怀赐中书门下及百寮》："愿言黄花酒，永奉今日欢。"

【黄花節】 即重阳节。此时菊花盛开，故名。王涯《九月九日勤政楼下观百僚献寿》："御气黄花节，临轩紫陌头。"

【黄花縣】 县名。武德元年(618)置，治所在今陕西凤县东北。王维《送崔五太守》："黄花县西九折坂，玉树宫南五丈原。"

【黄花館】 驿馆名。在今安徽东至县城北。杨发有《宿黄花馆》。

【黄沙】 ❶亦作"黄砂"。黄色沙土。李益《石楼山见月》："紫塞连年戍，黄砂碛路穷。"马戴《易水怀古》："落日萧条蓟城北，黄沙白草任风吹。"吴融《水调》："凿河千里走黄沙，沙殿西来动日华。"❷指沙漠地区。刘长卿《送南特进赴归行营》："虏云连白草，汉月到黄沙。"于濆《塞下曲》："紫塞晓屯兵，黄沙披甲卧。"周朴《春日秦国怀古》："数里黄沙行客路，不堪回首思秦原。"郑锬《入塞曲》："还伤李都尉，独自没黄沙。"❸借指人死后的葬地。李白《战城南》："匈奴以杀戮为耕作，古来唯见白骨黄沙田。"李沇《醮词》："乌轮不再中，黄沙瘗腥鬼。"❹指牢狱。黄沙狱，古时监狱名。骆宾王《幽縶书情通简知己》："青陆春芳动，黄沙旅思催。"杜甫《赠裴南部》："即出黄沙在，何须白发侵。"亦指牢狱中之犯人。白居易《和微之诗二十三首·和自劝二首》之一："勤操丹笔念黄沙，莫使饥寒囚滞狱。"

【黄陂】 见"黄子陂"。

【黄英】 即菊花。薛能《咏夹径菊》："夹径尽黄英，不通人并行。"郑谷《菊》："日日池边载酒行，黄昏犹自绕黄英。"

【黄苞】 橘子的外皮。亦指成熟的橘子。韩翃《家兄自山南罢归献诗叙事》："黄苞柑正熟，红缕鲙仍鲜。"又《送郭赞府归淮南》："白苎歌西曲，黄苞寄北人。"

【黄茅】 亦作"黄茆"。茅草之一种。白居易《代书诗一百韵寄微之》："官舍黄茅屋，人家苦竹篱。"柳宗元《岭南江行》："瘴江南去入云烟，望尽黄茆是海边。"刘兼《重阳感怀》之一："黄茅莽莽连边郡，红叶纷纷落钓舟。"亦借指荒芜之地。

【黄茅鼎】 指炼丹的鼎。韦庄《和陆谏议避地寄东阳进退未决见寄》："开炉夜看黄茅鼎，卧瓮闲欹白玉簪。"

【黄茅瘴】 古指我国岭南地区秋季草木零落时出现的瘴气。徐彦若《戏答成汭》："南海黄茅瘴，不死成和尚。"

【黄叔度】 东汉贫士黄宪，字叔度。元稹《重酬乐天》："最笑近来黄叔度，自投名刺占陂湖。"见"黄憲"。

【黄虯】 黄龙。杜甫《奉同郭给事汤东灵湫作》："复归虚无底，化作长黄虯。"

【黄岫】 黄山之峰峦。李敬方《题黄山汤院》："楚镇惟黄岫，灵泉浴圣源。"

【黄侍御】 疑为黄麟。《金石萃编》卷七四《御史台精舍碑》碑左侧及右侧侍御史兼殿中下均有黄麟题名。孟浩然有《与黄侍御北津泛舟》。

【黄金】 ❶一种贵重金属。赤黄色，质柔软，延展性强，多用来制造货币、装饰品。亦泛指金钱。张九龄《骊山下逍遥公旧居游集》："遗子后黄金，作歌先紫芝。"孟郊《连州吟》之二："孤怀吐明月，众毁铄黄金。"于濆《金谷感怀》："黄金骄石崇，与晋争国力。"❷道家丹鼎派以黄金为仙药。认为"黄金入火，百炼不消，埋之，毕天不朽"，故炼入身体，便能不老不死。李昂《题雍丘崔明府丹灶》："白石既烧应化鹤，黄金未熟且烹鲜。"吴武陵《龙虎山》："秋风吹绿茂陵草，的的黄金飞上天。"李洞《寓言》："三千宫女露蛾眉，笑煮黄金日月迟。"❸指黄金台。杜牧《往年随故府吴兴公夜泊芜湖口今赴官西去再宿芜湖感旧伤怀因成十六韵》："郭隗黄金峻，虞卿白璧鲜。"❹黄金一样的颜色。刘兼《新回车院筵上作》："黄金蜀柳笼朱户，碧玉湘筠映绮疏。"徐铉《赠陶使君求梨》："白玉花繁曾缀处，黄金色嫩乍成时。"❺喻指金黄色物。白居易《履道新居二十韵》："篱菊黄金合，窗筠绿玉稠。"罗隐《皇陂》："垂杨风轻弄翠带，鲤鱼日暖跳黄金。"黄文《湘江》："潇湘江头三月春，柳条弄日摇黄金。"尹鹗《金浮图》词："压红茵，凤舞黄金翅。"❻黄金制品。高适《行路难二首》之一："黄金如斗不敢惜，片言如山莫弃捐。"于濆《越溪女》："江边浣纱伴，黄金扼双腕。"

【黄金甲】 ❶金黄色的铠甲。贯休《古塞曲三首》之一:“别赐黄金甲,亲临白玉除。”亦指穿此甲之战士。王昌龄《从军行》:“三面黄金甲,单于破胆还。”❷喻指黄色菊花。黄巢《不第后赋菊》:“冲天香阵透长安,满城尽带黄金甲。”

【黄金印】 以黄金做的印章。古时公侯将相所佩。李白《别内赴征三首》之二:“归时倘佩黄金印,莫学苏秦不下机。”杜甫《惜别行送向卿进奉端午御衣之上都》:“麒麟图画鸿雁行,紫极出入黄金印。”权德舆《丙寅岁苦贫戏题》:“吾观黄金印,未胜青松枝。”白居易《和东川杨慕巢尚书府中独坐感戚在怀见寄十四韵》:“紫绶黄金印,青幢白玉珂。”

【黄金地】 指佛寺。王维《游悟真寺》:“闻道黄金地,仍开白玉田。”陈陶《题僧院紫竹》:“愧生黄金地,千秋为师绿。”欧阳炯《题景焕画应天寺壁天王歌》:“锦城东北黄金地,故迹何人兴此寺。”

【黄金芽】 指黄嫩的新茶。卢仝《走笔谢孟谏议寄新茶》:“仁风暗结珠琲瓃,先春抽出黄金芽。”

【黄金花】 菊花。李白《忆崔郎中宗之游南阳感旧》:“泛此黄金花,颓然清歌发。”杜甫《九日寄岑参》:“采采黄金花,何由满衣袖。”

【黄金車】 饰以黄金的车子。孙元晏《咏史诗·吴·黄金车》:“黄金车与斑斓耳,早个须知入谶来。”

【黄金英】 黄菊花。白居易《秋日狂歌凡二百三十八字》:“家酝一壶白玉液,野花数把黄金英。”

【黄金骨】 仙骨。杨嗣复《赠毛仙翁》:“药成自固黄金骨,天地齐兮身不没。”鲍溶《庐山石境》:“如其终身照,可化黄金骨。”

【黄金屋】 黄金盖的房子。极言富贵奢华的生活环境。李白《妾薄命》:“汉帝宠阿娇,贮之黄金屋。”白居易《续古诗十首》之五:“岁暮望汉宫,谁在黄金屋。”何希尧《海棠》:“谁家更有黄金屋,深锁东风贮阿娇。”陈陶《续古二十九首》之十九:“今日黄金屋,明朝长信宫。”

【黄金約】 极有信用的期约。罗隐《冬暮寄裴郎中》:“仙郎旧有黄金约,沥胆隳肝更祷祈。”

【黄金烏】 即太阳。崔珏《道林寺》:“北临高处日正午,举手欲摸黄金乌。”

【黄金盌】 黄金做的碗。戴叔伦《赠徐山人》:“汉陵帝子黄金盌,晋代神仙白玉棺。”

【黄金勒】 黄金做的衔勒。杜甫《哀江头》:“辇前才人带弓箭,白马嚼啮黄金勒。”韦庄《和郑拾遗秋日感事一百韵》:“飞骑黄金勒,香车翠钿装。”亦指配有此衔勒的骏马。韩翃《赠兖州孟都督》:“北场争转黄金勒,爱客华亭赏秋色。”

【黄金釵】 黄金做的钗子。曹邺《姑苏台》:“时闻野田中,拾得黄金钗。”

【黄金魚】 带龟纽的金印。秦韬玉《贵公子行》:“斗鸡走狗家世事,抱来皆佩黄金鱼。”

【黄金章】 即黄金印。白居易《寓意诗五首》之二:“貂冠水苍玉,紫绶黄金章。”

【黄金液】 指美酒。白居易《雪夜喜李郎中见访兼酬所赠》:“十分满盏黄金液,一尺中庭白玉尘。”

【黄金買詞賦】 见“黄金買賦”。

【黄金買賦】 谓汉武帝皇后陈阿娇用重金收买司马相如作赋,以求用赋打动武帝而重受宠幸。卢汝弼《薄命妾》:“黄金买赋心徒切,清路飞尘信莫通。”亦作“黄金買詞賦”。崔道融《长门怨》:“错把黄金买词赋,相如自是薄情人。”

【黄金絡】 以黄金为饰的马笼头。韩翃《送夏侯侍郎》:“前路应留白玉台,行人辄美黄金络。”韩愈、李正封《晚秋郾城夜会联句》:“带垂苍玉佩,辔蹙黄金络。”

【黄金絲】 喻指柳条。翁承赞《隋堤柳》:“春半烟深汴水东,黄金丝软不胜风。”

【黄金鈿】 用黄金做的花朵状的首饰。陆龟蒙《引泉诗》:“岚盘百万髻,上插黄金钿。”

【黄金觥】 黄金做的饮酒器。张碧《答张郎中分寄翰林贡余笔歌》:“昨宵梦见欧率更,先来醉我黄金觥。”

【黄金殿】 豪华的宫殿。指皇宫。汤悦《奉和圣制送邓王牧宣城》:“曙烟已别黄金殿,晚照重登白玉筵。”无名氏《谒见日将至双阙》:“迥出黄金殿,全分白玉台。”

【黄金臺】 台名。故址在今河北易水东南。战国燕昭王筑,置千金于台上,以延天下之士,故名。陈子昂《蓟丘览古赠卢居士藏用七言·燕昭王》:“南登碣石坂,遥望黄金台。”李白《古风》之十五:“燕昭延郭隗,遂筑黄金台。”柳宗元《咏史》:“燕有黄金台,远致望诸君。”曹邺《东武吟》:“独上黄金台,凄凉泪如雨。”

【黄金牓】 金色的匾额。杜甫《宣政殿退朝晚出左掖》:“天门日射黄金牓,春殿晴曛赤羽旗。”

【黄金鳳】 凤形金钗。赵鸾鸾《云鬟》:“侧边斜插黄金凤,妆罢夫君带笑看。”

【黄金實】 菊花的种子。李商隐《和马郎中移白菊见示》:“陶诗只采黄金实,郢曲新传白雪英。”

【黄金閣】 义同“黄金闕”。毕耀《情人玉清歌》:“黄金阁上晚妆成,云和曲中为曼声。”

【黄金輪】 金色的太阳。刘禹锡《有僧言罗浮事因为诗以写之》:“赤波千万里,涌出黄金轮。”

【黄金錢】 ❶指钱财。陆龟蒙《奉和袭美二游诗·徐诗》:“因知遗孙谋,不在黄金钱。”❷金钩。岑参《燉煌太守后庭歌》:“射得半段黄金钱,此中乐事亦已偏。”❸喻指黄色花。杜甫《秋雨叹三首》之一：“着叶满枝翠羽盖，开花无数黄金钱。”

【黄金築臺】 见“黄金臺”。贾至《燕歌行》：“昔时燕山重贤士，黄金筑台从隗始。”

【黄金篆】 指宝贵如黄金的文字作品。刘叉《饿咏》：“妻孥从饿死，敢爱黄金篆。”

【黄金徽】 以黄金为饰的琴徽。亦借指琴。刘禹锡《裴祭酒尚书见示之什命同作》：“一闻丘中趣，再抚黄金徽。”白居易《北窗三友》：“左掷白玉卮，右拂黄金徽。”又《对琴酒》：“角尊白螺盏，玉轸黄金徽。”

【黄金龜】 带龟钮的金印。刘禹锡《和董庶中古散调词赠尹果毅》：“一言合侯王，腰佩黄金龟。”

【黄金縷】 金丝线。李白《赠裴司马》：“翡翠黄金缕，绣成歌舞衣。”

【黄金鞭】 饰以黄金的马鞭。李白《相逢行》：“相逢红尘内，高揖黄金鞭。”

【黄金蟬】 蝉形的黄金首饰。李商隐《燕台四首·右冬》：“破鬟矮堕凌朝寒，白玉燕钗黄金蝉。”

【黄金軀】 ❶言身体宝贵如黄金。陈子昂《度峡口山赠乔补阙知之王二无竞》：“之子黄金躯，如何此荒域。”❷指佛身。李白《赠僧朝美》：“了心何言说，各勉黄金躯。”

【黄金爵】 黄金做的饮酒器。鲍溶《途中旅思二首》之一：“朝提黄金爵，暮造青松宅。”

【黄金額】 金字匾额。和凝《题真县》句：“虽有黄金额，其如赤子贫。”

【黄金闕】 指仙人所居之处。顾况《送从兄使新罗》：“曙色黄金阙，寒声白鹭潮。”李商隐《五言述德抒情诗献上杜七兄仆射相公》：“帝作黄金阙，仙开白玉京。”李群玉《别尹炼师》：“愿骑紫盖鹤，早向黄金阙。”徐铉《步虚词五首》之二：“天帝黄金阙，真人紫锦书。”亦指皇宫。白居易《紫毫笔》：“搦管趋入黄金阙，抽毫立在白玉除。”

【黄金鶚】 鹗之一种。猛禽，雕属，似雁而土黄色。李群玉《落帆后赋得二绝》之一：“上岸闲寻细草行，古查飞起黄金鹗。”

【黄金鎖】 黄金做的锁。吕岩《赠刘方处士》：“咫尺玄关若要开，凭君自解黄金锁。”

【黄金轡】 以黄金为饰的马笼头。杜甫《送顾八分文学适洪吉州》：“骅骝入穷巷，必脱黄金辔。”

【黄金羈】 以黄金为饰的马笼头。寒山《诗三百三首》之六一：“年少从傍来，白马黄金羁。”韩愈《汴泗交流赠送张仆射》：“球惊杖奋合且离，红牛缨绂黄金羁。”马戴《广陵曲》：“葱茏桂树枝，高系黄金羁。”郑嵎《津阳门诗》：“幽州晓进供奉马，玉珂宝勒黄金羁。”

【黄昏】 ❶古人根据天色区分时间的一个时段。指日落天色尚未黑之时。黄昏以前为晡，黄昏以后为人定。戎昱《别离作》：“黄昏掩门后，寂寞自心知。”白居易《两朱阁》：“花落黄昏悄悄时，不闻歌吹闻钟磬。”李商隐《乐游原》：“夕阳无限好，只是近黄昏。”韦庄《江亭酒醒却寄维扬饯客》：“满坐绮罗皆不见，觉来红树背银屏。”❷谓色彩昏黄暗淡。徐夤《咏帘》：“无情几恨黄昏月，才到如钩便堕云。”

【黄狐】 黄毛狐狸。杜甫《乾元中寓居同谷县作歌七首》之五：“黄蒿古城云不开，白狐跳梁黄狐立。”

【黄狖】 黄毛长尾猿。贯休《经孟浩然鹿门旧居二首》之一：“栎深黄狖小，地暖白云多。”

【黄卷】 ❶书籍。宋之问《郡宅中斋》：“神理翳青山，风流满黄卷。”钱起《秋园晚沐》：“黄卷在穷巷，归来生道心。”卢肇《别宜春赴举》：“筵上芳樽今日酒，箧中黄卷古人书。”徐夤《萤》：“一一照通黄卷字，轻轻化出绿芜丛。”特指佛道之书，因佛道之书用黄纸书写。皎然《兵后早春登故鄣南楼望昆山寺白鹤观示清道人并沈道士》：“耳目何所娱，白云与黄卷。”白居易《朝课》：“小亭中何有，素琴对黄卷。”冯道之《山中作》：“颇寻黄卷理，庶就丹砂益。”❷记录官吏功过以供考核的专门文书。杜甫《遣闷奉呈严公二十韵》：“黄卷真如律，青袍也自公。”

【黄河】 我国第二大河。虞世南《从军行二首》之一：“凛凛严霜节，冰壮黄河绝。”李白《公无渡河》：“黄河西来决昆仑，咆哮万里触龙门。”刘禹锡《和令狐相公入潼关》：“心共黄河水，同升天汉津。”刘沧《边思》：“黄河晚冻雪风急，野火远烧山木枯。”

【黄河曲】 黄河流长，多有弯曲，号称九曲。亦泛指黄河流经塞外的河套地区，即今内蒙古和宁夏地区。李益《塞下曲》之一：“蕃州部落能结束，朝暮驰猎黄河曲。”白居易《羸骏》：“向风嘶一声，莽苍黄河曲。”

【黄河清】 黄河水本浑浊，欲其清澈非易。故以黄河清喻指成事艰难。权德舆《古兴》：“一气暂聚常恐散，黄河清兮白石烂。”

【黄河誓】 汉高祖刘邦封功臣的誓词，喻指功臣爵禄永传子孙。崔湜《塞垣行》：“岂要黄河誓，须勒燕然石。”

【黄油】 涂油的黄绢。黄绢施油以防漏。皎然《湛处士枸杞架歌》：“黄油酒囊石棋局，吾羡湛生心出俗。”

【黄泥】 ❶黄土，黄色泥土。李白《赠韦侍御黄裳二首》之一：“春光扫地尽，碧叶成黄泥。”亦喻不利的处境。白居易《答崔侍郎钱舍人书问因继以诗》：“同飞青云路，独堕黄泥泉。”张祜《又陪楚州韦舍人闾门游谦次韵北闾门》：“尽纳黄泥水，平分沼沚毛。”白居易《三谣·朱藤谣》：“朱藤朱藤，吾虽青云之上，黄泥之下，誓不弃尔于斯须。”❷犹黄泉、墓地。雍裕之《宫人斜》：“几多红粉委黄泥，野鸟如歌又似啼。”

【黄房】 仙道者居所。韦渠牟《步虚词十九首》之十三：“上界有黄房，仙家道路长。”陆龟蒙《袭美以纱巾见惠继以雅音因次韵酬谢》：“知有芙蓉留自戴，欲峨烟雾访黄房。”

【黄祇】 地神。贺知章《唐禅社首乐章·顺和》：“黄祇偯如在，泰折俟咸亨。”

【黄衫】 隋唐时年轻人穿的黄色华贵服装。李颀《题合欢》：“黄衫漂细蕊，时拂女郎砧。”亦借指年轻人。杜甫《少年行二首》之二：“黄衫年少来宜数，不见堂前东逝波。”

【黄門】 ❶官署名。张说《玄武门侍射》序：“厥后二日，乃命紫微黄门，九卿六事，与熊罴之将，爪牙之臣合宴焉。”温庭筠《题丰安里王相林亭二首》之一：“朱户雀罗设，黄门驭骑来。”❷官名。指黄门侍郎。岑参《送严黄门拜御史大夫再镇蜀川兼觐省》：“副相韩安国，黄门向子期。”❸宦官，太监。杜甫《丽人行》：“黄门飞鞚不动尘，御厨络绎送八珍。”岑参《和刑部成员外秋夜寓直寄台省知己》：“黄门持被覆，侍女捧香烧。”李商稳《井泥四十韵》：“当涂佩国玺，本乃黄门携。”

【黄門侍郎】 官名。秦置，汉因之。因给事于黄门，故名。东汉并给事中与黄门侍郎为一官，始设专职，故或称给事中黄门侍郎，出入禁中，省尚书省事。侍从皇帝传达诏命。魏晋时为侍卫之官。南朝以后因掌管国家机密文件，备皇帝顾问，职位日见重要。唐属门下省，因此亦省称黄门省，故此官或称门下侍郎，或称黄门侍郎，龙朔时又曾称东台侍郎，垂拱时又曾称鸾台侍郎，正四品上或正三品。协助门下省首长侍中掌出纳帝命、总典吏职等事宜。武元衡《奉酬淮南中书相公见寄》序：“皇帝改元之二年，余与赵公同制入辅，并为黄门侍郎。”

【黄門相公】 （相 xiàng）❶唐以尚书、中书、门下三省长官为宰相，因官高权重，不常设置，选任其他官员加同中书门下平章事之名，代行宰相职权。黄门，即门下省；相公，即宰相。黄门相公，即指门下省属官加同中书门下平章事衔而代行宰相职权者。郑余庆有《和黄门相公诏还题石门洞》，自注：“黄门，武元衡也。”按，武元衡元和三年（808）拜门下侍郎平章事。❷专指武元衡。元衡曾官检校吏部尚书、兼门下侍郎、同平章事。门下侍郎亦称黄门侍郎。郑余庆、赵宗儒有《和黄门相公诏还题石门洞》，武元衡有《元和癸巳余领蜀之七年奉诏征还二月二十八日清明途经百牢关因题石门洞》。

【黄門省】 唐门下省的别称。王维《送韦大夫东京留守》：“给事黄门省，秋光正沉沉。”

【黄門從叔】 杜鸿渐。鸿渐曾官黄门侍郎。杜甫有《季夏送乡弟韶陪黄门从叔朝谒》。

【黄門訟】 指冤屈的诉讼案件。唐彦谦《咸通中始闻褚河南归葬阳翟因成二十韵》：“罗织黄门讼，笙簧白骨销。”

【黄門詔】 皇帝诏书。张籍《伤歌行》：“黄门诏下急收捕，京兆尹系御史府。”

【黄門舅】 李乂。乂曾为黄门侍郎。苏颋呼乂为舅氏。苏颋有《秋夜寓直中书呈黄门舅》。

【黄門盧侍御】 当为“黄門盧侍郎”，侍御非黄门属官。黄门卢侍郎，即卢怀慎。卢怀慎，累迁黄门侍郎，赐爵渔阳伯。张九龄有《和黄门卢侍御咏竹》。

【黄居寀】 字伯鸾，成都（今属四川）人，黄筌之子，后蜀时为翰林待诏。与父同绘《秋山图》，其图尤为精绝。徐光溥有《题黄居寀秋山图》。

【黄姑】 指牵牛星。元稹《古决绝词》之二：“织女别黄姑，一年一度暂相见，彼此隔河何事无。”刘方平《代宛转歌二首》之二：“晓将近，黄姑织女银河尽。”

【黄姑女】 指织女星。黄姑本指牵牛星，因姑字从女，故讹称织女星。南唐后主李煜《句》：“粲粲黄姑女，耿耿遥相望。”

【黄姑渚】 即天河。杜甫《季秋苏五弟缨江楼夜宴崔十三评事韦少府侄三首》之一：“星落黄姑渚，秋辞白帝城。”

【黄草】 ❶莛草的别称。用于编织草具。白居易《昼寝》：“坐整白单衣，起穿黄草履。”曹邺《续幽愤》：“八月黄草生，洪涛入云热。”❷见“黄草峡”。

【黄草峽】 山峡名。在今四川长寿县东十五里。杜甫《黄草》：“黄草峡西船不归，赤甲山下行人稀。”元稹有《黄草峡听柔之琴二首》。白居易《初除尚书郎脱刺史绯》：“头白喜抛黄草峡，眼明惊拆紫泥书。”亦省称“黄草”。元稹《书剑》：“唯我心知有来处，泊船黄草夜思君。”

【黄柑】 亦作“黄甘”。果名，柑之一种。杜甫《即事》：“一双白鱼不受钓，三寸黄甘犹自青。”柳宗元《柳州城西北隅种柑树》：“手种黄柑二百株，春来新叶遍城隅。”杜牧《新转南曹未叙朝散初秋暑退出守吴兴书此篇以自见志》：“越浦黄柑嫩，吴溪紫蟹肥。”韦庄《西塞山下作》：“鬟动晓烟烹紫蕨，露和香蒂摘黄柑。”

【黄柳】 初吐叶的柳树。因其叶色黄，故称。杜甫《曲江陪郑八丈南史饮》：“雀啄江头黄柳花，鵁鶄鸂鶒满晴沙。”

【黄星】 黄色的星。古以为祥瑞之兆。许敬宗《奉和过旧宅应制》：“白水浮佳气，黄星聚太常。”张鼎《邺城引》：“隐隐都城紫陌开，迢迢分野黄星见。”

【黄香】　字文疆，东汉江夏安陆(今湖北安陆市)人。性至孝，有“天下无双”之称。历官郎中、左丞、尚书令，有政声。后常用以借指富于文才的朝官。皇甫冉《送袁郎中破贼北归》：“黄香省闼登朝去，杨仆楼船振旅归。”孟郊《送黄构擢第后归江南》：“澹澹沧海气，结成黄香才。”杜牧《除官归京睦州雨霁》：“网今开傅燮，书旧识黄香。”

【黄香扇】　为克尽孝道之典。岑参《奉送李宾客荆南迎亲》：“手把黄香扇，身披莱子衣。”李瀚《蒙求》：“老莱斑衣，黄香扇枕。”

【黄泉】　❶地下之泉水。刘损《愤惋诗三首》之一：“从此蘼芜山下过，只应将泪比黄泉。”❷犹黄泥。元稹《酬乐天雨后见忆》：“黄泉便是通州郡，渐入深泥渐到州。”❸地下。白居易《长恨歌》：“上穷碧落下黄泉，两处茫茫皆不见。”❹阴间，人死后埋葬之所。宋之问《伤曹娘二首》之二：“无复绮罗娇白日，直将珠玉闭黄泉。”权德舆《苏小小墓》：“寂寥红粉尽，冥寞黄泉深。”姚合《哭贾岛二首》之二：“杳杳黄泉下，嗟君向此行。”江为《临刑诗》：“黄泉无旅店，今夜宿谁家。”

【黄庭】　❶指《黄庭经》。李白《送贺宾客归越》：“山阴道士如相见，应写黄庭换白鹅。”景审《题所书黄庭经后》：“金粉为书重莫过，黄庭旧许右军多。”陆龟蒙《寄怀华阳道士》：“醮后几时归紫阁，别来终日诵黄庭。”齐己《赠樊处士》：“闲寻道士过仙观，赌得黄庭两卷归。”❷指中央。则天皇后《游仙篇》：“碧落晨飘紫芝盖，黄庭夕转彩云车。”又《唐享昊天乐·第三》：“阊阳晨披紫阙，太一晓降黄庭。”❸指道观。卢鸿一《嵩山十志十首·洞元室》：“返自然兮道可冥，泽妙思兮草玄经，结幽门兮在黄庭。”

【黄庭客】　指修仙学道者。孟郊《伤哉行》：“岂知黄庭客，仙骨生不成。”

【黄庭教】　借指道教。陆龟蒙《寄茅山何威仪二首》之一：“年来已奉黄庭教，夕炼腥魂晓吸霞。”

【黄庭術】　指道家养身之术。中寤《赠王仙柯》：“心中已得黄庭术，头上应无白发生。”

【黄庭訣】　指道教养生之秘诀。姚合《哭砚山孙道士》：“永秘黄庭诀，高悬漉酒巾。”

【黄庭經】　道教经典。有《黄庭内景经》《黄庭外景经》《黄庭中景经》《黄道遁甲缘身经》和《黄庭五脏六腑真人玉轴经》等数种。皆言道家养生之法。《文献通考》谓《外景经》一卷，为老子所作，即王羲之所书者。畅当《题沈八斋》：“绿绮琴弹白雪引，乌丝绢勒黄庭经。”李益《罢秩后入华山采茯苓逢道者》：“视之有文字，乃古黄庭经。”白居易《独行》：“暗诵黄庭经在口，闲携青竹杖随身。”温庭筠《西陵道士茶歌》：“仙翁白扇霜鸟翎，拂坛夜读黄庭经。”

【黄庭觀】　(觀 guàn)道观名。在今湖南宁远县九嶷山。李郃有《游九疑黄庭观》。

【黄帝】　古帝名。传说为中原各族的共同祖先。少典之子，姓公孙，居轩辕之丘，故号轩辕氏。又居姬水，因改姓姬。国于有熊，亦称有熊氏。以土德王，因土为黄色，故曰黄帝。传说，黄帝铸鼎于荆山之下，鼎成后有龙迎其升天。李贺《苦篁调啸引》：“当时黄帝上天时，二十三管咸相随。”

【黄帝有四目】　称美帝王明察。韩愈《月蚀诗效玉川子作》：“黄帝有四目，帝舜重其明。”

【黄帝術】　指道家炼丹术。道家尊黄帝为始祖，故称。吕岩《忆江南》词之三：“黄帝术，玄妙美金花。”

【黄冠】　❶古代指箬帽之类。腊祭时戴之。借指农夫野老之服。吕从庆《幽居》：“黄冠此中居，眷言寄高托。”又《漫兴》：“妻孥莫漫悲家计，留得黄冠未算贫。”刘禹锡《含辉洞述》：“逮今得诸黄冠野夫，及请而往，因名其地曰含辉洞。”❷道士之冠。亦借指道士。张子容《云阳驿陪崔使君邵道士夜宴》：“诸侯倾皂盖，仙客整黄冠。”韩愈《送张道士》：“诣阙三上书，臣非黄冠师。”唐求《题青城山范贤观》：“数里缘山不厌难，为寻真诀问黄冠。”护国《逢灵道士》：“浮丘山上见黄冠，松柏森森登古坛。”

【黄冠野夫】　唐末道士。《全唐诗》卷八六二录其《授马氏女诗》，诗题后注：“黄鹿真人马氏女者，幼好道。有黄冠野夫，年逾七十，颜如渥丹，传铅汞符篆要术，易其名为道兴，授诗而行。后结庵于庐江之东，复遇野夫，与镇坛金银，为黄鹿白鹅之精。天祐末，盗欲取之，遂骖驾黄鹿，白鹅前引，腾空而逝，如所授诗之言。”

【黄冠道人】　五代吴道人，钟离(郡治所燕县，今安徽凤阳县东北)人。《全唐诗外编》下录其《歌二章》，诗题后注：“高祖行密改元，开国时广陵殷盛，士庶骈阗。道人状如病狂，手持一竿，竿头悬一木，刻为鲤鱼形，行歌于市云云。”

【黄祖】　人名。后汉江夏太守。李群玉《汉阳春晚》：“遐思祢衡才，令人怨黄祖。”李山甫《赴举别所知》：“黄祖不怜鹦鹉客，志公偏赏麒麟儿。”罗隐《游江夏口》：“黄祖不能容贱客，费祎终是负仙才。”崔涂《鹦鹉洲即事》：“曹瞒尚不能容物，黄祖何曾解爱才。”

【黄屋】　❶称帝王所乘之车。陈子昂《感遇诗三十八首》之十九：“黄屋非尧意，瑶台安可论。”钱起《汉武出猎》：“且贪原兽轻黄屋，宁畏渔人犯白龙。”元稹《望云骓马歌》：“地平险尽施黄屋，九九属车十二纛。”许浑《登尉佗楼》：“刘项持兵鹿未穷，自乘黄屋岛夷中。”❷借指皇帝。崔颢《赠怀一上人》：“上启黄屋心，下除苍生缚。”杜甫《晦日寻崔戢李封》：“上古葛天民，不贻黄屋忧。”白居易《送东都留守令狐尚书赴任》：“翠华黄屋未东巡，碧落青嵩付大臣。”唐尧臣《金陵怀古》：“草昧席罗图，苹路戴黄屋。”❸喻指皇权。张九龄《奉和圣制赐诸州刺史以题座右》：“每劳苍生念，不以黄屋尊。”❹借指皇帝居所。李颀《送暨道士还玉清观》：“明主降黄屋，时人看白云。”

【黄砂】 见“黄沙”。

【黄耆】 亦作“黄蓍”。即黄芪。多年生草木植物。夏季开黄花，根长，可入药。白居易《城盐州》：“鄜州驿路好马来，长安药肆黄蓍贱。”又《斋居》：“黄耆数匙粥，赤箭一瓯汤。”

【黄耇】 年长者。王棨《甸服耆旧望籍千亩》：“幸同黄耇意，因此愿闻天。”

【黄埃】 ❶黄色的尘埃，尘土。杜甫《夏日叹》：“雨降不濡物，良田起黄埃。”韩愈《李花赠张十一署》：“力携一尊独就醉，不忍虚掷委黄埃。”白居易《冀城北原作》：“风吹黄埃起，落日驱征车。”杜牧《忍死留别献盐铁裴相公二十叔》：“青春辞白日，幽壤作黄埃。”❷地下，地面。李咸用《短歌行》：“上得青云下不难，下在黄埃上须渐。”

【黄荻】 黄色之荻。荻，状似芦苇，茎可编席箔。元稹《江边四十韵》：“金琯排黄荻，琅玕袅翠梢。”

【黄連】 多年生草本植物。根茎味苦，入药，性寒，能泻心火、化湿热，主治湿热泻痢、目赤、口疮等症。寒山《诗三百三首》之七六：“死恶黄连苦，生怜白蜜甜。”又《诗三百三首》之二〇七：“黄连揾蒜酱，忘计是苦辛。”白居易《得钱舍人书问眼疾》：“春来眼暗少心情，点尽黄连尚未平。”陈长官《下狱有作》：“一时种了黄连种，万代令人苦不休。”

【黄校書】 （校 jiào）黄璞。字绍山，大顺中进士第，著有《闽川名士传》一卷。徐夤有《依韵答黄校书》。

【黄氣】 黄色云气。古代迷信以为天子之气。裴漼《奉和御制平胡》：“庙略占黄气，神兵出绛宫。”亦指祥瑞之气。沈佺期《则天门赦改年》：“六甲迎黄气，三元降紫泥。”

【黄牸】 黄毛母牛。许浑《题灞西骆隐居》：“往往乘黄牸，鹿裘乌角巾。”

【黄唐】 黄帝与唐尧的并称。司空图《诗品二十四则·高古》：“黄唐在独，落落玄宗。”

【黄粉】 ❶黄色花粉。王建《赏牡丹》：“满蕊攒黄粉，含棱缕绛苏。”张祜《江南杂题三十首》之二一：“白烟生草末，黄粉露花心。”❷用于装饰的黄色粉。李贺《江楼曲》：“萧骚浪白云差池，黄粉油衫寄郎主。”温庭筠《湘宫人歌》：“黄粉楚宫人，芳花玉刻鳞。”

【黄流】 指酒。李纾《唐德明兴圣庙乐章·德明酌献》：“白水方祼，黄流在中。”《郊庙歌辞·祀九宫贵神乐章·雍和》：“俎豆有践，黄流在尊。”

【黄家女】 亦作“黄女”。为谦虚过分的典故。李白《鞠歌行》：“丽莫似汉宫妃，谦莫似黄家女。”

【黄袍】 鸟名。即黄鹂。贯休《晚春寄张侍郎》：“鸟听黄袍小，城临白帝寒。”自注：“黄袍，禽也。”

【黄陸】 黄色土山。李峤《奉和幸韦嗣立山庄侍宴应制》：“石磴平黄陆，烟楼半紫虚。”

【黄陵】 ❶山名。在今湖南湘阴县北。据传舜之二妃墓在其上。张说《伯奴边见归田赋因投赵侍御》：“黄陵浮汨渚，青草会湘川。”李商隐《哭刘司户蕡》：“去年相送地，春雪满黄陵。”牛希济《临江仙》词之四：“江绕黄陵春庙闲，娇莺独语关关。”❷指黄陵庙。段成式《哭李群玉》：“曾话黄陵事，今为白日催。”泛指有贤德之后妃墓。崔融《则天皇后挽歌二首》之一：“紫殿金铺涩，黄陵玉座深。”

【黄陵美人】 即湘妃。《全唐诗》卷八六四录其《寄紫盖阳居士》。

【黄陵廟】 在今湖南湘阴县北洞庭湖畔。据传为舜之二妃所立。李远《黄陵庙词》：“黄陵庙前莎草春，黄陵女儿蒨裙新。”李群玉《题二妃庙》：“黄陵庙前春已空，子规啼血滴松风。”郑谷《鹧鸪》：“雨昏青草湖边过，花落黄陵庙里啼。”毛文锡《临江仙》词：“黄陵庙侧水茫茫，楚山红树，烟雨隔高唐。”

【黄娥】 妓中之年长者。李贺《恼公》：“黄娥初出座，宠妹始相从。”

【黄能】 即黄熊。古代传说中的兽名。萧颖士《羽山》：“空余下泉客，谁复辨黄能。”参见“黄熊”。

【黄桑】 ❶初生的色呈微黄的桑叶。李贺《南国十三首》之二：“宫北田塍晓气酣，黄桑饮露窣宫帘。”❷指叶子发黄的桑树。杜甫《北征》：“鸱鸟鸣黄桑，野鼠拱乱穴。”

【黄桑屐】 黄桑木做的鞋。李洞《题南鉴公山房》：“唯说黄桑屐，当时着秣陵。”

【黄紙】 黄麻纸。借指书写在黄麻纸上的诏书。刘长卿《淮上送梁二恩命追赴上都》：“拜手卷黄纸，回身谢白云。”窦巩《送元稹西归》：“南州风土滞龙媒，黄纸初飞敕字来。”白居易《酬元郎中同制加朝散大夫书怀见赠》：“命服虽同黄纸上，官班不共紫垣前。”郑谷《省中偶作》：“捧制名题黄纸尾，约僧心在白云边。”

【黄紙除書】 用黄麻纸书写的拜官授职的文书。刘禹锡《酬元九院长自江陵见寄》：“金门通籍真多士，黄纸除书每日闻。”白居易《刘十九同宿》：“红旗破贼非吾事，黄纸除书无我名。”又《别草堂三绝句》之一：“正听山鸟向阳眠，黄纸除书落枕前。”又《留题天竺灵隐两寺》：“黄纸除书到，青宫诏命催。”

【黄紙詔】　见“黄紙詔書”。

【黄紙詔書】　写在黄麻纸上的诏书。王维《送李睢阳》：“黄纸诏书出东厢，轻纨叠绮烂生光。”亦省作“黄紙詔”。李嘉祐《送窦拾遗赴朝因寄中书十七弟》：“自叹未沾黄纸诏，那堪远送赤墀人。”权德舆《太原郑尚书远寄新诗走笔酬赠因代书贺》：“公望数承黄纸诏，虚怀自号白云翁。”白居易《和微之诗二十三首·和我年三首》之二：“黄纸诏频草，朱轮车载脂。”又《元十八从事有恋泉声之什因以投和兼伸别情》：“雨露初承黄纸诏，烟霞欲别紫霄峰。”

【黄堆烽】　烽火台名，当位于长安至渭北途中。李益《上黄堆烽》：“心期紫阁山中月，身过黄堆烽上云。”李益又有《赴渭北宿石泉驿南望黄堆烽》。

【黄黄】　指地、大地。陈陶《草木言》：“何生我苍苍，何育我黄黄。”

【黄菌】　黄色的菌类。于鹄《寻李逸人旧居》：“茅屋长黄菌，槿篱生白花。”白居易、刘禹锡《秋霖即事联句三十韵》：“桥柱粘黄菌，墙衣点绿钱。”

【黄菊】　❶黄色的菊花。李嘉祐《答泉州薛播使君重阳日赠酒》：“欲强登高无力去，篱边黄菊为谁开。”卢肇《题绿阴亭》：“黄菊旧连陶令宅，青山遥负向平心。”刘沧《送李休秀才归岭中》：“故园新过重阳节，黄菊满篱应未凋。”吴融《重阳日荆州作》：“浊醪任冷难辞醉，黄菊因暄却未开。”❷指酒。古有重阳日饮菊花酒之习俗。骆宾王《畴昔篇》：“相将菌阁卧青溪，且用藤杯泛黄菊。”戎昱《观卫尚书九日对中使射破的》：“盛宴倾黄菊，殊私降紫泥。”

【黄菊英】　黄菊花。指菊花酒。李泌《奉和圣制重阳赐会聊示所怀》：“未追赤松子，且泛黄菊英。”

【黄菊酒】　即菊花酒。古人用黍米和菊花为原料酿制的酒。白居易《和令公问刘宾客归来称意无之作》：“闲尝黄菊酒，醉唱紫芝谣。”

【黄菊節】　指重阳节。贾岛《答王参》：“相期黄菊节，别约红桃径。”

【黄菊灣】　地名。在杭州东北临平湖附近。顾况有《黄菊湾》。

【黄梢】　指新生树木的枝条。其色嫩黄，故称。白居易《春至》：“白片落梅浮涧水，黄梢新柳出城墙。”

【黄梅】　❶即梅子。杜甫《梅雨》：“南京西浦道，四月熟黄梅。”成熟时黄色，可食，味酸。李敬方《天台晴望》：“林果黄梅尽，山苗半夏新。”郑谷《蜀中三首》之一：“江楼客恨黄梅后，村落人歌紫芋间。”徐夤《岳州端午日送人游郴连》：“北风吹雨黄梅落，西日过湖青草深，”❷指春末夏初梅子黄熟的季节。元稹《酬卢秘书》：“梦云期紫阁，厌雨别黄梅。”❸山名。在今湖北黄梅县西北。齐己《寄文浩百法》：“当时六祖在黄梅，五百人中眼独开。”贯休《道情偈三首》之一：“崆峒老人专一一，黄梅真叟却无无。”❹县名。隋开皇十八年(598)以新蔡县改置，治所在今湖北黄梅县西北。唐属淮南道蕲州。宋之问有《途中寒食题黄梅临江驿寄崔融》，崔融有《和宋之问寒食题黄梅临江驿》。白居易《九江北岸遇风雨》：“黄梅县边黄梅雨，白头浪里白头翁。”

【黄梅雨】　黄梅季节所下的雨。杜甫《多病执热奉怀李尚书》：“思沾道暍黄梅雨，敢望宫恩玉井冰。”元稹《纪怀赠李六户曹崔二十功曹五十韵》：“白草堂檐短，黄梅雨气蒸。”白居易《送客之湖南》：“帆开青草湖中去，衣湿黄梅雨里行。”韩偓《赠湖南李思齐处士》：“三春日日黄梅雨，孤客年年青草湖。”

【黄梅偈】　僧慧能曾作偈云：“菩提本无树，明镜亦无台。佛性常清净，何处有尘埃?”禅宗五祖弘忍据此偈选定慧能为六代嗣法人。因其驻锡于湖北黄梅山双峰寺，故称黄梅偈。后用以称佛偈。齐己《谢王拾遗见访兼寄篇什》：“愧把黄梅偈，曾酬白雪才。”

【黄雀】　❶鸟名。雄鸟上体浅黄绿色，腹部白色，腰部微黄，雌鸟上体微黄，有暗褐条纹。鸣声清脆动听，饲养为观赏鸟。刘长卿《登吴古城歌》：“白杨萧萧悲故柯，黄雀啾啾争晚禾。”戴叔伦《越溪村居》：“黄雀数声催柳变，清溪一路踏花归。”孟郊《黄雀吟》：“黄雀舞承尘，倚恃主人仁。”张籍《废居行》：“黄雀衔草入燕窠，啧啧啾啾白日晚。”❷为感恩图报之典。储光羲《上长史王公责躬》：“灵鸟酬德辉，黄雀报仁慈。”严维《奉试水精环》：“能衔任黄雀，亦欲应时明。”卢纶《九日奉陪令公登白楼同咏菊》：“黄雀知恩在，衔飞亦上楼。”曹邺《翠孤至渚宫寄座主相公》：“古人于黄雀，岂望白环报。”❸为只追求欢乐而不知祸之将至之典。亦言弱者处境之险恶。庄南杰《黄雀行》：“穿屋穿墙不知止，争树争巢入营死。”齐己《新燕》：“不同黄雀意，迷逐网罗媒。”罗隐《蝶》：“野田黄雀虑，山馆主人情。”❹寄寓批判以强凌弱之意。周昙《咏史诗·春秋战国门·少孺》：“螳螂定是遭黄雀，黄雀须防挟弹人。”❺喻以闲散自适者。杜甫《秋日夔府咏怀奉寄郑监李宾客一百韵》：“紫鸾无近远，黄雀任翩翾。”❻喻趋势附利者。杜甫《赠别贺兰铦》：“黄雀饱野粟，群飞动荆榛。”

【黄雀風】　夏日的东南风。王维《送秘书晁监还日本国》序：“黄雀之风动地，黑蜃之气成云，淼不知其所之，何相思之可寄!”

【黄雀徙巢】　为王朝兴替之典。骆宾王《帝京篇》：“黄雀徙巢桂，青门遂种瓜。”

【黄雀語】　为洗雪冤狱之典。沈佺期《同狱者叹狱中无燕》：“不如黄雀语，能雪冶长猜。”

【黄崇嘏】 女诗人。临邛(四川邛崃)人，黄使君之女。幼孤而多才艺，善琴棋书画，犹工诗文。年逾三十未嫁，常着男装游历。因失火事下狱，献诗蜀相周庠以自陈。周庠荐其摄司户参军。在任一年，政事明敏。庠爱其才，欲以女妻之。崇嘏作诗辞婚，言明己为女身，周庠得诗大惊。不久辞归临邛。《全唐诗》卷七九九录其《下狱贡诗》和《辞蜀相妻女诗》二首。

【黄鳥】 鸟名。或谓黄雀，或谓黄莺。崔国辅《王孙游》:“自与王孙别，频看黄鸟飞。”刘长卿《晚春归山居题窗前竹》:“溪上残春黄鸟稀，辛夷花尽杏花飞。”李益《莲塘驿》:“菱花覆碧渚，黄鸟双飞时。”郑谷《将之泸郡旅次遂州遇裴晤员外谪居于此话旧凄凉因寄二首》之一:“黄鸟晚啼愁瘴雨，青梅早落中蛮烟。”

【黄魚】 即鳝鱼。杜甫《黄鱼》:“日见巴东峡，黄鱼出浪新。”自注:“黄鱼长者二三丈。”又《戏作俳谐体遣闷二首》之一:“家家养乌鬼，顿顿食黄鱼。”

【黄麻】 指黄麻纸。古代诏书用纸。亦借指诏书。古代写诏书，内事用白麻纸，外事用黄麻纸。杜甫《赠翰林张四学士》:“紫诰仍兼绾，黄麻似六经。”白居易《见于给事暇日上直寄南省诸郎官诗因以戏赠》:“黄麻敕胜长生箓，白纻词嫌内景篇。”章碣《寄江东道友》:“碧带黄麻呈缥缈，短竿长线弄因循。”

【黄粱夢】 喻富贵无常或难以实现的愿望。吕岩《书与胡咏之》:“种成白璧人何处，熟了黄粱梦未回。”参见“黄粱❷”。

【黄婆】 道教炼丹术语。道家内丹称脾内涎能母养其他脏腑，故称。吕岩《七言》之二三:“九盏水中煎赤子，一轮火内养黄婆。”

【黄巢】 唐末农民起义领袖。曹州冤句(今山东菏泽)人。《全唐诗》卷七三三录其《题菊花》等三首。

【黄琮】 黄色的瑞玉。古用以祭祀。崔玄童《祭汾阴乐章》:“祥符宝鼎，礼备黄琮。”褚亮《祭神州乐章·雍和》:“黝牲在列，黄琮俯映。”皮日休《江南书情二十韵寄二同年》:“孤竹宁收笛，黄琮未作瑊。”

【黄葉】 ❶枯黄的树叶。亦指将落的树叶。李颀《送钱子入京》:“驿路清霜下，关门黄叶稀。”白居易《早寒》:“黄叶聚墙角，青苔围柱根。”吴融《阌乡寓居十首·木塔偶题》:“无限黄花衬黄叶，可须春月始伤心。”❷佛教语。佛教以杨树黄叶为金，比喻天上乐果，能止人间诸恶。贯休《题惠琮律师院》:“唯传黄叶喻，还似白泉居。”

【黄葛】 葛之一种。树皮之纤可制絮纺纱，亦可作造纸原料。李白《黄葛篇》:“黄葛生洛溪，黄花自绵幂。”李贺《昌谷诗》:“大带委黄葛，紫蒲交狭涘。”又《黄头郎》:“玉瑟调青门，石云湿黄葛。”

【黄葛衣】 黄色葛布制成的衣服。白居易《新构亭台示诸弟侄》:“清泠白石枕，疏凉黄葛衣。”

【黄落】 草木枯萎凋落。杜甫《发秦州》:“草木未黄落，况闻山水幽。”李商隐《访隐者不遇成二绝》之一:“玄蝉去尽叶黄落，一树冬青人未归。”

【黄葦】 枯黄的芦苇。郑谷《失鹭鸶》:“月昏风急何处宿，秋岸萧萧黄苇枝。”

【黄椑】 黄色的椑柿。贯休《寄静林别墅胡进士兄弟》:“犬吠黄椑落，牛归红树深。”

【黄雲】 ❶边塞之云。塞外沙漠之地，黄沙飞扬，天空常呈黄色，故称。杜甫《佐还山后寄三首》之一:“山晚黄云合，归时恐路迷。”权德舆《赠老将》:“白草黄云塞上秋，曾随骠骑出并州。”姚合《塞下曲》:“碛露黄云下，凝寒鼓不鸣。”马戴《塞下曲二首》之二:“黄云飞旦夕，偏奏苦寒声。”亦借指塞外之地。戎昱《从军行》:“擒生黑山北，杀敌黄云西。”杨巨源《送殷员外使北蕃》:“努力黄云北，仙曹有雉车。”许棠《五原书事》:“西出黄云外，东怀白浪遥。”❷黄色的云气。(1)古以为祥瑞之气或仙气。刘允济《经庐岳回望江州想洛川有作》:“黄云覆鼎飞，绛气横川跃。”李白《金陵江上遇蓬池隐者》:“绿水向雁门，黄云蔽龙山。”陈沆《嘲庐山道士》:“啖肉先生欲上升，黄云踏破紫云崩。”(2)深秋或雪天之云。岑参《巩北秋兴寄崔明允》:“秋风万里动，日暮黄云高。”韩愈《暮行河堤上》:“衰草际黄云，感叹愁我神。”曹唐《奉送严大夫再领容府二首》之一:“剑澄黑水曾芟虎，箭劈黄云惯射雕。”❸黄沙，尘土。高适《别董大二首》:“十里黄云白日曛，北风吹雁雪纷纷。”孟郊《感怀》:“登高望寒原，黄云郁峥嵘。”李商隐《东还》:“秋风动地黄云暮，归去嵩阳寻旧师。”曹邺《送友人入塞》:“一马没黄云，登高望犹在。”

【黄帽】 ❶黄颜色的帽子。船夫等平民冠之。杜甫《发刘郎浦》:“白头厌伴渔人宿，黄帽青鞋归去来。”又《有怀台州郑十八司户》:“黄帽映青袍，非供折腰具。”❷舟人。杜甫《奉酬寇十侍御锡见寄四韵复寄寇》:“南瞻按百越，黄帽待君偏。”李郢《阳羡春歌》:“楼下游人颜色喜，溪南黄帽应羞死。”

【黄筌】 五代时后蜀著名画家。字要叔，成都人。仕前蜀王衍为待诏。后蜀广政中累迁如京副使，官至检校少府监。入宋，授太子左赞善大夫。工花鸟，兼擅人物、山水、墨竹。所画花鸟。多为宫廷中珍禽异卉，勾勒用笔很细，格调富丽丰满，存世《写生珍禽图》，相传是其作品。徐光溥《题黄居寀秋山图》:“天与黄筌艺奇绝，笔精回感重瞳悦。”《语·时人为黄筌语》:“黄筌画鹤，薛稷减价。”

【黄尊師】 黄洞元。符载《黄仙师瞿童记》:“朗州桃源桃花观，南岳黄洞元居焉。”韦应物有《寄黄尊师》。

【黄童】 ❶幼童。吕岩《绝句》之二："若人寻得水中火，有一黄童上太微。"又《绝句》之三："混元海底隐生伦，内有黄童玉帝名。"❷指后汉黄琬。皎然《咏数探得七》："邹子谭天岁，黄童对日年。"❸指后汉黄香。罗隐《送姚安之赴任秋浦》："江夏黄童徒逞辩，广都庞令恐非才。"

【黄童白叟】 黄口小儿和白发老者。泛称老少。韩愈《元和圣德诗》："卿士庶人，黄童白叟。"

【黄道】 ❶地球一年绕太阳转一周，人们从地球上看成太阳一年在空中移动一圈，并将太阳这种移动的路线称为"黄道"。实际上是地球绕太阳公转的平面轨道与天球相交的大圆。杜甫《太岁日》："阊阖开黄道，衣冠拜紫宸。"李商隐《五言述德抒情诗一首四十韵献上杜七兄仆射相公》："碧虚天共转，黄道日同行。"韩偓《八月六日作四首》之一："日离黄道十年昏，敏手重开造化门。"❷指太阳。丘为《省试夏日可畏》："禁城千品烛，黄道一轮孤。"❸帝王出行时所走的道路。因用黄沙铺地，故称。李白《上之回》："万乘出黄道，千旗扬彩虹。"权德舆《奉和李相公早朝偶书所怀呈门下相公中书相公》："紫宸残月下，黄道晓光来。"鲍溶《郊天回》："日动萧烟上泰坛，帝从黄道整和銮。"郑谷《朝谒》："班趋黄道急，殿接紫宸深。"

【黄寇】 对黄巢农民起义军的蔑称。陆龟蒙《丁隐君歌》："去岁猖狂有黄寇，官军解散无人斗。"罗隐《酬丘光庭》："自从黄寇扰中土，人心波荡犹未回。"

【黄扉】 ❶古代丞相、三公、给事中等高级高吏办公之处。因以黄色涂署门，故称。李益《奉和武相公郊居寓目》："黄扉晚下禁垣钟，归坐南闱山万重。"权德舆《奉和史馆张阁老有咏》："丹地晨趋并，黄扉夕拜联。"姚合《送崔郎中赴常州》："贵是鸰原在紫微，荣逢知己领黄扉。"唐彦谦《贺李昌时禁苑新命》："黄扉议政参元化，紫殿称觞拂寿星。"❷指宫门。骆宾王《帝京篇》："朱邸抗平台，黄扉通戚里。"

【黄犀】 黄友国所献之犀牛，故名。柳宗元《贞符》序："郑以龙衰，鲁以麟弱，白雉亡汉，黄犀死莽，恶在其为符也？"

【黄絲】 ❶喻指刚出芽叶之柳条。戎昱《赋得江上柳送人》："江柳断肠色，黄丝垂未齐。"❷指花粉管。白居易《草词毕遇芍药初开偶成十六韵》："钗葶抽碧股，粉蕊扑黄丝。"

【黄蓍】 见"黄耆"。

【黄蒿】 枯黄的蒿草。亦泛称枯草。于鹄《古挽歌》之四："阴风吹黄蒿，挽歌度秋水。"李德裕《述梦诗四十韵》："未能追狡兔，空觉长黄蒿。"曹邺《翠孤至渚宫寄座主相公》："白菌缘屋生，黄蒿拥篱倒。"借指坟墓。陈陶《将进酒》："周孔蓍龟久沦没，黄蒿谁认贤愚骨。"

【黄損】 五代诗人。字益之，连州（今广东连县）人。有《桂香集》，已佚。《全唐诗》卷七三四录其诗四首，断句十联。

【黄楊】 常绿灌木或小乔木，叶对生，披针状或卵状，花黄色而有臭味。木质致密，可供雕刻。《劝进疏引谶》之六："只看寅卯岁，深水没黄杨。"张祜《酬凌秀才惠枕》："八寸黄杨惠不轻，虎头光照簟文清。"

【黄榆】 落叶乔木。树皮有裂罅，早春开花。木质坚硬，可供建筑和制作家具。张籍《凉州词三首》之三："凤林关里水东流，白草黄榆六十秋。"李宣远《并州路》："秋日并州路，黄榆落故关。"

【黄榆塞】 （塞 sāi）黄榆木多产于我国东北、华北和西北等边境，因以指边塞。于濆《戍客南归》："北别黄榆塞，南归白云乡。"

【黄虞】 黄帝和虞舜的合称。《郊庙歌辞·享章怀太子庙乐章·武舞作》："绿林炽炎历，黄虞格有苗。"

【黄蜂】 胡蜂一类的昆虫。李贺《残丝曲》："垂杨叶老莺哺儿，残丝欲断黄蜂归。"李商隐《二月二日》："花须柳眼各无赖，紫蝶黄蜂俱有情。"陆龟蒙《春晓》："黄蜂一过慵，夜夜栖香蕊。"归仁《牡丹》："偷香黑蚁斜穿叶，觑蕊黄蜂倒挂枝。"

【黄蜀葵】 植物名。亦称黄葵。二月下种，或宿子在土自生，至夏始长。叶大如蓖麻叶，六月开花，大如碗。薛能有《黄蜀葵》。郑谷《和知己秋日伤怀》："梁尘寂寞燕归去，黄蜀葵花一朵开。"

【黄鉞】 以黄金为饰的长柄斧头。天子仪仗。大将军出征，特加黄钺者，则以铜为之。亦用以指征伐。张说《唐封泰山乐章·凯和》："黄钺诛群盗，朱旗扫多罪。"贾至《燕歌行》："彤弓黄钺授元帅，垦耕大漠为内地。"白居易《七德舞》："太宗十八举义兵，白旄黄钺定两京。"韦庄《题淮阴侯庙》："满把椒浆奠楚祠，碧幢黄钺旧英威。"

【黄腸】 古代葬制，帝王之墓，棺椁四周垒以柏木黄心，称黄肠题凑。亦省作"黄腸"。黄肠本谓柏木之心。柏木心黄，故称。代指帝王坟墓。柳宗元《咏三良》："壮躯闭幽隧，猛志填黄肠。"亦泛称一般棺木。寒山《诗三百三首》之一四三："冢破压黄肠，棺穿露白骨。"

【黄煙】 黄色的烟尘。张籍《罗道士》："城里无人得实年，衣襟常带臭黄烟。"

【黄煉師】 疑为黄洞源。王昌龄有《武陵开元观黄炼师院三首》。

【黄滔】 诗人。字文江，泉州莆田（今福建莆田）人。乾宁二年(895)进士。光化中，除四门博士，寻迁监察御史里行。天复元年(901)充王审知威武军节度判官,对王审知多有匡正。《全唐诗》录其诗三卷,近二百首。《全唐诗外编》录其《游囊山》。

【黄溪】 溪名。在今湖南零陵县境。柳宗元有《入黄溪闻猿》。吕温《衡州早春偶游黄溪口号》:"偶寻黄溪日欲没,早梅未尽山樱发。"

【黄粱】 ❶即黄米,一种优质小米。杜甫《赠卫八处士》:"夜雨剪春韭,新炊间黄粱。"李贺《感讽五首》之一:"越妇通言语,小姑具黄粱。"刘禹锡《墙阴歌》:"西邻田舍乏糟糠,就影汲汲春黄粱。"白居易《渭村退居寄礼部崔侍郎翰林钱舍人诗一百韵》:"昼扉扃白版,夜碓归黄粱。"❷同"黄粱夢"。吕岩《促拍满路花》词:"黄粱炊未熟,梦惊残。"

【黄經】 指佛经。经书经久纸质变黄,故名。孟郊《读经》:"垂老抱佛脚,教妻读黄经。"

【黄綃】 黄色的轻薄丝织物。薛能《吴姬十首》之九:"冠剪黄绡帔紫罗,薄施铅粉画青娥。"

【黄絹】 ❶黄色的丝绢。陈陶《题赠高闲上人》:"鸳鹭输黄绢,场坛绕白蘋。"❷谓优美诗文。白居易《自到郡斋未及宴游偷闲走笔题二十四韵》:"制诰夸黄绢,诗篇占白蘋。"湛贲《题历山司徒右长史祖宅》:"丽句传黄绢,香名播宋朝。"许浑《甘露寺感事贻同志》:"青山尽日寻黄绢,沧海经年梦绛纱。"薛存诚《御制段太尉碑》:"雅词黄绢妙,渥泽紫泥分。"见"黄絹外孫"。

【黄絹外孫】 谓优美诗文。卢肇《被谪连州》:"黄绢外孙翻得罪,华颠故老莫相嗤。"

【黄絹字】 指曹娥碑碑文。权德舆《送上虞丞》:"因寻黄绢字,为我吊曹盱。"亦指优美的诗文。李商隐《过故府中武威公交城旧庄感事》:"山下只今黄绢字,泪痕犹堕六州儿。"参见"黄絹外孫"。

【黄絹碑】 即曹娥碑。在今浙江绍兴市境。借指优美诗文。权德舆《哭刘四尚书》:"黄绢碑文在,青松隧路新。"参见"黄絹外孫"。

【黄絹歌詩】 指优美的诗作。杜牧《将赴池州道中作》:"青阳云水去年寻,黄绢歌诗出翰林。"

【黄絹語】 指优美的诗文。李白《送王屋山人魏万还王屋》:"笑读曹娥碑,沉吟黄绢语。"参见"黄絹外孫"。

【黄墟】 犹黄垆。黄泉。权德舆《从事淮南府过亡友杨校书旧厅感念愀然》:"黄墟既杳杳,玄化亦茫茫。"白居易《狂歌词》:"焉用黄墟下,珠衾玉匣为。"

【黄臺瓜辭】 乐府杂曲谣辞名。章怀太子李贤作。诗见《全唐诗》卷六。

【黄裳】 ❶黄色的下衣。李颀《送王道士还山》:"先生舍我欲何归,竹杖黄裳登翠微。"赵居贞《云门山投龙诗》:"霞间朱绂萦,岚际黄裳襞。"❷指太子。卢照邻《中和乐九章·歌储宫第六》:"黄裳元吉,邦家以宁。"❸人名。韦黄裳。李白有《赠韦侍御黄裳二首》。

【黄團】 指栝楼。一种多年生草本植物,茎上有卷须,以攀援他物。果实卵圆形,橙黄色。韩愈、孟郊《城南联句》:"红皱晒檐瓦,黄团系门衡。"

【黄圖】 ❶借指畿辅、京城。北周庾信《哀江南赋》:"拥狼望于黄图,填卢山于赤县。"骆宾王《同崔驸马晓初登楼思京》:"白云乡思远,黄图归路难。"赵彦昭《奉和幸长安故城未央宫应制》:"寒烟收紫禁,春色绕黄图。"蒋涣《故太常卿赠礼部尚书李公及夫人挽歌二首》之一:"白简尝持宪,黄图复尹京。"杜甫《寄董卿嘉荣十韵》:"黄图遭污辱,月窟可焚烧。"❷借指中国。杨炯《和辅先入昊天观星瞻》:"碧落三乾外,黄图四海中。"

【黄頗】 诗人。宜春(今江西宜春市)人。《全唐诗》卷五五二录其诗三首。

【黄膏】 黄色的油膏。韩愈《刘生诗》:"山狖欢噪猩猩游,毒气烁体黄膏流。"

【黄塵】 ❶黄色的尘土。杨炯《战城南》:"寸心明白日,千里暗黄尘。"王维《燕支行》:"画戟雕戈白日寒,连旗大旆黄尘没。"司空曙《杂兴》:"黄尘满目随风散,不认将军燕尾旗。"李商隐《行次西郊作一百韵》:"咫尺不相见,早久多黄尘。"❷喻指尘土。聂夷中《题贾氏林泉》:"岂知黄尘内,迥有白云踪。"

【黄塵清水】 喻世事变化迅速。李贺《梦天》:"黄尘清水三山下,更变千年如走马。"

【黄旗】 ❶黄色的旗帜。用于天子仪仗。张说《唐享太庙乐章·大明舞》:"黄旗举义,三灵会同。"李商隐《览古》:"空糊赪壤真何益,欲举黄旗竟未成。"亦借指天子。温庭筠《洞户二十二韵》:"清跸传恢囿,黄旗幸上林。"❷古代表示王气所在的祥瑞。虞世南《赋得吴都》:"玉牒宏图表,黄旗美气浮。"

【黄精】 植物名。茎长二三尺,花似铃形,呈淡绿色,果实色黑如豆。地下根茎可食,亦可入药。仙家以为芝草之类,得坤土之精粹,故名黄精。王昌龄《赵十四兄见访》:"世事何须道,黄精且养蒙。"杜甫《太平寺泉眼》:"三春湿黄精,一食生毛羽。"马戴《期王炼师不至》:"黄精蒸罢洗琼杯,林下从留石上苔。"陆龟蒙《奉和袭美新秋言怀三十韵次韵》:"白菌盈枯枿,黄精满绿筲。"

【黄甒】 甜瓜之一种。为佞臣向太子献媚的典实。徐夤《寄卢端公同年仁炯时迁都洛阳新立幼主》:"须簪白笔匡明主,莫许黄甒博少师。"

【黄閣】 ❶指宰相官署。汉代丞相、太尉和汉以后的三公官署避用朱门,厅门涂以黄色,以区别于天子。韩翃《奉送王相公赴幽州巡边》："黄阁开帷幄，丹墀侍冕旒。"岑参《奉和杜相公初发京城作》："按节辞黄阁，登坛恋赤墀。"罗隐《上霅川裴郎中》："望崇早合归黄阁，诗好何妨恋白蘋。"徐铉《右省仆射相公垂览和诗复贻长句辄次来韵》："铺陈政事留黄阁，偃息神机在素琴。"❷唐时门下省亦称黄阁。门下省在汉为黄门，位居枢要，称为黄枢。唐因门下省的职责与汉代黄门相同，故亦称黄阁。张说《奉宇文黄门融酒》："又乘黄阁赏，愿作黑头公。"杜甫《季夏送乡弟韶陪黄门从叔朝谒》："莫度清秋吟蟋蟀，早闻黄阁画麒麟。"李嘉祐《送独孤拾遗先辈先赴上都》："日日趋黄阁，应忘云海边。"姚合《和门下李相饯西蜀相公》："青城方眷恋，黄阁竟从容。"

【黄閣老】　唐时中书省和门下省官员相互间的称呼。杜甫《将赴成都草堂途中有作先寄严郑公五首》之四："生理只凭黄阁老，衰颜欲付紫金丹。"又《送卢十四弟侍御护韦尚书之灵榇归上都二十韵》："动询黄阁老，肯虑白登围。"白居易《行简初授拾遗同早朝入阁因示十二韵》："尔随黄阁老，吾次紫微郎。"

【黄嫩】　如韭黄似的浅黄颜色。白居易《四年春》："柳梢黄嫩草芽新，又入开成第四春。"

【黄熊】　古代传说中的兽名。或谓即三足鳖。韩愈《猛虎行》："身食黄熊父，子食赤豹麛。"

【黄綺】　汉初商山四皓中的夏黄公与绮里季的合称。诗文中常以之作四皓的代称，并用作咏隐士的典故。王维《送李太守赴上洛》："若见西山爽，应知黄绮心。"令狐楚《将赴洛下旅次汉南献上相公二十兄言怀八韵》："许随黄绮辈，闲唱紫芝歌。"白居易《读史五首》之二："商山有黄绮，颍川有巢许。"又《游丰乐招提佛光三寺》："汉容黄绮为逋客，尧放巢由作外臣。"杜甫《朝雨》："黄绮终辞汉，巢由不见尧。"白居易《题岐王旧山池石壁》："黄绮更归何处去，洛阳城内有商山。"李德裕《访韦楚老不遇》："昔日征黄绮，余惭在凤池。"

【黄綬】　❶古代官员系官印的黄色丝带。古代县丞、县尉一类佐贰之官皆佩铜印，绶用黄色。刘长卿《送从弟贬袁州》："名羞黄绶系，身是白眉郎。"李绅《忆过润州》："昔年从宦干戈地，黄绶青春一鲁儒。"李商隐《送阿龟归华》："草堂归意背烟萝，黄绶垂腰不奈何。"方干《赠孙百篇》："莫嫌黄绶官资小，必料青云道路平。"❷借指官吏或官位。王昌龄《郑县宿陶太公馆中赠冯六元二》："子为黄绶羁，余忝蓬山顾。"刘长卿《题冤句宋少府厅留别》："尚甘黄绶屈，未适青云意。"卢纶《寄郑七纲》："他日吴公如记问，愿将黄绶比青毡。"权德舆《送宇文文府赴行在》："且安黄绶屈，莫羡白鸥闲。"

【黄緇】　指道士和僧人。道士戴黄冠，僧人着缁衣，故称。郑嵎《津阳门诗》："会昌御宇斥内典，去留二教分黄缁。"

【黄髮】　老人的头发。亦指老人。王维《晚春严少尹与诸公见过》："自怜黄发暮，一倍惜年华。"杜甫《去蜀》："万事已黄发，残生随白鸥。"刘禹锡《重答柳柳州》："耦耕若便遗身老，黄发相看万事休。"许浑《重伤杨攀处士二首》之一："绿云多学术，黄发竟无成。"

【黄髮期】　谓高寿。李白《江西送友人之罗浮》："畴昔紫芳意，已过黄发期。"

【黄髯老】　老者。唐彦谦《蟹》："买之最厌黄髯老，偿价十钱尚嫌少。"

【黄蕤】　指嫩黄的柳丝。张说《奉酬韦祭酒嗣立偶游龙门北溪》："黄蕤袅岸柳，紫萼折村梅。"

【黄潁川】　指西汉黄霸。霸曾为颍川太守，大有政声。杜甫《赠李十五丈别》："昔在尧四岳，今之黄颍川。"见"黄霸"。

【黄槿】　木槿之一种。落叶灌木或小乔木。许浑《送杨处士反初卜居曲江》："绿琪千岁树，黄槿四时花。"

【黄樞】　指门下省。门下省在汉为黄门，位居枢要，故称。崔颢《奉和许给事夜直简诸公》："西掖黄枢近，东曹紫禁连。"岑参《苗侍中挽歌二首》之一："青史遗芳满，黄枢故事存。"权德舆《奉和许阁老酬淮南崔十七端公见寄》："抡才超粉署，驳议在黄枢。"崔璐《览皮先辈盛制因作十韵以寄用伸款仰》："吾知上帝意，将使居黄枢。"

【黄醅】　黄色的酒。醅，未滤去糟的酒。白居易《尝黄醅新酎忆微之》："世间好物黄醅酒，天下闲人白侍郎。"

【黄蝶】　黄色蝴蝶。长孙佐辅《寻山家》："主人闻语未开门，绕篱野菜飞黄蝶。"张谓《别韦郎中》："峥嵘洲上飞黄蝶，滟滪堆边起白波。"王建《过绮岫宫》："武帝去来罗袖尽，野花黄蝶领春风。"

【黄幡綽】　见"黄翻绰"。

【黄稻】　黄熟的稻穗。钱珝《江行无题一百首》之九八："故溪黄稻熟，一夜梦中香。"

【黄劉二尊師】　黄洞元和刘玄和。韦应物有《寄黄刘二尊师》。

【黄麾】　❶古代天子所乘车舆的装饰品。沈佺期《上之回》："黄麾摇昼日，青幰曳松风。"❷指黄麾仗。天子出行时的一种仪仗。人数众多，声势浩大。权德舆《惠昭皇太子挽歌词二首》之一："宫仗黄麾出，仙游紫府遥。"

【黄潭】　地名。在今广西桂林市境。宋之问有《桂州黄潭舜祠》。

【黄琬】　后汉人。字琰，黄琼之孙。李瀚《蒙求》："黄琬对日，秦宓论天。"

【黄壇】　道士所设之坛场。段成式《哭房处士》："独上黄坛几度盟，印开龙渥喜丹成。"

【黄薑】　多年生草本植物，叶大，根茎椭圆形，深黄色，开黄花。根茎可入药，亦可作黄色染料。刘禹锡《奉和郑相公以考功十弟山姜花俯赐篇咏》："采撷黄姜蕊，封题青琐闱。"

【黄橙】　即橙子。因其色黄，故称。吕温《送僧归漳州》："溪寺黄橙热，沙田紫芋肥。"白居易《盐商妇》："何况江头鱼米贱，红脍黄橙香稻饭。"

【黄頭】　❶黄发。李白《酬张司马赠墨》："黄头奴子双鸦鬟，锦囊养之怀袖间。"张籍《永嘉行》："黄头鲜卑入洛阳，胡儿执戟升明堂。"❷童仆。戎昱《赠别张驸马》："华堂金屋别赐人，细眼黄头总何在？"唐求《题友人寓居》："黄头卷席宾初散，白鼻嘶风日欲斜。"

【黄頭郎】　汉代掌管船舶行驶的官员。后亦泛指船夫。以着黄帽而称。李贺《黄头郎》："黄头郎，捞拢去不归。"

【黄頭奚】　奚部族中的一部落。即黄头室韦，为契丹之别种。杜甫《悲青坂》："黄头奚儿日向西，数骑弯弓敢驰突。"

【黄曆】　谓伏羲的河图之属。卢照邻《中和乐九章·歌登封第一》："炎图丧宝，黄历开璿。"

【黄頰山】　亦名北山。在今山西河津县东北三十里许，为王绩兄文中子王通隐居讲学之处。王绩有《黄颊山》。

【黄曇子歌】　乐府杂歌谣辞。温庭筠有《黄昙子歌》。

【黄獨】　植物名。一种野生的土芋，可以充饥。地下块根唯一颗而色黄，故名。戴叔伦《草堂一上人》："地瘦无黄独，春来草更深。"

【黄龍】　❶古代传说中的神异动物。谶纬家以为是帝王之瑞征。张九龄《奉和圣制喜雨》："黄龙勿来，鸣鸟不思。"杜甫《秋日荆南述怀三十韵》："赤雀翻然至，黄龙讵假媒。"曹唐《小游仙诗九十八首》之四："手把玉箫头不举，自愁如醉倚黄龙。"又《紫河张休真》："东风小饮人皆醉，从听黄龙枕水眠。"亦指真龙天子。吕岩《参黄龙机悟后呈偈》："自从一见黄龙后，始觉从前错用心。"❷古城名。即龙城。在今辽宁朝阳市。李白《独不见》："白马谁家子，黄龙边塞儿。"李贺《送秦光禄北征》："黄龙就别镜，青冢念阳台。"参见"黄龍戍"。

【黄龍戍】　亦名黄龙岗，唐时东北要塞，在今辽宁朝阳市。沈佺期《杂诗三首》之三："闻道黄龙戍，频年不解兵。"王维《榆林郡歌》："黄龙戍上游侠儿，愁逢汉使不相识。"王昌龄《塞下曲四首》之四："更遣黄龙戍，唯当哭塞云。"

【黄龍磯】　石矶名。当在今湖北黄州和江西九江之间的长江岸边。李白有《楚江黄龙矶南宴杨执戟治楼》。

【黄龍闕】　指皇宫。卢纶《奉和太常王卿酬中书李舍人中书寓直春夜对月见寄》："春台几望黄龙阙，云路宁分白玉郎。"

【黄憲】　东汉贫士。字叔度，汝南慎阳（治所在今河南正阳县北江口集）人。作咏贤士的典故。白居易《郊陶潜体诗十六首》之十六："颜回与黄宪，何辜早夭亡。"

【黄憲萬頃】　东汉贫士黄宪器度恢弘，名士郭林宗谓其"汪汪若千顷陂，澄之不清，淆之不浊，不可量也"。后遂以黄宪万顷为典。李瀚《蒙求》："王允千里，黄宪万顷。"

【黄縑】　用双丝织成的黄色细绢。常作赠品，亦用作货币。苏颋、卢藏用《十月诞辰内殿宴群臣效柏梁体联句》："衔恩献寿柏梁台，黄缣青简奉康哉。"白居易《南宾郡斋即事寄杨万州》："仓粟喂家人，黄缣裹妻子。"自注："忠州，刺史以下，悉以畲田给禄食，以黄绢支给充俸。"

【黄簾舫】　船之一种。隋炀帝下江南时有此种船。韩偓《奉和峡州孙舍人肇荆南重围中寄诸朝士二篇》之二："黄篾舫中梅雨里，野人无事日高眠。"

【黄簾樓】　黄篾舫和楼船的合称。亦泛称客船。皮日休《奉和鲁望新夏东郊闲泛》："碧莎裳下携诗草，黄篾楼中挂酒篘。"

【黄輿】　指大地。《郊庙歌辞·祭神州乐章·迎神》："黄舆厚载，赤寰归德。"

【黄鍾】　❶古代打击乐器，器极大而声最宏，多用于庙堂。李华《杂诗六首》之一："黄钟叩元音，律吕更循环。"元稹《和李校书新题乐府十二首·华原磬》："弃旧美新由乐胥，自此黄钟不能竞。"李群玉《赠方处士兼以写别》："清如南薰丝，韵若黄钟吼。"❷乐律十二律的第一律。亦用以喻君王。韩愈《芍药歌》："翠茎红蕊天力与，此恩不属黄钟家。"❸以黄钟调为基音的乐曲。李群玉《王内人琵琶引》："檀槽一曲黄钟羽，细拨紫云金凤语。"《郊庙歌辞·祀圆丘乐章·舒和》："已奏黄钟歌大吕，还符宝历祚昌年。"❹唐教坊曲名，即《黄钟乐》。岑参《秦筝歌送外甥萧正归京》："红亭水木不知暑，忽弹黄钟和白纻。"❺对他人诗文的敬称。权德舆《伏蒙十六叔寄示喜庆感怀三十韵因献之》："黄钟蕴声调，白玉那缁磷。"❻古代为预测节气，将芦苇膜烧成灰置于律管中，至某一节气时，相应律管内的灰便会自动飞出。黄钟律与冬至相应，时在十一月。权德舆《酬崔舍人阁老冬至日宿直省中奉简两掖阁老并见示》:"白雪飞成曲,黄锺律应均。"卢仝《月蚀诗》:"新天子即位五年,岁次庚寅,斗柄插子,律调黄锺。"

【黄糜】 黄色的糜子。糜,不黏的黍子。北齐后主高纬宠妃冯小怜被隋文帝赐给代王妃之兄李询,询母令其着布裙舂米,最后又逼其自杀。杜牧《杜秋娘诗》:"珊瑚破高齐,作婢舂黄糜。"

【黄檗禪師】 诗僧。宣宗时人。与宣宗有《瀑布联句》,诗题下注:"《诗史》云:'帝游方外,至黄檗,与黄檗禅师同观瀑布联句。'《佛祖统纪》云:'帝至庐山,与香岩闲禅师咏。时黄檗在海昌,《诗史》误。'"

【黄藕冠】 冠名。其色如藕黄。孙光宪《女冠子》词之二:"碧纱笼绛节,黄藕冠浓云。"

【黄繭】 野蚕所吐的丝,色黄,故名。于溃《山村叟》:"驱牛耕白石,课女经黄茧。"

【黄霧】 黄色的云雾。包融《登翅头山题俨公石壁》:"晨登翅头山,山曛黄雾起。"杜甫《早发》:"涛翻黑蛟跃,日出黄雾映。"秦韬玉《吹笙歌》:"弯弯狂月压秋波,两条黄金闳黄雾。"

【黄鵠】 ❶传说中一举千里的大鸟,或云即天鹅。卢纶《赋得彭祖楼送杨德宗归徐州幕》:"外栏黄鹄下,中柱紫芝生。"刘禹锡《吐绶鸟词》:"太液池中有黄鹄,怜君长向高枝宿。"贾岛有《黄鹄下太液池》。高蟾《秋日寄华阳山人》:"茅洞白龙和雨看,荆溪黄鹄带霜听。"❷喻高洁之士或致高位者。贺朝《孤兴》:"黄鹄千里翅,芳音迟所因。"高适《苦雨寄房四昆季》:"黄鹄不可羡,鸡鸣时起予。"韩愈《南山有高树行赠李宗闵》:"黄鹄据其高,众鸟接其卑。"❸古歌名。(1)汉江都王建之女细君所作。杜甫《留花门》:"公主歌黄鹄,君王指白日。"(2)相传为汉昭帝作。李商隐《寄令狐学士》:"赓歌太液翻黄鹄,从猎陈仓获碧鸡。"

【黄鵠樓】 即黄鹤楼。顾况《黄鹄楼歌送独孤助》:"故人西去黄鹄楼,西江之水上天流。"

【黄鵝】 当作"黄娥"。指穿黄衫的舞女。李贺《秦王饮酒》:"海绡红文香浅清,黄鹅跌舞千年觥。"按,《全唐诗》娥作"鹅",误。

【黄翻綽】 河中(今山西永济西)人。张祜《宁哥来》:"黄翻绰指向西树,不信宁哥回马来。"《全唐诗》卷八六九录其《嘲刘文树》。

【黄雞】 黄毛鸡。李白《南陵别儿童入京》:"白酒新熟山中归,黄鸡啄黍秋正肥。"又《淮阴书怀寄王宗成》:"斗酒烹黄鸡,一餐感素诚。"袁皓《重归宜春偶成十六韵寄朝中知己》:"殷勤倾白酒,相劝有黄鸡。"

【黄雛】 幼禽。庄南杰《黄雀行》:"小口黄雏未有知,青天不解高高飞。"

【黄糧】 即黄粱。温庭筠《醉歌》:"洛阳卢仝称文房,妻子脚秃舂黄粮。"曹邺《翠孤至渚宫寄座主相公》:"黄粮贱于土,一饭常不饱。"

【黄壚】 见"黄公酒壚"。

【黄蘆】 枯黄的芦苇。王昌龄《九江口作》:"驿门是高岸,望尽黄芦洲。"白居易《南湖晚秋》:"手攀青枫树,足踏黄芦草。"

【黄蟾】 诗人。莆阳(或即今福建莆田市)人,黄滔从弟。《全唐诗外编》录其《和从兄御史延福里居》。

【黄犢】 小牛。杜甫《百忧集行》:"忆年十五心尚孩,健如黄犊走复来。"孟郊《吊元鲁山》之九:"黄犊不知孝,鲁山自驾车。"李涉《牧童词》:"乱插蓬蒿箭满腰,不怕猛虎欺黄犊。"曹邺《出关》:"山上黄犊走避人,山下女郎歌满野。"

【黄瓊】 东汉人。江夏安陆(今湖北安陆市)人。官至太尉、司空。为官清正不阿。后遂为称美当朝重臣的典故。韦嗣立《酬崔光禄冬日述怀赠答》:"洛阳推贾谊,江夏贵黄琼。"

【黄壤】 ❶黄泉。杜牧《池州李使君没后十一日处州新命始到后见归妓感而成诗》:"黄壤不知新雨露,粉书空换旧铭旌。"❷坟墓。白居易《过颜处士墓》:"长夜肯教黄壤晓,悲风不许白杨春。"

【黄鷇】 幼鸟。冯渚《燕衔泥》:"尔不见东家黄鷇鸣啧啧,蛇盘瓦沟鼠穿壁。"

【黄蘗】 落叶乔木。树皮淡灰色。羽状复叶,小叶卵形或卵状披针形。开黄绿色小花。茎可制黄色染料。皮可入中药,有清热、解毒作用。寒山《诗三百三首》之一二五:"黄蘗作驴鞦,始知苦在后。"又《诗三百三首》之二八八:"蜜甜足人尝,黄蘗苦难近。"韩翃《送金华王明府》:"黄蘗香山路,青枫暮雨天。"

【黄蘗山】 山名。在今福建福清市。佛教禅宗断际禅师希运住此。裴休有《赠黄蘗山僧希运》。

【黄鶻】 (—hú)黄羽毛的鹘。郑嵎《津阳门诗》:"赤鹰黄鹘云中来,妖狐狡兔无所依。"自注:"申王有高丽赤鹰,岐王有北山黄鹘,逸翮奇姿,特异他等。"

【黄籍】 户籍。晋代和南朝以黄纸写户籍册,故后以黄籍泛称户籍。寒山《诗三百三首》之八〇:"洎老检黄籍,依前住白丁。"

【黄鐘】 见"黄鍾"。

【黄驄少年】 (少 shào)指勇敢的年轻人。韦应物《送孙征赴云中》:"黄骢少年舞双戟,目视傍人皆辟易。"

【黄霸】 人名。西汉大臣。字次公,淮阳阳夏(今河南太康)人。武帝时,官河南太守丞。宣帝时任扬州刺史、颍川太守。为政宽和,吏民爱敬,治行称天下第一。戎昱《赠宜阳张使君》:"倘令黄霸在,今日耻同年。”元稹《奉和权相公行次临阙驿逢郑仆射相公归朝俄顷分途因以奉赠诗十四韵》：“黄霸乘轺入，王尊叱驭趋。”李瀚《蒙求》：“黄霸政殊，梁习治最。”

【黄蠟】　蜂蜡。色黄，故称。皮日休《石榴歌》：“流霞包染紫鹦粟，黄蜡纸裹红瓠房。”

【黄鷂】　黄羽毛的鹞子。鹞子，猛禽，似鹰而小，善捕小鸟。韩愈《嘲鲁连子》：“鲁连细而黠，有似黄鹞子。”

【黄鶯】　鸟名。太宗《赋得夏首启节》：“黄莺弄渐变，翠林花落余。”白居易《三月三日祓禊洛滨》：“三月草萋萋，黄莺歇又啼。”刘沧《春晚旅次有怀》：“残春花尽黄莺语，远客愁多白发生。”

【黄鶯兒】　黄鹂。金昌绪《春怨》：“打起黄莺儿，莫教枝上啼。”

【黄鶴】　❶鸟名。(1)即鹤。崔颢《黄鹤楼》：“黄鹤一去不复返，白云千载空悠悠。”皎然《杼山禅居寄赠东溪吴处士冯一首》：“路人菱湖深，迹与黄鹤近。”鲍溶《感兴》：“黄鹤亦姓丁，寥寥何处飞。”于濆《古别离》之一：“黄鹤有归日，荡子无还时。”(2)指黄鹄。明皇《春台望》：“太液池中下黄鹤，昆明水上映牵牛。”崔湜《大漠行》：“近见行人畏白龙，遥闻公主愁黄鹤。”李白《蜀道难》：“黄鹤之飞尚不得过，猿猱欲度愁攀援。”❷以黄鹄喻指大才、贤才。沈佺期《黄鹤》：“黄鹤佐丹凤，不能群白鹇。”李白《古风》之十五：“方知黄鹤举，千里独裴回。”岑参《送许子擢第归江宁拜亲因寄王大昌龄》：“黄鹤垂两翅，徘徊但悲鸣。”刘长卿《罪所上御史惟则》：“黄鹤翅垂同燕雀，青松心在任风霜。”❸古歌名。汉江都王建之女细君所作之歌。郑愔《送金城公主适西蕃应制》：“贵主悲黄鹤，征人怨紫骝。”

【黄鶴沙】　指黄鹤矶。在今湖北武昌。李商隐《无题》：“碧江地没元相引，黄鹤沙边亦少留。”

【黄鶴仙人】　与黄鹤楼传说有关的仙人。如南齐王子安、三国蜀费祎等。李白《醉后答丁十八以诗讥余搥碎黄鹤楼》：“黄鹤高楼已搥碎，黄鹤仙人无所依。”

【黄鶴樓】　故址在今湖北武汉市蛇山西端的黄鹤矶头。楼始建于三国吴黄武二年(223)，历代屡毁屡建，因矶为楼，故名。历代有关黄鹤楼的传说甚众。《南齐书·州郡志》谓仙人王子安乘黄鹤过此；任昉《述异记》谓驾鹤者乃荀叔玮；《寰宇记》谓费祎每乘黄鹤于此憩驾；《报恩录》则云江夏沽酒辛氏于此遇驾鹤仙人而发家，遂建此楼。中华人民共和国成立后建武汉长江大桥时原楼拆除，楼前塔迁至附近的高观山。1985年在今址(蛇山西端高观山西坡)重建。崔颢《黄鹤楼》：“昔人已乘白云去，此地空余黄鹤楼。”孟浩然《江上别流人》：“分飞黄鹤楼，流落苍梧野。”杜牧《送王侍御赴夏口座主幕》：“黄鹤楼前春水阔，一杯还忆故人无。”齐己《寄江夏仁公》：“寺阁高连黄鹤楼，檐前槛底大江流。”

【黄鶴驛】　驿站名。当在今湖北武昌。罗隐有《黄鹤驿寓题》。

【黄鬚】　❶黄胡须。温庭筠《湖阴词》：“祖龙黄鬚珊瑚鞭，铁骢金面青连钱。”❷借指黄须儿曹彰。曹松《塞上行》：“上将拥黄鬚，安西逐指呼。”

【黄鬚兒】　曹操次子曹彰。黄须，刚勇。亦借指刚勇者。王维《老将行》：“射杀中山白额虎，肯数邺下黄鬚儿。”

【黄囊】　黄颜色的袋子。皎然《酬秦系山人戏赠》：“白足行花曾不染，黄囊贮酒欲如何。”

【黄籙】　指黄箓斋。道家洁斋法之一。指隐居修道。张籍《太白老人》：“暗修黄箓无人见，深种胡麻共犬行。”马戴《失意书怀呈知己》：“心存黄箓兼丹诀，家忆青山与白云。”

【黄麞】　獐子。其色黑黄，故名。《歌·黄獐歌》：“黄獐黄獐草里藏，弯弓射尔伤。”

【黄麞歌】　唐杂曲谣辞名，舞名。《全唐诗》卷二九《杂歌谣辞》有《黄麞歌》，原题下注：“《唐书·五行志》曰：如意初，里中歌《黄麞》。后契丹李尽忠、孙万荣叛，陷营州。则天令总管曹仁师、王孝杰等将兵百万讨之，大败于硖山黄麞谷而死。朝廷嘉其忠，为造此曲，后亦为舞典。”

【黄麟】　诗人。开元中，历任监察御史、侍御史兼殿中。天宝初官金部员外郎。《全唐诗》卷二〇三录其《郡中客舍》。

【黄鸎】　见“黄鶯”。

【黄鸝】　鸟名。即黄莺。身体黄色，眼部至头后部呈黑色，背淡红色。鸣声清脆悦耳。李白《白田马上闻莺》：“黄鹂啄紫椹，五月鸣桑枝。”刘方平《折杨枝》：“叶映黄鹂夕，花繁白雪朝。”白居易《伤春词》：“深浅檐花千万枝，碧纱窗外啭黄鹂。”李群玉《赠琵琶妓》：“一双裙带同心结，早寄黄鹂孤雁儿。”

五　画

黈

〔tǒu《广韵》天口切，上厚，透。〕黄色。参见“黈纩”。

【黈纊】　以黄绵所做的小球，悬于冠冕之上，垂于两耳侧，以示不妄闻。白居易《骠国乐》：“德宗立仗御紫庭，黈纩不塞为尔听。”薛能《升平词十首》之八：“端拱乾坤内，何言黈纩垂。”

九 画

黇〔tuān《广韵》他端切，平桓，透。〕人名用字。见《太平御览》卷八引南朝梁沈约《梁四公记》。詹敦仁《复留侯从效问南汉刘岩改龑字音义》："鄙哉化㫒名，陋矣越黇义。"

十三画

黉〔hóng《广韵》户盲切，平庚，匣。〕古代的学校。参见"黉室"。

【黉室】 学校。唐彦谦《送樊琯司业归朝》："黉室青衿尽，渠门火旆扬。"

黍 部

黍〔shǔ《广韵》舒吕切，上語，書。〕❶植物名。古代专指一种子实称黍子的一年生草本植物。喜温暖，不耐霜，有极强的抗旱能力。叶呈线形。子实淡黄色，去皮后北方称黄米，有黏性，可酿酒。其不黏者，别名穄、糜，亦称稷，可作饭。或谓，黍，今之黄米；稷，今之高粱。郭震《米囊花》："却笑野田禾与黍，不闻弦管过青春。"钱起《谷口新居寄同省朋故》："种黍傍烟溪，榛芜兼沮洳。"白居易《夏旱》："金石欲销铄，况兹禾与黍。"鲍溶《冬夜答客》："学耕不逢年，稂莠败黍禾。"韦庄《早发》："早雾浓于雨，田深黍稻低。"❷指黍的子实。即黍子。张谓《湖上对酒行》："主人有黍百余石，浊醪数斗应不惜。"严维《送薛居士和州读书》："蒿莱织妾晨炊黍，隅落耕童夕放牛。"羊士谔《永宁里小园与沈校书接近怅然题寄》："东皋黍熟君应醉，梨叶初红白露多。"白居易《九日登巴台》："黍香酒初熟，菊暖花未开。"❸古代度量衡定制的基本单位。长度即取黍的中等子粒，以一粒纵黍为一分，百黍为一尺。来鹄《圣政纪颂》序："臣尝涕泣以叹，岂有以一己之细，一性之忌，于黍晷圭景之间，苟嗜急须，回天遮上，使圣绪神绩，嘉扬善讽，罔得闻于千万年，枉有谓明朝空晨虚夕，闲殿旷廷无君臣咨谋洋溢之言，乏社稷安危强说之说。"吕岩《又记》："妙号一黍珠，延年千万亿。"

【黍谷】 山谷名。在今北京市密云县西南。李德裕《近于伊川卜山居将命者画图而至聊赋此诗兼寄上浙东元相公大夫使求青田胎化鹤》："邑有桐乡爱，山余黍谷暄。"又《余所居平泉村舍近蒙韦常侍大尹特改嘉名因寄诗以谢》："忽改蓬蒿色，俄吹黍谷暄。"韩偓《漫作二首》之二："黍谷纯阳入，鸾霄瑞彩生。"

【黍苗】 黍的幼苗。白居易《和微之诗二十三首·和祝苍华》："根稀比黍苗，梢细同钗股。"许浑《姑苏怀古》："宫馆余基辍棹过，黍苗无限独悲歌。"虚中《寄华山司空图二首》之二："黍苗侵野径，桑椹污闲庭。"

【黍飯】 以黍米做的饭。贯休《春晚书山家屋壁二首》之一："柴门寂寂黍饭馨，山家烟火春雨晴。"

【黍黏子】 古代用以粘鞋子硬衬的黍米糊。寒山《诗三百三首》之二三三："世间浊滥人，恰似黍黏子。"

【黍稷】 ❶黍和稷。为我国古代两种主要农作物。亦泛指五谷。杜甫《喜晴》："力难及黍稷，得种菜与麻。"丁泽《良田无晚岁》："不任耕耘早，偏宜黍稷良。"白居易《旅次华州赠袁右丞》："政顺气亦和，黍稷三年丰。"罗隐《衡阳泊木居士庙下作》："八月风波飘不去，四时黍稷荐惟馨。"❷感叹古今兴亡之典。武元衡《和杨弘微春日曲江南望》："黍稷闻兴叹，琼瑶畏见投。"

【黍穗】 黍的穗子。杜甫《秋雨叹三首》之二："禾头生耳黍穗黑，农夫田妇无消息。"贾岛《酬姚合》："黍穗豆苗侵古道，晴原午后早秋时。"

【黍離】 《诗·王风》篇名。其序云："《黍离》，闵宗周也。周大夫行役，至于宗周，过故宗庙宫室，尽为禾黍，闵周室之颠覆，彷徨不忍去而作是诗也。"后遂用作感慨亡国之词。殷尧藩《张飞庙》："回首三分国，何人赋黍离。"许浑《广陵道中》："因高一回首，还咏黍离歌。"罗虬《比红儿诗》之六三："陌上行人歌黍离，三千门客欲何之。"韦庄《齐安郡》："黍离缘底事，撩我起长叹。"

【黍雞】 黍子和鸡。指农家生活。吕从庆《忆弟从善》："安得源源过，陶然乐黍鸡。"

三 画

黎〔lí《广韵》郎奚切，平齊，來。〕❶众，多。《书·尧典》："黎民于变时雍。"孔传："黎，众。"见"黎獻"。❷黎民。民众。沈佺期《则天门赦改年》："歌舞将金帛，汪洋被远黎。"李行言《秋晚度废关》："秦郊平旧险，周德眷遗黎。"严维《送薛尚书入蜀》："几许遗黎泣，同怀父母恩。"韩愈《送侯参谋赴河中幕》："曷不请扫除，活彼黎与烝。"❸古国名。在今山西长治县境。参见"黎侯"。❹姓。唐诗人有黎逢、黎瓘等。

【黎人】 黎民。明皇《过晋阳宫》："习俗问黎人，亲巡慰里闾。"钱起《送李兵曹赴河中》："黎人思坐啸，知子树佳声。"姚合《寄华州崔中丞》："清净黎人泰，唯忧急诏征。"

【黎子】 指黎昕。王维《愚公谷三首》之一："愚谷与谁去，唯将黎子同。"

【黎元】 黎民，百姓。李白《留别于十一兄逖裴十三游塞垣》："钓周猎秦安黎元，小鱼鵕兔何足言。"杜甫《自京赴奉先县咏怀五百字》："穷年忧黎元，叹息肠内热。"崔枢《赐耆老布帛》："殊私及耆老，圣德赈黎元。"《郊庙歌辞·祀九宫贵神乐章·雍和》："圣皇昭对，祐我黎元。"

【黎少府】 （少 shào）即黎燧。岑参有《送江陵黎少府》。

【黎公】 指黎澣。字贞固，寿春（今安徽寿县）人。韦应物有《秋集罢还途中作谨献寿春公黎公》。

【黎士曹】 黎燧。曾官水陆运判官、河南府士曹参军。皎然有《答黎士曹黎生前适越后之楚》。

【黎六郎】 黎燏。京兆尹黎澣子，阳翟尉。李端有《送黎少府赴阳翟》，韦应物有《送黎六郎赴阳翟少府》和《杂言送黎六郎》，诗后注云："寿阳公之子。"阳，当作"春"。寿春公，黎澣，澣封寿春郡开国公。

【黎民】 百姓，民众。苏颋《秋社日崇让园宴得新字》："运昌叨辅弼，时泰喜黎民。"太宗《题龟峰山》："万里黎民皆润泽，一堂贤圣总虚空。"杜甫《驱竖子摘苍耳》："乱世诛求急，黎民糠籺窄。"李中《和彭正字喜雪见寄》："已作丰年兆，黎民意尽安。"

【黎兵曹】 黎燧，曾官荆府兵曹。夫人卢氏，陕州芮城县丞广全之女。见《唐代墓志铭汇编》卷七《唐故河南土曹参军黎公（燧）墓志铭并序》。李端有《送黎兵曹往陕府结婚》，卢纶有《送黎兵曹往陕府结亲》。

【黎昕】 王维友人。曾任左拾遗或右拾遗。王维《愚公谷三首》诗题下注："青龙寺与黎昕戏题。"

【黎氓】 黎民，百姓。刘长卿《至德三年春五十韵》："负恩殊鸟兽，流毒遍黎氓。"白居易《和答诗十首·答桐花》："行者多商贾，居者悉黎氓。"贯休《东阳罹乱后怀王慥使君五首》之三："须发坐成三载雪，黎氓空负二天恩。"

【黎拾遗】 黎昕。王维有《临高台送黎拾遗》和《黎拾遗昕裴秀才迪见过秋夜对雨之作》。

【黎甿】 黎民，百姓。戴叔伦《将赴湖南留别东阳旧僚兼示吏人》："智力苦不足，黎甿殊未安。"白居易《江州赴忠州舟中示舍弟五十韵》："昏昏随世俗，蠢蠢学黎甿。"彭蟾《贺邓璠使君正拜袁州》："六年惠爱及黎甿，大府论功俟陟明。"齐己《夏雨》："下叶黎甿望，高袪旱暵光。"

【黎京兆】 即黎幹。幹曾于大历初和大历八年（773）两度为京兆尹。皎然有《送严明府入关谒黎京兆》。

【黎侯】 春秋黎国之侯。其地在今山西长治市西南。韦蟾《和柯古穷居苦日喜雨》："黎侯寓于卫，六义非凡格。"

【黎首】 黎民，百姓。杜甫《八哀诗·故司徒李公光弼》："朔方气乃苏，黎首见帝业。"

【黎洲】 寺名。在浙江四明山。施肩吾《宿四明山》："黎洲老人命余宿，杳然高顶浮云平。"

【黎逢】 诗人。韦应物友人。大历十二年（777）登进士第；建中元年（780）复登经学优深科。韦应物有《答贡士黎逢》。《全唐诗》卷二八八录其《小苑春望宫池柳色》等二首。

【黎烝】 见"黎蒸"。

【黎庶】 黎民，百姓。明皇《送李邕之任滑台》："黎庶既蕃殖，临之劳近臣。"杜甫《四松》："敢为故林主，黎庶犹未康。"姚合《寄绛州李使君》："黎庶应深感，朝廷亦细闻。"贯休《大驾西幸秋日闻雷》："黎庶何由泰，銮舆早晚回。"

【黎陽】 唐县名。属卫州。治所在今河南浚县东。岑参《临河客舍呈狄明府兄留题县南楼》："黎阳城南雪正飞，黎阳渡头人未归。"姚合《寄杨茂卿校书》："去年别君时，同宿黎阳城。"薛能《送冯温往河外》："秦音尽河内，魏画自黎阳。"罗隐《寄酬邺王罗令公五首》之四："水云开霁立高亭，依约黎阳对福星。"

【黎陽渡】 古津渡名，即黎阳津，故址在古黎阳县东南，位于古黄河北岸。岑参《临河客舍呈狄明府兄留题县南楼》："黎阳城南雪正飞，黎阳渡头人未归。"高适《淇上别刘少府子英》："南登黎阳渡，莽苍寒云阴。"

【黎黑】 皮肤黝黑。白居易《恻恻吟》："泥途绛老头班白，炎瘴灵均面黎黑。"

【黎辟灘】 滩名。在今广西平乐县平乐江中。李商隐《送郑大台文南覲》："黎辟滩声五月寒，南风无处附平安。"

【黎燧】 字炎明。京兆尹黎幹之子。卢纶有《送黎燧尉阳翟》。按，燧为燏之讹。尉阳翟者为黎燏，非黎燧。

【黎蒸】 亦作"黎烝"。黎民，百姓。王湾《秋夜寓直即事怀赠萧令公裴侍郎兼通简南省诸友人》："秉钧调造化，宣綍慰黎烝。"刘晏《享太庙乐章》："夙驱氛祲，天覆黎蒸。"《郊庙歌辞·享先蚕乐章·昭庆》："虔诚资宇内，务本勖黎蒸。"又《郊庙歌辞·享太庙乐章·通和》："福覃贻厥，恩被黎蒸。"

【黎瓘】 南海狂生。《全唐诗》卷八七〇录其《赠漳州崔使君乡饮翻韵》。

【黎獻】 众多的贤人。明皇《赐诸州刺史以题座右》："贤能既俟进，黎献实伫康。"

五 画

黏 〔nián《广韵》女廉切，平盐，娘。〕❶黏合，胶附。顾况《石窦泉》："野客漱流时，杯粘落花片。"贾岛《玩月》："立久病足折，兀然黐胶粘。"司空图《杂言》："女娲只解补青天，不解煎胶粘日月。"吴融《赋雪》："结冻防鱼跃，粘沙费马跑。"❷具有黏性的。韩愈《苦寒》："雪霜顿销释，土脉膏且黏。"白居易《三谣・朱藤谣》："泥黏雪滑，足力不堪。"❸接近，逼近。李洞《题咸阳楼》："墙外峰粘汉，冰中日晃原。"❹浸润。白居易《蔷薇正开春酒初熟因招刘十九张大夫崔二十四同饮》："似火浅深红压架，如饧气味绿黏台。"施肩吾《临水亭》："只怪素亭粘黛色，溪烟为我染莓苔。"

【黏心】 粘合于心。谓铭刻于心。李廷璧《愁诗》："到来难遣去难留，着骨粘心万事休。"

【黏枯】 阻滞枯涩。谓生活境遇不顺遂。李伟《岳麓》："粘枯蜗壳痴，得隽蛇龙健。"

【黏雞】 旧时礼俗：正月初一为鸡日，画鸡贴在门上，以示谨始。徐延寿《人日剪彩》："帖燕留妆户，粘鸡待饷人。"

【黏黐】 粘着在木胶上。韩愈《寄崔二十六立之》："敦敦凭书案，譬彼鸟粘黐。"

十 画

黐 〔chī《广韵》丑知切，平支，徹。又吕支切，平支，來。〕木胶。韩愈《寄崔二十六立之》："敦敦凭书案，譬彼鸟粘黐。"

【黐竿】 竿头布黐用以粘鸟的竿子。薛能《彭门解嘲二首》之二："伤禽栖后意犹惊，偶向黐竿脱此生。"

【黐膠】 木胶。贾岛《玩月》："立久病足折，兀然黐胶粘。"

黑　部

黑〔hēi《广韵》呼北切，入德，曉。〕❶黑色，像煤或墨的颜色。白居易《新乐府·卖炭翁》："满面尘灰烟火色，两鬓苍苍十指黑。"李绅《逾岭峤止荒陬抵高要》："衡山截断炎方北，回雁峰南瘴烟黑。"罗隐《堠子》："未能惭面黑，只是恨头方。"齐己《白发》："白虽无耐药，黑也不禁秋。"❷黑暗，晦暗。岑参《轮台歌奉送封大夫出师西征》："戍楼西望烟尘黑，汉兵屯在轮台北。"韩愈《陪杜侍御游湘西两寺独宿有题一首因献杨常侍》："山楼黑无月，渔火璨星点。"朱庆余《与石昼秀才过普照寺》："潭黑龙应在，巢空鹤未还。"项斯《江村夜泊》："日落江路黑，前村人语稀。"❸夜晚。王建《和门下武相公春晓闻莺》："侵黑行飞一两声，春寒啭小未分明。"白居易《马上晚吟》："出早冒寒衣校薄，归迟侵黑酒全消。"李廓《长安少年行》之三："几度归侵黑，金吾送到家。"❹坏，恶。杜甫《两当县吴十侍御江上宅》："不忍杀无辜，所以分白黑。"参见"黑白❷"。❺围棋中的黑子。廖凝《十岁咏棋》(句)："满汀沤不散，一局黑全输。"参见"黑白❸"。

【黑山】　❶山名。在今北京市昌平区东北。钱起《卢龙塞行送韦掌记》："雨雪纷纷黑山外，行人共指卢龙塞。"又《奉送户部李郎中充晋国副节度出塞》："风生黑山道，星下紫微天。"戎昱《从军行》："擒生黑山北，杀敌黄云西。"❷在今陕西榆林市。杨巨源《和大夫边春呈长安亲故》："紫陌诗情依旧在，黑山弓力畏春来。"高骈《闺怨》："人世悲欢不可知，夫君初破黑山归。"王贞白《少年行二首》之二："威静黑山路，气含清海波。"❸一名杀虎山。在今内蒙古自治区呼和浩特境内。柳中庸《征怨》："三春白雪归青冢，万里黄河绕黑山。"许浑《破北虏太和公主归宫阙》："毳幕承秋极断蓬，飘飖一剑黑山空。"又《赠梁将军》："曾经黑山虏，一剑出重围。"张蠙《朔方书事》："仍闻黑山寇，又觅汉家和。"

【黑丸】　黑色的弹丸。李贺《古邺城童子谣效王粲刺曹操》："将黑丸，斫文吏。"

【黑天】　黑色天空。张祜《和岳州徐员外云梦新亭二十韵》："黑天三伏里，红日五更头。"

【黑水】　❶泛指深灰色的水流。孟浩然《长安早春》："雪尽青山树，冰开黑水滨。"杜甫《归梦》："雨急青枫暮，云深黑水遥。"❷水名。在今陕西城固县。岑参《过梁州奉赠张尚书大夫公》："错落北斗星，照耀黑水湄。"刘禹锡《酬令狐相公使宅别斋初栽桂树见怀之作》："清淮南岸家山树，黑水东边第一栽。"李商隐《南山赵行军新诗盛称游宴之洽因寄一绝》："莲幕遥临黑水津，櫜鞬无事但寻春。"又《送千牛李将军赴阙五十韵》："黄山遮舞态，黑水断歌声。"

【黑手】　黑色的手。无名氏《潜书七言四句》(外编下)："扶犁黑手翻持笏，食肉朱唇却吃齑。"

【黑文】　黑色花纹。高适《双六头赋送李参军》："有物兮四方故城，六面砥平，白质黑文，花攒星明。"

【黑石】　指墓碑。李贺《王濬墓下作》："古书平黑石，袖剑断青铜。"

【黑石谷】　谷名。在嵩山少室之北。岑参有《过缑山王处士黑石谷隐居》。

【黑白】　❶黑色和白色。白居易《病眼花》："必若不能分黑白，却应无悔复无尤。"亦指黑色物和白色物。罗隐《蟋蟀诗》："苍蝇多端，黑白偷安。"❷喻指是非、善恶。杜甫《江头四咏·花鸭》："羽毛知独立，黑白太分明。"李绅《趋翰苑遭诬构四十六韵》："辨疑分黑白，举直抵朋徒。"❸围棋中的黑子和白子。张乔《咏棋子赠弈僧》："黑白谁能用入玄，千回生死体方圆。"

【黑地】　黑暗之处。王建《过喜祥山馆》："夜过深山算驿程，三回黑地听泉声。"元稹《拟醉》："怜君城外遥相忆，冒雨冲泥黑地来。"曹唐《和周侍御买剑》："青天露拔云霓泣，黑地潜擎鬼魅愁。"

【黑光】　黑色亮光。齐己《谢人惠丹药》："肌肤红色透，髭发黑光生。"

【黑色】　黑的颜色。韦应物《感事》："青苍犹可濯，黑色不可移。"

【黑米】　即菰米。茭白所结子，可煮食。杜甫《行官张望补稻畦水归》："秋菰成黑米，精凿传白粲。"张籍《城南》："卧蒋黑米吐，翻芰紫角稠。"

【黑花】　眼生黑色花影。喻年老早衰。白居易《自问》："黑花满眼丝满头，早衰因病病因愁。"

【黑虎】　即元气。肾间动气，又名黑铅、水虎。吕岩《七言》之五："黑虎行时倾雨露，赤龙耕处产琼瑰。"

【黑肥】　污垢貌。李贺《野歌》："麻衣黑肥冲北风，带酒日晚歌田中。”

【黑夜】 漆黑的夜晚。司空图《避乱》：“虎暴荒居迥，萤孤黑夜深。”白居易《游悟真寺诗》：“黑夜自光明，不待灯烛然。”

【黑郊】 即北郊。古代帝王按时于五方祀天，以五行、五色、五音相配。黑色与北方相配。《郊庙歌辞·五郊乐章·黑郊迎神》诗云：“玄英戒序，黑郊临候。”

【黑波】 指海浪。元稹《赛神》：“灵药逡巡尽，黑波朝夕喷。”

【黑姓】 突骑施（西突厥别部，约居今哈萨克一带）苏禄部。玄宗开元、天宝时，突骑施分为黄姓（娑葛部）、黑姓二部，互相猜忌攻击。岑参《胡歌》：“黑姓蕃王貂鼠裘，葡萄宫锦醉缠头。”

【黑查】 黑色木筏。张祜《晚下彭泽》：“浅浦横黑查，高林间白石。”

【黑泉】 深渊，深潭。李颀《杂兴》：“波惊海若潜幽石，龙抱胡髯卧黑泉。”

【黑帝】 五天帝之一。指北方之神。《郊庙歌辞·五郊乐章·黑帝羽音》。

【黑煙】 乌云，黑色的烟尘。刘禹锡《和河南裴尹侍郎宿斋天平寺诣九龙祠祈雨二十韵》：“黑烟耸鳞甲，洒液如棼丝。”张祜《吴中怀古十六韵》：“黑烟宗庙废，红艳美人驱。”

【黑煙眉】 以黑烟画眉。徐凝《宫中曲二首》之二：“一日新妆抛旧样，六宫争画黑煙眉。”

【黑洞】 深暗的山洞。白居易《山中五绝句·洞中蝙蝠》：“千年鼠化白蝙蝠，黑洞深藏避网罗。”刘昭禹《送人游九疑》：“漆灯寻黑洞，之字上危峰。”

【黑風】 暴风，狂风。张碧《鸿沟》：“星旗羽镞强者尊，黑风白雨东西屯。”杜牧《大雨行》：“东垠黑风驾海水，海底卷上天中央。”李涉《却归巴陵中走笔寄唐知言》：“去年腊月来夏口，黑风白浪打头吼。”

【黑眉】 黑色的眉毛。薛逢《送西川杜司空赴镇》：“黑眉玄发尚依然，紫绶金章五十年。”

【黑浪】 巨浪，恶浪。因其色深，故称。白居易《题海图屏风》：“白涛与黑浪，呼吸绕咽喉。”施肩吾《及第后过扬子江》：“鱼龙互闪烁，黑浪高于天。”

【黑烏】 指日中三足乌。韩愈《月蚀诗效玉川子作》：“赤龙黑乌烧口热，翎鬣倒侧相搪撑。”原诗黑乌下注：“日下三尺乌也。”

【黑章】 指驺虞，传说中的瑞兽。《郊庙歌辞·享太庙乐章·大明舞》：“黑章扰囿，赤字浮河。”

【黑蛟】 黑色的蛟。杜甫《早发》：“涛翻黑蛟跃，日出黄雾映。”

【黑雲】 ❶乌云，黑色的云。李贺《雁门太守行》：“黑云压城城欲摧，甲光向日金鳞开。”姚合《对月》：“一片黑云何处起，皂罗笼却水精球。”❷比喻乌发。张鷟《游仙窟咏崔五娘》：“黑云裁两鬓，白雪分双齿。”

【黑黍】 黑高粱。曹邺《田家效陶》：“黑黍春来酿酒饮，青禾刈了驱牛载。”

【黑貂】 紫貂。皮可制裘，极为名贵。亦借指黑貂裘。杜甫《奉送魏六丈佑少府之交广》：“季子黑貂敝，得无妻嫂欺。”司空曙《送人游岭南》：“浪晓浮青雀，风温解黑貂。”许浑《送前东阳于明府由鄂渚归故林》：“结束征车换黑貂，灞西风雨正潇潇。”刘兼《命妓不至》：“苏子黑貂将已尽，宋弘青鸟又空回。”

【黑貂裘】 以紫貂皮制成的裘。李白《秋浦歌十七首》之七：“空吟白石烂，泪满黑貂裘。”韩翃《赠王逖》：“新调赭白马，暂试黑貂裘。”

【黑矟】 古代兵器。长矛。刘禹锡《酬令狐相公早秋见寄》：“熊罴交黑矟，宾客满青油。”皮日休《虎丘寺殿前有古杉一本遂赋三百言以见志》：“一炷玄云拔，三寻黑矟奇。”

【黑矟公】 为吟咏勇将的典故。韩翃《寄哥舒仆射》：“高视黑矟公，遥吞白骑贼。”李山甫《送刘将军入关讨贼》：“欲灭黄巾贼，须凭黑矟公。”

【黑矟将军】 义同“黑矟公”。韩翃《送刘将军》：“青巾校尉遥相许，黑矟将军莫大夸。”杜牧《东兵长句十韵》：“落雕都尉万人敌，黑矟将军一鸟轻。”

【黑裘】 以紫貂皮制成的裘。杜甫《村雨》：“挈带看朱绂，开箱睹黑裘。”温庭筠《过西堡塞北》：“白马犀匕首，黑裘金佩刀。”

【黑蜃】 传说中的蛟属。王维《送秘书晁监还日本国》序：“黄雀之风动地，黑蜃之气成云。”

【黑暗】 ❶没有光亮。寒山《诗三百三首》之二一三：“速了黑暗狱，无令心性昏。”又《诗三百三首》之二七二：“黑暗无明烛，三毒递相驱。”无名氏《五言白话诗》之四：“窅窅黑暗眠，永别明灯烛。”❷女仙名。见《大般涅槃经》卷十一。僧凤《书遗文后》：“苦哉黑暗女，乐矣功德天。”

【黑煤】 指烟灰。张祜《隋宫怀古》：“古墙丹雘尽，深栋黑煤生。”

【黑綬】 即墨绶。结在印钮上的黑色丝带。汉制，县令佩铜章墨绶。王贞白《送马明府归山》：“免遭黑绶束，不与白云疏。”

【黑髮】 黑色头发。王建《赠溪翁》：“应得丹砂力，春来黑发新。”姚合《酬万年张郎中见寄》：“黑发年来尽，沧江归去迟。”

【黑潭】 水呈黑色的深潭。李阳冰《恶溪铭》：“岌丘巉呀，苍山黑潭。”白居易《黑潭龙》：“黑潭水深黑如墨，传有神龙人不识。”

【黑髭】 黑色的胡髭。李昭象《赴举出山留寄山居郑参军》：“理琴寒指倦，试药黑髭生。”

【黑頭】 发黑之头。形容年轻。李白《悲歌行》：“还须黑头取方伯，莫谩白首为儒生。”韩愈《寄崔二十六立之》：“过半黑头死，阴虫食枯骴。”温庭筠《觱篥歌》：“黑头丞相九天归，夜听飞琼吹朔管。”司空图《新岁对写真》：“文武轻销丹灶火，市朝偏贵黑头人。”亦借指青壮年人。李颀《欲之新乡答崔颢綦毋潜》：“数年作吏家屡空，谁道黑头成老翁。”

【黑頭】 称年少而居高官者。晋临沂令诸葛恢，年轻有才，王导称他“当为黑头公”；晋王珣为大司马掾，桓温谓其“必为黑头公”。韩翃《送李中丞赴商州》：“当年紫髯将，他日黑头公。”罗隐《淮南送节度卢端公将命之汴州端公常为汴州相公从事》：“到彼的知宣室语，几时征拜黑头公。”韩偓《和王舍人抚州饮席赠韦司空》：“削玉风姿官水土，黑头公自古来难。”

【黑雕】 ❶亦作“黑鹏”。黑色的雕。白居易《画雕赞》：“鸷禽之英，黑雕丁丁。”灵澈《听莺歌》：“黑鹏黄鹤岂不高，金笼玉钩伤羽毛。”❷即“黑齒雕題”之缩称，把牙齿染成黑色，在额上雕刻花纹，涂上颜色。王维《故西河郡杜太守挽歌三首》之一：“生擒白马将，连破黑鹏城。”

【黑龍】 神话传说中黑色的龙。温庭筠《蒋侯神歌》：“青云自有黑龙子，潘妃莫结丁香花。”秦韬玉《桧树》：“深盖屈盘青麈尾，老皮张展黑龙鳞。”朱存《后湖》：“惊起黑龙眠不得，狂风猛雨不多时。”

【黑龍川】 指渭水。武平一《奉和登骊山高顶寓目应制》：“云披丹凤阙，日下黑龙川。”见“黑龍津”。

【黑龍津】 ❶指黄河。公乘亿《春风扇微和》：“暖浮丹凤阙，韶媚黑龙津。”❷指渭水渡津。即所谓秦时黑龙饮渭之处。骆宾王《畴昔篇》：“遥瞻丹凤阙，斜望黑龙津。”

【黑鴋】 一种黑色水鸟。鴋，通“鶬”。贯休《春送禅师归闽中》：“穿霞逢黑鴋，乞食得红姜。”

【黑霧】 黑色雾气。刘长卿《登东海龙兴寺高顶望海简演公》：“白波走雷电，黑雾藏鱼龙。”皮日休《以纱巾寄鲁望因而有作》：“掩敛乍疑裁黑雾，轻明浑似戴玄霜。”

【黑離離】 深黑貌。李贺《昌谷北园新笋四首》之二：“斫取青光写楚辞，腻香春粉黑离离。”

【黑簾】 黑色的窗帘。王建《贫居》：“避雨拾黄叶，遮风下黑帘。”

【黑蟻】 蚁之一种，体型较大。归仁《牡丹》：“偷香黑蚁斜穿叶，觑蕊黄蜂倒挂枝。”

【黑鵰】 见“黑雕”。

【黑壤】 肥沃而呈黑色的土壤。张祜《题宿州城西宋征君林亭》：“黑壤沾河润，红葩寄树鲜。”贯休《春山行》：“黑壤生红黍，黄猿领白儿。”

【黑蘚】 黑色藓苔。曹松《信州闻通寺题僧砌下泉》：“秏痕延黑藓，净罅吐微澌。”

四 画

默 〔mò《广韵》莫北切，入德，明。〕❶静默，不语。韩愈《秋怀诗十一首》之八：“空堂黄昏暮，我坐默不言。”白居易《有木诗八首》之三：“美人默无言，对之长叹息。”又《鹦鹉》：“竟日语还默，中宵栖复惊。”李绅《过吴门二十四韵》：“顾瞻殊宿昔，语默过悲忧。”亦用作使不出声。苏拯《鸱枭》：“地若默尔声，与夫妖为讳。”❷暗暗，私下。韦应物《司马主簿琴席》：“澹景发清琴，幽期默玄悟。”钱起《适楚次徐城》：“迷津坐为客，对酒默含情。”杨巨源《和卢谏议朝回书情即事寄两省阁老兼呈二起居谏院诸院长》：“对客默焚稿，何人知谏书。”杜牧《赠宣州元处士》：“樽酒对不酌，默与玄相话。”

【默公】 黯然。姚合有《寄阁默然》，贾岛有《寄白阁默公》。

【默仙】 默然成仙。皎然《答韦山人隐起龙文药瓢歌》：“世人强知金丹道，默仙不成秽仙老。”又《与王录事会张征君姊妹炼师院玩雪兼怀清会上人》：“何意廉从事，还来会默仙。”

【默吟】 默默吟诵。孟郊《寄陕府邓给事》：“孤省痴皎皎，默吟写绵绵。”

【默坐】 无言静坐。姚合《寄白阁默然》：“高僧多默坐，清夜到明看。”李昌符《寄栖白上人》：“默坐终清夜，凝思念碧云。”裴说《不出院僧》：“一斋唯默坐，应笑我营营。”徐铉《和致仕张尚书新创道院》：“养高宁厌病，默坐对诸生。”

【默卧】 无言静卧。韩愈《东都遇春》：“深居疑避仇，默卧如当暝。”

【默知】 暗自心领。寒山《诗三百三首》之八一：“默知神自明，观空境逾寂。”

【默念】 ❶暗中思考，默默考虑。杨衡《登紫霄峰赠黄仙师》：“焚香杳忘言，默念合太空。”孟郊《寒溪》之三：“独立欲何语，默念心酸嘶。“❷不出声地诵读。贯休《寄冯使君》：“清吟绣段句，默念芙蓉章。“

【默省】 （—xǐng）犹默想。黄滔《故山》：“支颐默省旧林泉，石径茅堂到目前。”

【默思】 默默思索。杜甫《自京赴奉先县咏怀五百字》：“默思失业徒，因念远戍卒。”无可《秋寄从兄贾岛》：“暝虫喧暮色，默思坐西林。”

【默記】 暗中记住。李瀚《蒙求》:"杨修捷对,罗友默记。"

【默師】 处默。罗隐有《寄处默师》《北固亭东望寄默师》和《钱塘遇默师忆润州旧游》。

【默悟】 暗中领悟。姚合《和厉玄侍御无可上人会宿见寄》:"朝客清贫老,林僧默悟禅。"

【默書】 默写,凭记忆把读过的文字写出来。杨衡《赠罗浮易炼师》:"默书绛符遍,晦步斗文成。"

【默然】 ❶沉默不语貌。韩愈《次石头驿寄江西王十中丞阁老》:"默然都不语,应识此时情。"白居易《舟中李山人访宿》:"默然相顾哂,心适而忘心。"顾非熊《题春明门外镇国禅院》:"过客自生敬,焚香惟默然。"贾岛《旅游》:"留得林僧宿,中宵坐默然。"❷无声息貌。张九龄《入庐山仰望瀑布水》:"默然置此去,变化谁能了。"

【默想】 默默思考。韦应物《对雨寄韩库部协》:"闲居兴放澹,默想心已屡。"

【默會】 暗自领会。姚系《五老峰大明观赠隐者》:"故人清和客,默会琴心微。"

【默語】 ❶沉默与言语。语出《易·系辞上》:"君子之道,或出或处,或默或语。"王维《谒璇上人》序:"〔上人〕色空无碍,不物物也;默语无际,不言言也。"❷比喻隐现。骆宾王《在江南赠宋五之问》:"一朝殊默语,千里易炎凉。"

【默塞】 安静无为。李群玉《自澧浦东游江表途出巴丘投员外从公虞》:"饥寒束困厄,默塞飞星霜。"

【默誓】 暗中发誓。韩愈、孟郊《远游联句》:"默誓去外俗,嘉愿还中州。"

【默爾】 犹默然,沉默不语。郑谷《前寄左省张起居一百言寻蒙唱酬见誉过实却用旧韵重答》:"从来甘默尔,自此倍怡然。"

【默默】 ❶缄口不说话。陈子昂《合州津口别舍弟至东阳峡眷然有忆作以示之》:"遥遥终不见,默默坐含嚬。"卢象《八月十五日赋是诗三首》之三:"同居虽渐惯,见人犹默默。"白居易《寄行简》:"郁郁眉多敛,默默口寡言。"又《江上对酒二首》之二:"昏昏常带酒,默默不应人。"❷幽寂无声。钱起《题延州圣僧穴》:"默默山门宵闭月,荧荧石壁昼然灯。"姚合《省直书事》:"默默沧江老,官分右掖荣。"刘驾《出门》:"以兹聊自安,默默行九衢。"韩偓《有瞩》:"晚凉闲步向江亭,默默看书旋旋行。"❸不得意貌。王昌龄《赠宇文中丞》:"郁郁寡开颜,默默独行李。"韩偓《幽独》:"默默又依依,凄然此怀抱。"

【默默無言】 沉默不语。韦庄《独吟》:"默默无言恻恻悲,闲吟独傍菊花篱。"

【默縮暗亡】 暗自消亡。来鹄《圣政纪颂》:"俾德音嘉访,默缩暗亡。"

【默禱】 不出声地祈祷,心中祷告。韩愈《谒衡岳庙遂宿岳寺题门楼》:"潜心默祷若有应,岂非正直能感通。"陆龟蒙《送延陵张宰》:"默祷三真后,高吟十字还。"

【默識】 暗中记住。钱起《暇日览旧诗因以题咏》:"何穷默识轻洪范,未丧斯文胜大还。"韩偓《安贫》:"举世可能无默识,未知谁拟试齐竽。"

【默覽】 默察,暗自察览。孟郊《偷诗》:"绳床独坐翁,默览有所传。"

【默聽】 静听。贾岛《送去华法师》:"默听鸿声尽,行看叶影飞。"

黖 〔xì《广韵》許既切,去未,曉。〕暗昧不明。元稹《和乐天送客游岭南二十韵》:"风黖秋茅叶,烟埋晓月轮。"

黚 〔qián《广韵》巨淹切,平鹽,群。又巨金切,平侵,群。〕❶黑色。见《左传·襄公十七年》。韦庄《冬日长安感志寄献虢州崔郎中二十韵》:"济物便同川上楫,慰心还似邑中黚。"皮日休《奉和鲁望秋日遣怀次韵》:"鹤共心情慢,乌同面色黚。"陆龟蒙《秋日遣怀十六韵寄道侣》:"故疾因秋召,尘容畏日黚。"❷熏黑。杜甫《送率府程录事还乡》:"内愧突不黚,庶羞以赒给。"权德舆《戏和三韵》:"墨翟突不黚,范丹甑生尘。"白居易《郡斋旬假始命宴呈座客示郡寮》:"初黚军厨突,一拂郡榻尘。"雍裕之《四色》之四:"已见池尽墨,谁言突不黚。"❸黚地,今贵州东部、四川东南部及湖南西部。齐己《寄贯休》:"时逢蜀僧说,或道近游黚。"见"黚州""黚南"。❹姓。春秋齐有黚敖。齐大饥。黚敖为食于路,声色怜悯,有饥者甘愿饿死,不受其嗟来之食。见《礼记·檀弓下》。皮日休《正乐府十篇·卒妻怨》:"岂无黚敖恩,救此穷饿骸。"

【黚中】 唐道名。辖境相当于今四川东南部、贵州东部和湖南西部一带,治所在今四川彭水县。刘长卿《送侯御赴黚中充判官》:"不识黚中路,今看遣使臣。"孟郊《赠黚府王中丞楚》:"旧说天下山,半在黚中青。"白居易《送萧处士游黚南》:"不醉黚中争去得,磨围山月正苍苍。"李频《黚中罢职将泛江东》:"黚中初罢职,薄俸亦无残。"

【黚巴】 指黚州一带。唐初置黚州都督府,治所在今四川彭水县,亦古巴国之地,故称。卢僎《十月梅花书赠》:"自从迁播落黚巴,三见江上开新花。"

【黚州】 州名。北周建德三年(574)以奉州改名,治所在今四川彭水县。隋大业三年(607)改为黚安郡。唐初复为黚州。苗发有《送孙德谕罢官往黚州》,李频有《将赴黚州先寄本府中丞》。

【黔江】 水名。贵州入四川境内之乌江，亦称黔江。权德舆《献岁送李十兄赴黔中酒后绝句》："一樽岁酒且留欢，三峡黔江去路难。"韩愈《送灵师》："寻胜不惮险，黔江屡洄沿。"刘禹锡《送义舟师却还黔南》："黔江秋水浸云霓，独泛慈航路不迷。"罗隐《寄黔中王从事》："故人刀笔事军书，南转黔江半月余。"

【黔巫】 指四川巫山及古黔中一带。元稹《酬乐天东南行诗一百韵》："鲸吞近溟涨，猿闹接黔巫。"温庭筠《送崔郎中赴幕》："一别黔巫似断弦，故交东去更凄然。"罗隐《送溪州使君》："灞桥酒盏黔巫月，从此江心两所思。"

【黔府】 指黔州都督府，治所在今四川彭水县。卢僎有《季冬送户部郎中使黔府选补》，李白有《送赵判官赴黔府中丞叔幕》，羊士谔有《寄黔府窦中丞》，孟郊有《赠黔府王中丞楚》。

【黔城】 黔州城，即今四川彭水县城。贯休《秋末寄张侍郎》："静坐黔城北，离仁半岁强。"

【黔南】 即黔州，治所在今四川彭水县。窦巩《自京师将赴黔南》："西南一望云和水，犹道黔南有四千。"武元衡有《窦三中丞去岁有台中因追曩篇持以赠之》。贾岛《送皇甫侍御》："来使黔南日，时应问寂寥。"顾非熊《送皇甫司录赴黔南幕》："黔南从事客，禄利先来饶。"

【黔首】 平民，百姓。张九龄《和黄门卢监望秦始皇陵》："黔首无寄命，赭衣相追逐。"杜甫《秋日夔府咏怀奉寄郑监李宾客一百韵》："胡星一彗孛，黔首遂拘挛。"元稹《出门行》："丧车黔首葬，吊客青蝇至。"杜牧《过骊山作》："黔首不愚尔益愚，千里函关囚独夫。"

【黔突】 因炊爨而熏黑了的烟囱。李商隐《五言述德抒情诗一首四十韵献上杜七兄仆射相公》："岂有曾黔突，徒劳不倚衡。"

【黔峡】 指黔中峡州一带。峡州(治所在今湖北宜昌市)近黔中，故云。许浑《酬报先上人登楼见寄》："钟非黔峡寺，帆是敬亭舟。"又《送僧归敬亭山寺》："晓月下黔峡，秋风归敬亭。"

【黔婁】 人名。据汉刘向《列女传·鲁黔娄妻》载，黔娄为春秋鲁人。《汉书·艺文志》、晋皇甫谧《高士传·黔娄先生》则谓其为齐人。隐士，不肯出仕，家贫，死时衾不蔽体。后遂作为贫士的代称。王维《过沈居士山居哭之》："善卷明时隐，黔娄在日贫。"元稹《遣悲怀三首》之一："谢公最小偏怜女，自嫁黔娄百事乖。"

【黔陽】 即彭水县(今属四川)，黔州治所，在夔州之南。杜甫《赠李十五丈别》："北回白帝棹，南入黔阳天。"又《送王十五判官扶侍还黔中》："黔阳信使应稀少，莫怪频频劝酒杯。"又《覆舟二首》之一："巫峡盘涡晓，黔阳贡物秋。"

【黔黎】 黔首黎民。指百姓。李嘉祐《南浦渡口》："惭无卓鲁术，解印谢黔黎。"白居易《和李相公留守题漕上新桥六韵》："从容济世后，余力及黔黎。"费冠卿《答萧建》："边鄙筹贤相，黔黎托圣躬。"苏拯《长城》："黔黎欲半空，长城春未已。"

默 〔dǎn《广韵》都感切，上感，端。〕❶黑貌。孟浩然《彭蠡湖中望庐山》："黤默容霁色，峥嵘当晓空。"❷黑斑，污垢。元稹《闲二首》之二："青衫经夏默，白发望乡稠。"

五 画

點 〔diǎn《广韵》多忝切，上忝，端。〕❶小黑点。亦指小的痕迹、斑点。李颀《魏仓曹宅各赋一物得当轩石竹》："密叶散红点，灵条惊紫蕤。"孟郊《赠道月上人》："僧貌净无点，僧衣宁缀华。"张籍《和李仆射西园》："石苔生紫点，栏药吐红尖。"李绅《过梅里七首·忆放鹤》："羽毛似雪无瑕点，顾影秋池舞白云。"❷玷污，污染。陈子昂《宴胡楚真禁所》："青蝇一相点，白璧遂成冤。"张说《岳州作》："器留鱼鳖腥，衣点蚊虻血。"李贺《过华清宫》："玉碗盛残露，银灯点旧纱。"李群玉《献王中丞》："登仙望绝李膺舟，从此青蝇点遂稠。"❸涂抹，涂改。王棨《文不加点》："思发才无滞，文成点不加。"岑参《送张直公归南郑拜省》："万言不加点，七步犹嫌迟。"❹汉字的一种笔画，即"丶"。苑咸《酬王维》："三点成伊犹有思，一观始幻自忘筌。"《大明寺壁语》："泉深尺一，点去冰傍。"任华《怀素上人草书歌》："掷华山巨石以为点，掣衡山阵云以为画。"❺装饰，涂饰，点缀。王绩《古意六首》之一："材抽峄山干，徽点昆丘玉。"陈子昂《彩树歌》："状瑶台之微月，点巫山之朝云。"卢仝《与马异结交诗》："凝脂为肤翡翠裙，唯解画眉朱点唇。"吴融《个人三十韵》："额点梅花样，心通棘刺情。"❻评说，指责。杜甫《戏为六绝句》之一："今人嗤点流传赋，不觉前贤畏后生。"白居易《东南行一百韵》："时遭人指点，数被鬼揶揄。"❼指点，点拨。王昌龄《箜篌引》："黄旗一点兵马收，乱杀胡人积如丘。"李白《相逢行》："金鞭遥指点，玉勒近迟回。"白居易《小童薛阳陶吹觱栗歌》："指点之下师授声，含嚼之间天与气。"❽液体小滴。杜甫《得广州张判官叔卿书使还以诗代意》："却寄双愁眼，相思泪点悬。"严维《同韩员外宿云门寺》："竹翠烟深锁，松声雨点和。"李益《江南曲》："长乐花枝雨点销，江城日暮好相邀。"王贞白《芦苇》："嫩喜日光薄，疏忧雨点粗。"❾漏壶滴水之声。李商隐《深宫》："金殿销香闭绮栊，玉壶传点咽铜龙。"司空图《庚子腊月五日》："禁漏虚传点，妖星不振辰。"❿计时单位。古代夜间计时一夜分五更，一更分五点。杜甫《至日遣兴奉寄北省旧阁老两院故人二首》之一："去岁兹辰捧御床，五更三点入鹓行。"韩愈《东方半明》："残月晖晖，太白睒睒。鸡三号，更五点。"雍陶《酬李绀岁除送酒》："一夜四乘倾凿落，五更三点把屠苏。"温庭筠《走马楼三更曲》："帘间清唱报寒点，丙舍无人遗烬香。"⓫滴注，下落。岑参《西掖省即事》："西掖重云开曙晖，北山疏雨点朝衣。"李嘉祐《过乌公山寄钱起员外》："雨过青山猿叫时，愁时泪点石榴枝。"武元衡《左掖梨花》："随风蝶影翻，误点朝衣赤。"刘禹锡《早秋集贤院即事》："蕙草香书殿，槐花点御沟。"⓬检验，检点。王建《送衣曲》："旧来十月初点衣，与郎着向营中集。"郑谷《寄察院李侍御文炬》："宿郊虔点馔，秋寺静监香。"⓭征调。白居易《新丰折臂翁》："无何天宝大征兵，户有三丁点一丁。"元稹《夫远征》："赵王未信赵母言，犹点新兵更填死。"韦庄《悯耕者》："如今暴骨多于土，犹点乡兵作戍兵。"无名氏《五言白话诗》之十四："儿在愁他役，又恐点着征。"⓮蘸。寒山《诗三百三首》之二〇六："蒸豚揾蒜酱，炙鸭点椒盐。"《方干李主簿改令》："措大吃酒点盐，将军吃酒点酱。"(方)"措大吃酒点盐，下人吃酒点鲊。"(李)⓯一种铜制响器，两端作云状，故名云板，也名点。旧时邸宅、官署以击点为集中报事的信号。唐制，平明，传点毕，内门开，监察御史领百官入，朝见天子。王建《宫词一百首》之二："殿前传点各依班，召对西来八诏蛮。"柳宗元《同刘二十八院长述旧言怀》："分行参瑞兽，传点乱宫鸦。"⓰节奏，节拍。元稹《何满子歌》："自外徒烦记得词，点拍才成已夸诞。"南唐后主李煜《浣溪沙》词之一："佳人舞点金钗溜，酒恶时拈花蕊嗅，别殿遥闻箫鼓奏。"⓱点燃。孟浩然《崔明府宅夜观妓》："画堂初点烛，金幌半垂罗。"顾况《李供奉弹箜篌歌》："爇玉烛，点银灯。"皮日休《钓侣二章》之二："烟浪溅篷寒不睡，更将枯蚌点渔灯。"罗隐《长明灯》："不知初点人何在，只见当年火至今。"⓲点化。刘得仁《赠王尊师》："囊中曾有药，点土亦成金。"吕岩《寄白龙洞刘道人》："竞向山中寻草药，伏铅制汞点丹阳。"⓳一触即离。参见"點水"。⓴上下略微摆动。参见"點頭"。㉑碰撞。参见"點額"。㉒量词。表示物量。李白《冬日归旧山》："一条藤径绿，万点雪峰晴。"钱起《登玉山诸峰偶至悟真寺》："半岩采珉者，一点如片雪。"元稹《和裴校书鹭鸶飞》："清江见底草堂在，一点白光终不归。"韦庄《题盘豆驿水馆后轩》："去雁数行天际没，孤云一点净中生。"㉓指孔子弟子曾皙，皙名点。白居易、王起《仆射来示有三春向晚四者难并之说走呈仆射兼简尚书》联句："与点非沂水，陪膺是洛城。"

【點水】 一触着水面即起。杜甫《曲江二首》之二："穿花蛱蝶深深见，点水蜻蜓款款飞。"

【點化】 道教谓点物成金。刘得仁《送祖山人归山》："不说金丹能点化，空教弟子学长生。"贯休《赠信安郑道人》："点化金常有，闲行影渐无。"

【點行】 (—xíng)按名册顺序抽丁入伍。杜甫《兵车行》："道傍过者问行人，行人但云点行频。"李商隐《行次西郊作一百韵》："少壮尽点行，疲老守空村。"又《灞岸》："山东今岁点行频，几处冤魂哭虏尘。"司马扎《古边卒思归》："中原半烽火，比屋皆点行。"

【點污】 ❶污损，弄脏。杜甫《绝句漫兴九首》之三："衔泥点污琴书内，更接飞虫打着人。"韦縠《杂诗》之一："那堪点污沉泥玉，犹自经营买笑金。"❷玷污，污辱。刘禹锡《怀妓》之二："情知点污投泥玉，犹自经营买笑金。"

【點兵】 征调丁壮。杜甫《新安吏》："客行新安道，喧呼闻点兵。"姚合《寄杜师义》："点兵寻户籍，烧药试仙方。"又《从军乐二首》之二："朝朝十指痛，唯署点兵符。"黄滔《寄边上从事》："斜日下孤城，长吟出点兵。"

【點妝】 犹装点。梳妆打扮。白居易《简简吟》："十一把镜学点妆，十二抽针能绣裳。"又《题郡中荔枝诗十八韵兼寄万州杨八使君》："夕讶条悬火，朝惊树点妆。"

【點注】 点染注色。杜甫《江雨有怀郑典设》："宠光蕙叶与多碧，点注桃花舒小红。"

【點染】 ❶点笔染翰，指写作。崔道融《谢朱常侍寄贶蜀茶剡纸二首》之二："不应点染闲言语，留记将军盖世功。"❷沾染，附着。郑损《星精石》："苍苔点染云生牖，老雨淋漓铁渍痕。"《青萝帐女赠穆郎》："此后莫教尘点染，他年长照岁寒姿。"❸玷污，污染。杜甫《八哀诗·故著作郎贬台州司户荥阳郑公虔》："反覆归圣朝，点染无涤荡。"❹点缀，装点。薛涛《赋凌云寺二首》之一："横云点染芙蓉壁，似待诗人宝月来。"❺被诬。杜甫《秦州见敕三十韵》："宫臣仍点染，柱史正零丁。"

【點軍】 征调兵马。顾况《塞上曲》："点军三十千，部伍严以整。"

【點眉】 画眉，涂饰眉毛。白居易《新乐府·上阳白发人》："小头鞋履窄衣裳，青黛点眉眉细长。"

【點素】 点染绢素。太宗《咏雪》："入扇萦离匣，点素皎残机。"亦指在绢素上作画。钱起《画鹤篇》："点素凝姿任画工，霜毛玉羽照帘栊。"

【點辱】 污点。李德裕《春暮思平泉杂咏二十首·红桂树》："妍姿无点辱，芳意托幽深。"

【點留】 指名留下。王建《宫词一百首》之三一：

“十三初学擘箜篌，弟子名中被点留。”

【點勘】 校正文字。王建《宫词一百首》之十二：“集贤殿里图书满，点勘头边御印同。”韩愈《秋怀诗十一首》之七：“不如觑文字，丹铅事点勘。”詹敦仁《清隐堂》：“静把旧书重点勘，旋沽美酒养疏愚。”

【點筆】 染翰，挥笔书写。岑参《西亭子送李司马》：“酒行未醉闻暮鸡，点笔操纸为君题。”姚合《武功县中作三十首》之二八：“点笔图云势，弹琴学鸟声。”杜牧《闻庆州赵纵使君与党项战中箭身死辄书长句》：“青史文章争点笔，朱门歌舞笑捐躯。”郑谷《海棠》：“莫愁粉黛临窗懒，梁广丹青点笔迟。”

【點畫】 文字之点与横竖等笔画。陆龟蒙《奉和袭美吴中言情见寄次韵》：“徒爱右军遗点画，闲披左氏得膏肓。”又《酬袭美夏首病愈见招次韵》：“方灵只在君臣正，篆古须抛点画肥。”又《和袭美新秋即事次韵三首》之二：“闲中展卷兴亡小，醉后题诗点画粗。”詹敦仁《复留侯从效问南汉刘岩改名龑字音义》：“点画有偏旁，阴阳贵协比。”

【點發】 点名发派。储光羲有《次天元十载华阴发兵作时有郎官点发》。

【點絳唇】 词牌名。南朝梁江淹《咏美人春游》：“白雪凝琼貌，明珠点绛唇。”后词牌名取此。双调，有四十一字、四十二字诸体。《全唐诗》卷八九八收冯延巳《点绛唇》词一首，为四十一字体。

【點對】 检点安排。李商隐《异俗二首》之二：“点对连鳌饵，搜求缚虎符。”

【點漆】 乌黑光亮。杜甫《北征》：“或红如丹砂，或黑如点漆。”卢纶《和马郎中画鹤赞》：“削玉点漆，乘轩姓丁。”

【點滴】 指雨滴注或雨点滴注声。杜牧《夜雨》：“点滴侵寒梦，萧骚着淡愁。”又《芭蕉》：“怜渠点滴声，留得归乡梦。”李建勋《细雨遥怀故人》：“昨夜南窗不得眠，闲阶点滴回灯坐。”又《惜花》：“点滴无时雨，荒凉满地苔。”亦指泪水滴注。李商隐《无愁果有愁曲》：“秋娥点滴不成泪，十二玉楼无故钉。”

【點翠】 点染翠色。李峤《拟古东飞伯劳西飞燕》：“罗裙玉珮当轩出，点翠施红竞春日。”李贺《瑶华乐》：“施红点翠照虞泉，曳云拖玉下昆山。”薛据《泛太湖》：“烟水淡图山点翠，云霞丽景日抛球。”

【點綴】 ❶加以衬托或装饰，使原有事物更加美好。张九龄《剪彩》：“叶作参差发，枝从点缀新。”李贺《河南府试十二月乐词·八月》：“悠悠飞露姿，点缀池中荷。”白居易《游悟真寺诗》：“点缀佛髻上，合为七宝冠。”徐铉《奉和御制茱萸》：“柔条细叶妆治好，紫蒂红芳点缀匀。”❷奉承。元稹《估客乐》：“侯家与主第，点缀无不精。”

【點墨】 东汉张芝临池学书，池水尽黑。点墨，谓水因洗笔而变黑。李峤《奉和幸三会寺应制》：“竹是蒸青外，池仍点墨余。”

【點翰】 染翰，挥笔书写。储光羲《苏十三瞻登玉泉寺峰入寺中见赠作》：“息心幸自忘，点翰仍留眷。”又《尚书省受誓诫贻太庙裴丞》：“点翰欲何言，相思从此始。”

【點頭】 头部微微向下一动，表示允许、赞成或领会等。明皇《唵字赞》：“儒门弟子无人识，穿耳胡僧笑点头。”何仲举《献秦王》：“碧云章句才离手，紫府神仙尽点头。”子兰《观棋》：“点头初得计，格手待无疑。”郑云从《咏人祀圣君诗》：“拜时何用频偷眼，未必泥人解点头。”

【點燈】 燃灯。李德裕《句》：“谁家幼女敲箸歌，何处丁妻点灯织。”

【點檢】 ❶考核，查察。钱起《初至京口示诸弟》：“点检平生事，焉能出荜门。”白居易《狂吟七言十四韵》：“点检一生侥幸事，东都除我更无人。”朱庆余《赠凤翔柳司录》：“点检生涯与官职，一茎野竹在身边。”韩偓《腾腾》：“八年流落醉腾腾，点检行藏喜不胜。”❷反省，检点。韩愈《赠刘师服》：“丈夫命存百无害，谁能点检形骸外。”❸核查，清点。綦毋潜《经陆补阙隐居》：“学书弟子何人在，点检犹存谏草无。”白居易《闲游》：“春来点检闲游数，犹自多于年少人。”李绅《转寿春守》：“点检遗编尽朝菌，应难求望一刀圭。”李咸用《投知》：“酌量才地心虽动，点检囊装意又阑。”

【點點】 小而多。刘长卿《春望寄王涔阳》：“湖畔春山烟点点，云中远树墨离离。”陈羽《宿淮阴作》：“秋灯点点淮阴市，楚客联樯宿淮水。”杜牧《村行》：“袅袅垂柳风，点点回塘雨。”吴融《微雨》：“惆怅池塘上，荷珠点点倾。”

【點藥】 ❶施用少量的药于患处。白居易《自叹》之二：“二毛晓落梳头懒，两眼春昏点药频。”❷检点药物。张籍《赠任懒》：“点药医闲马，分泉灌远蔬。”

【點竄】 删改，修改。元稹《献荥阳公诗五十韵》：“空虚惭炙輠，点窜许怀铅。”白居易《渭村退居寄礼部崔侍郎翰林钱舍人诗一百韵》：“灭私容点窜，穷理析毫芒。”李商隐《韩碑》：“点窜尧典舜典字，涂改清庙生民诗。”

【點額】 谓跳龙门的鲤鱼头额触撞石壁。喻指仕途失意或应试失利。李白《赠崔侍郎》：“点额不成龙，归来伴凡鱼。”韩偓《余自刑部员外郎为时权所挤因成长句寄所知》：“操心未省趋浮俗，点额尤惭自至公。”白居易《点额鱼》：“龙门点额意何如，红尾青鬐却返初。”

【點額魚】 谓未跳过龙门化龙的鲤鱼。喻失意者。白居易有《点额鱼》。

【點鬢】　指着头上的双鬓。白居易《霓裳羽衣歌》:“上元点鬟招萼绿,王母挥袂别飞琼。”

黛〔dài《广韵》徒耐切,去代,定。〕❶青黑色的颜料。古代女子用以画眉。杜甫《北征》:“粉黛亦解苞,衾裯稍罗列。”岑参《入蒲关先寄秦中故人》:“秦山数点似青黛,渭上一条如白练。”白居易《上阳白发人》:“小头鞋履窄衣裳,青黛点眉眉细长。”李群玉《黄陵庙》:“犹似含颦望巡狩,九疑如黛隔湘川。”❷青黑色。钱起《赋得池上双丁香树》:“黛叶轻�绿,金花笑菊秋。”武元衡《奉和圣制丰年多庆九日示怀》:“南山澄凝黛,曲水清涵空。”李德裕《追和太师颜公同清远道士游虎丘寺》:“潭黛入海底,崟岑耸霄半。”李绅《新楼诗二十首·龟山》:“一峰凝黛当明镜,十仞乔松倚翠屏。”❸代指妇女的眉毛。羊士谔《夜听琵琶三首》之三:“破拨声繁恨已长,低鬟敛黛更摧藏。”张碧《美人梳头》:“皓指高低寸黛愁,水精梳滑参差坠。”鲍溶《李夫人歌》:“颦黛含犀竟不言,春思秋怨谁能问。”韦庄《悔恨》:“几为妒来频敛黛,每思闲事不梳头。”

【黛色】　青黑色。王维《崔濮阳兄季重前山兴》:“千里横黛色,数峰出云间。”韦应物《答东林道士》:“遥看黛色知何处,欲出山门寻暮钟。”顾非熊《寄吴山净上人》:“遥知黛色秋常玩,住向灵岩第几峰。”亦指青黑色物。杜甫《古柏行》:“霜皮溜雨四十围,黛色参天二千尺。”

【黛岑】　青黑色的山峰。韦庄《三用韵》:“晚日舒霞绮,遥天倚黛岑。”

【黛青】　深青色。岑参《刘相公中书江山画障》:“粉白湖上云,黛青天际峰。”贯休《将入匡山宿韩判官宅》:“黛青峰朵孤吟后,雪白猿儿必寄来。”

【黛痕】　画黛的痕迹。李洞《题尼大德院》:“台上灯红莲叶密,眉间毫白黛痕销。”

【黛眉】　黛画之眉。特指女子之眉。张祜《奉和池州杜员外南亭惜春》:“草雾辉辉柳色新,前山差掩黛眉频。”温庭筠《春日》:“草色将林彩,相添入黛眉。”李郢《赠李商隐赠佳人》:“云发腻垂香搂妥,黛眉愁入翠连娟。”和凝《杨柳枝》词之二:“瑟瑟罗裙金缕腰,黛眉偎破未重描。”

【黛煙】　青黑色的颜料。南唐后主李煜《书灵筵手巾》:“汗手遗香渍,痕目染黛煙。”

【黛蛾】　❶犹黛眉。陈标《公无渡河》:“黛蛾芳脸垂珠泪,罗袜香裾赴碧流。”鲍溶《章华宫行》:“岂无一人似神女,忍使黛蛾常不伸。黛蛾不伸犹自可,春朝诸处门常锁。”温庭筠《晚归曲》:“湖西山浅似相笑,菱刺惹衣攒黛蛾。”钟辐《卜算子慢》词:“把玉笋偷弹,黛蛾轻斗。”❷代指美女。温庭筠《感旧陈情五十韵献淮南李仆射》:“黛蛾陈二八,珠履列三千。”

【黛惨】　眉含愁貌。白居易《六年春赠分司东都诸公》:“黛惨歌思深,腰凝舞拍密。”

【黛绿】　青黑色。古时妇女画眉用的颜料。韦庄《谒金门》词之二:“闲抱琵琶寻旧曲,远山眉黛绿。”

【黛嬌】　眉含娇态。温庭筠《咏嚬》:“毛羽敛愁翠,黛娇攒艳春。”

【黛髻】　指女子黑发髻。张祜《惠尼童子》:“可惜绿丝梳黛髻,枉将纤手把铜瓶。”

【黛螺】　妇女眉毛的代称。南唐后主李煜《长相思》词:“澹澹衫儿薄薄罗,轻颦双黛螺。”

【黛巘】　青黑色的山峰。温庭筠《清凉寺》:“黄花红树谢芳蹊,宫殿参差黛巘西。”

黜〔chù《广韵》丑律切,入術,徹。〕❶贬降,罢退。见《论语·微子》。吴筠《高士咏·柳下惠》:“百行既无点,三黜道弥真。”刘禹锡《再授连州至衡阳酬柳柳州赠别》:“重临事异黄丞相,三黜名惭柳士师。”裴潾《前相国赞皇公作镇浙右辄抒怀赋四言诗十四首奉寄》之四:“三黜如饴,三起惟惧。”刘驾《送友人擢第东归》:“君荣我虽黜,感恩同所怀。”❷摒弃。王昌龄《塞下曲四首》之四:“功勋多被黜,兵马亦寻分。”储光羲《贻袁三拾遗谪作》:“高帝黜儒生,文皇谪才子。”刘禹锡《酬杨八庶子喜韩吴兴与余同迁见赠》:“直道由来黜,浮名岂敢要。”柳宗元《贞符》序:“乃黜休祥之奏,究贞符之奥,思德之所未大,求仁之所未备,以极于邦治,以敬于人事。”❸消灭,废除。《郊庙歌辞·享太庙乐章·崇德舞》:“绩逾黜夏,勋高剪商。”❹放逐。周昙《咏史诗·唐虞门·虞舜》:“满朝卿士多元凯,为黜兜苗与四凶。”

【黜官】　❶贬降官职。岑参《初至西虢官舍南池呈左右省及南宫诸故人》:“黜官自西掖,待罪临下阳。”❷罢免官职。元结《招孟武昌》序:“孟士源尝黜官,无情干进;在武昌不为人厌;可游退谷,可泛杯湖。故作诗招之。”又《别何员外》:“黜官二十年,未曾暂崎岖。”

【黜陟】　指人才的进退、官吏的升降。储光羲《奉和韦判官献侍郎叔除河东采访使》:“恬淡轻黜陟,优游邈千载。”

【黜辱】　贬斥受辱。白居易《和梦游春诗一百韵》:“人仕欲荣身,须臾成黜辱。”

【黜落】　指科举除名落第、落榜。杨凝《下第后蒙侍郎示意指于新先辈宣恩感谢》:“遭逢好文日,黜落至公时。”

【黜詔】　贬官的诏书。王铎《罢都统守镇滑州作》:“黜诏已闻来阙下,檄书犹未遍军前。”张道古《上蜀王》:“封章才达冕旒前,黜诏俄离玉座端。”

【黜殡】 在室内殡敛,不居正堂。李瀚《蒙求》:“史鱼黜殡,子囊城郢。”

黝[1] 〔yǒu《广韵》於糾切,上黝,影。〕淡青黑色。张九龄《与生公游石窟山》:“潜洞黝无底,殊庭忽似梦。”于邵《释奠武成王乐章·送神》:“黝缥就瘗,豆笾告撤。”卢纶《和常舍人晚秋集贤院即事十二韵寄赠江南徐薛侍郎》:“沧海风涛广,黝山瘴雨偏。”

黝[2] 〔yǒu《集韵》於九切,上有,影。〕涂饰黑色。见《尔雅·释宫》。参见“黝₂垩”。

【黝制】 古代的一种礼制。谓用黑色牺牲祭祀。李纾《唐德明兴圣庙乐章·登歌奠币》:“礼先苍璧,奠备黝制。”

【黝牲】 供祭祀用的黑色牺牲。褚亮《祭神州乐章·雍和》:“黝牲在列,黄琮俯映。”

【黝₂垩】 涂以黑色和白色。卢象《马跑神泉》:“黝垩何其丽,栾栌本自然。”

六 画

黠 〔xiá《广韵》胡八切,入黠,匣。〕❶聪慧,机敏。于鹄《古词三首》之二:“新长青丝发,哑哑言语黠。”韩愈《嘲鲁连子》:“鲁连细而黠,有似黄鹞子。”刘禹锡《乐天寄忆旧游因作报白君以答》:“吴娃足情言语黠,越客有酒巾冠斜。”亦指聪慧机敏者。韩愈《喜雪献裴尚书》:“纵欢罗艳黠,列贺拥熊螭。”❷狡猾。司空图《乱前上卢相》:“虏黠虽多变,兵骄即易乘。”亦指狡猾之人。刘禹锡《别苏州二首》之一:“虽非谢桀黠,且为一裴回。”罗隐《薛阳陶觱篥歌》:“扫除桀黠似提帚,制压群豪若穿鼻。”一说,黠释“坚”。

【黠吏】 奸猾之吏。高适《封丘作》:“揣摩惭黠吏,栖隐谢愚公。”杜甫《遣遇》:“奈何黠吏徒,渔夺成逋逃。”李绅《宿越州天王寺》:“休按薄书惩黠吏,未齐风俗昧良臣。”休,全诗校:“一作才。”姚合《送家兄赴任昭义》:“黠吏先潜去,疲人相次迎。”

【黠羌】 狡黠的羌人。吴筠《胡无人行》:“铁骑追骁虏,金羁讨黠羌。”

【黠惠】 机敏聪慧。惠,通“慧”。崔颢《邯郸宫人怨》:“七岁丰茸好颜色,八岁黠惠能言语。”

【黠虏】 狡猾之敌。卢象《送赵都护赴安西》:“黠虏多翻覆,谋臣有别离。”白居易《阴山道》:“谁知黠虏启贪心,明年马多来一倍。”陈陶《水调词十首》之一:“黠虏迢迢未肯和,五陵少年重横戈。”

儵 〔shū《广韵》式竹切,入屋,書〕❶同“倏”。疾速貌。参见“儵忽❶”。❷参见“儵忽❷”。

【儵忽】 ❶倏忽。疾速貌。贯休《闻赤松舒道士下世》:“儵忽成千古,飘零见百端。”❷喻指恶人。李商隐《哭遂州萧侍郎二十四韵》:“暂能诛儵忽,长与问乾坤。”

黟 〔yī《广韵》烏奚切,平齊,影。又於脂切,平脂,影。〕黑,黑色。贾岛《纪汤泉》:“伐毛返骨髓,发白令人黟。”

【黟水】 水名。新安江的上游,源出安徽黟县,故名。伍乔《寄张学士洎》:“黄山向晚盈轩翠,黟水含春绕槛流。”

【黟邑】 黟县城邑。指黟县。许坚《小桃源》:“黟邑桃源小,烟霞百里宽。”

【黟峰】 即安徽黄山。于德晦《歙郡有黄山因题一绝》:“黟峰翠色自天流,直下青暝豁素秋。”

【黟縣】 安徽县名。秦置,治所在今黟县东。隋平陈后废,开皇十一年(591)复,移治今黟县。唐属歙州。李白《小桃源》:“黟县小桃源,烟霞百里间。”徐铉《送许郎中歙州判官兼黟县》:“尝闻黟县似桃源,况是优游冠玳筵。”

【黟歙】 黟县和歙县。唐时同属歙州,今属安徽黄山市。徐铉有《送汪处士还黟歙》。

八 画

黤 〔yǎn《广韵》於檻切,上檻,影。又烏感切,上感,影。〕昏暗貌。参见“黤惨”“黤黮”。

【黤惨】 天色昏暗。杜甫《渼陂行》:“天地黤惨忽异色,波涛万顷堆琉璃。”

【黤黮】 昏暗貌。孟浩然《彭蠡湖中望庐山》:“黤黮容霁色,峥嵘当晓空。”

【黤黮】 指黤黮滩。地名。在今福建省南平市东,水流湍急,极险要,为著名砚石产地。齐己《行路难》:“惊波不在黤黮间,小人心里藏崩湍。”

黨 〔dǎng《广韵》多朗切,上蕩,端。〕❶古代一种地方基层组织。五家为邻,五邻为里,五百家为党。杜甫《枯楠》:“楩楠枯峥嵘,乡党皆莫记。”❷亲族。见《礼记·杂记下》。李白《门有车马客行》:“借问宗党间,多为泉下人。”❸朋党,同伙。张九龄《荆州作二首》之一:“进士苟非党,免相安得群。”李白《古风》之五三:“奸臣欲窃位,树党自相群。”顾况《上古之什补亡训传十三章·〈左车二章〉》之二:“曷可去之,于党孔硕。”元稹《酬翰林白学士代书一百韵》:“匿奸劳发掘,破党恶持疑。”❹偏私。见《书·洪范》。卢仝《与马异结交诗》："天怪神农党龙蛇，罚神农为牛头。"周朴《早春》："韶光不偏党，积渐煦疲民。"韩偓《感事三十四韵》："唯理心无党，怜才膝屡前。"❺辈。李白《赠张公洲革处士》："斯为真隐者，吾党慕清芬。"高适《答侯少府》："吾党谢王粲，群贤推郤诜。"李端《都亭驿送郭判官之幽州幕府》："还从大夫后，吾党亦光辉。"韩愈《山石》："嗟哉吾党二三子，安得至老不更归。"❻通"讜"。正直。见"黨言"。

黨² 〔dǎng《集韵》止两切，上養，章。〕姓。见《左传·定公七年》。参见"黨茂宗""黨曄"。

【黨人】 朋党。李商隐《哭遂州萧侍郎二十四韵》："初惊逐客议，旋骇党人冤。"

【黨言】 直言，善言。张籍《董公诗》："公谓其党言，汝材甚骁雄。"

【黨₂茂宗】 党晔，字茂宗。元结《与党评事》诗序称"大理评事党晔"。又《与党侍御》诗序云："庚子中……党茂宗罢大理评事。"

【黨₂侍御】 党晔，字茂宗，曾官大理评事、侍御史。元结《与党侍御》序："庚子中，元子次山为监察御史，党茂宗罢大理评事。次山爱其高尚，曾作诗一篇与之。及次山未辞殿中，茂宗已受监察，采茂宗尝相诮戏之意，又作诗与之。"

【黨朋】 犹朋党。孟郊《寄张籍》："古人贵从晦，君子忌党朋。"

【黨偏】 结党营私。张碧《游春引三首》之一："句芒爱弄春风权，开萌发翠无党偏。"周昙《咏史诗·后汉门·再吟》："咸怨刑科有党偏，耕夫无不事戎旃。"

【黨₂評事】 党晔，字茂宗，曾官大理评事、侍御史。元结《与党评事》序："大理评事党晔，好闲自退，元子爱之，作诗赠焉。"

【黨₂曄】 字茂宗，曾官大理评事、侍御史，与元结友善。元结有《与党评事》和《与党侍御》。

【黨錮傳】 《后汉书》篇名。李华《咏史十一首》之七："尝观党锢传，抚卷不胜悲。"

【黨議】 朋党之间的争论、非议。戴叔伦《敬酬陆山人二首》之一："党议连诛不可闻，直臣高士去纷纷。"

黧 〔lí《广韵》郎奚切，平齊，來。〕色黑而黄。亦指使变黄黑色。参见"黧黑""微黧"。

【黧黑】 谓脸色黑。杜甫《赠王二十四侍御契四十韵》："会面嗟黧黑，含凄话苦辛。"

黥 〔qíng《广韵》渠京切，平庚，羣。〕❶黥刑。指处以黥刑。陆龟蒙《江南秋怀寄华阳山人》："相秦犹几死，王汉尚当黥。"❷指汉初诸侯王英布。见《史记·黥布列传》。见"黥陣"。

【黥陣】 汉黥布所布的战阵。杜牧《池州送孟迟先辈》："秦台破心胆，黥阵惊毛发。"喻指不可战胜的技艺或力量。杜牧《赠张祜》："黥阵人人慑，秋星历历分。"

黦 〔yuè《广韵》於月切，入月，影。又紆物切，入物，影。〕❶出现污迹，玷污。韦庄《应天长》词之二："想得此时情切，泪沾红袖黦。"杜牧《残春独来南亭因寄张祜》："一岭桃花红锦黦，半溪山水碧罗新。"❷黑黄色。欧阳炯《巫山一段云》词之二："歌扇花光黦，衣珠滴泪新。"毛熙震《后庭花词》之一："自从陵谷追游歇，画梁尘黦。"

九　画

黮 〔dǎn《广韵》他感切，上感，透。又徒感切，上感，定。〕黑色。皮日休《初夏游楞伽精舍》："下通蛟人道，水色黮而恶。"

【黮黤】 黑压压。草木茂盛貌。张九龄《奉和圣制喜雨》："无卉无木，敷芬黮黤。"

黫 〔yān《广韵》烏閑切，平山，影。〕同"黰"。黑色。元稹《台中鞫狱忆开元观旧事呈损之兼赠周兄四十韵》："道心常自愧，柔发难久黫。"

黬 〔yán《广韵》古咸切，平咸，見。又五咸切，平咸，疑。〕黑色的霉点。元稹《送崔侍御之岭南二十韵》："茅蒸连蟒气，衣渍度梅黬。"

黯 〔àn《广韵》乙減切，上豏，影。又乙咸切，平咸，影。〕❶深黑，昏暗。虞世南《出塞》："雾锋黯无色，霜旗冻不翻。"钱起《送李兵曹赴河中》："秋日黯将暮，黄河如欲清。"许康佐《日暮碧云合》："林色黯疑暝，隙光俄已夕。"白居易《续古诗十首》之十："天地黯以晦，当午如昏时。"❷伤感沮丧。李洞《题咸阳楼》："晚亚古城门，凭高黯客魂。"陆龟蒙《江南秋怀寄华阳山人》："远怀魂易黯，幽愤骨堪惊。"❸人名。李白族侄李黯。李白有《同族侄评事黯游昌禅师山池二首》。

【黯淡】 亦作"黯澹"。昏暗，不明亮，不鲜明。王建《题台州隐静寺》："崆峒黯淡碧琉璃，白云吞吐红莲阁。"杜牧《代吴兴妓春初寄薛军事》："柳暗霏微雨，花愁黯淡天。"郑谷《荆渚八月十五夜值雨寄同年李屿》："共待辉光夜，翻成黯澹秋。"

【黯然】 ❶昏暗貌。无名氏《冬出敦煌郡入退浑国朝发马圈之作》："回首见城郭，黯然林树间。"❷暗暗地，不知不觉地。刘禹锡《西塞山怀古》："西晋楼船下益州，金陵王气黯然收。"孟郊《寄张籍》："黯然秋思来，走入志士膺。"❸感伤沮丧貌。宋之问《渡吴江别王长史》："倚棹望兹川，销魂独黯然。"高适《送蔡十二之海上》："黯然何所为，相对但悲酸。"韩愈《祖席前字》："祖席洛桥边，亲交共黯然。"白居易《和微之诗二十三首·和寄乐天》："病魂黯然销，老泪凄其出。"

【黯湛】 暗淡不明。元稹《遭风二十韵》："怪族潜收湖黯湛，幽妖尽走日崔嵬。"

【黯惨】 昏暗惨淡。贯休《东阳罹乱后怀王慥使君五首》之四："绣闼雕甍处处烧，惊动乾坤常黯惨。"

【黯澹】 见"黯淡"。

【黯黮】 ❶昏暗。青台仙《游春台诗》之四："清波滔碧天，乌藏黯黮连。"❷暗昧不明事理。韩愈《送无本师归范阳》："夫岂能必然，固已谢黯黮。"

【黯黯】 ❶昏暗，颜色发黑。王维《宋进马哀词》："日黯黯兮颓晔，鸟翩翩兮疾飞。"权德舆《送崔端公赴度支江陵院三韵》："偏愁欲别处，黯黯颓阳照。"元稹《感梦》："行行及城户，黯黯余日晖。"李咸用《剑喻》："黯黯秋水寒，至刚非可缺。"❷感伤沮丧貌。李商隐《自桂林奉使江陵途中感怀寄献尚书》："江生魂黯黯，泉客泪涔涔。"温庭筠《巫山神女庙》："黯黯闭宫殿，霏霏荫薜萝。"李群玉《请告南归留别同馆》："书阁乍离情黯黯，彤庭回望肃沉沉。"徐铉《寄蕲州高郎中》："纷纷世事来无尽，黯黯离魂去不通。"❸谓庄稼黑油油的。张九龄《奉和圣制喜雨》："无皋无隰，黍稷黯黯。"

黰 〔zī《广韵》子之切，平之，精。〕深黑色。陆龟蒙《奉和袭美古杉三十韵》："战锋新缺齾，烧岸黑黰黧。"

十　画

黰 〔zhěn《广韵》章忍切，上轸，章。又乌闲切，平山，影。〕黑貌。孙魴《题梅岭泉》："红黰着霜树，香老卧池边。"此指深红。

十一画

黴 〔méi《广韵》目悲切，平脂，明。〕面垢黑。见《淮南子·修务训》。皮日休《虎丘寺殿前有古杉一本遂赋三百言以见志》："劲质如尧瘦，贞容学舜霉。"

【黴黧】 形容面垢黑。韩愈、孟郊《征蜀联句》："念齿慰霉黧，视伤悼瘢痆。"

黳 〔yī《广韵》乌奚切，平齊，影。〕❶黑色玉石。韩偓《赠孙仁本尊师》："齿如冰雪发如黳，几百年来醉似泥。"李洞《赠唐山人》："垂须长似发，七十色如黳。"❷黑色。元稹《答姨兄胡灵之见寄五十韵》："我髯黳数寸，君发白千茎。"白居易《和微之诗二十三首·和新楼北园偶集》："十指纤若笋，双鬟黳如鸦。"可止《雪十二韵》："煮茶融破练，磨墨染成黳。"

【黳玉】 黑色玉。贯休《寄拄杖上王使君》："一条黳玉重，百两紫金轻。"

【黳髯】 黑色的胡子。贯休《塞上曲二首》之一："一握黳髯一握丝，须知只为平戎术。"

黲 〔cǎn《广韵》七感切，上感，清，又倉敢切，上敢，清。〕黑色。参见"黲淡""黲黷"。

【黲淡】 昏暗貌。岑参《白雪歌送武判官归京》："瀚海阑干百丈冰，愁云黲淡万里凝。"

【黲黷】 昏暗不明。杜甫《三川观水涨二十韵》："何时通舟车，阴气不黲黩。"

十三画

黵 〔dǎn《广韵》都敢切，上敢，端。〕苍黑貌。李德裕《剑门铭》："翠岭中横，黵然黛色。"

十四画

黷 〔duì〕同"䨴"。茂盛貌。柳宗元《乐府杂曲·鼓吹铙歌·苞枿》："苞枿黷矣，惟根之蟠。"

十五画

黷 〔dú《广韵》徒谷切，入屋，定。〕❶污浊。白居易《和梦游春诗一百韵》："存诚期有感，誓志贞无黩。"❷轻慢。皮日休《吴中苦雨因书一百韵寄鲁望》："廉不受一芥，其余安可黩。"❸滥用。陆龟蒙《读阴符经寄鹿门子》："下及秦汉得，黩弄兵亦烦。"懿宗朝举子《刺安南事诗》："儒者斗则退，武者兵益黩。"参见"黷武"。

【黷兵】 黩武。沈佺期《昆明池侍宴应制》："黩兵非帝念，劳物岂皇情。"皎然《答苏州韦应物郎中》："到日扫烦政，况今休黩兵。"

【黷武】 滥用武力，随意发动战争。元稹《四皓庙》："秦政虐天下，黩武穷生民。"白居易《新丰折臂翁》："君不闻开元宰相宋开府，不赏边功防黩武。"李商隐《漫成五章》之五："郭令素心非黩武，韩公本意在和戎。"薛能《西县途中二十韵》："陷彼贪功吠，贻为黩武夸。"

黹 部

五 画

黻 〔fú《广韵》分勿切，入物，非。〕古代礼服上绣的黑与青相间的花纹。见《书·益稷》。或谓两弓相背。参见“黼黻”。

七 画

黼 〔fǔ《广韵》方矩切，上麌，非。〕古代礼服上白黑相间的花纹，取斧形，象临事决断。参见“黼黻”。

【黼扆】 古代帝王座后的屏风，上画有斧形花纹。临淄县主《与独孤穆冥会诗》：“丹血溅黼扆，丰肌染戈矛。”

【黼帐】 犹华帐。李适《帝幸兴庆池戏竞渡应制》：“拂露金舆丹旆转，凌晨黼帐碧池开。”沈佺期《人日重宴大明宫赐彩缕人胜应制》：“千官黼帐杯前寿，百福香奁胜里人。”温庭筠《洞户二十二韵》：“黼帐回瑶席，华灯对锦衾。”

【黼帷】 绣有黑白斧形的帷幕。李义府《在巂州遥叙封禅》：“石间环藻卫，金坛映黼帷。”

【黼幛】 即黼帷。唐彦谦《汉代》：“黼帷翘彩雉，波扇画文鳐。”

【黼筵】 指边缘以黑白相间的丝织品作饰的席具。张说《唐享太庙乐章·永和三首》之二：“依玉几，御黼筵。”

【黼黻】 ❶礼服上所绣的华美花纹。卢注《酒胡子》：“有眼不能分黼黻，有口不能明是非。”李建勋《蔷薇二首》之一：“锦江风撼云霞碎，仙子衣飘黼黻香。”贯休《游灵泉院》：“对花语合希夷境，坐石苔粘黼黻衣。”❷绣有花纹的华美礼服。席豫《奉和圣制答张说南出雀鼠谷》：“风送箫韶曲，花铺黼黻文。”❸借指爵禄。钱起《寄任山人》：“天阶崇黼黻，世路有趋竞。”❹使华美。《郊庙歌辞·后唐宗庙乐舞辞·应天舞》：“黼黻帝道，金玉王度。”

【黼藻】 指花纹、雕刻、彩画之属。亦指华美的辞藻或文字。张九龄《与生公寻幽居处》：“即途可淹留，随日成黼藻。”徐铉《题画石山》：“彼美巉岩石，谁施黼藻功。”

黽　部

黽[1]　〔měng《广韵》武幸切，上耿，明。〕蛙的一种。似青蛙，大腹，一名土鸭。高适《东平路中遇大水》："室居相枕藉，蛙黾声啾啾。"杜甫《八哀诗·故右仆射相国张公九龄》："碣石岁峥嵘，天地日蛙黾。"

黽[2]　〔mǐn《广韵》武盡要，上軫，明。〕参见"黽₂勉"。

【黽₂勉】　尽力，勉力。丘为《寻西山隐者不遇》："差池不相见，黾勉空仰止。"储光羲《田家杂兴八首》之一："不能自力作，黾勉娶邻女。"温庭筠《病中书怀呈友人》："胁肩难黾勉，搔首易嗟吁。"

四　画

黿　〔yuán《广韵》愚袁切，平元，疑。又五丸切，平桓，疑。〕大鳖。俗称癞头黿。韩愈《陆浑山火和皇甫湜用其韵》："水龙鼉龟鱼与黿，鸦鸱雕鹰雉鹄鹍。"

【黿梁】　指帝王的行驾。杨师道《奉和圣制春日望海》："仙台隐螭驾，水府泛黿梁。"

【黿頭山】　在江苏吴县西南。洞庭山之支岭。有山闯出如黿首，故名。韦应物《黿头山神女歌》："黿头之山，直上洞庭连青天。"

【黿鼉】　大鳖和猪婆龙。李白《登高丘而望远》："精卫费木石，黿鼉无所凭。"顾况《行路难三首》之二："吕梁之水挂飞流，黿鼉蛟蜃不敢游。"罗隐《秦纪》："长策东鞭及海隅，黿鼉奔走鬼神趋。"

【黿鼉穴】　黿鼉居住的洞穴。张说《和尹懋秋夜游滬湖》："林寻猿狖居，水戏黿鼉穴。"

【黿鼉窟】　黿鼉居住的洞穴。杜甫《沙苑行》："角壮翻同麋鹿游，浮深簸荡黿鼉窟。"

六　画

鼃　〔wā《广韵》烏媧切，平佳，影。又户媧切，平佳，匣。〕亦作"鼁"。田鸡之类。杜牧《台城曲二首》之一："谁怜容足地，却羡井中鼃。"参见"鼃黽"。

【鼃黽】　（—měng）蛙类动物。亦喻谗谀之人。李白《酬张卿夜宿南陵见赠》："一朝攀龙去，鼃黾安在哉。"杜甫《渼陂西南台》："世复轻骅骝，吾甘杂鼃黾。"皮日休《苦雨杂言寄鲁望》："蟲蠃时时上几案，鼃黾往往跳琴书。"

十　画

鼇　〔áo《广韵》五勞切，平豪，疑。〕亦作"鰲"。杜甫《荆南兵马使太常卿赵公大食刀歌》："苍水使者扪赤绦，龙伯国人罢钓鼇。"卢仝《感古四首》之二："上山逢猛虎，入海逢巨鼇。"李绅《新楼诗二十首·新楼》："山耸翠微连郡阁，地临沧海接灵鼇。"章碣《送谢进士还闽》："百越风烟接巨鼇，还乡心壮不知劳。"

【鼇山】　指翰林院。韩偓《与吴子华侍郎同年玉堂同直怀恩叙恳因成长句四韵兼呈诸同年》："往年莺谷接清尘，今日鼇山作侍臣。"参见"鼇頭"。

【鼇抃】　喻社会动乱。李白《留别贾舍人至二首》之一："鼇抃山海倾，四溟扬洪流。"

【鼇足】　传说中女娲用作天柱的大龟四足。见《淮南子·览冥训》。李群玉《谪仙吟赠赵道士》："若为失意居蓬岛，鼇足尘飞桑树枯。"

【鼇岫】　海上仙山。曹唐《汉武帝于宫中宴西王母》："鼇岫云低太一坛，武皇斋洁不胜欢。"吴仁璧《钱塘鹤》："人间路霭青天半，鼇岫云生碧海涯。"

【鼇波】　巨浪。谭用之《别何处士陵俊老》："洞连龙穴全山冷，窗透鼇波尽室清。"

【鼇柱】　传说中的天柱。李沇《醮词》："八极鼇柱倾，四溟龙鬣沸。"参见"鼇足"。

【鼇背】　鳌之背。亦借指大海。窦庠《金山寺》："晴江万里云飞尽，鼇背参差日气红。"刘禹锡《送源中丞充新罗册立使》："烟开鼇背千寻碧，日浴鲸波万顷金。"孟郊《石淙》之五："飘飘鹤骨仙，飞动鼇背庭。"

【鼇峰】　指翰林院。黄滔《投翰长赵侍郎》："岂有地能先凤掖，别无山更胜鼇峰。"

【鼇海】　大海。传说鳌为海中神龟，故称。刘昭禹《灵溪观》："鼇海西边地，宵吟景象宽。"

【鼇頭】 唐时翰林学士、承旨等官朝见皇帝时立于镌有巨鳌的殿陛石正中，因称入翰林院为上鳌头。姚合《和卢给事酬裴员外》："鸳鹭簪裾上龙尾，蓬莱宫殿压鼇头。"韩偓《及第过堂日作》："龙尾楼台迎晓日，鼇头宫殿入青冥。"齐己《送刘秀才归桑水宁觐》："雁序分飞离汉口，鸰原骞翥在鼇头。"

十二画

鼉 〔tuó《广韵》徒何切，平歌，定。〕扬子鳄。也称鼍龙、猪婆龙。爬行动物。体长丈许。背部与尾部有角质鳞甲。穴居于江河岸边和湖沼底部。皮可制鼓。杜甫《敬寄族弟唐十八使君》："我能泛中流，搪突鼍獭瞋。"顾况《行路难三首》之二："吕梁之水挂飞流，鼋鼍蛟蜃不敢游。"韩愈《石鼓歌》："年深岂免有缺画，快剑斫断生蛟鼍。"贯休《秋末入匡山船行八首》之六："鼍惊入窟月，烧到系船桩。"

【鼉吼】 鼍吼叫。杜甫《暂如临邑至𡺾山湖亭奉怀李员外率尔成兴》："鼍吼风奔浪，鱼跳日映山。"陆龟蒙《奉酬袭美先辈吴中苦雨一百韵》："何劳鼍吼岸，讵要鹳鸣垤。"

【鼉作】 犹言鼍于水中作浪。杜甫《渼陂行》："鼍作鲸吞不复知，恶风白浪何嗟及。"

【鼉鼓】 ❶用鼍皮蒙的鼓。击之，其声亦如鼍鸣。李贺《将进酒》："吹龙笛，击鼍鼓。"李绅《新楼诗二十首·东武亭》："鼍鼓若雷争胜负，柳堤花岸万人招。"李商隐《河内诗二首》之一："鼍鼓沉沉虬水咽，秦丝不上蛮弦绝。"又《隋宫守岁》："遥望露盘疑是月，远闻鼍鼓欲惊雷。"❷指鼍鸣声。许浑《赠所知》："湖日似阴鼍鼓响，海云才起蜃楼多。"

【鼉鳴】 鼍叫。刘禹锡《宿诚禅师山房题赠二首》之一："虎啸夜林动，鼍鸣秋涧寒。"白居易《东南行一百韵》："鼍鸣江擂鼓，蜃气海浮图。"姚合《苦雨》："早秋仍燕舞，深夜更鼍鸣。"许浑《闲居孟夏即事》："鱼跃海风起，鼍鸣江雨来。"

【鼉聲】 鼍鸣声。为下雨的预兆。张籍《白鼍鸣》："六月人家井无水，夜闻鼍声人尽起。"项斯《送友人下第归襄阳》："草色连晴坂，鼍声离晓滩。"

鼎　部

鼎〔dǐng《广韵》都挺切，上迥，端。〕❶古代炊器，又为盛熟牲之器。多用青铜或陶土制成。圆鼎两耳三足，方鼎两耳四足。盛行于商周。多为宗庙的礼器和墓葬的明器。杜甫《槐叶冷淘》："入鼎资过熟，加餐愁欲无。"韩愈《石鼓歌》："金绳铁索锁纽壮，古鼎跃水龙腾梭。"姚合《酬薛奉礼见赠之作》："诗成客见书墙和，药熟僧来就鼎分。"李商隐《韩碑》："汤盘孔鼎有述作，今无其器存其辞。"❷相传夏禹铸九鼎，历商至周，为传国的重器。后遂以指代国家政权和帝王。陆敬《游隋故都》："水斗宫初毁，风变鼎将迁。"参见"鼎運""鼎亂"。❸炼丹煮药之器。许浑《姑熟官舍寄汝洛友人》："药鼎初寒火，书龛欲夜灯。"韦庄《婺州和陆谏议将赴阙怀阳羡山居》："道开烧药鼎，僧寄卧云衣。"❹古时烹杀罪人的刑具。白居易《咏史》："秦磨利刀斩李斯，齐烧沸鼎烹郦其。"参见"鼎烹"。❺卦名之一，巽下离上，卦象为䷱。去故取新之象。参见"鼎新"。❻盛大。参见"鼎族"。❼喻三公、宰辅、重臣之位。参见"鼎司""鼎位""鼎軸"。❽喻三方并立之势。参见"鼎足""鼎峙"。

【鼎分】　（—fēn）鼎足三分。崔道融《过隆中》："玄德苍黄起卧龙，鼎分天下一言中。"李中《读蜀志》："鼎分天地日，先主力元微。"

【鼎列】　鼎足而列。柳宗元《咏三良》："一心在陈力，鼎列夸四方。"

【鼎司】　指重臣的职位。崔曙《奉酬中书相公叙怀见寄之作》："典籍开书府，恩荣避鼎司。"

【鼎耳】　鼎上两耳。刘禹锡《游桃源一百韵》："宝气浮鼎耳，神光生剑脊。"

【鼎臣】　重臣，大臣。卢纶《春日喜雨奉和马侍中宴白楼》："鹳鹤相呼绿野宽，鼎臣闲倚玉栏干。"徐彦伯《侍宴韦嗣立山庄应制》："鼎臣休浣隙，方外结遥心。"苏颋《扈从温泉奉和姚令公喜雪》："鼎臣今有问，河伯且应留。"

【鼎成】　谓帝王去世。吕温《顺宗至德大圣大安孝皇帝挽歌词三首》之一："那知鼎成后，龙驭弗淹留。"姚合《敬宗皇帝挽词三首》之二："荆山鼎成日，湘浦竹斑时。"参见"鼎湖"。

【鼎足】　❶鼎有三足，比喻三方并峙之势。罗隐《春日投钱塘元帅尚父二首》之一："若比紫髯分鼎足，未闻余力有琼瑰。"水神《霅溪夜宴诗》之八："当鼎足之嘉会兮，获周旋于君侯。"❷犹"鼎元"。科举中状元、榜眼、探花之总称。以鼎有三足，一甲共三名，故称。刘得仁《送高湘及第后东归觐叔》："此去几般荣，登科鼎足名。"

【鼎邑】　指洛阳。杨炯《途中》："悠悠辞鼎邑，去去指金墉。"明皇《春晚宴两相及礼官丽正殿学士探得风字》序："函秦则委输斯远，鼎邑则朝宗所利。"柳宗元《弘农公以硕德伟材屈于诬枉谨献诗五十韵以毕微志》："高居迁鼎邑，遥传好书王。"

【鼎位】　指宰相等重要职位。亦借指宰相。孙逖《故陈州刺史赠兵部尚书韦公挽词》："奕叶金章贵，连枝鼎位尊。"

【鼎味】　鼎中美味。武元衡《津梁寺采新茶因题四韵兼呈陆郎中》："幸将调鼎味，一为奏明光。"韩愈《答柳柳州食虾蟆》："居然当鼎味，岂不辱钓罩？"

【鼎沸】　❶水涌流翻腾的样子。薛逢《镊白曲》："长安六月尘亘天，池塘鼎沸林欲燃。"吕岩《寄白龙洞刘道人》："两兽相逢战一场，波浪奔腾如鼎沸。"❷喧闹貌。武元衡《行路难》："笙歌鼎沸君莫矜，豪奢未必长多金。"❸喻形势纷扰动乱。高适《登百丈峰二首》之二："四海如鼎沸，五原徒自尊。"

【鼎門】　城门名。旧洛阳城东南有鼎门。令狐楚《春思寄梦得乐天》："春来诗思偏何处，飞过函关入鼎门。"刘禹锡《送李二十九兄员外赴邠宁使幕》："鼎门为别霜天晓，剩把离觞三五巡。"又《奉和裴令公新成绿野堂即书》："蔼蔼鼎门外，澄澄洛水湾。"李贺《许公子郑姬歌》："桂开客花名郑袖，入洛闻香鼎门口。"

【鼎城】　鼎邑。洛阳。借指京城。韩休《奉和圣制送张说巡边》："受钺辞金殿，凭轩去鼎城。"吕岩《朗州戏笔》之二："数年不到鼎城游，反掌俄经八十秋。"参见"鼎邑"。

【鼎革】　《易・杂卦》："革，去故也；鼎，取新也。"后以鼎革指朝政变革或改朝换代。亦指事物的破旧立新。明皇《巡省途次上党旧宫赋》序："爰因巡省，途次旧居，山川宛然，人事无间，忽其鼎革。"徐浩《谒禹庙》："鼎革固天启，运兴匪人谋。"

【鼎峙】　如鼎足之并峙。孙逖《长洲苑》："吴王初鼎峙，羽猎骋雄才。"吕温《刘郎浦口号》："谁将一女轻天下，欲换刘郎鼎峙心。”白居易《新乐府·城盐州》：“韩公创筑受降城，三城鼎峙屯汉兵。”

【鼎科】　谓科举考试中的甲科。殷文圭《贺同年第三人刘先辈咸辟命》：“甲门才子鼎科人，拂地蓝衫榜下新。”参见“鼎足”。

【鼎俎】　❶鼎和俎。古代祭祀、谦飨时陈置牲体或其他食物的礼器。包佶《祀风师乐章·迎神》：“鼎俎修蚤，时唯礼崇。”❷泛称烹割的用具。杜甫《冬狩行》：“肉味不足登鼎俎，何为见羁虞罗中。”❸烹煮。杜牧《李甘诗》：“当庭裂诏书，退立须鼎俎。”

【鼎食】　列鼎而食。指世族大家的豪奢生活。张九龄《感遇十二首》之十二：“鼎食非吾事，云仙尝我期。”皇甫曾《奉和杜相公移入长兴宅奉呈诸宰执》：“秦官鼎食贵，尧世土阶卑。”杜甫《奉寄河南韦尹丈人》：“鼎食分门户，词场继国风。”刘禹锡《刑部白侍郎谢病长告改宾客分司以诗赠别》：“鼎食华轩到眼前，拂衣高谢岂徒然。”

【鼎族】　豪门大族。张辞《上盐城令述德诗》：“门风常有蕙兰馨，鼎族家传霸国名。”

【鼎祚】　国祚，国运。《郊庙歌辞·祀圜丘乐章·凯安》：“幽明同叶赞，鼎祚齐天壤。”又《郊庙歌辞·享太庙乐章·延和》：“本枝亿载，鼎祚逾长。”

【鼎氣】　《史记·封禅书》：“天子使使验问巫得鼎无奸诈，乃以礼祠，迎鼎至于甘泉，从行，上荐之。至中山，曣温，有黄云盖焉。”后以鼎气指鼎所在上空的云气，以为国祥瑞。耿沣《酬张少尹秋日凤翔西郊见寄》：“鼎气孕河汾，英英济旧勋。”蒋防《望禁苑祥光》：“拱汾疑鼎气，临渭比荧光。”皮日休《太湖诗·晓次神景宫》：“鼎气为龙虎，香烟混丹雘。”

【鼎鬲】　鼎与鬲。泛指煮器。陆龟蒙《五歌·食鱼》：“江南春旱鱼无泽，岁宴未曾腥鼎鬲。”

【鼎書】　铸在鼎上的文字。陈羽《步虚词二首》之一：“汉武清斋读鼎书，内官扶上画云车。”陈陶《闲居寄太学卢景博士》：“久滞鼎书求羽翼，未忘龙阙致波涛。”

【鼎魚】　鼎中之鱼。喻濒于灭亡的人或事物。杜甫《喜闻官军已临贼境二十韵》：“鼎鱼犹假息，穴蚁欲何逃。”

【鼎烹】　鼎镬之刑。杨乘《甲子岁书事》：“竖子未鼎烹，大君尚旰食。”

【鼎軸】　宰相。韩愈《山南郑相公樊员外酬答为诗赋十四韵以献》：“莼公鼎轴老，烹斡力健倔。”

【鼎飪】　相传商傅说以调鼎烹饪之事向武丁喻治国之理。后遂以鼎饪喻治理国政或治国的大臣。郑余庆《和黄门相公诏还题石门洞》：“琬琰攀酬郢，微言鼎饪情。”

【鼎湖】　地名。古代传说黄帝在鼎湖乘龙升天。李白《飞龙引二首》之二：“鼎湖流水清且闲，轩辕去时有弓剑。”顾况《悲歌》之六：“轩辕黄帝初得仙，鼎湖一去三千年。”权德舆《八月十五日夜瑶台寺对月绝句》：“嬴女乘鸾已上天，仁祠空在鼎湖边。”张祜《寄献萧相公》：“东去江干是胜游，鼎湖兴望不堪愁。”

【鼎湖龍去】　指帝王去世。杜甫《骊山》：“鼎湖龙去远，银海雁飞深。”白居易《江南遇天宝乐叟》：“豳土人迁避夷狄，鼎湖龙去哭轩辕。”

【鼎運】　国家的命运。魏征《享太庙乐章·大基舞》：“基我鼎运，于斯万年。”

【鼎鼎】　盛大貌。元稹《高荷》：“亭亭自抬举，鼎鼎难藏擪。”

【鼎鉉】　举鼎之具。借指宰相。武元衡《西亭早秋送徐员外》：“鼎铉辞台座，麾幢领益州。”又《酬李十一尚书西亭暇日书怀见寄十二韵之作》：“鼎铉昔云忝，西南分主忧。”

【鼎業】　帝王之大业。姚崇《奉和圣制龙池篇》：“恭闻帝里生灵沼，应报明君鼎业新。”

【鼎亂】　谓国家大乱。曹邺《秦后作》：“鼎乱阴阳疑，战尽鬼神力。”

【鼎新】　革新。李商隐《赠送前刘五经映三十四韵》：“鼎新麾一举，革故法三章。”

【鼎圖】　指国家重要器物。李群玉《秣陵怀古》：“霸业鼎图人去尽，独来惆怅水云中。”

【鼎銘】　鼎上铸刻的铭文。杜甫《秦州见敕目三十韵》：“上将盈边鄙，元勋溢鼎铭。”

【鼎實】　鼎中所盛之物。陈子昂《群公集毕氏林亭》：“金门有遗世，鼎实恣和邦。”

【鼎餗】　鼎中食品。借指政事。权德舆《仲秋朝拜昭陵》：“良将授兵符，直臣调鼎餗。”

【鼎鼐】　鼎和鼐。古代两种烹饪器具。相传商武丁问傅说治国之方。傅说以如何调和鼎中之味以喻，遂辅武丁以治国。后遂以鼎鼐喻指宰相等执政大臣。高适《留上李右相》：“隐轸江山藻，氛氲鼎鼐铭。”杜甫《上韦左相二十韵》：“沙汰江河浊，调和鼎鼐新。”耿沣《春日书情寄元校书伯和相国元子》：“卫玠琼瑶色，玄成鼎鼐姿。”

【鼎鼐和】　喻处理国政。权德舆《故司徒兼侍中赠太傅北平王挽词》：“授律勋庸盛，居中鼎鼐和。”

【鼎臑】　（—ér）指鼎中煮熟的菜肴。柳宗元《奉平淮夷表·皇武》：“鼎臑俎胾，五献百笾。”

【鼎彝】　古代祭器，上面多刻表彰有功人物的文字。杜甫《赠崔十三评事公辅》：“复进出矛戟，昭然开鼎彝。”

【鼎鑊】　鼎和镬。古代两种烹饪器具。亦指古代的一种酷刑，用鼎镬烹人。刘长卿《奉和李大夫同吕评事太行苦热行兼寄院中诸公仍呈王员外》："诸将候轩车，元凶愁鼎镬。"高适《淇上酬薛三据兼寄郭少府微》："永愿拯刍荛，孰云干鼎镬。"元稹《四皓庙》："秦王转无道，谏者鼎镬亲。"温庭筠《过孔北海墓二十韵》："愤容凌鼎镬，公议动朝廷。"

【鼎竈】 道士炼丹的鼎和炉灶。吕岩《七言》之十："安排鼎灶炼玄根，进退须明卯酉门。"

【鼎鑪】 道士炼丹的鼎和炉。吕岩《苏幕遮》词："虚无中，尘色内。尽是还丹，历历堪收采，这个鼎铲解不解。"

二 画

鼐 〔nài《广韵》奴代切，泥。又奴亥切，上海，泥。〕大鼎。见《诗·周颂·丝衣》。一说，小鼎。参见"鼎鼐"。

鼓 部

鼓 〔gǔ《广韵》公户切,上姥,見。〕❶打击乐器。多为圆桶形或扁圆形,中间空,一面或两面蒙以皮革。杜甫《屏迹三首》之一:“村鼓时时急,渔舟个个轻。”韩愈《奉和杜相公太清宫纪事陈诚上李相公十六韵》:“噌吰宫夜辟,嘈囐鼓晨挝。”白居易《腊后岁前遇景咏意》:“郡中起晚听衙鼓,城上行慵倚女墙。”张祜《题僧壁》:“棋因王粲覆,鼓是祢衡挝。”特指更鼓,古用以报时。许棠《送友人归江南》:“皇州五更鼓,月落西南维。”林宽《和周繇校书先辈省中寓直》:“鼓残鸦去北,漏在月沉西。”❷鼓声。白居易《和春深二十首》之十七:“鼓应投壶马,兵冲象戏车。”参见“鼓鼙❶”。❸击鼓。韩愈《元和圣德诗》:“汝张汝弓,汝鼓汝鼓。”李洞《题咸阳楼》:“滩鼓城隍动,云冲太白昏。”见“鼓行”。❹击,扣。杜甫《贻华阳柳少府》:“醉从赵女舞,歌鼓秦人盆。”张鸿《赠乔尊师》:“静鼓三通齿,频汤一味参。”见“鼓篋”。❺敲击或弹奏乐器。明皇《首夏花萼楼观群臣宴宁王山亭回楼下又申之以赏乐赋诗》序:“朕登览上宫,俯临长陌,畅众心之怡,欢归骑之逶迤,鼓之以琴瑟,侑之以笙篚。”韩愈《秋怀诗十一首》之七:“有琴具徽弦,再鼓听愈淡。”孟郊《上张徐州》:“愿鼓空桑弦,永使万物和。”吴筠《御沟十六韵》:“鼓宜尧女瑟,荡必蔡姬舟。”❻振动,摇荡,摇晃。杜甫《忆昔行》:“更讨衡阳董炼师,南浮早鼓潇湘柁。”王建《雉将雏》:“时时土中鼓两翅,引雏拾虫不相离。”张籍《牧童词》:“隔堤吹叶应同伴,还鼓长鞭三四声。”李绅《泛五湖》:“征斯济川力,若鼓凌风翰。”❼扇风。杜甫《北风》:“向晚霾残日,初宵鼓大炉。”❽激起,涌起。李华《寄赵七侍御》:“飞湍鸣金石,激溜鼓雷风。”李白《九日登巴陵置酒望洞庭水军》:“长风鼓横波,合沓蹙龙文。”贯休《别卢使君》:“晴雾和花气,危樯鼓浪文。”❾古代计时单位。因击鼓报时,故云。杨巨源《大堤曲》:“月落星微五鼓声,春风摇荡窗前柳。”❿鼓状物。韩愈《石鼓歌》:“少陵无人谪仙死,才薄将奈石鼓何。”

【鼓刀】 谓摆弄刀子发出响声。宰杀牲畜时敲击其刀,使之发声,故曰鼓刀。王维《夷门歌》:“亥为屠肆鼓刀人,嬴乃夷门抱关者。”李白《鞠歌行》:“朝歌鼓刀叟,虎变磻溪中。”又《博平郑太守见访却之武陵立马赠别》:“仍要鼓刀者,乃是袖槌人。”

【鼓山】 山名。(1)在今福建福州市。山巅有巨石如鼓,故名。《闽人谣》:“风吹杨荣鼓山下,不得钱郎戈不罢。”自注:“鼓山,福州山名。”(2)指四川蓬溪鼓楼山。其山在“蓬溪县北十里,双峰对峙,山高千仞”。齐己有《短歌寄鼓山长老》。

【鼓子花】 花名。即旋花。其花不作瓣状,如军中所吹鼓子,故名。皮日休《虎丘寺西小溪闲泛三绝》之一:“鼓子花明白石岸,桃枝竹覆翠岚溪。”郑谷《长江县经贾岛墓》:“重来兼恐无寻处,落日风吹鼓子花。”唐末朝士《睹野花思京师旧游》:“如今变作村园眼,鼓子花开也喜欢。”

【鼓行】 (—xíng)击鼓行军。李白《送族弟绾从军安西》:“汉家兵马乘北风,鼓行而西破犬戎。”高适《李云南征蛮诗》:“鼓行天海外,转战蛮夷中。”

【鼓車】 载鼓之车。古代皇帝外出时的仪仗之一。乔知之《羸骏篇》:“忽闻天将出龙沙,汉主持将驾鼓车。”杜甫《送从弟亚赴安西判官》:“吾闻驾鼓车,不合用骐骥。”又《复愁十二首》之八:“今日翔麟马,先宜驾鼓车。”杜牧《骕骦骏》:“遭遇不遭遇,盐车与鼓车。”

【鼓吹】 (—chuì)❶即鼓吹乐,古乐之一种,用鼓、钲、箫、笳等乐器合奏。源于我国古代北方部族北狄。汉初边军用之以壮军威,后渐用于朝廷。明皇《送张说巡边》:“鼓吹威夷狄,旌轩溢洛阳。”李白《在水军宴韦司马楼船观妓》:“诗因鼓吹发,酒为剑歌雄。”羊士谔《南池晨望》:“鼓吹前贤薄,群蛙试一鸣。”皮日休《二游诗·任诗》:“衮衣竟璀璨,鼓吹争鞺鞳。”❷指打击乐器和吹奏乐器。李白《鸣皋歌送岑征君》:“交鼓吹兮弹丝,觞清泠之池阁。”❸演奏乐曲。沈亚之《湘中怨解》:“有弹弦鼓吹者,皆神乐娥眉。”❹演奏乐曲的乐队。王建《田侍郎归镇》之五:“鼓吹幡旗道两边,行男走女喜骈阗。”❺鼓吹声,乐曲声。明皇《游兴庆宫作》:“鼓吹迎飞盖,弦歌送羽卮。”李商隐《所居永乐县久旱县宰祈祷得雨因赋诗》:“只怪闾阎喧鼓吹,邑人同报刺长生。”李山甫《陪郑先辈华山罗谷访张隐者》:“谷风闻鼓吹,苔石见文章。”❻《南齐书·孔稚圭传》载,稚圭门庭之内,草莱不剪,中有蛙鸣,自称“我以此当两部鼓吹”。杨收《咏蛙》:“会当同鼓吹,不复问官私。”吴融《阌乡寓居十首·蛙声》:“稚圭伦鉴未精通,只把蛙声鼓吹同。”

【鼓吹山】（吹 chuì）山名。在今浙江长兴县城西一里处。皎然《寄报德寺从上人》："空色清凉寺，秋声鼓吹山。"

【鼓吹曲】（吹 chuì）乐府歌曲名。古乐中有鼓吹乐，用鼓、钲、箫、笳等乐器合奏，历代鼓吹乐多有歌词配合。柳宗元有《唐铙歌鼓吹曲十二篇》序。郭茂倩《乐府诗集》卷二十谓："唐《鼓次铙歌》十二曲，柳宗元作以纪高祖、太宗功德及征伐勤劳之事……按此诸曲，史书不载，拟宗元私作而未尝奏，或虽奏而未尝用，故不被于歌，如何承天之造宋曲云。"

【鼓吹署】（吹 chuì）唐官署名。属太常寺，有令二人、丞二人、乐正四人，掌鼓吹事宜。柳宗元《唐铙歌鼓吹曲十二篇》序："臣为郎时，以太常联礼部，尝闻鼓吹署有戎乐，词独不列。"

【鼓角】❶战鼓和号角，两种乐器。军中亦用以报时、示警或发出号令。岑参《献封大夫破播仙凯歌六首》之四："日落辕门鼓角鸣，千群面缚出蕃城。"耿沣《送杨将军》："落日边陲静，秋风鼓角喧。"刘禹锡《平蔡州三首》之二："汝南晨鸡喔喔鸣，城头鼓角音和平。"黄滔《塞上》："落日牛羊聚，秋风鼓角鸣。"亦借指战争。杜甫《暮秋枉裴道州手札率尔遣兴寄近呈苏涣侍御》："天下鼓角何时休，阵前部曲终日死。"❷借指鼓角声。杨巨源《述旧纪勋寄太原李光颜侍中二首》之一："鼓角因风飘朔气，旌旗映水发秋光。"白居易《祭社宵兴灯前偶作》："城头传鼓角，灯下整衣冠。"许浑《将为南行陪尚书崔公宴海榴堂》："风传鼓角霜侵戟，云卷笙歌月上楼。"韦庄《登汉高庙闲眺》："参差郭外楼台小，断续风中鼓角残。"

【鼓波】激起波浪。白居易《题海图屏风》："喷风激飞廉，鼓波怒阳侯。"

【鼓門】军门。军门设旗立鼓，故名。钱起《送李大夫赴广州》："鼓门通幕府，天井入军营。"

【鼓枻】亦作"鼓栧"。划桨。谓泛舟。杜甫《幽人》："洪涛隐语笑，鼓枻蓬莱池。"杜甫《桃竹杖引赠章留后》："老夫复欲东南征，乘涛鼓枻白帝城。"岑参《渔父》："竿头钓丝长丈余，鼓栧乘流无定居。"白居易《大水》："独有佣舟子，鼓枻生意气。"

【鼓枻人】指渔夫。白居易《舟行》："起问鼓枻人，已行三十里。"参见"鼓枻翁"。

【鼓枻翁】指渔夫。柳宗元《游南亭夜还叙志七十韵》："缅慕鼓枻翁，啸咏哺其糟。"

【鼓枻歌】边划桨边唱歌。孟浩然《寻梅道士》："重以观鱼乐，因之鼓枻歌。"

【鼓風】❶煽风。元稹《有鸟二十章》之十："当时幸有燎原火，何不鼓风连夜烧。"❷激起风。张祜《观潮十韵》："鼓风连涵澹，值洑更旋回。"

【鼓怒】❶鼓动激荡。张九龄《江上遇疾风》："疾风江上起，鼓怒扬烟埃。"张说《同赵侍御乾湖作》："气色纷沦横罩海，波涛鼓怒上漫天。"岑参《武威送刘单判官赴安西行营便呈高开府》："赤亭多飘风，鼓怒不可当。"❷鼓足怒气。水神《霅溪夜宴诗》之十一："上帝愍余之非辜兮，俾大江鼓怒其冤踪。"

【鼓栧】见"鼓枻"。

【鼓翅】振翅。元稹《雉媒》："和鸣忽相召，鼓翅遥相瞩。"

【鼓浪】鼓起波浪。白居易《郡斋暇日三十韵多叙贬官已来出处之意》："正从风鼓浪，转作日销霜。"原注："佛经云：此生死无休已，如风鼓海浪。又云，烦恼如霜露，慧日能消除。"

【鼓動】❶鼓声振动。白居易《三月三日祓禊洛滨》："尘街从鼓动，烟树任鸦栖。"❷吹动。韩偓《寄禅师》："万物尽遭风鼓动，唯应禅室静无风。"❸煽动，喻指写作时驱动万物。孟郊《赠苏州韦郎中使君》："文含元气柔，鼓动万物轻。"❹特指更鼓振响，表示时间。指夜晚。陈陶《赠温州韩使君》："严城鼓动鱼惊海，华屋尊开月下天。"指绝早。白居易《早朝》："鼓动出新昌，鸡鸣赴建章。"

【鼓笛】❶鼓和笛。白居易《新乐府·立部伎》："堂下立部鼓笛鸣，笙歌一声众侧耳。"杜荀鹤《题田翁家》："州县供输罢，追随鼓笛喧。"❷指乐器声。韩愈《潭州泊船呈诸公》："夜寒眠半觉，鼓笛闹嘈嘈。"薛能《怀汾上旧居》："山头鼓笛阴沉庙，陌上薪蒸突兀车。"

【鼓搥】击鼓的棒。李贞白《咏罂粟子》："鼓搥并瀑箭，直是有来由。"

【鼓棹】亦作"鼓櫂"。划桨。指泛舟。寒山《诗三百三首》之三〇："此处闻渔父，时时鼓棹歌。"王维《与胡居士皆病寄此诗兼示学人二首》之二："何津不鼓棹，何路不摧辀。"李白《和卢侍御通塘曲》："何处沧浪垂钓翁，鼓櫂渔歌趣非一。"项斯《杭州江亭留题登眺》："渔翁闲鼓棹，沙鸟戏迎潮。"

【鼓绝】更鼓声断。指夜深。刘驾《春台》："六街尘满衣，鼓绝方还家。"姚合《县中秋宿》："鼓绝门方掩，萧条作吏心。"

【鼓瑟】弹瑟。古代神话中的湘水女神，据传为舜之二妃娥皇、女英所化，善鼓瑟。唐诗中常取二妃哀舜之意表示哀思。杜甫《追酬故高蜀州人日见寄》："鼓瑟至今悲帝子，曳裾何处觅王门。"韩愈《梁国惠康公主挽歌二首》之二："秦地吹箫女，湘波鼓瑟妃。"崔珏《岳阳楼晚望》："怀沙有恨骚人往，鼓瑟无声帝子闲。"齐己《潇湘二十韵》："离骚传永恨，鼓瑟奏遗魂。"

【鼓楫】划桨。谓泛舟。李颀《不调归东川别业》："清歌聊鼓楫，永日望佳期。"薛据《泊震泽口》：

"歌竟鼓楫去，三江多客愁。"

【鼓腹】　❶鼓起肚子。谓饱食。王绩《食后》："鼓腹聊乘兴，宁知逢世昌。"岑参《南溪别业》："逍遥自得意，鼓腹醉中游。"顾况《闲居怀旧》："日长鼓腹爱吾庐，洗竹浇花兴有余。"李绅《闻里谣效古歌》："乡里儿，东家父老为尔言，鼓腹那知生育恩。"❷拍击腹部，以应歌节。清昼、巨川《乐意联句一首》："承颜弄鸟咏南陔，鼓腹击壤歌康哉。"贯休《甘雨应祈》："有叟有叟，鼓腹歌于道边。"

【鼓舞】　❶击鼓跳舞以祭神。耿湋《奉和第五相公登鄱阳郡城西楼》："野步渔声溢，荒祠鼓舞喧。"韩愈《题炭谷湫祠堂》："至令乘水旱，鼓舞寡与鳏。"❷手足舞动。表示欣喜。张九龄《奉和圣制烛龙斋祭》："精意允溢，群灵鼓舞。"李元纮《奉和圣制送张说上集贤学士赐宴》："衔恩倾旨酒，鼓舞咏康时。"元稹《阳城驿》："道州闻公来，鼓舞歌且讴。"郑嵎《津阳门诗》："两君相见望贤顿，君臣鼓舞皆歔欷。"❸飞舞，舞动。刘禹锡《聚蚊谣》："喧腾鼓舞喜昏黑，昧者不分听者惑。"杨嗣复《仪凤》："闻韶知鼓舞，偶圣愿逡巡。"卢纶《陈翃郎中北亭送侯钊侍御赋得带冰流歌》："撇捩寒鱼上复沉，群鹅鼓舞扬清音。"❹激励，奋发。储光羲《牧童词》："同类相鼓舞，触物成讴吟。"刘禹锡《竞渡曲》："先鸣余勇争鼓舞，未至衔枚颜色沮。"

【鼓蕩】　鼓动激荡。沈佺期《被弹》："有风自扶摇，鼓荡无伦匹。"任华《寄杜拾遗》："沧海无风似鼓荡，华岳平地欲奔驰。"

【鼓橈】　（—yáo）划桨。元结《漫歌八曲·将船何处去二首》之一："叔静能鼓桡，正者随弱翁。"

【鼓篋】　谓击鼓开箧，古时入学的一种仪式。温庭筠《感旧陈情五十韵献淮南李仆射》："从师当鼓箧，穷理久忘筌。"

【鼓聲】　击鼓声。顾非熊《下第后晓坐》："海边身梦觉，枕上鼓声来。"李郢《画鼓》："尝闻画鼓动欢情，及送离人恨鼓声。"王贞白《拟塞外征行》："鼓声遥赤塞，兵气远冲天。"徐铉《和萧少卿见庆新居》："鼓声到晚知坊远，山色来多与静宜。"

【鼓鞞】　见"鼓鼙"。

【鼓翼】　振翅。寒山《诗三百三首》之八六："无财亦无祸，鼓翼青云里。"崔涯《杂嘲二首》之二："寒鸡鼓翼纱窗外，已觉恩情逐晓风。"

【鼓櫂】　见"鼓棹"。

【鼓鼙】　亦作"鼓鞞"。❶古代军中常用的乐器。指大鼓和小鼓，亦指鼓鼙声。杜甫《无家别》："县吏知我至，召令习鼓鞞。"又《秦州杂诗二十首》之十一："不意书生耳，临衰厌鼓鞞。"郎士元《送杨中丞和蕃》："旧好寻君长，新愁听鼓鼙。"鱼玄机《暮春即事》："街近鼓鼙喧晓睡，庭闲鹊语乱春愁。"陆龟蒙《乐府杂咏六首·孤烛怨》："坐想鼓鞞声，寸心攒百箭。"❷喻指战争。刘长卿《送李判官之润州行营》："万里辞家事鼓鼙，金陵驿路楚云西。"窦牟《史馆候别蒋拾遗不遇》："肯念从戎去，风沙事鼓鞞。"丁棱《塞下曲》："诸将年皆老，何时罢鼓鼙。"袁皓《重归宜春偶成十六韵寄朝中知己》："昔共逢离乱，今来息鼓鼙。"

【鼓鰭】　摇动鱼鳍。钱起《巨鱼纵大壑》："奋跃风生鬣，腾凌浪鼓鳍。"

【鼓譟】　古代出战时擂鼓呐喊。张说《破陈乐词二首》之一："蹙踏辽河自竭，鼓噪燕山可飞。"李白《南奔书怀》："自来白沙上，鼓噪丹阳岸。"韦应物《始建射侯》："星飞的屡破，鼓噪武更扬。"皎然《武源行赠丘卿岑》："长洲南去接孤城，居人散尽鼓噪惊。"

【鼓鐘】　鼓与钟。亦指鼓钟声。储光羲《太学贻张筠》："中夜鼓镫静，初秋漏刻长。"鲍溶《闻国家将行封禅聊抒臣情》："山知槱柞新烟火，臣望箫韶旧鼓镫。"薛能《上盐铁尚书》："城绝鼓镫更点后，雨凉烟树月华新。"贯休《寿春节进大蜀皇帝五首》之三："合合鼓镫膏雨滴，峨峨宫阙瑞烟横。"

【鼓鐸】　鼓与铎。古代军中所用之乐器。韩愈、李正封《晚秋郾城夜会联句》："旁午降丝纶，中坚拥鼓铎。"

【鼓鑄】　鼓风扇火，冶炼金属。比喻陶冶、锻炼。白行简《金在熔》："坚刚由我性，鼓铸任君心。"温庭筠《感旧陈情五十韵献淮南李仆射》："万灵思鼓铸，群品待陶甄。"杜光庭《纪道德》："既鼓铸于乾坤品物，信充仞乎东西南北。"

五　画

鼕

〔dōng《广韵》徒冬切，平冬，定。〕鼓声。参见"鼕鼕❶"。

【鼕鼓】　谓击鼓之声。杜牧《闺情代作》："遥望戍楼天欲晓，满城鼕鼓白云飞。"

【鼕鼕】　❶象声词。多状鼓声。顾况《公子行》："朝游鼕鼕鼓声发，暮游鼕鼕鼓声绝。"刘禹锡《同白二十二赠王山人》："笑听鼕鼕朝暮鼓，只能催得市朝人。"薛逢《六街尘》："六街尘起鼓鼕鼕，马足车轮在处通。"褚载《晓感》："晓鼓鼕鼕星汉微，佩金鸣玉斗光辉。"亦状他物声。李商隐《鱼龙山》："又若山林外，双屐声鼕鼕。"水神《霅溪夜宴诗》之十："灵鼍振鼕鼕，神龙耀煌煌。"❷街鼓的俗称。裴翛然《夜醉卧街》："遮莫鼕鼕动，须倾满满杯。"

六 画

鼗 〔táo〕《广韵》徒刀切，平豪，定。〕鼓名。为一种长柄摇鼓，俗称拨浪鼓。李峤《鼓》："舜日谐鼗响，尧年韵士声。"陆龟蒙《杂讽九首》之七："鼗笙磬竽瑟，是必登清庙。"《郊庙歌辞·周郊祀乐章·忠顺乐》："雷鼗鹭羽今休用，玉戚相参正发扬。"

【鼗鼓】 一种摇鼓。俗称拨浪鼓。《郊庙歌辞·周宗庙乐舞辞·禋顺》："振其鼗鼓，洁 以铏羹。"

七 画

鼕 同"鼜"。《广韵·东韵》："鼕，鼓声。"《集韵·东韵》："鼕，鼓声，或从冬。"参见"鼕鼕"。

【鼕鼕】 同"鼜鼜"。鼓声。韦庄《喜迁莺》词之一："人汹汹，鼓鼕鼕，襟袖五更风。"

八 画

鼙 〔pí《广韵》部迷切，平齊，並。〕古代军中所用的一种小鼓，汉以后亦名骑鼓。无名氏《战城南》："妾家夫与儿，俱在鼙声里。"李贺《送秦光禄北征》："北虏胶堪折，秋沙乱晓鼙。"颜粲《吴宫教美人战》："转佩风云暗，鸣鼙锦绣趋。"赵嘏《昔昔盐二十首·那能惜马蹄》："边风悲晓角，营月怨春鼙。"亦泛指鼓，用于仪仗和民间等。李群玉《广州陪凉公从叔越台宴集》："高鸟散飞惊大旆，长风万里卷秋鼙。"颜萱《送圆载上人》："心静已能防渴鹿，鼙喧时为骇长鲸。"自注："师云：丹人遇鲸，则鸣鼓以恐之。"

【鼙吹】 (—chuì)鼙鼓和号角。亦借指击鼓和吹号的声音。薛能《赠苗端公二首》之一："坐默闻鼙吹，庭班见雪初。"

【鼙角】 鼙鼓和号角。亦借指击鼓和吹号的声音。方干《赠式上人》："纵居鼙角喧阗处，亦共云溪邃僻同。"贯休《送郑使君》："讴歌合合千门集，鼙角雄雄一阁雷。"

【鼙鼓】 小鼓和大鼓。古代军中所用。故亦借指战争。戎昱《塞下曲》之五："何意休明时，终年事鼙鼓。"刘商《胡笳十八拍·第十七拍》："燕山仿佛辨烽戍，鼙鼓如闻汉家垒。"张祜《华清宫和杜舍人》："衣冠逃犬虏，鼙鼓动渔阳。"曹邺《秦后作》："鼙鼓裂二景，妖星动中国。"亦泛指鼓，用于民间。卢肇《竞渡诗》："鼙鼓动时雷隐隐，兽头凌处雪微微。"

九 画

鼘 〔yuān《广韵》烏玄切，平先，影。又於中切，平真，影。〕参见"鼘鼘"。

【鼘鼘】 鼓声。李绅《涉沅潇》："风帆候晓看五两，戍鼓鼘鼘远山响。"自注："〔鼜鼜〕一作鼘鼘。"张祜《戊午年感事书怀二百韵谨寄献太原裴令公淮南李相公汉南李仆射宣武李尚书》："塞旗冬猎猎，江鼓夜鼘鼘。"

鼠部

鼠 〔shǔ《广韵》舒吕切，上語，書。〕哺乳动物的一科。俗称老鼠，有的地方叫耗子。种类繁多，一般体小尾长。门齿发达，无齿根，终生继续生长，故常借啮物以磨短。没有犬齿。毛褐色或黑色，繁殖快。鼠危害农作物，盗吃粮食，毁坏堤防、建筑等。有的还传播鼠疫、出血热等疾病。戎昱《苦哉行五首》之一："彼鼠侵我厨，纵狸授梁肉。"韩愈《元和圣德诗》："无召水旱，耗于雀鼠。"白居易《凶宅》："风雨坏檐隙，蛇鼠穿墙墉。"罗隐《蟋蟀诗》："勿徇喧哗，鼠岂无牙。"

【鼠子】 老鼠。崔日用《乞金鱼词》："台中鼠子直须谙，信足跳梁上壁龛。"

【鼠穴】 老鼠洞。王梵志《五言》："幸门如鼠穴，也须留一个。"卢延让《句》："饿猫临鼠穴，馋犬舐鱼砧。"

【鼠耳】 ❶鼠之耳。白居易《杏园中枣树》："皮皴似龟手，叶小如鼠耳。"❷草名。皮日休《鲁望以躬掇野蔬兼示雅什用以酬谢》："深挑乍见牛唇液，细掐徐闻鼠耳香。"自注："《本草》云：叶似鼠耳，茎赤，可生食。"

【鼠姑】 牡丹的别称。张祜《江南杂题三十首》之二九："生风贝母叶，活艳鼠姑花。"陆龟蒙《偶掇野蔬寄袭美有作》："行歇每依鸦舅影，挑频时见鼠姑心。"

【鼠肝】 鼠的肝。喻轻微卑贱之物。意谓以人之大，亦可以化为鼠肝虫臂等微贱之物。白居易《老病相仍以诗自解》："虫臂鼠肝犹不怪，鸡肤鹤发复何伤。"

【鼠無牙】 指恃强力侵凌别人。刘兼《中春登楼》之二："失手已惭蛇有足，用心休为鼠无牙。"

【鼠裘】 以鼠皮制的衣服。马戴《射雕骑》："蕃面将军着鼠裘，酣歌冲雪在边州。"温庭筠《遐水谣》："犀带鼠裘无暖色，清光炯冷黄金鞍。"

【鼠跡】 老鼠的足迹。郎士元《送张南史》："虫丝粘户网，鼠跡印床尘。"

【鼠窠】 鼠穴。贯休《冬末病中作二首》之二："屋老多鼠窠，窗卑露山脊。"

【鼠輩】 对别人的蔑称。意谓低微下贱之人。韩愈《寄卢仝》："立召贼曹呼伍伯，尽取鼠辈尸诸市。"

【鼠魅】 老鼠和鬼魅。喻坏人。韦庄《秦妇吟》："柏台多士尽狐精，兰省诸郎皆鼠魅。"

【鼠鬚】 鼠须笔的省称。鼠须笔，用鼠须制作的一种名笔，笔锋强劲有锋芒。长孙佐辅《古宫怨》："看笼不记薰龙脑，咏扇空曾秃鼠鬚。"

【鼠變虎】 由鼠变成虎。谓权势急剧上升。语本汉东方朔《答客难》："用之则为虎，不用则为鼠。"李白《远别离》："君失臣兮龙为鱼，权归臣兮鼠变虎。"

五 画

鼬 〔yòu《广韵》余救切，去宥，以。〕鼬科动物部分种类的通称。身体细长，四肢短小，耳小而圆，尾长不超过体长的一半，有的很短。我国有黄鼬、白鼬等多种。古代多指黄鼬。韩愈《南山诗》："峥嵘跻冢顶，倏闪杂鼯鼬。"

鼩 〔jiōng《广韵》古螢青，平青，見。〕参见"鼩鼱"。

【鼩鼱】 斑纹鼠。白居易《游悟真寺诗》："鼩鼱上不得，岂我能攀援。"皮日休《太湖诗·缥缈峰》："时惊鼩鼱鼠，飞上千丈松。"

鼱 〔líng《广韵》郎丁切，平青，來。〕参见"鼩鼱"。

六 画

鼮 〔tíng《广韵》特丁切，平青，定。〕鼮鼠。一种斑纹如豹的鼠。见《尔雅·释兽》。李商隐《寄太原卢司空三十韵》："庄叟虚悲雁，终童漫识鼮。"

七 画

鼯 〔wú《广韵》五乎切，平模，疑。〕鼯鼠。李峤《早发苦竹馆》："栖鼯抱寒木，流萤飞暗筱。"李白《鸣皋歌送岑征君》："寡鹤清唳，饥鼯嚬呻。"张籍《送越客》："水鹤沙边立，山鼯竹里啼。"李咸用《依韵修睦上人山居十首》之七："秋深栎菌樵来得，木末山鼯梦断闻。"

【鼯鼠】 鼠名。别名夷由，俗称大飞鼠。形似松鼠，栖于高山林木中。尾长，背部褐色或灰黑色。前后肢之间有宽大的薄膜，能借此在树间滑翔。吃植物的皮、果实和昆虫。王昌龄《长歌行》："下有枯树根，上有鼯鼠窠。"韩翃《送客还江东》："鼯鼠夜喧孤枕近，鸡鹊晓避客船飞。"韩愈《郴州祈雨》："庙开鼯鼠叫，神降越巫言。"皮日休《太湖诗·圣姑庙》："寂寂落枫花，时时斗鼯鼠。"

【鼯鼬】 指鼯鼠和鼬鼠一类动物。韩愈《南山诗》："峥嵘跻冢顶，倏闪杂鼯鼬。"

十　画

鼹 〔yǎn《广韵》於幰切，上阮，影。〕❶鼠的一类。参见"鼹鼠❶"。❷参见"鼹鼠❷"。

【鼹鼠】 ❶田鼠。哺乳动物。体矮胖，长十余厘米，毛黑灰色，嘴尖眼小。前肢发达，有利爪，适于掘土；后肢细小。白天栖于洞中，夜出捕食昆虫，也吃农作物的根。高适《寄宿田家》："岩际窟中藏鼹鼠，潭边竹里隐鸬鹚。"温庭筠《醉歌》："天犀压断朱鼹鼠，瑞锦惊飞金凤皇。"❷传说中的一种大兽。似牛而鼠首黑足，大者千斤。张祜《少年乐》："带盘红鼹鼠，袍砑紫犀牛。"

鼷 〔xī《广韵》胡雞切，平齊，匣。〕小鼠。见《汉书·中山靖王刘胜传》。李峤《豹》："车法肇宗周，鼷文阐大猷。"李商隐《登霍山驿楼》："岭鼷岚色外，陂雁夕阳中。"

鼺 同"鼬"。竹鼠，竹鼺。元稹《酬乐天东南行诗一百韵》："芋羹真暂淡，鼺炙漫涂苏。"

鼻　部

鼻〔bí《广韵》毗至切，去寘，並。〕❶呼吸兼嗅觉的器官。李白《古风》之三：“额鼻象五岳，扬波喷云雷。”长孙佐辅《古宫怨》：“拊心却笑西子嚬，掩鼻谁忧郑姬谤。”卢仝《忆金鹅山沈山人二首》之一：“一片新茶破鼻香，请君速来助我喜。”罗隐《芳树》：“细蕊慢逐风，暖香闲破鼻。”❷器物的隆起或突出的部分。韩翃《寄哥舒仆射》：“郡公楯鼻好磨墨，走马为君飞羽书。”沈亚之《宿白马津寄寇立》：“剑头悬日影，蝇鼻落灯花。”

【鼻山】　即鼻亭山。在今湖南道县，接永州市界。相传舜封弟象于此。戴叔伦《下鼻亭泷行八十里聊状艰险寄青苗郑副端朔阳》：“泷水天际来，鼻山地中坼。”

【鼻孔】　鼻腔通向外面的孔道。陆岩梦《桂州筵上赠胡予女》：“眼睛深却湘江水，鼻孔高于华岳山。”《谚谜谚》之一：“枣子塞鼻孔，悬栖阁却种。”

【鼻亭】　古地名。在今湖南道县北，接永州市界。相传舜封弟象于此。戴叔伦有《下鼻亭泷行八十里聊状艰险寄青苗郑副端朔阳》。

【鼻息】　❶从鼻腔出入的气息。元稹《螟子三首》之三：“谁令通鼻息，何故辨馨香。”又《八骏图诗》：“鼻息吼春雷，蹄声裂寒瓦。”❷指熟睡时的鼾声。韩愈《石鼎联句》序：“道士倚墙睡，鼻息如雷鸣。”❸比喻气势、气焰。李白《古风》之二四：“鼻息干虹蜺，行人皆怵惕。”又《答王十二寒夜独酌有怀》：“君不能狸膏金距学斗鸡，坐令鼻息吹虹霓。”

【鼻息如雷】　形容熟睡时鼾声巨大。韩愈《石鼎联句》序：“道士倚墙睡，鼻息如雷鸣。”

【鼻飲】　传说古代南方有以鼻饮水之民。沈佺期《从驩州廨宅移住山间水亭赠苏使君》：“岁贷胸穿老，朝飞鼻饮头。”

【鼻酸】　形容伤心痛苦。杜甫《壮游》：“哭庙灰烬中，鼻酸朝未央。”

【鼻頭】　鼻端，鼻尖。白居易《自觉二首》之一：“结为肠间痛，聚作鼻头辛。”

【鼻褰蛇】　一种毒蛇。元稹《〈虫豸诗·巴蛇〉序》：“巴之蛇百类，其大，蟒；其毒，褰鼻。蟒，人常不见；褰鼻，常遭之。毒人则毛发皆竖起，饮溪涧而泥沙尽沸。”元稹《巴蛇》：“巴蛇千种毒，其最鼻褰蛇。”

三　画

鼾〔hān《广韵》侯旰切，去翰，匣。又許干切，平寒，曉。〕熟睡时呼吸粗重发出响声。参见“鼾睡”。

【鼾睡】　熟睡时打呼噜。韩愈有《嘲鼾睡》。唐彦谦《宿田家》：“停车息茅店，安寝正鼾睡。”

五　画

齁〔hōu《广韵》呼侯切，平侯，曉。〕熟睡时的鼻息声。见《古文苑·王延寿〈王孙赋〉》。参见“齁鼬”。

【齁鼬】　打鼾。皮日休《添鱼具诗·背篷》：“深拥竟无言，空成睡齁鼬”。

六　画

鼬〔hē《广韵》呼洽切，入洽，曉。《集韵》呼合切，入合，曉。〕参见“齁鼬”。

十　画

齅〔xiù《广韵》許救切，去宥，曉。〕同“嗅”。见《说文·鼻部》。韩愈《苦寒》：“气寒鼻莫齅，血冻指不拈。”孟郊《秋怀》之十三：“彼齅一何酷，此味半点凝。”皮日休《太湖诗·缥缈峰》：“带露齅药蔓，和云寻鹿踪。”韩偓《倒押前韵》：“齅花判不得，檀注惹风尘。”

【齅覺】　(—jué)即嗅觉。鼻腔黏膜对气味的感觉。齐己《咏茶十二韵》：“齅觉精新极，尝知骨自轻。”

齊 部

齊1 〔qí《广韵》徂奚切，平齊，從。〕❶整齐，平齐。顾况《洛阳陌二首》之一："莺声满御堤，堤柳拂丝齐。"吕温《宗礼欲往桂州苦雨因以戏赠》："农人辛苦绿苗齐，正爱梅天水满堤。"曹邺《乐府体》："莲子房房嫩，菖蒲叶叶齐。"韦庄《台城》："江雨霏霏江草齐，六朝如梦鸟空啼。"❷相同，一样。李白《赠范金卿二首》之一："时人弃此物，乃与燕珉齐。"杜甫《泛溪》："萧条欲何适，出处无可齐。"权德舆《晨坐寓兴》："得丧心既齐，清净教益敦。"李群玉《读贾谊传》："已齐生死理，鹏鸟莫为灾。"❸如同，好像。李白《赠潘侍御论钱少阳》："眉如松雪齐四皓，调笑可以安储皇。"❹齐全，齐备。韩翃《送客之潞府》："佳期别在春山里，应是人参五叶齐。"文宗《上元日二首》之二："蓂生三五叶初齐，上元羽客出桃蹊。"李德裕《思山居十首・忆药苗》："溪上药苗齐，丰茸正堪掇。"李建勋《赋得冬日青溪草堂四十字》："疏苇寒多折，惊凫去不齐。"❺并列，并排。白居易《和元九与吕二同宿话旧感赠》："争入杏园齐马首，潜过柳曲斗蛾眉。"❻一起，一齐，都。苏味道《使岭南闻崔马二御史并拜台郎》："振鹭齐飞日，迁莺远听闻。"白居易《题海图屏风》："一鳌既顿颔，诸鳌齐掉头。"于濆《辽阳行》："义合齐死生，本不夸机杼。"花蕊夫人徐氏《述国亡诗》："十四万人齐解甲，宁无一个是男儿。"❼谓同某一线或某一点。指高低一样。岑参《西亭子送李司马》："高高亭子郡城西，直上千尺与云齐。"耿湋《奉和李观察登河中白楼》："城上高楼飞鸟齐，从公一遂蹑丹梯。"朱庆余《赠律师院》："闲看种来树，已觉与身齐。"李洞《赠三惠大师》："游归笋长齐童子，病起巢成露鹤儿。"❽整治，整理。高适《奉酬睢阳李太守》："岂伊齐政术，将以变浇浮。"李绅《拜三川守》："唯有从容期一德，使齐文教奉皇居。"❾古国名。周分封的诸侯国。春秋初期国力富强，成为霸主。战国为七雄之一。寒山《诗三百三首》之一〇八："施家有两儿，以艺干齐楚。"李白《古风》之十五："剧辛方赵至，邹衍复齐来。"杜牧《感怀诗一首》："号为精兵处，齐蔡燕赵魏。"曹松《拜访陆处士》："将知谷口耕烟者，低视齐梁楚赵君。"❿古地名。今山东泰山以北黄河流域和胶东半岛地区，为战国时齐地，汉以后仍沿称为齐。杜甫《望岳》："岱宗夫如何，齐鲁青未了。"张继《秋日道中》："齐鲁西风草树秋，川原高下过东州。"⓫朝代名。南北朝时代，南朝萧道成代宋为帝，国号齐，史称南齐；北朝高洋代北魏为帝，国号齐，史称北齐。见"齊梁""齊宫"。⓬秦末田横为齐王田广之相，田广为汉将韩信所虏，横乃自立为齐王，亡入海岛。见《汉书・田儋传》。韦庄《赠云阳裴明府》："已闻陈胜心降汉，谁为田横国号齐。"⓭姓。唐诗人有齐己、齐翔等。

齊2 〔zhāi《集韵》莊皆切，平皆，莊。〕同"齋"。❶庄重。见《诗・大雅・思齐》。见"齊₂敬"。❷古人在祭祀或其他典礼前洁身，以示庄敬。见"齊₂心"。

齊3 〔jì《集韵》牋西切，平齊，精。〕古代按酒的清浊分为五等，合称五齐。见《周礼・天官・酒正》。后以五齐指各种味薄的酒。贺知章《唐禅社首乐章・雍和》："五齐既陈，八音在县。"于邵《释奠武成王乐章・迎俎酌献》："五齐絜，九牢硕。"《郊庙歌辞・朝日乐章・送神》："五齐兼酌，百羞具陈。"亦借指酿酒。杜牧《雪中书怀》："行当腊欲破，酒齐不可迟。"

【齊人】 ❶平民，百姓。韩偓《乱后却至近甸有感》："狂童容易犯金门，比屋齐人作旅魂。"❷指春秋战国时齐国人。陆龟蒙《庆封宅古井行》："庆封嗜酒荒齐政，齐人剪族封奔进。"❸唐时平卢淄青节度使所辖齐地之百姓。刘禹锡《平齐行二首》之一："鲁人皆解带弓箭，齐人不复闻箫韶。"❹指孔子。见《论语・述而》。窦庠《奉和王侍郎春日喜李侍郎崔给谏张舍人韦谏议见访因命觞观乐之什》："欲知忘味处，共仰在齐人。"

【齊土】 指淄青等古齐国之地。张祜《投魏博李相国三十二韵》："咳唾收齐土，疮痍育蔡氓。"

【齊山】 在今安徽池州市东南六里许。杜牧有《九日齐安登高》，齐安，《全诗》校："一作齐山。"作齐山，是。张祜有《和杜牧之齐山登高》，张乔有《宿齐山僧舍》，徐铉有《池州陈使君见示游齐山诗因寄》，许坚有《登游齐山》。

【齊己】 唐末五代诗僧。俗姓胡，名得生。益阳（今湖南益阳市）人，幼孤，七岁为大沩山寺放牛，常用竹枝画牛背作诗，为寺僧赏识，遂剃度为僧。后云游江海，遍历名山，曾居南岳，自号衡岳沙门；又曾为江陵龙兴寺僧正。性放逸,爱乐山水,懒谒王侯。工诗,其颈赘瘤,时号“诗囊”。与贯休、方干、孙光宪、刘蜕、曹松、李洞、沈彬友善,与郑谷唱酬尤多。《全唐诗》编其诗为十卷。其诗多为登临题咏送别赠答之作,宣扬佛教厌世思想,但《耕叟》《西山叟》等若干篇什,反映了当时人民的疾苦,表现了对贫苦农民的同情,在唐代诗僧中较为突出。

【齊女】 蝉的异名。刘兼《新蝉》:“齐女屏帏失旧容,侍中冠冕有芳踪。”

【齊王】 ❶春秋战国时齐国的国君。李商隐《韩翃舍人即事》:“鸟应悲蜀帝,蝉是怨齐王。”张南容《静女歌》:“为照齐王门下丑,何如汉帝掌中轻。”❷指晋齐王司马冏。周昙《咏史诗·晋门·贾后》:“贾后甘为废戮人,齐王还杀赵王伦。”罗隐《览晋史》:“齐王僚属好男儿,偶觅东归便得归。”❸指南朝齐竟王萧子良。皎然《青阳上人院说金陵故事》:“千年秋色古池馆,谁见齐王西邸春。”又《南湖春泛有客自北至说友人岑元和见怀因叙相思之志以寄焉》:“蝉号齐王邸,月苦隋帝楼。”❹指齐王李倓。肃宗第三子,代宗之弟。本封建宁王。因张良娣、李辅国谗构而被肃宗冤杀。代宗继位,于宝应元年(762)追赠齐王,大历三年(768)加谥承天皇帝。皇甫冉有《故齐王赠承天皇帝挽歌》。❺指南朝齐高帝萧道成。孙元晏《咏史诗·宋·谢朏》:“惟有千金更堪重,只将高卧向齐王。”

【齊天】 与天等同。王维《奉和圣制庆玄元皇帝玉像之作应制》:“明君梦帝先,宝命上齐天。”

【齊中書】 指齐映。于大历四年(769)与李益同榜登进士。贞元二年(786),以舍人同中书门下平章事。俄改中书侍郎,封河间县男,与崔适、刘滋并辅政。李益有《华阴东泉同张处士诣藏律师兼简县内同官因寄齐中书》。

【齊公】 ❶齐瀚。李白《题瓜州新河饯族叔舍人贲》:“齐公凿新河,万古流不绝。”❷长孙无忌。杜淹有《寄赠齐公》。

【齊$_2$心】 同“齋心”。齐,同“齋”。祛除杂念,使心神凝聚。元结《演兴四首·讼木魅》:“重嗟惋兮何补,每齐心以精意。”刘言史《林中独醒》:“向已非前迹,齐心欲不言。”灵一《赠别皇甫曾》:“若到云峰外,齐心去住间。”参见“齋心”。

【齊古】 人名。孟郊友人。孟郊有《送任载齐古二秀才自洞庭游宣城》。

【齊民】 平民。韦应物《京师叛乱寄诸弟》:“何当四海晏,甘与齐民耕。”韩愈《送灵师》:“齐民逃赋役,高士着幽禅。”元稹《和李校书新题乐府十二首·骠国乐》:“共矜异俗同声教,不念齐民方荐瘥。”李商隐《哭虔州杨侍郎》:“汉网疏仍漏,齐民困未苏。”

【齊奴】 晋富豪石崇的小名。罗虬《比红儿诗》之二:“齐奴却是来东市,不为红儿死更冤。”王涣《惆怅诗十二首》之七:“齐奴不说平生事,忍看花枝谢玉楼。”

【齊年】 同年,同寿。宋之问《游称心寺》:“安期庶可揖,天地得齐年。”王毂《赠苍溪王明府有文在手曰长生》:“水云真遂性,龟鹤足齐年。”

【齊后】 ❶指春秋齐侯。参见“齊后瘧”。❷齐襄王后。参见“齊后破環”。

【齊后破環】 指战国末年齐襄王后椎破玉连环、智取秦使的故事。李瀚《蒙求》:“齐后破环,谢女解围。”

【齊后瘧】 齐景公曾长期患疟疾,故以齐后疟指疟疾。王维《林园即事寄舍弟沈》:“地多齐后疟,人带荆州瘿。”《全唐诗》疟作溃,校云:“一作疟。”亦作“齊侯瘧”。皮日休《太湖诗·晓次神景宫》:“每嗟原宪肿,常苦齐侯疟。”

【齊名】 同等的名望、名声。武元衡《夏日寄陆三达陆四逢并王念八仲周》:“士衡兄弟旧齐名,还似当年在洛城。”白居易《哭刘尚书梦得二首》之一:“四海齐名白与刘,百年交分两绸缪。”浩虚舟《赋得琢玉成器》:“伫当亲捧握,瑚琏幸齐名。”无可《李常侍书堂》:“已应穷古史,师律孰齐名。”

【齊州】 ❶唐州名。北魏皇兴三年(469)改冀州置,治所在历城县(今山东济南市)。隋大业初改为齐郡。唐武德元年(618)复为齐州,天宝初改为临淄郡,旋改齐郡,乾元初复为齐州。王维有《齐州送祖三》,杜甫有《送舍弟频赴齐州三首》,曹邺有《奉命齐州推事毕寄本府尚书》,吕岩有《赐齐州李希遇诗》。❷即中州,犹言中国。李贺《梦天》:“遥望齐州九点烟,一泓海水杯中泻。”

【齊安郡】 天宝初以永安郡改名,治所在黄冈县(今湖北新洲县)。乾元初改为黄州。杜牧有《齐安郡中偶题二首》和《忆齐安郡》。方干《过黄州作》:“弭节齐安郡,孤城百战残。”

【齊孝若】 字考叔,德宗时宰相齐映侄,官大理正、河东观察推官、试太常寺奉礼郎。杨巨源有《僧院听琴》诗,题下注:“一作《宿藏公院听齐孝若弹琴》。”

【齊$_2$車】 斋戒时所用之车。严巨川《太清宫闻滴漏》:“玉漏移中禁,齐车入太清。”

【齊$_2$戒】 即斋戒。张说《酬崔光禄冬日述怀赠答》:“齐戒观华玉,留连叹色丝。”李希仲《东皇太一词》:“吉日初齐戒,灵巫穆上皇。”

【齊物】 春秋战国时老庄学派的一种哲学思想,认为宇宙间一切事物,如生死寿夭、是非得失、物我有无,都应该同等看待。这种思想集中地反映在《庄子·齐物论》中。吕温《道州夏日郡内北桥新亭书怀赠何元二处士》:“齐物鱼何乐,忘机鸟不猜。”白居易《渭村退居寄礼部崔侍郎翰林钱舍人诗一百韵》:“外身宗老氏,齐物学蒙庄。”方干《哭江西处士陈陶》:“南华至理须齐物,生死即应无异同。”又《感时三首》之一:“破除生死须齐物,谁向穹苍问事由。”

【齊物論】《庄子》内篇篇名,其大旨为混物我、等贵贱、齐生死、一是非,故谓齐物。张祜《题曾氏园林》:“还将齐物论,终岁自安排。”

【齊兒】❶犹言齐人。王维《送李睢阳》:“宋又远,周间之,南淮夷,东齐儿。”按:睢阳(今河南商丘)之东为古齐地,故云。❷对州县佐吏的蔑称。孟郊《病起言怀》:“高闲思楚逸,澹泊厌齐儿。”

【齊斧】利斧。齐,通“資”。柳宗元《感遇二首》之一:“危根一以振,齐斧来相寻。”

【齊郎中】❶齐翃。刘长卿有《送齐郎中典括州》,皇甫冉有《齐郎中筵赋得的的帆向浦留别》。❷齐杭。杭曾官仓部郎中。刘长卿有《送齐郎中赴海州》。

【齊城】指战国时齐国聊城。战国齐鲁仲连有一箭下齐国聊城之事。张祜《送王昌涉侍御》:“画时安楚塞,刻日下齐城。”

【齊契】犹合契。谓符合。许敬宗《游清都观寻沈道士得清字》:“岂若逢真气,齐契体无名。”

【齊相公】(相 xiàng)齐映。中书舍人,拜平章事。顾况有《从江西至彭蠡入浙西淮南界道中寄齐相公》,卢纶有《上巳日陪齐相公花楼宴》。

【齊竽】犹滥竽。指不学无术之人。窦庠《留守府酬皇甫曙侍御弹琴之什》:“卫国知有人,齐竽偶相齿。”权德舆《过张监阁老宅对酒奉酬见赠》:“荆玉收难尽,齐竽喜暂闲。”罗隐《升平公主旧第》:“坛场客散香街暝,惆怅齐竽取次吹。”黄滔《省试一一吹竽》:“齐竽今历试,真伪不难知。”

【齊皇后】指齐襄王后。罗虬《比红儿诗》之四一:“再三为谢齐皇后,要解连环别与人。”参见“齊后破環”。

【齊侯】指春秋时齐桓公。桓公好服紫,国尽服紫,致使国中五素不得一紫。管仲劝桓公勿衣紫,并声言恶紫臭。三日,境内无衣紫者。李华《杂诗六首》之二:“齐侯好紫衣,魏帝妇人饰。”

【齊侯鼎】指齐桓公时之鼎器。王维《赠东岳焦炼师》:“遥识齐侯鼎,新过王母庐。”

【齊侯瘧】见“齊后瘧”。

【齊姜】泛称贵族之女。刘驾《山中有招》:“齐姜早作妇,岂识闺中情。”阎德隐《薛王花烛行》:“从来六行比齐姜,自许千门奉楚王。”

【齊宣】指战国齐宣王。吴筠《高士咏·颜歜》:“高哉彼颜歜,逸气陵齐宣。”

【齊宮】❶指南朝齐的皇宫。李商隐有《齐宫词》。陆龟蒙《奉和袭美行次野梅次韵》:“梁殿得非萧帝瑞,齐宫应是玉儿媒。”徐夤《新刺袜》:“齐宫合赠东昏宠,好步黄金菡萏花。”孙元晏《咏史诗·梁·分宫女》:“涤荡齐宫法令新,分张宫女二千人。”❷指北齐皇宫。李贺《冯小怜》:“玉冷红丝重,齐宫妾驾鞭。”

【齊客】指古之善射者更羸。卢照邻《失群雁》:“虞人负缴来相及,齐客虚弓忽见伤。”

【齊眉】为“举案齊眉”之略称,为夫妻相敬相爱的典故。李白《窜夜郎于乌江留别宗十六璟》:“我非东床人,令姊忝齐眉。”权德舆《中书送敕赐斋馔戏酬》:“常日每齐眉,今朝共解颐。”李绅《趋翰苑遭诬构四十六韵》:“俯首安羸业,齐眉慰病夫。”

【齊紈】齐地出产的白细绢。亦泛指名贵的丝织品。刘希夷《捣衣篇》:“欲向楼中萦楚练,还来机上裂齐纨。”张籍《酬朱庆余》:“齐纨未是人间贵,一曲菱歌敌万金。”裴说《闻砧》:“儿展齐纨又懒裁,离肠恐逐金刀断。”谭用之《江馆秋夕》:“满窗谢练江风白,一枕齐纨海月明。”

【齊紈篇】指汉班婕妤所作《怨歌行》。其中有“新裂齐纨素,皎洁如霜雪”句。慧净《冬日普光寺卧疾值雪简诸旧游》:“回飘洛神赋,皎映齐纨篇。”

【齊紈魯縞】古代齐国和鲁国出产的白色细绢。亦泛指名贵的丝织品。杜甫《忆昔二首》之二:“齐纨鲁缟车班班,男耕女桑不相失。”

【齊都】齐国都城。今之山东淄博市。李白《古风》之二十:“昔我游齐都,登华不注峰。”黄滔《和吴学士对春雪献韦令公次韵》:“梁苑还吟客,齐都省创宫。”

【齊桓】见“齊桓公”。

【齊桓公】春秋时齐国国君。名姜小白。齐襄公弟。公元前 685—前 643 年在位。因襄公无道出奔莒。襄公被杀后,小白取得政权,任管仲为相,九合诸侯,一匡天下,成为春秋五霸之一。周昙有《咏史诗·齐桓公》。亦省称“齊桓”。贯休《大蜀皇帝潜龙日述圣德诗五首》之二:“扶持社稷似齐桓,百万雄师贵可观。”慕幽《酬和友人见寄》:“劳歌好自看,终久偶齐桓。”

【齊致】一致,相同。白居易《和微之诗二十三首·和朝回与王炼师游南山下》:“吏隐本齐致,朝野孰云殊。”

【齊員外】指齐映。映曾官刑部员外郎。张镒镇凤翔,奏为判官。卢纶有《太白西峰偶宿书怀即事呈凤翔齐员外张侍御》。

【齊卿】 指齐国之客卿。储光羲《敬酬陈掾亲家翁秋夜有赠》:"敬仲为齐卿,当国名益震。"

【齊推】 高阳(今属河北)人。贞元间宰相齐杭之弟。元和初为洪州从事,历左拾遗,迁饶州刺史。工于翰墨,又好修炼之道,曾访得《太清真经》灵飞散方卷,如法制成九珠,潜心服食。张祜《劝饮酒》:"窦常不吃齐推乐,却在人间八十年。"乐,全诗校:"一作药。"作"药"是。

【齊處州】 齐抗。官谏议大夫,处州刺史。李缜有《奉和郎中游仙岩四瀑布寄包秘监李吏部赵婺州中丞齐处州谏议十四韵》诗,戴公怀、孟翔有同题诗,文字略有差异。

【齊國社】 指石相祠。柳宗元《弘农公以硕德伟材屈于诬柱谨献诗五十韵以毕微志》:"敬逾齐国社,恩比召南棠。"

【齊國晏】 指春秋时齐景公相晏婴。张祜《贫居遗愤》:"未为齐国晏,争免鲁上丘。"

【齊唱】 同声歌唱,一齐歌唱。钱起《送李四擢第归觐省》:"齐唱阳春曲,唯君金玉声。"许浑《送张厚浙东谒丁常侍》:"齐唱离歌愁晚月,独看征棹怨秋风。"

【齊烹】 指秦汉之际策士郦食其被齐王田广所烹。李咸用《依韵修睦上人山居十首》之三:"不是不同明主意,懒将唇舌与齐烹。"参见"齊説客"。

【齊梁】 ❶南北朝时期偏安于南方的相连的两个王朝。杜甫《上兜率寺》:"江山有巴蜀,栋宇自齐梁。"韩愈《荐士》:"齐梁及陈隋,众作等蝉噪。"皮日休《奉和鲁望寒日古人名一绝》:"北顾欢游悲沈宋,南徐陵寝叹齐梁。"❷见"齊梁體"。

【齊梁體】 指南朝齐与梁的诗体。南朝齐梁时代作诗讲求音律对偶,辞藻浮艳,内容却显得空泛。岑参有《夜过盘石隔河望永乐寄闺中效齐梁体》,刘禹锡有《和乐天洛城春齐梁体八韵》。曹邺有《霁后作》,题下注齐梁体。陆龟蒙有《寄题天台国清寺齐梁体》。亦省称"齊梁"。杜甫《戏为六绝句》之五:"窃攀屈宋宜方驾,恐与齐梁作后尘。"李商隐有《齐梁晴云》。李群玉《自澧浦东游江表途出巴丘投员外从公虞》:"经术震浮荡,国风扫齐梁。"郑谷《李夷遇侍御久滞水乡因抒寄怀》:"江流爱吴越,诗格愈齐梁。"

【齊$_2$敬】 庄严恭敬。《郊庙歌辞·祭汾阴乐章·顺和》:"齐敬毕诚,陶匏贵质。"

【齊景】 指春秋战国时齐景公。张祜《苦旱》:"灵山罢齐景,美玉罄周宣。"

【齊朝】 北齐朝,北朝之一。公元550年高欢子高洋代东魏称帝,国号齐,建都邺(今河北临漳西南)。史称北齐。刘兼《寄高书记》:"齐朝庆裔祖敖曹,麟角无双凤九毛。"

【齊棗】 指齐地所产之枣。齐之青州所产之枣肉厚质佳,故名。卢照邻《山林休日田家》:"戎葵朝委露,齐枣夜含霜。"

【齊雲樓】 古楼名。齐云,言楼高与云齐。旧在江苏苏州子城上,唐曹恭王所建。白居易《吴中好风景二首》之二:"改号齐云楼,重开武丘路。"又《齐云楼晚望偶题十韵兼呈冯侍御周殷二协律》:"齐云楼北面,半日凭栏干。"白居易又有《和柳公权登齐云楼》。

【齊景駟千】 喻为富不仁。李瀚《蒙求》:"齐景驷千,何曾食万。"

【齊翔】 诗人。曾任吏部郎中兼括州刺史。与清昼、崔子向同时。《全唐诗》卷七九四录有其与清昼等《建安寺西院喜王郎中遘恩命初至联句》"荣添一两日,恩降九霄年"一联,同卷又录其与王遘《冬日建安寺西院喜昼公自吴兴至联句》"向来忘起灭,留我宿花宫"一联。

【齊聖】 借指明君。韩愈《赴江陵途中寄翰林三学士》:"协心辅齐圣,致理同毛輶。"

【齊掾】 指晋张翰。徐夤《东》:"鳌山海上秦娥去,鲈鲙江边齐掾还。"

【齊鼎】 齐国之鼎。白居易《和答诗十首·答四皓庙》:"君看齐鼎中,焦烂者郦其。"

【齊歌】 ❶指齐宁戚饭牛作歌,为齐桓公相。李峤《牛》:"齐歌初入相,燕阵早横功。"❷齐地的音乐。李白《沙丘城下寄杜甫》:"鲁酒不可醉,齐歌空复情。"❸一齐歌唱。李白《九日登山》:"齐歌送清扬,起舞乱参差。"

【齊説客】 (説 shuì)指秦汉之际策士郦食其。陈留高阳乡(今河南杞县)人。从刘邦,尝为说客,驱使诸侯。曾游说齐王田广叛楚归汉,不战而得齐地七十余城。杜甫《奉送郭中丞兼太仆卿充陇右节度使三十韵》:"耻非齐说客,只似鲁诸生。"

【齊横】 指战国齐相田横。韩愈《病中赠张十八》:"势侔高阳翁,坐约齐横降。"

【齊價】 即价值相等。刘长卿《灞东晚晴简同行薛弃朱训》:"一薰知异质,片玉谁齐价。"窦巩《江陵遇元九李六二侍御纪事书情呈十二韵》:"美玉方齐价,迁莺尚怯飞。"

【齊德】 即齐国的道德规范。李端《长安感事呈卢纶》:"少壮矜齐德,高年觉宋聋。"

【齊驁】 并驾。谓材德相当。温庭筠《病中书怀呈友人》:"班马方齐骛,陈雷亦并驱。"

【齊頭】 谓高与头齐。王建《田侍郎归镇》之三:"老人上酒齐头拜,得侍中来尽再生。"

【齊諫議】 即齐抗。贞元初任谏议大夫,五年出为处州刺史。后任苏州刺史、河南尹。贞元十六年(800)拜相。见《旧唐书》本传。路应有《仙岩四瀑布即事寄上秘书包监侍郎七兄吏部李侍郎十七兄婺州赵中丞处州齐谏议明州李九郎十四韵》。

【齊諧】《齐谐》是一本记述怪异之事的书。刘禹锡《卧病闻常山旋师策勋宥过王泽大洽因寄李六侍郎》:“禽鱼各有化,予欲问齐谐。”柳宗元《同刘二十八院长述旧言怀感时书事通赠二君子》:“善幻迷冰火,齐谐笑柏涂。”

【齊澣】诗人。字洗心,定州丰义(今河北安国县)人。《全唐诗》卷九四录其《长门怨》二首。

【齊娥】齐地所出的美女。古代秦晋间,美貌谓之娥。古代齐人善歌,故诗人多以齐娥指歌女。杨希道《咏琴》:“齐娥初发弄,赵女正调声。”

【齊聲】异口同声。常非月《咏谈容娘》:“歌要齐声和,情教细语传。”

【齊壘啼烏】为敌军败退之典。贺朝《从军行》:“始看晋幕飞鹅入,旋闻齐垒啼乌声。”

【齊鵠】犹言齐国的天鹅。崔权《齐优开笼飞去所献楚王鹄》:“受命宠齐鹄,交欢献楚王。”

【齊鎬】《全唐诗》卷七九五录齐镐“莲中花更好,云里月常新”二句,作者齐镐,《全诗》校:“齐,一作唐。”作唐镐是。唐镐,南唐时人。见《南唐近事》、宋周密《浩然斋雅谈》卷二。后书还录有唐镐《金莲步》:“金陵佳丽不虚传,浦浦荷花水上仙。未会与民同乐意,却与宫里看金莲。”(转录自《全唐诗补编》卷四四)此诗与前所引两句题旨全同,故同为唐镐所撰。

【齊謳】❶指齐宁戚饭牛作歌,为齐桓公相。杨巨源《古意赠王常侍》:“欲学齐讴逐云管,还思楚练拂霜砧。”❷指齐地的歌谣、音乐。李白《古风》之十八:“香风引赵舞,清管随齐讴。”韩翃《鲁中送鲁使君归郑州》:“齐讴听处妙,鲁酒把来香。”皎然《观李中丞洪二美人唱歌轧筝歌》:“赵琴素所嘉,齐讴世称绝。”

【齊驅】❶指驱马并进。元稹《和李校书新题乐府十二首·缚戎人》:“缘边饱喂十万众,何不齐驱一时发?”章碣《寄江东道友》:“夜潮分卷三江月,晓骑齐驱九陌尘。”❷并肩前进。比喻才力相当。皮日休《鲁望昨以五百言见贻亦迭和之微旨也》:“齐驱不让策,并驾或争驰。”

【齊鑣】指驱马并进。指并列同行。刘禹锡《送张盥赴举诗》序:“吾不幸,向所谓同年友,当其盛时,联袂齐镳,亘绝九衢,若屏风然。”

【齊優】指战国时齐国绯忧淳于髡。崔枢有《齐优开笼飞去所献楚王鹄》。

三　画

齋〔zhāi《广韵》側皆切,平皆,莊。〕❶古人在祭礼前或举行其他典礼前清心寡欲,净身洁食,以示庄敬。见“齋心”“齋戒❶”“齋莊”。❷庄敬。亦指敬慎恐惧。见“齋慄”。❸专指僧道信徒或其他信徒诵经拜忏、祈祀求福等活动。文宗《上元日二首》之一:“上元高会集群仙,心斋何事欲祈年。”元稹《遣悲怀三首》之一:“今日俸钱过十万,与君营奠复营斋。”白居易《二月一日作赠韦七庶子》:“尝闻圣贤语,所慎斋与疾。”杜荀鹤《登灵山水阁贻钓者》:“江上见僧谁是了,修斋补衲日劳身。”❹佛教语。佛制:比丘过午皆不许食,因以午前、午中之食为斋。按小乘戒律,只禁过午食,而不禁食净肉。后人据大乘别意,以素食为斋。拾得《诗》之二:“昨日设个斋,今朝宰六畜。”王建《赠溪翁》:“伴僧斋过夏,中酒卧经旬。”白居易《春日闲居三首》之一:“今日非十斋,庖童馈鱼肉。”又《长斋月满寄思黯》:“明朝斋满相寻去,挈榼抱衾同醉眠。”❺指斋宫。供斋戒用的宫室、屋舍。刘长卿《自道林寺西入石路至麓山寺过法崇禅师故居》:“野雪空斋掩,山风古殿开。”戴叔伦《别郑谷》:“朝阳斋前桃李树,手栽清荫接比邻。”❻指家居的房屋。杜甫《奉赠射洪李四丈》:“游子无根株,茅斋付秋草。”白居易《山居》:“山斋方独往,尘事莫相仍。”李绅《州中小饮便别牛相》:“笙歌罢曲辞宾侣,庭竹移阴就小斋。”周贺《宿李枢书斋》:“小斋经暮雨,四面绝纤埃。”

【齋日】指斋戒的日子。如佛制有六斋日、十斋日等。王建《宫词一百首》之二六:“看着中元斋日到,自盘金线绣真容。”白居易《答元奉礼同宿见赠》:“相逢俱叹不闲身,直日常多斋日频。”皮日休《吴中言怀寄鲁望》:“宴时不辍琅书味,斋日难判玉鲙香。”齐己《题东林白莲》:“秋风明月下,斋日影堂前。”

【齋月】佛教语。亦称善月。指农历正、五、九三个月。佛经谓此三月,世人应持长斋,慎言行,特修善业。白居易有《斋月静居》。薛能《凌云寺》:“斋月人来上,残阳鸽去栖。”

【齋心】祛除杂念,使心神凝寂。王昌龄《武陵龙兴观黄道士房问易因题》:“斋心问易太阳宫,八卦真形一气中。”白居易《同微之赠别郭虚舟炼师五十韵》:“斋心独叹拜,中夜偷一窥。”章孝标《送无相禅师入关》:“斋心无外事,定力见前身。”曹唐《三年冬大礼五首》之一:“皇帝斋心洁素诚,自朝真祖报升平。”

【齋戒】❶古人在祭礼前专心致志、有所戒慎,通常要沐浴更衣,不饮酒、不吃荤。刘晃《祭汾阴乐章》："斋戒既肃，馨香毕陈。"皮日休《奉和鲁望四月十五日道室书事》："望朝斋戒是寻常，静启金根第几章。"黄滔《鄜畤李相公》："秦城择日发征辕，斋戒来投节制尊。"❷佛教语，指入关斋戒。佛教指在家信徒一昼夜受持的八条戒律。刘禹锡《酬乐天斋满日裴令公置宴席上戏赠》："一月道场斋戒满，今朝华幄管弦迎。"白居易《斋戒》："每因斋戒断荤腥，渐觉尘劳染爱轻。"鲍溶《送僧之宣城》："有日持斋戒，高僧识姓名。"姚合《寄不出院僧》："不行门外地，斋戒得清真。"

【齋身】 即沐浴静身。周贺《如空上人移居大云寺》："瓦舍山情少，斋身疾色浓。"贾岛《元日女道士受箓》："元日更新夜，斋身称净衣。"

【齋沐】 即斋戒沐浴。李端《病后游青龙寺》："病来形貌秽，斋沐入东林。"武元衡《休暇日中书相公致斋禁省因以寄赠》："月满禁垣斋沐夜，清吟属和更何人。"李衡《送彻公》："会同尘外友，斋沐奉威仪。"马戴《谒仙观二首》之一："我生求羽化，斋沐造仙居。"

【齋玫】 宝石名，即火齐珠，色黄赤似金。韩愈《陆浑山火和皇甫湜用其韵》："错陈斋玫辟华园，芙蓉披猖塞鲜繁。"

【齋舍】 ❶指家居的房舍，书房。韦应物《郡中西斋》："似与尘境绝，萧条斋舍秋。"又《善福精舍示诸生》："斋舍无余物，陶器与单衾。"❷指斋戒的房舍。韩翃《送卢大理赵侍御祭东岳兼寄孟兖州》："驿亭开岁酒，斋舍着新衣。"

【齋性】 指清静寡欲的心性。孟郊《赠文应上人》："斋性空转寂，学情深更专。"

【齋官】 指执掌斋祀的官员。张籍《寺宿斋》："斋官禁与僧相见，院院开门不得过。"

【齋房】 指斋戒的屋室。杜甫《苏大侍御访江浦赋八韵记异》："今晨清镜中，胜食斋房芝。"韩翃《扈从郊庙因呈两省诸公》："昼趋行殿旌门北，夜宿斋房刻漏东。"

【齋房芝】 为歌咏祥瑞的典故。杜甫《八哀诗·故秘书少监武功苏公源明》："煌煌斋房芝，事绝万手搴。"又《苏大侍御访江浦赋八韵记异》："今晨清镜中，胜食斋房芝。"

【齋居】 ❶指家居、闲居。白居易《和李中丞与李给事山居雪夜同宿小酌》："那知近地斋居客，忽作深山同宿人。"❷指斋戒别居。白居易《斋月静居》："荤腥每断斋居月，香火常亲宴坐时。"又《斋居》："香火多相对，荤腥久不尝。"

【齋牀】 指斋案，放斋品的几案。周贺《寄金陵僧》："斋床几减供禽食，禅径寒通照像灯。"

【齋食】 指供僧尼或佛教徒吃的素食。齐己《渚宫莫问诗一十五首》之八："侯门叨月俸，斋食剩年储。"

【齋宫】 指供斋戒用的宫室、屋舍。李峤《汾阴行》："斋宫宿寝设储供，撞钟鸣鼓树羽旗。"元稹《为乐天自勘诗集即事成篇》："春野醉吟十里程，斋宫潜咏万人惊。"白居易《长斋月满携酒先与梦得对酌醉中同赴令公之宴戏赠梦得》："斋宫前日满三旬，酒榼今朝一拂尘。"吕温《白云起封中诗》："封开白云起，汉帝坐斋宫。"

【齋客】 古代道门设斋，参加人数有限额。属于斋数以外的人，称为斋客。亦泛称僧道的施主。杜荀鹤《赠休粮僧》："徒有至人传道术，更无斋客到禅房。"

【齋祠】 指斋戒祭祀。皇甫曾《国子柳博士兼领太常博士辄申贺赠》："讲学分阴重，斋祠晓漏残。"权德舆《酬冯绛州早秋绛台感怀见寄》："斋祠常并冕，官品每差肩。"

【齋莊】 即严肃诚敬。窦牟《元日喜闻大礼寄上翰林四学士中书六舍人二十韵》："庆赐迎新服，斋庄弃旧簪。"武元衡《奉酬中书相公至日圜丘行事合于中书宿斋移止于集贤院叙情见寄之什》："郊庙祗严祀，斋庄觌上玄。"杨嗣复《丁巳岁八月祭武侯祠堂因题临淮公旧碑》："斋庄修祀事，旌旆出郊闉。"

【齋軒】 即斋室，为僧尼设斋诵经之处。窦牟《陪韩院长韦河南同寻刘师不遇》："药畹琼枝秀，斋轩粉壁空。"

【齋時】 佛教语。即吃斋食的时间，自黎明至下午之间。白居易《同钱员外题绝粮僧巨川》："斋时往往闻钟笑，一食何如不食闲。"李商隐《风》："罗荐谁教近，斋时锁洞房。"姚合《寄灵一律师》："童子病来烟火绝，清泉漱口过斋时。"徐夤《题名琉璃院》："农罢树阴黄犊卧，斋时山下白衣来。"

【齋家】 即斋客、斋众。张籍《送闲师归江南》："讲殿偏追入，斋家别请行。"

【齋堂】 指供斋戒用的堂室。李深《游烂柯山四首》之四："鸣磬雨花香，斋堂饭松屑。"

【齋祭】 即斋戒祭祀。王维《三月三日曲江侍宴应制》："万乘亲斋祭，千官喜豫游。"储光羲《尚书省受誓诫贻太庙裴丞》："皇家有恒宪，斋祭崇明祀。"耿湋《贺李观察祷河神降雨》："质明斋祭北风微，驺驭千群拥庙扉。"张籍《送元八》："百神斋祭相随遍，寻竹看山亦共行。"

【齋敬】 即庄严恭敬。源光裕《祭汾阴乐章》："斋敬毕诚，陶匏贵质。"参见"齊$_2$敬"。

【齋鉢】 即钵。僧尼的食器。无名氏《题灵鹫》："鹤傍经床听梵语，鸟窥斋钵侯钟声。"

【齋會】 指禅寺在特定日期的集会。吴越僧有《武肃王有旨石桥设斋会进一诗共六首》。

【齋誠】　即斋戒虔诚。元稹《春六十韵》:"迎气邦经重,斋诚帝念隆。"

【齋慄】　敬慎恐惧貌。韩愈《山南郑相公樊员外酬答为诗依赋十四韵以献》:"遗我一言重,跽受惕斋栗。"

【齋殿】　即寺院的殿堂,为僧尼设斋诵经的地方。鹿虔扆《女冠子》:"竹疏斋殿迥,松密醮坛阴。"

【齋潔】　犹斋戒。姚合《秋夜月中登天坛》:"秋蟾流异彩,斋洁上坛行。"曹唐《汉武帝于宫中宴西王母》:"鳌岫云低太一坛,武皇斋洁不胜欢。"

【齋廚】　指寺庙的厨房。刘禹锡《乐天池馆白莲初开彩舟空泊唯邀缁侣因以戏之》:"静室宵闻磬,斋厨晚绝烟。"张蠙《寄太白禅师》:"斋厨唯有橡,讲石任生藤。"

【齋壇】　❶指古代帝王祭天地的场所。李贺《赠陈商》:"风雪直斋坛,墨组贯铜绶。"罗隐《轻飙》:"战垒平时少,斋坛上处多。"❷指道士诵经礼神的场所。王昌龄《题朱炼师山房》:"叩齿焚香出世尘,斋坛鸣磬步虚人。"赵嘏《早出洞仙观》:"春生药圃芝犹短,夜醮斋坛鹤未回。"唐彦谦《游阳明洞呈王理得诸君》:"北斗斋坛天寂寂,东风仙洞草毵毵。"舒道纪《兰溪灵瑞观》:"绛霞封药灶,碧窦溅斋坛。"

【齋錢】　即布施僧尼的钱款。张籍《赠道士宜师》(全诗校:一作《赠广宣师》):"旧住红楼通内院,新承墨诏赐斋钱。"

【齋館】　即斋戒时所居之馆舍。张籍《酬孙洛阳》:"家贫相远住,斋馆入时稀。"

【齋糧】　指供僧道用的食粮。严维《送桃岩成上人归本寺》:"道具门人捧,斋粮谷鸟衔。"薛能《子夜》:"此日相逢眉翠尽,女真行李乞斋粮。"

【齋禱】　即斋戒祈祷。皇甫曾《遇风雨作》:"虔心若斋祷,濡体如沐浴。"司空图《月下留丹灶》序:"斋祷积稔,果有蹈空而至者。"

【齋醮】　指请僧道设斋坛,祈祷神佛。王建《同于汝锡游降圣观》:"闻说开元斋醮日,晓移行漏帝亲过。"齐己《经吴平观》:"中元斋醮后,残烬满空坛。"

【齋鐘】　佛家语。佛家戒律规定,正午以后不宜进食,正午以前进食称斋。斋钟是寺僧报斋时的钟声,击三十六下。岑参《虢州西山亭子送范端公》:"百尺红亭对万峰,平明相送到斋钟。"白居易《醉吟》:"耳底斋钟初过后,心头卯酒未消时。"李商隐《子初郊墅》:"腊雪已添墙下水,斋钟不散槛前云。"《马仆射谣》:"斋钟动也,和尚不上堂。"

七　画

齎¹　〔jī《广韵》祖稽切,平齊,精。又即夷切,平脂,精。〕❶携带。寒山《诗三百三首》之一五六:"住不安釜灶,行不赍衣裓。"韩愈《送刘师服》:"赍材入市卖,贵者恒难售。"周贺《送蜀僧》:"万里独行无弟子,唯赍筇竹与檀龛。"喻凫《送潘咸》:"时时赍破囊,访我息闲坊。"❷细碎。参见"齎音"。

齎²　〔zī《集韵》津私切,平脂,精。〕通"資"。❶费用,钱财。杜甫《水宿遣兴奉呈群公》:"余波期救涸,费日苦轻赍。"❷材料,物质。虞世南《出塞》:"轻赍不遑舍,惊策骛戎轩。"乔知之《羸骏篇》:"垂耳罢轻赍,弃置在寒溪。"李白《赋武十七谔》:"君为我致之,轻赍涉淮原。"❸凭借,依恃。韩愈《南内朝贺归呈同官》:"余惟戆书生,孤身无所赍。"皎然《酬别襄阳诗僧少微》:"文字赍秦本,诗骚学楚人。"

【齎敕】　指携持诏书。李嘉祐有《登湓城浦望庐山初晴直省赍敕催赴江阴》。

【齎嗟】　即叹息。韩愈《读东方朔杂事》:"王母不得已,颜嚬口赍嗟。"

【齎糧】　即携带粮食。皇甫冉《又送陆潜夫茅山寻友》:"登山自补屐,访友不赍粮。"陈陶《悲哉行》:"步履如风旋,天涯不赍粮。"

九　画

齏　〔jī《广韵》祖稽切,平齊,精。〕亦作"齑""虀"。用醋、酱拌和切成碎末的菜或肉。王昌龄《送程六》:"冬夜伤离在五溪,青鱼雪落鲙橙齑。"韩愈《崔十六少府摄伊阳以诗及书见投因酬三十韵》:"冬惟茹寒齑,秋始识瓜瓣。"元稹《代曲江老人百韵》:"齑斗冬中韭,羹怜远处莼。"

【齏辛尋幼婦】　杨修从曹操过曹娥碑下,见碑阴上题"黄绢幼妇外孙齑臼"八字。曹操谓修曰:"解不?"修曰:"黄绢,色丝也,于字为绝。幼妇,少女也,于字为妙。外孙,女子也,于字为好。齑臼,受辛也,于字为辞。所谓绝妙好辞也。"唐彦谦《送樊琯司业归朝》:"齑辛寻幼妇,醴酒忆先王。"

【齏音】　指细碎的声音。孟郊《寒溪》之五:"冻飙杂碎号,齑音坑谷辛。"

【齏粉】　❶齑、粉均呈粉末状,因以比喻粉碎的东西。杜甫《青丝》:"殿前兵马破汝时,十月即为齑粉期。"❷即细屑。谓粉身碎骨。孟郊《峡哀》:"齑粉一闪间,春涛百丈雷。"

齒 部

齒 〔chǐ《广韵》昌里切，上止，昌。〕❶门牙。韩愈《落齿》："去年落一牙，今年落一齿。"亦泛称牙齿。杜甫《寄赞上人》："当期塞雨干，宿昔齿疾瘳。"戎昱《送吉州阎使君入道二首》之二："冰容人镜纤埃静，玉液添瓶漱齿寒。"杜荀鹤《山寺老僧》："眼昏齿落看经遍，却向僧中总不言。"❷比喻排列如齿状的整齐之物。北周庾信《温汤碑》："秦皇余石，仍为雁齿之阶。"台阶的一级，称为一齿。周贺《秋晚归庐山留别道友》："月生石齿人同见，霜落木梢愁独归。"白居易《答客问杭州》："大屋檐多装雁齿，小航船亦画龙头。"常用以指桥的台阶。白居易《答王尚书问履道池旧桥》："虹梁雁齿随年换，素板朱栏逐日修。"又《新春江次》："鸭头新绿水，雁齿小红桥。"又《问江南物》："苏州舫故龙头暗，王尹桥倾雁齿斜。"❸指人的年龄。耿沣《华州客舍奉和崔端公春城晓望》："贫病催年齿，风尘掩姓名。"独孤及《送陈王府张长史还京》："论齿弟兄列，为邦前后差。"权德舆《奉和韦曲庄言怀贻东曲外族诸弟》："长幼序以齿，欢言无不同。"白居易《有感三首》之一："穷贱当壮年，富荣临暮齿。"❹列，并列。《左传·隐公十一年》："寡人若朝于薛，不敢与诸任齿。"李峤《扈从还洛呈侍从群官》："叨承廊庙选，谬齿夔龙弼。"李百药《奉和正月临朝应诏》："充庭富礼乐，高宴齿簪缨。"储光羲《同诸公送李云南伐蛮》："冢宰统元戎，太守齿军行。"窦庠《留守府酬皇甫曙侍御弹琴之什》："卫国知有人，齐竽偶相齿。"

【齒牙】 ❶即牙齿。韩愈《赴江陵途中寄三学士》："自从齿牙缺，始慕舌为柔。"白居易《思旧》："齿牙未缺落，肢体尚轻便。"刘禹锡《崔元受少府自贬所还遗山姜花以诗答之》："驿马损筋骨，贵人滋齿牙。"皮日休《太湖诗·游毛公坛》："黄露醒齿牙，碧黏甘肺腑。"❷即口头。皮日休《添鱼具诗》序："如吟鲁望之诗，想其致，则江风海雨，槭槭生齿牙间，真世外渔者之才也。"温庭筠《病中书怀呈友人》："齿牙频激发，篯笈尚崎岖。"崔珏《哭李高隐》之一："风雨已吹灯烛灭，姓名长在齿牙寒。"

【齒列】 ❶指齐齿并列。韩愈《奉和杜相公太清宫纪事陈诚上李相公十六韵》："四真皆齿列，二圣亦肩差。"❷犹行列。滕珦《释奠日国学观礼闻雅颂》："幸因陪齿列，聊以颂斯文。"

【齒杖】 指古代国君授给老年人的手杖。柳宗元《植灵寿木》："敢期齿杖赐，聊且移孤茎。"

【齒位】 指年龄和官位。特指长寿和高位。韦应物《送郗詹事》："既获天爵美，况将齿位并。"

【齒冷】 即耻笑。因笑须张口，牙齿会感到冷，故称。司空图《南北史感遇十首》之二："江南不有名儒相，齿冷中原笑未休。"

【齒胄】 指太子入学与公卿之子依年龄为序。《文选·王融〈三月三日曲水诗序〉》："出龙楼而问竖，入虎闱而齿胄。"徐铉《文献太子挽歌词五首》之五："彩仗清晨出，非同齿胄时。"裴度《享惠昭太子庙乐章》："重轮始发祥，齿胄方兴学。"

【齒衰】 即年迈。刘禹锡《历阳书事七十韵》："齿衰亲药物，宦薄傲公卿。"

【齒髮】 ❶指牙齿和头发。杜甫《送李校书二十六韵》："羡君齿发新，行己能夕惕。"李绅《逾岭峤止荒陬抵高要》："高明白日恩深海，齿发虽残壮心在。"曹邺《山中效陶》："齿发老未衰，何如且求己。"❷借指年龄。李白《鞠歌行》："黄女持谦齿发高，汉妃恃丽天庭去。"令狐楚《夏至日衡阳郡斋书怀》："齿发将六十，乡关越三千。"白居易《忆梦得》："齿发各蹉跎，疏慵与病和。"曹邺《荆北门行》："不如无手足，得见齿发暮。"

【齒齒】 指排列如齿状，喻一个接着一个。陆龟蒙《杂讽九首》之二："得非佐饔者，齿齿待啜汁。"

【齒錄】 指收录、叙用。沈佺期《回波乐》："身名已蒙齿录，袍笏未复牙绯。"

【齒穉】 指年幼，未成年。刘长卿《哭张员外继》："抚孤怜齿稚，叹逝顾身衰。"

【齒禮】 即以礼相待。郭圆《咏韦皋》："当时甚讶张延赏，不识韦皋是贵人。"自注："张延赏妻苗夫人有鉴，特选韦皋为婿。延赏悔之，不加齿礼。后韦皋持节西川，以代延赏。延赏曰：'吾不识人。'"

一 画

齒乚 同"龀"。

二 画

齓 〔chèn《广韵》初覲切,去震,初。又初謹切,上隱,初。〕儿童换齿。即脱出乳齿,长了恒齿。参见"髫齓"。

三 画

齕 〔hé《广韵》下没切,入没,匣。又胡結切,入屑,匣。〕咬嚼。杜甫《题壁画马歌》:"一匹齕草一匹嘶,坐看千里当霜蹄。"白行简《归马华山》:"驱驰休伏皂,饮齕任依山。"贯休《和杨使君游赤松山》:"石羊依稀齕瑶草,桃花仿佛开仙宫。"又《古塞上曲七首》之四:"战马齕腥草,乌鸢识阵云。"

四 画

齗 〔yín《广韵》語斤切,平欣,疑。〕参见"齗齗"。

【齗齗】 (—yín)❶露齿貌。孟郊《峡哀》之一:"沙棱箭箭急,波齿齗齗开。"❷争辩貌。孟郊《寒溪》之五:"天棯徒昭昭,箕舌虚齗齗。"❸象声词。孟郊《峡哀》之四:"嚼齿三峡泉,三峡声齗齗。"

五 画

齟 〔jǔ《广韵》牀吕切,上語,崇。〕参见"齟齬"。

【齟齬】 ❶上下齿不相对应。喻抵触不合。杜甫《牵牛织女》:"方圆苟齟齬,丈夫多英雄。"孟郊《溧阳秋霁》:"叩高占生物,齟齬回难谐。"韩愈《赠崔立之评事》:"念昔尘埃两相逢,争名齟齬持矛盾。"❷抵抗,抵挡。韩愈《元和圣德诗》:"长驱洋洋,无有齟齬。"❸不顺达,不顺意。寒山《诗三百三首》之一〇八:"秦卫两不成,失时成齟齬。"❹指心情郁闷,不快意。白居易《达理二首》之一:"谁能坐自苦,齟齬于其中。"又《无可奈何歌》:"倔强其骨髓,齟齬其心胸。"

齚[1] 〔zé《广韵》鋤陌切,入陌,崇。〕啮。孟郊《偷诗》:"饿犬齚枯骨,自吃馋饥涎。"

齚[2] 〔zhà〕参见"齚₂齖"。

【齚舌】 咬啮舌头。表示不说话或不敢说话。陆龟蒙《江南秋怀寄华阳山人》:"齚舌无劳话,宽心岂可盛。"

【齚齒】 犹咬牙。杜牧《昔事文皇帝三十二韵》:"奏章为得地,齚齿负明恩。"

【齚₂齖】 上下牙不相值。喻指意见分歧。孟郊《哭李丹员外并寄杜中丞》:"生死方知交态存,忍将齚齖报幽魂。"

齡 〔líng《广韵》郎丁切,平青,來。〕❶年龄。杜甫《壮游》:"七龄思即壮,开口咏凤皇。"羊士谔《郡斋读经》:"壮龄非济物,柔翰误为儒。"孟郊《出门行》:"长河悠悠去无极,百龄同此可叹息。"吕岩《赠刘方处士》:"玄洲旸谷悉可居,地寿天龄永相保。"亦指动植物存在的年岁。李峤《奉和幸韦嗣立山庄侍宴应制》:"乔木千龄外,悬泉百丈余。"姚合《谢韬光上人赠百龄藤杖》:"衰病近来行少力,光公乞我百龄藤。"❷年限,年数。张良器《河出荣光》:"千龄逢圣主,五色瑞荣光。"唐尧客《大梁行》:"千龄万化尽,但见汴水清。"吕温《古兴》:"二宝无人识,千龄皆弃置。"《郊庙歌辞·梁太庙乐舞辞·饮福》:"灵歆醉止牺象盈,自天降福千万龄。"

齠 〔tiáo《集韵》田聊切,平蕭,定。〕儿童换齿。即脱去乳齿,长出恒齿。故借指年幼、年少。参见"齠年"。

【齠年】 指童年。寒山《诗三百三首》之二九二:"玩之能不足,眷恋在齠年。"武元衡《送魏正则擢第归江陵》:"高文常独步,折桂及齠年。"李逢吉《送令狐秀才赴举》:"子有雄文藻思繁,齠年射策向金门。"元稹《答姨兄胡灵之见寄五十韵》:"忆昔凤翔城,齠年是事荣。"

【齠容】 指少年容颜。白居易《送毛仙翁》:"绀发丝并致,齠容花共妍。"

【齠亂】 见"齠齓"。

【齠齓】 亦作"齠亂"。垂髫换齿之时,指童年。白居易《观儿戏》:"齠齓七八岁,绮纨三四儿。"杨巨源《和令狐郎中》:"自禀道情齠亂异,不同蘧玉学知非。"

六 画

齧 〔niè《广韵》五結切,入屑,疑。〕❶咬,啃。拾得《诗》之四一:"蚊子啮大树,焉知气力微。"卢仝《月蚀诗》:"人养虎,被虎啮。"白居易《杂感》:"犬啮桃树根,李树反见伤。"皮日休《三羞诗三首》之三:"儿童啮草根,倚桑空羸羸。"❷侵蚀。李白《金陵白下亭留别》:"吴烟暝长条,汉水啮古根。"刘禹锡《顺阳歌》:"野水啮荒坟,秋虫镂宫树。"

【齧指】 咬破指头。表示决心,发誓。元稹《台中鞠狱忆开元观旧事呈損之兼赠周兄四十韵》:"蛮民诂谪诉,啮指明痛瘝。"

【齧缺】 为传说中的上古贤人。隐居不仕。亦借指隐士。陈陶《钟陵道中作》:"曾逢啮缺话东海,长忆萧家青玉床。"

【齧臂】 即啮臂盟。咬臂出血为誓,以示诚信。杜甫《三绝句》之二:"自说二女啮臂时,回头却向秦云哭。"

齩 〔yǎo《广韵》五巧切,上巧,疑。〕用牙齿咬啮或用上下牙齿把东西紧紧夹住。寒山《诗三百三首》之一六九:"狗齩枯骨头,虚自舐唇齿。"杜甫《彭衙行》:"痴女饥齩我,啼畏虎狼闻。"韩愈《答孟郊》:"见倒谁肯扶,从嗔我须齩。"和凝《杨柳枝》之二:"醉来齩损新花子,拽住仙郎尽放娇。"

【齩牙】 犹言咬紧牙关。谓尽最大努力忍受痛苦或克服困难。《湘中童谣》:"马去不用鞭,齩牙过今年。"

七 画

齬[1] 〔yǔ《广韵》魚巨切,上語,疑。又語居切,平魚,疑。〕上下牙齿参差不相应。参见"齟齬"。

齬[2] 〔wú〕岩齬,山势险峻貌。皮日休《太湖诗·太湖石》:"五侯土山下,要尔添岩齬。"

齪 〔chuò《广韵》側角切,入觉,初。又初六切,入屋,初。〕拘谨,谨小慎微。参见"齪齪"。

【齪齪】 拘谨貌,谨小慎微貌。韩愈《齪齪》:"齪齪当世士,所忧在饥寒。"范质《诫儿侄八百字》:"颙颙十目窥,齪齪千人指。"

八 画

齱 〔zōu《广韵》側鳩切,平尤,莊。〕参见"齱齵"。

【齱齵】 指左右牙齿不对齐。亦泛指事物参差不齐。卢仝《月蚀诗》:"汝若蚀开齱齵轮,御辔执索相爬钩。"

龍　部

龍〔lóng《广韵》力鐘切，平鐘，來。〕❶传说中的神异动物。身长，体形如蛇，有鳞，有角，能走，能飞，能游泳，能兴云降雨，为水族之长。刘长卿《至德三年春正月五十韵》："天回万象庆，龙见五云迎。"韩愈《琴操十首・将归操》："乘其深兮，龙入我舟。"白居易《八骏图》："背如龙兮颈如象，骨耸筋高脂肉壮。"韦庄《和薛先辈见寄初秋寓怀即事之作二十韵》："水深龙易失，天远鹤难寻。"❷喻指人居。杜甫《哀王孙》："豺狼在邑龙在野，王孙善保千金躯。"吴筠《建业怀古》："五马浮渡江，一龙跃天津。"参见"龍飛"。❸喻豪杰之士。李白《留别金陵诸公》："海水昔飞动，三龙纷战争。"又《赤壁歌送别》："二龙争战决雌雄，赤壁楼船扫地空。"欧阳詹《酬裴十二秀才孩子咏》："王家千里后，荀氏八龙先。"李涉《却归巴陵途中走笔寄唐知言》："唐氏一门今五龙，声华殷殷皆如钟。"❹指以龙形为饰的。参见"龍舟❶""龍旗""龍章❸"。亦借指饰以龙形之物。薛逢《观竞渡》："鼓声三下红旗开，两龙跃出浮水来。"❺指高大的马，骏马。见《仪礼・觐礼》。韩愈《元和圣德诗》："驾龙十二，鱼鱼雅雅。"参见"龍馬❷"。❻指龙泉宝剑的省称。亦泛指精良的剑。施肩吾《赠边将》："玉匣锁龙鳞甲冷，金铃衬鹘羽毛寒。"王铎《谒梓潼张恶子庙》："夜雨龙抛三尺匣，春云凤入九重城。"❼指形状如龙的事物。明皇《早登太行山中言志》："火龙明鸟道，铁骑绕羊肠。"❽指龙卷风，猛烈的旋风。龙卷风中心气压很低，经过水面时，将水吸到空中，形成白色水柱，俗谓之白龙。行经陆地时，拔树倒屋，并将尘土吸收空中，形成黑色柱状物，俗谓之黑龙。张籍《云童行》："云童童，白龙之尾垂江中。"❾为上古书体之一种。张怀瓘《书断》："然十书之外，乃有龟蛇鳞虎云龙虫鸟之书。"参见"龍文❹"。❿东方七宿（角、亢、氐、房、心、尾、箕）被称为苍龙，简称龙。参见"龍翼"。⓫古代炼丹术士称水或汞为龙。道教有《龙虎经》，不详撰著人姓名，所谓龙虎即水火。李咸用《送李尊师归临川》："尘外烟霞吟不尽，鼎中龙虎伏初驯。"⓬旧时堪舆家称山脉的走势为龙。刘禹锡《虎丘寺路宴》："埋剑人空传，凿山龙已去。"参见"龍角❶"。⓭人名。相传为舜之贤臣。夔龙常并称，夔为乐官，龙为谏官。亦借指辅弼良臣。李白《送岑征君归鸣皋山》："奕世皆夔龙，中台竟三拆。"杜甫《奉赠萧二十使君》："巢许山林志，夔龙廊庙珍。"⓮用同"舟龍"。参见"龍郁"。⓯参见"龍鍾"。

【龍山】　❶为山名，在今湖北江陵县西北十五里。为重阳登高聚会之典。李白《九日龙山饮》："九日龙山饮，黄花笑逐臣。"朱湾《九日登青山》："想见龙山会，良辰亦似今。"戎昱《九日贾明府见访》："却笑孟嘉吹帽落，登高何必上龙山。"赵嘏《重阳日即事》："由来举止非闲雅，不是龙山落帽人。"❷即逴龙山。传说中地处极北非常寒冷的山。为咏雪之典。南朝宋鲍照《学刘公干体》诗有"胡风吹朔雪，千里度龙山"之句。李白《题瓜州新河饯族叔舍人贲》："杨花满江来，疑是龙山雪。"李益《立春日宁州行营因赋朔风吹飞雪》："龙山不可望，千里一裴回。"李商隐《对雪二首》之一："龙山万里无多远，留待行人二月归。"牛峤《应天长》词一："黄鹂娇转声初歇，杏花飘尽龙山雪。"❸指长安之龙首山。高适《酬裴员外以诗代书》："胡骑犯龙山，乘舆经马嵬。"姜皎《龙池篇》："龙池初出此龙山，常经此地谒龙颜。"沈佺期《上之回》："回望甘泉道，龙山隐汉宫。"

【龍女】　指传说中龙王的女儿。苏颋《武担山寺》："鳖灵时共尽，龙女事同迁。"李群玉《题金山寺石堂》："千叶红莲高会处，几曾龙女献珠来。"《全唐诗》卷八六四录入伪托龙女作《感怀诗》。

【龍女祠】　即龙女祠，在今四川青神县南。岑参有《龙女祠》。

【龍子】　❶指传说中的龙王之子。陈陶《小笛弄》："一尺玲珑握中翠，仙娥月浦呼龙子。"❷为良马名。吴融《岐州安西门》："犬解人歌曾入唱，马称龙子几来嘶。"

【龍王】　指传说中统领水族的神。道经称东南西北四海皆有龙王总领其类，而其下尚有一百八十五小龙王。据传，龙王均有兴云致雨之能力。郑愔《奉和九月九日登慈恩寺浮图应制》："雁子乘堂处，龙王起藏初。"吴越王钱镠《句》："传语龙王并水府，钱塘借与筑钱城。"

【龍王宫】　谓水中龙神所居处。刘禹锡《送鸿举游江西》："山州古寺好闲居，读尽龙王宫里书。"卢仝《月蚀诗》："初疑白莲花，浮出龙王宫。"

【龍日寺】 为寺名，在唐巴州(治所在今四川巴中县)。严武有《题龙日寺西龛石壁》。

【龍文】 ❶指龙身上的纹理，即龙鳞。亦指龙形的花纹。骆宾王《宿温城望军营》："风旗翻翼影，霜剑转龙文。"张仲方《赋得竹箭有筠》："皮开凤彩出，节劲龙文现。"杜牧《东兵长句十韵》："即墨龙文光照曜，常山蛇阵势纵横。"李商隐《题道静院虢州刺史舍官居此今写真存焉》："紫府丹成化鹤群，青松手植变龙文。"❷指龙纹状物，如水波等。李白《九日登巴陵置酒望洞庭水军》："长风鼓横波，合沓蹙龙文。"元稹《早春登龙山静胜寺因赠幕中诸公》："龙文远水吞平岸，羊角轻风旋细尘。"❸为骏马名。杜甫《戏为六绝句》之三："龙文虎脊皆君驭，历块过都见尔曹。"❹指龙文剑。北周庾信《哀江南赋》："乃使玉轴扬灰，龙文折柱。"骆宾王《夏日游德州赠高四》序："庶瞻雅韵，伫辱报章，则紫耀运星，开龙文于剑匣；素辉亏月，领骊颔于珠胎云尔。"又《从军中行路难二首》之二："百发乌号遥碎柳，七尺龙文迥照莲。"❺为古代书体名。李峤《书》："削简龙文见，临池鸟迹舒。"❻谓笔力雄健。韩愈《病中赠张十八》："龙文百斛鼎，笔力可独扛。"

【龍亢】 指一种亢阳刚烈之气。白居易《哭刘敦质》："龙亢彼无悔，蠖屈此不伸。"

【龍毛】 即龙鳞。曹唐《小游仙诗九十八首》之七二："树下星沉月欲高，前溪水影湿龙毛。"

【龍火】 指东方七宿中的心宿。东方七宿被称为苍龙。心宿有七颗，其主星又被称为鹑火、大火，故名。骆宾王《秋日送尹大赴京》序："于时兔苑东上，龙火西流。"李白《古风》之四七："宛转龙火飞，零落早相失。"

【龍火衣】 即龙衮。皇帝所服。因其上绣山龙藻火，故称。王建《元日早朝》："圣人龙火衣，寝殿开璇扃。"

【龍户】 即旧称南方的水上居民。亦称"蜑户"、"疍户"。目睛多青碧，善游水，多绣面文身。韩愈《送郑尚书赴南海》："衙时龙户集，上日马人来。"

【龍目灘】 为水滩名。当在今广西桂林市境。宋之问有《下桂江龙目滩》。

【龍甲】 ❶即龙之鳞甲。亦喻龙之鳞甲状物。欧阳炯《凌霄花》："满树微风吹细叶，一条龙甲飐清虚。"❷指甲胄。张蠙《赠李司徒》："金库夜开龙甲冷，玉堂秋闭凤笙低。"

【龍丘】 为旧县名，隋初以太末县改名，治所在今浙江衢县东北龙游镇。后废。唐武德四年(621)复置，旋废。贞观八年(634)复置。五代吴越宝正末年更名龙游县。李商隐有《龙丘途中二首》。

【龍仗】 见"龍杖"。

【龍皮】 即龙之皮。喻表皮皱裂如龙鳞的树干。李贺《春归昌谷》："龙皮相排戛，翠羽更荡掉。"

【龍穴】 即龙所居之洞穴。谭用之《别何处士陵俊老》："洞连龙穴全山冷，窗透鳌波尽室清。"

【龍光】 ❶指龙身上发出的光。喻指不平常的光辉。王勃《忽梦游仙》："电策驱龙光，烟途俨鸾态。"张祜《华清宫和杜舍人》："禁清余凤吹，池冷映龙光。"皮日休《吴中苦雨因书一百韵寄鲁望》："龙光倏闪照，虬角搊琤触。"钱元瓘《题得铜香炉》："三天瑞气标金相，五色龙交俨圣容。"❷指宝剑的光芒。鲍溶《苦哉远征人》："闲弓失月影，劳剑无龙光。"

【龍竹】 ❶指龙须竹。劈为篾，平细柔韧，宜作马鞭。高适《咏马鞭》："龙竹养根凡几年，工人截之为长鞭。"❷多用于吟咏仙道。王绩《游仙四首》之四："鸭桃闻已种，龙竹未经骑。"李商隐《玄微先生》："龙竹裁轻策，鲛绡熨下裳。"

【龍衣】 即天子袍服。卢照邻《登封大酺歌四首》之二："日观仙云随凤辇，天门瑞雪照龙衣。"许浑《楚宫怨二首》之二："猎骑秋来在内稀，渚宫云雨湿龙衣。"

【龍舟】 ❶饰龙形的大船。李白《赠僧朝美》："百川随龙舟，嘘吸竟安在。"徐夤《忙》："双竞龙舟疾似风，一星球子两明同。"❷专指帝王所乘坐的船。李峤《太平公主山亭侍宴应制》："龙舟下瞰鲛人室，羽节高临凤女台。"顾况《桃花曲》："魏帝宫人舞凤楼，隋家天子泛龙舟。"徐凝《汴河揽古》："炀帝龙舟向此行，三千宫女彩桡轻。"杜牧《汴河怀古》："锦缆龙舟隋炀帝，平台复道汉梁王。"

【龍州】 为州名。西魏废帝二年(553)置，治所在江油县(今四川平武县东南)。隋先后名平武郡、龙门郡、西龙门郡。唐贞观元年(627)改为龙门州，乾元元年(758)复改为龙州。李颀《送刘四赴夏县》："扶南甘蔗甜如蜜，杂以荔枝龙州橘。"项斯有《龙州与韩将军夜会》，许棠有《送龙州樊使君》。李洞《送龙州田使君旧诗家》："御札轸西陲，龙州出牧时。"

【龍池】 ❶为池名。指唐兴庆宫的兴庆池。兴庆宫位于长安城东偏北，原为唐玄宗即位前当亲王时的王府。开元二年改名兴庆宫。宫内有一湖泊名龙池，又名兴庆池。池址原系陆地，但地势较低，据说一次井水突然溢出成为小池；或说积存雨水，渐成小池。传说池上常有云气，并曾有黄龙出现于池中。后来从长安城外浐河引水至龙池中，使其面积增为数顷，深达数丈。宫中很多娱乐活动都在池中或离池岸不远处举行。明皇《春中兴庆宫酺宴》序："岁二月，地三秦，水泛泛而龙池满，日迟迟而凤楼曙。"杜甫《韦讽录事宅观曹将军画马图》："曾貌先帝照夜白，龙池十日飞霹雳。"戎昱《秋望兴庆宫》:"幽咽龙池水,凄凉御榻尘。"李商隐《龙池》:"龙池赐酒敞云屏,羯鼓声高众乐停。"❷犹凤池。指中书省。韦庄《题安定张使君》:"中兴若继开元事,堪向龙池作近臣。"

【龍池寺】 为寺名。在今陕西西安市之终南山。孟郊有《游终南龙池寺》,贾岛有《寄龙池寺贞空二上人》。

【龍池宫】 即兴庆宫。韦应物《白沙亭逢吴叟歌》:"龙池宫里上皇时,罗衫宝带香风吹。"参见"龍池❶"

【龍形】 即龙书,书体名。李峤《奉和幸三会寺应制》:"龙形虽近刹,鸟迹尚留书。"

【龍花寺】 即龙华寺。白居易有《龙花寺主家小尼》。

【龍杖】 亦作"龍仗"。相传后汉费长房成仙,乘竹杖而归。以杖投葛陂中,化而为龙。后以龙杖为典,歌吟仙道。骆宾王《出石门》:"暂策为龙杖,何处得神仙。"沈亚之《别庞子肃》:"今朝龙仗去,早晚鹤书来。"

【龍車】 ❶天子的车驾。张籍《庄陵挽歌词三首》之三:"晓日龙车动,秋风阊阖开。"❷神仙所乘之车。杜光庭《题平盖沼》:"龙车凤辇非难遇,只要尘心早出尘。"

【龍見】 (—xiàn)指王者兴起。杜甫《别张十三建封》:"刘裴建首义,龙见尚踌躇。"

【龍吟】 ❶即龙鸣。太宗《题龟峰山》:"龙吟南岭崎山雨,虎啸东林什子风。"亦指马嘶。杜甫《送从弟亚赴安西判官》:"龙吟回其头,夹辅待所致。"❷形容管乐器声音响亮。李白《宫中行乐词八首》之三:"笛奏龙吟水,箫鸣凤下空。"顾况《王郎中妓席五咏·笙》:"欲写人间离别心,须听鸣凤似龙吟。"薛能《赠欢娘》:"一束龙吟细竹枝,青娥擎在手中吹。"❸形容声音细碎。李商隐《一片》:"天泉水暖龙吟细,露畹春多凤舞迟。"❹形容语声洪亮。吕岩《勉牛生夏侯生》:"鹤形兮龟骨,龙吟兮虎颜。"

【龍吟虎嘯】 即龙虎叫啸。喻音乐声洪响激越。李颀《听安万善吹觱篥歌》:"龙吟虎啸一时发,万籁百泉相与秋。"

【龍吹】 (—chuì)管乐声。元稹《会真诗三十韵》:"龙吹过庭竹,鸾歌拂井桐。"

【龍吼灘】 为地名。疑在今四川洪雅县境。岑参有《江行夜宿龙吼滩临眺思峨眉隐者兼寄幕中诸公》。

【龍伯】 ❶指龙伯国。参见"龍伯國"。❷指龙伯国巨人。张说《入海二首》之二:"龙伯如人类,一钓两鳌连。"李德裕《重忆山居六首·罗浮山》:"龙伯钓鳌时,蓬莱一峰坼。"皎然《奉和颜鲁公真卿落玄真子舴艋舟歌》:"太公取璜我不取,龙伯钓鳌我不钓。"❸借指龙宫里的鱼龙。李商隐《七月二十八日夜与王郑二秀才听雨梦后作》:"亦逢毛女无憀极,龙伯擎将华岳莲。"

【龍伯國】 指古代神话传说中的巨人国。李白《赠临洺县令皓弟》:"终期龙伯国,与尔相招寻。"杜甫《荆南兵马使太常卿赵公大食刀歌》:"苍水使者扪赤绦,龙伯国人罢钓鳌。"亦省称"龍伯"。卢照邻《中和乐九章·歌东军第三》:"岛夷复祀,龙伯来宾。"陆龟蒙《渔具诗·罠》:"寄语龙伯人,荒唐不同调。"

【龍伯國人】 古代神话中的巨人。杜甫《荆南兵马使太常卿赵公大食刀歌》:"苍水使者扪赤绦,龙伯国人罢钓鳌。"

【龍伯翁】 指龙伯国的巨人。杜牧《池州送孟迟先辈》:"我欲东召龙伯翁,上天揭取北斗柄。"

【龍角】 日角。额骨中央部分隆起。形状如日,相术家认为是大贵之相。贯休《大蜀高祖潜龙日献陈情偈颂》:"龙角日角,紫气盘屈。"

【龍卵】 白色公马的睾丸。李贺《南园十三首》之十二:"松溪黑水新龙卵,桂洞生硝旧马牙。"

【龍言鳳語】 喻悠扬动听的音乐之声。鲍溶《会仙歌》:"轻轻濛濛,龙言凤语何从容,耳有响兮目无踪。"

【龍亨】 谓帝运亨通。元稹《有酒十章》之十:"欲凤翥而鹓随兮,欲龙亨而骥逐。"

【龍沙】 ❶即白龙堆。沙漠名。在新疆天山南路。李白《塞下曲六首》之五:"将军分虎竹,战士卧龙沙。"元稹《感石榴二十韵》:"酸辛犯葱岭,憔悴涉龙沙。"李商隐《玄微先生》:"径欲随关令,龙沙万里强。"又《喜雪》:"朔雪自龙沙,呈祥势可嘉。"❷指卢龙山后的大漠,在今河北喜峰口外。卢龙山山势险要,峻坂萦折,为军事要塞。徐晶《阮公体》:"秦王按剑怒,发卒戍龙沙。"亦泛指漠北边塞之地,荒漠。杜审言《重九日宴江阴》:"龙沙即此地,旧俗坐为邻。"李贺《嘲雪》:"龙沙湿汉旗,凤扇迎秦素。"马戴《离夜二首》之二:"前年营雁塞,明月戍龙沙。"❸指江西南昌城北一带白沙丘。孟浩然《九日龙沙作寄刘大昚虚》:"龙沙豫章北,九日挂帆过。"皎然《九月八日送萧少府归洪州》:"行过鹤渚知堪住,家在龙沙意有违。"杜牧《张好好诗》:"龙沙看秋浪,明月游朱湖。"李绅《过钟陵》:"龙沙江尾抱钟陵,水郭村桥晚景澄。"

【龍沈】 (—chén)谓阳气潜藏。韩愈、孟郊《纳凉联句》:"龙沉剧煮鳞,牛喘甚焚角。"亦指天子蒙难。李白《金陵歌送别范宣》:"天子龙沉景阳井,谁歌玉树后庭花。"

【龍尾】 见“龍尾道”。

【龍尾道】 即唐代含元殿前的甬道，宽大高敞，规模宏丽。徐松《唐两京城坊考》卷一：“龙尾道自平地七转上至朝堂，分为三层，上层高二丈，中下层各高五尺，边有青山扶栏。”自上望下，宛如龙尾下垂，故名。王建《宫词一百首》之二：“上得青花龙尾道，侧身偷觑正南山。”张籍《赠赵将军》：“身贵早登龙尾道，功高自破鹿头城。”白居易《重题》之一：“已许虎溪云里卧，不争龙尾道前行。”又《行香归》：“鸾台龙尾道，合尽少年登。”亦省称“龍尾”。韩愈《酬司门卢四兄云夫院长望秋作》：“终南晓望蹋龙尾，倚天更觉青巉巉。”姚合《和卢给事酬裴员外》：“鸳鹭簪裾上龙尾，蓬莱宫殿压鳌头。”韩偓《及第过堂日作》：“龙尾楼台迎晓日，鳌头宫殿入青冥。”

【龍武】 即龙武军，唐禁军名。许景先《奉和圣制送张尚书巡边》：“龙武三军气，鱼铃五校名。”

【龍武軍】 唐禁军名。亦指龙武军的驻地。王建《宫词一百首》之九三：“却回龙武军前过，当处教开卧鸭池。”

【龍坡】 坡，当作“陂”。今湖北江陵西北的一个水池。李贺《莫愁曲》：“草生龙坡下，鸦噪城堞头。”

【龍直】 即宫中巡夜值更的人。花蕊夫人徐氏《宫词》之五九：“理遍从头新上曲，殿前龙直未交更。”

【龍卧】 喻志士隐居。卢纶《奉和曹叔夏》：“龙卧人宁识，鹏抟鷃岂知。”白居易《酬杨九弘贞长安病中见寄》：“龙卧心有待，鹤瘦貌弥清。”

【龍卧豹藏】 喻地势险要。王季文《九华山谣》：“雷霆往往从地发，龙卧豹藏安可别。”

【龍虎】 ❶即龙和虎。李白《送韩准裴政孔巢父还山》：“猎客张兔罝，不能挂龙虎。”周匡物《自题读书堂》：“黄昏不欲留人宿，云起风生龙虎醒。”❷喻英雄豪杰或优异人物。李白《古风》之一：“龙虎相啖食，兵戈逮狂秦。”权德舆《酬陆四十楚源春夜宿虎丘山对月寄梁四敬之兼见贻之作》：“龙虎一门盛，渊云四海推。”王毂《鸿门宴》：“寰海沸兮争战苦，风云愁兮会龙虎。”黄滔《出京别崔学士》：“不道鹤鸡殊羽翼，许依龙虎借风云。”❸五色斑斓貌。李白《游泰山六首》之六：“想像鸾凤舞，飘摇龙虎衣。”❹指遒劲流动的书法。李白《醉后赠王历阳》：“笔踪起龙虎，舞袖拂云霄。”❺为道教语。指水火。道教有《龙虎经》，不详何人所著。其所谓龙虎，即水火之义，道家丹诀所用之寓名。李咸用《送李尊师归临川》：“尘外烟霞吟不尽，鼎中龙虎伏初驯。”❻形容山岭突兀盘踞之状。李白《金陵三首》之一：“地即帝王宅，山为龙虎盘。”杜甫《白帝城最高楼》：“峡坼云霾龙虎卧，江清日抱鼋鼍游。”郑损《星精石》：“突险呀空龙虎蹲，由来英气蓄寒根。”❼借指南京。李群玉《秣陵怀古》：“龙虎势衰佳气歇，凤皇名在故台空。”

【龍虎山】 为道教胜地。在今江西贵溪县西南。两山对峙，其一形如龙昂，其一形如虎踞。汉张道陵炼丹于此，据传丹成而龙虎现，故名。为道教之发源地，道家称之为三十二福地。吴筠《龙虎山》：“龙虎山头好明月，玉殿珠楼空翠微。”吴武陵《龙虎山》：“龙虎山中紫翠烟，青精颜色四时妍。”

【龍虎符】 见“龍虎節”。

【龍虎節】 亦作“龍虎符”。指饰有龙形和虎形的符节。古制出使泽国用龙节，山国用虎节。权德舆《湖南观察使故相国袁公挽歌二首》之一：“五驱龙虎节，一入凤皇池。”鲍溶《淮南卧病闻李相夷简移军山阳以靖东寇感激之下因抒长句》：“太白星前龙虎符，元臣出将顺天诛。”

【龍虎旗】 指绘有龙虎的旗帜。龙旗和虎旗均为天子仪仗队旗中之一种。亦为军中所用。李白《永王东巡歌十一首》之一：“永王正月东出师，天子遥分龙虎旗。”又《登邯郸洪波台置酒观发兵》：“风引龙虎旗，歌钟昔追攀。”

【龍具】 本指牛衣。亦喻指穷人简陋粗糙的衣被。陆龟蒙《袭美将以绿罽为赠因成四韵》：“病中只自悲龙具，世上何人识羽袍。”

【龍昌寺】 寺名。寺在今四川忠县。有上下二寺，均为唐时建。上寺在西山顶，亦名巴台寺。下寺，宋改名治平寺，在今忠县东一里处。白居易《代州民问》：“龙昌寺底开山路，巴子台前种柳林。”白居易又有《龙昌寺荷池》。

【龍昌上寺】 寺名。寺在今四川忠县西山顶。白居易有《登龙昌上寺望江南山怀钱舍人》。

【龍岫】 泛称精美的湖山建筑。李峤《刘侍读见和山邸十篇重申此赠》：“对岩龙岫出，分壑雁池深。”明皇《同玉真公主过大哥山池》：“鹫池临九达，龙岫对层城。”

【龍岡】 旧县名。汉襄国县，隋改为龙冈，唐属邢州，为州治。窦牟《奉使至邢州赠李八使君》：“独占龙冈部，深持虎节居。”

【龍岡寺】 在今陕西汉中市西龙冈山。岑参有《梁州陪赵行军龙冈寺北庭泛舟宴王侍御》，岑参又有《陪群公龙冈寺泛舟》。

【龍物】 即龙。子兰《河梁晚望二首》之二：“不知龙物潜何处，鱼跃蛙鸣满槛前。”

【龍兒】 ❶即龙子，小龙。李洸《秋霖歌》：“西方龙儿口犹乳，初解驱云学行雨。”尹鹗《女冠子》词：“懒乘丹凤子，学跨小龙儿。”❷指笋，幼竹。卢仝《寄男抱孙》：“万箨苞龙儿，攒迸溢林薮。”

【龍争虎攫】　如龙之争斗、虎之攫取，喻强敌间征战、争夺。徐夤《忆旧山》："龙争虎攫皆闲事，数叠山光在梦思。"

【龍服】　（—fú）指皇帝乘坐的车子。亦借指皇帝。元稹《酬翰林白学士代书一百韵》："日轮光照耀，龙服瑞葳蕤。"《郊庙歌辞·周宗庙乐舞辞·章德舞》："想龙服，奠牺樽。"

【龍牀】　指天子御床。花蕊夫人徐氏《宫词》之二："净甃玉阶横水岸，御炉香气扑龙床。"

【龍性】　谓马的神态。杜甫《天育骠骑歌》："矫矫龙性合变化，卓立天骨森开张。"

【龍怪】　即龙神。李白《流夜郎至西塞驿寄裴隐》："龙怪潜溟波，俟时救炎旱。"

【龍沫】　即龙涎。陆龟蒙《四明山诗·潺湲洞》："倒穴漂龙沫，穿松溅鹤襟。"

【龍泥印】　指在封缄信签的泥上打上的龙纹印章。韦渠牟《步虚词十九首》之四："凤篆文初定，龙泥印已开。"

【龍泓】　❶即深潭，深渊。古人认为水深必藏蛟龙，故称。窦庠《金山行》："龙泓彻底沙布金，鸟道插云梯甃玉。"权德舆《赠广通上人》："客至上方留盥漱，龙泓洞水昼潺潺。"陆龟蒙《移石盆》："移得龙泓潋滟寒，月轮初下白云端。"❷为池名。(1)指兴庆宫内兴庆池。宋之问有《奉和梁王宴龙泓应教得微字》，武三思有《宴龙泓》。参见"龍池❶"。(2)池在今甘肃成县仇池山。杜甫《寄赞上人》："裴回虎穴上，面势龙泓头。"《方舆胜览》："飞龙峡，在仇池山下，白马氐杨飞龙据仇池，故名。其东杜甫避乱居此，有诗云云。"

【龍居】　指龙之居所。亦喻指帝王或太子居所。郑愔《同韦舍人早朝》："瑞阙龙居峻，宸庭凤掖深。"钱起《太子李舍人城东别业》："小泽近龙居，清苍常雨气。"

【龍門】　❶即禹门口。在山西河津县西北和陕西韩城市东北。黄河至此，两岸峭壁对峙，形如门阙，故名。《太平御览》卷四六六引辛氏《三秦记》："龙门之下，每岁季春有黄鲤鱼，自海及渚川争来赴之。一岁中，登龙门者不过七十二。初登龙门，即有云雨随之，天火自后烧其尾。"刘孝孙《早发成皋望河》："鸿流遵积石，惊浪下龙门。"元稹《有酒十章》之五："有翼劝尔升九天，有鳞劝尔登龙门。"章孝标《鲤鱼》："河中得上龙门去，不叹江湖岁月深。"薛能《黄河》："波浑经雁塞，声振自龙门。"❷喻指极富名望者的府第。孟浩然《姚开府山池》："今日龙门下，谁知文举才。"李端《将之泽潞留别王郎中》："幸到龙门下，须因羽翼飞。"李郢《和湖州杜员外冬至日白蘋洲见忆》："多愧龙门重招引，即抛田舍棹舟行。"徐夤《潘丞相旧宅》："秋槐影薄蝉声尽，休谓龙门待化鳞。"❸指科举考场的正门，因借指科举会试，会试中举称为"登龙门"。卢纶《早春游樊川野居却寄李端校书兼呈崔峒补阙司空曙主簿耿沣拾遗》："桂树曾争折，龙门几共登。"李山甫《下第献所知三首》之三："退飞莺谷春零落，倒卓龙门路渺茫。"罗隐《送章碣赴举》："龙门盛事无因见，费尽黄金老隗台。"殷文圭《省试夜投献座主》："烛然兰省三条白，山束龙门万仞青。"❹为山名。(1)山在今河南洛阳市南。即春秋周阙塞，亦名伊阙。李白《公无渡河》："黄河西来决昆仑，咆哮万里触龙门。"顾况《洛阳行送洛阳韦七明府》："始上龙门望洛川，洛阳桃李艳阳天。"白居易《赠皇甫六张十五李二十三宾客》："龙门泉石香山月，早晚同游报一期。"周昙《咏史诗·三代门·再吟》："万古龙门一旦开，无成甘死作黄能。"(2)在四川广元市东北。亦名葱岭山，岭有石穴，高数十丈。其状如门，俗称龙门。杜甫《龙门阁》："清江下龙门，绝壁无尺土。"❺司马迁出生于龙门（今陕西韩城市），故以龙门代称司马迁。齐己《寄金陵幕中李郎中》："龙门支派富才能，年少飞翔便大鹏。"❻指春秋战国时楚国都城郢都之东门。借以指都门、国门。王勃《秋夜长》："鹤关音信断，龙门道路长。"顾况《奉酬茅山赠赐并简綦毋正字》："鹤庙新家近，龙门旧国遥。"

【龍門寺】　为寺名。后魏熙平元年(516)建。在今河南洛阳市西南。白居易《五年秋病后独宿香山寺三绝句》之一："经年不到龙门寺，今夜何人知我情。"姚合《寄东都分司白宾客》："竹斋晚起多无事，唯到龙门寺里频。"

【龍門客】　谓高门贵客。据南朝宋刘义庆《世说新语·德行》载，李膺高自标持，不妄交接，后进之士有升其堂者，皆以为登龙门。杜甫《奉赠鲜于京兆二十韵》："凤穴雏皆好，龙门客又新。"

【龍門閣】　楼阁名。在今四川广元市北。杜甫有《龙门阁》。

【龍門縣】　古县名。北魏太平真君七年(446)以皮氏县改名，治所在今山西河津县东南。卢纶有《送元赞府重任龙门县》。张乔《送龙门令刘沧》："去宰龙门县，应思变化年。"

【龍門鎮】　镇名。在今甘肃成县。杜甫有《龙门镇》。

【龍城】　❶为汉时匈奴地名。为匈奴祭祀祖先、天地、鬼神之所。在今蒙古人民共和国鄂尔浑河西侧之和硕柴达木湖附近。卢照邻《战城南》："笳喧雁门北，阵翼龙城南。"王昌龄《从军行二首》之二："去为龙城战，正值胡兵袭。"顾况《从军行二首》之一："弭节结徒侣，速征赴龙城。"张籍《妾薄命》："君爱龙城征战功，妾愿青楼歌乐同。”❷指京城、帝都。骆宾王《秋晨同淄川毛司马秋九咏·秋云》：“盖阴连凤阙，阵影翼龙城。”许浑《贺少师相公致政》：“龙城凤沼棠阴在，只恐归鸿更北风。”❸指佛寺。徐夤《游灵隐天竺二寺》：“腾踏回桥巡像设，罗穿曲洞出龙城。”参见“龍宫❷”。❹为地名。(1)指今广西柳州。柳宗元《柳州寄京中亲故》：“劳君远问龙城地，正北三千到锦州。”又《种木槲花》：“只因长作龙城守，剩种庭前木槲花。”原注：“柳州，龙城郡。”韩愈《赠别元十八协律六首》之六：“寄书龙城守，君骥何时秣。”(2)指卢龙（今河北省抚宁县）。李广为西汉武帝时右北平太守。右北平，唐时为北平郡，治所在卢龙。王昌龄《出塞二首》之一：“但使龙城飞将地，不教胡马度阴山。”

【龍荒】 指北方塞外、荒漠之地。龙，谓龙城。匈奴于五月大会诸部，祭祀祖先、天地、鬼神之所。荒，谓荒服。古五服最远之处，距王畿二千里至二千五百里之地。王昌龄《从军行七首》之三：“表请回军掩尘骨，莫教兵士哭龙荒。”袁朗《赋饮马长城窟》：“乌庭已向内，龙荒更凿空。”鲍溶《秋怀五首》之五：“龙荒变露色，燕雁南为客。”冯道《北使还京作》：“龙荒冬往时时雪，兔苑春归处处花。”

【龍胡】 指龙的颈下垂须。指登天之阶梯。元稹《梦上天》：“来时畏有他人上，截断龙胡斩鹏翼。”

【龍胄】 指龙的子孙。亦借指帝室或贵族后裔。皮日休《太湖诗·上真观》：“谓我或龙胄，粲然与之欢。”

【龍界】 指帝都、京城。崔湜《登总持寺阁》：“宿雨清龙界，晨晖满凤城。”

【龍骨】 ❶指龙之骨。喻指瘦劲的枝干。先汪《题安乐山》：“翠柏不凋龙骨瘦，石泉犹在镜光寒。”❷指骏马。曹唐《病马五首呈郑校书章三吴十五先辈》之一：“堕月兔毛干觳觫，失云龙骨瘦牙槎。”陈凝《马》：“未明龙骨骏，幸得到神州。”亦指骏马之骨。胡曾《咏史诗·檀溪》：“的卢何处埋龙骨，流水依前绕大堤。”❸指石砌的堤岸。李贺《同沈驸马赋得御沟水》：“绕堤龙骨冷，拂岸鸭头香。”

【龍香】 即龙涎香。毛熙震《浣溪沙》词之五：“云薄罗裙绶带长，满身新裛瑞龙香。”

【龍香撥】 指用龙香木制成的拨子。用以弹奏琵琶、月琴等弦乐器。郑嵎《津阳门诗》：“玉奴琵琶龙香拨，倚歌促酒声娇悲。”

【龍泉】 ❶为宝剑名。亦泛称剑。郭震《古剑篇》：“良工锻炼凡几年，铸得宝剑名龙泉。”李白《在水军宴赠幕府诸侍御》：“宁知草间人，腰下有龙泉。”李绅《奉酬乐天立秋夕有怀见寄》：“龙泉白玉首，鱼服黄金装。”胡曾《咏史诗·大泽》：“白蛇初断路人通，汉祖龙泉血刃红。”❷为佛寺名。北周庾信《送灵法师葬》：“龙泉今日掩，石洞即时封。”孟浩然有《疾愈过龙泉寺精舍呈易业二公》，方干有《题龙泉寺绝顶》和《再题龙泉寺上方》。亦泛指寺院、佛门。陈子昂《夏日晖上人房别李参军崇嗣》序：“来从许下，月旦出于龙泉；言入蜀中，星文见于牛斗。”贾岛《送僧归太白山》：“夜禅临虎穴，寒漱撇龙泉。”❸龙渊，即深渊。古人以为深渊中藏有蛟龙，故名龙渊。皎然《戛铜碗为龙吟歌》：“似出龙泉万丈低，乍怪声来近而远。”❹即龙池。亦即兴庆池。裴漼《奉和圣制龙池篇》：“乾坤启圣吐龙泉，泉水年年胜一年。”❺为唐裴度所凿池名，在今山西太原市境。白居易有《奉和裴令公三月上巳日游太原龙泉忆去岁禊洛见示之作》诗、《又和令公新开龙泉晋水二池》。

【龍庭】 为匈奴单于祭天地鬼神之所。指匈奴等政权。王维《送赵都督赴代州得青字》：“忘身辞凤阙，报国取龙庭。”李白《古风》之六：“昔别雁门关，今戍龙庭前。”又《折杨柳》：“攀条折春色，远寄龙庭前。”司空图《南北史感遇十首》之一：“雨淋麟阁名臣画，雪卧龙庭猛将碑。”

【龍姿】 指皇帝的风姿。皮日休《鲁望昨以五百言见贻因成一千言上述吾唐文物之盛次叙相得之欢亦迭和之微旨也》：“日晏朝不罢，龙姿欢㛹㛹。”

【龍洲】 ❶为地名。指今湖南汉寿县氾洲。三国吴李衡曾于武陵龙阳之氾洲种橘千株。甘橘成，岁得绢数千匹，家道殷富。李贺《感讽五首》之一：“合浦无明珠，龙洲无木奴。”❷即龙沙，江西南昌城北一带白沙丘。杨凌《钟陵雪夜酬友人》：“龙洲不可泊，岁晚足惊波。”

【龍津】 ❶指龙门。龙门一名河津，故名。亦借指别处深而险的水面。殷尧藩《襄口阻风》：“雪浪排空接海门，孤舟三日阻龙津。”❷喻科举及第或仕官腾达之路。钱起《送李四擢第归觐省》：“鸿羽不低飞，龙津徒自险。”鲍溶《寄张十七校书李仁行秀才》：“一与清风上芸阁，再期秋雨过龙津。”李商隐《春日寄怀》：“欲逐风波千万里，未知何路到龙津。”翁洮《春日题航头桥》：“莫怪马卿题姓字，终朝云雨化龙津。”❸指龙池。即兴庆池。李德裕《离平泉马上作》：“文帝宠深陪雉尾，武皇恩厚宴龙津。”参见“龍池”。❹指御沟。杜荀鹤《御沟柳》：“如何帝城里，先得覆龙津。”

【龍宫】 ❶指龙王的宫殿。王维《燕子龛禅师》：“鸟道悉已平，龙宫为之涸。”顾况《龙宫操》：“龙宫月明光参差，精卫衔石东飞时。”李商隐《题白石莲花寄楚公》：“大海龙宫无限地，诸天雁塔几多层。”黄滔《绛州郑尚书》：“剖竹已知垂凤食，摘珠何必到龙宫。”❷据《海龙王经·请佛品说》，海龙王曾至灵鹫山闻佛说法，喜极，欲请佛至龙宫供养。佛许之，龙王即入大海化作宫殿，佛与众比丘菩萨遂入宫，受诸龙供养。故后以龙宫指佛寺。王昌龄《诸官游招隐寺》："自从永明世，月向龙宫吐。"刘长卿《戏赠干越尼子歌》："厌向春江空浣沙，龙宫落发披袈裟。"张祜《题丹阳永泰寺练湖亭》："小槛俯澄鲜，龙宫浸浩然。"李群玉《湘中别成威阇黎》："吐论驾秋涛，龙宫发胸臆。"

【龍宫寺】　寺名。寺在今浙江剡溪。李绅《新楼诗二十首·龙宫寺》序："此寺摧毁积岁。贞元十六年，余为布衣，东游天台，故人江西观察使崔公以殿中谪官，移疾剡溪。崔公坐中有僧人修真，自言居龙宫寺，起谓余言，异日为修此寺。"

【龍宫灘】　水滩名，在今广东阳山县。韩愈有《宿龙宫滩》。

【龍神】　指龙王。顾云《苔歌》："采之不敢盈筐篋，苦怕龙神河伯惜。"杜荀鹤《将过湖南经马当山庙因书三绝》之一："大凡君子行藏是，自有龙神卫过湖。"亦指龙王和其他神灵。王继勋《赠和龙妙空禅师》："猿鸟认声呼唤易，龙神降伏住持坚。"贯休《上冯使君水晶数珠》："龙神多共惜，金玉比终轻。"

【龍祠】　即龙王庙。祭祀龙神之所。李绅《拜三川守》序："开成元年三月二十五日，蒙恩除河南尹。四月六日，诏下洛阳，是月，自春不雨，已逾六旬。此日谢恩，未诣公府，驰祷龙祠。"

【龍拏】　龙腾跃攫物貌。形容山势起伏绵延。崔橹《过南城县麻姑山》之一："盘疑虎伏形难写，展认龙拏势未回。"

【龍飛】　喻帝王兴起或即位。李白《上云乐》："陛下应运起，龙飞入咸阳。"杜甫《上韦左相二十韵》："凤历轩辕纪，龙飞四十春。"李益《赠宣大师》："先皇诏下征还日，今上龙飞入内时。"亦指帝王巡幸。郑启《严塘经乱书事》之一："尘生宫阙雾濛濛，万骑龙飞幸蜀中。"

【龍珠】　即珍贵的宝珠。据传得自龙颔下或龙口中，故名。权德舆《古兴》："海底有龙珠，下隔万丈渊。"

【龍馬】　❶指古代传说中龙头马身的神兽。杜审言《和李大夫嗣真奉使存抚河东》："祯符龙马出，宝箓凤皇传。"沈佺期《答魑魅代书寄家人》："河讖随龙马，天书逐凤皇。"萧昕《洛出书》："龟灵启圣图，龙马负书出。"❷指骏马。杨师道《咏饮马应诏》："清晨控龙马，弄影出花林。"李白《白马篇》："龙马花雪毛，金鞍五陵豪。"张籍《离妇》："夫婿乘龙马，出入有光仪。"

【龍馬精神】　喻老当益壮的精神风貌。李郢《上裴晋公》："四朝忧国鬓如丝，龙马精神海鹤姿。"

【龍華】　(—huā)指龙华树。传说弥勒得道为佛时，坐于龙华树下。树高广四十里，花枝如龙头，故名，后借指佛寺。韩翃《题玉山观禅师兰若》："先朝亲与会龙华，紫禁鸣钟白日斜。"权德舆《惠上人房宴别》："方袍相引到龙华，支策开襟路不赊。"张格《寄禅月大师》："龙华咫尺断来音，日夕空驰咏德心。"慧净《杂言》："回斯少福润生津，共会龙华舍尘翳。"

【龍華會】　(華 huā)为庙会名，汉魏六朝时以农历四月八日设会祝弥勒佛下生。南朝梁宗懔《荆楚岁时记》："四月八日，各寺设香汤浴佛，共作龙华会，以为弥勒下生之征。"陆海《题龙门寺》："更与龙华会，炉烟满夕风。"刘长卿《陪元侍御游支硎山寺》："支公去已久，寂寞龙华会。"

【龍軒】　即皇帝的车驾。钱弘俶《感降内夫人赐家室药物金器》："鱼轩相逐拜龙轩，圣主俄推望外恩。"

【龍眼】　即一种珍果，亦称桂圆。球形，外皮黄褐色，果肉白色，味美，为果中佳品，亦可入药。树为常绿乔木，羽状复叶，小叶椭圆形，花黄白色，圆锥花序。产于广东、福建等地。元稹《代曲江老人百韵》："翠毛开越寯，龙眼弊瓯闽。"殷尧藩《偶题》："越女收龙眼，蛮儿拾象牙。"章碣《送谢进士还闽》："却拥木绵吟丽句，便攀龙眼醉香醪。"

【龍首】　为山名。在今陕西西安市北。王维《登楼歌》："却瞻兮龙首，前眺兮宜春。"沈佺期《人日重宴大明宫赐彩缕人胜应制》："拂旦鸡鸣仙卫陈，凭高龙首帝城春。"韦应物《观早朝》："丹殿据龙首，崔嵬对南山。"

【龍氣】　❶即龙的气味。李咸用《和殷衙推春霖即事》："腥觉闻龙气，寒宜拥豹裘。"❷指龙脑香的香气。温庭筠《阳春曲》："云母空窗晓烟薄，香昏龙气凝晖阁。"❸指云雾。许浑《神女祠》："龙气石床湿，鸟声山庙空。"温庭筠《太液池歌》："腥鲜龙气连清防，花风漾漾吹细光。"又《秋雨》："云满鸟行灭，池凉龙气腥。"❹指帝王之气。张祜《华清宫四首》之一："风树离离月稍明，九天龙气在华清。"

【龍豹韜】　即龙韬和豹韬，两种兵略。泛指兵法、战略。刘长卿《赠别于群投笔赴安西》："坐恃龙豹韬，全轻蜂虿毒。"参见"龍韜"。

【龍逄】　人名。即关龙逄，夏桀之臣，因谏为桀所杀。吴筠《览古十四首》之九："比干与龙逄，残害何足悲。"李瀚《蒙求》："龙逄板出，张华台坼。"

【龍芻】　即龙须草。可作马的食料，故名。陆龟蒙《奉和袭美题达上人药圃二首》之二："教疏兔镂金弦乱，自拥龙刍紫汞肥。"

【龍旆】　即垂挂的龙旗。亦泛称龙旗。韩愈、张籍《会合联句》："龙旆垂天卫，云韶凝禁甬。"钱起《广德初銮驾出关后登高愁望二首》之二:"黄尘涨戎马,紫气随龙旆。"杜牧《云梦泽》:"日旗龙旆想飘扬,一索功高缚楚王。"吴融《文德初闻车驾东游》:"龙旆丛丛下剑门,还将瑞气入中原。"

【龍旃】　见"龍旗"。

【龍朔】　即龙荒朔漠。指北方塞外荒漠之地。殷尧藩《送景玄上人还山》:"地横龙朔连沙暝,山入乌桓碧树重。"

【龍書】　指道教符箓。陆龟蒙《上元日道室焚修寄袭美》:"将排凤节分阶易,欲校龙书下笔难。"又《病中晓思》:"幽人病久浑成渴,愁见龙书一鼎干。"

【龍孫】　骏马。李商隐《西溪》:"凤女弹瑶瑟,龙孙撼玉珂。"又《过华清内厩门》:"自是明时不巡幸,至今青海有龙孙。"曹唐《病马五首呈郑校书章三吴十五先辈》之三:"不剪焦毛鬣半翻,何人别是古龙孙。"陆龟蒙《开元杂题七首·舞马》:"月窟龙孙四百蹄,骄骧轻步应金鞞。"

【龍唇琴】　为琴名。孟浩然《听郑五愔弹琴》:"半酣下衫袖,拂拭龙唇琴。"

【龍堆】　❶即白龙堆。岑参《献封大夫破播仙凯歌六首》之四:"洗兵鱼海云迎阵,秣马龙堆月照营。"岑参《北庭作》:"雁塞通盐泽,龙堆接醋沟。"皇甫冉《春思》:"莺啼燕语报新年,马邑龙堆路几千。"卢汝弼《和李秀才边庭四时怨》之三:"陇头流水关山月,泣上龙堆望故乡。"❷为洞庭湖中洲名。即金沙洲。杜甫《过洞庭湖》:"蛟室围青草,龙堆拥白沙。"

【龍梭】　对织梭的美称。张文恭《七夕》:"凤律惊秋气,龙梭静夜机。"康翊仁《鲛人潜织》:"机动龙梭跃,丝萦藕淬添。"

【龍堂】　❶即画有蛟龙图形的殿堂。指龙宫、皇宫。李商隐《海上谣》:"借得龙堂宽,晓出揲云发。"段成式《河出荣光》:"澄辉明贝阙,散彩入龙堂。"❷指佛寺。李白《与南陵常赞府游五松山》:"龙堂若可憩,吾欲归精修。"诗题下原注:"山在南陵铜井西五里,有古精舍。"朱庆余《题仙游寺》:"石抱龙堂藓石干,山遮白日寺门寒。"温庭筠《宿松门寺》:"林间禅室春深雪,潭上龙堂夜半云。"

【龍蛇】　❶即龙和蛇。孟云卿《邺城怀古》:"古树藏龙蛇,荒茅伏狐兔。"李白《早秋赠裴十七仲堪》:"穷溟出宝贝,大泽饶龙蛇。"皮日休《太湖诗·入林屋洞》:"脚底龙蛇气,头上波涛声。"黄滔《寄罗浮山道者二首》之一:"时闻雷雨惊樵客,长有龙蛇护洞门。"❷喻杰出的人物。杜甫《送孔巢父谢病游江东兼呈李白》:"深山大泽龙蛇远,春寒野阴风景暮。"明皇《平胡》:"鼓角雄山野,龙蛇入战场。"李涉《岳阳别张祜》:"龙蛇纵在没泥涂,长衢却为驽骀设。"❸汉刘邦起义时于泽中斩大蛇,有老妪哭曰:"吾子,白帝子也,化为蛇,今为赤帝子斩之。"故后以龙蛇指刘邦和项羽。高适《自淇涉黄河途中作十三首》之七:"屠钓称侯王,龙蛇争霸王。"张碧《鸿沟》:"鱼虾舞浪狂鳅鲲,龙蛇胆战登鸿门。"张祜《鸿沟》:"龙蛇百战争天下,各制雄心指此沟。"❹指暴戾之徒。杜甫《喜晴》:"干戈虽横放,惨澹斗龙蛇。"刘复《长歌行》:"龙蛇出没经两朝,胡虏凭陵大道销。"陆龟蒙《读阴符经寄鹿门子》:"龙蛇竞起陆,斗血浮中原。"❺喻指成功者和失败者。灵一《项王庙》:"弓断阵前争日月,血流垓下定龙蛇。"❻谓书法遒劲飞动,亦指遒劲飞动的草书等字体。李白《草书歌行》:"怳怳如闻神鬼惊,时时只见龙蛇走。"曹唐《王远宴麻姑蔡经宅》:"大篆龙蛇随笔札,小天星斗满衣裳。"徐夤《尚书新造花笺》:"浓染红桃二月花,只宜神笔纵龙蛇。"❼指树木苍劲虬曲的枝干。李商隐《武侯庙古柏》:"蜀相阶前柏,龙蛇捧闷宫。"❽为兵阵名。即一字长蛇阵。明皇《旋师喜捷》:"龙蛇开阵法,貔虎振军威。"卢纶《送韩都护还边》:"阵合龙蛇动,军移草木闲。"刘禹锡《观八阵图》:"水落龙蛇出,沙平鹅鹳飞。"

【龍蛇火】　指寒食节灶火。古时有寒食禁火以纪念春秋晋重臣介子推之习。故以龙蛇火指寒食节之灶火。王昌龄《寒食即事》:"雨灭龙蛇火,春生鸿雁天。"

【龍蛇蟄】　喻隐逸。陆龟蒙《徐方平后闻赦因寄袭美》:"英材尽作龙蛇蛰,战地多成虎豹村。"原注:"时停贡举。"

【龍帳】　指画着彩龙的帐子。李贺《昌谷诗》:"阴藤束朱键,龙帐着魑魅。"

【龍筇】　即筇竹。筇节高节实中,可作手杖。李白《送殷淑三首》之三:"痛饮龙筇下,灯青月复寒。"

【龍笛】　即笛子。汉马融《长笛赋》有"龙鸣水中不见已,截竹吹之声相似"之语,疑水中龙鸣与笛声相似,故名。亦指管首为龙形的笛子。王维《沈十四拾遗新竹生读经处同诸公之作》:"乐府裁龙笛,渔家伐钓竿。"李贺《将进酒》:"吹龙笛,击鼍鼓。"章碣《癸卯岁毗陵登高会中贻同志》:"凤笙龙笛数巡酒,红树碧山无限诗。"韩偓《梅花》:"龙笛远吹胡地月,燕钗初试汉宫妆。"

【龍笙】　为笙之一种。指以龙为饰或声如龙鸣之笙。卢仝《题褚遂良孙庭竹》:"负霜停雪旧根枝,龙笙凤管君莫截。"

【龍符】　即龙节。亦借指地方长官。韩翃《送高别驾归汴州》:"身随玉帐心应惬,官佐龙符势又全。"

【龍舸】　一种小船。顾况《寄上兵部韩侍郎奉呈李户部卢刑部杜三侍郎》:"公登略彴桥,况榜龙舸船。”龙，一作“朧”。

【龍舸】　即龙舟。专指帝王所乘御的船。李适《侍宴长宁公主东庄应制》：“凤楼纡睿幸，龙舸畅宸襟。”李白《上皇西巡南京歌十首》之六：“濯锦清江万里流，云帆龙舸下扬州。”汪遵《隋柳》：“夹浪分堤万树余，为迎龙舸到江都。”许棠《汴河十二韵》：“空怀龙舸下，不见锦帆收。”

【龍船】　指饰龙形的大船。花蕊夫人徐氏《宫词》之五一：“第一锦标谁夺得，右军输却小龙船。”

【龍猛筆】　指西岳龙猛大士之笔。贯休《拟君子有所思二首》之二：“安得龙猛笔，点石为黄金。”原注：“西岳龙猛大士于砚中磨药，点笔成金。西天有龙猛金，其色紫。”

【龍猛金膏】　当为一种仙药。贯休《山居诗二十四首》之十三：“龙猛金膏虽未作，孙登土窟且相宜。”

【龍魚】　❶即龙和鱼。牟融《春日山亭》：“龙鱼失水难为用，龟玉蒙尘未见珍。”❷指龙鲤，即穿山甲。一说，指鲵鱼，即人鱼，神话传说中的鱼类。韩愈《送诸葛觉往随州读书》：“入海观龙鱼，矫翮逐黄鹄。”❸谓遒劲流动的书法。岑文本《奉述飞白书势》：“飞毫列锦绣，拂素起龙鱼。”

【龍象】　❶即龙与象。佛经中用以喻诸阿罗汉中修行勇猛有最大能力者。《智度论》：“是五千阿罗汉中最大力，以是故言如龙如象，水行中龙力大，陆行中象力大。”后亦用以泛称高僧。李白《赠宣州灵源寺仲濬公》：“此中积龙象，独许濬公殊。”孟浩然《游景空寺兰若》：“龙象经行处，山腰度石关。”白居易《郡斋暇日忆庐山草堂兼寄二林僧社三十韵多叙贬官已来出处之意》：“龙象投新社，鹓鸾失故行。”❷指罗汉像、佛像。高适《同群公宿开善寺赠陈十六所居》：“裴回龙象侧，始见香林花。”欧阳衮《南涧寺》：“云藏古壁遗龙象，草没香台抱鹿麛。”罗隐《甘露寺火后》：“只道鬼神能护物，不知龙象自成灰。”

【龍衮】　❶即天子礼服，上绣龙纹。杜甫《冬日洛城北谒玄元皇帝庙》：“五圣联龙衮，千官列雁行。”令狐楚《将赴洛下献上相公二十兄言怀八韵》：“龙衮期重补，梅羹伫再和。”柳宗元《省试观庆云图诗》：“抱日依龙衮，非烟近御炉。”曹唐《小游仙诗九十八首》之五一：“玉皇欲着红龙衮，亲唤金妃下手裁。”❷借指天子。储光羲《群鸦咏》：“新宫骊山阴，龙衮时出豫。”李嘉祐《送马将军奏事毕归滑州使幕》：“棠梨宫里瞻龙衮，细柳营前着豹裘。”舒元舆《八月五日中部官舍读唐历天宝已来追怆故事》：“万国哭龙衮，悲思动蛮貊。”刘得仁《上姚谏议》：“已瞻龙衮近，渐向凤池新。”

【龍旌】　即龙旗。卢照邻《结客少年场行》：“龙旌昏朔雾，鸟阵卷胡风。”

【龍章】　❶即龙纹，龙形。齐己《题东林十八贤真堂》：“白藕花前旧影堂，刘雷风骨画龙章。”❷指龙旗。皇帝仪仗。温庭筠《湖阴词》：“白虬天子金煌铓，高临帝座回龙章。”亦代称皇帝。韩偓《六月十七日召对自辰及申方归本院》：“清暑帘开散异香，恩深咫尺对龙章。”❸指天子之衣服，其上绘画或刺绣有龙形。骆宾王《晚憩田家》：“龙章徒表越，闽俗本殊华。”❹指衮龙之服和章甫之冠。李白《自溧水道哭王炎三首》之一：“天上坠玉棺，泉中掩龙章。”

【龍章鳳姿】　谓人风采气度不凡。皮日休《奉和添酒中六咏·酒杯》：“昔有嵇氏子，龙章而凤姿。”

【龍渠】　即龙首渠。一名浐水渠。隋自东南龙首堰下分浐水入京而成此渠。沈佺期《晦日浐水应制》：“摘兰喧凤野，浮藻溢龙渠。”钱起《中书遇雨》：“纶阁飞丝度，龙渠激霤回。”

【龍涎】　为香名。抹香鲸病骨的一种分泌物。以得于海上，因称龙涎。古人或以为龙涎，即龙所吐的唾液。《香谱》：“龙涎出大食国，其龙多蟠伏于洋中之大石，卧而吐涎。涎浮水面，土人见众鱼游泳争嚼之，则往取焉。”许浑《瞑投灵智寺渡溪不得却取沿江路往》：“沙虚留虎迹，水滑带龙涎。”项斯《寄流人》：“象迹频藏齿，龙涎远蔽珠。”亦借指树木所发出的香气。贯休《怀匡山山长二首》之一：“杉罅龙涎溢，潭坳石发多。”

【龍鄉】　指边塞。乔知之《从军行》：“鸳绮裁易成，龙乡信难见。”

【龍陽】　❶即战国魏男宠龙阳君。参见“龍陽恨”。❷古县名。三国吴置，治所即今湖南汉寿县。唐属朗州。刘禹锡曾为朗州司马，有《龙阳县歌》。马戴曾为龙阳县尉。殷尧藩有《赠龙阳尉马戴》，唐温如有《题龙阳县青草湖》。

【龍陽恨】　谓失宠、被遗弃的悲恨。李贺《钓鱼诗》：“詹子情无限，龙阳恨有余。”

【龍馭】　亦作“龍御”。❶指天子车驾。白居易《长恨歌》：“天旋日转回龙驭，到此踌躇不能去。”亦借指天子。韦应物《温泉行》：“一朝铸鼎降龙驭，小臣髯绝不得去。”武元衡《顺宗至德大圣皇帝挽歌词三首》之二：“乌号龙驭远，遏密凤声哀。”许浑《懿安皇太后挽歌词》：“自此随龙驭，桥山翠霭中。”刘沧《秋日过昭陵》：“寝庙徒悲剑与冠，翠华龙驭杳漫漫。”韦庄《喻东军》：“四年龙驭守峨嵋，铁马西来步步迟。”❷谓君临天下。钱起《观法驾自凤翔回》：“圣情苏品物，龙御辟云雷。”原注：“御，一作驭。”

【龍椁】　即皇帝的棺椁。白居易《新乐府·草茫茫》：“一朝盗掘坟陵破，龙椁神堂三月火。”

【龍戟】　即以龙为饰的戟。杨衡《送孔周之南海谒王尚书》："自趋龙戟下，再为诵芳馨。"温庭筠《走马楼三更曲》："马过平桥通画堂，虎幡龙戟风飘扬。"

【龍智】 谓龙很聪明。春秋时，有虫莫智于龙之说。传说夏代有一雌龙死，养龙人刘累潜醢以食夏后。白居易《东南行一百韵》："龙智犹经醢，龟灵未免刳。"

【龍御】 见"龍馭"。

【龍旐】 画有龙形的丧幡。张说《赠工部尚书冯公挽歌三首》之二："爵位题龙旐，威仪出凤城。"

【龍湖】 ❶传为黄帝乘龙飞升之处。《郊庙歌辞·享太庙乐章·景云舞》："龙湖超忽，象野芊绵。"❷喻指朝廷。许天正《和陈元光平潮寇诗》："龙湖膏泽下，早晚遍枯穷。"

【龍湫】 ❶指龙潭，深渊。杜甫《寄从孙崇简》："嵯峨白帝城东西，南有龙湫北虎溪。"李群玉《宿鸟远峡化台遇风雨》："龙湫在石脚，引袂时一取。"陆龟蒙《奉和袭美太湖诗二十首·初入太湖》："崄异拔龙湫，喧如破蛟室。"杜荀鹤《送吴蜕下第入蜀》："鸟径盘春霭，龙湫发夜雷。"齐己《寄仰山光味长者》："鸟道峰形直，龙湫石影深。"❷为瀑布名。在今浙江雁荡山。贯休《句》："雁荡经行云漠漠，龙湫宴坐雨濛濛。"

【龍淵】 指深潭，深渊。古人认为深渊有蛟龙，故称。刘禹锡《伤我马词》："金台已平骨空朽，投之龙渊从尔友。"

【龍舼】 饰有龙形的小船。刘禹锡《酬扬八庶子喜韩吴兴与余同迁见赠》："虎绶悬新印，龙舼理去桡。"陈陶《闽川梦归》："龙舼欲上巴兽滩，越王金鸡报天曙。"

【龍渦】 即水涡。岑参《赴犍为经龙阁道》："汗流出鸟道，胆碎窥龙涡。"

【龍塞】 （—sài）犹言龙城。泛指边远地区。卢照邻《和吴侍御被使燕然》："春归龙塞北，骑指雁门垂。"孙逖《同洛阳李少府观永乐公主入蕃》："美人天上落，龙塞始应春。"杜牧《贵游》："斧钺旧威龙塞北，池台新赐凤城西。"

【龍畫竿】 指天子仪仗队所执之戟。温庭筠《夜宴谣》："飘摇戟带俨相次，二十四枝龙画竿。"

【龍媒】 ❶指骏马。陈子良《春晚看群公朝还人为八韵》："红尘掩鹤盖，翠柳拂龙媒。"杜甫《沙苑行》："龙媒昔是渥洼生，汗血今称献于此。"权德舆《奉和鄜州刘大夫麦秋出师遮虏有怀中朝亲故》："行师齐鹤列，锡马尽龙媒。"刘威《伤曾秀才马》："买得龙媒越水渍，轻桃细杏色初分。"❷喻优异人才。高适《和贺兰判官望北海作》："长鸣谢知己，所愧非龙媒。"杜甫《昔游》："有能市骏骨，莫恨少龙媒。"

【龍馳】 即骏马奔驰。张说《奉和圣制义成校猎喜雪应制》："帝射参神道，龙驰合人性。"

【龍魂】 即剑的光芒。陆龟蒙《吴俞儿舞歌·剑俞》："龙魂清，虎尾白，秋照海心同一色。"

【龍禁】 指皇帝所居之禁中。韦承庆《寒食应制》："凤城春色晚，龙禁早晖通。"

【龍睛】 指泉水。皮日休《以紫石砚寄鲁望兼酬见赠》："石墨一研为凤尾，寒泉半勺是龙睛。"

【龍路】 犹言要津。裴度、刘禹锡《度自到洛中与乐天为文酒之会联句》："他日登龙路，应知免曝鳃。"

【龍節】 即龙形符节。泛称奉王命出使者所持之符节。皇甫曾《送王相公赴幽州》："凤池东掖宠，龙节北方尊。"张仲素《塞上曲》："卷旆生风喜气新，早持龙节静边尘。"薛逢《送西川杜司空赴镇》："三入凤池操国柄，八分龙节付兵权。"罗邺《上东川顾尚书》："龙节坐持兵十万，可怜三蜀尽无忧。"

【龍鉤】 亦作"籠鉤"。篮子上的提柄。《乐府诗集》卷二十八《陌上桑》："青丝为笼系，桂枝为龙钩。"赵嘏《昔昔盐二十首·采桑秦氏女》："珠履荡花湿，龙钩折桂新。"龙钩当为笼钩。

【龍腰】 即龙之腰身。陈沆《嘲庐山道士》："龙腰鹤背无多力，传与麻姑借大鹏。"

【龍腥】 指刀剑等器具所带的铁腥气味。李郢《郢自街西醉归》："铦刃剪裁多鹊媚，细鞘挥拂带龙腥。"

【龍腦】 即龙脑香。龙脑香树树干中所含的油脂的结晶。俗称冰片。李贺《啁少年》："青骢马肥金鞍光，龙脑入缕罗衫香。"长孙佐辅《古宫怨》："看笼不记薰龙脑，咏扇空曾秃鼠须。"薛能《吴姬十首》之六："取次衣裳尽带珠，别添龙脑裛罗襦。"花蕊夫人徐氏《宫词》之七三："青锦地衣红绣毯，尽铺龙脑郁金香。"亦指其他树木有香气的油脂。陆龟蒙《奉和袭美夏景无事因怀章来二上人次韵》："高杉自欲生龙脑，小弁谁能寄鹿胎。"

【龍煙】 即薰炉中的香烟。王建《宫词》之三："龙烟日暖紫曈曈，宣政门当玉殿风。"

【龍漠】 为白龙堆大沙漠的略称。亦泛称西北荒漠之地。袁晖《奉和圣制送张尚书巡边》："羽书雄北地，龙漠寝南垓。"

【龍溪】 亦作"龍谿"。❶为唐郡名。郡治夜郎，在今湖南新晃侗族自治县境。王昌龄《送崔参军往龙溪》："龙溪只在龙标上，秋月孤山两相向。"❷为溪水名。在今四川灌县西青城山。岑参《寄青城龙溪奂道人》："龙溪盘中峰，上有莲华僧。"❸为地名。(1)当为唐龙溪县（治所即今福建漳州市东南古县）之一乡名。(2)在唐吉州（治所即今江西吉水县东北）。何敬《题吉州龙溪》："龙溪之山秀而峙，龙溪之水清无底。"

【龍窟】　即龙宫。张碧《题祖山人池上怪石》："先生应是厌风云，着向江边塞龙窟。"项斯《浊水求珠》："沙寻龙窟远，泥访蚌津幽。"

【龍殿】　即宫殿、朝堂。许景先《奉和御制春台望》："秦城连凤阙，汉寝疏龙殿。"

【龍綃】　❶即鲛绡。传说中蛟人所织的绡。韦应物《鼋头山神女歌》："阴深灵气静凝美，的砾龙绡杂琼珮。"亦作为对绡的美称。卢纶《和常舍人晚秋集贤院即事十二韵寄赠江南徐薛二侍郎》："麟笔删金篆，龙绡荐玉编。"徐凝《宫中曲二首》之一："披香侍宴插山花，厌着龙绡着越纱。"徐夤《银结条冠子》："舞时红袖举，纤影透龙绡。"❷亦喻指薄如鲛绡的精美之物。徐夤《荔枝二首》之一："龙绡壳绽红纹粟，鱼目珠涵白膜浆。"按，《本草纲目・果三・荔枝》谓荔枝壳有皱如罗，故名。

【龍臺】　观名。在陕西户县东北，靠近渭水。姜晞《龙池篇》："始见龙台升凤阙，应如霄汉起神泉。"

【龍歌】　指管乐器发出的乐声。李德裕《寒食日三殿侍宴奉进诗一首》："宛转龙歌节，参差燕羽高。"贯休《上卢使君》："楼台千万户，锦绣龙歌沸。"

【龍鳴】　谓剑在鞘中发出如龙吼之声。李峤《宝剑篇》："一朝运偶逢大仙，虎吼龙鸣腾上天。"李白《独漉篇》："雄剑挂壁，时时龙鸣。"

【龍圖】　❶即河图。王维《奉和圣制登降圣观与宰臣等同望应制》："凤扆朝碧落，龙图耀金镜。"借指神授的君权。张说《唐享太庙乐章・大和舞》："龙图友及，骏命恭膺。"❷谓帝王的雄图伟业。温庭筠《感旧陈情五十韵献淮南李仆射》："忆昔龙图盛，方今鹤羽全。"罗隐《投宣武郑尚书二十韵》："雁影相承接，龙图共始终。"❸指皇帝玉玺。太宗《帝京篇十首》之二："玉匣启龙图，金绳披凤篆。"

【龍種】　❶指骏马。薛曜《舞马篇》："星精龙种竞腾骧，双眼黄金紫艳光。"太宗《咏饮马》："翻似天池里，腾波龙种生。"翁绶《白马》："渥洼龙种雪霜同，毛骨天生胆气雄。"❷指帝王的子孙。杜甫《哀王孙》："高帝子孙尽隆准，龙种自与常人殊。"李商隐《鄠杜马上念汉书》："世上苍龙种，人间武帝孙。"李商隐《杨本胜说于长安见小男阿衮》："寄人龙种瘦，失母凤雏痴。"❸为竹的别名。陈子昂《与东方左史虬修竹篇》："龙种生南岳，孤翠郁亭亭。"

【龍管】　对笛之美称。李白《襄阳歌》："车傍侧挂一壶酒，凤笙龙管行相催。"田娥《携手曲》："凤笙龙管白日阴，盈亏自感青天月。"

【龍鳳】　❶即龙与凤。喻指帝王。杜甫《行次昭陵》："谶归龙凤质，威定虎狼都。"贾岛《上杜驸马》："鸳鸯殿里参皇后，龙凤堂前贺至尊。"林宽《寓兴》："衰草珠玑冢，冷灰龙凤身。"无名氏《谒见日将至双阙》："远惊龙凤睹，谁识冕旒开。"❷喻文章。李群玉《始忝四座奏状闻荐蒙恩授官旋进歌诗延英宣赐言怀纪事呈同馆诸公二十四韵》："解薜龙凤署，怀铅兰桂丛。"❸喻飞舞的雪花。韩愈《辛卯年雪》："崩腾相排拶，龙凤交横飞。"

【龍厩】　指天子马舍。杜甫《秋日夔府咏怀奉寄郑监李宾客一百韵》："即今龙厩水，莫带犬戎膻。"原注："西京龙厩门，苑马门也，渭水流苑马门内。"

【龍旗】　亦作"龍旂"。❶指画有两龙蟠结的旗帜。天子仪仗之一。李峤《石淙》："羽盖龙旗下绝冥，兰除薜幄坐云扃。"皇甫冉《故齐王赠承天皇帝挽歌》："鸿宝仙书秘，龙旂帝服尊。"许浑《秋日早朝》："龙旗尽列趋金殿，雉扇才分见玉旒。"司空图《杨柳枝寿杯词十八首》之四："绿帐远笼清珮响，更曛晴日上龙旗。"亦借指天子。许浑《题卫将军庙》："武牢关下护龙旗，挟槊弯弧马上飞。"❷指得专征伐的大将之旗。岑参《献封大夫破播仙凯歌六首》之三："丈夫鹊印摇边月，大将龙旗掣海云。"陆龟蒙《战秋辞》："方州大都，虎节龙旗。"

【龍精】　为道教语。炼丹家用以指水。吕岩《七言》之二三："龙精龟眼两相和，丈六男儿不奈何。"

【龍漢】　为道教元始天尊年号之一。又为五劫之始劫。吴筠《步虚词十首》之九："敢问龙汉末，如何辟乾坤。"

【龍漏】　指龙形的计时漏壶。太宗《冬宵各为四韵》："雕宫静龙漏，绮阁宴公侯。"

【龍閣】　❶指有飞檐的楼阁。皮日休《初夏游楞伽精舍》："霜毫一道人，引我登龙阁。"❷即龙门阁。在今四川广元市北。岑参有《赴犍为经龙阁道》。

【龍綸】　即圣旨。李中《献乔侍郎》："人间传凤藻，天上演龙纶。"

【龍髯】　❶即龙之须。为皇帝去世之典。李峤《汾阴行》："珠帘羽扇长寂寞，鼎湖龙髯安可攀。"白居易《开成大行皇帝挽歌词四首奉敕撰进》之四："老病龙髯攀不及，东周退傅最伤情。"温庭筠《题翠微寺二十二韵》："龙髯悲满眼，螭首泪沾裳。"曹唐《仙都即景》："看却龙髯攀不得，红霞零落鼎湖空。"❷指帝王之须。李远《赠写御容李长史》："玉座尘消砚水清，龙髯不动彩毫轻。"❸喻松针。李贺《五粒小松歌》："绿波侵叶满浓光，细束龙髯铰刀剪。"李群玉《移松竹》："龙髯凤尾乱飕飕，带雾停风一亩秋。"

【龍駒】　❶指骏马。张说《舞马词》之四："帝皂龙驹沛艾，星阑骥子权奇。"杜甫《惜别行送刘仆射判官》："只收壮健胜铁甲，岂因格斗求龙驹。"❷喻指豪杰。李白《永王东巡歌十一首》之七:“战舰森森罗虎士,征帆一一引龙驹。”刘禹锡《酬郑州权舍人见寄十二韵》:“麟角看成就,龙驹见抑扬。”崔璐《览皮先辈盛制因作十韵以寄用伸款仰》:“襄阳得奇士,俊迈真龙驹。”

【龍漦】 指传说中龙所吐唾沫。薛能《华岳》:“鹤毳坛风乱,龙漦洞水腥。”皮日休《虎丘寺殿前有古杉一本遂赋三百言以见志》:“根应藏鬼血,柯欲漏龙漦。”又《独在开元寺避暑颇怀鲁望因飞笔联句》:“泉甘于马乳,苔滑似龙漦。”

【龍墀】 指唐宫殿的赤色台阶或赤色地面。以丹朱涂染而成赤色。亦泛称宫殿台阶和宫殿。周匡物《及第谣》:“遥望龙墀新得意,九天敕下多狂醉。”韩偓《梦中作》:“紫宸初启列鸳鸾,直向龙墀对揖班。”郑谷《壬戌西幸后》:“夜来梦到宣麻处,草没龙墀不见人。”花蕊夫人徐氏《宫词》之九二:“每日内庭闻教队,乐声飞上到龙墀。”

【龍標】 ❶为地名。唐武德七年(624)置龙标县,属辰州。贞观八年(634),置巫州,龙标为治所。龙标县治所在今湖南黔阳县西南黔城。王昌龄《送崔参军往龙溪》:“龙溪只在龙标上,秋月孤山两相向。”王昌龄又有《龙标野宴》。❷指诗人王昌龄。王昌龄于天宝前期被贬为龙标县尉。李白《闻王昌龄左迁龙标遥有此寄》:“杨花落尽子规啼,闻道龙标过五溪。”

【龍樓】 ❶为汉代太子宫门名。太子宫门楼上有铜龙,故名。后借指太子所居之宫。杜甫《洗兵马》:“鹤禁通霄凤辇备,鸡鸣问寝龙楼晓。”刘禹锡《自左冯归洛下酬乐天兼呈裴令公》:“新恩通籍在龙楼,分务神都近旧丘。”刘得仁《寄春坊顾校书》:“只恐龙楼吏,归山又见违。”胡曾《咏史诗·四皓庙》:“不知俱出龙楼后,多在商山第几重。”亦借指太子。刘长卿《至德三年春五十韵》:“凤驾瞻西幸,龙楼议北征。”司空图《杂题二首》之一:“先知左祖始同行,须待龙楼羽翼成。”《郊庙歌辞·享隐太子庙乐章·凯安》:“鸡戟遂崇仪,龙楼期好善。”❷指朝堂。亦泛称帝王所居宫殿、楼阁。亦借指朝廷。方干《献王大夫二首》之一:“早副急征来凤沼,常陪内宴醉龙楼。”罗隐《薛阳陶觱篥歌》:“龙楼冷落夏口寒,从此风流为废物。”南唐后主李煜《破阵子》词:“凤阙龙楼连霄汉,玉树琼枝作烟萝,几曾识干戈。”亦借指皇帝。韩翃《赠王逖》:“端笏事龙楼,思闲辄告休。”皇甫冉《酬张二仓曹扬子所居见寄兼呈韩郎中》:“莫怪杜门频乞假,不堪扶病拜龙楼。”白居易《赠吴丹》:“今来脱豸冠,时往侍龙楼。”

【龍蝦】 为节肢动物,虾之一种,体长可达一尺,生活在海底,味鲜美。韩愈《别赵子》:“又尝疑龙虾,果谁雄牙须。”

【龍嶠】 (—jiào)指盘曲的山路。钱起《柏崖老人号无名先生自以云泉独乐命予赋诗》:“与我开龙峤,披云静药堂。”

【龍骸】 指龙的骨骸。喻指嶙峋的山石、盘曲的树枝等。皇甫湜《石佛谷》:“乌迹巧均分,龙骸极癯瘠。”陆龟蒙《奉和袭美古杉三十韵》:“斗死龙骸杂,争奔鹿角差。”

【龍劍】 宝剑名。即龙渊。亦泛称剑。李白《梁甫吟》:“张公两龙剑,神物合有时。”皎然《从军行五首》之四:“水心龙剑动,地肺雁山开。”羊士谔《守郡累年俄及知命聊以言志》:“气直惭龙剑,心清爱玉壶。”胡曾《咏史诗·草檄答南蛮有咏》:“亲受虎符安宇宙,誓将龙剑定英雄。”

【龍德】 指天子之德,圣人之德。沈佺期《龙池篇》:“龙池跃龙龙已飞,龙德先天天不违。”则天皇后《唐明堂乐章·角音》:“龙德盛,鸟星出。”吴筠《高士咏·楚狂接舆夫妻》:“凤歌诫文宣,龙德遂隐密。”

【龍盤】 亦作“龍蟠”。❶形容山势如龙盘卧,雄壮绵延。李白《金陵歌送别范宣》:“钟山龙盘走势来,秀色横分历阳树。”严维《秋日与诸公文会天□寺》:“龙盘余帝宅,花界古人祠。”李商隐《咏史》:“三百年间同晓梦,钟山何处有龙盘。”吴融《望嵩山》:“不觉衡阳遮雁过,如何钟阜斗龙盘。”❷喻豪杰之士隐居以待时。李白《邺中赠王大》:“耻学琅琊人,龙蟠事躬耕。”张籍《行路难》:“龙蟠泥中未有云,不能生彼升天翼。”❸指雕饰龙凤图案的烛盘。李峤《烛》:“兔月清光隐,龙盘画烛新。”❹指如龙卧的花纹、图案。王光庭《奉和圣制送张说巡边》:“玉辗龙盘带,金装凤勒骢。”李益《府试古镜》:“龙盘初挂月,凤舞欲生风。”

【龍盤虎踞】 形容地势雄壮险要。亦作“龍蟠虎踞”。李白《永王东巡歌十一首》之四:“龙蟠虎踞帝王州,帝子金陵访古丘。”许浑《途经秦始皇墓》:“龙盘虎踞树层层,势入浮云亦是崩。”

【龍頟】 见“龍額”。

【龍頟侯】 见“龍額侯”。

【龍潭】 ❶即深潭,深渊。李白《求崔山人百丈崖瀑布图》:“龙潭中喷射,昼夜生风雷。”许浑《送荔浦蒋明府赴任》:“驿行盘鸟道,船宿避龙潭。”无可《经贞女祠》:“窥穴龙潭黑,过门鸟道危。”唐彦谦《留别》:“龙潭千尺水,不似别情深。”❷潭名。(1)指九龙潭。在河南登封县太室山东崖之半山巅,九潭相接,其深莫测,故名。李白《送王屋山人魏万还王屋》:“鬼谷上窈窕,龙潭下奔潨。”韦庄《龙潭》:“激石悬流雪满湾,九龙潜处野云闲。”(2)指万丈潭。在唐同谷县(治所在今甘肃成县)。杜甫《发同谷县》:“停骖龙潭云,回首白崖石。”(3)指白石潭。在今广西桂林市北七十里。李商隐《访秋》:“烟带龙潭白,霞分鸟道红。”

【龍潭寺】 寺名。在河南嵩山。杨巨源有《送澹公归嵩山龙潭寺葬本师》,白居易有《从龙潭寺至少林寺题赠同游者》和《宿龙潭寺》。

【龍潭祠】 祠庙名。在今陕西华县境。王昌龄有《小敷谷龙潭祠作》。

【龍潛】 用以指帝王未即位或贤士藏形匿迹。窦巩《陕府宾堂览房杜二公仁寿年中题纪手迹》:“当时憔悴题名日,汉祖龙潜未上天。”杜荀鹤《秋宿栖贤寺怀友人》:“鹤去巢盛月,龙潜穴拥云。”

【龍駕】 ❶指龙拉的车。泛称神仙的车驾。杜甫《牵牛织女》:“亭亭新妆立,龙驾具曾空。”吴筠《游仙二十四首》之一:“龙驾朝紫微,后天保令名。”元稹《古决绝词》之三:“虹桥薄夜成,龙驾侵晨列。”李咸用《升天行》:“空中龙驾时回旋,左云右鹤翔翩联。”❷指皇帝车驾。乔知之《侍宴应制得分字》:“豫游龙驾转,天乐凤箫闻。”王邕《嵩山望幸》:“象车因叶瑞,龙驾愿升中。”刘沧《过铸鼎原》:“黄帝修真万国朝,鼎成龙驾上丹霄。”胡曾《咏史诗·苍梧》:“有虞龙驾不西还,空委箫韶洞壑间。”

【龍編】 旧县名。西汉置,治所在今越南北宁省仙游东。隋移置今仙游附近。唐末废。北魏郦道元《水经注·叶榆水》:“又东径龙渊县故城南,又东左合此水。建安二十三年,立州之始,蛟龙盘编于水南北二津,故改龙渊,以龙编为名也。”一说李贤注《汉书·地理志》为避高祖李渊讳,改龙渊为龙编。沈佺期有《度安海入龙编》。陆龟蒙《奉和袭美吴中言怀寄南海二同年》:“城连虎踞山图丽,路入龙编海舶遥。”

【龍樹】 为古印度高僧,印度大乘佛教中观学派创始人。释迦灭后七百年出世于南天竺。据传其母于树下生之,因字阿周陀那(树名),以龙成其道,以龙配字,故名龙树。著述甚丰,有“千部论主”之称。主要有《中论》《十二门论》《大智度论》《十住毗婆沙论》等。齐己《谢贯微上人寄示古风今体四轴》:“谩求龙树能医眼,休问图澄学洗肠。”

【龍樹方】 指佛教密宗药方。元稹《春月》:“复有比丘溢,早传龙树方。”参见“龍樹論”。

【龍樹論】 泛称尊奉龙树的佛教密宗教徒所作的《咒眼痛经》《咒牙痛经》《疗痔病经》之类。白居易《眼病二首》之二:“案上谩铺龙树论,盒中虚撚决明丸。”

【龍頭】 ❶指龙之头。韩愈、轩辕弥明《石鼎联句》:“龙头缩菌蠢,豕腹涨彭亨。”❷喻指杰出人物的首领。罗隐《寄礼部郑员外》:“班资冠鸡舌,人品压龙头。”❸为状元的别称。黄滔《辄吟七言四韵攀寄翁文尧拾遗》:“龙头龙尾前年梦,今日须怜应若神。”原注:“滔卯年冬在宛陵,梦文尧作状头及第。”❹指以龙的图形为装饰的器物。李贺《秦王饮酒》:“龙头泻酒邀酒星,金槽琵琶夜枨枨。”李商隐《河阳诗》:“龙头泻酒客寿杯,主人浅笑红玫瑰。”温庭筠《春江花月夜词》:“珠翠丁星复明灭,龙头劈浪哀笳发。”此指龙舟的龙头。

【龍頭人】 指最杰出的人士。李贺《酒罢张大彻索赠诗》:“往还谁是龙头人,公主遣秉鱼须笏。”

【龍螭】 即龙与螭。螭,传说中的无角龙。陆龟蒙《奉和袭美太湖诗二十首·明月湾》:“空中卓羽卫,波上停龙螭。”

【龍戰】 谓阴阳二气交战。后用以喻群雄争夺天下。胡曾《咏史诗·题周瑜将军庙》:“共说生前国步难,山川龙战血漫漫。”又《咏史诗·荥阳》:“当时天下方龙战,谁为将军作诔文。”

【龍篆】 指回环屈曲飘起如篆文的香烟。陆龟蒙《和袭美寄广文先生》:“龙篆拜时轻诰命,霓襟披后小玄纁。”

【龍興寺】 (興 xìng)为寺名。(1)在今湖南岳阳市。李白有《与贾至舍人于龙兴寺剪落梧桐枝望㴩湖》,贾岛有《易州登龙兴寺楼望郡北高峰》。(2)在今甘肃临潭县。岑参有《临洮龙兴寺玄上人院同咏青木香丛》。(3)在今湖南零陵县西南。柳宗元曾居此。柳宗元《永州龙兴寺西轩记》:“永贞年,余名在党人,不容于尚书省。出为邵州,道贬永州司马。至则无以为居,居龙兴寺西序之下。”柳宗元又有《湘岸移木芙蓉植龙兴精舍》。(4)在今四川忠县。杜甫有《题忠州龙兴寺所居院壁》。(5)当在今浙江杭州市北城。孟浩然有《登龙兴寺阁》。(6)当在今江苏连云港市西南锦屏山。刘长卿有《登东海龙兴寺高顶望海简演公》。

【龍興觀】 (興 xìng 觀 guàn)为道观名。(1)在今湖南常德市。王昌龄有《武陵龙兴观黄道士房问易因题》。(2)当在山东泰山。王翰有《龙兴观金箓建醮》。

【龍頷】 指龙之颔。即骊龙的下巴。传说龙颔其下有明珠。权德舆《酬裴杰秀才新樱桃》:“圆疑窃龙颔,色已夺鸡冠。”李绅《趋翰苑遭诬构四十六韵》:“凤形怜彩笔,龙颔借骊珠。”黄滔《寄同年封舍人渭》:“龙颔摘珠同泳海,凤衔辉翰别升天。”

【龍輿】 ❶指龙拉的车舆。指神仙的车驾。齐己《湘妃庙》:“相携泣,凤盖龙舆追不及。”❷指帝王的车驾。孙逖《奉和四月三日上阳水窗赐宴应制得春字》:“风吹临清洛,龙舆下紫宸。”王维《奉和圣制御春明楼临右相园亭赋乐贤诗应制》:“遥闻凤吹喧,阁识龙舆度。”武三思《奉和春日游龙门应制》:“凤驾临香地,龙舆上翠微。”胡曾《咏史诗·铜雀台》:“魏武龙舆逐逝波，高台空按望陵歌。”亦借称皇帝。白居易《寄李相公崔侍郎钱舍人》：“曾陪鹤驭两三仙，亲侍龙舆四五年。”

【龍蹄】 ❶为瓜名。李峤《瓜》：“龙蹄远珠履，女臂动金花。”❷马蹄。曹唐《病马五首呈郑校书章三吴十五先辈》之四：“卧来总怪龙蹄跙，瘦尽谁惊虎口高。”

【龍顔】 ❶谓眉骨圆起。借指帝王的容颜。李白《赠从弟南平太守之遥二首》之一：“天门九重谒圣人，龙颜一解四海春。”李贺《致酒行》：“空将笺上两行书，直犯龙颜请恩泽。”黄滔《喜侯舍人蜀中新命三首》之一：“五色彩毫裁凤诏，九重天子豁龙颜。”贯休《送刘相公朝觐二首》之二：“从此龙颜又应瘦，寰瀛俱荷代天功。”❷借指帝王。姜皎《龙池篇》：“龙池初出此龙山，常经此地谒龙颜。”李白《赠溧阳宋少府陟》：“早怀经济策，特受龙颜顾。”刘长卿《上阳宫望幸》：“独见彩云飞不尽，只应来去候龙颜。”徐夤《李翰林》：“谪下三清列八仙，获调羹鼎侍龙颜。”

【龍額】 亦作“龍頟”。为“龍額侯”的省称。骆宾王《从军中行路难二首》之二：“但使封侯龙额贵，讵随中妇凤楼寒。”李嘉祐《送从侄端之东都》：“皇华今绝少，龙额也相迎。”韩愈《晚秋郾城夜会联句》：“策勋封龙额，归兽获麟脚。”陆龟蒙《奉和袭美二游诗・任诗》：“甘闲在鸡口，不贵封龙额。”

【龍額侯】 侯名。汉韩说、韩增曾封此侯。后用以指宠幸之臣。李颀《别梁锽》：“一言不合龙额侯，击剑拂衣从此弃。”

【龍蹻】 （—juē）即《龙屩经》。道教谈论轻举飞升之术的经典。皮日休《太湖诗・晓次神景宫》：“存心服燕胎，叩齿读龙屩。”

【龍蹲】 指如龙之踞伏。李商隐《乱石》：“虎踞龙蹲纵复横，星光渐减雨痕生。”

【龍艦】 刻有或画有龙形的大船。吕温《晋王龙骧墓》：“虎旗龙舰顺长风，坐引全吴入掌中。”吴融《隋堤》：“岸傍昔道牵龙舰，河底今来走犊车。”

【龍蠖】 指屈伸或以屈求伸。李白《金门答苏秀才》：“栖岩君寂灭，处世余龙蠖。”阎防《宿岸道人精舍》：“愿言舍尘事，所趣非龙蠖。”

【龍鏡】 指背面饰有龙纹的铜镜。刘长卿《九日题蔡国公主楼》：“水余龙镜色，云罢凤箫音。”钱起《送李大夫赴广州》：“龙镜逃山魅，霜风破嶂雪。”

【龍騰鳳集】 喻帝业兴旺，贤臣会集。贯休《蒿里》：“气凌云天，龙腾凤集。”

【龍旟】 指龙旗。借指天子。旟，画有鸟隼的军旗，亦泛称旗帜。许浑《骊山》：“凤驾北归山寂寂，龙旟西幸水滔滔。”

【龍闕】 即帝王的宫阙。许敬宗《奉和咏雨应诏》：“激溜分龙阙，斜飞洒凤楼。”岑参《送韦侍御先归京》：“闻欲朝龙阙，应须拂豸冠。”羊士谔《寄黔府窦中丞》：“满岁归龙阙，良哉伫作歌。”韦庄《和集贤侯学士分司丁侍御秋日雨霁之作》：“洛岸秋晴夕照长，凤楼龙阙倚清光。”

【龍韜】 为六韬之一。《六韬》，古兵书名，旧题周吕望撰。分文韬、武韬、龙韬、虎韬、豹韬、犬韬六卷。泛指兵法、战略。李泌《吟窗杂录》：“良弓摧折久，谁识是龙韬。”李白《送外甥郑灌从军三首》之二：“破胡必用龙韬策，积甲应将熊耳齐。”刘长卿《罢摄官后将还旧居留辞李侍御》：“熊轼分朝寄，龙韬解贼围。”杜牧《送苏协律从事振武》：“琴尊诗思劳，更欲学龙韬。”参见“龍虎韜”。

【龍騰虯躍】 谓如龙虬之腾跃。喻书法笔势遒劲。王维《登楼歌》：“亦幸有张伯英草圣兮龙腾虬跃，摆长云兮捩回风。”

【龍騰鳳翥】 谓如龙凤之腾跃飞举。形容山水盘屈延绵。清昼、潘述《讲古文联句》：“远派孤峰，龙腾凤翥。”

【龍護老人】 天宝时人，据传善铸神镜。《全唐诗》卷八六四录其《铸镜歌》一首。

【龍競】 指龙舟竞渡。元稹《竞渡》：“其次有龙竞，竞渡龙之门。”

【龍夔】 指龙与夔。相传为舜时贤臣。后泛指贤士。韩愈《归彭城》：“上言陈尧舜，下言引龙夔。”

【龍驂】 指皇帝车驾。李适《奉和立春游苑迎春》：“稍觉披香歌吹近，龙骖日暮下城闉。”刘宪《苑中遇雪应制》：“龙骖晓入望春宫，正逢春雪舞东风。”张说《奉和圣制幸白鹿观应制》：“竹径龙骖下，松庭鹤辔来。”虞世南《奉和至寿春应令》：“龙骖驻六马，飞阁上三休。”

【龍輀】 即丧车。韩愈《梁国惠康公主挽歌二首》之一：“龙輀非厌翟，还辗禁城尘。”

【龍飆】 指乘坐龙驾之车的仙人。骆宾王《代女道士王灵妃赠道士李荣》：“龙飙去去无消息，鸾镜朝朝减容色。”

【龍髓】 ❶指龙脑香树的树汁。温庭筠《张静婉采莲歌》：“抱月飘烟一尺腰，麝脐龙髓怜娇娆。”❷指龙身上的精髓之处。卢仝《观放鱼歌》：“若养圣贤真，大烹龙髓敢惜乎。”

【龍躍】 喻王者兴起。李商隐《送千牛李将军赴阙五十韵》：“大卤思龙跃，苍梧失象耕。”

【龍躍虯蟠】 指龙虬盘踞腾跃。罗邺《叹流水二首》之二：“龙跃虬蟠旋作潭，绕红溅绿下东南。”

【龍麝】 即龙涎香和麝香的并称。亦泛称香料。

薛能《吴姬十首》之二："龙麝薰多骨亦香，因经寒食好风光。"司空图《牡丹》："得地牡丹盛，晓添龙麝香。"和凝《宫词百首》之十七："多把沉檀配龙麝，宫中掌浸十香油。"顾敻《甘州子》词之一："一炉龙麝锦帷傍，屏掩映，烛荧煌。"

【龍鷁】　指饰以龙形的大船。鷁，谓画鷁鸟于船头。元结《闵荒诗一首》："船舲状龙鷁，若负宫阙浮。"

【龍鶴】　指仙人的坐骑。陈子昂《南山家园率成十韵》："愿随白云驾，龙鹤相招寻。"曹唐《三年冬大礼五首》之三："太一天坛降紫君，属车龙鹤夜成群。"

【龍鍾】　❶老迈体衰貌。王维《夏日过青龙寺谒操禅师》："龙钟一老翁，徐步谒禅宫。"刘长卿《江州重别薛六柳八二员外》："今日龙钟人共弃，愧君犹遣慎风波。"耿湋《登总持寺阁》："龙钟兼老病，更有重来期。"喻凫《西山寒日逢韦侍御》："狮豸霜中貌，龙钟病后颜。"❷失意潦倒貌。戎昱《宿桂州江亭呈康端公》："龙钟万里客，正合故人哀。"白居易《十年三月三十日别微之于沣上》："莫问龙钟恶官职，且听清脆好文篇。"项斯《落第后寄江南亲友》："龙钟易惆怅，莫遣寄书稀。"❸沾湿貌。宋之问《高山引》："天高难诉兮远负明德，却望咸京兮挥涕龙钟。"岑参《逢入京使》："故园东望路漫漫，双袖龙钟泪不干。"司空曙《送王使君小子孝廉登科归省》："鞍马临岐路，龙钟对别离。"白居易《携诸山客同上香炉峰遇雨而还沾濡狼籍互相笑谑题此解嘲》："萧洒登山去，龙钟遇雨回。"❹行进艰难貌。苏颋《晓发方骞驿》："传置远山蹊，龙钟蹴涧泥。"❺指竹。袁邕《东峰亭各赋一物得阴崖竹》："龙钟负烟雪，自有凌云心。"参见"龍鍾節"。

【龍鍾節】　即竹簪。张九龄《答陈拾遗赠竹簪》："遗我龙钟节，无非玳瑁簪。"

【龍谿】　见"龍溪"。

【龍燭】　指绘制有龙形图案的蜡烛。刘禹锡《观柘枝舞二首》之一："神飙猎红蕖，龙烛映金枝。"南唐后主李煜《孔帖》："乌照始潜辉，龙烛便争秉。"

【龍闈】　指宫闱，皇宫。高宗《九月九日》："凤阙澄秋色，龙闱引夕凉。"

【龍翼】　指东南方。龙。指东方苍龙七星；翼，指南方朱鸟七星。故以龙翼指东南方。陈陶《步虚引》："朝天半夜闻玉鸡，星斗离离碍龙翼。"

【龍騎】　❶指龙拉的车骑，仙驾。李白《草创大还赠柳官迪》："鸾车速风电，龙骑无鞭策。"李咸用《题友生丛竹》："大则化龙骑，小可钓璜用。"参见"龍駕❶""龍杖"。❷指天子之坐骑。亦借指天子。宋之问《奉和春初幸太平公主南庄应制》："青门路接凤凰台，素浐宸游龙骑来。"

【龍藏】　（—zàng）即龙宫的经藏。指佛教的经典。沈佺期《乐城白鹤寺》："碧海开龙藏，青云起雁堂。"欧阳衮《和项斯游头陀寺上方》："远寺寻龙藏，名香发雁池。"皮日休《重送》："取经海底开龙藏，诵咒空中散蜃楼。"

【龍轉】　形容如龙之盘旋曲折。张绍《冲佑观》："凤翔高甍，龙转回廊。"

【龍蟠】　见"龍盤"。

【龍鵠山】　在今四川丹稜县北十五里。上有天柱峰，下有龙涎洞。杜光庭《题龙鹄山》："道人扫径收松子，缺月初圆天柱峰。"

【龍鬚】　❶草名，茎可织席。李白《鲁东门观刈蒲》："此草最可珍，何必贵龙须。"❷喻指如龙的胡须般的细长之物。韩愈《题张十一旅舍三咏·蒲萄》："若欲满盘堆马乳，莫辞添竹引龙须。"方世举注："蒲萄藤蔓颇似龙须。"❸见"龍鬚席"。❹指皇帝的胡须。白居易《七德舞》："剪须烧药赐功臣，李勣呜咽思杀身。"原注："李勣尝疾，医云：'得龙须烧灰，方可疗之。'太宗自剪须烧灰赐之，服讫而愈。勣叩头泣涕而谢。"温庭筠《题李卫公诗二首》之二："三年骥尾有人附，一日龙须无路攀。"参见"龍髯❷""龍髯❸"。

【龍鬚席】　指用龙须草编成的席子。李白《白头吟》："莫卷龙须席，从他生网丝。"李贺《听颖师琴歌》："凉馆闻弦惊病客，药囊暂别龙须席。"李商隐《小园独酌》："半展龙须席，轻斟玛瑙杯。"亦省称"龍鬚"。孟浩然《襄阳公宅饮》："绮席卷龙须，香杯浮码碯。"韩偓《已凉》："八尺龙须方锦褥，已凉天气未寒时。"

【龍龕】　指嵌放石像的石室。欧阳詹《智达上人水精念珠歌》："得之玓瓅群奇中，龙龛鹫岭长随躬。"

【龍轡】　指仙人乘坐的龙拉的车子。王勃《三月曲水宴得烟字》："凤琴调上客，龙辔俨群仙。"

【龍鑣】　❶指仙人的坐骑。刘禹锡《文宗元圣昭献孝皇帝挽歌三首》之三："龙镳仙路远，骑吹礼容全。"❷指皇帝的车驾。亦借指皇帝。元稹《贞元历》："象魏才颁历，龙镳已御天。"题注："是岁秋八月，太上改元永贞，传位今皇帝。"

【龍鱗】　❶指龙的鳞甲。张曙《下第戏状元崔昭纬》："千里江山陪骥尾，五更风水失龙鳞。"黄滔《浙幕李端公泛建溪》："更爱延平津上过，一双神剑是龙鳞。"❷指人主。李白《猛虎行》："有策不敢犯龙鳞，窜身南国避胡尘。"白居易《和李中丞与李给事山居雪夜同宿小酌》："宪府触邪峨豸角，琐闱驳正犯龙鳞。"李绅《却过淮阴吊韩信庙》："英主任贤增虎翼，假王徼福犯龙鳞。"崔道融《悲李拾遗二首》之二："也是先皇能罪己，殿前频得触龙鳞。"❸指皇帝的衮服。杜甫《秋兴八首》之五："云移雉尾开宫扇，日绕龙鳞识圣颜。"❹比喻如龙鳞般的。李白《鸣皋歌送岑征君》："洪河凌竞不可以径度，冰龙鳞兮难容舠。”又《忆旧游寄谯郡元参军》：“浮舟弄水箫鼓鸣，微波龙鳞莎草绿。”❺指龙鳞状物。(1)水波。厉玄《从军行》：“战场收骥尾，清瀚怯龙鳞。”(2)幼竹。幼竹有箨如龙鳞，故名。虞世南《赋得临池竹应制》：“龙鳞漾嶰谷，凤翅拂涟漪。”(3)簟席上鳞状花纹。亦指有鳞状花纹的簟席。无名氏《斑竹簟》：“龙鳞满床波浪湿，血光点点湘娥泣。”❻指松树。松树之皮如龙鳞，故名。王维《春日与裴迪过新昌里访吕逸人不遇》：“闭户著书多岁月，种松皆老作龙鳞。”李绅《新楼诗二十首·琪树》：“徒使茯苓成琥珀，不为松老化龙鳞。”❼指累累垂垂的葡萄。刘禹锡《葡萄歌》：“马乳带轻霜，龙鳞曜初旭。”

【龍鬣】 指龙颈的长毛。李沇《醮词》：“八极鳌柱倾，四溟龙鬣沸。”

【龍爐】 指饰有龙形的香炉。温庭筠《郭处士击瓯歌》：“太平天子驻云车，龙炉勃郁双蟠拏。”

【龍鬭】 谓两龙相斗。喻群雄争夺天下。张九龄《和黄门卢监望秦始皇陵》：“土崩失天下，龙斗入函谷。”陈子昂《感遇诗三十八首》十一：“七雄方龙斗，天下久无君。”罗隐《登瓦棺寺阁》：“懒指台城更东望，鹊飞龙斗尽荒丘。”

【龍驤】 ❶亦作“龍襄”。指昂举腾跃貌。杨巨源《观打球有作》：“亲扫球场如砥平，龙骧骤马晓光晴。”❷形容气概威武豪壮。王绩《过汉故城》：“中原逐鹿罢，高祖郁龙骧。”贾至《闲居秋怀寄阳翟陆赞府封丘高少府》：“忆昔皇运初，众宾俱龙骧。”柳宗元《弘农公以硕德伟材屈于诬枉献诗五十韵以毕微志》：“挺生推豹蔚，遐步仰龙骧。”❸指晋大夫龙骧将军王濬。张说《奉和圣制过王濬墓应制》：“牛斗三分国，龙骧一统年。”明皇《过王濬墓》：“吴国分牛斗，晋室命龙骧。”李白《永王东巡歌十一首》之八：“君看帝子浮江日，何似龙骧出峡来！”杜牧《题横江馆》：“孙家兄弟晋龙骧，驰骋功名业帝王。”亦借以泛称武将。刘长卿《观校猎上淮西相公》：“龙骧校猎邵陵东，野火初烧楚泽空。”韩翃《送夏侯侍郎》：“从军晓别龙骧幕，六骑先驱嘶近郭。”张祜《投魏博田司空二十韵》：“圣代倚龙骧，青油镇北方。”陈陶《贺容府韦中丞大府贤兄新除黔南经略》：“列国山河分雁字，一门金玉尽龙骧。”❹指晋画家顾恺之。温庭筠《赠李将军》：“不学龙骧画山水，醉乡无迹似闲云。”❺指大船。王濬伐吴曾造大船。李群玉《凉公从叔春祭广利王庙》：“龙骧伐鼓下长川，直济云涛古庙前。”

【龍驤虎視】 形容如龙马高昂着头，似老虎注视着攫取的对象。喻雄才壮志。欧阳詹《送张骠骑邠宁行营》：“宝马雕弓金仆姑，龙骧虎视出皇都。”

【龍驤鳳翥】 形容如龙马高昂着头，似凤凰之翱翔。喻气势雄壮威武。贯休《献钱尚父》：“贵逼人来不自由，龙骧凤翥势难收。”

【龍驤塋】 即晋王濬墓。在今山西长治市柏谷山。杜甫《八哀诗·赠左仆射郑国公严公武》：“虚无马融笛，怅望龙骧茔。”

【龍鸞】 ❶即龙与凤。(1)喻皇帝与帝妃。李商隐《景阳井》：“景阳宫井剩堪悲，不尽龙鸾誓死期。”❷喻贤俊之士。贯休《别杜将军》：“少年心在青云端，知音满地皆龙鸾。”❸喻华美的诗文。李白《留别于十一兄逖裴十三游塞垣》：“裴生览千古，龙鸾炳文章。”

三　画

龐 〔páng《广韵》薄江切，平江，並。〕❶用同“庞”。多而杂。贯休《送庐山衲僧》：“路人争得识，空仰鬓眉庞。”参见“龐眉❶”。❷丰，厚。见“龐眉❷”。❸姓。战国时有庞涓，唐诗人有庞蕴。

【龐少尹】 (少 shào)即庞严，入为库部郎中，再迁太常少卿。大和五年(831)权知京兆尹。白居易有《病假中庞少尹携鱼酒相过》，贾岛有《贺庞少尹除太常少卿》和《投庞少尹》。

【龐公】 即庞德公。孟浩然《夜归鹿门山歌》：“鹿门月照开烟树，忽到庞公栖隐处。”皇甫冉《赠郑山人》：“庞公采药去，莱氏与妻行。”郑锡《襄阳乐》：“渚边游汉女，桑下问庞公。”陆龟蒙《读襄阳耆旧传因作诗五百言寄皮袭美》：“庞公乐幽隐，辟聘无所就。”

【龐居士】 指庞德公。韩翃《送客一归襄阳二归浔阳》：“空林欲访庞居士，古寺应怀远法师。”

【龐尹】 即庞严。大和五年(831)权知京兆尹，同年卒。刘禹锡有《再伤庞尹》，张祜有《哭京兆庞尹》，马戴有《哭京兆庞尹》。详见“龐少尹”。

【龐京兆】 即庞严。大和五年(831)五月，太常少卿庞严权知京兆尹，八月卒。刘禹锡有《哭庞京兆》。详见“龐少尹”。

【龐舍人】 即庞严。长庆三年(823)四月加知制诰，四年以驾部郎中知制诰，官翰林学士，出为信州刺史。唐代知制诰亦可称为舍人。张祜有《夏日梅溪馆寄庞舍人》。详见“龐少尹”。

【龐眉】 ❶指眉毛黑白相杂。谓年老。庞用同“庬”。钱起《赠柏岩老人》：“庞眉忽相见，避世一何久。”李端《暮春寻终南柳处士》：“庞眉一居士，鹑服隐尧时。”权德舆《桃源篇》：“庞眉秀骨争迎客，凿井耕田人世隔。”刘禹锡《和河南裴尹侍郎宿斋天平寺诣九龙祠祈雨二十韵》：“商山有病客，言贺舒庞眉。”亦指年长者。李咸用《和吴处士题村叟壁》：“椎髻担铺饷，庞眉识稔年。”方干《送王侍郎浙东入朝》：“自将苦节酬清秩，肯要庞眉一个钱。”❷指浓眉。李贺《巴童答》：“巨鼻宜山褐，庞眉入苦吟。”又《高轩过》：“庞眉书客感秋蓬，谁知死草生华风。”

【龐眉皓首】 指眉毛斑白，头发焦黄。谓年老。庞，用同“厐”。杜甫《戏为双松图歌》：“松根胡僧憩寂寞，庞眉皓首无住着。”

【龐涓】 为战国时魏国大将。与孙膑同向鬼谷子学习兵法。魏惠王时任将军。魏惠王二十八年（前342），齐派田忌为将，孙膑为师，伐魏救韩。庞涓和太子申率军十万应击，长期相持于马陵（今河北大名东南）。次年，中孙膑计，全军被歼，庞涓被擒自杀。韩愈《赠崔立之评事》：“尔来但欲保封疆，莫学庞涓怯孙膑。”

【龐萌】 后汉人。曾任平狄将军。李商隐《有感二首》之二：“临危对卢植，始悔用庞萌。”

【龐統展驥】 称颂治世之才。李瀚《蒙求》：“庞统展骥，仇览栖鹰。”亦省作“龐統驥”。钱起《送屈突司马充安西书记》：“星飞庞统骥，箭发鲁连书。”

【龐統驥】 见“龐統展驥”。

【龐儉鑿井】 后汉人庞俭凿井得钱千余万。为官后见一老奴，实乃其年幼时所失散之父。李瀚《蒙求》：“庞俭凿井，阴方祀灶。”

【龐德公】 东汉襄阳（今湖北襄樊市）人。居岘山之南。未尝入城府。荆州刺史刘表多次延请不就。后携妻子入鹿门山，采药以终。孟浩然《登鹿门山》：“昔闻庞德公，采药遂不返。”李白《寄弄月溪吴山人》：“常闻庞德公，家住洞湖水。”杜甫《遣兴五首》之二：“昔者庞德公，未曾入州府。”吴筠《高士咏·庞德公》：“庞公栖鹿门，绝迹远城市。”

四　画

龑〔yǎn《字汇》于檢切〕五代时南汉建立者刘岩为自己更名而自造的字。取飞龙在天之义。见《新五代史·南汉世家·刘龑》。詹敦仁《复留侯从效问南汉刘岩改名龑字音义》：“龑岩虽同音，形体殊乖致。”

六　画

龔〔gōng《广韵》九容切，平鐘，見。〕姓。参见“龔遂”“龔勝”。

【龔夫子】 指龚胜。吴筠《览古十四首》之十一：“吾叹龚夫子，秉义确不移。”

【龔黄】 汉循吏龚遂与黄霸的并称。亦泛称循吏。张说《奉和圣制赐诸州刺史应制以题坐右》：“共蹑华胥梦，龚黄安足寻。”高适《同李太守北池泛舟宴高平郑太守》：“每揖龚黄事，还陪李郭舟。”元稹《代杭人作使君一朝去二首》之一：“为问龚黄辈，兼能作诗否。”贯休《大蜀皇帝潜龙日述圣德诗五首》之三：“虽然周孔心相似，其奈龚黄政不如。”

【龔勝】 西汉彭城（今江苏徐州市）人。字君宾，哀帝时为谏议大夫，后出为东海太守。王莽秉政，归隐乡里，数征不出，谓门人曰：“旦暮入地，岂以一身仕二姓！”绝食而死。李白《自溧水道哭王炎三首》之一：“楚国一老人，来嗟龚胜亡。”颜真卿《咏陶渊明》：“张良思报韩，龚胜耻事新。”

【龔遂】 西汉循吏。字少卿，山阳南平阳（今山东邹县）人。宣帝时任渤海太守。时郡内大饥，遂单车至郡，开仓赈济，劝民农桑。民皆卖剑买牛，卖刀买犊，一郡大治。戴叔伦《抚州被推昭雪答陆太祝三首》之一：“求理由来许便宜，汉朝龚遂不为疵。”贯休《上孙使君》：“龚遂爱廉平，次公太繁碎。”又《贺郑使君》：“龚遂刘宽同煦妪，张飞关羽太驱驰。”李瀚《蒙求》：“龚遂劝农，文翁兴学。”

【龔渤海】 指龚遂。遂曾为渤海太守，劝农桑，施教化。杜荀鹤《寄温州朱尚书并呈军倅崔太博》：“教化静师龚渤海，篇章高体谢宣城。”

【龔霖】 五代诗人。进士。曾投卷于和凝，授诗诀于赞宁。有集一卷，已佚。《全唐诗外编》下仅录其断句一联，《全唐诗外编》补诗八首。

龕〔kān《广韵》口含切，平覃，溪。〕❶指嵌佛像之石室或神椟。杜甫《石龛》：“驱车石龛下，仲冬见虹霓。”刘长卿《龙门八咏·水西渡》：“千龛道傍古，一鸟沙上白。”白居易《游悟真寺诗》：“一息幡竿下，再休石龛边。”皮日休《访寂上人不遇》：“炉里尚飘残玉篆，龛中仍锁小金仙。”❷指宝塔下小室。杜甫《谒文公上方》：“长者自布金，禅龛只晏如。”亦指僧人之墓穴。贯休《送人归夏口》：“倘经三祖寺，一为礼龛坟。”❸指寺院中的小屋或窟穴。张登《洞石岩》：“山断开元碣，龛留大业僧。”皇甫湜《石佛谷》：“寝处容身龛，足膝隐成迹。”张籍《送友人归山》：“移石修废井，扫龛盛旧书。”殷尧藩《赠惟俨师》：“云锁木龛聊息影，雪香纸袄不生尘。”

【龕居】 指所居之石室。李建勋《怀赠操禅师》：“尝忆曹溪子，龛居面碧嵩。”

【龕象】 指壁龛中的佛像。亦泛称佛像。齐己《永夜》：“香影浮龛象，瓶声着井冰。”

【龕經】 指藏放在佛龛里的佛经。崔国辅《宿法华寺》：“壁画感灵迹，龛经传异香。”

【龕燈】 指佛龛、神龛前的长明灯。周贺《送忍禅师归庐岳》:"龛灯度雪补残衲,山日上轩看旧经。"温庭筠《宿秦生山斋》:"龛灯落叶寺,山雪隔林钟。"马戴《题石瓮寺》:"薜壁松生峭,龛灯月照空。"贯休《游金华山禅院》:"斜谷暗藏千载雪,薄岚常翳一龛灯。"

【龕壁】 即壁龛。壁上佛龛。于鹄《题宇文裔山寺读书院》:"云庭无履迹,龛壁有灯烟。"

【龕鬖】 流苏下垂貌。温庭筠《台城晓朝曲》:"朱网龛鬖丞相车,晓随叠鼓朝天去。"

龜 部

龜 〔guī《广韵》居追切，平脂，見。〕❶爬行动物的一科。体圆而扁，背部和腹有硬甲，四肢短，趾有蹼，头、尾和四肢均能缩入甲壳内。生活在水边，以植物和小动物为食。生命力强，耐饥渴，肉可食，甲可入药。古人用龟甲占卜。明皇《端午三殿宴群臣探得神字》序："庖捐恶鸟，俎献肥龟。"白居易《杂感》："老龟烹不烂，延祸及枯桑。"张祜《寄王尊师》："溪桥晚下玄龟出，草露朝行白鹿眠。"薛能《黄河》："显瑞龟曾出，阴灵伯固存。"❷指龟甲。古代用作占卜之具，遂为占卜之称。顾况《上古之什补亡训传十三章·燕于巢一章》："我筮我龟，莫我告繇。"《京西市放生池墓铭》："龟言市，蓍言水。"❸为印章的代称。古代印章多为龟形纽，故称。杜牧《正初奉酬歙州刺史邢群》："一壑风烟阳羡里，解龟休去路非赊。"❹指酒杯。古时以龟目饰酒樽，后遂称酒杯为"龟"。张祜《奉和湖州苏员外题游杯池》："何劳数爵斝，不止一龟航。"❺指今山东泗水县之龟山。韩愈《琴操十首·龟山操》："龟之气兮不能云雨，龟之枿兮不中梁柱，龟之大兮只以奄鲁。"参见"龜陰田"。❻指龟城。四川成都的别称。骆宾王《畴昔篇》："墉高龟望出，水净雁文回。"

【龜三顧】 为报恩之典。刘威《遣怀寄欧阳秀才》："似豹一班时或有，如龟三顾岂全无。"参见"龜顧"。

【龜山】 ❶山名。在今山东泗水县东北。李白《纪南陵题五松山》："龟山蔽鲁国，有斧且无柯。"❷在今江苏盱眙县。传说大禹治水，至桐柏山。获淮涡水神无支祁，锁之龟山脚下，使淮水安流入海。刘允济《经庐岳回望江州想洛川有作》："龟山帝始营，龙门禹初凿。"皇甫冉《题魏仲光淮山所居》："朝朝汲淮水，暮暮上龟山。"❸在今浙江绍兴市卧龙山南。一名飞来山，又名怪山。李绅《新楼诗二十首·龟山》序云："在镜湖中，山形如龟。"方干有《题龟山穆上人院》。❹江苏太湖中岛屿名。皮日休《太湖诗·投龙潭》："龟山下最深，恶气何洋溢。"又《太湖诗·崦里》："风吹稻花香，直过龟山顶。"❺指神话传说中西王母及其他得道女仙居住处。权德舆《戏赠张炼师》："半酣乍奏云和曲，疑是龟山阿母家。"李商隐《戊辰会静中出贻同志二十韵》："龟山有慰荐，南真为弥纶。"严休复《唐昌观玉蕊花折有仙人游怅然成二绝》之二："羽车潜下玉龟山，尘世何由睹蕣颜。"

【龜山寺】 寺名。寺在今江苏盱眙县。张蠙有《龟山寺晚望》。

【龜山操】 古琴曲十二首之一。韩愈《琴操十首》第三首《龟山操》序云："孔子以季桓子受齐女乐，谏不从，望龟山而作。"

【龜子】 指白居易弟白行简子，乳名阿龟。白居易《路上寄银匙与阿龟》："缘留龟子住，涕泪一阑干。"

【龜瓦】 龟甲与瓦子的并称。均为古代占卜之具。陈陶《冬日暮旅泊庐陵》："弃置侯鲭任羁束，不劳龟瓦问穷通。"

【龜₃手】 指冻裂的手上皮肤。龟，通"皸"。白居易《杏园中枣树》："皮皴似龟手，叶小如鼠耳。"又以不龟手指善为不龟手之药者。陆希声《寄晋光上人》："寄言昔日不龟手，应念江头洴澼人。"

【龜文】 指龟背的纹理。借指古文学。权德舆《徐孺亭马上口号》："湖上荒亭临水开，龟文篆字积莓苔。"

【龜玉】 指龟和玉。古以为国家重器。牟融《春日山亭》："龙鱼失水难为用，龟玉蒙尘未见珍。"

【龜占】 （—zhān）即龟卜。灼龟甲占吉凶。陆龟蒙《病中秋怀寄袭美》："更有是非齐未得，重凭詹尹拂龟占。"

【龜甲】 即龟壳。古代用以占卜或作货币，中医可入药。皮日休《添鱼具诗·背篷》："侬家背篷样，似个大龟甲。"亦用以指龟文。李峤《宝剑篇》："龟甲参差白虹色，辘轳宛转黄金饰。"李贺《恼公》："龟甲开屏涩，鹅毛渗墨浓。"

【龜甲屏風】 指玉制或玉饰的屏风。因其花纹似龟甲上的纹路，故名。李贺《胡蝶飞》："杨花扑帐春云热，龟甲屏风醉眼缬。"

【龜印】 指雕成龟形印纽的印章。后用为官印的通称。司空曙《奉和张大夫酬高山人》："豸冠亲谷弁，龟印识荷衣。"李德裕《奉送相公十八丈镇扬州》："共悬龟印衔新绶，同忆鳣庭访旧居。"

【龜曳尾】 喻指自由自在的隐居生活。白居易《奉和裴令公三月上巳日游太原龙泉忆去岁禊洛见示之作》："鹏背负天龟曳尾，云泥不可得同游。"

【龜兆】 指占卜时龟甲受炙所呈现的坼裂之纹。包佶《昭德皇后挽歌词》:“龟兆开泉户,禽巢闭画梁。”卢仝《哭玉碑子》:“横文寻龟兆,直理任瓦裂。”

【龜步】 谓四川成都筑城的故事。相传此城为张仪于秦惠王二十七年所筑。“初仪巩城,屡颓不立,忽有大龟周行旋走,巫言依龟行处筑之,遂得坚立。”骆宾王《畴昔篇》:“墉高龟步转,水净雁文回。”

【龜兒】 指白行简子,乳名阿龟。白居易《闻龟儿咏诗》和《见小侄龟儿咏灯诗并腊娘制衣因寄行简》。

【龜判】 即龟甲和璋。古代占卜、朝聘、祭祀、丧葬等所执持的礼器。韩愈《山南郑相公樊员外酬答为诗其末咸有见及语樊封以示愈依赋十四韵以献》:“日延讲大训,龟判错衮黻。”

【龜沙】 即龟兹和流沙,泛指西北边陲地区。武元衡《兵行褒斜谷作》:“古地接龟沙,边风送征雁。”

【龜尾曳塗】 喻处境困窘。白居易《昆明春》:“往年因旱池枯竭,龟尾曳涂鱼煦沫。”

【龜坼】 形容天气干旱,土地裂开。龟通“皸”。张祜《忧旱吟》:“田畴苦焦烈,龟坼无润壤。”

【龜林】 指北方遥远之地。北周庾信《周上柱国齐王宪神道碑铭》:“悠哉朔北,逖矣穷阴。山连鸟道,地尽龟林。”李义府《和边城秋气早》:“霜结龙城吹,水照龟林月。”

【龜虎】 指龟印和虎符。借指官位。柳宗元《弘农公以硕德伟材屈于诬枉谨献诗五十韵以毕微志》:“龟虎休前寄,貂蝉冠旧行。”

【龜河】 代称洛水。武三思《奉和过梁王宅即目应制》:“凤竹初垂箨,龟河未吐莲。”

【龜城】 四川成都的别称。戎昱《成都暮雨秋》:“九月龟城暮,愁人闭草堂。”顾非熊《行经褒城寄兴元姚从事》:“往岁客龟城,同时听鹿鸣。”雍陶《答蜀中经蛮后友人马艾见寄》:“几年朝凤阙,一日破龟城。”刘兼《蜀都道中》:“千载龟城终失守,一堆鬼录漫留名。”参见“龜步”。

【龜背】 即龟的背部。亦形容物体中部隆起之状。刘兼《从弟舍人惠茶》:“龟背起纹轻炙处,云头翻液乍烹时。”

【龜背戲】 为古代博棋的一种。柳宗元有《龟背戏》。

【龜兹】 (一cí)❶古国名。汉西域诸国之一。在今天山南麓。古龟兹王治延城(今新疆库车县东郊皮朗旧城)。居民主要务农,兼营畜牧,冶铸、酿酒等也较发达。有文字,擅长音乐。唐贞观二十二年(648)置龟兹都督府。治所在延城。李颀《听安万善吹觱篥歌》:“南山截竹为觱篥,此乐本自龟兹出。”岑参《北庭贻宗学士道别》:“今且还龟兹,臂上悬角弓。”刘言史《送婆罗门归本国》:“龟兹碛西胡雪黑,大师冻死来不得。”吕敞有《龟兹闻莺》。❷古乐曲名。原为龟兹一带的地方乐曲。王建《宫词一百首》之十五:“内人唱好龟兹急,天子鞘回过玉楼。”元稹《连昌宫词》:“逡巡大遍凉州彻,色色龟兹轰录续。”权德舆《朝回阅乐寄绝句》:“子城风暖百花初,楼上龟兹引导车。”刘商《胡笳十八拍・第七拍》:“龟兹觱篥愁中听,碎叶琵琶夜深怨。”

【龜津】 谓洛水。《海录碎事》:“龟津谓洛水也,龟负书出洛。”宗楚客《句》:“采旗临凤阙,翠幕绕龟津。”

【龜峰山】 山名。在今湖北麻城县东六十里。亦名龟头山。太宗有《题龟峰山》,题下注:“在麻城县。”

【龜息】 道教语。谓呼吸调息如龟,不饮不食而能长生。一说,以为龟睡时,气由耳出,因此长生。语本晋葛洪《抱朴子・对俗》:“《仙经》象龟之息,岂不有以乎?”杨衡《登紫霄峰赠黄仙师》:“云飞琼瑶圃,龟息芝兰丛。”杜光庭《山居百韵》:“丹灶河车休矻矻,蚌胎龟息且绵绵。”

【龜浦】 地名。在今浙江绍兴市南。元稹《除夜酬乐天》:“虚涨火尘龟浦北,无由阿伞凤城南。”

【龜書】 神龟所负之书。卢怀慎《奉和圣制龙池篇》:“雁沼洄流成舜海,龟书荐社应尧年。”

【龜陰田】 指山东龟山北面的土地。春秋鲁定公十年(前500),鲁国在孔子的帮助下,迫使齐景公归还了以前侵夺的鲁国三邑,即此。李白《寄东鲁二稚子》:“我家寄东鲁,谁种龟阴田。”

【龜紐】 即雕成龟形的印纽。亦代称官印。权德舆《郴州换印缄遣之际率成三韵因寄李二兄员外使君》:“行看换龟纽,奏最谒承明。”李绅《初秋忽奉诏除浙东观察使检校右貂》:“印封龟纽知颁爵,冠饰蝉緌更珥貂。”

【龜殼】 即龟甲。亦借指龟。王维《春日上方即事》:“鸠形将刻杖,龟壳用支床。”张祜《寓居临平山下三首》之二:“鹿蹄踏叶暮山响,龟壳曝沙春水寒。”又《庚子岁寓游扬州赠崔荆四十韵》:“鹭鸶行浅草,龟壳上新萎。”

【龜魚】 即龟和鱼。司空图《恭州界》:“草木龟鱼困薰煮,漫赢尘垢涴僧坊。”舒元舆《坊州按狱》:“龟鱼既绝迹,鹿兔无遗毛。”李群玉《自澧浦东游江表途出巴丘投员外从公虞》:“十年侣龟鱼,垂头在沅湘。”许彬《湘江》:“沙寒鸿鹄聚,底极龟鱼分。”

【龜組】 即龟绶。龟纽印绶。借指官爵。杨持《寄朗陵兄》:“行看换龟组,奏最谒承明。”

【龜雁】 即龟和雁。喻平庸者。徐夤《鹤》："要伴神仙归碧落，岂随龟雁住方塘。"

【龜策】 即龟甲和蓍草。古代用以占卜。因借指占卜。刘禹锡《游桃源一百韵》："自从婴网罗，每事问龟策。"韩偓《赠易卜崔江处士》："四海尽闻龟策妙，九霄堪叹鹤书迟。"

【龜蒙】 龟山和蒙山的并称。均在今山东境内。二山相连续，长八十余里，其西北一段名龟山，东南名蒙山。杜甫《又上后园山脚》："龟蒙不复见，况乃怀旧乡。"刘得仁《送雍陶侍御赴兖州裴尚书命》："洙泗秋微动，龟蒙月正圆。"许棠《送刘校书游东鲁》："暗海龟蒙雨，连空赵魏秋。"

【龜筮】 即占卦。古人占卜用龟，筮蓍，视其象与数，以定吉凶。权德舆《工部发引日属伤足卧疾不遂执绋》："笳箫里巷咽，龟筮墓田开。"李咸用《西门行》："汉高偶试神蛇验，武王龟筮惊人险。"

【龜臺】 指传说中的仙人居处。据传王母所居龟台有玉楼十二。曹唐《送刘尊师祇诏阙庭三首》之三："龟台欲署长生籍，鸾殿还论不死方。"罗隐《雪中怀友人》："兔苑旧游尽，龟台仙路长。"

【龜榼】 指饰以龟形的酒樽。白居易《东城晚归》："一条邛杖悬龟榼，双角吴童控马衔。"

【龜頭】 ❶指碑座下龟形的头部。李白《襄阳歌》："君不见晋朝羊公一片石，龟头剥落生莓苔。"❷山名。即龟峰山。在今湖北麻城县。太宗《题龟峰山》："马迹印开苍石上，龟头横播白云中。"

【龜謀】 谓龟卜。西汉时，代王刘恒被大臣迎立为帝。刘恒应允之前，曾占卜，得吉兆，遂即位，为文帝。《郊庙歌辞·汉宗庙乐舞辞·积善舞》："蛇告赤帝，龟谋大横。"

【龜龍】 即鱼和龙。古人认为是灵物。亦用以喻指杰出人物。清昼、潘述《讲古文联句》："山岳降气，龟龙负图。"李咸用《题陈正字林亭》："家林蛇豕方群起，宫沼龟龙未有期。"权澈《琵琶泓石壁刻诗》："柽柏飕飗杂风雨，龟龙睗睒游虚明。"贯休《大蜀皇帝潜龙日述圣德诗五首》之五："丈夫勋业正乾坤，麟凤龟龙尽在门。"亦指龟龙图案。崔融《咏宝剑》："宝剑出昆吾，龟龙夹采珠。"

【龜艨】 指龟形小船。李绅《渡西陵十六韵》："兽逐衔波涌，龟艨喷棹轻。"

【龜鏡】 即龟和镜。龟可占卜吉凶，镜可辨别美丑，故用以喻可供人学习的榜样或引以为戒的教训。皮日休《七爱诗·白太傅》："仕若不得志，可为龟镜焉。"

【龜辯】 指关于生死的辩论。卢照邻《同崔录事哭郑员外》："凤词凌汉阁，龟辩罩周园。"一说，辩，通"辨"。龟辨即辨龟，指识别各种古籍文字。

【龜羅】 指白行简子阿龟和白居易女罗儿。白居易有《弄龟罗》。

【龜觸網】 喻处境困窘。杜甫《遣闷奉呈严公二十韵》："信然龟触网，直作鸟窥笼。"

【龜顧】 为封官铸印之典。李德裕《述梦诗四十韵》："龟顾垂金钮，鸾飞曳锦袍。"陆龟蒙《戏题袭美书印囊》："鹊衔龟顾妙无余，不爱封侯爱石渠。"

【龜鶴】 即龟和鹤。古以为龟鹤长寿，故以比喻人之长寿。刘禹锡《奉和淮南李相公早秋即事寄成都武相公》："并进夔龙位，仍齐龟鹤年。"白居易《伤杨弘贞》："谁识天地意，独与龟鹤年。"张仲方《赠毛仙翁》："芝椿禀气本坚强，龟鹤计年应不死。"陆弘休《和訾家洲宴游》："莫惜今朝同酩酊，任他龟鹤与蜉蝣。"

【龜籙】 即龟书。常用为称颂瑞应之词。徐彦伯《幸白鹿观应制》："凤舆乘八景，龟箓向三仙。"

龠　部

龠　〔yuè《广韵》以灼切，入藥，以。〕古量器名。刘允济《经庐岳回望江州想洛川有作》："四郊时迷路，五月先投龠。"

五　画

龢　同"和"。唐詩人皇甫鏞，字龢卿。

繁简字对照表

（*表示按《简化字总表》规定可作偏旁使用的字）

7 筆

*〔車〕车
*〔夾〕夹
*〔貝〕贝
*〔見〕见
〔壯〕壮
〔妝〕妆

8 筆

【一】
*〔長〕长
*〔亞〕亚
〔軋〕轧
*〔東〕东
*〔兩〕两
〔協〕协
*〔來〕来
*〔戔〕戋
【丨】
*〔門〕门
*〔岡〕冈
【丿】
*〔侖〕仑
〔兒〕儿
【丶】
〔衹〕只
【乛】
〔狀〕状
〔糾〕纠

9 筆

【一】
〔剋〕克
〔軌〕轨
〔庫〕库
*〔頁〕页
〔郟〕郏
〔剄〕刭
〔勁〕劲
【丨】
〔貞〕贞
〔則〕则
〔閂〕闩
〔迴〕回
【丿】
〔俠〕侠
〔係〕系
〔鳧〕凫
〔帥〕帅
〔後〕后
〔釓〕钆
〔釔〕钇
〔負〕负
*〔風〕风
【丶】
〔訂〕订
〔計〕计
〔訃〕讣
〔軍〕军
【乛】
〔陣〕阵
*〔韋〕韦
〔陝〕陕
〔陘〕陉
〔飛〕飞
〔紆〕纡
〔紅〕红
〔紂〕纣
〔紈〕纨
〔級〕级
〔約〕约
〔紇〕纥
〔紀〕纪
〔紉〕纫

10 筆

【一】
*〔馬〕马
〔挾〕挟
〔貢〕贡
*〔華〕华
〔莢〕荚
〔莖〕茎
〔莧〕苋
〔莊〕庄
〔軒〕轩
〔連〕连
〔軔〕轫
〔劌〕刿
【丨】
〔鬥〕斗
*〔時〕时
*〔畢〕毕
〔財〕财
〔覎〕觃
〔閃〕闪
〔唄〕呗
〔員〕员
*〔豈〕岂
〔峽〕峡
〔峴〕岘
〔剛〕刚
〔剮〕剐
【丿】
*〔氣〕气
〔郵〕邮
〔倀〕伥
〔倆〕俩
*〔條〕条
〔們〕们
〔個〕个
〔倫〕伦
〔隻〕只
〔島〕岛
*〔烏〕乌
*〔師〕师
〔徑〕径
〔釘〕钉
〔針〕针
〔釗〕钊
〔釙〕钋
〔釕〕钌
*〔殺〕杀
*〔倉〕仓
〔脅〕胁
〔狹〕狭
〔狽〕狈
*〔芻〕刍
【丶】
〔訐〕讦
〔訌〕讧
〔討〕讨
〔訕〕讪
〔訖〕讫
〔訓〕训
〔這〕这
〔訊〕讯
〔記〕记
〔凍〕冻
〔畝〕亩
〔庫〕库
〔浹〕浃
〔涇〕泾
【乛】
〔書〕书
〔陸〕陆
〔陳〕陈
*〔孫〕孙
*〔陰〕阴
〔務〕务
〔紜〕纭
〔純〕纯
〔紕〕纰
〔紗〕纱
〔納〕纳
〔紝〕纴
〔紛〕纷
〔紙〕纸
〔紋〕纹
〔紡〕纺
〔紖〕纼
〔紐〕纽
〔紓〕纾

11 筆

【一】
〔責〕责
〔現〕现
〔甌〕瓯
〔規〕规
*〔殼〕壳
〔埡〕垭
〔掗〕挜
〔捨〕舍
〔捫〕扪
〔捆〕㧟
〔堝〕埚
〔頂〕顶
〔掄〕抡
*〔執〕执
〔捲〕卷
〔掃〕扫
〔堊〕垩
〔萊〕莱
〔萵〕莴
〔乾〕干①
〔梘〕枧
〔軛〕轭
〔斬〕斩
〔軟〕软
*〔專〕专
*〔區〕区
〔堅〕坚
*〔帶〕带
〔厠〕厕
〔硃〕朱
*〔麥〕麦
〔頃〕顷
【丨】
*〔鹵〕卤
〔處〕处
〔敗〕败
〔販〕贩
〔貶〕贬
〔啞〕哑
〔閉〕闭
〔問〕问
*〔婁〕娄
〔啢〕唡
*〔國〕国
〔喎〕呙
〔帳〕帐
〔崬〕岽
〔崍〕崃
〔崗〕岗
〔圇〕囵
*〔過〕过
【丿】
〔氫〕氢
*〔動〕动
〔偵〕侦
〔側〕侧
〔貨〕货
*〔進〕进
〔梟〕枭
*〔鳥〕鸟
〔偉〕伟
〔徠〕徕
〔術〕术
*〔從〕从
〔鈄〕钭
〔釬〕钎
〔釧〕钏
〔釤〕钐
〔釣〕钓
〔釩〕钒
〔鈚〕钕
〔釵〕钗
〔貪〕贪
〔覓〕觅
〔飥〕饦
〔貧〕贫
〔脛〕胫
*〔魚〕鱼
【丶】
〔詎〕讵
〔訝〕讶
〔訥〕讷
〔許〕许
〔訛〕讹
〔訢〕䜣
〔訩〕讻
〔訟〕讼
〔設〕设
〔訪〕访
〔訣〕诀
*〔產〕产
〔牽〕牵
〔烴〕烃
〔淶〕涞
〔淺〕浅
〔渦〕涡
〔淪〕沦
〔悵〕怅
〔鄆〕郓
〔啓〕启
〔視〕视
【乛】
*〔將〕将
〔晝〕昼
〔張〕张
〔階〕阶
〔陽〕阳
*〔隊〕队
〔婭〕娅
〔媧〕娲
〔婦〕妇
〔習〕习
*〔參〕参
〔紺〕绀
〔紲〕绁
〔紱〕绂
〔組〕组
〔紳〕绅
〔紬〕䌷
〔細〕细
〔終〕终
〔絆〕绊
〔紼〕绋
〔絀〕绌
〔紹〕绍
〔紿〕绐
〔貫〕贯
*〔鄉〕乡

12 筆

【一】
〔貳〕贰
〔預〕预
*〔堯〕尧
〔揀〕拣
〔馭〕驭
〔項〕项
〔賁〕贲
〔場〕场
〔揚〕扬
〔塊〕块
*〔達〕达
〔報〕报
〔揮〕挥
〔壺〕壶
〔惡〕恶
〔葉〕叶
〔貰〕贳
*〔萬〕万
〔葷〕荤
〔喪〕丧
〔葦〕苇
〔葒〕荭
〔葤〕荮
〔棖〕枨
〔棟〕栋
〔棧〕栈
〔棡〕㭎
〔極〕极
〔軲〕轱
〔軻〕轲
〔軸〕轴
〔軼〕轶
〔軤〕轷
〔軫〕轸
〔軺〕轺
*〔畫〕画
〔腎〕肾
〔棗〕枣
〔硨〕砗
〔硤〕硖
〔硯〕砚
〔殘〕残
*〔雲〕云
【丨】
〔覘〕觇
〔睏〕困
〔貼〕贴
〔貺〕贶
〔貯〕贮
〔貽〕贻
〔閏〕闰
〔開〕开
〔閑〕闲
〔間〕间
〔閔〕闵
〔悶〕闷
〔貴〕贵
〔鄖〕郧
〔勛〕勋
*〔單〕单
〔喲〕哟
*〔買〕买
〔剴〕剀
〔凱〕凯
〔幀〕帧
〔嵐〕岚
〔幃〕帏
〔圍〕围
【丿】
*〔無〕无
〔氬〕氩
*〔喬〕乔
*〔筆〕笔
*〔備〕备
〔貸〕贷
〔順〕顺
〔傖〕伧
〔傷〕㑇
〔傢〕家
〔鄔〕邬
〔衆〕众
〔復〕复
〔須〕须
〔鈃〕钘
〔鈣〕钙
〔鈈〕钚
〔鈦〕钛
〔釾〕铘
〔鈍〕钝
〔鈔〕钞
〔鈉〕钠
〔鈐〕钤
〔欽〕钦
〔鈞〕钧
〔鈎〕钩
〔鈧〕钪
〔鈁〕钫
〔鈥〕钬
〔鈄〕钭
〔鈕〕钮
〔鈀〕钯
〔傘〕伞
〔爺〕爷
〔創〕创
〔飩〕饨
〔飪〕饪
〔飫〕饫
〔飭〕饬
〔飯〕饭
〔飲〕饮
*〔爲〕为
〔脹〕胀
〔腖〕胨
〔腡〕脶
〔勝〕胜
*〔猶〕犹
〔貿〕贸
〔鄒〕邹
【丶】
〔詁〕诂
〔訶〕诃
〔評〕评
〔詛〕诅
〔詗〕诇
〔詐〕诈
〔訴〕诉
〔診〕诊
〔詆〕诋
〔詞〕词
〔詘〕诎
〔詔〕诏
〔詒〕诒
〔馮〕冯
〔痙〕痉
〔勞〕劳
〔湞〕浈
〔測〕测
〔湯〕汤
〔淵〕渊
〔渢〕沨
〔渾〕浑
〔愜〕惬
〔惻〕恻
〔惲〕恽
〔惱〕恼
〔運〕运
〔補〕补
〔禍〕祸
【乛】
*〔尋〕寻
〔費〕费
〔違〕违
〔韌〕韧
〔隕〕陨
〔賀〕贺
*〔發〕发
〔綁〕绑
〔絨〕绒
〔結〕结
〔絝〕绔
〔經〕绖
〔絎〕绗
〔給〕给
〔絢〕绚
〔絳〕绛
〔絡〕络
〔絞〕绞
〔統〕统
〔絶〕绝
〔絲〕丝
*〔幾〕几

13 筆

【一】
〔頊〕顼
〔琿〕珲
〔瑋〕玮
〔頑〕顽
〔載〕载
〔馱〕驮
〔馴〕驯
〔馳〕驰
〔塒〕埘
〔塤〕埙
〔損〕损
〔遠〕远
〔塏〕垲
〔勢〕势
〔搶〕抢
〔搗〕捣
〔塢〕坞
〔壼〕壸
*〔聖〕圣
〔蓋〕盖
〔蓮〕莲
〔蒔〕莳
〔蓽〕荜
〔夢〕梦
〔蒼〕苍
〔幹〕干
〔蓀〕荪
〔蔭〕荫
〔蒓〕莼
〔楨〕桢
〔楊〕杨
*〔嗇〕啬
〔楓〕枫
〔軾〕轼
〔輊〕轾
〔輅〕辂
〔較〕较
〔竪〕竖
〔賈〕贾
*〔匯〕汇
〔電〕电
〔頓〕顿
〔盞〕盏
【丨】
*〔歲〕岁
*〔虜〕虏
*〔業〕业
*〔當〕当
〔睞〕睐
〔賊〕贼
〔賄〕贿
〔賂〕赂
〔賅〕赅
〔嗎〕吗
〔嘩〕哗
〔嗊〕唝
〔暘〕旸
〔閘〕闸
*〔黽〕黾
〔暈〕晕
〔號〕号
〔園〕园
〔蛺〕蛱
〔蜆〕蚬
*〔農〕农
〔嗩〕唢
〔嗶〕哔
〔鳴〕鸣

注：本表来自《辞源》。

〔嗆〕呛
〔圓〕圆
〔骯〕肮
【丿】
〔筧〕笕
*〔節〕节
*〔與〕与
〔債〕债
〔僅〕仅
〔傳〕传
〔傴〕伛
〔傾〕倾
〔僂〕偻
〔賃〕赁
〔傷〕伤
〔傭〕佣
〔裊〕袅
〔頎〕颀
〔鈺〕钰
〔鉦〕钲
〔鉗〕钳
〔鈷〕钴
〔鉢〕钵
〔鉕〕钷
〔鈳〕钶
〔鈸〕钹
〔鉞〕钺
〔鉬〕钼
〔鉭〕钽
〔鉀〕钾
〔鈾〕铀
〔鈿〕钿
〔鉑〕铂
〔鈴〕铃
〔鉛〕铅
〔鉚〕铆
〔鈰〕铈
〔鉉〕铉
〔鉈〕铊
〔鉍〕铋
〔鈮〕铌
〔鈹〕铍
*〔僉〕佥
*〔會〕会
〔亂〕乱
*〔愛〕爱
〔飾〕饰
〔飽〕饱
〔飼〕饲
〔飿〕饳
〔飴〕饴
〔頒〕颁
〔頌〕颂
〔腸〕肠
〔腫〕肿
〔腦〕脑
〔魛〕鱽
〔像〕象②
〔獁〕犸
〔鳩〕鸠
〔獅〕狮
〔猻〕狲
【丶】
〔誆〕诓
〔誄〕诔
〔試〕试
〔詿〕诖
〔詩〕诗
〔詰〕诘
〔誇〕夸
〔詼〕诙
〔誠〕诚
〔誅〕诛
〔話〕话
〔誕〕诞
〔詬〕诟
〔詮〕诠
〔詭〕诡
〔詢〕询
〔詣〕诣
〔諍〕诤
〔該〕该
〔詳〕详
〔詫〕诧
〔詡〕诩
〔裏〕里
〔準〕准
〔頏〕颃
〔資〕资
〔羥〕羟
*〔義〕义
〔煉〕炼
〔煩〕烦
〔煬〕炀
〔塋〕茔
〔煢〕茕
〔煒〕炜
〔遞〕递
〔溝〕沟
〔漣〕涟
〔滅〕灭
〔溳〕涢
〔滌〕涤
〔溮〕浉
〔塗〕涂
〔滄〕沧
〔愷〕恺
〔愾〕忾
〔愴〕怆
〔㥮〕㤘
〔窩〕窝
〔禎〕祯
〔禕〕祎
【乛】
*〔肅〕肃
〔裝〕装
〔遜〕逊
〔際〕际
〔媽〕妈
〔預〕预
〔疊〕迭③
〔綆〕绠
〔經〕经
〔綃〕绡
〔絹〕绢
〔綉〕绣
〔綏〕绥
〔綈〕绨
〔彙〕汇

14 筆

【一】
〔瑪〕玛
〔璉〕琏
〔瑣〕琐
〔瑲〕玱
〔駁〕驳
〔摶〕抟
〔摳〕抠
〔趙〕赵
〔趕〕赶
〔摟〕搂
〔摑〕掴
〔臺〕台
〔擓〕㧟
〔墊〕垫
*〔壽〕寿
〔摺〕折④
〔摻〕掺
〔摜〕掼
〔勩〕勚
〔蔞〕蒌
〔蔦〕茑
〔蓯〕苁
〔蔔〕卜
〔蔣〕蒋
〔薌〕芗
〔構〕构
〔樺〕桦
〔榿〕桤
〔覡〕觋
〔槍〕枪
〔輒〕辄
〔輔〕辅
〔輕〕轻
〔塹〕堑
〔匱〕匮
*〔監〕监
〔緊〕紧
〔厲〕厉
*〔厭〕厌
〔碩〕硕
〔碭〕砀
〔碸〕砜
〔奩〕奁
*〔爾〕尔
〔奪〕夺
〔殞〕殒
〔鳶〕鸢
〔巰〕巯
【丨】
*〔對〕对
〔幣〕币
〔彆〕别
*〔嘗〕尝
〔嘖〕啧
〔曄〕晔
〔夥〕伙⑤
〔賑〕赈
〔賒〕赊
〔嘆〕叹
〔暢〕畅
〔嘜〕唛
〔閨〕闺
〔聞〕闻
〔閩〕闽
〔閭〕闾
〔閥〕阀
〔閤〕合
〔閣〕阁
〔閘〕闸
〔閡〕阂
〔嘔〕呕
〔蝸〕蜗
〔團〕团
〔嘍〕喽
〔鄲〕郸
〔鳴〕鸣
〔幘〕帻
〔嶄〕崭
〔嶇〕岖
〔罰〕罚
〔嶁〕嵝
〔幗〕帼
〔圖〕图
【丿】
〔製〕制
〔種〕种
〔稱〕称
〔箋〕笺
〔僥〕侥
〔僨〕偾
〔僕〕仆
〔僑〕侨
〔僞〕伪
〔銜〕衔
〔鉶〕铏
〔銬〕铐
〔銠〕铑
〔鉺〕铒
〔鋩〕铓
〔銪〕铕
〔鋁〕铝
〔銅〕铜
〔銱〕铞
〔銦〕铟
〔銖〕铢
〔銑〕铣
〔銛〕铦
〔鋌〕铤
〔銓〕铨
〔鉿〕铪
〔銚〕铫
〔銘〕铭
〔鉻〕铬
〔錚〕铮
〔銫〕铯
〔鉸〕铰
〔銥〕铱
〔銃〕铳
〔銨〕铵
〔銀〕银
〔銣〕铷
〔戧〕戗
〔餌〕饵
〔蝕〕蚀
〔餉〕饷
〔餄〕饸
〔餎〕饹
〔餃〕饺
〔餏〕饻
〔餅〕饼
〔領〕领
〔鳳〕凤
〔颱〕台
〔獄〕狱
【丶】
〔誡〕诫
〔誣〕诬
〔語〕语
〔誚〕诮
〔誤〕误
〔誥〕诰
〔誘〕诱
〔誨〕诲
〔誑〕诳
〔說〕说
〔認〕认
〔誦〕诵
〔誒〕诶
*〔廣〕广
〔麼〕么⑥
〔廎〕庼
〔瘧〕疟
〔瘍〕疡
〔瘋〕疯
〔塵〕尘
〔颯〕飒
〔適〕适
*〔齊〕齐
〔養〕养
〔鄰〕邻
*〔鄭〕郑
〔燁〕烨
〔熗〕炝
〔榮〕荣
〔滎〕荥
〔犖〕荦
〔熒〕荧
〔漬〕渍
〔漢〕汉
〔滿〕满
〔漸〕渐
〔漚〕沤
〔滯〕滞
〔滷〕卤
〔漊〕溇
〔漁〕渔
〔滸〕浒
〔滻〕浐
〔滬〕沪
〔漲〕涨
〔滲〕渗
〔慚〕惭
〔慪〕怄
〔慳〕悭
〔慟〕恸
〔慘〕惨
〔慣〕惯
〔寬〕宽
*〔賓〕宾
〔窪〕洼
*〔寧〕宁
〔寢〕寝
〔實〕实
〔皸〕皲
〔複〕复
【乛】
〔劃〕划
*〔盡〕尽
〔屢〕屡
〔獎〕奖
〔墮〕堕
〔隨〕随
〔韍〕韨
〔墜〕坠
〔嫗〕妪
〔頗〕颇
〔態〕态
〔鄧〕邓
〔緒〕绪
〔綾〕绫
〔綺〕绮
〔綫〕线
〔緋〕绯
〔綽〕绰
〔緄〕绲
〔綱〕纲
〔網〕网
〔維〕维
〔綿〕绵
〔綸〕纶
〔綬〕绶
〔綳〕绷
〔綢〕绸
〔綹〕绺
〔綣〕绻
〔綜〕综
〔綻〕绽
〔綰〕绾
〔綠〕绿
〔綴〕缀
〔緇〕缁

15 筆

【一】
〔鬧〕闹
〔璡〕琎
〔靚〕靓
〔輦〕辇
〔髮〕发
〔撓〕挠
〔墳〕坟
〔撻〕挞
〔駔〕驵
〔駛〕驶
〔駟〕驷
〔駙〕驸
〔駒〕驹
〔駐〕驻
〔駝〕驼
〔駘〕骀
〔撲〕扑
〔頡〕颉
〔撣〕掸
*〔賣〕卖
〔撫〕抚
〔撟〕挢
〔撳〕揿
〔熱〕热
〔鞏〕巩
〔摯〕挚
〔撈〕捞
〔穀〕谷
〔慤〕悫
〔撏〕挦
〔撥〕拨
〔蕘〕荛
〔蕆〕蒇
〔蕓〕芸
〔邁〕迈
〔蕢〕蒉
〔蕒〕荬
〔蕪〕芜
〔蕎〕荞
〔蕕〕莸
〔蕩〕荡
〔蕁〕荨
〔樁〕桩
〔樞〕枢
〔標〕标
〔樓〕楼
〔樅〕枞
〔麩〕麸
〔賫〕赍
〔樣〕样
〔橢〕椭
〔輛〕辆
〔輥〕辊
〔輞〕辋
〔槧〕椠
〔暫〕暂
〔輪〕轮
〔輟〕辍
〔輜〕辎
〔甌〕瓯
〔歐〕欧
〔毆〕殴
〔賢〕贤
*〔遷〕迁
〔鳾〕䴓
〔憂〕忧
〔碼〕码
〔磑〕硙
〔確〕确
〔賚〕赉
〔遼〕辽
〔殤〕殇
〔鴉〕鸦
【丨】
〔輩〕辈
〔劌〕刿
*〔齒〕齿
〔劇〕剧
〔膚〕肤
*〔慮〕虑
〔鄴〕邺
〔輝〕辉
〔賞〕赏
〔賦〕赋
〔賬〕账
〔賭〕赌
〔賤〕贱
〔賜〕赐
〔賙〕赒
〔賠〕赔
〔賧〕赕
〔嘵〕哓
〔噴〕喷
〔噠〕哒
〔噁〕恶
〔閫〕阃
〔閬〕阆
〔閱〕阅
〔閬〕阆
〔數〕数
〔踐〕践
〔遺〕遗
〔蝦〕虾
〔嘸〕呒
〔嘮〕唠
〔噝〕咝
〔嘰〕叽
〔嶢〕峣
*〔罷〕罢
〔嶠〕峤
〔嶔〕嵚
〔幟〕帜
〔嶗〕崂
【丿】
〔頲〕颋
〔篋〕箧
〔範〕范
〔價〕价
〔儂〕侬
〔儉〕俭
〔儈〕侩
〔億〕亿
〔儀〕仪
〔皚〕皑
*〔樂〕乐
*〔質〕质
〔徵〕征⑦
〔衝〕冲
〔慫〕怂
〔徹〕彻
〔衛〕卫
〔盤〕盘
〔鋪〕铺
〔鋏〕铗
〔鋱〕铽
〔銷〕销
〔鋥〕锃
〔鋰〕锂
〔鋇〕钡
〔鋤〕锄
〔鋯〕锆
〔鋨〕锇
〔銹〕锈
〔銼〕锉
〔鋒〕锋
〔鋅〕锌
〔銳〕锐
〔銻〕锑
〔鋃〕锒
〔鋟〕锓
〔鐗〕锏
〔鋦〕锔
〔頜〕颌
〔劍〕剑
〔劊〕刽
〔鄶〕郐
〔餑〕饽
〔餓〕饿
〔餘〕余⑧
〔餒〕馁
〔膞〕䏝
〔膕〕腘
〔膠〕胶
〔鴇〕鸨
〔魷〕鱿
〔魯〕鲁
〔魴〕鲂
〔潁〕颍
〔颳〕刮
*〔劉〕刘
〔皺〕皱
【丶】
〔請〕请
〔諸〕诸
〔諏〕诹
〔諾〕诺
〔諑〕诼
〔誹〕诽
〔課〕课
〔諉〕诿
〔諛〕谀
〔誰〕谁
〔論〕论
〔諗〕谂
〔調〕调
〔諂〕谄
〔諒〕谅
〔諄〕谆
〔誶〕谇
〔談〕谈
〔誼〕谊
〔廟〕庙
〔廠〕厂
〔廡〕庑
〔瘞〕瘗
〔瘡〕疮
〔賡〕赓
〔慶〕庆
〔廢〕废
〔敵〕敌
〔頦〕颏
〔導〕导
〔瑩〕莹
〔潔〕洁
〔澆〕浇
〔澾〕汯
〔潤〕润
〔澗〕涧
〔潰〕溃
〔潿〕涠
〔潷〕滗
〔溈〕沩
〔澇〕涝
〔潯〕浔
〔潑〕泼
〔憤〕愤
〔憫〕悯
〔憒〕愦
〔憚〕惮
〔憮〕怃
〔憐〕怜
*〔寫〕写
*〔審〕审
*〔窮〕穷
〔褳〕裢
〔褲〕裤
〔鴆〕鸩
【乛】
〔遲〕迟
〔層〕层
〔彈〕弹
〔選〕选
〔槳〕桨

〔漿〕浆
〔險〕险
〔嬈〕娆
〔嫻〕娴
〔駕〕驾
〔嬋〕婵
〔嫵〕妩
〔嬌〕娇
〔嬀〕妫
〔嫿〕婳
〔駑〕驽
〔翬〕翚
〔毿〕毵
〔緙〕缂
〔緗〕缃
〔練〕练
〔緘〕缄
〔緬〕缅
〔緹〕缇
〔緲〕缈
〔緝〕缉
〔緼〕缊
〔緦〕缌
〔緞〕缎
〔緱〕缑
〔縋〕缒
〔緩〕缓
〔締〕缔
〔編〕编
〔緡〕缗
〔緯〕纬
〔緣〕缘

16 筆

【一】
〔璣〕玑
〔墻〕墙
〔駱〕骆
〔駭〕骇
〔駢〕骈
〔擓〕㧟
〔擄〕掳
〔擋〕挡
〔擇〕择
〔赬〕赪
〔撿〕捡
〔擔〕担
〔壇〕坛
〔擁〕拥
〔據〕据
〔薔〕蔷
〔薑〕姜
〔薈〕荟
〔薊〕蓟
*〔薦〕荐
〔蕭〕萧
〔頤〕颐
〔鴣〕鸪
〔薩〕萨
〔蕷〕蓣
〔橈〕桡
〔樹〕树
〔樸〕朴
〔橋〕桥
〔機〕机
〔輳〕辏
〔輻〕辐
〔輯〕辑
〔輸〕输
〔賴〕赖
〔頭〕头
〔醞〕酝
〔醜〕丑
〔勵〕励
〔磧〕碛
〔磚〕砖
〔磣〕碜
*〔歷〕历
〔曆〕历
〔奮〕奋
〔頰〕颊
〔殨〕㱮
〔殫〕殚
〔頸〕颈
【丨】
〔頻〕频
*〔盧〕卢
〔曉〕晓
〔瞞〕瞒
〔縣〕县
〔驅〕眍
〔瞜〕䁖
〔賵〕赗
〔鴨〕鸭
〔閾〕阈
〔閹〕阉
〔閶〕阊
〔閿〕阌
〔閽〕阍
〔閻〕阎
〔閼〕阏
〔曇〕昙
〔噸〕吨
〔鴞〕鸮
〔噦〕哕
〔踴〕踊
〔螞〕蚂
〔螄〕蛳
〔噹〕当
〔罵〕骂
〔噥〕哝
〔戰〕战
〔噲〕哙
〔鴦〕鸯
〔噯〕嗳
〔嘯〕啸
〔還〕还
〔嶧〕峄
〔嶼〕屿
【丿】
〔積〕积
〔頹〕颓
〔穇〕䅟
〔篤〕笃
〔築〕筑
〔篳〕筚
〔篩〕筛
*〔舉〕举
〔興〕兴
〔嶨〕峃
〔學〕学
〔儔〕俦
〔憊〕惫
〔儕〕侪
〔儐〕傧
〔儘〕尽
〔鴕〕鸵
〔艙〕舱
〔錶〕表
〔鍺〕锗
〔錯〕错
〔鍩〕锘
〔錨〕锚
〔錛〕锛
〔錸〕铼
〔錢〕钱
〔鍀〕锝
〔錁〕锞
〔錕〕锟
〔鍆〕钔
〔錫〕锡
〔錮〕锢
〔鋼〕钢
〔鍋〕锅
〔錘〕锤
〔錐〕锥
〔錦〕锦
〔鍁〕锨
〔錇〕锫
〔錠〕锭
〔鍵〕键
*〔録〕录
〔鋸〕锯
〔錳〕锰
〔錙〕锱
〔覦〕觎
〔墾〕垦
〔餞〕饯
〔餜〕馃
〔餛〕馄
〔餡〕馅
〔館〕馆
〔頷〕颔
〔鴒〕鸰
〔膩〕腻
〔鴟〕鸱
〔鮁〕鲅
〔鮃〕鲆
〔鮎〕鲇
〔鮓〕鲊
〔穌〕稣
〔鮒〕鲋
〔鮣〕䲟
〔鮑〕鲍
〔鮍〕鲏
〔鮐〕鲐
〔鴝〕鸲
〔獲〕获
〔穎〕颖
〔獨〕独
〔獫〕猃
〔獪〕狯
〔鴛〕鸳
【丶】
〔謀〕谋
〔諶〕谌
〔諜〕谍
〔謊〕谎
〔諫〕谏
〔諧〕谐
〔謔〕谑
〔謁〕谒
〔謂〕谓
〔諤〕谔
〔諭〕谕
〔諼〕谖
〔諷〕讽
〔諮〕谘
〔諳〕谙
〔諺〕谚
〔諦〕谛
〔謎〕谜
〔諢〕诨
〔諞〕谝
〔諱〕讳
〔諝〕谞
〔憑〕凭
〔鄺〕邝
〔瘻〕瘘
〔瘮〕瘆
*〔親〕亲
〔辦〕办
*〔龍〕龙
〔劑〕剂
〔燒〕烧
〔燜〕焖
〔熾〕炽
〔螢〕萤
〔營〕营
〔縈〕萦
〔燈〕灯
〔濛〕蒙
〔燙〕烫
〔澠〕渑
〔濃〕浓
〔澤〕泽
〔濁〕浊
〔澮〕浍
〔澱〕淀
〔澦〕滪
〔懞〕蒙
〔懌〕怿
〔憶〕忆
〔憲〕宪
〔窺〕窥
〔窶〕窭
〔窵〕窎
〔褸〕褛
〔禪〕禅
【乛】
*〔隱〕隐
〔嬙〕嫱
〔嬡〕嫒
〔縉〕缙
〔縝〕缜
〔縛〕缚
〔縟〕缛
〔緻〕致
〔縧〕绦
〔縫〕缝
〔縐〕绉
〔縗〕缞
〔縞〕缟
〔縭〕缡
〔縑〕缣
〔縊〕缢

17 筆

【一】
〔耬〕耧
〔環〕环
〔贅〕赘
〔璦〕瑷
〔覯〕觏
〔黿〕鼋
〔幫〕帮
〔騁〕骋
〔駸〕骎
〔駿〕骏
〔趨〕趋
〔擱〕搁
〔擬〕拟
〔擴〕扩
〔壙〕圹
〔擠〕挤
〔蟄〕蛰
〔縶〕絷
〔擲〕掷
〔擯〕摈
〔擰〕拧
〔轂〕毂
〔聲〕声
〔藉〕借⑨
〔聰〕聪
〔聯〕联
〔艱〕艰
〔藍〕蓝
〔舊〕旧
〔薺〕荠
〔藎〕荩
〔韓〕韩
〔隸〕隶
〔檉〕柽
〔檣〕樯
〔檟〕槚
〔檔〕档
〔櫛〕栉
〔檢〕检
〔檜〕桧
〔麯〕曲
〔轅〕辕
〔轄〕辖
〔輾〕辗
〔擊〕击
〔臨〕临
〔磽〕硗
〔壓〕压
〔礄〕硚
〔磯〕矶
〔鴯〕鸸
〔邇〕迩
〔尷〕尴
〔鴷〕䴕
〔殮〕殓
【丨】
〔齔〕龀
〔戲〕戏
〔虧〕亏
〔斃〕毙
〔瞭〕了
〔顆〕颗
〔購〕购
〔賻〕赙
〔嬰〕婴
〔賺〕赚
〔嚇〕吓
〔闌〕阑
〔闃〕阒
〔闆〕板
〔闊〕阔
〔闈〕闱
〔闋〕阕
〔曖〕暧
〔蹕〕跸
〔蹌〕跄
〔蟎〕螨
〔螻〕蝼
〔蟈〕蝈
〔雖〕虽
〔嚀〕咛
〔覬〕觊
〔嶺〕岭
〔嶸〕嵘
〔點〕点
【丿】
〔矯〕矫
〔鴰〕鸹
〔簀〕箦
〔簍〕篓
〔輿〕舆
〔歟〕欤
〔鵂〕鸺
*〔龜〕龟
〔優〕优
〔償〕偿
〔儲〕储
〔魎〕魉
〔鴴〕鸻
〔禦〕御
〔聳〕耸
〔鵃〕鸼
〔鍥〕锲
〔鍇〕锴
〔鍘〕铡
〔鍚〕钖
〔鍶〕锶
〔鍔〕锷
〔鍤〕锸
〔鍾〕钟
〔鍛〕锻
〔鎪〕锼
〔鍬〕锹
〔鍰〕锾
〔鎄〕锿
〔鍍〕镀
〔鎂〕镁
〔鎡〕镃
〔鎇〕镅
〔懇〕恳
〔餷〕馇
〔餳〕饧
〔餶〕馉
〔餿〕馊
〔斂〕敛
〔鴿〕鸽
〔膿〕脓
〔臉〕脸
〔膾〕脍
〔膽〕胆
〔謄〕誊
〔鮭〕鲑
〔鮚〕鲒
〔鮪〕鲔
〔鮦〕鲖
〔鮫〕鲛
〔鮮〕鲜
〔颶〕飓
〔獷〕犷
〔獰〕狞
【丶】
〔講〕讲
〔謨〕谟
〔謖〕谡
〔謝〕谢
〔謠〕谣
〔謅〕诌
〔謗〕谤
〔謚〕谥
〔謙〕谦
〔謐〕谧
〔褻〕亵
〔氈〕毡
〔應〕应
〔癘〕疠
〔療〕疗
〔癇〕痫
〔癉〕瘅
〔癆〕痨
〔鵁〕䴔
〔齋〕斋
〔鮝〕鲞
〔鯗〕鲞
〔糞〕粪
〔糝〕糁
〔燦〕灿
〔燭〕烛
〔燴〕烩
〔鴻〕鸿
〔濤〕涛
〔濫〕滥
〔濕〕湿
〔濟〕济
〔濱〕滨
〔濘〕泞
〔濜〕浕
〔澀〕涩
〔濰〕潍
〔懨〕恹
〔賽〕赛
〔襉〕裥
〔襀〕䙌
〔襖〕袄
〔禮〕礼
【乛】
〔屨〕屦
〔彌〕弥
〔嬪〕嫔
〔績〕绩
〔縹〕缥
〔縷〕缕
〔縵〕缦
〔縲〕缧
〔總〕总
〔縱〕纵
〔縴〕纤
〔縮〕缩
〔繆〕缪
〔繅〕缫
〔嚮〕向

18 筆

【一】
〔耮〕耢
〔鬩〕阋
〔瓊〕琼
〔攆〕撵
〔鬆〕松
〔翹〕翘
〔擷〕撷
〔擾〕扰
〔騏〕骐
〔騎〕骑
〔騍〕骒
〔騅〕骓
〔攄〕摅
〔擻〕擞
〔鼕〕冬
〔擺〕摆
〔贄〕贽
〔燾〕焘
*〔聶〕聂
〔聵〕聩
〔職〕职
*〔藝〕艺
〔覲〕觐
〔鞦〕秋
〔藪〕薮
〔蠆〕虿
〔繭〕茧
〔藥〕药
〔藭〕䓖
〔賾〕赜
〔蘊〕蕴
〔檯〕台
〔櫃〕柜
〔檻〕槛
〔櫚〕榈
〔檳〕槟
〔檸〕柠
〔鵓〕鹁
〔轉〕转
〔轆〕辘
〔覆〕复⑩
〔醫〕医
〔礎〕础
〔殯〕殡
〔霧〕雾
【丨】
*〔豐〕丰
〔覷〕觑
〔懟〕怼
〔叢〕丛
〔矇〕蒙
〔題〕题
〔韙〕韪
〔瞼〕睑
〔闖〕闯
〔闔〕阖
〔闐〕阗
〔闓〕闿
〔闕〕阙
〔顒〕颙
〔曠〕旷
〔蹣〕蹒
〔嚙〕啮
〔壘〕垒
〔蟯〕蛲
*〔蟲〕虫
〔蟬〕蝉
〔蟣〕虮
〔鵑〕鹃
〔嚕〕噜
〔顓〕颛
【丿】
〔鵠〕鹄
〔鵝〕鹅
〔穫〕获
〔穡〕穑
〔穢〕秽
〔簡〕简
〔簣〕篑
〔簞〕箪
*〔雙〕双
〔軀〕躯
*〔邊〕边
*〔歸〕归
〔鏵〕铧
〔鎮〕镇
〔鏈〕链
〔鎘〕镉
〔鎖〕锁
〔鎧〕铠
〔鎸〕镌
〔鎳〕镍
〔鎢〕钨
〔鎩〕铩
〔鎿〕镎
〔鎦〕镏
〔鎬〕镐
〔鎊〕镑
〔鎰〕镒
〔鎵〕镓
〔鎘〕镉
〔鵒〕鹆
〔饃〕馍
〔餺〕馎
〔餼〕饩
〔餾〕馏
〔饈〕馐
〔臍〕脐
〔鯁〕鲠
〔鯉〕鲤
〔鯀〕鲧
〔鯇〕鲩
〔鯽〕鲫
〔颸〕飔
〔颼〕飕
〔觴〕觞
〔獵〕猎
〔雛〕雏
〔臏〕膑
【丶】
〔謹〕谨
〔謳〕讴
〔謾〕谩
〔謫〕谪
〔謭〕谫
〔謬〕谬
〔癤〕疖
〔雜〕杂

*〔離〕离
〔顏〕颜
〔糧〕粮
〔燼〕烬
〔鵜〕鹈
〔瀆〕渎
〔濾〕滤
〔濾〕滤
〔鯊〕鲨
〔濺〕溅
〔瀏〕浏
〔濼〕泺
〔瀉〕泻
〔瀋〕沈
*〔竄〕窜
〔竅〕窍
〔額〕额
〔禰〕祢
〔襠〕裆
〔襝〕裣
〔禱〕祷
【乛】
〔醬〕酱
〔韞〕韫
〔隴〕陇
〔嬸〕婶
〔繞〕绕
〔繚〕缭
〔織〕织
〔繕〕缮
〔繒〕缯
*〔斷〕断

19 筆

【一】
〔鵡〕鹉
〔鵲〕鹊
〔鬍〕胡
〔騙〕骗
〔騷〕骚
〔壢〕坜
〔壚〕垆
〔壞〕坏
〔攏〕拢
〔攆〕撵
*〔難〕难
〔鵲〕鹊
〔藶〕苈
〔蘋〕苹
蘋
〔蘆〕芦
〔鶓〕鹋
〔藺〕蔺
〔躉〕趸
〔蘄〕蕲
〔勸〕劝
〔蘇〕苏
〔藹〕蔼
〔龍〕龙
〔顛〕颠
〔櫝〕椟
〔櫟〕栎
〔櫓〕橹
〔櫧〕槠
〔櫞〕橼
〔轎〕轿
〔鏨〕錾
〔轍〕辙
〔轔〕辚
〔繫〕系
〔鶇〕鸫
*〔麗〕丽
〔厴〕厣
〔礪〕砺
〔礙〕碍
〔礦〕矿
〔贗〕赝
〔願〕愿
〔鶴〕鹌
〔璽〕玺
〔豶〕豮
【丨】
〔贈〕赠
〔闞〕阚
〔關〕关
〔嚦〕呖
〔疇〕畴
〔蹺〕跷
〔蟶〕蛏
〔蠅〕蝇
〔蟻〕蚁
*〔嚴〕严
〔獸〕兽
〔嚨〕咙
〔羆〕罴
*〔羅〕罗
【丿】
〔氌〕氇
〔犢〕犊
〔贊〕赞
〔穩〕稳
〔簽〕签
〔簾〕帘
〔簫〕箫
〔牘〕牍
〔懲〕惩
〔鐯〕锗
〔鏗〕铿
〔鏢〕镖
〔鏜〕镗
〔鏤〕镂
〔鏝〕镘
〔鏰〕镚
〔鏞〕镛
〔鏡〕镜
〔鏟〕铲
〔鏑〕镝
〔鏃〕镞
〔鏇〕镟
〔鏘〕锵
〔辭〕辞
〔饉〕馑
〔饅〕馒
〔鵬〕鹏
〔臘〕腊
〔鯖〕鲭
〔鯪〕鲮
〔鯫〕鲰
〔鯡〕鲱
〔鯤〕鲲
〔鯧〕鲳
〔鯢〕鲵
〔鯰〕鲶
〔鯛〕鲷
〔鯨〕鲸
〔鯔〕鲻
〔獺〕獭
〔鴿〕鸽
〔颼〕飗
【、】
〔譚〕谭
〔譖〕谮
〔譙〕谯
〔識〕识
〔譜〕谱
〔證〕证
〔譎〕谲
〔譏〕讥
〔鶉〕鹑
〔廬〕庐
〔癟〕瘪
〔癢〕痒
〔龐〕庞
〔壟〕垄
〔鶊〕鹒
〔類〕类
〔爍〕烁
〔瀟〕潇
〔瀨〕濑
〔瀝〕沥
〔瀕〕濒
〔瀘〕泸
〔瀧〕泷
〔懶〕懒
〔懷〕怀
〔寵〕宠
〔襪〕袜
〔襤〕褴
【乛】
〔韜〕韬
〔騭〕骘
〔騖〕骛
〔顙〕颡
〔繮〕缰
〔繩〕绳
〔繾〕缱
〔繰〕缲
〔繹〕绎
〔繯〕缳
〔繳〕缴
〔繪〕绘

20 筆

【一】
〔瓏〕珑
〔鰲〕鳌
〔驊〕骅
〔騮〕骝
〔騶〕驺
〔騸〕骟
〔攖〕撄
〔攔〕拦
〔攙〕搀
〔聹〕聍
〔顢〕颟
〔驀〕蓦
〔蘭〕兰
〔蘞〕蔹
〔蘚〕藓
〔鶘〕鹕
〔飄〕飘
〔櫪〕枥
〔櫨〕栌
〔櫸〕榉
〔礬〕矾
〔麵〕面
〔櫬〕榇
〔櫳〕栊
〔礫〕砾
【丨】
〔鹹〕咸
〔鹺〕鹾
〔齟〕龃
〔齡〕龄
〔齣〕出
〔齙〕龅
〔齠〕龆
*〔獻〕献
*〔黨〕党
〔懸〕悬
〔鶪〕䴗
〔罌〕罂
〔贍〕赡
〔闥〕闼
〔闡〕阐
〔鶡〕鹖
〔曨〕昽
〔蠣〕蛎
〔蠐〕蛴
〔蠑〕蝾
〔嚶〕嘤
〔鶚〕鹗
〔髏〕髅
〔鶻〕鹘
【丿】
〔犧〕牺
〔鶖〕鹙
〔籌〕筹
〔籃〕篮
〔譽〕誉
〔覺〕觉
〔嚳〕喾
〔衊〕蔑
〔艦〕舰
〔鐃〕铙
〔鐝〕镢
〔鐐〕镣
〔鏷〕镤
〔鐦〕锎
〔鐧〕锏
〔鐓〕镦
〔鐘〕钟
〔鐥〕䦅
〔鐠〕镨
〔鐒〕铹
〔鐳〕镭
〔鐨〕镄
〔鐙〕镫
〔鏺〕钹
〔釋〕释
〔饒〕饶
〔饊〕馓
〔饋〕馈
〔饌〕馔
〔饑〕饥
〔臚〕胪
〔朧〕胧
〔騰〕腾
〔鰆〕䲠
〔鰈〕鲽
〔鰂〕鲗
〔鰛〕鳁
〔鰓〕鳃
〔鰐〕鳄
〔鰍〕鳅
〔鰒〕鳆
〔鰉〕鳇
〔鰌〕䲡
〔鯿〕鳊
〔獼〕猕
〔觸〕触
【、】
〔護〕护
〔譴〕谴
〔譯〕译
〔譫〕谵
〔議〕议
〔癥〕症
〔辮〕辫
〔龑〕䶮
〔競〕竞
〔贏〕赢
〔糲〕粝
〔糰〕团
〔鷀〕鹚
〔爐〕炉
〔瀾〕澜
〔瀲〕潋
〔瀰〕弥
〔懺〕忏
〔寶〕宝
〔騫〕骞
〔竇〕窦
〔襬〕摆
【乛】
〔鶥〕鹛
〔鶩〕骛
〔纊〕纩
〔繽〕缤
〔繼〕继
〔饗〕飨
〔響〕响

21 筆

【一】
〔耰〕耰
〔瓔〕璎
〔鰲〕鳌
〔攝〕摄
〔騾〕骡
〔驅〕驱
〔驃〕骠
〔驄〕骢
〔驂〕骖
〔擻〕擞
〔攛〕撺
〔韃〕鞑
〔鞽〕鞒
〔歡〕欢
〔權〕权
〔櫻〕樱
〔欄〕栏
〔轟〕轰
〔覽〕览
〔酈〕郦
〔飆〕飙
〔殲〕歼
【丨】
〔齜〕龇
〔齦〕龈
〔齾〕龁
〔贓〕赃
〔囁〕嗫
〔囈〕呓
〔闢〕辟
〔囀〕啭
〔顥〕颢
〔躊〕踌
〔躋〕跻
〔躑〕踯
〔躍〕跃
〔纍〕累
〔蠟〕蜡
〔囂〕嚣
〔巋〕岿
〔髒〕脏
【丿】
〔儺〕傩
〔儷〕俪
〔儼〕俨
〔鷉〕䴘
〔鐵〕铁
〔鑊〕镬
〔鐳〕镭
〔鐺〕铛
〔鐸〕铎
〔鐶〕镮
〔鐲〕镯
〔鐮〕镰
〔鐿〕镱
〔鶬〕鸧
〔鷂〕鹞
〔雞〕鸡
〔鶬〕鸧
〔臟〕脏
〔騰〕䲢
〔鰭〕鳍
〔鰱〕鲢
〔鰣〕鲥
〔鰨〕鳎
〔鰥〕鳏
〔鰷〕鲦
〔鰟〕鳑
〔鰜〕鳒
【、】
〔癩〕癞
〔癧〕疬
〔癮〕瘾
〔斕〕斓
〔辯〕辩
〔礱〕砻
〔鶼〕鹣
〔爛〕烂
〔鶯〕莺
〔灄〕滠
〔灃〕沣
〔灕〕漓
〔懾〕慑
〔懼〕惧
〔竈〕灶
〔顧〕顾
〔襯〕衬
〔鶴〕鹤
【乛】
*〔屬〕属
〔纈〕缬
〔續〕续
〔纏〕缠

22 筆

【一】
〔鬚〕须
〔驍〕骁
〔驕〕骄
〔攤〕摊
〔覿〕觌
〔攢〕攒
〔鷙〕鸷
〔聽〕听
〔蘿〕萝
〔驚〕惊
〔轢〕轹
〔鷗〕鸥
〔鑒〕鉴
〔邐〕逦
〔鷖〕鹥
〔霽〕霁
【丨】
〔齬〕龉
〔齪〕龊
〔鱉〕鳖
〔贖〕赎
〔躚〕跹
〔躓〕踬
〔蠨〕蟏
〔囌〕苏
〔囉〕罗
〔囑〕嘱
〔囅〕冁
〔巔〕巅
〔邏〕逻
〔體〕体
【丿】
〔罎〕坛
〔籜〕箨
〔籟〕籁
〔籙〕箓
〔籠〕笼
〔鰵〕鳘
〔儻〕傥
〔艫〕舻
〔鑄〕铸
〔鑌〕镔
〔鑔〕镲
〔龕〕龛
〔糴〕籴
〔鰳〕鳓
〔鰹〕鲣
〔鰾〕鳔
〔鱈〕鳕
〔鰻〕鳗
〔鱅〕鳙
〔鰼〕鳛
〔玀〕猡
【、】
〔讀〕读
〔讅〕谉
〔巒〕峦
〔彎〕弯
〔孿〕孪
〔孌〕娈
〔顫〕颤
〔鷓〕鹧
〔癭〕瘿
〔癬〕癣
〔聾〕聋
〔龔〕龚
〔襲〕袭
〔灘〕滩
〔灑〕洒
〔竊〕窃
【乛】
〔鷚〕鹨
〔轡〕辔

23 筆

【一】
〔瓚〕瓒
〔驛〕驿
〔驗〕验
〔攪〕搅
〔欏〕椤
〔轤〕轳
〔靨〕靥
〔魘〕魇
〔饜〕餍
〔鷯〕鹩
〔靆〕叇
〔顬〕颥
【丨】
〔曬〕晒
〔鷳〕鹇
〔顯〕显
〔蠱〕蛊
〔髖〕髋
〔髕〕髌
【丿】
〔籤〕签
〔讎〕雠
〔鷦〕鹪
〔黴〕霉
〔鑠〕铄
〔鑕〕锧
〔鑥〕镥
〔鑣〕镳
〔鑞〕镴
〔臢〕臜
〔鱖〕鳜
〔鱔〕鳝
〔鱗〕鳞
〔鱒〕鳟
〔鱘〕鲟
【、】
〔讌〕䜩
〔欒〕栾
〔攣〕挛
〔變〕变
〔戀〕恋
〔鷲〕鹫
〔癰〕痈
〔齏〕齑
〔讋〕詟
【乛】
〔鷸〕鹬
〔纓〕缨
〔纖〕纤
〔纔〕才
〔鷥〕鸶

24 筆

【一】
〔鬢〕鬓
〔攬〕揽
〔驟〕骤
〔壩〕坝
〔韆〕千
〔觀〕观
〔鹽〕盐
〔釀〕酿
〔靂〕雳
*〔靈〕灵
〔靄〕霭
〔蠶〕蚕
【丨】
〔艷〕艳
〔顰〕颦
〔齲〕龋
〔齷〕龌
〔鹼〕硷
〔贜〕赃
〔鷺〕鹭
〔囑〕嘱
〔羈〕羁
【丿】
〔籩〕笾
〔籬〕篱
〔籪〕簖
〔黌〕黉
〔鱟〕鲎
〔鱧〕鳢
〔鱠〕鲙
〔鱣〕鳣
【、】
〔讕〕谰
〔讖〕谶
〔讒〕谗
〔讓〕让
〔鸇〕鹯
〔鷹〕鹰
〔癱〕瘫
〔癲〕癫
〔贛〕赣
〔灝〕灏
【乛】
〔鸊〕䴙

25 筆

【一】
〔韉〕鞯
〔欖〕榄
〔靉〕叆
【丨】
〔顱〕颅
〔躡〕蹑
〔躥〕蹿
〔鼉〕鼍
【丿】
〔籮〕箩
〔鑭〕镧
〔鑰〕钥

〔鑲〕镶
〔饞〕馋
〔鱠〕鲙
〔鱭〕鲚
【丶】
〔蠻〕蛮
〔臠〕脔
〔廳〕厅
〔灣〕湾
【乛】
〔糶〕粜
〔纘〕缵

26 筆

【一】
〔驥〕骥
〔驢〕驴
〔趲〕趱
〔顴〕颧
〔黶〕黡
〔釃〕酾
〔釅〕酽
【丨】
〔矚〕瞩
〔躪〕躏
〔躦〕躜
【丿】
〔釁〕衅
〔鑷〕镊
〔鑹〕镩
【丶】
〔灤〕滦

27 筆

【一】
〔鬮〕阄
〔驤〕骧
〔顳〕颞
【丨】
〔鸕〕鸬
〔黷〕黩
【丿】
〔鑼〕锣
〔鑽〕钻
〔鱸〕鲈
【丶】
〔讞〕谳
〔讜〕谠
〔鑾〕銮
〔灩〕滟
【乛】
〔纜〕缆

28 筆

〔鸛〕鹳
〔欞〕棂
〔鑿〕凿
〔鸚〕鹦
〔钂〕镋
〔钁〕䦆
〔戇〕戆

29 筆

〔驪〕骊
〔鬱〕郁

30 筆

〔鸝〕鹂
〔饢〕馕
〔鱺〕鲡
〔鸞〕鸾

32 筆

〔籲〕吁

新旧字形对照表

（字形后圆圈内的数字表示字形的笔数）

舊字形	新字形	新字舉例
八②	丷②	平兑鬲
儿②	八②	冏突
儿②	几②	宂虎亮
刀②	⺈②	免兔赖
丂③	亏③	污
小③	⺌③	尚消鎖
口③	厶②	兖滚
夂③	攵④	致緻
彐③	彐③	浸彗雪
刄③	刃③	仞韌
++④	艹③	花塔
冎④	冎③	骨咼
丰④	丰④	蚌害
手④	丰④	邦綁
爫④	爫④	爰浮
戶④	户④	房扁
屯④	屯④	沌頓
及④	及③	吸极
辶④	辶③	連這
丑④	丑④	紐羞
殳④	殳④	没殁
示⑤	礻④	礼社

舊字形	新字形	新字舉例
瓦⑤	瓦④	瓴瓷
犮⑤	犮⑤	祓紱
巨⑤	巨④	拒距渠
冉⑤	冉⑤	苒聃
另⑤	另⑤	别拐柺
幵⑥	开④	妍研
业⑥	业⑤	虚墟譜
耒⑥	耒⑥	耕耘
瓜⑥	瓜⑤	瓞瓢
产⑥	产⑥	彦産
糸⑥	糹⑥	紅紋
呈⑦	呈⑦	涅程
呂⑦	吕⑥	侣宫
吳⑦	吴⑦	娱虞
攸⑦	攸⑥	修儵
皀⑦	艮⑤	即既
角⑦	角⑦	解觷
𦍌⑦	𦍌⑥	差養
良⑦	良⑥	郎朗
靑⑧	青⑧	清靚
耳⑧	耳⑦	敢嚴
直⑧	直⑧	值植

舊字形	新字形	新字舉例
㡀⑧	㡀⑦	敝撇憋
卸⑧	卸⑨	御禦
幷⑧	并⑥	併洴
爭⑧	争⑧	箏静
彔⑧	录⑧	剥逯緑
者⑨	者⑧	著渚都
兪⑨	俞⑨	愉愈
飠⑨	飠⑧	飾飽
奐⑨	奂⑦	唤痪
𥁕⑩	昷⑨	温瘟
叟⑩	叟⑨	溲艘
鬼⑩	鬼⑨	魂魁
䍃⑩	䍃⑩	摇遥飖
眞⑩	真⑩	填慎
蚤⑩	蚤⑨	搔騷
敖⑪	敖⑩	傲遨熬
黃⑫	黄⑪	廣横
莽⑫	莽⑩	漭蟒
異⑫	異⑪	翼驥
爲⑫	為⑨	偽嬀
奧⑬	奥⑫	墺懊
縣⑯	縣⑯	懸纛

注：本表来自《辞源》。

后　记

一

国务院古籍整理出版规划小组制订的古籍整理出版规划，其中有一项为工具书，包括索引、辞典等。古籍整理项目的辞典，主要是指专书辞典。早在20世纪五六十年代，杨伯峻编有《论语词典》（中华书局1957年版）、《孟子词典》（中华书局1960年版）出版。由于两部辞典分别附于《论语译注》《孟子译注》之后，非单行本，篇幅亦不大，故未能引起学术界的注意与重视，一般研究者未将这两部辞典归入专书辞典之列。所以，数十年间反响不大。但毫无疑问，这两部辞典应该是当代专书辞典的始端。

20世纪80年代以后，古籍专书辞典渐有起色。一马当先的，还是识途老马，杨伯峻、徐提《春秋左传词典》（中华书局1985年版）问世。随后，向熹《诗经词典》（四川人民出版社1986年版）、杨为珍等主编《红楼梦辞典》（山东文艺出版社1987年版）、王利器主编《金瓶梅词典》（吉林文史出版社1988年版）、胡竹安《水浒词典》（汉语大词典出版社1989年版）、张登本等主编《内经辞典》（人民卫生出版社1990年版）、白维国《金瓶梅词典》（中华书局1991年版）、张永言主编《世说新语辞典》（四川人民出版社1992年版）、吴枫主编《十三经大辞典》（吉林人民出版社2000年版）、刘学林及迟铎主编《十三经辞典》（陕西人民出版社2002—2012年版，《周易卷》《尚书卷》《毛诗卷》《周礼卷》《仪礼卷》《礼记卷》《春秋左传卷》《春秋公羊传卷》《春秋穀梁传卷》《论语卷》《孝经卷》《尔雅卷》《孟子卷》，共十三卷十五册）、《二十五史专书辞典丛书》（山东教育出版社1991—2012年版，仓修良主编《史记辞典》、仓修良主编《汉书辞典》、张舜徽主编《后汉书辞典》、张舜徽主编《三国志辞典》、刘乃和主编《晋书辞典》、袁英光主编《南朝五史辞典》、简修炜主编《北朝五史辞典》上下册、赵文润及赵吉惠主编《两唐书辞典》、宋衍申主编《两五代史辞典》、朱瑞熙主编《宋史辞典》、邱树森主编《辽金史辞典》、邱树森主编《元史辞典》、南炳文及汤纲主编《明史辞典》、孙文良及董守义主编《清史稿辞典》上下册)等。

专书辞典,分为广义、狭义两种。

广义的专书辞典,选取专书的其中某一类词语作为词目,如人名、地名、语词、典故,等等。如:廖珣英《全宋词语言词典》(中华书局2007年版),与张相《诗词曲语辞汇释》类似,选录"口头语言词语",包括市语、俗语、民俗词、节令词、生活琐事词语、谚语、歇后语、方言词语、谐谑语、切口语、拆字词语、成语、典故,等等,共计7161条。上列《红楼梦辞典》、两部《金瓶梅词典》《水浒词典》《内经辞典》《十三经大辞典》等,均属此类。

狭义的专书辞典,从理论上说,应该是"见词就收",但凡专书之内,所有字、词,皆在收录之列。如:陈克炯《左传详解词典》(中州古籍出版社2004年版),其前言称:"词汇的涵盖面广,涉及政治、军事、经济、天文、地理、科学技术、物质文化和思想文化等诸多领域,而且许多词或词的首见义可以从中找到源头。例如,天使、天灾、天道、元帅、将军、口实、国士、国民、国法、外援、心腹、私仇、私欲、田赋、异心、疟疾、纪律、粮食、药物、制度、寻常、借口、旧怨、旧业、旧相识、亲戚、亲爱、亲昵、解体、致敬、肄业、纠合、发泄、生殖、充斥、明察、马路、负荷,等等。"上列《论语词典》《孟子词典》《春秋左传词典》《诗经词典》《世说新语辞典》等,均属此类。主体词语基本收录的,亦在此列。如《二十五史专书辞典丛书》,其收录的范围是:"凡原著中出现的人名、地名、职官、国家、民族、著作、典章、制度、历史事件、成语典故、农牧矿产、天文历算、医药科技、音乐艺术等名词术语和疑难词语等,均予收录,列为词目。"(温玉川《〈二十五史专书辞典丛书〉陆续问世》,载《古籍整理出版情况简报》2001年第7期总365期)词语仅及"疑难词语",则非"疑难词语"即不在收录之列。

狭义的专书辞典的专书如果卷帙较大,则属于特大型"巨无霸"专书辞典。《十三经辞典》《二十五史专书辞典丛书》等均属此类。

二

1982年,安徽师范大学语言研究所朱茂汉、李敏、陈冠明、夏松凉、曹宝麟、潘竟翰(按姓氏笔画排列)六位同仁发起编纂《全唐诗》专书辞典五卷本《全唐诗大辞典》,《汉语大词典》副主编张涤华教授任主编。

《全唐诗大辞典》是专门针对唐、五代诗歌(包括词)大型总集《全唐诗》〔中华书局1960年排印本,外加上毛河世宁《全唐诗逸》《全唐诗外编》(中华书局1982年,包含王重民《补全唐诗》、王重民《敦煌唐人诗集残卷》、孙望《全唐诗补逸》、童养年《全唐诗续补遗》)及《中华文史论丛》1981年第4期所载刘修业《补全唐诗拾遗》,时陈尚君《全唐诗续拾》未出，下同〕而编纂，量身定制，属于专书辞典。《全唐诗词语通释》的前身是《全唐诗大辞典》，所以，同样是一部《全唐诗》(包括《全唐诗外编》)的专书辞典。

我们选择《全唐诗》作为专书辞典编纂的工作底本，是由于作为载体的《全唐诗》的内容，具有极其重要的价值。这个价值是由《全唐诗》本身的价值所决定的。换一句话说，《全唐诗》专书辞典本身就具有极其重要的学术价值，惟是占尽唐诗风光，必能长盛不衰。

从《全唐诗》内容本身来说，全书收录作家2576人、诗词49403首(因统计方法与范围不同与序言中所举有出入)；《全唐诗逸》收录作家128人、诗66首；《补全唐诗》收录诗104首；《敦煌唐人诗集残卷》收录诗62首；《全唐诗补逸》收录诗830首；《全唐诗续补遗》收录诗1000余首；《补全唐诗拾遗》收录《补全唐诗》所遗漏52首。大凡有作家3500人左右，诗作51500余首。文字数量，大致统计，约为310万字(不包括标点符号)，使用汉字在6500字上下。

如此巨量的信息及其丰富的内容，给这部专书辞典带来了极大的挑战与机遇。我们花了三年时间，看书收词，制作资料卡六十余万张。在人工操作的年代，可谓巨量。

《全唐诗词语通释》属于狭义的专书辞典，是“巨无霸”专书辞典。

编纂专书辞典，有着十分重大的学术价值。正因为如此，王力《诗经词典序》第一句就说：“我常常鼓励同志们编写各种专书辞典。”(向熹《诗经词典》卷首，四川人民出版社1986年版)

整理古籍的方式，有注释、翻译、编纂辞典等。而编纂古籍专书辞典，作为古籍整理的一种形式，毫无疑问，它主要有汇释、解说词语的职能，是古籍注释的另一形式，即以辞典形式出现的古籍注释。元亮《〈全唐诗校注〉的辞典形式——〈全唐诗大辞典〉评介》(载《学语文》1993年第1期)，对本书的使用功能作了独特的定位；陈冠明《古籍专书辞典的校勘职能——兼评〈全唐诗大辞典〉的校勘原则》(载《辞书研究》1994年第2期)对本书在“校勘学”方面的学术价值作了揭示。专书辞典是专书的字、词注音、释义、举例的综合体，其语言学价值不言而喻，陈冠明《专书辞典及其语言学价值》(安徽省语言学会1991年年会论文)，对此有所阐释。

专书辞典有书证，检索字、词，而找到书证，则专书辞典具有索引功能与价值。《论语词典》《孟子词典》《春秋左传词典》等表示字、词的出现频率，并标页码，则不仅有索引功能，且有统计学意义。

张岱年《十三经辞典序》说：“编撰《十三经辞典》，这是一项伟大的学术工程，对于古代学术研究有重要意义。”“巨无霸”专书辞典只能用“伟大”来作评价，“伟大”同时体现在对于古代学术研究的重要意义、重要价值。

三

“巨无霸”专书辞典收录语词、成语、典故，政治、经济、思想、哲学、宗教、军事、法律等等一般专科或百科词语，收录常见的历史人物、人名字号，名胜古迹、历史地名，重要文献、名著名篇，等等，包罗万象的各种词语，其专科或百科的价值，自不待言。本书的前身《全唐诗大辞典》，“词目以语词为主，并广泛收录成语典故词目、人名、地名、职官名及其他有关古代文物典章制度词目”〔见张忠刚主编《全唐诗大辞典·唐诗著作及其他》“《全唐诗大辞典》(第一卷)”条〕，其专科或百科的价值，亦自不待言。

《全唐诗词语通释》的出版，应该是正在“修订”之中的《汉语大词典》(第二版)的最好借鉴。本书是一个巨大的唐五代诗词储备箱、语料库，词目、注音、释义、书证等等，都可以从这个巨量供给体中获得相应的成果，更为若干年以后的全面“增订”《汉语大词典》(3.0)、(4.0)，作好了语料储备。

在编纂《全唐诗大辞典》第一卷时，《汉语大词典》不少部首的内部“初稿本”已经印行，编纂人员人手一册。我们在参考、比对时，已经发现大量的词语“未见”于《汉语大词典》。仿照学界的说法，属于“漏收”。补充《汉语大词典》大量的“漏收”词目，补充漏收义项，纠正释义错误，解决书证缺少、书证太晚问题，等等，这些无疑都是本书的第一要义，也是最大的价值。对于《辞海》《辞源》这样规模的大型辞典，收词稍严，许多学者针对同样性质的收录情况，写了不少论文，说《辞海》“漏收”，说《辞源》“漏收”，对照本书，“漏收”就会更多；此外，补充《辞海》《辞源》漏收义项，纠正释义错误，解决书证缺少、书证太晚问题，等等，本书同样具有非常重要的价值。

四

1982年，经过八年的奋斗与努力，安徽师范大学语言研究所承担的国家重点科研项目《汉语大词典》编纂任务接近尾声。语言研究所是为承担《汉语大词典》编纂使命，而从中文系分离出来独立建制的高校文科科研机构。主体的编纂任务完成后，所长张涤华教授责成各研究室根据本室的学术研究范围及人力、水平等情况，制订科研规划，申报科研项目，完成主体科研任务的衔接转移。是年冬，古籍整理研究室主任夏松凉提出编纂《唐诗词典》的动议。经过研究室讨论、论证，在语言研究所的统筹安排之下，确立课题《唐诗词典》及课题组成员。古籍整理研究室成员有：夏松凉、潘竟翰、陈冠明、朱茂汉、李敏、曹宝麟；其他研究室教师有：张紫文、陈玉璟、陈家惠等;资料员:聂铁华。至正式编写时,由古籍整理研究室成员六人承担,陈冠明、朱茂汉兼任资料整理、分类、统计等工作。

夏松凉草拟的《〈唐诗词典〉编纂计划》如下:

本词典是一部以语词为主的中型词典。它以广大古典文学爱好者、大中学生、中小学语文教师为服务对象,帮助他们解决在阅读唐代诗歌过程中所遇到的词语方面的困难;同时也为教学唐代诗歌、研究唐代语言提供若干必要的参考资料。

本词典收词以唐诗中的一般语词为主。对结构较固定的词组、有书证可引的方言俗语、借词译词、成语典故和使用频率较高的人名、地名、典章制度等等,也注意广泛收列。立目、释义力求齐备、准确,并充分利用书证,以反映唐代词语的发展演变。

本词典由安徽师范大学语言研究所《唐诗词典》编纂小组负责编纂,计划于1987年完成。

张涤华教授任本词典主编。

项目启动时,《汉语大词典》尚未蒇事毕功,处于审稿阶段,只有一部分部首的"初稿本"印行;除杨伯峻《论语词典》《孟子词典》外,辞书界也未见专书辞典。无论体例、释义,都缺少可供参考、借鉴的辞书,乏倚门傍户之先例,无依样葫芦之样范。与此同时,由于资料未行,我们对项目的认识,也只是处于一种模糊混沌状态。整个编纂过程,是一个不断探索的过程,不断纠偏的过程,不断完善的过程。《唐诗词典》最初定位为中型专书辞典,计划于1987年完成;之后,升级为《全唐诗词典》,定位不变;最终,升级为《全唐诗大辞典》,定位为大型专书辞典。完稿的时间也一而再、再而三推延。

1984年冬,夏松凉、陈冠明试写释文稿。1985年春,发表《〈全唐诗词典〉释文选登》(载《学语文》1985年第2期)。在给《唐诗词典》纠偏、正名、升级的同时,也向学界发布了这部词典的编纂信息。7月,成立编纂小组,由夏松凉、潘竟翰、陈冠明三人组成,负责处理具体编纂事务,比如制订、修订《收词原则》《编写体例》《引书格式》等文件,处理不断出现的新情况、新问题。张涤华先生的"现代汉语"学科,是全国第一批硕士学位授予权学科,1986年5月,申报"七五"期间高等学校哲学社会科学学位学科点专项科研基金,获得成功。

《唐诗词典》的出版单位,早先联系的是中华书局。由于中华书局出版周期过长,1985年,转而联系山西人民出版社出版。由于种种原因,原计划五卷本《全唐诗大辞典》仅在1992年出版了第一卷。

1992年12月22日,主编张涤华教授逝世。"将军一去,大树飘零"。一年以后,曹宝麟调至暨南大学文化艺术中心。1994年10月,语言研究所与中文系合并,成立文学院，语言研究所名存实亡。11月，陈冠明调至烟台师范学院中文系(后更名鲁东大学文学院)。至此时，项目组方才完成第三卷。随着语言研究所不复存在，特别是编写人员四散，最后两卷无法完成，《全唐诗大辞典》近乎夭折。

2007年，朱茂汉提出，想以一己之力完成余下的条目，并以极大的热情投入其中。完成的条目、字数，占全书总量的一半以上，洵为第一功臣。2011年，安徽大学出版社听闻有此搁置二三十年的一部大典，主动申请承担出版工作，并于2013年申报项目获得国家出版基金资助。项目名最终确定为《全唐诗词语通释》。

2015年10月，朱茂汉、夏松凉、韩震军交齐补写词条；陈冠明、朱茂汉到安徽大学出版社，交流谋划，咨询答疑。

2016年1月，陈冠明再次到安徽大学出版社，审改定稿，现场决事。

五

我们要感谢为本书添砖加瓦的诸位先生：

张紫文，语言研究所副所长、所长，《汉语大词典》编委，指导编写工作，制卡若干；

陈庆祜，语言研究所副所长、《汉语大词典》编委，指导编写工作；

谢芳庆，语言研究所副所长、《汉语大词典》编委，指导编写工作，编写词条若干；

陈玉璟，《汉语大词典》"主要编纂人员"，制卡若干，编写词条若干；

陈家惠，《汉语大词典》"主要编纂人员"，制卡若干；

聂铁华，《汉语大词典》"工作人员"，担任前期的资料工作，制卡若干；

研究生李向农、周国光，分别制卡若干；

安徽师范大学中国诗学研究中心韩震军研究员，补写丢失的"土部""女部""文部""斗部""斤部"等部首，安排中国诗学研究中心的一些研究生承担了部分丢失部首初稿撰写及录入工作。

一砖一瓦，筑成大厦。窦叔向在池州青阳九华山作《青阳馆望九子山》，诗云："毫芒映日千重树，涓滴垂空万丈泉。""千重树"与"万丈泉"，正是来自如同无数的一张张卡片、一条条词目一般的"毫芒"与"涓滴"。

本书是二三十年前的书稿，皆为手写，容有差错；加之唐诗语言非常人所能理解，字、词的陌生化程度很高，在从手稿输入转化为电子文本时，极易产生讹误，而且相当严重，鱼成鲁，帝变虎，触处皆是。而我们作者六人，或已作古，或欠安康，不能全力配合校阅工作；陈冠明、朱茂汉参与审稿、定稿，夏松凉审阅了少许校样。而本书部帙巨大，势必不能缕分条析，毫芒入微。这给出版社的校对、编审带来莫大的工作量。本书的编辑团队日复一日，年复一年，甚至牺牲周末休息时间，全力承担编校工作。整个过程，可用“苦不堪言”四字比况。衷心感谢出版社诸位的无私付出、重大贡献！

六

俗话说，日月如梭。自本书权舆谋始，到即将付梓，掐头去尾，时间已经过去了三十三年。唐人对于“一世”的定义就是三十年。权德舆《古兴》说：“人生大限虽百岁，就中三十称一世。”这里的“一世”，不是“一生”，而是“一代”。直到清代，洪亮吉《更生斋诗续集》卷一《甲子元日》还说：“六十看看欲到头，卅年为世又重周。”本书前后历经三十三年，其中经历，太多故事，引发太息，令人欷歔。

最令人欷歔的是，自《全唐诗大辞典》（第一卷）出版之年起，陆续有共事的先生离我们而去。1992 年 12 月，主编张涤华先生遽归道山；其后，陈玉璟、陈家惠两位先生相继驾鹤西去；2015 年，李敏先生高龄仙逝。曾莫慭遗，歼良奄及！秦观《曾子固哀词》云：“天不慭遗一老兮，固缙绅之所伤！”借此书之出版，告祭诸位先生在天之灵。呜呼哀哉！

作者

2016 年 1 月